Wolfgang Däubler
Michael Kittner
Thomas Klebe
Peter Wedde (Hrsg.)

BetrVG
Betriebsverfassungsgesetz

Kommentar für die Praxis

Wolfgang Däubler
Michael Kittner
Thomas Klebe
Peter Wedde (Hrsg.)

BetrVG Betriebsverfassungsgesetz

Kommentar für die Praxis
mit Wahlordnung und EBR-Gesetz

15., überarbeitete und aktualisierte Auflage

Autoren:
Bachner/Berg/Buschmann/Däubler/
Homburg/Klebe/Trittin/
Trümner/Wedde

BUND
VERLAG

Bibliografische Information der Deutschen Bibliothek
Die Deutsche Bibliothek verzeichnet diese Publikation in der Deutschen Nationalbibliografie; detaillierte bibliografische Daten sind im Internet über http://dnb.d-nb.de abrufbar.

15., überarbeitete und aktualisierte Auflage 2016

Herstellung: Birgit Fieber
Lektorat: Barbara Albers
Umschlag: Neil McBeath, Stuttgart
Satz: pagina GmbH, Tübingen
Druck: C. H. Beck, Nördlingen
Printed in Germany 2016
ISBN 978-3-7663-6495-1

www.bund-verlag.de

Vorwort zur 15. Auflage

Die 15. Auflage erscheint turnusmäßig Anfang 2016. Sie berücksichtigt Gesetzgebung, Rechtsprechung und Literatur bis einschließlich August 2015.
Schwerpunkte bilden insbesondere folgende Bereiche:

- Auswirkungen des Tarifeinheitsgesetzes auf die Betriebsverfassung,
- beriebsverfassungsrechtliche Probleme bei Crowdworking und Crowdsourcing
- Weiterentwicklung der Rechtsprechung zu Leiharbeitnehmern,
- Fitness-Tracker, Stress-Apps und Persönlichkeitsrechte/Mitbestimmung,
- neue Rechtsprechung zu sozialen Netzwerken,
- neue Vorschriften im Arbeits- und Gesundheitsschutz, wie z. B. die neue BetriebssicherheitsVO, und Mitbestimmung,
- neue Rechtsprechung zu Beurteilungsgrundsätzen und personellen Einzelmaßnahme
- Inhouse-Schulungen
- Erfahrungen aus der BR-Wahl 2014

Anregungen und Kritik sind wie bisher schon willkommen und können an folgende Mailanschrift gesendet werden: barbara.albers@bund-verlag.de

Bremen, Hanau, Frankfurt im November 2015

Wolfgang Däubler
Michael Kittner
Thomas Klebe
Peter Wedde

Autorenverzeichnis

Dr. Michael Bachner, Rechtsanwalt und Fachanwalt für Arbeitsrecht in Frankfurt am Main, Partner der Sozietät Schwegler Rechtsanwälte

Peter Berg, Rechtsanwalt, Justiziar des Landesbezirks NRW der Vereinten Dienstleistungsgewerkschaft ver.di

Rudolf Buschmann, Gewerkschaftliches Centrum für Revision und Europäisches Recht, Lehrbeauftragter an der Universität Kassel

Dr. Wolfgang Däubler, Prof. für Deutsches und Europäisches Arbeitsrecht, Bürgerliches Recht und Wirtschaftsrecht an der Universität Bremen

Jochen Homburg, Rechtsanwalt und Geschäftsführer der IG Metall Darmstadt

Dr. Michael Kittner, em. Prof. für Wirtschafts-, Arbeits- und Sozialrecht an der Universität Kassel, ehem. Justiziar der IG Metall

Dr. Thomas Klebe, Leitung des Hugo Sinzheimer Instituts für Arbeitsrecht, Frankfurt, Rechtsanwalt in der Anwaltskanzlei Apitzsch/Schmidt/Klebe, ehem. Justiziar der IG Metall

Wolfgang Trittin, Rechtsanwalt in Frankfurt am Main, Partner der Sozietät Trittin Rechtsanwälte

Ralf Trümner, Rechtsanwalt in Berlin, Partner der Sozietät Schwegler Rechtsanwälte

Dr. Peter Wedde, Prof. für Arbeitsrecht und Recht der Informationsgesellschaft an der Frankfurt University of Applied Sciences

Inhaltsverzeichnis

Verzeichnis der Bearbeiter

Einleitung	
– Teil I	Bachner
– Teile II und III	Däubler
– Teil IV	Wedde
– Teil V	Klebe
– Teile VI und VII	Däubler
§ 1	Trümner
§ 2	Berg
§§ 3 – 5	Trümner
§ 6	aufgehoben
§§ 7 – 18	Homburg
§ 18 a	Trümner
§§ 19, 20	Homburg
§§ 21 – 22	Buschmann
§ 23	Trittin/Buschmann
§§ 24, 25	Buschmann
§§ 26 – 41	Wedde
§§ 42 – 46	Berg
§§ 47 – 73 b	Trittin
§§ 74 – 77	Berg
§ 78	Buschmann
§ 78 a	Bachner
§§ 79 – 86 a	Buschmann
§ 87	Klebe
§ 88	Berg
§ 89	Buschmann
§§ 90, 91	Klebe
§ 92	Homburg
§ 92 a	Däubler
§ 93	Buschmann
§§ 94, 95	Klebe
§§ 96 – 98	Buschmann
§§ 99 – 105	Bachner
§§ 106 – 113	Däubler
Anhang zu §§ 111 – 113: §§ 121 – 128 InsO (Betriebsänderungen in der Insolvenz)	Däubler
§§ 114 – 116	nicht kommentiert (s. 5. Auflage)
§ 117	Däubler
§ 118	Wedde
§§ 119 – 132	Trümner
Wahlordnung	Homburg
EBRG	Däubler/Bachner/Klebe
SE	Bachner

Zitiervorschlag: z. B. DKKW-*Trümner*, § 1 Rn. 73

Abkürzungsverzeichnis

a. A.	anderer Auffassung
a. a. O.	am angegebenen Ort
ABl.	Amtsblatt.
ABl EU	Amtsblatt der Europäischen Union
ABM	Arbeitsbeschaffungsmaßnahme
ABM-Anordnung	Anordnung des Verwaltungsrats der Bundesanstalt für Arbeit über die Förderung von allgemeinen Maßnahmen zur Arbeitsbeschaffung
Abs.	Absatz
AC	Assessment Center
ACD	Automatic Call Distribution (automatische Anrufverteilung)
AcP	Archiv für die civilistische Praxis (Zeitschrift)
a. E.	am Ende
AEUV	Vertrag über die Arbeitsweise der Europäischen Union
a. F.	alte Fassung
AFG	Arbeitsförderungsgesetz
AfP	Archiv für Presserecht (Zeitschrift)
AFRG	Arbeitsförderungsreformgesetz
AG	Arbeitgeber; Aktiengesellschaft; Die Aktiengesellschaft (Zeitschrift); Amtsgericht
AGB	Allgemeine Geschäftsbedingungen
AGB-DDR	Arbeitsgesetzbuch der (ehemaligen) DDR
AGBG	Gesetz zur Regelung des Rechts der Allgemeinen Geschäftsbedingungen
AGG	Allgemeines Gleichbehandlungsgesetz
AiB	Arbeitsrecht im Betrieb (Zeitschrift)
AK-BGB	Kommentar zum Bürgerlichen Gesetzbuch – Reihe Alternativkommentare (hrsg. von R. Wassermann), 1980 ff. (Bd. 6: Erbrecht, 1990)
AK-GG	Kommentar zum Grundgesetz – Reihe Alternativkommentare (hrsg. von R. Wassermann), 3. Aufl. (2002)
AKRR	Annuß/Kühn/Rudolph/Rupp, EBRG (2014)
AK-StVollzG	Kommentar zum Strafvollzugsgesetz – Reihe Alternativkommentare, 5. Aufl. (2006)
AktG	Aktiengesetz
ALG	Gesetz über die Alterssicherung der Landwirte
a. M.	anderer Meinung
AMBV	Arbeitsmittelbenutzungsverordnung
Amtl. Begr.	Amtliche Begründung
Amtsbl.	Amtsblatt
AmtsG	Amtsgericht
AN	Arbeitnehmer/in
ANBA	Amtliche Nachrichten der Bundesanstalt für Arbeit
ÄndG	Änderungsgesetz
Ang.	Angestellter
Anm.	Anmerkung(en)
AO	Abgabenordnung

AOG	Gesetz zur Ordnung der nationalen Arbeit
AOGö	Gesetz zur Ordnung der nationalen Arbeit in öffentlichen Verwaltungen und Betrieben
AP	Arbeitsrechtliche Praxis (Nachschlagewerk des Bundesarbeitsgerichts)
AR	Aufsichtsrat
Arb.	Arbeiter
ArbBeschFG	Arbeitsrechtliches Beschäftigungsförderungsgesetz
ArbG	Arbeitsgericht
ArbGeb	Der Arbeitgeber (Zeitschrift)
ArbGG	Arbeitsgerichtsgesetz
ArbGG	Arbeitsgerichtsgesetz, Kommentar für die Praxis (hrsg. von Düwell/Lipke), 2. Aufl. (2005)
AR-Blattei	Arbeitsrecht-Blattei
ArbMedVV	Verordnung zur Rechtsvereinfachung und Stärkung der arbeitsmedizinischen Vorsorge
ArbnErfG	Gesetz über Arbeitnehmererfindungen
ArbPlSchG	Arbeitsplatzschutzgesetz
ArbR	Arbeitsrecht aktuell (Zeitschrift)
ArbRB	Arbeitsrechtsberater (Zeitschrift)
ArbSchG	Arbeitsschutzgesetz
ArbStättV	Arbeitsstättenverordnung
ArbStoffV	Verordnung über gefährliche Arbeitsstoffe (Arbeitsstoffverordnung)
ArbuR	Arbeit und Recht (Fachzeitschrift)
ArbVG	Arbeitsverfassungsgesetz (Österreich)
ArbZG	Arbeitszeitgesetz
ARGE	Arbeitsgemeinschaft/en
ARS	Arbeitsrechtssammlung (vormals Bensheimer Sammlung der Reichsarbeitsgerichts-Entscheidungen)
ARSt.	Arbeitsrecht in Stichworten
Art.	Artikel
ASiG	Gesetz über Betriebsärzte, Sicherheitsingenieure und andere Fachkräfte für Arbeitssicherheit (Arbeitssicherheitsgesetz)
AT	außertariflich(e)
AT-Angestellte	außertarifliche Angestellte
ATG	Altersteilzeitgesetz
AuA	Arbeit und Arbeitsrecht (Zeitschrift)
Aufl.	Auflage
AÜG	Gesetz zur Regelung der gewerbsmäßigen Arbeitnehmerüberlassung
AuR	Arbeit und Recht (Fachzeitschrift)
AuslG	Ausländergesetz
AVG	Angestelltenversicherungsgesetz
AVV	Allgemeine Verwaltungsvorschriften
AwbG	Arbeitnehmerweiterbildungsgesetz
AWD	Außenwirtschaftsdienst des »Betriebs-Beraters«
Az.	Aktenzeichen
AZG	Arbeitszeitgesetz
BA	Bundesagentur für Arbeit
BABl.	Bundesarbeitsblatt
BAG	Bundesarbeitsgericht
BAGE	Amtliche Sammlung der Entscheidungen des Bundesarbeitsgerichts
BAnz.	Bundesanzeiger
BAT	Bundes-Angestelltentarifvertrag
BAU	Bundesanstalt für Arbeitsschutz und Unfallforschung
BaustellV	Baustellenverordnung

BayObLG	Bayerisches Oberstes Landesgericht
BayVGH	Bayerischer Verwaltungsgerichtshof
BB	Betriebs-Berater (Zeitschrift)
BBergG	Bundesberggesetz
BBG	Bundesbeamtengesetz
BBiG	Berufsbildungsgesetz
Bd.	Band
Bde.	Bände
BDSG	Bundesdatenschutzgesetz
BDW	Brandl/Disselkamp/Wedde, Beschäftigungssicherung durch Innovation (2005)
Bea.	Beamte(r)
beE	betriebsorganisatorisch eigenständige Einheit
BEEG	Bundeselterngeld- und Elternzeitgesetz
BErzGG	Bundeserziehungsgeldgesetz
BeschFG	Beschäftigungsförderungsgesetz 1985
BeschSchG	Beschäftigtenschutzgesetz
BetrAVG	Gesetz zur Verbesserung der betrieblichen Altersversorgung
BetrR	Der Betriebsrat (Zeitschrift), ab 1988 Fachbeilage zur »Gewerkschaftlichen Umschau« der IG Chemie-Papier-Keramik
BetrSichV	Betriebssicherheitsverordnung
BetrVerf-ReformG	Gesetz zur Reform des Betriebsverfassungsgesetzes
BetrVG 1952	Betriebsverfassungsgesetz 1952
BetrVG 1972	Betriebsverfassungsgesetz 1972
BEV	Bundeseisenbahnvermögen
BF	Beschwerdeführer
BFDG	Gesetz über den Bundesfreiwilligendienst
BFH	Bundesfinanzhof
BFHE	Entscheidungen des Bundesfinanzhofs
BG	Die Berufsgenossenschaft (Zeitschrift)
BGB	Bürgerliches Gesetzbuch
BGBl.	Bundesgesetzblatt
BGH	Bundesgerichtshof
BGHSt.	Amtliche Sammlung der Entscheidungen des BGH in Strafsachen
BGHZ	Amtliche Sammlung der Entscheidungen des BGH in Zivilsachen
BGL	Betriebsgewerkschaftsleitung
BGV	Berufsgenossenschaftliche Vorschriften über Unfallverhütung
BildscharbV	Bildschirmarbeitsverordnung
BImSchG	Bundesimmissionsschutzgesetz
BImSchV	Bundesimmissionschutzverordnung
BioStoffV	Biostoffverordnung
BK	Basiskommentar
BKK	Betriebskrankenkasse
BKV	Betriebskollektivvertrag
BLAH	Baumbach/Lauterbach/Albers/Hartmann, ZPO-Kommentar, 62. Aufl. (2004)
BlStSozArbR	Blätter für Steuerrecht, Sozialversicherung und Arbeitsrecht (Zeitschrift)
BMA	Bundesarbeitsministerium
BMAS	Bundesministerium für Arbeit und Sozialordnung
BMJ	Bundesminister der Justiz
BMWA	Bundesministerium für Wirtschaft und Arbeit
BNotO	Bundesnotarordnung
BordV	Bordvertretung
BPersVG	Bundespersonalvertretungsgesetz

BPG	Bergmannsprämiengesetz
BR	Betriebsrat
BRAGO	Bundesgebührenordnung für Rechtsanwälte
BRD	Bundesrepublik Deutschland
BR-Drucks.	Bundesrats-Drucksache
BremBRG	Bremisches Betriebsrätegesetz vom 10. 1. 1949
BremPersVG	Bremisches Personalvertretungsgesetz
BRG	Betriebsrätegesetz
brit.	britisch
BRRG	Rahmengesetz zur Vereinheitlichung des Beamtenrechts
brwo	Betriebsratswissen online – Software-Informationssystem für Betriebsräte
BSeuchG	Bundes-Seuchengesetz
BSG	Bundessozialgericht
BSWW	Blanke/Schüren/Wank/Wedde, Handbuch neue Beschäftigungsformen (2002)
BT	Bundestag
BT-Drucks.	Bundestags-Drucksache
B/U	Buschmann/Ulber, Kommentare zur Flexibilisierung und zum Arbeitsrecht
BundesdisziplinarG	Bundesdisziplinargericht
BUrlG	Bundesurlaubsgesetz
BUV	Betriebs- und Unternehmensverfassung (Zeitschrift)
BV	Betriebsvereinbarung
BVerfG	Bundesverfassungsgericht
BVerfGE	Amtliche Sammlung der Entscheidungen des BVerfG
BVerwG	Bundesverwaltungsgericht
BVerwGE	Amtliche Sammlung der Entscheidungen des BVerwG
BVG	Besonderes Verhandlungsgremium
BVW	Betriebliches Vorschlagswesen (Zeitschrift)
BWG	Bundeswahlgesetz
BZRG	Bundeszentralregistergesetz
bzw.	beziehungsweise
ca.	zirka
CAD	Computer Aided Design (Computergestützte Konstruktion)
CAM	Computer Aided Manufacturing (Computergestützte Fertigung)
CEN	Europäische Kommission für Normung
CENELEC	Europäische Kommission für elektrotechnische Normung
CF	Computer Fachwissen (Zeitschrift); ab 2007 Computer und Arbeit (CuA)
CGBCE	Christliche Gewerkschaft Bergbau, Chemie und Energie
CGHB	Christliche Gewerkschaft Holz und Bau
ChemG	Chemikaliengesetz
CIM	Computer Integrated Manufacturing (Computerintegrierte Konstruktionsplanung und Fertigung)
CNC	Computer Numerical Control (Numerische Steuerung durch Computer)
CR	Computer und Recht (Zeitschrift)
CRM	Customer Relationship Management (DV-System)
CuA	Computer und Arbeit (Zeitschrift)
DAG	Deutsche Angestelltengewerkschaft
DB	Der Betrieb (Zeitschrift)
DBAG	Deutsche Bahn AG

DBGrG	Gesetz über die Gründung einer Deutsche Bahn Aktiengesellschaft
dbr	Der Betriebsrat (Zeitschrift)
DBD	Däubler/Bonin/Deinert, AGB-Kontrolle im Arbeitsrecht. Kommentierung zu den §§ 305 – 310 BGB, 3. Aufl. (2010)
DDR	Deutsche Demokratische Republik
DE	Dachroth/Engelbert, Praktikerkommentar zum Betriebsverfassungsrecht (2002)
ders.	derselbe
DGB	Deutscher Gewerkschaftsbund
DGUV	Deutsche Gesetzliche Unfallversicherung
d. h.	das heißt
Die AG	Die Aktiengesellschaft (Zeitschrift)
dies.	dieselbe(n)
DIN	Deutsche Industrienorm
DJT	Deutscher Juristentag
DKKWF	Däubler/Kittner/Klebe/Wedde (Hrsg.), Betriebsverfassungsgesetz, Formularbuch, 3. Aufl. (2014)
DKL	Däubler/Kittner/Lörcher (Hrsg.), Internationale Arbeits- und Sozialordnung, 2. Aufl. (1994)
DKWW	Däubler/Klebe/Wedde/Weichert, Bundesdatenschutzgesetz, Kompaktkommentar, 4. Aufl. (2013)
DLP	Data Loss oder Leakage Prevention
DM	Deutsche Mark
DMV	Deutscher Metallarbeiterverband
DP	Deutsche Partei
DPG	Deutsche Postgewerkschaft
DR	Dietz/Richardi, Kommentar zum BetrVG, 2 Bde., 6. Aufl. (1981/82), fortgeführt von Richardi
DRdA	Das Recht der Arbeit (österreichische Zeitschrift)
DRiG	Deutsches Richtergesetz
DRiZ	Deutsche Richterzeitung (Zeitschrift)
DRK	Deutsches Rotes Kreuz
DSB	Datenschutzberater (Zeitschrift)
DSWR	Datenverarbeitung in Steuer, Wirtschaft und Recht (Zeitschrift)
DuD	Datenschutz und Datensicherung (Zeitschrift)
DuR	Demokratie und Recht (Zeitschrift)
DV	Datenverarbeitung
DVO	Durchführungsverordnung
DVO-TVG	Durchführungsverordnung zum Tarifvertragsgesetz
DZWir	Deutsche Zeitschrift für Wirtschaftsrecht
EASUG	Gesetz zur Umsetzung der EG-Rahmenrichtlinie Arbeitsschutz und weiterer Arbeitsschutzrichtlinien
ebd.	ebenda
EBR	Europäischer Betriebsrat
EBRG	Gesetz über Europäische Betriebsräte
ECM	Enterprise-Content-Management
ed.	editor (Hrsg.)
EDV	Elektronische Datenverarbeitung
EFZG	Entgeltfortzahlungsgesetz
EG	Europäische Gemeinschaft; Einführungsgesetz
EGBGB	Einführungsgesetz zum Bürgerlichen Gesetzbuch
EGMR	Europäischer Gerichtshof für Menschenrechte
EGStGB	Einführungsgesetz zum Strafgesetzbuch
EigÜbG	Eignungsübungsgesetz

Einf.	Einführung
Einl.	Einleitung
EMRK	Europäische Menschenrechtskonvention
ErfK	Erfurter Kommentar zum Arbeitsrecht (hrsg. von Müller-Glöge, Preis, Schmidt), 15. Aufl. (2015)
Erl.	Erläuterung(en)
ESC	Europäische Sozialcharta
ESt.	Einigungsstelle
EStG	Einkommensteuergesetz
EStR	Einkommensteuer-Richtlinien
EU	Europäische Union
EuG	Europäisches Gericht erster Instanz
EuGH	Europäischer Gerichtshof
EuGHE	Sammlung der Rechtsprechung des Europäischen Gerichtshofs
EuGr-Ch	Charta der Grundrechte der EU
EuGRZ	Europäische Grundrechte-Zeitschrift
EuroAS	Europäisches Arbeits- und Sozialrecht, Informationsdienst
EUV	Vertrag über die Europäische Union
EuZA	Europäische Zeitschrift für Arbeitsrecht
EuZW	Europäische Zeitschrift für Wirtschaftsrecht
e. V.	eingetragener Verein
evtl.	Eventuell
EWG	Europäische Wirtschaftsgemeinschaft
EWiR	Entscheidungen zum Wirtschaftsrecht
EzA	Entscheidungssammlung zum Arbeitsrecht
EzA-SD	EzA-Schnelldienst
EzAüG	Entscheidungssammlung zum Arbeitnehmerüberlassungsgesetz
f.	folgend(e)
FA	Fachanwalt Arbeitsrecht (Zeitschrift)
FAK	Fitting/Auffarth/Kaiser, Kommentar zum BetrVG, 9. Aufl. (1970)
FDGB	Freier Deutscher Gewerkschaftsbund
FG	Finanzgericht
ff.	folgende
Fitting	Fitting/Engels/Schmidt/Trebinger/Linsenmaier, Kommentar zum BetrVG, 27. Aufl. (2014)
FK-InsO	Frankfurter Kommentar zur Insolvenzordnung s. Wimmer
FKS	Feldes/Kohte/Stevens-Bartol (Hrsg.), SGB IX, Kommentar für die Praxis, 3. Aufl. (2015)
FMS	Finanzmarktstabilisierungsfonds (Gesetz)
FMStFG	Finanzmarktstabilisierungsfondsgesetz
Fn.	Fußnote(n)
FormVAnpG	Gesetz zur Anpassung der Formvorschriften des Privatrechts und anderer Vorschriften an den modernen Rechtsgeschäftsverkehr (Formvorschriftenanpassungsgesetz)
FPfZG	Familienpflegezeitgesetz
FR	Frankfurter Rundschau (Tageszeitung)
FS	Festschrift
G	Gesetz
GBl.	Gesetzblatt
GBR	Gesamtbetriebsrat
GbR	Gesellschaft bürgerlichen Rechts
GBV	Gesamtbetriebsvereinbarung
GdB	Grad der Behinderung

GdED	Gewerkschaft der Eisenbahner Deutschlands
GefStoffV	Verordnung über gefährliche Stoffe (Gefahrstoffverordnung)
GEMA	Gesellschaft für musikalische Aufführungs- und mechanische Vervielfältigungsrechte
gemB	gemeinsamer Betrieb
GenDG	Gendiagnostikgesetz
GenG	Gesetz betreffend die Erwerbs- und Wirtschaftsgenossenschaften (Genossenschaftsgesetz)
GenTG	Gentechnikgesetz
GenTSV	Verordnung über die Sicherheitsstufen und Sicherheitsmaßnahmen bei gentechnischen Arbeiten in gentechnischen Anlagen
GesO	Gesamtvollstreckungsordnung
GewO	Gewerbeordnung
GG	Grundgesetz
ggf.	gegebenenfalls
GJAV	Gesamt-Jugend- und Auszubildendenvertretung
GJV	Gesamtjugendvertreter; Gesamtjugendvertretung
GK	Gemeinschaftskommentar zum BetrVG (verfasst von Wiese/Kreutz/Oetker/Raab/Weber/Franzen/Gutzeit/Jacobs), 2 Bde., 10. Aufl. (2014)
GK-TzA	Gemeinschaftskommentar zum Teilzeitarbeitsrecht (verfasst von Becker/Danne/Lang/Lipke/Mikosch/Steinwedel), 1987
GL	Galperin/Löwisch, Kommentar zum BetrVG, 6. Aufl. (1982)
GleiBG	Gleichberechtigungsgesetz
GmbH	Gesellschaft mit beschränkter Haftung
GmbHG	Gesetz betreffend die Gesellschaften mit beschränkter Haftung
GmbHR	GmbH-Rundschau (Zeitschrift)
GMH	Gewerkschaftliche Monatshefte (Zeitschrift)
GMP	Germelmann/Matthes/Prütting, Arbeitsgerichtsgesetz, Kommentar, 7. Aufl. (2009)
GmS-OGB	Gemeinsamer Senat der obersten Gerichtshöfe des Bundes
GPS	Global-Positioning-System (globales Positionsbestimmungssystem)
GS	Gedächtnisschrift
GS	Großer Senat
GSG	Gerätesicherheitsgesetz
Großkomm. AktG *Bearbeiter*	Großkommentar zum Aktiengesetz, 4. Aufl.
GUG	Gesetz über die Unterbrechung von Gesamtvollstreckungsverfahren
GüKG	Güterkraftverkehrsgesetz
GUS	Gemeinschaft Unabhängiger Staaten (Teilrechtsnachfolger der UdSSR)
GVG	Gerichtsverfassungsgesetz
GWB	Gesetz gegen Wettbewerbsbeschränkungen
GWBG	Grunsky/Waas/Benecke/Greiner, Arbeitsgerichtsgesetz, Kommentar, 8. Aufl. (2014)
GWR	Gesellschafts- und Wirtschaftsrecht (Zeitschrift)
HAG	Heimarbeitsgesetz
Hako-BetrVG	Düwell (Hrsg.), Betriebsverfassungsgesetz, Handkommentar, 4. Aufl. (2014)
HandwO	Gesetz zur Ordnung des Handwerks (Handwerksordnung)
Hans. OLG	Hanseatisches Oberlandesgericht
HB	Handelsblatt (Tageszeitung)
HBR	Herbst/Bertelsmann/Reiter, Arbeitsgerichtliches Beschlussverfahren, 2. Aufl. (1998)
HessBRG	Hessisches Betriebsrätegesetz vom 31.5.1948

HessLAG	Hessisches Landesarbeitsgericht
HessVGH	Hessischer Verwaltungsgerichtshof
HHB	Hauck/Helml/Biebl, Arbeitsgerichtsgesetz, Kommentar, 4. Aufl. (2011)
HGB	Handelsgesetzbuch
HK-ArbR	Däubler/Hjort/Hummel/Wolmerath (Hrsg.), Arbeitsrecht. Individualarbeitsrecht mit kollektivrechtlichen Bezügen. Handkommentar, 2. Aufl. (2010)
HK-BGB	Dörner u. a., BGB, Handkommentar, 3. Aufl. (2003)
HK-InsO	s. Eickmann u. a.
h. M.	herrschende Meinung
HmbPersVG	Hamburgisches Personalvertretungsgesetz
Hrsg.; hrsg.	Herausgeber; herausgegeben
HSA	Hamann/Schmitz/Apitzsch, Überwachung und Arbeitnehmerdatenschutz, 2. Aufl. (2014)
HSI	Hugo Sinzheimer Institut
HWGNRH	Hess/Worzalla/Glock/Nicolai/Rose/Huke, Kommentar zum BetrVG, 9. Aufl. (2014)
HWK	Henssler/Willemsen/Kalb (Hrsg.), Arbeitsrecht Kommentar, 6. Aufl. (2014)
HwO	Gesetz zur Ordnung des Handwerks (Handwerksordnung)
IAO	Internationale Arbeitsorganisation
i. B.	in Bezug
i. d. F.	in der Fassung
i. d. R.	in der Regel
IEC	Internationale Elektronische Kommission
IG	Industriegewerkschaft
i. H. v.	in Höhe von
ILO	International Labour Organization (= IAO)
insbes.	insbesondere
InsO	Insolvenzordnung
IPR	Internationales Privatrecht
i. S. d.	im Sinne des
ISO	International Standard Organization
i. S. v.	im Sinne von
IT	Informationstechnik
ITK	Informations- und Telekommunikationstechnik
IuK	Informations- und Kommunikationstechnik
i. V. m.	in Verbindung mit
IW	Institut der deutschen Wirtschaft (Köln)
JA	Juristische Arbeitsblätter (Zeitschrift)
JArbSchG	Jugendarbeitsschutzgesetz
JAV	Jugend- und Auszubildendenvertretung
JA-Versammlung	Jugend- und Auszubildendenversammlung
JAVG	Gesetz zur Bildung von Jugend- und Auszubildendenvertretungen in den Betrieben
JbArbR	Das Arbeitsrecht der Gegenwart, Jahrbuch für das gesamte Arbeitsrecht und die Arbeitsgerichtsbarkeit
JR	Juristische Rundschau (Zeitschrift)
juris PR-ArbR	juris Praxisreport Arbeitsrecht
JuS	Juristische Schulung (Zeitschrift)
JV	Jugendvertreter; Jugendvertretung
JVA	Justizvollzugsanstalt

JVEG	Justizvergütungs- und Entschädigungsgesetz
JW	Juristische Wochenschrift (Zeitschrift)
JWG	Jugendwohlfahrtsgesetz
JZ	Juristenzeitung (Zeitschrift)
KAPOVAZ	Kapazitätsorientierte variable Arbeitszeit
KassArbR	Kasseler Handbuch zum Arbeitsrecht (hrsg. von Leinemann), 2 Bde., 2. Aufl. (2000)
KBR	Konzernbetriebsrat
KBV	Konzernbetriebsvereinbarung
KDZ	Kittner/Däubler/Zwanziger, Kündigungsschutzrecht, Kommentar für die Praxis, 9. Aufl. (2014)
KG	Kammergericht; Kommanditgesellschaft
KGaA	Kommanditgesellschaft auf Aktien
KJ	Kritische Justiz (Zeitschrift)
KJAV	Konzern-Jugend- und Auszubildendenvertretung
KK	Kölner Kommentar zum Aktiengesetz, 2. Aufl. (1986)
KO	Konkursordnung
KP	Kübler/Prütting s. Literaturverzeichnis
KR	Gemeinschaftskommentar zum Kündigungsschutzgesetz und sonstigen kündigungsschutzrechtlichen Vorschriften: s. unter Etzel u. a. im Literaturverzeichnis, 9. Aufl. 2009
KR	Kontrollrat
KRHS	Klebe/Ratayczak/Heilmann/Spoo, Betriebsverfassungsgesetz, Basiskommentar mit Wahlordnung, 17. Aufl. 2012
KRM	Koller/Roth/Morck, HGB-Kommentar, 3. Aufl. (1999)
KreisG	Kreisgericht
KRG	Kontrollratsgesetz
krit.	Kritisch
KSchG	Kündigungsschutzgesetz
KSPW	Kommission für die Erforschung des sozialen und politischen Wandels in den neuen Bundesländern e. V.
KSW	Kreikebohm/Spellbrink/Waltermann, Kommentar zum Sozialrecht, 3. Aufl. (2013)
KSzW	Kölner Schrift zum Wirtschaftsrecht (Zeitschrift)
KTS	Konkurs-, Treuhand- und Schiedsgerichtswesen (Zeitschrift)
KUG	Kunsturhebergesetz
KuG	Kurzarbeitergeld
KWG	Gesetz über das Kreditwesen
LärmVibrationsArbSchV	Verordnung zum Schutz der Beschäftigten vor Gefährdung durch Lärm und Vibrationen
LAG	Landesarbeitsgericht
LAGE	Entscheidungen der Landesarbeitsgerichte
LasthandhabV	Lastenhandhabungsverordnung
LFZG	Gesetz über die Fortzahlung des Arbeitsentgelts im Krankheitsfalle (Lohnfortzahlungsgesetz)
LG	Landgericht
lit.	litera (lat., Buchstabe)
LK	Löwisch/Kaiser, Betriebsverfassungsgesetz, 6. Aufl. (2010)
LMS	Lohre/Mayer/Stevens-Bartol, Arbeitsförderung/Sozialgesetzbuch III, 3. Aufl. (2000)
LohnzG	Gesetz zur Regelung der Lohnzahlung an Feiertagen
LPG	Landwirtschaftliche Produktionsgenossenschaft
LPVG NW	Landespersonalvertretungsgesetz Nordrhein-Westfalen

Ls.	Leitsatz
LSG	Landessozialgericht
LStR	Lohnsteuerrichtlinien
MAGS	Ministerium für Arbeit, Gesundheit und Soziales NRW
MantelG	Mantelgesetz
MASSKS	Ministerium für Arbeit, Soziales und Stadtentwicklung, Kultur und Sport NRW
MBR	Mitglied des Betriebsrats
MDHS	Maunz/Dürig/Herzog/Scholz, Kommentar zum Grundgesetz (Loseblatt)
MDR	Monatsschrift für Deutsches Recht
m. E.	meines Erachtens
MfS	Ministerium für Staatssicherheit der ehemaligen DDR
MgVG	Gesetz über die Mitbestimmung der Arbeitnehmer bei einer grenzüberschreitenden Verschmelzung
MHR	Mitteilungen des Hamburger Richtervereins
MiLoG	Mindestlohngesetz
Min.	Minister(ium)
MindArBG	Gesetz über die Festsetzung von Mindestarbeitsbedingungen
Mio.	Million(en)
MitbErgG	Gesetz zur Ergänzung des Gesetzes über die Mitbestimmung der Arbeitnehmer in den Aufsichtsräten und Vorständen der Unternehmen des Bergbaus und der Eisen und Stahl erzeugenden Industrie (Mitbestimmungsergänzungsgesetz)
Mitbest.	Die Mitbestimmung (Zeitschrift)
MitbestG; MitbG	Gesetz über die Mitbestimmung der Arbeitnehmer (Mitbestimmungsgesetz)
MitbGespr	Das Mitbestimmungsgespräch (Zeitschrift)
MontanMitbG	Gesetz über die Mitbestimmung der Arbeitnehmer in den Aufsichtsräten und Vorständen der Unternehmen des Bergbaus und der Eisen und Stahl erzeugenden Industrie
Mrd.	Milliarde(n)
MSW	Maas/Schmitz/Wedde, Datenschutz 2014, HSI-Schriftenreihe Band 9 (2014)
MTM	Methods Time Measurement
MünchAktG	Münchener Handbuch des Gesellschaftsrechts, Bd. 4, Aktiengesetz (1988)
MünchArbR	Münchener Handbuch zum Arbeitsrecht (hrsg. von Richardi/Wlotzke/Wißmann/Oetker), 3. Aufl., Bd. 1, Individualarbeitsrecht, Bd. 2, Kollektivarbeitsrecht/Sonderformen (2009)
MünchKomm	Münchener Kommentar zum Bürgerlichen Gesetzbuch (hrsg. von Rebmann/Säcker), 4. Aufl. (2001 ff.)
MünchKommInsO	Münchener Kommentar zur InsO, s. Kirchhof u. a.
MünchKommZPO	Lüke/Wax (Hrsg.), Münchener Kommentar zur ZPO, 2. Aufl. (2000)
MuSchG	Gesetz zum Schutz der erwerbstätigen Mutter (Mutterschutzgesetz)
MuSchRiV	Verordnung zum Schutze der Mütter am Arbeitsplatz
m. w. N.	mit weiteren Nachweisen
m. W. v.	mit Wirkung vom
NATO	Nordatlantikpakt
NC	Numerical Control (Numerische Maschinensteuerung)
Nds.	Niedersachsen
n. F.	neue Fassung
NJW	Neue Juristische Wochenschrift

Nr./Nrn.	Nummer/Nummern
n. rkr.	nicht rechtskräftig
NRW; NW	Nordrhein-Westfalen
NStZ	Neue Zeitschrift für Strafrecht
NVwZ-RR	Neue Zeitschrift für Verwaltungsrecht – RechtsprechungsReport Verwaltungsrecht
NZA	Neue Zeitschrift für Arbeitsrecht
NZA-RR	NZA, Rechtsprechungsreport
NZG	Neue Zeitschrift für Gesellschaftsrecht
NZS	Neue Zeitschrift für Sozialrecht
o.	oben
o. A.	ohne Autor/Angabe(n)
o. Ä.	oder Ähnliches
OHG	Offene Handelsgesellschaft
OGH	Oberster Gerichtshof (Österreich)
OLG	Oberlandesgericht
öD	Öffentlicher Dienst
ÖTV	Gewerkschaft öffentlicher Dienst, Transport und Verkehr
OVG	Oberverwaltungsgericht
OWiG	Gesetz über Ordnungswidrigkeiten
PA	Personalakte
ParteiG	Gesetz über die politischen Parteien
PC	Personalcomputer
PCB	Polychlorierte Biphenyle
PCT	Polychlorierte Terphenyle
PDA	Personal Digital Assistant
PEP–Systeme	Personaleinsatzplanungssysteme
PersR	Der Personalrat (Zeitschrift)
PersV	Die Personalvertretung (Zeitschrift)
PersVG	Personalvertretungsgesetz
PflegeZG	Pflegezeitgesetz
PGH	Produktionsgenossenschaft des Handwerks
PostPersRG	Postpersonalrechtsgesetz
ppm	part per million
PR	Personalrat
Prot.	Protokoll
PS	Preis/Sagan (Hrsg.), Europäisches Arbeitsrecht (2015)
PSA-BV	Verordnung über Sicherheit und Gesundheitsschutz bei der Benutzung persönlicher Schutzausrüstungen bei der Arbeit
PTNeuOG	Postneuordnungsgesetz
RabelsZ	Zeitschrift für ausländisches und internationales Privatrecht (begründet von Ernst Rabel)
RABl.	Reichsarbeitsblatt
RAG	Reichsarbeitsgericht
RdA	Recht der Arbeit (Zeitschrift)
RDV	Recht der Datenverarbeitung (Zeitschrift)
Refa	Verband (früher: Reichsausschuss) für Arbeitsstudien
RefE	Referentenentwurf
RegE	Regierungsentwurf
RFID	Radio Frequency Identification
RG	Reichsgericht
RGBl.	Reichsgesetzblatt

RGSt.	Amtliche Sammlung der Entscheidungen des Reichsgerichts in Strafsachen
RGZ	Amtliche Sammlung der Entscheidungen des Reichsgerichts in Zivilsachen
RiA	Recht im Amt (Zeitschrift)
RIW	Recht der internationalen Wirtschaft (Zeitschrift)
RKV	Rahmenkollektivvertrag
RKW-Handbuch	Rationalisierungs-Kuratorium der Deutschen Wirtschaft e. V. (Hrsg.), RKW-Handbuch Personalplanung, 2. Aufl. (1990)
RL	Richtlinie
Rn.	Randnummer(n)
RPW	Richenhagen/Prümper/Wagner, Handbuch der Bildschirmarbeit (1997)
RRG	Rentenreformgesetz
RRWZ	Rehwald/Reineke/Wienemann/Zinke, Betriebliche Suchtprävention und Suchthilfe, Handbuch der IG Metall (2007)
RSG	Rosenberg/Schwab/Gottwald, Zivilprozessrecht, 15. Aufl. (1993)
Rspr.	Rechtsprechung
RVG	Rechtsanwaltsvergütungsgesetz
RVO	Reichsversicherungsordnung
S.	Seite
s.	siehe
SachsAnhPersVG	Personalvertretungsgesetz für das Land Sachsen-Anhalt
SAE	Sammlung arbeitsrechtlicher Entscheidungen (Zeitschrift)
SB	Siebert/Becker, Kommentar zum BetrVG, 7. Aufl. (1992)
SBG	Soldatenbeteiligungsgesetz
SCE	Societas Cooperativa Europaea (Europ. Genossenschaft)
SchwbG	Schwerbehindertengesetz
SDB	Siebert/Degen/Becker, Kommentar zum BetrVG, 6. Aufl. (1986) mit Ergänzungsbd. 1989
SE	Societas Europaea (Europ. Aktiengesellschaft)
SEBG	Gesetz über die Beteiligung der Arbeitnehmer in einer Europäischen Gesellschaft
SEC	Securities and Exchange Commission
SG	Sozialgericht
SGB	Sozialgesetzbuch
SigG	Gesetz über Rahmenbedingungen für elektronische Signaturen und zur Änderung weiterer Vorschriften (Signaturgesetz)
SKWPG	Gesetz zur Umsetzung des Spar-, Konsolidierungs- und Wachstumsprogramms
s. o.	siehe oben
sog.	so genannt
SoldG	Gesetz über die Rechtsstellung der Soldaten
SozplKonkG	Gesetz über den Sozialplan im Konkurs- und Vergleichsverfahren
SozSich	Soziale Sicherheit (Zeitschrift)
SpA	Sprecherausschuss der leitenden Angestellten
SpA-WO	Sprecherausschuss-Wahlordnung
SPD	Sozialdemokratische Partei Deutschlands
SprAuG	Gesetz über Sprecherausschüsse der leitenden Angestellten (Sprecherausschussgesetz)
SpTrUG	Gesetz über die Spaltung der von der Treuhandanstalt verwalteten Unternehmen
SR	Soziales Recht (Zeitschrift)
StA	Staatsanwalt, Staatsanwaltschaft

ständ.	ständig(e)
Statistisches Jahrbuch 90 ff.	Statistisches Bundesamt (Hrsg.), Statistisches Jahrbuch für die Bundesrepublik Deutschland, 1990 ff.
StGB	Strafgesetzbuch
StörfallVO	12. VO zur Durchführung des Bundes-Immissionsschutzgesetzes (Störfall-Verordnung)
StPO	Strafprozessordnung
str.	Streitig
StrlSchVO	Strahlenschutz-Verordnung
StUG	Stasi-Unterlagen-Gesetz
StVollzG	Strafvollzugsgesetz
StVZO	Straßenverkehrs-Zulassungsordnung
s. u.	siehe unten
SV	Sachverständige/r
SW	Schwab/Weth, Kommentar zum Arbeitsgerichtsgesetz, 4. Aufl. (2015)
SWS	Stege/Weinspach/Schiefer, BetrVG, Handkommentar für die betriebliche Praxis, 9. Aufl. (2002)
TAZ	Tageszeitung
TG	Transfergesellschaft
TGL	Technische Gütebezeichnung und Lieferbedingungen
TK	Taschenkommentar
TKG	Telekommunikationsgesetz
TKÜV	Telekommunikations-Überwachungsverordnung
TQM	Total Quality Management
TMG	Telemediengesetz
TV	Tarifvertrag; Tarifvereinbarung
TVG	Tarifvertragsgesetz
TVG-AKR	Berg/Kocher/Platow/Schoof/Schumann, Tarifvertragsgesetz und Arbeitskampfrecht, Kompaktkommentar, 5. Aufl. (2015)
TVVO	Tarifvertragsverordnung vom 23. 12. 1918
TZA	Buschmann/Dieball/Stevens-Bartol, Das Recht der Teilzeitarbeit, Kommentar, 2. Aufl. (2001)
TzBfG	Teilzeit- und Befristungsgesetz
u.	unten; unter; und
u. a.	und andere; unter anderem
u. Ä.	und Ähnliche(s)
u. Ä. m.	und Ähnliches mehr
UdSSR	Union der Sozialistischen Sowjetrepubliken
Uhh	Unterhinninghofen
ULA	Union der Leitenden Angestellten
UmwBerG	Umwandlungsbereinigungsgesetz
UmwG	Umwandlungsgesetz
UN	Unternehmen; Unternehmer
UrhG	Urheberrechtsgesetz
usw.	und so weiter
u. U.	unter Umständen
uv.	Unveröffentlicht
UVV	Unfallverhütungsvorschrift
UWG	Gesetz gegen den unlauteren Wettbewerb
v.	von; vom
VA	Verwaltungsakt
VAG	Gesetz über die Beaufsichtigung der Versicherungsunternehmer

VC	Vinylchlorid
VDE	Verband Deutscher Elektrotechniker
VDI	Verband Deutscher Ingenieure
VEB	Volkseigener Betrieb
VerglO	Vergleichsordnung
VermBG	Gesetz zur Förderung der Vermögensbildung der Arbeitnehmer
VermG	Gesetz zur Regelung offener Vermögensfragen
VersR	Versicherungsrecht (Zeitschrift)
VG	Verwaltungsgericht
VGH	Verwaltungsgerichtshof
vgl.	Vergleiche
VglO	Vergleichsordnung
VG WORT	Verwertungsgesellschaft WORT
v. H.	vom Hundert
VIZ	Zeitschrift für Vermögens- und Investitionsrecht
VO	Verordnung
VoIP	Voice over Internet Protocol
Vorbem.	Vorbemerkung(en)
VVaG	Versicherungsverein auf Gegenseitigkeit
VVDStRL	Veröffentlichungen der Vereinigung der Deutschen Staatsrechtslehrer
VwGO	Verwaltungsgerichtsordnung
VwVfG	Verwaltungsverfahrensgesetz
WA	Wirtschaftsausschuss
WEG	Wohnungseigentumsgesetz
WEH	Weber/Ehrich/Hörchens, Handbuch zum Betriebsverfassungsrecht (1998)
WestdArbRspr.	Westdeutsche Arbeitsrechtsprechung
WiB	Wirtschaftliche Beratung (Zeitschrift)
WO	Erste Verordnung zur Durchführung des Betriebsverfassungsgesetzes (Wahlordnung 1972)
WOPersVG	Wahlordnung zum Personalvertretungsgesetz
WOS	Zweite Verordnung zur Durchführung des Betriebsverfassungsgesetzes (Wahlordnung Seeschifffahrt)
WP	Wirtschaftsprüfer-Handbuch
WpHG	Wertpapierhandelsgesetz
WpHGMaAnzV	WpHG-Mitarbeiteranzeigeverordnung
WPK	Wlotzke/Preis/Kreft, Kommentar zum Betriebsverfassungsgesetz, 4. Aufl. (2009)
WpÜG	Wertpapiererwerbs- und Übernahmegesetz
WRP	Wettbewerb in Recht und Praxis (Zeitschrift)
WRV	Weimarer Reichsverfassung
WSI-Mitt.	WSI-Mitteilungen (Zeitschrift des Wirtschafts- und Sozialwissenschaftlichen Instituts des DGB in der Hans-Böckler-Stiftung)
WV	Wahlvorstand
WW	Weiss/Weyand, Betriebsverfassungsgesetz, Kommentar, 3. Aufl. (1994)
WWI-Mitt.	WWI-Mitteilungen (Zeitschrift des Wirtschaftswissenschaftlichen Instituts des DGB)
ZA-NATO-Truppenstatut	Zusatzabkommen zum NATO-Truppenstatut
z. B.	zum Beispiel
ZBR	Zeitschrift für Beamtenrecht
ZBVR	Zeitschrift für Betriebsverfassungsrecht
ZDG	Zivildienstgesetz

ZDVG	Zivildienstvertrauensmann-Gesetz
ZESAR	Zeitschrift für europäisches Sozial- und Arbeitsrecht
ZfA	Zeitschrift für Arbeitsrecht
ZfPR	Zeitschrift für Personalvertretungsrecht
ZGR	Zeitschrift für Unternehmens- und Gesellschaftsrecht
ZgStW	Zeitschrift für die gesamte Staatsrechtswissenschaft
ZH 1	Verzeichnis von Sicherheitsregeln u. a., Schriften für Arbeitssicherheit und Arbeitsmedizin, Hauptverband der gewerblichen Berufsgenossenschaften
ZHR	Zeitschrift für das gesamte Handelsrecht und Wirtschaftsrecht
ZIAS	Zeitschrift für ausländisches und internationales Arbeits- und Sozialrecht
Ziff.	Ziffer(n)
ZInsO	Zeitschrift für das gesamte Insolvenzrecht
ZIP	Zeitschrift für Wirtschaftsrecht
zit.	zitiert
ZMR	Zeitschrift für Miet- und Raumrecht
ZPO	Zivilprozessordnung
ZRP	Zeitschrift für Rechtspolitik
ZSR	Zeitschrift für Sozialreform
z. T.	zum Teil
ZTR	Zeitschrift für Tarif-, Arbeits- und Sozialrecht des öffentlichen Dienstes
zz.	zurzeit

Literaturverzeichnis

Die in dieses Verzeichnis aufgenommenen Titel werden in den Erläuterungen i. d. R. nur mit dem Namen des Verfassers zitiert. Gibt es von einem Verfasser mehrere Titel, sind sie, wie durch fett gesetzte Hervorhebungen gekennzeichnet, gekürzt worden.

Akin/Dälken/Monz, Integration von Beschäftigten ausländischer Herkunft (2004)

Alexy, Theorie der Grundrechte (1986)

Altmann/Sauer (Hrsg.), Systemische Rationalisierung und Zulieferindustrie (1989)

Altvater/Baden/Berg/Kröll/Noll/Seulen, Bundespersonalvertretungsgesetz mit Wahlordnung und ergänzenden Vorschriften, Kommentar, 8. Aufl. (2013); zit.: *Altvater u. a.*

Altvater/Peiseler, Bundespersonalvertretungsgesetz. Basiskommentar, 5. Aufl. (2009)

v. Alvensleben, Die Rechte der Arbeitnehmer bei Betriebsübergang im Europäischen Gemeinschaftsrecht (1992)

Andres/Leithner/Dahl, Insolvenzordnung. Kommentar, 2. Aufl., (2011)

Annuß/Kühn/Rudolph/Rupp, Europäisches Betriebsrätegesetz, SEBG/MgVG/SCEBG. Kommentar (2014); zit: AKRR-*Bearbeiter*

Apitzsch/Klebe/Schumann (Hrsg.), BetrVG '90, Der Konflikt um eine andere Betriebsverfassung (1988)

Arbeitskreis GmbH-Reform, Thesen und Vorschläge zur GmbH-Reform, Bde. 1 und 2 (1971)

Ascheid, Urteils- und Beschlußverfahren, 2. Aufl. (1998)

Ascheid/Preis/Schmidt (Hrsg.), Kündigungsrecht. Großkommentar zum gesamten Recht der Beendigung von Arbeitsverhältnissen, 4. Aufl. (2012); zit.: APS-*Bearbeiter*

Asshoff/Bachner/Kunz, Europäisches Arbeitsrecht im Betrieb. Ein praktischer Ratgeber (1996)

Bachner, Die Rechtsstellung des Europäischen Betriebsrats nach französischem und deutschem Arbeitsrecht, Dissertation (1998)

Bachner/Heilmann, Handbuch Betriebsvereinbarungen, Rechtliche Grundlagen und Vorlagen – mit Onlinezugriff auf alle Mustertexte (2014)

Bachner/Köstler/Matthießen/Trittin, Arbeitsrecht bei Unternehmensumwandlung und Betriebsübergang, 4. Aufl. (2011)

Backmeister/Trittin/Mayer, Kündigungsschutzgesetz, 4. Aufl. (2008)

Bahnmüller/Salm, Intelligenter, nicht härter arbeiten? (1996)

Balz, Das neue Gesetz über den Sozialplan im Konkurs- und Vergleichsverfahren (1985)

Balze/Bebel/Schuck, Outsourcing und Arbeitsrecht (1997)

Bauer, Betriebsänderungen (1992)

Bauer, Sprecherausschussgesetz mit Wahlordnung und Erläuterungen, 2. Aufl. (1990)

Bauer, Umstrukturierungen, 2. Aufl. (2009)

Bauer, Unternehmensveräußerung und Arbeitsrecht (1983)

Bauer/Göpfert/Krieger, AGG. Allgemeines Gleichbehandlungsgesetz. Kommentar, 3. Aufl. (2011)

Baumbach/Hopt, Handelsgesetzbuch, Kommentar, 34. Aufl. (2010)

Baumbach/Hueck, Kurzkommentar zum GmbH-Gesetz, begründet von Baumbach, fortgeführt von Hueck 19. Aufl. (2010); zit.: BH-*Bearbeiter*

Baumbach/Lauterbach/Hartmann, Zivilprozessordnung, 69. Aufl. (2011); zit.: *BLH*

Bayer-Stiftung (Hrsg.), Der Transfer-Sozialplan. Neuer Rechtsrahmen zur Beschäftigungssicherung in Krisenzeiten (2000)

Baur/Stürner, Lehrbuch des Sachenrechts, 17. Aufl. (1999)

Bechmann, Ideenmanagement und betriebliches Vorschlagswesen, Betriebs- und Dienstvereinbarungen, Schriftenreihe der Hans Böckler Stiftung (2013)

Becker/Danne/Lang/Lipke/Mikosch/Steinwedel, Gemeinschaftskommentar zum Teilzeitarbeitsrecht (GK-TzA) (1987)
Becker/Wulfgramm, Arbeitnehmerüberlassungsgesetz, Kommentar, 3. Aufl. (1986)
Belling, Die Haftung des Betriebsrats und seiner Mitglieder für Pflichtverletzungen (1990)
Benner (Hrsg.), Crowdwork – zurück in die Zukunft? (2014); zit.: Benner-*Bearbeiter*
Benze/Föhr/Kehrmann/Kieser/Lichtenstein/Schwegler/Unterhinninghofen, Mitbestimmungsgesetz '76, Kommentar für die Praxis (1977)
Bepler, Gutachten B zum 70. Deutschen Juristentag (2014) zit.: Bepler, Gutachten
Berg/Bobke, Das Betriebsverfassungsgesetz – Ein Leitfaden für aktive Betriebsratsarbeit (1982)
Berg/Hayen/Heilmann/Ratayczak, Wahl des Betriebsrats, Praxisorientierte Arbeitshilfe für Wahlvorstände und Betriebsräte, 4. Aufl. (2013)
Berg/Kocher/Schumann (Hrsg.), Tarifvertragsgesetz und Arbeitskampfrecht, Kompaktkommentar, 5. Aufl. (2015); zit.: Berg/Kocher/Schumann-*Bearbeiter*
Bergmeier/Hoppe, Personalinformationssysteme (2006)
Bergwitz, Die Rechtsstellung des Betriebsrats (2003)
Berscheid, Arbeitsverhältnisse in der Insolvenz (1999)
Bertelsmann-Stiftung/Hans-Böckler-Stiftung (Hrsg.), Mitbestimmung und neue Unternehmenskulturen – Bilanz und Perspektiven (1998)
Bethmann/Kamm/Möller-Lücking/Peiseler/Westermann/Witt/Unterhinninghofen, Schwerbehindertengesetz, Basiskommentar, 3. Aufl. (1991)
Bichlmeier/Engberding/Oberhofer, Insolvenzhandbuch, 2. Aufl. (2003)
Bichlmeier/Oberhofer, **Konkurshandbuch II.** Arbeits- und Sozialrecht – ein praktischer Ratgeber, 2. Aufl. (1993)
Bichlmeier/Oberhofer, **Konkurshandbuch III,** 2. Aufl. (1994)
Bichlmeier/Wroblewski, Das Insolvenzhandbuch für die Praxis, 3. Aufl. (2010)
Biebl, Das Restmandat des Betriebsrats nach Betriebsstilllegung (1989)
Biedenkopf, S., Interessenausgleich und Sozialplan unter Berücksichtigung der besonderen Probleme bei der Privatisierung und Sanierung von Betrieben in den neuen Bundesländern (1994)
Birk, U. A., Die Mitbestimmung des Betriebsrats bei der betrieblichen Altersversorgung (1983)
Blank/Blanke, H./Klebe/Kümpel/Wendeling-Schröder/Wolter, Arbeitnehmerschutz bei Betriebsaufspaltung und Unternehmensteilung, 2. Aufl. (1987)
Blank/Fangmann/Hammer, Grundgesetz, Basiskommentar, 2. Aufl. (1996)
Blanke, H., Kurzarbeit (1984)
Blanke, H./Berg/Hawreliuk/Kamm/Schneider/Trümner, M./Trümner, R., Betriebsratswahl – Handlungsanleitung für die betriebliche Praxis, 3. Aufl. (1997)
Blanke, Th. (Hrsg.), Handbuch Außertarifliche Angestellte, 2. Aufl. (1998); zit.: Blanke- *Bearbeiter*
Blanke, Th., Europäisches Betriebsräte-Gesetz, EBRG-Kommentar, unter Mitarbeit von R. Köstler, 2. Aufl. (2006); zit.: *Blanke*EBRG
Blanke, Th., Mitbestimmung im öffentlich-privatrechtlichen Gemeinschaftsbetrieb (1999)
Blanke, Th./Erd/Mückenberger/Stascheit (Hrsg.), Kollektives Arbeitsrecht – Quellentexte zur Geschichte des Arbeitsrechts in Deutschland, Bd. 1: 1840 – 1933 (1975)
Blanke/Schüren/Wank/Wedde, Handbuch neue Beschäftigungsformen (2002); zit.: BSWW-*Bearbeiter*
Blanke, Th./Sterzel, Privatisierungsrecht für Beamte (1999)
Blanke, Th./Trümner, R. (Hrsg.), Handbuch Privatisierung (1998)
Blanpain/Hanami, European Works Councils. The Implementation of the Directive in the Member States of the European Union (1995)
Blanpain/Windey, European Works Councils (1994)
Bley/Gitter/Heinze/Knopp/Lilge/Schneider-Danwitz/Schwerdtfeger, Gesamtkommentar Sozialversicherung (Loseblatt)
Blume, Normen und Wirklichkeit einer Betriebsverfassung (1964)
Bobke, Arbeitsrecht für Arbeitnehmer, 5. Aufl. (1993)

Boecken, Unternehmensumwandlungen und Arbeitsrecht (1996)
Boemke, Schuldvertrag und Arbeitsverhältnis (1999)
Boes/Schwemmle, Bangalore statt Böblingen? (2005)
Boewer, Die Betriebsratswahl (1990)
Böker, Arbeitszeiterfassungssysteme (2004)
Böker/Demuth, IKT-Rahmenvereinbarungen, Betriebs- und Dienstvereinbarungen, Schriftenreihe der Hans Böckler Stiftung, 2. Aufl. (2013)
Böker/Lindecke, Flexible Arbeitszeit – **Langzeitkonten,** Betriebs- und Dienstvereinbarungen, Schriftenreihe der Hans Böckler Stiftung, 2. Aufl. (2013)
Bopp, Die konstituierende Sitzung des Betriebsrats (1990)
Borgwardt/Fischer/Janert, Sprecherausschussgesetz für leitende Angestellte, 2. Aufl. (1990)
Bork, Einführung in das Insolvenzrecht, 3. Aufl. (2002)
Bosch/Engelhardt/Herrmann/Kurz-Scherf/Seifert, Arbeitszeitverkürzung im Betrieb, Die Umsetzung der 38, 5-Stunden-Woche in der Metall-, Druck- und Holzindustrie sowie im Einzelhandel (1988)
Bosch/Kohl/Schneider (Hrsg.), Handbuch Personalplanung (1995)
Bösche, Die Rechte des Betriebsrats bei Kündigungen (1979)
Brandl/Disselkamp/Wedde, Beschäftigungssicherung durch Innovation. Der neue § 92 a BetrVG (2005); zit.: BDW-*Bearbeiter*
Brandmüller, Betriebsaufspaltung – Die aktuelle Rechtsform, Loseblatt (Stand 3/1989)
Brandmüller, Die Betriebsaufspaltung nach Handels- und Steuerrecht, 5. Aufl. (1985)
Braun (Hrsg.), InsO. Kommentar, 5. Aufl. (2012)
Braun/Eggerdinger, Sucht und Suchtmittelmissbrauch (2004)
Brecht, Betriebsverfassungsgesetz, Kommentar (1972)
Brehm/Pohl (Hrsg.), Interessenvertretung durch Information (1978)
Breisig, Gruppenarbeit und ihre Regelung durch Betriebsvereinbarungen (1997)
Breisig, Entlohnen und Führen mit **Zielvereinbarungen** (2000)
Breisig, **Zielvereinbarungen im Fokus** von Betriebs- und Personalräten, 4. Aufl. (2013)
Breisig, **AT-Angestellte**, Betriebs- und Dienstvereinbarungen, Schriftenreihe der Hans Böckler Stiftung (2010)
Britschgi, Betriebliches Eingliederungsmanagement, 3. Aufl. (2014)
Briegl/Matthias, Betriebsräte in der Weimarer Republik (1978)
Brock, Gewerkschaftliche Betätigung im Betrieb nach Aufgabe der Kernbereichslehre durch das Bundesverfassungsgericht (2002)
Brox/Rüthers, Arbeitskampfrecht, 2. Aufl. (1982)
Bücker/Feldhoff/Kohte, Vom Arbeitsschutz zur Arbeitsumwelt (1994)
Büntgen, Teilzeitarbeit, Betriebs- und Dienstvereinbarungen, Schriftenreihe der Hans Böckler Stiftung, 2. Aufl. (2013)
Bunge, Tarifinhalt und Arbeitskampf (1980)
Burghardt, Die Handlungsmöglichkeiten des Betriebsrats (1979)
Buschmann, Teilzeit- und Befristungsgesetz, Handlungshilfen für Betriebs- und Personalräte 2. Aufl. (2007)
Buschmann/Dieball/Stevens-Bartol, TZA, Das Recht der Teilzeitarbeit, Kommentar für die Praxis, 2. Aufl. (2001); zit.: TZA-*Bearbeiter*
Buschmann/Mache/Nielebock/Palik/Rataczak/Schoden/Trümner, M., Die neuen Arbeitnehmerrechte (1999)
Buschmann/Ulber, Arbeitszeitgesetz, Basiskommentar mit Nebengesetzen und Ladenschluss, 8. Aufl. (2015)
Buschmann/Ulber, Flexibilisierung: Arbeitszeit – Beschäftigung, Basiskommentar (1989)

Carinci/De Luca Tamajo/Tosi/Treu, Diritto del Lavoro, Tomo 1. Il diritto sindacale, 4 ed. (2002), Tomo 2. Il rapporto di lavoro subordinato, 5 ed. (2003)
Caspers, Personalabbau und Betriebsänderung im Insolvenzverfahren (1998)
Christiansen, Betriebszugehörigkeit (1998)
Collardin, Aktuelle Rechtsfragen der Telearbeit (1995)

Cox/Offermann, Wirtschaftsausschuss (2004)
Cronauge, Kommunale Unternehmen, 2. Aufl. (1996)
Dachrodt/Engelbert, Praktikerkommentar zum Betriebsverfassungsrecht (2002); zit.: *DE*
Däubler (Hrsg.), **Arbeitsbeziehungen** in Spanien (1982)
Däubler (Hrsg.), **Arbeitskampfrecht,** Handbuch für die Rechtspraxis, 3. Aufl. (2011); zit. *Bearbeiter* in Däubler, Arbeitskampfrecht
Däubler, **Arbeitsrecht,** Ratgeber für Beruf, Praxis und Studium, 11. Aufl. (2015)
Däubler, **Das Arbeitsrecht 1,** 16. Aufl. (2006)
Däubler, **Das Arbeitsrecht 2,** 12. Aufl. (2009),
Däubler, **BGB kompakt,** 3. Aufl. (2008)
Däubler, Der **Euro** im Betrieb (1998)
Däubler, Betriebsverfassung in globalisierter Wirtschaft (1999)
Däubler, Das **Grundrecht** auf Mitbestimmung, 4. Aufl. (1976)
Däubler, Das zweite Schiffsregister. Völkerrechtliche und verfassungsrechtliche Probleme einer deutschen »Billig-Flagge« (1988)
Däubler, **Gewerkschaftsrechte** im Betrieb, 11. Aufl. (2010)
Däubler, **Gläserne Belegschaften?** – Datenschutz in Betrieb und Dienststelle, 6. Aufl. (2015)
Däubler, Gutachten zum Gesetzentwurf der Bundesregierung zum Tarifeinheitsgesetz (2015), *www.linksfraktion.de,* zit.: Däubler, Gutachten
Däubler, **Internet** und Arbeitsrecht, 5. Aufl. (2015)
Däubler, **Ratgeber Arbeitsrecht.** Mit den Übergangsregelungen für die neuen Bundesländer, 4. Aufl. (1996)
Däubler, Handbuch **Schulung** und Fortbildung. Gesamtdarstellung für betriebliche Interessenvertreter, 5. Aufl. (2004)
Däubler, **Tarifvertragsrecht,** 3. Aufl. (1993)
Däubler (Hrsg.), Kommentar zum Tarifvertragsgesetz, 3. Aufl. (2012); zit.: Däubler-*Bearbeiter,* TVG.
Däubler/Bepler, Das neue Tarifeinheitsrecht (2015)
Däubler/Bertzbach (Hrsg.), Allgemeines Gleichbehandlungsgesetz. Handkommentar, 3. Aufl. (2013); zit.: Däubler/Bertzbach-*BearbeiterIn*
Däubler/Bonin/Deinert, AGB-Kontrolle im Arbeitsrecht. Kommentierung zu den §§ 305 – 310 BGB, 4. Aufl. (2014); zit.: DBD-*Bearbeiter*
Däubler/Hege, **Koalitionsfreiheit** (1976)
Däubler/Hjort/Schubert/Wolmerath (Hrsg.), Arbeitsrecht. Individualarbeitsrecht mit kollektivrechtlichen Bezügen. Handkommentar, 3. Aufl. (2013); zit. HK-ArbR/*Bearbeiter*
Däubler/Kittner/Lörcher (Hrsg.), Internationale Arbeits- und Sozialordnung, 2. Aufl. (1994); zit.: *DKL*
Däubler/Kittner/Klebe/Wedde (Hrsg.), Betriebsverfassungsgesetz, Formularbuch, 3. Aufl. (2014); zit.: DKKWF-*Bearbeiter*
Däubler/Klebe/Wedde/Weichert, Bundesdatenschutzgesetz, Kompaktkommentar, 4. Aufl. (2013); zit.: *DKWW*
Däubler/Küsel (Hrsg.), Verfassungsgericht und Politik (1979)
Däubler/Lecher (Hrsg.), Die Gewerkschaften in den zwölf EG-Ländern (1991)
Däubler/Wohlmuth (Hrsg.), Transnationale Konzerne und Weltwirtschaftsordnung (1978)
Dedering, Personalplanung und Mitbestimmung (1972)
Dehmer, Die Betriebsaufspaltung, 2. Aufl. (1987)
Dehmer, Umwandlungsgesetz – Umwandlungssteuergesetz, 2. Aufl. (1996)
Deinert, Privatrechtsgestaltung durch Sozialrecht. Begrenzungen des Akzeptanz- und Vermögenswertprinzips durch sozialrechtliche Regelungen (2007)
Deinert, Internationales Arbeitsrecht (2013)
Deppe, F./v. Freyberg/Kievenheim/Meyer/Werkmeister, Kritik der Mitbestimmung, 3. Aufl. (1972)
Deppe, J. (Hrsg.), Euro-Betriebsräte. Internationale Mitbestimmung (1992)
Dersch, Das Gesetz zur Ordnung der nationalen Arbeit, Kommentar (1934)

Deutscher Gewerkschaftsbund (Hrsg.), Gesetz zur Reform des BetrVG, Informationen zum Arbeitsrecht, Heft 2/2001
Deutscher Gewerkschaftsbund für die Britische Zone (Hrsg.), Das neue Recht im Betriebsrätewesen (1948)
Dieterich, Die betrieblichen Normen nach dem Tarifvertragsgesetz vom 9.4.1949 (1964)
Dietz, Betriebsverfassungsgesetz, Kommentar, 4. Aufl. (1967)
Dietz, Gesetz zur Ordnung der nationalen Arbeit, 7. Aufl. (1942)
Dietz/Richardi, Betriebsverfassungsgesetz, Kommentar, 2 Bde., 6. Aufl. (1981/82); zit.: *DR*
Dietz/Richardi, Bundespersonalvertretungsgesetz, Kommentar, 2 Bde., 2. Aufl. (1978)
di Fabio, Gesetzlich auferlegte Tarifeinheit als Verfassungsproblem, Gutachten (2014), (*www.marburger-bund.de*), zit.: di Fabio, Gutachten
Dirx/Klebe, Auswahlrichtlinien, Schriftenreihe der IG Metall »Für den BR«, 2. Aufl. (1987)
Dix, Gleichberechtigung durch Gesetz (1984)
Dobberahn, Das neue Arbeitszeitgesetz in der Praxis, 2. Aufl. (1996)
Doleschal, Die Automobil-Zulieferindustrie im Umbruch (Hans-Böckler-Stiftung, Graue Reihe – Neue Folge 15) (1989)
Doleschal/Klönne (Hrsg.), Just-in-time-Konzepte und Betriebspolitik (Hans-Böckler-Stiftung, Graue Reihe – Neue Folge 16) (1990)
Döring/Kempen (Hrsg.), Sozialistengesetz, Arbeiterbewegung und Demokratie (1979)
Dörner u. a., BGB, Handkommentar (2001); zit.: HK-BGB-*Bearbeiter*
Dorndorf, Sozialplan im Konkurs (1978)
Dreier (Hrsg.), GG-Kommentar, Bd. 1, 2. Aufl. (2004)
Dütz/Thüsing, **Arbeitsrecht,** 17. Aufl. (2012)
Dütz, Unterlassungs- und Beseitigungsansprüche des Betriebsrats gegen den Arbeitgeber im Anwendungsbereich von § 87 BetrVG, Rechtsgutachten, erstattet für die Hans-Böckler-Stiftung (1983)
Düwell (Hrsg.), Betriebsverfassungsgesetz, Handkommentar, 4. Aufl. (2014); zit.: Hako-BetrVG/*Bearbeiter*
Düwell/Hanau/Molkenbur/Schliemann, Betriebsvereinbarungen (1995)
Düwell/Lipke (Hrsg.), Arbeitsgerichtsgesetz, Kommentar für die Praxis, 2. Aufl. (2005); zit.: ArbGG-*Bearbeiter*

Ehmann, Arbeitsschutz und Mitbestimmung bei neuen Technologien (1981)
Eickmann/Flessner/Irschlinger u. a., Heidelberger Kommentar zur Insolvenzordnung, 4. Aufl. (2006)
Eisenhardt, Gesellschaftsrecht, 8. Aufl. (1999)
Elert, Gruppenarbeit (2001)
Emmerich/Habersack/Sonnenschein, Konzernrecht, 9. Aufl. (2008)
Engels, Die Wahl von Sprecherausschüssen der leitenden Angestellten (1990)
Engler, Betriebsrätegesetz für das Land Hessen, Kommentar (1949)
Esser/Wolmerath, Mobbing und psychische Gewalt, 8. Aufl. (2011)
Estelmann, Rechtlich selbstständige Sozialeinrichtungen (1994)
Etzel, Betriebsverfassungsrecht – Eine systematische Darstellung, 7. Aufl. (2001)
Etzel/Bader/Fischermeier/Friedrich/Griebeling/Lipke/Pfeiffer/Rost/Spilger/Treber/Vogt/Weigand/Wolff, Gemeinschaftskommentar zum Kündigungsschutzgesetz und zu sonstigen kündigungsschutzrechtlichen Vorschriften, 10. Aufl. (2013); zit.: KR-*Bearbeiter*

Fabricius/Kraft/Wiese/Kreutz/Oetker/Raab/Weber, Gemeinschaftskommentar zum Betriebsverfassungsgesetz, 2 Bde., 7. Aufl. (2002); zit.: GK-*Bearbeiter*, 7. Aufl. (9. Aufl. unter *Wiese*)
Falke/Höland/Rhode/Zimmermann, Kündigungspraxis und Kündigungsschutz in der Bundesrepublik Deutschland, hrsg. vom BMA (1981)
Färber/Theilenberg, Personaldatenverarbeitung im Einigungsstellenverfahren (1985)
Feichtinger, Die betriebsverfassungsrechtliche Regelungsbefugnis der Tarifvertragsparteien (1975)

Feldes/Kohte/Stevens-Bartol (Hrsg.), SGB IX, Kommentar für die Praxis, 3. Aufl. (2015); zit.: FKS-*Bearbeiter*
Fenski, Außerbetriebliche Arbeitsverhältnisse – Heim- und Telearbeit (1994)
Fischer, C., Die tarifwidrigen Betriebsvereinbarungen (1998)
Fischer, T., Strafgesetzbuch, Kommentar, 62. Aufl. (2015)
Fischer, U., Tele-Heimarbeit und Schutz der Arbeitnehmerschaft (1991)
Fitting/Auffarth/Kaiser, Betriebsverfassungsgesetz, Kommentar, 9. Aufl. (1970); 13. Aufl. (1980); zit.: *FAK*
Fitting/Auffarth/Kaiser/Heither, Betriebsverfassungsgesetz, Kommentar, 17. Aufl. (1992); zit.: *FAKH*
Fitting/Engels/Schmidt/Trebinger/Linsenmaier, Betriebsverfassungsgesetz mit Wahlordnung, Handkommentar, 27. Aufl. (2014), zit.: *Fitting*
Fitting/Kraegeloh/Auffarth, Betriebsverfassungsgesetz, Kommentar, 8. Aufl. (1968)
Fitting/Wlotzke/Wißmann, Mitbestimmungsgesetz, 2. Aufl. (1978)
Flatow/Kahn-Freund, Betriebsrätegesetz, Kommentar, 13. Aufl. (1931)
Franz, Personalinformationssysteme und Betriebsverfassung (1983)
Frauenkron, Betriebsverfassungsgesetz, Kommentar (1972)
Frerichs/Möller/Ulber, Leiharbeit und betriebliche Interessenvertretung (1981)
Frey, E., Der Tendenzschutz im Betriebsverfassungsgesetz 1972 (1974)
Frey, H., Flexible Arbeitszeit (1985)
Fricke/Grimberg/Wolter (Hrsg.), Die Betriebsversammlung: so wird's gemacht! (2002)
Friedemann, Das Verfahren der Einigungsstelle für Interessenausgleich und Sozialplan (1997)
Friese, Kollektive Koalitionsfreiheit und Betriebsverfassung (2000)
Froschauer, Arbeitsrecht und Umweltschutz, Diss. (1993)
Fuchs, **Konzernbetriebsrat,** Funktion und Kompetenz (1974)
Fuchs, H., Der **Sozialplan** nach dem Betriebsverfassungsgesetz 1972 (1977)
Fuchs, K.-D., Die gesicherten arbeitswissenschaftlichen Erkenntnisse (1984)

Galperin/Löwisch, Betriebsverfassungsgesetz, Kommentar, 2 Bde., 6. Aufl. (1982); zit.: *GL*
Galperin/Siebert, Betriebsverfassungsgesetz, Kommentar, 4. Aufl. (1963)
Gamillscheg, Arbeitsrecht I, 8. Aufl. (2000)
Gamillscheg, Internationales Arbeitsrecht (1959)
Gamillscheg, Kollektives Arbeitsrecht, Bd. I (1997)
Gamillscheg, Kollektives Arbeitsrecht, Bd. II (2008)
Gaul, Björn, Das Arbeitsrecht der Betriebs- und Unternehmensspaltung (2002)
Gaul, Dieter, Die rechtliche Ordnung der Bildschirmarbeitsplätze, 2. Aufl. (1984)
Gaul, Dieter/Gajewski, Die Betriebsänderung (1993)
Gebhardt, Kurzarbeitergeld, Kommentar (Loseblatt)
Gege, Die Funktion des Wirtschaftsausschusses im Rahmen der wirtschaftlichen Mitbestimmung (1977)
Germelmann, Der Betriebsfrieden im Betriebsverfassungsgesetz (1972)
Germelmann/Matthes/Prütting, Arbeitsgerichtsgesetz, Kommentar, 8. Aufl. (2013); zit.: *GMP*
Geßler/Hefermehl/Eckardt/Kropff, Aktiengesetz (1976)
Gierke, Genossenschaftsrecht, Bd. I (1868)
Giesen, Tarifvertragliche Rechtsgestaltung für den Betrieb (2002)
Gilberg, Die Mitwirkung des Betriebsrats bei der Berufsbildung (1999)
Glaubrecht/Halberstadt/Zander (Hrsg.), Betriebsverfassung in Recht und Praxis, Handbuch für Unternehmensleitung, Betriebsrat und Führungskräfte (Loseblatt)
Göhler, Gesetz über Ordnungswidrigkeiten, Kommentar, 16. Aufl. (2012); zit.: Göhler-*Bearbeiter*
Gola/Schomerus, BDSG, 12. Aufl. (2015)
Gola/Wronka, Handbuch zum Arbeitnehmerdatenschutz 6. Aufl. (2013)
Göritz/Hase/Pankau/Röhricht/Rupp/Teppich, Handbuch Einigungsstelle, 4. Aufl. (2007)
Grauvogel/Hase/Röhricht, Wirtschaftsausschuss und Betriebsrat 2. Aufl. (2006); zit.: *Grauvogel u. a.*

Gresslin, Teilzeitbeschäftigte Betriebsratsmitglieder (2004)
Großfeld, Internationales Unternehmensrecht (1986)
Growe, Ordnungswidrigkeitenverfahren nach dem Betriebsverfassungsrecht (1990)
Grunsky/Waas/Benecke/Greiner, Arbeitsgerichtsgesetz, Kommentar, 8. Aufl. (2014); zit.: GWBG-*Bearbeiter*
Grupp/Weth (Hrsg.), Arbeitnehmerinteressen und Verfassung (1998)
Grzech-Sukalo/Hänicke, Diskontinuierliche Schichtsysteme, Betriebs- und Dienstvereinbarungen, Schriftenreihe der Hans Böckler Stiftung (2011)
Gussen, Die Fortgeltung von Betriebsvereinbarungen und Tarifverträgen beim Betriebsübergang (1989)
Gussen/Dank, Die Weitergeltung von Betriebsvereinbarungen und Tarifverträgen und Umwandlung, 2. Aufl. (1997)

Haag, Umstrukturierung und Betriebsverfassung (1996)
Haarmeyer/Wutzke/Förster, Handbuch zur Insolvenzordnung, 4. Aufl. (2007)
Haberkorn, Betriebsverfassungsrecht, 4. Aufl. (1998)
Halberstadt, Betriebsverfassungsgesetz mit Wahlordnung, Kommentar (1994)
Habib, BEM – Wiedereingliederung in kleinen und mittleren Betrieben (2014)
Haipeter/Röhrig/Röwer/Thünken, Ds Initiativrecht nach § 92 a BetrVG zur Beschäftigungssicherung – ein hilfreiches Instrument für die Mitbestimmung? (2015), abrufbar unter *www.boeckler.de*
Hallmen, Die Beschwerde des Arbeitnehmers als Instrument innerbetrieblicher Konfliktregelung, Diss. (1996)
Halser, Die Betriebsvereinbarung, 2. Aufl. (1995)
Hamm, **Leiharbeit**, Betriebs- und Dienstvereinbarungen, Schriftenreihe der Hans Böckler-Stiftung (2015)
Hamm, **Flexible Arbeitszeiten**-Kontenmodelle, Betriebs- und Dienstvereinbarungen, Schriftenreihe der Hans Böckler Stiftung, 2. Aufl. (2013)
Hamm, Sozialplan und Interessenausgleich, 4. Aufl. (2004)
Hammann/Schmitz/Apitzsch, Überwachung und Arbeitnehmerdatenschutz, 2. Aufl. (2014); zit.: *HSA*
Hammer, Berufsbildung und Betriebsverfassung (1990)
Hanau, Die juristische Problematik des Entwurfs eines Gesetzes zur Verstärkung der Minderheitenrechte in den Betrieben und Verwaltungen, Rechtsgutachten (1986)
Hanau/Adomeit, Arbeitsrecht, 14. Aufl. (2007)
Hanau/Langanke/Preis/Widlak, Das Arbeitsrecht der neuen Bundesländer (1991)
Hanau/Steinmeyer/Wank, Handbuch des europäischen Arbeits- und Sozialrechts (2002)
Hanau/Ulmer, Mitbestimmungsgesetz (1981)
Hänecke/Grzech-Sukalo, Kontinuierliche Schichtsysteme, Betriebs- und Dienstvereinbarungen, Schriftenreihe der Hans Böckler Stiftung (2012)
Hartwich, Sozialstaatspostulat und gesellschaftlicher Status quo, 2. Aufl. (1977)
Hase/v. Neumann-Cosel/Rupp, Handbuch Interessenausgleich und Sozialplan, 4. Aufl. (2004)
Hässler, Die Geschäftsführung des Betriebsrats, 5. Aufl. (1984)
Hauck/Helml/Biebl, Arbeitsgerichtsgesetz, Kommentar, 4. Aufl. (2011); zit.: *HHB*
Haufe-Verlag (Hrsg.), EG-Binnenmarkt '92 – Chancen und Risiken für Betriebe, 3. Aufl. (1991)
Heckenauer/Hexel/Selzer (Hrsg.), Soziale Demokratie gestalten (1988)
Heckes, Der Rechtsschutz gegen Behördenentscheidungen nach § 37 Abs. 7 BetrVG (2000)
Heilmann (Hrsg.), Gefahrstoffverordnung (GefStoffV), Basiskommentar, 3. Aufl. (2005)
Heilmann, Rauchen am Arbeitsplatz, Handlungshilfe für Betriebsräte (1995)
Heilmann, Verdachtskündigung und Wiedereinstellung nach Rehabilitation (1964)
Heinze, Personalplanung, Einstellung und Kündigung (1982)
Heither, Sozialplan und Sozialrecht. Der Einfluss von Förderungsmöglichkeiten auf die Gestaltung von Interessenausgleich und Sozialplan (2002)
Hennige, Das Verfahrensrecht der Einigungsstelle (1996)

Henssler, Der Arbeitsvertrag im Konzern (1983)
Henssler/Moll (Hrsg.), Kündigung und Kündigungsschutz in der betrieblichen Praxis – Kölner Tage des Arbeitsrechts (2000)
Henssler/Willemsen/Kalb (Hrsg.), Arbeitsrecht Kommentar, 6. Aufl. (2014); zit.: HWK-*Bearbeiter*
Herbst/Bertelsmann/Reiter, Arbeitsgerichtliches Beschlussverfahren, 2. Aufl. (1998); zit.: *HBR*
Herdzina, Wettbewerbspolitik (1993)
Herlitzius, Lean Production – Arbeitsrechtsfragen bei Einführung und Gestaltung von Gruppenarbeit, 2. Aufl. (1997)
Herrmann, Der gemeinsame Betrieb mehrerer Unternehmen (1993)
Herschel/Löwisch, Kündigungsschutzgesetz, Kommentar, 6. Aufl. (1984)
Hess/Worzalla/Glock/NicolaiRose/Huke, Betriebsverfassungsgesetz, Kommentar, 9. Aufl. (2014); zit.: HWGNRH-*Bearbeiter*
Hess/Weis/Wienberg, Kommentar zur InsO mit EGInsO, 2. Aufl. (2001); zit.: *Hess u. a.*
Hetzel, Die Beteiligung des Betriebsrats an der Personalplanung (1975)
Hexel, Mensch im Computer, 2. Aufl. (1986)
Hilber (Hrsg.), Handbuch Cloud Computing (2014); zit.: Hilber-*Bearbeiter*
Hinrichs, Personalauswahl und Auswahlrichtlinien, Betriebs- und Dienstvereinbarungen, Schriftenreihe der Hans Böcker Stiftung (2011)
Hirte, Der qualifizierte faktische Konzern (1992)
Hofe, Betriebliche Mitbestimmung und Humanisierung der Arbeit (1978)
Hoffmann (Hrsg.), Konzernhandbuch (1995)
Hoffmann, Die Förderung von Transfersozialplänen. Zuschüsse zu beschäftigungswirksamen Sozialplanmaßnahmen nach den §§ 254 ff. SGB III (2002)
Hoffmann/Lehmann/Weinmann, Mitbestimmungsgesetz (1978)
Hofmann, Das Verbot parteipolitischer Betätigung im Betrieb (1984)
Höhn, Betriebsbeauftragte im Umweltrecht, Gutachten im Auftrag der IG Metall (1991)
Homburg/Perreng/Thon/Ulber/Werth, Mitbestimmung und Mitwirkung beim Arbeitsverhältnis (2008)
Hommelhoff, Die Konzernleitungspflicht (1982)
Hommelhoff (Hrsg.), Treuhandunternehmen im Umbruch (1991)
Horcher, Internationale betriebliche Vereinbarungen (2004)
Horn, N./J. Kocka (Hrsg.), Recht und Entwicklung der Großunternehmen im 19. und frühen 20. Jahrhundert (1979)
v. Hoyningen-Huene, Betriebsverfassungsrecht, 6. Aufl. (2007)
v. Hoyningen-Huene/Boemke, Die Versetzung (1993)
v. Hoyningen-Huene/Linck, Kündigungsschutzgesetz, Kommentar, 15. Aufl. (2013)
Hromadka (Hrsg.), Arbeitsrecht und Beschäftigungskrise (1997)
Hromadka, Das Recht der leitenden Angestellten (1979)
Hromadka (Hrsg.), Recht und Praxis der Betriebsverfassung (1996)
Hromadka, **Rechtsbrevier** für Führungskräfte (1987)
Hromadka/Sieg, Sprecherausschussgesetz **(SprAuG),** Kommentar 2. Aufl. (2010)
Hueck, G., Die Betriebsvereinbarung (1952)
Hueck, G., Gesellschaftsrecht, 19. Aufl. (1991)
Hueck/Nipperdey, Lehrbuch des Arbeitsrechts, Bd. 1: 1./2. Aufl. (1928); 3./5. Aufl. (1931); 6. Aufl. (1959); 7. Aufl. (1963) – Bd. 2: 1./2. Aufl. (1930); 3./5. Aufl. (1932); 6. Aufl. (1957); 7. Aufl. Teilbd. 1 (1967), Teilbd. 2 (1970)
Hueck/Nipperdey/Dietz, Gesetz zur Ordnung der nationalen Arbeit, Kommentar, 4. Aufl. (1943)
Hüffer, Aktiengesetz, 9. Aufl. (2010)
Hunold, Lean Production. Rechtsfragen bei der Einführung neuer Arbeitsformen und Techniken (1993)
Hüper, Der Betrieb im Unternehmerzugriff (1986)
Huss-Schmidt (Hrsg.), Kooperation und Mitbestimmung (1972)

IG Metall (Hrsg.), Wofür wir streiten: Solidarität und Freiheit – Internationaler Zukunftskongress 1988 (1989)
Immenga/Mestmäcker, Wettbewerbsrecht, 4. Aufl. (2007)
Ingenfeld, Die Betriebsausgliederung aus der Sicht des Arbeitsrechts (1992)

Jahn, Die Beteiligung des Betriebsrats bei arbeitskampfbedingten Maßnahmen des Arbeitgebers (1993)
Jahna, Die Anrechnung von Tariflohnerhöhungen auf über- und außertarifliche Zulagen (1995)
Jahnke, Tarifautonomie und Mitbestimmung (1984)
Jentgens/Kamp, Betriebliches Verbesserungswesen (2004)
Joost, Betrieb und Unternehmen als Grundbegriffe im Arbeitsrecht (1988)
Julius, Arbeitsschutz und Fremdfirmenbeschäftigung (2004)
Junker, Internationales Arbeitsrecht im Konzern (1992)

Kador/Kempe/Pornschlegel, Handlungsanleitung zur betrieblichen Personalplanung, 3. Aufl. (1989)
Käufer, Weiterbildung im Arbeitsverhältnis (2002)
Kaiser, Sprecherausschüsse für leitende Angestellte (1995)
Kallmeyer (Hrsg.), Umwandlungsgesetz, Kommentar 4. Aufl. (2010); zit.: Kallmeyer-*Verfasser*
Kamlak, Bestandsschutz und Ablösung von Kollektivverträgen bei Betriebsübergang, Diss. jur. Bonn (1996)
Kammerer, Personalakte und Abmahnung, 3. Aufl. (2001)
Kamp, Gruppenarbeit, edition der Hans-Böckler-Stiftung 5 (1999)
Kamp, Telearbeit, edition der Hans-Böckler-Stiftung 31 (2000)
Kamp/Breisig, Mitbestimmung bei Gruppenarbeit. Die novellierte Betriebsverfassung Bd. 4, Hrsg. Hans Böckler Stiftung (2002)
Kamp/Roth/Klebe, EDV im BR-Büro, Schriftenreihe der IG Metall »Für den BR« (1989)
Kaven, Das Recht des Sozialplans – Ein Leitfaden zur Aufstellung und Durchführung von Sozialplänen (1977)
Kempen, Grund und Grenze gesetzlicher Personalvertretung in der parlamentarischen Demokratie (1985)
Kempen/Zachert (Hrsg.: Brecht-Heitzmann/Kempen/Schubert/Seifert), Tarifvertragsgesetz, Kommentar für die Praxis, 5. Aufl. (2014)
Kempff, Grundrechte im Arbeitsverhältnis – Zum Grundrechtsverständnis des Bundesarbeitsgerichts (1988)
Kern/Schumann, Ende der Arbeitsteilung? (1988)
Kiesche, Betriebliches Gesundheitsmanagement, Betriebs- und Dienstvereinbarungen, Schriftenreihe der Hans Böckler Stiftung (2013)
Kilger, Konkursordnung, 15. Aufl. (1987)
Kilian/Borsum/Hoffmeister, Telearbeit und Arbeitsrecht (1986)
Kirchhof/Lwowski/Stürner (Hrsg.), Münchener Kommentar zur InsO, Bd. 2, 2. Aufl. (2008)
Kittner, Arbeits- und Sozialordnung, 40. Aufl. (2015)
Kittner/Däubler/Zwanziger, Kündigungsschutzrecht, 9. Aufl. (2014); zit.: *KDZ*
Kittner/Zwanziger/Deinert (Hrsg.), Arbeitsrecht, Handbuch für die Praxis, 8. Aufl. (2015); zit.: Kittner/Zwanziger/Deinert-*Bearbeiter*
Klapper, Unterstützung des Betriebsrats durch in- und externen Sachverstand (2007)
Klebe/Ratayczak/Heilmann/Spoo, Betriebsverfassungsgesetz, Basiskommentar, 17. Aufl. (2012); zit.: *KRHS*
Klebe/Roth, **Informationen ohne Grenzen** (1987)
Klebe/Roth, **Personalinformationssysteme,** Schriftenreihe der IG Metall »Für den BR« (1986)
Klebe/Schumann, Das Recht auf Beschäftigung im Kündigungsschutzprozess (1981)
Klein, Die Stellung der Minderheitsgewerkschaften in der Betriebsverfassung (2007)
Klein-Schneider, Flexible Arbeitszeit, edition der Hans-Böckler-Stiftung 6 (1999)
Klein-Schneider, Flexible Arbeitszeit, **Vertrauensarbeitszeit** (2007)
Kleinknecht/Meyer (Begr.), Strafprozessordnung, Kommentar, 54. Aufl. (2011)

Klinkhammer, Mitbestimmung im Gemeinschaftsunternehmen (1977)
Klinkhammer/Welslau, Europäische Betriebsräte in der Praxis (1995)
Klöver, Der Sozialplan im Konkurs (1993)
Knorr, Der Sozialplan im Widerstreit der Interessen (1995)
Koberski/Clasen/Menzel, Tarifvertragsgesetz, Loseblatt (Stand 1/1995)
Koberski/Sahl/Hold, Arbeitnehmerentsendegesetz (1997)
Kohl, Arbeit für alle (1979)
Kohl/Knuth, Wenn Personalabbau droht. Handlungshilfe für Betriebsräte (1998)
Kohte, Arbeitnehmerhaftung und Arbeitgeberrisiko (1981)
Kohte, Betrieb und Unternehmen unter dem Leitbild des Organisationsvertrages, Habilitationsschrift, uv. Manuskript (1987)
Kohte, Der Einfluss der Treuhandanstalt auf die Gestaltung der arbeits- und sozialrechtlichen Verhältnisse, in: Beiträge zu den Berichten der KSPW, Bd. 6.5 (1997)
Kohte, Die Stärkung der **Partizipation** der Beschäftigten im betrieblichen Arbeitsschutz, edition der Hans-Böckler-Stiftung 9 (1999)
Koller/Roth/Morck, HGB, Kommentar, 3. Aufl. (1999); zit.: *KRM*
Kollmer/Klindt, Arbeitsschutzgesetz mit Arbeitsschutzverordnungen 2. Aufl. (2011); zit.: Kollmer-*Bearbeiter*
Kollmer/Vogl, Das Arbeitsschutzgesetz, 2. Aufl. (1999)
Kölner Kommentar zum Aktiengesetz, 2. Aufl. (1986)
Konzen, Betriebsverfassungsrechtliche Leistungspflichten der Arbeitgeber (1984)
Konzen, Unternehmensaufspaltungen und Organisationsänderungen im Betriebsverfassungsrecht (1986)
Koppensteiner, Kölner Kommentar zum AktG, 2. Aufl. (1986 und 1987)
Köstler, Das steckengebliebene Reformvorhaben (1987)
Köstler/Müller/Sick, Aufsichtsratspraxis, 10. Aufl. (2013)
Kotthoff, Lehrjahre des Europäischen Betriebsrats (2006)
Krampe, Die Anfechtbarkeit der Wahl des Betriebsratsvorsitzenden (2006)
Krause, Tarifverträge zur Begrenzung der Leiharbeit und zur Durchsetzung von Equal Pay, HSI-Schriftenreihe Band 2 (2012)
Krauss, Das betriebliche Vorschlagswesen aus rechtlicher Sicht (1977)
Kreikebohm/Spellbrink/Waltermann, Kommentar zum Sozialrecht, 3. Aufl. (2013); zit.: KSW-*Bearbeiter*
Kreitner, Kündigungsrechtliche Probleme beim Betriebsinhaberwechsel (1989)
Krejci, Der Sozialplan – Ein Beitrag zu Recht und Praxis der Betriebsvereinbarung (1983)
Kreuder, Unternehmenskultur und Mitbestimmung (1992)
Kreuder, Desintegration und Selbststeuerung (1998)
Kreutz, Grenzen der Betriebsautonomie (1979)
Kronke, Regulierungen auf dem Arbeitsmarkt – Kernbereiche des Arbeitsrechts im internationalen Vergleich (1990)
Krumm-Mauermann, Rechtsgüterschutz durch die Straf- und Bußgeldbestimmungen des Betriebsverfassungsgesetzes (1990)
Kübler, Gesellschaftsrecht. Die privatrechtlichen Ordnungsstrukturen und Regelungsprobleme von Verbänden und Unternehmen, 4. Aufl. (1994)
Kübler/Prütting (Hrsg.), Kommentar zur Insolvenzordnung, Loseblatt
Küfner-Schmitt, Die soziale Sicherheit der Telearbeiter (1986)
Kühner, Geschäftsführung des Betriebsrats, 7. Aufl. (1988)
Küpferle/Wohlgemuth, Personaldatenverarbeitende Systeme (1987)
Küttner (Hrsg.), Personalbuch 2011, 18. Aufl. (2011)
Kulms, Schuldrechtliche Organisationsverträge in der Unternehmens-Kooperation (2000)
Kunz/Wedde, Entgeltfortzahlungsrecht, Kommentar für die Praxis, 2. Aufl. (2005)

Landmann/Rohmer/Neumann, Gewerbeordnung, Kommentar (Loseblatt), 15. Aufl. (1990)
Lange, Das Recht der Netzwerke, Moderne Formen der Zusammenarbeit in Produktion und Vertrieb (1998)

Larenz, Methodenlehre der Rechtswissenschaft, 6. Aufl. (1990)
Laufersweiler, Ausstrahlung im Arbeits- und Sozialrecht (1999)
Lecheler, Das Subsidiaritätsprinzip – Strukturprinzip einer europäischen Union (1993)
Le Friant, Die straf- und verwaltungsrechtliche Verantwortung des Arbeitgebers (1987)
Leffler, Das Heuerverhältnis auf ausgeflaggten deutschen Schiffen (1978)
Leinemann (Hrsg.), Kasseler Handbuch zum Arbeitsrecht, 2 Bde., 2. Aufl. (2000); zit.: KassArbR-*Bearbeiter*
Leonhardt/Smid/Zeuner (Hrsg.), Insolvenzordnung. Kommentar, 3. Aufl. (2010)
Lerche, Der Europäische Betriebsrat und der deutsche Wirtschaftsausschuss (1997)
Leymann, Mobbing, Psychoterror am Arbeitsplatz und wie man sich dagegen wehren kann (1993)
Linnenkohl, Fragerecht und Auskunftspflicht bei Einstellungen im Hinblick auf Vorstrafen des Bewerbers, Schriftenreihe des Fachbereichs Wirtschaftswissenschaften der Gesamthochschule Kassel, Nr. 1/81
Lohre, Kartellfreie Gemeinschaftsunternehmen im europäischen Wettbewerbsrecht (1992)
Lohre/Mayer/Stevens-Bartol (Hrsg.), Arbeitsförderung/Sozialgesetzbuch III, 3. Aufl. (2000); zit.: LMS-*Bearbeiter*
Lorenz/Schneider (Hrsg.), Das neue Betriebsverfassungsgesetz – Eine Reform mit Perspektiven? (2002)
Löwe/Rosenberg, Die Strafprozessordnung, Großkommentar, 10 Bände, 26. Aufl. (2006 – 2010)
Löwisch, Sprecherausschussgesetz **(SprAuG),** Kommentar, 2. Aufl. (1994)
Löwisch, Taschenkommentar zum Betriebsverfassungsgesetz **(TK-BetrVG),** 4. Aufl. (1996)
Löwisch/Kaiser, Betriebsverfassungsgesetz, 6. Aufl. (2010); zit.: *LK*
Löwisch/Rieble, Tarifvertragsgesetz, Kommentar, 3. Aufl. (2012)
Lukas/Dahl (Hrsg.), Konfliktlösung im Arbeitsleben (2013)
Lüke/Wax, (Hrsg.), Münchener Kommentar zur ZPO, 2. Aufl. (2000); zit.: MünchKommZPO-*Verfasser*
Lutter, Mitbestimmung im Konzern (1975)
Lutter (Hrsg.), Umwandlungsgesetz, Kommentar, 2. Aufl. (2000); zit.: Lutter-*Verfasser*
Lutter (Hrsg.), Verschmelzung, Spaltung, Formwechsel (1995)
Lutter/Hommelhoff, GmbH-Gesetz (1991)

Maas/Schmitz/Wedde, Datenschutz 2014, HSI-Schriftenreihe Band 9 (2014); zit.: *MSW*
Magula-Lösche, Der Umfang betrieblicher Mitbestimmung nach § 87 Abs. 1 Nr. 10 BetrVG bei der Vergabe freiwilliger betrieblicher Leistungen (1991)
Martens, Das Arbeitsrecht der leitenden Angestellten (1982)
Martinek, Franchising (1987)
Maunz/Dürig/Herzog/Scholz, Grundgesetz, Kommentar (Loseblatt); zit.: *MDHS*
Meier-Krenz, Die Erweiterung von Beteiligungsrechten des Betriebsrats durch Tarifvertrag (1988)
Meine/Ohl/Rohnert (Hrsg.), Handbuch Arbeit, Entgelt, Leistung, 6. Aufl. (2014)
Meine/Wagner (Hrsg.), Handbuch Arbeitszeit (2014); zit.: Meine/Wagner-*Bearbeiter*
Meinhold, Rechtliche Anforderungen an die Reduktion von Entgelten in der Unternehmenskrise (1988)
Meisel, Die Mitwirkung und Mitbestimmung des Betriebsrats in personellen Angelegenheiten, 5. Aufl. (1984)
Meissinger, Die Rechtsprechung des Reichsarbeitsgerichts 1927 – 1945, Bd. I (1958)
Mendius/Wendeling-Schröder (Hrsg.), Zulieferer im Netz. Neustrukturierung der Logistik am Beispiel der Automobilzulieferung (1991)
Mengel, Umwandlungen im Arbeitsrecht (1997)
Menzler-Trott/Hasenmaile, Arbeitnehmer im Call-Center (2001)
Metzmaier, Die Eingliederungstheorie und die Lehre vom Arbeitsverhältnis (1968)
Meyenschein-Juen, Der arbeitswissenschaftlich ermittelte Zeitakkord (1962)
Mohr, Personalplanung und Betriebsverfassungsgesetz (1977)

Mohrbutter, Handbuch der Insolvenzverwaltung 8. Aufl. (2007)
Molitor, E., Das Wesen des Arbeitsvertrags (1925)
Moll, Der Tarifvorrang im Betriebsverfassungsgesetz (1980)
Morlet, Psychische Belastungen am Arbeitsplatz erkennen und vermeiden (2012)
Müller, Europäische Betriebsräte-Gesetz (1997)
Müller-Glöge/Preis/Schmidt (Hrsg.), Erfurter Kommentar zum Arbeitsrecht, 15. Aufl. (2015); zit.: ErfK-*Bearbeiter*
Müller-Jentsch (Hrsg.), Konfliktpartnerschaft – Akteure und Institutionen der industriellen Beziehungen (1993)
Müllner, Aufgespaltene Arbeitgeberstellung und Betriebsverfassung (1978)
Münchener Handbuch für Gesellschaftsrecht, Bd. 4 Aktiengesellschaft (1988)
v. Münch/Kunig (Hrsg.), Grundgesetz-Kommentar, Bd. 1, 5. Aufl. 2000

Nagel/Beschorner/Riess/Rüb, Information und Mitbestimmung im internationalen Konzern (1995)
Nagel/Riess/Theis, **Der Lieferant on line** (1990)
Nagel/Riess/Theis (Hrsg.), **Just-in-time-Strategien** – Arbeitsbeziehungen, Gestaltungspotentiale, Mitbestimmung (Hans-Böckler-Stiftung, Graue Reihe – Neue Folge 26) (1990)
Natter/Groß (Hrsg.), **Arbeitsgerichtsgesetz, 2. Aufl. (2013)**; zit.: Natter/Groß-*Bearbeiter*
v. Neumann-Cosel/Rupp, Der Wirtschaftsausschuss in der Mitbestimmungspraxis (1986)
v. Neumann-Cosel/Rupp, Handbuch Wirtschaftsausschuss, 5. Aufl. (2003)
Neumann-Duesberg, Betriebsverfassungsrecht (1960)
Neumann/Pahlen/Majerski-Pahlen, Sozialgesetzbuch IX, Kommentar, 12. Aufl. (2010)
Nick, Konzernbetriebsrat und Sozialplan im Konzern (1992)
Niesel, SGB III – Kommentar (1998)
Nikisch, Arbeitsrecht, **Bd. 1,** 3. Aufl. (1961); **Bd. 3,** 2. Aufl. (1966)
Nikisch, Das Gesetz zur Ordnung der nationalen Arbeit **(AOG)** (1934)
Nill, Selbstbestimmung in der Arbeitsgruppe? (2005)
Noll, Arbeitsrecht im Tendenzbetrieb (2001)
Nollert-Borasio/Perreng, Allgemeines Gleichbehandlungsgesetz (AGG), Basiskommentar zu den arbeitsrechtlichen Regelungen, 4. Aufl. (2015)

Oechsler/Schönfeld, Die Einigungsstelle als Konfliktlösungsmechanismus (1989)
Ohl, Der Sozialplan – Recht und Praxis kompensatorischer Leistungen für den Verlust des Arbeitsplatzes (1977)
Osterland/Deppe/Gerlach/Mergner/Pelte/Schlösser, Materialien zur Lebens- und Arbeitssituation der Industriearbeiter in der BRD, 5. Aufl. (1973)

Palandt, Bürgerliches Gesetzbuch, Kommentar, 74. Aufl. (2015)
Pauli, Mitbestimmung in Arbeitsförderungsgesellschaften (1999)
Peix, Einrichtung und Fortbestand des Geesamtbetriebsrats unter Berücksichtigung von gewillkürten Arbeitnehmervertretungen und Unternehmensumstrukturierung (2008)
Pélissier/Supiot/Jeammaud, Droit du travail, 23 éd. (2006)
Peter, Büroausstattung des Betriebsrats (2002)
Pfarr, Frauenförderung und Grundgesetz (1988)
Pfarr/Bertelsmann, Diskriminierung im Erwerbsleben (1989)
Pfarr/Drüke, Rechtsprobleme der Telearbeit (1989)
Pfarr/Kocher, Kollektivverfahren im Arbeitsrecht (1998)
Pieper, Arbeitsschutzrecht, Kommentar für die Praxis, 5. Aufl. (2012)
Pieper, **Gefahrstoffverordnung,** Basiskommentar (2013)
Pieper/Vorath, Handbuch Arbeitsschutz, 2. Aufl. (2005)
Pietzko, Der Tatbestand des § 613 a BGB (1988)
Plander, Der Betriebsrat als Hüter des zwingenden Rechts (1982)
Plander, Flucht aus dem Normalarbeitsverhältnis: An den Betriebsräten und Personalräten vorbei? (1990)

Plander, Mitbestimmung in öffentlich-privatrechtlichen Mischkonzernen (1998)
Plander, Personalvertretungen als Grundrechtshilfe im demokratischen und sozialen Rechtsstaat (1995)
Plath (Hrsg.), BDSG, Kommentar (2013); zit.: Plath-*Bearbeiter*
Plogstedt/Degen, Nein heißt nein! DGB-Ratgeber gegen sexuelle Belästigung am Arbeitsplatz (1992)
Pornschlegel/Birkwald, Mitbestimmen im Betrieb bei Lohn und Leistung, Bd. 1 (1994); Bd. 2 (1996)
Posser/Wassermann (Hrsg.), Freiheit in der sozialen Demokratie (1975)
Potthoff/Blume/Duvernell, Zwischenbilanz der Mitbestimmung (1962)
Pottmeyer, Die Überleitung der Arbeitsverhältnisse im Falle des Betriebsinhaberwechsels nach § 613 a BGB und die Mitbestimmung gemäß §§ 111 ff. BetrVG (1987)
Preis, Grundfragen der Vertragsgestaltung im Arbeitsrecht (1993)
Preis/Sagan (Hrsg.), Europäisches Arbeitsrecht (2015); zit.: PS-*Bearbeiter*
Preis/Willemsen (Hrsg.), Kölner Tage des Arbeitsrechts; Umstrukturierung von Betrieb und Unternehmen im Arbeitsrecht (1999)
Preller, Sozialpolitik in der Weimarer Republik (1949 – unveränderter Nachdruck 1978)
Pulte, Betriebsbeauftragte, 5. Aufl. (1992)
Pulte, Die Wahl der Jugend- und Auszubildendenvertretung (1992)
Pütz/Maschke (Hrsg.), Compliance – ein Thema für Betriebs- und Aufsichtsräte, edition 276 Hans Böckler Stiftung (2012); zit.: Pütz-Maschke-*Bearbeiter*

Quander, Betriebsinhaberwechsel bei Gesamtrechtsnachfolge (1990)

Raab, Negatorischer Rechtsschutz des Betriebsrats gegen mitbestimmungswidrige Maßnahmen des Arbeitgebers (1993)
Rademacher, Der Europäische Betriebsrat. Die Richtlinie 94/45/EG des Rates vom 22.9.1994 und ihre Umsetzung in nationales Recht (1996)
Raiser/Veil, Mitbestimmungsgesetz und Drittelbeteiligungsgesetz, Kommentar, 5. Aufl. (2009)
Ramm (Hrsg.), Arbeitsrecht und Politik (1966)
Rancke, F., Betriebsverfassung und Unternehmenswirklichkeit (1982)
Rationalisierungs-Kuratorium der Deutschen Wirtschaft e. V. (Hrsg.), RKW-Handbuch Personalplanung, 2. Aufl. (1990); 3. Aufl. (1996)
Rebmann/Säcker (Hrsg.), Bürgerliches Gesetzbuch – Münchener Kommentar, 5. Aufl. (2004 ff.); zit.: MünchKomm-*Bearbeiter*
Rebmann/Säcker (Hrsg.), Zivilrecht im Einigungsvertrag (1991)
Rehwald/Reineke/Wienemann/Zinke, Betriebliche Suchtprävention und Suchthilfe, Handbuch der IG Metall (2007), zit.: *RRWZ*
Reichold, Betriebsverfassung als Sozialprivatrecht (1995)
Refa, Methodenlehre der Betriebsorganisation, Anforderungsermittlung (Arbeitsbewertung) (1989)
Reifner (Hrsg.), Das Recht des Unrechtsstaates – Arbeitsrecht und Staatsrechtswissenschaften im Faschismus (1981)
Reuter, Der Sozialplan – Entschädigung für Arbeitsplatzverlust oder Steuerung unternehmerischen Handelns? (1983)
Richardi (Hrsg.), Betriebsverfassungsgesetz mit Wahlordnung, Kommentar, 14. Aufl. (2014); zit.: Richardi-*Bearbeiter*
Richardi, Sozialplan und Konkurs (1975)
Richardi/Wlotzke/Wissmann/Oetker (Hrsg.), Münchener Handbuch zum Arbeitsrecht, Bd. 1 Individualarbeitsrecht, Bd. 2 Kollektivarbeitsrecht/Sonderformen, 3. Aufl. (2009); zit.: MünchArbR-*Bearbeiter*
Richenhagen/Prümper/Wagner, Handbuch der Bildschirmarbeit (1997); zit.: *RPW*
Ritter, Der Wirtschaftsausschuss nach dem Betriebsverfassungsgesetz und die Rahmenrichtlinie 2002/14/EG (2006)
Robrecht, Die Gesamtbetriebsvereinbarung (2008)

Roccella, Manuale di Diritto del Lavoro, terza edizione (2008)
Röder/Baeck, Interessenausgleich und Sozialplan, 2. Aufl. (1997)
Rohlfing/Rewolle/Bader, Arbeitsgerichtsgesetz (Loseblatt)
Romahn, Betriebliches Eingliederungsmanagement, Betriebs- und Dienstvereinbarungen, Schriftenreihe der Hans Böckler Stiftung (2010)
Romahn, **Gefährdungsbeurteilungen,** Betriebs- und Dienstvereinbarungen, Schriftenreihe der Hans Böckler Stiftung, 2. Aufl. (2013)
Roos, Die genetische Analyse von Stellenbewerbern und das vorvertragliche Informationsstreben des Arbeitgebers (1999)
Rosenberg/Schwab/Gottwald, Zivilprozessrecht, 17. Aufl. (2010); zit.: *RSG*
Rosenfelder, Der arbeitsrechtliche Status der freien Mitarbeiter (1982)
Roßnagel, Radioaktiver Zerfall der Grundrechte (1984)
Roßnagel (Hrsg.), Handbuch Datenschutzrecht (2003); zit.: Roßnagel-*Bearbeiter*
Rotermund, Interessenwahrnehmung durch Jugendliche und Auszubildende in der Betriebsverfassung, Dissertation (2004)
Roth/Kohl (Hrsg.), Perspektive: Gruppenarbeit (1988)
Rumpff/Boewer, Mitbestimmung in wirtschaftlichen Angelegenheiten, 3. Aufl. (1990)
Runggaldier, Kollektivvertragliche Mitbestimmung bei Arbeitsorganisation und Rationalisierung (1983)

Säcker, Die Wahlordnungen zum Mitbestimmungsgesetz (1978)
Säcker, Grundprobleme der Kollektiven Koalitionsfreiheit (1969)
Säcker/Joost, Betriebszugehörigkeit als Rechtsproblem im Beriebsverfassungs- und Mitbestimmungsrecht (1980)
Säcker/Oetker, Grundlagen und Grenzen der Tarifautonomie (1992)
Sahmer, Betriebsverfassungsgesetz, Kommentar (Loseblatt)
Sandmann, Die Euro-Betriebsrats-Richtlinie 94/45/EG – Europäischer Betriebsrat und alternatives Verfahren zur Unterrichtung und Anhörung der Arbeitnehmer in transnationalen Unternehmen (1996)
Sandmann/Marschall, Arbeitnehmerüberlassungsgesetz, Kommentar (Loseblatt)
Sax, Die Strafbestimmungen des Betriebsverfassungsgesetzes (1975)
Schalle, Der Bestandsschutz der Arbeitsverhältnisse bei Unternehmensumwandlungen (1999)
Schang, Die Mitbestimmung des Betriebsrats bei neuen Formen der Leistungsvergütung (2002)
Schartel, Rechtsprobleme unternehmensübergreifender Sozialplandotierung (1992)
Schaub, Arbeitsrechts-Handbuch, 15. Aufl. (2013); zit.: Schaub-*Bearbeiter*
Schaub, Formularsammlung und **Arbeitsgerichtsverfahren,** 6. Aufl. (1994)
Schiek, Zweites Gleichberechtigungsgesetz (1995)
Schiek (Hrsg.), Allgemeines Gleichbehandlungsgesetz (AGG). Ein Kommentar aus europäischer Perspektive (2007); zit.: Schiek-*Bearbeiter*
Schiek/Dieball/Horstkötter/Seidel/Vieten/Wankel, Frauengleichstellungsgesetze des Bundes und der Länder, 2. Aufl. (2002)
Schlachter, Die Vereinbarkeit gesetzlicher vorgeschriebener Tarifeinheit mit internationalem Recht, Gutachten (2015), *http://www.vaa.de/fileadmin/www.vaa.de/Inhalte/Sonstiges/Gutachten_zur_Vereinbarkeit_der_Tarifeinheit_mit_internationalem_Recht.pdf*
Schlachter (ed.), EU Labour Law. A Commentary (2015)
Schleusener/Suckow/Voigt, AGG. Kommentar zum Allgemeinen Gleichbehandlungsgesetz 3. Aufl. (2011)
Schlünder, Die Rechtsfolgen der Mißachtung der Betriebsverfassung durch den Arbeitgeber (1991)
Schlüpers-Oehmen, Betriebsverfassung bei Auslandstätigkeit (1984)
Schmid/Roßmann, Das Arbeitsverhältnis der Besatzungsmitglieder in Luftfahrtunternehmen (1997)
Schmidbauer, Der Konzernbegriff im Aktien- und Betriebsverfassungsrecht (1976)
Schmidt, B., Tarifpluralität im System der Arbeitsrechtsordnung (2011)

Schmidt, E., Die verhinderte Neuordnung 1945 – 52, 2. Aufl. (1971)
Schmidt, H., Der Sozialplan in betriebswirtschaftlicher Sicht (1989)
Schmidt, I., Wettbewerbspolitik und Kartellrecht (1993)
Schmidt, K., Gesellschaftsrecht, 3. Aufl. (1997)
Schmidt/Koberski/Tiemann/Wascher, Heimarbeitsgesetz, 4. Aufl. (1998)
Schmitz, **Computernetze** und Mitbestimmung (1996)
Schmitz, Datenschutztechniken (1988)
Schneider, Betriebsratswahl, Kommentar (1978)
Schneider, Das Minderheitsgeschlecht und die Mindestquote, 1. Aufl. (2005)
Schoden, Betriebliche Altersversorgung, Kommentar für die Praxis, 2. Aufl. (2003)
Schoden, Betriebliche **Arbeitnehmererfindungen** und betriebliches Vorschlagswesen (1995)
Scholz (Begr.), Kommentar zum GmbH-Gesetz, 10. Aufl., Bd. 1 (2006); Bd. 2 (2007), Bd. 3 (2010)
Scholz, Personalmanagement (1989)
Scholz/Lingemann/Rutloff, Tarifeinheit und Verfassung, Gutachten (2015), NZA-Beilage 15/3, 1 ff.
Schönfeld, Das Verfahren vor der Einigungsstelle (1988)
Schönke/Schröder, Strafgesetzbuch, Kommentar, 28. Aufl. (2010)
Schoof, Betriebsratspraxis von A–Z, 9. Aufl. (2010)
Schraffer, Der kommunale Eigenbetrieb (1993)
Schubert, Der Anwalt im Arbeitsrecht, 2. Aufl. (2004)
Schumacher, E. F., Small is beautiful, A study of economics as if people mattered, London (1973)
Schuppert, Zutrittsrechte zu Telearbeitsplätzen (1997)
Schuster, Betriebsbedingte Kündigung in Deutschland und Frankreich. Übereinstimmungen und Unterschiede (2008)
Schüren/Hamann, Arbeitnehmerüberlassungsgesetz, Kommentar, 3. Aufl. (2007)
Schwab/Weth, Arbeitsgerichtsgesetz, Kommentar, 4. Aufl. (2015); zit.: SW-*Bearbeiter*
Schwanecke, Die grundlegende Änderung des Betriebszwecks im Sinne des § 111 Satz 2 Nr. 4 BetrVG 1972 (1989)
Schwarz, Arbeitnehmerüberwachung und Mitbestimmung (1982)
Seifert, Visualisieren, Präsentieren, Moderieren (2002)
Seiter, Betriebsinhaberwechsel (1980)
Selzner, Betriebsverfassungsrechtliche Mitbestimmung in Franchise-Systemen (1994)
Sendel-Müller/Weckes, Gewinn- und Erfolgsbeteiligung, Betriebs- und Dienstvereinbarungen, Schriftenreihe der Hans Böckler Stiftung (2013)
Siebert, Die Zuständigkeit des Gesamtbetriebsrats (1999)
Siebert/Becker, Betriebsverfassungsgesetz, Kommentar, 11. Aufl. (2008); zit.: *SB*
Sievers, Kommentar zum Teilzeit- und Befristungsgesetz, 2. Aufl. (2007)
Silberberger, Veränderungsprozesse in Betrieb, Unternehmen und Konzern (2000)
Silberberger, Weiterbeschäftigungsmöglichkeit und Kündigungsschutz im Konzern (1994)
Simitis (Hrsg.), Bundesdatenschutzgesetz, Kommentar, 8. Aufl. (2014); zit.: Simitis-*Bearbeiter*
Simitis/Dammann/Mallmann/Reh, Bundesdatenschutzgesetz, Kommentar, 3. Aufl. (1981)
Smid (Hrsg.), Insolvenzordnung, Kommentar, 2. Aufl. (2001)
Sobotta, Die autonome Organisation der Betriebsverfassung durch Tarifverträge nach § 3 BetrVG (2009)
Söllner/Reinert, Personalvertretungsrecht, 2. Aufl. (1993)
Sparchholz/Trümner, Die strafrechtliche Verantwortung von Betriebsratsmitgliedern, Arbeitspapier der Hans-Böckler-Stiftung Nr. 173 (2009)
Spellbrink/Eicher (Hrsg.), Kasseler Handbuch des Arbeitsförderungsrechts. Das SGB III in Recht und Praxis (2003), zit.: *Spellbrink u. a.*
Spilger, Tarifvertragliches Betriebsverfassungsrecht – Rechtstatsachen und Rechtsfragen tarifvertraglicher Regelungen von Betriebsratsrechten (1988)
Spinti, Die Ansprüche aus Sozialplan (§ 112 BetrVG 72) und Nachteilsausgleich (§ 113 BetrVG 72) bei Insolvenz des Arbeitgebers (1989)

Staehle/Sydow (Hrsg.), Managementforschung 3 (1993)
Stahlhacke/Bader, Arbeitsgerichtsgesetz, Textausgabe mit Kurzerläuterungen (1991)
Stahlhacke/Preis/Vossen, Kündigung und Kündigungsschutz im Arbeitsverhältnis, 10. Aufl. (2010)
Statistisches Bundesamt (Hrsg.), Statistisches Jahrbuch 1990 für die Bundesrepublik Deutschland (1990)
v. Staudinger, Kommentar zum Bürgerlichen Gesetzbuch, 12. Aufl. (1978 ff.)
v. Staudinger, Kommentar zum Bürgerlichen Gesetzbuch, Zweites Buch, Recht der Schuldverhältnisse (§§ 616 – 619), 13. Bearbeitung 1997 von Hartmut Oetker
Steffen, Die Anrechnung von Abfindungen auf die Arbeitslosenunterstützung (1997)
Stege/Weinspach/Schiefer, Betriebsverfassungsgesetz, Handkommentar für die betriebliche Praxis, 9. Aufl. (2002); zit.: *SWS*
Steinbauer, Reorganisation in der Energiewirtschaft und deren arbeitsrechtliche Folgen (2006)
Steindorff, Neubestimmung der leitenden Angestellten, Untersuchung im Auftrag der Hans-Böckler-Stiftung (1987)
Sterzel, Tendenzschutz und Grundgesetz. Zu den verfassungsrechtlichen Voraussetzungen der betriebsverfassungsrechtlichen Mitbestimmungsordnung (2001)
Stumper/Lystander, Betriebsrat und Sachverständige (2004)
Sydow, Unternehmensnetzwerke (1991)
Szyperski (Hrsg.), Planung (1989)

Taeger, Die Offenbarung von Betriebs- und Geschäftsgeheimnissen (1988)
Taeger/Gabel (Hrsg.), BDSG und Datenschutzvorschriften des TKG und TMG, 2. Aufl. (2013); zit.: Taeger/Gabel-*Bearbeiter*
Teichmüller, Die Behandlung der Einzelfragen des § 37 Abs. 6 BetrVG, Schriftenreihe der IG Metall, Heft 63 (1975)
Teichmüller, Die **Betriebsänderung** – Handbuch mit zahlreichen Musterbeispielen und Checklisten (1983)
Temming, Alterdiskriminierung im Arbeitsleben. Eine rechtsmethodische Analyse (2008)
Teuteberg, Geschichte der industriellen Mitbestimmung in Deutschland (1961)
Theis, Neue Konzernstrategien und einheitliche Leitung im faktischen Konzern (1992)
Theisen, Der Konzern – Betriebswirtschaftliche und rechtliche Grundlagen der Konzernunternehmung, 2. Aufl. (2000)
Thomas/Putzo, Zivilprozessordnung, Kommentar, 32. Aufl. (2011)
Thüsing, Arbeitsrechtlicher Diskriminierungsschutz. Das Allgemeine Gleichbehandlungsgesetz und andere arbeitsrechtliche Benachteiligungsverbote, 2. Aufl. (2013)
Travlos-Tzanetatos, Die Regelungsbefugnis der Betriebspartner und ihre Grenzen zum Einzelarbeitsverhältnis (1974)
Trittin, W., Der Betriebsübergang, 4. Aufl. (2005)
Trittin, W., Die Sicherung und Durchsetzung von Betriebsratsrechten, 2. Aufl. (2001)
Trittin, W., Konzern und Arbeitnehmerinteressen (1993)
Tschöpe, Rechtsfolgen eines arbeitnehmerseitigen Widerspruchs beim Betriebsinhaberwechsel (1984)

Uhlenbruck, Kommentar zur InsO, 13. Aufl. (2010)
Ulber (Hrsg.), Arbeitnehmerüberlassungsgesetz, Kommentar für die Praxis, 4. Aufl. (2011); zit.: Ulber-*Bearbeiter*
Ulmer/Habersack/Henssler, Mitbestimmungsrecht Kommentar, 2. Aufl. (2008)
Umnuß, Organisation der Betriebsverfassung und Unternehmerautonomie (1993)

Vogl/Nies, Mobile Arbeit, Betriebs- und Dienstvereinbarungen, Schriftenreihe der Hans Böckler Stiftung (2013)
Vogt, Die Betriebsversammlung, 3. Aufl. (1977)
Vogt, **Sozialpläne** in der betrieblichen Praxis, 2. Aufl. (1981)
Vollmer, Grenzen der politischen Betätigung im Betrieb (1977)

Waas, B., Betriebsrat und Arbeitszeit – Pauschale Abgeltung und Freistellung über das Gesetz hinaus, (2012)
Wagner, U., Mitbestimmung bei Bildschirmtechnologien (1985)
Wahsner/Borgaes, Der folgenlose Rechtsbruch – Recht und Praxis der Bußgeldbestimmungen im Betriebsverfassungsgesetz (1982)
Waltermann, Arbeitsrecht, 16. Aufl. (2012)
Walz, Multinationale Unternehmen und internationaler Tarifvertrag – Eine arbeitskollisionsrechtliche Untersuchung (1981)
Wanhöfer, Gemeinschaftsbetrieb und Unternehmensmitbestimmung (1994)
Wank, Arbeiter und Angestellte (1992)
Wank, Arbeitnehmer und Selbstständige (1988)
Wank/Börgmann, Deutsches und europäisches Arbeitsschutzrecht (1992)
Warnecke, Die Fraktale Fabrik. Revolution der Unternehmenskultur (1996)
Wassermann, R. (Hrsg.), Kommentar zum Grundgesetz für die Bundesrepublik Deutschland – Reihe Alternativkommentare, 2. Aufl. (1989); zit.: AK-GG-*Bearbeiter*
Wassermann, W., »Wir sind ein Teil des Betriebes!« (Hans-Böckler-Stiftung, Graue Reihe – Neue Folge 24) (1985)
Weber, Das aufgespaltene Arbeitsverhältnis (1992)
Weber, **Das Erzwingungsverfahren** gegen den Arbeitgeber nach § 23 Abs. 3 BetrVG (1979)
Weber/Ehrich/Hörchens/Oberthür, Handbuch zum Betriebsverfassungsrecht 2. Aufl. (2003); zit.: *WEHO*
Wedde (Hrsg.), Arbeitsrecht Kompaktkommentar, 4. Aufl. (2014); zit.: Wedde-*Bearbeiter*
Wedde, Betriebsratswahl kompakt, 4. Aufl. (2014)
Wedde, **Konstituierung** des Betriebsrats, 4. Aufl. (2014)
Wedde, Telearbeit, 3. Aufl. (2002)
Weiss/Weyand, Betriebsverfassungsgesetz, Kommentar, 3. Aufl. (1994); zit.: *WW*
Weiß-Hartmann, Der Freie Gewerkschaftsbund Hessen 1945 – 1949 (1977)
Wendeling-Schröder (Hrsg.), Die **Arbeitsbedingungen** des Betriebsrats, HSI-Schriftenreihe Band 11 (2014); zit.: Wendeling-Schröder-*Bearbeiter*
Wendeling-Schröder, Divisionalisierung, Mitbestimmung und Tarifvertrag (1984)
Wenning-Morgenthaler, Die Einigungsstelle, Leitfaden für die Praxis, 6. Aufl. (2013)
Wetzling, Der Konzernbetriebsrat (1978)
Weyand, Die tarifvertragliche Mitbestimmung unternehmerischer Personal- und Sachentscheidungen (1989)
Widmann/Mayer (Hrsg.), Umwandlungsrecht, Loseblattkommentar (1995 ff.)
Wieczorek, Zivilprozessordnung und Nebengesetze, 2. Aufl. (1975 ff.)
Wiedemann, Die Unternehmensgruppe im Privatrecht (1988)
Wiedemann, Gesellschaftsrecht (1980)
Wiedemann (Hrsg.), Tarifvertragsgesetz, Kommentar, 7. Aufl. (2007); zit.: Wiedemann-*Bearbeiter*
Wiese/Kreutz/Oetker/Raab/Weber/Franzen/Gutzeit/Jacobs, Gemeinschaftskommentar zum Betriebsverfassungsgesetz, 2 Bde., 10. Aufl. (2014); zit.: GK-*Bearbeiter*
Willemsen/Hohenstatt/Schweibert/Seibt (Hrsg.), Umstrukturierung und Übertragung von Unternehmen 3. Aufl. (2008); zit.: *Willemsen u. a.*
Wimmer, Die Gestaltung internationaler Arbeitsverhältnisse durch kollektive Normenverträge (1992)
Wimmer (Hrsg.), Frankfurter Kommentar zur Insolvenzordnung, 7. Aufl. (2013)
Windbichler, Arbeitsrecht im Konzern (1989)
Windeln, Die Reform des Betriebsverfassungsgesetzes im organisatorischen Bereich (2003)
Wirth, Die neue Unübersichtlichkeit im Einzelhandel. Belegschaftsstrukturen, Externalisierung von Arbeit und Interessenvertretung (1994)
Wisskirchen, Mittelbare Diskriminierung von Frauen im Erwerbsleben (1994)
Wißmann, T., Tarifvertragliche Gestaltung der betriebsverfassungsrechtlichen Organisation (2000)

Wlotzke/Preis/Kreft (Hrsg.), BetrVG Betriebsverfassungsgesetz, Kommentar, 4. Aufl. (2009); zit.: WPK-*Bearbeiter*
Wohlgemuth, Berufsbildungsgesetz, Kommentar, 3. Aufl. (2006)
Wohlgemuth, Datenschutz für Arbeitnehmer, 2. Aufl. (1988)
Wolff, **Vorläufiger Bestandsschutz** des Arbeitsverhältnisses durch Weiterbeschäftigung nach § 102 Abs. 5 BetrVG (2000)
Wolff/Brink (Hrsg.), **Datenschutzrecht in Bund und Ländern, Kommentar (2013)**; zit.: Wolff/Brink-*Bearbeiter*
Wolter, Für ein besseres **Arbeitsrecht** (1986)
Wolter, **Treuhandanstalt** und Treuhand-Unternehmen als qualifizierter faktischer GmbH-Konzern? (1992)
Worzalla, Mitbestimmung des Betriebsrats in Eil- und Notfällen (1992)
WSI-Projektgruppe, Vorschläge zum Unternehmensrecht (1981)
Würdinger, Aktien- und Konzernrecht, 4. Aufl. (1981)
Wunsch/Semmler, Entwicklungslinien einer europäischen Arbeitnehmermitwirkung (1995)

Zachert, Betriebliche Mitbestimmung – Eine problemorientierte Einführung (1979)
Zachert (Hrsg.), Die Wirkung des Tarifvertrags in der Krise (1991)
Zitzewitz, Die Vereinbarkeit internationaler Vertragskonzerne mit dem MitbG (1979)
Zöller, ZPO, 27. Aufl. (2006)
Zöllner, Colloque international sur le droit international privé des groupes de sociétés (1974)
Zöllner, Daten- und Informationsschutz im Arbeitsverhältnis (1982)
Zöllner/LoritzHergenröder, **Arbeitsrecht,** 6. Aufl. (2008)
Zügel, Mitwirkung der Arbeitnehmer nach der EU-Richtlinie über die Einsetzung eines Europäischen Betriebsrats (1995)
Zumbeck, Leiharbeit und befristete Beschäftigung, 2. Aufl. (2009)
Zwanziger, Das Arbeitsrecht der Insolvenzordnung, 4. Aufl. (2010)

Festschriften

FS zum 50jährigen Bestehen der *Arbeitsgerichtsbarkeit in Rheinland-Pfalz* (1999)
FS 25 Jahre Arbeitsgemeinschaft Arbeitsrecht im DAV (2006)
FS 25 Jahre *Bundesarbeitsgericht* (1979)
FS 50 Jahre *Bundesarbeitsgericht* (2004)
FS 50 Jahre *Bundesverfassungsgericht* (2001)
FS 100 Jahre *Deutscher Arbeitsgerichtsverband* (1994)
FS für *Klaus Adomeit* (2008)
FS für *Kurt Ballerstedt* (1975)
FS für *Kurt Bartenbach* (2005)
FS für *Jobst-Hubertus Bauer* (2010)
FS für *Karl Beusch* (1993)
FS für Martin Binder (2010)
FS für *Rolf Birk* (2008)
FS für *Thomas Blanke* (2009)
FS für *Herbert Buchner* (2009)
FS für Rudolf Buschmann (2014)
FS für *Wolfgang Däubler* (1999)
FS für *Thomas Dieterich* (1999)
FS für *Hans Joachim Fleck* (1988)
FS für *Wolfgang Förster* (2001)
FS für *Dieter Gaul* (1992)
FS für *Wolfgang Gitter* (1995)
FS für *Albert Gnade* (1992)
FS für *Peter Hanau* (1999)
FS für *Joachim Heilmann* (2001)
GS für *Meinhard Heinze* (2005)

FS für *Wolfram Henckel* (1995)
FS für *Wilhelm Herschel* (1982)
FS für *Marie-Luise Hilger/Hermann Stumpf* (1983)
FS für Gerrick v. Hoyningen-Huene (2014)
FS für *Wolfgang Hromadka* (2008)
FS für *Hans-Peter Ipsen* (1977)
FS für *Gerhard Kegel* (1977)
FS für *Karl Kehrmann* (1997)
FS für *Otto Ernst Kempen* (2013)
FS für *Katsutoshi Kezuka* (2015)
FS für *Otto Rudolf Kissel* (1994)
FS für *Alfons Kraft* (1998)
FS für *Peter Kreutz* (2009)
FS für *Wolfdieter Küttner* (2006)
FS für *Otto Kunze* (1969)
FS für *Wolfgang Leinemann* (2006)
FS für Klaus Lörcher (2013)
FS für *Walter Mallmann* (1978)
FS für *Karl Molitor* (1988)
FS für *Gerhard Müller* (1981)
FS für *Bernhard Nagel* (2007)
FS für *Arthur Nikisch* (1958)
FS für *Heide Pfarr* (2010)
FS für *Karlheinz Quack* (1991)
FS für *Norbert Reich* (1997)
FS für *Reinhard Richardi* (2007)
FS für *Günter Schaub* (1998)
FS für *Ludwig Schnorr von Carolsfeld* (1972)
FS für *Johannes Semler* (1993)
FS für *Eugen Stahlhacke* (1995)
FS für *Ernst Steindorff* (1990)
FS für *Dieter Stege* (1997)
GS für *Jürgen Sonnenschein* (2003)
FS für *Reinhold Trinkner* (1995)
FS für *Ulrike Wendeling-Schröder* (2009)
FS für *Herbert Wiedemann* (2002)
FS für *Günther Wiese* (1998)
FS für *Hellmut Wißmann* (2005)
FS für *Otfried Wlotzke* (1996)
GS für *Ulrich Zachert* (2010)
FS für *Albrecht Zeuner* (1994)

Betriebsverfassungsgesetz

vom 15. Januar 1972 (BGBl. I S. 13), in der Fassung der Bekanntmachung vom 25. September 2001 (BGBl. I S. 2518), zuletzt geändert durch Artikel 3 Absatz 4 des Gesetzes vom 20. April 2013 (BGBl. I S. 868).

Erster Teil Allgemeine Vorschriften

§ 1 Errichtung von Betriebsräten

(1) In Betrieben mit in der Regel mindestens fünf ständigen wahlberechtigten Arbeitnehmern, von denen drei wählbar sind, werden Betriebsräte gewählt. Dies gilt auch für gemeinsame Betriebe mehrerer Unternehmen.
(2) Ein gemeinsamer Betrieb mehrerer Unternehmen wird vermutet, wenn
a) zur Verfolgung arbeitstechnischer Zwecke die Betriebsmittel sowie die Arbeitnehmer von den Unternehmen gemeinsam eingesetzt werden oder
b) die Spaltung eines Unternehmens zur Folge hat, dass von einem Betrieb ein oder mehrere Betriebsteile einem an der Spaltung beteiligten anderen Unternehmen zugeordnet werden, ohne dass sich dabei die Organisation des betroffenen Betriebes wesentlich ändert.

§ 2 Stellung der Gewerkschaften und Vereinigungen der Arbeitgeber

(1) Arbeitgeber und Betriebsrat arbeiten unter Beachtung der geltenden Tarifverträge vertrauensvoll und im Zusammenwirken mit den im Betrieb vertretenen Gewerkschaften und Arbeitgebervereinigungen zum Wohl der Arbeitnehmer und des Betriebs zusammen.
(2) Zur Wahrnehmung der in diesem Gesetz genannten Aufgaben und Befugnisse der im Betrieb vertretenen Gewerkschaften ist deren Beauftragten nach Unterrichtung des Arbeitgebers oder seines Vertreters Zugang zum Betrieb zu gewähren, soweit dem nicht unumgängliche Notwendigkeiten des Betriebsablaufs, zwingende Sicherheitsvorschriften oder der Schutz von Betriebsgeheimnissen entgegenstehen.
(3) Die Aufgaben der Gewerkschaften und der Vereinigungen der Arbeitgeber, insbesondere die Wahrnehmung der Interessen ihrer Mitglieder, werden durch dieses Gesetz nicht berührt.

§ 3 Abweichende Regelungen

(1) Durch Tarifvertrag können bestimmt werden:
1. für Unternehmen mit mehreren Betrieben
   a) die Bildung eines unternehmenseinheitlichen Betriebsrats oder
   b) die Zusammenfassung von Betrieben,
2. wenn dies die Bildung von Betriebsräten erleichtert oder einer sachgerechten Wahrnehmung der Interessen der Arbeitnehmer dient;
3. für Unternehmen und Konzerne, soweit sie nach produkt- oder projektbezogenen Geschäftsbereichen (Sparten) organisiert sind und die Leitung der Sparte auch Entscheidungen in beteiligungspflichtigen Angelegenheiten trifft, die Bildung von Betriebsräten in den Sparten (Spartenbetriebsräte), wenn dies der sachgerechten Wahrnehmung der Aufgaben des Betriebsrats dient;
4. andere Arbeitnehmervertretungsstrukturen, soweit dies insbesondere auf Grund der Betriebs-, Unternehmens- oder Konzernorganisation oder auf Grund anderer Formen der Zusammenarbeit von Unternehmen einer wirksamen und zweckmäßigen Interessenvertretung der Arbeitnehmer dient;
5. zusätzliche betriebsverfassungsrechtliche Gremien (Arbeitsgemeinschaften), die der unternehmensübergreifenden Zusammenarbeit von Arbeitnehmervertretungen dienen;

6. zusätzliche betriebsverfassungsrechtliche Vertretungen der Arbeitnehmer, die die Zusammenarbeit zwischen Betriebsrat und Arbeitnehmern erleichtern.

(2) Besteht in den Fällen des Absatzes 1 Nr. 1, 2, 4 oder 5 keine tarifliche Regelung und gilt auch kein anderer Tarifvertrag, kann die Regelung durch Betriebsvereinbarung getroffen werden.

(3) Besteht im Falle des Absatzes 1 Nr. 1 Buchstabe a keine tarifliche Regelung und besteht in dem Unternehmen kein Betriebsrat, können die Arbeitnehmer mit Stimmenmehrheit die Wahl eines unternehmenseinheitlichen Betriebsrats beschließen. Die Abstimmung kann von mindestens drei wahlberechtigten Arbeitnehmern des Unternehmens oder einer im Unternehmen vertretenen Gewerkschaft veranlasst werden.

(4) Sofern der Tarifvertrag oder die Betriebsvereinbarung nichts anderes bestimmt, sind Regelungen nach Absatz 1 Nr. 1 bis 3 erstmals bei der nächsten regelmäßigen Betriebsratswahl anzuwenden, es sei denn, es besteht kein Betriebsrat oder es ist aus anderen Gründen eine Neuwahl des Betriebsrats erforderlich. Sieht der Tarifvertrag oder die Betriebsvereinbarung einen anderen Wahlzeitpunkt vor, endet die Amtszeit bestehender Betriebsräte, die durch die Regelungen nach Absatz 1 Nr. 1 bis 3 entfallen, mit Bekanntgabe des Wahlergebnisses.

(5) Die auf Grund eines Tarifvertrages oder einer Betriebsvereinbarung nach Absatz 1 Nr. 1 bis 3 gebildeten betriebsverfassungsrechtlichen Organisationseinheiten gelten als Betriebe im Sinne dieses Gesetzes. Auf die in ihnen gebildeten Arbeitnehmervertretungen finden die Vorschriften über die Rechte und Pflichten des Betriebsrats und die Rechtsstellung seiner Mitglieder Anwendung.

§ 4 Betriebsteile, Kleinstbetriebe

(1) Betriebsteile gelten als selbstständige Betriebe, wenn sie die Voraussetzungen des § 1 Abs. 1 Satz 1 erfüllen und
1. räumlich weit vom Hauptbetrieb entfernt oder
2. durch Aufgabenbereich und Organisation eigenständig sind.

Die Arbeitnehmer eines Betriebsteils, in dem kein eigener Betriebsrat besteht, können mit Stimmenmehrheit formlos beschließen, an der Wahl des Betriebsrats im Hauptbetrieb teilzunehmen; § 3 Abs. 3 Satz 2 gilt entsprechend. Die Abstimmung kann auch vom Betriebsrat des Hauptbetriebs veranlasst werden. Der Beschluss ist dem Betriebsrat des Hauptbetriebs spätestens zehn Wochen vor Ablauf seiner Amtszeit mitzuteilen. Für den Widerruf des Beschlusses gelten die Sätze 2 bis 4 entsprechend.

(2) Betriebe, die die Voraussetzungen des § 1 Abs. 1 Satz 1 nicht erfüllen, sind dem Hauptbetrieb zuzuordnen.

§ 5 Arbeitnehmer

(1) Arbeitnehmer (Arbeitnehmerinnen und Arbeitnehmer) im Sinne dieses Gesetzes sind Arbeiter und Angestellte einschließlich der zu ihrer Berufsausbildung Beschäftigten, unabhängig davon, ob sie im Betrieb, im Außendienst oder mit Telearbeit beschäftigt werden. Als Arbeitnehmer gelten auch die in Heimarbeit Beschäftigten, die in der Hauptsache für den Betrieb arbeiten. Als Arbeitnehmer gelten ferner Beamte (Beamtinnen und Beamte), Soldaten (Soldatinnen und Soldaten) sowie Arbeitnehmer des öffentlichen Dienstes einschließlich der zu ihrer Berufsausbildung Beschäftigten, die in Betrieben privatrechtlich organisierter Unternehmen tätig sind.

(2) Als Arbeitnehmer im Sinne dieses Gesetzes gelten nicht
1. in Betrieben einer juristischen Person die Mitglieder des Organs, das zur gesetzlichen Vertretung der juristischen Person berufen ist;
2. die Gesellschafter einer offenen Handelsgesellschaft oder die Mitglieder einer anderen Personengesamtheit, soweit sie durch Gesetz, Satzung oder Gesellschaftsvertrag zur Vertretung der Personengesamtheit oder zur Geschäftsführung berufen sind, in deren Betrieben;
3. Personen, deren Beschäftigung nicht in erster Linie ihrem Erwerb dient, sondern vorwie gend durch Beweggründe karitativer oder religiöser Art bestimmt ist;

4. Personen, deren Beschäftigung nicht in erster Linie ihrem Erwerb dient und die vorwiegend zu ihrer Heilung, Wiedereingewöhnung, sittlichen Besserung oder Erziehung beschäftigt werden;
5. der Ehegatte, der Lebenspartner, Verwandte und Verschwägerte ersten Grades, die in häuslicher Gemeinschaft mit dem Arbeitgeber leben.

(3) Dieses Gesetz findet, soweit in ihm nicht ausdrücklich etwas anderes bestimmt ist, keine Anwendung auf leitende Angestellte. Leitender Angestellter ist, wer nach Arbeitsvertrag und Stellung im Unternehmen oder im Betrieb

1. zur selbstständigen Einstellung und Entlassung von im Betrieb oder in der Betriebsabteilung beschäftigten Arbeitnehmern berechtigt ist oder
2. Generalvollmacht oder Prokura hat und die Prokura auch im Verhältnis zum Arbeitgeber nicht unbedeutend ist oder
3. regelmäßig sonstige Aufgaben wahrnimmt, die für den Bestand und die Entwicklung des Unternehmens oder eines Betriebs von Bedeutung sind und deren Erfüllung besondere Erfahrungen und Kenntnisse voraussetzt, wenn er dabei entweder die Entscheidungen im Wesentlichen frei von Weisungen trifft oder sie maßgeblich beeinflusst; dies kann auch bei Vorgaben insbesondere auf Grund von Rechtsvorschriften, Plänen oder Richtlinien sowie bei Zusammenarbeit mit anderen leitenden Angestellten gegeben sein.

Für die in Absatz 1 Satz 3 genannten Beamten und Soldaten gelten die Sätze 1 und 2 entsprechend.

(4) Leitender Angestellter nach Absatz 3 Nr. 3 ist im Zweifel, wer

1. aus Anlass der letzten Wahl des Betriebsrats, des Sprecherausschusses oder von Aufsichtsratsmitgliedern der Arbeitnehmer oder durch rechtskräftige gerichtliche Entscheidung den leitenden Angestellten zugeordnet worden ist oder
2. einer Leitungsebene angehört, auf der in dem Unternehmen überwiegend leitende Angestellte vertreten sind, oder
3. ein regelmäßiges Jahresarbeitsentgelt erhält, das für leitende Angestellte in dem Unternehmen üblich ist, oder,
4. falls auch bei der Anwendung der Nummer 3 noch Zweifel bleiben, ein regelmäßiges Jahresarbeitsentgelt erhält, das das Dreifache der Bezugsgröße nach § 18 des Vierten Buches Sozialgesetzbuch überschreitet.

§ 6 Arbeiter und Angestellte

(aufgehoben)

Zweiter Teil
Betriebsrat, Betriebsversammlung, Gesamt- und Konzernbetriebsrat

Erster Abschnitt
Zusammensetzung und Wahl des Betriebsrats

§ 7 Wahlberechtigung

Wahlberechtigt sind alle Arbeitnehmer des Betriebs, die das 18. Lebensjahr vollendet haben. Werden Arbeitnehmer eines anderen Arbeitgebers zur Arbeitsleistung überlassen, so sind diese wahlberechtigt, wenn sie länger als drei Monate im Betrieb eingesetzt werden.

§ 8 Wählbarkeit

(1) Wählbar sind alle Wahlberechtigten, die sechs Monate dem Betrieb angehören oder als in Heimarbeit Beschäftigte in der Hauptsache für den Betrieb gearbeitet haben. Auf diese sechsmonatige Betriebszugehörigkeit werden Zeiten angerechnet, in denen der Arbeitnehmer unmittelbar vorher einem anderen Betrieb desselben Unternehmens oder Konzerns (§ 18 Abs. 1 des Aktiengesetzes) angehört hat. Nicht wählbar ist, wer infolge strafgerichtlicher Verurteilung die Fähigkeit, Rechte aus öffentlichen Wahlen zu erlangen, nicht besitzt.
(2) Besteht der Betrieb weniger als sechs Monate, so sind abweichend von der Vorschrift in Absatz 1 über die sechsmonatige Betriebszugehörigkeit diejenigen Arbeitnehmer wählbar, die bei der Einleitung der Betriebsratswahl im Betrieb beschäftigt sind und die übrigen Voraussetzungen für die Wählbarkeit erfüllen.

§ 9 Zahl der Betriebsratsmitglieder

Der Betriebsrat besteht in Betrieben mit in der Regel
5 bis 20 wahlberechtigten Arbeitnehmern aus einer Person,
21 bis 50 wahlberechtigten Arbeitnehmern aus 3 Mitgliedern,
51 bis 100 Arbeitnehmern aus 5 Mitgliedern,
101 bis 200 Arbeitnehmern aus 7 Mitgliedern,
201 bis 400 Arbeitnehmern aus 9 Mitgliedern,
401 bis 700 Arbeitnehmern aus 11 Mitgliedern,
701 bis 1000 Arbeitnehmern aus 13 Mitgliedern,
1001 bis 1500 Arbeitnehmern aus 15 Mitgliedern,
1501 bis 2000 Arbeitnehmern aus 17 Mitgliedern,
2001 bis 2500 Arbeitnehmern aus 19 Mitgliedern,
2501 bis 3000 Arbeitnehmern aus 21 Mitgliedern,
3001 bis 3500 Arbeitnehmern aus 23 Mitgliedern,
3501 bis 4000 Arbeitnehmern aus 25 Mitgliedern,
4001 bis 4500 Arbeitnehmern aus 27 Mitgliedern,
4501 bis 5000 Arbeitnehmern aus 29 Mitgliedern,
5001 bis 6000 Arbeitnehmern aus 31 Mitgliedern,
6001 bis 7000 Arbeitnehmern aus 33 Mitgliedern,
7001 bis 9000 Arbeitnehmern aus 35 Mitgliedern.
In Betrieben mit mehr als 9000 Arbeitnehmern erhöht sich die Zahl der Mitglieder des Betriebsrats für je angefangene weitere 3000 Arbeitnehmer um 2 Mitglieder.

§ 10 Vertretung der Minderheitsgruppen

(aufgehoben)

§ 11 Ermäßigte Zahl der Betriebsratsmitglieder

Hat ein Betrieb nicht die ausreichende Zahl von wählbaren Arbeitnehmern, so ist die Zahl der Betriebsratsmitglieder der nächstniedrigeren Betriebsgröße zugrunde zu legen.

§ 12 Abweichende Verteilung der Betriebsratssitze

(aufgehoben)

§ 13 Zeitpunkt der Betriebsratswahlen

(1) Die regelmäßigen Betriebsratswahlen finden alle vier Jahre in der Zeit vom 1. März bis 31. Mai statt. Sie sind zeitgleich mit den regelmäßigen Wahlen nach § 5 Abs. 1 des Sprecherausschussgesetzes einzuleiten.

(2) Außerhalb dieser Zeit ist der Betriebsrat zu wählen, wenn

1. mit Ablauf von 24 Monaten, vom Tage der Wahl an gerechnet, die Zahl der regelmäßig beschäftigten Arbeitnehmer um die Hälfte, mindestens aber um fünfzig, gestiegen oder gesunken ist,
2. die Gesamtzahl der Betriebsratsmitglieder nach Eintreten sämtlicher Ersatzmitglieder unter die vorgeschriebene Zahl der Betriebsratsmitglieder gesunken ist,
3. der Betriebsrat mit der Mehrheit seiner Mitglieder seinen Rücktritt beschlossen hat,
4. die Betriebsratswahl mit Erfolg angefochten worden ist,
5. der Betriebsrat durch eine gerichtliche Entscheidung aufgelöst ist oder
6. im Betrieb ein Betriebsrat nicht besteht.

(3) Hat außerhalb des für die regelmäßigen Betriebsratswahlen festgelegten Zeitraums eine Betriebsratswahl stattgefunden, so ist der Betriebsrat in dem auf die Wahl folgenden nächsten Zeitraum der regelmäßigen Betriebsratswahlen neu zu wählen. Hat die Amtszeit des Betriebsrats zu Beginn des für die regelmäßigen Betriebsratswahlen festgelegten Zeitraums noch nicht ein Jahr betragen, so ist der Betriebsrat in dem übernächsten Zeitraum der regelmäßigen Betriebsratswahlen neu zu wählen.

§ 14 Wahlvorschriften

(1) Der Betriebsrat wird in geheimer und unmittelbarer Wahl gewählt.

(2) Die Wahl erfolgt nach den Grundsätzen der Verhältniswahl. Sie erfolgt nach den Grundsätzen der Mehrheitswahl, wenn nur ein Wahlvorschlag eingereicht wird oder wenn der Betriebsrat im vereinfachten Wahlverfahren nach § 14 a zu wählen ist.

(3) Zur Wahl des Betriebsrats können die wahlberechtigten Arbeitnehmer und die im Betrieb vertretenen Gewerkschaften Wahlvorschläge machen.

(4) Jeder Wahlvorschlag der Arbeitnehmer muss von mindestens einem Zwanzigstel der wahlberechtigten Arbeitnehmer, mindestens jedoch von drei Wahlberechtigten unterzeichnet sein; in Betrieben mit in der Regel bis zu zwanzig wahlberechtigten Arbeitnehmern genügt die Unterzeichnung durch zwei Wahlberechtigte. In jedem Fall genügt die Unterzeichnung durch fünfzig wahlberechtigte Arbeitnehmer.

(5) Jeder Wahlvorschlag einer Gewerkschaft muss von zwei Beauftragten unterzeichnet sein.

§ 14 a Vereinfachtes Wahlverfahren für Kleinbetriebe

(1) In Betrieben mit in der Regel fünf bis fünfzig wahlberechtigten Arbeitnehmern wird der Betriebsrat in einem zweistufigen Verfahren gewählt. Auf einer ersten Wahlversammlung wird der Wahlvorstand nach § 17 a Nr. 3 gewählt. Auf einer zweiten Wahlversammlung wird der

Betriebsrat in geheimer und unmittelbarer Wahl gewählt. Diese Wahlversammlung findet eine Woche nach der Wahlversammlung zur Wahl des Wahlvorstandes statt.
(2) Wahlvorschläge können bis zum Ende der Wahlversammlung zur Wahl des Wahlvorstandes nach § 17 a Nr. 3 gemacht werden; für Wahlvorschläge der Arbeitnehmer gilt § 14 Abs. 4 mit der Maßgabe, dass für Wahlvorschläge, die erst auf dieser Wahlversammlung gemacht werden, keine Schriftform erforderlich ist.
(3) Ist der Wahlvorstand in Betrieben mit in der Regel fünf bis fünfzig wahlberechtigten Arbeitnehmern nach § 17 a Nr. 1 in Verbindung mit § 16 vom Betriebsrat, Gesamtbetriebsrat oder Konzernbetriebsrat oder nach § 17 a Nr. 4 vom Arbeitsgericht bestellt, wird der Betriebsrat abweichend von Absatz 1 Satz 1 und 2 auf nur einer Wahlversammlung in geheimer und unmittelbarer Wahl gewählt. Wahlvorschläge können bis eine Woche vor der Wahlversammlung zur Wahl des Betriebsrats gemacht werden; § 14 Abs. 4 gilt unverändert.
(4) Wahlberechtigten Arbeitnehmern, die an der Wahlversammlung zur Wahl des Betriebsrats nicht teilnehmen können, ist Gelegenheit zur schriftlichen Stimmabgabe zu geben.
(5) In Betrieben mit in der Regel 51 bis 100 wahlberechtigten Arbeitnehmern können der Wahlvorstand und der Arbeitgeber die Anwendung des vereinfachten Wahlverfahrens vereinbaren.

§ 15 Zusammensetzung nach Beschäftigungsarten und Geschlechtern

(1) Der Betriebsrat soll sich möglichst aus Arbeitnehmern der einzelnen Organisationsbereiche und der verschiedenen Beschäftigungsarten der im Betrieb tätigen Arbeitnehmer zusammensetzen.
(2) Das Geschlecht, das in der Belegschaft in der Minderheit ist, muss mindestens entsprechend seinem zahlenmäßigen Verhältnis im Betriebsrat vertreten sein, wenn dieser aus mindestens drei Mitgliedern besteht.

§ 16 Bestellung des Wahlvorstands

(1) Spätestens zehn Wochen vor Ablauf seiner Amtszeit bestellt der Betriebsrat einen aus drei Wahlberechtigten bestehenden Wahlvorstand und einen von ihnen als Vorsitzenden. Der Betriebsrat kann die Zahl der Wahlvorstandsmitglieder erhöhen, wenn dies zur ordnungsgemäßen Durchführung der Wahl erforderlich ist. Der Wahlvorstand muss in jedem Fall aus einer ungeraden Zahl von Mitgliedern bestehen. Für jedes Mitglied des Wahlvorstands kann für den Fall seiner Verhinderung ein Ersatzmitglied bestellt werden. In Betrieben mit weiblichen und männlichen Arbeitnehmern sollen dem Wahlvorstand Frauen und Männer angehören. Jede im Betrieb vertretene Gewerkschaft kann zusätzlich einen dem Betrieb angehörenden Beauftragten als nicht stimmberechtigtes Mitglied in den Wahlvorstand entsenden, sofern ihr nicht ein stimmberechtigtes Wahlvorstandsmitglied angehört.
(2) Besteht acht Wochen vor Ablauf der Amtszeit des Betriebsrats kein Wahlvorstand, so bestellt ihn das Arbeitsgericht auf Antrag von mindestens drei Wahlberechtigten oder einer im Betrieb vertretenen Gewerkschaft; Absatz 1 gilt entsprechend. In dem Antrag können Vorschläge für die Zusammensetzung des Wahlvorstands gemacht werden. Das Arbeitsgericht kann für Betriebe mit in der Regel mehr als zwanzig wahlberechtigten Arbeitnehmern auch Mitglieder einer im Betrieb vertretenen Gewerkschaft, die nicht Arbeitnehmer des Betriebs sind, zu Mitgliedern des Wahlvorstands bestellen, wenn dies zur ordnungsgemäßen Durchführung der Wahl erforderlich ist.
(3) Besteht acht Wochen vor Ablauf der Amtszeit des Betriebsrats kein Wahlvorstand, kann auch der Gesamtbetriebsrat oder, falls ein solcher nicht besteht, der Konzernbetriebsrat den Wahlvorstand bestellen. Absatz 1 gilt entsprechend.

§ 17 Bestellung des Wahlvorstands in Betrieben ohne Betriebsrat

(1) Besteht in einem Betrieb, der die Voraussetzungen des § 1 Abs. 1 Satz 1 erfüllt, kein Betriebsrat, so bestellt der Gesamtbetriebsrat oder, falls ein solcher nicht besteht, der Konzernbetriebsrat einen Wahlvorstand. § 16 Abs. 1 gilt entsprechend.

(2) Besteht weder ein Gesamtbetriebsrat noch ein Konzernbetriebsrat, so wird in einer Betriebsversammlung von der Mehrheit der anwesenden Arbeitnehmer ein Wahlvorstand gewählt; § 16 Abs. 1 gilt entsprechend. Gleiches gilt, wenn der Gesamtbetriebsrat oder Konzernbetriebsrat die Bestellung des Wahlvorstands nach Absatz 1 unterlässt.
(3) Zu dieser Betriebsversammlung können drei wahlberechtigte Arbeitnehmer des Betriebs oder eine im Betrieb vertretene Gewerkschaft einladen und Vorschläge für die Zusammensetzung des Wahlvorstands machen.
(4) Findet trotz Einladung keine Betriebsversammlung statt oder wählt die Betriebsversammlung keinen Wahlvorstand, so bestellt ihn das Arbeitsgericht auf Antrag von mindestens drei wahlberechtigten Arbeitnehmern oder einer im Betrieb vertretenen Gewerkschaft. § 16 Abs. 2 gilt entsprechend.

§ 17 a Bestellung des Wahlvorstands im vereinfachten Wahlverfahren

Im Fall des § 14 a finden die §§ 16 und 17 mit folgender Maßgabe Anwendung:
1. Die Frist des § 16 Abs. 1 Satz 1 wird auf vier Wochen und die des § 16 Abs. 2 Satz 1, Abs. 3 Satz 1 auf drei Wochen verkürzt.
2. § 16 Abs. 1 Satz 2 und 3 findet keine Anwendung.
3. In den Fällen des § 17 Abs. 2 wird der Wahlvorstand in einer Wahlversammlung von der Mehrheit der anwesenden Arbeitnehmer gewählt. Für die Einladung zu der Wahlversammlung gilt § 17 Abs. 3 entsprechend.
4. § 17 Abs. 4 gilt entsprechend, wenn trotz Einladung keine Wahlversammlung stattfindet oder auf der Wahlversammlung kein Wahlvorstand gewählt wird.

§ 18 Vorbereitung und Durchführung der Wahl

(1) Der Wahlvorstand hat die Wahl unverzüglich einzuleiten, sie durchzuführen und das Wahlergebnis festzustellen. Kommt der Wahlvorstand dieser Verpflichtung nicht nach, so ersetzt ihn das Arbeitsgericht auf Antrag des Betriebsrats, von mindestens drei wahlberechtigten Arbeitnehmern oder einer im Betrieb vertretenen Gewerkschaft. § 16 Abs. 2 gilt entsprechend.
(2) Ist zweifelhaft, ob eine betriebsratsfähige Organisationseinheit vorliegt, so können der Arbeitgeber, jeder beteiligte Betriebsrat, jeder beteiligte Wahlvorstand oder eine im Betrieb vertretene Gewerkschaft eine Entscheidung des Arbeitsgerichts beantragen.
(3) Unverzüglich nach Abschluss der Wahl nimmt der Wahlvorstand öffentlich die Auszählung der Stimmen vor, stellt deren Ergebnis in einer Niederschrift fest und gibt es den Arbeitnehmern des Betriebs bekannt. Dem Arbeitgeber und den im Betrieb vertretenen Gewerkschaften ist eine Abschrift der Wahlniederschrift zu übersenden.

§ 18 a Zuordnung der leitenden Angestellten bei Wahlen

(1) Sind die Wahlen nach § 13 Abs. 1 und nach § 5 Abs. 1 des Sprecherausschussgesetzes zeitgleich einzuleiten, so haben sich die Wahlvorstände unverzüglich nach Aufstellung der Wählerlisten, spätestens jedoch zwei Wochen vor Einleitung der Wahlen, gegenseitig darüber zu unterrichten, welche Angestellten sie den leitenden Angestellten zugeordnet haben; dies gilt auch, wenn die Wahlen ohne Bestehen einer gesetzlichen Verpflichtung zeitgleich eingeleitet werden. Soweit zwischen den Wahlvorständen kein Einvernehmen über die Zuordnung besteht, haben sie in gemeinsamer Sitzung eine Einigung zu versuchen. Soweit eine Einigung zustande kommt, sind die Angestellten entsprechend ihrer Zuordnung in die jeweilige Wählerliste einzutragen.
(2) Soweit eine Einigung nicht zustande kommt, hat ein Vermittler spätestens eine Woche vor Einleitung der Wahlen erneut eine Verständigung der Wahlvorstände über die Zuordnung zu versuchen. Der Arbeitgeber hat den Vermittler auf dessen Verlangen zu unterstützen, insbesondere die erforderlichen Auskünfte zu erteilen und die erforderlichen Unterlagen zur Verfügung zu stellen. Bleibt der Verständigungsversuch erfolglos, so entscheidet der Vermittler nach Beratung mit dem Arbeitgeber. Absatz 1 Satz 3 gilt entsprechend.

(3) Auf die Person des Vermittlers müssen sich die Wahlvorstände einigen. Zum Vermittler kann nur ein Beschäftigter des Betriebs oder eines anderen Betriebs des Unternehmens oder Konzerns oder der Arbeitgeber bestellt werden. Kommt eine Einigung nicht zustande, so schlagen die Wahlvorstände je eine Person als Vermittler vor; durch Los wird entschieden, wer als Vermittler tätig wird.
(4) Wird mit der Wahl nach § 13 Abs. 1 oder 2 nicht zeitgleich eine Wahl nach dem Sprecherausschussgesetz eingeleitet, so hat der Wahlvorstand den Sprecherausschuss entsprechend Absatz 1 Satz 1 erster Halbsatz zu unterrichten. Soweit kein Einvernehmen über die Zuordnung besteht, hat der Sprecherausschuss Mitglieder zu benennen, die anstelle des Wahlvorstands an dem Zuordnungsverfahren teilnehmen. Wird mit der Wahl nach § 5 Abs. 1 oder 2 des Sprecherausschussgesetzes nicht zeitgleich eine Wahl nach diesem Gesetz eingeleitet, so gelten die Sätze 1 und 2 für den Betriebsrat entsprechend.
(5) Durch die Zuordnung wird der Rechtsweg nicht ausgeschlossen. Die Anfechtung der Betriebsratswahl oder der Wahl nach dem Sprecherausschussgesetz ist ausgeschlossen, soweit sie darauf gestützt wird, die Zuordnung sei fehlerhaft erfolgt. Satz 2 gilt nicht, soweit die Zuordnung offensichtlich fehlerhaft ist.

§ 19 Wahlanfechtung

(1) Die Wahl kann beim Arbeitsgericht angefochten werden, wenn gegen wesentliche Vorschriften über das Wahlrecht, die Wählbarkeit oder das Wahlverfahren verstoßen worden ist und eine Berichtigung nicht erfolgt ist, es sei denn, dass durch den Verstoß das Wahlergebnis nicht geändert oder beeinflusst werden konnte.
(2) Zur Anfechtung berechtigt sind mindestens drei Wahlberechtigte, eine im Betrieb vertretene Gewerkschaft oder der Arbeitgeber. Die Wahlanfechtung ist nur binnen einer Frist von zwei Wochen, vom Tage der Bekanntgabe des Wahlergebnisses an gerechnet, zulässig.

§ 20 Wahlschutz und Wahlkosten

(1) Niemand darf die Wahl des Betriebsrats behindern. Insbesondere darf kein Arbeitnehmer in der Ausübung des aktiven und passiven Wahlrechts beschränkt werden.
(2) Niemand darf die Wahl des Betriebsrats durch Zufügung oder Androhung von Nachteilen oder durch Gewährung oder Versprechen von Vorteilen beeinflussen.
(3) Die Kosten der Wahl trägt der Arbeitgeber. Versäumnis von Arbeitszeit, die zur Ausübung des Wahlrechts, zur Betätigung im Wahlvorstand oder zur Tätigkeit als Vermittler (§ 18 a) erforderlich ist, berechtigt den Arbeitgeber nicht zur Minderung des Arbeitsentgelts.

Zweiter Abschnitt
Amtszeit des Betriebsrats

§ 21 Amtszeit

Die regelmäßige Amtszeit des Betriebsrats beträgt vier Jahre. Die Amtszeit beginnt mit der Bekanntgabe des Wahlergebnisses oder, wenn zu diesem Zeitpunkt noch ein Betriebsrat besteht, mit Ablauf von dessen Amtszeit. Die Amtszeit endet spätestens am 31. Mai des Jahres, in dem nach § 13 Abs. 1 die regelmäßigen Betriebsratswahlen stattfinden. In dem Fall des § 13 Abs. 3 Satz 2 endet die Amtszeit spätestens am 31. Mai des Jahres, in dem der Betriebsrat neu zu wählen ist. In den Fällen des § 13 Abs. 2 Nr. 1 und 2 endet die Amtszeit mit der Bekanntgabe des Wahlergebnisses des neu gewählten Betriebsrats.

§ 21 a Übergangsmandat

(1) Wird ein Betrieb gespalten, so bleibt dessen Betriebsrat im Amt und führt die Geschäfte für die ihm bislang zugeordneten Betriebsteile weiter, soweit sie die Voraussetzungen des § 1 Abs. 1 Satz 1 erfüllen und nicht in einen Betrieb eingegliedert werden, in dem ein Betriebsrat besteht (Übergangsmandat). Der Betriebsrat hat insbesondere unverzüglich Wahlvorstände zu bestellen. Das Übergangsmandat endet, sobald in den Betriebsteilen ein neuer Betriebsrat gewählt und das Wahlergebnis bekannt gegeben ist, spätestens jedoch sechs Monate nach Wirksamwerden der Spaltung. Durch Tarifvertrag oder Betriebsvereinbarung kann das Übergangsmandat um weitere sechs Monate verlängert werden.
(2) Werden Betriebe oder Betriebsteile zu einem Betrieb zusammengefasst, so nimmt der Betriebsrat des nach der Zahl der wahlberechtigten Arbeitnehmer größten Betriebs oder Betriebsteils das Übergangsmandat wahr. Absatz 1 gilt entsprechend.
(3) Die Absätze 1 und 2 gelten auch, wenn die Spaltung oder Zusammenlegung von Betrieben und Betriebsteilen im Zusammenhang mit einer Betriebsveräußerung oder einer Umwandlung nach dem Umwandlungsgesetz erfolgt.

§ 21 b Restmandat

Geht ein Betrieb durch Stilllegung, Spaltung oder Zusammenlegung unter, so bleibt dessen Betriebsrat so lange im Amt, wie dies zur Wahrnehmung der damit im Zusammenhang stehenden Mitwirkungs- und Mitbestimmungsrechte erforderlich ist.

§ 22 Weiterführung der Geschäfte des Betriebsrats

In den Fällen des § 13 Abs. 2 Nr. 1 bis 3 führt der Betriebsrat die Geschäfte weiter, bis der neue Betriebsrat gewählt und das Wahlergebnis bekannt gegeben ist.

§ 23 Verletzung gesetzlicher Pflichten

(1) Mindestens ein Viertel der wahlberechtigten Arbeitnehmer, der Arbeitgeber oder eine im Betrieb vertretene Gewerkschaft können beim Arbeitsgericht den Ausschluss eines Mitglieds aus dem Betriebsrat oder die Auflösung des Betriebsrats wegen grober Verletzung seiner gesetzlichen Pflichten beantragen. Der Ausschluss eines Mitglieds kann auch vom Betriebsrat beantragt werden.
(2) Wird der Betriebsrat aufgelöst, so setzt das Arbeitsgericht unverzüglich einen Wahlvorstand für die Neuwahl ein. § 16 Abs. 2 gilt entsprechend.
(3) Der Betriebsrat oder eine im Betrieb vertretene Gewerkschaft können bei groben Verstößen des Arbeitgebers gegen seine Verpflichtungen aus diesem Gesetz beim Arbeitsgericht beantragen, dem Arbeitgeber aufzugeben, eine Handlung zu unterlassen, die Vornahme einer Handlung zu dulden oder eine Handlung vorzunehmen. Handelt der Arbeitgeber der ihm durch rechtskräftige gerichtliche Entscheidung auferlegten Verpflichtung zuwider, eine Handlung zu unterlassen oder die Vornahme einer Handlung zu dulden, so ist er auf Antrag vom Arbeitsgericht wegen einer jeden Zuwiderhandlung nach vorheriger Androhung zu einem Ordnungsgeld zu verurteilen. Führt der Arbeitgeber die ihm durch eine rechtskräftige gerichtliche Entscheidung auferlegte Handlung nicht durch, so ist auf Antrag vom Arbeitsgericht zu erkennen, dass er zur Vornahme der Handlung durch Zwangsgeld anzuhalten sei. Antragsberechtigt sind der Betriebsrat oder eine im Betrieb vertretene Gewerkschaft. Das Höchstmaß des Ordnungsgeldes und Zwangsgeldes beträgt 10 000 Euro.

§ 24 Erlöschen der Mitgliedschaft

Die Mitgliedschaft im Betriebsrat erlischt durch
1. Ablauf der Amtszeit,
2. Niederlegung des Betriebsratsamtes,

3. Beendigung des Arbeitsverhältnisses,
4. Verlust der Wählbarkeit,
5. Ausschluss aus dem Betriebsrat oder Auflösung des Betriebsrats auf Grund einer gerichtlichen Entscheidung,
6. gerichtliche Entscheidung über die Feststellung der Nichtwählbarkeit nach Ablauf der in § 19 Abs. 2 bezeichneten Frist, es sei denn, der Mangel liegt nicht mehr vor.

§ 25 Ersatzmitglieder

(1) Scheidet ein Mitglied des Betriebsrats aus, so rückt ein Ersatzmitglied nach. Dies gilt entsprechend für die Stellvertretung eines zeitweilig verhinderten Mitglieds des Betriebsrats.
(2) Die Ersatzmitglieder werden unter Berücksichtigung des § 15 Abs. 2 der Reihe nach aus den nichtgewählten Arbeitnehmern derjenigen Vorschlagslisten entnommen, denen die zu ersetzenden Mitglieder angehören. Ist eine Vorschlagsliste erschöpft, so ist das Ersatzmitglied derjenigen Vorschlagsliste zu entnehmen, auf die nach den Grundsätzen der Verhältniswahl der nächste Sitz entfallen würde. Ist das ausgeschiedene oder verhinderte Mitglied nach den Grundsätzen der Mehrheitswahl gewählt, so bestimmt sich die Reihenfolge der Ersatzmitglieder unter Berücksichtigung des § 15 Abs. 2 nach der Höhe der erreichten Stimmenzahlen.

Dritter Abschnitt
Geschäftsführung des Betriebsrats

§ 26 Vorsitzender

(1) Der Betriebsrat wählt aus seiner Mitte den Vorsitzenden und dessen Stellvertreter.
(2) Der Vorsitzende des Betriebsrats oder im Fall seiner Verhinderung sein Stellvertreter vertritt den Betriebsrat im Rahmen der von ihm gefassten Beschlüsse. Zur Entgegennahme von Erklärungen, die dem Betriebsrat gegenüber abzugeben sind, ist der Vorsitzende des Betriebsrats oder im Fall seiner Verhinderung sein Stellvertreter berechtigt.

§ 27 Betriebsausschuss

(1) Hat ein Betriebsrat neun oder mehr Mitglieder, so bildet er einen Betriebsausschuss. Der Betriebsausschuss besteht aus dem Vorsitzenden des Betriebsrats, dessen Stellvertreter und bei Betriebsräten mit
9 bis 15 Mitgliedern aus 3 weiteren Ausschussmitgliedern,
17 bis 23 Mitgliedern aus 5 weiteren Ausschussmitgliedern,
25 bis 35 Mitgliedern aus 7 weiteren Ausschussmitgliedern,
37 oder mehr Mitgliedern aus 9 weiteren Ausschussmitgliedern.
Die weiteren Ausschussmitglieder werden vom Betriebsrat aus seiner Mitte in geheimer Wahl und nach den Grundsätzen der Verhältniswahl gewählt. Wird nur ein Wahlvorschlag gemacht, so erfolgt die Wahl nach den Grundsätzen der Mehrheitswahl. Sind die weiteren Ausschussmitglieder nach den Grundsätzen der Verhältniswahl gewählt, so erfolgt die Abberufung durch Beschluss des Betriebsrats, der in geheimer Abstimmung gefasst wird und einer Mehrheit von drei Vierteln der Stimmen der Mitglieder des Betriebsrats bedarf.
(2) Der Betriebsausschuss führt die laufenden Geschäfte des Betriebsrats. Der Betriebsrat kann dem Betriebsausschuss mit der Mehrheit der Stimmen seiner Mitglieder Aufgaben zur selbstständigen Erledigung übertragen; dies gilt nicht für den Abschluss von Betriebsvereinbarungen. Die Übertragung bedarf der Schriftform. Die Sätze 2 und 3 gelten entsprechend für den Widerruf der Übertragung von Aufgaben.
(3) Betriebsräte mit weniger als neun Mitgliedern können die laufenden Geschäfte auf den Vorsitzenden des Betriebsrats oder andere Betriebsratsmitglieder übertragen.

§ 28 Übertragung von Aufgaben auf Ausschüsse

(1) Der Betriebsrat kann in Betrieben mit mehr als 100 Arbeitnehmern Ausschüsse bilden und ihnen bestimmte Aufgaben übertragen. Für die Wahl und Abberufung der Ausschussmitglieder gilt § 27 Abs. 1 Satz 3 bis 5 entsprechend. Ist ein Betriebsausschuss gebildet, kann der Betriebsrat den Ausschüssen Aufgaben zur selbstständigen Erledigung übertragen; § 27 Abs. 2 Satz 2 bis 4 gilt entsprechend.
(2) Absatz 1 gilt entsprechend für die Übertragung von Aufgaben zur selbstständigen Entscheidung auf Mitglieder des Betriebsrats in Ausschüssen, deren Mitglieder vom Betriebsrat und vom Arbeitgeber benannt werden.

§ 28 a Übertragung von Aufgaben auf Arbeitsgruppen

(1) In Betrieben mit mehr als 100 Arbeitnehmern kann der Betriebsrat mit der Mehrheit der Stimmen seiner Mitglieder bestimmte Aufgaben auf Arbeitsgruppen übertragen; dies erfolgt nach Maßgabe einer mit dem Arbeitgeber abzuschließenden Rahmenvereinbarung. Die Aufgaben müssen im Zusammenhang mit den von der Arbeitsgruppe zu erledigenden Tätigkeiten stehen. Die Übertragung bedarf der Schriftform. Für den Widerruf der Übertragung gelten Satz 1 erster Halbsatz und Satz 3 entsprechend.
(2) Die Arbeitsgruppe kann im Rahmen der ihr übertragenen Aufgaben mit dem Arbeitgeber Vereinbarungen schließen; eine Vereinbarung bedarf der Mehrheit der Stimmen der Gruppenmitglieder. § 77 gilt entsprechend. Können sich Arbeitgeber und Arbeitsgruppe in einer Angelegenheit nicht einigen, nimmt der Betriebsrat das Beteiligungsrecht wahr.

§ 29 Einberufung der Sitzungen

(1) Vor Ablauf einer Woche nach dem Wahltag hat der Wahlvorstand die Mitglieder des Betriebsrats zu der nach § 26 Abs. 1 vorgeschriebenen Wahl einzuberufen. Der Vorsitzende des Wahlvorstands leitet die Sitzung, bis der Betriebsrat aus seiner Mitte einen Wahlleiter bestellt hat.
(2) Die weiteren Sitzungen beruft der Vorsitzende des Betriebsrats ein. Er setzt die Tagesordnung fest und leitet die Verhandlung. Der Vorsitzende hat die Mitglieder des Betriebsrats zu den Sitzungen rechtzeitig unter Mitteilung der Tagesordnung zu laden. Dies gilt auch für die Schwerbehindertenvertretung sowie für die Jugend- und Auszubildendenvertreter, soweit sie ein Recht auf Teilnahme an der Betriebsratssitzung haben. Kann ein Mitglied des Betriebsrats oder der Jugend- und Auszubildendenvertretung an der Sitzung nicht teilnehmen, so soll es dies unter Angabe der Gründe unverzüglich dem Vorsitzenden mitteilen. Der Vorsitzende hat für ein verhindertes Betriebsratsmitglied oder für einen verhinderten Jugend- und Auszubildendenvertreter das Ersatzmitglied zu laden.
(3) Der Vorsitzende hat eine Sitzung einzuberufen und den Gegenstand, dessen Beratung beantragt ist, auf die Tagesordnung zu setzen, wenn dies ein Viertel der Mitglieder des Betriebsrats oder der Arbeitgeber beantragt.
(4) Der Arbeitgeber nimmt an den Sitzungen, die auf sein Verlangen anberaumt sind, und an den Sitzungen, zu denen er ausdrücklich eingeladen ist, teil. Er kann einen Vertreter der Vereinigung der Arbeitgeber, der er angehört, hinzuziehen.

§ 30 Betriebsratssitzungen

Die Sitzungen des Betriebsrats finden in der Regel während der Arbeitszeit statt. Der Betriebsrat hat bei der Ansetzung von Betriebsratssitzungen auf die betrieblichen Notwendigkeiten Rücksicht zu nehmen. Der Arbeitgeber ist vom Zeitpunkt der Sitzung vorher zu verständigen. Die Sitzungen des Betriebsrats sind nicht öffentlich.

§ 31 Teilnahme der Gewerkschaften

Auf Antrag von einem Viertel der Mitglieder des Betriebsrats kann ein Beauftragter einer im Betriebsrat vertretenen Gewerkschaft an den Sitzungen beratend teilnehmen; in diesem Fall sind der Zeitpunkt der Sitzung und die Tagesordnung der Gewerkschaft rechtzeitig mitzuteilen.

§ 32 Teilnahme der Schwerbehindertenvertretung

Die Schwerbehindertenvertretung (§ 94 des Neunten Buches Sozialgesetzbuch) kann an allen Sitzungen des Betriebsrats beratend teilnehmen.

§ 33 Beschlüsse des Betriebsrats

(1) Die Beschlüsse des Betriebsrats werden, soweit in diesem Gesetz nichts anderes bestimmt ist, mit der Mehrheit der Stimmen der anwesenden Mitglieder gefasst. Bei Stimmengleichheit ist ein Antrag abgelehnt.
(2) Der Betriebsrat ist nur beschlussfähig, wenn mindestens die Hälfte der Betriebsratsmitglieder an der Beschlussfassung teilnimmt; Stellvertretung durch Ersatzmitglieder ist zulässig.
(3) Nimmt die Jugend- und Auszubildendenvertretung an der Beschlussfassung teil, so werden die Stimmen der Jugend- und Auszubildendenvertreter bei der Feststellung der Stimmenmehrheit mitgezählt.

§ 34 Sitzungsniederschrift

(1) Über jede Verhandlung des Betriebsrats ist eine Niederschrift aufzunehmen, die mindestens den Wortlaut der Beschlüsse und die Stimmenmehrheit, mit der sie gefasst sind, enthält. Die Niederschrift ist von dem Vorsitzenden und einem weiteren Mitglied zu unterzeichnen. Der Niederschrift ist eine Anwesenheitsliste beizufügen, in die sich jeder Teilnehmer eigenhändig einzutragen hat.
(2) Hat der Arbeitgeber oder ein Beauftragter einer Gewerkschaft an der Sitzung teilgenommen, so ist ihm der entsprechende Teil der Niederschrift abschriftlich auszuhändigen. Einwendungen gegen die Niederschrift sind unverzüglich schriftlich zu erheben; sie sind der Niederschrift beizufügen.
(3) Die Mitglieder des Betriebsrats haben das Recht, die Unterlagen des Betriebsrats und seiner Ausschüsse jederzeit einzusehen.

§ 35 Aussetzung von Beschlüssen

(1) Erachtet die Mehrheit der Jugend- und Auszubildendenvertretung oder die Schwerbehindertenvertretung einen Beschluss des Betriebsrats als eine erhebliche Beeinträchtigung wichtiger Interessen der durch sie vertretenen Arbeitnehmer, so ist auf ihren Antrag der Beschluss auf die Dauer von einer Woche vom Zeitpunkt der Beschlussfassung an auszusetzen, damit in dieser Frist eine Verständigung, gegebenenfalls mit Hilfe der im Betrieb vertretenen Gewerkschaften, versucht werden kann.
(2) Nach Ablauf der Frist ist über die Angelegenheit neu zu beschließen. Wird der erste Beschluss bestätigt, so kann der Antrag auf Aussetzung nicht wiederholt werden; dies gilt auch, wenn der erste Beschluss nur unerheblich geändert wird.

§ 36 Geschäftsordnung

Sonstige Bestimmungen über die Geschäftsführung sollen in einer schriftlichen Geschäftsordnung getroffen werden, die der Betriebsrat mit der Mehrheit der Stimmen seiner Mitglieder beschließt.

§ 37 Ehrenamtliche Tätigkeit, Arbeitsversäumnis

(1) Die Mitglieder des Betriebsrats führen ihr Amt unentgeltlich als Ehrenamt.
(2) Mitglieder des Betriebsrats sind von ihrer beruflichen Tätigkeit ohne Minderung des Arbeitsentgelts zu befreien, wenn und soweit es nach Umfang und Art des Betriebs zur ordnungsgemäßen Durchführung ihrer Aufgaben erforderlich ist.
(3) Zum Ausgleich für Betriebsratstätigkeit, die aus betriebsbedingten Gründen außerhalb der Arbeitszeit durchzuführen ist, hat das Betriebsratsmitglied Anspruch auf entsprechende Arbeitsbefreiung unter Fortzahlung des Arbeitsentgelts. Betriebsbedingte Gründe liegen auch vor, wenn die Betriebsratstätigkeit wegen der unterschiedlichen Arbeitszeiten der Betriebsratsmitglieder nicht innerhalb der persönlichen Arbeitszeit erfolgen kann. Die Arbeitsbefreiung ist vor Ablauf eines Monats zu gewähren; ist dies aus betriebsbedingten Gründen nicht möglich, so ist die aufgewendete Zeit wie Mehrarbeit zu vergüten.
(4) Das Arbeitsentgelt von Mitgliedern des Betriebsrats darf einschließlich eines Zeitraums von einem Jahr nach Beendigung der Amtszeit nicht geringer bemessen werden als das Arbeitsentgelt vergleichbarer Arbeitnehmer mit betriebsüblicher beruflicher Entwicklung. Dies gilt auch für allgemeine Zuwendungen des Arbeitgebers.
(5) Soweit nicht zwingende betriebliche Notwendigkeiten entgegenstehen, dürfen Mitglieder des Betriebsrats einschließlich eines Zeitraums von einem Jahr nach Beendigung der Amtszeit nur mit Tätigkeiten beschäftigt werden, die den Tätigkeiten der in Absatz 4 genannten Arbeitnehmer gleichwertig sind.
(6) Die Absätze 2 und 3 gelten entsprechend für die Teilnahme an Schulungs- und Bildungsveranstaltungen, soweit diese Kenntnisse vermitteln, die für die Arbeit des Betriebsrats erforderlich sind. Betriebsbedingte Gründe im Sinne des Absatzes 3 liegen auch vor, wenn wegen Besonderheiten der betrieblichen Arbeitszeitgestaltung die Schulung des Betriebsratsmitglieds außerhalb seiner Arbeitszeit erfolgt; in diesem Fall ist der Umfang des Ausgleichsanspruchs unter Einbeziehung der Arbeitsbefreiung nach Absatz 2 pro Schulungstag begrenzt auf die Arbeitszeit eines vollzeitbeschäftigten Arbeitnehmers. Der Betriebsrat hat bei der Festlegung der zeitlichen Lage der Teilnahme an Schulungs- und Bildungsveranstaltungen die betrieblichen Notwendigkeiten zu berücksichtigen. Er hat dem Arbeitgeber die Teilnahme und die zeitliche Lage der Schulungs- und Bildungsveranstaltungen rechtzeitig bekannt zu geben. Hält der Arbeitgeber die betrieblichen Notwendigkeiten für nicht ausreichend berücksichtigt, so kann er die Einigungsstelle anrufen. Der Spruch der Einigungsstelle ersetzt die Einigung zwischen Arbeitgeber und Betriebsrat.
(7) Unbeschadet der Vorschrift des Absatzes 6 hat jedes Mitglied des Betriebsrats während seiner regelmäßigen Amtszeit Anspruch auf bezahlte Freistellung für insgesamt drei Wochen zur Teilnahme an Schulungs- und Bildungsveranstaltungen, die von der zuständigen obersten Arbeitsbehörde des Landes nach Beratung mit den Spitzenorganisationen der Gewerkschaften und der Arbeitgeberverbände als geeignet anerkannt sind. Der Anspruch nach Satz 1 erhöht sich für Arbeitnehmer, die erstmals das Amt eines Betriebsratsmitglieds übernehmen und auch nicht zuvor Jugend- und Auszubildendenvertreter waren, auf vier Wochen. Absatz 6 Satz 2 bis 6 findet Anwendung.

§ 38 Freistellungen

(1) Von ihrer beruflichen Tätigkeit sind mindestens freizustellen in Betrieben mit in der Regel

200 bis	500 Arbeitnehmern	ein Betriebsratsmitglied,	
501 bis	900 Arbeitnehmern	2	Betriebsratsmitglieder,
901 bis	1500 Arbeitnehmern	3	Betriebsratsmitglieder,
1501 bis	2000 Arbeitnehmern	4	Betriebsratsmitglieder,
2001 bis	3000 Arbeitnehmern	5	Betriebsratsmitglieder,
3001 bis	4000 Arbeitnehmern	6	Betriebsratsmitglieder,
4001 bis	5000 Arbeitnehmern	7	Betriebsratsmitglieder,
5001 bis	6000 Arbeitnehmern	8	Betriebsratsmitglieder,
6001 bis	7000 Arbeitnehmern	9	Betriebsratsmitglieder,

7001 bis 8000 Arbeitnehmern 10 Betriebsratsmitglieder,
8001 bis 9000 Arbeitnehmern 11 Betriebsratsmitglieder,
9001 bis 10000 Arbeitnehmern 12 Betriebsratsmitglieder.
In Betrieben mit über 10 000 Arbeitnehmern ist für je angefangene weitere 2000 Arbeitnehmer ein weiteres Betriebsratsmitglied freizustellen. Freistellungen können auch in Form von Teilfreistellungen erfolgen. Diese dürfen zusammengenommen nicht den Umfang der Freistellungen nach den Sätzen 1 und 2 überschreiten. Durch Tarifvertrag oder Betriebsvereinbarung können anderweitige Regelungen über die Freistellung vereinbart werden.
(2) Die freizustellenden Betriebsratsmitglieder werden nach Beratung mit dem Arbeitgeber vom Betriebsrat aus seiner Mitte in geheimer Wahl und nach den Grundsätzen der Verhältniswahl gewählt. Wird nur ein Wahlvorschlag gemacht, so erfolgt die Wahl nach den Grundsätzen der Mehrheitswahl; ist nur ein Betriebsratsmitglied freizustellen, so wird dieses mit einfacher Stimmenmehrheit gewählt. Der Betriebsrat hat die Namen der Freizustellenden dem Arbeitgeber bekannt zu geben. Hält der Arbeitgeber eine Freistellung für sachlich nicht vertretbar, so kann er innerhalb einer Frist von zwei Wochen nach der Bekanntgabe die Einigungsstelle anrufen. Der Spruch der Einigungsstelle ersetzt die Einigung zwischen Arbeitgeber und Betriebsrat. Bestätigt die Einigungsstelle die Bedenken des Arbeitgebers, so hat sie bei der Bestimmung eines anderen freizustellenden Betriebsratsmitglieds auch den Minderheitenschutz im Sinne des Satzes 1 zu beachten. Ruft der Arbeitgeber die Einigungsstelle nicht an, so gilt sein Einverständnis mit den Freistellungen nach Ablauf der zweiwöchigen Frist als erteilt. Für die Abberufung gilt § 27 Abs. 1 Satz 5 entsprechend.
(3) Der Zeitraum für die Weiterzahlung des nach § 37 Abs. 4 zu bemessenden Arbeitsentgelts und für die Beschäftigung nach § 37 Abs. 5 erhöht sich für Mitglieder des Betriebsrats, die drei volle aufeinander folgende Amtszeiten freigestellt waren, auf zwei Jahre nach Ablauf der Amtszeit.
(4) Freigestellte Betriebsratsmitglieder dürfen von inner- und außerbetrieblichen Maßnahmen der Berufsbildung nicht ausgeschlossen werden. Innerhalb eines Jahres nach Beendigung der Freistellung eines Betriebsratsmitglieds ist diesem im Rahmen der Möglichkeiten des Betriebs Gelegenheit zu geben, eine wegen der Freistellung unterbliebene betriebsübliche berufliche Entwicklung nachzuholen. Für Mitglieder des Betriebsrats, die drei volle aufeinander folgende Amtszeiten freigestellt waren, erhöht sich der Zeitraum nach Satz 2 auf zwei Jahre.

§ 39 Sprechstunden

(1) Der Betriebsrat kann während der Arbeitszeit Sprechstunden einrichten. Zeit und Ort sind mit dem Arbeitgeber zu vereinbaren. Kommt eine Einigung nicht zustande, so entscheidet die Einigungsstelle. Der Spruch der Einigungsstelle ersetzt die Einigung zwischen Arbeitgeber und Betriebsrat.
(2) Führt die Jugend- und Auszubildendenvertretung keine eigenen Sprechstunden durch, so kann an den Sprechstunden des Betriebsrats ein Mitglied der Jugend- und Auszubildendenvertretung zur Beratung der in § 60 Abs. 1 genannten Arbeitnehmer teilnehmen.
(3) Versäumnis von Arbeitszeit, die zum Besuch der Sprechstunden oder durch sonstige Inanspruchnahme des Betriebsrats erforderlich ist, berechtigt den Arbeitgeber nicht zur Minderung des Arbeitsentgelts des Arbeitnehmers.

§ 40 Kosten und Sachaufwand des Betriebsrats

(1) Die durch die Tätigkeit des Betriebsrats entstehenden Kosten trägt der Arbeitgeber.
(2) Für die Sitzungen, die Sprechstunden und die laufende Geschäftsführung hat der Arbeitgeber in erforderlichem Umfang Räume, sachliche Mittel, Informations- und Kommunikationstechnik sowie Büropersonal zur Verfügung zu stellen.

§ 41 Umlageverbot

Die Erhebung und Leistung von Beiträgen der Arbeitnehmer für Zwecke des Betriebsrats ist unzulässig.

Vierter Abschnitt
Betriebsversammlung

§ 42 Zusammensetzung, Teilversammlung, Abteilungsversammlung

(1) Die Betriebsversammlung besteht aus den Arbeitnehmern des Betriebs; sie wird von dem Vorsitzenden des Betriebsrats geleitet. Sie ist nicht öffentlich. Kann wegen der Eigenart des Betriebs eine Versammlung aller Arbeitnehmer zum gleichen Zeitpunkt nicht stattfinden, so sind Teilversammlungen durchzuführen.
(2) Arbeitnehmer organisatorisch oder räumlich abgegrenzter Betriebsteile sind vom Betriebsrat zu Abteilungsversammlungen zusammenzufassen, wenn dies für die Erörterung der besonderen Belange der Arbeitnehmer erforderlich ist. Die Abteilungsversammlung wird von einem Mitglied des Betriebsrats geleitet, das möglichst einem beteiligten Betriebsteil als Arbeitnehmer angehört. Absatz 1 Satz 2 und 3 gilt entsprechend.

§ 43 Regelmäßige Betriebs- und Abteilungsversammlungen

(1) Der Betriebsrat hat einmal in jedem Kalendervierteljahr eine Betriebsversammlung einzuberufen und in ihr einen Tätigkeitsbericht zu erstatten. Liegen die Voraussetzungen des § 42 Abs. 2 Satz 1 vor, so hat der Betriebsrat in jedem Kalenderjahr zwei der in Satz 1 genannten Betriebsversammlungen als Abteilungsversammlungen durchzuführen. Die Abteilungsversammlungen sollen möglichst gleichzeitig stattfinden. Der Betriebsrat kann in jedem Kalenderhalbjahr eine weitere Betriebsversammlung oder, wenn die Voraussetzungen des § 42 Abs. 2 Satz 1 vorliegen, einmal weitere Abteilungsversammlungen durchführen, wenn dies aus besonderen Gründen zweckmäßig erscheint.
(2) Der Arbeitgeber ist zu den Betriebs- und Abteilungsversammlungen unter Mitteilung der Tagesordnung einzuladen. Er ist berechtigt, in den Versammlungen zu sprechen. Der Arbeitgeber oder sein Vertreter hat mindestens einmal in jedem Kalenderjahr in einer Betriebsversammlung über das Personal- und Sozialwesen einschließlich des Stands der Gleichstellung von Frauen und Männern im Betrieb sowie der Integration der im Betrieb beschäftigten ausländischen Arbeitnehmer, über die wirtschaftliche Lage und Entwicklung des Betriebs sowie über den betrieblichen Umweltschutz zu berichten, soweit dadurch nicht Betriebs- oder Geschäftsgeheimnisse gefährdet werden.
(3) Der Betriebsrat ist berechtigt und auf Wunsch des Arbeitgebers oder von mindestens einem Viertel der wahlberechtigten Arbeitnehmer verpflichtet, eine Betriebsversammlung einzuberufen und den beantragten Beratungsgegenstand auf die Tagesordnung zu setzen. Vom Zeitpunkt der Versammlungen, die auf Wunsch des Arbeitgebers stattfinden, ist dieser rechtzeitig zu verständigen.
(4) Auf Antrag einer im Betrieb vertretenen Gewerkschaft muss der Betriebsrat vor Ablauf von zwei Wochen nach Eingang des Antrags eine Betriebsversammlung nach Absatz 1 Satz 1 einberufen, wenn im vorhergegangenen Kalenderhalbjahr keine Betriebsversammlung und keine Abteilungsversammlungen durchgeführt worden sind.

§ 44 Zeitpunkt und Verdienstausfall

(1) Die in den §§ 14 a, 17 und 43 Abs. 1 bezeichneten und die auf Wunsch des Arbeitgebers einberufenen Versammlungen finden während der Arbeitszeit statt, soweit nicht die Eigenart des Betriebs eine andere Regelung zwingend erfordert. Die Zeit der Teilnahme an diesen

Versammlungen einschließlich der zusätzlichen Wegezeiten ist den Arbeitnehmern wie Arbeitszeit zu vergüten. Dies gilt auch dann, wenn die Versammlungen wegen der Eigenart des Betriebs außerhalb der Arbeitszeit stattfinden; Fahrkosten, die den Arbeitnehmern durch die Teilnahme an diesen Versammlungen entstehen, sind vom Arbeitgeber zu erstatten.
(2) Sonstige Betriebs- oder Abteilungsversammlungen finden außerhalb der Arbeitszeit statt. Hiervon kann im Einvernehmen mit dem Arbeitgeber abgewichen werden; im Einvernehmen mit dem Arbeitgeber während der Arbeitszeit durchgeführte Versammlungen berechtigen den Arbeitgeber nicht, das Arbeitsentgelt der Arbeitnehmer zu mindern.

§ 45 Themen der Betriebs- und Abteilungsversammlungen

Die Betriebs- und Abteilungsversammlungen können Angelegenheiten einschließlich solcher tarifpolitischer, sozialpolitischer, umweltpolitischer und wirtschaftlicher Art sowie Fragen der Förderung der Gleichstellung von Frauen und Männern und der Vereinbarkeit von Familie und Erwerbstätigkeit sowie der Integration der im Betrieb beschäftigten ausländischen Arbeitnehmer behandeln, die den Betrieb oder seine Arbeitnehmer unmittelbar betreffen; die Grundsätze des § 74 Abs. 2 finden Anwendung. Die Betriebs- und Abteilungsversammlungen können dem Betriebsrat Anträge unterbreiten und zu seinen Beschlüssen Stellung nehmen.

§ 46 Beauftragte der Verbände

(1) An den Betriebs- oder Abteilungsversammlungen können Beauftragte der im Betrieb vertretenen Gewerkschaften beratend teilnehmen. Nimmt der Arbeitgeber an Betriebs- oder Abteilungsversammlungen teil, so kann er einen Beauftragten der Vereinigung der Arbeitgeber, der er angehört, hinzuziehen.
(2) Der Zeitpunkt und die Tagesordnung der Betriebs- oder Abteilungsversammlungen sind den im Betriebsrat vertretenen Gewerkschaften rechtzeitig schriftlich mitzuteilen.

Fünfter Abschnitt
Gesamtbetriebsrat

§ 47 Voraussetzungen der Errichtung, Mitgliederzahl, Stimmengewicht

(1) Bestehen in einem Unternehmen mehrere Betriebsräte, so ist ein Gesamtbetriebsrat zu errichten.
(2) In den Gesamtbetriebsrat entsendet jeder Betriebsrat mit bis zu drei Mitgliedern eines seiner Mitglieder; jeder Betriebsrat mit mehr als drei Mitgliedern entsendet zwei seiner Mitglieder. Die Geschlechter sollen angemessen berücksichtigt werden.
(3) Der Betriebsrat hat für jedes Mitglied des Gesamtbetriebsrats mindestens ein Ersatzmitglied zu bestellen und die Reihenfolge des Nachrückens festzulegen. Für die Bestellung gilt Absatz 2 entsprechend.
(4) Durch Tarifvertrag oder Betriebsvereinbarung kann die Mitgliederzahl des Gesamtbetriebsrats abweichend von Absatz 2 Satz 1 geregelt werden.
(5) Gehören nach Absatz 2 Satz 1 dem Gesamtbetriebsrat mehr als vierzig Mitglieder an und besteht keine tarifliche Regelung nach Absatz 4, so ist zwischen Gesamtbetriebsrat und Arbeitgeber eine Betriebsvereinbarung über die Mitgliederzahl des Gesamtbetriebsrats abzuschließen, in der bestimmt wird, dass Betriebsräte mehrerer Betriebe eines Unternehmens, die regional oder durch gleichartige Interessen miteinander verbunden sind, gemeinsam Mitglieder in den Gesamtbetriebsrat entsenden.
(6) Kommt im Fall des Absatzes 5 eine Einigung nicht zustande, so entscheidet eine für das Gesamtunternehmen zu bildende Einigungsstelle. Der Spruch der Einigungsstelle ersetzt die Einigung zwischen Arbeitgeber und Gesamtbetriebsrat.
(7) Jedes Mitglied des Gesamtbetriebsrats hat so viele Stimmen, wie in dem Betrieb, in dem es

gewählt wurde, wahlberechtigte Arbeitnehmer in der Wählerliste eingetragen sind. Entsendet der Betriebsrat mehrere Mitglieder, so stehen ihnen die Stimmen nach Satz 1 anteilig zu.
(8) Ist ein Mitglied des Gesamtbetriebsrats für mehrere Betriebe entsandt worden, so hat es so viele Stimmen, wie in den Betrieben, für die es entsandt ist, wahlberechtigte Abeitnehmer in den Wählerlisten eingetragen sind; sind mehrere Mitglieder entsandt worden, gilt Absatz 7 Satz 2 entsprechend.
(9) Für Mitglieder des Gesamtbetriebsrats, die aus einem gemeinsamen Betrieb mehrerer Unternehmen entsandt worden sind, können durch Tarifvertrag oder Betriebsvereinbarung von den Absätzen 7 und 8 abweichende Regelungen getroffen werden.

§ 48 Ausschluss von Gesamtbetriebsratsmitgliedern

Mindestens ein Viertel der wahlberechtigten Arbeitnehmer des Unternehmens, der Arbeitgeber, der Gesamtbetriebsrat oder eine im Unternehmen vertretene Gewerkschaft können beim Arbeitsgericht den Ausschluss eines Mitglieds aus dem Gesamtbetriebsrat wegen grober Verletzung seiner gesetzlichen Pflichten beantragen.

§ 49 Erlöschen der Mitgliedschaft

Die Mitgliedschaft im Gesamtbetriebsrat endet mit dem Erlöschen der Mitgliedschaft im Betriebsrat, durch Amtsniederlegung, durch Ausschluss aus dem Gesamtbetriebsrat auf Grund einer gerichtlichen Entscheidung oder Abberufung durch den Betriebsrat.

§ 50 Zuständigkeit

(1) Der Gesamtbetriebsrat ist zuständig für die Behandlung von Angelegenheiten, die das Gesamtunternehmen oder mehrere Betriebe betreffen und nicht durch die einzelnen Betriebsräte innerhalb ihrer Betriebe geregelt werden können; seine Zuständigkeit erstreckt sich insoweit auch auf Betriebe ohne Betriebsrat. Er ist den einzelnen Betriebsräten nicht übergeordnet.
(2) Der Betriebsrat kann mit der Mehrheit der Stimmen seiner Mitglieder den Gesamtbetriebsrat beauftragen, eine Angelegenheit für ihn zu behandeln. Der Betriebsrat kann sich dabei die Entscheidungsbefugnis vorbehalten. § 27 Abs. 2 Satz 3 und 4 gilt entsprechend.

§ 51 Geschäftsführung

(1) Für den Gesamtbetriebsrat gelten § 25 Abs. 1, die §§ 26, 27 Abs. 2 und 3, § 28 Abs. 1 Satz 1 und 3, Abs. 2, die §§ 30, 31, 34, 35, 36, 37 Abs. 1 bis 3 sowie die §§ 40 und 41 entsprechend. § 27 Abs. 1 gilt entsprechend mit der Maßgabe, dass der Gesamtbetriebsausschuss aus dem Vorsitzenden des Gesamtbetriebsrats, dessen Stellvertreter und bei Gesamtbetriebsräten mit
9 bis 16 Mitgliedern aus 3 weiteren Ausschussmitgliedern,
17 bis 24 Mitgliedern aus 5 weiteren Ausschussmitgliedern,
25 bis 36 Mitgliedern aus 7 weiteren Ausschussmitgliedern,
mehr als 36 Mitgliedern aus 9 weiteren Ausschussmitgliedern besteht.
(2) Ist ein Gesamtbetriebsrat zu errichten, so hat der Betriebsrat der Hauptverwaltung des Unternehmens oder, soweit ein solcher Betriebsrat nicht besteht, der Betriebsrat des nach der Zahl der wahlberechtigten Arbeitnehmer größten Betriebs zu der Wahl des Vorsitzenden und des stellvertretenden Vorsitzenden des Gesamtbetriebsrats einzuladen. Der Vorsitzende des einladenden Betriebsrats hat die Sitzung zu leiten, bis der Gesamtbetriebsrat aus seiner Mitte einen Wahlleiter bestellt hat. § 29 Abs. 2 bis 4 gilt entsprechend.
(3) Die Beschlüsse des Gesamtbetriebsrats werden, soweit nichts anderes bestimmt ist, mit Mehrheit der Stimmen der anwesenden Mitglieder gefasst. Bei Stimmengleichheit ist ein Antrag abgelehnt. Der Gesamtbetriebsrat ist nur beschlussfähig, wenn mindestens die Hälfte seiner Mitglieder an der Beschlussfassung teilnimmt und die Teilnehmenden mindestens die Hälfte aller Stimmen vertreten; Stellvertretung durch Ersatzmitglieder ist zulässig. § 33 Abs. 3 gilt entsprechend.

(4) Auf die Beschlussfassung des Gesamtbetriebsausschusses und weiterer Ausschüsse des Gesamtbetriebsrats ist § 33 Abs. 1 und 2 anzuwenden.
(5) Die Vorschriften über die Rechte und Pflichten des Betriebsrats gelten entsprechend für den Gesamtbetriebsrat, soweit dieses Gesetz keine besonderen Vorschriften enthält.

§ 52 Teilnahme der Gesamtschwerbehindertenvertretung

Die Gesamtschwerbehindertenvertretung (§ 97 Abs. 1 des Neunten Buches Sozialgesetzbuch) kann an allen Sitzungen des Gesamtbetriebsrats beratend teilnehmen.

§ 53 Betriebsräteversammlung

(1) Mindestens einmal in jedem Kalenderjahr hat der Gesamtbetriebsrat die Vorsitzenden und die stellvertretenden Vorsitzenden der Betriebsräte sowie die weiteren Mitglieder der Betriebsausschüsse zu einer Versammlung einzuberufen. Zu dieser Versammlung kann der Betriebsrat abweichend von Satz 1 aus seiner Mitte andere Mitglieder entsenden, soweit dadurch die Gesamtzahl der sich für ihn nach Satz 1 ergebenden Teilnehmer nicht überschritten wird.
(2) In der Betriebsräteversammlung hat
1. der Gesamtbetriebsrat einen Tätigkeitsbericht,
2. der Unternehmer einen Bericht über das Personal- und Sozialwesen einschließlich des Stands der Gleichstellung von Frauen und Männern im Unternehmen, der Integration der im Unternehmen beschäftigten ausländischen Arbeitnehmer, über die wirtschaftliche Lage und Entwicklung des Unternehmens sowie über Fragen des Umweltschutzes im Unternehmen, soweit dadurch nicht Betriebs- und Geschäftsgeheimnisse gefährdet werden,

zu erstatten.
(3) Der Gesamtbetriebsrat kann die Betriebsräteversammlung in Form von Teilversammlungen durchführen. Im Übrigen gelten § 42 Abs. 1 Satz 1 zweiter Halbsatz und Satz 2, § 43 Abs. 2 Satz 1 und 2 sowie die §§ 45 und 46 entsprechend.

Sechster Abschnitt
Konzernbetriebsrat

§ 54 Errichtung des Konzernbetriebsrats

(1) Für einen Konzern (§ 18 Abs. 1 des Aktiengesetzes) kann durch Beschlüsse der einzelnen Gesamtbetriebsräte ein Konzernbetriebsrat errichtet werden. Die Errichtung erfordert die Zustimmung der Gesamtbetriebsräte der Konzernunternehmen, in denen insgesamt mehr als 50 vom Hundert der Arbeitnehmer der Konzernunternehmen beschäftigt sind.
(2) Besteht in einem Konzernunternehmen nur ein Betriebsrat, so nimmt dieser die Aufgaben eines Gesamtbetriebsrats nach den Vorschriften dieses Abschnitts wahr.

§ 55 Zusammensetzung des Konzernbetriebsrats, Stimmengewicht

(1) In den Konzernbetriebsrat entsendet jeder Gesamtbetriebsrat zwei seiner Mitglieder. Die Geschlechter sollen angemessen berücksichtigt werden.
(2) Der Gesamtbetriebsrat hat für jedes Mitglied des Konzernbetriebsrats mindestens ein Ersatzmitglied zu bestellen und die Reihenfolge des Nachrückens festzulegen.
(3) Jedem Mitglied des Konzernbetriebsrats stehen die Stimmen der Mitglieder des entsendenden Gesamtbetriebsrats je zur Hälfte zu.
(4) Durch Tarifvertrag oder Betriebsvereinbarung kann die Mitgliederzahl des Konzernbetriebsrats abweichend von Absatz 1 Satz 1 geregelt werden. § 47 Abs. 5 bis 9 gilt entsprechend.

§ 56 Ausschluss von Konzernbetriebsratsmitgliedern

Mindestens ein Viertel der wahlberechtigten Arbeitnehmer der Konzernunternehmen, der Arbeitgeber, der Konzernbetriebsrat oder eine im Konzern vertretene Gewerkschaft können beim Arbeitsgericht den Ausschluss eines Mitglieds aus dem Konzernbetriebsrat wegen grober Verletzung seiner gesetzlichen Pflichten beantragen.

§ 57 Erlöschen der Mitgliedschaft

Die Mitgliedschaft im Konzernbetriebsrat endet mit dem Erlöschen der Mitgliedschaft im Gesamtbetriebsrat, durch Amtsniederlegung, durch Ausschluss aus dem Konzernbetriebsrat auf Grund einer gerichtlichen Entscheidung oder Abberufung durch den Gesamtbetriebsrat.

§ 58 Zuständigkeit

(1) Der Konzernbetriebsrat ist zuständig für die Behandlung von Angelegenheiten, die den Konzern oder mehrere Konzernunternehmen betreffen und nicht durch die einzelnen Gesamtbetriebsräte innerhalb ihrer Unternehmen geregelt werden können; seine Zuständigkeit erstreckt sich insoweit auch auf Unternehmen, die einen Gesamtbetriebsrat nicht gebildet haben, sowie auf Betriebe der Konzernunternehmen ohne Betriebsrat. Er ist den einzelnen Gesamtbetriebsräten nicht übergeordnet.
(2) Der Gesamtbetriebsrat kann mit der Mehrheit der Stimmen seiner Mitglieder den Konzernbetriebsrat beauftragen, eine Angelegenheit für ihn zu behandeln. Der Gesamtbetriebsrat kann sich dabei die Entscheidungsbefugnis vorbehalten. § 27 Abs. 2 Satz 3 und 4 gilt entsprechend.

§ 59 Geschäftsführung

(1) Für den Konzernbetriebsrat gelten § 25 Abs. 1, die §§ 26, 27 Abs. 2 und 3, § 28 Abs. 1 Satz 1 und 3, Abs. 2, die §§ 30, 31, 34, 35, 36, 37 Abs. 1 bis 3 sowie die §§ 40, 41 und 51 Abs. 1 Satz 2 und Abs. 3 bis 5 entsprechend.
(2) Ist ein Konzernbetriebsrat zu errichten, so hat der Gesamtbetriebsrat des herrschenden Unternehmens oder, soweit ein solcher Gesamtbetriebsrat nicht besteht, der Gesamtbetriebsrat des nach der Zahl der wahlberechtigten Arbeitnehmer größten Konzernunternehmens zu der Wahl des Vorsitzenden und des stellvertretenden Vorsitzenden des Konzernbetriebsrats einzuladen. Der Vorsitzende des einladenden Gesamtbetriebsrats hat die Sitzung zu leiten, bis der Konzernbetriebsrat aus seiner Mitte einen Wahlleiter bestellt hat. § 29 Abs. 2 bis 4 gilt entsprechend.

§ 59 a Teilnahme der Konzernschwerbehindertenvertretung

Die Konzernschwerbehindertenvertretung (§ 97 Abs. 2 des Neunten Buches Sozialgesetzbuch) kann an allen Sitzungen des Konzernbetriebsrats beratend teilnehmen.

Dritter Teil
Jugend- und Auszubildendenvertretung

Erster Abschnitt
Betriebliche Jugend- und Auszubildendenvertretung

§ 60 Errichtung und Aufgabe

(1) In Betrieben mit in der Regel mindestens fünf Arbeitnehmern, die das 18. Lebensjahr noch nicht vollendet haben (jugendliche Arbeitnehmer) oder die zu ihrer Berufsausbildung beschäftigt sind und das 25. Lebensjahr noch nicht vollendet haben, werden Jugend- und Auszubildendenvertretungen gewählt.
(2) Die Jugend- und Auszubildendenvertretung nimmt nach Maßgabe der folgenden Vorschriften die besonderen Belange der in Absatz 1 genannten Arbeitnehmer wahr.

§ 61 Wahlberechtigung und Wählbarkeit

(1) Wahlberechtigt sind alle in § 60 Abs. 1 genannten Arbeitnehmer des Betriebs.
(2) Wählbar sind alle Arbeitnehmer des Betriebs, die das 25. Lebensjahr noch nicht vollendet haben; § 8 Abs. 1 Satz 3 findet Anwendung. Mitglieder des Betriebsrats können nicht zu Jugend- und Auszubildendenvertretern gewählt werden.

§ 62 Zahl der Jugend- und Auszubildendenvertreter, Zusammensetzung der Jugend- und Auszubildendenvertretung

(1) Die Jugend- und Auszubildendenvertretung besteht in Betrieben mit in der Regel
5 bis 20 der in § 60 Abs. 1 genannten Arbeitnehmer aus einer Person,
21 bis 50 der in § 60 Abs. 1 genannten Arbeitnehmer aus 3 Mitgliedern,
51 bis 150 der in § 60 Abs. 1 genannten Arbeitnehmer aus 5 Mitgliedern,
151 bis 300 der in § 60 Abs. 1 genannten Arbeitnehmer aus 7 Mitgliedern,
301 bis 500 der in § 60 Abs. 1 genannten Arbeitnehmer aus 9 Mitgliedern,
501 bis 700 der in § 60 Abs. 1 genannten Arbeitnehmer aus 11 Mitgliedern,
701 bis 1000 der in § 60 Abs. 1 genannten Arbeitnehmer aus 13 Mitgliedern,
mehr als 1000 der in § 60 Abs. 1 genannten Arbeitnehmer aus 15 Mitgliedern.
(2) Die Jugend- und Auszubildendenvertretung soll sich möglichst aus Vertretern der verschiedenen Beschäftigungsarten und Ausbildungsberufe der im Betrieb tätigen in § 60 Abs. 1 genannten Arbeitnehmer zusammensetzen.
(3) Das Geschlecht, das unter den in § 60 Abs. 1 genannten Arbeitnehmern in der Minderheit ist, muss mindestens entsprechend seinem zahlenmäßigen Verhältnis in der Jugend- und Auszubildendenvertretung vertreten sein, wenn diese aus mindestens drei Mitgliedern besteht.

§ 63 Wahlvorschriften

(1) Die Jugend- und Auszubildendenvertretung wird in geheimer und unmittelbarer Wahl gewählt.
(2) Spätestens acht Wochen vor Ablauf der Amtszeit der Jugend- und Auszubildendenvertretung bestellt der Betriebsrat den Wahlvorstand und seinen Vorsitzenden. Für die Wahl der Jugend- und Auszubildendenvertreter gelten § 14 Abs. 2 bis 5, § 16 Abs. 1 Satz 4 bis 6, § 18 Abs. 1 Satz 1 und Abs. 3 sowie die §§ 19 und 20 entsprechend.
(3) Bestellt der Betriebsrat den Wahlvorstand nicht oder nicht spätestens sechs Wochen vor Ablauf der Amtszeit der Jugend- und Auszubildendenvertretung oder kommt der Wahlvorstand seiner Verpflichtung nach § 18 Abs. 1 Satz 1 nicht nach, so gelten § 16 Abs. 2 Satz 1 und 2, Abs. 3 Satz 1 und § 18 Abs. 1 Satz 2 entsprechend; der Antrag beim Arbeitsgericht kann auch von jugendlichen Arbeitnehmern gestellt werden.

(4) In Betrieben mit in der Regel fünf bis fünfzig der in § 60 Abs. 1 genannten Arbeitnehmer gilt auch § 14 a entsprechend. Die Frist zur Bestellung des Wahlvorstands wird im Falle des Absatzes 2 Satz 1 auf vier Wochen und im Falle des Absatzes 3 Satz 1 auf drei Wochen verkürzt.
(5) In Betrieben mit in der Regel 51 bis 100 der in § 60 Abs. 1 genannten Arbeitnehmer gilt § 14 a Abs. 5 entsprechend.

§ 64 Zeitpunkt der Wahlen und Amtszeit

(1) Die regelmäßigen Wahlen der Jugend- und Auszubildendenvertretung finden alle zwei Jahre in der Zeit vom 1. Oktober bis 30. November statt. Für die Wahl der Jugend- und Auszubildendenvertretung außerhalb dieser Zeit gilt § 13 Abs. 2 Nr. 2 bis 6 und Abs. 3 entsprechend.
(2) Die regelmäßige Amtszeit der Jugend- und Auszubildendenvertretung beträgt zwei Jahre. Die Amtszeit beginnt mit der Bekanntgabe des Wahlergebnisses oder, wenn zu diesem Zeitpunkt noch eine Jugend- und Auszubildendenvertretung besteht, mit Ablauf von deren Amtszeit. Die Amtszeit endet spätestens am 30. November des Jahres, in dem nach Absatz 1 Satz 1 die regelmäßigen Wahlen stattfinden. In dem Fall des § 13 Abs. 3 Satz 2 endet die Amtszeit spätestens am 30. November des Jahres, in dem die Jugend- und Auszubildendenvertretung neu zu wählen ist. In dem Fall des § 13 Abs. 2 Nr. 2 endet die Amtszeit mit der Bekanntgabe des Wahlergebnisses der neu gewählten Jugend- und Auszubildendenvertretung.
(3) Ein Mitglied der Jugend- und Auszubildendenvertretung, das im Laufe der Amtszeit das 25. Lebensjahr vollendet, bleibt bis zum Ende der Amtszeit Mitglied der Jugend- und Auszubildendenvertretung.

§ 65 Geschäftsführung

(1) Für die Jugend- und Auszubildendenvertretung gelten § 23 Abs. 1, die §§ 24, 25, 26, 28 Abs. 1 Satz 1 und 2, die §§ 30, 31, 33 Abs. 1 und 2 sowie die §§ 34, 36, 37, 40 und 41 entsprechend.
(2) Die Jugend- und Auszubildendenvertretung kann nach Verständigung des Betriebsrats Sitzungen abhalten; § 29 gilt entsprechend. An diesen Sitzungen kann der Betriebsratsvorsitzende oder ein beauftragtes Betriebsratsmitglied teilnehmen.

§ 66 Aussetzung von Beschlüssen des Betriebsrats

(1) Erachtet die Mehrheit der Jugend- und Auszubildendenvertreter einen Beschluss des Betriebsrats als eine erhebliche Beeinträchtigung wichtiger Interessen der in § 60 Abs. 1 genannten Arbeitnehmer, so ist auf ihren Antrag der Beschluss auf die Dauer von einer Woche auszusetzen, damit in dieser Frist eine Verständigung, gegebenenfalls mit Hilfe der im Betrieb vertretenen Gewerkschaften, versucht werden kann.
(2) Wird der erste Beschluss bestätigt, so kann der Antrag auf Aussetzung nicht wiederholt werden; dies gilt auch, wenn der erste Beschluss nur unerheblich geändert wird.

§ 67 Teilnahme an Betriebsratssitzungen

(1) Die Jugend- und Auszubildendenvertretung kann zu allen Betriebsratssitzungen einen Vertreter entsenden. Werden Angelegenheiten behandelt, die besonders die in § 60 Abs. 1 genannten Arbeitnehmer betreffen, so hat zu diesen Tagesordnungspunkten die gesamte Jugend- und Auszubildendenvertretung ein Teilnahmerecht.
(2) Die Jugend- und Auszubildendenvertreter haben Stimmrecht, soweit die zu fassenden Beschlüsse des Betriebsrats überwiegend die in § 60 Abs. 1 genannten Arbeitnehmer betreffen.
(3) Die Jugend- und Auszubildendenvertretung kann beim Betriebsrat beantragen, Angelegenheiten, die besonders die in § 60 Abs. 1 genannten Arbeitnehmer betreffen und über die sie beraten hat, auf die nächste Tagesordnung zu setzen. Der Betriebsrat soll Angelegenheiten, die besonders die in § 60 Abs. 1 genannten Arbeitnehmer betreffen, der Jugend- und Auszubildendenvertretung zur Beratung zuleiten.

§ 68 Teilnahme an gemeinsamen Besprechungen

Der Betriebsrat hat die Jugend- und Auszubildendenvertretung zu Besprechungen zwischen Arbeitgeber und Betriebsrat beizuziehen, wenn Angelegenheiten behandelt werden, die besonders die in § 60 Abs. 1 genannten Arbeitnehmer betreffen.

§ 69 Sprechstunden

In Betrieben, die in der Regel mehr als fünfzig der in § 60 Abs. 1 genannten Arbeitnehmer beschäftigen, kann die Jugend- und Auszubildendenvertretung Sprechstunden während der Arbeitszeit einrichten. Zeit und Ort sind durch Betriebsrat und Arbeitgeber zu vereinbaren. § 39 Abs. 1 Satz 3 und 4 und Abs. 3 gilt entsprechend. An den Sprechstunden der Jugend- und Auszubildendenvertretung kann der Betriebsratsvorsitzende oder ein beauftragtes Betriebsratsmitglied beratend teilnehmen.

§ 70 Allgemeine Aufgaben

(1) Die Jugend- und Auszubildendenvertretung hat folgende allgemeine Aufgaben:
1. Maßnahmen, die den in § 60 Abs. 1 genannten Arbeitnehmern dienen, insbesondere in Fragen der Berufsbildung und der Übernahme der zu ihrer Berufsausbildung Beschäftigten in ein Arbeitsverhältnis, beim Betriebsrat zu beantragen;
1 a. Maßnahmen zur Durchsetzung der tatsächlichen Gleichstellung der in § 60 Abs. 1 genannten Arbeitnehmer entsprechend § 80 Abs. 1 Nr. 2 a und 2 b beim Betriebsrat zu beantragen;
2. darüber zu wachen, dass die zugunsten der in § 60 Abs. 1 genannten Arbeitnehmer geltenden Gesetze, Verordnungen, Unfallverhütungsvorschriften, Tarifverträge und Betriebsvereinbarungen durchgeführt werden;
3. Anregungen von in § 60 Abs. 1 genannten Arbeitnehmern, insbesondere in Fragen der Berufsbildung, entgegenzunehmen und, falls sie berechtigt erscheinen, beim Betriebsrat auf eine Erledigung hinzuwirken. Die Jugend- und Auszubildendenvertretung hat die betroffenen in § 60 Abs. 1 genannten Arbeitnehmer über den Stand und das Ergebnis der Verhandlungen zu informieren;
4. die Integration ausländischer, in § 60 Abs. 1 genannter Arbeitnehmer im Betrieb zu fördern und entsprechende Maßnahmen beim Betriebsrat zu beantragen.

(2) Zur Durchführung ihrer Aufgaben ist die Jugend- und Auszubildendenvertretung durch den Betriebsrat rechtzeitig und umfassend zu unterrichten. Die Jugend- und Auszubildendenvertretung kann verlangen, dass ihr der Betriebsrat die zur Durchführung ihrer Aufgaben erforderlichen Unterlagen zur Verfügung stellt.

§ 71 Jugend und Auszubildendenversammlung

Die Jugend- und Auszubildendenvertretung kann vor oder nach jeder Betriebsversammlung im Einvernehmen mit dem Betriebsrat eine betriebliche Jugend- und Auszubildendenversammlung einberufen. Im Einvernehmen mit Betriebsrat und Arbeitgeber kann die betriebliche Jugend- und Auszubildendenversammlung auch zu einem anderen Zeitpunkt einberufen werden. § 43 Abs. 2 Satz 1 und 2, die §§ 44 bis 46 und § 65 Abs. 2 Satz 2 gelten entsprechend.

Zweiter Abschnitt
Gesamt-Jugend- und Auszubildendenvertretung

§ 72 Voraussetzungen der Errichtung, Mitgliederzahl, Stimmengewicht

(1) Bestehen in einem Unternehmen mehrere Jugend- und Auszubildendenvertretungen, so ist eine Gesamt-Jugend- und Auszubildendenvertretung zu errichten.
(2) In die Gesamt-Jugend- und Auszubildendenvertretung entsendet jede Jugend- und Auszubildendenvertretung ein Mitglied.
(3) Die Jugend- und Auszubildendenvertretung hat für das Mitglied der Gesamt-Jugend- und Auszubildendenvertretung mindestens ein Ersatzmitglied zu bestellen und die Reihenfolge des Nachrückens festzulegen.
(4) Durch Tarifvertrag oder Betriebsvereinbarung kann die Mitgliederzahl der Gesamt-Jugend- und Auszubildendenvertretung abweichend von Absatz 2 geregelt werden.
(5) Gehören nach Absatz 2 der Gesamt-Jugend- und Auszubildendenvertretung mehr als zwanzig Mitglieder an und besteht keine tarifliche Regelung nach Absatz 4, so ist zwischen Gesamtbetriebsrat und Arbeitgeber eine Betriebsvereinbarung über die Mitgliederzahl der Gesamt-Jugend- und Auszubildendenvertretung abzuschließen, in der bestimmt wird, dass Jugend- und Auszubildendenvertretungen mehrerer Betriebe eines Unternehmens, die regional oder durch gleichartige Interessen miteinander verbunden sind, gemeinsam Mitglieder in die Gesamt-Jugend- und Auszubildendenvertretung entsenden.
(6) Kommt im Fall des Absatzes 5 eine Einigung nicht zustande, so entscheidet eine für das Gesamtunternehmen zu bildende Einigungsstelle. Der Spruch der Einigungsstelle ersetzt die Einigung zwischen Arbeitgeber und Gesamtbetriebsrat.
(7) Jedes Mitglied der Gesamt-Jugend- und Auszubildendenvertretung hat so viele Stimmen, wie in dem Betrieb, in dem es gewählt wurde, in § 60 Abs. 1 genannte Arbeitnehmer in der Wählerliste eingetragen sind. Ist ein Mitglied der Gesamt-Jugend- und Auszubildendenvertretung für mehrere Betriebe entsandt worden, so hat es so viele Stimmen, wie in den Betrieben, für die es entsandt ist, in § 60 Abs. 1 genannte Arbeitnehmer in den Wählerlisten eingetragen sind. Sind mehrere Mitglieder der Jugend- und Auszubildendenvertretung entsandt worden, so stehen diesen die Stimmen nach Satz 1 anteilig zu.
(8) Für Mitglieder der Gesamt-Jugend- und Auszubildendenvertretung, die aus einem gemeinsamen Betrieb mehrerer Unternehmen entsandt worden sind, können durch Tarifvertrag oder Betriebsvereinbarung von Absatz 7 abweichende Regelungen getroffen werden.

§ 73 Geschäftsführung und Geltung sonstiger Vorschriften

(1) Die Gesamt-Jugend- und Auszubildendenvertretung kann nach Verständigung des Gesamtbetriebsrats Sitzungen abhalten. An den Sitzungen kann der Vorsitzende des Gesamtbetriebsrats oder ein beauftragtes Mitglied des Gesamtbetriebsrats teilnehmen.
(2) Für die Gesamt-Jugend- und Auszubildendenvertretung gelten § 25 Abs. 1, die §§ 26, 28 Abs. 1 Satz 1, die §§ 30, 31, 34, 36, 37 Abs. 1 bis 3, die §§ 40, 41, 48, 49, 50, 51 Abs. 2 bis 5 sowie die §§ 66 bis 68 entsprechend.

Dritter Abschnitt
Konzern-Jugend- und Auszubildendenvertretung

§ 73 a Voraussetzung der Errichtung, Mitgliederzahl, Stimmengewicht

(1) Bestehen in einem Konzern (§ 18 Abs. 1 des Aktiengesetzes) mehrere Gesamt-Jugend- und Auszubildendenvertretungen, kann durch Beschlüsse der einzelnen Gesamt-Jugend- und Auszubildendenvertretungen eine Konzern-Jugend- und Auszubildendenvertretung errichtet werden. Die Errichtung erfordert die Zustimmung der Gesamt-Jugend- und Auszubildenden-

vertretungen der Konzernunternehmen, in denen insgesamt mindestens 75 vom Hundert der in § 60 Abs. 1 genannten Arbeitnehmer beschäftigt sind. Besteht in einem Konzernunternehmen nur eine Jugend- und Auszubildendenvertretung, so nimmt diese die Aufgaben einer Gesamt-Jugend- und Auszubildendenvertretung nach den Vorschriften dieses Abschnitts wahr.

(2) In die Konzern-Jugend- und Auszubildendenvertretung entsendet jede Gesamt-Jugend- und Auszubildendenvertretung eines ihrer Mitglieder. Sie hat für jedes Mitglied mindestens ein Ersatzmitglied zu bestellen und die Reihenfolge des Nachrückens festzulegen.

(3) Jedes Mitglied der Konzern-Jugend- und Auszubildendenvertretung hat so viele Stimmen, wie die Mitglieder der entsendenden Gesamt-Jugend- und Auszubildendenvertretung insgesamt Stimmen haben.

(4) § 72 Abs. 4 bis 8 gilt entsprechend.

§ 73 b Geschäftsführung und Geltung sonstiger Vorschriften

(1) Die Konzern-Jugend- und Auszubildendenvertretung kann nach Verständigung des Konzernbetriebsrats Sitzungen abhalten. An den Sitzungen kann der Vorsitzende oder ein beauftragtes Mitglied des Konzernbetriebsrats teilnehmen.

(2) Für die Konzern-Jugend- und Auszubildendenvertretung gelten § 25 Abs. 1, die §§ 26, 28 Abs. 1 Satz 1, die §§ 30, 31, 34, 36, 37 Abs. 1 bis 3, die §§ 40, 41, 51 Abs. 3 bis 5, die §§ 56, 57, 58, 59 Abs. 2 und die §§ 66 bis 68 entsprechend.

Vierter Teil
Mitwirkung und Mitbestimmung der Arbeitnehmer

Erster Abschnitt
Allgemeines

§ 74 Grundsätze für die Zusammenarbeit

(1) Arbeitgeber und Betriebsrat sollen mindestens einmal im Monat zu einer Besprechung zusammentreten. Sie haben über strittige Fragen mit dem ernsten Willen zur Einigung zu verhandeln und Vorschläge für die Beilegung von Meinungsverschiedenheiten zu machen.
(2) Maßnahmen des Arbeitskampfes zwischen Arbeitgeber und Betriebsrat sind unzulässig; Arbeitskämpfe tariffähiger Parteien werden hierdurch nicht berührt. Arbeitgeber und Betriebsrat haben Betätigungen zu unterlassen, durch die der Arbeitsablauf oder der Frieden des Betriebs beeinträchtigt werden. Sie haben jede parteipolitische Betätigung im Betrieb zu unterlassen; die Behandlung von Angelegenheiten tarifpolitischer, sozialpolitischer, umweltpolitischer und wirtschaftlicher Art, die den Betrieb oder seine Arbeitnehmer unmittelbar betreffen, wird hierdurch nicht berührt.
(3) Arbeitnehmer, die im Rahmen dieses Gesetzes Aufgaben übernehmen, werden hierdurch in der Betätigung für ihre Gewerkschaft auch im Betrieb nicht beschränkt.

§ 75 Grundsätze für die Behandlung der Betriebsangehörigen

(1) Arbeitgeber und Betriebsrat haben darüber zu wachen, dass alle im Betrieb tätigen Personen nach den Grundsätzen von Recht und Billigkeit behandelt werden, insbesondere, dass jede Benachteiligung von Personen aus Gründen ihrer Rasse oder wegen ihrer ethnischen Herkunft, ihrer Abstammung oder sonstigen Herkunft, ihrer Nationalität, ihrer Religion oder Weltanschauung, ihrer Behinderung, ihres Alters, politischen oder gewerkschaftlichen Betätigung oder Einstellung oder wegen ihres Geschlechts oder ihrer sexuellen Identität unterbleibt.
(2) Arbeitgeber und Betriebsrat haben die freie Entfaltung der Persönlichkeit der im Betrieb beschäftigten Arbeitnehmer zu schützen und zu fördern. Sie haben die Selbstständigkeit und Eigeninitiative der Arbeitnehmer und Arbeitsgruppen zu fördern.

§ 76 Einigungsstelle

(1) Zur Beilegung von Meinungsverschiedenheiten zwischen Arbeitgeber und Betriebsrat, Gesamtbetriebsrat oder Konzernbetriebsrat ist bei Bedarf eine Einigungsstelle zu bilden. Durch Betriebsvereinbarung kann eine ständige Einigungsstelle errichtet werden.
(2) Die Einigungsstelle besteht aus einer gleichen Anzahl von Beisitzern, die vom Arbeitgeber und Betriebsrat bestellt werden, und einem unparteiischen Vorsitzenden, auf dessen Person sich beide Seiten einigen müssen. Kommt eine Einigung über die Person des Vorsitzenden nicht zustande, so bestellt ihn das Arbeitsgericht. Dieses entscheidet auch, wenn kein Einverständnis über die Zahl der Beisitzer erzielt wird.
(3) Die Einigungsstelle hat unverzüglich tätig zu werden. Sie fasst ihre Beschlüsse nach mündlicher Beratung mit Stimmenmehrheit. Bei der Beschlussfassung hat sich der Vorsitzende zunächst der Stimme zu enthalten; kommt eine Stimmenmehrheit nicht zustande, so nimmt der Vorsitzende nach weiterer Beratung an der erneuten Beschlussfassung teil. Die Beschlüsse der Einigungsstelle sind schriftlich niederzulegen, vom Vorsitzenden zu unterschreiben und Arbeitgeber und Betriebsrat zuzuleiten.
(4) Durch Betriebsvereinbarung können weitere Einzelheiten des Verfahrens vor der Einigungsstelle geregelt werden.

(5) In den Fällen, in denen der Spruch der Einigungsstelle die Einigung zwischen Arbeitgeber und Betriebsrat ersetzt, wird die Einigungsstelle auf Antrag einer Seite tätig. Benennt eine Seite keine Mitglieder oder bleiben die von einer Seite genannten Mitglieder trotz rechtzeitiger Einladung der Sitzung fern, so entscheiden der Vorsitzende und die erschienenen Mitglieder nach Maßgabe des Absatzes 3 allein. Die Einigungsstelle fasst ihre Beschlüsse unter angemessener Berücksichtigung der Belange des Betriebs und der betroffenen Arbeitnehmer nach billigem Ermessen. Die Überschreitung der Grenzen des Ermessens kann durch den Arbeitgeber oder den Betriebsrat nur binnen einer Frist von zwei Wochen, vom Tage der Zuleitung des Beschlusses an gerechnet, beim Arbeitsgericht geltend gemacht werden.
(6) Im Übrigen wird die Einigungsstelle nur tätig, wenn beide Seiten es beantragen oder mit ihrem Tätigwerden einverstanden sind. In diesen Fällen ersetzt ihr Spruch die Einigung zwischen Arbeitgeber und Betriebsrat nur, wenn beide Seiten sich dem Spruch im Voraus unterworfen oder ihn nachträglich angenommen haben.
(7) Soweit nach anderen Vorschriften der Rechtsweg gegeben ist, wird er durch den Spruch der Einigungsstelle nicht ausgeschlossen.
(8) Durch Tarifvertrag kann bestimmt werden, dass an die Stelle der in Absatz 1 bezeichneten Einigungsstelle eine tarifliche Schlichtungsstelle tritt.

§ 76 a Kosten der Einigungsstelle

(1) Die Kosten der Einigungsstelle trägt der Arbeitgeber.
(2) Die Beisitzer der Einigungsstelle, die dem Betrieb angehören, erhalten für ihre Tätigkeit keine Vergütung; § 37 Abs. 2 und 3 gilt entsprechend. Ist die Einigungsstelle zur Beilegung von Meinungsverschiedenheiten zwischen Arbeitgeber und Gesamtbetriebsrat oder Konzernbetriebsrat zu bilden, so gilt Satz 1 für die einem Betrieb des Unternehmens oder eines Konzernunternehmens angehörenden Beisitzer entsprechend.
(3) Der Vorsitzende und die Beisitzer der Einigungsstelle, die nicht zu den in Absatz 2 genannten Personen zählen, haben gegenüber dem Arbeitgeber Anspruch auf Vergütung ihrer Tätigkeit. Die Höhe der Vergütung richtet sich nach den Grundsätzen des Absatzes 4 Satz 3 bis 5.
(4) Das Bundesministerium für Arbeit und Soziales kann durch Rechtsverordnung die Vergütung nach Absatz 3 regeln. In der Vergütungsordnung sind Höchstsätze festzusetzen. Dabei sind insbesondere der erforderliche Zeitaufwand, die Schwierigkeit der Streitigkeit sowie ein Verdienstausfall zu berücksichtigen. Die Vergütung der Beisitzer ist niedriger zu bemessen als die des Vorsitzenden. Bei der Festsetzung der Höchstsätze ist den berechtigten Interessen der Mitglieder der Einigungsstelle und des Arbeitgebers Rechnung zu tragen.
(5) Von Absatz 3 und einer Vergütungsordnung nach Absatz 4 kann durch Tarifvertrag oder in einer Betriebsvereinbarung, wenn ein Tarifvertrag dies zulässt oder eine tarifliche Regelung nicht besteht, abgewichen werden.

§ 77 Durchführung gemeinsamer Beschlüsse, Betriebsvereinbarungen

(1) Vereinbarungen zwischen Betriebsrat und Arbeitgeber, auch soweit sie auf einem Spruch der Einigungsstelle beruhen, führt der Arbeitgeber durch, es sei denn, dass im Einzelfall etwas anderes vereinbart ist. Der Betriebsrat darf nicht durch einseitige Handlungen in die Leitung des Betriebs eingreifen.
(2) Betriebsvereinbarungen sind von Betriebsrat und Arbeitgeber gemeinsam zu beschließen und schriftlich niederzulegen. Sie sind von beiden Seiten zu unterzeichnen; dies gilt nicht, soweit Betriebsvereinbarungen auf einem Spruch der Einigungsstelle beruhen. Der Arbeitgeber hat die Betriebsvereinbarungen an geeigneter Stelle im Betrieb auszulegen.
(3) Arbeitsentgelte und sonstige Arbeitsbedingungen, die durch Tarifvertrag geregelt sind oder üblicherweise geregelt werden, können nicht Gegenstand einer Betriebsvereinbarung sein. Dies gilt nicht, wenn ein Tarifvertrag den Abschluss ergänzender Betriebsvereinbarungen ausdrücklich zulässt.
(4) Betriebsvereinbarungen gelten unmittelbar und zwingend. Werden Arbeitnehmern durch die Betriebsvereinbarung Rechte eingeräumt, so ist ein Verzicht auf sie nur mit Zustimmung

des Betriebsrats zulässig. Die Verwirkung dieser Rechte ist ausgeschlossen. Ausschlussfristen für ihre Geltendmachung sind nur insoweit zulässig, als sie in einem Tarifvertrag oder einer Betriebsvereinbarung vereinbart werden; dasselbe gilt für die Abkürzung der Verjährungsfristen.
(5) Betriebsvereinbarungen können, soweit nichts anderes vereinbart ist, mit einer Frist von drei Monaten gekündigt werden.
(6) Nach Ablauf einer Betriebsvereinbarung gelten ihre Regelungen in Angelegenheiten, in denen ein Spruch der Einigungsstelle die Einigung zwischen Arbeitgeber und Betriebsrat ersetzen kann, weiter, bis sie durch eine andere Abmachung ersetzt werden.

§ 78 Schutzbestimmungen

Die Mitglieder des Betriebsrats, des Gesamtbetriebsrats, des Konzernbetriebsrats, der Jugend- und Auszubildendenvertretung, der Gesamt-Jugend- und Auszubildendenvertretung, der Konzern-Jugend- und Auszubildendenvertretung, des Wirtschaftsausschusses, der Bordvertretung, des Seebetriebsrats, der in § 3 Abs. 1 genannten Vertretungen der Arbeitnehmer, der Einigungsstelle, einer tariflichen Schlichtungsstelle (§ 76 Abs. 8) und einer betrieblichen Beschwerdestelle (§ 86) sowie Auskunftspersonen (§ 80 Abs. 2 Satz 3) dürfen in der Ausübung ihrer Tätigkeit nicht gestört oder behindert werden. Sie dürfen wegen ihrer Tätigkeit nicht benachteiligt oder begünstigt werden; dies gilt auch für ihre berufliche Entwicklung.

§ 78 a Schutz Auszubildender in besonderen Fällen

(1) Beabsichtigt der Arbeitgeber, einen Auszubildenden, der Mitglied der Jugend- und Auszubildendenvertretung, des Betriebsrats, der Bordvertretung oder des Seebetriebsrats ist, nach Beendigung des Berufsausbildungsverhältnisses nicht in ein Arbeitsverhältnis auf unbestimmte Zeit zu übernehmen, so hat er dies drei Monate vor Beendigung des Berufsausbildungsverhältnisses dem Auszubildenden schriftlich mitzuteilen.
(2) Verlangt ein in Absatz 1 genannter Auszubildender innerhalb der Letzten drei Monate vor Beendigung des Berufsausbildungsverhältnisses schriftlich vom Arbeitgeber die Weiterbeschäftigung, so gilt zwischen Auszubildendem und Arbeitgeber im Anschluss an das Berufsausbildungsverhältnis ein Arbeitsverhältnis auf unbestimmte Zeit als begründet. Auf dieses Arbeitsverhältnis ist insbesondere § 37 Abs. 4 und 5 entsprechend anzuwenden.
(3) Die Absätze 1 und 2 gelten auch, wenn das Berufsausbildungsverhältnis vor Ablauf eines Jahres nach Beendigung der Amtszeit der Jugend- und Auszubildendenvertretung, des Betriebsrats, der Bordvertretung oder des Seebetriebsrats endet.
(4) Der Arbeitgeber kann spätestens bis zum Ablauf von zwei Wochen nach Beendigung des Berufsausbildungsverhältnisses beim Arbeitsgericht beantragen,
1. festzustellen, dass ein Arbeitsverhältnis nach Absatz 2 oder 3 nicht begründet wird, oder
2. das bereits nach Absatz 2 oder 3 begründete Arbeitsverhältnis aufzulösen,

wenn Tatsachen vorliegen, auf Grund derer dem Arbeitgeber unter Berücksichtigung aller Umstände die Weiterbeschäftigung nicht zugemutet werden kann. In dem Verfahren vor dem Arbeitsgericht sind der Betriebsrat, die Bordvertretung, der Seebetriebsrat, bei Mitgliedern der Jugend- und Auszubildendenvertretung auch diese Beteiligte.
(5) Die Absätze 2 bis 4 finden unabhängig davon Anwendung, ob der Arbeitgeber seiner Mitteilungspflicht nach Absatz 1 nachgekommen ist.

§ 79 Geheimhaltungspflicht

(1) Die Mitglieder und Ersatzmitglieder des Betriebsrats sind verpflichtet, Betriebs- oder Geschäftsgeheimnisse, die ihnen wegen ihrer Zugehörigkeit zum Betriebsrat bekannt geworden und vom Arbeitgeber ausdrücklich als geheimhaltungsbedürftig bezeichnet worden sind, nicht zu offenbaren und nicht zu verwerten. Dies gilt auch nach dem Ausscheiden aus dem Betriebsrat. Die Verpflichtung gilt nicht gegenüber Mitgliedern des Betriebsrats. Sie gilt ferner nicht gegenüber dem Gesamtbetriebsrat, dem Konzernbetriebsrat, der Bordvertretung, dem See-

betriebsrat und den Arbeitnehmervertretern im Aufsichtsrat sowie im Verfahren vor der Einigungsstelle, der tariflichen Schlichtungsstelle (§ 76 Abs. 8) oder einer betrieblichen Beschwerdestelle (§ 86).

(2) Absatz 1 gilt sinngemäß für die Mitglieder und Ersatzmitglieder des Gesamtbetriebsrats, des Konzernbetriebsrats, der Jugend- und Auszubildendenvertretung, der Gesamt-Jugend- und Auszubildendenvertretung, der Konzern-Jugend- und Auszubildendenvertretung, des Wirtschaftsausschusses, der Bordvertretung, des Seebetriebsrats, der gemäß § 3 Abs. 1 gebildeten Vertretungen der Arbeitnehmer, der Einigungsstelle, der tariflichen Schlichtungsstelle (§ 76 Abs. 8) und einer betrieblichen Beschwerdestelle (§ 86) sowie für die Vertreter von Gewerkschaften oder von Arbeitgebervereinigungen.

§ 80 Allgemeine Aufgaben

(1) Der Betriebsrat hat folgende allgemeine Aufgaben:

1. darüber zu wachen, dass die zugunsten der Arbeitnehmer geltenden Gesetze, Verordnungen, Unfallverhütungsvorschriften, Tarifverträge und Betriebsvereinbarungen durchgeführt werden;
2. Maßnahmen, die dem Betrieb und der Belegschaft dienen, beim Arbeitgeber zu beantragen;

2 a. .die Durchsetzung der tatsächlichen Gleichstellung von Frauen und Männern, insbesondere bei der Einstellung, Beschäftigung, Aus-, Fort- und Weiterbildung und dem beruflichen Aufstieg, zu fördern;

2 b. die Vereinbarkeit von Familie und Erwerbstätigkeit zu fördern;

3. Anregungen von Arbeitnehmern und der Jugend- und Auszubildendenvertretung entgegenzunehmen und, falls sie berechtigt erscheinen, durch Verhandlungen mit dem Arbeitgeber auf eine Erledigung hinzuwirken; er hat die betreffenden Arbeitnehmer über den Stand und das Ergebnis der Verhandlungen zu unterrichten;
4. die Eingliederung Schwerbehinderter und sonstiger besonders schutzbedürftiger Personen zu fördern;
5. die Wahl einer Jugend- und Auszubildendenvertretung vorzubereiten und durchzuführen und mit dieser zur Förderung der Belange der in § 60 Abs. 1 genannten Arbeitnehmer eng zusammenzuarbeiten; er kann von der Jugend- und Auszubildendenvertretung Vorschläge und Stellungnahmen anfordern;
6. die Beschäftigung älterer Arbeitnehmer im Betrieb zu fördern;
7. die Integration ausländischer Arbeitnehmer im Betrieb und das Verständnis zwischen ihnen und den deutschen Arbeitnehmern zu fördern, sowie Maßnahmen zur Bekämpfung von Rassismus und Fremdenfeindlichkeit im Betrieb zu beantragen;
8. die Beschäftigung im Betrieb zu fördern und zu sichern;
9. Maßnahmen des Arbeitsschutzes und des betrieblichen Umweltschutzes zu fördern.

(2) Zur Durchführung seiner Aufgaben nach diesem Gesetz ist der Betriebsrat rechtzeitig und umfassend vom Arbeitgeber zu unterrichten; die Unterrichtung erstreckt sich auch auf die Beschäftigung von Personen, die nicht in einem Arbeitsverhältnis zum Arbeitgeber stehen. Dem Betriebsrat sind auf Verlangen jederzeit die zur Durchführung seiner Aufgaben erforderlichen Unterlagen zur Verfügung zu stellen; in diesem Rahmen ist der Betriebsausschuss oder ein nach § 28 gebildeter Ausschuss berechtigt, in die Listen über die Bruttolöhne und -gehälter Einblick zu nehmen. Soweit es zur ordnungsgemäßen Erfüllung der Aufgaben des Betriebsrats erforderlich ist, hat der Arbeitgeber ihm sachkundige Arbeitnehmer als Auskunftspersonen zur Verfügung zu stellen; er hat hierbei die Vorschläge des Betriebsrats zu berücksichtigen, soweit betriebliche Notwendigkeiten nicht entgegenstehen.

(3) Der Betriebsrat kann bei der Durchführung seiner Aufgaben nach näherer Vereinbarung mit dem Arbeitgeber Sachverständige hinzuziehen, soweit dies zur ordnungsgemäßen Erfüllung seiner Aufgaben erforderlich ist.

(4) Für die Geheimhaltungspflicht der Auskunftspersonen und der Sachverständigen gilt § 79 entsprechend.

Zweiter Abschnitt
Mitwirkungs- und Beschwerderecht des Arbeitnehmers

§ 81 Unterrichtungs- und Erörterungspflicht des Arbeitgebers

(1) Der Arbeitgeber hat den Arbeitnehmer über dessen Aufgabe und Verantwortung sowie über die Art seiner Tätigkeit und ihre Einordnung in den Arbeitsablauf des Betriebs zu unterrichten. Er hat den Arbeitnehmer vor Beginn der Beschäftigung über die Unfall- und Gesundheitsgefahren, denen dieser bei der Beschäftigung ausgesetzt ist, sowie über die Maßnahmen und Einrichtungen zur Abwendung dieser Gefahren und die nach § 10 Abs. 2 des Arbeitsschutzgesetzes getroffenen Maßnahmen zu belehren.
(2) Über Veränderungen in seinem Arbeitsbereich ist der Arbeitnehmer rechtzeitig zu unterrichten. Absatz 1 gilt entsprechend.
(3) In Betrieben, in denen kein Betriebsrat besteht, hat der Arbeitgeber die Arbeitnehmer zu allen Maßnahmen zu hören, die Auswirkungen auf Sicherheit und Gesundheit der Arbeitnehmer haben können.
(4) Der Arbeitgeber hat den Arbeitnehmer über die auf Grund einer Planung von technischen Anlagen, von Arbeitsverfahren und Arbeitsabläufen oder der Arbeitsplätze vorgesehenen Maßnahmen und ihre Auswirkungen auf seinen Arbeitsplatz, die Arbeitsumgebung sowie auf Inhalt und Art seiner Tätigkeit zu unterrichten. Sobald feststeht, dass sich die Tätigkeit des Arbeitnehmers ändern wird und seine beruflichen Kenntnisse und Fähigkeiten zur Erfüllung seiner Aufgaben nicht ausreichen, hat der Arbeitgeber mit dem Arbeitnehmer zu erörtern, wie dessen berufliche Kenntnisse und Fähigkeiten im Rahmen der betrieblichen Möglichkeiten den künftigen Anforderungen angepasst werden können. Der Arbeitnehmer kann bei der Erörterung ein Mitglied des Betriebsrats hinzuziehen.

§ 82 Anhörungs- und Erörterungsrecht des Arbeitnehmers

(1) Der Arbeitnehmer hat das Recht, in betrieblichen Angelegenheiten, die seine Person betreffen, von den nach Maßgabe des organisatorischen Aufbaus des Betriebs hierfür zuständigen Personen gehört zu werden. Er ist berechtigt, zu Maßnahmen des Arbeitgebers, die ihn betreffen, Stellung zu nehmen sowie Vorschläge für die Gestaltung des Arbeitsplatzes und des Arbeitsablaufs zu machen.
(2) Der Arbeitnehmer kann verlangen, dass ihm die Berechnung und Zusammensetzung seines Arbeitsentgelts erläutert und dass mit ihm die Beurteilung seiner Leistungen sowie die Möglichkeiten seiner beruflichen Entwicklung im Betrieb erörtert werden. Er kann ein Mitglied des Betriebsrats hinzuziehen. Das Mitglied des Betriebsrats hat über den Inhalt dieser Verhandlungen Stillschweigen zu bewahren, soweit es vom Arbeitnehmer im Einzelfall nicht von dieser Verpflichtung entbunden wird.

§ 83 Einsicht in die Personalakten

(1) Der Arbeitnehmer hat das Recht, in die über ihn geführten Personalakten Einsicht zu nehmen. Er kann hierzu ein Mitglied des Betriebsrats hinzuziehen. Das Mitglied des Betriebsrats hat über den Inhalt der Personalakte Stillschweigen zu bewahren, soweit es vom Arbeitnehmer im Einzelfall nicht von dieser Verpflichtung entbunden wird.
(2) Erklärungen des Arbeitnehmers zum Inhalt der Personalakte sind dieser auf sein Verlangen beizufügen.

§ 84 Beschwerderecht

(1) Jeder Arbeitnehmer hat das Recht, sich bei den zuständigen Stellen des Betriebs zu beschweren, wenn er sich vom Arbeitgeber oder von Arbeitnehmern des Betriebs benachteiligt oder ungerecht behandelt oder in sonstiger Weise beeinträchtigt fühlt. Er kann ein Mitglied des Betriebsrats zur Unterstützung oder Vermittlung hinzuziehen.

(2) Der Arbeitgeber hat den Arbeitnehmer über die Behandlung der Beschwerde zu bescheiden und, soweit er die Beschwerde für berechtigt erachtet, ihr abzuhelfen.
(3) Wegen der Erhebung einer Beschwerde dürfen dem Arbeitnehmer keine Nachteile entstehen.

§ 85 Behandlung von Beschwerden durch den Betriebsrat

(1) Der Betriebsrat hat Beschwerden von Arbeitnehmern entgegenzunehmen und, falls er sie für berechtigt erachtet, beim Arbeitgeber auf Abhilfe hinzuwirken.
(2) Bestehen zwischen Betriebsrat und Arbeitgeber Meinungsverschiedenheiten über die Berechtigung der Beschwerde, so kann der Betriebsrat die Einigungsstelle anrufen. Der Spruch der Einigungsstelle ersetzt die Einigung zwischen Arbeitgeber und Betriebsrat. Dies gilt nicht, soweit Gegenstand der Beschwerde ein Rechtsanspruch ist.
(3) Der Arbeitgeber hat den Betriebsrat über die Behandlung der Beschwerde zu unterrichten. § 84 Abs. 2 bleibt unberührt.

§ 86 Ergänzende Vereinbarungen

Durch Tarifvertrag oder Betriebsvereinbarung können die Einzelheiten des Beschwerdeverfahrens geregelt werden. Hierbei kann bestimmt werden, dass in den Fällen des § 85 Abs. 2 an die Stelle der Einigungsstelle eine betriebliche Beschwerdestelle tritt.

§ 86 a Vorschlagsrecht der Arbeitnehmer

Jeder Arbeitnehmer hat das Recht, dem Betriebsrat Themen zur Beratung vorzuschlagen. Wird ein Vorschlag von mindestens 5 vom Hundert der Arbeitnehmer des Betriebs unterstützt, hat der Betriebsrat diesen innerhalb von zwei Monaten auf die Tagesordnung einer Betriebsratssitzung zu setzen.

Dritter Abschnitt
Soziale Angelegenheiten

§ 87 Mitbestimmungsrechte

(1) Der Betriebsrat hat, soweit eine gesetzliche oder tarifliche Regelung nicht besteht, in folgenden Angelegenheiten mitzubestimmen:
1. Fragen der Ordnung des Betriebs und des Verhaltens der Arbeitnehmer im Betrieb;
2. Beginn und Ende der täglichen Arbeitszeit einschließlich der Pausen sowie Verteilung der Arbeitszeit auf die einzelnen Wochentage;
3. vorübergehende Verkürzung oder Verlängerung der betriebsüblichen Arbeitszeit;
4. Zeit, Ort und Art der Auszahlung der Arbeitsentgelte;
5. Aufstellung allgemeiner Urlaubsgrundsätze und des Urlaubsplans sowie die Festsetzung der zeitlichen Lage des Urlaubs für einzelne Arbeitnehmer, wenn zwischen dem Arbeitgeber und den beteiligten Arbeitnehmern kein Einverständnis erzielt wird;
6. Einführung und Anwendung von technischen Einrichtungen, die dazu bestimmt sind, das Verhalten oder die Leistung der Arbeitnehmer zu überwachen;
7. Regelungen über die Verhütung von Arbeitsunfällen und Berufskrankheiten sowie über den Gesundheitsschutz im Rahmen der gesetzlichen Vorschriften oder der Unfallverhütungsvorschriften;
8. Form, Ausgestaltung und Verwaltung von Sozialeinrichtungen, deren Wirkungsbereich auf den Betrieb, das Unternehmen oder den Konzern beschränkt ist;
9. Zuweisung und Kündigung von Wohnräumen, die den Arbeitnehmern mit Rücksicht auf das Bestehen eines Arbeitsverhältnisses vermietet werden, sowie die allgemeine Festlegung der Nutzungsbedingungen;

10. Fragen der betrieblichen Lohngestaltung, insbesondere die Aufstellung von Entlohnungsgrundsätzen und die Einführung und Anwendung von neuen Entlohnungsmethoden sowie deren Änderung;
11. Festsetzung der Akkord- und Prämiensätze und vergleichbarer leistungsbezogener Entgelte, einschließlich der Geldfaktoren;
12. Grundsätze über das betriebliche Vorschlagswesen;
13. Grundsätze über die Durchführung von Gruppenarbeit; Gruppenarbeit im Sinne dieser Vorschrift liegt vor, wenn im Rahmen des betrieblichen Arbeitsablaufs eine Gruppe von Arbeitnehmern eine ihr übertragene Gesamtaufgabe im Wesentlichen eigenverantwortlich erledigt.

(2) Kommt eine Einigung über eine Angelegenheit nach Absatz 1 nicht zustande, so entscheidet die Einigungsstelle. Der Spruch der Einigungsstelle ersetzt die Einigung zwischen Arbeitgeber und Betriebsrat.

§ 88 Freiwillige Betriebsvereinbarungen

Durch Betriebsvereinbarung können insbesondere geregelt werden

1. zusätzliche Maßnahmen zur Verhütung von Arbeitsunfällen und Gesundheitsschädigungen;

1 a. Maßnahmen des betrieblichen Umweltschutzes;

2. die Errichtung von Sozialeinrichtungen, deren Wirkungsbereich auf den Betrieb, das Unternehmen oder den Konzern beschränkt ist;
3. Maßnahmen zur Förderung der Vermögensbildung;
4. Maßnahmen zur Integration ausländischer Arbeitnehmer sowie zur Bekämpfung von Rassismus und Fremdenfeindlichkeit im Betrieb.

§ 89 Arbeits- und betrieblicher Umweltschutz

(1) Der Betriebsrat hat sich dafür einzusetzen, dass die Vorschriften über den Arbeitsschutz und die Unfallverhütung im Betrieb sowie über den betrieblichen Umweltschutz durchgeführt werden. Er hat bei der Bekämpfung von Unfall- und Gesundheitsgefahren die für den Arbeitsschutz zuständigen Behörden, die Träger der gesetzlichen Unfallversicherung und die sonstigen in Betracht kommenden Stellen durch Anregung, Beratung und Auskunft zu unterstützen.

(2) Der Arbeitgeber und die in Absatz 1 Satz 2 genannten Stellen sind verpflichtet, den Betriebsrat oder die von ihm bestimmten Mitglieder des Betriebsrats bei allen im Zusammenhang mit dem Arbeitsschutz oder der Unfallverhütung stehenden Besichtigungen und Fragen und bei Unfalluntersuchungen hinzuzuziehen. Der Arbeitgeber hat den Betriebsrat auch bei allen im Zusammenhang mit dem betrieblichen Umweltschutz stehenden Besichtigungen und Fragen hinzuzuziehen und ihm unverzüglich die den Arbeitsschutz, die Unfallverhütung und den betrieblichen Umweltschutz betreffenden Auflagen und Anordnungen der zuständigen Stellen mitzuteilen.

(3) Als betrieblicher Umweltschutz im Sinne dieses Gesetzes sind alle personellen und organisatorischen Maßnahmen sowie alle die betrieblichen Bauten, Räume, technische Anlagen, Arbeitsverfahren, Arbeitsabläufe und Arbeitsplätze betreffenden Maßnahmen zu verstehen, die dem Umweltschutz dienen.

(4) An den Besprechungen des Arbeitgebers mit den Sicherheitsbeauftragten im Rahmen des § 22 Abs. 2 des Siebten Buches Sozialgesetzbuch nehmen vom Betriebsrat beauftragte Betriebsratsmitglieder teil.

(5) Der Betriebsrat erhält vom Arbeitgeber die Niederschriften über Untersuchungen, Besichtigungen und Besprechungen, zu denen er nach den Absätzen 2 und 4 hinzuzuziehen ist.

(6) Der Arbeitgeber hat dem Betriebsrat eine Durchschrift der nach § 193 Abs. 5 des Siebten Buches Sozialgesetzbuch vom Betriebsrat zu unterschreibenden Unfallanzeige auszuhändigen.

Vierter Abschnitt
Gestaltung von Arbeitsplatz, Arbeitsablauf und Arbeitsumgebung

§ 90 Unterrichtungs- und Beratungsrechte

(1) Der Arbeitgeber hat den Betriebsrat über die Planung
1. von Neu-, Um- und Erweiterungsbauten von Fabrikations-, Verwaltungs- und sonstigen betrieblichen Räumen,
2. von technischen Anlagen,
3. von Arbeitsverfahren und Arbeitsabläufen oder
4. der Arbeitsplätze

rechtzeitig unter Vorlage der erforderlichen Unterlagen zu unterrichten.
(2) Der Arbeitgeber hat mit dem Betriebsrat die vorgesehenen Maßnahmen und ihre Auswirkungen auf die Arbeitnehmer, insbesondere auf die Art ihrer Arbeit sowie die sich daraus ergebenden Anforderungen an die Arbeitnehmer, so rechtzeitig zu beraten, dass Vorschläge und Bedenken des Betriebsrats bei der Planung berücksichtigt werden können. Arbeitgeber und Betriebsrat sollen dabei auch die gesicherten arbeitswissenschaftlichen Erkenntnisse über die menschengerechte Gestaltung der Arbeit berücksichtigen.

§ 91 Mitbestimmungsrecht

Werden die Arbeitnehmer durch Änderungen der Arbeitsplätze, des Arbeitsablaufs oder der Arbeitsumgebung, die den gesicherten arbeitswissenschaftlichen Erkenntnissen über die menschengerechte Gestaltung der Arbeit offensichtlich widersprechen, in besonderer Weise belastet, so kann der Betriebsrat angemessene Maßnahmen zur Abwendung, Milderung oder zum Ausgleich der Belastung verlangen. Kommt eine Einigung nicht zustande, so entscheidet die Einigungsstelle. Der Spruch der Einigungsstelle ersetzt die Einigung zwischen Arbeitgeber und Betriebsrat.

Fünfter Abschnitt
Personelle Angelegenheiten

Erster Unterabschnitt
Allgemeine personelle Angelegenheiten

§ 92 Personalplanung

(1) Der Arbeitgeber hat den Betriebsrat über die Personalplanung, insbesondere über den gegenwärtigen und künftigen Personalbedarf sowie über die sich daraus ergebenden personellen Maßnahmen und Maßnahmen der Berufsbildung anhand von Unterlagen rechtzeitig und umfassend zu unterrichten. Er hat mit dem Betriebsrat über Art und Umfang der erforderlichen Maßnahmen und über die Vermeidung von Härten zu beraten.
(2) Der Betriebsrat kann dem Arbeitgeber Vorschläge für die Einführung einer Personalplanung und ihre Durchführung machen.
(3) Die Absätze 1 und 2 gelten entsprechend für Maßnahmen im Sinne des § 80 Abs. 1 Nr. 2 a und 2 b, insbesondere für die Aufstellung und Durchführung von Maßnahmen zur Förderung der Gleichstellung von Frauen und Männern.

§ 92 a Beschäftigungssicherung

(1) Der Betriebsrat kann dem Arbeitgeber Vorschläge zur Sicherung und Förderung der Beschäftigung machen. Diese können insbesondere eine flexible Gestaltung der Arbeitszeit, die Förderung von Teilzeitarbeit und Altersteilzeit, neue Formen der Arbeitsorganisation, Änderungen der Arbeitsverfahren und Arbeitsabläufe, die Qualifizierung der Arbeitnehmer, Alternativen zur Ausgliederung von Arbeit oder ihrer Vergabe an andere Unternehmen sowie zum Produktions- und Investitionsprogramm zum Gegenstand haben.
(2) Der Arbeitgeber hat die Vorschläge mit dem Betriebsrat zu beraten. Hält der Arbeitgeber die Vorschläge des Betriebsrats für ungeeignet, hat er dies zu begründen; in Betrieben mit mehr als 100 Arbeitnehmern erfolgt die Begründung schriftlich. Zu den Beratungen kann der Arbeitgeber oder der Betriebsrat einen Vertreter der Bundesagentur für Arbeit hinzuziehen.

§ 93 Ausschreibung von Arbeitsplätzen

Der Betriebsrat kann verlangen, dass Arbeitsplätze, die besetzt werden sollen, allgemein oder für bestimmte Arten von Tätigkeiten vor ihrer Besetzung innerhalb des Betriebs ausgeschrieben werden.

§ 94 Personalfragebogen, Beurteilungsgrundsätze

(1) Personalfragebogen bedürfen der Zustimmung des Betriebsrats. Kommt eine Einigung über ihren Inhalt nicht zustande, so entscheidet die Einigungsstelle. Der Spruch der Einigungsstelle ersetzt die Einigung zwischen Arbeitgeber und Betriebsrat.
(2) Absatz 1 gilt entsprechend für persönliche Angaben in schriftlichen Arbeitsverträgen, die allgemein für den Betrieb verwendet werden sollen, sowie für die Aufstellung allgemeiner Beurteilungsgrundsätze.

§ 95 Auswahlrichtlinien

(1) Richtlinien über die personelle Auswahl bei Einstellungen, Versetzungen, Umgruppierungen und Kündigungen bedürfen der Zustimmung des Betriebsrats. Kommt eine Einigung über die Richtlinien oder ihren Inhalt nicht zustande, so entscheidet auf Antrag des Arbeitgebers die Einigungsstelle. Der Spruch der Einigungsstelle ersetzt die Einigung zwischen Arbeitgeber und Betriebsrat.
(2) In Betrieben mit mehr als 500 Arbeitnehmern kann der Betriebsrat die Aufstellung von Richtlinien über die bei Maßnahmen des Absatzes 1 Satz 1 zu beachtenden fachlichen und persönlichen Voraussetzungen und sozialen Gesichtspunkte verlangen. Kommt eine Einigung über die Richtlinien oder ihren Inhalt nicht zustande, so entscheidet die Einigungsstelle. Der Spruch der Einigungsstelle ersetzt die Einigung zwischen Arbeitgeber und Betriebsrat.
(3) Versetzung im Sinne dieses Gesetzes ist die Zuweisung eines anderen Arbeitsbereichs, die voraussichtlich die Dauer von einem Monat überschreitet oder die mit einer erheblichen Änderung der Umstände verbunden ist, unter denen die Arbeit zu leisten ist. Werden Arbeitnehmer nach der Eigenart ihres Arbeitsverhältnisses üblicherweise nicht ständig an einem bestimmten Arbeitsplatz beschäftigt, so gilt die Bestimmung des jeweiligen Arbeitsplatzes nicht als Versetzung.

Zweiter Unterabschnitt
Berufsbildung

§ 96 Förderung der Berufsbildung

(1) Arbeitgeber und Betriebsrat haben im Rahmen der betrieblichen Personalplanung und in Zusammenarbeit mit den für die Berufsbildung und den für die Förderung der Berufsbildung zuständigen Stellen die Berufsbildung der Arbeitnehmer zu fördern. Der Arbeitgeber hat auf Verlangen des Betriebsrats den Berufsbildungsbedarf zu ermitteln und mit ihm Fragen der Berufsbildung der Arbeitnehmer des Betriebs zu beraten. Hierzu kann der Betriebsrat Vorschläge machen.

(2) Arbeitgeber und Betriebsrat haben darauf zu achten, dass unter Berücksichtigung der betrieblichen Notwendigkeiten den Arbeitnehmern die Teilnahme an betrieblichen oder außerbetrieblichen Maßnahmen der Berufsbildung ermöglicht wird. Sie haben dabei auch die Belange älterer Arbeitnehmer, Teilzeitbeschäftigter und von Arbeitnehmern mit Familienpflichten zu berücksichtigen.

§ 97 Einrichtungen und Maßnahmen der Berufsbildung

(1) Der Arbeitgeber hat mit dem Betriebsrat über die Errichtung und Ausstattung betrieblicher Einrichtungen zur Berufsbildung, die Einführung betrieblicher Berufsbildungsmaßnahmen und die Teilnahme an außerbetrieblichen Berufsbildungsmaßnahmen zu beraten.

(2) Hat der Arbeitgeber Maßnahmen geplant oder durchgeführt, die dazu führen, dass sich die Tätigkeit der betroffenen Arbeitnehmer ändert und ihre beruflichen Kenntnisse und Fähigkeiten zur Erfüllung ihrer Aufgaben nicht mehr ausreichen, so hat der Betriebsrat bei der Einführung von Maßnahmen der betrieblichen Berufsbildung mitzubestimmen. Kommt eine Einigung nicht zustande, so entscheidet die Einigungsstelle. Der Spruch der Einigungsstelle ersetzt die Einigung zwischen Arbeitgeber und Betriebsrat.

§ 98 Durchführung betrieblicher Bildungsmaßnahmen

(1) Der Betriebsrat hat bei der Durchführung von Maßnahmen der betrieblichen Berufsbildung mitzubestimmen.

(2) Der Betriebsrat kann der Bestellung einer mit der Durchführung der betrieblichen Berufsbildung beauftragten Person widersprechen oder ihre Abberufung verlangen, wenn diese die persönliche oder fachliche, insbesondere die berufs- und arbeitspädagogische Eignung im Sinne des Berufsbildungsgesetzes nicht besitzt oder ihre Aufgaben vernachlässigt.

(3) Führt der Arbeitgeber betriebliche Maßnahmen der Berufsbildung durch oder stellt er für außerbetriebliche Maßnahmen der Berufsbildung Arbeitnehmer frei oder trägt er die durch die Teilnahme von Arbeitnehmern an solchen Maßnahmen entstehenden Kosten ganz oder teilweise, so kann der Betriebsrat Vorschläge für die Teilnahme von Arbeitnehmern oder Gruppen von Arbeitnehmern des Betriebs an diesen Maßnahmen der beruflichen Bildung machen.

(4) Kommt im Fall des Absatzes 1 oder über die nach Absatz 3 vom Betriebsrat vorgeschlagenen Teilnehmer eine Einigung nicht zustande, so entscheidet die Einigungsstelle. Der Spruch der Einigungsstelle ersetzt die Einigung zwischen Arbeitgeber und Betriebsrat.

(5) Kommt im Fall des Absatzes 2 eine Einigung nicht zustande, so kann der Betriebsrat beim Arbeitsgericht beantragen, dem Arbeitgeber aufzugeben, die Bestellung zu unterlassen oder die Abberufung durchzuführen. Führt der Arbeitgeber die Bestellung einer rechtskräftigen gerichtlichen Entscheidung zuwider durch, so ist er auf Antrag des Betriebsrats vom Arbeitsgericht wegen der Bestellung nach vorheriger Androhung zu einem Ordnungsgeld zu verurteilen; das Höchstmaß des Ordnungsgeldes beträgt 10000 Euro. Führt der Arbeitgeber die Abberufung einer rechtskräftigen gerichtlichen Entscheidung zuwider nicht durch, so ist auf Antrag des Betriebsrats vom Arbeitsgericht zu erkennen, dass der Arbeitgeber zur Abberufung durch Zwangsgeld anzuhalten sei; das Höchstmaß des Zwangsgeldes beträgt für jeden Tag der

Zuwiderhandlung 250 Euro. Die Vorschriften des Berufsbildungsgesetzes über die Ordnung der Berufsbildung bleiben unberührt.
(6) Die Absätze 1 bis 5 gelten entsprechend, wenn der Arbeitgeber sonstige Bildungsmaßnahmen im Betrieb durchführt.

Dritter Unterabschnitt
Personelle Einzelmaßnahmen

§ 99 Mitbestimmung bei personellen Einzelmaßnahmen

(1) In Unternehmen mit in der Regel mehr als zwanzig wahlberechtigten Arbeitnehmern hat der Arbeitgeber den Betriebsrat vor jeder Einstellung, Eingruppierung, Umgruppierung und Versetzung zu unterrichten, ihm die erforderlichen Bewerbungsunterlagen vorzulegen und Auskunft über die Person der Beteiligten zu geben; er hat dem Betriebsrat unter Vorlage der erforderlichen Unterlagen Auskunft über die Auswirkungen der geplanten Maßnahme zu geben und die Zustimmung des Betriebsrats zu der geplanten Maßnahme einzuholen. Bei Einstellungen und Versetzungen hat der Arbeitgeber insbesondere den in Aussicht genommenen Arbeitsplatz und die vorgesehene Eingruppierung mitzuteilen. Die Mitglieder des Betriebsrats sind verpflichtet, über die ihnen im Rahmen der personellen Maßnahmen nach den Sätzen 1 und 2 bekannt gewordenen persönlichen Verhältnisse und Angelegenheiten der Arbeitnehmer, die ihrer Bedeutung oder ihrem Inhalt nach einer vertraulichen Behandlung bedürfen, Stillschweigen zu bewahren; § 79 Abs. 1 Satz 2 bis 4 gilt entsprechend.
(2) Der Betriebsrat kann die Zustimmung verweigern, wenn
1. die personelle Maßnahme gegen ein Gesetz, eine Verordnung, eine Unfallverhütungsvorschrift oder gegen eine Bestimmung in einem Tarifvertrag oder in einer Betriebsvereinbarung oder gegen eine gerichtliche Entscheidung oder eine behördliche Anordnung verstoßen würde,
2. die personelle Maßnahme gegen eine Richtlinie nach § 95 verstoßen würde,
3. die durch Tatsachen begründete Besorgnis besteht, dass infolge der personellen Maßnahme im Betrieb beschäftigte Arbeitnehmer gekündigt werden oder sonstige Nachteile erleiden, ohne dass dies aus betrieblichen oder persönlichen Gründen gerechtfertigt ist; als Nachteil gilt bei unbefristeter Einstellung auch die Nichtberücksichtigung eines gleich geeigneten befristet Beschäftigten,
4. der betroffene Arbeitnehmer durch die personelle Maßnahme benachteiligt wird, ohne dass dies aus betrieblichen oder in der Person des Arbeitnehmers liegenden Gründen gerechtfertigt ist,
5. eine nach § 93 erforderliche Ausschreibung im Betrieb unterblieben ist oder
6. die durch Tatsachen begründete Besorgnis besteht, dass der für die personelle Maßnahme in Aussicht genommene Bewerber oder Arbeitnehmer den Betriebsfrieden durch gesetzwidriges Verhalten oder durch grobe Verletzung der in § 75 Abs. 1 enthaltenen Grundsätze, insbesondere durch rassistische oder fremdenfeindliche Betätigung, stören werde.

(3) Verweigert der Betriebsrat seine Zustimmung, so hat er dies unter Angabe von Gründen innerhalb einer Woche nach Unterrichtung durch den Arbeitgeber diesem schriftlich mitzuteilen. Teilt der Betriebsrat dem Arbeitgeber die Verweigerung seiner Zustimmung nicht innerhalb der Frist schriftlich mit, so gilt die Zustimmung als erteilt.
(4) Verweigert der Betriebsrat seine Zustimmung, so kann der Arbeitgeber beim Arbeitsgericht beantragen, die Zustimmung zu ersetzen.

§ 100 Vorläufige personelle Maßnahmen

(1) Der Arbeitgeber kann, wenn dies aus sachlichen Gründen dringend erforderlich ist, die personelle Maßnahme im Sinne des § 99 Abs. 1 Satz 1 vorläufig durchführen, bevor der Betriebsrat sich geäußert oder wenn er die Zustimmung verweigert hat. Der Arbeitgeber hat den Arbeitnehmer über die Sach- und Rechtslage aufzuklären.

(2) Der Arbeitgeber hat den Betriebsrat unverzüglich von der vorläufigen personellen Maßnahme zu unterrichten. Bestreitet der Betriebsrat, dass die Maßnahme aus sachlichen Gründen dringend erforderlich ist, so hat er dies dem Arbeitgeber unverzüglich mitzuteilen. In diesem Fall darf der Arbeitgeber die vorläufige personelle Maßnahme nur aufrechterhalten, wenn er innerhalb von drei Tagen beim Arbeitsgericht die Ersetzung der Zustimmung des Betriebsrats und die Feststellung beantragt, dass die Maßnahme aus sachlichen Gründen dringend erforderlich war.
(3) Lehnt das Gericht durch rechtskräftige Entscheidung die Ersetzung der Zustimmung des Betriebsrats ab oder stellt es rechtskräftig fest, dass offensichtlich die Maßnahme aus sachlichen Gründen nicht dringend erforderlich war, so endet die vorläufige personelle Maßnahme mit Ablauf von zwei Wochen nach Rechtskraft der Entscheidung. Von diesem Zeitpunkt an darf die personelle Maßnahme nicht aufrechterhalten werden.

§ 101 Zwangsgeld

Führt der Arbeitgeber eine personelle Maßnahme im Sinne des § 99 Abs. 1 Satz 1 ohne Zustimmung des Betriebsrats durch oder hält er eine vorläufige personelle Maßnahme entgegen § 100 Abs. 2 Satz 3 oder Abs. 3 aufrecht, so kann der Betriebsrat beim Arbeitsgericht beantragen, dem Arbeitgeber aufzugeben, die personelle Maßnahme aufzuheben. Hebt der Arbeitgeber entgegen einer rechtskräftigen gerichtlichen Entscheidung die personelle Maßnahme nicht auf, so ist auf Antrag des Betriebsrats vom Arbeitsgericht zu erkennen, dass der Arbeitgeber zur Aufhebung der Maßnahme durch Zwangsgeld anzuhalten sei. Das Höchstmaß des Zwangsgeldes beträgt für jeden Tag der Zuwiderhandlung 250 Euro.

§ 102 Mitbestimmung bei Kündigungen

(1) Der Betriebsrat ist vor jeder Kündigung zu hören. Der Arbeitgeber hat ihm die Gründe für die Kündigung mitzuteilen. Eine ohne Anhörung des Betriebsrats ausgesprochene Kündigung ist unwirksam.
(2) Hat der Betriebsrat gegen eine ordentliche Kündigung Bedenken, so hat er diese unter Angabe der Gründe dem Arbeitgeber spätestens innerhalb einer Woche schriftlich mitzuteilen. Äußert er sich innerhalb dieser Frist nicht, gilt seine Zustimmung zur Kündigung als erteilt. Hat der Betriebsrat gegen eine außerordentliche Kündigung Bedenken, so hat er diese unter Angabe der Gründe dem Arbeitgeber unverzüglich, spätestens jedoch innerhalb von drei Tagen, schriftlich mitzuteilen. Der Betriebsrat soll, soweit dies erforderlich erscheint, vor seiner Stellungnahme den betroffenen Arbeitnehmer hören. § 99 Abs. 1 Satz 3 gilt entsprechend.
(3) Der Betriebsrat kann innerhalb der Frist des Absatzes 2 Satz 1 der ordentlichen Kündigung widersprechen, wenn

1. der Arbeitgeber bei der Auswahl des zu kündigenden Arbeitnehmers soziale Gesichtspunkte nicht oder nicht ausreichend berücksichtigt hat,
2. die Kündigung gegen eine Richtlinie nach § 95 verstößt,
3. der zu kündigende Arbeitnehmer an einem anderen Arbeitsplatz im selben Betrieb oder in einem anderen Betrieb des Unternehmens weiterbeschäftigt werden kann,
4. die Weiterbeschäftigung des Arbeitnehmers nach zumutbaren Umschulungs- oder Fortbildungsmaßnahmen möglich ist oder
5. eine Weiterbeschäftigung des Arbeitnehmers unter geänderten Vertragsbedingungen möglich ist und der Arbeitnehmer sein Einverständnis hiermit erklärt hat.

(4) Kündigt der Arbeitgeber, obwohl der Betriebsrat nach Absatz 3 der Kündigung widersprochen hat, so hat er dem Arbeitnehmer mit der Kündigung eine Abschrift der Stellungnahme des Betriebsrats zuzuleiten.
(5) Hat der Betriebsrat einer ordentlichen Kündigung frist- und ordnungsgemäß widersprochen und hat der Arbeitnehmer nach dem Kündigungsschutzgesetz Klage auf Feststellung erhoben, dass das Arbeitsverhältnis durch die Kündigung nicht aufgelöst ist, so muss der Arbeitgeber auf Verlangen des Arbeitnehmers diesen nach Ablauf der Kündigungsfrist bis zum rechtskräftigen Abschluss des Rechtsstreits bei unveränderten Arbeitsbedingungen weiterbe-

schäftigen. Auf Antrag des Arbeitgebers kann das Gericht ihn durch einstweilige Verfügung von der Verpflichtung zur Weiterbeschäftigung nach Satz 1 entbinden, wenn

1. die Klage des Arbeitnehmers keine hinreichende Aussicht auf Erfolg bietet oder mutwillig erscheint oder
2. die Weiterbeschäftigung des Arbeitnehmers zu einer unzumutbaren wirtschaftlichen Belastung des Arbeitgebers führen würde oder
3. der Widerspruch des Betriebsrats offensichtlich unbegründet war.

(6) Arbeitgeber und Betriebsrat können vereinbaren, dass Kündigungen der Zustimmung des Betriebsrats bedürfen und dass bei Meinungsverschiedenheiten über die Berechtigung der Nichterteilung der Zustimmung die Einigungsstelle entscheidet.

(7) Die Vorschriften über die Beteiligung des Betriebsrats nach dem Kündigungsschutzgesetz bleiben unberührt.

§ 103 Außerordentliche Kündigung und Versetzung in besonderen Fällen

(1) Die außerordentliche Kündigung von Mitgliedern des Betriebsrats, der Jugend- und Auszubildendenvertretung, der Bordvertretung und des Seebetriebsrats, des Wahlvorstands sowie von Wahlbewerbern bedarf der Zustimmung des Betriebsrats.

(2) Verweigert der Betriebsrat seine Zustimmung, so kann das Arbeitsgericht sie auf Antrag des Arbeitgebers ersetzen, wenn die außerordentliche Kündigung unter Berücksichtigung aller Umstände gerechtfertigt ist. In dem Verfahren vor dem Arbeitsgericht ist der betroffene Arbeitnehmer Beteiligter.

(3) Die Versetzung der in Absatz 1 genannten Personen, die zu einem Verlust des Amtes oder der Wählbarkeit führen würde, bedarf der Zustimmung des Betriebsrats; dies gilt nicht, wenn der betroffene Arbeitnehmer mit der Versetzung einverstanden ist. Absatz 2 gilt entsprechend mit der Maßgabe, dass das Arbeitsgericht die Zustimmung zu der Versetzung ersetzen kann, wenn diese auch unter Berücksichtigung der betriebsverfassungsrechtlichen Stellung des betroffenen Arbeitnehmers aus dringenden betrieblichen Gründen notwendig ist.

§ 104 Entfernung betriebsstörender Arbeitnehmer

Hat ein Arbeitnehmer durch gesetzwidriges Verhalten oder durch grobe Verletzung der in § 75 Abs. 1 enthaltenen Grundsätze, insbesondere durch rassistische und fremdenfeindliche Betätigungen, den Betriebsfrieden wiederholt ernstlich gestört, so kann der Betriebsrat vom Arbeitgeber die Entlassung oder Versetzung verlangen. Gibt das Arbeitsgericht einem Antrag des Betriebsrats statt, dem Arbeitgeber aufzugeben, die Entlassung oder Versetzung durchzuführen, und führt der Arbeitgeber die Entlassung oder Versetzung einer rechtskräftigen gerichtlichen Entscheidung zuwider nicht durch, so ist auf Antrag des Betriebsrats vom Arbeitsgericht zu erkennen, dass er zur Vornahme der Entlassung oder Versetzung durch Zwangsgeld anzuhalten sei. Das Höchstmaß des Zwangsgeldes beträgt für jeden Tag der Zuwiderhandlung 250 Euro.

§ 105 Leitende Angestellte

Eine beabsichtigte Einstellung oder personelle Veränderung eines in § 5 Abs. 3 genannten leitenden Angestellten ist dem Betriebsrat rechtzeitig mitzuteilen.

Sechster Abschnitt
Wirtschaftliche Angelegenheiten

Erster Unterabschnitt
Unterrichtung in wirtschaftlichen Angelegenheiten

§ 106 Wirtschaftsausschuss

(1) In allen Unternehmen mit in der Regel mehr als einhundert ständig beschäftigten Arbeitnehmern ist ein Wirtschaftsausschuss zu bilden. Der Wirtschaftsausschuss hat die Aufgabe, wirtschaftliche Angelegenheiten mit dem Unternehmer zu beraten und den Betriebsrat zu unterrichten.

(2) Der Unternehmer hat den Wirtschaftsausschuss rechtzeitig und umfassend über die wirtschaftlichen Angelegenheiten des Unternehmens unter Vorlage der erforderlichen Unterlagen zu unterrichten, soweit dadurch nicht die Betriebs- und Geschäftsgeheimnisse des Unternehmens gefährdet werden, sowie die sich daraus ergebenden Auswirkungen auf die Personalplanung darzustellen. Zu den erforderlichen Unterlagen gehört in den Fällen des Absatzes 3 Nr. 9 a insbesondere die Angabe über den potentiellen Erwerber und dessen Absichten im Hinblick auf die künftige Geschäftstätigkeit des Unternehmens sowie die sich daraus ergebenden Auswirkungen auf die Arbeitnehmer; Gleiches gilt, wenn im Vorfeld der Übernahme des Unternehmens ein Bieterverfahren durchgeführt wird.

(3) Zu den wirtschaftlichen Angelegenheiten im Sinne dieser Vorschrift gehören insbesondere

1. die wirtschaftliche und finanzielle Lage des Unternehmens;
2. die Produktions- und Absatzlage;
3. das Produktions- und Investitionsprogramm;
4. Rationalisierungsvorhaben;
5. Fabrikations- und Arbeitsmethoden, insbesondere die Einführung neuer Arbeitsmethoden;

5 a. Fragen des betrieblichen Umweltschutzes;

6. die Einschränkung oder Stilllegung von Betrieben oder von Betriebsteilen;
7. die Verlegung von Betrieben oder Betriebsteilen;
8. der Zusammenschluss oder die Spaltung von Unternehmen oder Betrieben;
9. die Änderung der Betriebsorganisation oder des Betriebszwecks;

9 a. die Übernahme des Unternehmens, wenn hiermit der Erwerb der Kontrolle verbunden ist, sowie

10. sonstige Vorgänge und Vorhaben, welche die Interessen der Arbeitnehmer des Unternehmens wesentlich berühren können.

§ 107 Bestellung und Zusammensetzung des Wirtschaftsausschusses

(1) Der Wirtschaftsausschuss besteht aus mindestens drei und höchstens sieben Mitgliedern, die dem Unternehmen angehören müssen, darunter mindestens einem Betriebsratsmitglied. Zu Mitgliedern des Wirtschaftsausschusses können auch die in § 5 Abs. 3 genannten Angestellten bestimmt werden. Die Mitglieder sollen die zur Erfüllung ihrer Aufgaben erforderliche fachliche und persönliche Eignung besitzen.

(2) Die Mitglieder des Wirtschaftsausschusses werden vom Betriebsrat für die Dauer seiner Amtszeit bestimmt. Besteht ein Gesamtbetriebsrat, so bestimmt dieser die Mitglieder des Wirtschaftsausschusses; die Amtszeit der Mitglieder endet in diesem Fall in dem Zeitpunkt, in dem die Amtszeit der Mehrheit der Mitglieder des Gesamtbetriebsrats, die an der Bestimmung mitzuwirken berechtigt waren, abgelaufen ist. Die Mitglieder des Wirtschaftsausschusses können jederzeit abberufen werden; auf die Abberufung sind die Sätze 1 und 2 entsprechend anzuwenden.

(3) Der Betriebsrat kann mit der Mehrheit der Stimmen seiner Mitglieder beschließen, die Aufgaben des Wirtschaftsausschusses einem Ausschuss des Betriebsrats zu übertragen. Die

Zahl der Mitglieder des Ausschusses darf die Zahl der Mitglieder des Betriebsausschusses nicht überschreiten. Der Betriebsrat kann jedoch weitere Arbeitnehmer einschließlich der in § 5 Abs. 3 genannten leitenden Angestellten bis zur selben Zahl, wie der Ausschuss Mitglieder hat, in den Ausschuss berufen; für die Beschlussfassung gilt Satz 1. Für die Verschwiegenheitspflicht der in Satz 3 bezeichneten weiteren Arbeitnehmer gilt § 79 entsprechend. Für die Abänderung und den Widerruf der Beschlüsse nach den Sätzen 1 bis 3 sind die gleichen Stimmenmehrheiten erforderlich wie für die Beschlüsse nach den Sätzen 1 bis 3. Ist in einem Unternehmen ein Gesamtbetriebsrat errichtet, so beschließt dieser über die anderweitige Wahrnehmung der Aufgaben des Wirtschaftsausschusses; die Sätze 1 bis 5 gelten entsprechend.

§ 108 Sitzungen

(1) Der Wirtschaftsausschuss soll monatlich einmal zusammentreten.
(2) An den Sitzungen des Wirtschaftsausschusses hat der Unternehmer oder sein Vertreter teilzunehmen. Er kann sachkundige Arbeitnehmer des Unternehmens einschließlich der in § 5 Abs. 3 genannten Angestellten hinzuziehen. Für die Hinzuziehung und die Verschwiegenheitspflicht von Sachverständigen gilt § 80 Abs. 3 und 4 entsprechend.
(3) Die Mitglieder des Wirtschaftsausschusses sind berechtigt, in die nach § 106 Abs. 2 vorzulegenden Unterlagen Einsicht zu nehmen.
(4) Der Wirtschaftsausschuss hat über jede Sitzung dem Betriebsrat unverzüglich und vollständig zu berichten.
(5) Der Jahresabschluss ist dem Wirtschaftsausschuss unter Beteiligung des Betriebsrats zu erläutern.
(6) Hat der Betriebsrat oder der Gesamtbetriebsrat eine anderweitige Wahrnehmung der Aufgaben des Wirtschaftsausschusses beschlossen, so gelten die Absätze 1 bis 5 entsprechend.

§ 109 Beilegung von Meinungsverschiedenheiten

Wird eine Auskunft über wirtschaftliche Angelegenheiten des Unternehmens im Sinne des § 106 entgegen dem Verlangen des Wirtschaftsausschusses nicht, nicht rechtzeitig oder nur ungenügend erteilt und kommt hierüber zwischen Unternehmer und Betriebsrat eine Einigung nicht zustande, so entscheidet die Einigungsstelle. Der Spruch der Einigungsstelle ersetzt die Einigung zwischen Arbeitgeber und Betriebsrat. Die Einigungsstelle kann, wenn dies für ihre Entscheidung erforderlich ist, Sachverständige anhören; § 80 Abs. 4 gilt entsprechend. Hat der Betriebsrat oder der Gesamtbetriebsrat eine anderweitige Wahrnehmung der Aufgaben des Wirtschaftsausschusses beschlossen, so gilt Satz 1 entsprechend.

§ 109 a Unternehmensübernahme

In Unternehmen, in denen kein Wirtschaftsausschuss besteht, ist im Fall des § 106 Abs. 3 Nr. 9 a der Betriebsrat entsprechend § 106 Abs. 1 und 2 zu beteiligen; § 109 gilt entsprechend.

§ 110 Unterrichtung der Arbeitnehmer

(1) In Unternehmen mit in der Regel mehr als 1000 ständig beschäftigten Arbeitnehmern hat der Unternehmer mindestens einmal in jedem Kalendervierteljahr nach vorheriger Abstimmung mit dem Wirtschaftsausschuss oder den in § 107 Abs. 3 genannten Stellen und dem Betriebsrat die Arbeitnehmer schriftlich über die wirtschaftliche Lage und Entwicklung des Unternehmens zu unterrichten.
(2) In Unternehmen, die die Voraussetzungen des Absatzes 1 nicht erfüllen, aber in der Regel mehr als zwanzig wahlberechtigte ständige Arbeitnehmer beschäftigen, gilt Absatz 1 mit der Maßgabe, dass die Unterrichtung der Arbeitnehmer mündlich erfolgen kann. Ist in diesen Unternehmen ein Wirtschaftsausschuss nicht zu errichten, so erfolgt die Unterrichtung nach vorheriger Abstimmung mit dem Betriebsrat.

Zweiter Unterabschnitt
Betriebsänderungen

§ 111 Betriebsänderungen

In Unternehmen mit in der Regel mehr als zwanzig wahlberechtigten Arbeitnehmern hat der Unternehmer den Betriebsrat über geplante Betriebsänderungen, die wesentliche Nachteile für die Belegschaft oder erhebliche Teile der Belegschaft zur Folge haben können, rechtzeitig und umfassend zu unterrichten und die geplanten Betriebsänderungen mit dem Betriebsrat zu beraten. Der Betriebsrat kann in Unternehmen mit mehr als 300 Arbeitnehmern zu seiner Unterstützung einen Berater hinzuziehen; § 80 Abs. 4 gilt entsprechend; im Übrigen bleibt § 80 Abs. 3 unberührt. Als Betriebsänderungen im Sinne des Satzes 1 gelten

1. Einschränkung und Stilllegung des ganzen Betriebs oder von wesentlichen Betriebsteilen,
2. Verlegung des ganzen Betriebs oder von wesentlichen Betriebsteilen,
3. Zusammenschluss mit anderen Betrieben oder die Spaltung von Betrieben,
4. grundlegende Änderungen der Betriebsorganisation, des Betriebszwecks oder der Betriebsanlagen,
5. Einführung grundlegend neuer Arbeitsmethoden und Fertigungsverfahren.

§ 112 Interessenausgleich über die Betriebsänderung, Sozialplan

(1) Kommt zwischen Unternehmer und Betriebsrat ein Interessenausgleich über die geplante Betriebsänderung zustande, so ist dieser schriftlich niederzulegen und vom Unternehmer und Betriebsrat zu unterschreiben. Das Gleiche gilt für eine Einigung über den Ausgleich oder die Milderung der wirtschaftlichen Nachteile, die den Arbeitnehmern infolge der geplanten Betriebsänderung entstehen (Sozialplan). Der Sozialplan hat die Wirkung einer Betriebsvereinbarung. § 77 Abs. 3 ist auf den Sozialplan nicht anzuwenden.

(2) Kommt ein Interessenausgleich über die geplante Betriebsänderung oder eine Einigung über den Sozialplan nicht zustande, so können der Unternehmer oder der Betriebsrat den Vorstand der Bundesagentur für Arbeit um Vermittlung ersuchen, der Vorstand kann die Aufgabe auf andere Bedienstete der Bundesagentur für Arbeit übertragen. Erfolgt kein Vermittlungsersuchen oder bleibt der Vermittlungsversuch ergebnislos, so können der Unternehmer oder der Betriebsrat die Einigungsstelle anrufen. Auf Ersuchen des Vorsitzenden der Einigungsstelle nimmt ein Mitglied des Vorstands der Bundesagentur für Arbeit oder ein vom Vorstand der Bundesagentur für Arbeit benannter Bediensteter der Bundesagentur für Arbeit an der Verhandlung teil.

(3) Unternehmer und Betriebsrat sollen der Einigungsstelle Vorschläge zur Beilegung der Meinungsverschiedenheiten über den Interessenausgleich und den Sozialplan machen. Die Einigungsstelle hat eine Einigung der Parteien zu versuchen. Kommt eine Einigung zustande, so ist sie schriftlich niederzulegen und von den Parteien und vom Vorsitzenden zu unterschreiben.

(4) Kommt eine Einigung über den Sozialplan nicht zustande, so entscheidet die Einigungsstelle über die Aufstellung eines Sozialplans. Der Spruch der Einigungsstelle ersetzt die Einigung zwischen Arbeitgeber und Betriebsrat.

(5) Die Einigungsstelle hat bei ihrer Entscheidung nach Absatz 4 sowohl die sozialen Belange der betroffenen Arbeitnehmer zu berücksichtigen als auch auf die wirtschaftliche Vertretbarkeit ihrer Entscheidung für das Unternehmen zu achten. Dabei hat die Einigungsstelle sich im Rahmen billigen Ermessens insbesondere von folgenden Grundsätzen leiten zu lassen:

1. Sie soll beim Ausgleich oder bei der Milderung wirtschaftlicher Nachteile, insbesondere durch Einkommensminderung, Wegfall von Sonderleistungen oder Verlust von Anwartschaften auf betriebliche Altersversorgung, Umzugskosten oder erhöhte Fahrtkosten, Leistungen vorsehen, die in der Regel den Gegebenheiten des Einzelfalles Rechnung tragen.
2. Sie hat die Aussichten der betroffenen Arbeitnehmer auf dem Arbeitsmarkt zu berücksichtigen. Sie soll Arbeitnehmer von Leistungen ausschließen, die in einem zumutbaren

Arbeitsverhältnis im selben Betrieb oder in einem anderen Betrieb des Unternehmens oder eines zum Konzern gehörenden Unternehmens weiterbeschäftigt werden können und die Weiterbeschäftigung ablehnen; die mögliche Weiterbeschäftigung an einem anderen Ort begründet für sich allein nicht die Unzumutbarkeit.

2 a. Sie soll insbesondere die im Dritten Buch des Sozialgesetzbuches vorgesehenen Förderungsmöglichkeiten zur Vermeidung von Arbeitslosigkeit berücksichtigen.

3. Sie hat bei der Bemessung des Gesamtbetrages der Sozialplanleistungen darauf zu achten, dass der Fortbestand des Unternehmens oder die nach Durchführung der Betriebsänderung verbleibenden Arbeitsplätze nicht gefährdet werden.

§ 112 a Erzwingbarer Sozialplan bei Personalabbau, Neugründungen

(1) Besteht eine geplante Betriebsänderung im Sinne des § 111 Satz 3 Nr. 1 allein in der Entlassung von Arbeitnehmern, so findet § 112 Abs. 4 und 5 nur Anwendung, wenn

1. in Betrieben mit in der Regel weniger als 60 Arbeitnehmern 20 vom Hundert der regelmäßig beschäftigten Arbeitnehmer, aber mindestens 6 Arbeitnehmer,
2. in Betrieben mit in der Regel mindestens 60 und weniger als 250 Arbeitnehmern 20 vom Hundert der regelmäßig beschäftigten Arbeitnehmer oder mindestens 37 Arbeitnehmer,
3. in Betrieben mit in der Regel mindestens 250 und weniger als 500 Arbeitnehmern 15 vom Hundert der regelmäßig beschäftigten Arbeitnehmer oder mindestens 60 Arbeitnehmer,
4. in Betrieben mit in der Regel mindestens 500 Arbeitnehmern 10 vom Hundert der regelmäßig beschäftigten Arbeitnehmer, aber mindestens 60 Arbeitnehmer

aus betriebsbedingten Gründen entlassen werden sollen. Als Entlassung gilt auch das vom Arbeitgeber aus Gründen der Betriebsänderung veranlasste Ausscheiden von Arbeitnehmern auf Grund von Aufhebungsverträgen.

(2) § 112 Abs. 4 und 5 findet keine Anwendung auf Betriebe eines Unternehmens in den ersten vier Jahren nach seiner Gründung. Dies gilt nicht für Neugründungen im Zusammenhang mit der rechtlichen Umstrukturierung von Unternehmen und Konzernen. Maßgebend für den Zeitpunkt der Gründung ist die Aufnahme einer Erwerbstätigkeit, die nach § 138 der Abgabenordnung dem Finanzamt mitzuteilen ist.

§ 113 Nachteilsausgleich

(1) Weicht der Unternehmer von einem Interessenausgleich über die geplante Betriebsänderung ohne zwingenden Grund ab, so können Arbeitnehmer, die infolge dieser Abweichung entlassen werden, beim Arbeitsgericht Klage erheben mit dem Antrag, den Arbeitgeber zur Zahlung von Abfindungen zu verurteilen; § 10 des Kündigungsschutzgesetzes gilt entsprechend.

(2) Erleiden Arbeitnehmer infolge einer Abweichung nach Absatz 1 andere wirtschaftliche Nachteile, so hat der Unternehmer diese Nachteile bis zu einem Zeitraum von zwölf Monaten auszugleichen.

(3) Die Absätze 1 und 2 gelten entsprechend, wenn der Unternehmer eine geplante Betriebsänderung nach § 111 durchführt, ohne über sie einen Interessenausgleich mit dem Betriebsrat versucht zu haben, und infolge der Maßnahme Arbeitnehmer entlassen werden oder andere wirtschaftliche Nachteile erleiden.

Fünfter Teil
Besondere Vorschriften für einzelne Betriebsarten

Erster Abschnitt
Seeschifffahrt

§ 114 Grundsätze

(1) Auf Seeschifffahrtsunternehmen und ihre Betriebe ist dieses Gesetz anzuwenden, soweit sich aus den Vorschriften dieses Abschnitts nichts anderes ergibt.
(2) Seeschifffahrtsunternehmen im Sinne dieses Gesetzes ist ein Unternehmen, das Handelsschifffahrt betreibt und seinen Sitz im Geltungsbereich dieses Gesetzes hat. Ein Seeschifffahrtsunternehmen im Sinne dieses Abschnitts betreibt auch, wer als Korrespondentreeder, Vertragsreeder, Ausrüster oder auf Grund eines ähnlichen Rechtsverhältnisses Schiffe zum Erwerb durch die Seeschifffahrt verwendet, wenn er Arbeitgeber des Kapitäns und der Besatzungsmitglieder ist oder überwiegend die Befugnisse des Arbeitgebers ausübt.
(3) Als Seebetrieb im Sinne dieses Gesetzes gilt die Gesamtheit der Schiffe eines Seeschifffahrtsunternehmens einschließlich der in Absatz 2 Satz 2 genannten Schiffe.
(4) Schiffe im Sinne dieses Gesetzes sind Kauffahrteischiffe, die nach dem Flaggenrechtsgesetz die Bundesflagge führen. Schiffe, die in der Regel binnen 24 Stunden nach dem Auslaufen an den Sitz eines Landbetriebs zurückkehren, gelten als Teil dieses Landbetriebs des Seeschifffahrtsunternehmens.
(5) Jugend- und Auszubildendenvertretungen werden nur für die Landbetriebe von Seeschifffahrtsunternehmen gebildet.
(6) Besatzungsmitglieder im Sinne dieses Gesetzes sind die in einem Heuer- oder Berufsausbildungsverhältnis zu einem Seeschifffahrtsunternehmen stehenden im Seebetrieb beschäftigten Personen mit Ausnahme des Kapitäns. Leitende Angestellte im Sinne des § 5 Abs. 3 dieses Gesetzes sind nur die Kapitäne.

§ 115 Bordvertretung

(1) Auf Schiffen, die mit in der Regel mindestens fünf wahlberechtigten Besatzungsmitgliedern besetzt sind, von denen drei wählbar sind, wird eine Bordvertretung gewählt. Auf die Bordvertretung finden, soweit sich aus diesem Gesetz oder aus anderen gesetzlichen Vorschriften nicht etwas anderes ergibt, die Vorschriften über die Rechte und Pflichten des Betriebsrats und die Rechtsstellung seiner Mitglieder Anwendung.
(2) Die Vorschriften über die Wahl und Zusammensetzung des Betriebsrats finden mit folgender Maßgabe Anwendung:
1. Wahlberechtigt sind alle Besatzungsmitglieder des Schiffes.
2. Wählbar sind die Besatzungsmitglieder des Schiffes, die am Wahltag das 18. Lebensjahr vollendet haben und ein Jahr Besatzungsmitglied eines Schiffes waren, das nach dem Flaggenrechtsgesetz die Bundesflagge führt. § 8 Abs. 1 Satz 3 bleibt unberührt.
3. Die Bordvertretung besteht auf Schiffen mit in der Regel
4. 5 bis 20 wahlberechtigten Besatzungsmitgliedern aus einer Person,
   21 bis 75 wahlberechtigten Besatzungsmitgliedern aus drei Mitgliedern,
   über 75 wahlberechtigten Besatzungsmitgliedern aus fünf Mitgliedern.
5. (aufgehoben)
6. § 13 Abs. 1 und 3 findet keine Anwendung. Die Bordvertretung ist vor Ablauf ihrer Amtszeit unter den in § 13 Abs. 2 Nr. 2 bis 5 genannten Voraussetzungen neu zu wählen.
7. Die wahlberechtigten Besatzungsmitglieder können mit der Mehrheit aller Stimmen beschließen, die Wahl der Bordvertretung binnen 24 Stunden durchzuführen.
8. Die in § 16 Abs. 1 Satz 1 genannte Frist wird auf zwei Wochen, die in § 16 Abs. 2 Satz 1 genannte Frist wird auf eine Woche verkürzt.

9. Bestellt die im Amt befindliche Bordvertretung nicht rechtzeitig einen Wahlvorstand oder besteht keine Bordvertretung, wird der Wahlvorstand in einer Bordversammlung von der Mehrheit der anwesenden Besatzungsmitglieder gewählt; § 17 Abs. 3 gilt entsprechend. Kann aus Gründen der Aufrechterhaltung des ordnungsgemäßen Schiffsbetriebs eine Bordversammlung nicht stattfinden, so kann der Kapitän auf Antrag von drei Wahlberechtigten den Wahlvorstand bestellen. Bestellt der Kapitän den Wahlvorstand nicht, so ist der Seebetriebsrat berechtigt, den Wahlvorstand zu bestellen. Die Vorschriften über die Bestellung des Wahlvorstands durch das Arbeitsgericht bleiben unberührt.
10. Die Frist für die Wahlanfechtung beginnt für Besatzungsmitglieder an Bord, wenn das Schiff nach Bekanntgabe des Wahlergebnisses erstmalig einen Hafen im Geltungsbereich dieses Gesetzes oder einen Hafen, in dem ein Seemannsamt seinen Sitz hat, anläuft. Die Wahlanfechtung kann auch zu Protokoll des Seemannsamtes erklärt werden. Wird die Wahl zur Bordvertretung angefochten, zieht das Seemannsamt die an Bord befindlichen Wahlunterlagen ein. Die Anfechtungserklärung und die eingezogenen Wahlunterlagen sind vom Seemannsamt unverzüglich an das für die Anfechtung zuständige Arbeitsgericht weiterzuleiten.

(3) Auf die Amtszeit der Bordvertretung finden die §§ 21, 22 bis 25 mit der Maßgabe Anwendung, dass
1. die Amtszeit ein Jahr beträgt,
2. die Mitgliedschaft in der Bordvertretung auch endet, wenn das Besatzungsmitglied den Dienst an Bord beendet, es sei denn, dass es den Dienst an Bord vor Ablauf der Amtszeit nach Nummer 1 wieder antritt.

(4) Für die Geschäftsführung der Bordvertretung gelten die §§ 26 bis 36, § 37 Abs. 1 bis 3 sowie die §§ 39 bis 41 entsprechend. § 40 Abs. 2 ist mit der Maßgabe anzuwenden, dass die Bordvertretung in dem für ihre Tätigkeit erforderlichen Umfang auch die für die Verbindung des Schiffes zur Reederei eingerichteten Mittel zur beschleunigten Übermittlung von Nachrichten in Anspruch nehmen kann.

(5) Die §§ 42 bis 46 über die Betriebsversammlung finden für die Versammlung der Besatzungsmitglieder eines Schiffes (Bordversammlung) entsprechende Anwendung. Auf Verlangen der Bordvertretung hat der Kapitän der Bordversammlung einen Bericht über die Schiffsreise und die damit zusammenhängenden Angelegenheiten zu erstatten. Er hat Fragen, die den Schiffsbetrieb, die Schiffsreise und die Schiffssicherheit betreffen, zu beantworten.

(6) Die §§ 47 bis 59 über den Gesamtbetriebsrat und den Konzernbetriebsrat finden für die Bordvertretung keine Anwendung.

(7) Die §§ 74 bis 105 über die Mitwirkung und Mitbestimmung der Arbeitnehmer finden auf die Bordvertretung mit folgender Maßgabe Anwendung:
1. Die Bordvertretung ist zuständig für die Behandlung derjenigen nach diesem Gesetz der Mitwirkung und Mitbestimmung des Betriebsrats unterliegenden Angelegenheiten, die den Bordbetrieb oder die Besatzungsmitglieder des Schiffes betreffen und deren Regelung dem Kapitän auf Grund gesetzlicher Vorschriften oder der ihm von der Reederei übertragenen Befugnisse obliegt.
2. Kommt es zwischen Kapitän und Bordvertretung in einer der Mitwirkung oder Mitbestimmung der Bordvertretung unterliegenden Angelegenheit nicht zu einer Einigung, so kann die Angelegenheit von der Bordvertretung an den Seebetriebsrat abgegeben werden. Der Seebetriebsrat hat die Bordvertretung über die weitere Behandlung der Angelegenheit zu unterrichten. Bordvertretung und Kapitän dürfen die Einigungsstelle oder das Arbeitsgericht nur anrufen, wenn ein Seebetriebsrat nicht gewählt ist.
3. Bordvertretung und Kapitän können im Rahmen ihrer Zuständigkeiten Bordvereinbarungen abschließen. Die Vorschriften über Betriebsvereinbarungen gelten für Bordvereinbarungen entsprechend. Bordvereinbarungen sind unzulässig, soweit eine Angelegenheit durch eine Betriebsvereinbarung zwischen Seebetriebsrat und Arbeitgeber geregelt ist.
4. In Angelegenheiten, die der Mitbestimmung der Bordvertretung unterliegen, kann der Kapitän, auch wenn eine Einigung mit der Bordvertretung noch nicht erzielt ist, vorläufige Regelungen treffen, wenn dies zur Aufrechterhaltung des ordnungsgemäßen Schiffsbetriebs dringend erforderlich ist. Den von der Anordnung betroffenen Besatzungsmitglie-

dern ist die Vorläufigkeit der Regelung bekanntzugeben. Soweit die vorläufige Regelung der endgültigen Regelung nicht entspricht, hat das Schifffahrtsunternehmen Nachteile auszugleichen, die den Besatzungsmitgliedern durch die vorläufige Regelung entstanden sind.

5. Die Bordvertretung hat das Recht auf regelmäßige und umfassende Unterrichtung über den Schiffsbetrieb. Die erforderlichen Unterlagen sind der Bordvertretung vorzulegen. Zum Schiffsbetrieb gehören insbesondere die Schiffssicherheit, die Reiserouten, die voraussichtlichen Ankunfts- und Abfahrtszeiten sowie die zu befördernde Ladung.
6. Auf Verlangen der Bordvertretung hat der Kapitän ihr Einsicht in die an Bord befindlichen Schiffstagebücher zu gewähren. In den Fällen, in denen der Kapitän eine Eintragung über Angelegenheiten macht, die der Mitwirkung oder Mitbestimmung der Bordvertretung unterliegen, kann diese eine Abschrift der Eintragung verlangen und Erklärungen zum Schiffstagebuch abgeben. In den Fällen, in denen über eine der Mitwirkung oder Mitbestimmung der Bordvertretung unterliegende Angelegenheit eine Einigung zwischen Kapitän und Bordvertretung nicht erzielt wird, kann die Bordvertretung dies zum Schiffstagebuch erklären und eine Abschrift dieser Eintragung verlangen.
7. Die Zuständigkeit der Bordvertretung im Rahmen des Arbeitsschutzes bezieht sich auch auf die Schiffssicherheit und die Zusammenarbeit mit den insoweit zuständigen Behörden und sonstigen in Betracht kommenden Stellen.

§ 116 Seebetriebsrat

(1) In Seebetrieben werden Seebetriebsräte gewählt. Auf die Seebetriebsräte finden, soweit sich aus diesem Gesetz oder aus anderen gesetzlichen Vorschriften nicht etwas anderes ergibt, die Vorschriften über die Rechte und Pflichten des Betriebsrats und die Rechtsstellung seiner Mitglieder Anwendung.

(2) Die Vorschriften über die Wahl, Zusammensetzung und Amtszeit des Betriebsrats finden mit folgender Maßgabe Anwendung:

1. Wahlberechtigt zum Seebetriebsrat sind alle zum Seeschifffahrtsunternehmen gehörenden Besatzungsmitglieder.
2. Für die Wählbarkeit zum Seebetriebsrat gilt § 8 mit der Maßgabe, dass
   a) in Seeschifffahrtsunternehmen, zu denen mehr als acht Schiffe gehören oder in denen in der Regel mehr als 250 Besatzungsmitglieder beschäftigt sind, nur nach § 115 Abs. 2 Nr. 2 wählbare Besatzungsmitglieder wählbar sind;
   b) in den Fällen, in denen die Voraussetzungen des Buchstabens a nicht vorliegen, nur Arbeitnehmer wählbar sind, die nach § 8 die Wählbarkeit im Landbetrieb des Seeschifffahrtsunternehmens besitzen, es sei denn, dass der Arbeitgeber mit der Wahl von Besatzungsmitgliedern einverstanden ist.
3. Der Seebetriebsrat besteht in Seebetrieben mit in der Regel
   5 bis 400 wahlberechtigten Besatzungsmitgliedern aus einer Person,
   401 bis 800 wahlberechtigten Besatzungsmitgliedern aus drei Mitgliedern,
   über 800 wahlberechtigten Besatzungsmitgliedern aus fünf Mitgliedern.
4. Ein Wahlvorschlag ist gültig, wenn er im Falle des § 14 Abs. 4 Satz 1 erster Halbsatz und Satz 2 mindestens von drei wahlberechtigten Besatzungsmitgliedern unterschrieben ist.
5. § 14 a findet keine Anwendung.
6. Die in § 16 Abs. 1 Satz 1 genannte Frist wird auf drei Monate, die in § 16 Abs. 2 Satz 1 genannte Frist auf zwei Monate verlängert.
7. Zu Mitgliedern des Wahlvorstands können auch im Landbetrieb des Seeschifffahrtsunternehmens beschäftigte Arbeitnehmer bestellt werden. § 17 Abs. 2 bis 4 findet keine Anwendung. Besteht kein Seebetriebsrat, so bestellt der Gesamtbetriebsrat oder, falls ein solcher nicht besteht, der Konzernbetriebsrat den Wahlvorstand. Besteht weder ein Gesamtbetriebsrat noch ein Konzernbetriebsrat, wird der Wahlvorstand gemeinsam vom Arbeitgeber und den im Seebetrieb vertretenen Gewerkschaften bestellt; Gleiches gilt, wenn der Gesamtbetriebsrat oder der Konzernbetriebsrat die Bestellung des Wahlvorstands nach Satz 3 unterlässt. Einigen sich Arbeitgeber und Gewerkschaften nicht, so bestellt ihn das Arbeitsgericht auf Antrag des Arbeitgebers, einer im Seebetrieb vertretenen Gewerkschaft

oder von mindestens drei wahlberechtigten Besatzungsmitgliedern. § 16 Abs. 2 Satz 2 und 3 gilt entsprechend.

8. Die Frist für die Wahlanfechtung nach § 19 Abs. 2 beginnt für Besatzungsmitglieder an Bord, wenn das Schiff nach Bekanntgabe des Wahlergebnisses erstmalig einen Hafen im Geltungsbereich dieses Gesetzes oder einen Hafen, in dem ein Seemannsamt seinen Sitz hat, anläuft. Nach Ablauf von drei Monaten seit Bekanntgabe des Wahlergebnisses ist eine Wahlanfechtung unzulässig. Die Wahlanfechtung kann auch zu Protokoll des Seemannsamtes erklärt werden. Die Anfechtungserklärung ist vom Seemannsamt unverzüglich an das für die Anfechtung zuständige Arbeitsgericht weiterzuleiten.
9. Die Mitgliedschaft im Seebetriebsrat endet, wenn der Seebetriebsrat aus Besatzungsmitgliedern besteht, auch, wenn das Mitglied des Seebetriebsrats nicht mehr Besatzungsmitglied ist. Die Eigenschaft als Besatzungsmitglied wird durch die Tätigkeit im Seebetriebsrat oder durch eine Beschäftigung gemäß Absatz 3 Nr. 2 nicht berührt.

(3) Die §§ 26 bis 41 über die Geschäftsführung des Betriebsrats finden auf den Seebetriebsrat mit folgender Maßgabe Anwendung:

1. In Angelegenheiten, in denen der Seebetriebsrat nach diesem Gesetz innerhalb einer bestimmten Frist Stellung zu nehmen hat, kann er, abweichend von § 33 Abs. 2, ohne Rücksicht auf die Zahl der zur Sitzung erschienenen Mitglieder einen Beschluss fassen, wenn die Mitglieder ordnungsgemäß geladen worden sind.
2. Soweit die Mitglieder des Seebetriebsrats nicht freizustellen sind, sind sie so zu beschäftigen, dass sie durch ihre Tätigkeit nicht gehindert sind, die Aufgaben des Seebetriebsrats wahrzunehmen. Der Arbeitsplatz soll den Fähigkeiten und Kenntnissen des Mitglieds des Seebetriebsrats und seiner bisherigen beruflichen Stellung entsprechen. Der Arbeitsplatz ist im Einvernehmen mit dem Seebetriebsrat zu bestimmen. Kommt eine Einigung über die Bestimmung des Arbeitsplatzes nicht zustande, so entscheidet die Einigungsstelle. Der Spruch der Einigungsstelle ersetzt die Einigung zwischen Arbeitgeber und Seebetriebsrat.
3. Den Mitgliedern des Seebetriebsrats, die Besatzungsmitglieder sind, ist die Heuer auch dann fortzuzahlen, wenn sie im Landbetrieb beschäftigt werden. Sachbezüge sind angemessen abzugelten. Ist der neue Arbeitsplatz höherwertig, so ist das diesem Arbeitsplatz entsprechende Arbeitsentgelt zu zahlen.
4. Unter Berücksichtigung der örtlichen Verhältnisse ist über die Unterkunft der in den Seebetriebsrat gewählten Besatzungsmitglieder eine Regelung zwischen dem Seebetriebsrat und dem Arbeitgeber zu treffen, wenn der Arbeitsplatz sich nicht am Wohnort befindet. Kommt eine Einigung nicht zustande, so entscheidet die Einigungsstelle. Der Spruch der Einigungsstelle ersetzt die Einigung zwischen Arbeitgeber und Seebetriebsrat.
5. Der Seebetriebsrat hat das Recht, jedes zum Seebetrieb gehörende Schiff zu betreten, dort im Rahmen seiner Aufgaben tätig zu werden sowie an den Sitzungen der Bordvertretung teilzunehmen. § 115 Abs. 7 Nr. 5 Satz 1 gilt entsprechend.
6. Liegt ein Schiff in einem Hafen innerhalb des Geltungsbereichs dieses Gesetzes, so kann der Seebetriebsrat nach Unterrichtung des Kapitäns Sprechstunden an Bord abhalten und Bordversammlungen der Besatzungsmitglieder durchführen.
7. Läuft ein Schiff innerhalb eines Kalenderjahres keinen Hafen im Geltungsbereich dieses Gesetzes an, so gelten die Nummern 5 und 6 für europäische Häfen. Die Schleusen des Nordostseekanals gelten nicht als Häfen.
8. Im Einvernehmen mit dem Arbeitgeber können Sprechstunden und Bordversammlungen, abweichend von den Nummern 6 und 7, auch in anderen Liegehäfen des Schiffes durchgeführt werden, wenn ein dringendes Bedürfnis hierfür besteht. Kommt eine Einigung nicht zustande, so entscheidet die Einigungsstelle. Der Spruch der Einigungsstelle ersetzt die Einigung zwischen Arbeitgeber und Seebetriebsrat.

(4) Die §§ 42 bis 46 über die Betriebsversammlung finden auf den Seebetrieb keine Anwendung.

(5) Für den Seebetrieb nimmt der Seebetriebsrat die in den §§ 47 bis 59 dem Betriebsrat übertragenen Aufgaben, Befugnisse und Pflichten wahr.

(6) Die §§ 74 bis 113 über die Mitwirkung und Mitbestimmung der Arbeitnehmer finden auf den Seebetriebsrat mit folgender Maßgabe Anwendung:

1. Der Seebetriebsrat ist zuständig für die Behandlung derjenigen nach diesem Gesetz der Mitwirkung oder Mitbestimmung des Betriebsrats unterliegenden Angelegenheiten,
   a) die alle oder mehrere Schiffe des Seebetriebs oder die Besatzungsmitglieder aller oder mehrerer Schiffe des Seebetriebs betreffen,
   b) die nach § 115 Abs. 7 Nr. 2 von der Bordvertretung abgegeben worden sind oder
   c) für die nicht die Zuständigkeit der Bordvertretung nach § 115 Abs. 7 Nr. 1 gegeben ist.
2. Der Seebetriebsrat ist regelmäßig und umfassend über den Schiffsbetrieb des Seeschifffahrtsunternehmens zu unterrichten. Die erforderlichen Unterlagen sind ihm vorzulegen.

Zweiter Abschnitt
Luftfahrt

§ 117 Geltung für die Luftfahrt

(1) Auf Landbetriebe von Luftfahrtunternehmen ist dieses Gesetz anzuwenden.
(2) Für im Flugbetrieb beschäftigte Arbeitnehmer von Luftfahrtunternehmen kann durch Tarifvertrag eine Vertretung errichtet werden. Über die Zusammenarbeit dieser Vertretung mit den nach diesem Gesetz zu errichtenden Vertretungen der Arbeitnehmer der Landbetriebe des Luftfahrtunternehmens kann der Tarifvertrag von diesem Gesetz abweichende Regelungen vorsehen.

Dritter Abschnitt
Tendenzbetriebe und Religionsgemeinschaften

§ 118 Geltung für Tendenzbetriebe und Religionsgemeinschaften

(1) Auf Unternehmen und Betriebe, die unmittelbar und überwiegend
1. politischen, koalitionspolitischen, konfessionellen, karitativen, erzieherischen, wissenschaftlichen oder künstlerischen Bestimmungen oder
2. Zwecken der Berichterstattung oder Meinungsäußerung, auf die Artikel 5 Abs. 1 Satz 2 des Grundgesetzes Anwendung findet,

dienen, finden die Vorschriften dieses Gesetzes keine Anwendung, soweit die Eigenart des Unternehmens oder des Betriebs dem entgegensteht. Die §§ 106 bis 110 sind nicht, die §§ 111 bis 113 nur insoweit anzuwenden, als sie den Ausgleich oder die Milderung wirtschaftlicher Nachteile für die Arbeitnehmer infolge von Betriebsänderungen regeln.
(2) Dieses Gesetz findet keine Anwendung auf Religionsgemeinschaften und ihre karitativen und erzieherischen Einrichtungen unbeschadet deren Rechtsform.

Sechster Teil
Straf- und Bußgeldvorschriften

§ 119 Straftaten gegen Betriebsverfassungsorgane und ihre Mitglieder

(1) Mit Freiheitsstrafe bis zu einem Jahr oder mit Geldstrafe wird bestraft, wer

1. eine Wahl des Betriebsrats, der Jugend- und Auszubildendenvertretung, der Bordvertretung, des Seebetriebsrats oder der in § 3 Abs. 1 Nr. 1 bis 3 oder 5 bezeichneten Vertretungen der Arbeitnehmer behindert oder durch Zufügung oder Androhung von Nachteilen oder durch Gewährung oder Versprechen von Vorteilen beeinflusst,
2. die Tätigkeit des Betriebsrats, des Gesamtbetriebsrats, des Konzernbetriebsrats, der Jugend- und Auszubildendenvertretung, der Gesamt-Jugend- und Auszubildendenvertretung, der Konzern-Jugend- und Auszubildendenvertretung, der Bordvertretung, des Seebetriebsrats, der in § 3 Abs. 1 bezeichneten Vertretungen der Arbeitnehmer, der Einigungsstelle, der in § 76 Abs. 8 bezeichneten tariflichen Schlichtungsstelle, der in § 86 bezeichneten betrieblichen Beschwerdestelle oder des Wirtschaftsausschusses behindert oder stört, oder
3. ein Mitglied oder ein Ersatzmitglied des Betriebsrats, des Gesamtbetriebsrats, des Konzernbetriebsrats, der Jugend- und Auszubildendenvertretung, der Gesamt-Jugend- und Auszubildendenvertretung, der Konzern-Jugend- und Auszubildendenvertretung, der Bordvertretung, des Seebetriebsrats, der in § 3 Abs. 1 bezeichneten Vertretungen der Arbeitnehmer, der Einigungsstelle, der in § 76 Abs. 8 bezeichneten Schlichtungsstelle, der in § 86 bezeichneten betrieblichen Beschwerdestelle oder des Wirtschaftsausschusses um seiner Tätigkeit willen oder eine Auskunftsperson nach § 80 Abs. 2 Satz 3 um ihrer Tätigkeit willen benachteiligt oder begünstigt.

(2) Die Tat wird nur auf Antrag des Betriebsrats, des Gesamtbetriebsrats, des Konzernbetriebsrats, der Bordvertretung, des Seebetriebsrats, einer der in § 3 Abs. 1 bezeichneten Vertretungen der Arbeitnehmer, des Wahlvorstands, des Unternehmers oder einer im Betrieb vertretenen Gewerkschaft verfolgt.

§ 120 Verletzung von Geheimnissen

(1) Wer unbefugt ein fremdes Betriebs- oder Geschäftsgeheimnis offenbart, das ihm in seiner Eigenschaft als

1. Mitglied oder Ersatzmitglied des Betriebsrats oder einer der in § 79 Abs. 2 bezeichneten Stellen,
2. Vertreter einer Gewerkschaft oder Arbeitgebervereinigung,
3. Sachverständiger, der vom Betriebsrat nach § 80 Abs. 3 hinzugezogen oder von der Einigungsstelle nach § 109 Satz 3 angehört worden ist,

3 a. Berater, der vom Betriebsrat nach § 111 Satz 2 hinzugezogen worden ist,

3 b. Auskunftsperson, die dem Betriebsrat nach § 80 Abs. 2 Satz 3 zur Verfügung gestellt worden ist, oder

4. Arbeitnehmer, der vom Betriebsrat nach § 107 Abs. 3 Satz 3 oder vom Wirtschaftsausschuss nach § 108 Abs. 2 Satz 2 hinzugezogen worden ist,

bekannt geworden und das vom Arbeitgeber ausdrücklich als geheimhaltungsbedürftig bezeichnet worden ist, wird mit Freiheitsstrafe bis zu einem Jahr oder mit Geldstrafe bestraft.

(2) Ebenso wird bestraft, wer unbefugt ein fremdes Geheimnis eines Arbeitnehmers, namentlich ein zu dessen persönlichem Lebensbereich gehörendes Geheimnis, offenbart, das ihm in seiner Eigenschaft als Mitglied oder Ersatzmitglied des Betriebsrats oder einer der in § 79 Abs. 2 bezeichneten Stellen bekannt geworden ist und über das nach den Vorschriften dieses Gesetzes Stillschweigen zu bewahren ist.

(3) Handelt der Täter gegen Entgelt oder in der Absicht, sich oder einen anderen zu bereichern oder einen anderen zu schädigen, so ist die Strafe Freiheitsstrafe bis zu zwei Jahren oder Geldstrafe. Ebenso wird bestraft, wer unbefugt ein fremdes Geheimnis, namentlich ein Betriebs- oder Geschäftsgeheimnis, zu dessen Geheimhaltung er nach den Absätzen 1 oder 2 verpflichtet ist, verwertet.

(4) Die Absätze 1 bis 3 sind auch anzuwenden, wenn der Täter das fremde Geheimnis nach dem Tode des Betroffenen unbefugt offenbart oder verwertet.
(5) Die Tat wird nur auf Antrag des Verletzten verfolgt. Stirbt der Verletzte, so geht das Antragsrecht nach § 77 Abs. 2 des Strafgesetzbuches auf die Angehörigen über, wenn das Geheimnis zum persönlichen Lebensbereich des Verletzten gehört; in anderen Fällen geht es auf die Erben über. Offenbart der Täter das Geheimnis nach dem Tode des Betroffenen, so gilt Satz 2 sinngemäß.

§ 121 Bußgeldvorschriften

(1) Ordnungswidrig handelt, wer eine der in § 90 Abs. 1, 2 Satz 1, § 92 Abs. 1 Satz 1 auch in Verbindung mit Absatz 3, § 99 Abs. 1, § 106 Abs. 2, § 108 Abs. 5, § 110 oder § 111 bezeichneten Aufklärungs- oder Auskunftspflichten nicht, wahrheitswidrig, unvollständig oder verspätet erfüllt.
(2) Die Ordnungswidrigkeit kann mit einer Geldbuße bis zu zehntausend Euro geahndet werden.

Siebenter Teil
Änderung von Gesetzen

§ 122
(gegenstandslos) § 123
(gegenstandslos) § 124
(gegenstandslos)

Achter Teil
Übergangs- und Schlussvorschriften

§ 125 Erstmalige Wahlen nach diesem Gesetz

(1) Die erstmaligen Betriebsratswahlen nach § 13 Abs. 1 finden im Jahre 1972 statt.
(2) Die erstmaligen Wahlen der Jugend- und Auszubildendenvertretung nach § 64 Abs. 1 Satz 1 finden im Jahre 1988 statt. Die Amtszeit der Jugendvertretung endet mit der Bekanntgabe des Wahlergebnisses der neu gewählten Jugend- und Auszubildendenvertretung, spätestens am 30. November 1988.
(3) Auf Wahlen des Betriebsrats, der Bordvertretung, des Seebetriebsrats und der Jugend- und Auszubildendenvertretung, die nach dem 28. Juli 2001 eingeleitet werden, finden die Erste Verordnung zur Durchführung des Betriebsverfassungsgesetzes vom 16. Januar 1972 (BGBl. I S. 49), zuletzt geändert durch die Verordnung vom 16. Januar 1995 (BGBl. I S. 43), die Zweite Verordnung zur Durchführung des Betriebsverfassungsgesetzes vom 24. Oktober 1972 (BGBl. I S. 2029), zuletzt geändert durch die Verordnung vom 28. September 1989 (BGBl. I S. 1795) und die Verordnung zur Durchführung der Betriebsratswahlen bei den Postunternehmen vom 26. Juni 1995 (BGBl. I S. 871) bis zu deren Änderung entsprechende Anwendung.
(4) Ergänzend findet für das vereinfachte Wahlverfahren nach § 14 a die Erste Verordnung zur Durchführung des Betriebsverfassungsgesetzes bis zu deren Änderung mit folgenden Maßgaben entsprechende Anwendung:

1. Die Frist für die Einladung zur Wahlversammlung zur Wahl des Wahlvorstands nach § 14 a Abs. 1 des Gesetzes beträgt mindestens sieben Tage. Die Einladung muss Ort, Tag und Zeit der Wahlversammlung sowie den Hinweis enthalten, dass bis zum Ende dieser Wahlversammlung Wahlvorschläge zur Wahl des Betriebsrats gemacht werden können (§ 14 a Abs. 2 des Gesetzes).
2. § 3 findet wie folgt Anwendung:
   a) Im Fall des § 14 a Abs. 1 des Gesetzes erlässt der Wahlvorstand auf der Wahlversammlung das Wahlausschreiben. Die Einsspruchsfrist nach § 3 Abs. 2 Nr. 3 verkürzt sich auf drei Tage. Die Angabe nach § 3 Abs. 2 Nr. 4 muss die Zahl der Mindestsitze des Geschlechts in der Minderheit (§ 15 Abs. 2 des Gesetzes) enthalten. Die Wahlvorschläge sind abweichend von § 3 Abs. 2 Nr. 7 bis zum Abschluss der Wahlversammlung zur Wahl des Wahlvorstands bei diesem einzureichen. Ergänzend zu § 3 Abs. 2 Nr. 10 gibt der Wahlvorstand den Ort, Tag und Zeit der nachträglichen Stimmabgabe an (§ 14 a Abs. 4 des Gesetzes).
   b) Im Fall des § 14 a Abs. 3 des Gesetzes erlässt der Wahlvorstand unverzüglich das Wahlausschreiben mit den unter Buchstabe a genannten Maßgaben zu § 3 Abs. 2 Nr. 3, 4 und 10. Abweichend von § 3 Abs. 2 Nr. 7 sind die Wahlvorschläge spätestens eine Woche vor der Wahlversammlung zur Wahl des Betriebsrats (§ 14 a Abs. 3 Satz 2 des Gesetzes) beim Wahlvorstand einzureichen.
3. Die Einspruchsfrist des § 4 Abs. 1 verkürzt sich auf drei Tage.
4. Die §§ 6 bis 8 und § 10 Abs. 2 finden entsprechende Anwendung mit der Maßgabe, dass die Wahl auf Grund von Wahlvorschlägen erfolgt. Im Fall des § 14 a Abs. 1 des Gesetzes sind die Wahlvorschläge bis zum Abschluss der Wahlversammlung zur Wahl des Wahlvorstands bei diesem einzureichen; im Fall des § 14 a Abs. 3 des Gesetzes sind die Wahlvorschläge spätestens eine Woche vor der Wahlversammlung zur Wahl des Betriebsrats (§ 14 a Abs. 3 Satz 2 des Gesetzes) beim Wahlvorstand einzureichen.
5. § 9 findet keine Anwendung.
6. Auf das Wahlverfahren finden die §§ 21 ff. entsprechende Anwendung. Auf den Stimmzetteln sind die Bewerber in alphabetischer Reihenfolge unter Angabe von Familienname, Vorname und Art der Beschäftigung im Betrieb aufzuführen.
7. § 25 Abs. 5 bis 8 findet keine Anwendung.
8. § 26 Abs. 1 findet mit der Maßgabe Anwendung, dass der Wahlberechtigte sein Verlangen

auf schriftliche Stimmabgabe spätestens drei Tage vor dem Tag der Wahlversammlung zur Wahl des Betriebsrats dem Wahlvorstand mitgeteilt haben muss.

9. § 31 findet entsprechende Anwendung mit der Maßgabe, dass die Wahl der Jugend- und Auszubildendenvertretung auf Grund von Wahlvorschlägen erfolgt.

§ 126 Ermächtigung zum Erlass von Wahlordnungen

Das Bundesministerium für Arbeit und Soziales wird ermächtigt, mit Zustimmung des Bundesrates Rechtsverordnungen zu erlassen zur Regelung der in den §§ 7 bis 20, 60 bis 63, 115 und 116 bezeichneten Wahlen über

1. die Vorbereitung der Wahl, insbesondere die Aufstellung der Wählerlisten und die Errechnung der Vertreterzahl;
2. die Frist für die Einsichtnahme in die Wählerlisten und die Erhebung von Einsprüchen gegen sie;
3. die Vorschlagslisten und die Frist für ihre Einreichung;
4. das Wahlausschreiben und die Fristen für seine Bekanntmachung;
5. die Stimmabgabe;

5 a. die Verteilung der Sitze im Betriebsrat, in der Bordvertretung, im Seebetriebsrat sowie in der Jugend- und Auszubildendenvertretung auf die Geschlechter, auch soweit die Sitze nicht gemäß § 15 Abs. 2 und § 62 Abs. 3 besetzt werden können;

6. die Feststellung des Wahlergebnisses und die Fristen für seine Bekanntmachung;
7. die Aufbewahrung der Wahlakten.

§ 127 Verweisungen

Soweit in anderen Vorschriften auf Vorschriften verwiesen wird oder Bezeichnungen verwendet werden, die durch dieses Gesetz aufgehoben oder geändert werden, treten an ihre Stelle die entsprechenden Vorschriften oder Bezeichnungen dieses Gesetzes.

§ 128 Bestehende abweichende Tarifverträge

Die im Zeitpunkt des Inkrafttretens dieses Gesetzes nach § 20 Abs. 3 des Betriebsverfassungsgesetzes vom 11. Oktober 1952 geltenden Tarifverträge über die Errichtung einer anderen Vertretung der Arbeitnehmer für Betriebe, in denen wegen ihrer Eigenart der Errichtung von Betriebsräten besondere Schwierigkeiten entgegenstehen, werden durch dieses Gesetz nicht berührt.

§ 129 Außerkrafttreten von Vorschriften

(aufgehoben)

§ 130 Öffentlicher Dienst

Dieses Gesetz findet keine Anwendung auf Verwaltungen und Betriebe des Bundes, der Länder, der Gemeinden und sonstiger Körperschaften, Anstalten und Stiftungen des öffentlichen Rechts.

§ 131 Berlin-Klausel

(gegenstandslos)

§ 132 Inkrafttreten

Dieses Gesetz tritt am Tag nach seiner Verkündung in Kraft.

Gesetz über die Drittelbeteiligung der Arbeitnehmer im Aufsichtsrat Drittelbeteiligungsgesetz (DrittelbG) – Gesetzestext

Vom 18. Mai 2004 (BGBl. I S. 974), zuletzt geändert durch Artikel 8 des Gesetzes vom 24. April 2015 (BGBl. I S. 642)

Teil 1 Geltungsbereich

§ 1 Erfasste Unternehmen

(1) Die Arbeitnehmer haben ein Mitbestimmungsrecht im Aufsichtsrat nach Maßgabe dieses Gesetzes in

1. einer Aktiengesellschaft mit in der Regel mehr als 500 Arbeitnehmern. Ein Mitbestimmungsrecht im Aufsichtsrat besteht auch in einer Aktiengesellschaft mit in der Regel weniger als 500 Arbeitnehmern, die vor dem 10. August 1994 eingetragen worden ist und keine Familiengesellschaft ist. Als Familiengesellschaften gelten solche Aktiengesellschaften, deren Aktionär eine einzelne natürliche Person ist oder deren Aktionäre untereinander im Sinne von § 15 Abs. 1 Nr. 2 bis 8, Abs. 2 der Abgabenordnung verwandt oder verschwägert sind;
2. einer Kommanditgesellschaft auf Aktien mit in der Regel mehr als 500 Arbeitnehmern. Nummer 1 Satz 2 und 3 gilt entsprechend;
3. einer Gesellschaft mit beschränkter Haftung mit in der Regel mehr als 500 Arbeitnehmern. Die Gesellschaft hat einen Aufsichtsrat zu bilden; seine Zusammensetzung sowie seine Rechte und Pflichten bestimmen sich nach § 90 Abs. 3, 4, 5 Satz 1 und 2, nach den §§ 95 bis 114, 116, 118 Abs. 3, § 125 Abs. 3 und 4 und nach den §§ 170, 171, 268 Abs. 2 des Aktiengesetzes;
4. einem Versicherungsverein auf Gegenseitigkeit mit in der Regel mehr als 500 Arbeitnehmern, wenn dort ein Aufsichtsrat besteht;
5. einer Genossenschaft mit in der Regel mehr als 500 Arbeitnehmern. § 96 Absatz 4 und die §§ 97 bis 99 des Aktiengesetzes sind entsprechend anzuwenden. Die Satzung kann nur eine durch drei teilbare Zahl von Aufsichtsratsmitgliedern festsetzen. Der Aufsichtsrat muss zwei Sitzungen im Kalenderhalbjahr abhalten.

(2) Dieses Gesetz findet keine Anwendung auf

1. die in § 1 Abs. 1 des Mitbestimmungsgesetzes, die in § 1 des Montan-Mitbestimmungsgesetzes und die in den §§ 1 und 3 Abs. 1 des Montan-Mitbestimmungsergänzungsgesetzes bezeichneten Unternehmen;
2. Unternehmen, die unmittelbar und überwiegend
   a) politischen, koalitionspolitischen, konfessionellen, karitativen, erzieherischen, wissenschaftlichen oder künstlerischen Bestimmungen oder
   b) Zwecken der Berichterstattung oder Meinungsäußerung, auf die Artikel 5 Abs. 1 Satz 2 des Grundgesetzes anzuwenden ist,

dienen. Dieses Gesetz ist nicht anzuwenden auf Religionsgemeinschaften und ihre karitativen und erzieherischen Einrichtungen unbeschadet deren Rechtsform.

(3) Die Vorschriften des Genossenschaftsgesetzes über die Zusammensetzung des Aufsichtsrats sowie über die Wahl und die Abberufung von Aufsichtsratsmitgliedern gelten insoweit nicht, als sie den Vorschriften dieses Gesetzes widersprechen.

§ 2 Konzern

(1) An der Wahl der Aufsichtsratsmitglieder der Arbeitnehmer des herrschenden Unternehmens eines Konzerns (§ 18 Abs. 1 des Aktiengesetzes) nehmen auch die Arbeitnehmer der übrigen Konzernunternehmen teil.
(2) Soweit nach § 1 die Beteiligung der Arbeitnehmer im Aufsichtsrat eines herrschenden Unternehmens von dem Vorhandensein oder der Zahl von Arbeitnehmern abhängt, gelten die Arbeitnehmer eines Konzernunternehmens als solche des herrschenden Unternehmens, wenn zwischen den Unternehmen ein Beherrschungsvertrag besteht oder das abhängige Unternehmen in das herrschende Unternehmen eingegliedert ist.

§ 3 Arbeitnehmer, Betrieb

(1) Arbeitnehmer im Sinne dieses Gesetzes sind die in § 5 Abs. 1 des Betriebsverfassungsgesetzes bezeichneten Personen mit Ausnahme der in § 5 Abs. 3 des Betriebsverfassungsgesetzes bezeichneten leitenden Angestellten.
(2) Betriebe im Sinne dieses Gesetzes sind solche des Betriebsverfassungsgesetzes. § 4 Abs. 2 des Betriebsverfassungsgesetzes ist anzuwenden.
(3) Die Gesamtheit der Schiffe eines Unternehmens gilt für die Anwendung dieses Gesetzes als ein Betrieb. Schiffe im Sinne dieses Gesetzes sind Kauffahrteischiffe, die nach dem Flaggenrechtsgesetz die Bundesflagge führen. Schiffe, die in der Regel binnen 48 Stunden nach dem Auslaufen an den Sitz eines Landbetriebs zurückkehren, gelten als Teil dieses Landbetriebs.

Teil 2
Aufsichtsrat

§ 4 Zusammensetzung

(1) Der Aufsichtsrat eines in § 1 Abs. 1 bezeichneten Unternehmens muss zu einem Drittel aus Arbeitnehmervertretern bestehen.
(2) Ist ein Aufsichtsratsmitglied der Arbeitnehmer oder sind zwei Aufsichtsratsmitglieder der Arbeitnehmer zu wählen, so müssen diese als Arbeitnehmer im Unternehmen beschäftigt sein. Sind mehr als zwei Aufsichtsratsmitglieder der Arbeitnehmer zu wählen, so müssen mindestens zwei Aufsichtsratsmitglieder als Arbeitnehmer im Unternehmen beschäftigt sein.
(3) Die Aufsichtsratsmitglieder der Arbeitnehmer, die Arbeitnehmer des Unternehmens sind, müssen das 18. Lebensjahr vollendet haben und ein Jahr dem Unternehmen angehören. Auf die einjährige Unternehmensangehörigkeit werden Zeiten der Angehörigkeit zu einem anderen Unternehmen, dessen Arbeitnehmer nach diesem Gesetz an der Wahl von Aufsichtsratsmitgliedern des Unternehmens teilnehmen, angerechnet. Diese Zeiten müssen unmittelbar vor dem Zeitpunkt liegen, ab dem die Arbeitnehmer zur Wahl von Aufsichtsratsmitgliedern des Unternehmens berechtigt sind. Die weiteren Wählbarkeitsvoraussetzungen des § 8 Abs. 1 des Betriebsverfassungsgesetzes müssen erfüllt sein.
(4) Unter den Aufsichtsratsmitgliedern der Arbeitnehmer sollen Frauen und Männer entsprechend ihrem zahlenmäßigen Verhältnis im Unternehmen vertreten sein.

§ 5 Wahl der Aufsichtsratsmitglieder der Arbeitnehmer

(1) Die Aufsichtsratsmitglieder der Arbeitnehmer werden nach den Grundsätzen der Mehrheitswahl in allgemeiner, geheimer, gleicher und unmittelbarer Wahl für die Zeit gewählt, die im Gesetz oder in der Satzung für die von der Hauptversammlung zu wählenden Aufsichtsratsmitglieder bestimmt ist.
(2) Wahlberechtigt sind die Arbeitnehmer des Unternehmens, die das 18. Lebensjahr vollendet haben. § 7 Satz 2 des Betriebsverfassungsgesetzes gilt entsprechend.

§ 6 Wahlvorschläge

Die Wahl erfolgt auf Grund von Wahlvorschlägen der Betriebsräte und der Arbeitnehmer. Die Wahlvorschläge der Arbeitnehmer müssen von mindestens einem Zehntel der Wahlberechtigten oder von mindestens 100 Wahlberechtigten unterzeichnet sein.

§ 7 Ersatzmitglieder

(1) In jedem Wahlvorschlag kann zusammen mit jedem Bewerber für diesen ein Ersatzmitglied des Aufsichtsrats vorgeschlagen werden. Ein Bewerber kann nicht zugleich als Ersatzmitglied vorgeschlagen werden.
(2) Wird ein Bewerber als Aufsichtsratsmitglied gewählt, so ist auch das zusammen mit ihm vorgeschlagene Ersatzmitglied gewählt.

§ 8 Bekanntmachung der Mitglieder des Aufsichtsrats

Das zur gesetzlichen Vertretung des Unternehmens befugte Organ hat die Namen der Mitglieder und der Ersatzmitglieder des Aufsichtsrats unverzüglich nach ihrer Bestellung in den Betrieben des Unternehmens bekannt zu machen und im Bundesanzeiger zu veröffentlichen. Nehmen an der Wahl der Aufsichtsratsmitglieder des Unternehmens auch die Arbeitnehmer eines anderen Unternehmens teil, so ist daneben das zur gesetzlichen Vertretung des anderen Unternehmens befugte Organ zur Bekanntmachung in seinen Betrieben verpflichtet.

§ 9 Schutz von Aufsichtsratsmitgliedern vor Benachteiligung

Aufsichtsratsmitglieder der Arbeitnehmer dürfen in der Ausübung ihrer Tätigkeit nicht gestört oder behindert werden. Sie dürfen wegen ihrer Tätigkeit im Aufsichtsrat nicht benachteiligt oder begünstigt werden. Dies gilt auch für ihre berufliche Entwicklung.

§ 10 Wahlschutz und Wahlkosten

(1) Niemand darf die Wahl der Aufsichtsratsmitglieder der Arbeitnehmer behindern. Insbesondere darf niemand in der Ausübung des aktiven und passiven Wahlrechts beschränkt werden.
(2) Niemand darf die Wahlen durch Zufügung oder Androhung von Nachteilen oder durch Gewährung oder Versprechen von Vorteilen beeinflussen.
(3) Die Kosten der Wahlen trägt das Unternehmen. Versäumnis von Arbeitszeit, die zur Ausübung des Wahlrechts oder der Betätigung im Wahlvorstand erforderlich ist, berechtigt nicht zur Minderung des Arbeitsentgelts.

§ 11 Anfechtung der Wahl von Aufsichtsratsmitgliedern der Arbeitnehmer

(1) Die Wahl eines Aufsichtsratsmitglieds oder eines Ersatzmitglieds der Arbeitnehmer kann beim Arbeitsgericht angefochten werden, wenn gegen wesentliche Vorschriften über das Wahlrecht, die Wählbarkeit oder das Wahlverfahren verstoßen worden und eine Berichtigung nicht erfolgt ist, es sei denn, dass durch den Verstoß das Wahlergebnis nicht geändert oder beeinflusst werden konnte.
(2) Zur Anfechtung berechtigt sind
1. mindestens drei Wahlberechtigte,
2. die Betriebsräte,
3. das zur gesetzlichen Vertretung des Unternehmens befugte Organ.

Die Anfechtung ist nur binnen einer Frist von zwei Wochen, vom Tag der Veröffentlichung im Bundesanzeiger an gerechnet, zulässig.

§ 12 Abberufung von Aufsichtsratsmitgliedern der Arbeitnehmer

(1) Ein Aufsichtsratsmitglied der Arbeitnehmer kann vor Ablauf der Amtszeit auf Antrag eines Betriebsrats oder von mindestens einem Fünftel der Wahlberechtigten durch Beschluss abberufen werden. Der Beschluss der Wahlberechtigten wird in allgemeiner, geheimer, gleicher und unmittelbarer Abstimmung gefasst; er bedarf einer Mehrheit von drei Vierteln der abgegebenen Stimmen. Auf die Beschlussfassung findet § 2 Abs. 1 Anwendung.
(2) Absatz 1 ist für die Abberufung von Ersatzmitgliedern entsprechend anzuwenden.

Teil 3
Übergangs- und Schlussvorschriften

§ 13 Ermächtigung zum Erlass von Rechtsverordnungen

Die Bundesregierung wird ermächtigt, durch Rechtsverordnung Vorschriften über das Verfahren für die Wahl und die Abberufung von Aufsichtsratsmitgliedern der Arbeitnehmer zu erlassen, insbesondere über

1. die Vorbereitung der Wahl, insbesondere die Aufstellung der Wählerlisten und die Errechnung der Zahl der Aufsichtsratsmitglieder der Arbeitnehmer;
2. die Frist für die Einsichtnahme in die Wählerlisten und die Erhebung von Einsprüchen gegen sie;
3. die Wahlvorschläge und die Frist für ihre Einreichung;
4. das Wahlausschreiben und die Frist für seine Bekanntmachung;
5. die Teilnahme von Arbeitnehmern eines in § 3 Abs. 3 bezeichneten Betriebs an der Wahl;
6. die Stimmabgabe;
7. die Feststellung des Wahlergebnisses und die Fristen für seine Bekanntmachung;
8. die Anfechtung der Wahl;
9. die Aufbewahrung der Wahlakten.

§ 14 Verweisungen

Soweit in anderen Gesetzen auf Vorschriften verwiesen wird, die durch Artikel 6 Abs. 2 des Zweiten Gesetzes zur Vereinfachung der Wahl der Arbeitnehmervertreter in den Aufsichtsrat aufgehoben werden, treten an ihre Stelle die entsprechenden Vorschriften dieses Gesetzes.

Für die Mitbestimmung relevante Gesetzesauszüge

Arbeitsgerichtsgesetz (ArbGG)

in der Fassung der Bekanntmachung vom 2. Juli 1979 (BGBl. I S. 853, 1036), zuletzt geändert durch Artikel 2 des Gesetzes vom 3. Juli 2015 (BGBl. I S. 1130)

§ 2 a Zuständigkeit im Beschlußverfahren

(1) Die Gerichte für Arbeitssachen sind ferner ausschließlich zuständig für

1. Angelegenheiten aus dem Betriebsverfassungsgesetz, soweit nicht für Maßnahmen nach seinen §§ 119 bis 121 die Zuständigkeit eines anderen Gerichts gegeben ist;
2. Angelegenheiten aus dem Sprecherausschußgesetz, soweit nicht für Maßnahmen nach seinen §§ 34 bis 36 die Zuständigkeit eines anderen Gerichts gegeben ist;
3. Angelegenheiten aus dem Mitbestimmungsgesetz, dem Mitbestimmungsergänzungsgesetz und dem Drittelbeteiligungsgesetz, soweit über die Wahl von Vertretern der Arbeitnehmer in den Aufsichtsrat und über ihre Abberufung mit Ausnahme der Abberufung nach § 103 Abs. 3 des Aktiengesetzes zu entscheiden ist;

3 a. Angelegenheiten aus den §§ 94, 95, 139 des Neunten Buches Sozialgesetzbuch,

3 b. Angelegenheiten aus dem Gesetz über Europäische Betriebsräte, soweit nicht für Maßnahmen nach seinen §§ 43 bis 45 die Zuständigkeit eines anderen Gerichts gegeben ist;

3 c. Angelegenheiten aus § 51 des Berufsbildungsgesetzes;

3 d. Angelegenheiten aus § 10 des Bundesfreiwilligendienstgesetzes;

3 e. Angelegenheiten aus dem SE-Beteiligungsgesetz vom 22. Dezember 2004 (BGBl. I S. 3675, 3686) mit Ausnahme der §§ 45 und 46 und nach den §§ 34 bis 39 nur insoweit, als über die Wahl von Vertretern der Arbeitnehmer in das Aufsichts- oder Verwaltungsorgan sowie deren Abberufung mit Ausnahme der Abberufung nach § 103 Abs. 3 des Aktiengesetzes zu entscheiden ist;

3 f. Angelegenheiten aus dem SCE-Beteiligungsgesetz vom 14. August 2006 (BGBl. I S. 1911, 1917) mit Ausnahme der §§ 47 und 48 und nach den §§ 34 bis 39 nur insoweit, als über die Wahl von Vertretern der Arbeitnehmer in das Aufsichts- oder Verwaltungsorgan sowie deren Abberufung zu entscheiden ist;

3 g. Angelegenheiten aus dem Gesetz über die Mitbestimmung der Arbeitnehmer bei einer grenzüberschreitenden Verschmelzung vom 21. Dezember 2006 (BGBl. I S. 3332) mit Ausnahme der §§ 34 und 35 und nach den §§ 23 bis 28 nur insoweit, als über die Wahl von Vertretern der Arbeitnehmer in das Aufsichts- oder Verwaltungsorgan sowie deren Abberufung mit Ausnahme der Abberufung nach § 103 Abs. 3 des Aktiengesetzes zu entscheiden ist;

4. die Entscheidung über die Tariffähigkeit und die Tarifzuständigkeit einer Vereinigung;
5. die Entscheidung über die Wirksamkeit einer Allgemeinverbindlicherklärung nach § 5 des Tarifvertragsgesetzes, einer Rechtsverordnung nach § 7 oder § 7 a des Arbeitnehmer-Entsendegesetzes und einer Rechtsverordnung nach § 3 a des Arbeitnehmerüberlassungsgesetzes;
6. die Entscheidung über den nach § 4 a Absatz 2 Satz 2 des Tarifvertragsgesetzes im Betrieb anwendbaren Tarifvertrag.

(2) In Streitigkeiten nach diesen Vorschriften findet das Beschlußverfahren statt.

Allgemeines Gleichbehandlungsgesetz (AGG)

vom 14. August 2006 (BGBl. I S. 1897), zuletzt geändert durch Artikel 8 des Gesetzes vom 3. April 2013 (BGBl. I S. 610)

§ 13 Beschwerderecht

(1) Die Beschäftigten haben das Recht, sich bei den zuständigen Stellen des Betriebs, des Unternehmens oder der Dienststelle zu beschweren, wenn sie sich im Zusammenhang mit ihrem Beschäftigungsverhältnis vom Arbeitgeber, von Vorgesetzten, anderen Beschäftigten oder Dritten wegen eines in § 1 genannten Grundes benachteiligt fühlen. Die Beschwerde ist zu prüfen und das Ergebnis der oder dem beschwerdeführenden Beschäftigten mitzuteilen.
(2) Die Rechte der Arbeitnehmervertretungen bleiben unberührt.

§ 17 Soziale Verantwortung der Beteiligten

(1) Tarifvertragsparteien, Arbeitgeber, Beschäftigte und deren Vertretungen sind aufgefordert, im Rahmen ihrer Aufgaben und Handlungsmöglichkeiten an der Verwirklichung des in § 1 genannten Ziels mitzuwirken.
(2) In Betrieben, in denen die Voraussetzungen des § 1 Abs. 1 Satz 1 des Betriebsverfassungsgesetzes vorliegen, können bei einem groben Verstoß des Arbeitgebers gegen Vorschriften aus diesem Abschnitt der Betriebsrat oder eine im Betrieb vertretene Gewerkschaft unter der Voraussetzung des § 23 Abs. 3 Satz 1 des Betriebsverfassungsgesetzes die dort genannten Rechte gerichtlich geltend machen; § 23 Abs. 3 Satz 2 bis 5 des Betriebsverfassungsgesetzes gilt entsprechend. Mit dem Antrag dürfen nicht Ansprüche des Benachteiligten geltend gemacht werden.

Aktiengesetz (AktG)

vom 6. September 1965 (BGBl. I S. 1089), zuletzt geändert durch Artikel 26 des Gesetzes vom 17. Juli 2015 (BGBl. I S. 1245)

§ 98 Gerichtliche Entscheidung über die Zusammensetzung des Aufsichtsrats

(1) Ist streitig oder ungewiss, nach welchen gesetzlichen Vorschriften der Aufsichtsrat zusammenzusetzen ist, so entscheidet darüber auf Antrag ausschließlich das Landgericht, in dessen Bezirk die Gesellschaft ihren Sitz hat.
(2) Antragsberechtigt sind
1. der Vorstand,
2. jedes Aufsichtsratsmitglied,
3. jeder Aktionär,
4. der Gesamtbetriebsrat der Gesellschaft oder, wenn in der Gesellschaft nur ein Betriebsrat besteht, der Betriebsrat,
5. der Gesamt- oder Unternehmenssprecherausschuss der Gesellschaft oder, wenn in der Gesellschaft nur ein Sprecherausschuss besteht, der Sprecherausschuss,
6. der Gesamtbetriebsrat eines anderen Unternehmens, dessen Arbeitnehmer nach den gesetzlichen Vorschriften, deren Anwendung streitig oder ungewiß ist, selbst oder durch Delegierte an der Wahl von Aufsichtsratsmitgliedern der Gesellschaft teilnehmen, oder, wenn in dem anderen Unternehmen nur ein Betriebsrat besteht, der Betriebsrat,
7. der Gesamt- oder Unternehmenssprecherausschuss eines anderen Unternehmens, dessen Arbeitnehmer nach den gesetzlichen Vorschriften, deren Anwendung streitig oder ungewiss ist, selbst oder durch Delegierte an der Wahl von Aufsichtsratsmitgliedern der Gesell-

schaft teilnehmen, oder, wenn in dem anderen Unternehmen nur ein Sprecherausschuss besteht, der Sprecherausschuss,
8. mindestens ein Zehntel oder einhundert der Arbeitnehmer, die nach den gesetzlichen Vorschriften, deren Anwendung streitig oder ungewiß ist, selbst oder durch Delegierte an der Wahl von Aufsichtsratsmitgliedern der Gesellschaft teilnehmen,
9. Spitzenorganisationen der Gewerkschaften, die nach den gesetzlichen Vorschriften, deren Anwendung streitig oder ungewiß ist, ein Vorschlagsrecht hätten,
10. Gewerkschaften, die nach den gesetzlichen Vorschriften, deren Anwendung streitig oder ungewiß ist, ein Vorschlagsrecht hätten.

Ist die Anwendung des Mitbestimmungsgesetzes oder die Anwendung von Vorschriften des Mitbestimmungsgesetzes streitig oder ungewiß, so sind außer den nach Satz 1 Antragsberechtigten auch je ein Zehntel der wahlberechtigten in § 3 Abs. 1 Nr. 1 des Mitbestimmungsgesetzes bezeichneten Arbeitnehmer oder der wahlberechtigten leitenden Angestellten im Sinne des Mitbestimmungsgesetzes antragsberechtigt.

(3) Die Absätze 1 und 2 gelten sinngemäß, wenn streitig ist, ob der Abschlußprüfer das nach § 3 oder § 16 des Mitbestimmungsergänzungsgesetzes maßgebliche Umsatzverhältnis richtig ermittelt hat.

(4) Entspricht die Zusammensetzung des Aufsichtsrats nicht der gerichtlichen Entscheidung, so ist der neue Aufsichtsrat nach den in der Entscheidung angegebenen gesetzlichen Vorschriften zusammenzusetzen. § 97 Abs. 2 gilt sinngemäß mit der Maßgabe, daß die Frist von sechs Monaten mit dem Eintritt der Rechtskraft beginnt.

§ 104 Bestellung durch das Gericht

(1) Gehört dem Aufsichtsrat die zur Beschlußfähigkeit nötige Zahl von Mitgliedern nicht an, so hat ihn das Gericht auf Antrag des Vorstands, eines Aufsichtsratsmitglieds oder eines Aktionärs auf diese Zahl zu ergänzen. Der Vorstand ist verpflichtet, den Antrag unverzüglich zu stellen, es sei denn, daß die rechtzeitige Ergänzung vor der nächsten Aufsichtsratssitzung zu erwarten ist. Hat der Aufsichtsrat auch aus Aufsichtsratsmitgliedern der Arbeitnehmer zu bestehen, so können auch den Antrag stellen
1. der Gesamtbetriebsrat der Gesellschaft oder, wenn in der Gesellschaft nur ein Betriebsrat besteht, der Betriebsrat, sowie, wenn die Gesellschaft herrschendes Unternehmen eines Konzerns ist, der Konzernbetriebsrat,
2. der Gesamt- oder Unternehmenssprecherausschuss der Gesellschaft oder, wenn in der Gesellschaft nur ein Sprecherausschuss besteht, der Sprecherausschuss sowie, wenn die Gesellschaft herrschendes Unternehmen eines Konzerns ist, der Konzernsprecherausschuss,
3. der Gesamtbetriebsrat eines anderen Unternehmens, dessen Arbeitnehmer selbst oder durch Delegierte an der Wahl teilnehmen, oder, wenn in dem anderen Unternehmen nur ein Betriebsrat besteht, der Betriebsrat,
4. der Gesamt- oder Unternehmenssprecherausschuss eines anderen Unternehmens, dessen Arbeitnehmer selbst oder durch Delegierte an der Wahl teilnehmen, oder, wenn in dem anderen Unternehmen nur ein Sprecherausschuss besteht, der Sprecherausschuss,
5. mindestens ein Zehntel oder einhundert der Arbeitnehmer, die selbst oder durch Delegierte an der Wahl teilnehmen,
6. Spitzenorganisationen der Gewerkschaften, die das Recht haben, Aufsichtsratsmitglieder der Arbeitnehmer vorzuschlagen,
7. Gewerkschaften, die das Recht haben, Aufsichtsratsmitglieder der Arbeitnehmer vorzuschlagen.

Hat der Aufsichtsrat nach dem Mitbestimmungsgesetz auch aus Aufsichtsratsmitgliedern der Arbeitnehmer zu bestehen, so sind außer den nach Satz 3 Antragsberechtigten auch je ein Zehntel der wahlberechtigten in § 3 Abs. 1 Nr. 1 des Mitbestimmungsgesetzes bezeichneten Arbeitnehmer oder der wahlberechtigten leitenden Angestellten im Sinne des Mitbestimmungsgesetzes antragsberechtigt. Gegen die Entscheidung ist die Beschwerde zulässig.

(2) Gehören dem Aufsichtsrat länger als drei Monate weniger Mitglieder als die durch Gesetz

oder Satzung festgesetzte Zahl an, so hat ihn das Gericht auf Antrag auf diese Zahl zu ergänzen. In dringenden Fällen hat das Gericht auf Antrag den Aufsichtsrat auch vor Ablauf der Frist zu ergänzen. Das Antragsrecht bestimmt sich nach Absatz 1. Gegen die Entscheidung ist die Beschwerde zulässig.

(3) Absatz 2 ist auf einen Aufsichtsrat, in dem die Arbeitnehmer ein Mitbestimmungsrecht nach dem Mitbestimmungsgesetz, dem Montan-Mitbestimmungsgesetz oder dem Mitbestimmungsergänzungsgesetz haben, mit der Maßgabe anzuwenden,

1. daß das Gericht den Aufsichtsrat hinsichtlich des weiteren Mitglieds, das nach dem Montan-Mitbestimmungsgesetz oder dem Mitbestimmungsergänzungsgesetz auf Vorschlag der übrigen Aufsichtsratsmitglieder gewählt wird, nicht ergänzen kann,
2. daß es stets ein dringender Fall ist, wenn dem Aufsichtsrat, abgesehen von dem in Nummer 1 genannten weiteren Mitglied, nicht alle Mitglieder angehören, aus denen er nach Gesetz oder Satzung zu bestehen hat.

(4) Hat der Aufsichtsrat auch aus Aufsichtsratsmitgliedern der Arbeitnehmer zu bestehen, so hat das Gericht ihn so zu ergänzen, daß das für seine Zusammensetzung maßgebende zahlenmäßige Verhältnis hergestellt wird. Wenn der Aufsichtsrat zur Herstellung seiner Beschlußfähigkeit ergänzt wird, gilt dies nur, soweit die zur Beschlußfähigkeit nötige Zahl der Aufsichtsratsmitglieder die Wahrung dieses Verhältnisses möglich macht. Ist ein Aufsichtsratsmitglied zu ersetzen, das nach Gesetz oder Satzung in persönlicher Hinsicht besonderen Voraussetzungen entsprechen muß, so muß auch das vom Gericht bestellte Aufsichtsratsmitglied diesen Voraussetzungen entsprechen. Ist ein Aufsichtsratsmitglied zu ersetzen, bei dessen Wahl eine Spitzenorganisation der Gewerkschaften, eine Gewerkschaft oder die Betriebsräte ein Vorschlagsrecht hätten, so soll das Gericht Vorschläge dieser Stellen berücksichtigen, soweit nicht überwiegende Belange der Gesellschaft oder der Allgemeinheit der Bestellung des Vorgeschlagenen entgegenstehen; das gleiche gilt, wenn das Aufsichtsratsmitglied durch Delegierte zu wählen wäre, für gemeinsame Vorschläge der Betriebsräte der Unternehmen, in denen Delegierte zu wählen sind.

(5) Die Ergänzung durch das Gericht ist bei börsennotierten Gesellschaften, für die das Mitbestimmungsgesetz, das Montan-Mitbestimmungsgesetz oder das Mitbestimmungsergänzungsgesetz gilt, nach Maßgabe des § 96 Absatz 2 Satz 1 bis 5 vorzunehmen.

(6) Das Amt des gerichtlich bestellten Aufsichtsratsmitglieds erlischt in jedem Fall, sobald der Mangel behoben ist.

(7) Das gerichtlich bestellte Aufsichtsratsmitglied hat Anspruch auf Ersatz angemessener barer Auslagen und, wenn den Aufsichtsratsmitgliedern der Gesellschaft eine Vergütung gewährt wird, auf Vergütung für seine Tätigkeit. Auf Antrag des Aufsichtsratsmitglieds setzt das Gericht die Auslagen und die Vergütung fest. Gegen die Entscheidung ist die Beschwerde zulässig; die Rechtsbeschwerde ist ausgeschlossen. Aus der rechtskräftigen Entscheidung findet die Zwangsvollstreckung nach der Zivilprozeßordnung statt.

§ 250 Nichtigkeit der Wahl von Aufsichtsratsmitgliedern

(1) Die Wahl eines Aufsichtsratsmitglieds durch die Hauptversammlung ist außer im Falle des § 241 Nr. 1, 2 und 5 nur dann nichtig, wenn

1. der Aufsichtsrat unter Verstoß gegen § 96 Absatz 4, § 97 Abs. 2 Satz 1 oder § 98 Abs. 4 zusammengesetzt wird;
2. die Hauptversammlung, obwohl sie an Wahlvorschläge gebunden ist (§§ 6 und 8 des Montan-Mitbestimmungsgesetzes), eine nicht vorgeschlagene Person wählt;
3. durch die Wahl die gesetzliche Höchstzahl der Aufsichtsratsmitglieder überschritten wird (§ 95);
4. die gewählte Person nach § 100 Abs. 1 und 2 bei Beginn ihrer Amtszeit nicht Aufsichtsratsmitglied sein kann;
5. die Wahl gegen § 96 Absatz 2 verstößt.

(2) Für die Klage auf Feststellung, daß die Wahl eines Aufsichtsratsmitglieds nichtig ist, sind parteifähig

1. der Gesamtbetriebsrat der Gesellschaft oder, wenn in der Gesellschaft nur ein Betriebsrat besteht, der Betriebsrat, sowie, wenn die Gesellschaft herrschendes Unternehmen eines Konzerns ist, der Konzernbetriebsrat,

2. der Gesamt- oder Unternehmenssprecherausschuss der Gesellschaft oder, wenn in der Gesellschaft nur ein Sprecherausschuss besteht, der Sprecherausschuss sowie, wenn die Gesellschaft herrschendes Unternehmen eines Konzerns ist, der Konzernsprecherausschuss,
3. der Gesamtbetriebsrat eines anderen Unternehmens, dessen Arbeitnehmer selbst oder durch Delegierte an der Wahl von Aufsichtsratsmitgliedern der Gesellschaft teilnehmen, oder, wenn in dem anderen Unternehmen nur ein Betriebsrat besteht, der Betriebsrat,
4. der Gesamt- oder Unternehmenssprecherausschuss eines anderen Unternehmens, dessen Arbeitnehmer selbst oder durch Delegierte an der Wahl von Aufsichtsratsmitgliedern der Gesellschaft teilnehmen, oder, wenn in dem anderen Unternehmen nur ein Sprecherausschuss besteht, der Sprecherausschuss,
5. jede in der Gesellschaft oder in einem Unternehmen, dessen Arbeitnehmer selbst oder durch Delegierte an der Wahl von Aufsichtsratsmitgliedern der Gesellschaft teilnehmen, vertretene Gewerkschaft sowie deren Spitzenorganisation.

(3) Erhebt ein Aktionär, der Vorstand, ein Mitglied des Vorstands oder des Aufsichtsrats oder eine in Absatz 2 bezeichnete Organisation oder Vertretung der Arbeitnehmer gegen die Gesellschaft Klage auf Feststellung, dass die Wahl eines Aufsichtsratsmitglieds nichtig ist, so gelten § 246 Abs. 2, Abs. 3 Satz 1 bis 4, Abs. 4, §§ 247, 248 Abs. 1 Satz 2, §§ 248 a und 249 Abs. 2 sinngemäß. Es ist nicht ausgeschlossen, die Nichtigkeit auf andere Weise als durch Erhebung der Klage geltend zu machen.

§ 251 Anfechtung der Wahl von Aufsichtsratsmitgliedern

(1) Die Wahl eines Aufsichtsratsmitglieds durch die Hauptversammlung kann wegen Verletzung des Gesetzes oder der Satzung durch Klage angefochten werden. Ist die Hauptversammlung an Wahlvorschläge gebunden, so kann die Anfechtung auch darauf gestützt werden, daß der Wahlvorschlag gesetzwidrig zustande gekommen ist. § 243 Abs. 4 und § 244 gelten.
(2) Für die Anfechtungsbefugnis gilt § 245 Nr. 1, 2 und 4. Die Wahl eines Aufsichtsratsmitglieds, das nach dem Montan-Mitbestimmungsgesetz auf Vorschlag der Betriebsräte gewählt worden ist, kann auch von jedem Betriebsrat eines Betriebs der Gesellschaft, jeder in den Betrieben der Gesellschaft vertretenen Gewerkschaft oder deren Spitzenorganisation angefochten werden. Die Wahl eines weiteren Mitglieds, das nach dem Montan-Mitbestimmungsgesetz oder dem Mitbestimmungsergänzungsgesetz auf Vorschlag der übrigen Aufsichtsratsmitglieder gewählt worden ist, kann auch von jedem Aufsichtsratsmitglied angefochten werden.
(3) Für das Anfechtungsverfahren gelten die §§ 246, 247, 248 Abs. 1 Satz 2 und § 248 a.

Gesetz über Betriebsärzte, Sicherheitsingenieure und andere Fachkräfte für Arbeitssicherheit (ASiG)

vom 12. Dezember 1973 (BGBl. I S. 1885), zuletzt geändert durch Artikel 3 Absatz 5 des Gesetzes vom 20. April 2013 (BGBl. I S. 868)

§ 8 Unabhängigkeit bei der Anwendung der Fachkunde

(1) Betriebsärzte und Fachkräfte für Arbeitssicherheit sind bei der Anwendung ihrer arbeitsmedizinischen und sicherheitstechnischen Fachkunde weisungsfrei. Sie dürfen wegen der Erfüllung der ihnen übertragenen Aufgaben nicht benachteiligt werden. Betriebsärzte sind nur ihrem ärztlichen Gewissen unterworfen und haben die Regeln der ärztlichen Schweigepflicht zu beachten.
(2) Betriebsärzte und Fachkräfte für Arbeitssicherheit oder, wenn für einen Betrieb mehrere

Betriebsärzte oder Fachkräfte für Arbeitssicherheit bestellt sind, der leitende Betriebsarzt und die leitende Fachkraft für Arbeitssicherheit, unterstehen unmittelbar dem Leiter des Betriebs.
(3) Können sich Betriebsärzte oder Fachkräfte für Arbeitssicherheit über eine von ihnen vorgeschlagene arbeitsmedizinische oder sicherheitstechnische Maßnahme mit dem Leiter des Betriebs nicht verständigen, so können sie ihren Vorschlag unmittelbar dem Arbeitgeber und, wenn dieser eine juristische Person ist, dem zuständigen Mitglied des zur gesetzlichen Vertretung berufenen Organs unterbreiten. Ist für einen Betrieb oder ein Unternehmen ein leitender Betriebsarzt oder eine leitende Fachkraft für Arbeitssicherheit bestellt, steht diesen das Vorschlagsrecht nach Satz 1 zu. Lehnt der Arbeitgeber oder das zuständige Mitglied des zur gesetzlichen Vertretung berufenen Organs den Vorschlag ab, so ist dies den Vorschlagenden schriftlich mitzuteilen und zu begründen; der Betriebsrat erhält eine Abschrift.

§ 9 Zusammenarbeit mit dem Betriebsrat

(1) Die Betriebsärzte und die Fachkräfte für Arbeitssicherheit haben bei der Erfüllung ihrer Aufgaben mit dem Betriebsrat zusammenzuarbeiten.
(2) Die Betriebsärzte und die Fachkräfte für Arbeitssicherheit haben den Betriebsrat über wichtige Angelegenheiten des Arbeitsschutzes und der Unfallverhütung zu unterrichten; sie haben ihm den Inhalt eines Vorschlags mitzuteilen, den sie nach § 8 Abs. 3 dem Arbeitgeber machen. Sie haben den Betriebsrat auf sein Verlangen in Angelegenheiten des Arbeitsschutzes und der Unfallverhütung zu beraten.
(3) Die Betriebsärzte und Fachkräfte für Arbeitssicherheit sind mit Zustimmung des Betriebsrats zu bestellen und abzuberufen. Das gleiche gilt, wenn deren Aufgaben erweitert oder eingeschränkt werden sollen; im übrigen gilt § 87 in Verbindung mit § 76 des Betriebsverfassungsgesetzes. Vor der Verpflichtung oder Entpflichtung eines freiberuflich tätigen Arztes, einer freiberuflich tätigen Fachkraft für Arbeitssicherheit oder eines überbetrieblichen Dienstes ist der Betriebsrat zu hören.

§ 10 Zusammenarbeit der Betriebsärzte und der Fachkräfte für Arbeitssicherheit

Die Betriebsärzte und die Fachkräfte für Arbeitssicherheit haben bei der Erfüllung ihrer Aufgaben zusammenzuarbeiten. Dazu gehört es insbesondere, gemeinsame Betriebsbegehungen vorzunehmen. Die Betriebsärzte und die Fachkräfte für Arbeitssicherheit arbeiten bei der Erfüllung ihrer Aufgaben mit den anderen im Betrieb für Angelegenheiten der technischen Sicherheit, des Gesundheits- und des Umweltschutzes beauftragten Personen zusammen.

§ 11 Arbeitsschutzausschuß

Soweit in einer sonstigen Rechtsvorschrift nichts anderes bestimmt ist, hat der Arbeitgeber in Betrieben mit mehr als zwanzig Beschäftigten einen Arbeitsschutzausschuß zu bilden; bei der Feststellung der Zahl der Beschäftigten sind Teilzeitbeschäftigte mit einer regelmäßigen wöchentlichen Arbeitszeit von nicht mehr als 20 Stunden mit 0,5 und nicht mehr als 30 Stunden mit 0,75 zu berücksichtigen. Dieser Ausschuß setzt sich zusammen aus: dem Arbeitgeber oder einem von ihm Beauftragten, zwei vom Betriebsrat bestimmten Betriebsratsmitgliedern, Betriebsärzten, Fachkräften für Arbeitssicherheit und Sicherheitsbeauftragten nach § 22 des Siebten Buches Sozialgesetzbuch. Der Arbeitsschutzausschuß hat die Aufgabe, Anliegen des Arbeitsschutzes und der Unfallverhütung zu beraten. Der Arbeitsschutzausschuß tritt mindestens einmal vierteljährlich zusammen.

Gesetz zur Regelung der gewerbsmäßigen Arbeitnehmerüberlassung (Arbeitnehmerüberlassungsgesetz AÜG)

in der Fassung der Bekanntmachung vom 3. Februar 1995 (BGBl. I S. 158), zuletzt geändert durch Artikel 7 des Gesetzes vom 11. August 2014 (BGBl. I S. 1348)

§ 14 Mitwirkungs- und Mitbestimmungsrechte

(1) Leiharbeitnehmer bleiben auch während der Zeit ihrer Arbeitsleistung bei einem Entleiher Angehörige des entsendenden Betriebs des Verleihers.
(2) Leiharbeitnehmer sind bei der Wahl der Arbeitnehmervertreter in den Aufsichtsrat im Entleiherunternehmen und bei der Wahl der betriebsverfassungsrechtlichen Arbeitnehmervertretungen im Entleiherbetrieb nicht wählbar. Sie sind berechtigt, die Sprechstunden dieser Arbeitnehmervertretungen aufzusuchen und an den Betriebs- und Jugendversammlungen im Entleiherbetrieb teilzunehmen. Die §§ 81, 82 Abs. 1 und die §§ 84 bis 86 des Betriebsverfassungsgesetzes gelten im Entleiherbetrieb auch in bezug auf die dort tätigen Leiharbeitnehmer.
(3) Vor der Übernahme eines Leiharbeitnehmers zur Arbeitsleistung ist der Betriebsrat des Entleiherbetriebs nach § 99 des Betriebsverfassungsgesetzes zu beteiligen. Dabei hat der Entleiher dem Betriebsrat auch die schriftliche Erklärung des Verleihers nach § 12 Abs. 1 Satz 2 vorzulegen. Er ist ferner verpflichtet, Mitteilungen des Verleihers nach § 12 Abs. 2 unverzüglich dem Betriebsrat bekanntzugeben.
(4) Die Absätze 1 und 2 Satz 1 und 2 sowie Absatz 3 gelten für die Anwendung des Bundespersonalvertretungsgesetzes sinngemäß.

Arbeitszeitgesetz (ArbZG)

vom 6. Juni 1994 (BGBl. I S. 1170, 1171), zuletzt geändert durch Artikel 3 Absatz 6 des Gesetzes vom 20. April 2013 (BGBl. I S. 868)

§ 7 Abweichende Regelungen

(1) In einem Tarifvertrag oder auf Grund eines Tarifvertrags in einer Betriebs- oder Dienstvereinbarung kann zugelassen werden,
1. abweichend von § 3
   a) die Arbeitszeit über zehn Stunden werktäglich zu verlängern, wenn in die Arbeitszeit regelmäßig und in erheblichem Umfang Arbeitsbereitschaft oder Bereitschaftsdienst fällt,
   b) einen anderen Ausgleichszeitraum festzulegen,
   c) (weggefallen)
2. abweichend von § 4 Satz 2 die Gesamtdauer der Ruhepausen in Schichtbetrieben und Verkehrsbetrieben auf Kurzpausen von angemessener Dauer aufzuteilen,
3. abweichend von § 5 Abs. 1 die Ruhezeit um bis zu zwei Stunden zu kürzen, wenn die Art der Arbeit dies erfordert und die Kürzung der Ruhezeit innerhalb eines festzulegenden Ausgleichszeitraums ausgeglichen wird,
4. abweichend von § 6 Abs. 2
   a) die Arbeitszeit über zehn Stunden werktäglich hinaus zu verlängern, wenn in die Arbeitszeit regelmäßig und in erheblichem Umfang Arbeitsbereitschaft oder Bereitschaftsdienst fällt,
   b) einen anderen Ausgleichszeitraum festzulegen,
5. den Beginn des siebenstündigen Nachtzeitraums des § 2 Abs. 3 auf die Zeit zwischen 22 und 24 Uhr festzulegen.

(2) Sofern der Gesundheitsschutz der Arbeitnehmer durch einen entsprechenden Zeitausgleich gewährleistet wird, kann in einem Tarifvertrag oder auf Grund eines Tarifvertrags in einer Betriebs- oder Dienstvereinbarung ferner zugelassen werden,

1. abweichend von § 5 Abs. 1 die Ruhezeiten bei Rufbereitschaft den Besonderheiten dieses Dienstes anzupassen, insbesondere Kürzungen der Ruhezeit infolge von Inanspruchnahmen während dieses Dienstes zu anderen Zeiten auszugleichen,
2. die Regelungen der §§ 3, 5 Abs. 1 und § 6 Abs. 2 in der Landwirtschaft der Bestellungs- und Erntezeit sowie den Witterungseinflüssen anzupassen,
3. die Regelungen der §§ 3, 4, 5 Abs. 1 und § 6 Abs. 2 bei der Behandlung, Pflege und Betreuung von Personen der Eigenart dieser Tätigkeit und dem Wohl dieser Personen entsprechend anzupassen,
4. die Regelungen der §§ 3, 4, 5 Abs. 1 und § 6 Abs. 2 bei Verwaltungen und Betrieben des Bundes, der Länder, der Gemeinden und sonstigen Körperschaften, Anstalten und Stiftungen des öffentlichen Rechts sowie bei anderen Arbeitgebern, die der Tarifbindung eines für den öffentlichen Dienst geltenden oder eines im wesentlichen inhaltsgleichen Tarifvertrags unterliegen, der Eigenart der Tätigkeit bei diesen Stellen anzupassen.

(2 a) In einem Tarifvertrag oder auf Grund eines Tarifvertrags in einer Betriebs- oder Dienstvereinbarung kann abweichend von den §§ 3, 5 Abs. 1 und § 6 Abs. 2 zugelassen werden, die werktägliche Arbeitszeit auch ohne Ausgleich über acht Stunden zu verlängern, wenn in die Arbeitszeit regelmäßig und in erheblichem Umfang Arbeitsbereitschaft oder Bereitschaftsdienst fällt und durch besondere Regelungen sichergestellt wird, dass die Gesundheit der Arbeitnehmer nicht gefährdet wird.

(3) Im Geltungsbereich eines Tarifvertrags nach Absatz 1, 2 oder 2 a können abweichende tarifvertragliche Regelungen im Betrieb eines nicht tarifgebundenen Arbeitgebers durch Betriebs- oder Dienstvereinbarung oder, wenn ein Betriebs- oder Personalrat nicht besteht, durch schriftliche Vereinbarung zwischen dem Arbeitgeber und dem Arbeitnehmer übernommen werden. Können auf Grund eines solchen Tarifvertrags abweichende Regelungen in einer Betriebs- oder Dienstvereinbarung getroffen werden, kann auch in Betrieben eines nicht tarifgebundenen Arbeitgebers davon Gebrauch gemacht werden. Eine nach Absatz 2 Nr. 4 getroffene abweichende tarifvertragliche Regelung hat zwischen nicht tarifgebundenen Arbeitgebern und Arbeitnehmern Geltung, wenn zwischen ihnen die Anwendung der für den öffentlichen Dienst geltenden tarifvertraglichen Bestimmungen vereinbart ist und die Arbeitgeber die Kosten des Betriebs überwiegend mit Zuwendungen im Sinne des Haushaltsrechts decken.

(4) Die Kirchen und die öffentlich-rechtlichen Religionsgesellschaften können die in Absatz 1, 2 oder 2 a genannten Abweichungen in ihren Regelungen vorsehen.

(5) In einem Bereich, in dem Regelungen durch Tarifvertrag üblicherweise nicht getroffen werden, können Ausnahmen im Rahmen des Absatzes 1, 2 oder 2 a durch die Aufsichtsbehörde bewilligt werden, wenn dies aus betrieblichen Gründen erforderlich ist und die Gesundheit der Arbeitnehmer nicht gefährdet wird.

(6) Die Bundesregierung kann durch Rechtsverordnung mit Zustimmung des Bundesrates Ausnahmen im Rahmen des Absatzes 1 oder 2 zulassen, sofern dies aus betrieblichen Gründen erforderlich ist und die Gesundheit der Arbeitnehmer nicht gefährdet wird.

(7) Auf Grund einer Regelung nach Absatz 2 a oder den Absätzen 3 bis 5 jeweils in Verbindung mit Absatz 2 a darf die Arbeitszeit nur verlängert werden, wenn der Arbeitnehmer schriftlich eingewilligt hat. Der Arbeitnehmer kann die Einwilligung mit einer Frist von sechs Monaten schriftlich widerrufen. Der Arbeitgeber darf einen Arbeitnehmer nicht benachteiligen, weil dieser die Einwilligung zur Verlängerung der Arbeitszeit nicht erklärt oder die Einwilligung widerrufen hat.

(8) Werden Regelungen nach Absatz 1 Nr. 1 und 4, Absatz 2 Nr. 2 bis 4 oder solche Regelungen auf Grund der Absätze 3 und 4 zugelassen, darf die Arbeitszeit 48 Stunden wöchentlich im Durchschnitt von zwölf Kalendermonaten nicht überschreiten. Erfolgt die Zulassung auf Grund des Absatzes 5, darf die Arbeitszeit 48 Stunden wöchentlich im Durchschnitt von sechs Kalendermonaten oder 24 Wochen nicht überschreiten.

(9) Wird die werktägliche Arbeitszeit über zwölf Stunden hinaus verlängert, muss im unmittelbaren Anschluss an die Beendigung der Arbeitszeit eine Ruhezeit von mindestens elf Stunden gewährt werden.

§ 12 Abweichende Regelungen

In einem Tarifvertrag oder auf Grund eines Tarifvertrags in einer Betriebs- oder Dienstvereinbarung kann zugelassen werden,

1. abweichend von § 11 Abs. 1 die Anzahl der beschäftigungsfreien Sonntage in den Einrichtungen des § 10 Abs. 1 Nr. 2, 3, 4 und 10 auf mindestens zehn Sonntage, im Rundfunk, in Theaterbetrieben, Orchestern sowie bei Schaustellungen auf mindestens acht Sonntage, in Filmtheatern und in der Tierhaltung auf mindestens sechs Sonntage im Jahr zu verringern,
2. abweichend von § 11 Abs. 3 den Wegfall von Ersatzruhetagen für auf Werktage fallende Feiertage zu vereinbaren oder Arbeitnehmer innerhalb eines festzulegenden Ausgleichszeitraums beschäftigungsfrei zu stellen,
3. abweichend von § 11 Abs. 1 bis 3 in der Seeschiffahrt die den Arbeitnehmern nach diesen Vorschriften zustehenden freien Tage zusammenhängend zu geben,
4. abweichend von § 11 Abs. 2 die Arbeitszeit in vollkontinuierlichen Schichtbetrieben an Sonn- und Feiertagen auf bis zu zwölf Stunden zu verlängern, wenn dadurch zusätzliche freie Schichten an Sonn- und Feiertagen erreicht werden.

§ 7 Abs. 3 bis 6 findet Anwendung.

Gesetz über Teilzeitarbeit und befristete Arbeitsverträge (Teilzeit- und Befristungsgesetz – TzBfG)

vom 21. Dezember 2000 (BGBl. I S. 1966), zuletzt geändert durch Artikel 23 des Gesetzes vom 20. Dezember 2011 (BGBl. I S. 2854)

§ 7 Ausschreibung; Information über freie Arbeitsplätze

(1) Der Arbeitgeber hat einen Arbeitsplatz, den er öffentlich oder innerhalb des Betriebes ausschreibt, auch als Teilzeitarbeitsplatz auszuschreiben, wenn sich der Arbeitsplatz hierfür eignet.
(2) Der Arbeitgeber hat einen Arbeitnehmer, der ihm den Wunsch nach einer Veränderung von Dauer und Lage seiner vertraglich vereinbarten Arbeitszeit angezeigt hat, über entsprechende Arbeitsplätze zu informieren, die im Betrieb oder Unternehmen besetzt werden sollen.
(3) Der Arbeitgeber hat die Arbeitnehmervertretung über Teilzeitarbeit im Betrieb und Unternehmen zu informieren, insbesondere über vorhandene oder geplante Teilzeitarbeitsplätze und über die Umwandlung von Teilzeitarbeitsplätzen in Vollzeitarbeitsplätze oder umgekehrt. Der Arbeitnehmervertretung sind auf Verlangen die erforderlichen Unterlagen zur Verfügung zu stellen; § 92 des Betriebsverfassungsgesetzes bleibt unberührt.

§ 20 Information der Arbeitnehmervertretung

Der Arbeitgeber hat die Arbeitnehmervertretung über die Anzahl der befristet beschäftigten Arbeitnehmer und ihren Anteil an der Gesamtbelegschaft des Betriebes und des Unternehmens zu informieren.

Kündigungsschutzgesetz (KSchG)

in der Fassung der Bekanntmachung vom 25. August 1969 (BGBl. I S. 1317), zuletzt geändert durch Artikel 3 Absatz 2 des Gesetzes vom 20. April 2013 (BGBl. I S. 868)

§ 1 Sozial ungerechtfertigte Kündigungen

(1) Die Kündigung des Arbeitsverhältnisses gegenüber einem Arbeitnehmer, dessen Arbeitsverhältnis in demselben Betrieb oder Unternehmen ohne Unterbrechung länger als sechs Monate bestanden hat, ist rechtsunwirksam, wenn sie sozial ungerechtfertigt ist.
(2) Sozial ungerechtfertigt ist die Kündigung, wenn sie nicht durch Gründe, die in der Person oder in dem Verhalten des Arbeitnehmers liegen, oder durch dringende betriebliche Erfordernisse, die einer Weiterbeschäftigung des Arbeitnehmers in diesem Betrieb entgegenstehen, bedingt ist. Die Kündigung ist auch sozial ungerechtfertigt, wenn

1. in Betrieben des privaten Rechts
   a) die Kündigung gegen eine Richtlinie nach § 95 des Betriebsverfassungsgesetzes verstößt,
   b) der Arbeitnehmer an einem anderen Arbeitsplatz in demselben Betrieb oder in einem anderen Betrieb des Unternehmens weiterbeschäftigt werden kann

   und der Betriebsrat oder eine andere nach dem Betriebsverfassungsgesetz insoweit zuständige Vertretung der Arbeitnehmer aus einem dieser Gründe der Kündigung innerhalb der Frist des § 102 Abs. 2 Satz 1 des Betriebsverfassungsgesetzes schriftlich widersprochen hat,
2. in Betrieben und Verwaltungen des öffentlichen Rechts
   a) die Kündigung gegen eine Richtlinie über die personelle Auswahl bei Kündigungen verstößt,
   b) der Arbeitnehmer an einem anderen Arbeitsplatz in derselben Dienststelle oder in einer anderen Dienststelle desselben Verwaltungszweigs an demselben Dienstort einschließlich seines Einzugsgebiets weiterbeschäftigt werden kann

   und die zuständige Personalvertretung aus einem dieser Gründe fristgerecht gegen die Kündigung Einwendungen erhoben hat, es sei denn, daß die Stufenvertretung in der Verhandlung mit der übergeordneten Dienststelle die Einwendungen nicht aufrechterhalten hat. Satz 2 gilt entsprechend, wenn die Weiterbeschäftigung des Arbeitnehmers nach zumutbaren Umschulungs- oder Fortbildungsmaßnahmen oder eine Weiterbeschäftigung des Arbeitnehmers unter geänderten Arbeitsbedingungen möglich ist und der Arbeitnehmer sein Einverständnis hiermit erklärt hat. Der Arbeitgeber hat die Tatsachen zu beweisen, die die Kündigung bedingen.

(3) Ist einem Arbeitnehmer aus dringenden betrieblichen Erfordernissen im Sinne des Absatzes 2 gekündigt worden, so ist die Kündigung trotzdem sozial ungerechtfertigt, wenn der Arbeitgeber bei der Auswahl des Arbeitnehmers die Dauer der Betriebszugehörigkeit, das Lebensalter, die Unterhaltspflichten und die Schwerbehinderung des Arbeitnehmers nicht oder nicht ausreichend berücksichtigt hat; auf Verlangen des Arbeitnehmers hat der Arbeitgeber dem Arbeitnehmer die Gründe anzugeben, die zu der getroffenen sozialen Auswahl geführt haben. In die soziale Auswahl nach Satz 1 sind Arbeitnehmer nicht einzubeziehen, deren Weiterbeschäftigung, insbesondere wegen ihrer Kenntnisse, Fähigkeiten und Leistungen oder zur Sicherung einer ausgewogenen Personalstruktur des Betriebes, im berechtigten betrieblichen Interesse liegt. Der Arbeitnehmer hat die Tatsachen zu beweisen, die die Kündigung als sozial ungerechtfertigt im Sinne des Satzes 1 erscheinen lassen.
(4) Ist in einem Tarifvertrag, in einer Betriebsvereinbarung nach § 95 des Betriebsverfassungsgesetzes oder in einer entsprechenden Richtlinie nach den Personalvertretungsgesetzen festgelegt, wie die sozialen Gesichtspunkte nach Absatz 3 Satz 1 im Verhältnis zueinander zu bewerten sind, so kann die Bewertung nur auf grobe Fehlerhaftigkeit überprüft werden.
(5) Sind bei einer Kündigung auf Grund einer Betriebsänderung nach § 111 des Betriebsverfassungsgesetzes die Arbeitnehmer, denen gekündigt werden soll, in einem Interessenausgleich zwischen Arbeitgeber und Betriebsrat namentlich bezeichnet, so wird vermutet, dass die Kündigung durch dringende betriebliche Erfordernisse im Sinne des Absatzes 2 bedingt ist. Die

soziale Auswahl der Arbeitnehmer kann nur auf grobe Fehlerhaftigkeit überprüft werden. Die Sätze 1 und 2 gelten nicht, soweit sich die Sachlage nach Zustandekommen des Interessenausgleichs wesentlich geändert hat. Der Interessenausgleich nach Satz 1 ersetzt die Stellungnahme des Betriebsrates nach § 17 Abs. 3 Satz 2.

§ 17 Anzeigepflicht

(1) Der Arbeitgeber ist verpflichtet, der Agentur für Arbeit Anzeige zu erstatten, bevor er
1. in Betrieben mit in der Regel mehr als 20 und weniger als 60 Arbeitnehmern mehr als 5 Arbeitnehmer,
2. in Betrieben mit in der Regel mindestens 60 und weniger als 500 Arbeitnehmern 10 vom Hundert der im Betrieb regelmäßig beschäftigten Arbeitnehmer oder aber mehr als 25 Arbeitnehmer,
3. in Betrieben mit in der Regel mindestens 500 Arbeitnehmern mindestens 30 Arbeitnehmer

innerhalb von 30 Kalendertagen entläßt. Den Entlassungen stehen andere Beendigungen des Arbeitsverhältnisses gleich, die vom Arbeitgeber veranlaßt werden.

(2) Beabsichtigt der Arbeitgeber, nach Absatz 1 anzeigepflichtige Entlassungen vorzunehmen, hat er dem Betriebsrat rechtzeitig die zweckdienlichen Auskünfte zu erteilen und ihn schriftlich insbesondere zu unterrichten über
1. die Gründe für die geplanten Entlassungen,
2. die Zahl und die Berufsgruppen der zu entlassenden Arbeitnehmer,
3. die Zahl und die Berufsgruppen der in der Regel beschäftigten Arbeitnehmer,
4. den Zeitraum, in dem die Entlassungen vorgenommen werden sollen,
5. die vorgesehenen Kriterien für die Auswahl der zu entlassenden Arbeitnehmer,
6. die für die Berechnung etwaiger Abfindungen vorgesehenen Kriterien.

Arbeitgeber und Betriebsrat haben insbesondere die Möglichkeiten zu beraten, Entlassungen zu vermeiden oder einzuschränken und ihre Folgen zu mildern.

(3) Der Arbeitgeber hat gleichzeitig der Agentur für Arbeit eine Abschrift der Mitteilung an den Betriebsrat zuzuleiten; sie muß zumindest die in Absatz 2 Satz 1 Nr. 1 bis 5 vorgeschriebenen Angaben enthalten. Die Anzeige nach Absatz 1 ist schriftlich unter Beifügung der Stellungnahme des Betriebsrats zu den Entlassungen zu erstatten. Liegt eine Stellungnahme des Betriebsrats nicht vor, so ist die Anzeige wirksam, wenn der Arbeitgeber glaubhaft macht, daß er den Betriebsrat mindestens zwei Wochen vor Erstattung der Anzeige nach Absatz 2 Satz 1 unterrichtet hat, und er den Stand der Beratungen darlegt. Die Anzeige muß Angaben über den Namen des Arbeitgebers, den Sitz und die Art des Betriebes enthalten, ferner die Gründe für die geplanten Entlassungen, die Zahl und die Berufsgruppen der zu entlassenden und der in der Regel beschäftigten Arbeitnehmer, den Zeitraum, in dem die Entlassungen vorgenommen werden sollen und die vorgesehenen Kriteren für die Auswahl der zu entlassenden Arbeitnehmer. In derAnzeige sollen ferner im Einvernehmen mit dem Betriebsrat für die Arbeitsvermittlung Angaben über Geschlecht, Alter, Beruf und Staatsangehörigkeit der zu entlassenden Arbeitnehmer gemacht werden. Der Arbeitgeber hat dem Betriebsrat eine Abschrift der Anzeige zuzuleiten. Der Betriebsrat kann gegenüber der Agentur für Arbeit weitere Stellungnahmen abgeben. Er hat dem Arbeitgeber eine Abschrift der Stellungnahme zuzuleiten.

(3 a) Die Auskunfts-, Beratungs- und Anzeigepflichten nach den Absätzen 1 bis 3 gelten auch dann, wenn die Entscheidung über die Entlassungen von einem den Arbeitgeber beherrschenden Unternehmen getroffen wurde. Der Arbeitgeber kann sich nicht darauf berufen, daß das für die Entlassungen verantwortliche Unternehmen die notwendigen Auskünfte nicht übermittelt hat.

(4) Das Recht zur fristlosen Entlassung bleibt unberührt. Fristlose Entlassungen werden bei Berechnung der Mindestzahl der Entlassungen nach Absatz 1 nicht mitgerechnet.

(5) Als Arbeitnehmer im Sinne dieser Vorschrift gelten nicht
1. in Betrieben einer juristischen Person die Mitglieder des Organs, das zur gesetzlichen Vertretung der juristischen Person berufen ist,
2. in Betrieben einer Personengesamtheit die durch Gesetz, Satzung oder Gesellschaftsvertrag zur Vertretung der Personengesamtheit berufenen Personen,

3. Geschäftsführer, Betriebsleiter und ähnliche leitende Personen, soweit diese zur selbständigen Einstellung oder Entlassung von Arbeitnehmern berechtigt sind.

Gesetz über die Mitbestimmung der Arbeitnehmer bei einer grenzüberschreitenden Verschmelzung (MgVG) Art. 11 G v. 30.7.2009 I 2479

vom 21. Dezember 2006 (BGBl. I S. 3332) zuletzt geändert durch Artikel 11 des Gesetzes vom 30. Juli 2009 (BGBl. I S. 2479)

§ 2 Begriffsbestimmungen

(1) Der Begriff des Arbeitnehmers richtet sich nach den Rechtsvorschriften und Gepflogenheiten der jeweiligen Mitgliedstaaten. Arbeitnehmer eines inländischen Unternehmens oder Betriebes sind Arbeiter und Angestellte einschließlich der zu ihrer Berufsausbildung Beschäftigten und der in § 5 Abs. 3 Satz 2 des Betriebsverfassungsgesetzes genannten leitenden Angestellten, unabhängig davon, ob sie im Betrieb, im Außendienst oder mit Telearbeit beschäftigt werden. Als Arbeitnehmer gelten auch die in Heimarbeit Beschäftigten, die in der Hauptsache für das Unternehmen oder den Betrieb arbeiten.
(2) Beteiligte Gesellschaften sind die Kapitalgesellschaften, die unmittelbar an der Verschmelzung beteiligt sind.
(3) Tochtergesellschaften sind rechtlich selbstständige Unternehmen, auf die eine andere Gesellschaft einen beherrschenden Einfluss im Sinne von Artikel 3 Abs. 2 bis 7 der Richtlinie 94/45/EG des Rates vom 22. September 1994 über die Einsetzung eines Europäischen Betriebsrates oder die Schaffung eines Verfahrens zur Unterrichtung und Anhörung der Arbeitnehmer in gemeinschaftsweit operierenden Unternehmen und Unternehmensgruppen (ABl. EG Nr. L 254 S. 64) ausüben kann. § 6 Abs. 2 bis 4 des Europäische Betriebsräte-Gesetzes vom 28. Oktober 1996 (BGBl. I S. 1548, 2022) ist anzuwenden.
(4) Betroffene Tochtergesellschaften oder betroffene Betriebe sind Tochtergesellschaften oder Betriebe einer beteiligten Gesellschaft, die zu Tochtergesellschaften oder Betrieben der aus einer grenzüberschreitenden Verschmelzung hervorgehenden Gesellschaft werden sollen.
(5) Leitung bezeichnet das Organ der unmittelbar an der Verschmelzung beteiligten Gesellschaften oder der aus einer grenzüberschreitenden Verschmelzung hervorgehenden Gesellschaft selbst, das die Geschäfte der Gesellschaft führt und zu ihrer Vertretung berechtigt ist.
(6) Arbeitnehmervertretung bezeichnet jede Vertretung der Arbeitnehmer nach dem Betriebsverfassungsgesetz (Betriebsrat, Gesamtbetriebsrat, Konzernbetriebsrat oder eine nach § 3 Abs. 1 Nr. 1 bis 3 des Betriebsverfassungsgesetzes gebildete Vertretung).
(7) Mitbestimmung bedeutet die Einflussnahme der Arbeitnehmer auf die Angelegenheiten einer Gesellschaft durch

1. die Wahrnehmung des Rechts, einen Teil der Mitglieder des Aufsichts- oder Verwaltungsorgans der Gesellschaft zu wählen oder zu bestellen, oder
2. die Wahrnehmung des Rechts, die Bestellung eines Teils oder aller Mitglieder des Aufsichts- oder Verwaltungsorgans der Gesellschaft zu empfehlen oder abzulehnen.

Gesetz zum Personalrecht der Beschäftigten der früheren Deutschen Bundespost (Postpersonalrechtsgesetz – PostPersRG)

vom 14. September 1994 (BGBl. I S. 2325, 2353), zuletzt geändert durch Artikel 1 und 2 des Gesetzes vom 28. Mai 2015 (BGBl. I S. 813)

§ 28 Beteiligung des Betriebsrats in Angelegenheiten der Beamten

(1) Der Betriebsrat ist in den Angelegenheiten der Beamten nach § 76 Abs. 1, § 78 Abs. 1 Nr. 3 bis 5 und § 79 Abs. 3 des Bundespersonalvertretungsgesetzes sowie nach § 4 Abs. 4 Satz 1 und 2 zu beteiligen. In diesen Angelegenheiten sind nach gemeinsamer Beratung im Betriebsrat nur die Vertreter der Beamten zur Beschlußfassung berufen, es sei denn, daß die Beamten im Betriebsrat nicht vertreten sind. § 33 Abs. 1 und 2 des Betriebsverfassungsgesetzes gilt entsprechend.

(2) Bei Entscheidungen und Maßnahmen des Postnachfolgeunternehmens nach Absatz 1 Satz 1, die Beamte betreffen, denen nach § 4 Abs. 4 Satz 1 und 2 Tätigkeiten bei einem Unternehmen zugewiesen sind, ist der bei dem Postnachfolgeunternehmen gebildete Betriebsrat nach Maßgabe der Vorschriften dieses Abschnitts zu beteiligen; gleichzeitig ist der Betriebsrat des Betriebs, in dem der Beamte die zugewiesene Tätigkeit ausübt, hierüber zu unterrichten und ihm Gelegenheit zur Stellungnahme zu geben. Entsprechendes gilt für die Beteiligung der Schwerbehindertenvertretung.

§ 29 Verfahren

(1) Der Betriebsrat hat in den in § 76 Abs. 1 des Bundespersonalvertretungsgesetzes genannten Personalangelegenheiten der Beamten ein Mitbestimmungsrecht. Auf das Mitbestimmungsrecht in den in § 76 Abs. 1 des Bundespersonalvertretungsgesetzes genannten Angelegenheiten finden die Regelungen des § 77 des Bundespersonalvertretungsgesetzes entsprechende Anwendung. Entsprechendes gilt bei der Zuweisung nach § 4 Abs. 4 Satz 1 und 2.

(2) Verweigert der Betriebsrat in den Fällen des Absatzes 1 seine Zustimmung, so hat er dies unter Angabe von Gründen innerhalb einer Woche nach Unterrichtung durch den Arbeitgeber diesem schriftlich mitzuteilen. Teilt der Betriebsrat dem Arbeitgeber die Verweigerung seiner Zustimmung nicht innerhalb der Frist schriftlich mit, so gilt die Zustimmung als erteilt.

(3) Ergibt sich zwischen dem Arbeitgeber und dem Betriebsrat in den Fällen des § 76 Abs. 1 des Bundespersonalvertretungsgesetzes sowie des § 4 Abs. 4 Satz 1 und 2 keine Einigung, so ist die Einigungsstelle anzurufen, die binnen zwei Monaten entscheiden soll. Sie stellt fest, ob ein Grund zur Verweigerung der Zustimmung im Sinne des § 77 Abs. 2 des Bundespersonalvertretungsgesetzes vorliegt. Schließt sich die Einigungsstelle nicht der Auffassung des Arbeitgebers an, so gibt sie diesem eine Empfehlung. Folgt der Arbeitgeber der Empfehlung der Einigungsstelle nicht, so hat er innerhalb von zehn Arbeitstagen die Angelegenheit mit der Empfehlung der Einigungsstelle dem Bundesministerium der Finanzen zur endgültigen Entscheidung vorzulegen.

(4) § 69 Abs. 5 des Bundespersonalvertretungsgesetzes gilt für Maßnahmen nach Absatz 1 entsprechend.

(5) Der Betriebsrat wirkt in den in § 78 Abs. 1 Nr. 3 bis 5 des Bundespersonalvertretungsgesetzes genannten Personalangelegenheiten der Beamten mit. Auf dieses Mitwirkungsrecht finden § 78 Abs. 2 und § 72 Abs. 1 bis 3 und 6 des Bundespersonalvertretungsgesetzes entsprechende Anwendung.

(6) Der Betriebsrat kann die in Absatz 5 genannten Personalangelegenheiten binnen drei Tagen nach Zugang der seine Einwendung ganz oder zum Teil ablehnenden Mitteilung des Arbeitgebers dem in § 1 Abs. 7 genannten Vorstandsmitglied mit dem Antrag auf Entscheidung vorlegen. Dieses entscheidet nach Verhandlung mit dem Betriebsrat endgültig. Eine Abschrift seines Antrags leitet der Betriebsrat dem Arbeitgeber zu.

(7) Ist ein Antrag gemäß Absatz 6 gestellt, so ist die beabsichtigte Maßnahme bis zur Entscheidung des in § 1 Abs. 7 genannten Vorstandsmitglieds auszusetzen.
(8) Der Betriebsrat ist vor fristlosen Entlassungen von Beamten entsprechend § 79 Abs. 3 des Bundespersonalvertretungsgesetzes anzuhören.
(9) In Streitigkeiten nach den Absätzen 1 bis 8 sind die Verwaltungsgerichte zuständig. Die Vorschriften des Arbeitsgerichtsgesetzes über das Beschlußverfahren gelten entsprechend.

Gesetz über die Beteiligung der Arbeitnehmer und Arbeitnehmerinnen in einer Europäischen Genossenschaft (SCE-Beteiligungsgesetz – SCEBG)

vom 14. August 2006 (BGBl. I S. 1911, 1917)
Dieses Gesetz dient der Umsetzung der Richtlinie 2003/72/EG des Rates vom 22. Juli 2003 zur Ergänzung des Statuts der Europäischen Genossenschaft hinsichtlich der Beteiligung der Arbeitnehmer (ABl. EU Nr. L 207 S. 25).

Teil 1 Allgemeine Vorschriften

§ 1 Zielsetzung des Gesetzes

(1) Dieses Gesetz regelt die Beteiligung der Arbeitnehmer in einer Europäischen Genossenschaft, die Gegenstand der Verordnung (EG) Nr. 1435/2003 des Rates vom 22. Juli 2003 über das Statut der Europäischen Genossenschaft (SCE) (ABl. EU Nr. L 207 S. 1) ist. Ziel dieses Gesetzes ist, in einer Europäischen Genossenschaft die erworbenen Rechte der Arbeitnehmer (Arbeitnehmerinnen und Arbeitnehmer) auf Beteiligung an Unternehmensentscheidungen zu sichern. Maßgeblich für die Ausgestaltung der Beteiligungsrechte der Arbeitnehmer in der Europäischen Genossenschaft sind die bestehenden Beteiligungsrechte in den beteiligten juristischen Personen, die die Europäische Genossenschaft gründen.
(2) Zur Sicherung des Rechts auf grenzüberschreitende Unterrichtung, Anhörung, Mitbestimmung und sonstige Beteiligung der Arbeitnehmer wird eine Vereinbarung über die Beteiligung der Arbeitnehmer in der Europäischen Genossenschaft getroffen. Kommt es nicht zu einer Vereinbarung, wird eine Beteiligung der Arbeitnehmer in der Europäischen Genossenschaft kraft Gesetzes sichergestellt.
(3) Die Vorschriften dieses Gesetzes sowie die Vereinbarung nach Absatz 2 sind so auszulegen, dass die Ziele der Europäischen Gemeinschaft, die Beteiligung der Arbeitnehmer in der Europäischen Genossenschaft sicherzustellen, gefördert werden.
(4) Die Grundsätze der Absätze 1 bis 3 gelten auch für strukturelle Änderungen einer gegründeten Europäischen Genossenschaft sowie für deren Auswirkungen auf die betroffenen Unternehmen und Betriebe und ihre Arbeitnehmer.

§ 2 Begriffsbestimmungen

(1) – (5) nicht abgedruckt
(6) Arbeitnehmervertretung bezeichnet jede Vertretung der Arbeitnehmer nach dem Betriebsverfassungsgesetz (Betriebsrat, Gesamtbetriebsrat, Konzernbetriebsrat oder eine nach § 3 Abs. 1 Nr. 1 bis 3 des Betriebsverfassungsgesetzes gebildete Vertretung).
(7) SCE-Betriebsrat bezeichnet das Vertretungsorgan der Arbeitnehmer der Europäischen

Genossenschaft, das durch eine Vereinbarung nach § 21 oder kraft Gesetzes nach den §§ 22 bis 33 eingesetzt wird, um die Rechte auf Unterrichtung und Anhörung der Arbeitnehmer der Europäischen Genossenschaft, ihrer Tochtergesellschaften und Betriebe und, wenn vereinbart, Mitbestimmungsrechte und sonstige Beteiligungsrechte in Bezug auf die Europäische Genossenschaft wahrzunehmen.
(8) Beteiligung der Arbeitnehmer bezeichnet jedes Verfahren – einschließlich der Unterrichtung, Anhörung und Mitbestimmung –, durch das die Vertreter der Arbeitnehmer auf die Beschlussfassung in einer juristischen Person Einfluss nehmen können.
(9) Beteiligungsrechte sind Rechte, die den Arbeitnehmern und ihren Vertretern im Bereich der Unterrichtung, Anhörung, Mitbestimmung und der sonstigen Beteiligung zustehen. Hierzu kann auch die Wahrnehmung dieser Rechte in den Konzernunternehmen der Europäischen Genossenschaft gehören.
(10) Unterrichtung bezeichnet die Unterrichtung des SCE-Betriebsrats oder anderer Arbeitnehmervertreter durch die Leitung der Europäischen Genossenschaft über Angelegenheiten, welche die Europäische Genossenschaft selbst oder eine ihrer Tochtergesellschaften oder einen ihrer Betriebe in einem anderen Mitgliedstaat betreffen oder die über die Befugnisse der zuständigen Organe auf der Ebene des einzelnen Mitgliedstaats hinausgehen. Zeitpunkt, Form und Inhalt der Unterrichtung sind so zu wählen, dass es den Arbeitnehmervertretern möglich ist, zu erwartende Auswirkungen eingehend zu prüfen und gegebenenfalls eine Anhörung mit der Leitung der Europäischen Genossenschaft vorzubereiten.
(11) Anhörung bezeichnet die Einrichtung eines Dialogs und eines Meinungsaustauschs zwischen dem SCE-Betriebsrat oder anderen Arbeitnehmervertretern und der Leitung der Europäischen Genossenschaft oder einer anderen zuständigen mit eigenen Entscheidungsbefugnissen ausgestatteten Leitungsebene. Zeitpunkt, Form und Inhalt der Anhörung müssen dem SCE-Betriebsrat auf der Grundlage der erfolgten Unterrichtung eine Stellungnahme zu den geplanten Maßnahmen der Leitung der Europäischen Genossenschaft ermöglichen, die im Rahmen des Entscheidungsprozesses innerhalb der Europäischen Genossenschaft berücksichtigt werden kann.
(12) Mitbestimmung bedeutet die Einflussnahme der Arbeitnehmer auf die Angelegenheiten einer juristischen Person durch
1. die Wahrnehmung des Rechts, einen Teil der Mitglieder des Aufsichts- oder Verwaltungsorgans der juristischen Person zu wählen oder zu bestellen, oder
2. die Wahrnehmung des Rechts, die Bestellung eines Teils oder aller Mitglieder des Aufsichts- oder Verwaltungsorgans der juristischen Person zu empfehlen oder abzulehnen.

§ 3 Geltungsbereich

(1) Dieses Gesetz gilt für eine Europäische Genossenschaft mit Sitz im Inland. Es gilt unabhängig vom Sitz der Europäischen Genossenschaft auch für Arbeitnehmer der Europäischen Genossenschaft, die im Inland beschäftigt sind, sowie für beteiligte juristische Personen, betroffene Tochtergesellschaften und betroffene Betriebe mit Sitz im Inland.
(2) Mitgliedstaaten im Sinn dieses Gesetzes sind die Mitgliedstaaten der Europäischen Union und die anderen Vertragsstaaten des Abkommens über den Europäischen Wirtschaftsraum.

Teil 2
Beteiligung der Arbeitnehmer in einer Europäischen Genossenschaft, die durch mindestens zwei juristische Personen oder durch Umwandlung gegründet wird

Kapitel 4
Beteiligung der Arbeitnehmer kraft Vereinbarung

§ 21 Inhalt der Vereinbarung

(1) In der schriftlichen Vereinbarung zwischen den Leitungen und dem besonderen Verhandlungsgremium wird, unbeschadet der Autonomie der Parteien im Übrigen und vorbehaltlich des Absatzes 5, festgelegt:
1. der Geltungsbereich der Vereinbarung, einschließlich der außerhalb des Hoheitsgebiets der Mitgliedstaaten liegenden juristischen Personen und Betriebe, sofern diese in den Geltungsbereich einbezogen werden,
2. die Zusammensetzung des SCE-Betriebsrats, die Anzahl seiner Mitglieder und die Sitzverteilung, einschließlich der Auswirkungen wesentlicher Änderungen der Zahl der in der Europäischen Genossenschaft beschäftigten Arbeitnehmer,
3. die Befugnisse und das Verfahren zur Unterrichtung und Anhörung des SCE-Betriebsrats,
4. die Häufigkeit der Sitzungen des SCE-Betriebsrats,
5. die für den SCE-Betriebsrat bereitzustellenden finanziellen und materiellen Mittel,
6. der Zeitpunkt des Inkrafttretens der Vereinbarung und ihre Laufzeit sowie die Fälle, in denen die Vereinbarung neu ausgehandelt werden soll und das dabei anzuwendende Verfahren.

(2) Wenn kein SCE-Betriebsrat gebildet wird, haben die Parteien die Durchführungsmodalitäten des Verfahrens oder der Verfahren zur Unterrichtung und Anhörung festzulegen. Absatz 1 gilt entsprechend.

(3) Für den Fall, dass die Parteien eine Vereinbarung über die Mitbestimmung treffen, ist deren Inhalt festzulegen. Insbesondere soll Folgendes vereinbart werden:
1. die Zahl der Mitglieder des Aufsichts- oder Verwaltungsorgans der Europäischen Genossenschaft, welche die Arbeitnehmer wählen oder bestellen können oder deren Bestellung sie empfehlen oder ablehnen können,
2. das Verfahren, nach dem die Arbeitnehmer diese Mitglieder wählen oder bestellen können oder deren Bestellung empfehlen oder ablehnen können,
3. die Rechte dieser Mitglieder,
4. dass auch vor strukturellen Änderungen der Europäischen Genossenschaft, ihrer Tochtergesellschaften oder ihrer Betriebe, die nach Gründung der Europäischen Genossenschaft eintreten, Verhandlungen über die Beteiligung der Arbeitnehmer in der Europäischen Genossenschaft aufgenommen werden und welches Verfahren dabei anzuwenden ist.

(4) Die Vereinbarung kann bestimmen, dass die §§ 22 bis 33 über den SCE-Betriebsrat kraft Gesetzes und die §§ 34 bis 38 über die Mitbestimmung kraft Gesetzes ganz oder in Teilen gelten.

(5) Unbeschadet des Verhältnisses dieses Gesetzes zu anderen Regelungen der Mitbestimmung der Arbeitnehmer auf Unternehmensebene muss in der Vereinbarung im Fall einer durch Umwandlung gegründeten Europäischen Genossenschaft in Bezug auf alle Komponenten der Arbeitnehmerbeteiligung zumindest das gleiche Ausmaß gewährleistet werden, das in der Genossenschaft besteht, die in eine Europäische Genossenschaft umgewandelt werden soll. Dies gilt auch bei einem Wechsel der Genossenschaft von einer dualistischen zu einer monistischen Organisationsstruktur und umgekehrt.

Kapitel 5
Beteiligung der Arbeitnehmer kraft Gesetzes

Abschnitt 1
SCE-Betriebsrat kraft Gesetzes

Unterabschnitt 1
Bildung und Geschäftsführung

§ 22 Voraussetzung

(1) Die §§ 23 bis 33 über den SCE-Betriebsrat kraft Gesetzes finden ab dem Zeitpunkt der Eintragung der Europäischen Genossenschaft Anwendung, wenn
1. die Parteien dies vereinbaren oder
2. bis zum Ende des in § 20 angegebenen Zeitraums keine Vereinbarung zustande gekommen ist und das besondere Verhandlungsgremium keinen Beschluss nach § 16 gefasst hat.

(2) Absatz 1 gilt entsprechend im Fall des § 18 Abs. 3.

Unterabschnitt 2
Aufgaben

§ 27 Zuständigkeiten des SCE-Betriebsrats

Der SCE-Betriebsrat ist zuständig für die Angelegenheiten, die die Europäische Genossenschaft selbst, eine ihrer Tochtergesellschaften oder einen ihrer Betriebe in einem anderen Mitgliedstaat betreffen oder die über die Befugnisse der zuständigen Organe auf der Ebene des einzelnen Mitgliedstaats hinausgehen.

§ 28 Jährliche Unterrichtung und Anhörung

(1) Die Leitung der Europäischen Genossenschaft hat den SCE-Betriebsrat mindestens einmal im Kalenderjahr in einer gemeinsamen Sitzung über die Entwicklung der Geschäftslage und die Perspektiven der Europäischen Genossenschaft unter rechtzeitiger Vorlage der erforderlichen Unterlagen zu unterrichten und ihn anzuhören. Zu den erforderlichen Unterlagen gehören insbesondere
1. die Geschäftsberichte,
2. die Tagesordnung aller Sitzungen des Leitungsorgans und des Aufsichts- oder Verwaltungsorgans und
3. die Kopien aller Unterlagen, die der Generalversammlung vorgelegt werden.

(2) Zu der Entwicklung der Geschäftslage und den Perspektiven im Sinn des Absatzes 1 gehören insbesondere
1. die Struktur der Europäischen Genossenschaft sowie die wirtschaftliche und finanzielle Lage,
2. die voraussichtliche Entwicklung der Geschäfts-, Produktions- und Absatzlage,
3. die Beschäftigungslage und ihre voraussichtliche Entwicklung,
4. Investitionen (Investitionsprogramme),
5. grundlegende Änderungen der Organisation,
6. die Einführung neuer Arbeits- und Fertigungsverfahren,
7. die Verlegung von Unternehmen, Betrieben oder wesentlichen Betriebsteilen sowie Verlagerungen der Produktion,
8. Zusammenschlüsse oder Spaltungen von Unternehmen oder Betrieben,
9. die Einschränkung oder Stilllegung von Unternehmen, Betrieben oder wesentlichen Betriebsteilen und

10. Massenentlassungen.
(3) Die Leitung der Europäischen Genossenschaft informiert die Leitungen über Ort und Tag der Sitzung.

§ 29 Unterrichtung und Anhörung über außergewöhnliche Umstände

(1) Über außergewöhnliche Umstände, die erhebliche Auswirkungen auf die Interessen der Arbeitnehmer haben, hat die Leitung der Europäischen Genossenschaft den SCE-Betriebsrat rechtzeitig unter Vorlage der erforderlichen Unterlagen zu unterrichten. Als außergewöhnliche Umstände gelten insbesondere
1. die Verlegung oder Verlagerung von Unternehmen, Betrieben oder wesentlichen Betriebsteilen,
2. die Stilllegung von Unternehmen, Betrieben oder wesentlichen Betriebsteilen und
3. Massenentlassungen.

(2) Der SCE-Betriebsrat hat das Recht, auf Antrag mit der Leitung der Europäischen Genossenschaft oder den Vertretern einer anderen zuständigen, mit eigenen Entscheidungsbefugnissen ausgestatteten Leitungsebene innerhalb der Europäischen Genossenschaft zusammenzutreffen, um zu den außergewöhnlichen Umständen angehört zu werden.
(3) Auf Beschluss des SCE-Betriebsrats stehen die Rechte nach Absatz 2 dem geschäftsführenden Ausschuss (§ 23 Abs. 4) zu. Findet eine Sitzung mit dem geschäftsführenden Ausschuss statt, haben auch die Mitglieder des SCE-Betriebsrats, die von diesen Maßnahmen unmittelbar betroffene Arbeitnehmer vertreten, das Recht, daran teilzunehmen.
(4) Wenn die Leitung der Europäischen Genossenschaft beschließt, nicht entsprechend der von dem SCE-Betriebsrat oder dem geschäftsführenden Ausschuss abgegebenen Stellungnahme zu handeln, hat der SCE-Betriebsrat das Recht, ein weiteres Mal mit der Leitung der Europäischen Genossenschaft zusammenzutreffen, um eine Einigung herbeizuführen.

§ 30 Information durch den SCE-Betriebsrat

Der SCE-Betriebsrat informiert die Arbeitnehmervertreter der Europäischen Genossenschaft, ihrer Tochtergesellschaften und ihrer Betriebe über den Inhalt und die Ergebnisse der Unterrichtungs- und Anhörungsverfahren. Sind keine Arbeitnehmervertreter vorhanden, sind die Arbeitnehmer zu informieren.

Abschnitt 2
Mitbestimmung kraft Gesetzes

§ 34 Besondere Voraussetzungen

(1) Liegen die Voraussetzungen des § 22 vor, finden die Regelungen über die Mitbestimmung der Arbeitnehmer kraft Gesetzes nach den §§ 35 bis 38 Anwendung
1. im Fall einer durch Umwandlung gegründeten Europäischen Genossenschaft, wenn in der Genossenschaft vor der Umwandlung Bestimmungen über die Mitbestimmung der Arbeitnehmer im Aufsichts- oder Verwaltungsorgan galten,
2. im Fall einer durch Verschmelzung gegründeten Europäischen Genossenschaft, wenn
   a) vor der Eintragung der Europäischen Genossenschaft in einer oder mehreren der beteiligten Genossenschaften eine oder mehrere Formen der Mitbestimmung bestanden und sich auf mindestens 25 Prozent der Gesamtzahl der bei ihnen und den betroffenen Tochtergesellschaften beschäftigten Arbeitnehmer erstreckten oder
   b) vor der Eintragung der Europäischen Genossenschaft in einer oder mehreren der beteiligten Genossenschaften eine oder mehrere Formen der Mitbestimmung bestanden und sich auf weniger als 25 Prozent der Gesamtzahl der bei ihnen und den betroffenen Tochtergesellschaften beschäftigten Arbeitnehmer erstreckten und das besondere Verhandlungsgremium einen entsprechenden Beschluss fasst,

3. im Fall einer auf andere Weise gegründeten Europäischen Genossenschaft, wenn
   a) vor der Eintragung der Europäischen Genossenschaft in einer oder mehreren der beteiligten juristischen Personen eine oder mehrere Formen der Mitbestimmung bestanden und sich auf mindestens 50 Prozent der Gesamtzahl der bei ihnen und den betroffenen Tochtergesellschaften beschäftigten Arbeitnehmer erstreckten oder
   b) vor der Eintragung der Europäischen Genossenschaft in einer oder mehreren der beteiligten juristischen Personen eine oder mehrere Formen der Mitbestimmung bestanden und sich auf weniger als 50 Prozent der Gesamtzahl der bei ihnen und den betroffenen Tochtergesellschaften beschäftigten Arbeitnehmer erstreckten und das besondere Verhandlungsgremium einen entsprechenden Beschluss fasst.

(2) Bestand in den Fällen des Absatzes 1 Nr. 2 und 3 mehr als eine Form der Mitbestimmung im Sinn des § 2 Abs. 12 in den verschiedenen beteiligten juristischen Personen, entscheidet das besondere Verhandlungsgremium, welche von ihnen in der Europäischen Genossenschaft eingeführt wird. Wenn das besondere Verhandlungsgremium keinen solchen Beschluss fasst und eine inländische juristische Person, deren Arbeitnehmern Mitbestimmungsrechte zustehen, an der Gründung der Europäischen Genossenschaft beteiligt ist, ist die Mitbestimmung nach § 2 Abs. 12 Nr. 1 maßgeblich. Ist keine inländische juristische Person, deren Arbeitnehmern Mitbestimmungsrechte zustehen, beteiligt, findet die Form der Mitbestimmung nach § 2 Abs. 12 Anwendung, die sich auf die höchste Zahl der in den beteiligten juristischen Personen beschäftigten Arbeitnehmer erstreckt.

(3) Das besondere Verhandlungsgremium unterrichtet die Leitungen über die Beschlüsse, die es nach Absatz 1 Nr. 2 Buchstabe b und Nr. 3 Buchstabe b und Absatz 2 Satz 1 gefasst hat.

§ 35 Umfang der Mitbestimmung

(1) Liegen die Voraussetzungen des § 34 Abs. 1 Nr. 1 (Gründung einer Europäischen Genossenschaft durch Umwandlung) vor, bleibt die Regelung zur Mitbestimmung erhalten, die in der Genossenschaft vor der Umwandlung bestanden hat.

(2) Liegen die Voraussetzungen des § 34 Abs. 1 Nr. 2 (Gründung einer Europäischen Genossenschaft durch Verschmelzung) oder des § 34 Abs. 1 Nr. 3 (Gründung auf andere Weise) vor, haben die Arbeitnehmer der Europäischen Genossenschaft, ihrer Tochtergesellschaften und ihrer Betriebe oder ihr Vertretungsorgan das Recht, einen Teil der Mitglieder des Aufsichts- oder Verwaltungsorgans der Europäischen Genossenschaft zu wählen oder zu bestellen oder deren Bestellung zu empfehlen oder abzulehnen. Die Zahl dieser Arbeitnehmervertreter im Aufsichts- oder Verwaltungsorgan der Europäischen Genossenschaft bemisst sich nach dem höchsten Anteil an Arbeitnehmervertretern, der in den Organen der beteiligten juristischen Personen vor der Eintragung der Europäischen Genossenschaft bestanden hat.

Gesetz über die Beteiligung der Arbeitnehmer in einer Europäischen Gesellschaft (SE-Beteiligungsgesetz – SEBG)

vom 22. Dezember 2004 (BGBl. I S. 3675, 3686)

Dieses Gesetz dient der Umsetzung der Richtlinie 2001/86/EG des Rates vom 8. Oktober 2001 zur Ergänzung des Statuts der Europäischen Gesellschaft hinsichtlich der Beteiligung der Arbeitnehmer (ABl. EG Nr. L 294 S. 22).

Teil 1
Allgemeine Vorschriften

§ 1 Zielsetzung des Gesetzes

(1) Das Gesetz regelt die Beteiligung der Arbeitnehmer in einer Europäischen Gesellschaft (SE), die Gegenstand der Verordnung (EG) Nr. 2157/2001 des Rates vom 8. Oktober 2001 über das Statut der Europäischen Gesellschaft (ABl. EG Nr. L 294 S. 1) ist. Ziel des Gesetzes ist, in einer SE die erworbenen Rechte der Arbeitnehmer (Arbeitnehmerinnen und Arbeitnehmer) auf Beteiligung an Unternehmensentscheidungen zu sichern. Maßgeblich für die Ausgestaltung der Beteiligungsrechte der Arbeitnehmer in der SE sind die bestehenden Beteiligungsrechte in den Gesellschaften, die die SE gründen.
(2) Zur Sicherung des Rechts auf grenzüberschreitende Unterrichtung, Anhörung, Mitbestimmung und sonstige Beteiligung der Arbeitnehmer wird eine Vereinbarung über die Beteiligung der Arbeitnehmer in der SE getroffen. Kommt es nicht zu einer Vereinbarung, wird eine Beteiligung der Arbeitnehmer in der SE kraft Gesetzes sichergestellt.
(3) Die Vorschriften dieses Gesetzes sowie die nach Absatz 2 zu treffende Vereinbarung sind so auszulegen, dass die Ziele der Europäischen Gemeinschaft, die Beteiligung der Arbeitnehmer in der SE sicherzustellen, gefördert werden.
(4) Die Grundsätze der Absätze 1 bis 3 gelten auch für strukturelle Änderungen einer gegründeten SE sowie für deren Auswirkungen auf die betroffenen Gesellschaften und ihre Arbeitnehmer.

§ 2 Begriffsbestimmungen

(1) – (5) nicht abgedruckt
(6) Arbeitnehmervertretung bezeichnet jede Vertretung der Arbeitnehmer nach dem Betriebsverfassungsgesetz (Betriebsrat, Gesamtbetriebsrat, Konzernbetriebsrat oder eine nach § 3 Abs. 1 Nr. 1 bis 3 des Betriebsverfassungsgesetzes gebildete Vertretung).
(7) SE-Betriebsrat bezeichnet das Vertretungsorgan der Arbeitnehmer der SE, das durch eine Vereinbarung nach § 21 oder kraft Gesetzes nach den §§ 22 bis 33 eingesetzt wird, um die Rechte auf Unterrichtung und Anhörung der Arbeitnehmer der SE, ihrer Tochtergesellschaften und Betriebe und, wenn vereinbart, Mitbestimmungsrechte und sonstige Beteiligungsrechte in Bezug auf die SE wahrzunehmen.
(8) Beteiligung der Arbeitnehmer bezeichnet jedes Verfahren – einschließlich der Unterrichtung, Anhörung und Mitbestimmung, durch das die Vertreter der Arbeitnehmer auf die Beschlussfassung in der Gesellschaft Einfluss nehmen können.
(9) Beteiligungsrechte sind Rechte, die den Arbeitnehmern und ihren Vertretern im Bereich der Unterrichtung, Anhörung, Mitbestimmung und der sonstigen Beteiligung zustehen. Hierzu kann auch die Wahrnehmung dieser Rechte in den Konzernunternehmen der SE gehören.
(10) Unterrichtung bezeichnet die Unterrichtung des SE-Betriebsrats oder anderer Arbeitnehmervertreter durch die Leitung der SE über Angelegenheiten, welche die SE selbst oder eine ihrer Tochtergesellschaften oder einen ihrer Betriebe in einem anderen Mitgliedstaat betreffen oder die über die Befugnisse der zuständigen Organe auf der Ebene des einzelnen Mitgliedstaats hinausgehen. Zeitpunkt, Form und Inhalt der Unterrichtung sind so zu wählen, dass es den Arbeitnehmervertretern möglich ist, zu erwartende Auswirkungen eingehend zu prüfen und gegebenenfalls eine Anhörung mit der Leitung der SE vorzubereiten.
(11) Anhörung bezeichnet die Einrichtung eines Dialogs und eines Meinungsaustauschs zwischen dem SE-Betriebsrat oder anderer Arbeitnehmervertreter und der Leitung der SE oder einer anderen zuständigen mit eigenen Entscheidungsbefugnissen ausgestatteten Leitungsebene. Zeitpunkt, Form und Inhalt der Anhörung müssen dem SE-Betriebsrat auf der Grundlage der erfolgten Unterrichtung eine Stellungnahme zu den geplanten Maßnahmen der Leitung der SE ermöglichen, die im Rahmen des Entscheidungsprozesses innerhalb der SE berücksichtigt werden kann.

(12) Mitbestimmung bedeutet die Einflussnahme der Arbeitnehmer auf die Angelegenheiten einer Gesellschaft durch
1. die Wahrnehmung des Rechts, einen Teil der Mitglieder des Aufsichts- oder Verwaltungsorgans der Gesellschaft zu wählen oder zu bestellen, oder
2. die Wahrnehmung des Rechts, die Bestellung eines Teils oder aller Mitglieder des Aufsichts- oder Verwaltungsorgans der Gesellschaft zu empfehlen oder abzulehnen.

§ 3 Geltungsbereich

(1) Dieses Gesetz gilt für eine SE mit Sitz im Inland. Es gilt unabhängig vom Sitz der SE auch für Arbeitnehmer der SE, die im Inland beschäftigt sind sowie für beteiligte Gesellschaften, betroffene Tochtergesellschaften und betroffene Betriebe mit Sitz im Inland.
(2) Mitgliedstaaten im Sinne dieses Gesetzes sind die Mitgliedstaaten der Europäischen Union und die anderen Vertragsstaaten des Abkommens über den Europäischen Wirtschaftsraum.

Teil 3
Beteiligung der Arbeitnehmer in der SE

Kapitel 1
Beteiligung der Arbeitnehmer kraft Vereinbarung

§ 21 Inhalt der Vereinbarung

(1) In der schriftlichen Vereinbarung zwischen den Leitungen und dem besonderen Verhandlungsgremium wird, unbeschadet der Autonomie der Parteien im Übrigen und vorbehaltlich des Absatzes 6, festgelegt:
1. der Geltungsbereich der Vereinbarung, einschließlich der außerhalb des Hoheitsgebietes der Mitgliedstaaten liegenden Unternehmen und Betriebe, sofern diese in den Geltungsbereich einbezogen werden;
2. die Zusammensetzung des SE-Betriebsrats, die Anzahl seiner Mitglieder und die Sitzverteilung, einschließlich der Auswirkungen wesentlicher Änderungen der Zahl der in der SE beschäftigten Arbeitnehmer;
3. die Befugnisse und das Verfahren zur Unterrichtung und Anhörung des SE-Betriebsrats;
4. die Häufigkeit der Sitzungen des SE-Betriebsrats;
5. die für den SE-Betriebsrat bereitzustellenden finanziellen und materiellen Mittel;
6. der Zeitpunkt des Inkrafttretens der Vereinbarung und ihre Laufzeit; ferner die Fälle, in denen die Vereinbarung neu ausgehandelt werden soll und das dabei anzuwendende Verfahren.

(2) Wenn kein SE-Betriebsrat gebildet wird, haben die Parteien die Durchführungsmodalitäten des Verfahrens oder der Verfahren zur Unterrichtung und Anhörung festzulegen. Absatz 1 gilt entsprechend.
(3) Für den Fall, dass die Parteien eine Vereinbarung über die Mitbestimmung treffen, ist deren Inhalt festzulegen. Insbesondere soll Folgendes vereinbart werden:
1. die Zahl der Mitglieder des Aufsichts- oder Verwaltungsorgans der SE, welche die Arbeitnehmer wählen oder bestellen können oder deren Bestellung sie empfehlen oder ablehnen können;
2. das Verfahren, nach dem die Arbeitnehmer diese Mitglieder wählen oder bestellen oder deren Bestellung empfehlen oder ablehnen können und
3. die Rechte dieser Mitglieder.

(4) In der Vereinbarung soll festgelegt werden, dass auch vor strukturellen Änderungen der SE Verhandlungen über die Beteiligung der Arbeitnehmer in der SE aufgenommen werden. Die Parteien können das dabei anzuwendende Verfahren regeln.

(5) Die Vereinbarung kann bestimmen, dass die Regelungen der §§ 22 bis 33 über den SE-Betriebsrat kraft Gesetzes und der §§ 34 bis 38 über die Mitbestimmung kraft Gesetzes ganz oder in Teilen gelten.
(6) Unbeschadet des Verhältnisses dieses Gesetzes zu anderen Regelungen der Mitbestimmung der Arbeitnehmer im Unternehmen muss in der Vereinbarung im Fall einer durch Umwandlung gegründeten SE in Bezug auf alle Komponenten der Arbeitnehmerbeteiligung zumindest das gleiche Ausmaß gewährleistet werden, das in der Gesellschaft besteht, die in eine SE umgewandelt werden soll. Dies gilt auch bei einem Wechsel der Gesellschaft von einer dualistischen zu einer monistischen Organisationsstruktur und umgekehrt.

Kapitel 2
Beteiligung der Arbeitnehmer kraft Gesetzes

Abschnitt 1
SE-Betriebsrat kraft Gesetzes

Unterabschnitt 1
Bildung und Geschäftsführung

§ 22 Voraussetzung

(1) Die Regelungen der §§ 23 bis 33 über den SE-Betriebsrat kraft Gesetzes finden ab dem Zeitpunkt der Eintragung der SE Anwendung, wenn
1. die Parteien dies vereinbaren oder
2. bis zum Ende des in § 20 angegebenen Zeitraums keine Vereinbarung zustande gekommen ist und das besondere Verhandlungsgremium keinen Beschluss nach § 16 gefasst hat.

(2) Absatz 1 gilt entsprechend im Fall des § 18 Abs. 3.

Unterabschnitt 2
Aufgaben

§ 27 Zuständigkeiten des SE-Betriebsrats

Der SE-Betriebsrat ist zuständig für die Angelegenheiten, die die SE selbst, eine ihrer Tochtergesellschaften oder einen ihrer Betriebe in einem anderen Mitgliedstaat betreffen oder die über die Befugnisse der zuständigen Organe auf der Ebene des einzelnen Mitgliedstaats hinausgehen.

§ 28 Jährliche Unterrichtung und Anhörung

(1) Die Leitung der SE hat den SE-Betriebsrat mindestens einmal im Kalenderjahr in einer gemeinsamen Sitzung über die Entwicklung der Geschäftslage und die Perspektiven der SE unter rechtzeitiger Vorlage der erforderlichen Unterlagen zu unterrichten und ihn anzuhören. Zu den erforderlichen Unterlagen gehören insbesondere
1. die Geschäftsberichte,
2. die Tagesordnung aller Sitzungen des Leitungsorgans und des Aufsichts- oder Verwaltungsorgans,
3. die Kopien aller Unterlagen, die der Hauptversammlung der Aktionäre vorgelegt werden.

(2) Zu der Entwicklung der Geschäftslage und den Perspektiven im Sinne von Absatz 1 gehören insbesondere

1. die Struktur der SE sowie die wirtschaftliche und finanzielle Lage;
2. die voraussichtliche Entwicklung der Geschäfts-, Produktions- und Absatzlage;
3. die Beschäftigungslage und ihre voraussichtliche Entwicklung;
4. Investitionen (Investitionsprogramme);
5. grundlegende Änderungen der Organisation;
6. die Einführung neuer Arbeits- und Fertigungsverfahren;
7. die Verlegung von Unternehmen, Betrieben oder wesentlichen Betriebsteilen sowie Verlagerungen der Produktion;
8. Zusammenschlüsse oder Spaltungen von Unternehmen oder Betrieben;
9. die Einschränkung oder Stilllegung von Unternehmen, Betrieben oder wesentlichen Betriebsteilen;
10. Massenentlassungen.

(3) Die Leitung der SE informiert die Leitungen über Ort und Tag der Sitzung.

§ 29 Unterrichtung und Anhörung über außergewöhnliche Umstände

(1) Über außergewöhnliche Umstände, die erhebliche Auswirkungen auf die Interessen der Arbeitnehmer haben, hat die Leitung der SE den SE-Betriebsrat rechtzeitig unter Vorlage der erforderlichen Unterlagen zu unterrichten. Als außergewöhnliche Umstände gelten insbesondere

1. die Verlegung oder Verlagerung von Unternehmen, Betrieben oder wesentlichen Betriebsteilen;
2. die Stilllegung von Unternehmen, Betrieben oder wesentlichen Betriebsteilen;
3. Massenentlassungen.

(2) Der SE-Betriebsrat hat das Recht, auf Antrag mit der Leitung der SE oder den Vertretern einer anderen zuständigen, mit eigenen Entscheidungsbefugnissen ausgestatteten Leitungsebene innerhalb der SE zusammenzutreffen, um zu den außergewöhnlichen Umständen angehört zu werden.

(3) Auf Beschluss des SE-Betriebsrats stehen die Rechte nach Absatz 2 dem geschäftsführenden Ausschuss (§ 23 Abs. 4) zu. Findet eine Sitzung mit dem geschäftsführenden Ausschuss statt, so haben auch die Mitglieder des SE-Betriebsrats, die von diesen Maßnahmen unmittelbar betroffene Arbeitnehmer vertreten, das Recht, daran teilzunehmen.

(4) Wenn die Leitung der SE beschließt, nicht entsprechend der von dem SE-Betriebsrat oder dem geschäftsführenden Ausschuss abgegebenen Stellungnahme zu handeln, hat der SE-Betriebsrat das Recht, ein weiteres Mal mit der Leitung der SE zusammenzutreffen, um eine Einigung herbeizuführen.

§ 30 Information durch den SE-Betriebsrat

Der SE-Betriebsrat informiert die Arbeitnehmervertreter der SE, ihrer Tochtergesellschaften und Betriebe über den Inhalt und die Ergebnisse der Unterrichtungs- und Anhörungsverfahren. Sind keine Arbeitnehmervertreter vorhanden, sind die Arbeitnehmer zu informieren.

Abschnitt 2
Mitbestimmung kraft Gesetzes

§ 34 Besondere Voraussetzungen

(1) Liegen die Voraussetzungen des § 22 vor, finden die Regelungen über die Mitbestimmung der Arbeitnehmer kraft Gesetzes nach den §§ 35 bis 38 Anwendung

1. im Fall einer durch Umwandlung gegründeten SE, wenn in der Gesellschaft vor der Umwandlung Bestimmungen über die Mitbestimmung der Arbeitnehmer im Aufsichts- oder Verwaltungsorgan galten;

2. im Fall einer durch Verschmelzung gegründeten SE, wenn
   a) vor der Eintragung der SE in einer oder mehreren der beteiligten Gesellschaften eine oder mehrere Formen der Mitbestimmung bestanden und sich auf mindestens 25 Prozent der Gesamtzahl der Arbeitnehmer aller beteiligten Gesellschaften und betroffenen Tochtergesellschaften erstreckten oder
   b) vor der Eintragung der SE in einer oder mehreren der beteiligten Gesellschaften eine oder mehrere Formen der Mitbestimmung bestanden und sich auf weniger als 25 Prozent der Gesamtzahl der Arbeitnehmer aller beteiligten Gesellschaften und betroffenen Tochtergesellschaften erstreckten und das besondere Verhandlungsgremium einen entsprechenden Beschluss fasst;
3. im Fall einer durch Errichtung einer Holding-Gesellschaft oder einer Tochtergesellschaft gegründeten SE, wenn
   a) vor der Eintragung der SE in einer oder mehreren der beteiligten Gesellschaften eine oder mehrere Formen der Mitbestimmung bestanden und sich auf mindestens 50 Prozent der Gesamtzahl der Arbeitnehmer aller beteiligten Gesellschaften und betroffenen Tochtergesellschaften erstreckten oder
   b) vor der Eintragung der SE in einer oder mehreren der beteiligten Gesellschaften eine oder mehrere Formen der Mitbestimmung bestanden und sich auf weniger als 50 Prozent der Gesamtzahl der Arbeitnehmer aller beteiligten Gesellschaften und betroffenen Tochtergesellschaften erstreckten und das besondere Verhandlungsgremium einen entsprechenden Beschluss fasst.

(2) Bestanden in den Fällen von Absatz 1 Nr. 2 und 3 mehr als eine Form der Mitbestimmung im Sinne des § 2 Abs. 12 in den verschiedenen beteiligten Gesellschaften, so entscheidet das besondere Verhandlungsgremium, welche von ihnen in der SE eingeführt wird. Wenn das besondere Verhandlungsgremium keinen solchen Beschluss fasst und eine inländische Gesellschaft, deren Arbeitnehmern Mitbestimmungsrechte zustehen, an der Gründung der SE beteiligt ist, ist die Mitbestimmung nach § 2 Abs. 12 Nr. 1 maßgeblich. Ist keine inländische Gesellschaft, deren Arbeitnehmern Mitbestimmungsrechte zustehen, beteiligt, findet die Form der Mitbestimmung nach § 2 Abs. 12 Anwendung, die sich auf die höchste Zahl der in den beteiligten Gesellschaften beschäftigten Arbeitnehmer erstreckt.

(3) Das besondere Verhandlungsgremium unterrichtet die Leitungen über die Beschlüsse, die es nach Absatz 1 Nr. 2 Buchstabe b und Nr. 3 Buchstabe b und Absatz 2 Satz 1 gefasst hat.

§ 35 Umfang der Mitbestimmung

(1) Liegen die Voraussetzungen des § 34 Abs. 1 Nr. 1 (Gründung einer SE durch Umwandlung) vor, bleibt die Regelung zur Mitbestimmung erhalten, die in der Gesellschaft vor der Umwandlung bestanden hat.

(2) Liegen die Voraussetzungen des § 34 Abs. 1 Nr. 2 (Gründung einer SE durch Verschmelzung) oder des § 34 Abs. 1 Nr. 3 (Gründung einer Holding-SE oder Tochter-SE) vor, haben die Arbeitnehmer der SE, ihrer Tochtergesellschaften und Betriebe oder ihr Vertretungsorgan das Recht, einen Teil der Mitglieder des Aufsichts- oder Verwaltungsorgans der SE zu wählen oder zu bestellen oder deren Bestellung zu empfehlen oder abzulehnen. Die Zahl dieser Arbeitnehmervertreter im Aufsichts- oder Verwaltungsorgan der SE bemisst sich nach dem höchsten Anteil an Arbeitnehmervertretern, der in den Organen der beteiligten Gesellschaften vor der Eintragung der SE bestanden hat.

Sozialgesetzbuch (SGB) Drittes Buch Arbeitsförderung

Artikel 1 des Gesetzes vom 24. März 1997, BGBl. I S. 594, zuletzt geändert durch Artikel 3 des Gesetzes vom 16. Juli 2015 (BGBl. I S. 1211)

§ 99 Anzeige des Arbeitsausfalls

(1) Der Arbeitsausfall ist bei der Agentur für Arbeit, in deren Bezirk der Betrieb seinen Sitz hat, schriftlich anzuzeigen. Die Anzeige kann nur vom Arbeitgeber oder der Betriebsvertretung erstattet werden. Der Anzeige des Arbeitgebers ist eine Stellungnahme der Betriebsvertretung beizufügen. Mit der Anzeige ist glaubhaft zu machen, dass ein erheblicher Arbeitsausfall besteht und die betrieblichen Voraussetzungen für das Kurzarbeitergeld erfüllt sind.
(2) Kurzarbeitergeld wird frühestens von dem Kalendermonat an geleistet, in dem die Anzeige über den Arbeitsausfall bei der Agentur für Arbeit eingegangen ist. Beruht der Arbeitsausfall auf einem unabwendbaren Ereignis, gilt die Anzeige für den entsprechenden Kalendermonat als erstattet, wenn sie unverzüglich erstattet worden ist.
(3) Die Agentur für Arbeit hat der oder dem Anzeigenden unverzüglich einen schriftlichen Bescheid darüber zu erteilen, ob auf Grund der vorgetragenen und glaubhaft gemachten Tatsachen ein erheblicher Arbeitsausfall vorliegt und die betrieblichen Voraussetzungen erfüllt sind.

§ 100 Kurzarbeitergeld bei Arbeitskämpfen

(1) § 160 über das Ruhen des Anspruchs auf Arbeitslosengeld bei Arbeitskämpfen gilt entsprechend für den Anspruch auf Kurzarbeitergeld bei Arbeitnehmerinnen und Arbeitnehmern, deren Arbeitsausfall Folge eines inländischen Arbeitskampfes ist, an dem sie nicht beteiligt sind.
(2) Macht der Arbeitgeber geltend, der Arbeitsausfall sei die Folge eines Arbeitskampfes, so hat er dies darzulegen und glaubhaft zu machen. Der Erklärung ist eine Stellungnahme der Betriebsvertretung beizufügen. Der Arbeitgeber hat der Betriebsvertretung die für die Stellungnahme erforderlichen Angaben zu machen. Bei der Feststellung des Sachverhalts kann die Agentur für Arbeit insbesondere auch Feststellungen im Betrieb treffen.
(3) Stellt die Agentur für Arbeit fest, dass ein Arbeitsausfall entgegen der Erklärung des Arbeitgebers nicht Folge eines Arbeitskampfes ist, und liegen die Voraussetzungen für einen Anspruch auf Kurzarbeitergeld allein deshalb nicht vor, weil der Arbeitsausfall vermeidbar ist, wird das Kurzarbeitergeld insoweit geleistet, als die Arbeitnehmerin oder der Arbeitnehmer Arbeitsentgelt (Arbeitsentgelt im Sinne des § 115 des Zehnten Buches) tatsächlich nicht erhält. Bei der Feststellung nach Satz 1 hat die Agentur für Arbeit auch die wirtschaftliche Vertretbarkeit einer Fortführung der Arbeit zu berücksichtigen. Hat der Arbeitgeber das Arbeitsentgelt trotz des Rechtsübergangs mit befreiender Wirkung an die Arbeitnehmerin oder den Arbeitnehmer oder an einen Dritten gezahlt, hat die Empfängerin oder der Empfänger des Kurzarbeitergeldes dieses insoweit zu erstatten.

Sozialgesetzbuch (SGB)
Siebtes Buch
Gesetzliche Unfallversicherung

Artikel 1 des Gesetzes vom 7. August 1996, BGBl. I S. 1254, zuletzt geändert durch Artikel 4 des Gesetzes vom 17. Juli 2015 (BGBl. I S. 1368)

§ 193 Pflicht zur Anzeige eines Versicherungsfalls durch die Unternehmer

(1)–(4) nicht abgedruckt
(5) Die Anzeige ist vom Betriebs- oder Personalrat mit zu unterzeichnen. Der Unternehmer hat die Sicherheitsfachkraft und den Betriebsarzt über jede Unfall- oder Berufskrankheitenanzeige in Kenntnis zu setzen. Verlangt der Unfallversicherungsträger zur Feststellung, ob eine Berufskrankheit vorliegt, Auskünfte über gefährdende Tätigkeiten von Versicherten, haben die Unternehmer den Betriebs- oder Personalrat über dieses Auskunftsersuchen unverzüglich zu unterrichten.
(6)–(9) nicht abgedruckt

Sozialgesetzbuch (SGB)
Neuntes Buch
Rehabilitation und Teilhabe behinderter Menschen

Artikel 1 des Gesetzes vom 19. Juni 2001, BGBl. I S. 1046, zuletzt geändert durch Artikel 1 a des Gesetzes vom 7. Januar 2015 (BGBl. II S. 15)

§ 99 Zusammenarbeit

(1) Arbeitgeber, Beauftragter des Arbeitgebers, Schwerbehindertenvertretung und Betriebs-, Personal-, Richter-, Staatsanwalts- oder Präsidialrat arbeiten zur Teilhabe schwerbehinderter Menschen am Arbeitsleben in dem Betrieb oder der Dienststelle eng zusammen.
(2) Die in Absatz 1 genannten Personen und Vertretungen, die mit der Durchführung des Teils 2 beauftragten Stellen und die Rehabilitationsträger unterstützen sich gegenseitig bei der Erfüllung ihrer Aufgaben. Vertrauensperson und Beauftragter des Arbeitgebers sind Verbindungspersonen zur Bundesagentur für Arbeit und zu dem Integrationsamt.

Umwandlungsgesetz (UmwG)

vom 28. Oktober 1994 (BGBl. I S. 3210, (1995, 428)), zuletzt geändert durch Artikel 22 des Gesetzes vom 24. April 2015 (BGBl. I S. 3044)

§ 5 Inhalt des Verschmelzungsvertrags

(1) Der Vertrag oder sein Entwurf muß mindestens folgende Angaben enthalten:
1. den Namen oder die Firma und den Sitz der an der Verschmelzung beteiligten Rechtsträger;
2. die Vereinbarung über die Übertragung des Vermögens jedes übertragenden Rechtsträgers

es gegen Gewährung von Anteilen oder Mitgliedschaften an dem übernehmenden äger;
tauschverhältnis der Anteile und gegebenenfalls die Höhe der baren Zuzahlung gaben über die Mitgliedschaft bei dem übernehmenden Rechtsträger;
elheiten für die Übertragung der Anteile des übernehmenden Rechtsträgers oder Erwerb der Mitgliedschaft bei dem übernehmenden Rechtsträger;
punkt, von dem an diese Anteile oder die Mitgliedschaften einen Anspruch auf nteil am Bilanzgewinn gewähren, sowie alle Besonderheiten in Bezug auf diesen h;
punkt, von dem an die Handlungen der übertragenden Rechtsträger als für Rech- s übernehmenden Rechtsträgers vorgenommen gelten (Verschmelzungsstichtag);
te, die der übernehmende Rechtsträger einzelnen Anteilsinhabern sowie den In- besonderer Rechte wie Anteile ohne Stimmrecht, Vorzugsaktien, Mehrstimm- ien, Schuldverschreibungen und Genußrechte gewährt, oder die für diese Perso- esehenen Maßnahmen;
onderen Vorteil, der einem Mitglied eines Vertretungsorgans oder eines Aufsichts- er an der Verschmelzung beteiligten Rechtsträger, einem geschäftsführenden Ge- er, einem Partner, einem Abschlußprüfer oder einem Verschmelzungsprüfer ge- rd;
en der Verschmelzung für die Arbeitnehmer und ihre Vertretungen sowie die vorgesehenen Maßnahmen.

sich alle Anteile eines übertragenden Rechtsträgers in der Hand des überneh- htsträgers, so entfallen die Angaben über den Umtausch der Anteile (Absatz 1 soweit sie die Aufnahme dieses Rechtsträgers betreffen.

rag oder sein Entwurf ist spätestens einen Monat vor dem Tage der Versammlung haber jedes beteiligten Rechtsträgers, die gemäß § 13 Abs. 1 über die Zustimmung nelzungsvertrag beschließen soll, dem zuständigen Betriebsrat dieses Rechtsträ- en.

t des Spaltungs- und Übernahmevertrags

tungs- und Übernahmevertrag oder sein Entwurf muß mindestens folgende An- ten:

en oder die Firma und den Sitz der an der Spaltung beteiligten Rechtsträger;
nbarung über die Übertragung der Teile des Vermögens des übertragenden gers jeweils als Gesamtheit gegen Gewährung von Anteilen oder Mitgliedschaften bernehmenden Rechtsträgern;
altung und Abspaltung das Umtauschverhältnis der Anteile und gegebenenfalls der baren Zuzahlung oder Angaben über die Mitgliedschaft bei den überneh- Rechtsträgern;
altung und Abspaltung die Einzelheiten für die Übertragung der Anteile der enden Rechtsträger oder über den Erwerb der Mitgliedschaft bei den überneh- echtsträgern;
nkt, von dem an diese Anteile oder die Mitgliedschaft einen Anspruch auf einen Bilanzgewinn gewähren, sowie alle Besonderheiten in Bezug auf diesen An-
nkt, von dem an die Handlungen des übertragenden Rechtsträgers als für Rech- s der übernehmenden Rechtsträger vorgenommen gelten (Spaltungsstichtag);
, welche die übernehmenden Rechtsträger einzelnen Anteilsinhabern sowie den besonderer Rechte wie Anteile ohne Stimmrecht, Vorzugsaktien, Mehrstimm- n, Schuldverschreibungen und Genußrechte gewähren, oder die für diese Per- gesehenen Maßnahmen;
nderen Vorteil, der einem Mitglied eines Vertretungsorgans oder eines Aufsichts- an der Spaltung beteiligten Rechtsträger, einem geschäftsführenden Gesell- nem Partner, einem Abschlußprüfer oder einem Spaltungsprüfer gewährt wird;

9. die genaue Bezeichnung und Aufteilung der Gegenstände des Aktiv- und Passiv die an jeden der übernehmenden Rechtsträger übertragen werden, sowie der üb Betriebe und Betriebsteile unter Zuordnung zu den übernehmenden Rechtstr
10. bei Aufspaltung und Abspaltung die Aufteilung der Anteile oder Mitgliedschaf beteiligten Rechtsträger auf die Anteilsinhaber des übertragenden Rechtsträge Maßstab für die Aufteilung;
11. die Folgen der Spaltung für die Arbeitnehmer und ihre Vertretungen sowie vorgesehenen Maßnahmen.

(2) Soweit für die Übertragung von Gegenständen im Falle der Einzelrechtsnach allgemeinen Vorschriften eine besondere Art der Bezeichnung bestimmt ist, sind lungen auch für die Bezeichnung der Gegenstände des Aktiv- und Passivvermöge Nr. 9) anzuwenden. § 28 der Grundbuchordnung ist zu beachten. Im Übrigen k kunden wie Bilanzen und Inventare Bezug genommen werden, deren Inhalt ein des einzelnen Gegenstandes ermöglicht; die Urkunden sind dem Spaltungs- un mevertrag als Anlagen beizufügen.

(3) Der Vertrag oder sein Entwurf ist spätestens einen Monat vor dem Tag der V der Anteilsinhaber jedes beteiligten Rechtsträgers, die gemäß § 125 in Verbindu Abs. 1 über die Zustimmung zum Spaltungs- und Übernahmevertrag beschließ zuständigen Betriebsrat dieses Rechtsträgers zuzuleiten.

§ 323 Kündigungsrechtliche Stellung

(1) Die kündigungsrechtliche Stellung eines Arbeitnehmers, der vor dem Wir einer Spaltung oder Teilübertragung nach dem Dritten oder Vierten Buch zu e genden Rechtsträger in einem Arbeitsverhältnis steht, verschlechtert sich auf Gr tung oder Teilübertragung für die Dauer von zwei Jahren ab dem Zeitpunkt ih werdens nicht.

(2) Kommt bei einer Verschmelzung, Spaltung oder Vermögensübertragung ei ausgleich zustande, in dem diejenigen Arbeitnehmer namentlich bezeichnet wer der Umwandlung einem bestimmten Betrieb oder Betriebsteil zugeordnet werde Zuordnung der Arbeitnehmer durch das Arbeitsgericht nur auf grobe Fehlerha prüft werden.

§ 324 Rechte und Pflichten bei Betriebsübergang

§ 613 a Abs. 1, 4 bis 6 des Bürgerlichen Gesetzbuchs bleibt durch die Wirkung gung einer Verschmelzung, Spaltung oder Vermögensübertragung unberührt.

§ 325 Mitbestimmungsbeibehaltung

(1) Entfallen durch Abspaltung oder Ausgliederung im Sinne des § 123 Abs. 2 un übertragenden Rechtsträger die gesetzlichen Voraussetzungen für die Beteiligu nehmer im Aufsichtsrat, so finden die vor der Spaltung geltenden Vorschriften Zeitraum von fünf Jahren nach dem Wirksamwerden der Abspaltung oder A Anwendung. Dies gilt nicht, wenn die betreffenden Vorschriften eine Mindestza nehmern voraussetzen und die danach berechnete Zahl der Arbeitnehmer des Rechtsträgers auf weniger als in der Regel ein Viertel dieser Mindestzahl sinkt.

(2) Hat die Spaltung oder Teilübertragung eines Rechtsträgers die Spaltung eine Folge und entfallen für die aus der Spaltung hervorgegangenen Betriebe Recht gungsrechte des Betriebsrats, so kann durch Betriebsvereinbarung oder Tarifve geltung dieser Rechte und Beteiligungsrechte vereinbart werden. Die §§ 9 und 2 verfassungsgesetzes bleiben unberührt.

Einleitung

Inhaltsübersicht

I. Geschichte der Betriebsverfassung

1. Paulskirche, Kaiserreich

1 Der erste rechtspolitische Vorschlag zur Regelung einer selbstständigen betrieblichen Interessenvertretung wurde in der **Frankfurter Nationalversammlung** (Paulskirche) als Minderheitsentwurf zur Reichsgewerbeordnung vorgelegt.[1] Er zielte auf die Einrichtung von Fabrikausschüssen mit beratender Funktion, ausgerichtet auf Vermittlung und die Aufrechterhaltung der Ordnung in der Fabrik. Die Nationalversammlung wurde aufgelöst, ehe sie ein neues, nationales Gewerbe- und Arbeitsrecht beraten konnte.[2]

2 Die Zeit nach der endgültigen Niederlage der 48er-Revolution war im Bereich des Arbeitslebens geprägt von Industrialisierung, Herausbildung der Gewerkschaften, ihrem Kampf um Selbstbehauptung und die Unterdrückungsphase der Sozialistengesetze.[3] Vereinzelt existierten **Arbeiterausschüsse auf freiwilliger Basis,** freilich nur bedingt als Einrichtungen zur Vertretung von AN-Interessen, sondern eher als verlängerter Arm des AG zu Beschwichtigungs- und Disziplinierungszwecken.[4]

3 1889 wurde im Verlaufe des großen Bergarbeiterstreiks die Forderung nach obligatorischen Arbeiterausschüssen erhoben. Sie sollten die Beschwerden der Belegschaften vorbringen und bei einzelnen Angelegenheiten mitbestimmen dürfen. Obwohl sich der seit kurzem regierende Kaiser Wilhelm hierfür einsetzte, scheiterte die obligatorische Einrichtung von Arbeiterausschüssen am Widerstand von Großindustrie und einigen Landesregierungen.[5] Das Gesetz betreffend Abänderung der GewO (**Arbeiterschutzgesetz**) vom 1.6.1891[6] beließ es bei freiwillig zu bildenden Arbeitervertretungen und der gesetzlichen Pflicht des AG, nach Anhörung der Belegschaft eine Arbeitsordnung mit bestimmtem Mindestinhalt zu erlassen.

4 Als Folge einer mehrwöchigen Arbeitsniederlegung im Bergbau beschloss das Preußische Abgeordnetenhaus **1905** die **obligatorische Einrichtung von Arbeiterausschüssen auf allen Bergwerken** mit mehr als 100 AN.[7] Wegen ihrer vorrangigen Verpflichtung auf die Herstellung des »guten Einvernehmens« innerhalb der Belegschaft sowie zwischen ihr und dem AG und der leichten Möglichkeit ihrer Auflösung durch die Verwaltungsbehörde wurden diese Ausschüsse jedoch von der Mehrheit der AN weitgehend boykottiert.[8]

---

1 Hierzu und zum Folgenden vgl. *Teuteberg,* S. 109; *Däubler,* Arbeitsrecht 1, S. 371 ff.; *Gamillscheg,* AuR 91, 272; *Eberwein,* WSI-Mitt. 92, 497; *Blanke,* BetrR 95, 1; *Müller-Jentsch,* GMH 95, 317; *Wiese,* JuS 94, 99.

2 Zur Geschichte des Arbeitsrechts vgl. Kittner/Zwanziger/Deinert-*Kittner,* CD-ROM.

3 Vgl. *Döring/Kempen* [Hrsg.].

4 Vgl. *Schneider/Kuda,* S. 53 ff.

5 *Teuteberg,* S. 342 ff.

6 RGBl. I S. 261.

7 Gesetz betreffend Abänderung einzelner Bestimmungen des Berggesetzes für die preußischen Staaten 1865/1892, Preußische Gesetzessammlung 1905, S. 307; abgedruckt bei *Zachert,* Betriebliche Mitbestimmung, S. 22 f.

8 *Teuteberg,* S. 450.

Einen qualitativen Sprung bedeutete erst das **Gesetz über den vaterländischen Hilfsdienst** vom 5.12.1916.[9] Um die Arbeiterbewegung zur Erreichung kriegswirtschaftlicher Ziele enger in das bestehende Herrschaftssystem einzubinden sowie generell zur Stabilisierung der Systemloyalität unter Kriegsbedingungen, wurden erstmals reichsweit obligatorische Arbeiter- und Angestelltenausschüsse in Betrieben mit mehr als 50 AN eingerichtet. Außerdem wurden erstmals die Gewerkschaften über ihre Vorschlagsberechtigung für Beisitzer von Schlichtungsausschüssen gesetzgeberisch nicht nur geduldet, sondern positiv anerkannt. Die **Ambivalenz des Gesetzes** ist deutlich: Die Gewerkschaften begriffen seine Möglichkeiten als »Tropfen sozialen Öls« in einem »Zwangsgesetz«, das man als kleineres Übel hinnahm.[10] Die AG wiederum akzeptierten die Zugeständnisse des Gesetzes lediglich als kriegsbedingt und verlangten, dass sie nach Kriegsende wieder rückgängig gemacht würden.[11] 5

2. Revolution 1918, Weimarer Republik

Die von den AG noch beim Erlass des Hilfsdienstgesetzes gehegte Hoffnung auf eine Rückkehr 6
zu Vorkriegszuständen wurde durch die **Revolution vom November 1918** durchkreuzt. Der Gedanke der Gleichberechtigung von AN und AG ist ein unmittelbares Produkt dieses Vorgangs (wenngleich aus AG-Sicht zunächst lediglich zur Abwehr aller weiter gehenden Sozialisierungsvorhaben). Seinen konkreten Ausdruck fand dieser Gedanke der Gleichberechtigung zunächst in der Bildung der »**Zentralarbeitsgemeinschaft**« zwischen AG-Verbänden und Gewerkschaften vom 15.11.1918,[12] nachdem unmittelbar vorher im »Aufruf des Rates der Volksbeauftragten an das deutsche Volk« vom 12.11.1918[13] die gewerkschaftliche Vereinigungsfreiheit voll anerkannt worden war.

Eine erste staatliche Formulierung erfuhr dieses neue System zur Gestaltung der sozialen 7
Beziehungen mit der »**Verordnung über Tarifverträge, Arbeiter- und Angestellten-Ausschüsse und Schlichtung von Arbeitsstreitigkeiten**« vom 23.12.1918.[14] Damit sollte sowohl dem nunmehr endgültig anerkannten TV-System eine rechtliche Grundlage gegeben als auch die betriebliche Interessenvertretung der AN neu geordnet werden.

Noch vor einer weiteren Klärung des Verhältnisses zwischen AN und UN und vor Verab- 8
schiedung einer Reichsverfassung wurde die Frage der **Sozialisierung** in Angriff genommen. Mit dem »Sozialisierungsgesetz« vom 23.3.1919[15] wurde eine Art Rahmengesetz, oder besser gesagt Absichtserklärung, für künftige Sozialisierungen verabschiedet. Mit dem am gleichen Tage veröffentlichten »Gesetz über die Regelung der Kohlewirtschaft«[16] regelte das Reich »die gemeinwirtschaftliche Organisation der Kohlewirtschaft«. Nicht zuletzt unter dem Druck der Reparationen versandeten jedoch alle derartigen Sozialisierungsbestrebungen.

Die umfassende Anerkennung einer gleichberechtigten Mitbestimmung erfolgte durch die 9
Weimarer Reichsverfassung vom 11.8.1919.[17] Neben Art. 159, der die Vereinigungsfreiheit (Koalitionsfreiheit) gewährleistete, regelte Art. 165 ein System der Mitbestimmung auf Unternehmensebene und in der Gesamtwirtschaft. Art. 165 Abs. 1 lautete: »Die Arbeiter und Angestellten sind dazu berufen, gleichberechtigt in Gemeinschaft mit den Unternehmern an der Regelung der Lohn- und Arbeitsbedingungen sowie an der gesamten wirtschaftlichen Entwicklung der produktiven Kräfte mitzuwirken. Die beiderseitigen Organisationen werden anerkannt.« Die weiteren Absätze regelten programmatisch die Bildung von Arbeiterräten in den Betrieben, auf bezirklicher Ebene und für das ganze Reich sowie von Bezirkswirtschaftsräten und eines Reichswirtschaftsrates. In die Tat umgesetzt wurde davon allerdings nur wenig.

Einer weitestgehenden Zurücknahme des ursprünglichen Rätegedankens kam das **Betriebs-** 10

---

9 RGBl. S. 1333.
10 So der DMV-Repräsentant *Schlicke*, zit. bei *Schneider/Kuda*, S. 18.
11 Vgl. *Blanke/Erd/Mückenberger/Stascheit* [Hrsg.], Bd. 1, S. 161 ff.
12 Abgedruckt bei *Blanke u. a.*, a. a. O., S. 181 ff.
13 RGBl. S. 1303.
14 RGBl. S. 1456.
15 RGBl. S. 341.
16 RGBl. S. 342.
17 RGBl. S. 1383.

rätegesetz (BRG) vom 4.2.1920[18] gleich. Dieser Rätegedanke lief – stark verallgemeinert – darauf hinaus, die Staatsbürger unmittelbar nicht nur an der Wahrnehmung der politischen, sondern auch der wirtschaftlichen Aufgaben zu beteiligen. Mittel hierzu sollten sein: Rechenschaftspflicht der Gewählten gegenüber den Wählern, die Befugnis der Wähler, den Funktionären gegebenenfalls auch bindende Anweisungen zu geben, und das Recht, sie – soweit nötig – durch Mehrheitsbeschluss abzuberufen. Diese Grundprinzipien des Rätegedankens finden allerdings im BRG von 1920 kaum oder jedenfalls nur sehr abgeschwächt ihren Niederschlag.[19] Der BR besaß – wie später nach dem BetrVG 1952 – lediglich eingeschränkte Mitspracherechte vor allem in personellen und sozialen Angelegenheiten: Der Betriebsversammlung stand kein Abberufungsrecht gegenüber dem BR zu, was im Regierungsentwurf ursprünglich noch vorgesehen war. Das Gesetz war schließlich dem Gedanken der Sozialpartnerschaft stark verpflichtet: Es bestimmte, dass der BR den AG und die Betriebszwecke zu unterstützen habe.[20]

11 Das BRG von 1920 sieht erstmals auch eine Beteiligung von **AN-Vertretern im Aufsichtsrat** vor. § 70 BRG bestimmte: »In Unternehmen, für die ein Aufsichtsrat besteht und nicht auf Grund anderer Gesetze eine gleichartige Vertretung der Arbeitnehmer im Aufsichtsrate vorgesehen ist, werden nach Maßgabe eines besonders hierüber zu erlassenden Gesetzes ein oder zwei Betriebsratsmitglieder in den Aufsichtsrat entsandt, um die Interessen oder Forderungen der Arbeitnehmer sowie deren Ansichten und Wünsche hinsichtlich der Organisation des Betriebes zu vertreten. Die Vertreter haben in allen Sitzungen des Aufsichtsrats Sitz und Stimme, erhalten jedoch keine andere Vergütung als eine Aufwandsentschädigung. Sie sind verpflichtet, über die ihnen gemachten vertraulichen Angaben Stillschweigen zu bewahren.« Das Ausführungsgesetz hierzu erging als »Gesetz über die Entsendung von Betriebsratsmitgliedern in den Aufsichtsrat« vom 15.2.1922.[21] Es enthielt über Verfahrensfragen hinaus auch den wichtigen Grundsatz, dass für die in den Aufsichtsrat entsandten BR-Mitglieder die gleichen gesetzlichen Bestimmungen wie für die übrigen Aufsichtsratsmitglieder gelten. Kompetenzverlagerungen aus dem Aufsichtsrat oder in Ausschüsse waren allerdings häufig.[22]

12 Als unternehmensbezogenes Beteiligungsrecht des BR regelte **§ 72 BRG** die **»Vorlegung der Betriebs-Bilanz und Verlustrechnung«.** Das entsprechende Ausführungsgesetz erging als »Gesetz über die Betriebsbilanz und die Betriebsgewinn- und Verlustrechnung« vom 5.2.1921.[23]

3. Nationalsozialismus

13 **Der Nationalsozialismus** drehte das Rad der Geschichte hinsichtlich der Beziehungen zwischen AG und AN in ungeahnter Weise zurück: Die Gewerkschaften wurden zerschlagen, ihre Funktionäre eingesperrt, ermordet oder ins Exil getrieben. Das **Gesetz zur Ordnung der nationalen Arbeit** (AOG) vom 20.1.1934[24] setzte das Betriebsrätegesetz sowie das Gesetz über die Entsendung von Betriebsratsmitgliedern in den Aufsichtsrat und das Gesetz über die Betriebsbilanz usw. förmlich außer Kraft. Von da an galt das »Führerprinzip« in den Betrieben mit einem vom Unternehmer und der NSDAP eingesetzten »Vertrauensrat« der Arbeitnehmer – eine Karikatur des früheren BR. Seine Funktion richtete sich auf eine maximale Unterordnung der AN unter dem Stichwort des »gegenseitigen Vertrauens innerhalb der Betriebsgemeinschaft«.[25] Die Entrechtung der AN im Nationalsozialismus ist durch eine Vielzahl formalisierter Hoheitsakte (Arbeitsdienst, Kriegswirtschaftsverordnungen) fortgeführt und vertieft worden, bis dessen militärische Niederlage den Weg zu einem Neuanfang frei machte.

18 RGBl. S. 147.
19 Zum Gesetz vgl. *Flatow/Kahn-Freund*, BRG, zuletzt 13. Aufl. 1931.
20 Vgl. *Briegl/Matthias*.
21 RGBl. S. 209.
22 Vgl. *Köstler*, Mitbest. 1986, 429.
23 RGBl. S. 159.
24 RGBl. I S. 45.
25 § 6 AOG; vgl. *Däubler*, Arbeitsrecht 1, S. 379 f.

4. Neuanfang nach 1945

Der Neuanfang nach 1945 in Bezug auf die Frage der Mitbestimmung bestand in der zurückhaltenden **Wiederherstellung der Betriebsverfassung durch Besatzungsrecht**. Dazu diente zunächst die Aufhebung des nationalsozialistischen Rechts durch das Gesetz Nr. 1 der Militärregierung vom 30. 8. 1945. Mit dem Gesetz Nr. 22 des Kontrollrates vom 10. 4. 1946[26] wurde die Errichtung von BR gestattet. Allerdings brachte dieses Gesetz keine ausdrücklich verankerten Mitbestimmungsrechte, sondern überließ es den Kräfteverhältnissen »vor Ort«, welchen Einfluss die BR in ihrem jeweiligen Wirkungsbereich auszuüben in der Lage waren.[27] 14

Ein herausragendes Beispiel für die Erringung weitgehender Mitbestimmungsrechte unmittelbar nach dem Kriege ist die **Betriebsvereinbarung** bei der Firma **Bode-Panzer** vom Dezember 1946. Dieser Betriebsvereinbarung war der erste gewerkschaftlich organisierte Streik der Nachkriegszeit unter der Führung des späteren ersten Vorsitzenden der IG Metall, Otto Brenner, vorangegangen. In ihr war u. a. Folgendes festgelegt: 15

- Einstellungen und Entlassungen, Versetzungen und Beförderungen, Lohn- und Gehaltsregelungen sowie Veränderungen in der arbeitsvertraglichen Stellung werden durch den Vorstand im Einverständnis des BR nach den gesetzlichen und tariflichen Vorschriften unter Berücksichtigung rein sachlicher Gesichtspunkte durchgeführt. Es sollen nur Personen eingestellt werden, die nachgewiesenermaßen nicht unsozial, antidemokratisch oder militaristisch eingestellt sind.
- Der BR wirkt bei dem betrieblichen Wiederaufbau, bei der Festlegung des Produktionsprogramms und bei der Schaffung neuer Arbeitsmethoden mit. Soll der Betrieb erweitert, eingeschränkt oder stillgelegt werden, so bedarf es darüber der Zustimmung des BR wie bei der Aufgabe bisheriger und Aufnahme neuer Produktionszweige.
- Der Vorstand gibt dem BR über alle das Arbeitsverhältnis und die Tätigkeit der AN berührenden Betriebsvorgänge Aufschluss. Dem Vorsitzenden des BR sind bei berechtigten Gründen die Lohnbücher und Personalakten vorzulegen. Gleichfalls ist eine einwandfreie Übersicht über den Vermögensstand zu gewährleisten.[28]

Ähnlich weitgehende Mitbestimmungsrechte in wirtschaftlichen Angelegenheiten enthielten andere Betriebsvereinbarungen in einer Reihe von UN.[29] 16

Der Gedanke der Wirtschaftsdemokratie in Form der Mitbestimmung der Arbeitnehmer auf allen Stufen der Wirtschaft fand Eingang in fast alle **Verfassungen der Länder**.[30] In Anlehnung an die Bestimmungen der Weimarer Verfassung sehen sie eine umfassende gleichberechtigte Beteiligung der AN im Arbeits- und Wirtschaftsleben vor. Allerdings sind alle diese Bestimmungen wiederum nur Programmsätze geblieben, die durch die spätere Entwicklung der Bundesrepublik Deutschland praktisch gegenstandslos geworden sind. 17

Unmittelbar nach Erlass des Kontrollratsgesetzes (KRG) Nr. 22 wurden in den **Ländern Betriebsverfassungsgesetze** erlassen. In den westlichen Besatzungszonen erfolgte dies in Baden, Bayern, Bremen, Hessen, Rheinland-Pfalz, Schleswig-Holstein, Württemberg-Baden und Württemberg-Hohenzollern. Diese Gesetze waren sehr voneinander verschieden. Teils wurden nur die Aufgaben der BR, teils die ganze Betriebsratsverfassung geregelt, teils fehlten Vorschriften über wirtschaftliche Mitbestimmungsrechte.[31] 18

Besonders weitreichende Mitbestimmungsrechte enthielt das **hessische Betriebsrätegesetz** vom 26. 5. 1948, insbesondere in wirtschaftlichen Angelegenheiten. § 52 Abs. 1 des hessischen Betriebsrätegesetzes lautete: 19

»Das Mitbestimmungsrecht des Betriebsrats in wirtschaftlichen Angelegenheiten erstreckt sich auf folgende Aufgaben: 20

a) Änderung des Betriebszwecks und Veränderungen in den Betriebsanlagen, die geeignet

26 ABl. des Kontrollrates, S. 133.
27 Vgl. *Blanke/Erd/Mückenberger/Stascheit* [Hrsg.], Bd. 1, S. 158 ff.
28 Vgl. *DGB-Brit. Zone* [Hrsg.], Das neue Recht im Betriebsrätewesen, 1948, S. 35 ff.
29 S. *Köstler.*
30 Vgl. *Potthoff,* Zur Geschichte der Mitbestimmung, in *Potthoff* u. a., S. 28 ff.
31 Vgl. *Däubler,* Arbeitsrecht 1, S. 382 f.

sind, die Beschäftigungsverhältnisse der Arbeitnehmer des Betriebs wesentlich umzustellen,

b) Entscheidungen, die geeignet sind, durch Umstellungen in dem Verlauf, der Erzeugung oder dem Absatz die Grundlagen des Betriebes wesentlich zu verändern,

c) Einführung grundlegend neuer Arbeitsmethoden,

d) wesentliche Änderungen des Betriebsumfanges bei Betriebseinschränkungen, Verschmelzungen und Betriebsstilllegungen.«

So wie schon auf Grund des BRG von 1920 sollten gem. § 55 dieses Gesetzes zwei BR-Mitglieder in den Aufsichtsrat entsandt werden. Diese Vorschriften genehmigte die amerikanische Militärregierung unter General Clay mit Hinweis auf die laufenden Beratungen über die Verfassung eines westdeutschen Staates nicht.[32]

21 Bei der Gründung der Bundesrepublik Deutschland und der **Schaffung des Grundgesetzes** wurde eine Klärung des Mitbestimmungsproblems i. S. einer bestimmten Wirtschafts- und Sozialverfassung etwa nach Vorbild der vorhandenen Länderverfassungen nicht vorgenommen. Die SPD, die hierfür eingetreten war, setzte vielmehr auf entsprechende einfachgesetzliche Regelungen nach In-Kraft-Treten des Grundgesetzes.[33]

5. BetrVG 1952

22 Schon im November 1949 forderte die bürgerliche Bundestagsmehrheit die Bundesregierung auf, den **Entwurf eines »Betriebsverfassungsgesetzes«** vorzulegen, bestand doch die »Gefahr«, dass die bislang nur durch ein alliiertes Veto blockierten landesrechtlichen Vorschriften über das wirtschaftliche Mitbestimmungsrecht in Kraft treten würden.[34] Nachdem die sog. Hattenheimer Gespräche zwischen Arbeitgebern und Gewerkschaften bei den wesentlichen Fragen der Mitbestimmung ohne Ergebnis geblieben waren, veröffentlichte der DGB seine Vorschläge zur Neuordnung der deutschen Wirtschaft[35] und forderte u. a., in allen UN mit mehr als dreihundert AN die Hälfte der Aufsichtsratssitze der AN-Seite einzuräumen, widmete jedoch der innerbetrieblichen Mitbestimmung keinerlei Aufmerksamkeit. Der Ende August 1950 vorgelegte Regierungsentwurf eines BetrVG[36] ging weit hinter die Betriebsrätegesetze der Länder und das KRG Nr. 22 zurück, indem er einen extrem sozialpartnerschaftlichen Kurs steuerte und weniger Mitbestimmungsrechte als selbst das BRG 1920 gewährte.

23 Nachdem die Gewerkschaften im Jahre 1951 die Montanmitbestimmung mit Hilfe einer Streikdrohung gesichert hatten, stellte sich ihnen die Frage, ob die Ausdehnung der paritätischen Mitbestimmung auf alle Groß-UN mit Kampfmaßnahmen erzwungen und die Entmachtung der BR verhindert werden könnte. Die Meinungen hierzu waren geteilt, so dass nur zögernd Demonstrationen und Warnstreiks organisiert wurden. Der vom 27. – 29.5.1952 durchgeführte sog. Zeitungsstreik legte zwar die gesamte Tagespresse lahm, fand jedoch in der Öffentlichkeit ein ausgesprochen negatives Echo. Mit den Stimmen der aus CDU/CSU, FDP und Deutscher Partei bestehenden Regierungskoalition und gegen das Votum von SPD und KPD wurde am **19.7.1952** das (erste) **BetrVG** vom Bundestag **verabschiedet,** das am 11.11.1952 in Kraft trat[37] und rund 20 Jahre lang die betriebliche Realität zumindest mitbestimmte.

24 Abgesehen von der Regelung der Mitbestimmung im Aufsichtsrat fanden verschiedene, im Hinblick auf die bisherige Entwicklung bemerkenswerte Vorschriften die **Kritik der Gewerkschaften:**

- Das Gesetz beschränkte sich auf die gewerbliche Wirtschaft und klammerte im Gegensatz zum KRG Nr. 22 sowie den Betriebsrätegesetzen der Länder den öffentlichen Dienst aus. Es

32 Vgl. *Weiß-Hartmann,* S. 179 ff.

33 Vgl. *Hartwich,* Sozialstaatspostulat, S. 50 ff.; zur verfassungsrechtlichen Grundlegung vgl. *Kempen,* AuR 86, 129; s. auch Rn. 39, 71.

34 Vgl. *E. Schmidt,* Die verhinderte Neuordnung, S. 193 ff.

35 Abgedruckt in RdA 50, 183 und 227.

36 Abgedruckt in RdA 50, 343.

37 BGBl. I S. 681.

ging damit vom Grundsatz der Gleichbehandlung aller AN ab und schuf so die Gefahr eines desolidarisierenden Gruppenrechts.

- Das Gesetz trennte BR und Gewerkschaften; Letztere konnten nicht einmal einen eigenen Wahlvorschlag einreichen, ihr Zutrittsrecht zum Betrieb blieb zweifelhaft.
- Das Gesetz stellte die gesamte BR-Tätigkeit unter das Gebot der vertrauensvollen Zusammenarbeit mit dem AG. Nach § 49 Abs. 1 hatten beide dem »Wohl des Betriebs und seiner Arbeitnehmer zu dienen und das Gemeinwohl zu berücksichtigen«. Über das BRG 1920 hinaus war dem BR nicht nur jede Förderung von Arbeitskämpfen untersagt; er musste vielmehr alles unterlassen, »was geeignet« war, »die Arbeit und den Frieden des Betriebs zu gefährden«, und sich jeder politischen Betätigung enthalten.
- Die Mitbestimmungsrechte gingen zwar über den ursprünglichen Regierungsentwurf hinaus, doch beschränkten sie sich praktisch auf die in § 56 aufgeführten sozialen Angelegenheiten. Die Mitbestimmung bei Einstellungen war wenig effektiv, bei Kündigungen bestand nur ein Anhörungsrecht, und bei Betriebsänderungen war bestenfalls eine Milderung der sozialen Auswirkungen durch Gewährung einer Abfindung an die Entlassenen erreichbar.

Das **BetrVG 1952** wurde während seiner 20-jährigen Geltung nur **wenig geändert**:[38] 25

- Mit Gesetz vom 15.12.1964[39] wurde die Amtszeit der BR auf drei Jahre erhöht.
- Mit Art. 40 des Einführungsgesetzes zum AktG vom 6.9.1965[40] wurden die – heute noch geltenden – Vorschriften über die AN-Beteiligung im Aufsichtsrat insbes. den konzernrechtlichen Vorschriften des neuen AktG angepasst.

Die erste **WO zum BetrVG 1952** wurde mit VO vom 18.3.1953[41] erlassen. Mit der Änderungs-VO vom 7.2.1962[42] wurde insbesondere die Möglichkeit der Briefwahl eingeführt. 26

6. BetrVG 1972

Der Verabschiedung des BetrVG 1972 in der 6. Wahlperiode des Bundestages gingen **Gesetzesentwürfe** der im Bundestag vertretenen Parteien der **5. Legislaturperiode** voraus: 27

Die CDU/CSU-Fraktion brachte am 2.11.1967 den Entwurf eines Gesetzes zur Änderung des BetrVG[43] im Bundestag ein, dessen erste Lesung am 13.12.1967 stattfand. Der Ausschuss für Arbeit führte auf der Grundlage dieses Entwurfs am 9.5.1968 eine öffentliche Anhörung (Prot. Nr. 61) durch. Die SPD-Fraktion legte ihren Entwurf eines Gesetzes zur Neuregelung der Betriebsverfassung[44] am 16.12.1968 vor. Er wurde am 22.1.1969 im Bundestag in erster Lesung behandelt. Am 20.3.1969 folgte die FDP-Fraktion mit dem Entwurf eines Gesetzes zur Änderung des BetrVG,[45] dessen erste Lesung am 23.4.1969 stattfand. 28

Die Gesetzentwürfe konnten in der 5. Legislaturperiode nicht mehr abschließend beraten werden.[46] 29

Die während dieser Zeit **von den Gewerkschaften vorgelegten Entwürfe** zum Ausbau der Betriebsverfassung[47] zeigten dabei zugleich deutlich die Akzeptanz der Grundstrukturen der Parteientwürfe.[48] 30

Auf Grund der Regierungserklärung des Bundeskanzlers Willy Brandt vom 28.10.1969 griff die damalige sozialliberale Koalition das Vorhaben eines neuen BetrVG in der **6. Legislaturperiode** wieder auf. Die Stationen des Gesetzgebungsverfahrens waren: 31

- Regierungsentwurf vom 29.1.1971;[49]

---

38 Vgl. *Fitting/Kraegeloh/Auffarth*, BetrVG 1952, 7. Aufl. 1966, Einl. S. 36.
39 BGBl. I S. 1065.
40 BGBl. I S. 1185.
41 BGBl. I S. 58.
42 BGBl. I S. 64.
43 BT-Drucks. V/2234.
44 BT-Drucks. V/3658.
45 BT-Drucks. V/4011.
46 RegE, BT-Drucks. VI/1786, S. 31.
47 DGB-Vorschläge 1967 und 1970, abgedruckt in RdA 67, 462 und 70, 242.
48 Hierzu *Däubler*, Arbeitsrecht 1, S. 385.
49 BT-Drucks. VI/1786.

- Entwurf der CDU/CSU vom 8. 2. 1971;[50]
- Anhörungen des Ausschusses für Arbeit und Sozialordnung am 24./25. 2. 1971 und am 13./14. 5. 1971;[51]
- Ausschussbericht;[52]
- Verabschiedung in 2. und 3. Lesung am 10. 11. 1971;[53]
- Anrufung des Vermittlungsausschusses durch den Bundesrat am 3. 12. 1971;[54]
- Zustimmung des Bundesrats nach Ablehnung von Änderungen durch den Vermittlungsausschuss am 17. 12. 1971.[55]

32 Das neue Gesetz lässt sich auf folgende Kurzformel bringen: **Ausbau der Betriebsverfassung** unter **Beibehaltung ihrer grundlegenden Strukturen.**[56] Grundlage bleibt das Konzept der unterschiedlichen Konfliktlösung mit Arbeitskampfverbot und dem Gebot der vertrauensvollen Zusammenarbeit. Unter Beibehaltung der formalen Trennung zwischen Gewerkschaften und Betriebsräten werden jedoch die Rechte der Gewerkschaften verstärkt. Neu aufgenommen sind Individualrechte des einzelnen AN. Auf der Grundlage verbesserter Organisationsrechte[57] werden die Mitbestimmungsrechte des BR ausgebaut. Im Bereich der wirtschaftlichen Mitbestimmung bleibt es jedoch bei bloßer Information, Beratung und Folgenmilderung durch Interessenausgleich und Sozialplan.

33 Die **wesentlichen Änderungen** des BetrVG[58] waren Folgende:

34 **Gesetz zum Schutze in Ausbildung befindlicher Mitglieder von Betriebsverfassungsorganen** vom 18. 1. 1974:[59]

Weil auf Grund des BetrVG 1972 die Tätigkeit der Jugendvertretungen stark ausgebaut werden konnte, kam es in diesem Bereich zu verstärkten Konflikten mit den AG. Nach Angaben des DGB wurden über 600 Jugendvertreter, die Auszubildende waren, nur wegen ihrer Eigenschaft als Jugendvertreter nicht in ein Arbeitsverhältnis übernommen. Daraufhin wurde § 78 a in das BetrVG eingefügt.

Beschäftigungsförderungsgesetz 1985 vom 26. 4. 1985:[60]

Mit dem BeschFG 1985 wurden die möglichen Inhalte von Sozialplänen drastisch beschnitten (vgl. nunmehr § 112 Abs. 4 und 5 und § 112 a). Unter dem irreführenden Etikett der »Beschäftigungsförderung« sollen damit Entlassungen finanziell erleichtert werden.[61]

Gesetz zur Bildung von Jugend- und Auszubildendenvertretungen in den Betrieben vom 13. 7. 1988.[62]

Mit diesem Gesetz wurde der Tatsache Rechnung getragen, dass junge Menschen zunehmend später ins Berufsleben eintreten, mithin der von den Jugendvertretungen erfasste Personenkreis immer mehr abnahm. Das führte vor allem zu einer immer geringeren Repräsentanz der Jugendvertretungen für Auszubildende. Daraus erwuchs die gewerkschaftliche Forderung nach Schaffung von »Jugend- und Auszubildendenvertretungen«. Dieser Forderung wurde Rechnung getragen, nicht jedoch der nach gleichzeitiger Verbesserung ihrer Arbeitsmöglichkeiten. Außerdem wurde der Grundsatz der Mehrheitswahl durch den der Verhältniswahl abgelöst (§ 63), ersichtlich im Bestreben, die Wahlchancen von Minderheitsgruppierungen zu verbessern.[63]

---

50 BT-Drucks. VI/1806.
51 Prot. Nrn. 45, 46, 57, 58.
52 BT-Drucks. VI/2729 und zu BT-Drucks. VI/2729.
53 150. Sitzung, Sitzungsprot., S. 8586 ff., 8633 ff. und 8645 ff.
54 374. Sitzung, Sitzungsprot., S. 341 ff.
55 375. Sitzung, Sitzungsprot., S. 369 ff.
56 Vgl. *Arendt*, BABl. 72, 273; *Fitting*, BABl. 72, 276; *Schneider*, BABl. 72, 292; *Farthmann*, GMH 72, 7; *Wisskirchen*, BABl. 72, 288; *Biedenkopf*, BB 72, 1513; *Auffarth*, AuR 72, 33; *Richardi*, JA 72, 137; *Dütz*, JuS 72, 685.
57 Hierzu siehe *Breinlinger/Kittner*, BB 82, 20.
58 Zu einem Gesamtüberblick siehe *Fitting*, Einl. S. 70 ff.
59 BGBl. I S. 85.
60 BGBl. I S. 710.
61 Hierzu s. *Unterhinninghofen*, AiB 84, 116; *Scherer*, NZA 85, 764.
62 BGBl. I S. 1034.
63 Zu diesem Gesetz s. *Engels/Natter*, BB 88, 1453; *Schwab*, NZA 88, 687.

Gesetz zur Änderung des Betriebsverfassungsgesetzes, über Sprecherausschüsse der leitenden Angestellten und zur Sicherung der Montanmitbestimmung vom 20.12.1988:[64]
Nach mehrmaligen Anläufen und vielen Protesten der Gewerkschaften hat die Regierungskoalition aus CDU/CSU und FDP ihre Pläne zur Änderung der Betriebsverfassung Ende 1988 realisiert. Ein entsprechendes Vorhaben in der 10. Legislaturperiode des Bundestages[65] war insbes. nach der Auseinandersetzung um § 116 AFG aus wahltaktischen Gesichtspunkten verschoben worden.[66]
Das BetrVG wurde insbesondere in folgender Hinsicht geändert:

- verstärkter Minderheitenschutz bei der BR-Wahl und in der BR-Arbeit (Freistellungen und Ausschussbesetzung nach Verhältniswahl);
- Verlängerung der Amtsperiode der BR von 3 auf 4 Jahre;
- Begrenzung der Kosten für ESt.-Verfahren;
- Präzisierung der Informationspflichten des AG bei der Einführung neuer Technologien;
- Neuformulierung der Definition des »leitenden Angestellten«; diese steht in direktem Zusammenhang zur gesetzlichen Einführung von SpA der leitenden Angestellten.

Diese Änderungen sind von den Gewerkschaften heftig bekämpft worden, weil unter dem Deckmantel des »Minderheitenschutzes« erklärtermaßen die Möglichkeit einer geschlossenen Interessenvertretung innerhalb der Betriebsverfassung geschwächt werden sollte.[67] Die AG haben gleichfalls den Sinn der Reform bezweifelt.[68]
Arbeitsrechtliches Gesetz zur Förderung von Wachstum und Beschäftigung (Arbeitsrechtliches Beschäftigungsförderungsgesetz) vom 25.9.1996:[69]
Mit diesem außerordentlich umstrittenen Gesetz sind mit der Begründung, so für mehr Beschäftigung zu sorgen, vor allem die Entgeltfortzahlung im Krankheitsfalle und das Kündigungsschutzrecht reduziert worden. Das BetrVG wurde unmittelbar nur durch Einfügung der Sätze 2 und 3 in § 111 Abs. 3 geändert. Aufgrund § 1 Abs. 4 und 5 KSchG sind kündigungsschutzrechtliche Erleichterungen im Falle von Auswahlrichtlinien und bei der namentlichen Nennung zu kündigender AN in einem Interessenausgleich geregelt worden.[70]
Gesetz zu Korrekturen in der Sozialversicherung und zur Sicherung der Arbeitnehmerrechte vom 19.12.1998:[71]
Unmittelbar nach dem Wahlsieg der rot-grünen Regierungskoalition wurden die kündigungsschutzrechtlichen Neuerungen auf Grund des Arbeitsrechtlichen Beschäftigungsförderungsgesetzes 1996 weitestgehend wieder zurückgenommen. Das betraf bezüglich der Betriebsverfassung die Streichung der Sätze 2 und 3 des § 113 Abs. 3, mit dem die zeitliche Dauer von Interessenausgleichsverhandlungen begrenzt werden sollte.[72]
Die geänderte **WO 1972** auf Grund der neuen Gesetzeslage wurde am 29.9.1989 erlassen.[73]

64 BGBl. I S. 2312.
65 BT-Drucks. 10/3384.
66 Zur Kritik der damaligen Pläne s. *Trittin,* AiB 85, 119; *Spieker,* NZA 85, 681; *Hanau,* RdA 85, 291; *Richardi,* AuR 86, 33; *Schumann,* GMH 87, 721.
67 Vgl. insgesamt *Apitzsch/Klebe/Schumann* [Hrsg.]; *Schneider,* GMH 88, 409; *Hanau,* AuR 88, 261; *Plander,* AiB 88, 272; Schwerpunktheft »Die Novelle zum BetrVG«, Mitb 6/88; *Bobke,* WSI-Mitt. 89, 16; *Wlotzke,* DB 89, 111 und 173.
68 Vgl. *Weinrich,* ArbGeb 89, 454.
69 BGBl. I S. 1476.
70 Vgl. *Kittner,* AuR 97, 182, 186, 189 m. w. N.; zum Gesetz insgesamt vgl. *Bader,* NZA 96, 1126; *Buschmann,* AuR 96, 285; *Däubler,* BetrR 97, 1; *Etzel,* FAZ – Blick durch die Wirtschaft 21.10.96, S. 10; *Hinrichs,* AiB 96, 589; *v. Hoyningen-Huene/Linck,* DB 97, 41; *Lakies,* Neue Justiz 97, 121; *Leinemann,* BB 96, 1381; *Lorenz,* DB 96, 1973; *Löwisch,* NZA 96, 1009; *Preis,* NJW 96, 3369; *Wlotzke,* BB 97, 414.
71 BGBl. I S. 3843.
72 Zum Gesetz vgl. *Däubler,* NJW 99, 601; *Hinrichs,* AiB 99, 3; *Löwisch,* BB 99, 104; *Schiefer,* BB 99, 48.
73 Zu den geänderten Wahlvorschriften insgesamt s. *Dänzer-Vanotti,* ArbuR 89, 204; BGBl. I S. 1793.

7. Vereinigung Deutschlands und Betriebsverfassung

35 Im Zusammenhang mit der **Vereinigung Deutschlands** im Jahre 1990 stellte sich, wie in allen anderen Lebensbereichen auch, die Frage der Harmonisierung der betrieblichen Interessenvertretung. Nach anfänglichen Überlegungen, ausgehend von einem länger dauernden staatlichen Nebeneinander von BRD und DDR,[74] mündete die Entwicklung sehr schnell in die **vollständige Übernahme des BetrVG** für ganz Deutschland. Dies erfolgte bereits zum 1.7.1990 mit dem Vertrag über die Herstellung der **Währungs-, Wirtschafts- und Sozialunion** vom 18.5.1990[75] durch entsprechende DDR-Gesetzgebung.[76] Da die DDR keine Unterscheidung zwischen **Arbeitern und Angestellten** kannte, erhielt § 6 eine spezielle Fassung mit Kriterien der diesbezüglichen Abgrenzung.[77] Die **ersten BR-Wahlen** waren bis spätestens 30.6.1991 durchzuführen. Gleichzeitig wurde bestimmt, dass BR und andere vor dem 31.10.1990 nach demokratischen Grundsätzen gewählte AN-Vertretungen bis zur Wahl eines BR, längstens bis zum 30.6.1991 im Amt bleiben.[78] Eine Wahl hat nicht nach **demokratischen Grundsätzen** stattgefunden, wenn an ihr nur FDGB-Mitglieder teilnehmen konnten.[79] Der **Einigungsvertrag** vom 31.8.90[80] ließ diese Übergangsvorschrift auf dem Gebiet der ehemaligen DDR bis zum 30.6.91 weiterbestehen. § 6 galt in abweichender, der DDR-Übergangsregelung entsprechender Fassung bis zum 31.12.91.[81] Zunächst wirksam abgeschlossene **Betriebskollektivvereinbarungen** (BKV) wurden vom *BAG* nur **bis zum 3.10.1990 als wirksam** anerkannt.[82]

36 Eine weitere betriebsverfassungsrechtlich bedeutsame Folgegesetzgebung auf Grund der staatlichen Vereinigung erfolgte mit dem Gesetz über die **Spaltung der von der Treuhand verwalteten Unternehmen** (SpTrUG) vom 5.4.91[83] und dem Gesetz zur Regelung offener Vermögensfragen (VermG) vom 18.4.91.[84] Beide Gesetze enthalten sowohl ein **besonderes Informationsrecht** des BR (§ 2 Abs. 4 SpTrUG, § 6 b Abs. 1 VermG) als auch die Regelung eines **Übergangsmandats des bestehenden BR** für die aufgespaltenen Folgeunternehmen (§ 13 SpTrUG, § 6 b Abs. 9 VermG).[85]

8. Das BetrVerf-ReformG 2001

37 **Gewerkschaften** forderten in den 90er-Jahren mit wachsendem Nachdruck einen **Ausbau der betrieblichen Mitbestimmung.** Der DGB legte am 3.2.1998 seine »Novellierungsvorschläge zum Betriebsverfassungsgesetz 1972« vor, die sich sowohl auf die Stärkung der Arbeitsgrundlagen der BR wie auch auf die Erweiterung von Mitbestimmungsrechten beziehen. Als Reaktion auf die organisatorischen Veränderungen in der Wirtschaft, die immer mehr AN der Vertretung durch BR entziehen, sollte vor allem der Betriebsbegriff mehr an der Intensität der Zusammenarbeit zwischen den AN als an den Organisationsentscheidungen des AG ausgerichtet werden.[86] Außerdem sollte durch Veränderung des Arbeitnehmerbegriffs dem Phänomen der »Scheinselbstständigkeit« entgegengewirkt werden.[87] Die Stellung der Gewerk-

74 Vgl. *Däubler*, AiB 90, 95; *Kittner*, GMH 90, 151; *Schumann*, GMH 90, 164.
75 BGBl. II S. 518.
76 GBl. I S. 357, 361, 362; vgl. *Lorenz*, DB 90, 3037; *ders.*, DB-DDR-Report 90, S. 37; *Kissel*, NZA 90, 545; *Scholz*, BB-Beilage 23/90.
77 Vgl. *Wlotzke/Lorenz*, BB-Beilage 35/90, S. 5.
78 Hierzu auch VO vom 11.7.90, GBl. I S. 715; vgl. *Schneider*, AiB 90, 303; *Stadtbezirksgericht Berlin-Köpenick* v. 17.7.90, AiB 90, 310.
79 *BAG* 12.11.92, DB 93, 542.
80 BGBl. II S. 889.
81 Vgl. *Wlotzke/Lorenz*, BB-Beilage 35/90, S. 5.
82 *BAG* 1.12.92, EzA § 28 AGB-DDR 1977 Nr. 2; hierzu eingehend 4. Auflage, § 132 Rn. 15 ff.; vgl. auch *Mayer*, AiB 95, 215.
83 BGBl. I S. 854.
84 BGBl. I S. 957.
85 Hierzu *Engels*, DB 91, 966.
86 Vgl. *Bolt/Gosch*, AiB 99, 380; dazu *Löwisch*, DB 99, 2209; *Reichold*, NZA 99, 561.
87 Vgl. *Rost*, NZA 99, 113.

schaften sollte insbesondere durch ein eigenes Klagerecht gegen tarifwidrige Betriebsvereinbarungen und Regelungsabreden gestärkt werden. Die wichtigsten gewerkschaftlichen Forderungen sind in der »**Bonner Erklärung für eine moderne Betriebsverfassung**« vom Juni 1998 zusammengefasst. Die (damalige) **DAG** hat im März 1999 ebenfalls einen Vorschlag zur Novellierung des BetrVG vorgelegt. Im Unterschied zum DGB wollte sie die bisherigen Gruppenrechte in der Betriebsverfassung beibehalten.

Die gewerkschaftlichen Forderungen sind von der im Herbst 1998 gewählten rot-grünen Regierungsmehrheit im Grundsatz positiv aufgenommen worden. In der **Koalitionsvereinbarung** wurde die »Stärkung der Mitbestimmung« und eine Anpassung an die geänderten Umstände vorgesehen; zu diesem Zweck sollte das BetrVG novelliert werden. Die **Arbeitgeberseite** lehnte einen weiteren Ausbau der Mitbestimmung nachhaltig ab: »(Sie) würde die deutschen Unternehmen im Vergleich zu ihren internationalen Wettbewerbern zusätzlich benachteiligten«.[88] 38

Nach knapp zweijähriger Vorarbeit legte das BMA Mitte Dezember 2000 einen **Referentenentwurf** vor,[89] der in leicht verwässerter Form Grundlage des **RegE**[90] wurde.[91] Opposition und Arbeitgeberverbände äußerten heftige Kritik; in der juristischen Literatur wurden insbesondere zahlreiche **handwerkliche Mängel** beanstandet.[92] Der RegE wurde dennoch im Wesentlichen unverändert vom Gesetzgeber verabschiedet; die Neufassung des Gesetzes trat am 28.7.2001 in Kraft.[93] 39

Die zahlreichen **Änderungen** betrafen insbesondere die organisatorische Struktur der Betriebsverfassung, während die Mitbestimmungsrechte – von § 97 einmal abgesehen – eine eher symbolische Erweiterung erfahren haben. Hervorzuheben sind folgende Punkte:[94] 40

- **Vereinfachtes Wahlverfahren** in Betrieben mit bis zu 50 Beschäftigten nach § 14 a; besteht Einvernehmen zwischen Wahlvorstand und AG, kann dieses auch in Betrieben bis zu 100 AN praktiziert werden.
- Der **GBR** und unter bestimmten Voraussetzungen auch der KBR erhalten das Recht, in Betrieben ohne Betriebsrat einen **Wahlvorstand** einzusetzen, § 17. Dadurch soll – genau wie durch das vereinfachte Wahlverfahren – die **Bildung von BR erleichtert** werden.
- Das Mandat von **GBR und KBR** wird auch auf **Einheiten ohne Vertretung** erstreckt.
- Die Arbeitsbedingungen der BR werden dadurch verbessert, dass die in § 9 vorgesehene Zahl etwas erhöht sowie die Staffel für die **Freistellungen** nach § 38 nach oben korrigiert wird. Auf Grund einer Ergänzung von § 40 Abs. 2 haben BR nunmehr auch ausdrücklich Anspruch auf Informations- und Kommunikationstechnik.
- Der BR kann unter erleichterten Voraussetzungen **Ausschüsse** bilden und sich nach näherer Maßgabe des § 80 Abs. 2 Satz 3 an innerbetriebliche **Auskunftspersonen** wenden und mit diesen zusammen ggf. Projektgruppen bilden. Weiter kann er auf Grund einer Rahmenvereinbarung nach § 28 a **Befugnisse auf Arbeitsgruppen delegieren.**
- Die Basis des BR wird insofern erweitert, als nach § 7 Satz 2 auch solche **AN wahlberechtigt** sind, **die** dem Arbeitgeber für einen Zeitraum von **mehr als drei Monaten** von einem Dritten **überlassen** worden sind. Eine Ausdehnung auf arbeitnehmerähnliche Personen ist nicht erfolgt.
- Das Gruppenprinzip ist abgeschafft. § 15 Abs. 2 verlangt jedoch, dass **das in der Minderheit befindliche Geschlecht** mindestens entsprechend seinem Anteil an der Belegschaft im BR repräsentiert sein muss.
- Die **Einheit,** in der BR zu wählen sind, kann nach § 3 **tariflich festgelegt** werden. Soweit

88 Arbeitgeber 19/99, 18.
89 Zu ihm *Däubler,* AuR 01, 1 ff.
90 BT-Drucks 14/5741.
91 Dazu *Engels/Trebinger/Löhr-Steinhaus,* DB 01, 532; zu Einzelheiten des Gesetzgebungsverfahrens s. *Däubler,* WSI-Mitt 01, 63 ff.
92 *Hanau,* RdA 01, 65; *Konzen,* RdA 01, 76; *Richardi/Annuß,* DB 01, 41.
93 BGBl. I S. 1852; zu den Problemen beim Übergang zum neuen Betriebsverfassungsrecht s. *Däubler,* DB 01, 1669. Kritik und erste Anwendungsprobleme bei *Däubler,* AuR 01, 285; *Hanau,* NJW 01, 2513; *Löwisch,* BB 01, 1734 u. 1790; *Reichold,* NZA 01, 857.
94 Vgl. auch *Windeln,* S. 5 ff.

ein UN nicht tarifgebunden ist, ist auch eine Regelung durch Betriebsvereinbarung möglich. Ausdrücklich zugelassen sind unternehmensübergreifende Vertretungsstrukturen.

- **Übergangs- und Restmandat** sind in den §§ 21 a, 21 b ausdrücklich verankert.
- Der **Gemeinschaftsbetrieb** wird als solcher im Gesetz (§ 1) anerkannt; auch ergibt sich aus § 47 Abs. 9, dass der dort gewählte BR Vertreter in die Gesamtbetriebsräte der Trägerunternehmen entsenden kann.

41 Was die **Tätigkeitsfelder** des BR betrifft, so ist durch die Neufassung des § 80 Abs. 1 formal eine erhebliche Erweiterung eingetreten. In der Realität war allerdings schon bisher die Möglichkeit gegeben, sich beispielsweise um betrieblichen Umweltschutz oder die Vereinbarkeit von Familie und Beruf zu kümmern. Auch die Beschäftigungssicherung, die nunmehr in § 92 a besonders hervorgehoben wird, gehört zum traditionellen Kernbereich der BR-Aufgaben.

42 Eine **Erweiterung der Mitbestimmungsrechte** beschränkt sich auf folgende Tatbestände:

- Erweiterung des Anwendungsbereichs von **§ 99 und § 111,** da die Mindestzahl an AN nicht mehr auf den Betrieb, sondern **das UN** abstellt. § 95 Abs. 2 senkte die Grenze für die Erzwingbarkeit von Personalrichtlinien auf 500 AN ab.
- Der BR kann der unbefristeten Einstellung eines Externen mit der Begründung widersprechen, ein gleich geeigneter befristet beschäftigter Bewerber sei im Betrieb vorhanden.
- Das Mitbestimmungsrecht nach § 87 erstreckt sich nunmehr auch auf die »Grundsätze der Durchführung« von teilautonomer Gruppenarbeit.
- § 97 schafft ein Mitbestimmungsrecht in Bezug auf **Maßnahmen der Weiterbildung,** sofern eine Divergenz zwischen den am Arbeitsplatz bestehenden Anforderungen und der Qualifikation der Beschäftigten besteht.

43 **Die neue WO** vom 11.12.2001[95] berücksichtigt die Änderungen des Wahlverfahrens (vgl. die Kommentierung der WO 2001 im Anhang A).

44 Das Gesetz zur Begrenzung der mit Finanzinvestitionen verbundenen Risiken (»**Risikobegrenzungsgesetz**«) v. 19.8.08[96] hat die §§ 106 Abs. 2 Satz 2, 106 Abs. 3 Nr. 9 a und 109 a in das BetrVG eingefügt; WA bzw. BR müssen demnach unterrichtet werden, wenn ein Erwerber die Kontrolle über das UN erlangt. Einzelheiten unten § 106 Rn. 86 ff.

45 Zahlreiche **Beteiligungsrechte** des BR sind **in anderen Gesetzen** außerhalb des BetrVG festgelegt, wobei es sich allerdings nur ausnahmsweise – etwa in § 9 Abs. 3 ASiG – um Mitbestimmungsrechte handelt.[97] Inhaltlich sei auf die oben abgedruckten »Für die Mitbestimmung relevanten Gesetzesauszüge« verwiesen.

II. Das BetrVG im System der Mitbestimmung

1. Mitbestimmung und Marktwirtschaft

46 **Als Grundprinzip** ist die **Beteiligung der AN** an den Entscheidungen im Produktions- und Dienstleistungsprozess heute im Wesentlichen **unbestritten.** Niemand propagiert offen die Rückkehr zum »Herr-im-Hause«-Standpunkt. Dies darf jedoch nicht zu der Fehleinschätzung verführen, Einigkeit bestehe auch über konkrete Formen. Im Gegenteil: Je **präziser und verbindlicher AN-Rechte** festgeschrieben werden sollen, **umso erbitterter der Widerstand von AG-Seite.**[98] Dies wurde u. a. an der Auseinandersetzung um die Reform der Betriebsverfassung deutlich (o. Rn. 37 ff.). Insofern verhält es sich mit der Mitbestimmung nicht anders als mit der Gleichberechtigung von Mann und Frau, mit der Krisenbekämpfung oder mit der Vollbeschäftigung. Es bedarf des entschiedenen politischen und sozialen Engagements, um das »Im-Prinzip-ja« aus seiner Sonntagsreden-Existenz herauszuholen und es zu einem realen Veränderungsfaktor zu machen.

47 Mitbestimmung rechtfertigt sich mit einer **grundsätzlichen Wertentscheidung:** Der **Mensch** soll in die Lage versetzt werden, im Rahmen des Möglichen **seine Umwelt selbst und nach**

95 BGBl. I S. 3494.
96 BGBl. I 1666.
97 Eingehend *Engels* AuR 09, 10 ff., 65 ff.
98 Eingehend *Engels* AuR 09, 10 ff., 65 ff.

eigenen Vorstellungen zu gestalten.[99] Der Einzelne darf nicht fremd gesteuert, nicht in existenzieller Abhängigkeit vom unkontrollierten Willen eines Dritten oder von »Systemzwängen« gehalten werden. Dies ist nicht Wunschdenken einiger »Radikaler«, sondern findet sich in voller Deutlichkeit im Bericht der ersten **Biedenkopf-Kommission,** der 1970 der Bundesregierung vorgelegt wurde.[100] Dort heißt es:[101] »Inhaltlich beruht die Wertentscheidung [für die Mitbestimmung – W. D.] auf dem grundlegenden Bekenntnis zur Würde der Person, zu den unverletzlichen und unveräußerlichen Menschenrechten als Grundlage jeder menschlichen Gemeinschaft und zum Recht auf freie Entfaltung der Persönlichkeit (Art. 1 und 2 GG). Zunächst allgemein ausgedrückt, besagt sie, dass die Unterordnung des Arbeitnehmers unter fremde Leitungs- und Organisationsgewalt im Unternehmen mit seiner Selbstbestimmtheit, der ihm rechtlich zuerkannten Möglichkeit, seine Zwecke selbst zu wählen und eigene Initiativen zu entfalten, nur so lange vereinbar ist, als sie ihre Entsprechung in Gestalt der Freiheit der Beteiligung an den Entscheidungen findet, die den Arbeitsprozess regeln und gestalten.«

Mitbestimmung ist nach dieser Auffassung nicht nur ein rechtspolitisches Postulat, sondern eine **verfassungsrechtliche Wertentscheidung.**[102] Zutreffend betont *Häberle,*[103] die emanzipatorische Kraft der Menschenwürde müsse sich am Arbeitsplatz entfalten: »Der Einzelne darf nicht nur nicht Objekt staatlicher Verfahren (Dürig) werden, der Staat hat auch den Schutzauftrag, ihn davor zu bewahren, zum Objekt gesellschaftlicher Verfahren zu werden«. Die Verfassung will **Demokratie auch in der Wirtschaft.**[104] 48

Selbstbestimmung und Demokratie kennen **viele Erscheinungsformen. Im staatlichen Bereich** ist das allgemeine, gleiche und geheime Wahlrecht ebenso anerkannt wie Meinungs- und Pressefreiheit. Unterschiedliche Auffassungen existieren insbesondere zu der Frage, inwieweit das Volk selbst in die Entscheidung einzelner Sachprobleme eingeschaltet werden soll (»Volksbegehren«, »Volksentscheid«).[105] **Im Bereich der Wirtschaft** hat sich ein sehr viel weniger weitreichender Konsens herausgebildet: Umfassende Mitgestaltung aller dort fallenden Entscheidungen würde das Privateigentum an Produktionsmitteln in seiner heutigen Form aufheben. Über die Folgen, die eine solche »Makro-Entscheidung« hätte, ist noch zu wenig nachgedacht worden. Die Entwicklung in der früheren DDR und in Osteuropa hat bei vielen die Ratlosigkeit verstärkt. Auch bestehen derzeit keine guten Voraussetzungen dafür, selbst auf der Basis eines durchdachten Modells die nötige Unterstützung in der Gesellschaft zu finden. Sollte sich die Wirtschaftskrise deutlich verschärfen, könnte die Suche nach Alternativen breitere Resonanz finden. 49

Die Diskussion um Mitbestimmung beschränkt sich deshalb im Wesentlichen darauf, die **soziale Marktwirtschaft als »Rahmenbedingung«** zugrunde zu legen und die verstärkte Einschaltung der AN in die hier stattfindenden Entscheidungsprozesse zu fordern. Von unserer Verfassung her ist dies trotz der Garantie des Privateigentums in Art. 14 Abs. 1 GG nicht zwingend geboten, da sie wirtschaftsverfassungsrechtlich neutral ist.[106] Zulässig wäre deshalb auch eine Gesetzgebung und eine Wirtschafts- wie eine Tarifpolitik, die in kleineren oder größeren Teilen der Wirtschaft nicht den höchstmöglichen Gewinn, sondern reale Bedürfnisse der Bevölkerung zum Ausgangspunkt nehmen würde. In der Gegenwart wird demgegenüber eine »Arbeitsteilung« der Art (fast) allgemein akzeptiert, wonach die Erzeugung aller nicht Gewinn bringenden Güter und Dienstleistungen im Wesentlichen dem Staatsapparat und dem ehrenamtlichen Bürgerengagement vorbehalten ist. 50

Legt man die marktwirtschaftliche Ordnung zugrunde, so stellt die **Einschaltung der AN** und ihrer Vertretungen in die Entscheidungsprozesse **nicht etwa** ein **»Hemmnis« für effizientes Wirtschaften** dar. Immer mehr setzt sich auch auf AG-Seite die Einsicht durch, dass Betriebe mit einem Stück Demokratie Betrieben mit Kommandosystem überlegen sind.[107] Entschei- 51

99 Vgl. auch *Wiese,* FS Kissel, S. 1278 ff.
100 BT-Drucks. VI/334.
101 A. a. O., S. 56.
102 Eingehend *Däubler,* Grundrecht, S. 129 ff.
103 VVDStRL 30, S. 85 Fn. 181.
104 Im Grundsatz zustimmend *von Hoyningen-Huene,* FS Stahlhacke, S. 175.
105 S. *J. Seifert,* GMH 90, 614 ff.
106 *BVerfG* v. 1.3.79, BVerfGE 50, 290 ff.
107 Vgl. *Windeln,* S. 3.

dungen werden besser akzeptiert, wenn die AN und ihre Vertretungen an der Ausarbeitung beteiligt waren und wenn sie sich deshalb besser mit ihrer Arbeit identifizieren können. »Motivierte Menschen sind ein Wettbewerbsvorteil« – so schreibt völlig zutreffend der (damalige) Arbeitsdirektor von VW.[108] Dies gilt insbesondere für solche Beschäftigtengruppen, die auf Grund ihres Expertenwissens und ihrer Spielräume am Arbeitsplatz die **Arbeitsproduktivität** unmittelbar **beeinflussen** können: Die Umstellung auf SAP – um ein einfaches Beispiel aufzugreifen – lohnt sich ersichtlich nur, wenn die neuen Systeme akzeptiert werden und wenn insbesondere Störungen schnell und unbürokratisch behoben werden. Die Zahl der Arbeitskräfte, die angesichts neuer Technologien selbst auf »gutes« oder »schlechtes« Funktionieren Einfluss nehmen können, dürfte schon in der nahen Zukunft noch erheblich zunehmen. Mitbestimmung wird deshalb auch für die AG zu einem brennenden Problem, das in die Diskussion über »neue Produktionskonzepte« eingeht.[109]

52 Relativ wenig beachtet blieb in den bisherigen Überlegungen der **Vergleich mit autoritären Arbeitsbeziehungen.** In Spanien hatte sich beispielsweise bis zum Ende der Franco-Ära die Erkenntnis praktisch durchgesetzt, dass die traditionell-autoritäre UN-Führung weniger produktives Wirtschaften ermöglichte als demokratischere Formen.[110] Eine neuere Untersuchung der Europäischen Stiftung zur Verbesserung der Lebens- und Arbeitsbedingungen mit Sitz in Dublin hat interessante Aufschlüsse gebracht, die in dieselbe Richtung weisen.[111] Gegenstand war der Einfluss von AN-Vertretern bei der Einführung neuer Informationstechnologien, der vergleichend in Großbritannien, Frankreich, Italien, Dänemark und der Bundesrepublik untersucht wurde. Bemerkenswert war, dass der Informationsstand wie die **Intensität der Arbeitnehmerbeteiligung** bei der Einführung neuer Technologien **in Dänemark und der Bundesrepublik am höchsten** waren; es folgten Italien und Frankreich – Großbritannien war am Ende zu finden.[112] Obwohl dies in der Studie nicht ausdrücklich betont wurde, liegt der Schluss nahe, dass die sehr hohe Arbeitsproduktivität in der Bundesrepublik und in Dänemark eben auch Folge der besser ausgebauten AN-Beteiligung ist.[113] Entsprechendes ergab ein Vergleich zwischen Genossenschaften und normalen privatkapitalistischen Firmen in Norditalien.[114] Wenig Erkenntnisfortschritt hat demgegenüber im vorliegenden Zusammenhang bisher die sog. ökonomische Analyse des Rechts erbracht.[115]

2. Formen der Arbeitnehmerbeteiligung

53 Die **Einschaltung der AN** in wirtschaftliche Entscheidungsprozesse kann grundsätzlich **auf zwei Wegen** erfolgen. Die eine – elementare – Form ist der **Kollektivvertrag** und der hinter ihm stehende Streik. Die andere ist die sog. **institutionalisierte Mitbestimmung,** also die Repräsentation der AN in bestimmten Gremien, die für einzelne Sachbereiche zuständig sind. Beispiel hierfür ist der BR oder die AN-Vertretung im Aufsichtsrat.[116]

54 Neben diesen rechtlich verfassten Einflussmöglichkeiten existieren in vielen Betrieben (wenig erforschte) **informelle Einflussstrukturen.** Sie können dazu führen, dass das gesetzliche Niveau überschritten wird (beispielsweise keine Kündigung ohne Zustimmung des BR ausgesprochen wird); sie können aber auch zur Folge haben, dass der vom Recht ermöglichte

108 *Briam* in Roth/Kohl [Hrsg.], S. 165.

109 Vgl. *Kern/Schumann* sowie insbes. *Bertelsmann-Stiftung/Hans-Böckler-Stiftung* [Hrsg.], Mitbestimmung und neue Unternehmenskulturen – Bilanz und Perspektiven, Bericht der Kommission Mitbestimmung, Gütersloh 1998.

110 Dazu *Rodriguez-Piñero* in Däubler [Hrsg.], Arbeitsbeziehungen, S. 21 ff.

111 *European Foundation for the Improvement of Living and Working Conditions,* New Information Technology and Participation in Europe, Dublin 1989.

112 Zusammenfassende Darstellung bei *Fröhlich/Krieger,* WSI-Mitt. 89, 628.

113 Weitere Beispiele bei *Däubler,* GMH 01, 212 ff.

114 *Burtlett u. a.,* Industrial und Labour Relations Review 46 [1992] 103 ff.

115 *Behrens,* ZfA 89, 234; *Schäfer/Ott* (Hrsg.), Ökonomische Analyse des Arbeitsrechts, 2000; dazu *Däubler,* Arbeitsrecht 1, Rn. 69 b.

116 Zu dieser Unterscheidung siehe auf rechtsvergleichender Ebene *Hepple* [ed.], The Making of Labour Law in Europe. A Comparative Study of Nine Countries up to 1945, London und New York 1986, Kap. 5 und 6.

Standard bei weitem nicht erreicht wird. Die bestehenden Rechtsnormen dürfen deshalb nicht einfach mit der betrieblichen Realität gleichgesetzt werden.[117]

AN-Beteiligung ist in der einen wie in der anderen Form **überall dort vorstellbar, wo Entscheidungen fallen.** Der marktwirtschaftlichen Grundstruktur unserer Wirtschaftsordnung entspricht es, dass sich Gesetzgeber wie Praxis vorwiegend auf die wirtschaftliche Einheit »**Unternehmen**« und »Konzern« (dazu vor § 54 Rn. 1 ff.) sowie auf den **Betrieb** als arbeitstechnische (Umsetzungs-)Einheit (§ 1 Rn. 31 ff.) konzentrieren. Hier ist die Domäne der institutionalisierten Mitbestimmung. Die Tarifpolitik erfasst häufig regional oder auf Bundesebene die Unternehmen einer Branche; insoweit lässt sich der **Tarifvertrag als Mittel überbetrieblicher Mitbestimmung** qualifizieren. 55

Andere potentielle Einflussfelder der AN stehen mehr oder weniger im Hintergrund. Dies gilt einmal für die »unterbetriebliche« Ebene, also für **Arbeitsgruppen, Abteilungen** usw. Die Installierung von Arbeitsgruppensprechern[118] ist auf das Bedenken gestoßen, dass dadurch das Vertretungsmandat des BR gefährdet sein könnte. Die heutige Diskussion einer Mitbestimmung im überschaubaren Bereich, insbesondere am Arbeitsplatz, wird unter dem Stichwort der Humanisierung der Arbeitsbedingungen und der Gruppenarbeit geführt. Dabei steht insbesondere der Übergang zu kooperativen Arbeitsformen im Vordergrund.[119] Auch wird Gruppenarbeit immer häufiger als Mittel effizienterer Produktion gesehen,[120] wobei Gruppensprecher dann im Widerspruch zu betriebsverfassungsrechtlichen Grundstrukturen stehen, wenn sie die Gruppe nicht nur gegenüber dem AG, sondern auch gegenüber dem BR repräsentieren.[121] Initiativen des einzelnen AN sollen durch den 2001 eingefügten § 86 a erleichtert werden. Auch die Einschaltung von AN als Auskunftspersonen nach § 80 Abs. 2 Satz 3 kann zu einer noch größeren Problemnähe des BR und zur Beteiligung einzelner an seiner Willensbildung führen. Inwieweit die durch den neuen **§ 28 a** geschaffene Möglichkeit zur **Delegierung von Betriebsratsbefugnissen** auf Arbeitsgruppen in der Praxis jemals Bedeutung gewinnt, erscheint höchst zweifelhaft.[122] Dasselbe gilt für die Auswirkungen des neuen Mitbestimmungsrechts nach § 87 Abs. 1 Nr. 13 (dazu § 87 Rn. 374 ff.). 56

Wenig entwickelt ist zum andern die **überbetriebliche Mitbestimmung,** soweit sie nicht die tarifliche Festsetzung von Mindestarbeitsbedingungen betrifft.[123] Dies wird z. B. besonders deutlich bei der Krisenbewältigung in bestimmten Branchen oder Regionen. Erst im Zeitalter des shareholder-value-Kapitalismus[124] wurde ein weiteres elementares Defizit der Mitbestimmung wie des ganzen Arbeitsrechts deutlich: Veränderungen in der Kapitalsphäre, **Aufkauf, Zerschlagung und Umgestaltung von Unternehmen** vollziehen sich **außerhalb der Sphäre des Arbeitsrechts.**[125] Die stillschweigend unterstellte Existenz eines AG, der auf nachhaltige Entwicklung seines UN setzt, ist in der Realität eher zur Ausnahme geworden.[126] Viele Arbeitsrechtsnormen laufen leer, wenn der »Finanzinvestor« den Sozialplan längst einkalkuliert hat oder wenn er den Kauf des UN durch dieses selbst finanzieren lässt. Die Träger der Mitbestimmung sind auf mehr oder weniger hilflose »Aufräumarbeiten« beschränkt. Der Ruf nach dem Staat ist derzeit allgegenwärtig, doch **fehlt** auch hier ein ausreichend abgesicherter **Einfluss der AN-Seite auf die zu treffenden Entscheidungen.** Vom Parlament her lässt sich die Verwaltung nur unzureichend kontrollieren.[127] Auch auf europäischer Ebene sind meist nur 57

117 Zu informellen Abkommen siehe etwa *Birk,* ZfA 86, 73; *Däubler,* Arbeitsrecht 1, Rn. 943; grundlegend *Artus,* Interessenhandeln jenseits der Norm: Mittelständische Betriebe und prekäre Dienstleistungsarbeit in Deutschland und Frankreich, 2008; *dies.* Betriebe ohne Betriebsrat: Informelle Interessenvertretung im Unternehmen, 2006.
118 Dazu insbesondere *Huss-Schmidt* [Hrsg.].
119 Vgl. den von *Roth/Kohl* hrsg. Sammelband und dort die Beiträge von *Dressler, Klaus* und *Däubler.*
120 S. *Hunold,* Lean Production, S. 4 ff., 21 ff.; *Breisig,* Gruppenarbeit.
121 *Trümner,* FS Däubler, S. 295 ff.
122 Vgl. *Engels,* FS Wißmann, S. 302 ff.; *Linde,* AiB 04, 334; *Däubler,* Arbeitsrecht 1, Rn. 827 f.
123 Vgl. *WSI-Projektgruppe,* S. 220 ff.
124 Dazu schon *Dieterich* AuR 97, 1, 4 f.
125 *Wolter* AuR 08, 325 ff.
126 Zum Schlagwort von den »Heuschrecken« s. *Luecke-Markus* dbr 8/07 S. 28 ff.
127 Dazu *Däubler,* Arbeitsrecht 1, Rn. 171 ff.

informelle Einflussnahmen zu verzeichnen. Eine gewisse Ausnahme stellt der sog. Soziale Dialog dar, der u. a. zum Erlass der Richtlinien über Teilzeit und Befristung geführt hat.[128]

58 Die **Intensität der AN-Beteiligung** kann sehr unterschiedlich sein. Im Bereich der institutionalisierten Mitbestimmung existiert eine genaue Abstufung von Rechten, die von der schlichten **Anhörung** und Beratung bis hin zur Mitwirkung und zur **Mitbestimmung** reichen. Die letztere setzt dabei voraus, dass die AG-Seite ohne Zustimmung der AN-Vertretung nicht wirksam handeln kann. Gleichzeitig kann die AN-Seite auch von sich aus aktiv werden und der AG-Seite bestimmte Vorschläge machen. Bei Nichteinigung entscheidet eine paritätisch besetzte Kommission mit neutralem Vorsitzenden (ESt.). Im Bereich der Tarifpraxis existieren auch **Vetorechte des BR,** die nicht durch einen ESt.-Spruch ausgeräumt werden können.[129] Denkbar sind schließlich auch **Alleinentscheidungsrechte** der AN-Seite in bestimmten eng umschriebenen Sektoren.[130] **Bei der »vertraglichen« Mitbestimmung hängt die Qualität des Rechts von außerjuristischen Faktoren wie der Kampfbereitschaft** der betroffenen AN ab. Bemerkenswert ist, dass in zahlreichen westeuropäischen Rechtsordnungen sowie in Schweden Unternehmensentscheidungen tariflich regelbar sind, dass die Praxis jedoch weit hinter den an sich gegebenen Möglichkeiten zurückbleibt.[131] Beide Mitbestimmungsformen tendieren im Übrigen dazu, nur »reaktives« Verhalten der AN-Seite hervorzubringen und z. B. die Unternehmensexpansion auch dann undiskutiert zu lassen, wenn sie langfristige Risiken enthält. Auch können sie die Neugründung von Unternehmen und Betrieben nur schwer erfassen.

3. Insbesondere: Betriebsverfassung und gewerkschaftliche Interessenvertretung

a) Das sog. duale System

59 **Auf der betrieblichen Ebene** existiert in der Bundesrepublik eine **Doppelstruktur:** AN-Interessen können sowohl über den BR wie auch über die Gewerkschaft, insbesondere die gewerkschaftlichen Vertrauensleute (dazu § 2 Rn. 49 ff.), wahrgenommen werden. Auf rechtlicher Ebene sind die Unterschiede zwischen beiden »Einrichtungen« beträchtlich. Der **BR** ist gewählter Sprecher der gesamten Belegschaft, hat bestimmte, im Gesetz ausdrücklich festgelegte Rechte und kann im Konfliktfalle nur die ESt. bzw. das ArbG bemühen, nicht aber einen Streik organisieren. Die **Gewerkschaft** vertritt demgegenüber juristisch nur ihre Mitglieder. Ihre Rechte sind nicht gesetzlich festgelegt, sondern ergeben sich aus der Rechtsprechung zu Art. 9 Abs. 3 GG.[132]

60 In der Praxis hat sich eine **enge Kooperation** zwischen (den allermeisten) BR und der zuständigen Gewerkschaft herausgebildet. Über 70 % der BR-Mitglieder sind gewerkschaftlich organisiert.[133] Entscheidend dafür ist neben den im BetrVG ausdrücklich vorgesehenen Gewerkschaftsrechten[134] die **»Dienstleistungsfunktion« der Gewerkschaft;** Letztere bietet Schulungs- und Bildungsveranstaltungen an und verfügt über Expertenwissen, das von der Protokollanfertigung bis zur Aushandlung einer EDV-Betriebsvereinbarung reicht. Auch findet sich bei vielen Beteiligten die zutreffende Einschätzung, dass der **gewerkschaftliche Rückhalt für betriebliche Verhandlungen oft unerlässlich** ist, während umgekehrt die Gewerkschaft weiß, dass sie gegen den Willen eines von der Belegschaft getragenen BR nur eine sehr bescheidene Stellung im Betrieb erreichen könnte. Faktisch ist der BR häufig die unterste Ebene der Gewerkschaft, die sich somit in Form des BetrVG einer eingehenden gesetzlichen Regelung ausgesetzt sieht.[135]

---

128 S. *Lörcher* NZA 03, 184; *Röthel,* NZA 00, 65.
129 Beispiele aus der Metallindustrie in Nordwürttemberg/Nordbaden bei *Richardi,* NZA 88, 677.
130 Vgl. *BAG* 24.4.86, AP Nr. 7 zu § 87 BetrVG 1972 Sozialeinrichtung: Verwaltung der Kantine durch den Betriebsrat.
131 Vgl. *Runggaldier,* S. 392 ff.; *Weyand,* S. 207.
132 Überblick bei *Däubler,* Gewerkschaftsrechte, Rn. 258 ff.; zur historischen Entwicklung s. insbes. *Gamillscheg,* FS Stahlhacke, S. 129 ff.
133 *Däubler,* Arbeitsrecht 1, Rn. 829.
134 Überblick bei *Däubler,* a. a. O., Rn. 89 ff.
135 Dazu *Bösche/Grimberg,* FS Däubler, S. 355 ff.

61 Schließlich ist – insbes. für ausländische Beobachter – hervorzuheben, dass es **von den Verhandlungsgegenständen her eine Arbeitsteilung** zwischen BR und Gewerkschaften gibt. Während sich die gewerkschaftliche Tarifpolitik insbes. auf Löhne und andere Vergütungsbestandteile, Arbeitszeit und Arbeitsplatzschutz konzentriert, geht es bei der Mitbestimmung des BR in erster Linie um die Art und Weise der Verausgabung der Arbeitskraft im Betrieb. Beides bezeichnet allerdings nur Schwerpunkte; im Einzelfall kann die Gewerkschaft durchaus auch um qualitative Forderungen wie z. B. Besetzungsregeln kämpfen, während umgekehrt der BR an § 77 Abs. 3 BetrVG vorbei über Vergütungen und Arbeitszeit verhandelt. In den vergangenen 10 bis 15 Jahren hat sich der Schwerpunkt aller Verhandlungsgegenstände immer mehr auf die betriebliche Ebene verlagert.[136]

b) Vorzüge und Nachteile

62 Das **duale System** der Interessenvertretung ist **keine Naturnotwendigkeit.** In manchen anderen westlichen Ländern wie z. B. in Schweden, Großbritannien oder Italien existiert eine »einspurige« Struktur: Auch auf betrieblicher Ebene gibt es nur gewerkschaftliche Organe.[137] Ist die Zweispurigkeit vorzuziehen?

63 Ein **bewertender Vergleich** ist insofern immer **problematisch,** als in eine nationale Regelung sehr viele Faktoren eingehen, die außerhalb des geschriebenen Rechts liegen und die beispielsweise bei einer »Verpflanzung« nicht gegeben wären.[138] Sinnvoll ist daher zunächst nur eine Auseinandersetzung mit der bei uns bestehenden Situation.

64 Ein Vorzug des dualen Systems liegt sicherlich darin, dass nicht nur auf Branchen-, sondern auch auf Betriebsebene verhandelt wird. Weiter ist eine **demokratische Kontrolle durch die Belegschaften** im relativ überschaubaren Bereich eines Betriebs eher machbar als in einer Massenorganisation von vielen 100000 Mitgliedern. Beides ist allerdings auch im Rahmen einer rein gewerkschaftlichen Interessenvertretung möglich, sofern die betriebliche Ebene über ein gewisses Maß an Autonomie verfügt.

65 Die Besonderheit des BR liegt nun aber darin, dass er **aus der gewerkschaftlichen Hierarchie herausgenommen** ist. In der Wahrnehmung seiner Aufgaben ist er lediglich seinem gesetzlichen Auftrag verpflichtet, kann jedoch nicht zu einem bestimmten Verhalten angewiesen werden. Diese **relative Unabhängigkeit** gewährt unter unseren Bedingungen einen gewissen **Minderheitenschutz.** Innergewerkschaftliche Gruppierungen, die für ihre Politik keine Mehrheit finden, können in BR weiter existieren und so die Chance bewahren, eines Tages Mehrheit zu werden. Die Tatsache, dass Minderheiten auf diese Weise nicht »auf Null gebracht« werden können, verbessert die Formen der Auseinandersetzung und veranlasst die Mehrheit, sich grundsätzlich tolerant zu verhalten und sich bisweilen auch die Frage zu stellen, ob man von den »Dissidenten« nicht einiges lernen könnte. Auch ein evtl. Ausschluss aus der Gewerkschaft wegen Kandidatur auf einer Konkurrenzliste[139] hat in der Praxis keineswegs immer endgültigen Charakter.

66 Der wesentlichste Vorzug von BR scheint mir allerdings in ihrer **Innovationsfunktion** zu liegen. Auf Grund ihrer Mitbestimmungsrechte sind sie gezwungen, sich mit einzelnen Problemen auseinanderzusetzen, zu ihnen eine bestimmte Haltung einzunehmen. Das Argument, der Vorstand oder der Gewerkschaftstag habe noch nicht entschieden, würde von niemandem ernst genommen. Werden etwa Informationstechnologien eingeführt oder wollen viele Beschäftigte Gleitzeit, so **muss der BR** reagieren und **eigene Lösungsvorschläge** entwerfen. Da er dies in der Regel nicht allein kann, werden entsprechende Anforderungen in den hauptamtlichen Apparat der Gewerkschaft hineingetragen, der sich auf diese Weise gleichfalls der sich wandelnden Realität stellen muss. Vieles spricht dafür, dass **»Zukunftsdiskussionen«,** wie sie die IG Metall Anfang der 70er-Jahre[140] und Ende der 80er-Jahre führte,[141] ohne diesen Mechanismus nicht möglich gewesen wären.

---

136 Däubler-*Däubler,* TVG, Einl. Rn. 55 ff. m. w. N.
137 S. *Däubler/Lecher* [Hrsg.], S. 15 ff., 131 ff.
138 Zu wenig erfolgreichen Versuchen eines »transplant« s. *Däubler,* Arbeitsrecht 1, Rn. 73 i ff.
139 *BVerfG* 24.2.99, AuR 99, 236.
140 *Friedrichs* [Redaktion], Aufgabe Zukunft: Qualität des Lebens, Beiträge zur Vierten Internationalen

67 Auf der anderen Seite sollte man auch vor **Risiken und Nachteilen** die Augen nicht verschließen. In der rechtlichen Selbstständigkeit einer betrieblichen Interessenvertretung liegt immer auch die Gefahr des **Betriebsegoismus,** der Abkoppelung von der gemeinsamen Interessenvertretung aller abhängig Beschäftigten. Weiter machen sich **BR** häufig die **betriebswirtschaftliche Perspektive der UN-Leitung zueigen.** Dies wird als der wichtigste Grund dafür gesehen, dass die Lohnentwicklung in Deutschland in den Jahren 2000 bis 2007 weit hinter der vergleichbarer westeuropäischer Länder zurückgeblieben ist; den BR kommt in den gewerkschaftlichen Tarifkommissionen erfahrungsgemäß ein ausschlaggebender Einfluss zu. Dem lässt sich durch überzeugende politische Konzepte, theoretisch aber auch durch eine funktionierende Vertrauensleutestruktur gegensteuern.[142] Wirkliche Fortschritte in Sachen Entgelt und Arbeitszeit sind ersichtlich nur über die Gewerkschaft und das ihr zustehende Streikrecht möglich.

4. Betriebsverfassung und »Mitbestimmung« im Aufsichtsrat

68 **Keine grundsätzlichen Probleme** wirft das Verhältnis zwischen BR und AN-Vertretern im Aufsichtsrat auf. Da sich Letztere – von der Montanmitbestimmung einmal abgesehen – zumindest stimmenmäßig immer in einer Minderheitenposition befinden, sind sie im Regelfall **kein »Durchsetzungsinstrument«.** Mehr Lohn, kürzere Arbeitszeit, sozial verträglicher Technikeinsatz, Überstunden und Kurzarbeit lassen sich nicht über den **Aufsichtsrat** steuern, was allerdings nicht allein mit seiner Zusammensetzung, sondern auch mit seinen Kompetenzen und den Arbeitsbedingungen der AN-Vertreter zusammenhängt.[143] Die AN-Vertretung im Aufsichtsrat ist jedoch insofern von Nutzen, als auf diese Weise wichtige Informationen über die aktuelle Situation und die Zukunft des Unternehmens gewonnen werden können. Im Verhältnis zu BR-Mitgliedern sollte die Verschwiegenheitspflicht der Aufsichtsratsmitglieder keine Rolle spielen.[144] Die Probleme vereinfachen sich, wenn innerbetriebliche AN-Vertreter im Aufsichtsrat zugleich dem BR angehören.

III. Natur, Auslegung und Weiterentwicklung des BetrVG durch Tarifvertrag und Betriebsvereinbarung

1. Das BetrVG als Teilkodifikation des Arbeitsrechts

69 Das **Betriebsverfassungsrecht gehört zum privaten,** nicht zum öffentlichen **Recht.**[145] In der Weimarer Zeit war dies noch anders beurteilt worden.[146] Für die heute vorgenommene Qualifizierung spricht, dass die Wahl eines BR letztlich von der Initiative einiger Belegschaftsangehöriger oder des GBR bzw. KBR abhängt und dass der BR ebenso wenig wie der Arbeitgeber Hoheitsakte erlassen kann, die ohne Zwischenschaltung eines Gerichts verbindlich wären. Die Vorschriften über Ordnungswidrigkeiten und Straftaten nach §§ 119 – 121 ändern daran nichts; die »Strafbewehrung« als solche beeinflusst nicht die Natur von Rechtsnormen, wie nicht zuletzt die §§ 16 ff. UWG 2004 für die unstreitig »zivilrechtliche« Materie des unlauteren Wettbewerbs belegen.

70 Das Betriebsverfassungsrecht ist **im BetrVG kodifiziert,** d. h., es hat insoweit eine **im Prinzip abschließende gesetzliche Regelung** erfahren. Ausnahmen sind allerdings nicht zu übersehen:[147] Dem BR sind auch in anderen Vorschriften Befugnisse bis hin zu Mitbestimmungs-

---

Arbeitstagung der IG Metall, 11.–14. April 1972 in Oberhausen, 10 Bde., 1973.

141 *IG Metall* [Hrsg.], Die andere Zukunft: Solidarität und Freiheit, 6 Materialbde., 1988, sowie *IG Metall* [Hrsg.], Wofür wir streiten: Solidarität und Freiheit, Internationaler Zukunftskongress 1988, 1989.

142 *Klebe*, AiB 06, 558 ff.

143 Dazu *Däubler*, FS Nagel, S. 267 ff. m. w. N.

144 *Köstler/Müller/Sick*, Rn. 549 ff. m. w. N.

145 GK-*Wiese*, Einl. Rn. 88 ff.; *GL*, vor § 1 Rn. 8; Richardi-*Richardi*, Einl. Rn. 130 f.; *Zöllner/Loritz/Hergenröder*, Arbeitsrecht, § 46 III 1; nunmehr auch HWGNRH-*Rose*, Einl. Rn. 84.

146 Nachweise bei GK-*Wiese*, Einl. Rn. 89.

147 Zusammenfassend *Pulte*, Beteiligungsrechte außerhalb der Betriebsverfassung, 1997; *ders.*, NZA 00, 234 ff.; *Engels* AuR 09, 10 ff., 65 ff.

rechten eingeräumt worden. Zu nennen wäre etwa § 14 Abs. 3 AÜG, § 9 Abs. 3 ASiG sowie § 325 UmwG.[148]

Die gesetzliche Regelung darf auch nicht darüber hinwegtäuschen, dass zahlreiche Rechtsnormen ihre konkrete Gestalt erst durch die **Rechtsprechung des** *BAG* erhalten haben. Wer klären will, welche Gegenstände zu der »erforderlichen« Schulung und Fortbildung von BR-Mitgliedern gehören, wird dies nur unter Rückgriff auf die *BAG*-Rechtsprechung tun können (§ 37 Rn. 108 ff.), und dasselbe gilt für die Frage, wann § 87 Abs. 1 Nr. 6 bei der Verarbeitung personenbezogener Daten der AN eingreift (§ 87 Rn. 168 ff.). Besonders weitreichend ist die richterliche Intervention im Bereich von Interessenausgleich und Sozialplan: Wann ein »wesentlicher Betriebsteil« vorliegt, unter welchen Voraussetzungen ein reiner Personalabbau eine Betriebsänderung darstellt, wann von »Betriebsanlagen« die Rede sein kann und wann »grundlegend« neue Arbeitsmethoden vorliegen – dies alles wird mangels anderer Anhaltspunkte von der Rechtsprechung durch einen Rückgriff auf die »Grenzwerte« des § 17 KSchG geklärt (§ 111 Rn. 64, 69 ff., 100 und 106). 71

Das **Arbeitsrecht** ist ein gegenüber dem traditionellen BGB wie gegenüber dem Verwaltungsrecht gleichermaßen **selbstständiges Rechtsgebiet.** Dies hat strukturelle, im zu regelnden Gegenstand liegende Ursachen, die hier nicht näher dargelegt werden können.[149] Die **Eigenständigkeit** wird im Betriebsverfassungsrecht sogar besonders deutlich: Während das bürgerliche Recht auf den »Aktstypen« Vertrag und unerlaubte Handlung aufbaut, geht es im Betriebsverfassungsrecht um eine gesetzlich verfasste Organisation, die durch Wahlakt ins Leben gerufen wird. Die Mitbestimmungsrechte des BR knüpfen häufig nicht an rechtsgeschäftlichen Abmachungen, sondern an tatsächlichen Vorgängen an; als Beispiel mag die Betriebsstilllegung stehen (§ 111 Rn. 49 ff.). 72

Die Eigenständigkeit des Arbeits- und speziell des Betriebsverfassungsrechts schließt es allerdings nicht aus, **im Einzelfall** auf **Rechtsgrundsätze** zurückzugreifen, **die in anderen Rechtsgebieten entwickelt** wurden. Wird etwa eine BR-Wahl erfolgreich angefochten, so bleiben die vom »vorläufigen« BR abgeschlossenen Betriebsvereinbarungen grundsätzlich gültig.[150] Dies lässt sich am ehesten durch eine entsprechende Heranziehung verwaltungsrechtlicher Grundsätze (Beispiel: Anfechtung einer Gemeinderatswahl) begründen. Auf der anderen Seite erscheint es sinnvoll, die im Gesetz niedergelegten Mitbestimmungsrechte denselben Grundsätzen wie andere subjektive Privatrechte zu unterwerfen; Konsequenzen hat dies insbes. für den Erlass einer einstweiligen Verfügung.[151] 73

2. Auslegungsgrundsätze

Die Interpretation des BetrVG folgt den allgemeinen Grundsätzen der Gesetzesauslegung, die sich allerdings nicht immer durch systematische Folgerichtigkeit auszeichnen (dazu weiterführend *Schlachter,* Auslegungsmethoden im Arbeitsrecht. Am Beispiel von § 87 BetrVG, 1987). Die analoge Anwendung von Normen des Betriebsverfassungsrechts ist grundsätzlich möglich[152] und wurde im Falle des (nunmehr gesetzlich geregelten) Übergangsmandats erfolgreich erprobt.[153] Daneben kennt das BetrVG eine Reihe eigenständiger **Leitprinzipien,** die in einzelnen Bestimmungen wie z. B. in § 75 Abs. 2 BetrVG ausdrücklich niedergelegt sind oder die sich aus einer Zusammenschau verschiedener Normen ergeben. Der Rückgriff auf diese »Direktiven« kann nicht nur Zweifelsfragen beseitigen, die auf Grund des Wortlauts und der Entstehungsgeschichte einzelner Vorschriften bleiben. Vielmehr geht es darum, **das BetrVG nach einheitlichen Wertmaßstäben zu handhaben,** wodurch Widersprüche und Lücken im Rahmen des Möglichen vermieden werden.[154] Einzelne Leitprinzipien sind als 74

148 Zu weiteren betriebsverfassungsrechtlichen Regelungen im UmwG s. *Berscheid,* FS Stahlhacke, S. 42 ff.; *Däubler,* RdA 95, 140.
149 *Däubler,* NZA 88, 862 ff.; FS 50 Jahre BAG, S. 3 ff.
150 *Fitting,* § 19 Rn. 50.
151 *Däubler,* AuR 82, 10.
152 *Bachner,* NZA 99, 1241.
153 *BAG* 31.5.00, NZA 00, 1350.
154 Vgl. auch *Hanau,* FS Zeuner, S. 59 ff.

solche erkannt und anerkannt; andere werden von der Rechtsprechung nur mehr oder weniger unbewusst zu Grunde gelegt. Ohne Anspruch auf Vollständigkeit lassen sich folgende Grundsätze bestimmen:

75 Die **Betriebsverfassung dient dem Schutz des Einzelnen,**[155] sie will – wie nicht zuletzt § 75 Abs. 2 deutlich macht – die Partizipationsmöglichkeit des Individuums erweitern. Dies bedeutet, dass die Vorschriften über die BR-Wahl und die Betriebsversammlung, aber auch die sonstigen **Grundsätze über die Kommunikation zwischen dem Einzelnen und dem BR »beteiligungsfreundlich« zu interpretieren** sind. Die Vorschrift des § 39 Abs. 3, wonach während der bezahlten Arbeitszeit der BR aufgesucht werden darf, ist daher grundsätzlich weit auszulegen. Außerdem wäre es beispielsweise unzulässig, ohne absolut zwingende betriebliche Erfordernisse die »Freizügigkeit« des AN innerhalb des Betriebsgeländes zu beschränken und ihm den **Zugang zu anderen Abteilungen** zu untersagen. Auf derselben »kommunikationsfreundlichen« Linie liegt es, wenn dem BR auch ohne ausdrückliche Ermächtigung im Gesetz die Befugnis eingeräumt wird, ein **Schwarzes Brett** zu benutzen oder ein **Mitteilungsblatt** herauszugeben.[156] Aktueller ist das Recht, den Beschäftigten **E-Mails** zu schicken oder eine **Homepage** ins Intranet zu stellen.[157]

76 Mit Rücksicht auf die Grundentscheidung des § 75 Abs. 2 sind auch die Beteiligungs-, insbes. die Mitbestimmungsrechte des BR weit auszulegen.[158] Dies darf allerdings nicht dazu führen, dass eine Art mitbestimmungsrechtlicher Generalklausel entsteht:[159] Das Gesetz unterwirft nur einzelne Sachgebiete der Mitbestimmung; anders als etwa das Personalvertretungsrecht von Bremen und Schleswig-Holstein[160] kennt es keine allumfassende Generalklausel. Sind im konkreten Fall die Voraussetzungen mehrerer BR-Befugnisse gegeben, bestehen sie nebeneinander (s. als Beispiel § 111 Rn. 184).

77 Ein **weiteres Leitprinzip** ist die **Unabhängigkeit des BR** vom AG. Sie kommt im Einzelnen im Kündigungsschutz der BR-Mitglieder nach §§ 103 BetrVG, 15 KSchG sowie im Behinderungsverbot nach §§ 78, 119 Abs. 1 Nr. 2 zum Ausdruck. Auf demselben Grundgedanken beruht es, dass der BR nicht im Wege der einstweiligen Verfügung gezwungen werden kann, auf die weitere Ausübung seines Amtes zu verzichten:[161] Er soll nicht befürchten müssen, wegen eines (vielleicht allzu streng beurteilten) Fehltritts von heute auf morgen seiner Rechte verlustig zu gehen. Mit dem Gedanken der Unabhängigkeit lässt sich weiter der Grundsatz legitimieren, wonach der **AG** nach § 40 BetrVG auch solche **Aufwendungen ersetzen** muss, die an sich objektiv nicht notwendig waren, die der BR jedoch vernünftigerweise für erforderlich halten konnte (§ 40 Rn. 7). Eine »Totalkontrolle« von der finanziellen Seite her würde die Handlungsmöglichkeiten des BR drastisch beschränken. Weiter gehört in diesen Zusammenhang das Prinzip, dass das BR-Mitglied bei der Abmeldung vom Arbeitsplatz nur den Anlass »BR-Tätigkeit«, nicht aber deren konkreten Inhalt angeben muss (§ 37 Rn. 45). Auch die fehlende Kontrollkompetenz des vom AG eingesetzten betrieblichen Datenschutzbeauftragten in Bezug auf die Datenverarbeitung durch den BR[162] lässt sich hier einordnen. Schließlich folgt aus der Unabhängigkeit des BR, dass das einzelne Mitglied **von Haftungsrisiken freigestellt** sein muss. Will etwa der BR seine Zustimmung zu Überstunden verweigern, darf der AG nicht etwa damit drohen, wegen Eingriffs in den Gewerbebetrieb seien die BR-Mitglieder ersatzpflichtig. Die §§ 823 ff. BGB »passen« nicht auf die Wahrnehmung eines Vertretungsmandats; ihre Anwendung würde den BR erpressbar machen. Die traditionelle Kommentarliteratur pflegt dies nicht zur Kenntnis zu nehmen, doch gibt es zahlreiche Autoren, die eine Haftung mit Recht auf den Extremfall einer vorsätzlichen sittenwidrigen Schädigung beschränken.[163] Im

155 Vgl. GK-*Wiese,*Einl. Rn. 77.
156 *BAG* 21.11.78, AP Nr. 4 zu § 50 BetrVG 1972.
157 Dazu *BAG* 3.9.03, NZA 04, 278; *Däubler,* Internet, Rn. 474 ff.
158 *Fitting,* § 1 Rn. 265.
159 *Hanau,* FS G. Müller, S. 170.
160 Zu Letzterem *Neumann/Sievers,* PersR 91, 7 ff.
161 HWGNRH-*Huke,* § 23 Rn. 51; Richardi-*Thüsing,* § 23 Rn. 65; allgemeine Meinung.
162 *BAG* 11.11.97, DB 98, 627.
163 *Brill,* AuR 80, 358; *Derleder,* AuR 80, 366; *Säcker,* RdA 65, 377; *Weiss,* RdA 74, 278; *Däubler,* Arbeitsrecht 1, Rn. 892, 892 a; eine Beschränkung auf vorsätzliche unerlaubte Handlungen erwägt für den

Übrigen sind Schadensersatzklagen gegen BR-Mitglieder bislang nur in einem Fall (§ 111 Rn. 183 a) bekannt. geworden.

Eine **weitere Leitlinie** für die Auslegung des Betriebsverfassungsrechts liegt in der Grundentscheidung für die **Konfliktlösung durch Dialog.**[164] Sie kommt in der vertrauensvollen Zusammenarbeit nach § 2 Abs. 1 BetrVG, insbes. aber in dem Arbeitskampfverbot des § 74 Abs. 2 Satz 1 BetrVG zum Ausdruck.[165] Was in anderen Rechtsordnungen durch Streik und ggf. Aussperrung entschieden wird, soll im System des deutschen Betriebsverfassungsrechts Gegenstand von Verhandlungen sein, die »mit dem ernsten Willen zur Einigung« geführt werden (§ 74 Abs. 1 Satz 2). Ist dem aber so, dann ist besonderer Wert gerade darauf zu legen, dass die AN-Seite in diesem »**Argumentationskampf**« nicht von vornherein ins Hintertreffen gerät und keine wirklichen Chancen zur Durchsetzung eigener Positionen besitzt. **Umfassender Informationsstand** und Schulung u. a. auch in der verbalen Fähigkeit zur Durchsetzung von Interessen gewinnen in diesem System einen besonders hohen Stellenwert. Dies findet beispielsweise seinen Niederschlag in einer weiten Auslegung der Informationsrechte des BR (vgl. § 80 Rn. 82 ff.). Kritik verdient demgegenüber die Rechtsprechung des *BAG*,[166] wonach die **Zuziehung eines Sachverständigen** nach § 80 Abs. 3 BetrVG erst dann als »erforderlich« angesehen wird, wenn zunächst alle denkbaren innerbetrieblichen Erkenntnismöglichkeiten ausgeschöpft sind (§ 80 Rn. 161): Ein BR hat keine gleichen Chancen mehr, wenn er sich primär von den Personen beraten lassen muss, die beispielsweise in der EDV- oder der Personalabteilung für den AG tätig sind. Auch die **Rechtsprechung zu § 37 Abs. 6 und 7 BetrVG** hat sich nicht immer konsequent am Gedanken gleicher argumentativer Durchsetzungschancen orientiert.[167] 78

Das **BetrVG** ist weiter dadurch charakterisiert, dass es sich der **betrieblichen Realität öffnet,** gleichzeitig diese aber **bewusst gestalten** will. Die Öffnung macht sich insbes. darin bemerkbar, dass in § 87 Abs. 1 Nr. 6, aber auch in § 111 Satz 3 Nr. 4 und 5 sowie in §§ 90, 91 ausdrücklich auf technische und arbeitsorganisatorische Veränderungen Bezug genommen wird. Auch die Vorschriften über den Arbeitsschutz (§ 87 Abs. 1 Nr. 7, § 89) gehen davon aus, dass der vom Gesetz gewollte Schutzstandard unter den jeweiligen konkreten Bedingungen realisiert wird. Die **Rechtsprechung zu § 87 Abs. 1 Nr. 6** hat dem in sehr einleuchtender Weise Rechnung getragen und die Vorschrift auf Sachverhalte der Datenverarbeitung erstreckt, die bei Verabschiedung des Gesetzes nicht mitbedacht worden waren (§ 87 Rn. 135 ff.). Weiter kennt das BetrVG **Mechanismen, die für** seine **Beachtung in der Realität sorgen sollen.** Dazu gehören etwa die Vorschriften über die Wahl von BR in betriebsratslosen Betrieben (§§ 17, 17 a). Nicht recht verständlich ist es deshalb, wenn das *BAG* dem BR das Recht abspricht, den AG im Wege des Beschlussverfahrens auf Beachtung einer BV in Anspruch zu nehmen, die den einzelnen AN Ansprüche einräumt.[168] Die Existenz eines **spezifischen Implementationsinstrumentariums,** zu dem etwa auch die Vorschrift des § 23 Abs. 3 sowie die Möglichkeit einer einstweiligen Verfügung bei Verletzung von Mitbestimmungsrechten gehören, rechtfertigt sich mit der asymmetrischen Machtbeziehung, in die der BR gestellt ist: Wer die Macht des Stärkeren in Grenzen halten will, bedarf dazu anderer Mittel als derjenige, der auf der Basis der Gleichordnung etwa auf der Durchführung vertraglicher Abmachungen besteht. 79

Schließlich ist bei der Konkretisierung betriebsverfassungsrechtlicher Normen von Bedeutung, dass durch diese **AN-Grundrechte realisiert** werden.[169] Die Fundierung der Mitbestimmung durch Art. 1 und 2 GG wurde bereits angesprochen (o. Rn. 47). Da Art. 12 GG auch die unselbstständige Tätigkeit schützt,[170] ist Arbeit im Betrieb »**arbeitsteilige Grundrechtsausübung**«;[171] die Vorschriften des Betriebsverfassungsrechts haben u. a. den Sinn, die Berufs- 80

Fall der Alleinverwaltung einer Sozialeinrichtung durch den BR *BAG* 24.4.86, AP Nr. 7 zu § 87 BetrVG 1972 Sozialeinrichtung, Bl. 5 R.

164 Vgl. *v. Hoyningen-Huene,* FS Stahlhacke, S. 179.
165 Vgl. *Däubler,* Schulung, Rn. 99 ff.
166 4.6.87, AP Nr. 30 zu § 80 BetrVG 1972.
167 Einzelheiten bei *Däubler,* Schulung, Rn. 148 ff.
168 *BAG* 17.10.89, AP Nr. 53 zu § 112 BetrVG 1972.
169 *Kempen,* AuR 86, 129 ff.
170 *BVerfG* 24.4.91, NJW 91, 1667.
171 *Hoffmann-Riem,* FS Ipsen, S. 385.

freiheit des AG und die des AN gegeneinander abzugrenzen.[172] Einzelne Bestimmungen dienen der Realisierung spezifischer Grundrechte. Dies gilt etwa für § 87 Abs. 1 Nr. 6 und Nr. 7, die das informationelle Selbstbestimmungsrecht nach den Art. 1 und 2 GG bzw. das Grundrecht auf Leben und Gesundheit nach Art. 2 Abs. 2 GG realisieren wollen. Während dies die Rechtsprechung im ersten Fall durchaus ernst genommen hat (§ 87 Rn. 166), hat sie im zweiten Bereich das Grundrecht aus Art. 2 Abs. 2 kaum zur Kenntnis genommen.[173]

3. Tarifliche Regelung der Betriebsverfassung

a) Zwingende organisatorische Struktur

81 Die organisatorischen Bestimmungen des BetrVG können grundsätzlich **nicht durch TV verändert oder abbedungen werden.** Dies folgt u. a. aus einem Umkehrschluss aus § 3, der keineswegs beliebige Abweichungen vom gesetzlichen Modell zulässt. Auch die Ermächtigungen in § 38 Abs. 1 Satz 2 (freigestellte BR-Mitglieder), § 47 Abs. 4 (Mitgliederzahl des GBR), § 55 Abs. 4 (Mitgliederzahl des KBR) und § 117 Abs. 2 (Errichtung einer tariflichen Vertretung für die im Flugbetrieb beschäftigten AN von Luftfahrtunternehmen) legen einen entsprechenden Gegenschluss nahe. Soweit ersichtlich, bestand in dieser Frage immer Einigkeit.[174] Es ist daher nicht möglich, z. B. dem GBR durch Tarifvertrag entgegen § 50 zusätzliche Kompetenzen einzuräumen.[175] Nicht der Betriebsbegriff, wohl aber eine weitgehend vom Gesetz abweichende Festlegung der betriebsverfassungsrechtlichen Organisationseinheiten, für die BR zu wählen sind, ist zwar seit 2001 regelbar (s. § 3 Rn. 2, 195 ff.), doch ist es z. B. weiterhin ausgeschlossen, den BR durch ein gewerkschaftliches Vertretungsorgan zu ersetzen, oder einem im Rahmen des § 3 gewählten BR gesetzliche Rechte zu entziehen und diese einem anderen Gremium zuzuweisen.[176] **Das duale System steht nicht zur Disposition der Tarifparteien.** Dies schließt es nicht aus, durch tarifliche Absicherung der Rechte gewerkschaftlicher Vertrauensleute eine »zweite Säule« zu schaffen.[177]

82 **Soweit** das **BetrVG nicht eingreift,** kommt die **tarifliche Regelungsbefugnis** über betriebsverfassungsrechtliche Fragen nach § 3 Abs. 2 TVG voll **zur Geltung** (unten § 3 Rn. 21 ff.). So könnte für Kleinstbetriebe mit weniger als 5 Beschäftigten ein gemeinschaftlicher BR errichtet werden,[178] selbst wenn dabei der Rahmen des § 3 verlassen wäre. Zulässig ist auch die Errichtung einer **Interessenvertretung in reinen Ausbildungsbetrieben,** wo die Azubis nicht zur Belegschaft gezählt werden.[179] In dem vom BetrVG ausgeklammerten Bereich sind auch arbeitsvertragliche Einheitsregelungen zulässig, die Beteiligungsrechte vorsehen. So hat das *BAG*[180] ein durch Gesamtzusage und damit letztlich arbeitsvertraglich begründetes Redaktionsstatut für zulässig erklärt, das sich ausschließlich mit Fragen der »Tendenzverwirklichung« befasste.

83 So gut wie gar nicht angesprochen wird das Problem, ob innerhalb des Geltungsbereichs des BetrVG **in Betrieben ohne BR auf arbeitsvertraglicher Grundlage Vertretungsgremien geschaffen** werden können, denen bestimmte Beteiligungsrechte zustehen. Würde man eine solche Praxis zulassen, die beispielsweise in einigen UN der IT-Branche durchaus existiert, so würde man die Errichtung von BR entgegen den Intentionen des Gesetzes nicht erleichtern, sondern erschweren: Der AG hätte es in der Hand, durch Schaffung ihm genehmer Vertre-

---

172 *Bryde,* NJW 84, 2183.

173 Eingehend *Däubler,* Arbeitsrecht 2, Rn. 376 ff.

174 Vgl. *BAG* 17.1.78, AP Nr. 1 zu § 1 BetrVG 1972; *Berg/Kocher u. a.,* § 1 TVG Rn. 138 a; *Birk,* ZfA 88, 307; *Däubler,* Arbeitsrecht 1, Rn. 369; *Fitting,* § 3 Rn. 2; Däubler-*Hensche/Heuschmid,* TVG, § 1 Rn. 898; Wiedemann-*Thüsing,* § 1 Rn. 763.

175 Ebenso *BAG* 11.11.98, NZA 99, 1056 = DB 99, 1458.

176 *BAG* 18.11.14, DB 15, 929.

177 Dazu *LAG Düsseldorf* 25.8.95, AuR 96, 238; näher *Däubler,* Arbeitsrecht 1, Rn. 412, 1189.

178 *Däubler,* Grundrecht, S. 381 ff.; in gleichem Sinne *Heither,* FS Schaub, S. 309.

179 *BAG* 24.8.04, NZA 05, 371.

180 19.6.01, NZA 02, 397 = DB 02, 223 – Mannheimer Morgen; s. auch die Vorinstanz *LAG Baden-Württemberg* 5.5.00, NZA-RR 00, 479.

tungsstrukturen das Bedürfnis nach Interessenvertretung in seinem Sinne zu kanalisieren und AN, die von ihrem Recht zur Gründung eines BR Gebrauch machen wollen, als »Störer« erscheinen zu lassen. Dies **verstößt gegen § 20 Abs. 1.**[181] Der Sache nach würde es sich um einen »gelben« Betriebsrat handeln, vergleichbar den vom AG ausgehaltenen »gelben« Gewerkschaften, die 1918 abgeschafft wurden. Den organisatorischen Normen des BetrVG kommt insoweit zwingender Charakter zu, als nur auf dem durch sie gewiesenen Weg eine für die gesamte Belegschaft (oder ihre Untergliederungen) sprechende Vertretung installiert werden darf. Konsequenterweise werden privatautonom begründete Redaktionsräte lediglich insoweit zugelassen, als sie nicht in den Kompetenzbereich des BR eingreifen.[182] Auch im Bereich des § 117 Abs. 2 wird nur der dort gewiesene Weg über einen Tarifvertrag akzeptiert; wird ohne einen solchen ein BR gewählt, so ist die Wahl nach verbreiteter Auffassung nichtig (§ 117 Rn. 10 f.). Selbst dem SprAuG wird insoweit exklusive Wirkung beigemessen, als in seinem Geltungsbereich keine privatautonom gebildeten Sprecherausschüsse möglich seien (§ 5 Rn. 217).

Abmachungen, die ein solches »privatautonom« gewähltes **Gremium** mit dem AG **schließt,** haben keine Rechtswirkung; im Einzelfall kann es jedoch gegen Treu und Glauben verstoßen, wenn sich der AG auf die Unwirksamkeit beruft.[183] 84

b) Keine Unterschreitung des gesetzlichen Schutzstandards

Unproblematischer ist die gleichfalls von allen geteilte Auffassung, dass TV die vom BetrVG vorgesehenen Rechte des Einzelnen wie des BR und anderer Organe nicht verschlechtern können.[184] In der Tat geht es um »**Mindestanforderungen an wirksame Interessenvertretung**«,[185] die genau wie andere Schutzgarantien nicht unterschritten werden dürfen. Sie können auch nicht durch Verwirkung verloren gehen.[186] Unausgesprochen mag auch der Gedanke eine Rolle spielen, dass die Tarifparteien den »zweiten Strang« der Interessenvertretung nicht entmachten oder »aushungern« dürfen. 85

Eine mittelbare Ausnahme ergibt sich allerdings insofern, als es den **Tarifparteien** freisteht, **bestimmte Gegenstände einer umfassenden inhaltlichen Regelung zu unterwerfen,** so dass für die Mitbestimmung des BR im Ergebnis kein Raum mehr bleibt. Sind etwa alle Lohnfragen im TV abschließend geregelt und existieren im Betrieb auch keine übertariflichen Vergütungen, stehen die Mitbestimmungsrechte nach § 87 Abs. 1 Nr. 10 und Nr. 11 praktisch auf dem Papier. Eine derartige Verschiebung der Gewichte zwischen Betriebsverfassung und Tarifsystem erscheint nach allen bisherigen Erfahrungen gleichwohl wenig wahrscheinlich: Die Tarifparteien können und wollen in zahlreichen Bereichen keine erschöpfende Regelung treffen; außerdem wäre es in vielen Fällen sachwidrig, weil zu schematisch, wollte man bestimmte Fragen wie z. B. Beginn und Ende der täglichen Arbeitszeit einheitlich auf Branchenebene regeln. Die Zeichen der Zeit weisen ganz im Gegenteil auf Dezentralisierung. 86

c) Erweiterung der Beteiligungsrechte des Betriebsrats

Sehr viel kontroverser ist die Frage, ob die gesetzlichen Rechte des BR durch TV erweitert werden können. In Betracht kommt einmal, **Gegenstände der Mitbestimmung** zu unterwerfen, auf die der BR bisher keinen oder nur einen geringen Einfluss (»Anhörung«) hat. Zum zweiten kann es darum gehen, die **Qualität des Mitbestimmungsrechts** insgesamt zu **verän-** 87

181 Näher *Däubler,* FS Wißmann, S. 280 ff.
182 *BAG* 19.6.01, NZA 02, 397 = DB 02, 223; *Fitting,* § 118 Rn. 50 ff.; GK-*Weber,* § 118 Rn. 43.
183 Näher *Däubler,* FS Wißmann, S. 283 f.
184 *BAG* 14.2.67, AP Nr. 9 zu § 56 BetrVG 1952 Wohlfahrtseinrichtung; 29.11.83, AP Nr. 10 zu § 113 BetrVG 1972; 4.5.93, AiB 93, 732; *Fitting,* § 1 Rn. 247; *Gamillscheg,* Koll. ArbeitsR I, S. 596 f.; *Heither,* FS Schaub, S. 308; HWGNRH-*Rose,* Einl. Rn. 283; *Jahnke,* S. 192; *KempenZachert-Wendeling-Schröder,* § 1 Rn. 824; Wiedemann-*Thüsing,* § 1 Rn. 765; Däubler-*Hensche/Heuschmid,* TVG, § 1 Rn. 899; *Däubler,* Tarifvertragsrecht, Rn. 1050 ff.
185 So *HSWG,* 6. Aufl. vor § 1 Rn. 64; ähnlich HSWGN-*Rose* Einl. Rn. 283.
186 *LAG Schleswig-Holstein* 4.3.08, NZA-RR 08, 414.

dern, z. B. dem BR ein nicht über die ESt. ausräumbares Vetorecht gegenüber bestimmten Maßnahmen des AG zu gewähren.

88 In der Literatur waren die Meinungen zum ersten Bereich seit jeher geteilt; **eine knappe Mehrheit der Autoren sprach sich wohl immer für die Möglichkeit tariflicher Erweiterung aus.**[187] Die **Rechtsprechung des** *BAG* hat sich in der zweiten Hälfte der 80er-Jahre **eindeutig für eine Erweiterung** ausgesprochen.[188] Zulässig ist es danach, Sonderzahlungen aus dem sog. Tronc einer Spielbank von der Zustimmung des BR abhängig zu machen,[189] die Wochenfrist des § 99 Abs. 3 Satz 1 zu verlängern,[190] die Mitbestimmung nach § 87 Abs. 1 Nr. 2 auf die Dauer der Arbeitszeit zu erstrecken[191] und dem BR ein volles Mitbestimmungsrecht bei Einstellungen und Beförderungen einzuräumen[192] – und zwar auch bei Tendenzbetrieben.[193] Dieses kann weiter auf Voraussetzungen und Höhe einer Erschwerniszulage erstreckt werden.[194] Möglich ist außerdem, die Kündigung von der Zustimmung des BR abhängig zu machen.[195] Schließlich kann durch Tarifvertrag jedenfalls bei karitativer und erzieherischer Zwecksetzung des Unternehmens auf den Tendenzschutz verzichtet werden.[196]

89 **Dem** *BAG* ist zuzustimmen. Die in den §§ 1 Abs. 1 und 3 Abs. 2 TVG anerkannte Rechtsetzungsbefugnis der Tarifparteien in betriebsverfassungsrechtlichen Fragen wird durch das BetrVG nicht generell eingeschränkt; dieses hat vielmehr in § 2 Abs. 3 die Befugnisse der Koalitionen unberührt gelassen. Die ausdrücklichen gesetzlichen Ermächtigungen zu abweichender tariflicher Regelung (o. Rn. 81) lassen einen **Umkehrschluss nur in organisatorischen Angelegenheiten** zu; zur Frage des möglichen Inhalts von BR-Befugnissen sagen sie nichts.[197] Hinzu kommt die vom *BAG* nicht angeschnittene **verfassungsrechtliche Dimension:** Da sich die tarifliche Regelungsbefugnis an sich auf den Gesamtbereich der Arbeits- und Wirtschaftsbedingungen erstreckt,[198] bedürfen Eingriffe einer in der Sache liegenden Rechtfertigung, die hier nicht ersichtlich ist. Weiter gilt im Verhältnis zwischen arbeitnehmerschützenden Normen und Tarifverträgen grundsätzlich das **Günstigkeitsprinzip;**[199] für eine ausnahmsweise denkbare Abweichung sprechen keinerlei Anhaltspunkte. Zu berücksichtigen ist schließlich, dass die Gefahr einer Kräfteverschiebung innerhalb des dualen Systems hier keine Rolle spielt: Der BR erhält seine **Zusatzrechte nur »auf Widerruf«,** den Tarifparteien steht es juristisch frei, eine vorhandene Regelung aufzuheben oder nicht wieder zu erneuern. Auch dürfte es in der Rechtsprechung eine beträchtliche Rolle gespielt haben, dass die **Tarifpraxis** seit langer Zeit über das BetrVG hinausging; ein Verbot durch das *BAG* hätte wohl kaum Zustimmung gefunden.[200]

90 Die grundsätzliche Zulässigkeit sagt noch nichts über die **Grenzen** aus. In seiner Entscheidung vom 3.4.90[201] grenzt das *BAG* die Tarifautonomie in der Weise ein, dass lediglich die soziale Seite von Investitionen und anderen unternehmerischen Entscheidungen geregelt werden kann. Andernfalls wäre die als Teil der Berufsfreiheit in Art. 12 Abs. 1 GG garantierte **Unternehmensautonomie** übermäßig eingeschränkt. Obwohl es in jener Entscheidung um eine Sachfrage (konkret: um ein Personalbemessungssystem) ging, liegt es nahe, dieselben Maß-

187 S. die Nachweise bei *Däubler,* Grundrecht, S. 88 Fn. 62 und S. 89 Fn. 63 sowie zur gegenwärtigen Diskussion Däubler-*Hensche/Heuschmid,* TVG, § 1 Rn. 924 ff.
188 Zuletzt *BAG* 24.8.04, NZA 05, 371.
189 *BAG* 16.7.85, DB 86, 231.
190 *BAG* 22.10.85, DB 86, 593.
191 *BAG* 18.8.87, AP Nr. 23 zu § 77 BetrVG 1972.
192 *BAG* 10.2.88, AP Nr. 53 zu § 99 BetrVG 1972.
193 *BAG* 31.1.95, DB 95, 1670.
194 *BAG* 9.5.95, DB 95, 2610.
195 *BAG* 21.6.00, NZA 01, 271 = DB 01, 389, bestätigt durch *BAG* 23.4.09 DB 09, 1995 = NZA 09, 915.
196 *BAG* 5.10.00, DB 00, 2126. Weitere Fälle aus der instanzgerichtlichen Rechtsprechung bei *Lerch/Weinbrenner,* NZA 11, 665 ff.
197 Dazu schon *Däubler,* Grundrecht, S. 364 f.; ähnlich *Kempen-Zachert/Wendeling-Schröder,* § 1 Rn. 826.
198 So auch *BAG* 3.4.90, DB 91, 181 = PersR 90, 239 mit Anm. *Däubler.*
199 So ausdrücklich BAG GS 16.9.86, AP Nr. 17 zu § 77 BetrVG 1972 = AuR 87, 378.
200 Zur Praxis s. *Kurz-Scherf,* WSI-Mitt. 86, 185 ff.; *Spilger,* S. 116 ff. Formulierungsbeispiel bei DKKWF-*Däubler,* §§ 111 – 113 Rn. 88 ff.
201 DB 91, 181 = PersR 90, 239.

stäbe auch dann anzuwenden, wenn es um den potentiellen Gegenstand tariflich begründeter Mitbestimmungsrechte geht. Ob die unternehmerische Freiheit direkt durch den Tarifvertrag oder nur durch die auf seiner Grundlage entstehenden Mitbestimmungsrechte eingeschränkt wird, kann keinen Unterschied machen. Legt man deshalb die *BAG*-Rechtsprechung zugrunde, so bestehen gegen eine Erstreckung der **Mitbestimmung auf alle sozialen und personellen Angelegenheiten keine Bedenken.** Dabei ist zu beachten, dass die tarifliche Festlegung der »Personalbemessung« auf lange Sicht weiter gehende Wirkungen hat als die Mitbestimmung bei einzelnen Einstellungen oder Kündigungen. In **wirtschaftlichen Angelegenheiten** müsste das *BAG* einen Tarifvertrag billigen, der den Interessenausgleich insoweit erzwingbar macht, als es um die Gestaltung der personellen, arbeitsmäßigen und sozialen Auswirkungen einer Betriebsänderung geht (§ 111 Rn. 185). Ob eine volle Mitbestimmung bei allen Betriebsänderungen »gerichtsfest« wäre, ist nicht eindeutig zu beantworten.[202]

Die vom *BAG* errichtete **Schranke** kann **wenig überzeugen.** Zunächst fällt in terminologischer Hinsicht auf, dass lediglich bei der Tarifautonomie von der Gewährleistung eines »Kernbereichs« die Rede ist; die Unternehmensautonomie wird ohne derartige Relativierung schlicht als Teil der Berufsfreiheit nach Art. 12 Abs. 1 GG angesehen. Viel gravierender ist allerdings die Tatsache, dass das *BAG* der Sache nach eine Art praktischer Konkordanz zwischen Tarifautonomie und Unternehmerfreiheit sucht. Dies steht im Widerspruch zur überkommenen Rechtsprechung, wonach die **Tarifparteien an Grundrechte gebunden** sind, diese jedoch in gleichem (oder ähnlichem) Umfang wie der Gesetzgeber beschränken können. So ist es etwa zulässig, die Übernahme von Nebentätigkeiten im TV von bestimmten Voraussetzungen abhängig zu machen und so in das Grundrecht der AN aus Art. 12 Abs. 1 GG einzugreifen.[203] Folgt man der neuesten Rspr. des *BAG*,[204] wonach grundrechtsbeschränkende TVe nur dann zu beanstanden sind, wenn der Staat auf Grund seiner Schutzpflicht eingreifen muss, sind sogar weiter gehende Beschränkungen der unternehmerischen Freiheit möglich. Davon ganz abgesehen, geht das *BAG* von der unzutreffenden Vorstellung aus, die Tarifautonomie sei eine Art Belastung der unternehmerischen Freiheit, gewissermaßen eine Hypothek, die man nicht allzu weit ausdehnen dürfe. In Wirklichkeit ist jedoch **auch der Abschluss von TV ein Stück (kollektiver) Ausübung unternehmerischer Betätigungsfreiheit:** Je nach den Umständen kann der AG sich mit Hilfe des Individualvertrags oder mit Hilfe eines Kollektivvertrags mit seiner »Umwelt« verständigen. Niemand ist je auf den Gedanken verfallen, für die Unternehmen eine »vertragsfreie« Zone zu reklamieren und beispielsweise zu behaupten, Investitionen dürften nicht Gegenstand (individual-)vertraglicher Abreden sein: Das Gegenteil ist ständige Praxis, wenn sich beispielsweise die Hausbank wesentlichen Einfluss auf bestimmte wichtige Entscheidungen vorbehält. Warum soll für tarifliche Abmachungen anderes gelten, ist die Tarifautonomie doch der Sache nach nichts anderes als eine auf die kollektive Ebene gehobene (und damit erst funktionsfähig gemachte) Vertragsfreiheit? **91**

Eine **weitere Grenze** ergibt sich im zweiten oben genannten Bereich, d. h. in Bezug auf die »**Intensivierung**« der Mitbestimmung: Ein **Vetorecht des BR darf das Unternehmen nicht funktionsunfähig machen.**[205] Ein Vetorecht ist daher nur dann zulässig, wenn die entsprechende Handlungsweise des AG ohne Grundrechtsverstoß **auch ganz verboten werden könnte.** So ist es etwa möglich, die Betriebsnutzungszeiten tariflich zu regeln.[206] Möglich wäre daher ein **generelles Verbot der Wochenendarbeit** mit der Folge, dass man diese auch von der (nicht ersetzbaren) Zustimmung des BR abhängig machen kann.[207] Im selben Umfang könnte theoretisch auch ein Alleinbestimmungsrecht der AN-Seite vorgesehen werden. Zulässig ist es schließlich, im Falle eines »nein« des BR zu einer Kündigung den AG an das Arbeitsgericht zu **92**

202 Für Zulässigkeit *Fitting,* § 1 Rn. 260; Däubler-*Hensche/Heuschmid,* TVG, § 1 Rn. 939 ff. m. w. N.; *Lerch/Weinbrenner* NZA 11, 669; enger *Birk,* ZfA 88, 315; Wiedemann-*Thüsing,* § 1 Rn. 771 ff.
203 Vgl. *BAG* 13.6.58, AP Nr. 6 zu Art. 12 GG.
204 25.2.98, NZA 98, 715; 11.3.98, NZA 98, 716; unentschieden 20.8.02, NZA 03, 333.
205 Zu dieser aus Art. 14 Abs. 1 GG folgenden Grenze gesetzgeberischer und tariflicher Intervention s. *BVerfG* 1.3.79, BVerfGE 50, 290 ff.; kritisch dazu *Mückenberger* in Däubler/Küsel [Hrsg.], S. 49 ff.; die Grenze bereits früher ziehend *Löwisch,* DB 98, 882.
206 *BVerfG* 18.12.85, NJW 86, 1601, Nr. 3 der Gründe.
207 Ebenso *Richardi,* NZA 88, 677; *Lerch/Weinbrenner* NZA 11, 665.

verweisen.[208] Dies läuft im Ergebnis auf eine Weiterbeschäftigung bis zur rechtskräftigen Entscheidung durch die Arbeitsgerichtsbarkeit hinaus.

93 **Einzelfragen tariflicher Gestaltung** sind im jeweiligen Sachzusammenhang erörtert (§ 87 Rn. 45 ff.; § 99 Rn. 31 ff.; § 102 Rn. 338 ff.; § 106 Rn. 4; § 111 Rn. 185). Ergänzend ist noch darauf hinzuweisen, dass insbes. auch Beteiligungsrechte des BR bei der Humanisierung der Arbeitsbedingungen tariflich festgeschrieben werden können, die über die bescheidenen Bestimmungen der §§ 90, 91 BetrVG hinausgehen.[209] Auch die »operativen Rechte des Betriebsrats«[210] wie Freistellung, Geschäftsbedarf, Heranziehung von Sachverständigen usw. können günstiger als im Gesetz ausgestaltet werden.[211]

4. Veränderung der Rechte durch Betriebsvereinbarung, Betriebsabsprache und Arbeitsvertrag?

94 Die **Befugnisse des BR** können auch **durch BV erweitert** werden.[212] Dafür spricht zum einen **§ 76 Abs. 6,** wonach sich die Betriebsparteien auch in nicht mitbestimmungspflichtigen Angelegenheiten dem verbindlichen Spruch der ESt. unterwerfen können: Niemand verbietet ihnen, dies auch im Voraus bei Vorliegen bestimmter Voraussetzungen (z. B. Veränderung in der Zusammensetzung einer Arbeitsgruppe, Einstellung zusätzlicher Teilzeitkräfte) zu tun.[213] Zum Zweiten spricht hierfür die Aussage des *Großen Senats,* dem **BR** komme eine **umfassende Kompetenz** in allen betrieblichen Angelegenheiten zu, soweit diese nicht wie z. B. durch § 77 Abs. 3 eingeschränkt sei.[214] § 88 ist deshalb Ausdruck eines allgemeinen Prinzips, keine Einzelregelung, die einen Gegenschluss erlauben würde.[215]

95 **Grenzen** ergeben sich aus der **funktionellen Zuständigkeit des BR,** so dass ein Bezug zu den betrieblichen Arbeitsbedingungen gegeben sein muss. Er ist nicht nur bei allen sozialen Angelegenheiten, auch den nicht in § 88 genannten, vorhanden, sondern auch in personellen und wirtschaftlichen Fragen.[216] Mit Recht hat deshalb das *BAG* die Möglichkeit bejaht, für künftige Betriebsänderungen einen Rahmensozialplan zu vereinbaren.[217] Auch aus der **unternehmerischen Autonomie** folgen keine spezifischen Grenzen, da es ja um eine freiwillige Abmachung (und damit um ein »autonomes« Verhalten) geht. Zu beachten sind allerdings in allen Fällen der Tarifvorrang des § 77 Abs. 3 sowie zwingende Vorgaben für das arbeitsgerichtliche Verfahren.[218] Auch kann dem BR kein Mitbestimmungsrecht durch eine Mehrheitsentscheidung der ESt aufgezwungen werden.[219]

96 Ist die funktionelle Zuständigkeit des BR überschritten, ist zwar keine BV, wohl aber ein **normaler schuldrechtlicher Vertrag** möglich. Entsprechende Abmachungen zu verbieten, wäre ein Eingriff auch in die Vertragsfreiheit des AG; dafür ist weder eine Rechtsgrundlage noch eine Rechtfertigung ersichtlich. Nach der Rechtsprechung[220] fehlt dem BR als Gremium allerdings insoweit die Rechtsfähigkeit, so dass allein die BR-Mitglieder berechtigt und verpflichtet wären.

97 Eine **Erweiterung durch Betriebsabsprache** ist **vom BAG[221] bejaht** worden; alle Gegenstände,

---

208 *BAG* 21.6.00, NZA 01, 271 = DB 01, 389.
209 *Beuthien,* ZfA 86, 144; *Däubler,* Tarifvertragsrecht, Rn. 1071; *Fitting,* § 1 Rn. 258; *Kempen-Zachert/Wendeling-Schröder,* § 1 Rn. 833.
210 *Kittner/Breinlinger,* BB 82, 20.
211 Vgl. *Gamillscheg,* Koll. ArbeitsR I, S. 609; für **Festlegung der PC-Ausstattung** im Wege der Regelungsabrede *BAG* 12.5.99, NZA 99, 1291.
212 *BAG* Beschl. v. 18.8.09, NZA 10, 112.
213 S. *Lerch/Weinbrenner* NZA 11, 666; GK-*Wiese* § 87 Rn. 10 m. w. N.; wenig überzeugend HWGNRH-*Rose* Einl. Rn. 290.
214 *BAG* 7.11.89, DB 90, 1724.
215 A. A. *Ehmann,* FS Kissel, S. 180 ff. ohne Erwähnung des *Großen Senats;* einschränkend auch *Veit,* S. 140 ff., 204.
216 *Fitting,* § 1 Rn. 250.
217 *BAG* 29.11.83, AP Nr. 10 zu § 113 BetrVG 1972; vgl. weiter *BAG* 14.8.01, DB 02, 902 = AuR 02, 118.
218 *BAG* Beschl. v. 18.8.09, NZA 10, 112.
219 *BAG* Beschl. v. 15.5.01, NZA 01, 1154; *Lerch/Weinbrenner,* NZA 11, 666.
220 *BAG* 29.9.04, NZA 05, 123; dazu *Däubler,* Arbeitsrecht 1, Rn. 893 a f.
221 14.8.01, DB 02, 902 = AuR 02, 118.

die durch BV regelbar seien, könnten auch zum Gegenstand einer Betriebsabsprache gemacht werden. Auch das fehlende Formerfordernis stehe nicht entgegen. Allerdings wird auf diesem Wege nur eine (durchaus vollwertige) Rechtsbeziehung zwischen AG und BR begründet, deren Beachtung mit gerichtlichen Mitteln durchgesetzt werden kann.[222] Im Gegensatz zur BV tritt jedoch keine Wirkung gegenüber den einzelnen AN ein, so dass eine Maßnahme des AG wirksam bleibt, die das durch Betriebsabsprache begründete Mitbestimmungsrecht verletzt.[223] Hier wäre allerdings die Frage zu stellen, ob eine **Betriebsabsprache** nicht den Charakter eines Vertrages **zu Gunsten Dritter** haben könnte; soweit dies zu bejahen ist, könnte sich der AG auch dem einzelnen AN gegenüber nicht auf sein mitbestimmungswidriges Verhalten berufen.

Eine **arbeitsvertragliche Erweiterung** von Mitbestimmungsrechten ist jedenfalls dann unzulässig, wenn sie sich nur auf einzelne Personen oder Gruppen von Beschäftigten bezieht;[224] dies würde die Wahrung der Interessen aller Belegschaftsmitglieder erschweren. Eine Erweiterung durch allgemeine Vertragsbedingungen, die mit allen vereinbart werden, kommt jedoch ähnlich wie in den nicht vom BetrVG erfassten Bereichen (ob. Rn. 82) durchaus in Betracht. Dasselbe gilt, wenn eine **Betriebsübung** besteht, die beispielsweise alle ordentlichen Kündigungen von der Zustimmung des Betriebsrats abhängig macht. **98**

5. Verzicht auf Mitbestimmungsrechte?

Ein **Verzicht** des BR auf seine Beteiligungsrechte ist **weder durch Abmachung** mit dem AG **noch durch einseitige Erklärung** des BR **möglich.** Das Gesetz weist dem BR im Interesse der Belegschaft bestimmte Aufgaben zu; werden sie nicht erfüllt, so stellt dies eine Pflichtverletzung dar, die bei entsprechender Schwere die Sanktionen nach § 23 Abs. 1 auslöst. Dies ist in Literatur und Rechtsprechung im Wesentlichen unbestritten.[225] Mitbestimmungsrechte können auch nicht dadurch verloren gehen, dass sie jahrelang nicht ausgeübt werden;[226] sie unterliegen **nicht** der **Verwirkung.** Diese würde voraussetzen, dass sich der AG auf die Nichtausübung der Beteiligungsrechte in der Zukunft verlassen kann und dass er insoweit ein schützenswertes Vertrauen hat; davon kann jedoch angesichts des zwingenden Charakters des BetrVG niemals die Rede sein.[227] **99**

Nicht definitiv geklärt ist demgegenüber die Frage, ob und in welchem Umfang der BR in Ausübung seiner Rechte eine **Regelung** treffen kann, die auf dem fraglichen Sachgebiet **dem AG eine einseitige Entscheidungsbefugnis zuweist.** Die Betriebsparteien haben ersichtlich das Recht, nicht nur einen konkreten Fall, sondern eine Vielzahl gleich gelagerter Situationen zu regeln und die Feststellung, ob eine solche Situation vorliegt, dem AG zu überlassen. So ist es möglich, **Schichtpläne** lediglich mit bestimmten Vorgaben zu versehen oder **Überstunden** unter bestimmten Voraussetzungen generell zuzulassen. Ein **unzulässiger Verzicht** läge dagegen vor, würde man den **AG** ermächtigen, Schichtpläne oder Überstunden **nach seinen Vorstellungen** festzulegen. Dasselbe Prinzip hat das BAG bei Sozialplänen zu Grunde gelegt, allerdings recht großzügig gehandhabt (§§ 112, 112 a Rn. 197: Geplante Betriebsänderung muss »in groben Umrissen« abschätzbar sein). Keine Grundlage im Gesetz hat dagegen die Überlegung, zwischen freiwillig geschlossenen Betriebsvereinbarungen und Entscheidungen der ESt zu differenzieren und einen mittelbaren Verzicht nur im zweiten Fall auszuschließen.[228] Großzügigere Maßstäbe sind allenfalls bei einer Delegierung auf paritätische Kommissionen angebracht. Zur durch § 28 a geregelten **Delegierung auf Arbeitsgruppen** s. *Trümner.*[229] **100**

---

222 *BAG* a. a. O.
223 *BAG* a. a. O. Dazu auch *Lerch/Weinbrenner* NZA 11, 666.
224 *BAG* 23.4.09, DB 09, 1995 = NZA 09, 915.
225 S. zuletzt *Joussen,* RdA 05, 31 ff.; s. auch § 87 Rn. 49, § 102 Rn. 52 und §§ 112, 112 a Rn. 195.
226 *LAG Schleswig-Holstein* 4.3.08, NZA-RR 08, 414.
227 Vgl. *LAG Schleswig-Holstein* a. a. O.
228 So aber *Joussen,* RdA 05, 36 ff.; zum Ganzen eingehend unten § 87 Rn. 49 f.
229 FS 50 Jahre Arbeitsgerichtsbarkeit Rheinland-Pfalz, S. 395 ff.

IV. Organisationsgrundsätze der Betriebsverfassung

1. Der einzelne Arbeitnehmer im Betriebsverfassungsrecht

101 Die Betriebsverfassung ist nicht nur **Teil des Systems der Mitbestimmung** (vgl. Rn. 46 ff.). Das BetrVG hat darüber hinaus als **arbeitsrechtliches Gesetz** wesentlichen Einfluss auf die Begründung, den Inhalt und die Beendigung des Einzelarbeitsverhältnisses, wie beispielsweise bei folgenden Regelungsbereichen: Gleichbehandlungsgrundsatz (§ 75), Einzelrechte der AN (§§ 81 – 85, 86 a), Auswirkungen der Gestaltung von Arbeitsplatz, Arbeitsablauf und Arbeitsumgebung auf die AN (§§ 90, 91), Förderung der Berufsbildung der AN (§ 96), personelle Einzelmaßnahmen (§§ 99, 102, 104) und Anspruchsgrundlagen der AN aus Interessenausgleich und Sozialplan (§§ 112, 113).

102 Die Betriebsverfassung wird vielfach als **arbeitsrechtliche Grundordnung** der Zusammenarbeit zwischen AG und AN im Betrieb bezeichnet. Praktisch umgesetzt wird die Zusammenarbeit einerseits durch den AG und andererseits durch den BR sowie die anderen Organe der Betriebsverfassung. Das BetrVG übernimmt schon wegen der gegebenen Interdependenz mit anderen arbeitsrechtlichen Rechtsbereichen von dort arbeitsrechtliche Grundbegriffe. Es haben sich jedoch einige betriebsverfassungsrechtliche Grundbegriffe entwickelt, die von den allgemeinen arbeitsrechtlichen Begriffen in ihrer Bedeutung abweichen.

103 Die Abweichung wird besonders am **AN-Begriff** deutlich. Der **betriebsverfassungsrechtliche Begriff** geht zwar von dem allgemeinen arbeitsvertraglichen AN-Begriff aus, ist aber mit diesem nicht deckungsgleich, sondern weicht teilweise davon ab. So verlangt die betriebsverfassungsrechtliche Schutzfunktion, wie sie sowohl in allgemeinen (vgl. z. B. § 75, § 80 Abs. 1) als auch in speziellen Beteiligungsrechten des BR bei sozialen, personellen und wirtschaftlichen Angelegenheiten (z. B. § 87 Abs. 1, §§ 99, 102 und 112) zum Ausdruck kommt, dass auch in einem faktischen Arbeitsverhältnis stehende AN vom BR vertreten werden. Für Leih-AN hat der Gesetzgeber dies inzwischen etwa durch die Regelung in § 7 Satz 2 anerkannt. Die in faktischen Arbeitsverhältnissen tätigen Beschäftigten müssen zugleich in der Lage sein, die Betriebsvertretung durch ihre Teilnahme an der Wahl zu legitimieren. Daher ist die Eigenschaft als AN des Betriebs i. S. d. § 5 und damit die Wahlberechtigung nach § 7 auch zu bejahen, wenn im Betrieb tätige Personen ohne Arbeitsvertrag mit dem Betriebsinhaber dessen arbeitgeberischen Weisungsbefugnissen unterliegt und so eingegliedert sind, dass sie sich von einem vergleichbaren (Vertrags-)AN im Wesentlichen nur durch das Fehlen direkter arbeitsvertraglicher Beziehungen unterscheiden.[230]

104 Die große Reichweite des betriebsverfassungsrechtlichen AN-Begriffs wird schließlich an der ausdrücklichen Einbeziehung von im **Betrieb,** im **Außendienst,** mobil außerhalb des Betriebs oder in **Telearbeit** beschäftigten Personen deutlich. Der persönliche Geltungsbereich des Gesetzes erstreckt sich weiterhin auf alle AN des Betriebs einschließlich der zu ihrer Berufsausbildung Beschäftigten sowie auf in Heimarbeit tätige Personen (vgl. § 5 Rn. 8 ff.). Darüber hinaus erfasst das Gesetz die AN anderer AG, die länger als drei Monate im Betrieb eingesetzt sind (»**Leih-AN**«). Diesen steht nach § 7 das Wahlrecht zu (vgl. insgesamt §§ 5 Rn. 86 ff., 7 Rn. 7 ff.). Die Rechte des BR bestehen bezüglich der Leih-AN uneingeschränkt. Leih-AN sind bei der Zahl der nach § 38 Abs. 1 freizustellenden Betriebsräte zu berücksichtigen.[231] Ausgeschlossen bleiben andere Beschäftigte wie insbesondere »Ein-Euro-Jobber« (vgl. ausführlich § 5 Rn. 145).

105 Auch die Abgrenzung des Personenkreises der **leitenden Angestellten** nach § 5 Abs. 3 zeigt, dass das BetrVG von seinem Gesetzeszweck her **eigenständige Begriffsbestimmungen** enthält. Die im BetrVG enthaltene Definition legt diesen Personenkreis anders als andere arbeitsrechtliche Gesetze fest (vgl. etwa §§ 14, 17 Abs. 5 Nr. 3 KSchG; § 22 Abs. 2 Nr. 2 ArbGG; dagegen mit Bezug auf § 5 Abs. 3 BetrVG § 18 Abs. 1 Nr. 1 ArbZG). Entsprechendes gilt auch für die **Nicht-AN** i. S. d. BetrVG. Es werden insbesondere solche im Betrieb tätigen Personen vom betriebsverfassungsrechtlichen AN-Begriff ausgenommen, die ihrer Funktion nach der AG-Seite zuzuordnen sind, wie Organmitglieder juristischer Personen und vertretungs- oder

---

230 Vgl. *LAG Frankfurt* 25.1.85, BB 85, 2173.
231 *BAG* 5.12.12, NZA 13, 690; vgl. § 38 Rn. 9 und § 5 Rn. 8 und 81.

geschäftsführungsbefugte Gesellschafter von Personengesellschaften (§ 5 Abs. 2 Nrn. 1 und 2). Als weitere Nicht-AN treten Personen hinzu, die entweder schon nach allgemeiner Auffassung keine AN sind (§ 5 Abs. 2 Nrn. 3 und 4) oder kraft spezieller Wertung des BetrVG nicht als AN gelten (§ 5 Abs. 2 Nr. 5).

Ist der betriebsverfassungsrechtliche AN-Status gegeben, haben **einzelne AN bestimmte Rechtspositionen** nach dem BetrVG wie insbesondere 106

- aktives und passives Wahlrecht zum BR, sofern bestimmte Voraussetzungen vorliegen (§§ 7, 8);
- Antragsrecht zur gerichtlichen Bestellung eines WV (mindestens drei wahlberechtigte AN, § 16 Abs. 2 Satz 1);
- Antragsrecht zur Einberufung einer Betriebsversammlung zwecks Bildung eines WV (mindestens drei wahlberechtigte AN, § 17 Abs. 2 Satz 1);
- Anfechtung der BR-Wahl (mindestens drei wahlberechtigte AN, § 19 Abs. 2);
- Antragsrecht auf gerichtlichen Ausschluss einzelner BR-Mitglieder oder Auflösung des BR (mindestens ein Viertel der wahlberechtigten AN, § 23 Abs. 1);
- Antragsrecht zur Einberufung einer außerordentlichen Betriebsversammlung (mindestens ein Viertel der wahlberechtigten AN, § 43 Abs. 3 Satz 1);
- Teilnahmerecht an Betriebsversammlungen (§§ 42 ff.);
- individuelle Mitwirkungs- und Beschwerderechte (§§ 81 – 86);
- individuelles Vorschlagsrecht (§ 86 a).

Der einzelne AN ist **Teil der Belegschaft** (vgl. Rn. 92) und zugleich **Subjekt von Rechten,** die der BR nach dem Gesetz für den einzelnen AN, Teile der Belegschaft oder die Belegschaft insgesamt wahrnimmt.

2. Die betriebsverfassungsrechtliche Stellung der Belegschaft

Der Begriff »Belegschaft« erfasst die **Arbeitnehmerschaft eines Betriebs** (zum Betriebsbegriff vgl. Rn. 96) oder Teile von ihr. Er wird vom Gesetz verschiedentlich als Synonym verwandt, wo es um die AN des Betriebs geht (vgl. etwa § 80 Abs. 1 Nr. 2, § 111). Der einzelne AN wird durch die Zuordnung zur Belegschaft zugleich Beteiligter einer die anderen AN mit einschließenden überindividuellen Einheit, die mehr ist als die bloße Summe aller Beteiligten.[232] 107

Am deutlichsten sichtbar wird dies bei der **organisatorischen Einheit »Betriebsversammlung«.** Dort geht es um die gemeinschaftliche Willensbildung und Willensäußerung. Der Gesetzgeber hat ihr darüber hinaus bestimmte **Aufgaben** zugewiesen: Wahl des WV in einem betriebsratsfähigen, aber betriebsratslosen Betrieb (§ 17); Entgegennahme des Tätigkeitsberichts des BR und Diskussion darüber (§ 43 Abs. 1 Satz 1); Entgegennahme des Berichts des AG über das Personal- und Sozialwesen und über die wirtschaftliche Lage und Entwicklung des Betriebs (§ 43 Abs. 2 Satz 3). Von besonderer Bedeutung ist, dass die Betriebsversammlung Angelegenheiten behandeln kann, die den Betrieb oder seine AN unmittelbar betreffen, wobei das Gesetz Angelegenheiten tarifpolitischer, sozialpolitischer, umweltpolitischer und wirtschaftlicher Art hervorhebt (§ 45). 108

Die Beteiligungsrechte nach dem Gesetz werden nicht von der Belegschaft, sondern von den **Kollektivvertretungen,** insbes. von dem **BR** und dem **GBR,** wahrgenommen. Diese werden als Organe der Betriebsverfassung im eigenen Namen kraft Amtes tätig. Das gilt auch für die Stellung des BR und des GBR gegenüber der Belegschaft und einzelnen Betriebsangehörigen.[233] Daher binden beispielsweise Abstimmungen der Betriebsversammlung den BR nicht. Sie können aber deutlich machen, wie die Auffassung und Position der Belegschaft oder einzelner Gruppen zu betrieblichen Fragen und Problemen ist. 109

232 Vgl. auch *GK-Franzen,* § 1 Rn. 89 ff.
233 *Fitting,* § 1 Rn. 186 ff.

3. Der Betrieb als zentraler Ausgangspunkt der Betriebsverfassung

110 Der **Betriebsbegriff** »Betrieb« ist für die Praktizierung des Betriebsverfassungsrechts von **entscheidender** Bedeutung. Er setzt den Rahmen für die Abgrenzung der Belegschaft und die sich im Betrieb vollziehende Bildung der Betriebsvertretung und den Wirkungsbereich für die BR-Arbeit. Die Anzahl der AN des Betriebs gemäß § 5 Abs. 1 sowie der gem. § 7 Satz 2 zu berücksichtigen überlassenen AN, die im Betrieb beschäftigt ist, bildet zugleich die Ausgangsgröße für die zahlenmäßige Größe des BR (§ 9) und teilweise auch für das Einsetzen von Beteiligungsrechten (vgl. § 99 Abs. 1 Satz 1, § 106 Abs. 1 Satz 1, § 111 Satz 1, zu den Beteiligungsrechten von überlassenen AN vgl. § 7 Rn. 21). Der BR soll möglichst ein Spiegelbild der Belegschaft sein (vgl. § 15). Die Anzahl der AN in einem Betrieb ist dafür maßgebend, wieviel BR-Mitglieder von ihrer beruflichen Tätigkeit freizustellen sind (§ 38 Abs. 1) und ob ein BR-Ausschuss gemäß § 27 Abs. 1 bzw. Ausschüsse gemäß § 28 Abs. 1 gegründet werden können.

111 Das BetrVG legt trotz der Bedeutung des »Betriebs« für das Betriebsverfassungsrecht den Begriff nicht fest, sondern **setzt ihn voraus.** Definitionen aus anderen Rechtsbereichen, wie etwa dem Handels- und Wirtschaftsrecht oder Sozialrecht, können nicht ohne weiteres herangezogen werden.[234] Das gilt umso mehr, als selbst im Arbeitsrecht der Betriebsbegriff (etwa im Kündigungsschutzrecht und Tarifvertragsrecht) unterschiedlich verwendet wird;[235] nach Auffassung des *BAG* stimmt allerdings der Betriebsbegriff des KSchG mit dem des BetrVG überein (vgl. § 1 Rn. 143). Der Betriebsbegriff nach dem BetrVG muss sich am **Sinn und Zweck des Betriebsverfassungsrechts** orientieren.

112 Die **Unterscheidung zwischen Betrieb und UN** wird in Rspr. und Literatur weitgehend dahin gesehen, dass der Betrieb einem **arbeitstechnischen Zweck,** das UN dagegen einem hinter dem arbeitstechnischen Zweck liegenden Ziel, nämlich regelmäßig einem **wirtschaftlichen oder ideellen Zweck** dient (vgl. dazu Rn. 103 ff.). Nach der Rspr. des *BAG* ist der »Betrieb die organisatorische Einheit, innerhalb derer der UN allein oder zusammen mit seinen Mitarbeitern mit Hilfe sächlicher und immaterieller Mittel bestimmte arbeitstechnische Zwecke fortgesetzt verfolgt«.[236]

113 Die vom **BAG geprägte Definition** trägt einem eigenständigen Betriebsbegriff, wie er vom Sinn und Zweck des BetrVG her zu entwickeln ist, **nur ungenügend Rechnung.** So kommt nicht zum Ausdruck, dass der Betrieb ein **Sozialgebilde** ist, das durch die soziale Ungleichheit geprägt wird, mit der sich die Parteien des Arbeitsvertrages – AN und AG – gegenüberstehen. Im Betrieb setzt sich die wirtschaftliche Macht des UN in die soziale Macht des AG um. Die aus der wirtschaftlichen Unterlegenheit des AN resultierende faktische Unmöglichkeit der gleichberechtigten Mitbestimmung der Arbeitsbedingungen wird nur bis zu einem gewissen Grade durch Tarifverträge und arbeitsrechtliche Schutzgesetze ausgeglichen. Die betriebliche Mitbestimmung nach dem BetrVG hat in diesem System einen eigenen Stellenwert.[237]

114 Es kommt wesentlich hinzu, dass Methode, bei der konkreten Ausfüllung des Betriebsbegriffs auf einen **Merkmalskatalog** zur Abgrenzung betriebsratsfähiger Einheiten abzustellen, Unsicherheiten mit sich bringt (vgl. dazu § 1 Rn. 71 ff.). Bereits das Merkmal »räumliche Einheit«, das in § 4 Abs. 1 Nr. 1 zu finden ist, ist keineswegs zwingend. Es ist nämlich nicht nur im Sinne einer geschlossenen, abgegrenzten und zusammengehörigen Einheit gemeint, wie auch § 4 mit den Begriffen »Betriebsteil« und »Kleinstbetrieb« zeigt. So führt etwa die räumliche Trennung von Betriebsteilen nicht automatisch dazu, einen einheitlichen Betrieb zu verneinen.[238] Die Einheit des Inhabers (Inhaberidentität) kann ebenfalls kein entscheidendes Merkmal sein, wie nicht zuletzt die immer häufiger auftretende Form des **Gemeinschaftsbetriebs** beweist, die in § 1 Abs. 2 ihren normativen Niederschlag gefunden hat (vgl. zur aktuellen Situation § 1 Rn. 88 ff., 126 ff.). In diesem Zusammenhang ist auch das Problem der Spartenorganisation

234 GK-*Franzen*, § 1 Rn. 26.
235 *Fitting*, § 1 Rn. 62.
236 Vgl. etwa *BAG* 18.1.90, AP Nr. 9 zu § 23 KSchG 1969; 14.9.88, AP Nr. 9 zu § 1 BetrVG 1972; vgl. zu der Rspr. des *BAG* zum Betriebsbegriff und zur Literatur umfassend § 1 Rn. 58 ff.
237 *Muhr*, AuR 82, 1 ff.
238 Vgl. ausführlich § 4 Rn. 54 ff.

entlang von Produktgruppen oder die Trennung von produzierenden Bereichen und Vertrieb oder Verwaltung zu nennen.[239]

Genauso wenig kann die Verfolgung bestimmter arbeitstechnischer Zwecke ein **ausschlaggebendes Kriterium** sein, da es vielfach kaum möglich ist, genau festzulegen, was ein arbeitstechnischer Zweck im konkreten Fall ist (vgl. § 1 Rn. 83 f.). Aber selbst, wenn es möglich ist, kommt hinzu, dass in einem einheitlichen Betrieb **mehrere arbeitstechnische Zwecke** verfolgt werden können. Angesichts der immer stärker um sich greifenden industriellen Arbeitsteilung ist dies in der Praxis häufig der Fall. Damit könnte es zur Atomisierung einer an sich betriebsratsfähigen Einheit kommen.[240] Entsprechendes gilt für die **einheitliche technische Leitung,** die jedenfalls dann, wenn mehrere arbeitstechnische Zwecke in einem Betrieb verfolgt werden, zwar möglicherweise sinnvoll, aber keineswegs notwendig ist.[241] Das Kriterium der einheitlichen technischen Leitung ist in solchen Fällen fragwürdig, der Begriff des einheitlichen Leitungsapparates wird diffus (§ 1 Rn. 78 ff.). **115**

Es ist somit zur besseren Ausfüllung der Betriebsdefinition erforderlich, sich künftig auf Merkmale konzentrieren, die stärker am Gesetzeszweck des BetrVG orientiert sind. Dieser besteht entscheidend darin, dass eine **Betriebsvertretung der AN** in einer auf **Dauer angelegten organisatorischen Einheit** gebildet werden kann, die zu einer **effektiven Wahrnehmung der Interessen der AN** in der Lage ist (vgl. § 1 Rn. 79 f.). **116**

Dabei soll nicht verkannt werden, dass jedes Abstellen auf einen Merkmalskatalog durchaus erhebliche Unsicherheiten mit sich bringen kann (vgl. § 1 Rn. 72 ff.). Im Zweifel müssen dann die Merkmale den **Ausschlag** geben, die am stärksten für den **Gesetzeszweck sprechen.** Es kommt darauf an, die Einheit »Betrieb« so abzugrenzen, dass in ihr eine **vernünftige Ordnung der Betriebsverfassung** verwirklicht werden kann.[242] Eine sachgerechte Wahrnehmung der AN-Interessen und damit der Beteiligungsrechte, die der BR für die AN wahrnimmt, ist zu gewährleisten.[243] Vor diesem Hintergrund ist es zu begrüßen, dass insbes. AN in betriebsratsfähigen Betriebsteilen gemäß § 4 Abs. 1 Satz 2 nunmehr beschließen können, an der BR-Wahl im Hauptbetrieb teilzunehmen (vgl. § 4 Rn. 100 ff.). Auch die Möglichkeiten der Bildung von Unternehmensbetriebsräten nach § 3 Abs. 1 bieten neue Wege für eine effektive Interessenwahrnehmung beim Vorliegen bestimmter Betriebsgestaltungen (vgl. § 3 Rn. 37 ff.). Gleiches gilt für die Ausweitung der Zuständigkeit eines GBR auf die AN in betriebsratslosen Betrieben eines Unternehmens durch die Ergänzung des § 50 Abs. 1 (vgl. § 50 Rn. 17 ff.) bzw. für die entsprechenden Zuständigkeiten eines KBR nach § 58 (vgl. § 58 Rn. 22 ff.). **117**

4. Unternehmen und Betriebsverfassung

Das Gesetz kennt, wie auch beim Betrieb (vgl. Rn. 110 ff.), keinen eigenen UN-Begriff, sondern setzt ihn voraus. Nach der Rspr. des BAG ist das UN die organisatorische Einheit, mit der ein UN seine wirtschaftlichen oder ideellen Zwecke verfolgt.[244] **118**

Das UN kann einen oder **mehrere Betriebe** haben. Ist Letzteres gegeben, kommt dem Begriff des UN eine eigenständige betriebsverfassungsrechtliche Bedeutung zu, wenn zugleich mehrere BR bestehen. Es ist dann ein **Gesamt-BR** zu errichten (§ 42 Abs. 1). Dagegen ist die Bildung eines WA auch für ein UN mit nur einem Betrieb vorgesehen, sofern mehr als 100 ständig beschäftigte AN vorhanden sind (§ 106 Abs. 1 Satz 1). **119**

Es ist möglich, dass mehrere rechtlich selbstständige UN einen **gemeinsamen Betrieb** im betriebsverfassungsrechtlichen Sinne bilden.[245] Dies berücksichtigt § 1 Abs. 2 BetrVG. Gemäß Abs. 2 Nr. 1 wird ein **gemeinsamer Betrieb** mehrerer Unternehmen vermutet, wenn zur Ver- **120**

---

239 Vgl. *Däubler,* Das Arbeitsrecht 1, Rn. 753 r.

240 Vgl. GK-*Franzen,* § 1 Rn. 38, der darauf hinweist, dass es genüge, wenn mehrere Zwecke innerhalb einer einheitlichen, auf einen arbeitstechnischen Gesamtzweck gerichteten Organisation verfolgt werden.

241 GK-*Franzen,* § 1 Rn. 39.

242 GK-*Franzen,* § 1 Rn. 35.

243 Vgl. *Fitting,* § 4 Rn. 2; GK-*Franzen,* a. a. O.

244 *BAG* 7.8.86, AP Nr. 5 zu § 1 BetrVG 1972; 5.3.87, AP Nr. 30 zu § 15 KSchG 1969.

245 *BAG* 18.1.90, AP Nr. 9 zu § 23 KSchG 1969; 14.9.88, AP Nr. 9 zu § 1 BetrVG 1972.

folgung arbeitstechnischer Zwecke die Betriebsmittel sowie die Arbeitnehmer von den Unternehmen gemeinsam eingesetzt werden. Voraussetzung für das Vorliegen eines gemB, aber nicht für die Vermutung, ist ein einheitlicher Leitungsapparat. Es geht bei der einheitlichen Leitung um Entscheidungen des AG bei den personellen und sozialen Angelegenheiten. Die Wahrnehmung einheitlicher unternehmerischer Funktionen im Bereich der wirtschaftlichen Mitbestimmung ist nicht erforderlich.[246]

121 Das Entstehen eines Gemeinschaftsbetriebs muss keineswegs in der Weise geschehen, dass mehrere UN einen neuen Betrieb bilden, wie das etwa in der Form einer Arbeitsgemeinschaft für größere Bauvorhaben geschieht, die als BGB-Gesellschaft den Betrieb leitet. Es kann gemäß § 1 Abs. 2 Nr. 2 auch die Folge einer **Unternehmensaufspaltung** sein. So ist denkbar, dass Produktgruppen oder einzelne Abteilungen, wie Vertrieb, Kundendienst usw., von bisher unselbstständigen Abteilungen unternehmensübergreifend zu selbstständigen UN umgewandelt werden (vgl. § 1 Rn. 146). Für diesen Fall der Zusammenlegung von Betriebsbereichen sowie für die verschiedenen Varianten der Betriebsspaltung sieht § 21 a ausdrücklich ein Übergangsmandat des BR mit der Zielsetzung vor, für eine Übergangszeit die Schutzfunktion des Betriebsverfassungsrechts zu erhalten und sicherzustellen, dass in den neu entstandenen betrieblichen Einheiten WV zur Einleitung einer BR-Wahl bestellt werden (vgl. § 21 a Rn. 4).

122 Für den Begriff UN ist die **rechtliche Selbstständigkeit** entscheidend. Es kann sich dabei um eine natürliche Person, um eine Personengesamtheit oder um eine juristische Person handeln.[247]

123 Eine Einschränkung von Beteiligungsrechten des BR bzw. GBR ist gegeben, wenn es sich um **Tendenz-UN** i. S. d. § 118 Abs. 1 BetrVG handelt. Die betriebsverfassungsrechtlichen Bestimmungen finden in einem solchen Fall keine Anwendung, soweit die Eigenart des UN (oder des Betriebs) dem entgegensteht. Die Vorschriften über die Bildung und Tätigkeit des WA sind überhaupt nicht, die Bestimmungen, die sich mit dem Interessenausgleich und Sozialplan bei Betriebsänderungen befassen, nur insoweit anzuwenden, als sie den Ausgleich oder die Milderung wirtschaftlicher Nachteile für die AN infolge von Betriebsänderungen regeln.[248]

5. Konzern und Betriebsverfassung

124 Dem Konzernbegriff kommt eine betriebsverfassungsrechtliche Bedeutung zu, wenn es sich um einen **Konzern i. S. d. § 18 Abs. 1 AktG,** also um einen sog. **Unterordnungskonzern,** handelt. In einem solchen Fall kann durch Beschlüsse der einzelnen GBR der UN ein KBR errichtet werden (vgl. § 54).

125 Ein Unterordnungskonzern i. S. d. § 18 Abs. 1 AktG setzt voraus, dass ein herrschendes und ein oder mehrere abhängige UN unter der **einheitlichen Leitung** des **herrschenden UN** zusammengefasst sind. Die Rechtsform des herrschenden oder der abhängigen UN ist dabei unerheblich. Ein KBR kann auch dann gebildet werden, wenn die einzelnen UN des Konzerns nicht in der Form einer AG, sondern etwa als GmbH oder als Personengesellschaften geführt werden. In einem Gleichordnungskonzern nach § 18 Abs. 2 AktG ist ein KBR nicht zu errichten (vgl. § 54 Rn. 8 ff.).

126 Besondere Probleme entstehen, wenn innerhalb eines Konzerns ein **Unterkonzern** besteht, der für seinen Bereich gegenüber abhängigen UN Leitungsbefugnisse ausübt. Nach dem Grundgedanken des Gesetzes ist die Möglichkeit eines »**Konzerns im Konzern**« zu bejahen, so dass bei der Konzernspitze eines Unterkonzerns (Tochtergesellschaft) jedenfalls dann ein KBR zu errichten ist, wenn der Unterkonzernspitze in einem wesentlichen Bereich von beteiligungspflichtigen Angelegenheiten eine nicht durch konkrete Weisungen der Konzernspitze (Muttergesellschaft) gebundene Entscheidungskompetenz zusteht und sie von dieser Kompetenz auch tatsächlich Gebrauch macht.[249]

---

246 *BAG* 29.1.87, AP Nr. 6 zu § 1 BetrVG 1972; vgl. im Übrigen § 1 Rn. 88 ff.
247 *Fitting,* § 1 Rn. 146.
248 Vgl. § 118, Rn,. 2 ff.; 65 ff.
249 *BAG* 21.10.80, AP Nr. 1 zu § 54 BetrVG 1972; vgl. auch § 54 Rn. 18 ff.

6. Die Rechtsstellung des Betriebsrats

Der BR ist die **gesetzliche Interessenvertretung** (Repräsentant) der AN **des Betriebs** innerhalb der Betriebsverfassung.[250] Weiterhin ist er gem. § 7 Satz 2 zuständig für alle überlassenen AN, die mehr als drei Monate im Betrieb tätig sind (vgl. § 7 Rn. 21). Der BR hat somit – in Zusammenarbeit mit der Gewerkschaft (vgl. § 2 Rn. 49 ff) – die **betrieblichen Interessen der AN gegenüber dem AG** zu vertreten. Im Rahmen des § 2 Abs. 1 BetrVG hat er die Interessen des Betriebs zu berücksichtigen. Von ihm werden alle AN i. S. d. § 5 Abs. 1 BetrVG vertreten. Die leitenden Angestellten vertritt er nicht. Deren Vertretung erfolgt, sofern die Voraussetzungen zur Bildung dieses Vertretungsorgans vorhanden sind, durch den SpA (§§ 1, 25 SprAuG). 127

Der BR ist einerseits Organ der Belegschaft,[251] andererseits wie der AG Verfassungsorgan des Betriebs.[252] Als Organ der Betriebsverfassung wird der BR im **eigenen Namen** kraft seines Amtes tätig. Während seiner Amtszeit ist daher der BR nicht von der Zustimmung der Arbeitnehmerschaft abhängig. Es gibt kein »imperatives Mandat«.[253] 128

Das Gesetz weist dem BR eine Reihe von gesetzlichen Aufgaben und Rechten zu. Von erheblicher Bedeutung ist die **Schutzfunktion.** Er hat von Amts wegen darauf zu achten, dass die zugunsten der AN geltenden Gesetze, Tarifverträge, Betriebsvereinbarungen und sonstigen Vorschriften eingehalten werden (§ 80 Abs. 1 Nr. 1). Es gehört zu seinen allgemeinen Aufgaben, darüber zu wachen, dass alle im Betrieb tätigen Personen nach den Grundsätzen von Recht und Billigkeit behandelt werden (§ 75 Abs. 1). Darüber hinaus hat er die freie Entfaltung der Persönlichkeit der im Betrieb beschäftigten AN zu fördern (§ 75 Abs. 2). 129

Zum **sozialpolitischen Aufgabenbereich** des BR gehört die Berechtigung und Verpflichtung, für die Eingliederung von Schwerbehinderten und von sonstigen schutzbedürftigen Personen in den Betrieb zu sorgen (§ 80 Abs. 1 Nr. 4). Gleiches gilt bezüglich der **Integration ausländischer AN** in den Betrieb (§ 80 Abs. 1 Nr. 7) sowie bezüglich der Durchsetzung der tatsächlichen **Gleichstellung** von Frauen und Männern (§ 80 Abs. 1 Nr. 2 a), der Förderung der **Vereinbarkeit von Familie und Erwerbstätigkeit** (§ 80 Abs. 1 Nr. 2 b) sowie der Beantragung von Maßnahmen **zur Bekämpfung von Rassismus und Fremdenfeindlichkeit** im Betrieb (§ 80 Abs. 1 Nr. 8 und 9).[254] 130

Ein Schwerpunkt der Rechte des BR liegt in der **Gestaltungsfunktion.** Durch die ihm vom Gesetz zugewiesenen Mitwirkungs- und Mitbestimmungsrechte gestaltet er durch BV betriebliche Arbeitsbedingungen mit. Der Wirkungsbereich des BR reicht dabei von Fragen der Ordnung des Betriebs und der Lohngestaltung (vgl. § 87 Abs. 1) und Problemen der Arbeitsorganisation (vgl. §§ 90, 91) über personelle Maßnahmen (vgl. §§ 99, 102) bis hin zu Betriebsänderungen (§§ 111 – 113). 131

Die vom Gesetz gewährten **Beteiligungsrechte** sind **abgestuft.** Die rechtliche Einflussnahme, die der BR auf den Willensbildungsprozess des AG hat, wird dadurch unterschiedlich ausgestaltet. So räumt ihm das Gesetz Rechte ein, die den AG lediglich zur Unterrichtung und Beratung verpflichten (vgl. § 90). Darüber hinaus bestehen Vetorechte in Form eines Zustimmungsverweigerungs- oder Widerspruchsrechts (vgl. §§ 99, 102). In bestimmten Angelegenheiten hat der BR gleichberechtigt mitzubestimmen (vgl. § 87). 132

Seine Rechte und Aufgaben nimmt der BR als **gemeinsame Vertretung aller AN** wahr. Diese Aufgabe wird in der Praxis durch die Verhältniswahl innerhalb des BR-Gremiums erschwert, die im Ergebnis zu erheblichen **Spaltungstendenzen** bei der Wahl des BR und seiner Tätigkeit führt. So benötigen die in Ausschüssen tätigen oder die freigestellten BR-Mitglieder für ihre Arbeit nicht mehr unbedingt das Vertrauen der Mehrheit im BR, sondern nur das ihrer eigenen politischen Gruppierung. Es kommt deshalb nicht mehr allein auf die Persönlichkeit 133

250 *Fitting*, § 1 Rn. 188; zur systematischen Einordnung und begrifflichen Erfassung der Rechtsstellung des BR vgl. *Däubler*, Arbeitsrecht 1/2006, Rn. 893 ff.; GK-*Franzen*, § 1 Rn. 62 ff.
251 *BAG* 6.11.59, AP Nr. 15 zu § 13 KSchG.
252 Zu den unterschiedlichen Auffassungen zur Rechtsstellung des BR vgl. GK-*Franzen*, § 1 Rn. 62 ff.
253 *BAG* 27.6.89, DB 89, 2543; *Fitting*, § 1 Rn. 190.
254 Vgl. allg. *Däubler*, Arbeitsrecht 1/2006, Rn. 897 ff.

und die Fähigkeiten der einzelnen BR-Mitglieder an.[255] Den sich aus den Spaltungstendenzen ergebenden Gefahren ist nur dadurch zu begegnen, dass sich die einzelnen BR-Mitglieder ungeachtet unterschiedlicher Auffassungen und politischer und weltanschaulicher Einstellungen nicht als Vertreter einer bestimmten Gruppierung begreifen. Jedes Mitglied des BR sollte sich als **»Repräsentant« aller Beschäftigten** verstehen.

134 Der BR nimmt seine Aufgaben und Rechte gegenüber dem AG wahr. Im Rahmen des § 2 Abs. 1 arbeitet der BR mit dem AG zusammen. Die **einseitige Entscheidungsbefugnis des AG** soll durch eine Repräsentation der AN-Interessen **eingeschränkt werden.** Die Betriebsverfassung zielt damit auf eine **Gewaltenteilung** im Betrieb ab (vgl. auch § 4 Rn. 30). Seine Tätigkeit hat vollzieht sich unabhängig von jeglichen Weisungen des AG und Kontrollbefugnissen. Deshalb sind Rechte, die der BR hat, auch gegenüber dem AG **gerichtlich durchsetzbar.** Der BR kann das ArbG in eigenem Namen anrufen. Er ist im Beschlussverfahren nach § 10 ArbGG beteiligungsfähig (zur Durchsetzung von Rechten des BR vgl. Rn. 96 ff.).

135 Die Betriebsratstätigkeit schließt sog. **Außenbeziehungen** des BR nicht aus; sie vollzieht sich nicht ausschließlich im Betrieb. Bestimmte betriebs-, unternehmens- und konzernübergreifende Außenbeziehungen des BR als Organ der Betriebsverfassung sind selbstverständlich.[256]

136 Außenbeziehungen des BR sind auf der Grundlage gesetzlicher Ermächtigungen möglich. In dieser Hinsicht sind insbes. die **Behörden und sonstigen außenstehenden Stellen** zu erwähnen, zu denen der BR bei der Wahrnehmung seiner gesetzlichen Rechte und Pflichten in Kontakt tritt. Als Beispiele sind die BR-Aufgaben beim Arbeits- und Gesundheitsschutz (vgl. § 87 Abs. 1 Nr. 7, § 89) oder bei der Förderung der Berufsbildung (vgl. § 96 Abs. 1) anzuführen.[257] Außenbeziehungen entstehen aber auch, wenn der BR zur ordnungsgemäßen Erfüllung seiner Aufgaben auf die Hilfe eines **außenstehenden Sachverständigen** (vgl. § 80 Abs. 3) bzw. **Beraters** (§ 111 Satz 2) zurückgreift oder bei der **Anrufung der Einigungsstelle** mit einer als Einigungsstellenvorsitzenden vorgesehenen Person Verbindung aufnimmt.

137 Einen Sonderfall stellen die Außenbeziehungen dar, die der BR zur **Sicherung der Betriebsratstätigkeit** oder zur **Wiederherstellung einer ungestörten Betriebsratsarbeit** aufnehmen muss. Es handelt sich dabei um Kontakte zu Ordnungsbehörden bei Verfahren wegen Ordnungswidrigkeiten (§ 121 BetrVG) und zur Staatsanwaltschaft bei Straftaten gegen Betriebsverfassungsorgane und ihre Mitglieder (vgl. § 119). Dagegen sind die Beziehungen zwischen BR und Gewerkschaft schon deswegen nicht als Außenbeziehungen zu bezeichnen, weil die Gewerkschaft Teil des dualen Systems zur Interessenvertretung der AN ist (vgl. Rn. 59), der BR gesetzlich zur Zusammenarbeit mit der Gewerkschaft verpflichtet wird (§ 2 Abs. 1 BetrVG) und darüber hinaus der Gewerkschaft im BetrVG eigenständige Rechte und umfassende Unterstützungsfunktionen eingeräumt worden sind (vgl. Rn. 160 f., § 2 Rn. 74 ff.).

138 Die zulässigen Außenkontakte des BR beschränken sich nicht auf die vorstehenden, gesetzlich begründeten Sachverhalte. So kann es für den BR erforderlich werden, sich unabhängig von dem Recht auf Hinzuziehung von Sachverständigen nach § 80 Abs. 3 BetrVG bzw. eines Beraters gemäß § 111 Satz 2 oder der Entsendung von BR-Mitgliedern zu Schulungs- und Bildungsveranstaltungen nach § 37 Abs. 6 und 7 BetrVG Informationen zu beschaffen, die ihn in die Lage versetzen, bestimmte Rechte sachgerechter auszuüben. Nur beispielhaft sei auf sein Initiativrecht verwiesen, gegenüber dem Arbeitgeber Vorschläge für die Einführung einer Personalplanung und ihre Durchführung zu machen (§ 92 Abs. 2). Die Wahrnehmung dieses Rechts kann wesentlich wirksamer erfolgen, wenn der BR an **»Arbeitsmarktgesprächen«** der zuständigen Agentur für Arbeit beteiligt wird, in denen die Besonderheiten und Probleme des regionalen Arbeitsmarktes behandelt werden.[258] Die Teilnahme eines oder mehrerer BR-Mitglieder als Zuhörer an einem Arbeitsgerichtsverfahren kann erforderlich sein, wenn es sich um einen Rechtsstreit von grundsätzlicher Bedeutung handelt, bei dem es zugleich um eine für die Arbeit des betreffenden BR wesentliche Frage geht.

---

255 Vgl. *Wlotzke*, DB 88, 111 ff.

256 Vgl. ausführlich *Plander*, AuR 93, 161 ff.; vgl. auch *v. Hoyningen-Huene*, RdA 92, 355 ff.

257 Zu den Außenbeziehungen im Rahmen ausdrücklicher gesetzlicher Ermächtigungen vgl. *Plander*, a. a. O., S. 162 ff.

258 Grundsätzlich bejahend zum Teilnahmerecht an einer solchen Veranstaltung *BAG* 23.9.82, AP Nr. 42 zu § 37 BetrVG 1972.

Entsprechende Aktivitäten des BR müssen sich nicht auf die Bundesrepublik Deutschland beschränken, sondern können in bestimmten Fällen auch im internationalen Rahmen erfolgen wie etwa die Anhörung rechtlich anerkannter Vertreter im Zusammenhang mit der geplanten Gründung eines grenzüberschreitenden Gemeinschaftsunternehmens (vgl. § 26 Rn. 21). 139

Es wäre somit **nicht sachgerecht,** den BR darauf beschränken zu wollen, Außenbeziehungen nur dann anzuknüpfen und zu unterhalten, wenn eine ausdrückliche gesetzliche Ermächtigung in der betreffenden Angelegenheit besteht.[259] Es muss allerdings ein **Zusammenhang** zwischen der Betriebsratstätigkeit und der Aufnahme von Außenbeziehungen bestehen. Bei der Frage, ob dies der Fall ist, hat der BR einen **Beurteilungs- und Ermessensspielraum.**[260] Bei den Außenbeziehungen des BR sind die **gesetzlichen Gebote und Verbote** zu beachten, wie sie etwa in den Grundsätzen für die Zusammenarbeit mit dem AG (§ 74 Abs. 1 und 2) und dem Verbot für den BR, nicht durch einseitige Handlungen in die Leitung des Betriebs einzugreifen (§ 77 Abs. 1 Satz 2), enthalten sind.[261] 140

Der BR ist **außerhalb seines gesetzlichen Wirkungsbereichs** weder **rechts- noch vermögensfähig,** stellt also kein Rechtssubjekt dar.[262] Anders ist es jedoch, soweit der BR **innerhalb seines gesetzlichen Wirkungsbereichs** tätig wird. Innerhalb dieses Rahmens kann er **berechtigt und verpflichtet werden.**[263] 141

Im Rahmen seines gesetzlichen Wirkungsbereichs hat der BR eine **Teilrechtsfähigkeit,** z. B. aus § 40.[264] Diese besteht zunächst im Verhältnis zum AG. Zu diesem ist auf der Grundlage des § 40 (Kostentragungspflicht) ein **»gesetzliches Schuldverhältnis«** gegeben. Die in § 40 enthaltene Kostentragungspflicht des AG macht deutlich, dass der BR im Rahmen des Gesetzes auch **Träger vermögensrechtlicher Ansprüche und Rechtspositionen** sein kann.[265] Darüber hinaus ist der BR im Bereich des Privatrechtsverkehrs mit Dritten für solche Rechtsgeschäfte teilrechtsfähig, die er zur Erfüllung des ihm gesetzlich zugewiesenen Wirkungsbereiches tätigt. 142

Verschiedentlich wird die Auffassung vertreten, dass BR-Mitglieder, die für den BR Verträge abgeschlossen haben, haften würden. Das wird damit begründet, dass der BR nicht Schuldner sein könnte.[266] Diese Auffassung würdigt jedoch nicht die gesetzlichen Bestimmungen, mit denen die **Funktionsfähigkeit** des BR überhaupt erst gesichert wird. Das ist neben § 10 ArbGG, der die Parteifähigkeit des BR im Beschlussverfahren garantiert, vor allem der § 40 Abs. 1. Der AG hat nach dieser Vorschrift, bereits bedingt durch das Umlageverbot des § 41, die durch die Tätigkeit des BR entstehenden Kosten zu tragen. Es soll sichergestellt werden, dass es **nicht zu einer finanziellen Belastung** weder des einzelnen BR-Mitglieds noch der Arbeitnehmerschaft kommt, wenn der BR seine gesetzlich vorgeschriebenen Aufgaben wahrnimmt.[267] 143

Es wäre mit **§ 40 Abs. 1 BetrVG nicht vereinbar,** die BR-Mitglieder, die für den BR Verträge unterzeichnet haben, haften zu lassen, wenn zugleich anerkannt wird, dass der BR auf der Grundlage eines entsprechenden Beschlusses beispielsweise das Recht hat, Sachverständige oder Rechtsanwälte bei der Wahrnehmung seiner Aufgaben beizuziehen, und dadurch selbstverständlich Kosten entstehen. Dies gilt insbes. auch für die Zuziehung von **Beratern**[268] gemäß § 111 Satz 2 (vgl. die Kommentierung zu § 111 Rn. 31 f., 166 ff.), die beim Vorliegen der 144

---

259 So aber offensichtlich *BAG* 18.9.91, NZA 92, 315; vgl. ähnlich *v. Hoyningen-Huene,* RdA 92, 355; a. A. *Buschmann,* AiB 87, 53; *Herschel,* ZfA 84, 65; *Kittner,* Die Quelle 4/92, 91; *Simitis/Kreuder,* NZA 92, 1009 [1010].

260 Vgl. auch *LAG Baden-Württemberg* 10.11.77, DB 78, 799.

261 Vgl. *LAG Baden-Württemberg,* a. a. O.

262 Vgl. *BAG* 24.4.86, AP Nr. 7 zu § 87 BetrVG 1972 Sozialeinrichtung; vgl. *Fitting,* § 1 Rn. 194 ff.; GK-*Franzen/Franzen,* § 1 Rn. 72 ff., jeweils m. w. N.

263 Offen gelassen in *BAG* 24.6.86, a. a. O.

264 Vgl. Richardi-*Thüsing,* Vorbem. § 26 Rn. 10 ff.; GK-*Franzen,* § 1 Rn. 73.

265 GK-*Franzen,* a. a. O.

266 *Fitting,* § 1 Rn. 212; *Vollrath/Heidemann,* AiB 06, 745.

267 Vgl. *Fitting,* § 40 Rn. 5.

268 Zur möglichen Haftung bei nicht erforderlichen Beratungsleistungen *BGH* 25.10.12, NZA 12, 1382; vgl. § 40 Rn. 54.

gesetzlichen Voraussetzungen ohne vorherige Beratung mit dem AG bzw. ohne seine Zustimmung erfolgen kann (vgl. § 40 Rn. 50 ff.). Der hier vertretenen Auffassung steht nicht entgegen, dass der AG verpflichtet ist, die Verträge abzuschließen, die für die Aufgabenerfüllung des BR notwendig sind. Schließt ein BR-Mitglied in Wahrnehmung seiner kollektivrechtlichen Aufgaben Verträge mit Dritten im eigenen Namen ab, haftet er diesen gegenüber zwar zunächst persönlich. Im Rahmen der bestehenden Kostentragungspflicht des AG hat das BR-Mitglied diesem gegenüber aber einen Freistellungs- und Erstattungsanspruch.[269]

145 Der AG wird durch die Rechtsgeschäfte des BR, die dieser in seinem Wirkungsbereich tätigt, nicht unmittelbar (abgesehen vom Vertrag zu Gunsten Dritter bzw. Stellvertretung) berechtigt oder verpflichtet. § 40 beinhaltet zwar eine Kostentragungspflicht, **nicht** aber eine **gesetzliche Vertretungsmacht des BR** für den AG.[270] Der entstehende Anspruch richtet sich grundsätzlich gegen den BR. Eine Ausnahme besteht nach § 76 a Abs. 3 bezüglich der Kosten der E-Stelle.[271] Der BR kann seine Ansprüche aus § 40 an den Dritten abtreten (vgl. § 40 Rn. 157).

146 Der AG trägt nicht deswegen ein erhöhtes finanzielles Risiko, weil der BR innerhalb seines gesetzlichen Wirkungsbereichs nur teilrechtsfähig ist und die für den BR handelnden Mitglieder im Rahmen des § 40 Dritten gegenüber nicht haften. Die Vorschrift des § 40 bürdet dem AG ohnehin Kosten auf.

147 Kommt es bei rechtsgeschäftlicher Tätigkeit des BR, die er im Rahmen seines Wirkungsbereichs ausübt, zu einem **Schadenseintritt,** hat der AG die daraus entstehenden Kosten nach § 40 zu tragen, da diese sich letztlich aus der Tätigkeit des BR ergeben.[272]

148 Eine Kostenerstattungspflicht des AG besteht nach Auffassung des *BAG* nicht, wenn der BR **außerhalb seines gesetzlichen Wirkungsbereichs** tätig wird. Danach haftet das BR-Mitglied (bei mehreren gesamtschuldnerisch), das einem Dritten gegenüber für den BR tätig geworden ist. Nach der Rspr. des *BAG* ist diese Haftung persönlich und ohne Haftungsprivilegien.[273]

149 Der BR haftet **als Organ nicht für unerlaubte Handlungen.**[274] Die vorstehend bejahte Teilrechtsfähigkeit steht dem nicht entgegen, da deliktische Handlungen ohnehin nicht zum gesetzlichen Wirkungsbereich des BR gehören.

150 Deshalb gelten die allgemeinen Haftungsregelungen des BGB auch nicht für die einzelnen BR-Mitglieder.[275] Ihre Anwendung würde den BR erpressbar machen. Allenfalls käme eine Haftung einzelner BR-Mitglieder in Extremfällen einer vorsätzlichen sittenwidrigen Schädigung in Betracht (vgl. auch Rn. 77). Entschieden abzulehnen ist der Weg, eine Haftung über die Annahme eines zwischen AG und BR sowie zwischen AG und BR-Mitglied bestehenden gesetzlichen Sozialrechtsverhältnisses zu begründen.[276]Da das BR-Amt ein Ehrenamt ist, scheidet auch eine Haftung des BR gegenüber den vertretenen AN in Analogie z. B. zur Haftung des Insolvenzverwalters aus.[277]

151 Die Mitglieder des BR haften **nicht aus dem Arbeitsvertrag,** wenn sie vorsätzlich oder grob fahrlässig ihre Pflichten bei der Amtsausübung verletzen, da die sich aus dem Amt des BR ergebenden Pflichten keine Pflichten aus dem Arbeitsvertrag sind.[278] Gerät das Mitglied des BR in eine durch das Mandat bedingte Interessenkollision mit den Pflichten aus dem Arbeitsverhältnis, so haben die **Pflichten aus dem BR-Amt Vorrang,** da es ansonsten zu einer Behinderung der Arbeit des BR kommen würde.

---

269 *Fitting,* § 1 Rn. 2207.

270 Richardi-*Thüsing,* § 40 Rn. 41; GK-*Franzen,* § 1 Rn. 73 f.

271 *Fitting,* § 1 Rn. 204.

272 Zur Haftung des BR nach BGB-Grundsätzen vgl. einerseits Richardi-*Thüsing,* Vorbem. § 26 Rn. 8 ff.; andererseits u. a. *Brill,* AuR 80, 358 und *Derleder,* AuR 80, 366.

273 Vgl. *BAG* 24.4.86, AP Nr. 7 zu § 87 BetrVG 1972 Sozialeinrichtung.

274 Vgl. *Fitting,* § 1 Rn. 209 ff.; GK-*Franzen,* § 1 Rn. 73 m. w. N.; a. A. *Belling,* S. 218 ff.

275 Vgl. jedoch Richardi-*Thüsing,* Vorbem. § 26 Rn. 16; *Fitting,* § 1 Rn. 212 ff.; GK-*Franzen,* § 1 Rn. 77 ff.; vgl. ferner die krit. Anm. *Gamillscheg,* AuR 92, 176 ff., zu der Habilitationsschrift von *Belling,* Tübingen 1990.

276 So aber *Neumann-Duesberg,* NJW 54, 617 ff.; *Belling,* S. 358; vgl. im Einzelnen *Fitting,* § 1 Rn. 213 m. w. N.

277 So aber *Belling,* S. 218.

278 A. A. *GK-Franzen,* § 1 Rn. 80.

Unterstellt man die Möglichkeit einer Haftung des BR nach den §§ 823 ff. BGB, so wird häufig ein Beschluss des BR vorliegen. In diesem Falle würden nur die BR-Mitglieder haften, die dem Beschluss zugestimmt haben.[279] Entgegen einer teilweise vertretenen Auffassung[280] ist jedoch **§ 830 Abs. 1 Satz 2 BGB nicht anwendbar.** Diese Vorschrift regelt nur den Fall, dass sich nicht ermitteln lässt, wer von mehreren Beteiligten den Schaden durch seine unerlaubte Handlung verursacht hat.[281] Als Beteiligter kommt somit nur in Betracht, wer durch eine rechtswidrige und schuldhafte unerlaubte Handlung die Gefahr der Rechtsgutverletzung begründet oder erhöht hat.[282] 152

Nach der vorstehend zitierten Auffassung soll § 830 Abs. 1 Satz 2 BGB hingegen gerade dann Anwendung finden, wenn nicht feststeht, wer dem Beschluss des BR zugestimmt hat. Die **Teilnahme an der Abstimmung** bei einem Beschluss des BR ist aber keine unerlaubte Handlung, sondern sogar eine **Pflicht aus dem BR-Amt.** Das BR-Mitglied darf sich der Teilnahme an der Abstimmung nicht entziehen. Im Übrigen bedeutet die Auffassung, das in Anspruch genommene BR-Mitglied solle nachweisen, dass es für den rechtswidrigen Beschluss nicht gestimmt habe, im Ergebnis eine teilweise Offenlegung der Abstimmung. Es würde daher eine grobe Behinderung der Tätigkeit des BR darstellen, wollte man Pflichten aus dem BR-Amt der Haftung gemäß § 830 Abs. 1 Satz 2 BGB unterwerfen. 153

7. Die Rechtsstellung des Arbeitgebers

Für den Begriff des AG ist **die allgemeine arbeitsrechtliche Definition** heranzuziehen. AG ist »jeder, der einen anderen als AN beschäftigt«.[283] Das BetrVG versteht den AG jedoch grundsätzlich nicht als Vertragspartner der AN, sondern als **Organ der Betriebsverfassung.** Als Vertragspartner der AN erfasst das BetrVG den AG nur insoweit, als sich die BR-Tätigkeit oder die Tätigkeit anderer betriebsverfassungsrechtlicher Organe auf den Inhalt des Einzelarbeitsverhältnisses auswirkt.[284] Das ist etwa der Fall, wenn es um die Entgeltfortzahlung bei der Freistellung von BR-Mitgliedern (§§ 37, 38) oder die Teilnahme von AN als Mitglieder der Belegschaft an Betriebs- und Abteilungsversammlungen (§ 44) geht. 154

Das BetrVG befasst sich mit dem AG als **Inhaber des Betriebs.**[285] Gemeint ist der Inhaber der **betrieblichen Organisationsgewalt.** Das BetrVG spricht jedoch nicht nur die arbeitsrechtliche Leitungsmacht an. In wirtschaftlichen Angelegenheiten (vgl. etwa § 106 Abs. 3, §§ 111 ff.) wird zugleich die unternehmerische Funktion in Bezug genommen. Der betriebsverfassungsrechtliche Begriff des AG ist daher mit dem des UN identisch. Das Gesetz verwendet den Begriff UN nur als andere Bezeichnung für den AG.[286] 155

Der AG ist **sozialer Gegenspieler** der übrigen betriebsverfassungsrechtlichen Institutionen, insbesondere des BR. Er hat Rechte und Pflichten nach dem BetrVG (vgl. z. B. § 23 Abs. 1 Satz 1, § 29 Abs. 4, § 40, § 43 Abs. 2). Gegenüber dem BR hat der AG umfassende Unterrichtungs- und Beratungspflichten (vgl. etwa § 80 Abs. 2, § 97, § 99 Abs. 1 und 2, § 102 Abs. 1, § 105, § 111 Satz 1). Der AG hat durch organisatorische und finanzielle Voraussetzungen dafür zu sorgen, dass die BR-Tätigkeit reibungslos ablaufen kann (vgl. beispielsweise §§ 37, 38, 39 Abs. 1, §§ 40, 80 Abs. 3). Gemeinsam mit dem BR setzt der AG **Normen** (grundsätzlich in der Form von BV), die der generellen Regelung der betrieblichen und betriebsverfassungsrechtlichen Ordnung sowie der Gestaltung der individuellen Rechtsbeziehungen zwischen dem AG und den AN dienen. 156

Der AG ist entweder eine natürliche oder eine juristische Person. Auch ein nichtrechtsfähiger Personenverband (BGB-Gesellschaft, OHG und KG) kann AG sein.[287] Soweit der AG eine 157

279 Vgl. *Fitting* Rn. 217; GK-*Franzen,* § 1 Rn. 85; Richardi-*Thüsing,* Vorbem. § 26 Rn. 16;
280 *Fitting,*§ 1 Rn. 217; *GL,* a. a. O.; GK-*Kraft/Franzen,* § 1 Rn. 85.
281 Vgl. MünchKomm-*Mertens,* § 830 Rn. 21; Richardi-*Thüsing,* Vorbem. § 26 Rn. 16.
282 *Mertens,* a. a. O., § 830 Rn. 26.
283 Vgl. zur Definition etwa GK-*Franzen,* § 1 Rn. 92 ff. m. w. N.
284 *Richardi,* Einl. Rn. 118.
285 *BAG* 5.2.91 – 1 ABR 32/90.
286 *Richardi,* Einl. Rn. 119.
287 GK-*Franzen,* § 1 Rn. 92 ff.

juristische Person ist, handeln für ihn seine gesetzlichen Vertreter, also die nach Gesetz, Gesellschaftsvertrag oder Satzung vertretungsberechtigten Personen. Gesetzliche Vertreter können ihrerseits Abteilungen oder Personen (etwa die Personalabteilung) mit der Wahrnehmung von AG-Aufgaben bevollmächtigen.

158 Das Gebot der vertrauensvollen Zusammenarbeit (§ 2 Abs. 1) verpflichtet den AG (bei juristischen Personen seine gesetzlichen Vertreter), möglichst **selbst mit dem BR** zu beraten und zu verhandeln.[288] Verschiedentlich verlangt das Gesetz vom AG bzw. UN ausdrücklich, gegenüber einer betriebsverfassungsrechtlichen Institution zu berichten (vgl. § 43 Abs. 2, § 108 Abs. 2). Ansonsten muss der AG die nach dem BetrVG bestehenden Rechte und Pflichten nicht unbedingt selbst wahrnehmen. Eine Vertretung kann nur durch solche Personen erfolgen, die den AG bzw. UN allgemein in seiner **Funktion als Betriebsinhaber oder UN** vertreten können.[289] Das können auch leitende Angestellte sein.

159 Im **Insolvenzfall des AG** werden dessen Rechte und Pflichten nach dem BetrVG vom **Insolvenzverwalter** wahrgenommen.[290] Dieser ist daher auch gehalten, die Rechte des BR zu beachten.[291]

8. Rechte der Gewerkschaften in der Betriebsverfassung

160 Der **Gewerkschaftsbegriff** wird im BetrVG vorausgesetzt und ist für das **gesamte Arbeitsrecht** einheitlich.[292] Damit geht das BetrVG von dem historischen und traditionell vorgezeichneten Begriff der Gewerkschaft aus. Dieser ist durch die klassischen AN-Organisationen entstanden, die sich als **Gegengewicht zur wirtschaftlichen Übermacht der AG** herausgebildet haben. Ihr vorrangiges Ziel ist die tarifautonome Gestaltung und sinnvolle Ordnung des Arbeits- und Wirtschaftslebens.

161 Der Gewerkschaftsbegriff deckt sich jedoch nicht mit dem allgemeinen Koalitionsbegriff des Art. 9 Abs. 3 GG. Er ist enger. Die **Gewerkschaftseigenschaft** kommt nur den AN-Vereinigungen (Koalition) zu, die **tariffähig** sind. Wesentliche Voraussetzung für die Gewerkschaftseigenschaft ist somit die Tariffähigkeit und damit zusammenhängend die grundsätzliche Bereitschaft zum Arbeitskampf (zum Gewerkschaftsbegriff vgl. § 2 Rn. 10 ff.).

162 Innerhalb der Betriebsverfassung haben die Gewerkschaften **rechtlich abgesicherte Aufgaben und Rechte.** Neben Grundsatznormen, von denen insbesondere das Zusammenwirken von BR und Gewerkschaft nach § 2 Abs. 1 anzuführen ist, sind die Gestaltungsfunktion, die Initiativ- und Antragsrechte sowie die Unterrichtungs-, Teilnahme- und Beratungsrechte anzuführen (vgl. etwa § 2 Abs. 2, § 16 Abs. 2, § 17 Abs. 3 und 4, § 18 Abs. 1 und 2, § 19 Abs. 2, § 23 Abs. 1 und 3, § 31, § 35 Abs. 1, § 37 Abs. 7, § 43 Abs. 4, § 119 Abs. 2). Die betriebsverfassungsrechtlichen Aufgaben und Rechte bestehen **unabhängig** von der **koalitionsrechtlichen Betätigung** der Gewerkschaft (§ 2 Abs. 3).

163 Bereits die im Gesetz festgeschriebenen, aber keineswegs abschließend (vgl. § 2 Rn. 27 ff.) aufgeführten Aufgaben und Rechte der Gewerkschaften nach dem BetrVG zeigen ihr **legitimes Interesse** an einer **funktionsfähigen Betriebsverfassung.** Auch im Rahmen der betrieblichen Mitbestimmung fördern die Gewerkschaften die Arbeits- und Wirtschaftsbedingungen ihrer Mitglieder und nehmen eine verfassungsrechtlich geschützte Funktion wahr.[293] Vor diesem Hintergrund wird deutlich, dass sich BR und Gewerkschaft trotz der organisatorischen und funktionalen Trennung nicht isoliert gegenüberstehen. Von der gesetzlichen Konzeption her haben sie nicht nur punktuell, sondern **umfassend zusammenzuarbeiten.** Das ist umso notwendiger, als BR und Gewerkschaft, wenn auch auf verschiedenen Ebenen, AN-Interessen wahrnehmen. Beide üben in der Zielsetzung gleichartige und gleichgerichtete Aufgaben und Funktionen aus. Der gemeinsame sozialpolitische Nenner führt nicht nur zu keinem »Gegen-

---

288 *Fitting,* § 1 Rn. 240.
289 So grundsätzlich auch *Fitting,* a. a. O. m. w. N.
290 GK-*Franzen,* § 1 Rn. 95 m. w. N.
291 Vgl. *Fitting,* § 1 Rn. 239.
292 Vgl. etwa *BAG* 15.3.77, AP Nr. 24 zu Art. 9 GG; *Fitting,* § 2 Rn. 32 ff. m. w. N.
293 *BVerfG* 24.2.99 – 1 BvR 123/93.

einander«, vielmehr kommt es erst durch das Miteinander von Gewerkschaft und BR zu einer **optimalen Interessenwahrnehmung.** Zwischen Gewerkschaft und BR besteht somit ein **Verhältnis der Kooperation,** nicht der Konkurrenz.[294]

In der betrieblichen Praxis zeigt sich immer wieder, dass die historisch begründete und in vielen Jahrzehnten bewährte enge Zusammenarbeit zwischen BR und Gewerkschaft erforderlich ist. Die BR bedienen sich in umfassender Weise der **gewerkschaftlichen Unterstützungsfunktion,** die von der unmittelbaren Beratung des BR bis zur umfassenden Schulung von BR-Mitgliedern reicht. Viele BR-Mitglieder sind gewerkschaftlich organisiert und nehmen gewerkschaftliche Funktionen wahr. 164

Der Bedeutung der gewerkschaftlichen Unterstützungs- und Beratungsfunktion im Rahmen der Betriebsverfassung würde es entsprechen, die **gesetzlichen Grundlagen** für die Zusammenarbeit zwischen Gewerkschaft und BR zu **verbreitern.**[295] Mit den am 1.1.1989 in Kraft getretenen Änderungen des BetrVG[296] hat der Gesetzgeber jedoch den umgekehrten Weg eingeschlagen. Die Gesetzesänderungen haben eine Begünstigung von Kleinstgewerkschaften und Randgruppierungen, denen der Wähler noch bei jeder BR-Wahl eine Absage erteilt hat, bei der Wahl der Betriebsvertretung und der Besetzung von BR-Positionen gebracht. Zugleich sind **Spaltungstendenzen** durch die Förderung des Listenwahlrechts anstelle der Persönlichkeitswahl und durch eine Erhöhung der betriebsverfassungsrechtlichen Gruppenschranken zwischen Angestellten und Arbeitern, entgegen der sich seit Jahrzehnten vollziehenden gesellschaftlichen und rechtlichen Entwicklung, in die Betriebsverfassung hineingetragen worden. Eine gesetzgeberische Trendwende ist derzeit nicht zu erwarten. 165

9. Der Gesamtbetriebsrat

Die Errichtung eines **GBR** setzt ein UN voraus (zum UN-Begriff vgl. Rn. 118 ff.). Voraussetzung ist weiter, dass in dem UN **mehrere BR** bestehen. Sind diese Voraussetzungen gegeben, ist die Errichtung eines GBR **zwingend** vorgeschrieben (§ 47 Rn. 3). Nicht erforderlich ist, dass in allen Betrieben des UN ein BR vorhanden ist, sofern in mindestens zwei Betrieben BR bestehen. Auch ein BR, der aus einer Person besteht, ist ein BR i. S. v. § 47. Die Bildung eines GBR verlangt nicht, dass der Sitz des UN innerhalb der Bundesrepublik liegt, so dass ein GBR auch dann zu errichten ist, wenn ein ausländisches UN mehrere Betriebe, von denen wenigstens in zweien ein BR besteht, im Geltungsbereich des BetrVG hat.[297] 166

Der GBR wird nicht durch unmittelbare Wahl der AN des UN gewählt. Seine Zusammensetzung erfolgt vielmehr durch die **Entsendung von BR-Mitgliedern** durch die einzelnen BR des UN (zur Zusammensetzung vgl. § 47 Rn. 81 ff.). Der GBR ist eine **Dauereinrichtung.** Er hat deshalb keine von vornherein feststehende Amtszeit.[298] 167

Der GBR ist den einzelnen BR nicht übergeordnet. Seine **Zuständigkeit** beschränkt sich auf die Behandlung **überbetrieblicher Angelegenheiten.** Voraussetzung ist, dass sie das Gesamt-UN oder zumindest mehrere Betriebe betreffen und diese Angelegenheiten nicht durch die einzelnen BR innerhalb ihrer Betriebe geregelt werden können (§ 50 Abs. 1). Ist dies der Fall, ist der GBR gemäß § 50 Abs. 1 letzter Halbs. auch für betriebsratslose Betriebe seines Unternehmens zuständig. Im Übrigen entspricht die Rechtsstellung des GBR und seiner Mitglieder der Rechtsstellung der BR der einzelnen Betriebe bzw. der einzelnen BR-Mitglieder. 168

---

294 *Däubler,* Gewerkschaftsrechte, Rn. 70 ff.
295 Vgl. dazu den Gesetzesvorschlag des DGB zur Änderung des Betriebsverfassungsrechts, hrsg. vom *DGB-Bundesvorstand,* Oktober 1985 i. d. F. des Beschlusses des *DGB-Bundesvorstands* vom 3.2.1998.
296 BGBl. I S. 2312.
297 *Fitting,* § 47 Rn. 22 m. w. N.
298 Vgl. *BAG* 5.12.75, AP Nr. 1 zu § 47 BetrVG 1972; vgl. auch GK-*Franzen,* § 47 Rn. 62 f., der diese Auffassung ebenfalls als im Ansatz richtig ansieht, die praktische Relevanz jedoch verneint.

10. Der Konzernbetriebsrat

169 In Konzernen könnte ein Vertretungsvakuum für die AN dadurch entstehen, dass faktische **Entscheidungsbefugnisse beim herrschenden UN** gegeben sind und die Entscheidungsmacht der abhängigen UN eingeschränkt wird. Deshalb gewährt das BetrVG die Möglichkeit, in sog. Unterordnungskonzernen (§ 18 Abs. 1 AktG) einen Konzern-BR zu errichten. Die AN sollen durch eine solche Vertretung auch auf der Ebene des Entscheidungsträgers im Konzern beteiligt werden, um einer Aushöhlung betriebsverfassungsrechtlicher Beteiligungsrechte auf UN-Ebene zu begegnen.[299]

170 Im Gegensatz zur Errichtung eines GBR ist das Entstehen des KBR nicht zwingend vorgeschrieben. Seine **Errichtung** ist **freiwillig** und erfolgt durch Beschlüsse der einzelnen GBR der Konzern-UN (zur Errichtung vgl. § 54 und die dortigen Erl.).

171 Der KBR ist – wie auch der GBR – ein **selbstständiges betriebsverfassungsrechtliches Organ.** Er wird zwar durch Beschlüsse der einzelnen GBR errichtet und setzt sich aus entsandten GBR-Mitgliedern zusammen (vgl. §§ 54 und 55). Gleichwohl ist er weder den einzelnen GBR übergeordnet noch an deren Weisungen gebunden. Der KBR ist vielmehr zuständig für die Behandlung von Angelegenheiten, die den Konzern oder mehrere Konzern-UN betreffen und nicht durch die einzelnen GBR innerhalb der einzelnen Konzern-UN geregelt werden können (§ 58 Abs. 1).

11. Der Wirtschaftsausschuss

172 Der WA ist als ein reines Informations- und Beratungsgremium in wirtschaftlichen Angelegenheiten nicht Träger von Mitbestimmungsrechten, sondern trotz seiner relativen Eigenständigkeit ein Hilfsorgan des BR.[300] Er dient nicht allein der Unterrichtung des BR, wie sie insbesondere nach § 108 Abs. 4 zu erfolgen hat. Angesichts seiner umfassenden Unterrichtungs- und Beratungsrechte hat der WA als ein besonderes betriebsverfassungsrechtliches Organ die **Zusammenarbeit und Information zwischen UN und BR** in wirtschaftlichen Angelegenheiten **zu fördern.**[301] Ist im UN ein GBR vorhanden, hat gegenüber diesem grundsätzlich die Unterrichtung durch den WA (vgl. § 108 Abs. 4) und die Förderung der Zusammenarbeit mit dem UN in wirtschaftlichen Angelegenheiten zu erfolgen. Dadurch wird eine **Unterrichtung der einzelnen BR** durch den WA **keineswegs ausgeschlossen.** Das gilt vor allem für die Fälle, in denen wirtschaftliche Angelegenheiten nur einzelne Betriebe betreffen oder im GBR nicht sämtliche BR vertreten sind.[302]

173 Ein WA ist in allen UN zu bilden, in denen **in der Regel mehr als 100 AN** ständig beschäftigt sind (§ 106 Abs. 1). Das gilt unabhängig von der Zahl der in dem UN vorhandenen Betriebe und der gebildeten BR. Es muss jedoch für mindestens einen der Betriebe ein BR errichtet worden sein. Es kann aber auch sein, dass ein UN nur aus einem Betrieb besteht. Gleichwohl ist ein WA zu bilden, sofern dieses UN mehr als 100 ständig beschäftigte AN hat und ein BR gebildet worden ist.

174 In UN, die nicht die Zahl von 100 ständig beschäftigten AN erreichen, ist zwar kein WA zu bilden. In solchen UN ist der **BR** aber nach § 80 Abs. 2 **unmittelbar** über wirtschaftliche Angelegenheiten unter Vorlage der erforderlichen Unterlagen zu unterrichten, wenn und soweit er diese zur Wahrnehmung konkreter Aufgaben benötigt.[303]

175 Die Bestimmungen zur Bildung und Tätigkeit des WA (§§ 106 – 110) finden keine Anwendung auf sog. **Tendenzbetriebe bzw. -unternehmen** (zur Kritik vgl. § 118 Rn. 65 ff.). Für Konzerne ist die Errichtung eines WA nicht vorgesehen. Gleichwohl kann er auf **freiwilliger Basis** errichtet werden.[304]

---

299 GK-*Franzen,* § 54 Rn. 4 m. w. N.
300 Vgl. *BAG* 25.6.87, AP Nr. 6 zu § 108 BetrVG 1972.
301 *Fitting,* § 106 Rn. 23.
302 Vgl. *Fitting,* § 108 Rn. 26.
303 *BAG* 5.2.91, BB 91, 1635.
304 *Fitting,* § 106 Rn. 4.; a. A. *BAG* 23.8.89, NZA 90, 863.

12. Die Jugend- und Auszubildendenvertretung durch JAV, GJAV und KJAV

176 Die JAV vertritt nicht nur die Belange der jugendlichen AN. Sie ist darüber hinaus auch für diejenigen zuständig, die in der Berufsausbildung stehen und das 18. Lebensjahr bereits überschritten haben, sofern sie noch nicht 25 Jahre alt sind (vgl. § 60). Dementsprechend ist die Altersgrenze für die Wählbarkeit auch anderer AN des Betriebs vom 24. auf das 25. Lebensjahr erhöht worden (§ 61 Abs. 2). Für die Wählbarkeit ist nicht Voraussetzung, dass der Betreffende in der Berufsausbildung steht (§ 61 Rn. 8).

177 Die Zahl der JAV-Vertreter gem. § 62 wurde im Rahmen der Novelle 2001 leicht erhöht (vgl. § 62 Rn. 1). Ebenso wie der BR ist die JAV beim Vorliegen mehrerer Wahlvorschläge nach den Grundsätzen der **Verhältniswahl** zu wählen (§ 63 Abs. 2 i. V. m. § 14 Abs. 3). Die Gewerkschaften haben zu den Wahlen der JAV ein eigenständiges Vorschlagsrecht erhalten (§ 63 Abs. 2 i. V. m. § 14 Abs. 5 und 8).

178 Die Handlungsmöglichkeiten der JAV beschränken sich nicht auf die Betriebsebene. Entsprechend den gesetzlichen Vorgaben des § 47 für GBR kann gem. § 72 durch Errichtung einer **GJAV** eine Vertretung auf Unternehmensebene eingerichtet werden. Innerhalb eines Konzerns ist die Einrichtung einer **KJAV** gem. § 73 a entsprechend der Regeln möglich, die gem. § 54 für einen KBR gelten.

179 Ungeachtet der erfolgten Gesetzesänderungen ist die JAV kein gleichberechtigtes, neben dem BR stehendes Organ der Betriebsverfassung, das die Interessen der jugendlichen AN und der zu ihrer Berufsausbildung Beschäftigten unter 25 Jahren unmittelbar gegenüber dem AG vertritt. Die Wahrnehmung der Interessen der AN des Betriebs, damit auch der in § 60 Abs. 1 genannten AN, obliegt **allein dem BR**.[305] Die JAV hat ihre Aufgaben in **enger Zusammenarbeit mit dem BR** zu erfüllen. Ihr obliegt es, die jungen AN mit der innerbetrieblichen Demokratie vertraut zu machen und deren Interessen, insbesondere in Fragen der Berufsausbildung, zu vertreten.[306]

13. Die Einigungsstelle

180 Der BR hat die Interessen im betrieblichen Bereich gegenüber dem AG wahrzunehmen (vgl. Rn. 127). Damit entstehen **häufig widerstreitende Zielvorstellungen und gegensätzliche Interessen.** Der Gesetzgeber hatte daher für eine **angemessene Konfliktlösung** zu sorgen.[307] Dabei war zu berücksichtigen, dass nach der Konzeption der Betriebsverfassung AG und BR Betätigungen zu unterlassen haben, durch die der Arbeitsablauf oder der Betriebsfrieden beeinträchtigt werden kann (vgl. § 74 Rn. 22 ff.), und Arbeitskampfmaßnahmen zwischen ihnen unzulässig sind (vgl. § 74 Rn. 12 ff.). Wegen der Institutionalisierung des Kooperationszwanges hat der Gesetzgeber mit der Schaffung der ESt. einen **besonderen Konfliktlösungsmechanismus** festgelegt, durch den die Betriebsparteien vor der »Selbstblockade« bewahrt werden sollen. Die ESt. hat eine **Schlichtungsfunktion.**[308]

181 Sinn und Zweck der betriebsverfassungsrechtlichen ESt. ist es, Meinungsverschiedenheiten zwischen dem AG und dem BR (auch zwischen AG und GBR bzw. KBR) beizulegen. Das Gesetz unterscheidet zwischen dem **zwingenden** und dem **freiwilligen Est.-Verfahren.** In bestimmten Angelegenheiten wird die ESt. bereits auf Antrag einer Seite (BR oder AG) tätig und fällt – wenn es auch vor der ESt. zwischen den Betriebsparteien zu keiner Einigung mehr kommt – einen verbindlichen Spruch (vgl. z. B. § 37 Abs. 6 Sätze 4 und 5, § 38 Abs. 2 Sätze 6 – 9, § 87 Abs. 2, § 91 Sätze 2 und 3, § 94 Abs. 1 Sätze 2 und 3, § 109, § 112 Abs. 4). Bei dem freiwilligen ESt.-Verfahren darf die ESt. nur tätig werden, wenn BR und AG das Tätigwerden übereinstimmend beantragt haben oder damit einverstanden sind. Ein verbindlicher Spruch ergeht nur, wenn sich beide Betriebsparteien dem ESt.-Spruch im Voraus unterworfen oder ihn nachträglich angenommen haben (§ 76 Abs. 6).

---

305 Vgl. etwa *BAG* 21.1.82, AP Nr. 1 zu § 70 BetrVG 1972; *Fitting*, § 60 Rn. 4, m. w. N.; zu der Frage, ob eine JAV nur in einem Betrieb gewählt werden kann, in dem ein BR besteht, vgl. § 60 Rn. 34 f.

306 *Engels/Natter*, BB 88, 1454.

307 GK-*Kreutz/Jacobs*, § 76 Rn. 1.

308 Vgl. dazu umfassend GK-*Kreutz/Jacobs*, § 76 Rn. 5 ff.

182 Gegenstand der Schlichtung vor der ESt. sind **Regelungsstreitigkeiten,** also die Frage, **wie** eine im Streit befindliche Angelegenheit geregelt werden soll. Über Rechtsfragen, so etwa, ob eine bestimmte Angelegenheit der Mitbestimmung des BR unterliegt, entscheidet dagegen grundsätzlich das ArbG. Reine Regelungsstreitigkeiten gibt es im Grunde jedoch kaum. So hat etwa die ESt. als Vorfrage für ihr Tätigwerden ihre Zuständigkeit und damit eine Rechtsfrage zu prüfen.[309] Es können überdies weitere Rechtsfragen auftreten, so beispielsweise dann, wenn es um Angelegenheiten des § 37 Abs. 6 und 7 und des § 109 geht. Die ESt. kann über solche Rechtsfragen als **Vorfrage** entscheiden, jedoch nicht mit verbindlicher Rechtswirkung gegenüber AG und BR (vgl. auch § 76 Rn. 14, 87).

183 Das Gesetz enthält nur wenige Regelungen zur Errichtung und zum Tätigwerden der ESt. Hervorzuheben ist, dass die ESt. **paritätisch zusammengesetzt** sein muss. Es tritt ein **unparteiischer Vorsitzender** hinzu, auf dessen Person sich beide Seiten zu einigen haben. Kommt eine Einigung über die Person des Vorsitzenden oder die Anzahl der Beisitzer nicht zustande, trifft das ArbG eine Entscheidung (§ 76 Abs. 2). Im ESt.-Verfahren ist **mündliche Beratung** vorgeschrieben. Der ESt.-Spruch ist unter angemessener Berücksichtigung der Belange des Betriebs und der betroffenen AN nach billigem Ermessen zu fassen, schriftlich niederzulegen, vom Vorsitzenden zu unterschreiben und AG und BR zuzuleiten (§ 76 Abs. 3 und 5; zur Errichtung der ESt. und zu ihrer Tätigkeit vgl. im Übrigen die Erl. zu § 76). Die **Kosten** der ESt. hat der **AG zu tragen** (§ 76 a).

14. Schriftform/elektronische Form in der Betriebsverfassung

184 Das BetrVG verlangt an verschiedenen Stellen für bestimmte Aktivitäten bzw. Willenserklärungen des AG oder des BR die **Schriftform** (z. B. §§ 28 a Abs. 1, 99 Abs. 3, 102 Abs. 2).[310] Dabei bezieht sich das Gesetz auf die hierfür in §§ 126 ff. BGB geregelten Anforderungen. Diese Anforderungen sind durch das FormVAnpG vom 13.7.2001[311] erweitert worden, das mit Wirkung zum 1.8.2001 in Kraft getreten ist. Durch dieses Gesetz sind die §§ 126 ff. BGB modifiziert und erweitert worden. Eine gesetzlich vorgeschriebene »**Schriftform**« kann **gem. § 126 BGB** nunmehr auf zweierlei Weise verwirklicht werden: Durch »**konventionelle**« **Schriftform** (Rn. 186) und durch **elektronische Form** (Rn. 187 ff.). Dabei sind Mischformen denkbar, bei denen eine Partei ein Dokument elektronisch signiert und die andere ein gleich lautendes Dokument konventionell unterzeichnet.[312] Neben die Schriftform kann gem. **§ 126 b BGB** die **Textform** treten (vgl. Rn. 189 ff.).

185 Das FormVAnpG **setzt die EG-Richtlinien** über die gemeinschaftlichen Rahmenbedingungen für elektronische Signaturen vom 13.12.1999 (1999/93/EG) und über den elektronischen Geschäftsverkehr vom 8.6.2000 (2000/31/EG) **in nationales Recht um.**[313] Das Gesetz will darüber hinaus mit der Einbeziehung elektronischer Unterschriften den **Entwicklungen im modernen Rechtsgeschäftsverkehr** Rechnung tragen. Das Privatrecht (und damit auch das Arbeitsrecht) soll an die aktuellen Möglichkeiten im Bereich der Informations- und Kommunikationstechnik angepasst werden.[314] Neben der konventionellen Schriftform ist nunmehr die elektronische Form rechtsverbindlich, wenn sie nicht durch spezielle Regelungen ausnahmsweise ausgeschlossen ist. Dies ist im arbeitsrechtlichen Bereich etwa bezüglich der Kündigung gem. § 623 BGB, für die Erteilung eines Arbeitszeugnisses gem. § 630 BGB oder für den Nachweis der wesentlichen Vertragsbedingungen gem. § 2 Abs. 1 S. 2 NachweisG der Fall. Hier bleibt nach dem FormVAnpG ausdrücklich die konventionelle Schriftform zwingend.[315]

---

309 Vgl. etwa *BAG* 22.1.80, AP Nr. 3 zu § 87 BetrVG 1972 Lohngestaltung.

310 im Ergebnis ähnlich *Gotthardt/Beck*, NZA 02, 876, 882; a. A. bezgl. § 99 Abs. 3 *BAG* 11.6.02, NJW 02, 843 = NZA 03, 226, das die Einlegung eines Widerspruchs durch den BR per Telefax zur Fristwahrung als wirksam anerkennt und die zwingende Notwendigkeit der Schriftform gem. § 126 BGB verneint.

311 BGBl. I S. 1542.

312 BT-Drucks. 14/4987, S. 18; *Scheffler/Dressler*, CR 00, 379; allgemein *Kramer*, DB 06, 502; *Peetz/Rose*, DB 06, 2346.

313 BT-Drucks. 14/4987, S. 1, 10 f.

314 BT-Drucks. 14/4987, S. 1 und 14/5561, S. 1.

315 Vgl. Art. 1 und 32 des FormVAnpG, BGBl. I 1542.

Konventionelle Schriftform wird durch eine Urkunde erfüllt, die durch eine eigenhändige Unterschrift abgeschlossen wird (§ 126 BGB). Es muss jeweils derjenige unterschreiben, der zur Abgabe der entsprechenden Erklärung zuständig ist bzw. dessen Vertreter, soweit das Gesetz eine Vertretung zulässt.[316] Bei Unterzeichnung durch einen Vertreter muss die Vertreter-Stellung aus der Urkunde hervorgehen.[317] 186

Die Voraussetzungen der **elektronischen Schriftform** enthält § 126 a. Diese Vorschrift bestimmt, dass bei der elektronischen Schriftform der Aussteller einer Erklärung dieser seinen Namen hinzufügen und das elektronische Dokument mit einer qualifizierten elektronischen Signatur nach dem Signaturgesetz versehen muss.[318] Gemäß § 126 a Abs. 2 BGB müssen die Parteien eines Vertrages jeweils ein gleich lautendes Dokument in der vorstehend bezeichneten Weise elektronisch signieren. Eine E-Mail ohne entsprechende qualifizierte digitale Signatur erfüllt die Schriftformvoraussetzungen nicht.[319] 187

Ziel einer **elektronischen Signatur** (nach der Diktion des SigG a. F. auch »digitale Signatur«) ist es, die eindeutige Zuordnung eines Dokuments zu einem Verfasser zu ermöglichen und gleichzeitig eine Veränderung des Inhalts zu verhindern bzw. erkennbar zu machen. Der Begriff ist nicht gleichzusetzen mit einer »elektronischen« Unterschrift als Abbild einer »konventionellen« Unterschrift. Es handelt sich vielmehr um ein Verfahren, das die **sichere Zuordnung eines Dateiinhalts zu einer bestimmten Person** ermöglicht. Im Rahmen dieses Verfahrens werden sog. asymmetrische Kryptographieverfahren eingesetzt. Der Zugang zu derartigen Verfahren setzt voraus, dass Versender und Empfänger über eine entsprechende Chip- oder Smart-Card sowie über einen nur ihm bekannten persönlichen Schlüssel (Passwort) verfügen.[320] Jeder Teilnehmer an elektronischen Signaturverfahren ist zudem mit einem sog. öffentlichen Schlüssel in ein öffentliches Verzeichnis aufgenommen. 188

Nicht als **elektronische Schriftform** im Sinne von § 126 Abs. 3 BGB sind Fälle zu qualifizieren, bei denen eine konventionelle Unterschrift auf mechanisch/technischem Weg erzeugt wird oder bei denen die Übermittlung nach der Digitalisierung elektronisch erfolgt. Unterschriften unter ein Dokument, die per Faksimile, Telefax, Fernschreiber, E-Mail, PDF-Datei, Stempel, Telegramm oder Unterschriftenautomat übermittelt oder ausgeführt werden, erfüllen nicht die gesetzlichen Voraussetzungen des § 126 BGB.[321] 189

Wird die Schriftform i. S. von § 126 nicht ausdrücklich durch eine gesetzliche Vorgabe des BetrVG oder einer anderen einschlägigen Norm vorgeschrieben, sind für die Praxis andere Ausgestaltungen schriftlicher Erklärungen möglich, insbesondere in der in § 126 b BGB genannten Textform. Die Verwendung von Erklärungen in Textform im kollektivrechtlichen Rahmen kommt nur in Betracht, wenn an die Sicherheit im Rechtsverkehr reduzierte Ansprüche zu stellen sind.[322] 190

An die formelle Ausgestaltung einer Erklärung in Textform, die als sog. **rechtsgeschäftsähnliche Handlung** zu qualifizieren ist, sind begrenzte Ansprüche zu stellen.[323] Allgemeine Anforderungen lassen sich aus der Vorgabe in **§ 126 b BGB ableiten.** Wird in einem Gesetz **Textform** vorgeschrieben, muss hiernach die Erklärung in einer Urkunde oder auf andere zur dauerhaften Weitergabe in Schriftzeichen geeigneten Weise abgegeben werden. Weiterhin muss die Person des Erklärenden genannt und der Abschluss der Erklärung durch eine Nachbildung der Namensunterschrift oder auf andere Weise erkennbar gemacht werden. Die Nachbildung der Namensunterschrift ist indes nicht zwingend. Mindestanforderung ist, dass erkennbar ist, wo die Erklärung beginnt bzw. wo sie endet und wer der Verfasser bzw. der »Erklärende« ist. 191

Für Erklärungen, die den reduzierten Formvorschriften des § 126 b BGB entsprechen, kom- 192

316 Vgl. eingehend Kittner/Zwanziger-*Kittner,* § 8 Rn. 41 ff.
317 Kittner/Zwanziger-*Kittner,* § 8 Rn. 56.
318 Zur elektronischen Signatur allgemein Roßnagel, MMR 03, 164 ff.
319 *HessLAG* 18.9.07, ArbuR 08, 77.
320 Vgl. *Hähnchen,* NJW 01, 2833 m. w. N.
321 *Hamburgisches OVG* 15.1.10, ZfPR online 10, Nr. 3, 10 für E-Mails; allg. Kittner/Zwanziger-*Kittner,* § 8 Rn. 57 m. w. N.
322 Vgl. BT-Drucks. 14/4987, S. 18 zur Anwendung des § 126 b BGB.
323 Vgl. § 127 BGB; ähnlich Kittner/Zwanziger-*Kittner,* § 8 Rn. 57.

men **Übermittlungsvarianten** wie Telefax, E-Mail, Dateien im PDF-Format, Fernschreiben, Telegramm usw. in Betracht.[324] Gleiches gilt für die Abgabe einer Unterschrift per Stempel oder Unterschriftenautomat. So kann beispielsweise eine schriftliche Erklärung des AG an den BR-Vorsitzenden gem. § 26 Abs. 3 Satz 2 (vgl. § 26 Rn. 26) ohne Beachtung der Formvorschriften einer Urkunde gem. § 126 BGB bzw. der elektronischen Form gem. § 126 a BGB wirksam abgegeben werden. Nicht zur Anwendung kommen die reduzierten Anforderungen, wo eine rechtsgeschäftliche Willenserklärung erforderlich ist (vgl. die Beispiele in Rn. 184).

193 Es obliegt in den vorstehenden Fällen weitgehend den **Parteien,** die **konkreten Formanforderungen frei zu bestimmen.**[325] Sie können auf die Bestimmung von Formanforderungen aber auch vollständig verzichten. Wirksamkeitsvoraussetzung von so abgegebenen Erklärungen ist in jedem Fall, dass einerseits klar zu erkennen ist, wer die Erklärung abgegeben hat und an wen sie gerichtet ist. Andererseits muss es sich gerade im betrieblichen Rahmen bei der gewählten Übermittlungsform für Erklärungen in Textform um einen im Betrieb **üblichen Kommunikationsweg** handeln. Die Beachtung dieser Voraussetzung schützt den Empfänger der Nachricht vor Überraschungen. Diese könnten beispielsweise eintreten, wenn eine Nachricht per Fernschreiben verschickt wird, obwohl diese Kommunikationsform nur noch ausnahmsweise genutzt wird und das hierfür notwendige Gerät in der Ecke eines Aktenraums des Empfängers so aufgestellt ist, dass der Eingang von Mitteilungen nur zufällig zur Kenntnis genommen werden kann. Grundsätzlich anders stellt sich die Situation dar, wenn etwa ein E-Mail-System im Betrieb als Standardkommunikationsmittel eingeführt ist, von BR und AG vorrangig oder ausschließlich genutzt wird und wenn damit sichergestellt ist, dass Mitteilungen die andere Partei auf diesem Weg sicher erreichen. In diesen Fällen ergibt sich die Üblichkeit aus dem konkludenten Handeln der Parteien.[326]

194 Bezüglich des **Zugangs** einer Erklärung oder Nachricht in Textform gelten die allgemeinen Grundsätze. Der Empfänger muss sich den Inhalt erst dann als zugegangen zurechnen lassen, wenn ihn Nachrichten auf diesem Weg üblicherweise erreichen.[327] Wird eine E-Mail etwa erst nach Ende der üblichen Arbeitszeit im elektronischen Briefkasten des Empfängers gespeichert, ist sie erst mit dem nächsten Tag zugegangen. Entsprechendes gilt, wenn der Empfänger sein E-Mail-Programm nachweislich so eingestellt hat, dass eingehende Nachrichten nur zu bestimmten Zeitpunkten (etwa zweimal pro Tag) abgefragt und angezeigt werden. Dann ist vom Zugang beim nächsten regelmäßigen Zugriff auszugehen. Die gleichen Grundsätze kommen entsprechend für die Nutzung eines Telefax- oder eines Fernschreib-Geräts zur Anwendung. Zur Vermeidung von Missverständnissen empfiehlt sich für die betriebliche Praxis eine klare Vereinbarung bezüglich dieser Versendungsformen. Die **Beweislast** für den Zugang einer schriftlichen Mitteilung liegt auch ohne eine entsprechende Vereinbarung nach allgemeinen Grundsätzen bei dem, der sich auf den Zugang beruft und hieraus Rechte herleitet.[328]

195 Die Beachtung der Textform nach § 126 b BGB ist für eine wirksame Erklärung nicht zwingend. Wird eine Mitteilung, Erklärung oder Nachricht im Verhältnis zwischen AG, BR und AN **nicht mündlich,** aber **unterhalb der vereinbarten** oder **üblichen Schwelle einer schriftlichen Erklärung in Textform abgegeben,** obliegt es den beteiligten Parteien, die konkret zu nutzende Form einvernehmlich auszugestalten. In Betracht kommen alle Formen telekommu-

324 Ähnlich Palandt-*Ellenberger*, § 126 b Rn. 3; *HessLAG* 6.8.09 – 14Sa 563/09, juris, das eine E-Mail ausreichen lässt, wenn ein TV die Zurückweisung durch einfache Schriftform vorsieht; zur begrenzten Beweiskraft von E-Mails auf Grund des hohen Verfälschungsrisikos *Roßnagel/Pfitzmann,* NJW 03, 1209, 1212; ähnlich *Splittgerber,* CR 03, 23 ff.; nach BGH 29.9.04, ZMR 04, 901 ist die Schriftform gewahrt, wenn eine Verbindung zwischen einem unterzeichneten Dokument und nicht unterschriebenen Anlagen gegeben ist.

325 Vgl. Palandt-*Ellenberger,* § 127 Rn. 1; zur allgemeinen Situation im Zivilprozessrecht vgl. *Splittgerber,* CR 03, 23, 26.

326 A. A. *LAG Thüringen* 5.8.04, dbr 05, 46; *ArbG Bielefeld* 15.1.03, NZA 04, 511, die per E-Mail gemäß § 99 eingelegte Widersprüche für nicht rechtswirksam halten.

327 Vgl. § 130 BGB; *LAG Niedersachsen* 26.11.07 – 6 TaBV 34/07, das im Ergebnis den BR-Vorsitzenden für verpflichtet hält, am Ende der üblichen Arbeitszeit noch einmal in den Briefkasten zu sehen; zur Situation beim Zugang in einem Postfach § 102 Rn. 159; ähnlich im Ergebnis GK-*Raab,* § 26 Rn. 54; zum fehlenden Anscheinsbeweis bei E-Mails *Roßnagel/Pfitzmann,* NJW 03, 1209, 1212.

328 Vgl. Palandt-*Ellenberger,* § 130 Rn. 21.

nikativer Übermittlungen wie etwa das Einstellen einer Mitteilung in eine Internet-Homepage oder in eine gemeinsam genutzte elektronische Arbeitsoberfläche, wenn sicher oder vereinbart ist, dass der BR die eingegangen Nachrichten dort täglich abruft, die Übersendung einer SMS an das Handy des Empfängers, eine Nachricht über Dienste wie beispielsweise Facebook oder Twitter, das Verschicken einer Datei auf ein Smartphone per WLAN, Bluetooth oder Infrarot-Schnittstelle. BR ist allerdings anzuraten, derartige Formen der Übermittlung nur in den Fällen zu akzeptieren, in denen hierdurch keine Rechtsfristen ausgelöst werden (zur Beweislast vgl. Rn. 194).

V. Durchsetzung von Rechten

1. Vorbemerkungen

In diesem Kommentar können nur Grundzüge des arbeitsgerichtlichen Verfahrens behandelt werden. Die Fragen, die bei der gerichtlichen Durchsetzung betriebsverfassungsrechtlicher Positionen auftauchen, sind im **ArbGG 1979** geregelt. Auf die hierzu verfassten Kommentare wird verwiesen.[329] Zudem befinden sich weiterführende Hinweise zu Verfahrensfragen häufig unter dem Stichwort »**Streitigkeiten**« am Ende der Kommentierung zu den einzelnen Paragraphen. **196**

Die Durchsetzbarkeit der Rechte entscheidet letztlich über die Effizienz der von der Betriebsverfassung eingeräumten Positionen. Diese Feststellung gilt allerdings in erster Linie für den BR. Der AG, der den Betrieb leitet (§ 77 Abs. 1) und das Direktionsrecht gegenüber den Beschäftigten ausübt, ist sehr viel weniger auf gerichtliche Hilfe angewiesen.[330] Häufig kann er **einseitig Fakten schaffen,** z. B. indem er die Überstunden trotz des Streits mit dem BR anordnet oder den Lohn des BR-Mitglieds um einige Stunden kürzt, weil es angeblich in dieser Zeit keine BR-Tätigkeit verrichtet hat. Der BR wird dadurch prozessual in der Regel in die **Rolle des »Klägers«**, des Angreifenden, gedrängt, während der AG als »**Richter in eigenen Sachen**«[331] sich sein vielleicht nur vermeintliches Recht nimmt. Die Anordnungen des AG gelten dann zunächst einmal, bis der BR eine gerichtliche Korrektur erstritten hat. **197**

Diese **strukturelle Unterlegenheit des BR** wird zusätzlich dadurch verstärkt, dass Rechtsdurchsetzung Zeit braucht. Die **Verfahrensdauer** ist oft erheblich. Häufig sind zudem nur rechtskräftige Beschlüsse vollstreckbar (vgl. Rn. 218). Je nach Länge des Verfahrens kann sich daher der Anspruch des BR durch bloßen Zeitablauf erledigen, wie es z. B. regelmäßig bei der Zustimmungsersetzung für befristete Einstellungen der Fall ist. Ähnlich stellt sich das Problem bei der Einführung und Anwendung elektronischer Datenverarbeitung oder auch bei vielen Produktentscheidungen. Hier kommt es entscheidend darauf an, dass der BR die erforderlichen Kenntnisse bereits in der Planungsphase, nämlich »rechtzeitig«, erlangt. Andernfalls wird er kaum in der Lage sein, die Technologie sozial zu gestalten bzw. bei Produktentscheidungen für eine interne Fertigung, also i. S. v. Beschäftigungssicherung, tätig zu werden. Bei der **Verletzung von Mitbestimmungsrechten** schließlich nimmt die Wahrscheinlichkeit, die AG-Maßnahme noch korrigieren zu können, mit fortschreitender Verfahrensdauer ständig weiter ab: Die Macht des Faktischen, insbes. der investierten Gelder, schließt substantielle Veränderungen dann häufig aus. Berücksichtigt man weiter, dass die moderne Datenverarbeitung die Umsetzung von Managemententscheidungen enorm beschleunigt, so liegt auf der Hand, welche Bedeutung die schnelle Durchsetzung seiner Rechte für den BR hat. Damit gewinnen insbes. die **einstweilige Verfügung** (§ 85 Abs. 2 ArbGG) und das **Bestellungsverfahren für die ESt.** (§ 100 ArbGG) eine wachsende Bedeutung gegenüber dem normalen Beschlussverfahren. **198**

---

329 Vgl. z. B. *Düwell/Lipke*, ArbGV; ErfK-*Koch*, ArbGG (Nr. 60); *GMP; GWBG; Hauck/Helml/Biebl; HWK-Ziemann, Bepler* und *Kalb*, ArbGG; KassArbR-*Ascheid*, 9, Rn. 1033 ff.; *Natter/Gross*; *Rohlfing/Rewolle/Bader; Schaub*, Formularsammlung; *Schwab/Weth*; *Stahlhacke/Bader* und die entsprechenden Musterantragsschriften und Formulare in DKKWF; zu den **Streitwerten** vgl. z. B. *Bader/Jörchel*, NZA 13, 809 ff.; *Willemsen/Schipp/Reinhard/Meier*, NZA 13, 1112 ff. *Willemsen/Schipp/Oberthür/Reinhard*, NZA 14, 356 ff. und *Streitwertkommission der Arbeitsgerichtsbarkeit*, NZA 14, 745 ff.

330 *Däubler*, Das Arbeitsrecht 2, Rn. 2172; *HBR*, Rn. 4 ff.

331 Vgl. *Nickel*, AuR 75, 97 (101).

Diese Entwicklung muss die Rspr. stärker als bisher bei der Interpretation der gesetzlichen Vorschriften berücksichtigen.[332]

199 Neben dem Rechtsweg entstehen in den Betrieben häufig **informelle Strukturen** zur Lösung der Probleme. Nur ein Bruchteil der arbeitsrechtlichen Konflikte kommt bekanntlich vor Gericht.[333] In größeren Betrieben werden offene Rechtsbrüche vermieden und häufig Lösungen bei gegenseitigem Nachgeben unter **Kopplung unterschiedlicher Verhandlungsfelder** erreicht (vgl. auch § 87 Rn. 16). Aufgeklärtere AG erkennen, dass die Mitwirkung und Mitgestaltung des BR durchaus Vorteile bringt: Fehler werden vermieden, die Legitimation des AG-Vorgehens gegenüber den Beschäftigten erhöht sich. Hierauf kann sich jedoch ein BR letztlich nicht verlassen. Regelmäßig ist er darauf angewiesen, seine Rechte schnell durchsetzen zu können. Ist dies der Fall und dem AG bewusst, werden im Übrigen Verhandlungslösungen geradezu provoziert. Die Betriebsparteien können auch nach § 76 Abs. 6 BetrVG vereinbaren, dass bei betriebsverfassungsrechtlichen Meinungsverschiedenheiten, wie z. B. über die Auslegung einer BV, zunächst vor Einleitung einer arbeitsgerichtlichen Auseinandersetzung ein **innerbetriebliches Schlichtungsverfahren** inklusive ESt. durchzuführen ist. Dies gilt sowohl für Regelungs- wie auch für Rechtsfragen. Ein ohne vorherige Durchführung eingeleitetes Beschlussverfahren ist dann unzulässig. Eine solche Vereinbarung schließt allerdings nicht den einstweiligen Rechtsschutz aus. Die Gewährung effektiven Rechtsschutzes darf durch das innerbetriebliche Verfahren nicht beeinträchtigt werden.[334]

2. Urteils- und Beschlussverfahren

200 Streitigkeiten vor den ArbG werden im **Urteils-** (§ 2 ArbGG) oder **Beschlussverfahren** (§ 2 a ArbGG) entschieden. Im Urteilsverfahren streiten die Parteien um bürgerlich-rechtliche Ansprüche, die vor allem aus dem Arbeitsverhältnis resultieren oder in unmittelbarem Zusammenhang hiermit stehen. In diesem Verfahren werden ca. 97 v. H. aller ArbG-Prozesse geführt.[335] Das Beschlussverfahren greift bei allen **betriebsverfassungsrechtlichen Streitigkeiten** und denen aus dem SprAuG sowie dem EBRG ein, soweit es nicht um Straftaten oder Ordnungswidrigkeiten nach §§ 119 – 121, §§ 34 – 36 SprAuG bzw. §§ 43 – 45 EBRG geht (§ 2 a Abs. 1 Nr. 1, 2 und 3 b ArbGG). Im Beschlussverfahren wird zudem über die Wahl von Arbeitnehmervertretern in den AR nach dem MitbG 1976, dem MitbErgG und dem Drittelbeteiligungsgesetz und Angelegenheiten der Schwerbehindertenvertretung (§§ 94, 95 SGB IX) und der Werkstatträte in Werkstätten für behinderte Menschen (§ 139 SGB IX) entschieden (§ 2 a Abs. 1 Nr. 3 und 3 a ArbGG). Schließlich ist diese Verfahrensart vorgesehen bei Angelegenheiten aus § 51 BBiG (§ 2 a Abs. 1 Nr. 3 c ArbGG), dem SE-Beteiligungsgesetz (§ 2 a Abs. 1 Nr. 3 d ArbGG: mit Ausnahme der §§ 43 – 45 und begrenzt für §§ 34 bis 39), dem SCE-Beteiligungsgesetz (§ 2 a Abs. 1 Nr. 3 e; mit Ausnahme der §§ 47, 48 und begrenzt für die §§ 34 – 39) und dem Gesetz über die Mitbestimmung der AN bei grenzüberschreitender Verschmelzung (§ 2 a Abs,1 Nr. 3 f; mit Ausnahme der §§ 34, 35 und begrenzt für die §§ 23 – 28) sowie bei Entscheidungen über die Tariffähigkeit und die Tarifzuständigkeit einer Vereinigung (§ 2 a Abs. 1 Nr. 4 ArbGG). Bei dieser Abgrenzung ist zu beachten, dass auch **im BetrVG bürgerlich-rechtliche Ansprüche** der AN gegen den AG geregelt sind. Daher sind z. B. Lohnansprüche eines BR-Mitglieds wegen BR-Tätigkeit ebenso im Urteilsverfahren zu entscheiden (vgl. § 37 Rn. 193) wie der Anspruch auf Weiterbeschäftigung nach Widerspruch des BR gemäß § 102 Abs. 5 (vgl. § 102 Rn. 294) oder Streitigkeiten zwischen AG und AN über die Ausübung des Einsichtsrechts in die Personalakte (vgl. § 83 Rn. 38). Das ArbG hat von Amts wegen zu befinden, ob eine Streitigkeit im Urteils- oder Beschlussverfahren zu entscheiden ist.[336] Parteivereinbarungen hierüber sind unwirksam.[337] Hält das ArbG die vom Antragsteller

332 Vgl. hierzu auch *BAG* 14.9.84, AP Nr. 9 zu § 87 BetrVG 1972 Überwachung und *HBR*, Rn. 10 ff.
333 *Däubler*, Das Arbeitsrecht 2, Rn. 2242 ff. m. w. N.
334 *BAG*, 11.2.14, DB 14, 1816 (Ls.), juris.
335 *Däubler*, Das Arbeitsrecht 2, Rn. 2229 Fn. 178; *Höland*, AuR 10, 452.
336 Vgl. *BAG* 5.4.84, AP Nr. 13 zu § 78 a BetrVG 1972; *GMP*, § 2 a Rn. 93 m. w. N.; *HHB*, § 80 Rn. 2.
337 ArbGV-*Koch*, § 80 Rn. 1; *GMP*, a. a. O.; GWBG-*Greiner*, § 80 Rn. 9.

gewählte **Verfahrensart** für unrichtig, muss es den Rechtsstreit in die richtige verweisen (vgl. § 48 Abs. 1 ArbGG i. V. m. § 17 a Abs. 2 GVG). Bestehen Zweifel, kann es die Verfahrensart vorab für zutreffend erklären; es muss eine Entscheidung treffen, falls die Zulässigkeit vom Antragsgegner oder einem anderen Beteiligten gerügt wird (§ 48 Abs. 1 ArbGG i. V. m. § 17 a Abs. 3 Satz 1 und 2 GVG). Der entsprechende Beschluss des ArbG unterliegt der sofortigen Beschwerde und u. U. auch der weiteren Beschwerde. Gemäß §§ 65, 93 Abs. 2 ArbGG prüfen die Rechtsmittelgerichte Rechtsweg und Verfahrensart nicht mehr.[338]

Im Beschlussverfahren entscheidet das Gericht über **Rechtsstreitigkeiten,** wie z. B. die Frage, **201** ob ein Mitbestimmungsrecht besteht. **Regelungsstreitigkeiten,** beispielsweise die Frage, welche Arbeitszeitregelung im Rahmen der Tarifverträge für den Betrieb gewählt werden soll, gehören demgegenüber vor die ESt. (zu Ausnahmen von diesem Grundsatz vgl. § 76 Rn. 14).

Die Unterschiede zwischen Urteils- und Beschlussverfahren sind oft nur formaler Art. So **202** heißt es z. B. im Beschlussverfahren Beschwerde statt Berufung, Beschluss statt Urteil oder Antrag statt Klage. Darüber hinaus bestehen jedoch auch inhaltliche Besonderheiten. Im Beschlussverfahren werden **keine Kosten** erhoben.[339] Zudem gilt dort der **Untersuchungsgrundsatz,** wenngleich in modifizierter Form. Nach § 83 ArbGG erforscht das Gericht den Sachverhalt im Rahmen der gestellten Anträge von Amts wegen. Der Antragsteller bestimmt also den Verfahrensgegenstand **(Dispositionsgrundsatz).** Der wirkliche Inhalt des Antrags kann durch Auslegung ermittelt werden; wegen § 308 Abs. 1 ZPO darf das Gericht allerdings nicht zusprechen, was nicht beantragt ist.[340] Gleichzeitig wird eine **Mitwirkungspflicht** der Beteiligten an der Aufklärung des Sachverhalts statuiert. Insgesamt bedeutet dies, dass sich das ArbG mit dem in das Verfahren eingebrachten Tatsachenstoff umfassend auseinandersetzen muss und bei vorhandenen Zweifeln selbst dann aus eigener Initiative Beweis zu erheben hat, wenn die Beteiligten einzelne Punkte als »unstreitig« bezeichnen.[341] Die gerichtliche Bewertung eines Vorbringens als unzureichend ist im Übrigen nur statthaft, wenn das Gericht auf diese Einschätzung hingewiesen und zur Ergänzung des Vortrags anhand konkreter Fragestellungen aufgefordert hat.[342] Ein **Beweisangebot** ist nicht erforderlich.[343] Andererseits ist das ArbG nicht verpflichtet, jeder theoretisch denkbaren Sachverhaltsvariante nachzugehen, und auch nicht befugt, von sich aus neuen Streitstoff in das Verfahren einzuführen.[344] Diese Begrenzung des Untersuchungsgrundsatzes ist allerdings durch den Wortlaut des § 83 Abs. 1 Satz 2 ArbGG keineswegs vorgegeben und schränkt die Möglichkeit, zu einer umfassenden Aufklärung des Konflikts zu kommen, wesentlich ein.[345] §§ 83 Abs. 1 a, 87 Abs. 3 ArbGG geben dem Gericht auch für das Beschlussverfahren die Möglichkeit, **verspätetes Vorbringen** zurückzuweisen. Dies betrifft allerdings die Mitwirkungspflicht, nicht die Substantiierung des Vortrags. Die richterliche Aufklärungspflicht hat unverändert Vorrang.[346]

3. Grundzüge des Beschlussverfahrens

Den Parteien des Urteilsverfahrens entsprechen im Beschlussverfahren die Beteiligten, wobei **203** es nach der Terminologie des *BAG*[347] unter den Beteiligten zwar einen Antragsteller aber keinen Antragsgegner gibt.[348] Beteiligter kann jede Stelle sein, die von der zu erwartenden

338 Vgl. *BAG* 20.8.91, DB 92, 275: Analoge Anwendung von §§ 17 a, 17 b GVG; vgl. auch *GMP,* § 2 a Rn. 96 ff.
339 Vgl. *BAG* 20.4.99, DB 99, 1964, m. w. N.
340 Vgl. z. B. *BAG* 8.11.83, DB 84, 1479 (1480); 19.7.95, BB 96, 328; 18.11.14, NZA 15, 306 (307); *LAG Niedersachsen* 18.10.94, LAGE § 95 BetrVG 1972 Nr. 15 (bei einstweiliger Verfügung); *Thon,* AuR 96, 175 (177 f.).
341 *BAG* 10.8.94, BB 95, 1034 (1035); 11.3.98, NZA 98, 953 (955); GWBG-*Greiner,* § 83 Rn. 6; HWK-*Bepler,* § 83 ArbGG Rn. 5; Natter/Gross-*Roos,* § 83 Rn. 29 ff.; SW-*Weth,* § 83 Rn. 8.
342 *BAG* 12.5.99, NZA 99, 1290 (1291)).
343 ErfK-*Koch,* § 83 ArbGG Rn. 5; HWK-*Bepler,* § 83 ArbGG Rn. 6.
344 *BAG* 2.2.62, AP Nr. 10 zu § 13 BetrVG; 10.12.92, DB 93, 889 (890); *HHB,* § 83 Rn. 3; *Thon,* AuR 96, 175 (176).
345 Kritisch auch *Däubler,* Das Arbeitsrecht 2, Rn. 2233.
346 ArbGV-*Koch,* § 83 Rn. 9.
347 20.4.99, NZA 99, 1235 (1237).
348 A. A. z. B. SW-Weth § 83 Rn. 41 ff.

Entscheidung in ihrer betriebsverfassungsrechtlichen Stellung unmittelbar betroffen oder berührt wird.[349] Dies können neben BR und AG auch einzelne BR-Mitglieder, eine Gruppe von AN oder die im Betrieb vertretene Gewerkschaft sein. Der AG ist dabei **immer zu beteiligen,** selbst wenn es um eine **BR-interne Auseinandersetzung** geht, weil er durch die betriebsverfassungsrechtliche Ordnung stets betroffen ist.[350] Verlangt der BR in einem **Gemeinschaftsbetrieb** z. B. die Unterlassung von Maßnahmen, muss sich der entsprechende Antrag gegen sämtliche an der Betriebsführung beteiligte UN richten.[351] Geht während eines Beschlussverfahrens ein Betrieb unter Wahrung seiner Identität auf einen Erwerber über, tritt dieser prozessual an die Stelle des bisherigen Inhabers. Der **Betriebsübergang** führt zu einem automatischen Austausch des beteiligten AG.[352] Geht im Verfahren die Zuständigkeit zur Wahrnehmung eines Mitbestimmungsrechts auf ein anderes betriebsverfassungsrechtliches Gremium über, wird dieses als Nachfolger des bisherigen Gremiums ebenso Beteiligter wie der neugewählte BR als Funktionsnachfolger des bisherigen.[353]Dies gilt bei unverändertem Betrieb ebenso wie beim Wechsel von den gesetzlichen zu gewillkürten Betriebsverfassungsstrukturen und umgekehrt, sowie bei der Änderung eines Tarifvertrags nach § 3 Abs. 1 Nr. 1 – 3.[354]

204 Die Rspr. definiert den Kreis der Beteiligten häufig sehr eng. So soll z. B. der von der personellen Einzelmaßnahme **betroffene AN** nicht an dem Verfahren zu beteiligen sein, in dem über die Wirksamkeit der Zustimmungsverweigerung des BR entschieden wird.[355] Ebenso wird zu Unrecht eine Beteiligung der **TV-Parteien** verneint, wenn die Wirksamkeit einer BV im Hinblick auf den Tarifvorrang umstritten ist.[356] Es erscheint ebenso wenig überzeugend, die im Betrieb vertretenen Gewerkschaften bei der Anfechtung von BR-Wahlen und der AR-Wahl nach dem BetrVG 1952 nur zu beteiligen, wenn sie von ihrem Anfechtungsrecht Gebrauch gemacht haben.[357] Insbes. bei der BR-Wahl zeigen das eigene Anfechtungs- und Vorschlagsrecht der Gewerkschaften, dass diese durch die Anfechtungsentscheidung in ihrer betriebsverfassungsrechtlichen Rechtsstellung unmittelbar betroffen sind.[358]

205 Das Gericht hat in jeder Lage des Verfahrens **von Amts wegen** zu prüfen, wer **Beteiligter** ist.[359] Werden Personen oder Stellen nicht beteiligt, so ist die Entscheidung fehlerhaft. Das Gericht muss den Fehler, wenn möglich, ausbessern.[360] Die Beteiligungsfähigkeit, die der Parteifähigkeit entspricht, ist in § 10 ArbGG geregelt.

206 Die Anträge im Beschlussverfahren können auf **Leistung** (z. B. Zahlung von BR-Kosten oder Unterlassung einer Handlung), **Feststellung** (z. B. hinsichtlich des Bestehens oder Nichtbestehens eines Mitbestimmungsrechts, ggf. auch als Zwischenfeststellungsantrag)[361] oder **Gestaltung** (z. B. Ausschluss aus dem BR oder Ersetzung der AG-Zustimmung nach § 80 Abs. 3 BetrVG) gerichtet sein. Dabei kann der Antragsteller den Verfahrensgegenstand bestimmen, aber nicht bindend vorgeben, anhand welcher Rechtsnormen sein Antragsbegehren vom Gericht geprüft werden soll.[362] In einem Verfahren können mehrere Anträge im Wege der **Antragshäufung** nebeneinander gestellt werden.[363] Der Antrag (Klageziel) und der zugehörige

349 Vgl. z. B. *BAG* 28.9.88, AP Nr. 55 zu § 99 BetrVG 1972; 22.7.08, NZA 08, 1248 (1251); 18.3.15, NZA 15, 1144 (1145 ff.); *GMP,* § 83 Rn. 13 ff.; *HHB,* § 83 Rn. 9.
350 *BAG* 16.3.05, NZA 05, 1072 (1073).
351 *BAG* 15.5.07, NZA 07, 1240 (1244).
352 *BAG* 9.12.08, NZA 09, 254 f. m. w. N.; 23.6.10, NZA 10, 1361 (1362); *Fitting,* nach § 1 Rn. 43.
353 *BAG* 23.6.10, a. a. O. mwN.; 8.12.10, NZA 11, 362 (363); *Fitting,* nach § 1 Rn. 43.
354 *BAG* 13.2.13, NZA 13, 521 (523).
355 *BAG* 27.5.82, AP Nr. 3 zu § 80 ArbGG 1979; 17.5.83, AP Nr. 18 zu § 99 BetrVG 1972; zustimmend *HHB,* § 83 Rn. 13; a. A. bei Versetzung und Einstellung ArbGV-*Koch,* § 83 Rn. 17; vgl. im Übrigen § 99 Rn. 243.
356 So jedenfalls *BAG* 9.2.84, AP Nr. 9 zu § 77 BetrVG 1972; ErfK-*Koch,* § 83 ArbGG Rn. 8; vgl. aber auch zur Antragsbefugnis *BAG* 20.4.99, DB 99, 1555 (1556) und Rn. 174.
357 So aber *BAG* 27.1.93, DB 93, 2030 f. m. w. N. auch zur früheren Rspr. des *BAG,* die eine Beteiligung von Amts wegen bejahte; *GMP,* § 83 Rn. 72 f.; GWBG-*Greiner,* § 83 Rn. 43.
358 Vgl. *HBR,* Rn. 141.
359 Vgl. z. B. *BAG* 11.11.97, DB 98, 627; 26.10.04, NZA 05, 538 (539).
360 *BAG* 20.2.86, AP Nr. 1 zu § 63 BetrVG 1972; 15.5.07, NZA 07, 1240 (1241 f.).
361 *BAG* 1.2.89, DB 90, 132; *HHB,* § 81 Rn. 6.
362 *BAG* 15.4.08, NZA-RR 09, 98 (99).
363 Vgl. z. B. KassArbR-*Ascheid,* 10. Rn. 1112 m. w. N.

Lebenssachverhalt (Klagegrund) bestimmen auch im Beschlussverfahren den **Streitgegenstand** und legen fest, welche Frage mit Bindungswirkung entschieden wird.[364] Der Antrag muss also entsprechend genau abgefasst sein (§ 253 Abs. 2 Nr. 2 ZPO).[365] Dies gilt selbstverständlich auch für Feststellungsklagen.[366] Für den in Anspruch genommenen Beteiligten muss eindeutig erkennbar sein, was von ihm verlangt wird, was in Rechtskraft erwächst. Diese Frage darf nicht in das Vollstreckungsverfahren verlagert werden.[367] Im Rahmen der Anhörung ist vor allem der **wirkliche Wille** zu ermitteln.[368] **Globalanträge** sind zulässig. Sie sind aber unbegründet, wenn sie auch nur einen Sachverhalt mit umfassen, bei dem das begehrte Recht nicht oder nicht ohne Einschränkung bzw. das geleugnete Recht doch oder jedenfalls unter bestimmten Voraussetzungen besteht.[369] Beantragt der BR z. B. global die Feststellung eines Mitbestimmungsrechts bei der Anordnung von Überstunden, ist der Antrag unbegründet, da dies bei Maßnahmen ausscheidet, die nur durch die individuellen Umstände des einzelnen AN veranlasst worden sind (vgl. § 87 Rn. 23). Diese Grundsätze gelten allerdings dann nicht, wenn sich der Antrag auf voneinander zu trennende, **abgrenzbare Sachverhalte** bezieht. Hier kann das Gericht dem Antrag auch hinsichtlich eines Teilbereichs als weniger gegenüber dem Gesamtantrag stattgeben.[370]Ein unzulässiger oder unbegründeter **Leistungsantrag** kann auch im Beschlussverfahren ohne Verstoß gegen § 308 Abs. 1 Satz 1 ZPO in einen **Feststellungsantrag umgedeutet** werden.[371]

Der Antrag ist nur zulässig, wenn der Antragsteller die **Antragsbefugnis** besitzt. Diese ist Voraussetzung für eine Sachentscheidung und während des gesamten Verfahrens vom Gericht zu prüfen.[372] Die Antragsbefugnis entspricht der Prozessführungsbefugnis im Zivilprozess.[373] Sie soll **Popularanträge,** also die Geltendmachung fremder Rechte, ausschließen.[374] Antragsberechtigt ist daher nur derjenige, der ein eigenes Recht geltend macht, der vorträgt, aus dem strittigen Rechtsverhältnis unmittelbar berechtigt oder verpflichtet zu sein,[375] es sei denn, es liegt eine **Prozessstandschaft** vor, wie z. B. nach § 23 Abs. 3 Satz 1 BetrVG, die es BR oder Gewerkschaft auch ermöglicht, Rechte Dritter, wie z. B. einzelner AN, geltend zu machen.[376] Auch hinsichtlich der Antragsbefugnis ist die Rspr. teilweise unverständlich restriktiv. So soll z. B. eine **Gewerkschaft** nicht die Feststellung beantragen können, dass in einem Betrieb ein BR gewählt werden kann.[377] Das Recht, gegen eine **tarifwidrige BV** vorzugehen, das der Gewerkschaft im Rahmen v. § 23 Abs. 3 zu Unrecht nur bei Verstoß gegen § 77 Abs. 3 zugebilligt wird,[378] ergibt sich nach der Rspr. des *BAG*[379] jetzt allgemein aus §§ 1004 Abs. 1 Satz 2, 823 BGB i. V. m. Art. 9 Abs. 3 GG, sofern eine Tarifnorm durch eine kollektive betriebliche Konkurrenzordnung verdrängt werden und damit ihre zentrale Funktion verlieren soll (vgl. hierzu im Einzelnen § 2 Rn. 143, § 77 Rn. 176 ff.). Dabei kann der Antrag auf **Unterlassung** 207

364 Vgl. z. B. *BAG* 19.1.10, NZA 10, 659 (660); 18.11.14, NZA 15, 306 (308).
365 Vgl. *BAG* 24.1.01, DB 01, 1424; 18.8.0909, 1434 (1435); 27.7.10, DB 10, 2624 (Ls.); 27.10.11, NZA 11, 527 (528).
366 *BAG* 14.12.11, NZA 12, 1452 (1453 f.).
367 *BAG* 29.4.04, NZA 04, 670 (674); 9.12.08, NZA 09, 254 (255); 14.9.10, NZA 11, 364 (365); 17.5.11, NZA 11, 1169 (1171); 18.11.14, NZA 15, 306 (310).
368 *BAG* 7.8.90 – 1 ABR 68/89 – (insoweit nicht abgedruckt in BB 90, 2489 f.).
369 *BAG* 11.12.91, DB 92, 1732 m. w. N.; 28.2.06, NZA 06, 798 (803) m. w. N.; 10.3.09, NZA 10, 180 (182); 29.6.11, NZA 12, 47 (48); ErfK-*Koch,* § 81 ArbGG Rn. 3; Natter/Gross-*Pfitzner/Ahmed,* § 46 Rn. 85; kritisch zur Rspr. des *BAG Thon,* AuR 96, 175 (177).
370 *BAG* 19.7.95, BB 96, 328; 28.2.06, NZA 06, 798 (803) m. w. N.
371 *BAG* 27.10.10, NZA 11, 527 (528).
372 Vgl. z. B. *BAG* 25.8.81, AP Nr. 2 zu § 83 ArbGG 1979; 18.4.07, NZA 07, 1375 (1379).
373 *GMP,* § 81 Rn. 56; Natter/Gross-*Roos,* § 81 Rn. 25.
374 *BAG* 18.4.07, a. a. O.; 5.3.13, DB 13, 1423 (1424).
375 Vgl. z. B. *BAG* 18.2.03, a. a. O.; 18.1.05, DB 05, 2417 (2418); 20.5.08, NZA-RR 09, 102 (103) und die Einzelfälle bei *GMP,* § 81 Rn. 62 ff. und *HHB,* § 81 Rn. 8.
376 *BAG* 16.11.04, DB 05, 504 f.; Natter/Gross-*Roos,* § 81 Rn. 34; SW-*Weth* § 81 Rn. 67.
377 *BAG* 3.2.76, AuR 76, 119; *HBR,* Rn. 142.
378 *BAG* 20.8.91, DB 92, 275 ff.; kritisch hierzu der in gleicher Sache ergangene Beschluss des *BVerfG* 29.6.93, NZA 94, 34.
379 20.4.99, DB 99, 1555 (1557 ff.), hierzu z. B. *Dieterich,* FS Wißmann, S. 114 ff.; Kittner/Zwanziger-*Deinert,* § 10 Rn. 173 ff.; *Richardi* Anm. zu AP Nr. 89 zu Art. 9 GG, alle m. w. N.

tarifwidrigen Verhaltens bzw. **Beseitigung** eines tarifwidrigen Zustands gerichtet sein.[380] Richtet sich der Antrag gegen tarifwidrige BV, ist er im Beschlussverfahren geltend zu machen.[381]

208 Auch im Beschlussverfahren ist von Amts wegen zu prüfen, ob der Antragsteller ein **Rechtsschutzinteresse** an der begehrten Entscheidung hat.[382] Bei **Leistungsanträgen** ist ein Rechtsschutzinteresse ohne weiteres anzunehmen.[383] Ist der konkrete Vorgang allerdings abgeschlossen und erzeugt keine Rechtswirkungen mehr, besteht das Rechtsschutzbedürfnis für einen Unterlassungsanspruch nur dann, wenn der konkrete Streitfall Ausdruck einer generellen Streitfrage ist, die immer wieder zu ähnlichen Auseinandersetzungen führen kann.[384] Bei **Gestaltungsanträgen** fehlt ein Rechtsschutzbedürfnis, wenn die Entscheidung keine Gestaltungswirkung mehr haben kann. Dies ist z. B. der Fall bei einem Antrag auf Ausschluss eines BR-Mitglieds aus dem BR nach § 23 Abs. 1, wenn die Amtszeit abgelaufen ist (§ 23 Rn. 27, 88 m. w. N.),[385] oder bei der Anfechtung einer BR-Wahl, nachdem ein neuer BR gewählt worden ist.[386]

209 Von besonderer Bedeutung ist das Rechtsschutzinteresse in Form des **Feststellungsinteresses** bei Feststellungsanträgen. Es besteht immer dann, wenn zwischen den Beteiligten Streit über das Bestehen[387] oder Nichtbestehen[388] eines gegenwärtigen[389] Rechtsverhältnisses[390] herrscht. Dies ist insbes. der Fall, wenn für eine konkrete betriebliche Angelegenheit Meinungsverschiedenheiten über das Bestehen und den **Umfang von Mitbestimmungsrechten** entstehen.[391] Dabei kann sich der Antrag auch auf einzelne Beziehungen, Ansprüche und Verpflichtungen, die aus dem Rechtsverhältnis folgen, oder den Umfang einer Leistungspflicht beschränken.[392] Fraglich kann das Feststellungsinteresse insbes. dann sein, wenn die strittige Maßnahme bereits abgeschlossen oder ein Leistungsantrag möglich ist. Nach der Rspr. des BAG fehlt es, wenn die **abgeschlossene Maßnahme** für alle Beteiligten im Zeitpunkt des Beschlusses keine Rechtswirkungen mehr entfaltet,[393] wie z. B. bei dem Antrag auf Feststellung der Wirksamkeit einer ohne Nachwirkung beendeten BV,[394] oder sich das Feststellungsbegehren nur auf eine »Dokumentation« i. S. einer Tatsachenfeststellung bezieht.[395] In diesem Fall werde nur eine abstrakte Rechtsfrage geklärt bzw. eine Art Rechtsgutachten[396] erstellt, das im Verhältnis der Beteiligten zueinander keine konkrete Bedeutung habe. Ebenso verhält es sich nach Auffassung des *BAG*,[397] wenn sich die Betriebsparteien trotz fortdauernder Meinungsverschiedenheiten über das Bestehen eines Mitbestimmungsrechts in der ESt. auf eine einver-

---

380 *BAG* 17.5.11, NZA 11, 1169 (1172 f.); *Reichold*, RdA 12, 245 (247); *Däubler*, AiB 99, 481 (483).
381 *BAG* 13.3.01, BB 01, 2119 f. m. w. N.; 17.5.11, NZA 11, 1169 f.; HWK-*Bepler*, § 2 a ArbGG Rn. 15.
382 Vgl. z. B. *BAG* 29.7.82, AP Nr. 5 zu § 83 ArbGG 1979; 10.4.84, AP Nr. 3 zu § 81 ArbGG 1979; GWBG-*Greiner*, § 80 Rn. 18.
383 *BAG* 25.8.83, AP Nr. 14 zu § 59 KO.
384 *BAG* 20.4.99, DB 99, 2016, m. w. N.
385 Hierzu und mit weiteren Beispielen auch *GMP*, § 81 Rn. 30.
386 *BAG* 13.3.91, DB 91, 2495.
387 Vgl. z. B. *BAG* 14.12.99, NZA 00, 783 m. w. N.; 14.12.11, NZA 12, 1452 (1453).
388 Zu negativen Feststellungsanträgen vgl. z. B. *BAG* 31.1.89, AuR 90, 133 mit Anm. *Buschmann; GMP*, § 81 Rn. 16, 31 m. w. N.
389 Vgl. z. B. *BAG* 20.1.15, NZA 15, 765 (767) m. w. N.
390 § 256 Abs. 1 ZPO; hierzu auch *BAG* 18.2.03, NZA 03, 742 (743 f.); 24.4.07, DB 07, 1651 (1652); 20.5.08, NZA-RR 09, 102 (104): Jedes durch die Herrschaft einer Rechtsnorm über einen konkreten Sachverhalt entstandene rechtliche Verhältnis einer Person zu einer anderen oder zu einer Sache, nicht jedoch abstrakte Rechtsfragen, bloße Elemente eines Rechtsverhältnisses oder rechtliche Vorfragen, wie z. B. rechtliche Eigenschaften oder Fähigkeiten einer Person, es sei denn, es ist vom Gesetz, wie z. B. in § 18 Abs. 2 BetrVG, ausdrücklich vorgesehen; 18.3.15, NZA 15, 1144 (1146).
391 *BAG* 1.7.03, NZA 04, 620 (621); vgl. auch 17.9.13, DB 13, 2806 (2807).
392 *BAG* 14.12.10, NZA 11, 473 (474); 9.7.13, NZA 13, 1433 (1434); 20.1.15, NZA 15, 765 (767).
393 *BAG* 6.5.03, NZA 03, 1422 (1423) m. w. N.
394 BAG 20.1.15, NZA 15, 765 (767).
395 Vgl. z. B. *BAG* 5.10.00, DB 01, 2056 m. w. N.: Feststellungsantrag des BR, um ein Verfahren nach § 23 Abs. 3 vorzubereiten, ohne dass das Bestehen des Mitbestimmungsrechts streitig ist; vgl. auch *BAG* 19.2.03, NZA 03, 1159 (1161); 16.11.04, DB 05, 504 (505).
396 Vgl. auch *BAG* 10.6.09, NZA 09, 51 (52).
397 11.6.02, DB 02, 2727 (2728 f.).

nehmliche Regelung dieser Angelegenheit verständigt haben oder nur die **Vorfrage eines Rechtsverhältnisses** betroffen ist wie bei dem Antrag, die Tendenzeigenschaft eines UN festzustellen.[398] Ein alsbaldiges Feststellungsinteresse lässt sich jedenfalls nicht allein mit der **theoretischen Möglichkeit** begründen, dass künftig ein derartiger Streitfall eintreten könnte. Ist allerdings zu erwarten, dass bei künftigen Vorgängen gleicher Art die Streitfrage unter den Beteiligten wieder auftreten wird, kann das Problem auf diese zukünftigen Fälle bezogen zur Entscheidung gestellt werden. Für **diesen** Antrag ist dann das Feststellungsinteresse zu bejahen.[399] Dies bedeutet für den Antragsteller, dass er sein über den bereits abgeschlossenen Einzelfall hinausgehendes Interesse an der Entscheidung einer strittigen Rechtsfrage nur durch einen **gesonderten,** hierauf gerichteten **Feststellungsantrag** geltend machen kann.[400] Besteht also z. B. ein prinzipieller Streit zwischen BR und AG darüber, ob die Beschäftigung von bei Drittfirmen angestellten AN § 99 unterliegt, so kann diese Frage auch dann im Beschlussverfahren geklärt werden, wenn z. z. keiner dieser AN beschäftigt wird, eine erneute Beschäftigung allerdings demnächst ansteht. Das Feststellungsinteresse kann aus Gründen der Prozessökonomie auch entfallen, weil ein **Leistungsantrag** möglich ist. Dies gilt für Einzelansprüche, die den Streit abschließend erfassen. Geht es allerdings um die **grundsätzliche Klärung** eines streitigen Rechtsverhältnisses zwischen den Betriebsparteien und kann durch die begehrte Feststellung eine Auseinandersetzung in künftigen gleichgelagerten Fällen vermieden werden, ist der Feststellungsantrag zulässig.[401] Das Feststellungsinteresse fehlt auch dann, wenn dem Antragsteller ein einfacherer Weg zur Erreichung seines Ziels zur Verfügung steht als das gerichtliche Verfahren.[402] Haben AG und BR vereinbart, dass bei Streit über die Auslegung einer BV zunächst eine **innerbetriebliche Schlichtung** durchzuführen ist und erst nach deren Scheitern ein Beschlussverfahren, so ist das Beschlussverfahren unzulässig, falls diese Regelung nicht eingehalten wird.[403]

Die Regelung des § 11 ArbGG zur **Prozessvertretung** findet auch im Beschlussverfahren Anwendung (§ 80 Abs. 2 ArbGG). Betriebsverfassungsrechtliche Organe können sich daher durch Vertreter der zuständigen Gewerkschaften vertreten lassen.[404] Diese Vertretungsbefugnis setzt voraus, dass wenigstens ein Mitglied des Organs Mitglied der betreffenden Gewerkschaft ist. Es reicht nicht aus, dass lediglich ein Mitglied der Belegschaft der betreffenden Gewerkschaft angehört.[405] Die Vertretungsbefugnis durch einen gewerkschaftlichen **Rechtsschutzsekretär** gilt umfassend für die 1. und 2. Instanz. Gemäß § 11 Abs. 4 ArbGG muss die Vertretung vor dem *BAG* durch Gewerkschaften, Arbeitgeberverbände oder die in § 11 Abs. 2 Satz 2 Nr. 5 ArbGG genannten juristischen Personen allerdings durch Personen mit Befähigung zum Richteramt erfolgen. Dies gilt auch für die Unterzeichnung der **Rechtsbeschwerdeschrift** und der **Rechtsbeschwerdebegründung** (§ 94 Abs. 1 ArbGG). Auch wenn für den BR die Möglichkeit besteht, sich durch einen Rechtsschutzsekretär vertreten zu lassen, behält er das Recht, einen Rechtsanwalt einzuschalten (vgl. im Einzelnen § 40 Rn. 34, 36). Für **Verfahrenseinleitung** und Beauftragung des Prozessvertreters ist ein **wirksamer BR-Beschluss,** der jedenfalls vor Abschluss der ersten Instanz gefasst werden muss, erforderlich. Anderenfalls sind für den BR gestellte Anträge unzulässig.[406] **210**

Das ArbG hat das Verfahren ggf. durch **Beschluss** (§ 84 ArbGG) zu entscheiden. Wird hier- **211**

398 *BAG* 14.12.10, NZA 11, 473 (474); 22.7.14, NZA 14, 1417 (1419); 20.1.15, NZA 15, 765 (767).

399 Vgl. im Einzelnen z. B. *BAG* 29.7.82, AP Nr. 5 zu § 83 ArbGG 1979; 15.4.08, NZA-RR 09, 98 (99 f.); 27.10.11, NZA 11, 527 (528; 8.11.11, NZA 12, 462 (463), *HBR,* Rn. 185 ff.; ErfK-*Koch,* § 81 ArbGG Rn. 8, jeweils m. w. N.

400 Vgl. z. B. *BAG* 10.4.84, AP Nr. 3 zu § 81 ArbGG 1979.

401 *BAG* 27.10.98, NZA 99, 381 (384); 9.12.03, NZA 04, 746 (748); 18.3.15, NZA 15, 1144 (1146).

402 *BAG* 27.1.04, NZA 04, 941 (943): Verhinderung von Feiertagsarbeit durch Verweigerung der Zustimmung durch BR.

403 *BAG* 11.2.14, NZA 15, 26 (27).

404 Zur zulässigen Vertretung durch Rechtssekretäre, die bei der **DGB-Rechtsschutz GmbH** beschäftigt sind vgl. § 11 Abs. 2 Satz 2 Nr. 5 ArbGG und ArbGV-*Wolmerath,* § 11 Rn. 11 f.

405 *BAG* 3.12.54, AP Nr. 7 zu § 11 ArbGG 1953; *GMP,* § 11 Rn. 96; *HBR,* Rn. 57; GWBG-*Waas,* § 11 Rn. 18.

406 Vgl. z. B. *BAG* 18.2.03, DB 03, 2290 (2291) m. w. N.; 29.4.04, NZA 04, 670 (674).

gegen kein Rechtsmittel eingelegt bzw. ist kein Rechtsmittel mehr möglich, erwächst der Beschluss in **formelle Rechtskraft,** er kann von keinem Beteiligten mehr angefochten werden. Den Entscheidungen im Beschlussverfahren kommt auch **materielle Rechtskraft** zu, d. h., eine rechtskräftige Entscheidung hat zur Folge, dass der gleiche Verfahrensgegenstand bei unverändertem Sachverhalt nicht erneut zur gerichtlichen Entscheidung gestellt werden kann. Ein entsprechender Antrag ist unzulässig.[407] Die Erhebung einer Verfassungsbeschwerde an sich hemmt die Rechtskraft nicht.[408] Bei Entscheidungen mit Dauerwirkung kommt allerdings eine Beendigung der Rechtskraft in Betracht, wenn sich die maßgeblichen rechtlichen oder tatsächlichen Verhältnisse wesentlich ändern.[409]

212 Die Rechtskraft einer Entscheidung im Beschlussverfahren kann auch **präjudizielle Wirkungen für nicht am Verfahren Beteiligte**[410] haben. Dies ist insbes. bei gestaltenden Beschlüssen, wie beispielsweise der Entscheidung über die Anfechtung einer BR-Wahl, der Fall. Die Entscheidung kann allerdings auch bei anderen Streitigkeiten gegenüber Dritten wirken. So bindet die rechtskräftige Feststellung zwischen AG und BR, dass eine bestimmte Maßnahme keine Betriebsänderung darstellt, auch den einzelnen AN, der nach § 113 Abs. 3 wegen dieser Maßnahme einen Nachteilsausgleich einklagt.[411] Ebenso verhält es sich bei einer zwischen BR und AG ergangenen rechtskräftigen Entscheidung über den Inhalt einer BV im Hinblick auf Individualansprüche der AN aus der BV[412] und bei rechtskräftiger Ablehnung eines Mitbestimmungsrechts im Verfahren zwischen BR und AG hinsichtlich einer AN-Forderung, die auf die Unwirksamkeit der AG-Maßnahme wegen Verletzung dieses Mitbestimmungsrechts gestützt wird.[413] Der nachfolgende Rechtsstreit muss allerdings nach Auffassung des *BAG*[414] als **inhaltliche Fortsetzung** des abgeschlossenen **ersten Verfahrens** erscheinen. So ist z. B. eine rechtskräftige Entscheidung gem. § 18 Abs. 2, ob ein Gemeinschaftsbetrieb vorliegt, für das Verhältnis von AG und AN nur dann maßgeblich, wenn dieses durch betriebsverfassungsrechtliche Normen bestimmt wird. Dies ist in einem nachfolgenden Kündigungsschutzverfahren, bei dem es ebenfalls um den Betriebsbegriff geht, nicht der Fall, da es hier um eine vor allem individualrechtlich geprägte Vorfrage geht.[415]

213 Das Gericht entscheidet über den Antrag auf Grund mündlicher Verhandlung. Bei Einverständnis der Beteiligten kann allerdings der Beschluss auch im **schriftlichen Verfahren** ergehen. Ein Versäumnisverfahren findet nicht statt.[416] Das Gericht kann den Beteiligten eine Mediation oder ein anderes Verfahren außergerichtlicher Konfliktbeilegung vorschlagen (§ 54 a Abs. 1 ArbGG). Zudem kann der Vorsitzende die Parteien für die Güteverhandlung sowie deren Fortsetzung vor einen hierfür bestimmten und nicht entscheidungsbefugten sog. Güterichter[417] verweisen, der alle Methoden der Konfliktbeilegung einschließlich der Mediation einsetzen kann (§ 54 Abs. 6 ArbGG).[418]

---

407 Vgl. z. B. *BAG* 20.3.96, NZA 96, 1058; 15.1.02, NZA 02, 988 (989); 19.1.10, NZA 10, 659 (660); 13.3.13, NZA 13, 789; *GMP*, § 84 Rn. 22 ff.

408 *BAG* 16.4.14, NZA 15, 183 (184).

409 *BAG* 6.6.00, NZA 01, 156 (158) m. w. N.; *GMP*, § 84 Rn. 26.

410 Vgl. auch BAG 13.3.13, NZA 13, 789 (790).

411 Vgl. *BAG* 10.11.87, AP Nr. 15 zu § 113 BetrVG 1972; vgl. auch 9.4.91, BB 91, 2087 f.; ErfK-*Koch*, § 84 Rn. 2; *GMP*, § 84 Rn. 29; enger *v. Hoyningen-Huene*, RdA 92, 355 (364); *HBR*, Rn. 227.

412 *BAG* 17.2.92, DB 92, 1833 ff.; 28.8.96, BB 96, 2624 (2626) auch zur **Aussetzung** von Individualklagen analog § 148 ZPO bis zur Anpassung eines Sozialplans nach Wegfall der Geschäftsgrundlage; 17.8.99, DB 00, 774 (775); *GMP*, a. a. O.; a. A. GWBG-*Greiner*, § 84 Rn. 9: Präjudizielle Wirkung nur bei Gestaltungsbeschlüssen und feststellenden Statusentscheidungen; vgl. auch *Dütz* in FS Gnade, S. 487 ff. und § 77 Rn. 171.

413 *BAG* 10.3.98, NZA 98, 1242 (1244).

414 18.10.06, NZA 07, 552 (556).

415 *BAG*, 18.10.06, a. a. O.

416 Vgl. z. B. *GMP*, § 80 Rn. 35 und § 83 Rn. 116.

417 Hierzu mit Praxisbericht *Francken*, NZA 15, 641 ff.

418 Vgl. auch §§ 64 Abs. 7; 80 Abs. 2 Satz 1, 87 Abs. 2 Satz 1 ArbGG und zum Mediationsgesetz GWBG-*Benecke*, § 54 a Rn. 2 ff.; *Francken*, NZA 12, 836 ff.; *Schubert*, FS Kempen 401 ff.; *Stiel/Stoppkotte*, AuR 12, 385 ff.; hierzu und allgemein zu Fragen der Konfliktlösung und –vermeidung *Lukas/Dahl*, S. 31 ff. und 1 ff.

Das Beschlussverfahren kann auch durch **Vergleich** der Beteiligten beendet werden (§ 83 a Abs. 1 ArbGG). Voraussetzung ist allerdings, dass sie über den Gegenstand des Vergleichs verfügen können. Dies ist eine Frage des materiellen Rechts. Ein Vergleich kommt daher insbes. bei vermögensrechtlichen Streitigkeiten, z. B. wegen der Erstattung von BR-Kosten, in Betracht. Bei Streitigkeiten über organisatorische Vorschriften des BetrVG (wie z. B. den Betriebsbegriff), die regelmäßig zwingend sind, scheidet ein Vergleich demgegenüber i. d. R. aus. 214

Daneben kann das Verfahren auch durch **Rücknahme** des Antrags (§ 81 Abs. 2 ArbGG) und gemeinsame **Erledigungserklärung** (§ 83 a Abs. 2 ArbGG; nach Abs. 3 gilt die Zustimmung zur Erledigung als erteilt, wenn sich der Beteiligte nicht innerhalb der vom Vorsitzenden bestimmten Frist von mindestens zwei Wochen äußert) beendet werden. Die einseitige Rücknahme durch den Antragsteller kommt nur in der 1. Instanz in Betracht. Beim LAG und *BAG* setzt die wirksame Antragsrücknahme die **Zustimmung der anderen Beteiligten** voraus (§§ 87 Abs. 2, 92 Abs. 2 ArbGG).[419] Die Zustimmung der anderen Beteiligten ist erforderlich, da die Rücknahme zur Folge hat, dass das Verfahren als nicht anhängig geworden anzusehen ist und es demzufolge jederzeit wieder eingeleitet werden kann. Erklärt lediglich der Antragsteller das Verfahren **einseitig für erledigt,** ist es entsprechend § 83 a Abs. 2 ArbGG einzustellen, wenn nach Rechtshängigkeit Umstände eingetreten sind, die ihn hindern, seinen Antrag mit Aussicht auf Erfolg, weil jetzt unzulässig oder unbegründet, weiterzuverfolgen.[420] Es kommt dabei nicht darauf an, ob der Antrag von Anfang an zulässig und begründet war.[421] 215

Eine Änderung des Antrags und damit des Streitgegenstands ist vor dem **ArbG** und dem **LAG** zulässig, wenn die übrigen Beteiligten zustimmen oder das Gericht die Änderung für sachdienlich hält (§§ 81 Abs. 3, 87 Abs. 2 ArbGG a. E.).[422] Im **Rechtsbeschwerdeverfahren** ist grundsätzlich keine Antragsänderung möglich.[423] § 92 Abs. 2 ArbGG verweist nicht auf § 81 Abs. 3 ArbGG. Die Rspr. macht allerdings aus prozessökonomischen Gründen eine Ausnahme und lässt die Antragsänderung zu, wenn der geänderte Sachantrag sich auf den vom Beschwerdegericht festgestellten Sachverhalt stützt.[424] 216

Gegen den Beschluss des ArbG findet die **Beschwerde** an das LAG statt (§ 87 Abs. 1 ArbGG). Es kommt weder auf die Höhe der Beschwer noch auf eine Zulassung der Beschwerde durch das ArbG an. Gegen die Beschlüsse des LAG kann **Rechtsbeschwerde** eingelegt werden, wenn diese in dem Beschluss zugelassen worden ist (§ 92 Abs. 1 ArbGG). In entsprechender Anwendung von § 72 Abs. 2 ArbGG ist die Rechtsbeschwerde zuzulassen, wenn entweder eine entscheidungserhebliche Rechtsfrage **grundsätzliche Bedeutung** hat oder der Beschluss von einer Entscheidung der dort in Nr. 2 genannten Gerichte abweicht und auf dieser Abweichung beruht oder Verfahrensfehler nach § 547 ZPO und Art. 103 GG (rechtliches Gehör) geltend gemacht werden und vorliegen.[425] Die **Nichtzulassung** der Rechtsbeschwerde durch das LAG kann selbstständig durch Beschwerde gemäß § 92 a ArbGG angefochten werden. Dabei ist § 72 a Abs. 2 – 7 ArbGG entsprechend anzuwenden. Eine Nichtzulassungsbeschwerde wegen **Divergenz** setzt voraus, dass alle tragenden Begründungen des LAG entsprechend begründet angegriffen werden. Dabei kommt eine Divergenz auch in Betracht, wenn das LAG in seinem Urteil zwar nicht ausdrücklich einen **abstrakten Rechtssatz** aufgestellt hat, sich aber aus scheinbar nur fallbezogenen Ausführungen zwingend ergibt, dass es von einem solchen Rechtssatz ausgegangen ist.[426] Eine **Nichtzulassungsbeschwerde,** die auf die **grundsätzliche Bedeutung** einer entscheidungserheblichen Rechtsfrage gestützt wird, setzt voraus, dass die Entscheidung des Rechtsstreits von einer klärungsfähigen und klärungsbedürftigen Rechtsfrage abhängt und die Klärung entweder von allgemeiner **Bedeutung für die Rechtsordnung** 217

---

419 Zum Begriff der »anderen Beteiligten« *GMP,* § 87 Rn. *25* m. w. N.; vgl. auch *BAG* 23.6.93, NZA 93, 1052 f.
420 *BAG* 15.2.12, DB 12, 812 (Ls.).
421 Vgl. *BAG* 19.6.01, DB 01, 2659 f.; 8.12.10, NZA 11, 362 (363); *HHB,* § 83 a Rn. 6.
422 Vgl. hierzu z. B. *BAG* 2.4.87, AP Nr. 3 zu § 87 ArbGG 1979; *LAG Frankfurt* 12.11.91, NZA 92, 853 f. m. w. N.; GWBG-*Greiner,* § 87 Rn. 25.
423 Vgl. z. B. *BAG* 10.4.84, AP Nr. 3 zu § 81 ArbGG 1979; *GMP,* § 94 Rn. 18.
424 *BAG* 5.11.85, AP Nr. 2 zu § 98 BetrVG 1972; 24.4.07, NZA 07, 987 (991 f.).
425 Vgl. *BAG* 5.2.13, NZA 13, 1376; 25.9.13, DB 13, 2686.
426 *BAG* 6.12.06, NZA 07, 349 (350) m. w. N.

ist oder wegen ihrer **tatsächlichen Auswirkungen** die Interessen zumindest eines **größeren Teils der Allgemeinheit** berührt.[427] Klärungsfähig ist die Rechtsfrage, wenn der Beschluss hierauf beruht,[428] klärungsbedürftig ist sie, wenn sie entweder höchstrichterlich noch nicht entschieden worden ist oder aber gegen eine solche Entscheidung gewichtige Gesichtspunkte vorgebracht werden.[429]

218 Aus rechtskräftigen Beschlüssen der ArbG bzw. gerichtlichen Vergleichen, durch die einem Beteiligten eine Verpflichtung auferlegt wird, kann **zwangsvollstreckt** werden (§ 85 Abs. 1 ArbGG). Hierfür gelten prinzipiell die §§ 704 ff. ZPO. § 23 Abs. 3 stellt keine Sonderregelung dar, die die allgemeinen Zwangsvollstreckungsmaßnahmen ausschließt (vgl. § 23 Rn. 359). Allerdings kann im Hinblick auf § 85 Abs. 1 Satz 3 ArbGG keine Ordnungshaft für den Fall angedroht und verhängt werden, dass das Ordnungsgeld zur Durchsetzung einer Unterlassungsverpflichtung nach § 23 Abs. 3 oder dem allgemeinen Unterlassungsanspruch nicht beigetrieben werden kann.[430] Aus Beschlüssen in **vermögensrechtlichen Streitigkeiten** kann bereits vollstreckt werden, wenn diese noch nicht rechtskräftig sind.[431] Eine vermögensrechtliche Streitigkeit liegt immer dann vor, wenn der Kläger/Antragsteller in erheblichem Umfang **wirtschaftliche Zwecke** verfolgt,[432] wenn die Streitigkeit auf **Geld oder Geldwert** geht oder der Streitgegenstand auf einem vermögensrechtlichen Rechtsverhältnis beruht, das auf Gewinn in Geld oder geldwerten Gegenständen gerichtet ist.[433] Danach sind vor allem Streitigkeiten über Sachmittel und solche, die die Ansprüche auf Erstattung der Kosten aus BR-Tätigkeit und der Wahlkosten gegenüber dem AG betreffen, vermögensrechtliche Streitigkeiten. Diese sind allerdings keineswegs auf Ansprüche auf Kostenersatz beschränkt. Auch die Wahrnehmung und Beachtung von Beteiligungsrechten des BR betrifft i. d. R. **entgegen der h. M.** vermögenswerte Interessen der AN und/oder des AG sowie deren wirtschaftliche Zwecke und lässt sich daher ggf. als vermögensrechtliche Streitigkeit bewerten.[434] Bei späterer Aufhebung des angefochtenen Beschlusses **haftet der Vollstreckungsgläubiger** in betriebsverfassungsrechtlichen Streitigkeiten **nicht** nach § 717 Abs. 2 ZPO. Da für die Vollstreckung von einstweiligen Verfügungen die Anwendbarkeit der entsprechenden Vorschrift des § 945 ZPO ausdrücklich ausgeschlossen wird (§ 85 Abs. 2 ArbGG), kann für § 717 Abs. 2 ZPO nichts anderes gelten. Der maßgebliche Grund, die Vermögenslosigkeit von betriebsverfassungsrechtlichen Organen, gilt auch hier.[435]

219 Besondere Grundsätze gelten für das Beschlussverfahren, mit dem Streitigkeiten über die **Besetzung der ESt.** entschieden werden (§ 100 ArbGG; § 76 Abs. 2 Satz 2 und 3). Bei Streit über das Bestehen von Mitbestimmungsrechten leiten BR dieses Verfahren häufig ein, da sich hierin eine relativ schnelle Entscheidung erzielen lässt. Die **Einlassungs-** und **Ladungsfristen** sind auf 48 Stunden verkürzt. Gegen den Beschluss des Vorsitzenden, der den Beteiligten innerhalb von zwei Wochen nach Eingang des Antrags zugestellt werden soll, spätestens innerhalb von vier Wochen zugestellt werden muss, findet lediglich die Beschwerde an das LAG statt (§ 99 Abs. 2 ArbGG). Diese ist innerhalb einer Frist von zwei Wochen einzulegen und zu begründen (§ 99 Abs. 2 ArbGG). Zudem können die Anträge nur zurückgewiesen werden,

---

427 Vgl. z. B. *BAG* 14.4.05, NZA 05, 708 (710); 5.11.08, NZA 09, 55 (56); 5.10.10, NZA 10, 1372; *Bepler*, RdA 05, 65 (70 f.); SW-*Busemann*, § 92 a Rn. 11 f.

428 Vgl. auch *BAG* 13.6.06, NZA 06, 1004 (1005).

429 Vgl. z. B. *BAG* 15.2.05, NZA 05, 542 (543 f.) m. w. N.; 14.4.05, NZA 05, 708 (710); ArbGV-*Bepler*, § 92 a Rn. 1; § 72 a Rn. 35 ff.; *GMP*, § 92 a Rn. 4; § 72 a Rn. 12 ff.; zur Nichtzulassungsbeschwerde wegen Verletzung des Anspruchs auf rechtliches Gehör vgl. *BAG* 22.3.05, a. a. O.; 5.11.08, NZA 09, 55; 18.11.08, NZA 09, 223 f.; SW-*Ulrich*, § 72 a Rn. 38 d; ArbGV-*Bepler*, § 72 a Rn. 39; § 72 Rn. 28 d ff.; *Zwanziger*, NJW 08, 3388 f.

430 *BAG* 5.10.10, NZA 11, 174

431 Vgl. im Einzelnen *Rudolf*, NZA 88, 420 ff.

432 *BAG* 24.2.82, 28.9.89, AP Nrn. 3, 14 zu § 64 ArbGG 1979.

433 Vgl. *BAG* 24.3.80, AP Nr. 1 zu § 64 ArbGG 1979; 22.5.84, AP Nr. 7 zu § 12 ArbGG 1979; *GMP*, § 85 Rn. 5; *Rudolf*, NZA 88, 420 (421), jeweils m. w. N.

434 Vgl. *Rudolf*, NZA 88, 420; *HBR*, Rn. 175; **sehr eng:** ErfK-*Koch*, § 85 ArbGG Rn. 1; *GMP*, § 85 Rn. 6 m. w. N.; *HHB*, § 85 Rn. 4; *HWK-Bepler*, § 85 ArbGG Rn. 2; vgl. auch LAG Hamburg, NZA 93, 42 (43).

435 Vgl. ArbGV-*Koch*, § 85 Rn. 17; GWBG-*Greiner*, § 85 Rn. 1, jeweils m. w. N.; *HHB*, § 85 Rn. 6.

wenn die ESt. **offensichtlich unzuständig** ist, wenn also auf den ersten Blick erkennbar ist, dass ein Mitbestimmungsrecht des BR in der fraglichen Angelegenheit **unter keinem denkbaren rechtlichen Gesichtspunkt** in Frage kommt (vgl. § 76 Rn. 61 ff.).[436] Die genannten Regelungen führen dazu, dass die Bildung der ESt. jedenfalls schneller zu erreichen ist als ein die Mitbestimmungsrechte anerkennender Beschluss der ArbG. Da in der ESt. oft einverständliche Regelungen zwischen AG und BR auf Grund der Eigendynamik des Verfahrens und der Moderation des/der Vorsitzenden zustande kommen, empfiehlt sich diese Vorgehensweise für den BR häufig eher als die Einleitung eines normalen Beschlussverfahrens. Auch ein Spruch der ESt. ist vom AG bis zu einer rechtskräftigen gerichtlichen Feststellung der Unwirksamkeit oder einer gegenteiligen Vereinbarung mit dem BR durchzuführen.[437] Eine **einstweilige Verfügung** ist im Bestellungsverfahren schon wegen § 99 Abs. 1 Satz 3 ArbGG, der nicht auf § 85 Abs. 2 ArbGG verweist, ausgeschlossen (vgl. § 76 Rn. 166 m. w. N.).[438]

4. Einstweilige Verfügung

§ 85 Abs. 2 ArbGG erklärt **den Erlass einstweiliger Verfügungen** auch im Beschlussverfahren für zulässig. Zuständig für die Entscheidung ist gemäß §§ 937, 943 ZPO das **Gericht der Hauptsache.** Die Entscheidung kann gemäß § 937 Abs. 2 ZPO in dringenden Fällen **ohne mündliche Anhörung** der Beteiligten ergehen.[439] Auch dann entscheidet die voll besetzte Kammer, § 85 Abs. 2 Satz 2 ArbGG. Aus dieser Regelung ergibt sich, dass § 944 ZPO, wonach in dringenden Fällen der Vorsitzende allein entscheidet, keine Anwendung findet.[440] Ab 1. 1. 2016 gilt gemäß § 85 Abs. 2 ArbGG eine in das Schutzschriftenregister nach § 945 a Abs. 1 ZPO eingestellte Schutzschrift auch als bei allen ArbG der Länder eingereicht. 220

Hat das Gericht über die einstweilige Verfügung nach mündlicher Anhörung entschieden, ist für die Beteiligten das Rechtsmittel der **Beschwerde** nach § 87 ArbGG gegeben. Hat das Gericht die einstweilige Verfügung ohne mündliche Anhörung erlassen, kann der Antragsgegner dagegen **Widerspruch** einlegen (§ 924 ZPO). Hierüber entscheidet das ArbG nach mündlicher Anhörung der Beteiligten. 221

Eine Rechtsbeschwerde zum *BAG* ist nicht zulässig. Bei späterer Aufhebung der einstweiligen Verfügung ist **kein Schadensersatzanspruch** nach § 945 ZPO gegeben (§ 85 Abs. 2 ArbGG). 222

Der Erlass einer einstweiligen Verfügung setzt voraus, dass ein **Verfügungsanspruch** und ein **Verfügungsgrund** bestehen.[441] Als Verfügungsanspruch kommt jeder betriebsverfassungsrechtliche Anspruch in Betracht, gleich, ob er auf Gesetz, BV oder TV beruht. Aus der Sicht des BR sind dies vor allem seine Ansprüche auf Information, Beratung und Mitbestimmung (zum Unterlassungsanspruch und einstweiliger Verfügung des **EBR** vgl. z. B. Anhang B Vorbem. Rn. 23; § 5 Rn. 10; § 30 Rn. 6). Dabei wird die Sicherung des Mitbestimmungsrechts häufig davon abhängig gemacht, ob ein **Unterlassungsanspruch** allgemein (§ 87 Rn. 392 m. w. N.)[442] oder nach § 23 Abs. 3 (vgl. § 23 Rn. 195 ff., 279) besteht. Die sich aus § 23 Abs. 3 ergebenden Verpflichtungen können dem AG daher auch im Wege der einstweiligen Verfügung auferlegt werden (§ 23 Rn. 279 m. w. N.). 223

Nach richtiger Auffassung kommt es demgegenüber allein darauf an, ob der BR ein **Beteiligungsrecht** hat. Dieses Beteiligungsrecht kann durch eine einstweilige Verfügung gesichert werden.[443] 224

---

436 *GMP*, § 98 Rn. 8 m. w. N.; zum **Streitwert** vgl. *Bader/Jörchel*, NZA 13, 809 (811).
437 *BAG* 18.11.14, NZA 15, 694 f.
438 ErfK-*Koch*, § 99 ArbGG Rn. 4; *HBR*, Rn. 366 f.; Natter/Gross-*Roos*, § 85 Rn. 61; *Henssler*, FS *Hanau*, S. 413 (427).
439 Vgl. z. B. *ArbG Offenbach* 1.8.13, AiB 14, 72 f. mit Anm. v. *Zabel*.
440 So auch *BAG* 28.8.91, DB 92, 380 (381); *ArbG Köln* 27.10.93, BB 93, 2311, Ls.; ArbGV-*Koch*, § 85 Rn. 33; Natter/Gross-*Roos*, § 85 Rn. 67; *Worzalla*, S. 67; **a. A.** GWBG-*Greiner*, § 85 Rn. 18 (Alleinentscheidung des Vorsitzenden, wenn die Heranziehung der ehrenamtlichen Richter zu einer unvertretbaren Verzögerung führen würde, insbes.einer zwischenzeitlichen Rechtsvereitelung); *HHB*, § 85 Rn. 14; zum **Streitwert** vgl. *Bader/Jörchel*, NZA 13, 809 (811).
441 Vgl. auch Natter/Gross-*Roos*, § 85 Rn. 41 ff. mit einer Reihe von Beispielen.
442 Zum allgemeinen Unterlassungsanspruch *BAG* 3.5.94, DB 94, 2450 ff.
443 So vor allem ErfK-*Koch*, § 85 ArbGG Rn. 4; *Fitting*, nach § 1 Rn. 68 und § 111 Rn. 135 ff.; *GMP*, § 85

225 Ein **Verfügungsgrund** liegt vor, wenn objektiv die Gefahr besteht, dass durch die Fortdauer oder eine Veränderung des bestehenden Zustands die Verwirklichung des Anspruchs vereitelt oder wesentlich erschwert werden könnte (§ 935 ZPO) oder bei einem streitigen Rechtsverhältnis z. B. zur Abwendung wesentlicher Nachteile eine Regelung nötig erscheint (§ 940 ZPO).

226 Einstweilige Verfügungen haben stark an Bedeutung gewonnen. Oft kann nur durch ihren Erlass verhindert werden, dass **Rechte des BR leer laufen.** Ordnet z. B. der AG einseitig für den nächsten Tag Überstunden an, besteht nur dann die Chance, die Mitbestimmungsrechte wahrzunehmen, wenn ihm das ArbG diese Maßnahme mit einer einstweiligen Verfügung untersagt.[444] Hinzu kommt heute, dass die Ausübung der Beteiligungsrechte des BR oft langfristige Wirkung hat. Insbes. gilt dies beim Einsatz **neuer Technologien.** So kann der BR seine Beratungs- und Mitbestimmungsrechte z. B. nur dann wirklich wahrnehmen, wenn er rechtzeitig alle erforderlichen Informationen erhält. Sind die entsprechenden Entscheidungen auf AG-Seite bereits gefallen, wird es je nach Zeitablauf zunehmend unrealistischer, tatsächlich, wie vom Gesetz z. B. in § 90 Abs. 2 vorausgesetzt, die Planung des AG noch zu beeinflussen. Ebenso verhält es sich bei einer Verletzung der Mitbestimmungsrechte. Sind technische Einrichtungen bereits im Betrieb installiert, wird man schon im Hinblick auf die investierten Beträge nicht davon ausgehen können, dass der BR noch eine Chance hat, seine Mitbestimmungsrechte unvoreingenommen im Interesse von Betrieb und Belegschaft auszuüben. Auch hier hat die Verletzung des Mitbestimmungsrechts häufig Langzeitwirkungen. Berücksichtigt man weiter, dass nach wohl h. M. (vgl. auch Rn. 218) oft eine **vorläufige Vollstreckbarkeit** nicht in Betracht kommt, da es sich um keine vermögensrechtliche Streitigkeit handelt, wird deutlich, dass ohne einstweilige Verfügung die BR einen mitbestimmungswidrigen Zustand über sehr lange Zeit, nämlich bis zur rechtskräftigen Entscheidung im Beschlussverfahren, dulden müssten. Demgegenüber können Gesichtspunkte wie der, dass bei Aufhebung der einstweiligen Verfügung **kein Schadensersatzanspruch** besteht und für die Vergangenheit irreversible Zustände geschaffen werden,[445] kein entscheidendes Gewicht beanspruchen. Auch wenn eine einstweilige Verfügung nicht ergeht, ist der Zustand für die Vergangenheit, allerdings zu Lasten des BR und ohne Würdigung der materiellen Rechtslage, irreversibel. Zudem ist die faktische Ausgangslage zu sehen: Der AG hat die Möglichkeit, gewissermaßen im ersten Zugriff, seine Rechtsauffassung zur betrieblichen Praxis zu machen. Von Mitbestimmung kann dann nur die Rede sein, wenn der BR nicht zur Duldung dieser einseitigen Entscheidung jedenfalls faktisch verpflichtet wird, sondern er auch die Möglichkeit zur zeitnahen Korrektur erhält.[446]

227 Für den Erlass einer einstweiligen Verfügung zur Sicherung von Mitbestimmungsrechten kann es auch nicht darauf ankommen, ob für die Zeit bis zum In-Kraft-Treten einer mitbestimmten Regelung der damit bezweckte notwendige **Schutz der Arbeitnehmer** unwiederbringlich vereitelt wird.[447] Danach soll z. B. eine einstweilige Verfügung gegen die einseitige Anordnung von **Kurzarbeit** ausscheiden, da die AN bei ohne Beachtung des Mitbestimmungsrechts eingeführter Kurzarbeit ihre Lohnansprüche behielten. Ebenso wenig soll eine einstweilige Verfügung zur **Unterlassung von Kündigungen** vor Anhörung des BR in Betracht kommen, da eine ohne Anhörung des BR ausgesprochene Kündigung ohnehin unwirksam sei. Gegen diese zusätzlichen Anforderungen an den Verfügungsgrund spricht bereits, dass auch BR-Rechte Ansprüche sind (vgl. § 194 Abs. 1 BGB und Rn. 223 f.). Zudem lässt sich aus der gesetzlichen Konstruktion, dass der AG in mitbestimmungspflichtigen Angelegenheiten nur mit Zustimmung des

Rn. 34; HWK-*Bepler,* § 85 ArbGG Rn. 11; a. A. vor allem *Heinze,* RdA 86, 273 (285, 289 ff.), beide m. w. N.

444 Vgl. auch *ArbG Berlin* 21.11.08, dbr 09, 40.

445 Vgl. *GMP,* § 85 Rn. 36.

446 Ebenso *Däubler,* Das Arbeitsrecht 1, Rn. 918.

447 So aber *LAG Köln* 7.6.10, NZA-RR 10, 469; ErfK-*Koch,* § 85 ArbGG Rn. 5; *GMP,* § 85 Rn. 37; *Matthes,* FS Dieterich, S. 355 (357 f.); vgl. auch *HHB,* § 85 Rn. 11 und HWK-*Bepler,* § 85 ArbGG Rn. 13; **a. A.** *LAG Niedersachsen,* 6.4.09 – 9 TaBVGa 15/09; *HessLAG* 4.10.07, AiB 08, 100 f. mit Anm. v. *Klimaschewski; HBR,* Rn. 472; GWBG-*Greiner,* § 85 Rn. 24 f.;Bertelsmann, AiB 98, 681 (684); *Soost/Hummel,* AiB 00, 621 (625).

BR oder entsprechendem Spruch der ESt. handeln soll, entnehmen, dass die AN eben gerade auch vor einseitigen Anordnungen geschützt werden sollen. Dies ist auch sinnvoll, da der einzelne Beschäftigte ohne den Schutz des BR häufig nicht tätig werden wird. So ist es z. B. mehr als zweifelhaft, ob der einzelne AN tatsächlich den Lohn einklagen wird, der ihm durch die einseitige Einführung von Kurzarbeit verloren geht. Einmal ausgesprochene Kündigungen führen zudem fast zwangsläufig zum Verlust des Arbeitsplatzes, wie diverse Statistiken belegen.[448] Schließlich ist auch zu berücksichtigen, dass der BR im **Interesse der gesamten Belegschaft** tätig wird, das nicht notwendig mit dem des Teils identisch sein muss, für den z. B. zu Unrecht Kurzarbeit angeordnet wurde.

Zusammenfassend lässt sich daher feststellen, dass mit der Nichtbeachtung der Beteiligungsrechte des BR diese Ansprüche regelmäßig vereitelt werden. Wegen der Langzeitwirkung von betrieblichen Entscheidungen insbes. bei neuen Technologien wird die Realisierung von Mitbestimmungsrechten zudem häufig schon bei Nichtbeachtung von Informations- und Beratungsrechten wesentlich erschwert. Die **Abwägung der unterschiedlichen Interessen** muss daher in aller Regel bei der Verletzung von Beteiligungsrechten des BR zum Erlass einer einstweiligen Verfügung führen.[449] **228**

Bei der Verletzung von Mitbestimmungsrechten und eigenem Regelungsziel bietet sich für den BR die Möglichkeit an, **gleichzeitig ein Bestellungsverfahren** für die ESt. nach § 100 ArbGG durchzuführen. Hat das Gericht z. B. dann Bedenken im einstweiligen Verfügungsverfahren wegen des Verfügungsgrundes, wird sich in aller Regel die Einrichtung der ESt. rechtskräftig durchsetzen lassen. Zumindest insoweit wäre dann eine gewisse Beschleunigung des Rechtsschutzes für den BR erreicht. **229**

In **Regelungsstreitigkeiten** kommt eine einstweilige Verfügung nicht in Betracht (vgl. § 87 Rn. 29). Bei personellen Einzelmaßnahmen enthält § 100 für den AG eine **Sondervorschrift,** die einstweilige Verfügungen ausschließt.[450] Das Mitbestimmungsrecht des BR gemäß § 99 kann demgegenüber im Wege der einstweiligen Verfügung gesichert werden (vgl. § 101 Rn. 24, 20). Nach Auffassung des *BAG*[451] kommt hierfür ein Unterlassungsanspruch allerdings nur im Rahmen von § 23 Abs. 3. in Betracht. Darüberhinaus sieht das Gericht auch die Möglichkeit, den Aufhebungs-/Beseitigungsanspruch aus § 101 Satz 1 mit einer einstweiligen Verfügung zu sichern (vgl. auch § 101 Rn. 22 f.). **230**

VI. Betriebsverfassung und Internationalisierung der Wirtschaft

1. Nationales Arbeitsrecht trotz weltwirtschaftlicher Verflechtung

Die **deutsche Wirtschaft** ist **in hohem Maße internationalisiert.** Der Wert des Exports belief sich 2010 auf 1152 Mrd. Euro, der des Imports auf 1020 Mrd. Euro.[452] Auch die **Direktinvestitionen** (d. h. Beteiligungen ab 25 %) deutscher Firmen im Ausland sind beträchtlich; ihr statistisch erfasster Wert betrug Ende 2008 1450 Mrd. Euro.[453] Ausländische Direktinvestitionen in der Bundesrepublik wurden demgegenüber mit 700 Mrd. Euro veranschlagt.[454] Außerdem arbeiteten 2010 insgesamt 1,925 Mio. **ausländische Arbeitnehmer** in der Bundesrepublik.[455] **231**

---

448 Vgl. z. B. *Däubler*, Das Arbeitsrecht 2, Rn. 1187 ff., 2242 ff. m. w. N.

449 *HBR*, Rn. 379 ff., 430 ff., 454 ff., 471 ff.; *Leisten*, BB 92, 266 (271 f.); vgl. auch *LAG Baden-Württemberg* 14.1.97 – 8 TaBV 13/96; und 5.8.05, AiB 06, 381 ff. mit Anm. v. *Klar*; *LAG Hamburg* 5.5.00, AuR 00, 356; *LAG Düsseldorf* 12.12.07, AuR 08, 270 (271) m. Anm. v. *Schoof*; *HessLAG* 4.10.07, AiB 08, 100 f. mit Anm. v. *Klimaschewski*; *LAG Niedersachsen* 6.4.09 – 9 TaBVGa 15/09 – und *ArbG Bremen-Bremerhaven* 7.4.04 und 21.4.05, beide AiB 08, 175 f. mit Anm. v. *Grimberg* zu einer Zwischenverfügung vor der mündlichen Verhandlung.

450 Vgl. z. B. *Fitting*, § 100 Rn. 1; GWBG-*Greiner*, § 85 Rn. 19 Natter/Gross-*Roos*, § 85 Rn. 56 und § 100 Rn. 1.

451 23.6.09, NZA 09, 1430 (1432 f.).

452 Angabe nach *www.destatis.de* (abgerufen am 23.7.2011).

453 Wie Fn 442.

454 Wie Fn 442.

455 *www.destatis.de* Stichwort: Sozialversicherungspflichtige Beschäftigte.

232 **Eine vergleichbare Internationalisierung der Arbeitsbeziehungen existiert nicht.** Arbeit wird in der Bundesrepublik fast immer nach deutschem Recht und zu hier herrschenden Bedingungen erbracht. Umgekehrt gelten in ausländischen Tochtergesellschaften deutscher Firmen in der Regel »Ortstarife« und das dortige Arbeitsrecht. Auch für Tarifverhandlungen und Streiks ist die Internationalisierung der Wirtschaft im Grunde nur eine Rahmenbedingung neben anderen: Gute Exportkonjunktur kann den Verteilungsspielraum erhöhen, im Ausland gemachte Verluste können das Unternehmen wie die ganze Branche in Schwierigkeiten bringen. Der grenzüberschreitende Solidaritätsstreik ist die Ausnahme.[456]

233 Die **nationale Orientierung der Arbeitsbeziehungen,** die sich auch in anderen Ländern wiederfindet, hat den Fortbestand sehr unterschiedlicher Arbeitsrechtsordnungen zur Folge. Anders als etwa im Zivilrecht haben sich **kaum »Rechtsfamilien«** herausgebildet, die mehr oder weniger einheitliche Strukturen aufweisen würden; die Vielfalt dominiert, nicht die Einheit.[457] Auch Löhne und Arbeitszeit liegen oft weit auseinander. In der Diskussion um den **Standort Bundesrepublik** wird oft darauf verwiesen, die Stundenlöhne seien nach der Schweiz die höchsten und die Jahresarbeitszeit sei nach Schweden die zweitkürzeste.[458] So wichtig die letzten beiden Faktoren sind – es ginge nicht an, sie zu verabsolutieren und Rechte, die sich wie Meinungsfreiheit am Arbeitsplatz, Streik und Mitbestimmung nicht in Mark und Pfennig ausdrücken lassen, von vornherein aus der vergleichenden Betrachtung auszuscheiden. Auch aus UN-Sicht wäre dies zu kurz gedacht: **Die Verfügbarkeit qualifizierter Arbeitskräfte, eine bestimmte Arbeitshaltung, aber auch die gut ausgebaute Infrastruktur sowie ein berechenbares Verhalten der Behörden sind u. a. Standortvorteile,** die den hohen Preis der Arbeitskraft mehr als ausgleichen. Andernfalls wäre der vorhandene Ausfuhrüberschuss nicht zu erklären. Arbeitskosten und Arbeitsbeziehungen sind nur ein Faktor im internationalen Wettbewerb.[459] Dies macht die vorhandenen Unterschiede wirtschaftlich möglich.[460] Dennoch schließt dies selbstredend nicht aus, dass durch den internationalen Wettbewerb Arbeitsplätze verloren gehen, weil es immer häufiger dazu kommt, dass die Qualität von Produkten und Dienstleistungen dieselbe ist wie in Deutschland, obwohl die Herstellungskosten wegen des Lohnniveaus anderer Länder sehr viel niedriger sind. Durch verstärkte Innovation auf Gebieten, wo die einheimische Wirtschaft tendenziell einen Vorsprung hat, kann eine Kompensation geschaffen werden.[461]

2. Betriebsverfassung bei ausländischer Unternehmens- oder Konzernspitze

a) Rechtsstellung der Interessenvertretung in der Bundesrepublik

234 Die **nationalstaatliche Ausrichtung** der Arbeitsbeziehungen macht sich **auch im Betriebsverfassungsrecht** bemerkbar. Dieses gehört nach herrschender Praxis zum zwingenden Recht i. S. d. Art. 34 EGBGB, der am 17.12.2009 durch Art. 9 Abs. 1 der sog. Rom I-Verordnung abgelöst wurde (Verordnung (EG) Nr. 593/2008 des Europ. Parlaments und des Rates vom 17. Juni 2008 über das auf vertragliche Schuldverhältnisse anzuwendende Recht, ABl EU v. 4.7.2008 L 177/6). Das bedeutet, dass in allen Betrieben, die sich auf dem Gebiet der Bundesrepublik befinden und die die Voraussetzungen des § 1 BetrVG erfüllen, Betriebsräte zu wählen sind. Dies folgt nicht so sehr aus dem angreifbaren (§ 1 Rn. 27 ff.) Territorialitätsprinzip als aus dem **Grundgedanken des BetrVG,** das auch dann wirksam sein und »greifen« muss, wenn die relevanten Entscheidungen jenseits der deutschen Grenzen getroffen werden.[462] Im Einzelnen bedeutet dies:

456 Beispiele jedoch bei *Hergenröder,* Der Arbeitskampf mit Auslandsberührung, 1987, S. 3 ff.; aktueller *Dorssemont/Jaspers/van Hoek* (ed.), Cross-border collective actions in Europe: A legal challenge, 2007 sowie Däubler-*Däubler,* Arbeitskampfrecht, § 32 Rn. 52 ff.

457 *Däubler,* Comparative Labor Law 1981, 79 ff.; *Moll,* RdA 84, 223 ff.

458 Angaben nach *Vogel* in Haufe-Verlag (Hrsg.), EG-Binnenmarkt '92, S. 38 ff.

459 Zu seinen Auswirkungen s. *Däubler,* Arbeitsrecht 1, Rn. 60 ff.

460 Näher *Däubler,* DB 93, 781 ff.; zur Unternehmensmitbestimmung als Standortvorteil s. *Schumann,* FS Däubler, S. 399 ff.; zur betrieblichen Mitbestimmung o. Rn. 51 f.

461 Zu den Auswirkungen der Globalisierung auf das deutsche Arbeitsrecht s. *Eylert/Gotthardt* RdA 07, 61; *Däubler,* FS Küttner, S. 531 ff.

Erfüllt die inländische Niederlassung nicht die Voraussetzungen des Betriebsbegriffs nach dem BetrVG (u. § 1 Rn 58 ff.), weil – so der wichtigste Anwendungsfall – der **Leitungsapparat jenseits der deutschen Grenzen** angesiedelt ist, so findet deutsches Recht in der Regel nach § 4 Abs. 1 S. 1 Nr. 1 gleichwohl Anwendung, weil es sich um einen Betriebsteil handelt, der räumlich weit vom Hauptbetrieb entfernt ist und deshalb eine selbständige Interessenvertretung beanspruchen kann. Das Vorliegen eines »Betriebsteils« kann auch nicht mit dem Argument verneint werden, dass nicht einmal Teile des Leitungsapparats vor Ort seien. Vielmehr genügt es, wenn es wie in fast jeder arbeitsteiligen Organisation einen oder mehrere Vorgesetzte gibt, die zur Erteilung von Weisungen befugt sind (u. § 4 Rn 30). 235

Die **deutsche Betriebsverfassung** greift **auch dann** ein, **wenn** ein beträchtlicher Teil der Belegschaft **nach ausländischem Arbeitsvertragsrecht arbeitet,** weil dieses nach Art. 30 Abs. 1 EGBGB (nunmehr Art. 8 Abs. 1 Rom I – VO) gewählt wurde oder weil zu ihm die »engeren Verbindungen« i. S. d. Art. 30 Abs. 2 EGBGB (nunmehr Art. 8 Abs. 3 Rom I-VO) bestehen.[463] Die **Irrelevanz des Arbeitsvertragsstatuts** folgt unmittelbar aus der selbstständigen Anknüpfung der Betriebsverfassung.[464] Ob dasselbe auch dann gilt, wenn sämtliche Belegschaftsangehörigen ausländischem Recht unterliegen, hat das *BAG* nicht entschieden. Die Frage ist zu bejahen,[465] soweit nicht – so eine Meinung im Schrifttum – durch Firmentarif oder eine 75 %-Mehrheit der Belegschaft für eine ausländische Form der Interessenvertretung optiert wird.[466] Zum **Betriebsverfassungsstatut** zählen auch die Individualrechte nach §§ 81 – 84.[467] Der Weiterbeschäftigungsanspruch nach § 102 Abs. 5 greift nur dann ein, wenn das Arbeitsvertragsstatut eine Rückkehr in den Betrieb nach gewonnenem Kündigungsschutzprozess vorsieht.[468] 236

Hat das ausländische UN mehrere Betriebe in der Bundesrepublik, ist ein **GBR** zu bilden (§ 1 Rn. 24 m. w. N.). Werden mehrere in der Bundesrepublik ansässige Unternehmen von einer ausländischen Konzernspitze – und sei es nur an »langer Leine« – gesteuert, kann ein **KBR** nach § 54 gebildet werden, und zwar entgegen BAG[469] auch dann, wenn keine »Deutschlanddirektion« oder Zwischenholding für die verschiedenen UN existiert. Dasselbe gilt dann, wenn eine deutsche Niederlassung (Betrieb oder UN) zwar einem ausländischen UN zugeordnet ist, dieses aber seinerseits von einer deutschen Mutter gesteuert wird: Die **»Zwischenschaltung« einer ausländischen Gesellschaft** kann und darf die Mitbestimmungsmöglichkeiten nicht aushebeln. Der BR der deutschen Niederlassung ist daher an einem etwaigen KBR im Inland zu beteiligen. Sind bei den inländischen Niederlassungen eines ausländischen UN mehr als 100 AN ständig beschäftigt, ist ein **WA** zu bilden.[470] Zur Frage, ob auch die im Ausland beschäftigten AN mitzuzählen sind, s. § 106 Rn. 28. Die **Mitglieder des WA** müssen nach § 107 Abs. 1 »dem Unternehmen« angehören; dies ist auch bei Angehörigen ausländischer Niederlassungen des in der Bundesrepublik ansässigen UN,[471] nicht jedoch bei AN von »Schwestergesellschaften« der Fall. Eine Ausnahme gilt jedoch nach der Ausstrahlungstheorie für solche AN, die weiter dem inländischen UN zugeordnet sind (§ 1 Rn. 23 ff.). 237

Wenig erörtert ist die Frage, ob und inwieweit **die in der Bundesrepublik tätigen AN** oder die hier errichtete Interessenvertretung **an ausländischen Interessenvertretungen beteiligt** sein könnten. Dies entscheidet sich nach ausländischem Recht. Soweit dieses eine institutionali- 238

---

462 Weiter gehende Überlegungen bei *Däubler,* Betriebsverfassung in globalisierter Wirtschaft, S. 64 ff.; *Deinert,* Internationales Arbeitsrecht, § 17 Rn. 18 ff.

463 S. den Beispielsfall *BAG* 24.8.89, DB 90, 1666.

464 *BAG* 9.11.77, DB 78, 451. Dazu *Deinert,* Internationales Arbeitsrecht, § 17 Rn. 17.

465 *LAG Berlin-Brandenburg* 30.10.09, LAGE § 117 BetrVG 2001 Nr. 1 Tz 33; *Bayreuther* NZA 10, 265

466 Dafür *Junker,* S. 378; kritisch *Deinert,* Internationales Arbeitsrecht, § 17 Rn. 25; s. weiter *Däubler,* AWD 72, 8; *Gamillscheg,* AuR 89, 35.

467 *Deinert,* Internationales Arbeitsrecht, § 17 Rn. 49; anders Vorauflage.

468 *Deinert,* Internationales Arbeitsrecht, § 17 Rn. 43; *Däubler,* Betriebsverfassung in globalisierter Wirtschaft, S. 31 m. w. N., auch für die Gegenmeinung.

469 *BAG* 14.2.07, DB 07, 1589 = ZIP 07, 1518.

470 *Deinert,* Internationales Arbeitsrecht, § 17 Rn. 40; *LK* § 106 Rn. 1.

471 *Bobke,* AiB 89, 233; *Fitting,* § 107 Rn. 7; GK-*Fabricius,* 6. Aufl., § 106 Rn. 39; a. A. GK-*Oetker,* § 107 Rn. 9; *GL,* § 107 Rn. 5.

sierte Interessenvertretung kennt, erweist es sich als vergleichbar »national-introvertiert« wie das deutsche Recht. So ist es etwa in Frankreich sogar strittig, ob die nach dort aus anderen EG-Ländern entsandten Arbeitskräfte ein comité d'entreprise mitwählen dürfen[472] – an eine Einbeziehung deutscher BR-Mitglieder in ein comité central d'entreprise (entspricht in etwa einem GBR) ist erst recht nicht zu denken. Zur Schaffung eines EBR s. Anhang B.

239 Die **Existenz einer ausländischen Unternehmens- oder Konzernspitze** ist auch bei der Handhabung einzelner betriebsverfassungsrechtlicher Vorschriften zu beachten. Die **Informationsrechte** des BR nach § 80 Abs. 2 BetrVG und des WA nach § 106 BetrVG machen nicht an den nationalen Grenzen halt (§ 106 Rn. 29). Planungen der ausländischen Konzernspitze, im Ausland erstellte Bilanzen usw. müssen daher auch der inländischen Interessenvertretung zugänglich gemacht werden.[473] Ob sich ihr Informationsanspruch auf Gegenstände beschränkt, bei denen Auswirkungen auf die hier tätigen AN nicht auszuschließen sind, oder ob der Anspruch noch umfassender ist, ist ohne größere Bedeutung: Es sind kaum Fälle denkbar, in denen Veränderungen, die sich in einem anderen Standort eines Konzerns vollziehen, mit Sicherheit ohne Bedeutung für den deutschen Standort bleiben.[474] Ein **»Informationsdurchgriff«** ist im Übrigen **nichts Ungewöhnliches;** so wird etwa den **Kartellbehörden** von der Rechtsprechung die Befugnis eingeräumt, eine inländische Gesellschaft zur Herausgabe von Informationen zu verpflichten, die lediglich bei der ausländischen Mutter vorhanden sind.[475] § 294 Abs. 3 HGB bezieht ausländische Tochtergesellschaften in die **Konzernbilanz** ein und verpflichtet sie zu umfassender Information.[476] Auch **Mitbestimmungsrechte** werden durch die Existenz einer ausländischen Muttergesellschaft nicht beeinträchtigt. Übergeht diese ihre inländische Tochter und versendet Personalfragebögen per E-Mail an deren AN, so ist § 94 BetrVG verletzt; die inländische Tochter kann auf Unterlassung in Anspruch genommen werden.[477]

240 Die **Zugehörigkeit** des Betriebs oder UN **zu einem multinationalen Konzern** kann auch in der **ESt.** eine Rolle spielen.[478] So darf sie etwa keinen Spruch fällen, der die **Übermittlung personenbezogener Daten ins Ausland** ermöglicht, ohne dass gleichzeitig der in §§ 4 b, 4 c BDSG vorgeschriebene Schutz sichergestellt ist.[479] Selbst wenn diese Voraussetzung im Einzelfall erfüllt ist, kann eine derartige Regelung deshalb unbillig sein, weil eine im Ausland erfolgende Speicherung und Verarbeitung eine **Kontrolle durch den BR praktisch unmöglich** macht.[480] Weiter kann die internationale Verflechtung für die ESt. dann von Bedeutung sein, wenn durch Überstunden in der Bundesrepublik ein streikbedingter Arbeitsausfall im Ausland aufgefangen werden soll; ein Spruch, durch den eine solche **Streikarbeit** unmöglich gemacht würde, wäre nicht ermessensmissbräuchlich.[481] Die »Belange der betroffenen Arbeitnehmer« i. S. d. § 76 Abs. 5 Satz 3 BetrVG wären auch dann verletzt, wenn eine **Arbeitszeitregelung** nicht beachten würde, dass dadurch eine Standortkonkurrenz z. B. in Bezug auf Wochenendarbeit vorangetrieben wird.[482] Auf der anderen Seite ist auch bei der Bestimmung der auf dem Spiel stehenden AG-Interessen eine Gesamtbetrachtung vorzunehmen. Dies bedeutet beispielsweise, dass die **»wirtschaftliche Vertretbarkeit« von Sozialplanleistungen** die Situation auch der ausländischen UN- und Konzernteile einzubeziehen hat.[483] Nur auf diese Weise kann

472 Siehe *Le Friant/Zachert,* AiB 89, 50 ff. und *Le Friant/Lyon-Caen,* AiB 89, 406.
473 *U. Fischer,* AuR 02, 8 ff.
474 Zum Ganzen s. auch die Nachweise bei GK-*Fabricius,* 6. Aufl., § 106 Rn. 29 ff. und *Junker,* S. 403, sowie *Däubler/Schulze* in Brehm/Pohl (Hrsg.), S. 58; *Walz,* S. 77 ff.
475 *KG Berlin,* WRP 74, 338 f.; *Däubler,* Betriebsverfassung in globalisierter Wirtschaft, S. 70 – mit weiteren Anwendungsfällen.
476 Einzelheiten bei *Großfeld,* Bilanzrecht, 2. Aufl. (1990), Rn. 723 ff.
477 *HessLAG* 5.7.01, AuR 02, 33; dazu eingehend *U. Fischer,* AuR 02, 7.
478 *HessLAG* 5.7.01, AuR 02, 33; vgl. auch *U. Fischer,* BB 00, 562.
479 *Däubler,* Gläserne Belegschaften?, Rn. 498 ff. zum heute geltenden und AiB 97, 258 ff. zum früheren Recht.
480 Vgl. *ArbG Berlin* 27.10.83, DB 84, 410.
481 Zum Recht des Einzelnen, Streikarbeit zu verweigern, s. Däubler-*Ögüt,* Arbeitskampfrecht, § 19 Rn. 60 ff.
482 S. den Fall Gilette, dargestellt bei *Bobke,* AiB 89, 230 f.
483 So insbes. auch *Zöllner,* Schweizerische Beiträge zum Europarecht, Bd. 14, Genève 1974, S. 216; näher §§ 112, 112 a Rn. 192.

dem Geltungsanspruch des BetrVG, der durch die Qualifizierung als zwingendes Recht i. S. des Art. 34 EGBGB/Art. 9 Abs. 1 Rom I-VO unterstrichen wird, voll Rechnung getragen werden.[484]

b) Zusammenarbeit mit ausländischen Interessenvertretungen

Für eine sachgerechte Interessenvertretung reicht es nicht aus, nur bis zum eigenen Werkstor oder zur eigenen Grenze zu schauen: Da das **AG-Verhalten** aus durchaus einsichtigen Gründen **grenzüberschreitende Dimensionen besitzt,** muss auch die Interessenvertretung an einem Strang ziehen können.[485] Eine Aufteilung in voneinander isolierte nationale Vertretungsstrukturen würde der AG-Seite einen zusätzlichen Machtvorsprung verschaffen (»teile und herrsche«). Die Wirksamkeit des BetrVG, aber auch die von ihm gewollte Konfliktlösung durch Dialog (o. Rn. 78 f.) wären gefährdet, wenn Kontakte zu ausländischen Interessenvertretungen im selben Unternehmen oder Konzern nur auf Grund privater Initiative möglich wären. In Übereinstimmung mit dem niederländischen[486] und dem französischen Recht[487] **ist** deshalb der **BR** auch nach dem BetrVG **befugt, sich mit ausländischen Interessenvertretungen direkt in Verbindung zu setzen.**[488] Dafür aufgewandte Zeit ist »BR-Arbeit« i. S. d. § 37 Abs. 2 BetrVG. Der AG hat die **Telefon- und Reisekosten** nach § 40 BetrVG zu tragen.[489] Auch Reisekosten nach Brüssel sind zu erstatten, wenn dort über Fusionspläne des Arbeitgeber-UN verhandelt wird[490] – ein weiteres Indiz dafür, dass BR-Aktivitäten nicht an den deutschen Grenzen enden. Die **Geheimhaltungspflicht** des § 79 BetrVG ist dann ohne Bedeutung, wenn die ausländische Interessenvertretung vergleichbaren Bindungen unterliegt. § 79 Abs. 1 Satz 3 und Abs. 2 sind insoweit entsprechend anzuwenden.[491] 241

Wer als **Ansprechpartner** in Betracht kommt, bestimmt sich nach ausländischem Recht. Dies können gewerkschaftliche, aber auch von der Gesamtbelegschaft gewählte Organe sein.[492] 242

Die **Kooperation** mit ausländischen Interessenvertretungen kann sich zu einer **ständigen Einrichtung** verfestigen. Ein Beispiel ist der (ursprüngliche) Europäische KBR bei VW.[493] In den 70er-Jahren wurden zahlreiche **»Weltkonzernausschüsse«** gebildet,[494] deren praktische Wirksamkeit jedoch nicht sehr hoch einzuschätzen ist.[495] Häufig **weigerte sich die AG-Seite,** einer solchen »supranationalen« Vertretungsstruktur **eine vertragliche Grundlage** zu geben, da dies als Einschränkung der eigenen Handlungsmöglichkeiten angesehen wurde. Eine frühe Ausnahme bildeten insoweit neben VW die französischen Konzerne Thomson Consumer Electronics, BSN und Bull.[496] In der Folgezeit haben andere Unternehmen wie Europipe und Renault[497] nachgezogen. Seit Verabschiedung der EBR-Richtlinie wurde in einer wachsenden Zahl europaweit tätiger Konzerne über die Einrichtung eines EBR oder grenzüberschreitender 243

484 Dazu auch *U. Fischer,* AuR 02, 11.
485 *Klebe,* FS Gnade, S. 663 ff.
486 *Jacobs,* AiB 89, 31 f.
487 *Le Friant,* AiB 89, 34 f.
488 *Bobke,* AiB 89, 231 f.; *Däubler,* Arbeitsrecht 1, Rn. 1212 f.; *Ehrich/Hoß,* NZA 96, 1076; *Fitting,* § 40 Rn. 49; *Klebe,* FS Gnade, S. 669; *Plander,* AiB 97, 199; Muster für Kontaktaufnahme in DKKWF-*Däubler,* EBRG Rn. 4; zur Nutzung moderner Kommunikationsmittel in diesem Zusammenhang *Zielke/Greger* AiB 08, 71 ff.
489 Ebenso *Fitting,* § 40 Rn. 49 sowie *ArbG München* 29.8.91, AiB 91, 429 für die Flugreise eines GBR-Vorsitzenden zur österreichischen Schwestergesellschaft.
490 *LAG Niedersachsen* 10.6.92, DB 93, 1043.
491 So wohl auch *Bobke,* AiB 89, 233 sowie insbes. *Klebe,* FS Gnade, S. 671.
492 Einen Überblick über die in allen damaligen EG-Staaten vorhandenen Strukturen geben *Mielke/Rütters/Tudyka* in Däubler/Lecher (Hrsg.), S. 131 ff. m. w. N. auch zu Nicht-EG-Staaten. Zur Situation in Japan s. *Tonai,* AiB 92, 592, zur Interessenvertretung in Brasilien s. *Däubler,* AiB 93, 826.
493 Seine Geschäftsordnung ist abgedruckt in *Hans-Böckler-Stiftung* (Hrsg.), Europäische Betriebsräte, 1991, S. 35 ff.; die später mit der Geschäftsleitung getroffene Abmachung findet sich bei *J. Deppe,* Euro-Betriebsräte, S. 263 ff.
494 *Piehl,* S. 261 ff.
495 *Tudyka* in Spyropoulos (ed.), Trade Unions in a Changing Europe, 1987, S. 219 ff.
496 Näher *Europäisches Gewerkschaftsinstitut,* Die soziale Dimension des Binnenmarkts, Teil 2, Brüssel 1988, S. 25 ff.
497 Dazu *W. Müller* in J. Deppe, S. 159 ff.; *Gester/Bobke,* FS Gnade, S. 732 ff.

Konsultationsverfahren verhandelt, die den Vorrang vor der Richtlinie haben. Siehe die Erl. zu Anhang B.

244 Solange sich Kontakte mit ausländischen Interessenvertretungen noch nicht »eingespielt« haben, sind **erste Schritte** von entscheidender Bedeutung. Sie können beispielsweise im Rahmen von **Schulungs- und Bildungsveranstaltungen** nach § 37 Abs. 6 und 7 BetrVG getan werden.[498] Außerdem ist es der **Gewerkschaft** unbenommen, wen sie als ihren **Vertreter** in eine Betriebsversammlung, eine Betriebsratssitzung oder in den WA **entsendet:** Es kann dies auch ein Interessenvertreter aus einer ausländischen Niederlassung sein.[499] Möglich ist weiter, einen Interessenvertreter aus einem ausländischen Schwester-UN als **Referenten zur Betriebsversammlung** einzuladen, soweit das Thema ausreichenden Bezug zum Betrieb hat; dabei muss der AG Reise- und ggf. Dolmetscherkosten übernehmen.[500] Eine Zwischenform stellten das »Europäische Informationsforum« bei der Bayer AG und eine entsprechende Einrichtung bei der Hoechst AG (jetzt: Aventis) dar,[501] die jährlich einmal stattfanden und die auf einer informellen Absprache zwischen der IG Chemie und dem AG-Verband Chemie beruhten.[502]

3. Betriebsverfassung bei inländischer Unternehmens- oder Konzernspitze

245 Die in den Rn. 234 ff. erörterten Probleme stellen sich in prinzipiell gleicher Weise, wenn es um ein deutsches Unternehmen oder einen deutschen Konzern geht, der Tochtergesellschaften oder Zweigstellen in anderen Ländern besitzt. **Die Bildung betriebsverfassungsrechtlicher Organe macht im Grundsatz keine Schwierigkeiten.** Die in den ausländischen Niederlassungen tätigen Belegschaften und ihre Interessenvertretungen werden jedoch nach herrschender Auffassung nicht in das System der deutschen Interessenvertretung einbezogen; die AN bei VW do Brasil können daher keine Delegierten in den KBR nach Wolfsburg entsenden.[503] Die dagegen vorgetragenen Einwände[504] können unter veränderten Bedingungen, insbes. bei wachsender Sensibilität für grenzüberschreitende Zusammenarbeit, erneut Bedeutung gewinnen.[505] Anerkannt ist derzeit lediglich, dass sich das Vertretungsmandat des BR auf solche im Ausland tätigen AN erstreckt, die nur vorübergehend dorthin entsandt wurden oder die zwar auf Dauer dort tätig sind, jedoch weiter an den inländischen Betrieb »angekoppelt« bleiben, was sich u. a. in der Planung ihrer Arbeit und in einer Möglichkeit zum Rückruf zeigt.[506] Richtigerweise wird nicht verlangt, dass die betreffenden Personen zunächst im Inland tätig waren; auch ein **reines Auslandsarbeitsverhältnis** kann sich im Rahmen einer »Betriebsausstrahlung« vollziehen.[507] Soweit Arbeitnehmer auf Grund dieser Begrenzung aus dem Anwendungsbereich des BetrVG »herausfallen«, sind zwei Gestaltungsmöglichkeiten denkbar. Handelt es sich um einen Auslandsbetrieb, in dem (fast) nur Arbeitnehmer unter deutschem Arbeitsvertragsstatut arbeiten, kommt die **Errichtung eines BR auf Grund TV** oder auf Grund einer Mehrheitsentscheidung der Belegschaft in Betracht.[508] Der BR würde Delegierte in den GBR bzw. KBR entsenden; die Beschäftigten wären voll in die deutsche Betriebsverfassung integriert. Möglich wäre auch, den Interessenvertretungen ausländischen Rechts durch TV die Befugnis einzuräumen, Delegierte in den deutschen GBR bzw. KBR zu entsenden.[509] In allen übrigen Fällen kommt die **tarifliche Errichtung einer »Sondervertretung«** der in ausländischen Niederlassungen Tätigen in Betracht, die neben der Betriebsverfassung stehen würde;

498 *Blank,* AiB 93, 487; *Klebe,* FS Gnade, S. 671.
499 *Bobke,* AiB 89, 233.
500 *LAG Baden-Württemberg* 16.1.98, AiB 98, 342.
501 S. die Beiträge bei *J. Deppe,* S. 101, 123, 139.
502 Wortlaut bei *J. Deppe,* S. 261; zu der Absprache s. *Goos,* FS 50 Jahre Arbeitsgerichtsbarkeit Rheinland-Pfalz, S. 85 – Sozialpartnervereinbarung.
503 Vgl. *Fitting,* § 1 Rn. 16 ff. m. w. N.; *Junker,* S. 396.
504 *Däubler,* RabelsZ 39, 1975, 458 ff.
505 Wie hier im Prinzip auch *Birk,* FS Schnorr von Carolsfeld, S. 61 ff.; *Grasmann,* ZGR 1973, 317 ff.
506 *BAG* 7.12.89, DB 90, 992.
507 *Junker,* S. 385 m. w. N. in Fn. 177; so inzwischen auch *BAG* 20.2.01, NZA 01, 1033.
508 *Junker,* S. 378, 389; *Däubler,* Betriebsverfassung in globalisierter Wirtschaft, S. 61.
509 *Däubler,* Betriebsverfassung in globalisierter Wirtschaft, S. 61.

nach deutschem Recht ist ein solcher Tarifvertrag zulässig.[510] Schon das *RAG* hatte im Übrigen eine durch einheitliche Arbeitsverträge geschaffene »Interessenvertretung« von Auslandsbeschäftigten für zulässig erklärt, ihren Mitgliedern allerdings nicht dieselben Rechte wie einem Betriebsratsmitglied eingeräumt.[511]

Die **Informationsrechte des BR und des WA** erstrecken sich auch auf ausländische Aktivitäten der deutschen UN- bzw. Konzernleitung. Soweit mit Hilfe der Rechtsfigur der Ausstrahlung oder auf andere Weise eine Einbeziehung von Beschäftigten in die deutsche Betriebsverfassung erfolgt, kommen die Mitbestimmungsrechte voll zur Geltung. Wichtig ist dies etwa für Einstellungen und Kündigungen (§§ 99, 102), aber auch für den Abschluss eines Sozialplans. Bei der Erfassung und Verarbeitung von Arbeitnehmerdaten greift § 87 Abs. 1 Nr. 6 ein. **246**

Die Möglichkeiten zur Kooperation mit ausländischen Interessenvertretungen weisen keine rechtlichen Besonderheiten auf (s. o. Rn. 241 ff.). Ein Gesetzentwurf der SPD-Fraktion[512] wollte Vertreter der in ausländischen Niederlassungen Beschäftigten in den WA aufnehmen. **247**

4. Europäische Entwicklungen

a) Unionsrecht

Auf der Ebene der EU entwickelt sich ein **immer dichteres Netz von Normen,** das mittlerweile auch für die deutsche Betriebsverfassung von Bedeutung ist. Dabei ist zu beachten, dass das **EU-Recht** im Konfliktsfalle **dem nationalen Recht vorgeht** – und zwar mit dem Inhalt, den ihm der EuGH gibt. Kommt es in einem Rechtsstreit auf die Auslegung des EU-Rechts an, kann jedes Gericht nach Art. 267 Abs. 2 AEUV (bisher: Art. 234 Abs. 2 EGV) den *EuGH* einschalten und ihn um eine »authentische« Interpretation bitten. Letztinstanzliche Gerichte sind dazu nach Art. 267 Abs. 3 AEUV (bisher: 234 Abs. 3 EGV) sogar verpflichtet. **248**

Zum sog. primären **EU-Recht** (das in etwa dem nationalen Verfassungsrecht entspricht) gehören der **EU-Vertrag, der AEUV,** völkerrechtliche Verträge mit Drittstaaten wie z. B. das von der EU ratifizierte Behindertenrechtsabkommen sowie die allgemeinen Rechtsgrundsätze der Gemeinschaft, zu denen auch die **Grundrechte** zählen. Diese haben in der EU-Grundrechtecharta eine Kodifizierung erfahren. Zum sog. **sekundären Gemeinschaftrecht** gehören insbes. Verordnungen und Richtlinien. Die Ersteren gelten im gesamten Territorium der EU wie ein Gesetz; die Letzteren geben nur den Mitgliedstaaten mehr oder weniger präzise formulierte Ziele vor, die durch die nationale Gesetzgebung zu realisieren sind (vgl. § 89 Rn. 10). Sie stehen im Arbeitsrecht bei weitem im Vordergrund. Bleibt der nationale Gesetzgeber untätig, können **Richtlinien** mit einem ausreichend konkreten Inhalt zumindest im Verhältnis Bürger-Staat wie unmittelbar geltende Normen angewandt werden; auch macht sich der Staat seinen Bürgern gegenüber unter bestimmten Voraussetzungen schadensersatzpflichtig (vgl. § 87 Rn. 212 ff. m. w. N.). Wird die Richtlinie zwar umgesetzt, bestehen aber im Einzelfall Zweifel über den Inhalt des deutschen Rechts, so muss eine **richtlinienkonforme Auslegung** gewählt werden. Dies ist beispielsweise im Zusammenhang mit Diskriminierungsverboten von Bedeutung (vgl. § 75 Rn. 20). **249**

b) EBR-Richtlinie

Die seit 1994 bestehende EBR-Richtlinie ist durch das **EBR-Gesetz** vom 28.10.1996[513] in Deutschland umgesetzt worden. Die auf diese Weise geschaffenen europäischen Betriebsräte ergänzen die nationale Interessenvertretung. Seiner erheblichen Bedeutung wegen ist das EBR-Gesetz in **Anhang B** kommentiert. Es gilt nunmehr in der Fassung des Änderungsgesetzes vom 14.6.2011[514], durch das die EG-Richtlinie 2009/38/EG vom 6. Mai 2009[515] umgesetzt wurde. **250**

---

510 *Däubler*, Tarifvertragsrecht, Rn. 1675; *Junker*, S. 463, jeweils m. w. N.
511 *RAG*, JW 32, 606 mit zustimmender Anm. *Kahn-Freund*.
512 BT-Drucks. 12/4620.
513 BGBl. I S. 1548.
514 BGBl. I S. 1050.
515 ABlEU v. 15.5.2009, L 122/28.

c) Richtlinie über Unterrichtung und Anhörung

251 Die Richtlinie 2002/14/EG vom 11.3.2002 zur Festlegung eines allgemeinen Rahmens für die Unterrichtung und Anhörung der Arbeitnehmer in der Europäischen Gemeinschaft[516] war nach ihrem Art. 11 **bis 23. März 2005 umzusetzen.** Nach der Rechtsprechung des *EuGH*[517] musste sie allerdings schon zuvor im Wege richtlinienkonformer Auslegung Beachtung finden.[518] Der Richtlinientext ist als **Anlage 3** abgedruckt.

252 Kern der Richtlinie ist ihr Art. 4, der in Abs. 2 die **Gegenstände der Unterrichtung und Anhörung** umschreibt. Letztere meint entgegen dem üblichen deutschen Sprachgebrauch die »Durchführung eines Meinungsaustauschs und eines Dialogs zwischen Arbeitnehmervertretern und Arbeitgeber« (so Art. 2 Buchst. g). Während die wirtschaftliche Situation und ihre wahrscheinliche Weiterentwicklung nach Art. 4 Abs. 2 Buchst. a nur Gegenstand der Unterrichtung ist, wird zur »Beschäftigungssituation, Beschäftigungsstruktur und wahrscheinlichen Beschäftigungsentwicklung im Unternehmen oder Betrieb« durch Buchst. b auch eine Anhörung vorgeschrieben, wobei die ggf. geplanten »antizipativen Maßnahmen« bei drohendem Beschäftigungsabbau einzubeziehen sind. Mit dem **Ziel, zu einer Vereinbarung zu gelangen,** sind schließlich nach Buchst. c die Entscheidungen zu behandeln, die »wesentliche Veränderungen der Arbeitsorganisation oder der Arbeitsverträge« mit sich bringen können. Nach Art. 4 Abs. 3 muss die Unterrichtung zu einem **Zeitpunkt,** in einer Weise und in einer inhaltlichen Ausgestaltung erfolgen, dass es insbesondere den Arbeitnehmervertretern möglich ist, die Informationen angemessen zu prüfen und ggf. die Anhörung vorzubereiten. Nach Art. 8 Abs. 1 muss jeder Mitgliedstaat Verwaltungs- oder Gerichtsverfahren vorsehen, mit deren Hilfe die geschuldete Unterrichtung und Anhörung erzwungen werden kann. Für den Fall von Verstößen müssen außerdem nach Art. 8 Abs. 2 »wirksame, angemessene und abschreckende Sanktionen« vorgesehen werden.

253 Obwohl es nicht um Mitbestimmung, sondern nur um Unterrichtung und (in üblicher Terminologie gesprochen) Beratung geht, lässt sich keineswegs eine pauschale Aussage dahingehend treffen, dass das **BetrVG** den Anforderungen der Richtlinie in vollem Umfang gerecht werde.[519] Es ergeben sich eine ganze Reihe von **Friktionen,** von denen hier nur die wichtigsten erwähnt werden können.

254 Die Richtlinie erstreckt sich nach ihrem Art. 3 Abs. 1 auf **alle UN mit mindestens 50 AN oder** – nach Wahl des jeweiligen Mitgliedstaats – **auf alle Betriebe mit mindestens 20 AN.**[520] Der Begriff des Unternehmens ist dabei sehr viel weiter als im deutschen Recht bestimmt und umfasst **auch Teile der öffentlichen Hand,** soweit diese Dienstleistungen erbringt (z. B. Arbeitsvermittlung, Schule) und nicht ausschließlich administrativ tätig ist.[521] Damit sind Teile des Anwendungsbereichs der Personalvertretungsgesetze gleichfalls erfasst. **Einrichtungen der Kirchen** wie Caritas und Diakonisches Werk sind anders als in § 118 Abs. 2 **nicht mehr ausgenommen,** unterliegen jedoch nach Art. 3 Abs. 2 genau wie andere Tendenzbetriebe spezifischen innerstaatlichen Regeln, wobei jedoch die Grundsätze und Ziele der Richtlinie einzuhalten sind.[522]

255 Die **Unterrichtung** muss **vorab** erfolgen, nicht erst auf Verlangen der AN-Vertretung. Dem trägt zwar § 106 im Verhältnis zum WA Rechnung, doch ist schon zweifelhaft, ob dieser als »Arbeitnehmervertretung« zu qualifizieren ist, da ihm auch nicht gewählte Personen und leitende Angestellte angehören können. Selbst wenn man insoweit keine Bedenken hat, wäre der Richtlinie deshalb nicht genüge getan, weil der Grenzwert nicht bei 50, sondern bei mehr als 100 liegt. Außerdem fehlt diese Institution in Tendenzbetrieben sowie außerhalb des Geltungsbereichs des BetrVG. Notwendig ist daher eine **richtlinienkonforme Interpretation**

516 ABl. vom 23.3.02, L 80/29 ff.
517 8.10.87, Slg. 87, 3969, 3987.
518 Ebenso *Wendeling-Schröder/Welkoborsky*, NZA 02, 1373.
519 So auch *Bonin*, AuR 04, 321; *Deinert*, NZA 99, 800; *Reichold*, NZA 03, 289 ff.: *Ritter*, S. 168 ff.; *Stoffels*, GS Heinze, S. 892.
520 Zum Betriebsbegriff s. *Weiler*, AiB 02, 266.
521 *Reichold*, NZA 03, 293.
522 *Weiler*, AiB 02, 267; *Weiss*, NZA 03, 183.

einzelner Bestimmungen wie § 90 und § 111. Auch kommt eine erweiternde Auslegung von § 80 Abs. 2 in Betracht.[523]

256 Die Richtlinie geht davon aus, dass eine **AN-Vertretung existiert.** Sie schafft jedoch (wohl) keine Pflicht, dort BR bzw. Personalräte zu wählen, wo es diese noch nicht gibt.[524] Allerdings enthält der Text der Richtlinie auch keine Anhaltspunkte dafür, dass sie in einem solchen Fall leer laufen müsste. Da es ihr ausweislich ihres Titels sowie der in Art. 1 Abs. 1 niedergelegten Zielsetzung um die Unterrichtung und Anhörung »der Arbeitnehmer« geht, sind in solchen Fällen **die einzelnen Beschäftigten zu unterrichten** und anzuhören.[525] Dies entspricht der Regelung in § 613 a Abs. 5 BGB. Auch wird auf diese Weise ein Defizit des Arbeits- im Verhältnis zum überkommenen Verbraucherrecht beseitigt, das vom Leitbild des »informierten Verbrauchers« ausgeht. Zumindest ließe sich § 110 richtlinienkonform handhaben und deshalb auf Betriebe ohne BR erstrecken (s. dort Rn. 2).

257 Information und Anhörung müssen nach Art. 8 Abs. 1 der Richtlinie **durch geeignete Verwaltungs- oder Gerichtsverfahren durchgesetzt werden können.** Da ein Hauptverfahren seiner üblichen Dauer wegen hierfür wenig geeignet ist, wird in der Literatur zu Recht ein »besonders effektiv ausgestaltetes Eilverfahren«[526] bzw. eine Ergänzung des § 23 Abs. 3 um die Möglichkeit des **einstweiligen Rechtsschutzes** bejaht.[527] Dies hat insbesondere dann praktische Bedeutung, wenn mit dem Ziel der Einigung nach Art. 4 Abs. 2 Buchst. c über Entscheidungen beraten wird, die wesentliche Veränderungen der Arbeitsorganisation oder der Arbeitsverträge mit sich bringen können. Dies betrifft im Wesentlichen die Fälle des § 111, bei denen nunmehr klargestellt ist, dass die Verhandlungen nicht durch vorweg ausgesprochene Kündigungen gegenstandslos gemacht werden dürfen.[528] Auch die Ausgangsfälle Renault-Vilvoorde und Sabena, die Anlass für die Verabschiedung der Richtlinie waren,[529] sprechen für eine solche Handhabung.[530]

d) Verordnung über die Europäische Gesellschaft (SE) und ergänzende Richtlinie

258 Am 8.10.2001 hat der Rat die **VO Nr. 2157/2001 über das Statut der** Europäischen Gesellschaft (**SE**) erlassen, die am 8.10.2004 in Kraft getreten ist.[531] Untrennbar verknüpft mit ihr ist die am selben Tag erlassene **Richtlinie 2001/86/EG »zur Ergänzung des Statuts der Europäischen Gesellschaft hinsichtlich der Beteiligung der Arbeitnehmer«.**[532] Auch sie war **bis 8.10.2004 umzusetzen.** Der deutsche Gesetzgeber hat diese Frist beinahe eingehalten; das **SE-Ausführungsgesetz**[533] und das SE-Beteiligungsgesetz[534] sind am 29.12.2004 in Kraft getreten. Bezüglich aller Einzelheiten der Verordnung und der Richtlinie kann auf die Kommentare von *Manz/Mayer/Schröder* (2005) sowie von *Nagel/Freis/Kleinsorge*, Die Beteiligung der AN in der Europäischen Gesellschaft – SE. Kommentar zum SE-Beteiligungsgesetz, 2. Aufl. (2009) ver wiesen werden. Eine Übersicht findet sich auch unten Anhang D Rn. 1 ff.

259 Die SE untersteht nicht der deutschen Unternehmensmitbestimmung. Um eine »**Mitbestimmungsflucht**« zu verhindern oder jedenfalls zu erschweren, sieht die Richtlinie eingehende

523 Für ausdrückliche Änderung *U. Fischer*, Beilage zu NZA Heft 16/2003, 62; *Ritter*, *S. 293 ff.* und wohl auch *Bonin*, AuR 04, 321 ff.

524 *Hanau*, in: Hanau/Steinmeyer/Wank, § 19 Rn. 130; *Reichold*, NZA 03, 294 f.; *Ritter*, S. 253; *Stoffels*, GS Heinze, S. 898.

525 So auch *Reichold*, NZA 03, 295 li. Sp.; a. A. *Bonin*, AuR 04, 323.

526 *Reichold*, NZA 03, 298.

527 So *Hanau*, in: Hanau/Steinmeyer/Wank, § 19 Rn. 134.

528 *U. Fischer*, Beilage zu NZA Heft 16/2003, 61; vgl. auch *Wendeling-Schröder/Welkoborsky*, NZA 02, 1373; Nachweise aus der LAG-Rechtsprechung u. §§ 112, 112 a Rn. 56.

529 *Weiler*, AiB 02, 265 ff.

530 Wie hier im Ergebnis auch *Bonin*, AuR 04, 328.

531 ABl. vom 10.11.2001, Nr. L 294/1 ff.

532 ABl. vom 10.11.2001, Nr. L 294/22 ff. – beide auch abgedruckt als Sonderbeilage zu NZA Heft 7/2002.

533 BGBl. 2004 I 3675.

534 BGBl. 2004 I 3686.

Verhandlungsprozeduren und eine Auffangregelung vor.[535] Die Einzelheiten sind hier nicht zu erörtern.[536]

260 Was die **betriebsverfassungsrechtliche Ebene** angeht, so wird für grenzüberschreitende Angelegenheiten in ähnlicher Weise wie nach der EBR-Richtlinie durch Verhandlungen ein **Vertretungsgremium installiert, das Informations- und Konsultationsrechte** hat. Es ersetzt nach Art. 13 Abs. 1 der Richtlinie den EBR, es sei denn, im Vereinbarungswege würde Abweichendes vorgesehen.

261 Die nach **nationalem Recht bestehenden betrieblichen Interessenvertretungen** werden nach Art. 13 Abs. 3 der Richtlinie **nicht berührt.** Entsprechend dem oben in Rn. 234 ff. Ausgeführten bleiben BR, GBR und KBR bestehen, wenn das UN bzw. die Konzernspitze ins Ausland abwandert.[537]

e) Gesellschaften ausländischen Rechts mit Sitz in Deutschland

262 Nach der Rechtsprechung des **EuGH** in den Fällen »Centros«,[538] »Überseering«[539] und »Inspire Art«[540] können die eine Gesellschaft gründenden Personen **frei bestimmen, in welchem Mitgliedstaat** sie diese **registrieren lassen** wollen. Auch wenn die Geschäftstätigkeit sich z. B. ausschließlich in Deutschland abspielt, führt die Eintragung in das niederländische (so der Fall »**Überseering**«) oder in das irische Register dazu, dass es sich um eine Gesellschaft des niederländischen bzw. des irischen Rechts handelt. Dies hat zur Folge, dass die deutsche **Unternehmensmitbestimmung** unabhängig von der Zahl der beschäftigten Arbeitnehmer unanwendbar ist. **Für** die **Betriebsverfassung** ergeben sich **keine unmittelbaren Konsequenzen,** da sich diese ohne Rücksicht auf die »Staatsangehörigkeit« des Arbeitgebers auf alle in Deutschland gelegenen Betriebe erstreckt (s. oben Rn. 234 ff.). Inwieweit bei einzelnen Fragen auf die hinter einer solchen Figur stehenden Personen »durchgegriffen« werden kann, ist eine weitere Frage, die sich danach beantwortet, ob das »Heimatrecht« einen funktional vergleichbaren Schutz gewährt.[541]

f) Grenzüberschreitende Verschmelzung

263 Nach der Rechtsprechung des *EuGH*[542] ist die EU-rechtliche Niederlassungsfreiheit verletzt, wenn es einer deutschen Gesellschaft unmöglich gemacht wird, eine ausländische (hier: luxemburgische) Gesellschaft aufzunehmen und so mit ihr zu fusionieren. Am 26.10.2005 wurde die **Richtlinie 2005/56/EG über die Verschmelzung von Kapitalgesellschaften aus verschiedenen Mitgliedstaaten** verabschiedet.[543] Ist an der Fusion ein Unternehmen beteiligt, das mehr als 500 AN beschäftigt und einem nationalen Mitbestimmungssystem unterliegt, so muss ein sog. **besonderes Verhandlungsgremium** gebildet werden, das mit den Leitungen der beteiligten UN die künftige Vertretung der AN auf UN-Ebene aushandelt.[544] Im Juni 2006 wurde ein deutscher Gesetzentwurf zur Umsetzung der mitbestimmungsbezogenen Teile der Richtlinie vorgelegt;[545] er führte zum »Gesetz über die Mitbestimmung der Arbeitnehmer bei einer grenzüberschreitenden Verschmelzung« (**MgVG**) vom 21.12.2006.[546] Ein Überblick fin-

535 Dazu *Kleinsorge,* RdA 02, 347; *Nagel,* AuR 01, 406; *Weiss,* NZA 03, 180.
536 Näher *Däubler,* Arbeitsrecht 1, Rn. 1353 ff.
537 Vgl. auch *Hanau,* in: Hanau/Steinmeyer/Wank, § 19 Rn. 155.
538 9.3.99, NJW 99, 2027.
539 5.11.02, NJW 02, 3614.
540 30.9.03, NJW 03, 3331.
541 Bejaht für das englische Recht von *Zessel,* Durchgriffshaftung gegenüber einer in Deutschland ansässigen Limited, 2008. Zur geplanten Neuregelung des internationalen Gesellschaftsrechts mit Recht kritisch *Seyboth* AuR 08, 132.
542 13.12.05 BB 06, 11 – Sevic.
543 ABlEG v. 25.11.05, Nr. L 310/1.
544 Einzelheiten bei *Heuschmid,* AuR 06, 121 ff.
545 *Heuschmid,* AuR 06, 184 ff.
546 BGBl. I S. 3332; zu diesem Gesetz s. auch *Lunk/Hinrichs* NZA 07, 773 sowie zum Entwurf *C. Schubert* RdA 07, 9.

det sich unten Anhang D Rn. 15 ff. Die gesellschaftsrechtlichen Bestimmungen finden sich in den §§ 122 a ff. UmwG.[547] In der Literatur wird mit guten Gründen die Auffassung vertreten, die grenzüberschreitende Fusion werde in Zukunft sehr viel mehr Interesse finden als die SE.[548] Die betriebliche Mitbestimmung nach nationalem Recht ist nicht betroffen.

g) »Wegzug« deutscher Gesellschaften

Durch das Gesetz zur Modernisierung des GmbH-Rechts und zur Bekämpfung von Missbräuchen (**MoMiG**) vom 23.10.2008[549] haben deutsche Gesellschaften das Recht erhalten, ihren Verwaltungssitz ins Ausland zu verlegen. Solange sie sich in der Satzung wie zuvor **dem deutschen Recht zuordnen**, bleiben sie diesem weiterhin unterworfen, **nehmen dieses also ins Ausland mit.**[550] Machen sie von dieser Möglichkeit Gebrauch, ändert sich an der Unternehmensmitbestimmung nichts, doch wird sich der Grundsatz, dass nur die im Inland Beschäftigten das Wahlrecht zum Aufsichtsrat haben[551] nicht mehr aufrechterhalten lassen. Die Betriebsverfassung wird selbständig angeknüpft, sodass ggf. auch in der in London oder Madrid gelegenen Hauptniederlassung eine betriebliche Interessenvertretung nach dem dortigen Recht errichtet werden muss. Eine **Verlagerung des Verwaltungssitzes unter Änderung des auf die Gesellschaft anwendbaren Rechts** ist weiterhin nur in der Weise möglich, dass sich diese in Deutschland auflöst und im Ausland neu gründet. Der Niederlassungsfreiheit nach EG-Recht ist schon dadurch Rechnung getragen, dass ein »Wegzug« unter Beibehaltung des bisherigen Rechts möglich ist.[552] 264

h) Fusionskontroll-VO

Die EG-VO Nr. 139/2004 »über die Kontrolle von Unternehmenszusammenschlüssen«[553] wird üblicherweise als »FusionsVO« bezeichnet, erfasst jedoch außer der (erst jetzt möglichen) eigentlichen Verschmelzung auch andere Vorgänge wie den Erwerb von Anteilsrechten, die zur Kontrolle über ein anderes UN führen. Soweit dadurch bestimmte Größenordnungen überschritten sind, bedarf es einer Genehmigung der EG-Kommission.[554] Nach Art. 18 Abs. 4 Satz 2 der VO haben **AN-Vertreter** (in Deutschland also insbesondere BR in dem betroffenen UN) ein **Recht auf »Anhörung«** durch die EG-Kommission. Voraussetzung ist, dass diese ein förmliches Untersuchungsverfahren eröffnet und dass die Arbeitnehmervertretung einen entsprechenden Antrag stellt. Sie kann insbesondere wettbewerbspolitische Argumente vortragen, aber auch auf mögliche negative Auswirkungen für die AN hinweisen.[555] 265

VII. Rechtspolitische Diskussion

Das **BetrVerf-ReformG 2001** ist weit **hinter den** gewerkschaftlichen Forderungen und **Erwartungen zurückgeblieben.** Erleichterungen bei der Aufgabenerfüllung durch Erhöhung der Mitgliederzahl und der Freistellungen werden den gesteigerten Anforderungen auch nicht annähernd gerecht.[556] Defizite der Mitbestimmungsrechte etwa beim Outsourcing oder bei 266

547 Eingefügt durch das 2. Gesetz zur Änderung des Umwandlungsgesetzes vom 19.4.2007, BGBl. I S. 542.
548 *Weiss/Wöhlert*, WM 07, 580 ff.
549 BGBl. I 2026.
550 *Kindler* NZG 09, 130, 132; *Behme/Nohlen* BB 09, 14; *Knof/Mock* ZIP 09, 32; *Däubler/Heuschmid* NZG 09, 494.
551 So Wlotzke/Wißmann/Koberski/Kleinsorge-*Koberski* § 3 MitbG Rn. 27 ff. m. w. N.; anders bereits *Däubler* RabelsZ 39 (1975) 444, 451.
552 Näher dazu *Däubler/Heuschmid* NZG 09, 493 unter eingehender Verarbeitung von *EuGH* 16.12.08 NZG 09, 61 – Cartesio.
553 ABlEG v. 29.1.04, Nr. L 24.
554 Einzelheiten bei *Büggel*, AiB 05, 458 ff.
555 Einzelheiten bei *Büggel*, AiB 05, 458 ff.
556 Zu den Aufgaben s. zusammenfassend *Klebe* AiB 06, 558 ff.

der Weiterbeschäftigung nach befristeten Arbeitsverträgen bleiben bestehen und werden vermutlich in absehbarer Zukunft erneut Gegenstand der rechtspolitischen Diskussion sein. Auch der von der EG-Richtlinie (Rn. 250 ff.) ausgehende Impuls sollte nicht unterschätzt werden. Vorgänge bei VW und Siemens haben zu einer Diskussion über »Korruption im Betrieb« geführt, die aber an der Realität der ganz großen Mehrheit von BR und BR-Mitgliedern vorbeigeht.[557] Das **Ehrenamtsprinzip,** das gleichermaßen wirtschaftliche Vorteile wie wirtschaftliche Nachteile vermeiden will, hat sich **bewährt** und sollte auch in Zukunft beibehalten werden.[558] Auch Freigestellte, die nur ca. 7,5 % aller BR-Mitglieder ausmachen, dürfen – verglichen mit ihrer potentiellen beruflichen Entwicklung außerhalb des BR – weder begünstigt noch benachteiligt werden. Die bisweilen vertretene These, der BR sei ein »Co-Manager«, würde – ernst genommen – dazu führen, dass der BR bei der Wahrnehmung seiner Aufgaben über einen Stab von Mitarbeitern verfügen müsste, der dem der Arbeitgeberseite in etwa entsprechen würde. Auch gäbe es dann keinen Grund mehr, weshalb die Bezahlung eine wesentlich andere als die der ersten und zweiten Führungsebene sein sollte – zur Wahl würden sich daher insbesondere Personen stellen, deren Interesse primär dem eigenen finanziellen Wohlergehen gilt. Dies kann nicht im Interesse der Belegschaften liegen.

267 Die **Digitalisierung der Arbeitswelt** ist im Begriff, neue Arbeitsformen hervorzubringen, die sich nur schwer mit herkömmlichen Begriffen wie »Betrieb« und »Arbeitnehmer« erfassen lassen. Am Beispiel des Crowdworking wird dies hinreichend deutlich.[559] Crowdworker, die in unterschiedlichen Teilen der Welt angesiedelt sind, lassen sich mit den bisherigen betriebsverfassungsrechtlichen Mitteln schwerlich erreichen oder gar zur Grundlage einer handlungsfähigen Einheit machen. Der BR ist vorläufig darauf beschränkt, den Rückgriff auf diese Arbeitsform von bestimmten Voraussetzungen abhängig zu machen. Auch soweit die Arbeit nicht ausgelagert wird, führt die jederzeitige Erreichbarkeit von Arbeitskräften zu einer Überlagerung des Privatlebens durch dienstliche Anforderungen und überspielt die Vorgaben des ArbZG sowie der Arbeitszeit-Tarifverträge. Insoweit besteht dringender Bedarf, über ein **Mitbestimmungsrecht des Betriebsrats** die dem Einzelnen zugewiesene **Arbeitsmenge mitbeeinflussen zu können.**[560]

268 Die Bundestagsfraktion der CDU/CSU hatte in der vorletzten Legislaturperiode einen Gesetzentwurf »zur Modernisierung des Arbeitsrechts« eingebracht,[561] wonach die Reform 2001 rückgängig gemacht werden sollte. Außerdem schlug sie die Einführung eines § 88 a BetrVG vor, wonach »Bündnisse für Arbeit« entgegen § 77 Abs. 3 BetrVG von Tarifverträgen zu Lasten der Beschäftigten hätten abweichen können, sofern diese mit 2/3-Mehrheit zustimmten und keine der Tarifparteien innerhalb von vier Wochen widersprach. Die Koalitionsverträge von 2005, 2009 und 2013 haben diese Vorstellungen nicht aufgegriffen.[562]

269 Der DGB forderte eine Revision der Richtlinie über die **Europäischen Betriebsräte** (vgl. Anhang B), doch ist seinen Vorstellungen nur in vorsichtigen Ansätzen Rechnung getragen worden. In einem Positionspapier wurde unter anderem verlangt:

- den Schwellenwert für einzubeziehende Unternehmen abzusenken,
- die Information und Konsultation effektiver zu gestalten,
- den EBR-Mitgliedern einen eigenständigen Schulungsanspruch einzuräumen,
- die gewerkschaftliche Unterstützungsfunktion sicherzustellen und
- den Tendenzschutz ersatzlos zu streichen.

270 Die **EG-Richtlinie über Unterrichtung und Anhörung** der AN (o. Rn. 251 ff.) verlangt zahlreiche **Anpassungen des deutschen Rechts,**[563] was die politischen Entscheidungsträger bisher nicht wirklich zur Kenntnis genommen haben. Bis zu einer Entscheidung des EuGH sind

557 Vgl. *Däubler* dbr 10/2005, S. 17.

558 Dazu *U. Fischer,* NZA 07, 484 ff.; *Schweibert/Buse* NZA 07, 1080; für Bezahlung wie Manager *Scherl,* DIE ZEIT 22.3.2007; ähnlich bereits *Farthmann,* FS Stahlhacke, S. 115 ff.

559 Dazu *Benner* (Hrsg.), Crowdwork; *Klebe/Neugebauer,* AuR 14, 4; *Däubler,* NZA 7/14 S. III; *Däubler/Klebe,* NZA 2015

560 Dazu eingehend *Däubler,* Internet und Arbeitsrecht, 5. Aufl., § 2 IV 1 (Rn. 169 q ff.)

561 BT-Drs. 15/1182.

562 Zu seinem arbeitsrechtlichen Inhalt s. *Düwell,* dbr Heft 1/2006, S. 7 ff.

563 Vgl. *Ritter,* S. 293 ff.

daher die Gerichte auf eine **richtlinienkonforme Auslegung** verwiesen (s. etwa § 106 Rn. 27, § 110 Rn. 2 sowie insbesondere § 111 Rn. 126, §§ 112, 112 a Rn. 56).

Die **Europäische Privatgesellschaft (SPE)** könnte nach den vorliegenden Entwürfen als Mittel zum Abbau der Unternehmensmitbestimmung eingesetzt werden. Die Gewerkschaften wenden sich mit Entschiedenheit gegen derartige Pläne.[564] **271**

564 Dazu zusammenfassend *Sick/Thannisch*, AuR 2011, 155

Betriebsverfassungsgesetz (BetrVG) – Kommentierung

Erster Teil Allgemeine Vorschriften

§ 1 Errichtung von Betriebsräten

(1) In Betrieben mit in der Regel mindestens fünf ständigen wahlberechtigten Arbeitnehmern, von denen drei wählbar sind, werden Betriebsräte gewählt. Dies gilt auch für gemeinsame Betriebe mehrerer Unternehmen.

(2) Ein gemeinsamer Betrieb mehrerer Unternehmen wird vermutet, wenn

a) zur Verfolgung arbeitstechnischer Zwecke die Betriebsmittel sowie die Arbeitnehmer von den Unternehmen gemeinsam eingesetzt werden oder

b) die Spaltung eines Unternehmens zur Folge hat, dass von einem Betrieb ein oder mehrere Betriebsteile einem an der Spaltung beteiligten anderen Unternehmen zugeordnet werden, ohne dass sich dabei die Organisation des betroffenen Betriebes wesentlich ändert.

Inhaltsübersicht

I. Vorbemerkungen

Der **Betrieb** ist für das BetrVG der **grundlegende Anknüpfungspunkt** im Hinblick auf die Regelung vor allem der Zusammenarbeit von BR und AG. Das BetrVG war bis 1989 die einzige gesetzliche Regelung über die innere Verfassung der privatwirtschaftlichen Betriebe. Auf Grund des SprAuG vom 20.12.1988[1] können seit 1990 neben den BR auch SpA für leitende Angestellte gewählt werden. Vorschriften über die freiwillige Zusammenarbeit von BR und SpA sind nur in § 2 SprAuG enthalten (vgl. zu den Grundzügen des SprAuG § 5 Rn. 207 ff.). 1

Trotz des eindeutigen Wortlauts besagt Abs. 1 Satz 1 nicht etwa, dass die **Wahl von BR** eine von Gesetzes wegen durch die Beteiligten zu erfüllende Pflicht ist, die mit Hilfe staatlicher Zwangsmaßnahmen durchgesetzt werden kann.[2] Vielmehr kommt es auf den Willen der Belegschaft zur Wahl eines BR an. Hat diese sich aber entschlossen, in einem betriebsratsfähigen Betrieb einen BR zu wählen, so trifft den AG eine **Duldungspflicht,**[3] eine **Auskunfts- und Unterstützungspflicht,** insbesondere in Bezug auf die zur Erstellung der Wählerliste notwendigen Unterlagen (vgl. WO), eine **Kostentragungspflicht** (§ 20 Abs. 3) und gemäß § 119 Abs. 1 Nr. 1 auch ein mit Strafsanktionen bewehrtes **Störungsverbot** (vgl. auch § 20 Abs. 2). Darüber 2

1 BGBl. I S. 2316.
2 Vgl. hierzu *Däubler*, Das Arbeitsrecht 1, Rn. 759 ff.; MünchArbR-*Joost*, § 216 Rn. 1.
3 GK-*Franzen*, Rn. 2; *Richardi*, Rn. 104.

hinaus enthält das Gesetz eine Reihe von Vorschriften, mit denen die **Bildung eines BR erleichtert** werden soll (vgl. § 14 a, § 16 Abs. 2, 3 und § 17, § 17 a). Zur Frage, ob an Stelle eines BR privatautonome Vertretungen zulässig sind, vgl. Rn. 12.

3 Die Internationale Arbeitsorganisation hat am 23.6.1971 das **Übereinkommen Nr. 135** nebst Empfehlung Nr. 143 über Schutz und Erleichterungen für AN-Vertreter im Betrieb angenommen. Diese Dokumente verpflichten die Unterzeichnerstaaten, durch innerstaatliches Recht AN-Vertreter im Betrieb gegen jede Benachteiligung einschließlich solcher auf Grund ihrer Stellung oder Betätigung oder Zugehörigkeit zu einer Gewerkschaft wirksam zu schützen. Außerdem sind die Unterzeichnerstaaten verpflichtet, durch nationale Rechtsnormen den AN-Vertretern Erleichterungen zur Durchführung ihrer Aufgaben zu gewähren. Die Bundesrepublik Deutschland hat das IAO-Übereinkommen Nr. 135 durch Gesetz vom 23.6.1973[4] ratifiziert.

II. Verfassungsrechtliches Fundament des BetrVG

4 Bislang ist in der Kommentarliteratur die Frage wenig erörtert worden, ob und inwieweit betriebliche **AN-Vertretungen und Mitbestimmung** gewissermaßen **»verfassungsfest«** sind und damit als Institutionen nicht zur Disposition des Gesetzgebers stehen.[5] Zumeist ist insoweit bisher nur festgestellt worden, dass das GG dem Mitbestimmungsgedanken gegenüber zwar nicht neutral sei, eine Garantie der Mitbestimmung im Betrieb aber fehle.[6] Andererseits wird der Gesetzgeber aber für verpflichtet gehalten, wegen des **Sozialstaatsprinzips** Mitbestimmungsrechte zu schaffen, um den Gedanken der **Selbstbestimmung,** der den im Grundrechtskatalog genannten Freiheitsrechten zugrunde liegt, **für die AN im Betrieb und UN** zu verwirklichen.[7] Nach Ansicht des *BAG* sei jedoch auch vom Sozialstaatsprinzip keine bestimmte Ausgestaltung der Betriebsverfassung von Verfassungs wegen geboten.[8] Soweit keine gesetzlichen Mitbestimmungsrechte bestehen, greift als »Auffanglösung« die Möglichkeit tariflicher Regelung ein: Sie erstreckt sich auf alle Arbeits- und Wirtschaftsbedingungen, durch die die Stellung des Arbeitnehmers im Betrieb beeinflusst wird.[9]

5 Das **GG** enthält den Begriff »Betriebsverfassung« lediglich in **Art. 74 Abs. 1 Nr. 12,** wo es diese Materie der konkurrierenden Gesetzgebung zuweist. Diese Kompetenzbestimmung verleiht jedoch dem Bund und den Ländern **nur eine Befugnis zum Tätigwerden** auf dem Gebiet des Betriebsverfassungsrechts. Eine darüber hinausgehende Pflicht des Gesetzgebers zur Regelung kann sich jedoch aus grundrechtlichen Erwägungen ergeben.[10] Diesbezüglich ist vor allem der in der Grundrechtstheorie entwickelte Gedanke der **»Grundrechtsverwirklichung und -sicherung durch Organisation und Verfahren«** zu nennen.[11] Danach ist der Staat verpflichtet, durch konkretisierende Rechtssetzung dafür zu sorgen, dass die Grundrechte ihre Funktion erfüllen können, sofern ein bestimmtes gesellschaftliches Konfliktfeld (hier: die rechtliche Binnenorganisation der Betriebe) sich dem Normbereich eines entsprechenden Grundrechts zuordnen lässt.[12] Dort nämlich, wo die Verwirklichung menschlicher Freiheit und Teilhabe vor allem von staatlicher Unterstützung bzw. der wechselseitigen Abgrenzung miteinander im Konflikt stehender Freiheitsräume abhängig ist, erweisen sich Organisation und/oder Verfah-

4 BGBl. II S. 953, abgedruckt auch bei *Däubler/Kittner/Lörcher* [Hrsg.] unter Nr. 212.

5 Vgl. aber Einl. Rn. 80; ferner ausführlich GK-*Wiese,* Einleitung Rn. 49 ff.; zur Verfassungswidrigkeit des Tendenzschutzes für weltlich-karitative UN umfassend *Sterzel,* Tendenzschutz [2001].

6 Vgl. *Richardi,* Einl. Rn. 42 f.

7 *Richardi,* a. a. O.

8 Vgl. *BAG* 29.5.70, AP Nr. 13 zu § 81 BetrVG zu I 2 a der Gründe; bestätigt durch *BAG* 7.4.81, AP Nr. 16 zu § 118 BetrVG 1972, Bl. 558, und *BAG* 24.5.95, PersR 96, 79 [81] mit krit. Anm. *Trümner;* weiter gehend *Sterzel,* a. a. O.

9 Grundlegend *Däubler,* Grundrecht, S. 129 ff., 174 ff.; weitgehend in diese Richtung auch *BAG* 24.8.04, AP Nr. 12 zu § 98 BetrVG 1972.

10 Vgl. AK-GG-*Bothe,* Art. 70 Rn. 25.

11 Grundlegend *Häberle,* VVDStRL Bd. 30 [1972]; zusammenfassend *Bethge,* NJW 82, 1; für die Betriebsverfassung ausführlich *Sterzel,* Tendenzschutz, S. 182 ff.; *Hammer,* JbArbR 32 [1995], 21 [25 ff.].

12 Darin gerade besteht die Furcht von *Loritz,* ZfA 91, 1 [15], der im BetrVG keinen Beitrag zum Austarieren der Grundrechtspositionen von AG und AN sehen will.

ren oft als möglicherweise sogar einzige Mittel, ein grundrechtsgemäßes Ergebnis herbeizuführen und damit Grundrechte wirksam zu sichern.[13]

In der **Rechtsprechung des** *BVerfG*[14] ist anerkannt, dass die staatliche Verpflichtung zur organisations- und verfahrensförmigen Ausgestaltung der Grundrechte direkt aus dem jeweiligen Grundrecht abzuleiten ist und nicht (bloß) aus dem allgemeinen Sozialstaatsprinzip.[15] Im Kern lässt sich daher jedem materiellen Grundrecht ein entsprechendes Recht auf Verfahren zuordnen[16] und damit eine Verpflichtung des Staates zum Tätigwerden im Rahmen seiner Gesetzgebungskompetenz begründen, soweit es sich bei den in Art. 73, 74 GG genannten Bereichen um grundrechtsbezogene Materien handelt. Insoweit hat das *BVerfG*[17] zutreffend hervorgehoben, dass erst zwingende Regelungen des Arbeitsrechts den Rahmen schaffen, in dem die mehrheitlich abhängig Beschäftigten ihre Grundrechte aus Art. 12 Abs. 1 GG unter angemessenen Bedingungen verwirklichen können. **6**

Vor allem im Anschluss an das **Mitbestimmungsurteil**[18] ist herausgearbeitet worden, dass die **Berufsfreiheit** gemäß **Art. 12 GG als AN-Grundrecht** zu verstehen sei[19] und dieses Grundrecht den Gesetzgeber verpflichte, im Rahmen des Art. 74 Abs. 1 Nr. 12 GG tätig zu werden. Daraus ergibt sich einerseits, dass ein gänzlicher **Abbau des Betriebsverfassungsrechts verfassungswidrig** wäre,[20] und andererseits, dass der Gesetzgeber im Hinblick auf die sich mit den neuen Techniken in den Betrieben verbindenden Freiheitsgefährdungen für die AN verpflichtet ist, die volle Mitbestimmung bei Einführung und Anwendung neuer Techniken vorzusehen.[21] Dies gilt umso mehr, als durch die Tendenzen der Technikentwicklung sogar bestehende Mitbestimmungsrechte einem Prozess der schleichenden Aushöhlung unterworfen sind und leer zu laufen drohen.[22] Darüber hinaus machen die betrieblichen Strukturveränderungen die Verankerung qualitativ neuartiger Rechte in einer modernen Betriebsverfassung erforderlich.[23] **7**

Daher **gewährleistet das GG sowohl** die Existenz betrieblicher **AN-Vertretungen als auch ein bestimmtes Niveau der betrieblichen Mitbestimmung** in Sachfragen und entzieht diese Bereiche damit einer beliebigen Disposition des Gesetzgebers.[24] Darüber hinaus misst das *BVerfG* im Bereich des Personalvertretungsrechts **Beschränkungen** bei der Ausübung **des Wahlrechts** an **Art. 3 Abs. 1 GG** (AP Nr. 1 zu § 48 LPVG Bremen), ein Gedanke, der ohne weiteres auf die Betriebsverfassung übertragbar ist.[25] Dieser Maßstab ist aber auch dann anzulegen, wenn **Beteiligungsrechte** nur in Bezug auf bestimmte Angehörige der Belegschaft anzuwenden sind, auf andere jedoch nicht, und ein Differenzierungskriterium dafür nicht erkennbar ist.[26] **8**

---

13 Vgl. *Hesse*, EuGRZ 78, 427 [435]; zur grundrechtsrealisierenden Funktion des Arbeitsrechts insgesamt *Plander*, FS Gnade, S. 79 ff., sowie zur betrieblichen Mitbestimmung im Besonderen *Plander*, Personalvertretungen als Grundrechtshilfe, Rn. 47 ff.; *Sterzel*, a. a. O.; vgl. auch zur Bedeutung des Art. 12 GG für das Arbeitsrecht *Söllner*, AuR 91, 45, und *Dieterich*, RdA 95, 129.

14 20.12.79, BVerfGE 53, 30 [65] m. w. N.

15 So aber noch *Richardi*, Einl. Rn. 42 f.; vgl. oben Rn. 4.

16 *Alexy*, S. 433.

17 6.10.87, BVerfGE 77, 84 [116].

18 *BVerfG* 1.3.79, BVerfGE 50, 290 [349].

19 Grundlegend dazu *Kempen*, AuR 86, 129 [133] m. w. N.; umfassend *Sterzel*, S. 140 ff., 162 ff.

20 *Kempen*, a. a. O., S. 135; *Sterzel*, S. 198 f.

21 *Kempen*, AuR 88, 271 [278].

22 Vgl. *Klebe/Roth* in Apitzsch/Klebe/Schumann, S. 177 ff.; *Trümner* in Heckenauer/Hexel/Selzer, S. 106 [113 ff.].

23 Vgl. *Klebe/Roth*, a. a. O., S. 189.

24 Vgl. zur Grundrechtsrealisierung durch betriebliche Mitbestimmung sowohl im betriebsverfassungs- als auch personalvertretungsrechtlichen Bereich eingehender *Altvater u. a.*, BPersVG, § 1 Rn. 14,sowie die dortigen Erl. zu § 104; *Kempen*, Grund und Grenze, S. 19 ff.; *ders.*, PersR 87, 179 [180 f.]; *Wendeling-Schröder*, AuR 87, 381 [385]; *Roßnagel*, Radioaktiver Zerfall, S. 132; *Söllner/Reinert*, S. 21 ff.; *Plander*, PersR 89, 238 [247]; *ders.*, PersR 90, 349; *Däubler*, Das Arbeitsrecht 1, Rn. 906; *Weiss/Weyand*, AuR 90, 33 [35].

25 *Kohte*, Anm. zu AP Nr. 1 zu § 7 BetrVG 1972, Bl. 884; vgl. zu einem Fall der verfassungswidrigen Wahlrechtsdiskriminierung unten § 5 Rn. 91.

26 Vgl. *BVerfG* 22.2.94, NZA 94, 661: unterschiedlich starke Beteiligungsrechte für Arbeiter und Angestellte; 8.10.96, NZA 97, 263: Benachteiligung der Zivilangestellten bei den Stationierungsstreitkräften gegenüber solchen der Bundeswehrdienststellen; vgl. Rn. 18.

9 Aus der »Verfassungsfestigkeit« des Betriebsverfassungsrechts folgt weiter, dass es mit Art. 12 GG und den Vorschriften des geltenden BetrVG nicht zu vereinbaren wäre, wenn aus sicherheitspolitischen Motiven durch die Rechtsprechung oder die staatlichen Aufsichtsbehörden für sog. **Risikotechnologien** (Nuklear-, Chemie-, Pharma-, Rüstungs- und Biotechnologieindustrie) eine »Sonderbetriebsverfassung« konstituiert würde, in der die AN als »Risikofaktoren« einer weitestgehenden Reglementierung und Überwachung unter gleichzeitigem Wegfall von Mitbestimmungsrechten unterworfen wären.[27] Für derartige Ausnahmen vom sachlichen Geltungsbereich des Gesetzes fehlt es im Übrigen an einer entsprechenden Bestimmung. § 118 lässt sich hierfür nicht heranziehen (vgl. Rn. 10 ff.). Das *BVerfG*[28] hatte die gegen den Beschluss des *BAG*[29] durch den BR eingelegte Verfassungsbeschwerde allerdings mangels grundsätzlicher verfassungsrechtlicher Bedeutung nicht zur Entscheidung angenommen.

III. Geltungsbereich des Gesetzes

1. Gegenständlicher Geltungsbereich

a) Betriebe der Privatwirtschaft

10 Die Bestimmung gilt grundsätzlich für alle Betriebe der **Privatwirtschaft,** sofern in ihnen eine Mindestzahl wahlberechtigter und wählbarer AN vorhanden ist. Ein Betrieb gehört zur Privatwirtschaft, wenn dessen Inhaber dem Privatrecht zuzuordnen ist (vgl. zu den möglichen Rechtsformen des Inhabers § 5 Rn. 162 ff., 172 ff.).

11 Ist der Rechtsträger dagegen dem inländischen **öffentlichen Recht** zuzuordnen, findet grundsätzlich das Personalvertretungsrecht des Bundes bzw. der Länder Anwendung, es sei denn, dass nach den personalvertretungsrechtlichen Bestimmungen (z. B. §§ 1, 112 BPersVG) auch die Anwendbarkeit des Personalvertretungsrechts ausgeschlossen ist.[30] Somit ist das BetrVG auf Betriebe und Verwaltungen der **Amtskirchen,** die als Körperschaften des öffentlichen Rechts organisiert sind, ebenso wenig anzuwenden wie auf den **Klosterbrauereibetrieb,** der in Trägerschaft einer öffentlich-rechtlich organisierten **Benediktinerabtei** steht (vgl. § 130 Rn. 5). Der Ausschluss dieser Betriebe aus der Betriebsverfassung folgt nach Ansicht des *BAG*[31] aus § 130 und nicht etwa aus § 118 Abs. 2 (vgl. auch § 118 Rn. 135). Umgekehrt findet aber auf den **Gemeinschaftsbetrieb eines privatrechtl. und eines öffentl.-rechtl.** organisierten **AG** das BetrVG Anwendung, weil die der Betriebsführung zu Grunde liegende BGB-Gesellschaft (§ 705 BGB) dem Privatrecht zugeordnet ist.[32]

12 Gelegentlich findet man (insbes. im Bereich der »new-economy«) **an Stelle von gesetzlichen BR** durch schlichte Vereinbarungen gegründete Sprecher, Gremien oder **Vertrauensräte.**[33] Derartiges ist nur zulässig, wenn das BetrVG nicht greift, etwa weil die Voraussetzungen des § 1 Abs. 1 nicht vorliegen. In betriebsratsfähigen Betrieben stellt die privatautonome Schaffung von Vertrauensräten u. Ä. dagegen eine **Behinderung der BR-Wahl** dar.[34] Auch dann, wenn aus anderen Gründen der gesetzliche Anwendungsbereich nicht greift, bleiben abweichende Vereinbarungen zulässig.[35]

---

27 Verkannt in *BAG* 26.5.88, AuR 89, 95; kritisch zu dieser Entscheidung *Beck/Trümner,* AuR 89, 77; auch verkannt in *BAG* 9.7.91, DB 92, 143, ohne sich mit der Gegenmeinung auseinander zu setzen; dem *BAG* zustimmend aber *Fabricius,* SAE 89, 140, sowie *Löwisch/Rieble,* Anm. zu EzA § 87 BetrVG 1972 Nr. 11; vgl. auch § 87 Rn. 35.

28 22.8.94, NZA 95, 129.

29 9.7.91, a. a. O.

30 Vgl. zur Abgrenzung der Geltungsbereiche von BetrVG und PersVG allein nach der formellen Rechtsnatur des Trägers *BAG* 7.11.75, 30.7.87, AP Nrn. 1, 3 zu § 130 BetrVG 1972; näher dazu § 130 Rn. 2; dort auch zu der Frage eines Übergangsmandats bei Privatisierung öffentlich-rechtlicher Organisationseinheiten, die bisher dem Personalvertretungsrecht unterlagen.

31 30.7.87, a. a. O.

32 *BAG* 24.1.96, NZA 96, 1110 [1113]; 28.3.01, EzA § 7 BetrVG 1972 Nr. 2; BVerwG 13.6.01, NZA 03, 115.

33 Näher *Däubler,* FS Wißmann, S. 275 ff.

34 *Däubler* a. a. O., S. 280.

35 *BAG* 19.6.01, AP Nr. 3 zu § 3 BetrVG 1972 für Redaktionsstatute; 24.8.04, AP Nr. 12 zu § 98 BetrVG 1972 für tarifliche Auszubildendenvertretungen in sog. reinen Ausbildungsbetrieben.

b) Bereichsausnahmen

Die Vorschrift findet **keine Anwendung** 13

- auf **echte Kleinstbetriebe,** die nicht die nötige Mindestzahl wahlberechtigter und wählbarer AN haben; das sind solche Betriebe, bei denen es sich um die einzige arbeitstechnische Organisation eines (kleinen) AG handelt (vgl. zu privatautonomen Gremien Rn. 12; zu TV gemäß §§ 1 Abs. 1, 3 Abs. 2 TVG für Bereiche, in denen das BetrVG nicht anwendbar ist, § 3 Rn. 21 ff.; zu Fällen konstruktiver Betriebsratsunfähigkeit Rn. 246 f.). **Unechte Kleinstbetriebe** sind dagegen nach **§ 4 Abs. 2** in die Betriebsverfassung des Hauptbetriebs des UN integriert (näher § 4 Rn. 135 ff.); 14
- auf die im **Flugbetrieb** beschäftigten AN von Luftfahrt-UN (vgl. § 117 Abs. 2), wohl aber auf deren Landbetriebe (vgl. § 117 Abs. 1; zur Hinzurechnung der im Flugbetrieb beschäftigten AN bei Ermittlung der zahlenmäßigen Voraussetzungen für die Errichtung eines WA vgl. § 106 Rn. 33). Zum **Landbetrieb** zählen bei Luftrettungsdiensten allerdings auch die Piloten und Bordmechaniker auf Hubschraubern, wenn deren Einsatzdauer und -entfernung nicht groß ist;[36] für die im Flugbetrieb beschäftigten AN kann **durch TV eine besondere Vertretung** gebildet werden (§ 117 Abs. 2 Satz 1); 15
- auf die **privatrechtlich** organisierten **Religionsgemeinschaften** und deren karitative und erzieherische Einrichtungen (vgl. § 118 Rn. 123 ff.); 16
- auf den gesamten **staatlichen öffentlichen Dienst;**[37] 17

Für **Zivilbeschäftigte bei der Bundeswehr** gilt das BPersVG.[38] **Soldaten** in den **militärischen Gliederungen** der Bundeswehr wählen besondere Vertrauensleute.[39] Soweit **Soldaten** ihren Dienst nicht in den in § 35 SoldG genannten Gliederungen der Streitkräfte verrichten, unterfallen sie grundsätzlich dem BPersVG (vgl. § 35 a SoldG) und bilden eine besondere Soldatenvertretung (vgl. auch § 92 BPersVG), welche als weitere **Gruppe im PR** gilt (§ 36 a Abs. 3 SoldG). 18

Besonderheiten gelten für **Zivilbeschäftigte und Soldaten** der Bundeswehr, wenn die Bundeswehr mit **Wirtschafts-UN eine Kooperation** eingeht und dabei zivile Beschäftigte und Soldaten dem UN zugewiesen werden;[40] hierauf ist das **BwKoopG**[41] anzuwenden. Danach **gelten Beamte, Soldaten und AN,** die einem Kooperations-UN zugewiesen werden gem. § 6 Abs. 1 BwKoopG **als AN des Kooperationsbetriebs** und sind dort aktiv und passiv wahlberechtigt; zugleich behalten die Beamten und AN ihr aktives und passives Wahlrecht zum PR ihrer Stammdienststelle (§§ 2, 3 BwKoopG). 19

Sonderregelungen im Rahmen dieses Gesetzes gelten für die **Seeschifffahrt** (§§ 114 – 116) und **Tendenzbetriebe** (§ 118 Abs. 1). 20

c) Fremde Streitkräfte

Hinsichtlich der deutschen AN in militärischen **Dienststellen der westlichen alliierten Streitkräfte** ist gemäß Art. 56 Abs. 9 des Zusatzabkommens v. 3.8.59 zur Ergänzung des NATO-Truppenstatuts (ZA-NATO-Truppenstatut) zwar grundsätzlich das BPersVG anzuwenden. Diese Rechtslage gilt seit 1.7.63,[42] bedeutet aber letztlich, dass eine Vielzahl mitbestimmungseinschränkender Vorschriften zu beachten ist.[43] 21

36 Vgl. *BAG* 20.2.01, NZA 01, 1089.

37 Vgl. § 130 Rn. 1; insoweit gilt Personalvertretungsrecht dazu Rn. 11; wegen der Besonderheiten hinsichtlich der Beamten bei der Bahn- und Postprivatisierung vgl. § 5 Rn. 148; umfassend *Blanke/Sterzel*, Privatisierungsrecht, Rn. 264 ff.; *Blanke*, Mitbestimmung im öffentlich-privatrechtlichen Gemeinschaftsbetrieb, S. 43 ff.; ausführliche Erläuterungen zur Beamten-Interessenvertretung nach dem DBGrG bei *Altvater u. a.*, Anhang III C; zur betrieblichen Interessenvertretung bei den Postnachfolge-UN gem. PostPersRG *Altvater u. a.*, Anhang IV B.

38 Vgl. § 70 Abs. 1 SoldG; vgl. dazu die Erl. bei *Altvater* u. a., § 92 Rn. 1 ff. und Anhang V A § 70 SoldG Rn. 1 ff.

39 Vgl. § 35 SoldG i. V. m. SBG; dazu die Erl. bei *Altvater u. a.*, Anhang V A § 35 SoldG und Anhang V B [SBG].

40 Näher *Altvater u. a.*, Anhang V E.

41 BGBl. I S. 2027.

42 Vgl. *Fitting*, Rn. 35, § 130 Rn. 8.

43 Einzelheiten bei *Altvater u. a.*, Anhang VII A-C.

22 Aus zwingenden Gründen der **Verteidigungsbereitschaft** der Truppe soll sogar durch Erklärung der obersten Dienststelle gemäß Abs. 6 a des Unterzeichnungsprotokolls zu Art. 56 Abs. 9 des Zusatzabkommens zum NATO-Truppenstatut das ohnehin schon eingeschränkte Mitbestimmungsrecht der Betriebsvertretung sowohl gänzlich ausgeschlossen als auch hinsichtlich des Regelungsfreiraums eingeschränkt werden können.[44] Auf Grund des Vorlagebeschlusses des *ArbG Kaiserslautern*[45] hat das *BVerfG* erkannt, dass die in Abs. 6 a und 6 b des Unterzeichnungsprotokolls zu Art. 56 Abs. 9 ZA-NATO-Truppenstatut liegenden Benachteiligungen der Zivilangestellten zwar dem Gleichheitsgrundsatz des Art. 3 Abs. 1 GG widersprechen, jedoch im Hinblick auf die außenpolitischen Handlungsmöglichkeiten der BRD hinzunehmen und deswegen nicht verfassungswidrig seien.[46]

2. Räumlicher Geltungsbereich, Auslandsberührung und grenzüberschreitende Sachverhalte

23 Eine normative Bestimmung, die Auskunft darüber gibt, welchem Recht die Betriebsverfassung in Fällen mit **Auslandsberührung** unterliegt oder welchen räumlichen Geltungsbereich das BetrVG beansprucht (Internationales Betriebsverfassungsrecht), existiert bis heute nicht.[47] Für das BetrVG gilt nach h. M. das **Territorialitätsprinzip**.[48] Nach h. M. dient das Territorialitätsprinzip zur Bestimmung des räumlich-geographischen Geltungsbereichs des Gesetzes.[49] Mit der **Lehre von der Ausstrahlung**[50] **des BetrVG** werden dagegen Fragen des persönlichen Geltungsbereichs gelöst, und zwar unabhängig davon, ob es sich bei dem fraglichen Sachverhalt um einen solchen mit Auslandsbezug handelt oder nicht.[51] Die Ausstrahlungsproblematik ist im Wesentlichen mit dem Begriff der Betriebszugehörigkeit verknüpft (vgl. § 5 Rn. 13 ff.).

24 Die Geltung des Gesetzes ist danach **auf den Bereich der Bundesrepublik beschränkt**.[52] Abweichende Vereinbarungen der Arbeitsvertragsparteien sind grundsätzlich unzulässig.[53] Das Territorialitätsprinzip führt dazu, dass für die in der Bundesrepublik gelegenen Betriebe eines **UN, das seinen Sitz im Ausland hat,** BR zu wählen sind.[54] Das BetrVG ist zwingendes Recht i. S. d. Art. 34 EGBGB; es gilt daher unabhängig davon, ob mit den Beschäftigten ausländisches Arbeitsrecht vereinbart wurde.[55] Für **im Inland gelegene Betriebe eines ausländischen UN** ist auch **ein WA zu bilden,** sofern die allgemeinen Voraussetzungen für die Bildung dieses Ausschusses vorliegen und die inländischen Betriebe organisatorisch zusammengefasst sind.[56] Ebenso ist für die **inländischen Betriebe** des ausländischen UN ein **GBR** zu

44 *BAG* 22.10.91, AP Nr. 14 zu Art. 56 ZA-NATO-Truppenstatut.

45 2.8.91, PersR 92, 215.

46 *BVerfG* 8.10.96, NZA 97, 263.

47 Vgl. *Gamillscheg*, Kollektives Arbeitsrecht, Bd. II, S. 198 f.; *Deinert*, RdA 09, 144.

48 Zusammenfassende Kritik an diesem Topos bei *Däubler*, Betriebsverfassung in globalisierter Wirtschaft, S. 24; zu den Einzelheiten vgl. *Auffarth*, FS Hilger/Stumpf, S. 31 ff.; *Birk*, FS Schnorr v. Carolsfeld, 1972, S. 61 [77 ff.]; *ders.*, RabelsZ 46 [1982], S. 384 [407]; *Däubler*, AWD 72, 1 [5 ff.]; *ders.*, RabelsZ 39 [1975], S. 444 [459]; *Fikentscher*, RdA 69, 207 ff.; *Gamillscheg*, AcP 155 [1956], S. 49 [70]; *ders.*, Internationales Arbeitsrecht, S. 121 f., 370 ff.; *ders.*, Kollektives Arbeitsrecht, Bd. II, S. 202 ff.; *Schnorr v. Carolsfeld*, RdA 58, 201 [203]; *Simitis*, FS Kegel, 1977, S. 153 [177 f.]; *Schlüpers-Oehmen*, S. 14 ff.

49 Kritisch MünchArbR-*v.Hoyningen-Huene*, § 211 Rn. 12, der zu Recht darauf hinweist, dass das Territorialitätsprinzip eine dem öffentlichen Recht entstammende Kollisionsnorm ist; zur Untauglichkeit dieses Prinzips auch *Fischer*, RdA 02, 160 ff.; *Deinert*, RdA 09, 144, Fn. 7, sieht in dem betriebsverfassungsrechtlichen Territorialitätsprinzip eine Ähnlichkeit zur sachenrechtlichen *lex-rei-sitae*-Regel.

50 Dazu *Däubler*, Betriebsverfassung, a. a. O., S. 33 ff.; *Laufersweiler*, Ausstrahlung im Arbeits- und Sozialrecht, S. 89.

51 Zutreffend *Boemke*, NZA 92, 112 [113].

52 Vgl. *BAG* 30.4.87, AP Nr. 15 zu § 12 SchwbG; 27.5.82, AP Nr. 3 zu § 42 BetrVG 1972; 21.10.80, AP Nr. 17 zu Internationales Privatrecht, Arbeitsrecht; a. A. mit beachtlichen Gründen *Gamillscheg*, Internationales Arbeitsrecht, S. 370 ff.

53 *Fitting*, Rn. 15.

54 *BAG* 9.5.59, AP Nr. 3 zu Internationales Privatrecht, Arbeitsrecht.

55 Vgl. *BAG* 9.11.77, AP Nr. 13 zu Internationales Privatrecht, Arbeitsrecht; guter Überblick bei *Fischer*, AuR 99, 169 ff.

56 *BAG* 1.10.74, 31.10.75, AP Nrn. 1, 2 zu § 106 BetrVG 1972.

bilden.[57] Dagegen soll nach Ansicht des *BAG*[58] **kein KBR** gebildet werden können, **wenn** die inländischen UN **von einer ausländischen Konzernobergesellschaft beherrscht** werden (näher dazu kritisch § 54 Rn. 48 ff.).

BR sind dagegen nach wohl h. M. nicht für **im Ausland gelegene Betriebe deutscher UN** zu wählen;[59] auf sie ist das ggf. vorhandene ausländische Recht über die Errichtung einer Belegschaftsvertretung anzuwenden.[60] Rechte von AN, die vorübergehend ins Ausland entsandt werden, bleiben nach der Lehre von der sog. Ausstrahlung unberührt.[61] Sie besitzen ungeachtet ihrer **vorübergehenden Auslandstätigkeit** daher beispielsweise das aktive und passive Wahlrecht.[62] Anders wurde bei **dauernder Entsendung ins Ausland** entschieden,[63] doch besteht für diese Rechtsverkürzung kein sachlicher Grund.[64] Inzwischen hat selbst das *BAG*[65] diesen **Schematismus etwas aufgelockert** und wenigstens jenen Arbeitnehmern den Schutz der Betriebsverfassung zuerkannt, die wie ein Reiseleiter zwar auf Dauer ins Ausland entsandt sind, wegen ihrer engen Anbindung an die deutsche Zentrale jedoch nach wie vor dem Inlandsbetrieb zuzuordnen sind (vgl. zur Betriebszugehörigkeit bei Auslandseinsätzen auch § 5 Rn. 56 ff.). Wirklich durchgreifende Bedenken gegen eine Wahl des deutschen Rechts bei Auslandsbetrieben mit enger Inlandsbindung lassen sich freilich kaum noch aufrechterhalten.[66] Dies bedeutet, dass genau wie im Falle der Ausstrahlung der BR nach § 102 Abs. 1 vor jeder Kündigung anzuhören ist.[67] Anders ist dies, wenn diese »Bindung« ans Inland nicht mehr besteht. Sie soll dann fehlen, wenn der AN für einen **einmaligen befristeten Auslandseinsatz** eingestellt wurde.[68] Soweit jedoch ein deutsches Lufttransport-UN ausländische Leih-AN zum ausschließlichen Einsatz auf einer inneramerikanischen Flugstrecke einstellt, sind die Beteiligungsrechte der deutschen AN-Vertretung in personellen Angelegenheiten zu beachten.[69] Auch bei nicht gewerbsmäßiger AN-Überlassung gehört der **Leih-AN** dem Betrieb des deutschen Verleih-AG an, selbst wenn der Einsatz **im ausländischen Betrieb** des Entleihers erfolgt.[70] 25

Nach Ansicht des *BAG*[71] soll das Territorialitätsprinzip weiter dazu führen, dass die **Tätigkeit des BR** grundsätzlich **auf das Inland beschränkt** sei. Somit dürfe der BR selbst für nur vorübergehend ins Ausland entsandte AN dort keine Betriebsversammlungen, Teil- und Abteilungsversammlungen abhalten.[72] Damit wird das *BAG* seiner eigenen Ausstrahlungstheorie untreu, die die Betroffenen ja weiter zum inländischen Betrieb rechnet (vgl. Rn. 25 a. E.). Richtigerweise sind Versammlungen daher zulässig, es sei denn, sie würden durch zwingende Normen des ausländischen Staates verboten.[73] Als Auffangposition käme auch auf der Basis 26

57 Vgl. § 47 Rn. 33; *Richardi*, Einl. Rn. 71; *Fitting*, Rn. 19; GK-*Kreutz*, § 47 Rn. 9; zur Mitbestimmung bei Gesellschaften ausländischen Rechts mit Sitz in Deutschland siehe Einl., Rn. 237.
58 14.2.07 – 7 ABR 26/06 = AuR 07, 93, Ls.
59 Vgl. *BAG* 10.9.85, AP Nr. 3 zu § 117 BetrVG 1972.
60 MünchArbR-*v. Hoyningen-Huene*, § 211 Rn. 16.
61 Kritisch zur »Ausstrahlungstheorie«, im Ergebnis aber ebenso *Richardi*, Einl. Rn. 73 ff.; *Fitting*, Rn. 22; zur »Ausstrahlungstheorie« *Boemke*, NZA 92, 112 ff.
62 Vgl. auch *BAG* 25.4.78, AP Nr. 16 zu Internationales Privatrecht, Arbeitsrecht.
63 *BAG*, a. a. O.
64 *Däubler*, AuR 90, 1.
65 7.12.89, DB 90, 992.
66 Zu den Einzelheiten *Däubler*, Betriebsverfassung in globalisierter Wirtschaft, S. 28 f.
67 *BAG* 7.12.89, a. a. O.
68 Vgl. *BAG* 21.10.80, AP Nr. 17 zu Internationales Privatrecht, Arbeitsrecht; kritisch dazu *Corts*, AuR 81, 254.
69 *BAG* 10.9.85, AP Nr. 3 zu § 117 BetrVG 1972; vgl. zum Ganzen *Däubler*, AuR 90, 1 ff., und *Kraushaar*, AiB 89, 53 ff.; *Boemke*, NZA 92, 112 ff.; *B. Gaul*, BB 90, 697; MünchArbR-*v. Hoyningen-Huene*, § 211 Rn. 19 mit zum Teil abweichenden Ansichten.
70 *BAG* 22.3.00, NZA 00, 1119.
71 27.5.82, AP Nr. 3 zu § 42 BetrVG 1972; 25.4.78, AP Nr. 16 zu Internationales Privatrecht, Arbeitsrecht.
72 *BAG* 27.5.82, a. a. O.
73 So zutreffend *Beitzke*, Anm. zu AP Nrn. 13 und 17 zu Internationales Privatrecht, Arbeitsrecht, der selbst die Bildung eines deutschen BR nach § 4 im Ausland für zulässig hält; wie hier auch *Boemke*, NZA 92, 112 [116]; *Däubler*, Betriebsverfassung in globalisierter Wirtschaft, S. 51; *Laufersweiler*,

der bisherigen Rspr. des *BAG* in Betracht, dass der BR von Zeit zu Zeit ein Mitglied an den ausländischen Arbeitsort schickt, das dort Sprechstunden abhält.[74]

27 Die vom *BAG* zur Begründung seiner Entscheidungen zum **Auslandsbezug der Betriebsverfassung** wahlweise herangezogenen Begründungsmuster (»Territorialitätsprinzip« zumeist beim räumlichen Geltungsbereich; »Ausstrahlungstheorie« meist beim persönlichen Geltungsbereich bzw. der Mitwirkung in personellen Angelegenheiten) sind in hohem Maße widersprüchlich und führen zu willkürlich anmutenden Ergebnissen.[75] Gerade bei der Frage, ob unter den erwähnten Voraussetzungen Betriebsversammlungen im Ausland durchgeführt werden dürfen, ist die **Unterscheidung nach** der **mit dem Territorialitätsprinzip** zu bestimmenden Betätigungsbefugnis des BR einerseits **und den** mit der Ausstrahlungstheorie zu bestimmenden **persönlichen Wirkungen des Gesetzes praktisch nicht durchführbar.** Dies wird etwa daran sichtbar, dass die Pflicht zur Durchführung von Betriebsversammlungen nicht ausschließlich von der Initiative des BR abhängt, sondern nach § 43 Abs. 3 auch von den AN ausgehen kann.

28 Die dogmatische **Begründung des Territorialitätsprinzips** krankt vor allem daran, dass sie kritiklos an die Rechtsauffassung der Weimarer Zeit anknüpft, die das Betriebsverfassungsrecht als dem öffentlichen Recht zugehörige Materie begriff.[76] Zwar war es nach dieser Grundannahme konsequent, dass eine inländische öffentlich-rechtliche Norm in der Regel im Ausland keine Geltung beanspruchen kann, weil die dortigen Hoheitsrechte dem entgegenstehen.[77] Das heutige **Betriebsverfassungsrecht** wird aber nach heute einhelliger Auffassung dem **Privatrecht** zugeordnet.[78] Damit fehlt es nach heutigem Recht an einer Grundlage für die in sich widerspruchsfreie Geltung des Territorialitätsprinzips überhaupt.[79] An dieser Situation hat weder das **Gesetz zur Neuregelung des Internationalen Privatrechts** vom 25.7.1986[80] noch die europäische **Rom I-Verordnung** (Verordnung (EG) Nr. 593/2008, ABl. Nr. L 177/6)[81] etwas geändert, da beide Rechtsquellen keine Kollisionsnormen für das kollektive Arbeitsrecht enthalten.[82]

29 Aus diesem Grunde wird die Praxis bemüht sein müssen, **pragmatische Lösungen** zu finden.[83] Die sich stellenden Fragen sind aus Sicht der Bundesrepublik auch mit Blick auf die jeweils fremde Rechtsordnung zu beantworten.[84] Insbesondere wird es darauf ankommen, stabile Kommunikationsbeziehungen zwischen den in- und ausländischen Interessenvertretungen aufzubauen.[85]

30 Vgl. zum **EBRG** *Anhang B.*

S. 114; *Richardi,* vor § 42 Rn. 9; *Fitting,* Rn. 30; *Steinmeyer,* DB 80, 154 f.; *LAG Hamm* 12.3.80, DB 80, 1030 f.; a. A. MünchArbR-*Joost,* § 224 Rn. 7.

74 *Däubler,* Das Arbeitsrecht 1, Rn. 1208; *Fitting,* a. a. O.; näher zu allem § 42 Rn. 16.

75 Kritisch schon *Däubler,* RabelsZ 39 [1975], S. 444 [447 ff.], der tarifvertragliche Regelungen vorschlägt; *Birk,* RIW 1975, 589 [590], nennt das Territorialitätsprinzip eine »dogmatische Wundertüte«; vgl. ausführlich *ders.,* FS Schnorr v. Carolsfeld, S. 61 [78]; *Fischer,* RdA 02, 160 [162] nennt es ein »Gespenst« der deutschen Betriebsverfassung.

76 Vgl. eingehend *Schlüpers-Oehmen,* S. 17 ff. m. w. N.

77 So *RAG* 1.4.31, ARS 12, 111.

78 Vgl. statt vieler *Richardi,* Einl. Rn. 130 m. w. N.; *Reichold,* Betriebsverfassung, S. 310 ff.

79 Zutreffend insoweit *Schlüpers-Oehmen,* a. a. O., S. 27 f.

80 BGBl. I S. 1142.

81 Hierzu *Deinert,* RdA 09, 144 ff.

82 Vgl. zur Neuregelung des IPR auch *Däubler,* RIW 87, 249 ff. und den weiteren Entwicklungen *ders.,* RIW 00, 255 ff.; *Basedow,* NJW 86, 2971 ff.; *Hickl,* NZA-Beilage 1/87, S. 10 ff.

83 Vgl. zu Rechtsfragen bei grenzüberschreitenden betrieblichen Regelungen *Birk,* FS Trinkner, S. 461 ff.; bedenkenswert auch die Empfehlung bei *Gamillscheg,* Kollektives Arbeitsrecht, Bd.II, S. 207, nötige Klärungen durch TV gem. § 3 Abs. 1 Nr. 3 BetrVG herbeizuführen.

84 Vgl. *Jacobs* [Niederlande], AiB 89, 30 ff.; *Le Friant* [Frankreich], AiB 89, 33 ff.; *Napier* [Großbritannien], AiB 89, 36 ff.; *Malagugini* [Italien], AiB 89, 41 ff.; *Däubler,* AiB 89, 44 ff.; *Le Friant/Zachert,* AiB 89, 50 ff.; *Zachert,* AuR 82, 20 ff.; *Kraushaar,* AiB 89, 53 ff.; knapper europäischer Rechtsvergleich bei *Junker,* RIW 02, 81.

85 Dazu *Bobke-v. Camen,* AiB 89, 230 ff.; *Däubler,* Betriebsverfassung in globalisierter Wirtschaft, S. 78 ff.

3. Persönlicher Geltungsbereich

Soweit die sonstigen Geltungsvoraussetzungen in gegenständlicher, räumlicher und zeitlicher Hinsicht vorliegen, findet das Gesetz für alle AN i. S. d. § 5 Anwendung. Dabei ist insbesondere zu klären, ob und gegebenenfalls welchem Betrieb ein AN zugehört (vgl. zur **Ausstrahlungsproblematik** oben Rn. 23, 25; zur Betriebszugehörigkeit § 5 Rn. 13 ff.). 31

Dies betrifft vor allem auch Fälle der mehr oder weniger lang andauernden Beschäftigung von AN aus einem ausländischen Betrieb im Inland, die sich teilweise mit der sog. **Einstrahlungstheorie** lösen lassen.[86] 32

IV. Betriebsbegriff

1. Aspekte der Begriffsgeschichte

a) Ausgangspunkt: die fehlende gesetzliche Definition

Das Gesetz definiert trotz aller Vorankündigungen im Koalitionsvertrag von 1998[87] auch nach der **Novellierung 2001** den Begriff »Betrieb« nicht, sondern setzt ihn offenbar als mit einem bestimmten Inhalt versehenen **Rechtsbegriff** voraus.[88] Damit muss es auch künftig bei dem z. T. beklagten Missstand bleiben, dass der »Grundbegriff« des BetrVG als wesentliche Funktionsvoraussetzung des Gesetzes durch den Gesetzgeber ungeregelt bleibt. Ein für alle Rechtsgebiete gleichermaßen verwendbarer Begriffsinhalt lässt sich nicht ohne weiteres annehmen, da die Gesetzeszwecke zu verschieden sind.[89] Auch für das **BetrVG** ist daher von einem **eigenen Begriffsinhalt** auszugehen.[90] Allerdings geben insoweit auch die im Gesetz verwandten Begriffe »Hauptbetrieb« (vgl. § 4 Rn. 12 ff.) und »Betriebsteil« (vgl. § 4 Rn. 42 ff.) keinen näheren Aufschluss. Auch in den bundes- bzw. reichsrechtlichen Vorläuferregelungen[91] des Gesetzes waren **keine Legaldefinitionen** des Begriffs enthalten. Einzig § 6 Abs. 1 des Bayerischen BRG vom 25.10.1950[92] und § 5 Abs. 1 des Hessischen BRG vom 31.5.1948[93] enthielten Legaldefinitionen. 33

§ 6 Abs. 1 des Bayerischen BRG lautete:

Betrieb im Sinne dieses Gesetzes ist jede auf räumlicher Einheit beruhende Sammlung von Arbeitnehmern zur fortgesetzten Erzielung von Arbeitsergebnissen ohne Rücksicht darauf, ob der Betrieb wirtschaftlichen oder anderen Zwecken dient.

§ 5 Abs. 1 des Hessischen BRG lautete:

Unter Betrieb ist jede auf die Erzeugung, Herstellung oder Verteilung von Gütern oder auf sonstige gewerbliche Leistungen (...) gerichtete Einheit sachlicher Betriebsmittel zu verstehen, in der Arbeitnehmer tätig sind.

Beiden vorstehend wiedergegebenen Legaldefinitionen ist der Versuch zu entnehmen, für den jeweiligen Gesetzeszweck geeignete **Beschreibungen desjenigen Zusammenhangs von AN** zu liefern, innerhalb dessen und **für den ein BR zu wählen ist.** Dabei verdient es besondere Erwähnung, dass in beiden Definitionen die **Arbeitgeberseite** nicht als Begriffsmerkmal erwähnt wird, was den Schluss zulässt, dass es hier primär um die Interessenvertretung der AN 34

86 Näher dazu MünchArbR-*v. Hoyningen-Huene*, § 211 Rn. 21, der die Einstrahlungsthematik allerdings nicht dem persönlichen, sondern dem räumlichen Geltungsbereich des Gesetzes zuordnet.
87 AuR 98, 477.
88 So etwa *Richardi*, Rn. 15; *Fitting*, Rn. 58.
89 Vgl. *Preis*, RdA 00, 257 ff.; *Richardi*, FS Wiedemann, 493 ff.; für den KSchG-Betriebsbegriff *Preis*, in: *Henssler/Moll* (Hrsg.), S. 1 ff.; *KDZ*, § 1 KSchG Rn. 17 f.
90 Vgl. *Fitting*, Rn. 62.
91 BetrVG 1952, BRG 1920.
92 GVBl. 1950 S. 227.
93 GVBl. 1948 S. 117.

und die Voraussetzungen zur Bildung von deren **Handlungsorganisation** (Betriebsräte) geht, während die von der Arbeitgeberseite geschaffene **Leitungsorganisation** zur Koordination der unternehmerischen Zielsetzungen, die in und mit dem Betrieb verfolgt werden, offensichtlich **keine Rolle** spielen sollte.[94]

35 Auch **der europarechtliche Betriebsbegriff** der Massenentlassungsrichtlinie setzt keine entscheidungsbefugte Handlungs- und Leitungsorganisation des AG in der bzw. für die betreffende(n) Organisationseinheit(en) voraus.[95] Der Betrieb als Einheit muss deshalb weder rechtliche noch wirtschaftliche, finanzielle, verwaltungsmäßige oder technologische Autonomie besitzen.[96]

36 Für den **Bereich des PersVR** nimmt der *BayVGH*[97] unter Aufgabe seiner bisherigen Rspr.[98] nunmehr an, dass wesentliche Entscheidungskompetenzen in personellen und sozialen Angelegenheiten bei der Leitung einer Teildienststelle nicht erforderlich seien, um diese als nach Aufgabenbereich und Organisation eigenständig zu bezeichnen (Art. 6 Abs. 3 BayPVG).

b) Definitionsbemühungen des Gesetzgebers

37 Zwar hielt auch die **Bundesregierung** bei den Vorbereitungsarbeiten zum **BetrVG 1952** noch eine Legaldefinition für erforderlich. § 3 Abs. 1 des Gesetzentwurfs lautete:[99]

Betrieb im Sinne dieses Gesetzes ist der Arbeitsverband von Arbeitgebern und Arbeitnehmern, der mit Hilfe von Arbeitsmitteln bei räumlicher Zusammenfassung bestimmte nicht-hoheitliche Aufgaben verfolgt.

Im Zuge der weiteren Beratungen wurde jedoch **auf Intervention des Bundesrates** der Versuch einer Legaldefinition aufgegeben, weil »eine eindeutige begriffliche Abgrenzung im Gesetz nicht möglich« sei[100] und man meinte, »auf dem von Rechtsprechung und Wissenschaft entwickelten Betriebsbegriff aufbauen« zu können.[101] Insbesondere der Begriff »Arbeitsverband« wurde offenbar als untunlich empfunden.[102]

38 Die gesetzgeberischen Definitionsbemühungen verweisen darauf, dass die präzise und praktisch leicht handhabbare Beschreibung des Betriebsbegriffs nicht nur zu einer der schwierigsten Fragen des BetrVG zählt.[103] Darüber hinaus lässt sich diesen Versuchen aber auch entnehmen, dass die **räumliche Einheit** der miteinander arbeitenden Personen immerhin als ein für den Begriff **nicht unwesentliches Merkmal** anzusehen ist.[104] Der **Novellierungsgesetzgeber**

94 So auch *Kohte*, Betrieb und Unternehmen, S. 390, 393.
95 Vgl. *EuGH* 7.12.95, Slg. 95, I-4306 [Rockfon A/S] = AuR 96, 113.
96 Vgl. *EuGH* 15.2.07 NZA 07, 319, 320; ebenso *EuGH* 30.4.15 NZA 15, 601, 602, Rn. 47; dazu *Kleinebrink/Commandeur*, NZA 15, 853 ff.
97 26.11.97, PersR 98, 337.
98 16.6.94, PersR 95, 189.
99 Vgl. BT-Drucks. 1/1546, S. 2.
100 BT-Drucks. 1/1546, S. 71.
101 Bericht des Ausschussvorsitzenden *Sabel*, RdA 52, 281 ff.
102 Vgl. *Joost*, S. 76; *Kohte*, Betrieb und Unternehmen, S. 390; so aber wieder *Reuter*, Anm. zu AP Nr. 9 zu § 1 BetrVG 1972.
103 Vgl. schon *LAG Frankfurt* 10.3.49, RdA 50, 33 [34]; ähnlich auch *Gamillscheg*, Anm. zu *BAG* 3.12.85, 7.8.86, EzA § 4 BetrVG 1972 Nrn. 4, 5, S. 35, der mit Recht von der »unbewältigten Gegenwart des Betriebsbegriffs« spricht; *Zöllner*, FS Semler, S. 995 [1004], sieht sogar »Abgründe des Betriebsbegriffs«; *Richardi*, FS Wiedemann, S. 493 nennt ihn ein »Chamäleon«.
104 Vgl. aber die Relativierung dieses Kriteriums bei *Richardi*, Rn. 32 ff.; *Fitting*, Rn. 74, die jedoch nicht auf den historischen Zusammenhang Bezug nehmen; für die Betonung der räumlichen Nähe *Gamillscheg*, ZfA 75, 357 [399], sowie insbesondere *Joost*, S. 241 f., 265, der der räumlichen Verbundenheit gruppenkonstituierende Wirkung beimisst und diesen Gesichtspunkt für die Bildung »homogener Wählerschaften« für letztlich ausschlaggebend ansieht; auch *Rancke*, S. 253, misst der AN-Nähe der Vertretungsorgane größtes Gewicht bei; für eine Relativierung, aber als Untermerkmal des »vagen Klassenbegriffs Betrieb« *Kohte*, Betrieb und Unternehmen, S. 394, 396; zur wechselvollen Geschichte dieses Merkmals in den verschiedenen Begriffsdefinitionen und vor allem bei *Nipperdey* vgl. näher die *3. Aufl. 1992*, Rn. 31 ff.

2001 wollte anscheinend mittelbar durch die Neufassung von § 5 Abs. 1 den räumlichen Aspekt in den Betriebsbegriff integrieren, wenn dort innerbetriebliche und außerbetriebliche AN in einen scheinbaren Gegensatz gestellt werden.[105] Ob dies allerdings absichtsvoll geschehen ist, erscheint auf Basis der Regierungsbegründung durchaus zweifelhaft.[106]

Keine echte Begriffsdefinition, wohl aber die gesetzliche Anerkennung eines von der Rspr. entwickelten Topos sowie eine **Beweislastregelung** enthält seit 2001 **Abs. 1 Satz 2 bzw. Abs. 2** mit der Bestimmung zum gemeinsamen Betrieb mehrerer UN. Mittelbar werden dadurch die Rspr. des BAG zum gemeinsamen Betrieb und die dort entwickelten Obersätze zu gesetzlichen Merkmalen erhoben (zum gemeinsamen Betrieb näher Rn. 88 ff.).[107] **39**

c) Heutiger Meinungsstand in Kommentarliteratur und Rechtsprechung

Für gewöhnlich nimmt die **Kommentarliteratur** auch **heute** noch ganz i. S. d. BetrVG-Gesetzgebers aus dem Jahre 1952 (vgl. Rn. 37) Zuflucht zu dem von Rspr. und Lehre herausgebildeten Betriebsbegriff,[108] der zwar nach verbreiteter Auffassung auf Erwin Jacobi[109] zurückgehen soll, dessen einzelne Elemente aber in der sozialversicherungsrechtlichen Begriffsbildung des ausgehenden 19. Jahrhunderts wurzeln.[110] Jacobis Anliegen war es zum einen, die **Unterscheidung von Betrieb und Unternehmen** zu ermöglichen, und ferner, einen für alle Rechtsdisziplinen brauchbaren Betriebsbegriff als **objektiven Begriff** zu entwickeln.[111] **40**

Jacobi[112] definierte *»als Begriff des Betriebes im objektiven Sinne die Vereinigung von persönlichen, sächlichen und immateriellen Mitteln zur fortgesetzten Verfolgung eines von einem oder von mehreren Rechtssubjekten gemeinsam gesetzten technischen Zweckes«.* Zugleich behauptete er die **Deckungsgleichheit** dieses objektiven Begriffes mit dem des BRG 1920,[113] was in der Folgezeit dafür ursächlich wurde, dass die Besonderheiten des betriebsverfassungsrechtlichen Normenzusammenhanges praktisch nicht in die Begriffsabgrenzung einbezogen wurden.[114] Das Merkmal des (heute so bezeichneten) »arbeitstechnischen Zwecks« (das bei Jacobi – dort als »technischer Zweck« bezeichnet – zur Unterscheidung von dem entfernteren ideellen oder wirtschaftlichen Zweck des UN diente) und das Merkmal der »Betreibereinheit«, die wenigstens in gesellschaftsrechtlicher Form vermittelt sein musste (Bildung einer Personengesellschaft), erlangten daher besondere Bedeutung,[115] während räumliche Gesichtspunkte eher nachrangigen Stellenwert besaßen. **41**

Elemente der von *Jacobi* gefundenen Definition finden sich in nahezu allen Begriffsbildungen,[116] wobei es durchaus erhebliche formulierungstechnische Differenzen gibt, die über bloß semantische Unterschiede hinausgehen. Die vom *BAG* zu Grunde gelegte **Betriebsdefinition** lautet: *»Danach ist als Betrieb die organisatorische Einheit anzusehen, innerhalb derer der Unternehmer allein oder zusammen mit seinen Mitarbeitern mit Hilfe sächlicher und immaterieller Mittel bestimmte arbeitstechnische Zwecke fortgesetzt verfolgt«.*[117] Teilweise wird die Definition **42**

105 So die Deutung von *Däubler,* AuR 01, 1 [4]; zurückhaltender *Trümner,* FA 01, 133 [136].
106 Begr. zu Art. 1 Nr. 5, BT-Drucks. 14/5741, S. 35; vgl. auch die ergänzenden Erl. bei *Engels/Trebinger/Löhr-Steinhaus,* DB 01, 532 [536, Fn. 34].
107 Vgl. Rn. 66; ähnlich *Fitting,* Rn. 64.
108 Vgl. nur *Fitting,* Rn. 63; GK-*Franzen,* Rn. 28; HaKo-BetrVG-*Kloppenburg,* Rn. 9; kritisch zu Recht *Richardi,* Rn. 15, 19.
109 FS Ehrenberg, S. 1 [9].
110 Näher dazu *Joost,* S. 23, 49; MünchArbR-*Richardi,* § 22 Rn. 3; daneben ist vom *LAG Niedersachsen* 23.4.90, LAGE § 1 BetrVG 1972 Nr. 3, S. 4, zusätzlich auf die in der Tradition der Reichsstatistik stehende Herkunft des *Jacobischen* Betriebsbegriffes hingewiesen worden, was dessen Tauglichkeit zur Lösung betriebsverfassungsrechtlicher Probleme zumindest auf den ersten Blick zweifelhaft erscheinen lässt.
111 Vgl. zu den Einzelheiten *3. Aufl. 1992,* Rn. 23 ff.; kritisch auch MünchArbR-*Richardi,* § 22 Rn. 4.
112 A. a. O., S. 9 f.
113 A. a. O., S. 36
114 Ebenso MünchArbR-*Richardi,* § 22 Rn. 4.
115 Vgl. zur Kritik dieser Begriffsbildung im Einzelnen *3. Aufl. 1992,* Rn. 24 f., 26.
116 Vgl. zu den Begriffsmetamorphosen bei *Hueck* und *Nipperdey 3. Aufl. 1992,* Rn. 37 f. bzw. 31 ff.
117 *BAG* 9.12.92 – 7 ABR 15/92, uv. [Deutscher Herold], für das BetrVG; 18.1.90, AP Nr. 9 zu § 23

noch mit dem Zusatz versehen, dass die fortgesetzte Verfolgung der arbeitstechnischen Zwecke »sich nicht in der Befriedigung von Eigenbedarf erschöpfen« dürfe,[118] womit offenkundig vor allem **private Haushalte** ausgeklammert werden sollen[119], was aber in jüngerer Zeit und vor dem Hintergrund der ab 1.9.2014 in Deutschland Wirksamkeit erlangenden ILO – Konvention 189 über menschenwürdige Arbeit für Hausangestellte[120] zu Recht als nicht mehr haltbar anzusehen ist.[121] Das Argument, es werde im Haushalt nur der Eigenbedarf gedeckt, überzeugt nicht, denn auch sonst wird beim Betriebsbegriff nicht auf die wirtschaftliche Bedeutung der betrieblichen Arbeitsorganisation abgestellt, sondern auf die Verfolgung arbeitstechnischer Zwecke, deren fortgesetzte Verfolgung durch Etablierung einer arbeitgeberseitigen Leitungsorganisation gewährleistet wird. Warum in einem Privathaushalt, der die nach Abs. 1 Satz 1 notwendige Zahl von AN als Hausangestellte beschäftigt, kein BR sollte gewählt werden können, bedarf einer besonderen Rechtfertigung. Die besondere soziale Nähe zwischen AG und AN stellt sich hier nicht anders dar, als in einem familiär geführten kleinen Handwerksbetrieb, der unter gleichen zahlenmäßigen Voraussetzungen ohne Zweifel dem BetrVG unterfällt, und scheidet daher als Sachgrund für eine Differenzierung aus.

43 Eine nähere Analyse des Prozesses der Begriffsbildung seit *Jacobi* ergibt, dass die vom *BAG*[122] verwendete Formel gar nicht auf *Jacobi* zurückgeht, sondern vielmehr identisch ist mit der Begriffsbestimmung, die das Beratungsergebnis im »Arbeitsrechtsausschuß der Akademie für Deutsches Recht« von 1938 darstellte und von *A. Hueck* seit 1959 maßgeblich propagiert wurde.[123] Während sich in der Definition von *Jacobi* die »Vereinigung« (i. S. v. organisatorischer Zusammenfassung) auf die Arbeitsmittel bezog (zu denen er auch die AN zählte), gibt die »organisatorische Einheit« in der Definition von *A. Hueck/BAG* einen Rahmen an für den Tätigkeitszusammenhang von Menschen (»innerhalb derer«; »UN mit seinen Mitarbeitern«) und damit wiederum – wenn auch nicht so maßgeblich wie bei *Joost – ein* immerhin mögliches **Datum** für die Einbeziehung **auch** des Merkmals **der räumlichen Nähe bzw. Einheit** in die Begriffsbestimmung.[124] Dieser Interpretationsrahmen ist bislang jedoch nicht ausgeschöpft worden.[125] Die Praxis kann sich zur Bestimmung des Betriebs an der Checkliste[126] orientieren.

KSchG 1969, unter Betonung der Begriffsidentität im BetrVG und KSchG; dieselbe Formel wird in *BAG* 7.8.86, 29.1.87, 25.9.86, 14.9.88, AP Nrn. 5 – 7, 9 zu § 1 BetrVG 1972; 29.5.91, NZA 92, 74 [75], benutzt; anders noch in den früheren *BAG*-Entscheidungen zum Betriebsbegriff, vgl. nur *BAG* 3.12.54, AP Nr. 1 zu § 88 BetrVG; 13.7.55, AP Nr. 1 zu § 81 BetrVG, wo wie zuvor bei *Nikisch*, Bd. 1, S. 150 f., und bereits *ders.*, ZgStW, Bd. 103 [1943], S. 357, sowie *Dietz*, BetrVG, 4. Aufl., § 1 Rn. 36, der Betrieb definiert wird als die »organisatorische Einheit von Arbeitsmitteln, mit deren Hilfe jemand allein oder in Gemeinschaft mit seinen Mitarbeitern einen bestimmten arbeitstechnischen Zweck fortgesetzt verfolgt«.

118 Vgl. z. B. *BAG* 23.3.84, AP Nr. 4 zu § 23 KSchG 1969; 13.9.84, AP Nr. 3 zu § 1 BetrVG 1972; 16.10.87, AP Nr. 69 zu § 613 a BGB.

119 Vgl. *Richardi*, Rn. 50; *Fitting*, Rn. 65; *Hueck-Nipperdey*, Bd. 1, 7. Aufl. 1963, S. 93; *Nikisch*, Bd. 1, S. 149, meint, dem Haushalt fehle es an einem nach außen in Erscheinung tretenden selbstständigen Lebensbereich, was für den Betrieb aber erforderlich sei; so schon *ders.*, ZgStW, Bd. 103, S. 357; anders noch *Dietz*, a. a. O., Rn. 36, der aus dem Definitionsmerkmal »Unternehmer« ableitet, dass der Haushalt ausscheidet.

120 BGBl. II 2013, 922.

121 Dazu *Kocher*, NZA 13, 929, 931, 932.

122 9.12.92 – 7 ABR 15/92, uv. [Deutscher Herold].

123 Zu den Einzelheiten *3. Aufl. 1992*, Rn. 31 ff.

124 Vgl. zu den formulierungstechnischen Versionen und ihren Verwendern *Joost*, S. 82 m. w. N.; in der h. M. wird freilich der räumlichen Einheit von Arbeitsstätten allenfalls ein indizieller Wert für die Annahme eines einheitlichen Betriebs beigemessen, vgl. etwa *BAG* 24.2.76, 23.9.82, AP Nrn. 2, 3 zu § 4 BetrVG 1972.

125 *Joost*, S. 147 f., weist darauf hin, dass in der Praxis die unterschiedlichen Formeln jedenfalls bisher nicht zu unterschiedlichen Sachaussagen geführt hätten.

126 DKKWF-*Trittin*, § 1 Rn. 2.

d) Der »Betrieb« als Typus *(Fromen)*?

Da es offenbar eine »Patentlösung« zur Bestimmung des Betriebs und damit der jeweils betriebsratsfähigen Einheit nicht gibt, wenn man sich an einer aus festen Merkmalen bestehenden Definition orientiert, hat *Fromen*[127] vorgeschlagen, den Betrieb nicht als Begriff, sondern als **Typus** zu begreifen. Danach wäre der Betrieb durch eine Vielzahl von Merkmalen zu beschreiben, die in sehr unterschiedlichen Abstufungen im Sinne von »mehr oder weniger« vorliegen, im Einzelfall aber auch fehlen können. Ob ein zur Entscheidung stehender Einzelfall dem Typus entspricht, kann folglich **nicht** durch **Subsumtion** im herkömmlichen Sinne entschieden werden, **sondern** nur durch eine **wertende Zuordnung.** Der Einzelfall ist dem Typus zuzuordnen, wenn die typischen Merkmale in solcher Zahl und Stärke vorliegen, dass der Sachverhalt im Ganzen dem Typus entspricht. **44**

Die **Struktur des Merkmalskomplexes,** der den Typus Betrieb beschreibt, ist nach *Fromen* aus **sechs Merkmalsgruppen** (Identität des Betriebsinhabers, Leitung, räumlicher Zusammenhang, soziale Verbundenheit, gemeinsame Nutzung der Betriebsmittel, Verknüpfung der Arbeitsabläufe) zusammengesetzt, die ihrerseits in Untergruppen zergliedert werden können.[128] Diese Methode ähnelt dem Vorschlag von *Kohte,*[129] der in Anknüpfung an die ältere Rspr. des *BAG* (Rn. 68 f.) die Merkmale der räumlichen Einheit, des Tätigkeitszusammenhangs und der informell-sozialkommunikativen Beziehungen als Ausgangspunkte wählt und diesen wiederum Untermerkmale zuordnet, die allerdings nicht fest konturiert sind – ebenso wenig wie der von ihm so bezeichnete »vage Klassenbegriff« Betrieb dies ist; ebenso wie bei *Fromen* erhält der arbeitgeberseitige **Leitungsapparat** in den sozialen und personellen Mitbestimmungsangelegenheiten »nur« den **Stellenwert eines Untermerkmals.** Der **DGB-Gesetzesvorschlag** zu einer Betriebsdefinition, der sich methodisch an dem Vorstehenden orientierte, hat z. T. schroffe Ablehnung – gerade auch wegen der Nutzung der typologischen Methode – erfahren.[130] **45**

Es könnte sich jedoch zur Verfeinerung der Vorgehensweise bei einer wertenden Zuordnung (vgl. Rn. 44) anbieten, die **Konturierung der Merkmalsgruppen** in der Weise vorzunehmen, dass als **Ausgangspunkt** der Typisierung die von *Rancke* festgestellten **sozialtypischen Betriebsformen**[131] herangezogen werden, um so zu einer möglichst präzisen idealtypischen Beschreibung des jeweiligen Betriebstypus zu gelangen. Dies könnte helfen, die Bedenken zu zerstreuen, die vor allem wegen der vermeintlich zu großen **Offenheit der typologischen Methode** gegen diese eingewandt werden.[132] Die Charakterisierung des Betriebsbegriffs als unbestimmter Rechtsbegriff (vgl. Rn. 71) durch das *BAG* selbst böte bereits heute einen geeigneten methodischen und prozeduralen Ansatzpunkt, um den Tatsacheninstanzen eine Abkehr von dem auf den Leitungsapparat fixierten Denken zu »erlauben«.[133] **46**

2. Normzweck: die Abgrenzung betriebsratsfähiger Einheiten

a) Betriebsratsfähige Einheiten als Organisationsgliederungen von UN

BR werden gemäß § 1 **in Betrieben** gewählt, die über eine gewisse Mindestzahl von wahlberechtigten und wählbaren AN i. S. d. Gesetzes verfügen (vgl. zum AN-Begriff § 5 Rn. 8 ff.; zur **47**

---

127 FS Gaul, S. 151 [174].
128 Zu den Einzelheiten *Fromen,* FS Gaul, S. 178 – 182.
129 Betrieb und Unternehmen, S. 394.
130 Vgl. *Richardi,* NZA 00, 161 [163]; *Reichold,* NZA 99, 561 [566 f.]; ablehnend auch *Däubler,* AuR 01, 1 [2].
131 Ein-Betrieb-UN, Punktbetrieb, Filial-UN, UN mit neuartiger Leitungs- und Organisationsstruktur, a. a. O., S. 173, 177, 186, 194.
132 Vgl. *Fromen,* FS Gaul, S. 176; als weitere Gesichtspunkte müssten in die Merkmalsgruppen eingeordnet werden: Effizienz der betrieblichen Mitbestimmungsordnung in Bezug auf die Erreichung von Grenz-Schwellenwerten für Mitbestimmungsrechte und Organisationsrechte des BR [vgl. Rn. 42]; Bedeutung der bisherigen Vertretungsorganisation [Tradition]; zu weiteren Elementen *Gamillscheg,* Anm. zu EzA § 4 BetrVG 1972 Nrn. 4 und 5, S. 56 ff.
133 Beispielgebend insoweit *LAG Niedersachsen* 23.4.90, LAGE § 1 BetrVG 1972 Nr. 3.

Wahlberechtigung § 7; zur Wählbarkeit § 8). Der betriebsverfassungsrechtliche Begriff des Betriebs darf **nicht** mit dem des UN verwechselt werden: **ein UN ist nicht** der Betrieb i. S. d. BetrVG; **ein UN hat** einen (oder mehrere) Betrieb(e), aber dies ist nicht zwingend, weil es durchaus UN ohne Betrieb i. S. d. Gesetzes geben kann: Der Betrieb eines arbeitnehmerlosen UN ist jedenfalls wegen der in § 1 aufgestellten Voraussetzungen für die Errichtung von BR betriebsverfassungsrechtlich uninteressant[134]. Das UN ist somit entweder allein oder mit anderen UN gemeinsam (dazu unten Rn. 88 ff.) Rechtsträger/Inhaber eines Betriebs oder mehrerer Betriebe (vgl. zum Begriff »Inhaber« Einl. Rn. 155). Weil ein UN mehrere Betriebe haben kann (diese müssen nicht etwa als Filiale oder **Zweigniederlassung** i. S. v. §§ 13 ff. HGB anzusehen sein, sie können »unterhalb« dieser handelsrechtlichen Formalisierung bleiben), besteht auch die vom Gesetz mitbedachte Möglichkeit, dass innerhalb des Gesamtbereichs eines UN mehrere BR gewählt werden können (sog. mehrbetrieblich aufgebautes UN). Das Gesetz trägt dem die seit 1972 in § 47 zwingend vorgesehene Errichtung eines GBR auf der Ebene des UN Rechnung, sobald innerhalb eines UN mindestens zwei BR-Gremien gebildet sind, und grenzt in § 50 die Zuständigkeitsbereiche des GBR von denjenigen der örtlichen, auf Betriebs- oder Betriebsteilebene errichteten BR ab.[135]

48 Das Gesetz kennt darüber hinaus in § 4 aber auch noch die Begriffe **Hauptbetrieb, Betriebsteil** und **Kleinstbetrieb** und knüpft hieran bezüglich der BR-Bildung gewisse Besonderheiten (vgl. zu diesen Begriffen § 4 Rn. 12 ff., 42 ff., 135 ff.). Die Vorschrift fingiert unter den in ihr genannten Voraussetzungen, dass ein Betrieb vorliegt und somit ein BR auch für den Betriebsteil zu wählen ist. § 4 soll vor allem dem heute eher üblichen – für bestimmte Gewerbezweige des Handels und Dienstleistungssektors geradezu typischen – Erscheinungsbild eines UN mit notwendigerweise hochgradig dezentraler und räumlich weit verteilter Aufbauorganisation hinsichtlich seiner Betriebsstätten Rechnung tragen (z. B. Einzelhandelsfilialunternehmen, Banken, Versicherungen usw.; vgl. zum Sonderproblem der **Filial-UN** § 4 Rn. 88 ff.).

49 **Keiner dieser** für die BR-Bildung so grundlegenden **Begriffe wird** jedoch **im Gesetz näher bestimmt.** Dies führte aber zu der bisher allgemein verbreiteten These (vgl. Rn. 40 f.), dass auch im Betriebsverfassungsrecht an den im Jahre 1926 von *Jacobi* (allerdings zu anderen Zwecken) begründeten und in der Folgezeit von Rspr. und Literatur weiterentwickelten **allgemein-arbeitsrechtlichen Begriff** anzuknüpfen sei (vgl. zur Begriffsgeschichte näher *3. Aufl. 1992,* Rn. 18 ff.). Dass dieser vermeintlich allgemeingültige Begriff gerade **für betriebsverfassungsrechtliche Zwecke** weitestgehend **untauglich** ist, haben eine Reihe von Untersuchungen deutlich belegt.[136] Heute wächst demgegenüber die Erkenntnis, dass eine **objektive Definition** dieser für die Betriebsverfassung konstitutiven Begriffe im Grunde **unmöglich** ist, da es sich um Funktions- oder Gebrauchsbegriffe handelt, deren konkreter Inhalt aus dem jeweiligen Normzweck zu bestimmen ist.[137] Hierin liegt der Grund dafür, dass der Gesetzgeber die Möglichkeiten zur vom Gesetz abweichenden kollektivvertraglichen Regelung der Betriebsverfassungsstrukturen in § 3 durch die **Novellierung 2001** erheblich erweitert hat.

---

134 Vgl. insoweit *BAG* 10.4.91, NZA 91, 856, wonach die Mitarbeiter im Betrieb eines alternativen Zimmerei-UN keine AN sind, wenn sie alle Gesellschafter dieses UN und zugleich alle zu Geschäftsführern bestellt sind; andererseits steht die Gesellschaftereigenschaft als solche nicht schon der Annahme des AN-Status entgegen; vgl. dazu *BAG* 28.11.90, DB 91, 659).

135 Zu diesem für den Betriebsbegriff grundlegenden Funktionszusammenhang näher *Kohte,* Betrieb und Unternehmen, S. 390 ff.

136 Vgl. *Joost,* Betrieb und Unternehmen als Begriff im Arbeitsrecht, 1988; *Kohte,* Betrieb und Unternehmen unter dem Leitbild des Organisationsvertrages, 1987; Zweifel waren allerdings bereits von *Gamillscheg,* ZfA 1975, 357 ff., geäußert worden – allerdings ohne entsprechenden Widerhall in der Rspr. hervorzurufen; vgl. auch *Rancke,* Betriebsverfassung und Unternehmenswirklichkeit, 1982, S. 251 ff., der drei gesetzesleitende Prinzipien für die Abgrenzung betriebsratsfähiger Einheiten angibt, nämlich [1] die bereichsgebundene Institution zur Verwirklichung effektiver Mitbestimmung bei größtmöglicher Entscheidungsnähe, [2] die Arbeitnehmernähe des gesetzlichen Vertretungsorgans [Ortsnähe], [3] die Einheitlichkeit des BR, und sie auf ihre Realisierung hin mit der Rechtswirklichkeit abgleicht; vgl. auch unten Rn. 53 f.

137 So auch MünchArbR-*Richardi,* § 22 Rn. 15 f., 26 im Anschluss an *Joost,* a. a. O.

b) Zentralität der BR-Struktur als Leitbild des Gesetzes?

Wie die im Zusammenhang mit § 50 zu lesende Regelung der §§ 1, 4 ergibt, will das Gesetz gerade **unterhalb der UN-Ebene** eine Vertretungsorganisation der Arbeitnehmer schaffen, die die gesetzliche Mitbestimmungsordnung (und die Kommunikationsstrukturen) möglichst **ortsnah und effektiv** verwirklicht.[138] Diesem Gesichtspunkt trägt der **Novellierungsgesetzgeber 2001** durch **Optionsrechte der Belegschaft** (§ 3 Abs. 3, § 4 Abs. 1 Satz 2 n. F.) in engem Rahmen Rechnung. **50**

§ 50 Abs. 1 weist dem **GBR** überdies eine bloß **subsidiäre** funktionale **Zuständigkeit** zu, so dass es jedenfalls in Anwendung der gesetzlichen Vorschriften über die Repräsentationsbereiche auch falsch wäre, bei einem in mehrere Betriebsstätten gegliederten UN die Bildung nur eines zentralen BR vorzunehmen.[139] Gerade § 47 verdeutlicht, dass bei dezentraler Aufbauorganisation ein BR nicht für den Gesamtbereich eines UN gebildet werden kann, sondern dort zu wählen ist, wo gearbeitet wird.[140] Dagegen sollen Fragen, die das Gesamt-UN betreffen, dem GBR vorbehalten bleiben. Aus dieser **Normzweckanalyse** ergibt sich weiter, dass **methodisch nicht** davon auszugehen ist, die Betriebsfiktion für Betriebsteile gemäß § 4 nur in Ausnahmefällen anzuwenden, d. h., die Vorschrift eng auszulegen, und damit einer **eher zentralistischen Betriebsräteorganisation** das Wort zu reden.[141] Denn anders als noch die Vorläuferbestimmung des § 3 BetrVG 1952, die bereits eindeutig vom Wortlaut her (»nur dann«) als Ausnahmevorschrift konzipiert war, enthält § 4 BetrVG 1972 derlei Ansatzpunkte für eine einschränkende Auslegung schon seinem Wortlaut nach nicht. Nach § 46 BetrVG 1952 war im Unterschied zu der seit 1972 geltenden Rechtslage (vgl. § 47) die Bildung eines GBR zudem nicht zwingend vorgesehen, so dass es damals durchaus sinnvoll war, vom Prinzip eines einheitlichen BR für das UN nur ausnahmsweise abzuweichen.[142] Durch §§ 3 Abs. 1 Nr. 1, Abs. 3; 4 Abs. 1 Satz 2, die durch TV bzw. Option der Belegschaft eine unternehmensbezogene, einstufige Repräsentation erlauben, wird diese Sichtweise vom **Novellierungsgesetzgeber 2001** gleichsam bestätigt. **51**

Andererseits zwingt das Gebot effektiver Verwirklichung der gesetzlichen Mitbestimmungsordnung (vgl. Rn. 50; man könnte deshalb vom betriebsverfassungsrechtlichen **Effizienzprinzip** sprechen) dazu, auch unter Berücksichtigung von § 4 die Abgrenzung der jeweiligen betriebsratsfähigen Organisationseinheit so vorzunehmen, dass möglichst **das vollständige Spektrum von Beteiligungsrechten** erreicht wird **und** eine **arbeitsfähige betriebsrätliche Arbeitsorganisation** möglich ist (z. B. Bildung eines BR, der aus mehreren Personen besteht, vgl. § 9; Aufrechterhaltung von Kontinuität trotz möglicher Fluktuation der Mitglieder infolge Rücktritts oder Ausscheidens, vgl. §§ 13 Abs. 2, 24 Abs. 1 Nr. 2 – 4; Ausschussbildung, vgl. §§ 27, 28; Freistellungen, vgl. § 38). **52**

c) Leitungsorganisation des AG oder Handlungsorganisation der AN?

BR haben – worauf *Birk*[143] und *Oehmann*[144] bereits früher hingewiesen hatten – sowohl **auf den AG bezogene Aufgaben** (z. B. bei der Wahrnehmung ihrer Mitbestimmungsfunktionen durch Verhandlungen, Beratungen, Gespräche usw.) als auch **auf die AN bezogene Aufgaben** **53**

---

138 *BAG* 3.12.85, AP Nr. 28 zu § 99 BetrVG 1972; *Kohte*, Betrieb und Unternehmen, S. 392; *ders.*, Anm. zu *BAG* 29.1.92, AP Nr. 1 zu § 7 BetrVG 1972; *ders.*, BB 92, 137 ff.; *ders.*, RdA 92, 302 ff.; *LAG Niedersachsen* 23.4.90, LAGE § 1 BetrVG 1972 Nr. 3; vgl. zu diesem Normzweck bereits die ältere Rspr.: *BAG* 23.9.60, 1.2.63, 5.6.64, AP Nrn. 4, 5, 7 zu § 3 BetrVG; 5.4.63 – 1 ABR 7/62, uv., dieser Beschluss erlaubte bei der Frage, wie sinnvollerweise im konkreten Fall die Abgrenzung erfolgen soll, den Willen der Arbeitnehmerschaft zu Grunde zu legen.

139 *Joost*, S. 93.

140 MünchArbR-*Richardi*, § 22 Rn. 16, 28.

141 So aber noch *BAG* 24.2.76, AP Nr. 2 zu § 4 BetrVG 1972 in offenbar unkritischer Fortschreibung der Begriffsbildung, wie sie zu § 3 BetrVG 1952 vorgenommen worden war; vgl. auch § 4 Rn. 44.

142 Näher dazu *Kohte*, Betrieb und Unternehmen, S. 391.

143 AuR 78, 226 [230].

144 DB 64, 587 [588].

(z. B. Betriebsversammlungen durchführen, Sprechstunden einrichten, erreichbar sein, Aufsuchen der AN an den Arbeitsplätzen usw.).[145] Das erfordert bei der Bestimmung dessen, was im konkreten Fall als Betrieb anzusehen ist und deshalb – bildlich gesprochen – als Wahlkreis gilt, für den ein BR (nicht etwa: ein BR-Mitglied) zu wählen ist, eine **Verknüpfung von organisations- und belegschaftsbezogenen Momenten bei der Begriffspräzisierung.**[146] Die **notwendige Kombination beider Gesichtspunkte** schließt es nach hier vertretener Ansicht deshalb **entgegen** einer starken anders lautenden Tendenz in der Rspr. – insbesondere des *7. Senats des BAG*[147] – aus, den Betrieb oder die betriebsratsfähigen Einheiten unter Vernachlässigung der belegschaftsbezogenen Momente im Wesentlichen **allein** nach der vom AG (zudem ohne jede Einwirkungsmöglichkeit der AN-Seite) geschaffenen **Leitungsorganisation** bezüglich der Wahrnehmung der **Kernaufgaben** im Bereich der sozialen und personellen **Mitbestimmungsangelegenheiten** zu bestimmen.[148]

54 **Richtig** an der Sichtweise, die sich auf den Leitungsapparat des AG fixiert, **ist lediglich,** dass ein BR zur Wahrnehmung der Mitbestimmungsrechte eines Repräsentanten/Vertreters des AG bedarf (arbeitgeberbezogenes Aufgabenmoment des BR). **Falsch ist jedoch** die Annahme, dass deswegen ein BR stets nur in der und für die Organisationseinheit zu bilden ist, in der diese Leitungsorganisation personell, physisch oder institutionell angesiedelt ist.[149] Wollte man dies annehmen, könnte eine arbeitgeberseitige Zentralisierung von Befugnissen in den Mitbestimmungsangelegenheiten auf der Ebene der Unternehmensleitung ohne weiteres dazu führen, dass für ein an sich mehrbetrieblich, d. h. dezentral, organisiertes Unternehmen **nur noch ein BR** gebildet werden könnte.[150] Das würde allerdings der im Gesetz selbst zum Ausdruck gekommenen und der daraus folgenden Aufgabenzuweisung an die BR einerseits und den GBR andererseits zuwiderlaufen.

55 Die Anknüpfung an den »Kernaufgaben im Bereich der sozialen und personellen Mitbestimmungsangelegenheiten« offenbart gerade in Bezug auf UN mit **Arbeitsdirektor** (vgl. §§ 33 Abs. 1 MitbG, 13 Abs. 1 MontanMitbG und § 13 Satz 1 MitbErgG) für die Frage der betriebsratsfähigen Einheit eine problematische Situation: Soll etwa wegen der kraft Gesetzes stets notwendig auf der Ebene des vertretungsberechtigten Organs des UN angesiedelten »Kernbereichszuständigkeit« in derartigen UN (mit i. d. R. mehreren auch großen Betriebsstätten) immer nur ein einziger BR gebildet werden können?[151]

56 Die Fixierung auf den arbeitgeberseitigen **Leitungsapparat** trägt **einem** Gesichtspunkt einer effektiven Mitbestimmungsordnung besonders Rechnung, nämlich dem der **Entscheidungsnähe.**[152] Die hinter dieser Verfahrensweise stehende Befürchtung, dass Verhandlungen des BR

145 Dazu etwa *Neumann-Duesberg,* AuR 67, 161 [164].

146 So zutreffend noch *BAG* 24.2.76, AP Nr. 2 zu § 4 BetrVG 1972; 29.3.77, AuR 78, 254 [256], wo auf den arbeitgeberseitigen Leitungsapparat als einem lediglich *mit* entscheidenden [aber eben nicht *allein* entscheidenden] Gesichtspunkt abgestellt wird; vgl. näher *Kohte,* BB 92, 137, 140.

147 Vgl. 9.12.92 – 7 ABR 15/92, uv. [Deutscher Herold]; 29.1.92, NZA 92, 894; 29.5.91, NZA 92, 74; 26.7.89 – 7 ABR 22/88, uv. [Dialysezentrum]; 18.1.89, EzA § 14 AÜG Nr. 1; 14.9.88, EzA § 1 BetrVG 1972 Nr. 7.

148 Gegen die Dominanz der Leitungsstrukturen bei der Begriffsbildung des Betriebs auch *Däubler,* Anm. zu AP Nr. 8 zu § 1 BetrVG 1972 Gemeinsamer Betrieb; auch *Zöllner,* FS Semler, S. 995 ff., plädiert vorsichtig für die Abkehr von einer allzu einseitig auf die Leitungsorganisation ausgerichteten Denkweise bei der Bestimmung des Begriffs »Betrieb«; vgl. zur europarechtlichen und personalvertretungsrechtlichen Begriffsbildung o. Rn. 35, 36.

149 *Joost,* S. 247.

150 So tatsächlich die Konsequenz in *LAG Hamm* 7.3.90 – 3 TaBV 139/89, uv., wo die – naturgemäß – beim Vorstandsmitglied ressortierende allumfassende Zuständigkeit im Personal- und Sozialwesen als Kristallisationspunkt des einheitlichen Leitungsapparats angenommen wurde und in dem UN mit bisher mehreren BR in den verschiedenen räumlich getrennten Betriebsstätten somit nur noch ein BR unter Wegfall des bisherigen GBR gebildet werden kann.

151 Vgl. zum arbeitsdirektorialen Zuständigkeitsbereich *Köstler/Kittner/Zachert/Müller,* Aufsichtsratspraxis, Rn. 518 ff.; *Schiessl,* ZGR 92, 64, 72; *Hammacher,* RdA 93, 163.

152 Dazu und zum Spannungsfeld zwischen Entscheidungsnähe und Arbeitnehmernähe *Rancke,* S. 254, 256, der für eine Abwägung beider Momente plädiert; die Untersuchung von *Rancke* ergab rechtstatsächlich eine Dominanz des Prinzips der Entscheidungsnähe zu Lasten der Arbeitnehmernähe bei der Abgrenzung betriebsratsfähiger Einheiten, vgl. ebd., S. 265, 267, 272, 276.

erfolglos bleiben müssten, wenn sie nicht mit demjenigen geführt werden, der die Entscheidungen für den AG **tatsächlich** trifft, vermengt die tatsächliche **Entscheidungszuständigkeit** (Leitungsapparat) mit der rechtlichen **Entscheidungszurechnung** zum AG. Der BR ist nicht bei einem (mehr oder weniger zufällig vorhandenen, vor allem austauschbaren) physischen Entscheidungsträger zu bilden, sondern für eine mit Hilfe des Betriebsbegriffs abzugrenzende AN-Gruppe; sodann hat er die gesetzlichen Rechte und Pflichten gegenüber dem jeweiligen Entscheidungsträger wahrzunehmen;[153] dies können durchaus verschiedene Personen sein.[154]

Die Unterscheidung von Betrieb und Unternehmen in §§ 1, 4, 47 hat den Zweck, die **Interessenvertretung der AN** und nicht etwa eine auf die AN zielende Handlungsorganisation für den arbeitgeberseitigen Leitungsapparat zu schaffen. Es geht dabei um die **Regelung von Wahlkreisen** oder, was dasselbe meint, die **Bildung homogener Wählerschaften** innerhalb des UN-Bereichs, für die zur praktischen Realisierung der gesetzlichen Mitbestimmungs- und Kommunikationsordnung die Bildung eigener BR sinnvoll ist.[155] Die vom Gesetz als **Betriebsrat** bezeichnete **Handlungsorganisation der Arbeitnehmerseite** soll möglichst ortsnah und effektiv verwirklicht werden. Sie dient den AN-Belangen, »um derentwillen es überhaupt eine Betriebsverfassung gibt«.[156] Deshalb ist es richtig, in Zweifelsfällen bei der Abgrenzung bzw. Festlegung der betriebsratsfähigen Einheiten **den belegschaftsbezogenen Momenten Vorrang** gegenüber möglicherweise zu einem anderen Ergebnis führenden arbeitgeberbezogenen Momenten **zu geben,** weil dies dem grundsätzlichen Anliegen des Betriebsverfassungsrechts als **Organisationsrecht für die arbeitnehmerseitige Handlungsorganisation** besser entspricht.[157] 57

3. Die Rechtsprechung des BAG

a) Allgemeines, Begriffsmerkmale

Nach der vom *BAG* seit Beginn der 80er Jahre bis in die heutige Zeit (mit kleinen begrifflichen Unterschieden) gleich bleibend zugrunde gelegten **Definition** ist der »**Betrieb** die organisatorische Einheit, innerhalb derer der Unternehmer allein oder zusammen mit seinen Mitarbeitern mit Hilfe sächlicher und immaterieller Mittel bestimmte arbeitstechnische Zwecke fortgesetzt verfolgt«.[158] Obgleich das *BAG* selbst meinte, dass für das **BetrVG** von einem **besonderen Betriebsbegriff** auszugehen sei, der an den Gesetzeszwecken ausgerichtet werden müsse,[159] wird in der Rspr.-Praxis somit eine Definition benutzt, die nicht für betriebsverfassungsrechtliche Zwecke entwickelt wurde, sondern auf den allgemeinen Betriebsbegriff zurückgeht, der in den 30er Jahren unter maßgeblicher Beteiligung von *A. Hueck* geprägt worden ist.[160] 58

153 *Joost,* S. 247.
154 Vgl. *Däubler,* Anm. zu AP Nr. 8 zu § 1 BetrVG 1972 Gemeinsamer Betrieb; zum betriebsverfassungsrechtlichen AG-Begriff auch *Wißmann,* NZA 01, 409 ff.; *ders.,* NZA 03, 1 [2 f.] und *Joost,* FS Zeuner, S. 67 ff.
155 *Gamillscheg,* ZfA 75, 357, 361 f.; *ders.,* AuR 89, 33; *Joost,* S. 93, 239, 308, 399; MünchArbR-*Richardi,* § 22 Rn. 16, 27; *Kohte,* Betrieb und Unternehmen, S. 393, 396.
156 So schon *Oehmann,* DB 64, 587, 588, und *BAG* 5.4.63 – 1 ABR 7/62, uv., das dem *Willen der Belegschaft* bei der Abgrenzung erheblichen Stellenwert beimisst [vgl. Rn. 70].
157 Für eine arbeitnehmerorientierte Sichtweise bereits *Hessel,* RdA 51, 450 [451]; *Kohte,* BB 92, 137 [141]; *ders.,* RdA 92, 302 [310] mit dem Hinweis, dass eine dominierende Orientierung am Gesichtspunkt der arbeitgeberseitig geschaffenen Leitungsorganisation [Leitungsapparat] zur Auflösung gewachsener BR führe und im Übrigen mit der Entdeckung einer irgendwie »zuständigen« Personalleitung ende [a. a. O., S. 310 mit entsprechender Erwähnung von *LAG Hamm* 15.5.91 – 3 TaBV 184/90, uv.; 22.1.92 – 3 TaBV 133/91, uv.; vgl. auch *LAG Hamm* 7.3.90 – 3 TaBV 139/90, oben Rn. 54 a. E.]; zur Kritik auch § 4 Rn. 81.
158 Vgl. *BAG* 9.12.92 – 7 ABR 15/92, uv. [Deutscher Herold]; 29.1.92, NZA 92, 894; 29.5.91, NZA 92, 74; 18.1.90, AP Nr. 9 zu § 23 KSchG 1969; 14.9.88, AP Nr. 9 zu § 1 BetrVG 1972; vgl. zu früheren vom *BAG* verwendeten Definitionen Rn. 42.
159 Vgl. *BAG* 1.2.63, AP Nr. 5 zu § 3 BetrVG.
160 Dazu Rn. 43; vgl. auch *Joost,* S. 84.

59 Auf der Basis dieser Definition erscheint es zunächst formal folgerichtig, als **Merkmale des Betriebsbegriffs** anzusehen:

60 • die **Einheit des Inhabers** (Inhaberidentität; bisweilen – so vor allem bei Betriebsübergängen gemäß § 613 a BGB in kurzer Folge – ist es schwierig festzustellen, wer gerade Inhaber im Rechtssinne ist und damit AG bzw. UN im betriebsverfassungsrechtlichen Regelungszusammenhang), so dass die als »Betrieb« zu beurteilende Einheit grundsätzlich nur **einen** bestimmten Inhaber haben kann, der zudem in gesellschaftsrechtlicher Weise organisiert sein muss (natürliche oder juristische Person oder Personengesamtheit).[161] Wie wenig die Begriffsdefinition der h. M. mit der Betriebsverfassung zu tun hat, zeigt sich schon daran, dass danach auch ein »Alleinbetrieb« des UN (ohne AN!) möglich ist; für das BetrVG ist das allerdings eine unbeachtliche Konstellation.[162] § 1 Abs. 1 Satz 2 zeigt freilich, dass die Einheit des Inhabers gerade kein Merkmal des betriebsverfassungsrechtlichen Betriebsbegriffs ist;[163]

61 • **nicht** begriffsnotwendig soll das **Vorhandensein von AN** nach h. M. sein,[164] eine in der Tat groteske Annahme,[165] die – jedenfalls für das Betriebsverfassungsrecht – nur als völlig weltfremd bezeichnet werden kann;

62 • das **Vorhandensein von Betriebsmitteln,** was freilich nur in den seltensten Fällen zum ausschlaggebenden Kriterium werden dürfte.[166] Die **Betriebsmittel müssen nicht im Eigentum des Inhabers stehen;** eine tatsächliche Nutzungsmöglichkeit zur Verfolgung des vom Inhaber vorgegebenen Zweckes genügt;

63 • die **Verfolgung** eines **arbeitstechnischen Zweckes,** wobei es praktisch unmöglich ist, zu bestimmen, was ein arbeitstechnischer Zweck im konkreten Fall ist;[167]

64 • die **Art des verfolgten Zweckes** (Produktion, Vertrieb, Verwaltung, Dienstleistung usw.) spielt für den Begriff des Betriebs keine Rolle; lediglich der **Familienhaushalt** (vgl. Rn. 42) ist nach h. M. kein Betrieb i. S. d. Gesetzes, allerdings nicht wegen seines besonderen Zweckes, sondern weil er nur der Befriedigung des Eigenbedarfs dient;[168]

65 • die **Einheit der Organisation,** die offenbar wegen der Unschärfen der vorgenannten Merkmale – insbesondere des arbeitstechnischen Zwecks – letztlich zum ausschlaggebenden

---

161 Vgl. *BAG* 5.12.75, 11.12.87, AP Nrn. 1, 7 zu § 47 BetrVG 1972; 29.11.89, DB 90, 1568; so schon *Jacobi*, S. 9, 11; *Hueck/Nipperdey*, Bd. 1, 7. Aufl. 1963, S. 93 f.; vgl. zur weitgehenden Beseitigung dieses Erfordernisses in der jüngsten Rspr. des *BAG* zum Gemeinschaftsbetrieb mehrerer UN Rn. 92 ff.

162 Vgl. aber *BAG* 22.5.79, AP Nr. 4 zu § 111 BetrVG 1972.

163 Vgl. *Fitting*, Rn. 68.

164 Vgl. nur *Nikisch*, Bd. 1, S. 149.

165 *Wagner*, AuR 90, 245 [250]; kritisch auch *Joost*, S. 236.

166 Und in der Rspr. bisher auch nicht geworden ist; der von *Joost*, S. 233, angeführte Fall einer betriebsmittellosen Pantomimengruppe ist zwar exotisch, zeigt aber auch, wie wenig es für den betriebsverfassungsrechtlichen Begriff, der den Bereich angeben soll, für den ein BR gewählt werden kann, auf derartige Merkmale ankommen kann; unverständlich *Nikisch*, Bd. 1, S. 150, der einen Betrieb ohne Sachmittel für undenkbar hält; gekünstelt auch die Bemühung *Galperins*, BABl. 50, 61, den Bauchladenbetrieb eines Einzel-UN aus dem Betriebsbegriff auszugrenzen, weil die technische Betriebsanlage nicht ganz unbedeutend sein dürfe.

167 Dazu schon *3. Aufl. 1992*, Rn. 25; insoweit zutreffend die Kritik *Nikischs*, Bd. 1, S. 153 f., wonach es auf die Einheitlichkeit des Zweckes für die Annahme eines Betriebs nicht ankommen könne, weil derselbe UN denselben Zweck durchaus in mehreren selbstständigen Betrieben verfolgen könne; bei gleicher theoretischer Begriffsbildung sind offenbar keine konsistenten Auslegungsergebnisse zu erzielen: In *BAG* 24.1.64, AP Nr. 6 zu § 3 BetrVG wurde für ein Zeitungsverlags-UN mit Sitz in Düsseldorf und zehn in der gesamten BRD verstreut liegenden Geschäftsstellen wegen der Verfolgung desselben Zweckes ein [bundesweiter] Betrieb angenommen; auch in *BAG* 3.12.85, EzA § 4 BetrVG 1972 Nr. 4 wurde für ein UN der Erwachsenenbildung, das diesen »Zweck« in mehreren räumlich weit getrennt voneinander liegenden Kleinstbetrieben mit jeweils nur 2 – 3 AN verfolgte, ein einheitlicher Betrieb angenommen; umgekehrt käme niemand auf den Gedanken, einen einheitlichen Betrieb desselben Automobilherstellers anzunehmen, der in Emden ein Werk betreibt, in dem der Autotyp X hergestellt wird, während er in Hannover den Typ Y erzeugt, obgleich es doch in beiden Werken um die Verfolgung desselben arbeitstechnischen Zwecks »Automobilherstellung« geht; vgl. im Übrigen Rn. 74 und die weiteren Rspr.-Fälle zu »parallelen« Zwecken und bundesweiten einheitlichen Betrieben unten § 4 Rn. 64 ff.

168 Vgl. *Fitting*, Rn. 65; *Richardi*, Rn. 50.

Kriterium wenigstens in der heutigen Rspr. geworden ist.[169] Die Betonung dieses Kriteriums erscheint zunächst plausibel, wenn man bedenkt, dass der Betrieb definitionsgemäß »die organisatorische Einheit« darstellt. Insofern könnte die Bevorzugung dieser Definition gegenüber der früher verwandten (vgl. Rn. 42) ihren Grund in der Unzulänglichkeit einer zu sehr auf den arbeitstechnischen Zweck ausgerichteten Begriffsbildung haben. Was aber nun wiederum für die Einheit der Organisation kennzeichnend ist, beantwortet das *BAG* unter Hinweis auf den **einheitlichen Leitungsapparat,** von dem aus der Einsatz der menschlichen Arbeitskraft gesteuert wird. Die Begriffsbildung der h. M. verschiebt damit das Abgrenzungsproblem, was denn nun einen Betrieb ausmacht, von einem schillernden Topos zum anderen, ohne dass dadurch ein höheres Maß an Konkretisierung erreicht würde (vgl. aber die Fälle in Rn. 73 ff.). Zu Recht stellt *Richardi*[170] die Frage, welche Leitungsbefugnisse denn nun betriebskonstituierend sind, auch er kann jedoch hierauf keine überzeugende Antwort geben.

Seit *BAG* 18.1.90[171] und ebenso in den zahlreichen in *BAG* 14.9.88[172] angeführten Entscheidungen heißt es zur **Frage der einheitlichen Organisation:** 66

»Mit und in einem Betrieb können gleichzeitig verschiedene arbeitstechnische Zwecke verfolgt werden (…). In erster Linie kommt es auf die Einheit der Organisation, weniger dagegen auf die Einheitlichkeit der arbeitstechnischen Zweckbestimmung an (…). Regelmäßig liegt ein einheitlicher Betrieb vor, wenn die in einer Betriebsstätte vorhandenen materiellen und immateriellen Betriebsmittel für den oder die verfolgten arbeitstechnischen Zwecke zusammengefasst, geordnet und gezielt eingesetzt werden und der Einsatz der menschlichen Arbeitskraft von einem einheitlichen Leitungsapparat gesteuert wird.«

Damit hat sich das *BAG* allerdings in der Substanz von der alten Lehrbuchdefinition entfernt und den Begriff auf die **einfache Formel** reduziert: Betrieb = Einheit der Organisation, Einheit der Organisation = einheitlicher Leitungsapparat, einheitlicher Leitungsapparat = Stelle, die die Kernaufgaben in den sozialen und personellen Mitbestimmungsangelegenheiten wahrnimmt (zur Kritik oben Rn. 53 f.; vgl. auch Rn. 78). 67

b) Die ältere Rechtsprechung des BAG

Unklar ist bis heute geblieben, warum das *BAG* – die Unzulänglichkeit der an einer allgemeinen arbeitsrechtlichen Definition orientierten Begriffsbildung offenbar selbst verspürend – seinen mit der **Entscheidung vom 23.9.60**[173] begonnenen und im Beschluss vom 1.2.63[174] zusammengefassten **Ansatz** wieder **verlassen** hat, weniger von einer Lehrbuchdefinition auszugehen und sich stattdessen auf Merkmale zu konzentrieren, die zumindest teilweise am Gesetzeszweck orientiert sind und damit vorrangig die Bildung von BR und deren Aufgabenerfüllung ins Auge fassen. 68

Nach der Entscheidung vom 1.2.63[175] waren folgende Gesichtspunkte bei der Abgrenzung betriebsratsfähiger Einheiten zu beachten:[176] 69

- bei der Bestimmung des Betriebs soll es weniger auf die wirtschaftliche (auf diese kommt es nach der Definition der h. L. niemals an!) als auf die **arbeitstechnische Seite** der Organisation ankommen;
- **kein Betrieb** mit der entsprechenden Mindestzahl von AN solle **ohne BR** bleiben;
- die Abgrenzung setze daher **Belegschaften** voraus, die möglichst **oberhalb** der Grenze der **Betriebsratsfähigkeit** lägen;

169 Vgl. insbesondere *BAG* 14.9.88, AP Nr. 9 zu § 1 BetrVG 1972 m. w. N.
170 *Richardi*, Rn. 28.
171 AP Nr. 9 zu § 23 KSchG 1969.
172 AP Nr. 9 zu § 1 BetrVG 1972.
173 AP Nr. 4 zu § 3 BetrVG.
174 AP Nr. 5 zu § 3 BetrVG.
175 A. a. O.
176 Vgl. auch die Zusammenfassung bei *Kohte*, Betrieb und Unternehmen, S. 385 f., und die umfangreiche Auseinandersetzung mit dem Beschluss vom 1.2.63 bei *Joost*, S. 149 – 164.

- die BR-Fähigkeit nicht selbstständiger **Betriebsteile** und **Nebenbetriebe** sei in § 3 BetrVG 1952 als Ausnahme formuliert und somit eng auszulegen (insoweit hat sich die Rechtslage geändert, vgl. Rn. 51);
- ein **unfruchtbares Nebeneinanderarbeiten** mehrerer in ihrem Aufgabenbereich sich überschneidender BR und eine **unerquickliche Rivalität** müssten vermieden werden;
- von großer Bedeutung sei das Vorliegen einer **lebendigen Betriebsgemeinschaft,** d. h. nach Möglichkeit eine im persönlichen Zusammenarbeiten erworbene nähere Verbundenheit innerhalb der Belegschaft;
- ein **enges Verhältnis** sei auch zwischen **BR und Belegschaft** erforderlich; die zu wählenden BR-Mitglieder sollten die Betriebs- und Arbeitsbedingungen aus eigener Anschauung und Sachkunde beurteilen können;
- es gehe darum, möglichst sichere und **stabile Verhältnisse** zu schaffen, so dass eine **klare Abgrenzbarkeit** gefördert werde;
- es sei **entscheidend »mit« zu berücksichtigen,** wo die Entscheidungen des AG insbesondere in mitbestimmungspflichtigen Angelegenheiten getroffen würden (es handelt sich hierbei augenscheinlich nur um einen von vielen anderen Gesichtspunkten).

70 Schließlich könnte es nach der *BAG*-Rspr. als einem weiteren Faktor auch darauf ankommen, **was die Belegschaft wünscht.**[177]

71 Die damit gewählte **Methode des** *BAG,* anstatt auf einen definierten Begriff zur Abgrenzung betriebsratsfähiger Einheiten auf einen **Merkmalskatalog** abzustellen, birgt allerdings neue Unsicherheiten. Dies erkannte das Gericht auch selbst. Es gibt nämlich Fälle, in denen sowohl Merkmale vorliegen, die für die Betriebseinheit sprechen, als auch solche, die gegen sie angeführt werden können.[178] In derartigen Fällen spiele »das Moment des Überwiegens eine entscheidende Rolle«, wobei »weniger auf die Anzahl der einzelnen für oder gegen die Betriebseinheit sprechenden Gründe« abzustellen sei als vielmehr »auf ihr Gewicht«, da andernfalls das Ergebnis oft »von Zufälligkeiten abhängen könnte«.[179] Der Betriebsbegriff sei ein **unbestimmter Rechtsbegriff,** weshalb die Abwägung der einzelnen Merkmale grundsätzlich Sache der Tatsacheninstanz sei, die einen gewissen Beurteilungsspielraum habe. In neuerer Zeit hat *Fromen*[180] versucht, an den Gedanken eines nicht völlig in sich abgeschlossenen Merkmalkatalogs einer Definition anzuknüpfen, und angeregt, den **Betrieb** nicht als Begriff, sondern **als Typus** zu verstehen (näher dazu Rn. 44 ff.).

72 Wie *Joost*[181] gezeigt hat, sind die vom *BAG*[182] zusammengestellten Untermerkmale zum Teil sogar mit dem Gesetz nicht zu vereinbaren, die einzelnen **Merkmale** sind überdies **nicht** miteinander **kompatibel,** so dass die **Methode des Gewichtens** versagen muss, weil keine rationalen Abwägungskriterien angebbar sind (Äpfel-Birnen-Vergleich). Hierin dürfte auch der eigentliche Grund dafür liegen, weshalb die fallbezogene Analyse der *BAG*-Entscheidungen[183] zu keinen präzisen Aussagen berechtigt: Eine tatsächliche Gewichtung der in der Entscheidung vom 1. 2. 63[184] benannten Merkmale ist denn auch in keiner der danach ergangenen Entscheidungen vorgenommen worden.[185]

177 *BAG* 5. 4. 63 – 1 ABR 7/62, u. v., S. 15: »Die Belegschaft wünscht, daß in H. nur ein Betriebsrat gebildet wird. Nach Möglichkeit ist aber auch dieser Wille der Belegschaft zu beachten, wenn es sich [wie beim Betriebsrat] um Dinge handelt, die in erster Linie die Belegschaft angehen« [in der Entscheidung handelte es sich darum, ob zwei Versicherungsgesellschaften, die aus versicherungsaufsichtsrechtlichen Gründen das Lebensversicherungsgeschäft und das Sach- und Haftpflichtgeschäft in getrennten Gesellschaften betreiben müssen, einen einheitlichen Betrieb haben; vgl. Rn. 106 und zu derselben Frage auch *BAG* 1. 12. 61, AP Nr. 1 zu § 80 ArbGG 1953; 14. 9. 88, AP Nr. 9 zu § 1 BetrVG 1972]; zum »Willen der AN« auch Rn. 50, Fn. 136.

178 *BAG* 1. 2. 63, AP Nr. 5 zu § 3 BetrVG.

179 *BAG* a. a. O.

180 FS *Gaul,* S. 151 [174 ff.].

181 S. 150 ff.

182 1. 2. 63, AP Nr. 5 zu § 3 BetrVG.

183 Dazu eingehend *Joost,* S. 160 ff.

184 A. a. O.

185 So auch der ernüchternde Befund bei *Joost,* S. 161; nach *Kohte,* Betrieb und Unternehmen, S. 386, erfolgte eine willkürlich anmutende Herausnahme einzelner Faktoren durch die Rspr.

73 Der Übergang von einer Begriffsdefinition zu einem Merkmalskatalog war methodisch möglicherweise die Weichenstellung dafür, dass das Merkmal der **Leitungsorganisation** schrittweise als **besonders wichtiges Kriterium** betont werden konnte. Infolgedessen scheint die Behauptung berechtigt, dass das *BAG* entgegen der bisweilen beschwörenden Berufung auf *Jacobis* Formel in Wahrheit gar nicht mehr dessen Begriffsdefinition benutzt, sondern einen **eigenen Betriebsbegriff** geprägt hat, der am deutlichsten in *BAG* 14.9.88[186] zum Ausdruck kommt: »Regelmäßig liegt ein einheitlicher Betrieb vor, wenn (...) der Einsatz der (...) Arbeitskraft von einem einheitlichen Leitungsapparat gesteuert wird.« Diese Formulierung hat zumindest den Vorteil, die Probleme zu beseitigen, die das Merkmal des arbeitstechnischen Zwecks aufwarf.

74 Da es nach der heute h. M. für die Betriebseinheit weder auf die **Art des** im »Betrieb« verfolgten **arbeitstechnischen Zweckes** noch darauf ankommt, ob **ein oder mehrere Zwecke** verfolgt werden,[187] ist dieses bei *Jacobi* zentrale Begriffsmerkmal (dort aber »technischer Zweck« genannt) praktisch aufgegeben worden. Wenn es gar nicht darauf ankommt, ob in einem »Betrieb« Produktion, Vertrieb, Verwaltung oder Dienstleistung oder alles zusammen stattfindet, und wenn es ferner gleichgültig ist, wie viele Zwecke verfolgt werden, dann kommt es auch nicht mehr darauf an, ob der arbeitstechnische Zweck auf größtmöglichem Abstraktionsniveau formuliert wird[188] oder durch Summierung von konkret benannten Teilzwecken.[189] Methodisch ist es dann aber ausgeschlossen, den Betrieb überhaupt noch über das Merkmal des oder der arbeitstechnischen Zwecke(s) zu definieren. Diese Aufgabe kommt nun dem Merkmal des Leitungsapparates zu. Allerdings ist der vom *BAG* in ständiger Rspr. verwendeten Formulierung (vgl. Rn. 66) auch zu entnehmen, dass **Einheit der Organisation** (= einheitlicher Leitungsapparat) und **arbeitstechnischer Zweck** in einem Rangverhältnis zueinander stehen: **Primär** kommt es auf die Einheit der **Organisation** an, der arbeitstechnische Zweck spielt (richtigerweise) nur eine untergeordnete Rolle (ist aber zumindest der Form nach als Merkmal nicht aufgegeben worden).

c) Die Begriffsmerkmale in den neueren Entscheidungen

aa) Abgrenzungsproblem: mehrere Betriebe oder einheitlicher Betrieb desselben UN?

75 Die Abgrenzung betriebsratsfähiger Einheiten ist dann noch relativ einfach zu bewältigen, wenn es »nur« um die Frage geht, ob ein und dasselbe UN einen oder mehrere Betriebe hat. Die *BAG*-Entscheidung vom 23.9.82[190] hatte sich damit zu befassen, ob die **Hauptverwaltung** und eines von vielen Produktionswerken einer Mineralölgesellschaft, die auf demselben Betriebsgelände lagen, zusammen einen Betrieb bilden, und verneinte dies. Obgleich für die Belegschaften beider Teilbereiche des UN durchaus Gemeinsamkeiten bestanden (teilweise Unterbringung in denselben Räumen; Benutzung derselben Kantine, Betriebskrankenkasse und Unterstützungskasse; gemeinsamer Werkschutz und gemeinsames Wohnungswesen),

186 AP Nr. 9 zu § 1 BetrVG 1972; vgl. Rn. 66.
187 Vgl. nur oben Rn. 63; *Fitting*, Rn. 69.
188 Z. B. Herstellung von Waren; dafür *Birk*, AuR 78, 226 [231].
189 Herstellung von Hämmern, Zangen, Nägeln usw.; in dieser Richtung *BAG* 17.12.85, NZA 86, 804: die Spielart »Monte Carlo« ist anderer arbeitstechnischer Zweck als die Spielart »Las Vegas«; die Spielbank hatte also nicht etwa das »Glücksspiel« als arbeitstechnischen Zweck [so aber die Vorinstanz *LAG Niedersachsen* 10.5.83 – 12 TaBV 9/82]; vgl. auch *BAG* 28.4.93, EzA § 111 BetrVG 1972 Nr. 28: Rinder-, Kälber- und Schweineschlachtung als einheitlicher arbeitstechnischer Zweck, nicht etwa »Tierschlachtung«; s. dagegen *BAG* 9.2.94, EzA § 613 a BGB Nr. 116: Rindfleischzerlegung im Schlachthof als selbstständiger Betriebsteil mit ebendiesem speziellen arbeitstechnischen Zweck; wieder anders *BAG* 21.1.96, NZA 96, 1107 [1108]: Produktion und Verwaltung sind jeweils verschiedene arbeitstechnische Zwecke; nach *BAG* 13.5.04, EzA § 613 a BGB 2002 Nr. 26 liegt beim Übergang von der (industriellen) Schuh-Massenfertigung zur (handwerklichen) Schuh-Musterfertigung eine Änderung des Betriebszwecks vor; vgl. zur Kritik des Zweck-Begriffs auch *Gamillscheg*, Anm. zu EzA § 4 BetrVG 1972 Nrn. 4 und 5, S. 49 ff.; für konkrete Betrachtung *Schwanecke*, S. 46.
190 AP Nr. 3 zu § 4 BetrVG 1972.

stellte das *BAG* darauf ab, dass sowohl jeweils **verschiedene arbeitstechnische Zwecke** verfolgt wurden (Verwaltung einerseits, Produktion andererseits) als auch für diese Bereiche eine **getrennte Leitungsorganisation** in den mitbestimmungspflichtigen sozialen und personellen Angelegenheiten bestand. Demgegenüber sei die **räumliche Einheit** nicht entscheidend, da sie **nicht ein Merkmal** für die Annahme eines einheitlichen Betriebs darstelle, **sondern nur** einen **Anhaltspunkt** hierfür.[191] Zur Frage, ob der Hauptverwaltungsbetrieb zugleich Hauptbetrieb i. S. v. § 4 ist, vgl. § 4 Rn. 23 ff.

76 In einem an das LAG zurückverwiesenen Beschlussverfahren[192] ging es darum, ob durch die umzugsbedingte **räumliche Zusammenlegung von zwei** bisher selbstständigen **Betrieben** desselben UN fortan nur noch ein Betrieb existierte. Der Betrieb »Vertriebsniederlassung K.« des UN, der bisher in Kassel in der F.-Straße lag, zog in die Betriebsstätten in der L.-Straße um, in dem bis dahin nur die Geschäftsbereiche Anlagentechnik und Hausgeräte untergebracht waren. Letztere bildeten für sich genommen einen einheitlichen Betrieb. Trotz des Umzugs blieb die Vertriebsniederlassung fachlich und organisatorisch der zentralen Vertriebsverwaltung in F. unterstellt. Gemeinsamkeiten beider »Betriebe« bestanden insoweit, als die Werkskantine, der Betriebsarzt, die Energieversorgung, die Telefonanlage und das Ausbildungswesen für die zusammengelegten Teile des UN gleichermaßen zuständig waren.[193] Auch hier prüfte das Gericht **unter den Gesichtspunkten des arbeitstechnischen Zwecks und des einheitlichen Leitungsapparates,** ob eine Betriebseinheit angenommen werden konnte. Die **Verschiedenheit der arbeitstechnischen Zwecke** wurde bejaht, weil die bloß marginalen arbeitstechnischen Gemeinsamkeiten des Vertriebsbereichs mit der Produktionsstätte durch gemeinsame Benutzung »unwesentlicher Randfunktionen wie die Energieversorgung, Telefonanlage und Hausverwaltung«[194] gegenüber der weiterbestehenden **fachtechnischen Unterstellung** des Vertriebs unter die Zentrale in F. nicht ins Gewicht falle. Weil damit aber letztendlich nur eine **Mehrzahl arbeitstechnischer Zwecke** anzunehmen ist, was der Annahme eines einheitlichen Betriebs gerade nicht entgegenstehen muss, kommt es wiederum darauf an, wo die maßgeblichen **mitbestimmungspflichtigen Entscheidungen** in personellen und sozialen Angelegenheiten fielen. Dies konnte aus tatsächlichen Gründen nicht festgestellt werden; deshalb erfolgte Zurückverweisung an das *LAG.*

77 Dagegen führt die Verrichtung **bloß paralleler arbeitstechnischer Zwecke** in verschiedenen Betriebsstätten häufig zur Annahme nur eines einheitlichen – bisweilen bundesweiten – Betriebs (näher dazu § 4 Rn. 63 ff.; vgl. zu Filialbetrieben § 4 Rn. 88 ff.). Ein »paralleler« Zweck liegt vor, wenn das UN den gleichen Zweck in verschiedenen Betriebsstätten verfolgt.[195]

bb) Leitungsorganisation

78 Bereits in den vorgenannten Beispielen aus der Rspr. des *BAG* (Rn. 75, 76) ist deutlich geworden, dass selbst bei der relativ unproblematischen Ausgangslage, bei der sich die Frage stellt, ob dasselbe UN einen oder mehrere Betriebe hat, letztlich die **Leitungsorganisation** des UN **entscheidend** für die Abgrenzung der betriebsratsfähigen Einheiten ist.[196] Andere Gesichtspunkte (dazu Rn. 87) werden auch methodisch nicht gegen dieses Kriterium in Abwägung gebracht, so dass hiernach etwa die **räumlich enge Verbindung** von Belegschaften nicht geeignet ist, bei verschiedenen Leitungsapparaten gleichwohl einen einheitlichen Betrieb anzunehmen.[197] Insoweit erscheint es bemerkenswert, dass in der Entscheidung vom 25.9.86[198]

191 In *BAG* 9.5.58, AP Nr. 1 zu § 3 BetrVG waren Hauptverwaltung und Produktionsbereich u. a. dann als einheitlicher Betrieb angesehen worden, wenn das UN überhaupt nur eine Betriebsstätte hat oder zwar mehrbetrieblich organisiert ist, die Hauptverwaltung aber räumlich oder organisatorisch eng mit einem dieser Betriebe zusammenhängt und der betreffende Produktionsbetrieb gegenüber den übrigen zum UN gehörenden Betrieben nach der Zahl der Belegschaftsmitglieder von besonderer Bedeutung ist.

192 *BAG* 25.9.86, AP Nr. 7 zu § 1 BetrVG 1972.

193 Vgl. auch den Umzugsfall *RAG* 11.11.31, ARS 13, 435 [Konfektionsgeschäft], *3. Aufl. 1992, Rn. 50.*

194 *BAG*, a. a. O.

195 Z. B. Lebensmittelgeschäfte in verschiedenen Orten, vgl. *BAG* 24.2.76, AP Nr. 2 zu § 4 BetrVG 1972.

196 Zu dem in dieser Hinsicht atypischen Fall des *BAG* 3.12.85, EzA § 4 BetrVG Nr. 4 sogleich Rn. 83.

197 Vgl. *BAG* 21.7.04, EzA § 4 BetrVG 2001 Nr. 1.

198 AP Nr. 7 zu § 1 BetrVG 1972.

die im Grunde nicht mehr in der Tradition *Jacobis* stehende neuartige Definition des Betriebsbegriffs, die letztlich den »einheitlichen Leitungsapparat« über die Einheit des Betriebs entscheiden lässt, in den Rang eines Leitsatzes erhoben worden ist.[199]

Allerdings ist nach der Rspr. des *BAG* auch der **Begriff des einheitlichen Leitungsapparates** sehr diffus. Ob und wo der einheitliche Leitungsapparat vorhanden ist, hängt maßgeblich wiederum davon ab, wo die Entscheidungen in den sozialen und personellen Angelegenheiten[200] getroffen werden.[201] Während das *BAG* zunächst auch der in der Praxis weit verbreiteten dezentralisierten Leitungsorganisation Rechnung trug[202] und den nach zentralen Weisungen handelnden Betriebsleiter (der noch nicht einmal stets als leitender Angestellter innerhalb des UN anzusehen sein muss) als in diesem Sinne »personifizierte institutionelle Leitung« für die Annahme der Eigenbetrieblichkeit einer Arbeitsstätte genügen lässt, selbst wenn dieser **nicht** die Kompetenz für **alle betriebsverfassungsrechtlich relevanten Maßnahmen** hat, erfolgte eine derartige differenzierte Betrachtung bis in neuere Zeit nicht mehr. Erst mit der Entscheidung des *BAG* vom 9.12.09[203] wurde dieser Aspekt wieder aufgenommen. Danach bedeutet die unternehmerische **Weisung** an dezentrale Leitungen, **sich vor eigenen Entscheidungen** in personellen/sozialen Angelegenheiten durch die zentrale Personalrechtsabteilung **beraten zu lassen**, nicht, dass es den dezentralen Leitungen an der erforderlichen Leitungsmacht fehlen würde, die Voraussetzung für das Vorliegen eines Betriebes i. S. v. § 1 Abs. 1 Satz 1 BetrVG ist. 79

Als ausreichend wurde – trotz Konsultationspflichten – die Entscheidungsmacht über Einstellungen, Befristungen, Abmahnungen und Kündigungen angesehen sowie die Funktion als Ansprechpartner des jeweiligen BR in betriebsverfassungsrechtlichen Angelegenheiten und die Zuständigkeit, BVen auszuhandeln und zu unterzeichnen. Der bis dahin Einzige vom *BAG*[204] insoweit entschiedene Fall (die übrigen Verfahren wurden an die *LAG* zur Sachaufklärung zurückverwiesen) nahm das **Vorliegen eines Leitungsapparates** und damit Betriebseinheit für die Fallkonstellation »Zwei UN – ein Betrieb« (näher dazu Rn. 88 f.) an, wenn die Vorstandsressorts »Personal und Verwaltung« der beteiligten UN in Personalunion geführt werden und die darunter liegenden Leitungsebenen ebenfalls für die beteiligten UN zuständig sind. Damit suggeriert die Rspr. allerdings ein zentralistisches Bild einer Leitungsorganisation, die so häufig nicht anzutreffen ist. In *BAG* 23.9.82[205] war es für die Annahme einer Leitung noch ausreichend, wenn dort »erkennbar die **deutliche Mehrheit der Entscheidungen** getroffen werden, die der Mitbestimmung unterliegen« (vgl. zur Problematik dieser Merkmale in Bezug auf UN mit arbeitsdirektorialem Zuständigkeitsbereich o. Rn. 55). 80

Da es in der Praxis häufig zu einer **»verteilten« (dezentralen) Leitungsorganisation** kommt und nicht ein und dieselbe Person für alle Mitbestimmungsangelegenheiten zuständig ist, darf eine derartige Arbeitsteilung auf der AG-Seite nicht zu der Annahme führen, ein einheitlicher Leitungsapparat liege nicht mehr vor.[206] Dass auf Grund der Zuständigkeitsregelungen auf AG-Seite (Binnenorganisation) **verschiedene Verhandlungspartner** als Beauftragte oder Vertreter des AG für den BR vorhanden sein können, ist daher für die Annahme eines einheitlichen Leitungsapparates unschädlich.[207] Die Schwäche der für den Betriebsbegriff auf die Lei- 81

199 Vgl. Rn. 73; ähnlich zwar schon *BAG* 7.8.86, AP Nr. 5 zu § 1 BetrVG 1972, dort aber für den besonderen Fall eines Gemeinschaftsbetriebs mehrerer UN.

200 Nicht auch den wirtschaftlichen Angelegenheiten, vgl. *BAG* 29.1.87, AP Nr. 6 zu § 1 BetrVG 1972.

201 Vgl. schon *BAG* 29.3.77, AuR 78, 254; ständige Rspr. seit der Klarstellung in *BAG* 29.1.87, a. a. O.; *BAG* 18.1.90, AP Nr. 9 zu § 23 KSchG 1969; unzutreffend daher *LAG Düsseldorf* 17.1.95, LAGE § 4 BetrVG 1972 Nr. 7, das auch die Entscheidungskompetenz in wirtschaftlichen Fragen verlangt.

202 Vgl. *BAG* 23.9.82, AP Nr. 3 zu § 4 BetrVG 1972.

203 DB 10, 1409.

204 14.9.88, AP Nr. 9 zu § 1 BetrVG 1972.

205 AP Nr. 3 zu § 4 BetrVG 1972.

206 Dazu im Ganzen *Kreuder*, Desintegration, 1998.

207 So ausdrücklich im Falle des gemB *BAG* 23.9.03, AP Nr. 28 zu § 99 BetrVG 1972 Eingruppierung, wonach die personellen Beteiligungsrechte nur gegenüber dem jeweiligen Vertrags-AG bestehen; vgl. zur Frage der Vertretung des AG durch AN auch *BAG* 11.12.91, NZA 92, 850, wonach es von dem jeweiligen Beteiligungstatbestand abhängt, ob und inwieweit der AG sich durch hinreichend fachkompetente AN vertreten lassen kann.

tungsorganisation fixierten h. M. offenbart sich im Zusammenhang mit **Matrix-Strukturen von Betrieben, UN und Konzernen**[208] in besonders deutlicher Form (vgl. auch Vor § 54 Rn. 87). Da hier gerade typischer Weise selbst an einem (physischen) Betriebs-»Standort« keine dafür insgesamt zuständige einheitliche Leitung mehr vorgesehen ist, sondern die Leitungsmacht auf die nach Geschäftsbereichen gegliederte Struktur von Berichtslinien aufgeteilt wird, droht die Annahme des einheitlichen Leitungsapparates, der die Betriebseinheit konstituiert, zur bloßen Fiktion zu verkommen. Im Extremfall wäre lediglich noch von der Existenz einer Mehrzahl von Betriebsteilen am selben Standort auszugehen und ein echter Betrieb i. S. v. Abs. 1 Satz 1 läge überhaupt nicht mehr vor.[209] Dieser Auslegung des Betriebsbegriffes bei Matrix-Strukturen ist allerdings entgegenzutreten, denn »die Annahme des Vorliegens eines Betriebs kann nicht davon abhängig gemacht werden, wie ein UN Berichtslinien organisiert, diese für einzelne Abteilungen oder Bereiche außerhalb ansiedelt und eine umfassende Leitung erst auf höherer Hierarchieebene oder gar außerhalb Deutschlands etabliert«.[210] Die Praxis mag etwaigen Auswüchsen durch TV gem. § 3 Abs. 1 Nr. 2 (Sparten-BR; vgl. § 3 Rn. 64) oder Nr. 3 (andere AN-Vertretungen; vgl. § 3 Rn. 103) begegnen können, allerdings hängt dabei für deren rechtliche Zulässigkeit und Wirksamkeit vieles von den einzelfallbezogenen Gegebenheiten ab.[211] in Matrix-Organisationen werden eben nicht immer die Geschäftsbereiche produkt- oder projektbezogen organisiert, wie es von § 3 Abs. 1 Nr. 2 verlangt wird. Auch bestehen nach § 3 Abs. 1 Nr. 3 berechtigte Zweifel daran, ob durch einen von der gesetzlichen Struktur abweichenden TV stets wirksamere und zweckmäßigere Vertretungsverhältnisse erzeugt werden können.

82 Das BetrVG setzt einer völlig freien Beauftragungs- und Aufteilungsmöglichkeit hinsichtlich der Wahrnehmung der betrieblichen Leitungsmacht allerdings insoweit Grenzen, als der AG den BR z. B. für Verhandlungen **nicht** auf **Personen ohne Entscheidungskompetenzen** verweisen darf.[212] Auch mit betriebs- oder unternehmensfremden UN-Beratern als Vertretern des AG braucht sich der BR nicht abzufinden.[213] Die derartige Verhinderung echter Einwirkungschancen des BR ist betriebsverfassungswidrig.[214] Dies gilt auch für die Konstellation »Zwei UN – ein Betrieb«, bei der häufig in personellen Mitbestimmungsangelegenheiten die Zuständigkeit eines Repräsentanten des Vertrags-AG für die dortigen AN bestehen bleibt, was der Betriebseinheit nicht entgegensteht.[215] Von einer derartigen funktionellen **Arbeitsteilung in der Vertretungsorganisation** der beteiligten UN, die ja auch jederzeit geändert werden könnte, kann nicht das Vorliegen oder Nicht-Vorliegen eines einheitlichen Betriebs abhängen (vgl. auch Rn. 56). Mit Recht werden daher die beteiligten UN für verpflichtet gehalten, eine Regelung darüber zu treffen, wer in welchen Angelegenheiten Ansprechpartner des BR ist.[216]

cc) Arbeitstechnischer Zweck

83 In einer besonderen Konstellation maß das *BAG*[217] dem arbeitstechnischen Zweck sehr wohl noch betriebskonstituierende Bedeutung bei. Verfolgt ein und derselbe UN den gleichen arbeitstechnischen Zweck in mehreren selbstständigen Klein-Betrieben, von denen nur einer die Voraussetzungen des § 1 BetrVG erfüllt, so bilden die übrigen nicht betriebsfähigen Kleinbe-

208 Vgl. zu betriebsverfassungsrechtlichen Aspekten von Matrix-Strukturen *Kort,* NZA 13, 1318 ff.; *Meyer,* NZA 13, 1326 ff.; *Reinhard/Kettering,* ArbRB 14, 87 ff.; am Rande auch *Rieble,* NZA-Beil. 1/14, 28 ff.

209 So auch die Befürchtung des *ArbG Frankfurt* 21.7.09 – 12 BV 184/09, das dies jedoch für unvereinbar mit der Zielsetzung des BetrVG hält und deshalb für Matrix-Organisationen annimmt, die Anforderungen an das Mindestmaß organisatorischer Selbständigkeit einer Einheit dürften nicht überspannt werden.

210 *LAG Hessen* 13.4.11 – 8 Sa 922/10; zustimmend *Kort,* a. a. O.

211 Dazu auch *Kort,* a. a. O., 1321 f.

212 Vgl. *Joost,* S. 248; *Weber,* ZfA 92, 527 [620].

213 Vgl. *ArbG Marburg* 10.12.92 – 2 BV 21/92.

214 *Joost,* a. a. O.

215 *BAG* 24.1.96, AP Nr. 8 zu § 1 BetrVG 1972 Gemeinschaftsbetrieb.

216 *Konzen,* Unternehmensaufspaltung, S. 108 ff.; *Kort,* ZfA 00, 329 [369].

217 3.12.85, EzA § 4 BetrVG 1972 Nr. 4.

triebe mit dem betriebsratsfähigen Betrieb **einen Betrieb** im Sinne des BetrVG (vgl. auch Rn. 77).

84 In der etwas älteren Rspr.[218] war angenommen worden, dass trotz der prinzipiell anerkannten Möglichkeit, in einem Betrieb mehrere arbeitstechnische Zwecke verfolgen zu können, die **Verschiedenheit der** festgestellten arbeitstechnischen **Zwecke** jedenfalls dann auch zur **Mehrheit von Betrieben** führt, wenn der jeweilige arbeitstechnische Zweck (angenommen war hierfür die Erzeugung unterschiedlicher Produkte [Kurbelwellen einerseits und Maschinen andererseits]) sich mit dem jeweils unterschiedlichen UN-Zweck deckt (im gegebenen Fall Fa. Nabenfabrik GmbH & Co. KG bzw. Fa. Maschinenfabrik GmbH & Co. KG) und eine räumliche Trennung gegeben ist (die dort in Form eines Zaunes zwischen den grundbuchmäßig getrennten Grundstücken vorhanden war).

85 Erhebliche praktische Bedeutung kann dem »arbeitstechnischen Zweck« dagegen im Anwendungszusammenhang von §§ 106 Abs. 3 Nr. 9 und 111 Satz 2 Nr. 4 bei der näheren Bestimmung des Begriffs »**Betriebszweck**« zukommen (vgl. § 111 Rn. 106). Dort dürfte es nicht dem Schutzzweck entsprechen, den »arbeitstechnischen Zweck« durch Bildung eines relativ allgemeinen Oberbegriffs zu bestimmen (vgl. aber die in Rn. 74 angegebene, gerade auch insoweit nicht konsistente Rspr. des *BAG*). Aus diesem Grunde kann auch der Rückgriff auf die Gesellschaftssatzung und dortige Angaben zum **UN-Gegenstand** (vgl. z. B. § 3 Abs. 1 Nr. 2 GmbHG) bestenfalls nur einen ersten Anhaltspunkt liefern.[219]

86 Schließlich ist der Begriff »arbeitstechnischer Zweck« im Anwendungsbereich des § 99 bei der Mitwirkung des BR bei Einstellungen von Bedeutung. Als **Eingliederung von Personen** in den Betrieb gilt es nämlich, wenn diese zusammen mit den im Betrieb beschäftigten AN den **arbeitstechnischen Zweck** des Betriebs durch weisungsgebundene Tätigkeit verwirklichen sollen (näher § 99 Rn. 39 ff.).

dd) Räumliche Nähe; historische Entwicklung; Betriebsgemeinschaft

87 Nicht als Merkmale, sondern lediglich als **Indizien** für das Vorliegen eines Betriebes wertet die Rspr. die **räumliche Nähe bzw. Einheit einer Betriebsstätte,**[220] die **historische Entwicklung**[221] und die **Betriebsgemeinschaft der Belegschaften;** dies aber auch nur, wenn die Arbeitsstätten nicht räumlich getrennt sind.[222]

4. Der gemeinsame Betrieb mehrerer Unternehmen (Abs. 1 Satz 2, Abs. 2)

88 **Mit** der Einfügung von **Abs. 1 Satz 2 und Abs. 2 durch die Novellierung 2001** hat der Gesetzgeber **das** bislang nur im UmwG (§ 322) ausdrücklich erwähnte, in Rspr. und Lehre aber bereits **seit langem**[223] **bekannte Phänomen des gemeinsamen Betriebs** mehrerer Unternehmen **zum betriebsverfassungsrechtlichen Gesetzesbegriff erhoben.** Teilweise wird auch vom »Gemeinschaftsbetrieb«, »Einheitsbetrieb« oder »einheitlichen Betrieb« gesprochen, was freilich nur terminologische und keine sachlichen Unterschiede sind.[224]

89 Ausweislich der Begründung zu Art. 1 Nr. 2 Buchstabe c) des BetrVerf-ReformG[225] will der

---

218 *BAG* 17.1.78, AP Nr. 1 zu § 1 BetrVG 1972.

219 Die gesellschaftsrechtliche Literatur fordert zu Recht auch hier konkrete Angaben, vgl. *Scholz/Emmerich,* § 3 GmbHG Rn. 13: »Handel mit Waren aller Art« zu ungenau, näher *ebd.,* Rn. 14 a, Fn. 29.

220 *BAG* 23.9.82, AP Nr. 3 zu § 4 BetrVG 1972; 25.9.86, AP Nr. 7 zu § 1 BetrVG 1972.

221 »Wir haben immer schon so gewählt«; 25.9.86, a. a. O.

222 25.9.86, a. a. O.

223 Beginnend mit *RAG* 23.2.38, ARS 32, 169 [173] und 17.6.39, ARS 36, 385 [390]: dort – ganz in der Tradition von *Jacobi* – die Betriebseinheit verneint, weil unternehmensrechtlich verschiedene Handelsfirmen als Betriebsinhaber vorlagen; vgl. aber *LAG Mainz,* AP 51 Nr. 169, S. 65 f.: Betriebseinheit trotz Verschiedenheit der UN; auch *Nikisch,* Arbeitsrecht, 1. Aufl. 1951, S. 72 f. nahm anfangs an, die Betriebseinheit könne trotz Inhabermehrheit bei gemeinsamer Verfolgung desselben Betriebszwecks vorliegen; vgl. zur früheren Auseinandersetzung mit dem »gemeinsamen Betrieb« *Neumann-Duesberg,* S. 162 ff. und *Kraft,* FS Hilger/Stumpf, S. 395 ff.; umfassende Nachweise zu Rspr. und Lit. bei *Wiese,* FS Gaul, S. 553 [561, Fn. 16].

224 Dazu *Zöllner,* FS Semler, S. 995.

225 BT-Drucks. 14/5741, S. 33.

Gesetzgeber mit der Erwähnung des Begriffes »gemeinsamer Betrieb« nur an der Rspr. des *BAG* anknüpfen, ohne damit eine konstitutive Normsetzung zu betreiben: Insoweit handelt es sich demnach um eine bloß deklaratorische Rechtssetzung durch Anerkennung des ohnehin Bestehenden.[226] Weil die eingefügte Bestimmung keine eigenständige Begriffsbestimmung gibt, sondern nur eine widerlegbare Vermutung enthält,[227] kann selbst bei Nichtvorliegen des Vermutungstatbestands ein GemB vorliegen.[228] Daher ist trotz der Novellierung 2001 prinzipiell am Erkenntnisstand der Rspr. und Lit. festzuhalten (vgl. Rn. 91 ff.). Dies gilt im Wesentlichen auch hinsichtlich der aus § 322 Abs. 1 UmwG herausgelösten und in **Abs. 2 Nr. 2** überführten – allerdings modifizierten und bereinigten – **Vermutungsregel,** die sich auf den spezielleren Fall eines **gemB im Zusammenhang mit einer UN-Spaltung** bezieht (näher dazu Rn. 145 ff.). Neu ist dagegen die in ihrer Bedeutung und Funktion **wenig transparente Vermutungsregel des Abs. 2 Nr. 1.**[229]

90 Das **Phänomen des gemB**, bei dem trotz mehrerer UN nur ein BR zu wählen ist, kann nach der Neuordnung durch die Novellierung 2001 auf **verschiedenen rechtlichen Grundlagen** beruhen:

- als gemB im Sinne der bisherigen Rspr. (§ 1 Abs. 1 Satz 2; sog. **echter gemB**, dazu Rn. 92 ff.);
- als gemB kraft gesetzlicher Vermutung (§ 1 Abs. 2 Nrn. 1 und 2; sog. **vermuteter gemB**; dazu Rn. 126 ff.); steht allerdings bereits fest, dass kein (echter) gemB vorliegt, kommt es auf die Vermutungsregeln des Abs. 2 nicht mehr an;[230]
- als **gemB kraft Kollektivvertrags gem. § 3**, wie etwa im Rahmen einer unternehmensübergreifenden Sparten-BR-Organisation (dazu § 3 Rn. 69) oder eines Standort-BR (dazu § 3 Rn. 108). Man kann die auf § 3 beruhenden Fälle zur besseren Unterscheidung von den anderen Fällen des gemB auch als **vereinbarten gemB** bezeichnen, zumal dessen Wirkungen i. d. R. auf das BetrVG begrenzt sind, während der echte und der vermutete gemB rechtliche Wirkungen i. d. R. auch in anderen Gebieten des Arbeitsrechts, z. B. im KSchG, haben.

91 Tatsächlicher Ausgangspunkt für die Annahme eines gemB ist i. d. R. eine UN-Umstrukturierung, zudem meist innerhalb eines Konzerns: Immer häufiger zergliedern UN ihren aus einem Betrieb oder mehreren Betrieben bestehenden Tätigkeitsbereich durch **unternehmensrechtliche Umstrukturierungen** – sei es durch »klassische« einzelrechtsgeschäftliche UN-Teilung und/oder Betriebsspaltung, sei es durch Umwandlungen im Wege der (partiellen) Gesamtrechtsnachfolge nach dem UmwG – so dass dieselben ehemaligen Funktionsbereiche nunmehr in rechtlicher Trägerschaft mehrerer formalrechtlich selbstständiger UN stehen. Es stellt sich dann die Frage, ob derartige Veränderungen auf UN-Seite entsprechende Veränderungen auf Seiten der betriebsverfassungsrechtlichen Vertretungsstrukturen und Organisationseinheiten nach sich ziehen müssen. Dies ist im Grundsatz zu verneinen, da das Betriebsverfassungsrecht und damit das Vorhandensein von Betrieben prinzipiell nicht von der gesellschaftsrechtlichen Form abhängt, in der ein UN betrieben wird.[231] Die Parzellierung z. B. einer Aktiengesellschaft mit einem bisher einheitlichen Betrieb in drei rechtlich selbstständige GmbHs hat also nicht notwendigerweise die Entstehung von drei selbstständigen Betrieben und drei eigenständigen BR zur Folge.

---

226 Ebenso *Däubler,* AiB 01, 313 [314].

227 *BAG* 22.10.03, AP Nr. 21 zu § 1 BetrVG 1972 Gemeinsamer Betrieb.

228 *BAG* 11.2.04, AP Nr. 22 zu § 1 BetrVG 1972 Gemeinsamer Betrieb mit Anm. *Joost.*

229 Vgl. Rn. 131 ff.; in den Stellungnahmen vor Verkündung des Gesetzes überwogen Zweifel, Irritationen, Befürchtungen und Warnungen; vgl. *Berger-Delhey,* ZTR 01, 108; *Däubler,* AuR 01, 1 [2]; *ders.,* AiB 01, 313 [314]; *Hanau,* RdA 01, 65 [67]; *Richardi/Annuß,* DB 01, 41; *Richardi,* NZA 01, 346 [349]; *Ulrich,* FA 01, 137 ff.; für sinnvoll hält allein *Konzen,* RdA 01, 76 [81] die doppelte Vermutungsregel.

230 *BAG* 13.2.13, BB 13, 1395.

231 Deutlich bereits *BAG* [4.7.57, AP Nr. 1 zu § 21 KSchG], das es für unerheblich erklärte, dass statt der bisher einen nunmehr zwei Handelsgesellschaften vorlagen, aber dieselbe arbeitsmäßige Tätigkeit verrichtet wurde; eine ausdrückliche Vereinbarung über die gemeinsame Führung des bisherigen Betriebs sei nicht zu verlangen, es komme auf die tatsächlichen Verhältnisse an, denn: »Der Betrieb entsteht nicht durch ein Rechtsgeschäft, sondern durch einen tatsächlichen Vorgang« [*BAG* 4.7.57, a. a. O. mit zustimmender Anm. *Herschel*].

a) Voraussetzungen nach bisherigem Recht

Rspr. und Literatur gehen nahezu einhellig dann vom Vorliegen bzw. Fortbestand eines einheitlichen Betriebes aus, wenn trotz rechtsformaler Mehrheit von UN der Betrieb diesen UN zugeordnet ist bzw. bleibt.[232] Auch in einem solchen Fall muss aber die fragliche Einheit begrifflich einen Betrieb i. S. d. BetrVG darstellen. Sofern daher mehrere UN gemeinsam *verschiedene* Betriebe führen, werden diese verschiedenen Betriebe durch die gemeinsame Führung der beteiligten UN noch nicht zu einem einheitlichen Betrieb, vielmehr führen dann die beteiligten UN mehrere jeweils gemeinsame Betriebe.[233] **92**

Wenig anwendungssicher sind dabei die Voraussetzungen, unter denen von einer solchen Zuordnung ausgegangen werden kann, außerdem variieren die Begründungen z. T. erheblich. Hier will der Gesetzgeber mit der Vermutungsregel des Abs. 2 Nr. 1 für mehr Handhabungssicherheit sorgen (vgl. Rn. 131 ff.). Nach der Rspr. des *BAG* müssen zwei Voraussetzungen vorliegen: **Erstens** muss ein **einheitlicher Leitungsapparat** vorhanden sein, der die Gesamtheit der für die Erreichung der arbeitstechnischen Zwecke eingesetzten personellen, technischen und immateriellen Mittel lenkt,[234] und dies setze **zweitens** voraus, dass die beteiligten UN sich zur **gemeinsamen Führung eines Betriebs** rechtlich verbunden haben, sog. **Führungsvereinbarung.**[235] Danach ist ein Gemeinschaftsbetrieb anzunehmen, wenn die beteiligten UN die bei ihnen angestellten Vertrags-AN sowie ihre materiellen und immateriellen **Betriebsmittel für** einen einheitlichen Betriebszweck oder mehrere nebeneinander bestehende **Betriebszwecke** zusammengefasst, gezielt und geordnet **einsetzen und** dieser Einsatz von einem einheitlichen, vereinbarten **Leitungsapparat** gesteuert wird.[236] Diese Vereinbarung muss nicht ausdrücklich, sie kann auch konkludent geschlossen sein, wobei die Existenz einer derartigen konkludenten Vereinbarung daraus abgeleitet werden kann, dass nach den Umständen des Einzelfalles der Kern der AG-Funktionen **im sozialen und personellen Bereich** von derselben institutionellen Leitung ausgeübt wird.[237] **93**

Damit handelt es sich bei der »rechtlichen Vereinbarung« im Grunde aber gar nicht um eine zweite Voraussetzung, da jedenfalls bei der Suche nach der konkludenten Führungsvereinbarung regelmäßig aus den **tatsächlichen Umständen,** die für den einheitlichen Leitungsapparat maßgebend sind, auf das **Vorliegen der Führungsvereinbarung** geschlossen wird. Insofern kommt der Führungsvereinbarung kaum noch selbstständige Bedeutung zu.[238] In der obergerichtlichen Rspr.-Praxis sind keine Gestaltungen nachweisbar, bei denen etwa eine **ausdrücklich** geschlossene Führungsvereinbarung vorlag.[239] Konsequenterweise ist daher mit den überwiegenden Stimmen in der Literatur[240] und einer Reihe von LAG[241] auf das Erfordernis **94**

---

232 Vgl. aus der **Literatur:** *Däubler,* FS Zeuner, S. 19 ff.; *Zöllner,* FS Semler, S. 995 f.; *Kohte,* RdA 92, 302 ff.; *Fromen,* FS Gaul, S. 151 ff.; *Wiese,* FS Gaul, S. 553 ff.; *Sick,* BB 92, 1129 ff.; *Konzen,* Unternehmensaufspaltungen, S. 103 ff.; *Hermann,* S. 24 ff.; *Ingenfeld,* S. 188 ff.; *Küttner,* FS Hanau, S. 465 ff.; aus der **Rspr.** für das **BetrVG:** *BAG* 22.6.05, NZA 05, 1248; 25.5.05, EzA § 1 BetrVG 2001 Nr. 3; 11.2.04, NZA 04, 618; 31.5.00, NZA 00, 1350); 11.11.97, NZA 98, 723; 24.1.96, NZA 96, 1110; 14.12.94, EzA § 1 BetrVG 1972 Nr. 9; für das **KSchG:** *BAG* 18.10.06, NZA 07, 552; 18.1.90, NZA 90, 977; 5.5.94, AiB 94, 698 mit Anm. *Trittin;* 29.4.99, NZA 99, 932.

233 *BAG* 18.1.12, AP Nr. 33 zu § 1 BetrVG 1972 Gemeinsamer Betrieb Nr. 33.

234 *BAG* 13.6.85, AP Nr. 10 zu § 1 KSchG 1969, seither ständ. Rspr.

235 Vgl. *Däubler,* FS Zeuner, S. 19 [21]; s. aber Rn. 94; Beispiele einer Führungsvereinbarung in DKKWF-*Trittin,* § 1 Rn. 5 – 6.

236 *BAG* 11.2.04, NZA 04, 618; im Wesentlichen ebenso *BAG* 24.1.96, NZA 96, 1110.

237 Zusammenfassend *BAG* 18.1.90, NZA 90, 977.

238 So explizit *Steckhan,* JbArbR 34 (1997), S. 113; *Fitting,* Rn. 84.

239 Vgl. *Sick,* BB 92, 1129; in der Praxis kommen sie aber bisweilen vor, z. B. auch im Rahmen von gerichtlich protokollierten Vergleichen, vgl. zu einem solchen Fall *ArbG Duisburg* 3.9.96 – 2 BVGa 7/96.

240 *Blank/Blanke u. a.,* S. 143 ff.; *Fitting,* Rn. 85; *Gamillscheg,* ZfA 75, 360 f.; *ders.,* Anm. zu EzA § 4 BetrVG 1972 Nrn. 4, 5, S. 35 ff.; *Kohte,* RdA 92, 302 ff.; *Konzen,* SAE 88, 94 [96]; *Wendeling-Schröder,* NZA 84, 247 [249]; *Wiedemann,* FS Fleck, S. 447 [460]; wohl auch *Däubler,* FS Zeuner, S. 19 [22 f.].

241 *Berlin* 22.11.85, BB 86, 593; *Düsseldorf* 7.5.86, BB 86, 1851; *Hamm* 14.2.90, DB 90, 2531; *Niedersachsen* 2.6.83 – 6 Sa 3/83; 23.4.90, LAGE § 1 BetrVG 1972 Nr. 3; *Hamburg* 22.10.97, LAGE § 1 BetrVG 1972 Nr. 4.

einer »rechtlichen Vereinbarung« zu verzichten.[242] In diese Richtung weist auch die **Vermutungsregel** nach Abs. 2 Nr. 1, die bewusst auf das Kriterium der **Führungsvereinbarung verzichtet.**[243]

95 Die Wahrnehmung auch der unternehmerischen Funktionen im Bereich der **wirtschaftlichen Angelegenheiten** durch diese institutionelle Leitung ist nicht erforderlich.[244] Sofern danach auf AG-Seite die Entscheidungen in sozialen und personellen Angelegenheiten »in einer Hand« liegen, ist die Schlussfolgerung gerechtfertigt, dass es sich um einen einheitlichen Betrieb handelt.[245] Entgegen immer noch anzutreffenden Ansichten in der Literatur[246] hält das *BAG* es nicht für stets erforderlich, dass die Annahme des gemB notwendigerweise die Zuordnung zu einem einheitlichen Rechtsträger wenigstens in Form der BGB-Gesellschaft verlange.[247]

96 Das **Vorhandensein derselben institutionellen Leitung** kann nach der Rspr.[248] wiederum von verschiedenen tatsächlichen Umständen abhängen:[249]

- gemeinsame Nutzung von Betriebsmitteln;
- gemeinsame räumliche Unterbringung;
- personelle, technische und organisatorische Verknüpfung der Arbeitsabläufe;
- Vorhandensein zentraler gemeinsamer Betriebseinrichtungen (z. B. Lohnbüro, Buchhaltung, Sekretariat, Druckerei, Kantine, betriebliche Altersversorgung);
- Arbeitnehmeraustausch;
- Einheitliche Dienst- und Urlaubspläne;
- Personenidentitäten in den Unternehmensorganen (Geschäftsführung, Vorstand, Gesellschafter), aber auch in der ersten Ebene nach den Organpersonen;
- räumliche Nähe von verschiedenen Funktionsbereichen (Produktion und Vertrieb);
- gemeinsame Wahrnehmung von Ausbildungsaufgaben;
- schließlich auch das Zusammengehörigkeitsgefühl der Belegschaft.

97 Letztendlich kann jedoch niemals allein auf eines der genannten Kriterien abgestellt werden.[250] Es kommt ggf. darauf an, welche Merkmale überwiegen, wobei es methodisch noch erwägenswert wäre, entsprechend typischen Betriebskonstellationen die hier jeweils besonders charakteristischen Gesichtspunkte in ein Wertigkeitsverhältnis zueinander zu setzen.[251] Im Rahmen der **Vermutungsregel des Abs. 2 Nr. 1** findet sich allerdings nur eine stark reduzierte Bezeichnung von Tatumständen, bei deren Vorliegen der gemB zu vermuten ist (vgl. Rn. 131 ff.).

98 Nicht gefolgt werden kann der Ansicht, ein gemB zweier UN liege trotz zahlreicher äußerer Übereinstimmungen mit der Situation vor UN-Teilung dann nicht vor, wenn bei **nur teilweise personenidentisch zusammengesetzten Geschäftsführungen** in den beteiligten UN die in beiden Gesellschaften als **Gesellschafter-Geschäftsführer** fungierenden Personen den nur in der einen Gesellschaft zusätzlich bestellten Gesellschafter-Geschäftsführer deswegen nicht majorisieren könnten, weil dieser »Außenseiter-Geschäftsführer« eine **Sperrminorität** in Bezug auf Beschlussfassungen in der Gesellschafterversammlung besitze.[252] Damit würde der Betriebsbegriff quasi zur gesellschaftsvertraglichen Dispositionsmasse erklärt und vom wechselnden Anteilsbesitz abhängig gemacht.[253]

---

242 A. A. GK-*Franzen*, Rn. 48.
243 So jedenfalls *Engels/Trebinger/Löhr-Steinhaus*, DB 01, 532; *Fitting*, Rn. 85.
244 *BAG* 29.1.87, AP Nr. 6 zu § 1 BetrVG 1972; 14.9.88, EzA § 1 BetrVG 1972 Nr. 7 = AiB 89, 156 [mit Anm. *Wendeling-Schröder*] = BetrR 89, 6 [mit Anm. *Trümner*].
245 Vgl. ausführlich *BAG* 18.1.90, NZA 90, 977.
246 Vgl. etwa *Richardi*, RdA 94, 394 [397 f.]; *ders.*, FS Wiedemann, S. 510.
247 Näher dazu Rn. 173 ff.; *BAG* 11.11.97, NZA 98, 723 [725]; ebenso schon *Konzen*, AuR 85, 341 [350 f.].
248 Vgl. die Zusammenstellung bei *Sick*, BB 92, 1129 ff.
249 Siehe auch DKKWF-*Trittin*, § 1 Rn. 4.
250 Vgl. zusammenfassend *Kamphausen*, NZA-Beilage 4/88, S. 13 ff.; *Sick*, BB 92, 1129 ff., und vor allem auch *LAG Niedersachsen* 23.4.90, LAGE § 1 BetrVG 1972 Nr. 3.
251 Zu neueren theoretischen Ansätzen in dieser Richtung oben Rn. 44 ff.; s. auch *Umnuß*, S. 96, zu den Haupttypen funktionaler, produktorientierter und marktorientierter Organisationskonzepte und daraus möglichen Konsequenzen für die BR-Organisation.
252 So aber *LAG Niedersachsen* 12.10.92 – 2 Ta BV 40/92.
253 Gegen die Maßgeblichkeit gesellschaftsrechtlicher Zuständigkeitsregelungen für die betriebskonsti-

Obgleich allgemein anerkannt ist, dass **UN-Spaltungen** vor allem auch **aus steuerrechtlichen Motiven** erfolgen und aus diesem Grunde allein nicht von der Spaltung auch des Betriebs auszugehen ist,[254] ist bislang nicht genügend beachtet worden, dass auch bei Herbeiführung einer **steuerrechtlichen Organschaft**[255] zwischen den beteiligten Gesellschaften vom Steuerrecht das Vorliegen tatsächlicher und rechtlicher Voraussetzungen verlangt wird, die zumindest teilidentisch mit den in Rn. 96 genannten Tatumständen sind: **99**

- die **finanzielle Eingliederung** der Organgesellschaft (i. d. R. Tochter-UN) in die Organträgergesellschaft (i. d. R. Mutter-UN) erfordert eine **Stimmrechtsmehrheit** – nicht stets auch Kapitalmehrheit – an der Organgesellschaft;
- die **organisatorische Eingliederung** wird häufig durch einen Beherrschungsvertrag gewährleistet, ausreichend können aber auch die **Personalunion** in den Geschäftsleitungen oder **vertragliche Bindungen** sein, durch die der Wille des Organträgers in der Geschäftsführung der Organgesellschaft durchgeführt werden kann;[256]
- die **wirtschaftliche Eingliederung** liegt vor, wenn die Organgesellschaft dem Organträgerbetrieb nach Art einer unselbstständigen Geschäftsabteilung zuarbeitet, was bei einem wirtschaftlichen Zusammenhang zwischen den Tätigkeiten beider UN dergestalt vorliegt, dass die Organgesellschaft wenigstens überwiegend dem wirtschaftlichen Zweck des Organträgers dient; ausreichend dabei ist die Erfüllung einer Teilfunktion im wirtschaftlichen Aufbau des UN-Komplexes i. S. eines Gliedes innerhalb der Kette.

Insbesondere die tatsächlichen Umstände der wirtschaftlichen Eingliederung werden i. d. R. ein hohes Maß an **arbeitstechnischen Zusammenhängen** sowie enge Koordination im **organisatorischen Aufbau und Ablauf** erfordern, so dass insgesamt das Vorliegen einer steuerlichen **Organschaft** zumindest als **Indiz für** den **gemeinsamen Betrieb** der beteiligten UN in Betracht kommt.[257] Dies steht nicht im Widerspruch zur ständ. Rspr. des *BAG*, wonach die lediglich unternehmerische Zusammenarbeit von UN auf Grundlage von Organ- oder Beherrschungsverträgen für die Annahme des gemB nicht ausreiche,[258] wohl aber kann das Vorliegen solcher UN-Verträge Anlass zu genauerer Prüfung geben, ob die Konzernleitungsmacht auf die betrieblich-arbeitstechnische Ebene »durchschlägt«.[259] **100**

Die rechtsdogmatische **Unterscheidung zwischen konzernrechtlicher Weisung bzw. Leitung und betriebsbezogenem, arbeitstechnisch-organisatorisch geprägtem Leitungsapparat** erscheint nicht unplausibel. Allerdings lässt diese Differenzierung gerade die Schlussfolgerung zu, dass die bislang von der Rspr. geforderte **rechtliche Vereinbarung** zur Schaffung bzw. Sicherung des betrieblichen Leitungsapparats **nicht notwendigerweise eine organisationsrechtliche oder gar gesellschaftsvertragliche Qualität** (»BGB-Gesellschaft«) besitzen muss, sondern auch schlichte Rechtsgeschäfte, insbesondere schuldrechtliche Austauschverträge oder sogar Realakte ausreichend sind, wenn nur ihr »Gegenstand« der betriebsbezogene Leitungsapparat ist.[260] Daher ist es sehr wohl möglich, dass die einer **UN-Kooperation** zu Grunde liegenden Vereinbarungen (vgl. die Beispiele Rn. 106 – 119) Elemente enthalten, die sich – ggf. auch in ihrer Gesamtschau – als »rechtliche Vereinbarung« erweisen.[261] Umso gravierender ist **101**

---

tuierenden Elemente der Leitungsbefugnis auch *Richardi,* Rn. 29; gegen die Hereinnahme systemfremder Vertragselemente in die ansonsten nicht dispositiv ausgestalteten Organisationsbegriffe des BetrVG auch *Däubler,* FS Zeuner, S. 19 [23]; für die Anerkennung des gemeinsamen Betriebs trotz nur teilweise personenidentischer Geschäftsführungen und Gesellschafter aber zutreffend *ArbG Augsburg* 12.1.94 – 2 BV 1/92 N; zur Verzichtbarkeit einer Führungsvereinbarung bei vollständiger Personenidentität in den Geschäftsführungen *LAG Schleswig-Holstein* 22.4.97, DB 97, 1980; *LAG Düsseldorf* 26.2.98 – 13 TaBV 49/97, rk., uv.

254 Vgl. etwa *Fitting,* Rn. 92, 171; ebenso die Begründung zu § 322 Abs. 1 UmwG in *BR-Drucks.* 75/94, S. 174.

255 Überblick bei *Emmerich/Habersack,* § 1 IV; zu den arbeitsrechtlichen Aspekten *Growe,* AiB 01, 582 ff.

256 Näher *BFH* 28.1.99, BB 99, 670 und 8.1.01, BB 01, 430 [434].

257 Ebenso *Growe,* AiB 01, 582.

258 Vgl. zusammenfassend *BAG* 29.4.99, NZA 99, 932 [933] m. w. N.

259 Vgl. zur Abgrenzung zwischen konzernrechtlicher Leitungsmacht und betriebsbezogenem Leitungsapparat *BAG* 29.4.99, a. a. O.; 11.12.07, EzA § 77 BetrVG 2001 Nr. 21.

260 Ähnlich *Wiedemann,* Anm. zu *BAG* AP Nr. 5 zu § 18 BetrVG 1972.

261 In diese Richtung weist nunmehr auch *BAG* 9.2.00 – 7 ABR 21/98, uv.; ähnlich auch *BAG* 13.8.08,

es daher, wenn steuerrechtlich die Einheitlichkeit der Willensbildung zwischen Mutter- und Tochter-UN gegenüber dem Finanzamt geltend gemacht wird.[262]

102 Allerdings soll die nach dem Umsatzsteuer-, Körperschaftssteuer- und Gewerbesteuergesetz erforderliche organisatorische bzw. finanzielle Eingliederung der Organgesellschaft in den Organträger nach Ansicht des *BAG* allein **kein** für den gemB und den Betriebsbegriff nach § 1 BetrVG wesentliches **Kriterium, wohl aber ein Indiz** für die Führung eines gemB sein,[263] da sie sich auf die unternehmerische Ebene beziehe. Dagegen sei das **Vorhandensein einer gemeinsamen Personalabteilung kein Indiz** für einen einheitlichen Leitungsapparat, wenn die Personalabteilung selbst keine Entscheidungen in mitbestimmungsrechtlich relevanten Angelegenheiten trifft, sondern sich im Wesentlichen auf **Beratungs- und Unterstützungsfunktionen** beschränkt.[264]

103 Wird ein UN in der Weise gespalten, dass das **Alt-UN beherrschendes UN der ausgegründeten UN** wird, kann der Konzern- und/oder kapitalmäßige Einfluss des Alt-UN Anknüpfungspunkt für die Prüfung der Frage sein, ob ein gemB vorliegt.[265] Nach *Wiedemann*[266] setzt der gemB in derartigen Fällen erstens voraus, dass zwischen den beteiligten UN ein **gesellschaftsrechtlicher Verbund** besteht, der §§ 17, 18 AktG genügt, und zweitens der Betrieb weder dem einen noch den/dem anderen UN allein zugerechnet werden kann. Drittens ist schließlich Voraussetzung, dass eine enge **räumliche und soziale Betriebsgemeinschaft** vorliegt, deren Aufteilung in zwei/mehrere Betriebe mit zwei/mehreren BR der Interessenwahrung der AN nicht entsprechen würde.

104 Gerade weil bei derartigen UN-Teilungen meist **Unterordnungskonzerne** i. S. d. § 18 Abs. 1 AktG entstehen, bei denen die abhängigen UN am gemB beteiligt sind, kann vermutet werden, dass bei unveränderter Beibehaltung der bisherigen Betriebsstätten hierfür gleich lautende Weisungen der Konzernspitze ursächlich sind (zur Vermutungsregel des Abs. 2 Rn. 126 ff.). Derartige Weisungen als betriebskonstituierendes Merkmal sind jedoch entbehrlich, wenn – was in der Praxis häufig vorkommt – die Konzernspitze die wesentlichen **Arbeitgeberfunktionen** in den sozialen und personellen Mitbestimmungsangelegenheiten selbst wahrnimmt.[267] Insofern muss es genügen, wenn objektiv die Fähigkeit zur einheitlichen Willensbildung besteht. Dies ist zu bejahen, wenn eine **Konzernleitungsmacht** vorliegt. Daher **bedarf es** auch **keiner** ausdrücklichen oder stillschweigenden **Absprache** unter den beteiligten neuen UN zur Führung des gemeinsamen Betriebs in Form einer BGB-Gesellschaft (§§ 705 ff. BGB) oder Gemeinschaft (§§ 741 ff. BGB).[268]

105 **Ausländische Betriebsverfassungsrechte** kennen das Phänomen des gemB ebenfalls: So bilden etwa die verschiedenen Franchise-UN der McDonald's-Kette in **Frankreich** eine »wirtschaftliche und soziale Einheit« trotz einer Mehrzahl von Gesellschaften, so dass auch nur ein *comité d'entreprise* zu bilden ist.[269] Die dabei herangezogenen Gesichtspunkte ähneln frappierend den unter Rn. 116 f. Genannten.[270] Das *BAG*[271] sah sich freilich bei einem **Franchise-System** (Drogeriemärkte) außerstande, trotz der rechtlichen Verschiedenheit der Franchisenehmer-UN das Fortbestehen des einheitlichen Betriebs anzunehmen, obgleich die betreffenden Drogerien nach einheitlichen Franchise-Standards zu führen waren.

NZA-RR 09, 255, im entschiedenen Fall allerdings verneint, weil lediglich eine unternehmerische Zusammenarbeit ohne einheitliche Leitungsstruktur bestanden habe.

262 *LAG Baden-Württemberg* 6.7.01, AiB 02, 110, m. Anm. *Growe; Growe*, AiB 01, 582; vgl. auch den Fall einer kündigungsrechtlichen Unbeachtlichkeit des Bestehens einer umsatzsteuerlichen Organschaft in *BAG* 26.9.02, AP Nr. 124 zu § 1 KSchG 1969 Betriebsbedingte Kündigung.

263 *BAG* 17.8.05 – 7 ABR 62/04, uv.; 25.5.05, EzA § 1 BetrVG 2001 Nr. 3.

264 *BAG* 13.8.08, a. a. O.

265 Vgl. *Kohte*, RdA 92, 302 [305]; ähnlich *LAG Baden-Württemberg* 13.4.94, DB 94, 1091, Ls.

266 FS Fleck, S. 447 [461 f.].

267 Eingehend dazu *Konzen*, S. 58, 62; *ders.*, AuR 85, 345; *ders.*, SAE 88, 92 [95]; *Kohte*, RdA 92, 302 [305].

268 Kritisch zur [gesellschaftsrechtlich nicht durchzuhaltenden] Konstruktion der BGB-Innengesellschaft vor allem *Kohte*, RdA 92, 302 [304 f.]; s. aber Rn. 109.

269 *Tribunal d'instance de Lyon* 1.7.93, AuR 94, 277 mit Anm. v. *Le Friant.*

270 Näher *Le Friant*, a. a. O.; zur Beachtlichkeit ausländischer Rechtsordnungen *Däubler*, FS Zeuner, S. 19 [38].

271 26.6.96 – 7 ABR 51/95, nv.

b) Einzelne Anwendungsfälle

Einen gemB bilden z. B. **Versicherungsgesellschaften,** die aus versicherungsaufsichtsrechtlichen Gründen die verschiedenen Sparten des Versicherungsgeschäfts getrennt betreiben müssen,[272] sofern die sonstigen Voraussetzungen für die Erfüllung des Betriebsbegriffs gegeben sind. Die versicherungsaufsichtsrechtlichen Vorgaben des nationalen Rechts werden jedoch durch europarechtlich induzierte Lockerungen des Spartentrennungsprinzips wieder an Bedeutung verlieren;[273] das Problem des gemB wird noch zusätzlich durch die ausgeprägte Filialstruktur der Branche überlagert (vgl. dazu § 4 Rn. 88 ff.). **106**

Arbeitsgemeinschaften, die im **Baugewerbe** häufig auftreten und als BGB-Gesellschaft anzusehen sind (sog. ARGE), betreiben, bezogen auf das gemeinsame Bauprojekt, zu dem sie gebildet sind, nach Ansicht des *BAG* einen gemB.[274] Meist liegt jedoch gar kein Fall eines Gemeinschafts**betriebs** mehrerer UN vor, sondern ein Betrieb des eigens zum Betreiben der Gemeinschaftsbaustelle gebildeten Gemeinschafts-**UN** in Form einer BGB-Gesellschaft). Das schließt nicht aus, dass für diejenigen Betriebe, die von den in der ARGE zusammengeschlossenen UN außerhalb des ARGE-Zweckes betrieben werden, eigenständige BR zu bilden sind. **107**

Auch im **Druck- und Verlagsgewerbe** sind gemB eine eher branchenübliche Erscheinung in dem Sinne, dass sie hier häufiger aufzutreten scheinen.[275] Eine bestimmte Branchenzugehörigkeit des Betriebs spricht freilich noch nicht für oder gegen das Vorliegen der Voraussetzungen eines gemB. **108**

Ein gemB kann auch bei entsprechend enger **Kooperation** zwischen einer **Körperschaft des öffentlichen Rechts** und einer juristischen **Person des Privatrechts** gegeben sein.[276] Im Beschluss v. 24. 1. 96[277] verlangte das *BAG* gerade nicht einen einheitlichen Rechtsträger, der nach außen als UN in Erscheinung tritt, sondern ließ die privatrechtliche Qualifizierung des von den beteiligten AG geschaffenen einheitlichen Leitungsapparats zur Verfolgung gemeinsamer arbeitstechnischer Zwecke als **BGB-Innengesellschaft ohne Gesamthandsvermögen** genügen, um gemäß § 130 BetrVG diesen gemB der Geltung des BetrVG zu unterstellen mit der Folge, dass ungeachtet der individualvertragsrechtlichen Zuordnung der AN zu verschiedenen AG, alle betriebszugehörigen AN das Wahlrecht zum BR dieses gemB haben (vgl. auch den Fall Rn. 113 f.). **109**

Kommunalrechtliche Bestimmungen über die wirtschaftliche Betätigung von Gemeinden stehen einer Absprache über die Führung eines gemischt kommunal-privaten gemB nicht entgegen. Die Tatsache nämlich, dass eine **kommunalrechtlich erforderliche Beteiligung der Aufsichtsbehörde** in Form der vorherigen Anzeige bei Gründung einer BGB-Gesellschaft durch die Gebietskörperschaft vonnöten und nicht beachtet worden ist, führt allerdings selbst nicht zur Nichtigkeit der abgeschlossenen gesellschaftsrechtlichen Vereinbarung; Vielmehr ist diese **Rechtshandlung gegenüber Dritten voll rechtswirksam** und kann allenfalls nachträglich Gegenstand von repressiven Maßnahmen der Kommunalaufsicht sein.[278] Gerade im Zuge vermehrter **Teilprivatisierungen** im öffentlichen Sektor dürften sich die Fälle intensiver Kooperationen der vorgenannten Art häufiger zeigen.[279] **110**

---

272 *BAG* 1.12.61, AP Nr. 1 zu § 80 ArbGG 1953; 5.4.63 – 1 ABR 7/62, uv. [vgl. Rn. 70]; 1.10.74, AP Nr. 1 zu § 106 BetrVG 1972; 14.9.88, DB 89, 127.

273 Näher dazu *Dreher,* DB 92, 2605 [2607].

274 Vgl. *BAG* 11.3.75, AP Nr. 1 zu § 24 BetrVG 1972.

275 Vgl. *BAG* 14.11.75, BB 76, 183; *LAG Bremen* 6.3.90 – 1 TaBV 41/89; s. aber auch *LAG Düsseldorf* 17.1.96, LAGE § 4 BetrVG 1972 Nr. 7; verneint in *BAG* 13.8.08, NZA-RR 09, 255.

276 BVerwG 13.6.01, NZA 03, 115; *BAG* 24.1.96, NZA 96, 1110 [Forschungsinstitut]; vom *BAG* 18.1.89, EzA § 14 AÜG Nr. 1, unter III.1.b) aa) offen gelassen, ob in solchen Fällen die Beteiligten stets eine juristische Person des Privatrechts gründen müssten; ähnlich wie *BAG* 24.1.96, a. a. O., schon *BAG* 11.4.58, AP Nr. 1 zu § 6 BetrVG für die Kooperation zweier Städte durch Einbringung spielfertiger Bühnen in eine *Theatergemeinschaft:* dort erfolgte Wahl eines BR, obgleich das *BAG* die Rechtsnatur der »Gemeinschaft« nicht näher prüfte; deutlicher *BAG* 18.4.67, AP Nr. 3 zu § 63 BetrVG, wo das *Gemeinschaftsorchester* zweier Städte als BGB-Außengesellschaft qualifiziert und damit dem BetrVG unterstellt wurde.

277 A. a. O.

278 *BAG* 16.4.08, NZA-RR 08, 583.

279 Für die Anwendung des BetrVG auf öffentlich-private Mischbetriebe auch *Däubler,* FS Zeuner, S. 19

111 Ein gewichtiger Umstand für das Vorliegen des gemB ist es, **wenn** die Beschäftigten **Arbeitsverträge mit beiden UN** haben (Doppel-Arbeitsverhältnis; diese Gestaltung ist bisweilen anzutreffen bei in räumlicher Verbundenheit kooperierenden öffentlich-rechtlichen Versicherungsanstalten und ihren privatrechtlichen Rückversicherungs-UN). Aufgrund von **Vermögensteilübertragungen** (§§ 174 ff. UmwG) könnte es häufiger als bisher zu derart gemischten Kooperationen in der Versicherungsbranche kommen (vgl. auch Rn. 148).

112 Entsprechendes wird zu gelten haben, wenn es infolge von § 147 Abs. 2 SGB V zum **Übergang von Personal auf eine BKK** kommt,[280] zwischen dem bisherigen AG und »seiner« BKK aber die bisherige Arbeitsorganisation aufrechterhalten werden soll: Durch Abschluss einer Betriebsführungsvereinbarung könnte der Geltungsbereich des BetrVG beibehalten werden, obgleich BKK Körperschaften des öffentl. Rechts sind (vgl. § 4 Abs. 1 SGB V) und daher an sich dem PersVG unterfallen (vgl. § 130 Rn. 6).

113 Das von einer GmbH betriebene **Krankenhaus,** in welches auf Grund eines **Gestellungsvertrages** mit einem **DRK-Schwesternschaft e. V.** bei dem e. V. angestellte sog. **Gastschwestern** (vgl. § 5 Rn. 183 f.) zur Leistung von Pflegediensten »abgestellt« werden, bildet einen **Gemeinschaftsbetrieb** der GmbH und des e. V., so dass die Gastschwestern jedenfalls diesem Betrieb angehören und dort zum BR wahlberechtigt und wählbar sind[281] (vgl. dazu allgemein § 5 Rn. 13 ff.; zu den Gastschwestern noch § 5 Rn. 184). Das *BAG* verneinte ausdrücklich die Annahme, die Gastschwestern bildeten **etwa** einen **Betrieb** des e. V. **innerhalb des Betriebes** der GmbH.[282] Es begründete seine Auffassung damit, dass der e. V. keinen eigenständigen Betriebsteilzweck »Pflegedienst« im Einsatz-Krankenhaus verfolge (vgl. zur Problematik des Begriffs »arbeitstechnischer Zweck« auch Rn. 74, 77, 83 ff.), sondern vielmehr von dem **einheitlichen Gesamtbetriebszweck** der »Patientenversorgung« auszugehen sei. Die pflegerische Versorgung von Patienten durch die AN des e. V. sei eine damit arbeitszwecktechnisch untrennbar verbundene Komponente, die den Gesamtzweck mit konstituiere. Bei einer derartigen Sachlage sei die Annahme eines »Betriebes im Betrieb« unstatthaft.[283] Hinzu kam neben der gemeinsamen Verfolgung eines einheitlichen arbeitstechnischen Gesamtzwecks, dass der e. V. angesichts seiner **Beteiligung am** den Betrieb steuernden **Leitungsapparat** als Mitbetreiber des Krankenhauses angesehen wurde. Dafür wurde auf folgende maßgebende Gesichtspunkte abgestellt:

- die **Leitungsfunktion** der Oberin (Vorstandsvorsitzende des e. V.) **im gesamten Personalbereich** durch ihre Stellung sowohl als (Mit-)Geschäftsführerin der Krankenhaus-GmbH als auch Mitglied der aus drei Personen bestehenden Krankenhaus-Betriebsleitung (ein durch spezielles öffentlich-rechtliches Krankenhausbetriebsrecht vorgegebenes Kollegialorgan);
- die **Wahrnehmung von** mitbestimmungspflichtigen **AG-Entscheidungen** (Einstellungen, Kündigungen, Einsatz- und Dienstplanung, Urlaubsplanung und -erteilung usw.) teils allein durch einen beim e. V. angestellten und in das Krankenhaus »gestellten« Oberpfleger, teils durch diesen im Zusammenwirken mit der Oberin, teils auch durch die Oberin im Zusammenwirken mit dem weiteren GmbH-Geschäftsführer (der nicht zugleich Mitglied oder AN des e. V. ist).

114 Hinzuweisen ist darauf, dass – wie vom *BAG*[284] angenommen – diese »nahezu beherrschende Führung des gesamten Krankenhausbetriebes« durch den e. V. keineswegs nur den zufällig so angetroffenen Umständen geschuldet ist, sondern in den DRK-typischen Gestellungsverträgen regelmäßig sogar ausdrücklich abgesichert wird. In diesen Fällen sind gerade in den meist sehr

---

[30]; dazu *Blanke,* Mitbestimmung im öffentlich-privatrechtlichen Gemeinschaftsbetrieb, S. 27 ff.; *Plander,* PersR 99, 190 ff.; siehe auch *ders.,* Mitbestimmung in öffentlich-privatrechtlichen Mischkonzernen, 1998; vgl. zur Rechtsstellung von Beamten im privat-öffentlichen Gemeinschaftsbetrieb § 5 Rn. 147.

280 Vgl. dazu i. E. *Wank/Brüning,* ZfA 95, 699 ff.

281 *BAG* 14.12.94, EzA § 1 BetrVG 1972 Nr. 9; über eine möglicherweise weitere Betriebszugehörigkeit im »Stammbetrieb« des e. V. war nicht zu entscheiden.

282 Sog. »shop-in-shop«; vgl. dazu auch *Mayer,* AiB 94, 692.

283 *BAG,* a. a. O., unter B. I. 1.

284 A. a. O.

langfristig geschlossenen **Gestellungsverträgen** neben den die Personalgestellung selbst betreffenden Fragen auch Regelungen über **Benennungs- und Besetzungsrechte** des e. V. hinsichtlich von Führungspositionen in der Betriebsleitung enthalten. Diese vertraglichen Bindungen genügen jedenfalls meist den rechtlichen Anforderungen, die von der Rspr. des *BAG* (Rn. 93) an das Vorliegen einer sogar ausdrücklichen rechtlichen **Vereinbarung über die Führung eines gemeinsamen Betriebs** gestellt werden.

Dagegen soll es im Falle des **Einsatzes von Leih-AN** an der einheitlichen Leitung zur Wahrnehmung der maßgeblichen AG-Funktionen zwischen Entleiher-UN und Verleiher-UN fehlen, wenn sich die Beteiligung des Verleihers darauf beschränkt, seine AN an den Entleiher zur Verfügung zu stellen[285]. **115**

Gemeinschaftsbetriebe und -betriebsteile (zu Letzteren u. Rn. 187 f.) mehrerer UN ähnlich dem Krankenhaus-Fall (Rn. 113) oder dem Forschungsinstituts-Fall (Rn. 109 f.) können auch **bei industriellen UN-Kooperationen** in enger räumlicher und arbeitstechnischer Verbundenheit »unter einem Dach« entstehen. Immer häufiger treten in der Betriebswirklichkeit – vor allem im Bereich der Automobilproduktion – Kooperationsformen zwischen UN auf, bei denen rechtlich selbstständige Fremd-UN innerhalb eines Gesamtarbeitsablaufs, an dessen Ende ein Produkt oder eine Dienstleistung steht, einen meist für sich allein betrachtet und gemessen am »Endprodukt« relativ bedeutungslosen Teilzweck erfüllen.[286] **116**

Charakteristisch ist in derartigen Fällen, dass **117**

1. häufig eine Just-in-time-**Produktionsverkettung** mit einem Rahmenvertrag zwischen den beteiligten UN zu Grunde liegt (zur Just-in-time-Problematik ausführlich *7. Aufl., Rn. 123 ff.*),
2. vor Eingehung der unternehmerischen Kooperation der in den Prozessablauf »eingepasste« **arbeitstechnische Teilzweck** durch den Betrieb des Endhersteller-UN mit eigenen personellen und ggf. sächlichen Mitteln erfüllt wurde (also zwischen früherer und jetziger Situation i. d. R. ein »Outsourcing« erfolgte),
3. die **Feinabstimmung** des arbeitstechnischen Gesamtzweckes zu einem **arbeitsorganisatorischen Ganzen** auf Grund der EDV-technischen Vorgaben und Steuerungen des marktstarken Endhersteller-UN vorgenommen wird und
4. das aktuelle äußere Erscheinungsbild des Betriebs sich bestenfalls darin von der früheren Situation unterscheidet, dass die Fremdfirmenleute eine andere Arbeitskleidung tragen, und somit ungünstigstenfalls der Eindruck eines »**Betriebsteils im Betrieb**« (sog. »shop-in-shop«) entsteht.[287]

Konstellationen der genannten Art (Rn. 116) weisen hochgradige Ähnlichkeiten mit der in Rn. 113 erwähnten Sachlage auf. Hier wie dort fußt die **Kooperation auf** einer **Vertragsbeziehung** zwischen den beteiligten UN, durch die die rechtliche Grundlage zur **Verwirklichung eines** nur einheitlich zu betrachtenden arbeitstechnischen **Gesamtzwecks** gelegt wird, oder anschaulicher: Ein Krankenhaus ohne Pflegedienste ist ebenso undenkbar wie eine Automobilherstellung, bei der die Fahrzeuge ohne Sitzgarnituren oder Tachometereinheit usw. vom Band rollen. Es liegt daher nahe, in dem die Kooperation herstellenden Vertrag nicht nur den **Werk-, Dienstleistungs-, Auftrags- oder Arbeitnehmerüberlassungsvertrag** zu sehen (vgl. zur Bedeutung derartiger Verträge als Instrumente der Aufrechterhaltung der bisherigen Betriebsorganisation Rn. 156). Je nach Lage des Falles kann ein solcher Vertrag auch **Elemente einer** wenigstens partiellen **gemeinsamen Betriebsführung** beinhalten, durch die der von der Rspr. zum Gemeinschaftsbetrieb (vgl. o. Rn. 92 ff.) geforderte **Leitungsapparat** (institutionelle Leitung, die den Kern der AG-Funktionen im sozialen und personellen Bereich wahrnimmt) geschaffen und abgesichert wird. Anders als im Krankenhaus-Fall (Rn. 113) muss **118**

285 *LAG Rhl.-Pf.* 21.1.10, LAGE § 1 BetrVG 2001 Nr. 4.

286 *Beispiele:* Leergut-Rückversand durch Fremdfirma bei Opel/Bochum, vgl. zum Sachverhalt *BAG* 18.10.94, NZA 95, 281; dort aber nur zum – verneinten – Mitbestimmungsrecht des Opel-BR gemäß § 99; näher § 99 Rn. 59 ff.; zu nennen wären auch die Tachometer-Installation sowie die Sitzgarnituren- und Stoßfängermontage oder Ähnliches durch Fremd-UN im Rahmen der Fließfertigung.

287 Vgl. zur einheitlichen Berufskleidung als Bestandteil des Kooperationsvertrags die Angaben im Sachverhalt von *BAG* 18.10.94, a. a. O.

nicht notwendig eine Funktion bis hin zur Geschäftsführungsmitgliedschaft abgesichert sein. Es genügt, wenn auf Grund der Vertragsgestaltung einige personalwirtschaftliche Aufgaben, und auch nur für einen abgegrenzten Betriebsbereich, auf diesen Leitungsapparat übertragen werden. Schließlich wird auch für den Betriebsteil i. S. v. § 4 Satz 1 für eine Betriebsleitung nicht die Wahrnehmung **aller** mitbestimmungspflichtigen AG-Funktionen verlangt (näher dazu § 4 Rn. 84). Häufig wird in der Praxis – schon um Konflikte mit dem AÜG zu vermeiden – der Einsatz von eigenem und von Vertragspersonal des Fremd-UN im Einsatzbetrieb durch **Ansprechpartner** (Kolonnenführer, Koordinatoren) beider Seiten entsprechend den konkreten betrieblichen Erfordernissen koordiniert. Je nachdem, wie weitreichend die Befugnisse dieses »**Koordinationspersonals**« sind, kann hierin die »Personifizierung« des Leitungsapparats gesehen werden, der den Gemeinschaftsbetriebsteil (mit)konstituiert. Allerdings muss ein arbeitgeberübergreifender Personaleinsatz praktiziert werden, der charakteristisch für den normalen Betriebsablauf ist. Nicht ausreichend soll es demnach sein, wenn die beteiligten UN im Rahmen der Kooperation jeweils eigenständig die Nutzung der Betriebsmittel und die Steuerung des Personaleinsatzes vornehmen.[288]

119 Ebenfalls muss die Frage der Verselbständigung der Personalverantwortung im **Konzern** im Rahmen der **Organisation interner Personalmärkte**[289] differenziert betrachtet werden: Soweit die Entscheidungsbefugnisse der Tochtergesellschaften des Konzerns auf die **Personaldienstleister** übergehen, entsteht ein gemB aller Tochtergesellschaften.[290] Handelt es sich dagegen um **reine Personalserviceagenturen,** die lediglich Personal auf Anforderung der Tochtergesellschaften zur Verfügung stellen, wird man nicht von einem gemB ausgehen können. Ausschlaggebend ist deshalb, ob in den sozialen und personellen Angelegenheiten die Entscheidungen letztlich von der zentralen Personalverwaltung aus getroffen werden und getroffen werden können.

120 Der Annahme eines gemB steht es nicht entgegen, wenn die beteiligten UN ihre unter einheitlichem Leitungsapparat koordinierten Aktivitäten in **räumlich voneinander getrennten Betriebsstätten** (3 km) verfolgen.[291] Ebenso wenig vermag allein der **Umzug des einen UN** mit »seinem« Betriebsteil den bisherigen Gemeinschaftsbetrieb zu trennen.[292]

121 Die Mitglieder von Hubschrauberbesatzungen eines Luftrettungs-UN, die auf **bundesweit** unterhaltene **Stützpunkte** verteilt sind, gehören zum gemB am Ort der Einsatzzentrale in München.[293]

122 Die Annahme, ein auf der Grundlage von **§ 44 b SGB II a. F.**[294] durch die Agentur für Arbeit und eine Kommune gebildetes **Job-Center** stelle einen gemB dar, erscheint zumindest bei summarischer Prüfung im Eilverfahren vertretbar.[295]

123 **Keinen Gemeinschaftsbetrieb** mehrerer UN sollen dagegen die Wohnungseigentümergemeinschaft (die Hausmeister und Gärtner beschäftigt) zusammen mit einer anderen Firma bilden, die als Verwalter gemäß §§ 20 ff. WEG fungiert, selbst wenn das Büro der Firma auf die Tätigkeit für dieselbe Wohnanlage begrenzt ist.[296] In der Regel wird auch bei **Matrix-Organisationen** (o. Rn. 81) die für den gemB erforderliche enge Voraussetzung einer *einheitlichen* Leitung der Matrix-Einheit durch das UN, das Vertrags-AG ist und durch das andere UN, bei dem die steuernde Einheit angesiedelt ist, fehlen.[297]

124 Seit dem Inkrafttreten des geänderten **EnWG** (Gesetz v. 7.7.05, BGBl. I S. 1970) sind bestimmte UN der Elektrizitäts- und Gasversorgung zur gesellschaftsrechtlichen Verselbständigung

---

288 *BAG* 22.6.05, NZA 05, 1248, 1249.
289 Siehe dazu *Klein-Schneider* [Hrsg.], Interner Arbeitsmarkt, 2003.
290 Dazu *BAG* 11.2.04, NZA 04, 618.
291 So der Sachverhalt in *BAG* 13.9.95, DB 96, 330.
292 *LAG Hamm* 18.9.96, BB 96, 2622.
293 *BAG* 20.2.01, NZA 01, 1089.
294 Das Organisationsrecht des SGB II ist mit Wirkung seit dem 1.1.2011 neu gefasst; nach § 44 h SGB II n. F. unterliegen die sog. Job-Center als gemeinsame Einrichtungen dem BPersVG, so dass dort eine Personalvertretung zu bilden ist.
295 *HessLAG* 7.8.08, ZTR 08, 696, Ls.
296 *LAG Köln* 6.11.91, ZMR 92, 205.
297 Dazu *Kort*, NZA 13, 1318, 1322; *Reinhard/Kettering*, ArbRB 14, 87, 88 f.

ihres Netzbetriebs gegenüber den sonstigen UN – Funktionen verpflichtet (§ 7 Abs. 1 EnWG). Ferner ist es danach nicht mehr zulässig, dass Leitungspersonen der Netzgesellschaft zugleich Leitungsfunktionen im ausgliedernden Mutter-UN innehaben (§ 7 a Abs. 2 Nr. 1 EnWG). Damit entfällt zwar ein wesentliches Kriterium (Personenidentität in den Geschäftsleitungen), anhand dessen in der Praxis auf das Vorliegen eines gemB der beteiligten UN geschlossen wurde. Dagegen kann aber **nicht** bereits aus diesen energierechtlichen Bestimmungen **eine Art gesetzliches Verbot des gemB** abgeleitet werden.[298] Zum einen kann der für den gemB maßgebliche Leitungsapparat auch unterhalb der Organpersonen angesiedelt sein und zum anderen dient die vorgeschriebene rechtliche und organisatorische Entflechtung dazu, die **unternehmerische Eigenständigkeit** der Netzgesellschaft herzustellen, was – im Falle eines gemB – allenfalls im Bereich der wirtschaftlichen Mitbestimmungsangelegenheiten zu Problemen führen könnte; gerade dieser Bereich ist aber nicht notwendiger Weise in den Zuständigkeitsbereich des einheitlichen Leitungsapparates zu integrieren (vgl. Rn. 94 f.), so dass das EnWG der Bildung eines gemB durch Errichtung eines auf die sozialen und personellen Angelegenheiten beschränkten **Leitungsapparates unterhalb der Gesellschaftsorgane** nicht entgegensteht.[299] Weitgehende Übereinstimmung besteht aber dahingehend, dass die bisherige **Betriebseinheit durch TV** gem. § 3 Abs. 1 Nr. 3 gesichert werden kann[300], was in der Branche auch sehr verbreitet geschieht.

Schwierig ist die Beurteilung, **wenn** eine UN-Umstrukturierung erst geplant ist und daher sichere **tatsächliche Anhaltspunkte** für die künftige Leitungsstruktur **noch fehlen.** Bloß konzeptionelle Veränderungen, die sich (noch) nicht in der Betriebswirklichkeit niedergeschlagen haben, ziehen **keine Veränderungen der Vertretungsstrukturen** nach sich. Das Übergangsmandat (§ 21 a) macht in derartigen Fällen »rein vorsorgliche« Neuwahlen zur Vermeidung betriebsratsloser Zeiten überflüssig (zur Vermutung des gemB Rn. 145 ff.). Häufig werden – wie die Praxis zeigt – Veränderungen gegenüber den bisherigen Verhältnissen auch erst im Laufe der Zeit eintreten, so dass während einer Übergangszeit der einheitliche Betrieb erhalten bleibt.[301] **In der Praxis** werden vielfach zur Beseitigung von Rechtsunsicherheiten und zur Wahrung der Belegschaftsrechte besondere Vereinbarungen nach Art eines »Tatsachenvergleichs« getroffen.[302] Diese Vereinbarungen werden wegen der unsicheren Vermutungsregeln des Abs. 2 voraussichtlich zunehmen (vgl. Rn. 161, 165), jedenfalls aber trotz der Vermutungsregeln ihre Bedeutung behalten. 125

c) Die Vermutung des gemeinsamen Betriebs (Abs. 2)

aa) Grundsätze

Durch Abs. 2, der mit der **Novellierung 2001** eingefügt wurde, wird für **zwei** unterschiedliche **Anwendungsfälle** eine gesetzliche **Vermutung** bezüglich des Rechtsbegriffs **des gemeinsamen Betriebs** aufgestellt.[303] Daher dürfte es sich der Sache nach um eine sog. **Rechtsvermutung** 126

298 In diese Richtung aber wohl *Bachner,* DBR 8/05, 13, 15 f.; *Trenkle,* AiB 05, 13, 14 f.

299 Näher dazu *Trümner,* Arbeits- und mitbestimmungsrechtliche Implikationen des »legal unbundling« auf dem Energiebinnenmarkt, Rechtsgutachten für die Hans-Böckler-Stiftung, Mskr., 2004, S. 26 ff.; ähnlich auch *Seitz/Werner,* BB 05, 1961, 1964; ausführlich *Steinbauer,* Reorganisation in der Energiewirtschaft und deren arbeitsrechtliche Folgen, 2006, S. 72 ff.

300 Vgl. § 3 Rn. 110; *Fitting,* Rn. 56 e; *Bachner,* a. a. O.; *Trenkle,* a. a. O.; *Seitz/Werner,* a. a. O.; *Trümner,* a. a. O.; *Steinbauer,* a. a. O., S. 100 ff.

301 Vgl. auch *LAG Düsseldorf* 20. 7. 88, AiB 89, 78.

302 Vgl. zur Vorgehensweise *Blank/Blanke u. a.,* S. 202 ff.; zu den Inhalten solcher Regelungen *dies.,* S. 345 f.; ein Beispiel für eine praktisch häufig getroffene Regelung findet sich *ebd.,* S. 329 ff.; vgl. ferner *Klebe/Wendeling-Schröder,* AiB 92, 77 ff. [87], sowie den zwischen Digital Equipment und IGM am 25. 6. 1993 geschlossenen TV; ferner *Trittin,* UN-Spaltung und die sozialen Folgen für AN [Muster-BV mit kurzen Anm.], AiB 95, 315.

303 Anders aber *Engels/Trebinger/Löhr-Steinhaus,* DB 01, 532 und die *Begründung* zu Art. 1 Nr. 2 des BetrVerf-ReformG [*BT-Drucks.* 14/5741, S. 33], wo für den Fall der Nr. 1 als Vermutungsinhalt das Bestehen der »einheitlichen Leitung mit wesentlichen Arbeitgeberfunktionen in sozialen und personellen Angelegenheiten« bzw. »eine einheitliche Leitung *der Unternehmen* [gemeint ist wohl: »einheitl. Leitung des Betriebs *durch die beteiligten UN*»] angenommen wird; näher Rn. 90 ff.

und **nicht** – wie die Gesetzesbegründung offenbar annimmt – um eine **Tatsachenvermutung** handeln (vgl. zur Unterscheidung Rn. 128), was jedoch insoweit keinen Unterschied macht, als § 292 ZPO verdeutlicht, dass mangels anderweitiger gesetzlicher Vorschrift die Vermutung in beiden Fällen widerlegbar ist.[304] Gesetzliche Vermutungen enthalten i. d. R. **Beweislastnormen,** die primär eine **prozessrechtliche Bedeutung** haben. Sie erleichtern zugunsten des Beweisführers den Beweis und sollen einer vereinfachten Rechtsdurchsetzung dienen.[305] Zwar gibt es **im** arbeitsgerichtlichen **Beschlussverfahren** gem. § 18 Abs. 2 i. V. mit §§ 2 a, 80 ff. ArbGG, in dem Streitigkeiten über das Vorliegen eines gemB i. d. R. auszutragen sind, **keine Beweisführungslast** im strengen zivilprozessualen Sinne,[306] gleichwohl bedarf es eines schlüssigen Tatsachenvortrags durch den Antragsteller.[307] Meist wird dies der BR oder ein WV sein. Allerdings folgt aus dem **Untersuchungsgrundsatz,** wie er im arbeitsgerichtlichen Beschlussverfahren gilt, auch keine völlig freie Ermittlung des Sachverhalts durch das Gericht. Vielmehr bestimmen die Verfahrensbeteiligten durch Anträge und Tatsachenbehauptungen den Streitstoff, so dass jedenfalls eine **Behauptungslast (Darlegungslast)** anzuerkennen ist.[308] Letztlich hat das Gericht nach Ausschöpfung aller Beweismittel aber nach Beweislastgrundsätzen zu entscheiden.[309]

127 Nach dem Willen des Gesetzgebers ist es **Ziel der gesetzlichen Vermutungsregelung,** für die betriebliche Praxis den Anlass zu Streitigkeiten über das Vorliegen oder Nichtbestehen des gemB dadurch zu verringern, dass vor allem den WV und BR eine entsprechende **Nachweiserleichterung** verschafft wird.[310] Insoweit soll die Vermutungsregel über ihre prozessrechtliche Bedeutung hinaus auch eine faktische Bedeutung bei vor- oder außerprozessualen Konfliktlösungsbemühungen erlangen (näher Rn. 161 ff.).

128 Die **Funktionsweise** einer gesetzlichen Vermutung liegt im Allgemeinen darin, dass auf Grund einer oder mehrerer Tatsachen (sog. **Ausgangstatsachen** oder Indizien) der **Vermutungsbasis** (auch Vermutungstatbestand genannt) das Bestehen eines Tatbestandsmerkmals einer anderen Norm (hier: »gemeinsamer Betrieb« i. S. von Abs. 1 Satz 2) vermutet wird (sog. **Vermutungsfolge** oder -inhalt). Bei dem vermuteten Tatbestandsmerkmal kann es sich um eine **Tatsache** (sog. Tatsachenvermutung) **oder** ein Recht bzw. einen **Rechtszustand** handeln (sog. Rechtsvermutung). Im Fall der Rechtsvermutung wird somit der Rechtsanwender der sonst notwendigen vollständigen Tatsachenfeststellungen über den Rechtszustand enthoben. Die von der Vermutungsregel begünstigte Partei (meist der AN, der BR oder WV; aber richtigerweise auch der SpA bzw. SpA-WV, da es sich um eine allgemeine betriebsverfassungsrechtliche Vorschrift handelt) braucht nur die Tatsachen, die zur »Vermutungsbasis« gehören, darzulegen und ggf. zu beweisen. Es ist sodann Sache der anderen Partei, evtl. den **»Beweis des Gegenteils«** als Hauptbeweis zu führen, indem sie darlegt und beweist, dass entweder – bei einer Tatsachenvermutung – die vermutete Tatsache unwahr ist oder – bei einer Rechtsvermutung – aus den Tatsachen der Vermutungsbasis notwendig ein anderer Schluss zu ziehen ist und somit jede Möglichkeit des gesetzlichen Schlusses wegfällt[311] oder andere Tatsachen vorliegen, aus denen sich ergibt, dass der vermutete Rechtszustand nicht oder nur anders besteht.[312] Bei einer Vermutungsregel handelt es sich mithin um den Fall einer gesetzlich angeordneten **Beweislastumkehr,**[313] die im Beschlussverfahren eine Umkehrung der Behauptungslast bewirkt.

129 Zweifelhaft ist allerdings, ob im Falle der Vermutungsregel des **Abs. 2 Nr. 1** normsetzungstechnisch überhaupt eine **gesetzliche Vermutung** formuliert wurde **oder** ob nicht vielmehr eine **verdeckte Legaldefinition** des gemB aufgestellt worden ist (dazu Rn. 135, 139 ff.).

---

304 Vgl. *BLAH,* § 292 ZPO Rn. 4, 6, 8; *Däubler,* AuR 01, 1 [2]; *Engels/Trebinger/Löhr-Steinhaus,* a. a. O.; ebenso *BAG* 22.10.03, AP Nr. 21 zu § 1 BetrVG 1972 Gemeinsamer Betrieb.
305 *BLAH,* § 292 ZPO Rn. 8, 9.
306 Vgl. *Kamphausen,* NZA-Beilage 4/88, S. 10 [15].
307 *Kamphausen,* a. a. O.; Letzteres bestritten bei *HBR,* Rn. 92.
308 Vgl. Einl. Rn. 202; MünchArbR-*Jacobs,* § 345 Rn. 26.
309 Näher Einl. Rn. 202; *HBR,* Rn. 91 ff.
310 Vgl. *BT-Drucks.* 14/5741, S. 33.
311 So *BLAH,* § 292 ZPO Rn. 9 m. w. N.
312 Vgl. *RSG,* § 114 I 4, S. 655 f.
313 MünchKommZPO-*Prütting,* § 292 Rn. 24.

Selbst wenn die Vermutungstatbestände des Abs. 2 nicht eingreifen, etwa weil kein Austausch von AN oder/und keine gemeinsamen Nutzung von Betriebsmitteln stattfindet, sind die ArbGe verpflichtet zu überprüfen, ob sich aus den konkreten betrieblichen Umständen die Führung eines gemB durch die UN ergibt. **Für eine gemeinsame Führung sprechen** nach der jüngeren Rspr. folgende **Indizien:** 130

- Der Leiter eines eingetragenen Vereins ist identisch mit der Geschäftsführung der GmbH und die GmbH wird im **Organigramm** wie jeder andere rechtlich unselbständige Betriebsteil des Vereins aufgeführt. Die **Personalakten** der AN der GmbH werden beim Verein verwaltet und die Arbeitsverträge und sonstige personenbezogene Schriftstücke werden beim Verein für die GmbH erstellt.[314]
- Für eine institutionell einheitliche Leitung spricht auch, wenn durch eine Organisationsverfügung der Kommune die Personalverwaltung und -betreuung für die von der Kommune gestellten Mitarbeiter auf eine GmbH übergeht,[315] auf den Austausch von AN oder die gemeinsame Nutzung von Betriebsmitteln kommt es dann jedenfalls nicht mehr an.

bb) Gemeinsamer Einsatz von Betriebsmitteln sowie AN (Nr. 1)

Nach Nr. 1 wird ein gemB mehrerer UN vermutet, wenn zur Verfolgung arbeitstechnischer Zwecke die Betriebsmittel sowie die Arbeitnehmer von den UN gemeinsam eingesetzt werden.[316] Zur **Vermutungsbasis** (vgl. Rn. 128) gehören folgende Tatumstände (Indizien): 131

- Verfolgung **arbeitstechnischer Zwecke:** Hierbei ist es vollkommen gleichgültig, welcher Art, Qualität oder Quantität die arbeitstechnischen Zwecke sind (vgl. zur Unbestimmtheit dieses Merkmals Rn. 83, 77, 74). Auch darauf, ob ein oder mehrere Zwecke verfolgt werden, kommt es – wie auch sonst bei der Beurteilung der Betriebseinheit – nicht an (vgl. Rn. 66). 132
- Gemeinsamer **Einsatz von Betriebsmitteln:** Es handelt sich um einen Gesichtspunkt, der in der bisherigen Rspr.-Praxis als ein wesentlicher Tatumstand unter mehreren (vgl. Rn. 96) herangezogen wurde, um den Rückschluss auf das Vorliegen einer wenigstens konkludent geschlossenen Führungsvereinbarung (Rn. 93) zu ermöglichen.[317] Zu den **Betriebsmitteln** zählen sowohl materielle als auch immaterielle Betriebsmittel. *Hanau*[318] hat problematisiert, ob diese »Vergemeinschaftung« **alle** Betriebsmittel der beteiligten UN betreffen müsse oder ob insoweit auch eine Teilmenge davon genügen könne.[319] Aus den Obersätzen der jüngeren Rspr. des *BAG* ergibt sich jedoch ohne weiteres, dass keineswegs das gesamte Betriebsmittelvermögen eines UN der gemeinsamen Nutzung zugeführt werden muss, sondern es vielmehr ausreicht, »wenn die in *einer Betriebsstätte* (Hervorheb. des Verf.) vorhandenen materiellen und immateriellen Betriebsmittel«[320] dergestalt nutzbar sind. 133
- Gemeinsamer **Einsatz von Arbeitnehmern:** Es muss sich um AN i. S. v. § 5 Abs. 1 handeln, wobei es nicht darauf ankommt, mit welchem der am vermeintlich gemB beteiligten AG der jeweilige Arbeitsvertrag abgeschlossen oder ggf. ein faktisches Arbeitsverhältnis anzunehmen ist. Auch hier handelt es sich um einen Tatumstand, der bisher bei der Prüfung einer konkludenten Führungsvereinbarung (Rn. 93) von Bedeutung gewesen ist (AN-Austausch, personelle Verknüpfung von Arbeitsabläufen).[321] 134

---

314 *BAG* 11.2.04, NZA 04, 618, 619.

315 *HessLAG* 24.8.06 – 9 TaBV 215/05 uv.

316 Ähnlich die von *Benz-Overhage/Klebe,* AiB 00, 24 [25] vorgeschlagene Formulierung hinsichtlich der als ausschlaggebend erachteten Kriterien für eine Neuregelung des gemB.

317 Unberechtigt daher die Kritik bei *Richardi/Annuß,* DB 01, 41 und *Konzen,* RdA 01, 76 [80], der Gesetzgeber hätte die von der Rspr. entwickelten Indizien nicht aufgegriffen: er hat sie nur nicht *vollständig* aufgegriffen; zutreffend daher die Feststellung bei *Ulrich,* FA 01, 137 [138].

318 RdA 01, 65 [67].

319 ErfK-*Koch,* Rn. 15 lässt die gem. Nutzung der »wesentlichen« Betriebsmittel genügen.

320 So ausdrücklich *BAG* 24.1.96, AP Nr. 8 zu § 1 BetrVG 1972 Gemeinsamer Betrieb [unter B. 3.a] mit Anm. *Däubler.*

321 Vgl. *Benz-Overhage/Klebe,* AiB 00, 24 [25]; auf die eingeschränkte Aufnahme von derartigen Merkmalen in die Vermutungsregelung weist zutreffend *Ulrich,* FA 01, 137 [138] hin.

135 • Von den beteiligten UN **gemeinsam bewirkter Einsatz** (von Personal und Betriebsmitteln): Da es den Gesetzesverfassern offenbar darum ging, auf der Seite der Vermutungsbasis nicht auf das Kriterium eines vereinbarten Leitungsapparates abstellen zu wollen,[322] muss hier die Anforderung an den Nachweis eines »gemeinsamen Einsatzes« jedenfalls geringer sein.[323] Es sollte deshalb als ausreichend angesehen werden, wenn die **Verfügungsmacht über die betrieblichen Infrastruktureinrichtungen** weder dem einen noch dem oder den anderen UN allein zugerechnet werden kann. Für diese Auslegung spricht *erstens,* dass bei einer gesetzlichen Vermutungsregel nicht zur Vermutungsbasis gehören kann, was Gegenstand der Vermutungsfolge ist.[324] Dabei ist auch zu beachten, dass das Gesetz von »gemeinsam einsetzen« spricht und nicht von »gemeinsam leiten« oder »führen«.[325] *Zweitens* jedoch würden gerade die (nach dem in der Gesetzesbegründung zum Ausdruck gekommenen Willen des Gesetzgebers) zugunsten der AN-Seite bewirkten Erleichterungen wieder zunichte gemacht, wenn es schon bei den Ausgangstatsachen um den Nachweis eines vereinbarten Leitungsapparates gehen würde. Und *drittens* wäre dann jedenfalls völlig richtig, dass es sich – entgegen der gewählten Regelungstechnik einer Vermutungsregel – stets schon immer um den Vollbeweis bezüglich des gemB handelte, so dass es nichts mehr zu vermuten gäbe.[326] Die **Darlegung** einer **Führungsvereinbarung oder** Darlegungen zum Vorliegen eines **Leitungsapparates,** der die wesentlichen, der Beteiligung des BR unterworfenen sozialen und personellen Angelegenheiten wahrnimmt, ist daher **nicht erforderlich,** um die Vermutungsfolge auszulösen.[327] Es genügt die Existenz eines Betriebsleiters, der die Disposition über Personal und Material trifft. Ähnlich wie hier vertreten, stellt auch das *BAG* nicht auf das Vorliegen von vereinbarten Leitungsapparaten ab, sondern lässt das faktische Geschehen den Ausschlag geben, so dass **kein gemB vermutet** werden kann, wenn die Betriebsmittel **nur von einem** der beiden an einem vermeintlichen gemB beteiligten AG »genutzt« werden.[328] Deshalb ist es auch hinzunehmen, dass nunmehr – anders als nach bisherigem Recht – auch »schlichte« UN-Kooperationen (Projekt- und Dienstleistungsgemeinschaften)[329] in den Anwendungsbereich der Vermutungsregel gelangen können. Dies kann freilich dazu führen, dass nicht zweifelsfrei feststellbar ist, ob und wann die betroffenen AN aus ihrer bisherigen Betriebsverfassung »herausfallen«, sofern der Gegenbeweis nicht gelingt.[330] Das Problem kann jedoch nur dann wirklich auftreten, wenn nicht ohnehin die gesamte betriebliche Infrastruktur der beteiligten UN »vergemeinschaftet« wird; diese Schwierigkeiten sind allerdings auch heute – zumindest theoretisch – schon beim gemB einer ARGE nicht ausgeschlossen (Rn. 107). Im Übrigen ist es durchaus möglich, ein und denselben AN als betriebszugehörig in verschiedenen Betrieben anzusehen (vgl. § 5 Rn. 55), so dass das von *Hanau* befürchtete »betriebsverfassungsrechtliche Chaos« (a. a. O.) gar nicht eintreten muss (vgl. zu Beginn und Ende der Vermutungsfolge Rn. 164 ff.), zumindest aber nicht größere Schwierigkeiten eintreten als in den Fällen eines sonstigen drittbezogenen AN-Einsatzes (vgl. § 5 Rn. 81 ff.). Beachtenswert ist in jedem Fall *Hanaus* Hinweis, bei einer »Zusammenarbeit von UN«, die bei Abs. 2 Nr. 1 stets vorliegt, die Details der betriebsverfassungsrechtlichen Konsequenzen tarifvertraglich zu regeln,[331] denn § 3 Abs. 1 Nr. 3 lässt gerade bei UN-Kooperationen **andere AN-Vertretungsstrukturen durch TV** zu (näher § 3 Rn. 91 ff.).

136 • Verfolgung arbeitstechnischer Zwecke durch **Unternehmen:** Hinsichtlich der UN-Eigen-

322 So explizit *Engels/Trebinger/Löhr-Steinhaus,* DB 01, 532.
323 Ebenso, wenn auch gerade deshalb kritisch: *Ulrich,* FA 01, 137 [138 f.].
324 Hier: der gemeinsame Betrieb [so der Gesetzeswortlaut] bzw. die einheitliche Leitung des Betriebs [so die *Begründung* zum BetrVerf-ReformG, *BT-Drucks.* 14/5741, S. 33 und *Engels/Trebinger/Löhr-Steinhaus,* a. a. O.].
325 Vgl. *Fitting,* Rn. 86; ErfK-*Koch,* Rn. 15.
326 *Richardi,* NZA 01, 346, [349].
327 *Fitting,* Rn. 86.
328 *BAG* 16.4.08, NZA-RR 08, 583.
329 Vgl. zu möglichen Beispielen *Ulrich,* a. a. O., 139 und *SWS,* Rn. 25; vgl. auch Rn. 144.
330 So *Hanau,* RdA 01, 65 [67].
331 *Hanau,* ebd.

schaften gelten keine Besonderheiten, so dass der betriebsverfassungsrechtliche UN-Begriff zu Grunde zu legen ist (vgl. § 47 Rn. 17 ff.).

Durch die Vermutungstatbestände des Abs. 2 wird nur die Existenz eines einheitlichen Leitungsappartes widerleglich angenommen.[332] **Vermutungsfolge ist** dann jedenfalls nach dem Wortlaut des Gesetzes **der gemeinsame Betrieb** und nicht etwa das Bestehen einer »einheitlichen Betriebsleitung«, wie die *Begründung* zum Gesetzentwurf sowie die Erläuterungen der Entwurfsverfasser meinen,[333] auch nicht die »gemeinsame Betriebsführung«[334] oder das Vorliegen einer »Führungsvereinbarung«.[335] Gerade die Diskrepanz zwischen Gesetzeswortlaut und Gesetzeserläuterungen hinsichtlich der Vermutungsfolge ist Gegenstand kritischer Auseinandersetzungen mit der Neuregelung. Dabei wird teilweise angenommen, dass unter der Hand womöglich eine **Änderung des Betriebsbegriffs** eintrete[336] bzw. es künftig weder auf geordnet und gezielt eingesetzte Betriebsmittel noch auf einen einheitlichen Leitungsapparat mehr ankäme.[337] **137**

Die Schwierigkeiten bei der Deutung der neuen Bestimmung dürften wohl in der Deduktionskette begründet sein, die das *BAG* in seinen Entscheidungen zum gemB verwendet (vgl. Rn. 66, 67) und bei der letztlich die Feststellung der Betriebseinheit – also des *gemeinsamen* Betriebs – subsumtionstechnisch mit der Wahrnehmung von Kernaufgaben in den betrieblichen Mitbestimmungsangelegenheiten durch einen »Leitungsapparat« verschmilzt, welcher auf einer Führungsvereinbarung beruhen muss, wobei deren konkludenter Abschluss ausreicht. Allenfalls unter diesem Gesichtspunkt und gegen den Wortlaut der Vermutungsregel ließe sich daher im Wege einer vom Normzweck geleiteten Auslegung vertreten, dass **Vermutungsfolge bei Abs. 2 Nr. 1** eben **doch** das Vorliegen einer **Führungsvereinbarung** sein müsse.[338] Konsequenz eines solchen Normverständnisses wäre allerdings auch, dass es sich um eine **Tatsachenvermutung** und nicht um eine **Rechtsvermutung** handelt (vgl. zur Unterscheidung Rn. 128). **138**

Die verbreitete **Ratlosigkeit bei den Deutungsversuchen** zur Vermutungsregel des Abs. 2 Nr. 1 ist zuerst von *Däubler*[339] und *Richardi/Annuß*[340] zum Ausdruck gebracht worden. Während *Richardi/Annuß*[341] in den Tatbestandsvoraussetzungen der Nr. 1 offenbar **abschließende Merkmale des gemB** sehen und deshalb meinen, dass beim Nachweis der quasi nur fälschlich vom Gesetzgeber als Indiztatsachen einer Vermutungsregel angegebenen Tatumstände der gemB bereits vorliege – also nichts mehr vermutet werden könne, weil es feststehe, sieht *Däubler*[342] die Gefahr, dass sogar die relative Sicherheit, die die Rspr. bzgl. der Voraussetzungen des gemB mittlerweile hergestellt hat,[343] wieder zerstört werden könnte: Nach der Logik einer gesetzlichen Vermutung, die ja gerade widerlegbar sei, könne es nämlich Fälle geben, bei denen zwar Betriebsmittel und AN gemeinsam eingesetzt würden, gleichwohl aber kein gemB vorliege. Dabei komme als einzig denkbarer Fall in Betracht, dass zwar auf Grund der Indizien ein gemeinsamer Leitungsapparat existiere, dieser aber nicht auf einer *nachweisbaren* Führungsvereinbarung beruhe. **139**

Zur **Vermeidung der** vorhersehbaren **Anwendungsprobleme** ist deshalb vorgeschlagen worden, die Vermutungsregel des Abs. 1 Nr. 2 zu einer gesetzlichen Definition umzuformen.[344] **140**

332 *BAG* 22.6.05, NZA 05, 1248.
333 Vgl. *BT-Drucks.* 14/5741, S. 33; *Engels/Trebinger/Löhr-Steinhaus,* DB 01, 532.
334 So die Erwartung bei *Richardi/Annuß,* DB 01, 41.
335 *Konzen,* RdA 01, 76 [80] und *Däubler,* AiB 01, 313 [314], prognostizieren deshalb auch zu Recht trotz der Vermutungsregel das Fortbestehen des Streits um das Erfordernis dieser »Führungsvereinbarung«.
336 So *Ulrich,* FA 01, 137 ff.
337 So *Berger-Delhey,* ZTR 01, 108.
338 So *Richardi,* NZA 01, 346 [349], offenbar um der »nichts sagenden« Bestimmung noch einen praktikablen Anwendungsbereich zu verschaffen.
339 AuR 01, 1 [2].
340 DB 01, 41.
341 A. a. O.; ebenso *Buchner,* NZA 01, 633 [634].
342 A. a. O.
343 *BAG* 24.1.96, AP Nr. 8 zu § 1 BetrVG 1972 Gemeinsamer Betrieb.
344 *Däubler,* AuR 01, 1 [2]; *ders.,* AiB 01, 313 [314 f.] mit konkretem Formulierungsvorschlag; vgl. auch *Trümner,* FA 01, 133 [135].

Dem ist der Gesetzgeber jedoch nicht gefolgt, so dass es sehr zweifelhaft erscheint, ob man in Anlehnung an *Richardi/Annuß*[345] in die Vermutungsregel des Abs. 2 Nr. 1 jetzt noch eine Art Legaldefinition des gemB »hineinlesen« kann.[346] Hiergegen spricht neben dem Wortlaut (»wird vermutet«), dass der Gesetzgeber gerade **keine** neue oder angemessenere **Definition** des »Betriebs« vornehmen,[347] **sondern** sich mit **Nachweiserleichterungen** bzgl. des gemB begnügen wollte. Deshalb spricht vieles dafür, dass auch nach neuem Recht für das Vorliegen des gemB an den Obersätzen der jüngeren **Rspr. des** *BAG* anzuknüpfen ist (vgl. Rn. 39, 66), die – abgeleitet aus der allgemeinen Definition des Betriebs – bereits nach Art eines Vermutungssatzes formulierte: »... (...) von einem gemeinsamen Betrieb *(ist) auszugehen,* wenn ...«[348] bzw. »... ein Gemeinschaftsbetrieb mehrerer Unternehmen *(kann) angenommen werden* (...), wenn ...«[349]. Die in den genannten Entscheidungen verwendete Ausdrucksweise ähnelt damit solchen Bestimmungen, bei denen der Gesetzgeber zwar von »vermuten« spricht, dies allerdings im Sinne von »annehmen« oder »für möglich halten« meint und damit einen Fall der bloßen **Beweismaßsenkung** regelt, bei dem etwa das Glaubhaftmachen ausreicht (z. B. § 611 a Abs. 1 Satz 3 BGB).[350] Beweismaßsenkungen ändern aber nichts an der Beweislastverteilung, die als solche fortbesteht.

141 Hier nun lässt sich für ein **normzweckorientiertes Verständnis** der neuen Vermutungsregel ansetzen, um der nichts sagend erscheinenden Vorschrift einen praktikablen Sinn abzugewinnen: Mit der Bestimmung sollen **Beweiserleichterungen** erreicht werden. Dies geschieht einerseits (insoweit im Gegensatz zu der in Rn. 140 erwähnten Rspr. des *BAG*) durch die mit der gesetzlichen Vermutung verbundene **Beweislastumkehr.** Zum anderen wird gegenüber einer Definition (die den Nachweis aller Begriffsmerkmale erfordert) die **Zahl der Merkmale** (die in der Vermutungsregel als Indizien der sog. Vermutungsbasis verwendet werden) **reduziert,** insbesondere der Nachweis der Führungsvereinbarung für entbehrlich erklärt (vgl. Rn. 135 und im Folgenden). Aber auch im Vergleich zu dem vom *BAG* verwendeten »Vermutungssatz« fällt die Sparsamkeit der jetzt vom Gesetzgeber als Vermutungstatsachen benannten Gesichtspunkte auf: der Vermutungssatz des *BAG*[351] lautet: »... von einem gemeinsamen Betrieb mehrerer Unternehmen (ist) auszugehen, wenn die in einer Betriebsstätte vorhandenen materiellen und immateriellen Betriebsmittel für einen einheitlichen arbeitstechnischen Zweck *zusammengefasst, geordnet und gezielt* eingesetzt werden *und der Einsatz der menschlichen Arbeitskraft von einem einheitlichen Leitungsapparat gesteuert wird*«. Alles was der neuen gesetzlichen Vermutungsregel demnach sachlich fehlt, sind die in der Formel des *BAG* kursiv gekennzeichneten Bestandteile. Die einer Definition schon sehr nahe kommende *BAG*-Formel verlangt mit ihrem nachgestellten »Und-Satz« anscheinend zwar konstitutiv den durch Führungsvereinbarung gesicherten Leitungsapparat für den Betriebsmitteleinsatz und lässt den »schlicht-faktischen«, kooperativen Einsatz von Personal und Material nicht ausreichen (obgleich gerade die Entscheidung v. 24.1.96, a. a. O., exemplarisch belegt, wie sehr die nötige Existenz der Führungsvereinbarung bereits relativiert worden ist, wenn es – wie die Begründung selbst zeigt – im Grunde allein auf eine tatsächlich vernetzte Arbeitsablauforganisation ankommt). Anders dagegen verhält sich dies nach der Struktur der Vermutungsvoraussetzungen in der neuen gesetzlichen Vermutungsregel, deren Rechtsfolge dann allerdings auch »nur« in die widerlegbare Vermutung des gemB mündet.

142 Die Widerlegung der Vermutung erfordert – **sofern man die Fälle der Nr. 1 als Rechtsvermutung** qualifiziert – entweder den vollen Nachweis des Nichtvorliegens aller dem vermuteten Rechtszustand zugrunde liegenden (Indiz-)**Tatsachen** (zu diesen Rn. 132 – 136), so dass

345 DB 01, 41.
346 Dagegen *BAG* 11.2.04, AP Nr. 22 zu § 1 BetrVG 1972 Gemeinsamer Betrieb.
347 Vgl. Gesetzesbegründung, *BT-Drucks.* 14/5741, S. 26 f.
348 Hervorheb. d. Verf.; vgl. *BAG* 24.1.96, AP Nr. 8 zu § 1 BetrVG 1972 Gemeinsamer Betrieb mit Anm. *Däubler,* unter B. 3. a).
349 Hervorheb. d. Verf.; vgl. *BAG* 9.2.00 – 7 ABR 21/98 uv.
350 Vgl. auch MünchKommZPO-*Prütting,* § 292 Rn. 18: Fälle der Beweismaßsenkung fallen nicht unter die Beweiserleichterung und Beweislastumkehr des § 292 ZPO.
351 *BAG* 24.1.96, *BAG* 9.2.00, AP Nr. 8 zu § 1 BetrVG 1972 Gemeinsamer Betrieb bzw. *BAG* 9.2.00 – 7 ABR 21/98 uv. [unter B. I. der Gründe].

gerade die Tatsachen **nicht vorliegen,** aus denen sich der vermutete Rechtszustand ergeben könnte:[352] dann lässt sich die Vermutungswirkung schon nicht herstellen und im Rahmen der Anwendung von § 1 Abs. 1 Satz 2 kann das Tatbestandsmerkmal »gemeinsame Betriebe« nicht mithilfe der Vermutungsregel aufgefüllt werden. Es besteht aber bei Vorliegen der Indiztatsachen und damit dem »Greifen« der Vermutungsregel auch die Möglichkeit, den Gegenbeweis und damit die Widerlegung dadurch zu bewirken, indem **andere** Tatsachen dargelegt und bewiesen werden, aus denen sich ergibt, dass der vermutete Rechtszustand »gemeinsamer Betrieb« nicht oder nur anders – etwa als nur gemeinsamer **Betriebsteil** (vgl. Rn. 187 f.) – vorliegt.[353] Dies kann beispielsweise dadurch erfolgen, dass das Nichtvorliegen der weiteren vom *BAG* angenommenen Merkmale des gemB, die in der Vermutungsbasis gerade nicht enthalten sind (vgl. Rn. 140), bewiesen wird. Das ist aber typischerweise der **Negativbeweis** bezüglich der **Führungsvereinbarung.** Allerdings reicht das bloße (unsubstantiierte) **Bestreiten** einer solchen Vereinbarung oder die Behauptung, dass ein entsprechender **Bindungswille** fehle oder etwa gefehlt hätte,[354] oder gar die Vorlage einer sog. **Trennungsvereinbarung**[355] oder die **Kündigung**[356] einer zuvor einmal schriftlich geschlossenen Führungsvereinbarung nicht aus.[357] Eine derartige Einlassung ist als unbeachtliche »protestatio facto contraria« unmaßgeblich,[358] wenn die Tatsachen dem entgegenstehen. Es **muss zudem bewiesen werden,** dass auch solche Tatsachen fehlen, deren Vorliegen für den konkludenten Abschluss einer Führungsvereinbarung spricht, und schließlich muss bewiesen werden, dass jedes der beteiligten UN **eine eigene Personalleitung** hat, die jeweils für sich und getrennt von den anderen allein und ohne Rücksprache die eigenen Belegschaftsteile einsetzt und verwaltet und die beteiligungspflichtigen Angelegenheiten autonom mit dem BR verhandelt.[359] In der Regel wird der Gegenbeweis aber daran scheitern, dass einige wesentliche Tatumstände als Vermutungsbasis ja vorliegen, die bislang als Merkmale heranzuziehen waren, um die Feststellung einer konkludent geschlossenen Führungsvereinbarung zu erlauben.[360]

Qualifiziert man die Fälle der **Nr. 1 dagegen** als **Tatsachenvermutung,** wonach eine einheitliche **Leitung** bzw. eine **Führungsvereinbarung** vermutet wird, so ist die Beweisführung zur Widerlegung der Vermutung grundsätzlich auf die Darlegung der Unwahrheit der vermuteten Tatsache gerichtet (die Führungsvereinbarung), so dass sich hinsichtlich der Anforderungen an den Widerlegungsbeweis im Ergebnis keine Abweichungen ergeben werden (vgl. Rn. 142). **143**

Nach ihrem äußeren Erscheinungsbild eines kooperativen Einsatzes von Betriebsmitteln und AN können beispielsweise folgende Konstellationen der betrieblichen Realität in den **Anwendungsbereich der Vermutung nach Nr. 1** einbezogen werden: **144**

- **Shop-in-shop**-Systeme bei Warenhäusern und Einkaufsmeilen;[361]
- **Just-in-time**-Betriebe (vgl. Rn. 116, 117 und *7. Aufl., Rn. 127*);
- **Industrieparks;**[362]
- **Industriekooperationen** zur Planung, Konstruktion und Entwicklung von technischen Großprojekten;[363]
- Formen der Zusammenarbeit von **Rechtsträgern des öffentlichen** und privaten **Rechts** (vgl. Rn. 109 f.);
- **Virtuelle »Fabriken«.**[364]

352 Vgl. MünchKommZPO-*Prütting*, § 292 Rn. 22 f.
353 Vgl. zur alternativen Widerlegbarkeit *RSG*, § 114 I 4, S. 655 f.
354 *Löwisch*, RdA 76, 35 [38]; *Boecken*, Rn. 391; *Rieble*, FS Wiese, S. 453 [476].
355 Dazu *Däubler*, RdA 95, 136 [143].
356 So schon *Konzen*, AuR 85, 341 [344]; *Richardi*, Rn. 76.
357 Zusammenfassend Kallmeyer-*Willemsen*, UmwG § 322 Rn. 17; Lutter-*Joost*, UmwG § 322 Rn. 16.
358 Vgl. *Küttner*, FS Hanau, S. 465 [483]; *Däubler*, FS Zeuner, S. 19 [22].
359 »Getrennte Leitungsapparate«; ähnlich *Rieble*, a. a. O., 476 f.; *Engels/Trebinger/Löhr-Steinhaus*, DB 01, 532, Fn. 5.
360 Ähnlich ErfK-*Koch*, Rn. 15, der deshalb eine Fiktion und keine Vermutung annimmt.
361 Vgl. auch Rn. 116 f. und *Birk*, FS Kraft, S. 11 [15] für industrielle Beispiele, dort auch Inhouse-Produktion genannt.
362 Vgl. *Konzen*, RdA 01, 76 [80].
363 Beispiele bei *Ulrich*, FA 01, 139.
364 Vgl. *Birk*, a. a. O., S. 16; *Lange*, BB 98, 1165 ff.; *Wolmerath*, FS Däubler, S. 717 [724 ff.].

cc) Gemeinsamer Betrieb als Folge einer UN-Spaltung (Nr. 2)

145 Der zweite Vermutungstatbestand führt als **Aufgreifsachverhalt** eine **UN-Spaltung** an, in deren Zusammenhang es zur Bildung eines gemB mehrerer UN kommen kann. Die mit der **Novellierung 2001** eingefügte Bestimmung knüpft an § 322 Abs. 1 UmwG a. F. an, durch den 1994 erstmals die Anerkennung des gemB durch den Gesetzgeber erfolgte. Sie stellt jedoch nur eine sprachliche Bereinigung dieser umwandlungsrechtlichen Vorläufernorm dar und stellt ferner klar, dass die Vermutung immer dann greift, wenn eine UN-Spaltung vorliegt, gleichgültig, ob sie umwandlungsrechtlich (§§ 123 ff. UmwG) und damit im Wege partieller Gesamtrechtsnachfolge oder »klassisch« (rechtsgeschäftlich; § 613 a BGB) im Wege der Einzelrechtsnachfolge bewirkt wird.[365]

146 Die UN-Praxis kennt verschiedene tatsächliche Gestaltungen der UN-Spaltungen, z. B. die Spaltung in Besitz- und Betriebsgesellschaft, (im Handels- und Steuerrecht »Betriebsaufspaltung« genannt), UN-Spaltungen in Form der Spartenorganisation oder entlang von Produkten bzw. Produktgruppen, Trennung von produzierenden Bereichen und Vertrieb bzw. Dienstleistungen allgemein.[366] Die gewählte Terminologie (Ausgründung, Ausgliederung, Aufspaltung, Abspaltung, rechtliche Verselbstständigung usw. als meist umgangssprachliche – nicht notwendig rechtlich zutreffende – Bezeichnung des Sachverhalts) ist nicht immer klar, so dass es stets darauf ankommt, den rechtlich zu würdigenden Sachverhalt genauestens zu ermitteln.

147 Nach Nr. 2 wird ein gemB vermutet, wenn die Spaltung eines UN zur Folge hat, dass von einem Betrieb ein oder mehrere Betriebsteile einem an der Spaltung beteiligten anderen UN zugeordnet werden, ohne dass sich dabei die Organisation des betroffenen Betriebes wesentlich ändert. Zur **Vermutungsbasis** (vgl. Rn. 128) gehören folgende Tatumstände (Indizien):

148
- Es muss eine **UN-Spaltung** vorliegen. Die Spaltung muss sich also auf die Ebene des Rechtsträgers beziehen (demgegenüber ist die Spaltung des Betriebs als der arbeitstechnisch-organisatorischen Ebene Gegenstand von §§ 21 a, 111 Satz 3 Nr. 3). Damit umfasst die Vermutungsregel zunächst **sämtliche Arten** der durch das Prinzip der **Gesamtrechtsnachfolge** gekennzeichneten gesellschaftsrechtlichen **Spaltung eines Rechtsträgers nach dem UmwG** (der Begriff Rechtsträger ist vorliegend gleichbedeutend mit dem Begriff Unternehmen), dies sind gem. §§ 123 ff. UmwG die Aufspaltung, Abspaltung und Ausgliederung (einschließlich der **privatisierenden Ausgliederung** gem. § 168 UmwG) von UN-Teilen.[367] Auch sog. **Teilübertragungen** von Rechtsträgern i. S. v. §§ 175, 177, 179 UmwG wird man als mit erfasst ansehen müssen, auch wenn Nr. 2 sie nicht ausdrücklich erwähnt. Die Teilübertragungen richten sich aber weitestgehend nach den umwandlungsrechtlichen Bestimmungen über die Spaltung, sie **sind Spaltungssonderfälle.** Zu den Teilübertragungen zählen Übertragungen jeweils von Vermögensteilen (i. d. R. Betriebe oder Betriebsteile) von Kapitalgesellschaften (AG, GmbH, KGaA) auf die öffentliche Hand (Verstaatlichung; § 177 UmwG); von Versicherungsaktiengesellschaften auf VVaG oder öffentlich-rechtliche Versicherungs-UN (§ 179 UmwG); von VVaG auf Versicherungsaktiengesellschaften oder öffentlich-rechtliche Versicherungs-UN (§ 184 UmwG) und von öffentlich-rechtlichen Versicherungs-UN auf Versicherungsaktiengesellschaften oder VVaG (§ 189 UmwG). Weil bestimmte Arten der Spaltung mit einer Privatisierung verbunden sein können, greift die Vermutungswirkung bezüglich des gemB grundsätzlich auch dann, wenn an dem gesellschaftsrechtlichen Vorgang ein Rechtsträger beteiligt ist, der dem öffentlichen Recht angehört (vgl. zu diesen Mischbetrieben Rn. 109 f.). Sowohl § 322 Abs. 1 UmwG a. F. als auch dem neuen Abs. 2 Nr. 2 ist das Bestreben gemeinsam, Spaltungen bzw. Teilübertragungen eines Rechtsträgers, die bloß **aus steuerrechtlichen** (z. B. reiche, aber AN-lose Besitzgesellschaft und arme Betriebsgesellschaft), **haftungsrechtli-**

---

365 *Engels/Trebinger/Löhr-Steinhaus,* DB 01, 532.

366 Vgl. *Blank/Blanke* u. a., S. 45 ff.; *Wendeling-Schröder,* NZA 84, 247; *Loritz,* RdA 87, 65 [77]; *BAG* 16.6.87, AP Nr. 19 zu § 111 BetrVG 1972.

367 Näher zum gesellschaftsrechtlichen Vorgang *Boecken,* ZIP 94, 1087 f.; *Däubler,* RdA 95, 136 f.; *Herbst,* AiB 95, 5 [6 f.]; *Kallmeyer,* ZIP 94, 1746; *Kreßel,* BB 95, 925; *Neye,* DB 94, 2069; *Wlotzke,* DB 95, 40.

chen oder **wettbewerbsrechtlichen** Gründen erfolgen, aber nicht die bestehende Arbeitsorganisation antasten, weil ein langjährig eingespielter Betrieb durchaus vorteilhaft ist,[368] nicht auf die betriebsverfassungsrechtliche Vertretungssituation »durchschlagen« zu lassen. Daher werden nunmehr klarstellend auch UN-Spaltungen im Wege der **Einzelrechtsnachfolge** von der Vermutungsregel erfasst. Das war allerdings im Wege der Analogie auch schon zu § 322 Abs. 1 UmwG überwiegend bejaht worden (vgl. zu Einzelheiten *5. Aufl., Rn. 89 g*).[369] Verfolgt ein UN in seinem Betrieb bislang zwei verschiedene Geschäfte (arbeitstechnische Zwecke) und gründet sodann ein weiteres UN mit dem Ziel, das eine Geschäft zukünftig insoweit »selbständig« durch das neue UN zu führen, so spricht eine Vermutung i. S. v. Nr. 2 dafür, dass beide UN den bisherigen Betrieb dennoch zunächst gemeinsam führen.[370]

- Als Folge der UN-Spaltung muss vom Ausgangsbetrieb ein **Betriebsteil** einem spaltungsbeteiligten UN **zugeordnet** werden. Als Ausgangs*betrieb* kann auch ein *Betriebsteil* i. S. von § 4 Abs. 1 in Betracht kommen, da das Gesetz diese **Betriebsteile** jedenfalls für den Anwendungsbereich des BetrVG **als Betrieb** fingiert. Gegenstand der Vermutungsregel kann aber auch eine nach § 3 Abs. 1 Nr. 1 bis 3 *kollektivvertraglich gebildete Organisationseinheit* sein, da diese gem. § 3 Abs. 5 gleichfalls als Betrieb gilt. Die **Zuordnung** des betreffenden Betriebsteils zu dem anderen UN meint hier die zivilrechtliche Zugehörigkeit von Betriebsmitteln und AN zu dem anderen Rechtsträger,[371] denn eine UN-Spaltung bewirkt naturgemäß den eigentumsrechtlichen (bei Spaltungen nach dem UmwG immer) oder besitzrechtlichen Übergang (dies in der Regel bei Spaltung im Wege der Einzelrechtsnachfolge z. B. bei Pacht eines Betriebs/-teils) von Vermögensgegenständen und den Übergang von Arbeitsverhältnissen nach Maßgabe von § 613 a BGB (ggf. i. V. mit § 324 UmwG) auf den erwerbenden Rechtsträger/UN. Bei Spaltungen nach dem UmwG gibt der **Spaltungs- und Übernahmevertrag** wegen der in ihm notwendigen Angaben nach § 126 Abs. 1 Nr. 9 UmwG Auskunft über die Zuordnung von Betrieben und Betriebsteilen. Gerade dort spricht das Gesetz auch von der »Zuordnung übergehender Betriebe und Betriebsteile zu den übernehmenden Rechtsträgern«. Die Kenntniserlangung über den Vertragsinhalt erfolgt durch Zuleitung des Vertrags an den BR gem. § 126 Abs. 3 UmwG, außerhalb der umwandlungsrechtlichen Spaltungsfälle geschieht dies über den WA (§ 106 Abs. 3 Nr. 8). Besteht kein WA, folgt der Informationsanspruch des BR unmittelbar aus § 80 Abs. 2 i. V. m. § 80 Abs. 1 Nr. 1 und § 1 Abs. 2 Nr. 2, denn der BR muss beurteilen können, ob er seine (fortdauernde) Amtsstellung aus der Vermutung des gemB ableiten kann oder ob er nach § 21 a nur ein zeitlich befristetes Übergangsmandat ausübt. **149**
- **Spaltungsbeteiligt** ist ein UN, das selbst als Vertragspartei an dem Spaltungsgeschäft mitwirkt oder (in Fällen der spaltungsbedingten Neugründung) infolge der Spaltung entweder im Wege einer sog. Sachgründung oder im Wege einer Spaltung zur Neugründung (Fälle des § 123 Abs. 1 Nr. 2, Abs. 2 Nr. 2, Abs. 3 Nr. 2 UmwG) erstmals entsteht. **150**
- Die spaltungsrechtliche Zuordnung von Betriebsteilen zu dem oder den anderen UN muss **ohne** *wesentliche* **Änderung der Organisation des Ausgangsbetriebs** vonstatten gehen. Während die alte Vermutungsregel des § 322 Abs. 1 UmwG nach ihrem Wortlaut die Vermutungsfolge nur auslöste, wenn die Organisation nicht geändert wurde – also schon kleinste Änderungen an sich zur Unanwendbarkeit der Vermutungsregel hätten führen können –, bereinigt die Neufassung der Nr. 2 diesen Mangel.[372] Weitaus gravierender für die Handhabung der Vermutungsregel ist allerdings die Frage, welche **Gesichtspunkte zur Konkretisierung des** in der Arbeitsrechtsordnung nirgends definierten **Begriffs »Orga-** **151**

368 So ausdrücklich *BR-Drucks.* 75/94, 174; *BT-Drucks.* 14/5741, S. 33; und schon *Engels,* FS Wlotzke, S. 279 f. [291]; *Bauer/Lingemann,* NZA 94, 1057 [1060].

369 Zu Anwendungsfällen einer gesetzlichen Sonderrechtsnachfolge bei Umstrukturierung früherer DDR-UN *7. Aufl. § 21 Rn. 63 ff.*

370 *LAG* Mecklenburg-Vorpommern 8.5.12, LAGE § 253 ZPO 2002 Nr. 1.

371 Ebenso ErfK-*Koch,* Rn. 15.

372 Allerdings wurde dieser zuvor schon mehrheitlich durch eine normzweckorientierte Auslegung behoben, vgl. *Willemsen,* RdA 93, 133 [140]; *Däubler,* RdA 95, 136 [143]; Lutter-*Joost,* § 322 UmwG Rn. 12; a. A. *Mengel,* S. 310.

nisation« heranzuziehen sind, damit überhaupt die Erheblichkeit einer etwaigen Änderung der Organisation beurteilbar ist. Das Problem lässt sich in einem ersten Schritt ausgehend vom speziellen Gesetzeszweck allerdings leichter durch Aufstellung einer **Negativkriterienliste** lösen.

152 • Erfolgt die unternehmensrechtliche Spaltung/Teilübertragung aus steuer-, haftungs- oder wettbewerbsrechtlichen Gründen, soll dies nach allgemeiner Ansicht prima facie gegen eine Organisationsänderung im betriebsverfassungsrechtlichen Sinn sprechen.[373] Typisch für Fallgestaltungen dieser Art sind die Aufspaltung eines Rechtsträgers in eine (reiche) Anlage-/**Besitzgesellschaft** und in eine (arme) **Betriebsgesellschaft**[374] sowie die Spaltung nach dem Prinzip der funktionalen Divisionalisierung (Verwaltung/Service, Vertrieb, Produktion).[375] Auch Vorteile einer steuerlichen **Organschaft** können Motive zur Umwandlung sein (vgl. Rn. 99 f.);

153 • Außer Acht zu bleiben haben solche Faktoren, deren Änderung naturgemäß infolge der gesellschaftsrechtlichen Spaltung/Teilübertragung eintritt, also die Entstehung neuer **rechtlicher** Organisationsmomente: neue Gesellschaften, neue Geschäftsführungen, und zwar unabhängig von ihrer personellen Identität, neue/andere Gesellschafter bzw. Veränderungen im Anteilsbesitz der Gesellschafter;

154 • Keine Berücksichtigung können ferner die »normalen« arbeitsrechtlichen Folgen der Spaltung/Teilübertragung finden: also der Übergang der Arbeitsverhältnisse gemäß § 613 a BGB (s. § 324 UmwG und unten § 111 Rn. 129) und der damit verbundene AG-Wechsel sowie der rechtliche Zuständigkeitswechsel in Bezug auf die Ausübung der arbeitsvertraglichen Befugnisse des AG (Leitungsmacht, Direktionsrecht, Weisungsrecht).

155 Die Unbeachtlichkeit dieser Gesichtspunkte folgt daraus, dass sie gerade nicht als Änderung der **Betriebs**organisation, sondern als Merkmale der **UN/AG**-Organisation anzusehen sind und die genannten Faktoren nunmehr kraft Gesetzes für die Betriebsverfassung bloß noch »neutrale« Bedeutung besitzen.

156 Demgegenüber wird man wegen der insoweit geänderten Rechtslage nunmehr **Verträge zwischen den** aus einer Spaltung/Teilübertragung **hervorgehenden UN** nicht für unbeachtlich halten dürfen, deren objektive Funktion darin besteht, den bisherigen Zusammenhang von Arbeitsprozessen, -abläufen usw. trotz Mehrzahl von UN aufrechtzuerhalten,[376] und zwar unabhängig davon, ob bei der wechselseitigen Gewährung von Dienstleistungen usw. diese gegen Rechnung erfolgt oder nicht, und auch unabhängig davon, ob gleichartige Leistungen auch gegenüber UN erbracht werden, die mit der Spaltung/Teilübertragung nichts zu tun haben. Derartige »Kooperationsverträge« **dokumentieren** vielmehr gerade die **Beibehaltung der bisherigen Organisation** i. S. d. Abs. 2 Nr. 2.

157 Wenngleich der **Begriff »Organisation**« denkbar unscharf ist, sollte sich die Praxis zur Vermeidung von Unsicherheiten an den Vorgaben orientieren, die die *BAG*- Rspr. zum Begriff »Betriebsorganisation« selbst aufgestellt hat. Danach[377] lassen sich als **Positivkriterien** folgende Gesichtspunkte bezeichnen, bei deren Vorliegen die Vermutung für den Fortbestand des einheitlichen Betriebes greift:

- gemeinsame **räumliche Unterbringung** (auf demselben Grundstück, im selben Gebäude, in denselben Räumen);
- gemeinsame **Benutzung** wesentlicher materieller oder immaterieller **Betriebsmittel;** insoweit kann eine aus Abs. 2 Nr. 1 herrührende Vermutung auch die Vermutung im Rahmen der Nr. 2 stützen;
- personelle, technische und organisatorische (!) **Verknüpfung von Arbeitsabläufen;**

---

373 Vgl. nur *BR-Drucks.* 75/94, S. 174; *Bauer/Lingemann,* NZA 94, 1057 [1060]; *Däubler,* RdA 95, 136 [143]; *Engels,* FS Wlotzke, S. 279 f.; *Gaidies,* BetrR 95, 29 [31]; *Wlotzke,* DB 95, 40 [46].

374 Vgl. *Wlotzke,* a. a. O.; *Brandmüller,* Betriebsaufspaltung, Gruppe 7, S. 25 f., 28 c.

375 Vgl. *Wlotzke,* a. a. O.

376 Nach bisheriger Rspr. sind dies Fälle der sog. »bloß unternehmerischen Zusammenarbeit«, vgl. etwa *BAG* 18. 1. 90, NZA 90, 977; vgl. o. Rn. 78 d.

377 Zusammenfassend *BAG* 18. 1. 90, NZA 90, 977; vgl. zu weiteren Entscheidungen, die sich explizit mit dem Merkmal »einheitliche arbeitstechnische Organisation« im Zusammenhang mit dem Gemeinschaftsbetrieb mehrerer UN befassen, näher die Zusammenstellung bei *Sick,* BB 92, 1129 [1130 ff.].

- nur relativ aussagekräftig:[378] die einheitliche **Arbeitsordnung**/Betriebsordnung (deren Einheitlichkeit aber meist als bloße Rechtsfolge gemäß § 613 a BGB aufrecht erhalten bleibt).

Dagegen kann von demjenigen, der die Tatsachen der **Vermutungsbasis** (dazu Rn. 128) darzulegen hat, um die Vermutungsfolge auszulösen, **nicht** gefordert werden, Behauptungen aufzustellen und ggf. Beweis anzutreten bezüglich des Vorliegens einer **Führungsvereinbarung** oder des Fortbestehens eines einheitlichen **Leitungsapparates** bzw. der tatsächlichen einheitlichen Wahrnehmung von Aufgaben, die der Beteiligung des BR in sozialen und personellen Angelegenheiten unterworfen sind. Dies liefe auf eine systemwidrige Verlagerung der Vermutungsfolge in den Vermutungstatbestand selbst hinaus (dazu schon Rn. 135). Aus diesem Grund darf der Tatumstand »unwesentliche Organisationsänderung« nicht mit Merkmalen belegt werden, die zur Vermutungsfolge »gemeinsamer Betrieb« und damit der Sache nach zum Gegenbeweis desjenigen gehören, der die Vermutung widerlegen will. Bezüglich der Indiztatsache einer nicht vorhandenen oder nur unwesentlichen Organisationsänderung genügt für die Herbeiführung der Vermutungswirkung der Sachvortrag, wonach sich die »Positivkriterien« (vgl. Rn. 157) vor der UN-Spaltung nicht (wesentlich) anders darstellen als nach der UN-Spaltung. Wenn man den Eintritt der mit der Vermutungsregel verfolgten Zielsetzung des Gesetzgebers nicht verfehlen möchte, lässt sich deshalb Abs. 2 Nr. 2 sinnvoll nur als Vermutung verstehen, dass bei einer UN-Spaltung die bisherige Betriebseinheit nunmehr in Gestalt des gemB mehrerer UN fortbesteht.[379] 158

Die **Vermutungsfolge** ist auf den gemB (vgl. Rn. 137) gerichtet. Gegenüber der bisherigen Rechtslage wird insoweit eine »Arbeitserleichterung« für die Rechtsanwendung geschaffen, als **nicht** mehr der **Positivbeweis** desjenigen geführt werden muss, der sich auf das Bestehen der Führungsvereinbarung beruft, **sondern** jetzt der diesbezügliche **Negativbeweis** desjenigen erforderlich ist, der die Vermutungswirkung widerlegen will.[380] Hierfür ist ein Tatsachenvortrag erforderlich, aus dem sich ergibt, dass eine Führungsvereinbarung **weder ausdrücklich noch konkludent** geschlossen worden ist.[381] Damit ist die Vorlage einer Trennungsvereinbarung (Rn. 142) oder eine Prozesseinlassung der beteiligten UN dergestalt, eine gemeinsame Betriebsführung doch gar nicht zu wollen,[382] als bloße »protestatio facto contraria« und damit unerheblich zurückzuweisen,[383] wenn die **Tatsachen,** die die Vermutungswirkung erzeugen (vgl. Rn. 157), feststehen (zum **Beweis durch Augenscheinseinnahme** des Gerichts vgl. Rn. 228).[384] 159

dd) Normadressaten

Die zweifache Vermutungsregel des Abs. 2 richtet sich grundsätzlich an die **Arbeitsgerichte** als **Normadressaten. Nicht etwa** wird es den **Betriebsparteien** damit erlaubt, über das Vorliegen oder Nichtvorliegen eines einheitlichen Betriebs vertragliche Dispositionen zu treffen. Die Festlegung der betriebsratsfähigen Organisationseinheit durch die Betriebsparteien ist ausschließlich in dem engen Rahmen des § 3 Abs. 2 zulässig. Die Arbeitsgerichte haben die Frage der Betriebseinheit bei Kooperation von UN und bei vorangegangenen Spaltungen oder Teilübertragungen im **Beschlussverfahren** gem. § 2 a Abs. 1 Nr. 1 ArbGG i. V. m. § 18 Abs. 2 BetrVG zu beurteilen, allerdings nicht mehr anhand der allgemeinen Begriffskriterien, sondern nur noch anhand der Vermutungsregeln.[385] Damit wird die (ohnehin in bloßen Fiktionen endende) Suche nach der ausdrücklichen oder konkludenten Führungsvereinbarung überflüssig.[386] 160

378 Vgl. *BAG* 17.1.78, AP Nr. 1 zu § 1 BetrVG 1972, Bl. 151 R.
379 Ähnlich schon zur alten Rechtslage *Däubler,* FS Zeuner, S. 25.
380 Vgl. *Bauer/Lingemann,* NZA 94, 1057 [1060]; *Kreßel,* BB 95, 925 [927]; *Wlotzke,* DB 95, 40 [46].
381 *Kreßel,* a. a. O.
382 Dazu *Däubler,* FS Zeuner, S. 19 [22 f.].
383 Ebenso *Küttner,* FS Hanau, S. 465 [483].
384 Zur praktisch unmöglichen Negativbeweisführung auch *Bauer/Lingemann,* a. a. O.; *Wlotzke,* a. a. O.
385 Anders aber *BAG* 11.2.04, AP Nr. 22 zu § 1 BetrVG 1972 Gemeinsamer Betrieb, das bei Nichtvorliegen des Vermutungstatbestands dennoch das Vorliegen eines gemB für möglich hält.
386 *Däubler,* BR-Info 7/94, 6 [8]; *Herbst,* AiB 95, 5 [9]; ähnlich *Engels,* FS Wlotzke, S. 279 [291 f.], und

161 Andererseits ist **die Rechtsanwendung nicht auf die Gerichte beschränkt.**[387] Die betrieblichen Praktiker sind naturgemäß in einer Vielzahl von Situationen gezwungen, ohne vorangegangene gerichtliche Klärung das Gesetz ihrem Handeln zugrunde zu legen.[388] So verlangt beispielsweise schon die Entscheidung über die **Bestellung eines WV** von dem jeweils nach Maßgabe von §§ 16 – 17 a Bestellungsberechtigten eine nach pflichtgemäßem Ermessen vorzunehmende Beurteilung darüber, was im gegebenen Fall der Betrieb ist, für den der WV zu bestellen ist. Ist der WV bestellt, hat dieser seinerseits vor Erlass des Wahlausschreibens zu prüfen und durch das Wahlausschreiben zu konkretisieren, welcher Organisationsbereich als der Betrieb anzusehen ist, für den die Wahl durchgeführt werden soll. Dabei darf und muss der BR/GBR/KBR bzw. der WV auch die Vermutungsregeln des Abs. 2 beachten. Nur wenn hiernach Zweifel bleiben, besteht die Möglichkeit (nicht die Pflicht!), gem. § 18 Abs. 2 auch selbst eine arbeitsgerichtliche Entscheidung zu beantragen. Es ginge jedoch an den Bedürfnissen der Praxis vorbei, wollte man annehmen, dass in einem solchen Fall **stets** eine arbeitsgerichtliche Klärung herbeigeführt werden müsse. Insoweit wird man davon sprechen können, dass dem **betrieblichen Rechtsanwender** in der jeweiligen Beurteilungssituation durch die Vermutungsregeln des Abs. 2 ein **Entscheidungsvorrecht** eingeräumt wird. Hält ein anderer der in § 18 Abs. 2 genannten Antragsberechtigten die der Entscheidung zugrunde gelegte Vermutung zugunsten des gemB für unzutreffend, steht es ihm frei, seinerseits die Klärung im arbeitsgerichtlichen Beschlussverfahren nach § 18 Abs. 2 herbeizuführen, in dem sodann die Vermutung zu widerlegen ist. Wird das gerichtliche Verfahren zur Widerlegung der Vermutung dagegen nicht betrieben, entfaltet die unwiderlegte Vermutung **Rechtswirkungen** dergestalt, dass die betreffende Organisationseinheit als gemB zu behandeln ist (vgl. nachfolgende Rn. 162 ff.).[389] Dementsprechend sieht das *BAG*[390] in einer vom AG **nicht angegriffenen BR-Wahl** bei erstmaliger Annahme eines gemB mehrerer UN auch einen erheblichen **Umstand, der erkennen lasse, wie die beteiligten UN den Sachverhalt betriebsverfassungsrechtlich gewertet wissen wollten.**[391]

ee) Rechtswirkungen

162 Im Falle der Vermutung nach **Abs. 2 Nr. 1** ist gerade auch die **Konstellation** mit erfasst, bei der sich die Vermutung auf UN mit ihren bisher eigenständigen Betrieben bzw. Betriebsteilen erstmals erstreckt und somit rechtstechnisch eine **Zusammenlegung von Betrieben gem. § 111 Satz 3 Nr. 3** – eben zum gemB – anzunehmen ist.[392] Die Vertretung der AN der beteiligten UN erfolgt sodann im Wege eines entsprechend § 21 a Abs. 3 i. V. mit Abs. 2 begründeten **Übergangsmandats** durch den BR des größeren bzw. größten Betriebs, der an der Bildung des gemB teilnimmt (vgl. § 21 a Rn. 40 ff.). Die anderen BR entfallen und die Amtsstellung der betroffenen BR-Mitglieder endet, sofern sich nicht ein Restmandat ergibt (vgl. § 21 b Rn. 16 f.). Die Weitergeltung der vormaligen Betriebsvereinbarungen der zusammengeführten Betriebe richtet sich nach denselben Grundsätzen, die auch sonst bei Betriebszusammenlegungen gelten, sie bestehen also i. d. R. weiter (vgl. § 77 Rn. 31 ff. m. w. N.[393]). Die Zusammenlegung von Betrieben erfüllt den Katalogtatbestand des § 111 Satz 3 Nr. 3, da auch die Zusammenlegung von Betrieben verschiedener UN als **Betriebsänderung** anzusehen ist (vgl. § 111 Rn. 96), so dass **Interessenausgleich** und **Sozialplan** zu verhandeln sind. Denkbar ist auch, dass die Zusammenfassung zum gemB durch Eingliederung geschieht. Für ein Über-

---

Wlotzke, DB 95, 40 [46], die von der »Überbrückung« der schwierigen Feststellung in Bezug auf die Führungsvereinbarung sprechen.

387 Zu sehr auf die prozessuale Seite bezogen Kallmeyer-*Willemsen,* § 322 UmwG Rn. 13.

388 Von dieser praktischen Wirkungsweise der Neuregelung geht ersichtlich auch *Ulrich,* FA 01, 137 [139] aus.

389 Vgl. auch Lutter-*Joost,* § 322 UmwG Rn. 17.

390 3.12.97, NZA 98, 876.

391 Vgl. auch *BAG* 18.10.00, NZA 01, 321 für den Fall eines von den UN hervorgerufenen Anscheins eines gemB.

392 So auch GK-*Kreutz,* § 21 a Rn. 94.

393 A. A. jedoch *Schönhöft/Brahmstaedt,* NZA 10, 851 ff.

gangsmandat analog § 21 a Abs. 3 ist dann kein Raum, weil in entsprechender Anwendung von § 21 a Abs. 2 i. V. mit Abs. 1 Satz 1 nur der BR des »aufnehmenden« Betriebs fortamtiert; ggf. ist gem. § 13 Neuwahl notwendig. Gegen die Annahme einer so entstandenen Betriebseinheit könnte es indiziell freilich sprechen, wenn das notwendige Verfahren nach § 111 unterblieben ist; dies kann aber dann nicht gelten, wenn die beteiligten UN dieses bewusst unterlassen haben.

Die Vermutung im Falle von **Abs. 2 Nr. 2** betrifft dagegen die umgekehrte Konstellation: Hier stellt sich bei einem bislang einheitlichen Betrieb wegen einer UN-Spaltung die Frage, ob es wegen der Vermutung des gemB bei der Betriebseinheit verbleibt, oder ob die UN-Spaltung auch eine Teilung des Betriebs nach sich zieht. Greift die Vermutung des gemB mangels Widerlegung, besteht die betriebliche Einheit als solche fort.[394] Der bisherige, vor der UN-Spaltung gewählte BR bleibt im Amt.[395] Die persönliche Amtsstellung eines BR-Mitglieds bleibt auch dann erhalten, wenn dessen Arbeitsverhältnis infolge des § 613 a BGB auf den an der UN-Spaltung beteiligten Betriebs(teil)erwerber übergeht. Ein Fall des § 24 Abs. 1 Nr. 4 liegt deswegen nicht vor, weil die Zugehörigkeit zum unverändert fortbestehenden Betrieb erhalten bleibt (vgl. § 24 Rn. 29). Für die **Annahme eines Übergangsmandats,** das stets die Spaltung auch des Betriebs voraussetzen würde, ist **kein Raum.**[396] Die Vermutungsregel des **Abs. 2 Nr. 2 verdrängt** somit **§ 21 a.**[397] Der BR vertritt die AN des vermuteten gemB einheitlich gegenüber den beteiligten UN bzw. der Betriebsleitung.[398] BV, die vor UN-Spaltung galten, gelten auch nach UN-Spaltung bei vermutetem gemB als **BV** – also kollektivrechtlich – weiter, sie **werden nicht** nach § 613 a Abs. 1 Satz 2 BGB ins Individualrecht **transformiert.**[399] Fraglich erscheint, ob dann, wenn nur eine für die Vermutungsfolge unbeachtliche, weil »unwesentliche« Organisationsänderung gegeben ist, eine **Betriebsänderung** dennoch vorliegen kann. Klar ist, dass ein Fall des § 111 Satz 3 Nr. 4 ausscheidet, weil dieser eine »grundlegende« Änderung der Betriebsorganisation erfordert und deshalb eine bloß unwesentliche Änderung nicht genügt. Dagegen enthält § 111 Satz 3 Nr. 3 gerade keinen derartigen Bagatellvorbehalt, so dass bei einer **Bagatellausgründung** im Wege der UN-Spaltung zwar die Vermutung des gemB nach Abs. 2 Nr. 2 nicht erschüttert würde, wohl aber hierin tatbestandlich eine Betriebsänderung gem. § 111 Satz 3 Nr. 3 gesehen werden könnte (vgl. § 111 Rn. 100). Zu weiteren betriebsverfassungsrechtlichen Wirkungen der Vermutung vgl. Rn. 179 ff.; zu Anwendungsmöglichkeiten außerhalb des BetrVG, Rn. 168 ff. 163

ff) Beginn und Ende der Vermutungswirkungen

Weitere praktische Probleme ergeben sich im Hinblick auf die zeitlichen Grenzen der Vermutungswirkungen. Liegt ein Fall der Rechtsanwendung **durch betriebliche Kreise** vor (Rn. 161), **ohne** dass die Frage Gegenstand **gerichtlicher Klärung** (geworden) ist, entfalten sich die Rechtwirkungen (z. B. Rn. 162, 163) ab dem Zeitpunkt, zu dem die kraft Vermutung angenommene Betriebseinheit praktische Folgen hat und daher in Vollzug gesetzt wird: 164

> **Beispiel:**
> Der BR des aus einem Betrieb mit 150 AN bestehenden UN A und der BR des aus einem Betrieb mit 100 AN bestehenden UN B kommen in Ansehung von § 1 Abs. 1 Satz 2 und Abs. 2 Nr. 1 zu der Schlussfolgerung, dass zwischen den UN A und B ein gemB zu vermuten sei. Der BR des Betriebs A als dem größeren Betrieb beschließt daraufhin gem. § 21 a Abs. 2 die Bestellung eines aus fünf Personen bestehenden WV.

394 So zur Vorgängerbestimmung des § 322 Abs. 1 UmwG a. F. Lutter-*Joost,* § 322 Rn. 17.
395 *BAG* 18.1.90, AP Nr. 9 zu § 23 KSchG 1969; Lutter-*Joost,* a. a. O.
396 Zu Recht hat *BAG* 31.5.00, NZA 00, 1350, betont, dass stets vorrangig zu prüfen sei, ob ein gemB vorliege, weil dieser denklogisch ein Übergangsmandat ausschließt.
397 Ebenso zum Verhältnis zwischen § 322 Abs. 1 und § 321 UmwG a. F. Lutter-*Joost,* § 322 UmwG Rn. 17.
398 ErfK-*Eisemann/Koch,* 2. Aufl., § 322 UmwG Rn. 3.
399 ErfK-*Eisemann/Koch,* a. a. O.; *Düwell,* NZA 96, 393 [398]; *Rieble,* FS Wiese, S. 453 [469].

Die Rechtswirkungen der Vermutung beginnen in diesem Fall mit dem Zeitpunkt der WV-Bestellung, so dass der BR des Betriebs B nun lediglich noch ein Restmandat (§ 21 b) wahrnimmt (z. B. wegen der Wahrnehmung der Rechte aus §§ 111, 112).

165 Schwierige Fragen stellen sich, wenn zwischen den betrieblichen Kreisen **keine Übereinstimmung** in der rechtlichen Einschätzung der tatsächlichen Verhältnisse besteht oder hergestellt werden kann (hier gewinnen die in Rn. 125 a. E. angesprochenen Vereinbarungen [Tatsachenvergleich, rechtl. Beurteilungskonsens] praktische Bedeutung) und sich diese »latente« Beurteilungsdivergenz aktualisiert.

Beispiel:
Im vorliegenden Fall (Rn. 164) wollen sich die UN A und B nicht mit einem vermuteten gemB und dessen Konsequenzen abfinden. Einerseits missfällt ihnen die möglicherweise ausgelöste Pflicht zur Beteiligung des BR wegen Betriebsänderung und andererseits wird trotz des »Vorteils« einer in der Summe geringeren Zahl von BR-Mitgliedern bei nur einem Gremium (9 BRM statt 12) der »Nachteil« einer Freistellung bei einem gemB mit 250 AN für schwerwiegender erachtet. Die UN A und B beantragen daher im arbeitsgerichtlichen Beschlussverfahren Feststellung, dass sie keinen gemB haben. Der Prozess endet nach $2^1/_2$ Jahren durch Beschluss des *BAG* mit der Feststellung, dass kein gemB vorliege, weil die Vermutung als widerlegt angesehen wird.

Zweifelhaft bleibt trotz rechtskräftiger Entscheidung, ob die materiellen Wirkungen aus der rechtkräftigen Entscheidung nur ab dem Zeitpunkt der Entscheidung in die Zukunft reichen (ex nunc) oder ob sie in die Vergangenheit zurückwirken (ex tunc) – etwa auf den Zeitpunkt der WV-Bestellung (vgl. Beispiel Rn. 164). Letzteres ist vor allem dann von erheblicher Bedeutung, falls die gerichtliche Beschlusstenorierung dahin geht, dass die UN A und B schon im Zeitpunkt der WV-Bestellung und auch danach keinen gemB hatten. Sämtliche zwischenzeitlich bis zur Rechtskraft des Beschlusses eingetretenen Änderungen (Wahl eines BR für den vermuteten gemB, Beteiligung des BR in soz. und pers. Angelegenheiten usw.) würden sodann »in der Luft hängen«.

166 Der Rückgriff auf die allgemeinen Grundsätze der formellen und materiellen Rechtskraft und deren Grenzen[400] hilft hier nicht weiter, da gerade in der skizzierten Streitkonstellation (Rn. 164, 165) auch der auf die negative **Feststellung eines vergangenen Rechtsverhältnisses** gerichtete Antrag **zulässig** wäre, weil sich daraus Rechtsfolgen für die Gegenwart (z. B. wirksamer BR; wirksame Betriebsvereinbarung?) und Zukunft (welches ist der »richtige« BR als Verhandlungspartner?) ergeben.[401] Die Frage der Rechtskraftwirkungen darf daher nicht von dem Problemkreis getrennt werden, der auch sonst auftritt, wenn es zu einer unerkannten, aber objektiv fehlerhaften Abgrenzung der betrieblichen Organisationseinheit kommt, diese Fehlerhaftigkeit aber erst zu einem späteren Zeitpunkt gerichtlich festgestellt wird. Die im Verfahren nach § 18 Abs. 2 festzustellende **Widerlegung der Vermutung** nach § 1 Abs. 2 kann daher sinnvoll nur als ein – im Gesetz angesprochener – besonderer Fall der **Verkennung des Betriebsbegriffs** angesehen werden.[402] Hier gilt nach ständiger Rspr. des *BAG*,[403] dass die Verkennung des Betriebsbegriffs nur die Anfechtbarkeit der BR-Wahl nach sich zieht und die in der Vergangenheit begründete Rechtsunwirksamkeit rechtliche Wirkungen erst ab dem Zeitpunkt einer formell rechtskräftigen arbeitsgerichtlichen Entscheidung für die Zukunft (ex nunc) zeitigt.

167 Die rechtlichen **Folgen einer Widerlegung** der Vermutung können schon deshalb nicht weiter gehen als bei einer **Verkennung des Betriebsbegriffs,** weil der Vermutungstatbestand im Fall der **Nr. 1** in hohem Maße Unsicherheiten aufwirft (vgl. Rn. 131 f.) und im Fall der **Nr. 2** die Beurteilung, ob eine nur »unwesentliche Organisationsänderung« vorliegt, von einer Vielzahl unbestimmter Merkmale abhängt, so dass u. U. auch bei Anwendung sorgfältigsten pflichtgemäßen Ermessens verschiedene Entscheidungen vertretbar erscheinen können. Diese Be-

400 Vgl. Einl., Rn. 211; *Grunsky*, § 80 ArbGG Rn. 50; *HBR*, Rn. 226.
401 Vgl. *BAG* 22.9.92, AP Nr. 17 zu § 256 ZPO 1977.
402 Ähnlich *Ulrich*, FA 01, 137 [140]; wohl auch ErfK-*Koch*, Rn. 16.
403 Vgl. *BAG* 27.6.95, NZA 96, 164 [165]; näher § 19 Rn. 10 f.

grenzung der Vermutungswirkungen gilt umso mehr, als auch in einem arbeitsgerichtlichen Verfahren (z. B. im Eilverfahren) anhand der Vermutungsregel eine Entscheidung ergehen kann, die keinen dauerhaften Bestand hat, weil (etwa im Hauptsacheverfahren) später der Widerlegungsbeweis gelingt. Schließlich ist zu bedenken, dass die betriebsverfassungsrechtlichen Rechtsverhältnisse zwischen AG, BR, AN, Gewerkschaft und Betrieb von so komplexer Natur sind,[404] dass deren Rückabwicklung bezogen auf den in der Vergangenheit liegenden Zeitpunkt des Eintritts rechtsfehlerhafter Verhältnisse regelmäßig unmöglich sein dürfte. Insoweit spricht alles dafür, auf das fehlerhafte Betriebsverfassungsrechtsverhältnis die **Grundsätze der fehlerhaften Gesellschaft**[405] entsprechend anzuwenden, da dort ähnlich komplexe Rechtsbeziehungen zwischen Gesellschaft, Organen der Gesellschaft, AN und Dritten auftreten, deren Rückabwicklung kaum möglich ist.[406] Somit tritt eine Beendigung der Vermutungswirkungen aus Abs. 2 erst mit formell rechtskräftiger arbeitsgerichtlicher Entscheidung und nur für die Zukunft (ex nunc) ein. Bis zu diesem Zeitpunkt müssen alle Handlungen innerhalb des betriebsverfassungsrechtlichen Rechtsverhältnisses als fehlerfrei gelten, soweit sie sich aus der Vermutung des gemB herleiten (vgl. § 21 a Rn. 30 f.). Die Frist des § 21 a Abs. 1 Satz 3 kann erst zu laufen beginnen, wenn die geänderten Betriebsstrukturen bekannt sind.[407]

gg) Anwendungszusammenhänge außerhalb des BetrVG?

Der Anwendungsbereich der beiden Vermutungsregeln des Abs. 2 ist der gewählten Rege- **168**
lungstechnik zufolge auf die **BR-Wahl im gemB** und damit auf das BetrVG beschränkt.[408] Hier geht es darum, das Tatbestandsmerkmal »gemeinsamer Betrieb« (Abs. 1 Satz 2) leichter feststellen zu können (vgl. Rn. 128). Allerdings **strahlt** dieser unmittelbare Anwendungszusammenhang wegen der Wirkungsweise der Vermutungsregel (vgl. Rn. 162 f., 164 f.) **auf andere betriebsverfassungsrechtliche Normen aus,** bei denen es um die Frage der Betriebseinheit geht. Dies betrifft jedenfalls das **SprAuG,** das einen Teilbereich der Betriebsverfassung regelt, so dass ein vermuteter gemB auch dort der Normanwendung zu Grunde zu legen ist (vgl. Rn. 128).[409] Ein sachliches Auseinanderfallen der betrieblichen Organisationseinheiten BetrVG einerseits und SprAuG andererseits ist aus Gründen des funktionellen Zusammenhanges der beiden Organisationsrechte – wie § 18 a BetrVG zeigt – nicht vertretbar. Allerdings kann ein SpA oder SpA-WV nicht direkt auf die Erleichterungen des § 1 Abs. 2 BetrVG zurückgreifen: Der Gesetzgeber hat offenbar vergessen, § 1 SprAuG um eine dem § 1 Abs. 2 BetrVG entsprechende Bestimmung zu ergänzen (diese »Vergesslichkeit« betrifft auch eine Regelung zum Übergangsmandat von SpA entsprechend § 21 a BetrVG). Gleichwohl »partizipieren« SpA und SpA-WV quasi indirekt an der Vermutungswirkung aus § 1 Abs. 2 BetrVG, weil die Sprecherausschussverfassung insoweit akzessorisch zur Betriebsverfassung ist.

Die sich aus der Anwendung von Abs. 2 ergebenden Konsequenzen für die Festlegung der **169**
betrieblichen Organisationseinheiten sind wegen der ausdrücklichen Regelung in § 87 Abs. 1 Satz 2 SGB IX jedenfalls bei der Frage zu beachten, für welchen Bereich die **betriebliche SchwbH-Vertretung** zu wählen ist (§ 94 Abs. 1 SGB IX). Der Betriebsbegriff beider Gesetze stimmt nämlich überein, um den Zusammenhang beider für die Schwerbehinderten zuständigen Interessenvertretungen nicht zu gefährden.[410] Umgekehrt kann aber die SchwbH-Vertretung nicht selbst die Vermutungsregel des § 1 Abs. 2 BetrVG anwenden, sondern bleibt gleichsam dabei auf den BR angewiesen.

Durch die Herauslösung der Vermutungsregel nach Abs. 2 Nr. 2 aus § 322 UmwG besteht **170**

---

404 Vgl. nur MünchArbR-*von Hoyningen-Huene*, §§ 212 – 213.

405 Vgl. dazu etwa Palandt-*Thomas*, § 705 BGB Rn. 11; HK-BGB-*Schulze*, § 705 Rn. 26 ff.

406 So schon *Trümner* in: Hromadka (Hrsg.), Recht und Praxis, S. 143 [156]; ähnlich *Däubler*, Anm. zu BAG AP Nr. 8 zu § 1 BetrVG 1972 Gemeinsamer Betrieb, Bl. 741 f. mit Blick auf allgemeine Regeln über die Unwirksamkeit von Organisationsverträgen.

407 *ArbG Frankfurt* 24.9.01, AiB 02, 629 m. Anm. *Steiner*.

408 Vgl. *SWS*, Rn. 28; *Reichold*, NZA 01, 858.

409 Von der Übereinstimmung des Betriebsbegriffs in beiden Organisationsgesetzen gehen auch MünchArbR-*Joost*, § 233 Rn. 15 und ErfK-*Oetker*, § 1 SprAuG Rn. 2 aus.

410 Vgl. auch GK-SchwbG-*Steinbrück*, § 17 Rn. 11.

dieser gem. Art. 3 Nr. 2 des BetrVerf-ReformG (BGBl. I 2001, S. 1852 [1863]) lediglich noch aus dem früheren § 322 Abs. 2 UmwG, der sich mit dem gemB im Kündigungsschutzrecht befasst. Nach § 322 UmwG n. F. gilt ein Betrieb dann als Betrieb auch i. S. d. Kündigungsschutzrechts, wenn die an einer umwandlungsrechtlichen Spaltung oder Teilübertragung beteiligten Rechtsträger nach Wirksamwerden dieser Umwandlung den Betrieb gemeinsam führen. Regelungstechnisch handelt es sich hier um eine **Fiktion,**[411] die allerdings eine gemeinsame Betriebsführung positiv voraussetzt und eine Vermutung hierfür nach wohl noch mehrheitlich vertretener Ansicht nicht ausreichen lässt.[412] Allerdings ist die Möglichkeit eines gemB i. S. d. KSchG **nicht,** wie der Wortlaut von § 322 UmwG anzudeuten scheint, **auf** vorangegangene **umwandlungsrechtliche Spaltungen** bzw. Teilübertragungen **beschränkt.** Vielmehr bringt diese Vorschrift nur einige der denkbaren Anwendungsfälle des kündigungsrechtlich relevanten gemB zum Ausdruck und bestätigt die insoweit ständige Rspr. des *BAG*[413] wonach mehrere UN auch im kündigungsrechtlichen Sinne einen gemB haben können. Diese Sicht ist vom *BAG*[414] ausdrücklich bestätigt worden. Zugleich hat es allerdings auch für die kündigungsrechtlichen Zusammenhänge des gemB außerhalb von § 322 UmwG verdeutlicht und damit die ständ. Rspr. bestätigt, dass eine aus den tatsächlichen Umständen zu entnehmende **konkludente Führungsvereinbarung genüge,** um den gemB i. S. d. BetrVG auch als Betrieb i. S. d. KSchG ansehen zu können. Wenngleich damit die Anforderungen an die Darlegungs- und Beweislast des AN im KSch-Prozess bezüglich des Vorliegens eines gemB größer zu sein scheinen als die eines BR im Statusverfahren auf Basis der Vermutungsregeln nach Abs. 2 i. V. m. § 18 Abs. 2, darf nicht übersehen werden, dass die Rspr. des *BAG* eine **präjudizielle Bindungswirkung** rechtskräftiger arbeitsgerichtlicher Beschlüsse auch für nicht an diesem Verfahren beteiligte AN bejaht.[415] Somit gilt Folgendes:

171 Wurde etwa im **Beschlussverfahren** gemäß § 18 Abs. 2 ausdrücklich oder in einem anderen Beschlussverfahren als Vorfrage (inzident) auf Grund der Vermutungsregel gem. Abs. 2 festgestellt, dass ein einheitlicher Betrieb vorliegt, so wirkt diese betriebsverfassungsrechtliche Entscheidung nach neuerer Ansicht des *BAG*[416] auch im **Verhältnis zwischen den beteiligten UN und ihren AN,** z. B. in einem zwischen diesen geführten Kündigungsschutzprozess. Abs. 2 Nr. 1, 2 kann kaum als bewusste gesetzgeberische Entscheidung gegen diesen von der Sache her gebotenen »Gleichklang« zwischen kollektivem und individuellem Arbeitsrecht aufgefasst werden. Die gegenteilige Annahme kann auch aus prozessökonomischen und aus gesetzgebungspolitischen Gründen nicht überzeugen, denn der Gesetzgeber wollte schon bei der Vorläuferbestimmung des § 322 UmwG a. F. gerade an die ihm bekannte Rspr. zu kündigungsrechtlichen Fragen im gemB anknüpfen,[417] sie aber nicht beseitigen. Hat somit ein **Beschlussverfahren** stattgefunden und greift die Vermutungswirkung des § 1 Abs. 2, so hat der AN in einem etwaigen späteren **Urteilsverfahren** seiner Darlegungs- und Beweislast genügt, wenn er die immer noch fortdauernde, einheitliche Organisation des Betriebs anhand derselben Gesichtspunkte nachweist, die im vorangegangenen Beschlussverfahren dafür ausreichten. Hat ein Beschlussverfahren nicht stattgefunden und greift die Vermutungswirkung deswegen, weil die Widerlegung nicht betrieben wird, kommen dem AN **im Urteilsverfahren Beweiserleichterungen** dergestalt zugute, dass er nur die Darlegungs- und Beweislast hinsichtlich des äußeren Tatbestandes trägt, der für den einheitlichen Betrieb spricht. Dies sind im Regelfall die in Rn. 157 genannten Gesichtspunkte.

---

411 *Kreßel,* BB 95, 925 [928].

412 Vgl. zu Einzelheiten *7. Aufl., Rn. 89 l;* a. A. Lutter-*Joost,* § 322 UmwG Rn. 22; ErfK-*Eisemann/Koch,* 2. Aufl., § 322 UmwG Rn. 5, die aus Gründen der Sachgerechtigkeit die Vermutungsregel für analog anwendbar halten.

413 Vgl. *Bauer/Lingemann,* NZA 94, 1057 [1076]; *Wlotzke,* DB 95, 40 [44]; vgl. Rn. 201 ff.

414 12.11.98, EzA § 23 KSchG Nr. 20.

415 Vgl. dazu Einl. Rn. 212; *HBR,* Rn. 227; kritisch *Jox,* NZA 90, 424; *Weth,* S. 369 ff.

416 9.4.91, EzA § 18 BetrVG 1972 Nr. 7 mit zust. Anm. *Dütz/Rotter;* näher *Dütz,* FS Gnade, S. 487 ff.; im Ergebnis zustimmend auch *Däubler,* FS Zeuner, S. 19 [37].

417 Vgl. *BR-Drucks.* 75/94, S. 174.

d) Gemeinsamer Betrieb und GBR bzw. WA sowie KBR

Vor der Novellierung 2001 hatte die Frage der Repräsentation des BR eines gemB in den unternehmensbezogenen Organen GBR (WA) und KBR in der Rspr. vage Antworten gefunden[418] und in der Literatur widerstreitende Ansichten hervorgerufen.[419] Durch die **Novellierung 2001** ist in § 47 Abs. 9 und indirekt auch in § 55 Abs. 4 Satz 2 erstmals im Gesetz selbst das Problem der Repräsentation des BR eines gemB im GBR bzw. KBR erwähnt worden (vgl. § 47 Rn. 78). Danach kann für solche Mitglieder des GBR, die aus einem gemB entsandt worden sind, die gem. § 47 Abs. 7, 8 vorgesehene Stimmgewichtung im GBR bzw. KBR durch TV und BV abweichend geregelt werden. Damit soll ausweislich der Begründung zum Regierungsentwurf des BetrVerf-ReformG[420] dem Umstand Rechnung getragen werden, dass nicht im GBR eines der am gemB beteiligten UN in solchen Angelegenheiten, die nur dieses UN und dessen AN betreffen (Beispiel: Altersversorgung), das Stimmengewicht der AN des anderen UN mit in die Waagschale fällt. Der Gesetzgeber geht demnach mit der h. M. (vgl. Rn. 178) ersichtlich davon aus, dass es schon nach geltendem Recht grundsätzlich zu einer **Entsendung von Delegierten des »gemB-BR« in sämtliche GBR der am gemB beteiligten UN** kommen muss,[421] denn nicht die Entsendung als solche, sondern nur die Stimmgewichtung wird durch die Neufassung des Gesetzes kollektivvertragsdispositiv ausgestaltet. Die Entsendung selbst ist dabei als vorgelagerter Akt jedoch vorausgesetzt.[422] 172

aa) Vorfrage: die gemeinsame Betriebsführungsgesellschaft als UN-Trägerin?

Die Frage der »richtigen« Repräsentation eines BR, der für einen gemB gewählt wurde, in dem/den unternehmensbezogenen Organ/en (GBR/WA/KBR) muss an dem Problem ansetzen, ob die bisweilen[423] als **BGB-Gesellschaft** qualifizierte rechtliche Verbindung der an einem gemB kraft konkludenter Führungsvereinbarung beteiligten UN selbst UN-Trägerin ist.[424] Dann wäre nämlich die nach § 47 vorausgesetzte rechtliche Einheit des UN-Trägers (dazu § 47 Rn. 18 ff.), bei dem ein GBR zu errichten ist, nicht gegeben: denn die UN-tragende BGB-Gesellschaft könnte nicht als identisch mit den UN der an ihr beteiligten Gesellschafter angesehen werden. Anlass zur neuerlichen Auseinandersetzung mit dieser Frage (vgl. aber Rn. 201 ff. wegen kündigungsrechtlicher Besonderheiten des gemB) ist die durch den *BGH* der BGB-Gesellschaft zuerkannte **Rechts- und Parteifähigkeit,** wonach »eine (Außen-)GbR Rechtsfähigkeit besitzt, soweit sie durch Teilnahme am Rechtsverkehr eigene Rechte und Pflichten begründet«.[425] Als insoweit rechtsfähige Außengesellschaft wird eine GbR dann bezeichnet, wenn sie **mit eigenem Namen,** eigener **Handlungsorganisation** (Geschäftsführung) und eigener **Haftungssubstanz** (Vermögen) am **Rechtsverkehr** teilnimmt[426] – Merkmale, die bei den hier in Rede stehenden Kooperationen von UN zur Führung eines gemB i. S. d. 173

418 Vgl. *BAG* 21.10.69, AP Nr. 10 zu § 3 BetrVG: Entsendung in die GBR der beteiligten UN sei »nahe liegend«.
419 Für Entsendungsrecht: *Säcker,* Wahlordnungen, Rn. 209; *Joost,* S. 264; *Däubler,* FS Zeuner, S. 19 [29]; dagegen: GK-*Kreutz,* 6. Aufl., § 47 Rn. 16; *Konzen,* S. 118 f.
420 *BT-Drucks.* 14/5741, S. 42.
421 Vgl. *BAG* 13.2.07, AP Nr. 17 zu § 47 BetrVG 1972; einschränkend zum alten Recht *Rieble,* FS Wiese, S. 453 [464].
422 *Fitting,* § 47 Rn. 80; GK-*Kreutz,* § 47 Rn. 114; *Richardi,* Rn. 82.
423 So ausdrücklich *BAG* 5.3.87, AP Nr. 30 zu § 15 KSchG 1969, Bl. 909; *BAG* 24.1.96, AP Nr. 8 zu § 1 BetrVG 1972 Gemeinsamer Betrieb, Bl. 1816 R; *Richardi,* Rn. 71; *Windbichler,* S. 289.
424 Vgl. zur Kritik des Erfordernisses einer BGB-Gesellschaft Rn. 101, 104; näher *Joost,* S. 258 ff.; *Kohte,* RdA 92, 303 [303 f.].
425 *BGH* 29.1.01, NJW 01, 1056 = ZIP 01, 330, erster Leitsatz; die Bedeutung der Entscheidung ausschließlich für sog. Außengesellschaften betonen zu Recht *K. Schmidt,* NJW 01, 993 [995, 1001]; *Ulmer,* ZIP 01, 585 [592]; *H. P. Westermann,* ZGR 01, 289 [290, 291]; kritisch zur Abgrenzung gegenüber Innengesellschaften *Hadding,* ZGR 01, 712 [714 f.]; *Lessner/Klebeck,* ZIP 02, 1385 sehen insoweit eine Divergenz zur *BAG*-Rspr., die bislang die Arbeitgeberfähigkeit der GbR verneint.
426 Vgl. nur für die h. M. MünchKommBGB-*Ulmer,* § 705 Rn. 209, 221 ff.; weiter gehend *K. Schmidt,* § 58 II 2 b, S. 1701.

BetrVG regelmäßig nicht vorliegen werden. Die Bedeutung der *BGH*-Entscheidung relativiert sich allerdings zusätzlich noch erheblich, wenn man Folgendes in Betracht zieht:

174 • Zunächst kann es **keineswegs als sicher** gelten, dass die Rechtsnatur der »rechtlichen Vereinbarung« zwischen den am gemB beteiligten UN überhaupt stets als **BGB-Gesellschaft** (GbR) zu qualifizieren ist. Nur zwei der bislang ergangenen Entscheidungen des *BAG*[427] haben dies ausdrücklich so gesehen – allerdings in Fällen mit besonderer Sachverhaltskonstellation.[428] Die älteren *BAG*-Entscheidungen haben explizit nur **beispielhaft** auf die **GbR als** *einer* **Möglichkeit** zur rechtlichen Qualifizierung des fraglichen Zusammenschlusses hingewiesen und i. Ü. angenommen, dass *auch andere Formen* der Zusammenarbeit der betreffenden UN in Betracht zu ziehen sind.[429] Dementsprechend ist in der Lit. auch erwogen worden, in der rechtlichen Verbindung der am gemB beteiligten UN eine **Gemeinschaft** (§§ 741 ff. BGB) zu sehen.[430] Dies liegt zumindest dann nahe, wenn man die Annahme ablehnt, schon das bloße Halten und Verwalten eines Vermögensgegenstandes könne einen zulässigen Gesellschaftszweck gem. § 705 BGB darstellen.[431] Gerade die Gemeinschaft ist aber typischerweise und im Gegensatz zur GbR auf die gemeinschaftliche Berechtigung an einem oder mehreren gemeinsamen Gegenständen und deren Verwaltung gerichtet.[432] Und schließlich können auch **Auftragsverhältnisse**[433] und die schlichte **Interessengemeinschaft,** die der InnenGbR nahe steht,[434] nicht von vornherein aus dem Bereich der rechtlichen Möglichkeiten ausgeschlossen werden. Die Mehrzahl der *BAG*-Entscheidungen – gerade in der jüngeren Zeit sogar durchgängig – lässt die Frage der Rechtsnatur der Führungsvereinbarung völlig unerwähnt.[435] Erweist sich daher im konkreten Fall, dass jedenfalls schon **keine gesellschaftsrechtlich relevante Verbindung der beteiligten UN** besteht,[436] so bleibt die Rspr. des *BGH* (Rn. 173) zur Rechtsfähigkeit der GbR betriebsverfassungsrechtlich folgenlos.

175 • Bislang nicht restlos geklärt ist, ob dort, wo die »rechtliche Vereinbarung« zwischen den am gemB beteiligten UN vom *BAG*[437] als **BGB-Gesellschaft** qualifiziert wurde, diese **lediglich als sog. Innengesellschaft** anzusehen ist[438] und somit aus diesem Grunde die *BGH*-Entscheidung zur Rechtsfähigkeit der (Außen-)GbR (Rn. 173) keine praktischen Folgen erlangen kann. Die **Innen-GbR** ist dadurch gekennzeichnet, dass die Gesellschafter zwar einen gemeinsamen Gesellschaftszweck verfolgen, im Rechtsverkehr aber nur ein Gesellschafter im eigenen Namen auftritt und nicht im Namen der GbR.[439] Überdies ist kennzeichnend das Fehlen von Gesamthandsvermögen (ebd.). Die bislang einschlägige Entscheidung[440] hatte die entscheidungserhebliche Frage zu beantworten, ob die Kooperation einer juristischen Person des öffentlichen Rechts (Universität) mit einem privatrechtlichen Verein (e. V.) einen Betrieb hervorgebracht hatte, der gem. § 130 dem BetrVG unterfällt.[441] Das

427 5.3.87, AP Nr. 30 zu § 15 KSchG 1969, Bl. 909; 24.1.96, AP Nr. 8 zu § 1 BetrVG 1972 Gemeinsamer Betrieb mit Anm. *Däubler.*

428 Streng genommen lässt sich *BAG* 5.3.87, a. a. O., hier nicht einordnen, weil das *BAG* an die revisionsgerichtlich nicht zu beanstandende Qualifizierung durch das *LAG* gebunden war.

429 *BAG* 5.12.75, AP Nr. 1 zu § 47 BetrVG 1972, Bl. 217 R; 17.1.78, AP Nr. 1 zu § 1 BetrVG 1972, Bl. 151; 7.8.86, AP Nr. 5 zu § 1 BetrVG 1972, Bl. 737; 29.1.87, AP Nr. 6 zu § 1 BetrVG 1972, Bl. 743.

430 Vgl. GK-*Fabricius,* 6. Aufl., § 111 Rn. 325.

431 So aber *BGH* 20.5.81, NJW 82, 170; kritisch *K. Schmidt,* NJW 01, 993 [1001]; *Ulmer,* ZIP 01, 585 [592].

432 HK-BGB-*Saenger,* § 705 BGB Rn. 34, § 741 BGB Rn. 4.

433 Z. B. wenn Merkmale der InnenGbR fehlen, vgl. Palandt-*Sprau,* § 705 Rn. 30.

434 Die der InnenGbR nahe steht, vgl. Palandt-*Sprau,* § 705 Rn. 9, 42.

435 *BAG* 13.6.85, AP Nr. 10 zu § 1 KSchG 1969; 11.11.97, NZA 98, 723; 3.12.97, NZA 98, 876; 12.11.98, EzA § 23 KSchG Nr. 20; 29.4.99, NZA 99, 932; 9.2.00 – 7 ABR 21/98 – uv.; 31.5.00, NZA 00, 1350.

436 Auch die Kommentarliteratur verzichtet regelmäßig auf eine klare gesellschaftsrechtl. Qualifizierung, vgl. nur ErfK-*Koch,* Rn. 14; *Fitting,* Rn. 83; GK-*Franzen,* Rn. 48.

437 24.1.96, AP Nr. 8 zu § 1 BetrVG Gemeinsamer Betrieb; BVerwG 13.6.01, NZA 03, 115.

438 So im Ergebnis die Deutungen bei *Herrmann,* S. 92; *Konzen,* Unternehmensaufspaltungen, S. 98; *Reuter,* Anm. zu *BAG* AP Nr. 9 zu § 1 BetrVG 1972, Bl. 5 R; wohl auch *Gamillscheg,* Anm. zu *BAG* EzA § 4 BetrVG 1972, Nr. 4 und 5, S. 38.

439 Palandt-*Sprau,* § 705 BGB Rn. 33; HK-BGB-*Saenger,* § 705 BGB Rn. 25.

440 *BAG* 24.1.96, a. a. O.

441 Vgl. Rn. 109; in einer ähnlich gelagerten Situation [Kooperation zweier Städte zur Führung eines

BAG hat dies unter Annahme einer eben dem Privatrecht zugehörenden BGB-Gesellschaft bejaht. In der Entscheidung vom 24.1.96[442] heißt es, dass sich die Vereinbarung zwecks Schaffung eines einheitlichen Leitungsapparates zur Verfolgung gemeinsamer arbeitstechnischer Zwecksetzungen mangels entgegenstehender Anhaltspunkte *regelmäßig* in Form einer BGB-Gesellschaft vollziehe. Der für jede GbR nötige **Gesellschaftszweck** liege in der Verfolgung gemeinsamer arbeitstechnischer Zwecksetzungen, die gesellschaftsrechtliche **Förder-** oder **Beitragspflicht** sei in der gemeinsamen Bildung und Beibehaltung eines einheitlichen Leitungsapparates im Bereich der sozialen und personellen Mitbestimmungsangelegenheiten zu sehen.[443] Wenn es sodann weiter heißt, dass **weder Gesamthandsvermögen** noch wirtschaftlich gemeinsames Vermögen vonnöten sei und auch die Bildung dieser GbR **nicht** den **Übergang der Arbeitsverhältnisse** auf die GbR bewirke,[444] so werden damit gerade diejenigen Tatumstände genannt, bei denen (nur) eine Innen-GbR angenommen werden kann, denn deren Wesensmerkmal liegt im Unterschied zur Außen-GbR vor allem im Fehlen eines Gesamthandsvermögens.[445] Dieser Sichtweise entspricht es auch, wenn in *BAG* 5.3.87[446] die Liquidationsbestimmungen der §§ 730 ff. BGB für unanwendbar erklärt wurden, denn mangels Gesellschaftsvermögens der Innen-GbR können diese Vorschriften gar nicht angewandt werden.[447] Mithin liegt den *BAG*-Entscheidungen, die sich mit der Rechtsnatur der sog. Führungsvereinbarung fallbezogen näher auseinander setzen mussten, die Annahme einer Innen-GbR zu Grunde. Aus diesem Zusammenhang heraus bleibt die *BGH*-Entscheidung zur Rechtsfähigkeit der Außen-GbR (Rn. 173) gleichfalls betriebsverfassungsrechtlich folgenlos.

- Gewisse Schwierigkeiten bereitet freilich die Annahme der Irrelevanz der genannten *BGH*-Entscheidung (Rn. 173) dann, wenn man die Abgrenzung von Innen- und Außengesellschaft mit der traditionellen Ansicht[448] nicht so sehr nach dem Vorhandensein von Gesamthandsvermögen, sondern entscheidend danach beurteilt, ob es an einem gemeinsamen Auftreten nach außen und der Teilnahme am Rechtsverkehr fehlt.[449] Gerade in Anbetracht des vermeintlichen Gesellschaftszweckes »Verfolgung gemeinsamer arbeitstechnischer Zwecksetzungen« und der damit verbundenen Errichtung einer Betriebsleitung als insoweit eigenständiger Vertretungsorganisation[450] kann man an einem fehlenden »Außenauftritt« – wenn auch im begrenzten betriebsverfassungsrechtlichen Rahmen – durchaus zweifeln:[451] *Gamillscheg*[452] hat zu Recht bemerkt, dass nach dem Verständnis der Rspr. zur Rechtsnatur der Führungsvereinbarung die angenommene BGB-Gesellschaft »eine Art Generalbevollmächtigter für den Umgang mit dem BR« sei. *Kohte*[453] weist darauf hin, dass der **BR** jedenfalls nicht Mitglied dieser GbR, sondern insoweit **außenstehender Dritter** ist. *Joost*[454] hat diese Sichtweise noch bekräftigt, wenn er betont, dass aus der Perspektive der am gemB beteiligten UN als den Gesellschaftern der angenommenen GbR das **Betriebsverfassungsrecht Außenrecht zwischen dem Betriebsinhaber und der Belegschaft** bzw. dem BR sei und nicht etwa Innenrecht für die Gesellschafter. Diese Problematik lässt sich nicht etwa mit einer vordergründigen Analogie zur Stellung des BR im datenschutzrecht- **176**

---

gemeinsamen Orchesters] war das *BAG* aus revisionsrechtlichen Gründen an die Feststellungen der Tatsacheninstanzen gebunden, die eine Außen-GbR angenommen hatten; vgl. *BAG* 18.4.67, AP Nr. 3 zu § 63 BetrVG.

442 A. a. O.
443 A. a. O.
444 Ebenso schon *BAG* 5.3.87, AP Nr. 30 zu § 15 KSchG 1969.
445 Vgl. HK-BGB-*Saenger,* § 705 BGB Rn. 25.
446 A. a. O.
447 Vgl. *BGH* 22.6.81, NJW 82, 99; *BGH* NJW 90, 573; HK-BGB-*Saenger,* a. a. O., Rn. 25 a. E.; Palandt-*Sprau,* § 705 BGB Rn. 35.
448 Vgl. etwa *Hueck,* Gesellschaftsrecht, S. 12, 43; ebenso noch *BGH* 22.6.81, NJW 82, 99.
449 So auch *Hadding,* ZGR 01, 712 [714].
450 Handlungsorganisation; vgl. *Ulmer,* ZIP 01, 585 [592 f.].
451 So auch schon *Konzen,* Unternehmensaufspaltungen, S. 98.
452 Anm. zu EzA § 4 BetrVG 1972 Nr. 4 und 5, S. 40.
453 RdA 92, 302 [304].
454 RdA 96, 380, r. Sp.

lichen Sinne überspielen, wonach der BR nicht Dritter außerhalb der verantwortlichen Stelle i. S. d. § 3 Abs. 8 BDSG n. F. ist, sondern deren Bestandteil.[455] Im betriebsverfassungsrechtlichen Handlungssystem nimmt der BR gegenüber dem AG und UN definierte rechtliche Handlungsspielräume ein und fungiert als deren Vertragspartner. Insoweit handelt es sich zwar bei dieser Beziehung zwischen AG und BR um »Teilnahme am Rechtsverkehr«. Rechtsverkehr der GbR wäre dies aber nur, wenn die **GbR als solche** vermittels der Betriebsleitung dem BR des gemB in den personellen und sozialen Beteiligungsangelegenheiten gegenübertritt. Gerade dieses eigenständige Auftreten als GbR und das Handeln in deren Namen fehlte jedoch bisher regelmäßig in den vom *BAG* entschiedenen Fällen,[456] was freilich nicht heißt, dass dies immer so bleiben muss. Sollte dies dennoch einmal praktisch auftreten, muss das allerdings noch nicht notwendigerweise gegen das Vorliegen[457] einer bloßen Innengesellschaft sprechen, denn auch bei sog. kooperativen Innengesellschaften kommt es vor, dass zwar die Gesellschaft erkennbar nach außen in Erscheinung tritt, in Wahrheit aber doch nur Verpflichtungen mit Wirkung für bzw. gegen den oder die Gesellschafter begründet werden (sollen).[458]

177 • Aber selbst wenn in Fällen, wie in Rn. 176 a. E. erörtert, eine **Außen-GbR** vorliegen sollte oder diese aus einem zunächst unbemerkten »Überwechseln« aus einer Innen-GbR entsteht (z. B. beginnt die »Betriebsführungs-BGB-Gesellschaft« nach einer gewissen Zeit, unter eigenem Namen und auf eigene Rechnung mit neu einzustellenden AN die Arbeitsverträge abzuschließen, während die vorhandenen AN weiterhin ihre Verträge mit den an der GbR beteiligten UN behalten), ändert dies noch nichts an der Existenz des gemB i. S. d. BetrVG, so dass dessen Repräsentation im GBR der beteiligten UN auf Grund der speziellen Bestimmung des § 47 Abs. 9, der dem allg. Gesellschaftsrecht vorgeht, weiterhin gewährleistet bleibt. Anderes könnte überhaupt erst dann gelten, wenn die »betriebsführende« Innen-GbR sich vollständig in eine **»unternehmensführende« Außen-GbR** verwandeln würde. Im Bereich der gewerblichen Wirtschaft erfolgt in einem solchen Fall aus handelsrechtlichen Gründen von Gesetzes wegen meist ein Rechtsformwechsel zur oHG,[459] weil der Gegenstand der Gesellschaft, die als solche am Rechtsverkehr teilnimmt, regelmäßig im **Betrieb eines Handelsgewerbes** i. S. v. §§ 1, 105 Abs. 1 HGB zu sehen ist,[460] so dass von der Fortexistenz einer GbR ohnehin nicht mehr gesprochen werden kann und sie als mögliche UN-Trägerin (vgl. Rn. 173) schon deshalb nicht in Betracht zu ziehen ist. Entsteht auf diese Weise allerdings ein (neues) **Gemeinschafts-UN** der vormals am gemB beteiligten UN, so ist nunmehr dieses Gemeinschafts-UN Rechtsträger des betreffenden Betriebs (vgl. § 47 Rn. 21). Der vorherige gemB verliert zugleich seine Besonderheit, zu mehreren UN zu gehören, existiert aber als Betrieb i. S. v. § 1 unverändert weiter.

bb) Entsendung in den GBR/Bildung eines »gemeinsamen« GBR?

178 Nach der in § 47 Abs. 9 getroffenen Grundentscheidung kann es nicht mehr zweifelhaft sein, dass der BR eines gemB Delegierte in alle **bei den Träger-UN errichteten GBR** zu entsenden hat.[461] Der gemB gehört zu jedem der an ihm beteiligten UN,[462] so dass u. U. **erstmals ein GBR** zu errichten ist, wenn z. B. eines der Träger-UN neben dem gemB nur noch einen weiteren Betrieb oder Betriebsteil i. S. v. § 4 hat. Vor In-Kraft-Treten der Gesetzesänderung war vereinzelt angenommen worden, dass die GBR-Mitglieder eines gemB im GBR nur so viele Stimmen

455 Vgl. § 94 Rn. 50; *BAG* 11.11.97, NZA 98, 385 [386], zum Begriff »speichernde Stelle« i. S. v. § 3 Abs. 9 BDSG a. F.
456 Vgl. *Kohte,* a. a. O.
457 Dazu der Fall einer Theatergemeinschaft zweier Städte in *BAG* 6.7.89, AP Nr. 4 zu § 705 BGB.
458 Vgl. *K. Schmidt,* Anm. zu BAG AP Nr. 4 zu § 705 BGB, Bl. 437 R; *ders.,* JuS 88, 444 f.
459 Vgl. HK-BGB-*Saenger,* § 705 Rn. 38.
460 Vgl. *BGH* 29.1.01, NJW 01, 1056; *Dehmer,* § 190 UmwG Rn. 4, § 191 UmwG Rn. 5; vgl. zu den Rechtsfolgen eines solchen Formwechsels im Innen- und Außenverhältnis *KRM,* § 105 HGB Rn. 10, § 123 HGB Rn. 2 f.
461 Vgl. Rn. 172; *Fitting,* Rn. 109; *Richardi,* Rn. 82; ErfK-*Koch,* Rn. 16.
462 *Fitting,* a. a. O.

haben, wie das betreffende UN, für das dieser GBR errichtet ist, im gemB AN beschäftigt.[463] Dem ist der Novellierungsgesetzgeber 2001 jedoch nicht gefolgt, weil er mit § 47 Abs. 9 gerade diese **angeblich nur quotale Stimmgewichtung im GBR** davon abhängig macht, dass sie kollektivvertraglich vorgesehen wird (vgl. Rn. 172). Besteht eine solche Regelung nicht, bleibt es beim vollen Stimmgewicht ungeachtet der arbeitsvertraglichen Zuordnung der AN zu dem jeweiligen UN, zumal in den beteiligten UN auch über das Schicksal aller im gemB Beschäftigten (mit)entschieden wird.[464] Die in den jeweiligen GBR entsandten Mitglieder aus dem BR des gemB müssen nicht AN des betreffenden UN sein (vgl. § 47 Rn. 22 m. w. N.),[465] weil andernfalls ein unzumutbarer Eingriff in die Entscheidungsrechte des entsendenden BR vorläge, für den keine Rechtsgrundlage besteht.

Schwierige Probleme können bei der **Bildung eines GBR** auftreten, wenn ein ursprünglich mehrbetriebliches UN eine UN-Teilung in der Weise vollzieht, dass z. B. verschiedene Produktsparten rechtlich verselbstständigt werden, aber nicht an allen Standorten dieselben Sparten vorhanden sind. **179**

Beispiel[466]:
Ein UN hatte drei Betriebe an den Standorten 1, 2 und 3. Nach der UN-Teilung sind am Standort 1 die Sparten A, B, C und D mit den jeweils zugehörigen UN a, b, c und d vorhanden. Es ist dort ein Gem-BR gebildet worden. Am Standort 2 sind die Sparten B und C mit den UN b und c und am Standort 3 die Sparten B, C, D mit UN b, c, d vertreten. Auch hier sind standortbezoge Gem-BR gebildet worden. Vor der UN-Teilung bestand ein GBR, in dem Vertreter der BR aus den Betrieben 1, 2, und 3 vertreten waren. Das *ArbG Dortmund* nahm an, dass nach der UN-Teilung aus den gemB der drei Standorte nur ein gemeinsamer GBR zu bilden sei. **180**

In derartigen Fällen (Bsp. Rn. 180) war früher sehr verbreitet angenommen worden, es sei zulässig, als Gesamtrepräsentation einen **Gemeinschafts-GBR** der jeweils bestehenden örtlichen Gem-BR zu bilden.[467] Nach nunmehr gefestigter **Ansicht des** *BAG*[468] ist jedoch die Bildung eines GBR, an dem Betriebe verschiedener UN beteiligt sind, grundsätzlich **nicht zulässig**, es sei denn, es lägen besondere Umstände in der UN-Organisation[469] vor. Die prinzipielle Unzulässigkeit eines UN-übergreifenden Gemeinschafts-GBR gilt auch für gemB[470] und zwar auch dann, wenn an allen gemB dieselben UN als Träger beteiligt sind.[471] Ein dennoch derart rechtswidrig gebildeter Gemeinschafts-GBR ist rechtlich inexistent, sein Handeln unbeachtlich und von ihm geschlossene BV und SP unwirksam.[472] **181**

Die Zulässigkeit eines gemeinsamen GBR für mehrere gemB kann sich aber auf der **Grundlage eines TV nach § 3 Abs. 1 Nr. 2 oder 3** ergeben.[473] Damit ließe sich für die im Beispielsfall **182**

463 Vgl. *Sick*, BB 92, S. 1133; *Küttner*, FS Hanau, S. 465 [475].
464 Vgl. *Däubler*, FS Zeuner, S. 19 [29].
465 *Fitting*, § 47 Rn. 81; ferner auch *Joost*, S. 264; *Küttner*, a. a. O., S. 475; ebenso *Ulrich*, FA 01, 137 [140], wenngleich wegen etwaiger »Geheimnisrelevanz« hierdurch erlangter Informationen äußerst skeptisch; a. A. Richardi-*Annuß*, § 47 Rn. 77.
466 Nach *ArbG Dortmund* 16.9.93 – 3 BV 27/93 rk.
467 So noch *12. Aufl., § 1 Rn. 134 f.*: ebenso *Konzen*, AuR 85, 341 [353]; *Blank/Blanke u. a.*, S. 162 ff.; *Joost*, S. 264; Hinweise in diese Richtung finden sich bereits in *BAG* 21.10.69, AP Nr. 10 zu § 3 BetrVG; a. A. *Windbichler*, S. 294, die einen solchen GBR nur bei Identität der UN-Trägergruppe an allen Standorten von gemB für zulässig hält.
468 13.2.07, NZA 07, 825; 23.1.08,NZA 08, 709; 17.3.10, DB 10, 2812.
469 In *BAG* 13.2.07, a. a. O., noch offen gelassen, welches diese Umstände sein könnten; in *BAG* 17.3.10, a. a. O., wird auf den Fall einer über alle beteiligten UN gebildeten UN-Betriebsführungsgesellschaft verwiesen; diese würde aber ein gemUN darstellen, so dass sich hieraus keine rechtlichen Besonderheiten für die GBR-Bildung ergeben.
470 *Fitting*, § 47 Rn. 10; *BAG* 17.3.2010, a. a. O.
471 *BAG* 17.3.10, a. a. O.; **a. A.** für diesen Fall GK-*Kreutz*, § 47 Rn. 22, der dann nur einen GBR dieser gemB für erforderlich hält.
472 Ausdrücklich *BAG* 17.3.10, a. a. O.
473 So wohl auch *BAG* 17.3.10, a. a. O., das diese Frage mangels Vorliegens einschlägiger Regelung nicht näher ausführte; *Hoffmann/Alles*, NZA 14, 757, 759, halten dies allenfalls in engen Grenzen für zulässig.

(Rn. 180) vertretene Ansicht des *ArbG Dortmund*[474] eine sichere Grundlage schaffen. Nach diesen Bestimmungen kann auch für die **unternehmens**bezogene Vertretungsebene eine Regelung **durch TV** vorgenommen werden.[475]

cc) Wirtschaftsausschuss/Schwellenwerte

183 Zur **Bildung eines WA** für die einen gemB unterhaltenden UN vgl. § 106 Rn. 20 f. Wie dort auch *BAG*,[476] wonach in Ausfüllung einer planwidrigen Regelungslücke in §§ 106 ff. ein WA auch dann zu bilden ist, wenn mehrere UN gemeinsam einen einheitlichen Betrieb mit in der Regel mehr als 100 ständig beschäftigten AN haben, und zwar auch dann, wenn keines der beiden beteiligten UN für sich allein diese Beschäftigtenzahl erreicht.[477] Die AN des gemB sind bei jedem UN mitzuzählen.[478]

184 Mit der Novellierung 2001 sind in §§ 99, 111 die Schwellenwerte vom »Betrieb« auf das »UN« umgestellt worden. Im Wege analoger Anwendung von § 99 ist die Mitbestimmung des BR auch auf den Fall zu erstrecken, wenn zwei AG mit jeweils nicht mehr als 20 AN einen gemB führen, der mehr als 20 AN hat. Maßgeblich ist hier (wie auch bei § 111, vgl. Rn. 195 f.) die Zahl der AN im gemB.[479]

dd) Konzernbetriebsrat

185 Wird der gemB von UN gebildet, die keine anderen Betriebe haben, jedoch zu einem **Konzern gehören,** so kann – soweit die übrigen Voraussetzungen vorliegen – der BR des gemB direkt seine Delegierten in den **KBR** entsenden,[480] ansonsten verbleibt es aber bei der Delegation durch den GBR (vgl. Rn. 172 wegen Änderungen durch die **Novellierung 2001**).[481]

e) Sonderfragen des gemeinsamen Betriebs

aa) Auslandsberührung

186 Fraglich ist, ob eines der am gemB **beteiligten UN** auch im **Ausland** seinen Sitz haben kann.[482] Dies ist zu bejahen, weil insoweit nichts anderes gelten kann als in den Fällen, in denen ein ausländisches UN Betriebe im Geltungsbereich des Gesetzes hat (vgl. Rn. 24 m. w. N.). Denkbar ist z. B., dass der im Inland gelegene, wegen seiner AN-Zahl für sich allein genommen jedoch nicht betriebsratsfähige Teil eines ausländischen UN zusammen mit der im Inland gelegenen Betriebsstätte eines inländischen UN einen gemB bildet, sofern beide UN-Teile räumlich nicht weit voneinander entfernt sind und die übrigen Voraussetzungen eines gemB vorliegen.[483]

bb) Gemeinschaftsbetriebsteile/Tendenzgemeinschaftsbetriebe?

(1) Gemeinschaftsbetriebsteile

187 Wird **nur eine Abteilung** eines bisher einheitlichen Betriebs zwei (oder mehreren) UN zugeordnet, stellt sich ebenfalls die Frage, ob damit die bisherige Betriebseinheit angetastet wird.[484]

474 16.9.93 – 3 BV 27/93 rk.
475 Vgl. § 3 Rn. 103; in diese Richtung bereits zum alten Recht *Däubler*, FS Zeuner, S. 19 [30].
476 1.8.90 (EzA § 106 BetrVG 1972 Nr. 16 m. krit. Anm. *Rüthers/Franke*.
477 Ebenso *Windbichler*, S. 295; *ArbG Lörrach* 5.3.96, AiB 96, 667.
478 *Fitting*, Rn. 102; *Boecken*, Rn. 39.
479 *BAG* 29.9.04, NZA 05, 420.
480 Analog § 54 Abs. 2; vgl. § 54 Rn. 143; ebenso *Däubler*, FS Zeuner, S. 19 [29 f.]; *Richardi*, Rn. 84.
481 Vgl. zur KBR-Bildung im o. Rn. 180 gegebenen Beispiel *Däubler*, a. a. O. mit dem Hinweis, tarifvertragliche Vertretungsgremien zu bilden; zu atypischen Formen der BR-Kooperation auch *Plander*, AiB 97, 195 ff.
482 Offen gelassen in *BAG* 18.1.90, NZA 90, 977; kritisch *Küttner*, FS Hanau, S. 465 [470 f.].
483 So *BAG* 18.1.90, a. a. O., allerdings mit Hinweis darauf, dass dann die UN-übergreifende Leitungsstruktur zur Durchführung des arbeitstechnischen Zwecks besonders deutlich zutage treten müsse.

Beispiel:
Die X-GmbH hat in A einen Betrieb u. a. mit einer Vertriebsabteilung. Es wird eine Y-GmbH gegründet, deren Gesellschafter mit denen der X-GmbH identisch sind. Die Vertriebsabteilung umfasst AN sowohl von X als auch von Y und ist funktional sowohl X als auch Y zugeordnet. Sie wickelt den Vertrieb von Produkten beider UN ab. 188

Es ist sogar die Frage, ob dann ein betriebsverfassungsrechtlich eigenständiger **Gemeinschafts-Betriebsteil** zweier UN entsteht, in dem ein eigener BR zu wählen ist (§ 4 analog; die wohl h. M. wendet § 4 allerdings ohnehin grundsätzlich nur auf Betriebsteile ein und desselben UN an).[485] Im Ergebnis ist vom Fortbestand des bisherigen Betriebs auszugehen.[486] Dabei kann entweder darauf abgestellt werden, dass jede andere Lösung das Entstehen von möglicherweise rivalisierenden BR auf engstem Raume mit Zuständigkeiten für z. T. dieselben AN riskiert,[487] oder man geht davon aus, dass eine nur partielle »Ansteckung« des bisherigen Betriebs mit einem weiteren UN an der bisherigen Betriebseinheit ebenso wenig zu ändern vermag wie dann, wenn neben dem bisherigen UN ein weiteres UN als vollwertiger Mitträger des Betriebs auftritt. Auch hier spricht die Vermutung des Abs. 2 Nr. 2 für den Fortbestand eines einheitlichen Betriebs. Wer dies in Zweifel ziehen will, muss im Streitfalle das Verfahren gem. § 18 Abs. 2 betreiben (vgl. Rn. 161).

(2) Tendenzgemeinschaftsbetriebe

Häufig entstehen gemB durch die rechtliche **Verselbständigung von Service- und Verwaltungsbereichen,** die für sich betrachtet nicht den Betriebszweck charakterisieren (Beispiel: Die kommunale Theater GmbH überträgt den gesamten nicht künstlerischen Bereich auf eine eigenständige GmbH). Dabei stellt sich die Frage, welche Folgen sich ergeben, wenn das Haupt-UN Tendenzschutz nach § 118 genießt, nicht jedoch das ausgegliederte UN als Vertragspartner der AN in den Service- und Verwaltungsbereichen (bislang vom *BAG* nicht entschieden). Das *BAG* und die h. M. verlangen für die Inanspruchnahme des Tendenzschutzes im Allgemeinen, dass sowohl für das UN als auch für den Betrieb der Tendenzschutz gelten müsse, wenn der Tendenzschutz greifen soll.[488] Unproblematisch ist deshalb nur die Fallkonstellation, dass zwei dem Tendenzschutz gleichermaßen unterliegende UN und Betriebe einen gemB bilden. Ist dies nicht der Fall, kann sich nur dasjenige UN als Vertrags-AG auf den Tendenzschutz berufen, welches die Tendenz auch verwirklicht (vgl. auch § 118 Rn. 17). Das UN und auch der Betrieb, der wiederum **reiner Wirtschaftsbetrieb ohne weitergehende ideelle Zwecksetzung** ist, kann sich demzufolge nicht auf den Tendenzschutz berufen. Eine derartige Unterscheidung für den gemB vorzunehmen ist unproblematisch bei einzelpersonellen MBR und ist auch im Rahmen der sozialen Mitbestimmung umsetzbar. Praktische Umsetzungsprobleme ergeben sich möglicherweise im Rahmen der wirtschaftlichen MBR des BR, insbesondere bei der Beteiligung des BR im Rahmen von § 111. Jedoch darf hier nicht von einer Gesamtbetrachtung ausgegangen werden, sondern von den jeweiligen Vertrags-AGen, die letztlich auch zuständig für die Beendigung der Arbeitsverhältnisse sind. Hinzu kommt, dass die Entscheidungen in wirtschaftlichen Angelegenheiten von der UN-Leitung getroffen werden und deshalb derartige Maßnahmen i. d. R. nicht der einheitlichen Betriebsleitung zugerechnet werden können. Für die Annahme eines gemB ist deshalb auch nur entscheidend, ob die personellen und sozialen Angelegenheiten von der gemeinsamen Betriebsleitung getroffen werden. Deshalb muss bei betriebsändernden Entscheidungen des UN, das nicht tendenzgeschützt ist, ein vollständiges Verfahren nach §§ 111, 112 durchgeführt werden.[489] 189

484 Vgl. zu Formen der bloßen Mitbenutzung von Abteilungen durch verschiedene UN auch *Zöllner,* FS Semler, S. 995 [996, 1007], der jedenfalls die bisherige betriebliche Einheit durch derlei Gestaltungen nicht beeinträchtigt sieht, solange der betriebliche Rahmen durch das bisherige UN geordnet wird.
485 Vgl. dazu *Fitting,* § 3 Rn. 27, 33.
486 Ebenso HaKo-BetrVG/*Kloppenburg,* Rn. 73.
487 Dagegen schon *BAG* 1.2.63, AP Nr. 5 zu § 3 BetrVG.
488 *BAG* 27.7.93, NZA 94, 329; *Fitting,* § 118 Rn. 7; GK-*Weber,* § 118 Rn. 48.
489 A. A. *Lunk,* NZA 05, 841, 848.

cc) Wahlvorbereitung/Wahlkosten/Sonstige Kosten

190 Nach § 2 Abs. 2 WO-BetrVG sind die an einem gemB beteiligten Firmen verpflichtet, dem WV für die BR-Wahl die **Angaben zur Anfertigung der Wählerlisten** zur Verfügung zu stellen.[490] In diesem Fall besteht allerdings keine gesamtschuldnerische Verpflichtung der UN, da der Schuldinhalt je UN ein verschiedener ist.[491]

191 Kommt es zwischen AG und WV zu einem Rechtsstreit über die Befugnis des WV, für einen gemB die Wahlvorbereitung und -durchführung besorgen zu können, so sind beim Streit über das Bestehen eines gemB mehrerer UN und die sich daraus ergebenden Konsequenzen für die Wahl eines BR diejenigen (beteiligten) AG als kostentragungspflichtige AG i. S. d. § 20 Abs. 3 Satz 1 anzusehen, die Umstände gesetzt haben, die das Vorliegen eines von ihnen gemeinsam geführten Betriebs ernsthaft als möglich erscheinen lassen. Für die Kostentragungspflicht in derlei Fällen ist es nicht erforderlich, dass auch wirklich ein gemB dieser UN besteht.[492]

192 Soweit die UN keine Regelung getroffen haben, ist bei den Kosten der BR-Arbeit danach zu unterscheiden, ob es sich um **Kosten des** einzelnen **Mitglieds** (z. B. Freistellung, Schulungsteilnahme) **oder des Organs** (sog. allg. Kosten, etwa für Büro, Personal, Sachverständige usw.) handelt: Die personengebundenen Kosten hat der Vertragsarbeitgeber, die organbezogenen Kosten haben die beteiligten UN gesamtschuldnerisch zu tragen.[493]

dd) Berichtspflichten der UN

193 Wird von den Beschäftigten mehrerer UN ein einheitlicher BR gewählt, muss der Bericht nach **§ 43 Abs. 2** von sämtlichen betroffenen AG für alle UN in einer **Betriebsversammlung** gegeben werden.[494]

194 Entsprechendes hat zu gelten für die **Unterrichtungs- und Beratungspflichten** der UN **gegenüber dem WA,** sofern für den gemB ein WA zu bilden ist,[495] und entsprechend für die Unterrichtung der AN gemäß § 110.[496] Die **Androhung eines Ordnungsgelds** nach § 23 Abs. 3 muss in der Weise erfolgen, wie dies bei einer Personengesellschaft der Fall wäre, die Inhaberin eines Betriebs ist.[497]

ee) Sozialplan; wirtschaftliche Vertretbarkeit und Haftung

195 Kein Problem bereitet zunächst die Anwendbarkeit der §§ 111 ff., soweit es die von der **Betriebsgröße** abhängigen Rechte des BR **und** die **»Relevanzschwellen«** (5 %-Schwelle in § 111 Satz 3 Nrn. 1, 4; Staffelung für erzwingbaren Sozialplan in § 112 a Abs. 1) betrifft: Hier ist auf die Beschäftigtenzahl des gemB abzustellen.[498] Dies gilt auch für die Frage, ob ein »wesentlicher« Betriebsteil stillgelegt wird.[499] Durch die **Novellierung 2001** ist aber der bisherige Bezug auf den »Betrieb« in § 111 Satz 1 durch den Bezug auf das »Unternehmen« ersetzt worden, so dass sich die Frage stellt, ob die §§ 111 ff. noch anwendbar sind, wenn zwar der gemB mehr als in der Regel zwanzig wahlberechtigte AN hat, jedoch einzelne oder sogar alle an ihm beteiligten UN diese Schwellenzahl nicht erreichen (vgl. § 111 Rn. 33; z. B.: gemB mit 21 AN aus drei Klein-UN zu je 7 AN). Schon nach alter Rechtslage hatte das *BAG*[500] im Rahmen des § 111

---

490 *LAG Düsseldorf* 7.5.86, BB 86, 1851.
491 *Däubler*, FS Zeuner, S. 19 [28].
492 *BAG* 8.4.92, AP Nr. 15 zu § 20 BetrVG 1972.
493 ErfK-*Koch*, Rn. 16; *Fitting*, Rn. 109; vgl. zur entsprechenden Situation beim Übergangsmandat § 21 a Rn. 60.
494 *LAG Hamburg* 15.12.88, BB 89, 628; ebenso schon *BAG* 8.3.77, AP Nr. 1 zu § 43 BetrVG 1972.
495 Vgl. § 106 Rn. 20; *BAG* 1.8.90, EzA § 106 BetrVG 1972 Nr. 16.
496 Dazu *Däubler*, FS Zeuner, S. 19 [28]; *Zöllner*, FS Semler, S. 995 [1000].
497 *LAG Baden-Württemberg* 30.4.92, BB 92, 2431.
498 *Däubler*, FS Zeuner, S. 19 [26]; *Zöllner*, FS Semler, S. 995 [1000]; *Hanau*, ZfA 90, 115 [126]; *BAG* 11.11.97, NZA 98, 723; 9.4.91, NZA 91, 812 [813]; *Herrmann*, S. 184.
499 *BAG*, 11.11.97, a. a. O.
500 11.11.97, NZA 98, 723.

ausschließlich und ohne Rücksicht auf die Beteiligung eines Klein-UN mit weniger als zwanzig AN am gemB auf die AN-Zahl des gemB abgestellt und im Rahmen des § 106, wo der Bezug ausdrücklich auf das »Unternehmen« erfolgt, gleichfalls die AN-Zahl des gemB zugrunde gelegt und nicht die der an ihm beteiligten UN.[501] Da es dem Gesetzgeber der **Novellierung 2001** ausweislich der Begründung zum Regierungsentwurf[502] mit der Bezugnahme auf das »Unternehmen« darum ging, **Beteiligungsrechte zu verbessern,** aber nicht abzubauen, wird man die erwähnte Rspr. weiterhin für maßgeblich halten müssen.[503]

Für den Fall, dass die beteiligten UN weniger als zwanzig wahlberechtigte AN beschäftigen, der gemB jedoch den Schwellenwert überschreitet, kann die Rechtsprechung des *BAG* zu den Mitbestimmungsrechten bei der Einstellung nach § 99 herangezogen werden.[504] Das *BAG* hat auch für diesen Fall auf das Erreichen des Schwellenwerts im gemB abgestellt und nicht auf die UN-Größe.[505] **196**

Dagegen ist die Frage, ob es hinsichtlich der **wirtschaftlichen Vertretbarkeit des Sozialplans** (§ 112 Abs. 5) auf eine getrennte Betrachtung der jeweils beteiligten UN oder auf die wirtschaftlichen Möglichkeiten aller beteiligten UN ankommt, nicht eindeutig zu beantworten: Nach der Rspr. des *BAG*[506] ist zwar die einheitliche Wahrnehmung der unternehmerischen Funktionen in den wirtschaftlichen Angelegenheiten nicht notwendige Voraussetzung für die Annahme einer wenigstens konkludent geschlossenen Vereinbarung über die gemeinsame Betriebsführung; andererseits kann die Betriebsführung tatsächlich auch in diesem Bereich gemeinschaftlich organisiert sein.[507] Ist Letzteres der Fall, bestehen keine Bedenken, auf die wirtschaftlichen Möglichkeiten aller beteiligten UN abzustellen (vgl. §§ 112, 112 a Rn. 152).[508] Zudem wird **in den meisten Fällen** eines gemB ohnehin ein **Konzern** zu Grunde liegen, so dass eine konzernbezogene Beurteilung der »wirtschaftlichen Vertretbarkeit« geboten ist (zum sog. **Haftungs- und Berechnungsdurchgriff** §§ 112, 112 a Rn. 186 ff.). **197**

Demgegenüber wird bei fehlenden vertraglichen Anhaltspunkten angenommen, dass die am gemB beteiligten UN nicht etwa gesamtschuldnerisch auf **Erfüllung von Sozialplanleistungen** gegenüber jedem betriebszugehörigen AN haften, sondern nur jeweils im Verhältnis zum »eigenen« Vertrags-AN.[509] Anders sei dies nur, wenn eine derartige Ausweitung der **Sozialplanschuldner** im Sozialplan vorgesehen ist (ebd.) oder die am gemB beteiligten UN eine BGB-Gesellschaft vereinbaren, die zugleich AG aller im Betrieb zusammengefassten AN wird (dazu Rn. 175). Letzteres wird im Regelfall jedoch ausscheiden, weil die allenfalls als Innen-GbR zu qualifizierende Leitungsorganisation kein Gesamthandsvermögen hat und gerade nicht zum AG der im gemB beschäftigten AN wird.[510] **198**

Die Frage der arbeitgeberseitigen **Schuldnerschaft aus BV im gemB** stellt sich in der gleichen Weise wie beim SP. Da die Errichtung eines gemB typischerweise nicht zu einem Arbeitgeberwechsel führt (vgl. Rn. 201 f.), lässt sich der Arbeitseinsatz im gemB als eine **Erscheinungsform arbeitsrechtlicher Drittbeziehungen** ansehen,[511] so dass es sachgerecht ist, nach den Normtypen einer BV zu differenzieren um festzustellen, ob nur eine Leistung des Vertrags-AG oder eine gemeinsame Leistung aller UN geschuldet ist. Ist nichts anderes bestimmt, greift die unmittelbare und zwingende Wirkung einer *Inhalts*norm nur zwischen den Arbeitsvertragsparteien.[512] Dies gilt auch für Ansprüche des AN aus einer betrieblichen Vergütungsordnung im GemB, die ausschließlich gegen den Vertrags-AG gerichtet werden können.[513] **199**

501 Vgl. *BAG* 1.8.90, NZA 91, 643.
502 *BT-Drucks.* 14/5741, S. 51.
503 Vgl. auch § 111 Rn. 33; *LAG Berlin* 23.1.03 – 18 TaBV 2141/02 – stellt jedenfalls dann, wenn schon der gemB mehr als 20 AN hat, auf die Gesamtzahl aller AN in den beteiligten UN ab und nicht auf die jedes einzelnen UN.
504 *BAG* 29.9.04, NZA 05, 420.
505 Siehe dazu auch *Boecken,* FS 50 Jahre BAG, S. 931 ff. mit der Darstellung des Meinungsstreits.
506 29.1.87, NZA 87, 707.
507 Dazu auch *BAG* 7.8.86, NZA 87, 131.
508 Offen gelassen von *BAG* 11.11.97, a. a. O., S. 726.
509 *BAG* 12.11.02, EzA § 112 BetrVG 2001 Nr. 2.
510 *BAG* 5.3.87, NZA 88, 32.
511 Vgl. *Trümner,* Anm. zu HessLAG 17.7.01 [Vorinstanz zu *BAG* 12.11.02, a. a. O.], BB 02, 1425 [1427].
512 *Trümner,* a. a. O., m. w. N.; in diese Richtung weist auch *Wißmann,* NZA 03, 1 [2 f.].
513 *BAG* 12.12.06, EzA § 87 BetrVG 2001 Betriebliche Lohngestaltung Nr. 13.

ff) Gleichbehandlungsgrundsatz

200 Im gemB sollen die AN des einen UN **nicht Gleichbehandlung** bezüglich der Zahlung einer Jahressonderzahlung mit den AN des anderen UN verlangen können.[514] Das *BAG* sieht offenbar in der unterschiedlichen vertragsrechtlichen Stellung der AN einen sachlichen Grund, der die Ungleichbehandlung rechtfertigt.[515] Der Gleichbehandlungsgrundsatz sei arbeitgeberbezogen, nicht betriebsbezogen anzuwenden, insoweit hatte das *RAG*,[516] keine Probleme, weil es die Figur des gemB mehrerer UN nicht zuließ, wenn die UN nicht wenigstens eine gesellschaftsrechtlich vermittelte Form der gemeinsamen Betriebsführung gewählt hatten (näher dazu *3. Aufl. 1992*, § 1 Rn. 43). Das *BAG* verkennt mit seiner Reduktion des Gleichbehandlungsgrundsatzes auf eine bloß vertragsrechtliche Größe den schlichten Umstand, dass eben dieser Grundsatz eine Reaktion des Arbeitsrechts darauf ist, dass sich der Status von AN nicht darin erschöpft, Vertragspartner eines AG, sondern zugleich Angehöriger einer betriebsgebundenen Belegschaft zu sein.[517]

gg) Kündigungsschutzrecht und Befristungsabrede (Neueinstellung)

201 Da nach ständiger Rspr. des *BAG* der Betriebsbegriff im BetrVG mit dem im **KSchG** übereinstimmt,[518] ist insbesondere

- für den sachlichen bzw. persönlichen **Geltungsbereich** des KSchG (§§ 1 Abs. 1, 23 Abs. 1 KSchG),[519]
- für die Grundsätze über die **soziale Auswahl** (§ 1 Abs. 3 Satz 1 KSchG),[520]
- für die Beurteilung einer **Versetzungs- und Weiterbeschäftigungsmöglichkeit** im Betrieb (§§ 1 Abs. 2, 15 Abs. 5 KSchG),[521]
- für die Feststellung der **Schwellenwerterreichung bei Massenentlassungen** (§ 17 KSchG)[522]

auf die **Verhältnisse im gemB** und den hieran beteiligten UN abzustellen.[523] Diese Rechtslage ist in § 322 UmwG ausdrücklich bestätigt worden.[524]

202 Die an sich notwendige unternehmensübergreifende **Sozialauswahl im GemB** soll allerdings dann entfallen, wenn der GemB im Zeitpunkt der Kündigung nicht mehr besteht.[525] Wenngleich es richtig ist, dass mit der Bildung einer einheitlichen Leitung des gemB die (stillschweigende) Bildung einer GbR (§§ 705 ff. BGB; vgl. auch Rn. 174 ff.) einhergehen **kann** (aber nicht muss), so werden i. d. R. dennoch nicht die am gemB beteiligten UN Vertragsarbeitgeber **aller** im Betrieb beschäftigten AN,[526] sondern bleiben dies nur im Verhältnis zu ihren bisherigen AN, weil die Gründung dieser GbR durch die beteiligten UN als einer sog. Innengesellschaft nicht zu einem AG-Wechsel im Verhältnis zu ihren AN führt.[527] Umfasst dagegen

514 *BAG* 19.11.92, NZA 93, 405; ebenso schon für die Gleichbehandlung von in denselben Räumen beschäftigten AN verschiedener UN wegen des Anspruchs auf Weihnachtsgratifikation *RAG* 17.6.39, ARS 36, 385 [390].
515 Differenzierter *Richardi*, FS Wiedemann, 493 [512 ff.].
516 A. a. O.
517 Näher *Plander*, AiB 93, 561, [563]; ablehnend auch *Preis*, SAE 94, 20 [24 ff.]; zu Recht weist *Däubler*, FS Zeuner, S. 19 [35], darauf hin, dass im Ergebnis die Argumentation des *BAG* die Schutzwirkung von § 75 Abs. 1 unterlaufe; dem *BAG* beipflichtend *Küttner*, FS Hanau, S. 465 [478].
518 *BAG* 18.1.90, AP Nr. 9 zu § 23 KSchG 1969 m. w. N.; ablehnend *Preis*, RdA 00, 257 [263].
519 Vgl. *BAG* 4.5.57, AP Nr. 1 zu § 21 KSchG; 23.3.84, 18.1.90, AP Nrn. 4, 9 zu § 23 KSchG 1969.
520 Vgl. *BAG* 13.6.85, AP Nr. 10 zu § 1 KSchG 1969; 5.5.94, EzA § 1 KSchG Soziale Auswahl Nr. 1 = AiB 94, 698 m. Anm. *Trittin*.
521 Vgl. *BAG* 5.3.87, AP Nr. 30 zu § 15 KSchG 1969.
522 Vgl. *BAG* 14.8.07, NZA 07, 1431, 1436, Rn. 35; hieran zweifeln mit Blick auf den unionsrechtlichen Betriebsbegriff der Massenentlassungsrichtlinie und die dazu ergangene jüngste Rspr. des *EuGH* 30.4.15, NZA 15, 601, allerdings nunmehr *Kleinebrink/Commandeur*, NZA 15, 853, 857.
523 *BAG* 13.6.85, a. a. O.
524 Näher o. Rn. 170; vgl. auch *Bepler*, AuR 97, 54 [57] mit Hinweisen zum Betriebsbegriff des KSchG.
525 *BAG* 29.11.07, NJW-Spezial 08, 276
526 *BAG* 5.3.87, 13.6.85, a. a. O.; 17.1.02, EzA § 4 KSchG n. F. Nr. 62.
527 So schon *BAG* 13.6.85, a. a. O.

der Gesellschaftsvertrag auch die Überleitung der vertragsrechtlichen AG-Stellung auf die GbR, so fällt nach noch maßgeblicher Rspr. des *BAG* mangels einer auch nur partiellen eigenen Rechtsfähigkeit der GbR die AG-Stellung nur den Gesellschaftern gemeinschaftlich, nicht aber der GbR als solcher zu.[528] Die Gesellschafter üben nach Ansicht des *BAG* diese Funktion in ihrer gesamthänderischen Verbundenheit gemeinschaftlich aus; sie haften gemäß § 427 BGB für Verbindlichkeiten der Gesellschaft als Gesamtschuldner (§ 421 BGB). Die gesamtschuldnerische Haftung gemäß § 427 BGB setzt freilich nur eine gemeinschaftliche Verpflichtung voraus – einer BGB-Gesellschaft bedarf es dazu nicht.

Die **soziale Auswahl erstreckt sich dann nicht mehr auf den gemB**, wenn zum Zeitpunkt der Kündigung der Arbeitsverhältnisse einer der AG-Betriebe, die den gemB mit gebildet haben, **bereits stillgelegt** ist. Nach Ansicht des *BAG*[529] fehlt es dann an der »gemeinsamen Klammer«, die eine UN-übergreifende Sozialauswahl veranlasst hat. Dies gilt aber nur dann, wenn die Stilllegung endgültig erfolgt ist. Weiter gehend will das *LAG Schleswig-Holstein*[530] es der definitiven Stilllegung gleichstellen, wenn im Zeitpunkt der Kündigungserklärung der eine Betriebsteil zwar noch nicht endgültig stillgelegt ist, aufgrund einer unternehmerischen Entscheidung, die bereits **greifbare Formen** angenommen hat, aber feststeht, dass er bei Ablauf der Kündigungsfrist stillgelegt sein wird. **203**

Im **Kündigungsschutzverfahren** trägt der AN, soweit zwischen den Betriebsparteien Streit über das Bestehen eines gemB besteht, die **Darlegungs- und Beweislast** für das Vorhandensein eines gemB. Der AN muss allerdings nur die äußeren Umstände schlüssig darlegen, die für die Annahme einer einheitlichen Führung des gemB sprechen. Umgekehrt muss bei Bestehen eines gemeinsamen Betriebsrats der AG darlegen, dass kein gemB besteht.[531] **204**

Selbst wenn man davon ausgeht, dass die Funktion der von der *BAG*-Rspr. zumindest teilweise für erforderlich gehaltenen »BGB-Gesellschaft zur Führung des gemeinsamen Betriebs« allein darin bestehen kann (und mangels eines weiterreichenden Bindungswillens der Gesellschafter-UN i. d. R. auch nicht weiter gehen wird), die gemeinsame Verwaltung der betriebsverfassungsrechtlich erheblichen Angelegenheiten zu besorgen und damit – wie *Gamillscheg*[532] treffend bemerkt – diese Gesellschaft »eine Art Generalbevollmächtigter für den Umgang mit dem Betriebsrat« darstellt, so bleibt es dabei, dass wegen der mit Hilfe des identischen Betriebsbegriffs bewirkten Verknüpfung des Kündigungsschutzrechts mit dessen betriebsverfassungsrechtlicher Flankierung[533] vor allem die i. d. R. auf den Betrieb bezogene **Sozialauswahl** sich auf alle vergleichbaren AN des Gemeinschaftsbetriebs ohne Rücksicht auf ihre arbeitsvertragsrechtliche Zuordnung zu erstrecken hat.[534] **205**

Beispiel:

X-GmbH und Y-GmbH haben einen Gemeinschaftsbetrieb. Der dort beschäftigte AN Müller, der einen Arbeitsvertrag mit der X-GmbH hat, wird von dieser betriebsbedingt gekündigt. Müller wendet im Kündigungsschutzprozess, in dem nur die X-GmbH Beklagte ist, ein, dass AN Schulze von der Y-GmbH weniger schutzwürdig sei und deshalb eher als er selbst entlassen werden müsste. Das Gericht kommt zu derselben Auffassung, stellt fest, dass das Arbeitsverhältnis durch die Kündigung nicht aufgelöst sei, und verurteilt daher die X-GmbH, den AN Müller weiterzubeschäftigen. **206**

---

528 *BAG* 6.7.89, BB 89, 2481; dagegen bejaht *BGH* 29.1.01, NJW 01, 1056 die Rechtsfähigkeit einer solchen Außen-GbR; vgl. näher Rn. 177; zur Divergenz zwischen *BGH* und *BAG: Lessner/Klebeck*, ZIP 02, 1385 ff.

529 24.2.05, NZA 05, 867.

530 27.1.10 – 3 Sa 312/09, juris.

531 *BAG* 18.10.06, NZA 07, 552, 557.

532 Anm. zu *BAG* 3.12.85, 7.8.86, EzA § 4 BetrVG 1972 Nrn. 4, 5, S. 40.

533 Vgl. §§ 99, 102 BetrVG; ebenso schon *Kamphausen*, NZA-Beilage 4/88, S. 10 [12]; *Oetker*, SAE 87, 301.

534 ErfK-*Oetker*, § 1 KSchG Rn. 322; *KDZ* § 1 KSchG Rn. 436; Schaub-*Linck*, § 135 Rn. 5; wie hier *Küttner*, FS Hanau, S. 465 [477 f.]; ablehnend *LAG Köln* 29.9.93, LAGE § 1 KSchG Soziale Auswahl Nr. 7; *Richardi*, FS Wiedemann, S. 511 f.; *Annuß*, NZA-Sonderheft 2001, 12 [22 f.]; zur ausnahmsweise UN-bezogenen Sozialauswahl *Müller*, DB 75, 2133; zum konzernbezogenen Kündigungsschutz *Fiebig*, DB 93, 582, sowie umfassend *Silberberger*, 1994.

207 Hier ist es Sache der beteiligten UN, sich darauf zu verständigen, welcher der in ihrem Betrieb beschäftigten AN am wenigsten schutzwürdig erscheint und daher – das Vorliegen betriebsbedingter Gründe unterstellt – zu entlassen ist.[535] Weigert sich die X-GmbH, den AN Müller weiterzubeschäftigen, kann aus dem Urteil vollstreckt werden. Der Betrieb hat dann zwar einen AN »zu viel«; die Weiterbeschäftigungspflicht erzeugt aber einen ökonomischen Druck auf die beteiligten UN, die zutreffende Sozialauswahl vorzunehmen und nunmehr den »richtigen« AN zu kündigen.[536] Entgegen der legislatorischen Wertung des § 323 Abs. 1 UmwG soll es nach *BAG*[537] möglich sein, den **Kündigungsschutz** nach § 1 Abs. 3 KSchG (Sozialauswahl) zu **umgehen,** indem die Führungsvereinbarung gekündigt, dadurch der gemB gespalten und anschließend der eine Betriebsteil stillgelegt wird, ohne eine auf den früheren gemB bezogene Sozialauswahl durchführen zu müssen. Hiergegen ist einzuwenden, dass der gemB noch keineswegs mit der bloßen Aufhebung oder Kündigung der Leitungsvereinbarung endet. Dadurch würde nur die BGB-Gesellschaft aufgelöst, nicht aber beendet,[538] so dass mindestens auch die Abwicklung der Gesellschaft tatsächlich erfolgen müsste, um den gemB zu beenden.[539]

208 Da es für die anderweitige **Möglichkeit zur Weiterbeschäftigung** auf die unternehmensbezogene Prüfung dieser Frage ankommt,[540] muss jedenfalls auch die Situation **in anderen Betrieben des** am gemB beteiligten **Vertrags-AG** mit berücksichtigt werden.[541] Nach nunmehr höchstrichterlich geklärter Rechtslage gilt dies grundsätzlich **auch für** die weiteren Betriebe des am gemB beteiligten **Nicht-Vertrags-AG.**[542] Allerdings muss in diesem Fall der gemB im Zeitpunkt des Kündigungszugangs noch bestehen.[543]

209 Tritt ein Arbeitgeber gegenüber BR und Belegschaft so auf, als betreibe er mit anderen UN einen gemB, so muss er sich z. B. im Hinblick auf den **Sonderkündigungsschutz von BR-Mitgliedern** (§ 15 KSchG) so behandeln lassen, als bestehe ein gemB.[544] Dies kann zur Folge haben, dass die Übernahme des BR-Mitglieds in eine andere Abteilung notfalls durch **Freikündigen** eines geeigneten Arbeitsplatzes sicherzustellen ist,[545] auch wenn diese Freikündigung nur durch das andere UN (NichtVertrags-AG des BR-Mitglieds) erklärt werden kann.

210 Werden rechtlich selbstständige UN im Personalbereich einheitlich geleitet (gemeinsames Lohnbüro und wechselseitiger Personalaustausch), so bilden diese nach Ansicht des *BAG*[546] dennoch keinen **einheitlichen AG i. S. v. § 14 TzBfG.** Daher handele es sich grundsätzlich um eine **Neueinstellungsbefristung** i. S. v. § 14 Abs. 2 Satz 1 und 2 TzBfG, wenn ein AN zunächst bei einem der beteiligten UN ein Arbeitsverhältnis eingeht und sodann bei dem anderen am gemB beteiligten UN befristet angestellt wird, sofern keine rechtsmissbräuchliche Gestaltung vorliegt. Diese Rspr. ist abzulehnen, weil damit die von § 14 TzBfG verfolgten beschäftigungspolitischen Zwecke im Ansatz verfehlt werden.[547]

---

535 Vgl. zu der praktisch bedeutsamen Frage, ob je nach Inhalt der Betriebsführungsvereinbarung (vgl. o. Rn. 202) die Kündigung zu ihrer Wirksamkeit durch nur eines der UN [Vertrags-AG] oder durch alle BGB-Gesellschafter [als Gesamthandsgemeinschaft] erklärt werden muss, *BAG* 5.3.87, AP Nr. 30 zu § 15 KSchG 1969 unter B. III.

536 Zweifelnd insoweit *Zöllner,* FS Semler, S. 995 [1008]; zustimmend *Däubler,* FS Zeuner, S. 19 [36]; weiter gehend jetzt sogar § 323 Abs. 1 UmwG selbst für Fälle, in denen kein gemB vorliegt, näher dazu *Trümner,* AiB 95, 309.

537 13.9.95, DB 96, 330.

538 Zutreffend *Richardi,* Rn. 90.

539 Ebenso *Däubler,* Anm. zu AP Nr. 8 zu § 1 BetrVG 1972 Gemeinsamer Betrieb; *Küttner,* FS Hanau, S. 465 [485]; vgl. auch Rn. 158 f.

540 Vgl. *KDZ,* § 1 KSchG Rn. 385.

541 Ebenso *Zöllner,* FS Semler, S. 995 [1006]; *Däubler,* FS Zeuner, S. 19 [36]; *Küttner,* FS Hanau, S. 465 [477]; *KDZ,* § 1 KSchG Rn. 387.

542 *BAG* 18.10.12, DB 13, 586.

543 *BAG* 18.10.12, a. a. O.

544 *BAG* 18.10.00, NZA 01, 321.

545 BAG, a. a. O.

546 25.4.01, AP Nr. 10 zu § 1 BeschFG 1996 m. krit. Anm. *Däubler.*

547 Vgl. *Däubler,* a. a. O.; *KDZ,* § 14 TzBfG Rn. 162.

hh) Tarifvertragsrecht

Beim gemB mehrerer UN ist zur Ermittlung des **betrieblich-fachlichen Geltungsbereichs** eines TV entsprechend den zum Problem der sog. Mischbetriebe entwickelten Grundsätzen nach den im Betrieb **überwiegenden** arbeitstechnischen **Zwecken** zu fragen.[548] Der danach anwendbare TV erfasst sodann auch fachfremde Betätigungen. Dieser Grundsatz gilt umso mehr, als der betriebsverfassungsrechtliche Betriebsbegriff in seiner speziellen Ausformung des gemB grundsätzlich auch für das Tarifvertragsrecht gilt[549] und sofern die beteiligten UN kraft Verbandsmitgliedschaft oder Allgemeinverbindlicherklärung an dieselben TV gebunden sind.[550] 211

Da jedoch der gemB nicht selbst rechts- und tariffähig ist, weil er nicht über einen einheitlichen, gesellschaftsrechtlich verfassten Inhaber verfügt, sondern nur die an ihm beteiligten UN tariffähig sind, lässt sich das mit den Regeln zum Mischbetrieb verfolgte Prinzip der **Tarifeinheit** im gemB **nicht** stets verwirklichen. Ist nämlich nur eines der beteiligten UN TV-gebunden oder gehören die UN verschiedenen Verbänden an, kann es im gemB zu unterschiedlichen Tarifgeltungen kommen, je nachdem, ob der AN **nur einen Vertrags-AG** hat – was der Regelfall ist – und er seinerseits Mitglied der tarifschließenden Gewerkschaft ist[551] oder im Arbeitsvertrag auf die einschlägigen TV verwiesen wurde.[552] Mit dem **TarifeinheitsG** v. 3.7.2015[553] soll nunmehr auch für den gemB nach Maßgabe von § 4 a Abs. 2 TVG n. F. mittels des neuen Mehrheitsprinzips die Tarifeinheit hergestellt werden (näher dazu § 3 Rn. 221 a ff.). 212

Liegt der (seltenere) Fall vor, dass der AN **sämtliche UN** als **gemeinsame** (gesamthänderische) **Vertrags-AG** hat, weil der Arbeitsvertrag mit der den gemB führenden GbR abgeschlossen wurde (vgl. zur Vertragsbeziehung mit der GbR Rn. 174 ff., 201 ff.), kann es vorkommen, dass sogar ein und dasselbe Arbeitsverhältnis durch unterschiedliche TV gestaltet wird.[554] 213

Die vorstehenden Überlegungen können praktische Wirkungen in erheblichem Ausmaß nach sich ziehen, wenn man z. B. bei organisatorischen oder rechtlichen Verselbstständigungen sog. **Profitcenter** davon ausgeht, dass ein neuer Betrieb entsteht[555] und der einschlägige TV Profitcenter als eigenständige Betriebe begreift, die anderen tariflichen Regelungen folgen als der »Haupt«-Betrieb.[556] Insoweit gilt es **tarifpolitisch zu beachten,** dass tarifvertragsgesetzlicher und betriebsverfassungsrechtlicher Betriebsbegriff in Bezug auf **Inhalts-, Abschluss- und Beendigungsnormen** nicht notwendig identisch sind.[557] Für **betriebsverfassungsrechtliche Normen** eines TV ist dagegen der betriebsverfassungsrechtliche Betriebsbegriff maßgebend, so dass nach den Grundsätzen des Mischbetriebs zu entscheiden ist, welche TV-Norm im gemB gilt:[558] Dieser Normtyp kann notwendigerweise nur betriebseinheitlich gelten.[559] 214

548 *Däubler*, Tarifvertragsrecht, Rn. 269.
549 Vgl. *LAG Hamm* 18.2.92, LAGE § 4 TVG Geltungsbereich Nr. 4; im Ansatz ebenso *Hromadka/Maschmann/Wallner*, Rn. 217.
550 Däubler/*Deinert*, TVG § 4 Rn. 264.
551 Zu einer solchen Konstellation *ArbG Celle* 1.8.95, DB 96, 738 [Ls.], rk.
552 Däubler/*Deinert*, TVG, § 4 Rn. 261, unter Rn. 263 auch zu Sonderfragen im Zusammenhang mit betriebsverfassungsrechtlichen Normen; dazu auch Kempen/Zachert-*Stein*, § 4 Rn. 99; ausführlich *Waas*, NZA 99, 841; *Braner*, NZA 07, 596 ff.
553 BGBl. I, S. 1130, in Kraft getreten am 10.7.2015.
554 Näher dazu Däubler/*Deinert*, TVG, § 4 Rn. 262.
555 So etwa *Kreuder*, Die AG 92, 375 ff.
556 Vgl. z. B. *BAG* 11.9.91, DB 92, 1297: Profitcenter »Isolierarbeiten« im UN des Baugewerbes unterfallen dem TV des Isoliergewerbes; Profitcenter »Backstube« im UN des Lebensmitteleinzelhandels unterfällt dem [schlechteren] allgemeinverbindlich erklärten MTV-Bäckereien, vgl. *BAG* 30.11.94 – 10 AZR 628/92.
557 Vgl. Kempen/Zachert-*Stein*, § 4 Rn. 99; zu dieser Differenzierung nach den Normtypen des TV auch *Hromadka/Maschmann/Wallner*, Rn. 221 f.
558 Vgl. Kempen/Zachert-*Stein*, a. a. O.; *Hromadka/Maschmann/Wallner*, Rn. 222 f., wollen dies auch für Betriebsnormen annehmen.
559 § 3 Abs. 2 TVG; näher hierzu *Waas*, NZA 99, 841 (844 f.).

ii) Entfallen der Führungsvereinbarung

215 Nur ansatzweise ist geklärt, welche Folgen es hat, wenn die von der *BAG*-Rspr. (vgl. o. Rn. 92 ff.) für die Existenz des gemB für erforderlich gehaltene **Führungsvereinbarung entfällt.** Nach der Logik der *BAG*-Rspr. müsste sodann auch der gemB sein Ende finden[560] und an dessen Stelle ggf. einzelne Betriebe der vormals am gemB beteiligten UN treten. Der Sachverhalt ähnelt damit einer UN-Teilung, die zur Spaltung auch des bisher einheitlichen Betriebs führt. Allerdings liegt dieser Annahme eine petitio principii zugrunde: Dass die Auflösung oder Teilung eines UN stets auch das Ende seines Betriebs bzw. die automatische Entstehung einer Vielzahl neuer (betriebsratsloser) Betriebe entsprechend der Zahl von UN, die aus der UN-Teilung hervorgehen, zur Folge hat, wäre erst noch zu beweisen, was wegen der Vermutungsregeln nach Abs. 2 (Rn. 126 ff.) zunehmend schwerer fallen dürfte. Demgemäß bewirkt die **Eröffnung des Insolvenzverfahrens** über das Vermögen eines der UN allein auch noch keine Beendigung des gemB.[561] Vielmehr muss hinzutreten, dass der Insolvenzverwalter den von ihm geführten Betriebsteil stillegt[562] oder bei einem **Liquidationsbeschluss des UN** die Auflösung der Betriebsgemeinschaft tatsächlich erfolgt.[563] Denkbar ist jedoch, dass es zur Fortführung des insolvenz-/liquidationsbefangenen Betriebsteils durch das andere UN kommt,[564] so dass der Betrieb i. S. v. § 1 unverändert bleibt. Denkbar ist auch, dass ein gemB durch »schleichende« Betriebsaufspaltung, nämlich konsequente Beseitigung der Indizien, die bisher für die Annahme einer Führungsvereinbarung ausschlaggebend waren, in zwei oder mehrere Betriebe auseinander fällt.[565]

216 Die Aufhebung oder **Kündigung der Führungsvereinbarung** beendet als solche nicht den gemB.[566] Entscheidend ist vielmehr, dass es tatsächlich zur grundlegenden Änderung der den Betrieb bildenden Organisationseinheit oder deren Auflösung kommt,[567] weil andernfalls die Vermutungswirkungen aus Abs. 2 andauern. Hierbei kommt einer **Einigung im Interessenausgleich** wegen Betriebsspaltung ein wichtiger Indizwert zu. Richtigerweise muss der AG mit der bloßen Behauptung, die Führungsvereinbarung sei beendet und der gemB damit geteilt, ungehört bleiben, wenn er keine Maßnahmen zur Durchführung des Verfahrens nach §§ 111, 112 wegen der vermeintlichen **Betriebsspaltung** ergreift.[568] Entsprechendes wird zu gelten haben, wenn vor einer anstehenden BR-Wahl die Behauptung aufgestellt wird, ein gemB läge nicht (mehr) vor und trotz Durchführung einheitlicher BR-Wahlen die Wahlanfechtung wegen Verkennung des Betriebsbegriffs unterbleibt.

217 Demgegenüber hat das *LAG Hamm*[569] festgestellt, dass der dort angenommene **Wegfall der Führungsvereinbarung** infolge Sequestration (vgl. § 106 KO bzw. § 21 Abs. 2 InsO) über das an einem gemB beteiligte UN nur als **Neuwahltatbestand analog § 13 Abs. 2** anzusehen ist, so dass der für den gemB seinerzeit gewählte BR entsprechend § 22 die Geschäfte unverändert weiterführt, bis neue BR gewählt und die Wahlergebnisse bekannt gegeben sind (vgl. zum Restmandat bzw. Übergangsmandat nach der **Novellierung 2001** jetzt aber § 21 b bzw. § 21 a). Zwar stellt das *LAG Hamm*[570] ganz richtig darauf ab, dass, wollte man schon in der bloßen Führungsänderung einen Tatbestand sehen, der zur Auflösung des BR führe, BR und Belegschaft kollektivrechtlich der Manipulation und Willkür der UN ausgesetzt würden. Denn

560 So in der Tat die Konsequenz in *BAG* 5.3.87, AP Nr. 30 zu § 15 KSchG 1969, wo infolge Konkurseröffnung über das Vermögen des einen an der GbR beteiligten UN gemäß §§ 728, 730 BGB die Gesellschaft aufgelöst wurde und damit die Führungsvereinbarung einschließlich gemB entfiel.

561 *Fitting*, Rn. 95; *BAG* 19.11.03, AP Nr. 19 zu § 1 BetrVG 1972 Gemeinsamer Betrieb.

562 *BAG* 17.1.02, EzA § 4 KSchG n. F. Nr. 62; 24.2.05, EzA § 1 KSchG Soziale Auswahl Nr. 59.

563 *LAG Bremen* 17.10.02, NZA-RR 03, 189.

564 Vgl. Rn. 218; *BAG* 17.1.02, a. a. O.

565 *LAG Düsseldorf* 8.11.90 – 5 TaBV 81/90: Beseitigung der zwischen zwei Werkhallen bestehenden Türöffnungen. Vgl. zur bejahten Zuständigkeit der ESt. wegen Betriebsänderung/-spaltung durch Auflösung des gemB *LAG Nürnberg* 22.3.95, DB 95, 1972.

566 *Annuß*, NZA-Sonderheft 2001, 12 [22].

567 Ebenso *Richardi*, Rn. 90.

568 So *LAG Düsseldorf* 18.5.99 – 6 TaBV 101/98, uv.

569 14.2.90, DB 90, 2530.

570 A. a. O.

andernfalls könnten die beteiligten UN heute behaupten, es läge eine Führungsvereinbarung vor, um diese bei »passender« Gelegenheit – wenn z. B. eine sozialplanpflichtige Betriebsänderung ansteht – aufzuheben und damit den (rechtlich nicht mehr existenten) BR ins Leere laufen zu lassen. Daher ist davon auszugehen, dass dann, wenn die UN-Seite sich auf zwischenzeitlich eingetretene rechtserhebliche Veränderungen der tatsächlichen Umstände beruft, wegen der Bestandswirkungen der BR-Wahl ein hieraus hervorgegangener BR so lange im Amt bleibt, bis durch rechtskräftigen arbeitsgerichtlichen Beschluss nach § 18 Abs. 2 Klarheit darüber gewonnen worden ist, ob der vormals einheitliche Betrieb fortbesteht oder nicht.[571]

Hatten zwei UN bisher einen gemB und **scheidet ein UN** unter Belassung der von ihm eingebrachten Betriebsmittel beim anderen UN **aus** dieser **Gemeinschaft aus,** so gehen die mit dem ausscheidenden UN bestehenden Arbeitsverhältnisse gemäß § 613 a BGB auf das allein verbleibende UN über.[572] Der Betrieb existiert – nun aber nicht mehr als Gemeinschaftsbetrieb – unverändert fort und damit auch der BR. **218**

Stellt ein am gemB beteiligtes UN seine **betriebliche Tätigkeit ein,** ohne dass es die Betriebsmittel auf das verbleibende UN überträgt **und** wird die **Führungsvereinbarung aufgehoben,** so wird auch der gemB aufgelöst. Dennoch führt dies nicht zur Beendigung des BR-Amtes, weil durch die als Teilstilllegung anzusehende Tätigkeitseinstellung der Betrieb als solcher in seiner Identität nicht berührt wird.[573] Der Gemeinschaftsbetrieb besteht regelmäßig auch dann fort, wenn das eine UN lediglich seinen Betriebszweck einschränkt oder ändert und der von diesem bisher verfolgte (Teil)-Zweck nun von dem anderen UN erfüllt wird.[574] **219**

Bilden die räumlich nur unwesentlich **voneinander entfernt** liegenden **Betriebsstätten** (drei Kilometer) zweier UN den gemB dieser UN und legt das eine UN »seine« Betriebsstätte still und beschließt die Liquidation, so bewirkt die tatsächliche **Betriebsteilstilllegung und** die nachfolgende **Liquidation** zugleich die **Beendigung des gemB:** es existiert sodann nur noch der verbleibende Betrieb des anderen UN fort.[575] **220**

jj) Prozessuale Fragen

Die **Antragsbefugnis** einer Gewerkschaft im Statusfeststellungsverfahren gemäß § 18 Abs. 2 setzt nicht voraus, dass sie in allen in Frage kommenden UN des gemB vertreten ist; »im Betrieb vertreten« ist die Gewerkschaft bereits dann, wenn sie nur im potentiellen gemB Mitglieder hat, nicht jedoch auch bei allen beteiligten UN.[576] **221**

Beteiligte an einem Beschlussverfahren über die Wirksamkeit von Arbeitgebermaßnahmen im gemB sind alle den Betrieb führenden UN.[577] **222**

Der GBR ist, wenn seine Zuständigkeit bestritten wird, für die Feststellung des gemB nach § 18 Abs. 2 **antragsbefugt,** unabhängig davon ob die BR-Wahl eingeleitet ist.[578] Wird eine **Wahlanfechtung** darauf gestützt, dass der WV rechtsirrig die Voraussetzungen für das Vorliegen eines gemB bejaht habe, obgleich getrennte Betriebe vorgelegen hätten, so ist für die **Beurteilung der Tatsachen,** aus denen das Vorliegen einer Führungsvereinbarung hergeleitet werden kann (dazu Rn. 96), auf den **Zeitpunkt** des **Erlasses des Wahlausschreibens** abzustellen; spätere »schleichende« Veränderungen sind nicht zu berücksichtigen.[579] **223**

Für ein **Eilverfahren,** mit dem der AG einem bereits für den gemB bestellten WV **vor Erlass des Wahlausschreibens** untersagen lassen will, für die AN zweier UN einen gemeinsamen BR wählen zu lassen, **fehlt** es jedenfalls zu diesem Zeitpunkt am erforderlichen **Rechtsschutz-** **224**

571 Wie hier GK-*Kreutz,* § 18 Rn. 68; *Küttner,* FS Hanau, S. 465 [485]; ebenso *LAG Hamm* 18.9.96, BB 96, 2622; a. A. *Annuß,* NZA-Sonderheft 2001, 12 [22].
572 *LAG Köln* 29.3.93 – 13 Sa 912/92.
573 *BAG* 19.11.03, AP Nr. 19 zu § 1 BetrVG 1972 Gemeinsamer Betrieb.
574 *BAG* 29.11.07, NJW-Spezial 08, 276.
575 *BAG* 13.9.95, DB 96, 330; vgl. aber Rn. 207, 142.
576 *ArbG Paderborn* 8.7.92, AiB 92, 736; vgl. zum Nachweis des Vertretenseins der Gewerkschaft im Betrieb § 2 Rn. 79 f.
577 *BAG* 29.9.04, NZA 05, 420.
578 *BAG* 22.6.05, NZA 05, 1248.
579 *LAG Düsseldorf* 8.11.90 – 5 TaBV 81/90; vgl. Rn. 215.

bedürfnis.[580] Selbst wenn man die Möglichkeit des Eingreifens in ein laufendes Wahlverfahren per einstweiliger Verfügung bejaht, weil der Betriebsbegriff verkannt worden ist (grundsätzlich ablehnend aber die h. M., vgl. § 19 Rn. 16 f.), so liegt jedoch eine offensichtliche Verkennung der Rechtslage dann nicht vor, wenn die **Organisationsstrukturen** der beteiligten UN sich **gegenseitig ergänzen** und nur **marktstrategische Gründe** zu einer firmenmäßigen Trennung des vormals einheitlichen UN geführt haben; dies gilt umso mehr, wenn über die sich dergestalt ergänzenden Firmen (Tochtergesellschaften) eine einheitliche **Leitungsmacht** durch eine **Holdinggesellschaft** ausgeübt wird.[581]

225 Im **Bestellungsverfahren nach § 98 ArbGG** ist eine Entscheidung darüber, ob mehrere UN einen gemB haben oder nicht, unmöglich, da das bloß summarische Verfahren hierfür ungeeignet ist.[582]

226 Kommt im summarischen Verfahren die **Bestellung der ESt.** zustande, bestreitet aber die AG-Seite, dass eine einheitliche Leitung und damit ein gemB vorliege, hat die ESt. die beteiligten UN aufzufordern, die **AG-Beisitzer zu benennen.** Es ist interne Sache der UN, sich hierbei zu einigen.[583] In dieser Zusammensetzung ist sodann von der ESt. die **Vorfrage zu entscheiden,** ob ein gemB besteht und damit die Zuständigkeit der ESt. vorliegt.[584] Keinesfalls darf sich das angerufene Gericht jedoch einer Entscheidung deshalb entziehen, weil es im summarischen Verfahren die dem Verfahren nach § 18 Abs. 2 vorbehaltene Klärung der Vorfrage für unmöglich hält. Es ist für die im Verfahren nach § 98 ArbGG zu treffende Entscheidung an die tatsächliche vertretungsrechtliche Lage gebunden, wie sie im Zeitpunkt der letzten mündlichen Verhandlung besteht.

227 Steht auf Grund einer im **Beschlussverfahren** nach § 18 Abs. 2 ergangenen Entscheidung rechtskräftig fest, dass zwei UN keinen gemB bilden, dann wirkt diese Entscheidung auch im Verhältnis zwischen den UN und ihren AN.[585] Die Bindungswirkung **unter den Verfahrenbeteiligten** besteht solange, wie sich die für die gerichtliche Entscheidung maßgeblichen Umstände nicht ändern.[586] Es empfiehlt sich, bei Zweifeln hierüber, ein erneutes Verfahren gem. § 18 Abs. 2 durchzuführen, weil z. B. eine unter Missachtung der Vorentscheidung durchgeführte **BR-Wahl dann nichtig** ist, wenn die Bindungswirkung noch andauert, weil sich die Tatsachen nicht geändert haben.[587]

228 Da es sich in dem Verfahren nach § 18 Abs. 2 um die rechtsverbindliche **Feststellung eines tatsächlichen Zustandes** handelt, kann es für das ArbG ratsam sein, sich nicht auf Angaben der Verfahrensbeteiligten zu verlassen, sondern die Verhältnisse durch **Augenscheinseinnahme** zu erforschen.[588]

kk) Unternehmensmitbestimmung

229 Umstritten ist die Behandlung des gemB im Rahmen der **Schwellenwertberechnung** und des Wahlrechts in der Unternehmensmitbestimmung.[589] Nach überwiegender Ansicht sind die AN des gemB an der Wahl zu den AR aller am gemB beteiligten UN **aktiv und** (nach Maßgabe von § 8 BetrVG) auch **passiv wahlberechtigt** und nicht nur dort, wo ihr Arbeitsvertrag angesiedelt ist.[590] Weit überwiegend wird auch angenommen, dass **sämtliche AN** des gemB bei

580 *LAG Baden-Württemberg* 13.4.94, AiB 94, 420 = DB 94, 1091 [Ls.] mit Anm. *Gnann.*
581 *LAG Baden-Württemberg,* a. a. O.; zur Konzernleitungsmacht o. Rn. 104.
582 *LAG Hamm* 11.3.87 – 12 TaBV 9/87.
583 *LAG Nürnberg* 22.3.95, DB 95, 1972.
584 *Däubler,* FS Zeuner, S. 19 [27].
585 *BAG* 9.4.91, EzA § 18 BetrVG 1972 Nr. 7 mit Anm. *Gamillscheg;* zur Rechtskrafterstreckung im Beschlussverfahren auch *BAG* 10.11.87, AP Nr. 15 zu § 113 BetrVG 1972; 17.2.92, AP Nr. 1 zu § 84 ArbGG 1979.
586 *BAG* 19.11.03, AP Nr. 55 zu § 19 BetrVG 1972.
587 *BAG,* a. a. O.
588 Vgl. den Hinweis in *BAG* 1.12.61, AP Nr. 1 zu § 80 ArbGG 1953, Bl. 1454 R.
589 Überblick bei *Thüsing/Forst,* FS Kreutz, S. 867 ff.; sehr restriktiv *Hohenstatt/Schramm,* NZA 10, 846 ff.
590 HaKo-BetrVG/*Kloppenburg,* Rn. 90; WWKK-*Koberski,* § 3 MitbG Rn. 42; UHH-*Ulmer/Habersack,* § 3 MitbG Rn. 93; *Raiser,* § 3 MitbG Rn. 44; *Däubler,* FS Zeuner, S. 19 [31]; *Hanau,* ZfA 90, 115 [127]; *Hjort,* NZA 01, 696 [701]; *Joost,* RdA 98, 311; *Säcker,* Wahlordnungen, Rn. 213 f.; enger *Wanhöfer,*

allen an ihm beteiligten UN **zur Ermittlung der »Schwellenwerte«** (500 bzw. 2000 AN, s. §§ 1 Abs. 1, 2 Abs. 2 DrittelbG bzw. §§ 1 Abs. 1, 5 Abs. 1 MitbG) **heranzuziehen** sind.[591] Ist eine inländische Muttergesellschaft an einem inländischen gemB beteiligt und beschäftigt im Ausland in einem Tochter-UN weitere AN, so sind auch die AN der ausländischen Tochtergesellschaft zur Ermittlung der Schwellenwerte nach § 1 Abs. 1 MitbG bei der Muttergesellschaft zu berücksichtigen.[592] Das *BAG*[593] bejaht ausdrücklich das **aktive Wahlrecht** aller AN des gemB zu den jeweiligen AR der am gemB beteiligten UN, wenn diese AR jeweils **nach dem DrittelbG** zu bilden sind. Eine arbeitsvertragliche Beziehung zu dem betreffenden aufsichtsratspflichtigen UN ist also nicht erforderlich, es **genügt die Zugehörigkeit des AN zum gemB**. Die Probleme der Zurechnung zwecks Schwellenwertberechnung und des passiven Wahlrechts im Allgemeinen hat das Gericht aufgrund des begrenzten Streitgegenstandes – in Rede stand nur das aktive Wahlrecht nach dem DrittelbG – aussparen müssen, wenngleich es aufgrund der Entscheidungsbegründung ausgesprochen naheliegend erscheint, dass auch diese Fragen zu bejahen sind.[594]

II) Arbeitnehmerüberlassungsrecht

Es besteht gelegentlich das Bedürfnis, **innerhalb von Konzernen AN-Überlassung** dergestalt **230**
zu betreiben, dass die Arbeit nicht bloß vorübergehend, sondern **dauerhaft** nicht beim Vertrags-AG geleistet wird. Das Konzernprivileg des § 1 Abs. 3 Nr. 2 AÜG a. F. (»vorübergehend«) konnte dann nicht mehr greifen.[595] Um die damit ausgelöste und Kosten verursachende Erlaubnispflicht zu vermeiden, griffen UN häufiger zu folgendem Modell: Bildeten Vertrags-AG und der AG des Beschäftigungsbetriebs einen gemB, fand das AÜG mangels tatbestandlichen Vorliegens einer AN-Überlassung auf diesen gemeinschaftlichen Arbeitskräfteeinsatz im gemB nach Ansicht des *BAG* gar keine Anwendung.[596] Stellt das eine UN dem anderen aber lediglich seine AN zur Arbeitsleistung im Wege der Personalgestellung/AN-Überlassung zur Verfügung, wird hierdurch allein noch kein gemB begründet, sofern das überlassende UN zur Verfolgung des arbeitstechnischen Zweckes nicht auch wenigstens materielle oder immaterielle Betriebsmittel beisteuert.[597] Trotz der mit dem **AÜGÄndG v. 28.4.2011**[598] scheinbar bewirkten Einengung des sog. Konzernprivilegs[599], mit der vor allem konzerninternen Personalservicegesellschaften das Privileg erlaubnisfreier Überlassungen genommen werden soll[600], **ändert** sich hierdurch **nichts an** der vom *BAG* vorgenommenen **Abgrenzung** zwischen dem weiterhin nicht dem AÜG unterliegenden *gemeinschaftlichen* Personaleinsatz im gemB und dem *allein vom Entleiher organisierten* Personaleinsatz im Rahmen der AN-Überlassung.

S. 110 ff.; a. A.: *Zöllner*, FS Semler, S. 995 [1012]: nur wer Weisungen des UN befolgen muss; ErfK-*Oetker*, § 18 MitbG Rn. 3: nur die AN mit ArbV zum Träger-UN.

591 Vgl. *LG Hamburg* 21.10.08, ZIP 08, 2364; im Grundsatz schon ebenso *BAG* 1.12.61, AP Nr. 1 zu § 77 BetrVG, mit einer modifizierten Berechnung nach dem Anteil der jeweils eingesetzten AN; *Kloppenburg*, a. a. O.; *Raiser*, a. a. O.; WWKK-*Koberski*, a. a. O.; *Boecken*, Rn. 431; *Däubler*, a. a. O.; *B.Gaul*, § 34 Rn. 45; *Hanau*, a. a. O.; *Hjort*, NZA 01, 696 [698]; *Kohte*, RdA 92, 302 [307]; ablehnend ErfK-*Oetker*, § 1 MitbestG Rn. 6; gegen die Mehrfachzuordnung und für proportionale Berücksichtigung der AN-Zahl des gemB *Säcker*, Wahlordnungen, Rn. 215; dagegen wiederum *Richardi*, Rn. 86; differenzierend *Wanhöfer*, a. a. O., S. 78 ff.

592 *LG Frankfurt a. M.* 16.2.15 – 3-16 O 1/14 –, ZIP 15, 634=AuR 15, 205 (Kurzwiedergabe).

593 *BAG* 13.03.13, NZA 13, 853; m. Anm. *Mückl*, BB 13, 2301.

594 Ebenso *Mückl*, a. a. O.

595 Vgl. etwa *ArbG Köln* 9.2.96, BB 96, 800 mit Anm. *Liebscher* und *Gaul*, BB 96, 1224; *ArbG Köln* 7.3.96, DB 96, 1342 mit Anm. *Wrede*.

596 *BAG* 3.12.97, SAE 99, 81 m. Anm. *Windbichler*, 25.10.00, NZA 01, 259 [260].

597 *BAG* 17.2.10, DB 10, 1298.

598 BGBl. I S. 642, verkündet am 29.4.11, in Kraft getreten teils seit 30.4.11, teils seit 1.12.11 (vgl. Art. 2 des Gesetzes); Überblick bei *Leuchten*, NZA 11, 608 ff.

599 In § 1 Abs. 3 Nr. 2 AÜG n. F. ist das bisherige Merkmal »vorübergehend« entfallen und durch die Einfügung »nicht zum Zweck der Überlassung eingestellt und beschäftigt wird« ersetzt worden; *Lembke*, NZA 11, 319 [320], und *Wank*, RdA 10, 193 [203], halten die Neufassung des Konzernprivilegs für europarechtswidrig.

600 Vgl. Begründung zum Gesetzentwurf *BR-Drucks.* 847/10, S. 7; näher *Hamann*, NZA 11, 70 [71].

mm) Unfallversicherungsrecht

231 Haben mehrere UN einen gemB, so kann zugleich eine »gemeinsame Betriebsstätte« i. S. d. § 106 Abs. 3 SGB VII vorliegen, so dass die **Haftungsbeschränkungen** der §§ 104, 105 SGB VII zur Anwendung gelangen können.[601] Allerdings muss es sich dafür um bloß **vorübergehende** Formen der **Zusammenarbeit** handeln (z. B. projektbefristete ARGE); bei gemB von unbestimmter Dauer fehlt es hieran, so dass diese Haftungsbeschränkungen dann nicht anzuwenden sind und der **Schmerzensgeldanspruch** des AN erhalten bleibt.[602]

nn) Abgrenzung zum Betriebsführungsvertrag mit einer Betriebsführungsgesellschaft

232 Bei dieser Art der Betriebsführung übernimmt die Betriebsführungsgesellschaft auf Grund eines Auftrags (§ 662 BGB) oder Geschäftsbesorgungsvertrags die Betriebsführung hinsichtlich des gesamten UN oder einzelner Betriebe/Betriebsteile zumeist – aber nicht stets – für Rechnung und im Namen des Auftrag erteilenden UN. In diesem Falle agiert die Betriebsführungsgesellschaft jedoch nur als Vertreter des UN, das selbst Inhaber des Betriebs bleibt: ein gemB liegt daher nicht vor,[603] weil **keine gemeinsame** Führung des Betriebs durch beide UN erfolgt.

5. Gesamthafenbetrieb

233 Ein Betrieb i. S. d. Gesetzes ist auch der nach dem »Gesetz über die Schaffung eines besonderen Arbeitgebers für Hafenarbeiter« vom 3. 8. 1950[604] gebildete Gesamthafenbetrieb als fiktiver AG für die Gesamthafenarbeiter, die nicht Stamm-AN eines Hafeneinzelbetriebs sind.[605] Im Hafeneinzelbetrieb kann der für den Gesamthafenbetrieb errichtete BR keine **Beteiligungsrechte wahrnehmen,** wenn auf Grund der zwischen Gesamthafenbetrieb und Inhaber des Hafeneinzelbetriebs **aufgespaltenen AG-Stellung** bezüglich der Gesamthafenarbeiter Letzteren gegenüber der Inhaber des Hafeneinzelbetriebs AG-Funktionen ausübt. Dann ist der dortige BR auch für die Gesamthafenarbeiter zuständig,[606] weil diese für die Dauer ihres Einsatzes dem Hafeneinzelbetrieb angehören; dasselbe gilt für Aushilfsarbeiter.[607] Übt dagegen der Gesamthafen-AG entsprechende AG-Funktionen aus, ist der für den Gesamthafenbetrieb errichtete BR für diesen Personenkreis zuständig.[608] Dies ist etwa der Fall, wenn im **Gesamthafen Lübeck** einem Gesamthafenarbeiter ein anderer Arbeitsbereich beim selben oder einem anderen Hafeneinzelbetrieb durch den Hafenbetriebsverein als dem Gesamthafen-AG zugewiesen wird (Versetzung gemäß § 99), und zwar selbst dann, wenn der AN dem bisherigen Hafeneinzelbetrieb jahrelang ununterbrochen zugewiesen war.[609] Die **Wahrnehmung des Mitbestimmungsrechts** bei Versetzungen nach § 99 bei der hier vorliegenden sog. **aufgespaltenen AG-Stellung** erfolgt durch den BR im Betrieb desjenigen AG, der die mitbestimmungspflichtige Maßnahme »auslöst«.[610] Im Gesamthafen Hamburg **gehören** die **Gesamthafenarbeiter** auch während ihres Einsatzes im Hafeneinzelbetrieb **dem Gesamthafenbetrieb** an. Bei der Bemessung der Zahl der in der Regel Beschäftigten (§ 9) sind in den Hafeneinzelbetrieben im Hafen Hamburg auch die vom Gesamthafenbetrieb zugeteilten bzw. zugewiesenen Gesamthafenarbeiter und Aushilfsarbeiter zu berücksichtigen.[611]

---

601 Vgl. *BGH* 17.10.00, NZA 01, 103; *BAG* 12.12.02, BB 03, 690.
602 Näher *Baethge,* NZA 99, 73 ff.
603 Vgl. *Bonanni,* S. 86; zur Betriebsführung auch *Rüthers,* BB 77, 605, 607 f.
604 BGBl. I S. 352.
605 Vgl. zu den Besonderheiten *BAG* 14.12.88, AP Nr. 4 zu § 1 GesamthafenbetriebsG; 1.8.89, EzA § 99 BetrVG 1972 Nr. 75 zur Beteiligung eines Hafeneinzel-BR bei der Einstellung von Tallymännern.
606 *BAG* 25.11.92, AiB 93, 564.
607 *BAG,* a. a. O.
608 Vgl. *Richardi,* Rn. 95; *Gramm,* RdA 58, 330, 335.
609 *BAG* 2.11.93, NZA 94, 627.
610 *BAG* 2.11.93, a. a. O.; vgl. § 99 Rn. 21, 124.
611 *BAG* 25.11.92, a. a. O.; vgl. zur Schuldnerstellung des Hafeneinzelbetriebs wegen Ansprüchen auf

6. Beendigung, Übertragung, Verlegung und Zweckänderung des Betriebs

Fasst der Inhaber den Entschluss, die **Organisation aufzulösen,** die im betriebsverfassungsrechtlichen Sinn als Betrieb anzusehen ist, und wird dieser Entschluss nach außen erkennbar (z. B. durch Veräußerung der Betriebsmittel, Entlassung der AN), so **endet** der Betrieb **durch Stilllegung** (vgl. § 111 Rn. 49). Ein Betrieb findet auch dann sein Ende, wenn er in einen anderen **eingegliedert** oder mit einem anderen **zusammengelegt** wird. Bei der Zusammenlegung enden beide Betriebe unter Bildung eines neuen. Für die **Zusammenlegung** von Betrieben nahm das *RAG* an, dass die bisherigen BR im Amt bleiben, bis der neue einheitliche BR gebildet ist.[612] § 21 a Abs. 2 sieht dagegen ein Übergangsmandat des BR aus dem größten beteiligten Betrieb vor (vgl. § 21 a Rn. 43). Bei der **Eingliederung** endet nur der »aufgesogene« Betrieb, der aufnehmende bleibt erhalten. Die klare Abgrenzung beider Formen der Integration ist nicht immer möglich (vgl. dazu näher § 111 Rn. 93). Die Praxis ist wegen der vielfältigen Unsicherheiten, die dabei auftreten können, gut beraten, zur Klarstellung der BR-Zuständigkeiten **Übergangsregelungen** unter Einschluss aller Beteiligten zu vereinbaren.[613] Da der Zusammenschluss von Betrieben eine Betriebsänderung darstellt (§ 111 Satz 3 Nr. 3; vgl. § 111 Rn. 93 ff.), wäre es beispielsweise zulässig, **im Interessenausgleich** zu vereinbaren, **in welcher Weise** (Eingliederung oder Zusammenlegung) der Zusammenschluss zu erfolgen hat (vgl. §§ 112, 112 a Rn. 21). 234

Die **Übertragung eines Betriebs,** sei es im Wege der Einzelrechtsnachfolge (§ 613 a BGB), sei es im Wege der umwandlungsrechtlichen Gesamtrechtsnachfolge (Verschmelzung, Spaltung, Vermögensübertragung nach dem UmwG), berührt nicht den Bestand des Betriebs als solcher, wenn im Rahmen der Übertragung **der gesamte Betrieb** auf einen anderen Inhaber übergeht[614] und damit die **betrieblich-organisatorische Identität** gewahrt bleibt.[615] Nach traditionellem Verständnis dauert die **Betriebsidentität auch dann** fort, **wenn** eine zivilrechtliche Übertragung des Betriebs auf einen anderen Inhaber die Betriebsorganisation i. S. d. BetrVG deswegen nicht berührt, weil der Betrieb **nunmehr als gemB** mehrerer UN fortgeführt wird (vgl. Rn. 126 ff.), obgleich dies nach Abs. 2 Nr. 2 durchaus mit einer (allerdings unwesentlichen) Organisationsänderung verbunden sein kann.[616] 235

Wird dagegen bei einem **Betriebsübergang** die **Betriebsidentität zerstört,** vgl. 236

- wegen des Übergangsmandats des BR § 21 a Rn. 23 ff.;
- wegen der Rechtsstellung der einzelnen BR-Mitglieder § 24 Rn. 23, 29; insbesondere bei Widerspruch gegen den Übergang des Arbeitsverhältnisses § 24 Rn. 22;
- wegen der Aufrechterhaltung von Betriebsvereinbarungen bzw. GBV/KBV § 77 Rn. 97 ff. und § 50 Rn. 216 ff.;
- wegen der Information des WA § 106 Rn. 84;
- wegen Mitwirkung des BR bei Betriebsänderung § 111 Rn. 125 ff.

Keine Übertragung eines Betriebs liegt vor, wenn in dem UN, zu dem der Betrieb gehört, ein **Wechsel der Gesellschafter** erfolgt. Ein solcher Vorgang berührt die Betriebsinhaberschaft des bisherigen UN nicht:[617] das bisherige UN bleibt dabei AG. Ebenso wenig ändert sich dadurch der Betrieb i. S. d. BetrVG. Gleiches gilt in den Fällen der bloß **rechtsformwechselnden Umwandlung** (vgl. §§ 190 ff. UmwG), bei der das UN sich ein anderes »Rechtskleid« zulegt (z. B.: eine GmbH wird zur AG usw.). Eine derartige Veränderung unterfällt nicht § 613 a BGB, weil es zu keinerlei Übertragung von Betriebsmitteln kommt. Die **betriebsverfassungsrechtliche Ebene des Betriebs bleibt** hiervon völlig **unberührt,** es sei denn, dass der Rechtsformwechsel ausnahmsweise einmal von einem UN in Privatrechtsform zu einem Rechtsträger des öffentlichen Rechts vollzogen wird (Verstaatlichung, die zwar vom UmwG nicht erfasst, wegen § 190 237

Zusatzversorgung im Hafen Hamburg *BAG* 6. 10. 92, EzA § 9 BetrAVG Nr. 7; zu weiteren Fragen *H.-P. Martens,* NZA 00, 449 ff.

612 Vgl. *RAG* 15. 2. 28, ARS 2, 76; 11. 11. 31, ARS 13, 435; 13. 2. 32, ARS 14, 491.

613 Ebenso *Kreßel,* DB 89, 1623 ff.; s. aber Rn. 125.

614 *Fitting,* Rn. 115.

615 Zu Recht kritisch gegenüber der Identitätsthese allerdings GK-*Kreutz,* § 21 a Rn. 19 ff., 24.

616 Für ein Festhalten an der Identitätsthese *Rieble/Gutzeit,* NZA 03, 233 ff.

617 *BGH* 8. 11. 65, BGHZ 44, 229; *BAG* 3. 5. 83, AP Nr. 4 zu § 128 HGB; 12. 7. 90, BB 91, 140.

Abs. 2 UmwG aber auf Grund Sondergesetzes möglich ist). In einem derartigen Fall scheidet wegen § 130 der Betrieb aus dem Geltungsbereich des BetrVG aus und es ist das maßgebliche Landespersonalvertretungsgesetz oder das BPersVG anzuwenden. Gleichfalls betriebsverfassungsrechtlich belanglos ist die **Änderung des Firmennamens** (Umfirmierung), bei der nicht einmal die UN-Identität geändert wird (z. B. »Stahlhandel Fritz Müller GmbH« wird zu »Stahlimport und -export Fritz Müller GmbH«; erkennbar ist dies z. B. an der Beibehaltung der Handelsregisternummer). Die Rechtsform des UN (hier: GmbH) bleibt dabei erhalten.

238 Eine **Betriebsverlegung** (vgl. § 111 Rn. 87 ff.) stellt grundsätzlich nicht die Aufgabe des Betriebs dar, sofern die bisherige Belegschaft im Wesentlichen erhalten bleibt.[618] Bei einer nicht unerheblichen Verlegung der Betriebsstätte unter gleichzeitigem **Aufbau einer neuen Belegschaft** ist dagegen von der Beendigung des Betriebs auszugehen,[619] und zwar selbst dann, wenn der bisherige Betriebszweck am neuen Ort weiter verfolgt wird.[620]

239 Eine **Änderung des Betriebszwecks** (vgl. zur Problematik dieses Begriffs o. Rn. 63, 74, 83 ff.; § 111 Rn. 99) berührt den Fortbestand des Betriebs grundsätzlich nicht. Ebenso wenig führt die bloße **Insolvenzeröffnung** zum Wegfall des Betriebs. Erst nach der endgültigen Schließung hört der Betrieb auf zu existieren.

240 Wenn auch nach der Definition der h. M. (vgl. oben Rn. 58) die Organisation auf ein **fortgesetztes Betreiben** eines Zweckes gerichtet sein muss, so sind **Saison- und Kampagnebetriebe** dennoch Betriebe i. S. d. Gesetzes und finden nicht automatisch mit Abschluss der Saison oder Kampagne ihr Ende (vgl. Rn. 254 ff.).[621] Derartige Schwankungen in der betrieblichen Tätigkeit und Auslastung gehören zum Wesen dieser Betriebsart. Bei **Saisonbetrieben**[622] wird das ganze Jahr gearbeitet, jedoch ist das Ausmaß der Tätigkeit zu bestimmten Jahreszeiten (eben der »Saison«) höher. Bei **Kampagnebetrieben** besteht der Betrieb als solcher nur zu einer bestimmten Jahreszeit (der Kampagne),[623] aber eben **immer** dann, so dass ein dort bestehender BR nicht zu Beginn der nächsten Kampagne neu zu wählen ist. Wegen des »regelmäßigen« Erscheinungsbildes derartiger Betriebe vgl. Rn. 249 ff.

V. Betriebsratsfähigkeit von Betrieben

241 Damit ein BR gewählt werden kann, muss der Betrieb über **»in der Regel«** (dazu Rn. 249 ff.) mindestens fünf **»ständige«** (dazu Rn. 242 ff.) wahlberechtigte AN verfügen, von denen drei wählbar sind. Diese Bedingung gilt auch für Betriebsteile i. S. d. § 4 und fiktive Betriebe i. S. d. § 3 Abs. 5, wenn dort ein BR gewählt werden soll. Durch **Abs. 1 Satz 2** wird klargestellt, dass die notwendige Zahl von AN **auch beim gemB** vorliegen muss. Dies kann etwa **bei kleinen Familienkonzernen** den Weg zum BR ermöglichen, wenn jedes UN gezielt unterhalb der Schwellenzahl des Abs. 1 Satz 1 gehalten wird, diese UN aber in Wahrheit einen gemB bilden. Leitende Ang. sind nicht mit zu zählen, da das Gesetz auf sie nicht anzuwenden ist. Vgl. zum **AN-Begriff** die Erl. zu § 5, zur **Wahlberechtigung** die Erl. zu § 7 und zur **Wählbarkeit** die Erl. zu § 8. AN in nicht betriebsratsfähigen Betriebsteilen und Kleinstbetrieben (§ 4), die die Schwellenzahl nicht erreichen, sind beim **Hauptbetrieb** mitzuzählen.

1. »Ständige« AN

242 Ein AN ist jedenfalls immer dann **ständig beschäftigt,** wenn er für eine unbestimmte Zeit in den Betrieb eingegliedert ist.[624] Weil es aber auf die ständig vorhandenen Arbeitsplätze (Arbeitsaufgaben) ankommt und nicht auf die gewählte vertragsrechtliche Gestaltungsform,[625] können auch AN, die **befristet eingestellt** sind, i. S. d. Bestimmung dann ständig beschäftigt

618 Vgl. *Richardi,* Rn. 38; *Fitting,* Rn. 111; GK-*Franzen,* Rn. 58.
619 *BAG* 12.2.87, AP Nr. 67 zu § 613 a BGB.
620 *BAG* 6.11.59, AP Nr. 15 zu § 13 KSchG.
621 Vgl. *Richardi,* Rn. 121.
622 Z. B. Zuckerrübenfabrik; Fremdenpension an Ferienorten; vgl. *Richardi,* Rn. 122.
623 Z. B. Skischule, Bootsverleih, Obstkonservenfabrik, Heringsalzerei; vgl. *RAG* 20.9.30, ARS 10, 184.
624 *Fitting,* Rn. 276.
625 ErfK-*Koch,* Rn. 20; *Fitting,* Rn. 276; HaKo-BetrVG/*Kloppenburg,* Rn. 107, *Richardi,* Rn. 112.

sein, wenn es sich hierbei um einen nicht unerheblichen Zeitraum handelt[626] und solche Beschäftigungen im Betrieb üblich sind.

Zu berücksichtigen sind daher: 243

- Alle **Stamm-AN**, da sie auf ständigen Arbeitsplätzen beschäftigt sind, auch wenn sie z. B. Springertätigkeiten verrichten;
- **Neu eingestellte AN**, wenn das Arbeitsverhältnis von einiger Dauer sein soll, da es auf den ständig zu besetzenden Arbeitsplatz ankommt.[627] Es ist dabei unschädlich, wenn eine **Probezeit** vereinbart wurde, die nur der erleichterten Beendigungsmöglichkeit dient;[628]
- **Teilzeitbeschäftigte,** die nicht lediglich als zeitlich eng begrenzte Aushilfen tätig werden, da die Dauer der vertraglich vereinbarten täglichen bzw. wöchentlichen Arbeitszeit nicht maßgebend zur Bestimmung des Merkmals »ständig« ist;[629]
- **AN mit ruhendem Arbeitsverhältnis,**[630] z. B. Beurlaubung, Wehr- und Zivildienstleistende, AN in Mutterschutz, Elternzeit, Pflegezeit, AN in Sabbaticals;
- Bei **befristeten AN** ist zu differenzieren (vgl. auch Rn. 242)[631]: nehmen sie Aufgaben an einem ständig vorhandenen Arbeitsplatz wahr, zählen sie mit;[632]
- **Leih-AN**, auch wenn sie nur vorübergehend einen ständigen Arbeitsplatz bekleiden[633] (vgl. Rn. 245); denn auch im Rahmen des § 111 Satz 1 zählt das *BAG* die nach § 7 Satz 2 *wahlberechtigten* Leih-AN dann zu den »in der Regel« Beschäftigten, jedenfalls wenn sie länger als sechs Monate im Betrieb beschäftigt werden;[634]
- **Unbefristet geringfügig beschäftigte AN** (auch regelmäßig herangezogene **Abrufkräfte**), da auch sie mit Daueraufgaben befasst werden, selbst wenn die wahrzunehmenden Aufgaben nur in bestimmten Intervallen anfallen.

Nicht zu berücksichtigen sind[635]: 244

- **Aushilfen** zur Abdeckung echter Arbeitsspitzen; anders aber, wenn es sich um »Daueraushilfen« handelt[636];
- **Vertretungen**, die für ständige, z. B. beurlaubte, AN eingesetzt werden;
- **Saisonarbeiter,** sofern es sich nicht um einen Saisonbetrieb handelt; gehören sie dagegen zur Normalbelegschaft des Saisonbetriebs, sind sie »ständige« AN (vgl. Rn. 256).

Nachdem der *7. Senat des BAG* für die Fälle des sog. drittbezogenen Personaleinsatzes die zum betriebsverfassungsrechtlichen AN-Begriff entwickelte **»Zwei-Komponentenlehre« ausdrücklich aufgegeben**[637] und dogmatisch **durch** eine **normzweckorientierte Auslegung der jeweiligen betriebsverfassungsrechtlichen Bestimmung ersetzt** hat, dürfte es geboten sein, auch im Rahmen des Schwellenwertes »fünf« des § 1 Abs. 1 generell Leih-AN einzubeziehen, zumindest wenn sie länger als sechs Monate im Betrieb beschäftigt werden. Explizit liegen jedoch bisher nur Entscheidungen zu §§ 9[638], 42[639], 111 BetrVG[640] und § 23 Abs. 1 Satz 3 KSchG[641] vor, so dass sich wegen der »Zufälligkeiten« einer letztlich nur am Normzweck orientierten Auslegung der jeweiligen Einzelbestimmung eine gewisse Unsicherheit ergibt. 245

626 *Richardi,* Rn. 113.
627 *Fitting,* Rn. 276.
628 *Richardi,* Rn. 114.
629 *Buschmann/Dieball/Stevens-Bartol,* § 8 BetrVG Rn. 4.
630 GK-*Franzen,* Rn. 102; *Boemke,* Schuldvertrag, S. 436.
631 Übersehen bei *Boemke,* Schuldvertrag, S. 435.
632 *LAG Berlin,* DB 90, 538.
633 *Fitting,* Rn. 276.
634 *BAG* 18.10.11, NZA 12, 221, 222.
635 Vgl. auch HaKo-BetrVG/*Kloppenburg,* Rn. 108.
636 Dazu etwa *BAG* 12.10.76, DB 77, 356.
637 Vorsichtige Ankündigung von Zweifeln an der Sachgerechtigkeit dieser »Lehre« in *BAG* 10.10.12, juris, Rn. 18 = AuR 13, 100 (Ls.); nähere Begründung des Rechtsprechungswandels in *BAG* 5.12.12, NZA 13, 793 ff., Rn. 17 ff; Bekräftigung dieser Aufgabe der früheren Senatsrechtsprechung in *BAG* 13.3.13, NZA 13, 789 ff., Rn. 21.
638 *BAG* 13.3.13, a. a. O.
639 *BAG* 5.12.12, a. a. O.
640 *BAG* 18.10.11, NZA 12, 221.
641 *BAG* 24.1.13, NZA 13, 726.

Folgte man dagegen weiterhin der aufgegebenen Senatsrechtsprechung[642] wonach selbst die gem. § 7 Satz 2 sogar schon **wahlberechtigten Leih-AN** im Entleihbetrieb deswegen nicht mitzählen, weil sie mangels Arbeitsvertrags mit dem Betriebsinhaber nicht zu den AN i. S. d. § 5 Abs. 1 gehören, so fänden sie auch im Rahmen des § 1 keine Berücksichtigung.[643] Dies überzeugt im Anwendungsbereich des § 1 schon deswegen nicht, weil es hier um eine arbeitsplatzbezogene Betrachtung geht und insoweit sogar Dauer-Ausleihen, die wegen der fehlenden Höchstüberlassungsfristen im AÜG möglich sind[644], für die Betriebsratsfähigkeit eines Betriebes irrelevant blieben.

246 Die frühere, aber jetzt aufgegebene Rspr. des *7. Senats* (Rn. 245) eröffnete **Missbrauchsmöglichkeiten,** indem sie UN die Gelegenheit vermittelte, **Betriebe bewusst betriebsratsunfähig** aufzubauen: Nur die Anzahl des Führungspersonals musste unterhalb der § 1-Schwellenwerte bleiben und das zur Verfolgung der arbeitstechnischen Betriebszwecke erforderliche, operativ tätige Personal wurde von Verleih-Firmen bezogen. Da die Leih-AN keine AN i. S. d. § 5 Abs. 1 waren, blieben sie bei der Ermittlung der Betriebsratsfähigkeit außer Acht.

247 Diese immer schon verfehlte und zu Recht korrigierte Rspr. des *7. Senats* führte überdies zu erheblichen **Mitbestimmungslücken:** Im Zusammenhang mit privatisierenden Umstrukturierungen bei juristischen Personen des öffentlichen Rechts wurden z. B. häufig unterhalb einer der öffentlichen Körperschaft gehörenden Tochtergesellschaft aus dieser weitere Enkelgesellschaften gegründet, die Funktionen übernahmen, die vormals die privatisierte Tochtergesellschaft wahrgenommen hatte. Dennoch ließ man aus Gründen des Sozialschutzes die Beschäftigten ohne Arbeitsverhältnisübergang im Wege der (konzerninternen) AN-Überlassung diese Tätigkeiten bei der Enkelgesellschaft wahrnehmen. Diese selbst hatte – zumindest anfangs – keine eigenen (Vertrags-)AN, sondern befriedigte den Personalbedarf aus der AN-Überlassung. Es entstand auf diese Weise ein ausschließlich aus Leih-AN bestehender Betrieb, der nicht die Voraussetzungen des § 1 BetrVG erfüllte. Dennoch übte die Enkelgesellschaft die zur Organisierung ihres Geschäftsbetriebs notwendigen Weisungen gegenüber diesen Leih-AN aus, ohne dass es allerdings einen BR gegeben hätte, der die an sich gegebenen MBR ausüben konnte.[645] Auch § 5 Abs. 1 S. 3 konnte hier nicht helfen, denn diese gesetzliche Fiktion gilt nur, wenn die Gestellung unmittelbar von der öffentlichen Körperschaft zum privaten UN erfolgt (näher § 5 Rn. 116 f).

248 Bereits vor dem *7. Senat* (vgl. Rn. 245) hatte der *1. Senat des BAG* eine vorsichtige Neuorientierung bei der Schwellenwertberücksichtigung von Leih-AN im Einsatzbetrieb eingeleitet: Danach sind **Leih-AN**, die länger als drei Monate im UN eingesetzt werden – also gem. § 7 Satz 2 das aktive Wahlrecht im Einsatzbetrieb erlangt haben – bei der Ermittlung der UN-Größe gem. **§ 111 Satz 1 mitzuzählen**, wenn sie zudem dort auch zu den »in der Regel« Beschäftigten gehören[646]. Letzteres ist der Fall, wenn sie während des größten Teils eines Jahres, d. h. länger als sechs Monate beschäftigt werden. Der 1. Senat begründet seine Ansicht mit einem je nach Vorschrift des BetrVG zu differenzierenden Normzweck, der bei § 111 im Schutz kleinerer UN vor finanzieller Überforderung zu sehen sei. Dieser Klein-UN-Schutzzweck liegt auch § 1 Abs. 1 zu Grunde, so dass auch hier Leih-AN unter denselben Voraussetzungen mitzuzählen sind, wie bei § 111.

---

642 16.4.03, AP Nr. 7 zu § 9 BetrVG 1972; 22.10.03, AP Nr. 28 zu § 38 BetrVG 1972; 10.3.04, AP Nr. 8 zu § 7 BetrVG 1972; 20.4.05, NZA 05, 1006.

643 Vgl. GK-*Franzen*, Rn. 101 m. w. N.; *Fitting*, Rn. 279; differenzierend *Richardi*, Rn. 123.

644 Hieran hat das AÜGÄndG v. 28.4.2011 (BGBl. I S. 642) ausweislich der Begründung (*BR-Drucks.* 847/10, S. 7) gerade nichts ändern wollen, obgleich der Wortlaut des § 1 Abs. 1 S. 2 AÜG n. F. die Überlassung als »vorübergehend« definiert; dies mutet geradezu grotesk an; vgl. zur Auslegung des Begriffs »vorübergehend« insbesondere *Hamann*, NZA 11, 70 [72]; zu betriebsverfassungsrechtlichen Unterlassungssünden des AÜGÄndG näher *Düwell*, AuR 11, 288 ff.

645 Vgl. zur Mitbestimmung des – hier nicht vorhandenen – BR des Entleihers etwa *BAG* 15.12.92, AP Nr. 7 zu § 14 AÜG; zur Aufteilung der Mitbestimmung zwischen Entleiher- und Verleiherbetrieb bzw. -betriebsrat *BAG* 19.6.01, AP Nr. 1 zu § 87 BetrVG 1972 Leiharbeitnehmer.

646 *BAG* 18.10.11, NZA 12, 221 ff.; harsche Kritik bei *Rieble*, NZA 12, 485.

2. »In der Regel« beschäftigte AN

Mit dem Begriff »**in der Regel**« meint das Gesetz AN, die **üblicherweise** ständig beschäftigt werden. Dieser Begriff findet sich in **weiteren Vorschriften** und hat dort den gleichen Inhalt (vgl. etwa § 9 Abs. 1, § 14 a Abs. 1, 3, 5, § 38 Abs. 1, § 62 Abs. 1, § 63 Abs. 4, 5, § 99 Abs. 1, § 106 Abs. 1, § 110 Abs. 1; § 111 Abs. 1, § 112 a Abs. 1 Nrn. 1 – 4, § 115 Abs. 1, Abs. 2 Nr. 3, § 116 Abs. 2; § 1 Abs. 1 Nr. 2 MitbG, § 1 Abs. 1 DrittelbG). Es ist **nicht** entscheidend, ob der Betrieb z. B. gerade im Zeitpunkt der **Wahleinleitung** die erforderliche Regelzahl aufweist: Ergibt sich, dass zu diesem Zeitpunkt nur vier AN vorhanden sind, von denen drei wählbar sind, beträgt aber die nach den folgenden Grundsätzen zu bestimmende Zahl der in der Regel beschäftigten ständigen wahlberechtigten AN mindestens fünf, so ist gleichwohl ein BR zu wählen.[647] 249

Der Beschäftigungsstand darf **nicht durch bloßes Abzählen** zu einem bestimmten Stichtag festgestellt werden.[648] Es ist vielmehr vom normalen Betriebsverlauf auszugehen.[649] Dabei ist auf den im größten Teil des Jahres (mehr als sechs Monate) bestehenden Normalzustand abzustellen[650] und **nicht** auf eine **Durchschnittsbetrachtung.**[651] Vorübergehende Zeiten eines gesteigerten Arbeitsanfalls (z. B. Jahresabschlussarbeiten, Inventur, Ausverkaufsaktionen, Weihnachtsgeschäft) sind dabei genauso außer Betracht zu lassen, wie Zeiten eines betriebstypischen, vorübergehenden Arbeitsrückgangs (z. B. Reise-/Urlaubszeiten, Nachsaison im Hotelgewerbe).[652] Die durchschnittliche Jahresbelegschaft entspricht eben keineswegs immer der regelmäßigen AN-Zahl.[653] 250

Die Feststellung der »in der Regel« beschäftigten AN bedarf **eines Rückblickes** auf die Vergangenheit **und** einer **Prognose** der künftigen Entwicklung.[654] Zu erwartende Veränderungen in der Zukunft sind aber nur bedeutsam, wenn **konkreten Entscheidungen des AG** vorliegen, die eine Veränderung zum Gegenstand haben[655]; bloße Spekulationen oder vage Planungen – zumal wenn diese eine Betriebsänderung darstellen und die entsprechenden Verhandlungen über den IA noch nicht begonnen haben – sind nicht zu berücksichtigen.[656] Sind AN **zwar nicht ständig, aber doch immer wieder zeitweilig** beschäftigt, kommt es für die Frage der regelmäßigen Beschäftigung darauf an, ob diese während des größeren Teils des Jahres vorliegt.[657] 251

Dementsprechend sind **zu berücksichtigen**: 252

- Die bereits als »ständige« AN zu berücksichtigenden **Stamm-Beschäftigten** (vgl. Rn. 243) und ständigen Leih-AN (Rn. 245);
- **Teilzeit-AN** nach Köpfen und nicht nur proportional zu ihrer Arbeitszeit[658];
- **Altersteilzeitler**, soweit noch in der Aktivphase tätig[659];
- AN im **ruhenden Arbeitsverhältnis**[660];
- Zur **Berufsausbildung** Beschäftigte (einschließlich Praktikanten, Umschüler, Volontäre).[661]

Nicht zu **berücksichtigen** sind: 253

- **Vertretungen** für bereits nach Rn. 252 berücksichtigte AN, weil es sonst zu Doppelzählungen käme.[662] Stellt aber die vertretungsweise Ausfüllung von Dauerarbeitsplätzen einen Normalzustand dar, sind auch Vertretungen mit zu berücksichtigen[663];

---

647 Vgl. *Fitting*, Rn. 273.
648 *Fitting*, Rn. 271; *Richardi*, Rn. 116; GK-*Franzen*, Rn. 103.
649 *Fitting*, Rn. 272 ff.; *Richardi*, Rn. 116; *Boemke*, Schuldvertrag, S. 437.
650 *BAG* 16.11.04, AP Nr. 58 zu § 111 BetrVG 1972; 18.10.11, NZA 12, 221, 222.
651 *Richardi*, Rn. 116.
652 GK-*Franzen*, Rn. 103.
653 H. M.; vgl. *Richardi*, Rn. 116; *Fitting*, Rn. 272.
654 *BAG* 16.4.03, NZA 03, 1345; 16.11.04, 18.10.11, a. a. O.
655 Vgl. GK-*Franzen*, Rn. 99 m. w. N.
656 Näher GK-*Franzen*, Rn. 103.
657 *BAG* 16.11.04, a. a. O.
658 ErfK-*Koch*, Rn. 21.
659 *Fitting*, Rn. 272.
660 *Boemke*, Schuldvertrag, S. 438.
661 *Fitting*, Rn. 272.
662 ErfK-*Koch*, Rn. 21.
663 *Boemke*, a. a. O., S. 438.

- **Helfer** im freiwilligen sozialen Jahr[664];
- **Saison-AN**[665] **und Aushilfen**, aber nur bei echtem Kurzzeiteinsatz; nicht bei sog. Daueraushilfen, wenn diese z. B. aufgrund von Dauer-Rahmenvereinbarungen regelmäßig herangezogen werden.[666]

3. Kampagne- und Saisonbetriebe

254 Besonderheiten ergeben sich bei sog. **Kampagne- und Saisonbetrieben.**[667]

255 Unter einem **Kampagnebetrieb** versteht man einen Betrieb, der nur für eine bestimmte Dauer besteht (z. B. Durchführung eines bestimmten Bauprojektes) oder nur für eine bestimmte Zeit im Jahr, aber immer wieder alljährlich tätig ist (z. B. Skischule, Bootsverleih).[668] Die begrenzte Dauer des Betriebs steht der Betriebsratsfähigkeit als solcher nicht entgegen.[669] Hier zählen alle AN, die für die begrenzte Dauer des Betriebs oder der Kampagne eingestellt sind, sowohl zu den ständigen als auch in der Regel beschäftigten AN.[670]

256 Im **Saisonbetrieb** (Schulbeispiel: Zuckerrübenfabrik) wird dagegen ganzjährig durchgearbeitet, wobei das Ausmaß der Tätigkeit zu bestimmten Jahreszeiten (der Saison) gesteigert ist. Die AN, die nur für die Dauer der Saison eingestellt werden, gehören nicht zu den »ständigen« Beschäftigten.[671] Das gilt aber nur, wenn die Saison lediglich einen kurzen Zeitraum innerhalb des Jahres umfasst. Nimmt der Saisonbetrieb dagegen den größeren Teil des Jahres ein (z. B. Betriebe mit Sommer- und Wintersaison von zusammen mehr als sechs Monaten), so sind auch die nur in der jeweiligen Saison Beschäftigten als ständige AN zu berücksichtigen.[672] Vgl. zum Begriff »in der Regel« auch § 9 Rn. 6 ff.

4. Absinken der AN-Zahl

257 Die Mindestzahlen sind nicht nur Voraussetzung für die Errichtung des BR, sondern auch für dessen Fortbestand, soweit es um die Zahl der **ständigen** AN geht. **Sinkt** nach der BR-Wahl die Zahl der **ständigen wahlberechtigten** AN **nicht nur vorübergehend** unter fünf, so endet mangels eines betriebsratspflichtigen Betriebs das Amt des BR.[673] Dagegen kann die Zahl der **wählbaren** AN auch unter drei sinken, ohne dass damit der Fortbestand des BR gefährdet würde, denn diese Zahl muss nur bei der Wahl selbst vorliegen, damit überhaupt eine Auswahlmöglichkeit besteht.[674]

258 Fraglich ist, ob das gelegentliche **Absinken auf vier ständig Beschäftigte** schon immer zum Wegfall des BR führt, denn immerhin kann es ja sein, dass sich bis zur nächsten Wahl die Verhältnisse doch wieder ändern.[675] Aus diesem Grunde enthält § 13 Abs. 2 Nr. 1 gerade den strikten 24-monatigen Referenzzeitraum, um derartige Zufälligkeiten auszuschließen; diese Referenzbetrachtung muss daher zur Vermeidung von Wertungswidersprüchen auch auf die Schwellenwertunterschreitung in § 1 Abs. 1 angewendet und der Interessenvertretungskontinuität Vorrang eingeräumt werden.[676]

---

664 *BAG* 12.2.92, NZA 93, 334.
665 HaKo-BetrVG/*Kloppenburg*, Rn. 110.
666 Näher dazu HaKo-BetrVG/*Kloppenburg*, Rn. 109.
667 Zur Unterscheidung der Begriffe insoweit immer noch aktuell *Gumpert*, BB 61, 645; Diese spielen in der Praxis für BR-Wahlen freilich kaum eine Rolle, weil deren Kleinbetriebsstrukturen und die relativ unbeständige Betriebsorganisation der auf Kontinuität abzielenden Interessenvertretung entgegenstehen.
668 Dazu i. E. *Richardi*, Rn. 121.
669 *Richardi*, Rn. 121.
670 *Fitting*, Rn. 274; *Richardi*, Rn. 121; GK-*Franzen*, Rn. 104.
671 *Fitting*, Rn. 274; *Richardi*, Rn. 122.
672 *Fitting*, Rn. 274; *Richardi*, Rn. 122; GK-*Franzen*, Rn. 104.
673 *Fitting*, Rn. 269 m. w. N.; vgl. auch § 21 Rn. 26; ungenau *LAG Schl.-H.* 27.3.12 – 1 TaBV 12 b/11, EzA-SD 10/12, S. 13, das für die Amtsbeendigung auf das Absinken der »in der Regel« beschäftigten AN abstellt.
674 *Fitting*, Rn. 269; *Richardi*, Rn. 131.
675 Vgl. dazu auch *Däubler*, FS Kreutz, S. 69, 73.
676 *Däubler*, a. a. O., mit Hinweis auf die entsprechende Rspr. des *österreichischen OGH*.

Würde aber dennoch wegen **Unterschreitens der Fünf-Personengrenze** der BR entfallen, ist für die Frage der weiteren Einbeziehung in die Betriebsverfassung nach der **Art der Organisationseinheit** und danach zu differenzieren, ob es sich bei der kleinen Einheit um die einzige arbeitstechnische Organisationseinheit desselben AG handelt – dann endgültiger **Wegfall** des BR – **oder** ob der AG noch weitere betriebsverfassungsrechtliche Organisationseinheiten hat – dann erfolgt eine **Zuordnung** zu einer anderen Einheit des AG wie folgt: **259**
(1) Handelt es sich um einen **Kleinstbetrieb (§ 4 Abs. 2)**, so ist dieser schon kraft Gesetzes automatisch **dem Hauptbetrieb zugeordnet** (vgl. § 4 Rn. 135 ff.). Aus diesem Grunde bleiben die AN des Kleinstbetriebs trotz Wegfalls des eigenen BR nicht ohne AN-Vertretung.
(2) Handelt es sich bei der kleinen Einheit um einen **Betriebsteil (§ 4 Abs. 1)**, gilt grundsätzlich dasselbe wie im Fall (1), allerdings kann es sich bei *diesem* **Hauptbetrieb** dann nach h. M. um eine andere Einheit des AG handeln als derjenigen, der der Kleinstbetrieb zuzuordnen ist (näher § 4 Rn. 16 ff.). Für die Ausübung des Optionsrechts (§ 4 Abs. 1 Satz 2) ist hier kein Raum, denn der unter den Schwellenwert abgesunkene Betriebsteil erfüllt gerade nicht mehr die Voraussetzungen des § 1 Abs. 1 Satz 1.

Die Zuordnung eines Betriebsteils zum Hauptbetrieb erfolgt auch, wenn bei der Wahlvorbereitung im Hauptbetrieb **irrtümlich ein** betriebsratsfähiger **selbständiger Betriebsteil** (§ 4 Abs. 1) angenommen wird und daher nur im Hauptbetrieb und von dessen Belegschaft ein BR gewählt wird: dieser BR ist trotzdem für den Gesamtbetrieb (einschließlich des Betriebsteils) zuständig, wenn im Betriebsteil tatsächlich keine BR-Wahl durchgeführt wird.[677] **260**

VI. Streitigkeiten

Das ArbG entscheidet im **Beschlussverfahren** (§§ 2 a, 80 ff. ArbGG) über Streitigkeiten hinsichtlich der Betriebsratsfähigkeit sowie der Frage, ob **zwei selbstständige** Betriebe vorliegen.[678] Dasselbe gilt, wenn Streit darüber besteht, ob **mehrere UN** einen gemB haben.[679] Durch die **Novellierung 2001** ist im Wege einer sprachlichen Neufassung des § 18 Abs. 2 (»betriebsratsfähige Organisationseinheit«) diese Rechtslage klargestellt worden.[680] Da es sich bei diesen Entscheidungen um die rechtliche Feststellung eines tatsächlichen Zustandes handelt, ergeben sich Besonderheiten bzgl. der **materiellen Rechtskraft:** Erfolgt im Verfahren nach § 18 Abs. 2 etwa die Feststellung, dass zwei UN einen gemB haben, so bindet dies die Verfahrensbeteiligten nur so lange, wie sich die für diese Entscheidung maßgeblichen tatsächlichen Umstände nicht ändern.[681] Wird der Streit dagegen in einem **Wahlanfechtungsverfahren** gem. § 19 geführt und **endet die Amtszeit** des BR während des laufenden Anfechtungsverfahrens, so **fehlt** es für die Weiterführung des Verfahrens am notwendigen **Rechtsschutzinteresse.**[682] **261**

Die **Rechtskraft** eines solchen Beschlusses sollte allerdings nach früher vertretener Ansicht des *BAG* nur zwischen den Beteiligten (AG und BR, ggf. auch der im Betrieb vertretenen Gewerkschaft und dem WV) wirken und sich dagegen nicht auf die Parteien eines Kündigungsschutzprozesses erstrecken, in dem zu prüfen war, ob der richtige BR ordnungsgemäß vor Ausspruch der Kündigung gehört wurde.[683] Umgekehrt entfaltet aber die Rechtskraft in einem Kündigungsschutzprozess, in dem die richtige Abgrenzung der betriebsratsfähigen Einheiten als Vorfrage geprüft worden ist, keine präjudiziellen Bindungswirkungen zwischen den Betriebsparteien. Andernfalls könnte die der Klarstellung dienende Anfechtungsfrist des § 19 Abs. 2 unterlaufen werden, zumal die **Verkennung des Betriebsbegriffs** regelmäßig die Wahl nur anfechtbar, nicht aber nichtig macht.[684] **262**

---

677 *LAG München* 28.4.04, EzA-SD 18/04, 13 = AuR 05, 118 (Ls.).
678 Vgl. *BAG* 17.1.78, AP Nr. 1 zu § 1 BetrVG 1972.
679 *BAG* 25.9.86, AP Nr. 7 zu § 1 BetrVG 1972.
680 Vgl. *BT-Drucks.* 14/5741, S. 38.
681 *BAG* 19.11.03, AP Nr. 55 zu § 19 BetrVG.
682 *BAG* 16.4.08, NZA-RR 08, 583.
683 *BAG* 29.1.87, AP Nr. 6 zu § 1 BetrVG 1972; anders jetzt aber *BAG* 9.4.91, EzA § 18 BetrVG 1972 Nr. 7, das eine solche präjudizielle Bindungswirkung des Beschlussverfahrens nach § 18 Abs. 2 für die Individualrechtsverhältnisse zwischen AG und AN bejaht; ähnlich, wenn auch enger, bereits *BAG* 10.11.87, EzA § 113 BetrVG 1972 Nr. 19.
684 *BAG* 13.9.84, EzA § 19 BetrVG 1972 Nr. 20; vgl. zur betriebsverfassungsrechtlichen Bestandskraft von

§ 2 Stellung der Gewerkschaften und Vereinigungen der Arbeitgeber

(1) Arbeitgeber und Betriebsrat arbeiten unter Beachtung der geltenden Tarifverträge vertrauensvoll und im Zusammenwirken mit den im Betrieb vertretenen Gewerkschaften und Arbeitgebervereinigungen zum Wohl der Arbeitnehmer und des Betriebs zusammen.
(2) Zur Wahrnehmung der in diesem Gesetz genannten Aufgaben und Befugnisse der im Betrieb vertretenen Gewerkschaften ist deren Beauftragten nach Unterrichtung des Arbeitgebers oder seines Vertreters Zugang zum Betrieb zu gewähren, soweit dem nicht unumgängliche Notwendigkeiten des Betriebsablaufs, zwingende Sicherheitsvorschriften oder der Schutz von Betriebsgeheimnissen entgegenstehen.
(3) Die Aufgaben der Gewerkschaften und der Vereinigungen der Arbeitgeber, insbesondere die Wahrnehmung der Interessen ihrer Mitglieder, werden durch dieses Gesetz nicht berührt.

Inhaltsübersicht

I. Vorbemerkungen

1 Die Vorschrift enthält in **Abs. 1** zunächst das **Gebot der vertrauensvollen Zusammenarbeit** zwischen AG und BR. Dieser Grundsatz sowie das in § 74 Abs. 2 enthaltene **Arbeitskampfverbot** für den BR (vgl. § 74 Rn. 16 ff.), aber auch die Bindung des BR an das gesetzlich nicht näher definierte »**Betriebswohl**«[1] legen den BR zumindest auf ein »wirtschaftsfriedliches« Verfahren im Umgang mit dem AG fest. Gleichwohl behält er auch nach Ansicht des *BAG*[2] seinen Charakter als Interessenvertretung, weil er zumindest **in erster Linie** die **AN-Interessen** vertritt. Dies schließt es jedenfalls aus, den BR als ordnungspolitisches Instrument zur Durchsetzung von AG-Interessen zu begreifen. Darüber hinaus erstreckt sich der Kooperati-

zwar anfechtbaren, aber wegen Fristablaufs unanfechtbar gewordenen BR-Wahlen *BAG* 27.6.95, BB 96, 1504.

1 Zur Entstehungsgeschichte vgl. Richardi-*Richardi*, Rn. 15 ff.
2 2.11.55, AP Nr. 1 zu § 23 BetrVG.

onsgrundsatz des Abs. 1 auch auf das Verhältnis zwischen BR und Gewerkschaft. Eine – zudem gerichtlich erzwingbare – **wechselseitige Kooperationspflicht** lässt sich hieraus aber nicht ableiten (vgl. Rn. 42 ff.).

Abs. 2 betrifft als originären Anspruch das **Zugangsrecht der Gewerkschaften** zur Erfüllung ihrer betriebsverfassungsrechtlichen Aufgaben und Befugnisse (vgl. Rn. 78 ff.). Diese Rechtsposition verstößt nicht gegen das Grundrecht der Unverletzlichkeit der Wohnung (Art. 13 GG),[3] wohl aber muss hierfür stets ein Bezug zu den betriebsverfassungsrechtlichen Angelegenheiten vorliegen.[4] 2

Die spezifischen **koalitionspolitischen Aufgaben** von Gewerkschaften und AG-Verbänden sind in **Abs. 3** angesprochen (vgl. Rn. 98 ff.). Zugleich wird darin klargestellt, dass die Funktionen und Aufgaben von BR und Gewerkschaften im Betrieb und im Rahmen der Betriebsverfassung verschiedenartig sind. Insbesondere vertritt der BR auch die Belange der nicht oder in einer anderen Gewerkschaft organisierten AN. Abs. 3 hat zugleich die Funktion, zu verdeutlichen, dass die **betrieblichen und überbetrieblichen koalitionspolitischen Aufgaben** (Art. 9 Abs. 3 GG) weder durch die gesetzliche Regelung der Betriebsverfassung noch durch die in Abs. 2 angesprochenen betriebsverfassungsrechtlichen Aufgaben der Gewerkschaften eingeschränkt werden (zur Doppelstruktur der Wahrnehmung der AN-Interessen auf betrieblicher Ebene durch BR und Gewerkschaften [sog. duales System] vgl. Einl. Rn. 59 ff.; zur Rechtsstellung der Gewerkschaften nach Abs. 3 i. V. m. Art. 9 Abs. 3 GG vgl. Rn. 98 ff.).[5] Dies bedeutet, dass der **BR** – auch wenn er die Belange der nicht organisierten AN vertritt – **keine »Ersatzgewerkschaft«** ist und die gewerkschaftliche Interessenvertretung als solche im Betrieb nicht verdrängen darf:[6] BR dürfen nicht dazu benutzt werden, »die Stellung der beteiligten Gewerkschaften oder ihrer Vertreter zu untergraben«.[7] Die materiellen Arbeitsbedingungen der AN können wirkungsvoll nur von den Gewerkschaften durch – auch **im Wege des Arbeitskampfes durchsetzbare – Tarifverträge** geregelt werden.[8] 3

II. Zusammenarbeit zwischen Betriebsrat und Arbeitgeber

1. Der Grundsatz der vertrauensvollen Zusammenarbeit

Das in Abs. 1 angesprochene Prinzip der **vertrauensvollen Zusammenarbeit** wird in Rspr. und Literatur als eine **Generalklausel** verstanden.[9] Sie stellt nach h. M. eine unmittelbar **verpflichtende Rechtsnorm** und nicht nur einen unverbindlichen Programmsatz dar.[10] Aus dieser Vorschrift lassen sich keine »ungeschriebenen« Mitwirkungs- und Mitbestimmungsrechte des BR begründen, die im Gesetz nicht geregelt sind.[11] Das Gebot der vertrauensvollen Zusammenarbeit ist allerdings bei der **Auslegung** der gesetzlichen Mitwirkungs- und Mitbestimmungstatbestände und der Bestimmung des Inhalts und der Abgrenzung der Rechte und Pflichten von BR und AG zu berücksichtigen.[12] Aus ihm leiten sich **wechselseitige Pflichten zur Rücksichtnahme**[13] und **Verhaltens- und Nebenpflichten** von BR und AG bei der Wahrnehmung ihrer Rechte und Erfüllung ihrer Pflichten aus dem Gesetz ab.[14] So hat der AG 4

3 Vgl. *BVerfG* 14.10.76, AP Nr. 3 zu § 2 BetrVG 1972.
4 *BAG* 26.6.73, AP Nr. 2 zu § 2 BetrVG 1972.
5 *Bösche/Grimberg*, FS *Däubler*, 355; *Gamillscheg*, Kollektives Arbeitsrecht, Bd. II, S. 61 ff., insbesondere auch zur historischen Entwicklung und mit rechtsvergleichenden Hinweisen; *Krause*, RdA 09, 129 ff.; umfassend *Däubler*, Gewerkschaftsrechte, Rn. 256 – 683 zb.
6 *Fitting*, Rn. 11; *Krause*, a. a. O., 135.
7 ILO-Abkommen Nr. 135, abgedruckt bei *Däubler*, a. a. O., Rn. 18; dazu auch *Däubler*, a. a. O., Rn. 84; *Fitting*, Rn. 48.
8 *Fitting*, a. a. O.; TVG-AKR, Grundl. Rn. 19 ff.
9 Vgl. etwa *BAG* 2.11.55, 22.5.59, AP Nrn. 1, 3 zu § 23 BetrVG; 5.2.71, AP Nr. 6 zu § 61 BetrVG; *Fitting*, Rn. 2; *GL*, Rn. 2 ff.; *Gamillscheg*, Kollektives Arbeitsrecht, Bd. II; S. 140; GK-*Franzen*, Rn. 5 ; MünchArbR-*v. Hoyningen-Huene*, § 214 Rn. 2; Richardi-*Richardi*, Rn. 4 ff.
10 *BAG* 21.2.78, DB 78, 1547; ErfK-*Koch*, Rn. 1; GK-*Franzen*, a. a. O., m. w. N.
11 *BAG* 3.5.94, DB 94, 2450; WPK-*Preis*, Rn. 6.
12 *BAG* 3.5.94; a. a. O.; *Fitting*, Rn. 23; *Freckmann/Koller-van Delden*, BB 06, 490, 491.
13 *BAG* 18.5.10; NZA 10, 1433; *Fitting*, a. a. O.; MünchArbR-*v. Hoyningen-Huene*, § 213 Rn. 17
14 *Fitting*, a. a. O.; GK-*Franzen*, a. a. O.; WPK-*Preis*, Rn. 5.

beispielsweise alles zu unterlassen, was der Wahrnehmung der Mitbestimmungsrechte durch den BR entgegensteht.[15] Das Gebot der vertrauensvollen Zusammenarbeit kann unter bestimmten Voraussetzungen auch zu einer **weiten Auslegung der Informations- und Auskunftspflichten** des AG (vgl. § 80 Rn. 64 ff.) führen[16] und ist etwa bei der Bestimmung der Erforderlichkeit der Kosten und des Sachaufwands des BR (vgl. § 40 Rn. 15 ff., 116 ff.) zu beachten.[17] Das Gebot der vertrauensvollen Zusammenarbeit erstreckt sich auf das **betriebsverfassungsrechtliche Rechtsverhältnis** zwischen BR und AG.[18] Als **Adressaten des Gebots der vertrauensvollen Zusammenarbeit** gelten über den Wortlaut von Abs. 1 hinaus nach h. M. der **GBR** und **KBR**, die **JAV**, die **Schwerbehindertenvertretung** und der **Betriebsausschuss** sowie die sonstigen **Ausschüsse des BR**, soweit ihnen Aufgaben zur selbstständigen Erledigung übertragen sind (§§ 27, 28).[19] Für die Zusammenarbeit zwischen BR und **SpA** gilt Abs. 1 nicht.[20] Im Rahmen der Ausübung ihrer betriebsverfassungsrechtlichen Aufgaben haben auch die einzelnen **Mitglieder des BR** das Gebot der vertrauensvollen Zusammenarbeit zu beachten.[21] Dies gilt jedoch nicht für das Verhältnis der BR-Mitglieder zueinander und deren Zusammenarbeit[22] und die Beziehungen der **AN** zueinander oder deren Rechtsverhältnis zum AG[23]. Das Gebot der vertrauensvollen Zusammenarbeit kann unter Berücksichtigung des Wortlauts des Abs. 1 und der unterschiedlichen Stellung und Aufgabe von BR und **Gewerkschaften** auch **nicht auf das Verhältnis von AG und Gewerkschaften** übertragen werden.[24]

5 Dem Gebot der vertrauensvollen Zusammenarbeit liegt eine **bestimmte Konzeption** des Gesetzes zu Grunde. Die Austragung der betrieblichen Konflikte soll nicht in offener Auseinandersetzung erfolgen (wie auf der Ebene der TV-Parteien in Form des Arbeitskampfes), sondern durch den **ständigen Dialog** und die **Mitwirkung des BR** an betrieblichen Entscheidungen. Im Falle unüberbrückbarer Meinungsverschiedenheiten sieht das Gesetz die Möglichkeit der Schlichtung durch eine ESt. vor (zu den Einzelheiten der Errichtung und der Tätigkeit der ESt. vgl. § 76 und die dortigen Erl.). Es hat den **institutionellen Weg** einer **Konfliktregulierung** gewählt.[25] Die eigentliche Bedeutung des Abs. 1 liegt somit in dem **Gebot einer fairen und jede Schikane ausschließenden Verfahrensweise.**[26] Nach der Rspr. des *BAG* sollen die Beteiligten bei der Ausübung der ihnen eingeräumten Rechte nach der Betriebsverfassung nicht mutwillig oder gar rechtsmissbräuchlich handeln;[27] die Zusammenarbeit zum Ausgleich der Interessengegensätze soll vielmehr in gegenseitiger »Ehrlichkeit und Offenheit« erfolgen.[28]

6 Die gesetzlich geforderte »vertrauensvolle Zusammenarbeit« ist nicht darauf ausgerichtet, bestehende **soziale Gegensätze** zu leugnen und die voneinander unabhängige Interessenwahrung durch die Betriebsparteien zu beschränken, sondern setzt diese voraus und soll durch die Vorgabe bestimmter gegenseitiger Verhaltenspflichten einen angemessenen Ausgleich der widerstreitenden Interessenlagen fördern.[29] BR und AG befinden sich in ungleichen Positionen.

---

15 *BAG* 18.5.10, a. a. O.; 3.5.94, a. a. O.
16 *Fitting*, Rn. 24, m. w. N.
17 *BAG* 23.6.10, NZA 10, 1298; *Fitting*, a. a. O.; WPK-*Preis*, Rn. 5.
18 *Fitting*, Rn. 17; Richardi-*Richardi*, Rn. 8 f.; ErfK-*Koch*, Rn. 1.
19 *Fitting*, Rn. 17; ErfK-*Koch*, Rn. 1; GK-*Franzen*, Rn. 7; *Richardi*, Rn. 11.
20 *Fitting*, Rn. 3; GK-*Franzen* Rn. 9; *Richardi*, Rn. 8.
21 *BAG* 21.2.78, DB 78, 1547; *HessLAG* 19.9.13, juris, anhängig *BAG* 7 ABR 81/13; *HessLAG* 7.3.13, AiB 14, 68 mit Anm. *Trittin*; *Fitting*, a. a. O.; GK-*Franzen*, a. a. O.; *Richardi*, Rn. 10.
22 *BAG* 5.9.67, AP Nr 8 zu § 23 BetrVG; *Fitting*, Rn. 19; GK-*Franzen*, Rn. 8; *Richardi*, Rn. 8: a. A. HWGNRH-*Rose*, Rn. 55.
23 *BAG* 13.7.67, AP Nr. 1 zu § 242 BGB; *Fitting*, a. a. O.; ErfK-*Koch*, Rn. 1; GK-*Franzen*, a. a. O.; HWGNRH-*Rose*, Rn. 54; *Richardi*, a. a. O.
24 *Sächsisches LAG* 27.3.06 – 3 TaBV 6/06; *LAG Hamm* 25.1.08 – 10 TaBV 75/07; 17.11.00, AiB 01, 723, 724 mit Anm. *Pahde; Brecht*, Rn. 4; *Buchner*, DB 74, 530, 534; WPK-*Preis*, Rn. 12; a. A. soweit die Gewerkschaften ihre betriebsverfassungsrechtlichen Aufgaben und Befugnisse wahrnehmen *BAG* 14.2.67, BB 67, 584; ErfK-*Koch*, Rn. 1; *Fitting*, Rn. 18; GK-*Franzen*, Rn. 10; HWGNRH-*Rose*, Rn. 158; HWK-*Gaul*, Rn. 3; Richardi-*Richardi*, Rn. 11.
25 *Zachert*, MitbGespr 75, 189.
26 *Däubler*, Grundrecht, S. 389.
27 *BAG* 3.10.78, AP Nr. 14 zu § 40 BetrVG 1972.
28 So *BAG* 22.5.59, AP Nr. 3 zu § 23 BetrVG; vgl. dazu auch *Gamillscheg*, Kollektives Arbeitsrecht, Bd. II, S. 140 f.
29 *LAG Düsseldorf 7.3.12*, RDV, 12, 310, juris.

In das soziale Spannungsfeld, das durch die natürlichen **Interessengegensätze zwischen dem AG** und den AN gekennzeichnet wird,[30] ist der **BR als Vertreter der AN-Interessen** im betrieblichen Bereich einbezogen. Es kommt hinzu, dass Vertrauen ohnehin eine nicht durch Gesetzesbefehl zu erzwingende innere Einstellung ist. Die Formulierung »vertrauensvolle Zusammenarbeit« darf daher nicht den falschen Eindruck erwecken, die im Betrieb bestehenden und auszutragenden Konflikte könnten wesentlich durch bloße harmonische Verhaltensweisen gelöst werden. Aus Abs. 1 ergeben sich allerdings i. V. m. §§ 74, 78 **gegenseitige Verhaltenspflichten.** In **betriebsöffentlichen Auseinandersetzungen** ist durch AG und BR ein **Mindestmaß an gegenseitiger Rücksichtnahme** zu beachten.

Der Grundsatz der vertrauensvollen Zusammenarbeit wird in einer Reihe weiterer Vorschriften des Gesetzes **konkretisiert.** So sind **Maßnahmen des Arbeitskampfes** zwischen AG und BR unzulässig (vgl. § 74 Rn. 16 ff.). AG und BR haben Betätigungen zu unterlassen, durch die der **Arbeitsablauf** oder der **Frieden des Betriebs** beeinträchtigt werden (vgl. § 74 Rn. 44 ff.). Zur Beilegung von Meinungsverschiedenheiten zwischen AG und BR, soweit diese **Regelungsstreitigkeiten** betreffen, wird bei Bedarf eine **ESt.** gebildet bzw. kann die ESt. als ständige Einrichtung durch BV errichtet werden (vgl. § 76 Abs. 1 Satz 2). Betrifft die Meinungsverschiedenheit dagegen eine **Rechtsstreitigkeit,** ist grundsätzlich die arbeitsgerichtliche Zuständigkeit gegeben (näher dazu § 76 Rn. 14). **7**

2. Verhaltenspflichten und Rechte des Arbeitgebers

Die aus sich Abs. 1 ergebenden Verhaltenspflichten und Rechte des AG lassen sich wie folgt exemplarisch konkretisieren: **8**

- Der AG darf keine Maßnahmen ergreifen, die darauf abzielen, die **Wahrnehmung der Informations- und Mitbestimmungsrechte** durch den BR **zu unterbinden bzw. zu behindern.**[31] **9**
- Der AG darf **keine vollendeten Tatsachen schaffen,**[32] z. B. durch die einseitige Regelung mitbestimmungspflichtiger Angelegenheiten kurz vor der Konstituierung des BR[33] (vgl. dazu auch § 26 Rn. 6). **10**
- Es verstößt gegen Abs. 1, wenn der AG in einer mitbestimmungspflichtigen Angelegenheit vom BR verlangt, sich seinen Regelungsvorstellungen bedingungslos zu unterwerfen, und ihm für den Fall der Ablehnung des Regelungsvorschlags die **Umgehung der zwingenden Mitbestimmung** oder das **missbräuchliche Ausweichen auf mitbestimmungsfreie Regelungsspielräume** androht[34] (vgl. dazu auch § 87 Rn. 315). **11**
- Verstöße des BR gegen Abs. 1 oder der **rechtsmissbräuchliche Ausübung von Mitbestimmungsrechten** geben dem AG – auch in eilbedürftigen Angelegenheiten – nicht das Recht, z. B. im Bereich der Mitbestimmung in sozialen Angelegenheiten, **einseitige Anordnungen** zu treffen (vgl. dazu auch § 87 Rn., 9, 23).[35] **12**
- Nach der erstmaligen Wahl eines BR ist der AG nach Abs. 1 verpflichtet, zur Regelung bisher vom ihm **einseitig getroffener mitbestimmungspflichtiger Maßnahmen** unverzüglich in Verhandlungen einzutreten und sich ggf. auch auf ein Verfahren vor der ESt. einzulassen[36] (vgl. dazu auch § 87 Rn. 15). **13**
- Es stellt einen groben Verstoß gegen Abs. 1 dar, wenn der AG BR-Mitglieder in einem **Brief an die Beschäftigten** als »unsolidarisch und verantwortungslos« kritisiert, weil sie nicht bereit sind, zum Zweck des »Ausstiegs aus dem BAT« eine entsprechende Bezugnahmeklausel in ihren Arbeitsverträgen zu ändern.[37] **14**

---

30 Ähnlich ErfK-*Koch,* Rn. 1; *Fitting,* Rn. 21; GK-*Franzen,* Rn. 14; *GL,* Rn. 12.

31 *LAG Rheinland-Pfalz* 19.2.09 – 11 TaBV 29/08, juris; *Fitting,* Rn. 26.

32 Fitting, a. a. O.

33 *LAG Rheinland-Pfalz* 19.2.09, a. a. O.

34 So *BAG* 26.5.98, DB 98, 2119, für die Mitbestimmung des BR bei der Anrechnung einer Tariferhöhung auf übertarifliche Zulagen gem. § 87 Abs. 1 Nr. 10; *Fitting,* Rn. 25.

35 *HessLAG* 11.11.10, juris; *LAG Niedersachsen* 26.2.91 – 6 TaBV 70/90; in extremen Notsituationen sind vorläufig einseitige Maßnahmen des AG denkbar, wenn er unverzüglich die Beteiligung des BR nachholt: *BAG* 19.2.91, DB 91, 2043.

36 *LAG Sachsen-Anhalt* 17.6.08 – 8 TaBVGa 10/08.

37 *ArbG Stralsund* 14.12.04, AiB 05, 498 mit Anm. *Eisenreich-Redekes.*

15 • Droht der AG die **Streichung freiwilliger Sozialleistungen** (z. B. Weihnachtsfeier, Zulagen, kostenlose Parkplatznutzung) oder sonstige **Nachteile für die Belegschaft** an, weil der BR in einer mitbestimmungspflichtigen Angelegenheit eine dem AG nicht genehme Haltung einnimmt[38] oder nicht bereit ist, auf die Durchführung eines Verfahrens vor der ESt. zu verzichten,[39] ist dies ebenfalls mit Abs. 1 nicht vereinbar.

16 • Die Entscheidungsfreiheit des BR wird unzulässig beeinträchtigt, wenn der AG eine Prämienzahlung wegen verlängerter Ladenöffnungszeiten davon abhängt macht, dass eine zu diesem Zweck abgeschlossene befristete in eine unbefristete BV abgeändert wird,[40]

17 • Abwertende und entstellende Äußerungen des AG zur **betriebsöffentlichen Herabsetzung des BR** können wegen des Gebots der vertrauensvollen Zusammenarbeit auch nicht mit der Meinungsfreiheit aus Art. 5 Abs. 1 GG gerechtfertigt werden.[41]

18 • Es ist unzulässig, wenn der AG durch betriebsöffentliche **Äußerungen zur Arbeit des Betriebsrats und ihren Folgen** das Ansehen des Betriebsrats herabmindert,[42] z. B. durch die Äußerung auf einer Betriebsversammlung, er sei zu einer **Zusammenarbeit mit dem BR** wegen dessen personeller Zusammensetzung nicht mehr bereit.[43]

19 • Dies gilt auch, wenn ein AG eine in einer Betriebsversammlung geführte Auseinandersetzung dadurch fortsetzt, dass er ein **an den BR gerichtetes Schreiben,** in dem er diesem vorwirft, er »wende sich mit verbissener Aggressivität gegen das UN«, »führe mit bösartiger Häme rhetorische Rundumschläge« und »handle bewusst unredlich und verbreite billige Stimmungsmache«, an einen **größeren Personenkreis** (z. B. 69 Betriebsangehörige) **zur Kenntnis** verschickt.[44]

20 • **Provoziert** der AG den BR jahrelang und hartnäckig **durch Missachtung und Rechtsverstöße,** kann er sich nicht unter Bezugnahme auf Abs. 1 zur Wehr setzen, wenn der BR seinerseits den AG gegenüber Dritten diffamiert und beleidigt.[45]

21 • Gegen das Gebot der vertrauensvollen Zusammenarbeit verstößt das **Betreten des BR-Büros** durch den AG ohne Zustimmung des BR oder in dessen Abwesenheit.[46]

22 • Das **Öffnen der an den BR gerichteten Post** durch den AG verletzt u. a. auch das Gebot zur vertrauensvollen Zusammenarbeit.[47] Das gilt auch für den Zugriff des AG auf **Akten und Dateien** bzw. das **Betriebsratslaufwerk des betrieblichen EDV-Systems**[48] (vgl. dazu auch § 34 Rn. 12).

23 • Die **Veröffentlichung der Kosten der BR-Arbeit** durch die AG durch Aushang oder durch eine entsprechende Darstellung auf einer Betriebsversammlung ist in der Regel ebenfalls unzulässig.[49]

24 • Ein Verstoß gegen das Gebot der vertrauensvollen Zusammenarbeit kann auch in der willkürlichen und das **Kommunikationsrecht von Betriebsrat und Belegschaft** (vgl. dazu § 42 Rn. 2 ff.) ignorierenden Bestimmung der **Standorte der sog. Schwarzen Bretter** des BR (vgl. dazu § 40 Rn. 146 ff.) durch den AG liegen.[50]

25 • Vor Einleitung von gerichtlichen Schritten mit dem Ziel des **Ausschlusses eines BR-Mitglieds aus dem BR** oder der **Auflösung des BR** wegen Verletzung betriebsverfassungsrechtlicher Pflichten kann der AG gehalten sein, eine **betriebsverfassungsrechtliche Abmahnung** auszusprechen (vgl. dazu § 23 Rn. 148 ff.).

---

38 *ArbG Regensburg* 30.5.00, AiB 01, 51 mit Anm. *Helm.*
39 *HessLAG* 31.7.08 – 9/4 TaBV 24/08, juris.
40 *LAG Hamburg* 20.12.10, AiB 11, 469 mit Anm. *Brinkmeier*; juris.
41 *LAG Niedersachsen* 6.4.04, DB 04, 1735.
42 *BAG* 12.11.97, BB 98, 1006 = AiB 98, 341 mit Anm. *Metzko*; *HessLAG* 31.7.08, a. a. O.; *ArbG Köln* 17.3.08, AuR 08, 362.
43 *ArbG Bremen* 4.7.91 – 4 a BVGa 12/91.
44 *LAG Köln* 16.11.90, BB 91, 1191 = AuR 91, 121.
45 *HessLAG* 13.9.12 – 9 TaBV 79/12, juris; *ArbG Marburg* 28.5.99, DB 01, 156.
46 *ArbG Mannheim* 20.10.99, AiB 01, 48 mit Anm. *Stather.*
47 *ArbG Wesel* 23.1.92, AiB 93, 43; *ArbG Stuttgart* 22.12.87, BetrR 88, 17.
48 *LAG Düsseldorf* 7.3.12, RDV, 12, 310, juris.
49 *BAG* 12.11.97, a. a. O.; 19.7.95, BB 96, 328; *LAG Niedersachsen* 6.4.04, DB 04, 1735; *ArbG Wesel* 10.4.96, AiB 97, 52 mit Anm. *Grimberg*; *Fitting*, Rn. 25.
50 Vgl. die Sachverhalte bei *LAG Rheinland Pfalz* 23.9.09 – 7 TaBV 20/09; *HessLAG* 15.3.07 9 TaBVGa 32/07.

- Werden von einer im Betrieb vertretenen Gewerkschaft die AN zu einer **Betriebsversammlung gemäß § 17** eingeladen, ist der AG nach Abs. 1 verpflichtet, die Gewerkschaft bei der Bekanntmachung der Einladung im Betrieb, ggf. durch Unterrichtung aller AN auf Kosten der Gewerkschaft, zu unterstützen (vgl. dazu § 17 Rn. 5).[51] **26**
- Dem Gebot der vertrauensvollen Zusammenarbeit entsprechend ist der AG verpflichtet, dem BR zu gestatten, auf seinem Briefpapier und seinen Veröffentlichungen das Logo des Unternehmens zu verwenden (vgl. dazu auch § 40 Rn. 127).[52] **27**
- Hat der AG über einen längeren Zeitraum die Wirksamkeit eines BR-Beschlusses (etwa zur innerbetrieblichen Stellenausschreibung gemäß § 93) nicht in Zweifel gezogen und sich vorbehaltlos dem Beschluss entsprechend verhalten, kann es ihm wegen widersprüchlichen Verhaltens gemäß Abs. 1 verwehrt sein, sich später auf die Unwirksamkeit des Beschlusses zu berufen.[53] **27a**
- Zu weiteren Beispielen s. auch § 74 Rn. 74 ff. und § 78 Rn. 17 ff.; zur strafrechtlichen Relevanz von Behinderungen oder Störungen der Tätigkeit des BR s. § 119 Rn. 14 ff. **28**

3. Verhaltenspflichten und Rechte des Betriebsrats

Für die sich aus Abs. 1 ergebenden Verhaltenspflichten und Rechte des BR gilt exemplarisch folgendes: **29**

- Die **Wahrnehmung der Rechte des BR oder der AN** durch den BR im Rahmen der ihm gesetzlich zugewiesenen Aufgaben kann grundsätzlich nicht als Verstoß gegen das Gebot der vertrauensvollen Zusammenarbeit gewertet werden (vgl. dazu auch – unter dem Gesichtspunkt der Beeinträchtigung des Betriebsfriedens – § 74 Rn. 76).[54] **30**
- Die **Kündigung und Anfechtung** von 16 vom Vorgänger-BR abgeschlossener (teilweise unwirksamer) **BV** verletzt nicht das Gebot der vertrauensvollen Zusammenarbeit.[55] **30a**
- Die – nicht rechtsmissbräuchliche oder schikanöse – **Einleitung zahlreicher Beschlussverfahren** durch den BR gegen den AG kann grundsätzlich nicht als Verstoß gegen die vertrauensvolle Zusammenarbeit bewertet werden.[56] Dies gilt z. B. auch für die **gerichtliche Verfolgung eines Unterlassungsanspruchs** des BR wegen des Verstoßes gegen eine BV oder der Verletzung von Mitbestimmungsrechten durch den AG,[57] selbst wenn der BR diesen zunächst mehrere Jahre lang hingenommenen hat.[58] **31**
- Die Verknüpfung der Zustimmung des BR zu einer vom AG verfolgten Änderung einer Arbeitszeitregelung mit der Gewährung einer **finanziellen Kompensation** an die betroffenen AN stellt keinen Verstoß gegen Abs. 1 dar (zu sog. Koppelungsgeschäften vgl. auch § 87 Rn. 16).[59] **32**
- Die **Information der Öffentlichkeit durch den BR** über einen vom AG beabsichtigten massiven **Arbeitsplatzabbau** oder eine geplante **Betriebsschließung bzw. Standortverlagerung** im Interesse der Sicherung der gefährdeten Beschäftigungsmöglichkeiten verstößt regelmäßig nicht gegen Abs. 1.[60] Das gilt auch für öffentliche Stellungnahmen des BR (z. B. in einem Fernsehinterview), in denen er Kritik an der Betriebsführung des AG übt.[61] Bei öffentlichen Stellungnahmen kann sich der BR unter Berücksichtigung der aus Abs. 1 folgenden gegenseitigen Pflicht zu einem Mindestmaß an Rücksichtnahme (vgl. Rn. 4 ff.) grundsätzlich auf das **Recht der freien Meinungsäußerung gemäß Art. 5 GG** berufen.[62] **33**

51 *LAG Hamburg* 16.6.92, BetrR 94, 121 mit Anm. *Fahlbusch.*
52 *HessLAG* 28.8.73, DB 73, 2451; *ArbG Oberhausen* 15.12.10, AuR 11, 266 Ls., juris.
53 *LAG Berlin-Brandenburg* 5.9.13, BB 14, 819, juris.
54 *LAG Hamm* 17.2.93.
55 *HessLAG* 13.9.12 – 9 TaBV 79/12, juris.
56 *HessLAG* 13.9.12, a. a. O.
57 *HessLAG* 11.11.10 – 5 TaBV 60/10, juris.
58 *LAG Schleswig-Holstein* 4.3.08, NZA-RR 08, 414 = AuR 08, 61.
59 Sog. Koppelungsgeschäft, vgl. dazu *LAG Düsseldorf* 12.12.07, AuR 08, 270 mit Anm. *Schoof.*
60 *Leuze*, ZTR 09, 6, 7.
61 *LAG Rheinland-Pfalz* 8.7.11 – 6 Sa 713/19, juris.
62 *LAG Rheinland-Pfalz* 8.7.11, a. a. O.; ErfK-*Schmidt*, GG Art. 5 Rn. 40.

34 • Die Veröffentlichung **betriebsinterner** oder **betriebsratsinterner Informationen** durch eine **öffentliche,** allgemein zugängliche **Homepage im Internet** durch den BR oder ein BR-Mitglied kann im Einzelfall einen Verstoß gegen Abs. 1 darstellen (vgl. dazu auch § 40 Rn. 150 ff.).[63] Dies gilt nicht, wenn sich einzelne BR-Mitglieder in Wahrnehmung ihrer berechtigten Interessen aus Anlass eines betriebsratsinternen Konflikts zum Zweck der Streitschlichtung an die zuständige Gewerkschaft wenden.[64] Die mit dem wiederholten **unberechtigten Zugriff** eines BR-Mitglieds **auf (elektronisch geführte) Personalakten** verbundene Verletzung zum Schutz der AN bestehender Rechtsvorschriften ist eine erhebliche Beeinträchtigung des Gebots der vertrauensvollen Zusammenarbeit.[65]

35 • Aus Abs. 1 ergibt sich keine Verpflichtung des BR den AG nachträglich über **Beginn und Ende von BR-Sitzungen** informiert, weil der AG den Umfang der BR-Tätigkeit einzelner BR-Mitglieder kontrollieren will.[66]

36 • Der BR handelt im Rahmen seiner Pflichten aus Abs. 1 und seiner funktionellen Zuständigkeit, wenn er anlässlich eines **nicht von einer Gewerkschaft getragenen Streiks** als **Vermittler** zwischen dem AG und den beteiligten AN tätig wird und mit diesen entsprechende Gespräche führt.[67]

37 • Im scharfen Ton ausgetragene **Meinungsverschiedenheiten** durch den BR über einen bestimmten sachlichen Anlass in **Verhandlungen** der Betriebsparteien oder in der **Betriebsöffentlichkeit** verstoßen nicht gegen das Gebot der vertrauensvollen Zusammenarbeit. Die **Meinungsfreiheit aus Art. 5 Abs. 1 Satz 1 GG** ist für die Tätigkeit des BR ebenso konstitutiv wie für die politische Willensbildung. Für die Grenzen des Diskurses der Betriebsparteien sind daher ähnliche Maßstäbe[68] heranzuziehen wie für den öffentlichen Meinungsstreit (zur Meinungsäußerungsfreiheit der AN allgemein vgl. auch § 74 Rn. 66 und auf Betriebsversammlungen § 45 Rn. 18).[69]

37a • Ändern BR und AG kurz vor Ende der Amtszeit des BR die an § 77 Abs. 5 orientierten Kündigungsmodalitäten von zwischen ihnen abgeschlossenen BV dahingehend ab, dass die BV zukünftig frühestens zu einem Zeitpunkt in drei Jahren gekündigt werden können, kann darin unter Verstoß gegen Abs. 1 ein rechtsmissbräuchlicher Gebrauch betriebsverfassungsrechtlicher Gestaltungsmöglichkeiten zu Lasten des neu zu wählenden BR liegen.[70]

37b • Die **Bestellung eines ehemaligen Mitglieds des BR**, dessen Arbeitsverhältnis wegen persönlichkeits- und ehrverletzender Äußerungen gegenüber Führungskräften des AG (durch gerichtlichen Vergleich) beendet wurde, **zum außerbetrieblichen Beisitzer einer ESt.,** stellt keinen Verstoß gegen die vertrauensvolle Zusammenarbeit dar, wenn die bestellte Person nicht offensichtlich ungeeignet ist, die Aufgabe eines Beisitzers wahrzunehmen und über die in der Einigungsstelle zu behandelnden Regelungsgegenstand zu entscheiden[71] (vgl. dazu auch § 76 Rn. 29, 33).

4. Das Wohl der Arbeitnehmer und des Betriebs

38 Die Zusammenarbeit von AG und BR soll sich nach Abs. 1 auf das **Wohl der AN** und das **Wohl des Betriebs** richten. Aus dieser Zielsetzung ergibt sich für beide Betriebsparteien die **inhaltliche Vorgabe,** bei der Verfolgung ihrer eigenen Ziele im Rahmen der Betriebsverfassung **die Interessenlage der jeweils anderen Seite nicht von vornherein auszublenden.** So ist es dem AG beispielsweise verwehrt, in der Zusammenarbeit mit dem BR ausschließlich auf die Durchsetzung seiner wirtschaftlichen Interessen und Gewinnerwartungen abzustellen oder Forde-

63 *HessLAG* 7.3.13, AiB 14, 68, mit Anm. *Trittin*; 15.7.04, DB 05, 617; *ArbG Paderborn* 29.1.98, DB 98, 678 = AiB 98, 282, mit Anm. *Klebe/Wedde.*

64 *HessLAG* 7.3.13, a. a. O.

65 *LAG Berlin-Brandenburg* 12.11.12, NZA-RR 13, 293.

66 *ArbG Hamburg* 8.9.99, AiB 00, 102 mit Anm. *Hjort.*

67 *BAG* 5.12.78, AiB 11, 471 mit Anm. *Däubler*; *ArbG Hagen* 6.10.11, AuR 12, 180, juris.

68 Vgl. dazu ErfK-*Schmidt*, Art. 5 GG Rn. 28 ff.

69 *LAG Schleswig-Holstein* 1.4.09 – 3 TaBVGa 2/09; *HessLAG* 2.5.03, RDV 05, 172.

70 *HessLAG* 3.3.11 – 9 TaBV 168/10, juris.

71 *BAG* 28.5.14, NZA 14, 1213,

rungen des BR ungeprüft zurückzuweisen.[72] Für den BR ergibt sich aus der Bindung an das Wohl der AN **und** des Betriebs – im Unterschied zur Gewerkschaft, die etwa als Tarifpartei in der Wahl der von ihr verfolgten Zwecke rechtlich nicht in dieser Weise gebunden ist[73] – die Verpflichtung, die »wirtschaftliche Vertretbarkeit« seines Handelns in der Zusammenarbeit mit dem AG zu berücksichtigen.[74]

Die **inhaltliche Bindung** des Handelns des BR auch **an das Betriebswohl** ändert jedoch nichts daran, dass sein **Charakter als Interessenvertretungsorgan der AN** – auch nach dem Gesetz – deutlich im Vordergrund steht.[75] Abs. 1 schließt die Wahrnehmung gegensätzlicher Interessen nicht aus.[76] Aus dieser Bestimmung kann nicht die Verpflichtung der Betriebsparteien hergeleitet werden, die Interessen der jeweils anderen Seite wahrzunehmen.[77] Zu berücksichtigen ist schließlich, dass sich das Betriebswohl nicht allein über die wirtschaftlichen Interessen des AG definieren lässt, sondern unmittelbar auch von der Wahrung grundlegender AN-Interessen (z. B. Arbeitsplatzsicherung, menschengerechte Arbeitsbedingungen, langfristige Personalplanung, Fortbildung und Qualifizierung) abhängig ist.[78] **39**

Unabhängig davon ergibt sich aus Abs. 1 keine Möglichkeit der **gerichtlichen Überprüfung** (»inhaltliche Zensur«) von **Forderungen** oder **Gestaltungsvorschlägen** des BR.[79] Für die inhaltliche Überprüfung von Forderungen oder Gestaltungsvorschlägen der Betriebsparteien, auch am Maßstab der inhaltlichen Vorgaben des Abs. 1, und den Ausgleich der gegensätzlichen Interessen stellt die Betriebsverfassung ein auf **Dialog und Kooperation gegründetes Verfahren** (Verhandlungsauftrag gemäß § 74 Abs. 1, Einigungsstellenverfahren gemäß § 76) zur Verfügung. § 76 Abs. 5 Satz 3 und § 112 Abs. 5 Satz 1, Satz 2 Nr. 3 nehmen die inhaltlichen Vorgaben des Abs. 1 insoweit konsequenterweise wieder auf. **40**

Die Verpflichtung der Betriebsparteien auf das Wohl der AN in Abs. 1 kann nicht als Ausrichtung der Zusammenarbeit von AG und BR auf ein **betriebsegoistisches Handeln** verstanden werden. Der BR ist nicht nur auf die Vertretung der im Betrieb beschäftigten AN beschränkt, sondern kann auch die Wahrung der AN-Interessen darüber hinaus vertreten. Schon aus dem Gebot der Beachtung der geltenden Tarifverträge und der Zusammenarbeit mit den im Betrieb vertretenen Gewerkschaften sowie aus den allgemeinen Aufgaben des BR gemäß § 80 folgt zumindest, dass der BR bei seiner Tätigkeit **überbetriebliche Gesichtspunkte** berücksichtigen und geltend machen kann.[80] Dies ergibt sich schließlich auch aus den Vorschriften des § 80 Abs. 1 Nrn. 4, 6, 7, 8, § 92 a, § 112 Abs. 5. Schließlich wird darauf hingewiesen, dass die Betriebsparteien wegen der **sozialstaatlichen Prinzipien** des GG an sozialpflichtiges Handeln gebunden sind (zu den sog. Außenbeziehungen des BR vgl. auch Einl. Rn. 135 ff.).[81] **41**

III. Zusammenwirken mit Gewerkschaften und Arbeitgebervereinigungen

1. Grundsätze

Neben der Zusammenarbeit zwischen AG und BR spricht Abs. 1 das **Zusammenwirken** beider Betriebsverfassungsorgane **mit den Tarifvertragsparteien** im Rahmen der Betriebsverfassung **42**

72 ErfK-*Koch*, Rn. 2; GK-*Franzen*, Rn. 12; MünchArbR-*v. Hoyningen-Huene*, § 214 Rn. 4.
73 Dazu *Däubler*, Tarifvertragsrecht, Rn. 177 m. w. N.
74 *Däubler*, Gewerkschaftsrechte, Rn. 74; MünchArbR-*v. Hoyningen-Huene*, a. a. O.; zur Kritik an dieser Konzeption des Gesetzes und der mit ihr verbundenen Gefahren für die Wahrnehmung von AN-Interessen vgl. *Däubler*, Gewerkschaftsrechte, Rn. 74 f.
75 *BAG* 2.11.55, AP Nr. 1 zu § 23 BetrVG.
76 *Fitting*, Rn. 21; GK-*Franzen*, a. a. O.; *GL*, Rn. 4.
77 GK-*Franzen*, a. a. O.
78 *Gamillscheg*, Kollektives Arbeitsrecht Bd. II, S. 139; MünchArbR-*v. Hoyningen-Huene*, a. a. O.
79 Etwa für den Abschluss einer BV; vgl. dazu auch *Heinze*, NZA 94, 580, 585; zur Problematik sog. Eil- und Notfälle vgl. § 87 Rn. 21 ff.
80 Z. B. Vorrang der Besetzung von Arbeitsplätzen mit Arbeitslosen vor der Anordnung von Überstunden oder Beschäftigung von Leih-AN; ähnlich ErfK-*Koch*, Rn. 2; *Fitting*, Rn. 20, 57 ff.; HaKo-BetrVG-*Kloppenburg*, Rn. 5; *Krause*, RdA 09, 129, 137; zu den sog. Außenbeziehungen des BR vgl. auch Einl. Rn. 118 ff.
81 So ErfK-*Koch*, Rn. 2; *Fitting*, a. a. O.; Richardi-*Richardi*, Rn. 15 unter Hinweis auf die Gesetzesmaterialien, BT-Drucks. VI/1786, S. 35.

an, wobei sich der AG der Unterstützung eines AG-Verbandes, der BR der Unterstützung einer Gewerkschaft bedienen werden. Das Gebot des Zusammenwirkens ist auf **die im Betrieb vertretenen** Gewerkschaften und Arbeitgebervereinigungen beschränkt. Eine **Arbeitgebervereinigung** ist im Betrieb vertreten, wenn der AG bei ihr Mitglied ist.[82] Eine **Gewerkschaft** ist im Betrieb vertreten, wenn mindestens ein AN des Betriebes bei ihr Mitglied ist (zu den Einzelheiten vgl. Rn. 79 ff.)

43 Zusammenschlüsse bzw. Organisationen von AN oder AG müssen die **Tariffähigkeit** besitzen, um für sich die Eigenschaft einer Gewerkschaft oder einer Arbeitgebervereinigung i. S. d. des Abs. 1 in Anspruch nehmen zu können (vgl. zu den Voraussetzungen Rn. 48 ff.).

44 Das an die Betriebsparteien gerichtete Gebot des Zusammenwirkens mit den Gewerkschaften und Arbeitgebervereinigungen verhilft insbesondere dem BR im Verhältnis zum AG zu dem Recht, sich der Unterstützung durch eine Gewerkschaft zu versichern und mit ihr eng zusammenzuarbeiten.[83] Die Unterbindung oder **Störung des Zusammenwirkens von BR und Gewerkschaft durch den AG** verstößt nicht nur gegen Abs. 1, sondern kann sich auch als Behinderung der BR-Arbeit (§ 78) und grober Verstoß gegen betriebsverfassungsrechtliche Pflichten (§ 23 Abs. 3) darstellen. Die Regelung des Abs. 1 verdeutlicht weiterhin, dass die Zusammenarbeit des BR mit der Gewerkschaft nicht nur dort vorgesehen ist, wo diese konkrete betriebsverfassungsrechtliche Aufgaben erfüllt (vgl. Rn. 74), wie z. B. durch die Teilnahme an BR-Sitzungen (§ 31) oder Betriebs- und Abteilungsversammlungen (§ 46 Abs. 1), sondern schlechthin in **allen Fragen der Betriebsverfassung.**[84]

45 Soweit der Gewerkschaft durch das Gesetz betriebsverfassungsrechtliche Rechte und Aufgaben zugewiesen sind (vgl. Rn. 74), ist der **BR** (und der AG) **zur Zusammenarbeit** mit der Gewerkschaft **verpflichtet.**[85] Jenseits der gesetzlich ausdrücklich geregelten betriebsverfassungsrechtlichen Befugnisse der Gewerkschaft besteht keine Rechtspflicht des BR zur Zusammenarbeit. Das bedeutet aber nicht, dass die Entscheidung des BR über die Zusammenarbeit mit der Gewerkschaft in sein freies Belieben gestellt, sondern dass sie nach **pflichtgemäßem Ermessen** zu treffen ist.[86] Kann der BR seine Verpflichtungen und Aufgaben nicht i. S. des durch das Gesetz bezweckten AN-Schutzes sachgerecht erfüllen[87] und ist davon auszugehen, dass dies bei entsprechender Unterstützung durch die Gewerkschaft vermieden werden könnte, ist der BR gehalten, sich der Zusammenarbeit mit der Gewerkschaft nicht zu verschließen.[88] Eine generelle **Verweigerung jeglicher Zusammenarbeit** mit der Gewerkschaft durch den BR kann die Voraussetzungen einer Amtspflichtverletzung i. S. d. § 23 Abs. 1 erfüllen.[89] Demgegenüber lässt sich die Kooperation des BR mit der Gewerkschaft von dieser nicht in einem gerichtlichen Verfahren unmittelbar durchsetzen.[90]

46 Sind **konkurrierende Gewerkschaften** (zum Gewerkschaftsbegriff vgl. Rn. 49 f.) im Betrieb vertreten (zum Vertretensein im Betrieb vgl. Rn. 79 ff.), ist der BR im Hinblick auf das Gebot zur Kooperation nicht verpflichtet, i. S. einer Gleichbehandlung mit allen Gewerkschaften zu kooperieren bzw. mit gleicher Intensität die Zusammenarbeit zu pflegen.[91] Es besteht insbesondere auch keine Verpflichtung des BR, mit einer vom AG favorisierten Gewerkschaft zusammenzuarbeiten. Wertende Stellungnahmen und Äußerungen des BR zur Gewerkschafts- und Tarifpolitik konkurrierender Gewerkschaften und zu den von ihnen abgeschlossenen Tarifverträgen und ihren Auswirkungen auf die Interessen der Belegschaft sind auch unter dem Gesichtspunkt der Verhaltenspflichten aus Abs. 1 und § 74 nicht zu beanstanden.[92]

---

82 HaKo-BetrVG-*Kloppenburg*, Rn. 19.
83 GK-*Franzen*, Rn. 22; *Krause*, RdA 09, 129, 140.
84 GK-*Franzen*, Rn. 24; *Krause*, a. a. O.
85 *Fitting*, Rn. 53; GK-*Franzen*, a. a. O.; *HSWGN-Rose*, R. 62; *Krause*, RdA 09, 129, 141.
86 *Däubler*, Gewerkschaftsrechte, Rn. 169 ff.; *Gamillscheg*, Kollektives Arbeitsrecht, Bd. II, S. 75; *Krause*, a. a. O.
87 Vgl. die Beispiele bei *Däubler*, a. a. O., Rn. 170.
88 *Däubler*, a. a. O., Rn. 170 f.; ähnlich auch *Fitting*, a. a. O.; *Gamillscheg*, a. a. O.
89 Krause, a. a. O.
90 *Däubler*, a. a. O., Rn. 169; *Krause*; a. a. O.
91 *Däubler*, a. a. O., Rn. 584 n; *Gamillscheg*, a. a. O.; *Krause*, a. a. O., 143.
92 *LAG Hamm* 20.3.09 – 10 TaBV 149/08; *Krause*, a. a. O.

Eine rechtlich zwingende **Verpflichtung der Gewerkschaft zur Zusammenarbeit mit dem BR** kann demgegenüber aus Abs. 1 nicht abgeleitet werden.[93] Einer solchen Verpflichtung würde Art. 9 Abs. 3 GG entgegenstehen. So ist die Gewerkschaft auch nicht auf dem Umweg über Abs. 1 (vgl. dazu auch Rn. 1) bei der Ausübung ihrer Koalitionstätigkeit verpflichtet, den **Betriebsfrieden** zu wahren (vgl. § 74 Rn. 47 ff.) oder auch die Interessen der **Anders- oder Nichtorganisierten** zu vertreten. **47**

2. Arbeitgebervereinigungen

AG-Vereinigungen sind freiwillige Zusammenschlüsse von AG. Sie müssen unabhängig von der Gegenseite und auf überbetrieblicher Grundlage errichtet sein. Ihre Aufgabe ist es, die Arbeitsbedingungen der bei ihren Mitgliedern beschäftigten AN durch Abschluss von TV zu regeln.[94] Rein **wirtschaftspolitische Vereine** (Industrieverbände) sind keine AG-Vereinigungen i. S. d. Vorschrift.[95] Grundsätzlich gilt, dass eine AG-Vereinigung **tariffähig** sein muss, wie dies auch für eine Gewerkschaft vorausgesetzt wird (vgl. zu den Einzelheiten Rn. 50 ff.). Ein Unterschied ergibt sich daraus, dass für die Tariffähigkeit einer AG-Vereinigung keine bestimmte **Mächtigkeit** verlangt wird.[96] **Innungen** ist die Tariffähigkeit gesetzlich verliehen.[97] **48**

3. Gewerkschaften

a) Gewerkschaftsbegriff

Der Begriff **Gewerkschaft** wird weder im BetrVG noch in anderen Gesetzen definiert.[98] Der Gesetzgeber geht von dem **historischen** und **traditionell** vorgezeichneten Begriff der Gewerkschaft aus, wie er durch die klassischen AN-Organisationen entstanden ist, die sich als **Gegengewicht zur wirtschaftlichen Übermacht** der AG herausgebildet haben. Ihr vorrangiges Ziel ist die **tarifautonome Gestaltung** und **sinnvolle Ordnung** des Arbeits- und Wirtschaftslebens. In diesem Sinne hat der Begriff Gewerkschaft in allen arbeitsrechtlichen Gesetzen dieselbe Bedeutung.[99] **49**

Der allgemeine **Koalitionsbegriff** des Art. 9 Abs. 3 GG und der **Gewerkschaftsbegriff** stimmen nicht vollständig überein.[100] Insbesondere können dem Koalitionsbegriff auch solche **Vereinigungen** unterfallen, die **nicht tariffähig** sind.[101] Dagegen kommt einem Zusammenschluss von AN die **Gewerkschaftseigenschaft nur dann** zu, wenn er über die Erfüllung der Voraussetzungen des Art. 9 Abs. 3 GG hinaus auch tariffähig ist.[102] Die **Tariffähigkeit** ist damit unerlässliche Voraussetzung der **Gewerkschaftseigenschaft.**[103] Somit können **nicht tariffä-** **50**

---

93 *BAG* 14.1.83, AP Nr. 12 zu § 76 BetrVG 1972; *Fitting,* Rn. 54; GK-*Franzen,* Rn. 23; Richardi-*Richardi,* Rn. 36; WPK-*Preis,* Rn. 16.

94 *Fitting,* Rn. 41; GK-*Franzen,* Rn. 36; Richardi-*Richardi,* Rn. 62 ff.; zu den Einzelheiten des Begriffs der AG-Vereinigung Berg/Kocher/Schumann-*Kocher/Berg,* § 2 Rn. 78 ff.; Däubler-*Peter,* TVG, § 2 Rn. 105 ff.

95 *Fitting,* a. a. O.; GK-*Franzen,* a. a. O.

96 *BAG* 10.12.02, NZA 03, 734, 736 ff.; 20.11.90, DB 91, 1027; Berg/Kocher/Schumann-*Kocher/Berg,* § 2 Rn. 85 ff.; Däubler-*Peter,* TVG, Rn. 116; ErfK-*Koch,* Rn. 4; *Fitting,* a. a. O.; a. A. *Löwisch/Rieble,* § 2 Rn. 64; kritisch auch ErfK-*Linsenmaier,* Art. 9 GG, Rn. 67; *Hanau,* NZA 03, 128, 129; *Schrader,* NZA 01, 1337; zu den Einzelheiten vgl. Rn. 13.

97 § 54 Abs. 3 Nr. 1 HwO; vgl. Berg/Kocher/Schumann-*Kocher/Berg,* § 2 Rn. 88; zur Vereinbarkeit mit dem GG vgl. *BVerfG* 19.10.66, AP Nr. 24 zu § 2 TVG; Richardi-*Richardi,* Rn. 61 spricht Innungen die Koalitionseigenschaft i. S. v. Art. 9 Abs. 3 GG ab.

98 Zur Entwicklung des Gewerkschaftsbegriffs in der höchstrichterlichen Rspr. vgl. *Dütz,* DB 96, 2385.

99 *BAG* 19.9.06, NZA 07, 518; Berg/Kocher/Schumann-*Kocher/Berg,* § 2 Rn. 6; *Fitting,* Rn. 32; HWGNRH-*Rose,* Rn. 113; kritisch bzw. differenzierend *Buchner,* FS 25 Jahre BAG, S. 55 ff.; *Dütz,* a. a. O., 2390; GK-*Franzen,* Rn. 33; *LK,* Rn. 17.

100 Vgl. ErfK-*Linsenmaier,* Art. 9 GG Rn. 21 ff., 26, 66.

101 *BAG* 19.9.06, NZA 07, 518; 17.2.98, AuR 98, 335; vgl. Kempen/Zachert-*Kempen,* § 2 Rn. 4.

102 *Fitting,* Rn. 33.

103 Vgl. etwa *Sarge/Gester,* AiB 88, 228.

hige AN-Vereinigungen, die zwar möglicherweise im allgemeinen Sinne als Koalitionen gem. Art. 9 Abs. 3 GG anzusehen sind, **betriebsverfassungsrechtliche Befugnisse** dann **nicht** für sich reklamieren, wenn das BetrVG diese Rechtspositionen bzw. Befugnisse **nur den Gewerkschaften** einräumt. Eingeschränkte Anforderungen an die Tariffähigkeit bestehen lediglich für reine **Beamtenverbände** im **Personalvertretungsrecht.**[104] Der Status der Tariffähigkeit wir nicht durch einen staatlichen Anerkennungsakt oder eine arbeitsgerichtliche Entscheidung »verliehen«, sondern ergibt sich aus der faktischen Erfüllung ihrer Voraussetzungen. Die an die Tariffähigkeit zu stellenden Anforderungen sind gesetzlich nicht geregelt. Sie werden in dem durch Art. 9 Abs. 3 GG vorgegebenen Rahmen gerichtlich festgelegt, wenn gemäß § 97 Abs. 1 ArbGG Streitigkeiten über die Tariffähigkeit einer Arbeitnehmerkoalition den Arbeitsgerichten vorgelegt werden.[105]

b) Voraussetzungen der Tariffähigkeit

51 Hinsichtlich der **Tariffähigkeit einer Arbeitnehmerkoalition** sind folgende **Mindestanforderungen** zu stellen: Die Koalition muss sich als satzungsgemäße Aufgabe die **Wahrnehmung der Interessen ihrer Mitglieder in deren Eigenschaft als AN** zum Ziel gesetzt haben und willens sein, TV für ihre Mitglieder abzuschließen. Sie muss **frei gebildet, gegnerfrei, unabhängig, durchsetzungsfähig** und auf **überbetrieblicher Grundlage** organisiert sein[106] sowie eine **demokratische Binnenstruktur** haben.[107] Sie muss nach Auffassung des BAG das geltende Tarifrecht als für sich verbindlich anerkennen.[108]

52 Die Gewerkschaft muss wegen der im Allgemeininteresse **liegenden Funktionsfähigkeit der Tarifautonomie** so **mächtig** und **durchsetzungsfähig** sein, dass sie auf die Gegenseite einen fühlbaren Druck ausüben kann, die den sozialen Gegenspieler veranlasst, auf Verhandlungen über den Abschluss einer tariflichen Regelung der Arbeitsbedingungen einzugehen und zum Abschluss eines TV zu kommen.[109] Mächtig und leistungsfähig ist eine Koalition nur, wenn sie Autorität gegenüber ihrem Gegenspieler und gegenüber ihren Mitgliedern besitzt. Dies erfordert unter Berücksichtigung des regionalen und branchenmäßigen Umfangs der jeweils beanspruchten **Tarif- bzw. Organisationszuständigkeit** insbesondere eine ausreichende hohe **Mitgliederzahl** (Organisationsgrad), die erforderlichen **finanziellen Mittel** und eine leistungsfähigen **organisatorischen Apparat.**[110] In einer seiner neueren Entscheidungen zur Tariffähigkeit einer Arbeitnehmerkoalition hat das BAG in diesem Zusammenhang festgestellt, dass der **Mitgliederzahl** dabei eine **entscheidende Bedeutung** zukommt.[111] Die von der Rspr. entwickelten Kriterien **»Mächtigkeit«** und **»Durchsetzungsfähigkeit«** für das Vorliegen der Gewerkschaftseigenschaft sind durch die Ratifizierung des Staatsvertrages mit der DDR über die Währungs-, Wirtschafts- und Sozialunion in den **Willen des Gesetzgebers** aufgenommen und bestätigt worden.[112] Gerade mit Blick auf die **betriebsverfassungsrechtliche Stellung der**

---

104 BVerwG, 25.7.06, PR 06, 512; *BAG*, 19.9.06, NZA 07, 518; weitergehend *Fitting*, Rn. 34; Rn. 35: Einschränkung auch für die privatisierten Nachfolgeunternehmen von Bahn und Post, die weiterhin Beamte beschäftigen, vgl. dazu WO 2001, Vorbem., Rn. 5.

105 *BAG* 14.12.10, NZA 11, 289, 295; 5.10.10, NZA 11, 300, 302.

106 Vgl. zuletzt *BAG* 19.9.06, NZA 07, 518; 28.3.06, NZA 06, 1112; 14.12.04, BB 05, 1054 [1056]; TVG-AKR/TVG, § 2 Rn. 6 ff.

107 *Däubler*, Tarifvertragsrecht, Rn. 48; Kempen/Zachert-*Kempen*, § 2 Rn. 36 ff.; Richardi-*Richardi*, Rn. 60; Wiedemann-*Oetker*, § 2 Rn. 271 ff.

108 *BAG* 14.12.10, NZA 11, 289, 295; 15.11.63, AP Nr. 14 zu § 2 TVG; *BAG* 15.3.77, AP Nr. 24 zu Art. 9 GG; 25.11.86, a. a. O., im Anschluss an *BVerfG* 18.11.54, AP Nr. 1 zu Art. 9 GG und 6.5.64, AP Nr. 15 zu § 2 TVG; zu Recht a. A. Däubler-*Peter*, TVG § 2 Rn. 50; Kempen/Zachert-*Kempen*, § 2 Rn. 83 ff., die darauf hinweisen, dass die Vertragsfreiheit eines Privatrechtssubjekts ansonsten nirgends von dessen Anerkennung des Zivilrechtssystems als für sich verbindlich abhängig gemacht wird.

109 *BAG* 14.3.78, AP Nr. 30 zu § 2 TVG [bestätigt durch *BVerfG* 20.10.81, AP Nr. 31 zu § 2 TVG]; 25.11.86, 16.1.90, AP Nrn. 36, 39 zu § 2 TVG; 6.6.00, NZA 01, 160; 14.12.04, BB 05, 1054; 28.3.06, NZA 06, 1112; 5.10.10, NZA 11, 302 ff.; 14.12.10; a. a. O.; zu den Einzelheiten vgl. Berg/Kocher/Schumann-*Kocher/Berg*, § 2 Rn. 31 ff.

110 *BAG* 15.3.77, a. a. O.; 6.6.00, a. a. O.; 14.12.04, a. a. O.; 5.10.10; a. a. O.

111 *BAG* 5.10.10, a. a. O., 303.

112 *BAG* 14.12.04, BB 05, 1054, 1056; 6.6.00, NZA 01, 156; 6.6.00, NZA 01, 160.

Gewerkschaften muss die Gewerkschaft auf Grund einer ausreichenden **Mitgliederanzahl** und **Finanzkraft** sowie ihres außerhalb des Betriebs vorhandenen **Organisationsapparats** in der Lage sein, die ihr nach dem Gesetz zugewiesenen Aufgaben (vgl. Rn. 74) auch tatsächlich wahrzunehmen.[113] Allein diese spezielle betriebsverfassungsrechtliche Aufgabenstellung erfordert einen **leistungsfähigen organisatorischen Apparat** und eine entsprechend **hohe Anzahl von hauptberuflichen Gewerkschaftssekretären.**[114]

Abzulehnen ist die Rspr. des *BAG*,[115] nach der im Hinblick auf die Anerkennung der **Tariffähigkeit der CGM** schon der Abschluss von sog. **Anschluss-TV** ein Indiz für die erforderliche Durchsetzungskraft sein könne.[116] Selbst nach dieser Rspr. reicht es jedoch nicht aus, wenn die Vereinigung von der AG-Seite nicht ernst genommen wird, was z. B. der Fall ist, wenn der Anschluss-TV nicht das Ergebnis echter Verhandlungen war oder einem Diktat der AG-Seite entspringt. Ein **Mangel der Ernsthaftigkeit** solcher Verhandlungen liegt dann vor, wenn der Anschluss-TV in Wirklichkeit nur ein **Schein-TV** oder **Gefälligkeits-TV** ist.[117] Letzteres ist der Fall, wenn mit dem TV-Abschluss neben der Regelung der Arbeitsbedingungen **koalitionspolitische Zwecke** verfolgt werden. Eine solche Zweckverfolgung kann vorliegen, wenn es dem AG darum geht, eine AN-Vereinigung »ins Spiel zu bringen«, um einen ihm genehmen »pflegeleichten« Partner für künftige Verhandlungen zu bekommen. Dasselbe gilt, wenn es darum geht, durch Gefälligkeit und ohne dass substantielle Verhandlungen geführt wurden, der AN-Vereinigung zu erleichtern, den von der Rspr. bisweilen verlangten Nachweis zu erbringen, dass bereits eine gewisse Anzahl von TV abgeschlossen wurde.[118] In diesem Zusammenhang ist der Hinweis angebracht, dass die innerbetrieblichen Rechtsanwender (z. B. WV, BR) sich bei der kursorischen Prüfung, ob eine AN-Vereinigung als Gewerkschaft anzusehen ist und daher betriebsverfassungsrechtliche Rechtspositionen beanspruchen kann, auch davon leiten lassen dürfen, ob die betreffende AN-Vereinigung i. S. d. soeben genannten Kriterien »ernsthafte« TV abgeschlossen hat, unter deren Geltungsbereich der betreffende Betrieb fällt.[119] Ein Mangel an der Ernsthaftigkeit von TV-Verhandlungen liegt auch dann vor, wenn die Vereinigung in den **Entstehungsprozess eines TV,** dem sie sich anschließt, nicht in formaler und inhaltlicher Weise einbezogen wurde (z. B. durch Unterrichtung über den jeweiligen Verhandlungsstand nach Art, Umfang und Zeitpunkt; Entwicklung eigener Vorstellungen über den Inhalt der abzuschließenden TV und deren eigene Verhandlung mit der AG-Seite).[120] **53**

In seiner Entscheidung zur fehlenden Tariffähigkeit der Gewerkschaft für Kunststoffgewerbe und Holzverarbeitung (**GKH**) hat das BAG klargestellt, dass der Mitgliederzahl eine entscheidende Bedeutung bei der Beurteilung der Mächtigkeit einer Arbeitnehmerorganisation zu kommt (vgl. dazu auch Rn. 52) und dass deshalb die Offenlegung und der Nachweis der Mitgliederzahl unverzichtbar ist.[121] Durch die Feststellung der Mitgliederzahl wird vermieden, dass eine »imaginäre Verbandsmacht« geschützt und sogenannten »Phantomgewerkschaften« Vorschub geleistet wird.[122] Erst bei Zweifeln an der durch die Mitgliederzahl vermittelten **54**

---

113 *BAG* 19.9.06, NZA 07, 518.

114 Einschränkend für sog. Spezialisten- bzw. Berufsgruppenverbände mit begrenztem räumlichen Zuständigkeitsbereich allerdings *BAG* 14.12.04 – UFO –, a. a. O., 1059.

115 28.3.06, NZA 06, 1112 zur Anerkennung der Tariffähigkeit der CGM und 25.11.86, 16.1.90, AP Nrn. 36, 38, 39 zu § 2 TVG zur – im Ergebnis allerdings verneinten – Tariffähigkeit von CGBCE bzw. CGHB.

116 Kritisch *Kocher*, AuR 05, 337; *Unterhinninghofen*, AuR 06, 7, 8 ff.; *Zachert*, AuR 86, 321 ff.

117 Ständige Rspr.; vgl. *BAG* 10.9.85, 25.11.86, AP Nrn. 34, 36 zu § 2 TVG; 14.12.04, a. a. O., 1058; 28.3.06, a. a. O.

118 Dazu *BAG* 10.9.85, a. a. O.; *BAG* 25.11.86, a. a. O., sah in 30 Anschluss-TV einen möglicherweise rechtserheblichen Vorgang.

119 Vgl. *Engels/Natter*, BB-Beilage 8/89, S. 19.

120 Vgl. eingehend *LAG Düsseldorf* 20.9.88, BetrR 89, 137 ff., das die Gewerkschaftseigenschaft des CGBCE verneint hat; bestätigt durch *BAG* 16.1.90, a. a. O.

121 *BAG* 5.10.10, NZA 11, 300, 303 f.= AiB 11, 410, mit Anm. *Zimmer*; a. A. aber in der Vorinstanz noch *LAG Hamm* 13.3.09, juris, unter Berufung auf die CGM-Entscheidung des *BAG* 28.3.06, NZA 06, 1112; vgl. dazu *Klimpe-Auerbach*, AuR 10, 362, 364 und AuR 11, 285; nach Zurückverweisung durch das *BAG* (5.10.10, a. a. O.) hat das *LAG Hamm* (23.9.11, NZA-RR 12, 25) die Tariffähigkeit der GKH verneint (rk.).

122 *BAG* 5.10.10, a. a. O.; dazu eingehend auch *Greiner*, NZA 11, 825; *Ulber*, RdA 11, 353.

Mächtigkeit kann die **langjährige Teilnahme** einer Arbeitnehmerkoalition **am Tarifgeschehen** in die Beurteilung einbezogen werden kann.[123] Dabei ist zu berücksichtigen, dass die Indizwirkung abgeschlossener Tarifverträge bei einer **jungen Arbeitnehmerkoalition** und im **zeitlichen Zusammenhang mit ihrer Gründung** abgeschlossener Tarifverträge eingeschränkt ist und von einer **Tarifgemeinschaft** abgeschlossene oder von einer nicht tariffähigen Arbeitnehmerorganisation übernommene Tarifverträge eine entsprechende Indizwirkung nicht vermitteln können.[124]

55 Die **Tariffähigkeit** setzt nach zutreffender, aber umstrittener Ansicht auch die **Bereitschaft und Fähigkeit zum Arbeitskampf** voraus.[125] Nur wenn auf Seiten der AN-Vereinigung die Bereitschaft zum Arbeitskampf und die Fähigkeit, diesen auch durchzuführen, vorhanden sind, kann die Bildung von Gegenmacht auf AN-Seite gelingen und das Ziel, der AG-Seite **Zugeständnisse abzutrotzen,** erreicht werden und damit von einer Gewerkschaft die Rede sein. Demgegenüber hat das *BAG*[126] gemeint, im Anschluss an die sog. Hausgehilfinnen-Entscheidung des *BVerfG*[127] davon ausgehen zu müssen, dass anstelle der Kampfbereitschaft für die Tariffähigkeit einer AN-Vereinigung lediglich zu verlangen sei, dass der jeweilige Verein »die tarifrechtlichen Aufgaben einer Koalition sinnvoll, d. h. durch einen im Rahmen der Rechtsordnung sich haltenden wirkungsvollen Druck und Gegendruck erfüllen« könne.[128]

56 Die nähere **Analyse der** ***BVerfG*****-Entscheidung** zum »Berufsverband katholischer Hausgehilfinnen«[129] zeigt jedoch, dass es dem *BVerfG* nicht so sehr darum gegangen war, verallgemeinerbare Kriterien für den Gewerkschaftsbegriff schlechthin und speziell hinsichtlich der Tariffähigkeit zu gewinnen. Vielmehr stand ausweislich der Entscheidungsgründe offenbar im Vordergrund, für **besondere Bereiche** des Arbeitslebens an das Merkmal der Tariffähigkeit einer AN-Vereinigung geringere Anforderungen als sonst üblich stellen zu wollen,[130] wenn es dort heißt:[131] »Gleichwohl wird das sinnvolle Funktionieren der Tarifautonomie **wenigstens für die Berufe des Haushalts** nicht dadurch in Frage gestellt, daß die Koalitionen tariffähig sind, obgleich sie den Arbeitskampf ablehnen (…). Die Forderung der Kampfbereitschaft als einer unerlässlichen Voraussetzung für das Funktionieren der Tarifautonomie und damit für die Tariffähigkeit der Koalitionen beruht auf der Überzeugung, dass die möglichen Tarifpartner (…) wegen der zwischen Arbeitgebern und Arbeitnehmern natürlicherweise bestehenden Gegensätzlichkeiten nicht von sich aus die Einsicht und den guten Willen aufbrächten, um freiwillig eine die Befriedung in sich schließende Regelung der Arbeitsbedingungen auszuhandeln, sondern dass diese Einsicht und dieser Wille lediglich durch den Druck sich bilden könnte, der von dem Arbeitskampf oder der Drohung mit ihm ausgehe. Ein solches **generelles Misstrauen ist** jedenfalls **für die Berufe des Haushalts unbegründet**« (Hervorheb. d. Verf.).

57 Die vorstehend wiedergegebenen Erwägungen des *BVerfG* lassen nur den Schluss zu, dass ein genereller **Verzicht** auf das Merkmal der **Arbeitskampfbereitschaft,** wie er vom *BAG*[132] in der

---

123 *BAG* 5. 10. 10, a. a. O.

124 *BAG* 5. 5. 10, a. a. O., 304, 305 f.

125 Berg/Kocher/Schumann-*Kocher/Berg,* § 2 Rn. 26 ff.; *Däubler,* Arbeitsrecht 1, Rn. 124; *Däubler-Peter,* TVG, § 2 Rn. 26 ff.; Kempen/Zachert-*Kempen,* § 2 Rn. 61 ff.; Richardi-*Richardi,* Rn. 564; Schaub-*Koch,* § 187 Rn. 20; so auch das *BAG* in seinen früheren Entscheidungen zum Gewerkschaftsbegriff; vgl. *BAG* 6. 7. 56., AP Nr. 11 zu § 11 ArbGG 1953; 19. 1. 62., AP Nr. 13 zu § 2 TVG mit umfassenden Nachweisen auf die damalige h. M. in der Literatur; a. A. GK-*Franzen,* Rn. 29; HWK-*Henssler,* TVG § 2 Rn. 17; MünchArbR-*Rieble/Klumpp,* § 164 Rn. 23; Wiedemann-*Oetker,* § 2 Rn. 378 ff.; differenzierend HSWGN-*Rose,* Rn. 139 ff.: ob die Arbeitskampfbereitschaft Voraussetzung für die Tariffähigkeit ist, muss im Einzelfall festgestellt werden.

126 9. 7. 68, AP Nr. 25 zu § 2 TVG.

127 6. 5. 64, AP Nr. 15 zu § 2 TVG.

128 *BAG* 9. 7. 68, a. a. O.; noch geringere Anforderungen in *BAG* 16. 11. 82, AP Nr. 32 zu § 2 TVG, wonach die Fähigkeit des »Verbands der oberen Angestellten der Eisen- und Stahlindustrie«, auf die Gegenseite Druck ausüben zu können, bereits wegen dessen »psychologisch-argumentativen« Möglichkeiten bejaht wurde; dazu auch *Hagemeier,* DB 84, 718; *Ramm,* AuR 88, 369.

129 6. 5. 64, AP Nr. 15 zu § 2 TVG.

130 Ähnlich Richardi-*Richardi,* Rn. 56; ders., RdA 07, 117, 120.

131 Unter B. III. 2 der Gründe.

132 9. 7. 68, AP Nr. 25 zu § 2 TVG.

Folgezeit zumindest teilweise vollzogen wurde (zu Widersprüchen mit der eigenen Rspr. sogleich Rn. 58), **weder geboten noch erforderlich** gewesen ist.[133]

Der partielle Verzicht auf das Merkmal der Arbeitskampfbereitschaft in der koalitionsrechtlichen Rspr. des *BAG* ist im Übrigen **nicht kompatibel** mit der **Arbeitskampfrechtsprechung** des *BAG*,[134] wo der **Arbeitskampf als Institution** für die Tarifautonomie vorausgesetzt wird, weil sonst weder das Zustandekommen noch die inhaltliche Sachgerechtigkeit tariflicher Regelungen gewährleistet wären und »ohne das Druckmittel des Streiks die Tarifautonomie nicht wirksam werden« könne.[135] Wenn es – woran kein Zweifel bestehen kann – richtig ist, dass der Arbeitskampf auch nach Ansicht des *BAG* unerlässliche Voraussetzung einer funktionsfähigen Tarifautonomie ist, dann überzeugt es auch nicht im Ansatz, dass die ernsthafte Bereitschaft einer AN-Koalition, notfalls einen Streik zur Durchsetzung ihrer sozialpolitischen Ziele zu führen, für deren Tariffähigkeit verzichtbar sein soll.[136] Während das BAG in einer späteren Entscheidung[137] die Tariffähigkeit einer AN-Vereinigung allerdings u. a. auch unter dem Gesichtspunkt der **ernsthaften Bereitschaft** und **Fähigkeit** zur **Führung eines Arbeitskampfes** prüft, spielt dieses Kriterium bei der neueren Entscheidung des BAG zur Anerkennung der **Tariffähigkeit der CGM** keine Rolle. Obwohl an der erforderlichen sozialen Mächtigkeit der CGM unter dem Gesichtspunkt der **Organisationsstärke** Zweifel bestehen, wird das Ausmaß, »in dem sich die CGM (...) in das tarifliche Geschehen aktiv eingemischt (!) hat«, nämlich durch den Abschluss von **Anschluss-TV,** für die Anerkennung der Tariffähigkeit als ausreichend bewertet.[138] Die **Arbeitskampfbereitschaft** wird lediglich beiläufig unter Hinweis auf die sog. Hausgehilfinnen-Entscheidung des BVerG (vgl. Rn. 55 f.) erwähnt, aber nicht konkret geprüft.[139] **58**

Der Gewerkschaftsbegriff setzt ferner voraus, dass die AN-Vereinigung **gegnerfrei** und **unabhängig** ist. Gegnerfreiheit bedeutet, dass der Vereinigung grundsätzlich nur AN angehören dürfen.[140] Handeln und Entscheidungen der Gewerkschaft dürfen nicht tatsächlich oder rechtlich vom Willen und Einfluss des sozialen Gegenspielers abhängig sein.[141] Es ist unschädlich, wenn vereinzelt AG oder AG-ähnliche Personen, wie z. B. Arbeitsdirektoren, Mitglied der Gewerkschaft sind.[142] **59**

Vom Staat sowie von anderen gesellschaftlichen Gruppen, wie Parteien und Kirchen, muss die Gewerkschaft ebenfalls unabhängig sein. Die Unabhängigkeit bedeutet aber keineswegs, dass sich die Gewerkschaft nicht für Programme oder Forderungen politischer Parteien aussprechen darf, die ihrer Zielsetzung entsprechen. Entscheidend ist, dass sie ihren Willen selbst bilden kann und sich diese Willensbildung innerhalb der Gewerkschaft auf einer **demokratischen Grundlage** vollzieht.[143] **60**

Erforderlich ist auch, dass eine Gewerkschaft auf **überbetrieblicher Grundlage** organisiert ist.[144] Eine auf ein einzelnes wirtschaftliches Unternehmen beschränkte Arbeitnehmerkoalition kann die Erfordernisse der Durchsetzungsfähigkeit und Gegnerunabhängigkeit nicht aus- **61**

---

133 Ebenso Kempen/Zachert-*Kempen,* § 2 Rn. 63; *Richardi,* RdA 07, 117, 120.
134 Vgl. *BAG [GS]* 28.1.55, 21.4.71, AP Nrn. 1, 43 zu Art. 9 GG Arbeitskampf; *BAG* 10.6.80, AP Nr. 64 zu Art. 9 GG Arbeitskampf.
135 *BAG* 10.6.80, a. a. O.; auch in *BAG* 21.11.75, AP Nr. 6 zu § 118 BetrVG 1972 erwägt der Senat noch, dass es bei Prüfung der Tariffähigkeit auf die Anwendung gewerkschaftlicher Kampfmittel ankomme, lässt dies aber sodann in Anbetracht des entscheidenden Sachverhalts [Marburger Bund] dahinstehen.
136 a. A. zuletzt noch *BAG* 25.11.86, 16.1.90, AP Nrn. 36, 38 zu § 2 TVG, wo auf die Durchsetzungskraft und Leistungsfähigkeit der Organisation anstelle der Arbeitskampfbereitschaft abgestellt wird.
137 14.12.04, BB 05, 1054, 1058 – UFO –.
138 28.3.06, NZA 06, 1112.
139 Vgl. dazu auch *Richardi,* RdA 07, 117, 120.
140 *BAG* 14.12.04, BB 05, 1054, 1056.
141 *BAG* 5.5.10, NZA 11, 300, 302; 19.1.62, AP Nr. 13 zu § 2 TVG *ArbG Köln* 30.10.08, AuR 09, 100; bestätigt durch *LAG Köln* 20.5.09, AuR 09, 316 [GNBZ].
142 Däubler-*Peter,* TVG, § 2 Rn. 43.
143 Däubler-*Peter,* TVG, § 2 Rn. 36.
144 *BVerfG* 6.5.64, AP Nr. 15 zu § 2 TVG; *BAG* 14.12.10, NZA 11, 289, 295; 5.5.10, NZA 11, 300, 302; 25.11.86, 16.1.90, AP Nrn. 24, 39 zu § 2 TVG; *LAG Berlin-Brandenburg* 16.2.10, AuR 11, 180 Ls. = juris.

reichend erfüllen, da ihre Existenz unmittelbar von der wirtschaftlichen Entwicklung und dem Bestand des Unternehmens abhängig ist.[145] Zusammenschlüsse von AN, die unternehmensweit (also überbetrieblich) zu BR-Wahlen kandidieren, sind zwar u. U. als AN-Vereinigung anzusehen, sie bilden aber keine Gewerkschaft im Rechtssinne.

62 Zur Erfüllung des Gewerkschaftsbegriffs ist es schließlich notwendig, dass ein Zusammenschluss von AN auf **freiwilliger Basis** vorliegt. Zwangssyndikate oder öffentlich-rechtlich organisierte berufsständische Vereinigungen erfüllen diese Voraussetzungen nicht.[146] Somit sind die im Land Bremen und im Saarland als öffentlich-rechtliche **Zwangsverbände** konstituierten Arbeiter- und Angestelltenkammern keine Gewerkschaften; darüber hinaus sind sie auch keine Koalitionen i. S. v. Art. 9 Abs. 3 GG.[147] Die AN-Vereinigung muss auch **auf Dauer** angelegt sein. Daher sind sog. **Ad-hoc-Zusammenschlüsse** (die zumeist im Zusammenhang mit spontanen Arbeitsniederlegungen auf betrieblicher Ebene entstehen) keine Gewerkschaften; allerdings können sie sich auch auf den Schutz aus Art. 9 Abs. 3 GG berufen.[148]

63 Unter den Begriff »Gewerkschaft« fallen unter bestimmten Voraussetzungen auch **internationale Zusammenschlüsse** von Gewerkschaften[149] und **Untergliederungen** von Gewerkschaften.[150] Zusammenschlüsse von (tariffähigen) Gewerkschaften und von Vereinigungen von Arbeitgebern (Spitzenorganisationen gemäß § 2 Abs. 3 TVG) können grundsätzlich auch in eigenem Namen als Tarifvertragspartei auftreten, verfügen aber über keine originäre Tariffähigkeit.[151]

c) Tariffähigkeit einzelner Arbeitnehmerkoalitionen

64 In Anwendung der vorstehend dargestellten Kriterien wurden in der Rspr. bei folgenden Vereinigungen die **Tariffähigkeit** – und damit auch die **Gewerkschaftseigenschaft im betriebsverfassungsrechtlichen Zusammenhang – verneint:**

- Deutscher Arbeitnehmer-Verband Marl;[152]
- Christliche Gewerkschaft Bergbau, Chemie und Energie;[153]
- Christliche Gewerkschaft Holz und Bau;[154]
- Verband der oberen Angestellten der Eisen- und Stahlindustrie;[155]
- Verband Deutscher Zahntechniker;[156]
- Berliner Akademiker Bund;[157]
- Arbeitnehmerverband land- und ernährungswirtschaftlicher Berufe;[158]
- Gewerkschaft der Kraftfahrer Deutschlands;[159]
- Bedienstete der Technischen Überwachung (BTÜ);[160]
- Christliche Gewerkschaft Deutschlands (CGD);[161]
- Gewerkschaft der Neuen Brief- und Zustelldienste (GNBZ);[162]

---

145 Däubler-*Peter,* TVG, § 2 Rn. 52.
146 *BVerfG* 19.10.66, BVerfGE 20, 312.
147 Vgl. Däubler-*Däubler,* TVG, Einleitung, Rn. 87.
148 Berg/Kocher/Schumann-*Kocher/Berg,* § 2 Rn. 19; *Däubler,* Das Arbeitsrecht 1, Rn. 122 m. w. N.; *Zachert,* AuR 01, 401, 403.
149 Vgl. Berg/Kocher/Schumann-*Kocher/Berg,* § 2 Rn. 91 ff.
150 Vgl. *Oetker,* AuR 01, 82.
151 Zu den Voraussetzungen vgl. *BAG* 14.12.10, a. a. O.; 296 ff.
152 *BAG* 14.3.78, AP Nr. 30 zu § 2 TVG; bestätigt durch *BVerfG* 20.10.81, AP Nr. 31 zu § 2 TVG.
153 *BAG* 14.3.78, AP Nr. 3 zu § 97 ArbGG 1953; 25.11.86, 16.1.90, AP Nrn. 36, 39 zu § 2 TVG.
154 *BAG* 16.1.90, AP Nr. 38 zu § 2 TVG.
155 *LAG Düsseldorf* 23.12.77, AuR 78, 381; a. A. *BAG* 16.11.82, AP Nr. 32 zu § 2 TVG, wonach es ausreiche, dass dieser Verband tarifwillig sei und »psychologisch-argumentativ« auf den tariflichen Gegenspieler Druck ausüben könne.
156 *BAG* 1.2.83, AP Nr. 14 zu § 322 ZPO.
157 *BAG* 9.7.86, AP Nr. 25 zu § 2 TVG.
158 *BAG* 10.9.85, AP Nr. 34 zu § 2 TVG.
159 *LAG Berlin* 21.6.96, AuR 97, 38.
160 *BAG* 6.6.00, NZA 01, 160.
161 *ArbG Gera* 17.10.02, AuR 03, 198; AuR 04, 149.
162 *ArbG Köln* 30.10.08, AuR 09, 100; bestätigt durch *LAG Köln* 20.5.09, AuR 09, 316, nach Rücknahme

- Freie ArbeiterInnen Union (FAU);[163]
- Gewerkschaft für Kunststoffgewerbe und Holzverarbeitung (GKH);[164]
- Tarifgemeinschaft Christlicher Gewerkschaften für Zeitarbeit und Personalserviceagenturen (CGZP),[165] (vgl. dazu auch Rn. 66 f.);
- Medsonet – Die Gesundheitsgewerkschaft[166] (vgl. dazu auch Rn. 69);
- Gewerkschaft Beschäftigtenverband Industrie, Gewerbe, Dienstleistung (BIGD);[167]
- Arbeitnehmerverband Land- und Ernährungswirtschaftliche Berufe (ALEB);[168]
- Neue Assekuranz Gewerkschaft e. V. (NAG);[169]
- DHV – Die Berufsgewerkschaft[170] (vgl. dazu auch Rn. 68).

Demgegenüber wurden von der Rspr. in den letzten Jahren auch die Gewerkschaftseigenschaft bestimmter kleiner Arbeitnehmerkoalitionen (sog. **Berufsgruppen- bzw. Spartengewerkschaften**) anerkannt, die ihre Zuständigkeit – im Unterschied zu den nach dem Industrie- bzw. Branchenverbandsprinzip organisierten DGB-Gewerkschaften – auf spezialisierte Berufsgruppen beschränkt haben.[171] Soweit deren Gewerkschaftseigenschaft rechtlich umstritten war, wurde diese in folgenden Fällen von der Rspr. bejaht:

- **Unabhängige Flugbegleiter Organisation (UFO)**;[172]
- **Gewerkschaft der Flugsicherung (GdF)**.[173]

65 Diese Entscheidungen stellen im Wesentlichen darauf ab, dass sich die Durchsetzungsfähigkeit einer im Hinblick auf ihren Mitgliederbestand kleinen Gewerkschaft daraus ergeben kann, dass deren Mitglieder aufgrund ihrer **Spezial- bzw. Schlüsselqualifikationen** im Falle eines Arbeitskampfes bereits mit wenigen Streikenden eine sehr hohe Wirkung erzielen und vom Arbeitgeber nicht oder nur mit sehr großem Aufwand ersetzt werden können. In der UFO-Entscheidung des BAG wird auch das **Erfordernis der Arbeitskampfbereitschaft** (vgl. Rn. 55 ff.) mit positivem Ergebnis geprüft. Obwohl der überwiegende Anteil der Mitglieder der genannten Gewerkschaften bei nur einem Arbeitgeber beschäftigt ist, wird die Gewerkschaftseigenschaft, soweit überhaupt für entscheidungserheblich erachtet, in diesen Fällen auch unter den Gesichtspunkten der Gegnerunabhängigkeit und Überbetrieblichkeit bejaht.

66 Anlässlich des erstmaligen Zustandekommens von **Tarifverträgen** in der **Leiharbeit**[174] in Folge der zum 1.1.2004. in Kraft getretenen Reform des Arbeitnehmerüberlassungsgesetzes ist es auch zum Abschluss von »Billig-Tarifverträgen« durch die nicht tariffähige[175] **Tarifgemein-**

---

der Rechtsbeschwerde [*BAG* – 1 ABR 101/09] durch die GNBZ und den beteiligten AG-Verband rechtskräftig, Pressemitteilung *BAG* 18.4.10, BB10, 1083.

163 *LAG Berlin-Brandenburg* 16.2.10, AuR 11, 180, Ls. = juris.

164 *BAG* 5.10.10, NZA 11, 300 = AiB 11, 411, mit Anm. *Zimmer*; *LAG Hamm* 23.9.11, NZA-RR 12, 25; dazu eingehend auch *Greiner*, NZA 11, 825; *Ulber*, RdA 11, 353.

165 *BAG* 14.12.10, NZA 11, 289 = AiB 11, 330, mit Anm. *M. Trümner*; vgl. dazu auch *Brors*, AuR 11, 138; *Klebe*, AiB 11, 140; *Schlegel*, NZA 11, 380; *Ulber*, a. a. O.;Vorinstanz: *LAG Berlin* 7.12.09, AuR 10, 172, mit Anm. *Ulber*. Der CGZP fehlte die Tariffähigkeit seit ihrer Gründung und im zeitlichen Geltungsbereich aller ihrer seitdem geltenden Satzungen: *BAG* 23.5.12, NZA 12, 625; 22.5.12, AuR 12, 270, juris; s. dazu auch den Nichtannahmebeschluss des *BVerfG* 25.4.2015, NZA 15, 757, zu den gegen die Rückwirkung der BAG-Entscheidungen gerichteten Verfassungsbeschwerden mehrerer Unternehmen der Leiharbeitsbranche.

166 *BAG* 11.6.13, NZA-RR 13, 64; zur fehlenden Tariffähigkeit der Medsonet vgl. auch *Ulber*, AuR 11, 430; *ders.*, RdA 11, 353.

167 *ArbG Duisburg* 22.8.12, AuR 12, 375, juris (rkr.).

168 *ArbG Bonn* 31.10.12, AuR 12, 501, juris (rkr.).

169 *Hessisches LAG* 9.4.15, BB 15, 1012 (PM *Hessisches LAG* 9.4.15);anhängig *BAG* –

170 *ArbG Hamburg* 19.6.15 – 1 BV 2/14 (n.rkr.).

171 Zu den Ursachen deren aktuellen Bedeutungszuwachses und konkurrierenden Auftretens gegenüber den DGB-Gewerkschaften vgl. Berg/Kocher/Schumann-*Berg*, Grundl. Rn. 181, § 4 Rn. 51 ff.

172 *BAG* 14.12.04, BB 05, 1054.

173 *LAG Rheinland-Pfalz* 14.6.07, DB 07, 2432; *HessLAG* 22.7.04, AP Nr. 169 zu Art. 9 GG Arbeitskampf mit zustimmender Anm. *Däubler*; *ArbG Offenbach* 2.6.05 – 3 BV 11/04; a. A. *LAG Rheinland-Pfalz* 22.6.04, AP Nr. 169 zu Art. 9 GG Arbeitskampf mit krit. Anm. *Däubler*.

174 Vgl. dazu die Übersicht bei *Martin*, AuR 04, 247.

175 *BAG* 14.12.10, a. a. O.; Vorinstanz: *LAG Berlin* 7.12.09, AuR 10, 172, mit Anm. Ulber; *Berg*, JbArbR Bd. 46, 2009, S. 69 ff.; Berg/Kocher/Schumann-*Kocher/Berg*, § 2 Rn. 40 ff.; *Schüren*, AuR 08, 239; *ders.*, NZA 08, 453; *Schindele*, AuR 08, 33; *Ulber, D.*, NZA 08, 438; a. A, *Lembke*, NZA 07, 1333; *Buchner*, BB 04, 1042.

schaft Christliche Gewerkschaften Zeitarbeit und PSA (CGZP) gekommen. Die CGZP ist ein Zusammenschluss aus den CGB-Organisationen CGM, DHV und GÖD (die ursprünglich zusätzlich beteiligte CGPT ist zwischenzeitlich ausgetreten).[176] Die Umstände der Gründung der CGZP, die verbreitete Praxis des über den Arbeitgeber vermittelten Beitritts neu eingestellter Leiharbeitnehmer in eine Mitgliedsgewerkschaft des CGZP einschließlich des Einzugs der Mitgliedsbeiträge durch den Arbeitgeber[177] und das Zustandekommen und der materielle Gehalt der von ihr abgeschlossenen Tarifverträge sprechen dafür, dass ihr die erforderliche Gegnerunabhängigkeit und organisatorische Leistungsfähigkeit fehlt. Auch die von ihr abgeschlossenen **(Gefälligkeits-)Tarifverträge** indizieren nicht das Vorliegen der Tariffähigkeit, selbst auf der Grundlage der die Anforderungen an die Tariffähigkeit relativierenden Maßstäbe (vgl. Rn. 70) der CGM-Entscheidung des *BAG*.[178] Dem von der Arbeitgeberseite in der Leiharbeitsbranche ausdrücklich gewünschten Abschluss von Tarifverträgen zur deutlichen Unterschreitung des gesetzlichen Gleichbehandlungsgrundsatzes (equal-pay-Gebot gem. § 3 Abs. 1 Nr. 3 und § 9 Nr. 2 AÜG) durch eine **zweckentfremdende Nutzung der Tarifdispositivität des equal-pay-Gebots** kann keine indizielle Bedeutung für das Vorliegen des Erfordernisses der Durchsetzungsfähigkeit der tarifschließenden Arbeitnehmerkoalition beigemessen werden.[179] Es liegt auf der Hand, dass aus der Tarifierung des arbeitgeberseitigen Programms zur Verschlechterung der Entgelt- und Arbeitsbedingungen der Leiharbeitnehmer nicht die soziale Mächtigkeit und organisatorische Leistungsfähigkeit der (vermeintlich) auf Arbeitnehmerseite handelnden CGZP abgeleitet werden kann.

67 Da die CGZP die fraglichen Tarifverträge für die Leiharbeitsbranche als **Spitzenorganisation** im eigenen Namen abgeschlossen hat und somit gem. § 2 Abs. 3 TVG als Tarifvertragspartei aufgetreten ist,[180] hängt ihre Tariffähigkeit darüber hinaus auch vom Vorliegen der **Tariffähigkeit ihrer Mitgliedsorganisationen** ab.[181] Für die **GÖD** ist die Tariffähigkeit bereits instanzgerichtlich in Zweifel gezogen worden[182] (zum **DHV** vgl. Rn. 68, zur **CGM** Rn. 70). Da allerdings die Satzungen der CGZP und deren Mitgliedsorganisationen unterschiedliche Organisations- bzw. Tarifzuständigkeitsbereiche der Spitzenorganisation einerseits und der Mitgliedsorganisationen andererseits vorsehen, fehlt es bereits aus diesem Grund an der Tariffähigkeit der CGZP als Spitzenorganisation.[183] Aus diesem Grund konnte es das *BAG* dahingestellt sein lassen, ob die Mitgliedsorganisationen der CGZP überhaupt tariffähig sind und ob die von der CGZP abgeschlossenen Vereinbarungen (»Tarifverträge«) in der Leiharbeitsbranche deren Tariffähigkeit indizieren.[184]

68 Erhebliche Zweifel bestehen auch an der Tariffähigkeit des **DHV-Deutscher Handels- und Industrieangestellten-Verbands im CGB (DHV)**. Bezüglich der Tariffähigkeit des **DHV – Die Berufsgewerkschaft** ist ein arbeitsgerichtliches **Beschlussverfahren** anhängig, in dem erstinstanzlich festgestellt wurde, dass diese Organisation **nicht tariffähig** ist.[185]

Dessen Aktivitäten auf tarifpolitischem Gebiet beschränken sich überwiegend auf den Abschluss von **Anschluss- und Gefälligkeitstarifverträgen**, um auf Initiative und **auf Initiative oder in Absprache mit der Arbeitgeberseite** die Durchsetzung von Tarifverträgen durch DGB-Gewerkschaften zu erschweren oder deren betriebliche Anwendung zu unterlaufen.[186] Zusätzlich ins Zwielicht gerät der DHV durch das aktuelle bekannt werden **direkter und**

176 *BAG* 14.12.10, a. a. O., 290.
177 Vgl. dazu das Beispiel bei *Schindele*, AuR 08, 31, 33.
178 *Schindele*, AuR 08, 33, 35; *Ulber*, § 9 Rn. 191 ff.
179 *ArbG Berlin* 1.4.09, a. a. O.; *ArbG Osnabrück* 15.1.07, AuR 07, 182.
180 *BAG* 14.12.10, a. a. O.
181 *BAG* 14.12.10, a. a. O.; A. A. *Lembke*, a. a. O.
182 *LAG Niedersachsen* 2.7.07, 16 Ta 108/07; vgl zum satzungsmäßigen Zuständigkeitsbereich und den sich daraus ergebenden Problemen für die Tariffähigkeit der GÖD auch die Ausführungen des *BAG* in der CGZP-Entscheidung, 14.12.10, a. a. O., 299 f.
183 *BAG* 14.12.10, a. a. O., 298 ff.
184 *BAG* 14.12.10, a. a. O.
185 *ArbG Hamburg* 19.6.15 – 1 BV 2/14.
186 Vgl. etwa den Sachverhalt bei *LAG Hamm* 20.3.09 – 10 TaBV 149/08, und *ArbG Mannheim* 4.3.05, AiB 05, 692.

indirekter finanzieller Zuwendungen durch Arbeitgeber als Gegenleistung für den Abschluss von Gefälligkeitstarifverträgen und Zahlung von Prämien an Arbeitnehmer bei Eintritt in den DHV oder Gründung einer DHV-Betriebsgruppe.[187] Finanzielle Zuwendungen der Arbeitgeberseite haben bereits in älteren Rechtsstreitigkeiten zur Frage der Gewerkschaftseigenschaft des DHV eine Rolle gespielt.[188] Die Rechtskraft älterer, die Tariffähigkeit des DHV noch bestätigender, Instanzentscheidungen[189] steht wegen der wesentlichen Änderung der tatsächlichen und rechtlichen Verhältnisse einer erneuten gerichtlichen Überprüfung der Gewerkschaftseigenschaft des DHV nicht entgegen.[190] Unabhängig davon fehlt dem DHV die **Tarifzuständigkeit** für gewerbliche AN mit der Folge der Unwirksamkeit der vom DHV für diese AN abgeschlossenen Tarifverträge.[191]

Zur Vermeidung dieser Problematik wurde im Jahr 2008 im Rahmen des CGB die Arbeitnehmervereinigung »**medsonet – die Gesundheitsgewerkschaft**« gegründet, die »in enger Zusammenarbeit mit dem DHV« im Bereich des Gesundheitswesens und der sozialen Dienste dessen Aktivitäten übernehmen soll.[192] Diese Neugründung des CGB und des DHV hat ersichtlich im Wesentlichen die Funktion, vom DHV und den Arbeitgebern außerhalb des Zuständigkeitsbereich des DHV abgeschlossene Tarifverträge – den eigenen Bekundungen zu folge – »nachzuzeichnen«, um deren Nichtigkeit zu vermeiden. Die Organisation beschäftigt zwei hauptamtlich Beschäftigte, stützt sich auf die personelle und organisatorische Infrastruktur des DHV und verfügt nach ihrer eigenen Darstellung in dem von ihr beanspruchten bundesweiten Zuständigkeitsbereich mit mindestens 2,2 Millionen AN lediglich über 7000 Mitglieder (Organisationsgrad 0, 32 %).[193] Die Organisation »medsonet – die Gesundheitsgewerkschaft« ist somit nicht tariffähig.[194] Selbst der behauptete Abschluss von rund 100 TV seit Gründung der Organisation, der überwiegend gemeinsam oder mit direkter Unterstützung des DHV erfolgte, kann unter Berücksichtigung der neueren höchstrichterlichen Rspr. zur erheblich eingeschränkten Indizwirkung der Tarifabschlüsse von jungen Arbeitnehmerkoalitionen und in Tarifgemeinschaft bzw. gemeinsam mit anderen Organisationen abgeschlossener TV (vgl. dazu Rn. 54) die Tariffähigkeit dieser Arbeitnehmerorganisation nicht begründen. 69

Die jahrzehntlang umstrittene Tariffähigkeit der **Christlichen Gewerkschaft Metall** (CGM) wurde vom *BAG* zwischenzeitlich anerkannt.[195] Dabei soll sich die soziale Mächtigkeit der CGM aus ihrer »aktiven Einmischung« in das Tarifgeschehen durch Abschluss von **Anschluss-TV** ergeben, während der **Mitgliederzahl** und **Organisationsstärke** nur noch eine geringe und der **Arbeitskampfbereitschaft** überhaupt keine Relevanz für die Tariffähigkeit beigemessen wird.[196] In Teilen der Literatur wird die CGM-Entscheidung (zur Kritik vgl. Rn. 53, 58) in ihren Auswirkungen als **Stärkung von Kleingewerkschaften,** Impuls für einen **Wettbewerb von Gewerkschaften** und Tarifverträgen[197] und **Schwächung** des Einflusses der **DGB-Gewerkschaften** bewertet.[198] 70

---

187 So das Ergebnis der Recherchen des Fernsehmagazins Report Mainz für eine am 7.4.08 ausgestrahlte Sendung, s. Presseinformation von Report Mainz v. 8.4.08 und *www.reportmainz.de.*

188 *ArbG Hamburg* 10.12.56 – 2 BV 366/56 ; vgl. zu diesem Aspekt auch RdA 53, 396.

189 Vgl. etwa *LAG Hamburg* 18.2.97 – 2 Ta BV 9/95.

190 *BAG* 6.6.00, NZA 01, 156.

191 *BAG* 17.4.12, NZA 12, 1104; *BAG* 10.2.09, NZA 09, 908; 15.11.06, NZA 07, 448; Berg/Kocher/Schumann-*Kocher/Berg,* § 2 Rn. 110; dies gilt zumindest bis zum 9.1.2013: mit einer zum 10.1.2013 wirksam gewordenen Satzungsänderung hat der DHV seine Tarifzuständigkeit für bestimmte Wirtschaftszweige und Unternehmen auf gewerbliche AN erweitert, vgl. dazu *BAG* 11.6.13, NZA 13, 1363.

192 Pressemitteilung v. 25.3.08, *www.medsonet.de.*

193 *BAG* 11.6.13, NZA-RR 13, 64; vgl. dazu auch *Ulber,* AuR 11, 430; *ders.,* RdA 11, 353.

194 *BAG* 11.6.13, a.a.O.

195 28.3.06, NZA 06, 1112.

196 kritisch Berg/Kocher/Schumann-*Kocher/Berg,* § 2 Rn. 40; zur Bewertung der Auseinandersetzung vgl. ferner *Unterhinninghofen,* AuR 06, 7; *Kocher,* AuR 05, 337; *Deinert,* AuR 04, 212; *Richardi,* NZA 04, 1025; *Rieble,* BB 04, 885.

197 *Hümmerich/Holthausen,* NZA 06, 1070.

198 *Buschmann,* FS Nagel, S. 245, 247; *Richardi,* RdA 07, 117, 118; dazu eingehend TVG-AKR/TVG, § 2 Rn. 40.

IV. Beachtung der geltenden Tarifverträge

71 Das Gesetz verlangt eine **Zusammenarbeit zwischen AG und BR** »unter Beachtung der geltenden Tarifverträge«. Dadurch wird die besondere Bedeutung der TV im Rahmen der Betriebsverfassung hervorgehoben und der allgemeine Grundsatz festgeschrieben, dass die **Betriebsparteien** auch im Rahmen ihrer Zuständigkeit **an die Vorgaben aus den TV gebunden sind**[199] (zum Tarifvorbehalt und Tarifvorrang gegenüber BV vgl. § 77 Abs. 3 und § 87 Abs. 1 Eingangssatz).

72 Das Gebot der »**Beachtung der geltenden Tarifverträge**« knüpft an § 3 und § 4 TVG über die Tarifgeltung an und setzt voraus, dass der Betrieb unter den räumlichen, fachlichen und zeitlichen Geltungsbereich des TV fällt (vgl. zu den Voraussetzungen der Sperrwirkung eines TV vgl. § 77, Rn. 126 ff., 137 ff. und § 87 Rn. 36 ff.). Soweit es um Inhalts-, Abschluss- und Beendigungsnormen des TV geht, muss der AG entweder selbst TV-Partei (Firmen-TV) sein oder dem tarifschließenden AG-Verband angehören oder wenigstens bei Abschluss des TV angehört haben. Darüber hinaus müssen AN im Betrieb beschäftigt sein, die Mitglieder der tarifschließenden Gewerkschaft sind oder bei Abschluss des TV waren. Die Tarifbindung des AG allein reicht allerdings aus, wenn der TV lediglich betriebliche oder betriebsverfassungsrechtliche Fragen regelt.[200] Bei einer Allgemeinverbindlichkeit des TV (§ 5 TVG) sind alle AG und AN ohne Rücksicht auf ihre Verbandszugehörigkeit tarifgebunden, wenn der TV den Betrieb in seinen räumlichen und fachlichen Geltungsbereich einschließt.

73 Werden die Arbeitsverhältnisse im Betrieb vom Geltungsbereich **mehrerer TV** erfasst, kann es zur **Tarifkonkurrenz** oder **Tarifpluralität** kommen. Nach der früheren, aber umstrittenen, Rspr. des *BAG*[201] konnte nur einer der konkurrierenden TV zur Anwendung kommen, und es war dann nach dem **Grundsatz der Tarifeinheit** festzustellen, welcher TV im Betrieb gilt. Nachdem das **BAG** diese **Rspr.** teilweise **geändert** und bei Tarifpluralität den Grundsatz der Tarifeinheit für die **Inhaltsnormen von TV** konkurrierender Gewerkschaften aufgegeben hatte,[202] galten die Inhaltsnormen der von konkurrierenden Gewerkschaften abgeschlossenen TV für die jeweils der tarifschließenden Gewerkschaft angehörenden AN im Betrieb und kamen nebeneinander zur Anwendung (vgl. dazu auch § 77 Rn. 143 ff., § 87 Rn. 37 ff.; zur neuen Rechtslage nach Inkrafttreten des **Tarifeinheitsgesetzes** am 10.07.2015[203] s. Rn. 73 a f.).[204]

73a Mit dem am 10.7.2015 in Kraft getretenen **Tarifeinheitsgesetz**[205] wurde mit der neu in das TVG eingefügten Vorschrift des **§ 4 a TVG** der **Grundsatz der Tarifeinheit** gesetzlich geregelt.[206] Vordergründig aus Anlass der Änderung der Rspr. des BAG zur Tarifeinheit im Jahr 2010[207] (vgl. dazu Rn. 17) – im Kern aber wegen der seit Jahren tarifpolitisch selbstständig agierenden **Berufsgruppengewerkschaften** und der Zunahme von **Streiks im Bereich der öffentlichen und privaten Dienstleistungen** – wurden bereits in deren Vorfeld **verschiedene rechtspolitische Initiativen** der Öffentlichkeit vorgestellt, die, im Ergebnis übereinstimmend, darauf abzielten, den Grundsatz der Tarifeinheit durch eine Änderung des TVG gesetzlich festzuschreiben.[208] Diese Forderungen wurden – trotz ihrer Ablehnung durch große Teile der Rechtswissenschaft, der Arbeitsgerichtsbarkeit und mehrere DGB-Gewerkschaften (ver.di, NGG, GEW), des DBB und der Berufsgruppengewerkschaften im Jahr 2015 durch das Tarifeinheitsgesetz von

---

199 *Fitting*, Rn. 29; ErfK-*Koch*, Rn. 3; GK-*Franzen*, Rn. 15; Richardi-*Richardi*, Rn. 24.

200 § 3 Abs. 2 TVG; vgl. Berg/Kocher/Schumann-*Dierßen*, § 3 Rn. 63 ff.; Kempen/Zachert-*Kempen* § 3 Rn. 21 ff.

201 Vgl. dazu Berg/Kocher/Schumann-*Berg*, § 4 Rn. 91 ff.

202 *BAG* 27.1.10, NZA 10, 645; 23.6.10, AuR 10, 349, juris; 7.7.10, NZA 10, 1068; dazu Berg/Kocher/Schumann-*Berg*,§ 4 Rn. 98 ff.

203 BGBl. I. 1130.

204 Eingehend zur tarifrechtlichen Kontroverse um die Zukunft des Grundsatzes der Tarifeinheit: Berg/Kocher/Schumann-*Berg*, § 4 Rn. 51 ff., 82 ff. m. w. N.

205 BGBl. I. 1130.

206 Zum Ablauf des Gesetzgebungsverfahrens s. *Düwell*, jurisPR-ArbR 22/2015 Anm.

207 *BAG* 7.7.2010, a. a. O..

208 Überblick bei *Bepler*, Gutachten, B 85 ff.; *Greiner*, NZA 12, 529; *Hanau*, DB 10, 2107; zur Kritik einer entsprechenden gemeinsamen Initiative von BDA und DGB im Jahr 2010 s. *Berg*, KJ 14, 72; Schaub-*Treber*, § 204 Rn. 57 ff.

der Großen Koalition aus CDU/CSU und SPD umgesetzt. § 4 a Abs. 2 TVG stellt den zentralen Bestandteil der Neuregelung dar. Nach dieser Vorschrift soll die Tarifeinheit im Betrieb dadurch herbeigeführt werden, dass beim Auftreten einer Tarifkollision i. S. d. § 4 a Abs. 2 Satz 2 TVG nur die **Rechtsnormen** des **Mehrheitstarifvertrages** anwendbar sind (dies gilt gem. § 13 Abs. 3 TVG im Sinne eines Bestandsschutzes allerdings nicht für kollidierende Tarifverträge, die bereits am 10.7.2015 galten[209]). Eine Tarifkollision liegt vor, wenn sich die Geltungsbereiche nicht inhaltsgleicher Tarifvertrag verschiedener Gewerkschaften überschneiden (§ 4 a Abs. 2 Satz 2 TVG). In diesem Fall sind im Betrieb nur die **Rechtsnormen** des **Tarifvertrages derjenigen Gewerkschaft** anwendbar, die zum Zeitpunkt des Abschlusses des zuletzt abgeschlossenen Tarifvertrages **im Betrieb** die **meisten Mitglieder** hat (§ 4 a Abs. 2 Satz 2 TVG).[210] Für die **Mitglieder der Minderheitsgewerkschaft** und die **nicht organisierten Arbeitnehmer** richtet sich die Anwendung eines Tarifvertrages in diesem Fall nach dem Inhalt der mit ihnen getroffenen arbeitsvertraglichen Vereinbarung. Für den Fall, dass die **Mehrheitsverhältnisse** im Betrieb (und damit auch die ausschließliche Anwendbarkeit einer der kollidierenden Tarifverträge) zwischen den beteiligten Tarifvertragsparteien streitig sind, wurde durch das Tarifeinheitsgesetz das ArbGG um ein besonderes **Beschlussverfahren** zur Feststellung des im Betrieb anwendbaren Tarifvertrages ergänzt (§ 2 a Abs. 1 Nr. 6, § 58 Abs. 3, § 99 ArbGG). Antragsberechtigt sind nur die Tarifvertragsparteien der kollidierenden Tarifverträge.[211]

Die mit der ausschließlichen Anwendbarkeit des Mehrheitstarifvertrages verbundene **Verdrängung** der **Rechtsnormen** des **Tarifvertrages** einer **Minderheitsgewerkschaft** stellt einen **verfassungswidrigen Eingriff** in die **kollektive** und **individuelle**[212] **Koalitionsfreiheit** der Gewerkschaft und ihrer Mitglieder dar,[213] ist mit **Art. 3 ILO-Übereinkommen Nr. 87** und **Art. 4 ILO-Abkommen Nr. 98** nicht vereinbar und verstößt gegen **Art. 11 EMRK** i. V. m. **Art. 14 EMRK.**[214] Die tarifpolitische Gestaltung der Arbeitsbedingungen durch den Abschluss von Tarifverträgen ist eine der **konstitutiven Betätigungen einer Gewerkschaft.** Kommen die von einer Gewerkschaft abgeschlossenen Tarifverträge normativ nicht zur Anwendung, ist deren Abschluss für die Gewerkschaft weitgehend sinnlos und führt zur Tariflosigkeit ihrer Mitglieder. Damit wird die betroffene Gewerkschaft als autonom agierende **Tarifvertragspartei** im Kern **handlungsunfähig** und büßt erheblich an Attraktivität für ihre aktuellen und potentiellen Mitglieder ein. Die **zwingende Wirkung der Tarifnormen** für die Mitglieder der tarifschließenden Gewerkschaft gehört aber zum **verfassungsrechtlich verbürgten Mindeststandard** des Tarifvertragssystems. Hinzu kommt, dass sich aus der gesetzlichen Anordnung der ausschließlichen Anwendbarkeit des Mehrheitstarifvertrages eine indirekte **Einschränkung des Streikrechts** der Minderheitsgewerkschaft, zumindest aber eine erhebliche Beeinträchtigung seiner effektiven Wahrnehmung, ergibt.[215] Mehrere Gewerkschaften haben aus diesen Gründen **Verfassungsbeschwerden** beim BVerfG anhängig gemacht.[216] **73b**

V. Betriebsverfassungsrechtliches Zugangsrecht von Gewerkschaftsbeauftragten

1. Unterstützungsfunktion der Gewerkschaften für die Betriebsverfassung

Zur Wahrnehmung ihrer **betriebsverfassungsrechtlichen Aufgaben** haben die im Betrieb **74**
vertretenen Gewerkschaften – unabhängig von ihrer **koalitionsrechtlichen Betätigung aus**

209 Vgl.dazu Berg/Kocher/Schumann-*Berg*, § 4 a Rn. 22.
210 Zu den Einzelheiten ausführlich Berg/Kocher/Schumann-*Berg*, § 4 a Rn. 1 ff., 23 ff.
211 Vgl. Berg/Kocher/Schumann-*Berg*, § 4 a Rn. 84 ff.
212 *BAG* 7.7.10, a. a. O..
213 *Bepler*, Gutachten, B 90 ff.; *Däubler*, Gutachten, S. 21; *Dieterich*, AuR 11, 46, 47 ff.; *di Fabio*, Gutachten, S. 23, 31, 37; *Greiner*, RdA 15, 36 ff.; *Konzen/Schliemann*, RdA 15, 1, 11 ff.; *Löwisch*, BB 14, Heft 48, !; *Preis*, FA 14, 354 ff.; *Richardi*, NZA 14, 1233, 1235; Schaub-*Treber*, § 204 Rn. 58 f.; a. A. *Giesen*, ZFA 2011, 1: *Hufen*, NZA 14, 1237; *Kempen*, AuR 2011, 46; *Papier/Kröncke*, ZFA 11, 807; *Scholz*, ZFA 2010, 681; *Scholz/Lingemann/Ruttloff*, Gutachten, NZA-Beilage 15, Nr. 1, 3, 43; *Waas*, AuR 11, 93.
214 *Schlachter*, Gutachten, S. 13 ff., 27 ff.; a. A. *Scholz/Lingemann/Ruttloff*, Gutachten, a. a. O., 43 ff. (bzgl. Art. 11 EMRK).
215 Berg/Kocher/Schumann-*Berg*, § 4 a Rn. 14 ff.
216 Handelsblatt, 10.7.15 (u. a. *BVerfG* 1 BvR 1571/15, 1582/15, 1588/15).

Art. 9 Abs. 3 GG (vgl. Rn. 98 ff.) – ein ausdrücklich normiertes Zugangsrecht zum Betrieb.[217] Im Rahmen der **betriebsverfassungsrechtlichen Unterstützungsfunktion der Gewerkschaften** sind im Gesetz neben dem Zugangsrecht insbesondere noch folgende gewerkschaftliche Befugnisse ausdrücklich geregelt:

- Einreichung von Wahlvorschlägen für die BR-Wahl (§ 14 Abs. 5);
- Antrag auf Bestellung eines WV beim ArbG, wenn acht Wochen vor Ablauf der Amtszeit des amtierenden BR noch kein WV besteht (§ 16 Abs. 2);
- Einberufung einer Betriebs- oder Wahlversammlung zur Bestellung eines WV in einem betriebsratslosen Betrieb (§§ 17 Abs. 2, 3, 17 a Nr. 3);
- Antrag auf Bestellung eines WV beim ArbG, wenn gemäß §§ 17 Abs. 1 und 2 oder 17 a Nr. 3 kein WV bestellt ist (§§ 17 Abs. 4, 17 a Nr. 4);
- Antrag beim ArbG auf Ersetzung eines untätigen WV (§ 18 Abs. 1);
- Antrag beim ArbG auf Feststellung der Selbstständigkeit eines Nebenbetriebs oder Betriebsteils oder der Zuordnung zum Hauptbetrieb (§ 18 Abs. 2);
- Anfechtung der BR-Wahl (§ 19 Abs. 2);
- Antrag beim ArbG gegen den AG bei groben Verstößen gegen dessen betriebsverfassungsrechtliche Verpflichtungen (§ 23 Abs. 3);
- Antrag beim ArbG auf Auflösung des BR oder Ausschluss eines Mitglieds aus dem BR (§ 23 Abs. 1);
- Teilnahme an BR-Sitzungen auf Antrag von einem Viertel der Mitglieder oder der Mehrheit einer Gruppe des BR (§ 31);
- Hilfe bei Verständigung nach Aussetzung eines BR-Beschlusses (§ 35 Abs. 1);
- Teilnahme an Beratungen bei der Anerkennung von Schulungs- und Bildungsveranstaltungen (§ 37 Abs. 7);
- Antrag beim BR auf Einberufung einer Betriebsversammlung, wenn im vorhergegangenen Kalenderhalbjahr keine Betriebsversammlung oder keine Abteilungsversammlungen durchgeführt worden sind (§ 43 Abs. 4);
- Teilnahme an Betriebs- oder Abteilungsversammlungen (§ 46 Abs. 1);
- Teilnahme an der Betriebsräteversammlung (§ 53 Abs. 3);
- Strafantragsrecht wegen Straftaten gegen Betriebsverfassungsorgane (§ 119 Abs. 2).

75 Diese – nicht vollständige – Aufzählung der betriebsverfassungsrechtlichen Befugnisse der Gewerkschaften macht deutlich, dass sich BR und Gewerkschaft trotz der organisatorischen und funktionalen Trennung **nicht isoliert** gegenüberstehen. Von der Konzeption des Gesetzes her haben sie nicht nur punktuell, sondern **umfassend zusammenzuarbeiten** (vgl. dazu Rn. 42 ff.). Das Zutrittsrecht der Gewerkschaft zum Betrieb nach dieser Vorschrift ist daher nicht nur gegeben, wenn es sich um eine ausdrücklich im Gesetz angeführte Aufgabe der Gewerkschaft handelt. Das Recht auf Zugang ist vielmehr auch dann vorhanden, wenn die Gewerkschaft Aufgaben wahrnimmt, die in irgendeinem Zusammenhang, gleich welcher Art, mit dem BetrVG stehen.[218]

76 Sind **konkurrierende Gewerkschaften** (zu den vom Gesetz verlangten Voraussetzungen für die Erfüllung der Gewerkschaftseigenschaft vgl. Rn. 49 ff.) im Betrieb vertreten (zu den Voraussetzungen des Vertretenseins vgl. Rn. 79 ff.) stehen die betriebsverfassungsrechtlichen Befugnisse jeder dieser Gewerkschaften zu. Sie können grundsätzlich **von mehreren Gewerkschaften parallel** ausgeübt werden.[219] Zum **Zusammenwirken der Betriebsparteien** mit konkurrierenden Gewerkschaften vgl. Rn. 46.

77 Zur Ausübung der betriebsverfassungsrechtlichen Befugnisse unter besonderen Bedingungen vgl. für **dezentrale Betriebsstrukturen** Rn. 116, für **Industrieparks** und **Einkaufszentren** Rn. 117 f. und für die **Nutzung elektronischer Medien** Rn. 125 ff. Die dortigen Ausführungen zur koalitionsrechtlichen Betätigung sind im Prinzip auf die betriebsverfassungsrechtlichen Befugnisse übertragbar.

---

217 Vgl. eingehend *Däubler*, Gewerkschaftsrechte, Rn. 205 ff.; *Sarge/Gester*, AiB 88, 228 ff.
218 Ähnlich *BAG* 26.6.73, AP Nr. 2 zu § 2 BetrVG 1972.
219 Däubler, Gewerkschaftsrechte, Rn. 548 j.

2. Zugangsrecht von Gewerkschaftsbeauftragten

a) Voraussetzungen des Zugangsrechts

Der gesetzliche Anspruch auf Zugang zum Betrieb nach dieser Vorschrift ist nur dann gegeben, wenn es sich um eine Gewerkschaft handelt, auf die die oben angeführten Voraussetzungen zutreffen (vgl. Rn. 49 ff.).Zusätzliche Anforderungen müssen nicht erfüllt werden; insbesondere bedarf es nicht des Nachweises der **Tarifzuständigkeit** der Gewerkschaft für den Betrieb.[220] Die Tarifzuständigkeit als Wirksamkeitsvoraussetzung eines abgeschlossenen Tarifvertrages hat allein Bedeutung für die Legitimation der Schaffung von Tarifnormen durch die Gewerkschaft, nicht aber für die sonstige Betätigung der Gewerkschaft, etwa im Rahmen der Betriebsverfassung.[221] 78

b) Im Betrieb vertretene Gewerkschaft

Darüber hinaus muss die Gewerkschaft im Betrieb vertreten sein. Nach h. M. ist es dazu erforderlich, dass sie mindestens ein Mitglied im Betrieb hat, das nicht zu den leitenden Angestellten i. S. d. § 5 Abs. 3 zählt[222] und dessen Mitgliedschaft nicht offenkundig und zweifelsfrei mit der satzungrechtlichen Organisationszuständigkeit der Gewerkschaft für den Betrieb unvereinbar ist.[223] Der Nachweis, dass die Gewerkschaft im Betrieb vertreten ist,[224] kann durch die Gewerkschaft auf jede dem Gericht geeignet erscheinende Weise erfolgen, so etwa durch die Vernehmung eines Gewerkschaftssekretärs als Zeugen, wobei die Namensnennung der Gewerkschaftsmitglieder, die dem Betrieb angehören, nicht erforderlich ist.[225] 79

Der Nachweis kann auch durch notarielle Erklärung[226] oder eidesstattliche Versicherung eines Gewerkschaftssekretärs erfolgen,[227] und zwar ebenfalls ohne Namensnennung.[228] Die ohne ausdrückliche Einwilligung des betroffenen AN erfolgende Namensnennung wäre überdies unzulässig, weil die Gewerkschaftszugehörigkeit zu den besonders geschützten Daten eines AN gehört (vgl. § 94 Rn. 12). Dies ergibt sich zum einen daraus, dass vertragsrechtlich insoweit dem AG weder ein Fragerecht zusteht, noch den AN eine Offenbarungspflicht trifft,[229] und zum anderen aus der Tatsache, dass die Gewerkschaftszugehörigkeit zu den sensitiven Daten im Sinne des BDSG (vgl. § 3 Abs. 9) gehört und damit besonderen gesetzlichen Schranken der Verarbeitung unterliegt (vgl. § 94 a. a. O.). Selbst auf Grund eines der Mitbestimmung des BR nach § 94 unterliegenden Personalfragebogens kann in diese Individualrechtsposition des AN durch die Betriebsparteien nicht eingegriffen werden. Was dem AG auf individual- und kollektivrechtlichem Gebiet versagt ist, kann daher auch nicht über den Weg einer Beweisfrage im 80

220 *BAG* 13.3.07, NZA 07, 1069; 10.11.04, NZA 05, 427 = AiB 05, 373 mit Anm. *Rudolph; Gamillscheg*, Kollektives Arbeitsrecht, Bd. I, S. 530 ff.; *LK*, Rn. 18.
221 *BAG* 10.11.04, a. a. O.; *Fitting*, Rn. 43; a. A. *Feudner*, DB 95, 2114; GK-*Franzen*, Rn. 38; *Hanau*, NZA 03, 128, 130 HWGNRH-*Rose*, Rn. 128.
222 *BAG* 25.3.92, DB 93, 95 = AuR 93, 88; ErfK-*Koch*, Rn. 4; *Fitting*, Rn. 43; GK-*Franzen*, Rn. 38; Richardi-*Richardi*, Rn. 69.
223 *BAG* 10.11.04, a. a. O.; *Fitting*, a. a. O.
224 Dazu ausführlich *Trümner*, BetrR 89, 145 ff.; *Grunsky*, AuR 90, 105.
225 *BAG* 25.3.92, DB 93, 95 = AuR 93, 88; die gegen diese Entscheidung eingelegte Verfassungsbeschwerde wurde vom *BVerfG* nicht angenommen, *BVerfG* 21.3.94, AuR 94, 313; *LAG Baden-Württemberg* 20.9.73, ARSt 74, 88; *LAG Düsseldorf* 6.4.78, DB 79, 110; *LAG Düsseldorf* 5.12.88, LAGE § 2 BetrVG 1972 Nr. 6; *LAG Nürnberg* 18.7.90, AuR 91, 220; *LAG Köln* 6.10.89, LAGE § 2 BetrVG 1972 Nr. 7; nach *LAG Hamm* 10.8.94, DB 94, 2193, steht dem als Zeugen geladenen Gewerkschaftssekretär hinsichtlich der Namensnennung gemäß § 383 Abs. 1 Nr. 6 ZPO ein Aussageverweigerungsrecht zu, wenn die AN mit der Nennung ihrer Namen nicht einverstanden sind; abwegig die Gegenansicht von *Prütting/Weth*, DB 89, 2273, und *dies.*, AuR 90, 269, wo von »Geheimverfahren« die Rede ist.
226 *LAG Rheinland-Pfalz* 11.1.13 – 9 TaBVGa 2/12, juris.
227 *ArbG Verden* 7.10.13, NZA-RR 14, 19, 21; *ArbG Heilbronn* 13.7.95 – 7 BVCa 1/95 C.
228 *BAG* 25.3.92, a. a. O.; *LAG Rheinland-Pfalz* 11.1.13 – 9 TaBVGa 2/12, juris; *ArbG Aachen* 8.11.12 – 9 BVGa 11/12, juris; ErfK-*Koch*, Rn. 4; *Fitting*, Rn. 43; *GL*, Rn. 18; Richardi-*Richardi*, Rn. 71; *SWS*, Rn. 9; *v. Hoyningen-Huene*, S. 76; *Däubler*; Gewerkschaftsrechte, Rn. 87; einschränkend GK-*Franzen*, Rn. 40.
229 *Simitis*, AuR 77, 99; vgl. § 94 Rn. 20.

Prozess zulässig sein, da er als Prozesspartei stets Kenntnis über die Gewerkschaftszugehörigkeit erlangen würde.

81 Darüber hinaus würde die Pflicht zur Offenbarung der Gewerkschaftszugehörigkeit eines AN durch die Gewerkschaft sowohl deren nach Art. 9 Abs. 3 GG geschützte Bestandsgarantie, die gerade auch den Mitgliederbestand im Betrieb erfasst,[230] verletzen als auch gegen das Grundrecht auf positive Koalitionsfreiheit des betreffenden AN und den betriebsverfassungsrechtlichen Schutz freier gewerkschaftlicher Betätigung nach § 75 Abs. 1 verstoßen.[231] Diese Grundrechtsposition des AN verbietet es der Gewerkschaft, die Mitgliedschaft gegenüber Dritten zu offenbaren, da schon der mittelbare Zwang zum Fernbleiben von einer Gewerkschaft (etwa durch Austritt wegen der Furcht vor Repressalien des AG bei Bekanntwerden der Mitgliedschaft) verfassungsrechtlich verboten ist.[232]

81a Wenn die Gewerkschaft trotz entsprechender fehlender Verpflichtung (vgl. Rn. 79 ff.) zum Nachweis, dass sie im Betrieb vertreten ist, die Namen mehrerer Gewerkschaftsmitglieder nennt, steht es ihrem Vertretensein nicht entgegen, wenn der AG alle **benannten Gewerkschaftsmitglieder außerordentlich kündigt** (zumindest soweit Kündigungsschutzverfahren wegen der Rechtswirksamkeit der Kündigung anhängig sind).[233]

c) Inhalt und Ausübung des Zugangsrechts

82 Das **Zugangsrecht der Gewerkschaft** ist **nicht auf bestimmte Betriebsbereiche**, wie etwa das BR-Büro, den Ort der Betriebsversammlung oder die Pausen- und Sozialräume der AN, **beschränkt.**[234] Dies ergibt sich bereits aus den in Abs. 2 2.Halbsatz aufgeführten Gründen, die es dem AG unter bestimmten Voraussetzungen erlauben, den Zugang zum Betrieb räumlich oder zeitlich zu beschränken oder zu verweigern (Störung des Betriebsablaufs, Einhaltung zwingender Sicherheitsvorschriften, Schutz von Betriebsgeheimnissen, vgl. dazu Rn. 94 ff.). Nahezu unbestritten ist das Zugangsrecht, wenn es aus der betriebsverfassungsrechtlichen Unterstützungsfunktion der Gewerkschaft heraus erforderlich wird,[235] den Betrieb zu betreten **(spezielles Zugangsrecht),** wie etwa bei Streitigkeiten über Leistungslohnfragen oder zur Vorbereitung einer BR-Wahl,[236] nicht zuletzt in einem betriebsratslosen Betrieb. In derartigen Fällen, die ohne Zweifel einen **konkreten**, sich aus einzelnen betriebsverfassungsrechtlichen Bestimmungen ergebenden Aufgabenbezug aufweisen, erstreckt sich das Zutrittsrecht aufgabenbezogen auch auf die einzelnen **Betriebsteile, Arbeitsplätze** und **Kantine** und **Sozial- und Pausenräume**.[237] Das Recht zum Zutritt zu einzelnen Arbeitsplätzen bezieht sich auch auf ausgelagerte Arbeitsplätze, wie dies etwa bei Bewachungs-UN der Fall sein kann.[238] Dasselbe wird für ausgelagerte Arbeitsplätze von **Tele-AN** und **Außendienstlern** zu gelten haben.

83 Allerdings stellen sich hinsichtlich des Zutrittsrechts zu den Arbeitsplätzen der letztgenannten Personen, die ihren **Arbeitsplatz** häufig (auch) **in der eigenen Wohnung** haben, zusätzliche Probleme. Nach zutreffender Ansicht gehört der ausgelagerte (Tele-)Arbeitsplatz zum Betrieb (vgl. § 5 Rn. 47). Weitestgehend ungeklärt ist jedoch, ob Art. 13 GG oder §§ 854 ff. BGB dem **Zutrittsrecht** des BR **zu den Arbeitsplätzen**[239] sowie dem Zugangsrecht der **Gewerkschaften**

230 Vgl. *BAG* 2.6.87, AP Nr. 49 zu Art. 9 GG.

231 So auch *BAG* 25.3.92, a. a. O., für den Fall, dass es für Repressalien des AG gegen Mitglieder der Gewerkschaft konkrete Anhaltspunkte gibt.

232 Vgl. *BAG* 2.6.87, a. a. O.

233 *ArbG Aachen* 8.11.12 – 9 BVGa 11/12, juris

234 *BAG* 17.1.89, AP Nr. 1 zu § 2 LPVG NW; *ArbG Elmshorn* 16.6.03, AiB 04, 40 mit Anm. *Zabel; ArbG Elmshorn* 28.5.99, AiB 99, 521 mit Anm. *Zabel; Däubler*, Gewerkschaftsrechte, Rn. 226 ff. m. w. N.; *Fitting*, Rn. 72; GK-*Franzen*, Rn. 64; Richardi-*Richardi*, Rn. 122 f.

235 *Fitting*, a. a. O. m. w. N.

236 *LAG Mecklenburg-Vorpommern* 11.11.13, NZA-RR 14, 130; *LAG Rheinland-Pfalz* 11.1.13 – 9 TaBVGa 2/12, juris; *LAG Köln* 8.1.13 – 11 TaBVGa 9/12, juris; *ArbG Verden* 7.10.13, NZA-RR 14, 19, 21.

237 Vgl. *LAG Hamm* 5.10.72, DB 73, 141; *ArbG Elmshorn*, a. a. O; *ArbG Heilbronn* 18.2.75, BB 75, 1205; *Fitting*, a. a. O.; GK-*Franzen*, a. a. O.; Richardi-*Richardi*, a. a. O.

238 Vgl. *BAG* 13.6.89, DB 89, 2439, für das entsprechende Recht des BR; siehe auch *BAG* 17.1.89, a. a. O., für das Zugangsrecht eines Gewerkschaftsbeauftragten zu dem Arbeitsplatz, um dort zusammen mit dem Personalrat die Eingruppierung eines AN zu überprüfen.

239 Vgl. dazu allgemein § 5 Rn. 41, § 39 Rn. 27 a, § 80 Rn. 14 ff.; *Fitting*, § 80 Rn. 80; *BAG* 17.1.89, AP

und der **Arbeitsschutzbehörden** entgegensteht.[240] Das *BVerfG*[241] hat in anderem Zusammenhang Vertreter der Wirtschafts-, Arbeits- und Steueraufsicht ein Zugangsrecht zu den Räumen versagt, in denen eine berufliche Tätigkeit ausgeübt wird, wenn diese Räume zur Wohnung »im engeren Sinne« gehörten. Dies ist der Fall, wenn die beruflich genutzten Räume nicht über eine »Offenheit nach außen« verfügen und nicht als reine Geschäftsräume anzusehen sind (z. B. bei gemischter Nutzung). Somit kann i. d. R. gegen den Willen des Tele-AN oder zu Hause arbeitenden AN kein Vertreter staatlicher Aufsichtsorgane (z. B. Gewerbeaufsichtsamt) Zugang zur Wohnung erlangen. Für private Personen (BR-Mitglieder, Gewerkschaftsbeauftragte) ergibt sich dieselbe Rechtslage aus §§ 854 ff. BGB, so dass deren **Zugangsbefugnis** im Grundsatz ebenfalls von der **Zustimmung** des betreffenden AN abhängig ist. In diesem Zusammenhang wäre an die **vertragliche Vereinbarung besonderer Zutrittsrechte** und deren Ausübungsmodalitäten zu denken,[242] etwa in der Form, dass die Zustimmung des BR zur Auslagerung von Arbeitsplätzen von einer Klausel über das Zugangsrecht abhängig gemacht wird.

Weit weniger klar ist, ob es neben dem speziellen, konkret aufgabenbezogenen Zugangsrecht **84**
auf Grund von Abs. 2 auch ein **allgemeines Zugangsrecht** gibt, dessen Bestand nicht von der beabsichtigten Wahrnehmung einzelner normierter Befugnisse abhängig ist. Nach *Becker/Leimert*[243] ist ein derartiges Zutrittsrecht bereits dann anzunehmen, wenn das Betreten des Betriebs der[244] **Wahrnehmung** der betriebsverfassungsrechtlichen Befugnisse der Gewerkschaft »**dient**«. Jedoch hat auch das *BAG*[245] anerkannt, dass ein Zutrittsrecht neben dem speziellen konkret aufgabenbezogenen Anlass immer dann besteht, wenn ein »**in einem inneren Zusammenhang zum BetrVG**«[246] stehender Sachverhalt gegeben ist.[247] Davon ist jedenfalls immer auszugehen, wenn der BR die Gewerkschaft im Rahmen der Kooperationsmaxime gem. Abs. 1 um **Unterstützung** bittet.[248] Hierfür genügt es, wenn die Einladung des Gewerkschaftsbeauftragten durch den BR-Vorsitzenden oder einen Ausschussvorsitzenden ausgesprochen wird.[249] Die regelmäßige Hinzuziehung bzw. Einladung des Gewerkschaftsbeauftragten, z. B. zu BR-Sitzungen oder zur Beratung des BR, kann grundsätzlich und nicht einzelfallbezogen in der **Geschäftsordnung des BR** geregelt werden (vgl. § 31 Rn. 5). Zur **Wahrnehmung ihrer eigenständigen Antragsrechte,** z. B. aus § 23 Abs. 1, 3 oder § 119 Abs. 2, besteht das Zugangsrecht der Gewerkschaft auch unabhängig vom Ersuchen des BR.[250]

Unabhängig davon besteht das Recht der Gewerkschaft auf Zugang zum Betrieb und ggf. auch **85**
zu einzelnen Betriebspunkten im Rahmen ihrer **koalitionsrechtlichen Aufgaben** nach Art. 9 Abs. 3 GG (vgl. Rn. 98 ff.).

Eine Beschränkung des Zugangs ergibt sich nur aus dem Zweck des betriebsverfassungsrecht- **86**
lichen Zugangsrechts, nämlich der Wahrnehmung der im Gesetz geregelten Aufgaben und Befugnisse. Soweit nicht eine Einladung des BR Voraussetzung des Zugangs zum Betrieb ist (vgl. Rn. 82), ist dieser **unabhängig von der Zustimmung des BR**. Das ergibt sich bereits daraus, dass den Gewerkschaften betriebsverfassungsrechtliche Aufgaben, die den Zugang

---

Nr. 1 zu § 2 LPVG NW; 13.6.89, DB 89, 2439, wonach der Betriebsbegriff des BetrVG nicht auf die räumliche Einheit einer Betriebsstätte beschränkt ist und ein Zutrittsrecht des BR auch außerhalb der Betriebsstätte selbst bestehen kann, wenn dort betriebliche Einrichtungen, z. B. Wachstellen eines Bewachungs-UN, vorhanden sind.

240 Vgl. *Däubler,* Gewerkschaftsrechte, Rn. 379 a ff.; ausführlich *Wedde,* Telearbeit und Arbeitsrecht, S. 153 ff.

241 13.10.71, NJW 71, 2299.

242 Vgl. GK-*Franzen,* Rn. 65; *Wedde,* a. a. O., S. 154; *ders.,* AuR 87, 325, 332.

243 AuR 72, 336 f.

244 Dagegen noch *BAG* 26.6.73, AP Nr. 2 zu § 2 BetrVG 1972 unter Hinweis auf den nach dem Gesetzeswortlaut für erforderlich erachteten Aufgabenbezug.

245 26.6.73, a. a. O.

246 *BAG,* a. a. O.; *LAG Köln* 8.1.13 – 11 TaBVGa 9/12, juris; *Fitting,* Rn. 64, 66; HaKo-BetrVG-*Kloppenburg,* Rn. 26; WPK-*Preis,* Rn. 25.

247 Zu den hierbei denkbaren Fällen *Däubler,* Gewerkschaftsrechte, Rn. 218 ff.

248 Sog. akzessorisches Zugangsrecht der Gewerkschaft; vgl. *BAG* 17.1.89, AP Nr. 1 zu § 2 LPVG NW.

249 *Däubler,* a. a. O., Rn. 219.

250 *Däubler,* a. a. O., Rn. 221; *Zabel,* Anm. zu *ArbG Elmshorn* 28.5.99, AiB 99, 521, 523.

zum Betrieb notwendig machen, selbst in den Fällen zugewiesen sind, in denen ein BR nicht besteht, wie etwa nach §§ 17, 17 a Nrn. 3, 4. In diesen Fällen entscheidet die Gewerkschaft über den **Zeitpunkt,** die **Häufigkeit** und die **Dauer** ihrer Anwesenheit[251].

87 Die Gewerkschaft entscheidet selbst, wen sie als Beauftragten in den Betrieb entsenden will.[252] Ein solcher Beauftragter kann auch ein **ehrenamtlicher Funktionär** eines anderen Betriebs sein.[253] Die Gewerkschaft kann auch **mehrere Beauftragte** entsenden.[254]

88 Der AG ist über den beabsichtigten Zugang der Gewerkschaft zum Betrieb zu **unterrichten;**[255] das **Einverständnis** des AG ist **keine Voraussetzung** des Zutrittsrechts.[256] Die Unterrichtung unmittelbar vor Beginn des Besuchs reicht regelmäßig aus.[257] Weitere Anforderungen sind an die Unterrichtung nicht zu stellen, wie sich aus dem Gesetzeswortlaut ergibt. Sinn der Vorschrift ist es, der Gewerkschaft die **Ausübung ihrer eigenen Rechte** nach dem Gesetz zu ermöglichen. Grenzen ergeben sich lediglich aus den in Abs. 2 abschließend aufgeführten Ausnahmefällen (vgl. Rn. 90 ff.). Die formelle Unterrichtung des AG ist nicht erforderlich, wenn dieser ausdrücklich oder stillschweigend darauf verzichtet.[258] Ein solcher Verzicht kann sich auch aus einer **entsprechenden Übung** ergeben.[259]

89 Ein **Recht des AG zur Begleitung des Gewerkschaftsbeauftragten,** etwa beim Zutritt zu bestimmten Betriebsteilen oder Arbeitsplätzen, besteht nicht.[260] Eine **Beaufsichtigung,** insbesondere durch Werkschutzmitarbeiter, stellt eine unzulässige Behinderung des Zugangsrechts dar.[261]

d) Grenzen des Zugangsrechts

90 Nur in **besonderen Ausnahmefällen** kann der AG einem bestimmten Gewerkschaftsbeauftragten (also niemals der Gewerkschaft generell) den Zutritt zum Betrieb verweigern, so etwa dann, wenn der Gewerkschaftsbeauftragte seine Befugnisse im Wiederholungsfall rechtsmissbräuchlich überschritten oder den AG oder dessen Vertreter grob beleidigt hat und eine Wiederholung zu befürchten ist.[262] Gleichwohl verliert die Gewerkschaft als solche ihr Zutrittsrecht nicht.[263] In scharfer Form mit dem AG ausgetragene sachliche Differenzen oder aggressiv vorgetragene öffentliche Kritik am Verhalten des AG in Presseerzeugnissen oder Flugblättern kann die Verweigerung des Zutritts bzw. ein Hausverbot nicht rechtfertigen.[264] Selbst wenn auf den AG bezogene Äußerungen eines Gewerkschaftsbeauftragten beleidigenden Charakter haben, können sie ein Hausverbot nur begründen, wenn sie im Bereich des Betriebsgeschehens zu ernstlichen Störungen schwerwiegender Art geführt haben und eine Wiederholungsgefahr besteht. Sind die Äußerungen als Reaktion auf polemische und aggressive verbale Angriffe oder ein offen rechtswidriges Verhalten des AG erfolgt oder entschuldigt sich der Gewerk-

---

251 Fitting, a. a. O.; ErfK-Koch, Rn. 6; Richardi, Rn. 120.
252 *Fitting,* Rn. 69.
253 *Fitting,* a. a. O.; *Däubler,* Gewerkschaftsrechte, Rn. 223; Richardi-*Richardi,* Rn. 117; WPK-*Preis,* Rn. 28.
254 *Däubler,* a. a. O.; Erfk-*Koch,* Rn. 6; *Fitting,* a. a. O.; Richardi-*Richardi,* Rn. 119.
255 Vgl. dazu das Musterschreiben in DKKWF-*Berg,* § 2 Rn. 2.
256 *Fitting,* Rn. 75; *GL,* Rn. 84; HWGNRH -*Rose,* Rn. 177; Richardi-*Richardi,* Rn. 124.
257 HaKo-BetrVG-*Kloppenburg,* Rn. 28; enger, ausreichend nur in Eilfällen: *Fitting,* Rn. 74; *GL,* Rn. 84; GK-*Franzen,* Rn. 69; HWGNRH -*Rose,* Rn. 179; Richardi-*Richardi,* Rn. 125.
258 *Däubler,* Gewerkschaftsrechte, Rn. 253; GK-*Franzen,* Rn. 67.
259 *Däubler,* a. a. O.
260 *LAG Hamm* 5.10.72, EzA § 2 BetrVG 1972, Nr. 4; *Däubler,* Gewerkschaftsrechte, Rn. 230; GK-*Franzen,* Rn. 64; HaKo-BetrVG-*Kloppenburg,* Rn. 27; KassArbR-*Etzel,* 7.1., Rn. 1328.
261 *ArbG Elmshorn* 28.5.99, AiB 99, 521, 522.
262 *Fitting,* Rn. 69; GK-*Franzen,* Rn. 76; vgl. auch *BAG* 18.3.64, 14.2.67, AP Nrn. 1, 2 zu § 45 BetrVG; *LAG Rheinland-Pfalz* 11.1.13 – 9 TaBVGa 2/12, juris; *HessLAG* 3.2.11 – 9 TaBV 137/10, juris; *Sächsisches LAG* 27.3.06 – 3 TaBV 6/06; *LAG Hamm* 3.6.05, AuR 05, 465; *ArbG Arnsberg* 22.12.11 – 2 BVGa 3/11.
263 *Fitting,* a. a. O.
264 *HessLAG* 3.2.11 – 9 TaBV 137/10, juris; *Sächsiches LAG* 27.3.06 – 3 TaBV 6/06; *LAG Hamm* 12.9.08 – 10 TaBV 25/08, juris; 25.1.08 – 10 TaBV 75/07; 3.6.05, AuR 05, 465; 17.11.00, AiB 01, 723 mit Anm. *Pahde.*

schaftsbeauftragte für seine Äußerungen, kann der Zutritt zum Betrieb in der Regel nicht verweigert werden.[265] Ebenso wenig kann der AG einem Gewerkschaftsbeauftragten das Zutrittsrecht versagen, wenn dieser als AN-Vertreter dem AR eines Konkurrenz-UN angehört.[266]

Auch **vor** einem **Arbeitskampf** bestehen keine besonderen Beschränkungen für das betriebsverfassungsrechtliche Zugangsrecht der Gewerkschaft.[267] Dasselbe gilt **während** eines Arbeitskampfes.[268] Die Gegenmeinung übersieht, dass Arbeitskämpfe tariffähiger Parteien vom Gebot der vertrauensvollen Zusammenarbeit und der Wahrung des Friedens des Betriebs ausdrücklich nicht berührt werden (§ 74 Abs. 2), das BR-Amt im Arbeitskampf uneingeschränkt fortbesteht (vgl. § 74 Rn. 30) und auf den BR gerade im Arbeitskampf vielfältige Aufgaben zukommen (insbesondere zur Zulässigkeit von Betriebsversammlungen, Betriebsbegehungen und Sprechstunden vgl. § 74 Rn. 40 ff.), die für ihn den Rückgriff auf die Gewerkschaft in ihrer betriebsverfassungsrechtlichen Unterstützungsfunktion in besonderem Maße erforderlich machen können. 91

Hinzu kommt, dass das **Arbeitskampfgeschehen** stärker als in der Vergangenheit dadurch geprägt ist, dass Belegschaften nicht vollständig zum Streik aufgerufen werden, nur eine Minderheit der Belegschaft dem Streikaufruf folgt und durch den Einsatz nicht streikfähiger oder -williger AN (z. B. Beamte, AN aus nicht in den Streik einbezogenen Filialen oder Betriebsteilen, Leih-AN) der **Betrieb** (teilweise) trotz des Arbeitskampfes **nicht ruht.** Hier hat der BR allein gem. **§ 80 Abs. 1 Nr. 1** (vgl. dort Rn. 6 ff.) regelmäßig vielfältige Aufgaben wahrzunehmen und ist ggf. auf die Unterstützung der Gewerkschaft angewiesen. Gerade in der Ausnahmesituation eines Streiks kann die rechtlich kompetente Beratung des BR von besonderer Bedeutung sein.[269] Das wird nicht ausreichend berücksichtigt, wenn geäußert wird, während des Arbeitskampfes seien selten betriebsverfassungsrechtliche Aufgaben für die Gewerkschaft zu erledigen[270] 92

Die Wahrnehmung betriebsverfassungsrechtlicher Aufgaben durch eine streikführende Gewerkschaft ist **durch das Gesetz nicht eingeschränkt.** Die in der Literatur geäußerte Befürchtung der rechtsmissbräuchlichen Ausübung des Zugangsrechts ergibt sich weder zwingend aus dem Charakter eines Arbeitskampfes, noch ist sie als rechtlich durchgreifendes Argument zur vorsorglichen Einschränkung des Zugangsrechts geeignet.[271] 93

Soweit in der Vorschrift zum Ausdruck kommt, dem Zugang der Gewerkschaftsbeauftragten könnten unumgängliche **Notwendigkeiten des Betriebsablaufs,** zwingende **Sicherheitsvorschriften** oder der Schutz von **Betriebsgeheimnissen** entgegenstehen, handelt es sich um eine abschließende Aufzählung. Es sind überdies Gründe, die kaum praktische Bedeutung haben. Ihr Vorliegen hat der AG zu beweisen. 94

Auf eine **unumgängliche Notwendigkeit des Betriebsablaufs** kann sich der AG nur berufen, wenn der Zugang zu einer schwerwiegenden und nachhaltigen. Beeinträchtigung des Betriebsablaufs führen würde. Bloße Störungen oder Verzögerungen können für sich allein eine Beschränkung des Zugangsrechts nicht rechtfertigen.[272] **Zwingende Sicherheitsvorschriften** können nur eingreifen, wenn sie das Betreten bestimmter Räumlichkeiten allgemein für alle dort nicht beschäftigten Personen verbieten.[273] Dabei ist zu beachten, dass Gewerkschaftsvertreter in ihrem Zugangsrecht nicht stärker eingeschränkt werden dürfen als AN des Betriebs 95

---

265 *LAG Hamm* 25.1.08, a. a. O.
266 Vgl. *LAG Hamburg* 28.11.86, Mitb 87, 782; vgl. dazu das Musterschreiben bei Auseinandersetzungen um das Zutrittsrecht des Gewerkschaftsbeauftragten im DKKWF-*Berg*, § 2 Rn. 2 ff.
267 *Fitting*, Rn. 71; *GL*, Rn. 89; Richardi-*Richardi*, Rn. 121; HWK/*Gaul*, Rn. 19; a. A. GK-*Franzen*, Rn. 78; HWGNRH -*Rose*, Rn. 232 f.
268 *ArbG Frankfurt* 24.3.99, AuR 99, 412; *Däubler*, Gewerkschaftsrechte, Rn. 242 a; *DE*, Rn. 93; ErfK-*Koch*, Rn. 6; *Fitting*, a. a. O.; *Gamillscheg*, Kollektives Arbeitsrecht, Bd. I, S. 1277; HWK-*Gaul*, a. a. O.; *Klosterkemper*, S. 70; *Kremp*, AuR 73, 200; *WW*, Rn. 15; a. A. GK-*Franzen*, a. a. O.; *GL*, Rn. 89; HSWGN, a. a. O.; *SWS*, Rn. 21 a; differenzierend Richardi-*Richardi*, a. a. O.: Ruhen des Zugangsrechts nur während des Arbeitskampfes, wenn der Betrieb in diesen bereits einbezogen ist.
269 *ArbG Frankfurt* 24.3.99, a. a. O.
270 So ErfK-*Koch* a. a. O.; *Fitting*, a. a. O.
271 So aber GK-*Franzen*, a. a. O.
272 ErfK-*Koch*, Rn. 7; *Fitting*, Rn. 77; GK-*Franzen*, Rn. 73; Richardi-*Richardi*, Rn. 128.
273 Vgl. *Fitting*, Rn. 78.

selbst.[274] Entsprechendes gilt für eine Verweigerung unter Hinweis auf den **Schutz von Betriebsgeheimnissen.** In diesem Zusammenhang ist darauf hinzuweisen, dass Vertreter von Gewerkschaften bei der Wahrnehmung von Aufgaben nach dem BetrVG gemäß § 79 Abs. 2 ohnehin der Verschwiegenheitspflicht unterliegen.[275]

96 Der AG muss darlegen, dass ein Grund vorhanden ist, der dem Zugang des Gewerkschaftsvertreters entgegensteht.[276] Eine bloße Behauptung des AG, dem Zugang des Gewerkschaftsbeauftragten zum Betrieb stünden unumgängliche Notwendigkeiten des Betriebsablaufs, zwingende Sicherheitsvorschriften oder der Schutz von Betriebsgeheimnissen entgegen, genügt nicht. Er muss vielmehr **Tatsachen** vortragen, aus denen sich ergibt, dass diese Gründe vorliegen.[277]

97 Aber selbst dann, wenn der AG dem verlangten Zugang des Gewerkschaftsbeauftragten zu Recht einen der Gründe des § 2 Abs. 2 entgegenhalten könnte, ist er nach dem **Grundsatz der Verhältnismäßigkeit** verpflichtet, die mildeste mögliche Maßnahme anzuwenden, z. B. die Verweigerung des Zutritts auf bestimmte Tageszeiten zu beschränken.[278] Im Übrigen ergibt sich aus der Art der Verweigerungsgründe die offensichtliche Vorstellung des Gesetzgebers, dass der Zutritt der Gewerkschaftsbeauftragten gerade auch **während der Arbeitszeit** zulässig ist.[279]

VI. Koalitionsaufgaben der Gewerkschaften und Vereinigungen der Arbeitgeber

1. Grundsätze

98 Die sich unmittelbar aus **Art. 9 Abs. 3 GG** ergebende **gewerkschaftliche Betätigungsfreiheit im Betrieb**[280] wird durch die den Gewerkschaften verliehenen betriebsverfassungsrechtlichen Befugnisse nicht berührt. Die Vorschrift des Abs. 3 stellt klar, dass die Gewerkschaften berechtigt sind, die Interessen ihrer Mitglieder auch im Betrieb zu vertreten.[281] Aufgrund einer **Vielzahl unmittelbarer und mittelbarer Rechtsbeziehungen,** insbesondere aus dem BetrVG und TVG, zwischen AG und der für ihn tarifzuständigen Gewerkschaft, steht der AG der Gewerkschaft **nicht als unbeteiligter Dritter** gegenüber, zumal er in seinem Betrieb AN und damit tatsächliche oder potenzielle Gewerkschaftsmitglieder beschäftigt.[282] Die Vorstellung des Betriebs als rechtlich »gewerkschaftsfreie Zone« ist demnach der Rechtsordnung nicht nur fremd, sondern mit ihr grundsätzlich nicht vereinbar.

99 Nach der früheren Rspr. sollte Art. 9 Abs. 3 GG der Gewerkschaft und ihren Mitgliedern lediglich einen **Kernbereich koalitionsmäßiger Betätigung** garantieren, der die Tätigkeiten umfasst, für die die Gewerkschaft gegründet ist und die für die Erhaltung und Sicherung ihrer Existenz als unerlässlich betrachtet werden müssen.[283] Dabei ist allerdings zu berücksichtigen, dass die **Gewerkschaft in der Wahl der** ihr zur Erreichung ihrer Ziele geeignet erscheinenden **Mittel frei ist,** und dass diese Mittel selbst vom **Schutz des Art. 9 Abs. 3 GG** erfasst werden, soweit die Verfolgung des Koalitionszwecks vom Einsatz eben dieser Mittel abhängt. Das *BVerfG* hat in seinen **jüngeren Entscheidungen zu Art. 9 Abs. 3 GG,**[284] davon abgesehen, auf

---

274 *ArbG Elmshorn* 28.5.99, AiB 99, 521, 522; *Fitting,* a. a. O.; *Richardi,* Rn. 129.

275 ErfK-*Koch,* Rn. 7; *Fitting,* Rn. 79; WPK-*Preis,* Rn. 30; ähnlich GK-*Franzen,* Rn. 75; a. A. Richardi-*Richardi,* Rn. 130; *GL,* Rn. 87.

276 *Fitting,* Rn. 76.

277 *Fitting,* a. a. O.; GK-*Franzen,* Rn. 77; Richardi-*Richardi,* Rn. 131.

278 ErfK-*Koch,* Rn. 7; *Fitting,* Rn. 76; Richardi-*Richardi,* Rn. 127.

279 *ArbG Elmshorn* 28.5.99, AiB 99, 521, 522; im Ergebnis übereinstimmend: ErfK-*Koch,* Rn. 6; *Fitting,* Rn. 70.

280 Vgl. dazu eingehend *Däubler,* Gewerkschaftsrechte, Rn. 258 ff.

281 So auch *BAG* 28.2.06, NZA 06, 798.

282 *BAG* 28.2.06, a. a. O.

283 Zur Entwicklung der Rspr. des *BVerfG* zu Art. 9 Abs. 3 GG vgl. *Brock,* S. 32 ff.; *Däubler,* Gewerkschaftsrechte, Rn. 263 ff.; *Pieroth,* FS Bundesverfassungsgericht, S. 293 ff.

284 26.6.91, AuR 92, 29; vgl. dazu auch *Däubler,* AuR 92, 1; *ders.,* Gewerkschaftsrechte, Rn. 264 a; *Kühling,* AuR 94, 126, 131 f.; *Schmalz,* PersR 91, 401; 10.1.95, NZA 95, 272; 4.7.95, NZA 95, 754; 14.11.95, NZA 96, 381 = AuR 96, 151, vgl. dazu *Hanau,* ZIP 96, 447; *Heilmann,* AuR 96, 121; 24.4.96, NZA 96,

eine – von vornherein auf einen Kernbereich beschränkte – koalitionsmäßige Betätigung im Rahmen des Art. 9 Abs. 3 GG abzustellen und die Koalitionsfreiheit **lediglich zum Schutz von Grundrechten Dritter oder anderer mit Verfassungsrang ausgestatteter Rechte** für einschränkbar gehalten (ob Einschränkungen auch zum Schutz sonstiger Rechtsgüter zulässig sein könnten, blieb dahingestellt). Mit der in diesen Entscheidungen bekräftigten Auffassung, den Kernbereich koalitionsmäßiger Betätigung vor allem als Schranke für gesetzgeberische Eingriffe zu verstehen, ist die in Anknüpfung an die Entscheidung des *BVerfG* zum Zutrittsrecht außerbetrieblicher Gewerkschaftsbeauftragter zum Betrieb einer kirchlichen Anstalt[285] vom *BAG* ursprünglich verfolgte Konzeption (vgl. dazu Rn. 106 ff.) nicht vereinbar, Art. 9 Abs. 3 GG durch die formelhafte Umschreibung seines Garantiegehalts auf einen **vorgegebenen »Kernbereich«** und das aus Zweckmäßigkeitserwägungen abgeleitete **»Unerlässliche«** zu reduzieren.[286]

Diese Konzeption hat das *BAG* in Anknüpfung an die neuere Rspr. des *BVerfG* zwischenzeitlich aufgegeben.[287] Die in der Vergangenheit restriktive Rspr. des *BAG* zur gewerkschaftlichen Betätigung im Betrieb, etwa zum **Zutrittsrecht außerbetrieblicher Gewerkschaftsbeauftragter** (vgl. Rn. 105 f.), zur **Gewerkschaftswerbung während der Arbeitszeit** (vgl. Rn. 120) oder über ein **betriebsinternes Postverteilungssystem** (vgl. Rn. 124), zur Nutzung eines arbeitgebereigenen **Schutzhelms für Gewerkschaftsaufkleber** (vgl. § 74 Rn. 85 f.) oder zur **Wahl gewerkschaftlicher Vertrauensleute** (vgl. Rn. 134) kann deshalb keinen Bestand haben und bedarf der Revision.[288] **100**

Die koalitionsrechtliche Betätigung der Gewerkschaft kann sich auch auf solche Bereiche erstrecken, bei denen das **BetrVG dem BR** die Regelung **betrieblicher Angelegenheiten übertragen hat**. So fällt es z. B. unter den Schutz der Koalitionsfreiheit, wenn die Gewerkschaft eine Belegschaftsbefragung zu einem von der Gewerkschaft vorgeschlagenen BV-Entwurf in einer bestimmten Frage durchführt und das Befragungsergebnis den Betriebsparteien vorlegt.[289] Das System der Betriebsverfassung hat die Vertretung der AN durch die Gewerkschaft im Betrieb nicht verdrängt, sondern lediglich eine bestimmte Form der Interessenvertretung für die gesamte Betriebsbelegschaft, unabhängig von deren Gewerkschaftszugehörigkeit, konstituiert sowie in ihren Rechten und Aufgaben umschrieben[290] (zum Verhältnis von Gewerkschafts- und BR-Rechten vgl. auch § 74 Rn. 75 ff.). **101**

Das Recht zur koalitionsrechtlichen Betätigung im Betrieb aus Art. 9 Abs. 3 GG steht nicht nur den **Gewerkschaften** (zum Gewerkschaftsbegriff vgl. Rn. 49 ff.) zu, sondern auch den sonstigen – nicht tariffähigen – **AN-Koalitionen** (zur Unterscheidung des Gewerkschaftsbegriffs vom allgemeinen Koalitionsbegriff vgl. Rn. 50), die ansonsten von der Wahrnehmung der gesetzlich geregelten betriebsverfassungrechtlichen Befugnisse der Gewerkschaften ausgeschlossen sind.[291] **102**

Die **nicht tariffähigen AN-Vereinigungen** nehmen in gleicher Weise wie die Gewerkschaften am Schutzbereich des Art. 9 Abs. 3 GG teil und können daher auch das Recht für sich in Anspruch nehmen, im Betrieb zum Zweck der Information und Mitgliederentwicklung aufzutreten.[292] **103**

1157; 24.2.99, AuR 99, 406; 6.2.07, NZA 07, 394; vgl. zum Ganzen auch BFH-*Blank*, Art. 9 Rn. 19; ErfK-*Linsenmaier*, Art. 9 GG Rn. 31, 41; *Fitting*, Rn. 82 ff.

285 17.2.81, AP Nr. 9 zu Art. 140 GG.

286 *Däubler*, Gewerkschaftsrechte, Rn. 269.

287 28.2.06, NZA 06, 798; 25.1.05, NZA 05, 592, 593 f.; 20.4.99, DB 99, 1555.

288 Zu den Einzelheiten *Brock*, S. 148 ff.; *Däubler*, DB 98, 2014 m. w. N.; *Hanau*, in *Grupp/Weth*, AN-Interessen und Verfassung, S. 79, spricht davon, die einschlägige Rspr. des *BAG* sei »Makulatur«. Die Rspr. zu diesem Bereich stehe auf dem »verfassungsrechtlichen Prüfstand« und es könne zu einer Erweiterung der gewerkschaftlichen Werbemöglichkeiten im Betrieb kommen, *ders.*, a. a. O.; ähnlich *Brock*, S. 28; ErfK-*Linsenmaier*, Art. 9 GG Rn. 41; *Fitting*, Rn. 82; Kittner/Zwanziger/*Deinert-Deinert*, § 7 Rn. 35; deutlich zurückhaltender GK-*Franzen*, Rn. 87 f.; Richardi-*Richardi*, Rn. 152 ff.; WPK-*Preis*, Rn. 35.

289 *ArbG Siegburg* 23.5.85, AuR 86, 56; *Zachert*, AiB 83, 23 ff.

290 *Pfarr*, AuR 79, 245.

291 *BVerfG* 26.1.95, NJW 95, 3377; *BAG* 22.5.12, NZA 12, 1176; 19.6.06, NZA 07, 518.

292 *BAG* 22.5.12, a. a. O.; 19.6.06, a. a. O.; *Däubler*, Gewerkschaftsrechte, Rn. 549 ff.; *Fitting*, Rn. 86.

104 Auch mehrere **konkurrierende Gewerkschaften** (oder **AN-Vereinigungen**) können die Rechte zur Werbung und Information im Betrieb aus Art. 9 Abs. 3 GG **parallel** für sich **in Anspruch nehmen.**[293] Dabei dürfen sie allerdings nicht rechtswidrig (Art. 9 Abs. 3 Satz 2 GG) in die Koalitionsfreiheit konkurrierender Gewerkschaften bzw. Koalitionen eingreifen,[294] etwa durch **rechtswidrige Werbung mit unwahren oder beleidigenden Äußerungen** über die Konkurrenz oder durch sonstige **unlautere Maßnahmen**, die auf die **Vernichtung** der gegnerischen Koalition bzw. Gewerkschaft gerichtet sind. Gleichzeitig sind die Gewerkschaften und Koalitionen aus Art. 9 Abs. 3 Satz 2 GG auch gegen **gewerkschaftsfeindliche** und seine **Neutralitätspflicht verletzende Maßnahmen des AG** geschützt,[295] etwa gegen – möglicherweise noch mit der Androhung von Maßregelungen verbundene – **Aufforderungen** an die AN **zum Aus- oder Eintritt** in eine bzw. aus einer der konkurrierenden Gewerkschaften oder die **Verletzung des Gleichbehandlungsgrundsatzes** bei der freiwilligen Einräumung zusätzlicher Gelegenheiten zur Werbung und Information im Betrieb.

2. Koalitionsrechtliches Zugangsrecht von Gewerkschaftsbeauftragten

105 Außerordentlich umstritten war in der Vergangenheit die Frage, ob **außerbetriebliche Gewerkschaftsbeauftragte** ein allgemeines, koalitionsrechtlich begründetes **Zutrittsrecht** zum Betrieb haben, um dort ihren **Betreuungs-, Werbe- und Informationsaufgaben** (dazu auch § 74 Rn. 81 ff.) nachgehen zu können. Durch eine neuere Entscheidung des *BAG*[296] ist diese Frage grundsätzlich i. S. einer **höchstrichterlichen Anerkennung des gewerkschaftlichen Zutrittsrechts** zu Informations- und Werbezwecken beantwortet.[297] Ein derartiges Zutrittsrecht lässt sich zwar nicht aus Abs. 2 herleiten, nach richtiger Auffassung aber aus Art. 9 Abs. 3 GG.[298] Nach dieser zunächst vom *BAG* im Jahre 1978[299] bestätigten Rechtslage war der Zutritt durch außerbetriebliche Gewerkschaftsbeauftragte zum Zweck der **Materialverteilung, Mitgliederbetreuung** und **Mitgliederwerbung** in den Betriebsräumen **außerhalb der Arbeitszeit** jedenfalls dann erlaubt, wenn in dem Betrieb bereits Gewerkschaftsmitglieder vorhanden waren.

106 Die gegen das BAG-Urteil v. 14.2.78,[300] in dem es um das **Zutrittsrecht zum Betrieb einer kirchlichen Anstalt** ging, gerichtete Verfassungsbeschwerde führte zu dessen Aufhebung durch das *BVerfG.*[301] In den Entscheidungsgründen kehrte das *BVerfG* den gedanklichen Ansatzpunkt des *BAG* geradezu um, wenn es dort herausstellt, dass im Sinne der (überholten) **Kernbereichslehre** (vgl. Rn. 98 ff.) ein solches koalitionsrechtliches Zutrittsrecht jedenfalls dann nicht als unerlässlicher Bestandteil der koalitionsmäßigen Bestätigung gemäß Art. 9 Abs. 3 GG anzusehen sei, wenn die Gewerkschaft in dem betreffenden Betrieb bereits durch Mitglieder vertreten ist. Vielmehr könne die Gewerkschaft die zur Sicherung des Fortbestands dienenden zulässigen Maßnahmen (Werbung, Plakataushang, Prospektauslage, Gespräche mit Kollegen) durch ihre zur Belegschaft gehörenden Mitglieder wahrnehmen lassen.[302] Das *BAG* hatte sich wegen der aus § 31 Abs. 1 BVerfGG folgenden Bindungskraft verfassungsgerichtli-

293 *Däubler*, a. a. O., Rn. 548 r ff.
294 *BAG* 31.05.05, NZA 2005, 1182; *Däubler*, a. a. O., Rn. 548 s ff.; ErfK-*Linsenmaier*, GG, Art. 9 Rn. 45.
295 *Däubler*, a. a. O., Rn. 548 x ff.; ErfK-*Linsenmaier*, a. a. O., Rn. 45.
296 28.2.06, NZA 06, 798.
297 Vgl. dazu die Anm. v. *Dieterich*, RdA 07, 110 und *Richardi*, *BAG* AP Nr. 127 zur Art. 9 GG.
298 Wie hier mit eingehender Begründung *Däubler*, Gewerkschaftsrechte, Rn. 407 ff.; ErfK-*Koch*, Rn. 8; ErfK-*Linsenmaier*, Art. 9 GG, Rn. 41; *Fitting*, Rn. 86; *Gamillscheg*, Kollektives Arbeitsrecht, Bd. I, S. 259; HWK-*Gaul*, Rn. 12, 20; KassArbR-*Etzel*, 9.1., Rn. 1413; a. A. Richardi-*Richardi*, Rn. 191 ff., 149 ff.; GK-*Franzen*, Rn. 95 f.; HWGNRH -*Rose*, Rn. 197 ff.; einschränkend *GL*, Rn. 90; so auch nach anfänglicher Unentschlossenheit noch *BAG* 14.2.78, AP Nr. 26 zu Art. 9 GG unter Hinweis darauf, dass dem weder das Hausrecht des AG gemäß Art. 13 GG noch das nach Art. 14 GG geschützte Recht am eingerichteten und ausgeübten Gewerbebetrieb entgegenstünde.
299 14.2.78, a. a. O.
300 AP Nr. 26 zu Art. 9 GG.
301 17.2.81, AP Nr. 9 zu Art. 140 GG.
302 *BVerfG* 17.2.81, a. a. O.; kritisch zu dieser Rspr. auch ErfK-*Schmidt*, Art. 4 GG, Rn. 56; *Pieroth*, FS Bundesverfassungsgericht, S. 293, 302.

cher Entscheidungen in der Folgezeit diesem Verständnis des Unerlässlichkeitskriteriums angeschlossen[303] und es auch auf den außerkirchlichen Bereich übertragen. Unter Berücksichtigung der Aufgabe der Kernbereichsformel durch das BVerfG (vgl. Rn. 98 ff.) geht auch das BAG nunmehr davon aus, dass die Entscheidung des *BVerfG*[304] zumindest für **Betriebe nicht kirchlicher AG keine Bindungswirkung** mehr entfaltet.[305] Weil der Verzicht auf das Unerlässlichkeitskriterium durch das BVerfG – auch im Hinblick auf den kirchlichen Bereich – einschränkungslos erfolgte, kommt seiner früheren Entscheidung allerdings **auch für den kirchlichen Bereich keine Bindungswirkung** mehr zu.[306]

Aus diesen Gründen sprechen unter Zugrundelegung der neueren einschlägigen höchstrichterlichen Rspr. (vgl. dazu die Nachweise in Rn. 106) keine durchgreifenden Gesichtspunkte mehr gegen die Zulässigkeit gewerkschaftlicher Information und Werbung durch einen **außerbetrieblichen Gewerkschaftsbeauftragten** auch im **kirchlichen Bereich.**[307] Diese Auffassung findet ihre mittelbare Bestätigung neuerdings in den Grundsatzentscheidungen des BAG zur Frage der Zulässigkeit **gewerkschaftlicher Streiks in kirchlichen Einrichtungen.**[308] Danach ist die koalitionsmäßige Betätigung der Gewerkschaften in kirchlichen Einrichtungen grundsätzlich in den Schutzbereich des Art. 9 Abs. 3 GG einbezogen. Art. 9 Abs. 3 Satz GG ordnet die Drittwirkung dieses Grundrechts auch gegenüber privatrechtlich organisierten kirchlichen Einrichtungen an. Dies hat nach Auffassung des BAG zur Konsequenz, dass die Gewerkschaften – zur Vermeidung der ansonsten grundsätzlich zulässigen Durchsetzung von Tarifverträgen durch Arbeitskampf – von den Kirchen in deren kollektives Regelungsverfahren zur Festlegung der Arbeitsbedingungen ihrer Beschäftigten angemessen eingebunden werden müssen. Die Beteiligung der Gewerkschaften muss so ausgestaltet werden, dass die durch Art. 9 Abs. 3 GG gewährleistete Freiheit der koalitionsspezifischen Betätigung nur so soweit eingeschränkt wird, wie dies durch das Leitbild der kirchlichen Dienstgemeinschaft zwingend erforderlich ist. Für den **Umfang der gewerkschaftlichen Information und Werbung** im Allgemeinen und das **Zugangsrecht von Gewerkschaftsbeauftragten** zum Betrieb im Besonderen muss dies die weitgehende Geltung der für nichtkirchlichen Einrichtungen bzw. Betriebe geltenden Grundsätze zu Folge haben. Die effektive Wahrnehmung der Interessen ihrer Mitglieder setzt auch im Rahmen der Mitwirkung an den kirchlichen Arbeitsrechtsregelungsverfahrener voraus, dass die Gewerkschaft in der Lage ist, **in den kirchlichen Einrichtungen** ihre Durchsetzungsfähigkeit durch die Werbung von Mitgliedern zu erhalten und auszubauen, mit ihren Mitgliedern zu kommunizieren und über ihre Ziele und Leistungen zu informieren. Unter Berücksichtigung der auch im allgemeinen geltenden Grenzen der gewerkschaftlichen Information und Werbung (vgl. dazu Rn. 112 f., 121, 90, 95 ff.) ist es nicht ersichtlich, dass sich aus dem Schutzbereich des kirchlichen Selbstbestimmungsrechts überzeugend weitergehende Beschränkungen begründen lassen. Beispielsweise beeinträchtigt das Anbringen von Informationen und Werbematerial an einem sog. Schwarzen Brett und die Aktualisierung dieser Aushänge durch einen außerbetrieblichen Gewerkschaftsbeauftragten das kirchliche Selbstbestimmungsrecht (Art 140 GG i. V. m. Art. 137 Abs. 3 WRV) in einem derartig geringen Maße, dass es gegenüber dem Grundrecht der Koalitionsfreiheit insoweit zurücktreten muss.[309] Diese Art der gewerkschaftlichen Information und Werbung durch einen außerbe- **107**

303 19.1.82, AP Nr. 10 zu Art. 140 GG.

304 V. 17.2.81 AP Nr. 9 zu Art. 140 GG.

305 *BAG* 28.2.06, NZA 06, 798; zustimmend *Dieterich,* RdA 07, 110, 112; *Fitting,* Rn. 86; ablehnend HWGNRH *-Rose,* Rn. 197 ff.; *Richardi,* Anm. zu *BAG* AP Nr. 127 zu Art. 9 GG, unter I 1; Richardi-*Richardi,* Rn. 151 ff.

306 *Däubler,* Gewerkschaftsrechte, Rn. 785 ff., 786; ErfK-*Schmidt,* GG, Art. 4 Rn. 56; so wohl auch *Fitting,* a. a. O.; ausdrücklich offen gelassen von *BAG* 28.2.06, a. a. O.; a. A. *LAG Baden-Württemberg* 8.9.10, AuR 10, 528, Ls. = ZTR 11, 121; juris; erledigt durch Anerkenntnisurteil *BAG* 11.12.12 – 1 AZR 552/10.

307 *Däubler,* a. a. O.; *ErfK-Schmidt,* a. a. O.

308 *BAG* 20.11.12, NZA 13, 448; 20.11.12, NZA 13, 437; gegen das Urteil des *BAG* 20.11.12, NZA 13, 448, hat ver.di Verfassungsbeschwerde eingelegt.

309 So auch *LAG Baden-Württemberg* 8.9.10, a. a. O. 10, AuR 10, 528, Ls. = ZTR 11, 121; juris; erledigt durch Anerkenntnisurteil *BAG* 11.12.12 – 1 AZR 552/10, für ein Diakonie-Klinikum mit ca. 1300 Arbeitnehmern, von denen ca. 10 Prozent einer Schwesternschaft angehören.

trieblichen Gewerkschaftsbeauftragten war Gegenstand eines Revisionsverfahrens beim *BAG*, das durch Anerkenntnis der Beklagten (einer diakonischen Einrichtung) beendet wurde.[310] Dies lässt die Schlussfolgerung zu, dass das Zugangsrecht außerbetrieblicher Gewerkschaftsbeauftragter seitens der Diakonie nicht mehr grundsätzlich in Frage gestellt werden dürfte. Auch das Zugangsrecht von Gewerkschaftsbeauftragten zum Betrieb zum **Einsatz anderer Mittel der gewerkschaftlichen Information und Werbung** (statt des Aktualisierung von Aushängen am sog. Schwarzen Brett) wird durch das kirchliche Selbstbestimmungsrecht jedenfalls nicht stärker eingeschränkt als in nichtkirchlichen Bereichen.[311]

108 Das **Zugangsrecht außerbetrieblicher Gewerkschaftsbeauftragter** zum Zwecke der Information und Mitgliederwerbung ist – jedenfalls jenseits des Bereichs kirchlicher AG – durch die neuere Rspr. des *BAG* **höchstrichterlich dem Grunde nach anerkannt.**[312] Da das sich aus Art. 9 Abs. 3 GG ergebende **Recht zur gewerkschaftlichen Betätigung im Betrieb** mit dem durch Art. 13, 14 Abs. 1 GG geschützten **Haus- und Eigentumsrecht** und der sich aus Art. 12 Abs. 1 GG ergebenden **wirtschaftlichen Betätigungsfreiheit des AG** in Kollision geraten kann, ist zwischen den entgegenstehenden Grundrechtspositionen praktische Konkordanz herzustellen.[313] Dies wird vom *BAG* nunmehr typisierend dahingehend konkretisiert, dass ein **einmaliger Betriebsbesuch pro Kalenderhalbjahr** bei Einhaltung einer **Ankündigungsfrist von einer Woche** in der Regel dem Gebot praktischer Konkordanz entspricht.[314] Beschränkt die Gewerkschaft ihre gewerkschaftliche Information und Werbung im Betrieb durch externe Beauftragte auf diesen Umfang, bedarf es demnach für die Zulässigkeit des Zutrittsbegehrens in der Regel keiner besonderen Begründung im Einzelfall.

109 Auch bei typisierender Betrachtung ist diese **Ausgestaltung** des gewerkschaftlichen Zugangsrechts durch das BAG **nicht überzeugend** und im Ergebnis zu restriktiv. Zunächst ist die Ableitung der Beschränkung der Häufigkeit der Betriebsbesuche aus § 43 Abs. 4 BetrVG nicht sehr naheliegend. Das der Gewerkschaft in dieser Vorschrift im Rahmen ihrer betriebsverfassungsrechtlichen Unterstützungsfunktion (vgl. Rn. 74 ff.) eingeräumte Antragsrecht zur Durchsetzung eines Minimalstandards von Betriebsversammlungen (eine Betriebsversammlung pro Kalenderhalbjahr) hat den Zweck, die Durchführung der gesetzlich vorgeschriebenen Betriebsversammlungen zu fördern und diesbezüglich den untätigen und seine betriebsverfassungsrechtlichen Pflichten verletzenden BR einer gewissen Kontrolle durch die Gewerkschaft zu unterwerfen (vgl. § 43 Rn. 1, 40 ff.). Der Regelungsgehalt der §§ 43 Abs. 4, 46 Abs. 1 bezieht sich weder auf die koalitionsrechtliche Betätigung der Gewerkschaft im Betrieb noch enthält er eine Aussage zur Häufigkeit der Ausübung des betriebsverfassungsrechtlichen Zugangsrechts (vgl. dazu Rn. 86).

111 Hinzukommt, dass der gesetzestreue BR mindestens in jedem Kalendervierteljahr eine Betriebsversammlung durchführt (vgl. § 43 Abs. 1 Satz 1), zu denen der AG den Zutritt eines Gewerkschaftsbeauftragten ausnahmslos dulden muss (vgl. § 46 Abs. 1). Bei Anknüpfung an einem gesetzlich geregelten Fall in der Betriebsverfassung, in dem der AG den Betriebsbesuch eines Gewerkschaftsbeauftragten ohne nähere Begründung zur Häufigkeit zu dulden hat[315], hätte man aus der gesetzlichen Wertung in § 43 Abs. Satz 1 ableiten können, dass zum Zwecke der Mitgliederwerbung auch **ein einmaliger Betriebsbesuch pro Kalendervierteljahr** dem Gebot praktischer Konkordanz entspricht. Unabhängig davon muss der AG im Rahmen der betriebsverfassungsrechtlichen Unterstützungsfunktion der Gewerkschaft (vgl. dazu die Übersicht in Rn. 74 f.) noch wegen zahleicher weiterer Anlässe (vgl. etwa zur Teilnahme an BR-Sitzungen § 31) in einer Vielzahl von Fällen pro Kalenderjahr die Anwesenheit eines Gewerkschaftsbeauftragten im Betrieb dulden. Der Ausgestaltung des betriebsverfassungsrechtlichen

310 *BAG* 11.12.12, a. a. O.
311 *Däubler*, a. a. O.; *ErfK-Schmidt*, a. a. O.
312 *BAG* 22.6.10, NZA 10, 1365, 1367 = AuR 11, 361 mit krit. Anm. *Däubler* = AiB 11, 137 mit Anm. *Ratayczak*; 28.2.06, a. a. O.; *LAG Hamm* 16.12.14, NZA 15, 249; *LAG Bremen* 28.11.13, ZTR 14, 286; *LAG Berlin-Brandenburg* 3.8.11, AuR 12, 83 Ls.; juris
313 *BAG* 22.6.10 a. a. O.
314 *BAG* 22.6.10, a. a. O., 1368; zustimmend *LAG Bremen* 28.11.13, a. a. O.; *LAG Berlin-Brandenburg* 3.8.11, a. a. O.
315 *BAG* 22.6.10, a. a. O.

Zugangsrechts der Gewerkschaft lässt sich demnach die gesetzliche Wertung entnehmen, dass jedenfalls im Rahmen der Betriebsverfassung die häufige und wiederholte Anwesenheit von Gewerkschaftsbeauftragten im Betrieb den AG nicht durchgreifend in seinen – auch verfassungsrechtlich geschützten – Rechten beeinträchtigt.

112 Die nicht näher begründete Annahme des *BAG*, ein **einmaliger Betriebsbesuch** der Gewerkschaft **pro Kalenderhalbjahr** sei **»typischerweise« ausreichend**, um für die Gewerkschaftsmitgliedschaft zu werben und für die AN präsent zu bleiben,[316] kontrastiert nicht nur mit den Erfahrungen gewerkschaftlicher Betriebsarbeit und Werbeaktivitäten sowie den Ergebnissen entsprechender sozialwissenschaftlicher Studien, sondern auch mit der höchstrichterlichen Erkenntnis, dass die Präsenz der Gewerkschaft im Betrieb und am Arbeitsplatz für die effektive Wahrnehmung ihres Betätigungsrechte aus Art. 9 Abs. 3 GG von hervorragender Bedeutung ist, und dass es der Gewerkschaft selbst überlassen bleibt, über Anlass, Inhalt, Ort und konkreter Durchführung von Informations- und Werbemaßnahmen zu befinden.[317] Dieser Einschätzungsprärogative muss sich grundsätzlich auch auf die **Häufigkeit der Betriebsbesuche** erstrecken. Z. B. ist in Betrieben mit hoher Personalfluktuation, vielen Außendienstmitarbeitern, größeren Randbelegschaften mit kurzzeitig befristet Beschäftigten, Teilzeitarbeitsverhältnissen oder Leiharbeitnehmern sowie in Betrieben mit Schichtensystemen oder ausdifferenzierten Arbeitszeiten eine einmaliger Besuch pro Kalenderhalbjahr schon aufgrund der betrieblichen Gegebenheiten nicht ausreichend. Das kann etwa auch für Betriebsbesuche aus Anlass der Vorbereitung von Tarifverhandlungen oder während laufender Tarifauseinandersetzungen gelten (zum Zugangsrecht im Zusammenhang mit Arbeitskämpfen vgl. Rn. 91 f.).

113 Unter Berücksichtigung der bisherigen **Praxiserfahrungen** mit der Ausübung des betriebsverfassungs- und koalitionsrechtlichen Zugangsrechts von Gewerkschaftsbeauftragten sind nennenswerte **Störungen der Betriebsabläufe** oder die Beeinträchtigung sonstiger geschützter Interessen des AG in der Regel **nicht zu befürchten** (nahezu alle dokumentierten gerichtlichen Auseinandersetzungen um das Zugangsrecht hatten bisher die Person und das Verhalten von Gewerkschaftsbeauftragten und nicht gegenläufige Betriebsablaufstörungen oder Sicherheits- und Geheimhaltungsinteressen des AG zum Gegenstand (vgl. dazu Rn. 90, 95 ff.). Bei den vom *BAG*[318] angesprochenen Haus- und Eigentumsrechten des AG aus Art. 13, 14 Abs. 1 GG ist bei der erforderlichen Abwägung die Sozialbindung des Eigentums und die nur eingeschränkte Geltung des Hausrechts für Betriebs- und Geschäftsräume zu berücksichtigen. Die darüber hinaus angeführten gegenläufigen Interessen und Rechte des AG, die neben einer **Störung des Betriebsablaufs** noch relevant werden könnten (**Wahrung des Betriebsfriedens, Geheimhaltungs- und Sicherheitsinteressen**), sind in ihrer Abstraktheit wenig aussagekräftig.[319]

114 Diese Problemlagen sind auch im Rahmen des **betriebsverfassungsrechtlichen Zugangsrechts** gem. Abs. 2 zu verarbeiten, so dass viel dafür spricht, die dort geltenden Grundsätze weitgehend zu übertragen.[320] Dies dürfte auch für die Fragen des **Ausmaßes und der Intensität** des koalitionsrechtlichen Zugangsrechtes gelten (Häufigkeit, zeitlicher Umfang, Zeitpunkt, räumliche Beschränkungen, Besuch der Arbeitsplätze, Anzahl der Gewerkschaftsbeauftragten, Ankündigung beim AG usw.; zum **Umfang** und zu den **Grenzen der praktischen Ausübung des Zugangsrechts** vgl. daher auch die Ausführungen bei Rn. 82 f., 86 ff).[321] Demgegenüber ist die in Abweichung davon vom *BAG* neuerdings verlangte **einwöchige Regelfrist** für die vorherige **Ankündigung des Betriebsbesuchs beim AG** zu starr und lässt sich auch bei typisierender Betrachtung nicht regelhaft aus dem »organisatorischen Aufwand« des AG herleiten.[322] Der AG hat danach – von Ausnahmefällen einer Störung des Betriebsablaufs oder bei

316 *BAG* 22.6.10, a. a. O., 1368.

317 *BAG* 22.6.10, a. a. O., 1367; 28.3.06, a. a. O.

318 28.2.06, NZA 06, 798.

319 Kritisch dazu *Buschmann*, FS Nagel, S. 245, 262 f.; *Dieterich*, RdA 07, 110, 113 f.

320 *ArbG Emden* 12.11.75, AuR 76, 185; *Däubler*, Gewerkschaftsrechte, Rn. 438 ff.; *Dieterich*, a. a. O., 113; WPK-*Preis*, Rn. 38; für die erforderliche vorherige Unterrichtung des AG wird dies auch vom BAG erwogen: 28.2.06, a. a. O.

321 Das *LAG Bremen* 26.11.13, ZTR 14, 286, gewährt in diesem Zusammenhang der Gewerkschaft die Einschätzungsprärogative, welche Räumlichkeiten im Betrieb, etwa ein Pausen- oder Sozialraum, für die Mitgliederwerbung am geeignetsten sind.

322 *BAG* 22.6.10, a. a. O., 1368.

der Beeinträchtigung von Sicherheits- oder Geheimhaltungsbelangen **im konkreten Einzelfall**[323] abgesehen – Gewerkschaftsbeauftragten zum Zwecke der gewerkschaftlichen Information und Werbung Zugang zum Betrieb zu gewähren,[324] und kann das Zugangsrecht **nicht regelhaft** auf einen **einmaligen Betriebsbesuch pro Kalenderhalbjahr** beschränken. Etwaige Ankündigungspflichten und das Ausmaß und die Intensität des koalitionsrechtlichen Zugangsrechts sind an den für das betriebsverfassungsrechtliche Zugangsrecht geltenden Maßstäben zu orientieren. Die demgegenüber restriktivere Rspr. des BAG[325] kann jedenfalls nicht ohne weiteres auf Betriebe übertragen werden, die, wie etwa Einzelhandelsgeschäfte, grundsätzlich dem **allgemeinen Publikumsverkehr** geöffnet sind.[326] Wenn ein AG seinen Betrieb dem allgemeinen Publikumsverkehr öffnet, kann er nicht verlangen, dass der Gewerkschaftsbeauftragte seinen Besuch eine Woche vorher ankündigt und die Häufigkeit seiner Besuche an § 43 Abs. 4 orientiert.[327] Jedenfalls wenn sich die Aktivität des Gewerkschaftsbeauftragten auf die Aushändigung einer schriftlichen gewerkschaftlichen Information an die AN beschränkt, kann dies auch **während der Arbeitszeit** erfolgen. AN verbringen – bei Akzeptanz durch den AG – üblicherweise einen kurzen, den Betriebsablauf nicht beeinträchtigenden Anteil ihrer Arbeitszeit beim privaten Gespräch mit ihren Kolleginnen und Kollegen oder privaten Verrichtungen (vgl. zu diesem Gesichtspunkt auch Rn. 122). Wie beim betriebsverfassungsrechtlichen Zugangsrecht wird das koalitionsrechtliche Zugangsrecht in diesen Fällen nur durch berechtigte betriebliche Belange des AG an einem störungsfreien Betriebsablauf beschränkt.[328]

115 Werden in einer Branche oder in einem Betrieb gewerkschaftliche Betriebsbesuche seit Jahren oder Jahrzehnten im Einvernehmen aller Beteiligten z. B. monatlich durchgeführt, kann dies eine auf **Gewohnheitsrecht** oder **Betriebsübung** fußende Rechtsgrundlage für das Zugangsrecht erzeu gt haben.[329]

116 Das Zugangsrecht von Gewerkschaftsbeauftragten zum Betrieb kann – wie die gewerkschaftliche Betätigung im Betrieb überhaupt[330] – auch **durch TV geregelt und konkretisiert** werden.[331]

117 Nehmen unternehmens- oder konzernangehörige AN in **Konzernen oder UN mit dezentralen Betriebsstrukturen** (z. B. Filialorganisation) die Funktion von Gewerkschaftsbeauftragten wahr, ist diesen bereits auf der Grundlage der bisher engeren höchstrichterlichen Rspr. (vgl. Rn. 106) vom AG auch Zugang zu Betrieben (bzw. Filialen) zwecks gewerkschaftlicher Werbung und Information zu gewähren, in denen diese AN selbst nicht beschäftigt sind. Art. 9 Abs. 3 GG garantiert auch die **zwischen- und überbetriebliche Kommunikation von Gewerkschaftsmitgliedern.**[332]

118 Für sog. **Industrieparks, Einkaufszentren** oder sonstige **abgeschlossene Gewerbegebiete,** in denen mehrere wirtschaftlich und/oder rechtlich selbstständige Betriebe eine von einem sog. **Betreiber** zur Verfügung gestellte Infrastruktur (z. B. Administration, Logistik, sonstige Dienstleistungen) gemeinsam nutzen,[333] kann sich für das betriebliche Zugangsrecht außer-

323 Vgl. *BVerfG* 14.11.95, NZA 96, 381.

324 Im Ergebnis wie hier *Däubler*, Arbeitsrecht 1, Rn. 1199; *ders.*, Gewerkschaftsrechte, Rn. 407 ff; *ders.*, DB 98, 2014, 2016; *Buschmann*, FS Nagel, S. 245, 259 ff.; HWK-*Gaul*, Rn. 20; KassAubR-*Etzel*, 9.1., Rn. 1499; ErfK-*Linsenmaier*, Art. 9 GG Rn. 41; WPK-Preis, Rn. 38; auch für kirchliche Einrichtungen: Buschmann, a. a. O., S. 264; ErfK-*Schmidt*, Art. 4 GG Rn. 56; *Fitting*, Rn. 86; *Gamillscheg*, Kollektives Arbeitsrecht, Bd. I, S. 259;; KassArbR-*Etzel*, 9.1.; Rn. 1413; Schaub-*Koch*, § 215 Rn. 8; a. A. *Brock*, S. 210 ff.; GK-*Franzen*, Rn. 95 f.; HWGNRH-*Rose* Rn. 197; Richardi-*Richardi*, Rn. 151 ff.; für ein Zugangsrecht zumindest in Betrieben ohne Gewerkschaftsmitglieder GK-*Franzen*, Rn. 96; MünchArbR-*Löwisch/Rieble*, § 157 Rn. 81; *GL*, Rn. 66, 90; *Hanau*, in *Grupp/Weth*, AN-Interessen und Verfassung, S. 80.

325 *BAG* 22.6.10, a. a. O.

326 *HessLAG* 5.1.11 – 16 Sa 863/11. Schaub-*Koch*, § 215 Rn. 8

327 *HessLAG* 5.1.11, a. a. O.

328 *HessLAG* 5.1.11, a. a. O.

329 Dazu im einzelnen *Däubler*, Gewerkschaftsrechte, Rn. 434 ff.

330 Vgl. *Däubler*, a. a. O., Rn. 653 ff.

331 Vgl. etwa § 13 BRTV; dazu *BAG* 22.6.10, a. a. O., 1366; *ArbG Frankfurt/M.* 3.11.04; *ArbG Bremerhaven* 2.9.04, AiB 05, 118, mit Anm. *Ulrich*.

332 Vgl. *Däubler*, a. a. O., Rn. 377 ff.

333 Vgl. dazu *Kittner*, AuR 98, 98 ff.

betrieblicher Gewerkschaftsbeauftragter (aber auch für die sonstige Ausübung gewerkschaftlicher Werbung und Information) die Frage nach der räumlichen Ausdehnung der Einheit »Betrieb«[334] bzw. das Problem stellen, ob der mit dem AG nicht identische Betreiber unter Bezugnahme auf das **Recht am eingerichteten und ausgeübten Gewerbebetrieb** oder auf **Eigentums- und Besitzrechte** das Recht auf gewerkschaftliche Information und Werbung beschränken kann. Denkbar wären Zutritts- oder Hausverbote für von den Betrieben gemeinsam genutzte **Zufahrtswege, Parkplätze, Ladenpassagen oder sonstige Räume.**[335]

Zunächst findet durch gewerkschaftliche Werbung und Information, die auf die in den Be- **123**
trieben beschäftigten AN gerichtet sind, ein Eingriff in die auf die Bereitstellung von Räumen, Gelände und Dienstleistungen beschränkte gewerbliche Betätigung des Betreibers nicht statt. Mit dem Betreten und der Nutzung der Grundstücksflächen des Betreibers sind dessen Eigentums- und Besitzrechte nicht in rechtlich relevantem Umfang berührt. Der Betreiber stellt sein Grundstück ohnehin für den Zutritt und das Verweilen einer zahlenmäßig grundsätzlich nicht beschränkten Anzahl von Personen zur Verfügung, die als AN, Kunden, Lieferanten, Dienstleister, Besucher etc. der angesiedelten Betriebe das Gelände des Betreibers betreten und nutzen. Da der **AG** gesetzlich verpflichtet ist, Gewerkschaftsbeauftragten den Zugang zum Betrieb zu gewähren, ist er im Zweifel **verpflichtet, im Binnenverhältnis zum Betreiber** ggf. die entsprechenden **rechtlichen Grundlagen für den ungehinderten Zugang zu schaffen.** Auch die auf Seiten des Betreibers in Frage kommenden Grundrechte aus Art. 13, 14 GG sind nur marginal berührt, während Art. 9 Abs. 3 GG bei Verweigerung des Zutrittsrechts zu Betrieben in derartigen Gewerbe- oder Einkaufsgebieten praktisch leer laufen würde. Der Betreiber muss daher das Betreten und die Nutzung seiner Grundstücksflächen durch inner- und außerbetriebliche Gewerkschaftsbeauftragte bzw. -mitglieder zum Zwecke der gewerkschaftlichen Werbung und Information hinnehmen.

Einschränkungen des koalitionsmäßigen Zugangsrechts außerbetrieblicher Gewerkschaftsbe- **119**
auftragter ergeben sich auch nicht in **Vorbereitung einer Tarifrunde,** z. B. zur Information über die Tarifforderungen oder den Stand der Tarifverhandlungen (vgl. dazu auch § 45 Rn. 8, § 46 Rn. 7). Umstritten ist das Zugangsrecht zum Zwecke des **Aufrufs zum gewerkschaftlichen Streik.**[336] Wenn das gewerkschaftliche Streikrecht von der Rechts- und Verfassungsordnung als Rechtsinstitut anerkannt und garantiert ist, kann die Ausübung dieses Rechts mit Unterstützung außerbetrieblicher Gewerkschaftsbeauftragter nicht von vornherein für den AG als nachteilig Betroffenen unzumutbar bzw. unverhältnismäßig sein.[337]

3. Gewerkschaftliche Information und Werbung durch betriebsangehörige Gewerkschaftsmitglieder

Die koalitionsmäßige Betätigung **der im Betrieb beschäftigten** Gewerkschaftsmitglieder blieb **120**
auch von der früher restriktiven Rspr. des *BAG* unberührt, so dass insbesondere die **Plakatwerbung,**[338] die **Verteilung von Informationsmaterial,**[339] die Verteilung einer **Gewerkschaftszeitung,**[340] die **Nutzung »Schwarzer Bretter«,**[341] **Befragungen der AN** mittels eines

---

334 Vgl. *Däubler,* a. a. O., Rn. 373 ff.

335 *Zachert/Binkert,* NZA 98, 337, aus deren Überlegungen die folgende Argumentation entwickelt wurde, haben diesen Sachverhalt unter arbeitskampfrechtlichen Fragestellungen untersucht.

336 Bejahend *ArbG Mainz* 18.4.96 – 8 Ga 1014/96; TVG-AKR/AKR, Rn. 526; *Däubler,* Gewerkschaftsrechte, Rn. 501; *Wolter,* in *Däubler,* Arbeitskampfrecht, § 16 Rn. 14 ff.; a. A. *Otto,* § 12 Rn. 21; ähnlich *LAG Hamm* 23.4.97, BB 97, 1537 [lediglich in Ausnahmefällen denkbar]; *LAG Bremen* 14.1.83, DB 83, 778; *ArbG Bamberg* 30.6.75, BB 76, 978.

337 *Däubler,* a. a. O.

338 *BAG* 30.8.83, AP Nr. 38 zu Art. 9 GG; ErfK-*Koch,* Rn. 8; *Fitting,* Rn. 85; GK-*Franzen,* Rn. 93; *Richardi,* Rn. 159; vgl. auch § 74 Rn. 58.

339 *BAG* 12.6.86, NZA 87, 153; näher *Däubler,* Gewerkschaftsrechte, Rn. 354 ff.

340 Das *BAG* 23.2.79, AP Nr. 29 zu Art. 9 GG, will dies nicht zulassen, wenn es um die Verteilung ausschließlich an die Mitglieder der eigenen Organisation geht, weil hierin keine Werbung liege; kritisch *Däubler,* DB 98, 2014, 2015; *Fitting,* § 74 Rn. 73; *Hanau,* AuR 83, 261; Richardi-*Richardi,* Rn. 167; *Schulte Westenberg,* NJW 97, 376; a. A. GK-*Franzen,* a. a. O.; die **Verteilung einer Gewerkschaftszeitung** ist auch nicht in **kirchlichen Einrichtungen,** etwa durch die Grundsätze der Kirchen-

Fragebogens,[342] u. U. auch der Einsatz eines **Megaphons,**[343] nach h. M. zulässig sind, soweit dies **außerhalb der Arbeitszeit** (also z. B. in den Pausen oder vor Beginn und nach Ende der Arbeitszeit) geschieht.[344] In diesem Zusammenhang ist es auch zulässig, dass sich die Gewerkschaft **kritisch mit der Arbeit des BR** auseinandersetzt oder z. B. eine Befragungsaktion innerhalb der Belegschaft durchführt, in der diese Gelegenheit erhält, zu den Verhandlungen der Betriebsparteien über eine BV oder zu einem **Vorschlag der Gewerkschaft zum Abschluss einer BV** Stellung zu nehmen.[345]

120a Diese Mittel der gewerkschaftlichen Information und Werbung (z. B. das Anbringen eines »Schwarzen Brettes«, Verteilung gewerkschaftlicher Informationsschriften oder einer Betriebszeitung) können von im Betrieb beschäftigten Gewerkschaftsmitgliedern auch in **kirchlichen Einrichtungen** eingesetzt werden. Dem steht das **kirchliche Selbstbestimmungsrecht** nicht entgegen[346] (vgl. dazu auch Rn. 107).

121 Die ältere Rspr. des *BAG,* nach der die **Verteilung gewerkschaftlichen Informationsmaterials** grundsätzlich nicht während der **Arbeitszeit** erfolgen darf, weil dies zum Schutz der Existenz der Gewerkschaft nicht unerlässlich sei,[347] beruhte auf einer **Missdeutung der Kernbereichslehre** des *BVerfG* (vgl. zu seinen neueren Art. 9 Abs. 3 GG betreffenden Entscheidungen Rn. 98 ff., 106 ff.) und lässt eine **Abwägung der Grundrechtsgüter** der Gewerkschaftsmitglieder einerseits und des AG andererseits vermissen. Nach der vom *BVerfG*[348] vertretenen Auffassung sind die gewerkschaftliche Werbung und Information im Betrieb **während der Arbeitszeit** im Rahmen der Koalitionsbetätigungsgarantie des Art. 9 Abs. 3 GG jedenfalls immer dann **zulässig**, wenn die gewerkschaftliche Betätigung, z. B. wegen ihres Zeitpunktes oder Umfangs, nicht zu erheblichen Störungen des Arbeitsablaufs führt. Das *BVerfG*[349] hat festgestellt, dass die gewerkschaftliche Werbung Voraussetzung dafür sei, dass eine Gewerkschaft ihre in Art. 9 Abs. 3 genannten Aufgaben erfüllen könne. Durch Werbemaßnahmen würden der Fortbestand und die Verhandlungsstärke einer Gewerkschaft gesichert. Die mit Grundrechtsschutz versehene Mitgliederwerbung könne für den betrieblichen Bereich allein durch grundrechtlich geschützte Positionen des AG beschränkt werden. Es sei daher das Interesse des AN, während der Arbeitszeit gewerkschaftliche Werbung im Betrieb zu tätigen (Art. 9 Abs. 3 GG), gegen das Interesse des AG an einem ungestörten Arbeitsablauf und Betriebsfrieden (Art. 2 Abs. 1 GG) abzuwägen.

122 Soweit der AG also keine nachhaltige Störung vom Arbeitsablauf oder Betriebsfrieden darlegen kann, ist gewerkschaftliche Werbung auch **während der Arbeitszeit** grundsätzlich **zulässig** und stellt demnach keine Verletzung arbeitsvertraglicher Pflichten dar.[350] Ist eine Störung von Arbeitsablauf oder Betriebsfrieden überhaupt darzulegen, sind bei der Feststellung des vom AG hinzunehmenden Grades der Störung die Bedeutung der auf beiden Seiten beteiligten Grundrechte und die Tatsache zu berücksichtigen, dass der betriebliche Arbeitsablauf notwendig in soziale und zwischenmenschliche Kommunikationsprozesse eingebunden und damit prinzipiell störanfällig ist. Gewerkschaftliche Werbung, die sich im Rahmen betriebsüb-

---

autonomie, eingeschränkt, *LAG Köln* 19.2.99, AuR 99, 419.

341 Vgl. *Däubler,* Gewerkschaftsrechte, Rn. 358 m. w. N.

342 *ArbG Siegburg* 23.5.95, juris = AuR 86, 56 Ls.

343 Dazu *Däubler,* a. a. O., Rn. 372.

344 Gegen diese Einschränkung aus grundsätzlichen Erwägungen hinsichtlich des Vorrangs von Art. 9 Abs. 3 GG vor arbeitsvertraglichen Pflichten, aber auch wegen Art. 5 des IAO-Übereinkommens Nr. 135 v. 26.3.1971 [BGBl. 1973 II S. 953]: *Däubler,* a. a. O., Rn. 384 ff.

345 *ArbG Siegburg* 23.5.95, a. a. O.

346 *BVerfG* 17.2.81, AP Nr. 9 zu Art. 140 GG; *LAG Köln* 19.2.99, AuR 99, 411; *ArbG Bielefeld* 7.3.12 – 4 Ca 3194/10; *ArbG Siegen* 20.5.10 – 1 Ca 1808/09.

347 Vgl. *BAG* 26.1.82, DB 82, 1327 = AuR 82, 293 mit krit. Anm. *Herschel;* 13.11.91, DB 92, 843 = AiB 92, 353 mit krit. Anm. *Vogelsang,* aufgehoben durch *BVerfG* 14.11.95, NZA 96, 381 = AuR 96, 151; vgl. dazu *Hanau,* ZIP 96, 447; *Heilmann,* AuR 96, 121.

348 14.11.95, a. a. O.

349 14.11.95, a. a. O.

350 *LAG Schleswig-Holstein* 1.12.00, AuR 01, 71 mit Anm. *Rehwald* = AiB 01, 305 mit Anm. *Klebe/Wedde; Buschmann,* FS Nagel, S. 245, 259 f.; *Däubler,* a. a. O., Rn. 404; ErfK-*Kania,* § 74 Rn. 36; *Fitting,* Rn. 85, § 74 Rn. 72; Hako-BetrVG-*Kloppemburg,* Rn. 48; HWK-*Gaul,* Rn. 20.

licher privater Kontakte und Unterhaltungen zwischen AN während der Arbeitszeit am Arbeitsplatz oder in sonstigen Räumlichkeiten des Betriebs bewegt, ist daher auch während der Arbeitszeit in jedem Fall zulässig,[351] ohne darauf von vornherein beschränkt zu sein.[352]

Bereits auf Grundlage der früheren restriktiven höchstrichterlichen Rspr. zur gewerkschaftlichen Informations- und Werbetätigkeit während der Arbeitszeit war es von der Rspr. anerkannt, dass das **Tragen von gewerkschaftlichen Plaketten, Buttons oder Anstecknadeln** an der eigenen (Arbeits-)Kleidung auch **während der Arbeitszeit** zulässig ist.[353] Gewerkschaftsmitglieder haben danach am Arbeitsplatz das **Recht auf ein persönliches Bekenntnis zu ihrer Gewerkschaft**, das als individuelle Ausprägung der koalitionsmäßigen Betätigung aus Art. 9 Abs. 3 GG verfassungsrechtlich gewährleistet ist.[354] Nach Auffassung des *BAG*[355] gibt es auch keinen Erfahrungssatz des Inhalts, dass derartige Formen der Meinungsäußerung das Betriebsgeschehen oder die Arbeitssicherheit beeinträchtigen (zur Zulässigkeit des Tragens von Plaketten und Buttons mit politischen und sonstigen Aussagen vgl. § 74 Rn. 67). **123**

Soweit Gewerkschaftsmitglieder an einem Arbeitsplatz mit **Kontakt zu Kunden des AG** (z. B. Einzelhandel, Gastronomie, Bankhaus, Gesundheitswesen) oder in der Öffentlichkeit (z. B. Straßenbau, Verkehrswesen) tätig sind, bestehen grundsätzlich keine Einschränkungen.[356] Wenn den Gewerkschaften das Recht eingeräumt wird, die Interessen der AN auch gegenüber der Allgemeinheit, dem Staat und den Regierungen zu vertreten,[357] kann man gerade die Kunden des AG als besonders interessierter und dem betrieblichen Geschehen nahe stehender Teil der Allgemeinheit nicht als Adressat gewerkschaftlicher Informationstätigkeit grundsätzlich ausnehmen.[358] Kunden des AG können durch die Gewerkschaft auch im Betrieb zur Solidarität mit bestimmten Anliegen der AN, z. B. in Form eine **Unterschriftensammlung**, aufgefordert werden[359] (vgl. dazu auch Rn. 124). Als zulässig wurde von der Rspr. auch die **Verteilung gewerkschaftlicher Informationen an Kunden des AG** anerkannt, in denen über eine laufende **Tarifauseinandersetzung** informiert wird oder die **Arbeitsbedingungen kritisiert** werden.[360] **123a**

Das Recht auf koalitionsmäßige Betätigung wird vom *BAG*[361] in unvertretbarer Weise eingeschränkt, wenn es das Verbot des AG, **gewerkschaftliche Werbe- und Informationsschriften** über ein **hausinternes Postverteilungssystem** an die AN zu verteilen, nicht als Verstoß gegen Art. 9 Abs. 3 GG wertet.[362] Das Gericht führt zwar aus, dass das Recht auf koalitionsmäßige **124**

351 So auch *Brock*, S. 192; *Fitting*, Rn. 85, § 74 Rn. 72; *Hanau* in *Grupp/Weth*, AN-Interessen und Verfassung, S. 79; *Heilmann*, a. a. O., 123 f.; grundsätzlich wie hier bejahend *Däubler*, a. a. O., Rn. 384 ff., 398; a. A. GK-*Franzen*, Rn. 89; *GL*, Rn. 67; HWGNRH -*Rose*, Rn. 182 f., der sogar die Werbung während der Pausen (!) einschränken will, um »das berechtigte Interesse des AG an ausgeruhten Arbeitnehmern« (!) zu schützen; Richardi-*Richardi*, Rn. 156, 168; wohl auch WPK-*Preis*, Rn. 36.

352 Zum zulässigen Inhalt gewerkschaftlicher Information und Werbung vgl. *Däubler*, a. a. O., Rn. 283 ff.

353 *BAG* 23.2.79, DB 79, 1089

354 *BAG* 23.2.79, a. a. O.

355 23.3.79, a. a. O.

356 *ArbG Hamburg* 19.4.12 – 7 Ga 5/12; *LAG Berlin* 21.12.87 – 5 Sa 119/87.

357 Zuletzt *BVerfG* 6.2.07, NZA 07, 394, *Fitting*, Rn. 82.

358 *Däubler*, Gewerkschaftsrechte, Rn. 489 d.

359 Däubler, a. a. O., Rn. 489 a, unter Verweis auf *BAG* 25.1.05, NZA 05, 394, das eine solche Aktion im speziellen Fall der Unterschriftensammlung der Gewerkschaft in einer Polizeidienststelle wegen der Verletzung des Grundsatzes der Gesetzmäßigkeit der Verwaltung für unzulässig gehalten, aber gleichzeitig daraufhin gewiesen hat, dass das von einer solchen Aktion berührte Eigentums- und Hausrecht eines privaten AG zugunsten der gewerkschaftlichen Betätigungsfreiheit eine Einschränkung erfahren könnte.

360 *ArbG Hamburg* 19.4.12 – 7 Ga 5/12; 30.6.92, AiB 92, 530 mit Anm. *Grimberg* = AuR 93, 189 mit Anm. *Sudhof; vgl. ebenso LAG Köln* 3.2.95, AP Nr. 145 zu Art. 9 Abs. 3 GG Arbeitskampf; HWK-*Gaul*, Rn. 21, verneint die Zulässigkeit gewerkschaftlicher Information und Werbung »in eigenen Interessen« gegenüber Kunden.

361 23.9.86, AP Nr. 45 zu Art. 9 GG.

362 Für eine Revision der Rspr. *Däubler*, DB 98, 2014, 2016; *Klebe/Wedde*, AuR 00, 401, 405, Fn. 47; *Rehwald*, AuR 01, 71 [72]; *Schulte Westenberg*, NJW 97, 376; a. A. GK-*Franzen*, Rn. 93; Richardi-*Richardi*, Rn. 167; WPK-*Preis*, Rn. 36; erste Ansätze zu einer Änderung der Rspr. bei *BAG* 25.1.05, NZA 05, 592, 594 f.

Betätigung erst dort seine Grenze finden könne, wo durch diese Betätigung Rechte anderer berührt werden. Im Ergebnis lässt das *BAG* jedoch das **Eigentumsrecht** des AG an den Postfächern über das Koalitionsrecht aus Art. 9 Abs. 3 GG dominieren. Damit erweist sich die Kritik von *Herschel*[363] an derartigen Ergebnissen der Rspr. nach wie vor als stichhaltig, dass »der Eigentümer einer Stecknadel insofern im Prinzip verfassungsrechtlich mehr geschützt (wird) als die großen, unsere gesellschaftliche Struktur mitprägenden Organisationen«.[364] Im Rahmen gewerkschaftlicher Information ist es auch zulässig, wenn **Zeitungszusteller Informationsblätter über eine Tarifrunde und einen Arbeitskampf** gleichzeitig mit der Zeitung an deren Abonnenten verteilen.[365] Dies stellt keine unzulässige Nutzung der **Vertriebsorganisation** des AG dar. Demgegenüber soll die **Unterschriftensammlung** einer Gewerkschaft in einer **Polizeidienststelle** beim dort verkehrenden Publikum zur Unterstützung der Forderung nach Einstellung zusätzlichen Personals wegen des durch Art. 20 Abs. 3 GG garantierten Grundsatzes der **Gesetzmäßigkeit der Verwaltung** unzulässig sein.[366] Die vom BverfG[367] bestätigte Entscheidung lässt sich allerdings auf die **Privatwirtschaft** nicht übertragen. Wenn ein privater AG keine unzumutbare Störung des Betriebsablaufes geltend machen kann, ist die gewerkschaftliche Unterschriftensammlung zulässig.[368]

125 Die Ausbreitung **elektronischer Kommunikationsformen** in vernetzten UN und die **»Digitalisierung der Betriebe«**[369] werfen im Zusammenhang mit der Ausübung des Rechts auf gewerkschaftliche Werbung und Information im Betrieb die Frage auf, in welchem Umfang Gewerkschaften das Recht haben, unter Nutzung **elektronischer Medien** bzw. der **betrieblichen IT-Struktur** mit den AN im Betrieb zu kommunizieren und gewerkschaftliche Information und Werbung zu betreiben.[370] Neuere Untersuchungen haben ergeben, dass – mit weiter zunehmender Tendenz – inzwischen rund 60 Prozent der AN (im Durchschnitt der Betriebe aller Größenklassen und aller Branchen) am Arbeitsplatz über einen PC und 50 Prozent über einen Internetanschluss verfügen und dass etwa die Hälfte dieser AN diese Arbeitsmittel täglich nutzt.[371] Die **gewerkschaftliche Information und Werbung über das Internet** hat deshalb in den letzten Jahren einen zunehmend größeren Stellenwert bekommen und reicht vom Versand von Informationen an die **betrieblichen E-Mail-Adressen der AN** über die **Verlinkung** in den Internetauftritten der Unternehmen oder der BR **auf die Internetseiten der Gewerkschaften** bis zu eigenen **Präsentationen** der Gewerkschaften in den **betrieblichen Netzwerken** bzw. im **betrieblichen Intranet**.[372]

126 Der **Versand gewerkschaftlicher Informationen** von einem **externen gewerkschaftlichen Rechner** an die Arbeitnehmer über deren **betriebliche E-Mail-Adressen** ist auch ohne Einwilligung des AG und Aufforderung durch die AN zulässig.[373] Dies gilt auch, wenn der AG die

363 AuR 81, 265, 268.

364 Vgl. zur Kritik auch *Kittner,* BetrR 82, 401 ff.; *Herschel,* AuR 82, 294 ff.; *Hanau,* AuR 83, 257 ff.

365 *LAG Köln* 3.2.95, AP Nr. 145 zu Art. 9 Abs. 3 GG Arbeitskampf.

366 *BAG* 25.1.05, NZA 05, 592; dazu kritisch *Buschmann,* FS Nagel, S. 245, 261 f., *Höfling,* Anm. zu BAG AP Nr. 123 zu Art. 9 GG.

367 6.2.07, NZA 07, 394.

368 So auch die Erwägung des *BAG,* 25.1.05, a. a. O.

369 Vgl. die Darstellung bei *Däubler,* Internet, Rn. 46 ff.; *Klebe/Wedde,* AuR 00, 401; *dies.,* DB 93, 1418 f.

370 Dazu eingehend *Däubler,* DB 04, 2102; *Klebe/Wedde,* AuR 00, 401.

371 Nach Input Consulting GmbH, 2010, Anhörung Enquete-Kommission Bundestag »Internet und digitale Gesellschaft«, 5.7.2010.

372 Einen Überblick zum Stand der Entwicklung in Deutschland und Europa im Jahr 2004 gibt eine Studie von *Schertel* für die Hans-Böckler-Stiftung, die auch Informationen über vereinzelte kollektivvertragliche Vereinbarungen zu dieser Art gewerkschaftlicher Information und Werbung enthält: Download über *http://www.boeckler.de/pdf/mbf_projekte_studie_gewerkschaften_in_unternehmensnetzwerken.pdf.*

373 *BAG* 20.1.09, NZA 09, 615; *ArbG Dortmund* 9.10.08 – 4 Ga 103/08 [u. a. auch für den Versand von Streikaufrufen]; *Buschmann,* FS Nagel, S. 245, 265 f.; *Däubler,* Gewerkschaftsrechte, Rn. 547 i ff., 547 n; *ders.,* DB 04, a. a. O., 2103; *Fitting,* Rn. 85; HaKo-BetrVG-*Kloppenburg,* Rn. 50; HWK-*Gaul,* Rn. 13; *Klebe/Wedde,* a. a. O., 405 f.; Richardi-*Richardi,* Rn. 162, 167; *Schwarze,* RdA 10, 115 ff.; a. A. *Arnold/Wiese,* NZA 09, 716; *Beckschulze,* DB 07, 1526, 1535; *Dumke,* RdA 09, 77; GK-*Franzen,* Rn. 94; *Maschmann,* NZA 08, 613, 617 f.; *Mehrens,* BB 09, 2086; *Rieble,* BB 09, 1016, 1019 ; einschränkend; *Hopfner/Schrock,* DB 04, 1558; *Lelley* BB 02, 252; bejahend bei erlaubter privater Nutzung des Intranets; *Hopfner/Schrock,* a. a. O., 1359.

Nutzung der E-Mail-Adressen **zu privaten Zwecken untersagt** hat.[374] Die Ansprache der AN über ihre betrieblichen E-Mail-Adressen ist von der gewerkschaftlichen Betätigungsfreiheit umfasst. Solange nicht nennenswerte Betriebsablaufstörungen oder spürbare, der Gewerkschaft zuzurechnende wirtschaftliche Belastungen damit verbunden sind, haben das durch Art. 14 Abs. 1 GG geschützte Eigentumsrecht des AG und sein von Art. 2 Abs. 1 GG erfasstes Recht am eingerichteten und ausgeübten Gewerbebetrieb zurückzutreten.[375] Die Gewerkschaft kann in diesen Grenzen grundsätzlich selbst bestimmen, in welcher Art und Weise sie ihre Mitgliederwerbung und ihre Informationstätigkeit durchführen will. Insoweit werden auch die Werbung und Information über die betrieblichen E-Mail-Adressen der AN und die damit verbundene Inanspruchnahme der zum Empfang der E-Mail-Schreiben vorhandenen Betriebsmittel des AG grundsätzlich vom Schutzbereich des Art. 9 Abs. 3 GG umfasst. Dementsprechend kann die Gewerkschaft nach hier vertretener Auffassung verlangen, dass ihr der **Versand gewerkschaftlicher E-Mails** an die betrieblichen E-Mail-Adressen der AN über einen **anonymisierten** – die betrieblichen E-Mail-Adressen aller AN umfassenden – **Verteiler (»Alias«) durch den AG ermöglicht** wird, wobei den AN durch entsprechende Vorkehrungen die Möglichkeit einzuräumen ist, die automatische Löschung ihrer E-Mail-Adresse aus dem Verteiler zu veranlassen.[376] Auch im Zusammenhang mit dem Recht der Gewerkschaft, im Betrieb Informationstafeln anzubringen (sog. Schwarzes Brett), ist der AG unstreitig in gewissem Umfang dazu verpflichtet, zur Realisierung der gewerkschaftlichen Betätigung im Betrieb mitzuwirken.

Der Verweis der Gewerkschaft auf klassische schriftliche Informationen, das »Schwarze Brett« oder Plakate würde in Betrieben mit ausgebauter IT-Struktur und elektronischer Kommunikation das Informations- und Werberecht aus Art. 9 Abs. 3 GG leer laufen lassen, während durch die Mitbenutzung des Intranets das Eigentum des AG in seiner potentiellen Nutzung nicht berührt wäre. Weder die Sprengung von **Speicher- und Übertragungskapazitäten** ist durch den üblichen Umfang gewerkschaftlicher Informationen zu erwarten, noch fällt die Mitbenutzung durch die Gewerkschaft **finanziell** ins Gewicht. Dies gilt im Ergebnis erst recht, wenn mit Billigung des AG das Intranet von den AN ohnehin für **private Kontakte und Kommunikation** genutzt werden kann.[377] **127**

Zulässig ist auch der Versand von E-Mail-Schreiben von einem **externen privaten Rechner** außerhalb der Arbeitszeit mit gewerkschaftlicher Werbung durch einen **betriebsangehörigen AN** an die betrieblichen E-Mail-Adressen der AN. Dieses Verhalten stellt keine arbeitsvertragliche Pflichtverletzung dar.[378] **128**

Die Weiterleitung bzw. Bekanntmachung gewerkschaftlicher Informationen durch **betriebsangehörige Gewerkschaftsmitglieder** von einem **betriebsinternen Rechner** über die **betrieblichen E-Mail-Adressen** der AN oder im **Intranet** des Betriebes ist ebenfalls rechtlich unbedenklich, zumindest dann, wenn wegen des damit verbundenen Zeitaufwandes die Arbeitsabläufe nicht beeinträchtigt werden.[379] Dies gilt auch, wenn der AG die Kommunikation per E-Mail auf dienstliche bzw. betriebliche Zwecke beschränkt hat.[380] Auch für **gewerkschaftliche Wahlwerbung** im Zusammenhang mit der Durchführung von **BR- oder AR-Wahlen** kann das betriebliche Intranet durch betriebsangehörige Gewerkschaftsmitglieder benutzt werden.[381] Es ergeben sich für die Zulässigkeit des E-Mail-Versands nach hier vertretener Auffas- **129**

---

374 *BAG* 20.1.09, a. a. O.

375 *BAG* 20.1.09, a. a. O.

376 Zu den datenschutzrechtlichen Fragestellungen bei der Nutzung von nach dem Muster »Vorname.Nachname@Unternehmen.de« erzeugten betrieblichen E-Mail-Adressen von Nichtmitgliedern durch die tarifzuständige Gewerkschaft vgl. *BAG* 20.1.09, a. a. O., 621.

377 Vgl. zu diesen Aspekten *Klebe/Wedde*, DB 93, 1418, 1420; *dies.*, AuR 00, 401, 404.

378 *LAG Schleswig-Holstein* 1.12.00, AuR 01, 71 mit Anm. *Rehwald* = AiB 01, 305 mit Anm. *Klebe/Wedde*; *ArbG Wiesbaden* 10.9.03, RDV 04, 227; a. A. *Beckschulze*, DB 07, 1526, 1535.

379 *HessLAG* 20.8.10, AuR 11, 129, Ls., juris; *Däubler*, a. a. O., Rn. 537; *Klebe/Wedde*, a. a. O., 406.

380 *HessLAG* 20.8.10, a. a. O.; a. A. *BAG* 15.10.13, NZA 14, 319 für den Versand eines Streikaufrufs per E-Mail.

381 *ArbG Brandenburg a. d. H.*, 1.12.04, – 3 Ca 1231/04; *ArbG Frankfurt*, 22.1.03, RDV 04, 179; a. A. *Beckschulze*, DB 07, 1526, 1534; *Maschmann*, NZA 08, 613, 617 f.

sung auch keine Einschränkungen daraus, dass per E-Mail über eine **Tarifauseinandersetzung** informiert und ein **Streikaufruf** [382] verschickt wird. Das **BAG**[383] **vereint** allerdings eine entsprechende **Duldungspflicht des AG**, da vom ihm unter Berücksichtigung seiner entgegenstehenden Rechtspositionen aus Art. 14 Abs. 1 GG nicht verlangt werden könne, dass er durch die Bereitstellung eigener Betriebsmittel an der Verbreitung eines gewerkschaftlichen Streikaufrufs mitwirkt. Wenn ein AG einen rechtmäßigen Streik hinnehmen muss, überzeugt es nicht, dass es für ihn unzumutbar sein soll, dass von Gewerkschaftsmitgliedern im Betrieb über die üblichen Kommunikationswege der Streikaufruf verbreitet wird. Die damit verbundene – quantitativ und qualitativ zu vernachlässigende – Eigentumsbeeinträchtigung wiegt nicht schwerer als die bei der Anbringung von Informationstafeln (»Schwarzes Brett«) im Betrieb. Schließlich ist zu berücksichtigen, dass dem AG die im Betrieb üblichen Kommunikationsmittel als Instrument der Streikabwehr zur Verfügung stehen und in der Regel auch genutzt werden.

130 Zulässig ist ebenso die **Nutzung gewerkschaftlicher Informationsangebote** durch die AN **im Internet.**[384] Insbesondere in Betrieben, in denen die Kommunikation üblicherweise überwiegend elektronisch erfolgt und/oder in denen die AN oder bestimmte AN-Gruppen (z. B. Außendienstmitarbeiter, Tele-AN, Projekt-AN bei Kunden, Service-AN) ständig außerhalb des Betriebs tätig sind und mit Vorgesetzten, anderen Abteilungen oder AN vor allem mit Hilfe der elektronischen Vernetzung kommunizieren (»virtueller Betrieb«), ist der Gewerkschaft auch das Recht einzuräumen, eine eigene **Homepage im betrieblichen Intranet** einzurichten.[385] Zumindest dann, wenn der AG gewerkschaftliche Information und Werbung im Intranet unterbindet, ist die **Sperrung bzw. das Verbot des Zugriffs** der AN auf eine von der **Gewerkschaft eingerichtete Homepage im Internet** als Behinderung der koalitionsmäßigen Betätigung im Sinne von Art. 9 Abs. 3 GG unzulässig.[386]

131 **Beamten,** die sich innerhalb oder außerhalb der Dienststelle als Gewerkschaftsvertreter zu innerdienstlichen Angelegenheiten äußern, steht grundsätzlich der sich aus Art. 9 Abs. 3 GG für nicht verbeamtete Gewerkschaftsvertreter ergebende Freiraum zur Verfügung.[387]

4. Gewerkschaftliche Vertrauensleute

132 Da nach der in der Vergangenheit äußerst restriktiven Rspr. das *BAG* zur Kernbereichslehre (vgl. Rn. 98 ff.) die Ausübung autonomer Gewerkschaftsrechte durch betriebsexterne Gewerkschaftsbeauftragte eingeengt war und noch ist, kam der klassischen **innerbetrieblichen gewerkschaftlichen Organisation** durch **Vertrauensleute** besondere Bedeutung zu.[388] Das Institut der gewerkschaftlichen Vertrauensleute als Bindeglied zwischen dem hauptamtlichen Funktionärskörper der Gewerkschaft und den Gewerkschaftsmitgliedern im Betrieb ist ebenso verfassungsrechtlich abgesichert wie die Repräsentantenrolle der Vertrauensleute für die Gewerkschaft gegenüber den sonstigen AN.[389] Auch hier ergibt sich jedoch ein ganz ähnliches Bild wie bei der ebenfalls im Grundsatz von der Rspr. bejahten koalitionsmäßigen Betätigungsfreiheit: Das Rechtsinstitut als solches wird garantiert, der Ausübung werden im Einzelnen jedoch enge Grenzen gezogen.

382 HessLAG 20.8.10, a. a. O.; *ArbG Dortmund* 9.10.08, 4 Ga 103/08; dazu Berg/Kocher/Schumann-*Schumann*, Rn. 253 a.

383 15.10.13, a. a. O.; zur Kritik (und zu weiteren Handlungsmöglichkeiten) s. eingehend Berg/Kocher/Schumann-*Schumann*, a. a. O.

384 *Däubler*, a. a. O., Rn. 533; *Klebe/Wedde*, AuR 00, 401, 407.

385 Ähnlich *Buschmann*, FS Nagel, S. 245, 265 f.; *Däubler*, DB 04, 2102, 2105; *ders.*, DB 98, 2014, 2016; *ders.*, Gewerkschaftsrechte, Rn. 547 y; *Klebe/Wedde*, a. a. O., 407; Richardi-*Richardi*, Rn. 162; a. A. *Beckschulze*, DB 03, 2777; GK-*Franzen*, a. a. O.; *Hopfner/Schrock*, a. a. O., 1561; *Lelley*, a. a. O., 255.

386 Ähnlich *Klebe/Wedde*, a. a. O., 407.

387 *OVG Rheinland-Pfalz* 4.12.98, AuR 99, 413 mit Anm. *Dietel/Güntzel*, 378; *Bundesdisziplinargericht* 10.3.99, AuR 99, 414.

388 Zum aktuellen Stellenwert s. Bösche/Grimberg, FS *Däubler*, S. 355, 378 ff.; *Dorsch-Schweizer/Schulte*, WSI-Mitt. 01, 113; *Prott*, WSI-Mitt. 06, 507; zur historischen Entwicklung *Däubler*, Gewerkschaftsrechte, Rn. 45 ff.

389 *BAG* 8.12.78, AP Nr. 28 zu Art. 9 GG.

Einigkeit besteht zunächst darüber, dass Vertrauensleute wegen ihrer gewerkschaftlichen Betätigung gegenüber anderen AN nicht unterschiedlich behandelt, insbesondere **nicht benachteiligt** oder gemaßregelt werden dürfen.[390] **133**

Mit der umfassenden koalitionsrechtlichen Aufgabenwahrnehmung der gewerkschaftlichen Vertrauensleute ist es nicht zu vereinbaren, wenn sich das *BAG*[391] auf den Standpunkt stellt, die Gewerkschaft habe keinen gesetzlichen Anspruch gegenüber dem AG, die Wahlen der gewerkschaftlichen Vertrauensleute **im Betrieb** durchführen zu lassen. Zutreffend weist demgegenüber *Pfarr*[392] darauf hin, das *BAG* habe nicht nur darauf verzichtet, Rechte des AG gegen solche der AN und ihrer Koalition abzuwägen, sondern überhaupt davon abgesehen, die Rechte des AG wenigstens zu benennen, die einer betrieblichen Wahl der gewerkschaftlichen Vertrauensleute entgegenstehen könnten.[393] Für die Wahl der Vertrauensleute im Betrieb können zusätzliche kollektivvertragliche Rechtsgrundlagen, wie z. B. durch einen TV (vgl. dazu Rn. 54), geschaffen werden.[394] **134**

Findet die Wahl von Vertrauensleuten – etwa auf Grund einer betrieblichen Übung (vgl. Rn. 138) – in den Betriebsräumen statt, kann sie – soweit keine Sonderregelungen bestehen – auch **während der Arbeitszeit** stattfinden, wenn dies nicht zu einer nachhaltigen Beeinträchtigung der Betriebsabläufe führt (vgl. dazu Rn. 121 f.). Die in einer weitgehenden Beschränkung der gewerkschaftlichen Betätigungung auf die Freizeit liegende **Benachteiligung** der Kommunikationsstruktur »Gewerkschaft« gegenüber der Kommunikationsstruktur »Betriebsverfassung« und der damit verbundene **Verstoß gegen Art. 5** des IAO-Übereinkommens Nr. 135 wurde in der Vergangenheit mit dem Hinweis überspielt, das IAO-Übereinkommen begründe ohnehin keine unmittelbaren Rechtsansprüche.[395] **135**

Auf die **Rechtsstellung der Vertrauensleute** findet mit Ausnahme des Diskriminierungsverbots gemäß § 75 Abs. 1 und den weiteren Bestimmungen über die Rechte einzelner AN das BetrVG keine Anwendung, da es sich bei ihnen nicht um eine betriebsverfassungsrechtliche, sondern gewerkschaftliche Einrichtung handelt. Somit **fehlt** es insbesondere an einem effektiven **Bestandsschutz** für das Arbeitsverhältnis von Vertrauensleuten, obgleich diese doch sehr leicht in Konfliktsituationen mit dem AG geraten können. Allenfalls dann, wenn die Vertrauensperson **zugleich BR-Mitglied** ist, wächst ihr auf diesem mittelbaren Wege ein »Mehr« an Rechtspositionen zu. Weiter ist auf die ebenfalls fehlende Möglichkeit hinzuweisen, Arbeitsbefreiung zur Wahrnehmung der gewerkschaftlichen Aufgaben und ggf. von Weiterbildungsangeboten beanspruchen zu können.[396] **136**

Nach erst in neuerer Zeit[397] umstrittener Ansicht kann die **Rechtsstellung der Vertrauensleute durch TV geregelt** werden,[398] ohne dass darin ein Verstoß gegen das Prinzip der **Gegnerunabhängigkeit,** den **Gleichheitssatz** oder **§ 3 BetrVG** gesehen werden kann.[399] Somit wäre es **137**

390 Vgl. § 75 Abs. 1; *Fitting,* Rn. 88; GK-*Franzen,* Rn. 100; HWGNRH-*Rose,* Rn. 169; vgl. auch das IAO-Übereinkommen Nr. 135, 23.6.1971, BGBl. 1973 II S. 953.

391 8.12.78, AP Nr. 28 zu Art. 9 GG.

392 AuR 79, 244.

393 Vgl. zur Kritik auch ErfK-*Koch,* Rn. 8; *Fitting,* Rn. 89; HaKo-BetrVG-*Kloppenburg,* Rn. 53; *Hunnekuhl/Zäh,* NZA 06, 1022, 1023; Richardi-*Richardi,* Rn. 174; *Zachert,* AuR 79, 358; *Däubler,* Gewerkschaftsrechte, Rn. 506; *Rose,* BetrR 79, 143 ff.; *WP-Preis,* Rn. 41; a. A. GK-*Franzen,* Rn. 99; HSWGN-*Rose,* Rn. 168; *Rieble,* BB 09, 1016, 1019.

394 Vgl. *Däubler,* a. a. O., Rn. 510; zu vereinbarten Befugnissen der gewerkschaftlichen Vertrauensleute auch *Schönfeld,* BB 89, 1818.

395 Vgl. *BAG* 8.12.78, AP Nr. 28 zu Art. 9 GG; 19.1.82, AP Nr. 10 zu Art. 140 GG; kritisch dazu *Däubler,* Gewerkschaftsrechte, Rn. 511 f.; vgl. auch Rn. 46 f.

396 Vgl. zum Schutz der Vertrauensleute bei Kündigungen wegen gewerkschaftlicher Betätigung im Wege einstweiliger Verfügung *Klebe/Schumann,* S. 436 f. m. w. N.

397 Vgl. zum Meinungsstand bis zum Beginn der siebziger Jahre *Däubler,* Grundrecht, S. 392; *Hueck/Nipperdey,* Bd. 2/2, S. 1326.

398 Vgl. dazu *Kempen/Zachert-Zachert,* TVG, § 1 Rn. 531 ff.

399 Eingehend *Däubler,* Gewerkschaftsrechte, Rn. 523 ff.; für die Zulässigkeit tariflicher Regelungen auch *BAG* 8.10.97, NZA 98, 492, vgl. dazu *Bauer/Haußmann,* NZA 98, 854; *LAG Düsseldorf* 25.8.95, AuR 96, 238 – für einen Firmen-TV –; *ArbG Kassel* 5.8.76, BB 76, 1127; *Fitting,* Rn. 90; GK-*Franzen,* Rn. 101; *Hunnekuhl/Zäh,* NZA 06; *Krause,* RdA 09, 129, 136; *Rieble,* BB 09, 1016, 1020; WPK-*Preis,* Rn. 42; *Zachert,* BB 76, 514; *Wlotzke,* RdA 76, 80; *Herschel,* AuR 77, 137; *Mayer,* BlStSozArbR 77, 17;

möglich, durch TV insbesondere zu regeln, dass die Wahlen der Vertrauensleute im Betrieb und während der Arbeitszeit stattfinden, Vertrauensleute bei Lohnfortzahlung zur Erfüllung ihrer Aufgaben und zur Fortbildung von der Arbeit freigestellt werden und ein besonderer Kündigungs- und Versetzungsschutz vorgesehen wird.[400] Ob tarifvertragliche Regelungen über die Schaffung **betrieblicher Vertrauensleutegremien** mit weitgehenden **Beteiligungsrechten** unter dem Gesichtspunkt einer **Konkurrenz zur Institution des BR** und **Behinderung der Arbeit des BR** unzulässig wären, ist umstritten.[401] Vereinbarungen über die Freistellung von Vertrauensleuten stellen jedenfalls keine unzulässige Wahlbeeinflussung i. S. d. § 20 Abs. 2 BetrVG dar.[402]

138 Soweit – wie in vielen Betrieben üblich – Vertrauensleuten ohne ausdrückliche Abmachungen bestimmte Rechte durch den AG eingeräumt werden, kann u. U. eine entsprechende **betriebliche Übung** im arbeitsrechtlichen Sinne entstanden sein,[403] so dass der AG diese zum Bestandteil des Arbeitsvertrags gewordenen Ansprüche nur durch **Änderungskündigung,** die allerdings sozial gerechtfertigt sein muss, wieder beseitigen kann bzw. sie gegenüber neu eingestellten AN ausdrücklich ausschließen müsste.

139 Gewerkschaftsmitgliedern ist aus Art. 9 Abs. 3 GG zur Ausübung ihres Mandats auf einem **Gewerkschaftstag** ein **Anspruch auf unbezahlte Freistellung** gegen den AG einzuräumen.[404]

VII. Streitigkeiten

140 Kommt es zu Streitigkeiten über Fragen der vertrauensvollen Zusammenarbeit, der Zusammenarbeit mit Gewerkschaften bzw. AG-Verbänden oder des Wohls der AN und des Betriebs, entscheidet das ArbG im **Beschlussverfahren** (§ 2 a ArbGG), wobei derartige Streitigkeiten häufig im Zusammenhang mit anderen Einzelbestimmungen des Gesetzes als Vorfragen auftreten werden. Der **AG** hat **keinen gerichtlich durchsetzbaren Anspruch auf Unterlassung** von Handlungen des BR, mit denen dieser gegen seine betriebsverfassungsrechtlichen Pflichten verstößt[405] (vgl. dazu auch § 74 Rn. 88 ff.), kann derartige Pflichtverletzungen allerdings zum Gegenstand entsprechender Feststellungsanträge machen. Nach früherer Ansicht des *BAG*[406] konnte die Gewerkschaft im Wege des Beschlussverfahrens die Tarifwidrigkeit einer BV geltend machen.[407] **Grobe Verstöße** gegen die genannten Gebote können im Verfahren nach § 23 geltend gemacht werden (vgl. § 23 und die dortigen Erläuterungen).

141 Über das **Zugangsrecht** der Gewerkschaften nach Abs. 2 wird ebenfalls im Beschlussverfahren entschieden; in dringenden Fällen, wenn z. B. dem Gewerkschaftsbeauftragten der Zugang

---

Gamillscheg, FS Molitor, S. 133 [148 f.]; dagegen *Blomeyer,* DB 77, 101 ff.; *Bötticher,* RdA 78, 133; *Bulla,* BB 75, 889; HWGNRH-*Rose,* Rn. 170; Richardi-*Richardi,* Rn. 176.

400 Zur offensichtlichen Unwirksamkeit der Kündigung des Arbeitsverhältnisses eines Mitglieds einer gewerkschaftlichen Tarifkommission aus § 612 a BGB, Art. 9 Abs. 3 Satz 2 GG, vgl. *ArbG Berlin* 7.4.10. AuR 10, 1020.

401 Für einen weiten Gestaltungsspielraum der TV-Parteien *Däubler,* Gewerkschaftsrechte, Rn, 530 ff.; a. A. *Krause,* a. a. O.; *Rieble,* a. a. O.

402 *LAG Niedersachsen* 16.6.08 – 9 TaBV 14/07, juris; zustimmend *Rieble,* a. a. O.

403 Auf diese mögliche Rechtsgrundlage für Ansprüche von Vertrauensleuten weist *Däubler,* Gewerkschaftsrechte, Rn. 539 ff., hin.

404 Vgl. *LAG Bremen* 4.4.03, AuR 03, 238; *ArbG Kassel* 14.8.86, AiB 87, 195; *LAG Köln* 11.1.90, BetrR 90, 83 = DB 90, 1291, allerdings nur unter dem Gesichtspunkt der Fürsorgepflicht des AG; *Brock,* S. 193 f.; *Gamillscheg,* Kollektives Arbeitsrecht, S. 255; a. A. *Rieble,* BB 09, 1016, 1019; vgl. aber auch die äußerst formalistisch begründete, einengende Interpretation des *BAG* 19.7.83, AuR 84, 220 ff. m. krit. Anm. *Weiss* zum Freistellungsanspruch eines Tarifkommissionsmitglieds nach einer einschlägigen TV-Klausel, die auch Entgeltfortzahlung beinhaltet; ablehnend für die Teilnahme an der Ortsvorstandssitzung einer Gewerkschaft auch *BAG* 13.8.10, DB 11, 1115; Bestätigung von *LAG Rheinland-Pfalz* 20.11.08, ZTR 09, 274; vgl. dazu die kritische Anm. *Oberhofer,* jurisPR-ArbR 24/09.

405 *BAG* 28.5.14, NZA 14, 1213; 15.10.13, NZA 14, 319; 17.3.10, NZA 10, 1133,

406 16.9.60, AP Nr. 1 zu § 2 ArbGG 1953 Betriebsvereinbarung; weitere Nachweise bei *Däubler,* BB 90, 2256 Fn. 15.

407 Aufgegeben in *BAG* 23.2.88, AP Nr. 9 zu § 81 ArbGG 1979; vgl. dazu Rn. 60; wie die frühere *BAG*-Rspr. noch *LAG Schleswig-Holstein* 27.8.86, NZA 86, 796, und bereits *RAG* 19.9.28, RAGE 2, 219.

verweigert wird, hat dies regelmäßig **im Wege einstweiliger Verfügung** (§ 85 Abs. 2 ArbGG) zu erfolgen,[408] selbst wenn damit das Ergebnis eines Hauptverfahrens vorweggenommen wird.[409] Die Eilbedürftigkeit ergibt sich bereits daraus, dass es andernfalls der AG in der Hand hätte, durch prozessuale Verzögerungstaktik (z. B. Beschlussverfahren durch alle Instanzen) der Gewerkschaft über einen erheblichen Zeitraum hinweg die Ausübung ihrer vom Zutritt abhängigen Rechte zu beschneiden[410] (zur Einschaltung der Polizei).[411] Muss die Gewerkschaft ihr Zugangsrecht gerichtlich im Beschlussverfahren durchsetzen, kann sie mangels entsprechender Anspruchsgrundlage im BetrVG vom AG **nicht die Erstattung** der ihr entstandenen **Rechtsanwaltskosten** verlangen. Diese außergerichtlichen Verfahrenskosten sind auch kein nach § 280 Abs. 1 BGB erstattungsfähiger Schaden.[412] Will der BR das Zugangsrecht des Gewerkschaftsbeauftragten nach einem Hausverbot des AG aus eigenem Recht (z. B. Hinzuziehung eines Gewerkschaftsbeauftragten zur BR-Sitzung gemäß § 31 BetrVG) gerichtlich durchsetzen, hat der AG die außergerichtlichen Verfahrenskosten des BR gemäß § 40 Abs. 1 zu tragen.

Die **örtlichen oder bezirklichen Gliederungen der Gewerkschaft** sind im Beschlussverfahren wegen Streitigkeiten aus Abs. 2 antragsberechtigt, wenn sie durch Satzung oder Vollmacht dazu ermächtigt sind.[413] **142**

Nach der abzulehnenden Rspr. des *BAG*[414] soll der Gewerkschaft zur Wahrnehmung ihrer **koalitionsmäßigen Rechte** aus Abs. 3 i. V. m. Art. 9 Abs. 3 GG die **allgemeine Antragsbefugnis** jedoch dann fehlen, wenn sie im Rahmen einer betriebsverfassungsrechtlichen Streitigkeit die **Unwirksamkeit einer BV** rügt, **die** ihrer Ansicht nach **gegen** einen von ihr abgeschlossenen **TV** zur Arbeitszeitverkürzung **verstößt,** weil es sich hierbei nicht um die Wahrnehmung eigener Rechte aus der Betriebsverfassung handele.[415] Während das *BAG* **einen auf die Nichtanwendung einer BV gerichteten Antrag der Gewerkschaft** gegen den AG nach § 23 Abs. 3 für zulässig hält, wenn eine abgeschlossene BV gegen § 77 Abs. 3 und damit **gegen die betriebsverfassungsrechtliche Ordnung verstößt,** lehnt es einen **Unterlassungsanspruch der Gewerkschaft** ab, wenn eine nach § 87 Abs. 1 grundsätzlich zulässige BV gegen zwingende tarifliche Vorgaben verstößt.[416] Unabhängig von den sich nach der hier vertretenen Auffassung aus § 23 Abs. 3 i. V. m. §§ 77 Abs. 3, 87 Abs. 1 Eingangssatz ergebenden Anspruchsgrundlagen der Gewerkschaft für Unterlassungsanträge gegen den tarifbrüchigen AG kann die Gewerkschaft **wegen Verletzung des Art. 9 Abs. 3 GG aus eigenem Recht** direkt gegen den AG vorgehen, auch wenn die tarifwidrigen Arbeitsbedingungen nicht in einer BV, sondern durch Regelungsabreden und einzelvertragliche Vereinbarungen mit kollektivem Charakter geregelt und zur Anwendung gebracht werden[417] (vgl. zum Ganzen eingehend § 77 Rn. 176 ff.). **143**

Soweit die spezifisch **koalitionsrechtlichen Befugnisse** der Gewerkschaft nach Abs. 3 betrof- **144**

---

408 *LAG Mecklenburg-Vorpommern* 11.11.13, NZA-RR 14, 130; *LAG Rheinland-Pfalz* 11.1.13 – 9 TaBVGa 2/12, juris; *LAG Köln* 8.1.13 – 11 TaBVGa 9/12, juris; *ArbG Verden* 7.10.13, NZA-RR 14, 19, 21; *Däubler,* Gewerkschaftsrechte, Rn. 729 ff.; *Fitting,* Rn. 94; Richardi-*Richardi,* Rn. 178; vgl. das Muster einer Antragsschrift bei DKKWF-*Berg,* § 2 Rn. 5.

409 *LAG Mecklenburg-Vorpommern* 11.11.13, a. a. O.; *LAG Köln* 8.1.13, a. a. O.; *LAG Hamm* 9.3.72, AP Nr. 1 zu § 2 BetrVG 1972.

410 Vgl. *LAG Hamm,* a. a. O.

411 AuR 92, 335 ff.

412 *BAG* 2.10.07, NZA 08, 372.

413 *BAG* 7.12.55, AP Nr. 5 zu § 18 BetrVG; 6.12.77, AP Nr. 10 zu § 118 BetrVG 1972; 14.12.65, AP Nr. 5 zu § 16 BetrVG.

414 18.8.87, 23.2.88, AP Nrn. 6, 9 zu § 81 ArbGG 1979.

415 Dazu durchweg ablehnend die Literatur, vgl. *Matthießen,* DB 88, 285; *Kempen,* AuR 89, 262; *Kempff,* AiB 89, 67; *Grunsky,* DB 90, 526; *Däubler,* BB 90, 2256). Während das *BAG* (20.8.91, NZA 92, 317.

416 *BAG* 20.8.91, NZA 92, 317; die gegen diese Entscheidung eingelegte Verfassungsbeschwerde wurde zwar vom *BVerfG* [29.6.93, AP Nr. 2 a zu § 77 BetrVG 1972 Tarifvorbehalt] nicht angenommen, doch lassen sich der Begründung des Beschlusses Zweifel des *BVerfG* entnehmen, ob bei Verstößen einer BV gegen § 77 Abs. 3 § 23 Abs. 1 oder 3 als Anspruchsgrundlage ausreichend ist und ob die Auffassung des *BAG,* bei tarifwidrigen BV im Bereich des § 87 Abs. 1 Schutzansprüche der Gewerkschaft generell zu verneinen, als verfassungskonform angesehen werden kann; vgl. dazu auch *Kühling,* AuR 94, 126, 130 f.

417 *BAG* 20.4.99, DB 99, 1555.

fen sind, entscheidet das ArbG nach § 2 Abs. 1 Nr. 2 ArbGG im **Urteilsverfahren.**[418] Hierher gehört auch der Abwehranspruch der Gewerkschaft gegen einen AG, der die Einstellung eines AN von dessen vorherigen Austritt aus der Gewerkschaft abhängig gemacht hatte.[419] § 2 Abs. 1 Nr. 2 ArbGG erfasst auch Streitigkeiten über **Widerrufs- und Unterlassungsansprüche** wegen **unwahrer** oder **ehrverletzender Behauptungen** im Zusammenhang mit der Betätigung der Koalitionen im Arbeitsleben.[420]

145 In Streitigkeiten über die **Tariffähigkeit** oder **Tarifzuständigkeit einer Vereinigung** (vgl. Rn. 49 ff.) findet gemäß § 2 a Abs. 1 Nr. 4, Abs. 2 i. V. m. § 97 ArbGG ein **Beschlussverfahren** in besonderen Fällen statt. Der **BR** gehört nicht zu den in einem solchen Beschlussverfahren gem. § 97 Abs. 1 ArbGG **Antragsberechtigten.**[421] Hängt die Entscheidung eines Rechtsstreits, etwa über das Bestehen oder den Umfang betriebsverfassungsrechtlicher Befugnisse, davon ab, ob eine Vereinigung tariffähig oder tarifzuständig ist, so hat das Gericht das Verfahren bis zur Erledigung des Beschlussverfahrens nach § 2 a Abs. 1 Nr. 4 i. V. m. § 97 Abs. 1 ArbGG auszusetzen.[422] In diesem Fall gehört der **BR** als Beteiligter des ausgesetzten Beschlussverfahrens über die erweiterte Antragsbefugnis gemäß § 97 Abs. 5 Satz 2 ArbGG zu den Antragsberechtigten. Die Antragsbefugnis ist allerdings auf die entscheidungserhebliche Vorfrage beschränkt, wegen derer das Beschlussverfahren ausgesetzt wurde.[423]

§ 3 Abweichende Regelungen

(1) Durch Tarifvertrag können bestimmt werden:

1. für Unternehmen mit mehreren Betrieben
   a) die Bildung eines unternehmenseinheitlichen Betriebsrats oder
   b) die Zusammenfassung von Betrieben,

2. wenn dies die Bildung von Betriebsräten erleichtert oder einer sachgerechten Wahrnehmung der Interessen der Arbeitnehmer dient;

3. für Unternehmen und Konzerne, soweit sie nach produkt- oder projektbezogenen Geschäftsbereichen (Sparten) organisiert sind und die Leitung der Sparte auch Entscheidungen in beteiligungspflichtigen Angelegenheiten trifft, die Bildung von Betriebsräten in den Sparten (Spartenbetriebsräte), wenn dies der sachgerechten Wahrnehmung der Aufgaben des Betriebsrats dient;

4. andere Arbeitnehmervertretungsstrukturen, soweit dies insbesondere auf Grund der Betriebs-, Unternehmens- oder Konzernorganisation oder auf Grund anderer Formen der Zusammenarbeit von Unternehmen einer wirksamen und zweckmäßigen Interessenvertretung der Arbeitnehmer dient;

5. zusätzliche betriebsverfassungsrechtliche Gremien (Arbeitsgemeinschaften), die der unternehmensübergreifenden Zusammenarbeit von Arbeitnehmervertretungen dienen;

6. zusätzliche betriebsverfassungsrechtliche Vertretungen der Arbeitnehmer, die die Zusammenarbeit zwischen Betriebsrat und Arbeitnehmern erleichtern.

(2) Besteht in den Fällen des Absatzes 1 Nr. 1, 2, 4 oder 5 keine tarifliche Regelung und gilt auch kein anderer Tarifvertrag, kann die Regelung durch Betriebsvereinbarung getroffen werden.

(3) Besteht im Falle des Absatzes 1 Nr. 1 Buchstabe a keine tarifliche Regelung und besteht in dem Unternehmen kein Betriebsrat, können die Arbeitnehmer mit Stimmenmehrheit die Wahl eines unternehmenseinheitlichen Betriebsrats beschließen. Die Abstimmung

---

418 Vgl. *BAG* 29.6.65, 14.2.67, AP Nrn. 6, 10 zu Art. 9 GG.
419 Vgl. *BAG* 2.6.87, AP Nr. 49 zu Art. 9 GG.
420 *BAG* 29.10.01, DB 02, 280; BGH 28.3.00, NZA 00, 735.
421 *BAG* 13.3.07, NZA 07, 1069.
422 § 97 Abs. 5 ArbGG; vgl. etwa *LAG Hamburg* 23.12.10 – 2 TaBV 3/10; anhängig *BAG* 1 ABR 5/11, wegen Tarifzuständigkeit des DHV; *LAG Düsseldorf* 2.3.06 – 6 Ta 89/06, wegen Zutrittsrechts der Christlichen Gewerkschaft Postservice und Telekommunikation [CGPT] zu einer Betriebsversammlung.
423 *LAG Hamburg* 23.12.10, a. a. O.

kann von mindestens drei wahlberechtigten Arbeitnehmern des Unternehmens oder einer im Unternehmen vertretenen Gewerkschaft veranlasst werden.

(4) Sofern der Tarifvertrag oder die Betriebsvereinbarung nichts anderes bestimmt, sind Regelungen nach Absatz 1 Nr. 1 bis 3 erstmals bei der nächsten regelmäßigen Betriebsratswahl anzuwenden, es sei denn, es besteht kein Betriebsrat oder es ist aus anderen Gründen eine Neuwahl des Betriebsrats erforderlich. Sieht der Tarifvertrag oder die Betriebsvereinbarung einen anderen Wahlzeitpunkt vor, endet die Amtszeit bestehender Betriebsräte, die durch die Regelungen nach Absatz 1 Nr. 1 bis 3 entfallen, mit Bekanntgabe des Wahlergebnisses.

(5) Die auf Grund eines Tarifvertrages oder einer Betriebsvereinbarung nach Absatz 1 Nr. 1 bis 3 gebildeten betriebsverfassungsrechtlichen Organisationseinheiten gelten als Betriebe im Sinne dieses Gesetzes. Auf die in ihnen gebildeten Arbeitnehmervertretungen finden die Vorschriften über die Rechte und Pflichten des Betriebsrats und die Rechtsstellung seiner Mitglieder Anwendung.

Inhaltsübersicht Rn.

I. Vorbemerkungen und Allgemeines

1. Übersicht

1 Die Bestimmung war durch die **Novellierung 2001** völlig neu gefasst worden (vgl. zu den ggü. § 3 a. F. erfolgten Änderungen *12. Aufl. Rn. 1*). Nach der vom *BAG* für die Praxis geklärten Rechtslage bestehen **keine Bedenken an der Verfassungsmäßigkeit** der Regelung: sie verstößt weder gegen das Rechtsstaats- und Demokratieprinzip (Art 20 Abs. 3 GG) noch gegen die negative Koalitionsfreiheit der Außenseiter-AN nach Art. 9 Abs. 3 GG.[1]

2 **Kernstück der Regelung ist Abs. 1,** der in zwar abgeschlossenem Katalog, in den einzelnen Fallgruppen aber teilweise generalklauselartig weit gefasst, die Möglichkeiten zur kollektivvertraglichen Abweichung von der gesetzlichen »Normalstruktur« der betriebsverfassungsrechtlichen Organisationseinheiten beschreibt, in denen (bzw. für die) Repräsentationsorgane der AN gebildet werden können oder zu bilden sind (nach dem Gesetz sind das: der *Betriebsteil* nach § 4 Abs. 1, der *Kleinstbetrieb* nach § 4 Abs. 2, der *Betrieb* und *gemB* nach § 1 Abs. 1, das *Unternehmen* [mit dem GBR] nach §§ 47 ff. und der *Konzern* [mit dem KBR] nach §§ 54 ff.).

3 Nach **Abs. 1 Nr. 1 a)** kann die Bildung eines **unternehmenseinheitlichen BR** vorgesehen werden, wenn das UN mehrere Betriebe hat (näher dazu Rn. 37 ff., 41). Dann entfällt die Vertretungsebene eines GBR, denn der unternehmenseinheitliche, zentrale BR hat sämtliche Rechte und Pflichten inne, die sonst zwischen örtlichem BR und GBR nach Maßgabe von § 50 aufgeteilt sind.

4 **Abs. 1 Nr. 1 b)** lässt – gleichfalls bei UN mit mehreren Betrieben – auch eine weniger zentralistische Aufbauorganisation der BR zu, indem etwa auf lokaler oder regionaler Ebene angesiedelte Filialen/Niederlassungen usw. zusammengefasst werden (dazu Rn. 45). Soweit hieraus mindestens zwei zusammengefasste Organisationseinheiten innerhalb des UN entstehen, bleibt es weiterhin bei der gesetzlichen Pflicht, einen GBR zu bilden.

5 Nach **Abs. 1 Nr. 2** wird eine vor allem in der tariflichen Praxis großer Konzerne vorfindbare Form der Vertretungsorganisation – sog. **Spartenbetriebsräte** – erwähnt und auf eine gesetzliche Basis gestellt.[2]

---

1 *BAG* 13.3.13, NZA 13, 738, 742 f.; *BAG* 29.7.09, NZA 09, 1424; näher dazu *Ulber*, Anm. zu *BAG* 29.7.09, EzA § 3 BetrVG 2001 Nr. 3; zum Diskussionsstand auch GK-*Franzen*, Rn. 69, 70.; **a. A.** *Giesen*, BB 02, 1483 ff.; *Picker*, RdA 01, 282 ff.; *Rolf*, S. 185 ff., 198 ff.

Die auf den ersten Blick unverständlich erscheinende Fallgruppe nach **Abs. 1 Nr. 3** knüpft offenbar an die generalklauselartige Bestimmung in § 3 Nr. 1 des DGB-Novellierungsentwurfes von 1998 an, wonach Besonderheiten in der Betriebs-, UN- oder Konzernorganisation auch zu gänzlich andersartigen Vertretungs*strukturen* führen dürfen (Einzelheiten Rn. 64 ff.). **6**

Bei den in **Abs. 1 Nr. 4 und Nr. 5** genannten *zusätzlichen* Gremien bzw. Vertretungen handelt es sich im Gegensatz zu Nr. 1 – 3 **nicht** um **Mitbestimmungsorgane** der AN, sondern um »Hilfselemente« zur Optimierung der BR-Arbeit: **Abs. 1 Nr. 4** dient der Kooperation von BR/GBR/KBR, die auf gesetzlicher oder ggf. tariflicher Grundlage beruhen, aber **zu verschiedenen UN/Konzernen** gehören. Derartige unternehmensübergreifende **BR-Arbeitsgemeinschaften** gehörten freilich schon bisher (meist auf privatrechtlicher Grundlage beruhend) zu einer weit verbreiteten Einrichtung innerhalb von mehrstufigen Konzernen mit insbesondere einer Vielzahl von Teilkonzernen, so dass der Gesetzgeber im Grunde an eine vorgefundene, erprobte Praxis anknüpfen konnte. **7**

Abs. 1 Nr. 5 stellt eine redaktionell überarbeitete Fassung des § 3 Abs. 1 Nr. 1 a. F. dar, der in der bisherigen Praxis lange Zeit nur eine äußerst untergeordnete Rolle gespielt hatte[3] und nur im Regelungszusammenhang mit § 3 Abs. 1 Nr. 3 a. F. eine gewisse Bedeutung erlangte (vgl. wegen des Verhältnisses zu § 28 a, § 87 Abs. 1 Nr. 13, unten Rn. 151 ff.). Die Bestimmung trägt Bedenken gegenüber der früheren, als zu eng empfundenen Regelung Rechnung[4] und stellt daher geringere sachliche Anforderungen als die Vorläuferbestimmung auf (näher Rn. 135 ff.). **8**

Abs. 4 trifft zum einen Aussagen zur **erstmaligen Anwendung** einer kollektivrechtlichen Regelung nach Abs. 1 Nr. 1 – 3 und räumt diesbezüglich den **Kollektivvertragsparteien** ein **Regelungsvorrecht** ein, so dass Abs. 4 insoweit nur eine Auffangregelung darstellt. Zum anderen legt die Vorschrift aber für die Fälle des Bestehens einer kollektivvertraglichen Regelung über die erstmalige Anwendbarkeit fest, dass dann die **Amtszeit von bestehenden BR,** die durch die kollektivvertragliche Regelung »beseitigt« werden, mit Bekanntgabe des Wahlergebnisses **enden,** so dass jedenfalls eine lückenlose Vertretung der AN gewährleistet ist. **9**

Abs. 5 enthält die wichtige Festlegung, dass **die kollektivvertraglich** gebildete **betriebsverfassungsrechtliche Organisationseinheit** in den Anwendungsfällen des Abs. 1 Nr. 1 – 3 als **Betrieb i. S. d. BetrVG** gilt. Somit ist bei Anwendung aller gesetzlichen Normen, die auf den »Betrieb« abstellen, der in dem Kollektivvertrag definierte Repräsentationsbereich in Betracht zu ziehen. **10**

Beispiel:
Ist nach § 1 Abs. 1 Nr. 1 a) bei einem aus zwei Betrieben bestehenden UN ein unternehmenseinheitlicher BR gewählt worden, so ist dieser einheitliche »UN-Betrieb« Betrieb i. S. aller BetrVG-Bestimmungen, die an den »Betrieb« als Rechtsbegriff anknüpfen (z. B. §§ 9, 27, 28, 38, aber auch § 112 a Abs. 1 Nr. 1 – 4; vgl. § 111 Rn. 48).

2. Grundsätze

§ 3 BetrVG eröffnet die Möglichkeit, durch **TV oder (insoweit nur eingeschränkt) BV** von den organisatorischen Bestimmungen des Gesetzes abzuweichen. Die betriebsverfassungsrechtlichen BV- oder Tarifnormen treten sodann in ihrem Geltungsbereich an die Stelle der im BetrVG enthaltenen organisatorischen Bestimmungen, wenn die allgemeinen Wirksamkeitsvoraussetzungen erfüllt sind und außerdem den Anforderungen des Abs. 1 genügt wird.[5] Zweck der Bestimmungen ist es, möglichst allen AN eine den jeweiligen betrieblichen oder unternehmensbezogenen Gegebenheiten entsprechende, wirkungsvolle Interessenvertretung zu geben.[6] Die Zulässigkeit sonstiger tariflicher Regelungen, die sich nicht auf organisatorische Fragen erstrecken, bleibt durch diese Bestimmung unberührt. Die **Erweiterung aller Betei-** **11**

---

2 Vgl. *Bachner,* NZA 96, 400 ff.; dazu *Trümner,* JbArbR 36 [1999], 59 [68 f.]; deren Zulässigkeit nach altem Recht bezweifelte *Preis,* RdA 00, 257 [264]; weniger eng *Heither,* JbArbR 36 [1999], 37 [46 f.].
3 Vgl. *Trümner,* FS Däubler, S. 291 ff.; *ders.,* JbArbR 36 [1999], 59 [67].
4 Dazu vor allem *Gamillscheg,* FS Molitor, S. 133 [139]; *Heither,* FS Schaub, S. 295 [300 f.].
5 *BAG* 29.7.09, NZA 09, 1424.
6 Vgl. auch Begründung zum Regierungsentwurf, *BT-Drucks.* 14/5741, S. 23, 27, 33.

ligungsrechte des BR durch TV ist deshalb **zulässig** (vgl. Einl. Rn. 87 ff.).[7] Dies gilt **auch** für die Erweiterung der Beteiligungsrechte des BR durch TV **im Tendenzbetrieb** i. S. v. § 118. Der Tendenzschutz ist jedenfalls insoweit tarifdispositiv,[8] als er karitative oder erzieherische Zwecksetzungen des Betriebes betrifft, weil hier keine unverzichtbare Grundrechtsposition des UN berührt wird.[9] Dagegen **erlaubt es § 3 Abs. 1 nicht**, im Rahmen eines nach Abs. 1 abgeschlossenen TV, der die Repräsentationsstrukturen abweichend von §§ 1, 4 BetrVG regelt, den danach gewählten Betriebsräten **betriebsverfassungsrechtliche Befugnisse zu entziehen** und diese stattdessen z. B. auf eine nach dem TV gebildete »Betriebsrätegemeinschaft« zu verlagern.[10]

12 Ein von der speziellen Tarifierungsbefugnis nach dieser Vorschrift zu unterscheidendes Problem ist die durch TV erfolgende Begründung eines der Sache nach betriebsverfassungsrechtlichen Organisationsstatuts für solche **Bereiche, in denen** das **BetrVG** ohnehin **nicht gilt** (vgl. Rn. 15 ff.).

13 Neben § 3 lassen ausdrücklich nur noch die folgenden Bestimmungen Abweichungen von den gesetzlichen Organisationsnormen durch **TV** (ggf. auch BV) zu: § 21 a Abs. 1, § 38 Abs. 1, § 47 Abs. 4 und Abs. 9, § 55 Abs. 4, § 72 Abs. 4 und Abs. 8, § 76 Abs. 8, § 76 a Abs. 5, § 86, § 117 Abs. 2; § 325 Abs. 2 UmwG.

3. Regelung durch Tarifvertrag

14 TV nach § 3 sind nach vom *BAG* klargestellter Rechtslage **erstreikbar**.[11] Tarifbestimmungen, die im Rahmen des § 3 geschaffen werden, sind Rechtsnormen über **betriebsverfassungsrechtliche Fragen** i. S. v. § 3 Abs. 2 TVG.[12] Für ihre Geltung reicht es deshalb aus, wenn allein der AG tarifgebunden ist, sei es als Partei des TV oder kraft Mitgliedschaft im Arbeitgeberverband, der den TV abschließt.[13] Die tarifliche Regelung nach § 3 gilt dann auch für solche AN, die nicht tarifgebunden sind.[14] Neben **Verbands-TV**[15] sind auch **Firmen-TV** zulässig.[16] Letztere stellen in der bisherigen Tarifpraxis den Regelfall dar. Wenn eine UN-übergreifende Regelung durch Firmen-TV getroffen werden soll, müssen alle betroffenen UN als Partei des TV beteiligt sein; der Abschluss des TV allein durch das herrschende UN eines Konzerns reicht nicht aus[17], allerdings kann eine rechtsgeschäftliche Vertretung der weiteren Konzern-UN vorliegen, die sich die Gewerkschaft nachweisen lassen sollte. Später ggf. hinzutretende UN können die Tarifbindung durch Vertragsbeitritt herstellen. Dies bedarf aber der Zustimmung aller anderen an dem TV bereits beteiligten Parteien. Als TV-Partei auf AN-Seite kommen nur Gewerkschaften im Rechtssinne in Frage, also **tariffähige** AN-Koalitionen (vgl. § 2 Rn. 49 ff.). Im Zweifel ist wegen der **Tariffähigkeit** das besondere Statusfeststellungsverfahren gem. **§ 97 ArbGG** durchzuführen.

15 Obgleich es – wie § 3 Abs. 2 TVG verdeutlicht – beim Abschluss von TV über betriebsverfassungsrechtliche Normen im Allgemeinen nicht erforderlich ist, dass die Gewerkschaft in den

7 Eingehend – auch zu einzelnen Beteiligungstatbeständen – und mit Vorschlägen für tarifliche Regelungen *Däubler*, Grundrecht, S. 361 ff.; grundsätzlich die Erweiterbarkeit bejahend: *BAG* 18.8.87, AP Nr. 23 zu § 77 BetrVG 1972; 10.2.88, AP Nr. 53 zu § 99 BetrVG 1952, jeweils m. w. N.; nach den einzelnen Regelungsinstrumenten differenzierend *Lerch/Weinbrenner*, NZA 11, 664 ff.; kritisch *Richardi*, Einl. Rn. 134 ff.

8 Vgl. *BAG* 31.1.95, NZA 95, 1059.

9 *BAG* 5.10.00, NZA 01, 1325.

10 *BAG* 18.11.14 NZA 15, 694.

11 *BAG* 29.7.09, NZA 09, 1424; zuvor schon *Däubler*, AuR 01, 285, 288; *Giesen*, Tarifvertragliche Rechtsgestaltung, S. 563; *Konzen*, RdA 01, 76, 86; *Plander*, NZA 02, 488; *Rieble*, ZIP 01, 133, 139; *Wißmann*, AiB 00, 322; *Gamillscheg*, Kollektives Arbeitsrecht, Bd. II, S. 218; näher dazu Rn. 215.

12 Vgl. *Thüsing*, ZIP 03, 693 [698]; *Kempen/Zachert*, § 3 Rn. 15; a. A. *Eich*, EuroAS 03, 12 [15].

13 *BAG* 29.7.09, a. a. O.

14 Ausführlich zur verfassungsrechtlichen Problematik der Außenseiterwirkung von Normen nach § 3 Abs. 2 TVG *Dieterich*, FS Däubler, S. 451 [455 ff.].

15 Ggf. auch firmenbezogene Verbands-TV, vgl. *Eich*, a. a. O.; *Thüsing*, a. a. O., 697.

16 Vgl. *Richardi*, Rn. 53; *Fitting*, Rn. 13.

17 *LAG Niedersachsen* 19.10.12 – 6 TaBV 82/10.

betreffenden Bereichen mindestens ein Mitglied hat,[18] verlangt das *BAG* zusätzlich,[19] dass ein § 3-TV nur **durch eine im Betrieb vertretene Gewerkschaft** abgeschlossen werden kann.[20] Unklar bleibt in der Entscheidung jedoch, auf welchen betrieblichen Einzugsbereich sich die vom *BAG* geforderte gewerkschaftliche Repräsentation beziehen muss. Dies könnten nämlich sowohl die vor der Tarifierung bestehenden gesetzlichen Betriebe/Betriebsteile sein als auch die jeweils nach dem angestrebten TV erst noch zu schaffende betriebsverfassungsrechtliche Organisationseinheit. Ausgehend von dem billigenswerten Ansatz des *BAG*, wonach die Gewerkschaft mit den mitbestimmungsrechtlich relevanten Abläufen in den betroffenen Betriebsstätten vertraut sein müsse, um die Sachgerechtigkeit einer tariflichen Abweichung vom gesetzlichen Organisationsmodell beurteilen zu können, wird man insoweit verlangen müssen, dass die Gewerkschaft in den vor der tariflichen Neuordnung jeweils bestehenden Betrieben bzw. als Betrieb fingierten Betriebsteilen (§§ 1, 4) über **mindestens ein Mitglied** verfügen muss[21].

Außerdem muss die **Gewerkschaft nach allgemeinem Tarifrecht bei Abschluss des TV** nach ihrer Satzung **tarifzuständig** sein sowohl für die von der Vereinbarung erfassten Betriebe und Einheiten als auch alle Arbeitsverhältnisse der im Betrieb bzw. Einheiten beschäftigten AN,[22] andernfalls ist der TV wegen Fehlens einer Wirksamkeitsvoraussetzung zumindest teilweise unwirksam. Die Tarifzuständigkeit muss bei Abschluss des TV vorliegen[23]. Dies hat zur Folge, dass TV nach § 3, die von sog. **Fach- oder Berufsgewerkschaften** abgeschlossen werden, i. d. R. unwirksam sind, wenn und weil im Betrieb auch AN beschäftigt sind, auf die sich diese auf Angehörige bestimmter Berufsgruppen satzungsmäßig eingeschränkte Tarifzuständigkeit nicht erstreckt (vgl. auch Rn. 221 b). Geht ein solcher TV auch nur teilweise in seinem Geltungsbereich über die satzungsmäßige Tarifzuständigkeit hinaus, ist er aber nur insoweit nichtig, als er über die Tarifzuständigkeit hinausgeht und bleibt im Übrigen wirksam.[24] Die satzungsmäßigen Vorgaben sind daher genauestens zu beachten. Eventuelle **Lücken in der Tarifzuständigkeit** lassen sich durch auf AN-Seite **mehrgliedrigen TV-Abschluss als sog. Einheits-TV**[25] füllen.[26] Nur in einem solchen Falle handelt es sich dann um eine **notwendige Tarifgemeinschaft.**[27] Auch über die **Tarifzuständigkeit** kann das besondere Statusfeststellungsverfahren gem. **§ 97 ArbGG** durchgeführt werden. 16

Bei **Überschneidungen in der Tarifzuständigkeit von DGB-Gewerkschaften** erfolgt die Bestimmung der zuständigen Gewerkschaft entweder durch deren Einigung oder durch Schiedsspruch nach **§ 16 der DGB-Satzung**; in beiden Fällen ist der AG hieran gebunden.[28] **Unterlassen** aber konkurrierende DGB – Gewerkschaften die **Durchführung des Schiedsverfahrens,** so ist tarifzuständig diejenige Gewerkschaft, die sich der Tarifzuständigkeit zuerst berühmt hat und als zuständig angesehen worden war.[29] Gleichwohl muss aber auch die zuerst tätig gewordene Gewerkschaft nach ihrer Satzung tarifzuständig sein (vgl. oben, Rn. 16). Zuordnungs-TV können auch für eine **zukünftige Gesellschaft** im Rahmen wirksamer Stellvertretung (etwa durch die Gründungsgesellschafter) geschlossen werden.[30] 17

Die Ansicht, wirksame TV nach § 3 könnten generell (zu einem Ausnahmefall o. Rn. 16) nur im Rahmen einer **notwendigen Tarifgemeinschaft** aller in den vom TV erfassten Betrieben vertretenen und zuständigen Gewerkschaften, d. h. auch gegnerischer und nicht im DGB 18

---

18 *Thüsing,* ZIP 03, 693 [697]; a. A. *Eich,* EuroAS 03, 12 [15].
19 29.7.09, a. a. O.
20 Kritisch, aber im Ergebnis dem BAG zustimmend *Schliemann,* FS Etzel, 351 ff.
21 So auch *Dzida,* NZA 10, 80 f.
22 *BAG* 29.7.09, a. a. O.; *BAG* 14.1.14, NZA 14, 910; *Thüsing,* a. a. O., S. 698 f.
23 *BAG* 14.1.14, a. a. O.
24 *BAG* 29.7.09, a. a. O.
25 Dazu *BAG* 8.11.06, EzA Nr. 14 zu § 5 TVG.
26 Dazu *Thüsing,* a. a. O.; *Fitting,* Rn. 17 m. w. N.; ebenso *Gaul/Mückl,* NZA 11, 657; zu allgemeinen Unwirksamkeitsgründen näher *Spinner/Wiesenecker,* FS Löwisch, S. 375, 377 ff.
27 Vgl. *Fitting,* Rn. 17.
28 Vgl. *BAG* 14.12.99, AP Nr. 14 zu § 2 TVG Tarifzuständigkeit; *Eich,* a. a. O. m. w. N.
29 *BAG* 12.11.96, EzA § 2 TVG Tarifzuständigkeit Nr. 6; dies gilt auch bei § 3-TV, vgl. *HessLAG* 21.4.05 – 9/5 TaBV 115/04 uv.
30 *BAG* 24.1.01, AP Nr. 1 zu § 3 BetrVG 1972; *Sobotta,* S. 249.

verbundener Organisationen, abgeschlossen werden, **findet im Gesetzeswortlaut keine Stütze** und lässt sich auch nicht aus anderen methodischen Gründen herleiten.[31] Deshalb ist dem Vorschlag bei *Fitting*[32] nicht zuzustimmen, wonach die Absicht, einen TV abschließen zu wollen, zunächst betriebsöffentlich bekundet werden müsse, um einer konkurrierenden Gewerkschaft Gelegenheit zur Beteiligung zu geben. Wollte man an die Unterlassung eines solchen Vorgehens die **Unwirksamkeit eines TV** knüpfen, liefe das vielfach auf die Wirkungslosigkeit des § 3 insgesamt hinaus, denn es dürfte praktisch nicht vorstellbar sein und ist auch mit Art. 9 Abs. 3 GG nicht zu vereinbaren, gegnerische Gewerkschaften in eine Art notwendige Tarifgemeinschaft zu zwingen.[33] Selbst **§ 4 a Abs. 5 TVG n. F.** (eingefügt durch das TarifeinheitsG v. 3.7.2015[34], das am 10.7.15 in Kraft getreten ist), der die Pflicht zur Bekanntgabe über die Aufnahme von TV-Verhandlungen vorsieht, enthält eine solche Unwirksamkeitsfolge nicht (näher zur Bedeutung des TarifeinheitsG für Zuordnungs-TV unten, Rn. 221 a ff.).

19 § 3 Abs. 1 stellt keine besonderen Voraussetzungen für den Abschluss von Zuordnungs-TV auf, sondern nimmt auf das allgemeine Tarifrecht Bezug.[35] Mit der verfehlten Ansicht zur notwendigen Tarifgemeinschaft (Rn. 18) soll offensichtlich das schwierige Problem der **Auflösung etwaiger Tarifkonkurrenzen** (dazu Rn. 217 ff. und zum TarifeinheitsG Rn. 221 a ff.) schon im Vorfeld vermieden werden.[36] Sie wird überdies mit der gleichfalls verfehlten Ansicht verbunden, TV nach § 3 seien nicht erstreikbar: auch dies soll ersichtlich nur das Problem der Tarifkonkurrenz erst gar nicht entstehen lassen. Damit wird aber das rein hypothetische Problem der möglicherweise später einmal eintretenden Tarifkonkurrenz in unzulässiger Weise bereits in das Stadium des TV-Abschlusses selbst vorverlagert und zu einer besonderen Wirksamkeitsvoraussetzung des rechtsgeschäftlichen Zustandekommens eines TV selbst gemacht, ohne dass hierfür eine Rechtsgrundlage ersichtlich wäre (insbes. §§ 1 Abs. 1, 3 Abs. 2 TVG enthalten dazu keinerlei Anhaltspunkte und selbst § 4 a Abs. 5 TVG n. F. gibt dafür nichts her). Dies würde eine unverhältnismäßige **Beschränkung der Abschlussfreiheit** der Koalitionen darstellen und ist gleichfalls nicht mit Art. 9 Abs. 3 GG zu vereinbaren.[37] Eine derartige – zudem nur »erfundene« nicht aber im Gesetzeswortlaut auch nur annähernd verankerte – »Vorfeldkontrolle« hätte einer ausdrücklichen Gesetzesbestimmung bedurft[38]; reine Praktikabilitätserwägungen können nicht dem System der Kollektivvertragsfreiheit Grenzen auferlegen.[39] Im Ergebnis würde damit ein Zustand wiederhergestellt, der dem früheren ministeriellen Zustimmungserfordernis nahe kommt. Das allerdings geht nicht nur am Wortlaut, sondern auch am Sinn und Zweck der Bestimmung vorbei.

4. Regelung durch Betriebsvereinbarung

20 Die **Regelbarkeit durch BV** nach Abs. 2 in den Fällen des Abs. 1 Nr. 1, 2, 4 und 5 ist ein gesetzgebungstechnisches Novum, mit dem augenscheinlich einem beständig vorgetragenen Wunsch aus der rechtspolitischen Diskussion Rechnung getragen werden sollte.[40] Dieses Konzept birgt viele rechtliche Zweifelsfragen. Zu Recht ist es im Vorfeld des Gesetzesbeschlusses beispielsweise als anstößig empfunden worden, wenn »sich die Akteure wie Münchhausen am eigenen Zopf aus dem Sumpf ziehen, indem sie sich durch die Betriebsvereinbarung erst die

---

31 *BAG* 29.7.09, NZA 09, 1424.
32 *24. Aufl.*, Rn. 16; dem folgend GK-*Franzen*, Rn. 30.
33 *BAG* 29.7.09, a. a. O.; ausdrücklich die »Zwangstarifgemeinschaft« als verfassungsrechtlich unzulässigen Eingriff in die Abschlussfreiheit der Gewerkschaft und des AG wertend auch *BAG* 9.12.09, NZA 2010, 712.
34 *BGBl.* I, S. 1130
35 Zutreffend *Heinkel*, S. 193.
36 Dazu auch *Wendeling-Schröder*, NZA 15, 525, 526: »eine antizipierte Auflösung einer antizipierten Tarifkonkurrenz kann es … nicht geben.«
37 *BAG* 29.7.09, a. a. O.
38 § 4 a Abs. 5 TVG n. F. sieht zwar eine Pflicht zur Bekanntgabe von TV-Verhandlungen vor, enthält aber keine Unwirksamkeitsfolge für den TV, wenn diese Verpflichtung nicht eingehalten wird.
39 Das wird auch von Kempen/Zachert/*Wendeling-Schröder*, § 1 Rn. 564, übersehen.
40 Vgl. hierzu etwa *Hanau*, Mitb. 6+7/99, 21 [24]; so schon *ders.*, NZA 93, 817 [818]; *Kreßel*, JbArbR 36 [1999], 49 [56]; *Löwisch*, DB 99, 2209 [2211]; *Reichold*, NZA 99, 561 [570].

Legitimation für deren Abschluss verschaffen«[41] oder gar GBR bzw. KBR sich mittels entsprechender Betriebszusammenlegungen durch BV »die eigene Basis zusammenzimmern«,[42] bzw. der GBR einen »widerspenstigen BR majorisiert«, weil dieser sich nicht von der GBR-Stimmenmehrheit aus anderen Betrieben des UN »wegvereinbaren« lassen möchte.[43] Dies alles hat beim Gesetzgeber offenbar kein Gehör gefunden.[44] Die BV spielt in der Praxis des § 3 nur eine geringe Rolle. Soll gem. Abs. 1 Nr. 1 a) für mehrere Betriebe eines UN ein UN-einheitlicher BR durch BV geschaffen werden, ist dafür der GBR gem. § 50 Abs. 1 zuständig und steht einem einzelnen BR, der dadurch untergeht, kein Vetorecht zu[45].

II. Tarifvertragliche Arbeitnehmervertretungen außerhalb der Vorschrift und Änderbarkeit des BetrVG

1. Zum Verhältnis zwischen § 3 BetrVG und § 1 Abs. 1 TVG

Ob für bestimmte **Betriebe und Bereiche,** auf die das Gesetz insbesondere wegen der Einschränkungen seines gegenständlichen Geltungsbereichs **nicht anwendbar** ist (vgl. § 1 Rn. 13 f.), durch TV eine betriebliche AN-Vertretung errichtet werden kann, ist nach den allgemeinen Grundsätzen zu beurteilen. Insoweit sehen die §§ 1 Abs. 1, 3 Abs. 2 TVG gerade die Möglichkeit vor, auch **betriebsverfassungsrechtliche Fragen in TV** regeln zu können.[46] Durch das *BAG*[47] ist verdeutlicht worden, dass die tarifliche Schaffung von Vertretungsstrukturen und Beteiligungsrechten durch Art. 9 Abs. 3 GG, § 3 Abs. 2 TVG dort gedeckt ist, wo durch diese Tarifnormen ein gesetzlich ungeregelter Bereich erfasst wird und wenn hierbei nicht in eine anderweitige gesetzliche Kompetenzabgrenzung eingegriffen wird (vgl. Rn. 31). In der Praxis ist von dieser Möglichkeit gerade dort Gebrauch gemacht worden, wo es bei Privatisierungen zu umfangreichen Personalgestellungen von dem öffentlichen Arbeitgeber zu einer ausgegliederten privatrechtlichen Einheit kam, diese aber mangels eigenen Personals selbst nicht die in § 1 Abs. 1 Satz 1 erforderlichen Voraussetzungen erfüllte. Da nach der bisherigen Rspr. des BAG die Möglichkeit zur Bildung eines BR somit nicht bestand, wurden vielfach **betriebsverfassungsrechtliche Sondervertretungen für das gestellte Personal** durch TV geschaffen. Nach Inkrafttreten des neu gefassten § 5 am 4.8.2009 (dazu § 5 Rn. 108 ff.) besteht für diese Hilfskonstruktionen aber kein Bedürfnis mehr, weil das gestellte Personal im Einsatzbetrieb nunmehr volles aktives und passives Wahlrecht besitzt und auch zählerheblich ist. **21**

Demgegenüber wurde vor der Novellierung 2001 teilweise angenommen,[48] aus § 3 BetrVG und der gesetzlichen Betriebsverfassung als solcher ergäbe sich eine ausschließliche **Normsetzungsbefugnis** des Gesetzgebers,[49] so dass etwa für nicht betriebsratsfähige Betriebe i. S. v. § 1 durch TV keine Betriebsvertretung geschaffen werden könne.[50] Diese Ansicht übersieht jedoch, dass die in § 1 Abs. 1 TVG angesprochene Normsetzungsbefugnis nicht nach betriebsverfassungsrechtlichen Fragen mit organisationsrechtlichem Charakter einerseits und solchen etwa der Erweiterung von materiellen Beteiligungsbefugnissen des BR andererseits differenziert, sondern **beide Aspekte** umfasst.[51] **22**

41 So der damalige *BAG-Präsident Wißmann,* AiB 00, 321 [322].
42 *Däubler,* AiB 01, 313 [316]; ähnlich *Rieble,* ZIP 01, 133 [138]: der BR habe so auch die Möglichkeit, sein »Wahlvolk« zu bestimmen.
43 *Trümner,* FA 01, 133 [135].
44 Vgl. *BT-Drucks.* 14/5741, S. 34.
45 *BAG* 24.4.13, DB 13, 1913.
46 Vgl. *T. Wißmann,* Tarifvertragliche Gestaltung der betriebsverfassungsrechtlichen Organisation, 2000, S. 29 ff.
47 24.8.04, AP Nr. 12 zu § 98 BetrVG 1972.
48 Vgl. z. B. *GL,* Rn. 22; *Martens,* S. 330 m. w. N.
49 Dagegen *Däubler,* Tarifvertragsrecht, Rn. 1031 ff.; *Säcker,* BB 72, 1197 [1198].
50 So z. B. *GL,* Rn. 22; dagegen GK-*Franzen,* § 1 Rn. 18.
51 Vgl. zur Bandbreite der denkbaren »betriebsverfassungsrechtlichen Fragen« Kempen/Zachert-*Kempen,* § 3 Rn. 26.

23 Demzufolge ist es richtig, als **betriebsverfassungsrechtliche Normen** i. S. d. § 1 Abs. 1 TVG diejenigen Regelungen zu bezeichnen, »die sich auf alle mit der Betriebsverfassung, d. h. der rechtlich verbindlichen Organisation des sozialen Gebildes Betrieb zusammenhängenden Angelegenheiten, einschließlich der Vertretungsorgane, ihrer Rechte und Pflichten sowie ihrer Stellung zum Arbeitgeber, beziehen«.[52] Obwohl das TVG das ältere Gesetz ist,[53] ist § 1 Abs. 1 TVG nicht etwa gemäß der Zeitkollisionsregel (»lex posterior derogat legi priori«) auf Grund der Betriebsverfassungsgesetze von 1952, 1972 oder der Novellierung 2001 außer Kraft getreten.[54] Dagegen spricht schon, dass selbst legislatorische Maßnahmen nach Erlass des BetrVG 1952 bzw. 1972 nichts an § 1 Abs. 1 TVG geändert haben.[55] Vielmehr haben sowohl § 2 BetrVG 1952 als auch § 2 Abs. 3 BetrVG 1972 bestimmt, dass die Aufgaben der Gewerkschaften durch die Betriebsverfassungsgesetze gerade nicht berührt werden.[56] Deren außerhalb des BetrVG bestehende Aufgaben werden nämlich durch dessen Vorschriften weder geregelt noch beeinträchtigt.[57] Derselbe Befund ergibt sich aus der Tatsache, dass eine §§ 3, 97 BPersVG entsprechende globale Untersagung abweichender tariflicher Regelungen in das BetrVG gerade nicht eingefügt wurde.[58]

24 Dennoch ist das **TVG nachkonstitutionelles Recht**,[59] weil der nachkonstitutionelle Gesetzgeber das TVG erkennbar bestätigend in seinen Willen aufgenommen hat.[60] Demgemäß hat das *BVerfG* erkannt,[61] dass das TVG im Ganzen mit dem GG vereinbar ist. Das Tarifvertragssystem des TVG erhielt gewissermaßen durch das später verabschiedete GG eine verfassungsrechtliche Stütze. Der vom **TVG** verbürgte Rahmen der **Tarifvertragsfreiheit** ist Teil der von **Art. 9 Abs. 3** GG gewährleisteten (darüber sachlich noch hinausgehenden) allgemeinen **Kollektivvertragsfreiheit** der arbeitsrechtlichen Koalitionen. Daher wäre selbst dann, wenn es das TVG nicht gäbe, das Recht zur Setzung betriebsverfassungsrechtlicher Normen seitens der arbeitsrechtlichen Koalitionen durch Art. 9 Abs. 3 GG gedeckt.[62] Selbst wenn man mit dem *BVerfG*[63] dem Gesetzgeber einen weiten Spielraum zur Ausgestaltung der Tarifautonomie konzediert und damit eine Ewigkeitsgarantie für das im Zeitpunkt des In-Kraft-Tretens des GG vorgefundene Tarifvertragssystem nicht grundrechtlich fundieren kann,[64] bleibt die Behauptung eines Regelungsvorranges des Gesetzgebers vor den TV-Parteien fragwürdig, soweit damit ein weitgehendes Untätigkeitsverdikt für die Koalitionen verhängt würde. Es bliebe dann nämlich für die nähere Begrenzung sowohl der Spielräume des Gesetzgebers als auch der TV-Parteien völlig außer Acht, dass die Grundfreiheit aus Art. 9 Abs. 3 GG als **Grundrecht ohne Gesetzesvorbehalt** ausgestaltet ist.[65] Jedenfalls enthält § 1 Abs. 1 TVG keine Einschränkung in

52 Vgl. *Feichtinger,* S. 3; *Weyand,* S. 99; Wiedemann-*Thüsing,* § 1 Rn. 754; etwas anders *BAG* 23.2.88, NZA 88, 614; vgl. auch *Giesen,* BB 02, 1480 [1482].

53 Vom 9.4.49; vgl. zur Geschichte und den verschiedenen Übernahmegesetzen nach In-Kraft-Treten des BetrVG 1952 näher Wiedemann-*Oetker,* Geschichte, Rn. 58 ff.

54 Vgl. nur *Säcker/Oetker,* S. 129 m. w. N.; *T. Wißmann,* S. 30.

55 Dies anerkennt auch MünchArbR-*v. Hoyningen-Huene,* (1. Aufl.), § 297 Rn. 102; zu Recht lehnt es *Gamillscheg,* Kollektives Arbeitsrecht, Bd. I, S. 598, ab, § 1 TVG als historisch obsolet gewordene Vorschrift zu bezeichnen.

56 Näher *Feichtinger,* S. 88 f.

57 Vgl. *BAG* 14.2.78, AP Nr. 26 zu Art. 9 GG.

58 Zuvor schon § 78 Abs. 1, 92 BPersVG 1955; die gesetzgeberische Konzeption im Personalvertretungsrecht dürfte in dieser strengen Form kaum mit Art. 9 Abs. 3 GG zu vereinbaren sein; dazu *Däubler,* Tarifvertragsrecht, Rn. 1091 ff.; Kempen/Zachert/*Kempen,* Grundlagen, Rn. 271, § 1 Rn. 578; zur die Tarifautonomie beschränkenden Reichweite der §§ 3, 97 BPersVG auch *Plander,* Mitbestimmung in öffentlich-rechtlichen Mischkonzernen, S. 49 ff.; kritisch – im Ergebnis aber den Status quo sanktionierend – *Säcker/Oetker,* S. 198.

59 Das Grundgesetz wurde am 23.5.1949 verkündet, also nach In-Kraft-Treten des TVG am 22.4.1949; rein zeitlich handelt es sich also beim TVG an sich um vorkonstitutionelles Recht, vgl. *BVerfG* 14.6.83, BVerfGE 64, 27.

60 *BVerfG* 24.5.77, BVerfGE 44, 322.

61 24.5.77, a. a. O.

62 Ähnlich *Säcker/Oetker,* S. 80; *T. Wißmann,* S. 32.

63 19.10.66, BVerfGE 20, 312 [317].

64 Vgl. Kempen/Zachert/*Kempen,* Grundlagen, Rn. 135.

65 Ähnlich auch der Hinweis bei *Gamillscheg,* FS Molitor, S. 133.

dem Sinne, dass die Tarifierungsbefugnis von der Beachtung der durch das BetrVG angeblich gesetzten Grenzen abhängig sei.[66] Deshalb ist bei vermeintlichen Konkurrenzen oder Sphären-Kollisionen zwischen Tarifautonomie und Gesetzesrecht eine **»koalitionsgrundrechtsoptimierende« Auslegung geboten.**[67]

Wenngleich aus der Vorbehaltslosigkeit des Grundrechts nach Art. 9 Abs. 3 GG andererseits auch nicht dessen gänzliche Schrankenlosigkeit abgeleitet werden kann,[68] so bleibt doch der Befund, dass in Bezug auf Koalitionsfreiheit und Tarifautonomie eine **Normsetzungsprärogative**[69] der Koalitionen gegenüber dem Gesetzgeber gilt, die die einfachgesetzliche Tätigkeit auf dem Gebiet der Regelung der Arbeits- und Wirtschaftsbedingungen zurückdrängt.[70] *Säcker/Oetker*[71] sowie *Däubler*[72] haben eingehend nachgewiesen, dass die normsetzende Betätigung der Koalitionen auf dem Gebiet des Betriebsverfassungsrechts nicht aus dem in Art. 9 Abs. 3 GG enthaltenen Begriffspaar »Arbeits- und Wirtschaftsbedingungen« ausgeblendet werden kann.[73] Damit ist der **von staatlicher Rechtsetzung freigelassene Raum**[74] allemal tarifvertraglicher Regelung zugänglich, ja sogar noch mehr: Eine Ausgestaltung der Betriebsverfassung ohne jede Möglichkeit zu tarifautonomer Regelung verstieße gegen den Grundsatz der Normsetzungsprärogative der Koalitionen gegenüber dem Gesetzgeber.[75] Zu klären bleibt freilich, was im Hinblick auf die organisatorischen Vorschriften des BetrVG als in diesem Sinne »freigelassener« Raum anzusehen ist (dazu im Einzelnen Rn. 29). 25

Auch eine Art. 9 Abs. 3 GG ernst nehmende »koalitionsgrundrechtsoptimierende« Auslegung hat anzuerkennen, dass nach **Art. 74 Abs. 1 Nr. 12 GG** die »Betriebsverfassung« zum **Gegenstand der konkurrierenden Gesetzgebung** erklärt ist.[76] Ein beliebiger, den normativen Willen des Verfassungsgesetzgebers derogierender Vorrang tariflicher Normsetzung lässt sich daher auch nicht mit dem Hinweis auf die Normsetzungsprärogative der Tarifvertragsparteien behaupten.[77] Vielmehr geht es darum, die Normsetzungssphären gegeneinander abzugrenzen. Insoweit ist zu akzeptieren, dass der Gesetzgeber auch im Rahmen des Art. 74 Abs. 1 Nr. 12 GG befugt ist, zum Schutze anderer **in der Verfassung** niedergelegter Rechtsgüter **zwingende** Regelungen zu erlassen.[78] 26

Das **Regelungsziel der Vorschrift,** durch die in Abs. 1 genannten Ausnahmen vom betriebsverfassungsrechtlich vorgesehenen »Normalfall« **störende Einwirkungen auf den gesetzlichen BR fern zu halten,** wird jedenfalls dann überhaupt nicht berührt, wenn es einen zu »schützenden« BR wegen der Unanwendbarkeit des Gesetzes gar nicht gibt. § 3 BetrVG **modifiziert** daher die allgemeine Befugnis zur tarifvertraglichen Setzung von betriebsverfassungsrechtlichen Normen mit organisationsrechtlichem Inhalt zunächst lediglich insoweit, als das **Gesetz selbst** und damit diese Vorschrift auf den betreffenden Ausschnitt aus der betrieblich-sozialen Realität überhaupt anwendbar ist. Darüber hinaus sperrt die Vorschrift auch nicht die Tarifierung solcher Bereiche, in denen der Gesetzgeber keine oder **keine in sich erkennbar** nach allen Seiten **abgeschlossene Regelung** vorgenommen hat, lässt also auch außerhalb der 27

66 Anders wohl *Martens*, S. 330, der insoweit offenbar § 1 Abs. 1 TVG wie ein Verbot mit gesetzlichem Erlaubnisvorbehalt gemäß § 3 BetrVG versteht.
67 Kempen/Zachert/*Kempen*, a. a. O., Rn. 136.
68 Vgl. zur »Schrankendogmatik« sog. vorbehaltloser Grundrechte AK-GG-*Kittner*, Art. 9 Abs. 3 Rn. 34 f.; aus verfassungsdogmatischer Sicht näher *Butzer*, RdA 94, 375.
69 Grundlegend *Säcker*, Grundprobleme, S. 55 ff.; *Butzer*, a. a. O., 379; relativiert durch *BVerfG* 24.4.96, E 94, 268 [284]: »Normsetzungsrecht«.
70 Missverstanden bei GK-*Franzen*, Rn. 3, die den Normsetzungs*vorrang* in ein – hier jedoch nicht behauptetes – Normsetzungs*monopol* umdeuten.
71 S. 55 ff., 80.
72 Tarifvertragsrecht, Rn. 1032.
73 Ebenso *T. Wißmann*, S. 26 f.
74 Kempen/Zachert/*Kempen*, Grundlagen, Rn. 139.
75 Dazu insbes. *Däubler*, a. a. O., Rn. 1040, 1055.
76 *Däubler*, Tarifvertragsrecht, Rn. 1031, 1040; vgl. auch *BVerfG* 24.4.96, E 94, 268.
77 Ebenso *Butzer*, RdA 94, 375 [379]; ähnlich *BVerfG*, a. a. O.: Normsetzungsrecht, kein Normsetzungsmonopol der TV-Parteien.
78 *BVerfG* 3.4.01, NZA 01, 777 [778]; *BVerfG* 26.6.91, NZA 91, 809; 14.11.95, AuR 96, 111; 24.4.96, E 94, 268 [284 f.] mit abw. Votum *Kühling; Däubler*, a. a. O., Rn. 1033.

in Abs. 1 Nr. 1 bis 5 angesprochenen Sachmaterien eine **tarifliche Ergänzung** des gesetzlichen Modells **im Sinne einer Effektivierung und Optimierung** zu.[79] Letzteres muss wegen Art. 9 Abs. 3 GG zulässig bleiben, weil anderenfalls die in § 3 BetrVG trotz seiner großen Reichweite liegende Beschränkung der Tarifautonomie unverhältnismäßig und damit unzulässig wäre.[80]

2. Einzelne Anwendungsfälle

28 Die kollektivvertragsrechtliche **Einrichtung** einer **AN-Vertretung** beispielsweise für **Religionsgemeinschaften** (§ 118 Abs. 2) und **Kleinst-UN** (vgl. § 1 Rn. 13) ist daher **zulässig.**[81] Somit ließe sich auch bei **Tageszeitungen** usw. ein **Redaktionsstatut** tarifieren, das die Rechte haben könnte, die ein BR hätte, wenn nicht der Tendenzschutz diese ausschlösse,[82] weil eine unzulässige Konkurrenz zum BR und damit ein Verstoß gegen dessen **Vertretungsmonopol** dann nicht vorliegt, wenn der BR gerade keine Mitbestimmungsrechte auf diesem Gebiet hat. Die **Befugnisse** einer solchen Vertretung richten sich dann ausschließlich **nach dem TV,** eine »Pauschalverweisung« auf das BetrVG dürfte – wegen des strafrechtlichen Analogieverbotes jedoch nicht hinsichtlich der §§ 119 ff. – bedenkenfrei sein.[83]

29 Nach h. M. im tarifrechtlichen Schrifttum[84] ist es zulässig, für **AN-ähnliche** Personen eine **Sondervertretung** einzurichten und darüber hinaus auch ein **Konsultationsgremium** mit dem BR bzw. einer zusätzlichen AN-Vertretung i. S. v. Abs. 1 Nr. 5 vorzusehen (vgl. auch Rn. 133, 136 f.).

30 Für **kleine Konzerne,** deren UN jeweils nicht die Voraussetzungen des § 1 Abs. 1 Satz 1 erfüllen, kann durch TV eine einheitliche Konzern-AN-Vertretung geschaffen werden (vgl. auch Rn. 37).

31 **Durch TV** kann für Auszubildende **in sog. reinen Ausbildungsbetrieben,** für die nach der Rspr.[85] keine gesetzliche JAV gewählt werden kann, eine besondere **Ausbildungsvertretung** vorgesehen werden, wenn diese nicht in die Kompetenz z. B. eines BR eingreift;[86] ihr können auch Beteiligungsrechte zugeordnet werden.[87] Dagegen stellt eine derartige außerhalb von § 3 BetrVG, aber auf Grundlage von Art. 9 Abs. 3 GG, § 3 Abs. 2 TVG geschaffene Ausbildungsvertretung *sui generis* keine AN-Vertretung i. S. v. Abs. 1 Nr. 3 dar, weshalb auf sie auch Abs. 5 Satz 2 nicht anwendbar sei und demzufolge auch die Rechte aus §§ 78, 78 a BetrVG für ihre Mitglieder leer laufen sollen.[88]

32 Bei gemischt **privat-öffentlichen UN-Gruppen** (z. B. Konzern-Stadt, vgl. Rn. 132) könnte auf Basis eines TV eine gemeinsame Konzern-AN-Vertretung von BR und Personalrat errichtet werden, die aber keine Kompetenzen haben dürfte, die in den Zuständigkeitsbereich des PR oder BR fallen.

33 Hinsichtlich der u. U. eintretenden »Vertretungslücke« **beim Wechsel vom Personalvertretungsrecht zum BetrVG** infolge privatisierender Umwandlung muss wegen der Anforderungen in Art. 6 der Richtlinie 2001/23/EG v. 12.3.01[89] die Möglichkeit zur Tarifierung einer **Übergangsvertretung** gewährleistet sein (vgl. auch § 130 Rn. 12).[90] Gelegentlich findet sich

---

79 Dafür vor allem *Gamillscheg,* Kollektives Arbeitsrecht, Bd. I, S. 599; dies anerkennt im Kern auch GK-*Franzen,* Rn. 3, trotz seiner i. Ü. restriktiven Ansichten zur tariflichen Abänderbarkeit der org. Bestimmungen des BetrVG.

80 Vgl. *Däubler,* Tarifvertragsrecht, Rn. 1040; nach AK-GG-*Kittner,* Art. 9 Abs. 3 Rn. 68, war das Zustimmungserfordernis des § 3 Abs. 2 a. F. sogar verfassungsrechtlich nicht haltbar; zur historischen Herkunft des Zustimmungserfordernisses, das mit dem Schutz der Tarifaußenseiter nichts zu tun hat, näher *Trümner,* JbArbR 36 [1999], S. 59 [61 ff.].

81 *Hanau,* RdA 73, 293; *Heither,* FS Schaub, 307 f.; *Däubler,* Grundrecht, S. 381 ff.; a. A. *GL,* Rn. 22.

82 Vgl. *BAG* 19.6.01, NZA 02, 397 für ein auf Gesamtzusage beruhendes Redaktionsstatut.

83 Näher *Däubler,* Grundrecht, S. 382.

84 Detaillierte Nachweise bei *Däubler,* AiB 01, 313 [317, Fn. 22].

85 Vgl. *BAG* 12.9.96, AP Nr. 11 zu § 5 BetrVG 1972 Ausbildung.

86 *BAG* 24.8.04, AP Nr. 12 zu § 98 BetrVG 1972.

87 Näher zur Ausgestaltung *Klinkhammer,* 50 Jahre BAG, S. 963 ff.

88 *BAG* 13.8.08 – 7 AZR 450/07 uv; vgl. aber Rn. 203.

89 ABl. EG Nr. L 82, S. 18.

90 Näher dazu *Trümner,* in Blanke/Trümner (Hrsg.), Handbuch Privatisierung, Rn. 713.

zur Regelung des Übergangsmandats bei Privatisierungen und der kollektivrechtlichen Fortgeltung von vormaligen Dienstvereinbarungen als BV **landesgesetzliches Sonderbetriebsverfassungsrecht.**[91] Nach Wegfall der bindenden Wirkungen des Bundesrahmenrechts aus § 97 BPersVG infolge der Föderalismusreform sind die Länder befugt, im LandesPersVR Bestimmungen nach dem Vorbild des § 3 BetrVG zu erlassen.

Das BetrVG schließt jedoch die Errichtung solcher betrieblichen Vertretungen aus, die in die Zuständigkeiten des BR eingreifen.[92] Das gilt etwa für die sog. **betrieblichen Vertrauensleute,** die verschiedentlich von den AG als Instrument gegen die gewerkschaftlichen Vertrauensleute gefördert werden.[93] 34

Auch die Errichtung anderer quasibetriebsverfassungsrechtlicher Vertretungsorgane, wie sie nach früherer Rechtslage insbesondere die **Sprecherausschüsse** für leitende Angestellte darstellten, ist unzulässig. Das ergibt sich aus § 37 Abs. 2 SprAuG, wonach das Amt solcher freiwilligen SpA spätestens mit dem 31.5.1990 endete (vgl. § 5 Rn. 217; zur Frage, ob eine tarifliche Regelung nach Abs. 1 **Nr. 1 – 3** Auswirkungen auf die Bestimmung des Bereichs hat, für den ein SpA nach dem SprAuG zu bilden ist, Rn. 204; vgl. zur Unzulässigkeit privatautonomer »**Vertrauensräte**« u. Ä. § 1 Rn. 12). 35

3. Mitbestimmungsbeibehaltung bei Betriebsspaltungen (§ 325 Abs. 2 UmwG)

§ 325 Abs. 2 UmwG erwähnt die Möglichkeit, bei Betriebsspaltungen **mitbestimmungssichernde Regelungen** durch TV oder BV vereinbaren zu können, und bestätigt somit die These von der Erweiterbarkeit der gesetzlichen Mitbestimmungsordnung durch Kollektivvertrag (vgl. Rn. 11; vgl. zu den Einzelheiten des § 325 UmwG *8. Aufl., Rn. 20 a – 20 j*). 36

III. Die einzelnen Fallgruppen des Abs. 1

1. UN mit mehreren Betrieben (Nr. 1, Eingangssatz)

Nach Abs. 1 Nr. 1 kann für **UN** mit mehreren Betrieben entweder ein unternehmenseinheitlicher BR (Buchst. a); dazu Rn. 41 ff.) oder innerhalb des UN die Zusammenfassung nur einzelner Betriebe (Buchst. b); dazu Rn. 45 ff.) vorgesehen werden. Bevor die Regelung eines UN-einheitlichen BR erwogen wird, ist stets genau zu prüfen, ob die Bildung eines BR nicht bereits durch die Zusammenfassung nur einzelner Betriebe zur Bildung von Regionalbetrieben erleichtert wird,[94] denn das BAG gibt wegen des Prinzips der Ortsnähe eines BR dezentralen Lösungen den Vorrang. Um ein **UN mit mehreren Betrieben** i. S. d. neu gefassten Bestimmung handelt es sich immer dann, wenn ein und demselben privatrechtlich organisierten UN-Träger (Rechtsträger; vgl. zum UN-Begriff § 47 Rn. 26 ff.) mehrere **Betriebe i. S. v. § 1 Abs. 1 Satz 1** zugeordnet sind. Hat das UN A allerdings einen allein ihm zugehörigen Betrieb »a« und ist A daneben mit einem oder mehreren anderen **UN an einem gemB** »b« beteiligt (§ 1 Abs. 1 Satz 2; vgl. § 1 Rn. 88 ff.), so handelt es sich bei A gleichwohl um ein mehrbetriebliches UN i. S. der Bestimmung, denn der **gemB gehört zu jedem** an ihm beteiligten **Träger-UN,**[95] weil sowohl § 1 Abs. 1 Satz 2 als auch § 47 Abs. 9 den gemB betriebsverfassungsrechtlich mit einem »Normalbetrieb« gleichstellt.[96] Eine tarifliche Regelung nach Abs. 1 müsste im Fall eines gemB allerdings mit allen an ihm beteiligten UN abgeschlossen werden, weil insoweit nur jedes UN selbst **tariffähig ist** und **nicht der gemB als solcher** (vgl. § 1 Rn. 212), denn andernfalls könnte die notwendig betriebseinheitliche Normgeltung i. S. v. § 3 Abs. 2 TVG nicht herbeigeführt werden.[97] Die nach der Vorschrift erlaubte **Integration** verschiedener Betriebe und 37

91 Z. B. im WestLB – Privatisierungsgesetz, GVBl. NW 2002, S. 284; ein derartiges Landesgesetz ist rechtlich bedenkenfrei zulässig, vgl. *BAG* 23.11.04, EzA § 75 BetrVG 2001 Nr. 1.
92 *BAG* 19.6.01, NZA 02, 397.
93 Vgl. ausführlich zur unzulässigen Einrichtung betrieblicher Vertrauensleute *Däubler,* Gewerkschaftsrechte, Rn. 543 ff.; vgl. auch Rn. 145.
94 *BAG* 24.4.13, DB 13, 1913.
95 Vgl. § 1 Rn. 178; *Sobotta,* S. 58 f., 66.
96 A. A. *Fitting,* Rn. 27.
97 ErfK-*Koch,* Rn. 3; zur notwendigen Tarifgemeinschaft in diesem Sinne auch *BAG* 29.6.04, AP Nr. 36 zu § 1 TVG.

ihrer AN-Vertretungen **endet** grundsätzlich **an der UN-Grenze,** so dass nur innerhalb desselben UN entsprechende Zusammenfassungen möglich sind[98] und daher z. B. für kleine mittelständische Konzerne ein **konzerneinheitlicher BR nicht kraft Kollektivvertrags** nach § 3 Abs. 1 Nr. 1 gebildet werden kann,[99] obgleich dies für alle Beteiligten durchaus förderliche Effekte mit sich bringen oder sogar gewünscht sein könnte. Hier kann – neben der Möglichkeit eines TV nach Abs. 1 Nr. 3 (Rn. 104) – aber u. U. die Bildung eines gemB durch Abschluss einer ausdrücklichen Führungsvereinbarung und Schaffung eines einheitlichen Leitungsapparates (vgl. § 1 Rn. 88 ff.) in Betracht gezogen werden, sofern hierzu der Wille und die Bereitschaft auf Seiten der betroffenen UN vorhanden ist. Die Alternative läge in der Nutzung der Vermutungsregel des § 1 Abs. 2, zumal rechtstatsächlich der **gemB mehrerer UN typischerweise ein Konzernphänomen** ist.[100] Zur Frage, wann ausnahmsweise **durch TV** gemäß § 1 Abs. 1 TVG eine **Konzernvertretung** geschaffen werden kann, vgl. Rn. 30.

38 Um ein **mehrbetriebliches UN** handelt es sich auch dann, wenn dem UN neben einem »echten« Betrieb i. S. v. § 1 nur noch ein oder mehrere **Betriebsteile nach § 4 Abs. 1** angehören, denn § 4 Abs. 1 Satz 1 enthält unter den dort genannten Voraussetzungen die **Fiktion,** dass der Betriebsteil dann **als Betrieb** zu gelten hat und somit alle diejenigen Vorschriften des BetrVG auf den Betriebsteil anzuwenden sind, die an das Vorliegen eines »Betriebs« anknüpfen.[101] Dies gilt auch dann, wenn es sich um einen (noch) **betriebsratslosen Betriebsteil** i. S. v. **§ 4 Abs. 1 Satz 2** handelt,[102] denn § 3 Abs. 1 Nr. 1 zielt gerade darauf, derartige vertretungslose Verhältnisse zu beseitigen, wie der in Nr. 1 nachgestellte »Wenn-Satz« anzeigt.[103] Die tarifliche Zuordnung nach Nr. 1 hat **Vorrang vor der Belegschaftsoption** nach § 4 Abs. 1 Satz 2 (vgl. § 4 Rn. 109 f.).[104]

39 **Zweifelhaft** kann erscheinen, ob ein **mehrbetriebliches UN** auch dann vorliegt, wenn es aus einem (Haupt-)Betrieb und nur einem oder mehreren **Kleinstbetrieben i. S. v. § 4 Abs. 2** besteht, weil Letztere schon nach gesetzlicher Bestimmung dem Hauptbetrieb zuzuordnen sind, so dass in betriebsverfassungsrechtlicher Hinsicht stets nur **eine Organisationseinheit** vorliegt und sich das kollektivvertraglich zu lösende Zuordnungsproblem des Abs. 1 Nr. 1 eigentlich gar nicht stellt. Die Begründung zu § 4 des Regierungsentwurfs zum BetrVerf-ReformG sieht dies allerdings anders,[105] wenn dort die **Zuordnungsentscheidung des Gesetzes** zu Gunsten des Hauptbetriebs gem. § 4 Abs. 2 für **kollektivvertragsdispositiv** erklärt wird. Demnach soll also eine kollektivvertragliche Zuordnung des Kleinstbetriebs auch zu einem anderen Bereich als dem Hauptbetrieb des UN zulässig sein. Da ausweislich der Gesetzesbegründung zu § 4 Abs. 2[106] keine Einschränkungen der bislang nach § 3 Abs. 1 Nr. 3 a. F. gegebenen Zuordnungsmöglichkeiten vorgenommen werden sollten (anders dagegen in der Begründung zu § 3 Abs. 1 Nr. 1 [a. a. O., S. 34], wo nur auf betriebsratsfähige Betriebe oder Betriebsteile i. S. v. § 4 Abs. 1 Satz 1 abgestellt wird), ist es sachgerecht, auch den Kleinstbetrieb i. S. v. § 4 Abs. 2 als »Betrieb« i. S. v. § 3 Abs. 1 Nr. 1 anzusehen. Dafür spricht neben dem Wortlaut, der gerade die Integration von »Betrieben« erlaubt, dass ein Kleinstbetrieb innerhalb desselben UN ein nur wegen nicht ausreichender AN-Zahl nicht betriebsratsfähiger, im Übrigen aber »vollwertiger« Betrieb mit eigener Leitung ist und nicht »nur« Betriebsteil (vgl. § 4 Rn. 135 ff.). Mithin können durch Kollektivvertrag gem. § 3 Abs. 1 Nr. 1 b) z. B. **mehrere Kleinstbetriebe** zu einer betriebsverfassungsrechtlichen Organisationseinheit **zusammengefasst** werden.[107] Der so für die Kleinstbetriebe gebildete BR hat dann allerdings in den Mit-

98 *BAG* 13.3.13, NZA 13, 738, 742.
99 Vgl. *Däubler,* AiB 01, 313 [315].
100 Vgl. *Kohte,* RdA 92, 302 ff.; zur Konzernthematik beim gemB näher § 1 Rn. 99 ff.; zu kleinen Familienkonzernen auch § 1 Rn. 241 sowie *Konzen,* RdA 01, 76 [87].
101 Klargestellt schon für die alte Rechtslage durch *BAG* 27.6.95, BB 96, 1504 mit Anm. *Kohte,* NZA 96, 164; wie hier für die neue Rechtslage auch *Engels/Trebinger/Löhr-Steinhaus,* DB 01, 532 [533]; *Fitting,* Rn. 26.
102 ErfK-*Koch,* Rn. 3.
103 Vgl. auch *BT-Drucks.* 14/5741, S. 33 f. zu Nr. 3.
104 Ebenso *LK,* Rn. 24.
105 Vgl. *BT-Drucks.* 14/5741, S. 35 zu Nr. 4.
106 A. a. O., S. 35.
107 A. A. ErfK-*Koch,* Rn. 4; wie hier GK-*Franzen,* Rn. 9; *LK,* Rn. 6.

bestimmungsfragen mit einer Vielzahl von Betriebsleitungen eben dieser Kleinstbetriebe zu tun, so dass je nach betrieblicher Struktur zu entscheiden ist, ob dies eine sachgerechte Wahrnehmung der AN-Interessen ermöglicht.

Da in beiden Varianten der Zusammenfassung von Betrieben u. U. die Nähe und der Zugang der Belegschaft zum BR und dessen Mitgliedern verloren gehen oder erschwert werden kann, ist es bedenkenswert, eine **Kombination von Regeln nach Nr. 1 mit solchen nach Nr. 5** (zusätzliche Vertretungen) zu vereinbaren. Dies sollte immer dann geschehen, wenn in den UN-BR oder den BR für den zusammengefassten Bereich kein Repräsentant aus zusammengefassten Betriebsteilen gewählt wird, um so ein Mindestmaß an »Rückkoppelung« zur Belegschaft zu gewährleisten.[108] **40**

Vor dem Hintergrund, dass beide Alternativen der Nr. 1 der Zielvorgabe (»Erleichterung der Bildung von BR« oder »sachgerechte Wahrnehmung der AN-Interessen«) genügen müssen und das *BAG*[109] diese Bedingung wie einen Schrankenvorbehalt[110] versteht, muss man praktisch **zwischen den Alternativen Nr. 1 a) und Nr. 1 b) ein Rangverhältnis** sehen: Die unternehmensweite, zentrale Zusammenfassung nach Nr. 1 a) kommt demnach nur in Betracht, wenn der mit den Zielvorgaben intendierte Zweck nicht bereits durch die weniger zentralisierte, etwa regionale Zusammenfassung von Betrieben nach Nr. 1 b) erreicht werden kann[111]. **40a**

a) Zentraler BR auf UN-Ebene (UN-BR) nach Nr. 1 a)

Die kollektivvertragliche Zusammenfassung kann nach Alternative Nr. 1 a) in der Weise erfolgen, dass für das UN nur eine **einstufige Vertretungsorganisation** der AN vorgesehen und somit eine betriebsverfassungsrechtliche Vertretungslage erzielt wird **wie bei einem UN, das überhaupt nur einen Betrieb** hat.[112] Der GBR entfällt. Die Repräsentation in einem evtl. vorzusehenden KBR erfolgt unmittelbar aus dem UN-BR heraus. Eine derartige einstufige Vertretungsorganisation war von der Rspr. gelegentlich schon unter Anwendung von § 4 a. F. angenommen worden – meist im Zusammenhang mit relativ kleinen UN[113] und sollte nach gewerkschaftlicher Vorstellung auch bei einer Novellierung des BetrVG tunlichst auf **Kleinbetriebsstrukturen** begrenzt bleiben.[114] Dies legt zwar auch die Begründung zum BetrVerf-ReformG nahe,[115] findet aber im Gesetzeswortlaut keinen Niederschlag, so dass grundsätzlich durchaus auch in größeren UN von dieser Möglichkeit Gebrauch gemacht werden kann. Dann bedarf es allerdings einer genauen Prüfung, ob dies der sachgerechten AN-Interessenwahrnehmung dient (dazu Rn. 52 ff.). Das *BAG*[116] hat verdeutlicht, dass die Nähe eines BR zu dem Ort, an dem arbeitgeberseitig die mitbestimmungspflichtigen Entscheidungen getroffen werden ebenso wie die **Ortsnähe der Betriebsvertretung** bezüglich der vertretenen AN gleichermaßen für die Beurteilung der Sachdienlichkeit eine gewichtige Rolle spielen und erkennen lassen, dass **überzentralisierte BR-Strukturen** eine weniger sachgerechte Lösung darstellen können, als z. B. »nur« regionalisierte. Die einstufige Vertretungsorganisation ähnelt strukturell dem UN-SpA nach § 20 SprAuG, wo die entsprechende Option allerdings durch Urabstimmung der leit. Ang. erfolgt (vgl. auch § 37 WO-SprAuG; näher § 5 Rn. 211). **41**

Praktisch soll – so wiederum die Gesetzesbegründung[117]– das betriebsverfassungsrechtliche Modell der einstufigen AN-Repräsentation dort bedenkenswert sein, wo die **Entscheidungskompetenzen** in den beteiligungspflichtigen Angelegenheiten **zentral** auf der Ebene der UN-Leitung angesiedelt sind. Dies wird aber nur dort angenommen werden können, wo die in den **42**

---

108 Vgl. *Trümner,* FS Däubler, S. 295 [299] mit Hinweis auf eine entsprechende Vereinbarungspraxis noch unter Geltung des alten Rechts; siehe auch *BT-Drucks.* 14/5741, S. 34 zu Abs. 1 Nr. 5 des neuen Rechts.
109 *BAG* 13.3.13, NZA 13, 738.
110 Dazu *Richardi,* NZA 14, 232.
111 *BAG* 24.4.13, DB 13, 1913; ebenso *Richardi,* NZA 14, 232, 233.
112 Mustervereinbarung in DKKWF-*Bachner,* § 3 Rn. 2.
113 Vgl. *BAG* 3.12.85, AP Nr. 28 zu § 99 BetrVG 1972; weitere Beispiele unter § 4 Rn. 65 ff.
114 Dazu *Benz-Overhage/Klebe,* AiB 00, 24 [25].
115 Vgl. *BT-Drucks.* 14/5741, S. 33 f.
116 *BAG* 24.4.13, DB 13, 1913.
117 A. a. O.

Betrieben des UN am häufigsten vorkommenden oder die ihrer Bedeutung nach wichtigsten Mitbestimmungsfragen von einer zentralen Leitung entschieden und nicht bloß anhand abstrakter Richtlinien »vorgegeben« werden. Die Begründung scheint damit nahe legen zu wollen, dass diese Zuordnungsvariante vor allem dort in Betracht zu ziehen ist, wo bei Anwendung von § 4 Abs. 1 Nr. 1 wegen räumlich weiter Entfernung vom Hauptbetrieb für einen Betriebsteil ein eigener BR zu wählen wäre, dieser aber »vor Ort« keinen kompetenten Vertreter des AG findet, so dass die Mitbestimmung des dezentral gewählten BR faktisch »leer läuft«. Ob es sich in derartigen Fällen einer zentralistischen Entscheidungsorganisation auf AG-Seite ohnehin immer nur um einen einheitlichen Betrieb handelt[118] und damit die tarifliche Regelung eigentlich obsolet wäre, darf man wohl bezweifeln: § 4 Abs. 1 Nr. 1 signalisiert vielmehr, dass die gesetzliche Regelung gerade den **Aspekt einer möglichst ortsnahen Einrichtung des BR als Repräsentation** der von ihm vertretenen AN vor den Aspekt einer möglichst entscheidungsnahen Errichtung von BR am Sitz des *funktionellen* AG stellt, welcher die Mitbestimmungsangelegenheiten als Vertreter des *vertragsrechtlichen* AG (also des UN als Rechtsträger) wahrnimmt. Diese Wertung muss sich eine kollektivvertragliche Regelung nach Nr. 1 a) gerade nicht zu Eigen machen, denn möglicherweise steht der Errichtung eines eigenen BR im Betriebsteil der profane Umstand entgegen, dass es nicht genügend geeignete Kandidaten für das BR-Amt gibt (AN-Sicht) oder aber ein weiteres Gremium aus Sicht des AG u. U. zusätzliche Kosten verursacht, wenn auch derlei Erwägungen *allein* nicht ohne weiteres zu einer Abweichung von der gesetzlichen Struktur Veranlassung geben dürfen (vgl. Rn. 56).

43 Die Bildung eines (zentralen) UN-BR bewirkt jedenfalls die Projektion der betriebsverfassungsrechtlichen **Schwellenwerte auf die Ebene des UN**, was – zumal bei Klein-UN mit dezentraler betrieblicher Aufbauorganisation – eine Effektivierung der Mitbestimmung herbeiführen kann.[119] Da dies allerdings das UN nicht dazu zwingt, die betrieblichen Entscheidungsebenen (Werksleitung, Niederlassungsleitung usw.) aufzuheben oder umzustellen, hat der UN-BR dann ggf. mit mehreren Betriebsleitungen als Verhandlungspartnern zu tun, was aber auch nach altem Recht keineswegs undenkbar war (vgl. § 1 Rn. 81, 82) und insbesondere beim gemB eher häufiger vorkommen wird (vgl. § 1 Rn. 92 f.]).[120] Umgekehrt verliert eine durch Kollektivvertrag gewillkürte Organisationseinheit aber nicht immer schon dann ihre Betriebsidentität, wenn sich die Zuständigkeiten der Ansprechpartner auf der AG-Seite ändern, etwa indem die zentrale Leitung dezentralisiert wird[121].

44 Das Ergebnis einer »schlanken«, d. h. nur **einstufigen Vertretungsorganisation** im UN kann ggf. auch **ohne Regelung durch TV oder BV** trotz an sich mehrbetrieblicher Aufbauorganisation des UN

1. dadurch erzielt werden, dass (vgl. Rn. 39) als Kleinstbetriebe nach § 4 Abs. 2 qualifizierte Einheiten ohne weiteres dem Hauptbetrieb zugeordnet sind;
2. ferner dadurch, dass die AN eines betriebsratslosen Betriebsteils nach § 4 Abs. 1 Satz 2 für die Teilnahme an der BR-Wahl im Hauptbetrieb optieren (vgl. zum Vorrang der TV-Zuordnung aber § 4 Rn. 109) und
3. schließlich dadurch, dass bei **Fehlen einer tarifvertraglichen Regelung** zur Wahl eines unternehmenseinheitlichen BR **und zugleich vollständiger Betriebsratslosigkeit** des UN die AN mit Stimmenmehrheit die Wahl eines unternehmenseinheitlichen BR beschließen (§ 3 Abs. 3; vgl. auch Rn. 176), sofern nicht ein ggf. zuständiger KBR nach § 17 Abs. 1 bereits die Bestellung von WV vorgenommen hat (vgl. dazu Rn. 181).

---

118 So die Kritik von *Konzen*, RdA 01, 76 [86 f.] an dieser Begründung.

119 *Konzen*, a. a. O.

120 Wie hier *Konzen*, a. a. O.

121 *LAG Köln* 28.7.11 – 7 TaBV 31/11, juris (Einstellung des Verf. in der Rechtsbeschwerde *BAG* 15.1.13 – 7 ABR 80/11); *BAG* 24.4.13, DB 13, 1913 betont, dass die Frage der arbeitgeberseitigen Leitung für die Beurteilung der Dienlichkeit einer kollektivvertraglichen Regelung von besonderer Bedeutung sei, hebt jedoch zu Recht auch hervor, dass hierbei weitere Aspekte, *insbesondere* die Ortsnähe der Betriebsvertretung zu berücksichtigen sind.

b) Zusammenfassung von Betrieben nach Nr. 1 b)

Nach Alternative Nr. 1 b) können bei einem mehrbetrieblichen UN auch nur einige **Betriebe** (und **Betriebsteile** bzw. **Kleinstbetriebe,** vgl. Rn. 39) zu betriebsverfassungsrechtlichen Organisationseinheiten kraft Kollektivvertrags derart zusammengefasst werden,[122] dass die zweistufige Vertretungsorganisation durch örtliche BR und GBR nicht aufgegeben wird.[123] Dies kann dort sinnvoll sein, wo ein in sich abgeschlossener Hauptverwaltungsbetrieb existiert und die Zusammenfassung mit operativen Einheiten untunlich erscheint, während u. U. gerade die Zusammenfassung dieser operativen Einheiten insgesamt (oder nach geographischen Gesichtspunkten gegliedert) sachgerecht ist.[124] Insoweit hat der Gesetzgeber mit der **Novellierung 2001** zunächst einmal die nach altem Recht (§ 3 Abs. 1 Nr. 3 a. F.) umstrittene Frage positiv entschieden, ob innerhalb desselben UN **auch selbständige Betriebe** zusammengefasst werden dürfen.[125] Verdienstvoll ist die Klarstellung des Gesetzgebers, dass es nicht mehr – wie noch bei § 3 Abs. 1 Nr. 3 a. F. – auf die Eingangsqualifikation einer Organisationseinheit als »Betriebsteil« bzw. »Nebenbetrieb« ankommt. Deshalb ist auch schon zur **Ausräumung von Zweifeln** über die rechtlich zutreffende Abgrenzung der betriebsverfassungsrechtlichen Organisationseinheiten die kollektivvertragliche Regelung wirksam möglich. 45

Die Rspr. lässt es zu, in einem TV die Zusammenfassung dergestalt **dynamisch zu regeln,** 45a

- dass BR jeweils in den Regionen zu wählen sind, in denen nach den organisatorischen Vorgaben des AG Bezirksleitungen bestehen[126] oder
- dass auch in der jeweiligen TV-Region liegende und gem. § 613 a BGB übernommene Betriebe automatisch unter den TV-Geltungsbereich fallen, selbst wenn in diesem ein nach dem Gesetz gewählter BR besteht[127], mit der Folge, dass dieser BR erlischt.

Das erscheint allerdings zweifelhaft, weil zum Zeitpunkt des TV-Abschlusses nicht von vorn herein beurteilt werden kann, ob zu dem jeweils späteren Zeitpunkt die Sachvoraussetzungen der »Dienlichkeit« tatsächlich auch (noch) gegeben sind.

In UN mit meist nach regionalen Gesichtspunkten gegliederten Kundenservices, die durch **Außendienst** verrichtende AN-Gruppen geprägt sind, besteht gelegentlich das Bedürfnis, für diese Personen eine klare betriebsverfassungsrechtliche Zuordnung vorzusehen. Zweifel an der Zulässigkeit einer derartigen kollektivvertraglichen Regelung ergeben sich daraus, dass Abs. 1 Nr. 1 nur die **Zuordnung** von Betrieben und Betriebsteilen, nicht aber **von AN zu bestimmten Organisationseinheiten** vorsieht. Gerade beim Außendienst-AN kann jedoch die eindeutige Zuordnung zu einem Betrieb erhebliche Schwierigkeiten bereiten (vgl. § 5 Rn. 55). Ob eine Außendienstgruppe schon für sich betrachtet einen Betriebsteil darstellt und damit einer Zuordnung durch TV zugänglich ist, wird sich kaum pauschal beantworten lassen. Liegt der Sachverhalt aber so, dass die nach dem Gesetz vorzunehmende betriebliche Zuordnung zweifelhaft bleibt oder die rechtliche Qualifizierung einer **Außendienstgruppe als Betriebsteil** zumindest nicht völlig abwegig erscheint, bestehen keine durchgreifenden Bedenken, auch insoweit die Möglichkeit einer tariflichen Zuordnung vorzusehen. Dies geschieht zweckmäßiger Weise durch **Regelungen zum persönlichen Geltungsbereich.** Insoweit besteht eine Annexkompetenz der TV-Parteien, da andernfalls die Gefahr besteht, dass AN aus der Vertretungsorganisation »herausfallen« könnten. Dies widerspräche aber dem Anliegen des Gesetzgebers, der gerade »weiße Flecken« in der Mitbestimmungsorganisation von UN beseitigen wollte. Der Gesichtspunkt der **Ausräumung von Zweifeln** (vgl. Rn. 45 a. E.) spricht auch hier für die Regelungsmöglichkeit, zumal dies der AN – Interessenwahrnehmung eher dienlich sein dürfte, als eine mit Zweifeln belastete Rechtslage (vgl. auch Rn. 52). 46

---

122 Vgl. *Trümner,* FA 01, 133 [135].
123 Beispiel in DKKWF-*Bachner,* § 3 Rn. 3.
124 So auch *Engels/Trebinger/Löhr-Steinhaus,* DB 01, 532 [533], die auch »sachliche Schwerpunkte« als Kriterium der Zusammenfassung gelten lassen wollen.
125 ErfK-*Koch,* Rn. 3; zum früheren Streit vgl. *8. Aufl., Rn. 25* m. w. N.
126 *BAG* 21.9.11, NZA-RR 12, 186.
127 *LAG Köln* 18.12.12 – 7 TaBV 44/12-, juris; *HessLAG* 12.4.12 – 9 TaBV 35/11, juris; die RB-Entscheidung des *BAG* 27.5.15 – 7 ABR 20/13 zu *HessLAG,* a. a. O., ist bisher nicht veröffentlicht.

47 Nicht ganz zweifelsfrei ist, ob an der Zusammenfassung auch **gemB oder gemeinsame Betriebsteile**, die mehreren UN zugeordnet sind, beteiligt werden können.[128] Dies wurde überwiegend zur Vorläuferbestimmung des § 3 Abs. 1 Nr. 3 a. F. verneint (vgl. die Nachweise in der *8. Aufl., Rn. 26*). Während sich die Mehrheitsmeinung auf Basis einer engen Wortlautinterpretation (»Betriebsteil«) und unter Vernachlässigung des Gesetzeszweckes[129] durchaus vertretbar auf die These stützen konnte, das Gesetz lasse keine unternehmensübergreifenden Integrationsformen für BR zu,[130] ist dieser Ansicht jedenfalls bzgl. der sog. gemB der Boden entzogen, denn zusammenfassbare »Betriebe« (nicht mehr »Betriebsteile«!) sind nach der **Systematik des Gesetzes** auch gemB i. S. v. § 1 Abs. 1 Satz 2 (vgl. Rn. 37) und solche Betriebsteile, die zu verschiedenen UN gehören **(Gemeinschaftsbetriebsteil)** und von § 4 Abs. 1 Satz 1 als Betrieb fingiert werden.[131] In jedem Fall lässt sich die entsprechende Zusammenfassung aber im Rahmen von Regelungen nach Nr. 2 bzw. Nr. 3 herbeiführen.[132]

48 Eine von den zuvor erörterten Sachverhalten (bei denen ein gemB mehrerer UN bereits vorlag, bevor es zum Abschluss des TV bzw. der behördlichen Zustimmungserteilung nach § 3 a. F. kam) zu unterscheidende Frage ist, ob Abs. 1 Nr. 1 b) eine bisweilen in der Praxis offenbar auch vorkommende[133] **unternehmensübergreifende Zusammenfassung** von Betrieben bzw. Betriebsteilen dergestalt erlaubt, dass gleichsam erst **durch den TV** selbst **der gemB mehrerer UN begründet** wird. Das in Rede stehende betriebsverfassungsrechtliche Problem in dieser Konstellation unterscheidet sich allerdings konzeptionell grundlegend von einer tariflichen Zusammenfassung zweier oder mehrerer Betriebe desselben UN im Falle des Abs. 1 Nr. 1 a): Auch dort geht es zwar um die Integration von u. U. eigenständigen Betrieben mit (definitionsgemäß) eigenen Leitungsapparaten (vgl. § 1 Rn. 78 ff.) zu *einem* Repräsentationsbereich der AN. Allerdings bewirkt diese Zusammenfassung i. d. R. nur, dass ein einheitlicher »Wahlkreis« zur Wahl eines gemeinsamen BR für mehrere Betriebe oder Betriebsteile zu bilden ist, die als solche aber weiterbestehen, und sodann nach Abs. 5 Satz 1 die gesetzliche Betriebs**fiktion** für den dergestalt gebildeten »Wahlkreis« greift.[134] Dagegen wird die vom UN bestimmte Leitungsorganisation der Ausgangsbetriebe allein dadurch nicht geändert,[135] wenngleich dies infolge eines entsprechenden Kollektivvertrags auch aus der Sicht des UN durchaus ratsam sein oder sogar ausdrücklich durch die Vertragsparteien geregelt werden könnte.

49 Anders verhält es sich beim gemB: Hier existiert – folgt man der Ansicht des *BAG* (vgl. § 1 Rn. 92) – notwendigerweise **ein einheitlicher Leitungsapparat,** der die Betriebseinheit erzeugt. Somit liegt schon tatbestandsmäßig kein Fall der Nr. 1 vor, der stets eine Mehrheit von betrieblichen Organisationseinheiten und damit Leitungen voraussetzt. Vielmehr handelt es sich bei den hier (Rn. 48) diskutierten Fällen regelmäßig darum, dass im Rahmen einer kollektivvertraglichen Abrede die Verpflichtung oder sogar nur die Absicht erklärt wird, zwei bislang verschiedenen UN zugehörige eigenständige Betriebe oder Betriebsteile künftig als gemB führen zu wollen. **Durch** das **Verpflichtungsgeschäft** im TV allein **entsteht** aber ebenso wenig wie in den sonstigen Fällen einer rechtlichen Vereinbarung **kein gemB.** Nur der in der Folge (oder gleichzeitig mit dem Vertragsabschluss) tatsächlich errichtete einheitliche Leitungsapparat – gleichsam als **Vollzugshandlung zur Erfüllung** der tariflichen Pflichten verstanden – stellt den einheitlichen Betrieb mehrerer UN her (vgl. auch § 1 Rn. 125 wegen der Technik eines Tatsachenvergleichs).

50 *Durch* den Kollektivvertrag (im streng kausalen Sinne) können jedoch zwei **Betriebe verschiedener UN** unter Wahrung ihrer jeweiligen organisatorischen, d. h. leitungsmäßigen Selb-

128 Ablehnend wohl *Fitting*, Rn. 27; *Kort*, AG 03, 18.
129 Zur Kritik insbesondere *Gamillscheg*, FS Molitor, S. 133 [144 f.]; *Heither*, FS Schaub, S. 295 [304 f.].
130 So zur alten Rechtslage *BAG* 10.11.04, EzA § 3 BetrVG 2001 Nr. 1.
131 So auch schon *LAG Düsseldorf* 11.11.99, LAGE, § 3 BetrVG 1972 Nr. 4, wo ein TV nach § 3 Abs. 1 Nr. 3 a. F. mit BMA-Genehmigung vorlag, der offenkundig Gemeinschaftsbetriebsteile verschiedener UN zu Regionalbetrieben zusammenfasste.
132 So auch *Fitting*, Rn. 27; bestätigt durch *BAG* 10.11.04, a. a. O.
133 Vgl. dazu die Sachverhalte in den Entscheidungen der *LAG Düsseldorf* [Rn. 26] und *Brandenburg* [9.8.96, LAGE § 3 BetrVG 1972 Nr. 2].
134 Ebenso *BAG* 18.3.08, NZA 08, 1259; kritisch dazu *Salamon*, NZA 09, 74 ff.
135 Vgl. Rn. 43 a. E.; *Konzen*, RdA 01, 76 [86 f.]; *Buchner*, NZA 01, 633 [634].

ständigkeit **nicht nach Nr. 1 zusammengefasst** und als Betrieb fingiert werden. Dem steht der **Wortlaut** des Abs. 1 Nr. 1, der die gleiche UN-Zugehörigkeit der zusammengefassten Einheiten bedingt, entgegen. Ferner ist der **Systematik** der in Abs. 1 geregelten Fallgruppen zu entnehmen, dass Nr. 1 sich mit den unternehmensinternen Formen einer »Wahlkreis«-Integration befasst, während die Fallgruppen der Nrn. 2, 3 und 4 gerade auch unternehmensübergreifende Modifikationen der gesetzlichen Ordnung ermöglichen. Schließlich ist auch **Sinn und Zweck** der in Nr. 1 geregelten Konstellationen zu beachten: beide Varianten befassen sich mit der gegenüber dem gesetzlichen Modell modifizierten **Bildung des Basis-Vertretungsorgans »Betriebsrat«**, das jedenfalls im Regelfall (die Ausnahme ist gerade der gemB) in oder bei einem UN gewählt wird. Bei Aufrechterhaltung getrennter Leitungsapparate für die Betriebe verschiedener UN würde diese gesetzliche Grundentscheidung der Nr. 1 von den Kollektivvertragspartnern missachtet, weil gerade nicht der Sonderfall eines gemB vorliegt, der trotz einer Mehrheit von UN zur **Wahl nur eines Mitbestimmungsorgans** berechtigt. Zur Möglichkeit, nach Abs. 1 Nr. 3 dennoch nur ein Vertretungsorgan für mehrere Betriebe verschiedener UN errichten zu können, vgl. Rn. 108 ff.

Praxishinweis: Die nach dieser Vorschrift mögliche Zusammenfassung von Betrieben soll vor allem bei **UN mit ausgeprägter Filialstruktur** und meist dreigliedrigem Organisationsaufbau (UN-Zentrale mit Hauptverwaltung – regionale Niederlassungen/Kopfstellen – lokales Geschäft/Markt/Laden usw.) eine erleichterte BR-Bildung ermöglichen, durch die alle AN des UN eine Repräsentation durch BR erhalten.[136] Dabei bedienen sich die TV-Parteien häufig zur Abgrenzung der **Regionalbetriebe** entsprechender **Einzeichnungen in einer Landkarte**, die als Anlage zum TV genommen wird. Dieses Verfahren kann aber zu Abgrenzungsschwierigkeiten führen, wenn die zeichnerische Darstellung ungenau oder unleserlich ist. In einem derartigen Fall entspricht der TV nicht dem **Gebot der Normenklarheit**, so dass der Abgrenzungs- oder Zuordnungszweck verfehlt wird.[137] Bei einer derartigen Unbestimmtheit des sachlichen Geltungsbereichs ist von der **Unwirksamkeit des TV** auszugehen.[138] Enthält der TV aber eine Unklarheitenklausel, gilt das dort vorgesehene Verfahren, um eine zweifelsfreie Zuordnung herbeizuführen. Besser, weil klarer und nur so dem zwingenden **Schriftformerfordernis** genügend, ist es allerdings, die zu Regionalbetrieben zusammengefassten Betriebe/Betriebsteile in einer besonderen Liste deutlich identifizierbar als Anlage zum TV aufzuführen und diese Anlage ausdrücklich zum integralen **Bestandteil der Haupturkunde** zu erklären[139], auch um einer einseitigen Änderung durch den AG den Boden zu entziehen. Ferner unterliegen die TV-Parteien einem strikten **Selbstregelungserfordernis**, so dass sie nicht im TV die Konkretisierung offen gelassener Fragen den Betriebsparteien[140] oder gar den WV[141] überantworten dürfen. 51

c) Erleichterte BR-Bildung/Sachgerechte Interessenwahrnehmung

Die kollektivvertragliche Abweichung vom gesetzlichen Organisationsmodell der betrieblichen Interessenvertretung durch BR nach Nr. 1 ist zulässig, »wenn dies die Bildung von Betriebsräten erleichtert oder einer sachgerechten Wahrnehmung der Interessen der Arbeitnehmer dient«. Andere Gesichtspunkte – wie z. B. die Absicht der **Einsparung von Kosten** der BR-Tätigkeit – dürfen demnach keine Rolle spielen, andernfalls die Regelung unwirksam wäre.[142] Die **erste Alternative** ist nahezu identisch mit der Bedingung, die § 3 Abs. 1 Nr. 3 a. F. 52

---

136 *BT-Drucks.* 14/5741, S. 34; *Däubler,* AuR 01, 1 [2]; *Engels/Trebinger/Löhr-Steinhaus,* DB 01, 532 [533]; *Konzen,* RdA 01, 76 [87].
137 Vgl. zu einem derartigen Fall *LAG Baden-Württemberg* 21.11.08, EzA-SD 6/09, S. 14.
138 *BAG* 24.1.01 – 4 ABR 16/00, juris; ebenso *HessLAG* 7.10.10 – 9 TaBV 86/10, juris = ArbR 11, 388 (Kurzwiedergabe).
139 So auch *BAG* 21.9.11, NZA-RR 12, 186 ff., mit weiteren Hinweisen zum Bestimmtheits- und Normenklarheitsgebot.
140 *BAG* 10.11.04, AP Nr. 4 zu § 3 BetrVG 1972.
141 Zu einem derartigen Fall *HessLAG* 7.10.10 – 9 TaBV 86/10, juris = ArbR 11, 388 (Kurzwiedergabe).
142 Problematisch daher die Ausführungen bei *Gaul/Mückl,* NZA 11, 657 ff, die durchgängig die Aspekte der Reduzierung von Mandatsträgern und die Senkung von BR-Kosten in ihren strategischen Überlegungen hervorheben.

formulierte. Hierzu ist anerkannt, dass diese **Voraussetzung** immer schon dann **vorliegt, wenn** für Teile der vom TV erfassten UN-Bereiche **bisher kein BR gebildet** worden war und die Belegschaft dort deswegen außerhalb des Schutzes durch das BetrVG stand.[143] Dieser Aspekt hat nicht etwa seine Bedeutung dadurch verloren, dass nunmehr der GBR nach § 50 Abs. 1, 2. Halbsatz auch für betriebsratslose Betriebe zuständig ist, denn diese Mit-Zuständigkeit erstreckt sich nur auf den Bereich der sog. originären GBR-Zuständigkeit, so dass im betriebsratslosen Betrieb die »Mitbestimmungslücken« in einer Vielzahl betriebsbezogener Angelegenheiten fortbestehen. Die Bildung von Betriebsräten wird **auch dann** erleichtert, **wenn** durch die Tarifierung **tatsächliche Zweifel an der BR-Fähigkeit** von Betriebsteilen oder Kleinstbetrieben (z. B. um die Schwellenzahl des § 1 Abs. 1 schwankender Beschäftigtenstand) **ausgeräumt** werden.[144]

53 Zweifelhaft kann aber erscheinen, ob im Falle der Nr. 1 b) dem Erfordernis einer erleichterten BR-Bildung dann genügt wird, wenn ein **bereits länger bestehender BR,** der problemlos seinen Aufgaben nachgegangen ist, durch den Kollektivvertrag auf Grund einer anderweitigen Wahlkreisbildung (z. B. bei der Bildung von Regional-BR) »untergeht« und die dortige Belegschaft nunmehr mit anderen Belegschaftsteilen zu einem größeren Wahlkörper zusammengefasst wird. Solche Fälle können z. B. vorkommen, wenn bisher eigenständige – etwa einzelkaufmännisch geführte – UN mit Einzelbetrieben und womöglich seit Jahrzehnten eingespieltem BR **im Wege eines Betriebsübergangs** in ein Erwerber-UN mit weit verzweigter Filialstruktur eingegliedert werden, in dem ein TV nach § 3 besteht.[145] Die Bestimmung lässt es in derlei Fällen durchaus zu, die gewachsene **Vertretungsstruktur** durch den Kollektivvertrag **unangetastet** zu lassen,[146] es muss dann aber durch den Kollektivvertrag für den Fall eine Regelung bedacht werden, wenn es in diesem »Sonderbetrieb« nicht mehr zur Wahl eines BR kommen sollte, weil sonst das normative Regelungsziel einer erleichterten BR-Bildung verfehlt würde. Andererseits besteht auch kein Zwang zur Aussparung von Betrieben mit funktionierendem BR aus der kollektivvertraglichen Vertretungsstruktur, denn die Beurteilung des von der Norm geforderten »Erleichterungseffekts« hat vor allem auf den gesamten Geltungsbereich des Kollektivvertrags abzustellen, wobei die Vertragspartner einen Beurteilungsspielraum haben.[147] Außerdem kann die Einbeziehung eines Belegschaftsteils, der bisher einen eigenen BR hatte, in einen größeren Wahlkörper durchaus auch der sachgerechten **Wahrnehmung der Interessen der AN** dienen, wie es die zweite Alternative des »Wenn-Satzes« ja auch für ausreichend erklärt (sogleich Rn. 55).

54 **Unzulässig** wäre wegen offensichtlicher Zielverfehlung und Zweckwidrigkeit allerdings eine kollektivvertragliche Regelung, durch die Betriebsstätten, die bislang vertretungslos waren, auch künftig außerhalb der vereinbarten Vertretungsstrukturen gestellt bleiben würden. Nach altem Recht (§ 3 Abs. 1 Nr. 3 a. F.) genügte die erleichterte »Bildung von Vertretungen der AN«, während die neugefasste Bestimmung ausdrücklich nur die Erleichterung der Bildung des BR als dem Basisorgan der betrieblichen Mitbestimmung erwähnt. Deshalb wäre es nach neuem Recht gem. Abs. 1 Nr. 1 **nicht zulässig,** wenn der Kollektivvertrag lediglich die erleichterte Bildung einer JAV, eines GBR, eines KBR oder einer SchwbV zum Gegenstand hätte.[148] Unzulässig, weil rechtsmissbräuchlich, wäre es auch, wenn die tarifliche Regelung allein dazu dient, innerhalb eines GBR oder KBR »komfortablere Mehrheitsverhältnisse« herzustellen.[149]

55 Die alternative Voraussetzung der **Dienlichkeit »zur sachgerechten Wahrnehmung der AN-Interessen«** war in dieser Form nicht als Merkmal in § 3 Abs. 1 a. F. enthalten. Eine ähnliche Formulierung enthält auch der neue »Wenn-Satz« in Abs. 1 Nr. 2; dort bezieht sich die »Dienlichkeit zur sachgerechten Wahrnehmung« allerdings auf die **Aufgaben des BR,** so dass man

143 Vgl. ErfK-*Koch*, Rn. 4; *Fitting*, Rn. 29.
144 ErfK-*Koch*, Rn. 4.
145 So auch der Sachverhalt in *LAG Düsseldorf* 11.11.99, LAGE § 3 BetrVG 1972 Nr. 4; näher zu den betriebsverfassungsrechtlichen Folgen *Trümner*, FA 07, S. 226 ff.
146 Skeptisch zur Ausklammerung einzelner Arbeitsstätten wegen des Gleichbehandlungsgrundsatzes aber *Gamillscheg*, Kollektives Arbeitsrecht, Bd. I, S. 604.
147 So schon zum alten Recht *7. Aufl., Rn. 43 a; LAG Düsseldorf* 11.11.99, a. a. O., S. 5.
148 ErfK-*Koch*, Rn. 4.
149 *Däubler*, Das Arbeitsrecht 1, Rn. 753 y.

wohl annehmen darf, dass dieser sprachlichen Differenzierung auch eine inhaltliche Verschiedenheit zugrunde liegt. Die Begründung zum Regierungsentwurf des BetrVerf-ReformG schweigt allerdings zur Formulierung in Nr. 1[150] und nennt für den Fall der Nr. 2 erläuternd die Situation, dass eine sachgerechte Wahrnehmung der BR-Aufgaben vor allem dann anzunehmen sei, wenn der BR dort errichtet wird, wo ihm ein kompetenter Ansprechpartner und Entscheidungsträger des UN gegenübersteht.[151] Diese Annahme entspricht allerdings einer nicht bestrittenen Ansicht zu § 3 Abs. 1 Nr. 3 a. F. im Zusammenhang mit dem Merkmal der erleichterten Bildung von AN-Vertretungen (vgl. *7. Aufl.*, Rn. 43), so dass eine bewusst differenzierende Wortwahl des Gesetzgebers möglicherweise doch nicht vorgelegen hat. Will man dem alternativen Merkmal der Nr. 1 (Wahrnehmung der Interessen der AN) **einen eigenständigen Inhalt** beilegen (weil sonst die Alternative keinen Sinn ergeben würde), so ist etwa an den Fall zu denken, dass durch die Zusammenfassung von Betrieben die Wahrnehmbarkeit von Mitwirkungs- und **Mitbestimmungsmöglichkeiten** in der Weise **optimiert** wird, dass betriebsbezogene Schwellenwerte überschritten werden (z. B. in § 92 a Abs. 2 [100 AN] bzw. § 95 Abs. 2 Satz 1 [500 AN]).[152]

56 Eine **Dienlichkeit** zur sachgerechten Wahrnehmung der AN-Interessen **liegt vor**, wenn die Zusammenfassung von Betrieben die Bildung von **BR-Gremien** in einer Größenordnung erlaubt, die ein **Mindestmaß an Professionalität** durch Aufgabenteilung, **Spezialisierung** usw.[153] ermöglicht. Denn erst wenn der BR selbst seine Arbeit effektiv wahrnehmen kann, wird auch eine sachgerechte Wahrnehmung der AN-Interessen möglich. Dagegen wird wie bisher die Zielrichtung einer bloßen **Erleichterung der BR-Arbeit** – sofern nur nach innen gerichtet und nicht auf die AN-Interessen bezogen – ebenso wenig zu einer abweichenden kollektivvertraglichen Regelung berechtigen, wie das **Interesse des UN an einer Kosteneinsparung** durch Verringerung von BR-Gremien und BR-Mitgliedern per saldo.[154] **Indizien** für solche unzulässigen, kosteneinsparungsmotivierten Vereinbarungen sind Vorteilsgewährungen aller Art im zeitlichen und sachlichen Zusammenhang mit dem Vertragsabschluss (z. B. ungewöhnlich repräsentative Büroausstattung; Zuweisung von hohen BR-Budgets zur eigenverantwortlichen Bewirtschaftung, Anhebung von Dienstwagenkategorien für BR-Mitglieder usw.).

57 **Zweifelhaft** kann die Erfüllung der »Dienlichkeit« sein, wenn die **Zusammenfassung von Betrieben/Betriebsteilen so großflächig** erfolgt, dass ein Wahrnehmung der Interessen der AN deswegen leidet, weil der BR nicht mehr in der Lage ist, sich aus eigener Anschauung ein Bild über die Verhältnisse zu machen oder die AN in entlegenen Betriebsstätten nicht mehr in der Lage sind, den BR überhaupt aufzusuchen.[155] Zwar kann der räumliche Maßstab des § 4 Abs. 1 Satz 1 nicht gedankenlos hierher übertragen werden, da andernfalls die Möglichkeiten zur Zusammenfassung nach Abs. 1 Nr. 1 leerliefen. Die gesetzliche **Grundwertung aus § 4** muss allerdings von den TV/BV-Parteien dennoch ernst genommen werden.[156] Weist ein UN eine **hohe territoriale Flächendeckung** durch eine Vielzahl von Betriebsstätten auf, dürfte eine z. B. auf Ebene eines Flächen-Bundeslandes erfolgende Zusammenfassung zum **Regionalbetrieb** nur selten den gesetzlichen Voraussetzungen der Dienlichkeit entsprechen. Anders kann dies sein, wenn das UN nur eine **geringe Flächendeckung** aufweist und ohne Zusammenfassung die Wahrscheinlichkeit steigt, dass es mangels genügender Kandidaten überhaupt zur BR-Bildung kommt.

58 Gründe der »**Betreuungsökonomie**« auf Seiten der zuständigen **Gewerkschaft** dürfen ebenso

150 Vgl. *BT-Drucks.* 14/5471, S. 34.

151 A. a. O., S. 34, l. Sp.; so auch für Nr. 1 *Fitting*, Rn. 30; ebenso *BAG* 21.9.11, NZA-RR 12, 186 ff.

152 Ebenso ErfK-*Koch*, Rn. 4; durch Änderung der Bezugspunkte für die Schwellenzahlen in §§ 99, 111 vom »Betrieb« auf das »UN« kommt diesem Gesichtspunkt allerdings nur noch eine geringere Bedeutung zu.

153 Ggf. auch Freistellung gem. § 38; dazu explizit auch *LAG Düsseldorf* 11.11.99, LAGE § 3 BetrVG 1972 Nr. 4, S. 5; *LAG Schleswig-Holstein* 9.7.08, DB 09, 71.

154 Ebenso *Fitting*, Rn. 31.

155 Vgl. zur Praxis *Trümner/Sparchholz*, AiB 09, 98 ff.; Abhilfe kann in gewissem Rahmen aber durch zusätzliche Vertretungen nach Abs. 1 Nr. 5 geschaffen werden.

156 In diese Richtung auch *BAG* 24.4.13, DB 13, 1913, Rn. 28, das zu Recht einer regionalisierten BR-Struktur den Vorrang gegenüber einem UN-einheitlichen BR einräumt.

wenig Motiv gebend für eine bestimmte Form der Zusammenfassung sein, wie das **Kosteneinsparungsinteresse** des AG. Eindeutig nicht mehr von den gesetzlichen Bedingungen gedeckt ist es, wenn durch die Zusammenfassung die Zahl der BR-Mitglieder auf 8 % des Wertes absinkt, der bei Anwendung der gesetzlichen Strukturen zu veranschlagen wäre – zumal dann, wenn vor der tariflichen Zusammenfassung in 94 % der Betriebe bereits ein BR errichtet worden war[157] und der tariflich gebildete zentrale BR weder vor Ort **Sprechstunden** abhält, noch die gesetzlich vorgeschriebenen **Betriebsversammlungen** durchführt. Da der BR zudem gehalten ist, bei beabsichtigten Kündigungen den betroffenen **AN anzuhören (vgl. § 102 Abs. 2 Satz 4)**, muss gewährleistet sein, dass dies auch tatsächlich durchgeführt werden kann.[158]

59 In den kritischen Bemerkungen zum BetrVerf-ReformG ist zu Recht darauf hingewiesen worden, dass die im 2. Halbsatz zusätzlich formulierten tatbestandlichen Anforderungen zum **Kristallisationspunkt für** die Frage der **Wirksamkeit von Kollektivverträgen** geraten könnten[159] und sinnvoll eben nur seien, wenn sie nicht nur eine Richtschnur für die Kollektivvertragsparteien, sondern zugleich eine Vorgabe für die staatliche (d. h. gerichtliche) Kontrolle darstellten. Sieht man in diesen zusätzlichen Merkmalen eine Art funktionelles Äquivalent für das entfallene behördliche Zustimmungserfordernis – wofür manches sprechen mag –, so wird man eine eingeschränkte Rechtskontrolle nicht ausschließen können.[160] Immerhin haben auch in der Vergangenheit die Gerichte bei TV nach § 3 a. F. trotz erteilter behördlicher Zustimmung eine insoweit allerdings eingeschränkte **Rechtskontrolle** dahin gehend ausgeübt, ob der den TV-Parteien durch das Gesetz eingeräumte **Beurteilungsspielraum** beachtet wurde.[161] Das *BAG*[162] hat im Rahmen seiner Erwägungen zur Verfassungsmäßigkeit der Regelungen in Abs. 1 Nr. 1 – 3 gerade darauf abgestellt, dass der mit den Dienlichkeitsklauseln vom Gesetzgeber gezogene Rahmen für die Gestaltungsmöglichkeiten durch die Kollektivvertragsparteien diesen gerade **keine beliebige Ausgestaltung** gestatte[163]. Den Arbeitsgerichten stünde vielmehr anhand der vom Gesetzgeber verwendeten unbestimmten Rechtsbegriffe eine **Wirksamkeitskontrolle** zu, um z. B. TV die rechtliche Anerkennung zu versagen, die lediglich verbandspolitisch motiviert seien, aus Kostengründen keine ausreichend legitimierte Repräsentationsstruktur schüfen oder nicht sicherstellten, wer der tariflichen AN-Vertretung als AG gegenüberstehe.

d) Keine Aufteilung von Betrieben?

60 Ebenso wenig wie nach h. M. § 3 Abs. 1 Nr. 3 a. F.,[164] erlaubt die Neuregelung in Nr. 1 ihrem Wortlaut nach die tarifvertragliche **Aufteilung eines Betriebs** oder Betriebsteils in mehrere »Wahlkreise«, allerdings ohne dass dafür immer ein einsichtiger Grund erkennbar wäre.[165] Hier gilt grundsätzlich das Gleiche wie bei der Zusammenfassung nach Nr. 1 a) und b): schon die Beseitigung etwaiger Zweifel über die richtige Organisationsabgrenzung nach der gesetzlichen Regel des § 4 berechtigt vernünftigerweise zur tarifvertraglichen Festlegung der Wahlkreise, zumal Betriebsteile und »echte« Betriebe nach wie vor nicht wirklich sicher voneinander abgegrenzt werden können (vgl. Rn. 45, 52) und gerade § 4 Abs. 1 Satz 1 Nr. 2 verdeutlicht, dass **selbst bei engster räumlicher Nähe** von Organisationseinheiten (UN-Teilen) eine betriebsverfassungsrechtlich **eigenständige Vertretungseinheit** vorliegen kann, wenn eine auch

157 Reales Beispiel bei *Trümner/Sparchholz*, a. a. O.: statt gesetzlich möglicher 1155 BRM nunmehr lediglich 92 BRM!
158 So im Fall, der bei *Trümner/Sparchholz*, a. a. O., kritisch beleuchtet wird.
159 Vgl. *Richardi*, NZA 01, 346 [350]; *Däubler*, AiB 01, 313 [315].
160 Ähnlich ErfK-*Koch*, Rn. 1; *Fitting*, Rn. 21; näher Rn. 175 und *Trümner/Sparchholz*, AiB 09, 98 ff.
161 Vgl. *LAG Düsseldorf* 11.11.99, LAGE § 3 BetrVG 1972 Nr. 4).
162 29.7.09, NZA 09, 1424 (Rn. 22 a. E.).
163 Vgl. auch *Richardi*, NZA 14, 232: kein »Wie es Euch gefällt!«
164 Vgl. nur *Fitting*, Rn. 36 m. w. N.
165 Zur Kritik schon *Gamillscheg*, Kollektives Arbeitsrecht, S. 605, unter Hinweis auf die von *Rancke*, Betriebsverfassung, S. 205 ff., [279 ff.] rechtstatsächlich gefundenen Beispiele sog. *Hallenbetriebsräte* in großen UN; ablehnend gegenüber einer »Zerlegung« aber GK-*Franzen*, Rn. 9; *Fitting*, Rn. 36.

nur relative Verselbstständigung in Aufgabenbereich und Organisation gegeben ist (vgl. § 4 Rn. 62 ff.). Es kann auch nicht angenommen werden, dass der **Novellierungsgesetzgeber 2001** mit seinem Schweigen eine grundsätzliche und bewusste Entscheidung gegen die Möglichkeit zur Teilung eines Betriebs in mehrere »Wahlkreise« getroffen hat, denn beispielsweise kann ja auch die kollektivvertragliche Regelung nach Abs. 1 Nr. 2 (Sparten-BR) zu einer vertretungsrechtlichen Organisationstrennung führen (dazu das Beispiel in Rn. 65) und wird dies regelmäßig auch.

Das Gesetz selbst enthält außerdem noch weitere Fälle, in denen es zur **Teilung der** betriebsverfassungsrechtlichen **Organisationseinheit** kommt: **61**

(1) Nach **§ 4 Abs. 1 Sätze 2 – 5** kann mit Wirkung für die nächsten regelmäßigen BR-Wahlen eine zunächst von der **Belegschaft des Betriebsteils** gewünschte wahlrechtliche **Zuordnung zum Hauptbetrieb** widerrufen werden, so dass eine **Teilung des Wahlkörpers** erfolgt, und zwar – wie auch beim Zusammenfassungsvotum – ohne dass sich die Belegschaft des Hauptbetriebs hiergegen zur Wehr setzen kann.[166] In derartigen Fällen wäre es aus Gründen der »besseren« Legitimation zumindest sinnvoller, diese Sachentscheidung auch und gerade durch TV zuzulassen.

(2) **Kleinstbetriebe** i. S. v. § 4 Abs. 2 sind nur so lange dem Hauptbetrieb zugeordnet, wie die Voraussetzungen der Betriebsratsfähigkeit fehlen. Steigt die Beschäftigtenzahl über den **Schwellenwert des § 1 Abs. 1 Satz 1,** entfallen – soweit nicht ein Fall des § 13 Abs. 2 vorliegt, allerdings erst mit dem Zeitpunkt der nächsten regelmäßigen BR-Wahlen – auch die Voraussetzungen der Zuordnung zum Hauptbetrieb, so dass gleichfalls eine Teilung des Wahlkörpers erfolgt, sofern nicht ein Kollektivvertrag nach § 3 Abs. 1 Nr. 1 diesen Effekt »auffängt«, der sonst möglicherweise zur Betriebsratslosigkeit des betreffenden Betriebs führen könnte.

Weitere praktisch denkbare Konstellationen lassen ein generelles **Verbot zur Teilung des Wahlkörpers zweifelhaft** erscheinen: **62**

(1) **Nach § 3 Abs. 3** kann es zur Bildung eines **UN-BR** kommen, obgleich ja unter Zugrundelegung der gesetzlichen Abgrenzung von Organisationseinheiten ein mehrbetriebliches UN vorliegt. Sollte es hier etwa keinerlei Möglichkeit geben, diese zentralistische Struktur bei sich ergebendem Bedarf in eine weniger zentrale – etwa nach Abs. 1 Nr. 1 b) – zu überführen (dazu auch Rn. 185)? Die **Zulässigkeit einer** derartigen **kollektivvertraglichen Teilungsvereinbarung muss** m. E. schon deshalb **bejaht werden,** weil Abs. 3 (anders als § 4 Abs. 1 Satz 5) gerade keine Aussage darüber trifft, ob und ggf. welche Änderungen der ursprünglichen Struktur durch Belegschaftsentscheid möglich sind (s. Rn. 185). Es stellt sich nämlich die Frage, ob etwa auch bloß die Rückkehr zur gesetzlichen Vertretungsstruktur nur in der Weise erfolgen kann, dass die künftige Wahl des UN-BR unterbleibt und dann nach § 18 Abs. 2 i. V. m. § 17 Abs. 2 Wahlvorstände bestellt werden müssen, um ggf. für die einzelnen Betriebsteile BR-Wahlen durchzuführen, oder ob zwecks Übergangs zur gesetzlichen Vertretungsstruktur nur der UN-BR Maßnahmen zur Einleitung von dezentralen BR-Wahlen ergreifen kann (durch die Bestellung von mehreren WV gem. § 16 Abs. 1).

(2) In Fällen der Nr. 1 a) (und teilweise auch der Nr. 1 b)) wäre ohne Anerkennung der Möglichkeit zur tarifvertraglichen Teilung von betriebsverfassungsrechtlichen Organisationseinheiten nicht einmal durch Folge-TV der Übergang von einer Struktur nach Nr. 1 a) zur Struktur nach Nr. 1 b) möglich. Stets müsste erst der »Umweg« über die Beendigung des TV, den anschließenden »Rückfall« in die gesetzliche Struktur und dann die Zusammenfassung nach Nr. 1 b) gegangen werden. Es darf unterstellt werden, dass dies kaum der Absicht des Gesetzgebers entspricht, der gerade eine Vereinfachung der Möglichkeiten zur Herstellung effektiver Vertretungsstrukturen für die AN anstrebte. Vor diesem Hintergrund ist entsprechend den sachlichen Vorgaben in Abs. 1 Nr. 1 davon auszugehen, dass jedenfalls in den hier (Rn. 61, 62) genannten Fällen auch eine Teilung des Betriebs in mehrere betriebsverfassungsrechtliche Organisationseinheiten durch TV möglich und zulässig ist[167].

166 Kritisch zu dieser von einer Minderheit erzwingbaren Vertretungsstruktur allerdings *Franzen,* ZfA 00, 285 [311]; *Konzen,* RdA 01, 76 [81]; Richardi-*Annuß,* DB 01, 41 [42].

167 Davon scheint jetzt auch das *BAG* 24.8.11, NZA 12, 223, 224 (Rz. 15) selbst auszugehen.

2. UN und Konzerne mit Spartenorganisation (Sparten-BR) nach Nr. 2

63 Nach Nr. 2 können durch Kollektivvertrag sog. **Sparten-BR** für UN und Konzerne vorgesehen werden, soweit diese nach **produkt- oder projektbezogenen Geschäftsbereichen** (Sparten) organisiert sind und die Spartenleitung auch Entscheidungen in beteiligungspflichtigen Angelegenheiten trifft, wenn diese abweichende Gestaltung der Vertretungsstrukturen der sachgerechten Wahrnehmung der Aufgaben des BR dient.[168] Die Bestimmung **erlaubt** an sich **sowohl** die spartenmäßige **Zusammenfassung der AN** verschiedener Betriebe zur BR-Wahl, **als auch** die spartenmäßige **Zergliederung** der AN eines Betriebs, so dass innerhalb eines Betriebs durchaus mehrere BR errichtet werden könnten.[169] Letzteres kann aber zu einer problematischen **Überschneidung in den Aufgabenbereichen** dieser Mehrheit von BR führen (vgl. auch Rn. 76)[170] und sollte daher von den Kollektivvertragsparteien ausgeschlossen werden (vgl. aber das Beispiel in Rn. 65).

a) Produkt- oder Projektbezug

64 Voraussetzung der Bestimmung ist das **Vorliegen einer Spartenorganisation,** wobei ausschließliche Kriterien der Spartenbildung **Produkte** oder **Projekte** sind, so dass andere organisatorische Merkmale einer Spartenbildung, wie etwa die Ausrichtung auf bestimmte Kundengruppen oder Marktteilnehmer bzw. Marktsegmente, Vertriebswege oder Absatzregionen, nicht ausreichen (obgleich auch diese Spartenbildung praktisch anzutreffen ist),[171] wenn sich diese Orientierung nicht auf eine produkt- oder projektbezogene Spartenbildung stützt. Somit bildet z. B. der Geschäftsbereich »Privatkunden« einer Bank keine Sparte i. S. d. Vorschrift. **Nicht erfasst** sind auch Fälle der sog. funktionalen Divisionalisierung, bei denen der Tätigkeitsbereich eines UN etwa in die Bereiche **Produktion, Vertrieb** und **Kundenservice** aufgeteilt wird.[172] Die Anknüpfung an einem **Produktbezug** legt zwar ein eher auf **industrielle Verhältnisse bezogenes Verständnis der Norm** nahe; dies entspricht aber wohl nicht dem Anliegen des Gesetzgebers, denn Spartenbildungen erfolgen durchaus auch im **Dienstleistungssektor,**[173] so dass dieser Bereich nicht grundsätzlich aus dem Anwendungsbereich ausgeblendet werden kann. Dafür spricht auch die Einbeziehung eines **Projektbezuges** in den Normbereich, womit nicht nur industrielle Großprojekte mehrerer UN gemeint sein dürften, bei denen die finanzielle Leistungskraft eines Einzel-UN überschritten wird, sondern auch die typischerweise projektförmig organisierte Arbeitsweise in größeren Forschungseinrichtungen. Nicht aus dem Anwendungsbereich der Norm ausgeschlossen sein dürfte trotz des nicht ganz klaren Wortlauts eine Spartenbildung entlang von **Produktgruppen,** die durch artspezifische Gegebenheiten eine »Nähe« zueinander aufweisen.[174] Die gesetzliche Einengung auf den Produkt- oder Projektbezug kann im Einzelfall verhindern, bei konzern- oder unternehmensorganisatorischen **Matrix-Strukturen** (dazu o. § 1 Rn. 81) angemessene Vertretungsstrukturen durch Kollektivvertrag nach Nr. 2 zu schaffen, wenn die geschäftsbereichsbezogene Matrixorganisation entlang anderer Gesichtspunkte (z. B. Regionen, Kundensegmente o. ä.) erfolgt. Denkbar bleibt zwar, dann auf der Grundlage von Nr. 3 vorzugehen (vgl. Rn. 103), was aber eine genaue Prüfung der gesetzlichen Voraussetzungen (»wirksame und zweckmäßige« Inter-

168 Vgl. ausführlich *Friese,* RdA 03, 92 ff.; zur Spartenorganisation auch *12. Aufl., Vor § 54 Rn. 71 ff.; Wendeling-Schröder,* Divisionalisierung, S. 9 ff.; *Joost,* S. 80, 122 ff., 245; Beispiel eines TV in DKKWF-*Bachner,* § 3 Rn. 4.

169 Zutreffend *Buchner,* NZA 01, 633 [634]; a. A. *LK,* Rn. 10; wie hier aber HaKo-BetrVG-*Kloppenburg,* Rn. 50; ErfK-*Koch,* Rn. 5; *Fitting,* Rn. 37; *Richardi,* Rn. 27.

170 Gegen eine solche Vornahme der BR-Errichtung schon *BAG* 1.2.63 [AP Nr. 5 zu § 3 BetrVG 52] mit dem Argument, ein »unfruchtbares Nebeneinander und eine unerquickliche Rivalität« der BR müsste vermieden werden.

171 Vgl. dazu *Joost,* S. 123 m. w. N.; näher zum Spartenbegriff *Friese,* RdA 03, 92 [93].

172 *Fitting,* Rn. 39.

173 Vgl. dazu schon *Wendeling-Schröder,* Divisionalisierung, S. 19 f., 114.

174 Z. B. Betriebe der Sparte Wasserkraftwerke, der Sparte Braunkohlekraftwerke, der Sparte Kernkraftwerke innerhalb eines UN oder Konzerns der Energieerzeugung; ähnlich *Joost,* a. a. O.

essenvertretung der AN) bezogen auf den konkreten Sachverhalt erfordert und stets nur durch TV, niemals aber durch BV möglich ist.

b) Spartenorganisation im UN

Die Bildung von Sparten-BR kann sich sowohl auf den Einzelbetrieb eines UN, also **betriebsintern** (vgl. Rn. 63), aber auch **betriebsübergreifend** innerhalb desselben UN vollziehen (zu Letzterem Rn. 66). 65

Beispiel 1 (UN mit einem Betrieb):
Die X-GmbH hat nur ein Werk Y, in dem die Produkte a, b, c und d erzeugt werden. Die dementsprechenden bisherigen Abteilungen werden unter Ernennung von Spartenleitern zu Sparten umgebildet.

Soweit die weiteren Voraussetzungen gegeben sind (Spartenleitung mit entsprechenden Befugnissen, sachgerechte Aufgabenwahrnehmung), wäre es denkbar, dass im Werk Y vier Sparten-BR gebildet werden.[175] Es ergibt sich dann keine andere Vertretungslage, als wenn man die vier Sparten unter Anwendung der gesetzlichen Betriebsabgrenzung gem. §§ 1, 4 als durch Aufgabenbereich (= Sparteneigenschaft) und Organisation (= Spartenleitung) eigenständigen Betriebsteil gem. § 4 Abs. 1 Satz 1 Nr. 2 qualifiziert. Somit tritt eine **Teilung des** an sich einheitlichen **Wahlkörpers** ein, die ähnliche Folgen für die Anwendung des Betriebsverfassungsrechts im konkreten Bereich nach sich zieht, wie sie bei einer Spaltung des Betriebs i. S. v. § 111 Satz 3 Nr. 3 auftreten. Schon die weitere Frage, ob diese vier Sparten-BR – da zum selben UN gehörend – einen **GBR gem. § 47** zu bilden haben oder ob die bei der UN-Leitung integrierende Interessenvertretung durch den womöglich neben den Sparten-BR fortbestehenden BR für das Werk Y wahrgenommen wird, hängt von der Lösung der in der Literatur umstrittenen Problematik ab, ob Sparten-BR nach Nr. 2 als **alternative** Form zu den nach der gesetzlichen Normalstruktur zu bildenden BR **oder** als diese **ergänzende** Vertretungen anzusehen sind (dazu Rn. 81 ff.). Je nachdem, wie man diese Frage beurteilt, käme es nämlich zur Bildung eines GBR aus den Sparten-BR oder es bliebe bei der umfassenden Zuständigkeit des gesetzlich gebildeten BR.

Zu einer **betriebsübergreifenden** (aber UN-internen) **Bildung eines Sparten-BR** kann es nur kommen, wenn das betreffende UN mindestens zwei Betriebe hat, in denen die verschiedenen Sparten vertreten sind.[176] 66

Beispiel 2 (UN mit mehreren Betrieben):
Die X-GmbH hat zwei Werke an unterschiedlichen Orten (Werk 1 und Werk 2). Im Werk 1 gibt es die produktbezogenen Sparten a und b. Diese Sparten sind auch im Werk 2 vertreten. Unterhalb der GmbH-Geschäftsführung sind die Spartenleiter a und b installiert, die als werkübergreifende Spartenleitungen fungieren.

Für beide Werke könnten – zumal bei räumlich weiter Entfernung der Werke (vgl. § 4 Abs. 1 Satz 1 Nr. 1) – jeweils zwei örtliche Sparten-BR a und b (also insgesamt vier Gremien) gebildet werden (Variante 1), ebenso denkbar und zulässig (Variante 2) ist aber eine **betriebsübergreifende Bildung von** nur jeweils einem **Sparten-BR** a (aus Werk 1 und 2) bzw. einem Sparten-BR b (aus Werk 1 und 2).[177] Das Problem der Bildung eines GBR stellt sich in beiden Varianten analog dem Beispiel 1 (Rn. 65), denn nach gesetzlicher Vertretungsorganisation wäre der GBR aus den örtlichen Einzel-BR der Werke 1 und 2 zu bilden, während man bei Annahme einer Verdrängung der gesetzlichen durch die kollektivvertraglichen Gremien zur Bildung des GBR aus den örtlichen bzw. betriebsübergreifend gebildeten Sparten-BR käme.[178]

---

175 So auch die Annahme in der Begründung zum Regierungsentwurf, vgl. *BT-Drucks.* 14/5741, S. 34.
176 ErfK-*Koch*, Rn. 5; *Fitting*, Rn. 43.
177 So auch die Annahme in *BT-Drucks.* 14/5471, S. 34.
178 Dazu Rn. 81 ff.; so wohl auch *Fitting*, Rn. 42; *LK*, Rn. 8; *Richardi*, Rn. 32.

Wohl durch den Wortlaut der Vorschrift ausdrücklich ausgeschlossen wäre bei Variante 1 allerdings die Bildung eines Sparten-GBR a *und* eines Sparten-GBR b,[179] denn die Bestimmung regelt »die Bildung von **Betriebsräten** in den Sparten«, meint also offenbar nur die Basisebene der betrieblichen Mitbestimmung (dazu passt freilich nicht ganz die in der Begründung [*BT-Drucks.*, a. a. O., S. 34] angesprochene Möglichkeit zur Bildung von »**Spartengesamtbetriebsräten**«, auch wenn diese Gestaltung sich der Begründung zufolge nur auf solche Fälle beziehen soll, in denen einer Sparte mehrere UN angehören, nicht aber, wenn innerhalb desselben UN die Sparten jeweils mehrere »Sparteneinzelbetriebsräte« haben).[180] Wollte man dies anders sehen, würde es beim selben UN-Träger zu einem Nebeneinander mehrerer sektoral zuständiger »GBR« kommen können, was aber einer grundsätzlich einheitlichen AN-Repräsentation gegenüber dem Arbeitgeber durch den vom Gesetz zwingend vorgesehenen GBR gem. § 47 völlig zuwiderlaufen würde.[181] Eine derartige Gestaltung würde gerade deshalb auch nicht der sachgerechten Wahrnehmung der Aufgaben des BR dienen, wie es in Nr. 2 zur Voraussetzung einer kollektivvertraglichen Abweichung von der gesetzlichen Normalbetriebsverfassung gemacht wird. Es kann nicht überzeugen, den Normbereich in einer Form auszuweiten, dass er Gestaltungen beinhaltet, die dem verfolgten Regelungsziel entgegenstehen. Im Falle der **Regelung durch BV** sind bei betriebsübergreifenden Gestaltungen die (betriebsbezogenen) Grenzen der Vereinbarungsbefugnis des Einzel-BR zu beachten. Hier kommt allenfalls die GBV als Regelungsinstrument in Betracht (vgl. Rn. 168, 171).

67 Nicht ausdrücklich geregelt hat der Gesetzgeber den Fall, dass nicht die gesamte betriebliche Infrastruktur in die Spartenbildung einbezogen wird, sondern Teile (z. B. **Stabsstellen, Querschnittsbereiche, interne Servicefunktionen**) des Betriebs hiervon unberührt bleiben. Ob derartige Bereiche ihrerseits als Sparte anzusehen sein können, ist wegen des erforderlichen Produkt- oder Projektbezuges sehr zweifelhaft (Rn. 64), denn UN-interne »shared services« weisen i. d. R. eine hohe Artverschiedenheit auf (z. B. Finanzen/Controlling, Personal, Recht), so dass es meist an der für die Spartenqualifikation nötigen Homogenität des Geschäfts und der Tätigkeiten fehlen wird. In derartigen Fällen bleibt es für die AN dieser **nicht spartenbezogenen Betriebsbereiche** grundsätzlich bei der Bildung eines gesetzlichen BR neben dem Sparten-BR, sofern nach §§ 1, 4 die Betriebsratsfähigkeit vorliegt.[182] Dies ergibt sich aus dem Begriff »soweit«. Schwierigkeiten bereitet dies jedoch dann, wenn solche spartenfreien Betriebsteile innerhalb des UN verstreut auf mehrere Betriebsstätten auftreten und jeweils nicht die Voraussetzungen des § 1 Abs. 1 Satz 1 erfüllen. Eine Zusammenfassung nach Abs. 1 Nr. 1 b) könnte dann zwar Abhilfe schaffen, führt aber u. U. zur Bildung einer außerordentlich ortsfernen Vertretung. In derartigen Fällen sollte die Möglichkeit zur Zusammenfassung von spartenfreien Betriebsteilen mit ortsnahen Spartenbetrieben zu einer Vertretungseinheit nicht ausgeschlossen werden (vgl. auch zum ähnlichen Problem der Zuordnung von Außendienstlern o. Rn. 46). Der TV kann aber auch eine andere sachgerecht erscheinende Zuordnung vornehmen, etwa durch Kombination mit der Fallgruppe nach Abs. 1 Nr. 3.

c) Spartenorganisation im Konzern

68 Klärungsbedürftig ist zunächst der dem Verwendungszusammenhang der Nr. 2 zu Grunde liegende **Konzernbegriff** (vgl. dazu allgemein und zu den Konzernierungsformen: § 54 Rn. 14 ff.). Die Frage konzentriert sich darauf, ob neben dem **Unterordnungskonzern** auch

---

179 So aber das Verständnis eines Sparten-GBR bei *Joost*, S. 80; wie hier *Thüsing*, ZIP 03, 693 [703].

180 *Friese*, RdA 03, 92 [95] meint, auch ein GBR oder KBR sei »Betriebsrat« im Sinne des Wortlauts der Bestimmung; das *BAG* hat in einer unveröff. Nichtzulassungsbeschwerdesache (16.5.07 – 7 AZN 34/07) gemeint, Sparten-GBR seien jedenfalls im Ergebnis zulässig, wobei offen blieb, ob diese sich auf den Tatbestand der Nr. 2 oder Nr. 3 stützen und ferner, von welchem Phänomen dabei ausgegangen worden ist; näher auch *Fitting*, Rn. 45.

181 *Fitting*, Rn. 42.

182 *Fitting*, Rn. 42; *Richardi*, Rn. 34; GK-*Franzen*, Rn. 15; *LK*, Rn. 8; HWGNRH-*Rose*, Rn. 55; *SWS*, Rn. 26; jetzt auch ErfK-*Koch*, Rn. 5, wonach entweder eine lückenlose Zuordnung aller AN zu den Sparten erfolgen sollte oder der »Rest« zu einem betriebsratsfähigen Betriebsteil zusammengefasst werden müsste.

der **Gleichordnungskonzern** in die abweichende Regelung der Vertretungsorganisation einbezogen werden kann. Insbesondere *Richardi*[183] nimmt an, hier wie auch in § 54 Abs. 1 werde ausschließlich der Unterordnungskonzern angesprochen.[184] Die amtliche Begründung zur Nr. 2 im Regierungsentwurf schweigt, erwähnt aber für die Fallgruppe der **Nr. 3** ausdrücklich die danach mögliche Errichtung eines KBR auch für den Gleichordnungskonzern.[185] Im Rahmen der Nr. 2 hat die Klärung dieser Frage allerdings nur geringen Stellenwert, weil es wohl eher selten vorkommen wird, dass ein Gleichordnungskonzern Spartenorganisationsstrukturen aufweist. Beachtlich ist aber zunächst, dass das Gesetz dort, wo es die gesetzliche **Normalbetriebsverfassung** regelt und den Konzern erwähnt (§§ 54 Abs. 1, 73 a Abs. 1) durch den Hinweis auf § 18 Abs. 1 AktG **nur den Unterordnungskonzern** meint (vgl. § 54 Rn. 15).[186] Auch § 109 a Abs. 1 des RefE zum BetrVerf-ReformG, der den obligatorischen Konzern-WA noch vorsah (was dann aber im Laufe der interministeriellen Einigungen fallen gelassen wurde), enthielt den Hinweis auf § 18 Abs. 1 AktG. Weil also bei Entstehung des BetrVerf-ReformG zugleich ein Nebeneinander von neuen konzernbezogenen Bestimmungen mit und ohne Bezugnahme auf den Unterordnungskonzern vorlag, wird man im **Fehlen der Verweisungen auf das AktG** in Nr. 2 (aber auch Nr. 3) **kein** bloßes **Redaktionsversehen** erblicken können. Dies spricht vielmehr für die Annahme eines »beredten Schweigens« des Gesetzes, zumal auch die Gesetzgebungsmaterialien zu § 3 einen Hinweis auf den Gleichordnungskonzern enthalten.[187] **Teleologische Gesichtspunkte** sprechen zudem für die Einbeziehung auch des Gleichordnungskonzerns in den Konzernbegriff des § 3 Abs. 1 Nr. 2 (und Nr. 3), denn hier will der Gesetzgeber gerade Abweichungen von der insoweit von engeren Voraussetzungen abhängenden gesetzlichen Normalbetriebsverfassung zulassen.

Zur **unternehmensübergreifenden** Bildung von **Sparten-BR** kann es **innerhalb von Konzernen** mit Spartenorganisation kommen.[188] 69

Beispiel 3 (Grundfall eines Konzerns mit Konzernmutter-UN, Spartenführungs-Tochtergesellschaften und operativen Enkel-UN):[189]
Die X-AG als herrschendes UN hat Y-GmbH und Z-GmbH als Spartenführungsgesellschaften und beherrschte UN. Die Y-GmbH besitzt und führt die UN Y 1, Y 2 und Y 3, die wiederum an verschiedenen, aber teilweise eng benachbarten Orten jeweils zwei eigene Werke als Betriebe i. S. v. § 1 unterhalten (insgesamt also haben Y 1–Y 3 sechs Betriebe). So liegt z. B. Werk 1 der Y 1 nur wenige hundert Meter von Werk 2 der Y 2 entfernt. Die Z-GmbH verfügt nur über zwei weitere UN, Z 1 und Z 2, die wiederum jeweils zwei eigene Werke als Betriebe unterhalten (insgesamt also vier Betriebe in der Z-Sparte).

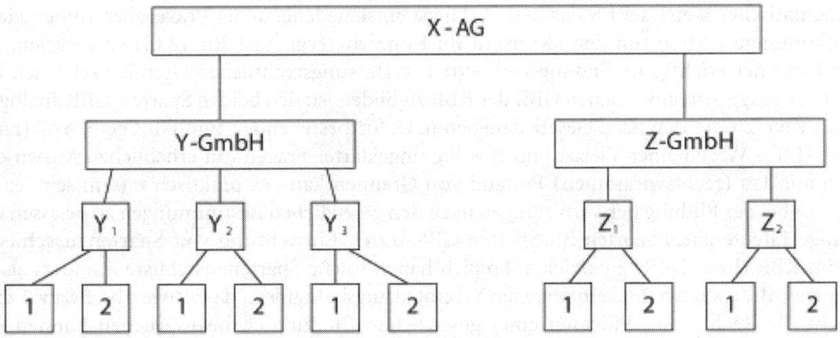

183 NZA 01, 346 [350]; vgl. auch *Richardi/Annuß*, DB 01, 41 f.
184 Weniger streng jetzt *Richardi*, Rn. 28; ErfK-*Koch*, Rn. 6; wie hier *Trümner*, FA 01, 133 [135, Fn. 32]; *Friese*, RdA 03, 92 [94]; *LK*, Rn. 9; *Fitting*, Rn. 44; HWGNRH-*Rose*, Rn. 58.
185 Vgl. *BT-Drucks.* 14/5741, S. 34; ebenso *Engels/Trebinger/Löhr-Steinhaus*, DB 01, 532 [533 r. Sp.].
186 Zutreffend insoweit *Diringer*, AuA 01, 172 [174].
187 Vgl. *BT-Drucks.*, a. a. O., S. 34.
188 Der in der Gesetzesbegründung [*BT-Drucks.* 14/5471, S. 34] genannte weitere Fall, dass mehrere UN einer Sparte angehören, wird wohl ohne Konzernzusammenhang kaum vorstellbar sein.
189 Vgl. das Beispiel bei Trümner, JbArbR 36 [1999], S. 69.

Hier besteht die Möglichkeit, für das Werk 1/Y 1 und das Werk 2/Y 2 einen (unternehmensübergreifenden) Sparten-BR zu errichten, was wegen der räumlichen Nähe der Werke zueinander sinnvoll sein kann, während bei den übrigen Werken der UN in der Y-Sparte und der Z-Sparte »normale« BR am jeweiligen Ort gebildet werden. Im Falle der **Regelung durch BV** sind bei unternehmensübergreifenden Gestaltungen die (betriebs- bzw. unternehmensbezogenen) Grenzen der Vereinbarungsbefugnis des Einzel-BR bzw. des GBR zu beachten. Hier kommt allenfalls eine KBV in Betracht (vgl. Rn. 168, 172). Vgl. wegen nicht in die Spartenorganisation einbezogener Betriebsbereiche Rn. 67.

70 Die Bestimmung soll **der Gesetzesbegründung**[190] zufolge ermöglichen, dass aus den Einzel-BR einschließlich des unternehmensübergreifenden Sparteneinzel-BR ein **Sparten-GBR** für die Y-Sparte (vgl. das Beispiel in Rn. 69) gebildet wird. Entsprechendes gilt für die Z-Sparte. Eine solche Integration wäre unter alleiniger Anwendung des gesetzlichen Strukturmodells zur Bildung eines GBR nach § 47 wegen der rechtlichen Verschiedenheit der UN, aus denen die BR dann kommen, allerdings nicht zulässig. Der Gesetzeswortlaut der Nr. 2 kann für die Zulässigkeit der Bildung von solchen Sparten-GBR nicht herangezogen werden. Dort ist nur von der »Bildung von *Betriebsräten* in den Sparten« die Rede. Im Allgemeinen spricht der Gesetzgeber dort, wo er einen »Gesamtbetriebsrat« meint, auch ausdrücklich von ihm, während in der Gesetzessprache der Begriff »Betriebsrat« den örtlichen BR meint.[191] Sparten**gesamt**betriebsräte werden dagegen nur in der Gesetzesbegründung erwähnt, dürften aber als sinnvolle Fortsetzung der auf Sparteneinzel-BR gegründeten Betriebsräteaufbauorganisation dann ein unverzichtbares Element sein, wenn die **Spartenleitung** bei der Spartenführungsgesellschaft angesiedelt ist (hier: Y-GmbH bzw. Z-GmbH) und ihrerseits Entscheidungen in beteiligungspflichtigen Angelegenheiten trifft, die innerhalb der Sparten-UN selbst (hier Y 1–Y 3 bzw. Z 1–Z 2) nicht getroffen werden können oder dürfen. Die Gemeinsamkeiten, die auf AN-Seite zur Wahlkreisbildung für die BetrVG-Organe führen, werden bei einer Spartenorganisation im Konzern häufig eben nicht mehr durch eine identische UN-Zugehörigkeit vermittelt, sondern durch für die Sparte maßgebliche Besonderheiten der Spartenführung jenseits der unternehmens- oder gesellschaftsrechtlichen Grenzen.[192]

71 Unklar bleibt nach dem Wortlaut der Norm, ob bei Bildung eines **Sparten-GBR** analog Nr. 2 (dazu unten Rn. 78 ff.) die regulären GBR gem. § 47 ersetzt werden, die im Beispiel 3 (Rn. 69) wegen mehrbetrieblicher Aufbauorganisation an sich bei den fünf UN Y 1–Y 3 und Z 1–Z 2 (insgesamt also fünf GBR) zu bilden sind oder daneben weiterbestehen (vgl. Rn. 81 ff.). Der Sache nach handelt es sich bei der in Beispiel 3 (Rn. 69) vorliegenden Struktur bei den beiden Sparten-GBR für die Sparten Y bzw. Z um **Teilkonzern-BR** für die beiden Teilkonzerne der X-AG, bei der wiederum ein KBR errichtet werden könnte. Damit ließe sich zumindest in pragmatischer Weise der für das BetrVG längst entschiedene, in der Praxis aber immer wieder aufkommende Streit um den »Konzern im Konzern« (vgl. § 54 Rn. 18 ff.) entschärfen. Das Problem der »richtigen« Bildung von betriebsverfassungsrechtlichen Gremien setzt sich hier mit der Frage fort, aus welchen GBR der KBR zu bilden ist: den beiden Sparten-GBR analog § 3 Abs. 1 Nr. 2 oder den nach Gesetz daneben u. U. fortbestehenden fünf GBR gem. § 47 (näher Rn. 81 ff.). Wegen einer Vielzahl noch völlig ungeklärter Fragen mit erheblichen Auswirkungen auf den (rechtswirksamen) Bestand von Gremien kann es praktisch ratsam sein, es zunächst bei der Bildung der Vertretungen nach den gesetzlichen Bestimmungen zu belassen und einige Effekte eines Sparten-BR/Sparten-GBR durch **Einrichtung von Spartenausschüssen** beim KBR (bzw. GBR) zu erzielen. Freilich haben solche Spartenausschüsse – anders als die Sparten-BR nach Nr. 2 – keine eigenen Vereinbarungsbefugnisse, da sie, wie Abs. 5 Satz 2 zeigt, nicht die Rechte und Pflichten eines gesetzlichen BR für sich beanspruchen können und deshalb keine Mitbestimmungsorgane sind.

---

190 Vgl. *BT-Drucks.*, a. a. O., S. 34; anders aber unten Rn. 51 ff.

191 *Friese*, RdA 03, 92 [95] hält das nicht für zwingend; *Gaul/Hartmann*, ArbRB 14, 48, 49, meinen, der Begriff »BR« in Nr. 2 erfasse auch GBR und KBR.

192 Vgl. auch *Trümner*, JbArbR 36 [1999], S. 59 [69]; *Bachner*, NZA 96, 401.

d) Spartenleitung als funktioneller Arbeitgeber i. S. d. BetrVG

Die kollektivvertragliche Möglichkeit zur Bildung von Sparten-BR i. S. d. Vorschrift setzt des Weiteren voraus, dass die Spartenleitung auch **Entscheidungen in beteiligungspflichtigen Angelegenheiten** trifft. Damit ist augenscheinlich gemeint, dass die Entscheidungen dort **tatsächlich** getroffen werden und es keine Rolle spielen soll, ob dies auf Weisung der Konzernmutter, im Auftrag des jeweiligen Sparten-UN, im eigenen Namen (z. B. der Spartenführungsgesellschaft) oder auch nur berechtigterweise (also etwa mit wirksamer Vollmacht) geschieht.[193] Der gewählten Formulierung zufolge (»auch«) muss die Spartenleitung **keineswegs** mit einem derart weitreichendem Entscheidungsspektrum begabt sein, wie dies nach Ansicht der h. M. und des *BAG* für den betriebskonstituierenden einheitlichen **Leitungsapparat der** Fall ist, der den **wesentlichen Kern** der der Mitbestimmung eines BR unterliegenden sozialen und personellen (nicht auch: wirtschaftlichen) Angelegenheiten **wahrnimmt.**[194] Dieses der Spartenleitung zugeordnete mindere Maß an Leitungsintensität im Vergleich zu einer »echten« Betriebsleitung ist aus gesetzgebungstechnischer Sicht konsequent: Hätte die Spartenleitung nämlich den Kern der Entscheidungsbefugnisse in den beteiligungspflichtigen sozialen und personellen Angelegenheiten inne, so wäre *sie* quasi der Kristallisationspunkt eines einheitlichen Betriebs i. S. v. §§ 1, 4 BetrVG – u. U. auch (bei unternehmensübergreifender Spartenleitung) in der Form des gemB mehrerer UN[195]. In dem von § 3 Abs. 1 Nr. 2 zu Gunsten von TV oder BV an sich eröffneten Raum bliebe dann nichts mehr zur Regelung übrig.[196] 72

Nicht erforderlich ist, dass die Spartenleitung Entscheidungen in **Mitbestimmungs**angelegenheiten trifft, es genügen **beteiligungspflichtige Angelegenheiten.** Die Intensität der vom Gesetz in einer bestimmten Angelegenheit vorgesehenen Beteiligung des BR (Information, Beratung, Mitwirkung, Vetorecht, Mitbestimmung usw.) ist hier gleichgültig. Damit reicht u. U. schon die **Entscheidungskompetenz** der Spartenleitung **in den wirtschaftlichen Beteiligungstatbeständen,** die typischerweise auf der Ebene des betriebskonstituierenden, auf den arbeitstechnischen Zweck ausgerichteten Leitungsapparates nicht angesiedelt ist.[197] Liegt allerdings eine derartige sektorale Teilung der Entscheidungskompetenzen zwischen Spartenleitung und Betriebsleitung vor, stellt sich das Problem, ob ein Sparten-BR nach Abs. 1 Nr. 2 die gesetzlich vorgesehene Vertretung durch einen Einzel-BR ersetzt, umso drängender (dazu eingehend Rn. 81 ff.).[198] Wollte man dies annehmen, wäre höchst erklärungsbedürftig, worin dann die sachgerechte Aufgabenwahrnehmung des BR, die Abs. 1 Nr. 2 zur weiteren Voraussetzung macht (vgl. sogleich Rn. 75), eigentlich noch liegen sollte, denn zu Recht ist moniert worden, dass nur **geringe Leitungsbefugnisse bei der Spartenleitung** keine Ersetzung des gesetzlichen BR rechtfertigen.[199] Eine solche Struktur würde vielmehr die Arbeit eines BR erheblich behindern (vgl. auch Rn. 76). 73

Ein **sinnvoller Anwendungsbereich** für die Norm kann sich allerdings dann erschließen, wenn man berücksichtigt, dass die Frage, ob bei einer bestimmten Stelle der »Kern der Arbeitgeberbefugnisse« liegt oder nicht, bislang weder in Rspr. noch Literatur befriedigend beantwortet werden kann.[200] Denn weder ist geklärt, ob dabei im Bereich der sozialen Angelegenheiten auf eine überwiegende Zuständigkeit für den Katalog der 13 Ziffern des § 87 (also etwa für sieben der dort genannten Angelegenheiten) oder deren qualitative Bedeutung oder deren Häufigkeit des Auftretens abzustellen ist, noch ist klar, ob ein relativ geringes Maß an Zuständigkeiten in sozialen Angelegenheiten durch ein hohes Maß an Zuständigkeiten in personellen Angelegenheiten kompensiert werden kann.[201] Gerade dort, wo diese Beurteilung 74

193 Vgl. zu dieser Problematik schon *Konzen*, Unternehmensaufspaltungen, S. 100 f.
194 Vgl. § 1 Rn. 79 f.; *Friese*, RdA 03, 92 [94].
195 Siehe auch den entsprechenden Hinweis bei *Richardi*, NZA 14, 232, 233.
196 Ebenso *Konzen*, RdA 01, 76 [87]; *Friese*, a. a. O.
197 Dazu schon *BAG* 29. 1. 87, AP Nr. 6 zu § 1 BetrVG 1972.
198 Kritisch auch *Däubler*, AuR 01, 1 [2]; *ders.*, AiB 01, 313 [315]; *Buchner*, NZA 01, 633 [634]; *Hanau*, RdA 01, 65 [66]; *Konzen*, RdA 01, 76 [87].
199 *Buchner*, a. a. O.
200 *Buchner*, a. a. O.
201 Ähnlich schon *Däubler*, a. a. O.

nicht ganz eindeutig möglich ist, sondern Unschärfen aufweist, vermag eine kollektivvertragliche Regelung nach Nr. 2 die nötige Klarheit herzustellen.

e) Sachgerechte Wahrnehmung der BR-Aufgaben

75 Die abweichende kollektivvertragliche Regelung der Interessenvertretungen nach Nr. 2 setzt des Weiteren voraus, dass die Bildung von Sparten-BR »der sachgerechten Wahrnehmung der Aufgaben des BR dient«. Dem **Regelungsziel** der Norm zufolge muss es sich gerade um die **optimierte Aufgabenwahrnehmung durch den Sparten-BR** handeln, denn um dessen Errichtung geht es in Nr. 2. Deshalb ist an dieser Stelle die Betrachtung von der weiteren Frage zu trennen, ob bei Errichtung von Sparten-BR notwendigerweise die nach gesetzlichem Modell errichteten BR untergehen (dazu Rn. 81 ff.).

76 Die Voraussetzung soll der amtlichen Begründung zufolge vor allem dann erfüllt sein, wenn der Sparten-BR dort errichtet wird, wo ihm ein **kompetenter Ansprechpartner und Entscheidungsträger** gegenübersteht.[202] Wie bereits gezeigt (oben Rn. 72 ff.), handelt es sich aber gerade bei diesem Kriterium um eine außerordentlich **problematische Größe,** weil das Maß an Entscheidungsbefugnissen einer Spartenleitung nach den sonstigen Tatbestandsvoraussetzungen nicht einmal sehr hoch sein muss, um die Errichtung eines Sparten-BR in Erwägung ziehen zu können. Man wird die »Dienlichkeitsklausel« hier deshalb als **Fingerzeig des Gesetzgebers** lesen müssen, Sparten-BR nur dann zu errichten, wenn die Spartenleitung auch wirklich **effektive Befugnisse** innehat und ausübt[203]. Insoweit ist *Buchner*[204] zuzustimmen, dass nur geringe Leitungsbefugnisse bei der Spartenleitung gerade nicht erlauben, den gesetzlichen BR durch einen Sparten-BR zu ersetzen. Letztlich **obliegt** aber die Beurteilung, ob eine konkret gewählte Gestaltung der sachgerechten Aufgabenwahrnehmung dient, den **Kollektivvertragsparteien.** Diese werden jedoch sehr genau prüfen müssen, ob eine spartenmäßige Zergliederung der AN eines Betriebs dieser Vorgabe entspricht (vgl. das Beispiel in Rn. 65). Schon das *BAG*[205] hatte zur Betriebsabgrenzung nach dem Gesetz die **Vermeidung eines »unfruchtbaren Nebeneinanderarbeitens** mehrerer in ihrem Aufgabenbereich sich überschneidender BR« als Richtschnur genannt, was als Problematik nach bisher geltendem Recht freilich auch durch die **Zuständigkeitsabgrenzung** zwischen BR und GBR nach § 50 etwas entschärft ist.

77 Auch wenn die Kollektivvertragsparteien einen entsprechenden **Beurteilungsspielraum** besitzen, kann nicht ausgeschlossen werden, dass der »Wenn-Satz« (wie auch bei Nr. 1) zum Einfallstor einer weitgehenden **gerichtlichen Kontrolle** über entsprechende Kollektivverträge geraten kann.[206] Auch aus diesem Grunde sollten entsprechende Vereinbarungen nur unter genauer Beachtung der einzelnen Tatbestandsvoraussetzungen abgeschlossen werden[207], weil sich der TV andernfalls als unwirksam erweisen könnte.

f) Zulässigkeit von Sparten-GBR?

78 Der Begriff »Spartengesamtbetriebsrat« **existiert als Gesetzesbegriff** des BetrVG **nicht.** Aus der betrieblichen Gestaltungspraxis der jüngeren Zeit sind jedoch (regelmäßig) konzerninterne Konstruktionen bekannt geworden, bei denen in deutlicher Analogie zu § 47 aus BR von spartenzugehörigen Betrieben, gleich welcher UN-Zugehörigkeit, derartige Sparten-GBR gebildet wurden. Dies geschieht **teils neben der Errichtung gesetzlicher GBR, teils** auch **unter Ersetzung derselben.**[208] Manchmal werden unter diesem Begriff auch als »Gemeinsame Ge-

202 *BT-Drucks.* 14/5741, S. 34.
203 Davon gehen auch *Richardi*, NZA 14, 234 (»wenn…*alle* Entscheidungen in beteiligungspflichtigen Angelegenheiten der Leitung der Sparte zugewiesen sind.«) und *Wendeling-Schröder*, NZA 15, 525 (»die *maßgeblichen* Entscheidungen in betriebsverfassungsrechtlichen Angelegenheiten«) aus.
204 NZA 01, 633 [634].
205 1.2.63, AP Nr. 5 zu § 3 BetrVG.
206 Vgl. Rn. 59; die Rechtskontrolle gerade insoweit bejahend *Fitting*, Rn. 21.
207 Vgl. auch die Hinweise bei *Trümner/Sparchholz*, AiB 09, 98 ff.
208 Näher dazu *Bachner*, NZA 96, 400 [401]; *Trümner*, JbArbR 36 [1999], S. 59 [68 f.].

samtBR« bezeichnete Organe geschaffen, die eine UN-bezogene Repräsentation von BR aus gemB innerhalb eines Konzerns bewerkstelligen sollen; auch hier liegen oftmals Spartenorganisationsstrukturen zugrunde.[209] Deutlich wird hieran auch, dass **Spartenorganisation und gemB** in der Wirklichkeit häufig auf das engste **miteinander verknüpft** sind. Eine gesicherte empirische Basis für solche Phänomene existiert bislang ebenso wenig wie eine Art begrifflich-inhaltliche Verständigung über das Gemeinte.[210] Beispielhaft kann aber zur Illustration gewisser typischer Strukturen der Praxis und der damit verbundenen Folgeprobleme auf die Fälle in Rn. 65, 66, 69 verwiesen werden. Trotz dieses wenig gesicherten Befundes muss es verwundern, dass die amtliche Begründung zu Abs. 1 Nr. 2,[211] nicht aber das Gesetz selbst, den »Spartengesamtbetriebsrat« als eine im Rahmen der Nr. 2 denkbaren Gestaltungsmöglichkeit erwähnt. Auch die §§ 47 ff. haben durch die **Novellierung 2001** keine auf das Spartenphänomen oder § 3 Abs. 1 Nr. 2 Bezug nehmende Modifikation erfahren. Der amtlichen Begründung zufolge[212] soll es sich bei dem **Sparten-GBR** um ein **oberhalb der UN-Ebene** liegendes Gremium handeln, wenn nämlich einer Sparte mehrere UN angehören. Dagegen ist es wohl **ausgeschlossen,** diesen Sparten-GBR so zu konstruieren, dass er bei einer Sparte mit mehreren Sparteneinzelbetrieben **innerhalb desselben UN** gebildet wird, also praktisch analog der üblichen GBR-Struktur[213] – wohl um dadurch potentielle Zuständigkeitskonflikte zwischen AN-Vertretungen unterschiedlicher Struktur zu verhindern (vgl. das Beispiel in Rn. 66 und die dort erwogene GBR-Bildung).

Schon der **Wortlaut der Nr. 2** erweckt Zweifel, ob die von der amtlichen Begründung (vgl. **79**
Rn. 78) angeführte Gestaltungsoption für Kollektivverträge wirklich dort eine Basis findet. Gegenstand der Bestimmung ist die Bildung von »Sparten**betriebsräten**«, also eines **Basisorgans** der Mitbestimmung, nicht ein oberhalb der Betriebsebene angenommenes Vertretungsorgan.[214] Dass ein Basisorgan durchaus betriebsübergreifend oder sogar unternehmensübergreifend konstruiert werden kann, liegt hier im System der Spartenorganisation begründet, ist aber auch außerhalb dieses Bereichs nicht ganz unbekannt: So kann auch die Integration nach Abs. 1 Nr. 1 über den Betrieb hinausgreifen und beim gemB nach § 1 Abs. 1 Satz 2 wird durchaus auch über die UN-Grenze hinausgreifend der »Betrieb« als Repräsentationsbereich, für den ein BR zu wählen ist, abgegrenzt. Eine andere Deutung wäre dem Wortlaut nach nur möglich, wenn man in der vom Gesetz gewählten Pluralform (»Spartenbetriebs*räte*«) nicht nur eine syntaktische Konsequenz aus der Pluralform des Satzanfangs (»für Unternehmen und Konzerne«) sehen wollte, sondern eine Art Oberbegriff, der den Sparten**einzel**-BR ebenso umfasst, wie den in der amtlichen Begründung erwähnten und in der Praxis anzutreffenden Sparten**gesamt**-BR. Dies übersteigt aber den zulässigen Rahmen einer Wortlautauslegung, weil eine allgemein anerkannte Begriffsbildung dieser Art bislang nicht vorliegt.[215] Außerdem wäre dann nicht verständlich, warum ein Sparten-GBR als UN-interne Zusammenfassung von Sparteneinzel-BR nicht möglich sein sollte. Im Übrigen spricht auch der gesetzessystematische Zusammenhang mit Abs. 5 gegen ein solch extensives Begriffsverständnis. Nach Abs. 5 Satz 1 wird nämlich zunächst einmal die Annahme bestätigt, wonach es in Nr. 2 um die Bildung eines **Basis**vertretungsorgans geht, denn dort wird **die** kollektivvertraglich gebildete **betriebsver-**

209 Vgl. *Trümner*, a. a. O.
210 Vgl. *Zöllner*, ZfA 83, 93 [99 – 101]: »Teil-GBR« bzw. »Bereichs-GBR« für eine Vertretungsebene unterhalb des GBR oder oberhalb des Einzel-BR; *Hanau*, ZGR 84, 476: »Zwischen-KBR« für den Teilkonzern oberhalb von UN des Konzerns, aber unterhalb der Konzernspitze; *Joost*, S. 80: »Sparten-GBR« für die Zusammenfassung von mehreren Sparteneinzel-BR innerhalb desselben UN; siehe auch *Konzen*, Unternehmensaufspaltungen, S. 100 f.; *Friese*, RdA 03, 92 [95] spricht im Zusammenhang mit Nr. 2 von »Gesamtspartenräten« und »Konzernspartenräten«, was aber auch keine größere Klarheit schafft. Verwirrend auch *BAG* 9.2.11, NZA 11, 866 (Rn. 36), das unvermittelt vom »Sparten-KBR« spricht, das Gemeinte aber nicht einmal erklärt.
211 *BT-Drucks.*, 14/5741, S. 34.
212 A. a. O.
213 So aber das Verständnis über den Sparten-GBR bei *Joost*, S. 80; wohl auch *Richardi*, Rn. 32.
214 Wie hier *Thüsing*, ZIP 03, 693 [703]; *LK*, Rn. 9; *Kort*, Die AG 03, 13 [20]; gegen Sparten-GBR wohl auch *Giesen*, BB 02, 1480 [1481].
215 Vgl. Rn. 78; *Friese*, RdA 03, 92 [95] sieht für die Gegenansicht die Wortlautgrenze noch nicht überschritten; dagegen *Thüsing*, a. a. O.

fassungsrechtliche Organisationseinheit als Betrieb i. S. d. BetrVG **fingiert,** nicht als UN (für das dann ggf. auch ein atypischer »GBR« in Betracht gezogen werden könnte!). Darüber hinaus erklärt Abs. 5 Satz 2 jedoch ausdrücklich (und als Konsequenz aus der Betriebsfiktion) auf die kollektivvertraglich gebildeten AN-Vertretungen des Abs. 1 Nrn. 1 bis 3 die Rechte und Pflichten **eines Betriebsrates** (also wiederum des Basisorgans[!]) für anwendbar. Und schließlich spricht auch **Abs. 4 Satz 2** gegen die Annahme, dass auch »Sparten-GBR« von Abs. 1 Nr. 2 miterfasst sein könnten und sogar eher dafür, dass es in Nr. 2 nur um die Bildung des Basisorgans BR (hier: Sparten**einzel**-BR) geht, weil dort die Amtszeitbeendigung für bestehende BR festgelegt wird. Eine Amtszeit sieht das Gesetz aber nur für das Basisorgan BR vor. GBR und KBR haben hingegen keine Amtszeit, sondern sind Dauerorgane, die nur enden, wenn ihre Errichtungsvoraussetzungen entfallen.

80 Ist mithin davon auszugehen, dass **Nr. 2 keine Grundlage für** die Errichtung von **Sparten-GBR** bietet,[216] so heißt dies nicht, dass etwa Abs. 1 **Nr. 3** dafür nicht in Betracht kommt.[217] Es sind dann aber tarifliche Vorkehrungen zu treffen, damit ein solcher »Sonder-GBR« keine Zuständigkeitsüberschneidungen mit dem ggf. nach gesetzlicher Vorgabe gebildeten GBR bzw. KBR hat.[218] Nach wenig überzeugender Ansicht des *ArbG Frankfurt a. M.*[219] soll die Errichtung eines **UN-übergreifenden SpartenGBR** innerhalb eines Teilkonzerns unwirksam sein, wenn dies nach erfolgter Wahl der EinzelBR und während deren Amtsperiode geschieht, selbst wenn der Sparten-GBR **keinen »Unterbau« aus Sparteneinzel-BR** hat, sondern die betreffenden Einzel-BR die Entsendung sowohl in den Sparten-GBR als auch die jeweiligen daneben bestehenden gesetzlichen GBR vornehmen.

g) Sparten-BR als Ersatz für die gesetzliche Struktur?

81 Von außerordentlicher Bedeutung für die **Funktionsfähigkeit der Betriebsverfassung** und ihrer Gremien bei potentieller Vermehrung von Vertretungsgremien durch vertragliche Abweichungen von der gesetzlichen Normalstruktur ist die Bestimmung des Verhältnisses vereinbarter Gremien zu gesetzlichen Vertretungen danach, ob sie funktional an die Stelle der Letzteren treten oder diese nur ergänzen.[220] Hat man eine ersetzende (alternative) Funktion vorgesehen, ist das Auftreten etwaiger **Zuständigkeitskonflikte** ausgeschlossen. Tritt ein vereinbartes Gremium aber neben das nach Gesetz geschaffene Organ (komplementäre Funktion), müssen die Zuständigkeiten jedenfalls dann bestimmt werden, wenn diese Mehrheit von Gremien für denselben Repräsentationsbereich (»Wahlkreis«) gebildet werden oder diese Bereiche sich überschneiden. Nach § 3 Abs. 1 a. F. war das Beziehungsgefüge der Gremien relativ transparent strukturiert: § 3 Abs. 1 Nr. 1 a. F. verdeutlichte mit dem Begriff »zusätzliche«, dass es um Vertretungen **neben dem BR** ging, beschränkte sie demgemäß aber auch auf den Umgang allein mit dem BR und gab ihnen keine eigenständige Position gegenüber dem AG.[221] **§ 3 Abs. 1 Nr. 2 a. F.** kennzeichnete die dort genannten Gremien der AN als »andere Vertretungen«, womit ihre den gesetzlichen **BR ersetzende Bedeutung** klargestellt wurde. In § 3 Abs. 1 Nr. 3 a. F. ging es schließlich nur um die abweichende Bestimmung des Betriebs-»Gebiets«, für den ein im Übrigen ganz »normaler« BR zu wählen war. Gemeinsam war allen drei Fällen abweichender Gestaltung, dass sie sich ausschließlich auf die unterste Ebene der AN-Repräsentation, den Betrieb, bezogen[222] und schon deshalb nichts über die Zulässigkeit einer tariflichen Modifikation der weiteren Ebenen der Repräsentation von AN-Interessen aussagten.

---

216 Anders die Begründung zum BetrVerf-ReformG, *BT-Drucks.* 14/5741, S. 34; wörtlich identisch *Engels/Trebinger/Löhr-Steinhaus,* DB 01, 532 [533]; HaKo-BetrVG-*Kloppenburg,* Rn. 49; *ArbG Frankfurt a. M.* 24.5.06, NZA-RR 07, 25, Ls.; wie hier dagegen *Kania/Klemm,* RdA 06, 22, 26; *LK,* Rn. 9; *Kort,* AG 03, 13, 20 f.; *Sobotta,* S. 92 ff.

217 Vgl. Rn. 103 und zur »Nützlichkeit« dieses Gremiums Rn. 70; ebenso *Kania/Klemm,* a. a. O.; *Fitting,* Rn. 45; dagegen aber *Sobotta,* S. 113; offen gelassen in *BAG* 16.5.07 – 7 AZN 34/07, uv.

218 Ebenso *Gaul/Mückl,* NZA 11, 657, 661.

219 30.3.04 – 4 BV 438/03, AuR 04, 398.

220 Richtig im Ansatz daher auch *Friese,* RdA 03, 92 [96].

221 Dazu *Trümner,* FS Däubler, S. 295 [298 ff.].

222 Vgl. *Trümner,* JbArbR 36 [1999], S. 59 [66]; *Heither,* FS Schaub, S. 295 [301].

Die heutige Bestimmung knüpft zum Teil an der Regelungstechnik des § 3 a. F. an, indem sie in Abs. 1 Nr. 4 und 5 durch das Wort »zusätzliche« den komplementären und in Nr. 3 durch das Wort »andere« den alternativen Charakter der jeweils genannten Gremien bzw. Vertretungen betont.[223] Bei Abs. 1 Nr. 1 a) und b) erschließt sich schon ohne weiteres aus dem sachlichen Regelungsgehalt der Norm, dass es ausschließlich um die Wahl des Betriebsrates in einem abweichend definierten »Wahlgebiet« geht; funktional entspricht diese Fallgruppe § 3 Abs. 1 Nr. 3 a. F. Schwieriger ist das Verhältnis zur gesetzlichen Struktur aber bei **Abs. 1 Nr. 2** zu bestimmen, da diese Fallgruppe **weder eine strikt betriebsbezogene Errichtung von AN-Vertretungen** betrifft, noch auch die sonst anzutreffende sprachliche Klarstellung des Gemeinten sicher erkennen lässt.[224] Die Stellungnahmen in der Literatur zum Gesetzesentwurf haben denn auch gerade diese Unklarheit der Regelung beklagt.[225] Die Unklarheit lässt sich durch Auslegung des etwas unübersichtlichen Normengefüges von § 3 allerdings beheben. Dabei ist Folgendes (Rn. 83 ff.) zu berücksichtigen: **82**

Sparten-BR ersetzen in dem betrieblichen Geltungsbereich, für den sie gebildet werden, zwar grundsätzlich **die** dort ggf. **bestehenden BR,** nicht jedoch stets, wie sich aus einer teleologischen Erweiterung der Norm ergibt (näher Rn. 88 ff.). Diese grundsätzlich verdrängende Funktion ergibt sich aus Abs. 4 Satz 2, dessen Relativsatz (»die durch die Regelungen nach Abs. 1 Nr. 1 bis 3 entfallen«) grundsätzlich keinen anderen Schluss ermöglicht. Ferner verdeutlicht **Abs. 4 Satz 1 i. V. m. Abs. 5 Satz 1,** dass nach Nr. 2 gebildete Sparten-BR für eine als »Betrieb« angenommene Basisebene gewählt werden, denn sonst würde die Regelung zur erstmaligen Anwendung (Abs. 4 Satz 1) des abweichenden Kollektivvertrags bei der »BR-Wahl« sinnlos sein. Dieser Befund wird wiederum in Abs. 5 Satz 1 bestätigt, wonach der betriebliche Bereich, für den der Sparten-BR gebildet wird – sog. **betriebsverfassungsrechtliche Organisationseinheit** –, eben als Betrieb i. S. d. BetrVG gilt, so dass es in Anwendung von § 1 Abs. 1 Satz 1 ausgeschlossen ist, für den gesetzlich abgegrenzten Betrieb einen »normalen« BR zu wählen und daneben in dem fingierten Betrieb, der entweder Teil des gesetzlichen Betriebs ist oder ihn als Bestandteil mit umfasst, einen Sparten-BR. Diese Struktur soll offenbar jedenfalls grundsätzlich gewährleisten, dass es **nicht** zu einem **Nebeneinander von mehreren BR** kommen kann,[226] was aber wohl nicht stets vermeidbar sein dürfte (vgl. Rn. 63, das Beispiel in Rn. 65, die Problematik in Rn. 67 und Rn. 76 a. E.). Und schließlich kann auch Abs. 4 Satz 2 nur entnommen werden, dass die Errichtung der Vertretung nach Nr. 2 zur Ersetzung des vorhandenen, gesetzlich gebildeten Basisorgans »Betriebsrat« führt, weil dort dessen **Amtszeitbeendigung** geregelt wird. **83**

Demgegenüber lässt sich Abs. 5 Satz 2 nichts Gegenteiliges entnehmen: Der **Begriff »AN-Vertretungen«** deutet nicht eine mögliche Doppelstruktur von gesetzlichen und vertraglichen Vertretungen an, sondern dient als Oberbegriff zur Bezeichnung der vom Gesetz abweichend gem. Abs. 1 Nr. 1 bis 3 gebildeten vertraglichen Mitbestimmungsorgane der AN (UN-BR, Regional-BR, Bereichs-BR, Sparten-BR usw.). Dass Abs. 5 Satz 2 diese Vertretungen mit dem Rechtsbestand eines gesetzlichen BR ausstattet, lässt sich als »Unklarheitentatbestand« nicht zu Gunsten der Möglichkeit einer etwaigen Doppelstruktur anführen.[227] Diese Bestimmung dient nur dazu – ähnlich wie § 3 Abs. 3 a. F. – die vereinbarten Vertretungen mit einem Mindestbestand an Befugnissen (aber auch Pflichten) auszustatten, damit nicht etwa in unzulässiger Weise durch die Vertragsparteien womöglich verschlechternde Dispositionen ge- **84**

223 Allein daraus folge bereits nach *Fitting,* Rn. 52, der Ausschluss komplementärer Strukturen im Rahmen von Nr. 2.

224 Insoweit berechtigte Kritik von *Däubler,* AuR 01, 1 [2], zumal die ansonsten »kreative« amtliche Begründung [vgl. z. B. Rn. 78 wegen des Sparten-GBR] gerade hier schweigt.

225 Vgl. *Däubler,* AiB 01, 313 [315], mit ausformuliertem Klarstellungszusatz zu Nr. 2 im Sinne der Zulassung auch einer komplementären Struktur; *Hanau,* RdA 01, 65 [66]; *Konzen,* RdA 01, 76 [87]; anders aber *Buchner,* NZA 01, 633 [634], der in Nr. 2 wohl eine alternative Struktur geregelt sieht; ebenso *Trümner,* FA 01, 133 [135] unter Hinweis auf Abs. 5; zum Meinungsstand ausführlich *Friese,* RdA 03, 92 [96 f.].

226 So auch *Fitting,* Rn. 52; *SWS,* Rn. 26; *Diringer,* AuA 01, 172 [174]; *Thüsing,* ZIP 03, 693 [702]; *Löwisch,* BB 01, 1734 [1735].

227 So aber *Däubler,* AiB 01, 313 [315].

troffen werden. Außerdem wird die **persönliche Rechtsstellung** der Mitglieder einer vereinbarten Vertretung ausdrücklich geregelt (dies fehlte in § 3 Abs. 3 a. F.). Anlass zur Unklarheit über das Verhältnis von gesetzlichen zu vereinbarten AN-Vertretungen gibt allerdings die amtliche Begründung selbst, insoweit sie dem Tatbestand der Nr. 2 auch die Bildung eines Sparten-GBR zuordnet, also eines Organs, das als überbetriebliches Gremium typischerweise nicht basisgebunden gebildet wird, sondern durch Delegation aus den Basiseinheiten der Mitbestimmungsorgane (dazu schon oben, Rn. 78 ff.). Für diese Annahme kann sich die Begründung zum Gesetzentwurf allerdings – wie gezeigt (Rn. 78 ff.) – gerade nicht auf die Nr. 2 stützen, so dass auch daraus kein Argument für eine mögliche Parallelität vertraglicher und gesetzlicher Vertretungen abzuleiten ist.

85 Geht man davon aus, dass das Gesetz in Fällen der Nr. 2 eine prinzipielle Verdrängung der gesetzlichen BR anordnet, so ist die in dem **Beispiel 1 (Rn. 65)** aufgeworfene Frage nach der Befugnis zur GBR-Bildung dahin zu beantworten, dass die gebildeten vier Sparten-BR nach § 3 Abs. 5 als BR i. S. v. § 1 Abs. 1 gelten und somit gem. § 47 Abs. 1 einen GBR für die X-GmbH errichten. Mit der Bildung der Sparten-BR entfällt der vormalige Einzel-BR. Mitbestimmungsangelegenheiten, in denen nicht die Spartenleitung entscheidet, sind zwischen UN-Leitung und GBR zu verhandeln. Im **Beispiel 2 (Rn. 66)** wird bei Variante 1 der GBR durch die vier Sparten-BR, in Variante 2 durch die zwei Sparten-BR gebildet. Die Zuständigkeiten in den Mitbestimmungsangelegenheiten sind analog dem Beispiel 1 verteilt (vgl. aber sogleich Rn. 88 ff.). Im **Beispiel 3 (Rn. 69, 71)** kann die Errichtung eines Sparten-GBR jedenfalls nicht auf Abs. 1 Nr. 2 gestützt werden (Rn. 70), wenn man der hier vertretenen Ansicht (Rn. 78 ff.) folgt. Somit ist der jeweilige gesetzliche GBR der UN Y 1–Y 3 aus den örtlichen BR zu bilden. Der gemeinsame, unternehmensübergreifende Sparteneinzel-BR für Werk 1/Y 1 und Werk 2/Y 2 nimmt sowohl an der Bildung des GBR für Y 1 als auch für Y 2 teil, weil der Spartenvertretungsbereich dieses Sparteneinzel-BR gem. Abs. 5 Satz 1 als Betrieb gilt und im Rahmen von § 47 Abs. 1 die Rechte eines BR gem. § 3 Abs. 5 Satz 2 vom Spartenbetriebsrat auszuüben sind.

86 Die **Errichtung eines KBR bei der X-AG** (Beispiel 3, Rn. 69, 71) erfolgt durch die gesetzlichen GBR entsprechend dem zuvor Gesagten (Rn. 85). Wollte man auf der Basis der Gesetzesbegründung (vgl. dazu Rn. 70 und Rn. 78 ff.) die Errichtung eines Sparten-GBR (quasi als Teilkonzern-BR) für zulässig halten, so fehlte es dennoch an einer gesetzlichen Bestimmung in § 54 dergestalt, dass nicht die gesetzlichen GBR, sondern die vertraglich gebildeten Sparten-GBR die Aufgaben eines GBR im Rahmen von § 54 wahrnehmen. Im genannten Beispiel ergibt sich die Möglichkeit zur Errichtung einer für die Sparte (hier: den Teilkonzern/Unterkonzern der Y-GmbH) zuständigen AN-Vertretung ohnehin schon aus dem Gesetz, denn beim »Konzern im Konzern« (vgl. § 54 Rn. 18 ff.) ist die Bildung von Unter-KBR zulässig. Die Errichtung eines KBR für den Gesamtkonzern erfolgt dann aber gleichwohl nicht durch die Teil/Unter-KBR, sondern kraft zwingender gesetzlicher Bestimmung durch die in den Teilkonzern-UN errichteten GBR bzw. BR (§ 54 Rn. 22).[228] Im Übrigen könnte ein gesetzlicher GBR auch nicht von einem vertraglich gebildeten Sparten-BR verdrängt werden, selbst wenn man dessen Errichtung für möglich halten wollte, denn § 3 Abs. 4 und 5, die die Verdrängung eines gesetzlichen Einzel-BR durch den Sparten-BR regeln, sind mangels ausreichender Bestimmtheit der Vorschrift nicht auf diesen Fall übertragbar (vgl. aber zur Möglichkeit, Derartiges nach Nr. 3 vorzusehen, unten Rn. 103). Außerdem ist § 47 aus Anlass der nach § 3 modifizierbaren Betriebsverfassung nicht entsprechend angepasst worden und § 3 Abs. 5 fingiert nur einen Betrieb, nicht aber ein UN.

87 In der rechtspolitischen Diskussion vor Verkündung des BetrVerf-ReformG ist dafür plädiert worden, klarzustellen, dass Sparten-BR zusätzliche Gremien seien,[229] bzw. wenigstens durch Vereinbarung zu ermöglichen, dass neben ihnen auch nach den allgemeinen Grundsätzen errichtete BR fortbestehen können.[230] Zur Begründung dieser Vorschläge ist darauf hingewiesen worden, dass wegen der ungesicherten gesellschaftsrechtlichen Grundlagen der Spartenorganisation die UN-Leitung oder Konzernleitung im Grunde jederzeit die Zuständigkeiten

228 A. A. *Friese*, RdA 03, 92 [99].
229 *Konzen*, RdA 01, 76 [78].
230 So der ausformulierte Vorschlag von *Däubler*, AiB 01, 313 [315].

der Spartenleitung in den betriebsverfassungsrechtlichen Beteiligungsangelegenheiten beseitigen könne, um diese an sich zu ziehen. Auf diese Weise könnte einem Sparten-BR der arbeitgeberseitige Mitbestimmungspartner entzogen werden und die betriebliche Mitbestimmung liefe – wie vor Errichtung von Sparten-BR – wiederum ins Leere, wenn nicht das gesetzlich vorgesehene Mitbestimmungsorgan als »Auffanglinie« existiere.[231] Gerade von dem auch in der Gesetzesbegründung zum Ausdruck gelangenden Grundgedanken ausgehend, dass dort mitbestimmt werden solle, wo in betriebsverfassungsrechtlich relevanten Angelegenheiten entschieden werde, müsse man auch eine Doppelstruktur der AN-Vertretungen für zulässig halten.[232] Dafür spreche auch die Überlegung, dass die Spartenleitung keineswegs die ausschließliche Kompetenz in allen beteiligungspflichtigen Angelegenheiten haben wird, so dass ohne Doppelstruktur wie unter altem Recht arbeitgeberseitige Entscheidungskompetenz und Mitbestimmungsrechte auseinander fallen.[233]

Ausgehend von der h. M., wonach die Abgrenzung betriebsverfassungsrechtlicher Organisationseinheiten letztlich der arbeitgeberseitigen Leitungsorganisation folge, sind die geltend gemachten Einwände nur allzu verständlich. Immer schon dann, wenn das Gesamtspektrum der beteiligungspflichtigen Angelegenheiten auf verschiedene Leitungen oder Leitungsebenen aufgeteilt wird, besteht das Risiko von praktisch auftretenden **Mitbestimmungswahrnehmungslücken,** da der arbeitgeberseitige Entscheider nicht unbedingt »am Ort« des zuständigen BR zur Verfügung steht.[234] Beispielhaft lässt sich dieser Mechanismus anhand einer **Abwandlung von Beispiel 2 (Rn. 66, 85) verdeutlichen:** Angenommen, die Zuständigkeiten und deren Wahrnehmung in den beteiligungspflichtigen Angelegenheiten werden zwischen UN-Leitung (Geschäftsführung), Spartenleitungen und den beiden Werksleitungen aufgeteilt, so kann zwar der gesetzliche GBR in den unternehmenseinheitlich zu behandelnden Fragen (§ 50 Abs. 1) die Geschäftsführung »erreichen«; Ähnliches gilt für die beiden Sparten-BR hinsichtlich der nur jeweils spartenbezogenen Fragen. Liegen aber bei den Werksleitungen Entscheidungsbefugnisse, die als nur werksbezogene zwar spartenübergreifende, aber nicht unternehmenseinheitliche Regelungsfragen betreffen (z. B. Fragen der Ordnung des Betriebs), so könnte ein einzelner der im Werk vorhandenen beiden Sparteneinzel-BR diese Frage jedenfalls nicht für das betreffende Werk mit der Werksleitung allein regeln. Gleiches gilt, falls betriebsübergreifende Sparteneinzel-BR gebildet worden sind. Es ließe sich zwar vertreten, hier liege quasi ein klassischer Fall des § 50 Abs. 1 vor, so dass die Zuständigkeit des GBR begründet sei, weil das im Einzelwerk auftretende spartenübergreifende Regelungsproblem mehrere »Betriebe« betreffe. Denn als »Betrieb« gilt ja bei Sparten-BR-Organisation nach Abs. 1 Nr. 2 gemäß Abs. 5 Satz 1 gerade die Sparte und nicht das Werk (das nur bei Anwendung der gesetzlichen Organisationsabgrenzung als Betrieb anzusehen ist), so dass ein Fall des »Nicht-regeln-Könnens« i. S. v. § 50 Abs. 1 vorliegt. Allerdings kann eine solche Verteilung der Mitbestimmungsausübungszuständigkeit zu höchst unpraktikablen Verhältnissen führen, wenn z. B. die beiden Werke des UN räumlich weit voneinander entfernt liegen und der GBR nicht am Ort der betreffenden Werksleitung »residiert«, also das **Prinzip der Entscheidungsnähe** praktisch nicht mehr realisiert werden kann. Hier wie auch in dem in Rn. 73 erörterten Fall würde die Verdrängung eines gesetzlichen Einzel-BR durch die Sparten-BR zu einem normzweckwidrigen Ergebnis führen, denn weder einer sachgerechten Aufgabenwahrnehmung des BR wäre damit gedient noch das **Effektivierungsgebot** (Rn. 27) beachtet.[235] **88**

Das soeben (Rn. 88) behandelte Beispiel zeigt aber auch, dass die entgegen der hier vertretenen Ansicht (Rn. 78 ff.) für möglich gehaltene Verdrängung eines gesetzlichen GBR durch einen nach Nr. 2 gebildeten Sparten-BR innerhalb des UN zu dysfunktionalen Mitbestimmungsstrukturen führen würde: Angenommen im **Beispiel 2** (**Rn. 66, 85**) hätten die örtlichen Sparten-BR zwei Sparten-GBR innerhalb des UN gebildet und diese Sparten-GBR würden den **89**

231 Ähnlich *Konzen,* a. a. O.
232 *Däubler,* AuR 01, 1 [2]; *ders.,* AuR 01, 285 [288]; *Plander,* NZA 02, 483 [485].
233 *Däubler,* AiB 01, 313 [315].
234 Zur Kritik dieser konzeptionellen Fehlvorstellung, der aber auch der Novellierungsgesetzgeber 2001 weiter anhängt, schon *Joost,* 247 f.; vgl. auch § 1 Rn. 56, 81 f.
235 Skeptisch auch *Thüsing,* ZIP 03, 693 [702].

gesetzlichen GBR ersetzen, dann wäre kein Mitbestimmungsorgan mehr existent, das die spartenübergreifenden Mitbestimmungsangelegenheiten wahrnehmen könnte. Dies wäre nur durch ein wiederum oberhalb der Sparten-GBR anzusiedelndes, integrierendes Organ möglich. Auch dieser Fall zeigt, dass zumindest die Möglichkeit, auch komplementäre Vertretungsorgane im Rahmen der Nr. 2 schaffen zu können, nicht von vornherein ausgeschlossen werden darf, weil sonst normzweckwidrige Ergebnisse riskiert werden, die mit der gesetzlichen Anforderung einer sachgerechten Aufgabenwahrnehmung des BR nicht in Übereinstimmung gebracht werden können.[236]

90 Sofern im Rahmen von Vereinbarungen nach Nr. 2 zur Vermeidung normzweckwidriger Vertretungsstrukturen komplementäre Vertretungen vorgesehen werden, muss allerdings der jeweilige Kollektivvertrag eine genaue Zuständigkeitsregelung enthalten, die den »Aktionsradius« des jeweiligen Organs festlegt, damit es nicht zu Kompetenzüberschneidungen kommt.[237] Eine solche Bestimmung kann sich an die gesetzlichen Vorbilder in §§ 50, 58 anlehnen. Fraglich ist aber, ob dem nicht die Entscheidung des *BAG* v. 18.11.14[238] entgegensteht, wonach der § 3 – TV die betriebsrätliche Zuständigkeit für die Ausübung der Beteiligungsrechte nicht abweichend vom Gesetz bestimmen könne. Der *Senat* wäre gut beraten, seine allzu apodiktischen Aussagen mit Blick auf die Bestimmungen des Abs. 1 Nr. 2 und 3 zu relativieren, denn anders als in dem dort entschiedenen Fall geht es hier nicht um die Beschneidung von Kompetenzen eines örtlichen BR. Zugleich sollten dann auch die Entscheidungszuständigkeiten der jeweiligen Leitungsebenen vertraglich geregelt werden, um der Gefahr vorzubeugen, dass durch einseitige Änderungen der arbeitgeberseitigen Wahrnehmungszuständigkeiten in den beteiligungspflichtigen Angelegenheiten die vereinbarte Vertretungsorganisation der AN-Seite wiederum leer zu laufen droht (zu dieser Befürchtung schon oben Rn. 87) und damit die Wirksamkeitsvoraussetzung für den TV nachträglich entfällt.[239]

3. Andere Strukturen der AN-Vertretung bei Organisationsbesonderheiten oder UN-Kooperationen (Nr. 3)

a) Grundsätze

91 Nach Abs. 1 Nr. 3 können **ausschließlich durch TV** und nicht durch BV (vgl. Abs. 2) **andere** AN-Vertretungs**strukturen** bestimmt werden, soweit dies insbesondere entweder
(1) auf Grund der Betriebs-, Unternehmens- oder Konzernorganisation oder
(2) auf Grund anderer Formen der Zusammenarbeit von UN
einer wirksamen und zweckmäßigen Interessenvertretung der AN dient.
Es handelt sich um eine Generalklausel, die ohne Vorbild in der bisherigen Rechtslage ist und einige **Ähnlichkeiten mit § 3 Satz 3 Nr. 1 des DGB-Novellierungsvorschlags** von 1998 aufweist, welcher wie folgt lautet:

»Insbesondere können durch Tarifvertrag bestimmt werden:
1. andere Vertretungen der Arbeitnehmerinnen und Arbeitnehmer, sofern dies auf Grund der Betriebs- bzw. Unternehmensstrukturen für die Interessenvertretung zweckmäßig erscheint«

Mit diesem Vorschlag sollte die grundsätzliche Tarif-Dispositivität der organisatorischen Bestimmungen des BetrVG im Gesetz verankert werden.[240]

92 Man mag die Bestimmung der neuen Nr. 3 auf den ersten Blick für »nichts sagend« halten,[241] sie ist es indes nicht, wenn man sie in ihre Strukturelemente zerlegt und den Zusammenhang

236 So auch im Ergebnis *Friese*, RdA 03, 92 [97 ff.].
237 Das schließt auch *Thüsing*, ZIP 03, 693 [702 r. Sp.] offenbar nicht aus.
238 NZA 15, 694.
239 Zum Erfordernis einer rechtlich gesicherten Leitungsmacht der Spartenleitung auch *Richardi*, NZA 14, 233.
240 Vgl. DGB [Hrsg.], Novellierungsvorschläge des DGB zum BetrVG 1972, 1998, S. 12 [zu § 3].
241 So *Konzen*, RdA 01, 76 [87].

innerhalb des Katalogs der einzelnen Fallgruppen des Abs. 1 einerseits und die Rückverweisungen in Abs. 4 und 5 andererseits in den Blick nimmt.[242] Die **generalklauselartige Offenheit des Tatbestandes** (»insbesondere«) dient nach der Zielsetzung des Gesetzgebers dem Zweck, auf künftige **neue Entwicklungen** von UN-Strukturen seitens der TV-Parteien schnell und angemessen reagieren zu können, ohne dabei auf ein Tätigwerden des Gesetzgebers angewiesen zu sein.[243] Der Gesetzgeber traut damit den Tarifparteien offenbar auf Grund ihrer größeren Problem- und Sachnähe zu, eine jederzeit angemessene, **funktionsfähige Betriebsverfassung** bereitstellen zu können. Wegen seiner extremen Offenheit lassen sich gegen den Tatbestand der Nr. 3 noch am ehesten verfassungsrechtliche Bedenken unter dem Aspekt der **Verletzung des Bestimmtheitsgrundsatzes** anführen.[244] Letztlich wird man ihn aber als noch hinreichend konturiert ansehen müssen[245], wie auch die nachfolgende Auslegung erkennen lässt.[246] Die Bestimmung nennt zwei generalklauselhaft umschriebene Hauptgruppen von Aufgreiftatbeständen, bei deren Vorliegen eine tarifliche Sonderregelung der Vertretungsstrukturen denkbar erscheint. Zum einen können das **Besonderheiten in der** Betriebs-, Unternehmens- oder Konzern**organisation** sein (näher Rn. 102 ff.). Zum anderen soll es sich um »andere« Formen der **Zusammenarbeit von UN** handeln können (näher Rn. 105 ff.). Beide dergestalt umschriebenen Aufgreiftatbestände sollen die grobe Richtung angeben, in die eine Konkretisierung durch die TV-Parteien gehen kann.[247]

Der Tatbestand der Nr. 3 stellt allerdings **nicht** in allen Punkten eine **grundlegende Innovation** dar. In einigen Bereichen knüpft er an § 3 Abs. 1 Nr. 2 a. F. an, der anstelle des gesetzlichen Basisorgans »Betriebsrat« die Errichtung einer »anderen Vertretung« der AN für solche Betriebe ermöglichte, in denen wegen ihrer Eigenart der Errichtung von BR besondere Schwierigkeiten entgegenstehen (dazu *7. Aufl., Rn. 29 ff.*). Auch die heutige Nr. 3 deutet mit den Begriffen »andere AN-Vertretungsstrukturen« an, dass es um eine **alternative** Vertretungs**organisation** geht, sieht diese alternative Möglichkeit aber nicht mehr – wie § 3 Abs. 1 Nr. 2 a. F. – ausschließlich für die Ebene des **Basis**vertretungsorgans »Betriebsrat« vor, sondern bezieht **alle Ebenen** ein, auf denen nach dem gesetzlichen Modell AN-Vertretungen gebildet werden,[248] und möchte überdies ermöglichen, dass der nach dem gesetzlichen Strukturmodell maximal dreistufige Aufbau der betriebsähnlichen Vertretungsorganisation aus BR, GBR und KBR selbst dort als nur einstufige oder zweistufige Form ausgebildet werden kann, wo an sich nur eine dreistufige Form zulässig ist.[249] Schon aus diesem Grunde ist es treffender, wenn das Gesetz nicht mehr nur von »anderen Vertretungen« spricht, sondern »von anderen Vertretungs*strukturen*«. Demgegenüber will *Sobotta*[250] den Tatbestand der Nr. 3 allein auf die vorhergehenden Nrn. 1 und 2 zurückbeziehen, die er als Spezialtatbestände mit Sperrwirkung gegenüber Nr. 3 bezeichnet und so zu dem Ergebnis kommt, dass Nr. 3 nicht als generalklauselartiger Auffangtatbestand zu sehen sei, weshalb Fallgestaltungen, die schon den Tatbeständen der Nrn. 1 u. 2 nicht zugeordnet werden können (z. B. Sparten-GBR), auch nicht unter Nr. 3 zu subsumieren seien. Eine derartige Einengung des Anwendungsbereiches lässt sich freilich kaum mit dem ausdrücklich erklärten Willen des Gesetzgebers vereinbaren. Das *BAG*[251] hält es zwar grundsätzlich für möglich, im Rahmen eines TV nach Nr. 3 die Errichtung eines **unternehmensübergreifenden GBR** vorzusehen – etwa bei personeller Kongruenz von 93

242 Vgl. auch *Annuß*, NZA 02, 290.
243 Vgl. *BT-Drucks.* 14/5741, S. 34.
244 Dazu *Giesen*, BB 02, 1480 [1484].
245 So auch *BAG* 13.3.13, NZA 13, 738, 743.
246 Gegen *Giesen*, a. a. O., auch *Annuß*, NZA 02, 290 [291 f.] und *Thüsing*, ZIP 03, 693 [694 f.], wobei Letzterer für eine verfassungskonforme enge Interpretation der Generalklauseln eintritt.
247 Siehe dazu die Vereinbarungsmuster in DKKWF-*Bachner*, § 3 Rn. 5, 6.
248 Betrieb, UN, Konzern; ebenso *Fitting*, Rn. 49 f.; *Annuß*, NZA 02, 290 [292]; grundsätzlich ebenso *BAG* 13.3.13, NZA 13, 738, wenn es nach Nr. 3 einen UN-übergreifenden GBR für möglich hält; ablehnend aber *Thüsing*, ZIP 03, 693 [703 f.].
249 So die Begründung zum Regierungsentwurf, *BT-Drucks.* 14/5741, S. 34, für mittelständische Konzerne mit wenigen kleinen Konzern-UN.
250 S. 106 f., 109 ff.
251 *BAG* 13.3.13, NZA 13, 738, 742, 743.

tatsächlichen Entscheidungsträgern auf Seiten der UN – allerdings nur, wenn auch die weiteren tatbestandlichen Voraussetzungen dafür gegeben sind.

94 Das Gesetz spricht zwar von Vertretungs**strukturen** und **nicht** mehr von **Vertretungen** innerhalb dieser vereinbarten Strukturen, so dass bei enger Wortlautinterpretation zweifelhaft erscheinen könnte, ob beispielsweise nach Nr. 3 **Sparten-BR** gebildet werden können für UN-Sparten, **die nicht** – wie Abs. 1 Nr. 2 dies verlangt (dazu Rn. 64) – **nach** dem Kriterium von **Produkten oder Projekten** strukturiert sind. Dies ist aber zu bejahen, denn Abs. 4 nimmt ausdrücklich auf die Fallgruppe des Abs. 1 Nr. 3 Bezug und regelt die Amtszeitbeendigung von BR, die im Geltungsbereich eines TV nach Nr. 3 entfallen. Somit geht das Gesetz selbst davon aus, dass im Rahmen von **Vereinbarungen nach Nr. 3** sogar **regelmäßig AN-Vertretungen** gebildet werden.[252] Auch Abs. 5 (Betriebsfiktion und Rechtsstellung der Mitbestimmungsorgane und ihrer Mitglieder), der gleichfalls die Vereinbarungen nach Abs. 1 Nr. 3 zitiert, bestätigt diese Auslegung. Richtigerweise ist Nr. 3 daher so zu verstehen, dass er »andere Arbeitnehmervertretungen und Arbeitnehmervertretungsstrukturen« durch TV für regelbar erklärt.[253]

95 Wie auch die Vertretungen nach Nrn. 1 und 2 sind die im Rahmen anderer Vertretungsstrukturen nach Nr. 3 geschaffenen AN-Vertretungen **Mitbestimmungsorgane.** Nach Abs. 5 Satz 2 sind hierauf die Rechte und Pflichten eines BR nach dem BetrVG und anderen Bestimmungen, die die Rechtsstellung eines BR und seiner Mitglieder betreffen, anzuwenden (vgl. Rn. 198 f.).

96 Aus dem Umstand, dass die nach Nr. 3 geschaffenen AN-Vertretungen Mitbestimmungsorgane sind, ergibt sich die Notwendigkeit, deren **Verhältnis zu** etwa schon oder noch **nach den gesetzlichen Bestimmungen errichteten Vertretungen** zu bestimmen. Anders als bei den Fallgruppen nach Nrn. 1 und 2 müssen im Rahmen der Regelung nach Nr. 3 aber keineswegs immer nur die Basisorgane der Mitbestimmung betroffen sein, denn die Strukturabweichung könnte sich hier auch auf die Ebene oberhalb der Einzelbetriebe oder der Unternehmen beziehen, während die Basisebene unberührt bleibt. Aus Abs. 4 und 5, die nur das Verhältnis zu bestehenden Basisorganen betreffen, ergibt sich dann nämlich unmittelbar keine Lösung. Irritierend wirkt insoweit Abs. 5 Satz 1, der auch bei TV im Rahmen von Abs. 1 Nr. 3 die tariflich gebildeten betriebsverfassungsrechtlichen Organisationseinheiten als Betrieb i. S. d. § 1 BetrVG fingiert, obwohl ein nur **struktur**regelnder TV sich ja auf die Ebene des Konzerns oder des UN beschränken könnte. Man wird dies so verstehen müssen, dass die Betriebsfiktion des Abs. 5 Satz 1 in Fällen eines TV nach Abs. 1 Nr. 3 nur dann und insoweit für anwendbar zu halten ist, als durch ihn überhaupt betriebsverfassungsrechtliche Organisationseinheiten (»Wahlgebiete« oder »Wahlkreise«) gebildet werden. Soweit dagegen oberhalb der Betriebsebene angesiedelte Vertretungsorgane durch den TV betroffen sind, **muss der TV selbst eine Regelung** bezüglich des Verhältnisses verschiedener Organe auf derselben Vertretungsstufe **treffen,** weil es andernfalls zu Kompetenzüberschneidungen kommen kann. Eine solche Regelung kann vorsehen, dass Gremien nebeneinander bestehen, dann muss eine tarifliche **Zuständigkeitsregelung** – etwa nach Art des § 50 – jedoch für Klarheit in den Kompetenzen sorgen. Die tarifliche Regelung könnte aber auch vorsehen, dass gesetzliche Gremien durch die tariflichen Strukturmodelle der Vertretungsorganisation verdrängt werden, indem etwa auf die Bildung des GBR verzichtet wird und dessen Rechte auf den KBR übertragen werden.[254] Die letztgenannte Sichtweise legt der Gesetzgeber in Abs. 4 zumindest als Regelfall nahe (jedenfalls für die Ebene der Basisvertretung »Betriebsrat«). Unterbleiben die notwendigen tariflichen Klarstellungen über die Zuständigkeiten, ist sehr fraglich, ob derartige Strukturen noch einer wirksamen und zweckmäßigen Interessenvertretung der AN dienen und damit den gesetzlichen Anforderungen entsprechen.

---

252 Vgl. auch *Fitting*, Rn. 46.

253 So auch das Verständnis der Gesetzesänderung, *BT-Drucks.* 14/5741, S. 34, wo explizit an die Vertretungen nach Nr. 1 und Nr. 2 anknüpfend erläutert wird, dass nach Nr. 3 darüber hinausgehend Interessenvertretungen der AN errichtet werden können; a. A. *Annuß*, NZA 02, 290 [292] allerdings ohne Begründung.

254 Vgl. *Hohenstatt-Dzida*, DB 01, 2498 [2499]; *SWS*, Rn. 28; *LK*, Rn. 11; a. A. *Thüsing*, ZIP 03, 693 [703 f.].

Nicht ganz zweifelsfrei zu beurteilen ist, ob die neue Bestimmung auch voraussetzt, dass die in eine alternative Struktur einbezogenen betrieblichen Organisationsbereiche selbst jeweils die **Betriebsratsfähigkeit** i. S. v. § 1 Abs. 1 Satz 1 haben müssen. Dies war nach altem Recht eine logische Konsequenz aus dem Umstand, dass ein an sich zu bildender BR durch die tarifliche Vertretung ersetzt wurde (vgl. *7. Aufl., Rn. 32*) und auch Abs. 4 Satz 2 scheint dies nahe zu legen, denn er lässt die Amtszeit bestehender BR enden, wenn eine tarifliche Vertretung gewählt worden ist. Nach heutigem Recht erscheint dieser Schluss jedoch **nicht zwingend.** Zum einen lässt sich der Relativsatz in Abs. 4 Satz 2 auch so verstehen, dass Amtszeiten von BR nur enden, »soweit« diese BR durch TV entfallen, d. h., wenn es überhaupt einen betroffenen BR gibt (was dann gerade nicht der Fall ist, wenn die erfasste Organisationseinheit als solche nicht betriebsratsfähig ist), und zum anderen wäre schon nach allgemeinem Tarifrecht (vgl. Rn. 28, 30) nichts dagegen einzuwenden, wenn ein nicht betriebsratsfähiger Betrieb durch TV eine AN-Vertretung erhielte. Im Übrigen dient diese Auslegung eher dem vom Gesetzgeber generell verfolgten Zweck, die betrieblichen Bereiche ohne Repräsentationsorgan der AN zu verringern.[255] 97

Der im Rahmen von Abs. 1 Nr. 3 verwendete **Konzernbegriff** umfasst auch den **Gleichordnungskonzern** i. S. v. § 18 Abs. 2 AktG (vgl. dazu schon Rn. 68).[256] Die von *Richardi*[257] vorgetragenen Argumente gegen die Eignung einer BV als Regelungsinstrument im Rahmen von Abs. 1 (wer kann zuständige Vertragspartei sein; dazu auch unten Rn. 168 ff.), greifen hier ohnehin nicht durch, weil die Regelung nach Nr. 3 stets nur und ausschließlich durch TV zulässig ist. Grundsätzlich ist es daher denkbar, auch für den Gleichordnungskonzern einen KBR auf Basis eines TV nach Nr. 3 zu errichten.[258] 98

Mit der Bestimmung ist zudem klargestellt, dass die **Besonderheiten** im Bereich der Organisation oder der UN-Kooperation **nicht branchenspezifischer Natur** sein müssen, sondern es ausreicht, wenn sie nur in dem zur Regelung vorgesehenen Bereich vorliegen.[259] Dies war zu § 3 Abs. 1 Nr. 2 a. F. umstritten geblieben (umfassende Nachweise *7. Aufl., Rn. 30*). Nr. 3 stellt nämlich nicht einmal mehr vom Wortlaut her auf »besondere Schwierigkeiten« bei der Errichtung von AN-Vertretungen ab, sondern überlässt es den TV-Parteien, selbst zu beurteilen, ob die gewollte abweichende Struktur einer wirksamen und zweckmäßigen Interessenvertretung der AN dient. Unsinnigerweise zitiert aber die Gesetzesbegründung zu Nr. 3[260] »generelle und besondere Schwierigkeiten in rechtlicher oder tatsächlicher Hinsicht« bei der Errichtung einer gesetzlichen AN-Vertretung. Dies übersteigt allerdings den Wortlaut des Gesetzes nach Nr. 3 und widerspricht zudem auch dem von der Gesetzesbegründung selbst gegebenen Beispiel eines mittelständischen Konzerns, für den anstelle einer dreistufigen z. B. eine einstufige Interessenvertretung errichtet werden könne. Warum soll in diesem Fall eigentlich eine besondere Schwierigkeit zur Wahl gesetzlicher BR, GBR und KBR vorliegen? Im Kern geht es doch bei dem Beispiel lediglich um eine **vereinfachte** Vertretungsorganisation und eine geringere Komplexität der Strukturen sowie um durchaus sinnvolle Einsparungseffekte. 99

b) »Andere« Vertretungsstrukturen

Die **Andersartigkeit** der möglichen tariflichen Vertretungsstrukturen bezieht sich **nicht nur** auf die in Abs. 1 Nr. 1 und 2 genannten Fälle einer **kollektivvertraglichen** Abweichung (UN-BR, Filial-BR, Regional-BR, Sparten-BR), **sondern** umfasst **auch** jedwede **Abweichung von der gesetzlichen Struktur** der Vertretungsorganisation,[261] soweit dies einer wirksamen und 100

---

255 Vgl. zu diesem Anliegen *BT-Drucks.* 14/5741, S. 23, 25 f.

256 Wie hier auch *Engels/Trebinger/Löhr-Steinhaus,* DB 01, 532 [535]; ErfK-*Koch,* Rn. 6; *Fitting,* Rn. 50; *LK,* Rn. 11; so jetzt auch *Richardi,* Rn. 41 f.; a. A. noch *Richardi,* NZA 01, 346 [350]; *SWS,* Rn. 29; *Annuß,* NZA 02, 290 [292]; rechts*politische* Einwände erhebt *Konzen,* RdA 01, 76 [87] gegen die von der Entwurfsbegründung betonte Einbeziehung des Gleichordnungskonzerns.

257 A. a. O., S. 347 r. Sp.

258 Ebenso *Engels/Trebinger/Löhr-Steinhaus,* a. a. O.; *Trümner,* FA 01, 133 [135, Fn. 32].

259 So jedenfalls *BT-Drucks.* 14/5741, S. 27, wo auf die das einzelne UN betreffenden Besonderheiten abgestellt wird.

260 A. a. O., S. 34.

261 Enger offenbar die Begründung, *BT-Drucks.* 14/5741, S. 34, die Nr. 3 zu den Möglichkeiten der Nrn. 1

zweckmäßigen Interessenvertretung dient. Für diese sehr weitgehende Auslegung spricht nicht nur das in der Begründung zum Gesetzentwurf gegebene Beispiel einer nur einstufigen Vertretungsorganisation innerhalb von kleinen Konzernen,[262] sondern auch der Umstand, dass wegen der besonderen **Tragweite der Regelung** in Nr. 3 nur der TV als Instrument in Betracht kommen soll (vgl. Abs. 2). Da der Gesetzgeber gerade auch eine **Kombination** von gesetzlichen und vertraglichen Lösungen ermöglichen will,[263] kann daher grundsätzlich auch eine **andere Art der Ausübung des Übergangsmandats** in Fällen des § 21 a Abs. 2 (Zusammenfassung von Betrieben) tariflich vorgesehen werden, etwa indem sämtliche BR der zusammenzufassenden Betriebe/Betriebsteile ein Übergangsorgan unter Beteiligung von Vertretern aller betroffenen Organisationsbereiche entsprechend dem zahlenmäßigen Verhältnis der jeweiligen Beschäftigten bilden[264]. Dadurch kann der möglicherweise eintretende **Entfremdungseffekt vermieden** werden, der sonst riskiert wird, wenn Belegschaftsteile von BR-Mitgliedern vertreten werden, die nicht von den betreffenden Teilen der Arbeitnehmerschaft gewählt worden sind. Kann hierdurch die **Akzeptanz** gegenüber der Amtsausübung des Übergangs-BR innerhalb der Gesamtbelegschaft **erhöht** werden, dient dies ohne Zweifel einer wirksamen und **zweckmäßigen Interessenvertretung.**

c) Alternative 1: Besonderheiten in der Organisation

101 Die Begründung des Gesetzentwurfes nennt erläuternd für diese Fallgruppe, dass »auf Grund von Sonderformen der Betriebs-, Unternehmens- oder Konzernorganisation« der Errichtung einer wirksamen Interessenvertretung Schwierigkeiten entgegenstehen. Es ist offenbar gemeint, dass diese Schwierigkeiten jedenfalls bei bloßer Anwendung der gesetzlichen Bestimmungen auftreten[265] und auch nicht in Anwendung der vertraglichen Gestaltungsmöglichkeiten nach Abs. 1 Nr. 1 und 2 ausgeräumt werden können. Dieses Erfordernis ist entgegen der Ansicht des *BAG*[266] als Voraussetzung einer tariflichen Regelbarkeit allerdings abzulehnen (vgl. auch Rn. 99), weil es im Wortlaut der Bestimmung keinen Ansatzpunkt findet und für die Nutzung der Gestaltungsmöglichkeiten durch die TV-Parteien unzumutbare Unwägbarkeiten herauf beschwört[267]. Die TV-Parteien sind damit aufgrund der *BAG*-**Entscheidung v. 13.3.13** praktisch gezwungen, zunächst anhand einer fiktiven gesetzlichen Vertretungsstruktur deren Defizite zu bestimmen, um sodann gezielt im Rahmen der tariflichen Regelung besser geeignete Strukturen zu schaffen. Es ist zu empfehlen, diese Erwägungen im TV selbst zu dokumentieren, damit erkennbar ist, warum und in welcher Weise der den TV-Parteien eingeräumte Beurteilungs- und Gestaltungsspielraum genutzt worden ist.

102 **Besonderheiten in der betrieblichen Organisation** können etwa vorliegen bei **Profitcenter-Strukturen,** die zu einer Art »UN im UN« führen, aber nicht stets mit einer Sparten-Bildung einhergehen müssen.[268] Denkbar wäre auch der Fall, wenn ein Betrieb in personeller Hinsicht derart strukturiert ist, dass einer relativ kleinen Zahl von Stamm-AN ständig eine wesentlich größere Zahl von kurzzeitig oder **unständig Beschäftigten** gegenübersteht, wie etwa in Betrieben von kommunalen **Beschäftigungsförderungsgesellschaften,** industriellen **Qualifizierungsgesellschaften** und den sog. **reinen Ausbildungsbetrieben.**[269] Zweifellos gehören hier-

und 2 in Beziehung setzen will; ähnlich auch DGB [Hrsg.], BetrVerf-ReformG [Informationen zum Arbeitsrecht 2/01], S. 10.

262 *BT-Drucks.*, a. a. O.

263 *BT-Drucks.*, a. a. O., S. 26, 27.

264 Eine strukturähnliche Regelung enthält z. B. § 44 LPVG NW.

265 So auch *BAG* 13.3.13, NZA 13, 738, 742, 743, das stets eine »bessere« Verwirklichung der gesetzlichen Zwecke innerhalb der tariflichen Repräsentationsstruktur als im Rahmen des gesetzlichen Vertretungsmodells verlangt.

266 *BAG* 13.3.13, NZA 13, 738, 743.

267 *BAG* 13.3.13, NZA 13, 738, 743, nimmt dies allerdings hin und hilft nur insoweit, als die Verkennung der gesetzlichen Voraussetzungen in Nr. 3 durch die TV-Parteien lediglich zur Anfechtbarkeit der auf dieser TV-Grundlage gebildeten BR führen soll.

268 Vgl. *Kreuder*, Desintegration und Selbststeuerung, S. 99 [101].

269 Vgl. *LAG Düsseldorf*, 27.1.00, AiB 00, 569 m. Anm. *Schneider;* vgl. auch Rn. 31; dazu *Trümner*, JbArbR 36 [1999], 59 [77 f.]; *Pauli*, Mitbestimmung in Arbeitsförderungsgesellschaften, S. 150, 155 f., 164 f.

her auch die Fälle, die zwar theoretisch schon bisher durch § 3 Abs. 1 Nr. 2 a. F. hätten erfasst werden können, praktisch aber ohne Regelung geblieben sind, wie z. B. **Betriebe mit kontinuierlichem Personalwechsel** (z. B. Varietés) oder **ständig wechselnden Betriebsstätten.**[270]

Organisationsbesonderheiten auf der UN-Ebene können z. B. darauf beruhen, dass eine **Spartenbildung** besteht, die allerdings nicht – wie Abs. 1 Nr. 2 dies verlangt – nach Produkten oder Projekten erfolgt, sondern nach anderen Gesichtspunkten (z. B. Produktion, Vertrieb usw.; vgl. Rn. 64), wie dies häufig in **Matrix-Strukturen**[271] (vgl. dazu § 1 Rn. 81) der Fall ist.[272] Hält man es mit der hier zu Abs. 1 Nr. 2 vertretenen Ansicht (vgl. Rn. 66, 78 ff.) für unzulässig, dass durch TV oder BV ein **UN-interner Sparten-GBR** gebildet werden kann, der mehrere Sparteneinzel-BR zusammenfasst, so lassen sich die dort erhobenen Einwände jedoch nicht gegenüber einer – allerdings nur als TV zulässigen – Regelung im Rahmen von Abs. 1 Nr. 3 aufrecht erhalten. Nach dem erklärten Willen des Gesetzgebers[273] soll es gerade mit Nr. 3 ermöglicht werden, über die Gestaltungsmodelle der Nr. 2 hinausgehen zu können. Da hier auch gänzlich von der gesetzlichen Vertretungsstruktur abgewichen werden kann (vgl. Rn. 100), wäre es deshalb sogar denkbar, den tariflichen Sparten-GBR **an die Stelle eines gesetzlichen GBR** gem. §§ 47 ff. treten zu lassen. **Ebenso** wäre es denkbar, ihn **neben** diesem **GBR** zu errichten, da der Gesetzgeber erklärtermaßen (vgl. Rn. 100) auch Kombinationen von gesetzlichen und vertraglichen Vertretungen ermöglichen wollte. Sofern der TV aber ein solches komplementäres Vertretungsmodell vorsieht, muss er selbst eine Zuständigkeitsabgrenzung vorsehen – etwa nach Art der §§ 50, 58 –, weil andernfalls wegen unvermeidbarer Kompetenzkonflikte der Vertretungen kaum mehr angenommen werden kann, dass dieser TV einer wirksamen und zweckmäßigen Interessenvertretung der AN dient (vgl. auch Rn. 90). **103**

Eine Sonderform der **Konzernorganisation,** die zu anderen Vertretungsstrukturen durch TV führen kann, ist insbesondere der – allerdings eher seltene – **Gleichordnungskonzern,** für den ein KBR eingerichtet werden könnte (vgl. schon Rn. 98 m. w. N.). Dasselbe gilt für die Errichtung einer AN-Vertretung bei Bundeszentralen von politischen Parteien, selbst wenn die Bundespartei und ihre Landesverbände rechtlich selbständige Rechtsträger sind.[274] Man wird zu dieser Fallgruppe **bei tief gestaffelten Konzernen** mit einer Vielzahl von Teil- oder Unterkonzernen (»Konzern im Konzern«) auch die Möglichkeit zählen müssen, durch den TV nach Nr. 3 die Vielzahl von Einzel-KBR zu einem **Gesamt-KBR** zusammenzufassen.[275] Des Weiteren wäre es beim Zusammentreffen des »Konzerns im Konzern« mit einer Konzernspartenorganisation möglich, die nach der Gesetzesbegründung (vgl. Rn. 86) nach Abs. 1 Nr. 2 zulässigen **unternehmensübergreifenden Sparten-GBR** (vgl. zu deren Unzulässigkeit im Rahmen einer Regelung nach Nr. 2 nach hier vertretener Ansicht Rn. 78 ff.), die eigentlich Teil-KBR sind, anstelle der nach der gesetzlichen Regelung dazu berufenen GBR die Bildung des KBR vornehmen zu lassen. Ähnlich wie beim **unternehmensinternen Sparten-GBR** (soeben Rn. 103) muss der TV dann aber die Zuständigkeitsabgrenzung zwischen einem tariflichen Sparten-GBR und einem etwa fortbestehenden, gesetzlichen Teil-KBR vornehmen (entsprechend § 58; vgl. Rn. 90). Schließlich ließe sich auch daran denken, bei **kleinen mittelständischen Konzernen** anstelle der dreistufigen Vertretungsorganisation aus BR, GBR und KBR nur eine einheitliche Konzern-AN-Vertretung zu bilden.[276] Dies dürfte sich insbesondere dann anbie- **104**

---

270 Z. B. in der Forstwirtschaft, der Binnenschifffahrt, bei Wanderbühnen, Zirkussen usw., vgl. insoweit *7. Aufl. Rn. 29;* ErfK-*Koch,* Rn. 6; *Fitting,* Rn. 50.

271 Dazu *Kort,* NZA 13, 1318, 1322, allerdings mit Zweifeln daran, ob durch TV stets eine wirksamere und zweckmäßigere als die gesetzlich vorgesehene Interessenvertretung geschaffen würde; näher auch *Bauer/Herzberg,* NZA 11, 713, 719.

272 *Rieble,* NZA-Beil. 1/14, 28, 30, hält bei Matrix-Strukturen zwar grundsätzlich § 3 Abs. 1 Nr. 3 für einschlägig, sieht aber je nach Ausprägung der Matrix durchaus zu Recht Bedenken wegen der Dienlichkeit einer abweichenden BR-Struktur.

273 *BT-Drucks.* 14/5741, S. 34.

274 Ebenso *Däubler,* AuR 01, 285 [288]; dazu der Fall *BAG* 9.8.00, NZA 01, 106; ausführlich *Preis,* FS Däubler, S. 261 ff.

275 Nach der gesetzlichen Regelung [§ 54] zu Recht abgelehnt von GK-*Franzen,* § 54 Rn. 37.

276 So ausdrücklich *BT-Drucks.* 14/5741, S. 34; *Engels/Trebinger/Löhr-Steinhaus,* DB 01, 532 [535]; *Fitting,* Rn. 50; skeptisch *Thüsing,* ZIP 03, 693 [704].

ten, wenn die Konzern-UN ihre Betriebe in enger räumlicher Nähe zueinander unterhalten; notwendige Voraussetzung ist das aber nicht.

105 Schwieriger ist die Frage zu beurteilen, ob nach dieser Vorschrift beim sog. »**Konzern Stadt**«[277] auch eine die beiden gesetzlichen Zweige der betrieblichen Interessenvertretungsstrukturen (BetrVG, PersVG) integrierende »Konzernbeschäftigtenvertretung« begründet werden könnte. Eine **Sonderform der Konzernorganisation** i. S. v. Abs. 1 Nr. 3 liegt hier zweifellos vor, wenn in einem städtischen »Amt für Beteiligungsmanagement« die strategische Steuerung der wirtschaftlichen Aktivitäten sowohl für die dem PersVG unterfallenden Regie- und Eigenbetriebe als auch die dem BetrVG unterfallenden Tochter- und Beteiligungsgesellschaften liegt (vgl. auch § 130 Rn. 1 ff.). Versteht man § 3 Abs. 1 Nr. 3 als spezialgesetzliche Ermächtigung zur Tarifierung der betrieblichen Mitbestimmung, so stünde § 130 einer solchen Erstreckung von tariflichen Mitbestimmungsstrukturen auf (Teil-)Bereiche des öffentlichen Dienstes entgegen, denn auf diesen Sektor ist das BetrVG und damit die in ihm enthaltene Tarifierungsmöglichkeit nach Abs. 1 Nr. 3 nicht anwendbar. Probleme ergeben sich des Weiteren aus dem Umstand, dass die auf dem TV nach Nr. 3 beruhenden Vertretungen **Mitbestimmungsorgane** sind, wie sich aus Abs. 4 und 5 ergibt (vgl. Rn. 95) und entsprechende Regelungen in den Personalvertretungsgesetzen fehlen. Aus **§§ 3, 97 BPersVG** (und den entsprechenden Bestimmungen der Landespersonalvertretungsgesetze) ergibt sich jedenfalls keine Möglichkeit zur Schaffung anderer Mitbestimmungsorgane im **Bereich der öffentlichen Verwaltung,** selbst wenn man diese Normen nicht als generelles TV-Verbot missversteht.[278] Allerdings kann nicht von vornherein die tarifliche Schaffung von **Arbeitsgemeinschaften der Betriebs- und Personalräte** im »Konzern Stadt« gem. Abs. 1 Nr. 4 ausgeschlossen werden (vgl. Rn. 127 ff.).

d) Alternative 2: »Andere« Formen der Zusammenarbeit von UN

106 Gewisse Schwierigkeiten bietet zunächst die Ermittlung des Bezugspunktes für die »anderen« Formen der Zusammenarbeit von UN, denn nicht nur bei den Fällen der Alternative 1 können Formen der Zusammenarbeit von UN vorliegen. Dies wird **regelmäßig bei Konzernsachverhalten** so sein. Ebenso werden schon in Abs. 1 Nr. 2 bei der Spartenorganisation UN-Kooperationen erfasst. Die Frage ist, ob sich die mit Nr. 3 gemeinten »anderen« Formen der Zusammenarbeit nur auf die in Abs. 1 bereits in anderem Zusammenhang erwähnten Fälle der Zusammenarbeit beziehen und nur hieran zu messen sind oder ob in diese Betrachtung und damit über den Normbereich des § 3 hinausgehend etwa auch der gemB i. S. v. § 1 Abs. 2 einzubeziehen ist, der kraft Betriebsführungsabrede letztlich ebenfalls eine UN-Kooperation darstellt. Aus den bereits dargelegten Gründen (vgl. Rn. 100) ist einer **weiten Auslegung** der Vorzug zu geben. Dafür sprechen auch die von der Gesetzesbegründung selbst angeführten Beispiele der **Just-in-time**-Produktion, der **fraktalen Fabrik** und der **Shop-in-shop**-Systeme,[279] die mit Hilfe der tariflichen Regelung nach Nr. 3 angemessene Vertretungsstrukturen erhalten können. Gerade diese letztgenannten Formen können je nach konkreter Ausgestaltung freilich schon über die Vermutungsregel des § 1 Abs. 2 Nr. 1 zum Anwendungsfall des gemB werden.[280]

107 Mit der Bezeichnung »andere Formen« verdeutlicht das Gesetz zugleich, dass es sich nicht – wie z. B. bei der Konzernorganisation – um **organisationsvertragliche** Formen der UN-Kooperation handeln muss, sondern **auch schuldrechtliche Austauschverträge** einer solchen von Nr. 3 erfassten UN-Kooperation zugrunde liegen können.[281] Ausreichend wäre aber auch die Zusammenarbeit auf Grund von **Rahmenverträgen** mit den einzelnen UN, wie das etwa

277 Vgl. zu diesem bei Verwaltungsmodernisierungen im öffentlichen Sektor immer häufiger anzutreffenden Phänomen *Bell*, Mitb. 1+2/98, 70; *Trümner*, Mitb. 1+2/98, 71 f.; *ders.*, in Blanke/Trümner (Hrsg.), Rn. 731 ff.; *Nassauer*, ZfPR 00, 242 [244]; *Löwisch/Schuster*, ZTR 09, 58; umfassend *Plander*, Mitbestimmung in öffentlich-privatrechtlichen Mischkonzernen.

278 Vgl. *Plander*, a. a. O., S. 49 ff.

279 *BT-Drucks.* 14/5741, S. 34.

280 Dazu *Trümner*, AiB 01, 507, [511 f.].

281 Vgl. zu den rechtlichen Typen von Kooperationsvereinbarungen infolge veränderter Fertigungs- und Absatzmethoden in Industrie und Handel *Kulms*, S. 23 ff.

bei Einkaufsparks der Fall ist, wenn Rahmenzeiten für die Öffnung der Geschäfte und andere im Interesse einer gewissen Einheitlichkeit notwendige Festlegungen vereinbart werden. Die denkbaren Anwendungsfelder sind auf Grund der Offenheit des Tatbestandes sehr weit. Es lassen sich jedoch zwei grobe Kategorien bilden. Zum einen sind dies eher **traditionelle Sachverhalte** (Rn. 108) sowie letztlich und vor allem die beispielhaft vom Gesetzgeber genannten **modernen Erscheinungsformen** von UN-Kooperationen (Rn. 109 ff).[282]

Zu den eher **traditionellen Sachverhalten,** die von dieser Alternative der Nr. 3 erfasst sein **108**
können, gehört die Bildung eines BR für zwei oder mehr **Betriebe bzw. Betriebsteile verschiedener UN,** die miteinander kooperieren. Insoweit schließt der Tatbestand die von Abs. 1 Nr. 1 hinterlassene Lücke, weil dort nur mehrere Betriebe desselben UN zusammengefasst werden können und der echte gemB mehrerer UN gerade nicht durch TV nach Nr. 1 hergestellt werden kann (vgl. Rn. 48 f.). Nr. 3 lässt dagegen den **gemeinsamen BR für Betriebe verschiedener UN** zu.[283] Allerdings ist es **unzulässig**, die Etablierung tariflicher »Standort-BR« von einem **Zustimmungsvotum der AN** abhängig zu machen: dadurch würde der TV unwirksam.[284] Weil diese Art der Zusammenfassung nur durch TV erlaubt ist, können sich die Betriebsparteien **nicht im Rahmen eines arbeitsgerichtlichen Vergleichs** auf die unternehmensübergreifende Bildung betriebsratsfähiger Organisationseinheiten nach dieser Vorschrift verständigen.[285] Geschieht dies dennoch, kann in einem solchen Vergleich u. U. aber ein sog. Tatsachenvergleich gesehen werden, der die Feststellung eines echten oder vermuteten gemB (§ 1 Abs. 1 Satz 2, § 1 Abs. 2) zum Inhalt hat. Die Gestaltungsmöglichkeit nach Nr. 3 kann damit helfen, trotz unternehmensrechtlicher Umstrukturierungen (UN-Spaltung) eine bewährte Struktur der AN-Vertretung dauerhaft zu bewahren,[286] selbst **wenn die Voraussetzungen eines echten gemB nicht vorliegen** bzw. das sich auf maximal 12 Monate belaufende Übergangsmandat gem. § 21 a keine genügende Kontinuität ermöglicht. Dies ist vor allem dort zu bedenken, wo die Rspr. des *BAG* die Annahme eines gemB mit dem Hinweis darauf versagt, dass die **Zusammenarbeit rechtlich selbständiger UN auf der Basis von Organverträgen** nicht genüge.[287]

Soweit – wie auch sonst erforderlich – die »Dienlichkeit« zu bejahen ist, wird man auf Grund- **109**
lage des Abs. 1 Nr. 3 auch die tarifliche **Zusammenfassung von Betrieben verschiedener UN innerhalb von Regionen** und nicht nur am räumlich begrenzten Standort für zulässig halten müssen, die nach Abs. 1 Nr. 1 gerade nicht möglich ist.[288] In Betracht kommen z. B. standortverschiedene Betriebe, die gleiche oder ähnliche arbeitstechnische Zwecke verfolgen, wenn sie von Regionalleitungen geführt werden[289]

Ein bedeutsamer Anwendungsbereich eröffnet sich für Nr. 3 bei **UN der Energieversorgung,** **110**
die auf Grund von §§ 7 ff. EnWG[290] zur gesellschaftsrechtlichen Abtrennung ihres Netzbetriebs verpflichtet sind und damit häufig nicht mehr die Voraussetzungen des echten gemB erfüllen werden (dazu § 1 Rn. 124).[291] Die bisherige betriebsverfassungsrechtliche Einheit kann dann aber durch TV aufrecht erhalten werden.[292]

Nunmehr ließe sich auch – wie schon in Frankreich mit den dortigen »délégués du site«[293] – **111**

282 Vgl. *BT-Drucks.* 14/5741, S. 34.
283 Verneint nach altem aber grundsätzlich bejaht nach heutigem Recht durch *BAG* 10.11.04, EzA § 3 BetrVG 2001 Nr. 1 für sog. »Standortbetriebsräte« verschiedener UN am selben Ort; bestätigt durch *BAG* 13.3.13, NZA 13, 738, 743; ebenso ErfK-*Koch*, Rn. 6; *Fitting*, Rn. 49.
284 *BAG* 10.11.04, a. a. O.; vgl. auch Rn. 240 f.
285 Vgl. *LAG Hamm* 29.3.06 – 13 TaBV 26/06.
286 Vgl. auch *Däubler*, AuR 01, 285 [288].
287 Vgl. § 1 Rn. 99 ff.; *BAG* 29.4.99, NZA 99, 932 [933] m. w. N. und wiederum *BAG* 18.10.00, DB 01, 1729 [1731].
288 Ebenso *Sobotta*, S. 104 f.; im Grundsatz auch *BAG* 13.3.13, NZA 13, 738, 743; den Fall eines solchen für zulässig gehaltenen tariflichen »Gemeinschafts-RegionalBR« mehrerer UN betraf die Entscheidung des *HessLAG* 12.4.12 – 9 TaBV 35/11-, juris.
289 Vgl. *Richardi*, NZA 14, 232, 234.
290 BGBl. 2005, Teil I S. 1970 ff.; dazu auch *Fitting*, § 1 Rn. 56 e.
291 Zu gesellschaftsrechtl. Aspekten dieses »legal-unbundling« *Säcker*, DB 04, 691 ff.; zu arbeitsrechtlichen Folgen *Seitz/Werner*, BB 05, 1961 ff.
292 So *LAG Köln* 15.2.13, RdE 13, 499 ff., das dies ausdrücklich für vereinbar mit dem EnWG erklärt hat.
293 Dazu *Gamillscheg*, FS Molitor, S. 133 [147].

eine **AN-Vertretung für** räumlich eng zusammengefasste **Ansammlungen von Kleinbetrieben** auf Flughäfen, Bahnhöfen, in Ladenstraßen, Einkaufsparks, aber auch in Bürohäusern oder Technologiezentren einrichten.[294] Voraussetzung bleibt aber auch dann eine Zusammenarbeit dieser verschiedenen UN (vgl. Rn. 107).

112 Sofern bei **Franchising-Systemen** (dazu § 5 Rn. 73; *12. Aufl. vor § 54 Rn. 90*)[295] nicht ohnehin bereits eine KBR-Struktur errichtet werden kann (§ 5 Rn. 78 m. w. N.), ließe sich daran denken, für die (meist kleinen) **Betriebe der Franchisepartner** eine einheitliche Interessenvertretung nach Abs. 1 Nr. 3 zu errichten. Bedenkenswert erscheint der Vorschlag, die Norm auch zur Herstellung betriebsverfassungsgleicher Einrichtungen **in Betrieben mit deutschen AN im Ausland** zu nutzen[296] oder Anwendbarkeitszweifel bei betriebsverfassungsrechtlichen Sachverhalten mit Auslandsberührung auszuräumen (vgl. dazu unten, Rn. 214).

113 Unterschiedlich wird beurteilt, ob trotz der Betriebsfiktion des Abs. 5 die tarifliche Regelung anderer Vertretungsstrukturen gerade in den vorher (Rn. 108 ff.) skizzierten Fällen auch eine **von § 9 abweichende Größe** der Vertretung vorsehen könnte.[297] Unter der Voraussetzung einer dadurch bewirkten »wirksamen und zweckmäßigen Interessenvertretung« und der Beachtung der tragenden Grundsätze des Gesetzes wird man Derartiges nicht von vornherein ausschließen können, wobei allerdings die Unterschreitung der von § 9 vorgesehenen Zahl nicht in Betracht kommt. Bei unternehmensübergreifenden AN-Vertretungen sollte auch die **Quotierung bei der Zusammensetzung** des Gremiums möglich sein, um sicherzustellen, dass die AN jedes beteiligten UN mit einer Mindestanzahl von Mitgliedern vertreten sind.[298]

114 Als eher **moderne Erscheinungsformen** der unternehmerischen Zusammenarbeit, die abweichende Interessenvertretungsstrukturen nach Abs. 1 Nr. 3 bedingen können, nennt die Begründung zum Regierungsentwurf (*BT-Drucks.* 14/5741, S. 34) **Just-in-time-Konzepte,** die **fraktale Fabrik** und **Shop-in-shop-Modelle.** Bei Just-in-time-Konzepten (dazu umfassend *7. Aufl., § 1 Rn. 123 ff.*)[299] hat sich der schon früh propagierte Gedanke, auf Basis eines spezifisch betriebsverfassungsrechtlichen Konzernbegriffs einen KBR entlang der logistischen Kette zu etablieren[300] weder theoretisch noch praktisch verankern lassen. Mit Abs. 1 Nr. 3 stellt der Gesetzgeber jetzt aber einen entsprechenden Organisationsrahmen zur Verfügung, so dass zumindest die Einwände gegen die theoretische Möglichkeit einer unternehmensübergreifenden (u. U. sogar konzernübergreifenden) AN-Vertretung entlang der logistischen Kette ihre Grundlage verloren haben.[301]

115 Veränderte Fertigungs- und Absatzmethoden in Industrie und Handel[302] haben **fraktale Fabriken,**[303] **Inhouse-Produktion,**[304] eine industrielle Spielart des **Shop-in-shop-Systems,** das vornehmlich im Handel anzutreffen ist,[305] sowie **Industrieparks**[306] hervorgebracht. **UN-Netz-**

294 Vgl. *Däubler,* Das Arbeitsrecht 1, Rn. 753 v: Leipziger Hauptbahnhof.
295 *Kulms,* S. 113.
296 *Gamillscheg,* Kollektives Arbeitsrecht, Bd. II, S. 226.
297 Bejahend: *Hohenstatt-Dzida,* DB 01, 2498 [2500]; ErfK-*Koch,* Rn. 6; grundsätzlich auch *Gamillscheg,* Kollektives Arbeitsrecht, Bd. II, S. 225, der jedoch auch die Vereinbarung einer gegenüber § 9 geringeren Zahl von Mandaten für zulässig hält; zweifelnd *Fitting,* Rn. 51; gegenüber jeder Abweichung von § 9 ablehnend: *Annuß,* NZA 02, 290 [292]; *Thüsing,* ZIP 03, 693 [704]; GK-*Franzen,* Rn. 53; wohl auch *BAG* 7.5.08, NZA 08, 1142, wenn auch nicht im Zusammenhang mit einem ZuordnungsTV entschieden; *BAG* 24.4.13, DB 13, 1913, Rn. 43 hält das aber wohl im Rahmen eines TV nach Abs. 1 Nr. 3 für möglich.
298 So *Hohenstatt-Dzida,* a. a. O.
299 *Däubler,* CR 88, 834 ff.; *Wagner,* AuR 90, 245 ff.; *Wellenhofer-Klein,* DB 97, 978 ff.
300 So vor allem *Däubler,* a. a. O.; aber auch *Wellenhofer-Klein,* a. a. O.; zurückhaltender *Nagel/Riess/Theiss,* DB 89, 1505 [1506].
301 Nur noch praktische Bedenken wegen der möglichen Belastung von Zulieferer-UN mit übermächtigen BR äußert *Buchner,* NZA 01, 633 [634 f.].
302 Dazu insgesamt *Lange,* Das Recht der Netzwerke, 1998.
303 Vgl. *Warnecke,* Die Fraktale Fabrik. Revolution der Unternehmenskultur, 1996; *Kamp,* Mitb. 6/96, 61 f.; *Kreuder,* Desintegration, S. 19, 57; *Birk,* FS Kraft, S. 11.
304 *Birk,* a. a. O., S. 15.
305 Vgl. *Kulms,* Schuldrechtliche Organisationsverträge, S. 111 f.; *Wirth,* Mitb 11/93, 30 f.; umfassend *ders.,* Die neue Unübersichtlichkeit im Einzelhandel, 1994.
306 *Konzen,* RdA 01, 76 [80].

werke und **strategische Allianzen** von UN als weitere Erscheinungsformen von in zeitlicher und arbeitstechnischer Hinsicht intensiver und nicht nur punktueller Kooperation treten hinzu *(12. Aufl., Vor § 54 Rn. 92 f.)*[307] und überschreiten bisweilen die Konzerngrenzen.[308] **Virtuelle UN**[309] als dynamische Netzwerke[310], die nicht einmal mehr standortbezogen kooperieren (wie beim Shop-in-shop-System, der fraktalen Fabrik oder der Inhouse-Produktion), sondern als vernetzte standortverteilte Organisationseinheiten an einem koordinierten, arbeitsteiligen Wirtschaftsprozess beteiligt sind, lassen die arbeitsvertragliche Zuordnung der einbezogenen AN zu ihren verschiedenen AG als dem wesentlichen Organisationsmoment, an das die gesetzliche Normalbetriebsverfassung die Interessenvertretungsstrukturen der AN nach Ansicht der h. M. anknüpfen will, immer weniger als geeignet erscheinen.

Eine wesentliche Gemeinsamkeit der genannten Phänomene sind entweder die räumliche Nähe, in der kooperierende Unternehmen einen in **Teilzwecke zerlegten** fortdauernden **Gesamtzweck** (Schuhgeschäft innerhalb des Einkaufszentrums, Armaturenmontage im Automobilwerk) verfolgen, oder die Überbrückung der fehlenden Nähe mit Hilfe informationstechnischer Einrichtungen. Stets wird dieser **Gesamtprozess** jedoch durch mehr oder weniger enge Vorgaben koordiniert, so dass wichtige Eckdaten des arbeitstechnischen Vollzuges dieses Gesamtprozesses – also die immer wieder ins Spiel kommenden sozialen und personellen Angelegenheiten, die der Beteiligung des BR unterliegen – hiervon in gleichfalls mehr oder weniger intensiver Form präformiert werden. Derartigen »systembedingten« Präformierungen mitbestimmungspflichtiger Angelegenheiten lässt sich eben nicht mehr auf der Ebene von Mitbestimmungswahrnehmungsformen des Einzelbetriebs angemessen begegnen. Denkbar ist deshalb, eine nach Nr. 3 abweichende Vertretungsstruktur so auszubilden, dass sie als **zusätzliche Mitbestimmungsorgane** Vertretungen vorsieht, die in denjenigen Angelegenheiten zuständig sind, die der betriebs- oder unternehmensbezogenen Entscheidungsautonomie bereits weitgehend entzogen sind.[311] Gerade so, wie das virtuelle UN eines durch **Rahmenverträge** abgesicherten stabilen Beziehungsnetzwerkes bedarf,[312] bedürfen die AN und ihre Vertretungen innerhalb solcher Strukturen funktionsfähiger Repräsentationen zur Mitbestimmungsausübung. **116**

e) Wirksame und zweckmäßige Interessenvertretung der AN

Mit dem »Soweit-Satz« liefert Nr. 3 nach den »Dienlichkeitsklauseln« in Nrn. 1 und 2 ein weiteres **Konglomerat** kaum noch präzise deutbarer **unbestimmter Begriffe** als Bedingung einer tariflichen Regelung und damit ein mögliches Einfallstor für umfangreiche gerichtliche Zulässigkeits- und Wirksamkeitskontrollen (vgl. schon Rn. 59). Die adjektivische Kombination (»wirksam und zweckmäßig«) soll offenbar die größere **Effektivität und Praktikabilität** der anderen Vertretungsstrukturen gegenüber einer nur gesetzlichen Vertretungsorganisation betonen. Es dürfte nicht völlig fehlgehen, wenn man hierin den Versuch einer Kombination der Kriterien sieht, die der Gesetzgeber offenbar in den »Dienlichkeitsklauseln« der Nrn. 1 und 2 gemeint hat (dazu Rn. 52 ff. bzw. Rn. 75 ff.).[313] Insoweit sind als wesentliche Prüfkriterien, an denen die TV-Parteien sich zu orientieren haben, vor allem zu nennen: **117**

- Einbeziehung möglichst aller AN des vom TV erfassten Geltungsbereichs in die Vertretungsorganisation;
- Effektivierung der Mitbestimmungsordnung durch Überschreiten von Schwellenzahlen;
- Professionalisierung der Interessenvertretung (vgl. Rn. 55 ff.);
- Optimierte Mitbestimmungsausübung durch Einrichtung von Vertretungen in der Nähe des wirklichen Entscheidungsträgers auf der AG-Seite (Rn. 76).

---

307 *Kulms*, a. a. O., S. 184 ff.
308 *Konzen*, a. a. O., S. 87.
309 *Birk*, a. a. O., S. 16; *Lange*, BB 98, 1165 ff.; *Wolmerath*, FS Däubler, S. 717 ff.
310 Vgl. zum »Crowdsourcing«, das hierzu gehört, näher *Klebe/Neugebauer*, AuR 14, 4 ff.
311 Ähnlich *Hanau*, RdA 01, 65 [66].
312 Vgl. *Birk*, FS Kraft, S. 11 [16].
313 Näher auch *Trümner/Sparchholz*, AiB 09, 98 ff.

118 Der außerordentlichen Unschärfe des gesetzlichen Tatbestandes, durch den freilich nach Ansicht des *BAG*[314] die Organisation der Betriebsverfassung dennoch nicht gänzlich in die Disposition der TV-Parteien gestellt werde, kann richtigerweise nur ein entsprechend **großer Beurteilungs- und Ermessensspielraum der** mit der Normausfüllung befassten **TV-Parteien** gegenüberstehen.[315] Unzutreffend ist allerdings die Annahme, die TV-Parteien könnten sogar die Voraussetzungen für die Schaffung neuartiger AN-Vertretungsstrukturen selbst bestimmen, weil der in Nr. 3 verwendete Begriff »insbesondere« auch andere Prüfkriterien als die »wirksame und zweckmäßige Interessenvertretung der AN« erlaube.[316] Der Begriff »insbesondere« bezieht sich ausweislich des Satzbaus auf die beiden Aufgreifalternativen (Organisationsbesonderheiten bzw. Kooperationsformen von UN), nicht aber auf die »Dienlichkeitsklausel«.

119 Auf Grund der Tatsache, dass es im Rahmen von Nr. 3 zu UN-übergreifenden Interessenvertretungen kommen kann, stellt sich die Frage, wer dem so gebildeten AN-Gremium als »**funktioneller Arbeitgeber**« i. S. d. Gesetzes gegenübersteht.[317] Es spricht vieles dafür, die **Grundsätze des gemB** hier entsprechend anzuwenden.[318] Die TV-Parteien sollten diese Frage mitbedenken, da ein fortwährender Kompetenzstreit zwischen den beteiligten UN die gesetzlichen Voraussetzungen des TV entfallen lassen könnte.[319]

120 Die anderen Vertretungsstrukturen müssen der **Interessenvertretung der AN** dienen, so dass Vertretungen für andere Beschäftigte (z. B. AN-ähnliche Personen oder Beamte sowie die Nicht-AN nach allg. Arbeitsrecht [vgl. § 5 Rn. 146 ff.]) nach dieser Bestimmung nicht in die abweichende Vertretungsorganisation einbezogen werden können, mit Ausnahme der **Heim-AN,** deren AN-Eigenschaft für die Betriebsverfassung durch § 5 Abs. 1 Satz 2 fingiert wird, sofern sie in der Hauptsache **für den Betrieb** arbeiten. Wegen § 3 Abs. 5 Satz 1 ist diese »Hauptsächlichkeit« allerdings dann gegenüber der tariflich geschaffenen betriebsverfassungsrechtlichen Organisationseinheit zu beurteilen.

4. Arbeitsgemeinschaften (Nr. 4)

a) Grundsätze und Rechtsstellung

121 Nach diesem Tatbestand können durch TV oder – unter Beachtung von Abs. 2 – auch durch BV **zusätzliche Gremien** (Arbeitsgemeinschaften) geschaffen werden, die der UN-übergreifenden Zusammenarbeit von AN-Vertretungen dienen. Aus der Kennzeichnung als »zusätzliche« Einrichtung sowie der fehlenden Erwähnung in Abs. 4 und Abs. 5 Satz 1 ergibt sich, dass diese Gremien **keine Mitbestimmungsorgane** sind,[320] insbesondere also nicht in die Amtsstellung der vorhandenen gesetzlich oder kollektivvertraglich nach Nrn. 1 bis 3 eingerichteten Vertretungen eingreifen dürfen.[321]

122 Die **Rechtsstellung dieser Gremien und ihrer Mitglieder** wird vom Gesetz nur an wenigen

---

314 *BAG* 13.3.13, NZA 13, 738, 742.

315 Für einen großen Ausgestaltungsspielraum auch *BT-Drucks.* 14/5741, S. 34; zweifelnd *Annuß*, NZA 02, 290 [292]; einen großen »Beurteilungs- und Gestaltungsspielraum« nimmt auch *BAG* 13.3.13, NZA 13, 738, 742 an; etwas anders aber *BAG* 24.4.13, DB 13, 1913, Rn. 31: »Einschätzungsspielraum« hinsichtlich des Vorliegens der gesetzlichen Voraussetzungen und »Beurteilungs- und Ermessensspielraum« hinsichtlich der inhaltlichen Ausgestaltung einer Regelung.

316 So aber *Diringer,* AuA 01, 172 [175].

317 Berechtigte Skepsis bei *SWS,* Rn. 31; ebenso *Richardi,* NZA 14, 232, 234.

318 *Thüsing,* ZIP 03, 693 [706]; in diese Richtung auch *Wißmann,* NZA 03, 1 [3].

319 *LK,* Rn. 13, schlagen die Schaffung einheitlicher Leitungsstrukturen durch schuldrechtliche Absprache zwischen den TV-Parteien vor.

320 ErfK-*Koch,* Rn. 7; *Fitting,* Rn. 53; *Richardi,* Rn. 44.

321 Vgl. *BT-Drucks.* 14/5741, S. 34; *Engels/Trebinger/Löhr-Steinhaus,* DB 01, 532 [535]; auch *Hanau,* RdA 01, 65 [66], bezeichnet sie als Einrichtung »ohne Kompetenzen« [was in dieser Form unzutreffend ist, da sie einen Zusammenarbeitszweck erfüllen sollen] und wertet sie zugleich als »betriebsverfassungsrechtliche Stammtische« [a. a. O.] ab; dagegen zu Recht *Fitting,* Rn. 55; *Konzen,* RdA 01, 76 [87] sieht kein schützenswertes Interesse an einem damit ermöglichten Austausch wirtschaftlicher Informationen; *Buchner,* NZA 01, 633 [635] hält sie für einen zusätzlichen Belastungsfaktor.

Stellen ausdrücklich angesprochen (§§ 78, 79 Abs. 2, 119; nicht aber in § 120, vgl. dazu § 120 Rn. 6), so dass ausgehend vom gesetzlich vorgegebenen Zusammenarbeitszweck die Einzelheiten **durch TV bzw. BV zu regeln** sind.[322] Die fehlende Einbeziehung der Vertretungen nach Nr. 4 in den strafrechtlichen Wahlschutz gem. § 119 Abs. 1 Nr. 1 verdeutlicht, dass es sich nicht um ein Wahlorgan handelt, sondern um ein aus Delegation durch entsendende Vertretungen zusammengesetztes Gebilde (vgl. aber Rn. 125). Das **Strafantragsrecht** nach § 119 Abs. 2 steht auch einer Arbeitsgemeinschaft gem. Nr. 4 zu. Die Bezeichnung als »Gremium« schließt es zudem aus, sie als AN-Vertretung i. S. v. Abs. 5 Satz 2 zu bezeichnen, so dass die Rechtsstellung der Gremienmitglieder keine besondere Regelung erfahren hat. Mangels Anwendbarkeit des Abs. 5 Satz 2 findet deshalb der besondere **Kündigungsschutz für Amtsträger** der Betriebsverfassung nach § 15 KSchG **keine Anwendung,**[323] was jedenfalls dann keinen Mangel darstellt, wenn das zusätzliche Gremium ohnehin aus Amtsträgern der entsendenden BR besteht.[324]

Nicht zum Tatbestand der Nr. 4 gehören **Gemeinsame Ausschüsse**, die gelegentlich auf **123**
Grundlage einer GBV **aus Einzel-BR und** dem **GBR** desselben UN gebildet werden: hier fehlt es bereits am »unternehmensübergreifenden« Charakter solcher Kooperationsformen. Andererseits sind solche UN-internen Gremien auch nicht durch Abs. 1 Nr. 4 verboten, zumal die Bestimmung schon die wesentlich weiter gehende Form der unternehmensübergreifenden Kooperation zulässt.

b) »Betriebsverfassungsrechtliches« Gremium

Das Gesetz bezeichnet diese Einrichtungen als **betriebsverfassungsrechtliche** Gremien, ohne **124**
anzugeben, was diese Qualifizierung eigentlich prägt. Der Gesetzeswortlaut knüpft an § 3 Abs. 1 Nr. 1 a. F. an, der zusätzliche »betriebsverfassungsrechtliche« Vertretungen der AN ermöglichte (vgl. auch Rn. 141). Dazu war anerkannt, dass es sich um eine bewusste Abgrenzung gegenüber den »gewerkschaftlichen« Vertretungsstrukturen handelte, die auf der Satzungsautonomie der Gewerkschaften beruhen.[325] Insoweit liegt ein »betriebsverfassungsrechtliches« Gremium vor, wenn es (1) nach den **Grundsätzen demokratischer** (d. h. nicht verbandsmitgliedschaftlicher) Legitimation gebildet und eine irgendwie geartete gewerkschaftliche Bindung des Mitglieds dieses Gremiums gerade nicht erforderlich ist sowie (2) die **Amtsstellung auf** einen **Wahlakt** und nicht bloße Ernennung im Rahmen geschäftsführender Maßnahmen **zurückzuführen** ist.[326]

Das letztgenannte Kriterium lässt sich freilich nicht ohne weiteres erfüllen, da das zusätzliche **125**
Gremium eher einem Arbeitsausschuss des BR ähnelt als einer Repräsentation der AN. Auch deshalb spricht das Gesetz im Unterschied zu Nr. 5 hier wohl von »Gremien« und nicht von »Vertretungen«. Das Erfordernis eines demokratischen Wahlvorgangs wird am ehesten dadurch erfüllt, wenn auf den **Bestellungsvorgang** (Entsendungsbeschluss) nicht Beschlussrecht (§ 33) sondern **materielles Wahlrecht** angewendet wird (analog §§ 27, 28). Damit kann zugleich die Anfechtbarkeit (dazu sogleich Rn. 126) einer solchen Wahl gewährleistet werden, denn nach der Rspr. des *BAG* ist auf die BR-internen Wahlen gem. §§ 27, 28 auch § 19 Abs. 2 analog anzuwenden.[327]

Das Merkmal »betriebsverfassungsrechtlich« enthält eine mittelbare Bezugnahme auf **allge- 126**
meine Grundprinzipien, die für betriebsverfassungsrechtliche Vertretungen, also vor allem den BR, gelten. Dies sind über die vom Gesetz selbst genannten §§ 78, 79 Abs. 2 und § 119 (vgl. Rn. 122) hinaus: **Friedenspflicht** und **Arbeitskampfverbot** (§ 74), **Ehrenamtlichkeit** und **Unentgeltlichkeit** der Amtsausübung (§ 37 Abs. 1), **Anfechtbarkeit** des Wahlvorgangs (§ 19

322 *Fitting,* Rn. 56; Mustervereinbarung in DKKWF-*Bachner,* § 3 Rn. 7.
323 ErfK-*Koch,* Rn. 7; *Fitting,* Rn. 57.
324 Wovon der Gesetzgeber wie selbstverständlich auszugehen scheint, obgleich der Wortlaut so eindeutig nicht ist; die Mitgliedschaft von BR-fremden Personen verneinen *Fitting,* Rn. 56; GK-*Franzen,* Rn. 24.
325 Vgl. *Trümner,* FS Däubler, S. 295 [305].
326 Vgl. ErfK-*Koch,* Rn. 7; *Trümner,* a. a. O., S. 304 ff.
327 *BAG* 20.10.93, NZA 94, 567), nicht jedoch auf Beschlussfassungen nach § 33 (vgl. nur *Fitting,* § 33 Rn. 49 m. w. N.

analog) sowie **Kostentragungspflicht** des AG bezüglich der Aufwendungen für die Amtsausübung.[328]

c) Unternehmensübergreifender Charakter des Gremiums

127 Zusätzlich vereinbarte Gremien nach Nr. 4 müssen sich durch ihren **UN-übergreifenden Charakter** auszeichnen, so dass prinzipiell alle diejenigen Sachverhalte mit unternehmensüberschreitendem Zuschnitt, die schon nach Nr. 3 durch TV der abweichenden Regelung zugänglich sind, auch im Rahmen der Nr. 4 aufgegriffen werden können (dann allerdings ohne die Befugnisse eines Mitbestimmungsorgans, wie sich aus Abs. 5 Satz 2 ergibt).[329] Dies kann sich anbieten, wenn ein so weitgehender **Einschnitt in die** gesetzliche Grundstruktur der **Vertretungsorganisation,** wie er mit einem TV nach Nr. 3 verbunden sein wird, **untunlich** erscheint, aber dennoch ein Koordinationsbedürfnis der vorhandenen AN-Vertretungen besteht.

128 So ist es denkbar, **bei vorangegangener UN-Spaltung,** die zu einer Spaltung auch des Betriebs führte, wo also z. B. die Vermutung des gemB nach **§ 1 Abs. 2 fehlgeschlagen** ist, dennoch einen interessenvertretungsmäßigen Zusammenhang der BR verschiedener UN aufrecht zu erhalten. Eine solche Arbeitsgemeinschaft der BR kann eine Art **Clearing-Stelle** auch zur Entwicklung gemeinsamer Positionen zu bestimmten Mitbestimmungsangelegenheiten darstellen,[330] die jeder BR sodann in seinem betrieblichen Verhandlungssystem etwa durch Abschluss von inhaltsgleichen »parallelen« BV gegenüber dem »eigenen« AG durchzusetzen versuchen kann.

129 Hierher ist auch die **Arbeitsgemeinschaft von BR und PR** innerhalb des »**Konzern Stadt**« zu zählen (vgl. Rn. 105), soweit man PR als AN-Vertretungen ansehen kann (sogleich Rn. 132) und die UN-Eigenschaft von Organisationseinheiten bejaht, die dem PersVG unterliegen (insbesondere bei Kommunal-UN in Form einer AöR, bei Regie- und Eigenbetrieben; vgl. § 130 Rn. 3, 4). Der UN-übergreifende Charakter des Gremiums setzt dem Wortlaut nach nicht voraus, dass nur die Zusammenarbeit von AN-Vertretungen innerhalb desselben Konzerns (vgl. Rn. 68) erfasst wäre. Somit kann nach dieser Bestimmung auch ein **Kooperationsgremium** von AN-Vertretungen **verschiedener Konzerne** geschaffen werden.

130 Allerdings werden **konstruktive Schwierigkeiten** aufgeworfen, wenn eine Arbeitsgemeinschaft nicht durch TV, sondern **BV** vereinbart werden soll: Sobald die Grenze des eigenen Konzerns überschritten wird, geht auch das Instrument der Konzern-BV fehl, denn deren normative Wirkungen enden an der Konzerngrenze. Die Erwägung, auf **gleich lautende (Gesamt-)BV** der zu beteiligenden UN zurückzugreifen[331] hilft nicht weiter, weil daraus **keine normative Regelung** des zusätzlichen Gremiums **insgesamt** folgt, sondern bestenfalls eine Addition von Regelungsbruchstücken, wie z. B. das Teilnahmerecht des *jeweiligen* Mitglieds an den Besprechungen oder die Kostentragungspflicht des *jeweiligen* AG betreffend Reiseaufwand usw. Die Parallelität von gleich lautenden BV lässt keinen neuen Typ von Kollektivvertrag als »Gesamtnormenvertrag« entstehen. Die funktionellen Grenzen einer BV, die durch den Zuständigkeitsbereich des BR und des AG/UN markiert werden, lassen sich normativ nur durch TV »überbrücken« (vgl. auch Rn. 168 ff.).

d) Kooperation von »AN-Vertretungen«

131 Das zusätzliche Gremium muss schließlich der Kooperation von AN-Vertretungen dienen. Dieser Begriff, der im Rahmen des § 3 auch noch in Abs. 5 Satz 2 verwendet wird, bezeichnet zum einen die nach dem **gesetzlichen** Strukturmodell gebildeten **AN-Vertretungen,** also BR/GBR/KBR, aber darüber hinaus auch alle auf kollektivvertraglicher Grundlage **gem. Abs. 1**

328 Vgl. zusammenfassend *Trümner,* a. a. O., S. 306 f.; ErfK-*Koch,* Rn. 7.
329 Ebenso *BT-Drucks.* 14/5741, S. 34.
330 Vgl. auch *Däubler,* AuR 01, 285 [291], der die Koordination von Handlungsstrategien als »Geschäftsgegenstand« dieser Gremien nennt und *BT-Drucks.*, a. a. O., wonach Nr. 4 ein Angebot für Best-practice-Verfahren sei, das den Betriebspartnern gleichermaßen zu Gute kommen werde.
331 So *Däubler,* AiB 01, 313 [315]; *ders.,* DB 01, 1669 [1672, Fn. 23].

Nrn. 1 bis 3 gebildeten Vertretungen, die als Mitbestimmungsorgan die Stellung eines BR einnehmen (vgl. Rn. 84).[332] Insoweit ist es verkürzt, wenn die Begründung zum Regierungsentwurf davon spricht, es gehe in Nr. 4 nur um die Zusammenarbeit von »Betriebsräten«.[333]

Als **AN-Vertretungen sind auch** die **PR** anzusehen, mit denen im Rahmen einer Arbeitsgemeinschaft die Zusammenarbeit der AN-Vertretungen im »**Konzern Stadt**« vereinbart wird (vgl. Rn. 129). Dies ergibt sich aus einer europarechtskonformen Auslegung des BetrVG. In Fn. 1 zu § 21 a[334] wird darauf hingewiesen, dass mit dieser Vorschrift Art. 6 der Richtlinie 2001/23/EG des Rates vom 12. 3. 2001 (sog. Betriebsübergangsrichtlinie) umgesetzt werde. Art. 6 der Richtlinie zitiert aber die dort vorgegebenen gemeinschaftsrechtlichen Begriffe »Vertreter der Arbeitnehmer« (Legaldefinition in Art. 2 Ziff. 1 lit. c) und »Unternehmen« (vgl. Art. 1 Ziff. 1 lit. c), so dass man davon ausgehen kann, dass der deutsche Gesetzgeber keine Begriffe verwenden wollte, die dem Gemeinschaftsrecht widersprechen würden. Der gemeinschaftsrechtliche Begriff »Vertreter der Arbeitnehmer« umfasst auch Personalräte nach deutschem Recht,[335] selbst wenn ihnen Beamtenvertreter angehören. Und der gemeinschaftsrechtliche Begriff des »Unternehmens« differenziert gerade nicht danach, ob der UN-Träger dem öffentlichen oder privaten Recht zugeordnet ist, so dass auch **der UN-übergreifende Charakter** einer solchen **gemischt privat-öffentlichen Arbeitsgemeinschaft** von BR und PR nicht zweifelhaft sein kann. Aus Sicht des jeweiligen PersVG können gleichfalls keine Einwände erhoben werden, denn §§ 3, 97 BPersVG (bzw. die entsprechenden Vorschriften der LPersVG) werden deswegen nicht verletzt, weil eine solche Arbeitsgemeinschaft keine Funktionen eines Mitbestimmungsorgans innehat und deshalb die Vertretungsstrukturen des PersVG nicht berührt. Als **Vereinbarungsinstrument** kommt hierbei allerdings **nur der TV** in Betracht, da die Dienstvereinbarung in Abs. 2 nicht erwähnt und sie in ihrer funktionellen Reichweite auf die Dienststelle in personalvertretungsrechtlichem Sinne begrenzt ist. Umgekehrt könnte eine BV nicht aus dem Bereich des Betriebs oder UN in den Bereich der Dienststelle »hinübergreifen« (vgl. zum ähnlichen Problem bei konzernübergreifenden Arbeitsgemeinschaften, Rn. 130). 132

Nach Nr. 4 ist es ausgeschlossen, eine Arbeitsgruppe oder ein Koordinationsgremium von BR und einer tariflichen **Sondervertretung der AN-ähnlichen Personen** gem. § 12 a TVG zu bilden, da es sich bei dieser **nicht** um eine **AN-Vertretung** gem. Nr. 4 handelt.[336] Derartiges könnte allerdings auf Basis eines TV gem. § 1 Abs. 1 TVG vorgesehen werden (vgl. Rn. 29). 133

Eine aus Sicht der Gewerkschaften **kritische Dimension** kann darin liegen, dass auf Basis von Vereinbarungen nach Nr. 4 eine Art **arbeitgeberfinanzierte »Parallelgewerkschaft«** nicht undenkbar wäre. Der überbetriebliche, UN-übergreifende und nicht einmal auf den jeweiligen Konzern begrenzte Zuschnitt derartiger Arbeitsgemeinschaften ließe sich auch zu einer Branchen-Sondervertretung von BR wichtiger UN oder UN-Gruppen »umfunktionieren«.[337] Da jedoch die BV als Regelungsinstrument nicht in Betracht kommt (Rn. 130), wird die Gewerkschaft vor dem Abschluss eines derartigen TV das Risiko abschätzen müssen, ob ihr eine unerwünschte Konkurrenz erwachsen könnte. 134

5. Zusätzliche Vertretungen der AN (Nr. 5)

a) Grundsätze und Rechtsstellung

Nach Nr. 5 können durch TV/BV zusätzliche betriebsverfassungsrechtliche **Vertretungen der AN** vorgesehen werden, die die Zusammenarbeit zwischen BR und AN erleichtern. Die Vor- 135

---

332 ErfK-*Koch,* Rn. 7; *Richardi,* Rn. 45.
333 *BT-Drucks.* 14/5741, S. 34; ebenso allerdings DGB [Hrsg.], BetrVerf-Reformgesetz, Anm. zu § 3 Abs. 1 Nr. 4, S. 10; *Engels/Trebinger/Löhr-Steinhaus,* DB 01, 532 [535].
334 BGBl. I 2001 S. 1852 [1855].
335 Dazu *von Roetteken,* in Blanke/Trümner (Hrsg.), Rn. 528 ff.
336 Weiter gehend offenbar *Däubler,* AuR 01, 285 [286].
337 *Däubler,* AuR 01, 285 [291], nennt als Beispiel eine Arbeitsgemeinschaft der BR aller Flughafengesellschaften; Derartiges existiert bereits in manchen Branchen, wie z. B. den Energieversorgungs-UN; ferner die Beispiele bei *LK,* Rn. 14, die allerdings fälschlich von »einer Art gemeinsamen BR« sprechen; *SWS,* Rn. 33.

schrift schreibt in leicht modifizierter Form § 3 Abs. 1 Nr. 1 a. F. fort,[338] so dass ihre Anwendbarkeit grundsätzlich die **Existenz eines BR** in dem betreffenden Betrieb voraussetzt.[339] Hierfür kommt ein gesetzlicher BR ebenso in Frage, wie ein kollektivvertraglich gebildetes Mitbestimmungsorgan gem. Abs. 1 Nrn. 1 bis 3.[340] Stets muss es sich aber um das **Basisvertretungsorgan** handeln, da die Bestimmung den Zweck verfolgt, diesem Mitbestimmungsorgan eine Art vertretungsrechtlichen »Unterbau« zu verschaffen.[341] Auch hier ergibt sich wie bei Nr. 4 (Rn. 121) aus der Kennzeichnung als »zusätzliche« Vertretung und der fehlenden Erwähnung in Abs. 4 und 5, dass diese **Vertretungen selbst keine Mitbestimmungsorgane** sind.[342] Damit wird die zu § 3 Abs. 1 Nr. 1 a. F. bestehende Rechtslage bestätigt, wonach zusätzliche Vertretungen der AN **nicht anstelle des BR** Vertretungsaufgaben gegenüber dem AG wahrnehmen dürfen,[343] insbesondere keine Beteiligungsrechte des BR ausüben oder Vereinbarungen mit dem AG abschließen können. Anders ist dies nur, wenn der BR gem. § 28 a eine **Aufgabenübertragung auf Arbeitsgruppen** vorgenommen hat (dazu Rn. 151 ff.).

136 Nicht mehr vorausgesetzt ist, dass die zusätzliche AN-Vertretung nur für AN mit gesetzlich bestimmten gemeinsamen Merkmalen gebildet werden kann.[344] Der Begriff »Arbeitsgruppe« dient nun in § 28 a als Anknüpfungspunkt für die Delegation von BR-Befugnissen. Deshalb könnten jetzt grundsätzlich auch z. B. für **Frauen, nicht ständige AN** oder **ausländische AN** derartige Vertretungen vorgesehen werden.[345] Weiterhin **ausgeschlossen** ist nach dieser Bestimmung allerdings, für **AN-ähnliche Personen** eine zusätzliche Vertretung einzurichten, da es sich nicht um AN gem. § 5 handelt, für die allein Nr. 5 diesen Gestaltungsspielraum eröffnet (vgl. aber Rn. 29).

137 Die Abgrenzung des jeweiligen **Wahlkörpers** einer zusätzlichen Vertretung (zum Wahlerfordernis Rn. 138, 141) und die dabei maßgebende **Kriterienbildung** (Arbeitsgruppen, Tätigkeitsarten, ständige/nicht ständige AN, Geschlecht, Alter, Staatsangehörigkeit usw.) obliegt der Vereinbarung im TV bzw. der BV. Vorsicht ist allerdings bei Kriterien angeraten, die dem **Diskriminierungsverbot** des § 75 Abs. 1 unterliegen, weil damit eine potentielle Ungleichbehandlung verbunden sein kann, wenn sie nicht sachlich begründbar ist.

138 Die **Rechtsstellung** der Vertretung und ihrer Mitglieder wird nur in § 78 (Verbot der Tätigkeitsstörung oder -behinderung, der Benachteiligung oder Begünstigung), § 79 (Geheimhaltungspflicht) und § 119 Abs. 1 Nr. 1 bis 3 ausdrücklich erwähnt (vgl. zur unklaren Einbeziehung in den potentiellen Täterkreis des strafrechtlichen Geheimnisschutzes § 120 Rn. 6). Im Unterschied zu den Gremien nach Abs. 1 Nr. 4 sind die zusätzlichen Vertretungen der Nr. 5 auch in den strafrechtlichen Wahlschutz des § 119 Abs. 1 Nr. 1 eingeschlossen. Damit ist klargestellt, dass diese Vertretungen **Wahlorgane** sind und daher **nicht etwa vom BR ernannt** oder durch Beschluss gem. § 33 bestimmt werden können.[346] Dieser Umstand belegt, dass vom AG bestellte **Arbeitsgruppensprecher** nicht als Vertretung gem. Nr. 5 angesehen werden können, selbst wenn dem Bestellungsvorgang eine Wahl vorangegangen ist (näher auch Rn. 153 f.). Entscheidend ist, dass die Rechtsstellung unmittelbar und ursächlich aus der Wahl folgt und kein zusätzlicher Bestimmungsakt dazwischentritt. Das **Strafantragsrecht** nach § 119 Abs. 2 steht auch der zusätzlichen Vertretung zu.

---

338 *BT-Drucks.* 14/5741, S. 34; *Konzen,* RdA 01, 76 [86].

339 So schon für das frühere Recht *Gamillscheg,* Kollektives Arbeitsrecht, S. 602; ErfK-*Koch,* Rn. 8; *Fitting,* Rn. 60; *Richardi,* Rn. 52.

340 So die Begründung zum Gesetzentwurf, *BT-Drucks.,* a. a. O., wo auf die Verbindung einer Regelung nach Nr. 1 mit einer solchen nach Nr. 5 abgestellt wird; ebenso *Fitting,* a. a. O.; *Richardi,* a. a. O.

341 So schon *Däubler,* AuR 01, 285 [289].

342 So auch *Engels/Trebinger/Löhr-Steinhaus,* DB 01, 532 [535].

343 Vgl. *Trümner,* JbArbR 36 [1999], S. 59 [67]; *ders.,* FS Däubler, 295 [307]; ErfK-*Koch,* Rn. 8.

344 Nach § 3 Abs. 1 Nr. 1 a. F. waren das: Beschäftigungsarten und Arbeitsbereiche; vgl. zur Herkunft dieser Begriffe § 15 Abs. 1 und § 14 BetrVG 1952: »Beschäftigungsart« meinte Berufsgruppe; »Arbeitsbereich« meinte Arbeitsgruppe – deshalb auch der entsprechende Klammerzusatz in § 3 Abs. 1 Nr. 1 a. F.

345 Ebenso ErfK-*Koch,* Rn. 8; *Fitting,* Rn. 62; *Richardi,* Rn. 50; dies war bis zuletzt nach altem Recht umstritten; vgl. *7. Aufl., Rn. 22* m. w. N.; zu einem TV-Muster über Zweigniederlassungssprecher siehe DKKWF-*Bachner,* § 3 Rn. 8.

346 Vgl. ErfK-*Koch,* Rn. 8.

Nach § 3 Abs. 1 Nr. 1 a. F. war umstritten, ob auf Mitglieder einer zusätzlichen Vertretung die für die **persönliche Rechtsstellung von BR-Mitgliedern** maßgebenden Vorschriften des BetrVG und anderer Gesetze anwendbar waren (vgl. *8. Aufl., Rn. 100*). Vor allem geht es um die Anwendung des besonderen Kündigungsschutzes nach § 103 BetrVG und § 15 KSchG. Eine ausdrückliche Einbeziehung der Mitglieder von Vertretungen nach Nr. 5 ist in diesen Vorschriften zwar nicht erfolgt, allerdings lässt Abs. 5 Satz 2 erkennen, dass die Mitglieder von AN-Vertretungen in betriebsverfassungsrechtlichen Organisationseinheiten, die auf kollektivrechtlicher Grundlage nach Abs. 1 Nr. 1 bis 3 beruhen, u. a. die persönliche Rechtsstellung von BR-Mitgliedern genießen. Die zusätzlichen AN-Vertretungen nach Nr. 5 dürften aber typischerweise gerade in Kombination mit TV oder BV nach Abs. 1 Nr. 1 bis 3 geregelt werden,[347] so dass sie dann jedenfalls auch AN-Vertretungen i. S. v. Abs. 5 Satz 2 sind, es sei denn, man wollte in den kleinen Unterschied zwischen den Begriffen »Arbeitnehmervertretungen« (Abs. 5 Satz 2) und »Vertretungen der Arbeitnehmer« (Abs. 1 Nr. 5) einen fundamentalen Gegensatz hineininterpretieren. Es spricht daher einiges dafür, dass die o. a. Meinungsdivergenz zur Frage der persönlichen Rechtsstellung von Mitgliedern der zusätzlichen AN-Vertretungen zumindest indirekt durch den Gesetzgeber bereinigt worden ist.[348] Gleichwohl ist es praktisch nach wie vor zu empfehlen, sämtliche Fragen, insbesondere die der persönlichen Rechtsstellung, in dem betreffenden Kollektivvertrag präzise festzulegen. 139

Die **Dauer der Amtszeit** richtet sich nach TV/BV. Da zusätzliche Vertretungen nur für Betriebe in Betracht kommen, in denen ein BR bzw. ein anderes Mitbestimmungsorgan i. S. d. Abs. 1 Nrn. 1 bis 3 besteht, **endet** die **Amtszeit** jedenfalls dann vorzeitig, wenn das Amt der betreffenden Haupt-AN-Vertretung nicht nur vorübergehend endet.[349] Der kollektivvertraglich geregelte **Lauf der Amtszeit** muss nicht an die Amtszeit des BR gekoppelt werden.[350] 140

b) »Betriebsverfassungsrechtliche« Vertretung

Mit der Bezeichnung als »betriebsverfassungsrechtliche« Vertretung knüpft auch diese Bestimmung neben der Nr. 4 an das frühere Recht an. Auf die dazu oben, Rn. 124 ff., gegebenen Erl. kann daher verwiesen werden. Weder auf Seiten der Repräsentierten noch auf Seiten der Vertreter darf es auf eine gewerkschaftliche Bindung ankommen.[351] Das Vertretungsmandat muss **durch eine Wahl** erteilt werden, wobei mehrheitlich vertreten wird, dass diese nicht notwendig schriftlich erfolgen muss, sondern auch per Akklamation erfolgen kann.[352] Die **Bestellung oder Ernennung** der zusätzlichen Vertretungen durch den BR oder womöglich den AG **unzulässig** (vgl. Rn. 138). 141

Keine betriebsverfassungsrechtlichen Vertretungen stellen die **gewerkschaftlichen Vertrauensleute** dar, da sie nicht auf betriebsverfassungsrechtlichen Organisationsprinzipien beruhen, sondern ihre Grundlage in Art. 9 Abs. 3 GG und satzungsautonomen Bestimmungen der Gewerkschaften haben.[353] Ihre Wahl kann aus vereinsrechtlichen Gründen stets nur durch Mitglieder der Gewerkschaft erfolgen.[354] 142

Aus der Charakterisierung als »betriebsverfassungsrechtliche« Vertretung ergibt sich richtigerweise zudem die Anwendbarkeit allgemeiner betriebsverfassungsrechtlicher Grundprinzipien,[355] so dass auch ohne besondere tarifliche Regelung die **Kostentragung** durch den AG analog § 40 zu erfolgen hat,[356] die **Tätigkeit** der Vertretung während der **Arbeitszeit** durchzuführen,[357] und die **Vergütung** der Mitglieder fortzuzahlen ist.[358] 143

347 So jedenfalls das Beispiel in *BT-Drucks.* 14/5741, S. 34.
348 A. A. ErfK-*Koch*, Rn. 8; *Fitting*, Rn. 64.
349 *Fitting*, Rn. 60; ErfK-*Koch*, Rn. 8.
350 ErfK-*Koch*, a. a. O.; *Fitting*, a. a. O.
351 Vgl. *Trümner*, FS *Däubler*, S. 295 [304]; *Fitting*, Rn. 63; *Richardi*, Rn. 49.
352 Vgl. *Fitting*, Rn. 63; *GL*, Rn. 12; *Trümner*, a. a. O., S. 305; GK-*Franzen*, Rn. 56.
353 *Richardi*, Rn. 49; ErfK-*Koch*, Rn. 8; *Fitting*, Rn. 62.
354 Vgl. *Trümner*, FS Däubler, S. 295 [305].
355 Ferner auch ErfK-*Koch*, Rn. 8.
356 ErfK-*Koch*, a. a. O.; *Fitting*, Rn. 64.
357 ErfK-*Koch*, a. a. O.
358 *Fitting*, a. a. O.

144 Die Vereinbarung zusätzlicher Vertretungen ist vor allem **dort sinnvoll**, wo sog. **Regional-BR** oder sogar **bundesweit operierende BR nach Abs. 1 Nr. 1** errichtet werden und bestimmte Betriebsteile nicht durch ein BR-Mitglied im BR vertreten sind.[359] Dort lässt sich die Voraussetzung der sachgerechten AN-Interessenwahrnehmung sogar ohne zusätzliche Vertretungen gem. Nr. 5 häufig gar nicht verwirklichen; eine Kombination von verschiedenen Regelungsmöglichkeiten des Kataloges nach Abs. 1 in demselben Kollektivvertrag ist jedenfalls zulässig.[360]

145 Nach früherem Recht war die Einrichtung von sog. **betrieblichen Vertrauensleuten** (im Gegensatz zu gewerkschaftlichen Vertrauensleuten, Rn. 142) auf Grundlage von BV nicht zulässig (dazu *7. Aufl., Rn. 19*),[361] denn das alte Recht ließ insoweit Abweichungen vom gesetzlichen Organisationsrecht überhaupt nur durch TV zu.[362] Da aber nach heutigem Recht eine Regelung nach Nr. 5 auch durch BV möglich ist, kann die Einrichtung betrieblicher Vertrauensleute durch BV zumindest nicht mehr prinzipiell als rechtswidrig angesehen werden.[363] Freilich ist wegen Abs. 2 zu beachten, dass die BV als Regelungsinstrument in einem **Betrieb mit Tarifgeltung nicht** in Frage kommt, so dass die im Bereich der chemischen Industrie immer noch verbreiteten BV über betriebliche Vertrauensleute[364] nach wie vor rechtswidrig sind.[365] Darüber hinaus sind betriebliche Vertrauensleute – selbst wenn sie unter Beachtung von Abs. 2 zulässigerweise durch TV oder BV errichtet werden sollen – aber dann **rechtswidrig**, wenn sie auch nur partiell **Funktionen des BR** oder Bindegliedfunktion in Richtung des AG oder von Vorgesetzten übernehmen, denn es ist nicht ersichtlich, dass die Novellierung 2001 mit der Einführung des geänderten Abs. 1 Nr. 5, die in § 3 Abs. 1 Nr. 1 a. F. enthaltene Schutzrichtung aufgegeben hätte, das betriebsverfassungsrechtliche **Vertretungsmonopol der BR** als dem Basisvertretungsorgan der betrieblichen Mitbestimmung vor einer Unterminierung durch »Nebenvertretungen« zu bewahren.[366]

c) Innerbetrieblicher Charakter der Vertretung?

146 Ausgehend vom Normalfall der gesetzlichen Struktur in der Vertretungsorganisation und der Zielrichtung der Bestimmung, eine erleichterte Zusammenarbeit zwischen AN und BR zu ermöglichen, ist die zusätzliche Vertretung quasi **betriebsratsakzessorisch** konstruiert, so dass ihr »Aktionsradius« auf den innerbetrieblichen Bereich begrenzt ist. Daran ändert sich im Prinzip auch dann nichts, wenn der Sonderfall eines **gemB** vorliegt. Gerade dann kann es u. U. sogar sinnvoll sein, wegen der unterschiedlichen »Vertragsanbindung« der AN bei den am gemB beteiligten UN die zusätzlichen Vertretungen für die entsprechenden Teil-Belegschaften der einzelnen UN einzurichten.[367]

147 BR (als Basisvertretungsorgan) können nach Abs. 1 Nr. 1 aber auch **betriebsübergreifend** und nach Abs. 1 Nrn. 2 und 3 sogar **UN-übergreifend** oder **konzernübergreifend** konstruiert werden.[368] Ihr Tätigkeitsbereich erstreckt sich dann auf die gem. Abs. 5 Satz 1 »als Betrieb« geltende betriebsverfassungsrechtliche Organisationseinheit.[369] Dieses Vorgehen dürfte sich regelmäßig empfehlen, je intensiver an sich jeweils allein betriebsratsfähige Einheiten zu einer Organisationseinheit mit nur einer Arbeitnehmervertretung zusammengefasst werden, damit ein Mindestmaß an **Basisnähe des Mitbestimmungsorgans** gewahrt wird.

359 Vgl. *Fitting,* Rn. 61, 65; *Trümner,* FS Däubler, S. 295 [299]; zu sog. Zweigniederlassungssprechern auch *Bachner,* NZA 96, 400 [402, 405].

360 So auch *BT-Drucks.* 14/5741, S. 34.

361 *Däubler,* Gewerkschaftsrechte, Rn. 543 ff.; *Trümner,* FS Däubler, S. 295 [305]; GK-*Kraft/Franzen,* 7. Aufl., Rn. 36 ff.

362 Vgl. *Trümner,* a. a. O.

363 Vgl. *Däubler,* AuR 01, 285 [289]; ErfK-*Koch,* Rn. 8.

364 Dazu *Trümner,* a. a. O., S. 305 [Fn. 66].

365 H. M.; a. M. nur *H. P. Müller,* DB 78, 743 und GK-*Kraft/Franzen,* 7. Aufl., Rn. 36 mit unterschiedlichen Begründungen.

366 Zum betriebsverfassungsrechtlichen Vertretungsmonopol des BR nach § 3 *Trümner,* a. a. O., S. 299 f.; *BAG* 19.6.01, NZA 02, 397; 24.8.04, AP Nr. 12 zu § 98 BetrVG 1972.

367 Ebenso *Fitting,* Rn. 65.

368 Vgl. Rn. 135; ErfK-*Koch,* Rn. 8.

369 Ähnlich *Fitting,* a. a. O.

d) Zusammenarbeit zwischen AN und BR

Geschäftsgegenstand der zusätzlichen Vertretungen ist die **Erleichterung der Zusammenarbeit** zwischen BR und AN. Somit erfüllt die zusätzliche Vertretung als Teil der arbeitnehmerseitigen Handlungsorganisation eine **Bindegliedfunktion** zwischen den AN und dem BR und ist Bestandteil dieser Kommunikationsbeziehung.[370] Deshalb ist es ausgeschlossen, dass sie zugleich als Kommunikationsbrücke zwischen den AN und dem AG fungiert, denn ihr stehen gerade nicht die Rechte und Pflichten, und damit die Zuständigkeiten eines BR zu,[371] wie dem Umkehrschluss aus Abs. 5 Satz 2 zu entnehmen ist. Sie besitzen auch keine Vertretungsbefugnis gegenüber dem AG, sondern sind **Teil der Vertretungsorganisation des BR,** indem sie dessen »Unterbau« bilden.[372] Gerade aus dieser Eigenschaft heraus ist es höchst zweckmäßig, ein beratendes **Teilnahmerecht** an den **BR-Sitzungen** vorzusehen,[373] **Stimmrecht** kann ihnen jedoch selbst durch TV nicht eingeräumt werden,[374] weil andernfalls die Stimmen der AN des betreffenden Bereichs doppelt wirksam würden: zum einen durch die von ihnen gewählten BR-Mitglieder und zum anderen durch die der zusätzlichen Vertretungen. Dies ist jedoch mit dem **Prinzip der Wahlgleichheit** nicht vereinbar. **148**

Allerdings wird bestritten, dass der Kollektivvertrag der zusätzlichen Vertretung ein **eigenständiges Teilnahmerecht** an den BR-Sitzungen einräumen könne,[375] weil ein so weit gehender Eingriff in die zwingende Organisation der Betriebsverfassung nicht statthaft sei, bzw. das Nichtöffentlichkeitsprinzip verletzt werde (§ 30). Dem kann nicht zugestimmt werden. Soweit nach geltendem Recht die zusätzliche Vertretung auch durch BV eingerichtet werden könnte, beinhaltet ein Beschluss über diese BV jedenfalls zugleich auch die generelle Zustimmung zur Teilnahme an den BR-Sitzungen (sofern dies in der BV so vorgesehen ist). Allerdings kann auch ein TV ein solches Teilnahmerecht unmittelbar begründen, denn eine derartige Regelung läge vollkommen im Rahmen des vom Normzweck des Abs. 1 Nr. 5 verfolgten Zieles einer erleichterten Zusammenarbeit zwischen AN und BR: gerade auf den BR-Sitzungen, in denen die Fragen behandelt werden, die die Belange der AN betreffen, für die die zusätzliche Vertretung gebildet ist, kann und muss die Bindeglied- und Vermittlungsfunktion der zusätzlichen Vertretung erfüllt werden. **149**

Wenngleich die zusätzlichen Vertretungen kein Recht zur Vertretung gegenüber dem AG besitzen, so ist nichts dagegen einzuwenden, sie zu **Beratungen zwischen AG und BR** in solchen Angelegenheiten als Auskunftspersonen hinzuzuziehen, die die jeweilige AN-Gruppe betreffen.[376] **150**

e) Arbeitsgruppen und Gruppensprecher (§ 28 a, § 87 Abs. 1 Nr. 13)

Schwer durchschaubar ist das Verhältnis von Vertretungen nach Abs. 1 Nr. 5 zu solchen im Rahmen von Vereinbarungen nach § 28 a bzw. § 87 Abs. 1 Nr. 13 geschaffenen Vertretern von Arbeitsgruppen (Gruppensprecher) bei Gruppenarbeit, aber auch anderen Formen der Arbeitsorganisation.[377] Der BR kann **nach § 28 a** nach Maßgabe einer mit dem AG abzuschließenden Rahmenvereinbarung bestimmte **Aufgaben auf Arbeitsgruppen übertragen,** die sodann mit dem AG im Rahmen der übertragenen Aufgaben BV-ähnliche Gruppenvereinbarungen abschließen können. Gegenstand der Rahmenvereinbarung kann dabei u. a. sein, dass die Arbeitsgruppe einen **Gruppensprecher** wählt (vgl. § 28 a Rn. 19), der die Gruppe sodann auch bei den Verhandlungen mit dem AG **vertreten** kann (vgl. § 28 a Rn. 37). **151**

370 ErfK-*Koch,* Rn. 8; *Fitting,* Rn. 61; GK-*Franzen,* Rn. 28; *Trümner,* FS Däubler, S. 295 [307].
371 Ebenso ErfK-*Koch,* a. a. O.
372 *Däubler,* AuR 01, 285 [289], spricht insoweit von den betrieblichen Vertrauenskörpern als »Vermittlungsinstanz«; vgl. auch *ders.,* Tarifvertragsrecht, Rn. 1036.
373 *Fitting,* Rn. 61, will das nur durch BR-Beschluss gestatten.
374 H. M., vgl. ErfK-*Koch,* a. a. O.; *Fitting,* Rn. 61; GK-*Franzen,* Rn. 57; *Gamillscheg,* Kollektives Arbeitsrecht, Bd. I, S. 602.
375 So bezüglich des TV vor allem GK-*Franzen,* Rn. 57; auch *Fitting,* Rn. 61 und ErfK-*Koch,* Rn. 8, die aber immerhin eine »Hinzuziehung« durch den BR für möglich halten.
376 Vgl. *Trümner,* FS Däubler, S. 295 [307]; GK-*Franzen,* Rn. 27.
377 Darin ist *Richardi,* NZA 01, 346 [351] zuzustimmen.

152 **Nach § 87 Abs. 1 Nr. 13** unterliegen die Grundsätze über die Durchführung von teilautonomer Gruppenarbeit der erzwingbaren Mitbestimmung, die regelmäßig gleichfalls durch Abschluss einer BV auszuüben sein wird (vgl. § 87 Rn. 384). Zu den mitbestimmungspflichtigen »Grundsätzen« zählt auch die **Ausgestaltung der gruppeninternen Entscheidungsstrukturen,** wie z. B. die Wahl von Gruppensprechern (§ 87 Rn. 382). In beiden Fällen ist es somit denkbar, eine auf den ersten Blick der zusätzlichen Vertretung nach Abs. 1 Nr. 5 ähnelnde Institution zu schaffen, so dass sich fragt, ob Derartiges auch nur unter den weiteren Voraussetzungen der Nr. 5 zulässig ist. Vor allem tritt das Problem auf, ob im Rahmen von Regelungen nach §§ 28 a, 87 Abs. 1 Nr. 13 die Wahl von Gruppensprechern nur dann durch BV vorgesehen werden könnte, wenn der **Betrieb völlig tariflos** i. S. d. § 3 Abs. 2 ist. Wäre dem so, würden die Möglichkeiten der §§ 28 a, 87 Abs. 1 Nr. 13 weitgehend »tote Buchstaben« bleiben (vgl. auch Rn. 156).

153 Man wird jedoch davon auszugehen haben, dass beide Normenkomplexe (§ 3 Abs. 1 Nr. 5 einerseits, §§ 28 a, 87 Abs. 1 Nr. 13 andererseits) nur scheinbar Ähnliches, im Kern aber Verschiedenes als Regelungsgegenstand haben. Die durch demokratische Wahlen zu bildenden zusätzlichen Vertretungen nach Abs. 1 Nr. 5 sind als reine »Unterbau«-Einrichtungen des BR konstruiert und nehmen nur i. B. auf den BR Funktionen wahr.[378] Arbeitsgruppen nach § 28 a (oder bei Gruppenarbeit nach § 87 Abs. 1 Nr. 13) und ihre Vertretungs- und Entscheidungsstrukturen stellen dagegen **keine Unterorganisation des BR dar,**[379] sie sind als solche nicht demokratisch legitimiert.[380] Rechtsträger der nach § 28 a delegierten Befugnisse eines BR ist die Arbeitsgruppe,[381] während bei Vertretungen nach Abs. 1 Nr. 5 der BR alleiniger Rechtsinhaber bleibt. Da **Arbeitsgruppen** i. S. v. § 28 a als **Teil der vom Arbeitgeber geschaffenen Arbeitsorganisation** hinsichtlich der Kriterien ihrer Zusammensetzung und der zugeordneten AN i. d. R. dem alleinigen Bestimmungsrecht des AG unterliegen,[382] wird ein hierfür vorgesehener Gruppenvertreter selbst dann nicht zu einer zusätzlichen Vertretung i. S. d. Abs. 1 Nr. 5, wenn er auf Grund demokratischer Wahlen bestimmt wird, denn die **Bestimmung des Wahlkörpers,** für den eine zusätzliche Vertretung i. S. v. Abs. 1 zu wählen ist, obliegt der **gemeinsamen Bestimmung** durch die gem. § 3 regelungsbefugten Kollektivvertragsparteien (vgl. Rn. 136 f.).

154 Sofern die Arbeitsgruppen als Träger der gem. § 28 a delegierten Befugnisse zu deren tatsächlichen Ausübung einen Gruppensprecher wählen, **vertritt** dieser die AN der Gruppe auch **gegenüber dem Arbeitgeber** (§ 28 a Rn. 38). Gerade diese »Vertretungsrichtung« steht aber einer zusätzlichen Vertretung i. S. v. Abs. 1 Nr. 5 nicht zu (oben Rn. 135, 148). Wenn es richtig ist, dass ein im Rahmen einer Regelung nach § 28 a zuvor gewählter Gruppensprecher zu seiner **wirksamen Einsetzung** eines förmlichen Beschlusses des BR bedarf, verhindert gerade dieser Umstand die Annahme, es könnte sich um eine zusätzliche Vertretung nach Abs. 1 Nr. 5 handeln (vgl. Rn. 138 für den umgekehrten Fall der Bestimmung durch den AG). An der Richtigkeit des Beschlusserfordernisses bestehen jedoch keine Bedenken, da der BR die Bestimmung derjenigen, die in seinem funktionellen Zuständigkeitsbereich an seiner Stelle Rechte ausüben sollen, nicht Dritten überlassen darf (Selbstvornahmepflicht).

155 Die Annahme, dass die zusätzlichen Vertretungen i. S. v. Abs. 1 Nr. 5 und die §§ 28 a, 87 Abs. 1 Nr. 13 verschiedene Regelungsgegenstände eines ähnlichen sozialen Phänomens betreffen und insoweit nebeneinander bestehen, wird auch durch den **rechtspolitischen Kontext** belegt, in dem die Normierung von §§ 28 a, 87 Abs. 1 Nr. 13 steht. Der Gesetzgeber hat offenbar erkannt, dass die bereits unter dem alten Recht **begonnene Praxis** der Vertretung von Arbeitsgruppen durch gewählte Gruppensprecher und die Regelung von mitbestimmungspflichtigen Angelegenheiten der Gruppen durch **multilaterale Gruppenabsprachen** »am BR vorbei« ohne betriebsverfassungsrechtliche Grundlagen und unter Verstoß gegen § 3 Abs. 1 Nr. 1 a. F. erfolgte, wodurch zugleich das mit § 3 geschützte betriebsverfassungsrechtliche **Vertretungs-**

---

378 Ebenso *LK*, Rn. 17.
379 *Natzel*, BB 01, 1362.
380 Vgl. *Wendeling-Schröder*, NZA 01, 357 [359].
381 *Wendeling-Schröder*, a. a. O., S. 359.
382 Vgl. *Natzel*, a. a. O.

monopol der BR **unterminiert** wurde.[383] §§ 28 a und 87 Abs. 1 Nr. 13 stellen insoweit die rechtspolitische Billigung eines vormals rechtlich zweifelhaften Zustandes dar. Insoweit wird quasi eine Rechtsgrundlage »nachgereicht«.

Rechtstechnisch lassen sich daher Arbeitsgruppenvertretungen, die im Rahmen von §§ 28 a und 87 Abs. 1 Nr. 13 geschaffen werden, **gegenüber Abs. 1 Nr. 5 als speziellere Anwendungsfälle** verstehen, die eigenen Regeln unterworfen sind. Für die Annahme, dass die übrigen Voraussetzungen der Nr. 5 nicht auch bei gewählten Arbeitsgruppenvertretungen vorliegen müssen, sprechen noch weitere Überlegungen, die den genannten Bestimmungen überhaupt einen praktischen Anwendungsbereich eröffnen: **156**

(1) Arbeitsgruppenvertretungen auf Grundlage von §§ 28 a, 87 Abs. 1 Nr. 13 beruhen i. d. R. auf BV. Wäre Abs. 1 Nr. 5 hierauf zusätzlich anzuwenden, hätten die Bestimmungen aber keinen praktisch wirksamen Anwendungsbereich, denn BV wären nach Abs. 1 Nr. 5 i. V. m. Abs. 2 nur im völlig tariflosen Betrieb zulässig. Eine derartige Tariflosigkeit des Betriebs wird von §§ 28 a, 87 Abs. 1 Nr. 13 allerdings nicht vorausgesetzt, damit entsprechende Rahmen- bzw. Grundsatzvereinbarungen abgeschlossen werden können.

(2) Die Rahmenvereinbarung nach § 28 a muss nicht notwendigerweise eine BV sein, es kann u. U. auch eine Regelungsabrede ausreichen;[384] auch die Mitbestimmungsausübung nach § 87 Abs. 1 Nr. 13 zwingt nicht dazu, eine BV abzuschließen. Gemessen an den Voraussetzungen des Abs. 1 Nr. 5 i. V. m. Abs. 2 hätten §§ 28 a, 87 Abs. 1 Nr. 13 gleichfalls keinen Anwendungsbereich, weil selbst das lediglich subsidiäre BV-Erfordernis nicht einmal beachtet würde.

(3) Der Gesetzgeber selbst hat in der Amtlichen Begründung einen Hinweis zum Verständnis des § 28 a gegeben, indem er die Übertragung von Befugnissen auf Arbeitsgruppen auch für bestimmte »Beschäftigungsarten und Arbeitsbereiche« als möglich ansieht.[385] Damit werden genau die Tatbestandsmerkmale »zitiert«, die zwar nach alter Rechtslage notwendige Voraussetzung für die Tarifierung von zusätzlichen Vertretungen waren (vgl. § 3 Abs. 1 Nr. 1 a. F.; dazu Rn. 136), in Abs. 1 Nr. 5 aber gerade entfallen sind; außerdem ist der in § 3 a. F. noch enthaltene Klammerzusatz »Arbeitsgruppen« entfallen. Dieser Begriff dient jetzt zur Umgrenzung des Anwendungsbereiches von § 28 a.

Weitgehend unklar ist, ob eine Kombination von Arbeitsgruppen-Vertretungen nach § 28 a mit den Zwecken einer zusätzlichen Vertretung i. S. v. § 3 Abs. 1 Nr. 5 vorgesehen werden könnte. Klar ist zumindest, dass hierfür jedenfalls das notwendige Regelungsinstrument eingesetzt werden müsste, i. d. R. also der TV, da eine BV nur beim völlig tariflosen Betrieb zulässig ist (Abs. 2). *Däubler*[386] scheint dem zuzuneigen. Auf den ersten Blick lassen sich in der Tat keine durchgreifenden Bedenken gegen eine nach Abs. 1 Nr. 5 zu vereinbarende Struktur geltend machen, die aus allen Arbeitsgruppenvertretern einen Wahlkörper bildet, der wiederum eine Art **Vertretung der Arbeitsgruppensprecher** wählt, und wenn dieser Vertretung die Aufgaben nach Abs. 1 Nr. 5 zugewiesen werden. Zweifel ergeben sich allerdings dann, wenn die Arbeitsgruppensprecher selbst nicht hinreichend demokratisch legitimiert sind, also etwa vom AG bestellt oder eingesetzt wurden, weil dann schwerlich noch von einer »Vertretung der AN« (Abs. 1 Nr. 5) gesprochen werden kann. Auch bereitet die Vorstellung Schwierigkeiten, dass dieselben Personen sowohl in Richtung des AG wirken als auch Unterbau des BR sein könnten. Abs. 1 Nr. 5 geht es gerade um die klare Entscheidung zwischen beiden Möglichkeiten.[387] **157**

---

383 Vgl. zur Kritik dieses »Zustandes« *Trümner*, FS Däubler, S. 295 ff.; *ders.*, FS zum 50-jährigen Bestehen der Arbeitsgerichtsbarkeit in Rheinland-Pfalz, S. 395 ff.; *Konzen*, RdA 01, 76 [84 f.] stellt diesen Zusammenhang völlig zu Recht her.

384 Str.; für BV: § 28 a Rn. 35; für die Möglichkeit auch der formlosen Regelungsabrede: *Natzel*, BB 01, 1362.

385 *BT-Drucks.* 14/5741, S. 40.

386 AuR 01, 285 [290].

387 Ähnlich *LK*, Rn. 17.

IV. Regelung durch BV (Abs. 2)

1. Grundlagen

158 Nach Abs. 2 besteht eine subsidiäre Möglichkeit zur Regelung von vier der fünf Fallgruppen des Abs. 1 durch BV.[388] Im Fall des Abs. 1 Nr. 3 (andere Strukturen der AN-Vertretungen) ist dies wegen der besonderen Tragweite dieser Fallgruppe allerdings ausgeschlossen und nur mit Hilfe des TV zulässig.[389] Die Befugnis zur Regelung durch BV steht allerdings unter einem **doppelten Zulässigkeitsvorbehalt:** Es darf keine einschlägige – also die in Abs. 1 angesprochenen Materien betreffende – tarifvertragliche Regelung bestehen **und** es darf auch kein anderer TV gelten. Anders formuliert: Selbst wenn die TV-Parteien bislang keine Regelung über die in Abs. 1 Nr. 1, 2, 4 und 5 angesprochenen Vereinbarungsgegenstände getroffen haben, aber z. B. ein Urlaubs-TV »gilt«, kann z. B. nicht mittels einer BV die Zusammenfassung von mehreren Filialen zu einem Regionalbetrieb (Abs. 1 Nr. 1 b) erfolgen. Diese vielfach als zu eng empfundene Schranke für BV[390] soll gewährleisten, dass der **TV das maßgebliche Regelungsinstrument** für Vereinbarungen über die betriebsverfassungsrechtlichen Organisationsstrukturen bleibt[391] und damit einer denkbaren Tendenz der Betriebsparteien entgegenwirken, aus u. U. nur sehr kurzfristigen Gründen eine wenig tragfähige BV-Lösung vorzusehen.[392] Bei den TV nach Abs. 1 handelt es sich um solche, die Rechtsnormen enthalten, mit denen betriebsverfassungsrechtliche Fragen geordnet werden (§ 1 Abs. 1 TVG). Die Rechtsnormen eines solchen TV gelten betriebseinheitlich und ohne Rücksicht auf die Tarifgebundenheit der einzelnen AN, **sofern nur** der **AG tarifgebunden,** also Partei des betreffenden TV ist (§ 3 Abs. 2 TVG). Im Sinne des Abs. 2 »besteht« keine tarifvertragliche Regelung, wenn der AG weder firmentariflich, noch verbandstariflich an einen TV i. S. d. Abs. 1 gebunden ist. Zur Frage, wann auch kein anderer TV »gilt«, unten Rn. 164 ff.

159 Außerordentlich bedenklich erscheint die Annahme, die TV-Parteien könnten in § 3 TV durch **Öffnungsklauseln** zu Gunsten der Betriebsparteien die gesetzliche Regelungssperre des Abs. 2 quasi aushebeln.[393] Dagegen spricht nicht nur das in der Gesetzesbegründung explizit angegebene Regelungsziel, die TV-Partner selbst in die Pflicht nehmen zu wollen, sondern auch der Umstand, dass in Abs. 2 – anders als in § 77 Abs. 3 – die Möglichkeit von Öffnungsklauseln nicht vorgesehen ist.[394] Ausgeschlossen ist die Delegation stets im Falle der Nr. 3.[395] Nach einer vermittelnden Ansicht soll die tarifliche Normsetzungsdelegation bei nicht tarifgebundenen AG in den Fallgruppen der Nrn. 1, 2, 4 und 5 dann zulässig sein, wenn sich die TV-Parteien die Zustimmung als Wirksamkeitsvoraussetzung der BV vorbehalten.[396]

160 Selbst wenn aber die **Subdelegation** an ein Zustimmungs- oder Genehmigungserfordernis der TV-Parteien geknüpft wird, bleiben Bedenken: So hat das *BAG*[397] im Rahmen des § 3 Abs. 1 Nr. 3 zu Recht betont, die **TV-Parteien** müssten die vom Gesetz abweichenden Arbeitnehmervertretungsstrukturen **abschließend selbst regeln** und könnten AN nicht durch Vorabstimmungen die Entscheidung überlassen, ob sie getrennte oder gemeinsame BR haben wollen.

388 *Wendeling-Schröder,* NZA 15, 525, bezeichnet dies völlig zu Recht als »Notlösung« wegen der Eigenbetroffenheit der Betriebsräte.

389 *BT-Drucks.* 14/5741, S. 34.

390 Vgl. *Hanau,* RdA 01, 65 [66]; *Buchner,* NZA 01, 633 [635]; *Konzen,* RdA 01, 76 [86]; Richardi-*Annuß,* DB 01, 41 [42].

391 Vgl. *BT-Drucks.* 14/5741, S. 34; *Engels/Trebinger/Löhr-Steinhaus,* DB 01, 532 [535].

392 Vgl. zu einem derartigen Fall die Entscheidung *BAG* 24.4.13, DB 13, 1913.

393 Wie hier: *Richardi,* Rn. 76; dafür aber – wenn auch ohne Begründung – *SWS,* Rn. 14; *Hanau,* NJW 01, 2513 [2514]; *Hohenstatt/Dzida,* DB 01, 2498 [2500]; *Plander,* NZA 02, 483 [488].

394 Vgl. im Einzelnen *Annuß,* NZA 02, 290 [293]; wie hier *Thüsing,* ZIP 03, 693 [701]; GK-*Franzen,* Rn. 39; siehe auch *Trümner,* in: DAI (Hrsg.), Brennpunkte des Arbeitsrechts 2002, S. 269 [284 f.]; zum Problem tariflicher TV-Öffnungsklauseln umfassend *Friese,* Kollektive Koalitionsfreiheit und Betriebsverfassung, 2000, S. 157 ff., 426 ff.

395 *Richardi,* Rn. 76; *Eich,* FS Weinspach, S. 17, 25.

396 So *Eich,* EuroAS 03, 12 [17]; *Fitting,* Rn. 68.

397 10.11.04, EzA § 3 BetrVG 2001 Nr. 1.

2. Nichtbestehen einer tarifvertraglichen Regelung

Eine **tarifvertragliche Regelung** nach Abs. 1 Nr. 1, 2, 4 oder 5 **besteht** auch dann bereits und sperrt die BV als Instrument, wenn der betreffende TV z. B. nur eine BR-Arbeitsgemeinschaft regelt (Fall der Nr. 4), die Betriebsparteien aber einen Sparten-BR errichten möchten (Fall der Nr. 2). Dahinter steht wohl die Überlegung, dass die TV-Parteien eine nach allen Seiten abgewogene Lösung gewählt haben werden, die nicht durch komplementäre Muster der Betriebsparteien »gestört« werden soll.[398] Im Übrigen ergibt sich diese Reichweite der **Sperrwirkung** auch daraus, dass sogar **schon bei** Vorliegen z. B. eines gar nicht für Fragen der Betriebsverfassungsorganisation **einschlägigen Entgelt-TV** eine Regelung zu Fragen des Abs. 1 durch BV ausgeschlossen wäre. Daher muss die Sperrwirkung erst recht angenommen werden, wenn ein TV besteht, der zwar nicht sachgegenständlich die Fallgruppe betrifft, zu der eine Regelung durch BV angestrebt werden soll, wohl aber einer der in Abs. 1 genannten Fallgruppen überhaupt zugeordnet ist.[399] Eine tarifliche Regelung besteht auch dann, wenn die zu Abs. 1 vereinbarten Bestimmungen des TV keineswegs als den **Gesamtspielraum der möglichen Regelungen** ausgeschöpft habende Normierung anzusehen sind, sondern – gemessen an einem theoretisch optimalen Modell – lückenhaft oder weniger effektiv erscheinen. Anders als bei § 87 Abs. 1 Eingangssatz heißt es in § 3 Abs. 2 nämlich nicht: »*soweit* keine tarifvertragliche Regelung besteht«. Voraussetzung ist hier eben nicht eine in sich abgeschlossene Regelung, sondern nur, dass überhaupt eine Regelung besteht. 161

Schwieriger zu beurteilen ist der Fall, dass bei einer angestrebten konzerninternen, aber **UN-übergreifenden Lösung** z. B. bezüglich von Sparten-BR (Fall der Nr. 2) nur bei einem der beteiligten UN bereits ein TV nach § 3 Abs. 1 Nr. 1 b) vorliegt, die anderen UN aber tariffrei sind und auch sonst kein anderer TV gilt. Auch hier wird man die Möglichkeit ausschließen müssen, mit einer BV (richtigerweise: einer KBV; vgl. Rn. 168, 172) zu einer Lösung zu gelangen: Dem Wortlaut nach darf **keine tarifvertragliche Regelung** zu den Sachgegenständen von Abs. 1 bestehen, wenn die BV zulässig sein soll. In die Prüfung der Frage, ob keine tarifliche Regelung besteht, sind **sämtliche Betriebe** bzw. UN **einzubeziehen,** für die die angestrebte Regelung nach Abs. 1 gelten soll. Ist danach auch nur einer der potentiell beteiligten AG tarifgebunden, scheidet bereits die Regelung durch BV aus.[400] Dasselbe ist anzunehmen, wenn es »nur« um die Frage geht, ob auch kein anderer TV »gilt«, also der zweite Zulässigkeitsvorbehalt des Abs. 2 greift (dazu Rn. 164). 162

Die Regelung von immerhin denkbaren **Kollisionen** zwischen BV-Normen und TV-Normen ist im Gesetz unterblieben, obgleich im rechtspolitischen Vorfeld dazu kontroverse Standpunkte bezogen worden waren.[401] Denkbar ist, dass eine Regelung nach Abs. 1 in einem zunächst völlig tariflosen Bereich durch BV erfolgt und etwas später ein TV zu diesem Sachgegenstand abgeschlossen wird. Nicht nur der in Abs. 2 enthaltene spezielle Tarifvorrang, sondern auch die allgemeinen Grundsätze zur Lösung von Normenkollisionen zwischen BV und TV (Rangprinzip) führen dazu, dass die vortarifliche BV ihre Geltung verliert,[402] zumal das Günstigkeitsprinzip zur Entscheidung einer Normenkollision in organisationsrechtlichen Fragen praktisch kaum durchführbar ist.[403] Dasselbe wird allerdings aus den in Rn. 161 genannten Gründen zu gelten haben, wenn der spätere TV eine Regelung zu einem anderen Sachgegenstand des Abs. 1 Nr. 1 – 5 trifft als die BV. Trotz der Beendigung der BV tritt kein sofortiger Wegfall eines auf der Vereinbarung beruhenden BR ein, da Abs. 4 die notwendigen Übergangsregeln enthält, die den Eintritt von Betriebsratslosigkeit verhindern (Rn. 186 ff.). 163

398 Vgl. ErfK-*Koch,* Rn. 9; *Fitting,* Rn. 66; *Richardi,* Rn. 75; a. A. *LK,* Rn. 19.
399 *Fitting,* Rn. 68, will die Sperrwirkung des TV nur bei »einschlägigen« TV – also wohl fallgruppenidentischer Regelung – bejahen.
400 Vgl. dazu auch *Däubler,* AiB 01, 313 [315, Fn. 10].
401 Dazu *Franzen,* ZfA 00, 285 [300 f.] m. w. N.
402 Vgl. Wiedemann-*Wank,* TVG, § 4 Rn. 578.
403 Vgl. *Franzen,* a. a. O., S. 301.

3. Nichtgeltung anderer TV

164 Im Sinne des zweiten Zulässigkeitsvorbehalts kommen alle Arten »anderer« TV in Betracht, also nicht nur solche über betriebsverfassungsrechtliche Fragen. Zunächst »gilt« auch kein anderer TV, wenn dessen **tarifrechtliche Geltungsvoraussetzungen** nicht vorliegen. Daher greift die Sperrwirkung nach Abs. 2 gegenüber einer BV immer schon dann, wenn nur »irgendein« anderer TV »gilt«. Dies ist nach § 3 Abs. 1 TVG immer der Fall, wenn beiderseitige Tarifbindung an einen nach seinem Geltungsbereich auf den Betrieb anwendbaren TV besteht, entweder als Firmen-TV oder als Verbands-TV; bei TV über betriebsverfassungsrechtliche Fragen genügt die Tarifbindung allein des AG (§ 3 Abs. 2 TVG). Aber auch **im Falle des Ablaufes eines TV** – etwa bei Kündigung oder Aufhebungsvereinbarung – gelten seine Rechtsnormen gem. § 4 Abs. 5 TVG weiter. Und schließlich gilt ein TV gem. § 5 Abs. 4 TVG unter nicht tarifgebundenen AG und AN, wenn **Allgemeinverbindlichkeit** vorliegt.[404] An Letzterem hat der Gesetzgeber festgehalten, trotz entsprechender rechtspolitischer Einwände in der Literatur.[405] Deshalb sperrt auch eine durch RechtsVO gem. § 1 Abs. 3 a AEntG hergestellte Tarifbindung[406] die Regelung durch BV.

165 Fraglich ist, ob i. S. v. Abs. 2 eine Nichtgeltung von anderen TV auch dann angenommen werden kann, wenn zwar keine Tarifbindung vorliegt, einschlägige TV aber im Rahmen von gleichförmig verwendeten **arbeitsvertraglichen Einbeziehungsabreden** – etwa durch Verweis auf Allgemeine Anstellungsbedingungen – in Bezug genommen werden.[407] Im Rahmen der Sperrklausel des § 77 Abs. 3 genügt die einzelvertraglich vereinbarte TV-Geltung freilich nicht (vgl. § 77 Rn. 160), allerdings verlangt der Gesetzeswortlaut dort auch – anders als hier in Abs. 2 –, dass die Arbeitsbedingungen »durch TV geregelt sind«, um die Sperrwirkung für BV zu begründen. Die gleiche Formel findet sich auch in § 613 a Abs. 1 Satz 3 BGB, wonach beim Betriebsübergang die Ablösung bisher tarifvertraglich geregelter Arbeitsbedingungen durch die TV des Betriebserwerbers nur dann eintritt, wenn die Rechte und Pflichten bei dem neuen Inhaber durch Rechtsnormen eines anderen TV geregelt werden. »Geregelt werden« bedeutet allerdings, dass es nicht ausreicht, wenn nur der neue AG an diese TV gebunden ist; auch der AN muss kraft Mitgliedschaft in der tarifschließenden Gewerkschaft an den betreffenden TV gebunden sein.[408] Demgegenüber verlangt § 3 Abs. 2 nur, dass kein anderer TV »gilt«, lässt aber den Geltungsgrund im Vagen. Diese begrifflichen Differenzen in den einzelnen Bestimmungen lassen für den hier interessierenden Zusammenhang allerdings entgegen der Ansicht des *BAG*[409] den Rückschluss zu, dass es nicht auf den rechtstechnischen Geltungsgrund eines TV ankommt, sondern neben der durch Tarifbindung vermittelten auch die durch Einbeziehungsabrede herbeigeführte Geltung eines anderen TV bereits die Sperrwirkung für BV auslöst.[410]

4. Rechtsnatur der BV und Nachwirkung

166 Kommt entsprechend den in Abs. 2 aufgestellten Voraussetzungen ausnahmsweise eine BV als Regelungsinstrument in Frage, so handelt es sich um eine **freiwillige BV,** die – mangels entsprechender Bestimmung – nicht mit Hilfe der ESt. erzwungen werden kann.[411] Die in ihr

---

404 ErfK-*Koch,* Rn. 9; *Richardi,* Rn. 75, HaKo-BetrVG/*Kloppenburg,* Rn. 71; *Spinner/Wiesenecker,* FS Löwisch, S. 375, 385.

405 Vgl. Richardi-*Annuß,* DB 01, 41 [42]; klargestellt bei *Engels/Trebinger/Löhr-Steinhaus,* DB 01, 532 [535].

406 Vgl. *Richardi,* a. a. O.

407 Ablehnend *BAG* 24.4.13, DB 13, 1913, Rn. 40; ErfK-*Koch,* Rn. 9; *Fitting,* Rn. 68; *Spinner/Wiesenecker,* FS Löwisch, S. 375, 384; unklar aber HWGNRH-*Rose,* Rn. 93 f.

408 *BAG* 21.2.01, BB 01, 1847 ff. m. Anm. *Waas;* 30.8.00, NZA 01, 510.

409 *BAG* 24.4.13, a. a. O., Rn. 40.

410 Vgl. auch *Däubler,* Tarifvertragsrecht, Rn. 338 m. w. N., zu der Möglichkeit, die Einbeziehungsabrede durch AAB als eine Art Rechtswahl zu deuten, die eine unabdingbare Tarifnormgeltung bewirkt; ebenso *Herschel,* BB 69, 659 ff.; *v. Hoyningen-Huene,* RdA 74, 138 ff.

411 ErfK-*Koch,* Rn. 9; *Fitting,* Rn. 71; GK-*Franzen,* Rn. 43.

enthaltenen Normen sind solche über betriebsverfassungsrechtliche Fragen. Eine **Nachwirkung kommt** bei Ablauf der BV zwar regelmäßig wegen der fehlenden Erzwingbarkeit ohnehin **nicht** in Betracht (§ 77 Abs. 6). Aus den gleichen Gründen, die gegen die Nachwirkung von betriebsverfassungsrechtlichen TV sprechen (Rn. 231 ff.), könnte allerdings auch eine ausdrücklich vereinbarte Nachwirkung bei Ablauf der BV nicht die gesetzliche Vertretungsstruktur auf Dauer ausschalten.[412] Das Problem der BR-Vertretungskontinuität bei Ablauf einer BV ist in Abs. 4 allerdings nicht mit geregelt worden. Hierbei treten zumeist Änderungen in der Vertretungsorganisation ein, wie sie auch bei Betriebsspaltungen oder Betriebszusammenlegungen vorkommen, obgleich streng genommen die Rückkehr z. B. von einem durch BV geregelten UN-BR gem. Abs. 1 Nr. 1 a) zur gesetzlichen Vertretungsorganisation keine Spaltung des Betriebs darstellt, sondern die Teilung der als Betrieb fingierten betriebsverfassungsrechtlichen Organisationseinheit. Demgemäß ist es sachlich geboten, zur Vermeidung von vertretungslosen Zeiten das **Übergangsmandat nach § 21 a** entsprechend anzuwenden.

Für den umgekehrten Fall einer Zusammenfassung von nach einem Zuordnungs-TV geschaffenen Regionen geht das *ArbG Nürnberg*[413] davon aus, dass hierin eine **Zusammenlegung** von tariflichen Regionalbetrieben i. S. v. § 111 Satz 3 Nr. 3 zu sehen ist, die aber während der Geltung des TV gegen diesen verstoße, jedenfalls aber **das Amt eines** nach dem TV **gewählten BR,** dessen Regionalbetrieb einer anderen Region zugeordnet wird, **nicht berühre.**[414] Da die gesetzliche Fiktion des § 3 Abs. 5 allein aufgrund der tariflichen Regelung besteht, ist der AG tarifrechtlich gehindert, durch Zusammenlegung von Wahlbetrieben einen neuen Betrieb zu bilden. Sollen Änderungen gegenüber dem vereinbarten Inhalt erfolgen, ist ggf. ein Änderungs-TV abzuschließen, andernfalls verbleibt es bei den tariflichen Betrieben und dafür errichteten BR.[415] Dies gilt entsprechend, wenn ein Betrieb oder Betriebsteil durch Erwerbsvorgänge hinzukommt (vgl. auch Rn. 190 ff.). Gleiches hat man für Zuordnungsregelungen in einer BV anzunehmen. **167**

5. Zuständige BR-Gremien

Die Bestimmung wirft schwer lösbare Anwendungsprobleme hinsichtlich der Frage auf, welcher funktionell zuständige BR (Einzel-BR, GBR, KBR) bei den einzelnen Fallgruppen des Abs. 1 überhaupt zur Regelung berechtigt ist. Dies hängt damit zusammen, dass **in Abs. 1 Nr. 1** stets betriebsübergreifende, aber UN-interne Sachverhalte, **in Abs. 1 Nr. 2** sowohl betriebsinterne als auch betriebsübergreifende und UN-interne, aber auch UN-übergreifende und konzerninterne Sachverhalte, **in Abs. 1 Nr. 4** unternehmensübergreifende, aber konzerninterne und sogar konzernübergreifende Sachverhalte und schließlich in **Abs. 1 Nr. 5** alle denkbaren Sachverhaltsebenen bis hin zu konzernübergreifenden Konstellationen denkbar sind (vgl. Rn. 135). Demgegenüber ist auch durch die Novellierung 2001 der Grundsatz beibehalten worden, dass der jeweils zuständige BR äußerstenfalls bis zur sachlich-räumlichen Grenze des Bereichs, für den er gebildet ist, eine Regelung durch BV herbeiführen kann.[416] Jede andere Lösung lässt sich nach geltendem Recht wegen der damit provozierten **Legitimationsprobleme** bezüglich der Normgeltung einer BV nicht begründen. Die Hilfsüberlegung, die räumlichen Grenzen der Regelungsbefugnis durch **Abschluss von parallelen, gleich lautenden BV/GBV/KBV** zu überbrücken,[417] würde einen neuen Typ der betriebsverfassungsrechtlichen Gesamtvereinbarung erfordern (gleichsam als notwendiges Gegenstück zur neuen Gruppenvereinbarung nach § 28 a Abs. 2), wofür jedoch gerade – anders als in § 28 a – die gesetzliche Grundlage fehlt (vgl. auch Rn. 130). Entsprechende rechtspolitische Anregungen[418] hat der Gesetzgeber aber nicht aufgegriffen. **168**

---

412 ErfK-*Koch,* a. a. O.
413 30.7.03 – 14 BVGa 22/03.
414 *ArbG Nürnberg* 23.7.03 – 15 BVGa 25/03; ebenso *ArbG Köln* 20.10.03 – 14 BVGa 40/03.
415 *ArbG Nürnberg* 23.7.03, a. a. O.
416 Vgl. bezüglich des maximalen räumlichen Geltungsbereichs einer BV § 77 Rn. 75 f.
417 Vgl. *Däubler,* AiB 01, 313 [315].
418 Vgl. *Kreßel,* AuA 98, 145 [148]; *Franzen,* ZfA 00, 285 [299].

169 Daraus folgt zunächst, dass der **Einzel-BR** mittels BV von der Gestaltungsoption nach **Abs. 1 Nr. 1** keinen Gebrauch machen kann,[419] weil dort immer betriebsübergreifende Fallgestaltungen im Spiel sind. Nach **Abs. 1 Nr. 2** käme allenfalls eine betriebsbezogene Spartenbildung durch BV in Betracht (vgl. Rn. 65). **Abs. 1 Nr. 4** ist überhaupt nicht durch BV aktivierbar, weil dem Einzel-BR das Mandat für eine unternehmensübergreifende BV fehlt. Bei **Abs. 1 Nr. 5** könnten zumindest auf der Ebene des Einzelbetriebs zusätzliche AN-Vertretungen vorgesehen werden.

170 **Der GBR** könnte sich zwar grundsätzlich im Anwendungsbereich des **Abs. 1 Nr. 1** betätigen, allerdings stellt sich schon die Frage, ob er dazu betriebs*politisch* legitimiert ist, an Regelungen mitzuwirken, durch die ein Betrieb oder Betriebsteil gem. Abs. 4 bei den nächsten BR-Wahlen seinen eigenen BR verliert.[420] Die Antwort auf die Frage nach der betriebsverfassungs*rechtlichen* Legitimation ist in § 50 Abs. 1 zu suchen. Die originäre Zuständigkeit des GBR ergibt sich vorliegend aus der rechtlichen Unmöglichkeit, eine Zusammenfassung von Betrieben durch BV der einzelnen BR bewirken zu können (vgl. Rn. 168)[421]. Nur auf diese Weise ließe sich auch die anderweitige Zuordnung des betriebsratslosen Kleinstbetriebs bewerkstelligen, zumal durch die **Erweiterung der originären Zuständigkeit** des GBR auf Betriebe ohne BR gem. § 50 Abs. 1 Satz 1, 2. Halbsatz auch insoweit die notwendige Legitimation besteht.[422] Ohnehin sollte ein GBR sein Augenmerk stärker auf Betriebe ohne BR richten, als ausgerechnet vorhandene BR »abzuschaffen«. Entsprechend differenzierte Lösungen sind im Rahmen von Abs. 1 Nr. 1 b) durchaus möglich (vgl. Rn. 53). Sofern es dem GBR dennoch einmal darum geht, einen »oppositionellen« Einzel-BR mit Hilfe von Abs. 1 Nr. 1 a) wegzuvereinbaren, liegt natürlich der Gedanke des Rechtsmissbrauchs nahe.[423] Ausgehend von der »Dienlichkeitsklausel« des Abs. 1 Nr. 1 könnte eine solche GBV auch der gerichtlichen Billigkeitskontrolle unterzogen werden (vgl. Rn. 175). Indizien einer rechtsmissbräuchlichen und unbilligen GBV könnten »Vorteile« sein, die in auffälligem Zusammenhang mit der »Verschlankung« der Vertretungsorganisation vom AG gewährt werden. Liegen diese besonderen Umstände jedoch nicht vor, hat ein einzelner BR gegen derartige Gremienverminderungen kein Vetorecht (vgl. Rn. 20).

171 **Abs. 1 Nr. 2** eröffnet dem **GBR** nur in Fällen einer betriebsübergreifenden, aber UN-internen Spartenorganisation die Möglichkeit, überörtliche Sparten-BR durch GBV einzuführen. **Abs. 1 Nr. 4** bleibt dem GBR ebenso wie dem Einzel-BR verschlossen, weil auch die GBV nicht über die UN-Grenze hinausgreifen kann. **Abs. 1 Nr. 5** erlaubt nur die Schaffung eines »Unterbaus« für das Basisorgan der betrieblichen Mitbestimmung (vgl. Rn. 135), so dass hier kein Betätigungsfeld für den GBR besteht.

172 Im Rahmen einer originären Zuständigkeit nach § 58 Abs. 1 hat der **KBR** wegen des i. d. R. UN-bezogen regelbaren Bereichs des **Abs. 1 Nr. 1** keine Regelungsmöglichkeiten. Anders ist dies bei konzerninterner Spartenorganisation nach **Abs. 1 Nr. 2** (vgl. Rn. 69), weil hier die Regelungszuständigkeit eines GBR begrenzt ist (vgl. Rn. 171). Der KBR ist die einzige Repräsentation der Betriebsverfassung, die nach **Abs. 1 Nr. 4** die UN-übergreifenden Arbeitsgemeinschaften durch KBV vereinbaren könnte. Konzernübergreifende Arbeitsgemeinschaften kann allerdings auch der KBR wegen seiner auf den eigenen Konzern begrenzten Regelungsmacht nicht vereinbaren (vgl. auch Rn. 130).[424]

6. Gewerkschaftsbetriebe

173 Die zur früheren Rechtslage bestehende Unsicherheit darüber, ob für Gewerkschaften anstelle des dort nicht möglichen Abschlusses von TV stattdessen die abweichende Regelung der

---

419 Anders offenbar *BT-Drucks.* 14/5741, S. 35 r. Sp., wonach ein betriebsratsloser Kleinstbetrieb i. S. d. § 4 Abs. 2 durch BV auch einem anderen Betrieb als dem Hauptbetrieb zugeordnet werden kann.
420 Zu Recht kritisch *Richardi,* NZA 01, 346 [350]; vgl. auch *Trümner,* FA 01, 133 [135].
421 Ebenso *BAG* 24.4.13, DB 13, 1913.
422 Nach altem Recht noch a. A. *Franzen,* ZfA 00, 285 [299 f.]; zweifelnd wohl *Richardi,* a. a. O.
423 Vgl. dazu das Beispiel bei *Trümner,* a. a. O.
424 Ebenso *Richardi* Rn. 79.

betriebsverfassungsrechtlichen Organisation mittels BV zulässig ist,[425] hat sich durch Abs. 2 erledigt. Da Gewerkschaften typischerweise völlig tariflose Betriebe haben, steht ihnen nunmehr das Instrument der BV zweifelsfrei zur Verfügung. Dies wird auch für die Fallgruppe des Abs. 1 Nr. 3 anzunehmen sein, die an sich nicht der Regelung durch BV zugänglich ist.

7. Probleme der Rechtsnachfolge

Im Rahmen von Abs. 2 abgeschlossene BV regeln betriebsverfassungsrechtliche Fragen. Die Auswirkungen, die ein **Betriebsinhaberwechsel** auf den Bestand solcher BV haben kann, können je nach Abschlussebene (BV/GBV/KBV) und Regelungsgegenstand des Abs. 1-Kataloges sowie Umfang der zur Übertragung auf einen Betriebserwerber gelangenden Betriebe höchst unterschiedlich ausfallen. Damit verbietet sich jeder Versuch einer schematischen Lösung. Im Ansatz treten allerdings i. d. R. ähnliche **Probleme wie bei einer firmentariflichen Regelung** auf, so dass hierauf verwiesen wird (vgl. Rn. 224 f.). Kritisch sind vor allem solche Fallgestaltungen, bei denen die von der BV erfassten und einer eigenständigen Regelung zugeführten Teileinheiten (insbesondere die sog. betriebsverfassungsrechtlichen Organisationseinheiten i. S. v. Abs. 5 Satz 1) durch den Betriebsinhaberwechsel so zerlegt werden, dass die BV danach nicht mehr praktikabel ist. Weil je nach Sachlage auch der ersatzlose **Wegfall der BV** eintreten kann und sodann die gesetzliche Normalbetriebsverfassung wieder anzuwenden ist, sollten die BV-Partner etwaige Übergangsbestimmungen oder Anpassungsklauseln vorsehen.[426] 174

8. Billigkeitskontrolle durch die Arbeitsgerichte

Durch die grundsätzliche – wenn auch sachlich beschränkte – Berechtigung der Betriebsparteien, mittels BV Änderungen der gesetzlichen Betriebsverfassung herbeizuführen, ist die **Gefahr** gewachsen, durch BV eine Art **Tauschhandel**[427] zu betreiben: Indem Betriebsteile zu größeren Einheiten zusammengefasst werden (Abs. 1 Nr. 1), können per saldo BR-Mitglieder eingespart und Folgekosten aus der Amtstätigkeit reduziert werden. Die Relation zwischen AN-Zahlen und BR-Mitgliedern, u. U. auch die konkrete Betreuungslage wegen zunehmender räumlicher Entfernung zwischen AN und BR-Mitgliedern, verändert sich nachteilig. Insofern kann sich hier sehr konkret bestätigen, was die ArbG in ständiger Rspr. veranlasst, BV einer **Billigkeitskontrolle** zu unterziehen,[428] weil **BR-Mitglieder** trotz besonderen Bestandsschutzes vom AG **abhängig** sind und ihnen gerade auch wegen der betriebsverfassungsrechtlichen Friedenspflicht nur begrenzte Durchsetzungsmittel zur Verfügung stehen. Als Maßstäbe für die Ausübung dieser Billigkeitskontrolle sind dabei die generalklauselartigen Erleichterungs- und Dienlichkeitsformeln des Abs. 1 Nrn. 1, 2, 4 und 5 heranzuziehen (vgl. auch Rn. 59). **Verstößt die BV** gegen diese Sachvoraussetzungen oder verletzt sie die von Abs. 2 gezogenen Schranken, so ist sie **unwirksam.**[429] Dies kann als Vorfrage in Verfahren nach § 18 Abs. 2 oder bei der Wahlanfechtung (§ 19) geltend gemacht werden. Eine **Nichtigkeit der BR-Wahl** wird man aber dennoch **nur ausnahmsweise** annehmen können (vgl. Rn. 237). 175

---

425 Dazu *Trümner*, JbArbR 36 [1999], S. 59 [70]; unentschieden geblieben in *LAG Düsseldorf* 29.4.99, LAGE § 3 BetrVG 1972 Nr. 3.

426 Dazu raten auch *Hohenstatt/Dzida*, DB 01, 2498 [2502]), denn dieser Fall ist in Abs. 4 nicht bedacht worden (vgl. auch Rn. 167 für das gleichartige Problem von Umstrukturierungen im Anwendungsbereich eines TV.

427 *Däubler*, AuR 01, 1 [3].

428 Vgl. nur *BAG* 30.1.70, AP Nr. 142 zu § 242 BGB Ruhegehalt mit Anm. *Richardi;* umfassend GK-*Kreutz*, § 77 Rn. 323 ff.

429 *Fitting*, Rn. 70.

V. Besonderheiten in tariflosen UN ohne BR (Abs. 3)

176 Abs. 3 betrifft den Fall eines **UN mit mehreren Betrieben** bzw. Betriebsteilen i. S. v. Abs. 1 Nr. 1 a).[430] Ist in keinem Betrieb dieses UN ein BR eingerichtet und besteht keine zuordnungstarifvertragliche Regelung, so können die unternehmensangehörigen AN mit Stimmenmehrheit die Wahl eines UN-einheitlichen BR beschließen (Satz 1). Satz 2 betrifft Fragen des Abstimmungsverfahrens und der dazu Initiativberechtigten. Es muss sich um **Betriebe desselben UN** handeln. Unzulässig ist es deshalb, nach dieser Bestimmung **Betriebe verschiedener UN** zusammenzufassen; die BR-Wahl wäre dann wegen offensichtlichen Verstoßes gegen die gesetzliche Vorgabe **nichtig.**[431]

177 Sofern ein UN, in dem ein oder mehrere BR bestehen, auf ein UN verschmolzen wird, bei dem ein UN-einheitlicher BR nach Abs. 3 bereits besteht, führt dies nicht zum Untergang der BRe des übertragenden UN, wenn die Betriebsidentität der betreffenden Betriebe erhalten bleibt.[432]

178 Die Bestimmung stellt neben § 4 Abs. 1 Satz 2 die einzige Möglichkeit der AN dar, selbst und unmittelbar auf die Struktur der Interessenvertretungsorganisation Einfluss zu nehmen. Als Ausnahmebestimmung ist sie im Prinzip eng auszulegen, so dass es beispielsweise unzulässig wäre, in einem BR-losen **UN mit nur einem Betrieb** eine Urabstimmung darüber durchzuführen, ob die AN überhaupt einen BR wünschen.[433]

179 Anders als in Abs. 2 ist lediglich das **Nichtbestehen eines einschlägigen (Zuordnungs)-TV** nach Abs. 1 Nr. 1 a) Voraussetzung für die Ausübung der Belegschaftsoption zugunsten eines UN-einheitlichen BR,[434] also einer einstufigen Vertretungsorganisation. Dies ist auch verständlich, soll doch nach dem Willen des Gesetzgebers die Hürde zur Überwindung des BR-losen Zustandes nicht allzu hoch gelegt sein. Dagegen geht es in Abs. 2 um die Sicherung des Tarifvorrangs gegenüber der BV, so dass dort die Voraussetzungen enger gefasst sind. Somit hindert eine sonstige Tarifgeltung in dem UN nicht die Ausübung des Optionsrechts nach Abs. 3.

180 Weitere Voraussetzung ist, dass in **keinem Betrieb** oder Betriebsteil des UN bereits **ein BR** besteht. Der Sinn dieser Einschränkung ist nicht ganz leicht zu erfassen. Sicherlich soll der Bestand eines schon existierenden BR nicht durch etwaige Wahl eines UN-BR, die zudem noch ungewiss ist, aufs Spiel gesetzt werden. Die Bestimmung lässt sich aber auch dahin verstehen, dass bei einem mehrbetrieblichen UN, in dem bereits ein oder mehrere BR vorliegen, die Initiative zur Überwindung der BR-Losigkeit in den anderen Betrieben primär beim GBR oder KBR liegen soll, zumal mit der **Novellierung 2001** das Recht des **GBR** bzw. KBR zur **Bestellung des Wahlvorstands** in BR-losen Betrieben des UN überhaupt erstmals eingeführt worden ist (§ 17 Abs. 1). Selbst **wenn** in dem betreffenden UN **nur ein BR besteht,** aber weitere BR-lose Betriebe vorhanden sind, **kann ein GBR gebildet werden,** der sodann die WV-Bestellungen nach § 17 Abs. 1 durchführen muss.[435]

181 Damit ist auch zugleich eine Antwort auf die denkbare Problemlage gefunden, dass nämlich in dem betreffenden UN zwar noch kein BR anderweitig gewählt worden ist, hierzu aber **bereits** Veranstaltungen getroffen wurden, etwa durch **Bestellung von WV** seitens eines GBR oder KBR nach § 17 Abs. 1. Auch in einer solchen Situation wird man die Ausübung des Optionsrechts der AN zu Gunsten eines UN-BR für nicht zulässig halten müssen, um Störeinflüsse auf das damit bereits anderweitig in Gang gesetzte Wahlverfahren zu vermeiden.[436] Regelmäßig entspricht diese Rangreihenfolge zur Bildung von BR auch eher der Interessenlage der initiativberechtigten AN nach Satz 2, die nämlich nicht in den besonderen Kündigungsschutz des

430 Dazu Rn. 37, 41 ff.; ErfK-*Koch,* Rn. 10; *Fitting,* Rn. 91.
431 *ArbG Hamburg* 13.6.06, NZA-RR 06, 645 = AuR 06, 413, Ls.
432 *ArbG Hamburg* 13.6.06, NZA-RR 06, 645 = AuR 06, 413, Ls.; abweichend dazu *Trappehl/Zimmer,* BB 08, 778 ff., die eine umfassende Zuständigkeit des UN-BR auch für die hinzukommenden Betriebe annehmen; vgl. auch Rn. 167.
433 Ebenso *Richardi,* Rn. 85; vgl. zum Ausnahmecharakter der Vorschrift auch *Richardi,* NZA 01, 346 [350].
434 ErfK-*Koch,* Rn. 10; *Fitting,* Rn. 94.
435 Vgl. dazu *Helm/Müller,* AiB 01, 449 ff.; insoweit auch § 47 Rn. 35; a. A. *Fitting,* § 47 Rn. 20.
436 Ebenso ErfK-*Koch,* Rn. 10, wenn die Wahl durch den WV bereits eingeleitet worden ist; ablehnend *Richardi,* Rn. 86.

§ 15 Abs. 3 a KSchG einbezogen worden sind.[437] Insofern hat man die für das Optionsrecht notwendige Voraussetzung des Fehlens eines BR entsprechend dem Normzweck dahin zu präzisieren, dass ein **in Entstehung befindlicher BR** die Beschlussfassung der AN gem. Abs. 3 zwecks Bildung eines UN-BR ebenso hindert wie ein **bereits konstituierter BR.** Demgegenüber nimmt das *LAG München*[438] an, die unternehmensweite Abstimmung bleibe solange zulässig, als bei einem bereits initiierten Wahlverfahren noch kein BR gewählt worden ist; die **bloße WV-Bestellung sperre** also **die Abstimmung nicht**. Betreibt allerdings der zunächst nur für die Wahl eines örtlichen BR gebildete örtliche WV nach Durchführung der unternehmensweiten Abstimmung die Wahl zu einem unternehmensweiten BR, so ist die auf diese Weise durchgeführte **BR-Wahl anfechtbar**, aber nicht nichtig; der örtliche WV ist nämlich unzuständig, weil die Bestellung des WV zur Durchführung der Wahl eines UN-BR auf einer unternehmensweiten Versammlung erfolgen muss.[439]

Zur Abstimmung darüber, ob ein UN-BR gewählt werden soll, sind die »Arbeitnehmer« berechtigt, ohne dass es auf deren Wahlberechtigung (§ 7) oder Wählbarkeit (§ 8) ankommt. Gemeint sind hierbei allerdings die **dem UN angehörenden AN,** also solche, die mit dem UN als Rechtsträger einen Arbeitsvertrag abgeschlossen haben, insofern genügt die bloße Betriebszugehörigkeit ohne Arbeitsvertrag mit dem UN hier nicht (vgl. § 5 Rn. 13 ff.). Damit es zur Wahl eines UN-BR kommen kann, ist ein **Mehrheitsbeschluss** der abstimmungsberechtigten AN des UN erforderlich.[440] Es bedarf also der **absoluten Mehrheit der Stimmen aller AN des UN.**[441] Die Bedeutung des absoluten Mehrheitserfordernisses darf in der Praxis nicht unterschätzt werden, denn in der Instanzrechtsprechung findet sich verbreitet die Ansicht, dass ein Verstoß die **Nichtigkeit der BR-Wahl** zur Folge habe.[442] Die Abstimmung über das Optionsrecht selbst kann **formlos** erfolgen und muss **nicht geheim** sein.[443] Sie kann daher in geeigneten Fällen auch im Umlaufverfahren und mit Hilfe eines betrieblichen Intranets durchgeführt werden, sofern dabei die Authentizität des Abstimmungsvermerks jedes einzelnen AN technisch gewährleistet ist. Die Mehrheit der auf mehreren Betriebsversammlungen anwesenden AN genügt dem absoluten Mehrheitserfordernis nicht in jedem Falle.[444] In der Tat stellt dies eine hohe Hürde dar,[445] weshalb praktisch vieles für die oben, Rn. 181, beschriebene Vorgehensweise spricht. **182**

Die **Initiative zur Abstimmung** kann von mindestens drei wahlberechtigten AN des UN ausgehen, wodurch klargestellt ist, dass diese nicht aus demselben Betrieb des UN kommen müssen. Das bereits erwähnte Fehlen eines besonderen Kündigungsschutzes (§ 15 Abs. 3 a KSchG; vgl. Rn. 181) wird allerdings dazu führen, dass von dem Initiativrecht i. d. R. die im UN vertretene Gewerkschaft Gebrauch macht. **Im UN vertreten** ist die **Gewerkschaft,** wenn sie mindestens ein Mitglied in einem Betrieb des UN hat (vgl. § 2 Rn. 79).[446] **183**

Wollen die AN in einem BR-losen **Betriebsteil** i. S. v. § 4 Abs. 1 Satz 2 ihre BR-Losigkeit aufgeben, ohne aber selbst einen eigenen BR zu wählen, geht das Optionsrecht aus § 3 Abs. 3 fehl, wenn und weil im Fall des § 4 Abs. 1 bereits ein BR im Hauptbetrieb vorhanden ist. Liegt der Fall dagegen so, dass das UN aus einem BR-losen Hauptbetrieb besteht und weiteren **Kleinstbetrieben** i. S. v. § 4 Abs. 2, besteht für das Optionsrecht nach Abs. 3 gleichfalls kein Raum, denn die Kleinstbetriebe sind bereits kraft Gesetzes (§ 4 Abs. 2) dem Hauptbetrieb zuzuord- **184**

---

437 Diese »Vergesslichkeit« des Gesetzgebers rügt zu Recht *Däubler,* AuR 01, 1 [3]; *Fitting,* Rn. 97, wollen insoweit mit dem relativen Kündigungsschutz aus § 78 i. V. m. § 134 BGB helfen.
438 31.8.07 – 3 TaBV 84/07 uv.
439 *LAG München,* a. a. O.; *Fitting,* Rn. 98, mit dem zutreffenden Hinweis, dass dies zu erheblichen praktischen Schwierigkeiten führe.
440 *BT-Drucks.* 14/5741, S. 34.
441 *ArbG Düsseldorf* 12.6.08 – 6 BV 58/08 uv.; *ArbG Darmstadt* 6.8.08 – 1 BV 5/08 uv.; ErfK-*Koch,* Rn. 10; *Fitting,* Rn. 95; a. A.: *LK,* Rn. 24, die die relative Mehrheit für genügend erachten; vgl. auch *ArbG Dresden* 19.6.08 – 5 BV 25/08 uv., das einfache Stimmenmehrheit der Wahlteilnehmer genügen lässt.
442 ArbG *Düsseldorf,* a. a. O.; *ArbG Darmstadt,* a. a. O.
443 *Fitting,* Rn. 96; kritisch gerade wegen des Fehlens formaler Sicherungen *Däubler,* AuR 01, 1 [3].
444 *Fitting,* Rn. 95.
445 *Fitting,* a. a. O.
446 ErfK-*Koch,* Rn. 10.

nen; einer besonderen Zusammenfassung zu einer betriebsverfassungsrechtlichen Wahleinheit kraft Belegschaftsbeschlusses bedarf es hier nicht.

185 Zur Frage, ob die durch den AN-Entscheid herbeigeführte **zentrale BR-Struktur** wieder **rückgängig gemacht werden** kann, vgl. zunächst Rn. 60, 62. Anders als im Fall des § 4 Abs. 1 Satz 2 ist in § 3 Abs. 3 keine Widerruflichkeit des Votums für einen UN-BR vorgesehen, so dass bei positivem Votum und den anschließend entsprechend durchgeführten Wahlen diese Struktur **Dauerwirkung** hat und nicht nur für die jeweilige Amtszeit gilt.[447] Dennoch wird man es auch für zulässig halten müssen, dass der gewählte UN-BR die notwendigen Schritte zur **Einführung der gesetzlichen Vertretungsstruktur** einleitet, sofern sich dies wegen der betrieblichen Bedingungen (z. B. großer räumlicher Entfernungen der Betriebe zueinander) als sinnvoller erweist und nicht zu erwarten ist, dass dann wiederum Betriebsteile betriebsratslos werden.[448]

VI. Erstmalige Anwendbarkeit kollektivvertraglicher Regelungen (Abs. 4)

186 Abs. 4 befasst sich mit den **organrechtlichen Folgen** des In-Kraft-Tretens einer vom Gesetz abweichenden Regelung nach Abs. 1 Nr. 1 bis 3. Dabei sieht Satz 2 den Vorrang einer kollektivvertraglichen Festlegung vor, bestimmt aber dennoch, dass die Amtszeit von BR, die durch die kollektivrechtlichen Regelungen entfallen, stets erst mit der **Bekanntgabe des Wahlergebnisses** endet. Zugleich ist dieser Regelung zu entnehmen, dass der Gesetzgeber beim Übergang von der gesetzlichen zur kollektivvertraglich geregelten Betriebsverfassung den Eintritt vertretungsloser Zeiten in einer Übergangsphase vermeiden will. Dies entspricht der in § 21 a enthaltenen grundsätzlichen Wertung zugunsten des Vorrangs der **Vertretungskontinuität trotz** oder bei Eintritt von Bedingungen, die eine **Diskontinuität der organisatorischen Grundlagen** für das Vertretungsorgan herbeiführen.

187 **Nicht zutreffend** ist die Ansicht des *ArbG Frankfurt a. M.*,[449] ein TV über die Errichtung eines **UN-übergreifenden SpartenGBR** durch Entsendung aus gesetzlichen BR sei deswegen unwirksam, weil ein derartiges Gremium nicht nach erfolgter Wahl gesetzlicher Einzel-BR und **während deren Amtsperiode** errichtet werden könne, da der Wähler wissen müsse, zu welche Gremien der von ihm gewählte BR weitere Repräsentanten entsende: auch bei UN- und Konzernumstrukturierungen weiß der Wähler allerdings nicht im Vorhinein, ob und in welchen GBR oder KBR »sein« Einzel-BR zu entsenden hat, wenn die Voraussetzungen zur Errichtung eines GBR/KBR erst nach der BR-Wahl eintreten.

188 Die Regelung ist auch anzuwenden, wenn eine vorhergehende kollektivvertragliche Struktur durch eine nachfolgende andere kollektivvertragliche Regelung abgelöst wird.

189 Sofern der Kollektivvertrag jedoch keine spezielle Regelung zu einem abweichenden Wahlzeitpunkt trifft, greift **Satz 1** ein, der die bestehenden BR bis zu den **nächsten regelmäßigen BR-Wahlen** weiter amtieren lässt und erst dann den Übergang zur abweichenden Regelung ermöglicht. Insoweit unterliegt es auch keinen durchgreifenden Bedenken, wenn ein TV zwar mit sofortiger Wirkung die in ihm geregelten Strukturabweichungen in Kraft setzt, die amtierenden BR jedoch im Amt belässt und die weiteren Auswirkungen – etwa in der Organzusammensetzung – erst mit den später folgenden Neuwahlen gem. der tariflichen Regelung greifen lässt. Anders ist dies nur dann, wenn entweder kein (in seiner Amtszeit zu schützender) BR besteht oder aus den Gründen des § 13 Abs. 2 ohnehin außerordentliche Neuwahlen erforderlich sind. Im letzteren Falle dürfte der TV, durch den zwar die Strukturveränderung sofort in Kraft gesetzt, von einer Neuwahl aber zunächst noch abgesehen wird, um die amtierenden BR in ihrer Kontinuität zu schützen, wohl dann nicht von einer Neuwahl absehen, wenn in Anlehnung an § 13 Abs. 2 Nr. 1 die Belegschaftsstärke durch tarifliche Zusammenfassung von Betrieben/Betriebsteilen einer erheblichen Schwankung ausgesetzt ist. Diese Einschränkung der tariflichen Gestaltungsfreiheit wird jedoch dann nicht berührt, wenn durch unternehmensrechtliche Ausgliederung von Betriebsteilen aus einem Betrieb i. S. v. §§ 1, 4 nunmehr

447 ErfK-*Koch*, Rn. 10; *Fitting*, Rn. 100.

448 Vgl. auch Rn. 194; *Richardi*, Rn. 90, *Fitting*, Rn. 100, und ErfK-*Koch*, Rn. 10, halten den vorangehenden Widerruf des Beschlusses bzw. erneute, gegenläufige Abstimmung der AN für erforderlich.

449 30.3.04 – 4 BV 438/03.

zwar eine Mehrheit von UN entsteht, diese jedoch – etwa weil die Voraussetzungen eines gesetzlichen gemB nicht vorliegen – durch Kollektivvertrag zu einem Standortbetrieb zusammengefasst werden. In diesem Falle ändert sich – sofern nicht zusätzlich erhebliche Neueinstellungen erfolgen – die personelle Zusammensetzung des Wahlkörpers nicht, so dass die demokratische Legitimation des BR vorher wie nachher besteht.

Wird ein **Betrieb oder Betriebsteil,** in dem ein BR nach den gesetzlichen Bestimmungen gewählt worden ist, auf ein Unternehmen **übertragen,** in dem die BR-Strukturen durch ZuordnungsTV geregelt sind, geht der BR des übergehenden Betriebs entgegen irriger Annahmen in der Instanzrechtsprechung (dazu Rn. 191) auch dann nicht im Zeitpunkt des Betriebsübergangs automatisch unter, wenn der ZuordnungsTV in abstrakt-genereller Weise die Zuordnung hinzu erworbener Betriebsstätten zu den tariflichen Wahlbetrieben vorsieht.[450] Insoweit hat das *BAG*[451] zutreffend entschieden, dass mit dem ZuordnungsTV selbst **keine Veränderungen der bisherigen Betriebsstruktur** verbunden sind und ein Verlust der Betriebsidentität nicht eintritt, es sei denn, es werden zugleich zusätzliche Maßnahmen zur Änderung der Organisations- und Leitungsstrukturen ergriffen; erst nach der ersten BR-Wahl unter dem ZuordnungsTV in der neuen Einheit haben die tariflich zusammengefassten Betriebe keine eigenständige AN-Vertretung mehr. **190**

Demgegenüber vertreten einige *Landesarbeitsgerichte* fälschlich[452] die Ansicht, bereits mit dem Betriebsübergang nach § 613 a BGB in den durch ZuordnungsTV gebildeten Regionalbetrieb erfolge die Eingliederung in diesen, so dass der BR des übertragenen Betriebs sein Mandat verliere.[453] Begnügt sich der TV damit, lediglich den im Zeitpunkt seines Abschlusses vorgefundenen Status an Betriebsstätten zu erfassen (**statischer Zuordnungs-TV**), scheidet eine Anwendung des TV auf hinzutretende Organisationseinheiten ohnehin schon aus; es wäre dann ggf. ein Ergänzungs-TV abzuschließen. Die Anwendbarkeit des TV auf einen hinzukommenden Betrieb i. S. d. § 1 kann schon daran scheitern, wenn er in gegenständlicher Hinsicht lediglich die Zusammenfassung von Betriebs*teilen,* nicht aber auch von Betrieben vorsieht. Nach Ansicht des *BAG*[454] soll ein Zuordnungs-TV seinen betrieblichen **Geltungsbereich auch dynamisch regeln** können, etwa indem er die Errichtung von BR für Regionen/Bezirke vorsieht, in denen eine Regional-/Bezirksleitung des AG etabliert ist. Es erscheint allerdings einigermaßen rätselhaft, wie eine solche gewillkürte Betriebsstruktur, die von der wandelbaren Leitungsstruktur des AG abhängt, mit dem vom *BAG* selbst zu Recht betonten Gebot der Bestimmtheit und der Normenklarheit zu vereinbaren sein soll. Ferner bestehen erhebliche Zweifel daran, dass zum Zeitpunkt einer vereinbarten Dynamik überhaupt schon Sachverhalte zutreffend beurteilt werden können, die sich erst in der Zukunft ereignen werden. Da der TV als Wirksamkeitsvoraussetzung stets die »Dienlichkeitsvorgabe« erfüllen muss, wäre bei einem solchen künftig eintretenden Sachverhalt eine erneute Überprüfung durch die TV-Parteien erforderlich, da sie ihren Beurteilungsspielraum aufgrund der gesetzlichen Voraussetzungen nach pflichtgemäßem Ermessen auszuüben haben. **191**

Die erstmalige **Anwendbarkeit des TV auch auf den hinzutretenden Betrieb oder Betriebsteil** setzt aber auch im Falle eines Ergänzungs-TV nach Abs. 4 Satz 1 die Beteiligung der hinzukommenden Belegschaft an der Wahl nach dem TV voraus.[455] Die »andere« Bestimmung i. S. d. Abs. 4 Satz 1 lässt nämlich nur die abweichende Regelung des Wahlzeitpunktes zu,[456] nicht aber die Integration des Betriebs unter Erlöschen eines bestehenden BR.[457] Ein Zusammenschluss der beteiligten Betriebe mit der dann ggf. eintretenden betriebsverfassungsrecht- **192**

450 Sog. dynamischer Zuordnungs-TV; dazu *Trümner,* FA 07, 266 f.; ähnlich auch *ArbG Hamburg* 13.6.06, NZA-RR 06, 645 ff. = AuR 06, 413, Ls., für den Fall der Verschmelzung eines Betriebs mit BR auf ein UN mit einheitlichem BR nach Abs. 3.

451 18.3.08, NZA 08, 1259; 7.6.11, NZA 12, 110 ff.

452 Und ohne Auseinandersetzung mit der gegenläufigen Ansicht des *BAG* 18.3.08, a. a. O.

453 Vgl. *LAG Schleswig-Holstein* 9.7.08, DB 09, 71 [Ls.]; *LAG Niedersachsen* 22.8.08 – 12 TaBV 14/08 uv.; *LAG Mecklenburg-Vorpommern* 8.10.08 – 2 TaBV 6/08 uv.; *LAG Hamm* 23.1.09 – 10 TaBV 67/08 uv.

454 21.9.11., NZA-RR 12, 186 ff.

455 *BAG* 13.8.08, a. a. O.

456 *Fitting,* Rn. 75.

457 A. A. offenbar WHSS-*Hohenstatt,* D. Rn. 198.

lichen Wirkung des Untergangs von BR **bedarf vielmehr des Verfahrens nach §§ 111, 112.** Solange dies nicht durchgeführt ist, kann sich der Erwerber nicht auf den Untergang des BR berufen.[458] Auch steht den Parteien des TV ohnehin nicht die Rechtsmacht zu, anstelle der Betriebsparteien über eine Betriebsänderung i. S. d. § 111 (Zusammenschluss nach § 111 Satz 3 Nr. 3 im Wege der Eingliederung) zu entscheiden, denn diese Bestimmung steht nicht unter Tarifvorbehalt, so dass eine **tarifliche Beseitigung dieses Beteiligungsrechts des BR nicht möglich** ist. Der BR und auch der erworbene Betrieb bestehen insoweit zunächst unverändert fort. Ggf. hat der hinzu kommende BR in den GBR des übernehmenden UN zu entsenden oder es ist erstmals überhaupt ein GBR zu bilden.[459] Infolge der – ggf. nur bis zum Abschluss des Interessenausgleichsverfahrens vorübergehenden – **Fortdauer der Betriebsidentität** bleiben auch die vorhandenen BV des übertragenen Betriebs unberührt.[460]

193 Die Erwähnung allein von Regelungen nach Abs. 1 Nr. 1 bis 3 verdeutlicht, dass nur bei diesen Fallgruppen **Mitbestimmungsorgane** geschaffen werden, die an die Stelle von gesetzlichen BR treten können. Zugleich kann daraus aber entnommen werden, dass nur diejenigen Regelungen z. B. eines TV, die eine Zusammenfassung zu Regionalbetrieben vorsehen, ggf. erst bei den nächsten regelmäßigen BR-Wahlen anzuwenden sind, während in demselben TV enthaltene Bestimmungen über **zusätzliche AN-Vertretungen** i. S. v. Abs. 1 Nr. 5 durchaus auch schon zu dem Zeitpunkt des In-Kraft-Tretens des TV – also früher – anwendbar sein können. Diese Einzelheiten festzulegen obliegt allerdings der Regelungsbefugnis der Kollektivvertragsparteien.

194 Dagegen hat der Gesetzgeber nicht die Fragen bedacht und geregelt, die mit der **Rückkehr** von der kollektivvertraglichen Regelung **zum gesetzlichen Modell der Betriebsverfassung** verbunden sind, insbesondere bei ersatzloser Beendigung eines Kollektivvertrags nach Abs. 1 Nr. 3 (vgl. dazu auch Rn. 166 und Rn. 185). In den Anwendungsfällen des **Abs. 1 Nr. 1** tritt dabei regelmäßig eine der **Betriebsspaltung** ähnliche Situation auf. Da bei Ablauf des vorangehenden TV bzw. BV eine Nachwirkung nicht eintritt, sondern sofort die gesetzliche Regelung gilt (vgl. Rn. 231 ff.), lässt sich die Vertretungskontinuität nur durch eine entsprechende **Anwendung des § 21 a** sichern, sofern der jeweilige, auslaufende Kollektivvertrag nicht selbst eine Regelung für diese Situation enthält.[461] In den Anwendungsfällen des **Abs. 1 Nr. 2** werden dagegen die zuvor in Sparten aufgetrennten Betriebe wieder zu einheitlichen Betrieben zusammengefügt, so dass auch hier – mangels etwaiger Regelung in dem Kollektivvertrag – die entsprechende Anwendung von § 21 a den Eintritt vertretungsloser Zeiten verhindert.[462] Beim Übergang von der gesetzlichen zur gewillkürten Struktur und umgekehrt sowie bei Änderungen eines Zuordnungs-TV wird der jeweils neu gewählte BR **Funktionsnachfolger** seines Vorgängers und tritt z. B. in dessen Beteiligtenstellung in einem arbeitsgerichtlichen Beschlussverfahren ein; entstehen hierbei mehrere neue Einheiten, sind die neuen BR zusammen Funktionsnachfolger des einen bisherigen BR[463]. Allerdings setzt die Funktionsnachfolge voraus, dass die vor und nach der jeweiligen Änderung von den BR jeweils repräsentierten organisatorischen Einheiten zuverlässig voneinander abgegrenzt werden können. Vgl. zu den **Auswirkungen auf bestehende BV** in den zusammengefassten bzw. getrennten Betrieben Rn. 208 f.

VII. Die Fiktion von Betrieben und Betriebsräten (Abs. 5)

195 **Abs. 5 Satz 1** enthält eine **gesetzliche Fiktion** dahin gehend, dass die durch TV oder BV nach § 3 Abs. 1 Nrn. 1 bis 3 gebildeten betriebsverfassungsrechtlichen Organisationseinheiten so anzusehen sind, als seien sie ein **Betrieb** im Sinne des BetrVG. Sofern der TV sich gem. Abs. 4 S. 1 ein sofortiges Inkrafttreten beilegt, greift die Fiktionswirkung bereits mit dem Inkraft-

---

458 Vgl. *LAG Düsseldorf* 18.5.99 – 6 TaBV 101/98, uv., für den umgekehrten Fall der Betriebsspaltung.
459 Ebenso WHSS-*Hohenstatt*, a. a. O.; GK-*Franzen*, Rn. 63.
460 *BAG* 13.8.08, a. a. O.
461 Dafür wohl auch *Richardi*, Rn. 65.
462 Ebenso ErfK-*Koch*, Rn. 11.
463 *BAG* 24.8.11, NZA 12, 223, 224.

treten, so dass etwa für die Frage der Freistellungen gem. § 38 die größere Zahl der AN in den zusammengefassten Einheiten maßgeblich ist. Die Bestimmung ähnelt der Betriebsfiktion des § 4 Abs. 1 Satz 1. Werden durch TV Sparten – GBR im Konzern errichtet, greift diese Betriebsfiktion naturgemäß nicht ein, da es sich nicht um eine Regelung zur Basisorganisationseinheit »Betrieb« handelt.[464] **Satz 1 begrenzt** die rechtlichen **Fiktionswirkungen** zwar ausdrücklich **auf das BetrVG,** so dass in anderen arbeitsrechtlichen Gesetzen grundsätzlich der dort u. U. abweichende Betriebsbegriff maßgebend bleibt, es muss aber differenziert werden (vgl. dazu Rn. 199 ff.).[465]

Eine Regelung nach Abs. 1 Nr. 1 bis 3 grenzt **nicht** den **Betriebsbegriff** anders ab, indem etwa **196**
andere Begriffsmerkmale zugrunde gelegt werden könnten (zu deren Indifferenz § 1 Rn. 59 ff.), sondern legt in Abweichung von der gesetzlichen Struktur eine anders abgegrenzte organisatorische Einheit **für die Dauer ihrer Laufzeit** als Betrieb fest, in dem die gesetzliche Mitbestimmungsordnung gilt. Die kollektivvertragliche Ordnung der Betriebsverfassung lässt nur **einen fingierten Betrieb** entstehen, bewirkt dadurch allein aber **keine Betriebsänderung** i. S. d. § 111 Satz 3 Nr. 3. Aus diesem Grunde führt etwa auch die Zusammenfassung von Betrieben nach Abs. 1 Nr. 1 b) **nicht** zum **Verlust der Betriebsidentität**. Wollte man das Gegenteil annehmen, müsste man auf die darin liegende Spaltung bzw. den Zusammenschluss die §§ 21 a, 21 b anwenden mit der Folge, dass BR unmittelbar ihr reguläres Amt verlören. Gerade dies wird durch Abs. 4 vermieden, indem der Wahlzeitpunkt abweichend von § 21 a geregelt wird.[466] Deshalb **gelten** auch bei einer kollektivvertraglichen Zusammenfassung von Betrieben/Betriebsteilen **die bestehenden BV** in ihrem bisherigen Wirkungsbereich unverändert als Kollektivordnungen **weiter** (vgl. Rn. 208 f.).[467]

Entsteht durch die kollektivvertragliche Zusammenfassung eine an AN **größere Einheit,** so **197**
sind die höheren Schwellenwerte dort zugrunde zu legen, wo das BetrVG für **Beteiligungsrechte** des BR, aber auch für dessen **Organisationsrechte** (§§ 9, 27, 28, 38) eine bestimmte Größenordnung voraussetzt.[468] Gleichwohl sollte die kollektivrechtliche Zusammenfassung von Betrieben/Betriebsteilen gut bedacht sein, weil hierdurch eine **Verschlechterung der Beteiligungsrechte** eintreten kann: So soll bei der Beurteilung, ob eine den §§ 111, 112 unterliegende Betriebsänderung gegeben ist, auf die Größe des nach Abs. 5 fingierten Betriebs abzustellen sein, so dass bei einem durch TV zu einem unternehmensweit zusammengefasstem Betrieb eines Filial-UN mit mehr als 1500 AN die Schließung einer Filiale mit 40 AN in Ansehung von § 17 Abs. 1 KSchG, §§ 111, 112 a BetrVG nicht von einer Betriebsänderung auszugehen wäre, weil es sich hierbei nicht um einen wenigstens wesentlichen Betriebsteil handelt.[469] Ohne Zuordnungstarifvertrag wäre diese Filiale als gesetzlich fingierter Betrieb nach § 4 Abs. 1 einzuordnen und von einer interessenausgleichs- und sozialplanpflichtigen Betriebsänderung auszugehen (näher § 111 Rn. 48).

Abs. 5 Satz 2 verdeutlicht, dass die in den gem. Abs. 1 Nrn. 1 bis 3 gebildeten Organisations- **198**
einheiten errichteten UN-BR, Regional-BR, Sparten-BR usw. als legitimierte AN-Vertretungen anzusehen sind, die sämtliche Rechte und Pflichten eines BR innehaben. Sie **ersetzen** insoweit den nach gesetzlicher Abgrenzung der Betriebe an sich **zuständigen BR,** treten also **im Grundsatz nicht neben** ihn.[470] Dass die Mitglieder einer kollektivvertraglich eingerichteten AN-Vertretung die **Rechtsstellung eines BR-Mitgliedes** einnehmen, sichert die zur Amtsausübung notwendige Unabhängigkeit gegenüber dem AG. Zu beachten ist, dass in Satz 2 – anders als in Satz 1 – nicht nur die im BetrVG enthaltenen Vorschriften für anwendbar erklärt sind, sondern auch solche in anderen Gesetzen. Daher sind insbesondere die die Amtsträger schützenden kündigungsrechtlichen Bestimmungen (§ 15 KSchG) in Bezug genommen.[471] Im Falle

464 *ArbG Frankfurt a. M.* 24.5.06, NZA-RR 07, 25, Ls.
465 Vgl. *Däubler,* AuR 01, 285 [288]; *Franzen,* ZfA 00, 285 [304 f.]; ErfK-*Koch,* Rn. 12; *Fitting,* Rn. 76; *LAG Hamburg* 20.9.04 – 8 Sa 109/03 uv.; näher unter Rn. 198 f., 210.
466 Ebenso *BAG* 18.3.08, a. a. O.
467 *BAG* 18.3.08, a. a. O.
468 Vgl. auch *BT-Drucks.* 14/5741, S. 35; *Fitting,* Rn. 77; wegen etwaiger Abweichungen siehe auch Rn. 113.
469 So *LAG Köln* 3.3.08, BB 08, 1570; ähnlich *ArbG Flensburg* 24.1.08, AiB 08, 351.
470 ErfK-*Koch,* Rn. 12; *Fitting,* Rn. 80; vgl. zu Ausnahmen Rn. 103.
471 ErfK-*Koch,* a. a. O.; *Fitting,* Rn. 78.

einer **Betriebsstilllegung nach § 15 Abs. 4 KSchG**, von der nur ein Teil des kollektivvertraglich zusammengefassten Betriebs erfasst wird, ist deshalb das in dem stillzulegenden Betriebsteil beschäftigte BR-Mitglied in eine andere Betriebsabteilung des »Tarifbetriebs« zu übernehmen, weil im Rahmen des § 15 Abs. 4 KSchG auf den betriebsverfassungsrechtlichen, ggf. durch Zuordnungsvertrag nach § 3 Abs. 5 modifizierten, Betriebsbegriff abzustellen ist.[472] Die in Satz 2 enthaltene Bezugnahme auf andere als im BetrVG enthaltene Vorschriften über die Rechte und Pflichten des BR bedeutet z. B., dass die **Kooperationspflichten aus § 9 ASiG** gegenüber dem BR der kollektivvertraglich gebildeten Organisationseinheit zu erfüllen sind.

199 Wegen andernfalls möglicherweise auftretender Lücken im betriebsverfassungsrechtlichen Gesamtsystem sollte Abs. 5 Satz 1 (»im Sinne dieses Gesetzes«) allerdings dahin **erweiternd** verstanden werden, dass die abweichend vom Gesetz gebildete Organisationseinheit nicht nur als Betrieb im Sinne des BetrVG gilt, sondern auch »im **Sinne sonstiger mitbestimmungs- und betriebsverfassungsrechtlicher Normen**« zu verstehen ist.[473] Das gilt insbes. dort, wo in einem anderen Gesetz direkt oder der Sache nach auf den betriebsverfassungsrechtlichen Betriebsbegriff verwiesen wird. Im Einzelnen gilt folgendes:

200 Die anderweitig festgelegte betriebsverfassungsrechtliche Organisationseinheit nach Abs. 1 Nr. 1 bis 3 ist auch der **JAV-Bildung** zu Grunde zu legen, da es sich hierbei um eine betriebsverfassungsrechtliche Vertretung handelt. **Fraglich** ist aber, **ob** und ggf. wann eine **JAV**, die noch unter nach dem Gesetz abgegrenzten Einheiten gewählt wurde, ihr **Amt verliert**, wenn eine anderweitige Regelung durch TV/BV getroffen wird. Das Problem ist auch für SchwbV und SpA von Bedeutung (vgl. Rn. 205 bzw. 204). Dabei sind verschiedene Konstellationen zu unterscheiden[474]:

201 • Trifft der TV bzw. die BV selbst **keine Regelung über die erstmalige Wahl** (Fall des Abs. 4 Satz 1), tritt der Kollektivvertrag aber bereits vor dem Zeitpunkt der nächsten regelmäßigen BR-Wahlen in Kraft[475], dann ist die anderweitige Betriebsabgrenzung analog Abs. 4 Satz 1 bereits bei der nächstfolgenden regelmäßigen JAV-Wahl anzuwenden, selbst wenn zu diesem Zeitpunkt noch der gesetzliche BR amtiert. Zwar spricht das Gesetz insoweit nur von der »regelmäßigen BR-Wahl«, offenbar hat der Gesetzgeber aber das Problem der asynchronen Amts- und Wahlzeitpunkte für den BR und die JAV nicht bedacht. Sollen nach dem Vereinbarungsinhalt dagegen **Wirkungen des TV/der BV** erst zu den nächsten regelmäßigen BR-Wahlen eintreten, bleibt es für etwa zuvor noch fällige JAV-Wahlen bei der gesetzlichen Betriebsabgrenzung. Die so gewählte gesetzliche JAV bleibt aber auch dann noch bestehen, wenn nachfolgend der BR nach dem TV/der BV gewählt wird, denn Abs. 4 Satz 2 lässt selbst für den BR die Amtszeit nur dann vorzeitig enden, wenn der TV/die BV ausdrücklich einen anderen Wahlzeitpunkt vorsieht. Da insoweit eine Regelung zur JAV fehlt, ist es umso weniger möglich, diese vorzeitig »aus dem Amt zu tarifieren«; es hätte dazu einer ausdrücklichen Regelung bedurft.

202 • **Sieht der TV** oder die BV dagegen einen **anderen Wahlzeitpunkt** für die BR-Wahl vor (Fall des Abs. 4 Satz 2), endet nach dem Gesetzeswortlaut nur die Amtszeit bestehender BR mit Bekanntgabe des Wahlergebnisses. Ist zu diesem Zeitpunkt noch eine gesetzliche JAV im Amt, besteht diese bis zum Ablauf ihrer regulären Amtszeit fort und ist erst dann für den fingierten Betrieb neu zu wählen. Dass der BR dann ggf. vorübergehend mit mehreren JAV zu tun hat, ist hinzunehmen; ähnliches gilt auch im Falle von SpA und SBV (vgl. Rn. 204 bzw. 205). Zweifelhaft erscheint, ob durch TV/BV auch für JAV ein vom Gesetz abweichender Wahlzeitpunkt festgelegt werden könnte. Damit wäre u. U. zu Lasten des Auszubildenden ein Eingriff in den zwingenden Schutz nach § 78 a Abs. 3 verbunden, weshalb dies ausscheidet. Im Übrigen lässt schon der Wortlaut des § 3 Abs. 4 Satz 2, der nur die BR-Wahlen betrifft, derartiges für JAV nicht zu[476].

---

472 *LAG Rheinland-Pfalz* 25.1.07 – 4 Sa 797/06 uv.; *ArbG Cottbus* 18.7.07 – 6 Sa 209/06 uv.
473 Ebenso *Sobotta*, S. 218; GK – *Franzen*, Rn. 68; ausführlich *Mückl*, DB 10, 2615 ff.
474 Zur Klarstellung sollte diese Frage in der Tarifpraxis mit bedacht werden.
475 Das wird vielfach nicht bedacht, wenn die Vertragsparteien üblicherweise nur bestimmen, dass der Vertrag bereits »mit seiner Unterzeichnung in Kraft« trete.
476 Kritisch zur vom Gesetz zugelassenen tariflichen Amtszeitverkürzung selbst für BR auch *Fitting*, Rn. 75.

Wird eine **JAV abweichend vom Gesetz** nach Abs. 1 Nr. 3 eingeführt, **gelten §§ 78, 78 a** über Abs. 5 Satz 2 auch **für die Mitglieder** dieser tariflichen Vertretung.[477] Handelt es sich aber um eine Ausbildungsvertretung *sui generis* (dazu Rn. 31), soll Abs. 5 Satz 2 nicht anzuwenden sein,[478] so dass die Rechte aus §§ 78, 78 a für deren Mitglieder leer laufen würden, wenn sie nicht durch den TV ausdrücklich mit geregelt werden. **203**

Auf die organisatorischen **Grundlagen des SpA** wirkt sich die vom BetrVG abweichende Organisationseinheit nur scheinbar nicht aus, weil die gesetzliche SpA-Struktur an sich nicht der kollektivvertraglichen Änderung zugänglich ist.[479] **Auch** das **SprAuG** gehört jedoch materiell zum **Betriebsverfassungsrecht**[480], so dass auf die organisatorische Einheit des Betriebs einschließlich ihrer anderweitigen Regelbarkeit gem. § 3 abzustellen ist, selbst wenn es an einer ausdrücklichen Verweisung im SprAuG fehlt.[481] Das ergibt sich aus **§ 3 Abs. 2 TVG**, wonach betriebsverfassungsrechtliche Normen ohne Rücksicht auf die Tarifgebundenheit der AN notwendig nur einheitlich in den Betrieben des AG gelten können. Auch den **Wahlen eines SpA** ist daher die **nach § 3 abweichend vom BetrVG** geregelte Organisationseinheit als Betrieb zu Grunde zu legen. Dafür spricht auch die durch wechselseitige Kooperationspflichten zwischen BR und SpA gekennzeichnete **Verzahnung** beider Vertretungsrechte.[482] Ähnlich wie bei den JAV (Rn. 201, 202) tritt bei asynchronen Wahlzeitpunkten und Amtszeiten allerdings auch hier **kein sofortiger Amtsverlust** ein. **204**

Nach **§ 87 Abs. 1 SGB IX** richtet sich der für die Wahlen der **SchwbV** maßgebliche Begriff des Betriebs nach dem BetrVG. Deshalb sind die SchwbV **entsprechend der tariflichen Betriebsstruktur** zu wählen, nicht nach der gesetzlichen Betriebsabgrenzung gem. §§ 1, 4.[483] Wegen der der ggü. den BR asynchronen Wahlzeitpunkten und Amtszeiten gilt wegen eines evt. **Amtsverlustes** das zu den JAV Gesagte (Rn. 201, 202) entsprechend. **205**

Aufgrund des mitbestimmungssystematischen Zusammenhanges (vgl. Rn. 199) ist jedenfalls in den folgenden Fällen einer ausdrücklichen **Bezugnahme auf den Betriebsbegriff** des BetrVG auch die kollektivvertraglich abweichend geregelte Organisationseinheit als Betrieb und der in ihnen gebildeten BR für die Rechtsanwendung zu Grunde zu legen[484]: **206**

- **§§ 4 Abs. 2, §§ 8 SEBG, SCEBG** (Information über die Gründung einer SE oder SCE; Bildung des Besonderen Verhandlungsgremiums);
- **Grenzüberschreitende Verschmelzungen** (§ 2 Abs. 6 MgVG);
- MitbG 1976, DrittelbG, MontanMitbErgG;
- UN-Mitbestimmung bei **Kapitalanlagegesellschaften** (§ 6 Abs. 1, 4 InvG).

Dasselbe (Rn. 206) ist anzunehmen **207**

- für das MontanMitbG[485],
- grundsätzlich auch für die örtl. Zuständigkeit des *ArbG* nach § 82 Abs. 1 ArbGG[486],

auch wenn diese Gesetze **keinen ausdrücklichen Bezug auf das BetrVG** enthalten. Bei der örtl. Zuständigkeit ergeben sich jedoch dann Probleme, wenn die fingierte Einheit sich über **mehrere Gerichtsbezirke** hinweg erstreckt. *Mückl* will dann auf den Sitz der für die Organisationseinheit maßgeblichen Leitung abstellen[487], was wegen der für die ähnliche Fiktion aus § 4 Abs. 1 Satz 1 BetrVG angenommenen Folge[488] auch hier zwar grundsätzlich zutrifft, aber übersieht, dass gerade in den Fällen des § 3 nicht stets die Frage des Leitungssitzes das struk-

477 *LAG München* 6.9.06, LAGE § 78 a BetrVG 2001 Nr. 3.
478 *BAG* 13.8.08 – 7 AZR 450/07 uv.
479 Änderung der Ansicht ggü. den *Vorauflagen*; so jetzt auch *Fitting*, Rn. 79; wie hier GK – *Franzen*, Rn. 68.
480 *Mückl*, DB 10, 2615, 2617 m. w. N.
481 ErfK-*Oetker*, § 1 SprAuG Rn. 2.
482 So wohl auch *Sobotta*, S. 221.
483 *BAG* 10.11.04, EzA § 3 BetrVG 2001 Nr. 1; *Fitting*, Rn. 79 ebenso *Sobotta*, S. 217 f.; anders noch *BAG* 7.4.04, AP Nr. 3 zu § 94 SGB IX zu § 3 BetrVG a. F.
484 Ausführlich dazu mit zutreffenden Erwägungen *Mückl*, DB 10, 2615 f.
485 *Mückl*, a. a. O., S. 2617.
486 A. A. jedoch wegen unzulässiger Dispositivität der Vorschrift *LAG Baden-Württemberg* 7.8.09, LAGE Nr. 2 zu § 82 ArbGG 1979; *HessLAG* 7.10.10 – 9 TaBV 86/10; *ArbG Potsdam* 10.2.10 – 7 BV 149/09.
487 A. a. O., S. 2617.
488 ErfK-*Koch*, § 82 ArbGG Rn. 2.

turgebende Kriterium für den tarifierten Wahlbereich eines BR sein muss. In derartigen unklaren Fällen dürfte der **Sitz des UN** der zutreffende Anknüpfungspunkt sein.[489]

208 Vom Gesetzgeber nicht geregelt ist, welche Auswirkungen sich sowohl beim **Übergang** von der gesetzlichen Vertretungsstruktur **zur kollektivvertraglich** strukturierten **und** bei der **Rückkehr** zu ihr bezüglich der vorgefundenen bzw. unter Geltung des TV bzw. der BV geschaffenen BV ergeben. Auch wenn eine Reihe der konkreten Ausprägungen bei den Fallgruppen nach Abs. 1 Nr. 1 bis 3 hohe Ähnlichkeiten mit Betriebsspaltungen und Betriebszusammenschlüssen aufweisen (vgl. beispielhaft Rn. 194), lässt sich dennoch nicht vertreten, dass hier eine Betriebsänderung i. S. v. § 111 Satz 3 Nr. 3 vorliegt, nur weil die arbeitnehmerseitigen Repräsentationsbereiche anders zugeschnitten werden (vgl. Rn. 196; anders ist das, wenn bei fortbestehendem TV Zusammenlegungen erfolgen, vgl. Rn. 167).

209 Daher besteht auch kein Grund zu der Annahme, dass etwa wegen der kollektivvertraglichen Zusammenfassung von Betrieben dort bestehende BV verdrängt werden könnten oder in das Stadium der Nachwirkung hinabsinken. Die vormaligen **BV bleiben** vielmehr mit ihrem jeweiligen sachlichen und persönlichen Wirkungsbereich **in Kraft und bilden** innerhalb der zusammengefassten betriebsverfassungsrechtlichen Organisationseinheiten sektorale **normative Teilordnungen.**[490] Ihre Geltung ist auf den Betriebsteil des (gewillkürten) Einheitsbetriebs beschränkt, der ihrem bisherigen Geltungsbereich entspricht[491]. Schließt sodann die nach TV oder BV gebildete AN-Vertretung für den fingierten Betrieb eine andere BV zu demselben Sachgegenstand, verdrängt diese jüngere BV die ältere des jeweiligen Vorgänger-»Betriebs« nach der Zeitkollisionsregel.[492] Denkbar ist aber auch, dass neue BVen ihren Geltungsbereich so umgrenzen, dass eine Verdrängungswirkung nicht entsteht. Kehrt die kollektivvertraglich gebildete Organisationseinheit unter die Geltung des Gesetzes zurück, wirken z. B. die in einer tariflichen Organisationseinheit abgeschlossenen BV gleichfalls als sektorale normative Teilordnungen in den nun wieder betriebsverfassungsrechtlich eigenständigen Betrieben/Betriebsteilen fort.

210 Für die §§ 1, 23 **KSchG** verbleibt es dagegen bei der herkömmlichen Betriebsabgrenzung nach dem **Betriebsbegriff des KSchG**, so dass die tariflich geschaffene Organisationseinheit insoweit keine kündigungsschutzrechtliche Bedeutung erlangt.[493] Das *BAG* lässt selbst eine nach dem früheren § 4 Abs. 1 Nr. 1 BetrVG vorgenommene betriebsverfassungsrechtliche Zuordnung nicht auf den Betriebsbegriff des § 23 KSchG »durchschlagen«.[494] Dies kann bei einem Fall nach Abs. 1 Nr. 1 b dazu führen, dass die **soziale Auswahl** auf der Ebene der Filiale (als dem hier i S d. KSchG unterstellten »Betrieb«) und nicht auf der der Region (wo der tarifliche Regional-BR errichtet wurde) vorzunehmen ist.[495] Insoweit lässt sich nicht unbedingt vermeiden, dass die Zuständigkeit des BR nach § 102 und die betrieblich-personelle Reichweite der Sozialauswahl auseinander fallen können.[496] Nicht ausgeschlossen erscheint, dass etwa bei tarifierter Betriebseinheit mehrerer UN (Rn. 108) sich nach und nach ein gesetzlicher gemB entwickelt, der dann auch wieder kündigungsrechtlich von Bedeutung ist (§ 1 Rn. 201 ff.).

211 Für den Fall der **Massenentlassungsanzeige (§ 17 KSchG)** ist wegen der Einbeziehung des BR in das Anzeigeverfahren auf den Betrieb i. S. d. § 3 abzustellen[497], für die Feststellung, ob eine Massenentlassung i. S. v. § 17 Abs. 1 KSchG vorliegt, ist dagegen auf den Betriebsbegriff des KSchG und vorrangig der EU-Massenentlassungsrichtlinie[498] abzustellen[499].

---

489 ErfK-*Koch*, § 82 ArbGG Rn. 2.

490 So auch *BAG* 18.3.08, NZA 08, 1259; 7.6.11, NZA 12, 110, 111; 24.8.11, NZA 12, 223, 224; GK-*Franzen*, Rn. 60; ErfK-*Koch*, Rn. 12.

491 *BAG* 7.6.11, a. a. O. (dort Rz. 14).

492 Ebenso ErfK-*Koch*, a. a. O.

493 *BAG* 31.5.07, NZA 08, 33; vgl. aber oben, Rn. 198, wegen der Berücksichtigung des gesetzlich fingierten Betriebs im Rahmen des Sonderkündigungsschutzes für BR-Mitglieder aus § 15 Abs. 4 KSchG.

494 Vgl. *BAG* 21.6.95, AP Nr. 16 zu § 1 BetrVG 1972, unter II 3 b, aa.

495 Ebenso *Däubler*, AuR 01, 285 [288]; ausführlich dazu *Plander*, NZA 02, 483 [489 ff.]; *Thüsing*, ZIP 03, 693 [705]; wie hier auch *Sobotta*, S. 220.

496 Vgl. *Franzen*, ZfA 00, 285 [304 f.].

497 Ebenso *Mückl*, DB 10, 2615, 2618.

498 Richtlinie 98/59/EG des Rates v. 20.7.1998.

499 Vgl. zu den sich aus dem unionsrechtlichen Betriebsbegriff der Massenentlassungsrichtlinie (vgl. dazu

Vereinbaren Verleiher und Entleiher unter Schaffung eines einheitlichen Leitungsapparates einen echten gemB, so liegt schon tatbestandmäßig keine **Arbeitnehmerüberlassung** vor (§ 1 Rn. 230)[500]. Ob dies auch dann gilt, wenn beide AG auf Grundlage eines TV gem. Abs. 1 Nr. 3 unter Aufrechterhaltung getrennter Leitungsorganisationen einen nur fiktiven gemB bilden, ist zweifelhaft. Das BAG[501] geht davon aus, dass quasi »unter dem Mantel des TV« die bisherigen Betriebe ihre Identität bewahren. Das spricht dafür, diese Betriebe auch **im Sinne des AÜG als rechtlich getrennte Einheiten** anzusehen und die gesetzliche Fiktion des Abs. 5 Satz 1 nicht auf die AN-Überlassung durchschlagen zu lassen.[502] 212

Der nur fingierte Betrieb gilt ferner **nicht als Betrieb i. S. v. § 613 a BGB**[503], denn die Frage der Identität einer übertragungsfähigen wirtschaftlichen Einheit ist wegen des zwingenden Charakters des § 613 a BGB keiner abweichenden Vereinbarung zugänglich.[504] 213

VIII. Einbeziehung von im Ausland liegenden Betriebsstätten

Insbesondere im grenznahen Bereich kann die Frage auftreten, ob im Ausland liegende Teile des UN durch TV/BV in die deutsche Betriebsverfassung einbezogen werden können. Hier gilt im Grundsatz Gleiches wie im Falle der optionalen Zuordnung zum Hauptbetrieb (vgl. § 4 Rn. 106). Zwingendes **Ortsrecht des Auslands** darf dem aber nicht entgegenstehen.[505] Sofern es sich dabei um nicht betriebsratsfähige Betriebsteile oder Kleinstbetriebe handelt, die ohnehin dem deutschen Hauptbetrieb zugeordnet sind, bestehen keine durchgreifenden Bedenken ggü. einer tariflichen Einbeziehung in die deutsche Betriebsverfassung.[506] Trotz der Bedenken der h. M. wird man aber auch Betriebsteile i. S. v. § 4 Abs. 1 einbeziehen können, denn es ist wenig einleuchtend, zwar das Optionsrecht nach § 4 Abs. 1 Satz 2 für diese ausländischen Betriebsteile zu bejahen, deren tarifliche Einbeziehung aber zu verneinen.[507] 214

IX. Tarifrechtliche Besonderheiten

1. Zulässigkeit von Arbeitskämpfen und »Tarifzensur« durch gerichtliche Inhaltskontrolle des TV?

Auch wenn **Arbeitskämpfe** um TV nach § 3 **in der Praxis bislang nicht** aufgetreten sind,[508] lässt sich dies nicht als Indiz für einen stillschweigenden rechtlichen Beurteilungskonsens zwischen AG und Gewerkschaften dahin gehend deuten, dass diese unzulässig seien. **Die h. M. in der Literatur und** nunmehr auch **das** *BAG* stehen auf dem Standpunkt, dass auch **TV nach § 3 erstreikt werden** können.[509] Im Vorfeld der Novellierung 2001 hatte es rechtspolitische Empfehlungen an den Gesetzgeber gegeben, Arbeitskämpfe um betriebsverfassungsorganisatorische TV gem. § 3 generell für unzulässig zu erklären.[510] Der Gesetzgeber ist diesen Vorschlägen nicht gefolgt. Das *BAG* sieht hierin zu Recht ein beredtes Schweigen des Gesetzgebers zugunsten der arbeitskampfförmigen Erzwingbarkeit von TV nach § 3[511] und hat zudem klar 215

---

neuestens *EuGH* 30.4.15, NZA 15, 601) ergebenden Unvereinbarkeiten mit dem BetrVG-Betriebsbegriff und dem KSchG-Betriebsbegriff im einzelnen *Kleinebrink/Commandeur*, NZA 15, 853, 856.

500 Dazu *Schönhöft/Lermer*, BB 08, 2515.

501 18.3.08, NZA 08, 1259.

502 Im Ergebnis ebenso *Mückl*, DB 10, 2615, 2619.

503 *Mückl*, a. a. O.

504 *BAG* 21.2.08, NZA 08, 825.

505 *BAG* 11.9.91, AP Nr. 29 zu IPR-Arbeitsrecht.

506 GK-*Franzen*, Rn. 58.

507 Zutreffend daher GK-*Franzen*, Rn. 58 m. w. N.

508 Vgl. *Trümner*, JbArbR 36 [1999], S. 59 [71].

509 *BAG* 29.7.09, NZA 09, 1424; vgl. zuvor schon *Wißmann*, AiB 00, 321 [322]; *Trümner*, JbArbR 36 [1999], S. 59 [71] m. w. N.; *Däubler*, AuR 01, 285 [288]; *Plander*, NZA 02, 483, 488; *Giesen*, BB 02, 1480 [1484]; *Rieble*, ZIP 01, 133 [139]; *Konzen*, RdA 01, 76 [78]; HaKo-BetrVG/*Kloppenburg*, Rn. 25; *Teusch*, NZA 07, 124, 130; *Gamillscheg*, Kollektives Arbeitsrecht, Bd. II, S. 218; vgl. auch oben, Rn. 14, m. w. N.

510 Vgl. *Franzen*, ZfA 00, 285 [297]; *Reichold*, NZA 99, 561 [570]; zuvor schon *Umnuß*, S. 272.

511 *BAG* 29.7.09, a. a. O.

gestellt, dass eine weitere tarifzuständige Gewerkschaft, die bei einem TV nach § 3 mit einer konkurrierenden Gewerkschaft nicht beteiligt worden ist, ihrerseits mithilfe des Arbeitskampfes den Arbeitgeber zur Beendigung des bestehenden und zum Neuabschluss eines anderen TV nach § 3 mit ihr anhalten könne.

216 Anders als BV (dazu Rn. 175) **unterliegen TV keiner Billigkeitskontrolle** durch die Arbeitsgerichte, die unweigerlich zu einer »Tarifzensur« führen müsste.[512] Eine **Inhaltskontrolle** von TV kommt grundsätzlich **nicht** in Betracht, **wohl aber** eine **Rechtskontrolle.**[513] Dies folgt schon aus § 18 Abs. 2 i. V. m. § 3 Abs. 5 Satz 1. *Däubler*[514] und *Richardi*[515] haben noch vor Verkündung des Gesetzes auf die Gefahr aufmerksam gemacht, dass vor allem die »Erleichterungs- und Dienlichkeitsformeln« in den Einzeltatbeständen des Abs. 1 Nr. 1 bis 5 als materiell-rechtliche Beschränkungen der Regelungsbefugnisse auch der TV-Parteien zu einer weitgehenden inhaltlichen Kontrolle durch die Gerichte genutzt werden könnten (vgl. auch Rn. 59, 77, 175). Nach hier vertretener Ansicht (insbes. Rn. 117 f.) gewähren die Formeln jedoch den TV-Parteien nur einen (allerdings großen) **Beurteilungs- und Ermessensspielraum,** so dass die gerichtliche **Rechtskontrolle** darauf **beschränkt** ist, ob **grobe Fehler** in der **Beurteilung** bzw. der **Ermessensausübung** seitens der TV-Parteien vorliegen. Der Maßstab der Verletzung »zwingenden Gesetzesrechts« bei der Rechtskontrolle dieser TV erscheint jedenfalls in Anbetracht der generalklauselartigen Offenheit der Tatbestände des Abs. 1 wenig hilfreich, so dass die Rechtskontrolle überhaupt nur in dem angesprochenen Sinne statthaft ist.[516] Die **Instanzrechtsprechung** verhält sich jedenfalls deutlich zurückhaltend und billigt den TV-Parteien einen sehr weiten Gestaltungsspielraum zu.[517] Während das *BAG*[518] anfangs ersichtlich noch die arbeitsgerichtliche Rechtskontrolle auf Grundlage der vom Gesetzgeber verwendeten unbestimmten Rechtsbegriffe auf besonders eklatante Verstöße und sachwidrige Motive (Verbandspolitik, Kosteneinsparung) beschränken wollte, deutet sich in den Entscheidungen vom 13.3.13[519] und 24.4.13[520] allerdings eine gewisse Verschärfung an: danach unterliegt die Frage, ob ein TV die inhaltlichen Anforderungen der jeweiligen gesetzlichen Öffnungsklausel erfüllt, der vollen Überprüfung durch die Arbeitsgerichte[521].

2. Tarifkonkurrenzen

216a Aufgrund des bestehenden **Gewerkschaftspluralismus**, insbesondere des eigenständigen tarifpolitischen Auftretens sog. **Berufsgruppengewerkschaften** in jüngerer Zeit, besteht die abstrakte Möglichkeit, dass mehrere Zuordnungs-TV, die mit verschiedenen Gewerkschaften abgeschlossen werden, denselben betrieblichen Organisationsbereich erfassen oder sich in diesem überschneiden, so dass es zu einem Nebeneinander von § 3 – TVen kommen kann. Es liegt auf der Hand, dass diese Konkurrenzlage schon aus rein praktischen Gründen aufgelöst werden muss, weil es mit dem betriebsverfassungsrechtlichen Grundsatz, dass es nicht verschiedene BR für dieselbe betriebsverfassungsrechtliche Einheit oder auch nur Teile davon geben kann, unvereinbar ist, wenn man allen divergierenden Zuordnungs-TVen dieselbe Wirksamkeit konzedieren wollte. Das **am 10.7.2015 in Kraft getretene TarifeinheitsG**[522]

512 Dazu *Däubler,* Tarifvertragsrecht, Rn. 382 m. w. N.
513 Vgl. Wiedemann/*Thüsing,* TVG, § 1 Rn. 228.
514 AiB 01, 313 [315].
515 DB 01, 41 [42] und NZA 01, 346 [350].
516 Vgl. zur gerichtlichen Kontrolle von TV bei gesetzlich eingeräumten Beurteilungsspielräumen auch Wiedemann/*Thüsing,* TVG, § 1 Rn. 228 a. E. mit dem richtigen Hinweis, dass damit keine allgemeine Angemessenheits- und Zweckmäßigkeitsprüfung verbunden werden dürfe; ebenso *Plander,* NZA 02, 483 [487 f.]; näher auch *Gamillscheg,* Kollektives Arbeitsrecht, Bd. II, S. 218, der zutreffend davor warnt, die Abschaffung der behördlichen Genehmigung nun durch eine enge gerichtliche Kontrolle zu unterlaufen.
517 Vgl. dazu *Trümner/Sparchholz,* AiB 09, 98 ff. m. w. N.
518 29.7.09, NZA 09, 1424, Rn. 22.
519 *BAG* 13.3.13, NZA 13, 738, 743
520 *BAG* 24.4.13, DB 13, 1913, Rn. 31.
521 Kritisch zu der damit verbundenen Gefahr einer arbeitsgerichtlichen Inhaltskontrolle dessen, was als »wirksam und zweckmäßig« anzusehen ist, auch *Homburg/Mittag,* AuR 13, 253 f.
522 BGBl. I, S. 1130.

versucht eine Klärung mithilfe seines als § 4 a Abs. 2 TVG in das TVG eingefügten Lösungsmodells, wonach der TV Vorrang hat, der von der Gewerkschaft abgeschlossen ist, die die meisten Mitglieder in der tariflich geregelten betriebsverfassungsrechtlichen Einheit hat. Da dem TarifeinheitsG mehrheitlich von der Fachwelt aus verfassungs- und europarechtlichen Gründen eine nur kurze Halbwertszeit eingeräumt wird, ist nachfolgend sowohl die bisher in der Literatur angebotene Lösung als auch die Lösung nach dem TarifeinheitsG dargestellt.

a) Bisheriger Meinungsstand

Der beachtliche argumentative Aufwand in der Literatur zur Problematik der Tarifkonkurrenz bei TV nach § 3 steht in auffälligem Kontrast zu ihrem praktisch nicht feststellbaren Vorkommen[523], denn Fälle einer solchen Konkurrenz sind bislang nicht ersichtlich. So kann es nicht verwundern, dass diese Frage bisher auch nicht gerichtlich geklärt worden ist[524]. Ein Rechtssatz des Inhalts, dass bei einem TV über betriebsverfassungsrechtliche Normen nur derjenige wirksam ist, der mit der repräsentativsten Gewerkschaft abgeschlossen wird, war bis zum Inkrafttreten des TarifeinheitsG am 10.7.2015 nicht ersichtlich,[525] so dass selbst bei Vorliegen eines solchen TV dieser nicht einmal den Abschluss eines anderen TV sperrte.[526] Der Hinweis, zur Vermeidung von Tarifkonkurrenz einen TV nur mit der repräsentativsten Gewerkschaft abzuschließen,[527] entspricht zwar praktischer Vernunft, eine entsprechende Rechtspflicht des AG ist aber nicht erkennbar. Ansätzen, die bereits über die **Beschränkung der Abschlussfreiheit** der TV-Parteien zu einer Lösung gelangen wollten, hatte das *BAG*[528] einerseits zwar eine klare Absage erteilt, andererseits aber auch die Frage der Auflösung einer entstandenen Tarifkonkurrenz offen gelassen, wenngleich mit Zweifeln gegenüber dem **Majoritäts- oder Repräsentationsprinzip** jedenfalls dann, wenn auch die Mehrheitsgewerkschaft nur über eine sehr geringfügige Anzahl von Mitgliedern im Betrieb verfügt (zehn von insgesamt 1600 AN).[529] Der Gesetzgeber hatte das Problem offenbar nicht gesehen, jedenfalls ist es bei Inkrafttreten der BetrVG-Novelle 2001 ungeregelt und auch in den Materialien unerwähnt geblieben.[530] 217

Ob eine **Tarifkonkurrenz** vorliegt, ist zunächst durch genaue Auslegung i. S. einer größtmöglichen Geltungserhaltung zu ermitteln.[531] Aufgrund des bestehenden **Gewerkschaftspluralismus** ist es aber dennoch denkbar, dass ein Betrieb bzw. eine Organisationseinheit (§ 3 Abs. 5) von mehreren TV nach § 3 erfasst wird. Dann ist nach h. M. mit den tarifvertragsrechtlichen Grundsätzen über die Tarifkonkurrenz zu ermitteln, welcher TV gilt.[532] Bei Normen über betriebsverfassungsrechtliche Fragen kann es **keine Tarifpluralität** geben, weil derartige Normen alle Arbeitsverhältnisse im Betrieb gleichermaßen erfassen, also auch die der nicht oder anders organisierten AN. Andererseits wäre es mit Art. 9 Abs. 3 GG nicht zu vereinbaren, wenn § 3 BetrVG dort, wo eine Gewerkschaft im Rahmen des § 3 BetrVG bereits tätig geworden ist, einer anderen zuständigen Gewerkschaft die Möglichkeit zur Tarifierung versperren würde.[533] 218

Die Anwendung der Grundsätze über die Tarifkonkurrenz, insbes. das **Spezialitätsprinzip,** könnte geeignet sein, diese Probleme zu lösen.[534] Diese Grundsätze müssen aber modifiziert werden.[535] Dabei ist zunächst zu unterscheiden,[536] ob die **Tarifkonkurrenz tarifautonom** 219

523 Ähnlich auch *Gamillscheg*, Kollektives Arbeitsrecht, Bd. II, S. 218.
524 So auch der Befund bei *Wendeling-Schröder*, NZA 15, 525, 526 f.
525 *Thüsing*, ZIP 03, 693 [698].
526 A. A. *Fitting*, Rz. 16 ff., 16 d, wonach gem. dem Prioritätsprinzip der spätere TV unwirksam sei.
527 *Engels/Trebinger/Löhr-Steinhaus*, DB 01, 532 [533].
528 29.7.09, NZA 09, 1424.
529 Offen gelassen auch für die Konkurrenz von Betriebsnormen in *BAG* 9.12.09, NZA 10, 712.
530 *Richardi*, Rn. 58; *Gamillscheg*, a. a. O., S. 217.
531 In diese Richtung weist zutreffend *Thüsing*, a. a. O., S. 699.
532 *Richardi*, § 2 Rn. 26; GK-*Franzen*, Rn. 33; umfassender Überblick zu den in der Literatur vertretenen Lösungsansätzen bei *Sobotta*, S. 255 ff.
533 *BAG* 29.7.09, a. a. O.; so auch *Hohenstatt/Dzida*, DB 01, 2498 [2500].
534 *FKHE*, 20. Aufl., Rn. 13, wiesen zur Rechtslage nach § 3 Abs. 2 a. F. darauf hin, dass diese Grundsätze bereits von der Zustimmungsbehörde zu prüfen seien, sobald ihr derartige TV vorgelegt werden – diese Vorprüfung ist aber gerade entfallen; nach *Dietz*, BetrVG, 4. Aufl., § 47 Rn. 26, soll u. U. der zeitlich frühere TV vorgehen; sog. **Prioritätsprinzip**.
535 Die von *Teusch*, NZA 07, 124, 129, vorgeschlagenen Konkretisierungen auf Grundlage des Speziali-

ausgelöst (wenn die TV-Parteien der fraglichen TV nicht übereinstimmen, z. B.: TV-1 zwischen AG und IG Metall, TV-2 zwischen AG und IG BCE) **oder** ob sie **staatlich veranlasst** wurde (durch Ausdehnung der Tarifgeltung z. B. kraft Allgemeinverbindlicherklärung). Bei TV nach § 3 handelt es sich allerdings stets um Fälle tarifautonomer Konkurrenz. Richtiger, aber umstrittener Ansicht zufolge gilt bei der Konkurrenz von Betriebsnormen/Betriebsverfassungsnormen das **Prinzip des Vorrangs stärkerer mitgliedschaftlicher Legitimation.**[537] Der Vorrang gebührt daher dem TV, der von der Gewerkschaft abgeschlossen wurde, die die meisten Mitglieder im Geltungsbereich des TV hat.[538] Neuerdings wird hiergegen wieder das alte Argument von *Dietz*[539] ins Feld geführt, auf die größere Zahl organisierter AN könne es schon deswegen nicht ankommen, weil gerade § 3 Abs. 2 TVG zeige, dass es für die Normgeltung überhaupt nicht auf die Tarifgebundenheit der AN-Seite ankomme.[540] Dieser Einwand hat allerdings keine größere oder geringere Plausibilität als die These, bei Normenkonkurrenz seien alle einander widersprechenden Regelungen unwirksam.[541] Immerhin sollte nicht aus dem Auge verloren werden, dass es bei TV nach § 3 um die **Organisation der AN-Repräsentation** geht. Dies spricht stark dafür, dass es doch auf das »Prinzip der größeren Zahl« ankommt, was dem Meinungsstand in der h. L. entspricht.[542]

220 Zur Vermeidung der vermeintlich nicht befriedigend lösbaren Tarifkonkurrenzprobleme wird bei *Fitting*[543] vertreten, dass bei Zuständigkeit sowohl einer DGB-Gewerkschaft als auch einer nicht dem DGB angehörenden konkurrierenden Gewerkschaft der TV nach Abs. 1 nur mit beiden Gewerkschaften einheitlich geschlossen werden könne. Sieht man einmal von der praktisch kaum vorstellbaren Lage ab, dass sich gegnerische Gewerkschaften in eine Art »**notwendige Zwangstarifgemeinschaft**« begeben werden (und dann eine sinnvolle Regelung insgesamt unmöglich würde), so lässt sich derartiges nicht mit Art. 9 Abs. 3 GG vereinbaren: Die Tarifvertragsfreiheit schließt auch die Willensfreiheit der Gewerkschaften ein, sich in einer Tarifgemeinschaft zusammenzuschließen (näher Rn. 18 f.). Das *BAG* hat denn auch zutreffend die These von der notwendigen Tarifgemeinschaft **abgelehnt.**[544]

221 *Sobotta*[545] hat eine sehr erwägenswerte Lösung mit Hilfe eines **modifizierten Prioritätsprinzips** vorgeschlagen. Danach sei der zuerst abgeschlossene TV wirksam und könne grundsätzlich nicht während seiner Laufzeit durch einen zeitlich folgenden anderen TV einer konkurrierenden Gewerkschaft abgelöst werden. Dies folge aus § 3 Abs. 4 S. 1, der auch die aufgrund eines vorhergehenden TV gewählten BR in ihrer Amtszeit schütze. Ferner greife Abs. 5 Satz 1, der die tarifliche Organisationseinheiten als Betriebe fingiere, woran auch die Tarifparteien gebunden seien, die einen nachfolgenden abweichenden TV abzuschließen wünschten, so dass diese überhaupt nur solche Betriebe zusammenfassen könnten, die aufgrund des vorgefundenen TV als Betriebe gelten. Soweit diese Vorgabe beachtet werde, sei die sich ergebende **Konkurrenz anhand des aus den Dienlichkeitsklauseln abzuleitenden Optimierungsgebotes aufzulösen.** Dieser Ansatz hat den Vorteil, sich auf im Gesetz selbst zum Ausdruck

---

tätsprinzips führen allerdings geradewegs zu einer umfassenden gerichtlichen Inhaltskontrolle und sind daher abzulehnen.

536 Zu dieser Differenzierung *Löwisch/Rieble*, TVG, § 4 Rn. 274 f., 278.

537 So schon *Dieterich*, S. 104; wie hier – jedenfalls für den Normalfall – *Gamillscheg*, Kollektives Arbeitsrecht, Bd. I, S. 606; *Däubler*, AuR 01, 285 [288]; *Konzen*, RdA 01, 76 [86]; *Hohenstatt/Dzida*, DB 01, 2498 [2500]; *LK*, Rn. 21.

538 Ebenso *Löwisch/Rieble*, TVG, § 4 Rn. 303 m. w. N.; Kempen/Zachert/*Wendeling-Schröder*, § 4 Rn. 186; *Kempen*, FS Schaub, S. 357 [370 f.]; *Wiedemann/Arnold*, ZTR 94, 404; zusammenfassend *Trümner*, JArbR 36 [1999], S. 59 [72 f.].

539 4. Aufl., § 47 Rn. 26, dort gegen *Nipperdey*.

540 So *Annuß*, NZA 02, 290 [293]; auch *Thüsing*, ZIP 03, 693 [299]; *Eich*, EuroAS 03, 12 [15]; ähnlich GK-*Franzen*, Rn. 33.

541 So *Annuß*, a. a. O. im Anschluss an *Biedenkopf*, Grenzen der Tarifautonomie, 1964, S. 318; gegen *Annuß* insoweit auch *Thüsing*, a. a. O.

542 Ablehnend: *Sobotta*, S. 258.; zustimmend: *Wendeling-Schröder*, NZA 15, 525, 527; *Fitting*, Rn. 16 g; *Richardi*, Rn. 58, alle mwN.

543 Rn. 16 f; jetzt auch GK-*Franzen*, Rn. 34.

544 *BAG* 29.7.09, NZA 09, 1424; 9.12.09, NZA 10, 712.

545 S. 258 ff.

gebrachte Wertungen berufen zu können. Seine Schwäche liegt freilich darin, während der aufgrund des ersten TV angelaufenen Amtszeit möglicherweise zu einer vorzeitigen Neuwahl zu zwingen. *Sobotta*[546] selbst bezweifelt, ob eine derart mögliche laufende Änderung des Betriebsbegriffs durch TV einer effektiven Vertretung der AN-Interessen zuträglich sei und entwickelt deshalb als »Faustregel« den Grundsatz, innerhalb der zeitlichen Intervalle der regulären BR-Wahlen könne nur *einmal* eine betriebsverfassungsrechtliche Organisationsänderung außerhalb des regelmäßigen Turnus erfolgen. In praktischer Hinsicht ist zu ergänzen, dass über die Auflösung der Konkurrenz mittels dieses modifizierten Prioritätsprinzips zumeist dann ohnehin die Arbeitsgerichte entscheiden dürften und Rechtskraft nur selten vor Ablauf der Amtszeit des BR eintreten wird.

b) Das TarifeinheitsG und § 4 a TVG n. F.

Das als Artikelgesetz konzipierte **TarifeinheitsG v. 3.7.2015**[547] ist gem. seinem Art. 3 **am 10.7.2015 in Kraft** getreten[548]. Durch Art. 1 Nrn. 1 des Gesetzes ist ein neuer § 4 a in das TVG eingefügt worden. **§ 4 a Abs. 2 Satz 2 TVG n. F.** bestimmt allgemein zur Auflösung sog. Tarifkollisionen: **221a**

»Soweit sich die Geltungsbereiche nicht inhaltsgleicher Tarifverträge verschiedener Gewerkschaften überschneiden (kollidierende Tarifverträge), sind im Betrieb nur die Rechtsnormen des Tarifvertrags derjenigen Gewerkschaft anwendbar, die zum Zeitpunkt des Abschlusses des zuletzt abgeschlossenen kollidierenden Tarifvertrags im Betrieb die meisten in einem Arbeitsverhältnis stehenden Mitglieder hat.«

§ 4 a Abs. 3 TVG n. F. bezieht sich speziell auf **TV über betriebsverfassungsrechtliche Fragen** und legt folgendes fest:

»Für Rechtsnormen eines Tarifvertrages über eine betriebsverfassungsrechtliche Frage nach § 3 Absatz 1 und § 117 Absatz 2 des Betriebsverfassungsgesetzes gilt Absatz 2 Satz 2 nur, wenn diese betriebsverfassungsrechtliche Frage bereits durch Tarifvertrag einer anderen Gewerkschaft geregelt ist.«

Man muss diese nur auf Abs. 2 *Satz 2* zurückverweisende Sonderregelung für betriebsverfassungsrechtliche TV wohl dahingehend verstehen, dass in diesen Fällen die weiteren Bestimmungen in Abs. 2 **Sätze 4 und 5** nicht zur Anwendung kommen sollen. **§ 13 Abs. 3 TVG n. F.** enthält eine Bestimmung zum zeitlichen Geltungsbereich und sieht vor:

»§ 4 a ist nicht auf Tarifverträge anzuwenden, die am 10. Juli 2015 gelten.«

Damit wird die rückwirkende Anwendung des neuen Rechts auf bestehende TV ausgeschlossen.

Die praktischen **Auswirkungen der Neuregelung** auf Zuordnungs-TV nach § 3 Abs. 1 BetrVG dürften bis auf Weiteres begrenzt bleiben, selbst ungeachtet der bereits eingelegten Verfassungsbeschwerden, die zum Teil im Wege einstweiligen Rechtsschutzes sogar darauf gerichtet sind, den Vollzug des Gesetzes vorläufig auszusetzen. Hervorzuheben ist nämlich einerseits, dass die gesetzliche Regelung zur Kollisionsbeseitigung in § 4 a TVG n. F. aufgrund von § 13 Abs. 3 TVG n. F. **auf bereits am 10.7.2015 geltende Zuordnungs-TV nicht anzuwenden** ist. Treten bezüglich solcher »Alt-TV« noch Tarifkonkurrenzen/Tarifkollisionen auf, so müssten **221b**

546 S. 260.
547 BGBl. I, S. 1130
548 Verfassungsbeschwerden sind bereits eingelegt bzw. angekündigt von: Marburger Bund, Vereinigung Cockpit, Deutscher Journalistenverband, Gewerkschaft Deutscher Lokomotivführer, Deutscher Beamtenbund, VdO/GDBA. Die eingelegten Verfassungsbeschwerden tragen beim *BVerfG* die Az.: 1 BvR 1571/15, 1 BvR 1582/15, 1 BvR 1588/15 und 1 BvR 1707/15.

diese noch unter Anwendung der bisher schon entwickelten Regeln gelöst werden (siehe dazu Rn. 217 ff). Andererseits ist für **nach dem 10.7.2015 erstmals abgeschlossene** oder noch abzuschließende § 3 – TV durch § 4 a Abs. 3 TVG n. F. eine gewisse Erleichterung geschaffen, weil das in § 4 a Abs. 2 Satz 2 TVG n. F. geregelte Mehrheitsprinzip nur dann greifen soll, wenn die mit dem neuen TV zu regelnde Frage bereits durch einen TV einer anderen Gewerkschaft geregelt ist. Das bedeutet: wird für einen Betrieb oder bestimmte Organisationsbereiche erstmals überhaupt eine tarifliche Regelung nach § 3 Abs. 1 BetrVG erstrebt und besteht dort bisher kein diesbezüglicher TV einer anderen Gewerkschaft, so **kann – wie bisher auch – die nach Mitgliederzahl im Betrieb kleinere Gewerkschaft einen solchen Zuordnungsvertrag wirksam abschließen**[549], sofern sie tarifzuständig ist. Trifft nach dem 10.7.2015 ein Minderheitstarifvertrag aber auf einen **bereits bestehenden Zuordnungs-TV der Mehrheitsgewerkschaft,** der nach dem 10.7.2015 abgeschlossen wurde, kommt der Minderheitstarifvertrag gemäß § 4 a Abs. 2 Satz 2 TVG n. F. nicht zur Anwendung[550]. **Zuordnungs-TV, die von Berufsgewerkschaften abgeschlossen** werden, sind idR. schon nach den allgemeinen tarifrechtlichen Grundsätzen **unwirksam**, weil es hier regelmäßig an der flächendeckenden Tarifzuständigkeit für alle Arbeitsverhältnisse des Betriebs mangelt (dazu ausführlich oben, Rn. 16), so dass schon **keine aufzulösende Tarifkollision** vorliegt. Vgl. zur Bestimmung des Betriebes bzw. der Betriebe, die für die Feststellung der Mehrheitsverhältnisse maßgeblich sind, Rn. 221 d und 221 e.

221c Die **Anwendung des Mehrheitsprinzips** nach § 4 a Abs. 2 Satz 2 TVG n. F. **kann** von den konkurrierenden Gewerkschaften **vermieden werden**[551], wenn:

- die Gewerkschaften gemeinsam ihre Tarifverträge in einer Tarifgemeinschaft verhandeln,
- die Gewerkschaften, ohne in einer Tarifgemeinschaft verbunden zu sein, inhaltsgleiche Tarifverträge abschließen,
- eine Gewerkschaft den Tarifvertrag der anderen Gewerkschaft gem. § 4 a Abs. 4 TVG n. F. nachzeichnet (sogenannter Anschlusstarifvertrag),
- innerhalb eines Zusammenschlusses mehrerer Gewerkschaften verbandsinterne Konfliktlösungsverfahren genutzt werden (vgl. Rn. 17) oder
- eine Gewerkschaft die Ergänzung ihres Tarifwerks durch tarifvertragliche Regelungen einer anderen Gewerkschaft gestattet.

221d Als sachlichen **Bezugspunkt für die Mehrheitsfeststellung** nennt § 4 a Abs. 2 Satz 2 TVG n. F. den Betrieb. Fraglich ist aber, **auf welchen Betrieb bzw. welche Betriebe** für die **Feststellung der Mehrheitsverhältnisse** abzustellen ist. Dies kann – weil das Gesetz hier undeutlich ist – nämlich der durch den Zuordnungs-TV der Minderheitsgewerkschaft gebildete Betrieb oder der vor Inkrafttreten des Zuordnungs-TV der Minderheitsgewerkschaft bestehende Betrieb sein. Da § 4 a Abs. 2 Satz 2 TVG n. F. für den Regelfall am Betriebsbegriff gem. § 1 Abs. 1 Satz 1 BetrVG anknüpft, ist der **vor Inkrafttreten des Minderheits-TV bestehende Betrieb** maßgeblich[552]. Wurden auf Grundlage des Zuordnungs-TV der Minderheitsgewerkschaft mehrere Betriebe gebildet bzw. bestanden vor seinem Inkrafttreten mehrere Betriebe, kann zusätzlich das Problem auftreten, dass sich die Mehrheitsverhältnisse in den einzelnen Betrieben unterschiedlich darstellen. Da ein Zuordnungs-TV in vielen Fällen eine ursprünglich aus zahlreichen Betrieben bestehende Betriebsrats- bzw. Vertretungsstruktur neu regelt, kann er sinnvoll auch nur für alle von ihm erfassten Betriebe einheitlich gelten. Aus diesem Grund kann in diesem Fall nicht auf die Mehrheitsverhältnisse in den einzelnen Betrieben abgestellt werden, sondern nur auf die **Mehrheit der Gewerkschaftsmitglieder in der Gesamtheit aller vom Zuordnungs-TV erfassten Betriebe.**[553] Dies kann im Ergebnis dazu führen, dass neben dem Zuordnungs-TV der Mehrheitsgewerkschaft (die über die Mehrheit der Gewerkschaftsmitglieder in der Gesamtheit aller vom Zuordnungs-TV erfassten Betriebe verfügt) in einigen dieser Betriebe die den Inhalt der Arbeitsverhältnisse regelnden TVe der Gewerkschaft gelten,

549 Vgl. Berg/Kocher/Schumann-*Berg*, 5. Aufl. 2015, § 4 a Rn. 31.
550 Berg/Kocher/Schumann-*Berg*, a. a. O., Rn. 33.
551 *BT-Drucks.* 18/4062, S. 9; Berg/Kocher/Schumann-*Berg*, a. a. O.,Rn. 24.
552 Berg/Kocher/Schumann-*Berg*, a. a. O., Rn. 32.
553 Berg/Kocher/Schumann-*Berg*, a. a. O., Rn. 32.

die zwar bezogen auf die Gesamtheit der Betriebe die Minderheitsgewerkschaft ist, in einzelnen dieser Betriebe aber Mehrheitsgewerkschaft[554].

Weitere sachliche Bezugspunkte für die Mehrheitsfeststellung sind gem. § 4 a Abs. 2 Satz 4 TVG n. F. **der gemeinsame Betrieb mehrerer UN** und die durch TV **gewillkürte betriebsverfassungsrechtliche Organisationseinheit** nach § 3 Abs. 1 Nr. 1 bis 3 BetrVG, die aber unter tatbestandlich völlig unbestimmten Voraussetzungen sogleich wieder ausgeschlossen werden: **221e**

»Als Betriebe gelten auch ein Betrieb nach § 1 Absatz 1 Satz 2 des Betriebsverfassungsgesetzes und ein durch Tarifvertrag nach § 3 Absatz 1 Nummer 1 bis 3 des Betriebsverfassungsgesetzes errichteter Betrieb, es sei denn, dies steht den Zielen des Absatzes 1 offensichtlich entgegen. Dies ist insbesondere der Fall, wenn die Betriebe von Tarifvertragsparteien unterschiedlichen Wirtschaftszweigen oder deren Wertschöpfungsketten zugeordnet worden sind.«

Durch diese Regelung wird dem **Gestaltungsmissbrauch** Tür und Tor geöffnet[555]. Da somit in einem **fingierten Betrieb gem. § 3 Abs. 1 Nr. 1-3 iVm. Abs. 5 BetrVG** der ausschließlich anwendbare TV ebenfalls nach dem Mehrheitsprinzip zu ermitteln ist, wird es gestattet, die jeweils genehmen Mehrheitsverhältnisse herbeizuführen. Abgesehen davon, dass die Gestaltungsmöglichkeiten für betriebsratsfähige Organisationseinheiten gemäß § 3 Abs. 1 Nr. 1-3 BetrVG dem Zweck jener Vorschrift entsprechend relativ großzügig geregelt sind, kann der **AG nunmehr gemeinsam mit einer der konkurrierenden Gewerkschaften** zu Lasten einer anderen Gewerkschaft die betriebsratsfähigen Organisationseinheiten tarifvertraglich so gestalten, dass die »andere« Gewerkschaft in den tarifvertraglich errichteten Betrieben vollständig oder weitgehend zur Minderheitsgewerkschaft wird. So wäre es insbesondere möglich, dass der Arbeitgeber mit der Gewerkschaft, die in der Gesamtheit aller Betriebe des Unternehmens am meisten Mitglieder hat, gem. § 3 Abs. 1 Nr. 1 a) BetrVG einen **unternehmenseinheitlichen Betriebsrat** errichtet[556] oder gem. § 3 Abs. 1 Nr. 1 b) BetrVG die Betriebe des Unternehmens jeweils so zu neuen **Betrieben zusammenfasst**, dass die Konkurrenzgewerkschaft stets die Minderheitsgewerkschaft ist und auch bleiben wird. Die sich aus § 3 Abs. 1 Nr. 1-3 BetrVG ergebenden Gestaltungsmöglichkeiten sind gem. § 4 a Abs. 2 Satz 4, 2. Halbsatz, Satz 5 TVG n. F. lediglich dadurch beschränkt, dass die tarifvertragliche Errichtung der Betriebe **den in § 4 a Abs. 1 TVG n. F. genannten Zielen nicht »offensichtlich« entgegenstehen** dürfen[557]. Es lässt sich nicht rechtssicher feststellen, unter welchen Voraussetzungen die abweichende Zuordnung von Betrieben den abstrakt formulierten Zielen in § 4 a Abs. 1 TVG n. F. »offensichtlich« entgegensteht. Das gilt insbesondere unter Berücksichtigung der konturlosen und bisher unbekannten Gesetzesbegriffe »Wirtschaftszweig« und »Wertschöpfungskette«, mit denen ein Regelbeispiel für eine missbräuchliche Zuordnung von Betrieben in einem Zuordnungs-TV umschrieben werden soll. Da vor allem § 3 Abs. 1 Nr. 3 BetrVG darauf angelegt ist, durch TV **andere Arbeitnehmervertretungsstrukturen in konzernweiten Zusammenhängen** und anderen Formen der Zusammenarbeit von UN zu bestimmen, ist § 3 Abs. 1 BetrVG gerade nicht darauf angelegt, die Zuordnung von Betrieben auf Betriebe eines Wirtschaftszweigs bzw. einer Wertschöpfungskette zu beschränken[558]. Die Wirksamkeit und Zweckmäßigkeit der Interessenvertretung der Arbeitnehmer kann vielmehr gerade die Überwindung derartiger Beschränkungen erfordern (zu den dies veranschaulichenden typischen Anwendungsfällen oben, Rn. 115). Man muss deshalb § 4 a Abs. 2 Satz 5 TVG n. F. dahingehend eng auslegen, dass ein durch Zuordnungs-TV errichteter Betrieb iSd. § 4 a Abs. 2 Satz 2 TVG n. F. immer dann vorliegt, wenn die TV-Parteien bei Abschluss eines TV gem. § 3 Abs. 1 Nr. 1-3 BetrVG im Rahmen ihrer Tarifzuständigkeit und unter Beachtung der sich unmittelbar aus § 3 Abs. 1 Nr. 1-3 BetrVG ergebenden Regelungsschranken gehandelt haben. Alles andere liefe darauf hin-

554 Ebenda.
555 Vgl. dazu Berg/Kocher/Schumann-*Berg*, a. a. O., Rn. 56.
556 So auch zur DB AG *Greiner*, RdA 15, 36, 40.
557 Näher dazu Berg/Kocher/Schumann-*Berg*, a. a. O., Rn. 57.
558 Zutreffend daher Berg/Kocher/Schumann-*Berg*, a. a. O., Rn. 58.

aus, mittels des neuen § 4 a Abs. 2 Satz 4 und 5 TVG den gesamten Regelungsgehalt des § 3 Abs. 1 BetrVG gleichsam aufzuheben.

221f Der **Nachweis der Gewerkschaftsmitgliederzahl** kann erhebliche praktische und rechtliche Probleme bereiten[559]. **§ 58 Abs. 3 ArbGG** idF des TarifeinheitsG v. 3.7.15 stellt klar, dass der Beweis durch Vorlegung öffentlicher Urkunden angetreten werden kann. In Betracht kommt daher vor allem die Beweisführung durch **Vorlage notarieller Bescheinigungen** zur Zahl der Arbeitnehmer, die Mitglied der Gewerkschaft sind, sowie über das Vertretensein der Gewerkschaft im Betrieb.

221g Durch Art. 2 Nrn. 1 und 3 des TarifeinheitsG sind weitere Änderungen des ArbGG erfolgt. **§ 2 a Abs. 1 Nr. 6 ArbGG n. F.** legt das Beschlussverfahren als Verfahrensart für Entscheidungen über den im Betrieb nach § 4 a Abs. 2 Satz 2 TVG n. F. anwendbaren TV fest. **§ 99 ArbGG n. F.** regelt dazu Einzelheiten des Verfahrens (Antragsbefugnis, Verfahren in drei Rechtszügen, *erga-omnes* – Wirkung des rechtskräftigen Beschlusses [Wirkung für und gegen jedermann] sowie Besonderheiten der Wiederaufnahme bei unrichtigen Angaben)[560].

3. Rechtsnachfolge in einen Tarifvertrag

222 TV nach § 3 sind solche über betriebsverfassungsrechtliche Fragen und setzen die **bloß einseitige Tarifbindung** des AG voraus (§ 3 Abs. 2 i. V. m. Abs. 1 und § 2 Abs. 1 TVG; vgl. oben Rn. 6). Diese einseitige Tarifbindung erfolgt beim **Firmen-TV** über die Parteistellung des einzelnen AG (§ 3 Abs. 1, § 2 Abs. 1 TVG), beim **Verbands-TV** über die Mitgliedschaft des AG im tarifschließenden AG-Verband. Für die Frage, ob bei einer Rechtsnachfolge auf AG-Seite (Betriebsinhaberwechsel; insbesondere bei UN-Teilungen oder sonstigen umwandlungsrechtlichen Umstrukturierungen) die **Bindung des neuen Inhaber-UN an den TV** fortbesteht, ist daher zu differenzieren, ob es sich bei dem TV nach § 3 um einen Firmen- oder einen Verbands-TV handelt, und insoweit wiederum jeweils, ob der Betriebsinhaberwechsel **rechtsgeschäftlicher** (vgl. § 613 a BGB; z. B. durch sog. Sachgründung einer neuen Gesellschaft mittels Einbringung von Betrieben oder Betriebsteilen)[561] **oder universalsukzessorischer** Natur ist (Letzteres ist etwa durch § 20 UmwG für die umwandlungsrechtliche Verschmelzung bzw. durch § 131 UmwG für die Spaltung geregelt).

223 Für die Hauptanwendungsfälle des universalsukzessorischen AG-Wechsels sieht **§ 324 UmwG** in sprachlich verunglückter Form gleichfalls die Anwendung von § 613 a Abs. 1 BGB vor.[562] Gerade für die hier in Rede stehende Nachfolge in betriebsverfassungsrechtliche Normen **gibt** diese Vorschrift jedoch **nichts her,** weil dieser Normtyp aus dem Anwendungsbereich von § 613 a Abs. 1 Satz 2 BGB ausgenommen ist.[563]

a) Firmentarifvertrag und Rechtsnachfolge

aa) Durch Einzelrechtsnachfolge

224 **Handelt es sich** (wie bei TV nach § 3 zumeist) **um einen Firmen-TV** und dabei um einen Anwendungsfall des **§ 613 a BGB,** soll nach älterer Literaturansicht[564], die auch vom *BAG* geteilt wird, sowohl die kollektivrechtliche Fortgeltung des TV ausgeschlossen sein als auch die

559 Dazu im Einzelnen Berg/Kocher/Schumann-*Berg*, a. a. O., Rn. 59 ff., Rn. 84 ff.

560 Das früher in § 98 und seit 2014 in § 99 ArbGG geregelte Einigungsstellen-Bestellungsverfahren findet sich seit dem 10.7.2015 nunmehr in § 100 ArbGG.

561 Dazu *BAG* 25.6.85, 19.1.88, EzA § 613 a BGB Nrn. 48, 69.

562 Dazu *Boecken*, ZIP 94, 1087; *Däubler*, RdA 95, 136 [139]; zur Frage, ob es sich um eine Rechtsgrund- oder Rechtsfolgenverweisung handelt, *Kreßel*, BB 95, 925 [928]; *Dehmer*, § 324 UmwG Rn. 1; *Joost*, in: Lutter [Hrsg.], § 324 UmwG Rn. 3; kritisch zur voreiligen Anwendung von § 613 a BGB i. V. m. § 324 UmwG vor allem Kempen/Zachert/*Kempen*, § 3 Rn. 92; gegen die Anwendung von § 613 a BGB auf universalsukzessorische AG-Wechsel *Trümner*, BetrR 92, 8 [10 ff.].

563 H. M., vgl. nur ErfK-*Preis*, § 613 a BGB Rn. 114; differenzierend *Däubler*, Tarifvertragsrecht, Rn. 1541; anders auch KDZ-*Zwanziger*, § 613 a BGB Rn. 62.

564 Vgl. *Gussen*, S. 64 ff., 70 f. m. w. N.; *Hanau/Vossen*, FS Hilger/Stumpff, S. 271 [295 f.].

Transformation ins Individualrecht gemäß § 613 a Abs. 1 S. 2 BGB.[565] Letzteres überzeugt nur insoweit, als die Transformation betriebsverfassungsrechtlicher Normen in der Vorschrift gerade nicht vorgesehen ist, zudem wäre die Überführung dieser Normart in das Vertragsrecht geradezu sinnwidrig, weil so die notwendig betriebseinheitliche Normgeltung nicht gewährleistet werden könnte.[566] Immerhin hält das *BAG*[567] es für möglich, einen Firmen-TV bereits für eine künftige – aber wohl mindestens in Gründung befindliche – Gesellschaft abzuschließen. Soweit gegen die vor In-Kraft-Treten des § 613 a Abs. 1 Sätze 2 bis 4 BGB weit überwiegend vertretene kollektivrechtliche Fortgeltung von Firmen-TV[568] Bedenken wegen des Rechts der negativen Koalitionsfreiheit des Betriebserwerbers angemeldet werden,[569] geht dies fehl: Beim Firmen-TV ist die TV-Bindung gerade nicht koalitionsförmig, d. h. durch Verbandsmitgliedschaft vermittelt, sondern knüpft an die schlichte Vertragsposition des »Arbeitgebers« an,[570] so dass richtiger Ansicht nach, die allerdings vom *BAG* nicht geteilt wird, in diesen Fallgestaltungen **der Firmen-TV auch den Betriebserwerber bindet.**[571]

Zutreffend hatte das **BAG ursprünglich**[572] den **Auffangcharakter** der Regelung in § 613 a Abs. 1 Sätze 2 bis 4 BGB herausgestellt und den **Vorrang einer kollektivrechtlichen Weitergeltung** angenommen,[573] soweit die betriebsverfassungs- bzw. tarifrechtlichen Voraussetzungen dafür vorliegen. Schließlich gebietet Art. 3 Abs. 3 der Richtlinie 2001/23/EG v. 12.3.01[574] die Aufrechterhaltung der in Kollektivverträgen vereinbarten Arbeitsbedingungen »in dem gleichen Maße« wie beim Rechtsvorgänger, so dass der Wegfall jeder Tarifwirkung in keinem Falle europarechtskonform wäre.[575] Dennoch nimmt das **BAG in seiner jüngeren Rspr.** an,[576] dass der Betriebserwerber **nicht automatisch** Partei eines Firmen-TV wird, den der Betriebsveräußerer abgeschlossen hat, ohne sich hierbei jedoch mit den Besonderheiten von betriebsverfassungsrechtlichen TV nach § 3 auseinander gesetzt zu haben. Danach würde es zum Entfallen des TV gem. § 3 kommen können – ein seltsames Ergebnis, wenn man bedenkt, dass die Tarifgeltung unverändert aufrechterhalten bleibt, wenn dasselbe wirtschaftlich-organisatorische Ergebnis mit den umwandlungsrechtlichen Instrumenten der (partiellen) Gesamtrechtsnachfolge herbeigeführt würde.[577] **225**

Wenig beachtet wird, dass der generelle Wegfall betriebsverfassungsrechtlicher Normen, beim Betriebsübergang auch mit Art. 6 Abs. 1 Unterabs. 1 der Richtlinie v. 12.3.01 (vgl. Rn. 225) nicht zu vereinbaren ist.[578] Danach bleiben die auf Grund einer Vereinbarung bestehenden Interessenvertretungen grundsätzlich erhalten, sofern die übertragene Organisationseinheit trotz Betriebsübergangs ihre Selbständigkeit behält. Auch TV gem. § 3 sind als solche »Vereinbarungen« anzusehen.[579] Geht man davon aus, dass das deutsche Recht aus den in Rn. 225 **226**

565 So schon *BAG* 20.6.01, NZA 2002, 518; 29.8.01, RdA 02, 299; ebenso für den Fall eines Betriebsteilübergangs *BAG* 18.1.12, AP Nr. 33 zu § 1 BetrVG 1972 Gemeinsamer Betrieb.

566 *Däubler*, Tarifvertragsrecht, Rn. 1541, nimmt zur Herstellung eines EG-richtlinienkonformen Ergebnisses die Nebenpflicht des Erwerbers aus den Arbeitsverträgen an, mit den übergehenden, aber auch neu eintretenden AN die Weitergeltung der betriebsverfassungsrechtlichen Normen zu vereinbaren.

567 24.1.01, SAE 02, 88 m. Anm. *Weber* = AP Nr. 1 zu § 3 BetrVG 1972 m. Anm. *Kort*.

568 Vgl. die Nachweise bei *Seiter*, DB 80, 877 [879 Fn. 16]; *Kempen*, BB 91, 2006 [2008].

569 So etwa *Gussen*, S. 67.

570 Zutreffend *Kempen*, a. a. O.

571 Ebenso *Kempen*, a. a. O.; *Jung*, RdA 81, 360 [360], Kempen/Zachert/*Kempen*, § 3 Rn. 108; *Wank*, NZA 87, 505 [507]; *Moll*, RdA 96, 275.

572 5.2.91, AP Nr. 89 zu § 613 a BGB; klarer 27.7.94, NZA 95, 222.

573 Vgl. dazu im Einzelnen *Däubler*, Tarifvertragsrecht, Rn. 1530 ff. m. w. N.

574 ABl. EG Nr. L 82, S. 17.

575 Ähnlich bereits *Seiter*, S. 93; nach *v. Alvensleben*, S. 308, steht das deutsche Recht insoweit klar im Widerspruch zum Gemeinschaftsrecht; vgl. auch *Thüsing*, ZIP 03, 705; *Däubler*, DB 05, 666 f.; *Friedrich*, S. 176 hält dagegen die kollektivrechtl. Fortgeltung nicht für europarechtlich geboten; a. A. auch *Hanau/Vossen*, a. a. O., S. 290, die betriebsverfassungsrechtliche Normen schon nicht zu den Normen über die in der Richtlinie angesprochenen »Arbeitsbedingungen« zählen wollen; dagegen dezidiert *Däubler*, a. a. O., Rn. 1541 m. w. N.; *Kamlah*, S. 61 f.

576 20.6.01, NZA 02, 518; 29.8.01, RdA 02, 299 m. Anm. *Däubler*; 18.1.12, AP Nr. 33 zu § 1 BetrVG 1972 Gemeinsamer Betrieb.

577 Zu Recht kritisch daher *Däubler*, RdA 02, 304.

578 Dazu *Däubler*, DB 05, 666 f.

579 *Däubler*, a. a. O.

genannten Gründen hinsichtlich der Fortgeltung betriebsverfassungsrechtlicher Normen keine Regelung getroffen hat, aber eine richtlinienkonforme Rechtslage herzustellen ist, bleibt als plausibelste Lösung die entsprechende Anwendung von § 3 Abs. 3 TVG,[580] weil der Austritt aus dem Verband von den AN ebenso wenig zu beeinflussen ist, wie die Veräußerung des Betriebs.[581]

227 Allerdings kann die Voraussetzung der weiteren Tarifgeltung auch im veräußernden UN entfallen, wenn **nur Betriebsteile** Gegenstand der rechtgeschäftlichen Betriebsnachfolge sind und infolgedessen der bisherige Regelungszusammenhang des TV nach § 3 BetrVG nicht mehr aufrecht erhalten werden kann.[582] Der Wegfall der Tarifgeltung tritt aber nur ein, wenn die Organisationseinheiten, für die der TV bisher galt, so aufgelöst oder verändert werden, dass eine sinnvolle Handhabung des TV nicht mehr möglich ist.[583] Ob dies der Fall ist, bedarf der Auslegung. Dazu ist es empfehlenswert, im TV selbst eine Verfahrensregelung für diesen Fall vorzusehen. Selbst wenn die Aufrechterhaltung nicht mehr möglich sein sollte, bleibt der einmal gewählte BR trotz entfallender Rechtsgrundlage aber im Amt und führt sein Mandat zu Ende.[584]

bb) Bei Gesamtrechtsnachfolge

228 Handelt es sich – wie eigentlich stets – um einen **Firmen-TV und** dabei um einen Fall der vollständigen **Gesamtrechtsnachfolge (Verschmelzung),** so tritt der neue AG ohne weiteres als Vertragspartei an die Stelle des bisherigen AG; der Firmen-TV gilt mit seinem bisherigen betrieblich-räumlichen Geltungsbereich weiter.[585] Ähnlich wie in dem in Rn. 227 erwähnten Fall kann aber bei bloß partiell-universalsukzessorischen **Spaltungen** und Teilübertragungen (§§ 123 ff. UmwG)[586] der bisherige Regelungszusammenhang verloren gehen und der TV damit seine tatsächlichen Wirkungsvoraussetzungen verlieren.[587] **Nach neuer Ansicht des** *BAG*[588] kommt es dagegen bei Spaltungen nach §§ 123 ff. UmwG generell **nicht** zu einem automatischen **Einrücken** des übernehmenden Rechtsträgers in die Rechtsstellung aus einem Firmen-TV **oder** eine inhaltsgleiche **Duplizierung** von dessen Bestimmungen. Vielmehr müsse der Spaltungsvertrag ausdrücklich bestimmen, welcher der beteiligten Rechtsträger in diese Rechtsstellung eintreten soll; fehle es an einer solchen Regelung, so verbleibe die Rechtsstellung allein beim übertragenden Rechtsträger. Da allerdings die Literatur bisher weitaus mehrheitlich das automatische Einrücken des übernehmenden Rechtsträgers in die Stellung als TV-Partei im Falle der Spaltung bejahte und die **Spaltungsvertragspraxis** diese Frage eher dilatorisch behandelt hat,[589] muss jetzt in jedem Falle empfohlen werden, im Rahmen des Spaltungsvertrags die notwendige Klarstellung vorzunehmen, um die Rechtswirkungen gem. § 131 Abs. 1 Nr. 1 UmwG zweifelsfrei herbeizuführen.[590]

---

580 Dafür auch Kempen/Zachert/*Kempen*, § 3 Rn. 108; abgelehnt aber durch *BAG* 18.1.12, AP Nr. 33 zu § 1 BetrVG 1972 Gemeinsamer Betrieb.

581 *Däubler*, DB 05, 666, 668.

582 Dazu *Kempen*, BB 91, 2006 [2008].

583 Ebenso im Ansatz *LAG Hamburg* 7.12.95, LAGE § 3 BetrVG 1972 Nr. 1.

584 *Fitting*, Rn. 89, 84; *Eich*, EuroAS 03, 20 f.; Däubler-*Bepler*, TVG, § 4 Rn. 875.

585 So für Verschmelzungen ausdrücklich *BAG* 24.6.98, BB 99, 211; 4.7.07, NZA 08, 307; Einzelheiten zu den verschiedenen Konstellationen bei *Quander*, S. 276 ff.; näher für Spaltungen nach dem UmwG *Trümner*, JArbR 36 [1999], S. 59 [75 f.].

586 Zur Anwendbarkeit der Gesamtrechtsnachfolgegrundsätze *Trümner*, BetrR 91, 313 ff., und BetrR 92, 8 ff.; *Oetker*, NZA-Beilage 1/91, 18 [19]; vgl. nunmehr aber § 324 UmwG und oben Rn. 223.

587 Dazu *Kempen*, BB 91, 2006 [2011].

588 *BAG* 21.11.12, NZA 13, 512 ff., Rn. 25.

589 Vgl. nur *Däubler*, DB 05, 666 m. w. N.

590 Vgl. auch *Gaul/Otto*, BB 14, 500 ff.

b) Verbandstarifvertrag und Rechtsnachfolge

aa) Durch Einzelrechtsnachfolge

Handelt es sich – was selten der Fall ist – um einen **Verbands-TV und** dabei um einen Anwendungsfall des **§ 613 a BGB,** bleibt die Tarifbindung erhalten, wenn der Betriebsbewerber Mitglied des tarifschließenden Verbandes ist. Ist er dies nicht, fehlt es an den Geltungsvoraussetzungen (Tarifbindung) für die Tarifwirkungen (§ 4 Abs. 1 TVG). Auch eine Transformation gemäß § 613 a Abs. 1 Satz 2 BGB ins Vertragsrecht scheidet aus den oben in Rn. 225 genannten Gründen aus. Damit bliebe wegen des Wegfalls der Tarifbindung[591] lediglich die Möglichkeit einer **Nachwirkung** gemäß § 4 Abs. 5 TVG, die jedoch bei TV nach § 3 BetrVG **regelmäßig nicht** in Betracht kommt (vgl. dazu näher Rn. 231 ff.). Demzufolge könnte wegen der Transformationstechnik in § 613 a BGB das von der EG-Richtlinie angestrebte Ziel, die bisherigen Arbeitsbedingungen aufrecht zu erhalten, bei dieser Variante gefährdet werden. Damit jedoch ein EG-richtlinienkonformes Auslegungsergebnis erzielt werden kann, wird man annehmen müssen, dass der Betriebserwerber entweder aus den (transformiertes Tarifrecht enthaltenden) Arbeitsverträgen verpflichtet ist, auch mit neu eingestellten AN gleich lautende Abmachungen zu treffen, bzw., dass die gemeinschaftsrechtskonforme Interpretation des Gleichbehandlungsgrundsatzes hinsichtlich der betriebsverfassungsrechtlichen Fragen zum Abschluss einer Gleichstellungsabrede zwingt[592] oder die Normerhaltung aus § 3 Abs. 3 TVG analog folgt (Rn. 226). **229**

bb) Bei Gesamtrechtsnachfolge

Handelt es sich um einen **Verbands-TV und** dabei um einen Fall der **Gesamtrechtsnachfolge,** bleibt die Tarifbindung erhalten, wenn auf Grund entsprechender Regelung in der Arbeitgeberverbandssatzung[593] eine Rechtsnachfolge auch in die Verbandsmitgliedschaft vorgesehen ist.[594] Die Mitgliedschaft kann wegen der höchstpersönlichen Natur des Mitgliedschaftsrechts nicht schon durch die Gesamtrechtsnachfolge übertragen werden. Gegen die Rechtsnachfolge kraft Satzungsbestimmung werden allerdings Bedenken im Hinblick auf die negative Koalitionsfreiheit des Rechtsnachfolgers (Art. 9 Abs. 3 Satz 1 GG) geäußert.[595] Die **Rspr.**[596] verlangt, dass das Nachfolge-UN die Mitgliedschaft neu begründet, obgleich zunächst die einschlägige Satzung auf eine entsprechende Rechtsnachfolgebestimmung hin untersucht hätte werden müssen (vgl. § 293 ZPO). Von den in der Literatur sonst erwogenen Möglichkeiten zur Aufrechterhaltung der Tarifbindung (§ 3 Abs. 3 TVG analog, § 4 Abs. 5 TVG analog; § 613 a Abs. 1 Satz 2 BGB analog)[597] wäre nur die analoge Anwendung von § 3 Abs. 3 TVG geeignet, eine lückenlose Kontinuität der tariflichen Betriebsverfassung zu gewährleisten.[598] Zumindest im Hinblick auf **Verschmelzungen** befriedigt diese Situation nach geltendem Recht nicht, da die EG-Richtlinie (vgl. Rn. 225) auch diese Form eines Betriebsinhaberwechsels in ihren Anwendungsbereich einbezieht (Art. 1 Abs. 1 der Richtlinie) und – wie ausgeführt (Rn. 225, 226) – eine Aufrechterhaltung der in Kollektivverträgen vereinbarten Arbeitsbedingungen »in dem gleichen Maße« wie beim Rechtsvorgänger anordnet bzw. gem. Art. 6 Abs. 1 eine »vereinbar- **230**

591 Auf den *BAG* 18.3.92, DB 92, 1297; 13.7.94, NZA 95, 479, stets § 4 Abs. 5 TVG anwendet; zuvor schon *Seiter,* DB 80, 877 [879 f. m. w. N.].

592 Vgl. näher *Däubler,* Tarifvertragsrecht, Rn. 1541 m. w. N.; *ders.,* DB 05, 666, 667 f.

593 Vgl. §§ 38 Satz 2, 40 BGB; dazu *Seiter,* DB 80, 877 [880].

594 So *BAG* 4.12.74, DB 75, 695; 13.7.94, NZA 95, 479; *BGH* 30.6.80, WM 80, 1286.

595 Vgl. *Seiter,* S. 143 f.; *Quander,* S. 246 m. w. N.; Bedenken auch in *BAG,* 5.10.93, AP Nr. 42 zu § 1 BetrAVG Zusatzversorgungskassen, Bl. 1635 R.

596 *BAG* 10.11.93, EzA § 1 TVG Nr. 9.

597 Näher zu allen Varianten *Däubler,* Tarifvertragsrecht, Rn. 1565 ff.; *Quander,* S. 248 ff.; vgl. auch *Kempen,* BB 91, 2006 [2011].

598 Abgelehnt allerdings durch *BAG* 4.12.74, AP Nr. 2 zu § 3 TVG; 26.9.79, AP Nr. 17 zu § 613 a BGB, wegen Bedenken hinsichtlich der positiven und negativen Koalitionsfreiheit; dagegen mit beachtlichen Argumenten *Quander,* S. 254, der im Ergebnis allerdings die Tarifwirkungen nicht auf neu eintretende AN erstreckt – weshalb diese Ansicht für betriebsverfassungsrechtliche Normen ergebnislos bleibt.

te« Interessenvertretung erhalten will. Dem kann am besten dadurch Rechnung getragen werden, dass man bei dieser Fallkonstellation im Wege europarechtskonformer Auslegung des Tarifvertragsrechts die **fortdauernde Tarifbindung** des Rechtsnachfolgers **an den betriebsverfassungsrechtlichen Verbands-TV** analog § 3 Abs. 3 TVG annimmt.

4. Nachwirkung von Tarifverträgen nach § 3

231 **Nach überwiegender Ansicht** in der betriebsverfassungsrechtlichen Kommentarliteratur sollen TV nach § 3 im Falle ihrer Beendigung und entgegen der Regelung des § 4 Abs. 5 TVG **keine Nachwirkung** erfahren.[599] **Dagegen** steht die wohl **einhellige Meinung des tarifrechtlichen Kommentarschrifttums** und die *BAG*-Rspr. auf dem Standpunkt, dass die Wirkung des § 4 Abs. 5 TVG sich auch auf betriebsverfassungsrechtliche Normen i. S. v. § 1 Abs. 1 TVG erstreckt.[600] Die Frage der Nachwirkung eines TV nach § 3 BetrVG spielte praktisch für deren Befürworter dort eine Rolle, wo es darum geht, bei Beendigung eines TV wenigstens den **vorläufigen Fortbestand einer tariflichen AN-Vertretung** zu begründen, bis wieder ein neuer BR nach den Vorschriften des Gesetzes oder eines nachfolgenden TV gewählt worden ist. Es geht also um die Verhinderung der sog. betriebsratslosen Zeiten.

232 Es ist aber sehr fraglich, ob es zur **Verhinderung betriebsratsloser Zeiten** des Instituts der Nachwirkung bedarf, genauer: ob dieses Institut überhaupt geeignet ist, die erwünschte Rechtsfolge herbeizuführen. Nach § 4 Abs. 5 TVG gelten die Rechtsnormen eines abgelaufenen TV weiter, bis sie durch eine andere »Abmachung« ersetzt werden. Darunter ist normalerweise ein anderer TV, eine BV oder auch eine einzelvertragliche Abmachung zu verstehen;[601] bei den betriebsverfassungsrechtlichen Normen kommt aber eine Ablösung regelmäßig durch TV und nur ausnahmsweise durch BV, nicht aber durch Arbeitsvertrag in Betracht.[602] Bei TV nach § 3 BetrVG geht es hierum jedoch i. d. R. nicht, sondern um die **Ablösung** der Tarifregelung **durch das Gesetz,** wenn ein Folge-TV oder eine Folge-BV nicht zustande kommt. Auch wenn mit dem Begriff »Abmachung« das Gesetz nicht gemeint ist, so heißt dies gleichwohl nicht, dass bei Ablauf eines solchen TV wegen der dann eintretenden Nachwirkung gemäß § 4 Abs. 5 TVG eine zeitlich praktisch unbegrenzte Verdrängung der gesetzlichen Regelung erfolgen würde: Wenn nämlich schon die ranggleichen bzw. rangniedrigeren Rechtsquellen die bloß nachwirkende Geltung von Tarifnormen beenden können, so muss dies erst recht für das ranghöhere Gesetz gelten, wenn es den betreffenden Gegenstand regelt (was bei TV nach § 3 BetrVG stets der Fall ist).

233 Im Falle der hier interessierenden Tarifbeendigung tritt also **keine Nachwirkung** ein, sondern gilt an sich sofort wieder die Gesetzesregelung, weil der TV das zwingende Gesetzesrecht nur während seiner vollen normativen Geltung zu verdrängen vermag.[603] Dieser Grundsatz gilt aber nicht uneingeschränkt: Die mit der Nachwirkungsregelung des § 4 Abs. 5 TVG bezweckte **Überbrückungsfunktion**[604] greift nämlich auch zugunsten solcher TV, die – wie hier – die Tarifdispositivität des staatlichen Arbeitsrechts nutzen; es soll **zwischen zwei TV** nicht die

---

599 Vgl. *Hueck/Nipperdey*, Bd. 2, 2. Teilbd., S. 1223; ErfK-*Koch*, Rn. 2; *Richardi*, Rn. 65; wohl auch *Fitting*, Rn. 84; GK-*Franzen*, Rn. 35 f.; HaKo-BetrVG/*Kloppenburg*, Rn. 89; HWGNRH-*Rose*, Rn. 117; WPK-*Preis*, Rn. 7; differenzierend *Gamillscheg*, Kollektives Arbeitsrecht, Bd. II, S. 218; **a. A.** *GL*, Rn. 4, 20; *Dietz*, 4. Aufl., § 20 Rn. 44; *Nikisch*, Bd. 3, S. 73.

600 Vgl. *Däubler*, Tarifvertragsrecht, Rn. 1454; Kempen/Zachert/*Kempen*, § 4 Rn. 554; *Löwisch/Rieble*, § 4 Rn. 237; Wiedemann-*Wank*, § 4 Rn. 344; *BAG* 18.5.77, AP Nr. 4 zu § 4 BAT; *BAG* 14.2.89, NZA 89, 601.

601 Vgl. zum Begriff »Abmachung« nur *Däubler*, Tarifvertragsrecht, Rn. 1449; Kempen/Zachert*Kempen*, § 4 Rn. 562.

602 Vgl. *Löwisch/Rieble*, § 4 Rn. 232.

603 So auch *LAG Hamburg* 7.12.95, LAGE § 3 BetrVG 1972 Nr. 1; ebenso *Richardi*, Rn. 65; GK-*Franzen*, Rn. 35; *Roßmann*, NZA 99, 1252 ff.; der Einwand von *Kempen*, FS Schaub, S. 357 [369], zwischen einem bloß nachwirkenden TV und dem BetrVG bestehe kein Rangverhältnis, beruht auf einem Missverständnis: § 4 Abs. 5 TVG enthält eine Bestimmung über die **Beendigung** der Nachwirkung, die aber zunächst einmal vorausgesetzt ist, damit es zu einer Beendigungswirkung überhaupt kommen kann; kritisch zu *Kempen* auch *T. Wißmann*, S. 175.

604 Dazu auch *BAG* 26.4.90, DB 90, 1919 [1921].

gesetzliche Regelung aufleben.[605] Diese durch § 4 Abs. 5 TVG gesetzlich bewirkte Umwandlung der zwingenden Tarifnormen in eine besondere Art dispositiven Rechts[606] führt deshalb auch bei abgelaufenen TV nach § 3 BetrVG jedenfalls dann zu deren Nachwirkung, wenn die Verhandlungen über den Abschluss eines Folge-TV noch schweben bzw. nicht endgültig gescheitert sind.[607] Darüber hinaus wäre es den TV-Parteien erlaubt, mit Hilfe einer **Verlängerungsklausel** sogar die **zwingende Wirkung eines TV** zu **erhalten,** bis ein neuer TV zustande kommt oder die Verhandlungen endgültig gescheitert sind.[608] Sobald das Scheitern feststeht, würde die Nachwirkung beendet sein und an Stelle dessen die gesetzliche Regelung gelten.[609] Das heißt jedoch **nicht**, dass nunmehr **automatisch die Amtszeit** der tariflichen Vertretung **endet** und der Betrieb vertretungslos würde, denn die Wirkungen des jetzt wieder geltenden Gesetzes können erst durch eine BR-Wahl für den konkreten Betrieb praktisch werden.[610]

Richtiger Ansicht nach bleiben die AN-Vertretungen, die noch unter voller Geltung des TV (u. U. auch noch während der Tarif-Kündigungsfrist) gebildet wurden, im Amt, und zwar nicht nur geschäftsführend.[611] Ihre Amtszeit endet jedoch wegen des Vorranges der Gesetzesregelung mit dem Beginn der Amtszeit eines nachfolgend auf gesetzlicher Grundlage gewählten BR. Dies entspricht dem in Abs. 4 enthaltenen Gedanken für den Fall des Übergangs von der gesetzlichen zur kollektivvertraglich geregelten Ordnung. Längstens jedoch dauert diese **noch aus den Tarifnormen herwirkende Vertretungslage** bis zum Ablauf der gesetzlichen Amtszeit an;[612] ist bis dahin kein neuer BR gewählt worden, findet § 21 a entsprechende Anwendung (vgl. Rn. 194). Die tarifliche Vertretung hat gemäß § 16 den WV zu bestellen, da nach Abs. 5 eine solche Vertretung wie ein BR anzusehen ist. **234**

Obgleich bei **TV nach Nr. 4 und 5** das Problem einer möglichen Konkurrenz zu dem gesetzlichen Vertretungsorgan nicht auftreten kann, gilt hinsichtlich der Nachwirkung nichts anderes als bei TV nach Nrn. 1 bis 3. Auch er entfaltet allerdings noch Wirkungen über den Zeitpunkt seiner Beendigung hinaus (vgl. zur **Amtszeit** der zusätzlichen Vertretungen Rn. 140). **235**

X. Streitigkeiten

Im **Beschlussverfahren** (§§ 2 a, 80 ff. ArbGG) entscheiden die ArbG Streitigkeiten über die **Rechtsgültigkeit eines** von der gesetzlichen Regelung abweichenden **TV** bzw. BV (vgl. zur Billigkeitskontrolle bei BV Rn. 175; zur eingeschränkten Rechtskontrolle bei TV Rn. 216). Dies gilt auch für Streitigkeiten über die Zusammensetzung, Wahl und Organisation sowie Rechte und Pflichten der zusätzlichen bzw. anderen Vertretungen der AN.[613] Es handelt sich dem Streitgegenstand nach um betriebsverfassungsrechtliche Streitigkeiten, auch wenn der TV die Rechtsgrundlage darstellt.[614] Vorsicht ist hinsichtlich der Antragstellung geboten, soweit die Feststellung der Unwirksamkeit des TV insgesamt begehrt wird: Häufig wird es sich dabei um einen unbegründeten **Globalantrag** handeln.[615] **Örtlich zuständig** ist bei Streitigkeiten über die Wirksamkeit der Aufteilung eines Betriebs in Sparten das ArbG, in dessen Bezirk der Betrieb liegt;[616] sofern der Streit die Betriebsgrenzen überschreitet, das Gericht am Sitz des **236**

---

605 Vgl. dazu *Däubler*, a. a. O., Rn. 1450; *Löwisch/Rieble*, § 4 Rn. 223.
606 Vgl. *Herschel*, ZfA 73, 192 [193]; *Däubler*, a. a. O., Rn. 1451.
607 Ebenso *Oetker*, FS Schaub, S. 549.
608 Vgl. Wiedemann-*Wank*, § 4 Rn. 13; *Däubler*, a. a. O., Rn. 1454; ablehnend *Löwisch/Rieble*, § 4 Rn. 248.
609 *LAG Düsseldorf* 10.4.97, LAGE § 4 TVG Nachwirkung Nr. 4; offen gelassen vom *BAG* 11.11.98, AP Nr. 18 zu § 50 BetrVG 1972.
610 Ebenso *Fitting*, Rn. 84; *Richardi*, Rn. 65 m. w. N.
611 Vgl. *Däubler*, Tarifvertragsrecht, Rn. 1461.
612 Ebenso im Ergebnis GK-*Franzen*, Rn. 36; *Behrens/Hohenstatt*, DB 91, 1877 [1878]; anders aber *LAG München* 29.6.11, LAGE § 3 BetrVG 2001 Nr. 3, das bei einem im gesetzlichen Wahlzeitraum gekündigten nachwirkungslosen TV die sofortige Neuwahl nach den gesetzlichen Betriebsstrukturen bejaht; das Rechtsbeschwerdeverfahren 7 ABR 54/11 wurde mit Beschl. v. 24.7.13 eingestellt.
613 Vgl. ErfK-*Koch*, Rn. 13; *Richardi*, Rn. 93; *Fitting*, Rn. 105.
614 ErfK-*Koch*, a. a. O.; *Fitting*, Rn. 104.
615 Allgemein dazu *BAG* 3.6.03, AP Nr. 1 zu § 89 BetrVG 1972; instruktiv bezüglich eines § 3 – TV insoweit *ArbG Frankfurt a. M.* 24.5.06, NZA-RR 07, 25, Ls.
616 *Fitting*, Rn. 102.

UN[617] und sofern mehrere UN eines Konzerns betroffen sind, das ArbG am Sitz des herrschenden UN.[618]

237 Stellt sich im Rahmen einer gerichtlichen Nachprüfung die Unwirksamkeit der getroffenen Vereinbarungen heraus, so ist die hierauf fußende **Wahl** einer AN-Vertretung nur **anfechtbar aber nicht nichtig**[619]. **Nichtig** ist die Wahl jedoch dann, wenn im Rahmen von Abs. 3 Betriebe verschiedener UN zusammengefasst worden sind (vgl. Rn. 176; diese Art der Zusammenfassung ist nur nach Abs. 1 Nr. 3 und daher nur durch TV zulässig, vgl. Rn. 108 ff.). In den Fällen des Abs. 3 führt die **Missachtung des absoluten Mehrheitserfordernisses** bei der Abstimmung über die Option für einen UN-BR ebenfalls zur **Nichtigkeit** der BR-Wahl.[620] Betreibt hierbei ein **nicht zuständiger** örtlicher **WV** die Wahl zum UN-BR, folgt aus dieser Verletzung des formellen Wahlrechts allerdings **nur die Anfechtbarkeit** der BR-Wahl.[621] Regelt ein Zuordnungs-TV die Bildung einer Vielzahl von Regionalbetrieben, so ist die isolierte Anfechtung einer einzelnen Regional-BR-Wahl zulässig; es müssen nicht alle BR-Wahlen im Geltungsbereich dieses TV zugleich angefochten werden[622].

238 **Im Urteilsverfahren** gemäß § 2 Abs. 1 Nr. 2 ArbGG ist dagegen die Klage gegen den AG auf Rückgängigmachung und künftige Unterlassung der rechtswidrigen Einrichtung von betrieblichen Vertrauensleuten (vgl. Rn. 145) zu verfolgen,[623] da es sich hierbei um einen aus Art. 9 Abs. 3 GG abgeleiteten Anspruch handelt. Die im Betrieb **vertretene Gewerkschaft** ist insoweit **parteifähig** und braucht nicht im Namen ihrer Mitglieder aufzutreten (vgl. zur Frage des Vertretenseins im Betrieb § 2 Rn. 79 f.). Ob die Gewerkschaft nur durch den Hauptvorstand oder auch durch Organisationsgliederungen (Verwaltungsstellen, Bezirksverwaltungen) vertreten wird, richtet sich nach der Satzung; insoweit kommt aber auch Vollmachterteilung durch das nach der Satzung vertretungsberechtigte Organ in Betracht.[624]

239 **Antragsberechtigt** sind **im Beschlussverfahren** die TV-Parteien und die BV-Parteien sowie die BR bzw. die diese nach Abs. 1 ersetzenden Vertretungen, deren Amtszeit bzw. Amtsstellung durch den Kollektivvertrag beendet bzw. beeinträchtigt wird.[625] Die **Antragsbefugnis fehlt** jedoch einer am TV nicht beteiligten **Gewerkschaft,** wenn sie sich darauf beruft, der TV hätte wirksam nur unter Beteiligung aller in den vom TV erfassten Betrieben vertretenen Gewerkschaften abgeschlossen werden dürfen.[626] Aus **§ 9 TVG** folgt die Antragsbefugnis einer Gewerkschaft, wenn die Auslegung oder Wirksamkeit eines ZuordnungsTV zum selbständigen Gegenstand eines Rechtsstreits zwischen den TV-Parteien gemacht wird.[627]

XI. Auswirkungen auf nach altem Recht geschlossene Tarifverträge

240 Aus Anlass der Novellierung 2001 sind anders als 1972 mit § 128 keine besonderen Übergangsvorschriften geschaffen worden, die die ausdrückliche Weitergeltung der unter dem früheren Recht abgeschlossenen TV anordnen,[628] von denen es sogar noch einige gibt. Da sämtliche

617 GK-ArbGG-*Dörner*, § 82 Rn. 6 b, 8.
618 GK-ArbGG-*Dörner*, § 82 Rn. 10.
619 *BAG* 13.3.13, NZA 13, 738 f.; vgl. aber *Plander*, NZA 02, 483 [489], der von Nichtigkeit der Wahl ausgeht; ebenso *Richardi*, Rn. 96; *Spinner/Wiesenecker*, FS Löwisch, S. 375, 385 ff.; *Rolf*, S. 79; *Utermark*, S. 179 ff.
620 *ArbG Düsseldorf* 12.6.08 – 6 BV 58/08 uv.; *ArbG Darmstadt* 6.8.08 – 1 BV 5/08 uv.
621 *LAG München* 31.8.07 – 3 TaBV 84/07 uv.
622 *BAG* 21.9.11, NZA-RR 12, 186 ff. (dort Rz. 18 ff.).
623 Vgl. *Däubler*, Gewerkschaftsrechte, Rn. 739.
624 *Däubler*, a. a. O., Rn. 727 m. w. N.
625 ErfK-*Koch*, Rn. 13; *Fitting*, Rn. 102.
626 Damit sollen ersichtlich Popularklagen verhindert werden, vgl. *ArbG Frankfurt a. M.* 24.5.06, NZA-RR 07, 25, Ls.; ebenso *ArbG Frankfurt a. M.* 28.3.07 – 17 BV 216/06; a. A.: *LAG Köln* 30.1.08 – 8 TaBV 78/06; *Fitting*, Rn. 102 hält jede im Betrieb vertretene Gewerkschaft für antragsberechtigt – das ist folgerichtig nur auf Grundlage der abzulehnenden Ansicht über die notwendige Tarifgemeinschaft; vgl. Rn. 18 f.; ErfK-*Koch*, Rn. 13, zählt ausdrücklich auch die konkurrierenden Verbände zu den Antragsberechtigten.
627 *Fitting*, Rn. 104.
628 Eine analoge Anwendung des § 128 wird in der Literatur erwogen, vgl. die Erl. zu § 128.

Fallgruppen des alten Rechts in den neuen Bestimmungen mit enthalten sind und überdies das Zustimmungserfordernis entfallen ist, sind grundsätzlich keine Gründe ersichtlich, die einer Weitergeltung dieser alten TV entgegenstehen könnten.[629]

Soweit allerdings die **Wirksamkeit** eines ZuordnungsTV im Streit ist, der **nach altem Recht** geschlossen wurde, ist dessen Wirksamkeit von den Gerichten sowohl nach altem als auch neuem Recht zu prüfen.[630] Sah ein solcher, unter Geltung von § 3 a. F. geschlossener TV z. B. die Bildung eines einheitlichen BR für betriebsverfassungsrechtlich selbständige Betriebe verschiedener UN vor, war dieser – selbst bei Vorliegen der damals erforderlichen behördlichen Zustimmung – rechtsunwirksam, weil nach h. M. unter Geltung des alten Rechts diese Art der Zusammenfassung von Betrieben verschiedener UN nicht möglich war.[631] **241**

TV, deren Zustimmungsfähigkeit nach altem Recht zweifelhaft geblieben war (noch schwebendes behördliches Zustimmungsverfahren vor Inkrafttreten der BetrVG-Novelle 2001), die jedoch einer der neuen Fallgruppen zugeordnet werden können, sind mit In-Kraft-Treten der Novelle am 28.7.2001 wirksam geworden, soweit die sonstigen tarifrechtlichen Geltungsvoraussetzungen zu diesem Zeitpunkt vorgelegen haben.[632] Nach altem wie neuem Recht unwirksam sind solche TV etwa dann, wenn die Parteien die von ihnen vorgesehene Regelung vom vorherigen Zustimmungs-Votum der AN abhängig machen, weil dann keine Regelung durch die TV-Parteien selbst vorliegt.[633] Soweit derartige Alt-TV jedoch **rechtskräftig für nichtig erklärt** worden sind,[634] leben sie nicht unter Geltung des neuen Rechts wieder auf. Sie müssten vielmehr neu in Kraft gesetzt werden.[635] **242**

Durch Art. 1 Nr.1 des TarifeinheitsG v. 3.7.2015[636] ist § 4 a neu in das TVG eingefügt worden, dessen Ziel es ist, Tarifkollisionen zu verhindern. § 4 a Abs. 3 TVG n. F. erstreckt das in § 4 a Abs. 2 Satz 2 TVG n. F. zur Kollisionsvermeidung enthaltene Mehrheitsprinzip zwar grundsätzlich auch auf Zuordnungs-TV nach § 3 Abs. 1 BetrVG. Andererseits bestimmt § 13 Abs. 3 TVG i. d. F. des TarifeinheitsG, dass § 4 a TVG n. F. nicht auf TV anzuwenden ist, die am 10.7.15, also am Tage des Inkrafttretens der Gesetzesänderung, bereits gelten. Somit verbleibt es bei etwaigen Kollisionen mit solchen **am 10.7.15 in Kraft befindlichen TV** bei den bisherigen Regeln zur Auflösung etwaiger Tarifkonkurrenzen (vgl. dazu Rn. 217 ff.). **242a**

§ 4 Betriebsteile, Kleinstbetriebe

(1) Betriebsteile gelten als selbstständige Betriebe, wenn sie die Voraussetzungen des § 1 Abs. 1 Satz 1 erfüllen und
1. räumlich weit vom Hauptbetrieb entfernt oder
2. durch Aufgabenbereich und Organisation eigenständig sind.
Die Arbeitnehmer eines Betriebsteils, in dem kein eigener Betriebsrat besteht, können mit Stimmenmehrheit formlos beschließen, an der Wahl des Betriebsrats im Hauptbetrieb teilzunehmen; § 3 Abs. 3 Satz 2 gilt entsprechend. Die Abstimmung kann auch vom Betriebsrat des Hauptbetriebs veranlasst werden. Der Beschluss ist dem Betriebsrat des Hauptbetriebs spätestens zehn Wochen vor Ablauf seiner Amtszeit mitzuteilen. Für den Widerruf des Beschlusses gelten die Sätze 2 bis 4 entsprechend.

---

629 Im Ergebnis ebenso *Däubler*, DB 01, 1669 [1671].
630 Vgl. *BAG* 10.11.04, EzA § 3 BetrVG 2001 Nr. 1; *LAG Hamm* 23.1.09 – 10 TaBV 67/08 uv.; wohl auch *LAG Niedersachsen* 22.8.08 – 12 TaBV 14/08 uv.
631 *BAG* 10.11.04, a. a. O.; nach § 3 Abs. 1 Nr. 3 n. F. allerdings vom *BAG* für zulässig erachtet; vgl. Rn. 108.
632 Insoweit aber offen gelassen durch *BAG* 10.11.04, a. a. O.
633 *BAG* 10.11.04, a. a. O.
634 Zu einem solchen Fall *LAG Brandenburg* 9.8.96, LAGE § 3 BetrVG 1972 Nr. 2.
635 Zur **Nichtigkeit** von BR-Wahlen auf Grundlage eines TV nach § 3 a. F., für den die Zustimmung der Behörde im Zeitpunkt der Wahl (noch) nicht vorlag, *LAG München* 7.8.00 – 9 TaBV 45/00; *LAG Baden-Württemberg* 26.3.02 – 14 TaBV 10/00, wenn nicht die tarifliche Abgrenzung der Organisationseinheiten ohnehin mit der gesetzlichen Regelung gem. §§ 1, 4 übereinstimmt; Anfechtbarkeit nimmt dagegen *ArbG Frankfurt a. M.* 25.1.01 – 3 BV 430/00 an.
636 BGBl. I, S. 1130.

(2) Betriebe, die die Voraussetzungen des § 1 Abs. 1 Satz 1 nicht erfüllen, sind dem Hauptbetrieb zuzuordnen.

Inhaltsübersicht

I. Vorbemerkungen

1 Die Vorschrift wurde durch Art. 1 Nr. 4 des BetrVerf-ReformG v. 23.7.01[1] neu gefasst. **Abs. 1 Satz 1** regelt im Wege einer Fiktion, unter welchen Voraussetzungen **Betriebsteile** einem echten Betrieb i. S. d. § 1 gleichgestellt sind. **Abs. 1 Sätze 2 bis 5** betreffen die Zuordnungsmöglichkeit eines zwar betriebsratsfähigen aber tatsächlich betriebsratslosen Betriebsteils zum Hauptbetrieb und deren Rückgängigmachung **durch entsprechendes Votum der AN** des Betriebsteils. Weist ein Betriebsteil nicht die nach § 1 Abs. 1 Satz 1 erforderliche AN-Zahl auf, gehören dessen AN zu dem Betrieb, dessen Bestandteil der Betriebsteil ist.[2]

1 BGBl. I S. 1852 [1853].
2 GK-*Franzen*, Rn. 3.

Mit **Abs. 2** ist der frühere Begriff »Nebenbetrieb« beseitigt worden. Die Bestimmung ordnet kraft Gesetzes **Kleinstbetriebe** dem Hauptbetrieb zu.[3] Ein »Kleinstbetrieb« erfüllt die Kriterien des allgemeinen betriebsverfassungsrechtlichen Betriebsbegriffs und hat einen eigenen Leitungsapparat. Allerdings erreicht er allein nicht die Schwellenzahlen des § 1 Abs. 1 Satz 1, wenngleich er zu einem UN gehört, das insgesamt betrachtet die Betriebsratsfähigkeit i. S. v. § 1 Abs. 1 Satz 1 besitzt. 2

Nicht geklärt wurde dagegen im Rahmen der Novellierung 2001 der **Begriff des »Hauptbetriebs«**.[4] Das wäre aber eigentlich erforderlich gewesen, weil die Belegschaft eines Betriebsteils vor Ausübung ihres Optionsrechts auf Zuordnung zum Hauptbetrieb (Abs. 1 Satz 2) wissen muss, von welchem BR sie aufgrund positiver Optionsausübung vertreten würde. Dies festzustellen ist nach geltender Rechtslage nicht leicht und hat sogar das *BAG* zu dem Ergebnis gelangen lassen, dass in demselben UN eine Vielzahl von Hauptbetrieben vorkommen kann.[5] Ebenso kommt es für die AN eines Kleinstbetriebes darauf an zu wissen, welches der Hauptbetrieb ist, an dessen Betriebsverfassung und z. B. BVen sie dann partizipieren. 3

Die Vorschrift dient neben § 1 und § 3 der **Festlegung von betriebsratsfähigen Einheiten** (vgl. § 1 Rn. 47 f.). **Abs. 1 Satz 1** bedient sich einer **Fiktion**, wonach unter den in Nrn. 1 und 2 bestimmten Voraussetzungen ein **Betriebsteil als Betrieb** anzusehen ist. Liegen diese Voraussetzungen vor, gelten für den Betriebsteil dieselben Rechtsfolgen, die das Gesetz sonst an den Begriff des Betriebs knüpft.[6] Somit ist für einen als Betrieb geltenden Betriebsteil ein BR zu wählen, es sei denn, es erfolgt eine abweichende Zusammenfassung nach § 3 Abs. 1 oder die AN des Betriebsteils votieren für die Zuordnung zum Hauptbetrieb (vgl. Rn. 101 ff.). 4

Nach **Sinn und Zweck** der Vorschrift sollen **alle AN** desselben UN in die Betriebsverfassung einbezogen werden und **eine Interessenvertretung** erhalten.[7] Diese Zielsetzung kommt besonders in **Abs. 2** zum Ausdruck: Da auch Kleinstbetriebe echte Betriebe sind, würden sie vertretungslos bleiben, wenn Abs. 2 nicht anordnen würde, dass sie dem Hauptbetrieb zuzuordnen sind. So wird gewährleistet, dass AN in Kleinstbetrieben ebenso wie AN in nicht betriebsratsfähigen Betriebsteilen in jedem Fall an der Betriebsverfassung des Hauptbetriebs teilhaben.[8] 5

Zu § 3 BetrVG 1952 wurde unter Hinweis auf den Wortlaut (»… gelten *nur dann* als selbständige Betriebe …«) nur ausnahmsweise zugelassen, dass für Nebenbetriebe oder Betriebsteile eigene BR gewählt werden konnten.[9] Die früher angenommene **enge Auslegung der Vorschrift** entspricht heute wegen des inzwischen mehrfach geänderten Wortlauts (das »nur dann« ist entfallen; der GBR ist seit 1972 ein obligatorisches Organ) **nicht mehr** der **Rechtslage**.[10] 6

Nach heutiger Rechtslage liegt den §§ 1, 4, 47 **eine eher dezentrale BR-Struktur** als Leitbild des Gesetzes zu Grunde. Dennoch ist stets zu prüfen, ob dort, wo eine dezentrale betriebliche Aufbauorganisation von UN mit mehreren Betriebsstätten angetroffen wird, die Errichtung einer ortsnahen Interessenvertretung nicht zu Lasten des Effizienzprinzips geht (vgl. § 1 Rn. 52), weil die Bildung allzu kleiner betriebsratsfähiger Einheiten i. d. R. zu einer in ihrer Schutzwirkung »**verdünnten**« **Betriebsverfassung** führt. Andererseits führt aber auch ein eher größerer Wahlkörper nicht stets zu einer effektiveren Interessenvertretung, wie ein Blick auf die degressiven Größenstaffeln in **§§ 9, 38** erkennen lässt.[11] 7

---

3 *BAG* 17.1.07, NZA 07, 703 [Wohlfahrtspflege-UN I].
4 Ebenso *Richardi/Annuß*, DB 01, 41 [42].
5 Vgl. *BAG* 9.12.92 – 7 ABR 15/92 [Deutscher Herold], uv.; auch *ArbG Berlin* 19.11.99, NZA-RR 01, 36 [38] hält das für möglich.
6 Generell klargestellt durch *BAG* 27.6.95, BB 96, 1504 mit Anm. *Kohte*.
7 *Richardi*, Rn. 48; *Fitting*, Rn. 1; ErfK-*Koch*, Rn. 1; ebenso schon *BAG* 1.2.63, AP Nr. 5 zu § 3 BetrVG.
8 Vgl. *Fitting*, Rn. 12; *Richardi*, Rn. 48; *Konzen*, RdA 01, 76 [82]; a. A. *LK*, Rn. 12.
9 Vgl. nur *Dietz*, 4. Aufl., § 3 Rn. 9; *BAG* 1.2.64, 5.6.64, AP Nrn. 5, 7 zu § 3 BetrVG.
10 Für eine enge Auslegung von § 4 aber auch nach In-Kraft-Treten des BetrVG 1972 immer noch *BAG* 24.2.76, AP Nr. 2 zu § 4 BetrVG 1972; näher dazu unten Rn. 42 ff.
11 Anschaulich zu den miteinander bisweilen im Widerstreit liegenden Gesichtspunkten »Qualität der Mitbestimmungsrechte« und der »BR-Organisation« [§§ 9, 27, 38] *Gamillscheg*, Anm. zu EzA § 4 BetrVG 1972 Nrn. 4 und 5, S. 58, mit dem Hinweis, dass dort, wo die Schwellenwerte ohnehin bereits überschritten werden, eine weitere Zentralisierung der Wahleinheit wegen der verhältnismäßig sin-

8 Die **Bildung von Wahlkreisen,** in denen einzelne Betriebsbereiche ihre BR-Mitglieder allein wählen, um sie in einen einheitlichen BR zu entsenden, ist **nicht zulässig.** Auch **Betriebsabteilungen** bilden keinen Wahlkreis, weil das Gesetz **keine Abteilungsräte** kennt.[12] Entweder handelt es sich nämlich um einen Betriebsteil, der nach § 4 als Betrieb anzusehen ist und demzufolge einen eigenen BR erhält, oder es existiert ein Betrieb, der auch die »Betriebsteile« mit umfasst.[13] Dem Anliegen nach einer **bereichsbezogenen Repräsentation** sollte bei Aufstellung der Wahlvorschläge Rechnung getragen werden (vgl. § 15 Abs. 1). Wo dies nicht erreicht werden kann, ansonsten aber die Repräsentation der dort vorhandenen AN durch den BR Schaden nehmen würde, besteht die Möglichkeit, durch TV **zusätzliche Vertretungen** nach § 3 Abs. 1 Nr. 5 zu errichten.[14]

9 Die sichere Bestimmung dessen, was als **Betriebsteil oder Hauptbetrieb** anzusehen ist, wird erheblich erschwert, weil das Gesetz selbst **keine Definition** gibt. Literatur und Rspr. haben bisher keine immer klaren Abgrenzungskriterien entwickelt.[15] Selbst bei Anwendung der vom *BAG* zugrunde gelegten unscharfen Kriterien ist **keine eindeutige Bestimmung** der Begriffe möglich. Dieses Eingeständnis findet sich explizit in *BAG* 3.12.85:[16]

»Eine solche Abgrenzung ist allein schon deswegen nicht möglich, weil § 4 Satz 1 Nr. 2 BetrVG davon ausgeht, dass auch Betriebsteile durch Aufgabenbereich und Organisation eigenständig, d. h. selbständig, sein können. Mag auch damit nur eine relative Selbständigkeit gemeint sein, so lässt sich auch zwischen dieser und einer größeren Selbständigkeit der selbständigen Betriebe keine sichere Unterscheidung treffen. Auch selbständige Betriebe sind von einer zentralen Leitung mehr oder weniger abhängig und damit nur relativ selbständig. Verlässliche Kriterien dafür, wann diese relative Selbständigkeit in eine Selbständigkeit umschlägt, die es rechtfertigt, die organisatorische Einheit nunmehr als selbständigen Betrieb im Sinne von § 1 BetrVG anzusehen, lassen sich nicht finden.«

10 Dieser Missstand wird in der Literatur allenthalben beklagt.[17] Da das *BAG*[18] das Merkmal »Organisation« in Abs. 1 Satz 1 Nr. 2 dahin gehend bestimmt, dass die **organisatorische Eigenständigkeit** zu bejahen ist, sofern in dem Betriebsteil der wesentliche Kern der der betrieblichen Mitbestimmung unterliegenden AG-Funktionen auszuüben ist, benutzt es **dieselbe Formel,** die es auch **zur Bestimmung des Begriffs »Betrieb«** verwendet.[19] Ein begrifflicher

---

kenden Zahl von BR-Mitgliedern bzw. Freistellungen zu Lasten der personellen Leistungsfähigkeit des BR gehen kann; vgl. auch *Birk,* AuR 78, 226 [230], der unter Effizienzgesichtspunkten zum früheren Recht meint, wegen der Freistellungsmöglichkeit nach § 38 Abs. 1 sei bei Betriebsteilen eigentlich stets ab einer Belegschaftszahl von mehr als 300 AN [nach § 38 Abs. 1 n. F. sinngemäß: 200 AN] von einem nach Satz 1 zu fingierenden Betrieb auszugehen; die Größe der Belegschaft bezieht auch *LAG Köln* 28.6.89, LAGE § 4 BetrVG 1972 Nr. 4, S. 4, in die Beurteilung mit ein; ähnlich *Löwisch,* FS Kissel, S. 679 [682], allerdings gegen *BAG* 29.3.77, AuR 78, 254, das solche Erwägungen für nicht maßgeblich erklärt hatte.

12 *Gamillscheg,* ZfA 75, 357 [361]; gegen Wahlkreissysteme auch *Richardi,* Rn. 2; *Fitting,* Rn. 3; gleichwohl sollte die Existenz sog. Hallen- und Bereichs-BR, die *Rancke,* S. 279 ff., bei seiner Untersuchung vorfand, nicht unterschätzt werden; dazu auch *Gamillscheg,* Kollektives Arbeitsrecht, Bd. I, S. 605.

13 Wie hier *Richardi,* Rn. 2; *Fitting,* Rn. 7; das *LAG Hannover* 13.2.54, AuR 54, 284 = BetrR 54, 200 ff. [mit ablehnender Anm. *Bührig*] hält die Bildung von Wahlkreisen unter Hinweis auf die Grundsätze bei politischen Wahlen fälschlich für zulässig.

14 Vgl. § 3 Rn. 135 ff.; *Fitting,* Rn. 3.

15 Vorschläge de lege ferenda bei *Bachner,* NZA 96, 400 [405] und *Trümner,* Mitb 3/97, 44 ff.; zu optimistischer Glaube an die Leistungsfähigkeit der unbestimmten Rechtsbegriffe bei *Heither,* Mitb 3/97, 25.

16 AP Nr. 28 zu § 99 BetrVG 1972.

17 Vgl. WPK-*Preis,* Rn. 8 und schon frühzeitig *Gamillscheg,* ZfA 75, 357 [368 ff.]; *Birk,* AuR 78, 226 [227 f.]; *Joost,* S. 287, nennt die Einordnung ein »Spiel des Zufalls«; MünchArbR-*Richardi,* § 22 Rn. 5 ff., sieht in deutlicher Abkehr von *Jacobi* keine Möglichkeit zur objektiven Definition dieser Begriffe.

18 29.1.92, NZA 92, 894.

19 Vgl. *BAG* 14.9.88, AP Nr. 9 zu § 1 BetrVG 1972; auch schon *BAG* 14.9.82, AP Nr. 3 zu § 4 BetrVG 1972 unter III. 2. c; für den Betriebsteil i. S. v. § 4 Satz 1 Nr. 2 die Formel bestätigend *BAG* 9.12.92 – 7

Unterschied zwischen einem echten Betrieb (§ 1) und einem Betriebsteil i. S. v. Abs. 1 Satz 1 Nr. 2 ist nach der Rspr. des *BAG* nicht mehr feststellbar, so dass es nicht verwundert, wenn kaum einmal Fälle des durch Aufgabenbereich und Organisation eigenständigen Betriebsteils auftreten (vgl. auch Rn. 81 ff.).[20]

Der betrieblichen Praxis ist zu empfehlen, von der **Möglichkeit nach § 3 Abs. 1 Nr. 1 a) und** 11
b) Gebrauch zu machen, um eine sinnvolle **Zuordnung von Betriebsteilen und Kleinstbetrieben durch TV** vorzunehmen, soweit dadurch die Bildung von AN-Vertretungen erleichtert wird und **Abgrenzungszweifel** ausgeräumt werden können (vgl. § 3 Rn. 52).

II. Hauptbetrieb

1. Gesetzlicher Funktionszusammenhang

Der Begriff Hauptbetrieb spielt **in mehreren Konstellationen** eine entscheidende Rolle: Ob 12
ein Betriebsteil, der die nach § 1 erforderliche AN-Zahl aufweist, einen eigenen BR wählen kann, bestimmt sich gemäß **Abs. 1 Satz 1 Nr. 1** nach seiner räumlichen **Entfernung zum Hauptbetrieb;** Nach **Abs. 2 Satz 2** sind **Kleinstbetriebe**, die nicht die betriebsratsfähige Größe erreichen, dem Hauptbetrieb zuzuordnen. AN eines nicht betriebsratsfähigen Betriebsteils gehören ohnehin zum Hauptbetrieb.[21] Die nach beiden Vorschriften erforderliche Abgrenzung setzt aber gerade die Klarheit darüber voraus, welche Einheit als Hauptbetrieb anzusehen ist. Andernfalls scheitert das Abgrenzungs- bzw. Zuordnungsproblem schon an der Frage, gegenüber welchem Betrieb z. B. die Entfernungsbestimmung vorzunehmen ist.

Mit Einfügung des **Belegschaftsoptionsrechts** auf Zuordnung zum Hauptbetrieb (Abs. 1 13
Satz 2) im Jahre 2001 wäre es geboten gewesen, eine gesetzliche Definition vorzunehmen,[22] was aber unterblieben ist. Daher muss die Auslegung und Konkretisierung vom Wortlaut ausgehen und die systematische Stellung im Gesetz sowie den Normzweck beachten. Eine **grundlegende Neubestimmung** scheint insoweit nun das *BAG*[23] einzuleiten, indem es ausdrücklich anerkennt, dass der Begriff Hauptbetrieb in Abs. 2 einen anderen Inhalt besitzt, als in Abs. 1.[24]

Die begriffliche **Unschärfe des Gesetzes** mag hingenommen werden können, wenn in einem 14
UN nur ein Hauptbetrieb und ein oder mehrere Betriebsteile bzw. ein Hauptbetrieb und ein Kleinstbetrieb vorhanden sind. In derartigen Fällen kann man den umgangssprachlichen Wortinhalt heranziehen und als Hauptbetrieb den nach **AN-Zahl, Funktion und Bedeutung für das UN größten Betrieb** bezeichnen, um zu praktikablen Ergebnissen für die Abgrenzung bzw. Zuordnung der verschiedenen betrieblichen Organisationseinheiten eines UN zu gelangen. Weitaus schwieriger sind jedoch die häufigen Fälle zu beurteilen, in denen ein UN mehrere echte Betriebe i. S. d. § 1 hat und daneben noch über Betriebsteile bzw. Kleinstbetriebe verfügt.[25] Für die Alternative des Abs. 1 Satz 1 Nr. 1 kommt es entscheidend darauf an, gegenüber welchem der mehreren Betriebe i. S. v. § 1 die räumliche Entfernung eines Betriebsteils zu beurteilen ist, um ihn entweder diesem Betrieb zuzurechnen (sofern keine weite Entfernung vorliegt) oder als betriebsverfassungsrechtlich selbstständigen Betriebsteil zu qualifizieren (sofern er räumlich weit entfernt ist).

ABR 15/92 [Deutscher Herold], uv.; zu den insoweit seit *Dietz* [FS Nikisch, S. 23, 33] retardierenden Momenten in der Rspr. des *BAG Trümner*, Anm. zu *BAG* 28.6.95, AiB 96, 241 [242, 243].

20 Zutreffende Kritik bei WPK-*Preis*, Rn. 9; aus jüngerer Zeit nur *BAG* 21.7.04, AP Nr. 15 zu § 4 BetrVG 1972 [Symphonieorchester].

21 ErfK-*Koch*, Rn. 3; *Fitting*, Rn. 12.

22 Vgl. *Trümner*, FA 01, 133 [134]; berechtigte Kritik auch bei *Richardi*, NZA 01, 346 [348 f.].

23 Mit seiner Entscheidung vom 17.1.07, NZA 07, 703.

24 Ebenso *Fitting*, Rn. 10; *Richardi*, Rn. 8; GK-*Franzen*, Rn. 8 a. E.; WPK-*Preis*, Rn. 13.

25 Vgl. zu einem derartigen Sachverhalt z. B. *BAG* 17.1.07, a. a. O.; 7.12.88, AP Nr. 15 zu § 19 BetrVG 1972; *LAG Köln* 28.6.89, LAGE § 4 BetrVG 1972 Nr. 4.

2. Die Begriffsbestimmung der herrschenden Meinung

15 Trotz dieser herausragenden funktionellen Bedeutung des Begriffs »Hauptbetrieb« finden sich in Literatur und Rspr. kaum praktikable Hinweise zu seiner Auslegung.[26] Klarheit besteht nur insoweit, dass mit dem **Hauptbetrieb nicht notwendigerweise die Hauptverwaltung** eines UN gemeint ist, wenngleich das *BAG*[27] häufig beides gleichsetzt (näher dazu Rn. 23 f.). Geklärt scheint durch das BAG[28] mittlerweile, dass der Begriff einen unterschiedlichen Inhalt hat, je nachdem, ob es um das Verhältnis eines Betriebsteils zum Hauptbetrieb (Satz 1 Nr. 1) oder das Verhältnis eines Kleinstbetriebs zum Hauptbetrieb (Abs. 2) geht.[29]

a) Hauptbetrieb im Sinne von Absatz 1 Satz 1 Nr. 1

16 Im Falle von **Abs. 1 Nr. 1** nimmt die Lit. an, der Begriff Hauptbetrieb bringe zum Ausdruck, dass für die Bestimmung der räumlich weiten Entfernung der **Ort der zentralen Betriebsleitung** maßgebend sei, weil dort i. d. R. der **Hauptteil der Betriebsbelegschaft** beschäftigt werde.[30]

17 Das *BAG* stellte zunächst auf das qualitative Verhältnis der arbeitstechnischen Zwecke zueinander ab[31] und stellte fest, dass die Verfolgung **paralleler** (gleicher) **arbeitstechnischer Zwecke** (hier: Umsatz eines Warensortiments) in allen Filialen des UN einschließlich des Hauptbetriebs **nicht** dazu führe, einer solchen Filiale den Status eines durch **Aufgabenbereich eigenständigen** Betriebsteils (Abs. 1 Nr. 2) zuzuerkennen. Somit blieb nur die Prüfung der Nr. 1 (Entfernung zum Hauptbetrieb, der hier zugleich mit dem Betrieb des UN-Sitzes unterstellt wurde; vgl. zu Sonderfragen bei Filialbetrieben Rn. 88 ff.). Mit der Entscheidung vom 17. 2. 83[32] ging das *BAG* jedoch dazu über, das Verhältnis zwischen Betriebsstellen desselben UN vornehmlich nach dem Gesichtspunkt zu bestimmen, ob und wo der für den Betriebsteil zuständige, in den mitbestimmungspflichtigen sozialen und personellen Angelegenheiten entscheidungsbefugte Leitungsapparat angesiedelt ist.[33] Seit der Entscheidung vom 23. 9. 82[34] postuliert das *BAG* den **Vorrang der Einheit der Organisation** vor der Einheitlichkeit der verfolgten arbeitstechnischen Zwecke und deren Verhältnis zueinander[35] und ebnete damit den Weg zur Verabsolutierung dieses Gesichtspunktes bei der Abgrenzung betriebsratsfähiger Einheiten.[36]

18 Das *BAG*[37] bestimmt den Begriff des Hauptbetriebs im Verwendungszusammenhang des Abs. 1 Nr. 1 **nunmehr allein** danach, ob es sich um den Betrieb handelt, in dem die **für den** betreffenden **Betriebsteil maßgeblichen Leitungsfunktionen bezüglich der sozialen und**

---

26 Auch *Haas/Salamon*, NZA 09, 299 ff.; *Birk*, AuR 78, 226 ff.; *Grützner*, BB 83, 200 ff.; *Schimana*, BB 79, 892 ff. und *Zilius*, AiB 5/80, 10 f. geben keinen näheren Aufschluss.

27 Vgl. nur *BAG* 17. 1. 07, a. a. O. [Rn. 14, 19, 20]: Hauptverwaltung als Hauptbetrieb; 7. 5. 08, NZA 09, 328 [Einzelhandelsfilial-UN; Rn. 29]: zentrale Verwaltung mit Sitz der Geschäftsführung als Hauptbetrieb.

28 17. 1. 07, a. a. O.: Hauptbetrieb i. S. v. Abs. 2; 7. 5. 08, a. a. O.: Hauptbetrieb i. S. v. Abs. 1.

29 Ähnlich *Richardi*, Rn. 8; Dagegen wiederum keine Ausführungen mehr zum Hauptbetrieb in *BAG* 9. 12. 09, NZA 10, 906 [Wohlfahrtspflege-UN II].

30 *Richardi*, Rn. 18 unter Hinweis darauf, dass der Begriff Hauptbetrieb in diesem Zusammenhang unglücklich sei, weil es in Satz 1 um die organisatorische Gliederung eines Betriebes in Betriebsteile gehe; ähnlich *Birk*, AuR 78, 226 [229]; *Gamillscheg*, Anm. zu EzA Nrn. 4, 5 zu § 4 BetrVG 1972, S. 56, bezeichnet als Hauptbetrieb i. S. d. Satzes 1 den »hauptsächlichen Teil des Betriebes«, ohne allerdings anzugeben, wonach diese Gewichtung erfolgen soll.

31 24. 2. 76, AP Nr. 2 zu § 4 BetrVG 1972.

32 AP Nr. 4 zu § 4 BetrVG 1972.

33 Ähnlich *Richardi*, Rn. 18.

34 AP Nr. 3 zu § 4 BetrVG 1972.

35 Unter fälschlicher Bezugnahme auf *BAG* 1. 2. 63, AP Nr. 5 zu § 3 BetrVG.

36 Vgl. *BAG* 29. 1. 92, AP Nr. 1 zu § 7 BetrVG 1972 mit Anm. *Kohte*, der darin wohl zu Recht eine versteckte Divergenz zwischen dem *1. Senat* und *7. Senat* des *BAG* sieht; näher *ders.*, Anm. zu *BAG* 27. 6. 95, BB 96, 1504 [1506].

37 Seit der Entsch. v. 9. 12. 92 – 7 ABR 15/92 [Deutscher Herold], uv; zuletzt *BAG* 7. 5. 08, NZA 09, 328 [330].

personellen Mitbestimmungsangelegenheiten institutionalisiert ist.[38] Dabei schadet es nicht einmal, wenn der so bestimmte Hauptbetrieb als Organisationsgebilde selbst nicht betriebsratsfähig i. S. v. § 1 ist.[39]

Bestimmt man mit dem *BAG* den **Begriff des Hauptbetriebs** daher ausschließlich nach der **Beschaffenheit des Leitungsgefüges** zwischen verschiedenen abgrenzbaren Betriebsstätten, so ist auch klar, dass es in Abhängigkeit von der Ausgestaltung der Leitungsorganisation innerhalb desselben UN mit einer stark gegliederten betrieblichen Aufbauorganisation mehrere Hauptbetriebe geben kann. Von daher ist es somit **falsch**, innerhalb eines solchen UN **nur einen** »absoluten« **Hauptbetrieb anzunehmen,** also etwa den größten Betrieb als Hauptbetrieb anzusehen (vgl. Rn. 14; zur Filialorganisation Rn. 88 ff.). **19**

b) Hauptbetrieb im Sinne von Absatz 2

Im Falle des Abs. 2 versuchte das *BAG* nach früherem Recht, den Begriff im Hinblick auf das arbeitstechnische Verhältnis zum Nebenbetrieb – jetzt Kleinstbetrieb genannt – zu bestimmen und stellte darauf ab, dass im **Nebenbetrieb** stets eine arbeitstechnische **Hilfsfunktion** gegenüber dem arbeitstechnischen Zweck im **Hauptbetrieb** verfolgt werde.[40] Bereits daraus folgte jedoch, dass es nicht nur **einen** »absoluten« Hauptbetrieb innerhalb eines UN mit mehreren Betrieben nach § 1 und weiteren Betriebsteilen bzw. Kleinstbetrieben geben konnte.[41] Denn nach h. M. war der Hauptbetrieb i. S. v. Satz 2 a. F. der Betrieb, demgegenüber **ein Nebenbetrieb** (als organisatorisch selbstständiger Betrieb) unter eigener Leitung einen eigenen Betriebszweck verfolgt, der jedoch für den im Hauptbetrieb verfolgten Hauptbetriebszweck eine **arbeitstechnische Hilfsfunktion** erfüllt und den dortigen Betriebszweck unterstützt.[42] Gab es aber mehrere derartige Funktionsabhängigkeiten zwischen jeweils verschiedenen Haupt- und Nebenbetrieben, so konnte es auch innerhalb eines UN unter Umständen eine **Mehrzahl von Hauptbetrieben** geben.[43] **20**

Das *BAG*[44] nimmt dagegen in derartigen Fällen seit 2007 an, **Hauptbetrieb** sei der Betrieb, der gegenüber dem zuzuordnenden Kleinstbetrieb und ggf. auch gegenüber anderen Betrieben des AG eine »**hervorgehobene Bedeutung**« besitze. Diese hervorgehobene Bedeutung ergebe sich aus einer besonderen Funktion dieses Betriebs für das UN des AG oder für den zuzuordnen- **21**

---

38 Vgl. auch *Fitting*, Rn. 10.

39 So auch schon *LAG Frankfurt* 11.11.86 – 5 TaBV 9/86, uv., für den nicht betriebsratsfähigen Kleinstbetrieb einer Distriktleitung mit mehreren untergeordneten Vermietstationen [die wiederum als Betriebsteil i. S. v. Satz 1 Nr. 1 eingestuft wurden]; ebenso *ArbG Freiburg* 28.1.86 – 3 BV 13/85, uv.; es genügt insoweit, wenn die zur Betriebsratsfähigkeit erforderliche AN-Zahl gerade durch die Zuordnung des Betriebsteils erreicht wird [im entschiedenen Fall war der Betriebsteil personell übrigens mehr als doppelt so stark wie der Hauptbetrieb].

40 Vgl. *BAG* 9.12.92 – 7 ABR 15/92 [Deutscher Herold], uv.; 29.1.92, NZA 92, 894.

41 So wohl auch *LAG Köln* 28.6.89, LAGE § 4 BetrVG 1972 Nr. 4, das bei einem UN mit mehreren Betrieben im Bundesgebiet – sog. Zweigniederlassungen – für die etwaige Zuordnung eines in Bonn gelegenen technischen Büros als Betriebsteil lediglich auf die räumliche Entfernung zu der nächstgelegenen Zweigniederlassung in Köln abgestellt hatte, nicht aber auf die anderen Zweigniederlassungen.

42 *BAG* 29.1.92, a. a. O.

43 Zutreffend *Joost*, S. 280 Fn. 76; unklar *Schimana*, BB 79, 892, der wohl die Existenz eines »absoluten« Hauptbetriebs annimmt. Dass der Fall einer Mehrzahl von Hauptbetrieben im Verhältnis zu Nebenbetrieben desselben UN keineswegs bloß theoretischer Natur war, belegt eine nicht veröffentlichte Entscheidung des *BAG* [26.7.89 – 7 ABR 22/88]. Dort hatte das UN im gesamten Bundesgebiet 96 Dialysezentren sowie 10 Technikerzentralen. Die Dialysezentren waren als echte Betriebe i. S. v. § 1 klassifiziert worden, weil die jeweilige Verwaltungsleitung von der Hauptverwaltung des UN völlig unabhängig und keinerlei Weisungen unterworfen war. Die Technikerzentralen, deren Aufgabe in der Wartung der Dialysegeräte besteht, haben jeweils mehrere fest zugewiesene Dialysebetriebe zu betreuen. Vom *BAG* nicht beanstandet, waren die Betriebe der Technikerzentralen, die jeweils über etwa 12 AN verfügen, in der Vorinstanz vom *LAG Rheinland-Pfalz* [27.1.88 – 2 TaBV 20/87] als Nebenbetriebe eingestuft worden, weil sie mit ihrer Wartungsaufgabe den Hauptbetriebszweck der jeweiligen Dialysebetriebe unterstützen. Jeder der Dialysebetriebe stellt sich somit als Hauptbetrieb dar im Verhältnis zum Betrieb der ihm jeweils »zuarbeitenden« Technikerzentralen.

44 17.1.07, NZA 07, 703.

den Kleinstbetrieb. Die hervorgehobene Bedeutung der als Hauptbetrieb zu qualifizierenden Einheit könne auch darin bestehen, dass **dessen Leitung** die Leitung des Kleinstbetriebes **in personellen und sozialen Angelegenheiten** des mitbestimmungsrelevanten Bereichs **unterstütze**, auch wenn dies nur in beratender Weise erfolge. Die Art der arbeitstechnischen Zwecksetzung oder die räumliche Entfernung zu anderen Betrieben des AG sei »in der Regel« für die Bestimmung des Hauptbetriebs nach Abs. 2 »nicht von entscheidender Bedeutung«.

22 Auch die **neue Abgrenzungsformel des** *BAG* (Rn. 21) **ist** freilich **»schwammig«** und offenbart zum wiederholten Male das Dilemma des Betriebsbegriffs, der unerklärlich bleiben muss, wenn er einseitig auf die Leitungs- und Vertretungsorganisation des AG bezogen wird. Die Formel lässt offen, welche anderen hervorgehobenen Bedeutungen ggf. auch den Ausschlag geben könnten, wenn es z. B. an der im entschiedenen Fall offensichtlich nur zufällig gefundenen Unterstützung des Personalwesens fehlt, weil der Kleinstbetrieb diese Funktionen selbst vollständig wahrnimmt.[45] **Unklar** bleibt ferner, wann abweichend von der vom *BAG* aufgestellten Regel **ausnahmsweise** doch die arbeitstechnische Zwecksetzung und/oder die **räumliche Entfernung** eine Bedeutung erlangt. Insoweit erwähnt das *BAG* nur den Fall, dass die Entfernung zwischen dem Kleinstbetrieb und dem beratenden Betrieb so erheblich ist, dass der BR seine MBR nicht mehr sinnvoll ausüben könne.[46] Gesetzessystematisch muss daher jedenfalls in solchen Fällen auf die **normative Wertung der räumlichen Entfernung** in Abs. 1 Satz 1 Nr. 1 abgestellt und der Kleinstbetrieb sodann einem räumlich näher liegenden Betrieb oder einem als Betrieb fingierten Betriebsteil zugeordnet werden.[47] Dasselbe wird dann zu gelten haben, wenn die beratenden Unterstützungsleistungen im Personalbereich von verschiedenen anderen Betrieben des UN bezogen werden, denn gerade hier versagt die neue Formel vollständig.

c) Betrieb der Hauptverwaltung als Hauptbetrieb?

23 Obwohl nicht bestritten wird, dass der Begriff Hauptbetrieb **keineswegs notwendig identisch** sein muss mit dem Betrieb der Hauptverwaltung eines UN,[48] lässt sich in der **Entscheidungspraxis** der Gerichte eine entsprechende **unkritische Gleichsetzung** beider Begriffe feststellen. I. d. R. fehlt sogar jede Auseinandersetzung damit, warum gerade der Betrieb des handelsrechtlichen UN-Sitzes als Hauptbetrieb anzusehen sei.[49]

45 So zutreffend WPK-*Preis*, Rn. 13; kritisch auch *Fitting*, Rn. 10; ggü. *BAG* offenbar distanziert (»soll«) auch ErfK-*Koch*, Rn. 6. Wie gering mittlerweile die vom *BAG* gestellten Anforderungen an die Eigenwahrnehmung der mitbestimmungsrelevanten Arbeitgeberfunktionen selbst bei einem echten Betrieb (§ 1) geworden sind, offenbart die Entscheidung vom 9.12.09 [, NZA 10, 906, 908 f.]: Ausreichend waren dem *7. Senat des BAG* die eher lückenhaften Feststellungen der Vorinstanz, wonach die jeweiligen Einrichtungsleiter über Einstellungen, Befristungen, Abmahnungen und Kündigungen entscheiden konnten [wobei man sich fragen muss, welche Bedeutung die ja mitbestimmungsfreien Entscheidungen über Abmahnungen und Befristungen hier überhaupt haben dürfen], allerdings auch dies nur nach vorheriger Konsultation der zentralen Personalabteilung; Ferner nahmen die Einrichtungsleiter die Rolle eines »Ansprechpartners« für den BR ein und verhandelten mit diesem über den Abschluss von BV, freilich auch dies nur in enger und ausdrücklich vorgeschriebener Abstimmung mit der Zentrale.

46 17.1.07, a. a. O. [Rn. 23 a. E.]; die im entschiedenen Fall festgestellten 55 km Entfernung waren entgegen der gesetzlichen Wertung in Abs. 1 Satz 1 Nr. 1 (vgl. die Erl. bei Rn. 54 ff.) als nicht erheblich gewertet worden.

47 Ebenso *Fitting*, Rn. 10; *Richardi*, Rn. 47; WPK-*Preis*, Rn. 13; wohl auch ErfK-*Koch*, Rn. 6; anders GK-*Franzen*, Rn. 7, der primär auf die Ähnlichkeit arbeitstechnischer Zwecke abstellen will und erst, wenn dies fehlgeht, die räumliche Nähe zu einem anderen betriebsratsfähigen Betrieb des UN Ausschlag gebend sein lassen will.

48 So etwa *Fitting*, 21. Aufl., Rn. 14.

49 Vgl. nur die Fälle *BAG* 25.11.93, NZA 94, 837; 29.5.91, AP Nr. 6 zu § 4 BetrVG 1972; 26.7.89 – 7 ABR 22/88 [Dialysezentrum/Technikerzentrale], uv.; 25.5.88 – 7 ABR 51/87 [Service-Niederlassungen bei MAN], uv.; 17.2.83, AP Nr. 4 zu § 4 BetrVG 1972; 24.2.76, AP Nr. 2 zu § 4 BetrVG 1972; *LAG Köln* 13.4.89, AiB 90, 359, Ls.; *LAG Niedersachsen* 13.12.85 – 9 TaBV 7/84 [übereinstimmender Sachverhalt insoweit mit *BAG* 25.5.88, a. a. O.]; *LAG Hamburg* 1.11.82, BB 83, 1095; *LAG Baden-Württemberg* 29.10.71, DB 71, 2267; *LAG Düsseldorf* 16.9.71, DB 71, 2069; *LAG Düsseldorf* 28.4.95 – 15 TaBV 130/94; *ArbG Bochum* 28.4.94 – 4 (3) BV 7/94.

Dass die **Hauptverwaltung** eines UN **eigenständiger Betrieb** sein kann, ist anerkannt.[50] Liegen die Voraussetzungen vor, unter denen die Eigenbetrieblichkeit der Hauptverwaltung gegenüber anderen Betriebsstellen des UN (Werke, Fabriken usw.) zu bejahen ist, so handelt es sich bei der Hauptverwaltung stets um einen echten Betrieb i. S. v. § 1, **niemals** um einen **Nebenbetrieb oder** bloßen **Betriebsteil,** weil der dortige arbeitstechnische Zweck in der Gesamtleitung (umfassende Administration) des UN liegt und damit ein völlig anderer ist als derjenige, der etwa in Produktionsbetrieben oder Vertriebsniederlassungen des UN verfolgt wird.[51] **24**

Soweit man mit der Literatur und älteren Rspr. (vgl. Rn. 16 f.) im **Verwendungszusammenhang des Abs. 1 Nr. 1** das Verhältnis von Hauptbetrieb zum Betriebsteil danach bestimmt, ob der Betriebsteil einen dienenden Zweck oder Teilzweck gegenüber dem Hauptbetriebszweck verfolgt, kann der Hauptverwaltungsbetrieb wegen der völligen Andersartigkeit seines arbeitstechnischen Zwecks niemals als Hauptbetrieb in Betracht kommen; stellt man mit der neueren Auffassung des *BAG* (vgl. Rn. 18) dagegen auf den Ort der für den betreffenden Betriebsteil maßgeblichen Leitung in Bezug auf die Mitbestimmungsangelegenheiten ab, muss der **Hauptverwaltungsbetrieb** jedenfalls gerade insoweit »**Leitungssitz**« sein, wenn eine Zuordnung zu diesem Betrieb vorgenommen werden soll. In diesem Falle bilden Hauptverwaltung und operativer Betriebsteil, die im selben Gebäude untergebracht sind, einen einheitlichen Betrieb, sofern für beide Einheiten dieselbe Leitung in den sozialen und personellen Angelegenheiten zuständig ist. Liegt der Fall aber so, dass für den operativen Betriebsteil eine eigene Leitung besteht, die in wesentlichen (wenn auch nicht allen) Angelegenheiten zuständig ist, so handelt es sich um einen Betriebsteil nach Abs. 1 Nr. 2, der einen eigenen BR erhält, auch wenn keine räumlich weite Entfernung zum Hauptbetrieb vorliegt. **25**

Im **Verwendungszusammenhang des Abs. 2** kann der Betrieb der Hauptverwaltung wegen der völligen Verschiedenartigkeit der arbeitstechnischen Zwecke niemals Hauptbetrieb im Verhältnis zu einem Kleinstbetrieb oder Nebenbetrieb sein,[52], wenn man zur Unterscheidung ausnahmsweise auf die Art der arbeitstechnischen Zwecksetzung abstellen wollte (vgl. zur denkbaren Ausnahme nach der neueren Rspr. Rn. 21, 22). Nach hier bereits ständig vertretener Ansicht sollte jedoch auch in derartigen Fällen im Interesse einer **ortsnahen und effektiven Interessenvertretung** für möglichst alle AN eines UN eine solche Zuordnungsmöglichkeit nicht von vornherein ausgeschlossen werden (näher Rn. 40). Dieser Gedanke liegt offenbar auch der **neuen Begriffsbildung in Abs. 2** zu Grunde. Das hat zwar nunmehr auch das *BAG*[53] zum Ausgangspunkt seiner Umorientierung gemacht, indem es die Beschaffenheit der arbeitstechnischen Zwecke für unmaßgeblich erklärt und stattdessen auf die **Beschaffenheit der Leitungsorganisation** abstellt. Damit verfehlt es aber wiederum den Aspekt einer ortsnahen Interessenvertretung, wenn es im entschiedenen Fall eine Entfernung von 55 km zwischen Hauptbetrieb und Kleinstbetrieb als unbeachtlich ansieht; eine derartige Entfernung wird nach der gesetzlichen Wertung in Abs. 1 Satz 1 Nr. 1 meist als für eine wirksame Interessenvertretung abträglich weit anzusehen sein (vgl. Rn. 60). **26**

3. Kritik und Neubestimmung

a) Allgemeines

Die von der h. M. vor der Novellierung 2001[54] vorgenommene Begriffsbestimmung des Hauptbetriebs als Betrieb, dem die dienende Funktion eines Betriebsteils Nutzen bringt, deckte sich im Wesentlichen mit dem Merkmal der arbeitstechnischen Hilfsfunktion, wie es zur **27**

---

50 Vgl. *BAG* 23.9.82, AP Nr. 3 zu § 4 BetrVG 1972; 9.5.58, AP Nr. 1 zu § 3 BetrVG; *LAG Düsseldorf/Köln* 4.8.53, BB 53, 767; *LAG Bremen* 13.6.53, BB 53, 559; *LAG München* 28.11.52, WestdArbRspr. 1953, 110; so schon *RAG* 3.10.31, ARS 13, 133; vgl. aber *Görner*, DB 53, 510.

51 So *BAG* 23.9.82, a. a. O.

52 Zutreffend daher *Richardi*, Rn. 8; vgl. auch GK-*Franzen*, Rn. 7.

53 17.1.07, NZA 07, 703.

54 Vgl. *Fitting*, 20. Aufl., Rn. 10.

Beschreibung des Verhältnisses zwischen Nebenbetrieb und Hauptbetrieb verwendet wurde.[55] Hieran erschien zunächst richtig, dass es nicht einzuleuchten vermochte, weshalb die Begriffsbestimmung des Hauptbetriebs nach Abs. 1 Nr. 1 und Abs. 2 anhand unterschiedlicher Merkmale erfolgen sollte, zumal der Wortlaut und die **Rechtsfolgen in beiden Vorschriften im Wesentlichen identisch** waren: Sowohl Betriebsteile als auch Nebenbetriebe – jetzt Kleinstbetriebe –, die die zahlenmäßigen Voraussetzungen des § 1 nicht erfüllen, sind dem Hauptbetrieb zuzuordnen, und zwar grundsätzlich (zu Ausnahmen bei Betriebsteilen sogleich Rn. 32 ff.; zu Ausnahmen bei Kleinstbetrieben vgl. Rn. 40) unabhängig von der Entfernung zum Hauptbetrieb. Soweit es sich um Betriebsteile und Nebenbetriebe handelte, die die zahlenmäßigen Voraussetzungen des § 1 erfüllten, war die Rechtsfolge in den genannten Vorschriften allerdings nur im Ergebnis, nicht jedoch in den Tatbestandsvoraussetzungen identisch: Während für den Nebenbetrieb dann stets und ohne Rücksicht auf die räumliche Lage ein eigener BR zu wählen war, konnte dies beim Betriebsteil nach Nr. 1 nur dann erfolgen, wenn er vom Hauptbetrieb weit entfernt war. Diese Konsequenz gilt für den Betriebsteil auch nach der Novellierung 2001 weiter. Handelt es sich aber um einen durch Aufgabenbereich und Organisation eigenständigen Betriebsteil (Nr. 2), ist unter der Voraussetzung des § 1 auch für diesen Betriebsteil ein eigener BR zu errichten, es sei denn, die **Belegschaft des Betriebsteils optiert** gem. dem neu eingefügten Abs. 1 Satz 2 bis 5 für ihre wahlrechtliche Zuordnung zum Hauptbetrieb (dazu Rn. 101 ff.).

28 Für die **Organisationsabgrenzung im Fall der Nr. 1** kam es bis zur Novellierung 2001 allein darauf an, ob die betreffende betriebliche Organisationseinheit als Betriebsteil oder Nebenbetrieb qualifiziert wurde. Die in der Literatur überwiegend herangezogenen Merkmale, die auf die Beschaffenheit des arbeitstechnischen Zweckes abstellten, ließen jedoch eine eindeutige Abgrenzung der Organisationseinheiten nicht zu,[56] Wie andernorts ausgeführt[57], ist das **Merkmal des arbeitstechnischen Zwecks** letztlich **weder für den Betriebsbegriff noch für die Abgrenzung** betrieblicher Organisationseinheiten innerhalb eines UN **von konstituierender Bedeutung.** Es dient selbst nach h. L. lediglich der Unterscheidung von Betrieben gegenüber dem Begriff des UN.[58] Im Regelungszusammenhang des § 4 ist es daher vom Novellierungsgesetzgeber 2001 aufgegeben worden, schon weil es hier nicht um Abgrenzungen zum UN-Begriff geht,[59] sondern um die Abgrenzung betriebsratsfähiger Organisationseinheiten.

29 Demzufolge ist der **Begriff »Hauptbetrieb« eigenständig** und ohne Bezugnahme auf die Art des arbeitstechnischen Zweckes im Betriebsteil bzw. Kleinstbetrieb anhand des Normzweckes und der von § 4 verfolgten Regelungsziele nach den funktionalen Gesichtspunkten seines Verwendungszusammenhangs **zu bestimmen.** Die Vorschrift geht nach ihrer Grundfunktion davon aus, dass AN desselben UN, die organisatorisch in Betriebsteilen bzw. Kleinstbetrieben zusammengefasst sind, nicht ohne Interessenvertretung bleiben sollen, sei es, dass sie den BR in einem Hauptbetrieb mitwählen, sei es, dass sie einen eigenen BR wählen.[60] Somit ergänzt § 4 die Vorschrift über den sachlichen Geltungsbereich des Gesetzes (§ 1) und legt die Organisationseinheiten fest, innerhalb deren eine Belegschaft ihren BR wählt, der vorbehaltlich der originären Zuständigkeit des GBR oder KBR in allen diese AN betreffenden Mitwirkungs- und Mitbestimmungsangelegenheiten zuständig ist. Dieser Zweck wird durch das neue **Optionsrecht** des Abs. 2 Sätze 2 – 5 in besonderer Weise betont, denn nach bisheriger Rechtslage konnten AN eines räumlich weit entfernten oder organisatorisch eigenständigen Betriebsteils (Nr. 2) überhaupt nicht an der Betriebsverfassung teilhaben, wenn es nicht gelang, dort selbst einen BR zu errichten.[61]

30 Die Zuordnungsvorschrift erfüllt jedoch keinen Selbstzweck, sondern soll gewährleisten, dass

55 Vgl. *BAG* 3.12.85, AP Nr. 28 zu § 99 BetrVG 1972; 17.2.83, AP Nr. 4 zu § 4 BetrVG 1972; 5.6.64, AP Nr. 7 zu § 3 BetrVG.
56 So auch *BAG* 3.12.85, AP Nr. 28 zu § 99 BetrVG 1972; ebenso *Richardi*, § 1 Rn. 24.
57 Vgl. § 1 Rn. 83 ff.; *Joost*, S. 52 f., 128 f., 135, 297 f., 315, 334.
58 *Richardi*, 7. Aufl., Rn. 55 ff.; *Gamillscheg*, Anm. zu EzA Nrn. 4, 5 zu § 4 BetrVG 1972, S. 49; kritisch auch *Joost*, S. 135.
59 So zutreffend auch schon *Gamillscheg*, a. a. O., S. 51.
60 Vgl. *BAG* 3.12.85, AP Nr. 28 zu § 99 BetrVG 1972.
61 Vgl. *BT-Drucks.* 14/5741, S. 35.

der **Sinn des Betriebsverfassungsrechts** auch für AN in dezentralen betrieblichen Organisationseinheiten entfaltet werden kann. Dieser Sinn lässt sich verkürzt dahin gehend zusammenfassen, dass die Betriebsverfassung zum einen die **Leitungsmacht des AG durch eine Repräsentation der AN-Interessen einschränkt**[62] und damit auf eine **Gewaltenteilung im Betrieb** abzielt[63] und zum anderen der **Grundrechtsverwirklichung** und -sicherung durch Organisation und Verfahren dient (vgl. § 1 Rn. 4 ff.).Diese Funktionen können dann am besten erfüllt werden, wenn in der Organisationseinheit, für die ein BR zu bilden ist, auch ein zuständiger, mit Entscheidungsbefugnissen ausgestatteter Repräsentant des **AG als Adressat von Mitbestimmungsforderungen** und als Gegenspieler des BR in Beteiligungsverfahren vorhanden ist. Dieser funktionelle Grundsatz liegt auch der Rspr. zum **Gemeinschaftsbetrieb mehrerer UN** (allerdings in stark verabsolutierender Form) zugrunde (vgl. § 1 Rn. 88 ff.), wonach die Betriebseinheit letztlich davon abhängt, ob die AG-Funktionen im sozialen und personellen Bereich von derselben institutionellen Leitung ausgeübt werden. Auf diesen Gesichtspunkt stellte auch die frühere Rspr. im Rahmen der Abgrenzung von Betrieb, Betriebsteil und Nebenbetrieb maßgeblich ab.[64] Es wurde allerdings stets betont, dass dieser Aspekt nur »mit« entscheidend, also nicht »allein« entscheidend sei.[65]

b) Fälle des Absatzes 1 Nr. 1

In **Abs. 1 Nr. 1** geht es um die Zurechnung von Betriebsteilen. Lässt man das zur Definition des Betriebsteils untaugliche Kriterium »unselbstständiger arbeitstechnischer Teilzweck« außer Acht (vgl. Rn. 28), ergibt sich, dass ein **Betriebsteil als unterscheidbarer Teil der funktionellen Organisation** eines anderen Betriebes anzusehen ist (vgl. Rn. 42 f.).[66] Was dem Betriebsteil fehlt, um eigenständiger Betrieb zu sein, ist die voll ausgebildete institutionelle Leitung in sozialen und personellen Angelegenheiten. Somit ist als **Hauptbetrieb** i. S. v. Abs. 1 Satz 1 Nr. 1 zunächst derjenige Betrieb zu bezeichnen, in dessen Gesamtorganisation der ohne eigene institutionelle Leitung in sozialen und personellen Angelegenheiten ausgestattete Betriebsteil eingegliedert ist. Die **organisatorische Eingliederung** muss gerade auch **in Bezug auf die arbeitgebermäßigen Zuständigkeiten in sozialen und personellen Angelegenheiten** für die im Betriebsteil beschäftigten AN gegeben sein.[67] 31

Die insoweit **funktionsbezogene** (auf die möglichst problemlose Ausübung der betriebsverfassungsrechtlichen Beteiligungsverfahren bezogene) **Nähe der Betriebsparteien zueinander** (d. h. des BR im Betrieb, in dem die **institutionelle Leitung für den Betriebsteil** angesiedelt ist, und des AG i. S. desjenigen, der in den sozialen und personellen Angelegenheiten dieser AN Inhaber der betrieblichen Organisationsgewalt ist) gibt jedoch **nur** ein **Kriterium** des Begriffs Hauptbetrieb nach Satz 1 Nr. 1 an. Dieses Merkmal bezieht sich nur auf eine Seite des betriebsverfassungsrechtlichen Sinnzusammenhanges, nämlich die **Gestaltung des Zusammenwirkens der Betriebsparteien** (vgl. Rn. 30). 32

Dagegen kann das **Zusammenwirken zwischen BR und Belegschaft des Betriebsteils** (vgl. zur Bedeutung dieses Gesichtspunktes § 1 Rn. 53 ff.)[68] jedoch unter Umständen ebenso nur sehr eingeschränkt möglich sein wie die Kommunikation der Belegschaften im Betriebsteil und dem Hauptbetrieb untereinander: Sofern etwa ein **nicht betriebsratsfähiger Betriebsteil** 33

---

62 Vgl. *Joost*, S. 275.
63 Vgl. *Trümner*, in Heckenauer/Hexel/Selzer [Hrsg.], S. 106 [113].
64 Vgl. *BAG* 23.9.60, 1.2.63, 5.6.64, AP Nrn. 4, 5, 7 zu § 3 BetrVG; 24.2.76, AP Nr. 2 zu § 4 BetrVG 1972.
65 Zuletzt *BAG* 29.3.77, AuR 78, 254 [256]; diese Relativierung ist seit *BAG* 23.9.82, AP Nr. 3 zu § 4 BetrVG 1972 nicht mehr anzutreffen; es heißt seither stereotyp: »eine Produktionsstätte ist dann als Betrieb anzusehen, wenn in ihr der Kern der Arbeitgeberfunktionen im Bereich der personellen und sozialen Mitbestimmung auszuüben ist«; gegen eine Verabsolutierung des »Leitungsapparats« auch *Löwisch*, FS Kissel, S. 679 f.; zur Kritik des »Leitungsapparatekonzeptes« näher *Trümner*, Anm. zu *BAG*, 28.6.95, AiB 96, 241 [242 ff.].
66 Ähnlich GK-*Franzen*, Rn. 4; *Richardi*, Rn. 11; *Fitting*, Rn. 7.
67 So auch *Joost*, S. 274 f.; *Richardi*, Rn. 18; *BAG* 9.12.92 – 7 ABR 15/92 [Deutscher Herold], uv.
68 Vgl. *Richardi*, Rn. 17; *BAG* 24.2.76, AP Nr. 2 zu § 4 BetrVG 1972; ablehnend *Heither*, JbArbR 36 [1999], S. 37 [41].

(d. h. ein solcher, der nicht mindestens fünf ständige wahlberechtigte AN hat, von denen drei wählbar sind) weit entfernt von einem zunächst allein nach dem Sitz der institutionellen Leitung bestimmten Hauptbetrieb liegt, ist der dort an sich zuständige BR für die AN des Betriebsteils praktisch nicht mehr erreichbar (z. B. zum Aufsuchen der BR-Sprechstunde). In diesem Fall gebietet es der **Schutzzweck der Betriebsverfassung,** nämlich eine effektive Interessenvertretung zu ermöglichen, **als Hauptbetrieb** nicht den Betrieb mit der für die AN des Betriebsteils zuständigen institutionellen Leitung anzusehen, sondern **den zum Betriebsteil räumlich am nächsten gelegenen** betriebsratsfähigen Betrieb oder Betriebsteil.[69]

34 Der Einwand, als Hauptbetrieb könne stets nur der Betrieb mit der zuständigen Leitungsstelle angesehen werden, weil andernfalls den AN der arbeitgeberseitige Ansprechpartner genommen werde[70] überzeugt nicht: Die Beteiligungsrechte sind dann durch den BR, der nach dem oben Gesagten zuständig ist, wahrzunehmen. Dass aufgrund der arbeitgeberseitigen Vertretungsorganisation verschiedene »Stellen« zuständig sein können, ist kein Gegenargument, da die »Aufteilung« der Arbeitgeberfunktion auch vom gemB her bekannt ist und dort als geradezu selbstverständlich gilt (vgl. § 1 Rn. 81).

35 Die hier (Rn. 33) für richtig gehaltene Zuordnung kann zur Folge haben, dass der im räumlich nahe gelegenen Betrieb oder Betriebsteil vorhandene, zuständige BR **keinen** in diesem Betrieb befindlichen und für die Belegschaft des selbst nicht betriebsratsfähigen Betriebsteils in deren sozialen und personellen Angelegenheiten **zuständigen Ansprechpartner auf AG-Seite** hat.[71] Andererseits würde aber das Zusammenwirken zwischen diesem BR und den AN beider Organisationseinheiten erleichtert. Die vom Gesetz vorgesehene Kommunikation zwischen diesem BR und der für den Betriebsteil zuständigen institutionellen Leitung ist jedenfalls ohne größere Schwierigkeiten trotz einer auch in diesem Verhältnis unter Umständen großen Entfernung wesentlich leichter möglich. Hiervon geht das Gesetz im Übrigen selbst aus, wenn es für räumlich weit vom Hauptbetrieb gelegene betriebsratsfähige Betriebsteile die Bildung von BR vorschreibt.[72] Auch hier steht dem BR im Betriebsteil selbst keine institutionelle Leitung gegenüber; diese fehlt im Betriebsteil nach Abs. 1 Satz 1 Nr. 1 schon begriffsnotwendig (vgl. Rn. 31). Dennoch besteht der vom Gesetz hierbei hingenommene Zwang zur Kommunikation mit dem eigentlichen, weit entfernten AG i. S. d. BetrVG.

36 Gleiches gilt beim **Kleinstbetrieb nach Abs. 2.** Der für die Belegschaft des Kleinstbetriebes gesetzlich zuständige BR des Hauptbetriebes muss in den mitbestimmungspflichtigen Angelegenheiten des Kleinstbetriebes mit der dort begriffsnotwendig vorhandenen institutionellen Leitung trotz u. U. erheblicher Entfernungen in Verbindung treten. **Entfernungsmäßige Hindernisse** für die Kommunikation zwischen BR und AG-Seite sind umso **weniger bedeutsam,** als für die BR-Tätigkeit heute im Großen und Ganzen moderne Kommunikationsmittel genutzt werden können. Diese Frage stellt sich in der **Kommunikationsbeziehung zwischen BR und Belegschaft** allerdings völlig anders dar: Ob die Nutzung eines PC zur jederzeitigen Kommunikation mit einem entfernt arbeitenden BR für Belegschaftsangehörige möglich ist, hängt sehr vom Einzelfall ab und dürfte gerade innerhalb kleinbetrieblicher Strukturen noch immer eher die Ausnahme sein.[73]

37 Für den **Begriff des Hauptbetriebs,** wie er in **Absatz 1 in Bezug auf Betriebsteile** verwendet

69 So auch *Birk,* AuR 78, 226 [227]; *Gamillscheg,* ZfA 75, 357 [368 Fn. 53]; *Joost,* S. 291, befürwortet dies ausdrücklich nur für nicht betriebsratsfähige Nebenbetriebe – die jetzigen Kleinstbetriebe; *ArbG Hildesheim* 26.9.73, BB 74, 369 allerdings nur für das Verhältnis zwischen Nebenbetrieben und Hauptbetrieb; vgl. auch § 1 Abs. 2 SprAuG für die gesetzliche Zuordnung von leit. Ang. zum räumlich nächstgelegenen Betrieb, der gerade nicht Hauptbetrieb sein muss.

70 So aber ErfK-*Koch,* Rn. 2 a. E.

71 Zu dem von einigen für die Betriebsratsfähigkeit als notwendig erachteten Kristallisationspunkt eines »kompetenten« Ansprechpartners vgl. *LAG Hamburg* 1.11.82, BB 83, 1095 [1097]; *Grützner,* BB 83, 200; demgegenüber lassen *Birk,* AuR 78, 226 [231] und *Schimana,* BB 79, 892 [894], zu Recht das Vorhandensein eines verantwortlichen Ansprechpartners ohne autonome Entscheidungskompetenz ausreichen.

72 Auch die Möglichkeit des Einsatzes moderner Kommunikationsmittel ist unerheblich, um noch einen einheitlichen Betrieb annehmen zu können, vgl. *BAG* 7.5.08, NZA 09, 328, 331.

73 Vgl. hierzu *Klebe/Wedde,* DB 93, 1418; nach *BAG* 7.5.08, a. a. O., soll sogar für die Kommunikation zwischen Belegschaft und BR die Einsetzbarkeit moderner IuK–Techniken völlig unbeachtlich sein.

wird, ergibt sich, sofern keine Option nach Satz 2 ausgeübt wird, für die Frage, gegenüber welchem Betrieb des UN die räumliche Nähe zu beurteilen ist, nach hier vertretener – aber vom *BAG* z. T. abgelehnter – Ansicht Folgendes:

1. **Übereinstimmend mit dem** *BAG* gilt: Als **Hauptbetrieb ist primär derjenige Betrieb** anzusehen, **in dem die** für die Belegschaft des Betriebsteils in den sozialen und personellen Mitbestimmungsangelegenheiten **zuständige institutionelle Leitung** organisatorisch **angesiedelt ist.** Liegt diese räumlich nahe, sind sowohl der betriebsratsfähige als auch der nicht betriebsratsfähige Betriebsteil diesem Betrieb als Hauptbetrieb zugeordnet. Die AN des Betriebsteils sind aktiv und passiv zum dortigen BR wahlberechtigt und werden von diesem in allen Belangen vertreten. **Für Betriebsteile nach Satz 1 Nr. 2** gilt das jedoch nur dann, wenn die Schwellenwerte des § 1 nicht erfüllt werden. Wenn dieser Betriebsteiltypus aber die betriebsratsfähige Größe erreicht erhält er wegen des zwingenden Gesetzeswortlauts einen eigenen BR oder kann nach Satz 2 für die Wahl zum BR des Hauptbetriebes optieren. 38
2. **Abweichend vom** *BAG* gilt: Befindet sich der **Betrieb mit der institutionellen Leitung räumlich weit** vom Betriebsteil entfernt, ist zu prüfen, ob ein anderer betriebsratsfähiger Betrieb oder Betriebsteil desselben UN räumlich näher zum fraglichen Betriebsteil liegt. Ist das der Fall, wird der wegen § 1 **nicht betriebsratsfähige Betriebsteil** dem räumlich nächstgelegenen betriebsratsfähigen Betrieb oder Betriebsteil als Hauptbetrieb zugeordnet. Dies gilt auch für nicht betriebsratsfähige Betriebsteile nach Abs. 1 Satz 1 Nr. 2. Versteht man wie hier in den vorbezeichneten Ausnahmefällen, in denen der Ort der institutionellen Leitung weit vom fraglichen Betriebsteil entfernt ist, unter einem Hauptbetrieb auch den räumlich nah gelegenen betriebsratsfähigen Betrieb oder Betriebsteil, kann auch ein an sich betriebsratsfähiger Betriebsteil in dieser Weise zugeordnet werden,[74] soweit es sich dabei **nicht** um einen **Betriebsteil nach Abs. 1 Satz 1 Nr. 2** handelt; jener kann aber im Falle der BR-losigkeit das Optionsrecht nach Satz 2 ausüben. 39

c) Fälle des Absatzes 2

Für den **Begriff des Hauptbetriebs i. S. v. Abs. 2** ergibt sich insofern eine Abweichung, als **bei Kleinstbetrieben** das Merkmal einer institutionellen Leitung in sozialen und personellen Angelegenheiten keine Rolle spielen kann, weil diese Betriebe begriffsnotwendig über einen solchen Leitungsapparat verfügen.[75] Als Hauptbetrieb kann nach jetzt h. A. der Lit. **jeder räumlich zum betreffenden Kleinstbetrieb nächstgelegene betriebsratsfähige Betrieb oder selbständige Betriebsteil** (Abs. 1 Satz 1 Nr. 2) in Betracht kommen.[76] Die Zuordnung auch zu einem selbst nicht betriebsratsfähigen Betrieb wurde vom *BAG*[77] dann für zulässig gehalten, wenn die zusammengefasste Einheit dadurch betriebsratsfähig wird.[78] Damit ist es möglich, dass z. B. ein Produktions- oder Handelsbetrieb zum Betrieb der Hauptverwaltung im Verhältnis eines Haupt- und Kleinstbetriebes zueinander stehen kann und umgekehrt. Für eine Zuordnungsentscheidung nach der Beschaffenheit arbeitstechnischer Zwecke bietet das Gesetz seit der Novellierung 2001 keinen Anhaltspunkt mehr.[79] 40

Konträr zur herrschenden Literaturmeinung (Rn. 40), aber ohne sich mit ihr überhaupt auseinanderzusetzen, hat das *BAG*[80] begonnen, den **Begriff des Hauptbetriebs** im Rahmen **des** 41

---

74 So auch generell für sog. Betriebssplitter *Gamillscheg,* Anm. zu EzA Nrn. 4, 5 zu § 4 BetrVG 1972.

75 ErfK-*Koch,* Rn. 6.

76 Vgl. *Richardi,* Rn. 43; jetzt auch ErfK-*Koch,* Rn. 6; Fitting, Rn. 10; GK-*Franzen,* Rn. 7; *Birk,* AuR 78, 226 [227]; *Gamillscheg,* ZfA 75, 357 [368 Fn. 53]; *ders.,* Anm. zu EzA Nrn. 4, 5 zu § 4 BetrVG 1972; *ders.,* AuR 89, 33 [34]; *Joost,* S. 290 f.

77 9.12.92 – 7 ABR 15/92 [Deutscher Herold], uv.

78 Dafür auch *Richardi,* Rn. 48; ErfK-*Koch,* Rn. 6; *Fitting,* Rn. 13; *Reichold,* NZA 01, 857 [858]; *Konzen,* RdA 01, 76 [82]; ablehnend GK-*Franzen,* Rn. 8; *LK,* Rn. 12; anders aber § 1 Abs. 2 SprAuG für die Zuordnung von leit. Ang. zum nächstgelegenen Betrieb: Jener muss sprecherausschussfähig sein.

79 *Richardi,* Rn. 8, 47; GK-*Franzen,* Rn. 7, will dagegen auf Ähnlichkeit des Zweckes abstellen, was im Wortlaut aber keine Stütze findet.

80 17.1.07, NZA 07, 703; in selbstreferenzieller Form werden die Obersätze eigener Entscheidungen nach

Abs. 2 neu zu bestimmen. Danach ist als Hauptbetrieb im Verhältnis zu einem Kleinstbetrieb derjenige Betrieb anzusehen, in dem eine dort vorhandene Leitung die Leitung des Kleinbetriebes in den sozialen und personellen Angelegenheiten unterstützt, selbst wenn diese Unterstützung rein beratender Natur ist (näher dazu bereits o. Rn. 21, 22). Im Ansatz durchaus richtig, leitet das *BAG* seine Neuorientierung aus der **Novellierung 2001** ab. Da der Begriff Nebenbetrieb entfallen sei, könne es jedenfalls nicht mehr auf die Art des im Kleinstbetrieb verfolgten arbeitstechnischen Zweckes ankommen, weil andernfalls – bei unterstellter Beziehungslosigkeit der Zwecke – dennoch eine Vertretungslosigkeit entgegen dem vom Gesetzgeber verfolgten Ziel der Einbeziehung aller AN eines UN in die Interessenvertretung eintreten könnte.

III. Betriebsteile

1. Allgemeines; Definition

42 Ein **Betriebsteil** ist nach beständig wiederholter **Definition des** *BAG*[81] im Unterschied zum echten Betrieb nach § 1

»auf den Zweck des Hauptbetriebs ausgerichtet und in dessen Organisation eingegliedert, ihm gegenüber aber organisatorisch abgrenzbar und relativ verselbständigt. Für die Abgrenzung von Betrieb und Betriebsteil ist der Grad der Verselbständigung entscheidend, der im Umfang der Leitungsmacht zum Ausdruck kommt. Erstreckt sich die in der organisatorischen Einheit ausgeübte Leitungsmacht auf alle wesentlichen Funktionen des Arbeitgebers in personellen und sozialen Angelegenheiten, handelt es sich um einen eigenständigen Betrieb i. S. von § 1 BetrVG. Für das Vorliegen eines Betriebsteils i. S. von § 4 Abs. 1 Satz 1 BetrVG genügt ein Mindestmaß an organisatorischer Selbständigkeit gegenüber dem Hauptbetrieb. Dazu reicht es aus, dass in der organisatorischen Einheit überhaupt eine den Einsatz der Arbeitnehmer bestimmende Leitung institutionalisiert ist, die Weisungsrechte des Arbeitgebers ausübt. Unter den Voraussetzungen des § 4 Abs. 1 BetrVG gilt ein Betriebsteil als eigenständiger[82] *Betrieb. Liegen die Voraussetzungen des § 4 Abs. 1 BetrVG nicht vor, gehört der Betriebsteil zum Hauptbetrieb.«*

43 Betriebsteile **gelten** nach Abs. 1 Satz 1 Nrn. 1 und 2 **als Betrieb** (gesetzliche Fiktion) mit der Folge, dass sie einen eigenen BR wählen können, wenn sie entweder

1. die Voraussetzungen des § 1 BetrVG erfüllen (also mindestens fünf ständige wahlberechtigte AN haben, von denen drei wählbar sind) **und** räumlich weit vom Hauptbetrieb (vgl. Rn. 12 ff.) entfernt sind

oder

2. die Voraussetzungen des § 1 erfüllen **und** durch Aufgabenbereich und Organisation eigenständig sind.

Mithin sind für die Frage des eigenen BR im Betriebsteil **zwei Varianten** zu unterscheiden: der weit **entfernte** Betriebsteil (Abs. 1 S. 1 Nr. 1; dazu Rn. 45 ff.) und der **eigenständige** Betriebsteil (Abs. 1 S. 1 Nr. 2; dazu Rn. 52 ff.).

44 Daher kann ein eigenständiger BR auch dann gebildet werden, wenn neben der Erfüllung der Voraussetzungen des § 1 zwar der Betriebsteil räumlich nah zum Hauptbetrieb liegt, der Betriebsteil aber durch Aufgabenbereich und Organisation eigenständig ist (dazu näher Rn. 62 ff.). Die **früher vertretene Ansicht,** wonach die Bestimmung über die Betriebsratsfähigkeit von Betriebsteilen stets **eng auszulegen** sei, um möglichst die Einheit des Betriebs und damit des BR-Zuständigkeitsbereichs zu erhalten, wird heute wohl überwiegend **nicht mehr** vertreten (vgl. Rn. 6).[83]

Art eines Katechismus präsentiert, ohne sich auch nur an einer Stelle mit abweichenden Ansichten auseinanderzusetzen.

81 7.5.08, NZA 09, 328, 330 mit umfangreichen Nachweisen auf vorherige Entscheidungen; zuletzt wohl *BAG* 9.12.09, NZA 10, 906, 908.

82 Anm. d. *Verf.*: Das Gesetz spricht freilich von »selbständigen« Betrieben – das scheint dem *BAG* entgangen zu sein.

83 Vgl. *Birk*, AuR 78, 226 [229]; *Kohte*, BB 92, 137 [141]; *Fabricius/Decker*, SAE 77, 56; *Rancke*, Betriebs-

2. Beschaffenheit der Leitungsorganisation

a) Entfernter Betriebsteil nach Abs. 1 Satz 1 Nr. 1

Nach der heutigen Rspr. des *BAG*[84] ist das nach der allgemeinen Betriebsteildefinition (Rn. 42) vorausgesetzte **Eingliederungsmoment** bei der **Fallgruppe gemäß Absatz 1 Satz 1 Nr. 1** nicht mehr von der Art des arbeitstechnischen Zweckes im Verhältnis zum Hauptbetrieb abhängig, sondern von der **Beschaffenheit der Leitungsorganisation** (vgl. oben Rn. 18). Obgleich diese Differenzierung für Betriebsteile i. S. d. Satzes 1 so bislang nicht vorgenommen wurde und auch in der systematischen Normstruktur, die Betriebsteile voraussetzt, nicht ohne weiteres sichtbar ist, muss nunmehr zwischen Betriebsteilen i. S. d. Nr. 1 und solchen der Nr. 2 auch begrifflich stärker unterschieden werden. Dabei ist folgende **graduelle Abstufung des Leitungsniveaus** zu beachten: **45**

Nach der neueren *BAG*-Rspr.[85] haben nur der echte **Betrieb** (§ 1), der **Hauptbetrieb** und der **Kleinstbetrieb** (Abs. 2) einen **voll ausgebildeten Leitungsapparat**, der sich auf **alle wesentlichen** Funktionen des AG in personellen und sozialen Angelegenheiten erstreckt. **46**

Ein **Betriebsteil i. S. v. Nr. 1** hat dagegen selbst keinen Leitungsapparat zur Wahrnehmung der mitbestimmungspflichtigen sozialen und personellen Angelegenheiten; vielmehr genügt dafür ein minderes Maß an Leitungsmacht, die aber wenigstens durch eine institutionalisierte Leitung repräsentiert wird, welche überhaupt (einfache) Weisungsrechte des AG ausübt. Diese »Leitung« deckt gerade nicht das vollständige Spektrum der potentiell denkbaren Beteiligungsrechte ab. Hierfür ist vielmehr der **Leitungsapparat des Hauptbetriebs** zuständig, den das *BAG* nur noch nach diesem Gesichtspunkt bestimmen möchte (vgl. aber Rn. 16 f.). Im Hinblick auf diesen Hauptbetrieb ist dann auch die räumliche Nähe oder Ferne i. S. d. Nr. 1 zu bestimmen. **47**

Nach Ansicht des *BAG* genügt für die organisatorische Abgrenzbarkeit des Betriebsteils nach Satz 1 Nr. 1 gegenüber dem Hauptbetrieb bereits, wenn nur eine »schlichte« **Vorgesetztenfunktion** im Betriebsteil vorhanden ist, durch die nur Teile des Weisungsrechts ausgeübt werden müssen.[86] Insoweit kann auch ein von Außendienstmonteuren bedientes **»Servicegebiet«**, das vom UN-Sitz weit entfernt liegt, gleichsam als **virtueller Betriebsteil** betriebsratsfähig sein, selbst wenn die »schlichte« Vorgesetztenperson auf eine bloße Konfliktschlichtung beschränkt ist und sie die Einsatzsteuerung gegenüber den Außendienstlern auf rein telekommunikativem Wege vornimmt.[87] **48**

Bestimmt man mit dem *BAG* Betriebsteile i. S. v. Absatz 1 Satz 1 Nr. 1 auf diese Weise, so folgt daraus auch, dass vom Hauptbetrieb als dem Betrieb mit dem zuständigen Leitungssitz **weit** **49**

---

verfassung, S. 271; GK-*Franzen*, Rn. 10; *Schimana*, BB 79, 892; unentschieden *Gamillscheg*, ZfA 75, 337 [383 f.]; *ders.*, Anm. zu EzA § 4 Nrn. 4 und 5, S. 58 f.; **a. A.** auch nach In-Kraft-Treten des BetrVG 1972 mit seiner insoweit gerade geänderten Bestimmung [vgl. schon Rn. 6] immer noch *BAG* 24.2.76, AP Nr. 2 zu § 4 BetrVG 1972; *Richardi*, Rn. 15; *Grützner*, BB 83, 200.

84 28.6.95, AiB 96, 241 mit Anm. *Trümner;* 9.12.92 – 7 ABR 15/92 [Deutscher Herold], uv.; 29.1.92, NZA 92, 894; 29.5.91, NZA 92, 74.

85 A. a. O.

86 *BAG* 19.2.02, AP Nr. 13 zu § 4 BetrVG 1972: **Büroleiterin** mit einfacher Vorgesetztenfunktion gegenüber 40 AN; *BAG* 14.5.97 – 7 ABR 52/96 [KLM], uv.: **Bereichsleiter** mit Vorgesetztenfunktion für 11, 14 und 41 AN als »institutionelle Leitung« bei Einstellungs-/Entlassungsbefugnis, Einsatzplanung, Urlaubsgewährung und Überstundenanordnungsbefugnis für den jeweiligen Bereich; *BAG* 26.6.96 – 7 ABR 51/95 [Drogeriemärkte], uv.: **Franchisenehmer,** die im Wesentlichen einheitlich, aber für »ihre« jeweilige Filiale gegenüber dem Personal den Arbeitseinsatz regeln, AN einstellen/entlassen, Gehälter festsetzen, Arbeitszeiten festlegen, Urlaub regeln; *BAG* 25.11.93, NZA 94, 837: **Restaurantleiter,** der eines von 38 Restaurants desselben UN als Profitcenter leitet, gewisse sektoral begrenzte Personalbefugnisse hat, aber auf der vierten Hierarchiestufe des UN angesiedelt ist; *BAG* 9.12.92 – 7 ABR 15/92 [Deutscher Herold], uv.: **Geschäftsstellenleiter** einer Versicherungsrepräsentanz, der für die Urlaubsgewährung und Zeugniserstellung für die ihm zugeordneten Mitarbeiter zuständig ist; *BAG* 29.1.92, NZA 92, 894 [898]: **Inspektoren,** die zwar einstellen und entlassen dürfen, dabei aber keinen nennenswerten eigenen Dispositionsspielraum besitzen; *BAG* 29.5.91, NZA 92, 74 [76]: **Teamleiterin,** die den Arbeitseinsatz koordiniert und ggf. Mehrarbeit anordnet bzw. zusätzliche flexible Arbeitskräfte/Aushilfen aus anderen Betriebsteilen heranzieht.

87 *ArbG Berlin* 19.11.99, NZA-RR 01, 36.

entfernte Betriebsteile jeweils nur allein als selbständige **Betriebe** gelten und deshalb je nach Belegschaftsstärke nur einen aus einer Person bestehenden BR oder jedenfalls zahlenmäßig sehr kleinen BR erhalten können, selbst wenn mehrere dieser **Betriebsteile** wiederum **sehr nahe beieinander** liegen.[88] Würden dagegen zwei oder mehrere derartige, weit vom Hauptbetrieb entfernte, Betriebsteile durch einen **zwischen den Betriebsteilen hin- und herpendelnden Niederlassungsleiter** geführt, so bilden diese Teile trotz einer dazwischen liegenden Entfernung von ca. 40 km einen einheitlichen Betriebsteil i. S. v. Absatz 1 Satz 1 Nr. 1 mit einheitlichem BR.[89] Sinnlos erscheinende Ergebnisse dieser Judikatur lassen sich dann nur durch **kollektivvertragliche Regelungen nach § 3 Abs. 1 Nr. 1** verhindern.

50 Liegt ein Betriebsteil mit der »minderen Leitungsqualität« nach Nr. 1 vor und befindet er sich räumlich nahe zum Hauptbetrieb, erhält er keinen eigenen BR;[90] die Betriebsteil-Belegschaft wählt den BR des Hauptbetriebs mit. Dies gilt selbst dann, wenn **im nahen Betriebsteil eine erhebliche Anzahl von AN** beschäftigt wird.[91] Eine angemessene Repräsentation kann u. U. durch entsprechende Kandidaturen aus dem Betriebsteil gewährleistet werden.

51 Erscheint es dagegen trotz der in ihren Ergebnissen kaum kalkulierbaren Rspr. opportun, insbesondere unter dem Gesichtspunkt einer möglichst **ortsnahen und effektiven Interessenvertretung**[92] eigene BR zu bilden, sollte genau geprüft werden, ob nicht ein **Fall des Absatzes 1 Satz 1 Nr. 2** vorliegt (zumal auch dort die Abgrenzung keineswegs eindeutig ist; vgl. näher Rn. 62 ff.), weil es dann auf das »unsichere« Merkmal der Entfernung jedenfalls nicht ankommt.

---

88 *BAG* 29.5.91, NZA 92, 74; im dort entschiedenen Fall hätte die betriebsverfassungsrechtliche Zusammenfassung beider Betriebsteile zum Überspringen der Größenschwelle von 20 AN geführt; die Entfernung zwischen den Betriebsteilen [beide in Hamburg] mag etwa 8 – 10 km betragen haben; die beiden Belegschaften waren durch einen Umzug räumlich getrennt worden und zuvor im selben Bürohaus untergebracht gewesen; die Entfernung der beiden Betriebsteile zum Hauptbetrieb [auch hier als UN-Sitz in Frankfurt angenommen] beträgt etwa 500 km; zu den arbeitsrechtlichen Befugnissen der Teamleitung vor Ort vgl. Rn. 30 a. E.; ähnlich *LAG Berlin* 28.6.99 – 9 TaBV 479/99 uv., wo die Separierung in kleine Betriebsteile zur Unterschreitung des Schwellenwertes von 20 AN führte; vgl. zum Gesichtspunkt der Effizienz bei der Abgrenzung betriebsratsfähiger Einheiten § 1 Rn. 52.

89 Vgl. *Fitting*, Rn. 11 und den Fall *BAG* 25.5.88 – 7 ABR 51/87 [MAN], uv.; zum selben UN und bei identischer Aufbauorganisation des Nutzkraftfahrzeugherstellers mit bundesweiten Service-Niederlassungen nahm das *LAG Niedersachsen* 13.12.85 – 9 TaBV 7/84, uv., wegen ausreichender Befugnisse des Niederlassungsleiters [Abschlussbefugnis für BV] allerdings an, dass es sich um einen Betriebsteil i. S. v. Absatz 1 Satz 1 Nr. 2 handelte, so dass es auf die Entfernung zum Hauptbetrieb in München gar nicht mehr ankam; im Fall des *LAG Hamm* 9.12.77, DB 78, 1282 = EzA § 4 BetrVG 1972 Nr. 3 stellten die beiden 17 km voneinander entfernten Betriebspunkte [Eisengroßhandel einerseits, Glashandel mit Verglasungsarbeiten andererseits] desselben UN sogar einen einheitlichen Betrieb i. S. v. § 1 dar, weil sie unter einheitlicher Leitung eines hin- und herpendelnden Prokuristen standen; der eine Betriebspunkt hatte 12, der andere 18 AN, so dass die Zusammenfassung half, die rechtlich bedeutsame Größenschwelle von 20 AN zu überspringen.

90 Umkehrschluss aus Satz 1 Nr. 1, wenn die dort genannten Voraussetzungen nicht vorliegen; vgl. auch *BAG* 9.12.92 – 7 ABR 15/92 [Deutscher Herold], uv.

91 Vgl. dazu *BAG* 29.3.77, AuR 78, 254 mit krit. Anm. *Birk*, AuR 78, 226 ff.: Die 640 AN des mehr als 45 km entfernten Zweigwerkes durften keinen eigenen BR wählen; anders aber bei gleich gelagerter Aufbauorganisation [Gesamtleitung und zentrale Personalleitung am Sitz des UN] *BAG* 5.4.64, AP Nr. 7 zu § 3 BetrVG, wo die 50 AN des 10 km vom Stahlbau[haupt]betrieb [ca. 400 AN] entfernt liegenden Heizungsbaubetrieb einen eigenen BR wählen konnten; für die Belegschaftsstärke als Gesichtspunkt zur Bildung eigener betriebsratsfähiger Einheiten schon *BAG* 9.5.58, BAGE 6, 19 [21]; ebenso aus neuerer Zeit und unter Betonung des Effizienzprinzips *LAG Köln* 28.6.89, LAGE § 4 BetrVG 1972 Nr. 4, übrigens unter Bewertung einer UN-Zweigniederlassung mit 2100 AN als Hauptbetrieb, dem gegenüber die räumliche Nähe eines Büros mit 300 AN zu beurteilen war; zur Belegschaftsstärke als Gesichtspunkt bei der sinnvollen Abgrenzung der Repräsentationsebenen auch *Löwisch*, FS für Kissel, S. 679 [682].

92 Dazu als in Satz 1 zum Ausdruck gekommener Zielvorstellung des BetrVG auch *BAG* 3.12.85, AP Nr. 28 zu § 99 BetrVG 1972; näher § 1 Rn. 52.

b) Eigenständiger Betriebsteil nach Abs. 1 Satz 1 Nr. 2

Ausgehend von der allgemeinen Definition des Begriffs Betriebsteil setzt nach Ansicht des *BAG*[93] auch der **eigenständige** Betriebsteil i. S. v. Abs. 1 Satz 1 *Nr. 2* keinen umfassenden eigenen Leitungsapparat voraus, erfordert aber aufgrund des Definitionsmerkmals »relative Eigenständigkeit« im **Unterschied zum Betriebsteil** i. S. v. Abs. 1 Satz 1 *Nr. 1*, dass es in dem Betriebsteil eine eigenständige Leitung gibt, die in der Lage ist, die AG-Funktionen »in *den wesentlichen* Bereichen der betrieblichen Mitbestimmung« wahrzunehmen. Dagegen hebt sich wiederum das Leitungsniveau eines echten Betriebs (§ 1) ab, der eine Leitungsmacht »in *allen wesentlichen* Funktionen des AG in personellen und sozialen Angelegenheiten« erfordert.[94] 52

Die **Abgrenzung der betriebsverfassungsrechtlichen Organisationseinheiten** »Betrieb«, »einfacher Betriebsteil« (Nr. 1) und »eigenständiger Betriebsteil« (Nr. 2) folgt damit nach Ansicht des *BAG* allein noch nach dem Niveau der jeweils vorhandenen Leitungsmacht entsprechend folgendem Schema: 53

1. Betrieb = Leitungsapparat, der **alle wesentlichen** Funktionen des AG in personellen und soz. Ang, ausübt;
2. eigenständiger Betriebsteil (Nr. 2) = Leitung, die **in wesentlichen, aber nicht allen** Bereichen AG-Funktionen der betrieblichen Mitbestimmung wahrnimmt;
3. einfacher Betriebsteil (Nr. 1) = schlichte Vorgesetztenfunktion ausreichend, die **überhaupt Weisungsrechte** des AG ausübt.

In der Rspr.-Praxis wird jedoch häufig auch diese an sich simple Dogmatik nicht einmal methodisch ernsthaft auf die jeweilige Streitkonstellation angewendet. Das *BAG* schiebt regelmäßig und nur noch formelhaft unter Berufung auf den unbestimmten Rechtsbegriff und den Beurteilungsspielraum (vgl. Rn. 132) den »schwarzen Peter« zurück an die Tatsacheninstanzen oder lässt deren Feststellungen unbeanstandet genügen.

3. Räumlich entfernter Betriebsteil (Abs. 1 Satz 1 Nr. 1)

a) Grundsätze

Die Frage der »räumlich weiten Entfernung« ist gegenüber dem Hauptbetrieb (vgl. Rn. 16 ff., 31 ff.) zu beurteilen und nicht allein unter dem Gesichtspunkt der **objektiven,** nach Kilometern bemessenen **Entfernung** zu prüfen; mitentscheidend ist auch die zur Überwindung **erforderliche Zeit**[95] und das dabei nutzbare **Verkehrsmittel**, wobei es i. d. R. auf öff. Verkehrsmittel ankommt, wenn nicht allen AN ein PKW dauerhaft zur Verfügung steht oder ein betriebseigener **Zubringerdienst** eingerichtet ist.[96] 54

Entscheidend ist, ob trotz der gegebenen Entfernung eine **ordnungsgemäße Betreuung** der in dem Betriebsteil beschäftigten AN durch den BR des Hauptbetriebs möglich ist.[97] Die Vorschrift verdeutlicht den Zweck der Bildung von »Wahlbereichen« dort, wo eine enge Kommunikation zwischen BR und AN besteht.[98] Es müssen die Voraussetzungen gegeben sein, die dazu führen, die Belegschaft als eine **Einheit** mit eigenem Leben anzusehen.[99] Ausschlaggebend sind somit die **tatsächlichen Lebensverhältnisse,** insbes. die Verkehrsmöglichkeiten (Qualität der Verbindungen, z. B. nur sporadisch verkehrende Busse oder Bahnen, häufiges Umsteigen, erforderliche Gesamtfahrzeit gemessen an der reinen km-Entfernung sehr hoch, trotz geringer km-Entfernung **häufige Staus** im Stadtverkehr usw.) und die Gewährleistung der Zusammenarbeit der AN mit dem BR. Unerheblich ist, ob die betreffenden Betriebsteile in derselben polit. Gemeinde liegen.[100] 55

---

93 9.12.09, NZA 10, 906, 908 [Rn. 24], m. w. N. auf die eigene Rspr.
94 *BAG* 9.12.09, a. a. O. [Rn. 23].
95 *BAG* 7.5.08, NZA 328, 331: einfache Strecke bei 55 Min. mit ÖPNV zzgl. Fußwege von und zu den Haltestellen ist als weit anzusehen.
96 *Ebd.* [Rn. 29].
97 *BAG* 24.2.76, AP Nr. 2 zu § 4 BetrVG 1972; ErfK-*Koch*, Rn. 3; *Fitting*, Rn. 19; GK-*Franzen*, Rn. 10 ff.; *Richardi*, Rn. 17.
98 Vgl. *Kohte*, Anm. zu *BAG* 29.1.92, AP Nr. 1 zu § 7 BetrVG 1972.
99 Ablehnend *Fitting*, Rn. 19.
100 ErfK-*Koch*, a. a. O.

56 Wenn die Entfernung persönliche Kontakte zwischen den Belegschaftsangehörigen unmöglich macht, wenn der BR nicht in der Lage ist, sich über die persönlichen Angelegenheiten aller Angehörigen des Betriebs und der Betriebsteile aus unmittelbarer und ständiger Anschauung selbst zu unterrichten, so kann der Betriebsteil nicht mehr zum Hauptbetrieb gerechnet werden.[101] Das Gleiche gilt, wenn BR-Mitglieder nicht mehr, ggf. auch kurzfristig, zu einer Sitzung zusammentreten können.[102] In neueren Entscheidungen wird wieder – wie schon in früheren Entscheidungen auch des *BAG* – entscheidend auch auf die **leichte Erreichbarkeit des BR** für die einzelnen AN des Betriebsteils abgestellt, so dass nicht nur die Kommunikationsbeziehung BR-AN von Bedeutung ist, sondern auch die Beziehung AN-BR.[103]

57 Der Begriff »räumlich weit vom Hauptbetrieb entfernt«, wie er in Nr. 1 verwendet wird, ist ein **unbestimmter Rechtsbegriff,** so dass dem Tatsachengericht (ArbG, LAG) bei der **Gesamtwertung** der einschlägigen Tatsachen ein **Beurteilungsspielraum** zusteht, der nur beschränkt der Nachprüfung durch die Rechtsbeschwerde zugänglich ist.[104]

58 Für einen gewissen, nämlich sehr geringen Entfernungsbereich sind **relativ sichere Aussagen** darüber möglich, ob der Betriebsteil noch zum Hauptbetrieb zählt; sodann schließt sich ein Entfernungsbereich an, bei dem sichere **Prognosen** darüber, wie ein Gericht entscheiden würde, **kaum möglich** sind. Hier wird man neben der Qualität der **Verkehrsverbindungen** auch mit darauf abstellen müssen, wo die **Entscheidungen des Arbeitgebers** in mitbestimmungspflichtigen Angelegenheiten getroffen werden.[105] Ebenso sollte in die Wertung die **Belegschaftsstärke des Betriebsteils** einbezogen werden (vgl. Rn. 50). Schließlich gibt es den Entfernungsbereich, der wieder relativ **sichere Aussagen** zulässt, weil er bereits nach der Verkehrsanschauung als »weite Entfernung« angesehen wird, so dass der Betriebsteil einen eigenen BR erhält.[106] Die Maßstäbe für noch hinnehmbare räumliche Entfernungen können u. U. dann großzügiger bemessen werden, wenn moderne **Informations- und Kommunikationstechnik** zur jederzeitigen uneingeschränkten Nutzung bereitsteht.[107] Allerdings darf nicht verkannt werden, dass die hierin liegende Reduzierung von Kommunikation auf einen technikgestützten Vorgang deren soziale Komponente verdrängen kann.[108]

b) Fälle naher Entfernung

59 Nach der Rspr. werden bei guter Straßen- und Bahnverbindung als **nicht räumlich weit** angesehen, so dass die Zuordnung des Betriebsteils zum Hauptbetrieb erfolgt:

- 7 – 14 km: *LAG Hannover* 13.2.54, BetrR 54, 200 ff.;
- 10 km: *BAG* 5.6.64, AP Nr. 7 zu § 3 BetrVG;
- 15 km: *ArbG Mannheim* 6.6.53 – 2 Ca 605/53;
- 17 km: *LAG Hamm* 9.12.77, DB 78, 1282;
- 20 km: *LAG München* 28.9.53, AP 54 Nr. 73; *LAG Köln* 4.5.00, AiB 01, 353 m. Anm. *W. Schneider*;

101 *BAG* 23.9.60 und 24.9.68, AP Nrn. 4, 9 zu § 3 BetrVG.

102 *Fitting*, Rn. 19.

103 Z. B. zwecks Aufsuchens der BR-Sprechstunde; vgl. etwa *LAG Köln* 13.4.89, AiB 90, 359, Ls.; *LAG Baden-Württemberg* 29.10.71, DB 71, 2267: »in erster Linie ist auf die Nähe des BR zur Belegschaft und erst in zweiter Linie auf die Nähe des BR zur Betriebsleitung abzustellen«; ebenso schon *BAG* 1.2.63, 23.9.60, AP Nrn. 5, 4 zu § 3 BetrVG; ähnlich bereits *LAG Hamm* 21.8.53, AuR 53, 380 mit Anm. *Schnorr.*

104 Vgl. *BAG* 29.3.77, AuR 78, 254.

105 Vgl. aber mit beachtlichen Argumenten *LAG Köln* 13.4.89, AiB 90, 359, Ls., das der Nähe zwischen BR und Belegschaft größeres Gewicht beimisst als dem Vorhandensein des sozialen Gegenspielers am Ort der Belegschaftsvertretung; ebenso die in Rn. 34 erwähnten älteren *BAG*-Entscheidungen.

106 Ebenso *LAG Köln* 13.4.89, a. a. O.

107 Vgl. Rn. 36 a. E.; beispielhaft insoweit *ArbG Berlin* 19.11.99, NZA-RR 01, 36, das einer Abteilung aus 26 im Außendienst tätigen Kundendienstmonteuren, deren Arbeitseinsatz von einer »schlichten« Vorgesetztenstelle auf telekommunikativem Wege gesteuert wurde, wegen einer Entfernung des Servicegebietes vom Hauptbetrieb von ca. 500 – 800 km als betriebsratsfähigen Betriebsteil ansah.

108 Insoweit zutreffend *BAG* 7.5.08, NZA 09, 328, das der Erreichbarkeit mit Hilfe moderner Informations- und Kommunikationstechnik keine ausschlaggebende Bedeutung beimisst.

- 22 km: *BAG* 17.2.83, AP Nr. 4 zu § 4 BetrVG 1972; *LAG Hamburg* 1.11.82, BB 83, 1095;
- 27 km: *ArbG Lörrach* 5.3.81 – 3 BV 31/81;
- 30 km: *ArbG Braunschweig* 9.3.72 – 1 BV 1/72;
- 35 km: *ArbG Mannheim* 13.12.72 – 4 BV 5/72;
- 40 – 45 km: *BAG* 24.2.76, AP Nr. 2 zu § 4 BetrVG 1972; 29.3.77, AuR 78, 254, mit kritischer Anm. *Birk*, AuR 78, 226; *LAG Niedersachsen* 12.10.82 – 12 TaBV 5/81; *ArbG Hagen* 4.4.02 – 2 BV 35/01, wenn die notwendige **Fahrzeit unter einer Stunde** liegt;
- 60 – 65 km: *ArbG Minden* 2.3.72 – BV 1/72, jedoch nur, weil eine optimale Betreuungsmöglichkeit durch den BR des Hauptbetriebes gewährleistet werden konnte;
- 70 km: *BAG* 24.9.68, AP Nr. 9 zu § 3 BetrVG; wegen optimaler Betreuung durch freigestellte BR-Mitglieder wurde die Entfernung Köln–Essen als nicht weit entfernt angesehen; *LAG Köln* 13.4.89, AiB 90, 359 sieht dieselbe Strecke **zu Recht als weit** an.

c) Fälle weiter Entfernung

Als **räumlich weit entfernte Betriebsteile,** die einen eigenen BR erhalten, sind angesehen worden (z. T. wegen der schlechten Verkehrsverbindungen): **60**

- 20 km: *LAG Köln* 20.11.98 – 11 TaBV 6/98; Hauptverwaltung in Köln, Betriebsteil in Bonn; diese Ansicht erscheint jedoch wesentlich zu eng;
- 28 km: *BAG* 23.9.60, AP Nr. 4 zu § 3 BetrVG; mehrmaliges Umsteigen zwischen Autobus und Schwebebahn erforderlich;
- 29 km: *LAG Brandenburg* 11.10.06 – 23 TaBV 1/06 und 4/06, wonach für die Erreichbarkeit nicht auf die Nutzung eines PKW durch den AN abgestellt werden kann, sondern nur auf die Nutzung öffentlicher Beförderungsmittel. Eine Fahrtzeit von 55 Min. sind für die Erreichbarkeit des BR zu lang;
- 40 km: *LAG Köln* 28.6.89, LAGE § 4 BetrVG 1972 Nr. 4; **einstündige Fahrzeit** wegen häufiger Staus im Straßenverkehr; ebenso *LAG Köln* 13.4.89, AiB 90, 359;
- 47 km: *ArbG Darmstadt* 6.8.08 – 1 BV 5/08, uv.; selbst ein **Zeitaufwand von 27 Min.** mit PKW bei einfacher Fahrt kann weit sein, wenn ohne PKW-Nutzungsmöglichkeit der Zeitbedarf für Hin- und Rückfahrt mehr als zwei Stunden beträgt);
- 50 km:*LAG Schleswig-Holstein* 29.6.72 – 3 TaBV 3/72;
- 60 – 72 km: *ArbG Rosenheim* 25.3.87 – 3 BV 3/87; *LAG München* 21.10.87, BB 88, 1182; *LAG Baden-Württemberg* 29.10.71, DB 71, 2267; *LAG Köln* 13.4.89, AiB 90, 359 für die Entfernungen Köln-Recklinghausen bzw. Köln-Essen; vgl. zur selben Strecke aber *BAG* 24.9.68, Rn. 59 am Ende!;
- 70 km: *BAG* 3.6.04, AP Nr. 141 zu § 102 BetrVG 1972 für die in **35 – 40 Min. mit** dem **Pkw** zwar überbrückbare Entfernung zwischen Bremen und Bremerhaven, die jedoch wegen schlechter ÖPNV-Anbindung dennoch als weit angesehen worden ist;
- 80 – 90 km: *LAG Schleswig-Holstein* 7.7.72 – 4 TaBV 4/72; *LAG Köln* 13.4.89, a. a. O., für die Entfernung Köln-Bochum bzw. Köln-Dortmund;
- 120 km: *ArbG Nürnberg* 25.4.75 – 4 BV 4/75;
- 143 km: *ArbG Hannover* 21.5.87, AuR 88, 59;
- 165 km: *LAG Frankfurt* 11.11.86 – 5 TaBV 9/86;
- 186 km: *LAG Brandenburg* 11.10.06 – 23 TaBV 1/06;
- 200 km: *LAG Düsseldorf* 16.9.71, DB 71, 2069; *LAG München* 18.5.53, BB 53, 797; selbst wenn günstigste Verkehrsverbindungen bestehen;
- 260 km: *BAG* 19.2.02, AP Nr. 13 zu § 4 BetrVG 1972;
- 280 km: *LAG Berlin* 28.6.99 – 9 TaBV 479/99 für die Entfernung Hamburg-Berlin;
- 300 km: *LAG Bremen* 30.10.86, LAGE § 111 BetrVG 1972 Nr. 5; *BAG* 15.12.11, EzA § 613 a BGB 2002 Nr. 132 (dort Rz. 36 ff.);
- 500 – 800 km: *ArbG Berlin* 19.11.99, NZA-RR 01, 36.

d) Unsicherheitsbereich

61 Der Entfernungsbereich von **45 bis 60 km** ist entsprechend der Rspr.-Praxis (Rn. 59, 60) als Bereich zu bezeichnen, in dem eine klare Entscheidung jedenfalls **erheblichen Unsicherheiten** unterliegt. Andererseits kann aber auch der Entfernungsbereich von 15 – 30 km zu erheblichen Wertungsproblemen führen, wenn die Leichtigkeit des Verkehrs unter bestimmten Voraussetzungen des konkreten Falles nicht mehr gewährleistet ist.[109] In diesen Fällen kommt dem zur Entfernungsüberwindung erforderlichen **Zeitaufwand** eine entscheidende Bedeutung zu: Die Instanzentscheidungen neigen dazu, eine Zeitspanne von **weniger als einer Stunde als noch »nah«** anzusehen.[110] Zu berücksichtigen ist auch, dass es – wie das *BAG* formulierte – nicht zu einem unfruchtbaren Nebeneinander mehrerer in ihren Aufgabenbereichen sich überschneidender BR und zu einer unerquicklichen, mit dem Wohl der AN nicht mehr zu vereinbarenden Rivalität zwischen den Betriebsvertretungen kommen darf. Der BR kann häufig das ihm anvertraute Gesamtinteresse der AN umso nachhaltiger vertreten, je größer und einheitlicher er dem AG gegenübertreten kann. Daher kann für die Frage, ob ein Betriebsteil einen selbständigen Betrieb i. S. d. § 4 darstellt, auch wesentlich werden, wo die Entscheidungen des AG, insbesondere im Mitbestimmungsbereich, getroffen werden.[111] Die Reduzierung der Frage allein auf den arbeitgeberseitigen Leitungsapparat dürfte dagegen kaum der gesetzlichen Konstruktion entsprechen (vgl. § 1 Rn. 53 f.).

4. Eigenständigkeit durch Aufgabenbereich und Organisation (Nr. 2)

62 Ist der Betriebsteil durch Aufgabenbereich und Organisation **eigenständig,** kommt es auf die Entfernung zum Hauptbetrieb nicht mehr an. Beide Voraussetzungen, d. h. die Eigenständigkeit in Bezug auf den Aufgabenbereich **und** die Organisation, müssen zusammen vorliegen.[112]

a) Arbeitstechnischer Zweck

aa) Allgemeines

63 Nach wohl allgemeiner Auffassung ist der **eigenständige Aufgabenbereich** dann zu bejahen, wenn in diesem organisatorisch abgegrenzten Teil des Betriebs ein besonders **ausgeprägter arbeitstechnischer** Zweck verfolgt wird.[113] Erforderlich sei insoweit nur eine **relative** Eigenständigkeit. Das könne der Fall sein, wenn im Betriebsteil gegenüber dem Gesamtbetrieb **fachlich** andersartige Zwecke verfolgt werden.[114] Indiziell kann sich dies aus der **Geltung verschiedener TVe** ergeben.[115] Insoweit sind die Grenzen zwischen dieser Art eines Betriebsteils und dem echten Betrieb i. S. d. § 1 fließend.[116]

---

109 Vgl. *LAG Köln* 13.4.89, AiB 90, 359, das die Entfernung Köln – Bonn bzw. Köln – Düsseldorf wegen ständiger Verkehrsstaus auf den im konkreten Fall zu befahrenden Strecken als räumlich weit angesehen hat.

110 Vgl. *LAG Köln,* a. a. O.; *ArbG Hagen* 4.4.02 – 2 BV 35/01 – bei einer Entfernung von 43 km.

111 *BAG* 24.2.76 und 17.2.83, AP Nrn. 2, 4 zu § 4 BetrVG 1972; vgl. auch *BAG* 29.3.77, AuR 78, 254; anders *LAG Köln* 28.6.89, LAGE § 4 BetrVG 1972 Nr. 4, das vor allem die Anzahl der AN im betreffenden Betriebsteil in die Wertung mit einbezieht; vgl. dazu Rn. 32.

112 Vgl. ErfK-*Koch,* Rn. 4; *Richardi,* Rn. 25; GK-*Franzen,* Rn. 15; *GL,* Rn. 16.

113 *Richardi,* Rn. 26; *Fitting,* Rn. 24; *Kohte,* BB 92, 137 [141] versteht den Begriff als Hinweis auf die arbeitstechnischen Abläufe, worin aber kein Unterschied liegen dürfte.

114 Z. B. Forschung und Entwicklung gegenüber Produktion und Vertrieb; so etwa *Richardi,* a. a. O.; *Fitting,* a. a. O.; *Gamillscheg,* ZfA 75, 357 [371]; *Birk,* AuR 78, 226 [231]; *Blanke/Berg u. a.,* Rn. 14; *Löwisch,* FS Kissel, S. 679 [682].

115 *LAG Berlin* 30.10.03, AP Nr. 12 zu § 18 BetrVG 1972, *Richardi,* DB 72, 483; *Fitting,* Rn. 24; GK-*Franzen,* Rn. 16; *Richardi,* Rn. 26, allerdings zu Recht hier stark relativierend.

116 GK-*Franzen,* Rn. 15; zur Untauglichkeit des arbeitstechnischen Zwecks als Begriffsmerkmal schon Rn. 28; zur Unmöglichkeit präziser Abgrenzungen im Rahmen des § 4 schlechthin Rn. 9 ff.; zu Recht kritisch ErfK-*Koch,* Rn. 4.

bb) Parallele oder identische Zwecke in mehreren Einheiten

In der Rspr. sind allerdings Fälle nachweisbar, in denen die **Verfolgung bloß paralleler,** also identischer **Zwecke** als Umstand gewertet wurde, der zur Verneinung eines Betriebsteils i. S. v. Abs. 1 Satz 1 Nr. 2 bzw. eines durch Aufgabenbereich und Organisation eigenständigen Betriebsteils gemäß § 3 BetrVG 1952 führte: **64**

- *BAG* 24.1.64, AP Nr. 6 zu § 3 BetrVG: Die 10 Vertriebsgeschäftsstellen eines Zeitungsverlages bilden zusammen mit dem Hauptbetrieb einen einzigen bundesweiten Betrieb, obgleich sie z. T. betriebsratsfähige Größe erreichten; **65**
- *LAG Düsseldorf* 11.11.65, DB 66, 306: Die Auslieferungslager Hannover, Kassel, Hamburg, Frankfurt und Stuttgart einer Lackfabrik bilden keine betriebsratsfähigen Betriebe, sondern sind dem Betrieb der Lackfabrik zuzuordnen; **66**
- *BAG* 26.8.71,AP Nr. 1 zu § 23 KSchG 1969: Die sechs hamburgischen und weiteren 45 Ladengeschäfte (teils in betriebsratsfähiger Größe) in der gesamten Bundesrepublik, die zu einem UN des Uhren- und Schmuckeinzelhandels gehören, bilden einen einheitlichen, bundesweiten Betrieb; **67**
- *ArbG Hamburg* 17.7.73 – 12 BV 8/73, uv.; vgl. aber dazu *Gamillscheg,* Anm. zu EzA § 4 BetrVG 1972 Nr. 4 und 5, S. 47: Die Zentrale eines UN der Schönheitsindustrie mit sechs regionalen Verkaufsleitungen und ihrerseits vier bis sechs Bezirksleitungen (zu je fünf bis acht AN) und 40 Werbedamen bildet einen Betrieb; **68**
- *BAG* 24.2.76, AP Nr. 2 zu § 4 BetrVG 1972: Der »Umsatz eines Warensortiments« in der Filiale eines Lebensmittelfilial-UN als bloß »in allen Filialen erstrebter paralleler Zweck« bildet keinen eigenen Betriebszweck i. S. v. Satz 1 Nr. 2; **69**
- *LAG Hamm* 9.12.77, EzA § 4 BetrVG 1972 Nr. 3: Der Handel mit Eisen bzw. Glas an unterschiedlichen Betriebspunkten ist als einheitlicher arbeitstechnischer Zweck anzusehen (Verkauf von Grundstoffen an Wiederverkäufer); **70**
- *BAG* 3.12.85, AP Nr. 28 zu § 99 BetrVG: Die Gleichartigkeit der arbeitstechnischen Zwecke (Erwachsenenbildung) in den fünf Kleinstbetrieben mit jeweils zwei bis drei AN bei einer Stiftung für politische Bildung führt zur Bildung eines einheitlichen Betriebes am UN-Sitz in Kiel unter Einbeziehung der Kleinstbetriebe; im Ergebnis ebenso *LAG Düsseldorf,* 28.4.95 – 15 TaBV 130/94 für die kleinen Außenstellen eines Bildungswerks; **71**
- *LAG Hamm* 2.12.87 – 3 TaBV 32/87; ebenso zum selben Sachverhalt *LAG Düsseldorf* 1.9.87 – 11 TaBV 148/86: Die 1300 Drogeriemärkte desselben UN mit je 4 bis 7 AN verfolgen nur parallele Zwecke und bilden, soweit sie je für sich die Voraussetzung des § 1 erfüllen, Betriebsteile i. S. v. § 4 Nr. 1; die nicht betriebsratsfähigen Märkte sind dem Betrieb am Sitz des UN zuzuordnen; **72**
- *LAG Frankfurt* 3.3.88 – 12 TaBV 59/87: Bei identischer Aufbauorganisation des UN wie in Rn. 72 bilden die jeweils unter einem Bezirksleiter zusammengefassten ca. sieben Märkte (Filialen) eine betriebsratsfähige Organisationseinheit (ca. 35 – 56 AN); die **Parallelität** des arbeitstechnischen Zweckes **spielte keine Rolle** bei dieser Zusammenfassung; **73**
- *ArbG Koblenz* 27.5.87 – 2 BV 6/87: Bei ebenfalls identischer Aufbauorganisation des UN wie in Rn. 72, 73 wurden bei gleichfalls absolut parallelem arbeitstechnischem Zweck die 43 Märkte (Filialen mit je drei bis neun AN) mit dem Betrieb am UN-Sitz (Lager, Fuhrpark, Verwaltung) als einheitlicher Betrieb erachtet (ähnlich Rn. 65 – 68); in der Beschwerdeinstanz wurde das **Verfahren durch Vergleich** (vgl. auch § 1 Rn. 94) derart **beendet,** dass die jeweils unter einem Bezirksleiter zusammengefassten sechs Märkte als betriebsratsfähige Einheit (jeweils ca. 12 – 54 AN) neben dem Betrieb am UN-Sitz angesehen wurden (LAG Rheinland-Pfalz, Vergleich v. 12.11.87 – 5 Ta BV 8/87); **74**
- *ArbG Bochum* 28.4.94 – 4 (3) BV 7/94: Die 18 Filialen eines Sportartikelvertriebs-UN bilden mit dem Betrieb der Zentralverwaltung **einen Regionalbetrieb** mit etwa 370 AN, obwohl z. T. erhebliche Entfernungen (Bochum-Münster; Bochum-Düsseldorf: eine Autostunde) zu überbrücken sind; **75**
- *ArbG Stuttgart* 16.2.99 – 11 BV 103/98: Die drei Verkaufsbüros in Berlin (18 AN), Düsseldorf (20 AN) und Frankfurt a. M. (19 AN) einer Firma mit Sitz in Leonberg und dortigem »Hauptbetrieb« nebst weiterem Verkaufsbüro bilden einen einheitlichen Betrieb. **76**

cc) Echte Betriebe trotz paralleler Zwecke

77 Es darf nicht verkannt werden, dass selbst bei Vorliegen bloß paralleler Zwecke noch nicht einmal die Annahme eines echten Betriebs i. S. v. § 1 scheitern muss, wie etwa das Beispiel des UN verdeutlicht, das **in verschiedenen Werken denselben Autotyp** produziert.[117] Als prägnantes Beispiel selbst höchstrichterlicher »Begriffsverwirrung« ist das eine Restaurantkette betreibende UN mit ca. 950 AN zu nennen, das dem **absolut parallelen Zweck** (Restaurantbetrieb mit sog. konfektioniertem Essen aufgrund zentral vorgegebener Speisekarte) in 38 räumlich getrennten Restaurants mit je ca. 25 AN nachgeht: Jedes Restaurant sei (alternativ!) als Betrieb, Betriebsteil gemäß § 4 Satz 1 Nr. 1 oder (!) § 4 Satz 1 Nr. 2 anzusehen.[118] Letztlich belegen die genannten Fälle nur die Fragwürdigkeit des Merkmals »arbeitstechnischer Zweck« als eines wesentlichen Gesichtspunkts zur Festlegung betriebsratsfähiger Einheiten; es sollte daher allenfalls als Hinweis des Gesetzes gewertet werden, dass dort, wo ein Zusammenhang von gleichartigen Tätigkeiten festgestellt werden kann, **möglicherweise** weitere Gemeinsamkeiten der AN vorliegen, die es sinnvoll erscheinen lassen, für diese AN-Gruppe einen eigenen BR zu wählen. Dies kann etwa angenommen werden für die meist territorial gegliederte **Außendienstorganisation** von UN (vgl. Rn. 48 a. E.),[119] bei der nicht etwa der einzelne Außendienstler als Einmannbetrieb anzusehen ist.[120]

b) Organisation

78 Das Merkmal **eigenständige Organisation** setzt eine **eigene Leitung** in diesem verselbständigten Betriebsteil voraus.[121] Es handelt sich allerdings auch hier um eine **relative** Eigenständigkeit. Für die Annahme der Eigenständigkeit unschädlich ist es, wenn die Leitung des Hauptbetriebs Weisungen erteilen kann oder sich die Entscheidung in besonders wichtigen Fällen vorbehält,[122] sofern für die Leitung des Betriebsteils Raum für eigene Entscheidungen verbleibt.[123] Von den abstrakten Tatbestandsmerkmalen her gesehen ist damit der Betriebsteil nach Abs. 1 Satz 1 Nr. 2 schon sehr in die Nähe eines echten Betriebes gemäß § 1 gerückt.

79 Die seit jüngerem vom *BAG* verwendete **Abgrenzungsformel** geht dahin, als **Betrieb** i. S. v. § 1 Abs. 1 Satz 1 eine Organisationseinheit anzusehen, deren Leitungsapparat *alle* **wesentlichen Funktionen** des AG in personellen/sozialen Angelegenheiten ausübt, während beim **Betriebsteil** nach § 4 Abs. 1 Satz 1 Nr. 2 eine Leitung genügt, die in der Lage ist, die AG-Funktionen in den **wesentlichen Bereichen** der betrieblichen Mitbestimmung wahrzunehmen, ohne dass hier ein umfassender Leitungsapparat besteht.[124] Die Unklarheiten in der Gewichtung von »wesentlichen« Bereichen der betrieblichen Mitbestimmung bestehen damit freilich fort.

80 Um der Vorschrift einen eigenen Anwendungsbereich zu erhalten,[125] war bisher die Ansicht vertreten worden, dass zwar einerseits eine **rein arbeitstechnische Leitung** im Betriebsteil (etwa zur Erledigung der laufenden technischen Angelegenheiten, Erhaltung und Wartung

---

117 Vgl. MünchArbR-*Richardi*, § 22 Rn. 13; vgl. auch § 1 Rn. 63.

118 *BAG* 25.11.93, NZA 94, 837.

119 *Bösche/Grimberg*, FS Gnade, S. 377 [380].

120 So aber die Annahme von *Joost*, S. 312 f.; dagegen zu Recht *ArbG Berlin*, 19.11.99, NZA-RR 01, 36.

121 Vgl. *Richardi*, Rn. 27; *Fitting*, Rn. 25; *GL*, Rn. 17; *ArbG Berlin* 23.2.73, AP Nr. 1 zu § 4 BetrVG 1972; *BAG* 17.2.83, AP Nr. 4 zu § 4 BetrVG 1972; 29.1.92, NZA 92, 894 [898]; enger GK-*Franzen*, Rn. 16, die im Bestehen einer eigenen Leitung nur ein Indiz für die organisatorische Eigenständigkeit sehen; ähnlich auch *Kohte*, BB 92, 137 [141], der jedoch zu Recht eine Verabsolutierung dieses Merkmals i. S. einer Ausrichtung am Leitungsapparat des AG ablehnt, weil die »Organisation« auch durch weitere, nicht in jedem Einzelfall gegebene Gesichtspunkte geprägt werde, die auf die AN bezogen sind [insbes. die Gesamtheit sozialkommunikativer Aspekte]; vgl. auch *Kohte*, RdA 92, 310, wo er der Leitungsorganisation nicht jede Bedeutung abspricht, sie aber nur als Untermerkmal des Organisationsbegriffes gewertet wissen will und als Indiz für Eigenständigkeit.

122 *BAG* 1.2.63, AP Nr. 5 zu § 3 BetrVG.

123 *Fitting*, Rn. 26; *BAG* 17.2.83, a. a. O.; *LAG Hamburg* 1.11.82, BB 83, 1095.

124 Zusammenfassend *BAG* 9.12.09, DB 10, 1409; *BAG* 17.1.07, AP Nr. 18 zu § 4 BetrVG 1972; *BAG* 21.7.04, AP Nr. 15 zu § 4 BetrVG 1972.

125 *Birk*, AuR 78, 226 [231 f.] hatte sie mit einleuchtenden Beispielen für überflüssig erklärt.

von Anlagen, Erfüllung von kaufmännischen Funktionen, Einkauf von Vorprodukten und Rohstoffen, Auftragsakquisition usw.) für die Annahme einer eigenständigen Leitung und damit Organisation für sich allein **nicht** ausreiche, aber andererseits auch nicht verlangt werden könne, dass die Betriebsteil-Leitung auch befugt sein müsse, Angelegenheiten zu ordnen, an denen der BR zu beteiligen ist.[126] Demgegenüber meinte das *BAG*,[127] dass **kein nennenswerter Raum mehr für eigene Entscheidungen** der Betriebsteil-Leitung in personellen und sozialen Angelegenheiten verbleibe und damit **keine eigenständige Organisation** vorliege, wenn der Leitung lediglich eine für Ausnahmefälle begründete Zuständigkeit etwa zur **kurzfristigen Anordnung von Überstunden** oder Einstellung von Hilfspersonal eingeräumt sei (vgl. zum Kompetenzrahmen der jeweiligen Leitung eines Betriebsteils auch die oben in Rn. 48 f. erwähnten Beispiele zur Fallgruppe nach Satz 1 Nr. 1).

Das *BAG*[128] charakterisierte den Betriebsteil nach Satz 1 Nr. 2 allerdings ursprünglich dahin **81** gehend, dass er (neben dem besonderen Aufgabenbereich, vgl. Rn. 63) hinsichtlich seiner Organisation in der Weise eigenständig sein müsse, dass in ihm der wesentliche Kern der der betrieblichen Mitbestimmung unterliegenden AG-Funktionen auszuüben ist. *Kohte*[129] hat diese zurückhaltende Formulierung (»auszuüben ist« bedeute nicht »ausgeübt wird«!) vorsichtig dahin gewertet, der *7. Senat des BAG* wolle damit offenbar eine gewisse Abkehr von der allzu stark auf einen Leitungsapparat in Personalangelegenheiten abstellenden Sichtweise einleiten und damit den Organisationsbegriff auch für andere Gesichtspunkte öffnen.[130] Die nachfolgende *BAG*-Entscheidung lässt einen solchen Richtungswechsel allerdings nicht erkennen, wenn dort[131] ausgeführt ist, dass die eigenständige Organisation i. S. v. Satz 1 Nr. 2 das Bestehen einer eigenen **Leitung des Betriebsteils** voraussetze, **die** insbesondere auch über die dem Mitbestimmungsrecht unterliegenden Fragen **zu entscheiden hat.**[132] Die ausdrückliche Inbezugnahme der *BAG*-Entscheidung vom 17.2.83[133] deutet sogar eher auf eine »Verfestigung des Apparatedenkens« hin.[134]

In Anwendung der *BAG-Rspr.* hat das *LAG Hamm*[135] darauf abgestellt, dass die deutliche **82** Mehrheit der Entscheidungen, an denen der BR zu beteiligen ist, vor Ort getroffen werden müsse, um von einem eigenständigen Betriebsteil auszugehen. Für die Annahme eines einheitlichen Leitungsapparates, mit der Folge, dass kein eigenständiger Betriebsteil vorliegt, genügt es danach schon, wenn eine zentrale Personalabteilung die Entscheidungen in betriebsverfassungsrechtlichen Angelegenheiten koordiniert. Mit der **Novellierung 2001** hat der Ge-

---

126 Vgl. *Richardi*, Rn. 27; falsch jedenfalls daher *LAG Düsseldorf* 19.1.96 – 17 TaBV 84/95, das ein Seniorenzentrum der AWO sogar als echten Betrieb i. S. v. § 1 einordnete [144 AN], obgleich dessen Leiterin [BAT III] doch nur das »Alltagsgeschäft« [= arbeitstechnische Leitung] abwickelte.

127 17.2.83, AP Nr. 4 zu § 4 BetrVG.

128 29.1.92, AP Nr. 1 zu § 7 BetrVG 1972 mit krit. Anm. *Kohte.*

129 A. a. O.

130 Vgl. zu Versuchen, den Betriebs- und Organisationsbegriff nicht anhand eines abgeschlossenen Katalogs feststehender Merkmale zu definieren, *LAG Niedersachsen* 23.4.90, LAGE § 1 BetrVG 1972 Nr. 3 [insbes. 3. Ls.]; *Fromen*, FS Gaul, S. 151 [174 ff.], der den Betrieb nicht als Begriff, sondern als Typus beschreibt, dessen Merkmalskomplex weder in sich abgeschlossen ist noch ein vollständiges Vorliegen aller Gesichtspunkte im konkreten Einzelfall erfordert; näher § 1 Rn. 44 ff.

131 9.12.92 – 7 ABR 15/92 [Deutscher Herold], uv. unter B. II. 4.

132 Unter fälschlicher Berufung auf *Richardi*, Rn. 27, der derart weitreichende Leitungsbefugnisse gerade nicht fordert.

133 AP Nr. 4 zu § 4 BetrVG 1972.

134 Eine fatale Tendenz, weil die Orientierung an dem formalen Merkmal der Leitungsorganisation zwar dem Richter die Sache sehr erleichtert [so schon der warnende Hinweis von *Birk*, AuR 78, 226], die Frage der Errichtung von BR aber damit ins vollständige Belieben des UN stellt und somit riskiert, dass durch die heute eher zur Regel gewordenen und rascher wechselnden flexiblen Formen der UN-Leitungsorganisation den BR die Basis ihrer Arbeit unter den Füßen weggezogen wird; zu dieser von niemandem ernsthaft wünschbaren Gefahr *Gamillscheg*, ZfA 75, 357 [377]; *ders.*, Anm. zu EzA § 4 BetrVG 1972 Nr. 4 und 5, S. 39, 53; *ders.*, AuR 89, 33; *Kohte*, AuA 90, 150 [151 f.]; *ders.*, BB 92, 137 [141]; zu Recht sieht auch *Löwisch*, FS Kissel, S. 679 [680 f.] in der Auslieferung der BR an die Organisationsentscheidung des AG die Gefahr, dass die Funktionsfähigkeit der Betriebsverfassung in Frage gestellt werde; verkannt von *Heither*, JbArbR 36 [1999], S. 37 [42].

135 28.10.05 – 13 TaBV 98/05.

setzgeber im Rahmen des § 3 versucht, gegenzusteuern. Allerdings ist fraglich, ob gerade in den kritischen Fällen das Instrument des TV bzw. der BV aktuell eingesetzt werden kann (ähnliche Wirkungen kann das **Optionsrecht** nach Abs. 1 Satz 2 erzeugen, vgl. Rn. 101 ff.).

83 Für die Praxis ist damit die **Fallgruppe des Satzes 1 Nr. 2 im Grunde überflüssig** geworden, da in der jüngsten Auslegung der Tatbestandsmerkmale durch das *BAG* (vgl. Rn. 81 f.) weder rechtskonstruktiv noch in der Rechtsfolge ein Unterschied gegenüber dem echten Betrieb i. S. v. § 1 besteht.[136] Allerdings kommt der Vorschrift eine Art gesetzliche Hinweisfunktion dergestalt zu, dass nicht nur bei räumlich weiter Entfernung, sondern auch bei räumlicher Nähe von Arbeitsstätten eines UN durch die Beschäftigung in einer abgegrenzten Organisationseinheit eine Belegschaft vorhanden sein oder entstehen kann, für die die Bildung eines eigenen BR sinnvoll ist.[137] Zugleich zeigt sich darin, dass der **Gesichtspunkt räumlicher Nähe oder Ferne** keineswegs nur von untergeordneter Bedeutung bei der Abgrenzung betriebsratsfähiger Einheiten ist; allerdings verbietet sich wegen der insoweit nur begrenzten Aussagekraft (räumliche Nähe allein lässt nicht stets den Schluss auf Betriebseinheit zu) eine Verabsolutierung dieses Aspekts. Gerade dies macht ihn zum unbestimmten Rechtsbegriff (vgl. Rn. 57).

84 Wenngleich es nach der *BAG*-Rspr. letztlich sowohl für den Begriff des Betriebs als auch den des Betriebsteils gemäß Satz 1 Nr. 2 entscheidend darauf ankommt, ob und dass eine Leitung existiert, die auch über die dem Mitbestimmungsrecht unterliegenden Fragen zu entscheiden hat (vgl. Rn. 81 f.), so bedeutet dies nicht, dass die Leitung des Betriebsteils im Vergleich zu den **vollständigen Befugnissen** und Zuständigkeiten der **UN-Leitung** etwa – wenn auch in der Sache auf den Betriebsteil begrenzt – allumfassende Befugnisse und Zuständigkeiten haben muss. Es genügt, wenn von der Betriebsstättenleitung nur erkennbar **die deutliche Mehrheit der Entscheidungen** getroffen wird, die der Mitbestimmung unterliegen.[138] Wenn auch **Weisungsrechte und Entscheidungsvorbehalte** seitens der UN-Leitung gegenüber der Betriebsleitung (sog. interne Bindungen) grundsätzlich für die Annahme der organisatorischen Eigenständigkeit unschädlich sind,[139] so scheitert die Annahme eines eigenständigen Betriebsteils i. S. d. Nr. 2 jedenfalls dann, wenn auf Grund entsprechender Organisationsentscheidungen des UN der Betriebsteilleitung nennenswerte Entscheidungsbefugnisse in Mitbestimmungsangelegenheiten überhaupt fehlen.[140]

85 Deshalb muss auf Seiten der **Betriebsteilleitung** trotz interner Bindung eine **eigene Entscheidungsfreiheit** verbleiben, die zur Grundlage der Verhandlungen mit dem BR gemacht werden kann;[141] es kommt mithin auf das **Ausmaß der internen Rückanbindung** einer Betriebsleitung gegenüber der UN-Leitung an. Somit soll es für die Bejahung einer hinreichenden Selbstständigkeit noch unschädlich sein, wenn der Betriebsleiter bei Einstellungen und/oder Entlassungen lediglich ausnahmsweise gehalten ist, die Entscheidung der übergeordneten Stelle einzuholen.[142] Allerdings **darf sich** die **Selbstständigkeit** auch **nicht allein auf die personellen Angelegenheiten beziehen,** weil der Kern der AG-Funktionen gerade kumulativ in personellen *und* sozialen Angelegenheiten ausgeübt werden muss. So hat das *BAG*[143] die bloße Einstellungs- und Entlassungsbefugnis, die zudem an die zwingende **Verwendung zentral vorgegebener Formulare** gebunden war, nicht als ausreichend angesehen, um diese »Leitung« als hinreichend selbstständig zu qualifizieren.

86 Der *7. Senat des BAG* geht freilich in seinen jüngeren Entscheidungen[144] allzu leichtfertig mit seinen selbst aufgestellten Obersätzen um. Er ist aber auch von Nachlässigkeiten der Vorin-

136 Vgl. auch *Birk,* AuR 78, 226 [232]; *Gamillscheg,* ZfA 75, 357 [359]; ablehnend *Fitting,* Rn. 22, unter Hinweis auf die Zuordnungsoption in Abs. 1 S. 2 – 5, die nur bei Vorliegen eines Betriebs*teils* eröffnet sei.
137 Vgl. MünchArbR-*Richardi,* § 22 Rn. 27; ErfK-*Koch,* Rn. 4.
138 *BAG* 23.9.82, 17.2.83, AP Nrn. 3, 4 zu § 4 BetrVG 1972; sog. überwiegende Zuständigkeit in den Mitbestimmungsangelegenheiten, vgl. *Reuter,* Anm. zu *BAG* 14.9.88, AP Nr. 9 zu § 1 BetrVG 1972.
139 *BAG* 1.2.63, AP Nr. 5 zu § 3 BetrVG; 23.9.82, a. a. O.
140 *BAG* 17.2.83, a. a. O.; vgl. Rn. 44.
141 *LAG Hamburg* 1.11.82, BB 83, 1095 [1096].
142 *BAG* 1.2.63, a. a. O.; *LAG Hamburg* 1.11.82, a. a. O.
143 29.1.92, NZA 92, 894.
144 17.1.07, NZA 07, 703; 7.5.08, NZA 09, 328; 9.12.09, NZA 10, 906.

stanzen als den Tatsachengerichten abhängig. Da es für die Abgrenzung zwischen einem echten Betrieb, dem eigenständigen Betriebsteil und dem einfachen Betriebsteil nur noch auf das **Ausmaß der** jeweils **von der Leitung ausgeübten Weisungsrechte** ankommt, wäre im Rahmen des im Beschlussverfahren geltenden **Amtsermittlungsgrundsatzes** zu verlangen, dass genaue Feststellungen darüber getroffen werden, in welchen personellen und welchen sozialen Angelegenheiten an welcher Stelle im UN, Betrieb oder Betriebsteil die jeweiligen der Beteiligung des BR unterliegenden Entscheidungen tatsächlich getroffen und nicht nur vorbereitet werden. Dazu wäre es **nach Art einer Matrix** erforderlich, entlang der Mitbestimmungskataloge in den gesetzlichen Tatbeständen festzustellen, ob und bei welchen Angelegenheiten an welcher Stelle die **Letztentscheidungsmacht** liegt. Sodann könnte auch in nachvollziehbarer Weise eine **Gewichtung** hinsichtlich **der »wesentlichen« Angelegenheiten** vorgenommen werden: dabei wäre sicherlich den Mitbestimmungsrechten eine höhere Bedeutung beizumessen, als den Mitwirkungs- oder sonstigen abgestuften Beteiligungsrechten. »Wesentlich« können hierbei allerdings auch nur solche Angelegenheiten sein, die in der jeweiligen Einheit tatsächlich oder typischer Weise auftreten, denn nicht alle potentiellen Beteiligungsrechte kommen in der Praxis in jedem Betrieb tatsächlich vor. Bei Beachtung dieser Vorgehensmethode gewönnen die Entscheidungen eine wesentlich höhere Überzeugungskraft. Bisher wirken sie häufig eher wie Zufallsergebnisse.

Das zu sehr verabsolutierte **Leitungsmoment** verliert allerdings in dem Maße an Aussagekraft hinsichtlich der Beurteilung von betriebsratsfähigen Einheiten, als die Gesamtleitung von UN durch **moderne Managementtechniken** sowohl horizontal als auch vertikal stärker aufgegliedert wird,[145] so dass die Leitungsstruktur »quer« zur Legalstruktur der UN als den rechtlichen Einheiten verläuft (z. B. **Matrix- oder Spartenorganisation**). Hier hilft dann wohl nur noch eine kollektivvertragliche Ordnung der betriebsverfassungsrechtlichen Organisationseinheiten gem. § 3.[146] **87**

5. Sonderproblem: Filialen

UN mit Filialstruktur sind durch eine vielfache Aufteilung in **kleine und kleinste Einheiten** gekennzeichnet (Filialen, Zweigstellen, Zweigniederlassungen, Zweigbetriebe, Kopfstellen, Geschäftsstellen, Verwaltungsstellen oder wie immer auch die tatsächlich-umgangssprachliche Bezeichnung im Wirtschaftsleben lautet).[147] Sofern nicht aus praktischen Gründen ohnehin die **Abgrenzung der betriebsratsfähigen Gebilde durch TV** nach § 3 Abs. 1 Nr. 1 erfolgt, wirft die nach dem Gesetz vorzunehmende Abgrenzung erhebliche Schwierigkeiten auf, was unmittelbar einleuchten mag, wenn bedacht wird, dass die durchschnittliche Zahl von Betriebsstätten eines Filial-UN bei der Untersuchung von *Rancke* mit 92,4 pro UN bei einer Bandbreite von **10 bis 500 Betriebsstätten je UN** angegeben ist, während die Zahl der bei den untersuchten UN tatsächlich bestehenden **Betriebsratseinheiten** bei weitem nicht diese Größenordnung erreicht.[148] **88**

Dieser Befund verweist auf ein sich hier besonders drängend stellendes Problem der Zusammenfassung von Betriebspunkten zu betriebsratsfähigen Einheiten. Dabei hat *Rancke*[149] in rechtstatsächlicher Hinsicht beobachtet, dass bei Filial-UN mit bloß **regionalem Tätigkeitszuschnitt** meist nur ein zentraler BR gebildet wird, während bei weniger »dichter« Struktur eine **Zusammenziehung von Betriebspunkten** selbst dann noch erfolgt, wenn diese schon entfernungsmäßig sehr weit auseinander liegen,[150] wobei die Gesichtspunkte »Qualität und **89**

---

145 Vgl. zu entsprechenden Konzeptionswechseln in der Geschichte der UN-Organisation etwa *Schwark*, ZHR 78, 203 [211 f.]; *Umnuß*, S. 71 ff., 82 ff., 93 ff.; *Semler*, FS Beusch, S. 805 [806 f., 809 ff.]; *Kreuder*, Die AG 92, 375 ff.; verkannt in *BAG* 14.5.97 – 7 ABR 52/96 [KLM].

146 Vgl. die Erl. dort.

147 Vgl. zur Struktur von Filial-UN *Rancke*, S. 168 ff.; als Grundsatzentscheidung zur Problematik der Einzelhandelsfilialen anzusehen ist *BAG* 7.5.08, NZA 09, 328; dazu auch *Haas/Salamon*, NZA 09, 299 ff.; zuvor schon *dies.*, RdA 08, 146 ff.

148 *Rancke*, S. 187; vgl. das Bsp. o. Rn. 72, wo nach Erhebungen i. J. 1994 mittlerweile 4200 Drogeriemärkte mit durchschnittlich allerdings nur noch drei bis fünf AN [! vgl. § 1] vorhanden sind.

149 S. 264.

150 Vgl. z. B. auch den Fall *LAG Düsseldorf* 11.11.65, DB 66, 305, wo die Lackfabrik mit ihren Auslieferungslagern in Hannover, Kassel, Hamburg, Frankfurt und Stuttgart als ein Betrieb gewertet wurde.

Dichte der Verkehrsverbindungen«, »Betreuung der AN«, »enger Kontakt der Betriebsstätten untereinander« usw. offenbar nicht so sehr die faktisch zugrunde gelegten Kriterien sind; es dominiert offenbar der **Gesichtspunkt der Entscheidungsnähe,** d. h., die BR-Bildung wird eher als Folge der Konzentration von Leitungsmacht auf zentraler oder dezentraler Ebene begriffen: Die **Mitbestimmungsstruktur folgt der Führungsstruktur,** und zwar deutlich zu Lasten des Gesichtspunkts einer möglichst arbeitnehmernahen Vertretungsorganisation.[151]

90 Legt man das herrschende Verständnis über den Betriebsbegriff zugrunde, so können Filialen prinzipiell sowohl **echter Betrieb** als auch bloß **Betriebsteil** sein. Werden in den einzelnen Betriebsstätten jedoch **die gleichen arbeitstechnischen Zwecke** verfolgt wie im Hauptbetrieb, so scheidet jedenfalls die Annahme eines Nebenbetriebs (jetzt im Begriff »Kleinstbetrieb« des Abs. 2 aufgegangen) für die einzelnen Betriebsstätten aus, weil dort wegen der **Zweckidentität** kein **eigener,** auf Hilfeleistung für den Hauptbetrieb ausgerichteter Zweck verfolgt wird.[152] Es kann sich dann nur um Betriebsteile handeln.

91 Allerdings kann **bei parallelen arbeitstechnischen Zwecken** der Betriebsstätten auch die Annahme eines eigenständigen Betriebsteils i. S. v. Satz 1 Nr. 2 scheitern, weil es sich dann nicht mehr um einen besonders ausgeprägten arbeitstechnischen Zweck handelt,[153] so dass sie nach Abs. 1 Satz 1 Nr. 1 zu qualifizieren ist und nur bei räumlicher Entfernung zum Hauptbetrieb einen eigenen BR wählen kann, sofern sie die betriebsratsfähige Größe hat.

92 Hat aber die Filiale selbst trotz bloß paralleler Zweckverwirklichung im Vergleich zu den anderen Filialen eine **eigene Leitung,** die den wesentlichen Kern der mitbestimmungspflichtigen AG-Funktionen ausübt, handelt es sich um einen echten Betrieb (vgl. Rn. 6 f.,81 f.). Hat diese Filiale jedoch **nicht** die **betriebsratsfähige Größe,** so bleibt sie nicht etwa vertretungslos, sondern ist gem. Abs. 2 als **Kleinstbetrieb** dem Hauptbetrieb zugeordnet (näher Rn. 135 f.).

93 **Mehrere benachbarte Filialen** bilden nur dann einen gemeinsamen Betriebsteil i. S. v. Abs. 1 Satz 1 Nr. 1, wenn sie jeweils vom Hauptbetrieb (zum Begriff Hauptbetrieb Rn. 16 f.) weit entfernt liegen und in der Aufbauorganisation des UN auf gleichrangiger Ebene angesiedelt sind, aber der eine Teil dem anderen dergestalt organisatorisch untergeordnet ist, dass er von dessen Leitung mitgeleitet wird.[154]

94 Haben räumlich nahe beieinander liegende Filialen **jeweils eine eigene Leitung,** soll nach h. M. ihre Zusammenfassung zu einem einheitlichen Betriebsteil **trotz räumlicher Nähe** zueinander angeschlossen sein.[155] Dabei ist – weil es sich nur um einen Betriebsteil handelt – **nicht** einmal vorausgesetzt, dass diese **Leitungsmacht** den vollen Umfang oder den **Kern der AG-Funktionen** im sozialen und personellen Bereich umfasst.[156] Damit öffnet die Rspr. freilich einer **Atomisierung des Betriebs** Tür und Tor und nimmt billigend die faktische Vertretungslosigkeit erheblicher Belegschaftsteile in Kauf, was dem Normzweck eklatant zuwiderläuft (dazu o. Rn. 5).[157]

95 Bei **Verfolgung fachfremder Zwecke** (zu dieser Kategorie Rn. 63) in den einzelnen Filialen kommt zwar grundsätzlich auch die Annahme eines Betriebsteils nach Abs. 1 Satz 1 Nr. 2 in Betracht; dies setzt allerdings eine dort vorhandene Leitung voraus, die über die wesentlichen, dem Mitbestimmungsrecht unterliegenden Fragen zu entscheiden hat.[158]

96 Unklar sind häufig auch die betriebsverfassungsrechtlichen Verhältnisse bei UN, die über

---

151 *Rancke,* S. 267 f.; deutlich auch an den Beispielen Rn. 65 ff. ablesbar.

152 Vgl. *BAG* 9.12.92 – 7 ABR 15/92 [Deutscher Herold], uv.; zweifelhaft daher die Annahme, Außenstellen eines Bildungswerks seien »Nebenbetriebe«, vgl. aber *LAG Düsseldorf* 28.4.95 – 15 TaBV 130/94; zum Begriff Nebenbetrieb ausführlich *8. Aufl.; Rn. 54.*

153 Vgl. *BAG* 24.2.76, AP Nr. 2 zu § 4 BetrVG 1972; näher Rn. 63 f.

154 *BAG* 29.5.91, NZA 92, 74 [76]; 25.8.88 – 7 ABR 51/87 [MAN], uv.

155 *BAG* 26.7.89 – 7 ABR 22/88 [Technikerzentralen eines Dialyse-UN], uv.; 29.5.91, a. a. O.; vgl. wegen der Einzelheiten Rn. 20 mit Fn. 43.

156 *BAG* 29.5.91, a. a. O.

157 Musterbeispiel einer völlig verfehlten Atomisierungs-Rspr. *BAG* 14.5.97 – 7 ABR 52/96 [KLM] uv., dazu o. Rn. 48: Ergebnis waren drei Betriebsteile mit jeweils weniger als 20 bzw. 51 AN anstelle eines Betriebsteils mit mehr als 60 AN.

158 So jetzt *BAG* 9.12.92 – 7 ABR 15/92 [Deutscher Herold], uv.; 29.1.92, AP Nr. 1 zu § 7 BetrVG 1972 mit krit. Anm. *Kohte;* missverständlich *BAG* 29.5.91, NZA 92, 74 [76].

einen Hauptverwaltungsbetrieb gemäß § 1 am Ort des UN-Sitzes verfügen (vgl. Rn. 23 ff.) und darüber hinaus eine Vielzahl von Filialen mit identischer Aufgabenstellung haben, die regional oder distriktmäßig geführt werden und einer **Distriktleitung mit AG-Funktionen** in den Mitbestimmungsangelegenheiten unterstellt sind. Das *ArbG Kassel*[159] nahm für eine solche Konstellation an, dass zunächst die **Hauptverwaltung** wegen ihres gänzlich anderen Zweckes **nicht** als **Hauptbetrieb** anzusehen sei; dagegen bildeten die selbst nicht betriebsratsfähige Distriktleitungsstelle (maximal vier AN) und die ihr unterstehenden Filialen des Distrikts einen weiteren Betrieb i. S. v. § 1; selbst die räumlich weit entfernten betriebsratsfähigen Filialen könnten keinen eigenen BR wählen.

Demgegenüber meinten zum selben Sachverhalt *LAG Frankfurt*[160] und *ArbG Freiburg*,[161] dass die kleine **Distriktleitungsstelle** zwar **als Hauptbetrieb** anzusehen sei, obgleich sie selbst nicht die betriebsratsfähige Größe erreichte,[162] und deshalb die einzelnen Filialen, soweit sie weit entfernt von der Dienststelle lägen, gemäß § 4 Abs. 1 Satz 1 Nr. 1 einen eigenen BR wählen könnten. Diese Entscheidung läuft im Ergebnis allerdings gleichfalls auf die in der Literatur zu Recht kritisierte **Atomisierung des Betriebs** hinaus,[163] zumal im entschiedenen Fall die meisten der Filialen sowohl weit entfernt von der Distriktstelle lagen als auch jeweils nur etwa zehn AN hatten. Deshalb erscheint es bei derartigen Fallgestaltungen richtiger, **die** räumlich **weit verstreuten Betriebsteile** betriebsverfassungsrechtlich **als einen Betrieb** zu begreifen, jedenfalls dann, wenn eine sklavische Anwendung des § 4 Abs. 1 Satz 1 Nr. 1 dazu führen würde, dass die Betriebsverfassung wegen der Unterschreitung von Grenzwerten für die AN eines UN, das diese Grenzwerte bei weitem übersteigt, praktisch nur noch eingeschränkte Anwendung findet.[164] **97**

Ähnliche Gesichtspunkte dürften zur Bildung von sog. **Regional-BR** bei einer Einzelhandelskette im Fall des *LAG Bremen*[165] geführt haben, was vom *LAG Bremen* als Verkennung des Betriebsbegriffs moniert wurde, weil – so das *LAG* – alle Filialen bei räumlich weiter Entfernung vom Hauptbetrieb (der mit der Zentrale in Düsseldorf gleichzusetzen war) selbst betriebsratsfähig seien (§ 4 Satz 1 Nr. 1 a. F.). Für die Dauer seiner Amtszeit bleibt der unter Verkennung des Betriebsbegriffs »falsch« gewählte BR allerdings ohne Schmälerung seiner Rechtsposition auch für die selbstständigen Filialen zuständig und findet eine Einschränkung der Mitbestimmungsrechte bei Einstellungen und Betriebsänderungen wegen Unterschreitens der 21 AN in der Filiale nicht statt.[166] In derartigen Fällen ist die Wahl eines »Konkurrenz«-BR in einer Filiale bei noch laufender Amtszeit des Regional-BR nichtig.[167] **98**

6. Gesetzliche Zuordnungsentscheidungen im Überblick

Zusammenfassend ist für die betriebsverfassungsrechtliche **Einordnung von Betriebsteilen** festzustellen: **99**

1. wegen ihrer geringen Belegschaftszahl (§ 1) nicht betriebsratsfähige Betriebsteile sind unabhängig davon, ob es sich um einen Fall der Nr. 1 oder Nr. 2 handelt, dem Hauptbetrieb zuzuordnen (vgl. Rn. 16 ff.; 31 ff.);

159 16.12.85, NZA 86, 723, Ls.
160 11.11.86 – 5 TaBV 9/86, uv.
161 28.1.86 – 3 BV 13/85, uv.
162 Ebenso auch *BAG* 9.12.92 – 7 ABR 15/92 [Deutscher Herold], uv., für die Vertriebsdirektion eines Versicherungs-UN mit leitungstechnisch »angehängten« Repräsentanzen.
163 Vgl. *Löwisch*, FS Kissel, S. 679 [680].
164 Vgl. § 1 Rn. 51; ebenso noch teilweise die ältere Rspr. in den Fällen, in denen die Filialen praktisch alle die gleichen Funktionen erfüllten, vgl. die Nachweise Rn. 65 ff.; beachte jedoch die auf Atomisierung hinauslaufende BAG-Rspr. 29.5.91, NZA 92, 74: Die bundesweit etwa 120 Telefonbestellannahmen mit jeweils etwa 10 bis 15 AN sind alle jeweils allein wegen § 4 Abs. 1 Satz 1 Nr. 1 als ein Betrieb anzusehen; unter derartigen Bedingungen kommt es nur noch ausnahmsweise zur Wahl von Betriebsobleuten – ein Ergebnis, das dem Anliegen des Gesetzes nicht gerecht wird und als Rspr. *contra legem* bezeichnet werden muss.
165 31.10.86, LAGE § 111 BetrVG 1972 Nr. 5.
166 *LAG Bremen*, a. a. O.; ebenso *BAG* 27.6.95, BB 96, 1504.
167 Vgl. *ArbG Regensburg* 20.9.89, BB 90, 852; ebenso schon *BAG* 11.4.78, AP Nr. 8 zu § 19 BetrVG 1972.

2. diese nicht betriebsratsfähigen Betriebsteile sind in erster Linie dem Betrieb als **Hauptbetrieb** zuzuordnen, in dem die für die Arbeitnehmer des Betriebsteils in sozialen und personellen Angelegenheiten zuständige **institutionelle Leitung** organisatorisch angesiedelt ist;
3. befindet sich die dergestalt ermittelte institutionelle **Leitung weit** vom nicht betriebsratsfähigen Betriebsteil **entfernt,** ist dieser dem räumlich nächstgelegenen betriebsratsfähigen Betrieb oder Betriebsteil desselben Unternehmens zuzuordnen; str.; es reicht aus, wenn die Zusammenfassung zur Bildung einer betriebsratsfähigen Einheit führt;[168]
4. betriebsratsfähige **Betriebsteile nach Nr. 1** erhalten dann einen eigenen Betriebsrat, wenn sie weit vom betrieblichen Sitz der zuständigen Leitung entfernt sind und kein anderer betriebsratsfähiger Betrieb/Betriebsteil desselben Unternehmens räumlich näher gelegen ist. Ist Letzteres der Fall, bilden die entsprechenden Organisationseinheiten die Einheit, für die ein Betriebsrat zu wählen ist (vgl. Rn. 39 a. E.; vgl. aber auch das neue Optionsrecht zwecks Zuordnung zum Hauptbetrieb, Rn. 101 ff.);
5. betriebsratsfähige **Betriebsteile nach Nr. 2** erhalten i. d. R. einen eigenen Betriebsrat. Eine Zuordnung zu einem anderen nahe gelegenen Unternehmensteil entfällt wegen des eindeutigen Gesetzeswortlauts, es sei denn, die Belegschaft optiert für die Zuordnung zum Hauptbetrieb (Abs. 1 Satz 2).

100 Abweichende kollektivvertragliche **Regelungen nach § 3 Abs. 1 Nr. 1** sind jedoch zulässig und bei einer andernfalls zu befürchtenden Atomisierung des Betriebs dringend zu empfehlen; diese haben Vorrang vor der Belegschaftsoption nach Abs. 1 Satz 2 (vgl. Rn. 109).[169]

7. Die optionale Zuordnung zum Hauptbetrieb (Abs. 1 Satz 2)

a) Grundsätze

101 Nach Abs. 1 Satz 2 können die **AN eines Betriebsteils,** in dem kein eigener BR besteht, **beschließen, an** der **Wahl** des BR im Hauptbetrieb **teilzunehmen.** Der Gesetzgeber verfolgt auch mit dieser Bestimmung das Ziel, möglichst alle AN eines UN in die Repräsentation durch einen BR einzubeziehen, um damit Vertretungslücken zu schließen. **Rechtstatsächlich** ist erwiesen, dass insbesondere in eher kleinen Organisationseinheiten nur selten BR gewählt werden.[170] Ob in der Praxis von der Möglichkeit des Zuordnungsbeschlusses verstärkt Gebrauch gemacht wird, ist bislang nicht näher untersucht worden.[171]

102 Als **Betriebsteil,** dessen AN für die Mitvertretung durch den BR des Hauptbetriebs optieren können, sind **beide** in Abs. 1 Satz 1 genannten **Varianten** (Nr. 1 und Nr. 2) in Betracht zu ziehen.[172] Zugleich lassen sich damit auch gewisse unvermeidliche Unschärfen in der Beurteilung der räumlichen Entfernung zwischen Betriebsteil und Hauptbetrieb faktisch – nicht rechtlich – »überspielen« (vgl. zum »Unschärfebereich« oben, Rn. 61). Die Zuordnungsentscheidung kommt auch dann in Betracht, wenn der Betriebsteil über eine sehr erhebliche Zahl von AN verfügt.[173]

103 Schwierigkeiten können sich dann ergeben, wenn nicht sicher zu beurteilen ist, ob die fragliche Organisationseinheit **noch** einen **Betriebsteil** nach Abs. 1 Satz 1 Nr. 2 **oder schon** einen echten **Betrieb** i. S. v. § 1 darstellt (zur praktisch selbst vom *BAG* für unmöglich erachteten Abgrenzung o. Rn. 9), denn der echte Betrieb nach § 1 unterliegt nicht dem Optionsrecht der Belegschaft auf Zuordnung zum Hauptbetrieb.[174]

104 Dennoch ist der Vorschlag von *Henssler*[175] erwägenswert, das **Optionsrecht** des Abs. 1 Sätze

168 Ebenso *BAG* 9.12.92 – 7 ABR 15/92 [Deutscher Herold], uv., für die Zuordnung eines Betriebsteils zum selbst nicht betriebsratsfähigen Kleinst-Hauptbetrieb.
169 So auch zutreffend *Richardi*, Rn. 35; GK-*Franzen*, Rn. 19.
170 Dazu *Junker*, NJW 04, Beilage zu Heft 27, S. 10 [15]; *Hanau*, Die Mitb 99, Heft 6/7, 21 [22].
171 Vgl. GK-*Franzen*, Rn. 19.
172 Ebenso *Konzen*, RdA 01, 76 [82]; *Richardi/Annuß*, DB 01, 41 [42].
173 *LAG Schl.-H.* 17.12.13, NZA-RR 14, 242, 246: der Betriebsteil umfasste rund 240 AN.
174 Theoretisch zutreffender Hinweis bei GK-*Franzen*, Rn. 19, der freilich auch nur auf die Möglichkeiten des § 3 zu verweisen vermag.
175 FS Küttner, S. 479 [490].

2 – 5 dann analog auch auf Betriebe nach § 1 anzuwenden, wenn diese in räumlicher Nähe zueinander liegen. Dasselbe muss dann erst recht sinngemäß gelten, wenn die **Abgrenzung** zwischen einem Betriebsteil und einem echten Betrieb **zweifelhaft** bleibt und **beide Ansichten rechtlich vertretbar** erscheinen. Von den betrieblichen Praktikern kann insoweit nicht mehr verlangt werden, als die Rechtsprechung des *BAG* nach eigenem Eingeständnis zu leisten vermag. Immerhin konzediert das *BAG* selbst den Tatsachengerichten einen **Beurteilungsspielraum**, der rechtsbeschwerderechtlich nur eingeschränkt überprüfbar ist (vgl. Rn. 132) und die vorherige Durchführung eines Statusverfahrens nach § 18 Abs. 2 erschiene als unzumutbare Erschwernis, das Ziel einer vollständigen Einbeziehung aller AN in die Betriebsverfassung desselben UN zu verwirklichen. Selbst bei Verkennung der zutreffenden Abgrenzung läge i. Ü. lediglich ein Fall der Verkennung des Betriebsbegriffs vor, der jedoch nicht zur Nichtigkeit, sondern allenfalls zur Anfechtbarkeit der aus der optionalen Zuordnung folgenden BR-Wahl führen könnte.

Die betriebsorganisatorische Struktur, an der das Optionsrecht ansetzt, kann z. B. durch **innerhalb des UN vollzogene Betriebsspaltungen** (§ 111 Satz 3 Nr. 3) entstehen, so dass es u. U. übereinstimmender Interessenlage der Gesamtbelegschaft entspricht, wenn die bisherigen Vertretungsstrukturen aufrechterhalten oder wiederhergestellt werden, um so die Vorteile eines etablierten und durchsetzungsfähigen BR fortzuschreiben.[176] Der Organisationsautonomie des AG wird insoweit das **Optionsrecht** der Belegschaft gegenübergestellt und damit ein **Machtausgleich** ermöglicht. **105**

Nach richtiger Ansicht[177] kann das Optionsrecht auch durch die AN eines **im Ausland liegenden Betriebsteils** eines deutschen UN ausgeübt werden, wenn die dortigen AN deutschem Arbeitsvertragsstatut unterliegen, die **ausländische Rechtsordnung** eine derartige Abstimmung nicht verbietet (Vorbehalt des *ordre public)* und der Hauptbetrieb in Deutschland liegt. **106**

b) Betriebsratslosigkeit

Voraussetzung ist, dass in dem UN mindestens zwei betriebsratsfähige Organisationseinheiten vorliegen, von denen eine bereits einen BR hat; dies muss der **Hauptbetrieb** sein. Der **Betriebsteil**, dessen Belegschaft das Optionsrecht ausüben möchte, **muss BR-los sein.** Der Grund der BR-losigkeit ist unbeachtlich. Er kann auch vorliegen, wenn eine vorangegangene **BR-Wahl im Betriebsteil** durch rechtskräftige Entscheidung für **nichtig** erklärt worden ist.[178] Nicht statthaft ist es, etwa wegen Unzufriedenheit mit dem eigenen BR, eine Zuordnung zum Hauptbetrieb zu initiieren, wenn im Betriebsteil bereits ein eigener BR besteht,[179] denn das Optionsrecht kommt nur in betriebsratslosen Betriebsteilen in Betracht. **107**

Strittig ist aber, ob die **BR-Losigkeit** auch **willkürlich** hergestellt werden kann, indem der im Betriebsteil bereits bestehende BR seinen Rücktritt beschließt.[180] Das ist grundsätzlich zu verneinen, denn im Falle eines Rücktritts (§ 13 Abs. 2 Nr. 3) bleibt der zurückgetretene BR gem. § 22 geschäftsführend – aber im Sinne eines Vollmandats – im Amt (vgl. § 22 Rn. 8), so dass dann eine BR-losigkeit schon dem Wortlaut und der Sache nach nicht vorliegt. Die **Gründe eines Rücktritts** können zudem sehr unterschiedlich sein, so dass es keineswegs sicher ist, ob als dessen Folge die BR-losigkeit eintreten wird. Jedenfalls dann, wenn – wozu er verpflichtet ist – der zurückgetretene BR unverzüglich **einen neuen WV** bestellt hat, kann hiervon nicht ausgegangen werden.[181] Anders wäre nur der Fall zu beurteilen, wenn sich schon **keine AN** finden lassen, die das **Amt als WV-Mitglied** übernehmen. Erst dann steht auch aus Sicht des geschäftsführenden BR die alsbald eintretende BR-losigkeit mit hoher Sicherheit fest und ist zur Vermeidung der künftigen Vertretungslosigkeit ein Optionsbeschluss auch während der Restamtszeit des BR aus § 22 zulässig. **108**

---

176 Vgl. *Richardi*, Rn. 34; *Konzen*, RdA 01, 76 [82]; *Gamillscheg*, ZfA 75, 357 [381 f.].
177 Ausführlich dazu GK-*Franzen*, Rn. 23.
178 HaKo-BetrVG/*Kloppenburg*, Rn. 19.
179 HWGNRH-*Rose*, Rn. 56.
180 So aber HaKo-BetrVG-*Kloppenburg*, Rn. 18.
181 A. A. HaKo-BetrVG/*Kloppenburg*, Rn. 20, der generell auch während bereits im Betriebsteil laufender Wahlverfahren bis zur Konstituierung des BR die Abstimmung der Belegschaft für zulässig hält.

c) Zeitpunkt der Abstimmung/Sperrung des Optionsrechts

109 Die **BR-Losigkeit** könnte allerdings auch dadurch überwunden werden, dass – sofern vorhanden – der GBR (hilfsweise auch der KBR) gem. § 17 Abs. 1 einen Wahlvorstand zur Wahl eines BR in dem Betriebsteil bestellt.[182] Aus den gleichen Gründen wie bei § 3 Abs. 3 erörtert (vgl. § 3 Rn. 181), ist dann die **Durchführung der Abstimmung gesperrt**. Auch hier gilt, dass Voraussetzung für die Ausübung des Optionsrechts nicht nur das tatsächliche Nichtbestehen eines BR ist,[183] sondern – bezogen auf den Betriebsteil – **auch kein Fall des in Entstehung befindlichen BR** vorliegen darf. Letzteres wäre schon der Fall, wenn z. B. nach § 17 Abs. 2 Anstalten zur **Wahl eines WV** auf einer entsprechenden Betriebsversammlung des Betriebsteils getroffen wurden oder wie im Fall des zurückgetretenen BR dieser einen neuen WV bestellt hat (Rn. 108).

110 Umgekehrt kann die optionale Abstimmung im Betriebsteil aber auch noch **nach Bestellung des WV im Hauptbetrieb** veranlasst werden; auch dann muss aber das Abstimmungsergebnis dem dortigen BR spätestens zehn Wochen vor Ablauf seiner Amtszeit mitgeteilt werden.[184]

111 Das **Optionsrecht** ist auch dann **gesperrt, wenn** die **Zuordnung** des betreffenden Betriebsteils **bereits durch TV und BV anderweitig geregelt** wurde, und zwar auch dann, wenn diese Regelung wegen § 3 Abs. 4 möglicherweise noch nicht in Vollzug gesetzt worden ist.[185] Diese Konsequenz ergibt sich daraus, dass § 3 die Möglichkeit kollektivvertraglicher Abweichungen von der gesetzlichen Struktur einräumen will und dabei den Kollektivvertragsparteien einen eigenen Beurteilungsspielraum überlässt. Das Optionsrecht nach § 4 Abs. 1 Satz 2 ist aber gleichfalls Bestandteil der gesetzlichen Struktur, von der Abweichungen erlaubt sein sollen. Würde das Optionsrecht Vorrang vor dem TV bzw. der BV haben, bliebe für die Ausschöpfung des § 3 Abs. 1 Nr. 1 nicht mehr viel Raum. Ferner sollte auch bedacht werden, dass die AN des BR-losen Betriebsteils sich nach der gesetzlichen Konstruktion dem u. U. auch kleineren Hauptbetrieb einseitig »aufdrängen« können und die AN des Hauptbetriebs keine Möglichkeit besitzen, den entsprechenden Beschluss abzuwenden,[186] während bei der BV nach § 3 Abs. 1 Nr. 1 b) – die dann wegen des betriebsübergreifenden Charakters der Zusammenfassung vom GBR abgeschlossen werden müsste (vgl. § 3 Rn. 168 ff.) – zumindest eine Beteiligung der anderen Belegschaft über ihre Repräsentanten im GBR stattfindet.

d) Beschlussformalien und Rechtswirkungen

aa) Initiativberechtigung und Leitung der Abstimmung

112 Damit das Optionsrecht durch Abstimmung der Betriebsteil-Belegschaft ausgeübt werden kann, bedarf es einer **Initiative von Antragsberechtigten**. Das Gesetz begnügt sich dazu in Abs. 1 Satz 2, 2. Halbsatz mit einer knappen Verweisung auf die **entsprechende Geltung von § 3 Abs. 3 Satz 2**. Ob dies heißt, dass die Initiative zur Abstimmung auch hier von **drei wahlberechtigten AN des »UN«** (vgl. § 3 Rn. 183) ausgehen kann, die nicht dem Betriebsteil angehören, ist nicht ganz sicher. Mehrheitlich wird – gestützt auf die nur »entsprechende« Geltung von § 3 Abs. 3 Satz 2 – vertreten, dass es sich um drei wahlberechtigte **AN des Betriebsteils** handeln muss.[187] Dafür spricht, dass es sich hierbei um ein eigenes Recht der Belegschaft handelt, das ihr auch nicht mittelbar aufgezwungen werden sollte.

113 Dasselbe wird dann auch für die Frage zu gelten haben, ob die gleichfalls zur Initiative **berechtigte Gewerkschaft** nur im UN vertreten zu sein braucht oder auch **im Betriebsteil** selbst vertreten sein muss.[188]

182 Ebenso *Fitting*, Rn. 29.
183 Zutreffend *LK*, Rn. 10.
184 *ArbG Nürnberg* 29.11.01, AiB 02, 187, rk., mit Anm. *Manske*.
185 Vgl. zum Vorrang der Kollektivvertragl. Regelung vor dem Optionsrecht *BT-Drucks.* 14/5741, S. 35; ebenso *SWS*, Rn. 14; GK-*Franzen*, Rn. 19.
186 Vgl. *Richardi/Annuß*, DB 01, 41 [42].
187 *Löwisch*, BB 01, 1734; *Reichold*, NZA 01, 857 [858]; ErfK-*Koch*, Rn. 5; *Fitting*, Rn. 31; GK-*Franzen*, Rn. 20; *Richardi*, Rn. 36; WPK-*Preis*, Rn. 16.
188 *Fitting*, Rn. 31.

114 Aufgrund eines Änderungsantrags der Parteien der Regierungskoalition[189] ist auch der **BR des Hauptbetriebs** in den Kreis der Initiativberechtigten aufgenommen worden. Er hat dann zu diesem Zweck ebenso wie die Gewerkschaftsbeauftragten nach § 2 Abs. 2 ein **Zutrittsrecht** zu den betreffenden BR-losen Betriebsteilen.

115 Vom Gesetz nicht geregelt ist die Frage, **wem gegenüber** die Initiativberechtigten den Wunsch nach einer Abstimmung über die **Zuordnungsoption zu äußern** haben und wer die **organisatorischen Formalia** in die Hand zu nehmen hat.[190] Da es sich um eine Initiative handelt, die ausschließlich das Optionsrecht der Belegschaft betrifft, muss diese Initiative jedenfalls **gegenüber den Beschäftigten** in der betriebsüblichen Weise (Rundschreiben, Aushang am schwarzen Brett, e-mail usw.) **bekannt gemacht** werden. Weil der AG die **Kosten der Abstimmung** einschließlich der dazu gehörenden Vorbereitung zu tragen hat[191], ist es zweckmäßig, auch diesen zu informieren. Dasselbe gilt gegenüber den sonstigen Initiativberechtigten, auch um z. B. der Gewerkschaft oder dem BR des Hauptbetriebs **Gelegenheit zur Unterstützung** zu geben.

116 Obgleich der Gesetzgeber keine Bestimmung darüber getroffen hat, wer die **Abstimmung organisatorisch durchführen** kann, ist davon auszugehen, dass es sich um die initiativberechtigten Kreise handelt, also drei wahlberechtigte AN, die Gewerkschaft oder der BR des Hauptbetriebs.[192] Der jeweilige Veranlasser sollte tunlichst auch die Leitung der Abstimmung übernehmen und für die rechtzeitige Mitteilung des Abstimmungsergebnisses an den BR des Hauptbetriebes sorgen.[193]

117 Wie auch im Falle des § 3 Abs. 3 genießen die initiativberechtigten AN **keinen besonderen Kündigungsschutz** nach § 15 Abs. 3 a KSchG.[194] Sofern damit zu rechnen ist, dass den AN durch den AG »Steine in den Weg« gelegt werden könnten, empfiehlt es sich daher, die Initiative vom BR des Hauptbetriebs[195] oder der Gewerkschaft ausgehen zu lassen.

bb) Abstimmung

118 Zur Ausübung des Optionsrechts sind **alle AN des Betriebsteils** berechtigt, nicht nur die Wahlberechtigten,[196] denn im Unterschied zur Umschreibung der initiativberechtigten »wahlberechtigten« AN[197] fehlt hier dieser begriffliche Zusatz. Die darin liegende Erweiterung des abstimmungsberechtigten Personenkreises erscheint deshalb sinnvoll, weil die Frage, welcher BR die Teilbelegschaft vertreten soll, auch die nicht wahlberechtigten Personen betrifft, für die dieser BR ggf. Beteiligungsrechte wahrzunehmen hat. Deshalb wäre es wohl auch nicht angängig, unter Hinweis auf die nach der Rspr. des *BAG* fehlende AN-Eigenschaft von **Leih-AN**, diese aus dem Kreis der abstimmungsberechtigten AN auszuschließen.

119 Der Beschluss bedarf der **absoluten Mehrheit** der AN des Betriebsteils[198], so dass bei einem aus 200 AN bestehenden Betriebsteil sich mindestens 101 AN hierfür aussprechen müssen.

120 Die **Abstimmung kann** nach dem Gesetzeswortlaut **formlos** erfolgen, also auch im **Umlaufverfahren** – etwa durch Unterschriftenliste.[199] Die Formlosigkeit beruht auf einem Änderungsantrag der Parteien der Regierungskoalition,[200] dürfte aber lediglich eine Klarstellung

---

189 Vgl. *Ausschuss für Arbeit und Sozialordnung, BT-Drucks.* 14/6352 v. 20.6.01.
190 Zutreffender Hinweis bei GK-*Franzen*, Rn. 21
191 GK-*Franzen*, Rn. 21.
192 Vgl. ErfK-*Koch*, Rn. 5; *Löwisch*, BB 01, 1734, der darüber hinaus annimmt, dass die Durchführung auch beim AG liegen könne.
193 *Fitting*, Rn. 33.
194 Vgl. auch § 3 Rn. 181; ErfK-*Koch*, Rn. 5; *Fitting*, Rn. 32.
195 Ebenso *Fitting*, Rn. 32.
196 So zutreffend *Fitting*, Rn. 30; ErfK-*Koch*, Rn. 5; HaKo-BetrVG/Kloppenburg, Rn. 25; *Richardi*, Rn. 38; WPK-*Preis*, Rn. 16; unklar GK-*Franzen*, Rn. 21.
197 Vgl. Abs. 1 Satz 2, 2. Halbsatz i. V. m. § 3 Abs. 3 Satz 2; dazu auch § 3 Rn. 137; **a. A.** offenbar aber *Konzen*, RdA 01, 76 [82].
198 *Fitting*, Rn. 29; ErfK-*Koch*, Rn. 5; *Richardi*, Rn. 38; WPK-*Preis*, Rn. 16; *ArbG Nürnberg* 29.11.01, AiB 02, 187, rk., m. Anm. *Manske;* **a. A.** *LK*, Rn. 9.
199 Vgl. aber auch § 3 Rn. 182; *Däubler*, FS Kreutz, S. 74; ErfK-*Koch*, Rn. 5; *Fitting*, Rn. 29; *Löwisch* BB 01, 1734.
200 BT-Drucks. 14/6352.

sein. Eine besondere **Abstimmungsversammlung** ist jedenfalls **nicht erforderlich.**[201] Wegen denkbarer Behinderungen durch Vorgesetzte[202] muss es aber für zulässig gehalten werden, dass **auf Verlangen** schon eines AN die **Abstimmung geheim** durchzuführen ist.[203] In jedem Falle ist es aber erforderlich, die Zahl der AN des Betriebsteils, der Abstimmungsberechtigten und der Abstimmenden sowie das Ergebnis der Abstimmung **dokumentationssicher festzuhalten**, damit im Falle einer Wahlanfechtung keine Beweisnot eintritt.[204]

121 Der **Zuordnungsbeschluss** ist dem BR des Hauptbetriebs spätestens **zehn Wochen vor Ablauf** seiner Amtszeit mitzuteilen (Abs. 1 Satz 4), damit er bei der Wahlvorbereitung (vgl. § 16) berücksichtigt werden kann. Es könnte sich durch Zuordnung des Betriebsteils nämlich z. B. ergeben, dass das vereinfachte Wahlverfahren nach § 14 a wegen Überschreitens der AN-Zahlen nicht mehr zulässig ist. **BR und WV** des Hauptbetriebs haben zu **prüfen**, ob ein wirksamer Zuordnungsbeschluss vorliegt[205] und sollten auf die **Beseitigung etwaiger Mängel** hinwirken. Der Beschluss hat **Dauerwirkung** und muss nicht vor jeder BR-Wahl erneuert werden;[206] er kann jedoch mit Wirkung für die jeweilige nächste Wahl zurückgenommen werden (vgl. Rn. 126).[207]

122 Geht die Mitteilung über den Beschluss **nicht fristgerecht beim BR des Hauptbetriebs** ein, können die AN des Betriebsteils nach wohl h. M. dort nicht mitwählen, sondern erst bei der darauf folgenden Wahl.[208] Dagegen lässt sich aber durchaus einwenden, dass – weil die Mitteilungsfrist dem § 16 Abs. 1 angepasst ist – der WV im Hauptbetrieb auch einen **später eingehenden Zuordnungsbeschluss berücksichtigen** müsse, weil § 4 Abs. 3 Satz 2 WO die laufende Berichtigung der Wählerliste vorschreibt.[209] Dafür spricht das mit der Bestimmung verfolgte Ziel, alle AN an der Betriebsverfassung teilhaben zu lassen, da andernfalls ja die BR-losigkeit im Betriebsteil fortbestehen würde. Ob der WV des Hauptbetriebes bei einer verspätet eingehenden Mitteilung sogar ggf. die bereits eingeleitete **Wahl abbrechen** muss und im Unterlassensfalle ein **Wahlanfechtungsgrund** gegeben ist[210], erscheint dagegen zweifelhaft. Drängt sich die Belegschaft des Betriebsteils dem Hauptbetrieb nämlich verspätet auf und wäre – etwa weil nun nicht mehr im vereinfachten Wahlverfahren gewählt werden könnte – die Wahl abzubrechen und neu einzuleiten – so könnte dies dazu führen, dass der gesamte **Betrieb zumindest vorübergehend vertretungslos** wird. Die Berücksichtigung verspäteter Mitteilungen bei der bereits eingeleiteten Wahl kann daher überhaupt nur verlangt werden, wenn die Wahl i. Ü. gleichwohl ordnungsgemäß und noch rechtzeitig zum Ablauf der Amtszeit abgeschlossen werden kann.

cc) Rechtswirkungen

123 Neben der **Wahlteilnahme** im Hauptbetrieb liegt die allgemeine **Wirkung des Beschlusses** nach wohl h. M. auch darin, dass der Betriebsteil **nicht mehr** der **Betriebsfiktion** des Abs. 1 Satz 1 unterliegt, sondern Teil der Betriebsverfassung des Hauptbetriebs ist.[211] Die auf diese Weise zusammengefügten Einheiten bilden sodann gemeinsam eine betriebsverfassungsrechtliche Organisationseinheit i. S. v. § 18 Abs. 2 und damit einen echten Betrieb i. S. v. § 1.[212] Das

201 *LAG Schl.-H.* 17.12.13, NZA-RR 14, 242, 246; *LK*, Rn. 9; a. A. *Richardi*, Rn. 39, der eine Abstimmungsversammlung für notwendig hält.
202 Dazu *Däubler*, FS Kreutz, S. 74.
203 Ebd.
204 Ähnlich *Fitting*, Rn. 29.
205 *Fitting*, Rn. 34; HWGNRH-*Rose*, Rn. 61.
206 *Fitting*, Rn. 35.
207 *Däubler*, FS Kreutz, S. 75.
208 *LK*, Rn. 9; *SWS*, Rn. 13; ErfK-*Koch*, Rn. 5; *Fitting*, Rn. 33; WPK-*Preis*, Rn. 16; GK-*Franzen*, Rn. 22.
209 HaKo-BetrVG/*Kloppenburg*, Rn. 22.
210 So aber HaKo-BetrVG/*Kloppenburg*, Rn. 23.
211 Vgl. nur GK-*Franzen*, Rn. 22; nunmehr auch *BAG* 17.9.13, NZA 14, 96, Rn. 20.
212 Abweichend *LAG München* 26.1.11, NZA-RR 11, 299, das (im summarischen Verfahren nach § 98 ArbGG) annimmt, trotz Wahlbeteiligung des Betriebsteils beim Hauptbetrieb würden die Fiktionswirkungen aus Abs. 1 Satz 1 nicht aufgehoben; ebenso § 111 Rn. 48 m. w. N.; dagegen mit beachtlichen Erwägungen *Bayreuther*, NZA 11, 727 ff.

ergibt sich freilich nicht schon aus dem Wortlaut der Norm, der nur die »Teilnahme an der Wahl des Hauptbetriebes« erwähnt, sondern aus dem Zweck der Bestimmung, die AN des BR-losen Betriebsteils an der Betriebsverfassung insgesamt teilhaben zu lassen, weil eine gespaltene und separierte Amtsstellung des BR einerseits für den Hauptbetrieb und andererseits für den Betriebsteil schlechterdings unvorstellbar ist und zu weitreichenden Friktionen führen würde.[213]

Mithin zählen die AN des Betriebsteils bei der **Ermittlung aller Schwellenwerte** mit (z. B. §§ 9, 27, 28 a, 38, 92 a, 95).[214] Allerdings kann damit auch eine negative Veränderung für die Anwendbarkeit bestimmter Beteiligungsrechte verbunden sein, wenn etwa die im Rahmen des § 112 a erforderlichen Schwellenwerte infolge der vergrößerten Einheit nicht mehr erreicht werden.[215] **124**

Die **BVen des Hauptbetriebs** gelten dann zwar grundsätzlich auch für die hinzutretenden AN des Betriebsteils,[216] nicht aber, wenn die Auslegung der BV ergibt, dass ihr Geltungsbereich auf den Hauptbetrieb beschränkt sein soll.[217] Liegt der Fall aber so, dass **im zugeordneten Betriebsteil bereits BVen** bestanden, muss dies nicht notwendiger Weise zum Wegfall dieser kollektiven Teilordnungen führen.[218] Die Lage ähnelt der kollektivvertraglichen Zusammenfassung von Betrieben/Betriebsteilen gem. § 3 Abs. 1 Nr. 1. Für diesen Sachverhalt ist vom *BAG* angenommen worden, dass die bloße Zusammenfassung von Betrieben die Identität der zusammengefassten Betriebe unberührt lasse und damit auch die dortigen BVen (vgl. § 3 Rn. 209). Zudem gebietet es der **Schutzzweck der Zuordnungsbestimmung**[219], den Zuordnungsbeschluss **nicht** gleichsam mit dem automatischen **Wegfall von BVen** »zu ahnden«, denn richtiger Weise muss entscheidend sein, ob der betriebsverfassungsrechtliche Bezugspunkt der kollektiven Teilordnung fortbesteht.[220] Das wird i. d. R. auch einem praktischen Bedürfnis für die Abläufe im Betriebsteil entsprechen, denn sektorale BVen können – sofern es dafür Sachgründe gibt – sehr wohl auch in ein und demselben Betrieb nebeneinander bestehen. **124a**

Fraglich erscheint, mit welchem **Zeitpunkt** die **Rechtswirkungen** eintreten. Teilweise wird angenommen, dass die allgemeinen Wirkungen des (positiven) Beschlusses bereits unmittelbar mit seinem Zustandekommen[221] eintreten und nicht erst mit der Wahl des einheitlichen BR,[222] so dass selbst ein **nicht fristgerechter Wahlteilnahmebeschluss** insoweit bereits rechtsgestaltende **Wirkungen** hätte. Ob der Gesetzeswortlaut dieser Annahme entgegensteht, ist bislang nicht ausdrücklich entschieden worden, die Gesetzesbegründung spricht allerdings für diese Ansicht.[223] Will man dem nicht folgen, könnte der im Hauptbetrieb gewählte BR auch zurücktreten, um den Weg für eine gemeinsame Wahl freizumachen und jedenfalls dann die vollen Rechtswirkungen zu entfalten.[224] Der gemeinsam gewählte BR kann in jedem Falle BVen für den hinzugetretenen Betriebsteil abschließen.[225] **125**

213 Ausführlich *Bayreuther*, aaO.
214 ErfK-*Koch*, Rn. 5; GK-*Franzen*, Rn. 22; HaKo-BetrVG/*Kloppenburg*, Rn. 27.
215 Dazu etwa *Ullrich*, NZA 04, 1308 ff.
216 *Hanau*, ZIP 01, 1982; *SWS*, Rn. 13; *Fitting*, Rn. 27; ErfK-*Koch*, Rn. 5; HaKo-BetrVG/*Kloppenburg*, Rn. 28.
217 Vgl. GK-*Franzen*, Rn. 22; *Windirsch*, AiB 02, 534.
218 So auch *Salamon/Gebel*, NZA 14, 1319, 1321 ff.
219 Dazu *BT-Drucks.*14/5741, S. 23, 35.
220 Zutreffend daher *Salamon/Gebel*, NZA 14, 1322.
221 So wohl *BAG* 17.9.13, NZA 14, 96, Rn. 20, 26.
222 So auch HaKo-BetrVG-*Kloppenburg*, Rn. 27; ebenso *Däubler*, FS Kreutz, S. 75; anders GK-*Franzen*, Rn. 22: erst mit wirksamer Installation des gemeinsam gewählten BR.
223 Vgl. dazu die Hinweise bei HaKo-BetrVG/*Kloppenburg*, Rn. 27.
224 HaKo-BetrVG/*Kloppenburg*, Rn. 27.
225 GK-*Franzen*, Rn. 22.

e) Widerruf

126 Der Beschluss kann jederzeit **widerrufen** werden (Abs. 1 Satz 5). Der Widerruf wirkt sich **wahlrechtlich** dann aber erst bei den folgenden Wahlen aus,[226] so dass es unzulässig ist, während der laufenden Amtszeit des gemeinsamen BR im Betriebsteil einen Widerruf zu beschließen um dort sofort einen eigenen BR zu wählen;[227] eine solche »Gegenwahl« wäre nichtig[228]. Aber auch **die allgemeinen Wirkungen** (Betriebsgröße, Geltung von BVen usw.) entfallen erst mit Wirkung zum Ablauf der Amtszeit des gemeinsam gewählten BR, da ein »gespaltene« Betriebsverfassung trotz einheitlichen BR undenkbar ist.

127 Für den Widerruf gelten die Bestimmungen des Abs. 1 Sätze 2 bis 4 entsprechend hinsichtlich der Initiativberechtigten (Rn. 112), des qualifizierten Mehrheitserfordernisses (Rn. 119), der Formlosigkeit (Rn. 120) und der fristgebundenen Mitteilung an den BR des Hauptbetriebs. Unrichtig ist aus den oben, Rn. 120, genannten Gründen, dass wegen fehlender Formvorschriften der **Widerruf durch schlüssiges Wahlverhalten** (Wahl eines eigenen BR im Betriebsteil bei den nächsten regelmäßigen Wahlen) ausgeübt werden könne und dabei nicht einmal das Ende der Amtszeit des gemeinsamen BR abgewartet werden müsse.[229]

f) Wahlanfechtung

128 Fehler im Abstimmungsverfahren oder **Mängel des Zuordnungsbeschlusses** können im Wahlanfechtungsverfahren nach § 19 geltend gemacht werden, sofern diese das Abstimmungsergebnis beeinflussen konnten.[230] Stellt sich die Mangelhaftigkeit heraus – etwa weil nicht die absolute Mehrheit für die Zuordnung votiert hat – und wurde die Belegschaft des Betriebsteils dennoch an der Wahl beteiligt, so liegt **nur ein Anfechtungs- und kein Nichtigkeitsgrund** vor.[231]

8. Fingierte Betriebe und Zuständigkeit des örtlichen BR

129 Die gesetzliche Fiktion eines Betriebsteils als Betrieb führt dazu, dass der dort gewählte BR in betriebsverfassungsrechtlicher Hinsicht so zu behandeln ist, wie der BR eines echten Betriebs. Somit **gilt** grundsätzlich auch die **Zuständigkeitsabgrenzung des § 50 im Verhältnis zum GBR**. In der Praxis treten freilich Fälle eines als Betrieb fingierten Betriebsteils nach Abs. 1 Satz 1 Nr. 2 so gut wie niemals auf, weil die jüngste Rspr. des *BAG* die Tendenz erkennen lässt, derartige Einheiten schon unter nur geringen Anforderungen an den Leitungsapparat als echte Betriebe zu qualifizieren.[232] Aus diesem Grunde konzentrieren sich die praktisch bedeutsamen Fälle des fingierten Betriebs auf den vom Hauptbetrieb räumlich weit entfernten Betriebsteil. Dort werden aber für die Leitungsqualität noch erheblich geringere Anforderungen als ausreichend erachtet, als im eigenständigen Betriebsteil (vgl. Rn. 52 f.), so dass i. d. R. dort der an sich zuständige örtliche BR in einer Vielzahl von relevanten Mitbestimmungsfragen keinen mit Verhandlungs- und Entscheidungsvollmachten ausgestatteten Vertreter des AG vorfindet (dazu o. Rn. 35). Soll ein als Betrieb fingierter Betriebsteil mit »seinem« Hauptbetrieb zusammengeschlossen werden, so stellt auch dies eine Betriebsänderung gem. § 111 dar. Praktisch kann dies freilich nur für die seltenen Fälle der Nr. 2 angenommen werden, da in den Fällen der Nr. 1 ohne gleichzeitige räumliche Verlegung des fingierten Betriebs stets die bisher bestehende räumlich weite Entfernung bestehen bleibt und damit weiterhin die gesetzliche Fiktion der Selbständigkeit nach Abs. 1 Eingangssatz fortdauert.

130 Das praktische Problem einer effektiven Mitbestimmungswahrnehmung wird anhand der

226 ErfK-*Koch*, Rn. 5; *Fitting*, Rn. 36.
227 *Fitting*, Rn. 35.
228 Zutreffend GK-*Franzen*, Rn. 22; *Löwisch*, BB 01, 1734 [1735].
229 So aber HWGNRH-*Rose*, Rn. 63.
230 *Hanau*, NJW 01, 2513 [2514]; ErfK-*Koch*, Rn. 5; *Fitting*, Rn. 34; GK-*Franzen*, Rn. 21.
231 GK-*Franzen*, Rn. 22.
232 *BAG* 9.12.09, NZA 10, 906.

präzisierten Rspr. des *BAG* zur Zuständigkeit der örtlichen BR in Fragen eines UN-weiten **Vergütungssystems für AT-Ang.**[233] besonders deutlich: derartige Systeme sind ein unternehmensbezogenes, strategisches Personalführungsinstrument und werden daher nahezu ausschließlich auf zentraler UN-Ebene entwickelt, betreut und verändert. Auf der Ebene des fingierten Betrieb wird hier regelmäßig keine sinnvolle Ordnung des Problems erzielt werden können, weil es schon an der Verhandlungs- und Vereinbarungskompetenz des örtlichen Vorgesetzten fehlen wird. Der BR müsste sich an den für diese Angelegenheit entscheidungszuständigen AG-Vertreter, ggf. am Sitz der UN-Leitung, halten. Allerdings kann sich gerade bei UN mit einer dezentralisierten Aufbauorganisation dasselbe Regelungsproblem in einer **Vielzahl weiterer fingierter Betriebe** stellen, so dass nicht nur eine Mehrzahl von Beteiligungsverfahren erforderlich würde, sondern auch – was untunlich erscheint – unterschiedliche Ergebnisse, ggf. in verschiedenen ESt.-Verfahren, anfallen könnten. **Theoretisch** lässt sich diese Problematik zwar durch **Auftragserteilungen gem. § 50 Abs. 2** lösen, **praktisch** allerdings bliebe dabei ungewiss, ob diese durchgängig erfolgen und selbst wenn dies erfolgte, ob die einzelnen BR ein gefundenes Ergebnis billigen würden, wenn sie sich – was üblich ist – die Letztentscheidung bei Auftragserteilung an den GBR vorbehalten haben.

Es ist – damit ein an sich gegebene MBR nicht aus den genannten Gründen (Rn. 130) prak- **131**
tisch leerläuft und andererseits das Regelungsinteresse des UN nicht unbeachtet bleibt – zu erwägen, ob nicht jedenfalls dann eine **Modifikation hinsichtlich der GBR-Zuständigkeit** in Betracht kommen muss, wenn es sich beim Betrieb des an sich zuständigen örtlichen BR um einen nur fingierten Betrieb handelt, mehrere fingierte Betriebe vorliegen, die Auftragserteilungen an den GBR nach § 50 Abs. 2 fehlschlagen und die im fingierten Betrieb ansässige Leitung in der fraglichen Angelegenheit ohnehin keinerlei Verhandlungs- und Abschlussvollmacht besitzt.

9. Unbestimmter Rechtsbegriff und Beurteilungsspielraum

Die Begriffe »Betrieb«, »Hauptbetrieb«, »Betriebsteil« und das Merkmal »räumlich weite Ent- **132**
fernung« sind nach ständ. Rspr. des *BAG*[234] unbestimmte Rechtsbegriffe. Bei deren Beurteilung steht den Tatsacheninstanzen (*LAG, ArbG*) ein **Beurteilungsspielraum** zu, dessen Nutzung rechtsbeschwerderechtlich durch das *BAG* **nur eingeschränkt überprüfbar** ist (Verkennung des Rechtsbegriffs, Außerachtlassung wesentlicher Umstände, Verstoß gegen Denkgesetze, Auslegungsgrundsätze oder allgemeine Erfahrungssätze). Das betrifft vor allem die Frage, ob im konkreten Fall ein einziger oder mehrere Betriebe oder ein oder mehrere als selbständige Betriebe geltende Betriebsteile vorliegen, einschließlich der Bewertungen zur jeweils erforderlichen Leitungsintensität aufgrund der festgestellten Tatsachen.

10. Auswirkungen der Betriebsfiktion auf andere Rechtsgebiete

Die betriebsverfassungsrechtliche Fiktion eines Betriebsteils als Betrieb hat grundsätzlich keine **133**
präjudizierende Wirkung für den **Betriebsbegriff in anderen Gesetzen**, namentlich dem **KSchG**,[235] so dass auch ein räumlich weit vom Hauptbetrieb entfernt liegender Betriebsteil zusammen mit diesem durchaus nur einen **Betrieb i. S. d. KSchG** bilden kann und es dann erforderlich ist, eine aus betriebsverfassungsrechtlicher Sicht **betriebsübergreifende Sozialauswahl** im Falle betriebsbedingter Kündigungen vorzunehmen.[236] Dass es hierbei insbesondere bei Verzahnungen zwischen individualrechtlichem Kündigungsschutz und betriebsverfassungsrechtlichen Mitwirkungsrechten (z. B. §§ 95, 102, 111) zu Unzuträglichkeiten wegen der etwaigen Zuständigkeit mehrerer BR kommen kann, ist hinzunehmen[237], da der kündi-

233 *BAG* 18.5.10, NZA 11, 171 ff.
234 Vgl. aus neuerer Zeit mit umfassenden Nachweisen *BAG* 17.1.07, NZA 07, 703; 7.5.08, NZA 09, 328; 9.12.09, NZA 10, 906.
235 *BAG* 21.6.95, AP Nr. 16 zu § 1 BetrVG 1972; 20.8.98, NZA 99, 255, 257; 3.6.04, AP Nr. 14 zu § 102 BetrVG 1972.
236 *BAG* 3.6.04, a. a. O.
237 Ebenso GK-*Franzen*, Rn. 24.

gungsrechtliche Betriebsbegriff zwingender Natur ist und nicht zu Lasten des AN abweichend geregelt oder angewendet werden kann.

133a Namentlich bei sog. **Massenentlassungen** (§ 17 KSchG) zeigt sich die aufgrund der jeweils unterschiedlichen gesetzlichen Zwecke mangelnde Kohärenz zwischen betriebsverfassungsrechtlichem, kündigungsschutzrechtlichem und massenentlassungsrechtlichem Betriebsbegriff. Bei der Ermittlung, ob die für eine anzeigepflichtige Massenentlassung erforderlichen **Schwellenwerte des § 17 KSchG** erreicht sind und damit das besondere **Konsultationsverfahren** mit dem zuständigen BR durchzuführen ist, geht das *BAG* bislang von der Übereinstimmung von betriebsverfassungsrechtlichem und kündigungsrechtlichem Betriebsbegriff aus[238] und **verlangt** insoweit **eine Leitung** in oder für diese Betriebseinheit. Der *EuGH*[239] legt Art. 1 Abs. 1 der Richtlinie 98/59/EG v. 20.7.98 – sog. Massenentlassungsrichtlinie[240] aber dahin aus, dass es auf das **Vorhandensein einer Leitung nicht** ankomme, es genüge, dass es sich um eine innerhalb des Gesamt-UN »unterscheidbare Einheit« handele. »Betrieb« i. S. d. Richtlinie sei

»eine unterscheidbare Einheit von einer gewissen Dauerhaftigkeit und Stabilität, die zur Erledigung einer oder mehrerer bestimmter Aufgaben bestimmt ist und über eine Gesamtheit von Arbeitnehmern sowie über technische Mittel und eine organisatorische Struktur zur Erfüllung dieser Aufgaben verfügt[241]*.«*

Die fragliche Einheit müsse

»weder rechtliche noch wirtschaftliche, finanzielle, verwaltungsmäßige oder technologische Autonomie besitzen, um als Betrieb qualifiziert werden zu können[242]*.«*

Diese *EuGH*-Entscheidung offenbart damit auch auf unionsrechtlicher Ebene das »Elend des Betriebsbegriffs« (vgl. zum Betriebsbegriff § 1 Rn. 33 ff.), denn wenn der *EuGH* einerseits eine organisatorische Struktur zur Aufgabenerfüllung verlangt, andererseits aber sogar eine verwaltungsmäßige Autonomie für entbehrlich erklärt, bleibt völlig nebulös, welches dann die strukturgebenden Elemente einer unterscheidbaren Einheit oder Organisation sein könnten. Ob die in der Literatur[243] dem *BAG* und den Rechtsanwendern der betrieblichen Praxis anempfohlene Anpassung der Auslegung von § 17 KSchG an die *EuGH*-Vorgaben befolgt werden wird, erscheint nicht gewiss: Immerhin hatte das *BAG*[244] bereits im Jahre 2007 die Europarechtskonformität seiner Auslegung des § 17 KSchG geprüft und bejaht.

134 Verweist dagegen ein anderes Gesetz auf den betriebsverfassungsrechtlichen Betriebsbegriff (vgl. etwa § 3 Abs. 2 MitbG bzw. DrittelbG, § 87 Abs. 1 Satz 2 SGB IX), so ist auch dort der nur fingierte Betriebsteil wie ein echter Betrieb zu behandeln. Dasselbe muss gelten, wenn ohne ausdrückliche Verweisungsvorschrift aus Gründen eines mitbestimmungsrechtlichen Gesamtzusammenhangs nur eine einheitliche Begriffsanwendung in Betracht kommt (näher dazu § 3 Rn. 195, 199 ff.).

IV. Kleinstbetriebe (Absatz 2)

135 Abs. 2 ist mit der **Novellierung 2001** an die Stelle des früheren § 4 Satz 2 getreten. Das Gesetz verlangt in § 1 für die Betriebsratsfähigkeit grundsätzlich, dass im Betrieb mindestens fünf ständige wahlberechtigte AN, von denen drei wählbar sein müssen, vorhanden sind. § 4 Abs. 2 stellt von diesem Grundsatz insoweit eine Ausnahme auf, als er für Kleinstbetriebe eines UN

238 *BAG* 14.8.07, NZA 07, 1431, 1436, Rn. 35; vgl. dazu KDZ-*Deinert,* § 17 KSchG Rn. 7 ff.
239 *EuGH 30.4.15*, NZA 15, 601 ff.
240 *AmtsBl.EG* Nr. L 225 v. 12.8.98, S. 16.
241 *EuGH* 30.4.15, a. a. O., Rn. 49
242 *EuGH* 30.4.15, a. a. O., Rn. 51
243 Vgl. etwa *Kleinebrink/Commandeur,* NZA 15, 853 ff.
244 14.8.07, a. a. O., Rn. 35 mwN.

die Zuordnung zu einem Hauptbetrieb desselben UN vorschreibt, gerade weil die Voraussetzungen des § 1 nicht vorliegen. Es ist nämlich **verfassungsrechtlich nicht haltbar,** wenn die betreffende kleine Organisationseinheit zu einem UN gehört, das mehr als die in § 1 geforderten fünf AN hat, die Kleinsteinheit aus der Betriebsverfassung des AG herausfallen zu lassen. So hat auch das *BVerfG*[245] die Herausnahme von Kleinbetrieben aus dem Kündigungsschutz gem. § 23 Abs. 1 Satz 2 KSchG nur in der Weise als noch mit Art. 3 Abs. 1 GG vereinbar gehalten, als dort der Begriff des »Betriebs« als »Unternehmen« verstanden werden müsse, weil andernfalls in sachlich nicht zu rechtfertigender Weise auch **kleine Betriebe großer Unternehmen** außerhalb des KSchG-Geltungsbereichs stünden. Dieser für das KSchG geltende Maßstab wird durch Abs. 2 auch auf die Kleinbetriebsklausel des § 1 BetrVG übertragen, da der Entzug betriebsverfassungsrechtlicher Schutzpositionen für die Belegschaften in kleinen Betrieben großer UN gleichfalls sachlich nicht begründet werden kann.[246]

Die Gesetzesformulierung (»sind dem Hauptbetrieb zuzuordnen«) scheint anzudeuten, dass die Zugehörigkeit zum Hauptbetrieb sich noch nicht ohne weiteres aus der gesetzlichen Anordnung ergibt, sondern noch eines hinzutretenden Vorganges bedarf. Demgegenüber ist es zutreffend, dass mit In-Kraft-Treten des BetrVerf-ReformG am 28.7.2001 alle nicht betriebsratsfähigen Betriebe eines UN dem Hauptbetrieb *ex lege* zugeordnet waren, ohne dass es noch eines weiteren Umsetzungsaktes bedurfte.[247] Für die Wahl und die Mitbestimmung kommt es auf die AN-Zahl in den zusammengefassten Einheiten an.[248] **136**

Die **Vertretung durch den BR des Hauptbetriebs** erfolgt selbst dann, wenn die AN des Kleinstbetriebes bei der Wahl übersehen worden waren.[249] Erlangt der Kleinstbetrieb freilich die von § 1 Abs. 1 Satz 1 geforderte AN-Zahl, entfällt die Zuständigkeit des BR des Hauptbetriebs; ihm kommt aber ein Übergangsmandat gem. § 21 a zu, so dass er den WV zu bestellen hat; die bisher geltenden BVen gelten als solche auch im selbständig gewordenen Teil weiter.[250] Liegt der Fall umgekehrt (Absinken der AN-Zahl in der Kleineinheit), endet zwar das Amt des dort gewählten BR mangels eigener BR-Fähigkeit, es greift nun aber *ex lege* sofort die Zuordnung zum Hauptbetrieb nach Abs. 2 (vgl. § 1 Rn. 259), so dass keinerlei Vertretungslücke entsteht. **137**

Die in § 1 Abs. 1 Satz 1 geregelte Herausnahme von Betrieben eines Kleinst-UN aus dem gesetzlichen Geltungsbereich will bloß den Besonderheiten etwa des kleinen **Handwerksbetriebs, Rechtsanwaltsbüros** oder **Kaufmanns** (»Tante-Emma-Laden«) Rechnung tragen, wo wegen des engen persönlichen Kontakts zwischen AG und AN die Zwischenschaltung eines gesetzlichen Repräsentationsorgans untunlich erscheinen mag.[251] Deshalb wurde schon zu § 4 Satz 2 a. F. überwiegend unter Berufung auf den vom *BAG*[252] anerkannten Normzweck, wonach möglichst allen AN der Schutz des BetrVG zuteil werden soll, angenommen, dass nicht betriebsratsfähige Kleinbetriebe, die nicht Nebenbetrieb oder Betriebsteil sind, jedenfalls dann nicht vertretungslos bleiben, wenn das UN, dem der Kleinbetrieb angehört, noch weitere Betriebsstätten hat und insgesamt gesehen die Schwellenzahl des § 1 Abs. 1 erfüllt.[253] **138**

Die durch die **Novelle 2001** ebenso wenig wie im früheren § 4 Satz 2 gelöste Frage, welches der **»Hauptbetrieb«** im vorliegenden Zuordnungszusammenhang ist,[254] sollte nicht allzu sehr dogmatisiert werden: In solchen Fällen wird nach jetzt **herrschender Ansicht in der Literatur**[255] der selbst nicht betriebsratsfähige Kleinstbetrieb dem Betrieb zugeordnet, der **räumlich** **139**

245 27.1.98, NZA 98, 470 [472 f.] = AuR 98, 207 m. Anm. *Buschmann.*
246 Billigend auch *Konzen,* RdA 01, 76 [82]; *Reichold,* NZA 01, 857 [858].
247 Ebenso HaKo-BetrVG-*Kloppenburg,* Rn. 36 – 38; *Däubler,* FS Kreutz, S. 69, 76.
248 ErfK-*Koch,* Rn. 6.
249 *Däubler,* FS Kreutz, S. 72.
250 *Däubler,* a. a. O.; arg.: ähnlich wie bei GBVen im Falle der Betriebsspaltung infolge eines Betriebsübergangs, vgl. dazu *BAG* 18.9.02, NZA 03, 670.
251 Vgl. *Gamillscheg,* ZfA 75, 357 [367].
252 23.9.60, AP Nr. 4 zu § 3 BetrVG.
253 *Richardi,* 7. Aufl., Rn. 42 f.; *GL,* § 1 Rn. 39; *Birk,* AuR 78, 226 [227]; *Gamillscheg,* a. a. O.; MünchArbR-*Richardi,* § 22 Rn. 33; *LAG Düsseldorf* 29.8.68, BB 68, 1245, das den aus zwei teilzeitbeschäftigten Angestellten bestehenden »Betriebssplitter« [eine Außenstelle des UN] dem Hauptbetrieb zuschlug.
254 Dazu aber jetzt *BAG* 17.1.07, NZA 07, 703; zur Kritik oben, Rn. 41.
255 Ablehnend aber wohl *BAG* 17.1.07, a. a. O.

am nächsten liegt (vgl. Rn. 40 m. w. N.),[256] oder dem Hauptbetrieb (im Sinne von Hauptverwaltung) zugeschlagen;[257] sind die räumlichen Entfernungen nicht eindeutig als »nah« oder »fern« auszumachen, kann auch eine Zuordnung entsprechend einer Ähnlichkeit von arbeitstechnischen Zwecken den Ausschlag geben.[258]

140 Ungelöst geblieben durch die Novelle 2001 ist, ob eine Zuordnung auch derart vorgenommen werden kann, dass zwei jeweils nicht betriebsratsfähige **benachbarte Kleinstbetriebe** zu einem Betrieb zusammengefasst werden. Das *BAG*[259] nahm zumindest an, dass mehrere nicht betriebsratsfähige Kleinbetriebe, die alle **den gleichen arbeitstechnischen Zweck** verfolgen wie der einzige betriebsratsfähige Betrieb desselben UN, gemeinsam mit diesem einen einheitlichen Betrieb bilden.[260] In der *BAG*-Entscheidung vom 9. 12. 92[261] scheiterte die Zuordnung eines räumlich nahe gelegenen Betriebsteils i. S. d. § 4 Satz 1 Nr. 1 a. F. jedenfalls nicht daran, dass die als **Hauptbetrieb** qualifizierte Organisationseinheit selbst **nicht die betriebsratsfähige Größe** erreichte und die dort Beschäftigten nur auf diese Weise unter die Geltung des BetrVG gelangten. Warum dann nicht auch die Zusammenfassung von nicht betriebsratsfähigen Kleinstbetrieben zu einer sinnvollen Repräsentationseinheit möglich sein soll, ist vor dem Hintergrund des Normzweckes, eine **ortsnahe und effektive Vertretung der AN** zu ermöglichen,[262] kaum zu beantworten (die Praxis verfährt wohl allenthalben in dieser Weise).[263]

141 Ein Kleinstbetrieb i. S. v. § 1 Abs. 1 Satz 1 bleibt deshalb nur dann vertretungslos, wenn er die **alleinige** arbeitstechnische **Organisation des UN** darstellt, also einem Klein-UN gehört und mit diesem gleichsam identisch ist.[264]

V. Kollektivvertragliche Zuordnung

142 Durch TV (oder im Rahmen des § 3 Abs. 2 auch durch BV) nach § 3 Abs. 1 Nr. 1 kann eine von den vorstehend erläuterten gesetzlichen Vorgaben abweichende Zuordnung **von Betriebsteilen und Kleinstbetrieben** erfolgen (vgl. § 3 Rn. 37 ff.).[265]

VI. Streitigkeiten

143 Das ArbG entscheidet im **Beschlussverfahren** (§ 2 a i. V. m. §§ 80 ff. ArbGG) darüber, ob ein Betriebsteil als selbstständiger Betrieb anzusehen ist mit der Folge, dass dort ein eigener BR gewählt werden kann, oder ob er zu einem Hauptbetrieb gehört und die Belegschaft vom dortigen BR vertreten wird. Die Entscheidung kann praktisch jederzeit herbeigeführt werden.[266] Örtlich zuständig ist das ArbG, in dessen Bezirk der Betriebsteil liegt.[267]

144 **Antragsberechtigt** sind sowohl im besonderen Verfahren nach § 18 Abs. 2 als auch im allge-

---

256 Vgl. auch *Richardi*, Rn. 47; *Birk*, a. a. O.; ErfK-*Koch*, Rn. 6.
257 *Gamillscheg*, a. a. O.
258 *Richardi*, a. a. O.
259 3. 12. 85, AP Nr. 28 zu § 99 BetrVG 1972.
260 Im Ergebnis deshalb zutreffend *LAG Düsseldorf* 28. 4. 95 – 15 TaBV 130/94: Außenstellen und Zentrale des Bildungswerks sind ein Betrieb i. S. v. § 1 i. V. m. § 4 Satz 2 a. F. BetrVG; ob nach *BAG* 17. 1. 07, a. a. O., hieran weiter festgehalten werden kann, erscheint zweifelhaft.
261 7 ABR 15/92 [Deutscher Herold], uv.
262 So ausdrücklich *BAG* 3. 12. 85, a. a. O.
263 Vgl. *Rancke*, S. 263 f., und teilweise die Beispiele oben Rn. 65 ff.; für die neue Rechtslage ebenso im Ergebnis *Konzen*, RdA 01, 76 [82]; *Reichold*, NZA 01, 857 [858]; trotz berechtigter Kritik an der Gesetzesformulierung auch *Richardi*, NZA 01, 346 [348 f.]; *ders.*, Rn. 48.
264 *Richardi*, Rn. 48; dieser Sachlogik folgt auch § 20 Abs. 1 SprAuG mit der Möglichkeit zur Bildung von UN-SpA.
265 *BT-Drucks.* 14/5741, S. 35; *Richardi*, Rn. 49.
266 Klargestellt durch die im Jahr 2001 erfolgte Neufassung von § 18 Abs. 2; schon zuvor aber h. M., vgl. *BAG* 1. 2. 63, AP Nr. 5 zu § 3 BetrVG; 25. 11. 80, AP Nr. 3 zu § 18 BetrVG 1972; zu den Wirkungen der Zuordnung, wenn das Verfahren nach § 18 Abs. 2 nicht in unmittelbarem Zusammenhang mit BR-Wahlen steht, vgl. Rn. 146 und § 18 Rn. 20 ff.
267 ErfK-*Koch*, § 82 ArbGG Rn. 2.

meinen Beschlussverfahren jeder beteiligte BR, der AG, jeder beteiligte WV (auch der SpA-WV) und jede im Betrieb vertretene Gewerkschaft (zum Gewerkschaftsbegriff § 2 Rn. 49 ff., zum Nachweis des Vertretenseins im Betrieb § 2 Rn. 79). Es genügt für die Antragsberechtigung einer Gewerkschaft, wenn sie in einem der strittigen betrieblichen Teile vertreten ist.[268]

Ist bei einer Wahl eine **falsche Zuordnung** eines Betriebsteils erfolgt, weil der Betriebsbegriff verkannt wurde, ist die BR-Wahl grundsätzlich nach § 19 **lediglich anfechtbar**[269] und nur ausnahmsweise in Fällen der besonders groben Verkennung des Betriebsbegriffs nichtig (dazu § 19 Rn. 43 ff.). Eine grobe Verkennung des Begriffs liegt nicht vor, wenn die Rechtsanwender im Betrieb, die i. d. R. keine juristischen Spezialisten sind, sich eine im Erläuterungsschrifttum vertretene – wenn auch umstrittene – Auffassung zu Eigen machen. Der BR, der aus einer anfechtbaren Wahl hervorgegangen ist, bleibt für die Dauer seiner Amtszeit mit allen Befugnissen im Amt, wenn die zweiwöchige Anfechtungsfrist nach § 19 Abs. 2 verstrichen ist, ohne dass eine Anfechtung erfolgte. § 19 dient den Erfordernissen der Rechtssicherheit, so dass selbst bei einer falschen Zuordnung, die aber unanfechtbar geworden ist, beim Streit über die Ausübung von Beteiligungsrechten nicht mehr die ordnungsgemäße Amtsstellung des unangefochtenen BR in Zweifel gezogen werden darf.[270] 145

Soweit in anderen arbeitsgerichtlichen Verfahren über Fragen des § 4 als Vorfrage entschieden wird, entfaltet dieses andere Verfahren nur für den konkreten Fall **Rechtskraftwirkung**.[271] 146

Daneben haben die **Wahlvorstände** faktisch eine Entscheidungsprärogative über die Zuordnung von betrieblichen Organisationseinheiten, indem sie dem Wahlausschreiben und der Wählerliste ihre – allerdings wenigstens vertretbare – rechtliche Sicht der Dinge zu Grunde legen. Ausgeschlossen ist aber, dass ein WV die BR-Wahlen für mehr als einen Betrieb i. S. v. §§ 1, 4 durchführt. Nach der Rspr. hat der AG nur geringe rechtliche Handhaben gegen Maßnahmen des Wahlvorstands, wenn die Wahl bereits eingeleitet worden ist.[272] 147

§ 5 Arbeitnehmer

(1) Arbeitnehmer (Arbeitnehmerinnen und Arbeitnehmer) im Sinne dieses Gesetzes sind Arbeiter und Angestellte einschließlich der zu ihrer Berufsausbildung Beschäftigten, unabhängig davon, ob sie im Betrieb, im Außendienst oder mit Telearbeit beschäftigt werden. Als Arbeitnehmer gelten auch die in Heimarbeit Beschäftigten, die in der Hauptsache für den Betrieb arbeiten. Als Arbeitnehmer gelten ferner Beamte (Beamtinnen und Beamte), Soldaten (Soldatinnen und Soldaten) sowie Arbeitnehmer des öffentlichen Dienstes einschließlich der zu ihrer Berufsausbildung Beschäftigten, die in Betrieben privatrechtlich organisierter Unternehmen tätig sind.

(2) Als Arbeitnehmer im Sinne dieses Gesetzes gelten nicht

1. **in Betrieben einer juristischen Person die Mitglieder des Organs, das zur gesetzlichen Vertretung der juristischen Person berufen ist;**
2. **die Gesellschafter einer offenen Handelsgesellschaft oder die Mitglieder einer anderen Personengesamtheit, soweit sie durch Gesetz, Satzung oder Gesellschaftsvertrag zur Vertretung der Personengesamtheit oder zur Geschäftsführung berufen sind, in deren Betrieben;**
3. **Personen, deren Beschäftigung nicht in erster Linie ihrem Erwerb dient, sondern vorwiegend durch Beweggründe karitativer oder religiöser Art bestimmt ist;**
4. **Personen, deren Beschäftigung nicht in erster Linie ihrem Erwerb dient und die vorwiegend zu ihrer Heilung, Wiedereingewöhnung, sittlichen Besserung oder Erziehung beschäftigt werden;**

---

268 Vgl. *BAG* 5.6.64, AP Nr. 7 zu § 3 BetrVG.

269 Ständ. Rspr.; vgl. *BAG* 13.9.84, AP Nr. 3 zu § 1 BetrVG 1972; 7.12.88, DB 89, 1525; näher dazu § 19 Rn. 43 ff.

270 *BAG* 27.6.95, BB 96, 1504 [1505].

271 Vgl. *BAG* 28.12.56, AP Nr. 1 zu § 22 KSchG; 3.12.85, AP Nr. 28 zu § 99 BetrVG 1972. Zur Rechtskraftwirkung auch § 1 Rn. 262; Einzelheiten bei *Dütz,* FS Gnade, S. 487 ff.

272 Vgl. umfassend dazu *Blanke/Berg u. a.,* Rn. R 311.

5. der Ehegatte, der Lebenspartner, Verwandte und Verschwägerte ersten Grades, die in häuslicher Gemeinschaft mit dem Arbeitgeber leben.

(3) Dieses Gesetz findet, soweit in ihm nicht ausdrücklich etwas anderes bestimmt ist, keine Anwendung auf leitende Angestellte. Leitender Angestellter ist, wer nach Arbeitsvertrag und Stellung im Unternehmen oder im Betrieb

1. zur selbstständigen Einstellung und Entlassung von im Betrieb oder in der Betriebsabteilung beschäftigten Arbeitnehmern berechtigt ist oder
2. Generalvollmacht oder Prokura hat und die Prokura auch im Verhältnis zum Arbeitgeber nicht unbedeutend ist oder
3. regelmäßig sonstige Aufgaben wahrnimmt, die für den Bestand und die Entwicklung des Unternehmens oder eines Betriebs von Bedeutung sind und deren Erfüllung besondere Erfahrungen und Kenntnisse voraussetzt, wenn er dabei entweder die Entscheidungen im Wesentlichen frei von Weisungen trifft oder sie maßgeblich beeinflusst; dies kann auch bei Vorgaben insbesondere auf Grund von Rechtsvorschriften, Plänen oder Richtlinien sowie bei Zusammenarbeit mit anderen leitenden Angestellten gegeben sein.

Für die in Absatz 1 Satz 3 genannten Beamten und Soldaten gelten die Sätze 1 und 2 entsprechend.

(4) Leitender Angestellter nach Absatz 3 Nr. 3 ist im Zweifel, wer

1. aus Anlass der letzten Wahl des Betriebsrats, des Sprecherausschusses oder von Aufsichtsratsmitgliedern der Arbeitnehmer oder durch rechtskräftige gerichtliche Entscheidung den leitenden Angestellten zugeordnet worden ist oder
2. einer Leitungsebene angehört, auf der in dem Unternehmen überwiegend leitende Angestellte vertreten sind, oder
3. ein regelmäßiges Jahresarbeitsentgelt erhält, das für leitende Angestellte in dem Unternehmen üblich ist, oder,
4. falls auch bei der Anwendung der Nummer 3 noch Zweifel bleiben, ein regelmäßiges Jahresarbeitsentgelt erhält, das das Dreifache der Bezugsgröße nach § 18 des Vierten Buches Sozialgesetzbuch überschreitet.

Inhaltsübersicht

I. Vorbemerkungen

Die ausdrückliche Erwähnung von **Außendienst-AN** und **Tele-AN** durch Abs. 1 Satz 1, zweiter Satzteil, die auf der BetrVG- Novelle 2001 beruht, stellt **keine neue** oder gar andere rechtliche **Qualität** dar (vgl. auch Rn. 41 ff, Rn. 48 ff), sondern entspricht dem früheren Recht. Der Begründung zur BetrVG-Novelle 2001 zufolge soll diese Umschreibung lediglich »an den von 1

Rechtsprechung und Literatur entwickelten allgemeinen Arbeitnehmerbegriff« anknüpfen.[1] Durch **Abs. 1 Satz 2** wird die Einbeziehung der **Heim-AN** in die Betriebsverfassung ihres hauptsächlichen Auftraggeber-UN gewährleistet. Es handelt sich um eine rein redaktionelle Änderung des Abs. 1, weil § 6 wegen der durch die **Novellierung 2001** erfolgten **Aufgabe der Unterscheidung von Arbeitern und Angestellten** aufgehoben worden ist. Dass Abs. 1 Satz 1 dennoch diese Gruppen erwähnt, hat keine selbstständige Bedeutung für die Anwendung der BetrVG-Bestimmungen und ist rechtlich überflüssig. **Auszubildende** werden im gleichen Umfang zu den AN des Betriebs gezählt wie bisher. Zugleich hat der Gesetzgeber damit den von der Rspr. hervorgerufenen **Missstand zementiert,** wonach Auszubildende, die in außer- oder überbetrieblichen Ausbildungsstätten ausgebildet werden, **ohne Vertretung** im Einsatzbetrieb bleiben (dazu Rn. 133 f). Einem entsprechenden Korrekturvorschlag[2] ist der Gesetzgeber nicht gefolgt; stattdessen wurden zunächst §§ 18 a, 18 b mit Gesetz v. 8.8.02[3] in das BBiG eingefügt, so dass in »sonstigen Berufsbildungseinrichtungen« dann eine besondere Interessenvertretung gewählt werden konnte, wenn andernfalls überhaupt keine Wahlberechtigung gem. §§ 7, 60 BetrVG, § 36 SGB IX gegeben war. Diese Regelung ist in §§ 51, 52 BBiG n. F. überführt worden. **Nicht geregelt** worden ist entgegen den gewerkschaftlichen Vorstellungen – sieht man von den ohnehin bereits seit langem einbezogenen Heim-AN ab – die **Einbeziehung** der **arbeitnehmerähnlichen Personen** in die Betriebsverfassung.[4] Durch **Art. 9 des »Gesetzes zur Errichtung eines Bundesaufsichtsamtes für Flugsicherung und zur Änderung und Anpassung weiterer Vorschriften« – BAFGEG v. 29.7.2009**[5] ist Abs. 1 um einen Satz 3 (Fiktion der AN-Eigenschaft von **Beamten und Soldaten sowie AN des öD**) ergänzt und dem Abs. 3 ein neuer Satz, die Fiktion bestimmter Personen dieses Kreises als leitende Ang. betreffend, angefügt worden. Hierdurch wird der betriebsverfassungsrechtliche Status von Beamten, Soldaten und AN des öffentlichen Dienstes bei deren **Einsatz in Betrieben des Privatrechts** geklärt. Dieses Gesetz ist gem. Art. 17 **am 4.8.09 in Kraft getreten** (näher Rn. 108 ff.).[6]

2 Die Vorschrift verfolgt vor allem den Zweck, die vom BR vertretene Belegschaft eines Betriebs von dem Personenkreis abzugrenzen, der nicht in die Vertretungszuständigkeit des BR fällt. Sie legt daher den **persönlichen Geltungsbereich** des BetrVG fest. Allerdings enthält die Vorschrift gerade keine Begriffsdefinition des AN, sondern bezieht sich auf die Begriffe Arbeiter und Angestellte, obgleich das **Gruppenprinzip** in der Betriebsverfassung **beseitigt** worden ist. Diese ungeklärte Situation wird im Allgemeinen dahin gehend gedeutet, dass das BetrVG den AN-Begriff als gegeben voraussetzt. Daher nimmt die h. M. zur Bestimmung des AN-Begriffs nach dieser Vorschrift Bezug auf den allgemeinarbeitsrechtlichen AN-Begriff[7] und sieht die Besonderheit des speziellen betriebsverfassungsrechtlichen AN-Begriffs (das Gesetz formuliert mit Bedacht »Arbeitnehmer **im Sinne dieses Gesetzes**...«) lediglich darin, dass er teils weiter und teils enger als der vertragsrechtliche AN-Begriff gefasst ist.[8] Die übliche allgemeine Lehrbuchdefinition lautet: »AN ist, wer auf Grund eines privatrechtlichen Vertrags im Dienst eines anderen zur Leistung fremd bestimmter Arbeit in persönlicher Abhängigkeit verpflichtet ist«.[9]

3 Die **Charakterisierung des betriebsverfassungsrechtlichen AN-Begriffs** als im Wesentlichen mit dem vertragsrechtlichen AN-Begriff identischer Begriff greift jedoch zu kurz. Zwar ist es grundsätzlich zutreffend, dass für die überwiegende Zahl der Beschäftigten beide AN-Begriffe übereinstimmen[10] und die im Zeitpunkt des In-Kraft-Tretens des Gesetzes hauptsächlich vorkommenden **Abweichungen vom vertragsrechtlichen AN-Begriff** im Gesetz selbst erwähnt werden: Obgleich **leitende Angestellte** vertragsrechtlich AN sind, fallen sie in der Regel nicht

---

1 *BT-Drucks.* 14/5741, S. 35.
2 *Däubler,* AiB 01, 313 [318].
3 BGBl. I S. 3140.
4 Kritisch auch *Hanau,* RdA 01, 65 [68]; *Däubler,* a. a. O., 317; vgl. aber § 5 Abs. 1 des DGB-Novellierungsvorschlags aus dem Jahre 1998.
5 BGBl. I S. 2424.
6 Zu einigen Fragen des Gesetzentwurfes *Blanke,* PersR 09, 249 ff.
7 Vgl. *Richardi,* Rn. 11; *Fitting,* Rn. 15 f.; GK-*Raab,* Rn. 16.
8 Vgl. *Fitting,* Rn. 15.
9 Vgl. *Fitting,* Rn. 15; GK-*Raab,* Rn. 16; *Richardi,* Rn. 11; alle m. w. N.
10 Vgl. insoweit *Fitting,* Rn. 15.

unter den persönlichen Geltungsbereich des Gesetzes (vgl. Abs. 3 Satz 1); das Gleiche gilt für einige der **in Abs. 2 genannten Personen,** die vertragsrechtlich durchaus AN sein können, wie etwa mitarbeitende Ehepartner oder Kinder des AG (vgl. Abs. 2 Nr. 5). Die zu ihrer **Berufsausbildung** Beschäftigten fallen unter den betriebsverfassungsrechtlichen AN-Begriff, obgleich deren vertragsrechtlicher Status als AN noch immer umstritten ist;[11] das Gleiche gilt für die in **Heimarbeit** Beschäftigten, obgleich sie im allgemeinen Sinne als arbeitnehmerähnliche Personen[12] oder sogar Nicht-AN bezeichnet werden. Die Bestimmung des betriebsverfassungsrechtlichen AN-Begriffs lediglich anhand der gesetzlichen »Gewinn- und Verlustliste«[13] greift jedoch vor allem dann **zu kurz,** wenn es um die Lösung der mit dem immer stärker vordringenden sog. **drittbezogenen Personaleinsatz** (Leiharbeit, Konzern-Arbeitsverhältnisse, mittelbare Arbeitsverhältnisse, vgl. Rn. 81 ff.)[14] verbundenen betriebsverfassungsrechtlichen Probleme geht.[15] Hier taucht die Frage auf, zu welchem bzw. welchen von mehreren möglichen Betrieben ein Beschäftigter betriebsverfassungsrechtlich gehört, denn in den meisten Fällen dieser Art steht die AN-Eigenschaft der betreffenden »Arbeitsperson« außer Zweifel; das Gleiche gilt bei **Beschäftigten,** die typischerweise **nicht stationär** innerhalb des (im rein räumlich-gegenständlichen Sinne verstandenen) Betriebs **arbeiten** (z. B. Außendienstler, vgl. Rn. 48). Bei derartigen Fallgestaltungen gewinnt das **Merkmal der Betriebszugehörigkeit** für die Bestimmung des persönlichen Geltungsbereichs des Gesetzes und damit für den betriebsverfassungsrechtlichen AN-Begriff besondere Bedeutung (vgl. Rn. 13 ff.).[16] Vor allem die Belegschaft eines gemB mehrerer UN beweist, dass vertragsrechtlicher und betriebsverfassungsrechtlicher AN-Begriff voneinander abweichen (vgl. § 1 Rn. 201 ff.). Bei der Fülle von Sonderproblemen, die allein mit dem vertragsrechtlichen AN-Begriff nicht sachgerecht zu lösen sind, tritt der Gesetzgeber gelegentlich durch **Sonderrecht außerhalb des BetrVG** die **Flucht in gesetzliche Fiktionen** an: Nach § 6 Abs. 1 BwKoopG[17] gelten nicht nur AN, sondern auch Beamte und sogar Soldaten, die einem privaten Kooperationsbetrieb der Bundeswehr zur Dienstleistung zugewiesen werden, dort als AN mit aktivem und passivem Wahlrecht.[18]

Auf **leitende Angestellte** i. S. des Abs. 3 findet das Gesetz nur insoweit Anwendung, als es dies **4**
selbst ausdrücklich bestimmt. Derartige Ausnahmeregelungen finden sich in § 105, § 107 Abs. 1 und 3, § 108 Abs. 2. BV entfalten hinsichtlich der leitenden Angestellten keine normative Wirkung.[19] Der AG ist auch nicht nach dem arbeitsrechtlichen Gleichbehandlungsgrundsatz verpflichtet, leitenden Angestellten analog den Vorschriften eines Sozialplanes eine Abfindung für den Verlust des Arbeitsplatzes zu zahlen.[20] Zu den leitenden Angestellten Rn. 221 ff.; zum Zuordnungsverfahren vgl. Erl. zu § 18 a.

Der betriebsverfassungsrechtliche AN-Begriff hat vor allem im Zusammenhang mit den **Wahl-** **5**
vorschriften konstitutive Bedeutung, z. B. hinsichtlich der Wahlberechtigung (§ 7), der Wählbarkeit (§ 8), der BR-Größe (§ 9), bei einer etwaigen ermäßigten Zahl der BR-Mitglieder (§ 11). Darüber hinaus ist er überall dort zu beachten, wo das Gesetz für bestimmte Beteiligungsrechte eine Mindestanzahl von AN verlangt (z. B. §§ 95 Abs. 2, 99, 106, 110, 111, 112 a). Insbesondere wegen dieser Schwellenwertproblematik müssen auch **europarechtliche Vorgaben aus der Richtlinie 2002/14/EG v. 11.3.2002**[21] dann genauer beachtet werden, wenn bei

11 Vgl. *Richardi,* Rn. 64 m. w. N.; *Fitting,* Rn. 289; *Däubler,* Das Arbeitsrecht 2, Rn. 2061 ff.
12 Vgl. *Däubler,* a. a. O., Rn. 2094; Schaub/*Vogelsang,* Arbeitsrecht-Handbuch, § 10 Rn. 3.
13 *Richardi,* Rn. 3.
14 Vgl. *Becker,* AuR 82, 369 ff.; *Heinze,* ZfA 76, 183 ff.; *Konzen,* ZfA 82, 259 ff.; *Richardi,* NZA 87, 145 ff.; *Rüthers/Bakker,* ZfA 90, 245 ff.; *Säcker/Joost,* S. 33 ff.; *Säcker,* FS Quack, S. 421 ff.; *Schneider/Trümner,* FS Gnade, S. 175 ff.
15 So jetzt auch *BAG* 5.12.12, NZA 13, 793, 794 f.
16 Bestritten bei *Richardi,* Rn. 5, dass § 5 etwas mit der Zuordnung zum Betrieb zu tun habe.
17 BGBl. 2004 I, S. 2027.
18 Ähnlich zuvor schon bei der Bahn- und Postprivatisierung und nachfolgend der Errichtung der BRD-Finanzagentur GmbH durch Art. 2 des Bundesschuldenwesenmodernisierungsgesetzes v. 12.7.2006 [BGBl. I S. 1469]; vgl. zu weiteren Sonderfällen *Fitting,* Rn. 320 ff.
19 *BAG* 21.1.79, AP Nr. 8 zu § 112 BetrVG 72; 21.1.92, NZA 92, 659.
20 *BAG* 16.7.85, AP Nr. 32 zu § 112 BetrVG 1972; vgl. § 32 Abs. 2 SprAuG und *BAG* 10.6.86, AP Nr. 18 zu § 87 BetrVG 1972 Arbeitszeit.
21 AmtsBl. Nr. L 80, S. 29.

der Berechnung der Beschäftigtenzahl die im deutschen Recht ggf. vorgesehene Nichtberücksichtigung bestimmter Beschäftigter dazu führt, dass die einschlägigen Schwellenwerte verfehlt und damit die von der Richtlinie zuerkannten Rechte auf Unterrichtung und Anhörung nicht entfaltet werden könnten. Der **EuGH**[22] hat insoweit erkannt, dass eine Bestimmung des französischen Rechts, nach der AN, die im Rahmen eines bezuschussten Vertrags beschäftigt sind, bei der Berechnung des Schwellenwertes für die Errichtung einer AN-Vertretung unberücksichtigt bleiben, gegen die Richtlinie verstößt. Anderweitige im Unionsrecht verwendete Begriffe des AN müssen hinsichtlich ihrer Ausstrahlung auf deutsche Arbeitsrechtsnormen vor dem Hintergrund des jeweiligen Normzwecks kritisch auf die Übertragbarkeit geprüft werden. Wenn etwa ein GmbH-**Geschäftsführer** im Sinne der **EU-Massenentlassungsrichtlinie** und damit auch im Rahmen des § 17 KSchG zu den mitzuzählenden AN zu rechnen sein kann,[23] so heißt das nicht, dass er deswegen auch AN i. S. d. BetrVG ist und die Ausschließungsnorm des § 5 Abs. 2 Nr. 1 BetrVG damit europarechtswidrig wäre.

6 Die **Vorschrift gehört** als organisationsrechtliche Norm des BetrVG **zum** beiderseits **zwingenden Recht** (näher dazu Rn. 234 ff.).[24]

7 Auch der AN-Begriff selbst **steht nicht zur Disposition der Parteien.**[25] Daher ist die Ansicht des *BAG,* wonach die Abgrenzung des AN-Begriffs etwa gegenüber dem freien Mitarbeiter (vgl. zur Abgrenzung Rn. 63 ff.) im Zweifel nach dem zum Ausdruck gebrachten **Willen der Vertragsparteien** erfolgen darf,[26] bedenklich und für das BetrVG kaum hinnehmbar. Bisweilen misst die Rspr.[27] auch der **Verkehrsanschauung** eine indizielle Wirkung für das Vorliegen oder Nicht-Vorliegen der AN-Eigenschaft zu.[28] Dies mag für arbeits**vertrags**rechtliche Abgrenzungserfordernisse angehen. Wegen der konstitutiven Bedeutung des AN-Begriffs für den persönlichen Geltungsbereich des BetrVG, das der Grundrechtsverwirklichung durch Organisation und Verfahren dient,[29] ist zu verlangen, dass die Verkehrsanschauung zumindest ihren Niederschlag im objektiven Recht gefunden hat. In Betracht kommen hier die Normen eines Tarifvertrages.[30]

II. Begriff des Arbeitnehmers (Abs. 1)

1. Der betriebsverfassungsrechtliche Arbeitnehmerbegriff

8 Die Formulierung »im Sinne dieses Gesetzes« stellt klar, dass im Rahmen des BetrVG ein **spezieller AN-Begriff** gilt, der nicht notwendig mit dem AN-Begriff, wie er in anderen Gesetzen verwendet wird, identisch ist. Dieser Sonderbegriff kann im Ausgangspunkt zunächst mit Hilfe des vertragsrechtlichen AN-Begriffes eingegrenzt werden: Wer schon kraft eines privatrechtlichen Vertrages mit dem Betriebsinhaber innerhalb dessen Arbeitsorganisation weisungsgebundene abhängige Arbeit leistet, ist i. d. R. auch AN i. S. v. § 5 Abs. 1. Die erste notwendige Korrektur erfolgt dann mittels der »Gewinn- und Verlustliste« (Rn. 3). Da es für

---

22 EuGH 15.1.14 – C 176/12, AuR 14, 81 (Kurzmitt.) = NZA 14, 193.
23 So *EuGH* 9.7.15 – C-229/14, NZA 15, 861, auf den Vorlagebeschluss des *ArbG Verden* 6.5.14 – 1 Ca 35/15, NZA 14, 665.
24 Vgl. auch GK-*Raab,* Rn. 8; *Fitting,* Rn. 13.
25 *BAG* 13.12.62, 8.6.67, 28.6.73, 3.10.75, AP Nrn. 3, 6, 10, 16 zu § 611 BGB Abhängigkeit.
26 Vgl. aus neuerer Zeit *BAG* 9.6.10, EzA Nr. 18 zu § 611 BGB 2002 AN-Begriff; *BAG* 14.2.74, AP Nr. 12 zu § 611 BGB Abhängigkeit.
27 Vgl *BAG* 21.1.66, AP Nr. 2 zu § 92 HGB; 8.6.67, 28.6.73, 3.10.75, 8.10.75, AP Nrn. 6, 10, 16, 18 zu § 611 BGB Abhängigkeit.
28 Vgl. Kittner/Zwanziger/*Deinert,* § 3 Rn. 103 ff. zur Abgrenzung von anderen Vertragstypen.
29 Vgl. § 1 Rn. 4 ff; zu dieser Dimension anschaulich für den Beamteneinsatz im Gemeinschaftsbetrieb *Blanke,* Mitbestimmung im öffentlich-privatrechtlichen Gemeinschaftsbetrieb, S. 64 [68], wonach auch bei Dienstleistungs(ergebnis)überlassungskonstruktionen die Einbeziehung von Beamten in den betriebsverfassungsrechtlichen AN-Begriff verfassungsrechtlich geboten ist; anders aber *BAG* 25.2.98, NZA 98, 838; 28.3.01, EzA § 7 BetrVG 1972 Nr. 2, obsolet geworden durch die am 4.8.09 in Kraft getretene Änderung des § 5, vgl. oben Rn. 1 a. E.
30 In diesem Sinne *BAG* 29.11.58, AP Nr. 12 zu § 59 HGB für die nach früherem Recht notwendige Abgrenzung von Arbeitern gegenüber Angestellten.

den betriebsverfassungsrechtlichen AN-Begriff aber vorrangig um die Abgrenzung der **betrieblichen** AN geht, die vom BR vertreten werden, der **Betrieb** aber – anders als das UN – selbst **kein Rechtssubjekt** ist, sondern einen (oder mehrere) Rechtsträger (UN) hat, vermag allein die vertragliche Rechtsbeziehung des AN zu einem AG noch nichts über die Zugehörigkeit des AN zu einem (oder mehreren) Betrieb(en) auszusagen. Schon der Fall, dass ein UN über zwei oder mehr Betriebe verfügt, belegt, dass der Arbeitsvertrag eines AN zu diesem UN als dem vertragsrechtlichen AG keine klare Aussage darüber zulässt, in welchem der Betriebe der AN zur Belegschaft gehört, weil sämtliche Betriebe in der rechtlichen Trägerschaft desselben UN stehen. Der **betriebsverfassungsrechtliche AN-Begriff** ist daher **nach hier vertretener Ansicht**, die allerdings nach der jüngst geänderten Rspr. vom *BAG*[31] nur für die Fälle des drittbezogenen Personaleinsatzes, insbesondere der Leiharbeit, geteilt wird, vor allem unter Heranziehung des Merkmals der **Betriebszugehörigkeit** zu konkretisieren.[32]

a) Ausgangspunkt: Der allgemein-arbeitsrechtliche Arbeitnehmerbegriff

Nach allgemeiner Ansicht ist zur Ermittlung des betriebsverfassungsrechtlichen AN-Begriffs 9
zunächst vom arbeitsvertragsrechtlichen AN-Begriff auszugehen.[33] Richtiger Weise geht es – mangels eines subsumtionsfähigen Rechtssatzes – allerdings weniger um eine **Begriffs**ausfüllung, als vielmehr um die Feststellung der AN-**Eigenschaft** unter Anwendung der sog. typologischen Methode,[34] wobei gerade nicht erforderlich ist, dass sämtliche den AN-Typus kennzeichnenden Merkmale im Einzelfall vorliegen müssen, sondern das Gesamtbild maßgeblich ist. So ist es durchaus möglich, dass selbst ein **GmbH-Gesellschafter** in einem Arbeitsverhältnis zu dieser Gesellschaft stehen kann.[35] Davon ist jedoch nicht auszugehen, wenn der mitarbeitende Gesellschafter über mehr als 50% der Stimmrechte verfügt[36] oder sogar nur eine Sperrminorität innehat.[37]

Nach h. M. ist AN, wer **auf Grund** eines privatrechtlichen Vertrages im Dienst eines anderen 10
(des AG) zur **Leistung fremd bestimmter Arbeit in persönlicher Abhängigkeit** verpflichtet ist.[38] Der Vertragsabschluss kann ausdrücklich (mündlich oder schriftlich) oder stillschweigend (konkludent) durch ein entsprechendes tatsächliches Verhalten erfolgen. Die privatrechtliche Gültigkeit des Arbeitsvertrags ist nicht Voraussetzung für die AN-Eigenschaft. Die **soziale Schutzfunktion** des BetrVG führt dazu, dass – ohne Rücksicht auf einen bestehenden oder wirksamen Arbeitsvertrag – betriebsverfassungsrechtlich alle Personen AN sind, bei denen eine **Eingliederung** in den Betrieb besteht und die in persönlicher Abhängigkeit für den Betriebsinhaber Arbeit leisten (dazu Rn. 24 ff.). Selbst dann, wenn der Arbeitsvertrag **nichtig** oder **anfechtbar** ist, bleibt die Rechtsstellung als AN im Rahmen der Betriebsverfassung so lange bestehen, wie der AN im Betrieb tatsächlich beschäftigt wird.[39] Ein **faktisches** Arbeits-

---

31 *BAG* 5.12.12, NZA 13, 793 ff.; 13.3.13, NZA 13, 789 ff.

32 Wie hier insbes. auch grundlegend *Boemke*, Schuldvertrag und Arbeitsverhältnis, S. 425 [428, 430 ff.]; *Säcker/Joost*, S. 39 ff.; dagegen will GK-*Raab*, § 7 Rn. 16 ff., die Betriebszugehörigkeit nur als eigenständiges Tatbestandsmerkmal der Wahlberechtigung gemäß § 7 begreifen, obgleich schon dessen Wortlaut für eine solche Differenzierung kaum etwas hergibt; dies allein aus dem mit der Novellierung 2001 eingefügten »des Betriebs« herleiten zu wollen, geht fehl: Offenkundig soll dieser Zusatz nur betonen, dass neben AN des Betriebsinhabers auch – wie § 7 Satz 2 gegen den früheren § 14 Abs. 2 AÜG nunmehr festlegt – AN eines anderen AG das aktive Wahlrecht haben [vgl. insoweit *Fitting*, § 7 Rn. 18]; auch *Christiansen*, Betriebszugehörigkeit, S. 41, verneint die Bedeutung dieses Merkmals für den AN-Begriff des BetrVG.

33 Vgl. nur *Richardi*, Rn. 11; *Fitting*, Rn. 15; siehe dazu die Checkliste in DKKWF-*Homburg*, § 5 Rn. 2.

34 Kittner/Zwanziger/*Deinert*, § 3 Rn. 8, 23.

35 Vgl. ErfK/*Preis*, § 611 BGB Rn.140.

36 *BAG* 17.9.14, NZA 14, 1293.

37 *BAG* 28.11.90, NZA 91, 392; 6.5.98, NZA 98, 939.

38 Aus neuerer Zeit, *BAG* 16.5.07 – 5 AZR 270/06; vgl. auch Schaub/*Vogelsang*, Arbeitsrechts-Handbuch, § 8 Rn. 2; *Richardi*, Rn. 11; *Fitting*, Rn. 15; kritisch zum Begriff »persönliche Abhängigkeit« *Hilger*, RdA 89, 1 [2 f.]; *Bauschke*, RdA 94, 209 ff.; insoweit differenzierter auch *Richardi*, Rn. 16 m. w. N.

39 *BAG* 15.11.57, AP Nr. 2 zu § 125 BGB; 5.12.57, AP Nr. 2 zu § 123 BGB; *Richardi*, Rn. 14, 85 ff.; *Fitting*, Rn. 20, GK-*Raab*, Rn. 20.

verhältnis genügt. Die Arbeit muss im Dienst **eines anderen** geleistet werden. Dabei ist es nicht notwendig, dass sie gegen Entgelt oder hauptberuflich ausgeübt wird (vgl. Rn. 12). Auch derjenige, der nebenher arbeitet, um sich etwa seinen Lebensunterhalt für das Studium zu verdienen, ist AN i. S. d. Gesetzes. Erforderlich ist jedoch, dass die Arbeitsleistung innerhalb der **betrieblichen Organisation** erbracht wird (vgl. zur **Heimarbeit** Rn. 126; zu **Tele-AN** Rn. 41 ff.; zu **Außendienst-AN** Rn. 48 ff.). »Innerhalb« der Organisation wird Arbeitsleistung auch dann erbracht, wenn dies nicht **in** der Betriebsstätte (im räumlich-gegenständlichen Sinne) geschieht. Insofern genügt die Arbeitsleistung **für** die von einem oder mehreren AG unterhaltene betriebliche Organisation.

11 Ein **wesentliches Kriterium** bei der Beantwortung der Frage, ob jemand AN ist, ergibt sich nach h. M. aus dem Grad der **persönlichen Abhängigkeit** des zur Dienstleistung Verpflichteten vom Dienstberechtigten.[40] Von einem Arbeitsverhältnis ist immer dann auszugehen, wenn die Beziehungen der Vertragsparteien durch das Merkmal der persönlichen Abhängigkeit des dienstleistenden AN, insbesondere durch seine **Gebundenheit an Weisungen,** geprägt sind.[41] Der Grad der persönlichen Abhängigkeit zeigt sich häufig am Umfang und der Intensität der **Weisungsbefugnis.** Die Abhängigkeit wird wesentlich dadurch charakterisiert, dass der Beschäftigte hinsichtlich des **Ortes,** der **Zeit,**[42] der **Dauer und der Art und Weise**[43] der Dienstleistungen sowie der dabei verwendeten **Arbeitsmittel**[44] gebunden ist. Das ist durch § 6 Abs. 2 i. V. m. § 106 GewO i. d. F. des Gesetzes vom 24.8.02[45] für alle Arbeitsverhältnisse verdeutlicht worden.[46] Daher ist abhängige Arbeit eindeutig dann gegeben, wenn der Beschäftigte bei seinem persönlichen Leistungseinsatz und der fachlichen Durchführung seiner Tätigkeit einem weit gehenden, einseitigen Verfügungs- und Weisungsrecht des AG unterworfen ist.[47] Das kann auch dann der Fall sein, wenn das Weisungsrecht in Form von Vorgaben, Richtlinien usw. ausgeübt wird.[48] Aber selbst wenn eine fachliche **Weisungsgebundenheit fehlt,**[49] entfällt damit noch nicht notwendigerweise die AN-Eigenschaft. Der Grad der persönlichen Abhängigkeit kann auch von **der Eigenart der jeweiligen Tätigkeit** bestimmt sein, die etwa typischerweise nur bei intensiver Einbindung in den jeweiligen Geschäftsbetrieb ausgeübt werden kann.[50] Mithin kann der AN-Status bei einer typisierenden Betrachtungsweise auch aus Art oder **Organisation der Tätigkeit** folgen,[51] so dass nicht einmal eine weitgehende **Selbstbestimmung über** die eigene **Arbeitszeit** den AN-Status aufhebt.[52] Selbst wenn der AG sein **Weisungsrecht** längere Zeit **nicht ausübt,** vermag dies einen Statuswechsel vom AN zum freien Mitarbeiter nicht zu begründen.[53]

12 Auf die Länge der Arbeitszeit, die Verdiensthöhe und damit die **wirtschaftliche Abhängigkeit** kommt es grundsätzlich nicht an.[54] Daher sind **Auszubildende, Anlernlinge, Praktikanten** und **Volontäre** ebenso wie in **mehreren Betrieben Beschäftigte** AN i. S. d. Gesetzes (näher

40 Vgl. eingehend dazu *BAG* 25.8.82, AP Nr. 32 zu § 611 BGB Lehrer, Dozenten; 13.1.83, AP Nr. 42 zu § 611 BGB; vgl. auch Rn. 63 ff.
41 Vgl. *BAG* 13.12.62, AP Nr. 3 zu § 611 BGB Abhängigkeit.
42 Ein vom AG einseitig vorgegebener Stundenplan kann für den Grad der pers. Abhängigkeit durch die damit verbundene zeitl./org. Einbindung in den Betrieb von entscheidender Bedeutung sein, vgl. *BAG* 15.2.12, BB 12, 1342 (red. Ls.).
43 Insbes. fachliche Weisungsgebundenheit, diese aber nur als relatives Merkmal, vgl. *Richardi,* Rn. 21 f. m. w. N.
44 Zu Letzterem *Hilger,* RdA 89, 1 [3].
45 BGBl. I S. 3412.
46 Vgl. zur GewO-Novelle *Bauer/Opolony,* BB 02, 1590; *Düwell,* ZTR 02, 461; *Perreng,* AiB 02, 521; *Schöne,* NZA 02, 829.
47 Vgl. *BAG* 3.10.75, AP Nr. 15 zu § 611 BGB Abhängigkeit.
48 Vgl. *Trümner,* BetrR 6 – 7/88, S. 5 f.
49 Z. B. Chefarzt [*BAG* 27.7.61, AuR 62, 55], hoch spezialisierter Techniker usw.; vgl. *Richardi,* a. a. O.
50 *BAG* 12.9.96, NZA 97, 600 [602].
51 *BAG* 12.9.96, a. a. O., m. w. N.
52 Vgl. etwa *BAG* 12.6.96, BB 97, 262 [Tankwarte, die ihre Arbeitszeit durch Listeneintrag selbst festlegen].
53 *BAG* 12.9.96, DB 97, 47.
54 Vgl. zur Auseinandersetzung mit dem von *Wank* insoweit geforderten Paradigmenwechsel *Richardi,* Rn. 31 ff.; Kittner/Zwanziger/*Deinert,* § 3 Rn. 5.

dazu Rn. 35, 130 ff.). **Teilzeitbeschäftigte** sind ebenfalls betriebsverfassungsrechtlich AN (vgl. Rn. 35 ff.). Gute Anhaltspunkte zur Einordnung gerade kritischer Fälle liefern die nach der Angehörigkeit zu bestimmten typischen **Personen- und Berufsgruppen** geordneten Übersichten in Handbüchern des Arbeitsrechts.[55]

b) Betriebszugehörigkeit als maßgebliches Kriterium

Die Begriffsbestimmung des AN, wie sie in Abs. 1 durch die Bezugnahme auf Arbeiter und Angestellte, die zu ihrer Berufsausbildung oder in Heimarbeit Beschäftigten sowie die Erwähnung von Außen-AN/Tele-AN zum Ausdruck kommt, enthält **nur scheinbar** eine abschließende **Definition des Personenkreises,** auf den sich die Vertretungszuständigkeit des BR erstreckt. Zu deren Bestimmung ist die Grundfunktion des betriebsverfassungsrechtlichen AN-Begriffs zu berücksichtigen, die u. a. darin besteht, innerhalb des räumlich-fachlichen Zuständigkeitsbereichs (Betrieb, Betriebsteil, Kleinstbetrieb) des BR den persönlichen Geltungsbereich des Gesetzes abzugrenzen.[56] Insofern ist es richtig, auf die **Betriebszugehörigkeit** eines AN als dem entscheidenden Merkmal des betriebsverfassungsrechtlichen AN-Begriffs abzustellen,[57] auch wenn dem Wortlaut nach nur § 8 dieses Kriterium zu kennen scheint. Der Betriebszugehörigkeit kommt in vielfältigen betriebsverfassungsrechtlichen Zusammenhängen ähnlich herausragende Bedeutung zu wie dem **Betriebsbegriff** selbst, sie ist schlechterdings **Voraussetzung für die Einbeziehung eines AN in die Betriebsverfassung.**[58] Von ihr hängen i. d. R. das aktive und passive Wahlrecht, die Zuständigkeit des BR für den betreffenden AN in dessen personellen Angelegenheiten, die betriebsverfassungsrechtlichen Individualrechte (§§ 81 ff.), die Geltung einer Betriebsvereinbarung für den AN usw. ab.[59] 13

Vor allem spielt das Erfordernis der Betriebszugehörigkeit neben den Fällen des drittbezogenen Personaleinsatzes (aufgespaltene AG-Position; vgl. Rn. 81 ff.) dort eine entscheidende Rolle, wo es um Beschäftigte geht, die ihre **Arbeitsleistung** gerade **nicht,** wie im Normalfall, **innerhalb der Betriebsstätte,** sondern andernorts erbringen (z. B. Tele-AN, ins Ausland Entsandte, Zeitungsausträger, Auslieferungsfahrer, Kundendienstberater, Montage-AN, reisende Vertreter, Pharmaberater, Service- und Wartungspersonal). Von daher lässt sich die Einfügung der Bezugnahme auf diese Erscheinungsformen durch die **Novellierung 2001** nur als Bestätigung der hier vertretenen Ansicht verstehen, wonach die **Betriebszugehörigkeit für den AN-Begriff** des BetrVG **konstitutiv** ist. Insbesondere dann, wenn das **UN mehrere Betriebe** hat, kann die Frage, in welchem Betrieb eine derartige Person AN i. S. d. § 5 Abs. 1 ist, Schwierigkeiten aufwerfen. Das gilt umso mehr, wenn die Arbeitsleistung selbst nicht eindeutig einem der in Betracht kommenden Betriebe zugeordnet werden kann oder der Betreffende sogar für mehrere Betriebe eingestellt worden ist (vgl. dazu Rn. 35 f., 48). Sämtliche vorgenannten Aspekte hat der *7. Senat des BAG* im Rahmen seiner Entscheidung v. 5.12.12[60] ausdrücklich anerkannt und die bisher unverrückbar anmutende **»Zwei-Komponentenlehre« (Kumulationstheorie)** für die Fälle des sog. drittbezogenen Personaleinsatzes als nicht sachgerecht **aufgegeben** (vgl. auch § 1 Rn. 245). 14

Dagegen verlangte die h. M. in der **Kommentarliteratur**[61] **und der** *7. Senat* **des** *BAG*[62] **bis zur** 15

---

55 Vgl. etwa Schaub/*Vogelsang*, Arbeitsrechts-Handbuch, § 8 Rn. 53, 54; Kittner/Zwanziger/*Deinert*, § 3 Rn. 63 ff.;

56 Vgl. *W. Schneider*, AiB 01, 128; *LAG Köln* 23.7.99, AiB 00, 429 m. Anm. *W. Schneider*.

57 GK-*Raab*, § 7 Rn. 17 ff., und *Joost*, S. 305, weisen zutreffend auf die nachlässige Behandlung dieses Merkmals in der Literatur hin; umfassend jetzt aber *Boemke*, Schuldvertrag und Arbeitsverhältnis, S. 425 ff.; vgl. auch *Rosendahl*, Anm. zu *BAG* 18.1.89, BetrR 89, 162; *Richardi*, NZA 87, 145; *Ziemann*, AuR 90, 58 [60]; *Rüthers/Bakker*, ZfA 90, 245 [306 ff.]; ausführlich *Christiansen*, Betriebszugehörigkeit S. 31 ff.

58 *Joost*, a. a. O.

59 Vgl. *Joost*, a. a. O.; GK-*Raab*, a. a. O.; *Rosendahl*, a. a. O.

60 *BAG* 5.12.12, NZA 13, 793 ff., Rn. 17 ff.; bekräftigt in *BAG* 13.3.13, NZA 13, 789 ff., Rn. 21 ff.; den bevorstehenden Rspr.-Wechsel vorsichtig ankündigend bereits *BAG* 10.10.12, AP Nr. 15 zu § 8 BetrVG 1972, Rn. 18.

61 Vgl. *Fitting*, § 7 Rn. 16; *GL*, § 7 Rn. 7, anders aber § 5 Rn. 11; GK-*Raab*, § 7 Rn. 20; ErfK-*Koch*, § 7 Rn. 2.

62 18.1.89, AP Nr. 1 zu § 9 BetrVG 1972, dort allerdings zum Problem der maßgeblichen Zahl der zu

Rspr.-Änderung im Jahre 2012 (Rn. 14 a. E.) für den AN-Begriff des Abs. 1 grundsätzlich zwei Komponenten (sog. **Kumulationstheorie oder Zwei-Komponenten-Lehre**): Einerseits sei ein **Arbeitsverhältnis** zum Betriebsinhaber **und** andererseits eine **tatsächliche Eingliederung** des AN in die Betriebsorganisation dieses Betriebsinhabers notwendig.[63] Der *1. Senat* des *BAG*[64] hält jedenfalls bei Leih-AN trotz fehlender Vertragsbeziehung zum Inhaber des Entleiherbetriebs die Mitbestimmungszuständigkeit des dortigen BR in den auch die Leih-AN betreffenden Arbeitszeitfragen für gegeben, was Legitimationsprobleme hinsichtlich der Normgeltung einer BV heraufbeschwört, wenn diesem normunterworfenen Personenkreis im Entleiherbetrieb jegliches Wahlrecht fehlt.[65] Das Legitimationsproblem hat der Gesetzgeber mit der **Novellierung 2001** durch Regelung des aktiven Wahlrechts von Leih-AN zum BR des Entleihbetriebs in Angriff genommen (näher Rn. 91 f.) Für die Frage, welcher BR bei Leih-AN die Mitbestimmungszuständigkeit besitzt, kommt es allerdings darauf an, ob der Verleih-AG oder der Entleih-AG die mitbestimmungspflichtige Maßnahme auslöst.[66]

16 **Die nun modifizierte, frühere Auffassung des** *7. Senats* (vgl. Rn. 15) in seiner Entscheidung vom 18.1.89[67] und den folgenden stand schon im **Widerspruch zu älteren Entscheidungen des** *1. Senats* **und des** *5. Senats.*[68] In den Entscheidungen vom 11.4.58 und 28.4.64[69] ging der *1. Senat* davon aus, dass die AN-Eigenschaft i. S. d. BetrVG nicht von einer formalen Rechtsstellung, sondern von der tatsächlichen Beziehung zum Betrieb (Eingliederung) abhängig sei. Der *5. Senat* stellte in ständiger Rspr. zur Abgrenzung des allgemein-arbeitsrechtlichen AN-Begriffs von der freien Mitarbeit maßgeblich auf das tatsächliche Merkmal der **Eingliederung in den Betrieb und die dortige Arbeitsorganisation** ab, um die persönliche Abhängigkeit und damit das Vorliegen eines Arbeitsverhältnisses zu bejahen.[70] Nach h. M. (vgl. Rn. 9) ist jedoch dieser allgemein-arbeitsrechtliche AN-Begriff gerade auch der Ermittlung des betriebsverfassungsrechtlichen AN-Begriffs zu Grunde zu legen.

17 Auch im Zusammenhang mit der Mitwirkung des BR **bei Einstellungen** kommt es nach zutreffender Ansicht des *1. Senats* des *BAG*[71] **nicht** auf den **rechtlichen Status** der betreffenden Person als Anwendungsvoraussetzung des § 99 Abs. 1 an, sondern wird allein darauf abgestellt, dass es sich um eine **tatsächliche Eingliederung in den Betrieb** handelt, wobei das Rechtsverhältnis des Betreffenden zum Betriebsinhaber keine Rolle spielt.[72] Zwar meint der *1. Senat,*[73] nicht alle Personen, deren »Einstellung« nach § 99 mitwirkungspflichtig sei, wären deshalb schon AN des Betriebs i. S. d. § 5 Abs. 1, vielmehr müsse der betriebsverfassungsrechtliche Status auf der Grundlage des § 5 Abs. 1 geprüft werden. Der *1. Senat*[74] hat jedoch offen gelassen, welche Umstände im Einzelfall jemanden zum AN i. S. d. § 5 Abs. 1 machen, wenn er unter Bezugnahme auf die h. M. ausführt, »zunächst« sei betriebsverfassungsrechtlich AN, wer unmittelbar in einem Arbeitsverhältnis zum Betriebsinhaber stehe **und** auf Grund dieses

---

wählenden BR-Mitglieder nach § 9; bekräftigt aber in *BAG* 25.2.98, NZA 98, 838; 22.3.00, AP Nr. 8 zu § 14 AÜG; 28.3.01, EzA § 7 BetrVG 1972 Nr. 2; 16.4.03, AP Nr. 7 zu § 9 BetrVG 1972; 22.10.03, AP Nr. 28 zu § 38 BetrVG 1972; 10.3.04, EzA § 9 BetrVG 2001 Nr. 2.

63 Kritisch zur Leitentscheidung des *BAG* v. 18.1.89, a. a. O., *Rosendahl,* BetrR 89, 162 f.; *Ziemann,* AuR 90, 58 ff.; *Rüthers/Bakker,* ZfA 90, 245 [308]; a. A. auch *LAG Frankfurt* 25.1.85, BB 85, 2173, das die Eingliederung genügen lässt; zurückhaltender gegenüber der »Zwei-Komponenten-These« offenbar auch *BAG* 4.4.90, AP Nr. 1 zu § 60 BetrVG 1972.

64 15.12.92; AuR 93, 188.

65 Auch *Richardi,* Rn. 73, hält den Vertrag mit dem Betriebsinhaber für keine notwendige Voraussetzung, sondern hält die Eingliederung und Weisungsunterworfenheit für maßgeblich.

66 *BAG* 19.6.01, NZA 01, 1263.

67 AP Nr. 1 zu § 9 BetrVG 1972.

68 Näher zu diesen Widersprüchen *Schneider/Trümner,* FS Gnade, S. 175 [185].

69 AP Nr. 1 zu § 6 BetrVG, AP Nr. 3 zu § 4 BetrVG.

70 Vgl. etwa *BAG* 3.10.75, 8.10.75, 9.3.77, 21.9.77, 15.3.78, 23.4.80, 13.1.83, AP Nrn. 16, 17, 18, 21, 24, 26, 34, 42 zu § 611 BGB Abhängigkeit.

71 15.4.86, 16.12.86, AP Nrn. 35, 40 zu § 99 BetrVG 1972; 1.8.89, DB 90, 483.

72 Vgl. auch *BAG* 18.4.89, AP Nr. 65 zu § 99 BetrVG 1972; aus neuerer Zeit 22.4.97 EzA § 99 BetrVG 1972 Einstellung Nr. 3 betreffend DRK-Schwestern.

73 18.4.89, a. a. O.

74 18.4.89, a. a. O.; so auch schon in der Entscheidung 15.4.86, a. a. O.

Arbeitsverhältnisses zur Arbeit im Dienst des Betriebsinhabers verpflichtet sei. Unentschieden bleibt damit jedoch gerade die Frage, welches der **Begründungstatbestand** eines solchen betriebsverfassungsrechtlich maßgeblichen **Arbeitsverhältnisses** ist, der Arbeitsvertrag oder die Eingliederung in die betriebliche Arbeitsorganisation.[75]

Die wohl h. M.[76] verlangt im Übrigen auch beim **passiven Wahlrecht** nach § 8 für die sechsmonatige Betriebszugehörigkeit gerade nicht, dass diese Beschäftigungszeit notwendigerweise im Status eines AN i. S. d. Vorschrift erbracht worden sein muss.[77] Vielmehr genügt es nach Sinn und Zweck der Norm, wenn ein Wahlbewerber sich z. B. im Rahmen eines Leiharbeitsverhältnisses,[78] als Nicht-AN i. S. d. § 5 Abs. 2 oder als ehemaliger leitender Angestellter den notwendigen Einblick in die betrieblichen Verhältnisse verschafft hat.[79] Auch die gesetzliche Wertung in § 8 Abs. 1 Satz 2, wonach die **Konzernzugehörigkeit** auf die Betriebszugehörigkeit angerechnet wird, belegt, dass eine arbeitsvertragliche Beziehung zum aktuellen AG (Betriebsinhaber) nach Sinn und Zweck der Vorschrift vom Gesetz selbst für das Merkmal der Betriebszugehörigkeit gerade nicht verlangt wird.[80] 18

Der *7. Senat* des *BAG* stützte sich zur Untermauerung seiner früheren Ansicht, dass zur Betriebszugehörigkeit die Komponenten Arbeitsverhältnis (durch Vertrag oder – ausnahmsweise – durch Gesetz begründet) und Eingliederung gehören, ausschließlich auf § 14 Abs. 1 AÜG,[81] wonach Leih-AN auch während der Zeit ihrer Arbeitsleistung bei einem Entleiher Angehörige des Verleiher-Betriebs bleiben. Als **Ausnahmevorschrift** lässt § 14 Abs. 1 AÜG jedoch gerade die **verallgemeinernde Schlussfolgerung nicht zu,** die bloß tatsächliche Eingliederung begründe noch keine Betriebszugehörigkeit.[82] Zutreffend hatte der *1. Senat*[83] aber erkannt, dass § 14 AÜG nur eine partielle Zuordnung von Leih-AN zum Verleiherbetrieb regele und deshalb der Annahme einer zusätzlichen Betriebszugehörigkeit zum Entleiherbetrieb nicht entgegenstehe.[84] Das wird durch die Normgeschichte belegt. 19

§ 14 AÜG mit seinen Vorschriften über die betriebsverfassungsrechtliche Stellung von unechten Leih-AN ist erst durch das »Gesetz zur Bekämpfung der illegalen Beschäftigung« vom 15.12.1981[85] in das AÜG eingefügt worden.[86] Damit wurde jedoch der bis dahin anhaltende **Streit** um die **betriebsverfassungsrechtliche Stellung** der **Leih-AN** nur **teilweise** geklärt.[87] **Vor In-Kraft-Treten des AÜG** vom 7.8.1972[88] am 12.10.1972 war allgemein anerkannt, dass echte Leih-AN betriebsverfassungsrechtlich sowohl dem Verleiher- als auch dem Entleiherbetrieb angehören.[89] Vor allem hinsichtlich des Wahlrechts wurde auch noch **nach** dem **In-** 20

75 Dazu näher Rn. 24 f.; vgl. auch *Schneider/Trümner,* FS Gnade, S. 175 [191], zur betriebsverfassungsrechtlichen Bedeutung des historischen Streits zwischen Vertragstheorie und Eingliederungstheorie; zu letzterem neuestens *Richardi,* FS Wank, S. 465 ff.; zu Recht weist *Säcker,* FS Quack, S. 421 [426] auf die inhaltliche Identität des Eingliederungsbegriffs in jenem historischen Streit mit dem betriebsverfassungsrechtlich erheblichen Tatbestand i. S. d. § 99 BetrVG hin, der die Betriebszugehörigkeit begründet.

76 Vgl. Richardi-*Thüsing,* § 8 Rn. 20; *GL,* § 8 Rn. 6; *WW,* § 8 Rn. 2; *LK,* § 8 Rn. 3; *BAG* 28.11.77, AP Nr. 2 zu § 8 BetrVG 1972; a. A. GK-*Kreutz,* § 8 Rn. 29.

77 A. A. *ArbG Berlin* 23.5.90, EzA § 8 BetrVG 1972 Nr. 7.

78 So zutreffend nun auch *BAG* 10.10.12, AP Nr. 15 zu § 8 BetrVG 1972.

79 Vgl. Richardi-*Thüsing,* § 8 Rn. 20 m. w. N.

80 Zum Wahlrecht im Konzern *Richardi,* NZA 87, 145.

81 Vgl. *BAG* 18.1.89, AP Nr. 1 zu § 9 BetrVG 1972.

82 In einer weiteren Entscheidung vom 18.1.89, DB 89, 1419, hat der *7. Senat* § 14 AÜG im Anschluss an den *1. Senat* vom 28.9.88, DB 89, 434, als auf die echte, d. h. nicht gewerbsmäßige Leiharbeit entsprechend anwendbare Vorschrift erklärt; kritisch zu dieser unzulässigen Analogiebildung *Ziemann,* AuR 90, 58 [63]; ablehnend auch *Rüthers/Bakker* ZfA 90, 245 [308 ff.].

83 15.12.92, AuR 93, 188.

84 Ebenso *v. Hoyningen-Huene,* SAE 94, 112; *Boemke,* Schuldvertrag und Arbeitsverhältnis, S. 567.

85 BGBl. I S. 1390.

86 Eingehend zur Gesetzgebungsgeschichte des § 14 AÜG bis zur BetrVG-Novelle 2001, die der *7. Senat des BAG* völlig unbeachtet lässt, Schüren-*Hamann,* § 14, Rn. 34 ff.

87 Vgl. *Becker/Wulfgramm,* § 14 Rn. 4, 7; Schüren-*Hamann,* § 14 Rn. 29 ff.; *Boemke,* AÜG, § 14 Rn. 52.

88 BGBl. I S. 1393.

89 *BAG* 11.4.58, AP Nr. 1 zu § 6 BetrVG; 28.4.64, AP Nr. 3 zu § 4 BetrVG; *Dietz,* BetrVG, 4. Aufl., § 4 Rn. 14 a; *Fitting/Auffarth,* 9. Aufl., § 6 Rn. 7; *Galperin/Siebert,* 4. Aufl., § 6 Rn. 14 m. w. N.; *Hueck/Nipperdey,* Bd. 1, S. 525; *Nikisch,* Bd. 1, S. 242, 244 f.

Kraft-Treten des Gesetzes am 12.10.1972 vielfach die Ansicht vertreten, der Leih-AN nach dem AÜG sei in beiden Betrieben wahlberechtigt.[90] Im Ausschussbericht zum AÜG[91] wurde zwar die Meinung vertreten, der Leih-AN sei betriebsverfassungsrechtlich dem Verleiher-Betrieb zugeordnet und dort wahlberechtigt und wählbar, jedoch mochte selbst das *BAG*[92] allein deswegen nicht abschließend entscheiden, ob **daneben** die Betriebszugehörigkeit zum Entleiherbetrieb ausgeschlossen sei. In einer späteren Entscheidung[93] hat das *BAG* selbst klargestellt, dass es seine Entscheidung vom 14.5.74 dahin verstanden wissen wolle, dass Leih-AN i. S. d. AÜG betriebsverfassungsrechtlich **sowohl** dem Verleiherbetrieb **als auch** dem Entleiherbetrieb angehören. Vor diesem Hintergrund ist die Einfügung des § 14 in das AÜG zu sehen und damit als Versuch des Gesetzgebers zu werten, die in der Praxis auch nach In-Kraft-Treten des AÜG fortbestehende Rechtsunsicherheit in betriebsverfassungsrechtlichen Fragen bei der AN-Überlassung zu beseitigen.[94]

21 § 14 Abs. 1 AÜG besagt zudem nur etwas hinsichtlich der **Aufrechterhaltung** der allgemeinen **Betriebszugehörigkeit zum Verleiherbetrieb.** Dagegen lässt die Vorschrift **keine** Entscheidung für eine **ausschließliche Betriebszugehörigkeit** im dortigen Betrieb erkennen.[95] Vielmehr geht der Gesetzgeber gerade von einer zumindest »partiellen« betriebsverfassungsrechtlichen Zugehörigkeit des Leih-AN zum Entleiherbetrieb aus,[96] wenn er in § 14 Abs. 2 und 3 AÜG einige betriebsverfassungsrechtliche Fragen beispielhaft geregelt hat. Gerade diese nur beispielhafte Regelung bedeutet nach unbestrittener Ansicht nicht, dass sich die betriebsverfassungsrechtliche Zugehörigkeit zum Entleiherbetrieb auf die dort genannten Bereiche beschränkt.[97] Schon aus diesem Grunde – und weil es sich um eine **Sondervorschrift für unechte Leiharbeit** handelt – ist § 14 AÜG für eine erweiternde Auslegung, wie sie der *7. Senat* des *BAG*[98] zur Begründung eines allgemeinen Begriffs der Betriebszugehörigkeit über das Spezialproblem der Leiharbeit hinaus vornimmt, vollkommen ungeeignet.[99] Auch die weitere Erwägung des *7. Senats,* wonach der Ausschluss des aktiven und passiven Wahlrechts im Entleiherbetrieb (§ 14 Abs. 2 Satz 1 AÜG; durch Art. 2 des BetrVerf-ReformG v. 23.7.01 [BGBl. I, S. 1852, 1863] ist als Folgeänderung zur Einräumung des begrenzten aktiven Wahlrechts im Entleiherbetrieb [§ 7 Satz 2 BetrVG] der Ausschluss des aktiven Wahlrechts in § 14 Abs. 2 Satz 1 AÜG aufgegeben worden) gegen die Annahme einer doppelten Betriebszugehörigkeit spreche, überzeugt nicht im Zusammenhang mit der Begründung eines allgemeinen Begriffs der Betriebszugehörigkeit. Der gesetzliche Ausschluss des Wahlrechts diente der **Klarstellung,** weil ohne diese Regelung, je nach Vorliegen der Voraussetzungen des § 7 BetrVG, das Wahlrecht für Leih-AN auch im Entleiherbetrieb jedenfalls nach der früheren Rspr. des *BAG* (vgl. Rn. 16, 17) zu bejahen wäre.[100] Gerade diese Ansicht wird durch die besondere Regelung zum aktiven Wahlrecht der Leih-AN nach § 7 Satz 2 durch die Novelle 2001 bestätigt.

22 Nimmt man den Inhalt des 2. Leitsatzes der Entscheidung vom 18.1.89[101] beim Wort, so führt

---

90 Vgl. GK-*Kraft,* § 5 Rn. 14 [2. Bearbeitung]; *Kraft,* Anm. zu *BAG* 14.5.74, AP Nr. 2 zu § 99 BetrVG 1972; *Etzel,* Betriebsverfassungsrecht, 2. Aufl. 1982, S. 25; *Halbach,* DB 80, 2389 [2391]; *Ramm,* DB 73, 1170 [1174]; bei echter Leiharbeit für ein Wahlrecht auch *Heinze,* ZfA 76, 183 [211]; *Dietz/Richardi, 6. Aufl.,* Rn. 82; *GL,* Rn. 10.

91 BT-Drucks. VI/3505, S. 4.

92 14.5.74, AP Nr. 2 zu § 99 BetrVG 1972.

93 *BAG* 6.6.78, AP Nr. 6 zu § 99 BetrVG 1972, unter II 1 a der Gründe.

94 Vgl. BT-Drucks. 9/800, S. 7; *BAG* 15.4.86, AP Nr. 35 zu § 99 BetrVG 1972 unter B II 2 c der Gründe; *Becker/Wulfgramm,* § 14 Rn. 4; ausführlich und die hier vertretene Ansicht teilend, Schüren-*Hamann,* § 14 Rn. 33 ff.; *Boemke,* AÜG, § 14 Rn. 53.

95 So auch *BAG* 15.12.92, AuR 93, 188; *Becker/Wulfgramm,* § 14 Rn. 6; Schüren-*Hamann,* § 14 Rn. 32; a. A. *Sandmann/Marschall,* § 14 Anm. 4.

96 Zutreffend *Becker/Wulfgramm,* § 14 Rn. 19; Schüren-*Hamann,* § 14 Rn. 46, zu Recht kritisch zum Begriff »partielle« Betriebszugehörigkeit.

97 Statt aller *Becker/Wulfgramm,* a. a. O., m. w. N.

98 18.1.89, AP Nr. 1 zu § 9 BetrVG 1972.

99 Vgl. auch *Ziemann,* AuR 90, 58 [64].

100 Ebenso unter Hinweis auf den klar zum Ausdruck gekommenen Willen des Gesetzgebers Schüren-*Hamann,* § 14 Rn. 37.

101 AP Nr. 1 zu § 9 BetrVG 1972.

dies zu einer für Leih-AN höchst bedenklichen betriebsverfassungsrechtlichen **Ungereimtheit.** Wären die beiden Komponenten (Arbeitsverhältnis zum Betriebsinhaber und Eingliederung) wirklich für einen allgemeinen Begriff der Betriebszugehörigkeit konstitutiv, so müsste dieser Begriff auch auf Leih-AN zur Bestimmung ihrer betriebsverfassungsrechtlichen Stellung anwendbar sein. Das ist jedoch nicht der Fall, wie schon das Beispiel einer typischen Leiharbeitsfirma zeigt, die zwar über einen Bürobetrieb zur Erledigung der mit der AN-Überlassung verbundenen verwaltungsmäßigen Aufgaben verfügt, jedoch keinen eigenen Produktionsbetrieb hat. Der **Leih-AN** einer solchen Firma wäre nach der Logik der *BAG*-Entscheidung vom 18.1.89[102] **weder im Verleiher- noch im Entleiherbetrieb betriebszugehörig:** Zum Verleiher besteht zwar ein durch Arbeitsvertrag begründetes Arbeitsverhältnis, mangels einer eigenen betrieblichen Organisation gibt es jedoch dort keine Eingliederung; zum Entleiher wiederum besteht zwar kein vertraglich oder gesetzlich begründetes Arbeitsverhältnis, jedoch erfolgt hier typischerweise die Eingliederung in die Betriebsorganisation. Mangels Betriebszugehörigkeit in beiden Betrieben entfiele damit jegliche Einbeziehung dieser AN in den betriebsverfassungsrechtlichen Schutzbereich überhaupt. Diesem Ergebnis widerspricht aber der klare Wortlaut des § 14 AÜG, der eine »partielle« Betriebszugehörigkeit differenziert nach unterschiedlichen Sachzusammenhängen in beiden Betrieben anordnet. Allein dies belegt zusätzlich, dass es sich bei § 14 AÜG um eine nicht verallgemeinerbare Sondervorschrift handelt, die für den Begriff der Betriebszugehörigkeit nach dem BetrVG nichts hergibt.[103]

Darüber hinaus führte die jetzt aufgegebene Ansicht des *7. Senats*[104] letztlich dazu, bereits immer dann Personen aus dem persönlichen **Geltungsbereich des BetrVG** im jeweiligen Beschäftigungsbetrieb **auszugliedern,** wenn entweder eine arbeitsvertragliche Beziehung zum Betriebsinhaber nicht besteht (Fälle des drittbezogenen Personaleinsatzes, vgl. auch Rn. 81 ff.) oder fehlerhaft ist.[105] Sie hätte aber auch zur Folge gehabt, dass es in einem **Gemeinschaftsbetrieb mehrerer UN** keine betriebsangehörigen AN gibt: Nach Ansicht des *BAG* (vgl. § 1 Rn. 92) ist für die Annahme eines Gemeinschaftsbetriebs mehrerer UN die zumindest schlüssige Abrede der beteiligten UN über die einheitliche Leitung des gemeinsamen Betriebs (Betriebsführungsvereinbarung) erforderlich, die nach wohl herrschender, auch vom *BAG* gelegentlich sogar ausdrücklich geteilter Doktrin[106] oftmals zur Entstehung einer Gesellschaft bürgerlichen Rechts führen soll.[107] Gerade zu dieser BGB-Gesellschaft als Inhaberin der betriebsverfassungsrechtlich entscheidenden betrieblichen Organisationsgewalt[108] bestehen die Arbeitsvertragsbeziehungen der im Gemeinschaftsbetrieb beschäftigten Personen jedoch nicht, sondern (meist) ausschließlich zu nur einem der jeweils am Gemeinschaftsbetrieb beteiligten UN. Mangels Vertragsbeziehung zur BGB-Gesellschaft, die selbst und als solche indes ohnehin nicht (auch nicht partiell) rechtsfähig ist, wäre das Merkmal der Betriebszugehörigkeit nicht erfüllt; der Gemeinschaftsbetrieb hätte keine AN, und ein BR könnte demzufolge nicht gebildet werden – eine Konsequenz, die freilich das *BAG* selbst nicht zieht, die aber zeigt, dass die Inhaltsbestimmung des Merkmals der Betriebszugehörigkeit, wie der *7. Senat* sie vorgenommen hatte, nicht richtig sein konnte.[109] **23**

Die frühere Auffassung des *7. Senats* (vgl. Rn. 15 ff.) führte – konsequent angewandt – deswegen zu nicht vertretbaren Ergebnissen, weil sie vor allem an der unkritischen Übernahme des von der Vertragstheorie[110] geprägten Verständnisses über den **Arbeitsvertrag** als dem **24**

102 A. a. O.
103 Vgl. auch *Boemke,* AÜG § 14 Rn. 4; *ders.,* Schuldvertrag, S. 587.
104 18.1.89, AP Nr. 1 zu § 9 BetrVG 1972.
105 Sog. faktisches Arbeitsverhältnis; vgl. auch *Ziemann,* AuR 90, 58 [62].
106 Z. B. 7.8.86, AP Nr. 5 zu § 1 BetrVG 1972.
107 Kritisch zu dieser gekünstelten Annahme, die schon als vermögenslose BGB-Innengesellschaft äußerst problematisch erscheint, *Kohte,* RdA 92, 302 [304]; näher § 1 Rn. 173 ff.
108 Institutionelle Leitung in sozialen und personellen Angelegenheiten und somit »Generalbevollmächtigte im Umgang mit dem BR« [so treffend *Gamillscheg,* Anm. zu EzA § 4 BetrVG 1972 Nrn. 4 und 5, S. 40].
109 Wie hier *Ziemann,* a. a. O.; kritisch zu diesen merkwürdigen Konsequenzen bereits *Joost,* S. 263; GK-*Kreutz,* § 7 Rn. 19, will daher für die Betriebszugehörigkeit im Gemeinschaftsbetrieb das Bestehen eines Arbeitsvertrages zu nur einem der beteiligten AG genügen lassen.
110 Vgl. dazu *Hueck/Nipperdey,* Bd. 1, S. 37, 115 ff.; *Richardi,* Rn. 72.

Begründungstatbestand des Arbeitsverhältnisses und die angeblich darüber auch im BetrVG konstituierte AN-Eigenschaft krankt. So sehr es richtig ist, dass die individualarbeitsrechtlichen Problemfälle, die mit der Vertragstheorie nicht lösbar schienen (z. B. das fehlerhafte Arbeitsverhältnis), auch ohne die Eingliederungstheorie erklärbar sind, so falsch ist es, die Untauglichkeit aller **Elemente der Eingliederungstheorie** für das Arbeitsrecht insgesamt zu behaupten.[111] Deren Überzeugungskraft liegt gerade darin, dass sie tatsächlichen Verhältnissen und Vorgängen (Eingliederung) im Arbeitsleben auch rechtliche Bedeutung beimisst. Damit trifft die Eingliederungstheorie auf ein ganz ähnliches **Strukturmerkmal des Betriebsverfassungsrechts.** Auch das BetrVG knüpft vor allem an **tatsächliche Verhältnisse** an, was ein Blick auf die Mitbestimmung im Konzernbereich verdeutlicht. Hier ist das Bestehen eines vertraglich begründeten Arbeitsverhältnisses zu derjenigen Stelle, bei der Mitbestimmungsrechte ausgeübt werden, gerade kein konstitutives Prinzip der Betriebsverfassung. Die vertraglich begründeten Arbeitsverhältnisse der KBR-Mitglieder bestehen nur zu den einzelnen Konzern-UN, nicht zum Konzern und auch nicht notwendig zum herrschenden UN des Konzerns, bei dem der KBR gebildet wird.[112] Kerngedanke ist hier, dass die betriebliche Mitbestimmung dort auszuüben ist, wo die unternehmerische **Leitungsmacht tatsächlich** entfaltet wird.[113] Dann ist jedoch auch kein Grund dafür ersichtlich, weshalb es für die betriebsverfassungsrechtliche Zuordnung der Personen, in deren Interesse der BR auf der rein betrieblichen Ebene Mitwirkungs- und Mitbestimmungsrechte ausübt, auf deren vertragsrechtliche Beziehung zum Betriebsinhaber ankommen soll, wenn sich dessen tatsächlich ausgeübte Leitungsmacht auch auf diesen Personenkreis erstreckt.[114]

25 Für die Bestimmung des **Merkmals der Betriebszugehörigkeit** ist daher von der funktionellen Bedeutung des AN-Begriffs in der Betriebsverfassung und dem Betriebsbegriff selbst auszugehen. Im Allgemeinen wird der **AN-Begriff als Funktionsbegriff** bezeichnet, dessen Aufgabe darin besteht, den personellen Geltungsbereich des Arbeitsrechts richtig abzugrenzen. Nichts anderes gilt für den betriebsverfassungsrechtlichen AN-Begriff, der den persönlichen Geltungsbereich des BetrVG abgrenzen soll.[115] Neben den in § 5 selbst enthaltenen Modifikationen des allgemeinen AN-Begriffs (vgl. Rn. 1 f., 8 f.) ergibt sich jedoch aus dem teleologischen Zusammenhang der §§ 7 und 8 Abs. 1 Satz 1, dass AN i. S. d. Gesetzes nur betriebsangehörige AN sein können.[116] Dies wird nunmehr auch durch die Einfügung in § 7 Satz 1 (»des Betriebs«) verdeutlicht. Es ist daher nur folgerichtig, die **Betriebszugehörigkeit** unter Bezugnahme auf den **Betriebsbegriff** zu bestimmen.[117] Sieht man mit der h. M. (vgl. § 1 Rn. 58) den Betrieb als arbeitstechnische Organisation (vgl. zur Problematik dieses Merkmals für den Betriebsbegriff § 4 Rn. 28) bzw. organisatorische Einheit an, so ist Betriebszugehörigkeit gleichbedeutend mit **Organisationszugehörigkeit.**[118] Diese Organisationszugehörigkeit kann aber **nicht durch den Arbeitsvertrag** vermittelt werden, weil der Betrieb selbst kein Rechtssubjekt ist, zu dem eine Vertragsbeziehung unterhalten werden könnte. Die zum Betrieb durch das Merkmal der Be-

111 Vgl. auch *Konzen*, ZfA 82, 259 [275 f.]; die Dissertation von *Metzmaier*, Die Eingliederungstheorie und die Lehre vom Arbeitsverhältnis [1968], geht nur auf die individualrechtlichen Aspekte des Theorienstreits ein.

112 Vgl. *Joost*, S. 264; *Ziemann*, AuR 90, 58 [62].

113 Vgl. *BAG* 18.6.70, AP Nr. 20 zu § 76 BetrVG; 21.10.80, AP Nr. 1 zu § 54 BetrVG 1972; 30.10.86, AP Nr. 1 zu § 55 BetrVG 1972.

114 Schon deshalb zutreffend *BAG* 15.12.92, AuR 93, 188, das die Leih-AN unter die Mitbestimmungskompetenz des BR im Entleiherbetrieb stellt, wenn über das elementare Problem der auch von Leih-AN einzuhaltenden Arbeitszeitregelungen eine betriebliche Ordnung vereinbart werden soll; zustimmend *v. Hoyningen-Huene*, SAE 94, 112 ff.

115 Ebenso auch *LAG Köln* 23.7.99, AiB 00, 429, rk., m. Anm. *W. Schneider*.

116 Vgl. *Richardi*, NZA 87, 145.

117 So zutreffend GK-*Kreutz*, § 7 Rn. 17; *Christiansen*, S. 46 ff.; vgl. auch *Joost*, S. 306, 309, der auf der Basis des von ihm entwickelten Betriebsbegriffs jedoch jeden AN als betriebszugehörig bezeichnet, der in den *räumlichen* Zusammenhang von abhängig arbeitenden Menschen einbezogen ist; auch *Joost* verzichtet aber mit zutreffenden Argumenten auf das Erfordernis einer arbeitsvertraglichen Beziehung zum Betriebsinhaber.

118 Kritisch zur Verwendung des Organisationsbegriffs *Joost*, S. 126 f., 306 f.; wie hier *Ziemann*, AuR 90, 58 [64].

triebszugehörigkeit vermittelte Beziehung kann daher notwendigerweise nur eine tatsächliche sein.[119] Das wird offenbar auch vom Gesetzgeber so gesehen, denn er stellt in § 7 Satz 1 ausdrücklich auf »AN des Betriebs« ab und nicht auf »AN des Betriebsinhabers«.

Dieser tatsächliche Vorgang, der die **Betriebszugehörigkeit** begründet, ist die **Einstellung** i. S. d. § 99.[120] Diese kann (muss aber nicht) zusammenfallen mit der Begründung eines Arbeitsvertrags zum Betriebsinhaber (im Gemeinschaftsbetrieb: zu einem der beteiligten AG). Ausreichend ist jedoch stets, dass eine Person **in den Betrieb eingegliedert** wird, um zusammen mit den im Betrieb schon beschäftigten AN den arbeitstechnischen Zweck des Betriebes durch **weisungsgebundene Tätigkeit** zu verwirklichen.[121] Die Einstellung ist somit auch nicht identisch mit der bloßen Beschäftigung im Betrieb, sie setzt die Zuweisung eines Arbeitsbereichs innerhalb der Arbeitsorganisation des Beschäftigungsbetriebs durch den dortigen AG voraus.[122] Maßgebend ist, ob die von diesen Personen zu verrichtende Tätigkeit ihrer Art nach eine weisungsgebundene Tätigkeit ist, die der Verwirklichung des arbeitstechnischen Zwecks des Betriebs zu dienen bestimmt ist und daher vom Betriebsinhaber organisiert werden muss.[123] Ausreichend ist es, wenn dem AG des Einsatzbetriebs **wenigstens ein Teil der** für ein Arbeitsverhältnis **typischen Entscheidungen** über den Arbeitseinsatz zusteht, auch wenn das Rechtsverhältnis der tätigen Arbeitsperson kein Arbeitsvertragsverhältnis ist.[124] 26

Dieses Verständnis des betriebsverfassungsrechtlichen AN-Begriffs trägt dem Umstand Rechnung, dass es insbesondere **beim drittbezogenen Personaleinsatz** (vgl. zu den verschiedenen Formen Rn. 81 ff.) i. d. R. zur Aufspaltung der Rechtspositionen des Vertrags-AG kommt, wobei die faktische Komponente des unter der **Leitungsmacht des AG im Beschäftigungsbetrieb erfolgenden** Arbeitseinsatzes dazu führt, dergestalt überlassene Arbeitspersonen auch im Beschäftigungsbetrieb zu den AN i. S. d. BetrVG zu zählen. Soweit besondere Vorschriften (z. B. § 14 AÜG) den Rechtsstatus des eingegliederten AN im Beschäftigungsbetrieb einschränken, sind diese zu beachten, sie ändern jedoch nichts am **Grundtatbestand der Betriebszugehörigkeit.** Das Legitimationsproblem hinsichtlich der BV-Normgeltung (vgl. Rn. 15 a. E.) stellt sich umso schärfer, je länger die maximale Leihfrist nach dem AÜG ist und je länger damit der Entzug des Wahlrechts im Entleiher-Betrieb andauert. Der AÜG-Gesetzgeber hatte ursprünglich den Ausschluss des Wahlrechts im Entleiher-Betrieb gerade auf die nur kurze Dauer des Arbeitseinsatzes gestützt; diese betrug damals drei Monate. Sie war seither schrittweise angehoben worden, bis sie aufgrund von Art. 6 Nr. 3 b) des Gesetzes vom 23. 12. 2002[125] zeitlich unbegrenzt zulässig wurde.[126] Diesen Bedenken hatte der Gesetzgeber mit der **Novellierung 2001** dadurch zum Teil Rechnung getragen, dass er nach § 7 Satz 2 das aktive Wahlrecht von Leih-AN vorsieht, wenn sie länger als drei Monate im Betrieb eingesetzt werden. Bei langfristig überlassenen AN erwächst hinsichtlich der Vorenthaltung des passiven Wahlrechts hieraus nach wie vor aber ein Gleichbehandlungsproblem (vgl. Rn. 91 f.). 27

---

119 Im Ergebnis ebenso *Joost*, S. 309; *Säcker*, FS Quack, S. 421 [426].

120 Grundlegend dazu *Boemke*, Schuldvertrag und Arbeitsverhältnis, S. 302 f.; *Richardi*, NZA 87, 145 [146]; *Ziemann*, AuR 90, 58 [64]; zustimmend Schüren-*Hamann*, § 14 Rn. 20 ff.; ablehnend *Christiansen*, S. 76 f., die unter Anwendung letztlich des Betriebsbegriffs des *BAG* [»Leitungsapparat«, vgl. § 1 Rn. 78 f.] die Betriebszugehörigkeit der Entscheidungsunterworfenheit in den beteiligungspflichtigen Angelegenheiten folgen lässt.

121 Vgl. *BAG* 15. 4. 86, AP Nr. 35 zu § 99 BetrVG; 1. 8. 89, DB 90, 483; *LAG Köln* 23. 7. 99, AiB 00, 429.

122 Zutreffend *Boemke*, a. a. O.; *Richardi*, a. a. O.; zur inhaltlichen Identität mit dem Eingliederungsbegriff der Eingliederungstheorie o. Rn. 17; zur Eingliederung als dem maßgeblichen Tatbestand, der eine Arbeitsperson dem kollektiven Schutz des BetrVG unterstellt, auch *GmS-OGB* 12. 3. 87, AP Nr. 35 zu § 5 BetrVG 1972, Bl. 50 R, 51; *BAG* 26. 11. 87, NZA 88, 505 [506]; zum Einstellungs- und Eingliederungsbegriff ausführlich § 99 Rn. 39 ff.; zu dessen Entwicklung in der *BAG*-Rspr. auch *Hunold*, NZA 98, 1025.

123 *BAG* 1. 8. 89, a. a. O.; zur nachfolgend restriktiveren Definition des Einstellungsbegriffes beginnend mit *BAG* 5. 3. 91, NZA 91, 687, ausführlich und kritisch § 99 Rn. 61 ff.

124 So zutreffend *BAG* 22. 4. 97, EzA § 99 BetrVG 1972 Einstellung Nr. 3 für DRK-Schwestern im Einsatzkrankenhaus.

125 »Hartz I«, BGBl. I S. 4607, 4617.

126 Vgl. näher dazu Schüren-*Hamann*, § 14 Rn. 62 f.; durch das AÜGÄndG 2011 ist diese zeitliche Grenzenlosigkeit wieder beseitigt worden.

28 Die Aufspaltung der Vertragsarbeitgeberposition in die Vertragskomponente, die beim Vertrags-AG verbleibt, und die Beschäftigungskomponente, die auf den Beschäftigungs-AG übergeht, und deren praktische Folgen müssen jedoch mit dem an sich nicht teilbaren persönlichen Geltungsbereich des BetrVG harmonisiert werden, weil das Gesetz sowohl Regelungsbereiche enthält, die sich auf die Vertragskomponente beziehen (z. B. in den personellen Einzelangelegenheiten), als auch solche, die an die tatsächliche Beschäftigung innerhalb der betrieblichen Arbeitsorganisation anknüpfen (i. d. R. bei den sozialen Angelegenheiten).[127] Wegen der **grundrechtsverwirklichenden Funktion** der betriebsverfassungsrechtlichen **Beteiligungstatbestände** (vgl. § 1 Rn. 4 ff. m. w. N.) wäre es nicht hinnehmbar, wenn Beteiligungsrechte, die der **Begrenzung des Arbeitgeberweisungsrechts** im Beschäftigungsbetrieb dienen, nur deshalb keine Wirkung für die dort eingegliederten AN entfalten sollten, weil diese Personen nicht in einem Arbeitsvertragsverhältnis zum Betriebsinhaber stehen.[128] Soweit dagegen betriebsverfassungsrechtliche Vorschriften den Bestand eines durch Arbeitsvertrag mit dem Betriebsinhaber begründeten Arbeitsverhältnisses voraussetzen, sind sie nicht anwendbar.[129] Die Wahrnehmung der Mitbestimmungsrechte richtet sich nach der Zuständigkeit eines BR, so dass bei Entscheidungen des Vertragsarbeitgebers der BR des Verleihers, bei Entscheidungen des Entleihers der dortige BR die MBR wahrnimmt.[130]

29 Für die Fälle des sog. drittbezogenen Personaleinsatzes will *v. Hoyningen-Huene*[131] in Anknüpfung an die klassische Unterscheidung von **Verpflichtungs- und Erfüllungsgeschäft** (im Beamtenrecht: Grundverhältnis bzw. Durchführungs- oder Erfüllungsverhältnis) die Mitbestimmungszuständigkeit des BR danach beantworten, auf welche Ebene (arbeits**vertragliches** Grundverhältnis bzw. betriebsbezogenes Durchführungsverhältnis) eine beteiligungspflichtige Maßnahme zielt: der BR des Stammbetriebs (gemeint ist der Betrieb des Vertrags-AG) ist zuständig in Angelegenheiten, die das **Grundverhältnis** betreffen, der BR des Einsatz-/Arbeitsbetriebs (gemeint ist der Betrieb des Fremd-AG) ist zuständig für Angelegenheiten, die das **Durchführungsverhältnis** betreffen.[132] Ein sachlicher Unterschied zur hier vertretenen Ansicht ergibt sich daraus nicht: Der sektoralen Aufspaltung der AG-Position folgt die sektorale Aufspaltung der BR-Zuständigkeit.[133] Die Beteiligung des zuständigen BR bedarf jedoch der demokratischen Legitimation, die ein wenigstens potentielles Wahlrecht zu beiden BR voraussetzt. Das Wahlrecht wird durch die AN-Eigenschaft **im Betrieb** vermittelt und erfordert die Zugehörigkeit zum Betrieb. Das **Legitimationsproblem** lässt sich bei aufgeteilten AG-Positionen nur durch die Anerkennung mehrfacher Betriebszugehörigkeit lösen, die Kumulationstheorie (o. Rn. 15) macht eine systemgerechte Lösung unmöglich, da sie auf die Ausnahmevorschrift des § 14 AÜG fixiert ist. Dies hat offenbar der Gesetzgeber erkannt und durch Änderung des § 14 AÜG (vgl. Rn. 27 a. E. und Rn. 21) sowie § 7 Satz 2 im Rahmen der **Novellierung 2001** versucht, die durch eine falsche Theorie erzeugten Systemwidrigkeiten zu beseitigen. Jedenfalls mit In-Kraft-Treten der Novelle 2001 war es – wie jetzt mit den Entscheidungen vom 5.12.12 und 13.3.13 geschehen (vgl. Rn. 14) – dringend geboten, dass der *7. Senat* des *BAG* seine Position zur Frage des AN-Begriffs und der Betriebszugehörigkeit überdenkt, denn das Wahlrecht für Leih-AN setzt deren Betriebszugehörigkeit im Entleiherbetrieb voraus, obgleich naturgemäß kein Arbeitsvertrag zu *diesem* AG vorliegt. Vom Standpunkt der

---

127 Dazu im Einzelnen *Becker*, AuR 82, 369 [370, 375].

128 Ebenso *Blanke*, Mitbestimmung im öffentlich-privatrechtlichen Gemeinschaftsbetrieb, S. 68 f., unter Anwendung eines schutzzweckorientierten AN-Begriffs i. S. d. BetrVG; vgl. zu den beispielsweise im Drittbetrieb anwendbaren Tatbeständen *Becker*, a. a. O., S. 376; weiter gehend *Heinze*, ZfA 76, 183 [212], der prinzipiell von der Anwendbarkeit der gesamten Betriebsverfassung des Beschäftigungsbetriebs **neben** der des Verleiherbetriebs ausgeht und in den Fällen möglicher Kollisionen diese nach den Grundsätzen der Anspruchsnormenkonkurrenz löst.

129 Vgl. *Becker*, a. a. O., S. 370; ebenso jetzt *BAG* 15.12.92, AuR 93, 188; anders *Heinze*, a. a. O., S. 212.

130 *BAG* 19.6.01, NZA 01, 1263; dem folgend *BAG* 9.6.11, BB 11, 1587 f.

131 MünchArbR, (1. Aufl.), § 298 Rn. 38 ff., 45 ff.; *ders.*, SAE 94, 112 [113]; ihm folgend *Boemke*, Schuldvertrag und Arbeitsverhältnis, S. 230 ff., 279 ff., 428 ff.

132 V. *Hoyningen-Huene*, SAE 94, 113.

133 Ähnlich *BAG* 2.11.93, NZA 94, 627, das die BR-Zuständigkeit danach bestimmt, welcher der betreffenden AG [Entleiher oder Verleiher] die beteiligungspflichtige Maßnahme auslöst; vgl. auch *BAG* 19.6.01, NZA 01, 1263.

hier vertretenen Ansicht ist es nur folgerichtig, wenn § 14 Abs. 1 AÜG die Zugehörigkeit zum Verleihbetrieb ausdrücklich anordnet, denn ohne diese Vorschrift gäbe es dort keine Betriebszugehörigkeit des Leih-AN.

Gleichwohl hatte der *7. Senat* des *BAG* auch in seinen bereits unter Geltung des 2001 novellierten BetrVG ergangenen Entscheidungen (vgl. Rn. 15) – auch unter neuerlicher Prüfung – zunächst daran fest gehalten, dass **Leih-AN im Entleiherbetrieb nicht zu den AN i. S. d. § 5 Abs. 1 BetrVG** gehören, selbst wenn ihnen nach § 7 Satz 2 das aktive Wahlrecht im Entleiherbetrieb zusteht.[134] Ihnen fehle die arbeitsvertragsrechtliche Beziehung zum Entleiher-AG und § 14 Abs. 1 AÜG lege die fortdauernde Betriebszugehörigkeit zum Verleiherbetrieb fest, so dass trotz tatsächlicher Eingliederung im Einsatzbetrieb infolgedessen **keine Betriebszugehörigkeit zum Entleiherbetrieb** entstehen könne. Indem der Gesetzgeber seit der Novellierung 2001 betone, dass es AN »des Betriebs« (§ 7 Satz 1) gebe und solche »eines anderen Arbeitgebers« (§ 7 Satz 2) werde zudem schon **vom Wortlaut her** verdeutlicht, dass Leih-AN keine AN des Einsatzbetriebes seien. Diese Auslegung überinterpretiert allerdings die Bedeutung des neu in die Bestimmung aufgenommenen Zusatzes »des Betriebs«, denn streng genommen kann es AN »des Betriebs« deswegen nicht geben, weil der **Betrieb selbst nicht rechtsfähig** ist, sondern nur dessen Inhaber. Demgegenüber stellt § 7 Satz 2 allein auf die vertragsrechtliche Beziehung des Leih-AN zu seinem AG ab, während die tatsächliche Komponente der Betriebszugehörigkeit zum Verleiherbetrieb in § 14 Abs. 1 AÜG thematisiert wird, der jedoch gerade keine Aussage zu einer daneben auch denkbaren zusätzlichen Zugehörigkeit zum Entleiherbetrieb trifft. **In systematischer Hinsicht** überzeugte die frühere Argumentation des *7. Senats* überdies nicht, weil § 7 BetrVG nur Fragen des – für die gewerbsmäßige Leiharbeit bis zur Novellierung 2001 ausgeschlossenen – aktiven Wahlrechts betrifft und daher für allgemeine Aussagen zur Betriebszugehörigkeit kaum aussagekräftig erscheint. Andernfalls würde auch der Umstand völlig außer Acht gelassen, dass die Einstellung eines Leih-AN in den Entleiherbetrieb und damit die betriebsverfassungsrechtlich erhebliche Begründung der Betriebszugehörigkeit auch in diesem Betrieb dem MBR des BR gem. § 99 unterliegt (vgl. § 14 Abs. 3 Satz 1 AÜG). Der **Wille des Gesetzgebers** war jedoch gerade daran orientiert, mit der Novellierung 2001 die Betriebszugehörigkeit der Leih-AN trotz fehlender Vertragsbeziehung zum Entleiher auch zu dessen Betrieb zu betonen.[135] Wenn insoweit davon die Rede ist, es gehe nicht darum, die Leih-AN »in rechtlich unzutreffender Weise als Arbeitnehmer des Entleiherbetriebs einzustufen«,[136] so wiederholt sich hier nur dieselbe sprachliche Nachlässigkeit, die in § 7 Satz 1 (»Arbeitnehmer des Betriebs«) festzustellen ist: Der Gesetzgeber wollte – wie § 7 Satz 2 zeigt – offensichtlich nur für die Frage der Wahlberechtigung danach differenzieren, zu welchem AG eine vertragsrechtliche Beziehung besteht, nicht aber allgemeine Aussagen zur Frage der Betriebszugehörigkeit treffen. 30

Der frühere Vorsitzende des 7. Senats, *Dörner*,[137] hatte im Jahre 2005 aufgrund der fortgesetzten Kritik an der Senatsrechtsprechung zu erkennen gegeben, dass die **Rspr. des 7. BAG-Senats modifiziert** werden könnte, sofern sich z. B. auf Grund tatsächlicher gewandelter Verhältnisse zeigen sollte, dass **Leiharbeit kein Randphänomen** mehr sei. Insbesondere die unbegrenzte, wiederholte bzw. dauerhafte und langfristige Heranziehung könnte ggf. Anlass zur Überprüfung der bisherigen Rspr. geben. Unter ausdrücklichem Bezug auf diese Andeutung eines möglichen Rspr.-Wandels hatte z. B. das *LAG Schleswig-Holstein*[138] nicht gewerbsmäßig überlassene AN dem Entleiherbetrieb zugeordnet und ihnen dort das aktive und passive Wahlrecht zuerkannt. § 14 AÜG sei deswegen nicht entsprechend anzuwenden, weil die Überlassung auf Dauer und ohne jeden Rückrufvorbehalt erfolgt sei. Der 7. Senat war dem in seiner Entscheidung v. 17.2.10 jedoch nicht gefolgt (vgl. Rn. 30). 31

Wenn der hier vertretenen Ansicht entgegengehalten wird, sie führe zu Beurteilungsschwierigkeiten insbesondere bei der **Grenzziehung zu sog. Unternehmer-AN**,[139] so geht diese Kritik 32

134 Vgl. zuletzt *BAG* 17.2.10, NZA 10, 832.
135 BT-Drucks. 14/5741, S. 27 f., 36.
136 A. a. O., S. 28.
137 FS Wißmann, 286, 295 ff.
138 14.6.07 – 1 TaBV 64/06.
139 Vgl. GK-*Raab*, § 7 Rn. 18.

fehl. Zwar leisten Unternehmer-AN Arbeit in einem fremden Betrieb (vgl. Rn. 104). Sie unterstehen jedoch – sofern keine illegale AN-Überlassung (Scheinwerkvertrag) vorliegt – gerade nicht der Leitungsmacht des dortigen AG und bleiben in die Arbeitsorganisation ihres Stammbetriebs eingegliedert; sie sind aus dortiger Perspektive Außen-AN.

33 **Zusammenfassend** ist der betriebsverfassungsrechtliche AN-Begriff dahin gehend zu charakterisieren, dass er sich (neben den in § 5 ausdrücklich erwähnten Abweichungen) auch insoweit qualitativ vom allgemeinen arbeitsvertraglichen AN-Begriff unterscheidet, als er auf betriebsangehörige AN abstellt. Dieser betriebsverfassungsrechtliche AN-Status setzt anders als der vertragsrechtliche AN-Begriff nicht notwendig ein kraft Arbeitsvertrages mit dem AG begründetes Arbeitsverhältnis voraus. Für den **AN-Begriff i. S. d. BetrVG** genügt die Begründung eines **kraft Eingliederung in die Arbeitsorganisation** des Beschäftigungsbetriebs zustande gekommenen[140] Arbeitsverhältnisses, das sich als **betriebsverfassungsrechtliches Arbeitsverhältnis** bezeichnen lässt und in dem die Leitungsmacht bezüglich des Einsatzes der abhängigen Arbeitskraft zumindest teilweise durch den AG des Beschäftigungsbetriebs ausgeübt wird.[141]

2. Sonderfälle

a) Befristet Beschäftigte

34 Da eine auf Dauer angelegte Beschäftigung weder vom allgemeinen AN-Begriff noch vom durch Eingliederung begründeten betriebsverfassungsrechtlichen AN-Status vorausgesetzt wird, sind auch befristet beschäftigte Personen AN i. S. d. BetrVG.[142] Auf den Grund der Befristung kommt es nicht an, so dass auch lediglich **zur Aushilfe** Eingestellte zu den AN i. S. d. Vorschrift zählen.[143] Eine andere Frage ist freilich, ob befristete Aushilfs-AN zu den »in der Regel« beschäftigten AN des Betriebs gehören und damit im Rahmen bestimmter, zusätzliche Tatbestandsmerkmale enthaltender Vorschriften des Gesetzes (z. B. §§ 1, 9, § 99 Abs. 1, § 106 Abs. 1, § 110 Abs. 1, § 111 Abs. 1) mit zu berücksichtigen sind.[144] Lediglich einen Sonderfall der Befristung stellte die Beschäftigung von AN im Rahmen sog. **Arbeitsbeschaffungsmaßnahmen** (gem. §§ 260 f. SGB III a. F.) dar. Auch diese Personen sind AN i. S. d. Gesetzes.[145] Gleiches gilt für Beschäftigte in sog. **Beschäftigungs- und Qualifizierungsgesellschaften.**[146]

b) Teilzeitarbeit

35 Für die AN-Eigenschaft kommt es grundsätzlich **nicht** auf den **zeitlichen Umfang** der Beschäftigung an.[147] Teilzeitbeschäftigt ist ein AN, dessen regelmäßige Arbeitszeit kürzer ist als die eines vergleichbaren vollzeitbeschäftigten AN, § 2 Abs. 1 TzBfG. Teilzeitkräfte zählen daher

---

140 Insofern unvollständigen, vgl. GK-*Raab*, § 7 Rn. 71.

141 So auch *Boemke*, Schuldvertrag und Arbeitsverhältnis, S. 431 f., der – ähnlich wie hier – das durch Zuweisung eines Arbeitsbereichs begründete arbeitsrechtliche Erfüllungsverhältnis als ausreichende rechtliche Beziehung zum Betriebsinhaber und Begründungstatbestand der betriebsverfassungsrechtlichen AN-Stellung ansieht; ähnlich *LAG Frankfurt*, 25.1.85, BB 85, 2173, das die AN-Eigenschaft i. S. v. § 5 Abs. 1 dann bejaht, wenn die betreffende Person den Weisungsbefugnissen des AG unterliegt und so eingegliedert ist, dass sie sich von vergleichbaren [Vertrags-]AN im Wesentlichen nur durch das Fehlen arbeitsvertraglicher Beziehungen zum Betriebsinhaber unterscheidet; ebenso *LAG Köln* 23.7.99, AiB 00, 429; in diese Richtung weist auch *BAG* 22.4.97, EzA § 99 BetrVG 1972 Einstellung Nr. 3; wie hier Schüren-*Hamann*, § 14 Rn. 20 f.; zur Eingliederung als Begründungstatbestand der AN-Eigenschaft i. S. d. § 5 Abs. 1 vgl. auch *LAG Hamm* 16.3.88, DB 88, 2058, sowie *BAG* 10.2.81, AP Nr. 25 zu § 5 BetrVG 1972 unter III 4 der Gründe, ferner *BAG* 26.11.87, NZA 88, 505 [506].

142 Vgl. *Fitting*, Rn. 104; *Richardi*, Rn. 52 f.

143 Vgl. *GL*, Rn. 7.

144 Vgl. dazu § 1 Rn. 242, 252; *BAG* 12.10.76, AP Nr. 1 zu § 8 BetrVG 1972.

145 Vgl. *Fitting*, 26. Aufl.,Rn. 148; *BAG* 13.10.04, EzA § 5 BetrVG 2001 Nr. 1.

146 ErfK-*Koch*, Rn. 2; *Fitting*, Rn. 151.

147 Vgl. *BAG* 29.3.74, AP Nr. 2 zu § 19 BetrVG 1972.

ebenfalls zu den AN i. S. d. Gesetzes,[148] und zwar gleichgültig, ob sie **in mehreren Betrieben** beschäftigt werden.[149] Liegt eine Doppelbeschäftigung vor, ist der Teilzeitbeschäftigte bei Vorliegen der sonstigen Voraussetzungen (vgl. §§ 7, 8) in beiden Betrieben wahlberechtigt und wählbar.[150] Teilweise wird angenommen, Teilzeitbeschäftigte müssten zumindest eine **tägliche Mindestarbeitszeit** erbringen[151] bzw. ihre **Tätigkeit** müsse **von** einiger betrieblicher **Bedeutung** sein, insbesondere **sozialversicherungspflichtigen Umfang** erreichen, damit sie als AN i. S. d. Gesetzes anzusehen seien. Derartige Auffassungen finden im Gesetz keine Stütze und sind abzulehnen.[152] Im Übrigen stellt § 2 Abs. 2 TzBfG klar, dass auch AN ist, wer eine geringfügige Beschäftigung nach § 8 Abs. 1 Nr. 1 SGB IV ausübt.[153]

Soweit Personen, die nur ganz gelegentlich mit geringfügigen und für den Betrieb unbedeu- **36**
tenden Arbeiten beschäftigt werden **(Kurzzeitbeschäftigte)**, nicht zu den AN i. S. d. Gesetzes zählen sollen,[154] lässt sich diese Ansicht jedoch nicht mit dem Hinweis auf den zeitlichen Umfang der Tätigkeit begründen.[155] Vielmehr kommt es auf die Art der Tätigkeit als abhängiger Arbeit und die **Eingliederung in die Arbeitsorganisation** des Betriebes an.[156] Dabei darf das Erfordernis der Eingliederung im hier vertretenen Sinne (vgl. oben Rn. 24 ff.) allerdings nicht dahin missverstanden werden, dass es auf die räumliche Einordnung in den Betrieb (»unter einem Dach«) ankomme.[157] Letzteres hat auch die Neufassung des Abs. 1 durch die Novellierung 2001 klargestellt. Entscheidend ist der **Bezug zur Arbeitsorganisation** des Betriebs, zu dem auch Tätigkeitsbereiche gehören, die außerhalb der Betriebsstätte selbst liegen (vgl. dazu Rn. 50 f.). Typischerweise ist es so, dass sachmittelgestützte Arbeitsvorgänge und -abläufe die enge Kooperation mit anderen Personen erfordern und daher in einer räumlich-gegenständlich begriffenen Arbeitsorganisation erbracht werden, während informationsgestützte Arbeitsvorgänge eher in gelockerter Beziehung zum materiellen Substrat des Betriebs denkbar sind, aber nicht schon allein deswegen zu einem geringeren Maß an persönlicher Abhängigkeit führen müssen.[158]

Auch Beschäftigte in sog. **Mini-Jobs** mit einem Arbeitsentgelt von nicht mehr als 450,– Euro **37**
(§ 8 Abs. 1 Nr. 1 SGB IV) sind AN i. S. des § 5, auch wenn mit den sog. Hartz-Gesetzen die stundenmäßige Begrenzung in § 8 Abs. 1 SGB IV entfallen ist. Mini-Jobs bleiben nur dann betriebsverfassungsrechtlich irrelevant, wenn deren Vollzug sich ausschließlich **in Privathaushalten** vollzieht (vgl. § 8 a SGB IV), weil diese nicht als Betriebe i. S. d. § 1 gelten (§ 1 Rn. 42). Werden AN im Bereich der sog. **Gleitzonen-Jobs** mit einem Arbeitsentgelt von 450,01 bis 850,00 Euro im Monat (§ 20 Abs. 2 SGB IV) beschäftigt, sind auch diese AN i. S. v. § 5 BetrVG.

Teilzeitbeschäftigte sind im Rahmen derjenigen Vorschriften, die auf bestimmte **Zahlengren-** **38**
zen abstellen (z. B. auch bei § 38), genauso zu berücksichtigen wie **Vollzeit-AN.** Eine **Umrechnung** der Anzahl teilzeitbeschäftigter AN in eine entsprechende (niedrigere) Anzahl von Vollzeitarbeitskräften ist daher **unzulässig.**[159] Die im Zusammenhang mit dem Arbeitsrechtlichen BeschäftigungsförderungsG 1996 erwogene anteilige Umrechnung der Teilzeit-AN wurde mit der **Novellierung 2001** im BetrVG gerade nicht realisiert. Anders ist dies nur, wenn das Gesetz ausdrücklich festlegt, ob und wie die Mitzählung erfolgt.

---

148 *Richardi,* Rn. 54; *Fitting,* Rn. 173; *GL,* Rn. 7; GK-*Raab,* Rn. 33.
149 Sog. Doppelbeschäftigung, vgl. *BAG* 11.4.58, AP Nr. 1 zu § 6 BetrVG; GK-*Raab,* a. a. O.
150 Vgl. *BAG* 11.4.58, a. a. O.; 11.3.75, AP Nr. 1 zu § 24 BetrVG 1972; *Becker-Schaffner,* DB 86, 1773 [1778].
151 Vgl. z. B. *Wank,* RdA 85, 1 [11]; *Löwisch,* RdA 84, 197 [206].
152 H. M.; vgl. *Richardi,* Rn. 55; *Fitting,* Rn. 100; GK-*Raab,* Rn. 34.
153 *Buschmann/Dieball/Stevens-Bartol,* § 2 TzBfG Rn. 6.
154 Vgl. *LAG Hamm* 11.5.79, DB 79, 2380.
155 Ähnlich *Richardi,* Rn. 55.
156 GK-*Raab,* Rn. 35; vgl. zur Betriebszugehörigkeit bei »gelockerter« Beziehung zum Betrieb *Oetker,* AuR 91, 359 f.
157 So wohl die Annahme bei GK-TzA-*Lipke,* a. a. O., Rn. 411.
158 Näher dazu *Säcker,* FS Quack, S. 421 [426]; zur »informationellen« Abhängigkeit vor allem *Linnenkohl/Kilz/Rauschenberg/Reh,* AuR 91, 203 ff.
159 Vgl. *LAG Hamm* 11.5.79, DB 79, 2380; *LAG Baden-Württemberg* 16.6.87, LAGE § 111 BetrVG 1972 Nr. 6; *Löwisch,* RdA 84, 197 [206]; *Buschmann/Dieball/Stevens-Bartol,* § 8 BetrVG Rn. 7; GK-TzA-*Lipke,* Art. 1 § 2 Rn. 409, 413 f.

39 Um welche **Form der Teilzeitarbeit** es sich im konkreten Fall handelt, ist für den betriebsverfassungsrechtlichen AN-Begriff ebenfalls grundsätzlich **unerheblich.** Die vorstehenden Grundsätze gelten daher auch für Abrufarbeit nach § 12 TzBfG,[160] Arbeitsplatzteilung nach § 13 TzBfG (Jobsharing, Jobsplitting) und sonstige flexible Arbeitseinsatzmodelle.[161] Auch sog. **Vertragsamateur-Fußballspieler,** deren Arbeitsleistung (Fußballspiel gegen – wenn auch geringfügiges – Entgelt) nicht hauptberuflich erbracht wird, sind AN i. S. d. Gesetzes, da sie zumindest während der Spielzeit zu vorgegebenen Zeiten und Orten an Spielerbesprechungen, am Training sowie an Fußballpunkt- und -freundschaftsspielen teilzunehmen haben und insoweit einem Weisungsrecht ihres Vereins unterliegen.[162]

40 Auch **Altersteilzeit** nach dem ATG ist eine Form der Teilzeitarbeit. Umstritten ist, ob das Wahlrecht mit Eintritt in die Freistellungsphase entfällt,[163] weil durch die damit verbundene endgültige »Ausgliederung« aus der betrieblichen Arbeitsorganisation das betriebsverfassungsrechtliche Arbeitsverhältnis (vgl. Rn. 33) endet und damit die für die AN-Eigenschaft i. S. v. § 5 Abs. 1 notwendige Betriebszugehörigkeit.[164]

c) Telearbeit

41 Der **allgemeine rechtliche Status** derjenigen Personen, die unter Nutzung moderner EDV-gestützter Informations- und Kommunikationstechnik an einem Arbeitsplatz außerhalb des eigentlichen Betriebs arbeiten (z. B. eigene Wohnung, Regionalbüro, Satellitenbüro, Nachbarschaftsbüro, mobile Telearbeit vom Kfz-Terminal aus),[165] kann von verschiedenen tatsächlichen Umständen des Einzelfalles abhängig sein. In Betracht kommen Arbeitsverhältnis, Heimarbeit, Arbeitnehmerähnlichkeit, freie Mitarbeit und Selbstständigkeit.[166]

42 Für die **betriebsverfassungsrechtliche AN-Eigenschaft** (vgl. Rn. 33) ist die arbeitsvertragsrechtliche Qualifizierung des jeweiligen Rechtsverhältnisses weitestgehend belanglos, da es insoweit nur darauf ankommt, ob die betreffende Person innerhalb der betrieblichen Arbeitsorganisation in persönlicher Abhängigkeit weisungsgebundene Arbeit verrichtet, dort also eingegliedert ist.[167] Soweit es sich daher um **Regional- oder Satellitenbüros** als ausgelagerte Abteilungen eines UN handelt, sind die dort Tätigen als AN i. S. d. Gesetzes anzusehen, weil deren Tätigkeit derjenigen im Betrieb selbst entspricht und die Inanspruchnahme der durch den AG gestellten Büroräume als Eingliederung in die Arbeitsorganisation (örtliche Fixierung der Arbeitsleistung) gewertet werden muss.[168]

---

160 KAPOVAZ; dazu insbes. *Kleveman,* AiB 86, 156; *ders.,* AuR 87, 292; *Schaub,* BB 88, 2255; *Däubler,* Das Arbeitsrecht 2, Rn. 1959 ff.

161 Vgl. *Fitting,* Rn. 176.; GK-TzA-*Lipke,* Art. 1 § 2 Rn. 414; GK-TzA-*Mikosch,* Art. 1 § 4 Rn. 137; GK-TzA-*Danne,* Art. 1 § 5 Rn. 153, jeweils m. w. N.; zum Jobsharing *ArbG Solingen* 17.2.88, AiB 88, 312.

162 Vgl. *LAG Rheinland-Pfalz* 3.4.89, NZA 89, 966; enger *BAG* 10.5.90, AP Nr. 51 zu § 611 BGB Abhängigkeit, das eine über die mitgliedschaftsrechtliche Weisungsgebundenheit hinausgehende persönliche Abhängigkeit verlangt; zur AN-Eigenschaft von Eishockey-Spielern *BAG* 15.11.89, AP Nr. 6 zu § 611 BGB Berufssport mit Anm. *Däubler;* zur Abgrenzung der arbeitsvertraglichen von der über die Mitgliedschaft vermittelten verbandsrechtlichen Arbeitspflicht Rn. 183; eingehend *BAG* 22.3.95, NZA 95, 823 [Scientology].

163 Vgl. § 7 Rn. 12 m. w. N.; bejahend *BAG* 16.4.03, AP Nr. 7 zu § 9 BetrVG 1972.

164 Für das aktive Wahlrecht: § 7 Rn. 12; *Däubler,* AiB 01, 684 [688 f.]; *Natzel,* NZA 98, 1262 [1264 f.], dagegen: *Fitting,* § 7 Rn. 32; *Rieble/Gutzeit,* BB 98, 638 [640]; *Haag/Gräter/Dangelmaier,* DB 01, 702; BVerwG 15.5.02, AP Nr. 1 zu § 10 LPVG NW; BayVGH 14.11.01, PersR 02, 173; krit. dazu *Rothländer,* PersR 02, 147 [150]; anders aber *OVG Schleswig-Holstein* 30.11.00, PersR 01, 217, n. rk., für die personalvertretungsrechtliche Parallele, wenn eine Heranziehbarkeit zur Arbeit für die Dienststelle auch während der Freistellungsphase möglich bleibt; nach *BAG* 25.10.00, NZA 01, 461 soll allerdings die Mitgliedschaft im Aufsichtsrat enden; zum passiven Wahlrecht s. § 8 Rn. 22.

165 Vgl. den Überblick bei Kittner/Zwanziger-*Becker,* § 118 Rn. 5; *Schaub/Vogelsang,* Arbeitsrechts-Handbuch, § 164; *Pfarr/Drüke,* S. 42 ff.; *Däubler,* Das Arbeitsrecht 2, Rn. 2123 ff.; *Wedde,* Rn. 5 ff.; *ders.,* AuR 87, 325 [326 f.]; *ders.,* BetrR 8/88, S. 1 [3]; *ders.,* AiB 92, 125 ff.; *ders.,* NJW 99, 527; *Wank,* NZA 99, 225; *Peter,* DB 98, 573; *IGM* [Hrsg.]. Teils im Betrieb – teils zu Hause [Neue Formen der Telearbeit], Bd. 135 der Schriftenreihe der IGM [1993] mit detaillierten Regelungsvorschlägen; *Fenski,* S. 126 ff.

166 Vgl. etwa *Pfarr/Drüke,* S. 30 ff.; *Wedde,* AuR 87, 325 [326 f.]; *ders.,* Rn. 92 ff., 190 ff., 233 ff.

167 Vgl. Rn. 26; *Boemke/Ankersen,* BB 00, 2254.

168 Vgl. im Einzelnen *Pfarr/Drüke,* S. 42; *Küfner-Schmitt,* S. 12; *Wedde,* Rn. 132 ff.; *Ulber,* AiB 85, 22 [24];

Beim Arbeitseinsatz im **Nachbarschaftsbüro,** das von verschiedenen UN eingerichtet und betrieben wird,[169] kommt vor allem der **kommunikationstechnischen Anbindung** des Arbeitsplatzes an die jeweilige UN- bzw. Betriebszentrale maßgebliche Bedeutung zu, weil – anders als beim Satellitenbüro – die rein räumliche Betrachtung wegen der Mehrheit von UN, die an einem Nachbarschaftsbüro beteiligt sein können, noch keine eindeutige Aussage über das Vorliegen einer arbeitsorganisatorischen Eingliederung zulässt.[170] Handelt es sich um eine **Online-Verbindung,** ist regelmäßig der Tatbestand der Eingliederung gegeben, da der AG den jeweiligen Arbeitsbereich via Datenleitung und Programm zuweisen und kontrollieren kann.[171] **43**

Handelt es sich dagegen um **Offline-Telearbeit,** ist das Maß der persönlichen Abhängigkeit und damit die AN-Eigenschaft z. B. nach folgenden Kriterien festzustellen:[172] **44**

- vorgeschriebene Arbeits- und Bereitschaftszeit;
- vorgeschriebene Uhrzeiten, zu denen die Arbeitsergebnisse in den Betrieb (Zentrale) überspielt werden bzw. Disketten im Betrieb abgegeben werden müssen;
- Pflicht zur Anmeldung freier Tage bzw. Urlaubs unter Einbeziehung in den betrieblichen Urlaubsplan;
- Kontrollen durch den AG;
- Bindung an nur einen AG durch Zuweisung eines Arbeitsvolumens, das die Arbeit für andere AG unmöglich macht;
- Verbot, sich bei der Arbeitsverrichtung durch andere Personen vertreten zu lassen.

Liegen dementsprechend die Einzelmerkmale der persönlichen Abhängigkeit vor, kann die Frage der betriebsverfassungsrechtlichen AN-Eigenschaft praktisch nur dann noch Probleme aufwerfen, wenn die Arbeitsleistung für **mehrere Betriebe** erbracht wird. Handelt es sich um **dasselbe UN,** für dessen Betriebe die Arbeiten verrichtet werden, kann je nach Lage der Dinge dieselbe Person den betriebsverfassungsrechtlichen AN-Status in mehreren Betrieben des UN erfüllen. Dieser Fall stellt sich qualitativ nicht anders dar, als die Teilzeitbeschäftigung für mehrere Vertrags-AG, bei der eine mehrfache Betriebszugehörigkeit ebenfalls nicht ausgeschlossen ist (vgl. Rn. 35). Allerdings wird man unter Berücksichtigung des betriebsverfassungsrechtlichen Schutzzwecks, zu dessen Wahrung es der Feststellung über die AN-Eigenschaft (Betriebszugehörigkeit) bedarf, bei Identität des Vertrags-AG verlangen müssen, dass die Zuweisung von Arbeitsaufgaben für und von unterschiedliche(n) Betriebsorganisationen (Leitungsapparaten) erfolgt;[173] allein die bloße Beschäftigung für die jeweiligen Betriebe genügt auch hier nicht (vgl. Rn. 26). **45**

Die vorstehenden Grundsätze (Rn. 43 f.) über die Ermittlung des betriebsverfassungsrechtlichen Status unter Berücksichtigung der kommunikationstechnischen Verbindung (Online- bzw. Offline-Betrieb) sind entsprechend anzuwenden, wenn es sich um mobile bzw. **in der eigenen Wohnung** stattfindende **Telearbeit** handelt. **Mobile Telearbeit** lässt sich jedoch nicht isoliert betrachten, sie ist in der Regel nur eine **Begleiterscheinung des Außendienstes.**[174] Wer unter Anwendung von computergestützten Techniken in der Wohnung **Schreib- und Satzarbeiten** ausschließlich für einen Auftraggeber ausführt, ist i. d. R. als AN anzusehen. Dabei ist es für die betriebsverfassungsrechtliche AN-Eigenschaft letztlich belanglos, ob es sich im konkreten Fall um Heimarbeit handelt,[175] da insoweit die Rechtsfolge (Betriebszugehörigkeit) dieselbe ist. **46**

Kilian/Borsum/Hoffmeister, S. 78, 107; vgl. auch *Linnenkohl/Kilz/Rauschenberg/Reh,* AuR 91, 203 ff. zur sog. informationellen Abhängigkeit, die zum AN qualifiziert.

169 Vgl. zur begrifflichen Unterscheidung vom Satellitenbüro *Schaub/Vogelsang,* Arbeitsrechts-Handbuch, § 164 Rn. 3; *Pfarr/Drüke,* S. 23, 43; anders *Kappus,* CR 86, 31 [36].

170 Vgl. *Kilian/Borsum/Hoffmeister,* S. 6; *Pfarr/Drüke,* S. 44.

171 *Fitting,* Rn. 202; GK-*Raab,* Rn. 51; *Wahsner/Steinbrück,* AiB 84, 104 [105]; *Kappus,* NJW 84, 2384 [2385]; *Ulber,* AiB 85, 22 [24]; *Däubler,* Das Arbeitsrecht 2, Rn. 2132; *Kilian/Borsum/Hoffmeister,* NZA 87, 401 [404]; *Wahsner,* AiB 85, 95; *Wedde,* Rn. 132 ff.; *Paasch,* AiB 89, 278 [281].

172 Vgl. *Fitting,* Rn. 203; GK-*Raab,* Rn. 52; *Paasch,* AiB 89, 278 [281] m. w. N.

173 Ähnlich Richardi § 5 Rn. 59 ff.

174 Vgl. Rn. 48; *Pfarr/Drüke,* S. 51.

175 Vgl. *LAG München* 31.10.84, LAGE § 6 BetrVG 1972 Nr. 2; *Paasch,* AiB 89, 278 [282]; *Wahsner,* AiB 85, 95.

47 Nach zutreffender Ansicht gehört der ausgelagerte Telearbeitsplatz zum Betrieb.[176] Weitestgehend ungeklärt ist jedoch, ob Art. 13 GG oder §§ 854 ff. BGB dem **Zutrittsrecht** des **BR** zu den Arbeitsplätzen[177] oder dem Zugangsrecht der **Gewerkschaften** (vgl. § 2 Rn. 78 ff.) bzw. der **Arbeitsschutzbehörden** dann entgegensteht, wenn sich der Arbeitsplatz in der Wohnung des AN befindet.[178] Man wird insoweit den AG für verpflichtet halten müssen, durch eine entsprechende **Vertragsgestaltung** dafür zu sorgen, dass die betriebsverfassungsrechtlichen Befugnisse des BR auch wahrgenommen werden können, andernfalls der BR ggf. nach § 23 Abs. 3 vorgehen könnte.[179]

d) Außendienst und Auslandseinsatz

48 Unter dieser Personengruppe sind Beschäftigte zu verstehen, deren tatsächliche Beziehungen zum Betrieb vom idealtypischen Fall des Tätigseins innerhalb der räumlich abgegrenzten Betriebsstätte abweichen. Hierzu zählen z. B. Montage-AN, reisende Vertreter (Handelsreisende), Auslieferungsfahrer, fliegendes Personal, Kundendienstberater, Pharmaberater,[180] Service- und Wartungspersonal, Zeitungsausträger usw.[181] Deren allgemeinarbeitsrechtliche AN-Eigenschaft dürfte meist außer Zweifel stehen.[182] Die h. M. behilft sich bei der betriebsverfassungsrechtlichen Behandlung dieses Personenkreises mit der »Theorie der **Betriebsausstrahlungen**«, wonach Ausstrahlungen noch zum Betrieb zählen und die Annahme der Betriebszugehörigkeit nicht am Einsatz außerhalb der Betriebsstätte scheitere.[183] Abgesehen von der begrifflichen Unschärfe des Ausstrahlungsbegriffs[184] und seiner Verwendung vor allem bei betriebsverfassungsrechtlichen Auslandssachverhalten,[185] bei denen es sich um eine zudem nur **vorübergehende Lockerung** der tatsächlichen Beziehungen zum inländischen Betrieb handelt, in dem der Arbeitseinsatz normalerweise erfolgt, versagt diese »Theorie« immer dann, wenn das UN, für das der betreffende AN tätig wird, mehrere Betriebe hat und die Arbeitsleistung nicht nur einem Betrieb ausschließlich zugeordnet werden kann. Darüber hinaus sind die Außendienstbeschäftigungsformen meist dadurch gekennzeichnet, dass die **Lockerung der tatsächlichen Beziehungen** zu einem Betrieb **auf Dauer** erfolgt (vgl. zum Auslandseinsatz Rn. 56 ff.).

49 Zur Vermeidung von betriebsverfassungsrechtlichen Zuordnungsproblemen bei Außendienstlern wurde die mit der Novellierung 2001 (Einfügung in Abs. 1 Satz 1) allerdings überholte Ansicht vertreten, auf diesen Personenkreis zur Ermittlung der Betriebszugehörigkeit und damit der betriebsverfassungsrechtlichen AN-Eigenschaft § 4 i. V. m. § 5 Abs. 1 Satz 2 analog (Heimarbeit) anzuwenden.[186] Diese Meinung unterstellt jedoch unausgesprochen, dass ein AN nur in einem Betrieb desselben UN die AN-Eigenschaft i. S. d. Gesetzes besitzen könne. Dies ist

176 *Fitting*, Rn. 193; klargestellt durch den mit der Novellierung 2001 geänderten Wortlaut des Abs. 1; vgl. *BT-Drucks.* 14/5741, S. 35.

177 Vgl. hierzu allgemein § 80 Rn. 14; *BAG* 17.1.89, DB 89, 1528; 13.6.89, DB 89, 2439, wonach der Betriebsbegriff des BetrVG nicht auf die räumliche Einheit einer Betriebsstätte beschränkt ist und ein Zutrittsrecht des BR auch außerhalb der Betriebsstätte selbst bestehen kann, wenn dort betriebliche Einrichtungen [hier: Wachstellen eines Bewachungs-UN] vorhanden sind.

178 Vgl. *Däubler*, Gewerkschaftsrechte, Rn. 681 f.; ausführlich *Wedde*, Rn. 493 ff.

179 Nach *BAG* 13.6.89, DB 89, 2439, stehen die BR-Rechte jedenfalls nicht zur vertraglichen Disposition in Abreden zwischen dem AG und Dritten; zur Vereinbarkeit mit Art. 13 insbes. *Schuppert*, Zutrittsrechte zu Telearbeitsplätzen, S. 44 ff.; *Collardin*, S. 41 ff.; dagegen nimmt *Fischer*, S. 275, einen Verstoß sowohl gegen Art. 13 GG als auch § 854 BGB an.

180 Vgl. *LAG Hamm* 5.10.89, 13.10.89, LAGE § 611 BGB Arbeitnehmerbegriff Nrn. 13, 14.

181 *Fitting*, § 1 Rn. 23; GK-*Raab*, § 7 Rn. 32; *Joost*, S. 167, 305, 307 f.

182 Vgl. aber Rn. 69 für die Abgrenzung bestimmter Außendienstgruppen von den Formen der freien Mitarbeit; vgl. auch *Grimberg/Peter*, AiB 01, 29 ff.

183 Vgl. MünchArbR-*v. Hoyningen-Huene*, (1. Aufl.), § 298 Rn. 35 ff.

184 Vgl. *Joost*, S. 307 f.

185 Vgl. § 1 Rn. 25 f.; *Fitting*, § 1 Rn. 22.

186 Vgl. GK-*Kreutz*, § 7 Rn. 32: Der einzelne oder eine Gruppe von Außendienst-AN könne Betriebsteil oder Kleinstbetrieb sein; *Joost*, S. 311 ff.: Der einzelne **Außendienstler** sei ein **Einmannbetrieb;** dagegen *ArbG Hamburg* 19.8.97, BetrR 97, 103; *ArbG Freiburg* 3.7.90, AfP 90, 340 [342 f.].

jedoch nicht notwendigerweise der Fall.[187] Wegen der betriebsorganisatorischen Spezifika der Außendiensttätigkeit wird es häufig so sein, dass die gesamte Außendienstorganisation als **eigenständiger Betriebsteil** anzusehen ist.[188]

Für die Ermittlung der betriebsverfassungsrechtlichen AN-Eigenschaft von Außendienstlern ist wie auch in anderen Fällen auf den Begründungstatbestand der Betriebszugehörigkeit – die Einstellung i. S. d. § 99 – abzustellen (vgl. Rn. 26). Damit kommt es auf die **Eingliederung in** die betriebliche **Arbeitsorganisation,** d. h. die **Zuweisung eines Arbeitsbereichs** innerhalb der Arbeitsorganisation des Beschäftigungsbetriebs durch den dortigen AG **unter** dessen **Leitungsmacht,** an.[189] Dieser tatsächliche Vorgang darf jedoch nicht auf den räumlich-gegenständlichen Aspekt verkürzt werden.[190] Ob jemand innerhalb der betrieblichen Arbeitsorganisation steht und damit AN des Betriebs ist, bestimmt sich neben der räumlichen vor allem **nach der funktionalen Komponente des** zugewiesenen **Arbeitsbereichs** in Bezug auf den betrieblichen Gesamttätigkeitsbereich. Grenzt man mit der h. M. den Betrieb unter Berücksichtigung seiner **arbeitstechnischen Zwecke** ab, so ist die Frage nach der funktionalen Zugehörigkeit des Arbeitsbereichs mit dem Hinweis auf die Verwirklichung des Betriebszwecks zu beantworten.[191] Dies führt jedoch nicht immer zu klaren Ergebnissen: Gehört es zum arbeitstechnischen Zweck eines Betriebes, Medikamente herzustellen (Produktion), und obliegt es den im Außendienst Beschäftigten, diese abzusetzen (durch Apotheken-, Arzt- und Krankenhausbesuche), so erfüllen Betrieb (Produktion) und Außendienst (Vertrieb) unterschiedliche Zwecke. Durch die **Atomisierung der Betriebszwecke** ist damit ein beliebiges Ergebnis vorprogrammiert; je nach Definition der Zwecke unterfiele der Außendienstler dem persönlichen Geltungsbereich des Gesetzes oder eben nicht. Diese Beliebigkeit der Ergebnisse widerspricht jedoch dem zwingenden Charakter der Norm und entzöge dem betreffenden Personenkreis die durch Verfahrens- und Organisationsnormen des BetrVG gewährleistete Grundrechtsausübung (vgl. § 1 Rn. 4 ff.). 50

Auch die Zuordnung zu demjenigen Betrieb, dessen **BR** im Rahmen des § 99 **beteiligt** worden ist, gibt nur einen **Anhaltspunkt** für die jeweilige Betriebszugehörigkeit. Wird ein an sich zuständiger BR vom AG übergangen oder ist ein BR nicht vorhanden, kann schließlich die betriebsverfassungsrechtliche AN-Eigenschaft hiervon nicht berührt werden. Ebenso wenig hilft die Anknüpfung an die vertragsrechtliche Beziehung zum Betriebsinhaber: Hat das UN nur einen Betrieb, ist die Zuordnung des Außendienstes generell unproblematisch; hat das UN jedoch mehrere Betriebe oder erbringt der Außendienstler für mehrere Betriebe desselben UN Arbeitsleistungen, lässt sich aus der vertragsrechtlichen Beziehung zum UN für die Betriebszugehörigkeit nichts ableiten. 51

Stattdessen wird man die Betriebszugehörigkeit des Außendienstlers auf Grund seiner tatsächlichen **Stellung im betrieblichen Funktionsorganismus** festzustellen haben, wie sie in aller Regel ihren Niederschlag im betrieblichen **Organisationsschema** gefunden hat. Auch eine solche betriebliche Teilorganisation ist jedoch ohne **Leitung,** die den Arbeitseinsatz lenkt und koordiniert, nur schwer denkbar. Insoweit kann es auch hier unter Berücksichtigung des Schutzzwecks des Betriebsverfassungsrechts, die arbeitgeberseitige Leitungsmacht zu begrenzen, für die Bestimmung der Betriebszugehörigkeit vor allem darauf ankommen, wo und von wem die sozialen und personellen **Mitbestimmungsangelegenheiten** dieses Personenkreises tatsächlich entschieden werden.[192] 52

187 Vgl. Rn. 35, 45; Richardi-*Thüsing,* § 7 Rn. 28; so zu Recht auch GK-*Kreutz,* § 7 Rn. 32 a. E.

188 Näher *Bösche/Grimberg,* FS Gnade, S. 377 [380 ff.].

189 Vgl. *Richardi,* NZA 87, 145 [146]; *Ziemann,* AuR 90, 58 [64]; so auch *BAG* 10.3.04 – 7 ABR 36/03, das auf den Betrieb abstellt, der das Direktionsrecht ausübt, wobei die Fachaufsicht nur von untergeordneter Bedeutung ist.

190 Vgl. Rn. 36, 46; richtig *BAG* 13.6.89, DB 89, 2439 [2440]; *Fitting,* § 1 Rn. 23, setzen Außenarbeiten unzutreffend mit Arbeiten außerhalb einer betrieblichen Organisation gleich; *Richardi,* a. a. O., stellt im Sinne der h. M. folgerichtig auf die Verwirklichung des Betriebszwecks ab, so dass der Betriebszugehörigkeit die Tätigkeit außerhalb der Betriebsstätte im engeren Sinne nicht entgegensteht.

191 *Richardi,* a. a. O.

192 So jetzt auch *BAG* 10.3.04 – 7 ABR 36/03, vgl. aber zur grundsätzlichen Problematik der ausschließlichen Anknüpfung am Leitungsapparat des AG § 1 Rn. 53, 54.

53 Die Verabsolutierung dieses Merkmals kann jedoch bei den in der Praxis anzutreffenden unterschiedlichsten Organisationsformen des Außendienstes in Widerspruch mit dem **Ziel** einer **möglichst ortsnahen und effektiven Interessenvertretung** der AN geraten: Wenn z. B. die Außendienstorganisation beim Betrieb des UN-Sitzes in Hamburg angesiedelt ist, kann die Ausrichtung allein am Leitungsapparat dazu führen, dass ein Außendienst-AN, der seinen Bezirk in Süddeutschland hat, betriebsverfassungsrechtlich AN im Betrieb des UN-Sitzes in Hamburg ist.[193]

54 Gerade die unterschiedlichen **Organisationsformen des Außendienstes** führen häufig dazu, dass die personellen Einzelangelegenheiten der Außendienst-AN z. B. von der »Leitung« im Betrieb des UN-Sitzes entschieden werden, während Fragen des Arbeitseinsatzes, die meist die Ausübung der arbeitgeberischen Leitungsmacht im eigentlichen Sinne betreffen (z. B. Zuweisung von Kunden, Erstellen von Tourenplänen, Besuchsintensität, Arbeitszeit, Berichtswesen mittels EDV-Unterstützung) und zumindest teilweise soziale Mitbestimmungstatbestände berühren, häufig im Produktionsbetrieb koordiniert und entschieden werden, für den der Außendienstler im Produktabsatz/-vertrieb bzw. -service usw. tätig wird (zu diesem von *v. Hoyningen-Huene* so genannten »Durchführungsverhältnis« o. Rn. 29). In diesem Fall ist dem betreffenden AN ein Arbeitsbereich zugewiesen, der zur betrieblichen Organisation des Produktionsbetriebs gehört. Dass Fragen, die die vertragsrechtliche Komponente des Arbeitsverhältnisses betreffen, in einem anderen Betrieb entschieden werden, ist auch hier Folge der faktischen Aufspaltung der Position des (idealtypisch gedacht: einheitlichen) Vertrags-AG und berührt die Zugehörigkeit des Außendienstlers auch zum Produktionsbetrieb nicht.

55 Noch schwieriger wird die betriebliche Zuordnung der Außendienstler, wenn diese **für mehrere Betriebe Tätigkeiten** verrichten und Teil mehrerer betrieblicher Arbeitsorganisationen sind. In derartigen Fällen wird die Ansicht vertreten, dass die Betriebszugehörigkeit bei dem Betrieb besteht, für den die **Arbeitsleistung schwerpunktmäßig** erbracht wird.[194] Für diese Annahme spricht, dass in diesem Betrieb schon aus funktionellen Gesichtspunkten dann auch eine entsprechende weisungsbefugte Leitung vorhanden sein muss. Andererseits kann die tatsächliche Feststellung des Arbeitsschwerpunktes problematisch sein. Lassen sich keine eindeutigen Anhaltspunkte feststellen, bestehen keine durchgreifenden Bedenken, den betreffenden Außendienstler als betriebszugehörig in allen Betrieben anzusehen, für die er weisungsgebundene Arbeitsleistungen erbringt.[195] Bei bloßer Betrachtung des Arbeitsschwerpunktes kann außerdem leicht übersehen werden, dass die Eingliederung in die betriebliche Arbeitsorganisation und damit die Betriebszugehörigkeit generell **nicht** von einem bestimmten **Arbeitsumfang** abhängt (vgl. Rn. 35 ff.) und die bloße Beschäftigung im oder für den Betrieb noch nicht notwendig mit der Eingliederung als dem tatsächlichen Vorgang, der die Betriebszugehörigkeit begründet, identisch ist (vgl. Rn. 26).

56 Die Feststellung der Betriebszugehörigkeit kann des Weiteren Schwierigkeiten bereiten, wenn **AN ins Ausland entsandt** werden.[196] Für die gleichwohl denkbare Betriebszugehörigkeit im inländischen Betrieb des entsendenden UN wird meist darauf abgestellt, ob der Betreffende in eine betriebliche Organisation im Ausland eingegliedert wird[197] und ob der Auslandseinsatz vorübergehend oder auf Dauer angelegt ist.[198] Gegen die Zugehörigkeit zum inländischen Betrieb spricht es danach, wenn die Eingliederung in eine ausländische betriebliche Organi-

---

193 So etwa *BAG* 24.1.64, AP Nr. 6 zu § 3 BetrVG, wo die auf zehn Großstädte verteilten Außendienstler als betriebszugehörig am UN-Sitz angesehen wurden [ebenso *BAG* 28.6.95, AiB 96, 241 mit krit. Anm. *Trümner*]), obgleich vielleicht ein anderer Betrieb desselben UN räumlich näher gelegen ist (vgl. zur Zuordnung von Kleinstbetrieben § 4 Rn. 135 f.; zur Zuordnung von leitenden Angestellten zum nächstgelegenen Betrieb § 1 Abs. 2 SprAuG.

194 Vgl. *Blanke/Berg u. a.*, Rn. 5, 108.

195 So auch *Blanke/Berg u. a.*, a. a. O.

196 Vgl. dazu umfassend *Birk*, FS Molitor, S. 19 [24 ff.], der aber ebenso wie *Boemke*, NZA 92, 112 [113], neben der tatsächlichen Eingliederung als rechtliches Kriterium einen Arbeitsvertrag mit dem Betriebsinhaber verlangt.

197 Vgl. *GK-Raab*, § 7 Rn. 45 f.; *BAG* 25.4.78, 7.12.89, AP Nrn. 16, 27 zu Internationales Privatrecht, Arbeitsrecht.

198 Vgl. *BAG* 21.10.80, AP Nr. 17 zu Internationales Privatrecht, Arbeitsrecht.

sation des UN erfolgte bzw. die Person von Anfang an ausschließlich für den Auslandseinsatz eingestellt worden ist.[199] Im letzteren Fall soll auch die bloß vorübergehende **Vorbereitung auf** den **Auslandseinsatz** im Inlandsbetrieb keine Betriebszugehörigkeit zum Inlandsbetrieb entstehen lassen.[200]

Diese Lösungsansätze vermischen jedoch die Frage des räumlichen Geltungsbereichs mit dem Problem des persönlichen Anwendungsbereichs des Gesetzes. Soweit darauf abgestellt wird, ob die **Eingliederung in die ausländische** betriebliche **Organisation** erfolge, besagt dieser Hinweis nur, dass nach dem Territorialitätsprinzip (vgl. § 1 Rn. 23 ff.) auf diesen Auslandsbetrieb oder -betriebsteil des inländischen UN das BetrVG nicht anwendbar ist, damit wird jedoch nicht beantwortet, ob jemand, der im Auslands**betrieb** arbeitet, auch im Inlandsbetrieb zur Belegschaft gehören kann, es sei denn, man wollte behaupten, ein AN könne nur **eine** Betriebszugehörigkeit haben (was jedoch nicht zutrifft; vgl. Rn. 35). Ferner zeigt sich hier auch die Schwäche der Theorien, die auf Außendienst-AN zur Ermittlung der Betriebszugehörigkeit § 4 BetrVG (Einmannbetrieb/Betriebsteil; vgl. oben Rn. 49) anwenden wollen: Jeder ins Ausland entsandte AN wäre dem Geltungsbereich des BetrVG schlechterdings entzogen, wenn er als ausländischer Nebenbetrieb oder Betriebsteil angesehen würde,[201] da wegen des Territorialitätsprinzips § 4 unanwendbar wäre und eine Zuordnung zum Inlandsbetrieb als dem Hauptbetrieb schon von daher ausscheiden müsste. 57

Die Frage, welche Personen im Inlandsbetrieb betriebszugehörig und damit AN i. S. d. Gesetzes sind, ist bei den Fällen mit Auslandsberührung nach denselben Gesichtspunkten zu beantworten wie beim inländischen Personaleinsatz, der außerhalb des Betriebs (im Sinne einer räumlich abgegrenzten Einheit) erfolgt.[202] **Entscheidend ist** daher, ob der zugewiesene Aufgabenbereich, der Tätigkeiten im Ausland mit sich bringt, noch zur inländischen betrieblichen **Arbeitsorganisation** gehört oder nicht (vgl. Rn. 52). Aus diesem Grunde kann die Zugehörigkeit zum inländischen Betrieb auch dann fortbestehen, wenn die Arbeitsleistung bei einem Auslandsbetrieb erbracht wird.[203] 58

Es ist auch **nicht** danach zu differenzieren, ob der Auslandseinsatz **vorübergehend oder dauerhaft** erfolgt.[204] Zum einen wird auch für den Inlandsaußendienst dessen Betriebszugehörigkeit **nicht** vom zeitlichen Umfang einer außerhalb der Betriebsstätte erbrachten Arbeitsleistung abhängig gemacht,[205] zum anderen ist auch die von der Gegenmeinung gegebene Begründung rein spekulativ: Habe sich der AG das Recht des jederzeitigen Rückrufs vorbehalten, sei der Betreffende noch so eng an den inländischen Betrieb gebunden, dass eine fortbestehende Betriebszugehörigkeit angenommen werden müsse.[206] Damit könnte letztlich die **reine Vertragsgestaltung** darüber entscheiden, ob jemand dem persönlichen Geltungsbereich des Gesetzes unterfällt, und zwar unabhängig davon, ob das **Rückrufrecht** überhaupt jemals ausgeübt worden ist oder nicht.[207] Auf eine auf Dauer angelegte Beschäftigung innerhalb einer Betriebsstätte wird im Übrigen auch bei befristet Beschäftigten (vgl. Rn. 34) für die Betriebszugehörigkeit nicht abgestellt.[208] 59

Daher kann es sehr wohl vorkommen, dass jemand zwar ausschließlich für den Auslandsein- 60

---

199 Vgl. *BAG* 25.4.78, 21.10.80, a. a. O.
200 Vgl. *Corts,* AuR 81, 254 [255]; *Schlüpers-Oehmen,* S. 112.
201 Das sieht auch GK-*Raab,* § 7 Rn. 45.
202 Insoweit zutreffend *Schlüpers-Oehmen,* S. 111.
203 So zutreffend im Ansatz *BAG* 25.4.78, AP Nr. 16 zu Internationales Privatrecht, Arbeitsrecht, das jedoch sodann die Betriebszugehörigkeit im Inland verneint, wenn der Auslandseinsatz dauerhaft erfolgt; deutlicher jetzt *BAG* 7.12.89, AP Nr. 27 zu Internationales Privatrecht, Arbeitsrecht; vgl. auch *Fitting,* § 1 Rn. 24; a. A. GK-*Raab,* § 7 Rn. 46 f., der ungeachtet der Dauer des Auslandseinsatzes die Inlandsbetriebszugehörigkeit immer enden lässt, wenn eine Eingliederung in den Auslandsbetrieb erfolgt.
204 Zutreffend GK-*Raab,* a. a. O.; anders noch *BAG* 25.4.78, 21.10.80, AP Nrn. 16, 17 zu Internationales Privatrecht, Arbeitsrecht; *Fitting,* § 1 Rn. 24.
205 Mit zutreffender Begründung GK-*Raab,* § 7 Rn. 48.
206 Vgl. *Fitting,* § 1 Rn. 24; *Schlüpers-Oehmen,* S. 112.
207 Zu Recht sieht das *BAG* 7.12.89, AP Nr. 27 zu Internationales Privatrecht, Arbeitsrecht, im Rückrufrecht nur einen von mehreren Gesichtspunkten, die im Einzelfall sorgfältig gewichtet werden müssen.
208 Vgl. GK-*Raab,* § 7 Rn. 32.

satz (z. B. Firmenrepräsentanten) eingestellt wird und im Ausland dauerhaft tätig wird, aber deswegen noch zum Inlandsbetrieb gehört, weil das Aufgabengebiet zu dessen Arbeitsorganisation zählt.[209] Diese Annahme ist umso mehr berechtigt, wenn **keine Eingliederung** in eine ausländische Betriebsorganisation erfolgt. Vom **Fortbestand der Betriebszugehörigkeit** zum Inlandsbetrieb ist daher regelmäßig bei Montage-AN (Facharbeiter, Ingenieure), fahrendem und fliegendem Personal, Servicepersonal usw. auszugehen, weil deren Einsatz ohnehin meist als Erfüllungsgehilfen (Unternehmer-Arbeiter, vgl. Rn. 104) in Einrichtungen eines Dritten (und nicht des eigenen UN) erfolgt. Sie bleiben Teil der inländischen Arbeitsorganisation. Für die Betriebszugehörigkeit kann es nicht darauf ankommen, ob die **Betriebszwecke** vorübergehend oder dauerhaft **im Ausland verfolgt** werden.[210]

61 Erfolgt dagegen eine Tätigkeit unter Eingliederung in eine ausländische Betriebsorganisation des UN, ist zu ermitteln, ob die betreffende Person in dem Sinne **eingegliedert** ist, dass sie unter der dortigen **Leitungsmacht** des AG abhängige Arbeitsleistungen erbringt. Ist dies nicht oder nur teilweise der Fall und bestehen trotz räumlicher Entfernung Weisungsbefugnisse des Leitungsapparates im Inlandsbetrieb fort, so bleibt eine (zumindest partielle) Betriebszugehörigkeit zum Inlandsbetrieb bestehen. Auf die **Dauer des Auslandsaufenthalts** kommt es auch in diesem Fall nicht an. Unter den vorstehend (Rn. 58 ff.) genannten Voraussetzungen sind daher auch ins Ausland entsandte Personen als AN i. S. d. BetrVG im Inlandsbetrieb anzusehen und insbesondere dort mit zu berücksichtigen, wo das Gesetz eine bestimmte AN-Zahl als Anwendungsvoraussetzung vorsieht (vgl. z. B. §§ 1, 9, 38, 95 Abs. 2, § 99 Abs. 1, § 106 Abs. 1, § 110 Abs. 1, § 111 Satz 1, § 112 a).

62 Zur Vermeidung der vielfältigen Probleme bei der Bestimmung der Betriebszugehörigkeit von Außendienstlern und zur Schaffung sinnvoller und funktionsfähiger Interessenvertretungsstrukturen kann es empfehlenswert sein, besondere **TV nach § 3** abzuschließen. Dabei kommt es darauf an, welche Variante des § 3 Abs. 1 in Bezug auf den Außendienst in Betracht zu ziehen ist: Nach **§ 3 Abs. 1 Nr. 5** können z. B. für Außendienstler zusätzliche Vertretungen geschaffen werden,[211] die jedoch den BR nicht ersetzen; nach **§ 3 Abs. 1 Nr. 1** kann die Zuordnung der Außendienstler selbst geregelt werden, wenn man auf diese Personengruppe § 4 entsprechend für anwendbar hält (vgl. Rn. 49) oder der **Einsatz von Außendienstlern von Regionalbüros aus** erfolgt, die als Betriebsteil oder – je nach Vorliegen der Voraussetzungen – als Kleinstbetrieb anzusehen sind. Letzteres wäre für den Auslandsaußendienst durchaus zulässig, da zwar das Territorialitätsprinzip die Anwendung von § 4 auf Auslandssachverhalte verbietet (vgl. Rn. 57), nicht aber TV, die sich auf Auslandssachverhalte beziehen.[212] Schließlich kann auch ein TV nach **§ 3 Abs. 1 Nr. 3** wegen Besonderheiten der Betriebs-/UN-Organisation in Betracht kommen.

e) Crowdworking und Crowdsourcing – Digitalisierung von Arbeitsprozessen und Fremdvergabe an unbestimmte Leistungserbringer mithilfe des Internet

62a Als Erscheinungsform der »**Flucht aus dem Arbeitsrecht**« tritt in jüngerer Zeit das sog. **Crowdsourcing und Crowdworking**[213] auf den Plan. Es handelt sich der Sache nach um eine weitere **Form des Outsourcing** von bisher schon oder neu anfallenden Leistungen an Dritte. Beim **Crowdsourcing** werden ganz überwiegend die von Auftraggeber-UN (»**Crowdsourcer**«) nachgefragten Leistungen oder Aufgaben über externe Internet-Plattformen an eine i. d. R.

209 So jetzt auch *BAG* 7.12.89, AP Nr. 27 zu Internationales Privatrecht, Arbeitsrecht.
210 Mit anderer Begründung, aber im Ergebnis ebenso GK-*Raab*, § 7 Rn. 48.
211 Vgl. *Fitting*, § 3 Rn. 61.
212 Näher zur Unanwendbarkeit des Territorialitätsprinzips auf TV über Auslandssachverhalte *Däubler*, Tarifvertragsrecht, Rn. 1658 m. w. N.
213 Der Begriff taucht wohl erstmals im Jahre 2006 bei *Jeff Howe* im »*Wired Magazine*« auf [vgl. dazu *Leimeister/Zogaj//Blohm*, in: Benner (Hrsg.), Crowdwork – zurück in die Zukunft?, 2015, S. 14]; siehe auch *Einl.* Rn. 266 a; § 87 Rn. 12; § 95 Rn. 32; ferner schon *Klebe/Neugebauer*, AuR, 14, 4 ff.; umfassender Überblick aus integrierter betriebspraktischer, industriesoziologischer, politischer und juristischer Perspektive in den Einzelbeiträgen bei Benner (Hrsg.), Crowdwork, a. a. O.; neuestens *Däubler/Klebe*, NZA 15, 1032 ff.

anonyme Masse potenzieller Leistungserbringer (»**Crowd**«) ausgeschrieben. Die Plattform dient üblicherweise als Vermittler zwischen Crowdsourcer und Croudworker. Die einzelnen »**Crowdworker**« sind zwar häufig bei den Internet-Plattformen registrierte Interessenten für Aufträge, sie können aber auch situativ neu hinzutreten. Ihre Zahl reicht in den mehrstelligen Millionenbereich bei weltweit rapide wachsender Tendenz.[214] 2015 sollen weltweit ca. 2.300 solcher Plattformen existieren, davon allein in Deutschland 65.[215] Crowdworker bieten mit ihrer Registrierung auf solchen Plattformen ihre Arbeitsbereitschaft und grundsätzliche Verfügbarkeit an. Das erinnert zwar etwas an »**Schilderträger**« **in den 20er Jahren des vorigen Jahrhunderts in Deutschland**, die ihre **Not** zur Schau stellten, auf jedwede Arbeit angewiesen zu sein und diese bedingungslos annehmen zu wollen. Freilich eignen sich für das Crowdsourcing nicht nur einfache und standardisierte Tätigkeiten, sondern auch hochwertige und sehr spezielle Aufgaben. Auf den heutigen Internet-Plattformen ergeht häufig die Aufforderung von UN an die anonyme Masse der potenziell interessierten Leistungserbringer (»**Crowdsourcees**«), ihre für die betrieblichen Arbeitsprozesse erforderlichen Teilleistungen nach Art eines **Wettbewerbs** oder einer **Lotterie** vorzuweisen. **Aber:** Nur das/die vom **Nachfrager-UN** akzeptierte Ergebnis/Leistung erhält den »Zuschlag« und wird daher – allerdings zu regelmäßig horrend niedrigen Vergütungssätzen **unterhalb des gesetzlichen Mindestlohnniveaus** – von dem nachfragenden UN abgenommen. Die sich erfolglos verausgabenden Teilnehmer des »Wettbewerbs« gehen leer aus, selbst wenn jeder einzelne »Crowdworker« in diesem **Windhundrennen** unendliche Nachtschichten erbracht hat, um z. B. die »letzte Chance« bis zur Fälligkeit der nächsten Wohnungsmiete zu wahren. Während das Arbeitsrecht die bloße – auch erfolglose – Verausgabung der Arbeitskraft entlohnt, belohnt das Werkvertragsrecht eben nur das ordnungsgemäß abgelieferte und abgenommene Werk.

Beim **Crowdsourcing/Crowdworking** handelt es sich, neben der klassischen »**Flucht in den** **62b**
Werkvertrag« als traditioneller Option zur »Befreiung« des UN von sozialpolitisch/rechtlich unabdingbaren Bindungen des Arbeitsrechts, um eine neue Strategie der Kostenoptimierung, die die **Vorteile des freien Dienst- und Werkvertragsrechts mit den Möglichkeiten der weltweit digitalisierten, internetgestützten Lebenswirklichkeit paart.** Dem Kapital sind auf diesem strategischen Wege die menschlichen **Einzelschicksale** völlig **gleichgültig**. Das belegt die bisherige Entwicklung der Arbeitsrechtsgeschichte,[216] die zugleich aber auch zeigt, dass in Ansehung von sozialpolitisch brisanten Entwicklungen ohne staatliche Interventionen der soziale Frieden auf das Äußerste gefährdet würde. Diese Erkenntnis und der soziale Widerstand gegen die unerträglich gewordenen realen Verhältnisse markierten vor mehr als einhundert Jahren die **Geburtsstunde des modernen Arbeitsrechts**. Dies muss im Interesse einer **sozialstaatlichen Fortentwicklung (Art. 20 GG) des Rechts der nur über ihre Arbeitskraft (ohne sonstiges Produktionsmittel) verfügenden Personen** handlungsleitend gerade auch für den heutigen Gesetzgeber sein, wenn und weil dieses neuartige Phänomen mit den derzeit normierten Instrumenten der innerstaatlichen Rechtsordnung der BRD nicht mehr adäquat erfasst und reguliert werden kann. Die **staatliche Wertschätzung der Arbeitskraft**, die jedenfalls für abhängige Arbeit nicht unterschritten werden darf, kommt im **MindestlohnG** zum Ausdruck. Das muss wegen des **Gleichheitssatzes (Art. 3 GG)** auch für andere als in Formen des Arbeitsrechts von Menschen erbrachten **produktionsmittellosen Arbeitsleistungen** die Richtschnur bilden, wenn diese Arbeitsleistung im wirtschaftlichen Interesse Dritter erbracht wird. **Im Interesse Dritter** ist die Leistung aber erbracht, wenn die **Nachfrage** vom Auftraggeber induziert ist, sei es durch direkte, herkömmliche Ansprache (Telefon, email, Brief o. ä.) oder Auslösung des vertrauensgeschützten Tätigwerdens des Crowdworkers vermittels einer Internet – Plattform, die typischer Weise Adressaten außerhalb des auftraggebenden UN versammelt.

Voraussetzung zur »**Crowdisierung**« **der Wertschöpfungskette** ist die **Zerlegung** des im UN **62c**
(oder bei dessen Zulieferern) bisher mehr oder weniger noch ganzheitlich organisierten Prozesses **der Produkt- oder Dienstleistungserstellung** in aufteilbare/absonderbare (Teil)-Leis-

214 Vgl. nur *Däubler*, NZA 14, Heft 7, S. III.
215 *Däubler/Klebe*, NZA 15, 1033.
216 Siehe die Beiträge in: *Steindl* (Hrsg.), Wege zur Arbeitsrechtsgeschichte, 1984.

tungen, die auf diese Weise überhaupt erst an Dritte vergabefähig sind. Die **Taylorisierung oder Fordisierung** (arbeitsteilige Fließproduktion), das klassische Outsourcing und die herkömmliche Fremdvergabe bilden insoweit eine natürliche Vorstufe des »Crowdsourcing«. **Lean-Production oder Lean-IT** im UN sind unter den heutigen Bedingungen der weltweiten Vernetzung durch das Internet nur die **Vorboten** des daraus ableitbaren strategischen »Crowdsourcing«. Die **arbeitsteilige Produkt- oder Dienstleistungserstellung plus Digitalisierung der Arbeitsprozesse plus Internationalisierung der Nachfragemöglichkeiten mithilfe des grenzüberschreitenden Internet-Marktes** ermöglicht überhaupt erst die Heranbildung eines neuen **Proletariats der Crowdworker**, das nach Art von »Sekundenlöhnern« als »digitale Job-Nomaden« eine Chance des Erwerbs eröffnet bekommt. Dieser »Erwerb« durch menschliche Arbeitsleistung reicht häufig jedoch gerade nicht aus, um ein auskömmliches Leben etwa in den Hochpreisländern Mitteleuropas oder Nordamerikas zu bestreiten, weil i. d. R. nur Vergütungen weit unterhalb des gesetzlichen Mindestlohnes erzielt werden können. Man spricht über Durchschnittsvergütungen von **zwei EURO je Stunde.**[217] Es handelt sich daher objektiv bestenfalls um einen **Zuerwerb.** Der heutige **Crowdworker** unterscheidet sich oftmals nicht wesentlich vom **altbekannten »Tagelöhner«**, dessen massenhaftes Auftreten gerade auch die **Geburtsstunde des modernen (sozialen) Arbeitsrechts** mit geprägt hat.

62d Die **rechtliche Einordnung** des Beschäftigungsverhältnisses **eines Crowdworkers**[218] bereitet einige Schwierigkeiten. Da meist mit den eigenen Arbeitsmitteln gearbeitet wird und Weisungen des Auftraggebers hinsichtlich des »Ob«, des »Wann«, des »Wo« und »Wie« der Leistungserbringung regelmäßig fehlen werden, mangelt es an den Merkmalen für die persönliche Abhängigkeit, die das Arbeitsverhältnis im allgemein-arbeitsvertragsrechtlichen Sinne prägt (vgl. Rn. 63 ff.), so dass man das **Arbeitsverhältnis eher verneint** und Formen der **Selbständigkeit bejaht.**[219] Eindeutig ist das freilich nicht, denn z. B. eine »detailreiche Vorprogrammierung« der Tätigkeit im Vertrag selbst spricht in der Rspr. des *BAG* einmal gegen und ein anderes Mal für das Vorliegen eines Arbeitsvertrags.[220] Ginge man dagegen für die Zwecke des BetrVG vom eingliederungsrechtlich geprägten **betriebsverfassungsrechtlichen AN-Begriff** des Abs. 1 aus, müsste wenigstens eine Einbindung in die vom Betriebsinhaber geschaffene betriebliche Organisationseinheit vorliegen. Das ließe sich allenfalls annehmen, wenn man die Internet-Plattform als zur betrieblichen Arbeitsorganisation des Auftraggebers gehörig ansehen wollte; sie ist dies indes regelmäßig gerade nicht.

62e Es spricht zwar Einiges für die Annahme, dass unter vom konkreten Einzelfall abhängigen Umständen Crowdworker als **AN-ähnliche Personen** (vgl. Rn. 120 ff.) anzusehen sein können,[221] jedoch hilft dies für die mögliche Einbeziehung in die Betriebsverfassung des Auftraggeber-UN und damit in den Schutzbereich des BetrVG nicht weiter, weil auch nach dem betriebsverfassungsrechtlichen AN-Begriff die AN-ähnlichen Personen nicht zu den AN i. S. d. Abs. 1 zählen (vgl. Rn. 121).

62f Die Einbeziehung von Crowdworkern in die Betriebsverfassung (siehe auch § 87 Rn. 12) könnte daher nur gelingen, wenn sie **als Heimarbeiter** (vgl. Rn. 126 ff.) anzusehen wären,[222] denn – obgleich Heimarbeiter rechtssystematisch zu den **AN-ähnlichen Personen** – gehören, ordnet Abs. 1 Satz 2 gerade ihre Zugehörigkeit zu den AN i. S. d. BetrVG im Wege einer Fiktion an. Allerdings wird es praktisch vielfach schwierig sein festzustellen, ob ein Crowdworker in der Hauptsache für den Betrieb arbeitet (näher dazu Rn. 126).

62g Vgl. zu den **Handlungsmöglichkeiten des BR** beim internen und externen Crowdsourcing *Klebe*, in: Benner (Hrsg.), Crowdwork, S. 277 ff. sowie *Däubler/Klebe*, NZA 15, 1040. Zur **AGB-Kontrolle** der Vertragsbedingungen von Crowdworkern, Problemen beim **grenzüberschreitenden Crowdsourcing** und entsprechenden **gerichtlichen Zuständigkeiten** im Einzelnen Däubler/Klebe, NZA 15, 1037 f., 1038 f., 1039.

---

217 *Däubler/Klebe*, NZA 15, 1034; allerdings sollen die durchschnittlichen Stundenverdienste bei hochqualifizierten Crowdworkern durchaus auch 33 US-Dollar betragen können (z. B. Softwareentwickler).

218 Einzelheiten bei *Däubler/Klebe*, NZA 15, 1034 f.

219 *Däubler/Klebe*, NZA 15, 1035.

220 Vgl. die Hinweise dazu bei *Däubler/Klebe*, a. a. O.

221 Dazu eingehend *Däubler/Klebe*, NZA 15, 1035 f.

222 Skeptisch aber auch *Däubler/Klebe*, NZA 15, 1036.

3. Abgrenzung zu Formen der selbstständigen Tätigkeit

a) Allgemeines/»Freie« Mitarbeit

Die Grenzen zwischen dem Arbeitsverhältnis und anderen Rechtsverhältnissen, in denen menschliche Arbeitsleistungen erbracht werden können (z. B. freier Dienstvertrag [freie Mitarbeit], Werkvertrag, Auftrags- und Geschäftsbesorgungsvertrag), können fließend sein. Kann die vereinbarte Tätigkeit typologisch sowohl in einem Arbeitsverhältnis als auch selbstständig erbracht werden, ist die **Entscheidung der Vertragsparteien** für einen bestimmten Vertragstypus im Rahmen der erforderlichen **Gesamtabwägung** aller Umstände des Einzelfalles zu berücksichtigen.[223] Geht man vom traditionellen, vertragsrechtlich orientierten AN-Begriff auch im Bereich des BetrVG aus, so kommt es für die Unterscheidung maßgeblich auf den **Grad der persönlichen Abhängigkeit** an, in der sich der zur Dienstleistung Verpflichtete gegenüber dem Dienstberechtigten befindet.[224] Wenn die betreffende Person zwar im Büro des AG **gegen Honorar** arbeitet, dies aber an selbstgewählten Tagen (Ausfüllen von **Steuererklärungen**) erledigt, ist sie freie Mitarbeiterin.[225] Dagegen ist der in einer Anwaltskanzlei beschäftigte **Betriebswirt** AN, auch wenn er keiner fachlichen Weisung unterworfen ist, seine Pausen frei gestalten kann und unfertige Arbeiten abends zu Hause und unter **Mithilfe der Ehefrau** erledigt, weil er i. Ü. überwiegend in der Kanzlei arbeitet und die dort vorhandenen Betriebsmittel nutzt; eine Vergütung auf Honoraranteilbasis steht dem nicht entgegen.[226] Unerheblich ist dabei, wie die Parteien das Rechtsverhältnis bezeichnen. Entscheidend ist vielmehr für die AN-Eigenschaft und Belegschaftszugehörigkeit, wie die Parteien ihr Vertragsverhältnis **tatsächlich** ausgestaltet und durchgeführt haben.[227] Somit kann sich etwa ein zunächst zutreffend als »freie Mitarbeit« ausgestaltetes Rechtsverhältnis durch die Art und Weise seines faktischen Vollzugs im Laufe der Zeit in ein Arbeitsverhältnis umwandeln. Umgekehrt wird aber ein AN nicht deshalb zum freien Mitarbeiter, wenn der AG sein Weisungsrecht nicht ausübt.[228] Eine Statusänderung bedarf eindeutiger Vereinbarung und der »Ausgliederung« aus der fremden Arbeitsorganisation.[229] Insbesondere dann, wenn innerhalb eines mit denselben Aufgaben betrauten Kreises von AN **keine wesentlichen Unterschiede zu der Tätigkeit** eines sog. freien Mitarbeiters festzustellen sind, ist regelmäßig bereits auf das Vorliegen eines Arbeitsverhältnisses zu schließen.[230] Unbeachtlich für die rechtliche Qualifizierung ist regelmäßig die umsatzsteuer- und gewerberechtliche Behandlung der betreffenden Person, so dass **Schlachter** und **Ausbeiner AN** sind.[231] 63

Maßgeblich für die Ermittlung des Grades der persönlichen Abhängigkeit ist der **Geschäftsinhalt** der Rechtsbeziehung. Dieser kann sich aus den ausdrücklichen Vereinbarungen und der tatsächlichen Durchführung des Vertrages ergeben. Widersprechen sich Vereinbarung und **praktische Durchführung,** ist auch nach der Vertragstheorie allein Letztere entscheidend.[232] Im Ergebnis dürfte es in Bezug auf die Abgrenzung eines betriebsverfassungsrechtlichen Ar- 64

223 *BAG* 9.6.10, EzA Nr. 18 zu § 611 BGB AN-Begriff.
224 Vgl. Rn. 12; zur ausufernden Kasuistik Kittner/Zwanziger/*Deinert,* § 3 Rn. 63 ff.; *Mayer,* AiB 99, 207 ff.; *Kerschbaumer/Eisch/Kossens,* Ratgeber freie Mitarbeit und Scheinselbstständigkeit, 2000; zusammenfassend *BAG* 9.5.96, NZA 96, 1145 [1148]; so ist nach *LAG Berlin* 25.9.89, BB 89, 1554, freier Mitarbeiter, wer an selbstgewählten Tagen zu Hause Vorarbeiten für einen *Steuerberater* erledigt, während der *Assessor,* der in einer Rechtsanwaltskanzlei als Sachbearbeiter während der Bürozeiten arbeitet, AN ist; vgl. *BAG* 15.8.75, AP Nr. 32 zu § 2 ArbGG 1953 Zuständigkeitsprüfung; *BSG* 30.11.78, AP Nr. 31 zu § 611 BGB Abhängigkeit; *LAG Berlin* 16.12.86, NZA 87, 488; *LAG Baden-Württemberg* 14.3.85, NZA 85, 739; *LAG Hamm* 20.7.89, DB 90, 691.
225 *LAG Köln* 23.3.88, LAGE § 611 BGB AN-Begriff Nr. 7; ähnlich, wenn der **Dolmetscher** einmal wöchentlich für vier Stunden im Rechtsanwaltsbüro arbeitet, *LAG Berlin* 11.4.88, LAGE § 611 BGB AN-Begriff Nr. 6.
226 *OLG Köln* 15.9.93, BB 94, 145.
227 *BAG* 26.11.87, NZA 88, 505 [506] m. w. N.; *Richardi,* Rn. 37; *Fitting,* Rn. 31; vgl. auch o. Rn. 16.
228 *BAG* 12.9.96, DB 97, 47.
229 A. a. O.
230 *BAG* 28.6.73, 3.10.75, 2.6.76, AP Nrn. 10, 17, 20 zu § 611 BGB Abhängigkeit.
231 *LG Oldenburg* 17.3.95, BB 95, 1697.
232 *BAG* 13.1.83, AP Nr. 42 zu § 611 BGB Abhängigkeit; BGH 25.6.02

beitsverhältnisses (vgl. Rn. 33) von Formen der selbstständigen Tätigkeit kaum zu Abweichungen kommen.

65 Wenngleich die Rspr. den Grad der persönlichen Abhängigkeit auch anhand der **Eigenart der jeweiligen Tätigkeit** zu bestimmen sucht,[233] darf dennoch nicht übereilt aus der Berufsgruppenzugehörigkeit auf den Status geschlossen werden: Nach der Rspr. des *BAG*[234] sind **Zeitungszusteller,** die an sechs Wochentagen für 29 Stunden beansprucht werden, AN;[235] beim Einsatz nur am Sonntag für drei Stunden und der Berechtigung, Familienangehörige oder sonstige Dritte stattdessen beauftragen zu können, soll der Zusteller dagegen freier Mitarbeiter sein.[236] **Kein Arbeitsverhältnis** soll regelmäßig dann vorliegen, wenn der Verpflichtete nach den tatsächlichen Umständen gar nicht in der Lage ist, die vertraglich übernommenen Leistungspflichten allein zu erbringen, und er entweder berechtigt ist, sie durch Dritte erbringen zu lassen[237] oder dafür nur faktisch auf weitere Kräfte angewiesen ist, die er selbst anstellt[238]

66 Die **persönliche Abhängigkeit** entsteht, wenn die Arbeitsleistung unter Zuweisung eines Arbeitsbereiches innerhalb der vom Betriebsinhaber bestimmten betrieblichen Arbeitsorganisation erbracht wird.[239] Dabei kommt es nicht notwendigerweise auf das rein räumliche Zusammenwirken der AN innerhalb der Betriebsstätte an, weil die persönliche Abhängigkeit eines außerhalb des Betriebs Beschäftigten auch darin liegen kann, dass er **auf die Zusammenarbeit** mit den im Betrieb Beschäftigten und den dortigen technischen Apparat **angewiesen** ist,[240] selbst wenn die betreffende Person weder in fachlicher, örtlicher oder zeitlicher Hinsicht den Weisungen des Betriebsinhabers unterworfen ist.[241] Wer als **Kundenberater** für einen Auftraggeber dessen Kunden nach den terminlichen Wünschen und in den Räumen der Kundschaft entsprechend den inhaltlichen Vorgaben des Auftraggebers in der Handhabung von Geräten unterweist, ist AN.[242]

67 Zwar ist – wie der gem. § 6 Abs. 2 GewO für alle Arbeitsverhältnisse geltende § 106 GewO n. F. betont – die **Weisungsgebundenheit in örtlicher, zeitlicher und sachlicher Hinsicht** als stärkstes Indiz für das Vorliegen persönlicher Abhängigkeit anzusehen, jedoch sind die **branchenspezifischen Eigenarten** der jeweiligen Tätigkeit zu berücksichtigen, so dass es neben dem Angewiesensein auf den technisch-personellen Apparat des Dienstberechtigten (vgl. Rn. 66) auch für ein Arbeitsverhältnis und gegen freie Mitarbeit spricht, wenn **bei Medienmitarbeitern** (Journalisten, Korrespondenten, Rundfunksprechern, Übersetzern usw.) eine **ständige Dienstbereitschaft,** von der bei **Bedarf** Gebrauch gemacht wird, erwartet wird.[243] Davon ist i. S. eines starken Indizes auszugehen, wenn der jeweilige Mitarbeiter **in Dienstplänen** aufgeführt wird.[244]

68 Ist auf Grund der tatsächlichen Ausgestaltung eines Rechtsverhältnisses und auf Grund der **faktischen Machtstellung** des Dienstberechtigten entgegen einer vertraglichen Festlegung ein

233 Vgl. Rn. 11; *BAG* 9.5.96, NZA 96, 1145 [1148] m. w. N.
234 29.1.92, BB 92, 1486.
235 Vgl. auch die Instanz-Rspr. *5. Aufl.*, Rn. 11.
236 *ArbG Oldenburg* 7.6.96, BB 96, 2148; zu Recht a. A. *LAG Düsseldorf* 5.3.96, LAGE § 611 BGB AN-Begriff Nr. 30; die Komplexität zusammenfassend *BAG* 16.7.97, BB 97, 2377.
237 *BAG* 12.12.01, 4.12.02, AP Nrn. 111, 115 zu § 611 BGB Abhängigkeit; BGH 21.10.98, NZA 99, 110.
238 *BAG* 20.1.10, EzA Nr. 16 zu § 611 BGB AN-Haftung: Organisator und Dirigent eines Kurorchesters, der einem Auftraggeber als Inhaber einer Musikagentur auftritt und zur Durchführung der musikalischen Unterhaltung selbst Arbeitsverträge mit Musikern abschließt.
239 Eingliederung; vgl. Rn. 26; *Fitting*, Rn. 45.
240 Sog. Abhängigkeit von »Team und Apparat« des AG, vgl. dazu *LAG Bremen* 25.10.89, LAGE § 611 BGB AN-Begriff Nr. 12; *BAG* 27.2.91, EzA § 611 BGB AN-Begriff Nr. 43.
241 *BAG* 9.3.77, 15.3.78, AP Nrn. 21, 26 zu § 611 BGB Abhängigkeit; vgl. aber dagegen auch *BAG* 27.3.91, AuR 91, 249; abschwächend auch *BAG* 30.11.94, DB 95, 1767, das unter Aufgabe von *BAG* 15.3.78, AP Nr. 26 zu § 611 BGB Abhängigkeit, die Abhängigkeit eines programmgestaltenden Rundfunk- und Fernsehmitarbeiters von Team und Apparat für sich allein nicht als ausreichend erachtet; fortgesetzt in *BAG* 19.1.00, NZA 00, 1102.
242 *BAG* 6.5.98, EzA § 611 BGB AN-Begriff Nr. 73.
243 *BAG* 7.5.80, AP Nr. 35 zu § 611 BGB Abhängigkeit; *LAG Köln* 28.6.89, BB 89, 1760.
244 *BAG* 9.6.93, 16.2.94, 16.3.94, 20.7.94, EzA § 611 BGB AN-Begriff Nrn. 51, 52, 53, 54). Daran ändert sich auch dann nichts, wenn dem Mitarbeiter zugestanden wird, einzelne dienstplanmäßige Einsätze abzulehnen; vgl. *BAG* 30.11.94, DB 95, 1767.

gleich bleibender Arbeitseinsatz und damit eine faktische Arbeitspflicht der Mitarbeiter deshalb sichergestellt, weil diese ansonsten Gefahr laufen, ihre Tätigkeit überhaupt zu verlieren, liegt ein Arbeitsverhältnis und keine freie Mitarbeit vor.[245] Davon ist auszugehen, wenn der Dienstberechtigte die Arbeitsvorgänge so organisiert, dass zur Erledigung der täglich anfallenden Aufgaben jeweils nur einige Mitglieder einer zu gleichen Bedingungen angestellten Gruppe von Beschäftigten erforderlich sind, und es dieser Gruppe überlassen bleibt, wie sie den täglichen Arbeitseinsatz sicherstellt, so dass der faktische **Arbeitsdruck** (regelmäßige Teilnahmenotwendigkeit zur Vermeidung von Entgeltausfall) einer echten Arbeitspflicht gleichkommt und somit eine **persönliche Abhängigkeit** gegeben ist.[246]

b) Handelsvertreter/Propagandistinnen

Nach Ansicht des *BAG*[247] enthält **§ 84 Abs. 1 Satz 2 HGB** über den unmittelbaren Anwendungsbereich jener Vorschrift hinaus (Abgrenzung des Handelsvertreters von Handlungsgehilfen) eine allgemeine gesetzgeberische Wertung, die bei der Abgrenzung des (freien) Dienstvertrags vom Arbeitsvertrag zu beachten ist.[248] Danach ist selbstständig, wer im Wesentlichen **frei** seine **Tätigkeit gestalten** und seine **Arbeitszeit bestimmen** kann. Unselbstständig und damit persönlich abhängig ist demzufolge derjenige, dem diese Dispositionsfreiheit fehlt. 69

Unter Berücksichtigung der in § 84 Abs. 2 HGB enthaltenen Wertung (die Vorschrift enthält allerdings keine abschließende Umschreibung der für die AN-Eigenschaft maßgeblichen Gesichtspunkte)[249] sind z. B. **Versicherungsvertreter im Außendienst** keine Handelsvertreter, sondern AN, wenn sie in der für AN typischen Weise in die betrieblichen Abläufe eingegliedert sind.[250] Dies ist etwa der Fall, wenn sie in festgelegten und gegeneinander abgegrenzten Bezirken arbeiten, sich regelmäßig zu einem Gruppengespräch unter Führung eines Gruppenleiters treffen müssen, bei dieser Gelegenheit Termine besprochen und Tätigkeitsberichte abgegeben werden sowie eine Kontrolle termingebundener Geschäfte erfolgt. Weitere für persönliche Abhängigkeit sprechende Merkmale können sein: die Festlegung einer Zielplanung für jeden dieser Mitarbeiter durch den Gruppenleiter, die gemeinsame Durchführung einer Urlaubsplanung sowie die Teilnahmepflicht an Schulungsveranstaltungen, die der Dienstgeber organisiert, eine Abmeldepflicht bei Erkrankungen.[251] 70

Andererseits hat der *BGH*[252] eine »freiberufliche« **Propagandistin im Kaufhaus,** die dort ausschließlich auf Provisionsbasis für ihren Dienstgeber Klebefolien verkaufte, als selbstständige Handelsvertreterin angesehen, u. a. weil keine persönliche Pflicht zur Einhaltung von Verkaufszeiten bestand, eine Urlaubsregelung nicht vorhanden war, die Beschäftigte selbst zwei Mitarbeiter eingestellt hatte, eine eigene Buchführung erfolgte, ein Gewerbe angemeldet war und die Mitgliedschaft in der Berufsgenossenschaft bestand.[253] 71

---

245 *LAG Düsseldorf* 5.12.88, DB 89, 1343.
246 *LAG Düsseldorf* 5.12.88, a. a. O.
247 13.1.83, 9.5.84, AP Nrn. 42, 45 zu § 611 BGB Abhängigkeit.
248 Kritisch zur »Überhöhung« der Normbedeutung *Wank*, AuR 01, 292 [299].
249 Vgl. *BAG* 21.1.66, AP Nr. 2 zu § 92 HGB.
250 Vgl. etwa *LAG Hamm* 16.10.89, ZIP 90, 880 mit Anm. *Gaul; ArbG Nürnberg* 31.7.96, AiB 96, 677 mit Anm. *U. Mayer;* ähnlich *LAG Nürnberg* 25.2.98, AiB 98, 296 m. Anm. *Fischer;* anders dagegen *LAG Nürnberg* 26.1.99, ZiP 99, 769, wenn die Tätigkeit und Arbeitszeit im Wesentlichen frei bestimmt werden können; zur Abgrenzungsproblematik in der Versicherungsbranche eingehend *Hanau/Strick*, DB-Beilage 14/98 und zusammenfassend *BAG* 15.12.99, AiB 01, 310 m. Anm. *Mayer; BAG* 20.9.00, NZA 01, 210.
251 Vgl. im Einzelnen *LAG Köln* 16.10.95, AiB 96, 675 mit Anm. *U. Mayer* [Telefonmarketing im *Bankaußendienst*]; *ArbG Lübeck* 29.6.89, AiB 89, 349 [*Versicherungsaußendienst*]; ähnlich für *Pharmaberater im Außendienst LAG Hamm* 5.10.89, 13.10.89, LAGE § 611 BGB Arbeitnehmerbegriff Nrn. 13, 14; vgl. aber *LAG Düsseldorf* 6.3.91, LAGE § 611 BGB Arbeitnehmerbegriff Nr. 18, hinsichtlich der *Versicherungsaußendienst-AN* als freie Mitarbeiter; vgl. dagegen *LAG Niedersachsen* 7.9.90, LAGE § 611 BGB AN-Begriff Nr. 24, das den im Werbeaußendienst eines Versicherungs-UN tätigen *Einfirmenvertreter* als AN qualifizierte; ebenso *LAG Nürnberg* 30.10.92, NZA 93, 652; zu Letzteren Rn. 81; instruktiv zur Komplexität des notwendigen Abwägens unterschiedlicher Gesichtspunkte bei der rechtlichen Qualifizierung des *Finanzberaters im Bankaußendienst BAG* 30.8.94, SAE 95, 289 m. Anm. *Weber* [zurückverwiesen an das *LAG Düsseldorf*].
252 11.3.82, NJW 82, 1757, allerdings unter ausdrücklicher Bezeichnung als Grenzfall.

72 Von dieser Fallgestaltung weichen jedoch die bekannt gewordenen Formen des Einsatzes von **Propagandistinnen, Kosmetikberaterinnen, Regalauffüllerinnen** usw. in Kaufhäusern in tatsächlicher Hinsicht erheblich ab,[254] so dass wegen deren hochgradiger Eingliederung in die Arbeitsabläufe des Kaufhausbetriebs meist die wesentlichen Merkmale der persönlichen Abhängigkeit vorliegen.[255] Andererseits kann es sich je nach tatsächlicher Gestaltung des Arbeitseinsatzes aber bei diesem Personenkreis auch um Außen-AN des entsendenden UN handeln,[256] so dass diese AN als Teil der dortigen betrieblichen Arbeitsorganisation anzusehen sein können (vgl. Rn. 48 ff.).

c) Franchising

73 Umstritten ist der betriebsverfassungsrechtliche Status von Dienstleistenden im Zusammenhang mit **Franchise-Verträgen.**[257] Darunter ist ein durch Vertrag begründetes Dauerschuldverhältnis zu verstehen, auf Grund dessen der Franchise-Geber dem Franchise-Nehmer gegen Entgelt das Recht gewährt, bestimmte Waren und/oder Dienstleistungen unter Verwendung von Namen, Warenzeichen, Ausstattung oder sonstigen Schutzrechten sowie der technischen und gewerblichen Erfahrungen des Franchise-Gebers und unter Beachtung seiner Organisation zu vertreiben, wobei dem Franchise-Geber dem Franchise-Nehmer gegenüber Beistand, Rat und Schulungspflichten obliegen sowie eine Kontrolle über den Geschäftsbetrieb eingeräumt wird.[258] Wegen der Vielzahl von denkbaren vertraglichen Gestaltungsformen beim Franchising[259] ist es möglich, dass auch hierbei rechtliche Bindungen des Franchise-Nehmers gegenüber dem Franchise-Geber vorliegen, die eine **persönliche Abhängigkeit** des Franchise-Nehmers begründen und diesen zum AN i. S. d. Abs. 1 machen.[260]

74 Auch wenn der Franchise-Nehmer im Allgemeinen als selbstständiger Gewerbetreibender anzusehen ist,[261] stellt sich die Problematik der Abgrenzung zum Arbeitsverhältnis hier in

253 Vgl. zu einem ähnlich gelagerten Fall *BAG* 23.4.97 – 5 AZR 727/95, wo eine Sachentscheidung wegen Unzulässigkeit der Klage nicht ergehen konnte; Vorinstanz: *LAG Köln* 30.6.95, AuR 96, 413.

254 Vgl. *Mayer/Paasch*, AiB 88, 242 ff.

255 Vgl. *ArbG Herne* 16.5.84, DB 85, 393, das beim Einsatz von Kosmetikberaterinnen und Propagandistinnen im Kaufhaus sowohl die Mitwirkungsrechte nach § 99 bejahte als auch einen Fall illegaler AN-Überlassung annahm; ähnlich *ArbG Bremerhaven* 3.8.88, DB 89, 2131, das anhand der gleichen Arbeitszeit, gleichartiger Bekleidung, Vertretung durch Stammpersonal des Einsatzbetriebs während der Pausen, Benutzung derselben Sozialräume, Teilnahme am Personaleinkauf und Personalrabatt die Eingliederung einer *Propagandistin* bejahte; vgl. auch *LSG Hamburg* 19.6.83, AiB 88, 117, das die Selbstständigkeit einer *Modeschmuck-Verkäuferin* verneint hat; ähnlich *LSG Niedersachsen* 22.9.81 – L 4 KR 30/80 und *LSG Berlin* 14.8.96, EWiR 97, 275.

256 So die Annahme des *LAG Köln* 30.6.95, AuR 96, 413, mit Fundamentalkritik am AN-Begriff der h. M.; krit. auch *Kreuder*, AuR 96, 386.

257 Vgl. *Fitting*, Rn. 88; zu einigen namentlich genannten Markenfirmen *Blank/Blanke u. a.*, S. 48 ff.; *Skaupy*, NJW 92, 1785 [1787]; vgl. auch die Aufstellung in der Beilage zur FAZ v. 30.5.95, in der die Anzahl der Franchise-Nehmer in den 20 größten Franchise-Systemen mitgeteilt ist.

258 Vgl. *Blanke, Th.*, in: BSWW, 5. Teil, Rn. 4; *Schaub-Vogelsang*, Arbeitsrechts-Handbuch, § 8 Rn. 39; Kittner/Zwanziger/*Kittner-Deinert*, § 3 Rn. 126; v. Staudinger-*Richardi*, Vor § 611 Rn. 92; *Selzner*, S. 19 f.

259 Vgl. *EuGH* 28.1.86, DB 86, 637; *Buschmann*, AiB 88, 51 ff.; *Buschbeck-Bülow*, BB 89, 352 ff.; *Skaupy*, BB 90, 134 ff.; *Weber*, JA 83, 347 ff.; *Joerges*, Die AG 91, 325 ff.; *Matthießen*, ZIP 88, 1089.

260 *LAG Düsseldorf* 20.10.87, LAGE § 5 BetrVG 1972 Nr. 16; *LAG Bremen* 21.2.07 – 2 Sa 206/05, das den Franchisenehmer der bundesweit tätigen Franchisegeberin »Deutscher Video-Ring« als AN ansah; *Buchner*, CR 89, 37 ff.; a. A. bei gleichgelagerter Sachverhaltsgestaltung wie in *LAG Düsseldorf*, a. a. O., aber nunmehr geänderten Vertragsbedingungen [»Jacques Wein-Depot«] *BAG* 21.2.90, BB 90, 1064 mit zustimmender Anm. *Skaupy;* skeptisch zur AN-Eigenschaft *Selzner*, S. 37 ff.; Hinweise zur »Sicherstellung der Selbstständigkeit« des Franchise-Nehmers bei *Flohr*, WiB 97, 281 ff.; grundlegend unter kritischer Auswertung der neueren Rspr. *Blanke, Th.*, a. a. O., Rn. 107 ff.; *Nagel*, FS Däubler, S. 100 ff.

261 H. M.; vgl. *BAG* 24.4.80, AP Nr. 1 zu § 84 HGB [»Manpower«-Fall]; *OLG Schleswig* 27.8.86, NJW-RR 87, 220 [»Eismann«-Fall; zur wechselvollen Würdigung des »Eismann«-Franchise-Systems *BAG* 16.7.97, NZA 97, 1126]; *OLG Düsseldorf* 30.1.98 – 16 U 182/96; *OLG Düsseldorf* 18.3.98, ZIP 98, 1039 = EWiR § 84 HGB 1/98, 897 m. Anm. *Wank; BGH* 4.11.98, ZIP 98, 2104 = EWiR § 2 ArbGG 2/99, 147 m. Anm. *Hromadka*, unter klarer Ablehnung der These, dass Franchise-Nehmer schon definitions-

derselben Weise wie beim selbstständigen Handelsvertreter. Der rein begriffsjuristische Hinweis, wonach sich der Franchise-Vertrag vom Handelsvertretervertrag dadurch unterscheide, dass bei erstgenanntem »im eigenen Namen und für eigene Rechnung« gearbeitet werde, während dies im letztgenannten Fall »im fremden Namen auf fremde Rechnung« geschehe, vermag die Selbstständigkeit nicht zu begründen, sondern setzt sie bereits gedanklich voraus.[262]

Durch den Franchise-Vertrag wird jedoch nur dann kein Arbeitsverhältnis begründet, wenn dieser Vertrag nach seinem **Geschäftsinhalt** (vgl. Rn. 64 f.) vermeidet, die für die AN-Eigenschaft maßgeblichen Merkmale zu erfüllen.[263] Im Rahmen der anzustellenden **Gesamtbetrachtung** spricht es für einen hohen Grad von persönlicher Abhängigkeit des Franchise-Nehmers und damit für AN-Eigenschaft, wenn die **Kunden- und Interessentenkartei** des Franchise-Nehmers wöchentlich an den Franchise-Geber abzuliefern ist und in dessen Eigentum übergeht, der Franchise-Geber ein jederzeitiges **Zutrittsrecht** zu den Geschäftsräumen hat, ein **Bucheinsichtsrecht** des Franchise-Gebers ebenso besteht wie die **Vorlagepflicht** des Franchise-Nehmers hinsichtlich der Umsatzsteuervoranmeldungen. Ferner spricht es für den AN-Status, wenn die **Arbeits- und Präsenzzeiten** vom Franchise-Geber vorgegeben werden und **Bindungen** bezüglich des **Urlaubs** (max. vier Wochen innerhalb der Schul-Sommerferien des jeweiligen Bundeslandes) bestehen und der Franchise-Nehmer bezüglich seiner **Buchhaltung** nahezu in allen Belangen auf den **Apparat** des Franchise-Gebers angewiesen ist.[264] Soweit bei einem zum Franchising erklärten System der Vermittlung von Beförderungsleistungen die fahrenden Boten verpflichtet waren, fünf Stunden täglich zu arbeiten, einer Präsenzkontrolle unterlagen, Tourenbücher führen mussten und auf Grund von Kundenbeschwerden abgemahnt wurden, nahm *LAG Hamburg*[265] ein Arbeitsverhältnis an,[266] anders aber in einem franchisierten Zeitschriften- und Briefzustellsystem, bei dem sogar enge Vorgaben des Franchisegebers bestanden, die jedoch die zeitliche und örtliche Dispositionsfreiheit des Franchisenehmers nicht substanziell berührten.[267] **75**

Für die Annahme einer Selbstständigkeit kann im Rahmen der erforderlichen Gesamtschau ausschlaggebend sein, dass der Franchisenehmer selbst AN einstellen darf und es auch tatsächlich tut.[268] Weitergehend will das *LAG Düsseldorf*[269] es neuerdings sogar genügen lassen, wenn der Franchisenehmer schon **nach den tatsächlichen Umständen** gar nicht in der Lage ist, die übernommenen Leistungspflichten in eigener Person zu erfüllen, sondern auf Hilfskräfte angewiesen ist, wozu er allerdings auch vertraglich berechtigt sein muss; selbst engmaschige Vorgaben des Franchisegebers zur Durchführung der Tätigkeit sollen dem nicht entgegenstehen. **76**

Vor allem bei Formen des sog. **Subordinations-Franchising**[270] kann die Abgrenzung zum Arbeitsverhältnis schwierig sein, weil hier meist der franchisierte Betrieb von einer natürlichen Person der äußeren Form nach als einzelkaufmännisches UN geführt wird.[271] Demgemäß spielt die Abgrenzung zum Arbeitsverhältnis dort keine Rolle, wo als Franchisenehmer eine juristische Person auftritt, die naturgemäß nicht AN sein kann.[272] **77**

---

gemäß Gewerbetreibende und damit Selbständige seien; *Skaupy*, NJW 92, 1785 ff.; *Weltrich*, DB 88, 806; *Bauder*, NJW 89, 78 jeweils m. w. N.; vgl. zu gegenläufigen Tendenzen der rechtlichen Bewertung von problematischen Franchise-Systemen im Kartellrecht und im Arbeitsrecht *Hänlein*, DB 00, 374 [377].

262 Dies verkennen *Weltrich und Bauder*, a. a. O.; wie hier *Wank*, DB 92, 90 [92].

263 *LAG Düsseldorf* 20.10.87, LAGE § 5 BetrVG 1972 Nr. 16 unter a) bb) der Gründe; im entschiedenen Fall handelte es sich allerdings der gewählten Rechtskonstruktion nach um eine Vermischung von Elementen des Franchising mit solchen des Handelsvertretersystems [Agentur], die in Wirklichkeit als Arbeitsverhältnis zu qualifizieren war.

264 Zu alledem im Einzelnen *LAG Düsseldorf* 20.10.87, a. a. O.; teilweise enger *BAG* 21.2.90, BB 90, 1064.

265 6.2.90 – 3 Sa 50/89, uv.; dazu *Wank*, DB 92, 90 [93].

266 Vgl. zu einem ähnlich gelagerten Fall von abhängiger »Selbstständigkeit« eines *Franchisenehmers im Transportgewerbe LSG Berlin* 27.10.93, NZA 95, 139; *LG München I* 15.5.97, NZA 97, 943.

267 *LAG Hamburg* 27.2.08, LAGE Nr. 3 zu § 611 BGB AN-Begriff.

268 Vgl. Rn. 65; *LAG Rheinland-Pfalz* 12.7.96, LAGE § 611 BGB AN-Begriff Nr. 32.

269 27.8.10, LAGE Nr. 5 zu § 611 BGB 2002 AN-Begriff.

270 Zur Definition vgl. Rn. 77; zu neuartigen Formen z. B. *Buschbeck-Bülow*, BB 89, 352 [353] m. w. N.

271 Vgl. v. Staudinger-*Richardi*, vor § 611 Rn. 94 m. w. N.

272 Zutreffend *Selzner*, S. 39.

78 **Sofern** nach dem Geschäftsinhalt **nicht** von einem **Arbeitsverhältnis** auszugehen ist, kann der vom Franchise-Nehmer organisierte Geschäftsbereich selbst einen Betrieb i. S. d. § 1 bilden und betriebsratsfähig sein.[273] Je nach Gestaltung der Franchise-Beziehungen kann in derartigen Fällen zusammen mit dem im Betrieb des Franchise-Gebers bestehenden BR ein GBR (beim Koalitions- und Konföderations-Franchising) oder KBR (beim Subordinations-Franchising) gebildet werden.[274] Nur ausnahmsweise kann es zwischen den Parteien eines Franchise-Systems zum **gemB** i. S. v. § 1 Abs. 1 Satz 2 kommen.[275]

79 Ist dagegen der **Franchisenehmer als AN** anzusehen und hat er **eigene AN angestellt**, stehen diese idR. zum Franchisegeber in einem mittelbaren Arbeitsverhältnis[276] und zählen (auch) zu den AN im Betrieb des Franchisegebers.[277]

d) Einfirmen-Vertreter

80 Einen Sonderfall der selbstständig Tätigen stellt der sog. **Einfirmen-Vertreter** i. S. d. § 92 a HGB dar, der auf Grund vertraglicher Regelung nicht für weitere UN tätig werden darf oder dem dies nach Art und Umfang der von ihm verlangten Tätigkeit nicht möglich ist. Er ist Handelsvertreter gemäß § 84 HGB und somit selbstständig, wenn er im Wesentlichen frei seine Tätigkeit gestalten und seine Arbeitszeit bestimmen kann. Andernfalls handelt es sich hierbei um kaufmännische Angestellte,[278] etwa wenn der Dienstgeber den Kundenstamm zuteilt, die zu besuchende Mindestzahl von Kunden/Interessenten festlegt und den Tourenplan vorgibt.[279]

4. Arbeitnehmerüberlassung und andere Formen des sog. drittbezogenen Personaleinsatzes

a) Allgemeines

81 Im Zuge des von den UN immer stärker forcierten flexiblen Personaleinsatzes kommt es neben dem Rückgriff auf scheinbar selbstständige Personen (vgl. Rn. 63 ff.) immer häufiger auch zum Einsatz von Beschäftigten, die zwar **nicht** zum **Betriebsinhaber** in einem **Arbeitsvertragsverhältnis** stehen, wohl aber zu einem anderen AG.[280] Aus der Sicht dieses Vertrags-AG erfolgt der Einsatz »seines« Vertrags-AN in einem anderen, dem sog. **Drittbetrieb;** man spricht dabei vom **drittbezogenen Personaleinsatz.**[281] Grundlage für den im Drittbetrieb erfolgenden

273 Vgl. den Fall einer als Franchisenehmerin tätigen »Marktleiterin«, die Arbeitgeberin der im Markt tätigen Beschäftigten war, in *BAG* 27.1.00, NZA 00, 390.

274 Vgl. *Buschbeck-Bülow,* BB 89, 352 f.; *Blanke, Th.,* in: BSWW, 5. Teil, Rn. 121; dagegen aber *Skaupy,* BB 90, 134 [135]; ablehnend zur GBR-Bildung *Selzner,* S. 98 f., der aber nicht genügend zwischen den Formen des Franchisings differenziert; bejahend *ders.,* S. 108 ff., unter zu Grundelegung eines spezifischen betriebsverfassungsrechtlichen Konzernbegriffs aber die Möglichkeit zur KBR-Bildung bei der Franchise-Systemzentrale.

275 Dazu *Blanke, Th.,* a. a. O., Rn. 127 ff.; vgl. zu den nach § 3 erweiterten Möglichkeiten, bei Franchise-Systemen unternehmensübergreifende AN-Vertretungen zu errichten § 3 Rn. 108 ff.; *Blanke, Th.,* a. a. O., Rn. 133.

276 Vgl. Kittner/Zwanziger/*Deinert,* § 3 Rn. 126 a. E.

277 So allgemein für das mittelbare Arbeitsverhältnis *Fitting,* Rn. 229.

278 Ggf. im Außendienst; vgl. *BAG* 15.7.61, AP Nr. 1 zu § 92 a HGB; 19.6.63, 21.1.66, AP Nrn. 1, 2 zu § 92 HGB; *ArbG Lübeck* 29.6.89, AiB 89, 349; *LAG Niedersachsen* 7.9.90, LAGE § 611 zu BGB AN-Begriff Nr. 24; *LAG Nürnberg* 30.10.92, NZA 93, 652.

279 Vgl. auch Rn. 70; *ArbG Lübeck* 26.10.95, BB 96, 177; zu scheinbar Selbstständigen im *Versicherungsaußendienst Mayer/Paasch,* WSI-Mitt. 87, 581 ff.; zur Scheinselbstständigkeit allgemein *Mayer/Paasch* AiB 87, 57 ff.; *dies.,* AiB 88, 242 ff.; *Däubler,* Das Arbeitsrecht 2, Rn. 2116 f.; zur abhängigen Selbstständigkeit *Paasch,* WSI-Mitt. 91, 216; zur »neuen Selbstständigkeit« *Wank,* DB 92, 90 ff.; vgl. auch zur Neufassung des sozialversicherungsrechtlichen Beschäftigtenbegriffs Rn. 12 ff.

280 Dabei muss das Rechtsverhältnis zwischen dem Beschäftigten und »seinem« Vertragspartner nicht notwendigerweise ein Arbeitsvertrag sein, vgl. *Ramm,* ZfA 73, 263 [267]; ebenso *Richardi,* Rn. 112; a. A. GK-*Raab,* Rn. 101.

281 Vgl. zur Terminologie *Becker,* AuR 82, 369 [370]; *Konzen,* ZfA 82, 259 [264 f.]; umfassend *Weber,* Das aufgespaltene Arbeitsverhältnis, 1992.

Arbeitseinsatz ist ein zwischen dem Vertrags-AG und dem Inhaber des Beschäftigungsbetriebs (Drittbetrieb) abgeschlossener Vertrag, der seinem Geschäftsinhalt nach sehr unterschiedlich beschaffen sein kann (z. B. AN-Überlassungsvertrag, Werkvertrag, Dienstvertrag, Gestellungsvertrag).

Stets taucht jedoch unter betriebsverfassungsrechtlichem Blickwinkel die Frage auf, ob der betreffende zur Arbeitsleistung überlassene Beschäftigte als **AN** i. S. d. § 5 **im Beschäftigungsbetrieb** (Drittbetrieb) anzusehen ist. Dabei ist selbst von denjenigen Autoren, die für die Betriebszugehörigkeit eines AN sowohl einen Arbeitsvertrag mit dem Betriebsinhaber als auch eine tatsächliche Beziehung zum Betrieb verlangen, anerkannt, dass beim drittbezogenen Personaleinsatz die Betriebszugehörigkeit eines AN zum Drittbetrieb nicht schon am fehlenden Arbeitsvertrag mit dem Inhaber des Drittbetriebs scheitere.[282] Vielmehr liege ein die Betriebszugehörigkeit begründendes Arbeitsverhältnis zum Inhaber des Drittbetriebs bereits dann vor, wenn die Stellung des Vertrags-AG aufgespalten werde und infolgedessen zwischen dem Beschäftigten und dem Inhaber des Drittbetriebs mehr oder weniger weitgehende arbeitsrechtliche Beziehungen bestehen.[283] 82

Vom hier vertretenen **betriebsverfassungsrechtlichen AN-Begriff** ausgehend, wonach der AN-Status i. S. d. § 5 maßgeblich durch die Betriebszugehörigkeit und diese wiederum durch den tatsächlichen Vorgang der Einstellung i. S. d. § 99 begründet wird (vgl. Rn. 13 ff., 24, 26), ist allein darauf abzustellen, ob eine Person ungeachtet ihres Rechtsstatus im Übrigen und ihrer sonstigen Rechtsbeziehungen zu anderen AG in den Drittbetrieb eingegliedert wird.[284] Als **Eingliederung** ist nicht schon die bloße Tätigkeit innerhalb der Betriebsstätte anzusehen,[285] sie setzt vielmehr die Zuweisung eines Arbeitsbereichs **innerhalb der Arbeitsorganisation** des Drittbetriebs und die Ausübung der arbeitgeberseitigen **Leitungsmacht** bezüglich der Modalitäten des Einsatzes der menschlichen Arbeitskraft durch den dortigen AG voraus (vgl. Rn. 26 f.). 83

Immer ist beim drittbezogenen Personaleinsatz für die Betriebszugehörigkeit des Beschäftigten im Drittbetrieb erforderlich, dass zumindest eine **Aufspaltung** der im Normalfall in der Person des AG zusammenfallenden **Vertrags- und Beschäftigungskomponenten** des Arbeitsverhältnisses dergestalt erfolgt, dass die mit der (faktischen) Beschäftigungskomponente verbundene Organisationsgewalt vor allem in Bezug auf Zeit, Ort und Art und Weise der Arbeitsleistung (wenigstens: auch) auf den Inhaber des Drittbetriebs übergeht.[286] 84

Gerade durch die Einordnung in eine fremde Arbeitsorganisation und die Unterstellung unter eine andere Leitungsmacht als die des eigenen Vertrags-AG unterscheiden sich die Formen des drittbezogenen Personaleinsatzes, bei denen auch eine Betriebszugehörigkeit im Drittbetrieb entsteht, von den Formen, bei denen zwar ebenfalls außerhalb des Stammbetriebs in einem Drittbetrieb gearbeitet wird, diese Beschäftigung aber als Erfüllungsgehilfe (§ 278 BGB) unter der fortbestehenden Organisationsgewalt des eigenen Vertrags-AG erfolgt. Im letztgenannten Fall findet eine Aufspaltung der AG-Position gerade nicht statt.[287] Es handelt sich vielmehr aus der Sicht des Stammbetriebs um eine **Erscheinungsform des Außendienstes** (vgl. Rn. 48 ff.) 85

b) Erlaubnispflichtige Arbeitnehmerüberlassung

Das »Erste Gesetz zur Änderung des Arbeitnehmerüberlassungsgesetzes« v. 28.4.2011 (AÜGÄndG 2011)[288] hat das Recht der **Arbeitnehmerüberlassung** teilweise **neu geordnet**.[289] 86

282 Vgl. etwa GK-*Raab*, § 7 Rn. 50; ebenso für Leiharbeit *Wlotzke*, FS 50 Jahre BAG, S. 1149, 1160; anders aber grundsätzlich BAG 18.1.89, AP Nr. 1 zu § 9 BetrVG 1972; zur Kritik dieser Ansichten o. Rn. 13 ff.

283 GK-*Raab*, a. a. O.

284 Diese Sichtweise unter dem Aspekt des § 99 grundsätzlich teilend *BAG* 30.8.94, SAE 95, 289; 22.4.97, EzA § 99 BetrVG 1972 Einstellung Nr. 3.

285 *Richardi*, NZA 87, 145 [146].

286 Vgl. *Becker*, AuR 82, 369 [370]; *Konzen*, ZfA 82, 259 [265]; zur Differenzierung in »Grundverhältnis« und »Durchführungsverhältnis« bei *v. Hoyningen-Huene* vgl. o. Rn. 29 sowie *ders.*, FS Stahlhacke, S. 173 [182 f.].

287 Sog. echte Werk- oder Dienstverträge, auch Unternehmer-AN oder Werk-AN genannt; vgl. *Becker*, AuR 82, 369 [379]; *BAG* 8.11.78, AP Nr. 2 zu § 1 AÜG.

288 BGBl. I 2011 S. 642, in Kraft getreten gem. Art. 2 teils am 29.4.11, teils am 1.12.11.

289 Näher *Düwell*, DB 11, 1520 ff.; Leuchten, NZA 11, 608; zu den Gesetzentwürfen *Böhm*, NZA 10, 1218; *Düwell/Dahl*, NZA-RR 11, 1; *Hamann*, NZA 11, 70; *Lembke*, DB 11, 414; *Schüren/Wank*, RdA 11, 1.

Das Änderungsgesetz dient der Umsetzung der Richtlinie 2008/104/EG v. 19.11.08[290] – Leiharbeitsrichtlinie – und hat deshalb die bisherige Differenzierung zwischen gewerbsmäßiger und nicht gewerbsmäßiger Arbeitnehmerüberlassung aufgehoben.[291] Für die betriebsverfassungsrechtlichen Fragen hatte das *BAG* diese Unterscheidung im Ergebnis – wenngleich mit methodisch zweifelhafter Begründung – ohnehin bereits aufgegeben.[292] Die Aufgabe der Differenzierung zwischen den Formen der Arbeitnehmerüberlassung durch den Gesetzgeber führt nun aber dazu, dass die **betriebsverfassungsrechtliche Sonderbestimmung des § 14 AÜG** generell auf die erlaubnispflichtige Leiharbeit anzuwenden ist. Erlaubnispflichtig ist nach § 1 Abs. 1 Satz 1 AÜG n. F. die AN-Überlassung jetzt stets dann, wenn AG als Verleiher Dritten (Entleihern) Arbeitnehmer (Leiharbeitnehmer) »im Rahmen ihrer wirtschaftlichen Tätigkeit« zur Arbeitsleistung überlassen wollen.[293] Da aufgrund der Richtlinienvorgabe eine europarechtliche Interpretation dieses Begriffes geboten ist,[294] liegt eine wirtschaftliche Tätigkeit und damit erlaubnispflichtige Leiharbeit auch dann vor, wenn der Verleih ohne Gewinnerzielungsabsicht erfolgt.[295] Diese Änderung hat vor allem Konsequenzen für **konzernangehörige Personaldienstleistungsgesellschaften,** die ihre AN anderen Konzern-UN zum »Selbstkostenpreis« zur Verfügung stellen und nunmehr erlaubnispflichtig werden (näher dazu Rn. 101).

87 Des Weiteren bestimmt **§ 1 Abs. 1 Satz 2 AÜG n. F.**: »Die Überlassung von Arbeitnehmern an Entleiher erfolgt vorübergehend«. Dies knüpft an die europarechtlichen Vorgaben an und bedeutet im Gegensatz zur bisher geltenden Rechtslage in Deutschland, dass **AN-Überlassung begriffsnotwendig nur zeitlich begrenzt zulässig** ist. Hierdurch wird die mit Art. 6 Nr. 3 des »Ersten Gesetzes für moderne Dienstleistungen am Arbeitsmarkt« v. 23.12.02[296] aufgehobene zeitliche Begrenzung der AN-Überlassung an sich beseitigt[297] und ist eine **dauerhafte Überlassung wieder unzulässig.**[298] Allerdings hat der Gesetzgeber davon abgesehen, eine feste Zeitgrenze vorzuschreiben, wie dies bis Ende 2002 der Fall gewesen ist (zuletzt 24 Monate); er hat sich vielmehr für eine »Zweckbefristungslösung« entschieden. Das entspricht zwar noch den Richtlinienvorgaben, führt aber zu erheblichen **Unklarheiten** darüber, was im konkreten Fall als »vorübergehend« anzusehen ist[299] und welche **Folgen** eine **nicht bloß vorübergehende Überlassung** hat.[300] Insoweit hat das *BAG* bereits mehrfach verdeutlicht, dass § 1 Abs. 1 Satz 2 AÜG eine **Verbotsnorm für dauerhafte ANÜ** darstellt[301] und ein BR deswegen ein **Zustimmungsverweigerungsrecht** gem. § 99 Abs. 2 Nr. 1 BetrVG besitzt,[302] weil § 1 Abs. 1 Satz 2

---

290 AmtsBl. L 327/9 v. 5.12.08; sie war in den Mitgliedstaaten gem. Art. 11 umzusetzen bis 5.12.11; zu dieser Richtlinie näher *Ulber,* AuR 10, 10 ff.

291 Vgl. *Leuchten,* NZA 11, 608; vgl. zu dieser Differenzierung, die auch betriebsverfassungsrechtliche Bedeutung besaß, *12. Aufl.,* § 5 Rn. 77 ff. bzw. Rn. 81 ff.

292 *BAG* 17.2.10, NZA 10, 832.

293 Schon jetzt ist unklar, ob hierunter auch wirtschaftliche Tätigkeiten fallen, bei denen – wie etwa bei gemeinnützigen UN – die Gewinnerzielungsabsicht fehlt: **dafür** mit beachtlichen europarechtlichen Gründen *Leuchten,* NZA 11, 608, 609; **dagegen** *Hamann,* NZA 11, 70, 71, der UN aus dem Anwendungsbereich ausnimmt, wenn sie ausschließlich gemeinnützige, karitative, wissenschaftliche, künstlerische oder sonstige ideelle Zwecke verfolgen.

294 Dazu eingehend *Thüsing/Thieken,* DB 12, 347 ff.

295 Vgl. *Leuchten,* NZA 11, 608, 609; *Lembke,* DB 11, 414.

296 BGBl. I 2002 S. 4607, 4618.

297 Vgl. *Hamann,* NZA 11, 70, 72; Überblick zum Meinungsstand und der beim BAG anhängigen Verfahren bei *Trümner/Fischer,* PersR 13, 193 ff.

298 Bestritten bei *Thüsing/Stiebert,* DB 12, 632 ff; nach Ansicht des *BAG* 10.7.13 – 7 ABR 91/11 in der Rechtsbeschwerdeentscheidung zu *LAG Niedersachsen* 16.11.11 – 17 TaBV 99/11, juris, handelt es sich jedenfalls nicht um einen bloß unverbindlichen Programmsatz, sondern untersagt das Gesetz selbst die nicht nur vorübergehende Leiharbeit.

299 Zu Lösungsansätzen unter Heranziehung der Befristungsgründe gem. § 14 Abs. 1 Satz 2 Nr. 1 bis 5 TzBfG näher *Hamann,* NZA 11, 70, 73 ff.

300 Dazu *Hamann,* NZA 11, 70, 74 f.: Vermutung der Arbeitsvermittlung (§ 1 Abs. 2 AÜG), Zustimmungsverweigerung des BR nach § 99 Abs. 2 Nr. 1; zu Recht gibt *Hamann,* S. 74, zu bedenken, dass die weitgehende Sanktionslosigkeit von Verstößen gegen § 1 Abs. 1 Satz 2 AÜG n. F. gemeinschaftsrechtwidrig sein dürfte; *LAG Baden-Württemberg* 31.7.13 – 4 Sa 18/13, BB 13, 2346 nimmt als Sanktion das nach § 10 Satz 1 AÜG zwischen Entleiher und Leih-AN zustandegekommene AV an.

301 *BAG* 10.7.13, NZA 13, 1296; 10.12.13, NZA 14, 196; 30.9.14,NZA 15, 240.

302 Vgl. nur *BAG* 30.9.14, a. a. O., Rn. 40 f.

AÜG ein **Verbotsgesetz** im Sinne dieser Bestimmung darstellt.[303] **Unbefriedigend** gelöst ist in der Rspr. des BAG bislang geblieben, ob und unter welchen Voraussetzungen bei einem Verstoß gegen das Verbot der dauerhaften ANÜ gem. §§ 9, 10 AÜG ein **Arbeitsverhältnis zum Entleiher kraft Gesetzes** zustande kommt. Das ist dann nicht anzunehmen, wenn der Verleiher die erforderliche Erlaubnis zum Arbeitskräfteverleih hat.[304] Umgekehrt ist klar, dass selbst ungeachtet der Dauer des Verleihs die Fiktion eines Arbeitsvertrages zum Entleiher immer schon dann greift, wenn dem Verleiher die **ANÜ-Erlaubnis fehlt**[305] oder diese auf eine vorübergehende Überlassung beschränkt ist, tatsächlich aber eine dauerhafte Überlassung praktiziert wird.[306] Hieraus lernend, besorgen sich die Verleiher häufig die Erlaubnis und überlassen sodann AN dauerhaft und unter Verstoß gegen § 1 Abs. 1 Satz 2 AÜG an den Entleiher. Selbst in einer solchen Umgehung des Verbotes will das *BAG* keinen Missbrauchstatbestand erkennen, weil der Gesetzgeber davon abgesehen habe, eine Sanktion nach §§ 9, 10 AÜG vorzusehen, dies könne dann nicht die Rspr. über § 242 BGB herbeiführen.[307] Einige Formen der AN-Überlassung bleiben jedoch nach § 1 Abs. 3 AÜG n. F. auch weiterhin erlaubnisfrei (dazu Rn. 95 f.).

Art. 7 der europäischen **Leiharbeitsrichtlinie** sieht vor, dass Leih-AN bei der **Schwellenwertermittlung im Verleih-UN** zu berücksichtigen sind, während dies von den Mitgliedstaaten auch für das Entleih-UN dann vorgesehen werden kann, wenn die Schwellenwertberücksichtigung für vergleichbar lang eingesetzte eigene AN des Entleihers nach dem Recht des Mitgliedstaates vorgesehen ist. Obgleich diese in Art. 7 Abs. 2 der **Leiharbeitsrichtlinie** dem nationalen Gesetzgeber eingeräumte Option zur Regelung auch der **betriebsverfassungsrechtlichen Stellung** von **Leih-AN im Entleiherbetrieb** Anlass geboten hätte, diese bereits seit langem umstrittene Frage einer klaren Regelung zuzuführen, hat der Gesetzgeber diese Chance nicht ergriffen.[308] **88**

Die **Frage der Betriebszugehörigkeit** und der betriebsverfassungsrechtlichen Zuordnung von Leih-AN, die im Entleiherbetrieb wegen der aufgespaltenen AG-Position (vgl. Rn. 84) dem Weisungsrecht des dortigen AG unterliegen,[309] bemisst sich daher weiterhin nach § 14 AÜG. Somit **bleiben** Leih-AN während der Zeit ihrer Arbeitsleistung bei einem Entleiher jedenfalls **Angehörige des Verleiherbetriebs** (§ 14 Abs. 1 AÜG). Dort besitzen sie aktives und passives Wahlrecht und sind bei den betriebsverfassungsrechtlichen Schwellenwerten (z. B. §§ 9, 38) zu berücksichtigen. § 14 Abs. 1 AÜG fingiert insoweit die tatsächlich während des Einsatzes im Entleiherbetrieb beim Verleiherbetrieb fehlende Betriebszugehörigkeit. **Im Entleiherbetrieb** waren Leih-AN dagegen nach h. M. bis zur **BetrVG-Novellierung 2001** weder wahlberechtigt noch wählbar.[310] Mit der BetrVG-Novelle 2001 erhielten Leih-AN gem. § 7 Satz 2 das **aktive Wahlrecht** im Entleiherbetrieb, wenn sie länger als drei Monate eingesetzt werden sollen, und zwar gleichgültig, ob es sich um gewerbsmäßige oder nicht gewerbsmäßige bzw. echte oder unechte Leiharbeit handelte. Gestützt auf die in § 5 Abs. 1 angeblich verortete sog. **Kumulationstheorie** (fehlender Arbeitsvertrag mit dem Inhaber des Entleihbetriebs; vgl. Rn. 15 ff.) versagte das *BAG* zunächst den Leih-AN **im Entleiherbetrieb** aber das passive Wahlrecht und die Zählerheblichkeit im Hinblick auf die Schwellenwerte in §§ 9, 38.[311] Hier deutete sich in **89**

---

303 *BAG*, ebd.

304 Zuletzt *BAG* 29.4.15-9 AZR 883/13; vgl. dazu eingehend *BAG* 10.12.13, a. a. O., und knapp bestätigend 3.6.14, BB 14, 3007.

305 *BAG* 10.12.13, a. a. O., Rn. 20.

306 *BAG* 10.12.13, a. a. O., Rn. 21.

307 *BAG* 10.12.13, a. a. O., Rn. 36 ff.; hierauf nur lapidar verweisend *BAG* 3.6.14, a. a. O. und 29.4.15, a. a. O.: man wartet ersichtlich auf den Gesetzgeber, der zwar im Koalitionsvertrag von CDU und SPD zu liefern versprochen hat, aber das Problem aussitzt; vgl. zu den bevorstehenden Neuregelungen des AÜG die Beiträge von *Willemsen/Mehrens*, NZA 15, 897 ff., *Hamann*, NZA 15, 904 ff und *Stang/Ulber*, NZA 15, 910 ff.

308 Kritisch zu diesem Versäumnis *Düwell*, AuR 11, 288.

309 *BAG* 15.6.83, AP Nr. 5 zu § 10 AÜG.

310 Vgl. § 14 Abs. 2 Satz 1 AÜG a. F.; *Becker*, AuR 82, 369 [372 f.], wies bereits früh und zutreffend darauf hin, dass der Ausschluss des Wahlrechts nicht unproblematisch sei; kritisch auch *Mayer*, AuR 86, 353 [357]; *Plander*, AiB 90, 19 [29]; *Stückmann*, DB 99, 1903; vgl. dazu o. Rn. 27 und u. Rn. 187.

311 Zusammenfassend *BAG* 17.2.10, NZA 10, 832; 10.3.04, NZA 04, 1340; 22.10.03, NZA 04, 1052 = AuR 04, 196.

neueren Entscheidungen des *BAG* seit Ende 2011 aber ein **Meinungswandel** an, denn der **1. Senat des** *BAG* sieht nunmehr auch Leih-AN, die das aktive Wahlrecht nach § 7 Satz 2 besitzen, als zählerheblich im Rahmen des § 111 an[312] und der **7.Senat des** *BAG*[313] hatte bereits kurz danach erwogen, eine etwaige Ungleichheit gegenüber den nach § 5 Abs. 1 Satz 3 aus dem ö. D. überlassenen AN, die unzweifelhaft Zählwert bei den organisatorischen Bestimmungen des BetrVG besitzen, durch Berücksichtigung auch der »normalen« Leih-AN bei den Schwellenwerten zu beseitigen. Beginnend mit der Entscheidung vom 10.10.12[314] hat der *7. Senat des BAG* in seinen Entscheidungen vom 5.12.12[315] und 13.3.13[316] für die Fälle des drittbezogenen Personaleinsatzes die sog. Zwei-Komponenten-Lehre (auch Kumulationstheorie genannt) ausdrücklich aufgegeben. Damit ist **die frühere Rechtsprechung des Senats** zur betriebsverfassungsrechtlichen Stellung von Leih-AN im Entleiherbetrieb **obsolet** geworden. **Nunmehr** ist im Rahmen der jeweiligen gesetzlichen Bestimmung **aufgrund einer normzweckorientierten Auslegung** zu ermitteln, **welchen Status ein Leih-AN im Einsatzbetrieb** jeweils einnimmt. Es spricht aufgrund der vom *BAG* gegebenen Begründungen für die Aufgabe seiner früheren Ansicht alles dafür, Leih-AN dort zu berücksichtigen, wo das Gesetz von »in der Regel« beschäftigten AN spricht (z. B. §§ 1 Abs. 1 Satz 1, 9 Satz 1, 13 Abs. 2 Nr. 1, 38 Abs. 1 Satz 1, 60 Abs. 1, 106 Abs. 1 Satz 1, 110 Abs. 1, 111 Satz 1, 112 a Abs. 1 Satz 1), wenn jedenfalls der Einsatz von Leih-AN auf einem regelmäßigen Beschäftigungsbedarf beruht.[317]

90 Wegen der mit der Eingliederung im Entleiherbetrieb verbundenen **»partiellen« Betriebszugehörigkeit**[318] gehören **Leih-AN** jedenfalls aber dann zu den AN i. S. d. Abs. 1 im Entleiherbetrieb, wenn ihr dortiger Rechtsstatus oder die Anwendbarkeit betriebsverfassungsrechtlicher Vorschriften nicht zusätzlich von der Wahlberechtigung oder Wählbarkeit abhängt.[319] Somit sind z. B. im Rahmen von § 1 Leih-AN bei den wählbaren AN nicht zu berücksichtigen (wohl aber bei den »in der Regel« beschäftigten AN [vgl. § 1 Rn. 248]), während sie bei der Ermittlung der BR-Größe nach § 9 jedenfalls ab BR mit fünf Mitgliedern mitgerechnet werden müssen,[320] wenn Angehörige dieser Beschäftigtengruppe »in der Regel« im Betrieb vorhanden sind.[321] Unterhalb dieser BR-Größe sind sie nur zu berücksichtigen, wenn es sich um Leih-AN mit mindestens dreimonatiger Einsatzdauer i. S. v. § 7 Satz 2 handelt, weil auch sie dann zu den wahlberechtigten AN zählen.

91 Der bis zur **Novellierung 2001** bestehende völlige **Ausschluss des aktiven und passiven Wahlrechts** für Leih-AN im Entleiherbetrieb war wegen Verstoßes gegen Art. 3 GG **verfassungswidrig.**[322] Das aktive Wahlrecht für Leih-AN gem. § 7 Satz 2 hat einen Teil dieser Probleme beseitigt, beinhaltet aber immer noch eine Diskriminierung.[323] Die fortbestehende Versagung des passiven Wahlrechts durch § 14 Abs. 2 AÜG war bei dessen In-Kraft-Treten am

---

312 18.10.11, NZA 12, 221.

313 15.12.11, NZA 12, 519.

314 *BAG* 10.10.12, AP Nr. 15 zu § 8 BetrVG 1972, Rn 18, mit ersten Zweifeln an der Sachgerechtigkeit der sog. Zweikomponentenlehre beim drittbezogenen Personaleinsatz.

315 *BAG* 5.12.12, NZA 13, 793 ff.

316 *BAG* 13.3.13, NZA 13, 789 ff.

317 Ebenso *Hamann*, jurisPR-ArbR 32/2013 Anm. 2.

318 GK-*Raab*, § 7 Rn. 60; ähnlich *GL*, Rn. 11; *Becker/Wulfgramm*, § 14 Rn. 19, 32; *Becker*, AuR 82, 369 [371 f.]; krit. zur Terminologie [partielle, also teilweise Zugehörigkeit zum Betrieb ist logisch undenkbar; besser: doppelte Zugehörigkeit], aber im Ergebnis ebenso Schüren-*Hamann*, § 14 AÜG Rn. 44, 46.

319 Ebenso auch *BAG* 15.12.92, NZA 93, 513 = AuR 93, 188; zustimmend *v. Hoyningen-Huene*, SAE 94, 112 f.; grundsätzlich a. A. der *7. Senat* des BAG seit 18.1.89, AP Nr. 1 zu § 9 BetrVG 1972, der für die Betriebszugehörigkeit und AN-Eigenschaft i. S. v. § 5 Abs. 1 eines AN stets einen Arbeitsvertrag mit dem Betriebsinhaber verlangt; vgl. zur Kritik dieser Ansicht Rn. 20 ff.

320 So jetzt *BAG* 13.3.13, NZA 13, 789.

321 Zur übrigen eingeschränkten Anwendbarkeit betriebsverfassungsrechtlicher Beteiligungstatbestände auf Leih-AN im Entleiherbetrieb, soweit diese einen Arbeitsvertrag mit dem Betriebsinhaber voraussetzen, vgl. Rn. 27; *BAG* 15.12.92, a. a. O., sieht eine derartige sachbezogene Einschränkung etwa bei Entlohnungsfragen als gegeben; ebenso schon *Becker*, AuR 82, 369 [376]; näher *Hamann*, NZA 03, 526 [530 ff.].

322 So auch *Ulber*, § 14 Rn. 47 b; zu den Einzelheiten *7. Aufl.*, Rn. 78 a.

323 *Hamann*, NZA 03, 529.

1.1.82 nur wegen der rechtsähnlichen Einschränkung in § 13 Abs. 2 BPersVG bei bis zu dreimonatigen Abordnungen als vertretbar angesehen worden.[324] Trotz des jetzt wieder geltenden Verbots der zeitlich unbegrenzten AN-Überlassung (§ 1 Abs. 1 Satz 2 AÜG n. F.; vgl. Rn. 87) kann ein Leih-AN immer noch problemlos die rein zeitlichen **Voraussetzungen der Wählbarkeit gemäß § 8** (sechsmonatige Betriebsangehörigkeit) erfüllen, was bei In-Kraft-Treten des § 14 AÜG im Jahre 1982 und einer damals max. dreimonatigen Leihfrist schon konstruktiv unmöglich gewesen ist. Der mit § 14 Abs. 2 Satz 1 AÜG fortbestehende **Ausschluss des passiven Wahlrechts** selbst für längerfristig eingesetzte Leih-AN bleibt trotz der BetrVG-Novelle 2001 aber auch der AÜG-Änderung 2011 **gleichheitswidrig und verstößt gegen Art 3 GG:** Ein nur für sieben Monate befristet eingestellter Normal-AN und die aus dem ö. D. überlassenen AN nach § 5 Abs. 1 Satz 3 hätten passives Wahlrecht, der ebenso lange oder sogar länger eingesetzte Leih-AN nicht. Ein **sachlicher Grund** für diese Ungleichbehandlung ist **nicht ersichtlich,**[325] zumal auch ein (etwa vorhandener) vom Leih-AN mitgewählter BR des Verleiherbetriebs keinerlei Kompetenzen im Entleiherbetrieb hat, durch die ggf. die Repräsentationslücken kompensiert werden könnten.[326]

Mit seiner Entscheidung vom 17.2.10[327] hatte der 7. Senat des *BAG* freilich derartige Überlegungen abgelehnt, indem er in einem Fall langjähriger AN-Überlassung dem betreffenden AN die Wählbarkeit zum BR des Entleiherbetriebes absprach und hierin auch **keinen Verstoß gegen Art. 3 Abs. 1 GG** zu erblicken vermochte. Der Geset zgeber sei auch trotz Aufgabe der Höchstüberlassungsdauer berechtigt gewesen, weiterhin typisierend davon auszugehen, dass Leih-AN häufig nur vorübergehend und kurzzeitig im Entleiherbetrieb tätig sind. Die betriebsverfassungsrechtliche **Statusdifferenzierung** zwischen Stamm-AN und Leih-AN **sei daher sachlich begründet.** Ob dieses Verdikt in Anbetracht der neuen Rechtsprechung des 7. Senats (vgl. Rn. 89) noch lange Bestand haben wird, bleibt abzuwarten. **92**

Soweit dagegen ein **Fall illegaler AN-Überlassung** vorliegt, ist § 14 AÜG mit seinen Vorschriften über den betriebsverfassungsrechtlichen Status des Leih-AN nicht (auch nicht analog) anwendbar.[328] Illegale AN-Überlassung kann z. B. vorliegen, wenn die erforderliche gültige Verleiherlaubnis überhaupt fehlt oder deswegen nicht vorhanden ist, weil die Voraussetzungen der Erlaubnisfreiheit nach § 1 Abs. 3 AÜG (dazu Rn. 95) verkannt wurden. Wegen der gesetzlichen Fiktion aus § 10 Abs. 1 i. V. m. § 9 Nr. 1 AÜG,[329] wonach dann ein vollgültiges Arbeitsverhältnis zwischen Entleiher und Leih-AN als zustande gekommen gilt, fehlt es hier an der Aufspaltung der AG-Position in eine Vertrags- und eine Beschäftigungskomponente.[330] Auch die in § 7 Satz 2 enthaltene Einschränkung des Wahlrechts findet dann keine Anwendung. Somit ist der Leih-AN in diesem Fall als betriebszugehörig und damit als AN i. S. d. BetrVG ausschließlich im Entleiherbetrieb anzusehen, selbst wenn die Parteien den unwirksamen Leiharbeitsvertrag praktizieren.[331] **93**

Der Streit, ob dieselben betriebsverfassungsrechtlichen Rechtsfolgen gelten (vgl. Rn. 93), wenn der AN entgegen § 1 Abs. 2 i. V. m. § 3 Abs. 1 Nrn. 1 – 3 AÜG durch den Verleiher an den Entleiher überlassen wird und die gesetzliche **Vermutung** nach § 1 Abs. 2 AÜG, dass es sich hierbei um **Arbeitsvermittlung** handelt, vom Verleiher nicht widerlegt wird oder – wie im Falle gewerbsmäßiger Überlassung – diese überhaupt nicht widerlegbar ist,[332] dürfte sich mit **94**

324 Vgl. Schüren-*Hamann*, § 14 AÜG Rn. 34 f.

325 Ebenso *Hamann*, NZA 03, 526, 529; anderer Ansicht *BAG* 17.2.10, a. a. O. Rn. 28, 32.

326 Zum Legitimationsdefizit des Entleiher-BR auch *Düwell*, AiB 96, 576 [578]; *Hamann*, a. a. O.

327 *BAG* 7.12.10, DB 10, 1298.

328 GK-*Raab*, § 7 Rn. 70; *Richardi*, Rn. 98; *Becker*, AuR 82, 369 [376].

329 Diese besteht auch nach dem AÜGÄndG 2011 fort, vgl. *Düwell*, DB 11, 1520, 1521.

330 Vgl. auch *BAG* 10.2.77, AP Nr. 9 zu § 103 BetrVG 1972, wonach bei Eintritt der Fiktion das Arbeitsverhältnis zum Verleiher rechtlich beendet wird.

331 Str.; wie hier *BAG* 20.4.05, NZA 05, 1006; 30.1.91, AP Nr. 8 zu § 10 AÜG; GK-*Raab*, § 7 Rn. 70 m. w. N.; *Richardi*, Rn. 98; a. A. *Becker*, a. a. O., S. 376 f.; *Becker/Wulfgramm*, § 14 Rn. 36, die wegen einer vergleichbaren Interessenlage wie bei erlaubter Leih-Arbeit § 14 AÜG analog anwenden und erst bei Beachtung der Fiktion nach § 10 Abs. 1 AÜG durch die Parteien die Betriebszugehörigkeit ausschließlich zum Entleiherbetrieb bejahen; Schüren/*Hamann*, § 10 Rn. 81, § 14 Rn. 503, nehmen dagegen doppelte Betriebszugehörigkeit nach den Grundsätzen des faktischen Arbeitsverhältnisses an.

332 Dazu *BAG* 21.3.90, AP Nr. 15 zu § 1 AÜG.

dem AÜGÄndG 2011 aus folgenden Gründen neu entzünden.[333] **Bis 31.3.1997** ergab sich die Fiktion eines Arbeitsverhältnisses zum Entleiher ohne weiteres aus **§ 13 AÜG a. F.**[334] Auf Grund von Art. 63 Nr. 9 AFRG 1997 war **§ 13 AÜG a. F. seit dem 1.4.1997 aufgehoben,**[335] so dass zweifelhaft geworden war, ob in diesen Fällen noch vom Zustandekommen eines fingierten Arbeitsverhältnisses mit dem Entleiher ausgegangen werden konnte.[336] Die Begründung zum damaligen Gesetzentwurf[337] bezog sich nur darauf, dass § 13 AÜG a. F. wegen Wegfalls des Arbeitsvermittlungsmonopols[338] entfallen könne, hat aber offenbar die **arbeitsrechtliche Bedeutung der Vorschrift** nicht erkannt.[339] Das *BAG*[340] nahm seither an, dass seit Wegfall des § 13 AÜG a. F. kein Arbeitsverhältnis mit dem Entleiher entsprechend §§ 1 Abs. 2, 10 Abs. 1 Satz 1 AÜG mehr zustande komme.[341] Mit dem **AÜGÄndG 2011** könnte Anlass gegeben sein, diese Ansicht neu zu überdenken, denn die einzige Rechtsfolge, die danach an eine »nicht vorübergehende Überlassung« geknüpft wird, besteht in der Vermutung der Arbeitsvermittlung, was als vollständige Umsetzung der zwingenden **Richtlinienvorgabe** (»vorübergehend«) jedoch nicht ausreichen dürfte.[342] Deshalb wäre im Wege **richtlinienkonformer Auslegung** für den Fall der Nichtwiderlegung der Arbeitsvermittlungsvermutung anzunehmen, dass bei nicht vorübergehender Überlassung kraft Gesetzes ein Arbeitsverhältnis mit dem Entleiher zu Stande kommt.[343] Für die hier vertretene Theorie des durch Eingliederung zustande kommenden betriebsverfassungsrechtlichen Arbeitsverhältnisses spielt die arbeitnehmerüberlassungsrechtliche Seite freilich keine entscheidende Rolle: Durch die Eingliederung in die Arbeitsorganisation des Entleiher-AG gehört der Leih-AN zu den AN des Beschäftigungsbetriebs,[344] der Wahlrechtsausschluss für nicht bloß ganz kurzzeitig überlassene Leih-AN verstößt gegen Art. 3 GG (vgl. Rn. 91 f.).

c) Erlaubnisfreie Arbeitnehmerüberlassung

95 Trotz der AÜG-rechtlichen Gleichstellung der gewerbsmäßigen und der nicht gewerbsmäßigen Arbeitnehmerüberlassung durch das **AÜGÄndG 2011** (vgl. Rn. 86) ist keineswegs jedwede Form der Überlassung von Arbeitskräften erlaubnispflichtig geworden.[345] Nach § 1 Abs. 3 Eingangssatz AÜG bleiben die in Abs. 3 Nrn. 1 – 3 genannten Formen der Überlassung (kurz gefasst: Überlassung zwischen AG desselben Wirtschaftszweiges [Nr. 1], Überlassung zwischen Konzern-UN [Nr. 2; dazu näher u., Rn. 98 ff.], gelegentliche Überlassung [Nr. 2 a] und Auslandsüberlassung [Nr. 3]) **erlaubnisfrei.** Auf diese Gestaltungen sind ausdrücklich nur die §§ 1 b Satz 1, 16 Abs. 1 Nr. 1 b und Abs. 2 – 5 sowie §§ 17 und 18 AÜG anwendbar, nicht aber ist dem Wortlaut nach z. B. die betriebsverfassungsrechtliche Sonderregelung des § 14 AÜG anzuwenden. Ferner greift hier wegen der fehlenden Verweisung auf § 1 Abs. 1 Satz 2 AÜG n. F. scheinbar auch nicht das Verbot der »dauerhaften« Überlassung.

96 Einige der in § 1 Abs. 3 AÜG genannten Fälle wurden früher der sog. echten, weil nicht gewerbsmäßigen Leiharbeit zugerechnet.[346] Diese systematische Unterscheidung ist aber

333 In diese Richtung auch *Hamann*, NZA 11, 70, 74 f.
334 Vgl. nur *BAG* 10.2.77, AP Nr. 9 zu § 103 BetrVG 1972; 1.6.94, BB 94, 2284; näher *Ulber*, 1. Aufl., § 13 AÜG Rn. 6 m. w. N.; *LAG Köln* 11.12.96, EWiR 97, 487 [mit Anm. *Krasshöfer*], lässt die Fiktionswirkung nicht gegen den Willen des Leih-AN eintreten und gewährt ein Widerspruchsrecht; dafür jetzt auch *Mohr/Pomberg*, DB 01, 590 [594].
335 Mit Gesetz v. 23.12.02 – sog. Hartz I –, BGBl. I 4607, ist ein völlig neuer § 13 eingefügt worden, der einen Auskunftsanspruch des Leih-AN regelt.
336 Ausführlich dazu GK-*Raab*, § 7 Rn. 63.
337 BT-Drucks. 13/4941.
338 Vgl. Art. 1 BeschFG 1994 v. 26.7.94, BGBl. I S. 1786.
339 Dazu *Düwell*, BB 97, 46 [48].
340 28.6.00, AP Nr. 3 zu § 13 AÜG.
341 Zustimmend *Säcker/Kühnast*, ZfA 01, 117 [131]; *Behrendt*, BB 01, 2641; *Boemke*, § 1 AÜG Rn. 155.
342 *Hamann*, NZA 11, 70, 74.
343 Skeptisch aber *Hamann*, a. a. O., ob diese »Reparatur durch Rechtsprechung« als ordnungsgemäße Richtlinienumsetzung durchgeht.
344 So auch *Hamann*, NZA 03, 526 [528 f.].
345 Den insoweit frei bleibenden Spielraum beleuchten *Löwisch/Domisch*, BB 12, 1408 ff.
346 GK-*Raab*, § 7 Rn. 71.

durch das AÜGÄndG 2011 aufgegeben worden, freilich ohne dass der Gesetzgeber nunmehr die Anwendung des § 14 AÜG auf diese Formen der Überlassung angeordnet hätte. Die betriebsverfassungsrechtliche Einordnung des echten Leih-AN war und ist umstritten. Teilweise[347] wird eine echte **Doppelzugehörigkeit** sowohl zum Verleiher- als auch Entleiherbetrieb angenommen, teils eine ausschließliche Zuordnung zum Verleiherbetrieb bejaht,[348] teils eine alleinige Zuordnung zum Entleiherbetrieb[349] und erst bei Überschreitung der nach der seinerzeit geltenden Fassung des AÜG höchstzulässigen Leihfrist im Entleiherbetrieb die Zuordnung allein zu diesem befürwortet.[350] Seit dem Wegfall jeder zeitlichen Begrenzung der Überlassung (Rn. 91 f.) ließ sich hieraus nichts mehr ableiten.

97 Das *BAG*[351] meinte, § 14 AÜG sei trotz seiner unmittelbaren Anwendbarkeit lediglich für die gewerbsmäßige (jetzt erlaubnispflichtige) AN-Überlassung wegen der **Vergleichbarkeit der Interessenlage** auf sämtliche Erscheinungsformen der nicht gewerbsmäßigen AN-Überlassung entsprechend anwendbar.[352] Ob diese Ansicht wegen des neuerlichen Anwendungsausschlusses von § 14 AÜG durch den Gesetzgeber des AÜGÄndG 2011 in den Fällen des § 1 Abs. 3 AÜG noch aufrecht erhalten bleiben kann, erscheint zweifelhaft. Die Ansicht des *BAG* ist aber ohnehin abzulehnen, nicht etwa, weil es »das« echte Leiharbeitsverhältnis als verallgemeinerbaren Idealtypus nicht gibt,[353] sondern weil es an den Voraussetzungen für die Zulässigkeit eines Analogieschlusses fehlt.[354] Somit ist für die betriebsverfassungsrechtliche Zuordnung von erlaubnisfrei überlassenen Leih-AN allein der betriebsverfassungsrechtliche AN-Begriff maßgeblich.[355] Hinsichtlich des **aktiven Wahlrechts** ist allerdings die Einschränkung des § 7 Satz 2 zu beachten, der auf alle Fälle der AN-Überlassung anzuwenden ist.[356] Nach hier vertretener Ansicht wird **das passive Wahlrecht** bei erlaubnisfreier Leiharbeit allerdings durch § 14 Abs. 2 Satz 1 AÜG überhaupt nicht geregelt, so dass hierauf nur § 8 anzuwenden ist.[357] Mithin sind diese Leih-AN auch im Entleiherbetrieb wählbar, wenn sie dort mehr als drei Monate eingesetzt werden sollen (§ 7 Satz 2) und die sechsmonatige Zugehörigkeit i. S. v. § 8 erfüllen. Dies vermeidet auch gleichheitswidrige Differenzierungen.[358]

d) Arbeitnehmerüberlassung im Konzern

98 Arbeitskräfteverleih innerhalb desselben Konzerns kommt im Wesentlichen in zwei Konstellationen vor:

- *Fall 1*: Bisweilen schließen insbesondere **Führungskräfte** einen Arbeitsvertrag mit dem herrschenden UN ab, werden aber mehr oder weniger dauerhaft, **gelegentlich** oder gar wechselnd neben der Tätigkeit im Betrieb des herrschenden UN auch in Betrieben eines abhängigen UN beschäftigt (dazu Rn. 99 ff.).[359]
- *Fall 2*: Häufiger anzutreffen und in Mode geraten ist jedoch der Fall, dass eine konzerneigene **Personalführungsgesellschaft** ihre AN ständig, jedenfalls aber längerfristig oder gar auf Dauer zur Arbeitsleistung gegen Selbstkostenerstattung an andere, meist gar selbst arbeitnehmerlose Konzern-UN überlässt, selbst aber über diesen Geschäftsgegenstand hinaus keinerlei betriebliche Tätigkeit entfaltet (dazu Rn. 102 ff.).

347 Z. B. *Heinze*, ZfA 76, 183 [211 f.]; *Christiansen*, S. 123 f.; vgl. o. Rn. 20, 27.
348 *Bulla*, DB 75, 1795.
349 *Säcker/Joost*, S. 33 f., 71.
350 Vgl. GK-*Raab*, § 7 Rn. 71 f.
351 28.9.88, DB 89, 434; 18.1.89, DB 89, 1419 [1420]; 18.1.89, AP Nr. 1 zu § 9 BetrVG 1972.
352 Vgl. z. B. *BAG* 22.3.00, NZA 00, 1119; zuletzt 17.2.10, NZA 10, 832.
353 So im Kern richtig GK-*Raab*, § 7 Rn. 72.
354 Eingehend *Ziemann*, AuR 90, 58 [62]; *Boemke*, § 14 AÜG Rn. 64; ähnlich bereits *Konzen*, ZfA 82, 259 [272 ff.]; vgl. auch o. Rn. 19 ff.
355 *Ziemann*, a. a. O., S. 62.
356 *Fitting*, § 7 Rn. 41; *Boemke*, a. a. O.; *Däubler*, AuR 01, 285 [286].
357 A. A. aber noch *BAG*, a. a. O.; 10.3.04, AP Nr. 8 zu § 7 BetrVG 1972.
358 Vgl. Rn. 90 a. E.; ebenso *Hamann*, NZA 03, 526 [529 f.].
359 Vgl. dazu *Säcker*, FS Quack, S. 421 ff.; *Rüthers/Bakker*, ZfA 90, 245 ff.; *Birk*, ZGR 84, 23 ff.; *Windbichler*, S. 67 ff. [78 f.].

aa) Privilegierte/erlaubnisfreie Überlassung

99 Bei nur gelegentlichen »**Abordnungen**« **von AN im Konzern** (Fall 1, Rn. 98) kann es sich um eine erlaubnisfreie Überlassung nach dem vom AÜGÄndG 2011 **modifizierten Konzernprivileg** gem. § 1 Abs. 3 Nr. 2 AÜG handeln (dazu schon o., Rn. 95 f.), auf den das AÜG in wesentlichen Teilen nicht und somit auch § 14 AÜG nicht anwendbar ist. Das Privileg der Erlaubnisfreiheit greift aber nur, wenn der AN »nicht zum Zweck der Überlassung eingestellt und beschäftigt wird«. Das bisherige Merkmal der bloß **vorübergehenden** Nichtbeschäftigung beim Vertrags-AG ist aufgegeben worden, es war aufgrund der allzu liberalen Anwendungspraxis ohnehin untauglich, um Missbräuche auszuschließen.[360] Mit der neuen vom Gesetzgeber des AÜGÄndG 2011 anstelle des Begriffs »vorübergehend« eingefügten Bedingung soll sichergestellt werden, dass es nicht allein auf den bei Abschluss des Arbeitsvertrages festgelegten Leistungsinhalt ankommt, sondern auch darauf, dass die AN später nicht zum Zwecke der Überlassung beschäftigt werden.[361] Der **BR** des Einsatzbetriebes wird im Rahmen des § 99 darauf zu achten haben, ob diese AÜG-rechtlichen Voraussetzungen erfüllt sind und ggf. sein **Zustimmungsverweigerungsrecht bei der Einstellung** nutzen.[362]

100 Die betriebsverfassungsrechtliche Zuordnung der überlassenen Personen erfolgt nach denselben Grundsätzen wie auch sonst bei der erlaubnisfreien AN-Überlassung (vgl. Rn. 96 ff.), so dass der AN regelmäßig zu dem Betrieb gehört, in dessen Arbeitsorganisation er jeweils eingegliedert ist. Auch auf diese Form des drittbezogenen Arbeitseinsatzes ist **im Entleiherbetrieb § 7 Satz 2** wegen des aktiven Wahlrechts anzuwenden. Dagegen verneinte das *BAG*[363] auch für Fälle der Konzernleihe nach § 1 Abs. 3 Nr. 2 AÜG a. F. die AN-Eigenschaft des Leih-AN im Entleiherbetrieb, so dass diese im Entleiherbetrieb **kein passives Wahlrecht** haben und dort nicht im Rahmen des § 9 mitzuzählen sind. Demgemäß folgt nach Ansicht des *BAG*[364] aus der entsprechenden Anwendung von § 14 Abs. 1 AÜG, dass das aktive und passive Wahlrecht der verliehenen AN im **Betrieb des Verleihers** fortbesteht. Ob diese Ansicht aufgrund der geänderten Rechtsprechung des BAG (Rn. 89) Bestand haben wird, bleibt abzuwarten.

101 Ob die Zugehörigkeit zu einem Betrieb des herrschenden UN **daneben** andauert, hängt davon ab, ob trotz der Eingliederung im Betrieb des abhängigen UN die **Eingliederung im Stammbetrieb** fortbesteht. Dies kann bejaht werden, wenn dem AN jeweils ein Arbeitsbereich in der Arbeitsorganisation beider Betriebe der verschiedenen UN zugewiesen ist.[365] Auch wenn der Ort der Arbeitsleistung sich in derartigen Fällen nicht ändert, kann der AN verschiedenen betrieblichen Organisationen angehören; entscheidend ist die Zuweisung von Tätigkeitsbereichen, die zu unterschiedlichen betrieblichen Organisationen gehören.[366]

bb) Personalführungsgesellschaften

102 § 1 Abs. 1 Satz 1 AÜG i. d. F. des **AÜGÄndG 2011** erstreckt die Erlaubnispflicht ausdrücklich auch auf konzerninterne Personaldienstleistungsgesellschaften,[367] denn eine Überlassung »im Rahmen ihrer wirtschaftlichen Tätigkeit« üben auch solche UN aus, selbst wenn sie mit dem Konzernverleih keine Gewinnerzielungsabsicht verfolgen (vgl. o., Rn. 86 f.). Das *BAG* war jedoch dem Gesetzgeber noch zuvor gekommen und hatte mit Entscheidung v. **9.2.2011**[368]

---

360 Vgl. hierzu *BAG* 21.3.90, AP Nr. 15 zu § 1 AÜG, das im Einzelfall sogar eine nahezu siebenjährige Überlassung als »vorübergehend« ansah; näher *Boemke*, § 1 AÜG Rn. 188; Schüren-*Hamann*, § 1 Rn. 507 f.

361 So ausdrücklich die Begründung zum Regierungsentwurf des AÜGÄndG 2011, vgl. *BR-Drucks.* 847/10, S. 7.

362 Ebenso *Hamann*, NZA 11, 70, 75.

363 10.3.04, AP Nr. 8 zu § 7 BetrVG 1972.

364 20.4.05, NZA 05, 1006.

365 Vgl. *Richardi*, NZA 87, 145 [147]; zur gleichartigen Problematik beim Außendienst bzw. bei Auszubildenden vgl. Rn. 50 ff. bzw. Rn. 142 ff.

366 *Richardi*, a. a. O.

367 Vgl. *Hamann*, NZA 11, 70, 71; *Leuchten*, NZA 11, 608, 609.

368 NZA 11, 791 ff., Rn. 37.

angenommen, dass derartige Konzern-UN, die zum Zwecke der Personalkosteneinsparung im Konzern Personal einstellen, um dieses zum billigeren Selbstkostenpreis an andere Konzern-UN zu überlassen, **nicht mehr dem Konzernprivileg** unterfallen, sondern eine gewerbsmäßige Überlassung praktizieren und daher ab sofort und nicht erst ab dem 1.12.2011[369] erlaubnispflichtig sind.

Für die **betriebsverfassungsrechtliche Zuordnung** dieser von Personalführungsgesellschaften im Konzern überlassenen AN gelten daher dieselben Grundsätze wie bei der erlaubnispflichtigen AN-Überlassung im Allgemeinen (dazu o., Rn. 89 ff.). 103

e) Beschäftigung im Drittbetrieb auf Grund von Werk- oder Dienstverträgen

AN, die im Auftrag ihres Vertrags-AG und nach dessen Weisungen im Drittbetrieb als Erfüllungsgehilfen (§ 278 BGB) des eigenen AG tätig werden, bleiben während der Dauer ihres Einsatzes AN im Stammbetrieb.[370] Allerdings kann in diesen Fällen auch ein **Schein-Werkvertrag** bzw. **Schein-Dienstvertrag** vorliegen, mit dem die Regelungen des AÜG umgangen werden sollen.[371] Für echte Werkverträge spricht die Übernahme von Gewährleistungspflichten durch das Fremd-UN.[372] Entscheidend für die Rechtsnatur der Vertragsbeziehung ist nicht die Bezeichnung, sondern der Geschäftsinhalt, d. h. im Zweifel dessen tatsächliche Durchführung,[373] wobei es vor allem für Schein-Verträge spricht, wenn die AN dem Weisungsrecht des »Entleihers« unterliegen und in dessen betriebliche Arbeitsorganisation eingegliedert sind.[374] Nur schwer zu unterscheiden sind Weisungen des »Entleihers« als Werkbesteller, die aus dem Werkvertrag folgen können, von solchen, die typisch für AN-Überlassung sind.[375] **Fahrer eines selbstständigen Frachtführers** (§ 437 HGB) sind daher keine AN des Transport-UN, für das der Frachtführer die **Transportaufträge** erledigt. Diesen Fahrern fehlt schon die arbeitsvertragliche Beziehung zum Transport-UN, so dass sie im Rahmen des § 9 dort nicht mit zu zählen sind.[376] 104

Liegt ein Schein-Werkvertrag bzw. Schein-Dienstvertrag vor, handelt es sich in Wirklichkeit um AN-Überlassung.[377] Ist der »Verleiher« im Besitz einer Erlaubnis i. S. v. § 1 Abs. 1 AÜG, bemessen sich die betriebsverfassungsrechtlichen Rechtsfolgen bezüglich des Leih-AN nach den Regelungen über die erlaubnispflichtige AN-Überlassung (vgl. Rn. 86 ff.; bei unerlaubter AN-Überlassung vgl. Rn. 93 f.). 105

f) Sonstige Formen des drittbezogenen Personaleinsatzes

Von untergeordneter praktischer Bedeutung ist das sog. **mittelbare Arbeitsverhältnis,** bei dem ein AN (sog. mittelbarer AN) nicht vom Betriebsinhaber (Haupt-AG) selbst, sondern von einer Zwischenperson eingestellt wird, die selbst AN des Betriebsinhabers ist.[378] Der mittelbare AN ist AN i. S. d. Abs. 1 im Betrieb des Haupt-AG.[379] 106

---

369 Zutreffend *Düwell*, DB 11, 1520, 1521.

370 Z. B. bei Montage-, Reparatur- und Bauarbeiten, Überlassung von Maschinen nebst Bedienungspersonal usw.; vgl. *Richardi*, Rn. 91; *Fitting*, Rn. 279 ff.; GK-*Raab*, § 7 Rn. 85.

371 Vgl. *LAG Baden-Württemberg* 1.8.13 – 2 Sa 6/13, BB 13, 1971 zur Abgrenzung von ANÜ und Werkvertrag; zu den Abgrenzungsmerkmalen *Bauschke*, NZA 00, 1211 ff.; *Becker-Wulfgramm*, § 12 Rn. 36 a ff.; *Becker*, DB 88, 2561 ff.; *Beck*, BetrR 89, 173 [176]; *Paasch*, Rechtsprechungsübersicht Leiharbeit, AiB 89, 149 [151 f.].

372 *Schüren*, FS Däubler, S. 90.

373 Ständige Rspr. des *BAG*; vgl. z. B. *BAG* 15.6.83, AP Nr. 5 zu § 10 AÜG.

374 Vgl. zum Betretungs- und Nachschaurecht gemäß § 7 Abs. 3 AÜG *BSG* 29.8.92, NZA 93, 524.

375 Vgl. *Fitting*, Rn. 279 ff.; GK-*Raab*, § 7 Rn. 85 f.

376 *BAG* 21.7.04, AP Nr. 8 zu § 9 BetrVG 1972.

377 Vgl. zur Abgrenzung von Werkvertrag und Arbeitnehmerüberlassung etwa *Greiner*, NZA 13, 697 ff.; ferner *BAG* 18.1.12 – 7 AZR 723/10, EzA Nr. 14 zu § 1 AÜG; zur Abgrenzung von Werkvertrag und Arbeitsvertrag *BAG* 25.9.13 – 10 AZR 282/12.

378 Vgl. *BAG* 9.4.57, 8.8.58, AP Nrn. 2, 3 zu § 611 BGB Mittelbares Arbeitsverhältnis; 18.4.89, EzA § 99 Nr. 73 unter B. III 4 b der Gründe.

379 *Richardi*, Rn. 101; *Fitting*, Rn. 229; GK-*Raab*, Rn. 111.

107 Zur AN-Eigenschaft von Personen, die im Rahmen sog. **Schwestern-Gestellungsverhältnisse** ihre Arbeitsleistung bei einem Dritten erbringen, vgl. Rn. 181, 187. In solchen Fällen muss nicht notwendigerweise AN-Überlassung i. S. d. AÜG vorliegen,[380] wenn der AN-Einsatz zur Verfolgung des eigenen Betriebszweckes des »Verleihers« erfolgt. Davon zu unterscheiden sind **Gestellungsverträge**, wie sie nach **§ 4 Abs. 3 TVöD** im Zusammenhang mit Privatisierungen von Aufgaben und Einrichtungen der öffentlichen Hand abgeschlossen werden: Hierbei handelte es sich nach herkömmlicher Systematik um eine Form der nicht gewerbsmäßigen Leiharbeit.[381] Diese Art der Personalgestellung ist jedoch gleichfalls Leiharbeit[382] und damit nunmehr i. d. R. auch erlaubnispflichtig;[383] sie unterliegt allerdings aufgrund von § 5 Abs. 1 Satz 3 nicht der sonderbetriebsverfassungsrechtlichen Bestimmung des § 14 AÜG (näher Rn. 108 ff.).

g) Im Betrieb tätige Beamte, Soldaten und AN des öffentlichen Dienstes

108 Durch **Art. 9 des »Gesetzes zur Errichtung eines Bundesaufsichtsamtes für Flugsicherung und zur Änderung und Anpassung weiterer Vorschriften«** (BAFGEG) v. 29.7.2009[384] hat der Gesetzgeber § 5 geändert. Die Gesetzesänderung ist gem. Art. 17 des BAFGEG **am 4.8.2009 in Kraft getreten.**[385] Der Gesetzgeber hat nunmehr im Wege einer gesetzlichen Fiktion eine allgemeine Regelung in das BetrVG aufgenommen, nach der **Beamte, Soldaten** und **AN des öffentlichen Dienstes einschließlich der zu ihrer Berufsausbildung Beschäftigten** bei Zuweisung an privatrechtliche Einrichtungen generell für die Anwendung des BetrVG als deren AN gelten und damit bei den dortigen BR-Wahlen **aktiv und passiv wahlberechtigt** sind. Das *BAG* bezeichnet die neue Bestimmung als Sondervorschrift für **echte** AN-Überlassung aus dem öffentlichen Dienst,[386] aus der keine rechtlichen Schlüsse für andere Formen der AN-Überlassung gezogen werden könnten. Sie unterliege zudem auch keinen verfassungsrechtlichen Bedenken.[387] § 7 Satz 2 BetrVG ist auf diese Fallgestaltungen nicht anwendbar, weil die gesetzliche Fiktion den genannten Personenkreis gerade mit den »echten« AN des Betriebs völlig gleichstellt und sie deshalb nicht als »Arbeitnehmer eines anderen Arbeitgebers« (§ 7 Satz 2 BetrVG) bezeichnet werden können. Sie besitzen daher **das aktive Wahlrecht** im Einsatzbetrieb wie die dortigen »Normal-AN«. Überdies sind diese Personen dort **auch passiv wahlberechtigt**[388] sowie im Rahmen sonstiger organisatorischer Bestimmungen, insbesondere solcher, die auf die Betriebsgröße (§§ 9, 38) und auf die regelmäßige Anzahl der wahlberechtigten AN des Betriebs abstellen (**Zählwert**), zu berücksichtigen.[389]

109 Mit der Neuregelung soll insbes. einem personalrechtlichen Folgeproblem im Zuge von solchen **Privatisierungen** Rechnung getragen werden, bei denen keine Überleitung der Rechtsverhältnisse dieses Personenkreises auf die privatrechtliche Einrichtung erfolgt, sondern – unter Aufrechterhaltung ihres Rechtsverhältnisses zum öff.-rechlichen Dienstherrn/Arbeitgeber – die Tätigkeit bei dieser Einrichtung z. B. auf Grundlage einer gesetzlichen oder vertraglichen **Personalgestellung oder Zuweisung** erfolgt. Auf derartige Personalgestellungen oder Zuweisungen sind nach dem Willen des Gesetzgebers die Bestimmungen des **AÜG nicht anzuwenden**, so dass vor allem § 14 Abs. 2 AÜG hinsichtlich des Wahlrechtsausschlusses im

---

380 Vgl. *BAG* 25.10.00, NZA 01, 259.

381 Zur Gestellung im Anwendungsbereich der Personalvertretungsgesetze näher *Trümner/Sparchholz*, PersR 08, 317 ff.

382 Zutreffend *Löwisch/Domisch*, BB 12, 1408 f.

383 Zu weiteren AÜG-rechtlichen Fragen bei Gestellungsverträgen nach § 4 Abs. 3 TVöD näher *Trümner/Fischer*, PersR 13, 193 ff.

384 BGBl. I S. 2424.

385 Vgl. zur Gesetzesänderung auch *Heise/Fedder*, NZA 09, 1069 ff.; *Löwisch*, BB 09, 2316 ff.; *Thüsing*, BB 09, 2036; *Trümner*, AiB 09, 539 ff.

386 *BAG* 17.2.10, NZA 10, 832.

387 *BAG* 15.12.11, NZA 12, 519, 523.

388 *BAG* 15.8.12 – 7 ABR 24/11, BB 12, 2239 ff.; 15.8.12 – 7 ABR 34/11, NZA 13, 107 ff.

389 Ganz h.M, vgl. nur *Fitting*, Rn. 318 a m. w. N.; so auch *BAG* 15.12.11, a. a. O.; 12.9.12 – 7 ABR 37/11, NZA-RR 13, 197 ff.; 5.12.12 – 7 ABR 17/11, NZA 13, 690 ff.; a. A. *Löwisch*, BB 09, 2316.

Einsatzbetrieb nicht anwendbar ist.[390] Dies ergibt sich aus den Gesetzgebungsmaterialien zum Bundesschuldenwesenmodernisierungsgesetz v. 12.7.2006,[391] das erklärtermaßen dem Gesetzgeber bei der Änderung des § 5 vor Augen stand: In der Begründung des RegE zum BundesschuldenwesenmodernisierungsG wird ausgeführt, dass das AÜG keine Anwendung finde, weil es sich bei dem vorliegenden Gesetz um ein Spezialgesetz handele.[392] Im Regierungsentwurf zur Neuregelung des § 5 BetrVG wird hierauf Bezug genommen, wenn es dort heißt:[393]

»Mit den Änderungen in § 5 des Betriebsverfassungsgesetzes wird dem Wunsch des Bundesrates vom 26. April 2006 im Rahmen des Gesetzgebungsverfahrens zum Bundesschuldenwesenmodernisierungsgesetz (Bundestagsdrucksache 16/1336) entsprochen, eine allgemeine Regelung in das Betriebsverfassungsgesetz aufzunehmen, nach der Beamte bei Zuweisung an privatrechtlich organisierte Einrichtungen generell für die Anwendung des Betriebsverfassungsgesetzes als deren Arbeitnehmer gelten und damit auch aktiv und passiv bei den Betriebsratswahlen wahlberechtigt sind. Gleiches wird auch für die Arbeitnehmer des öffentlichen Dienstes sichergestellt und entspricht den in den Spezialgesetzen, z. B. im Bundesschuldenwesenmodernisierungsgesetz, dazu getroffenen Regelungen.«

Sofern die dem Privatbetrieb zugewiesenen **Beamten oder Soldaten** dort die Voraussetzungen eines leit. Ang. nach Abs. 3 Sätze 1 und 2 erfüllen, **gelten sie als leit. Ang.** (§ 5 Abs. 3 Satz 3 n. F.). Das **soll offenbar nicht für AN** des öffentlichen Dienstes **gelten**, wenn sie zugewiesen sind und im Einsatzbetrieb eine dem leit. Ang. entsprechende funktionale Stellung bekleiden: die Erwähnung der zugewiesenen AN fehlt in Abs. 3 Satz 3. Ob es sich um ein Redaktionsversehen handelt, ist nicht feststellbar. **110**

Die Neuregelung knüpft an vereinzelt gebliebene personalrechtliche **Sonderbestimmungen in Spezialgesetzen** des Bundes an,[394] die bereits Ähnliches enthielten. Sie verallgemeinert diese Regelungen jedoch nunmehr, so dass über die den unmittelbaren Anlass bildenden Sachverhalte hinaus jetzt **auch bei den unzähligen Privatisierungen in Länder- und Kommunalverwaltungen** ein breiter Anwendungsbereich eröffnet worden ist. Die bisherige **Rspr. des BAG**, wonach Beamten keinerlei Aktiv- oder Passivstatus im Rahmen der Betriebsverfassung zukommen sollte, ist damit als **überholt** anzusehen.[395] Dagegen werden die bisher (insbes. im Zuge der Post- und Bahnprivatisierung) erlassenen Sonderbestimmungen von der Neuregelung nicht berührt, da diese als Spezialgesetze Vorrang vor der allgemeinen Regelung des neugefassten § 5 beanspruchen.[396] **111**

Die Änderung hat **über das BetrVG hinaus** auch dort **Bedeutung**, wo in anderen Gesetzen auf den AN-Begriff des § 5 Abs. 1 BetrVG Bezug genommen wird, wie etwa in den Gesetzen über die **Unternehmensmitbestimmung im Aufsichtsrat**. Nach § 3 Abs. 1 MitbG 1976 und § 3 Abs. 1 DrittelbeteiligungsG sind für den Anwendungsbereich der dortigen Gesetze solche Personen AN, die in § 5 Abs. 1 BetrVG als AN bezeichnet sind, so dass die dem privaten UN **112**

---

390 *Düwell*, AuR 11, 288; *Fitting*, Rn. 318 a; HaKo-BetrVG/*Kloppenburg*, Rn. 23; ErfK-*Koch*, Rn. 3 a; GK-BetrVG/*Raab*, Rn. 6; *Richardi*, Rn. 113, 114; *Hamann*, jurisPR-ArbR 21/2011, Anm. 4; *Heilmann*, AiB 09, 500, 502; *Heise/Fedder*, NZA 09, 1069, 1070; *Klimpe-Auerbach*, PersR 10, 437, 440; Thüsing, BB 09, 2036; *Trümner*, AiB 09, 539; *Wolmerath*, dbr 10/2009, 32; *LAG Baden-Württemberg* 21.9.10 – 14 TaBV 3/10, juris; *LAG Berlin-Brandenburg* 16.2.11 – 15 TaBV 2347/11, öAT 11, 143; früher schon *BAG* 11.4.58, AP Nr. 1 zu § 6 BetrVG (für Arbeitnehmer) und *BAG* 28.4.64, AP Nr. 3 zu § 4 BetrVG (für Beamte); diese ältere Rspr. hatte *BAG* 25.2.98, AP Nr. 8 zu § 8 BetrVG 1972, bestätigt durch *BAG* 28.3.01, AP Nr. 5 zu § 7 BetrVG 1972 aufgegeben; ErfK-*Koch*, Rn. 3 a, sieht daher zu Recht in Abs. 1 Satz 3 eine »Rück«-Korrektur der *BAG*-Entscheidung v. 28.3.01 durch den Gesetzgeber.

391 BGBl. I S. 1466.

392 *BT-Drucks.* 16/1336, S. 16.

393 *BT-Drucks.* 16/11608, S. 21.

394 Z. B. Art. 2 Bundesschuldenwesenmodernisierungsgesetz v. 12.7.2006 [BGBl. I S. 1466], BwKoopG v. 30.7.2004 [BGBl. I S. 2027], FlugsicherungsG v. 23.7.1992 [BGBl. I S. 1370, 1376]; vgl. auch die Übersichten bei *Fitting*, Rn. 320 – 325.

395 *BAG* 25.2.98, NZA 98, 838; *BAG* 28.3.01, EzA § 7 BetrVG 1972 Nr. 2.

396 *Fitting*, Rn. 320.

zur Tätigkeit zugewiesene Beamte, Soldaten und AN des öffentlichen Dienstes auch dort Zählwert bei der Ermittlung des jeweiligen Schwellenwertes besitzen und aktiv wie passiv wahlberechtigt sind; § 14 Abs. 2 AÜG ist insoweit gerade nicht anwendbar. Entsprechendes gilt für die als leit. Ang. fingierten Beamten und Soldaten im Rahmen der Wahl des AR-Mitglieds der leit. Ang. nach dem MitbG 1976.

113 So sinnvoll die Neuregelung erscheinen mag, um bisher durch die Rspr. der *Verwaltungsgerichte* und des *BAG* aufgerissene Repräsentationslücken[397] zu schließen, so deutlich sind die sich abzeichnenden **Anwendungsprobleme**. Das Gesetz stellt seinem Wortlaut nach nur auf das **Tätig-Sein** im privaten Betrieb ab, ohne dass hiernach ersichtlich ist, ob es dabei auf eine bestimmte **rechtliche Konstruktion** (Zuweisungsverfügung, Gestellungsvertrag, gesetzliche Gestellung) ankommen soll oder ein zeitliches Mindestmaß (z. B. mehr als drei Monate; vgl. auch § 7 Satz 2 BetrVG) erforderlich ist.[398] Im beamtenrechtlichen Sinne kann die **Zuweisung eines Beamten** vorübergehend oder dauerhaft erfolgen (vgl. § 20 BeamtenstatusG), während die **Zuweisung eines AN** des öff. Dienstes gem. § 4 Abs. 2 TVöD gerade **nur vorübergehender Natur** ist, während die **dauerhafte Beschäftigung bei einem Dritten als Personalgestellung definiert** wird (§ 4 Abs. 3 TVöD). Daher sind sowohl dauerhafte als auch nur kurzzeitige Einsatzformen von der Neufassung abgedeckt.

114 Unklar war anfangs, um welchen **Grad der Integration in den Betrieb** es sich handeln muss: denn ein bloßes **Tätigsein** (so der Gesetzeswortlaut) im Betrieb stellt sich keineswegs immer schon als **Eingliederung** dar (vgl. Rn. 83), obgleich man wird annehmen müssen, dass der Gesetzgeber eben letzteres gemeint haben dürfte.[399] Klar ist wegen des Gleichlaufs zu den normalen AN des Betriebs freilich, dass eine Differenzierung zwischen **Teilzeit und Vollzeit** nicht zulässig ist. Auch kann es keine Rolle spielen, ob der **Einsatz kontinuierlich** erfolgt oder aber mit größeren zeitlichen **Unterbrechungen**. Fraglich kann aber wegen der an sich gegenläufigen Wertung in § 7 Satz 2 BetrVG sein, ob auch eine nur ganz **kurzzeitige Zuweisung** von z. B. nur zwei Monaten bereits die Fiktionswirkung eintreten lässt mit der Folge, dass das Wahlrecht bereits dann greift, wenn zu diesem Zeitpunkt gerade BR-Wahlen durchgeführt werden. Dem Wortlaut zufolge, der insoweit nicht Gegenteiliges enthält, wird man dies bejahen müssen, schon weil die fingierten AN nicht als AN eines anderen AG (so die Voraussetzung in § 7 Satz 2 BetrVG) anzusehen sind. Auch kann es **nicht** darauf ankommen, ob der Einsatz auf einer förmlichen oder überhaupt **wirksamen Zuweisungsverfügung** gegenüber dem Beamten usw. beruht; ausreichend ist eben das faktische Tätigsein, so wie auch das Vorliegen eines sog. faktischen Arbeitsverhältnisses nicht die AN-Eigenschaft gem. § 5 Abs. 1 zu negieren vermag.

115 Gewisse Schwierigkeiten bereitet die Frage, ob die **Wählbarkeit nach § 8 unmittelbar mit dem Tätigwerden im Betrieb** einsetzt oder eine zumindest bereits sechsmonatige Zugehörigkeit erforderlich ist. Nach § 8 Abs. 1 Satz 2 erfolgt eine Anrechnung auch von vorangegangenen **Konzernzugehörigkeitszeiten**. Handelt es sich bei dem zuweisenden oder gestellenden Rechtsträger nach allgemeinem Konzernrecht (§ 18 Abs. 1 AktG) um ein Konzern-UN, so ist der betreffende Beamte, Soldat oder AN sofort zum BR wählbar. Dass der gestellende Rechtsträger eine juristische Person des öff. Rechts ist, hindert hieran nicht, denn § 18 AktG stellt nicht auf eine bestimmte Rechtsform ab; i. Ü. ist durch die Rspr. bereits seit langem anerkannt, dass **öff.-rechtl. Einheiten z. B. als herrschende UN i. S. v. § 17 AktG anzusehen** sein können (näher dazu *12. Aufl.* vor *§ 54 Rn. 96*). Da im Regelfall die Gestellung/Zuweisung zwischen einem Rechtsträger des öffentlichen Rechts und einem diesem gesellschaftsrechtlich allein oder mehrheitlich gehörenden privaten UN erfolgen wird, liegen idR. die Voraussetzungen für die Anerkennung der vorangegangenen Konzernzugehörigkeitszeiten vor, so dass die Wählbarkeit nach § 8 unmittelbar nach Tätigwerden im Betrieb einsetzt.

116 Unklar ist die neue Rechtslage jedoch insbesondere in Bezug auf die neben den Beamten und Soldaten genannten **AN des öffentlichen Dienstes.** Die tarifrechtliche Grundlage für den Fremdeinsatz bildet hier i. d. R. § 4 Abs. 3 TVöD.[400] Soweit diese zwischen einer juristischen

397 Dazu auch Rn. 147 und *Trümner*, PersR 01, 102 ff.
398 Vgl. auch *Heise/Fedder*, NZA 09, 1069, 1070.
399 So auch *BAG* 15.8.12 – 7 ABR 24/11, BB 12, 2239; 12.9.12 – 7 ABR 37/11, NZA-RR 13, 197, Rn. 21.
400 Gestellung; vgl. zur Aufteilung der Mitbestimmungszuständigkeiten zwischen dem PR der Stamm-

Person des öffentlichen Rechts als dem bisherigen AG und dem Privatbetrieb erfolgt, ergeben sich zu den Beamten bzw. Soldaten keine Unterschiede. Problematisch ist hier aber, ob auch AN einer **100 %igen Tochtergesellschaft** der öffentlichen Hand als AN des öffentlichen Dienstes zu bezeichnen sind und die neue Bestimmung deshalb auch dann greift, wenn der AN für eine Enkeltochter, die im Wege der Ausgliederung aus der Tochtergesellschaft gegründet wird, tätig wird. Dem Wortlaut der Bestimmung kann man dies nicht sicher entnehmen. Der **Begriff »öffentlicher Dienst«** hat zwar keinen feststehenden Inhalt, im Allgemeinen werden darunter AN verstanden, die **im Dienst einer juristischen Person** des öffentlichen Rechts stehen. Da es vorliegend um eine betriebsverfassungsrechtliche Auslegungsproblematik geht, spricht mit Blick auf § 130 BetrVG einiges dafür, zum öffentlichen Dienst i. S. d. neuen § 5 Abs. 1 Satz 3 nur solche AN zu zählen, die einen dem öff. Recht zuzuordnenden Rechtsträger als Arbeitgeber haben. Der **Anwendungsbereich** der neuen Bestimmung dürfte also auf den Fall der »Überlassung« von AN von einer jur. Person des öff. Rechts zu einer Einrichtung des Privatrechts **begrenzt** sein, so dass bei Überlassungen zwischen privatrechtlichen UN der öffentl. Hand i. d. R. der Wahlrechtsausschluss des § 14 Abs. 2 AÜG greifen kann und hinsichtlich des aktiven Wahlrechts die Zeitgrenze aus § 7 Satz 2 BetrVG beachtlich bleibt.

Damit stellt sich aber zugleich die Frage, ob eine solche **Ungleichbehandlung** gegenüber den offensichtlich insoweit durch die Neuregelung privilegierten Überlassungsformen nach **Art. 3 GG** noch sachlich zu rechtfertigen ist, nur weil dort der Arbeitgeber dem öff. Recht angehört, während er hier formal zwar privatrechtl. organisiert ist, materiell aber der öffentlichen Hand zugeordnet bleibt. Dies erscheint unter keinem rechtlichen Gesichtspunkt möglich[401] und dürfte absehbar den **Gesetzgeber** zwingen, das Problem des drittbezogenen Personaleinsatzes im BetrVG in sich stimmig und systematisch zutreffend neu zu regeln, anstelle immer wieder **situationsbezogene »Flickschusterei«** zu betreiben.[402] Dies wird besonders deutlich, wenn man sich den sofort mit dem Tätigwerden eines aus dem ö. D. entsandten AN oder Beamten einsetzenden betriebsverfassungsrechtlichen Vollrechtsstatus neben einem im selben Betrieb für die Dauer von zwei Monaten eingesetzten Leih-AN vor Augen führt; letzterer hat – anders als der personalgestellte ö. D.-Mitarbeiter – wegen § 7 Satz 2 BetrVG weder aktives noch (wegen § 14 Abs. 2 AÜG) passives Wahlrecht. Mit seiner **Entscheidung vom 15.12.2011** hatte der 7. Senat des *BAG* allerdings bereits durchblicken lassen, im Falle einer ggf. zu bejahenden ungerechtfertigten Ungleichbehandlung wäre diese durch eine Berücksichtigung der sonstigen Leih-AN bei den Schwellenwerten in den organisationsrechtlichen Vorschriften des BetrVG zu beseitigen und nicht durch eine dem Zweck erkennbar widersprechenden Auslegung von § 5 Abs. 1 Satz 3[403] (vgl. auch Rn. 89). 117

Der Neuregelung ist vorgeworfen worden, sie führe zu mannigfaltigen Ungereimtheiten, insbesondere im Hinblick auf die **Mitbestimmungszuständigkeiten von PR bzw. BR** und die Anwendbarkeit von BV auf überlassene Beamte, Soldaten und AN des öff. Dienstes.[404] Das trifft indes nicht zu, wenn man diese Fragen mit den vom *BAG* zur Leiharbeit entwickelten Grundsätzen löst.[405] Insoweit hat das *BAG* sogar zu § 5 Abs. 1 Satz 3 bereits festgestellt,[406] dass diese Arbeitnehmerfiktion kein MBR des BR dort begründe, wo der Betriebsinhaber weder materiell noch formell etwas zu entscheiden hat:[407] Die Aufspaltung der AG-Stellung dürfe aber wie bei der Leiharbeit **nicht** zum **Verlust des vom BetrVG und des PersVG gewährleisteten Schutzes** führen, wenn ein öff. AG seine AN einem privaten AG zur Dienstleistung zur 118

---

dienststelle und dem BR des Einsatzbetriebes *OVG Münster* 23.3.10 – 16 A 2423/08.PVL, juris; ferner *BAG* 9.6.11 – 6 AZR 132/10, juris = BB 11, 1587 (Kurzwiedergabe): bei Kündigung des gestellten AN ist nur der PR nach PersVG zu beteiligen, nicht aber der BR nach § 102 Abs. 1 Satz 1 BetrVG.

401 Die Gleichheitswidrigkeit monieren auch *Thüsing*, BB 09, 2036, 2037 und *Rieble*, NZA 12, 485, 486.

402 Skeptisch aber *Düwell*, AuR 11, 288, 290, der diese Aufgabe auf die Rspr. abgewälzt sieht; *BAG* 15.12.11, NZA 12, 519, 523, hat sich hierzu allerdings (noch) nicht berufen gesehen.

403 *BAG*, a. a. O., Rz. 30

404 Vgl. etwa *Heise/Fedder*, NZA 09, 1069, 1071; *Thüsing*, BB 09, 2036.

405 Siehe insoweit *BAG* 15.12.92, BAGE 72, 107; 19.6.01 BAGE 98, 60; Hinweise dazu auch bei *Löwisch*, BB 09, 2316, 2318 f., der im Übrigen allerdings unzutreffende Schlussfolgerungen zieht.

406 *BAG* 9.6.11 – 6 AZR 132/10, juris, Rn. 28, 32 = BB 11, 1587 f. (Kurzwiedergabe).

407 Vgl. auch *BAG* 23.6.09, AP Nr. 59 zu § 99 BetrVG 1972, Rn. 23.

Verfügung stelle. Welche **Beteiligungsrechte** dem BR oder dem PR zustehen, richte sich nach dem Zweck des Beteiligungsrechts. Die Mitbestimmungszuständigkeit des BR oder PR hängt dabei vom **Gegenstand des MBR und** der darauf bezogenen **Entscheidungsmacht** der beteiligten AG ab. Sofern diese Entscheidungsmacht – wie idR. bei den Fragen, die Bestand und Inhalt des Arbeitsverhältnisses betreffen – beim öff. AG verbleibe, sei der PR zuständig. Sofern aber tatsächlich die Entscheidungsmacht in den sozialen und personellen Angelegenheiten durch den privaten AG ausgeübt wird, ist der BR auch für die überlassenen AN und deren Belange und Interessen zuständig.[408]

119 Die der neuen Arbeitnehmerfiktion des Abs. 1 Satz 3 zu Grunde liegende »**Privatisierungsgestellung**« auf Grundlage von **§ 4 Abs. 3 TVöD** wirft infolge der **Neuregelung der AN-Überlassung** (vgl. Rn. 86) allerdings AÜG-rechtliche Probleme auf. Regelmäßig erfolgt eine derartige Personalgestellung dauerhaft, da ihre materielle tarifliche Voraussetzung eine vorangegangene – meist ebenfalls dauerhafte – **Verlagerung der Beschäftigtenaufgaben** auf einen Dritten voraussetzt. Da das AÜG grundsätzlich nicht mehr zwischen gewerbsmäßiger und nicht gewerbsmäßiger AN-Überlassung differenziert und nach § 1 Abs. 1 Satz 2 AÜG n. F. die AN-Überlassung als »vorübergehende« Überlassung von AN legal definiert ist, kommt eine unbefristete oder überhaupt zeitlich **unbegrenzte AN-Überlassung** auch zwischen einem öff. AG und einem privaten UN grundsätzlich **nicht mehr in Betracht.** Als Ausweg könnte sich anbieten, derartige Personalgestellungen als Anwendungsfall des neu gefassten »**Konzernprivilegs**« gem. § 1 Abs. 3 Nr. 2 AÜG anzusehen: Auf derartige AN-Überlassungen ist ausweislich § 1 Abs. 3 Eingangssatz AÜG nämlich § 1 Abs. 1 AÜG nicht anwendbar, so dass diese Form der AN-Überlassung zum einen **erlaubnisfrei** bleibt (vgl. Rn. 95 f.) und zum anderen auch nicht unter das Verbot dauerhafter Überlassung nach § 1 Abs. 1 Satz 2 AÜG fällt. Voraussetzung ist jedoch, dass zwischen der Personal gestellenden jur. Person des öff. Rechts und dem privaten UN ein Konzernverhältnis i. S. d. § 18 AktG besteht, was idR. der Fall sein wird (dazu oben Rn. 115). Weitere Voraussetzung ist aber, dass der überlassene AN nicht zum Zweck der Überlassung eingestellt *und* beschäftigt wird. Die Ersteinstellung beim AG der öff. Hand verfolgte sicherlich keine AN-Überlassung. Mit der letztgenannten, vom Gesetzgeber des AÜGÄndG 2011 eingefügten, Bedingung (»beschäftigt«) soll jedoch sichergestellt werden, dass es nicht allein auf den bei Abschluss des Arbeitsvertrages festgelegten Leistungsinhalt ankommt, sondern gerade auch darauf, dass die AN später nicht zum Zwecke der Überlassung beschäftigt werden.[409] Gerade letzteres ist aber bei den auf Dauer angelegten Privatisierungsgestellungen nach § 4 Abs. 3 TVöD regelmäßig der Fall,[410] so dass die Voraussetzungen des § 1 Abs. 3 Nr. 2 AÜG n. F. nicht greifen und auch diese Art der AN-Überlassung allein an den Voraussetzungen des § 1 Abs. 1 AÜG zu messen ist, da eine spezielle Bereichsausnahme für den öffentlichen Dienst offenbar vom Gesetzgeber nicht bedacht wurde, allerdings wohl auch vor dem Hintergrund der EU-Leiharbeitsrichtlinie zu europarechtlichen Inkompatibilitäten geführt hätte. **Dauerhafte Privatisierungsgestellungen** der öffentlichen Hand nach § 4 Abs. 3 TVöD sind daher an sich wohl **nicht mehr zulässig.** Gleichwohl ist die Literatur bemüht, **Auswege** aufzuzeigen, indem – indes europarechtlich zweifelhaft – behauptet wird, dauerhafte ANÜ im Rahmen etwa des § 4 Abs. 3 TVöD unterfalle überhaupt nicht der Leiharbeitsrichtlinie und dem AÜG.[411] Zutreffend ist es dagegen, im Wege einer teleologischen Reduktion dauerhafte Personalgestellungen im Bereich des öffentlichen Dienstes trotz des Begriffs »vorübergehend« (§ 1 Abs. 1 Satz 2 AÜG) für zulässig zu erachten, wenn diese der **Aufrechter-**

408 *BAG* 9.6.11, a. a. O., Rn. 29.

409 So ausdrücklich die Begründung zum Regierungsentwurf, vgl. *BR-Drucks.* 847/10, S. 7.

410 Meist erfolgen diese aus Gründen des Sozialschutzes, wenn der AN zuvor der privatisierenden Übertragung gem. § 613 a Abs. 6 BGB widersprochen hat, um dessen Weiterbeschäftigung zu gewährleisten; das erkennt auch *Gerdom,* öAT 11, 150, 152, meint aber zu Unrecht, die dauerhafte Gestellung nach § 4 Abs. 3 TVöD verstoße nicht gegen § 1 Abs. 1 AÜG, weil ein Verbot dauerhafter ANÜ auch europarechtlich nicht geboten sei.

411 *Gerdom,* öAT 11, 150, 152; *Giesen,* FA 12, 66 ff.; *Thüsing/Stiebert,* DB 12, 632 ff.; *Huke/Neufeld/Luickhardt,* BB 12, 961, 964; *Böhm,* DB 12, 918, 920; *Löwisch/Domisch,* BB 12, 1408 ff.; *LAG Baden-Württemberg* 17.4.13, ZTR 13, 618 wertet § 4 Abs. 3 TVöD als Verstoß gegen § 1 Abs. 1 Satz 2 AÜG; in der RB hat das *BAG* 16.2.15 – 1 ABR 35/13 das Verfahren eingestellt.

haltung des arbeitsrechtlichen Sozialschutzes zu Gunsten des betroffenen AN dienen, weil dann eine Missbrauchsgefahr bei dieser Form der ANÜ nicht angenommen werden kann.[412] Soweit bisher ersichtlich, legen die zuständigen Arbeitsagenturen als **Aufsichtsbehörden** allerdings auch keinen Wert darauf, die bisherige Praxis dieser dauerhaften Personalgestellung rechtlich in Zweifel zu ziehen. Die nach hier vertretener Ansicht aus Gründen des Sozialschutzes eingeschränkt weiter zulässige Privatisierungsgestellung von AN nach § 4 Abs. 3 TVöD oder vergleichbaren tariflichen Bestimmungenist nun aber in jedem Falle **erlaubnispflichtig**. Im Hinblick auf die bei der öff. Hand anzunehmende Zuverlässigkeit des Verleihers wirft jedoch die Erteilung der Erlaubnis i. d. R. keine Probleme auf. Die **Beendigung der Personalgestellung** infolge Kündigung des Personalüberlassungsvertrages durch den Entleiher ist **keine Versetzung** und unterliegt daher nicht der Mitbestimmung des BR des Einsatzbetriebs nach § 99 Abs. 1 Satz 1 BetrVG, weil darin keine Zuweisung eines neuen Arbeitsbereichs durch den Entleiher-AG zu sehen ist.[413]

5. Arbeitnehmerähnliche Personen

a) Allgemeines

Als AN-ähnliche Personen werden im allgemeinen Dienstleistende bezeichnet, die **mangels** 120 **persönlicher Abhängigkeit** keine AN, aber wegen ihrer **wirtschaftlichen Abhängigkeit** auch keine UN sind.[414] Sie arbeiten regelmäßig persönlich und ohne Mithilfe Dritter, sind **nicht in** eine fremde **Betriebsorganisation eingegliedert,** aber vergleichbar einem AN sozial schutzbedürftig. Die wirtschaftliche Abhängigkeit braucht nicht gegenüber nur einem Auftraggeber zu bestehen.[415]

Die AN-ähnlichen Personen zählen schon nach allgemeinem Arbeitsrecht **nicht** zu den **AN.** 121 Da nach hier vertretener Auffassung für die AN-Eigenschaft i. S. d. BetrVG ausschlaggebend die Einstellung i. S. v. § 99 ist, d. h. die Eingliederung des Beschäftigten in die betriebliche Arbeitsorganisation (vgl. Rn. 26), und dieser Vorgang gerade die persönliche Abhängigkeit bewirkt, die nach der **Eingliederungstheorie** das Arbeitsverhältnis überhaupt und nach hier vertretener Ansicht jedenfalls das betriebsverfassungsrechtliche Arbeitsverhältnis (vgl. Rn. 33) begründet, fehlt es nach beiden Meinungen an der AN-Eigenschaft i. S. d. § 5 Abs. 1 hinsichtlich der AN-ähnlichen Personen. Auch nach der Vertragstheorie ergibt sich nichts anderes, da sie zur Bestimmung der AN-Eigenschaft vor allem auf das Merkmal der persönlichen Abhängigkeit abstellt.

Insofern gehören **AN-ähnliche Personen** nach übereinstimmender Ansicht **nicht** zu den **AN** 122 **i. S. d. BetrVG.**[416] Hinzu kommt, dass die arbeitsrechtlichen Gesetze diejenigen Fälle ausdrücklich nennen, in denen die arbeitsrechtlichen Bestimmungen auch auf AN-ähnliche Personen anwendbar sind (vgl. § 5 Abs. 1 ArbGG, § 2 BUrlG, § 12 a TVG). Durch § 5 Abs. 1 Satz 2 sind von der Gruppe der AN-ähnlichen Personen nur die in Heimarbeit Beschäftigten (vgl. § 1 Abs. 1 i. V. m. § 2 Abs. 1 und 2 HAG) in den persönlichen Geltungsbereich des Gesetzes einbezogen worden, so dass eine analoge Anwendung auf die nicht erwähnten weiteren Gruppen (z. B. kleine Handelsvertreter, vgl. § 92 a HGB, § 5 Abs. 3 ArbGG; freie Mitarbeiter in künstlerischen, schriftstellerischen und journalistischen Berufen) nicht in Betracht kommt.[417]

Ob es sich im konkreten Fall um eine AN-ähnliche Person handelt und sie damit nicht zu den 123

---

412 Weitergehend *OVG NW* 19.9.14, ZTR 15, 107 ff., das schon tatbestandlich die Anwendung des AÜG auf Gestellungen nach § 4 Abs. 3 TVöD und ganz allgemein auf tarifliche Personalgestellungen ausschließt; zuvor bereits im Ergebnis in diese Richtung *Ruge/v.Tiling*, ZTR 12, 263; *Trümner/Fischer*, PersR 13, 193 ff.; *Fieberg*, NZA 14, 187; *Hinrichs/Wenzel/Knoll*, ZTR 14, 68; *Augustin*, ZTR 14, 319.

413 *BAG* 17.2.15, NZA 15, 762, 764, Rn. 29.

414 Vgl. z. B. Kittner/Zwanziger/*Kittner-Deinert*, § 3 Rn. 174; *Schaub/Vogelsang*, Arbeitsrechts-Handbuch, § 10 Rn. 1; v. Staudinger-*Richardi*, Vor § 611 Rn. 244; KR-*Rost*, Arbeitnehmerähnliche Personen, Rn. 9.

415 Zutreffend *Schaub-Vogelsang*, a. a. O.

416 Vgl. ErfK-*Koch*, Rn. 5; *Fitting*, Rn. 92; GK-*Raab*, Rn. 89.

417 Vgl. GK-*Raab*, a. a. O.

AN i. S. d. Gesetzes zählt, ist anhand der allgemeinen Kriterien zur Abgrenzung des AN von der freien Mitarbeit (vgl. Rn. 59 ff.) zu bestimmen, da der AN-ähnliche vom Grundtypus her ein Selbstständiger ist.

124 Somit sprechen **Bindung an** vorgegebene **Arbeitszeiten, Eingliederung** in die Arbeitsorganisation des Betriebs, insbes. durch Einordnung in **Dienstpläne,** Vorgaben bezüglich des **Arbeitsortes, Abhängigkeit** von den vom Auftraggeber zur Verfügung gestellten **Arbeitsmitteln, Weisungsunterworfenheit** hinsichtlich der fachlichen Art und Weise der **Arbeitsausführung, Kontrollen** usw. für AN-Eigenschaft im allgemeinen Sinne und gegen einen AN-ähnlichen Status.[418] Trotz bestehender wirtschaftlicher Abhängigkeit kann es am Status als AN-ähnliche Person fehlen, wenn die geschuldete Tätigkeit auf einer **gesellschaftsrechtlich vermittelten Arbeitspflicht** beruht.[419]

125 Die Tätigkeit im Fracht- und Speditionsgewerbe im Rahmen sog. neuer Selbstständigkeit kann allerdings auch in echter **Subunternehmerschaft** erfolgen.[420] Der Vertrag mit dem Sub-UN-Kraftfahrer kann jedoch wegen **Umgehung der Genehmigungspflicht nach §§ 5, 11 GüKG** gem. § 134 BGB nichtig sein, so dass das Rechtsverhältnis zwischen Auftraggeber und Sub-UN-Kraftfahrer in Wirklichkeit als **faktisches Arbeitsverhältnis** zu qualifizieren ist.[421]

b) Heimarbeit

126 Zu den AN nach dem BetrVG zählen ferner die in **Heimarbeit Beschäftigten,** sofern sie in der Hauptsache für den Betrieb arbeiten, Abs. 1 Satz 2.[422] Die bis zur **Novellierung 2001** in § 6 angesiedelte Vorschrift geht insoweit vom Begriffsinhalt des HAG aus und enthält keinen spezifisch betriebsverfassungsrechtlichen Begriff des in Heimarbeit Beschäftigten.[423] Sie müssen diese Heimarbeiten entweder ausschließlich für den Betrieb oder im Verhältnis zu anderen Betrieben **überwiegend** für diesen bestimmten Betrieb verrichten. Dabei ist bedeutsam, dass Abs. 1 Satz 2 anders als § 29 Abs. 1 HAG nicht darauf abstellt, dass der Heimarbeiter bei einem Auftraggeber »überwiegend« beschäftigt wird, d. h. seinen Lebensunterhalt überwiegend aus dem Beschäftigungsverhältnis bezieht. Heimarbeiter gelten im BetrVG vielmehr bereits dann als AN, wenn ihre Tätigkeit für den fraglichen Betrieb im Verhältnis zu ihrer etwaigen Tätigkeit für andere Betriebe überwiegt.[424] Die Höhe des erzielten Verdienstes ist daher bei der Beurteilung des Merkmals »in der Hauptsache« unbeachtlich.[425]

127 In Heimarbeit Beschäftigte sind solche Personen, die in selbstgewählter Arbeitsstätte (eigener Wohnung oder selbstgewählter Betriebsstätte) allein oder mit ihren Familienangehörigen **im Auftrag von Gewerbetreibenden** oder Zwischenmeistern arbeiten, jedoch die Verwertung der Arbeitsergebnisse dem unmittelbar oder mittelbar auftraggebenden Gewerbetreibenden überlassen (vgl. § 2 Abs. 1 HAG). Unter die Personengruppe der in Heimarbeit Beschäftigten fällt auch der **Hausgewerbetreibende,** da er zwar persönlich selbstständig ist, aber seine Produkte nicht unmittelbar auf dem Markt, sondern an den UN absetzt. Nach vorstehenden Grundsätzen sind auch Heimarbeiter und Hausgewerbetreibende mit nicht mehr als zwei fremden Hilfskräften AN im betriebsverfassungsrechtlichen Sinne.[426] Gehört das UN, das den Auftrag vergibt, zu den sog. **freien Berufen,** so fehlt es am Merkmal des »Gewerbetreibenden«, weshalb

---

418 Vgl. KR-*Rost,* Arbeitnehmerähnliche Personen, Rn. 16 m. w. N.; lehrreich der Grenzfall eines arbeitnehmerähnlichen *Frachtführers* [TNT] in *LAG Düsseldorf* 28.8.95, BB 95, 2275; bei nahezu identischem Sachverhalt aber als AN angesehen vom *BAG* 19.11.97, AiB 98, 294 m. Anm. *Mayer;* ebenso schon *LSG Berlin* 27.10.93, NZA 95, 139.

419 *BAG* 15.4.93, DB 93, 1622.

420 Vgl. *LAG Köln* 5.3.97, BB 97, 1212: Kein AN-Status, wenn der Sub-UN 18 eigene AN hat und den Zustelldienst mit eigenem Fuhrpark organisiert.

421 *ArbG Ludwigshafen* 12.3.96, DB 96, 1527.

422 Zur Heimarbeit allgemein *Däubler,* Das Arbeitsrecht 2, Rn. 2094 ff.; Kittner/Zwanziger-*Becker,* § 136; *Otten,* NZA 95, 289 ff.

423 *BAG* 25.3.92, AP Nr. 49 zu § 5 BetrVG 1972.

424 *BAG* 27.9.74, AP Nr. 1 zu § 6 BetrVG 1972.

425 *LAG München* 30.11.84, AiB 85, 94; *Otten,* NZA 87, 478 [480].

426 Vgl. *LAG München* 30.11.84, AiB 85, 94; *Fitting,* Rn. 310; *Richardi,* Rn. 123; GK-*Raab,* Rn. 94.

sog. **Literaturauswerter,** die für eine wissenschaftliche Informationseinrichtung in der eigenen Wohnung Dokumente auswerten, keine in Heimarbeit Beschäftigten sind.[427]

Heimarbeiter zählen zu den sog. **arbeitnehmerähnlichen Personen,**[428] die an sich nicht zu den AN i. S. d. BetrVG zählen (vgl. Rn. 120 ff.), als historisch überkommener Typus von Beschäftigten aber als besonders schutzbedürftig erachtet werden, obgleich sie nicht vom AG persönlich, wohl aber wirtschaftlich abhängig sind – zumal dann, wenn überwiegend für einen Auftraggeber gearbeitet wird. Hieran anknüpfend wurde schon vor der **Novellierung 2001** in rechtspolitischer Hinsicht zu Recht gefordert, alle arbeiternehmerähnlichen Personen (und nicht nur die Fallgruppe der Heim-AN) dann in den Schutzbereich des BetrVG einzubeziehen, wenn deren Arbeit hauptsächlich für den betreffenden Betrieb erbracht wird.[429] Nach überwiegender Ansicht zur Gesetzeslage vor der **Novellierung 2001** ließ dass BetrVG jedoch die wünschenswerte Erstreckung des Geltungsbereichs auf alle AN-ähnlichen Personen im Wege der Analogie nicht zu.[430] Trotz Kenntnis über diese kontroverse Einschätzung der Frage, ob nicht **wegen des Gleichheitssatzes** die sonstigen AN-ähnlichen Personen auch in die Betriebsverfassung einbezogen werden müssen, ist der Novellierungsgesetzgeber untätig geblieben.[431] Daher wird sich der Gesetzgeber über kurz oder lang mit den Folgen einer im Grunde gleichheitswidrigen Rechtsetzung konfrontiert sehen, zumal die Ausgrenzung von AN-ähnlichen Personen, die **in der Hauptsache für den Betrieb arbeiten,** deswegen nicht mehr sachlich gerechtfertigt werden kann, weil die Heim-AN unter sonst gleichen Bedingungen zwar in die Betriebsverfassung einbezogen sind, aber eine zahlenmäßig in die Bedeutungslosigkeit herab gesunkene Gruppe darstellen.[432] 128

Ob **Tele-AN,** die unter Verwendung der Informations- und Kommunikationstechnik am häuslichen Bildschirm arbeiten,[433] als Heim-AN oder reguläre AN anzusehen sind, kann im Einzelfall schwer zu beurteilen sein. Sie sind jedoch ungeachtet dessen in betriebsverfassungsrechtlicher Hinsicht AN.[434] Dass jedenfalls auch **Büroheimarbeit** dem HAG unterfallen kann, ist anerkannt.[435] Auch bei der Frage, **ob** ein Heimarbeitsverhältnis vorliegt, entscheidet der Geschäftsinhalt und nicht die von den Parteien gewählte Bezeichnung oder gewünschte Rechtsfolge.[436] 129

6. Zur Berufsausbildung Beschäftigte

Nach Abs. 1 zählen kraft ausdrücklicher Erwähnung auch die »zu ihrer Berufsausbildung Beschäftigten« zu den AN i. S. d. Gesetzes. Dieser Wortlaut dient primär dazu, dem Meinungsstreit über die Frage, ob das Berufsausbildungsverhältnis als Arbeitsverhältnis oder spezielles Ausbildungsverhältnis anzusehen ist, für die Abgrenzung des persönlichen Geltungsbereichs des Gesetzes keine praktische Bedeutung zukommen zu lassen.[437] Durch das am 1.4.2005 in Kraft getretene Gesetz zur Reform der beruflichen Bildung v. 23.3.2005[438] wurde das **BBiG neu gefasst,**[439] der betriebsverfassungsrechtliche Status der Azubis erfuhr dadurch keine Änderung. 130

---

427 *BAG* 25.3.92, AP Nr. 49 zu § 5 BetrVG 1972.
428 Vgl. nur *Däubler,* Das Arbeitsrecht 2, Rn. 2094; Kittner/Zwanziger-*Becker,* § 117 Rn. 2; *Richardi,* Rn. 120.
429 Vgl. *Hromadka,* NZA 97, 1249 [1255].
430 So *Plander,* DB 99, 330 [331 m. w. N.]; *ders.,* FS Däubler, S. 272 [274]; zurückhaltend auch *Rost,* NZA 99, 113 [115 f. 120 f.]; für die Anwendung des damaligen § 6 dagegen *Däubler,* Das Arbeitsrecht 2, Rn. 2122.
431 Kritisch *Hanau,* RdA 01, 65 [68]; *Däubler,* AuR 01, 1 [4].
432 Nach *Kittner,* Arbeits- und Sozialordnung 2007, S. 799, gab es Anfang der neunziger Jahre nur noch ca. 158000 klassische Heimarbeiter; zum Gleichheitsproblem auch *Däubler,* a. a. O.; *Trümner,* FA 01, 133 [136].
433 Vgl. *Wedde,* AuR 87, 325.
434 *LAG München* 30.11.84, AiB 85, 94; vgl. auch § 5 Rn. 41 ff.
435 Vgl. *BAG* 10.7.63, AP Nr. 3 zu § 2 HAG; *BSG* 22.10.71, AP Nr. 7 zu § 2 HAG.
436 *BAG* 3.4.90, DB 91, 604.
437 Ebenso *BAG* 21.7.93, AP Nr. 8 zu § 5 BetrVG 1972 Ausbildung.
438 BGBl. I, 931.
439 Vgl. zu den wenigen substanziellen Änderungen *Taubert,* FA 05, 107.

131 Der betriebsverfassungsrechtliche Begriff »Berufsausbildung« deckt sich nicht mit dem des BBiG (vgl. § 10 BBiG: dort fallen unter diesen Begriff nur die sog. Auszubildenden), sondern ist seinem Inhalt nach weiter gefasst.[440] Somit gehören zu den zu ihrer Berufsausbildung Beschäftigten und damit zu den AN i. S. d. Gesetzes auch Personen, die eingestellt werden, um berufliche Kenntnisse, Fertigkeiten oder Erfahrungen zu erwerben, ohne dass es sich dabei um eine Berufsausbildung i. S. d. §§ 10 – 25 BBiG handelt, und zwar auch dann, wenn mit ihnen kein Arbeitsverhältnis, sondern lediglich ein **besonderes Ausbildungsverhältnis** eingegangen wird, auf das § 26 BBiG anzuwenden ist.[441] Der Abschluss eines derartigen besonderen Ausbildungsverhältnisses, durch das jemand dem persönlichen Geltungsbereich des BetrVG unterstellt wird, kann auch **durch schlüssiges Verhalten** erfolgen.[442] Zu diesen »anderen Vertragsverhältnissen« i. S. d. § 19 BBiG zählen insbesondere das **Anlernverhältnis,** das **Volontärverhältnis** und das **Praktikantenverhältnis.**[443] Dieser Personenkreis zählt daher auch zu den AN i. S. d. BetrVG.[444]

132 Andererseits ist es für den Begriff »zu ihrer Berufsausbildung Beschäftigte« nicht erforderlich, dass auf das Rechtsverhältnis die §§ 10 – 25 BBiG oder zumindest § 26 BBiG anwendbar sind. Zu den vom Gesetz erfassten Personen (Auszubildende im betriebsverfassungsrechtlichen Sinne)[445] zählen auch diejenigen, die in einem **Ausbildungsverhältnis** stehen, auf das das **BBiG nicht anwendbar** ist. Voraussetzung ist nur, dass die **Ausbildung in einem Betrieb** erfolgt,[446] d. h. die Auszubildenden in den Betrieb **eingegliedert** sind, weil dann »der kollektivrechtliche Schutz des BetrVG (gilt), um die mit der Ausbildung einhergehenden sozialen und personellen Abhängigkeiten vom AG durch die Beteiligungsrechte des BR zu sichern«.[447]

133 Aus diesem Grunde sollten nach anfänglicher Rspr. des *BAG*[448] auch **Umschüler** i. S. d. § 1 Abs. 4 i. V. m. § 47 BBiG a. F. und dem früheren § 47 Abs. 1 AFG sowie **Teilnehmer an berufsvorbereitenden Maßnahmen für jugendliche Arbeitslose** im Beschäftigungsbetrieb als Auszubildende im betriebsverfassungsrechtlichen Sinne anzusehen sein. Später hat das *BAG* jedoch in normzweckorientierter Auslegung des Gesetzes das Merkmal der Eingliederung in derartigen Fallgestaltungen konkretisiert. Danach[449] sind zu ihrer Berufsausbildung Beschäftigte nur dann AN i. S. d. BetrVG, wenn sich ihre Berufsausbildung **im Rahmen des arbeitstechnischen Zwecks** eines Produktions- oder Dienstleistungsbetriebs vollzieht und sie deshalb in vergleichbarer Weise wie die sonstigen AN in den Betrieb eingegliedert sind. Bei der Ausbildung muss es sich um **eine betriebliche Ausbildung i. S. d. § 1 Abs. 5 BBiG** a. F. handeln, so dass Ausbildungen in Berufsbildungswerken, Berufsförderungswerken oder Rehabilitationszentren die betreffenden Auszubildenden nicht in diesen Einrichtungen zu AN i. S. d. Gesetzes werden lassen sollen.[450] Somit zählen berufliche **Rehabilitanden gemäß** dem früheren **§ 56 AFG,** die in einem Berufsbildungswerk eine berufliche Erstausbildung erhalten, dort nicht zu den zu ihrer Berufsausbildung Beschäftigten.[451] Entsprechendes gilt für **Umschüler.**[452]

134 Werden dagegen **überbetriebliche Ausbildungsstätten** (Lehrwerkstätten/Ausbildungszentren) als organisatorische Teileinheiten eines UN gebildet und erfahren Auszubildende dort

440 Vgl. *Richardi,* Rn. 66; *Fitting,* Rn. 290; *BAG* 10.2.81, 24.9.81, AP Nrn. 25, 26 zu § 5 BetrVG 1972; 26.11.87, NZA 88, 505.
441 Vgl. *Richardi,* a. a. O.; *BAG* 10.2.81, 24.9.81, a. a. O.
442 *Fitting,* Rn. 291; *BAG,* 10.2.81, a. a. O.
443 Vgl. *Fitting,* Rn. 290.
444 Allgemeine Ansicht, vgl. *Richardi,* Rn. 68; *Fitting,* Rn. 289; zu Praktikanten speziell *ArbG Passau* 10.7.75, ARSt 76, 62 Nr. 1074; zur »Generation Praktikum« eingehend *Mathies,* RdA 07, 135 ff.
445 Vgl. die Begriffsbildung in *BAG* 24.9.81, AP Nr. 26 zu § 5 BetrVG 1972.
446 *BAG* 24.9.81, a. a. O.
447 Vgl. *BAG* 26.11.87, NZA 88, 505 [506 f.]; 3.10.89, AP Nr. 73 zu § 99 BetrVG 1972.
448 10.2.81, AP Nr. 25 zu § 5 BetrVG 1972.
449 Beginnend mit *BAG* 21.7.93, NZA 94, 713 unter ausdrücklicher Aufgabe von *BAG* 12.6.86, 26.11.87, 13.5.92, NZA 87, 136; 88, 505; 93, 762.
450 *BAG* 26.1.94, NZA 95, 120; 20.3.96, NZA 97, 107; 20.3.96, NZA 97, 326; 12.9.96, NZA 97, 273; zuletzt *BAG* 21.5.97, EzA § 5 ArbGG 1979 Nr. 22.
451 *BAG* 26.1.94, a. a. O.; 20.3.96, NZA 97, 326.
452 *BAG* 21.7.93, NZA 94, 713; 21.5.97, a. a. O.

die nach dem Ausbildungsvertrag geschuldete Berufsausbildung, handelt es sich um Einrichtungen der betrieblichen Berufsbildung, so dass die Azubis **AN i. S. v. § 5 Abs. 1** sind.[453]

Der **AN-Status** ist dagegen nach der Rspr. des *BAG*[454] **zu verneinen**, wenn die Ausbildung in einer **außerbetrieblichen,** sog. **reinen Ausbildungseinrichtung** erfolgt, deren Betriebszweck gerade die Ausbildung ist und wenn die betreffenden Personen selbst den Gegenstand des Betriebszweckes bilden;[455] die dortige **Interessenvertretung der Azubis** richtet sich sodann nach § 51 BBiG n. F.[456] sowie der dazu immer noch nicht erlassenen RechtsVO gem. § 52 BBiG n. F.[457] Solange diese VO nicht erlassen ist, kann der ungeregelte Raum aber durch **tarifliche Auszubildendenvertretungen** ausgefüllt werden (näher § 3 Rn. 22, 31). Auszubildende eines solchen reinen Ausbildungsbetriebs, die zur praktischen Ausbildung einem anderen Betrieb zugewiesen sind, haben das Recht, an **Betriebsversammlungen im Einsatzbetrieb** teilzunehmen,[458] obgleich sie dort nach der Kumulationstheorie des 7. *BAG*-Senats mangels Ausbildungsvertrags gem. § 42 Abs. 1 Satz 1 an sich nicht zu den AN i. S. d. § 5 Abs. 1 Satz 1 gehören. Das Gesetz – so das BAG – enthalte insoweit eine unbewusste, planwidrige Regelungslücke, die wegen der mit Leih-AN prinzipiell vergleichbaren Interessenlage (aufgespaltenes Arbeits- bzw. Ausbildungsverhältnis) durch entsprechende Anwendung des § 14 Abs. 2 Satz 2 AÜG zu schließen sei. **135**

Die **Dauer der Betriebszugehörigkeit** ist für die Auszubildenden- bzw. AN-Eigenschaft i. S. d. Abs. 1 unbeachtlich.[459] Darauf, ob die Auszubildenden fremdnützig durch ihre Mitarbeit den **Betriebszweck** des Beschäftigungsbetriebs **unterstützen** oder für Zwecke des Betriebs ausgebildet werden, kommt es für die Zugehörigkeit zu den Auszubildenden i. S. d. § 5 Abs. 1 gleichfalls nicht an.[460] **136**

Die Annahme der AN-Eigenschaft nach § 5 Abs. 1 scheitert nicht daran, dass der zur Berufsausbildung Beschäftigte etwa **keine Vergütung** vom AG erhält.[461] Demzufolge gehören **Volontäre** auch dann zu den AN i. S. d. Gesetzes, wenn sie – wie § 82 a HGB es für möglich hält – unentgeltlich mit kaufmännischen Diensten beschäftigt werden (fraglich, ob dies wegen § 26 i. V. m. § 17 BBiG n. F. überhaupt noch zulässig ist).[462] **137**

Es ist ferner **unerheblich,** ob die Ausbildung in einem vom **BBiG** anerkannten **Berufsbild** erfolgt und die betriebliche Ausbildung Teil eines einheitlichen Ausbildungsganges ist, der aus einem betrieblich-praktischen und einem schulisch-theoretischen Ausbildungsteil besteht.[463] Aus diesem Grunde sind z. B. Teilnehmer einer Ausbildung in einer unternehmenseigenen Schule, die als private Berufsfach- und Ersatzschule landesrechtlich genehmigt ist, Auszubildende i. S. d. § 5 Abs. 1 im Beschäftigungsbetrieb, wenn sie im Rahmen einer Ausbildung zum **Elektroassistenten** bzw. **Ingenieurassistenten,** die aus einem schulischen und einem betrieblichen Teil besteht und nicht mit einem staatlich anerkannten Abschluss endet (firmeninterne Ausbildung), eine praktische Unterweisung im Betrieb dieses UN erhalten.[464] **138**

Unklarheiten bestehen häufig hinsichtlich der betriebsverfassungsrechtlichen Einordnung von **Praktikanten.** Als Praktikant wird eine Person bezeichnet, die eine bestimmte Dauer in einem Betrieb tätig ist, um sich dort zur Vorbereitung auf einen (oft akademischen) Beruf die notwendigen praktischen Kenntnisse und Erfahrungen anzueignen, bzw. sich im Rahmen einer Gesamtausbildung einer betrieblichen Tätigkeit und Ausbildung unterzieht, weil sie diese für **139**

---

453 Vgl. *Fitting,* Rn. 297.
454 Zusammenfassend 13.6.07, EzA § 5 BetrVG 2001 Nr. 2.
455 Näher § 7 Rn. 15, 16; kritisch zu den Schwankungen der Rspr. *Ortmann,* BetrR 94, 37; *Dannenberg,* AiB 94, 521.
456 Eingehend dazu *BAG* 13.6.07, a. a. O.
457 *Fitting,* Rn. 302; Wohlgemuth/*Malottke,* § 52 BBiG Rn. 1.
458 *BAG* 24.8.11, NZA 12, 223 ff.
459 *BAG* 10.2.81, AP Nr. 25 zu § 5 BetrVG 1972.
460 *BAG* 26.1.94, NZA 95, 120 [122].
461 Vgl. *BAG* 10.2.81, AP Nr. 25 zu § 5 BetrVG 1972.
462 Vgl. *Schaub-Vogelsang,* Arbeitsrechts-Handbuch, § 175 Rn. 3 m. w. N.; *Däubler,* Das Arbeitsrecht 2, Rn. 2081.
463 *BAG* 24.9.81, AP Nr. 26 zu § 5 BetrVG 1972.
464 *BAG* 24.9.81, a. a. O.

eine Zulassung zum Studium oder Abschlussprüfung benötigt.[465] Vielfach wird auf diesen Personenkreis § 26 BBiG anwendbar sein, so dass die Eigenschaft, i. S. d. BetrVG zur Berufsausbildung beschäftigt zu sein, unschwer festzustellen ist.[466] Darauf, ob der Praktikant dem Betriebsinhaber gegenüber zur **Arbeitsleistung verpflichtet** ist, kommt es für den Auszubildendenstatus i. S. d. Abs. 1 nicht an, zumal es generell nicht entscheidend ist, ob Auszubildende zum Betriebszweck beitragen.[467] Praktikanten des Modellstudienganges »Betriebswirtschaft mit Schwerpunkt Wirtschaftsinformatik« der TFH Berlin und die Praktikanten im berufspraktischen Studiensemester der TU Berlin sind zur Berufsausbildung Beschäftigte i. S. d. Abs. 1.[468]

140 Nach abzulehnender Ansicht des *BAG*[469] sollte dagegen § 19 BBiG a. F. (jetzt § 26 BBiG) auf **Studenten,** die **innerhalb** ihres **Studiums** und als dessen Bestandteil ein **betriebliches Praktikum** absolvieren, keine Anwendung finden, weil das BBiG die Berufsausbildung insoweit nicht regele, als sie den Schulgesetzen der Bundesländer unterliege und daher der Schüler- bzw. Studentenstatus für das Praktikantenverhältnis maßgebend bleibe. Daraus wird teilweise geschlossen, dass auf diesen Personenkreis das Arbeitsrecht (und somit auch das BetrVG) insgesamt unanwendbar sei.[470] Lässt man einmal außer Acht, dass die berufsbildungsrechtliche Einordnung derartiger Praktikanten ohnehin keine Schlussfolgerungen bezüglich des betriebsverfassungsrechtlichen Status dieser Personen erlaubt, bleibt zu beachten, dass das *BAG*[471] klargestellt hat, dass zum einen die Anwendbarkeit des BBiG keine Voraussetzung für den Auszubildendenbegriff des BetrVG darstellt und ferner die Aufteilung der Gesamtausbildung in einen schulischen und einen betrieblichen Teil die Anwendung des § 5 Abs. 1 auf den betrieblichen Teil der Ausbildung nicht ausschließt,[472] weil »durch solche (landesrechtlichen) Bestimmungen die betriebliche Ausbildung nicht der Mitbestimmung im Betrieb entzogen werden (kann)«.[473] Entscheidend für die Bejahung der AN-Eigenschaft ist, dass die betrieblich-praktische Ausbildung überwiegt oder der schulischen Ausbildung zumindest gleichwertig ist; auf Stundenanteile ist dabei nicht abzustellen, sondern darauf, ob beide Abschnitte qualitativ die gleiche Bedeutung haben. Davon ist immer dann auszugehen, wenn die betriebliche Ausbildung gesetzlich vorgeschrieben ist.[474] Damit gehen auch diejenigen Meinungen fehl, die in derartigen **Betriebspraktika** lediglich in den Betrieb verlegte Schulveranstaltungen sehen wollen.[475] Maßgeblich für den betriebsverfassungsrechtlichen Auszubildendenstatus ist daher allein die Einordnung in die betriebliche Ausbildungsstätte.[476] Lediglich für **berufsqualifizierende Studiengänge** auf der Grundlage des HRG und der Hochschulgesetze der Länder ist durch § 3 Abs. 2 Nr. 1 BBiG klargestellt, dass die Vorschriften des BBiG auf solche Berufsbildungsgänge nicht anzuwenden sind.

140a Personen, die im Rahmen der sog. **Dualen Hochschule** neben dem Studium zeitlich parallel oder versetzt in Intervallen einer Beschäftigung in dem Partner-UN nachgehen, sind im Be-

465 Vgl. *Scherer,* NZA 86, 280; *Fangmann,* AuR 77, 201; *Schaub-Vogelsang,* Arbeitsrechts-Handbuch, § 16 Rn. 9; *Wohlgemuth/Pieper,* § 26 BBiG Rn. 5; *Däubler,* Das Arbeitsrecht 2, Rn. 2082 f.; *BAG* 5.8.65, AP Nr. 2 zu § 21 KSchG 1951 [Apothekerpraktikant].

466 Vgl. *Richardi,* Rn. 68.

467 Vgl. *BAG* 26.1.94, NZA 95, 120 [122]; a. A. *Scherer,* NZA 86, 280 [284].

468 *BAG* 30.10.91, EzA § 5 BetrVG 1972 Nr. 50.

469 19.6.74, AP Nr. 3 zu § 3 BAT 1961.

470 So *Schaub-Vogelsang,* Arbeitsrechts-Handbuch, § 16 Rn. 14; *Scherer,* NZA 86, 280 [284]; gegen diese Ansicht zutreffend *Däubler,* Das Arbeitsrecht 2, Rn. 2082 f.; *Wohlgemuth/Pieper,* § 26 Rn. 5; *Fangmann,* AuR 77, 201 [204]; *Roscher,* BB 78, 1119 [1121] und *Mathies* RdA 07, 135 ff.

471 24.9.81, AP Nr. 26 zu § 5 BetrVG 1972.

472 Dazu *BAG* 6.11.13, NZA 14, 678 ff.

473 *BAG,* a. a. O.; zustimmend *Wohlgemuth/Pieper,* a. a. O.

474 *BAG* 6.11.13, a. a. O., Rn. 29, 38.

475 Vgl. z. B. *Scherer,* a. a. O.

476 Sog. tatsächliche Eingliederung, vgl. *BAG* 26.11.87, NZA 88, 505 [506 f.]; ähnlich im Ergebnis, wenn auch nicht auf die tatsächliche Einordnung in den Betrieb abstellend, *BAG* 30.10.91, EzA § 5 BetrVG 1972 Nr. 50; abgelehnt für sog. Schülerpraktikanten, da keine weisungsgebundene Tätigkeit vorgelegen habe, sondern eine »informatorische« Betriebsbesichtigung; vgl. *BAG* 8.5.90, AP Nr. 80 zu § 99 BetrVG 1972.

trieb »normale« AN und nicht »zu ihrer Berufsausbildung Beschäftigte«. Hierbei handelt es sich nicht um ein Ausbildungsverhältnis i. S. d. BBiG. Neben dem öffentlich-rechtlichen Verhältnis als Studierender zur jeweiligen Hochschule besteht zum Betriebsinhaber des Partner-UN ein privatrechtliches Rechtsverhältnis, aus dem eine Vergütung bezogen wird und das als Arbeitsverhältnis zu qualifizieren ist.[477]

Von studentischen oder schulischen Betriebspraktika zu unterscheiden ist die während der **141** Semesterferien erfolgende Tätigkeit als **Werkstudent** oder die **Ferienarbeit von Schülern**, die nicht zum integralen Bestandteil der (hoch)schulischen Ausbildung gehört. Diese Personen sind nicht Auszubildende, sondern AN im allgemeinen Sinne und gehören zu den AN des Betriebs, selbst wenn sie nur Aushilfsarbeiten verrichten,[478] da es für den betriebsverfassungsrechtlichen AN-Begriff nicht auf eine auf Dauer angelegte Beschäftigung ankommt (vgl. Rn. 34).

Schwierigkeiten können bei der Frage auftauchen, welchem Betrieb die zu ihrer Berufsausbil- **142** dung Beschäftigten angehören, wenn sie **nacheinander in mehreren Betrieben** desselben UN eingesetzt werden (**Stationenausbildung),** weil nicht in ein und demselben Betrieb die notwendigen Einrichtungen zur Verfügung stehen. Nach Ansicht des *LAG Hamm*[479] sind derartige Auszubildende in dem Betrieb **wahlberechtigt,** in dem die Ausbildung tatsächlich erfolgt, weil insofern nur die Eingliederung in den Betrieb maßgeblich ist.[480] Die Wahlberechtigung setzt jedoch bereits die **Betriebszugehörigkeit** voraus, so dass diese Auszubildenden für die Dauer ihrer Ausbildung im Drittbetrieb dort auch zu den AN i. S. d. § 5 Abs. 1 zählen.[481] Da die Betriebszugehörigkeit i. S. d. § 5 nicht von einer bestimmten Dauer der tatsächlichen Beziehung zum Betrieb abhängt, gilt dies auch dann, wenn die **Ausbildung im Drittbetrieb** nur **vorübergehend** erfolgt; § 14 Abs. 2 Satz 1 AÜG findet auf diese Sachverhalte keine (auch nicht analoge) Anwendung.[482]

Eine andere Frage ist, ob diese Auszubildenden während der Dauer ihrer Ausbildung im **143** Drittbetrieb **daneben** als betriebszugehörig im **Stammbetrieb** anzusehen sind, was vor allem beim sog. **Ausbildungsverbund,**[483] aber auch den sonstigen Ausbildungsformen, in denen es zu einer »aufgespaltenen Ausbilderstellung« kommt, von Bedeutung sein kann. Aus der Sicht des Stammbetriebs stellt sich diese Sachlage wie eine vorübergehende Abwesenheit des Auszubildenden dar, die jedoch die betriebsverfassungsrechtliche Zugehörigkeit zum Stammbetrieb nicht berührt.[484] Eine mehrfache Betriebszugehörigkeit ist daher auch in diesen Fällen möglich. Für dieses Ergebnis spricht ferner, dass sowohl die Einstellung im Stammbetrieb als auch im Drittbetrieb dem **Beteiligungsrecht** der jeweiligen BR **nach § 99** unterliegt und damit in beiden Betrieben der Tatbestand, der die Betriebszugehörigkeit begründet, vorliegt.[485] Durch die am 4.8.2009 in Kraft getretene **Änderung des § 5** (eingehend dazu Rn. 108 ff.) ist nunmehr klargestellt, dass in den dort genannten Fällen die zu ihrer Berufsausbildung Be-

---

477 *Brecht-Heitzmann,* AuR 09, 389, 392.

478 Vgl. *Richardi,* Rn. 50; *Schaub-Vogelsang,* Arbeitsrechts-Handbuch, § 16 Rn. 12; *Scherer,* NZA 86, 280 [281, 283]; bei Schülern ist § 5 Abs. 4 JArbSchG zu beachten.

479 16.3.88, DB 88, 2058.

480 So auch *BAG* 26.11.87, NZA 88, 505 [506]; a. A. *LAG Hamm* 11.10.89, DB 90, 383, das nunmehr auch einen Ausbildungsvertrag mit dem AG des ausbildenden Betriebs verlangt.

481 Vgl. *ArbG Bielefeld* 1.2.89, BB 89, 1405; *LAG Frankfurt* 25.1.85, ARSt 86, 6, die die Wahlberechtigung von Auszubildenden zur Jugend- und Auszubildendenvertretung im Drittbetrieb ebenfalls bejahen; ablehnend dagegen *BAG* 4.4.90, AP Nr. 1 zu § 60 BetrVG 1972, wegen fehlenden Weisungsrechts des Betriebsinhabers, in dessen Betrieb die Ausbildung von Auszubildenden eines Dritten erfolgte, der dort eigene Lehrkräfte einsetzte.

482 Vgl. *ArbG Bielefeld* 1.2.89, a. a. O.

483 Vgl. dazu *Oetker,* DB 85, 1739 ff.; vgl. auch § 10 Abs. 5 BBiG n. F.

484 Vgl. *BAG* 29.3.74, AP Nr. 2 zu § 19 BetrVG 1972, wonach die Betriebszugehörigkeit selbst beim Ruhen des Arbeitsverhältnisses infolge der Ableistung des Wehrdienstes aufrechterhalten bleibt; ebenso *Oetker,* a. a. O., S. 1740, der aber in Analogie zu § 14 Abs. 2 Satz 1 AÜG a. F. das aktive und passive Wahlrecht im Drittbetrieb verneint; für das Wahlrecht dagegen *LAG Hamm* 16.3.88, DB 88, 2058; *ArbG Bielefeld* 1.2.89, BB 89, 1405.

485 Vgl. *Oetker,* a. a. O., S. 1740 f. m. w. N.; dazu aber *BAG* 13.3.91, BB 92, 66, das ein Wahlrecht im jeweiligen Ausbildungsbetrieb verneint und nur im Stammbetrieb bejaht.

schäftigten **im die Ausbildung tatsächlich vollziehenden Einsatzbetrieb** als AN gelten; die sich nach der o. a. Rspr. hieraus ergebende Ungleichbehandlung wird sich damit wegen Art. 3 GG nicht mehr aufrecht erhalten lassen.

7. Arbeitsbeschaffungs- und Eingliederungsmaßnahmen nach SGB III sowie Ein-Euro-Jobs nach SGB II

144 Durch das sog. **Eingliederungschancengesetz**[486] sind die früheren AB-Maßnahmen (§§ 260 ff. SGB III a. F.) seit 1.4.2012 entfallen. Personen, für deren Beschäftigung der AG sog. **Eingliederungszuschüsse** erhält (vgl. etwa §§ 88 ff., 131 SGB III in der seit 1.4.2012 geltenden Fassung) sind AN iSd. Gesetzes, da der Abschluss eines Arbeitsvertrages mit dem AG des durchführenden Betriebs Voraussetzung für die Förderung durch die BA ist.[487] Auch Personen in sog. **Beschäftigungsgesellschaften** (BQG) oder **Transfergesellschaften** (§§ 110 ff. SGB III n. F.) sind jedenfalls dann AN i. S. d. § 5, wenn sie im Betrieb eingegliedert sind.[488]

145 Rechtsgrundlage für die sog. **Ein-Euro-Jobs** ist § 16 d SGB II. Danach sollen für erwerbsfähige (§ 8 Abs. 1 SGB II) Hilfebedürftige (§ 9 SGB II) ohne Arbeit besondere Arbeitsgelegenheiten geschaffen werden. Die dafür vorgesehene Zahlung der Mehraufwandsentschädigung (1 – 2 Euro) setzt jedoch **im öffentlichen Interesse** liegende **zusätzliche Arbeiten** voraus. Die Verrichtung dieser Arbeiten begründet allerdings nach § 16 d Abs. 7 SGB II gerade **kein Arbeitsverhältnis** im Sinne des Arbeitsrechts. Auf Grund des weitgehenden Anwendungsausschlusses des Arbeitsrechts wird man diesen im Betrieb tatsächlich eingesetzten Personenkreis also **nicht zu den AN i. S. d. § 5 Abs. 1 BetrVG** zählen können.[489] Dessen ungeachtet unterliegt die **Einstellung** von Ein-Euro-Jobbern der **Mitbestimmung** gem. § 99,[490] weil es dafür nicht auf die Art des Rechtsverhältnisses zum Betriebsinhaber ankommt.[491] Die betriebsverfassungsrechtliche **AN-Eigenschaft** ist aber dann **zu bejahen,** wenn sich die Beschäftigung auf Grundlage eines **faktischen Arbeitsverhältnisses** vollzieht (vgl. Rn. 10)[492]. Das ist vor allem dann der Fall, wenn in Wirklichkeit Arbeiten verrichtet werden, die den Anforderungen des § 16 d Abs. 2 – 4 SGB II gerade nicht entsprechen (»zusätzliche Arbeiten«, »öffentliches Interesse«, »wettbewerbsneutral«), z. B. bei Verwendung als Krankheits- oder Urlaubsvertretung. **Arbeiten im öffentlichen Interesse** liegen vor, wenn das Arbeitsergebnis der Allgemeinheit dient[493] und keine Konkurrenz zu Privatunternehmen auf dem Waren- und Dienstleistungsmarkt entsteht.[494] **Zusätzliche Arbeiten** sind insbesondere **nicht gegeben** bei Arbeiten, die zur Einsparung normaler Arbeitskräfte dienen, wegen haushaltsbedingten Personalmangels nicht im notwendigen Umfang durchgeführt werden, wenn der Einsatz in einer regulären Arbeitskolonne erfolgt oder ein paar Stunden früher als von regulären Kräften.[495] Der BR hat ein **eigenes Prüfrecht,** ob die Voraussetzungen (noch) vorliegen. Liegt ein faktisches Arbeitsverhältnis vor, kann der Hilfebedürftige nach § 44 SGB X den Verwaltungsakt überprüfen lassen und ggf. vor dem ArbG die ortsübliche Entlohnung geltend machen.[496] Das *BSG*[497] hat jedoch anerkannt, dass einem mit rechtswidrigen Arbeitsgelegenheiten beschäftigten Hilfesuchenden

---

486 Vom 20.12.11, BGBl. I 2854.

487 ErfK/*Koch*, Rn. 5

488 *Fitting*, Rn. 151 f., die die Eingliederung aber dann verneinen, wenn diese Personen ausschließlich an Qualifizierungsmaßnahmen teilnehmen und keine betriebszweckdienlichen Arbeiten verrichten; *LAG Brandenburg* 24.2.94, DB 94, 1245; zu § 216 b [jetzt § 111] SGB III *Gaul/Bonanni/Otto*, DB 03, 2386 ff.

489 *Fitting*, Rn. 155.

490 Vgl. § 99 Rn. 40; *Niewald*, a. a. O., Rn. 25; *BAG* 19.11.08, NZA 09, 269; so auch *BVerwG* 21.3.07,PersR 07, 301, für die Einstellung i. S. d. Personalvertretungsrechts.

491 § 99 Rn. 40; zu weiteren Beteiligungsrechten § 87 Rn. 8; *Zwanziger*, ArbuR 05, 8, 14.

492 A. A. aber *BAG* 26.9.07, NZA 07, 1422 (dort Rz. 11), das auch in Fällen einer rechtswidrigen Beschäftigungsmaßnahme das Zustandekommen eines privatrechtlich zu qualifizierenden Rechtsverhältnisses zum AG des Beschäftigungsbetriebs verneint.

493 Hauck/Noftz-*Voelke*, SGB II-Komm., § 16 Rn. 61.

494 Mündes/*Niewald*, SGB II., Anhang zu § 16 Rn. 48 m. w. N.

495 Weitere Beispiele bei *Niewald*, a. a. O., § 16 Rn. 21.

496 § 612 Abs. 2 BGB; vgl. *Niewald*, a. a. O., § 16 Rn. 25.

497 13.4.11, BSGE 108, 116 ff.; vgl. auch *BSG* 22.8.13 – B 14 AS 75/12 R; n. v.

Erstattungsansprüche gegen den Grundsicherungsträger in Höhe des Wertes der Arbeitsleistung abzüglich der erhaltenen Leistungen zustehen.

8. Nicht-Arbeitnehmer nach allgemeinem Arbeitsrecht

Nach bisher h. M., die maßgeblich auf das Vorliegen eines privatrechtlichen Vertrages mit dem Betriebsinhaber als Voraussetzung der AN-Eigenschaft i. S. d. Gesetzes abstellte, zählten Personen, die auf Grund eines **öffentlich-rechtlichen Dienstverhältnisses** im Betrieb tätig werden, **nicht zu den AN i. S. d. Gesetzes.**[498] Nach jener Ansicht, die infolge Neufassung des Abs. 1 durch Gesetz v. 29.7.2009 (dazu Rn. 108 ff.) zum Teil obsolet geworden ist, sollen dazu folgende Personen gehören (wobei nach hier vertretener Ansicht bei Vorliegen der Eingliederung in den Einsatzbetrieb schon bisher das gegenteilige Ergebnis anzunehmen war): 146

- **Beamte und Beamtenanwärter;** anders aber, wenn sie in einen Privatbetrieb »abgeordnet« werden und dort wie Angestellte beschäftigt sind, vgl. Abs. 1 Satz 3.[499] Wegen der fehlenden Dienstherrenfähigkeit privater AG[500] kommt eine Beschäftigung **als Beamter** im Privatbetrieb ohne sonderrechtliche Ermächtigung ohnehin nicht in Betracht. Dieser strikte Grundsatz ist jedoch durch das in § 20 Abs. 2 BeamtenstatusG geregelte personalrechtliche Instrument der »**Privatisierungszuweisung**« in verfassungsrechtlich bedenklicher Weise gelockert worden.[501] Diese Zuweisung führte bis zur **Neufassung des § 5** (vgl. Rn. 108 ff.) dazu, dass der »Privatbeamte« nach § 13 Abs. 2 Satz 4 BPersVG seine Wahlberechtigung in der Stammdienststelle verlor, als Beamter jedoch auch in der Betriebsverfassung des privaten Einsatzbetriebs nicht als AN galt und somit außerhalb jeder demokratisch legitimierten Repräsentation (weder PR noch BR) stand.[502] Die so entstandene »Repräsentationslücke« hätte sich freilich auch nach bisheriger Rechtslage entweder durch analoge Anwendung der für die **Bahn- und Postprivatisierung** gefundenen differenzierten Lösungsmuster schließen lassen[503] oder mit der älteren Rspr. des *BAG*[504] durch Zuordnung des Beamten entsprechend seiner Tätigkeit zur Gruppe der Arbeiter bzw. Angestellten.[505] Das *BAG*[506] hatte beide aufgezeigten Wege abgelehnt und verfestigte so im Ergebnis die vollständige Vertretungslosigkeit von Beamten, die im Zuge von Privatisierungen damit zu einer willenlosen Manövriermasse von Rechts wegen erklärt worden waren. Dieser verfehlten Praxis hat der Gesetzgeber mit der Neufassung des § 5 Abs. 1 Satz 3 ein Ende bereitet. Soweit Beamte bei einer Privatisierung allerdings aus dem Beamtenverhältnis ausscheiden, sich beurlauben lassen oder im Wege der Nebentätigkeit für den priv. AG arbeiten, sind sie schon ohne weiteres AN i. S. d. Gesetzes[507] und bedarf es der neuen gesetzlichen Fiktion nicht. Denkbar ist nämlich, dass ein – zumindest faktisches – Arbeitsverhältnis neben dem fortbestehenden Beamtenverhältnis vorliegt;[508] 147
- die im Zuge der **Bundeseisenbahnprivatisierung** und der **Postprivatisierung** der DB AG bzw. den privatisierten Post-UN (Deutsche Post AG, Deutsche Postbank AG, Deutsche Telekom AG) **zugewiesenen Beamten** gelten für die Anwendung des BetrVG als AN.[509] 148

---

498 Vgl. *Richardi*, Rn. 130; *Fitting*, Rn. 314; GK-*Raab*, Rn. 18.
499 So freilich schon zum alten Recht *BAG* 28.4.64, AP Nr. 3 zu § 4 BetrVG; ebenso *Richardi*, Rn. 113.
500 Vgl. § 121 BRRG; mit Wirkung ab 1.4.2009 durch § 2 BeamtenstatusG [BGBl. I, 2008, S. 1010] inhaltsgleich ersetzt.
501 Dazu *Lecheler*, ZBR 97, 206 ff.; *Blanke/Sterzel*, Privatisierungsrecht, Rn. 140 ff.; *Blanke*, PersR 99, 197 [203 ff.]; vgl. auch den Versuch einer verfassungskonformen Auslegung bei *Steuck*, ZBR 99, 150 [152 f.].
502 Dazu *Trümner*, PersR 01, 102 ff.; *Blanke*, PersR 09, 249.
503 Dafür *Blanke/Sterzel*, a. a. O.
504 11.4.58, AP Nr. 1 zu § 6 BetrVG; 28.4.64, a. a. O.; aufgegeben allerdings für Fälle der Dienstleistungsergebnisüberlassung durch *BAG* 25.2.98, NZA 98, 838 = AiB 98, 464 m. Anm. *Rudolph*.
505 Wie hier auch *Richardi*, Rn. 113, der für das aktive Wahlrecht § 7 Satz 2 entsprechend anwenden will.
506 28.3.01, EzA § 7 BetrVG 1972 Nr. 2.
507 Vgl. *Fitting*, Rn. 316.
508 Vgl. *BAG* 27.6.01, AP Nr. 20 zu § 611 BGB Faktisches Arbeitsverhältnis m. Anm. *Blanke*.
509 Wegen des aktiven und passiven Wahlrechts dieser »fingierten« AN vgl. § 7 Rn. 38 bzw. § 8 Rn. 29; näher *Altvater u. a.*, Anhang III und IV; *Raab*, FS Wiese, S. 219 ff.

Damit hatte der Gesetzgeber die hier schon stets vertretene Ansicht bestätigt, wonach es für die AN-Eigenschaft i. S. d. BetrVG nicht auf das privatrechtliche Rechtsverhältnis zum Betriebsinhaber ankommt, sondern auf die Eingliederung in die vom Betriebsinhaber geschaffene und von diesem beherrschte Betriebsorganisation.[510] Während es sich bei der Bahnprivatisierung um den Fall einer Dienstleistungszuweisung handelt (§ 12 Abs. 2 DBGrG i. V. m. Art. 143 a GG), ist bei der Postprivatisierung darüber hinaus eine Ermächtigung der privaten Post-UN erfolgt, Dienstherrenbefugnisse i. S. d. § 121 BRRG ausüben zu können.[511] Diese Sonderbestimmungen bleiben von der Neuregelung des § 5 Abs. 1 Satz 3 unberührt;

149 • **Zivildienstleistende** im Einsatzbetrieb,[512] diese blieben jedoch während des Ruhens eines Arbeitsverhältnisses AN im bisherigen Beschäftigungsbetrieb. Steht der Zivildienstleistende in einem freien Arbeitsverhältnis nach § 15 a ZDG, ist er in jedem Falle AN i. S. d. BetrVG.[513] Mit Wirkung seit dem 1. 7. 2011 sind der Zivildienst und der Grundwehrdienst durch das **Bundesfreiwilligendienstgesetz** (BFDG) ausgesetzt.[514] Vgl. zum Rechtsstatus der den neuen Bundesfreiwilligendienst leistenden Personen § 7 Rn. 40.[515] Obgleich durch § 13 BFDG ein öffentlich-rechtliches Dienstverhältnis *sui generis* zum Bund geregelt wird,[516] scheint es je nach konkreter Ausgestaltung im Einzelfall nicht ausgeschlossen, dass es zum Abschluss eines regulären Arbeitsverhältnisses mit dem Träger der betrieblichen Einsatzstelle kommen kann.

150 • **Strafgefangene,** weil und wenn sie auf Grund öffentlich-rechtlichen Zwanges in einem Privatbetrieb beschäftigt werden.[517] Werden sie nach § 39 Abs. 1 StVollzG als sog. Freigänger im Rahmen eines freien Beschäftigungsverhältnisses für den Betriebsinhaber tätig, sind sie jedoch AN i. S. d. Gesetzes;[518]

151 • Personen, die im Rahmen des **freiwilligen sozialen oder freiwilligen ökologischen Jahres** tätig sind;[519]

152 • **Entwicklungshelfer**[520] werden i. d. R. ohnehin im Ausland bei einem dortigen Betrieb beschäftigt, auf den nach h. M. das BetrVG schon wegen des Territorialitätsprinzips keine Anwendung findet (vgl. § 1 Rn. 23).

---

510 Vgl. o. Rn. 13; so aber auch bereits *BAG* 28. 4. 64, AP Nr. 3 zu § 4 BetrVG für einen Fall der *Kommunalprivatisierung;* aufgegeben durch *BAG* 25. 2. 98, NZA 98, 838.

511 Sog. Beleihungsmodell; § 1 PostPersRG i. V. m. Art. 143 b GG; zur weitergehenden Zuweisung von Beamten zu Dritt-UN näher *Altvater/Peiseler,* Basiskomm., Anhang IV § 4 PostPersRG, Rn. 5 f.; vgl. auch Rn. 3 zur fingierten AN-Eigenschaft von zugewiesenen Beamten, AN und Soldaten durch § 6 BwKoopG.

512 Vgl. § 7 Rn. 13; *Richardi,* Rn. 135; *Fitting,* Rn. 314; GK-*Raab,* Rn. 93; a. A. mit zutreffender Begründung *LAG Hamburg* 8. 2. 88, BetrR 8/88, S. 14, das bei Eingliederung dieser Personen in die regulären Schichtpläne des Einsatzbetriebs [Krankentransport] sowohl das Mitwirkungsrecht des dortigen BR nach § 99 als auch wegen § 3 Abs. 1 ZDVG dessen Vertretungszuständigkeit für die Belange dieses Personenkreises bejaht, wenn ein Vertrauensmann nach § 3 Abs. 2 ZDVG nicht gewählt ist; a. A. *ArbG Hamburg* 31. 1. 89, NZA 89, 652; Erl. zum ZDVG bei *Altvater u. a.,* Anhang VI. A.

513 Vgl. zum Mitbestimmungsrecht des BR bei Anforderung von Zivildienstleistenden zwecks Einsatzes in »seinem« Betrieb *BAG* 19. 6. 01 AP Nr. 35 zu § 99 BetrVG 1972 Einstellung mit Anm. *Waas,* mit der Klarstellung, dass es sich *nicht* um AN i. S. d. § 5 handele.

514 BGBl. I 2011, S. 678, 687.

515 Näher dazu und zur Vertretung der »Freiwilligen« durch die BFD-Sprecher *Leube,* AuR 14, 7 ff.

516 Vgl. GK-*Raab,* Rn. 93.

517 Vgl. zur Rüge der BRD durch die ILO-Konferenz 1992 wegen Verstoßes gegen ILO-Abkommen Nr. 99 näher RdA 93, 108, sowie *Adamy,* RdA 92, 395; s. aber *BAG* 3. 10. 78, AP Nr. 18 zu § 5 BetrVG 1972.

518 Vgl. Rn. 197; ebenso *LAG Baden-Württemberg* 15. 9. 88, NZA 89, 886, Ls.; zu den Einzelheiten *Däubler/Pécic* in: AK-StVollzG, § 39 Rn. 1 ff.; zur Verfassungswidrigkeit der Arbeitsentgeltbemessung nach dem StVollzG *BVerfG* 1. 7. 98, NJW 98, 3337.

519 *Richardi,* Rn. 137; *Fitting,* Rn. 314; GK-*Raab,* Rn. 93; *BAG* 12. 2. 92, NZA 93, 334.

520 Vgl. Gesetz vom 18. 6. 1969, BGBl. I S. 549; *Richardi,* Rn. 136; *Fitting,* Rn. 314; GK-*Raab,* Rn. 93; nach *BAG* 27. 4. 77, AP Nr. 1 zu § 611 BGB Entwicklungshelfer, stehen diese zum Träger des Entwicklungsdienstes nicht in einem Arbeitsverhältnis, sondern haben einen Sonderstatus.

III. Nicht-Arbeitnehmer im Sinne des Gesetzes (Abs. 2)

Diese Vorschrift klammert bestimmte Personen aus dem betriebsverfassungsrechtlichen AN-Begriff aus. Teils handelt es sich hierbei um Gruppen, die schon nach allgemeinem Arbeitsrecht i. d. R. nicht zu den AN zählen,[521] teils ist die besondere Erwähnung in dieser Vorschrift erforderlich, weil es sich um Personen handelt, die sehr wohl **auch** in einem **Arbeitsverhältnis** zum Betriebsinhaber stehen können,[522] aber gleichwohl nicht zu der vom BR vertretenen Belegschaft gezählt werden, weil sie wegen der **Eigenart** ihres **Beschäftigungsverhältnisses** entweder nicht dem Normaltypus eines AN entsprechen (so etwa Nrn. 3 und 4) oder weil die gesamten Lebensumstände vermuten lassen, dass sie in sehr enger **Beziehung zum AG** stehen (so bei den in Nr. 5 Genannten). 153

1. Mitglieder des Vertretungsorgans bei juristischen Personen (Nr. 1)

Sofern das UN, dem der Betrieb angehört und von dem er geführt wird, eine juristische Person ist, sind sämtliche Mitglieder des kraft Gesetzes in Verbindung mit der Satzung zur **regelmäßigen Vertretung** der juristischen Person befugten Organs nicht zu den AN i. S. d. Vorschrift zu rechnen. Dabei kommt es auf die regelmäßige bzw. ordentliche Vertretung der juristischen Person an,[523] so dass **Aufsichtsratsmitglieder** einer Aktiengesellschaft selbst dann nicht zu den Nicht-AN i. S. d. Vorschrift zählen, wenn ausnahmsweise der Aufsichtsrat zusammen mit dem Vorstand (z. B. bei Anfechtungsklagen gegen Hauptversammlungsbeschlüsse, vgl. § 246 AktG) oder sogar allein (vgl. § 112 AktG) zur Vertretung der Gesellschaft berufen ist.[524] 154

Daher bleiben die **AN-Vertreter im Aufsichtsrat** einer Kapitalgesellschaft schon deshalb AN i. S. d. Vorschrift, weil dieses Organ i. d. R. nicht zur Vertretung der Gesellschaft befugt ist.[525] 155

Die **Mitglieder des Vertretungsorgans** einer juristischen Person gehören selbst dann nicht zu den AN i. S. d. BetrVG, wenn sie für sich **in Ausnahmefällen** neben der Organstellung den allgemein-arbeitsrechtlichen **AN-Status** beanspruchen können,[526] weil das Gesetz in Abs. 2 Nr. 1 auf die **Mitgliedschaft im Organ** abstellt und eine Statusdifferenzierung für ein und dieselbe Person praktisch nicht durchführbar ist.[527] Kein Statusdifferenzierungsproblem tritt allerdings auf, wenn dieselbe Person in einem konzernabhängigen UN Organmitglied ist und in einem anderen UN »nur« AN (sofern nicht beide UN einen Gemeinschaftsbetrieb haben; dazu sogleich Rn. 157). Entfällt jedoch die Organstellung (etwa durch Abberufung) und bleibt das Arbeitsverhältnis bestehen, kann es sich um einen AN i. S. d. BetrVG handeln, sofern die entsprechenden Merkmale erfüllt werden und nicht der Status eines leitenden Angestellten vorliegt. 156

Wird der Betrieb als sog. **Gemeinschaftsbetrieb** mehrerer rechtlich selbstständiger juristischer Personen geführt (vgl. § 1 Rn. 88 ff.), wird man die Mitglieder der Vertretungsorgane in sämtlichen der beteiligten juristischen Personen selbst dann nicht zu den AN i. S. d. BetrVG zu zählen haben, wenn man den Zusammenschluss der rechtlich selbstständigen juristischen Personen zwecks gemeinsamer Betriebsführung als BGB-Gesellschaft[528] qualifiziert und nicht alle Mitglieder der Vertretungsorgane der beteiligten juristischen Personen auch zur Vertre- 157

---

521 Z. B. die in Nrn. 1 und 2 Genannten; vgl. *Richardi*, Rn. 153; *Fitting*, Rn. 326; GK-*Raab*, Rn. 113.
522 Z. B. die in Nrn. 3 – 5 Genannten; vgl. *Richardi*, a. a. O.
523 Vgl. *Richardi*, Rn. 155; GK-*Raab*, Rn. 114.
524 Vgl. *Richardi*, a. a. O.
525 Vgl. *GL*, Rn. 17.
526 Vgl. *Paul*, BB 70, 85; *Schwab*, NZA 87, 839 ff.; *Loritz*, RdA 92, 310 ff. *Schrader/Schubert*, BB 07, 1617 ff.; grundsätzlich ablehnend aber *BGH* 9.2.78, AP Nr. 1 zu § 38 GmbHG; 29.1.81, AP Nr. 14 zu § 622 BGB; für die Möglichkeit eines Arbeitsverhältnisses neben dem Geschäftsführer-Anstellungsvertrag *BAG* 26.5.99; NZA 99, 987; 9.5.85, AP Nr. 3 zu § 5 ArbGG 1979; 27.6.85, DB 86, 2132; *LAG Düsseldorf* 28.6.89, DB 89, 1880.
527 Vgl. auch *BAG* 28.11.90, 10.4.91, EzA § 611 BGB Arbeitnehmerbegriff Nrn. 37, 39.
528 Vgl. §§ 705 ff. BGB; zur Kritik dieser entbehrlichen Konstruktion bereits *Konzen*, S. 94 ff., 108 ff.; für die Notwendigkeit der BGB-Gesellschaft immer noch *Richardi*, RdA 94, 394 [398]; *ders.*, § 1 Rn. 71.

tung der BGB-Gesellschaft (die eine Personengesamtheit i. S. v. Nr. 2 ist) als Betriebsführungsgesellschaft befugt sind. Auch hier ist nicht ausgeschlossen, dass sich ein BR u. U. mit mehreren Vertragsarbeitgebern der im Gemeinschaftsbetrieb vorhandenen AN auseinander setzen muss (vgl. § 1 Rn. 81 f.). Diese AG werden aber wiederum von den Organmitgliedern der juristischen Personen vertreten, so dass Interessenkollisionen auftreten würden, wenn man die Organmitglieder der an einem Gemeinschaftsbetrieb beteiligten UN nicht zu den durch Nr. 1 von der übrigen Belegschaft abgegrenzten Personen rechnen würde.

158 **Die juristische Person** wird erst durch **Registereintragung** voll existent, so dass auch erst ab diesem Zeitpunkt die Wirkungen nach Nr. 1 entstehen. In der Praxis kann es – insbesondere bei UN-Teilungen in Form der Ausgründung neuer, rechtlich selbstständiger Gesellschaften – vorkommen, dass ein Betriebs-(teil-)übergang auf die geplante Gesellschaft, z. B. eine GmbH, bereits stattgefunden hat, obgleich diese noch nicht registerrechtlich eingetragen ist, d. h. als juristische Person noch nicht existiert. Sofern in derartigen Fällen nicht ohnehin vom Fortbestand des ursprünglichen Betriebs als Gemeinschaftsbetrieb mehrerer UN auszugehen ist, handelt es sich bei den Vorformen der rechtlich vollexistenten juristischen Person um eine **Vorgründungsgesellschaft** bzw. **Vorgesellschaft** und damit stets um eine Personengesamtheit (vgl. Rn. 169 ff.), die selbst einen Betrieb haben kann, sofern sie wenigstens – wie etwa die KG oder OHG – eine partielle Rechtsfähigkeit besitzt. Innerhalb dieses Betriebs bemisst sich die Frage nach den Nicht-AN i. S. d. Abs. 2 für die Dauer bis zur rechtswirksamen Entstehung der juristischen Person somit nach Nr. 2.

159 Als gesetzlicher Vertreter einer juristischen Person und damit Nicht-AN sind auch **Insolvenzverwalter, Liquidatoren** und **Treuhänder** anzusehen.[529]

160 Ist der Betriebsinhaber eine **ausländische juristische Person,** so ist nach dem Heimatrecht, d. h. dem Recht des Staats, in dem die juristische Person ihren Verwaltungssitz hat, zu bestimmen, wer als gesetzlicher Vertreter anzusehen ist.[530]

161 Im Einzelnen gilt für die **inländischen juristischen Personen** Folgendes: Es sind Mitglieder des Vertretungsorgans

162 • bei der **Aktiengesellschaft** die Vorstandsmitglieder (§ 78 Abs. 1 AktG), und zwar ohne Rücksicht auf die internen Regelungen über die Geschäftsverteilung;

163 • bei der **Kommanditgesellschaft auf Aktien** die Komplementäre nach Maßgabe des Gesellschaftsvertrages (§ 278 Abs. 2 AktG), solange diese nicht vollständig von der Vertretung ausgeschlossen sind. Die von der Vertretung ausgeschlossenen Komplementäre sind zwar Mitunternehmer; dies allein rechtfertigt aber nicht, sie als Nicht-AN i. S. d. Vorschrift anzusehen;[531]

164 • bei der **Gesellschaft mit beschränkter Haftung** die Geschäftsführer (§ 35 Abs. 1 GmbHG);

165 • bei **Genossenschaften** die Vorstandsmitglieder (§ 24 Abs. 1 GenG);

166 • beim **Versicherungsverein auf Gegenseitigkeit** die Vorstandsmitglieder (§ 34 Abs. 1 Satz 2 VAG i. V. m. § 78 Abs. 1 AktG);

167 • beim **eingetragenen** (d. h. rechtsfähigen) **Verein** die Vorstandsmitglieder (§ 26 BGB), ggf. auch ein bestellter Sondervertreter nach § 30 BGB;[532]

168 • bei **Stiftungen** die Mitglieder des nach dem Stiftungsgeschäft bestellten Vertretungsorgans. Dies ist als notwendiges Stiftungsorgan in entsprechender Anwendung des Vereinsrechts der Vorstand (§ 86 Abs. 1 Satz 1 i. V. m. § 26 BGB).

2. Vertretungs- und geschäftsführungsberechtigte Mitglieder von Personengesamtheiten (Nr. 2)

169 Ist das UN, zu dem der Betrieb gehört, eine Personengesamtheit, sind nur solche Gesellschafter vom AN-Begriff i. S. d. BetrVG ausgenommen, die durch Gesetz, Satzung oder Gesellschafts-

529 Vgl. *Heinze*, AuR 76, 33; *Fitting*, Rn. 327.
530 *Richardi*, Rn. 163.
531 So aber *Richardi*, Rn. 157; wie hier GK-*Raab*, Rn. 115; vgl. auch *LAG Hamm* 19.3.85, BB 86, 391, das den mitarbeitenden Gesellschafter, der von der Geschäftsführung ausgeschlossen war [aber immerhin Gründungsgesellschafter], als AN qualifizierte.
532 *Richardi*, Rn. 161.

vertrag zur **Vertretung** des UN oder zur **Geschäftsführung** berufen sind. Andere Gesellschafter oder Mitglieder solcher Personengesamtheiten können zu den AN zählen, soweit auf sie nicht der Ausschlusstatbestand der Nr. 5 (enger Verwandter) oder des Abs. 3 (leitende Angestellte) zutrifft. Für die **AN-Eigenschaft** müssen dann aber tatsächliche Umstände vorliegen, die die Annahme wenigstens des auf Eingliederung beruhenden betriebsverfassungsrechtlichen Arbeitsverhältnisses rechtfertigen,[533] was eine entsprechende Stellung (Weisungsunterworfenheit) und Arbeitsaufgabe voraussetzt.[534]

Für die Herausnahme von Personen aus dem AN-Begriff im Falle eines **Gemeinschaftsbetriebs** mehrerer UN gilt das Gleiche wie beim Gemeinschaftsbetrieb mehrerer juristischer Personen (vgl. o. Rn. 157). **170**

Handelt es sich um den inländischen Betrieb einer nicht rechtsfähigen **ausländischen Personengesamtheit,** bemisst sich die Frage, wer als vertretungs- bzw. geschäftsführungsbefugter Gesellschafter nicht zu den AN zählt, nach dem sog. Personalstatut, d. h. der Rechtsordnung am Sitz der Personengesamtheit.[535] **171**

Zu den AN i. S. d. Vorschrift **zählen nicht:** **172**

- bei der **Offenen Handelsgesellschaft** (OHG) alle Gesellschafter, soweit sie zur Vertretung oder Geschäftsführung nach dem Gesellschaftsvertrag befugt sind (vgl. §§ 114, 125 HGB). Ist ein Gesellschafter nur von der Vertretung, nicht aber von der Geschäftsführung (oder umgekehrt) ausgeschlossen, zählt er gleichwohl nicht zu den AN, weil schon das Bestehen einer der beiden Rechtsstellungen zur Verneinung der AN-Eigenschaft führt;[536]
- **bei der Partnerschaftsgesellschaft** (PartG) **gilt das zur OHG** (Rn. 172) **Gesagte entsprechend,** da §§ 6 Abs. 3, 7 Abs. 3 PartGG[537] hinsichtlich Geschäftsführung und Vertretung bei dieser Gesellschaftsform auf die Vorschriften über die OHG verweisen, i. Ü. aber Einzelheiten der gesellschaftsvertraglichen Dispositionsfreiheit überlassen;[538] **173**
- bei der **Kommanditgesellschaft** (KG) die persönlich haftenden Gesellschafter (vgl. §§ 164, 170 HGB). Hierher gehört auch die **GmbH & Co. KG,** da sie Personengesellschaft ist; persönlich haftende Gesellschafterin ist hier die GmbH, so dass deren Geschäftsführer (§ 35 GmbHG) zu den Nicht-AN i. S. v. Nr. 2 zählen; **174**
- bei der **Reederei** die Mitreeder, und zwar auch dann, wenn ein Korrespondenzreeder bestellt ist, weil dessen Bestellung die Geschäftsführungsbefugnis der Mitreeder nicht berührt (vgl. §§ 489, 493, 494 HGB); **175**
- beim **nicht rechtsfähigen** (d. h. nicht eingetragenen) **Verein** die Vorstandsmitglieder.[539] Obgleich § 54 BGB auf die Vorschriften der BGB-Gesellschaft verweist, ist heute allgemein anerkannt, dass die Vereinsmitglieder i. d. R. keine Geschäftsführungs- oder Vertretungsbefugnisse ausüben.[540] Es kommt ausschlaggebend auf die Satzung an, so dass die (gewöhnlichen) Vereinsmitglieder zu den AN zählen, wenn sie mit dem Verein in einem betriebsverfassungsrechtlichen Arbeitsverhältnis (vgl. Rn. 33) stehen; **176**
- bei der **Gesellschaft bürgerlichen Rechts** (BGB-Gesellschaft) alle oder einzelne Gesellschafter (vgl. §§ 709, 710 BGB). Sieht man bei der Rechtsfigur »mehrere UN – ein Betrieb« in der den **Gemeinschaftsbetrieb** führenden Betriebsführungsgesellschaft eine (formfrei mögliche) BGB-Gesellschaft, sind – soweit nichts Besonderes vereinbart ist (vgl. §§ 709, 714 BGB) – alle Gesellschafter zur Vertretung und Geschäftsführung befugt,[541] d. h., dass alle Mitglieder der Vertretungsorgane nach Nr. 1 bzw. die Gesellschafter i. S. v. Nr. 2 der an **177**

---

533 Vgl. Rn. 33; methodisch anders, aber im Ergebnis ebenso *Richardi,* Rn. 165; *Fitting,* Rn. 331.
534 Vgl. zur Abgrenzung *LAG Bremen* 29.3.57, AP Nr. 1 zu § 611 BGB Arbeits- und Gesellschaftsverhältnis; zur Weisungsunterworfenheit eines mitarbeitenden Gesellschafters *LAG Hamm* 19.3.85, BB 86, 391.
535 Vgl. Palandt-*Heldrich,* Anhang zu § 12 EGBGB Rn. 20; *Richardi,* Rn. 175.
536 Das Gesetz spricht in Nr. 2 von Vertretung *oder* Geschäftsführung; wie hier GK-*Raab,* Rn. 116.
537 Vom 25.7.1994, BGBl. I S. 1744.
538 Zu dieser Gesellschaftsform *BT-Drucks.* 12/6152, S. 8; *Bayer/Imberger,* DZWir 95, 177; *K. Schmidt,* NJW 95, 1; *Wertenbruch,* ZIP 95, 712.
539 § 54 i. V. m. der entsprechenden Anwendung von § 26 BGB; vgl. *Fitting,* Rn. 330; GK-*Raab,* Rn. 116.
540 Vgl. *Richardi,* Rn. 172.
541 Vgl. *Richardi,* Rn. 171.

der BGB-Gesellschaft beteiligten UN nicht zu den AN zählen. Aber selbst dann, wenn für eine solche BGB-Gesellschaft besondere Vereinbarungen getroffen worden sind, zählen nach hier vertretener Ansicht diese Organpersonen bzw. Gesellschafter nicht zu den AN i. S. d. Gesetzes (vgl. aber o. Rn. 157 wegen der Entbehrlichkeit dieser Rechtsfigur);

178 • bei der **ehelichen Gütergemeinschaft** beide Ehegatten, wenn gemeinschaftliche Verwaltung vereinbart ist oder unterstellt wird (§ 1421 BGB), sonst nur der allein verwaltende Teil. Der andere Ehegatte zählt jedoch i. d. R. schon nach Nr. 5 nicht zu den AN;

179 • bei der **Erbengemeinschaft** alle Miterben (§ 2038 Abs. 1 BGB).

3. Beschäftigte auf Grund primär karitativer oder religiöser Beweggründe (Nr. 3)

180 Nach dieser Vorschrift sind nach übereinstimmender Ansicht von der AN-Eigenschaft i. S. d. BetrVG jedenfalls **Mönche, Ordensschwestern** und **Diakonissen**[542] religiöser Gemeinschaften ausgenommen.[543] Auch bei diesen Personen kommt es jedoch auf die karitative oder religiöse Motivation der jeweiligen Beschäftigung an, anhand deren die AN-Eigenschaft zu prüfen ist. Treten daher **Mitglieder derartiger Gemeinschaften** außerhalb ihrer Gemeinschaft wie andere AN auf dem Arbeitsmarkt auf und schließen **Arbeitsverträge** ab, so sind sie AN. Es kann für die arbeitsrechtliche Beurteilung nämlich keine Rolle spielen, ob diese Personen sich dabei in Übereinstimmung mit ihrer jeweiligen Gemeinschaft befinden, die den Abschluss »weltlicher« Arbeitsverträge möglicherweise verbietet.[544]

181 Nach h. M. sind diese dem Mitgliedschaftsrecht unterliegenden Personen ohne Arbeitsvertrag jedenfalls dann nicht als AN anzusehen, wenn sie in kirchlichen Einrichtungen tätig werden oder auf Grund eines **Gestellungsvertrages** zwischen ihrem Verband und dem Rechtsträger eines anderen Betriebs, der nicht unter § 118 Abs. 2 fällt.[545] Bei Gestellungsverhältnissen[546] wird man aber genau prüfen müssen, ob ein so intensives Weisungsverhältnis zwischen Betriebsinhaber und Beschäftigtem besteht, dass der Schutzzweck des Gesetzes es gebietet, ihn zu den AN zu zählen.[547] *WW*[548] nehmen an, dass der Gestellungsvertrag jedenfalls dann ein Arbeitsverhältnis begründe, wenn der Verband, zu dem die mitgliedschaftsrechtlichen Beziehungen bestehen, selbst als Betriebsinhaber und damit »AG« eines Einsatzbetriebs fungiere und die Gestellung des Mitglieds gerade in diesen Betrieb erfolge. Jedoch ist auch dann noch zu prüfen, ob die Beschäftigung primär dem Erwerb dient, wobei auf die **objektive Funktion** und **nicht** die **Erwerbsabsicht** abzustellen ist. Wird dies verneint, kommt es entscheidend auf das Vorliegen karitativer oder religiöser Beweggründe für die Beschäftigung an. Bejahendenfalls gehört die betreffende Person nicht zur Arbeitnehmerschaft des Beschäftigungsbetriebs.[549]

182 **Anders** als in Rn. 181 erläutert, ist die Rechtslage bei **Krankenschwestern,** die sich als Mitglieder **in einem weltlichen Schwesternverband** zusammengeschlossen haben (z. B. Caritasverband, Innere Mission, Bund freier Schwestern, Arbeiterwohlfahrt, Deutsches Rotes Kreuz). Zwar spielen bei deren Tätigkeit i. d. R. auch karitative oder religiöse Gesichtspunkte eine Rolle, hauptsächlich geht es hier jedoch um die Ausübung einer echten Erwerbstätigkeit zur Sicherung des Lebensunterhalts.[550] Deshalb sind diese Krankenschwestern grundsätzlich als **AN i. S. d. BetrVG** anzusehen.[551] Demgegenüber haben das *BAG,*[552] das *BVerwG*[553] und das

542 Vgl. *ArbG Bremen* 31.5.56, AP Nr. 4 zu § 5 ArbGG 1953.
543 Vgl. *Richardi,* Rn. 177; *Fitting,* Rn. 332; *GL,* Rn. 20; GK-*Raab,* Rn. 117.
544 Zutreffend *Richardi,* a. a. O.; ähnlich GK-*Raab,* Rn. 118; a. A. wohl *Fitting,* Rn. 332, die ausschließlich auf den Mitgliedschaftsstatus in der Gemeinschaft abstellen wollen und Erwerbsgründe für die anderweitige Beschäftigung immer schon deswegen verneinen, weil ihre Versorgung durch die Gemeinschaft gesichert sei.
545 Vgl. *Richardi,* Rn. 177; GK-*Raab,* Rn. 117; a. A. *WW,* Rn. 15.
546 Vgl. *LAG Hamm* 9.9.71, AP Nr. 3 zu § 611 BGB Ordensangehörige.
547 Ähnlich *Richardi,* a. a. O.
548 A. a. O.
549 Vgl. *Richardi,* a. a. O.
550 Vgl. *Richardi,* Rn. 178; *Fitting,* Rn. 333; *GL,* Rn. 20; GK-*Raab,* Rn. 119; *WW,* Rn. 15.
551 H. M. in der Literatur; vgl. *Richardi,* a. a. O.; *Fitting,* a. a. O.; *GL,* a. a. O.; *WW,* a. a. O.
552 *BAG* 18.2.56, AP Nr. 1 zu § 5 ArbGG 1953; 3.6.75, AP Nr. 1 zu § 5 BetrVG 1972 Rotes Kreuz; *BAG* 6.7.95, NZA 96, 33.
553 *BVerwG* 29.4.66, AP Nr. 1 zu § 3 PersVG Bad.-Württ.

BSG[554] den **Rote-Kreuz-Schwestern** die AN-Eigenschaft zunächst dann generell abgesprochen, wenn diese Schwestern in einem vom Roten Kreuz selbst betriebenen Krankenhaus eingesetzt werden. Die Pflicht zur Arbeitsleistung beruhe in diesem Fall – so das *BAG* bislang – auf der **mitgliedschaftsrechtlichen Stellung** der Krankenschwester zur Schwesternschaft (DRK), während ein besonderes Arbeitsverhältnis zum DRK neben der Mitgliedschaft regelmäßig nicht begründet werde.[555]

Darüber hinaus meint das *BAG*,[556] dass die **Mitglieder** einer DRK-Schwesternschaft selbst dann **nicht** AN seien, wenn sie nicht in einem vom DRK selbst getragenen Krankenhaus, sondern **auf Grund** eines **Gestellungsvertrages** zwischen DRK und einem Dritten in dessen Krankenhaus tätig werden. Allerdings vertritt das *BAG* für sog. **Gastschwestern** (das sind Krankenschwestern, die nicht mitgliedschaftlich gebunden sind), die sich vertraglich gegenüber dem DRK verpflichten, in einem vom DRK zu besetzenden Krankenhaus gegen Entgelt zu arbeiten, die Auffassung, dass diese Gastschwestern zwar im Arbeitsverhältnis zum DRK stehen, jedoch hierdurch (auch nicht kraft der DRK-typischen Gestellungsverträge) kein Arbeitsverhältnis zum jeweiligen Krankenhausträger begründet werde.[557] **183**

Hinsichtlich der (nicht mitgliedschaftlich gebundenen) **Gastschwestern** hat das *BAG* allerdings dennoch zu Recht angenommen, dass dieser Personenkreis dem **Einsatzbetrieb** dann betriebsverfassungsrechtlich zuzuordnen ist, wenn die das Personal gestellende Schwesternschaft e. V. mit der Krankenhausbetreibergesellschaft einen **Gemeinschaftsbetrieb** führt.[558] In diesen Fällen kommt die Annahme eines eigenständigen Betriebszwecks »Pflegedienst« der Schwesternschaft nicht in Betracht. Wesentlicher Gesichtspunkt für die Annahme eines einheitlichen Leitungsapparats kann die unmittelbare Beteiligung der **Schwesternschafts-Oberin** (= Vorsitzende im vereinsrechtlichen Sinne) an den zentralen **Leitungsfunktionen** des Betriebs (Geschäftsführungsmitglied bei der Betreibergesellschaft und Mitglied der Krankenhausbetriebsleitung) gerade hinsichtlich des gesamten Personalbereichs sein. **184**

In der Konsequenz läuft die bisherige Ansicht des *BAG* zum betriebsverfassungsrechtlichen Status der Mitgliedsschwestern[559] darauf hinaus, dass **DRK-Schwestern** weder beim DRK selbst noch im von einem Dritten geführten Krankenhaus an der **Betriebsverfassung** partizipieren, denn DRK-Schwestern werden auf Grund derselben Gestellungsverträge (die schon bei Gastschwestern kein Arbeitsverhältnis zum Krankenhausträger begründen sollen; vgl. Rn. 183) an das Krankenhaus »überlassen«; sie verrichten hier wie dort regelmäßig **die gleichen Arbeiten** wie Gastschwestern. Letztere unterstehen jedoch zumindest der Betriebsverfassung beim DRK (vgl. aber auch Rn. 184). Eine derartige **Ungleichbehandlung** lässt sich nicht durch sachliche Differenzierungsgründe rechtfertigen; sie ist willkürlich und somit rechtswidrig.[560] Dessen ungeachtet nimmt der *1. Senat* des *BAG*[561] immerhin an, dass sich auf Grund des Gestellungsvertragsinhalts eine weitgehende Unterstellung der entsandten Mitgliedsschwestern unter das **Weisungsrecht** des Krankenhaus-AG ergeben könne, so dass der **185**

---

554 *BSG* 28.8.68, AP Nr. 7 zu § 611 BGB Rotes Kreuz.

555 Kritisch *Beuthien*, FS 25 Jahre BAG, S. 1 [14 f.]; *Gitter*, SAE 76, 208; *Konzen* ZfA 82, 259 [303] m. w. N.; die Frage der AN-Eigenschaft von DRK-Schwestern bildete den Gegenstand des unter dem Az. 7 ABR 42/12 anhängig gewesenen Verfahrens beim *BAG* [Vorinstanz: *LAG Düsseldorf* 27.3.12 – 17 TaBV 86/11]. Bemerkenswert ist insoweit, dass *Mestwerdt* (Richter am *10. Senat* des *BAG*), NZA 14, 281 ff., in kritischer Betrachtung der bisherigen Rechtsprechung des *BAG* zu dem Ergebnis gelangt, regelmäßig stünden DRK-Schwestern nach dem wirklichen Geschäftsinhalt ihres Rechtsverhältnisses in einem Arbeitsverhältnis, welches den allgemeinen arbeitsrechtlichen Schutzvorschriften unterfalle. Mit Beschluss v. 18.3.15 – 7 ABR 42/12 hat das *BAG* die Rechtsbeschwerde des BR aus prozessualen Gründen abgewiesen [siehe PM des *BAG* Nr. 15/15]; laut Bericht der TAZ v. 31.3.15 habe der *Senat* angedeutet, er neige dazu, DRK-Schwestern heute als normale AN mit allen Rechten und Pflichten anzusehen.

556 *BAG* 20.2.86, NZA 86, 690.

557 *BAG* 4.7.79, AP Nr. 10 zu § 611 BGB Rotes Kreuz.

558 *BAG* 14.12.94, NZA 95, 906; vgl. o. § 1 Rn. 91, 92.

559 *BAG* 20.2.86, AP Nr. 2 zu § 5 BetrVG 1972 Rotes Kreuz.

560 *Mestwerdt*, NZA 14, 281, 283 f., sieht zu Recht eine Umgehung von Schutzvorschriften, die ohne sachlichen Grund erfolgt.

561 *BAG* 22.4.97, EzA § 99 BetrVG 1972 Einstellung Nr. 3.

dortige BR wegen der **Eingliederung** der Schwestern ein **Mitbestimmungsrecht nach § 99** habe.

186 Vgl. zu weiteren Aspekten der Kritik an der BAG-Rechtsprechung betreffend den Status der DRK-Schwestern eingehend die Erl. in der *12. Aufl.* Rn. 148 ff.

187 **Bei Gestellungsverträgen** ist wegen § 7 Satz 2 davon auszugehen, dass die gestellten Arbeitskräfte jedenfalls dann im Einsatzbetrieb als betriebszugehörige AN i. S. d. BetrVG anzusehen sind, wenn – was bei gestellten Rote-Kreuz-Schwestern häufig der Fall ist – sie dort **länger als drei Monate** beschäftigt werden.[562] Im Einsatzbetrieb werden die Schwestern auch nicht nach Abs. 2 Nr. 3 aus der Belegschaft ausgeklammert, selbst wenn die Einrichtung karitativen Charakter (vgl. § 118 Abs. 1 Nr. 1) besitzt, weil für die Herausnahme nach Nr. 3 aus der Arbeitnehmerschaft des Betriebs **allein** die **Tätigkeit** des AN **maßgeblich** ist und **nicht** der **Tendenzcharakter** der Einrichtung.[563] Die Tätigkeit einer Krankenschwester außerhalb religiöser Gemeinschaften ist jedoch als echter Erwerbsberuf anzusehen und wird von Abs. 2 Nr. 3 nicht erfasst (vgl. Rn. 182).

188 Nicht ausreichend für die Verneinung der AN-Eigenschaft ist es, wenn der AN nur zeitlich geringfügig und unentgeltlich in der karitativen Einrichtung tätig wird. Mit diesem Argument allein kann nicht auf die karitative Prägung der Tätigkeit geschlossen werden. Entscheidend ist nämlich auch die Art der Betätigung und ob diese Betätigung Weisungen unterliegt. So dürfte beispielsweise die Beschäftigung als Küchenhilfe aufgrund der Art der Tätigkeit nicht karitativer Natur sein.[564]

4. Zur Heilung, Wiedereingewöhnung, Besserung oder Erziehung Beschäftigte (Nr. 4)

189 Nach dieser Vorschrift sind solche Personen aus dem persönlichen Geltungsbereich des Gesetzes ausgenommen, deren Beschäftigung nicht primär aus Erwerbsgründen erfolgt, sondern vorwiegend auf **medizinischen** oder **erzieherischen** Gründen beruht. Zu der wegen einer medizinischen Indikation[565] veranlassten Beschäftigung gehören auch arbeitstherapeutische (»Beschäftigungstherapie«) Maßnahmen,[566] wie sie etwa im Zusammenhang mit Suchterkrankungen (Alkohol, sonstige Drogenmissbräuche), aber auch bestimmten Formen der sog. Geisteskrankheit vorkommen. Jedoch darf **nicht** leichtfertig **jeder pathologische Befund,** der umgangssprachlich als Körperbehinderung bezeichnet wird, zu dieser Fallgruppe gerechnet werden,[567] da stets wenigstens die ärztliche Anordnung der arbeitstherapeutischen Maßnahme (§§ 27 Abs. 1 Satz 2 Nr. 6, 42 SGB V) vorliegen muss.[568] Ohnehin können die Fälle der Heilung und Wiedereingewöhnung eng beieinander liegen: Ein Drogensüchtiger soll mit einer Arbeitstherapie sowohl geheilt als auch wieder an eine gewöhnliche Erwerbstätigkeit herangeführt werden. Bei Strafgefangenen kann die Arbeit sowohl der Vorbereitung auf das Arbeitsleben nach der Entlassung dienen (Wiedereingewöhnung) als auch der Erziehung.[569] Bei den zur Wiedereingliederung nach § 74 SGB V Beschäftigten liegt der Schwerpunkt auf der Rehabilitation, so dass i. d. R. ein Fall der Nr. 4 vorliegt.[570]

190 Umstritten ist, ob unter den Begriff der **Wiedereingewöhnung** neben resozialisierenden Maßnahmen auch sonstige Rehabilitationsmaßnahmen für das Arbeitsleben fallen. Das *ArbG Berlin*[571] neigt der Ansicht zu, dass Schwerbehinderte, die in einer **Werkstatt für Behinderte** (§ 136 SGB IX) gegen ein relativ geringes Entgelt beschäftigt werden, schon nach § 5 Abs. 1

---

562 Vgl. aber GK-*Raab*, § 7 Rn. 80, der das auch bei lang andauerndem Einsatz verneint.
563 Vgl. *Richardi,* Rn. 178; *Fitting,* Rn. 335; *Kohte,* BlStSozArbR 83, 129.
564 *BAG* 15.3.06, EzAÜG BetrVG Nr. 93, Rn. 25 = AiB 09, 586 (Ls.).
565 Vgl. *Richardi,* Rn. 179.
566 *Fitting,* Rn. 336; *GL,* Rn. 21.
567 Undifferenziert insoweit *Fitting,* a. a. O., die Körperbehinderte gleichgewichtig neben Rauschgiftsüchtigen und Nichtsesshaften nennen.
568 Vgl. auch *Däubler,* Das Arbeitsrecht 2, Rn. 2138.
569 Vgl. *GL,* Rn. 21.
570 *BAG* 29.1.92, 19.4.94, AP Nrn. 1, 2 zu § 74 SGB V; *Fitting,* Rn. 337.
571 25.11.77, AP Nr. 9 zu § 118 BetrVG 1972.

BetrVG zu den AN zählen.[572] Nach § 138 Abs. 1 SGB IX geht das Gesetz selbst vom Vorrang eines Arbeitsverhältnisses aus, wenn der Behinderte **im Arbeitsbereich** tätig ist. Liegt ein Arbeitsverhältnis nicht vor, handelt es sich um ein arbeitnehmerähnliches Rechtsverhältnis, dessen Inhalt gem. § 138 Abs. 3 SGB IX vertraglich zu regeln ist.

Für Behinderte **im Berufsbildungsbereich** ergibt sich aus § 138 Abs. 4 i. V. m. § 36 Satz 2 SGB IX bereits, dass sie nicht zu den AN i. S. v. § 5 Abs. 1 BetrVG zählen.[573] Allerdings stellt das *BAG*[574] darauf ab, ob der Schwerpunkt darin liegt, den Rehabilitanden zu befähigen am ersten Arbeitsmarkt teilzunehmen und er deshalb ein betriebliches Praktikum absolviert. In diesem Fall ist er ebenfalls AN.[575] **191**

Liegt der **Schwerpunkt** der Beschäftigung als AN klar ersichtlich **auf therapeutischem Gebiet,** fallen diese Personen unter Nr. 4 jedenfalls dann, wenn auch nur eine sehr geringe Vergütung gezahlt wird, die nicht einer marktgerechten Bewertung der Arbeitsleistung entspricht.[576] **192**

Allerdings kann die Beschäftigung auch **auf Grund** eines **Berufsausbildungsvertrages, Anlernvertrages** (§ 26 BBiG) oder **Arbeitsvertrages** erfolgen.[577] In derartigen Fällen besteht kein Grund, die Eigenschaft als AN i. S. d. BetrVG zu leugnen.[578] Somit sind z. B. **jugendliche Behinderte,** die auf der Grundlage eines üblichen Berufsausbildungsvertrages in der Werkstatt beschäftigt werden, AN i. S. d. BetrVG, sofern es sich nicht um einen reinen Ausbildungsbetrieb handelt.[579] Das *BAG*[580] hat allerdings **Behindertenwerkstätten** als **Tendenzbetriebe** qualifiziert, da sie karitativen Zwecken dienen, so dass ein WA nicht zu bilden ist.[581] **193**

In jedem Falle sind jedoch Behinderte, die in Werkstätten nach § 136 SGB IX auf Grund einer **Vermittlung durch die Agentur für Arbeit** im Arbeitsbereich beschäftigt werden, zu den AN zu zählen. Diese stehen grundsätzlich dem Arbeitsmarkt zur Verfügung, auch wenn sie nach Einschätzung der Agentur für Arbeit wegen ihrer Behinderung angesichts der Wirtschaftslage auf absehbare Zeit am Arbeitsmarkt nicht zu vermitteln sind. Ihre Beschäftigung dient ausschließlich Erwerbszwecken. **194**

Sozialhilfeempfänger, die auf Grundlage einer vom Sozialhilfeträger nach dem früheren **§ 19 Abs. 1 BSHG** geschaffenen Arbeitsgelegenheit bei einem Dritten in einem befristeten Arbeitsverhältnis beschäftigt werden, gehören **nicht** zu dem Personenkreis nach **§ 5 Abs. 2 Nr. 4,** sondern sind AN.[582] Gleiches hat das BVerwG[583] für Sozialhilfeempfänger angenommen, die nach **§ 19 Abs. 2 Satz 1,** 1. Halbsatz, 2. Alt. BSHG zusätzliche und gemeinnützige Arbeit leisten, auch wenn sie Hilfe zum Lebensunterhalt nebst einer Entschädigung erhalten.[584] **195**

Unter die Vorschrift fallen dagegen **Jugendliche,** die unter der **Obhut des Jugendamtes** stehen,[585] sowie Sicherungsverwahrte nach § 66 StGB in den jeweiligen Unterbringungsanstalten,[586] allerdings nur, soweit sie nicht in einem echten Arbeitsverhältnis stehen. **196**

---

572 Zustimmend *GL*, Rn. 21; dagegen *LAG Berlin* 12.3.90, LAGE § 5 BetrVG 1972 Nr. 19.
573 Vgl. GK-*Raab*, Rn. 125.
574 *BAG* 15.3.06 – 7 ABR 39/05, a. a. O.
575 *Fitting*, Rn. 338.
576 Vgl. *BAG* 25.10.89, AP Nr. 40 zu § 5 BetrVG 1972; *Fitting*, Rn. 341; *Richardi*, Rn. 180; GK-*Raab*, Rn. 125; *Pünnel*, AuR 87, 104 [106]; a. A. *ArbG Berlin* 25.11.77, AP Nr. 9 zu § 118 BetrVG 1972, das der Vergütung keine Bedeutung beimisst.
577 Vgl. *Däubler*, Das Arbeitsrecht 2, Rn. 2141 f.; Schaub-*Linck*, Arbeitsrechts-Handbuch, § 186 Rn. 72 ff.
578 Vgl. *Möller-Lücking*, SozSich 80, 141; *Fitting*, Rn. 341; *Däubler*, a. a. O.
579 Vgl. *BAG* 26.1.94, NZA 95, 120; näher Rn. 133.
580 7.4.81, AP Nr. 16 zu § 118 BetrVG 1972.
581 Vgl. auch *BAG* 31.1.84, AP Nr. 15 zu § 87 BetrVG 1972 Lohngestaltung zur Mitbestimmung des BR bei Einführung eines neuen Vergütungssystems in einer solchen Einrichtung; zum Tendenzcharakter auch *LAG Nürnberg* 29.5.85, LAGE § 118 BetrVG 1972 Nr. 9.
582 Vgl. *BAG* 5.4.00, AiB 01, 225 m. Anm. *W. Schneider;* mit Gesetz v. 27.12.03 [BGBl. I, 3022] ist das frühere BSHG in Teilen ab 1.1.05 als Buch XII in das SGB überführt worden.
583 26.1.00, PersR 00, 243.
584 Nach § 19 Abs. 3 Satz 1 BSHG [vgl. nunmehr § 16 d SGB II] wird allerdings bei diesen Formen kein Arbeitsverhältnis begründet, dazu Kittner/Zwanziger/*Deinert*, § 3 Rn. 76.
585 Vgl. § 42 SGB VIII; *Fitting*, Rn. 342.
586 Vgl. *Fitting*, a. a. O.

197 **Strafgefangene** (vgl. o. Rn. 150), die als sog. Freigänger i. S. v. § 11 StVollzG (Maßnahme der Vollzugslockerung), aber ohne freies Beschäftigungsverhältnis außerhalb der Strafanstalt in einem Betrieb beschäftigt werden,[587] sind nach h. M. schon keine AN im allgemein-arbeitsrechtlichen Sinne, weil ihre Arbeitspflicht i. d. R. nicht mit der Aufnahme in den Betrieb zusammenhängt, sondern auf dem besonderen öffentlich-rechtlichen Gewaltverhältnis zum Staat beruht.[588] Dies soll selbst dann gelten, wenn sie für ihre Arbeitsleistung nach § 43 StVollzG ein Entgelt erhalten.[589] Diese restriktive Ansicht zum betriebsverfassungsrechtlichen Status von Strafgefangenen vermag jedoch dann nicht zu überzeugen, wenn die Arbeitsleistung unter der Arbeitsaufsicht eines privaten UN und innerhalb der von diesem UN bestimmten Arbeitsorganisation, möglicherweise auch in engem Zusammenwirken mit dessen AN, erfolgt.[590] Dann läge eine Eingliederung vor, die ungeachtet des sonstigen Status zur AN-Eigenschaft i. S. d. Abs. 1 führt.[591] Schließlich sieht § 39 StVollzG vor, dass Strafgefangene unter bestimmten Voraussetzungen mit Dritten **ein freies Beschäftigungsverhältnis** eingehen können. Ob in diesem Fall die AN-Eigenschaft angenommen werden kann, hat das *BAG*[592] offen gelassen. Dies wird aber immer dann zu bejahen sein, wenn dem Betriebsinhaber die Weisungsbefugnisse hinsichtlich der Arbeitsleistung zustehen.[593] Gerade in diesem Punkt unterscheidet sich die Situation nicht von der soeben angesprochenen Gestaltungsform der Pflichtarbeit nach § 41 StVollzG, so dass eine Ungleichbehandlung wenig plausibel ist.

198 Wer dagegen aus eigenem Antrieb und ohne medizinische oder erzieherische Indikation eine Arbeit im Dienst eines anderen aufnimmt, um sich zu heilen, wiedereinzugewöhnen, sittlich zu bessern oder zu erziehen, fällt nicht unter Nr. 4, sondern zählt betriebsverfassungsrechtlich zu den AN des Betriebs, in dem er tätig ist.

5. Enge Verwandte des Arbeitgebers (Nr. 5)

199 Neben dem **Ehegatten des AG** werden auch sog. **Lebenspartner** von der Bestimmung erfasst. Damit sind allerdings nur die eingetragenen gleichgeschlechtlichen Lebenspartner gem. § 1 LPartG gemeint, nicht etwa sonstige Partnerschaften, wie etwa eheähnliche Gemeinschaften.[594] Zu dem von der Vorschrift erfassten **Personenkreis** zählen auch Eltern, Kinder (auch nicht eheliche und Adoptivkinder, vgl. § 1754 BGB), Schwiegereltern und Schwiegerkinder des AG.

200 Grundsätzlich schließt die Vorschrift **auch die** hier genannten **engen Verwandten** des AG dann aus, wenn diese **in** einem echten **Arbeitsverhältnis** stehen[595] und nicht bloß kraft familienrechtlicher Mitarbeitspflicht Arbeit leisten. Voraussetzung ist jedoch stets, dass der betreffende Personenkreis mit dem AG **in häuslicher Gemeinschaft** lebt. Die Interessenidentität mit dem AG ist hier zu groß, als dass davon ausgegangen werden könnte, dass diese Personen an der betriebsverfassungsrechtlichen Durchsetzung von Belegschaftsinteressen gegenüber dem AG beteiligt werden könnten.[596] Unter häuslicher Gemeinschaft ist dasselbe zu verstehen wie in § 1619 BGB unter dem Begriff **Hausstand**,[597] so dass der Betreffende im Hausstand des AG seinen **Lebensmittelpunkt** haben muss. Dies ist regelmäßig der Fall bei gemeinschaftlicher Lebensweise,[598] kann aber auch dann noch der Fall sein, wenn der Verwandte nicht im Hause

587 Z. B. in sog. Kolonnenarbeit, vgl. AK-StVollzG-*Hoffmann/Lesting*, § 11 Rn. 19.

588 Vgl. *BAG* 3.10.78, AP Nr. 18 zu § 5 BetrVG 1972 unter Hinweis auf § 41 Abs. 1 Satz 1 StVollzG, der eine gesetzliche Arbeitspflicht für Strafgefangene vorsieht; *LAG Schleswig-Holstein* 14.6.76, BB 76, 1127; so schon *BAG* 24.4.69, AP Nr. 18 zu § 5 ArbGG 1953.

589 Vgl. *Fitting*, Rn. 342; GK-*Raab*, Rn. 18.

590 Kritisch auch AK-StVollzG-*Däubler/Pécic*, § 39 Rn. 17.

591 Ebenso schon *Säcker/Joost*, S. 59 unter Hinweis auf die fortschrittlichere Rechtslage im kaiserlichen Deutschland, das den Bergarbeiterausschüssen ein Beteiligungsrecht in der Frage der Gefangenenbeschäftigung zubilligte.

592 3.10.78, a. a. O.

593 So auch *LAG Baden-Württemberg* 15.9.88, NZA 89, 886, Ls.

594 Vgl. Rn. 248; ErfK-*Koch*, Rn. 29; *Fitting*, Rn. 343.

595 *Richardi*, Rn. 181; *Fitting*, Rn. 343.

596 *WW*, Rn. 17.

597 *Richardi*, a. a. O.; GK-*Raab*, Rn. 126; *GL*, Rn. 22.

598 Wohnen, Schlafen, Kochen; vgl. *Fitting*, Rn. 343.

des AG wohnt.[599] Lebt der Ehepartner allerdings getrennt im familienrechtlichen Sinne, ist das Merkmal des Zusammenlebens in häuslicher Gemeinschaft nach dieser Vorschrift nicht mehr erfüllt. Die betreffende Person kann in diesem Fall – soweit die sonstigen Voraussetzungen vorliegen – durchaus zu den AN i. S. d. Gesetzes gehören.[600]

Nicht unter Nr. 5 fallen **sonstige Verwandte** (z. B. Enkelkinder, Geschwister, Schwager, Schwägerin, Großeltern) des AG, und zwar auch dann nicht, wenn sie mit diesem in häuslicher Gemeinschaft leben. Bei diesem Personenkreis wird die **Mitarbeit** jedoch meist **familienrechtlich** bedingt sein, so dass er nach h. M. schon von daher aus dem Kreis der AN ausgeschlossen ist. Im anderen Falle können sie zu den AN zählen, soweit die Voraussetzungen im Übrigen vorliegen. Ein **Verlöbnis** oder eine **nicht eheliche Lebensgemeinschaft** mit dem AG führt auch dann nicht zum Ausschluss aus der Arbeitnehmerschaft des Betriebs nach Nr. 5, wenn häusliche Gemeinschaft besteht.[601] 201

Der Gesetzgeber hat bei der Bezugnahme auf das Kriterium der häuslichen Gemeinschaft offenbar die Vorstellung von einem AG als natürlicher Person gehabt.[602] Strittig ist daher, wie Verwandtschaftsverhältnisse der von Nr. 5 erfassten Art zu gesetzlichen Vertretern **bei juristischen Personen** (vgl. Rn. 154 ff.) betriebsverfassungsrechtlich zu werten sind. Überwiegend wird angenommen,[603] dass die engen Verwandten eines Mitglieds des zur Vertretung berufenen Organs von Nr. 5 erfasst würden und daher nicht zu den AN gehören. Richtigerweise hat man aber davon auszugehen, dass dies nicht der Fall ist, weil der AG als Betriebsinhaber allein die juristische Person ist, die keine familienrechtlichen Verwandtschaftsverhältnisse hat, und zwischen Organmitgliedern und AG keine Identität besteht.[604] So hebt das *LAG Niedersachsen*[605] hervor, dass bei der analogen Anwendung auf die Ehefrau eines Geschäftsführers einer GmbH äußerste Zurückhaltung geboten sei, Insbesondere wenn der Betrieb mehr als 100 wahlberechtigte AN beschäftigt, die GmbH durch mehrere Geschäftsführer vertreten wird und der die persönliche Nähe vermittelnde Geschäftsführer nicht Anteilseigner ist. Demzufolge wäre dann eine Ausnahme gerechtfertigt, wenn es sich etwa um eine **Ein-Personen-GmbH** handelt, zu deren Alleingesellschafter und -geschäftsführer die entsprechenden Verwandtschaftsverhältnisse bestehen.[606] 202

Ist der AG allerdings eine **Personengesamtheit** (vgl. Rn. 169 ff.), sind die mit deren vertretungsberechtigten Mitgliedern i. S. v. Nr. 5 verwandten Personen durch diese Vorschrift aus dem Kreis der AN ausgeschlossen.[607] 203

IV. Leitende Angestellte

1. Der Dualismus von BR und SpA

a) Bedeutung der Definition des leitenden Angestellten bis zum Sprecherausschussgesetz

Bis zum In-Kraft-Treten des **SprAuG** am 1. 1. 1989 (im Beitrittsgebiet am 3. 10. 1990) war das System der gesetzlichen **Betriebsverfassung** durch eine **bipolare Struktur** gekennzeichnet. Die Akteure darin waren auf der einen Seite der AG/UN und auf der anderen Seite das Repräsentationsorgan der Belegschaft (Arbeiter- bzw. Angestelltenausschuss, BR). **Leitende Angestellte** nahmen und nehmen als besonderer Kreis innerhalb der Angestellten trotz ihres vertragsrechtlichen AN-Status **in funktioneller Hinsicht AG/UN-Aufgaben** wahr. Deshalb stehen sie in einem strukturellen und individuellen Konflikt mit der betrieblichen AN-Inter- 204

599 *Richardi*, a. a. O.
600 Vgl. *Richardi*, a. a. O.
601 Vgl. *LAG Hamm* 21.9.01, DB 02, 1332; *ArbG Köln* 9.6.76, DB 76, 2068; *Richardi*, Rn. 183; *Fitting*, Rn. 345; *GL*, Rn. 25.
602 Davon geht *Fitting*, Rn. 344 aus.
603 So ErfK-*Koch*, Rn. 29; *Fitting*, Rn. 344; GK-*Raab*, Rn. 129, *Richardi*, Rn. 182.
604 Vgl. *GL*, Rn. 24.
605 *LAG Niedersachsen* 5.3.2009 – 5 TaBVGa 19/09.
606 So auch *GL*, a. a. O.
607 *Fitting*, Rn. 344; *Richardi*, Rn. 182; GK-*Raab*, Rn. 129.

essenvertretung. Aus diesem Grunde wurden leitende Angestellte – ungeachtet der konkreten, jeweils historisch bedingten Bezeichnung dieser »Oberschicht« von AN – bis dato stets aus dem persönlichen Geltungsbereich derjenigen Vorschriften ausgeklammert, die die Organisation der betrieblichen Interessenvertretung von AN betrafen. **Rechtstechnisch** wurden dabei entweder die AN betreffenden **Vorschriften** (vgl. Rn. 4) hinsichtlich der leitenden Angestellten **für unanwendbar erklärt**[608] oder die betreffenden Personen wurden vom Gesetz **als Nicht-Angestellte** oder Nicht-AN **fingiert.**[609] Bisweilen wurden die leitenden Angestellten sogar als **AG im betriebsverfassungsrechtlichen Sinne** bezeichnet.[610]

205 Wenngleich unter Geltung bipolarer Betriebsverfassungsstrukturen die **Definition** der leitenden Angestellten vorwiegend eine **negative Abgrenzungsfunktion** hatte, die den vom BR repräsentierten Teil der Belegschaft und den persönlichen Anwendungsbereich betriebsverfassungsrechtlicher Bestimmungen bezeichnete, anerkannte doch die Rspr. des *BAG* die **Zulässigkeit sog. freiwilliger SpA** der leitenden Angestellten.[611] Voraussetzung der juristischen Tolerierung war nach der Rspr. des *BAG*[612] aber, dass diese SpA wirklich nur leitende Angestellte i. S. d. § 5 Abs. 3 repräsentierten und nicht die Tätigkeit des BR störten oder behinderten. Die gesetzliche Begriffsdefinition des leitenden Angestellten gewann damit über ihre rechtsformale negative Abgrenzungsfunktion hinaus eine **positive Zuordnungsfunktion,** wenn auch **informeller Art.** Außerhalb des BetrVG erhielt die Definition des § 5 Abs. 3 schließlich **formale Bedeutung** im Bereich der **UN-Verfassung:** Für die Sondervertretung der leitenden Angestellten im AR ist gemäß §§ 15 Abs. 2, 3 Abs. 3 Nr. 2 MitbG 1976 der betriebsverfassungsrechtliche Begriff des leitenden Angestellten maßgebend; Gleiches gilt für die Repräsentation der **leitenden Angestellten im EBR** (§ 23 Abs. 6 EBRG).

206 Der erste freiwillige SpA wurde 1968 gebildet,[613] zehn Jahre später sollen es bereits 250 gewesen sein.[614] Unmittelbar vor In-Kraft-Treten des SprAuG v. 20.12.1988[615] gab es nach Angaben der Standesorganisationen leitender Angestellter rund 400 freiwillige SpA.[616] Die Hoffnungen der ULA, nach den ersten SpA-Wahlen unter dem SprAuG mit 700 – 800 SpA rechnen zu können,[617] wurden enttäuscht: Nach Feststellungen des IW waren es nur 568 SpA.[618] Bei den SpA-Wahlen des Jahres 1994 ging deren Anzahl auf 540 zurück.[619]

b) Gesetzliche SpA

207 Mit In-Kraft-Treten des SprAuG haben die leitenden Angestellten erstmals ein gesetzliches Repräsentationsorgan erhalten. Das damit hergestellte **tripolare Modell der Betriebsverfassung** ist – auch in rechtsvergleichender Sicht[620] – einzigartig.[621] Zugleich ist neben die bisher

608 So § 5 Abs. 3 BetrVG 1972; aber auch schon § 133 g GewO i. d. F. v. 28.12.1908 [RGBl. S. 667] bzgl. der Betriebsbeamten, Werkmeister und Techniker wegen des Wahlrechts zu den freiwilligen Arbeiterausschüssen nach § 134 h i. d. F. des ArbeiterschutzG v. 1.6.1891 [RGBl. S. 261].

609 § 11 Abs. 3 HilfsdienstG v. 5.12.1916 [RGBl. S. 1333] knüpfte für die Angestellten-Ausschüsse an die 5000-Mark-Grenze des AngestelltenversicherungsG v. 1911 an [dazu *Hromadka,* Das Recht der leitenden Angestellten, S. 103, 109 f.]; die Negativfiktion findet sich in § 9 Abs. 2 TVVO v. 23.12.1918 [RGBl. S. 1456], § 12 Abs. 2 BRG 1920 [RGBl. S. 147] und den meisten nach 1945 erlassenen LänderBRG sowie § 4 Abs. 2 lit. c BetrVG 1952.

610 Vgl. § 3 HessBRG v. 31.5.1948 [GVBl. Nr. 23, S. 117], dazu *Engler,* § 3 Anm. 4; wortgleich § 3 BremBRG v. 10.1.1949 [GBl. Nr. 3, S. 7].

611 19.2.75, AP Nr. 9 zu § 5 BetrVG 1972; zur Einordnung der von solchen SpA mit dem AG geschlossenen schuldrechtlichen Vereinbarungen eigener Art [§ 305 BGB] auch *BAG* 19.2.75, AP Nr. 10 zu § 5 BetrVG 1972 m. Anm. *Richardi.*

612 A. a. O.

613 Vgl. *Hromadka/Sieg,* SprAuG, Einl. Rn. 42.

614 *GL,* Rn. 98.

615 BGBl. I S. 2312.

616 Nach *Borgwardt/Fischer/Janert,* S. 276; BT-DruckS. 11/2506, S. 23.

617 Vgl. *Hromadka/Sieg,* SprAuG, Einl. Rn. 60, Fn. 133.

618 Vgl. *Niedenhoff,* Gewerkschaftsreport 7/90, S. 20 [21].

619 Presseinformation des IW Nr. 34 v. 8.9.94.

620 Dazu *Birk,* RdA 88, 211 [216].

621 *Richardi,* AuR 86, 33 [47]: »ständisch gegliederte Ordnung der betrieblichen Arbeitsbeziehungen«;

im Wesentlichen negative Abgrenzungsfunktion des Rechtsbegriffs »leitender Angestellter« eine **positive Zuordnungsfunktion** und damit ein **Bedeutungszuwachs** der rechtlich korrekten **Statusbestimmung** eines Angestellten getreten: Als Interessenvertretung eines Teils der AN ist der SpA **Organ der Betriebsverfassung.**[622] Das Verfahren nach § 18 a soll eine möglichst klare Zuordnung der von den unterschiedlichen Organen BR und SpA repräsentierten AN gewährleisten. Eine Schlüsselstellung nimmt dabei der für beide Teilgebiete der Betriebsverfassung identische Begriff des leitenden Angestellten ein (vgl. insoweit die ausdrückliche Bezugnahme in § 1 Abs. 1 SprAuG). Dessen Neuregelung im Zusammenhang mit dem SprAuG war Gegenstand heftiger Auseinandersetzungen (vgl. dazu die Hinweise in der *5. Aufl.*, Rn. 172). Das **SprAuG** selbst **weicht** allerdings in zwei Anwendungszusammenhängen **vom** allgemeinen betriebsverfassungsrechtlichen **Begriff des leitenden Angestellten ab:** Nach § 3 Abs. 2 Nrn. 1 und 2 SprAuG sind besonders herausgehobene **»Oberleitende« nicht** zum SpA **wählbar,** weil deren funktionale AG-Eigenschaft überdeutlich ist; § 7 Abs. 3 SprAuG stellt für das Recht zur Teilnahme an der WV-Bestellungsversammlung (§ 7 Abs. 2 Satz 1) und das Recht zur Abstimmung, ob überhaupt ein SpA gewählt werden soll (§ 7 Abs. 2 Sätze 2 und 4), allein auf formale Gesichtspunkte einer früheren Zuordnung zu den leitenden Angestellten ab, so dass es dort auf einen materiell-rechtlichen Leitenden-Status nicht ankommt.[623]

In organisatorischer Hinsicht ist die SpA-Verfassung eine weitgehende Kopie der Betriebsverfassung.[624] Das SprAuG regelt u. a. Wahl, Zusammensetzung und Amtszeit der SpA (§§ 3 – 10 SprAuG), die Geschäftsführung (§§ 11 – 14 SprAuG), die Versammlung der leitenden Angestellten (§ 15 SprAuG), den Gesamt-, UN- und Konzern-SpA (§§ 16 – 24 SprAuG) sowie die Beteiligungsrechte des SpA (§§ 25 – 32 SprAuG). Für Einzelheiten muss auf das einschlägige Erläuterungsschrifttum verwiesen werden, der nachfolgende Überblick kann nur eine erste Orientierung geben.[625] 208

aa) Organisationsrecht der SpA (Überblick)

SpA können **in privatrechtlich organisierten Betrieben** mit i. d. R. mindestens **zehn leitenden Angestellten** gewählt werden (§ 1 Abs. 1 SprAuG), sofern die Mehrheit der leitenden Angestellten zuvor in einer besonderen Abstimmung für deren Errichtung votierte (§ 7 Abs. 2 SprAuG). Trotz sondergesetzlicher Regelung handelt es sich beim SprAuG um eine betriebsverfassungsrechtliche Sachmaterie, so dass vom **Betriebsbegriff des BetrVG** auszugehen ist.[626] Für **Betriebsteile** und **Nebenbetriebe** – jetzt **Kleinstbetriebe** – scheidet dagegen eine analoge Anwendung des § 4 BetrVG aus, da das SprAuG diese Rechtsbegriffe nicht kennt und durch eine konsequente Anwendung der §§ 1 Abs. 2, 20 Abs. 1 SprAuG ohnehin eine lückenlose Repräsentation aller leitenden Angestellten des UN hergestellt werden kann,[627] sofern nur im UN mindestens zehn leitende Angestellte beschäftigt sind (vgl. Rn. 212). Hat ein Betrieb **weniger als zehn leitende Angestellte,** gelten diese bereits kraft gesetzlicher Anordnung (§ 1 Abs. 2 SprAuG) als leitende Angestellte des räumlich nächstgelegenen Betriebs desselben UN, wenn dieser »Nachbarbetrieb« ohne Hinzurechnung seinerseits mindestens zehn leitende Angestellte hat.[628] 209

---

kritisch zur nachteiligen Veränderung der Organisationsstrukturen betrieblicher Mitbestimmung *Schneider*, Mitb-Beilage zu Heft 11/89; *Lehmann*, AiB 88, 297; *Plander*, AiB 88, 272; *Spieker*, NZA 85, 681.

622 *Fitting*, Rn. 455; *Oetker*, ZfA 90, 43 [46].

623 Vgl. *Löwisch*, SprAuG, § 7 Rn. 9, der daraus folgert, dass nicht abstimmungsberechtigt sei, wer bislang nicht einer entsprechenden formalen Zuordnung zu den leitenden Angestellten unterworfen war; im Ergebnis ebenso *Bauer*, SprAuG, S. 31; *Borgwardt/Fischer/Janert*, S. 88; *Hromadka/Sieg*, SprAuG, § 7 Rn. 24.

624 *Däubler*, Das Arbeitsrecht 1, Rn. 1235.

625 Weiterführend MünchArbR-*Joost*, §§ 233 – 235; *Kaiser*, Sprecherausschüsse, 1995; Schaub-*Koch*, Arbeitsrechts-Handbuch, §§ 245 – 254; *Bauer*, SprAuG, 2. Aufl., 1990; *Hromadka/Sieg*, SprAuG, 2. Aufl., 2010; *Löwisch*, SprAuG, 2. Aufl., 1994.

626 Ebenso *Oetker*, ZfA 90, 43 [45]; *Bauer*, SprAuG, S. 6; MünchArbR-*Joost*, § 233 Rn. 15.

627 Str.; wie hier *Hromadka/Sieg*, SprAuG, § 1 Rn. 17; MünchArbR-*Joost*, § 233 Rn. 15; zum Meinungstand *Kramer*, BB 93, 2153 und *Kaiser*, Rn. 7 f.; a. A. *Oetker*, ZfA 90, 48.

628 *Bauer*, SprAuG, S. 9: *Löwisch*, SprAuG, § 1 Rn. 47.

210 Ähnlich wie beim GBR ist nach § 16 SprAuG **zwingend** dann ein **Gesamt-SpA** zu bilden, **wenn** im UN mindestens **zwei Betriebs-SpA** bestehen (vgl. aber Rn. 211).

211 Anstelle eines zweistufigen Aufbaus (Betriebs-SpA und Gesamt-SpA) kann nach § 20 SprAuG die SpA-Vertretungsstruktur auch einstufig ausgebildet werden, indem nur **ein UN-SpA** gewählt wird, der dann die Aufgaben von Betriebs-SpA und Gesamt-SpA in sich vereint.[629] Die Bildung dieses Vertretungsorgans, das im BetrVG keine Entsprechung findet, setzt voraus, dass **im UN mindestens zehn leitende Angestellte** beschäftigt sind und sich die Mehrheit der leitenden Angestellten dafür ausgesprochen hat (§§ 20 Abs. 1 Satz 1, 7 Abs. 2 Satz 3 SprAuG, § 36 SpA-WO; vgl. zum Wechsel von Betriebs-SpA zum UN-SpA und umgekehrt §§ 37, 38 SpA-WO). Das betreffende UN muss allerdings **mehrere Betriebe** (also mindestens zwei) haben, eine Vielzahl von Betriebsteilen genügt nicht.[630] **Betriebsteile** bilden entweder mit »ihrem« Hauptbetrieb die SpA-Einheit, oder sie sind in ihrer Gesamtheit der »Betrieb«: Dann wird nur **ein Betriebs-SpA** gebildet (vgl. Rn. 209). Praktisch kommt dem UN-SpA also dort Bedeutung zu, wo die Betriebe des UN jeweils für sich nicht mindestens zehn leitende Angestellte haben, wohl aber das UN insgesamt.

212 In Konzernen i. S. d. § 18 Abs. 1 AktG können auf Basis eines 75 %-Quorums **Konzern-SpA** gebildet werden (§ 21 SprAuG).

213 Bevor ein gesetzlicher SpA gewählt werden kann, bedarf es einer **Grundsatzabstimmung** der leitenden Angestellten darüber, ob überhaupt ein SpA gewählt werden soll (§ 7 Abs. 2 SprAuG). Diese **entfällt** allerdings, **wenn** bereits ein **gesetzlicher SpA** gebildet worden war.[631] Soll in einem Betrieb mit freiwilligem SpA ein gesetzlicher SpA gewählt werden, kann der WV nicht vom freiwilligen SpA bestellt werden, weil dieser nicht die Rechte aus dem SprAuG hat (§ 37 Abs. 2 Satz 1; zur Frage, ob freiwillige SpA nach dem 31. 5. 1990 überhaupt noch zulässig sind, Rn. 217). Eine **erneute Grundsatzabstimmung** ist erforderlich, **wenn** vor Ablauf der SpA-Amtszeit (§ 5 Abs. 2 SprAuG) **keine Neuwahl** nach § 7 Abs. 1 SprAuG **eingeleitet** worden ist.[632]

bb) Beteiligungsrechte (Überblick)

214 Die allgemeinen Vorschriften über die Mitwirkung der leitenden Angestellten (§§ 25 – 29 SprAuG) sind in etwa mit §§ 74 – 80 BetrVG vergleichbar.[633]

215 Die **Mitwirkungsrechte des SpA** bleiben hinter denen des BR zurück; § 30 SprAuG sieht ein **Unterrichtungs- und Beratungsrecht** des SpA bei den **Arbeitsbedingungen** und **Beurteilungsgrundsätzen** vor; § 31 Abs. 1 SprAuG legt eine **Mitteilungspflicht** des AG gegenüber dem SpA bei **Einstellungen** oder **personellen Veränderungen** eines leitenden Angestellten fest; § 31 Abs. 2 SprAuG verpflichtet den AG zur **Anhörung vor Kündigungen** von leitenden Angestellten und zur Mitteilung der Gründe und legt fest, dass eine ohne Anhörung des SpA ausgesprochene Kündigung unwirksam ist; **in wirtschaftlichen Angelegenheiten** ist der SpA gemäß § 32 Abs. 1 SprAuG mindestens einmal im Kalenderhalbjahr **zu unterrichten.** Zu Recht ist darauf hingewiesen worden, dass diese **Vorschrift überflüssig** sei, da man von leitenden Angestellten wohl erwarten könne, gerade in diesen Angelegenheiten auf dem Laufenden zu sein.[634] Eine **Beratungspflicht** des UN besteht dagegen – anders als in § 106 Abs. 1 BetrVG – gegenüber dem SpA in wirtschaftlichen Angelegenheiten nicht.[635] Seit dem 1. 1. 1989 fehlt dem BR wegen § 32 Abs. 2 i. V. m. § 28 SprAuG die Regelungskompetenz zur Einbezie-

---

629 *Kaiser,* Rn. 43.

630 Vgl. *Hromadka/Sieg,* SprAuG, § 20 Rn. 2.

631 § 7 Abs. 1 i. V. m. Abs. 4 SprAuG; ebenso *Bauer,* SprAuG, S. 29; *Borgwardt,* DB 89, 2224; a. A. *Hanau,* AuR 88, 261 [262], der eine jedesmalige Grundabstimmung befürwortet.

632 *Hromadka/Sieg,* SprAuG, § 7 Rn. 21; MünchArbR-*Joost,* § 234 Rn. 32; *Löwisch,* SprAuG, § 7 Rn. 4; a. A. *Bauer,* SprAuG, S. 30.

633 Vgl. auch *Fitting,* Rn. 456; § 28 SprAuG weicht allerdings erheblich von § 77 BetrVG ab; in Ermangelung echter Mitbestimmung durch den SpA bedarf es auch keiner ESt.

634 Vgl. *Bauer,* SprAuG, S. 99; *Schneider,* Mitb-Beilage zu Heft 11/89, S. 29 [35]; *Dänzer-Vanotti,* DB 90, 41 [46].

635 Ebenso *Löwisch,* SprAuG, § 32 Rn. 20; *Bauer,* a. a. O., S. 100.

hung von leitenden Angestellten in den **Geltungsbereich eines Sozialplans**[636] im Wege eines Vertrags zugunsten Dritter.[637] Aber auch der SpA selbst hat keinen Anspruch auf Abschluss eines Sozialplans bei **Betriebsänderungen,** sondern lediglich ein **Unterrichtungs- und Beratungsrecht.**[638]

Als **Vertragsinstrumente** stehen AG und SpA **Richtlinien** (§ 28 Abs. 1 SprAuG) und **Vereinbarungen** über die unmittelbare und zwingende Wirkung derartiger Richtlinieninhalte (§ 28 Abs. 2 SprAuG) zur Verfügung. Richtlinien nehmen in der Typologie betrieblicher Vereinbarungen (vgl. § 77 Rn. 14 ff.) eine Sonderstellung ein. Sie sind weder eine Regelungsabsprache noch eine BV, sondern ein **Kollektivvertrag eigener Art.**[639] Dies hat zur Folge, dass dessen Inhalt auch im Falle des § 28 Abs. 1 SprAuG keineswegs nur unverbindlichen Charakter hat,[640] sondern der **AG im Verhältnis zum SpA verpflichtet** ist, den leitenden Angestellten die in den Richtlinien festgelegten Arbeitsbedingungen als Mindestarbeitsbedingungen anzubieten.[641] 216

c) Freiwillige SpA nach dem 31.5.1990?

Nach § 37 Abs. 2 SprAuG blieben freiwillige SpA, die sich auf Basis der Tolerierungs-Rspr. des *BAG* (Rn. 205) gebildet hatten, bis zur erstmaligen Wahl eines gesetzlichen SpA, längstens bis zum 31.5.1990, im Amt. Trotz dieser klaren Vorschrift hatte ein ausgedehnter Streit darüber eingesetzt, ob nicht doch nach dem 31.5.1990 weiterhin **an Stelle gesetzlicher SpA** freiwillige Vereinigungen gebildet werden könnten.[642] Die ganz **h. M.** hält dies **schlechterdings für ausgeschlossen,** zumeist unter Hinweis auf den zwingenden Charakter des SprAuG, der keine Umgehung oder Konkurrenz durch privatrechtliche Vereinigungen vertrage.[643] Beide Positionen überzeugen in ihrer Absolutheit nicht. Richtig an der h. M. ist, dass es neben dem gesetzlichen Repräsentationsmodell keinen Raum für Privatveranstaltungen geben kann, wenn dies vom Gesetz nicht zugelassen wird. Die Mindermeinung verkennt, dass die Entscheidung der leitenden Angestellten gemäß § 7 Abs. 2 SprAuG gegen einen SpA Teil des gesetzlichen Modells ist, das dann gerade keinen »Ersatz« in privater Form mehr erlaubt. Andererseits darf der Gesetzgeber nicht so weit gehen, dort etwas zu verbieten, wo er selbst keine Regelung treffen wollte. Deshalb verdient eine **vermittelnde Position den Vorzug,** die SpA kraft Vereinbarung dort weiterhin für zulässig hält, wo die gesetzlichen Voraussetzungen nach dem SprAuG nicht erfüllt werden:[644] Dies sind UN, in denen wegen Unterschreitung der Mindestzahl von zehn leitenden Angestellten weder nach § 1 noch nach § 20 Abs. 1 SprAuG gesetzliche SpA gebildet werden können. Schon dann, wenn zwar ein Betrieb nicht, wohl aber das UN SpA-fähig ist, kann kein freiwilliger SpA mehr gebildet werden für den nicht SpA-fähigen Betrieb, weil es sonst zur Konkurrenz zwischen privaten und den gesetzlich vorgesehenen Organisationsformen kommen könnte.[645] 217

---

636 So noch *BAG* 31.1.79, BB 79, 833.

637 Ebenso *Bauer,* SprAuG, S. 101; *Dänzer-Vanotti,* DB 90, 41 [46]; *Löwisch,* SprAuG, § 32 Rn. 75.

638 § 32 Abs. 2 SprAuG; näher *Kramer,* NZA 93, 1024 [1026].

639 *Däubler,* Das Arbeitsrecht 1, Rn. 1252.

640 So aber offenbar *Bauer,* SprAuG, S. 83; *Wlotzke,* DB 89, 173 [177]; *Engels/Natter,* BB-Beilage 8/89, S. 31; für Verträge mit neu eintretenden leitenden Angestellten auch *Dänzer-Vanotti,* DB 90, 41 [43].

641 Wie hier *Löwisch,* SprAuG, § 28 Rn. 12; weiter gehend offenbar *Borgwardt/Fischer/Janert,* SprAuG, S. 127, die eine entsprechende Verpflichtung zum Angebot auch im Verhältnis zu den leitenden Angestellten selbst annehmen und diesen einen entsprechenden »Vertragsanpassungsanspruch« einräumen; differenzierend *Oetker,* BB 90, 2181 [2183], der dem AG jedenfalls dann zugesteht, auch im Verhältnis zum SpA sowohl zu Gunsten als auch zu Lasten des leitenden Angestellten von der Richtlinie nach § 28 Abs. 1 SprAuG abweichen zu können, wenn sich aus ihr selbst keine abweichenden Anhaltspunkte entnehmen lassen; näher zu SpA-Vereinbarungen *Kramer,* DB 96, 1082.

642 Bejahend unter eingehender Begründung *Bauer,* SprAuG, S. 10 ff.; *Fitting,* Rn. 454 [solange sich kein gesetzlicher SpA bildet]; *Martens,* NZA 89, 409 ff.

643 Vgl. nur MünchArbR-*Joost,* § 233 Rn. 40 mit lückenlosen w. N.

644 Ebenso MünchArbR-*Joost,* § 233 Rn. 40.

645 Ebenso *Löwisch,* SprAuG, § 37 Rn. 2; GK-*Raab,* Rn. 251; *Borgwardt/Fischer/Janert,* SprAuG, S. 70; *Hromadka/Sieg,* SprAuG, § 1 Rn. 33 a. E.

d) Zusammenarbeit zwischen AG, BR und SpA

218 Förmliche Bestimmungen über die **Kooperation der drei BetrV-Organe** sind im SprAuG nicht enthalten. Dort, wo sich aus der Sache heraus Berührungspunkte ergeben können, ist eine Zusammenarbeit – z. B. in Form gemeinsamer Besprechungen – nicht ausgeschlossen.[646] Eine **trilaterale Kooperationspflicht besteht nicht,** da die noch im Entwurf zu § 2 Abs. 1 vorgesehene dementsprechende Ausweitung wieder gestrichen wurde.[647] Es besteht auch **keine grundsätzliche bilaterale Kooperationspflicht** zwischen BR und SpA, zumal § 2 Abs. 2 SprAuG es diesen Organen selbst überlässt, ihre Beziehungen zueinander durch wechselseitige Sitzungsteilnahme bzw. gelegentliche gemeinsame Sitzungen zu regeln. Diese Bestimmung enthält jedoch nur eine **Soll-Vorschrift,** die nicht mehr als einen Appell darstellt.[648] Die Abhaltung gemeinsamer Sitzungen ist ebenso wenig gerichtlich durchsetzbar[649] wie die Teilnahme eines Vertreters an den Sitzungen des jeweils anderen Organs. Die **allgemeine Kooperationspflicht** nach § 2 Abs. 1 SprAuG bezieht sich nur auf das Verhältnis zwischen AG und SpA, **nicht** aber auf den **BR.** Eine **sektoral begrenzte** und zudem subsidiäre **Pflicht zur Kooperation** ergibt sich allerdings aus der Informationspflicht gemäß **§ 35 Abs. 2 EBRG:** Danach kann zur Information der leitenden Angestellten eine gemeinsame Sitzung i. S. d. § 2 SprAuG notwendig werden.[650]

219 § 2 Abs. 1 Satz 2 SprAuG verpflichtet den AG, **vor Abschluss einer BV** oder sonstigen Vereinbarungen mit dem BR den **SpA rechtzeitig anzuhören,** sofern eine solche Vereinbarung die rechtlichen Interessen der leitenden Angestellten berührt. **»Rechtliche Interessen«** der leitenden Angestellten sind jedoch nicht bereits dann berührt, wenn dieser Personenkreis nur in »irgendeiner« Weise betroffen ist. Der Begriff ist vielmehr enger als derjenige der »berechtigten« Interessen.[651] Er setzt einerseits einen **unmittelbaren Einfluss** der angestrebten BV auf **die rechtlich schutzwürdigen Interessen** der leitenden Angestellten voraus, so dass bloß präjudizierende Wirkungen nicht ausreichen. Andererseits darf es sich **nicht** nur um Interessen **eines einzelnen** leitenden Angestellten handeln, wie die vom Gesetz verwandte Pluralform »der leitenden Angestellten« zeigt. Vielmehr muss es sich um **kollektive Interessen** handeln. Außerdem ist es erforderlich, dass die Vereinbarung in **bestehende Rechte oder Rechtsverhältnisse** der leitenden Angestellten eingreifen würde.[652] Hat der AG entgegen seiner Verpflichtung die BV ohne vorherige Anhörung des SpA abgeschlossen, ist sie gleichwohl voll wirksam.[653] Umgekehrt gilt wegen § 2 Abs. 1 BetrVG Entsprechendes für die Anhörung des BR vor Abschluss einer Vereinbarung mit dem SpA.[654]

e) SprAuG und Gewerkschaften

220 **An keiner Stelle** regelt das SprAuG **gewerkschaftliche Einflussrechte** auf die Betriebsverfassung der leitenden Angestellten ähnlich den Rechtspositionen nach dem BetrVG (z. B. Zutrittsrecht, Wahlinitiativrecht, Wahlanfechtungsrecht, Sitzungs- und Versammlungsteilnahme usw.), so dass dieses »konsequent gewerkschaftsfrei« konstruierte **Gesetz insoweit verfassungswidrig** ist (Art. 9 Abs. 3 GG).[655] Eine Heilung dieses Rechtsmangels wird nicht immer

---

646 Vgl. MünchArbR-*Joost,* § 233 Rn. 40; *Kaiser,* Rn. 354.
647 BT-Drucks. 11/2503, S. 6; *Bauer,* SprAuG, S. 15; MünchArbR-*Joost,* a. a. O., Rn. 29.
648 *Kaiser,* Rn. 352; enger MünchArbR-*Joost,* a. a. O., Rn. 32.
649 *Hromadka/Sieg,* SprAuG, § 2 Rn. 20; *Löwisch,* SprAuG, § 2 Rn. 15; *Däubler,* Das Arbeitsrecht 1, Rn. 1236.
650 Vgl. § 35 EBRG Rn. 6; ebenso *Blanke,* § 35 EBRG Rn. 6.
651 Zutreffend *Engels/Natter,* BB-Beilage 8/89, S. 29.
652 Vgl. das Beispiel bei *Engels/Natter,* a. a. O.; zur Begriffsdefinition auch *Bauer,* SprAuG, S. 16; *Löwisch,* SprAuG, § 2 Rn. 7; *Borgwardt/Fischer/Janert,* SprAuG, S. 73; *Buchner,* NZA-Beilage 1/89, S. 14 mit teilweise weniger strengen Anforderungen.
653 H. M., vgl. *Bauer,* a. a. O.; *Löwisch,* a. a. O., Rn. 8; *Borgwardt/Fischer/Janert,* S. 74; *Engels/Natter,* a. a. O.; *Wlotzke,* DB 89, 173 [174]; *Hromadka/Sieg,* SprAuG, § 2 Rn. 19.
654 Ebenso *Bauer,* SprAuG, S. 16 f.; *Fitting,* § 2 Rn. 6; *Löwisch,* SprAuG, § 2 Rn. 9; *Engels/Natter,* BB-Beilage 8/89, S. 29; *Wlotzke,* DB 89, 173 [175]; *Däubler,* Das Arbeitsrecht 1, Rn. 1236.
655 Näher *Däubler,* Gewerkschaftsrechte, Rn. 255 h m. w. N.; a. A. *Oetker,* ZfA 90, 43 [56].

gelingen: Auch im Wege grundrechtskonformer Auslegung lässt sich aus einer »nicht öffentlichen« SpA-Sitzung keine »für den Gewerkschaftsvertreter offene« Sitzung herbeiinterpretieren.[656]

2. Definition der leitenden Angestellten (Abs. 3)

a) Grundsätzliches und Bedeutung der Regelung

Leitende Angestellte sind ungeachtet ihrer besonderen betriebsverfassungsrechtlichen Stellung **im** allgemeinen **arbeitsvertragsrechtlichen Sinne AN,** da sie auf der Grundlage eines privatrechtlichen Vertrages im Dienste des AG zur Leistung fremdbestimmter Arbeit in persönlicher Abhängigkeit verpflichtet sind (nunmehr klargestellt durch den Begriff »Arbeitsvertrag« in Abs. 3 Satz 2; dies war freilich auch bisher schon allgemein anerkannt, obgleich der Begriff »Dienstvertrag« im früheren Eingangshalbsatz auch andere Schlussfolgerungen zugelassen hätte).[657] Leitende Angestellte sind überdies AN i. S. d. Abs. 1, jedoch wird die Anwendbarkeit des BetrVG auf diesen Personenkreis für den Regelfall ausgeschlossen. Etwas anderes gilt nach Abs. 3 Satz 1 nur, wenn dies in den einzelnen Bestimmungen **ausdrücklich** angeordnet wird (vgl. Rn. 3). Diese Regelung beinhaltet somit eine Art **Zitiergebot,** d. h., nur dann, wenn in BetrVG-Vorschriften die »leitenden Angestellten« selbst angeführt werden, können sich aus ihnen Rechtsfolgen für diesen Personenkreis ergeben. Somit lösen z. B. § 75 Abs. 1 (»im Betrieb tätigen Personen«) oder § 80 Abs. 1 Nr. 2 (»Belegschaft«) **keine Aufgaben für den BR** bezüglich der leitenden Angestellten aus.[658] Aufgrund der Neufassung von § 5 Abs. 3 (vgl. Rn. 108 ff.) können auch dem Betrieb zugewiesene **Beamte und Soldaten als leitende Angestellte** gelten, wenn sie funktional aufgrund der Zuweisungsverfügung und Stellung im UN oder Betrieb eine entsprechend herausgehobene Rolle wahrnehmen. Für zugewiesene AN des öD soll diese Leitenden-Fiktion dem Wortlaut der neugefassten Bestimmung zufolge offenbar nicht gelten (Redaktionsversehen?). 221

Die Vorschrift dient somit der Abgrenzung des persönlichen Geltungsbereichs des Gesetzes und nimmt leitende Angestellte aus der Vertretungszuständigkeit des BR für die Belegschaft heraus (vgl. zur Zuständigkeit des SpA für die leitenden Angestellten Rn. 207 f.). Weil dieser Personenkreis somit außerhalb des kollektivrechtlichen Schutzsystems des BetrVG steht, muss die **Begriffsabgrenzung eher einengend** als ausdehnend erfolgen. Daran hat auch die Schaffung gesetzlicher SpA nichts geändert, weil den SpA durch das SprAuG keine wirkungsvollen Mitwirkungs- und Mitbestimmungsrechte eingeräumt worden sind (vgl. Rn. 214 f.) und daher bei einer leichtfertig zu großzügigen Zuordnung zu den **leitenden** Angestellten dem damit eintretenden persönlichen Verlust kollektiver Schutzrechte aus dem BetrVG keine gleichwertige Interessenvertretung nach dem SprAuG gegenübersteht. 222

Abs. 3 Satz 2 gibt eine **Begriffsdefinition** der leitenden Angestellten, die, außer im Verwendungszusammenhang des **BetrVG** selbst, kraft ausdrücklicher Verweisung auch im **MitbG** (§ 3 Abs. 3 Nr. 2), **DrittelbG** (§ 3 Abs. 1), **SprAuG** (§ 1 Abs. 1) und **EBRG** (§ 23 Abs. 6) sowie **AZG** (§ 18 Abs. 1 Nr. 1) anzuwenden ist. Aus der in diesen Gesetzen (aber auch in § 105, § 107 Abs. 1 Satz 2, Abs. 3 Satz 3, § 108 Abs. 1 Satz 2 BetrVG) enthaltenen **Rückverweisung** allein auf § 5 **Abs. 3** BetrVG ist zutreffend zu entnehmen, dass eine rechtskonstitutive Begriffsbestimmung allein nach Abs. 3, niemals jedoch nach Abs. 4 erfolgen darf.[659] Entgegen vereinzelten Stimmen in der Literatur[660] lassen sich aus dem MitbG weder Spielräume für eine eigenständige Definition konstruieren noch Rückschlüsse auf die Begriffsmerkmale des Abs. 3 223

---

656 *Däubler,* a. a. O.; für die Standesorganisationen der leitenden Angestellten bezeichnenderweise a. A. *Löwisch,* SprAuG, § 12 Rn. 12. Vgl. auch noch *5. Aufl.,* Rn. 272.

657 Vgl. *Engels/Natter,* BB-Beilage 8/89, S. 7; BT-Drucks. 11/2503, S. 30; zur a. F. *Fitting,* 13. Aufl., Rn. 26.

658 So schon *BAG* 19.2.75, AP Nr. 10 zu § 5 BetrVG 1972; vgl. auch § 75 Rn. 6; *Bauer,* SprAuG, S. 117 f.; *Fitting,* Rn. 347; *GL,* § 75 Rn. 4; GK-*Kreutz,* § 75 Rn. 14; *Richardi,* § 75 Rn. 6 unter Hinweis auf den gleichartigen § 27 SprAuG; ebenso jetzt auch HWGNRH-*Worzalla,* § 75 Rn. 3; *Wlotzke,* DB 89, 111 [118].

659 Näher dazu Rn. 280 ff.; vgl. auch *Engels/Natter,* BB-Beilage 8/89, S. 10; *Wlotzke,* DB 89, 111 [122].

660 Vgl. nur die Hinweise bei GK-*Raab,* Rn. 135.

ziehen.[661] Soweit **andere arbeitsrechtliche Vorschriften** leitende Angestellte besonders erwähnen (z. B. § 14 KSchG), stimmt der dort verwandte Begriff wegen der verschiedenen Gesetzeszwecke nicht notwendig mit dem des BetrVG überein.[662] § 45 Satz 2 **Wirtschaftsprüferordnung**, wonach angestellte Wirtschaftsprüfer leitende Angestellte im Sinne des § 5 Abs. 3 sein sollen, stellt eine Ausnahmeregelung für diesen Personenkreis dar, die nach *LAG Berlin-Brandenburg* verfassungsgemäß sein soll.[663]

224 Die Einordnung eines AN als leitender Angestellter hat **Auswirkungen** auf die Anwendung aller Vorschriften, die auf eine bestimmte AN-Zahl abstellen. Somit kann eine zu **»großzügige« Abgrenzung** dieses Personenkreises[664] dazu führen, dass bestimmte Grenzzahlen (vgl. §§ 1, 9, 28, 28 a, 38, 95 Abs. 2, 99 Abs. 1, 106 Abs. 1, 110, 111, 112 a) nicht mehr erreicht werden und die Rechtsfolgen dieser Vorschriften nicht eintreten können. Neben dem Entzug des kollektiven Schutzsystems für den betreffenden Angestellten kann sich bei zu weiter Abgrenzung somit auch das **Schutzniveau** für die durch den BR repräsentierte Belegschaft **verschlechtern** (z. B. hinsichtlich der Anwendbarkeit des Rechts der Betriebsänderungen und der Erzwingbarkeit von Sozialplänen). Außerdem ergeben sich Auswirkungen auf diejenigen Vorschriften, die für die **Arbeitsfähigkeit des BR** von besonderer Bedeutung sind, etwa hinsichtlich der **Ausschussbildung** und -zusammensetzung (vgl. §§ 27, 28) sowie der **Freistellung** von BR-Mitgliedern und deren Verteilung auf die Gruppen (vgl. § 38). Schließlich ist zu beachten, dass vom Vorhandensein einer bestimmten Anzahl von leitenden Angestellten abhängt, ob ein SpA gebildet werden kann (vgl. §§ 1, 20 SprAuG) und aus wie vielen Personen dieser besteht (vgl. § 4 SprAuG).

225 Die Angaben über die **zahlenmäßige Bedeutung** der leitenden Angestellten im Betrieb schwanken zwischen einem Anteil von 0,4 v. H. und 5,1 v. H.[665] Allerdings ergeben sich auch bei strukturell vergleichbaren UN erhebliche Schwankungen, so dass – auch wegen der Vielschichtigkeit der gesetzlichen Abgrenzungsmerkmale – keine wirklich verlässlichen empirischen Angaben im Sinne einer Faustregel möglich sind. **Anhaltspunkte** können – allerdings ohne rechtliche Bindungskraft – **das Organisationsschema** bzw. der Organisationsplan des UN liefern. Insoweit hat *H. Martens*[666] das Vorhandensein von leitenden Angestellten auf zwei bis drei Hierarchieebenen unterhalb des geschäftsführenden Organs des UN (Geschäftsführer, Vorstandsmitglieder, vgl. Rn. 154 ff., 169 ff) festgestellt. Dies bedeutet jedoch nicht, dass dieser empirischen Feststellung immer auch eine zutreffende juristische Abgrenzung zugrunde gelegen hätte. Schon gar **nicht** darf daraus abgeleitet werden, dass stets **alle Angestellten** bis hin zur dritten Hierarchieebene zu den leitenden Angestellten zählen.[667] Demgegenüber ist **in rechtlicher Hinsicht** aus der Zuordnung eines Angestellten zu einer bestimmten Leitungsebene ein **Indizwert** i. d. R. nur dann abzuleiten, wenn der Angestellte **auf der ersten Ebene** unterhalb der Organpersonen angesiedelt ist.[668] Das Vorliegen **allein** dieses Indizes ist jedoch niemals ausreichend für eine Zuordnung zu den leitenden Angestellten. Zweifel an der zutreffenden Einordnung des Restaurantleiters[669] als leitender Angestellter sind auch deshalb angebracht,[670] weil sich dieser erst auf der vierten Hierarchieebene eines UN mit insgesamt ca.

661 *BAG*, 29.1.80, AP Nr. 22 zu § 5 BetrVG 1972; *GL*, Rn. 35; GK-*Raab*, a. a. O.

662 *Fitting*, Rn. 349; vgl. das Beispiel Rn. 297 [Restaurantleiter].

663 *LAG Berlin-Brandenburg* 30.9.08 – 16 TaBV 848/08.

664 Für die offenbar *K.-P. Martens*, RdA 89, 73 [74], in einem für die »Union leitender Angestellter« erstellten Gutachten plädiert.

665 Vgl. *H. Martens*, Mitb 88, 349 [350]; *Däubler*, Das Arbeitsrecht 2, Rn. 1648, nennt für 1973 einen Durchschnittswert von 2,14 v. H.; nach *Blanke/Berg u. a.*, Rn. 48 sind es im UN maximal 1 bis 2 v. H.

666 A. a. O.

667 Nach *H. Martens*, a. a. O. sollen in UN des Bergbaus und der chemischen Industrie sogar noch auf der vierten und fünften Ebene leitende Angestellte anzutreffen gewesen sein, was berechtigte Zweifel an einer rechtlich korrekten Abgrenzung hervorrufen muss.

668 *Rose*, BetrR 77, 343 [348]; so auch im Ergebnis der Fall *BAG* 11.1.95, EzA § 5 BetrVG 1972 Nr. 58; a. A. offenbar *Richardi*, Rn. 224, der zumindest in dem MitbG unterfallenden UN mit i. d. R. mehr als 2000 AN einen Indizwert hinsichtlich der auf der zweiten Leitungsebene befindlichen Angestellten annimmt; ähnlich *BAG* 16.4.02, NZA 03, 56.

669 *BAG* 25.11.93, NZA 94, 837; vgl. Rn. 297.

670 Vgl. auch *LAG Hessen* 7.9.00, NZA-RR 01, 426, das den Restaurantleiter einer Fast-Food-Kette mit 4300,– DM Monatsgehalt zu Recht nicht als leitenden Angestellten ansah.

950 AN befand, was für ein Restaurations-UN zu dem enorm hohen Anteil an leitenden Angestellten von ca. 4 v. H. führt (ein derartiger Anteil ist allenfalls für UN mit weit überdurchschnittlich hohem Anteil hochqualifizierter AN [etwa Forschungs- und Wissenschafts-UN] anzunehmen).

b) Änderungen gegenüber der alten Fassung und Normstruktur

Durch die Neufassung 1988 ist der ursprüngliche Einleitungssatz des Abs. 3 in zwei Sätze unterteilt worden. Damit hat der Gesetzgeber nunmehr klargestellt, dass im Anwendungsbereich dieser Vorschrift **nicht mehr** von einem im Gesetz nicht näher definierten allgemeinen **Oberbegriff** des leitenden Angestellten auszugehen ist, der durch die Tatbestände der Nrn. 1 bis 3 präzisiert wird.[671] **226**

Abs. 3 Satz 2 enthält eine **Legaldefinition,** die die Begriffsmerkmale abschließend und erschöpfend aufzählt,[672] wobei – wie bisher auch – der **funktionale Grundtatbestand** des leitenden Angestellten in der Grundnorm der Nr. 3 enthalten ist.[673] Eine sachliche Änderung gegenüber der früheren Definition, wie sie insbesondere durch die *BAG*-Rspr. (grundlegend zuletzt 23.1.86, AP Nrn. 30 – 32 zu § 5 BetrVG 1972) präzisiert worden war, ist damit allerdings nicht verbunden.[674] **227**

Die Abkehr von der Auffassung, wonach die Regelung von einem ungeschriebenen Oberbegriff der leitenden Angestellten geprägt sei, hat zur Folge, dass für die Funktion der betreffenden Person ein besonderer **Gegnerbezug** (Interessenpolarität) **nicht mehr** als eigenständiges **Abgrenzungsmerkmal** zu prüfen ist. Insoweit hatte das *BAG*[675] bereits zu Abs. 3 a. F. klargestellt, dass es sich hierbei um ein **Orientierungsmerkmal** handele.[676] Bereits aus der für die Eigenschaft eines leitenden Angestellten notwendig vorausgesetzten unternehmerischen Tätigkeit mit einem eigenen erheblichen **Entscheidungsspielraum** bei gleichzeitiger **Eigenverantwortlichkeit** ergibt sich nämlich mehr oder weniger zwangsläufig auch ein mittelbarer oder unmittelbarer Gegnerbezug zum BR.[677] Dieser Gegnerbezug liegt dann vor, wenn der Angestellte **Aufgaben** ausübt, bei denen der **BR ein Beteiligungsrecht** stärkeren oder minderen Grades hat.[678] **228**

Somit ist hinsichtlich der **Struktur des Abs. 3** nunmehr durch den gesetzestechnischen Aufbau klargestellt, dass Satz 2 drei in ihrer Rechtsfolge gleichwertige **Tatbestände**[679] enthält, die **alternativ** zu prüfen sind. Allerdings sind diese nicht gleichartig, sondern tragen dem Umstand Rechnung, dass leitende Angestellte in gewisser Weise Vertreter des UN sind und somit in den typischen unternehmerischen Tätigkeitsbereichen eingesetzt werden. **Abs. 3 Satz 2 Nr. 1** beschreibt durch Verwendung **formaler Merkmale** (Einstellungs- und Entlassungsberechtigung) den UN-Vertreter in seiner Funktion als Arbeitgeber; **Nr. 2** umschreibt ebenfalls unter Verwendung **formaler Merkmale** (Vollmachten) den UN-Vertreter im Handelsverkehr (formale UN-Stellung); **Nr. 3** erfasst demgegenüber den zahlenmäßig stärksten Teil der leitenden Angestellten durch Verwendung **funktionaler Merkmale,** also den UN-Vertreter im funktionalen Sinne.[680] Schon diese Tatbestandsstruktur verdeutlicht den unübersehbaren funktionellen Gegensatz der leitenden Angestellten gegenüber den sonstigen AN des Betriebs und dem BR. **229**

---

671 So noch die vom *BAG* geteilte h. M. zu § 4 Abs. 2 c BetrVG 1952; vgl. *BAG* 28.4.64, AP Nr. 4 zu § 4 BetrVG; zum Meinungsstand nach dem BetrVG 1952 *Fitting/Kraegeloh/Auffarth,* 8. Aufl. 1968, § 4 Rn. 14; ausführlich zum Streitstand bis zur Novellierung 1988 *Dietz/Richardi,* 6. Aufl., Rn. 123, 128 ff.

672 *Buchner,* NZA-Beilage 1/89, S. 2 [6], *Engels/Natter,* BB-Beilage 8/89, S. 7; *Wlotzke,* DB 89, 111 [118]; *Richardi,* NZA-Beilage 1/90, S. 2 [3]; *Hromadka,* BB 90, 57 [58]; *Röder,* NZA-Beilage 4/89, 2 [5].

673 Ebenso *Richardi,* a. a. O., S. 4.

674 So auch die h. M. zur geänderten Fassung, vgl. nur *Engels/Natter,* a. a. O., S. 9; *Buchner,* a. a. O., S. 6.

675 29.1.80, AP Nr. 22 zu § 5 BetrVG 1972.

676 Vgl. auch *BAG* 23.1.86, AP Nr. 32 zu § 5 BetrVG 1972.

677 *BAG* 29.1.80, a. a. O.

678 *BAG* 5.3.74, AP Nr. 1 zu § 5 BetrVG 1972.

679 So aber auch schon *BAG* 5.3.74, AP Nr. 1 zu § 5 BetrVG 1972; bestätigt für die neue Rechtslage durch *BAG* 11.1.95, EzA § 5 BetrVG 1972 Nr. 58.

680 *Hromadka,* BB 90, 57 [58].

230 Die Erfüllung der Merkmale einer der Tatbestandsgruppen nach Satz 2 allein genügt jedoch nicht. Nach dem Eingangshalbsatz des Satzes 2 müssen die formalen Berechtigungen bzw. funktionsbezogenen Aufgaben dem Angestellten im **Arbeitsvertrag** übertragen worden sein. Außerdem genügt auch diese bloß formale vertragliche Übertragung nicht, vielmehr **müssen** die übertragenen Berechtigungen und **Aufgaben** auch **tatsächlich** im UN oder im Betrieb vom betreffenden Angestellten **wahrgenommen werden** (dazu Rn, 237 f.). **Abs. 4,** dem ein »besonderer Ehrenplatz in der Rätselecke des Arbeitsrechts«[681] zukommt, enthält – selbst wenn man über die durchgreifenden verfassungsrechtlichen Bedenken hinwegsieht (vgl. Rn. 295) – keine selbstständigen Abgrenzungsmerkmale; er hat bestenfalls eine nachgeordnete **Hilfsfunktion** bei Anwendung von Abs. 3 Satz 2 Nr. 3 (str., näher dazu Rn. 282 ff.).

c) Verfassungsmäßigkeit des Abs. 3

231 Zu **Abs. 3 Nr. 3 a. F.** waren Zweifel an dessen **Verfassungsmäßigkeit** geäußert worden, weil er eine Anhäufung unbestimmter Rechtsbegriffe enthalte und wegen seiner Unbestimmtheit gegen das Rechtsstaatsgebot, den Grundsatz der Justitiabilität und das Gebot der Normenklarheit verstoße.[682] Dem ist jedoch zunächst das *BAG*[683] und schließlich das *BVerfG*[684] entgegengetreten.

232 **Abs. 3 Nr. 3** des geltenden Gesetzes bedient sich zwar ebenfalls zur Bestimmung der leitenden Angestellten einer Reihe von unbestimmten Rechtsbegriffen. Wie jedoch andernorts nachgewiesen wurde, decken sich die neuen Begriffe zum Teil sogar wörtlich mit Formulierungen, die das *BAG* im Rahmen der Auslegung der Nr. 3 a. F. verwendet hatte,[685] so dass die Zweifel an der **Verfassungsmäßigkeit** dieser Tatbestandsgruppe – wenn sie zum früheren Recht jemals angebracht waren – jedenfalls nach der Neufassung 1988 noch geringer geworden sind.[686] Wenn das *BVerfG*[687] schon zur a. F. ausdrücklich festgestellt hatte, dass die »Arbeitsgerichte nach wie vor in der Lage sind, die ihnen durch die unbestimmten Rechtsbegriffe gestellte Aufgabe auf rechtsstaatliche Weise zu bewältigen«, so gilt dies hinsichtlich der jetzt geltenden Fassung erst recht. Somit ist es zweifelsfrei möglich, **allein auf der Basis des Abs. 3** bei einem gegebenen Sachverhalt unter Anwendung der Grundsätze der juristischen Auslegungsmethoden zu einer – wenn auch möglicherweise schwierigen – **Zuordnungsentscheidung** zu gelangen.[688]

233 Wegen der – allerdings notwendigen – begrifflichen Unschärfe der verwandten Gesetzesbegriffe konzediert das *BAG* in ständiger Rspr. den Tatsachengerichten **bei der Gesamtwertung** der für die Charakterisierung eines leitenden Angestellten maßgebenden Merkmale einen gewissen **Beurteilungsspielraum.**[689] Ein **rechtlicher Ermessensspielraum** zur Wahl zwischen mehreren gleichwertigen, im Rechtssinne richtigen Entscheidungsalternativen steht den Gerichten insoweit aber **nicht** zu. Der durch das Rechtsbeschwerdegericht nur eingeschränkt überprüfbare Beurteilungsspielraum betrifft allein die **Gesamtwürdigung** der verschiedenen Funktionsmerkmale **in tatsächlicher Hinsicht.** Ob dagegen die festgestellten Tatsachen rechtlich richtig beurteilt, d. h. unter die gesetzlichen Tatbestandsmerkmale subsumiert worden sind, ist eine unbeschränkt nachprüfbare rechtliche Entscheidung.[690] Damit hält sich die Rspr.

681 *Martens*, RdA 89, 73 [81].
682 Vgl. *LAG Düsseldorf* 9.11.78, 7.12.78, AP Nrn. 20, 21 zu § 5 BetrVG 1972; *LAG Hamburg* 4.1.80 – 6 TaBV 1/79; *Küttner/Zietsch/Gravenhorst*, DB 79, 546; *Ochsner*, DB 78, 2219.
683 29.1.80, AP Nr. 22 zu § 5 BetrVG 1972.
684 24.11.81, AP Nr. 27 zu § 5 BetrVG 1972.
685 Vgl. *Blanke/Berg u. a.*, Rn. 57 ff.
686 Ebenso *Fitting*, Rn. 361 *Bauer*, SprAuG, S. 127.
687 A. a. O.
688 Ebenso *Steindorff*, AuR 88, 266 [269], der Abs. 4 zu Recht für einen toten Buchstaben hält; vgl. auch *Clausen/Löhr/Schneider/Trümner*, AuR 88, 293 [297 f.]; zur Verfassungswidrigkeit des Abs. 4 vgl. Rn. 295.
689 Grundlegend *BAG* 5.3.74, AP Nr. 1 zu § 5 BetrVG 1972; zuletzt 29.1.80, AP Nr. 22 zu § 5 BetrVG 1972; bestätigt durch *BVerfG* 24.11.81, AP Nr. 27 zu § 5 BetrVG 1972.
690 *BAG* 23.1.86, AP Nr. 30 zu § 5 BetrVG 1972; ebenso *Richardi*, NZA-Beilage 1/90, S. 9.

des *BAG* im allgemeinen Rahmen der zu den unbestimmten Rechtsbegriffen entwickelten Lehre, wonach es für den Rechtsanwender in tatsächlicher Hinsicht einen Bewertungsspielraum, in rechtlicher Hinsicht jedoch nur eine richtige Lösung geben kann, so dass die Wahl zwischen mehreren Entscheidungen ausgeschlossen ist.[691]

d) Zwingendes Recht

Als **Organisationsvorschrift gehört** die gesetzliche Begriffsdefinition **zum zwingenden Recht.**[692] Somit können weder durch TV noch BV noch Arbeitsvertrag oder sonstige Abmachungen andere als die gesetzlichen Voraussetzungen für den Begriff des leitenden Angestellten festgelegt werden. Gleichwohl getroffene abweichende **Vereinbarungen** sind **nichtig,** d. h. von Anfang an unwirksam.[693] Dies gilt für viele der in der Praxis üblich gewordenen Abreden, die häufig zur Vermeidung von Rechtsstreitigkeiten getroffen werden.[694] Aus demselben Grunde ist es auch unzulässig, den Status eines AN als leitender Angestellter **im Rahmen eines** gerichtlichen **Vergleichs** festzulegen, wie es ebenfalls zu beobachten ist, vor allem im Zusammenhang solcher Verfahren, in denen der Status als Vorfrage eine Rolle spielt. 234

Früher wurde gelegentlich angenommen, es sei im Einzelfall zulässig, einer Abgrenzungs-Übereinkunft, sofern sie nach den gesetzlichen Kriterien getroffen worden ist, eine Tatsachenvermutung zu entnehmen, die als Beweis des ersten Anscheins im Rahmen der Beweiswürdigung von Bedeutung sei. Ein derartiger **Beurteilungskonsens** zwischen BR und UN wird vom *BAG* allerdings nicht als ausreichend zuverlässiges Indiz angesehen.[695] Ebenso wenig kommt es auf die persönliche Entwicklung eines AN an oder auf dessen Kenntnisse und Erfahrungen, die er aufgrund politischer oder anderer Aufgabenwahrnehmung erlangt hat.[696] 235

Schließlich vermag auch die **Eintragung in die Wählerliste,** sei es für die BR-Wahl oder die SpA-Wahl, keine rechtskonstitutiven Wirkungen zu erzeugen.[697] 236

3. Gemeinsame Tatbestandsvoraussetzungen nach Abs. 3 Satz 2, Einleitungshalbsatz

Nach den den Tatbestandsgruppen der Nrn. 1 – 3 vorangestellten Worten ist leitender Angestellter nur, wer die in Nrn. 1 – 3 enthaltenen Berechtigungen und Aufgaben nach Arbeitsvertrag **und** Stellung im UN oder Betrieb wahrnimmt. Gegenüber Abs. 3 a. F. ist zunächst der Begriff »Dienstvertrag« durch »Arbeitsvertrag« ersetzt worden, was jedoch gegenüber der früheren Rechtslage keine Änderung bedeutet (vgl. bereits Rn. 221). Auch wenn der Gesetzgeber des Jahres 1972 bei der Aufnahme dieses Merkmals davon ausgegangen ist, dass im Regelfall ein **schriftlicher** Anstellungsvertrag vorliegen wird,[698] so hängt dennoch der Status eines leitenden Angestellten nicht etwa von der Fixierung der Aufgaben und Befugnisse in einer Vertragsurkunde ab.[699] 237

Weil aus diesen Gründen nicht ausgeschlossen werden kann, dass einem AN Aufgaben eines **leitenden** Angestellten im schriftlichen Vertrag **nur pro forma** übertragen werden, diese in Wirklichkeit aber nicht ausgeübt werden oder sogar untersagt sind, kommt dem zusätzlichen Merkmal »nach Stellung im UN oder im Betrieb« entscheidende Bedeutung zu. Hierdurch 238

---

691 Vgl. *GmS-OGB* 19.10.71, BVerwGE, 39, 355 [363, 365]; *Clausen/Löhr/Schneider/Trümner,* AuR 88, 293 [297], wo irrtümlich von »Entscheidungsspielraum« die Rede ist.

692 *Richardi,* Rn. 261; *Fitting,* Rn. 365; GK-*Raab,* Rn. 136.

693 *BAG* 5.3.74, AP Nr. 1 zu § 5 BetrVG 1972; 19.8.75, AP Nr. 1 zu § 105 BetrVG 1972; *GL,* Rn. 41.

694 Vgl. aus jüngerer Zeit *LAG Baden-Württemberg* 29.4.11 – 7 TaBV 7/10, juris = BB 11, 1268 (red. Ls.): Regelungsabrede über Statusbeurteilung ist rechtlich irrelevant.

695 *BAG* 29.1.80, AP Nr. 22 zu § 5 BetrVG 1972, ebenso auch hinsichtlich einer **Selbsteinschätzung** durch den Betroffenen.

696 *LAG Niedersachsen* 16.6.08 – 9 TaBV 14/07.

697 So für das frühere Recht *BAG* 5.3.74, 4.12.74, AP Nrn. 1, 4 zu § 5 BetrVG 1972; vgl. zu den Rechtswirkungen des Zuordnungsverfahrens § 18 a Rn. 68 ff.

698 Vgl. *Richardi,* NZA-Beilage 1/90, S. 2 [4].

699 So schon *BAG* 5.3.74, 23.3.76, AP Nrn. 1, 14 zu § 5 BetrVG 1972.

wird klargestellt, dass neben die vertragsrechtlich eingeräumte **Befugnis bzw. Funktion** auch deren **tatsächliche Ausübung** treten muss, damit von einem leitenden Angestellten die Rede sein kann.[700] Hierin tritt jedoch nur der allgemeine arbeitsrechtliche Gedanke zutage, wonach letztlich für die rechtliche Beurteilung des Status nicht die Bezeichnung, sondern die tatsächliche Handhabung entscheidend ist.[701] Anders ist dies nur dann, wenn **vor Dienstantritt** die Kündigung erfolgt; dann richtet sich die Statusbeurteilung allein nach dem Arbeitsvertrag.[702]

239 Allerdings reicht auch die rein tatsächliche Ausübung von Funktionen eines leitenden Angestellten nicht aus.[703] Wenngleich dies bei dem in Rede stehenden Personenkreis nur selten vorkommen mag, so könnte es sich auch um eine »angemaßte« Befugnis handeln, die im Außenverhältnis faktisch zwar vollzogen wird, der im Innenverhältnis zum AG jedoch keine entsprechende Berechtigung zugrunde liegt. Insoweit hatte das *BAG* zu der sachlich identischen Rechtslage nach Abs. 3 a. F. (»nach Dienststellung und Dienstvertrag«) die **Deckungsgleichheit** zwischen rechtlichen und tatsächlichen Befugnissen verlangt.[704]

240 Aus der noch im Gesetzgebungsverfahren vor dem Hintergrund der *BAG*-Entscheidung vom 27.4.88[705] geänderten Fassung des Abs. 3 Satz 2 Nr. 2[706] lässt sich kein Argument gegen das Erfordernis der **Deckungsgleichheit,** wie es im neuen Eingangshalbsatz verankert ist, gewinnen. Gerade weil sich die im »Wettlauf zwischen Gesetzgebung und Rechtsprechung«[707] beschlossene Korrektur des bisherigen Gesetzeswortlauts allein auf die Tatbestandsgruppe nach Nr. 2 erstreckt, lässt sie die bisherige Rspr. (Rn. 239) zum Eingangssatz unangetastet. Allenfalls gibt sie etwas für die Auslegung der Nr. 2 her.[708]

241 Die sprachlich hervorgehobene Gleichgewichtigkeit der »Stellung im UN« mit der »Stellung im Betrieb« dokumentiert lediglich den zuletzt in der Rspr. des *BAG*[709] **vor** der Neufassung erreichten Stand der Normauslegung.[710] Danach konnten auch bisher schon wichtige **betriebsleitende Funktionen** als eine solche unternehmerische (Teil-)Aufgabe anzusehen sein, die als ein Merkmal nach Nr. 3 erfüllt sein musste, um jemanden überhaupt zum leitenden Angestellten qualifizieren zu können.[711] Zu Abs. 3 hat das *BAG*[712] ausdrücklich und in Anknüpfung an seine bisherige Rspr.[713] betont, dass das Gesetz auf die **Stellung des Angestellten im UN** abstellt. Anknüpfungspunkt für die Beurteilung der unternehmerischen Tätigkeit ist stets das UN, so dass in einem mehrbetrieblichen UN der Status ein und derselben Person nur einheitlich für alle Betriebe dieses UN festgestellt werden kann, wenn der betreffende Angestellte mehreren Betrieben des UN angehört.[714] Somit ist ausgeschlossen, dass **rein betriebsbezogene Aufgaben** ohne unternehmerischen Charakter bereits zum leitenden Angestellten

700 *Engels/Natter,* BB-Beilage 8/89, S. 7; *Wlotzke,* DB 89, 111 [119]; *Hromadka,* a. a. O.; *Richardi,* NZA-Beilage 1/90, S. 2 [4]; *Fitting,* Rn. 369; GK-*Raab,* Rn. 142.

701 Vgl. Rn. 64; ebenso *Buchner,* NZA-Beilage 1/89, S. 2 [6].

702 *LAG Frankfurt* 31.5.85, LAGE § 5 BetrVG 1972 Nr. 14.

703 Ebenso GK-*Raab,* Rn. 142.

704 *BAG* 28.1.75, 29.1.80, 11.3.82, 27.4.88, AP Nrn. 5, 22, 28, 37 zu § 5 BetrVG 1972; GK-*Raab,* a. a. O., will eine nicht »völlige Deckungsgleichheit« genügen lassen; ablehnend *Hromadka,* DB 88, 2053 noch hinsichtlich der Tatbestandsgruppe nach Abs. 3 Nr. 2; nunmehr generell gegen dieses Erfordernis *ders.,* BB 90, 57 [58 f.].

705 AP Nr. 37 zu § 5 BetrVG 1972.

706 Prokuristen; näher zum Gang der Beratung im BT-Ausschuss *Richardi,* NZA-Beilage 1/90, S. 2 m. w. N.

707 *Hromadka,* DB 88, 2053.

708 Dazu Rn. 251, 257 f.; unklar *Engels/Natter,* BB-Beilage 8/89, S. 7; in der Tendenz wie hier *Wlotzke,* DB 89, 111 [119]; ablehnend *Hromadka,* BB 90, 57 [58]; Deckungsgleichheit verlangen auch *Borgwardt/Fischer/Janert;* SprAuG, 2. Aufl., S. 36.

709 23.1.86, AP Nrn. 30, 32 zu § 5 BetrVG 1972.

710 Vgl. *Wlotzke,* DB 89, 111 [119]; unverständlich die überzogene Kritik von *Martens,* RdA 89, 73 [77], der in dieser Formulierung offenbar eine Möglichkeit zur Ausdehnung des Personenkreises der leitenden Angestellten sieht.

711 Vgl. zum Streit um die terminologischen Veränderungen *Dänzer-Vanotti,* NZA-Beilage 1/89, S. 30 [31].

712 25.10.89, AP Nr. 42 zu § 5 BetrVG 1972.

713 Vgl. insbes. 29.1.80, AP Nr. 22 zu § 5 BetrVG 1972.

714 *BAG* 25.10.89, a. a. O.

qualifizieren können.[715] Deshalb genügt es nicht, wenn sich die Tätigkeit darauf beschränkt, eine **vorprogrammierte unternehmerische Entscheidung** auf der betrieblich-arbeitstechnischen Umsetzungsebene lediglich nachzuvollziehen.[716] Daran dürfte es auch scheitern, den Restaurantleiter[717] als leitenden Angestellten anzusehen, da er eine ausschließlich betriebsbezogene und auf Nachvollzug zentraler Vorgaben ausgerichtete Funktion wahrnahm. Zudem kam ihm die **Rolle des Betriebsleiters** in Bezug auf einen etwaigen BR nur in einem eingeschränkten Spektrum der Personalangelegenheiten und nur im Hinblick auf etwas mehr als 2,5 v. H. der AN des Gesamt-UN zu.[718]

Aus den Tatbestandsmerkmalen des Eingangssatzes folgt weiter, dass die **bloß gelegentliche oder nebenher** erfolgende Ausübung von Funktionen nach Nrn. 1 bis 3 nicht zum leitenden Angestellten macht.[719] Vielmehr muss diese die **Stellung des Angestellten** in der Arbeitsorganisation des UN **prägen,** so dass die **aushilfsweise** Verrichtung von derartigen Funktionen oder die bloß **kommissarische Vertretung** eines leitenden Angestellten den Vertreter nicht zum leitenden Angestellten werden lässt.[720] Wer zur **Erprobung** Aufgaben wahrnimmt, die für einen leitenden Angestellten charakteristisch sind, ist deswegen noch nicht leitender Angestellter; entscheidend ist, ob diese Aufgaben für die Stellung im Betrieb oder UN prägend sind. Übt ein Angestellter bereits während der Probezeit entsprechende Funktionen ohne Einschränkungen aus, kann er deshalb durchaus bereits als leitender Angestellter anzusehen sein.[721] **242**

Teilweise wird angenommen,[722] dass die in der Vorschrift erfolgte Bestätigung der sog. **Geprägetheorie,** wie sie vom *BAG* zum früheren Recht der leitenden Angestellten entwickelt worden war,[723] sich nunmehr aus dem Merkmal »regelmäßig« in Nr. 3 ergebe. Demgegenüber hatte jedoch das *BAG*[724] dieses Erfordernis nicht aus dem Merkmal »regelmäßig«, sondern aus dem Gesamtzusammenhang der Vorschrift abgeleitet. Die rechtliche Qualifizierung einer Tätigkeit mit Hilfe des Gepräge-Kriteriums ist hingegen auch ohne besonderen Anknüpfungspunkt im Gesetzeswortlaut zulässig. Für die Bestimmung des Status als Arbeiter oder Angestellter war dies seit langem anerkannt (vgl. *7. Aufl.*, § 6 Rn. 10); es handelt sich dabei um ein durchgängiges **arbeitsrechtliches Grundprinzip.**[725] **243**

Nicht recht klar ist die Bedeutung des Begriffs »**sonstige Aufgaben**« in Nr. 3 für die Legaldefinition des Abs. 3 Satz 2. Zwar ist er formal gesehen nicht direkt den gemeinsamen Tatbestandsmerkmalen »nach Arbeitsvertrag« bzw. »Stellung im...« zuzuordnen. Andererseits signalisiert er die funktionelle **Gleichwertigkeit** der drei Tatbestandsgruppen.[726] Deren **Ungleichartigkeit** (vgl. Rn. 229) wird dadurch nicht beseitigt. Darüber hinaus wird jedoch eine **244**

---

715 Ebenso *Engels/Natter,* BB-Beilage 8/89, S. 8.
716 *BAG* 19.11.74, 4.12.74, AP Nrn. 2, 4 zu § 5 BetrVG 1972.
717 Vgl. *BAG* 25.11.93, NZA 94, 837 [zu § 14 Abs. 2 KSchG]; näher Rn. 225, 297.
718 Vgl. aber GK-*Raab,* Rn. 146, der zu leichtfertig bereits jeden Betriebsleiter eines noch so kleinen Betriebs als leitenden Angestellten einordnet.
719 *Wlotzke,* DB 89, 111 [119]; *Richardi,* NZA-Beilage 1/90, S. 4 f.
720 *BAG* 23.1.86, AP Nr. 30 zu § 5 BetrVG 1972; anders für den Vertretungsfall die Entwurfsbegründung, BT-Drucks. 11/2503, S. 30, wenn eine ständige oder lang andauernde Vertretung vorliegt; allerdings kommt es auch dann darauf an, in welchem Umfang die Vertretung den Angestellten neben dessen eigentlichen Aufgaben beansprucht, d. h., ob die unternehmerischen Aufgaben nunmehr prägend sind; kritisch zur Entwurfs-Begründung *Fitting, 24. Aufl.,* Rn. 361; *Buchner,* NZA-Beilage 1/89, S. 2 [8]; *Dänzer-Vanotti,* NZA-Beilage 1/89, S. 30 [32].
721 *Richardi,* a. a. O.; vgl. *BAG* 25.3.76, AP Nr. 13 zu § 5 BetrVG 1972.
722 So offenbar *Engels/Natter,* BB-Beilage 8/89, S. 9.
723 *BAG* 5.3.74, AP Nr. 1 zu § 5 BetrVG 1972; seither ständige Rspr., vgl. nur zuletzt *BAG* 23.1.86, AP Nr. 32 zu § 5 BetrVG 1972.
724 5.3.75, a. a. O.
725 *Fitting,* Rn. 409; abwegig *Martens,* RdA 89, 73 [77], der zu sehr vom Ergebnis her argumentiert und vor allem den Personenkreis der leitenden Angestellten als durch die n. F. erweitert sehen möchte; ähnlich *H.-P. Müller,* DB 88, 1967; dagegen *G. Müller,* DB 89, 824 [825], der die Geprägetheorie wie hier vertreten in der Einleitung von Abs. 3 Satz 2 verankert sieht; die Fortexistenz der Geprägetheorie nach der Neufassung bestätigt *BAG* 25.10.89, AP Nr. 42 zu § 5 BetrVG 1972; zweifelnd dagegen *LAG Baden-Württemberg* 25.6.91, LAGE § 5 BetrVG 1972 Nr. 20.
726 So *Hromadka,* BB 90, 57 [58]; *Engels/Natter,* BB-Beilage 8/89, S. 8; *Wlotzke,* DB 89, 111 [120].

Verbindungslinie zwischen Nrn. 1 und 2 einerseits und Nr. 3 andererseits hergestellt.[727] Dies verdeutlicht, dass es sich bei den in Nr. 3 genannten Aufgaben gleichfalls um **Führungsaufgaben** mit betriebs- oder unternehmensleitendem Charakter handeln muss,[728] aber auch, dass leitende Angestellte nach Nrn. 1 und 2 eine ähnlich herausragende Funktion haben müssen, wie dies für leitende Angestellte i. S. d. funktionellen Grundtatbestandes nach Nr. 3 zu verlangen ist. Die den Berechtigungen nach Nrn. 1 und 2 zugrunde liegenden Aufgaben müssen denen nach Nr. 3 gleichwertig sein.[729] Da Nr. 3 den Grundtatbestand der Definition enthält, sind Nrn. 1 und 2 an diesem zu messen, was vor allem bei der Auslegung des Merkmals »nicht unbedeutend« in Nr. 2 zu beachten ist (vgl. Rn. 258 f.). Andererseits erhalten Nrn. 2 und 3 durch das Merkmal »sonstige« den Charakter eines teilweise offenen Tatbestands.[730] Dem Wort »sonstige« allein sprachliche Bedeutung beizumessen[731] wird dem in der Entwurfsbegründung zum Ausdruck gekommenen Willen des Gesetzgebers jedenfalls nicht gerecht.

4. Die Tatbestandsgruppen des Abs. 3 Satz 2

245 Die Eigenschaft eines AN, leitender Angestellter zu sein, ist dann zu bejahen, wenn neben den allgemeinen Tatbestandsmerkmalen (vgl. Rn. 237 ff.) noch die Merkmale wenigstens einer der drei Tatbestandsgruppen vorliegen.[732]

a) Selbstständige Einstellungs- und Entlassungsberechtigung (Nr. 1)

246 Gegenüber der bis zum 31.12.1988 geltenden Fassung ist diese Tatbestandsgruppe unverändert geblieben. In der bisherigen Praxis – auch der Gerichte – spielte die Zuordnung nach dieser Regelung nur eine höchst **untergeordnete Rolle.**[733] Die bisherige Rspr. ist für die Auslegung der Nr. 1 weiterhin ohne Einschränkung heranzuziehen. Die Bestimmung der leitenden Angestellten i. S. d. Tatbestandsgruppe erfolgt ausschließlich anhand rein formaler Merkmale, deshalb muss bei dieser Tatbestandsgruppe stets ein bedeutsames Aufgabengebiet zu Grunde liegen.[734] Überdies müssen **alle Einzelmerkmale** dieser Tatbestandsgruppen zusammentreffend vorliegen.

247 Der Angestellte muss zur selbstständigen **Einstellung und Entlassung** berechtigt sein; Einstellungs- *oder* Entlassungsbefugnis reicht nicht aus,[735] so dass ein Betriebsleiter, der Personal zwar selbstständig einstellen darf, bei Kündigungen aber die Zustimmung der Personalabteilung benötigt, nicht leitender Angestellter i. S. d. Nr. 1 ist.[736] Diese Doppelbefugnis darf außerdem **nicht** bloß für den **Einzelfall** oder sporadisch auftauchende Situationen gegeben sein.[737] Wer durch **Generalprozessvollmacht** zur Führung von Rechtsstreitigkeiten vor dem ArbG ermächtigt ist, hat eben nicht Einstellungs- und Entlassungsbefugnis, nur weil er kraft Vollmacht zum rechtswirksamen **Abschluss von Aufhebungsvergleichen** berechtigt ist.[738] Außerdem ist zur selbstständigen Einstellung und Entlassung erforderlich, dass der Angestellte zur Vornahme der jeweiligen personellen Maßnahme im Außenverhältnis, d. h. gegenüber

---

727 *Richardi*, NZA-Beilage 1/90, S. 4; *Engels/Natter*, a. a. O.; *Wlotzke*, a. a. O.
728 *Fitting*, Rn. 394; *Bauer*, SprAuG, S. 123; *Richardi*, a. a. O.; *Engels/Natter*, a. a. O.; *Wlotzke*, a. a. O.
729 Ähnlich *Engels/Natter*, a. a. O.; *Wlotzke*, a. a. O.; zustimmend *BAG* 11.1.95, EzA § 5 BetrVG 1972 Nr. 58.
730 Vgl. *Engels/Natter*, a. a. O.; *Blanke/Berg u. a.*, Rn. 60 f.), so dass in schwierigen Fällen nach Nr. 3 eine Rückkoppelung zu den Nrn. 1 und 2 erfolgen kann (vgl. BT-Drucks. 11/2503, S. 30; *Bauer*, SprAuG, S. 123; *Richardi*, NZA-Beilage 1/90, S. 4; *Wlotzke*, DB 89, 120; a. A. *Hromadka*, BB 90, 57 [58]; *Martens*, RdA 89, 73 [76]; GK-*Raab*, Rn. 171.
731 So aber noch GK-*Raab*, 7. Aufl., Rn. 123 im Anschluss an *H. P. Müller*, DB 88, 1698.
732 Zu den Prüfkriterien siehe DKKWF-*Homburg*, § 5 Rn. 3.
733 Vgl. nur *BAG* 28.9.61, AP Nr. 1 zu § 1 KSchG 1951 Personenbedingte Kündigung; 27.10.78, 11.3.82, AP Nrn. 19, 28 zu § 5 BetrVG 1972; 17.11.83 – 6 AZR 291/83.
734 So schon *BAG* 29.1.80, AP Nr. 22 zu § 5 BetrVG 1972; *BAG* 16.4.02, NZA 03, 56.
735 *BAG* 11.11.83 – 6 AZR 291/83; *Richardi*, Rn. 171; *Fitting*, Rn. 375; anders in § 14 KSchG.
736 *GL*, Rn. 47.
737 HWGNRH-*Rose*, Rn. 168.
738 *BAG* 28.9.61, AP Nr. 1 zu § 1 KSchG 1951 Personenbedingte Kündigung.

dem betroffenen AN, die notwendigen Vollmachten hat und andererseits auch im **Innenverhältnis** gegenüber dem AG selbstständig über die Einstellung und Entlassung entscheiden darf.[739]

Das Merkmal der **Selbstständigkeit** bedeutet, dass der Angestellte hinsichtlich seiner Befugnisse nicht von Dritten abhängig sein darf. In der Praxis können auch **Personalleiter** meist nur im Zusammenwirken mit der **Fachabteilung** eine entsprechende Entscheidung treffen; die Notwendigkeit eines solchen Zusammenwirkens schließt bereits die Selbstständigkeit i. S. d. Nr. 1 aus.[740] Dasselbe gilt, wenn der Personalleiter lediglich die **Entscheidung** der Fachabteilung im Außenverhältnis zu dem betreffenden AN **vollzieht**.[741] Aber auch der Leiter der Fachabteilung, an dessen Votum die Personalabteilung nicht vorbeigehen kann, ist nicht leitender Angestellter nach Nr. 1, wenn er aus formellen Gründen die **Mitzeichnung** der Personalabteilung benötigt.[742] Dies ergibt sich auch daraus, dass die Berechtigung zur Einstellung und Entlassung von AN nicht nur im Außenverhältnis zum AN, sondern auch im Innenverhältnis zum AG/UN vorliegen muss.[743] Diese **eigenverantwortliche Entscheidung** liegt eben nicht mehr vor, wenn sie intern an gewisse Beteiligungs-Formalia gebunden wird. Zutreffend ist es aber, den Personalleiter bzw. Fachleiter dann als leitenden Angestellten zu bezeichnen, wenn er sich im Rahmen der innerbetrieblichen Kompetenzverteilung über ein entgegenstehendes Votum der zu konsultierenden Person hinwegsetzen darf.[744] Hat ein Personalleiter zwar Einstellungs- und Entlassungsbefugnis, so spricht es dennoch gegen dessen Leitenden-Eigenschaft, wenn er einen weisungsberechtigten Vorgesetzten hat, der mit den gleichen Kompetenzen ausgestattet ist.[745] 248

Die selbstständige Einstellungs- und Entlassungsberechtigung muss sich **auf AN beziehen,** so dass es nicht ausreicht, wenn ein Angestellter zum selbstständigen Abschluss von Verträgen mit **freien Mitarbeitern** und zur Auflösung solcher Verträge berechtigt ist.[746] Zwar setzt die Vorschrift keine bestimmte Anzahl von AN voraus, auf die sich die Berechtigung erstreckt. Aus dem Merkmal »**im Betrieb oder in der Betriebsabteilung**« folgt aber, dass es sich i. d. R. um einen erheblichen Teil der AN handeln muss, weil sonst nicht mehr davon auszugehen ist, dass ein die Leitungsfunktionen deutlich zum Ausdruck bringendes bedeutsames Aufgabengebiet vorhanden ist.[747] Als »erheblich« wird man es ansehen können, wenn sich die Befugnis auf mindestens eine **der AN-Gruppen** (Arbeiter bzw. Angestellte) bezieht.[748] **Nicht** ausreichend ist es daher wegen des zu kleinen AN-Kreises, wenn ein Angestellter zur Einstellung und Entlassung bloß von **Teilzeit-AN**[749] oder **Hilfskräften** berechtigt ist.[750] Allerdings kann eine **kleine AN-Gruppe** dann ausreichen, wenn es sich bei ihr entweder wiederum um leit. Ang. handelt, die ihrerseits nachgeordnete AN selbstständig einstellen und entlassen können[751] oder es sich um AN mit hochqualifizierten Tätigkeiten und entsprechenden Entscheidungsspielräumen handelt bzw. die Gruppenangehörigen einen für das UN herausgehobenen Geschäftsbereich betreuen.[752] 249

Da Nr. 1 wegen des in Nr. 3 enthaltenen Merkmals »sonstige Aufgaben« am Grundtatbestand 250

739 *BAG* 11.3.82, AP Nr. 28 zu § 5 BetrVG 1972; *BAG* 27.9.01, AP Nr. 6 zu § 14 KSchG 1969.
740 *LAG Berlin* 5.3.90, LAGE § 5 BetrVG 1972 Nr. 18; *Fitting*, Rn. 378; GK-*Raab*, Rn. 158; *GL*, Rn. 46; a. M. *SWS*, Rn. 10.
741 *Fitting*, a. a. O.; *Buchner*, NZA-Beilage 1/89, S. 2 [6].
742 Vgl. *ThürLAG* 6.7.00, LAGE § 5 BetrVG 1972 Nr. 22 wegen eines Chefarzt-Abteilungsleiters.
743 *BAG* 11.3.82, AP Nr. 28 zu § 5 BetrVG 1972.
744 GK-*Raab*, Rn. 158 a. E.
745 *LAG Hamm* 10.12.13 – 7 TaBV 80/13; die RB ist beim BAG anhängig unter Az. 1 ABR 4/14.
746 *BAG* 27.10.78, AP Nr. 19 zu § 5 BetrVG 1972; dies kann aber u. U. im Rahmen der Nr. 3 eine Rolle spielen.
747 *BAG* 11.3.82, AP Nr. 28 zu § 5 BetrVG 1972; *Fitting*, Rn. 376; GK-*Raab*, Rn. 156.
748 Ebenso *BAG* 11.3.82, a. a. O.; *Fitting*, a. a. O.
749 Dazu *LAG Düsseldorf* 20.10.87, LAGE § 5 BetrVG 1972 Nr. 16.
750 Wie z. B. auch der Leiter einer kleinen Filiale mit zahlenmäßig geringer Personalverantwortung; vgl. *Fitting*, a. a. O.; *Bauer*, SprAuG, S. 120; a. A. *GL*, Rn. 48, die auch eine sich auf einen relativ kleinen Personenkreis beziehende Befugnis für ausreichend halten.
751 *BAG* 27.9.01, AP Nr. 6 zu § 14 KSchG 1969; *Fitting* Rn. 377.
752 *BAG* 10.10.07, EzA § 5 BetrVG 2001 Nr. 3.

nach Satz 2 Nr. 3 zu messen ist (vgl. Rn. 244), wird man auch bei leitenden Angestellten, die die Personalvollmacht nach Nr. 1 haben, eine Aufgabe verlangen müssen, die für den Bestand und die Entwicklung des UN oder eines Betriebs von Bedeutung ist und deren Erfüllung besondere Erfahrungen und Kenntnisse voraussetzt.[753] Schon aus diesem Grunde ist der vielzitierte **Maurer-Polier** mit Personalvollmacht zur Einstellung und Entlassung von Hilfsarbeitern auf der Baustelle kein leitender Angestellter.[754]

b) Generalvollmacht oder Prokura (Nr. 2)

251 Ähnlich wie beim Tatbestand der Nr. 1 existiert nur spärliche Rspr. zu dieser Tatbestandsgruppe.[755] Die jetzige Nr. 2 ist gegenüber der a. F. geändert worden, knüpft aber wie bisher zunächst an die formalen Merkmale des Vorliegens einer **Generalvollmacht** und **Prokura** an. Insoweit hatte das *BAG*[756] bereits festgestellt, dass nach Sinn und Zweck des Gesetzes »formale Rechtsbefugnisse nur dann den Status des leitenden Angestellten begründen, wenn ihnen ein entsprechend bedeutsames Aufgabengebiet zu Grunde liegt«. Scheinbar hat damit der Gesetzgeber im Jahre 1988 lediglich diesen aus der *BAG*-Entscheidung herrührenden Satz in den Rang des formellen Gesetzestextes erhoben (vgl. aber auch Rn. 257).

252 Das Gesetz nennt die **Generalvollmacht vor** der **Prokura,** weil sie nach der Verkehrsanschauung eine Rechtsstellung verschafft, die zwischen der eines Vorstandsmitglieds/Geschäftsführers und der eines Prokuristen liegt.[757] Der historische Gesetzgeber war davon ausgegangen, dass Personen, die eine derart weitreichende Vertretungsmacht besitzen, ausschließlich **geschäftsleitende Funktionen** wahrnehmen und deshalb in einem natürlichen Gegensatz zu den übrigen AN des Betriebs stehen.[758] Der **Begriff Generalvollmacht** wird nirgends gesetzlich definiert (auch § 173 ZPO, § 9 Nr. 1 ArbeitserlaubnisVO und § 22 Abs. 2 Nr. 2 ArbGG erwähnen sie lediglich), allerdings wird die Generalvollmacht als eine besondere Spielart der Handlungsvollmacht (§ 54 HGB) angesehen,[759] obgleich sie über diese in der Praxis hinausgeht, da sie sich regelmäßig auf das gesamte UN erstreckt (vgl. auch § 105 Abs. 1 AktG i. V. m. § 6 Abs. 2 MitbG). Der konkrete **Umfang** einer Generalbevollmächtigung lässt sich nur aus dem der Erteilung zugrunde liegenden Rechtsgeschäft entnehmen (vgl. § 167 BGB). Anders als die Erteilung der Prokura bedarf die Generalbevollmächtigung **nicht** der Eintragung ins **Handelsregister.**[760] Die schlichte Handlungsvollmacht gem. § 54 HGB kann niemals zum leitenden Angestellten qualifizieren.[761]

253 Die **Prokura** ist eine besondere handelsrechtliche Vollmacht (§§ 48 – 53 HGB), ihre Reichweite richtet sich nach den gesetzlichen Vorschriften. Danach ermächtigt sie zur Vornahme aller Rechtsgeschäfte, die der **Betrieb** eines Handelsgewerbes mit sich bringt, mit Ausnahme der Grundstücksveräußerung und -belastung (§ 49 HGB). Die Erteilung ist zum **Handelsregister** anzumelden und dort einzutragen; dies gilt auch für die **Gesamtprokura** (§ 48 Abs. 2 i. V. m. § 53 Abs. 1 HGB) und die **Niederlassungsprokura** (sog. Filialprokura, vgl. § 50 Abs. 3 HGB). Die **Eintragung hat** allerdings nur **deklaratorischen Charakter,** wirkt also nicht rechtsbegründend, so dass der BR aus den im Handelsregister erfolgten Eintragungen (zum Einsichtsrecht vgl. § 9 HGB) keinen notwendig vollständigen Überblick haben muss. Der Prokurist zeichnet mit dem Zusatz »ppa.« (= per procura).

254 Ist eine Beschränkung dergestalt erfolgt, dass bestimmte Rechtsgeschäfte nur durch **mehrere**

753 *Richardi,* NZA-Beilage 1/90, S. 5.
754 *GL,* Rn. 48; *Fitting,* Rn. 377.
755 Vgl. *BAG* 28.1.75, 27.4.88, AP Nrn. 5, 37 zu § 5 BetrVG 1972; *BAG* 11.1.95, EzA § 5 BetrVG 1972 Nr. 58; *LAG Rheinland-Pfalz* 20.1.81, EzA § 5 BetrVG 1972 Nr. 36; *LAG Düsseldorf* 24.2.89, LAGE § 5 BetrVG 1972 Nr. 17 mit Anm. *Nowak* in BetrR 89, 192 ff.
756 29.1.80, AP Nr. 22 zu § 5 BetrVG 1972.
757 *BAG* 5.3.74, AP Nr. 1 zu § 5 BetrVG 1972; vgl. auch Rn. 297 ff.; *Richardi,* Rn. 203; GK-*Raab,* Rn. 160; *Hromadka,* Rechtsbrevier, S. 5 f.; in der Praxis kommt sie nur selten vor [*Fitting,* Rn. 381].
758 Ausschussbericht zu BT-Drucks. VI/2729, S. 11.
759 *Richardi,* a. a. O.
760 Vgl. *Hromadka,* a. a. O.
761 *Fitting,* Rn. 390.

Prokuristen gemeinschaftlich vorgenommen werden dürfen, so handelt es sich um eine **Gesamtprokura** (§ 48 Abs. 2 HGB); die Beschränkung kann sich auch darauf beziehen, dass sich die Vollmacht nur auf eine Niederlassung erstreckt (sog. **Niederlassungsprokura,** vgl. § 50 Abs. 3 HGB). Wird zwischen UN und Angestellten eine Beschränkung der Prokura im Innenverhältnis in der Weise vereinbart, dass der AN die Prokura nur für gewisse Arten von Geschäften (vgl. § 50 Abs. 2 HGB) ausüben darf, so wird gelegentlich von **Artprokura** gesprochen.[762] Letztgenannte **Beschränkung des Prokuraumfanges** ist im Unterschied zur Gesamt- oder Niederlassungsprokura allerdings im Außenverhältnis gegenüber Dritten unwirksam (§ 50 Abs. 1 HGB), so dass ein »Artprokurist« im Rechtsverkehr wie ein mit allen Befugnissen eines Prokuristen versehener »Generalprokurist« zu behandeln ist.

Zur a. F. der Nr. 2 war es in der Rspr. anerkannt, dass unter den Begriff der **Prokura i. S. d. Nr. 2 auch** die **gemäß HGB** im Außenverhältnis zulässigerweise **eingeschränkten Formen** der Prokura, also die Gesamt- und Niederlassungsprokura, fielen.[763] Selbst eine Doppelbeschränkung in Form einer auf die Niederlassung i. S. d. § 50 Abs. 3 HGB begrenzten Gesamtprokura sei insoweit noch als Prokura i. S. d. Nr. 2 anzusehen.[764] Allerdings verlangte die Rspr. wegen der Merkmale »nach Dienststellung und Dienstvertrag« nach der a. F. zusätzlich, dass ein Angestellter, um leitender Angestellter nach Nr. 2 zu sein, die im Außenverhältnis verliehene Vertretungsmacht auch im Innenverhältnis zum AG uneingeschränkt wahrzunehmen berechtigt sein muss (sog. Erfordernis der **Deckungsgleichheit** von Innen- und Außenverhältnis). **255**

Wenn es dem Angestellten nämlich vom AG trotz der formal erteilten Prokura untersagt ist, diese überhaupt auszuüben, oder nur erlaubt ist, sie innerhalb eines geringen Spielraums auszuüben, oder wenn bei der Abgabe rechtsgeschäftlicher Erklärungen kein nennenswerter Spielraum belassen wird, kann er schon nach seiner **Stellung im UN** nicht als Prokurist i. S. d. Nr. 2 angesehen werden.[765] Diese sog. **Titularprokuristen** zählten schon nach der a. F. der Nr. 2 nicht zu den leitenden Angestellten; sie sind dies auch nach der Neufassung nicht.[766] Dasselbe gilt hinsichtlich derjenigen Angestellten, die **Prokura ehrenhalber** erhalten oder weil man stets einen Zeichnungsberechtigten anwesend haben will, ohne dass diesem eine eigene erhebliche Entscheidungsbefugnis in wesentlichen unternehmerischen Teilbereichen zusteht.[767] **256**

Ob dagegen bei der Prokura an dem **Erfordernis der Deckungsgleichheit** von Innen- und Außenverhältnis (vgl. Rn. 255) nach heutigem Recht festgehalten werden kann, ist strittig.[768] Der Wortlaut der Neufassung stellt darauf ab, dass »die Prokura im Verhältnis zum Arbeitgeber nicht unbedeutend ist«, und ist insoweit »nicht glücklich gewählt«.[769] Dies soll nach verbreiteter Ansicht den **Willen des Gesetzgebers** dokumentieren, die vermeintliche Einengung des Tatbestands der Nr. 2 a. F. wieder rückgängig zu machen, wie sie vom *BAG*[770] auf Grund der aus dem Merkmal »nach Dienststellung und Dienstvertrag« geschlussfolgerten notwendigen Deckungsgleichheit von Innen- und Außenverhältnis herbeigeführt worden war.[771] Sieht man einmal von der sprachlichen Ungenauigkeit des Gesetzeswortlauts ab (Pro- **257**

762 Vgl. *Hromadka*, DB 88, 2053.
763 *BAG* 27.4.88, AP Nr. 37 zu § 5 BetrVG 1972 Nr. 36.
764 *BAG* 27.4.88, a. a. O.
765 So bereits *LAG Rheinland-Pfalz* 20.1.81, EzA § 5 BetrVG 1972 Nr. 36.
766 Vgl. zum BetrVG 1952: *LAG Bremen* 15.7.59, AP Nr. 9 zu § 76 BetrVG; zum BetrVG 1972: *BAG* 28.1.75, 29.1.80, 27.4.88, AP Nrn. 5, 28, 37 zu § 5 BetrVG 1972; *LAG Rheinland-Pfalz* 20.1.81, a. a. O.; zur Neufassung: *BAG* 11.1.95, EzA § 5 BetrVG 1972 Nr. 58; *LAG Düsseldorf* 24.2.89, LAGE § 5 BetrVG 1972 Nr. 17; *Engels/Natter*, BB-Beilage 8/89, S. 8; *Wlotzke*, DB 89, 111 [119]; *Hromadka*, BB 90, 57 [60]; *Richardi*, NZA-Beilage 1/90, S. 2 [5]; *Bauer*, SprAuG, S. 121; *Fitting*, Rn. 389; GK-*Raab*, Rn. 163.
767 Ebenso *Fitting*, Rn. 389; *Hromadka*, Rechtsbrevier, S. 10 f.; *ders.*, BB 90, 57 [60].
768 Bejahend wohl *Dänzer-Vanotti*, NZA-Beilage 1/89, S. 30 [31]; dagegen die wohl h. M. in der Literatur, vgl. nur GK-*Raab*, Rn. 163 m. w. N.; *Wlotzke*, DB 89, 111 [119] und *Bauer*, SprAuG, S. 121 f. unter Berufung auf die Mehrheit im Ausschuss für Arbeit und Sozialordnung [BT-Drucks. 11/3618, S. 7]; nach *Richardi*, Rn. 205, ist nur eine Teil-Deckungsgleichheit erforderlich.
769 *Wlotzke*, a. a. O., schreibt dies dem Kompromisscharakter der Formulierung zu; kritisch auch *Hromadka*, BB 90, 57 [60].
770 27.4.88, AP Nr. 37 zu § 5 BetrVG 1972.
771 Dazu etwa *Buchner*, NZA-Beilage 1/89, S. 2 [7]; *Fitting*, Rn. 385 f.; *LK*, Rn. 28.

kura besteht niemals gegenüber dem AG, sondern stets gegenüber Dritten; außerdem kann nicht die Prokura unbedeutend sein, sondern nur die ihr im Innenverhältnis zum AG zugrunde liegenden Aufgaben)[772] so wirft die Verwendung des Wortes »auch« neue Schwierigkeiten auf. Danach bezieht sich sprachlich gesehen die Voraussetzung, dass die Prokura »nicht unbedeutend« sein darf, nicht nur auf das Innenverhältnis zum AG, sondern auch auf das mit der Prokura naturgemäß angesprochene Außenverhältnis. Eine andere Auslegung ergibt keinen Sinn. Somit können – anders als nach der a. F. (vgl. Rn. 255) – jetzt auch **die im Außenverhältnis wirksamen Beschränkungen der Prokura** (Gesamtprokura, Filialprokura) dazu führen, dass die Prokura als unbedeutend hinsichtlich der Stellung des Angestellten im UN anzusehen ist. Aus diesem Grunde muss bei der Gesamt- und Filialprokura und deren Kombination (vgl. Rn. 255) nunmehr zusätzlich geprüft werden, ob die dieser formalen Berechtigung zu Grunde liegenden Aufgaben noch als hinreichend bedeutsam angesehen werden können,[773] um zum leitenden Angestellten nach Nr. 2 zu qualifizieren.

258 Geht man einmal davon aus, dass der Wille des Gesetzgebers, für die Prokura vom strengen Erfordernis der Deckungsgleichheit von Innen- und Außenverhältnis absehen zu wollen, im Gesetzeswortlaut noch hinreichend deutlich zum Ausdruck gekommen ist, stellt sich allerdings die weitere Frage, anhand welcher Kriterien das Merkmal »nicht unbedeutend« näher zu bestimmen ist. Dabei wird in die Überlegungen mit einzubeziehen sein, dass in Konsequenz der vom *BAG*[774] vertretenen Ansicht zur a. F. sog. **Artprokuristen** (vgl. Rn. 254) niemals als leitende Angestellte i. S. d. Nr. 2 in Betracht kamen,[775] weil bei diesen Personen notwendigerweise die Deckungsgleichheit von Innen- und Außenverhältnis fehlt, d. h., der in der Prokura liegenden Rechtsmacht im Außenverhältnis nicht eine in ihrer Reichweite identische Befugnis im Innenverhältnis entspricht. Nunmehr soll nach dem Willen des Gesetzgebers zwar eine völlige Deckungsgleichheit nicht mehr erforderlich sein, aber das der Prokura im Innenverhältnis zugrunde liegende Aufgabengebiet darf auch nicht unbedeutend sein. Die vom Gesetzgeber gewählte doppelte Verneinung hat keinen eigenen Stellenwert. Sprachlogisch ist diese Formulierung identisch mit dem Begriff »bedeutend«.[776]

259 Wenngleich somit eine völlige Deckungsgleichheit nicht mehr verlangt werden kann,[777] so müssen doch **Innen- und Außenverhältnis einander nahe kommen**,[778] weil sonst nur noch schwerlich von Teilaufgaben gesprochen werden kann, die im Verhältnis zu den unternehmerischen Gesamtaufgaben von Bedeutung sind.[779] Fragwürdig erscheint daher die Ansicht, wonach die interne Beschränkung der Prokura auf ein Aufgabengebiet – z. B. Einkauf, Verkauf, Produktion usw. – für die Annahme der Leitenden-Eigenschaft nicht unschädlich sei.[780] Stets ist nämlich zu beachten, dass eine **»Atomisierung«** der unternehmerischen Gesamtaufgabe in eine Unzahl von Teilaufgaben dazu führt, dass keine Wahrnehmung von unternehmerischen **Leitungsaufgaben** mehr angenommen werden kann.[781] Als Maßstab dafür, wann diese Grenze überschritten ist, kann daher auf die Merkmale der Nr. 3 zurückgegriffen werden,[782] so dass bei der Tatbestandsgruppe nach Nr. 2 neben der Prokura stets im Innenver-

---

772 So richtig *BAG* 11.1.95, EzA § 5 BetrVG 1972 Nr. 58; zur Kritik schon *Blanke/Berg u. a.,* Rn. 53 und *Fitting,* Rn. 3386.

773 Ebenso *Nowak,* BetrR 89, 192 [193].

774 27.4.88, AP Nr. 37 zu § 5 BetrVG 1972.

775 Kritisch dazu *Hromadka,* DB 88, 2053.

776 A. A. offenbar *Martens,* RdA 89, 73 [81], der hieraus Konsequenzen für die Verteilung der Darlegungslast im Beschlussverfahren ableitet und meint, dass im positiven Statusfeststellungsverfahren lediglich der Nachweis der Prokura genüge, während die Berufung auf eine negative Statusfeststellung umfangreicher Darlegungen hinsichtlich eines nur unbedeutenden Aufgabengebietes bedürfe; insoweit dem aber jetzt zustimmend *BAG* 11.1.95, EzA § 5 BetrVG 1972 Nr. 58.

777 Ebenso *Richardi,* Rn. 205.

778 A. A. *Engels/Natter,* BB-Beilage 8/89, S. 8.

779 Dies verlangen zutreffend auch *Engels/Natter,* a. a. O.

780 So im Ansatz *Hromadka,* BB 90, 57 [60].

781 Vgl. *BAG* 9.12.75, AP Nr. 11 zu § 5 BetrVG 1972.

782 Zustimmend *BAG* 11.1.95, EzA § 5 BetrVG 1972 Nr. 58; so auch *LAG Düsseldorf* 24.2.89, LAGE § 5 BetrVG 1972 Nr. 17; *Wlotzke,* DB 89, 111 [119]; enger offenbar *Engels/Natter,* a. a. O., die dies nur in problematischen Fällen zulassen wollen.

hältnis ein **bedeutender Aufgabenbereich** mit erheblichem **Entscheidungsspielraum** zu Grunde liegen muss; die bloße Wahrnehmung sog. Stabsfunktionen genügt hier eben nicht.[783] Dies ergibt sich auch aus dem Begriff »sonstige Aufgaben« gemäß Nr. 3, der neben der formalen Tatbestandsstruktur zusätzlich die **Gleichwertigkeit** aller drei Tatbestandsgruppen betont.[784] Mit dem Erfordernis der Gleichwertigkeit nicht zu vereinbaren ist es, hinsichtlich der von einem Prokuristen i. S. d. Nr. 2 wahrzunehmenden Aufgaben nur zu verlangen, dass sie den in Nr. 3 umschriebenen Leitungsfunktionen wenigstens in etwa nahe kommen, ohne ihnen genau entsprechen zu müssen.[785]

Das *BAG*[786] **lehnt** zu Recht eine **Differenzierung** nach dem Grad unternehmerischer **Aufgabengewichtung** zwischen Nr. 2 und Nr. 3 **ab,** weil dann eine praktikable Abgrenzung beider Tatbestandsgruppen nicht mehr möglich ist. Überdies enthalte Nr. 2 für die Annahme eines dort geringeren Grades unternehmerischer Eigenverantwortung als in Nr. 3 keine Anhaltspunkte. Für die Abgrenzung beider Tatbestandsgruppen bedeutet dies aber im Hinblick auf die **Darlegungslast bei Nr. 2,** dass bei negativem Statusfeststellungsbegehren darzulegen ist, dass der Prokurist ungeachtet seiner wegen der Prokura im Außenverhältnis weiter reichenden Vertretungsmacht dabei im Innenverhältnis doch nur unbedeutende Führungsaufgaben zu erfüllen hat. Demgegenüber reiche bei positivem Statusfeststellungsbegehren zunächst der Nachweis der Prokura.[787] 260

Die in der Neufassung enthaltenen Änderungen hinsichtlich des Kriteriums der Deckungsgleichheit von Innen- und Außenverhältnis beziehen sich lediglich auf die in Nr. 2 enthaltene Tatbestandsalternative der Prokura. Da im Eingangssatz vor Nrn. 1 – 3 keine sachlichen Veränderungen vorgenommen wurden, ist bei der **Generalvollmacht** entsprechend der *BAG*-Rspr.[788] auch weiterhin erforderlich, dass die mit der Generalvollmacht im Außenverhältnis verbundene Vertretungsmacht im Innenverhältnis ohne jede Einschränkung ausgeübt werden darf, damit der Bevollmächtigte als leitender Angestellter i. S. d. Nr. 2 angesehen werden kann. Auch Erleichterungen bei der Darlegungslast kommen hier nicht in Betracht. 261

c) Der funktionale Grundtatbestand (Nr. 3)

In sprachlicher Hinsicht weicht Nr. 3 erheblich von der früheren Fassung dieser Tatbestandsgruppe ab. Daraus folgt jedoch **keine inhaltliche Änderung,** zumal sich die neuen Formulierungen bei näherer Betrachtung als zum Teil wörtlich mit tragenden Passagen aus der *BAG*-Rspr. übereinstimmend erweisen.[789] 262

Wie bisher auch, enthält Nr. 3 eine **funktionsbezogene Umschreibung** der ganz überwiegenden Zahl der leitenden Angestellten und umfasst dabei sowohl die quantitativ bedeutendere **Ratgruppe** (sog. Stabsfunktionen ohne ausgeprägte Vorgesetzteneigenschaft) als auch die **Tatgruppe.**[790] Die n. F. ist allerdings insoweit präziser, als sie schon vom Aufbau her deutlicher **die beiden Hauptmerkmale** (genauer: Merkmalgruppen) der Begriffsdefinition kennzeichnet: **Einerseits** muss der Angestellte regelmäßig sonstige **Aufgaben** wahrnehmen, die **für Bestand und Entwicklung** des UN oder eines Betriebs **von Bedeutung** sind und deren Erfüllung besondere Erfahrungen und Kenntnisse voraussetzt; **andererseits** ist bei dieser Aufgabenerfüllung ein eigener **erheblicher Handlungsspielraum** erforderlich, was nunmehr durch das Gesetz mit den alternativ genannten, aber funktional gleichwertigen Untermerkmalen »die 263

---

783 *BAG* 11.1.95, a. a. O.

784 Vgl. Rn. 244; *Fitting,* Rn. 387; *BAG* 11.1.95, a. a. O.

785 So aber *Wlotzke,* a. a. O.; *Engels/Natter,* a. a. O.

786 11.1.95, EzA § 5 BetrVG 1972 Nr. 58.

787 *BAG,* a. a. O., im Anschluss an *Martens,* RdA 89, 73 [81].

788 27.4.88, AP Nr. 37 zu § 5 BetrVG 1972.

789 Vgl. *Buchner,* NZA-Beilage 1/89, S. 2 [7]; *Clausen/Löhr/Schneider/Trümner,* AuR 88, 293 [295 f.]; *Dänzer-Vanotti,* NZA-Beilage 1/89, S. 30 [31 f.]; *Röder,* NZA-Beilage 4/89, S. 2 [5]; *G. Müller,* DB 89, 824 [825]; *Richardi,* NZA-Beilage 1/90, S. 2 [5]; *Engels/Natter,* BB-Beilage 8/89, S. 9; GK-*Raab,* Rn. 170; *Richardi,* Rn. 208.

790 Sog. Linienfunktionen mit eigener Entscheidungsbefugnis und in der Regel deutlicher Vorgesetztenstellung; vgl. schon zur a. F. *Dietz/Richardi,* 6. Aufl., Rn. 126, 135, 152.

Entscheidungen im Wesentlichen frei von Weisungen trifft« (Linienfunktion) bzw. »sie (d. h. die Entscheidungen) maßgeblich beeinflusst« (Stabsfunktion) klarer als mit dem Merkmal »im Wesentlichen eigenverantwortlich« nach Nr. 3 a. F. ausgedrückt wird.[791]

264 Der mit den Worten »dies kann auch« eingeleitete Halbsatz bezieht sich auf das Merkmal des Handlungsspielraums[792] und stellt lediglich klar, dass Entscheidungsfreiheit und Entscheidungsbeeinflussung nicht bereits deshalb entfallen müssen, weil der Angestellte an **Vorgaben** gebunden ist oder mit anderen leitenden Angestellten im **Team** zusammenarbeitet.[793] Allerdings muss auch unter diesen besonderen Verhältnissen des »Einwirkens« bzw. »Mitwirkens« anderer Personen ein sehr hohes Maß an eigener Entscheidungsfreiheit bzw. -beeinflussung verbleiben, damit von einer selbstbestimmten Tätigkeit die Rede sein kann.

aa) Wahrnehmung bedeutsamer unternehmerischer (Teil-)Aufgaben

265 Leitender Angestellter nach Nr. 3 kann nur sein, wer Aufgaben wahrnimmt, die für den Bestand und die Entwicklung eines UN oder eines Betriebs von Bedeutung sind. Damit wird zunächst die **Wahrnehmung typisch unternehmerischer Aufgaben** verlangt, so dass grundsätzlich Tätigkeiten aus dem Bereich der wirtschaftlichen, technischen, kaufmännischen, organisatorischen, personellen und wissenschaftlichen Leitung des UN oder Betriebs in Betracht kommen.[794] Dabei sind nach früheren Entscheidungen des *BAG* für die Ausübung derartiger unternehmerischer Aufgaben wiederum folgende charakteristische Merkmale zu nennen: **Entscheidungsfreiheit, Entscheidungsvorbereitung, Entscheidungsvorwegnahme, Entscheidungskontrolle, Eigenverantwortung**, UN-Funktion/AG-Funktion im Hinblick auf einen Interessengegensatz des leitenden Angestellten zur Arbeitnehmerschaft und zum BR im Rahmen von Verhandlungen über beteiligungspflichtige Mitbestimmungsangelegenheiten.[795]

266 Andererseits ist es auch nicht erforderlich, dass der betreffende Angestellte selbst die maßgeblichen Entscheidungen auf den genannten Gebieten trifft; es genügt, wenn er kraft seiner **Schlüsselposition** Voraussetzungen schafft, an denen die eigentliche UN-Führung nicht vorbeigehen kann. Letzteres ist etwa bei dem Leiter der Abteilung UN-Planung der Fall, wenn er durch eine über die gesamte Breite des UN-Führungsbereichs wirkende Tätigkeit die Grundlagen für UN-Entscheidungen eigenverantwortlich erarbeitet.[796]

267 Zwar ist nicht notwendig, dass das gesamte Spektrum des unternehmerischen Aufgabenbereiches abgedeckt wird, jedoch müssen auch bei der Wahrnehmung unternehmerischer **Teilaufgaben** diese eine **gewisse Breite** aufweisen und von Bedeutung für Bestand und Entwicklung des UN oder des Betriebs sein[797] und die betreffende Person somit in die Nähe zum UN (AG) rücken. Auch derartige Teilaufgaben müssen den Charakter von **Leitungsaufgaben** haben, weshalb es nicht genügt, wenn der Angestellte nur bei der rein arbeitstechnischen, »vorprogrammierten« Durchführung unternehmerischer Entscheidungen eingeschaltet wird, etwa im Rahmen von Aufsichts- oder Überwachungsarbeiten.[798] Stets muss der Angestellte kraft seiner leitenden Funktion **maßgeblichen Einfluss auf die UN-Führung** ausüben, sei es, dass er selbst diese Entscheidungen trifft (Linie), sei es, dass er kraft einer Schlüsselposition Voraus-

791 Zu Recht sehen *Engels/Natter*, a. a. O., hierin den einzigen Unterschied zur bisherigen Gesetzesfassung; diese Differenzierung hinsichtlich des Handlungsspielraums bei Stabs- und Linienfunktionen lag freilich schon den *BAG*-Beschlüssen 17.12.74, 9.12.75, 29.1.80, 23.1.86, AP Nrn. 7, 11, 22, 32 zu § 5 BetrVG 1972 zugrunde.

792 Vgl. *Engels/Natter*, BB-Beilage 8/89, S. 9; *Wlotzke*, DB 89, 111 [120]; *G. Müller*, DB 89, 824 [825].

793 Dies war schon zur a. F. ständige Rspr. des *BAG*, vgl. Beschlüsse 5.3.74, 9.12.75, 23.3.76, 8.2.77, 29.1.80, 23.1.86, AP Nrn. 1, 11, 14, 16, 22, 32 zu § 5 BetrVG 1972.

794 Ständige Rspr., vgl. nur *BAG* 29.1.80, AP Nr. 22 zu § 5 BetrVG 1972.

795 *BAG* 19.11.74, 4.12.74, 17.12.74, AP Nrn. 2 – 5, 6 zu § 5 BetrVG 1972; kritisch dazu *Kraft*, Anm. zu EzA § 5 BetrVG 1972 Nr. 10, der u. a. auf die teilweise Überschneidung dieser Kriterien mit dem Merkmal »eigenverantwortlich« i. S. d. früheren Fassung von Nr. 3 hinweist.

796 *BAG* 17.12.74, AP Nr. 7 zu § 5 BetrVG 1972; zum Erfordernis des »Nicht-vorbeigehen-Könnens« schon *BAG* 19.11.74, AP Nr. 2 zu § 5 BetrVG 1972; zuletzt 11.1.95, EzA § 5 BetrVG 1972 Nr. 58; 6.12.01, AP Nr. 3 zu § 263 ZPO.

797 *BAG* 23.1.86, AP Nr. 32 zu § 5 BetrVG 1972.

798 *BAG* 19.11.74, 9.12.75, 23.1.86, AP Nrn. 2, 3, 11, 32 zu § 5 BetrVG 1972; *Wlotzke*, DB 89, 111 [120].

setzungen schafft, an denen die UN-Leitung schlechterdings nicht vorbeigehen kann (Stab). Aus der unterschiedlichen Breite des Tätigkeitsbereichs ist auch zu erklären, weshalb zwar der Leiter einer Abteilung UN-Planung als leitender Angestellter angesehen worden ist,[799] nicht aber die auf derselben Leitungsebene angesiedelten Abteilungsleiter der mechanischen Fertigung[800] bzw. der Abteilungsleiter des Rechnungswesens,[801] obgleich Letztere sogar eine Vorgesetztenstellung innehatten. Abzustellen ist darauf, wie viele AN innerhalb des UN dem Einflussbereich der betreffenden Person unterliegen und mit welchem **Prozentsatz am Gesamtergebnis** des UN die betreffende Person beteiligt ist.[802]

Wenngleich somit die Wahrnehmung von **Teilaufgaben** genügen kann, so dürfen diese dennoch nicht derart »**atomisiert**« sein, dass die fachlichen unternehmerischen Verantwortungsbereiche in eine Vielzahl von Teilbereichen aufgegliedert sind und somit die einzelne Tätigkeit nicht mehr den erforderlichen beachtlichen Teilbereich der unternehmerischen Gesamtaufgabe abdeckt.[803] In einem derartigen Fall starker **Dezentralisation der unternehmerischen Aufgaben** kommen als leitende Angestellte nur noch diejenigen Personen in Betracht, denen organisatorisch die atomisierten Teilbereiche in einer übergeordneten Einheit zugeordnet sind.[804] Bei der Beurteilung der Frage, ob ein übertragener unternehmerischer Teilbereich noch hinreichend gewichtig ist, ist nach der Rspr. auch zu berücksichtigen, ob diese Aufgaben qualitativ deutlich über denen liegen, die eine »normale« Angestelltentätigkeit ausmachen.[805] Dabei kann ggf. auf die tariflichen Wertigkeiten einerseits und die Wertigkeiten von innerbetrieblichen Schemata für nicht-leitende AT-Angestellte andererseits zurückgegriffen werden. **268**

Zum früheren Recht war in der Rspr. auch ohne ausdrücklichen Ansatzpunkt im Gesetzeswortlaut die Ansicht vertreten worden, dass **Bestimmungspunkt,** d. h. Maßstab für die Frage, **ob** eine **unternehmerische Teilaufgabe** vorlag, das UN sei,[806] während es für das **Gewicht** einer solchen Aufgabe als ausreichend angesehen wurde, wenn sie Bedeutung für den Bestand und die Entwicklung lediglich eines Betriebs und nicht des gesamten UN hatte.[807] Dies erscheint konsequent, da in Nr. 3 der UN-Vertreter im funktionalen Sinn angesprochen ist (vgl. Rn. 229) und somit zur Charakterisierung einer übertragenen (Teil-)Aufgabe als **unternehmerische** Aufgabe notwendigerweise auf das UN und die von diesem verfolgten Zwecke sowie die sich hieraus ergebenden Teilaufgaben abzustellen ist.[808] Diese Grundannahme ist für das heutige Recht ausdrücklich vom *BAG* bestätigt worden.[809] Eine Änderung gegenüber der alten Rechtslage ist nicht erfolgt. Insoweit hatte das *BAG* den Begriff des Betriebs stets durch den Begriff des UN ersetzt, um hervorzuheben, dass ein Angestellter dann keine Leitungsaufgaben wahrnimmt, wenn er in seiner Tätigkeit auf eine rein arbeitstechnische (d. h. betriebsbezogene), vorprogrammierte Durchführung unternehmerischer Entscheidungen beschränkt ist.[810] **269**

Zu Unrecht wird dem *BAG* vorgehalten, damit grundsätzlich **wichtige betriebsleitende Funktionen** nicht als unternehmerische Aufgabe anerkannt und so eine Verengung des Begriffs der **270**

---

799 Vgl. Rn. 266; dazu *BAG* 17.12.74, AP Nr. 7 zu § 5 BetrVG 1972.

800 *BAG* 17.12.74, AP Nr. 6 zu § 5 BetrVG 1972.

801 *BAG* 17.12.74, AP Nr. 8 zu § 5 BetrVG 1972; zu einem Hauptabteilungsleiter Rechnungswesen als leitendem Angestellten nach Fallgruppe Nr. 3 jetzt aber *BAG* 11.1.95, EzA § 5 BetrVG 1972 Nr. 58.

802 *HessLAG* 31.7.08 – 9 TaBV 267/07.

803 Vgl. zur »Atomisierung« *BAG* 5.3.74, 19.11.74, 4.12.74, 17.12.74, 9.12.75, 10.2.76, 29.1.80, AP Nrn. 1, 2, 3, 4, 7, 11, 12, 22 zu § 5 BetrVG 1972; *Richardi*, Rn. 218.

804 Ebenso *BAG* 5.3.74, a. a. O.; *Fitting*, Rn. 398; *Buchner*, NZA-Beilage 1/89, S. 2 [7]; *G. Müller*, DB 89, 824 [826]; *SWS*, Rn. 17, wollen bei Dezentralisation offenbar stets ein Anwachsen der Zahl leitender Angestellter annehmen und verkennen, dass damit die Bedeutung der Aufgaben für den Bestand des UN abnimmt, vgl. oben Rn. 241 [Restaurantleiter-Fall]; abwegig *H.-P. Müller*, DB 88, 1697, der in der Neufassung eine Abkehr vom Erfordernis einer gewissen Breite der unternehmerischen Teilaufgaben überhaupt erblicken will.

805 So schon *BAG* 5.3.74, a. a. O.; *Wlotzke*, DB 89, 111 [120]; dagegen aber *Hromadka*, BB 90, 57 [60].

806 Vgl. *BAG* 23.1.86, AP Nr. 32 zu § 5 BetrVG m. w. N. auf frühere Entscheidungen.

807 *BAG* 23.1.86, a. a. O.

808 Deutlicher insoweit *BAG* 29.1.80, AP Nr. 22 zu § 5 BetrVG 1972.

809 *BAG* 25.10.89, AP Nr. 42 zu § 5 BetrVG 1972.

810 Vgl. Rn. 241; *BAG* 19.11.74, AP Nr. 2 zu § 5 BetrVG 1972; näher dazu *Engels/Natter*, BB-Beilage 8/89, S. 7.

leitenden Angestellten vorgenommen zu haben,[811] weshalb nach der Neufassung 1988 prinzipiell die **Betriebsleitung als Tätigkeitsbereich** anerkannt werden müsse, der für den Status als leitender Angestellter geeignet ist.[812] Diese Kritik übersieht aber offenbar, dass das *BAG* selbst klargestellt hat, dass auch eine **wichtige** (nicht aber jede!) **betriebsleitende Funktion** nach Lage der Umstände als **unternehmerische Aufgabe** angesehen werden kann,[813] wobei die Beschränkung auf **Aufsichts- und/oder Überwachungsfunktionen** aber nicht ausreicht.[814]

271 Die Aufgaben müssen außerdem »für den Bestand **und** die Entwicklung ...« von Bedeutung sein. Somit genügt eine nur bestandswichtige Tätigkeit (z. B. Bewachung) ebenso wenig wie eine nur für die Entwicklung bedeutsame Tätigkeit, wie z. B. im Bereich der **Forschung**,[815] so dass es fraglich erscheint, ob Leiter von Forschungsabteilungen ohne weiteres als leitende Angestellte angesehen werden können.[816] Anhaltspunkte dafür, welche Aufgabe im konkreten Fall für Bestand und Entwicklung Bedeutung hat, können die UN- bzw. Betriebszwecke liefern.

272 Zur Bedeutung des Begriffs »**sonstige**« Aufgaben vgl. Rn. 244.

273 Innerhalb der ersten Merkmalgruppen des funktionalen Grundtatbestands verlangt das Gesetz, dass der Angestellte die entsprechend bedeutsamen unternehmerischen (Teil-)Aufgaben **regelmäßig** wahrnehmen muss. Die wohl h. M. in der Literatur misst diesem Merkmal eine doppelte Funktion bei: Einerseits muss die Aufgabenwahrnehmung die **Gesamttätigkeit** des Angestellten **prägen** (sog. Geprägetheorie; vgl. dazu Rn. 243); zum anderen muss eine bloß gelegentliche, nur vorübergehende bzw. kurzfristig vertretungsweise Wahrnehmung solcher Tätigkeiten von vornherein ausscheiden.[817]

274 Da auch leitende Angestellte nicht ständig mit der Ausübung unternehmerischer Aufgaben befasst sind[818] kann es in Grenzfällen Schwierigkeiten bereiten, in welcher Weise das **Gepräge der Gesamttätigkeit** zu ermitteln ist. Dasselbe Problem taucht auf, wenn ein nicht leitender Angestellter neben seinen bisherigen Aufgaben vertretungshalber für einen längeren Zeitraum auch Aufgaben eines leitenden Angestellten wahrnimmt. In Fällen, in denen ein Angestellter sowohl »normale« als auch unternehmerische Aufgaben verrichtet hatte, wurde ein Anteil von 40 v. H. der spezifischen UN-Aufgaben am Gesamtaufgabenbereich des Angestellten für nicht ausreichend angesehen.[819] Eine rein quantitative Betrachtung, wonach jedenfalls ein **beachtlicher Teil der Arbeitszeit** von den spezifischen **UN-Tätigkeiten** beansprucht werden müsse, hat das *BAG* auch in einer jüngeren Entscheidung für zutreffend gehalten.[820] Dennoch ist zum heutigen Recht erörtert worden, ob nicht stattdessen auf eine **qualitative** Betrachtung abzustellen sei.[821] Geht man – wie hier vertreten – davon aus, dass die Geprägetheorie bereits in

---

811 So vor allem *Martens*, RdA 89, 73 [77].

812 Nach *Hromadka*, BB 90, 57 [61], soll der Betriebsleiter stets als leitender Angestellter anzusehen sein, was jedoch schon wegen der erforderlichen weiteren Merkmale neben der spezifischen Aufgabenart nicht richtig sein kann; insoweit präziser *Martens*, a. a. O.

813 So *BAG* 29.1.80, 23.1.86, AP Nrn. 22, 32 zu § 5 BetrVG 1972; vgl. aber auch *LAG Hamm* 11.6.86, NZA 87, 35, wonach im dortigen Falle Betriebsleiter nicht als leitende Angestellte anzusehen waren.

814 Vgl. *Wlotzke*, DB 89, 111 [120]; *Bauer*, SprAuG, S. 124; *Fitting*, Rn. 395; a. A. *H.-P. Müller*, DB 88, 1697; *G. Müller*, DB 89, 824 [826]; vgl. auch die Betriebsleiter-Fälle Rn. 298.

815 Ebenso *Hromadka*, BB 90, 57 [60].

816 Zu Recht skeptisch auch *BAG* 10.2.76, AP Nr. 12 zu § 5 BetrVG 1972 für Sektionsleiter innerhalb eines Forschungs-UN; vgl. aber *SWS*, Rn. 28 und die dort erwähnte Instanz-Rspr.; bedenklich *LAG Baden-Württemberg* 8.3.78, DB 78, 843, wonach der Leiter der Forschung und Entwicklung eines UN stets leitender Angestellter sei.

817 Vgl. Rn. 195; *Buchner*, NZA-Beilage 1/89, S. 2 [7 f.]; *Dänzer-Vanotti*, NZA-Beilage 1/89, S. 30 [32]; *Engels/Natter*, BB-Beilage 8/89, S. 9; *Wlotzke*, DB 89, 111 [120]; *Fitting*, Rn. 409; *Röder*, NZA-Beilage 4/89, S. 2 [5]; a. A. *H.-P. Müller*, DB 88, 1697 und *Martens*, RdA 89, 73 [77], die meinen, dass der Geprägetheorie mit der n. F. der Boden entzogen sei; dagegen ausdrücklich *BAG* 25.10.89, AP Nr. 42 zu § 5 BetrVG 1972; vgl. aber auch *LAG Baden-Württemberg* 25.6.91, LAGE § 5 BetrVG 1972 Nr. 20; nach GK-*Raab*, Rn. 192, ist die Geprägetheorie nicht im Merkmal »regelmäßig« verankert.

818 Insoweit zutreffend *Hromadka*, BB 90, 57 [61 f.]; *Buchner*, NZA-Beilage 1/89, S. 2 [7 f.]; *BAG* 25.10.89, AP Nr. 42 zu § 5 BetrVG 1972.

819 *BAG* 17.12.74, AP Nr. 8 zu § 5 BetrVG 1972.

820 23.1.86, AP Nr. 32 zu § 5 BetrVG 1972.

821 So *Engels/Natter*, BB-Beilage 8/89, S. 9; auch *Buchner*, NZA-Beilage 1/89, S. 2 [8] hält die zeitanteilige

Abs. 3 Satz 2, Eingangshalbsatz angesiedelt ist (vgl. Rn. 243), so lässt sich aus der Neufassung der Nr. 3 kein Argument gegen die vom *BAG* zur a. F. vertretenen quantitativen Betrachtungsweise gewinnen. An Letzterer ist daher festzuhalten, zumal sie auch für die Praxis die geringeren Probleme in der Handhabung aufwirft.[822]

Die Erfüllung der dem Angestellten übertragenen Aufgaben muss besondere Erfahrungen **und** Kenntnisse voraussetzen;[823] die Art und Weise des Erwerbs ist nicht maßgeblich. Besondere **Kenntnisse** werden zwar regelmäßig durch spezielle Ausbildungen erworben, zwingend ist das jedoch nicht. Die **Absolvierung einer akademischen Ausbildung** ist weder erforderlich noch ausreichend zur Erfüllung dieses Merkmals.[824] Die erforderlichen Kenntnisse können im Selbststudium, durch praktische Tätigkeit oder spezielle Programme (z. B. Training on the Job) erworben sein.[825] **275**

bb) Entscheidungsbefugnis oder Entscheidungsbeeinflussung

Nach der zweiten Merkmalsgruppe innerhalb des Grundtatbestands (vgl. Rn. 263) setzt die Erfüllung der spezifischen unternehmerischen (Teil-)Aufgaben i. S. d. ersten Merkmalsgruppe einen erheblichen **Handlungsspielraum** voraus. Bei Wahrnehmung der Aufgaben (»dabei«) muss der Angestellte entweder die Entscheidungen im Wesentlichen frei von Weisungen selbst treffen (Linienfunktion) oder die unternehmens- oder betriebsleitenden Entscheidungen kraft seiner **Schlüsselposition** maßgeblich beeinflussen (Stabsfunktion), indem er Fakten schafft und Vorgaben macht, die bei der Findung der unternehmens- oder betriebsleitenden Entscheidungen nicht unbeachtet gelassen werden können.[826] Bisweilen wird zur Charakterisierung des »Beeinflussungstypus« der **Vorstandsassistent** genannt, dessen Funktion in der unmittelbaren Unterstützung der Organpersonen liegt.[827] Ob jedoch gerade hier der erforderliche »besonders erhebliche Grad selbstbestimmter Tätigkeit«[828] anzutreffen ist, hängt stark vom Führungsstil des Vorstands(mitglieds) ab und muss stets genau geprüft werden, zumal die bloße Tätigkeits- oder Berufs-Funktionsbezeichnung eines Angestellten keinen wirklich sicheren Aufschluss über den Status als leitender Angestellter geben kann (vgl. Rn. 296; zum inhaltsgleichen Merkmal »im Wesentlichen eigenverantwortlich« nach der a. F. vgl. Rn. 263). **276**

Eine **völlige Weisungsfreiheit** ist **nicht** erforderlich und kann mit Rücksicht auf die Eigenschaft eines leitenden Angestellten, AN im Allgemeinen arbeitsvertragsrechtlichen Sinne zu sein, auch nicht verlangt werden. Insofern wird das erforderliche außergewöhnliche Maß selbst bestimmter Tätigkeit nicht bereits dadurch ausgeschlossen, dass bei den Entscheidungen gewisse **Vorgaben** zu beachten sind. Der Katalog denkbarer Formen von Vorgaben ist mit den Begriffen Rechtsvorschriften, Plänen oder Richtlinien nicht abschließend charakterisiert, wie das Wort »insbesondere« anzeigt; ob neben den genannten Formen weitere denkbar sind, muss die Praxis zeigen. **277**

Grundsätzlich kommen alle Möglichkeiten in Betracht, in denen die unternehmerische Leitungsmacht (Direktionsrecht) ausgeübt werden kann. Sofern jedoch die Gesamttätigkeit eines Angestellten sich überwiegend und schwergewichtig auf Grund derartiger Vorgaben vollzieht und deren Grad an Verbindlichkeit oder Vorprogrammierung von Entscheidungsabläufen keinen erheblichen Entscheidungsspielraum mehr belässt (insbesondere in Form von Alternativen), beginnt der Bereich, in dem von »wesentlich freier Entscheidung« und damit von einem leitenden Angestellten nicht mehr gesprochen werden kann.[829] Sprachlich formuliert **278**

Betrachtungsweise für verfehlt; ähnlich *Hromadka*, BB 90, 57 [62]; dagegen *Fitting*, Rn. 410 und wohl auch *SWS*, Rn. 22; ohne ausdrückliche Stellungnahme *BAG* 25.10.89, a. a. O.

822 Das sehen auch *Engels/Natter*, a. a. O.
823 *Hromadka*, BB 90, 57 [61]; *SWS*, Rn. 21.
824 GK-*Raab*, Rn. 181.
825 *BAG* 17.12.74, 9.12.75, 10.2.76, AP Nrn. 7, 11, 12 zu § 5 BetrVG 1972.
826 *BAG* 19.11.74, 17.12.75, AP Nrn. 2, 7 zu § 5 BetrVG 1972.
827 Vgl. *Fitting*, Rn. 399.
828 Vgl. *Fitting*, Rn. 399.
829 *Trümner*, BetrR 6 – 7/88, S. 5 f.; *Wlotzke*, DB 89, 111 [121]; so auch schon *BAG* 9.12.75, 23.3.76, AP Nrn. 11, 14 zu § 5 BetrVG 1972; *Fitting*, Rn. 396.

das Gesetz die Möglichkeit eines **noch** für die Leitenden-Eigenschaft ausreichenden Handlungsspielraums als **Ausnahme-Regelung,** wenn es heißt: »dies **kann**... gegeben sein«, so dass entsprechend den Grundregeln der juristischen Auslegungsmethoden eine enge Auslegung zwingend geboten ist. Dies gilt auch im Falle der **Teamarbeit,** wobei noch hinzukommt, dass die Ausnahmevorschrift überhaupt nur dann greifen kann, wenn es sich um eine Zusammenarbeit unter leitenden Angestellten handelt; die überwiegende **Zusammenarbeit mit »normalen« Angestellten** steht der Annahme der Leitenden-Eigenschaft in Fällen der Teamarbeit entgegen.

cc) Unbeachtliche Gesichtspunkte

279 Da die Begriffsdefinition des Abs. 3 Satz 2 zum zwingenden Recht gehört, ist zunächst die **Selbsteinschätzung** eines Angestellten ebenso unbeachtlich[830] wie die Bezeichnung eines Angestellten als »leitender Angestellter« im Arbeitsvertrag.[831] Auch von den sog. **AT-Angestellten** zählt allenfalls eine kleine Spitzengruppe zu den leitenden Angestellten.[832] Darüber hinaus hat die Rspr. des *BAG*[833] folgende Merkmale für **unbeachtlich** erklärt:

- Erreichung bestimmter **Einkommensgrenzen** (vgl. aber Abs. 4 Nrn. 3 und 4);
- Stellung auf einer bestimmten **Leitungsebene** in der UN-Hierarchie (vgl. aber Abs. 4 Nr. 2);
- Absolvierung akademischer **Studiengänge**;
- zahlenmäßig fixierte **Personal- bzw. Sachverantwortung** (ebenso Budgetverantwortung);
- schlichte **Vorgesetztenstellung,** wenn die selbstständige Einstellungs- und Entlassungsbefugnis fehlt;[834]
- Wahrnehmung von **Überwachungsfunktionen;** die **Einsatzlenkung von AN** zur Erfüllung oder Gewährleistung arbeitstechnischer Abläufe nach vorgegebenen Daten kann nur dann als unternehmerische Teilaufgabe eingeschätzt werden, wenn der andere AN führende Angestellte als Vorgesetzter auch eigenverantwortlich, d. h. mit erheblichem Entscheidungsspielraum versehen, verbindliche Entscheidungen auf personellem und sozialem Gebiet trifft, die eine **Beteiligung des BR** erforderlich machen.

5. Die Zweifelsregelung (Abs. 4)

a) Allgemeines

280 Mit der Anfügung des Abs. 4 hat der Gesetzgeber **rechtssetzungstechnisches Neuland** betreten, indem er dem Grundtatbestand des Abs. 3 Satz 2 Nr. 3, der eine Anhäufung unbestimmter Rechtsbegriffe enthält, eine Reihe von Merkmalen zuordnet, die in Zweifelsfällen dem Rechtsanwender eine Statusbestimmung erleichtern helfen soll.[835] Die Regelung hat nahezu ausschließlich **kritische Reaktionen** erfahren; sie wird überwiegend als missglückt abgelehnt[836] und dürfte in weiten Teilen **verfassungswidrig** sein (dazu Rn. 295).

281 Der Gesetzgeber meinte offenbar, dass es auch nach Anwendung der juristischen Auslegungsmethoden rechtserhebliche Zweifel über das Auslegungsergebnis geben könne, die unter Heranziehung der als »**Auslegungsregeln**« bezeichneten Gesichtspunkte des Abs. 4 zu beseitigen seien.[837] Dieses **Vorgehen** des Gesetzgebers erscheint unter mehreren Aspekten **bedenklich:** Ist

---

830 *BAG* 29.1.80, AP Nr. 22 zu § 5 BetrVG 1972.
831 *Fitting,* Rn. 365.
832 Zur Abgrenzung *Blanke,* in Blanke [Hrsg.], AT-Angestellte, Rn. 87 ff.
833 23.1.86, AP Nr. 32 zu § 5 BetrVG 1972.
834 Dazu **nach** der Neufassung auch *LAG Düsseldorf* 22.3.93, LAGE § 5 BetrVG 1972 Nr. 21.
835 Vgl. zum Anliegen die Entwurfsbegründung, BT-Drucks. 11/2503, S. 30.
836 Vgl. *Richardi,* NZA-Beilage 1/90, S. 2 [3, 9]: bedenkliche »Novität der Rechtsgeschichte«; *Schneider,* Mitb-Beilage zu Heft 11/89, S. 33: »Armutszeugnis des Gesetzgebers«; *Steindorff,* AuR 88, 266 [269]: »toter Buchstabe«; *Clausen/Löhr/Schneider/Trümner,* AuR 88, 293 [297]: »rechtstheoretisches und gesetzestechnisches Monstrum«; *Martens,* RdA 89, 73 [81]: »Ehrenplatz in der Rätselecke des Arbeitsrechts«; *Bauer,* SprAuG, S. 128: »Praxis ... schlichtweg überfordert«.
837 Von Auslegungsregeln spricht die Entwurfsbegründung, vgl. BT-Drucks. 11/2503, S. 30.

es nämlich zutreffend, dass Abs. 3 Satz 2 eine in sich abgeschlossene **Legaldefinition** des Begriffs »leitender Angestellter« enthält, so kann die Anwendung der Legaldefinition nur zum Ergebnis führen, dass jemand leitender Angestellter ist oder nicht. Der »Zweifel« als Ergebnis der Subsumtion eines festgestellten Sachverhalts unter den Gesetzestatbestand der Nr. 3 mutet dagegen wie ein Kuriosum an und suggeriert dem Rechtsanwender, dass er das, was das Gesetz von ihm verlangt – nämlich eine Entscheidung –, eigentlich gar nicht leisten könne. Wie bereits ausgeführt,[838] kann die Subsumtion auch bei unbestimmten Rechtsbegriffen wie in Abs. 3 Nr. 3 nur zu **einer** im Rechtssinne zutreffenden und daher durch die Rechtsmittelgerichte voll überprüfbaren Entscheidung führen. Da zudem **Abs. 3 Nr. 3** gegenüber der a. F. zumindest vom **Aufbau** her betrachtet **präziser** gefasst worden ist und im Übrigen die von der *BAG*-Rspr. entwickelten und vom *BVerfG*[839] für zutreffend erachteten Auslegungsergebnisse lediglich bestätigt hat, bedurfte es des **Abs. 4** nicht. Wie der Meinungsstreit in der Literatur zeigt,[840] läuft die Vorschrift Gefahr, lediglich **neue Zweifelsfragen** heraufzubeschwören, anstatt die angeblichen Zweifel und Probleme bei der Begriffsabgrenzung auszuräumen, wie der Wortlaut es vorgibt. Die Regelung stellt das unausgegorene und untaugliche **Ergebnis eines koalitionspolitischen Kompromisses** zwischen CDU/CSU und FDP dar, das ausschließlich dem ständisch-verbandspolitischen Begehren der »Union leitender Angestellter« und deren Mitgliedsvereinen Rechnung tragen soll, zu dessen Anwalt sich die FDP gemacht hat.[841]

Sofern die Anwendung von Abs. 3 Satz 2 Nr. 3 im konkreten Fall außergewöhnliche Probleme **282** aufwirft, ist der funktionale **Grundtatbestand** so weit wie möglich aus sich selbst heraus auszulegen, bevor überhaupt auf die Gesichtspunkte des Abs. 4 zurückgegriffen werden darf. Da Abs. 3 Nr. 3 insoweit den **Charakter eines teilweise offenen Tatbestands** hat, muss eine Rückkoppelung des nach Nr. 3 gefundenen »vorläufigen« Ergebnisses mit den Tatbeständen des Abs. 3 Nrn. 1 und 2 erfolgen (näher dazu Rn. 244), um zu beurteilen, ob die jeweils von einem Angestellten wahrgenommenen Aufgaben nach Nr. 3 mit den Aufgaben derjenigen Angestellten im selben UN, die nach Nrn. 1 oder 2 als leitende Angestellte eingeordnet wurden, gleichwertig sind. Erst wenn auch diese Prüfung ergebnislos bleibt, darf nach Abs. 4 geprüft werden. Diese Prüfungsreihenfolge ergibt sich zwingend aus dem Charakter des Abs. 3 Satz 2 als der Legaldefinition des leitenden Angestellten.[842] Die bloße Schwierigkeit der Zuordnungsproblematik reicht für eine Zuhilfenahme des Abs. 4 in keinem Fall aus.[843] Ausweislich des Eingangshalbsatzes in Abs. 4 kommen die dortigen Gesichtspunkte nur in Zweifelsfällen, die sich auf Abs. 3 Nr. 3 beziehen, in Betracht. Soweit daher nach Abs. 3 Nr. 2 beispielsweise das Merkmal »nicht unbedeutend« zu Anwendungsproblemen führt, dürfen diese nicht durch Rückgriff auf Abs. 4 gelöst werden.[844]

Für die Praxis verbleibt daher hinsichtlich des Abs. 4 nur ein sehr schmaler Anwendungsbe- **283** reich, sofern man seine Anwendbarkeit wegen dessen Verfassungswidrigkeit (vgl. Rn. 295) nicht ohnehin ablehnt. Die »Befürchtung«, Abs. 4 könnte damit weitgehend leer laufen,[845] hat einige Autoren dazu veranlasst, in Abs. 4 einen Tatbestand mit eigenem Regelungsbereich zu sehen und dessen Charakter als **unselbstständige Ergänzung des Abs. 3 Nr. 3** zu leugnen. Dabei sind auch verbandspolitische Rücksichten im Spiel.[846]

---

838 Vgl. Rn. 282 näher dazu *Clausen/Löhr/Schneider/Trümner*, AuR 88, 293 [297].
839 24.11.81, AP Nr. 27 zu § 5 BetrVG 1972.
840 Vgl. *Richardi*, NZA-Beilage 1/90, S. 2 [6].
841 Vgl. die illustrative Darstellung bei *Borgwardt/Fischer/Janert*, SprAuG, 2. Aufl., S. 256 f.; auf die FDP als treibende Kraft weisen auch *Engels/Natter*, BB-Beilage 8/89, S. 6 hin; dazu auch FAZ vom 11.5.1988.
842 So GK-*Raab*, Rn. 206.
843 *Dänzer-Vanotti*, NZA-Beilage 1/89, S. 30 [33].
844 Vgl. *Fitting*, Rn. 422.
845 So die zutreffende Prognose von *Buchner*, NZA-Beilage 1/89, S. 2 [9]; *Dänzer-Vanotti*, NZA-Beilage 1/89, S. 30 [34]; *Hromadka*, BB 90, 57 [62]; *Richardi*, NZA-Beilage 1/90, S. 2 [9].
846 So etwa bei *Martens*, RdA 89, 73 [83], dessen Ausführungen einem für die »Union leitender Angestellter« erstatteten Gutachten entstammen; vgl. auch *Borgwardt/Fischer/Janert*, SprAuG, 2. Aufl., S. 43 f., die Hauptgeschäftsführer der »Union leitender Angestellter« bzw. des »Verbandes angestellter Akademiker und leitender Angestellter der chemischen Industrie« sind; abwegig auch *H.-P. Müller*, DB 88, 1697 [1699 f.], der in Abs. 4 einen Vermutungstatbestand erblicken möchte, um zu einer möglichst großen Zahl leitender Angestellter zu gelangen.

284 **Abzulehnen ist** auch die Ansicht von *G. Müller*,[847] der die an sich zutreffende Feststellung, dass Abs. 4 verfassungswidrig sei, entwertet, indem er den Makel der Verfassungswidrigkeit durch Annahme einer **Vermutungsvorschrift** heilen will. *Müller* verkennt aber, dass sowohl der Gesetzestext als auch die Materialien eine derartige Interpretation eindeutig ausschließen.[848] Die **Grenze der verfassungskonformen Interpretation** an sich verfassungswidriger Normen ist erreicht, wo die Norm einen anderen Sinn erhält; eine derartige Inhaltsveränderung läuft auf eine Rechtssetzung hinaus, die als Gesetzesauslegung getarnt ist.[849] Die **gesetzessystematische Interpretation** verbietet zudem die Annahme einer eigenständigen Funktion des Abs. 4. Allein der Grundtatbestand des Abs. 3 Satz 2 Nr. 3 definiert den leitenden Angestellten in seiner funktionellen UN-Eigenschaft. Die Definition des leitenden Angestellten in anderen Gesetzen erfolgt stets nur durch Verweisung auf § 5 Abs. 3 und nicht zugleich auf Abs. 4.

b) Rechtsnatur und Aufbau der Regelung

285 So undeutlich wie die gerade mühsam gewonnene Präzisierung des Abs. 3 Nr. 3 durch den neuen Abs. 4 wieder wird, so zahlreich sind die Einschätzungen und Bezeichnungen des Rechtscharakters von Abs. 4. Dabei ist die Rede von

- **Auslegungsregeln,** die erst dann zum Zuge kommen, wenn trotz eingehender Prüfung des Abs. 3 Satz 2 Nr. 3 noch Zweifel bleiben;[850]
- **Regelbeispielen,** so dass als leitender Angestellter anzusehen sei, wer die Merkmale des Abs. 4 erfülle;[851]
- **Vermutungstatbeständen/Aufgreiftatbeständen,** die nur widerlegt seien, wenn nach Abs. 3 Nr. 3 der Gegenbeweis erbracht werde, dass der betreffende Angestellte kein leitender Angestellter ist;[852]
- **Konkretisierungstatbeständen,** die – sofern sie tatsächlich vorliegen – auf die Anwendung von Abs. 3 Nr. 3 einwirken und dort mit zu berücksichtigen sind, weshalb Abs. 3 und Abs. 4 gleichwertig seien.[853]

286 Gleichgültig, wie die Bezeichnung zur Charakterisierung der Rechtsnatur des **Abs. 4** gewählt wird, entscheidend ist, dass Abs. 4 in eindeutig nachrangigem Verhältnis zu Abs. 3 Nr. 3 steht und keinen selbstständigen **Charakter,** sondern lediglich den **eines Hilfstatbestands** zu Abs. 3 Nr. 3 besitzt,[854] so dass jede Zuordnungsentscheidung, die tragend auf Gesichtspunkte des Abs. 4 gestützt wird, fehlerhaft ist. Dies bedeutet auch, dass Zuordnungen, die allein nach Abs. 4 vorgenommen werden, offensichtlich unwirksam sind,[855] und ferner, dass leitender Angestellter nach Abs. 3 Nr. 3 durchaus auch sein kann, wer keines der in Abs. 4 enthaltenen Hilfsmerkmale erfüllt.[856]

847 DB 88, 824 [828].

848 Das bemerkt auch *Martens,* a. a. O., S. 82, entscheidet sich aber [S. 83] selbst für die »Aufladung« des Abs. 4 mit »Wunschrecht«; zutreffend die Kritik von *Richardi,* NZA-Beilage 1/90, S. 2 [9] hinsichtlich derartiger Konstruktionen.

849 Vgl. dazu AK-GG-*Stein,* Einl. II Rn. 72 ff.; etwas anderes geben auch nicht die von *G. Müller,* a. a. O., Fn. 47 herangezogenen Entscheidungen des *BVerfG* her.

850 So die Entwurfsbegründung, BT-Drucks. 11/2503, S. 30; *Engels/Natter,* BB-Beilage 8/89, S. 10; *Wlotzke,* DB 89, 111 [122]; *Buchner,* NZA-Beilage 1/89, S. 2 [9]; *Dänzer-Vanotti,* NZA-Beilage 1/89, S. 30 [34]; *Hromadka,* BB 90, 57 [62]; wohl auch *Richardi,* NZA-Beilage 1/90, S. 2 [10], der von »Unklarheitenregel« spricht; anders jetzt *Richardi,* Rn. 230: »nur eine Entscheidungshilfe«; wie *Richardi,* nunmehr KassArbR-*Etzel,* 7.1, Rn. 53; *Bauer,* SprAuG, S. 125.

851 *Martens,* RdA 89, 73 [84], der auch von »authentischer Interpretation« [S. 83] des Grundtatbestands spricht; zu Recht abgelehnt von *Fitting,* 24. Aufl. Rn. 380.

852 So die den gesetzlichen Tatbestand auf den Kopf stellende, völlig abwegige Ansicht von *H.-P. Müller,* DB 88, 1697 [1699]; ähnlich, aber enger *SWS,* Rn. 24; unklar *Säcker,* Stellungnahme zur öffentlichen Anhörung vor dem Ausschuss für Arbeit und Sozialordnung, Ausschuss-Drucks. 683, S. 9, der in Abs. 4 Nrn. 1 bis 3 Vermutungen bzw. Aufgreifkriterien sieht, aber stets die Prüfung nach Abs. 3 verlangt; in sich widersprüchlich *G. Müller,* DB 89, 824 [828] einerseits und [a. a. O., S. 831, bei Fn. 75] andererseits.

853 *Borgwardt/Fischer/Janert,* SprAuG, 2. Aufl., S. 31 ff. [43 f.]; wohl auch *Boewer,* S. 19 f.

854 *Engels/Natter,* BB-Beilage 8/89, S. 10; insoweit richtig GK-*Raab,* Rn. 206.

855 Ebenso *Richardi,* NZA-Beilage 1/90, S. 2 [10].

856 *Fitting,* Rn. 423.

Abs. 4 enthält in seinen vier Tatbestandsgruppen ausschließlich formale Gesichtspunkte, während der »im Zweifel« zu präzisierende Tatbestand des Abs. 3 Nr. 3 ausschließlich funktionale Begriffsmerkmale verwendet. Das Ziel der Zweifelsbeseitigung lässt sich jedoch nicht erreichen, weil die in **Abs. 4** enthaltenen Gesichtspunkte überhaupt keinen Bezug zum Regelungsinhalt des Grundtatbestands haben[857] und daher zur Erreichung der ihnen zugedachten Aufgabe **ungeeignet** sind. So ist es nicht ersichtlich, welcher Zusammenhang etwa zwischen der Höhe eines bestimmten Jahresarbeitsentgelts (Abs. 4 Nr. 3) und dem Umfang des erforderlichen Entscheidungsspielraums bestehen könnte. Die formalen **Merkmale** des Abs. 4 und der Grundtatbestand des Abs. 3 Nr. 3 sind **inkommensurabel,** d. h. schlechterdings unter keinem Aspekt miteinander vergleichbar.[858] Die Regelung ist in sich systemwidrig und trägt dem von Verfassungs wegen durch den Gesetzgeber zu beachtenden **Gesichtspunkt der Systemgerechtigkeit** keine Rechnung.[859] **287**

Wie sich aus der »oder«-Verknüpfung in Abs. 4 Nrn. 1 bis 3 ergibt, handelt es sich bei diesen rein formalen Hilfskriterien um funktional gleichwertige **alternative** Möglichkeiten, nach denen ausnahmsweise eine Zuordnung nach Abs. 3 Nr. 3 »sicherer« gemacht werden kann.[860] Nach dem Wortlaut der Vorschrift müssen die Voraussetzungen des Abs. 4 Nrn. 1 bis 3 also nicht zusammentreffen. Dass diese Hilfskriterien systemwidrig sind (vgl. Rn. 287), ergibt sich aber auch daraus, dass es sich bei Abs. 4 Nrn. 1 bis 3 **nicht** einmal um **qualitativ gleichwertige Alternativ-Tatbestände** handelt. Somit stellt sich das weitere, vom Gesetzgeber nicht bedachte Problem, wie etwaige **Widersprüche innerhalb** der Tatbestandsgruppen **des Abs. 4** zu lösen sind. So kann es beispielsweise sein, dass der Angestellte einer entsprechenden Leitungsebene (Abs. 4 Nr. 2) angehört, aber weder eine entsprechende Wahlzuordnung (Nr. 1) noch die Gehaltshöhe vorliegt (Nr. 3). In derartigen Fällen lässt sich auch aus Abs. 4 der nach der Subsumtion des Sachverhalts unter den Tatbestand des Abs. 3 Nr. 3 verbliebene Zweifel nicht beseitigen. Ein Rückgriff auf Abs. 4 Nr. 4 ist ausgeschlossen, weil hier kein Zweifel hinsichtlich der Nr. 3 des Abs. 4 vorliegt.[861] Abs. 4 erweist sich somit ein weiteres Mal als untaugliches Instrument, Klarheit dort zu schaffen, wo sie längst hätte hergestellt sein können, wenn die juristischen Auslegungsmethoden durch den Eingangssatz des Abs. 4 nicht diskreditiert worden wären. **288**

c) Normadressaten und Anwendungsvoraussetzungen

Mangels entsprechender Anhaltspunkte im Wortlaut wird davon auszugehen sein, dass sich die Norm sowohl an **die innerbetrieblichen Rechtsanwender** (AG, BR, SpA, WV, Vermittler nach § 18 a) als auch die **Gerichte** wendet.[862] **289**

Weitestgehend unklar ist, welche **Art von Zweifeln** und **wann** diese vorliegen müssen, damit die Anwendung des Abs. 4 möglich wird. Zunächst haben die Rechtsanwender alle für Abs. 3 Nr. 3 erheblichen Tatsachen zu ermitteln, da **Abs. 4 keine Vermutung** in dem Sinne enthält, dass eine Tatsache das Vorhandensein einer anderen Tatsache vermuten lässt. Daher bezieht sich der »Zweifel« i. S. d. Abs. 4 Eingangssatz nicht auf Tatsachen (Zweifel bei der Ermittlung des Sachverhalts), sondern allein auf **rechtliche Zweifel am Auslegungsergebnis.**[863] Derartige **290**

---

857 *Richardi,* NZA-Beilage 1/90, S. 2 [3].

858 *Richardi,* a. a. O.; insoweit zutreffend *Martens,* RdA 89, 73 [81].

859 Dazu *Clausen/Löhr/Schneider/Trümner,* AuR 88, 293 [299] m. w. N.; a. A., aber ohne Begründung, *Buchner,* NZA-Beilage 1/89, S. 2 [9].

860 *Bauer,* SprAuG, S. 125; *G. Müller,* DB 89, 824 [831] will dagegen entsprechend der Reihenfolge gewichten, was jedoch schon am Wortlaut scheitern muss.

861 Ebenso für diesen Fall *Richardi,* NZA-Beilage 1/90, S. 2 [8].

862 H. M., vgl. *Richardi,* NZA-Beilage 1/90, S. 2 [10]; *Hromadka,* BB 90, 57 [62] m. w. N.; *Fitting,* Rn. 415, und *Wlotzke,* DB 89, 111 [121, 123], sehen – wohl zu Recht – praktisch eher die WV als die Gerichte als Normadressaten, was jedoch auch die innerbetrieblichen Stellen nicht berechtigt, die Zuordnung allein nach den Gesichtspunkten des Abs. 4 vorzunehmen.

863 Ebenso *Fitting,* Rn. 420; GK-*Raab,* Rn. 208; *Buchner,* NZA-Beilage 1/89, S. 9; *Wlotzke,* DB 89, 122; a. A. *Richardi,* NZA-Beilage 1/90, S. 2 [9, 10], der offenbar tatsächliche Unklarheiten hinsichtlich der tatbestandsmäßigen Voraussetzungen für die Feststellung der funktionsbezogenen Merkmale des Abs. 3 Nr. 3 ausreichen lassen will.

rechtliche Zweifel sollen nach wohl h. M.[864] überhaupt nur in Betracht kommen können, wenn in sehr extremen Grenzfällen und nach Ausschöpfung aller Erkenntnismöglichkeiten und aller Auslegungsmethoden **zwei Auslegungsergebnisse** vertretbar erscheinen.[865] Dem ist entgegenzuhalten, dass es nach Auslegung der in Abs. 3 Nr. 3 enthaltenen unbestimmten Rechtsbegriffe rechtslogisch keine Mehrzahl richtiger (i. S. v. vertretbaren) Entscheidungen geben kann.[866] Dies gilt umso mehr, als schon bei Beachtung der gefestigten höchstrichterlichen Rspr. zu den einzelnen Tatbestandsmerkmalen des funktionalen Grundtatbestandes praktisch **keine rechtserheblichen Zweifel** mehr verbleiben können und damit die Anwendungssperre des Abs. 4 wohl stets greift. Nicht zugestimmt werden kann allerdings der Ansicht von *Raab,* nach Anwendung von Abs. 3 Satz 2 Nr. 3 könnten mehr als zwei Auslegungsergebnisse vertretbar erscheinen: Das **Ergebnis** der Auslegung kann nämlich nur »ja« oder »nein« bezüglich der Eigenschaft, leitender Angestellter zu sein, lauten.

d) Die Hilfskriterien im Einzelnen

aa) Frühere Zuordnung (Nr. 1)

291 Diese Tatbestandsgruppe knüpft an eine frühere Zuordnung des Angestellten an. Wer also bislang schon **kein leitender Angestellter war, ist dies** im Zweifel **auch jetzt nicht.**[867] Eine wirklich aussagekräftige Zuordnung ist jedoch nach dieser Variante nicht möglich, weil sich zwischenzeitlich die Verhältnisse geändert haben können oder im Zuordnungsverfahren nach § 18 a eine von der früheren Zuordnung abweichende Entscheidung ergeht.[868] Nr. 1 enthält nämlich **keine Besitzstandsgarantie.**[869] Auch eine parallel zum Zuordnungsverfahren nach § 18 a ergehende Gerichtsentscheidung, die zu einer früheren Gerichtsentscheidung im Widerspruch steht, ist nicht ausgeschlossen. **Besondere Vorsicht** ist angeraten, wenn eine frühere Zuordnung auf Grund von AR-Wahlen vorgenommen wird, bei denen die sog. **Selbsteinschätzung des Angestellten** ausschlaggebend war. Ein derartiges Selbsteinschätzungsrecht ist dem BetrVG nicht bekannt (zur Unbeachtlichkeit auch Rn. 279). Daher kann eine Zuordnung nach Abs. 3 Nr. 3 i. V. m. Abs. 4 Nr. 1 nicht auf die Selbsteinschätzung des betreffenden Angestellten bei einer früheren AR-Wahl gestützt werden.[870] Zweifelhaft erscheint es wegen der begrenzten Rechtswirkungen der Zuordnungsentscheidung nach § 18 a Abs. 5, ob z. B. die dortige Zuordnung durch einen Vermittler nach Abs. 4 Nr. 1 berücksichtigt werden kann.[871]

bb) Leitungsebene (Nr. 2)

292 Diese Tatbestandsgruppe stellt ausschließlich auf die jeweilige **Leitungsebene** ab, auf der der Angestellte tätig ist. Zweifelhaft ist schon, ob dieses **hierarchische** Merkmal überhaupt geeignet ist, den funktionalen Grundtatbestand des Abs. 3 Nr. 3 zu präzisieren.[872] Darüber hinaus stößt die Anwendbarkeit von Abs. 4 Nr. 2 jedenfalls dann auf unüberwindliche Schwierigkeiten, wenn die Leitungsstrukturen im Bereich der **Linienfunktionen** (vornehmlich Fälle des Abs. 3 Nrn. 1 und 2) erheblich von denen der **Stabsfunktionen** (vornehmlich Fälle des Abs. 3 Nr. 3) abweichen und damit nicht vergleichbare Leitungsebenen in die Betrachtung einbezogen werden.[873] »Überwiegend« bedeutet mehr als 50 v. H.[874] Somit müssen auf der

---

864 *Engels/Natter,* BB-Beilage 8/89, S. 11; *Wlotzke,* DB 89, 111 [122 f.].
865 Vgl. auch GK-*Raab,* Rn. 209; *Röder,* NZA-Beilage 4/89, 6.
866 Näher dazu *Clausen/Löhr/Schneider/Trümner,* AuR 88, 293 [297]; hieran wird trotz der Einwände von *Engels/Natter,* a. a. O., festgehalten; vgl. auch Rn. 233.
867 Ebenso *Engels/Natter,* BB-Beilage 8/89, S. 11.
868 GK-*Raab,* Rn. 214 m. w. N.
869 *Fitting,* Rn. 432; *Richardi,* NZA-Beilage 1/90, S. 2 [6].
870 Zweifelnd auch *G. Müller,* DB 89, 824 [829] und *Schumann,* AiB 88, 205 [207]; den indirekten Einfluss des Selbsteinschätzungsverfahrens bejahen *Hromadka,* BB 90, 57 [63] und *Dänzer-Vanotti,* NZA-Beilage 1/89, S. 30 [35].
871 Ablehnend *Fitting,* Rn. 429; bejahend *Dänzer-Vanotti,* a. a. O.
872 Kritisch auch *Richardi,* NZA-Beilage 1/90, S. 2 [7].
873 Auch nach *Engels/Natter,* BB-Beilage 8/89, S. 12 ist für die Anwendbarkeit von Abs. 4 Nr. 2 dann kein

Leitungsebene, auf der sich der jeweilige Angestellte befindet, mindestens 50 v. H. plus ein Angestellter zu den leitenden Angestellten zählen. Wenn aber auf der betreffenden Leitungsebene hinsichtlich so vieler Angestellter Streit über die Zuordnung besteht, dass die 50-v.-H.-Marke sowohl über- als auch unterschritten werden kann, versagt dieses Hilfskriterium von vornherein.[875] Es muss dann zunächst deren Status nach Abs. 3 Nr. 3 bestimmt werden, bevor überhaupt auf Abs. 4 Nr. 2 abgestellt werden kann.[876] In der Praxis wird die Bestimmung der jeweiligen Leitungsebene anhand der **Organisationspläne** erfolgen. Maßgeblich sind ausschließlich UN-bezogene Organisationspläne, nicht etwa betriebsbezogene.[877]

cc) Entgelthöhe im Unternehmen (Nr. 3)

Diese Tatbestandsgruppe bringt den deutlichsten **Bruch mit den funktionalen Kriterien** des Abs. 3 Nr. 3. Das Anknüpfen an einem für leitende Angestellte üblichen Entgelt eröffnet nicht nur reinen **Willkürentscheidungen** Tür und Tor, sondern gleicht der Quadratur des Kreises: Zunächst sind nämlich die in die vergleichende Betrachtung einzubeziehenden leitenden Angestellten zu ermitteln; schon dies kann dazu führen, dass auf Abs. 4 Nr. 3 zurückgegriffen werden muss. Damit verwendet der Gesetzgeber in dieser Vorschrift Begriffsvoraussetzungen, deren Vorliegen u. U. gerade nach derselben Vorschrift erst ermittelt werden muss (insoweit gelten die in Rn. 292 gegebenen Hinweise entsprechend). Probleme wirft auch die Ermittlung der maßgeblichen **Vergütungshöhe** als solche auf, weil keine Anhaltspunkte dafür genannt werden, welche **Vergütungsarten** zu berücksichtigen sind. Zutreffend wird man in Anlehnung an § 14 SGB IV darauf abstellen müssen, dass es auf die **regelmäßigen Bezüge** ankommt und eine Betrachtung der bisherigen und sicher abschätzbaren künftigen Gehaltsentwicklungen erforderlich ist,[878] so dass etwa Zulagen, die zudem noch im zeitlichen Zusammenhang mit der Wahl zum BR oder SpA gewährt werden, außer Betracht bleiben müssen, während regelmäßige Tantiemen, Provisionen, Sachbezüge (Dienstwagen und -wohnung) usw. zu berücksichtigen sind. Aus Nr. 3 folgt im Übrigen die Pflicht des AG, die für den Gehaltsvergleich erforderlichen **Daten** dem WV **zur Verfügung zu stellen,** wobei sich deren Umfang nach § 80 Abs. 2 Satz 2 richtet. Die Berufung auf Betriebs- oder Geschäftsgeheimnisse ist dem AG insoweit verwehrt.[879] **293**

dd) Dreifache Bezugsgröße nach § 18 SGB IV (Nr. 4)

Abs. 4 Nr. 4 knüpft ausschließlich an Abs. 4 Nr. 3 an, steht also **nicht alternativ zu Abs. 4 Nrn. 1 bis 3.**[880] Neben den rechtserheblichen Zweifeln bei der Zuordnung nach Abs. 3 Nr. 3 müssen also noch solche nach Abs. 4 Nr. 3 vorliegen, damit auf Abs. 4 Nr. 4 überhaupt zurückgegriffen werden kann, was z. B. der Fall sein kann, wenn es nach Abs. 4 Nr. 3 nicht möglich ist zu ermitteln, welches regelmäßige Jahresentgelt für leitende Angestellte in dem UN üblich ist.[881] Derlei kann praktisch aber niemals auftreten, weil die nur **tatsächliche** Unmög- **294**

Raum mehr; GK-*Raab*, Rn. 221 will deshalb einen Vergleich nur i. B. auf Angestellte des jeweils selben Bereichs [Stab bzw. Linie] zulassen; ebenso *Fitting*, Rn. 433.

874 Str., wie hier GK-*Raab*, Rn. 222; *Richardi*, Rn. 240; *Dänzer-Vanotti*, NZA-Beilage 1/89, S. 30 [36] verlangt deutlich mehr als 50 v. H.; *G. Müller*, DB 89, 824 [830] nimmt eine Spanne von 60 – 75 v. H. an.

875 *Schneider*, Mitb-Beilage zu Heft 11/89, S. 33; *Richardi*, a. a. O.

876 Dagegen will GK-*Raab*, Rn. 222 nur solche Angestellte berücksichtigen, die unstreitig leitende Angestellte sind, was aber nur die neue Frage aufwirft, woran streitig/unstreitig zu messen ist: Reicht es aus, wenn die Betriebspartner einig sind oder das Verfahren nach § 18 a zu einem [vorläufigen] Ergebnis führte (in diese Richtung tendiert wohl *Fitting*, Rn. 434), oder muss eine in Rechtskraft erwachsene Statusklärung durch das Gericht vorliegen?; konsequenterweise muss die Bedeutung der Nr. 2 entfallen, wenn die Leitenden-Eigenschaft umstritten ist, vgl. *Richardi*, Rn. 240.

877 Vgl. zur relativen Aussagekraft von Organisationsplänen aber *Richardi*, a. a. O.; bloße Indizwirkung: GK-*Raab*, Rn. 221.

878 Vgl. *Engels/Natter*, BB-Beilage 8/89, S. 12; GK-*Raab*, Rn. 223.

879 Vgl. *Engels/Natter*, a. a. O.; ähnlich *Fitting*, Rn. 438.

880 So richtig *Engels/Natter*, BB-Beilage 8/89, S. 12.

881 *Richardi*, NZA-Beilage 1/90 S. 2 [8].

lichkeit der Gehaltsermittlung gerade keine **rechtlichen** Zweifel begründen kann. Gleichwohl bedeutet dieses Hilfs-Hilfs-Kriterium die Gefahr, dass Angestellte zu leitenden Angestellten stilisiert werden, die auch nicht im Entferntesten eine unternehmerähnliche Funktion ausüben. Die Bezugsgröße wird jährlich durch RechtsVO festgelegt (§ 17 Abs. 2 SGB IV). Das Dreifache der Bezugsgröße betrug im Jahr 2015 102.060 Euro (in den neuen Bundesländern 86.940 Euro). Mit dieser »Zweifel-im-Zweifel-Regelung« wird jeder Bezug zum konkreten UN endgültig verlassen, da die Bezugsgröße nach § 18 SGB IV Angaben über den Durchschnittsverdienst aller AN ungeachtet ihrer Branchen- und UN-Zugehörigkeit enthält.

e) Verfassungswidrigkeit

295 Abs. 4 kann unter mehreren Gesichtspunkten verfassungsrechtlich keinen Bestand haben:[882]

- Die »Im-Zweifel-Regelung« des Eingangssatzes führt zu Unklarheiten, die im interpretatorischen Wege nicht befriedigend gelöst werden können.[883] Der Rechtswissenschaft selbst ist es bislang nicht gelungen, überzeugende Lösungen zu entwickeln (vgl. Rn. 285 f.). Die Regelung ist so unbestimmt, dass sie dem rechtsstaatlichen **Gebot der Normenklarheit** widerspricht.[884] Hält man Abs. 3 für hinreichend bestimmt, woran wegen seines die *BAG*-Rspr. bestätigenden Charakters kein Zweifel bestehen kann, verbleibt für Abs. 4 kein Anwendungsbereich (»toter Buchstabe«). Unterstellt man für Abs. 4 einen – wenn auch schmalen – Anwendungsbereich, wird man Abs. 3 für nicht hinreichend bestimmt halten müssen, da Abs. 4 als Hilfstatbestand sonst nicht notwendig wäre;
- die Aufgabe jedweden Funktionsbezuges durch Hereinnahme rein formaler Kriterien in den Hilfstatbestand des Abs. 4 macht diesen systemwidrig (vgl. Rn. 287); die inkommensurablen Merkmale lassen ihn **willkürlich** erscheinen, zumindest ist durch den Gesetzgeber das **Gebot der Systemgerechtigkeit,** das dieser bei Nutzung seines Gestaltungsspielraums zu beachten hat, nicht befolgt worden;
- Abs. 4 Nr. 1 ist willkürlich, weil das Regelungsmodell, über frühere Zuordnungsentscheidungen innerbetrieblicher Stellen die Statusbestimmung vorzunehmen, nicht gewährleistet, dass die an der Zuordnung Beteiligten ihre Entscheidungen frei von sachfremden Motiven treffen;[885]
- Abs. 4 Nr. 4 verstößt gegen Art. 3 GG, weil die Regelung eine **an sachwidrigen Kriterien ausgerichtete Differenzierung** enthält. Nicht unternehmens- oder aufgabenbezogene Merkmale, sondern der Durchschnittsverdienst aller AN soll die Differenzierung bewirken.[886] Außerdem verstößt die Bestimmung wegen des doppelten Vorbehalts (»Zweifel-im-Zweifel-Regelung«) gegen das Gebot der **Normenklarheit im Rechtsstaat** gemäß Art. 20 Abs. 3 GG.

6. Beispiele aus der Rechtsprechung

296 Zur Begriffsabgrenzung nach § 5 Abs. 3 a. F. gibt es zahlreiche Entscheidungen der Arbeitsgerichtsbarkeit. Für das geltende Recht nimmt sich die Anzahl dagegen eher bescheiden aus, was die Vermutung stützt, dass die Auseinandersetzungen um den leitenden Angestellten in der Praxis abgenommen haben oder aber die Konflikte eher im Zuordnungsverfahren nach § 18 a befriedigenden Ausgang finden. Die Entscheidungen sind allerdings stark **fallbezogen,** d. h. auf das jeweilige UN und die Stellung bzw. Funktion des betreffenden Angestellten in diesem UN abgestellt, so dass zur Vorsicht bei Verallgemeinerungen zu raten ist. Aus der Fülle der Rspr. sollen – insbesondere unter Berücksichtigung der Rspr. des *BAG* – einige Beispiele

882 Vgl. ausführlicher *Clausen/Löhr/Schneider/Trümner,* AuR 88, 293 [297 ff.]; *Steindorff,* AuR 88, 266 [271]; *G. Müller,* DB 89, 824 [827 ff.].

883 Selbst GK-*Raab,* Rn. 228 konzediert erhebliche verbleibende Unsicherheiten.

884 Dagegen GK-*Raab,* a. a. O., weil das »Vorliegen von Zweifeln« im vollen Umfang gerichtlich nachprüfbar bleibe; wie ein innerer Vorgang [Zweifel] gerichtlich nachzuprüfen sei, ist völlig unklar.

885 Dazu *G. Müller,* a. a. O.

886 Vgl. auch *Fitting,* Rn. 443; a. A. *Richardi,* Rn. 247, unter der Voraussetzung der von ihm angebotenen restriktiven Gesetzesinterpretation.

angeführt werden, die in der Begründung bestimmte allgemein bedeutsame Aspekte erkennen lassen. Vorsicht ist vor allem geboten bei einer Zuordnung, die an die **Berufsbezeichnung** anknüpft, weil darin kein Begriffsmerkmal gesehen werden kann.[887] Die zum früheren Recht ergangene Rspr. ist prinzipiell auch weiterhin anwendbar, da die Neufassung keine grundsätzliche Abkehr von der bisherigen Begriffsabgrenzung gebracht hat.[888] Soweit nachfolgend bestimmte tatsächliche Angaben gemacht werden, dient dies vor allem der Illustration; nicht in jedem Fall (z. B. Rn. 297) handelt es sich dabei um nach der *BAG*-Rspr. als beachtlich anerkannte Gesichtspunkte für die Begriffsabgrenzung (vgl. zu den unbeachtlichen Gesichtspunkten o. Rn. 279).

a) Bejahende Entscheidungen

Als **leitende Angestellte** sind **anerkannt** worden: 297

- **Leiter der Abteilung »Unternehmensplanung«**, wobei das *BAG* darauf abgehoben hat, dass dieser leitende Angestellte durch seine Tätigkeit entscheidende unternehmerische Daten setzt, die einen maßgeblichen und direkten Einfluss auf die UN-Leitung ausüben;[889]
- **Leiter der Abteilung Absatzplanung, Vertrieb, Organisation und Personal** mit Gesamtprokura, wegen des umfangreichen und wichtigen Tätigkeitsbereiches;[890]
- **Verkaufsleiter,** der nach Kundenwünschen Industrieanlagen entwirft und Kosten ermittelt;[891]
- **Leiter der Abteilung »Dünnschicht und Poliertechnik«** eines optischen Betriebs, der maßgebende Forschungsarbeit leistet und am Abschluss von Lizenzverträgen beteiligt ist;[892]
- **Leiter des gesamten Ausbildungswesens** in einem Groß-UN, sofern er das Ausbildungswesen im Wesentlichen nach eigenen Vorstellungen gestaltet;[893]
- **Wirtschaftsprüfer,** die als Prüfungsleiter und (oder) Berichtskritiker in Wirtschaftsprüfungsgesellschaften angestellt sind.[894] § 45 Satz 2 WiPrO ist aber einschränkend dahin auszulegen, dass ang. Wirtschaftsprüfer nur dann leit. Ang. sind, wenn sie auch tatsächlich Prokura haben.[895] Auf ang. **RA oder StB einer Wirtschaftsprüfungs- und Beratungsgesellschaft** ist § 45 Satz 2 WiPrO dagegen auch nicht in dieser eingeschränkten Form entsprechend anzuwenden; hier verbleibt es bei den allgemeinen Voraussetzungen des § 5 Abs. 3 BetrVG;[896]
- **Sicherheitsingenieur und Sicherheitsfachmann** eines Luftfahrt-UN mit 6500 Beschäftigten, der direkt der Direktion unterstellt ist, das UN gegenüber außenstehenden Verbänden und Stellen, die für Fragen der Arbeitssicherheit zuständig sind, vertritt und selbst optimale technische Lösungen für Probleme der Arbeitssicherheit auszuarbeiten und bei deren Durchführung bei der Gestaltung von Arbeitsplätzen und Betriebseinrichtungen und -anlagen mitzuwirken hat;[897]
- **Grubenfahrsteiger,** wobei sich die Zuordnung zum Personenkreis der leitenden Angestellten aus den Besonderheiten des Bergbaues und des besonders gelagerten Falles ergibt;[898]
- **Leiter der EDV-Organisation und der Fertigungsplanung** in großen Betrieben;[899]

---

887 Vgl. aber *Richardi*, Rn. 253.
888 Weitere Rspr.-Übersichten in NZA 86, 460 ff. *Steindorff*, Anhang, S. 1 ff.; GK-*Raab*, Rn. 196 – 200; HWGNRH-*Rose*, Rn. 219 ff.
889 17.12.74, AP Nr. 7 zu § 5 BetrVG 1972.
890 *BAG* 23.3.76, AP Nr. 14 zu § 5 BetrVG 1972.
891 *BAG* 1.6.76, AP Nr. 15 zu § 5 Abs. 3 BetrVG 1972.
892 *BAG* 23.3.76 – 1 AZR 221/75, uv.
893 *BAG* 1.6.76, a. a. O.
894 *BAG* 28.1.75, AP Nr. 5 zu § 5 BetrVG 1972, unter Hinweis auf eine atypische Fallgestaltung.
895 *BAG* 29.6.11, NZA 12, 408 ff.; näher auch für Arbeitnehmer in Beratungsgesellschaften *Henssler*, FS Hromadka, 131 ff.
896 *BAG* 29.6.11, NZA-RR 11, 647.
897 *BAG* 8.2.77, AP Nr. 16 zu § 5 BetrVG 1972.
898 *BAG* 19.11.74, AP Nr. 3 zu § 5 BetrVG 1972; diese Entscheidung ist aufgegeben worden durch *BAG* 23.1.86, AP Nrn. 30, 32 zu § 5 BetrVG 1972; vgl. auch die in Rn. 298 angeführte Rspr. zur Einordnung der Steiger im Besonderen.
899 *ArbG Frankfurt* 12.4.72, DB 72, 1634.

- **Leiter der pharmazeutischen Entwicklung;**[900]
- **Syndikusanwalt,** der eigenverantwortlich die Leitung des UN in Rechtsfragen berät[901] bzw. Prokura hat und ein besonders wichtiges Aufgabengebiet wahrnimmt;[902]
- **Rechtsanwalt** als Sachbearbeiter in der Grundstücksverkehrsabteilung eines Bergwerksunternehmens mit weitreichenden Vollmachten gegenüber Dritten;[903]
- **Leiter der Vertriebsniederlassung** eines UN der Kommunikationstechnik mit 7000 AN, der u. a. gegenüber dem BR der örtlichen Niederlassung Verhandlungs- und Abschlussvollmacht hat und diese auch regelmäßig ausübt;[904]
- **stellvertretender Leiter** der Wertpapierabteilung einer von mehr als 14 Niederlassungen einer Großbank trotz der auf die Niederlassung beschränkten Gesamtprokura;[905]
- **Chefpilot** einer US-amerikanischen Fluggesellschaft, die weltweit fünf derartige Funktionen unterhält, wobei die Aufgabe in der Wahrung der Flugsicherheit besteht und zu diesem Zweck weitreichende – auch disziplinarische – Befugnisse gegenüber den zugeordneten 255 Piloten, Copiloten und Bordingenieuren gegeben sind;[906]
- **Abteilungsleiter** des Finanz- und Rechnungswesens, der eigenverantwortlich über die Art und Höhe der Wiederanlage frei werdender Finanzanlagen im Umfang von 15 – 20 Mio. DM jährlich bei einem Gesamtrahmen von 170 Mio. DM und über die Finanzierung benötigter Mittel entscheidet;[907]
- **Generalbevollmächtigter,** soweit damit eine Rechtsstellung zwischen einem Organmitglied der Gesellschaft und einem Prokuristen verbunden ist;[908]
- **Restaurantleiter** in einem UN mit 38 Restaurants und ca. 25 AN je Restaurant, allerdings zu § 14 Abs. 2 KSchG entschieden;[909]
- **Hauptabteilungsleiter** »Finanzwesen«, der unmittelbar dem Geschäftsführer unterstellt ist, Entscheidungsbefugnis über Finanzierungen von Investitionsvolumen i. H. v. 20 Mio. DM und Devisenrisikoabsicherungsgeschäften i. H. v. 100 Mio. DM hat und mehr als 136000 DM im Jahr erhält;[910]
- **Chefarzt** (sehr str., vgl. Rn. 298) einer Klinik mit uneingeschränkter ärztlicher Führungs- und Handlungsverantwortung;[911]
- **Filialleiterin** eines Geschäfts, das weniger als 20 AN (!) hat;[912]
- **Betriebsleiter** mit Einstellungs- und Entlassungsbefugnis im Innen- und Außenverhältnis gegenüber fünf leit. Ang., die ihrerseits leit. Ang. i. S. v. § 5 Abs. 3 Nr. 1 waren;[913]
- **Leiter der Zentralrevision** in direkter Vorstandsunterstellung bei einem UN mit seinerseits ca. 120 Tochter-UN wegen seiner Schlüsselposition bzgl. des Einflusses auf die UN-Führung.[914]

900 *LAG Baden-Württemberg* 8.3.78, DB 78, 843.
901 *LAG Düsseldorf* 22.11.73, EzA § 5 BetrVG 1972 Nr. 4.
902 *LAG Berlin* 25.1.88, LAGE § 5 BetrVG 1972 Nr. 15.
903 *LAG Düsseldorf* 14.11.72, EzA § 5 BetrVG 1972 Nr. 3.
904 *LAG Berlin* 5.3.90, LAGE § 5 BetrVG 1972 Nr. 18.
905 *LAG Düsseldorf* 24.2.89, LAGE § 5 BetrVG 1972 Nr. 17; a. A. noch *BAG* 27.4.88, AP Nr. 37 zu § 5 BetrVG 1972 zur Rechtslage vor In-Kraft-Treten der Neufassung von Abs. 3 Nr. 2.
906 *BAG* 25.10.89, AP Nr. 42 zu § 5 BetrVG 1972.
907 *LAG Baden-Württemberg* 25.6.91, LAGE § 5 BetrVG 1972 Nr. 20.
908 *BAG* 10.4.91, AP Nr. 141 zu § 1 TVG Tarifverträge: Bau.
909 *BAG* 25.11.93, NZA 94, 837 unter bedenklicher Hintanstellung der festgestellten Kompetenzbegrenzungen: z. B. Genehmigungserfordernis bei Reparaturen im Wert von mehr als 300 DM!; vgl. Rn. 298 wegen des gegenteiligen Ergebnisses.
910 *BAG* 11.1.95, EzA § 5 BetrVG 1972 Nr. 58.
911 *LAG Köln* 20.11.90 – 9 Sa 452/90; anders *BAG* 5.5.10, NZA 10, 966: nur wenn sie tätigkeitsprägend unternehmens- oder betriebsleitende Entscheidungen treffen, was aus der hierarchischen Stellung als Chefarzt gerade nicht folgt; vgl. auch *Richardi*, Rn. 256 m. w. N.; nach *Schaub*, Arbeitsrechts-Handbuch, 10. Aufl., § 16 Rn. 21: nur dann, wenn der Chefarzt Mitglied der Krankenhausbetriebsleitung ist; gegen die Leitenden-Eigenschaft spricht auch § 18 Abs. 1 Nr. 1 AZG; bejaht für den Bereich der MAVO in *BAG* 10.12.92, AP Nr. 41 zu Art. 140 GG [unter III. 1]; verneint betr. § 14 Abs. 2 KSchG vom *LAG Nürnberg* 13.10.98, NZA 99, 238.
912 *LAG Düsseldorf* 26.7.00, NZA-RR 01, 308.
913 *BAG* 27.9.01, AP Nr. 6 zu § 14 KSchG 1969.
914 *BAG* 6.12.01, AP Nr. 3 zu § 263 ZPO.

b) Verneinende Entscheidungen

Die Eigenschaft als **leitender Angestellter** wurde **verneint** beim: 298

- **Hauptabteilungsleiter** eines aus 20 Hauptbüros bestehenden Groß-UN, der eine bestimmte Sparte des Verkaufsgeschäfts im räumlichen Bereich des Hauptbüros leitet, aber seinerseits noch dem kaufmännischen Direktor des Hauptbüros untersteht. Das *BAG* hat auf den fehlenden erheblichen eigenen Entscheidungsspielraum abgehoben;[915]
- **Abteilungsleiter** eines Maschinenbau-UN. Nach Auffassung des *BAG* nehmen diese Abteilungsleiter zwar unternehmerische Teilaufgaben wahr. Diese machen jedoch nur einen kleinen Ausschnitt in Bezug zum Gesamt-UN aus;[916]
- **Leiter der Abteilung »Mechanische Fertigung«,** weil es an der Interessenpolarität fehlt. Das *BAG* weist darauf hin, dass ein Gegnerbezug zum BR und zur Arbeitnehmerschaft nicht schon dann vorliegt, wenn der Abteilungsleiter eine schlichte Vorgesetztenstellung innehat, die ihm das Recht einräumt, im Rahmen des ihm zugewiesenen Aufgaben- und Funktionsbereichs die notwendigen Anordnungen zu treffen und den ihm unterstellten AN hierzu Weisungen zu erteilen;[917]
- **Leiter einer Fertigungsabteilung** mit ca. 400 Arbeitern, 16 Meistern und technischen Angestellten, weil der maßgebliche Einfluss auf die technische und organisatorische Führung des Werkes fehlt und personelle Maßnahmen nur in Übereinstimmung mit der Personalabteilung vorgenommen werden können;[918]
- **Verkaufsleiter und Betriebsleiter** in einer von 40 Niederlassungen eines größeren Kfz-Herstellers, der bei Verkäufen an die Listenpreise des Herstellers gebunden ist;[919]
- **Verkaufsleiter** der 3. Delegationsstufe ohne wesentliche eigene Entscheidungsbefugnis;[920]
- **Leiter des Zentraleinkaufs** eines UN mit 475 AN, weil keine erhebliche Entscheidungsbefugnis vorliegt;[921]
- **Redakteur;**[922]
- **Vertriebsleiter** einer Zeitung, auch wenn Einstellungs- und Entlassungsbefugnis für Zeitungsausträger gegeben sind;[923]
- **Betriebsleiter eines Verbrauchermarktes** mit 45 AN, weil er in personellen und kaufmännischen Angelegenheiten sowie bei Verhandlungen mit dem BR keinen eigenen nennenswerten Entscheidungsspielraum hat;[924]
- **Grubenfahrsteiger,** weil jedenfalls die Wahrnehmung der bergbautypischen Sicherungsaufgaben auf fast allen Vorgesetztenebenen nicht ausreicht, eine echte unternehmerische Aufgabenstellung zu begründen;[925]
- **Fahrsteiger;**[926]
- **Vermessungsfahrsteiger;**[927]
- **Maschinenfahrsteiger;**[928]
- **Wetterfahrsteiger;**[929]
- **Vorrichtungsfahrsteiger;**[930]

---

915 19.11.74, AP Nr. 2 zu § 5 BetrVG 1972.
916 17.12.74, AP Nr. 8 zu § 5 BetrVG 1972.
917 17.12.74, AP Nr. 6 zu § 5 BetrVG 1972.
918 *BAG* 15.3.77 – 1 ABR 86/76, uv.; dazu *G. Müller,* AuR 85, 315 [318].
919 *BAG* 15.3.77, DB 78, 496.
920 *BAG* 19.8.75, AP Nr. 1 zu § 105 BetrVG 1972.
921 *BAG* 9.12.75, AP Nr. 11 zu § 5 BetrVG 1972.
922 *BAG* 22.4.75, 31.10.75, 7.11.75, AP Nrn. 2, 3, 4 zu § 118 BetrVG 1972.
923 *BAG* 27.10.78, AP Nr. 19 zu § 5 BetrVG 1972.
924 *BAG* 19.8.75, AP Nr. 5 zu § 102 BetrVG 1972.
925 *BAG* 23.1.86, AP Nrn. 30, 32 zu § 5 BetrVG 1972; die dagegen erhobene Verfassungsbeschwerde hat das *BVerfG* [16.6.86, NZA 87, 206] mangels Aussicht auf Erfolg nicht angenommen.
926 *BAG* 23.1.86, a.a.O.
927 *LAG Hamm* 11.7.74, DB 74, 2013.
928 *LAG Hamm* 19.8.1977 – 3 TaBV 20/77.
929 *LAG Hamm* 19.8.77 – 3 TaBV 22/77.
930 *LAG Hamm* 19.8.1977 – 3 TaBV 21/77.

- **Elektrofahrsteiger;**[931]
- **Betriebsarzt/Werksarzt;**[932]
- **betrieblicher Datenschutzbeauftragter;**[933]
- **Montageleiter,** der für den Distrikt eines UN eingestellt wird und die Abteilung Montage leitet;[934]
- **Ressortleiter** eines Zeitungsverlages mit mehreren Hierarchieebenen über sich, einer bloß »schlichten« Vorgesetztenstellung sowie einem Vorschlagsrecht bezüglich ihm zu unterstellender Redakteure;[935]
- **Restaurantleiter;**[936]
- **Chefarzt,** wenn dessen Einstellungsbefugnis nur im Innenverhältnis besteht[937] ähnlich für einen Chefarzt mit bloßen Abteilungsleiterfunktionen[938] Chefarzt einer geriatrischen Abteilung, dessen Personalbefugnisse nicht einmal gegenüber einem Prozent der Gesamtbelegschaft bestanden;[939] Chefarzt einer kleineren Abteilung eines Krankenhauses, der in die Abstimmung über das Leistungsspektrum seiner Abteilung und das Budget einzubeziehen war[940] Chefärztin einer Fachklinik mit 11 Mitarbeitern, 20 Betten [= 11 % der Gesamtbettenzahl] und 7,5 % der Erlöse des Krankenhauses ohne Aufgaben auf der Leitungsebene;[941] vgl. aber auch Rn. 297;
- **Qualitätsbeauftragter** nach DIN EN ISO 9001 QE 4.1.2.3 wird nicht schon Kraft Ernennung hierzu leit. Ang.;[942]
- **EDV-Spezialist** ist kein leit. Ang., selbst wenn er infolge seines Spezialisierungsgrades im UN eine Monopolstellung einnimmt;[943]
- **Zentraleinkäufer** eines Warenhaus-UN, der neben 57 anderen Zentraleinkäufern auf der dritten Leitungsebene für den Einkauf von Damenlederwaren mit weniger als 1 % des Gesamteinkaufsumsatzes zuständig ist;[944]
- **Jugendherbergsleiter** wegen mangelnder Personalbefugnisse.[945]

V. Streitigkeiten

299 Den **Streit über den Status** eines Betriebsangehörigen als AN i. S. d. Abs. 1, als Nicht-AN i. S. d. Abs. 2 und als leitender Angestellter i. S. d. Abs. 3 entscheidet das ArbG im **Beschlussverfahren** gemäß §§ 2 a, 80 ff. ArbGG.[946] Zwar kann der rechtliche Status als leitender Angestellter als **Vorfrage** auch im **Kündigungsschutzprozess** (Urteilsverfahren) festgestellt werden, jedoch entfaltet diese Statusfeststellung Rechtswirkungen dann nur zwischen den Parteien dieses Verfahrens, d. h. AG und AN, nicht jedoch für oder gegen den BR oder SpA.[947]

931 *LAG Hamm* 1.2.1977 – 3 TaBV 74/76.
932 *LAG Baden-Württemberg* 31.3.77, AP Nr. 17 zu § 5 BetrVG 1972; a. A. *LAG München* 22.3.78, Personalwirtschaft 78, 207.
933 *LAG München* 16.11.78, BB 79, 1092.
934 *ArbG Essen* 12.12.91 – 1 BV 1/91.
935 *LAG Düsseldorf* 22.3.93, LAGE § 5 BetrVG 1972 Nr. 21 = AuR 93, 305.
936 *ArbG Darmstadt* 8.1.98, AiB 98, 467 m. Anm. *Peter; LAG Hessen* 7.9.00, NZA-RR 01, 426; vgl. aber Rn. 297 ff.
937 *BAG* 18.11.99, NZA 00, 427.
938 *ThürLAG* 6.7.00, LAGE § 5 BetrVG 1972 Nr. 22.
939 *BAG* 10.10.07, DB 08, 590.
940 *BAG* 5.5.10, NZA 10, 955.
941 *HessLAG* 31.7.08 – 9 TaBV 267/07.
942 *ArbG Würzburg* 9.9.98 – 10 BV 4/98 W.
943 *LAG Köln* 20.4.01, AuR 01, 318.
944 *BAG* 25.10.01, EzA § 5 BetrVG Nr. 64.
945 *LAG Bremen* 15.1.08 – 1 TaBV 15/07.
946 Vgl. *Richardi,* Rn. 299; *Fitting,* Rn. 462; GK-*Raab,* Rn. 252; *GL,* Rn. 109, 181; Muster eines Statusfeststellungsverfahrens in DKKWF-*Homburg,* § 5 Rn. 5.
947 Vgl. *Fitting,* Rn. 467; *BAG* 19.8.75, AP Nr. 1 zu § 105 BetrVG 1972; 19.8.75, AP Nr. 5 zu § 102 BetrVG 1972; 23.3.76, AP Nr. 14 zu § 5 BetrVG 1972. Zu den beschränkten Rechtswirkungen einer Statusfeststellung, die im Zuordnungsverfahren nach § 18 a ergeht, vgl. § 18 a Rn. 68 ff.; Muster eines Statusverfahrens bzgl. leit. Ang. in DKKWF-*Homburg,* § 5 Rn. 9.

300 **Beteiligungsbefugt** und **antragsberechtigt** sind im Status-Beschlussverfahren der **BR**,[948] der **AG** und nunmehr wohl auch der **SpA** sowie diejenigen Personen, um deren Statusfeststellung es geht.[949] Ist der Status im Zusammenhang mit einer BR- oder SpA-Wahl umstritten, sind darüber hinaus beteiligungs- und antragsbefugt **die beiden WV**,[950] aber auch die im Betrieb vertretene **Gewerkschaft**,[951] und zwar unabhängig davon, ob ein Wahlanfechtungsverfahren schwebt oder nicht.[952] **Nicht antragsbefugt** ist eine im BR vertretene **Minderheitenliste.**[953]

301 Das **Rechtsschutzinteresse** am Status-Feststellungsverfahren soll auch ohne Vorliegen eines akuten Streitfalles (z. B. bevorstehende Wahlen) zu bejahen sein, weil von der Feststellung sowohl der subjektive betriebsverfassungsrechtliche Status des Betroffenen als auch die Kompetenzabgrenzung zwischen SpA und BR (beispielsweise bei der Beteiligung in personellen Einzelangelegenheiten) abhängig ist.[954] Das Rechtsschutzinteresse entfällt für keinen der beiden Anträge, wenn in demselben Beschlussverfahren sowohl **positive** Feststellung (etwa durch den betroffenen AN) als auch **negative Feststellung** (etwa als Widerantrag durch den BR) begehrt wird.[955] Es entfällt allerdings, wenn der betreffende AN im Laufe des Verfahrens aus dem Betrieb ausgeschieden ist.[956]

302 Das Beschlussverfahren ist gemäß § 2 a Abs. 1 Nr. 2 ArbGG auch die zutreffende Verfahrensart für **Streitigkeiten** aus dem SprAuG.[957]

§ 6 Arbeiter und Angestellte

(aufgehoben)

948 Ggf. auch der GBR, vgl. GK-*Raab*, Rn. 253; a. A. *Richardi*, Rn. 302.
949 Vgl. *BAG* 23.1.86, 25.10.89, AP Nrn. 30, 42 zu § 5 BetrVG 1972.
950 *Richardi*, a. a. O.; vgl. auch *BAG* 5.3.74, AP Nr. 1 zu § 5 BetrVG 1972 für den BR-WV.
951 Vgl. *BAG* 28.4.64, AP Nr. 2 zu § 4 BetrVG.
952 *BAG* 5.3.74, a. a. O.; offen lassend für den Fall einer bloß abstrakten Feststellung *BAG* 19.11.74, AP Nr. 3 zu § 5 BetrVG 1972; wie hier auch *Richardi*, Rn. 303; *GL*, Rn. 110.
953 Dazu *LAG Düsseldorf* 24.10.89, DB 90, 283.
954 Vgl. *Richardi*, Rn. 301 m. w. N. auf die ständige Rspr. des *BAG;* die Begrenzung des Streitgegenstandes auf die Statusfeststellung ohne Klärung strittiger Einzelfragen führt nicht zur Verneinung des Feststellungsinteresses, vgl. *BAG* 20.7.94, NZA 95, 190; differenzierter GK-*Raab*, Rn. 254.
955 *BAG* 17.12.74, AP Nr. 8 zu § 5 BetrVG 1972.
956 GK-*Raab*, a. a. O.
957 Vgl. *Fitting*, Rn. 461; *Löwisch*, SprAuG, Vor § 1 Rn. 6; *Grunsky*, ArbGG, § 2 a Rn. 27 a.

Zweiter Teil
Betriebsrat, Betriebsversammlung, Gesamt- und Konzernbetriebsrat

Erster Abschnitt
Zusammensetzung und Wahl des Betriebsrats

§ 7 Wahlberechtigung

Wahlberechtigt sind alle Arbeitnehmer des Betriebs, die das 18. Lebensjahr vollendet haben. Werden Arbeitnehmer eines anderen Arbeitgebers zur Arbeitsleistung überlassen, so sind diese wahlberechtigt, wenn sie länger als drei Monate im Betrieb eingesetzt werden.

Inhaltsübersicht

I. Vorbemerkungen

1 Die Bestimmung legt fest, wer berechtigt ist, den BR **zu wählen** (aktives Wahlrecht); die Wählbarkeit (passives Wahlrecht) ist in der Vorschrift des § 8 geregelt (zur Wahlberechtigung für die JAV vgl. § 61 Abs. 1, für die Bordvertretung § 115 Abs. 2 Nr. 1 und zur Wahlberechtigung für den See-BR § 116 Abs. 2 Nr. 1). Die Vorschrift ist **zwingend.**

2 Neben der **Vollendung des 18. Lebensjahres** ist für die Ausübung des aktiven Wahlrechts erforderlich, dass der Betreffende als AN (zum betriebsverfassungsrechtlichen Begriff des AN vgl. Rn. 5 ff.) zu dem Betrieb gehört, um dessen BR-Wahl es geht (zur Problematik der Betriebszugehörigkeit vgl. Rn. 8 ff.). In **formeller Hinsicht** ist für die Ausübung des Wahlrechts außerdem notwendig, dass der AN in die **Wählerliste** eingetragen ist (§ 2 Abs. 3 WO). Die Eintragung in die Wählerliste ist für den materiellen Bestand des Wahlrechts allerdings ohne Bedeutung.[1] Unerheblich ist die Staatsangehörigkeit des AN; es sind alle AN wahlberechtigt.[2]

3 Das aktive Wahlrecht hat nicht nur für die BR-Wahl Bedeutung. Es ist zugleich Voraussetzung für die **Ausübung bestimmter Rechte** innerhalb der Betriebsverfassung. Das gilt etwa für die Unterzeichnung von Wahlvorschlägen (§ 14 Abs. 3, 4), die Mitgliedschaft im WV (§ 16 Abs. 1), das Antragsrecht beim ArbG zur Einsetzung eines WV (§ 16 Abs. 2) oder seiner Ersetzung im Falle der Nichterfüllung seiner Aufgaben (§ 18 Abs. 1 Satz 2), das Wahlanfechtungsrecht (§ 19 Abs. 2), das Antragsrecht auf Auflösung des BR oder Ausschluss eines BR-Mitglieds (§ 23 Abs. 1) und das Antragsrecht zur Einberufung einer Betriebsversammlung (§ 43 Abs. 3 Satz 1).

4 Die **Zahl der wahlberechtigten AN** hat darüber hinaus für die Bildung und die Tätigkeit des BR **erhebliche Bedeutung.** So setzt die Errichtung des BR und die Ausübung einiger Beteiligungsrechte eine bestimmte Anzahl wahlberechtigter AN voraus. Das gilt insbes. für die Errichtung des BR (§ 1), die Anzahl der BR-Mitglieder (§ 9), die Beteiligungsrechte bei personellen Einzelmaßnahmen (§ 99 Abs. 1), Unterrichtung bei wirtschaftlichen Angelegenheiten (§ 106 Abs. 1) und für die Beteiligungsrechte bei Betriebsänderungen (§§ 111 ff.). Ebenso kommt es für die **Stimmengewichtung im GBR und im KBR** auf die Zahl der wahlberechtigten AN im Betrieb bzw. UN an (vgl. § 47 Abs. 7 und 8, § 55 Abs. 3). Bei anderen Beteili-

---

1 Richardi-*Thüsing*, Rn. 51.; GK-Raab, Rn. 7

2 Hilfe für Wahlvorstände bei den jeweils anstehenden BR-Wahlen gibt es vom DGB mit einem kostenlosen Wahlleitfaden und einem elektronischen Fristenkalender. Dieser kann bei den zuständigen Gewerkschaften vor Ort bezogen werden.

gungsrechten, wie etwa bei dem Initiativrecht zur Erstellung von Auswahlrichtlinien, spielt dagegen die Anzahl der wahlberechtigten AN keine Rolle, da es nur auf die AN-Eigenschaft ankommt.

Stark zunehmend ist die Bedeutung von »**Strukturtarifverträgen**« oder Betriebsvereinbarungen nach § 3, die die betrieblichen und überbetrieblichen Arbeitnehmervertretungen in anderer Weise als im BetrVG strukturieren[3]. Hierauf ist vom Wahlvorstand bei der Erstellung der Wählerliste zu achten. Insbesondere bei Fragen zur Konzernleihe ist hier auf Besonderheiten zu achten.

II. Allgemeine Bedeutung der Wahlberechtigung

Wahlberechtigt sind alle AN des Betriebs, die neben der Erreichung des erforderlichen Wahlalters nach § 5 Abs. 1 als AN i. S. d. Gesetzes anzusehen sind. So ist grundsätzlich jeder Beschäftigte, der ein durch Arbeitsvertrag begründetes **Arbeitsverhältnis** zum Betriebsinhaber als AG hat und innerhalb der Betriebsorganisation zur **Erfüllung des Betriebszwecks** tätig wird, wahlberechtigt. Die AN-Eigenschaft im betriebsverfassungsrechtlichen Sinne geht jedoch darüber hinaus und kann **unabhängig von dem Bestehen eines Arbeitsvertrags** gegeben sein. Entscheidend ist die **tatsächliche Beziehung** zu dem Betrieb. Es reicht aus, dass eine Person in den Betrieb eingegliedert ist, um zusammen mit den im Betrieb schon beschäftigten AN den arbeitstechnischen Zweck des Betriebs durch weisungsgebundene Tätigkeit zu verwirklichen (vgl. dazu umfassend § 5 Rn. 13 ff.). Der betriebsverfassungsrechtliche AN-Status und damit die Wahlberechtigung setzen anders als der allgemeine arbeitsrechtliche AN-Begriff nicht notwendig ein kraft Arbeitsvertrags mit dem AG begründetes Arbeitsverhältnis voraus. Es genügt die Begründung eines durch Eingliederung in die Arbeitsorganisation des Beschäftigungsbetriebs zustande gekommenen **betriebsverfassungsrechtlichen Arbeitsverhältnisses,** bei dem die Leitungsmacht bezüglich des Einsatzes der abhängigen Arbeitskraft durch den AG des Beschäftigungsbetriebs ausgeübt wird.[4] 5

Wie sehr es für die betriebsverfassungsrechtliche AN-Eigenschaft ausreichen muss, dass eine Person in den Betrieb eingegliedert wird, um zusammen mit den im Betrieb schon beschäftigten AN den arbeitstechnischen Zweck des Betriebs durch weisungsgebundene Tätigkeit zu verwirklichen, zeigt sich nicht zuletzt an den immer häufiger auftretenden Fällen der Beschäftigung von AN in einem Betrieb, mit dessen Inhaber sie keinen Arbeitsvertrag geschlossen haben. Typisch dafür ist der »**drittbezogene Personaleinsatz**«, wie er durch **AN-Überlassungsverträge, Werkverträge, Dienstverträge, Dienstverschaffungs- oder Gestellungsverträge** zustande kommen kann.[5] Der Inhaber eines Drittbetriebs, der nicht selbst Arbeitsvertragspartei des AN ist, kann dennoch zu diesem in mehr oder weniger weitgehenden arbeitsrechtlichen Beziehungen stehen.[6] 6

Auch der **ohne direkten Arbeitsvertrag** in die Arbeitsorganisation des Beschäftigungsbetriebes eingebundene und dessen Betriebszweck dienende AN ist in seiner **Arbeitssituation** dem AN nach § 5 Abs. 1, der einen Arbeitsvertrag zum Beschäftigungs-AG hat, gleichgestellt. Er unterscheidet sich von diesem (Vertrags-)AN im Wesentlichen nur durch das Fehlen arbeitsvertraglicher Beziehungen zum Betriebsinhaber.[7] Es wäre nicht gerechtfertigt, diesen »eingegliederten« AN der **Schutzfunktion** der Betriebsverfassung zu entziehen. Der Gesetzgeber hat das vom Ansatz her anerkannt und z. B. den Leih-AN als der wohl größten Beschäftigtengruppe im Rahmen des drittbezogenen Personaleinsatzes bestimmte Rechte nach dem BetrVG 7

---

3 *Homburg/Mittag*, RdA, 2013, S. 613 f.

4 Die Frage inwieweit die »Zwei-Komponeneten-Lehre« insbesondere bei Drittbezug Anwendung findet ist streitig. Vgl hierzu GK-*Raab*, Rn. 18 ff., *Fitting*, Rn. 16 ff. m. w. N.

5 Zum drittbezogenen Personaleinsatz auf Grund eines Dienst- oder Werkvertrages vgl. *BAG* 30. 1. 91, DB 91, 2343; vgl. auch Rn. 18 ff. u. § 5 Rn. 72 ff.

6 Vgl. GK-*Raab*, Rn.49 f, der es für erforderlich hält, dass ein Arbeitsverhältnis zwischen Betriebsinhaber und Arbeitnehmer besteht. Allerdings je nach Umfang eines »partiellen Arbeitsverhältnisses« zum Inhaber des Drittbetriebs muss geprüft werden, ob es zur Begründung der Betriebszugehörigkeit ausreicht oder nicht.

7 So zutreffend *LAG Frankfurt* 25. 1. 85, BB 85, 2173.

gewährt (vgl. § 14 Abs. 2 AÜG). In dieser Zielsetzung einer betriebsverfassungsrechtlichen Gleichstellung hat das **BetrVerf-ReformG 2001** einen weiteren wesentlichen Schritt getan. Es hat entgegen der bisherigen Regelung in § 14 Abs. 2 AÜG dem **Leih-AN** im Entleiherbetrieb, also im Betrieb des Beschäftigungs-AG, das **aktive Wahlrecht** bei der BR-Wahl gegeben, sofern die Beschäftigung länger als drei Monate dauert. Das ist über die bisher gewährten betriebsverfassungsrechtlichen Befugnisse hinaus eine **qualitativ entscheidende Komponente.** Durch das Recht, die betriebliche Arbeitnehmervertretung durch Wahl mit zu legitimieren, ergibt sich zugleich der Auftrag für den BR, die Interessen auch dieser Beschäftigtengruppe nicht nur partiell, sondern **umfassend** zu vertreten, soweit es die betrieblichen Interessen gegenüber dem Beschäftigungs-AG betrifft. Darin liegt eine Gleichstellung mit den AN nach § 5 Abs. 1 und damit die Einbeziehung in diesen Personenkreis.[8] Diesem durch Wahl erfolgten Auftrag an die betriebliche AN-Vertretung müssen, wenn er sachgerecht erfüllt werden soll, die notwendigen **Handlungs- und Arbeitsgrundlagen** des BR entsprechen. Zumal die Anzahl der AN im drittbezogenen Personaleinsatzständig wächst. »je mehr Arbeit im Betriebsrat anfällt, desto mehr – freizustellende – Mitglieder soll er haben«.[9] Diese Berücksichtigung hat bereits bei der zahlenmäßigen Größe des BR nach § 9 zu beginnen. Es stünde geradezu im Widerspruch mit dem **Normzweck** des § 9, die Zusammensetzung des BR durch eine bestimmte Wählergruppe mit bestimmen zu lassen, aber bei der zahlenmäßigen Größe des so legitimierten Vertretungsorgans diese AN auszuschließen. Der Gesetzgeber hat seinen Schritt in die richtige Richtung mit der Anpassung des § 5 Abs. 3 BetrVG fortgesetzt. Er hat bei der Anpassung des § 5 Abs. 3 BetrVG im Jahre 2009 durch das Gesetz zur Errichtung eines Bundesaufsichtsamtes für Flugsicherung u. a. Beamte und Angestellte des öffentlichen Dienstes im drittbezogenen Personaleinsatz in privaten Betrieben den übrigen AN gleichgestellt. Allerdings unverständlicherweise auf eine vollständige Eingliederung der Leih-AN und anderer AN im drittbezogenem Personaleinsatz verzichtet.

8 Das *BAG* hatte trotz der geänderten Rechtslage an seiner Auffassung festgehalten,[10] dass Leih-AN nicht zu den AN i. S. v. § 9 zählen und bei der Ermittlung der BR-Größe nicht zu berücksichtigen sind. Mit der Entscheidung des BAG vom 13.3.13[11] hat sich die Situation insoweit geändert, dass die Leih-AN bei der Größe des BR nach § 9 unter bestimmten Umständen mitzählen vgl. hierzu § 9, Rn. 15 ff.). Im Rahmen der **nicht gewerbsmäßige Leiharbeit**, der **sog. Konzernleihe** i. S. v. § 1 Abs. 3 Nr. 2 AÜG sah das BAG schon länger das aktive und passive Wahlrecht in der **Personalführungsgesellschaft** als gegeben an.[12] Hier wird besonders deutlich, wie fragwürdig es ist, für die Wählbarkeit und die Einbeziehung in die zahlenmäßige Größe des BR neben der Eingliederung in den Betrieb zusätzlich auf die vertragsrechtlichen Beziehungen abzustellen. In zahlreichen Unternehmen sieht die Personalplanung einen festen Anteil von AN im drittbezogenen Personaleinsatz vor. So war es Ziel vieler UN nach der Krise in 2009 diese AN-Einsatzform auf 30 % der Stammbelegschaft zu bringen, um angeblich die Flexibilität zu erhöhen. Der verliehene AN ist in den Beschäftigungsbetrieb aber voll eingegliedert und unterscheidet sich in seiner **Arbeitssituation** und in seiner **Schutzbedürftigkeit** in keiner Weise von den AN, die neben der betrieblichen Eingliederung auch ein Arbeitsverhältnis zum Beschäftigungs-AG haben (vgl. auch Rn. 7). Der BR des Beschäftigungsbetriebes ist für ihn **umfassend zuständig.** Durch die Änderung des AÜG in 2011 wurden den Leih-AN darüber hinaus in Teilen die gleichen Rechte wie Vertrags-AN eingeräumt. Dazu zählen u. a. die Nutzung der Kantine und Ansprüche beim Arbeitsschutz, und bei Arbeitnehmererfindungen.[13] Mit der nun erfolgten Korrektur wird dieser Wiederspruch in Teilen aufgelöst. Es ist aber weiterhin nicht ersichtlich, warum beispielsweise AN, die auf Werkvertragsbasis teilweise jahrelang im Betrieb tätig sind und genauso wie die AN der Stammbelegschaft oder Leih-AN in

8 Zur Frage, wer zum Kreis der überlassenen AN nach Satz 2 gehört vgl. *Däubler*, AiB 01, 684 ff.
9 *BAG* 15.12.11 – 7 ABR 65/10 – zur Berücksichtigung der Arbeitnehmer im Rahmen eines Gestellungsvertrages.
10 *BAG* 13.3.13 – 7 ABR 69/11.
11 *BAG* 17.2.10 – 7 ABR 51/08, vgl. dazu § 9 Rn. 10 a ff., *BAG* 18.1.89, DB 89, 1419.
12 *BAG* 20.4.05 – 7 ABR 20/04.
13 *Ulber*, Das neue Arbeitnehmerüberlassungsgesetz, AiB 11, 351 ff.

den Arbeitsablauf eingegliedert sind, nicht bei den Staffeln der §§ 9, 38 Berücksichtigung finden sollten.[14] In der Folge dieser nur teilweise angepassten Rechtsprechung des BAG zählen die Leih-AN nun bei der Ermittlung der Größe des BR nach § 9 und wohl auch bei der Ermittlung der Freistellungen nach § 38 mit (vgl. § 38 Rn. 9). Ein weiterer schnell wachsender Teil der Belegschaften auf Werkvertragsbasis bleibt aber weiterhin unberücksichtigt. Zur Kritik vgl. auch § 5 Rn. 78 a.

Die in Satz 2 angesprochene Wahlberechtigung der überlassenen AN setzt eine Beschäftigungsdauer von **mehr als drei Monaten** im Beschäftigungsbetrieb voraus. Die Wahlberechtigung tritt nicht erst mit Ablauf dieses Zeitraumes ein, sondern besteht vom ersten Tag des Einsatzes an, sofern eine derartige Beschäftigungsdauer vorgesehen ist.[15] Daher ist ein Leih-AN, der für vier Monate beschäftigt werden soll, wahlberechtigt, wenn die BR-Wahl im Entleiherbetrieb nur wenige Tage nach seiner Arbeitsaufnahme stattfindet.[16] Es wird häufig eine **Prognoseentscheidung** erforderlich sein. Sie wird sich regelmäßig am Vertrag zwischen dem Betriebsinhaber und Entleiher zu orientieren haben.[17] Wird ein AN nur für zwei Monate entliehen, die Überlassung aber um weitere zwei Monate verlängert und findet im Verlängerungszeitraum die BR-Wahl statt, ist die Wahlberechtigung gegeben, da der Gesamtzeitraum mehr als drei Monate beträgt.[18] Anders ist es dagegen, wenn der für zwei Monate entliehene AN durch einen anderen Leih-AN, wenn auch auf demselben Arbeitsplatz, abgelöst wird und danach die BR-Wahl stattfindet. Dem neuen Leih-AN wird die Verweildauer seines Vorgängers nicht angerechnet, da es sich bei dem Wahlrecht um ein **personengebundenes Recht** handelt.[19] Zusätzlich zu der in Satz 2 geforderten Beschäftigungsdauer ist es erforderlich, dass der zur Arbeitsleistung überlassene AN am Wahltag das **18. Lebensjahr** vollendet hat, damit die Wahlberechtigung eintritt.[20] Findet im Entleiherbetrieb während des Einsatzes eines Leih-AN ein Streik statt, berührt dieses das Wahlrecht des Leih-AN nicht.[21] **9**

III. Wahlberechtigung bestimmter Personengruppen

Voraussetzung für die Wahlberechtigung ist grundsätzlich, dass das Arbeitsverhältnis **in Vollzug** gesetzt worden ist. Ist ein Arbeitsvertrag abgeschlossen worden, liegt aber die vereinbarte Arbeitsaufnahme nach dem Wahltag, besteht noch kein Wahlrecht. Entscheidend ist auf den Tag der vereinbarten Arbeitsaufnahme abzustellen.[22] **10**

Auf die **Dauer der Betriebszugehörigkeit** kommt es, anders als bei der Wählbarkeit (vgl. § 8), bei der Wahlberechtigung **nicht** an. Auch der kurz vor der Wahl in den Betrieb eingetretene AN ist wahlberechtigt.[23] Auch **befristet Beschäftigte** (vgl. auch § 5 Rn. 30) sind ebenso wie in **Teilzeitarbeit Beschäftigte** AN des Betriebs und damit wahlberechtigt. Bei der Teilzeitbeschäftigung kommt es auf den Umfang der täglichen, wöchentlichen oder monatlichen Arbeitszeit nicht an.[24] Arbeitsleistungen von einem **geringen zeitlichen Umfang,** wie z. B. die Tätigkeit von **Reinemachefrauen,** stehen dem aktiven Wahlrecht nicht entgegen, und zwar auch dann nicht, wenn keine Sozialversicherungspflicht vorliegt.[25] Deshalb sind auch **Sortie-** **11**

---

14 Für das passive Wahlrecht wie hier *Fitting,* Rn. 45.
15 Vgl. BT-Drs. 14/5741 S. 36; *Fitting,* Rn. 60.
16 *ArbG Düsseldorf* 2.6.06 – 13 BV 55/06.
17 Richardi-*Thüsing,* Rn. 10.
18 Vgl. zu den einzelnen Varianten auch *Däubler,* AiB 01, 684, 686 f.
19 *Fitting,* Rn. 61.
20 GK-Raab, Rn. 91.
21 *ArbG Düsseldorf* 2.6.06, a. a. O.
22 *Fitting,* vgl. Rn. 21; vgl. auch GK-*Raab,* Rn. 26, der zutreffend davon ausgeht, dass die Wahlberechtigung nicht allein deshalb entfällt, wenn der vereinbarte Zeitpunkt der Arbeitsaufnahme vor dem Wahltag liegt, die Arbeit aber, etwa wegen Langzeiterkrankung, nicht aufgenommen werden kann.
23 *Fitting,* Rn. 22.
24 GK-*Raab,* Rn. 32.
25 *LAG Hamm* 11.5.79, DB 79, 2380; vgl. auch *BAG* 27.9.74, AP Nr. 1 zu § 6 BetrVG 1972 mit dem Hinweis, es komme grundsätzlich nicht auf die Länge der Arbeitszeit und die entsprechende Verdiensthöhe an; vgl. ferner *LAG Düsseldorf* 26.9.90, DB 90, 238 zur kurzfristigen Tätigkeit von Aushilfs-AN; *Fitting,* Rn. 23 f.; Richardi-*Thüsing,* Rn. 31 ff.

rer, Packer und sonstige Abrufkräfte, die unregelmäßig (z. B. zwei- bis dreimal in der Woche drei bis fünf Stunden) arbeiten und selbst bestimmen können, ob und an welchen Arbeitstagen sie arbeiten, AN des Betriebes und damit wahlberechtigt.[26] Zur Wahlberechtigung von Zeitungszustellern vgl. Rn. 31. Beschäftigte, die auf Grund einer vom **Sozialhilfeträger** geschaffenen Arbeitsgelegenheit nach § 19 Abs. 1 BSGH bei einem Dritten in einem befristeten Arbeitsverhältnis beschäftigt werden, sind wahlberechtigt, wenn sie nach der konkreten Ausgestaltung ihrer Tätigkeit dem arbeitstechnischen Zweck des Betriebs dienen und nicht selbst Gegenstand des Betriebszwecks sind.[27] Wahlberechtigt sind auch Arbeitslose, die im Rahmen einer **Job-rotation** nach § 229 SGB III zur Vertretung sich beruflich weiterbildender AN eingestellt werden.[28] Werden in einem Betrieb Arbeitsbeschaffungsmaßnahmen durchgeführt, so sind die **ABM-Beschäftigten** wahlberechtigt, wenn sie nicht allein um der Qualifizierung willen Tätigkeiten übernehmen, sondern auch den arbeitstechnischen Zweck des Betriebs mit erfüllen.[29]

12 Ein in **Altersteilzeit** befindlicher AN ist auch dann wahlberechtigt, wenn die Altersteilzeit **in der Form des sog. Blockmodells** vollzogen wird. Ein solcher AN hat in der Zeit der Arbeitsphase noch alle Rechte und Pflichten eines AN und ist vollständig in den Betriebsablauf integriert. In der Freistellungsphase erbringt er keine Arbeitsleistung mehr und ist auch nicht mehr in die betriebliche Arbeitsorganisation eingegliedert Damit bleibt das Arbeitsverhältnis auch während der Freistellungsphase in seinem Bestand unberührt. Allerdings ist im Gegensatz zu anderen Gründen für ein Ruhen des Arbeitsverhältnisses, wie z. B. in der Elternzeit nicht mehr mit einer Rückkehr in den Betrieb zu rechnen. Daher entfällt mit dem Eintritt in die Freistellungsphase auch das Wahlrecht zum Betriebsrat.[30] Dem *BAG*[31] ist daher zuzustimmen, als die Wahrnehmung der Mitgliedschaft eines AN-Vertreters im AR konkrete Kenntnisse von dem UN und seinen Arbeitsabläufen verlangt. Dieser Grundsatz ist auch auf das Amt eines BR-Mitgliedes übertragbar. Ein BR-Mitglied muss umfassende Kenntnis über die Verhältnisse und die Arbeitsbedingungen im Betrieb haben, den Betrieb gewissermaßen »von innen kennen«. Diese Kenntnis geht dem im sog. Blockmodell befindlichen Altersteilzeitbeschäftigten auf Dauer verloren.

13 Ohne Bedeutung ist, ob das Arbeitsverhältnis fehlerhaft zustande gekommen ist. Auch ein sog. **faktisches Arbeitsverhältnis** vermittelt das aktive (und passive) Wahlrecht. Beruft sich der AG auf die Unwirksamkeit, gelten dieselben Grundsätze wie bei einer Kündigung. Ohne Bedeutung ist weiter, dass das Arbeitsverhältnis im Wahlzeitpunkt **unterbrochen** ist oder **ruht. Kranke** oder **im Urlaub** befindliche AN sind daher wahlberechtigt, auch wenn sie am Tage der Stimmabgabe nicht im Betrieb sind.[32] Normalerweise werden sie von der Möglichkeit der Briefwahl Gebrauch machen (vgl. §§ 24 ff. WO). Erst recht steht **»Kurzarbeit Null«** dem Wahlrecht nicht entgegen. Ebenso wahlberechtigt ist ein AN im Bezug von **Transferkurzarbeitergeld** in einer beE, weil u. a. eine Rückkehr in den bisherigen Betrieb nicht ausgeschlossen ist[33]. Bei Bezug von Transferkurzarbeitergeld in einer externen Transfergesellschaft ist das aktive Wahlrecht zum ehemaligen Betrieb jedoch ausgeschlossen, weil das AV beendet ist. Durch die Aussetzung der Wehrpflicht ist die Frage der Wahlberechtigung von **Grundwehrdienstleisten** weggefallen (zum **BFD** vgl. Rn. 40). Nach §§ 1, 10 ArbplSchG ruht das Arbeits-

26 Vgl. *LAG Düsseldorf* 19.3.80, DB 80, 1222; *LAG Frankfurt* 12.7.88 – 7 Sa 1577/87.
27 *BAG* 5.4.00 – 7 ABR 20/99.
28 *Fitting*, Rn. 11.
29 *BAG* 13.10.04, NZA 05, 480.
30 Vgl. *Däubler*, AiB 01, 684 [688 f.]; *Natzel*, NZA 98, 1262 [1264 f.]; *BAG* 16.4.03, 7 ABR 53/02; *Rieble/Gutzeit*, BB 98, 638 [640 ff.]; *Fitting*, Rn. 32 m. w. N.; vgl. ferner *BAG* 25.10.00, NZA 01, 461, nach dessen Auffassung die Mitgliedschaft im Aufsichtsrat endet, wenn durch die Freistellung des AN-Vertreters wegen der Altersteilzeit eine Beschäftigung bis zum Ende des Arbeitsverhältnisses nicht mehr erfolgt; vgl. auch BVerwG 15.5.02 – 6 P 8.01 u. 6 P 18.01 zum Personalvertretungsrecht: Wegfall des aktiven und passiven Wahlrechts wesentlich wegen fehlender Eingliederung und fehlender künftiger Betroffenheit.
31 A. a. O.
32 *Fitting*, Rn. 29.
33 A. A. wohl Fitting, Rn. 7, der jedoch in diesem Fall nicht zwischen TG und beE unterschiedet.

verhältnis lediglich; überdies besteht ein berechtigtes Interesse des Betroffenen, im Hinblick auf die spätere Wiederaufnahme der Arbeit die Zusammensetzung des BR zu beeinflussen.[34] Entsprechendes gilt während der Ableistung des **Zivildienstes** (vgl. § 78 ZDG) und bei einer Heranziehung im Rahmen des **Zivilschutzes** (vgl. §§ 21, 22 ZivilschutzG) und des **Katastrophenschutzes** (vgl. § 9 KatastrophenschutzG). Zivildienstleistende sind allerdings nicht in dem Betrieb wahlberechtigt, in dem sie dem Zivildienst nachkommen. Auch eine Arbeitsbefreiung während der Beschäftigungsverbote nach § 3 Abs. 2, § 6 Abs. 1 MuSchG oder während der Inanspruchnahme der **Elternzeit** (§ 15 BErzGG) steht der Ausübung des aktiven Wahlrechts ebenso wenig entgegen wie Urlaubszeiten oder eine Freistellung bis zum Ablauf der Kündigungsfrist[35].

Das aktive Wahlrecht kann auch ein AN ausüben, dessen Arbeitsverhältnis **gekündigt** wurde.[36] **14**
Das Wahlrecht besteht in einem solchen Fall nicht nur bis zum Ablauf der Kündigungsfrist, sondern darüber hinaus auch dann fort, wenn es zur Weiterbeschäftigung des AN wegen des Widerspruchs des BR (vgl. § 102 Abs. 3 und 5) oder auf Grund des vom *Großen Senat des BAG* entwickelten allgemeinen Anspruchs auf Weiterbeschäftigung kommt.[37] Der gekündigte AN ist auch aktiv wahlberechtigt, wenn die Weiterbeschäftigung zwar nicht erfolgt, die Kündigung beim ArbG von ihm aber angegriffen wurde.[38] Die Ungewissheit des Rechtsstreits darf nicht zu Lasten des AN gehen.

Zu den Wahlberechtigten gehören des Weiteren die zu ihrer **Berufsausbildung** Beschäftigten **15**
sowie **Anlernlinge.** Das *BAG* vertritt allerdings die Auffassung, zu ihrer Berufsausbildung Beschäftigte seien nur dann AN i. S. d. § 5 Abs. 1, wenn sich die Berufsausbildung im Rahmen des **arbeitstechnischen Zwecks** eines Produktions- oder Dienstleistungsbetriebs vollzieht und sie deshalb in **vergleichbarer Weise** wie die sonstigen AN in den Betrieb eingegliedert sind.[39] Die AN-Eigenschaft ist nach dieser Auffassung des *BAG* gegeben, wenn die Ausbildung auf den Erwerb solcher beruflicher praktischer Kenntnisse und Fähigkeiten gerichtet ist, die ihrerseits den arbeitstechnischen Zweck des Betriebs fördern, dagegen nicht, wenn die praktische Berufsausbildung in einem **reinen Ausbildungsbetrieb** stattfindet (sonstige Bildungseinrichtung i. S. d. § 1 Abs. 5 BBiG). In einem reinen Ausbildungsbetrieb gehören die Auszubildenden nach Meinung des *BAG* nicht zur Belegschaft des Ausbildungsbetriebs mit der Folge, dass auch die Wahlberechtigung nach § 7 nicht gegeben ist. Das soll nach dieser Auffassung selbst dann gelten, wenn der Auszubildende in dem Betrieb, dessen arbeitstechnischer Zweck in der Berufsausbildung besteht, gelegentlich zusammen mit anderen AN praktische Arbeiten vornimmt.[40] Es soll auch unerheblich sein, ob sich eine Vielzahl innerbetrieblicher Regelungen in sozialen Angelegenheiten auch auf die Auszubildenden erstreckt und der Ausbilder gegenüber diesem Personenkreis weisungsbefugt ist.[41] Mit den Beschlüssen v. 21.7.93, 26.1.94 u. 20.3.96[42] hat das *BAG* seine bis dahin bestehende gegenteilige Rspr. aufgegeben, dass es für die AN-Eigenschaft unerheblich ist, ob für die Aufgaben des Betriebs ausgebildet wird und ob die Auszubildenden bereits während der Ausbildung an den betrieblichen Aufgaben beteiligt werden.[43]

---

34 Vgl. auch *BAG* 29.3.74, BB 74, 837.
35 Vgl. GK-*Raab* Rn. 29; Fitting, Rn. 34
36 str.; vgl. *Fitting,* Rn. 33 ff.
37 *BAG [GS]* 27.2.85, AP Nr. 14 zu § 611 BGB Beschäftigungspflicht; vgl. auch *BAG* 14.5.97, DB 97, 2083; vgl. ferner *BAG* 15.1.91, NZA 91, 695, zum Bereich des BPersVG; vgl. *Klebe/Schumann,* S. 199 m. w. N.
38 Ebenso *LAG München* 12.6.07, 6 TaBV 58/07, welches aber ein erstinstanzliches Obsiegen mit Weiterbeschäftigungsanspruch verlangt, **a. A.** *BAG* 10.11.04, AuR 04, 464, das einem solchen AN allerdings das passive Wahlrecht zugesteht; vgl. auch § 8 Rn. 25.
39 *BAG* 21.7.93, BB 94, 575 f.; 26.1.94, AP Nr. 54 zu § 5 BetrVG 1972; 20.3.96, AuR 96, 458.
40 *BAG* 16.11.11, 7 ABR 48/10; 12.9.96, NZA 97, 273
41 *BAG* 20.3.96, NZA 97, 107; vgl. dagegen *LAG Berlin* 15.8.95 – 12 TaBV 2/95, das zutreffend selbst bei der Ausbildung von Rehabilitanden in einem Berufsbildungswerk die AN-Eigenschaft i. S. d. § 5 Abs. 1 bejaht, weil die Anerkennung dieses Personenkreises als »zu ihrer Berufsausbildung Beschäftigte« ihnen sämtliche typischen Rechte eines AN innerhalb der Betriebsverfassung verleihen würde; vgl. zur Kritik an der jetzigen Rspr. des *BAG* auch Rn. 16.
42 A. a. O.
43 So noch *BAG* 12.6.86, AP Nr. 33 zu § 5 BetrVG 1972; 13.5.92, NZA 93, 762 ff.

16 Wird die betriebliche Berufsausbildung abschnittsweise jeweils in **verschiedenen Betrieben des Ausbildungs-UN** oder eines mit ihm verbundenen UN durchgeführt, jedoch von einem der Betriebe des Ausbildungs-UN derart zentral mit bindender Wirkung auch für die anderen Betriebe geleitet, dass die wesentlichen der Beteiligung des BR unterliegenden, die Ausbildungsverhältnisse berührenden Entscheidungen dort getroffen werden, so gehört der Auszubildende während der gesamten Ausbildungszeit dem die Ausbildung leitenden Stammbetrieb an und ist dort wahlberechtigt zum BR.[44] Nach Auffassung des *BAG* begründet allerdings die vorübergehende Beschäftigung der Auszubildenden in den anderen Betrieben keine Wahlberechtigung.[45] Geht es nicht um die Berufsausbildung, sondern arbeitet ein AN in mehreren Betrieben und ist er jeweils in die Betriebsorganisation eingegliedert, besteht auf jeden Fall die Wahlberechtigung (vgl. Rn. 17).

17 **Umschüler, Volontäre und Praktikanten** (vgl. auch § 5 Rn. 100 ff.) zählen prinzipiell zu den Wahlberechtigten. Praktikanten sind auch wahlberechtigt, wenn sie in einem **überbetrieblichen Ausbildungszentrum** ausgebildet werden und die berufspraktische Ausbildung als Praktikum in einem Betrieb geleistet wird; selbst dann, wenn der berufspraktischen Ausbildung eine »Schnupperphase« vorgeschaltet und die Ausbildungsvergütung nicht vom Betrieb gezahlt wird.[46] **Studenten,** die während der Semesterferien im Betrieb tätig und in die betriebliche Arbeitsorganisation eingegliedert sind, haben ebenfalls die Wahlberechtigung. Geht es dagegen um ein abzuleistendes Praktikum, also um die Vermittlung praktischer Kenntnisse und Erfahrungen, kommt es auf die Ausgestaltung an. So können die Hochschulen und Fachhochschulen die Praktika als Hochschul- oder Fachhochschulmaßnahme ausgestalten, bei deren Durchführung sie sich lediglich der Betriebe bedienen. Es kann aber auch so geregelt werden, dass die Studenten während des Praktikums in einer privatrechtlichen Vertragsbeziehung zum Betriebsinhaber stehen, in den Betrieb eingegliedert und damit wahlberechtigt zum BR sind.

18 Personen, die auf Grund von Förderprogrammen in den Betrieben oder besonderen Einrichtungen beschäftigt werden, sind grundsätzlich im betriebsverfassungsrechtlichen Sinne ebenfalls AN. Deshalb sind **Teilnehmer an berufsvorbereitenden Maßnahmen für jugendliche Arbeitslose,** die in einer überbetrieblichen Ausbildungsstätte ausgebildet werden, die von der Arbeitsverwaltung hierfür Förderungsmittel erhält, wahlberechtigt.[47] Es kommt weder darauf an, ob solche AN für Zwecke des Betriebs ausgebildet werden, noch darauf, dass sie fremdnützig durch ihre Mitarbeit den Betriebszweck fördern.[48] Eine aus dem arbeitsrechtlichen AN-Begriff ableitbare Arbeitspflicht wird weder vorausgesetzt noch rechtlich begründet. Entscheidend ist auch hier allein die Eingliederung in den Betrieb (vgl. Rn. 5 ff.). Auch Teilnehmer einer **Ausbildung** an einer Schule eines UN, die als **private Berufsfach- und Erwerbsschule** landesrechtlich genehmigt ist, sind Auszubildende i. S. d. § 5 Abs. 1, wenn sie im Rahmen der Ausbildung eine praktische Unterweisung im Betrieb des UN erhalten.[49] Das gilt auch dann, wenn sie nicht sozialversicherungspflichtig sind.

19 Arbeitet ein AN in **mehreren Betrieben** und ist er jeweils in die betriebliche Organisation eingegliedert, ist er in allen Betrieben wahlberechtigt.[50] Es spielt dabei keine Rolle, ob der AN in mehreren Arbeitsverhältnissen zu verschiedenen AG steht oder ob die verschiedenen Betriebe dem gleichen UN angehören.[51] Im letzteren Falle ist es nicht erheblich, ob die Bindung an einen bestimmten Betrieb stark überwiegt.[52] Bei Leih-AN ist das mehrfache Wahlrecht

---

44 *BAG* 13.3.91, BB 92, 66.
45 *BAG,* a. a. O.
46 *BAG* 30.10.91, DB 92, 1635.
47 So noch *BAG* 26.11.87, AP Nr. 36 zu § 5 BetrVG 1972; a. A. unter Aufgabe seiner früheren Rspr. *BAG* 26.1.94, AP Nr. 54 zu § 5 BetrVG 1972; vgl. im Einzelnen Rn. 14.
48 So *LAG Bremen* 27.6.91, AiB 92, 451; vgl. auch *LAG Berlin* 15.8.95 – 12 TaBV 2/95
49 *BAG* 24.9.81, AP Nr. 26 zu § 5 BetrVG 1972.
50 *BAG* 11.4.58, AP Nr. 1 zu § 6 BetrVG; vgl. auch *BAG* 25.10.89, DB 90, 1775, das die Möglichkeit einer mehrfachen Betriebszugehörigkeit eines AN in verschiedenen Betrieben grundsätzlich bejaht.
51 GK-*Raab,* Rn. 37
52 Vgl. *BAG,* a. a. O.; vgl. aber auch *LAG Hessen* 12.2.98, NZA 99, 390, nach dem die Trainees einer Großbank im Praxisjahr nur den BR der Einsatz-Filiale mitwählen und nicht den BR der Zentrale.

ohnehin gegeben, da sie bei Vorliegen der Wahlberechtigung sowohl im entleihenden Betrieb als auch im Einsatzbetrieb, sofern die Voraussetzungen des § 7 Satz 2 vorliegen, wahlberechtigt sind.[53] Anders liegt es bei AN, die offiziell in ein anderes Werk des gleichen UN versetzt worden sind. Selbst dann, wenn nach einem zeitlich befristeten Einsatz die Rückkehr in das ehemalige Werk vorgesehen ist, sind sie für die Zeit der Versetzung nur im aktuellen Einsatzbetrieb wahlberechtigt. Wahlberechtigt sind auch zu einer Arbeitsgemeinschaft **(ARGE)** abgeordnete Bau-AN in dem Betrieb der ARGE; zur Wählbarkeit vgl. § 8 Rn. 18. **Ausländische und staatenlose AN** sind unter denselben Voraussetzungen wie deutsche AN wahlberechtigt.[54] Die Staatsangehörigkeit spielt keine Rolle. Wegen der Unterrichtung ausländischer AN über das Wahlverfahren durch den WV vgl. § 2 Abs. 5 WO.

In bestimmten Fällen kann die Wahlberechtigung selbst dann gegeben sein, wenn eine Arbeits- **20**
leistung in dem Betrieb des Vertragsarbeitgebers zu keinem Zeitpunkt erfolgt. Dieser Fall kann bei AN sog. Personalführungsgesellschaften vorliegen. Die alleinige Aufgabe solcher UN ist regelmäßig das Verleihen von Personal an UN des Konzerns, wobei seitens der Personalführungsgesellschaft kein Gewinn erzielt wird. Obwohl die AN der Personalführungsgesellschaft für diese keine Arbeitstätigkeit verrichten, sind sie AN der Gesellschaft und in entsprechender Anwendung des § 14 Abs. 1 AÜG im Betrieb des Vertragsarbeitgebers sowohl wahlberechtigt als auch nach § 8 wählbar.[55]

Der sog. **drittbezogene Personaleinsatz** ist ein prägnantes Beispiel dafür, dass der betriebs- **21**
verfassungsrechtliche AN-Status und damit die Wahlberechtigung nicht notwendigerweise ein kraft Arbeitsvertrags mit dem AG begründetes Arbeitsverhältnis voraussetzt, sondern regelmäßig die **Eingliederung in die Arbeitsorganisation** des Beschäftigungsbetriebs ausreicht. Bei dem sog. drittbezogenen Personaleinsatz geht es um Personen, die zu dem AG des Beschäftigungsbetriebs keinen Arbeitsvertrag haben, sondern zu einem anderen AG.[56]

Eine Beschäftigung im Rahmen eines **Werkvertrags,** die das aktive Wahlrecht im Beschäfti- **22**
gungsbetrieb ausschließt, liegt vor, wenn AN im Auftrag ihres Vertrags-AG und nach dessen Weisungen in dem Drittbetrieb als Erfüllungsgehilfen (§ 278 BGB) des eigenen AG tätig werden. Kennzeichen eines solchen Werkvertrags ist der projektbezogene Einsatz, bei dem der betreffende AN allein dem Weisungsrecht des Vertrags-AG (teilweise auch als Werk-UN bezeichnet) unterliegt, was nicht ausschließen muss, dass der AN im Drittbetrieb projektbezogene Anweisungen des Bestellers nach § 645 Abs. 1 Satz 1 BGB zu befolgen hat.[57] Solche Tätigkeiten, wie z. B. **Bau- und Montagearbeiten** oder **Reparatur- und Wartungsarbeiten,** werden in dem Beschäftigungsbetrieb meist kurzfristig durchgeführt. Aber auch Arbeiten von längerer Dauer können unter den Werkvertrag fallen, wie etwa die Tätigkeit von Gebäudereinigungsfirmen.[58] Die im Rahmen des Werkvertrags in dem Drittbetrieb tätigen AN, häufig als **UN-Arbeiter** oder **Fremdfirmen-AN** bezeichnet, gehören nicht zur Belegschaft des Drittbetriebs.

Es ist sorgfältig zu prüfen, ob ein **echter Werkvertrag** vorliegt. Entscheidend für die Rechts- **23**
natur der Vertragsbeziehung zwischen den beiden AG (der Fremdfirma und des Drittbetriebs) ist nicht die Bezeichnung, sondern der **Geschäftsinhalt,** also im Zweifel die tatsächliche Durchführung.[59] Nicht selten liegen **Scheinwerkverträge** vor, bei denen die Beschäftigung im Drittbetrieb zum Vorliegen des aktiven Wahlrechts führt. Für einen Scheinwerkvertrag (oder auch Scheindienstvertrag) spricht es, wenn die AN dem Weisungsrecht des AG des Drittbetriebs unterliegen und in dessen betriebliche Arbeitsorganisation eingegliedert sind oder bisherige Stammarbeitsplätze durch »Werkverträge« ersetzt werden.[60] Da die Grenzen zwischen

53 Richardi-*Thüsing*, Rn. 27.
54 Vgl. *Kraushaar*, AiB 89, 53 ff.
55 *BAG* 20.4.05, NZA 05, 1006.
56 Vgl. dazu umfassend Rn. 6 ff.; zu den AN nach Satz 2 vgl. *Däubler*, AiB 01, 684 ff.
57 GK-*Raab*, Rn. 86.
58 Vgl. auch *LAG Baden-Württemberg* 12.4.89, DB 90, 2071.
59 Vgl. etwa *BAG* 15.6.83, AP Nr. 5 zu § 10 AÜG; 24.6.92, NZA 93, 174; 16.3.94, NZA 94, 1132; 26.7.95, BB 96, 60; vgl. auch § 5 Rn. 90 ff.
60 So grundsätzlich, allerdings im Ergebnis zu eng, *BAG* 5.3.91, AuR 92, 61 mit krit. Anm. *Wagner*, AuR 92, 40 ff.

einem Scheinwerkvertrag und einem echten Werkvertrag manchmal **fließend** sind, wird es aus der Sicht des BR bzw. des WV, wenn die AN-Eigenschaft im Drittbetrieb in Frage steht, auf die Beantwortung bestimmter Fragen ankommen, wie z. B.: Übt der AG bzw. der entsprechende Vorgesetzte das Weisungsrecht gegenüber den Fremdfirmen-AN aus? Bestimmt der AG des Drittbetriebs (»Entleiher«) die Dauer und Lage der Arbeitszeit einschließlich der Überstunden? Werden die Fremdfirmen-AN vom Aufsichtspersonal des Drittbetriebs überwacht? Arbeiten die Fremdfirmen-AN mit der Stammbelegschaft zusammen, sind sie also in die Produktions- und Arbeitsabläufe eingegliedert? Fehlt es an einer deutlich sichtbaren Unterscheidung des Arbeitsergebnisses der Fremdfirmen-AN von dem der eigenen Stammbelegschaft? Wird bei Ausfall eines Fremdfirmen-AN eine Ersatzkraft durch die Fremdfirma gestellt? Werden die Fremdfirmen-AN durch Zeiterfassungsgeräte oder auf andere Weise durch den Drittbetrieb kontrolliert?[61] In Zweifelsfällen hat der BR bzw. der WV Anspruch auf Zurverfügungstellung der Werkverträge mit den Fremdfirmen.[62] Der BR hat daneben Anspruch auf Unterrichtung auch hinsichtlich der Beschäftigung »freier Mitarbeiter«, um beurteilen zu können, ob und inwieweit Beteiligungsrechte in Betracht kommen.[63]

24 Liegt ein Scheinwerkvertrag bzw. ein Scheindienstvertrag vor, handelt es sich in Wirklichkeit um **AN-Überlassung.**[64] Es wird sich jedoch gerade bei Scheinwerkverträgen häufig zeigen, dass es sich um eine **unerlaubte** gewerbsmäßige AN-Überlassung handelt. Dann ist die betriebsverfassungsrechtliche Zugehörigkeit des AN zum Beschäftigungsbetrieb gegeben.[65] Das aktive Wahlrecht besteht für einen solchen AN.

25 Erfolgt die Einstellung eines AN bei einem AG allein zu dem Zweck der Verleihung an einen **Drittbetrieb,** so liegt eine **erlaubnispflichtige** gewerbsmäßige AN-Überlassung (sog. unechte Leiharbeit) i. S. d. § 1 AÜG vor (vgl. umfassend § 5 Rn. 77). Solche Leih-AN sind auch während der Zeit ihrer Arbeitsleistung bei dem Entleiher vertraglich an den Verleiherbetrieb gebunden und dessen Angehörige. Sie sind deshalb dort wahlberechtigt und wählbar. Im **Entleiherbetrieb** sind sie kraft Gesetzes nicht wählbar, aber unter bestimmten Voraussetzungen wahlberechtigt.[66]

26 Ein drittbezogener Personaleinsatz kann auch durch einen sog. **Gestellungsvertrag** erfolgen. Diese Vertragsform liegt etwa vor, wenn eine kirchliche Organisation, aber auch überkonfessionelle Fach- und Berufsverbände den Trägern von **Krankenhäusern** oder **Altersheimen** das erforderliche (Pflege-)Personal zur Verfügung stellen. Es ist dabei zunächst zu prüfen, ob das BetrVG für den Beschäftigungsbetrieb (Krankenhaus, Altersheim) überhaupt gilt. Findet es Anwendung, ist weiter zu klären, ob die Beschäftigung nicht in erster Linie dem Erwerb dient, sondern vorwiegend durch Beweggründe karitativer oder religiöser Art bestimmt ist (§ 5 Abs. 2 Nr. 3). Das ist insbesondere bei **Mönchen** oder **Ordensschwestern** der Fall. Liegen vorwiegend Beweggründe karitativer oder religiöser Art vor, gehört die betreffende Person nicht zur Arbeitnehmerschaft des Beschäftigungsbetriebs und hat somit nicht das aktive Wahlrecht.

27 Die AN-Eigenschaft in dem Beschäftigungsbetrieb und damit das aktive Wahlrecht wird regelmäßig bei **Krankenschwestern** gegeben sein, die sich in einem weltlichen Schwesternverband zusammengeschlossen haben.[67] Es geht bei solchen Beschäftigungen regelmäßig um die

61 Vgl. *Frerichs/Möller/Ulber,* S. 106; vgl. auch *Herbst/Krüger,* AiB 83, 168 f.; vgl. ferner Schriftenreihe der IG Metall, Heft 132, »Moderner Sklavenhandel« – Fremdfirmeneinsatz durch Leiharbeit und Werkverträge.

62 Vgl. zum Einsichtsrecht des BR *BAG* 31. 1. 89, AP Nr. 33 zu § 80 BetrVG 1972.

63 *BAG* 15. 12. 98, AuR 99, 242; vgl. auch § 80 Rn. 55, 58.

64 Zur Abgrenzung zwischen einem Werk- bzw. Dienstvertrag und einer erlaubnispflichtigen AN-Überlassung vgl. auch *LAG Baden-Württemberg* 12. 4. 89, DB 90, 2071; zu den Rechtsproblemen der Scheinselbstständigkeit vgl. auch *Buschmann,* FS Albert Gnade, S. 129 ff.

65 GK-*Raab,* Rn. 86.

66 § 7 Satz 2; Einzelheiten bei *Däubler,* AiB 01, 684 ff.; vgl. auch Rn. 7 ff.; § 14 Abs. 2 Satz 1 AÜG n. F.

67 Z. B. Caritasverband, Innere Mission oder DRK; a. A. *BAG* 6. 7. 95, NZA 96, 33, nach dem Rote-Kreuz-Schwestern weder AN noch arbeitnehmerähnliche Personen sind, wobei das *BAG* von dem Gedanken der Verbandszugehörigkeit der Schwestern zum DRK ausgeht und darauf abstellt, dass neben einer alle maßgebenden Rechte und Pflichten umfassenden Mitgliedschaft ein besonderes Arbeitsverhältnis nicht begründet werden könne; dabei wird verkannt, dass sich Arbeitsverhältnis und Mitgliedschaftsverhältnis gegenseitig nicht ausschließen müssen; vgl. dazu auch § 5 Rn. 148 f.

Ausübung einer **echten Erwerbstätigkeit** zur Sicherung des Lebensunterhalts, auch wenn karitative oder religiöse Gesichtspunkte mit eine Rolle spielen mögen (vgl. dazu umfassend § 5 Rn. 145 ff.).

Auch durch einen Gestellungsvertrag können arbeitsrechtliche Beziehungen zum Drittbetrieb entstehen, so dass der betriebsverfassungsrechtliche AN-Status und damit die Wahlberechtigung einer Rote-Kreuz-Schwester in dem Krankenhaus, in dem sie ihre Schwesterntätigkeit ausübt, gegeben ist. Das gilt erst recht für sog. **Gastschwestern,** also solche Krankenschwestern, die nicht mitgliedschaftlich gebunden sind, sondern vertraglich gegenüber dem DRK eine Bindung dahingehend eingegangen sind, in einem von dem DRK zu benennenden Krankenhaus gegen Entgelt zu arbeiten. Die Auffassung des *BAG,* dass Rote-Kreuz-Schwestern selbst dann nicht AN seien, wenn sie nicht in einem vom DRK selbst getragenen Krankenhaus, sondern auf Grund eines Gestellungsvertrags in einem anderen Krankenhaus tätig werden,[68] ist abzulehnen. Das gilt erst recht für die noch weiter gehende Meinung des *BAG,* dass selbst sog. Gastschwestern keine AN in dem Krankenhausbetrieb des Krankenhausträgers seien, in dem sie tätig werden.[69] Das *BAG* hat allerdings festgestellt, dass in den Fällen, in denen eine Schwesternschaft des DRK als Mitbetreiberin eines Krankenhauses (Gemeinschaftsbetrieb) anzusehen ist, die bei der Schwesternschaft angestellten (nicht mitgliedschaftlich gebundenen) Gastschwestern, die in diesem Krankenhaus (Einsatzbetrieb) beschäftigt werden, dem in diesem Krankenhaus bestehenden BR betriebsverfassungsrechtlich zuzuordnen sind.[70] **28**

Bei **Schwerbehinderten,** die in einer **Behindertenwerkstatt** (§ 136 SGB IX) tätig sind, ist im **Einzelfall** zu beurteilen, ob der Schwerpunkt ihrer Beschäftigung in der Rehabilitation liegt oder therapeutische Gesichtspunkte im Vordergrund stehen. Liegt der Schwerpunkt der Beschäftigung eindeutig auf therapeutischem Gebiet, handelt es sich auch dann nicht um AN i. S. d. Betriebsverfassung, wenn eine geringe Vergütung gezahlt wird. Anderenfalls sind der AN-Status und damit auch die Wahlberechtigung gegeben. Die AN-Eigenschaft ist ohne weiteres bei jugendlichen Behinderten vorhanden, die auf der Grundlage eines **üblichen Berufsausbildungsvertrags** in einer Behindertenwerkstatt beschäftigt sind, und bei solchen Behinderten, die auf Grund einer Vermittlung durch die Agentur für Arbeit tätig werden (vgl. § 5 Rn. 160). Zu der Frage, ob Behindertenwerkstätten **Tendenzbetriebe** sind, vgl. § 5 Rn. 159. **29**

Eine die AN-Eigenschaft nach § 5 Abs. 2 Nr. 4 ausschließende Beschäftigung zur Wiedereingewöhnung, bei der die Wahlberechtigung nicht gegeben ist, liegt nur dann vor, wenn die Beschäftigung vorwiegend als Mittel zur Behebung eines gestörten Verhältnisses der beschäftigten Person zu geregelter Erwerbsarbeit eingesetzt wird.[71] Dagegen ist die Wahlberechtigung zu bejahen, wenn die Beschäftigung vorwiegend der Vermittlung beruflicher Kenntnisse und Fertigkeiten dient.[72] Das gilt auch für **Rehabilitanden,** die gegen die Arbeitsverwaltung einen Anspruch auf Übernahme der Ausbildungskosten haben und die Arbeitsverwaltung sich zur Erfüllung ihrer sozialstaatlichen Leistungsverpflichtungen eines Berufsbildungswerkes in der Weise bedient, dass diese mit der Arbeitsverwaltung und den anspruchsberechtigten Teilnehmern ein Dreiecksverhältnis bildet.[73] **30**

Der AN-Eigenschaft und damit der Wahlberechtigung steht nicht entgegen, dass die Beschäftigung **außerhalb des Betriebs** erfolgt. Das wird in § 5 Abs. 1 Satz 1 ausdrücklich anerkannt. Über die dort genannten Personengruppen hinaus sind beispielhaft anzuführen: **Montage-AN, Vertreter, Kraftfahrer, Kundendienstberater und Service- und Wartungspersonal.** Diese Beschäftigten sind regelmäßig AN i. S. d. Betriebsverfassung und damit wahlberechtigt, weil ihr Aufgabengebiet zur betrieblichen Arbeitsorganisation gehört und die Tätigkeit außerhalb des Betriebs nur auf Grund der besonderen Aufgaben vollzogen wird. Ein **Außendienstmit-** **31**

68 20.2.86, AP Nr. 2 zu § 5 BetrVG 1972 Rotes Kreuz.

69 4.7.79, AP Nr. 10 zu § 611 BGB Rotes Kreuz; zur umfassenden Kritik an der Auffassung des *BAG* vgl. ferner § 5 Rn. 147 ff.

70 *BAG* 14.12.94, AiB 95, 670.

71 *BAG* 25.10.89, DB 90, 1192.

72 *BAG,* a. a. O., hinsichtlich eines Förderprogramms für Frauen, die nach einer familiär bedingten Berufsunterbrechung die Übernahme einer Tätigkeit im sozialen Bereich anstreben.

73 Vgl. *BAG* 13.5.92, NZA 93, 762 ff.; a. A. neuerdings *BAG* 26.1.94, AP Nr. 54 zu § 5 BetrVG; wie hier *LAG Berlin* 15.8.95 – 12 TaBV 2/95.

arbeiter im Versicherungsgewerbe ist daher nur dann als freier Mitarbeiter zu qualifizieren, wenn er auf Grund der ihm vertraglich eingeräumten und in der Praxis auch so gehandhabten Befugnisse dem AG keine Rechenschaft über seine Tätigkeit schuldet und er vertraglich auch im Übrigen nicht gehindert ist, einer anderweitigen Beschäftigung nachzugehen.[74] Dagegen sind solche Personen, wenn sie mit fremdnütziger Arbeit und unter vollständiger Eingliederung in den Produktionsbereich des UN tätig werden und ihre Tätigkeit nicht i. S. d. § 84 Abs. 1 Satz 2 HGB im Wesentlichen frei gestalten können, selbst dann AN und wahlberechtigt, wenn sie der schriftliche Vertrag als »selbstständige Versicherungsvertreter« ausweist.[75] Andererseits fehlt einem mit den Vorarbeiten für die **Herausgabe einer Buchreihe beauftragten Mitarbeiter** eines Verlages, der wesentliche Teile seiner Aufgaben in selbst bestimmter Arbeitszeit und an selbst gewähltem Arbeitsort verrichten kann, die für ein Arbeitsverhältnis erforderliche Abhängigkeit auch dann, wenn er auf Grund gelegentlich notwendiger Zusammenarbeit auf die Arbeitszeit der Verlagsangestellten Rücksicht nehmen muss.[76] Ein **Rundfunksprecher** und **Übersetzer** ist demgegenüber in der Regel AN und wahlberechtigt, wenn er über mehrere Jahre hinweg Monat für Monat mit seltenen Unterbrechungen jeweils bei Bedarf zur Arbeit herangezogen wird und der Rundfunk damit von der für ihn erkennbaren ständigen Arbeitsbereitschaft Gebrauch gemacht hat. Es liegt dann ein **Bedarfsarbeitsverhältnis** i. S. d. § 12 TzBfG vor.[77] Programmgestaltende **Rundfunk-** und **Fernsehmitarbeiter** sind allerdings nicht bereits deswegen AN, weil sie von Apparat und Team des Senders abhängig sind.[78] Andererseits sind **Rundfunksprecher** und **Übersetzer,** die auf Grund von Dienstplänen eingesetzt werden, AN, wenn ihnen zugestanden wird, einzelne Einsätze abzulehnen.[79] Das gilt selbst dann, wenn der Sender ausdrücklich erklärt, dass die Dienstpläne unverbindlich sind oder erst in Kraft treten, wenn ihnen die eingesetzten Mitarbeiter nicht widersprechen.[80]

32 **Außendienstmitarbeiter** gehören auch hinsichtlich ihrer Wahlberechtigung zu dem Betrieb, von dem die Entscheidungen über ihren Einsatz ausgehen und in dem somit die Leitungsmacht des AG ausgeübt wird. Es kommt dabei insbesondere darauf an, von welchem Betrieb das Direktionsrecht ausgeübt und die auf das Arbeitsverhältnis bezogenen Anweisungen erteilt werden. Die Ausübung der Fachaufsicht ist demgegenüber von untergeordneter Bedeutung.[81]

33 Eine Zuordnung zur betrieblichen Organisationseinheit gilt auch für AN, die **vorübergehend in das Ausland** entsandt werden. Sie verlieren dadurch nicht das aktive Wahlrecht. Das gilt auch dann, wenn der entsandte AN im Ausland vorübergehend in eine dort bestehende betriebliche Organisation eingegliedert wird. Dagegen hat nach Auffassung des *BAG* ein **ständig zu einer Auslandsvertretung** des UN entsandter AN das Wahlrecht zum BR des in der Bundesrepublik liegenden Betriebes auch dann nicht, wenn für sein Arbeitsverhältnis weiterhin das deutsche Arbeitsrecht maßgebend ist.[82] Andererseits kann nach Meinung des *BAG* selbst bei einer Einstellung ausschließlich für den Auslandseinsatz das aktive Wahlrecht gegeben sein, wenn das Aufgabengebiet zur betrieblichen Arbeitsorganisation gehört, weil es für die Betriebszugehörigkeit nicht darauf ankommen kann, ob die Betriebszwecke vorübergehend oder dauerhaft im Ausland verfolgt werden.[83] Die Beantwortung der Frage, ob ein im Ausland tätiger AN noch dem Inlandsbetrieb zuzuordnen ist und das Wahlrecht hat, hängt somit von der Würdigung aller Umstände des Einzelfalles ab. Dabei sind insbesondere die Dauer des Auslandseinsatzes, die Eingliederung in einen Auslandsbetrieb, das Bestehen und die Voraussetzungen eines Rückrufrechts zu einem Inlandseinsatz sowie der sonstige Inhalt der Weisungsbefugnisse von Bedeutung.[84] Es ist jedenfalls in der Regel von einem Verlust des

74 *LAG Düsseldorf* 6.3.91, DB 91, 2668.
75 *ArbG Lübeck* 29.6.89, AiB 89, 349.
76 *BAG* 27.3.91, DB 91, 2668.
77 *LAG Köln* 28.6.89, BB 89, 1760 zu § 4 BeschFG a. F.
78 *BAG* 30.11.94, NZA 95, 622.
79 *BAG* 30.11.94, a. a. O.
80 *BAG* 16.2.94, NZA 95, 21.
81 *BAG* 10.3.04, 7 ABR 36/03.
82 *BAG* 25.4.78, AP Nr. 16 zu Internat. Privatrecht, Arbeitsrecht.
83 So auch *BAG* 7.12.89, DB 90, 992; *BAG* 21.10.80, AP Nr. 17 Intern. Privatrecht, Arbeitsrecht; vgl. auch § 5 Rn. 54.
84 *BAG* 7.12.89, a. a. O.

aktiven Wahlrechtes auszugehen, wenn ein ins Ausland entsandter AN in das ausländische Sozialversicherungssystem eingegliedert wird.

AN i. S. d. Betriebsverfassung sind auch Personen, die als Arbeiter oder Angestellte in der Hauptsache für den Betrieb **Heimarbeit** ausführen (§ 5 Abs. 1 Satz 2). Ob die Tätigkeit in der Hauptsache für den betreffenden Betrieb geleistet wird, bestimmt sich nach dem Verhältnis dieser Tätigkeit zur Tätigkeit für andere Betriebe. Nicht entscheidend ist, ob der Lebensunterhalt aus der Tätigkeit für den betreffenden Betrieb gewonnen wird.[85] Das gilt auch für **Hausgewerbetreibende** bei entsprechender Tätigkeit, sofern sie nicht mehr als zwei fremde Hilfskräfte beschäftigen.[86] Im Übrigen ist für die Zuordnung der Hausgewerbetreibenden wesentlich, ob sie zu dem Personenkreis gehören, der des sozialen Schutzes des Heimarbeitsgesetzes bedarf.[87] **34**

Zeitungszusteller einer Tageszeitung sind regelmäßig wahlberechtigte AN.[88] Das Wahlrecht wird nicht durch die Teilzeittätigkeit außerhalb der betrieblichen Räume eingeschränkt. Ihre Eingliederung in die Arbeitsorganisation wird schon dadurch deutlich, dass die Zeit, Dauer und Ort der Ausführung ihrer Tätigkeit einem umfassenden Weisungsrecht des AG unterliegen. Der AG kann innerhalb eines bestimmten zeitlichen Rahmens über ihre Arbeitsleistung verfügen.[89] **Zeitungszusteller** sind auch dann AN und damit wahlberechtigt, wenn sie für mehrere Zeitungsverlage oder Vertriebsagenturen tätig werden und die Zustellungen nicht stets »in Person« (§ 613 Satz 1 BGB) durchführen, sondern sich hierbei der Mithilfe von Familienangehörigen oder anderer Personen bedienen.[90] Auch die Höhe des Trägerlohnes spielt für die Frage der Wahlberechtigung keine Rolle;[91] ebenso wenig die Abrechnungsmodalitäten oder die Bezeichnung des Zustellers als selbstständig Tätiger.[92] **35**

Tele-AN, also solchen Personen, die unter Nutzung der modernen EDV-gestützten Informations- und Kommunikationstechnik an einem Arbeitsplatz außerhalb des eigentlichen Betriebs tätig sind, verrichten im Rahmen der betrieblichen Arbeitsorganisation regelmäßig in **persönlicher Abhängigkeit weisungsgebundene Arbeit.** Sie werden deshalb in § 5 Abs. 1 Satz 1 ausdrücklich als AN im betriebsverfassungsrechtlichen Sinne angeführt (zu den Einzelheiten vgl. § 5 Rn. 35 ff.). Tele-AN sind daher wahlberechtigt. Zu der Frage, inwieweit ein ausgelagerter Tele-Arbeitsplatz zum Betrieb gehört, vgl. § 5 Rn. 41. **36**

Durch die Änderung des § 5 durch das Gesetz zur Errichtung eines Bundesaufsichtsamtes zur Flugsicherung werden Beamte und Soldaten sowie Arbeitnehmer des öffentlichen Dienstes einschließlich der zu ihrer Berufsausbildung Beschäftigten, die einem privatrechtlich organisierten Unternehmen zugewiesen sind, den übrigen ArbN dieses Unternehmens gleichgestellt und erhalten somit auch das aktive und passive Wahlrecht. Das o. g. Gesetz ist am 4.8.09 in Kraft getreten. Durch die gesetzliche Fiktion erhalten Beschäftigte, die dieser Personengruppe unterfallen, ab dem ersten Tag der Beschäftigung das aktive Wahlrecht. Die Rechtsprechung des BAG zu dieser Frage darf damit als überholt gelten (vgl. § 5, Rn. 93 a ff.). Ebenso haben AN, die im Rahmen eines **Gestellungsvertrages** in einem privatisierten UN tätig sind, das aktive und passive Wahlrecht[93]. **37**

In den Betrieben der privatisierten Post-UN **Deutsche Post AG, Deutsche Postbank AG** und **Deutsche Telekom AG** finden bei der Feststellung der Beschäftigten, die unter den AN-Begriff fallen, neben der Änderung des § 5 weiterhin besondere Regelungen Anwendung, soweit es um die in den Betrieben dieser UN beschäftigten **Beamten** geht. Sie bilden neben der Gruppe der AN bei der BR-Wahl eine **eigene Gruppe** (§ 26 Nr. 1 PostPersRG), sofern sie auf diese **38**

85 Vgl. *BAG* 27.9.74, AP Nr. 1 zu § 6 BetrVG 1972; vgl. auch § 5 Rn. 98 b ff.
86 *Fitting,* § 5 Rn. 272; GK-*Raab,* § 5 Rn. 58; vgl. auch § 5 Rn. 98 c.
87 *LAG München* 30.11.84 – 4 TaBV 11/84.
88 *BAG* 29.1.92, DB 92, 1429.
89 *BAG,* a. a. O., mit dem Hinweis, dass die tatsächliche Eingliederung eines AN in eine Betriebsorganisation nicht schon dann zu verneinen ist, wenn er in einem zeitlich nur geringen Umfang eingesetzt wird.
90 *LAG Düsseldorf* 5.3.96, BB 96, 2692.
91 *ArbG Hanau* 16.8.90, DB 91, 51.
92 *LAG Düsseldorf* 5.3.96, a. a. O.); zu der Gesamtproblematik vgl. *Kothe,* BB 92, 137.
93 *BAG* 15.12.11, 7 ABR 65/10; *LAG Brandenburg* vom 16.2.2011.

Möglichkeit nicht vor der Wahl in geheimer Abstimmung verzichten (§ 26 Nr. 1 PostPersRG). Diesen Beamten steht sowohl das **aktive** als auch das **passive Wahlrecht** zum BR zu.

39 Auch die im Zusammenhang mit der **Privatisierung der Bundesbahn** der DB AG zugewiesenen **Beamten** gelten, ungeachtet der Beibehaltung ihres Beamtenstatus, für die Anwendung des BetrVG als AN. Sie haben daher, wie die anderen AN auch, das aktive Wahlrecht. Die der DB AG zugewiesenen Beamten sind außerdem wahlberechtigt zu den besonderen Personalvertretungen beim BEV. Es soll ihnen dadurch ermöglicht werden, ihre Interessen bei den beamtenrechtlichen Entscheidungen des BEV, die sie betreffen, wahrzunehmen.[94]

IV. Nicht wahlberechtigte Beschäftigte

40 Nicht wahlberechtigt sind Mitglieder eines **Vertretungsorgans bei juristischen Personen** nach § 5 Abs. 2 Nr. 1 und 2. Der AN-Eigenschaft steht es jedoch nicht entgegen, dass der betreffende Minderheitsgesellschafter der Arbeitgeber-GmbH ist.[95] Auch die leitenden Angestellten nach § 5 Abs. 3 sind nicht wahlberechtigt. Nach der Regelung des § 5 Abs. 3 findet das Gesetz nur insoweit auf sie Anwendung, als dies ausdrücklich bestimmt wird. Die Wahlberechtigung ist auch nicht bei Personen gegeben, deren Beschäftigung nicht in erster Linie ihrem Erwerb dient, sondern **vorwiegend** durch **Beweggründe karitativer** oder **religiöser Art** bestimmt ist (§ 5 Abs. 2 Nr. 3; vgl. auch § 5 Rn. 143 ff.) oder die **vorwiegend** zu ihrer **Heilung, Wiedereingewöhnung, sittlichen Besserung** oder **Erziehung** beschäftigt werden (§ 5 Abs. 2 Nr. 4; vgl. auch § 5 Rn. 156 ff.). Nicht wahlberechtigt sind der **Ehegatte** sowie **Verwandte** und **Verschwägerte ersten Grades,** die in häuslicher Gemeinschaft mit dem AG leben (§ 5 Abs. 2 Nr. 5; vgl. auch § 5 Rn. 164 ff.). Dagegen sind getrennt lebende Ehegatten sowie in häuslicher Gemeinschaft mit dem AG ohne eheliche Bindung lebende Personen wahlberechtigt.[96]

41 Das aktive Wahlrecht besitzen nicht die sog. **Fremdfirmen-AN** (auch UN-Arbeiter genannt) in dem Betrieb, in dem sie als betriebsfremde Beschäftigte Montage-, Reparatur- oder sonstige Arbeiten ausführen (vgl. Rn. 19; vgl. auch § 5 Rn. 90 f.). Das aktive Wahlrecht besteht jedoch, wenn diese externen AN lediglich auf Grund eines **Scheinwerkvertrags** beschäftigt werden. Sie sind wahlberechtigt, wenn sie so in die Betriebs- und Arbeitsorganisation eingegliedert sind, dass sie üblicherweise Tätigkeiten verrichten, die sonst von den eigenen AN des Betriebs geleistet werden (vgl. auch Rn. 19 ff.).

42 Bei »**freien Mitarbeitern**« kommt es in besonderem Maße darauf an, wie hoch der Grad der persönlichen Abhängigkeit ist, in der sich der zur Dienstleistung Verpflichtete gegenüber dem Dienstberechtigten befindet. Es ist dabei unerheblich, wie das Rechtsverhältnis bezeichnet wird. Entscheidend ist die **tatsächliche Ausgestaltung und Durchführung** des Vertragsverhältnisses.[97] Die persönliche Abhängigkeit ist gegeben, wenn die Arbeitsleistung unter Zuweisung bestimmter Arbeitsaufgaben innerhalb der betrieblichen Arbeitsorganisation erbracht wird. Die persönliche Abhängigkeit eines außerhalb des Betriebs Beschäftigten kann auch darin liegen, dass er auf die Zusammenarbeit mit den im Betrieb Beschäftigten und den dortigen technischen Apparat angewiesen ist, selbst dann, wenn weder in fachlicher, örtlicher noch zeitlicher Hinsicht die Unterworfenheit unter die Weisungen des Betriebsinhabers gegeben ist.[98] Dabei sind auch die branchenspezifischen Eigenarten der jeweiligen Tätigkeit zu berücksichtigen, so dass es etwa bei Journalisten, Korrespondenten, Rundfunksprechern oder Übersetzern[99] für ein Arbeitsverhältnis und gegen eine freie Mitarbeit spricht, wenn neben dem Angewiesensein auf den technisch-personellen Apparat von dem Dienstberechtigten eine ständige Dienstbereitschaft erwartet wird, von der bei Bedarf auch Gebrauch gemacht wird.[100]

94 *Fitting*, Rn. 10; *Engels/Müller/Mauß*, DB 94, 473.
95 *LAG Frankfurt* 1.12.89, BB 90, 1421.
96 *ArbG Köln* 9.6.76, DB 76, 2068.
97 *BAG* 26.11.87, NZA 88, 505 [506]; vgl. auch § 5 Rn. 57 ff.
98 *BAG* 9.3.77, 15.3.78, AP Nrn. 21, 26 zu § 611 BGB Abhängigkeit; zur Abgrenzung zwischen der AN-Eigenschaft und dem Beschäftigungsverhältnis als freier Mitarbeiter vgl. auch *BAG* 3.5.89, BB 90, 779 und 29.1.92, BB 92, 1490.
99 Die AN-Eigenschaft bejahend *LAG Köln* 28.6.89, BB 89, 1760, wenn ein Bedarfsarbeitsverhältnis i. S. d. § 4 BeschFG [jetzt § 12 TzBfG] vorliegt; vgl. auch Rn. 28.
100 *BAG* 7.5.80, AP Nr. 35 zu § 611 BGB Abhängigkeit; vgl. auch *BAG* 16.2.94 und 30.11.94, Rn. 28; *LAG Köln* 28.6.89, BB 89, 1760.

Zur Frage der AN-Eigenschaft bei **Handelsvertretern, Propagandistinnen, Franchise-Nehmern** und **Einfirmen-Vertretern** vgl. § 5 Rn. 57 ff., 62 ff., 66 ff., 71.

Die **Lehrkraft einer Bildungseinrichtung** steht dann in einem freien Mitarbeiterverhältnis und nicht in einem Arbeitsverhältnis, wenn der Inhalt der Dienstleistung und die Arbeitszeiten im Einzelnen vertraglich geregelt sind und damit dem Weisungsrecht des AG entzogen wurden. Die Bindung an einen Rahmenlehrplan ist dabei unerheblich.[101] **Lehrkräfte,** die an **Volkshochschulen** Kurse zur Erlangung des Haupt- oder Realschulabschlusses leiten, sind jedenfalls AN, wenn sie in den Schulbetrieb eingegliedert werden und nicht nur stundenweise Unterricht erteilen.[102] **Lehrkräfte** an **allgemein bildenden** Schulen sind in aller Regel AN, auch wenn es sich um eine nebenberufliche Tätigkeit handelt.[103] Personen, die an ihrem **selbst gewählten Arbeitsort** (eigene Wohnung) für eine wissenschaftliche Informationseinrichtung wissenschaftliche Literatur zum Zweck der Dokumentation auswerten, sind keine in Heimarbeit Beschäftigten und damit nicht zum BR wahlberechtigt.[104] **Pauschal bezahlte Berichterstatter,** die an die Zeitungsredaktion monatlich eine bestimmte Zahl von Bildern liefern, sind keine AN i. S. d. § 5 Abs. 1 und nicht wahlberechtigt, wenn sie in der Übernahme der Fototermine frei sind.[105] **Taxifahrer,** die für ein Taxi-UN als Aushilfsfahrer tätig werden, sind nur dann keine AN, wenn die Aushilfe gelegentlich geschieht und die Aushilfsfahrer selbst die Tage und Stunden bestimmen, an denen sie fahren möchten, und darüber hinaus mit ihnen keine Arbeitszeiten, Präsenz- oder Bereitschaftszeiten vereinbart werden.[106] **Co-Piloten** von Verkehrsflugzeugen sind in aller Regel AN.[107] Nach Auffassung des *LAG Köln*[108] sind **studentische Abrufkräfte,** die sich auf Grund einer Rahmenvereinbarung zwar bereit erklärt haben, kurzfristig Arbeitsangebote für Versandarbeiten entgegennehmen zu wollen, aber nicht zur Annahme des Angebots verpflichtet sind, keine AN und damit nicht wahlberechtigt. Dieser Auffassung kann nur zugestimmt werden, wenn die Betreffenden noch nicht in die Betriebs- und Arbeitsorganisation eingegliedert sind.[109] 43

Durch die Aussetzung des **Wehrdienstes** ist auch der der **Zivildienst** ausgesetzt worden. Zum 1.7.2011 erfolgt zumeist auf den ursprünglichen Zivildienststellen ein Einsatz von Freiwilligen im Rahmen des **Bundesfreiwilligendienstes** (BFD). Das Gesetz zur Einführung des BFD (BT-Drs. 17/4803) sieht vor, dass die Freiwilligen im BFD-Dienst einen Vertrag mit den Betreibern schließen, der jedoch kein Arbeitsvertrag sein soll. Die Dauer des Dienstes soll in der Regel 12 Monate sein. Die Freiwilligen müssen zur Sozialversicherung angemeldet werden und erhalten neben Taschengeld eine Alimentierung. Die Alimentierung kann jedoch durch eine höhere Zahlung abgelöst werden. **Zivildienstleistende** sowie **Helfer im freiwilligen sozialen Jahr** waren/sind in dem Betrieb, in dem ihr Einsatz erfolgt/e, keine AN und daher nicht wahlberechtigt.[110] Gleiches gilt für die Freiwilligen des BFD, sofern damit nicht die Schaffung fester Stellen umgangen werden soll. Es bleibt daher im Einzelfall die genaue Ausgestaltung der Verträge für den BFD in der Zukunft abzuwarten, weil durch die gesetzlichen Änderungen und die mögliche Ablösung der Alimentierung durch eine höhere Geldzahlung im Einzelfall ein Arbeitsverhältnis entstehen kann. 44

101 *BAG* 30.10.91, BB 92, 1356, das allerdings darauf hinweist, dass methodisch-didaktische Anweisungen des AG zur Gestaltung des Unterrichts zu einer persönlichen Abhängigkeit führen können.
102 *BAG* 26.7.95, BB 96, 60; anders dagegen *BAG* 24.6.92, NZA 93, 174, wenn Volkshochschuldozenten außerhalb schulischer Lehrgänge unterrichten.
103 *BAG* 24.6.92, a. a. O.
104 *BAG* 25.3.92, RdA 92, 287; zum arbeitsrechtlichen Status eines Lektors vgl. *BAG* 27.3.91, NZA 91, 933.
105 *BAG* 29.1.92, BB 92, 1490; vgl. auch *BAG* 3.5.89, BB 90, 779.
106 So grundsätzlich *BAG* 29.8.91, BB 91, 2308, mit dem Hinweis, dass die Festlegung der kurzen Dauer der Einsätze und die weitestgehende Bestimmung der zu erbringenden Dienstleistung bereits im Vertrag selbst und die Tatsache, dass sich der Ort der auszuführenden Tätigkeit erst aus dem jeweiligen Fahrauftrag ergebe, erheblich gegen eine persönliche Abhängigkeit vom Dienstberechtigten mit der Folge sprechen würden, dass kein Arbeitsverhältnis vorliege.
107 *BAG* 16.3.94, NZA 94, 1132.
108 10.2.92, AfP 92, 200.
109 Zur Eingliederung »freier Mitarbeiter« vgl. *BAG* 15.12.98, DB 99, 910; zu den Rechten des BR beim Abschluss von Rahmenverträgen vgl. im Übrigen *BAG* 28.4.92, BB 92, 1852; vgl. auch § 99 Rn. 39.
110 *BAG* 12.2.92, BB 92, 2150.

45 Wahlberechtigt sind auch nicht die Beschäftigten, die auf der Grundlage des SGB II (auch als »**Hartz IV**« bekannt), mit bestimmten Tätigkeiten gegen eine Entschädigung von ein bis zwei Euro pro Arbeitsstunde beschäftigt werden.[111] Gesetzliche Grundlage für diese sog. **Ein-Euro-Jobs** ist § 16 Abs. 3 SGB III. Nach den in dieser Bestimmung festgelegten Grundsätzen müssen die Arbeitsgelegenheiten **im öffentlichen Interesse** liegen, **zusätzlich** und **wettbewerbsneutral** sowie **arbeitsmarktpolitisch zweckmäßig** sein (vgl. dazu im Einzelnen § 5 Rn. 109 b). Die Zahlung von ein bis zwei Euro ist kein Arbeitsentgelt, sondern soll dazu dienen, die im öffentlichen Interesse liegenden Arbeiten zu leisten. Als **Grundsicherung** wird das Arbeitslosengeld II weiter gezahlt (§ 16 Abs. 3 Satz 2 SGB II). Es ist außerdem gesetzlich festgelegt, dass diese Beschäftigungen **kein Arbeitsverhältnis** im Sinne des Arbeitsrechts begründen, obwohl arbeitsrechtliche Elemente vorhanden sind (vgl. § 16 Abs. 3 SGB II zur Anwendung der Vorschriften über den Arbeitsschutz und das Bundesurlaubsgesetz). Betriebsverfassungsrechtlich kommen zwar bestimmte Vorschriften bei der Schaffung von sog. Ein-Euro-Jobs zu Anwendung (vgl. etwa § 99 Rn. 13, 39). **Wahlrechtlich** ist jedoch entscheidend, dass die Arbeitnehmereigenschaft vom Gesetz ausdrücklich verneint wird und darüber hinaus nur **zusätzliche Tätigkeiten** verrichtet werden dürfen. Es liegt somit keine Eingliederung in den Betrieb in dem Sinne vor, dass die Beschäftigung dem Betriebszweck dient. Das aktive Wahlrecht ist daher zu verneinen, aber auch die Anrechnung solcher Beschäftigungsverhältnisse auf die zahlenmäßige Größe des Betriebsrats nach § 9.

46 **Strafgefangene** sind auch dann nicht wahlberechtigt, wenn sie in der Justizvollzugsanstalt in einem Arbeitsbereich tätig sind, der von einem Privatunternehmen geleitet wird (sog. Unternehmerbetriebe); in solchen Fällen bleibt es bei der öffentlich-rechtlichen Beziehung zu dem Bundesland, das Träger der JVA ist. Etwas anderes gilt nur dann, wenn ein **Freigänger** nach § 39 Abs. 1 Satz 1 StVollzG außerhalb der Anstalt einer Tätigkeit als AN nachgeht, für die er eine Genehmigung benötigt. Er hat in einem solchen Fall alle Rechte eines AN, auch das Wahlrecht zum BR.[112]

47 Wer wegen geistiger Gebrechen **entmündigt** war, hatte bislang kein Wahlrecht.[113] Durch das »Gesetz zur Reform des Rechts der Vormundschaft und Pflegschaft für Volljährige (**Betreuungsgesetz – BtG**)« vom 12. 9. 1990[114] ist das Institut der Vormundschaft jedoch mit Wirkung vom 1. 1. 1992 abgeschafft (Art. 11 des Gesetzes). An ihre Stelle tritt die Betreuung, die die Geschäftsfähigkeit als solche nicht beeinträchtigt. Vielmehr muss das Vormundschaftsgericht im Einzelfall entscheiden, ob der Betreuer bei bestimmten (oder allen) Angelegenheiten seine Einwilligung erteilen muss. Der neue § 1903 Abs. 1 BGB verweist insoweit auf § 113 BGB: Wer mit **Zustimmung des Betreuers abhängige Arbeit leistet** und deshalb ein wirksames Arbeitsverhältnis besitzt, hat alle AN-Rechte einschließlich des **Wahlrechts**.[115] Eine entsprechende Anwendung des § 13 Bundeswahlgesetz kommt daher nicht in Betracht. Fehlt die Zustimmung des Betreuers, liegt ein faktisches Arbeitsverhältnis vor (dazu Rn. 12). Eine Vormundschaft nach bisherigem Recht verwandelt sich im Übrigen nach Art. 9 § 1 des Gesetzes automatisch in eine Betreuung mit umfassendem Einwilligungsvorbehalt. Unberührt bleibt die sog. **natürliche Geschäftsunfähigkeit** nach § 104 Nr. 2 BGB; wer wegen akuter Geisteskrankheit nicht übersehen kann, welche Bedeutung sein Tun hat, besitzt auch **kein Wahlrecht.** In Zweifelsfällen sollten die Betroffenen auf der Wählerliste belassen werden.

V. Streitigkeiten

48 Die Entscheidung über die **Wahlberechtigung eines AN** obliegt grundsätzlich dem **WV** (zum Zuordnungsverfahren nach § 18 a bei gleichzeitiger Einleitung einer BR-Wahl und SpA-Wahl vgl. § 18 a und die dortigen Erl.). Insoweit ist die vom Arbeitgeber übergebene Liste der Beschäftigten nicht die Wählerliste, sondern nur Grundlage für die Entscheidung des Wahl-

---

111 *LAG Hessen* 25. 5. 06 – 9 TaBV Ga 81/06.
112 Dazu eingehend *Däubler/Galli*, in AK-StVollzG, 6. Aufl. 2011, § 39 Rn. 13 ff.
113 Vgl. GK-*Raab*, Rn. 61.
114 BGBl. I S. 2002.
115 Richardi-*Thüsing*, Rn. 19.

vorstandes. Meinungsverschiedenheiten über die Entscheidung des WV sind im arbeitsgerichtlichen Beschlussverfahren zu entscheiden (§§ 2 a, 80 ff. ArbGG). Die Frage der Wahlberechtigung kann auch als **Vorfrage** in einem Wahlanfechtungsverfahren nach § 19 zu entscheiden sein.[116] Zur Frage der Wahlberechtigung als Anfechtungsgrund vgl. § 19 Rn. 5.

§ 8 Wählbarkeit

(1) Wählbar sind alle Wahlberechtigten, die sechs Monate dem Betrieb angehören oder als in Heimarbeit Beschäftigte in der Hauptsache für den Betrieb gearbeitet haben. Auf diese sechsmonatige Betriebszugehörigkeit werden Zeiten angerechnet, in denen der Arbeitnehmer unmittelbar vorher einem anderen Betrieb desselben Unternehmens oder Konzerns (§ 18 Abs. 1 des Aktiengesetzes) angehört hat. Nicht wählbar ist, wer infolge strafgerichtlicher Verurteilung die Fähigkeit, Rechte aus öffentlichen Wahlen zu erlangen, nicht besitzt.

(2) Besteht der Betrieb weniger als sechs Monate, so sind abweichend von der Vorschrift in Absatz 1 über die sechsmonatige Betriebszugehörigkeit diejenigen Arbeitnehmer wählbar, die bei der Einleitung der Betriebsratswahl im Betrieb beschäftigt sind und die übrigen Voraussetzungen für die Wählbarkeit erfüllen.

Inhaltsübersicht

I. Vorbemerkungen

Die Vorschrift legt die Voraussetzungen fest, nach denen ein Betriebsangehöriger **in den BR** gewählt werden kann (passives Wahlrecht). Die Wählbarkeit zur JAV ergibt sich aus § 61 Abs. 2, zur Bordvertretung aus § 115 Abs. 2 Nr. 2 und zum See-BR aus § 116 Abs. 2 Nr. 2. Die Zusammensetzung des GBR und des KBR erfolgt nicht durch Wahl der wahlberechtigten AN, sondern durch Entsendung der BR (§ 47 Abs. 2) bzw. der GBR (§ 55 Abs. 1). 1

Die sich aus der Vorschrift ergebenden Voraussetzungen für die Wählbarkeit sind **abschließend.** Es handelt sich um zwingendes Recht.[1] 2

II. Allgemeine Voraussetzungen der Wählbarkeit

Die Wählbarkeit setzt das **Vorliegen der Wahlberechtigung** (aktives Wahlrecht) voraus. Nur wahlberechtigte AN (vgl. § 7, Rn 2) des Betriebs, die spätestens am letzten Tag der Stimmabgabe das 18. Lebensjahr vollendet haben und darüber hinaus die sonstigen Voraussetzungen nach § 8 erfüllen, sind wählbar. Es besteht somit eine **einheitliche Altersgrenze** für das aktive und passive Wahlrecht. Zur Wahl eines AN, der am (letzten) Tag[2] der Stimmabgabe das 18. Lebensjahr noch nicht vollendet hat, vgl. Rn. 23. 3

Es ist für die Wählbarkeit **unerheblich,** ob der AN als Voll- oder Teilzeitbeschäftigter im Betrieb tätig wird. Anders als das BPersVG (vgl. § 14 Abs. 2) verlangt das BetrVG für die Wählbarkeit **keine Mindestdauer** der wöchentlichen Beschäftigung im Betrieb. Ausdrücklich erwähnt werden die in Heimarbeit Beschäftigten, die in der Hauptsache für den Betrieb arbeiten, um dessen BR-Wahl es geht. Zur Wählbarkeit anderer Personengruppen, bei denen es fraglich sein kann, ob sie zu den wählbaren AN gehören, vgl. Rn. 17 ff. 4

---

116 *Fitting,* Rn. 97.

1 Vgl. *BAG* 16.2.73, AP Nr. 1 zu § 19 BetrVG 1972; 12.10.76, AP Nr. 1 zu § 8 BetrVG 1972; *Fitting,* Rn. 3; GK-*Kreutz/Raab,* Rn. 8.

2 *Fitting,* Rn. 33; a. A. GK-*Kreutz/Raab,* Rn. 25

5 Neben der Wahlberechtigung ist weitere Voraussetzung eine **sechsmonatige Betriebszugehörigkeit,** wobei Zeiten angerechnet werden, in denen der AN unmittelbar vorher einem anderen Betrieb des UN oder des Konzerns (§ 18 Abs. 1 AktG) angehört hat (zu den Einzelheiten vgl. Rn. 7 ff.).

6 Die materiellen Voraussetzungen der Wählbarkeit sind in § 8 abschließend festgelegt. Zusätzliche **formelle Voraussetzung** ist die Eintragung in die **Wählerliste** (vgl. § 2 Abs. 3 WO). Diese Verfahrensvorschrift hat für das passive Wahlrecht keine konstitutive Bedeutung. Die Eintragung in die Wählerliste allein genügt nicht zur Ausübung des passiven Wahlrechts, wenn die sonstigen Voraussetzungen fehlen.[3] Erforderlich für eine Kandidatur zum BR ist die Aufnahme des passiv Wahlberechtigten in einen Wahlvorschlag (Vorschlagsliste), da die Wahl zum BR auf Grund von Wahlvorschlägen erfolgt (§ 14 Abs. 3; zu den Wahlvorschlägen beim vereinfachten Wahlverfahren vgl. § 14 a Rn. 14 f., 23). Bei der Wahl zur JAV ist es allerdings, durchaus möglich, dass in bestimmten Fällen AN das passive Wahlrecht ausüben können, ohne in die Wählerliste eingetragen zu sein. Das ist darauf zurückzuführen, dass bei der Wahl zur JAV die Wählbarkeit nicht in jedem Fall die Wahlberechtigung voraussetzt (vgl. § 61).

III. Sechsmonatige Betriebszugehörigkeit

7 Eine wesentliche Voraussetzung für die Wählbarkeit ist die sechsmonatige Betriebszugehörigkeit. Auf sie werden Zeiten angerechnet, die **unmittelbar vorher** in einem **anderen Betrieb des UN oder Konzerns** gearbeitet worden sind, sofern es sich bei Letzterem um einen sog. **Unterordnungskonzern** i. S. d. § 18 Abs. 1 AktG handelt. Die Mindestdauer will gewährleisten, dass nur solche AN in den BR gewählt werden, die einen gewissen **Überblick** über die betrieblichen Verhältnisse erworben haben.[4] Der Gesetzgeber hat dies allerdings dadurch relativiert, dass er nicht nur auf die Betriebszugehörigkeit in dem Betrieb, in dem die BR-Wahl stattfindet, abstellt, sondern die Zugehörigkeit in einem anderen Betrieb des UN oder des Konzerns (§ 18 Abs. 1 AktG) ausreichen lässt. Eine kleinliche Beurteilung der Dauer der Betriebszugehörigkeit ist schon deswegen nicht angebracht.

8 Das Merkmal »unmittelbar vorher« bei der Zugehörigkeit zu einem anderen Betrieb des Unternehmens oder Konzerns verlangt keinen **nahtlosen Anschluss.** Erforderlich ist lediglich ein **zeitlicher Zusammenhang.**[5] Dabei ist es unerheblich, ob sich beim Betriebswechsel auch der AG ändert. Die Anrechnung erfolgt daher sowohl, wenn ein AN unter Fortbestand des Arbeitsverhältnisses zu seinem AG in einen anderen Betrieb desselben UN versetzt wird, als auch dann, wenn ein neues Arbeitsverhältnis zu dem Betriebsinhaber, in dessen Betrieb die BR-Wahl stattfindet, begründet wird. Letzteres ist wegen der rechtlichen Selbstständigkeit von Konzern-UN beim Betriebswechsel im Unterordnungskonzern (§ 18 Abs. 1 AktG) regelmäßig der Fall.[6] Beim **Betriebsinhaberwechsel** tritt dagegen die Frage der Anrechnung schon deswegen nicht auf, weil die Betriebszugehörigkeit dadurch nicht unterbrochen wird. Nach § 613 a BGB tritt der neue Betriebsinhaber in die im Zeitpunkt des Betriebsübergangs bestehenden Arbeitsverhältnisse ein. Die Identität des Betriebs bleibt davon unberührt.[7]

9 Der notwendige zeitliche Zusammenhang fehlt, wenn der betreffende AN nach dem Ausscheiden aus dem früheren Betrieb des UN bzw. Konzerns **längere Zeit** (z. B. sechs Monate) arbeitslos gewesen ist oder zwischenzeitlich ein Arbeitsverhältnis zu einem anderen AG bestanden hat.[8] Zur Problematik der Anrechnung der Zeiten tatsächlicher und rechtlicher Unterbrechung im Hinblick auf die sechsmonatige Betriebszugehörigkeit vgl. im Übrigen Rn. 13 ff.

10 Die für das passive Wahlrecht notwendige sechsmonatige Betriebszugehörigkeit berechnet sich nach den **§§ 186 ff. BGB.** Der Fristbeginn ist nach § 187 Abs. 2 Satz 1 BGB der erste Tag der

---

3 GK-*Kreutz/Raab*, Rn. 13.
4 GK-*Kreutz/Raab*, Rn. 26.
5 Richardi-*Thüsing*, Rn. 33; GK-*Kreutz/Raab*, Rn. 47.
6 GK-*Kreutz/Raab*, a. a. O.
7 *Fitting*, Rn. 43; GK-*Kreutz/Raab*, Rn. 50.
8 *Fitting*, Rn. 49;

Betriebszugehörigkeit. Die Frist endet nach § 188 Abs. 2 BGB mit Ablauf des Tages des sechsten Monats, der dem Tag vorangeht, der dem Fristbeginn entspricht. Ist beispielsweise ein AN am 1. September in den Betrieb eingetreten, tritt die Vollendung der Sechsmonatsfrist der Betriebszugehörigkeit am 28. Februar (in Schaltjahren am 29. Februar) ein. Der AN ist somit am 1. März des dem Betriebseintritt folgenden Jahres wählbar. Das Merkmal der Unmittelbarkeit ist auch gegeben, wenn ein AN in den Betrieb, in dem er sich zur Wahl stellt, erst **nach Erlass des Wahlausschreibens,** jedoch vor Ablauf der Einreichungsfrist (§ 6 Abs. 1 WO 72) eingetreten ist und insgesamt bis zum Wahltag zusammen mit den in dem anderen Betrieb des UN bzw. Konzerns zurückgelegten Beschäftigungszeiten noch sechs Monate erreicht.

Liegen in dem Zeitraum Zeiten, die der AN im Betrieb bzw. im UN oder Konzern **vor der Vollendung seines 18. Lebensjahres** verbracht hat, sind diese voll zu berücksichtigen. Das gilt unabhängig davon, ob der Betreffende AN oder (jugendlicher) Auszubildender war.[9] Auch in solchen Fällen ist es möglich, einen gewissen Überblick über die betrieblichen Verhältnisse zu gewinnen. Daher sind auch Zeiten, in denen ein Beschäftigter zum Personenkreis der **leitenden Angestellten** nach § 5 Abs. 3 gehört, in den sechsmonatigen Zeitraum einzurechnen.[10] Dieser Fall wird allerdings nur selten praktikabel werden; so etwa dann, wenn durch das Zusammenlegen mehrerer Betriebe ein neuer Betrieb entsteht oder in einem UN die Leitungsfunktionen geändert werden und dadurch die Eigenschaft als leitender Angestellter verloren geht. Da es wesentlich um den Überblick über die betrieblichen Verhältnisse geht, sind auch Zeiten zu berücksichtigen, die jemand als **Leih-AN** im Betrieb des Entleihers verbracht hat, sofern er im Anschluss an das Leiharbeitsverhältnis ein Arbeitsverhältnis mit dem Entleiher eingeht.[11] Zur Frage des passiven Wahlrechts für Leih-AN vgl. im Übrigen Rn. 20. **11**

Zum UN-Begriff vgl. § 47 Rn. 12 ff.; zum Konzernbegriff vgl. § 54 Rn. 12 ff. **12**

Das Gesetz stellt allein auf die **rechtliche Zugehörigkeit** ab, so dass tatsächliche Unterbrechungen der Tätigkeit – wie z. B. wegen Krankheit oder Urlaub – unerheblich sind, sofern Sinn und Zweck der Vorschrift erfüllt werden. Es soll erreicht werden, dass die betreffende Person einen gewissen Einblick in die betrieblichen Verhältnisse hat. Auch eine kürzere tatsächliche Beschäftigung wird regelmäßig ausreichen, den Betrieb und seine Besonderheiten vom Standpunkt des AN aus kennen zu lernen. Dabei darf auch nicht übersehen werden, dass letztlich die **Wähler darüber entscheiden,** ob ein AN mit einer kürzeren tatsächlichen Beschäftigungszeit in den BR kommt, weil sie ihm gleichwohl eine sachgemäße Ausübung des BR-Amtes zutrauen. Der h. M. ist daher nicht zuzustimmen, dass – je nach Länge der Unterbrechung – eine **Unterbrechung der tatsächlichen Tätigkeit** regelmäßig zur Hemmung des Laufes der Sechsmonatsfrist mit der Folge führt, dass die Zwischenzeiten nicht angerechnet werden.[12] Allerdings geht die h. M. davon aus, dass die Zeiten der Ableistung von **Wehrdienst, Zivildienst** oder von **Eignungsübungen** auf die Betriebszugehörigkeit wegen gesetzlicher Sonderregelungen (vgl. § 6 Abs. 2 Satz 1, § 10 ArbplSchG; § 78 Abs. 1 Nr. 1 ZDG; § 6 Abs. 1 EigÜbG) stets auf die Betriebszugehörigkeit anzurechnen sind.[13] Gleiches wird für Zeiten gelten müssen, die im Rahmen des Bundesfreiwilligendienstes nach der Aussetzung der Wehrpflicht abgeleistet worden sind (vgl. § 7 Rn. 40), sofern der AG einem solchen Einsatz zugestimmt hat. Das gilt auch für Staatsangehörige eines Mitgliedstaates der EG, die ihre berufliche Tätigkeit zur Erfüllung der Wehrpflicht oder eines ähnlichen Freiwilligendienstes in ihrem Heimatland unterbrechen.[14] Der Grundsatz, dass Zeiten des Wehrdienstes auf die Betriebszugehörigkeit nach § 8 Abs. 1 Satz 2 angerechnet werden, muss auch für solche AN gelten, die nicht Staatsangehörige eines Mitgliedstaates der EG sind und ihre Arbeitstätigkeit in einem in der Bundesrepublik liegenden Betrieb zur Erfüllung der Wehrpflicht gegenüber ihrem Heimatstaat **13**

9 *Fitting,* Rn. 36.
10 *Fitting,* Rn. 36; GK-*Kreutz/Raab,* Rn. 32.
11 *BAG* vom 10.10.12 – 7 ABR 53/11; Richardi-*Thüsing,* Rn. 21; GK-*Kreutz/Raab,* Rn. 43,
12 Vgl. dazu ausführlich GK-*Kreutz/Raab,* Rn. 47 f. m. w. N.; vgl. auch *Fitting,* Rn. 45, die erst bei einer tatsächlichen Unterbrechung von mehr als zwei Monaten eine Hemmung der Sechsmonatsfrist mit der Folge annehmen, dass die Zeit der Unterbrechung nicht mitzählt.
13 *Fitting,* Rn. 46.
14 *EuGH* 15.10.69, AP Nr. 2 zu Art. 117 EWG-Vertrag; vgl. auch *BAG* 27.2.69, 5.12.69, AP Nrn. 1, 3 zu Art. 177 EWG-Vertrag; *Fitting,* Rn. 47.; GK-*Kreutz/Raab,* Rn. 40

unterbrechen mussten.[15] Die entgegengesetzte Auffassung, wie sie vom *LAG Frankfurt*[16] vertreten wird, führt dazu, dass für ausländische AN, die nicht Staatsangehörige eines Mitgliedsstaates der EG sind, eine wesentliche Einschränkung des passiven Wahlrechts eintreten kann, obwohl ansonsten ausländische AN unter den gleichen Voraussetzungen wie deutsche AN wählbar sind (vgl. Rn. 21).

14 Eine Variante bei der Frage, unter welchen Voraussetzungen die erforderliche Betriebszugehörigkeit gegeben ist, kann auftreten, wenn es nicht zu tatsächlichen Unterbrechungen der Tätigkeit kommt, sondern die Beschäftigung in der Form der Teilzeitarbeit ausgeführt wird. Hierzu wird teilweise die Meinung vertreten, dass die Teilzeitarbeit einen gewissen Umfang einnehmen muss.[17] Dieser Auffassung kann nicht zugestimmt werden. Es genügt vielmehr auch eine geringere Teilzeitbeschäftigung, sofern die erforderlichen sechs Monate der Betriebszugehörigkeit, in denen sich der Teilzeitbeschäftigte mit den betrieblichen Verhältnissen vertraut machen kann, gegeben sind. Eine andere Meinung würde zu einer Beschränkung des passiven Wahlrechts der Teilzeitbeschäftigten führen, obwohl das BetrVG im Gegensatz zum BPersVG (§ 14 Abs. 2) **keine Mindestdauer** der wöchentlichen Beschäftigungszeit im Betrieb vorsieht (vgl. Rn. 19). Im Übrigen sollten letztlich die Wähler darüber entscheiden, ob sie einem Teilzeitbeschäftigten, auch wenn er nur eine geringe wöchentliche Arbeitszeit hat, durch die Wahl in den BR das Vertrauen aussprechen wollen.

15 Eine **Unterbrechung des rechtlichen Bestandes** des Arbeitsverhältnisses führt nach h. M. grundsätzlich dazu, dass die Sechsmonatsfrist erneut zu laufen beginnt.[18] Bei der rechtlichen Unterbrechung des Arbeitsverhältnisses ist prinzipiell eine andere Beurteilung als bei der tatsächlichen Unterbrechung gerechtfertigt, da neben der tatsächlichen Betriebszugehörigkeit auch das rechtliche Band des Arbeitsverhältnisses fehlt. Es sind daher die Zeiten, die **vor einer Auflösung** des Arbeitsverhältnisses liegen, und die Zeiten, in denen das Arbeitsverhältnis **sowohl rechtlich als auch tatsächlich unterbrochen** war, bei der Berechnung der Sechsmonatsfrist grundsätzlich nicht mitzurechnen, wenn es zu einem erneuten Arbeitsverhältnis mit demselben Betriebsinhaber kommt. Das wird jedenfalls dann zu gelten haben, wenn die Zeiten dieser Unterbrechung **mehrere Monate** betragen haben, weil der AN zwischenzeitlich ein Arbeitsverhältnis zu einem anderen AG aufgenommen hatte oder längere Zeit arbeitslos war. Eine kleinliche Beurteilung ist jedoch **nicht angebracht,** zumal auch bei verschiedentlich unterbrochener Betriebszugehörigkeit regelmäßig der **erforderliche Überblick** über die betrieblichen Verhältnisse erworben sein wird.[19] Bei einer **kürzeren Unterbrechung** des rechtlichen Bestandes des Arbeitsverhältnisses ist daher die Zeit der Unterbrechung selbst nicht mitzurechnen, wohl aber davor liegende Zeiten der Betriebszugehörigkeit. Es kann dann davon ausgegangen werden, dass zwischen den einzelnen Arbeitsverhältnissen ein **innerer Zusammenhang** besteht.[20] Das ist etwa der Fall, wenn es um witterungsbedingte Unterbrechungen des Arbeitsverhältnisses im Baugewerbe[21] oder um kurzfristige Unterbrechungen wegen Auftragsmangels geht, bei denen die Fortsetzung des Arbeitsverhältnisses von vornherein in Aussicht genommen ist.[22]

16 Auf der anderen Seite gibt es Fälle, in denen zwar das rechtliche Band des Arbeitsverhältnisses vorliegt, die Sechsmonatsfrist gleichwohl ihrem Sinn nach nicht erfüllt ist, weil jede **tatsächliche Eingliederung** in den Betrieb und damit die **Tätigkeit in ihm fehlt.** Der bloße Arbeitsvertrag reicht dann für sich allein nicht aus, wenn der AN, der sich zur Wahl stellen will, in

15 Vgl. *Fitting,* Rn. 47
16 2.3.73, BB 74, 789.
17 Vgl. *Lipke,* NZA 90, 760, der eine Beschäftigung von wenigstens der Hälfte der innerhalb des 6-Monats-Zeitraums betriebsüblichen Arbeitszeit eines in Vollzeitarbeit tätigen AN verlangt.
18 Vgl. etwa *Fitting,* Rn. 39; *GL,* Rn. 9;; Richardi-*Thüsing,* Rn. 24; vgl. aber auch GK-*Kreutz/Raab,* Rn. 38, der in allen Fällen der Unterbrechung der Betriebszugehörigkeit, also auch rechtlicher Art, nur eine Hemmung des Laufs der Sechsmonatsfrist mit der Folge annehmen will, dass die einzelnen Teilzeiten zusammengerechnet, die Zwischenräume aber nicht mit gerechnet werden.
19 GK-*Kreutz/Raab,* Rn. 26.
20 *Fitting,* Rn. 49.
21 Vgl. *LAG Baden-Württemberg* 15.10.57, AP Nr. 1 zu § 1 KSchG Unterbrechung.
22 Vgl. *BAG* 23.9.76, 6.12.76, 18.1.79, AP Nrn. 1, 2, 3 zu § 1 KSchG 1969 Wartezeit.

diesem Betrieb nie tätig geworden und seine tatsächliche Eingliederung auch für die Zukunft nicht abzusehen ist.[23]

IV. Wählbarkeit bestimmter Personengruppen

17 Nach Abs. 1 ist grundsätzlich jeder wahlberechtigte AN des Betriebs wählbar, sofern er dem Betrieb bzw. UN oder Konzern (§ 18 Abs. 1 AktG) sechs Monate angehört hat (vgl. Rn. 7 ff.). Es gibt jedoch Beschäftigte bzw. Beschäftigtengruppen, bei denen streitig sein kann, ob sie überhaupt wahlberechtigte AN sind oder inwieweit bestimmte Voraussetzungen für die Wählbarkeit fehlen.

18 AN, die in einem Arbeitsverhältnis zu **mehreren AG** stehen oder in **mehreren Betrieben desselben AG** tätig sind, haben das passive Wahlrecht in jedem dieser Betriebe. Eine Beschränkung der Wählbarkeit auf nur einen Betrieb besteht nicht.[24] Daher sind auch Bau-AN, die von ihrem Stammbetrieb zu einer Arbeitsgemeinschaft (**ARGE**) abgeordnet wurden, dort wählbar. Obwohl das Arbeitsverhältnis zum Stammbetrieb ruht, bestehen zu diesem Betrieb sowohl arbeitsrechtliche Beziehungen als auch eine betriebsverfassungsrechtliche Zugehörigkeit.[25] AN von Personalführungsgesellschaften, die von dieser an andere UN des Konzerns verliehen werden, sind ungeachtet der Tatsache, dass sie in der Personalführungsgesellschaft selbst keine Arbeit verrichten, für den Betriebsrat des Betriebs dieser Gesellschaft wählbar, sofern die sonstigen Voraussetzungen nach § 8 vorliegen.[26]

19 **Teilzeitbeschäftigte** sind, ebenso wie in **Bedarfsarbeit/Abrufarbeit** (KAPOVAZ), im **Arbeitsplatztauschsystem** (Jobsharing) und mit **geringfügiger Arbeitszeit oder geringfügigem Verdienst** Beschäftigte, ohne Rücksicht auf die Dauer ihrer Beschäftigung wählbar. Das BetrVG kennt im Gegensatz zum BPersVG (§ 14 Abs. 2) keine Mindestdauer der wöchentlichen Beschäftigungszeit im Betrieb. Im **Außendienst tätige AN** sind wählbar, sofern sie das aktive Wahlrecht haben, was regelmäßig der Fall sein wird. Das gilt umso mehr, als im Außendienst Beschäftigte ausdrücklich bei dem AN-Begriff nach § 5 Abs. 1 Satz 1 erwähnt werden. Wählbar sind auch AN, die vorübergehend im Ausland beschäftigt werden, jedoch zur Belegschaft des Betriebs gehören.[27] Dabei ist es ohne Einfluss auf die Wählbarkeit, wenn sich solche AN bei der BR-Tätigkeit häufiger von einem Ersatzmitglied vertreten lassen müssen. **Handelsvertreter** sind wahlberechtigt und bei Vorliegen der sonstigen Voraussetzungen des § 8 wählbar, wenn sie nicht im Wesentlichen ihre Tätigkeit und Arbeitszeit frei gestalten und bestimmen können. In **Heimarbeit Beschäftigte** besitzen das aktive und passive Wahlrecht, wenn sie in der Hauptsache für den Betrieb arbeiten; Entsprechendes gilt für **Hausgewerbetreibende** (vgl. § 7 Rn. 31). Bei **Franchise-Verhältnissen** kommt es darauf an, ob der Franchise-Nehmer zu den AN zählt, weil die Gesamtbetrachtung aller Umstände ergibt, dass er vom Franchise-Geber persönlich abhängig ist (vgl. § 5 Rn. 66 ff.). Bei anderen sog. **freien Mitarbeitern** ist entscheidend, ob sie in die betriebliche Organisation eingegliedert sind und sich von vergleichbaren AN im Wesentlichen nur durch das Fehlen einer formal so bezeichneten Arbeitsvertragsbeziehung unterscheiden (vgl. § 7 Rn. 5 ff., 28, 35). Auch **Tele-AN** sind grundsätzlich wahlberechtigt, da der ausgelagerte Arbeitsplatz regelmäßig zum Betrieb gehört. Mit Telearbeit Beschäftigte werden überdies ausdrücklich beim AN-Begriff nach § 5 Abs. 1 Satz 1 erwähnt (vgl. auch § 5 Rn. 35 ff.).

20 **Leih-AN** im Rahmen einer erlaubten gewerbsmäßigen AN-Überlassung (AÜG) sind im Betrieb des Verleihers wahlberechtigt und wählbar. Im Betrieb des Entleihers besteht nur das aktive Wahlrecht (§ 7 Satz 2), nicht das passive (§ 14 Abs. 2 Satz 1 AÜG). Damit sind die Leih-AN i. S. d. AÜG die einzigen AN, die zwar wahlberechtigt, aber nicht wählbar sind (zur Kritik vgl. § 5 Rn. 78 a). Ebenso sind AN, die auf Basis eines **echten Werkvertrages** tätig sind, nicht in Betriebsrat des Einsatzbetriebes wählbar.

23 Vgl. *BAG* 28.11.77, AP Nr. 2 zu § 8 BetrVG 1972.
24 *BAG* 11.4.58, AP Nr. 1 zu § 6 BetrVG; *Fitting*, Rn. 31; GK-*Kreutz/Raab*, Rn. 24; Richardi-*Thüsing*, Rn. 11;
25 Vgl. *Fitting*, § 5 Rn. 228 ff.
26 *BAG* 20.4.05, NZA 05, 1006; vgl. auch § 7 Rn. 18.
27 *Fitting*, Rn. 24.

Dagegen besteht im Beschäftigungsbetrieb für Leih-AN, die nicht unter das AÜG fallen, und **andere AN** i. S. d. § 7 Satz 2 das **passive Wahlrecht,** sofern sie die Voraussetzungen für die Wählbarkeit erfüllen.[28] Das gilt somit auch für AN, die im Wege der sog. **Konzernleihe** in einem anderen Konzernunternehmen eingesetzt werden (vgl. auch § 7 Rn. 8).[29] Dabei reicht eine 6-monatige Überlassung zur Arbeitsleistung aus.[30]

21 **Ausländische AN** sind ohne Einschränkung wählbar, sofern die sonstigen Voraussetzungen für das passive Wahlrecht gegeben sind (zu der Voraussetzung der sechsmonatigen Betriebszugehörigkeit bei einem Ableisten des Wehrdienstes ausländischer AN in ihrem Heimatland vgl. Rn. 13). Eine Beschränkung der Wählbarkeit auf AN aus Mitgliedstaaten der EG, wie sie das BetrVG 1952 kannte, besteht nicht mehr.

22 Das passive Wahlrecht haben auch AN, die sich in einem **ruhenden Arbeitsverhältnis** befinden, sofern sie die sonstigen Voraussetzungen erfüllen. Deshalb kann ein Erziehungsberechtigter, der sich zum Zeitpunkt der Durchführung der BR-Wahl in der Elternzeit befindet, für den BR kandidieren.[31] Wählbar ist auch ein AN, der seinen **Wehrdienst** ableistet.[32] Das Gleiche gilt, wenn ein AN zu einer **Eignungsübung** einberufen wird, **Zivildienst** leistet, zur Ausbildung zum **Luftschutzdienst** herangezogen oder zum **Katastrophenschutz** verpflichtet wird.[33] Ebenso wird man mit AN verfahren müssen, die im Rahmen des BDF tätig werden, sofern der AG dem Ruhen zugestimmt hat. Werden solche AN in den BR gewählt, sind sie allerdings während der Zeit ihrer Abwesenheit an der Ausübung des BR-Amtes regelmäßig verhindert. An ihre Stelle tritt für die Dauer des Dienstes ein Ersatzmitglied. Ein in **Altersteilzeit** befindlicher AN ist zwar wahlberechtigt, wenn die Altersteilzeit in der Form des **sog. Blockmodells** (§ 2 Abs. 2 Nr. 1 ATG) vollzogen wird, aber nicht wählbar (vgl. dazu § 7 Rn. 12). Ebenso sind AN, die in einer **beE** des gleichen Arbeitgebers beschäftigt und qualifiziert werden, wählbar. Dafür spricht das noch bestehende Arbeitsverhältnis und die im Regelfall zumindest zeitweise bestehende Eingliederung in den Betrieb (vgl. § 7 Rn. 13, vgl. zur Bildung der **beE** oder **TG** § 112 Rn. 192 a, b).

23 **Auszubildende** sind AN i. S. d. Betriebsverfassung (§ 5 Abs. 1 Satz 1). Sie sind daher wählbar, sofern sie das 18. Lebensjahr vollendet haben und die sonstigen Voraussetzungen des § 8 erfüllen. Soweit es auf die sechsmonatige Zugehörigkeit zum Betrieb bzw. UN oder Konzern ankommt, werden auch die Zeiten angerechnet, die der Auszubildende vor Vollendung des 18. Lebensjahres im gleichen Betrieb oder in einem anderen Betrieb des UN bzw. Konzerns zugebracht hat. Der AN muss am Tage der Stimmabgabe (bei mehreren Tagen am letzten Tag der Stimmabgabe) das 18. Lebensjahr vollendet haben. Nicht entscheidend ist der Beginn der Amtszeit des neugewählten BR.[34] Wird ein AN gewählt, der das **18. Lebensjahr** noch **nicht vollendet** hat, entfällt der an sich vorliegende Anfechtungsgrund, wenn das Mindestalter erreicht wird, ohne dass die BR-Wahl rechtskräftig für ungültig erklärt oder die Nichtwählbarkeit gerichtlich festgestellt worden ist.[35] Auszubildende, deren Berufsausbildung in einem **reinen Ausbildungsbetrieb** (sonstige Berufsbildungseinrichtungen i. S. d. § 1 Abs. 5 BBiG) stattfindet, gehören nach Auffassung des *BAG* nicht zur Belegschaft des Ausbildungsbetriebs[36] und sind somit nicht wählbar für den BR dieses Betriebs.[37]

24 Das passive Wahlrecht besteht auch für AN, die von ihrem Betrieb vorübergehend ins Ausland entsandt worden sind. Das gilt auch dann, wenn der AN zwar in eine im Ausland bestehende betriebliche Organisation eingegliedert wird, seine Tätigkeit jedoch zeitlich beschränkt ist.[38]

---

28 *Fitting,* Rn. 27; **a. A.** *BAG* 10.3.04, 7 ABR 49/03.
29 **A. A.** *BAG* a. a. O.
30 Vgl. *Fitting,* Rn. 37.
31 *BAG* 25.5.05, AiB 06, 322.
32 *Fitting,* Rn. 14; *GL,* Rn. 19; *Pramann,* DB 78, 2479; vgl. auch *BAG* 29.3.74, AP Nr. 2 zu § 19 BetrVG 1972, das die Frage nach dem aktiven Wahlrecht während des Wehrdienstes ausdrücklich bejaht hat;
33 Vgl. auch Rn. 13; vgl. ferner *Fitting,* Rn. 15.
34 *Fitting,* Rn. 12; Richardi-*Thüsing,* Rn. 9.
35 *BAG* 7.7.54, AP Nr. 1 zu § 24 BetrVG; *Fitting,* Rn. 13; *GL,* Rn. 102; Richardi-*Thüsing,* a. a. O.
36 *BAG* 21.7.93, BB 94, 575 f.; 26.1.94, AP Nr. 54 zu § 5 BetrVG 1972; 20.3.96, AuR 96, 458.
37 Vgl. aber *LAG Berlin* 15.8.95 – 12 TaBV 2/95 ; vgl. umfassend § 7 Rn. 14.
38 Vgl. *BAG* 25.4.78, AP Nr. 16 zu Internat. Privatrecht, Arbeitsrecht; vgl. auch § 7 Rn. 29.

Ob und inwieweit der Inlandsbezug des Arbeitsverhältnisses bei dauernder Entsendung ins Ausland erhalten bleibt, hängt von den Umständen des Einzelfalles ab, insbes. von der Dauer des Auslandseinsatzes, dem Bestehen und den Voraussetzungen eines Rückrufrechts zu einem Inlandseinsatz sowie dem sonstigen Inhalt der Weisungsbefugnisse des AG.[39] Die Wählbarkeit ist nicht gegeben, wenn der AN von vornherein nur für eine **einmalige befristete Tätigkeit im Ausland** eingestellt wird oder ein neues ablösendes Arbeitsverhältnis im Ausland begründet wird.

Ein **gekündigter AN** ist ebenfalls wählbar. Das gilt ohne weiteres für die Zeit, in der bei einer 25
fristgemäßen Kündigung die Kündigungsfrist noch nicht abgelaufen ist. Das passive Wahlrecht ist aber auch für die Zeit nach Ablauf der Kündigungsfrist gegeben, sofern der AN Kündigungsschutzklage nach § 4 KSchG oder bei einer fristlosen Kündigung Feststellungsklage nach § 13 Abs. 1 Satz 2 KSchG erhoben hat.[40] Der durch das arbeitsgerichtliche Verfahren eingetretene Schwebezustand darf nicht zum Verlust des passiven Wahlrechts führen und damit zu Lasten des gekündigten AN und der Belegschaft gehen, die möglicherweise gerade diesen AN als besonders geeignet für die Wahrnehmung eines BR-Amtes ansieht. Andernfalls hätte es der AG in der Hand, durch eine Kündigung die Kandidatur eines ihm unliebsamen AN und u. U. sogar die Errichtung eines BR **zu verhindern.**[41] Es kommt daher auch nicht darauf an, ob der gekündigte AN einen Weiterbeschäftigungsanspruch nach § 102 Abs. 5 oder wegen eines erstinstanzlichen Obsiegens im Kündigungsschutzprozess hat (vgl. dazu ausführlich § 102 Rn. 241 ff.) oder der AG vom ArbG durch einstweilige Verfügung von der Weiterbeschäftigung entbunden worden ist (§ 102 Rn. 276 ff.). Mit derselben Begründung bleiben auch AN wählbar, die in einen anderen Betrieb des Unternehmens versetzt worden sind und hiergegen Klage eingereicht haben[42]. Dem gekündigten AN, der Bewerber für den BR ist, muss der **Zutritt zum Betrieb,** etwa aus Gründen der Wahlwerbung, grundsätzlich gestattet werden.[43] Wird ein **gekündigter AN** gewählt, tritt bis zur rechtskräftigen Entscheidung über die Wirksamkeit der Kündigung an seine Stelle das **Ersatzmitglied** nach § 25 in den BR ein.[44]

Gibt das ArbG der Kündigungsschutzklage statt, so kann der Antrag auf Auflösung des Ar- 26
beitsverhältnisses im Rahmen von § 9 KSchG **nur vom AN** gestellt werden, dagegen nicht vom AG. Das ergibt sich daraus, dass der AN gewählt und damit BR-Mitglied geworden ist und in dieser Eigenschaft den Kündigungsschutz nach § 103 erlangt hat.[45] Wird der Auflösungsantrag nach § 9 KSchG vom AN gestellt und hebt das ArbG das Arbeitsverhältnis auf, scheidet der Betreffende zu dem Zeitpunkt aus dem BR aus, der für die Beendigung des Arbeitsverhältnisses in dem Urteil genannt ist.[46]

Das passive Wahlrecht hat auch ein **ehemaliges BR-Mitglied,** das nach § 23 aus dem BR 27
ausgeschlossen wurde oder dessen BR-Amt aus einem der in § 24 genannten Gründe geendet hat.[47] Das gilt selbst dann, wenn der BR zurückgetreten ist, um das ausgeschlossene Mitglied durch eine Neuwahl wieder in den BR zu bringen; vgl. im Übrigen zu Pflichtverletzungen von BR-Mitgliedern § 23 Rn. 7.

Ebenfalls wählbar sind **Mitglieder des WV.** Eine Unvereinbarkeit zwischen dem Amt als WV- 28

39 Vgl. *BAG* 7.12.89, DB 90, 992.

40 *BAG* 14.5.97, DB 97, 2083, das einen AN, der Kündigungsschutzklage nach den §§ 13, 14 KSchG erhoben hat, hinsichtlich seiner Wählbarkeit wie einen Betriebsangehörigen behandelt wissen will; bestätigt durch das *BAG* 10.11.04, AuR 04, 464; *Fitting,* Rn. 18, die bei einem gekündigten AN, der Klage nach dem KSchG erhoben hat, das passive Wahlrecht anerkennen, aber nicht das aktive Wahlrecht; *GL,* § 8 Rn. 18; a. A. GK-*Kreutz/Raab,* Rn. 18, der sowohl die Wählbarkeit als auch die Wahlberechtigung dann verneint, wenn bei dem gekündigten AN die Betriebszugehörigkeit nicht mehr gegeben ist.

41 *BAG,* a. a. O.; *Fitting,* Rn. 19.

42 *LAG Köln* 10.2.10 – 8 TaBV 65/09, jedoch mit der abzulehnenden Einschränkung, dass der versetzte AN nicht mehr Mitglied des Wahlvorstandes sein könne.

43 Vgl. *Fitting,* Rn. 23; vgl auch *LAG Hamm* 6.2.80, EzA § 20 BetrVG 1972 Nr. 11;

44 *Fitting,* Rn. 22.

45 Richardi-*Thüsing,* Rn. 15.

46 Richardi-*Thüsing,* a. a. O.

47 *BAG* 29.4.69, AP Nr. 9 zu § 23 BetrVG; *BVerwG* 23.11.62, AP Nr. 7 zu § 10 PersVG; *Fitting,* § 23 Rn. 28 m. w. N.

Mitglied und dem des zukünftigen BR-Mitglieds besteht nicht.[48] In kleineren Betrieben würden bisweilen kaum überwindbare Schwierigkeiten auftreten, wenn beide Ämter unvereinbar wären.[49]

29 Mit der Änderung des § 5 durch den Gesetzgeber im Gesetz zur Errichtung des Bundesaufsichtsamtes zur Flugsicherung zum 4.8.09 gilt die gesetzliche Fiktion, dass Beamte, Soldaten sowie Arbeitnehmer des öffentlichen Dienstes einschließlich der zu ihrer Berufsausbildung Beschäftigten, Arbeitnehmer i. S. v. § 5 Abs. 1 gelten. Sie haben somit neben dem aktiven Wahlrecht auch das passive Wahlrecht, wenn die sonstigen Voraussetzungen nach § 8 vorliegen. Die Beamten bei den privatisierten Post-UN bei der BR-Wahl sogar eine eigene **Wählergruppe,** sofern nicht die Mehrheit dieser Beschäftigten darauf verzichtet (§ 26 PostPersRG). Ebenso haben AN, die im Rahmen eines **Gestellungsvertrages** in einem privatisierten UN tätig sind, das aktive und passive Wahlrecht[50]. Dies ist sogar dann der Fall, wenn sie vorübergehend keine Arbeitsleistung erbringen, dem Einsatzbetrieb aber tatsächlich zugeordnet sind.[51]

30 Schwierigkeiten bei der Auslegung des geänderten Gesetzestextes kann der etwas unpräzise formulierte Passus des **Tätigsein** im privaten Betrieb und das Einsetzen der Wählbarkeit nach § 8 in diesem Zusammenhang sein. Von Tätigsein i. S. d. Gesetzes dürfte auszugehen sein, sobald eine Eingliederung in den Einsatzbetrieb vorliegt. Unabhängig davon liegt eine Eingliederung auch schon bei zeitlich kurzen Einsätzen vor. Auch zeitliche Unterbrechungen des Einsatzes spielen hier keine Rolle (vgl. Rn 19 ff.). Die Wählbarkeit setzt nach § 8 Abs. 1, Satz 1, die sechsmonatige Betriebszugehörigkeit voraus. Diese zeitliche Voraussetzung müssen auch Beamte, Soldaten und AN des öffentl. Dienstes erfüllen, um wählbar zu sein. Allerdings erfolgt eine Anrechnung von Konzernzugehörigkeitszeiten. Dabei ist zu beachten, dass auch öffentlich-rechtliche Einheiten, herrschende UN i. S. v. § 18 Abs. 1 AktG sein können (vgl. § 5, Rn 93 f).

V. Verlust der Wählbarkeit

31 Die Wählbarkeit geht verloren, wenn durch ein **strafgerichtliches Urteil** die Fähigkeit entzogen wird, »Rechte aus öffentlichen Wahlen zu erlangen«. Diese Folge tritt automatisch ein, wenn der AN wegen eines Verbrechens zu einer Freiheitsstrafe von einem Jahr oder länger verurteilt wurde (§ 45 Abs. 1 StGB). Es kommt nicht allein auf die Dauer der Freiheitsstrafe an, sondern auf die Verurteilung wegen eines Verbrechens (vgl. § 12 Abs. 1 StGB, wonach Verbrechen rechtswidrige Taten darstellen, die mit Freiheitsstrafe von mindestens einem Jahr bedroht sind). Der Verlust der Fähigkeit, Rechte aus öffentlichen Wahlen zu erlangen, ist auf fünf Jahre nach Rechtskraft des Urteils beschränkt. Das Strafgericht kann allerdings auch in anderen Fällen, also bei Vergehen, die Fähigkeit, Rechte aus öffentlichen Wahlen zu erlangen, für die Dauer von zwei bis fünf Jahren aberkennen (vgl. § 45 Abs. 2 StGB). Dies gilt etwa für die Fälle der §§ 92 a Nr. 3, 101 Nr. 3, 108 c StGB.[52]

32 Wurde einem ausländischen AN die Wählbarkeit oder die Fähigkeit, Rechte aus öffentlichen Wahlen zu erlangen, durch eine strafgerichtliche Verurteilung in seinem Heimatland aberkannt, ist dies nur dann beachtlich, wenn die im Ausland ergangene Entscheidung nicht im Widerspruch zu deutschen Rechtsgrundsätzen steht.[53] Bei **ausländischen AN** liegt ein solcher Widerspruch u. a. dann vor, wenn Anlass für die Verurteilung eine gewerkschaftliche oder politische Betätigung im Heimatland war.

33 Der **Wahltag** ist maßgebend für die Beurteilung, ob ein AN zum BR wählbar ist.[54] Erstreckt sich die Wahl über mehrere Tage, ist der letzte Tag der Stimmabgabe maßgebend. Der AN muss an diesem Tage im Besitz der Fähigkeit sein, Rechte aus öffentlichen Wahlen zu erlan-

48 *BAG* 12.10.76, AP Nr. 1 zu § 8 BetrVG 1972; GK-*Kreutz/Raab*, § 16 Rn. 30
49 *BAG*, a. a. O.
50 *BAG* vom 15.8.12 – 7 ABR 24/11; *LAG Berlin-Brandenburg* vom 16.02.11, – 15 TaBV 2347/10.
51 *BAG* a. a. O.
52 Vgl. *Fitting*, Rn. 53.
53 *Fitting*, Rn. 55 m. w. N.
54 *Fitting*, Rn. 12, 32.

gen.[55] Wird einem bereits gewählten BR-Mitglied die Fähigkeit, Rechte aus öffentlichen Wahlen zu erlangen, aberkannt, erlischt nach § 24 Abs. 1 Nr. 4 seine Mitgliedschaft im BR, da er dann nicht mehr wählbar ist.[56]

Zum Verlust der Wählbarkeit vgl. auch § 24 Rn. 26 ff. **34**

VI. Neu errichtete Betriebe

Damit auch in Betrieben, die am Tage der Einleitung der Wahl **noch keine sechs Monate** **35** bestehen, ein BR gebildet werden kann, wird die für das passive Wahlrecht ansonsten erforderliche Mindestdauer der Beschäftigungszeit herabgesetzt. In derartigen Betrieben sind alle wahlberechtigten AN (zur Wahlberechtigung vgl. § 7) ohne Rücksicht auf die Dauer ihrer Zugehörigkeit zum Betrieb in den BR wählbar. »Einleitung der Betriebsratswahl« bedeutet, dass die AN am Tage des Erlasses des Wahlausschreibens durch den WV (vgl. § 3 Abs. 1 WO) im Betrieb beschäftigt sein müssen.

Die Regelung bezieht sich nicht auf den Fall, dass der Betrieb auf einen **anderen AG übergeht,** **36** da nach § 613 a BGB der AG-Wechsel die Zugehörigkeit zum Betrieb unberührt lässt. **Keine Neuerrichtung** liegt auch dann vor, wenn ein Betrieb in einen anderen **lediglich eingegliedert** wird. Bei den AN des übergegangenen Betriebs erfolgt eine Anrechnung nach Abs. 1 Satz 2, wenn es bei dem aufnehmenden Betrieb zur BR-Wahl kommt und es sich um Betriebe des gleichen UN bzw. Konzerns handelt. Die Sonderregelung für neu errichtete Betriebe greift dagegen ein, wenn **mehrere Betriebe zu einem einzigen** zusammengefasst werden, ohne dass der neue mit einem der früheren identisch ist, oder wenn ein nicht nur vorübergehend stillgelegter Betrieb wieder eröffnet wird.[57] Sie findet auch Anwendung, wenn ein Betriebsteil aus einem Betrieb ausgegliedert und als Betrieb verselbstständigt worden ist.[58]

Die Wahlvorbereitung in Betrieben ohne Betriebsrat ist Arbeitszeit und entsprechend zu vergüten. Insbesondere kann ein AN, der einer BR-Wahl vorbereitet, deswegen nicht abgemahnt werden[59]. **37**

VII. Streitigkeiten

Meinungsverschiedenheiten über die vom WV zu treffende Entscheidung über die Wählbarkeit eines Wahlbewerbers sind im arbeitsgerichtlichen Beschlussverfahren zu entscheiden (§§ 2 a, 80 ff. ArbGG). Die Frage der Wählbarkeit eines AN kann unabhängig von einer Anfechtung der BR-Wahl selbstständig zur Entscheidung des ArbG gestellt werden, sofern ein Rechtsschutzbedürfnis besteht.[60] Zu dem besonderen Verfahren bei der Zuordnung von leitenden Angestellten im Rahmen zeitgleicher Wahlen des BR und des SpA vgl. § 18 a und die dortigen Erl. **38**

Bereits gewählte BR-Mitglieder können im Laufe ihrer Amtszeit die **Wählbarkeit verlieren.** **39** Damit ist das **Ausscheiden** aus dem BR verbunden (vgl. § 24 Rn. 26 ff.). Andererseits kann der schon bei der BR-Wahl in bestimmten Fällen vorliegende Mangel der Wählbarkeit durch **Zeitablauf geheilt werden.** Das ist der Fall, wenn ein in den BR gewählter AN das Mindestalter von 18 Jahren erreicht, ohne dass seine Wahl mit Erfolg angefochten oder die Nichtwählbarkeit gerichtlich festgestellt worden ist (vgl. Rn. 23).

§ 9 Zahl der Betriebsratsmitglieder

Der Betriebsrat besteht in Betrieben mit in der Regel
5 bis 20 wahlberechtigten Arbeitnehmern aus einer Person,

---

55 *Fitting*, Rn. 57.
56 *Fitting*, Rn. 57
57 *Fitting*, Rn. 61.
58 GK-*Kreutz/Raab*, Rn. 63.
59 *ArbG Kiel* v. 16.09.10 – 5 BV 35 d/03.
60 Richardi-*Thüsing*, Rn. 50.

21 bis 50 wahlberechtigten Arbeitnehmern aus 3 Mitgliedern,
51 bis 100 Arbeitnehmern aus 5 Mitgliedern,
101 bis 200 Arbeitnehmern aus 7 Mitgliedern,
201 bis 400 Arbeitnehmern aus 9 Mitgliedern,
401 bis 700 Arbeitnehmern aus 11 Mitgliedern,
701 bis 1000 Arbeitnehmern aus 13 Mitgliedern,
1001 bis 1500 Arbeitnehmern aus 15 Mitgliedern,
1501 bis 2000 Arbeitnehmern aus 17 Mitgliedern,
2001 bis 2500 Arbeitnehmern aus 19 Mitgliedern,
2501 bis 3000 Arbeitnehmern aus 21 Mitgliedern,
3001 bis 3500 Arbeitnehmern aus 23 Mitgliedern,
3501 bis 4000 Arbeitnehmern aus 25 Mitgliedern,
4001 bis 4500 Arbeitnehmern aus 27 Mitgliedern,
4501 bis 5000 Arbeitnehmern aus 29 Mitgliedern,
5001 bis 6000 Arbeitnehmern aus 31 Mitgliedern,
6001 bis 7000 Arbeitnehmern aus 33 Mitgliedern,
7001 bis 9000 Arbeitnehmern aus 35 Mitgliedern.

In Betrieben mit mehr als 9000 Arbeitnehmern erhöht sich die Zahl der Mitglieder des Betriebsrats für je angefangene weitere 3000 Arbeitnehmer um 2 Mitglieder.

Inhaltsübersicht

I. Vorbemerkungen

1 Das BetrVerf-ReformG hat die Zahl der BR-Mitgl. etwas angehoben. Betriebe bis zu 100 AN sind von den Änderungen nicht betroffen. In größeren Betrieben steigt die Zahl der BR-Mandate gegenüber dem früheren Recht um zwei Sitze, in Großbetrieben ab 6001 AN um vier Sitze. Allerdings ist durch die Ersetzung von Stammbelegschaft durch Leih-AN in den Betrieben und deren Nichtanrechnung in § 9 der vom Gesetzgeber gewollte Effekt der Vergrößerung der BRe nicht zum Tragen gekommen. Eine Veränderung dieser Situation könnte sich nach den turnusmäßigen BR-Wahlen in 2014 nach der Rechtsprechungsänderung des BAG zur Anrechnung der Leih-AN ergeben. Die sich aus § 9 ergebenden AN-Zahlen sind, da sich aus ihnen zugleich die Anzahl der BR-Mandate ergibt, auch bei der Ermittlung der Mandate zu Grunde zu legen, die den Geschlechtern nach der Mindestquote zustehen (§ 15 Abs. 2).
Die **zahlenmäßige Größe des BR** hat der **WV** festzustellen. Das ergibt sich bereits daraus, dass der WV die Zahl der zu wählenden BR-Mitglieder nach § 3 Abs. 2 WO im **Wahlausschreiben** anzugeben hat. Die zahlenmäßige Größe des BR bestimmt sich nach der Zahl der **in der Regel** im Betrieb beschäftigten AN (vgl. Rn. 6 ff.). Die Staffelung beginnt mit fünf wahlberechtigten AN und damit zugleich bei einer der zwingenden Voraussetzungen für die Bildung eines BR (vgl. § 1). Besteht der BR aus mehreren Personen, muss es stets eine **ungerade Zahl** von Mitgliedern sein.

2 Die Regelung des § 9 stellt in den **ersten beiden Stufen** auf die Zahl der regelmäßig beschäftigten wahlberechtigten AN ab. Ist (in der dritten Stufe) ein fünfköpfiger Betriebsrat zu wählen, müssen wenigstens 51 wahlberechtigte AN im Betrieb beschäftigt sein. Sind somit beispielsweise im Betrieb 100 AN tätig, werden fünf BR-Mitglieder gewählt, wenn von den 100 AN wenigstens 51 AN wahlberechtigt sind. Bei der Frage der Wahlberechtigung zählen auch AN eines anderen AG mit, die im Beschäftigungsbetrieb länger als drei Monate eingesetzt werden (§ 7 Satz 2; vgl. dazu Rn. 10 u. § 7 Rn. 8). Ab der vierten Stufe (ab 101 AN) kommt es auf die Wahlberechtigung nicht mehr an.[1] Von der Zahl der BR-Mitglieder her bringt die Staffelung eine Begünstigung kleinerer Betriebe mit sich.

1 Vgl. dazu auch *Fitting*, Rn. 41 ff.; Richardi-*Thüsing*, Rn. 3.

Die in **§ 5 Abs. 2 genannten Personen** werden bei der Ermittlung der Zahl der BR-Mitglieder nicht mitgezählt. Dasselbe gilt für **leitende Angestellte** nach § 5 Abs. 3. Es besteht bei diesem Personenkreis keine Rechtfertigung, sie bei der für die Zahl der BR-Mitglieder maßgebenden AN-Zahl zu berücksichtigen, da sie vom BR grundsätzlich nicht vertreten werden.[2] 3

Eine **Abweichung von der Staffelung** kommt nur in Betracht, wenn im Betrieb nicht genügend wählbare AN vorhanden sind oder trotz des Vorhandenseins genügend wählbarer AN sich Wahlbewerber nicht in einem ausreichenden Maße zur Verfügung stellen. In solchen Fällen kann entsprechend auf die Regelung des § 11 zurückgegriffen werden.[3] Dabei ist jeweils diejenige Stufe für die Zahl der BR-Mitglieder maßgebend, die noch mit wählbaren AN besetzt werden kann[4]. Das gilt jedoch nicht, wenn sich abweichend von der zwingenden Geschlechterquote nach § 15 Abs. 2 nicht genügend Angehörige des Minderheitengeschlechts für eine Kandidatur zur Verfügung stellen. Die von diesem Geschlecht mangels ausreichender Wahlbewerbungen nicht einzunehmenden BR-Sitze gehen auf das andere Geschlecht über.[5] 4

Eine **obere Grenze** für die Zahl der BR-Mitglieder ist **nicht** vorgesehen. Die in Satz 1 enthaltene Staffelung ist daher ggf. nach Satz 2 fortzusetzen. Demnach besteht der BR in Betrieben mit in der Regel 5

9001 bis 12000 AN aus 37 Mitgliedern,
12001 bis 15000 AN aus 39 Mitgliedern,
15001 bis 18000 AN aus 41 Mitgliedern,
18001 bis 21000 AN aus 43 Mitgliedern
usw.

In wie weit eine Abänderung von der Staffel durch Tarifvertag oder Betriebsvereinbarung zum Beispiel nach § 3 möglich ist, ist streitig. Ein Teil der Literatur nimmt an, dass es sich um zwingendes Recht handelt, das keine Abweichung, weder nach oben noch nach unten, zulässt.[6] Zum anderen wird vertreten, dass eine Abweichung nur nach unten zulässig ist, wenn nicht genügend wählbare AN vorhanden sind.[7] Eine Möglichkeit eine größere Anzahl von AN-Vertreter zu installieren, ist eine tarifliche Regelung nach § 3 Abs. 1 Nr. 5 BetrVG, die die Kommunikation zwischen AG und AN verbessert[8]. Allerdings handelt es sich dann, um zusätzliche AN-Vertretungen, die für Ihre Mitglieder nicht zu einer Stimmberechtigung im BR führen soll.[9] Doch gerade bei Zusammenschlüssen von Betrieben oder UN-Fusionen ist eine vorübergehende Erhöhung der BR-Mandate durch Tarifvertrag eine zweckmäßige Art der Ausübung des Übergangsmandates. Auf diese Art werden beide Belegschaften im neuen Betrieb durch einen vergrößerten BR vertreten und eine Entfremdung der Belegschaft des übernommenen Betriebes vermieden.[10]

II. Begriff »In der Regel«

Für die Zahl der BR-Mitglieder ist die Zahl der **regelmäßig beschäftigten AN** maßgebend. Es ist dabei grundsätzlich auf den **Zeitpunkt des Erlasses des Wahlausschreibens** abzustellen.[11] Es ist daher unerheblich, wenn sich die Zahl der AN bis zum Tage der Wahl vergrößert oder vermindert,[12] und zwar unabhängig davon, dass die inzwischen hinzugekommenen wahlberechtigten AN an der Wahl teilnehmen. Es spielt somit auch keine Rolle, wenn zum Zeitpunkt des Erlasses des Wahlausschreibens **Arbeitsplätze vorübergehend nicht besetzt** sind, sofern 6

2 Vgl. auch *BAG* 12.10.76, AP Nr. 1 zu § 8 BetrVG 1972; *Fitting*, Rn. 42 m. w. N.
3 Richardi-*Thüsing*, Rn. 17; *Fitting*, Rn. 8; vgl. auch § 11 Rn. 4.
4 *LAG Düsseldorf* 4. 7.14, 6 TaBV 24/14, die jedoch nur auf die nächstniedrigere Stufe zurückgehen wollen.
5 *Fitting*, Rn. 10; *Engels/Trebinger/Löhr-Steinhaus*, DB 01, 532, 541.
6 GK-*Kreutz/Jacobs*, Rn 2, 20.
7 *Fitting*, Rn. 48 f.
8 *Fitting*, zu § 3, Rn. 58 ff.
9 *Fitting*, a. a. O.
10 Vgl. § 3, Rn. 100, 113.
11 Vgl. *BAG* 15.3.06 – 7 ABR 39/05); GK-*Kreutz/Jacobs*, Rn. 8 m. w. N.
12 *Fitting*, Rn. 34; GK-*Kreutz/Jacobs*, Rn. 12; Richardi-*Thüsing*, Rn. 13.

an ihnen **üblicherweise** AN tätig werden. Eine Verminderung der Zahl der AN zwischen Erlass des Wahlausschreibens und der Durchführung der Wahl ist aber dann entscheidend, wenn die für die Bildung eines BR maßgebende Zahl der AN **auf Dauer** unter fünf ständige wahlberechtigte AN absinkt (vgl. § 1). Die BR-Wahl ist in einem solchen Falle abzubrechen.[13] Ein Absinken der Zahl der AN **nach der Wahl** ist dagegen nur dann von Bedeutung, wenn der Tatbestand des § 13 Abs. 2 Nr. 1 vorliegt.

7 Die Anzahl der AN, die zum Zeitpunkt des Erlasses des Wahlausschreibens beschäftigt sind, stellt **keine absolute Größe** dar. Sie ist vielmehr nur ein Ausgangspunkt. Es ist auf die Beschäftigungslage abzustellen, die im **Allgemeinen** für den **Betrieb kennzeichnend** ist.[14] »In der Regel« bedeutet daher auch nicht die durchschnittliche Zahl der AN. Es geht vielmehr um die Zahl der AN, die »normalerweise«, also unter **normalen betrieblichen Verhältnissen** üblicherweise beschäftigt werden.

8 Zur Feststellung der Zahl der regelmäßig Beschäftigten bedarf es eines **Rückblicks** und der **Einschätzung der zukünftigen Entwicklung.**[15] Der WV hat somit auch die zukünftig zu erwartende Entwicklung des Beschäftigungsstandes des Betriebs zu berücksichtigen.[16] Die bloße Befürchtung, dass auf Grund anhaltender schlechter Auftragslage AN entlassen werden, führt jedoch nicht zu einer Reduzierung der Zahl der »in der Regel« beschäftigten AN.[17] Eine andere Beurteilung ist dann angebracht, wenn feststeht, dass in Kürze die Beschäftigtenzahl **auf Dauer** vermindert wird und im Hinblick auf die bevorstehende BR-Wahl von dieser verringerten Beschäftigtenzahl auszugehen ist. Das kann etwa der Fall sein, wenn im Zusammenhang mit einer Betriebsänderung und einem vorgenommenen Interessenausgleich feststeht, dass eine Verringerung der Beschäftigtenzahl **alsbald** eintreten wird.[18] Soll eine Personalverminderung eine Fortführung des Betriebs ermöglichen und hat sie für eine nicht unerhebliche Zeit zu einer Stabilisierung der Belegschaftsstärke auf niedrigerem Niveau geführt, so ergibt sich die Zahl der in der Regel Beschäftigten aus der Belegschaftsstärke dieser Zwischenstufe.[19]

9 Bei der Feststellung der Zahl der BR-Mitglieder sind **Aushilfs-AN** mitzuzählen, sofern eine bestimmte Anzahl derartiger AN regelmäßig für einen Zeitraum von **mindestens sechs Monaten** im Jahr beschäftigt worden ist und auch in Zukunft mit einer solchen Beschäftigung gerechnet werden kann.[20] Aushilfs-AN zählen selbst dann mit, wenn sie als **Teilzeitbeschäftigte** tätig oder anlässlich der Inanspruchnahme von Elternzeit durch bereits Beschäftige un-

---

13 *Fitting,* a. a. O.

14 *BAG* 12.10.76, AP Nr. 1 zu § 8 BetrVG 1972.

15 *BAG* 19.7.83, BB 83, 2118; *LAG Berlin* 25.4.88, AuR 89, 61; vgl. auch *BAG* 31.1.91, BB 91, 1047, zur Feststellung der regelmäßigen Beschäftigtenzahl nach § 23 Abs. 1 Satz 2 KSchG, wonach es zur Ermittlung der für den Betrieb im Allgemeinen kennzeichnenden regelmäßigen Beschäftigtenzahl eines Rückblicks auf die bisherige personelle Situation und einer Einschätzung der zukünftigen Entwicklung bedarf; vgl. ferner *BVerwG* 3.7.91, PersR 91, 369 mit dem Hinweis, dass bei der Wahl eines Personalrats Abweichungen vom Stellenplan im öffentlichen Dienst in der Weise Rechnung zu tragen ist, dass der tatsächliche Beschäftigtenstand zugrunde gelegt wird, wie er während des überwiegenden Teils der Amtszeit des zu wählenden Personalrats voraussichtlich bestehen und somit diese Amtszeit prägen wird; ebenso im Grundsatz *BAG* 29.5.91, NZA 92, 182, das zu der Frage der Sitzverteilung im Personalrat nach § 17 BPersVG erklärt, bei der Feststellung der Zahl der in der Regel Beschäftigten sei der Stellenplan nur ein Anhaltspunkt und bei einem ständigen Abweichen von ihm müsse von den tatsächlichen Gegebenheiten ausgegangen und eine länger andauernde Verwaltungspraxis berücksichtigt werden.

16 *LAG Hamm* 6.10.78, DB 79, 1563; *Fitting,* Rn. 12 f.; GK-*Kreutz/Jacobs,* Rn. 9 f.; zum Beurteilungsspielraum des WV vgl. Rn. 14.

17 *LAG Hamm,* a. a. O.

18 Vgl. auch *ArbG Hamburg* 22.12.83, DB 84, 250; vgl. ferner *LAG Düsseldorf* 24.11.98, AiB 99, 281, wonach im gekündigten Arbeitsverhältnis stehende AN dann nicht mitzuzählen sind, wenn ihre nach der BR-Wahl frei werdenden Arbeitsplätze auf Grund einer bereits seit längerem getroffenen und umgesetzten Umstrukturierungsentscheidung und einer damit verbundenen betriebsübergreifenden Personalabbaumaßnahme dauerhaft entfallen sollen und konkrete Anhaltspunkte für eine gegenteilige Prognose bei Erlass des Wahlausschreibens nicht bestehen.

19 *BAG* 9.5.95, BB 95, 1963, zur Problematik einer Betriebsänderung nach § 111.

20 *BAG* 12.10.76, AP Nr. 1 zu § 8 BetrVG 1972; *LAG Hamm* 18.3.98, BB 98, 1211.

befristet eingestellt werden.[21] Dabei sind auch befristet beschäftigte **Aushilfskräfte** mitzuzählen, die üblicherweise den größten Teil des Jahres im Betrieb[22] Es ist gleichgültig, ob es sich um dieselben oder um andere Personen handelt.[23] Die Zahl der nur teilzeitbeschäftigten Aushilfskräfte ist auch nicht auf eine entsprechende Zahl vollbeschäftigter Aushilfskräfte umzurechnen.[24]

Es können sich Probleme ergeben, wenn es zur befristeten Einstellung von Beschäftigten kommt, die vorübergehend ausfallendes Stammpersonal vertreten. Grundsätzlich gilt, dass entweder die ausfallenden Stammarbeitnehmer bei den Feststellungen nach § 9 berücksichtigt werden oder deren Vertreter.[25] Aus § 21 Abs. 7 BEEG ergibt sich, dass ein vorübergehend ausgefallener Stamm-AN nach § 9 nicht mitzählt, wenn zum Zeitpunkt der Einleitung der Wahl ein Vertreter befristet beschäftigt ist und dieser mitgezählt wird. Werden aber für einen ausfallenden Stamm-AN nach § 21 Abs. 7 BEEG zwei Vertreter befristet eingestellt, so ist nach der Auffassung des *BAG*[26] nur die ausgefallene Stammkraft bei der Zahl der Arbeitnehmer nach § 9 zu berücksichtigen. Das kann aber wiederum nur gelten, wenn die Ersatz-AN befristet eingestellt worden sind.[27] Sind die Vertretungs-AN dagegen unbefristet eingestellt, so zählen sie nach § 9 in vollem Umfang auch dann mit, wenn sie für nur eine ausgefallene Stammkraft beschäftigt werden. 10

In **Saisonbetrieben** sind die Saison-AN ebenfalls zu berücksichtigen, wenn die Saison über sechs Monate dauert.[28] In sog. **Kampagnebetrieben** sind dagegen sämtliche während der Kampagne beschäftigten AN zu berücksichtigen.[29] **ABM-Beschäftigte** zählen bei § 9 mit, wenn sie nicht lediglich außerhalb des des arbeitstechnischen Zweckes des Betriebes zum Zwecke der Qualfizierung tätig werden, sondern zumindest auch für den Betriebszweck tätig werden.[30] 11

Bei der Feststellung der Zahl der BR-Mitglieder sind alle Beschäftigten zu berücksichtigen, die zu den **AN im betriebsverfassungsrechtlichen Sinne** zählen bzw. den AN i. S. des § 5 Abs. 1 gleichgestellt sind (vgl. § 7 Rn. 7). Es sind keineswegs nur AN einzubeziehen, die innerhalb der Betriebsorganisation abhängige Arbeitsleistungen erbringen **und** zum Betriebsinhaber in einem Arbeitsverhältnis stehen. Es reicht vielmehr aus, wenn jemand in den Betrieb **eingegliedert** ist, um zusammen mit den im Betrieb schon beschäftigten AN den arbeitstechnischen Zweck des Betriebs durch **weisungsgebundene Tätigkeit** zu verwirklichen.[31] Es genügt somit die Begründung eines **kraft Eingliederung** in die Arbeitsorganisation des Beschäftigungsbetriebs **zustande gekommenen Arbeitsverhältnisses,** bei dem die Leitungsmacht bezüglich des Einsatzes der abhängigen Arbeitskraft durch den AG des Betriebs ausgeübt wird (zur Problematik des betriebsverfassungsrechtlichen AN-Begriffs vgl. umfassend § 5 Rn. 7 ff.). Es muss dabei berücksichtigt werden, dass der BR auch bei AN, die zwar keinen Arbeitsvertrag zu dem AG des Beschäftigungsbetriebs haben, aber gleichwohl weisungsunterworfen in die Arbeitsorganisation dieses Betriebs eingegliedert sind, Beteiligungsrechte wahrnimmt, die zu einer Realisierung der **betriebsverfassungsrechtlichen Schutzfunktion** führen. Das ist beispielsweise bei der Überwachung der Einhaltung der zu Gunsten von AN geltenden Vorschriften (§ 80 Abs. 1 Nr. 1), Fragen der Arbeitszeit (§ 87 Abs. 1 Nr. 2, 3), bei Sozialeinrichtungen (§ 87 Abs. 1 Nr. 8) und bei Versetzungen (§§ 99 ff.) der Fall. Nur so kann dem Normzweck, wie er § 9 zu Grunde liegt, Rechnung getragen werden. 12

21 *LAG Hamm,* a. a. O.
22 *BAG* vom 12.11.08 – 7 ABR 73/07.
23 *LAG Düsseldorf* 26.9.90, DB 91, 238.
24 *LAG Hamm* a. a. O.; *LAG Baden-Württemberg* 16.6.87, LAGE § 111 BetrVG 1972 Nr. 6; *Lipke,* NZA 90, 759 [760]; *Löwisch,* RdA 84, 197 [206]; Richardi-*Thüsing,* Rn. 12.
25 *BAG* 15.3.06 – 7 ABR 30/05.
26 15.3.06, a. a. O.
27 So auch *Fitting,* § 9 Rn. 18; a. A. *LAG Düsseldorf* 26.7.00, NZA-RR 01, 308.
28 *Fitting,* Rn. 4; GK-*Kreutz/Jacobs,* Rn. 11.
29 Enger offensichtlich *BAG* 16.11.04, 1 AZR 642/03, bei reinen Kampagnebetrieben, die überhaupt nur während eines Teils des Jahres arbeiten. **Bau-AN,** die zu einer **ARGE** abgeordnet sind, zählen in diesem Einsatzbetrieb mit, sofern sie regelmäßig beschäftigt werden, *Fitting,* Rn. 21 m. w. N.
30 *BAG* 13.10.04, NZA 05, 707.
31 So zutreffend *BAG* 15.4.86, AP Nr. 35 zu § 99 BetrVG 1972; *BAG* 1.8.89 – 1 ABR 54/88.

13 Das Prinzip, in den Betrieb eingegliederte Beschäftigte, deren Tätigkeit dem **Betriebszweck** dient, bei der zahlenmäßigen Größe des BR im Rahmen des § 9 auch dann zu berücksichtigen, wenn sie nicht in einem Arbeitsverhältnis zum Beschäftigungs-AG stehen, hat auch und gerade für die **AN nach § 7 Satz 2** zu gelten. Sie vollziehen ihre Tätigkeit innerhalb der Arbeits- und Betriebsorganisation des Beschäftigungsbetriebes und unterliegen insoweit dem Weisungsrecht des Beschäftigungs-AG. Diese AN haben unter der Voraussetzung einer (voraussichtlich) dreimonatigen Beschäftigungsdauer sogar das **aktive Wahlrecht** zum BR. Auch insoweit sind sie den AN nach § 5 Abs. 1 gleichgestellt. Durch die Ausübung des Wahlrechts legitimieren sie den BR des Entleiherbetriebes bei der BR-Wahl zur Wahrnehmung ihrer betrieblichen Interessen gegenüber dem Entleiher als dem Beschäftigungs-AG.

14 Der **Normzweck** des § 9 verlangt daher die Berücksichtigung der AN nach § 7 Satz 2 bei der Feststellung der BR-Größe, sofern die Beschäftigung solcher AN regelmäßig erfolgt. Das gilt nicht nur, aber auch für **Leih-AN,** die nach dem AÜG dem Entleiher zur Arbeitsleistung überlassen werden. Bei dieser Personengruppe, die in der Praxis ohnehin die **größte Beschäftigtengruppe** der AN nach § 7 Satz 2 in den Betrieben darstellen dürfte, wird dieser Normzweck sogar besonders deutlich, und zwar vor dem Hintergrund der betriebsverfassungsrechtlichen Bestimmungen, die bei ihrer Tätigkeit im Beschäftigungsbetrieb anzuwenden sind. So hat das AÜG eine Reihe von Bestimmungen des Betriebsverfassungsrechts ausdrücklich auf Leih-AN während ihrer Beschäftigung im Entleiherbetrieb als anwendbar erklärt (vgl. § 14 Abs. 2 Satz 2 und 3, Abs. 3 AÜG). Es kommt hinzu, dass diese Regelungen nach der Rspr. des *BAG* noch nicht einmal abschließend sind. Das *BAG* hat festgestellt, dass die **Schutzfunktion** des Betriebsverfassungsgesetzes auch im **Entleiherbetrieb** für die Leih-AN Geltung haben muss. Dementsprechend hat es entschieden, dass die Zuständigkeit des BR des Entleiherbetriebes die der **Entscheidungsmacht** des Entleihers unterliegenden beteiligungspflichtigen Angelegenheiten auch hinsichtlich der Leih-AN umfasst.[32] Das *BAG* führt beispielhaft das Regelungsproblem der Festsetzung von **Überstunden** im Entleiherbetrieb an, die über die zwischen Leih-AN und Verleiher vertraglich vereinbarte Arbeitszeit hinausgehen. Grundsätzlich bezieht sich diese Rspr. auf alle Beteiligungsrechte des BR im Entleiherbetrieb, von denen auch die Leih-AN betroffen sind, insbesondere aber auf soziale und personelle Angelegenheiten.[33]

15 Der anerkannte und nicht zu bestreitende **Schutzzweck** des Betriebsverfassungsrechts auch gegenüber den Leih-AN im Entleiherbetrieb, aber auch die durch die Eingliederung und das Wahlrecht erfolgte weitgehende Gleichstellung mit den AN nach § 5 Abs. 1, erfordert ihre Berücksichtigung bei den **Handlungs- und Arbeitsgrundlagen** des BR. Das gilt erst recht für die Festlegung der zahlenmäßigen Größe des BR nach § 9. Nur so kann der BR die ihm durch Gesetz und Rspr. auferlegten **Pflichten und Rechte** auch gegenüber dieser Beschäftigtengruppe erfüllen[34] und einer Erosion der Stammbelegschaft und den damit verbundenen negativen betriebsverfassungsrechtlichen Auswirkungen – auch auf die zahlenmäßige Größe des BR – begegnet werden.[35] Für AN-Überlassung z. B. im Rahmen eines Gestellungsvertrages hat das BAG bereits anerkannt, dass mit einer größeren Belegschaft auch mehr Arbeit auf die Betriebsräte zukommt und dies bei der BR-Größe berücksichtigt werden muss.[36]

16 Es ist daher sehr begrüßenswert, dass das BAG in seinen beiden Entscheidungen[37] vom 12.9.12 und 13.3.13 unter Aufgabe seiner bisherigen Rechtsprechung Leih-AN bei der Größe des BR grundsätzlich berücksichtigt und damit dem **Normzweck des § 9** wieder umfassende Geltung verschafft. Es trifft allerdings zu, dass es in der Literatur nach wie vor stark umstritten ist, ob Leih-AN bei der Feststellung der Zahl der BR-Mitglieder nach § 9 mit zählen.[38] Auch in der

32 *BAG* 19.6.01, AuR 01, 271.
33 Bereits die Übernahme des Leih-AN zur Arbeitsleistung im Entleiherbetrieb ist eine »Einstellung« im Sinne des § 99 Abs. 1.
34 So zutreffend *ArbG Frankfurt/Main* 22.5.02, AuR 03, 190.
35 Vgl. BT-Drucks. 14/5741 S. 27 f., 36; *Däubler,* AiB 01, 684, 687; *Fitting,* Rn. 4 m. w. N.
36 *BAG* 15.12.11, 7 ABR 65/10, das die Anwednung dieser Grundsätze auf Leih-AN jedoch bewusst offen lässt.
37 *BAG* vom 12.9.12 – 7 ABR 37/11 und BAG vom 13.3.13 – 7 ABR 69/11
38 Verneinend etwa *Hanau,* RdA 2001, 65; *Löwisch,* BB 2001, 1734, 1737; *Maschmann,* DB 2001, 2446,

Rspr. der Instanzgerichte war die Frage umstritten.[39] Dieser Auffassung ist neben der Verkennung des Normzweckes des § 9 auch der Bericht des Arbeits- und Sozialausschusses an das Plenum des BT entgegen zu halten.[40] In diesem Bericht wird referiert, der Vertreter der Bundesregierung habe auf Befragen ausgeführt, der Personenkreis des § 7 Satz 2 besitze das aktive Wahlrecht und sei »folglich« bei den Arbeitnehmergrenzzahlen z. B. im Rahmen der §§ 9 und 38 zu berücksichtigen.[41] Nach der geänderten Rechtsprechung des BAG ist dabei eine stellen- und keine personenbezogene Betrachtung vorzunehmen, allerdings unter Aufgabe der »Zwei-Komponenten-Lehre« nur für drittbezogenen Personaleinsatz[42].

Nach dieser Änderung sind nicht nur Leih-AN nach dem AÜG, sondern auch die weiteren AN, **17**
die dem **Beschäftigungsbetrieb** von einem anderen AG i. S. d. § 7 Satz 2 überlassen worden sind, bei der Ermittlung der BR-Größe nach § 9 mitzuzählen. Das können etwa Leih-AN **außerhalb** der gewerbsmäßigen Arbeitnehmerüberlassung sein, z. B. vorübergehend Beschäftigte aus anderen UN eines Konzerns, die im Wege der sog. Konzernleihe im Betrieb tätig werden.[43] Selbst Beschäftigte, die im Rahmen eines **Fremdfirmeneinsatzes** tätig werden, können u. U. bei § 9 mitzählen. Das kann der Fall sein, wenn sie an sich im Auftrag ihres Vertragsarbeitgebers zur Abwicklung von **Werkaufträgen** auf dem Betriebsgelände tätig werden, dann aber, aus welchen Gründen auch immer, vorübergehend in die betrieblichen Arbeitsabläufe integriert werden und somit wie andere AN auch dem **Betriebszweck** dienen und dem Weisungsrecht des Beschäftigungs-AG unterliegen.[44]

Es kommt für die Berücksichtigung der AN nach § 7 Satz 2 bei der BR-Größe nach § 9 nicht **18**
einmal auf die **Wahlberechtigung** an, die nach § 7 Satz 2 bei einer (vorgesehenen) Beschäftigungsdauer von mehr als drei Monaten erworben wird. Mit der Bestimmung des § 7 Satz 2 soll die **Betriebszugehörigkeit** solcher AN anerkannt werden, die in keinem Arbeitsverhältnis zum Betriebsinhaber als AG stehen.[45] Die Wahlberechtigung haben sie zwar nur, wenn sie (voraussichtlich) länger als drei Monate zur Arbeitsleistung überlassen werden. Jedoch kann für die Frage der Betriebszugehörigkeit letztlich nicht der **tatsächliche** oder auch nur der **geplante Ablauf** der Beschäftigungsdauer ausschlaggebend sein. Entscheidend ist vielmehr die Eingliederung in die Betriebs- und Arbeitsorganisation des Beschäftigungsbetriebes. Außerdem ist festzustellen: Der Wegfall des Erfordernisses der Wahlberechtigung ab bestimmter Schwellenwerte bei § 9 und das alleinige Abstellen auf die Eigenschaft als AN (ab 101 AN) trägt der Tatsache Rechnung, dass der **Arbeitsanfall** für den BR in größeren Betrieben erheblich anwächst und sich nicht nur aus der Zahl der wahlberechtigten AN ergibt. Gerade in größeren Betrieben sind nicht wenige AN tätig, die das Wahlrecht (noch) nicht besitzen. Auch das zeigt, dass der Normzweck des § 9 darin liegt, die in den Beschäftigungsbetrieb eingegliederten AN bei der zahlenmäßigen Größe des BR ab einer bestimmten Betriebsgröße **ohne Rücksicht** darauf mitzuzählen, ob sie wahlberechtigt sind oder nicht.[46]

2448; *Schiefer/Korte*, NZA 2002, 57, 59; bejahend etwa: *Däubler*, AuR 01, 1 [4]; *Reichold*, NZA 2001, 857, [861]; *Fitting*, § 9 Rn. 5; zum Teil wird die Berücksichtigung bei § 9 nur bejaht, wenn es um Betriebe mit nicht mehr als 100 AN geht; vgl. dazu die Hinweise bei der zit. Rspr.

39 Verneinend etwa *LAG Hamm* 19.1.03 – 13 Ta BV 90/02; *LAG Schleswig-Holstein* v. 2.7.09 – 4 TaBV 7/09; bejahend etwa *LAG Schleswig-Holstein* 24.5.07 – 1 TaBV 64/06; *LAG Hamburg* 3.9.07 – 8 TaBV 17/06; *LAG Düsseldorf* 31.10.02, DB 03, 292; *ArbG Frankfurt* 22.5.02, AuR 03, 190; teilweise unter Hinweis auf die Fassung des § 7 Satz 2 »wahlberechtigte AN« und daraus ableitend eine Beschränkung auf Betriebe mit in der Regel nicht mehr als 100 wahlberechtigten AN; vgl. auch die Nachw. bei *Ratayczak*, AiB 03, 278.

40 BT-Drucks. 14/6352, S. 54.

41 Vgl. dazu *Däubler*, AuR 03, 190, 191, vgl. auch *Dörner*, Festschrift für Wissmann, 292 f., vgl. zur Kritik weiterhin § 5 Rn. 78 a.

42 *BAG* vom 13.3.13 – 7 ABR 69/11, Satz 21.

43 Nach der Rechtsprechungsänderung zum drittbezogenen Personaleinsatz wohl obsolet*BAG* 10.3.04, NZA 04, 1340 ff.

44 Vgl. *Däubler*, AuR 01, 286; vgl. auch *ArbG Frankfurt* 22.5.02, AuR 03, 190, das die Anrechnung nach § 9 offensichtlich dann zulassen will, wenn AN von Fremdfirmen auf Grund einer aufgespaltenen AG-Funktion zumindest teilweise dem Weisungsrecht des AG des Einsatzbetriebes unterliegen.

45 Vgl. BT-Drucks. 14/5741 S. 27 f., 36.

46 *Fitting*, Rn. 41; *Ratayczak*, AiB 97, 601 f.; a. A. *LAG Baden-Württemberg* 10.9.96, AiB 97, 599.

19 Zu beachten ist, dass es in Betrieben mit bis zu 51 AN für die Feststellung der BR-Größe auf die Anzahl der **wahlberechtigten AN** ankommt. Daher kann es auch bei Betrieben unter 51 Beschäftigten nicht auf die individuelle Wahlberechtigung des einzelnen Stelleninhabers ankommen, sondern nur auf die Frage, ob ein »Dauerarbeitsplatz« vorhanden ist, mithin die Anzahl der regelmäßig beschäftigten AN. Daher zählen in solchen Betrieben Leih-AN auch dann mit, wenn sie die für die Erlangung des aktiven Wahlrechts erforderliche Beschäftigungsdauer nach § 7 Satz 2 noch nicht erreicht haben. Die betroffenen Leih-AN sind allerdings dann nicht selbst wahlberechtigt, weil sie die Voraussetzungen des § 7 Satz 2 (noch) nicht erfüllen.[47] Bei der Größe des neu zu wählenden Gremiums kann der WV auf die Anzahl der in der Vergangenheit beschäftigten LeihAN Bezug nehmen. Die in der Vergangenheit eingesetzte Anzahl der LeihAN dient als Grundlage für die Größe des BRs. Hat ein AG in der Vergangenheit in der Regel eine »Anzahl x« von LeihAN eingesetzt, so muss der WV in seiner Prognoseentscheidung also von der gleichen »Anzahl x« für die Zukunft ausgehen. Hiervon kann nur durch konkret begründete Tatsachen abgewichen werden[48].

20 Durch die Änderung des § 5 mit dem Gesetz zur Errichtung eines Bundesaufsichtsamtes zur Flugsicherung sind alle Beamten, Soldaten und AN des öffentlichen Dienstes bei der Berechnung der Schwellenwerte in vollem Umfange zu berücksichtigen. Daher sind auch inzwischen unstreitig AN i. S. d. Gesetzes die beschäftigten **Beamten** (vgl. § 24 Abs. 2 Satz 1 PostPersRG; § 5 Rn. 111 a) in den Betrieben der privaten Post-UN **Deutsche Post AG, Deutsche Postbank AG** und **Deutsche Telekom AG.** Sie sind bei der Ermittlung der Zahl der BR-Mitglieder mitzuzählen; Entsprechendes gilt für die bei der **DB AG** beschäftigten Beamten[49] ebenso wie AN, die im Rahmen eines **Gestellungsvertrages**[50] tätig werden. Das gilt sowohl für die ersten Stufen des § 9, bei denen es auf die Wahlberechtigung ankommt, als auch bei den Stufen, bei denen ohne Rücksicht auf die Wahlberechtigung die AN-Eigenschaft ausschlaggebend ist (vgl. Rn. 2; vgl. auch § 7 Rn. 9).

21 Sog. Echte **UN-Arbeiter** (auch Fremdfirmen-AN oder Werk-AN genannt), die für ihren AG und unter dessen Leitung Arbeiten in einem fremden Betrieb ausüben, sind keine AN des fremden Betriebs und schon mangels Zugehörigkeit zu diesem Betrieb nicht bei der Zahl der zu wählenden Mitglieder des BR zu berücksichtigen.[51] Auch **Strafgefangene,** die auf Grund ihres besonderen öffentlich-rechtlichen Gewaltverhältnisses in einem Privatbetrieb arbeiten, sind keine AN des Betriebs[52] und damit nicht mitzuzählen (vgl. aber auch § 7 Rn. 38).

22 Nicht erforderlich ist, dass die Beschäftigung im Betrieb selbst als der räumlichen Einheit erfolgt. Heim-AN i. S. d. § 5 Abs. 1 Satz 2 zählen daher ebenso mit wie **Tele-AN, Außendienstmitarbeiter** oder in das **Ausland entsandte Beschäftigte.** Unerheblich ist ein **ruhendes Arbeitsverhältnis.** Deshalb sind auch die Beschäftigten mitzuzählen, die im Bundesfreiwilligendienst tätig sind und bei ihrem alten AG nur für diese Zeit freigestellt sind; ebenso AN, die die Altersteilzeit in der Form des sog. Blockmodells nach § 2 Abs. 2 Nr. 1 ATG vollziehen.[53] Im **gekündigten Arbeitsverhältnis** stehende AN zählen ebenfalls mit, es sei denn, dass zum Zeitpunkt des Erlasses des Wahlausschreibens feststeht, dass der von ihnen jeweils eingenommene Arbeitsplatz auf Dauer nicht mehr besetzt wird.

23 Bei der Feststellung der für die zahlenmäßige Größe des BR maßgebenden Zahl der AN hat der WV einen **Beurteilungsspielraum,** da ein genaues Bestimmen dieser Zahl häufig nicht möglich sein wird. Dabei ist zu berücksichtigen, dass es auf die Zahl der AN am Tage des Erlasses des Wahlausschreibens allein nicht ankommt (vgl. Rn. 7 f.). Vor allem in **größeren Betrieben** und in Betrieben, die regelmäßig mit **Aushilfskräften** arbeiten oder bei denen eine **hohe Fluktuation der AN** besteht, kann es zu erheblichen Schwierigkeiten kommen.[54] In **Grenzfällen** hat daher der WV **nach pflichtgemäßem Ermessen** zu entscheiden.[55] Es gibt in Grenz-

47 A. A. *Fitting,* Rn. 39
48 *LAG Rheinland-Pfalz* 6.3.15 – 1 TaBV 23/14
49 Vgl. § 19 Abs. 1 DBGrG; *Engels/Müller/Mauß,* DB 94, 473.
50 *LAG Berlin-Brandenburg* v. 16.2.11 – 15 TaBV 2347/10.
51 Vgl. *BAG* 18.1.89, AP Nr. 1 zu § 9 BetrVG 1972; *LAG Berlin* 1.2.88, DB 88, 1228.
52 *BAG* 3.10.78, AP Nr. 18 zu § 5 BetrVG 1972.
53 Vgl. § 7 Rn. 11 a; a. A. *BAG* 16.4.03, NZA 03, 1345.
54 *LAG Schleswig-Holstein* 25.3.03, NZA 04, 1406; vgl. auch GK-*Kreutz/Jacobs,* Rn. 9.
55 *BAG* 12.10.76, AP Nr. 1 zu § 8 BetrVG 1972; 22.1.84, AP Nr. 1 zu § 64 BetrVG 1972; *Fitting,* Rn. 11; GK-*Kreutz/Jacobs,* a. a. O.; im Ergebnis auch Richardi-*Thüsing,* Rn. 10.

fällen ohnehin nicht nur eine »richtige« Lösung, zumal es eines **Rückblicks** auf die bisherige personelle Stärke des Betriebs und einer Einschätzung der zukünftigen Entwicklung bedarf. Es reicht deshalb aus, dass die vom WV für die Zahl der BR-Mitglieder festgestellte Zahl der AN »**vertretbar**« ist.[56] Überschreitet der WV allerdings seinen Beurteilungsspielraum und legt er eine unzutreffende Zahl von BR-Mitgliedern fest, kann es zur Anfechtung der Wahl kommen, jedoch nicht zur Nichtigkeit (vgl. Rn. 27). Die vom WV festgelegte Zahl von BR-Mitgliedern bleibt auch dann bestehen, wenn sich in der Zeit zwischen dem Erlass des Wahlausschreibens und der Wahl die Zahl der AN dadurch ändert, dass hinzugekommene wahlberechtigte AN an der Wahl teilnehmen oder ausgeschiedene AN nicht mehr mitwählen.[57] Etwas anderes gilt, wenn die Zahl der regelmäßig beschäftigten AN im Zeitraum zwischen dem Erlass des Wahlausschreibens und dem Tag der Wahl **auf Dauer** unter die für die Wahl eines BR erforderliche Mindestgrenze des § 1 sinkt. Die Wahl ist dann **abzubrechen.**[58]

III. Aus einer Person bestehender Betriebsrat

In Kleinbetrieben mit in der Regel fünf bis einschließlich 20 wahlberechtigten AN ist ein BR zu wählen, der nur aus **einer Person** besteht. Dieser ist – wie auch die sonst nach dem vereinfachten Wahlverfahren (§ 14 a) gewählten BR – ein **vollwertiger BR** und hat grundsätzlich dieselben Rechte und Pflichten wie ein aus mehreren Personen bestehender BR. **24**

In bestimmten Fällen findet das Gesetz allerdings **keine Anwendung** auf UN, die in der Regel nicht mehr als 20 wahlberechtigte AN haben. Das gilt für personelle Einzelmaßnahmen (§§ 99 – 101), die Bildung eines WA (§ 106), die Unterrichtung der AN in wirtschaftlichen Angelegenheiten (§ 110) und die Mitwirkung bei Betriebsänderungen (§ 111). Der aus einer Person bestehende BR erhält aber die entsprechenden Rechte, wenn die Zahl der regelmäßig beschäftigten AN nach der Wahl über die für das Einsetzen der Rechte eines aus mehreren Personen bestehenden BR erforderliche Grenze steigt.[59] Das gilt unabhängig davon, ob die Voraussetzungen für eine Neuwahl nach § 13 Abs. 2 Nr. 1 vorliegen oder nicht. **25**

IV. Streitigkeiten

Streitigkeiten über die zahlenmäßige Größe des zu wählenden BR sind im arbeitsgerichtlichen Beschlussverfahren zu entscheiden (§§ 2 a, 80 ff. ArbGG). Bei der Zahl der »in der Regel« beschäftigten AN hat der WV einen **Beurteilungsspielraum** (vgl. Rn. 14), der auch im Wahlanfechtungsverfahren **nicht in vollem Umfang** einer gerichtlichen Überprüfung unterliegt. Es reicht aus, dass die getroffene Feststellung »vertretbar« ist.[60] Eine Anfechtung nach § 19 ist daher nur begründet, wenn der WV unter **Überschreitung seines Beurteilungsspielraums** eine unzutreffende Zahl von AN zu Grunde gelegt hat, die zu einer **anderen Zahl der BR-Mitglieder** führen würde (vgl. dazu auch § 19 Rn. 15, 37). Nur dann kann davon ausgegangen werden, dass das Wahlergebnis i. S. d. § 19 geändert oder beeinflusst werden konnte. Der in dieser falschen Zahl der zu wählenden BR-Mitglieder liegende Mangel des Wahlverfahrens kann nicht, auch nicht durch das ArbG, einfach dadurch behoben werden, dass die nach der richtigen Zahl nicht mehr zu wählenden BR-Mitglieder Ersatzmitglieder werden bzw. bei einer zu niedrig angesetzten Zahl Ersatzmitglieder entsprechend nachrücken.[61] **26**

Das Wahlverfahren, das auf die Bildung eines gesetzwidrigen oder tarifwidrigen zu großen (bzw. zu kleinen) BR abzielt, ist **in sich verfehlt.**[62] Die Festlegung einer unzutreffenden Zahl von BR-Mitgliedern kann nämlich sowohl Einfluss auf die Aufstellung der Vorschlagslisten als auch auf das Wählerverhalten selbst haben. Wird allerdings die BR-Wahl nicht angefochten, **27**

---

56 GK-*Kreutz/Jacobs*, a. a. O.
57 *Fitting*, Rn. 34.
58 *Fitting*, a. a. O.
59 *Fitting*, Rn. 36; GK-*Kreutz/Jacobs*, Rn. 17; Richardi-*Thüsing*, Rn. 23.
60 GK-*Kreutz/Jacobs*, Rn. 9.
61 Vgl. *BAG* 29.5.91, BB 91, 2308; vgl. auch § 19 Rn. 15, 37.
62 *BAG* 12.10.76, AP Nr. 1 zu § 8 BetrVG 1972.

verbleibt es für die Dauer der Amtszeit bei der **höheren Mitgliederzahl.**[63] Entsprechendes gilt, wenn irrtümlich weniger BR-Mitglieder festgelegt und gewählt wurden (zur Festlegung einer unzutreffenden Zahl von BR-Mitgliedern und einer möglichen Anfechtung vgl. auch § 19 Rn. 15, 37). Die BR-Wahl ist bei Zugrundelegung einer unrichtigen Zahl von BR-Mitgliedern in **keinem Fall als nichtig** anzusehen.[64] Nach **Ablauf der Anfechtungsfrist** (vgl. § 19 Abs. 2) kann die richtige Zusammensetzung des BR auch nicht mehr als Vorfrage in einem anderen gerichtlichen Verfahren, etwa einem Kündigungsschutzverfahren, entschieden werden.[65]

§ 10 Vertretung der Minderheitsgruppen

(aufgehoben)

§ 11 Ermäßigte Zahl der Betriebsratsmitglieder

Hat ein Betrieb nicht die ausreichende Zahl von wählbaren Arbeitnehmern, so ist die Zahl der Betriebsratsmitglieder der nächstniedrigeren Betriebsgröße zugrunde zu legen.

Inhaltsübersicht

I. Zurückgehen auf die nächstniedrigere Betriebsgröße

1 Die Bestimmung will auch dann die Bildung eines BR ermöglichen, wenn die nach dem Gesetz vorgeschriebene Mitgliederzahl (§ 9) deshalb nicht erreicht werden kann, weil im Betrieb **nicht genügend wählbare** AN beschäftigt sind. Die Vorschrift ist somit nicht anzuwenden, wenn im Betrieb (mindestens) ebenso viel wählbare AN vorhanden sind, wie BR-Mitglieder nach § 9 zu wählen sind. Ist das der Fall, bleibt ohne Bedeutung, dass nach § 6 Abs. 2 WO jeder Wahlvorschlag mindestens doppelt so viele Bewerber aufweisen soll, wie BR-Mitglieder zu wählen sind. Eine Vorschlagsliste, die nur **einen Bewerber** hat, bleibt jedoch gültig, wenn sie die übrigen Voraussetzungen für einen Wahlvorschlag erfüllt[1]. Es müssen allerdings **mindestens drei wählbare AN** vorhanden sein, da sonst der Betrieb nicht betriebsratsfähig ist.[2] Findet § 11 Anwendung, ist die Zahl der BR-Mitglieder der nächstniedrigeren Betriebsgröße zugrunde zu legen. Soweit sich für das in der Minderheit befindliche Geschlecht **nach § 15 Abs. 2** eine bestimmte Mindestanzahl von BR-Sitzen ergibt, sich aber nicht genügend Angehörige dieses Geschlechts für eine Kandidatur zur Verfügung stellen, **findet § 11 keine Anwendung.** Die BR-Sitze, die von dem Minderheitsgeschlecht aus diesem Grunde nicht besetzt werden können, gehen auf das andere Geschlecht über. Der BR erhält seine nach § 9 vorgesehene Größe, die Verteilung der Sitze regelt die WahlO.

2 Nicht zulässig ist die Festlegung einer BR-Größe **außerhalb** der Staffelung des § 9, und zwar auch dann nicht, wenn mehr wählbare AN vorhanden sein sollten, als der nächstniedrigeren BR-Größe entspricht. Die Zahl der BR-Mitglieder muss stets eine **ungerade** sein.[3]

3 Der Tag des **Wahlausschreibens** ist maßgebend für die Feststellung, ob eine ausreichende Anzahl von wählbaren AN vorhanden ist. Ist das nicht der Fall und kommt es daher zur Anwendung dieser Vorschrift, findet auch dann keine Nachwahl statt, wenn in der Zeit nach der BR-Wahl die Zahl der wählbaren AN auf die ausreichende Zahl von BR-Mitgliedern entsprechend der Staffelung des § 9 steigt.[4] Ein **Ansteigen** der AN-Zahl kann jedoch dann zur

---

63 *BAG* 14.1.72, AP Nr. 2 zu § 20 BetrVG Jugendvertreter; *Fitting*, Rn. 52; Richardi-*Thüsing*, Rn. 19; GK-*Kreutz/Jacobs*, Rn. 26, mit dem Hinweis, dies gelte nur, wenn der WV die Zahl der BR-Mitglieder irrtümlich falsch ermittelt habe.

64 *BAG* 16.04.03, AP Nr. 7 zu § 9 BetrVG 1972; *LAG Bremen* v. 24.11.09 – 1 TaBV27/08.

65 *Fitting*, Rn. 52; GK-*Kreutz/Jacobs*, Rn. 27.

1 LAG Düsseldorf vom 4.7.14 – 6 TaBV 24/14.

2 Vgl. § 1; *Fitting*, Rn. 5.

3 *BAG* 11.4.58, AP Nr. 1 zu § 6 WO; *Fitting*, Rn. 6; Richardi-*Thüsing*, Rn. 3.

4 Richardi-*Thüsing*, Rn. 5.; GK-Kreutz/Jacobs, Rn. 9; HSWGNR-*Nicolai*, Rn. 6

Neuwahl des BR führen, wenn der Anwendungsfall des § 13 Abs. 1 Nr. 1 eintritt, also mit Ablauf von 24 Monaten, vom Tage der Wahl an gerechnet, die Zahl der regelmäßig beschäftigten AN um die Hälfte, mindestens aber um fünfzig, gestiegen ist.

II. Sinngemäße Anwendung

Die Vorschrift des § 11 ist **sinngemäß anzuwenden,** wenn im Betrieb zwar genügend wählbare AN vorhanden sind, sich aber nicht eine ausreichende Zahl von ihnen als Wahlbewerber zur Verfügung stellt.[5] Es ist auch dann die Zahl der BR-Mitglieder der **nächstniedrigeren BR-Größe** zu Grunde zu legen. Sind z. B. in einem Betrieb mit 21 wahlberechtigten AN zwar genügend wählbare AN vorhanden, stellen sich aber nur einer oder zwei für eine Kandidatur zur Verfügung, ist ein BR zu wählen, der aus einer Person besteht. Sollten sich in größeren Betrieben, z. B. auf Grund einer besonderen Struktur der Belegschaft, auch nicht genügend Kandidaten für die nächstniedrigere BR-Größe finden, so ist der Vorgang zu wiederholen, bis die Wahl eines BR möglich ist. Es ist also auch ein **mehrmaliges Zurückgehen** auf die jeweils nächstniedrigere BR-Größe so lange möglich, bis die entsprechende Zahl von BR-Sitzen voll besetzt werden kann. 4

Entsprechendes gilt, wenn die eingereichten Wahlvorschläge insgesamt nicht ausreichend Wahlbewerber enthalten oder zwar genügend Wahlbewerber vorhanden sind, jedoch nach erfolgter Wahl so viele gewählte Bewerber die Wahl nicht annehmen, dass die nach § 9 erforderliche Zahl von BR-Mitgliedern nicht erreicht wird. Auch in solchen Fällen ist § 11 sinngemäß anzuwenden.[6]

In den Fällen einer sinngemäßen Anwendung von § 11 bedarf es keiner **Nachfristsetzung** durch den WV zur Einreichung von gültigen oder weiteren gültigen Wahlvorschlägen[7].

Die Bestimmung des § 11 ist nicht entsprechend anzuwenden, wenn **nach der Wahl** der Fall des § 13 Abs. 2 Nr. 2 in der Weise eintritt, dass das noch vorhandene einzige Ersatzmitglied sich weigert, in den BR nachzurücken, und dadurch nicht mehr die nach § 9 notwendige Zahl von BR-Mitgliedern erreicht wird. Es ist dann nicht von der Zahl der BR-Mitglieder der nächstniedrigeren Betriebsgröße auszugehen.[8] Der BR ist vielmehr **neu zu wählen.** 5

Eine weitere Schwierigkeit in diesem Zusammenhang ist die Anwendung des § 15 Abs. 2. Sollten rein zahlenmäßig nicht genügend Kandidaten für das Amt des Betriebsrates zur Verfügung stehen, ist das Geschlecht der Kandidaten unerheblich, weil alle Kandidaten auch das Amt eines Betriebsrates übernehmen. Sollten jedoch nicht genügend Kandidaten eines Geschlechtes – gleich ob das Minderheitsgeschlecht oder nicht – so ist die Anzahl der BR-Mitglieder nicht nach dieser Vorschrift zu reduzieren[9].

§ 12 Abweichende Verteilung der Betriebsratssitze (aufgehoben)

§ 13 Zeitpunkt der Betriebsratswahlen

(1) Die regelmäßigen Betriebsratswahlen finden alle vier Jahre in der Zeit vom 1. März bis 31. Mai statt. Sie sind zeitgleich mit den regelmäßigen Wahlen nach § 5 Abs. 1 des Sprecherausschussgesetzes einzuleiten.

(2) Außerhalb dieser Zeit ist der Betriebsrat zu wählen, wenn

1. **mit Ablauf von 24 Monaten, vom Tage der Wahl an gerechnet, die Zahl der regelmäßig beschäftigten Arbeitnehmer um die Hälfte, mindestens aber um fünfzig, gestiegen oder gesunken ist,**

---

5 *BAG* 11.4.58, AP Nr. 1 zu § 6 WO; *Fitting*, Rn. 8; Richardi-*Thüsing*, Rn. 6.
6 Vgl. *Fitting*, Rn. 9; a. A. GK-*Kreutz/Jacobs*, Rn. 11.
7 *LAG Düsseldorf* 4.7.14 – 6 TaBV 24/14, ebenso *ArbG Essen* 4.2.14 – 2 BV 69/13.
8 Vgl. hierzu *LAG Schleswig-Holstein* 7.9.88, DB 89, 284.
9 *Fitting*, Rn. 10

2. die Gesamtzahl der Betriebsratsmitglieder nach Eintreten sämtlicher Ersatzmitglieder unter die vorgeschriebene Zahl der Betriebsratsmitglieder gesunken ist,
3. der Betriebsrat mit der Mehrheit seiner Mitglieder seinen Rücktritt beschlossen hat,
4. die Betriebsratswahl mit Erfolg angefochten worden ist,
5. der Betriebsrat durch eine gerichtliche Entscheidung aufgelöst ist oder
6. im Betrieb ein Betriebsrat nicht besteht.

(3) Hat außerhalb des für die regelmäßigen Betriebsratswahlen festgelegten Zeitraums eine Betriebsratswahl stattgefunden, so ist der Betriebsrat in dem auf die Wahl folgenden nächsten Zeitraum der regelmäßigen Betriebsratswahlen neu zu wählen. Hat die Amtszeit des Betriebsrats zu Beginn des für die regelmäßigen Betriebsratswahlen festgelegten Zeitraums noch nicht ein Jahr betragen, so ist der Betriebsrat in dem übernächsten Zeitraum der regelmäßigen Betriebsratswahlen neu zu wählen.

Inhaltsübersicht

I. Vorbemerkungen

1 Die Bestimmung regelt den **Zeitpunkt der BR-Wahlen.** In Abs. 1 wird für die Durchführung der regelmäßigen BR-Wahlen ein fester **4-Jahres-Rhythmus** vorgesehen. Dieser 4-Jahres-Rhythmus gilt ab den BR-Wahlen 1990 (vorher bestand ein 3-Jahres-Rhythmus), so dass die erste regelmäßige Amtszeit in diesem Rhythmus 1994 abgelaufen war und die weiteren Wahlen 2014, 2018 usw. stattfinden, und zwar jeweils in dem Zeitraum vom 1. März bis 31. Mai. Der konkrete Beginn und das Ende der Amtszeit des BR innerhalb dieses Zeitraumes werden durch § 21 geregelt. Werden innerhalb des **regelmäßigen Wahlzeitraumes** zugleich **Wahlen nach dem SprAuG** durchgeführt, sind beide Wahlen zeitgleich einzuleiten. Die zeitgleiche Einleitung hat den Sinn, dass zwischen dem WV, der die BR-Wahlen durchführt, und dem WV, der für die Durchführung der SpA-Wahl zuständig ist, das **Zuordnungsverfahren nach § 18 a** für die Abgrenzung des Personenkreises erfolgt (zur Einleitung und zu den Einzelheiten des Zuordnungsverfahrens vgl. § 18 a und die dort. Erl.). Nur die Einleitung der Wahlen hat zeitgleich zu erfolgen. Es besteht dagegen keine Verpflichtung, die Bestellung der WV für die BR-Wahl und die SpA-Wahl zu koordinieren und das weitere Verfahren der Wahl des BR und des SpA aufeinander abzustimmen. Es ist deshalb auch nicht erforderlich, beide Wahlen zum selben Zeitpunkt durchzuführen.[1]

2 Abs. 2 regelt die Fälle, in denen **außerhalb des regelmäßigen Wahlzeitraums** aus den genannten Gründen BR-Wahlen stattfinden (zur Weiterführung der Geschäfte des BR in den Fällen des Abs. 2 Nrn. 1 – 3 bis zur Neuwahl des BR vgl. § 22). Die angeführten Fälle gelten grundsätzlich auch für BR, die nach § 14 a (vereinfachtes Wahlverfahren für Kleinbetriebe) gebildet worden sind. Findet nach Abs. 2 außerhalb des regelmäßigen Wahlzeitraums eine BR-Wahl statt, soll durch Abs. 3 erreicht werden, dass der **zwischen zwei Wahlzeiträumen** gewählte BR entweder im nächsten regelmäßigen Wahlzeitraum, spätestens aber im übernächsten regelmäßigen Wahlzeitraum neu gewählt wird, damit der Anschluss an die Wahlzeiträume der regelmäßigen BR-Wahlen erfolgt.

---

1 *Fitting*, Rn. 13; vgl. auch GK-*Kreutz/Jacobs*, Rn. 26, der die Vorschrift des Abs. 1 Satz 2 als eine unvollkommene Vorschrift schon deshalb ansieht, weil die Verpflichtung zur zeitgleichen Einleitung der Wahlen nicht durchsetzbar ist und ihre Nichtbefolgung sanktionslos bleibt.

II. Regelmäßige Betriebsratswahlen

3 BR-Wahlen finden grundsätzlich alle **vier Jahre** innerhalb des in der Vorschrift festgelegten Zeitraums vom **1. März bis 31. Mai** statt. In bestimmten Ausnahmefällen ist der BR außerhalb des Wahlzeitraums zu wählen (vgl. Rn. 7 ff.). Maßgebend für den konkreten Zeitpunkt der Wahl innerhalb des Wahlzeitraums ist der **Ablauf der ordentlichen Amtsperiode** des vorherigen BR. Von diesem Zeitpunkt aus bestimmt sich die Einleitung der Wahl. Zur Vermeidung einer betriebsratslosen Zeit sollte die Neuwahl aber so rechtzeitig eingeleitet werden, dass sie **vor dem Ablauf** der Amtszeit des bisherigen BR liegt.

4 Der neu gewählte BR tritt sein Amt erst dann an, wenn die **Amtszeit des bisherigen BR abgelaufen** ist (vgl. § 21 Rn. 10). Im Hinblick auf die rechtzeitige Einleitung der Wahl ist zu beachten, dass nach den am 1.1.1989 in Kraft getretenen geänderten Wahlvorschriften der WV nicht mehr (spätestens) acht Wochen vor Ablauf der Amtszeit des bisherigen BR zu bestellen ist, sondern (spätestens) **zehn Wochen** davor (vgl. § 16 Abs. 1 Satz 1).

5 Regelmäßig treten Schwierigkeiten bei der Bestimmung des Wahltages in den Betrieben auf, die ihren Wahltag, gleich aus welchem Grund, in Nähe des Beginns des regelmäßigen Wahlzeitraumes haben. Dies engt den Handlungsspielraum im neuen Wahlzeitraum derart ein, dass nicht der günstigste Zeitpunkt mit der Anwesenheit der meisten wahlberechtigten AN gewählt werden kann.[2] Ob in solchen Betrieben per BV ein Übergangsmandat des alten BR bis zur Neuwahl für einen kurzen Zeitraum analog zu § 22 eingerichtet werden kann ist in Literatur und Rechtsprechung umstritten.[3] Es spricht jedoch einiges dafür, dass für einen kurzen Zeitraum von 2 – 3 Wochen den Betriebsparteien zugetraut werden kann, dass sie eine solche Möglichkeit nicht ausnutzen und gemeinsam selbst beurteilen können, ob dieses der Demokratie im Betrieb zumutbar oder gar auf Grund der höheren Wahlbeteiligung besser für diese ist. Ein Überschreiten des regelmäßigen Wahlzeitraums ist jedoch nicht möglich, weil die Amtszeit des alten BR spätestens am 31.5.2013 endet.[4]

6 Die **Einleitung** der Wahl kann und wird in der Regel bereits **vor dem 1. März** liegen. Das gilt erst recht für wahlvorbereitende Maßnahmen. Die **Wahlhandlung selbst** (Wahltag) darf jedoch erst am 1. März oder später erfolgen. Ist es nicht möglich gewesen, die Wahl bis zum 31. Mai durchzuführen, kann sie zu jedem späteren Zeitpunkt nachgeholt werden. Es liegt dann ein Fall des Abs. 2 Nr. 6 vor (vgl. Rn. 29). Allerdings wird es vermutlich zu einer betriebsratslosen Zeit kommen, weil die Amtszeit des alten BR nach vier Jahren endet; spätestens jedoch zum 31.05.

III. Wahlen außerhalb des regelmäßigen Wahlzeitraums

7 Es wird **erschöpfend** aufgezählt, in welchen Fällen es außerhalb des regelmäßigen Wahlzeitraums zu einer BR-Wahl kommen darf. Die Wahlvorschriften finden auch auf diese Fälle Anwendung. Es ist jedoch zu beachten, dass in den Fällen der Nrn. 4 und 5 (erfolgreiche Anfechtung der BR-Wahl bzw. Auflösung des BR durch rechtskräftige gerichtliche Entscheidung) eine Bestellung des WV durch den BR nicht in Betracht kommt. In dem Fall der Nr. 4 hat die Bestellung des WV nach § 17 (betriebsratsloser Betrieb) zu erfolgen, in dem Fall der Nr. 5 durch das Arbeitsgericht nach § 23 Abs. 2. In dem Fall der Nr. 3 wird der WV vom geschäftsführenden BR bestellt (§ 22). Wird eine BR-Wahl außerhalb des regelmäßigen Wahlzeitraums durchgeführt und liegt keiner der Sonderfälle des Abs. 2 vor, ist sie nichtig.[5]

2 Besondere Schwierigkeiten bereiten hier Feiertage wie Ostern, aber auch Karneval, der häufig Anfang März liegt und diese Tage für den Wahltag für den Wahlvorstand als ungeeignet erscheinen lassen, weil die meisten AN in Urlaub sind.

3 Dafür *LAG Düsseldorf* vom 17.5.02 – 18 TaBV 26/02; dagegen *LAG Hamm* vom 24.3.10 – 10 TaBVGa 7/10; vgl. auch § 22, Rn. 6, 7 mit Bevorzugung einer tarifliche Lösung, a. A. *Fitting*, Rn. 3; GK-*Kreutz/Jacobs* zu § 22, Rn. 21

4 *Fitting*, Rn. 1

5 *Fitting*, Rn. 20; GK-*Kreutz/Jacobs*, Rn. 14; Richardi-*Thüsing*, Rn. 15; vgl. auch *ArbG Regensburg* 20.9.89, BB 90, 852.

1. Veränderung der Belegschaftsstärke

8 Die für eine Neuwahl des BR erforderliche Veränderung der Beschäftigtenzahl muss am Stichtag, also **24 Monate** nach dem Tag der Wahl des BR, gegeben sein. Frühere oder spätere Veränderungen sind unbeachtlich. Hat sich die Wahl über mehrere Tage hingezogen, ist vom **letzten Wahltag** auszugehen. Auf den Wahltag kommt es auch dann an, wenn das Amt des BR erst später begonnen hat, weil der bisherige BR noch im Amt war. Für die **Fristberechnung** gelten § 187 Abs. 1, § 188 Abs. 2 BGB. Der (letzte) Wahltag wird danach nicht mitgerechnet. Die Frist läuft mit dem Tag ab, der seiner Zahl nach dem Wahltag entspricht. Hat somit die Wahl am 31. März stattgefunden, läuft die Frist mit dem 31. März des übernächsten Jahres ab. Der maßgebende Stichtag ist der 1. April.

9 Es muss ein Ansteigen oder Sinken der Zahl der regelmäßig beschäftigten AN um wenigstens die Hälfte erfolgt sein, mindestens aber um 50. **Beide Voraussetzungen** müssen vorliegen.[6] Hat z. B. die Zahl der regelmäßig beschäftigten AN am Wahltag 98 betragen und ist am Stichtag eine Erhöhung um 49 auf insgesamt 147 AN festzustellen, kommt es gleichwohl nicht zur Neuwahl, weil nicht mindestens 50 AN erreicht werden.

10 Entscheidend ist die Zahl der **regelmäßig** beschäftigten AN, nicht die Zahl der wahlberechtigten AN. Außer Betracht bleiben AN, die nur kurzfristig beschäftigt werden, beispielsweise anlässlich von Schlussverkäufen im Einzelhandel.

11 Nur eine Veränderung der Zahl der AN findet Berücksichtigung. Auf eine Veränderung in der **Zusammensetzung der Belegschaft** kommt es nicht an.[7] Es findet daher auch keine Neuwahl statt, wenn sich das zahlenmäßige Verhältnis der Geschlechter in einem Umfang verändert, dass an sich eine Erhöhung der Mindestanzahl der BR-Sitze für das Minderheitsgeschlecht nach § 15 Abs. 2 erforderlich wäre.

12 Es ist ohne Bedeutung, ob die Neuwahl zu einer Veränderung der **BR-Größe** führt.[8] Betrug z. B. die Zahl der regelmäßig beschäftigten AN am Wahltag 410 und sind in den ersten 24 Monaten 205 AN hinzugekommen, so dass am Stichtag 615 AN vorhanden sind, kommt es zur Neuwahl, obwohl der BR nach wie vor aus 11 Mitgliedern besteht (vgl. § 9).

13 Liegen die Voraussetzungen zur Neuwahl des BR vor, weil die Belegschaftszahlen entsprechend gestiegen oder gesunken sind, ist die Regelung des Abs. 2 Nr. 1 auch dann anzuwenden, wenn der BR, um dessen Neuwahl es geht, **außerhalb des letzten regelmäßigen Wahlzeitraumes** gewählt wurde. Sinn der Regelung des § 13 Abs. 2 Nr. 1 ist es, bei einer derart drastischen Veränderung der Belegschaftsgröße den BR an die neue Belegschaft anzupassen und ihn erneut zu legitimieren.[9] Es ist somit keineswegs zwingend, dass der mit Ablauf von 24 Monaten eintretende Stichtag immer in der Mitte einer vierjährigen Amtszeit liegen muss.[10] Die Neuwahl eines BR nach Abs. 2 Nr. 1 ist während einer Amtszeit grundsätzlich nur einmal möglich. Eine Ausnahme kann dann gegeben sein, wenn ein **außerhalb des regelmäßigen Wahlzeitraumes** gewählter BR eine längere Amtszeit als vier Jahre hat (vgl. Abs. 3 Satz 2). Eine vorzeitige Neuwahl wegen veränderter Belegschaftsstärke kann sich dann u. U. zweimal ergeben.[11]

14 Kommt es wegen der Veränderung der Belegschaftsstärke zu einer Neuwahl, bleibt der bestehende BR **bis zur Wahl des neuen BR** mit allen Rechten und Pflichten im Amt (§ 21 Satz 5). Er hat unverzüglich den WV für die Einleitung und Durchführung der Neuwahl des BR zu bestellen. In der Nichtbestellung kann eine grobe Pflichtverletzung i. S. d. § 23 Abs. 1 vorliegen, es sei denn, dass zwingende Gründe einer sofortigen Bestellung des WV entgegenstehen.[12] Es kommt, wenn der BR die Bestellung des WV nicht vornimmt, obwohl keine zwingenden

---

6 *Fitting*, Rn. 29.
7 *Fitting*, Rn. 28; Richardi-*Thüsing*, Rn. 22.
8 *Fitting*, Rn. 30; Richardi-*Thüsing*, Rn. 25.
9 *Schneider*, AiB 93, 34.
10 Vgl. auch *Fitting*, Rn. 26, die darauf hinweisen, dass »im Regelfall« der Stichtag in der Mitte der vierjährigen Amtszeit des BR liegt und dies in den Fällen nicht gilt, in denen der BR außerhalb des regelmäßigen Wahlzeitraumes gewählt worden ist.
11 *Fitting*, Rn. 31; GK-*Kreutz/Jacobs*, Rn. 47; a. A. *GL*, Rn. 8;
12 *Fitting*, Rn. 32.

Gründe gegeben sind, die Bestellung durch das ArbG in entsprechender Anwendung des § 16 Abs. 2 oder durch den GBR bzw. KBR (§ 16 Abs. 3) in Betracht.

2. Sinken der Zahl der Betriebsratsmitglieder

Sinkt die Zahl der BR-Mitglieder unter die im Wahlausschreiben nach § 9 vorgesehene Zahl der BR-Mitglieder und kann diese auch durch **sämtliche Ersatzmitglieder** nicht wieder erreicht werden, so hat der BR einen Wahlvorstand einzusetzen. Sollte dies nicht geschehen, so liegt darin eine Verletzung der gesetzlichen Pflichten nach § 23. In welchem Zeitrahmen der BR einen Wahlvorstand eingesetzt haben muss, kann nach den Umständen des Einzelfalles variieren. Der »**Rumpf-BR**« führt die Geschäfte weiter; im Zweifel bis zum Ende der regelmäßigen Amtsperiode, wenn nicht vorher ein BR neu gewählt worden ist (zum Nachrücken von Ersatzmitgliedern vgl. im Übrigen § 25 Rn. 26 ff.). 15

Soweit das Gesetz von der »vorgeschriebenen Zahl der BR-Mitglieder« spricht, meint es die sich an der Belegschaftszahl orientierende Größe des BR nach § 9. Diese Zahl ergibt sich aus dem **Wahlausschreiben.** Ist irrtümlich eine zu hohe oder zu geringe Zahl von BR-Mitgliedern im Wahlausschreiben angegeben und danach gewählt worden, ist sie – wenn die Wahl nicht angefochten wurde – maßgebend.[13] 16

Eine Neuwahl erfolgt nicht, wenn nach Einrücken aller Ersatzmitglieder des Minderheitengeschlechts die nach § 15 Abs. 2 erforderliche Mindestanzahl nicht mehr erreicht wird. Die dann fehlenden BR-Sitze werden von Ersatzmitgliedern des Mehrheitsgeschlechts besetzt. Der Rücktritt **sämtlicher Mitglieder** des Minderheitengeschlechts führt daher ebenso wenig zur Neuwahl des BR wie der Rücktritt sämtlicher BR-Mitgl. einer Liste, sofern noch Ersatzmitglieder des anderen Geschlechts bzw. anderer Listen vorhanden sind.[14] 17

3. Rücktritt des Betriebsrats

Der Rücktritt des BR durch Mehrheitsbeschluss kann **jederzeit** erfolgen. Auf die Gründe für den Rücktritt kommt es dabei nicht an.[15] Rücktrittsbeschlüsse des BR können vom ArbG grundsätzlich nicht inhaltlich, insbes. nicht im Hinblick auf die Gründe, überprüft werden.[16] 18

Der Beschluss bedarf der Zustimmung der **Mehrheit aller Mitglieder** des BR ohne Rücksicht darauf, wie viele BR-Mitglieder in der Sitzung anwesend sind.[17] 19

Wenn die Mehrheit des BR den Rücktritt beschlossen hat, wirkt dieser Beschluss auch **gegen** die überstimmten Mitglieder. Da das Amt des BR erlischt, rücken **keine Ersatzmitglieder** nach. Zu beachten ist jedoch, dass der zurückgetretene BR **geschäftsführend im Amt** bleibt (vgl. Rn. 21). Kommt es in der Zeit der Geschäftsführung zu einer Verhinderung von BR-Mitgliedern oder scheiden sie aus dem BR aus, rücken Ersatzmitglieder in der üblichen Weise nach. 20

Der Rücktritt des BR durch Mehrheitsbeschluss ist zu unterscheiden von den Fällen der **Niederlegung des BR-Amts** nach § 24 Abs. 1 Nr. 2. Sollten **alle BR-Mitglieder** ihr Amt niedergelegt haben, ist zu prüfen, ob es sich um Einzelerklärungen über den Rücktritt gemäß § 24 Abs. 1 Nr. 2 handelt oder ob ein Beschluss über den Rücktritt des BR gewollt ist. Nur im letzteren Falle rücken keine Ersatzmitglieder nach.[18] 21

Auch der aus **einer Person bestehende BR** kann zurücktreten. Der Gesetzeswortlaut, der auf 22

13 GK-*Kreutz/Jacobs*, Rn. 51; vgl. auch § 19 Rn. 15.
14 *Fitting*, Rn. 37; GK-*Kreutz/Jacobs*, Rn. 57; Richardi-*Thüsing*, Rn. 33.
15 *Fitting*, Rn. 36 m. w. N.
16 *BAG* 3.4.79, AP Nr. 1 zu § 13 BetrVG 1972.
17 *Fitting*, Rn. 39; Richardi-*Thüsing*, Rn. 39 m. w. N.
18 Vgl. aber auch *Fitting*, Rn. 41, die darauf hinweisen, dem Gesamtrücktritt des BR sei der Fall praktisch gleichzusetzen, dass alle BR-Mitglieder und alle Ersatzmitglieder in einer gemeinsamen Aktion ihr Amt niederlegen; vgl. auch GK-*Kreutz/Jacobs*, Rn. 69, der ausführt, dass dann, wenn alle BR-Mitglieder ihr Amt nach § 24 Abs. 1 Nr. 2 niederlegen, Ersatzmitglieder nachrücken und nur, wenn auch diese ihr Amt niederlegen, der BR nicht mehr besteht; vgl. ferner *GL*, Rn. 27, die erklären, dass das Amt des BR sofort erlischt, wenn alle BR-Mitglieder und alle Ersatzmitglieder ihr Amt niederlegen.

die »Mehrheit seiner Stimmen« verweist, bedeutet lediglich das Erfordernis einer qualifizierten Mehrheit und keine Beschränkung der Möglichkeit des Rücktritts auf einen BR, der aus mehreren Personen besteht.[19] Zu prüfen ist allerdings, ob es sich um einen Rücktritt oder die Niederlegung des Amtes handelt. Legt der aus einer Person bestehende BR lediglich sein Amt nieder, etwa aus persönlichen Gründen, rückt das Ersatzmitglied nach.[20]

23 Der Rücktrittsbeschluss macht eine **Neuwahl** nötig. Der zurückgetretene BR hat bis zur Bekanntgabe des Wahlergebnisses des neu gewählten BR die **Geschäfte weiterzuführen** (vgl. § 22). Zur Durchführung der Neuwahl hat er außerdem unverzüglich einen WV zu bestellen (vgl. § 22 Rn. 10). Kommt es zu keiner Neuwahl, **endet die Weiterführung der Geschäfte** auf jeden Fall mit dem Zeitpunkt, zu dem die regelmäßige Amtsperiode des zurückgetretenen BR geendet hätte (vgl. auch § 22 Rn. 13).

4. Anfechtung der Betriebsratswahl

24 Kommt es zur erfolgreichen Anfechtung der BR-Wahl, steht ihre Ungültigkeit mit der **rechtskräftigen gerichtlichen Entscheidung** fest. Die Entscheidung des Gerichts wirkt nur für die Zukunft. Dem BR ist die **Rechtsgrundlage seines weiteren Bestehens** entzogen (vgl. § 19 Rn. 34 ff.). Er kann dann auch keinen neuen WV zur Wiederholung der Wahl einsetzen. Vielmehr bestimmt sich die Errichtung des WV nach § 17 (betriebsratsloser Betrieb).

25 Es ist umstritten, ob der BR, dessen Wahl angefochten ist, eine **betriebsratslose Zeit** dadurch vermeiden kann, dass er bei drohendem ungünstigem Ausgang eines Wahlanfechtungsverfahrens rechtzeitig vor dem Termin der **letzten mündlichen Verhandlung** in der zweiten oder dritten Instanz seinen **Rücktritt** gemäß § 13 Abs. 2 Nr. 3 beschließt und deswegen das Verfahren einzustellen ist.[21] Das *BAG*[22] vertritt die Auffassung, dass das Verfahren gegen den zurückgetretenen BR fortzusetzen ist, bis ein neuer BR gewählt worden ist.[23]

26 Das Rechtsschutzinteresse für eine Weiterführung des Anfechtungsverfahrens entfällt auf jeden Fall, wenn die Amtszeit des BR vor rechtskräftiger gerichtlicher Entscheidung endet.[24] Tritt der BR zurück, führt er die Geschäfte bis zur Bekanntgabe des Wahlergebnisses des neu zu wählenden BR weiter (vgl. § 22 Rn. 12). Zur Durchführung der Neuwahl hat er außerdem unverzüglich einen WV zu bestellen.

5. Auflösung durch gerichtliche Entscheidung

27 Das Amt des BR endet, wenn das ArbG seine Auflösung (vgl. § 23 Abs. 1) rechtskräftig festgestellt hat. Die **Rechtskraft** tritt ein, wenn gegenüber allen Beteiligten die Rechtsmittelfrist abgelaufen oder die letztinstanzliche Entscheidung zugestellt worden ist. **Beteiligte** in einem Verfahren, durch das die Auflösung des BR festgestellt wird, sind zumindest immer der BR sowie die Antragsteller.

28 Die Handlungen, die der BR bis zu der gerichtlichen Auflösung vorgenommen hat, sind **wirksam,** es sei denn, dass sie aus anderen rechtlichen Gründen keinen Bestand haben. Es ist ihm jedoch die Rechtsgrundlage für das weitere Bestehen entzogen. Die Auflösung führt zu einem **betriebsratslosen Betrieb.** Nach § 23 Abs. 2 hat das ArbG einen WV zur Neuwahl zu bestellen.

6. Nichtbestehen eines Betriebsrats

29 Die Regelung will erreichen, dass in allen betriebsratslosen, aber betriebsratsfähigen Betrieben **ohne Rücksicht auf den regelmäßigen Wahlzeitraum** BR-Wahlen durchgeführt werden kön-

19 *Fitting,* Rn. 40; GK-*Kreutz/Jacobs,* Rn. 64.
20 *Fitting,* a. a. O.
21 So *GL,* § 19 Rn. 28; a. A. GK-*Kreutz/Jacobs,* Rn. 74.
22 29.5.91, BB 91, 2373.
23 So auch GK-*Kreutz/Jacobs,* § 19 Rn. 108.
24 Vgl. *BAG* 13.3.91, AP Nr. 20 zu § 19 BetrVG 1972; *Fitting,* § 19 Rn. 44 m. w. N.

nen. Der Bestimmung kommt deshalb große Bedeutung für solche Betriebe zu, in denen bisher noch **kein BR** besteht. Das Bestehen eines »Vertrauensgremiums« oder anderer nicht im Gesetz geregelter Vertretungsgremien hindert nicht an der Wahl eines Betriebsrates im Sinne dieses Gesetzes. Diese Vorschrift kommt aber auch in anderen Fällen zur Anwendung, z. B. dann, wenn die Amtszeit eines BR abgelaufen und eine rechtzeitige Neuwahl nicht eingeleitet worden ist. Aus welchem Grunde ein BR nicht besteht, ist im Übrigen gleichgültig. In der Praxis kommen vor allem die Fälle vor, dass die AN bisher keinen BR gewählt haben, ein Betrieb neu errichtet wird oder die Zusammenlegung mehrerer bisher selbstständiger Betriebe zu einem neuen Betrieb erfolgt.[25]

In einem betriebsratslosen Betrieb ist der WV durch den GBR, wenn dieser nicht besteht, **30** durch den KBR, zu bestellen (§ 17 Abs. 1, § 17 a Satz 1 i. V. m. § 17 Abs. 1). Besteht weder ein GBR noch ein KBR, so erfolgt die Bestellung durch eine Betriebsversammlung, zu der drei wahlberechtigte AN des Betriebs oder eine im Betrieb vertretene Gewerkschaft einladen können (§ 17 Abs. 3). Kommt die Betriebsversammlung nicht zustande oder wählt sie keinen WV, wird er vom ArbG auf **Antrag** bestellt (§ 17 Abs. 4).

Ist ein BR für einen Hauptbetrieb und mehrere Betriebsteile zuständig, darunter auch für **31** einen **selbstständigen Betriebsteil,** so kann in diesem Betriebsteil nicht ein eigener BR gewählt werden, sofern die Wahl des einheitlichen BR nicht angefochten worden ist.[26] Es kann allerdings ein Verfahren nach § 18 Abs. 2 in Betracht kommen, damit durch das ArbG festgestellt wird, ob und inwieweit eine betriebsratsfähige Einheit vorliegt (vgl. § 18 Rn. 17). Andererseits können die AN eines Betriebsteils, in dem kein eigener BR besteht, vor der Wahl des BR im Hauptbetrieb mit Mehrheit beschließen, an dessen Wahl teilzunehmen (§ 4 Abs. 1 Satz 1). Diese Abstimmung kann auch vom BR des Hauptbetriebs veranlasst werden (§ 4 Abs. 1 Satz 3).

IV. Anschluss an regelmäßige Betriebsratswahlen

Die Bestimmung will sicherstellen, dass auch in den Fällen des Abs. 2 die **nächste Wahl,** **32** spätestens aber die übernächste Wahl, wieder in den gesetzlich vorgeschriebenen **einheitlichen Wahlzeitraum** (Abs. 1) fällt. Dadurch können sich **Abweichungen** von der regelmäßigen vierjährigen Amtszeit ergeben. Die Dauer der Amtszeit kann in diesen Fällen – je nach der zeitlichen Durchführung der Wahl – zwischen einem Jahr und fünf Jahren betragen (vgl. § 21).

Ist der zwischendurch gewählte BR zu Beginn des nächsten Wahlzeitraums noch **nicht ein Jahr** **33** im Amt, ist er erst im **übernächsten Zeitraum** neu zu wählen. Es finden die §§ 187 Abs. 1, 188 Abs. 2 BGB Anwendung. Hat somit die Amtszeit des BR am 1. März (oder später) des Jahres begonnen, das dem Jahr des regelmäßigen Wahlzeitraums vorausgeht, ist er in dem nächsten regelmäßigen Wahlzeitraum noch nicht neu zu wählen (vgl. § 21 Rn. 21 f.). Wird ein zwischendurch gewählter BR im nächsten bzw. im übernächsten Wahlzeitraum neu gewählt, ist für den Beginn dieser neuen Amtszeit die **Bekanntmachung des Wahlergebnisses** maßgebend (vgl. § 21 Rn. 20, 21).

V. Streitigkeiten

Kommt es zu Streitigkeiten über den **Zeitpunkt der Wahl** oder über die Zulässigkeit einer BR- **34** Wahl außerhalb des **regelmäßigen Wahlzeitraums,** entscheidet das ArbG im Beschlussverfahren (§§ 2 a, 80 ff. ArbGG).[27]

25 *Fitting,* Rn. 47 f.
26 *BAG* 11.4.78, AP Nr. 8 zu § 19 BetrVG 1972.
27 GK-*Kreutz/Jacobs,* Rn. 86; *Fitting,* Rn. 53

§ 14 Wahlvorschriften

(1) Der Betriebsrat wird in geheimer und unmittelbarer Wahl gewählt.
(2) Die Wahl erfolgt nach den Grundsätzen der Verhältniswahl. Sie erfolgt nach den Grundsätzen der Mehrheitswahl, wenn nur ein Wahlvorschlag eingereicht wird oder wenn der Betriebsrat im vereinfachten Wahlverfahren nach § 14 a zu wählen ist.
(3) Zur Wahl des Betriebsrats können die wahlberechtigten Arbeitnehmer und die im Betrieb vertretenen Gewerkschaften Wahlvorschläge machen.
(4) Jeder Wahlvorschlag der Arbeitnehmer muss von mindestens einem Zwanzigstel der wahlberechtigten Arbeitnehmer, mindestens jedoch von drei Wahlberechtigten unterzeichnet sein; in Betrieben mit in der Regel bis zu zwanzig wahlberechtigten Arbeitnehmern genügt die Unterzeichnung durch zwei Wahlberechtigte. In jedem Fall genügt die Unterzeichnung durch fünfzig wahlberechtigte Arbeitnehmer.
(5) Jeder Wahlvorschlag einer Gewerkschaft muss von zwei Beauftragten unterzeichnet sein.

Inhaltsübersicht

I. Vorbemerkungen

1 Die Vorschrift enthält die **Grundsätze für die Durchführung der BR-Wahl.** Sie sind durch das BetrVerf-ReformG teilweise neu gefasst worden. Es ist insbesondere auf den Wegfall des Gruppenprinzips (Wegfall der §§ 6, 10) und die Einführung eines vereinfachten Wahlverfahrens für Kleinbetriebe (§ 14 a) hinzuweisen.

2 Die in § 14 festgelegten Grundsätze werden durch die **WO** in einer Vielzahl von Regelungen **ergänzt** (vgl. die Kommentierung der WO in Anhang A). Die Bestimmung gilt auch für die Wahlen der JAV (vgl. § 63), der Bordvertretung und des See-BR (hinsichtlich der Abweichung des Wahlvorschlagsrechts für den See-BR vgl. § 116 Abs. 2 Nr. 5). Sie gilt nicht für den GBR, den KBR und die GJAV.

3 Neben den Voraussetzungen für die Einreichung von Wahlvorschlägen durch wahlberechtigte AN und die im Betrieb vertretene Gewerkschaft wird vor allem bestimmt, dass der BR in **geheimer und unmittelbarer Wahl** gewählt wird, und zwar nach den Grundsätzen der **Verhältniswahl** bzw. bei Vorliegen bestimmter Voraussetzungen nach den Grundsätzen der **Mehrheitswahl.**

4 Ist ein BR zu wählen, dessen Wahl nach den Regelungen des § 14 a erfolgt, so ist die Wahl nach den Grundsätzen der **Mehrheitswahl** durchzuführen. Bei der Wahl eines BR, der aus **mehreren Personen** besteht, erfolgt die Wahl entweder nach den Grundsätzen der Verhältniswahl (Listenwahl), wenn zwei oder mehr Wahlvorschläge (Listen) eingereicht worden sind, oder nach den Grundsätzen der Mehrheitswahl (Personenwahl), wenn es zur Einreichung nur eines Wahlvorschlags gekommen ist.

II. Grundsätze der geheimen und unmittelbaren Wahl (Abs. 1)

5 Die Teilnahme an der Wahl ist keine Pflicht, sondern ein **Recht des wahlberechtigten AN,** von dem er Gebrauch machen kann. Ein Verzicht auf das Wahlrecht ist rechtlich nicht möglich.[1]

6 Die Wahl erfolgt **grundsätzlich während der Arbeitszeit.** Eine Minderung des Arbeitsentgelts darf dadurch nicht eintreten (§ 20 Abs. 3).

---

1 *Fitting*, Rn. 19; Richardi-*Thüsing*, Rn. 20.

Ohne Rücksicht darauf, welche Wahlart anzuwenden ist, muss die Wahl des BR als geheime und unmittelbare Wahl durchgeführt werden. Die **Geheimhaltung** setzt voraus, dass der Wähler seine Stimme so abgeben kann, dass **nicht festzustellen** ist, wie er gewählt hat. Eine Wahl durch Zuruf in einer Betriebsversammlung, durch öffentliche Abstimmung oder ohne vorgedruckte Stimmzettel ist daher unzulässig. Das gilt auch für das vereinfachte Wahlverfahren nach § 14 a, und zwar sowohl für das zweistufige Verfahren (§ 14 a Abs. 1, 2) als auch für das einstufige Verfahren (§ 14 a Abs. 3). 7

Es muss dafür gesorgt werden, dass die Kenntlichmachung (Ankreuzen) auf dem Wahlzettel in abgeschirmten Schreibgelegenheiten erfolgen kann.[2] Unzulässig ist, dass die Abstimmenden die Namen der von ihnen zu Wählenden auf den Stimmzettel schreiben.[3] 8

Der WV hat die **organisatorischen Vorkehrungen** dafür zu treffen, dass die Wahl geheim erfolgen kann. Nähere Einzelheiten regelt die WO. 9

Weder ein WV-Mitglied noch ein Wahlhelfer oder ein Dritter dürfen bei der Ausfüllung des Stimmzettels **behilflich** sein. Das gilt auch gegenüber ausländischen AN ohne ausreichende deutsche Sprachkenntnisse; selbst ein Dolmetscher darf insoweit nicht Hilfestellung leisten.[4] In diesem Zusammenhang ist allerdings darauf hinzuweisen, dass nach § 2 Abs. 5 WO der WV dafür Sorge zu tragen hat, dass ausländische AN, die der deutschen Sprache nicht mächtig sind, vor Einleitung der Wahl über Wahlverfahren, Aufstellung von Wähler- und Vorschlagslisten, Wahlvorgang und Stimmabgabe in geeigneter Weise zu unterrichten sind.[5] 10

Eine besondere Regelung besteht nach § 12 Abs. 4 WO für Wahlberechtigte, die infolge einer **Behinderung** bei der Stimmabgabe beeinträchtigt sind. Sie können eine Person ihres Vertrauens bestimmen, die bei der Stimmabgabe behilflich ist. Die Hilfeleistung beschränkt sich auf die Erfüllung der Wünsche des Wahlberechtigten bei der Stimmabgabe, wobei die Hilfe leistende Person zur **Geheimhaltung** der bei der Stimmabgabe erlangten Kenntnisse verpflichtet ist (vgl. § 12 Abs. 4 WO und die dort. Erläuterungen). 11

Das Wahlgeheimnis führt auch zu einem **Zeugnisverweigerungsrecht** im Rechtsstreit über die Frage, welche Liste oder welche Bewerber der einzelne AN gewählt hat.[6] Aus ihm ergibt sich darüber hinaus ein generelles Verbot selbst einer gerichtlichen Nachprüfung des Wahlverhaltens der AN.[7] 12

Nach Auffassung des BAG ist der allgemeine Grundsatz der freien Wahl verletzt, wenn Wahlberechtigte auf Grund des vom WV gewährten Einblicks in die Wählerliste und die darin enthaltenen Stimmabgabevermerke gezielt darauf angesprochen werden können, dass sie noch nicht gewählt haben.[8]

Der Grundsatz der **unmittelbaren Wahl** bedeutet, dass es keine Zwischenschaltung von Wahlmännern gibt. Eine Vertretung in der Stimmabgabe ist nicht zulässig. Bei schriftlicher Stimmabgabe muss der Wähler eine Erklärung unterzeichnen, dass er den Stimmzettel persönlich gekennzeichnet hat (vgl. auch § 24 Abs. 1 WO). 13

Obwohl das Gesetz hierüber nichts sagt, ist die Wahl auch **gleich** (jeder wahlberechtigte AN hat die **gleiche** Stimme) und **allgemein** (jeder wahlberechtigte AN hat **eine** Stimme). Die Allgemeinheit der Wahl verlangt auch, dass der BR für den ganzen Betrieb **einheitlich** gewählt wird.[9] Es ist deshalb auch unzulässig, den Betrieb in **Wahlkreise** aufzuteilen, in denen sich die Wahlbewerber gesondert zur Wahl stellen.[10] 14

2 *Fitting,* Rn. 12; vgl. auch § 12 WO.
3 Richardi-*Thüsing,* Rn. 11.
4 *ArbG Bremen* 19.7.72, DB 72, 1830.
5 Vgl. *BAG* 13.10.04, AuR 05, 118.
6 *BAG* 6.7.56, AP Nr. 4 zu § 27 BetrVG; *Fitting,* Rn. 15; Richardi-*Thüsing,* Rn. 15.
7 Vgl. *ArbG Düsseldorf* 30.10.84, DB 85, 1137.
8 *BAG* 6.12.00 – 7 ABR 34/99.
9 *Fitting,* Rn. 17; Richardi-*Thüsing,* Rn. 19.
10 *Fitting,* a. a. O.; Richardi-*Thüsing,* a. a. O.

III. Mehrheitswahl oder Verhältniswahl (Abs. 2)

15 Zwischen der **Mehrheitswahl** (Personenwahl) und der **Verhältniswahl** (Listenwahl) bestehen wesentliche Unterschiede. Zur **Mehrheitswahl** kommt es, wenn nur **ein gültiger Wahlvorschlag** (Vorschlagsliste) beim WV eingereicht worden ist und somit nur die auf diesem Vorschlag stehenden Personen zur Wahl stehen. Werden dagegen **zwei oder mehr Wahlvorschläge** (Vorschlagslisten) eingereicht, finden die Grundsätze der **Verhältniswahl** Anwendung. Eine Ausnahme bildet insoweit das **vereinfachte Wahlverfahren** nach § 14 a, und zwar auch dann, wenn bei diesem Wahlverfahren ein aus mehreren Personen bestehender BR zu wählen ist (vgl. § 14 a Rn. 21).

16 Bei der **Mehrheitswahl** hat der Wähler **so viele Stimmen,** wie BR-Mitglieder zu wählen sind. Der Wähler kann auf dem Vorschlag die entsprechende Zahl von Wahlbewerbern ankreuzen, auch weniger, aber nicht mehr. Ein entscheidender Unterschied zur Verhältniswahl liegt auch darin, dass es **keine Rangfolge** der Wahlbewerber auf der Vorschlagsliste durch die Reihung gibt. Die Reihenfolge, in der die Wahlbewerber in den BR kommen bzw. die Reihenfolge der Ersatzmitglieder wird durch die Anzahl der Stimmen bestimmt, die der einzelne Wahlbewerber auf sich vereinigt.

Beispiele:
Es sind fünf BR-Mitglieder zu wählen. Es bewerben sich acht Wahlbewerber um die fünf Mandate. Die abgegebenen Stimmen verteilen sich wie folgt:
A 72 Stimmen (2)
B 81 Stimmen (1)
C 57 Stimmen
D 65 Stimmen (4)
E 45 Stimmen
F 58 Stimmen (5)
G 69 Stimmen (3)
H 48 Stimmen
Gewählt sind in folgender Reihenfolge: B, A, G, D, F. Die anderen Wahlbewerber sind in der Reihenfolge der erhaltenen Stimmen Ersatzmitglieder. Ein Problem kann sich ergeben, wenn der zuletzt zu vergebende Sitz auf zwei Wahlbewerber fällt. Hätte in dem Beispiel C statt 57 Stimmen 58 Stimmen bekommen, wäre zwischen C und F bei der Zuweisung des letzten Sitzes Stimmengleichheit eingetreten. Es müsste ein Losentscheid darüber durchgeführt werden, wer von beiden den letzten BR-Sitz erhält.
Wichtiger Hinweis: Bei einer Anwendung des § 15 Abs. 2 ist das besondere Auszählverfahren nach § 22 Abs. 1, 2 WO zu Grunde zu legen. Danach sind zunächst die dem Geschlecht in der Minderheit zustehenden Mindestsitze und danach die weiteren, vom Geschlecht unabhängigen Sitze zu verteilen (vgl. § 15 Rn. 17).

17 Die **Verhältniswahl** ist anzuwenden, wenn der BR aus drei oder mehr Mitgliedern besteht (eine Ausnahme bildet das vereinfachte Wahlverfahren) und zwei oder mehr gültige Vorschläge (Vorschlagslisten) an der Wahl teilnehmen. Bei der Verhältniswahl hat der Wähler nur **eine Stimme.** Er kann sie nur für eine der an der Wahl teilnehmenden Listen abgeben. Je mehr Stimmen auf eine Vorschlagsliste entfallen, desto mehr Wahlbewerber kommen von dieser Liste in den BR, und zwar grundsätzlich in der **Reihenfolge,** in der sie auf der Liste aufgeführt sind.

Beispiele:
In einem Betrieb mit 600 AN ist ein BR mit 11 Mitgl. zu wählen. Um die 11 BR-Mandate bewerben sich drei Listen. Sie erhalten folgende Stimmenzahlen: Liste 1 = 350 Stimmen, Liste 2 = 160 Stimmen, Liste 3 = 90 Stimmen. Die Ermittlung der auf die Listen entfallenden BR-Sitze geschieht wie folgt:

Liste 1 = 350 St.	**Liste 2 = 160 St.**	**Liste 3 = 90 St.**
: 1 = 350 (1)	: 1 = 160 (3)	: 1 = 90 (5)
: 2 = 175 (2)	: 2 = 80 (6)	: 2 = 45
: 3 = 116,7 (4)	: 3 = 53,3 (10)	
: 4 = 87,5 (6)	: 4 = 40	
: 5 = 70 (8)		
: 6 = 58,3 (9)		
: 7 = 50 (11)		

Es entfallen auf die Liste 1 = 7 Sitze, die Liste 2 = 3 Sitze und die Liste 3 = 1 Sitz. Damit erhalten von der Liste 1 die ersten sieben Wahlbewerber BR-Sitze, von der Liste 2 die ersten drei Wahlbewerber und von der Liste 3 der erste Wahlbewerber.
Wichtiger Hinweis: Die Reihenfolge, in der die einzelnen Wahlbewerber aus der jeweiligen Liste in den BR kommen, kann sich ändern, wenn nach dem Wahlergebnis die Mindestanzahl von BR-Sitzen, die das Minderheitsgeschlecht nach § 15 Abs. 2 zu erhalten hat, nicht erreicht wird. Es kann dann erforderlich werden, das Wahlergebnis entsprechend zu korrigieren (vgl. dazu § 15 Rn. 18 f.).

IV. Wahlvorschläge von Arbeitnehmern und Gewerkschaften (Abs. 3 – 5)

Die BR-Wahl kann nur auf Grund von **Wahlvorschlägen** erfolgen. Ein Wahlvorschlag ist eine in die Form einer Aufstellung gekleidete Benennung der Personen, die für die Wahl zum BR vorgeschlagen werden. Wahlvorschläge können grundsätzlich nur von wahlberechtigten AN des Betriebs (zur Wahlberechtigung vgl. § 7) aufgestellt und eingereicht werden. Zu der Möglichkeit der Einreichung von Wahlvorschlägen durch im Betrieb vertretene Gewerkschaften vgl. Rn. 33 ff. Eine ohne Wahlvorschläge durchgeführte BR-Wahl ist nichtig.[11] 18

Der Wahlvorschlag ist kein Vorschlag des Listenvertreters, sondern **aller derer, die ihn unterzeichnet haben.** Daher bedeutet z. B., dass die ohne Einverständnis der Unterzeichner vorgenommene Streichung einzelner oder mehrerer Kandidaten eine inhaltliche Änderung des Wahlvorschlags ist. Dieser wird durch die Streichung unkorrekt und verliert die Eigenschaft als »Wahlvorschlag« i. S. d. Gesetzes.[12] Auch der WV ist nicht berechtigt, kurzerhand durch Streichungen Korrekturen an dem Wahlvorschlag vorzunehmen, selbst dann nicht, wenn auf diesem nicht wählbare AN stehen. Eine solche Korrektur kann nur von den Wahlberechtigten vorgenommen werden, die mit ihrer Unterschrift den Wahlvorschlag unterstützt haben.[13] Ein wirksamer Wahlvorschlag setzt ferner voraus, dass sich die erforderlichen Stützunterschriften auf dem **Wahlvorschlag selbst befinden** oder zumindest der Teil des Wahlvorschlags, der die Bewerber enthält, und der Teil, auf dem die Stützunterschriften angebracht werden, als eine **einheitliche Urkunde** erkennbar sind. Das »Sichern« beider Teile (Vorschlags- und Unterschriftenliste) mit Hilfe von Büroklammern reicht somit nicht aus. Andererseits ist eine feste körperliche Verbindung des Bewerberteils mit dem Teil, der die Stützunterschriften enthält, nicht zwingend erforderlich. Das BAG[14] sieht es als ausreichend an, wenn andere Merkmale den Wahlvorschlag als einheitliche Urkunde ausweisen. Auch die Wiedergabe des Kennwortes auf den einzelnen Blättern, eine fortlaufende Paginierung oder Nummerierung sowie die einheitliche graphische Gestaltung oder der inhaltliche Zusammenhang des Textes können den Wahlvorschlag als eine einheitliche Urkunde ausweisen, wenn sich die Bewerberliste und die Stützunterschriften auf mehreren Blättern befinden.[15] Das Erfordernis der einheitlichen und zusammenhängenden Urkunde zwingt allerdings nicht dazu, nur ein Exemplar 19

11 *Fitting,* Rn. 43; GK-*Kreutz/Jacobs,* Rn. 81.
12 *BAG* 15.12.72, AP Nr. 1 zu § 14 BetrVG 1972.; *LAG Düsseldorf* v. 17.5.02 – 18 TaBV 26/02.
13 *LAG Düsseldorf* a. a. O.; *ArbG Gelsenkirchen* 1.6.75 – 2 BV 22/75.
14 Beschl. v. 25.5.05, AuR 05, 425.
15 *BAG,* a. a. O.; vgl. dazu *Schneider,* AiB 06, 51.

zur Unterschriftsleistung zu verwenden. Jeder einzelnen in Umlauf gebrachten Unterschriftsliste muss jedoch eine **Vervielfältigung der Vorschlagsliste** (also des Bewerberteils) **vorgeheftet** werden. Das Erfordernis der genauen Übereinstimmung bezieht sich dabei nicht nur auf die Personen, sondern auch auf die Reihenfolge der Bewerber, die ebenfalls gleich sein muss.[16]

20 Auf jedem Wahlvorschlag sind die einzelnen Bewerber in **erkennbarer Reihenfolge** unter **fortlaufender Nummer** und unter Angabe von **Familienname, Vorname, Geburtsdatum,** und **Art der Beschäftigung** im Betrieb aufzuführen. Die **schriftliche Zustimmung** der Bewerber zur Aufnahme in den Wahlvorschlag ist beizufügen (§ 6 Abs. 3 WO). Sie bedarf der eigenhändigen Unterzeichnung (§ 126 Abs. 1 BGB). Eine Unterzeichnung in der Form einer bloßen Paraphe ist unzureichend und kann zur Anfechtung der BR-Wahl führen.[17] Die Art der Beschäftigung soll dem Wähler die ausgeübte Tätigkeit des Bewerbers aufzeigen und zur Unterscheidung der Bewerber dienen. Sie muss nicht immer der genauen arbeitsvertraglichen Berufsbezeichnung entsprechen (Vgl. § 6 Abs. 3 WO, Rn. 20).

21 Nach § 6 Abs. 2 WO soll ein Wahlvorschlag **mindestens doppelt so viele Bewerber** aufweisen, wie in dem Wahlgang BR-Mitglieder zu wählen sind. Es handelt sich um eine Soll-Vorschrift, deren Nichteinhaltung die Vorschlagsliste nicht ungültig macht (h. M.). Ein Wahlvorschlag ist daher auch dann gültig, wenn **weniger Kandidaten** benannt sind, als BR-Mitglieder gewählt werden müssen. Nach der Rspr. des *BAG*[18] soll sogar eine Liste mit nur einem einzigen Bewerber gültig sein. Das *BAG* geht dabei allerdings offensichtlich davon aus, dass mehrere Wahlvorschläge eingereicht werden, was jedoch keineswegs immer der Fall sein muss.

22 Bei der Aufstellung von Wahlvorschlägen sollte nicht nur darauf geachtet werden, dass dem Minderheitsgeschlecht nach § 15 Abs. 2 (vgl. die Erl. dort) Rechnung getragen und das Minderheitsgeschlecht in ausreichender Zahl auf den Wahlvorschlägen berücksichtigt wird. Darüber ist zu sehen, dass ein wesentliches Ziel des BetrVerf-ReformG 2001 die Frauenförderung und damit verbunden eine Erhöhung der Repräsentanz der Frauen in den BR ist. Dem entspricht es, auf den Wahlvorschlägen Wahlbewerber beider Geschlechter möglichst entsprechend dem **zahlenmäßigen Anteil der Geschlechter** im Betrieb aufzustellen.

23 Für Wahlvorschläge, die bei dem vereinfachten Wahlverfahren nach § 14 a gemacht werden, bestehen gegenüber dem normalen Wahlverfahren erhebliche Unterschiede (vgl. dazu § 14 a und §§ 28 ff. WO).[19]

24 Eine einmal erfolgte Kandidatur kann **nicht zurückgezogen werden.** Ist aber ein Kandidat auf mehreren Wahlvorschlägen benannt worden, muss er sich für einen der Vorschläge (Liste) entscheiden und seine Kandidatur auf den übrigen Wahlvorschlägen (Listen) zurückziehen (vgl. § 6 Abs. 7 WO). Im Übrigen kann nach erfolgter Wahl ein Gewählter die Annahme des Amtes als BR-Mitglied ablehnen (§ 17 WO).

25 Die Einreichung der Wahlvorschläge hat **binnen zwei Wochen** nach Erlass des Wahlausschreibens zu erfolgen (§ 6 Abs. 1 Satz 2 WO). Die Frist berechnet sich nach § 187 Abs. 1 BGB, so dass der Tag des Erlasses des Wahlausschreibens nicht mit gerechnet wird. Sind im Wahlausschreiben bestimmte Dienststunden angegeben, so müssen die Wahlvorschläge bis zum **Ende der Dienststunden am letzten Tag der Frist** beim WV eingegangen sein. Die vom WV angegebenen Dienststunden dürfen nicht vor dem Ende der Arbeitszeit des überwiegenden Teils der AN enden.[20]

26 Jeder Wahlvorschlag muss von **einem Zwanzigstel** der Gesamtzahl der **wahlberechtigten AN** unterzeichnet sein, wenigstens jedoch von drei wahlberechtigten AN. Es spricht viel dafür hier nicht auf die stellenbezogene Betrachtungsweise abzustellen, sondern auf die Wahlberechtig-

---

16 *LAG Baden-Württemberg* 8.11.76 – 1 a TaBV 6/76; *ArbG Hamm* 23.6.72, DB 72, 1635. Zu der Frage der Ordnungsmäßigkeit von Wahlvorschlägen und ihrer Ungültigkeit vgl. auch *Faecks/Meik*, NZA 88, 193 ff.; ferner *Heinze*, NZA 88, 568 ff.

17 *LAG Düsseldorf* 20.5.05 – 10 TaBV 94/04.

18 29.6.65, AP Nr. 11 zu § 13 BetrVG.

19 Zu dem Muster eines Wahlvorschlags für das normale Wahlverfahren vgl. DKKWF-*Berg/Heilmann/Schneider*, §§ 7 – 20 Rn. 27; zum Muster für das vereinfachte Wahlverfahren vgl. DKKWF-*Berg/Heilmann/Schneider*, §§ 7 – 20 Rn. 81 f.

20 Vgl. *BAG* 4.10.77, AP Nr. 2 zu § 18 BetrVG 1972.

ten, die bei Erlass des Wahlausschreibens in die Wählerliste eingetragen sind. Unterzeichnungsberechtigt sind auch die in § 7 Satz 2 genannten AN.[21] Die Unterzeichnung durch 50 wahlberechtigte AN genügt in jedem Fall. Diese Obergrenze ist allerdings nur für Betriebe von Bedeutung, in denen mehr als 1000 wahlberechtigte AN beschäftigt sind. In Betrieben, in denen regelmäßig nur bis zu 20 wahlberechtigte AN tätig sind, genügt die Unterzeichnung eines Wahlvorschlags durch zwei Wahlberechtigte. In diesen Betrieben wird die BR-Wahl ohnehin nach dem vereinfachten Wahlverfahren (§ 14 a) durchgeführt. Die erforderliche Mindestanzahl von Stützunterschriften für einen Wahlvorschlag ist im **Wahlausschreiben** bekannt zu geben (§ 3 Abs. 2 WO). Zur Stützung eines Wahlvorschlages sind sämtliche AN berechtigt, die wahlberechtigt sind, somit auch **Leih-AN**, die nach § 7 Abs. 2 wahlberechtigt sind und die durch die Änderung des § 5 hinzugekommenen **Beamten, Soldaten und AN des öffentl. Dienstes.**

Der Wahlvorschlag muss von der geforderten Anzahl der wahlberechtigten AN **persönlich** unterschrieben sein.[22] Die Unzulässigkeit einer Stellvertretung ergibt sich auch hier aus dem Grundsatz der **Unmittelbarkeit** bei allen Wahlhandlungen. **27**

Die Unterschriften müssen nicht alle auf der gleichen Urkunde geleistet sein.[23] Erforderlich ist jedoch, dass die Unterschrift den Wahlvorschlag **insgesamt** erfasst. Das bedeutet, dass in den Fällen, in denen ein Wahlvorschlag aus mehreren Urkunden besteht, jede dieser Urkunden **sämtliche Bewerber** aufführen muss (vgl. auch Rn. 19). Dem Unterzeichner muss also klar sein, welchen Wahlvorschlag in welcher Zusammensetzung er unterstützt. **28**

Bei der Unterzeichnung von Wahlvorschlägen handelt es sich um einseitige, empfangsbedürftige Willenserklärungen. Ein **Zurückziehen von Unterschriften** durch Unterzeichner ordnungsgemäß eingereichter Wahlvorschläge ist daher **nicht zulässig.**[24] Die Zurücknahme der Unterschrift eines Unterzeichners berührt somit die Gültigkeit eines bereits eingereichten Wahlvorschlags nicht (§ 8 Abs. 1 Nr. 3 WO). Hat allerdings ein Wahlberechtigter **mehrere Wahlvorschläge unterzeichnet,** so muss er auf Aufforderung des WV **spätestens vor Ablauf von drei Arbeitstagen** erklären, welche Unterschrift er aufrechterhält (vgl. § 6 Abs. 5 WO). Aus der Aufforderung an den Doppelunterzeichner muss sich deutlich ergeben, wozu der Angeschriebene aufgefordert wurde. Es ist ferner auf die Folgen hinzuweisen, die sich aus einem Schweigen ergeben.[25] Das Aufforderungsschreiben kann sich auch an ausländische AN in deutscher Sprache richten.[26] Das Verfahren nach § 6 Abs. 5 WO bei Doppelunterzeichnungen ist auch zu beachten, wenn der Listenvertreter Erklärungen wahlberechtigter AN einreicht, auf denen sie ihre zuvor geleistete Unterschrift auf einem anderen Wahlvorschlag zurückziehen.[27] Der WV verstößt selbst dann gegen die WO, wenn er die Doppelunterzeichner lediglich – ohne Fristsetzung – auffordert, sich im WV-Büro zu melden.[28] Unterbleibt eine fristgerechte Erklärung des AN, dem eine Aufforderung des WV nach § 6 Abs. 5 WO zuging, so wird sein Name auf der **zuerst eingereichten Vorschlagsliste gezählt** und auf allen **übrigen Wahlvorschlägen gestrichen.** **29**

Auch **Wahlbewerber** können den Wahlvorschlag unterzeichnen und damit stützen, auf dem sie selbst als Kandidaten benannt sind.[29] Aus dem Wahlvorschlag muss allerdings erkennbar **30**

---

21 *Fitting,* Rn. 51 m. w. N.

22 *BAG* 12.2.60, AP Nr. 11 zu § 18 BetrVG; *Fitting,* Rn. 46 ff.; GK-*Kreutz/Jacobs,* Rn. 100; a. A. *LAG Düsseldorf,* DB 65, 1823, das eine Unterzeichnung des Wahlvorschlags durch einen Bevollmächtigten für zulässig hält, wenn die Vollmacht bis zum Ablauf der Frist für die Einreichung der Wahlvorschläge erbracht wird.

23 GK-*Kreutz/Jacobs,* Rn. 102 m. w. N.

24 *BAG* 1.6.66, AP Nr. 2 zu § 6 WO; *LAG Hamm* 15.10.65 – 4 TaBV 12/65; teilweise a. A. *BVerwG* 1.3.84, AuR 84, 380, das den Widerruf von Unterschriften auf einem Wahlvorschlag bis zur Einreichung des Wahlvorschlags gegenüber dem WV als zulässig ansieht, zugleich aber darauf hinweist, dass bei einem dadurch entstandenen Unterschreiten der notwendigen Zahl von Unterschriften der entstehende Mangel des Wahlvorschlags nicht heilbar ist.

25 *LAG Hamm* 15.10.65, a. a. O.

26 *LAG Hamm* 17.5.73, DB 73, 1403.

27 *BAG* 1.6.66, AP Nr. 2 zu § 6 WO.

28 *LAG Hamm* 12.11.65 – 5 TaBV 17/65.

29 *BAG* vom 06.11.13, 7 ABR 65/11; *Fitting,* Rn. 51.

sein, wer Wahlbewerber sein will und wer mit seiner Unterschrift nicht nur seine Kandidatur erklären, sondern zugleich auch den betreffenden Wahlvorschlag stützen will.[30] Eine entsprechende Formular-Regelung in einem Vordruck für BR-Wahlen, dass Kandidaten zur BR-Wahl gleichzeitig mit einer Unterschrift auch ihre Liste stützen, ist zulässig[31]. Auch WV-Mitglieder können einen Wahlvorschlag unterzeichnen. Der Unterzeichnung und damit der Stützung eines Wahlvorschlags steht die WV-Mitgliedschaft nicht entgegen.[32]

31 Kandidiert ein **Wahlbewerber auf mehreren Wahlvorschlägen,** hat ihn der WV aufzufordern, innerhalb von drei Arbeitstagen zu entscheiden, auf welchem Wahlvorschlag er seine Kandidatur aufrechterhalten will. Unterbleibt eine fristgerechte Erklärung, wird der Wahlbewerber von **allen Wahlvorschlägen gestrichen** (§ 6 Abs. 7 WO). Die Streichung eines Wahlbewerbers von dem Wahlvorschlag ist nicht möglich, wenn er nach Einreichung des Wahlvorschlags gegenüber dem WV erklärt, dass er seine Bewerbung zurückziehen will. Eine Zurückziehung der Bewerbung ist nicht möglich, da dies eine materielle Änderung des Wahlvorschlags bedeuten würde, die nur mit Zustimmung aller Unterzeichner erfolgen kann.[33] Der die Zurückziehung seiner Kandidatur betreibende AN kann jedoch im Falle seiner Wahl die Annahme des BR-Amtes nach § 17 Abs. 1 Satz 2 WO ablehnen (§ 6 Abs. 6 WO).

32 Eine **Verbindung von Wahlvorschlagslisten ist unzulässig** (§ 6 Abs. 6 WO). Es dürfen also nicht verschiedene Wahlvorschläge miteinander verbunden werden, um eine einheitliche Liste zu erreichen.

33 Der Wahlvorstand hat die eingereichten Wahlvorschläge unverzüglich zu prüfen (vgl. § 7 Abs. 2 Satz 2 WO). Bei einer Verletzung dieser Pflicht kann in die laufende BR-Wahl, wenn das Versäumnis der Prüfung zu einer erfolgreichen Anfechtung führen kann, mit einer einstweiligen Verfügung eingegriffen werden.[34] Werden Wahlvorschläge am letzten Tag der Einreichungsfrist (§ 6 Abs. 1 Satz 2 WO), aber noch vor deren Ablauf eingereicht, ist eine sofortige Prüfung erforderlich und im Falle von Mängeln der Listenvertreter umgehend zu informieren.[35]

V. Gewerkschaftliche Wahlvorschläge

34 Während nach den bis 31.12.1988 geltenden Vorschriften Wahlvorschläge von Gewerkschaften ohne Stützunterschriften aus der Mitte der Belegschaft nur in solchen Betrieben eingebracht werden konnten, die zwar betriebsratsfähig waren, aber keinen BR hatten, sehen die ab 1.1.1989 geltenden Änderungen des Gesetzes vor, dass die Gewerkschaft für das Einbringen von Wahlvorschlägen generell keine **Stützunterschriften von AN** des Betriebs benötigt. Im Gesetzgebungsverfahren[36] ist die Frage aufgeworfen worden, ob eine solche **generelle unterschiedliche Behandlung** von Wahlvorschlägen der Gewerkschaften und der AN mit dem verfassungsrechtlichen Grundsatz der **Chancengleichheit aller Wahlbewerber** nach Art. 3 Abs. 1 GG vereinbar ist.[37] Die Verfassungsproblematik wird sich deswegen nicht in voller Schärfe stellen, weil das Gesetz ausdrücklich von Gewerkschaften spricht und somit sonstige AN-Vereinigungen von dem Privileg ausnimmt, Wahlvorschläge ohne Stützunterschriften aus der Mitte der Belegschaft einreichen zu können. **AN-Vereinigungen ohne Gewerkschaftseigenschaft** können sich nur über das Wahlvorschlagsrecht der AN an den BR-Wahlen beteiligen, so dass ihre Wahlvorschläge das nach Abs. 4 erforderliche Unterschriftenquorum aufweisen müssen.[38] Ungeachtet dieser Unterscheidung begünstigt die Regelung kleinere Gewerkschaften, die ansonsten keinen ausreichenden Rückhalt in der Belegschaft haben.[39] Damit

30 *LAG Frankfurt* 20.4.89, BB 89, 1692.
31 *BAG* vom 06.11.23, 7 ABR 65/11.
32 *BAG* 4.10.77, AP Nr. 2 zu § 18 BetrVG 1972; *Fitting*, Rn. 51 m. w. N.
33 Vgl. *BAG* 15.12.72, AP Nr. 1 zu § 14 BetrVG 1972; *Fitting*, Rn. 56 m. w. N.; a. A. GK-*Kreutz/Jacobs*, Rn. 104; Richardi-*Thüsing*, Rn. 61.
34 Vgl. *LAG Berlin* 7.2.06, NZA-RR 06, 509.
35 *BAG* 25.5.05, NZA 06, 116; vgl. auch § 7 WO Rn. 7.
36 Bericht des BT-Ausschusses für Arbeit und Sozialordnung, BT-Drucks. 11/3618, S. 5.
37 Vgl. *Engels/Natter*, BB-Beilage 8/89, S. 18 f.; vgl. auch *Fitting*, Rn. 60 ff. m. w. N.
38 *Engels/Natter*, a. a. O.; zur Frage der Gewerkschaftseigenschaft vgl. im Übrigen § 2 Rn. 10 ff.
39 Vgl. *Däubler*, AiB 86, 99; *Hanau*, S. 8 f.; *Schneider*, AiB 87, 75; *Schumann*, AiB 88, 205.

bringt die Regelung zugleich eine Gefährdung des Gedankens der Einheitsgewerkschaft mit sich und stellt eine Abkehr von dem bisher wesentlichen betriebsverfassungsrechtlichen Grundsatz dar, dass die Wahlvorschläge von den AN des Betriebs getragen sein müssen.[40] So können zu einer BR-Wahl durchaus zwei oder mehr unterschiedliche Vorschläge von den im Betrieb vertretenen Gewerkschaften eingereicht werden.[41] Es bleibt den Gewerkschaften im Übrigen unbenommen, trotz der vom Gesetzgeber eingeräumten Möglichkeit, Wahlvorschläge ohne Unterschriften von AN einzubringen, gleichwohl Stützunterschriften aus der Mitte der Belegschaft für ihre Wahlvorschläge zu sammeln und für sie zu werben (zur Wahlwerbung der Gewerkschaft vgl. auch § 20 Rn. 23 ff.). Das Sammeln von Stützunterschriften ist **empfehlenswert,** da sich auf diese Weise zeigt, ob und wie viele AN hinter einem gewerkschaftlichen Wahlvorschlag stehen und wie groß damit der Rückhalt in der Belegschaft ist.

Der WV hat in **Zweifelsfällen zu prüfen,** ob es sich um eine Gewerkschaft i. S. d. § 2 handelt **35**
(vgl. § 2 Rn. 10 ff.) und ob diese im Betrieb vertreten ist, also mindestens ein Mitglied im Betrieb hat. Die Gewerkschaft muss im Zeitpunkt der Einreichung des Wahlvorschlags **im Betrieb vertreten sein.**[42] Vorrausetzung für das »vertreten sein« ist jedoch nicht, dass das Gewerkschaftsmitglied aktiv wahlberechtigt ist[43]. Ebenfalls hat das neue Tarifeinheitsgesetz keinen Einfluss auf die Frage, ob eine Gewerkschaft im Betrieb vertreten ist.

Die zwei Beauftragten der Gewerkschaft, deren Unterschriften notwendig sind, damit der Wahlvorschlag eingebracht werden kann, müssen **nicht AN des Betriebs** sein (anders § 19 Abs. 9 BPersVG insoweit, als die Gewerkschaftsbeauftragten Beschäftigte der Dienststelle sein müssen, wobei das *BVerwG* [3.2.95 – 6 P 5.93] allerdings nicht das Vorliegen der Wahlberechtigung verlangt). So können hauptberufliche Angestellte der Gewerkschaft den Wahlvorschlag unterzeichnen, sofern sie Beauftragte i. S. d. Vorschrift sind. Die beiden Beauftragten, deren Unterschrift für die Wirksamkeit eines Wahlvorschlags gefordert wird, müssen **kraft Satzung befugt** oder durch die **satzungsmäßigen Organe der Gewerkschaft** zur Unterschrift ermächtigt worden sein[44]. In Zweifelsfällen, die etwa auftreten können, wenn externe ehrenamtliche Funktionäre oder AN des Betriebs einen Wahlvorschlag nach Abs. 5 unterzeichnet haben, kann der WV einen Nachweis der Beauftragung z. B. durch Auszug aus der Satzung der Gewerkschaft oder durch schriftliche Vollmacht verlangen.[45] Ist der Wahlvorschlag der Gewerkschaft nicht von zwei Beauftragten unterschrieben, ist er ungültig.[46]

Die Kandidaten, die sich für ein BR-Amt auf Wahlvorschlägen nach Abs. 5 bewerben, müssen **36**
nicht bei der Gewerkschaft organisiert sein, die den Wahlvorschlag einreicht. Kandidaten können auch andere AN des Betriebes sein, sofern sie die **allgemeinen Wählbarkeitsvoraussetzungen** nach § 8 erfüllen und mit ihrer Kandidatur einverstanden sind.[47]

Um das Vorschlagsrecht der Gewerkschaften zur Wahl des Betriebsrates auch in schwierigeren Fällen gegen Widerstände durchsetzbar zu machen, ist es erforderlich den vorher gegenüber dem Arbeitgeber zu benennenden Vertretern der Gewerkschaften ein **Zugangsrecht zum Betrieb** einzuräumen. Das Zugangsrecht ist zur Unterstützung eines bereits gebildeten Wahlvorstandes zu gewähren, aber auch zur **Gewinnung von Kandidaten** für die Ämter des Wahl-

40 Vgl. *Richardi,* AuR 86, 34; *Hanau,* AuR 88, 264; *Klaus,* AiB 88, 328; *Schumann,* a. a. O.; *Plander,* AiB 88, 272; *Schneider,* GMH 88, 411; vgl. dagegen *Engels/Natter,* BB-Beilage 8/89, S. 17, die auf entsprechende Vorschlagsrechte der Gewerkschaften in Landespersonalvertretungsgesetzen hinweisen; vgl. auch *Buchner,* NZA-Beilage 1/89, S. 3, der ein eigenständiges Wahlvorschlagsrecht der Gewerkschaften wegen ihres verfassungsrechtlich verbürgten Rechts, Wahlvorschläge werbemäßig zu unterstützen, für nahe liegend hält.

41 So wohl auch *Fitting,* Rn. 64.

42 GK-*Kreutz/Jacobs,* Rn. 122; *Fitting,* Rn. 63; im Übrigen vgl. zu der Frage, wann eine Gewerkschaft im Betrieb vertreten ist, umfassend § 2 Rn. 29 f.

43 *LAG Hessen* 15.5. 14 – 9 TaBV 194/13

44 Hierfür genügt in der Regel eine schriftliche Bevollmächtigung durch die regional zuständige Einheit der im Betrieb vertretenen Gewerkschaft oder deren Unterschrift auf dem Wahlvorschlag selbst.

45 Vgl. § 8 WO, Rn. 1; *Fitting,* Rn. 68.

46 *Fitting,* Rn. 69, die es allerdings als zulässig ansehen, dass die fehlenden Unterschriften innerhalb der Frist für die Einreichung von Wahlvorschlägen nachgeholt werden können; vgl. auch *ArbG Siegen,* DB 74, 1776.

47 *Engels/Natter,* BB-Beilage 8/89, S. 18 f.; GK-*Kreutz/Jacobs,* Rn. 126.

vorstandes und/oder des Betriebsrates. Das Zugangsrecht ist auf alle Teile des Betriebes zu erstrecken, in denen Arbeitnehmer beschäftigt sind und kann zeitlich unbeschränkt und unkontrolliert ausgeübt werden.
Einschränkungen erbeben sich nur insoweit, als der Betriebsablauf durch die Tätigkeit der Vertreter der Gewerkschaften nicht gestört werden darf.
Einer vorherigen **Ankündigung** des Erscheinens wird es in der Regel nicht bedürfen, wenn der Betriebsablauf nicht gestört wird und die Vertreter der Gewerkschaften dem Arbeitsgeber vorher benannt worden sind[48].
Die Gewerkschaft braucht sich in diesem Zusammenhang nicht darauf verweisen lassen, dass ein Raum außerhalb des Betriebes kostenfrei für Zusammenkünfte mit den Arbeitnehmern oder dem Wahlvorstand zur Verfügung gestellt wird[49].

VI. Besonderheiten des Postpersonalrechtsgesetzes

37 Besonderheiten bestehen in den Betrieben der **privatisierten Post-UN.** Mit der Aufgabe des Gruppenprinzips im BetrVG ist die Zuordnung der Beamten (Bea.) entsprechend ihrer jeweiligen Beschäftigung zu den Gruppen der Ang. und Arb. gegenstandslos geworden. Wegen der Regelungen im PostPersRG, das den Bea. in beamtenspezifischen Angelegenheiten grundsätzlich ein eigenes Beschlussfassungsrecht einräumt, bleiben aber die **Beamten eine eigenständige Gruppe,** das wiederum besondere Vorschriften über die Wahl und die Zusammensetzung des BR in diesen Bereichen sowie das Nachrücken von Ersatzmitgliedern erforderlich macht. Dementsprechend legt § 26 PostPersRG n. F. im Wesentlichen fest:

- Die Beamte bilden bei der Wahl zum BR eine eigene Gruppe, es sei denn, sie verzichten mit Mehrheit vor der Wahl in geheimer Abstimmung auf die Bildung einer eigenen Gruppe.
- AN und Beamte müssen entsprechend ihrem zahlenmäßigen Verhältnis im BR vertreten sein, wenn dieser aus mindestens drei Mitgl. besteht.
- AN und Beamte wählen ihre Vertreter in den BR in getrennten Wahlgängen, es sei denn, dass die wahlberechtigten Angehörigen beider Gruppen vor der Wahl in getrennten und geheimen Abstimmungen die gemeinsame Wahl beschließen. Findet das vereinfachte Wahlverfahren nach § 14 a Anwendung, wird immer in gemeinsamer Wahl gewählt. Entsprechendes gilt, wenn einer Gruppe nur ein Vertreter im BR zusteht.
- Bei getrennten Wahlgängen (Gruppenwahl) sind zur Unterzeichnung von Wahlvorschlägen der Gruppen nur die wahlberechtigten Angehörigen der jeweiligen Gruppe berechtigt.
- In Betrieben mit Bea. muss dem WV ein Bea. angehören.
- Ist der BR in gemeinsamer Wahl gewählt, bestimmt sich das Nachrücken von Ersatzmitgl. unter Berücksichtigung des Grundsatzes, dass beide Gruppen entsprechend ihrem zahlenmäßigen Verhältnis im BR vertreten sein müssen.

Die näheren Einzelheiten zur Aufstellung und zum Einbringen von Wahlvorschlägen bzw. von Vorschlagslisten sowie zur Durchführung der Wahl und zur Feststellung des Wahlergebnisses enthält die VO zur Durchführung der BR-Wahlen bei den Post-UN (**WOP**).

38 Das 1. Gesetz zur Änderung des PostPersRG,[50] in Kraft getreten am 12.11.2004, hat eine wesentliche Änderung bei den Wahlvorschriften gebracht. Das **1. PostPersRÄndG** hat in § 26 eine neue Nr. 4 a eingefügt. Danach kann jede Gruppe auch **Angehörige der anderen Gruppe** wählen. In diesem Fall gelten die Gewählten, die gruppenfremd kandidiert haben, insoweit als Angehörige derjenigen Gruppe, die sie gewählt hat. Das gilt auch für **Ersatzmitglieder.** Die neue Bestimmung des § 26 Nr. 4 a PostPersRG, die mit § 12 Abs. 2 BetrVG a. F. wortgleich ist, eröffnet die Möglichkeit, dass Bea. für die AN-Gruppe kandidieren und umgekehrt. Ein Bea., der für die AN-Gruppe kandidiert und gewählt wird, gilt somit im Sinne des PostPersRG betriebsverfassungsrechtlich der AN-Gruppe zugehörig. Diese gruppenfremde Kandidatur gilt nicht nur bei der **Gruppenwahl,** sondern auch, wenn AN und Bea. vor der Neuwahl die **gemeinsame Wahl** nach § 26 Nr. 3 PostPersRG beschlossen haben.[51] Wird der gruppenfremd

48 ArbG Verden 1. Kammer 7.10.13 – 1 BVGa 1/13, das jedoch eine Ankündigung für erforderlich hält;
49 *LAG Mecklenburg-Vorpommern* 5. Kammer 11.11.13 – 5 TaBVGa 2/13.
50 BGBl. I S. 2774.
51 *Schneider,* Das Minderheitsgeschlecht und die Mindestquote, S. 45 f.

kandidierende Wahlbewerber nicht gewählt, bleibt er auch als Ersatzmitglied der anderen Gruppe zugehörig und tritt im Falle des Nachrückens für diese Gruppe in den BR ein.

Bei der Anwendung des PostPersRG und der WOP ergibt sich durch das Prinzip, dass die Bea. bei der Wahl zum BR eine **eigene Gruppe** bilden, sofern sie nicht vor der Wahl in geheimer Abstimmung darauf verzichten (§ 26 Nr. 1 PostPersRG), auch hinsichtlich der zwingenden Berücksichtigung des in der Minderheit im Betrieb befindlichen Geschlechts durch Mindestsitze im Betriebsrat eine Besonderheit. Sie besteht darin, dass das Geschlecht, das innerhalb der jeweiligen Gruppe in der Minderheit ist, mindestens entsprechend seinem zahlenmäßigen Verhältnis **in der Gruppe** vertreten sein muss (§ 4 Abs. 1 Satz 2 WOP). § 15 Abs. 2 BetrVG wird somit in der Weise variiert, dass diese Vorschrift **nicht belegschaftsbezogen** zur Anwendung kommt, sondern **gruppenbezogen.**[52] Das hat wiederum zur Folge, dass das Minderheitsgeschlecht in der AN-Gruppe ein anderes sein kann als in der Bea.-Gruppe und die Mindestquoten je nach Anteil des jeweiligen Minderheitsgeschlechts in der jeweiligen Gruppe unterschiedlich hoch sein können.[53] 39

Die vorrangige Berücksichtigung der Gruppenquote für Bea. und AN kann dazu führen, dass die **gruppenbezogene Mindestquote** des Minderheitsgeschlechts nicht immer uneingeschränkt berücksichtigt werden kann. Zutreffend wird darauf hingewiesen, dass beispielsweise für ein zu ersetzendes Betriebsratsmitglied der Bea.-Gruppe, das dem Minderheitsgeschlecht angehört, für den Fall, dass innerhalb der Bea.-Gruppe kein diesem Geschlecht angehörender Wahlbewerber als Ersatzmitglied zur Verfügung steht, zunächst die übrigen, als Ersatzmitglieder zur Verfügung stehenden Wahlbewerber aus der Bea.-Gruppe heranzuziehen sind.[54] Erst wenn kein Wahlbewerber für das zu ersetzende Mitglied der Bea.-Gruppe mehr zur Verfügung steht, ist auf die Wahlbewerber der **anderen Gruppe,** also der AN-Gruppe, zurückzugreifen. Dabei sind dann wiederum zunächst die dem **Minderheitsgeschlecht** angehörenden Wahlbewerber solange zu berücksichtigen, bis die bei der Wahl für die Bea.-Gruppe festgelegte Mindestquote des Minderheitsgeschlechts bei den Vertretern der Bea.-Gruppe einschließlich der für sie nachgerückten Ersatzmitglieder erreicht ist.[55] 40

VII. Streitigkeiten

Streitigkeiten, die sich auf die Wahlvorschriften beziehen, sind von den ArbG im Beschlussverfahren zu entscheiden (§§ 2 a, 80 ff. ArbGG). Verstöße gegen die Wahlbestimmungen können zur **Anfechtung** führen, wenn die Voraussetzungen des § 19 vorliegen. In besonders krassen Fällen kommt die **Nichtigkeit** in Betracht (vgl. § 19 Rn. 39 ff.). Unabhängig von einer Wahlanfechtung oder der Frage der Nichtigkeit können Streitigkeiten aus den Wahlvorschriften schon während des Wahlverfahrens gerichtlich ausgetragen werden.[56] Neben den in § 19 genannten Anfechtungsberechtigten sind auch diejenigen antragsberechtigt, die durch Maßnahmen des WV in ihrem aktiven oder passiven Wahlrecht betroffen werden.[57] 41

§ 14 a Vereinfachtes Wahlverfahren für Kleinbetriebe

(1) In Betrieben mit in der Regel fünf bis fünfzig wahlberechtigten Arbeitnehmern wird der Betriebsrat in einem zweistufigen Verfahren gewählt. Auf einer ersten Wahlversammlung wird der Wahlvorstand nach § 17 a Nr. 3 gewählt. Auf einer zweiten Wahlversammlung wird der Betriebsrat in geheimer und unmittelbarer Wahl gewählt. Diese Wahlversammlung findet eine Woche nach der Wahlversammlung zur Wahl des Wahlvorstandes statt.

(2) Wahlvorschläge können bis zum Ende der Wahlversammlung zur Wahl des Wahlvor-

52 *Schneider,* Das Minderheitsgeschlecht und die Mindestquote, S. 45.
53 *Altvater u. a.,* Anhang IV B, § 26 PostPersRG, Rn. 6.
54 *Altvater u. a.,* Anhang IV B, § 26 PostPersRG Rn. 12.
55 *Altvater u. a.,* a. a. O.; *Fitting,* § 25 Rn. 39.
56 *BAG* 15.12.72, AP Nr. 1 zu § 14 BetrVG 1972.
57 *Fitting,* Rn. 87.

standes nach § 17 a Nr. 3 gemacht werden; für Wahlvorschläge der Arbeitnehmer gilt § 14 Abs. 4 mit der Maßgabe, dass für Wahlvorschläge, die erst auf dieser Wahlversammlung gemacht werden, keine Schriftform erforderlich ist.

(3) Ist der Wahlvorstand in Betrieben mit in der Regel fünf bis fünfzig wahlberechtigten Arbeitnehmern nach § 17 a Nr. 1 in Verbindung mit § 16 vom Betriebsrat, Gesamtbetriebsrat oder Konzernbetriebsrat oder nach § 17 a Nr. 4 vom Arbeitsgericht bestellt, wird der Betriebsrat abweichend von Absatz 1 Satz 1 und 2 auf nur einer Wahlversammlung in geheimer und unmittelbarer Wahl gewählt. Wahlvorschläge können bis eine Woche vor der Wahlversammlung zur Wahl des Betriebsrats gemacht werden; § 14 Abs. 4 gilt unverändert.

(4) Wahlberechtigten Arbeitnehmern, die an der Wahlversammlung zur Wahl des Betriebsrats nicht teilnehmen können, ist Gelegenheit zur schriftlichen Stimmabgabe zu geben.

(5) In Betrieben mit in der Regel 51 bis 100 wahlberechtigten Arbeitnehmern können der Wahlvorstand und der Arbeitgeber die Anwendung des vereinfachten Wahlverfahrens vereinbaren.

Inhaltsübersicht

I. Vorbemerkungen

1 Ein wesentlicher Eckpunkt bei den Änderungen, die das BetrVerf-ReformG 2001 bei den Wahlvorschriften gebracht hat, ist das vereinfachte Wahlverfahren für **Kleinbetriebe.** Im Gesetzgebungsverfahren ist zur Begründung darauf hingewiesen worden, dass gerade in Kleinbetrieben selten BR bestehen würden und ein wesentlicher Grund dafür in dem für diese Betriebe zu aufwändigen und komplizierten Wahlverfahren liege.[1] Mit dem vereinfachten Wahlverfahren soll daher in Kleinbetrieben die **Errichtung von BR** erleichtert werden. Während des Gesetzgebungsverfahrens ist der Anwendungsbereich dieses Wahlverfahrens erweitert worden. Es kann auch in Betrieben mit 51 bis 100 wahlberechtigten AN angewandt werden, sofern dies zwischen dem **WV und dem AG vereinbart** wird.[2] Hier wäre eine generelle Erweiterung des vereinfachten Wahlverfahrens auf alle Betriebe bis 100 AN zur Erfüllung des Normzweckes wünschenswert (so auch der DGB in seinen Vorschlägen zur Anpassung des BetrVG im Jahre 2009).

2 Bei den AN-Zahlen als **Schwellenwerten** für die Anwendung des vereinfachten Wahlverfahrens orientiert sich die Vorschrift an § 9, der bei der zahlenmäßigen Größe des BR in den ersten Stufen ebenfalls von wahlberechtigten AN ausgeht. Die Zahl der regelmäßig beschäftigten AN kann **höher liegen** als die Zahl der wahlberechtigten AN (zur Wahlberechtigung vgl. § 7 Rn. 10 ff.). Das bedeutet beispielsweise, dass in einem Betrieb mit 110 AN, von denen nur 100 AN wahlberechtigt sind, die Anwendung des vereinfachten Wahlverfahrens zwischen WV und AG vereinbart werden kann. Sind allerdings unter den 110 AN des Betriebes bereits 101 wahlberechtigte AN, ist eine solche Vereinbarung nicht zulässig. Die BR-Wahl ist dann nach dem normalen Wahlverfahren durchzuführen. Andernfalls wäre die Wahl anfechtbar. Bei der anstehenden Wahl im Jahr 2014 müssen viele Wahlvorstände darauf achten, ob für sie noch § 14 a anwendbar ist, weil auf Grund der geänderten Rechtsprechung des BAG[3] die Leih-AN grundsätzlich mitzählen. Insoweit vgl. § 9 Rn. 14 f.

In den Fällen, in denen nicht ganz eindeutig feststeht, wie viele AN »regelmäßig« beschäftigt sind, können sich, wenn die entsprechenden AN-Zahlen nahe bei den zahlenmäßigen Schwellenwerten liegen, also bei ungefähr 50 AN oder 100 AN, Schwierigkeiten hinsichtlich der

1 BT-Drucks. 14/5741, S. 36, zu Nr. 12.
2 BT-Drucks. 14/5741, a. a. O.
3 *BAG* v. 13. 3. 13, 7 ABR 69/11.

Anwendung des vereinfachten Wahlverfahrens ergeben. Die »in der Regel« beschäftigten AN stellen **keine absolute Größe** dar. Entscheidend ist die Zahl der AN, und damit auch die Zahl der wahlberechtigten AN, die üblicherweise im Betrieb beschäftigt werden. Zu deren Feststellung bedarf es eines **Rückblicks** in die Vergangenheit und der **Einschätzung** der zukünftigen Entwicklung.[4] In **Grenzfällen** hat der WV einen gewissen Beurteilungsspielraum.[5] Eine unzutreffende Einschätzung des WV, ob die Voraussetzungen des § 14 a zur Durchführung des vereinfachten Wahlverfahrens vorliegen, macht die Wahl allerdings grundsätzlich anfechtbar.[6]

Das vereinfachte Wahlverfahren findet nicht nur bei der erstmaligen BR-Wahl statt. Sofern die Voraussetzungen vorliegen, kommt es auch bei den **weiteren Wahlen** zur Anwendung. In Betrieben mit 51 bis 100 AN setzt dies vor jeder Wahl eine entsprechende Vereinbarung zwischen WV und AG voraus (vgl. Rn. 33). Eine einmal getroffene Vereinbarung bringt somit **keine Dauerwirkung** auch für folgende Wahlen. Ist allerdings eine nach dem vereinfachten Wahlverfahren durchgeführte BR-Wahl erfolgreich angefochten worden, so gilt die zwischen WV und AG getroffene Vereinbarung auch für die Wiederholung der Wahl, es sei denn, die Vereinbarung selbst hat die Unwirksamkeit der Wahl verursacht. 3

Die Durchführung der Wahl nach dem vereinfachten Wahlverfahren in Betrieben mit in der Regel 51 bis 100 wahlberechtigten AN (Abs. 5) bedarf einer **ausdrücklichen** oder **konkludenten Vereinbarung** zwischen WV und AG. Es sind also zwei übereinstimmende Willenserklärungen erforderlich. Beschließt der WV in Anwesenheit der AG-Seite auf einer Betriebs- bzw. Wahlversammlung die Durchführung der BR-Wahl nach dem vereinfachten Wahlverfahren und schweigt der AG zu diesem Beschluss, so liegt darin noch keine Zustimmung der AG-Seite nach § 14 a Abs. 5.[7] Die unstatthafte Durchführung der Wahl nach dem Regelungen des vereinfachten Wahlverfahrens ist ein Verstoß gegen wesentliche Wahlvorschriften i. S. d. § 19 Abs. 1 und macht die Wahl anfechtbar.[8] 4

Die Regelungen des § 14 a unterscheiden zwischen einem zweistufigen und einem einstufigen Wahlverfahren. Das **zweistufige Wahlverfahren** kommt zur Anwendung, wenn ein unter den Anwendungsbereich des § 14 a fallender betriebsratsloser Betrieb besteht und ein WV nicht durch den GBR, den KBR oder das ArbG bestellt worden ist (vgl. im Einzelnen Rn. 6 ff.). Das **einstufige Wahlverfahren** ist anzuwenden, wenn ein WV bereits vorhanden ist, der die BR-Wahl durchführt (vgl. im Einzelnen Rn. 22). 5

Bei den folgenden Erläuterungen sind neben den in § 14 a festgelegten Grundsätzen die Regelungen der §§ 28 bis 37 der WO zum BetrVerf-ReformG zu beachten. Sie enthalten die wesentlichen Grundlagen für die wahltechnische Durchführung des vereinfachten Wahlverfahrens. 6

II. Das zweistufige vereinfachte Wahlverfahren (Abs. 1, 2)

Findet das zweistufige Wahlverfahren statt, weil § 14 a anzuwenden und ein WV nicht bestellt worden ist, können die **Einladungsberechtigten** zur ersten Wahlversammlung zur Wahl eines WV einladen. Einladungsberechtigt sind drei wahlberechtigte AN des Betriebs (zur Wahlberechtigung vgl. § 7) oder die im Betrieb vertretene Gewerkschaft (vgl. § 2 Rn. 29 f.). Die Einladung hat schriftlich zu erfolgen. Der AG hat einen entsprechenden Aushang bzw. eine Verteilung, auch durch einen Gewerkschaftsvertreter zu dulden; andernfalls liegt eine strafbare Wahlbehinderung nach § 119 Abs. 1 vor. 7

Die Einladung hat **zwingend** zu enthalten: die Angabe des Tages, an dem die Versammlung stattfindet und den Beginn; den Ort der Durchführung und den Hinweis, dass ab der Bestellung des WV bis zum Ende der Wahlversammlung Wahlvorschläge gemacht werden können; dass Wahlvorschläge von einer bestimmten Anzahl Wahlberechtigter unterzeichnet sein müssen und Wahlvorschläge, die erst in der Wahlversammlung zur Wahl des WV gemacht werden, 8

---

4 *BAG*, NZA 93, 955.
5 *BAG*, a. a. O.; zum Begriff »in der Regel« vgl. eingehend § 9 Rn. 6 ff.
6 vgl. Rn. 13; sowie *Fitting*, Rn. 4.
7 *BAG* 19. 11. 03, AiB 04, 432, AuR 04, 309.
8 *BAG*, a. a. O.

nicht der Schriftform bedürfen (vgl. § 28 Abs. 1 Satz 5 WO). Der besondere Kündigungsschutz des § 15 Abs. 3 a KSchG für die Initiatoren einer BR-Wahl nach § 14 a BetrVG hängt aber nicht davon ab, dass die Einladung zur Wahlversammlung den Anforderungen des § 28 Abs. 1 Satz 5 WO entspricht. Es ist ausreichend, dass die Einladung von drei wahlberechtigten AN unterzeichnet wurde und Angaben zu Ort und Zeit der Versammlung enthält.[9] Die Einladung kann auch ergänzend (bzw. ausschließlich, § 28 Abs. 1 Satz 4 i. V. m. § 2 Abs. 4 Satz 4 WO) mittels der im Betrieb vorhandenen Informations- und Kommunikationstechnik, z. B. durch Intranet, bekannt gemacht werden (§ 28 Abs. 1 Satz 4 WO). Der AG hat die im Betrieb vorhandene Informations- und Kommunikationstechnik **zur Verfügung zu stellen**.[10] Das gilt auch, wenn eine im Betrieb vertretene Gewerkschaft zur Wahlversammlung einladen will.[11] Nach erfolgtem Aushang hat der AG der einladenden Stelle alle für die Anfertigung der Wählerliste (§ 2 WO) erforderlichen Unterlagen in einem versiegelten Umschlag auszuhändigen (§ 28 Abs. 2 WO). Zwischen der Bekanntgabe der Einladung und der ersten Wahlversammlung muss nach § 28 Abs. 1 S. 2 WO eine Frist von **mindestens 7 Tagen** liegen (zur Fristberechnung vgl. § 41 WO Rn. 2). Der Tag der Bekanntgabe zählt nicht mit (§ 187 Abs. 1 BGB). Wird beispielsweise die Einladung an einem Mittwoch bekannt gemacht, beginnt die Frist nach § 28 Abs. 1 S. 2 WO am Donnerstag zu laufen und endet am Mittwoch der nächsten Woche. Die Wahlversammlung zur Wahl des WV darf daher frühestens am nächsten Tag, also am Donnerstag durchgeführt werden.

9 Die Einladenden üben im Versammlungsraum grundsätzlich das **Hausrecht** aus. Es erstreckt sich auf die mit der Durchführung der Versammlung notwendigen Handlungen, einschließlich der Sicherung des Zugangsrechts zum Versammlungsraum. Die Versammlung findet nach § 44 Abs. 1 grundsätzlich während der Arbeitszeit statt. Die Zeit der Teilnahme ist den AN wie Arbeitszeit zu vergüten. Das gilt auch für ggf. entstehende besondere Fahrtkosten.

10 **Abstimmungsberechtigt** sind alle AN des Betriebs, die an der Versammlung teilnehmen. Eine bestimmte Mindestzahl von teilnehmenden AN an der Versammlung ist nicht erforderlich. Die Wahl eines Versammlungsleiters ist nicht zwingend. Die Einladenden selbst können die Versammlung bis zur Wahl des WV leiten.

11 Ein Teilnahmerecht des AG an der Wahlversammlung besteht nicht. Der AG oder von ihm beauftragte und sachkundige Personen haben sich jedoch bereit zu halten, falls der WV, wenn er gewählt ist, über die vom AG erstellten Unterlagen (vgl. Rn. 7; vgl. auch § 28 Abs. 2 WO) hinaus weitere Angaben zur Anfertigung der Wählerliste benötigt (vgl. auch Rn. 12).

12 **Wahlvorschläge zur Wahl des WV** können sowohl aus der Mitte der Versammlung gemacht werden als auch von den Einladenden kommen. Der WV wird von der Mehrheit der anwesenden AN, nicht nur der wahlberechtigten, gewählt. Als WV-Mitglieder kommen aber nur wahlberechtigte AN des Betriebs in Betracht. Die Wählbarkeit ist nicht erforderlich. Die Zahl der WV-Mitglieder ist auf drei beschränkt (Ausschluss des § 16 Abs. 1 Satz 2 BetrVG, vgl. § 17 a Nr. 2). Die Bestellung von Ersatzmitgliedern ist zulässig.

13 Die **Wahl des WV** durch geheime Wahl ist nicht vorgeschrieben. Sie würde im Übrigen dem Grundsatz der Vereinfachung des Wahlverfahrens widersprechen, da bei geheimer Wahl die Verwendung von Stimmzetteln erforderlich wäre. Die Wahl des WV kann somit durch **Handaufheben** vorgenommen werden. Abzustimmen ist prinzipiell über die einzelnen Kandidaten. Nach den Grundsätzen der Vereinfachung des Verfahrens kann jedoch eine Abstimmung über einen **kompletten Vorschlag** erfolgen, der drei WV-Mitglieder und Ersatzmitglieder enthält, sofern sich letztere nur in dieser Eigenschaft zur Verfügung stellen. Werden allerdings mehr als drei Bewerber für das Amt als WV-Mitglied vorgeschlagen, hat eine (formlose) Abstimmung zu erfolgen. Für die Wirksamkeit der Wahl genügt die **Mehrheit der anwesenden AN.** Sind beispielsweise 30 AN in der Versammlung anwesend, sind für die Wirksamkeit eines Vorschlags 16 Stimmen notwendig. Ist die Wahl des WV erfolgt, ist von der Versammlung eines der WV-Mitglieder zum **Vorsitzenden** des WV zu wählen; auch hier genügt die Mehrheit der anwesenden AN. Unterlässt die Versammlung die Wahl des Vorsitzenden, wählen ihn die WV-Mitglieder aus ihrer Mitte.

---

9 *LAG Berlin* 25.6.03 – 17 Sa 531/03.
10 Vgl. umfassend *Schneider/Wedde*, AuR 1 – 2/07, 26 ff.
11 *Fitting*, Rn. 12.

Stellt der WV nach seiner Wahl und der Prüfung der vom AG übergebenen Unterlagen fest, dass im Betrieb **mehr als 50 wahlberechtigte AN** beschäftigt sind, darf er die Wahl **nicht** im vereinfachten Wahlverfahren durchführen. Er kann jedoch, wenn die Zahl der wahlberechtigten AN zwischen 51 und 100 Beschäftigten beträgt, mit dem AG die Anwendung des vereinfachten Wahlverfahrens **vereinbaren** (vgl. Rn. 3 a). Das weitere Verfahren richtet sich nach den Vorschriften über das einstufige Wahlverfahren.[12] Eine solche Vereinbarung ist nicht möglich, wenn die Zahl der wahlberechtigten AN über 100 liegt. Das weitere Verfahren bestimmt sich dann nach den Regelungen des normalen Wahlverfahrens.[13] **14**

Der WV hat noch in der Versammlung eine **Wählerliste,** getrennt nach den Geschlechtern, zu erstellen (§ 30 Abs. 1 Satz 2 WO). Darin sind die Wahlberechtigten mit Familienname, Vorname und Geburtsdatum zu erfassen. Der AG hat den WV zu unterstützen und ihm zusätzlich zu den bereits der einladenden Stelle überreichten Unterlagen zur Anfertigung der Wählerliste alle notwendigen weiteren Auskünfte zu erteilen und Unterlagen zur Verfügung zu stellen. Außerdem ist ein **Wahlausschreiben** in der Versammlung zu erlassen (§ 31 WO).[14] Es ist in der Versammlung bekannt zu geben und im Betrieb auszuhängen. Die Wählerliste ist darüber hinaus zusammen mit der Wahlordnung an geeigneter Stelle im Betrieb auszulegen. **15**

Das **Wahlausschreiben** (§ 31 Abs. 1 Satz 3 WO) hat bestimmte **Mindestangaben** zu enthalten: **16**

- das Datum des Erlasses;
- die Bestimmung des Ortes, an dem die Wählerliste und die WO ausliegen;
- den Hinweis, dass nur AN wählen können oder gewählt werden können, die in die Wählerliste eingetragen sind;
- dass Einsprüche gegen die Wählerliste nur vor Ablauf von drei Tagen seit Erlass des Wahlausschreibens schriftlich beim WV eingelegt werden können; der letzte Tag der Frist ist anzugeben;
- den Anteil der Geschlechter und den Hinweis, dass das Minderheitsgeschlecht im BR mindestens entsprechend seinem zahlenmäßigen Verhältnis vertreten sein muss, sofern der BR aus mindestens drei Mitgliedern besteht;
- die Zahl der zu wählenden BR-Mitgl. und die Angabe, wie viele BR-Sitze mindestens dem Minderheitsgeschlecht auf Grund des Geschlechteranteils zustehen;
- die Mindestzahl von AN, von denen ein Wahlvorschlag unterstützt sein muss, und den Hinweis, dass Wahlvorschläge der im Betrieb vertretenen Gew. von zwei Beauftragten unterzeichnet sein müssen;
- dass Wahlvorschläge bis zum Abschluss der Wahlversammlung zur Wahl des WV bei diesem eingereicht sein müssen;
- den Hinweis, dass Wahlvorschläge, die erst auf der Wahlversammlung zur Wahl des WV gemacht werden, nicht der Schriftform bedürfen;
- die Bestimmung des Orts, an dem Wahlvorschläge bis zum Abschluss der Stimmabgabe aushängen;
- den Hinweis, dass die Stimmabgabe an die Wahlvorschläge gebunden ist und nur solche Wahlvorschläge berücksichtigt werden, die fristgerecht eingereicht worden sind;
- Ort, Tag und Zeit der Stimmabgabe (zweite Wahlversammlung) und der nachträglichen Stimmabgabe für schriftlich abstimmende AN (§ 14 a Abs. 4), wobei das Verlangen auf schriftliche Stimmabgabe spätestens drei Tage vor der zweiten Wahlversammlung gestellt sein muss, Angabe der Betriebsteile, für die schriftliche Stimmabgabe beschlossen worden ist;
- den Ort, an dem die schriftlichen Stimmen (§ 14 a Abs. 4) sowie Einsprüche und sonstige Erklärungen gegenüber dem WV abgegeben werden können (Betriebsadresse des WV);
- Ort, Tag und Zeit der öffentlichen Stimmauszählung.

Die Wahlvorschläge sind bei dem WV in der Wahlversammlung bis zum **Schluss der Versammlung** einzureichen. In der Versammlung **mündlich gemachte** Wahlvorschläge bedürfen, abweichend von § 14 Abs. 4, nicht der Schriftform. Die nach § 14 Abs. 4 erforderliche Unter- **17**

12 *Berg,* AiB 02, 17, 23; *Fitting,* Rn. 23.
13 *Fitting,* a. a. O.
14 Muster bei DKKWF-*Berg/Heilmann/Schneider,* §§ 7 – 20 Rn. 25, 75, 79.

stützung durch **mindestens drei Wahlberechtigte** bzw. in Betrieben mit bis zu zwanzig wahlberechtigten AN durch **mindestens zwei Wahlberechtigte** kann auch durch Handzeichen erfolgen. Ein Wahlvorschlag kann auch durch Wahlbewerber oder WV-Mitglieder unterstützt werden.[15] Wenn verschiedene Wahlvorschläge erfolgen, ist jeweils die Unterstützung durch die entsprechende Anzahl von Wahlberechtigten erforderlich. Der WV hat darauf zu achten, dass verschiedene Wahlvorschläge nicht von denselben AN unterstützt werden. Es können in der Versammlung aber auch Wahlvorschläge in **Schriftform** eingereicht werden. Das wird vor allem in Betracht kommen, wenn wahlberechtigte AN oder auch Wahlbewerber an der Versammlung zur Wahl des WV nicht teilnehmen können und eine Person ihres Vertrauens bitten, den Wahlvorschlag nach der Wahl des WV bei diesem einzureichen.[16] Solche Wahlvorschläge bedürfen der Unterzeichnung der in § 14 Abs. 4 vorgesehenen Anzahl wahlberechtigter AN. Vorschläge von Gewerkschaften müssen von zwei Beauftragten unterzeichnet sein.

18 Nach **Beendigung der Wahlversammlung** zur Wahl des WV können Wahlvorschläge nicht mehr eingereicht werden. Die Wahlversammlung ist **beendet,** wenn der WV die eingereichten Wahlvorschläge geprüft und erforderliche Rückfragen geklärt hat. Bevor der WV das Ende der Wahlversammlung feststellt, sollte er die AN auf den bevorstehenden Versammlungsschluss hinweisen für den Fall, dass einzelne Wahlberechtigte noch Vorschläge einreichen wollen.[17]

19 Die wesentlichen Vorgänge in der Wahlversammlung sind zu **protokollieren.** Das betrifft insbesondere die gemachten Wahlvorschläge und die Anzahl der Stützunterschriften, aber auch sonstige Vorgänge, wie etwa Probleme bei der Erstellung der Wählerliste. Unmittelbar nach Abschluss der Wahlversammlung hat der WV die gültigen Wahlvorschläge in gleicher Weise bekannt zu machen wie das Wahlausschreiben (§ 33 Abs. 4 WO).

20 Nach Durchführung der ersten Wahlversammlung hat der WV die Wahl selbst, die in einer **zweiten Wahlversammlung** erfolgt, vorzubereiten. Er hat somit dafür zu sorgen, dass ein geeigneter Platz für die Stimmabgabe zur Verfügung steht, in dem die geheime Stimmabgabe (etwa durch Trennwände) möglich ist. Das kann ein Raum in einer Gaststätte sein, sollten keine innerbetrieblichen Möglichkeiten zur Verfügung stehen. Es genügt aber auch bei entsprechender Vorbereitung ein öffentlicher Platz[18]. Vor allem ist für die Anfertigung der **Stimmzettel** auf der Grundlage der Wahlvorschläge zu sorgen. Auf den Stimmzetteln sind die Wahlbewerber, **unabhängig** von der Reihenfolge, in der sie vorgeschlagen sind, in alphabetischer Reihenfolge unter Angabe von Familienname, Vorname und Art der Beschäftigung im Betrieb aufzuführen.

21 Die **Einspruchsfrist** gegen die Wählerliste endet bei dem zweistufigen Wahlverfahren bereits drei Tage nach Erlass des Wahlausschreibens, also drei Kalendertage nach Durchführung der ersten Wahlversammlung, wobei der Tag dieser Versammlung nicht mitzählt (§ 30 Abs. 2 WO).

22 In der zweiten Wahlversammlung, die **eine Woche nach der Wahl des WV** stattfindet, wird der BR in **geheimer und unmittelbarer Wahl** von den wahlberechtigten AN gewählt (zur Fristberechnung vgl. § 13 Rn. 7). Die Wähler bekommen im Wahlraum einen Stimmzettel und einen Wahlumschlag ausgehändigt. Sie müssen Gelegenheit haben, den Stimmzettel unbeobachtet auszufüllen. Der Wähler hat **so viele Stimmen, wie BR-Mitglieder** zu wählen sind. Er darf weniger Wahlbewerber wählen, aber nicht mehr. Nach erfolgter Stimmabgabe wird der Stimmzettel in den Wahlumschlag gelegt. Nachdem der WV die Stimmabgabe in der Wählerliste vermerkt hat, wird der Wahlumschlag mit dem darin befindlichen Stimmzettel in die Wahlurne geworfen.

23 Nach Beendigung des Wahlvorgangs darf eine **Öffnung der Wahlurne** und die Stimmauszählung nur erfolgen, **wenn keine schriftlichen Stimmabgaben** mehr ausstehen (zur schriftlichen Stimmabgabe vgl. Rn. 24 ff.). Hat der WV Unterlagen für die schriftliche Stimmabgabe versandt bzw. an schriftlich Abstimmende übergeben und stehen noch solche Stimmen aus, ist die Wahlurne zu versiegeln und so lange sicher aufzubewahren, bis der Zeitpunkt für die Frist

15 *Fitting,* Rn. 32.
16 *Fitting,* Rn. 30.
17 *Fitting,* Rn. 34.
18 *ArbG Kiel* v. 13.11.03 – 1 BV 34 d/03.

zur nachträglichen Stimmabgabe abgelaufen ist (§ 35 Abs. 3 WO). Ist die Frist abgelaufen, werden die schriftlichen Stimmen geprüft, ob sie **ordnungsgemäß** sind. Ist das der Fall, wird die Stimmabgabe in der Wählerliste vermerkt und der Wahlumschlag mit dem darin befindlichen Stimmzettel in die Wahlurne geworfen. Auf diese Weise erfolgt eine Vermischung der schriftlichen Stimmen mit den in der zweiten Wahlversammlung abgegebenen Stimmen. Sodann erfolgt in einem weiteren Schritt öffentlich eine **Auszählung der Stimmen** und die Bekanntgabe des (vorläufigen) Wahlergebnisses.

Es sind, da die Wahl nach den Grundsätzen der Mehrheitswahl durchgeführt wurde, die Bewerber mit den **meisten Stimmen** gewählt. Hat somit der BR aus einer Person zu bestehen, bildet der Wahlbewerber den BR, der die meisten Stimmen erhalten hat. Besteht der BR aus drei Mitgliedern, sind grundsätzlich die Wahlbewerber gewählt, auf die in dieser Reihenfolge die meisten Stimmen entfallen sind. Die anderen Wahlbewerber sind in der Reihenfolge der erhaltenen Stimmen **Ersatzmitglieder.** Soweit § 15 Abs. 2 Anwendung findet, also das in der Minderheit befindliche Geschlecht eine Mindestanzahl von BR-Sitzen erhält, greift ein besonderer Auszählungsmodus (zu den Einzelheiten vgl. § 15 Rn. 16 f. und § 5 WO). Die Gewählten sind zu fragen, ob sie die Wahl annehmen. Nehmen sie die Wahl an, sind sie gewählt (§ 17 WO); ebenso, wenn sie sich nicht zu ihrer Wahl äußern. Nur dann, wenn sie die Wahl ausdrücklich nicht annehmen, gelten sie als nicht gewählt (§ 17 WO). An ihrer Stelle kommt das an erster Stelle stehende Ersatzmitglied in den BR. Das endgültige Wahlergebnis hat der WV durch **Aushang** bekannt zu machen. 24

III. Das einstufige vereinfachte Wahlverfahren (Abs. 3)

Nicht das zweistufige, sondern das **einstufige Verfahren** kommt zur Anwendung, wenn eine Wahlversammlung zur Bildung eines WV nicht erforderlich ist. Das ist in folgenden Fällen gegeben: 25

- In einem Betrieb nach § 14 a besteht bereits ein BR; dieser bestellt den WV, und zwar vier Wochen vor Ablauf der Amtszeit (§ 17 a i. V. m. § 16 Abs. 1 Satz 1).
- Es besteht ein BR, dieser bleibt aber untätig. Die Bestellung des WV erfolgt durch das ArbG auf Antrag von mindestens drei Wahlberechtigten oder einer im Betrieb vertretenen Gew. (§ 17 a i. V. m. § 16 Abs. 2).
- Es besteht kein BR, der WV wird jedoch vom GBR oder, wenn ein solcher nicht besteht, vom KBR bestellt (§ 17 a i. V. m. § 17 Abs. 1).
- Ein BR besteht nicht, die einberufene Wahlversammlung zur Wahl eines WV kommt nicht zustande oder sie kommt zwar zustande, wählt aber keinen WV. Die Bestellung des WV erfolgt durch das ArbG auf Antrag von mindestens drei Wahlberechtigten oder einer im Betrieb vertretenen Gew. (§ 17 a Nr. 4 i. V. m. § 17 Abs. 4).
- Ebenfalls kommt das einstufige vereinfachte Wahlverfahren zur Anwendung, wenn sich nach Bildung eines Wahlvorstandes, dieser und der AG auf die Anwendung des vereinfachten Verfahrens i. S. v. Absatz 5 dieser Vorschrift verständigen (vgl. hierzu V.). 26

Sofern ein WV nach einer dieser Varianten zustande gekommen ist, wird der BR in einer nunmehr vom WV einberufenen Wahlversammlung gewählt. Bei diesem einstufigen Verfahren gibt es bestimmte **Abweichungen** zu dem zweistufigen Wahlverfahren (§ 36 WO). Der WV erstellt unverzüglich die Wählerliste und erlässt das Wahlausschreiben grundsätzlich mit den Angaben, wie sie auch bei dem zweistufigen Wahlverfahren zu machen sind (vgl. Rn. 13).[19] Es ist darauf hinzuweisen, an welchen Stellen im Betrieb die Wählerliste ausliegt. Im Wahlausschreiben, das auch ergänzend (bzw. ausschließlich, § 36 Abs. 3 Satz 3 i. V. m. §§ 31 Abs. 2 Satz 3, 2 Abs. 4 Satz 4 WO) mittels der im Betrieb vorhandenen Informations- und Kommunikationstechnik bekannt gemacht werden kann (§ 36 Abs. 3 Satz 3 i. V. m. § 31 Abs. 2 WO), hat der Hinweis zu erfolgen, dass die **Wahlvorschläge bis spätestens eine Woche** vor der Durchführung der Wahlversammlung zur Wahl des BR (§ 14 a Abs. 3 Satz 2) beim WV **schriftlich** eingereicht werden und von der in § 14 Abs. 4 vorgesehenen Anzahl von AN mit 27

19 Zu dem Muster eines Wahlausschreibens beim einstufigen vereinfachten Wahlverfahren vgl. DKKWF-*Berg/Heilmann/Schneider*, §§ 7 – 20 Rn. 75.

Stützunterschriften versehen werden müssen. Das Gesetz sieht mit der Festlegung, dass Wahlvorschläge spätestens eine Woche vor dem Tag der Wahlversammlung beim WV einzureichen sind, lediglich das **Fristende** vor, die Dauer der Frist ist dagegen nicht vorgeschrieben. Es muss jedoch eine **angemessene Frist** zur Verfügung stehen. Allgemein wird eine Orientierung an der Wertung des § 28 Abs. 1 Satz 2 WO befürwortet und eine Frist von einer Woche zur Einreichung von Wahlvorschlägen als ausreichend angesehen.[20] Angesichts der zeitlichen Vorgaben beim einstufigen vereinfachten Verfahren, die bei der letztmöglichen Bestellung des WV bedenklich kurz bemessen sind,[21] wird eine kürzere Einreichungsfrist nicht immer zu vermeiden sein. Eine zu kurze Frist kann jedoch zur **Anfechtung** nach § 19 Abs. 1 führen.[22] Ein wesentlicher Unterschied zum zweistufigen Wahlverfahren liegt außerdem in der zwingend vorgeschriebenen Schriftform bei der Einreichung von Wahlvorschlägen. Die Wahlversammlung zur Wahl des BR läuft im Übrigen grundsätzlich in derselben Weise ab wie beim zweistufigen Wahlverfahren.

IV. Die schriftliche Stimmabgabe (Abs. 4)

28 Wahlberechtigten, die an der Wahlversammlung zur Wahl des BR nicht teilnehmen können, weil sie aus persönlichen oder dienstlichen Gründen verhindert sind, ist Gelegenheit zur **schriftlichen Stimmabgabe (Briefwahl)** zu geben. Die Regelung gilt sowohl für das einstufige als auch das zweistufige Wahlverfahren. Diese Wahlberechtigten müssen das Verlangen auf schriftliche Stimmabgabe **spätestens drei Tage** vor dem Tag der Wahlversammlung zur Wahl des BR dem WV mitgeteilt haben. Findet beispielsweise die Wahlversammlung zur Wahl des BR an einem Freitag statt, so ist das Verlangen zur Übersendung der Unterlagen zur schriftlichen Stimmabgabe bis zum Ablauf des Montags dieser Woche (Arbeitsschluss) beim WV zu stellen; bei Stattfinden der Wahlversammlung am Montag bis Ablauf des Donnerstags, Arbeitsschluss der Vorwoche. Werden Anträge auf schriftliche Stimmabgabe gestellt, verschiebt sich die Stimmauszählung. Die dadurch erforderlich werdende nachträgliche schriftliche Stimmabgabe hat der WV unter Angabe des Orts, des Tags und der Zeit der Stimmauszählung bekannt zu machen (§ 35 Abs. 2 WO; vgl. auch Rn. 27).

29 Die WO sieht **keine konkrete Frist** für die nachträgliche schriftliche Stimmabgabe vor. Es ist daher davon auszugehen, dass die Frist so zu bemessen ist, dass unter Berücksichtigung der Bedingungen im Betrieb und der normalen Postlaufzeit eine ordnungsgemäße Briefwahl möglich ist. Die Auffassungen darüber, welche Frist angemessen ist, gehen erheblich auseinander. Sie reichen von mindestens drei Tagen bis längstens eine Woche.[23] Da bei dem vereinfachten Wahlverfahren die Fristen nicht zu lang sein dürfen, wird im allgemeinen eine Frist von vier Tagen nach der Wahlversammlung zur Wahl des BR ausreichend sein (vgl. auch § 35 WO Rn. 4).

30 Der WV hat solchen Wahlberechtigten, die wegen der **Eigenart ihres Beschäftigungsverhältnisses** zum Zeitpunkt der Wahlversammlung zur Wahl des BR voraussichtlich nicht im Betrieb sein werden, die Unterlagen für die schriftliche Stimmabgabe vor der zweiten Wahlversammlung zuzusenden. Der AG hat den WV bei der Feststellung dieses Personenkreises zu unterstützen. Die Übersendung der Unterlagen hat auch für die **Betriebsteile** zu erfolgen, bei denen der WV die schriftliche Stimmabgabe beschlossen hat.

31 Die Unterlagen für die schriftliche Stimmabgabe (Briefwahl) bestehen aus dem **Wahlvorschlag**, dem **Stimmzettel** und dem **Wahlumschlag,** in den der Stimmzettel nach seiner Ausfüllung gelegt wird, dem **Wahlausschreiben,** einer **vorgedruckten Erklärung,** mit der der Wähler durch seine Unterschrift die persönliche Kennzeichnung des Stimmzettels versichert, und einem **größeren Freiumschlag,** der die Anschrift des WV und als Absender den Namen und die Anschrift des Wahlberechtigten sowie den Vermerk »Schriftliche Stimmabgabe« trägt.

---

20 *HessLAG* 23.1.03, AuR 03, 158; *Fitting,* § 36 WO Rn. 11; GK-*Kreutz/Jacobs,* Rn. 94; Richardi-*Thüsing,* § 36 WO Rn. 5; zur Berechnung der Frist vgl. § 41 WO Rn. 3 a.

21 Vgl. dazu Richardi-*Thüsing,* § 36 WO Rn. 14.

22 Vgl. *HessLAG,* a. a. O., für den Fall, dass zur Einreichung von Wahlvorschlägen nur wenige Stunden zur Verfügung stehen.

23 *Fitting,* Rn. 41 m. w. N.

Die Aushändigung bzw. die Übersendung der Unterlagen für die schriftliche Stimmabgabe ist in der **Wählerliste zu vermerken.** Die dem WV wieder zugehenden schriftlichen Stimmabgaben sind bis zum Ablauf der Frist für die nachträgliche Stimmabgabe **ungeöffnet und sicher** aufzubewahren. Erst mit Ablauf dieser Frist werden in einer **öffentlichen Sitzung,** in der die Stimmauszählung erfolgt, die größeren Freiumschläge geöffnet und der Wahlumschlag sowie die getrennt beigefügte Erklärung über die persönliche Kennzeichnung entnommen. Bei ordnungsgemäßer Stimmabgabe wird die schriftliche Stimme, also der Wahlumschlag mit dem darin befindlichen Stimmzettel, nach Vermerk der Stimmabgabe **in die Wahlurne geworfen** und so den im Wahlraum abgegebenen Stimmen beigemischt (§ 35 Abs. 3 WO). Erst dann erfolgt die **Auszählung** der Stimmen und die Bekanntgabe des **Wahlergebnisses** (§ 35 Abs. 4 WO; vgl. auch Rn. 20). **32**

V. Anwendbarkeit auf Grund von Vereinbarung (Abs. 5)

Die Anwendbarkeit des erheblich günstigeren vereinfachten Wahlverfahrens in Betrieben zwischen 51 und 100 AN bedarf der Vereinbarung zwischen Wahlvorstand und AG. Dies stellt in Betrieben dieser Größenordnung, die noch ohne Betriebsrat sind, eine besondere Hürde dar, weil sich die Wahl in jeder Hinsicht für den unerfahrenen Wahlvorstand verkompliziert und damit fehleranfälliger wird. Insoweit fordert der DGB schon länger, dass die verpflichtende Anwendung des Vereinfachten Verfahrens auf diese Betriebe ausgedehnt wird[24]. Auch eine Ausdehnung der optionalen Anwendung auf Betriebe bis zu 200 AN, würde die Gründung von Betriebsräten erleichtern, dort wo sie bisher nur schwer möglich war. **33**

Die Vereinbarung kann sowohl explizit zwischen Wahlvorstand und AG geschlossen werden, als auch konkludent, z. B. durch Duldung durch den AG[25]. Es ist jedoch eine schriftliche Vereinbarung empfehlenswert, um Beweißschwierigkeiten in Streitfällen zu vermeiden (vgl auch Rn. 3). Die Vereinbarung auf Anwendung des Vereinfachten Verfahrens kann auch im Vorfeld der Wahl durch den existierenden Betriebsrat geschlossen werden, unterliegt dann jedoch der Prüfung durch den jeweiligen Wahlvorstand. Diese Vereinbarung kann auch jederzeit vor Einleitung der Wahl geschlossen werden und hat dann die Wahl nach den Grundsätzen der Mehrheitswahl zur Folge. Dies hat in Betrieben mit erstmaliger BRWahl den Wechsel vom zweistufigen zum einstufigen Vereinfachten Wahlverfahren zur Folge. Hinsichtlich des weiteren Ablaufes der Wahl kann auf die §§ 36, 37 WO verwiesen werden. **34**

§ 15 Zusammensetzung nach Beschäftigungsarten und Geschlechtern

(1) Der Betriebsrat soll sich möglichst aus Arbeitnehmern der einzelnen Organisationsbereiche und der verschiedenen Beschäftigungsarten der im Betrieb tätigen Arbeitnehmer zusammensetzen.

(2) Das Geschlecht, das in der Belegschaft in der Minderheit ist, muss mindestens entsprechend seinem zahlenmäßigen Verhältnis im Betriebsrat vertreten sein, wenn dieser aus mindestens drei Mitgliedern besteht.

Inhaltsübersicht

24 »Betriebsverfassung im 21. Jahrhundert«; Positionspapier der DGB-Gewerkschaften zur Anpassungsbedürftigkeit der Betriebsverfassung vom September 2009.

25 *Fitting*, Rn. 53.

I. Berücksichtigung der Organisationsbereiche und Beschäftigungsarten (Abs. 1)

1 Der BR ist die Gesamtvertretung aller AN im betrieblichen Bereich. Dementsprechend soll der BR ein **Spiegelbild der Belegschaft** sein. Diesem Grundsatz will Abs. 1 Rechnung tragen. Der BR soll sich möglichst aus AN der einzelnen Organisationsbereiche und der verschiedenen Beschäftigungsarten der im Betrieb vertretenen AN zusammensetzen.

2 **Organisationsbereiche** sind die organisatorischen Untergliederungen innerhalb eines Betriebs oder einer anderen in § 3 vorgesehenen betriebsverfassungsrechtlichen Organisationseinheit, wie beispielsweise Betriebsabteilungen (die verschiedenen Bereiche in der Produktion oder die Abteilungen Einkauf, Verkauf, Versand usw.). Mit **Beschäftigungsarten** sind die im Betrieb vorhandenen verschiedenen Berufsgruppen und Arbeitstätigkeiten gemeint, wie etwa Facharbeiter, angelernte Arbeiter, Kraftfahrer und die verschiedenen Angestelltentätigkeiten. Ausländische AN werden nicht erwähnt. Ihre Berücksichtigung ergibt sich aber bereits aus dem Grundsatz des § 75 und damit ihrer sachgerechten Integration, wenn sie bei der Aufstellung von Wahlvorschlägen angemessen berücksichtigt werden.[1]

3 Die Regelung ist **nicht zwingend.** Sie soll in erster Linie bei der Aufstellung von Wahlvorschlägen beachtet werden; aber auch dem Wähler deutlich machen, dass sich der BR möglichst entsprechend der Organisation des Betriebs und der Struktur der Arbeitnehmerschaft zusammensetzen soll (zur Berücksichtigung der Geschlechter vgl. Abs. 2). Es hat auf die Gültigkeit der Wahl keinen Einfluss, wenn die Aufsteller von Wahlvorschlägen der Vorschrift des Abs. 1 nicht nachkommen; ebenso nicht, wenn bei der Aufstellung von Wahlvorschlägen dem Abs. 1 zwar Rechnung getragen wird, das Wahlergebnis dem aber nicht entspricht.

4 Scheidet ein BR-Mitglied, das in einem bestimmten Organisationsbereich beschäftigt ist oder einer bestimmten Beschäftigungsart angehört, aus dem BR aus, kommen nicht Vertreter aus diesem Organisationsbereich bzw. aus der betreffenden Beschäftigungsart in den BR. Das Nachrücken des Ersatzmitglieds bestimmt sich allein nach den **Grundsätzen des § 25,** sofern nicht bei dem Nachrücken die Mindestquote für das im Betrieb befindliche Minderheitsgeschlecht zu beachten ist (vgl. Rn. 20).

II. Berücksichtigung der Geschlechter (Abs. 2)

1. Die Konzeption des Absatzes 2

5 Die Vorschrift des Abs. 2 bringt gegenüber der Regelung des § 15 Abs. 2 BetrVG 1972 eine **wesentlich andere Festlegung** der zahlenmäßigen Berücksichtigung der Geschlechter im Betriebsrat. Sie ist umso bemerkenswerter, als die neue Bestimmung die frühere Regelung, nach der die Geschlechter entsprechend ihrem zahlenmäßigen Verhältnis im Betriebsrat vertreten sein **sollten,** nicht nahtlos abgelöst hat. Während des Gesetzgebungsverfahrens war geplant, die bisherige Sollvorschrift in eine **Mussvorschrift** umzuwandeln. Die nach § 9 zu vergebenden Betriebsratssitze wären danach entsprechend dem zahlenmäßigen Verhältnis der Frauen und Männer im Betrieb **zwingend** auf die Geschlechter verteilt worden.[2] Es zeigte sich jedoch während des Gesetzgebungsverfahrens, dass eine solche »starre« Geschlechterquote zu großen Problemen bei ihrer Anwendung und sogar zu verfassungsrechtlichen Bedenken geführt hätte. In bestimmten Fällen hätte sie das Ziel der Frauenförderung verfehlt; unter Umständen sogar konterkariert.

6 Bei Anwendung der starren Geschlechterquote wäre der Anteil des Minderheitsgeschlechts, das in der Praxis in den Betrieben in vielen Fällen von den Frauen gestellt wird, von **vornherein begrenzt** worden. Das hätte bedeutet: In den Betrieben, in denen Frauen durch das Wählervotum über den Geschlechteranteil hinaus Betriebsratssitze eingenommen hatten, wäre ihr Anteil bei der nächsten und den folgenden Betriebsratswahlen auf den Geschlechteranteil zurückgeworfen worden, mit zum Teil schlimmen Folgen für die Frauenförderung.[3]

1 Vgl. *Fitting*, Rn. 1.
2 BT-Drucks. 14/5741, S. 37, zu Nr. 13.
3 Vgl. dazu *Hass u. a.*, AiB 01, 282.

Hinzu kam ein weiteres Problem: In den Fällen, in denen der Frauenanteil im Betrieb unter dem zahlenmäßigen Schwellenwert lag, der zur Besetzung des letzten Betriebsratssitzes innerhalb der nach dem Höchstzahlensystem zu vergebenden Betriebsratsmandate nach § 9 erforderlich war, wäre den Frauen als Minderheitsgeschlecht von vornherein **kein Sitz zugefallen.** Sie wären bei bestimmten zahlenmäßigen Konstellationen, ungeachtet des für sie bestehenden passiven Wahlrechts, von einer Mitarbeit in der betrieblichen Interessenvertretung ausgeschlossen worden.[4]

Die jetzt vorgesehene Mindestquote für das Geschlecht, das im Betrieb in der Minderheit ist, **7**
hat einen **anderen Ansatz.** Sie geht von einem Mindestsockel an Betriebsratsmandaten für dieses Geschlecht aus, ohne auszuschließen, dass das Minderheitsgeschlecht durch das Wahlergebnis einen über die Mindestsitze **hinausgehenden Anteil** von Betriebsratssitzen erhält. Dieses System unterscheidet sich damit wesentlich von den **Gruppenregelungen für Angestellte und Arbeiter,** wie sie vor dem In-Kraft-Treten des BetrVerf-Reformgesetzes 2001 bestanden haben. Die bis dahin anzuwendenden Gruppenregelungen brachten nicht nur eine zwingende Aufteilung der Betriebsratssitze auf die Gruppen der Arbeiter und Angestellten, sondern darüber hinaus einen **Mindestsockel** von Betriebsratssitzen, den die Minderheitsgruppe auch dann beanspruchen konnte, wenn ihr nach dem zahlenmäßigen Verhältnis kein Sitz bzw. nur eine geringe Anzahl von Sitzen zustand (§ 10 Abs. 1, 2 BetrVG 1972 a. F.). Der Minderheitsgruppe stand außerdem eine zwingende Berücksichtigung bei zahlreichen **organisatorischen Grundlagen** der Betriebsratsarbeit zu (vgl. etwa § 26 Abs. 1, 2, § 27 Abs. 2, § 28 Abs. 2, § 38 Abs. 2 BetrVG 1972 a. F.).

Der gravierendste Unterschied zwischen beiden Konzeptionen liegt allerdings darin, dass bei **8**
der geltenden Regelung des § 15 Abs. 2 den Geschlechtern der **Charakter eigenständiger Gruppen fehlt** und damit nicht die Gefahren einer der einheitlichen betrieblichen Interessenvertretung abträglichen Separierung entstehen, wie das im Verhältnis der Arbeiter und Angestellten nach dem seinerzeit bestehenden Gruppenrecht der Fall war. Ungeachtet der in Abs. 2 zwingend vorgesehenen Mindestvertretung des Minderheitsgeschlechts wäre es daher verfehlt, davon zu sprechen, dass Frauen und Männer den Betriebsrat »gemeinsam« wählen. Das gehört zum inzwischen **überholten Vokabular** von Regelungen für **eigenständige Gruppen.** Frauen und Männer wählen die sie gegenüber dem Arbeitgeber vertretende betriebliche Interessenvertretung genauso gemeinsam wie auch andere Beschäftigtengruppen im Betrieb.

Gleichwohl kann auch die jetzige Regelung des § 15 Abs. 2 **erhebliche Probleme** aufwerfen. So **9**
muss bei bestimmten Konstellationen das **Wahlergebnis korrigiert** werden. Damit kann das Prinzip des gleichen Erfolgswerts jeder gültigen Wählerstimme beeinträchtigt sein. Dieses Prinzip bedeutet, dass für die Zuteilung eines Mandats die höhere Stimmenzahl, die ein Wahlbewerber erreicht, ausschlaggebend zu sein hat und andernfalls ein Verstoß gegen das **Wahlgleichheitsprinzip** vorliegen kann. Bei einer nach § 15 Abs. 2 erforderlich werdenden Korrektur des Wahlergebnisses sind ggf. nicht die erreichten Wählerstimmen für die Zuteilung eines BR-Sitzes maßgebend, sondern die Zugehörigkeit zu einem bestimmten Geschlecht.

Das Bundesarbeitsgericht hat sich bereits mit den **verfassungsrechtlichen Aspekten** der Min- **10**
destquote für das Minderheitsgeschlecht befassen müssen. Es hat entschieden, dass die Regelungen in § 15 Abs. 2 BetrVG und § 15 Abs. 5 Nr. 2 WO **nicht verfassungswidrig** sind.[5] So würde der in § 15 Abs. 5 Nr. 2 WO vorgesehene **Listensprung** weder gegen den nach Art. 3 Abs. 1 GG bestehenden Grundsatz der **Gleichheit der Wahl** verstoßen, noch werde dadurch in unzulässiger Weise in die durch Art. 9 Abs. 3 GG gewährleistete **Tarifautonomie** eingegriffen. Es steht allerdings noch eine Entscheidung des **Bundesverfassungsgerichts** zur Verfassungsmäßigkeit des § 15 Abs. 2 aus. Das Landesarbeitsgericht Köln hat einen aus dem Bereich der privatisierten Postunternehmen kommenden Rechtstreit, bei dem es um die Frage des Listensprungs nach § 15 Abs. 5 Nr. 2 WO zur Berücksichtigung der dem Minderheitsgeschlecht zwingend zustehenden Betriebsratssitze ging, dem Bundesverfassungsgericht vorgelegt.[6] Das bei ihm anstehende Beschlussverfahren hat das *LAG Köln* ausgesetzt und nach Art. 100 Abs. 1

4 Vgl. dazu umfassend *Homburg/Klebe* in FS für Heide Pfarr, S. 209 ff.
5 *BAG* 16.3.05 – 7 ABR 40/04.
6 *LAG Köln* 13.10.03 – 2 TaBV 1/03.

GG, §§ 13 Nr. 11, 80 ff. BVerfGG dem Bundesverfassungsgericht zur Entscheidung über die Verfassungsmäßigkeit der §§ 24, 26 PTNeuOG in Verbindung mit § 34 PTNeuOG und § 15 Abs. 2 BetrVG in Verbindung mit § 126 BetrVG vorgelegt[7].

2. Die wahltechnische Umsetzung

a) Der Belegschaftsbegriff

11 Die Regelung des Abs. 2 kommt prinzipiell zur Anwendung, wenn im Betrieb **beide Geschlechter** vertreten sind und der BR aus mindestens **drei Mitgliedern** besteht (zu den Fällen der eingeschränkten oder der Nichtanwendung des Abs. 2 trotz der Mindestgröße des BR vgl. Rn. 21 ff.). Zur Feststellung der dem Minderheitsgeschlecht zustehenden Mindestmandate ist auf den Anteil des Minderheitsgeschlechts in der Belegschaft abzustellen. Mit dem Begriff **Belegschaft** ist grundsätzlich die Zahl der AN i. S. des § 9 gemeint, die im Betrieb tätig sind. Mitzuzählen sind aber auch die AN, die in den Betrieb **eingegliedert** sind und dem Betriebszweck dienen, zum Betriebsinhaber (Beschäftigungs-AG) aber in keinen vertragsrechtlichen Beziehungen stehen, sondern diesem von einem anderen AG zur Arbeitsleistung überlassen worden sind (vgl. § 7 Rn. 7 ff.). Mit der Rechtsprechungsänderung des BAG durch die Entscheidung vom 13.3.13 sind somit auch alle Leih-AN bei der Ermittlung des richtigen Verhältnisses der Geschlechter mitzuzählen (vgl. auch § 9 Rn. 14). Aber auch andere Beschäftigte kommen in Betracht, wie z. B. AN im Rahmen der **Konzernleihe.** Der Gesetzgeber gibt diesen Beschäftigten, sofern sie **länger als drei Monate** im Betrieb eingesetzt werden, das aktive Wahlrecht zum BR (§ 7 Satz 2) und stellt sie damit auch insoweit den anderen AN gleich. Leih-AN sind also bei der Ermittlung der Mandate für das Minderheitsgeschlecht unabhängig von der Einsatzdauer zu berücksichtigen.

12 Bei der Feststellung, wie viele Sitze das Geschlecht in der Minderheit auf Grund seines Anteils in der Belegschaft bekommt, ist § 9 heranzuziehen. Diese Bestimmung legt die **Gesamtzahl** der BR-Sitze fest. Auch § 9 geht von dem Begriff des AN aus, wie er für die Festlegung der Belegschaftsgröße maßgebend ist. Bei der zweiten und dritten Stufe des § 9 gibt es aber insoweit **Abweichungen,** als bei ihnen auf die Zahl der wahlberechtigten AN abgestellt wird (bei der ersten Stufe mit fünf bis 20 wahlberechtigten AN wird ein aus einer Person bestehender BR gewählt, so dass § 15 Abs. 2 ohnehin keine Anwendung findet). Bei der Anwendung der **dritten Stufe** ist außerdem zu berücksichtigen, dass mindestens 51 wahlberechtigte AN im Betrieb beschäftigt sein müssen, damit der BR aus fünf Mitgliedern besteht (vgl. auch das Beispiel bei § 9 Rn. 2). Bei den weiteren Stufen des § 9 kommt es für die dem Minderheitsschlecht zuzuweisenden BR-Mandate nur noch auf die Zahl der AN an, ohne Rücksicht auf deren Wahlberechtigung.

13 Bei der Prüfung, wie viele AN der Belegschaft zuzurechnen sind, ist allerdings – anders als bei § 9 – nicht auf die Zahl der **»regelmäßig« beschäftigten AN** abzustellen. Das ist offensichtlich darauf zurückzuführen, dass die Ermittlung des zahlenmäßigen Anteils der Geschlechter nicht mit größeren Schwierigkeiten und Unwägbarkeiten verbunden werden sollte. Für die Beschäftigtenzahl und damit für die Festlegung der Mindestquote für das Minderheitsgeschlecht sind daher die entsprechenden AN-Zahlen bei der **Einleitung der Wahl** (Aushang des Wahlausschreibens) maßgebend.[8] Damit kann die **Wählerliste** einen wesentlichen Anhaltspunkt für die Frage geben, wie viele Frauen und Männer im Betrieb beschäftigt sind. Sie wird gleichwohl vielfach keine abschließende Antwort geben können, da auch die nicht wahlberechtigten AN hinzugezählt werden müssen, wie insbesondere Auszubildende und jugendliche AN unter 18 Jahren (*Schneider,* Das Minderheitsgeschlecht und die Mindestquote, S. 10). Bei Aushang des Wahlausschreibens ist unbedingt darauf zu achten, dass nur dem Geschlecht in der Minderheit ein Minimum an Sitzen garantiert wird. Das Geschlecht in der Mehrheit kann also zahlenmäßig schlechter vertreten sein, als es nach d'Hondt Sitze bekäme. Das muss auch entsprechend auf dem Wahlausschreiben durch Streichung des Begriffes »mindestens« vor

7 Zur verfassungsrechtlichen Diskussion vgl. *Homburg/Klebe* in FS für Heide Pfarr, S. 209 ff.
8 *Fitting,* Rn. 16; Richardi-*Thüsing,* Rn. 6.

dem Mehrheitsgeschlecht vermerkt sein, weil die Wahl sonst erfolgreich angefochten werden kann.[9]

Das in § 5 WO festgelegte Verfahren zur Bestimmung der Mindestsitze widerspricht nicht der in § 15 Abs. 2 des Gesetzes enthaltenen Regelung, wonach das Geschlecht in der Minderheit mindestens entsprechend seinem zahlenmäßigen Verhältnis im BR vertreten sein muss. Der vom Gesetzgeber verwendete Begriff »**zahlenmäßiges Verhältnis**« ist nicht gleichbedeutend mit dem Begriff »**prozentualer Anteil**«.[10] Das vom Verordnungsgeber gewählte d'Hondtsche Höchstzahlensystem begegnet keinerlei Zweifel und ist geeignet, das zahlenmäßige Verhältnis verschiedener Personengruppen zueinander rechnerisch auszudrücken bzw. darzustellen. Die jahrzehntelange Anwendung des inzwischen durch das BetrVerf-ReformG 2001 weggefallenen Gruppenprinzips auf die AN-Gruppen Arb. und Ang. im Betriebsverfassungsrecht, der ebenfalls das d'Hondtsche Höchstzahlensystem zugrunde lag, hat das deutlich gemacht. § 5 WO verstößt daher nicht gegen höherrangiges Recht.[11] 14

b) Die Feststellung der Mindestsitze

Der WV hat, nachdem die zahlenmäßige Größe der Belegschaft und auch die jeweilige Anzahl der Geschlechter im Betrieb feststeht, die **Zahlen der Frauen und der Männer nebeneinander zu stellen** und durch 1, 2, 3, 4 usw. zu teilen (Höchstteilzahlensystem). Nach diesem System wird nunmehr ermittelt, wie viele BR-Sitze mindestens auf das Geschlecht in der Minderheit entfallen. 15

Beispiel 1:
In einem Betrieb sind 120 AN tätig, davon 85 Männer und 35 Frauen. Es sind insgesamt sieben BR-Mandate zu vergeben (vgl. § 9). Eine Auszählung nach dem Höchstzahlensystem ergibt folgendes Ergebnis:

Männer	**Frauen**
: 1 = 85 (1)	: 1 = 35 (3)
: 2 = 42,5 (2)	: 2 = 17,5 (6)
: 3 = 28,3 (4)	: 3 = 11,7
: 4 = 21,3 (5)	
: 5 = 17 (7)	
: 6 = 14,2	

Die Frauen erhalten in diesem Beispiel nach § 15 Abs. 2 eine **Mindestzahl von zwei BR-Sitzen.**

Die dem Minderheitsgeschlecht zustehende Mindestzahl von Sitzen ist im **Wahlausschreiben** bekanntzugeben, und zwar unter gleichzeitiger Bekanntgabe, wie viele Frauen und Männer als AN im Betrieb tätig sind. Die Wähler können auf diese Weise die Berechnung der Mindestzahl der Sitze nachvollziehen. Anzugeben ist dagegen auf **gar keinen Fall,** wie viele BR-Sitze auf Grund des zahlenmäßigen Anteils der Geschlechter den Frauen und den Männern zustehen, wie das bei einer starren Geschlechterquote (vgl. Rn. 5 f.) notwendig gewesen wäre. Eine solche Angabe würde nicht der Konzeption des § 15 Abs. 2 entsprechen. Sie kann im Übrigen schon deswegen nicht erfolgen, weil die Anzahl der Sitze, die den Geschlechtern zufallen – mit Ausnahme der Mindestmandate für das Minderheitsgeschlecht – vom Wähler bestimmt wird. Es geht also lediglich um die Angabe der **Mindestmandate** für das Minderheitsgeschlecht, damit die Wähler darüber informiert sind, dass bei einem Wahlergebnis, das unterhalb der erforderlichen Sitze für das Minderheitsgeschlecht bleibt, eine entsprechende Korrektur zugunsten dieses Geschlechts erfolgt. 16

Bei der Frage, wie bei der Ermittlung des Wahlergebnisses den Grundsätzen des § 15 Abs. 2 Rechnung zu tragen ist und der Mindestanteil des Minderheitsgeschlechts berücksichtigt wird, ist in wahltechnischer Hinsicht zwischen der **Mehrheitswahl** (Personenwahl) und der **Ver-** 17

9 *BAG* vom 13.3.13 – 7 ABR 67/11
10 *LAG Rheinland-Pfalz* 13.11.02, AuR 03, 197.
11 *LAG Rheinland-Pfalz*, a. a. O.

hältniswahl (Listenwahl) zu unterscheiden. Bei erfolgter Mehrheitswahl enthält die WO in § 22 zur Feststellung der Mindestmandate für das Minderheitsgeschlecht folgende Grundsätze: Nachdem die Stimmen ausgezählt und die auf die einzelnen Wahlbewerberinnen und Wahlbewerber entfallenen Stimmen feststehen, werden in einem ersten Schritt nur die Angehörigen des Minderheitsgeschlechts entsprechend der auf sie entfallenen höchsten Stimmenzahlen berücksichtigt, und zwar so lange, bis die Mindestmandate, die dieses Geschlecht zu erhalten hat, verteilt sind (§ 22 Abs. 1 WO). Danach erfolgt in einem zweiten Schritt die Verteilung der weiteren Sitze, wiederum in der Reihenfolge der erhaltenen Stimmen, aber diesmal unabhängig von dem Geschlecht (§ 22 Abs. 2 WO). Bei dem zweiten Schritt bleiben natürlich die Angehörigen des Minderheitsgeschlechts unberücksichtigt, die bereits bei dem ersten Schritt ein Mandat erhalten haben.[12]

Komplizierter ist die Ermittlung der Mindestquote für das Minderheitsgeschlecht, wenn die BR-Wahl als Verhältniswahl durchgeführt wurde. Sofern sich aus dem Stimmergebnis ergibt, dass das Minderheitsgeschlecht nicht die ihm zustehende Anzahl von Mindestsitzen erreicht hat, enthält § 15 Abs. 5 WO die dann erforderliche wahltechnische Behandlung des Stimmergebnisses. Die in der Vorschrift enthaltenen grundsätzlichen Varianten stellen sich wie folgt dar:[13] Hat das Minderheitsgeschlecht die Mindestsitze nicht bereits nach dem Wahlergebnis erhalten, erfolgt die erforderliche Korrektur des Wahlergebnisses zunächst innerhalb der Liste, die den letzten Sitz erhalten hat, der von einem Angehörigen des Mehrheitsgeschlechts eingenommen wurde (§ 15 Abs. 5 Nr. 1 WO). Das Mandat ist von dem Angehörigen des Mehrheitsgeschlechts an den an nächster Stelle in der Liste stehenden Angehörigen des Minderheitsgeschlechts abzugeben. Dadurch wird erreicht, dass die dieser Liste zugefallenen Mandate in voller Höhe erhalten bleiben. Das setzt freilich voraus dass die Liste noch Angehörige des Minderheitsgeschlechts aufweist, die nach dem Wahlergebnis keinen Sitz erhalten haben.

Kann der Übergang des Mandats von dem Angehörigen des Mehrheitsgeschlechts auf einen Angehörigen des Minderheitsgeschlechts innerhalb der Liste nicht erfolgen, weil diese keine noch nicht gewählten Angehörigen dieses Minderheitsgeschlechts mehr aufweist, erfolgt der sog. Listensprung. Die Liste, die den »Geschlechtertausch« nicht vornehmen kann, muss den Sitz an die Liste abgeben, die nach der Sitzverteilung bei einer Weiterführung des Höchstzahlensystems den nächsten Sitz erhalten hätte (§ 15 Abs. 5 Nr. 2 WO). Das setzt allerdings voraus, dass diese Liste noch nicht berücksichtigte Angehörige des Minderheitsgeschlechts enthält. Ist das nicht der Fall, muss die Liste mit der nächstfolgenden Höchstzahl gesucht werden, die nicht gewählte Angehörige des Minderheitsgeschlechts aufweist. Das Verfahren ist so lange fortzusetzen, bis der Mindestanteil des Geschlechts in der Minderheit erreicht ist (§ 15 Abs. 5 Nr. 3 WO).

Es kann allerdings der Fall auftreten, dass bei einem an sich erforderlichen Listensprung auch die anderen Listen keine noch nicht gewählten Angehörigen des Minderheitsgeschlechts aufweisen. Das Mandat verbleibt dann bei der Liste, die zuletzt ihren Sitz zu Gunsten des Geschlechts in der Minderheit nach § 15 Abs. 5 Nr. 1 WO hätte abgeben müssen. Die Folge ist, dass in einem solchen Fall das Minderheitsgeschlecht den ihm (noch) fehlenden Sitz nicht einnehmen kann. Der Sitz verbleibt bei dem Mehrheitsgeschlecht.

Nachfolgend werden zum besseren Verständnis einige Beispiele gebracht (vgl. weitere Beispiel zur Feststellung der Mindestquote für das Geschlecht in der Minderheit bei erfolgter Anwendung der Mehrheitswahl § 22 WO Rn. 2 ff., bei Anwendung der Verhältniswahl § 15 WO Rn. 1 ff.).

Bei dem Auszählungsbeispiel 1 (Mehrheitswahl) wird von den in Rn. 14 zu Grunde gelegten Beschäftigungszahlen (Betrieb mit 120 AN, davon 85 Männer und 35 Frauen) ausgegangen.

---

12 Vgl. zur Ermittlung der Mindestquote bei Anwendung der Mehrheitswahl Schneider, Das Minderheitsgeschlecht und die Mindestquote, S. 14 f., 31 ff.

13 Vgl. ausführlich *Schneider*, Das Minderheitsgeschlecht und die Mindestquote, S. 11 ff., 22 ff.

Auszählungsbeispiel 1 (Mehrheitswahl) 18

In dem folgenden Beispiel zur Mehrheitswahl (Personenwahl) werden nicht fiktive Namen angeführt, sondern es wird im Interesse einer vereinfachten Darstellung das jeweilige Geschlecht mit F (Frau) bzw. M (Mann) bezeichnet. Es wird davon ausgegangen, dass sich sechs Männer und vier Frauen zur Wahl stellen. Die Stimmauszählung ergibt folgendes Ergebnis:

F1 85 Stimmen
F2 63 Stimmen
M1 103 Stimmen
M2 72 Stimmen
M3 62 Stimmen
F3 101 Stimmen
M4 64 Stimmen
M5 67 Stimmen
F4 55 Stimmen
M6 88 Stimmen

Die zu vergebenden sieben BR-Sitze werden unter Zugrundelegung des Grundsatzes nach § 15 Abs. 2 (zwei Mindestsitze für die Frauen) wie folgt ermittelt: Zunächst werden in einem ersten Schritt die dem Minderheitsgeschlecht zustehenden Mindestsitze verteilt, und zwar in der Reihenfolge der jeweils höchsten Stimmenzahlen (§ 22 Abs. 1 WO). Danach erfolgt in einem zweiten Schritt die Verteilung der weiteren Sitze; wiederum in der Reihenfolge der jeweils höchsten Stimmenzahlen, diesmal aber unabhängig von der Geschlechtszugehörigkeit (§ 22 Abs. 2 WO). Bei dem ersten Schritt erhalten in dem Beispiel somit folgende Angehörige des Minderheitsgeschlechts BR-Sitze auf der Grundlage des Mindestanteils: F3 und F1. Die weiteren fünf Sitze verteilen sich wie folgt: M1, M6, M2, M5 und M4. Würde sich bei dem zweiten Schritt unter gewählten Bewerbern eine weitere Frau befinden, hätte etwa F2 mehr Stimmen bekommen als M4, so erhielten die Frauen als Minderheitsgeschlecht über den Mindestanteil hinaus diesen weiteren BR-Sitz. Dem BR würden dann nicht nur (mindestens) zwei, sondern drei Frauen angehören. Zu den mit § 15 Abs. 2 weiter zusammenhängenden Fragen, so etwa zu dem Problem, dass sich weniger Angehörige des Minderheitsgeschlechts zur Wahl gestellt haben, als diesem Geschlecht Mindestsitze zustehen, vgl. die Erl. zu § 22 WO.

Auszählungsbeispiel 2 (Verhältniswahl) 19

Bei dem folgenden Beispiel zur Verhältniswahl (Listenwahl) wird von einem Betrieb mit 350 wahlberechtigten AN ausgegangen, von denen 230 Männer und 120 Frauen sind. Der BR besteht aus neun Mitgliedern. Es haben sich drei Listen zur Wahl gestellt.

Zur Ermittlung des Mindestanteils des Minderheitsgeschlechts an den neun BR-Sitzen ist wiederum das Höchstzahlensystem anzuwenden:

Männer	Frauen
: 1 = 230 (1)	: 1 = 120 (2)
: 2 = 115 (3)	: 2 = 60 (5)
: 3 = 76,7 (4)	: 3 = 40 (8)
: 4 = 57,5 (6)	: 3 = 30
: 5 = 46 (7)	
: 6 = 38,3 (9)	
: 7 = 32,9	

Das Höchstzahlensystem ergibt für die Frauen als Minderheitsgeschlecht einen **Mindestanteil von drei Sitzen.**

In dem Beispiel wird davon ausgegangen, dass auf die sich zur Wahl stellenden drei Listen folgende Stimmenzahlen entfallen: Liste 1 = 220 Stimmen, Liste 2 = 85 Stimmen und Liste 3 = 45 Stimmen. In dem nächsten Schritt ist somit nach dem Höchstzahlensystem festzustellen, wieviel Sitze auf die einzelnen Listen entfallen:

Liste 1	**= 220**	**Liste 2**	**= 85**	**Liste 3**	**= 45**
: 1	= 220 (1)	: 1	= 85 (3)	: 1	= 45 (6)
: 2	= 110 (2)	: 2	= 42,5 (8)	: 2	= 22,5
: 3	= 73,3 (4)	: 3	= 28,3		
: 4	= 55 (5)				
: 5	= 44 (7)				
: 6	= 36,7 (9)				
: 7	= 31,4				

Auf die einzelne Liste entfällt folgende Anzahl von insgesamt 9 Sitzen: Liste 1 = 6 Sitze, Liste 2 = 2 Sitze, Liste 3 = 1 Sitz.

20 In einem weiteren Schritt ist nunmehr zu prüfen, welche Wahlbewerber von den einzelnen Listen gewählt sind, wobei grundsätzlich die Reihenfolge auf der jeweiligen Liste entscheidend ist. Sie ist nur dann nicht maßgebend, wenn eine Korrektur des Wahlergebnisses erfolgen muss, weil der Mindestanteil von Sitzen für das Minderheitsgeschlecht nicht gegeben ist. Das wird unter Zugrundelegung des Auszählungsbeispiels 2 (Verhältniswahlrecht) mit zwei Beispielen verdeutlicht: Beispiel 2.1 ohne Korrektur, Beispiel 2.2 mit Korrektur.

Beispiel 2.1: Mindestquote erfüllt

In diesem Beispiel sind die Geschlechter auf die drei Listen wie folgt verteilt (aus Gründen der besseren Übersicht werden keine fiktiven Namen oder sonstigen Angaben zu den Listen gemacht. Es wird nur das Geschlecht angeführt):

Liste 1	**Liste 2**	**Liste 3**
Frau	**Mann**	**Mann**
Mann	**Frau**	Frau
Frau	Mann	Mann
Mann	Mann	
Mann	Mann	
Frau	Frau	
Mann		
Mann		
Frau		
Mann		

Von den sechs Mandaten der Liste 1 haben die Frauen drei Mandate erhalten, von der Liste 2 von den zwei Mandaten ein Mandat. Somit erhalten die Frauen als Minderheitsgeschlecht vier BR-Sitze. Die Mindestquote ist **erfüllt** bzw. das Minderheitsgeschlecht hat sogar einen Sitz mehr bekommen. Es behält diesen zusätzlichen Sitz. Eine Korrektur des Wahlergebnisses erfolgt nicht.

Die Feststellung, ob die Mindestquote erfüllt ist, hat **listenübergreifend** zu erfolgen. Wenn in dem Beispiel 2.1 unter den sechs Sitzen, die die Liste 1 erhalten hat, nur zwei weibliche Wahlbewerber gewesen wären, hätte eine Korrektur gleichwohl nicht erfolgen müssen. Von der Liste 2 ist die an 2. Stelle stehende Frau gewählt, so dass auch diesem Falle die Mindestquote von drei Sitzen erfüllt gewesen wäre.

Beispiel 2.2: Mindestquote nicht erfüllt

Liste 1	**Liste 2**	**Liste 3**
Frau	**Mann**	**Mann**
Mann	**Mann**	Frau
Mann	Frau	Mann
Mann	Mann	
Frau	Mann	
Mann	Frau	
Frau		
Mann		
Frau		
Mann		

Bei dieser Reihenfolge würden nur zwei Frauen (von der Liste 1) dem BR angehören. Nach § 15 Abs. 2 müssen aber drei BR-Sitze an die Frauen als Minderheitsgeschlecht gehen. Es ist, um § 15 Abs. 2 Rechnung zu tragen, nunmehr wie folgt zu verfahren: Es ist festzustellen, welcher Angehörige des Mehrheitsgeschlechts die niedrigste Höchstteilzahl in welcher Liste erhalten hat (§ 15 Abs. 5 Nr. 1 WO). In dem Beispiel hat die Liste 1 mit dem an sechster Stelle stehenden Mann (Mehrheitsgeschlecht) mit der letzten Höchstteilzahl (36, 7) den letzten Sitz erhalten. Von derselben Liste, also von der Liste 1, kommt statt dieses Mannes die an nächster Stelle stehende Frau in den BR. Das ist die in der Liste 1 an siebter Stelle stehende Frau. Das Geschlecht in der Minderheit hat somit die ihm nach dem Beispiel zustehenden drei Sitze.
Es soll noch auf folgende Variante hingewiesen werden: Würde in dem Beispiel 2.2 der Liste 1 keine Frau mehr angehören oder würden auf der Liste zwar noch Frauen stehen, diese die Wahl aber nicht annehmen, könnte von der Liste 1 der noch fehlende Sitz für das Minderheitsgeschlecht nicht besetzt werden. Der Sitz ginge dann auf die Liste über, die die folgende, noch nicht berücksichtigte Höchstteilzahl hat, sofern diese Liste einen bei der Vergabe von BR-Sitzen noch nicht berücksichtigten Angehörigen des Minderheitsgeschlechts hat (§ 15 Abs. 5 Nr. 2 WO). In dem Beispiel 2.2 wäre das – sofern die Liste 1 den fehlenden Sitz für das Minderheitsgeschlecht nicht besetzen kann – die Liste 2 mit der Höchstteilzahl 28, 3. Es käme somit die an dritter Stelle stehende Frau der Liste 2 in den BR. Zu weiteren Problemen bei der Feststellung der Mindestsitze für das Minderheitsgeschlecht und den entsprechenden Lösungswegen vgl. die Erl. zu § 15 Abs. 5 WO.

c) Geltung der Mindestquote für die Amtszeit

Die Verteilung der BR-Sitze nach § 15 Abs. 2 anlässlich der BR-Wahl gilt für die **gesamte** 21
Amtszeit. Das ist auch bei dem Nachrücken von **Ersatzmitgliedern** zu beachten (vgl. § 25 Abs. 2). Das gilt selbst dann, wenn sich im Laufe der Amtszeit das zahlenmäßige Verhältnis der Geschlechter zueinander **ändert.**[14] Ausschlaggebend für die Quote ist allein der Zeitpunkt der BR-Wahlen, nicht der Zeitpunkt eines möglichen Nachrückvorgangs. Eine spätere Erfüllung der Quote für das Minderheitsgeschlechtes durch ein anderes Nachrücken eines Ersatzmitgliedes berechtigt also nicht, die zum Zeitpunkt der Wahl getroffene Entscheidung zu korrigieren.[15] Selbst dann nicht, wenn sich dadurch eine »**Übererfüllung**« der Quote ergeben sollte. Etwas anderes gilt jedoch hinsichtlich der Sitze, die das Minderheitsgeschlecht über die ihm zwingend zustehenden BR-Sitze hinaus erhalten hat. Insoweit besteht **kein Anspruch** des Minderheitsgeschlechts auf Beibehaltung dieser Sitze. Das bedeutet, dass bei einem Ausscheiden eines dem Minderheitsgeschlecht angehörenden BR-Mitglieds das Nachrücken sich nach den Grundsätzen des § 25 bestimmt, also ggf. ein Ersatzmitglied, das dem **Mehrheitsgeschlecht** angehört, nachrückt. Der Mindestanteil an BR-Sitzen nach § 15 Abs. 2 darf dabei aber nicht unterschritten werden, es sei denn, dass ein Angehöriger des Minderheitsgeschlechts als Ersatzmitglied nicht mehr zur Verfügung steht.[16]

3. Keine oder nur eingeschränkte Anwendung des Absatzes 2

Die Regelung des Abs. 2 findet in bestimmten Fällen **keine** bzw. nur eine **eingeschränkte** 22
Anwendung. Keine Anwendung findet sie, wenn
- nur ein Geschlecht im Betrieb vorhanden ist;
- zwar beide Geschlechter vertreten sind, aber das Minderheitsgeschlecht keine Wahlbewerber stellt;
- sich zwar Wahlbewerber des Minderheitsgeschlechts zur Wahl stellen, aber alle diese Bewerber nach erfolgter Wahl das BR-Amt nicht annehmen;
- BR-Mitglieder, die dem Minderheitsgeschlecht angehören, im Laufe der Amtszeit ihr Amt niederlegen oder aus anderen Gründen ihr Mandat verlieren und Ersatzmitglieder des Minderheitsgeschlechts nicht mehr zur Verfügung stehen.

Den Fall ausgenommen, dass ohnehin nur ein Geschlecht im Betrieb vorhanden ist, werden in 23

14 Vgl. *Schneider,* AiB 05, 716 [718].
15 *ArbG Köln* 12.11.14 – 17 BV 296/14.
16 Vgl. *Schneider,* AiB, a. a. O., 719.

allen anderen Fällen die fehlenden BR-Sitze von dem **Mehrheitsgeschlecht** besetzt. Abs. 2 findet nur eingeschränkt Anwendung, wenn die dem Minderheitsgeschlecht zustehenden Mindestsitze **nur zum Teil** besetzt werden können, weil nicht genügend Wahlbewerber dieses Geschlechts zur Verfügung stehen oder im Laufe der Amtszeit dem BR angehörende Vertreter des Minderheitsgeschlechts ausscheiden und die Mindestquote nicht erfüllt werden kann, weil nicht ausreichend Ersatzmitglieder des Minderheitsgeschlechts vorhanden sind. Der BR behält in allen diesen Fällen die nach § 9 vorgesehene zahlenmäßige Größe, so dass erforderlichenfalls Angehörige des Mehrheitsgeschlechts die Sitze einnehmen, die von den Angehörigen des Minderheitsgeschlechts nicht besetzt werden können.

24 Der Grundsatz, dass die zahlenmäßige Größe des BR nach § 9 auch dann bestehen bleibt, wenn nicht genügend Angehörige eines Geschlechts – aus welchen Gründen auch immer – zur Verfügung stehen, gilt auch, wenn Vorschlagslisten nicht genügend Wahlbewerber des Minderheitsgeschlechts aufweisen oder sogar Listen mit Angehörigen nur eines Geschlechts an der Wahl teilnehmen. Listen mit Wahlbewerbern nur eines Geschlechts sind zwar zulässig,[17] werden aber bei bestimmten Konstellationen benachteiligt, sofern nach Abs. 2 eine Korrektur des Wahlergebnisses erforderlich wird. Soweit sie nach dem Stimmergebnis die auf sie entfallenden Sitze des Minderheitsgeschlechts nicht besetzen können, gehen diese Sitze auf Listen über, die das Geschlecht in der Minderheit in einem ausreichenden Maße bei der Aufstellung berücksichtigt haben.

§ 16 Bestellung des Wahlvorstands

(1) Spätestens zehn Wochen vor Ablauf seiner Amtszeit bestellt der Betriebsrat einen aus drei Wahlberechtigten bestehenden Wahlvorstand und einen von ihnen als Vorsitzenden. Der Betriebsrat kann die Zahl der Wahlvorstandsmitglieder erhöhen, wenn dies zur ordnungsgemäßen Durchführung der Wahl erforderlich ist. Der Wahlvorstand muss in jedem Fall aus einer ungeraden Zahl von Mitgliedern bestehen. Für jedes Mitglied des Wahlvorstands kann für den Fall seiner Verhinderung ein Ersatzmitglied bestellt werden. In Betrieben mit weiblichen und männlichen Arbeitnehmern sollen dem Wahlvorstand Frauen und Männer angehören. Jede im Betrieb vertretene Gewerkschaft kann zusätzlich einen dem Betrieb angehörenden Beauftragten als nicht stimmberechtigtes Mitglied in den Wahlvorstand entsenden, sofern ihr nicht ein stimmberechtigtes Wahlvorstandsmitglied angehört.

(2) Besteht acht Wochen vor Ablauf der Amtszeit des Betriebsrats kein Wahlvorstand, so bestellt ihn das Arbeitsgericht auf Antrag von mindestens drei Wahlberechtigten oder einer im Betrieb vertretenen Gewerkschaft; Absatz 1 gilt entsprechend. In dem Antrag können Vorschläge für die Zusammensetzung des Wahlvorstands gemacht werden. Das Arbeitsgericht kann für Betriebe mit in der Regel mehr als zwanzig wahlberechtigten Arbeitnehmern auch Mitglieder einer im Betrieb vertretenen Gewerkschaft, die nicht Arbeitnehmer des Betriebs sind, zu Mitgliedern des Wahlvorstands bestellen, wenn dies zur ordnungsgemäßen Durchführung der Wahl erforderlich ist.

(3) Besteht acht Wochen vor Ablauf der Amtszeit des Betriebsrats kein Wahlvorstand, kann auch der Gesamtbetriebsrat oder, falls ein solcher nicht besteht, der Konzernbetriebsrat den Wahlvorstand bestellen. Absatz 1 gilt entsprechend.

Inhaltsübersicht

17 Vgl. auch *Fitting*, Rn. 13.

I. Vorbemerkungen

Jede BR-Wahl ist durch **einen Wahlvorstand** durchzuführen. Eine nicht von einem WV durchgeführte BR-Wahl ist nicht nur anfechtbar, sondern kann auch nichtig sein.[1] Ein Mangel bei der **Bestellung** des WV[2] kann ebenso wie seine fehlerhafte Zusammensetzung während der **Durchführung** des Wahlverfahrens[3] die Anfechtbarkeit begründen. Dabei sind die Anforderungen an die Wahl des WV nicht übertrieben förmlich auszulegen, um nicht die BR-Wahl insbesondere in Betrieben ohne Betriebsrat unnötig zu erschweren[4]. Deshalb ist auch eine Nichtigkeit der Bestellung des WV die absolute Ausnahme. Eine nur fehlerhafte Bestellung genügt hierfür nicht. Es muss sich bei der Bestellung vielmehr um einen offensichtlichen und groben Verstoß gegen die Vorschriften zur Errichtung in diesem Paragraphen bzw. § 17 a handeln[5]. 1

Die Aufgaben des WV nach seiner Errichtung ergeben sich im Einzelnen aus § 18 des Gesetzes und den Vorschriften der WO.

Die Bestellung des WV ist **Aufgabe des BR,** sofern ein solcher im Betrieb vorhanden ist (zur Bestellung des WV im vereinfachten Wahlverfahren vgl. § 17 a Nr. 1 und 2; in betriebsratslosen Betrieben vgl. § 17 und § 17 a). Der bevorstehende Ablauf der Amtszeit des BR, der die Bestellung eines WV notwendig macht, kann in **folgenden Fällen** gegeben sein: Beendigung der regelmäßigen Amtszeit (§ 21 Satz 1); vorzeitige Beendigung der Amtszeit außerhalb des regelmäßigen Wahlzeitraums wegen der Notwendigkeit einer vorzeitigen Neuwahl des BR (§ 13 Abs 2; vgl. § 13 Rn. 6 ff.); Beendigung der verkürzten bzw. der verlängerten Amtszeit eines außerhalb des regelmäßigen Wahlzeitraums gewählten BR im Hinblick auf die Wiedereingliederung in den regelmäßigen Wahlzeitraum (§ 21 Sätze 2 und 3 i. V. m. § 13 Abs. 3); Änderung der betriebsverfassungsrechtlichen Organisationseinheit durch TV nach § 3 (vgl. § 3 Rn. 21 ff.). Zur Bestellung des WV im Falle der erfolgreichen Anfechtung der BR-Wahl oder der Auflösung des BR durch eine gerichtliche Entscheidung vgl. Rn. 7. 2

Bei einer Betriebsspaltung können sich für die Problematik der Bestellung des WV auf der Grundlage eines Übergangsmandats (§ 21 a) somit vor allem folgende Abläufe ergeben: 3

- Bei einer **Betriebsaufspaltung,** bei der der Betrieb als solcher untergeht, bestellt der bisherige BR unverzüglich WV für die Wahl von BR in den neu entstandenen Betriebsteilen. Das gilt dann nicht, wenn ein solcher Betriebsteil nicht mehr betriebsratsfähig ist (§ 1 BetrVG); ebenso, wenn der Betriebsteil in einen Betrieb eingegliedert worden ist, in dem bereits ein BR besteht.
- Bei einer **Betriebsabspaltung** oder **Ausgliederung** von Betriebsteilen bleibt der BR des bisherigen Betriebs (Ursprungsbetrieb) unverändert im Amt und bestellt für diesen Betrieb den WV, sofern nicht die Voraussetzungen des § 13 Abs. 2 Nr. 1 oder Nr. 2 BetrVG vorliegen, erst vor Ablauf seiner regulären Amtszeit. Für die abgespaltenen Betriebsteile bestellt der BR des bisherigen Betriebs dagegen unverzüglich WV zur Einleitung von BR-Wahlen. Dies gilt wiederum nicht, wenn ein abgespaltener Betriebsteil nicht betriebsratsfähig ist (§ 1 BetrVG) oder in einen Betrieb mit BR eingegliedert wurde.
- Erfolgt die **Eingliederung** eines Betriebs oder eines abgespaltenen Betriebsteils in einen Betrieb, der zwar betriebsratsfähig ist, aber keinen BR hat, besteht das Übergangsmandat für den BR des Ursprungsbetriebs ebenfalls mit der Folge, dass er für den bisher betriebsratslosen Betrieb einen WV zur Durchführung einer BR-Wahl bestellt.
- Bei einer **Zusammenlegung** von Betrieben oder Betriebsteilen zu einem neuen Betrieb bestellt der BR des Betriebs oder des Betriebsteils, in dessen Betriebsbereich vor der Zusammenlegung die größte Zahl der wahlberechtigten AN vorhanden war, den WV.[6] Das

---

1 Vgl. § 18 Rn. 1; § 19 Rn. 40; für die Nichtigkeit h. M., vgl. GK-*Kreutz,* § 16 Rn. 5.

2 *BAG* 2.3.55, AP Nr. 1 zu § 18 BetrVG.

3 *BAG* 4.9.88, BB 89, 496; vgl. auch Rn. 13.

4 Diese Angriffe auf die Bestellung des WV sind insbesondere in Betrieben ohne Betriebsrat zu beobachten (vgl. hierzu § 17 Rn. 5).

5 *BAG* 15.10.14 – 7 ABR 53/12.

6 *Fitting,* Rn. 14 m. w. N.

gilt auch, wenn mehrere UN einen gemeinsamen Betrieb (Gemeinschaftsbetrieb) gebildet haben, in dem erstmals eine BR-Wahl erfolgen soll.[7]

- Wird ein **gespaltener Betrieb** in seiner betrieblichen Organisation nicht geändert und liegt somit die gesetzliche Vermutung vor, dass es sich um einen Gemeinschaftsbetrieb mehrerer Rechtsträger handelt, bleibt der bisherige BR in seiner Amtsführung unverändert bestehen. Das Erfordernis der Bestellung eines WV ist nicht gegeben.

4 **Fehlt im Betrieb ein BR,** so wird der WV durch den GBR, ist dieser nicht vorhanden, durch den KBR bestellt (§ 17 Abs. 1, § 17 a Nr. 1). Sind weder ein GBR noch ein KBR vorhanden, so kann eine **Betriebsversammlung** den WV bestellen (vgl. § 17 Abs. 2 und 3; § 17 a Nr. 3). Kommt eine Betriebsversammlung **nicht zustande,** wird der WV **vom ArbG bestellt.** Entsprechendes gilt, wenn es zwar zu einer Betriebsversammlung, aber in dieser nicht zur Bestellung eines WV gekommen ist (vgl. § 17 Abs. 4, § 17 a Nr. 4). Das ArbG wird nicht von Amts wegen tätig, sondern nur auf **Antrag** von mindestens drei wahlberechtigten AN oder einer im Betrieb vertretenen Gewerkschaft (zum Gewerkschaftsbegriff vgl. § 2 Rn. 10 ff.; zum Nachweis des Vertretenseins einer Gewerkschaft im Betrieb vgl. § 2 Rn. 30).

II. Bestellung des Wahlvorstands durch den Betriebsrat (Abs. 1)

5 Die Bestellung hat **»spätestens«** zehn Wochen vor Ablauf der Amtszeit des noch amtierenden BR zu erfolgen (zum Ablauf der Amtszeit vgl. § 21 u. die dortigen Ausführungen; zu den abgekürzten Fristen bei der Bestellung des WV durch den BR im Rahmen des vereinfachten Wahlverfahrens vgl. § 17 a Rn. 1). Dieser Zeitraum ist erforderlich, weil der WV verpflichtet ist, bereits **sechs Wochen** vor der Wahl das Wahlausschreiben zu erlassen (§ 3 Abs. 1 WO) und darüber hinaus – sofern zeitgleich die Wahl eines SpA nach dem SprAuG erfolgt oder bereits ein solcher besteht – das Zuordnungsverfahren für leitende Angestellte nach § 18 a zu betreiben. Sowohl die umfangreichen Aufgaben, die der WV wahrzunehmen hat, als auch das ggf. abzuwickelnde Zuordnungsverfahren nach § 18 a lassen als es als ratsam erscheinen, die Bestellung zu einem **früheren Zeitpunkt** vorzunehmen. Hier können je nach Größe des Betriebes und den auf den WV zukommenden Aufgaben inklusive des möglichen höheren Schulungsbedarfes bei unerfahrenen Mitgliedern des WV mehrere Wochen oder auch in Einzelfällen Monate notwendig sein. Im Falle der Notwendigkeit der Wahl eines UN-SpA wird es sogar erforderlich sein, bei der Bestellung der WV für die einzelnen BR des UN (und auch für die Bestellung des WV zur Wahl des UN-SpA) von dem Zeitpunkt auszugehen, der für die Bestellung des WV für die BR-Wahl in dem Betrieb des UN maßgebend ist, in dem die zeitlich erste Wahl erfolgt. Nur so wird eine sachgerechte Abgrenzung des Begriffes des leitenden Angestellten erfolgen bzw. eine entsprechende Abstimmung zwischen den einzelnen WV vorgenommen werden können.[8] Eine vor dem 10-Wochen-Zeitraum liegende Bestellung des WV ist nicht nur zulässig, sondern sogar regelmäßig zweckmäßig. Eine spätere Bestellung des WV, also nach Eintritt des 10-Wochen-Zeitraumes ist rechtlich zwar zulässig, bringt aber die Gefahr betriebsratsloser Zeiten mit sich. Die Bestellung kann jedenfalls dann nicht mehr vorgenommen werden, wenn der WV nach Abs. 2 dieser Vorschrift durch eine **rechtskräftige Entscheidung** des ArbG bestellt worden ist oder die Bestellung durch den GBR bzw. KBR erfolgte.[9]

6 Die Frist von zehn Wochen kann nicht eingehalten werden, wenn die Amtszeit des BR vorzeitig und außerhalb des regelmäßigen Wahlzeitraums nach § 13 Abs. 2 abläuft, wobei eine Bestellung des WV durch den BR aber nur in den Fällen des § 13 Abs. 2 Nrn. 1 – 3 in Betracht kommt. Tritt einer dieser Fälle ein, hat die Bestellung des WV durch den BR **unverzüglich** zu erfolgen.[10] In diesem Zusammenhang ist zu beachten, dass der zwischendurch gewählte BR entweder in dem nächsten regelmäßigen Wahlzeitraum (verkürzte Amtszeit) oder in dem

---

7 A. A. *LAG Hamburg* 3.3.87 – 3 TaBV 1/87: Wahl des WV in einer gemeinsamen Betriebsversammlung gemäß § 17.
8 Zur Wahl von BR und UN-SpA vgl. § 18 a Rn. 50 ff. vgl. auch *Dänzer-Vanotti,* AuR 89, 204.
9 *Fitting,* Rn. 12.
10 *Fitting,* Rn. 13; Richardi-*Thüsing,* Rn. 8.

übernächsten regelmäßigen Wahlzeitraum (verlängerte Amtszeit) neu zu wählen ist (vgl. § 13 Abs. 3 i. V. m. § 21 Satz 3 u. 4). Da die Amtszeit spätestens am 31. Mai, also am letzten Tag des regelmäßigen Wahlzeitraumes, endet, ist der WV für die Wahl des zwischendurch gewählten BR **spätestens** am 22. März des Jahres zu bestellen, in dem dieser BR wieder in dem regelmäßigen Wahlzeitraum zu wählen ist. Auch hier ist eine frühere Bestellung des WV rechtlich möglich und vielfach angebracht.[11] Die Bestellung des WV durch einen bestehenden BR kommt auch in den Fällen in Betracht, in denen der BR ein auf höchstens sechs Monate befristetes Übergangsmandat in einem betriebsratslosen Betrieb wahrnimmt.[12] Auch in diesen Fällen soll die Bestellung spätestens zehn Wochen vor Ablauf der Amtszeit, also des Übergangsmandats, erfolgen. Andererseits kann der BR den WV noch bis zum **letzten Tag der Amtszeit,** somit auch bis zum letzten Tag des Übergangsmandates, bestellen. Ein so bestellter WV kann die Wahl auch dann einleiten und durchführen, wenn die Amtszeit des BR abgelaufen ist.

Die Bestellung durch den BR kommt dagegen in den Fällen des § 13 Abs. 2 Nrn. 4 und 5 **nicht** **7**
in Betracht. Ist also die BR-Wahl erfolgreich angefochten oder vom ArbG ihre Nichtigkeit festgestellt worden, ist die Grundlage zur Einsetzung eines WV die Regelung des § 17. Hat das ArbG nach § 23 Abs. 1 den BR wegen grober Verletzung seiner gesetzlichen Pflichten aufgelöst, hat es nach § 23 Abs. 2 einen WV für die Neuwahl einzusetzen.

Besteht acht Wochen vor Ablauf der Amtszeit des BR noch kein WV, so bestellt ihn das ArbG **8**
auf Antrag von mindestens drei Wahlberechtigten oder einer im Betrieb vertretenen Gewerkschaft (§ 16 Abs. 2). Daneben kommt eine Bestellung des WV durch den GBR oder, falls ein solcher nicht besteht, durch den KBR in Betracht (Abs. 3; Rn. 29 ff.).

Der BR-Beschluss zur Bestellung des WV erfolgt in einer Sitzung mit der **Mehrheit der Stim-** **9**
men der anwesenden Mitglieder gemäß § 33 Abs. 1.[13] Über die vorgeschlagenen Mitglieder kann einzeln oder »en bloc« abgestimmt werden. Ein förmliches Wahlverfahren findet nicht statt.[14] Ausgeschlossen sind auch Wahlen nach den Grundsätzen der Verhältniswahl.[15]

Es gibt keine grundsätzlichen rechtlichen Bedenken dagegen, dem Betriebsausschuss oder **10**
einem Ausschuss nach § 28 durch Beschluss des BR die Bestellung des WV zu übertragen; dies wird jedoch nur in **Ausnahmefällen** zweckmäßig sein. Die Bestellung des WV fällt jedenfalls nicht in den Rahmen der laufenden Geschäfte des Betriebsausschusses.[16]

Jeder **wahlberechtigte AN** (zur Wahlberechtigung vgl. § 7) kann als WV-Mitglied bestellt **11**
werden, andernfalls ist die Wahl anfechtbar[17]. Es ist allerdings nicht erforderlich ist, dass das Mitglied des WV auch wählbar ist. Lehnt es ein bestellter AN ab, das Amt des WV-Mitglieds zu übernehmen, hat der BR einen anderen AN zu bestellen. Er kann dabei auf einen Beschäftigten zurückgreifen, der für den AN, der die Übernahme des Amtes als WV-Mitglied abgelehnt hat, als Ersatzmitglied vorgesehen war (zur Bestellung der Ersatzmitglieder vgl. Rn. 15). Der BR bestimmt, wer von den WV-Mitgliedern **Vorsitzender** des WV sein soll. Der **Vorsitzende** hat die Sitzungen des WV **einzuberufen und zu leiten.** Darüber hinaus hat er im Rahmen der vom **WV gefassten Beschlüsse** die Vertretung gegenüber dem AG und anderen Personen. Er ist berechtigt, dem WV gegenüber abzugebende Erklärungen entgegenzunehmen und solche für den WV abzugeben. Hat der BR einen Vorsitzenden nicht bestellt und besteht der BR nicht mehr, so sind die Mitglieder des WV berechtigt, aus ihrer Mitte den Vorsitzenden zu wählen.[18]

Dem WV können auch Mitglieder des **noch amtierenden BR,** der die Bestellung vorzuneh- **12**
men hat, angehören.[19] Es ist ebenso möglich, dass **Bewerber** für den neu zu wählenden BR Mitglieder des WV sind.[20]

---

11 *Fitting,* Rn. 16.
12 Vgl. § 21 a Rn. 55; *Fitting,* Rn. 14.
13 *Fitting,* Rn. 23; GK-*Kreutz,* Rn. 22;
14 A. A. Richardi-*Thüsing,* Rn. 23; vgl. auch *Fitting,* a. a. O., nach denen eine förmliche Wahl vom BR beschlossen oder in der Geschäftsordnung festgelegt werden kann.
15 GK-*Kreutz,* a. a. O.
16 *Fitting,* Rn. 24, die darauf hinweisen, dass eine solche Übertragung der Bestellung des WV wegen der Einmaligkeit der Aufgabe nur in besonders gelagerten Fällen zweckmäßig sei.
17 *LAG Schleswig-Holstein* 19.3.10 – 4 TaBVGa 5/10.
18 *Fitting,* Rn. 33; Richardi-*Thüsing,* Rn. 18.
19 *Fitting,* Rn. 22.

13 Abs. 1 Satz 5 sieht vor, dass in Betrieben mit weiblichen und männlichen AN dem WV **Frauen und Männer angehören sollen.** Dadurch soll sichergestellt werden, dass bereits im Vorfeld der BR-Wahlen die Repräsentanz der Geschlechter besser als bisher gewährleistet wird. Zugleich soll die Bereitschaft bei den weiblichen AN zur Teilnahme an der Bildung der betrieblichen Interessenvertretung verstärkt werden.[21] Die Bestimmung schreibt aber nicht vor, dass die Berücksichtigung von Männern und Frauen im WV dem zahlenmäßigen Anteil weiblicher und männlicher AN innerhalb der Belegschaft entspricht. Sie ist als Soll-Vorschrift gestaltet, gilt allerdings insoweit während des gesamten Wahlverfahrens.

14 In den Betrieben der privatisierten Post-UN **Deutsche Post AG, Deutsche Postbank AG** u. **Deutsche Telekom AG** hat dem WV ein **Beamter** anzugehören, sofern diese Gruppe im Betrieb vertreten ist (§ 26 Nr. 3 PostPersRG). Die Vorschrift ist zwingend. Die Bestimmung findet auch dann Anwendung, wenn die Beamten auf die Bildung einer eigenen Wählergruppe verzichtet haben (vgl. § 26 Nr. 3 PostPersRG).[22] Sie ist nicht nur bei der Bestellung, sondern auch während der Durchführung des Wahlverfahrens zu beachten (vgl. auch Rn. 13), so dass bei dem Ausscheiden des Beamten aus dem WV eine entsprechende Nachbestellung vorzunehmen ist, sofern aus dieser Gruppe kein Ersatzmitglied mehr zur Verfügung steht.

15 Der WV hat grundsätzlich aus **drei wahlberechtigten AN** zu bestehen. Diese Zahl kann **erhöht** werden, sofern dies zur ordnungsgemäßen Durchführung der Wahl notwendig ist. (Die Erhöhung der Zahl der WV-Mitglieder ist allerdings bei dem vereinfachten Wahlverfahren nach § 14 a nicht zulässig; vgl. § 14 a Rn. 10.) Die entsprechende Prüfung hat der BR nach **pflichtgemäßem Ermessen** vorzunehmen. Eine Erhöhung der Zahl der WV-Mitglieder kommt vor allem in größeren Betrieben in Betracht, in denen die Wahl in mehreren Wahlräumen durchgeführt werden muss, da nach den Vorschriften der WO (§ 12 Abs. 2) mindestens ein Mitglied des WV in jedem Wahlraum anwesend zu sein hat.[23] Eine Erhöhung der Zahl der WV-Mitglieder kann auch in Betracht kommen, wenn der BR bestimmte Gruppierungen – obwohl nicht zwingend vorgeschrieben – berücksichtigen will, wie etwa Frauen, ausländische AN oder Vertreter von Betriebsabteilungen, unselbstständigen Nebenbetrieben und verschiedenen Beschäftigungsarten. Eine Erhöhung der Zahl der WV-Mitglieder kann auch noch später, solange der BR im Amt ist, vorgenommen werden. Bei einer Vergrößerung des WV ist allerdings darauf zu achten, dass ein arbeitsfähiges Gremium gegeben ist, das im Übrigen immer aus einer **ungeraden** Zahl von Mitgliedern bestehen muss. Zur fehlerhaften Besetzung des WV und der Möglichkeit einer einstweiligen Verfügung während des Wahlverfahrens vgl. Rn. 30).

16 Der BR kann für jedes WV-Mitglied ein **Ersatzmitglied** bestellen. Davon sollte bereits aus Zweckmäßigkeitsgründen Gebrauch gemacht werden. Es ist dabei als zulässig anzusehen, dass ein Ersatzmitglied für **mehrere Mitglieder** des WV bestellt wird, wobei die Reihenfolge des Nachrückens der einzelnen Ersatzmitglieder festzulegen ist.[24] Bei der Bestellung von Ersatzmitgliedern ist auf die Vertretung der Geschlechter zu achten (vgl. Rn. 13). Ein Ersatzmitglied tritt bei zeitweiser Verhinderung des ordentlichen Mitglieds vorübergehend in den WV ein. Es rückt auf **Dauer** nach, wenn das betreffende ordentliche Mitglied aus dem WV ausgeschieden ist.[25] Sobald ein Ersatzmitglied in den WV nachrückt, hat es den Kündigungsschutz nach § 103 dieses Gesetzes und nach § 15 KSchG.

17 Hat der WV **trotz Nachrückens der Ersatzmitglieder** nicht mehr die **erforderliche Mitgliederzahl,** ist er vom BR unverzüglich zu ergänzen.[26] Bleibt der BR untätig, erfolgt auf Antrag die Ergänzung nach Abs. 2 durch das ArbG.[27] Ist die Bestellung des WV durch den GBR nach § 16 Abs. 3 erfolgt, kann dieser auch Ersatzmitglieder bestellen; Entsprechendes gilt für den KBR.

---

20 *BAG* 12.10.76, AP Nr. 1 zu § 8 BetrVG 1972, 4.10.77, AP Nr. 2 zu § 18 BetrVG 1972; vgl. auch § 8 Rn. 28.
21 *Bischoff/Kunz,* AiB 97, 562; *Fisahn,* WSJ-Mit. 95, 22 ff.
22 *Bischoff/Kunz,* AiB 97, 562; *Fisahn,* WSJ-Mit. 95, 22 ff.
23 Vgl. dazu auch *LAG Nürnberg* 30.3.06, FA 06, 280.
24 *Fitting,* Rn. 35; GK-*Kreutz,* Rn. 40;
25 GK-*Kreutz,* Rn. 41; *Richardi-Thüsing,* Rn. 20.
26 *BAG* 14.12.65, AP Nr. 5 zu § 16 BetrVG.
27 *Fitting,* Rn. 37.

Ist die Amtszeit des BR bereits abgelaufen, erfolgt die Ergänzung des WV durch den GBR oder, falls ein solcher nicht besteht, durch den KBR (§ 17 Abs. 1). Ist weder ein GBR noch ein KBR vorhanden, so wird der WV durch die Betriebsversammlung nach § 17 Abs. 2 oder, soweit diese keine WV-Mitglieder bestellt, durch das ArbG nach § 17 Abs. 4 berufen.[28]

Hat der BR den WV bestellt, kann er ihn **nicht mehr abberufen.** Das gilt selbst bei Pflichtverletzungen. Eine Abberufung ist nur durch das ArbG nach § 18 Abs. 1 Satz 2 möglich.[29] Das gilt auch hinsichtlich einzelner WV-Mitglieder. Der Antrag auf Abberufung durch das ArbG kann vom BR, von mindestens drei wahlberechtigten AN oder einer im Betrieb vertretenen Gewerkschaft gestellt werden (§ 18 Abs. 1 Satz 2). **18**

Der WV kann **nicht** als Gremium auf Grund eines Mehrheitsbeschlusses **zurücktreten.** Ein solches Selbstauflösungsrecht sieht das Gesetz nicht vor.[30] Unberücksichtigt davon bleibt jedoch das Recht des einzelnen WV-Mitglieds, sein Amt **niederzulegen.** Für die WV-Mitglieder, die ihr Amt niederlegen, rücken Ersatzmitglieder nach. Stehen keine Ersatzmitglieder mehr zur Verfügung, hat der BR den WV durch Bestellung von WV-Mitgliedern zu ergänzen (vgl. Rn. 16). **19**

Zum **Kündigungsschutz** von WV-Mitgliedern vgl. § 103 Rn. 50, zum Recht der Teilnahme von WV-Mitgliedern an einer **Schulungsveranstaltung** über die Wahlvorschriften des Gesetzes und die Bestimmungen der WO vgl. § 20 Rn. 38 ff.; zu den Ausgleichsansprüchen nach § 37 Abs. 3 für Wahlvorstandstätigkeit, die aus betrieblichen Gründen außerhalb der Arbeitszeit geleistet wurde, vgl. § 20 Rn. 33. **20**

Das Amt des WV endet nicht bereits mit der Einberufung des neu gewählten BR zu dessen konstituierender Sitzung,[31] sondern erst dann, wenn in der konstituierenden Sitzung der BR aus seiner Mitte einen **Wahlleiter** zur Wahl des BR-Vorsitzenden und des Stellvertreters **bestellt** hat (§ 29 Abs. 1 Satz 2). Die Leitung der konstituierenden Sitzung des BR durch den WV-Vorsitzenden bis zu dem Zeitpunkt nach § 29 Abs. 1 Satz 2 ist eine Amtshandlung, so dass der WV jedenfalls bis dahin noch im Amt ist.[32] **21**

III. Entsendung von Gewerkschaftsbeauftragten

Nach der ab 1.1.1989 geltenden Fassung des Gesetzes (vgl. Einl. Rn. 33) kann jede im **Betrieb vertretene Gewerkschaft einen Beauftragten** als nicht stimmberechtigtes Mitglied in den WV entsenden. Dies gilt jedoch nur, sofern die Gewerkschaft nicht bereits im WV dadurch vertreten ist, dass ihr ein oder mehrere WV-Mitglieder angehören. Das Entsendungsrecht kann daher **nachträglich** mit der Folge entfallen, dass das von der Gewerkschaft entsandte Mitglied dem WV nicht mehr angehört, wenn durch das Nachrücken eines Ersatzmitglieds die vorher nicht vertretene Gewerkschaft nunmehr ein Mitglied im WV hat.[33] Der WV ist berechtigt und verpflichtet zu prüfen, ob der Beauftragte, der entsandt werden soll, der Gewerkschaft angehört[34] und ob die sonstigen Voraussetzungen für das Entsendungsrecht vorliegen,[35] also die Gewerkschaft eine solche i. S. d. § 2 und im Betrieb vertreten ist. Darüber hinaus muss der Beauftragte **wahlberechtigter AN** des Betriebs sein.[36] Die Wahlberechtigung ist erforderlich, da grundsätzlich nur wahlberechtigte AN Mitglied des WV sein können (vgl. § 16 Abs. 1 Satz 1). Selbst bei einer gerichtlichen Bestellung des WV durch das ArbG ist die Wahlberechtigung jedenfalls dann erforderlich, wenn das Gericht auf betriebsangehörige AN zurückgreift. Soweit in bestimmten Fällen das ArbG WV-Mitglieder bestellen kann, die nicht AN des Betriebs sind, sieht dies das Gesetz ausdrücklich vor (vgl. § 16 Abs. 2 Satz 3). Der Beauftragte muss außerdem ausdrücklich von der Gewerkschaft, die ihn entsenden will, **bevollmächtigt** **22**

28 Vgl. *BAG*, a. a. O.
29 *ArbG Berlin* 3.4.74, BB 74, 830; *Fitting*, Rn. 84; *Halberstadt*, Rn. 8.
30 *LAG Düsseldorf* 26.3.75, DB 1975 S. 840.
31 So aber offensichtlich *BAG* 14.11.75, AP Nr. 1 zu § 18 BetrVG 1972.
32 Ebenso GK-*Kreutz*, Rn. 78.
33 Vgl. *Fitting*, Rn. 43; GK-*Kreutz*, Rn. 44.
34 Vgl. *Engels/Natter*, BB Beilage 8/89, S. 20.
35 Vgl. *Fitting*, Rn. 44; GK-*Kreutz*, Rn. 48.
36 *Fitting*, Rn. 48; *WW*, Rn. 4.

sein, wobei die Gewerkschaft dem WV, zu Händen des Vorsitzenden, ausdrücklich mitteilen muss, welche Person als nicht stimmberechtigtes Mitglied in den WV entsandt werden soll.[37] Erst mit Zugang dieser Erklärung ist der Entsandte zu den Sitzungen des WV zu laden.[38] Vorher ist der WV auch ohne zusätzlich entsandte Mitglieder ordnungsgemäß zusammengesetzt.[39] Liegen die Voraussetzungen nicht vor oder können sie nicht nachgewiesen werden, ist der WV berechtigt, den Beauftragten zu den Sitzungen nicht zuzulassen.[40] Ist ein Beschluss zu fassen, ob die Person, deren Entsendung beabsichtigt ist, zugelassen werden soll, entscheiden die **stimmberechtigten WV-Mitglieder.** Im Übrigen ist die Gewerkschaft, die ein Entsendungsrecht hat, nicht verpflichtet, davon Gebrauch zu machen. Ebensowenig ist der BR oder der WV verpflichtet, von sich aus die Gewerkschaft auf ein möglicherweise bestehendes Entsendungsrecht hinzuweisen.[41]

23 Kommt es zur Zulassung, kann der Beauftragte zwar an den **Sitzungen des WV** teilnehmen. Er ist jedoch nicht stimmberechtigt und kann auch keine Anträge stellen. Da er an der Beschlussfassung nicht teilnimmt, ist er auch von der **Entscheidungsfindung im WV ausgeschlossen.**[42] Die Entsendung wirkt sich daher auch nicht auf zwingende Vorgaben für die personelle Zusammensetzung des WV aus, wie etwa hinsichtlich der Festlegung über die ungerade Mitgliederzahl. Die entsandten Gewerkschaftsbeauftragten sind somit praktisch WV-Mitglieder »zweiter Klasse«, deren Auftrag sich in einer **kontrollierenden Beobachtung** erschöpft,[43] so dass eine Verletzung des Entsendungsrechts für sich allein noch keine Wahlanfechtung begründet.[44] Die Frage, ob die Gewerkschaft für das entsandte Mitglied zulässigerweise ein Ersatzmitglied bestellen kann, ist zu verneinen.[45] Ein entsandtes Mitglied kann auch nicht als Vertreter für ein verhindertes ordentliches WV-Mitglied tätig werden; selbst dann nicht, wenn auch das Ersatzmitglied verhindert ist.[46] Bei einer Amtsniederlegung oder einem Ausscheiden des von der Gewerkschaft entsandten Beauftragten aus dem WV wird diese allerdings berechtigt sein, einen neuen Beauftragten zu entsenden.

IV. Bestellung durch das Arbeitsgericht (Abs. 2)

24 Die Regelung des Abs. 2 will sicherstellen, dass die Bestellung eines WV auch dann zustande kommt, wenn der **BR untätig** bleibt. Bis zur rechtskräftigen Entscheidung des Gerichts kann der BR allerdings, sofern seine Amtszeit noch nicht abgelaufen ist, die **Bestellung nachholen.**[47] Ist die Amtszeit des BR bereits beendet, kann ein arbeitsgerichtliches Beschlussverfahren nicht mehr eingeleitet werden. Es besteht dann ein betriebsratsloser Betrieb, so dass die Bestellung des WV grundsätzlich durch eine **Betriebsversammlung** zu erfolgen hat (vgl. § 17). Ein noch während des Bestehens des BR wegen dessen Säumigkeit eingeleitetes Bestellungsverfahren ist jedoch fortzuführen.[48]

25 Das ArbG wird nur **auf Grund eines Antrags** der Antragsberechtigten tätig; der AG ist nicht

---

37 GK-*Kreutz*, Rn. 45.
38 GK-*Kreutz*, a. a. O.
39 GK-*Kreutz*, a. a. O.
40 *Engels/Natter*, a. a. O.
41 *Fitting*, Rn. 45, allerdings mit dem Hinweis, dass der WV auf Anfrage der Gewerkschaft Auskunft darüber zu geben hat, ob und inwieweit ein Entsendungsrecht in Betracht kommt.
42 *Engels/Natter*, BB-Beilage 8/89, S. 20; GK-*Kreutz*, Rn. 49 im Hinblick auf das Stimmrecht, bejahend allerdings ein Rede- u. Beratungsrecht; *Dänzer/Vanotti*, AuR 89, 206.
43 *Engels/Natter*, BB-Beilage 8/89, S. 179, die zutreffend darauf hinweisen, dass in § 16 Abs. 1 Satz 6 nicht, wie in § 20 Abs. 1 Satz 3 BPersVG, von einer beratenden Teilnahme des Gewerkschaftsbeauftragten die Rede ist.
44 *Engels/Natter*, BB-Beilage 8/89, S. 20; *Fitting*, Rn. 55; GK-*Kreutz*, Rn. 52.
45 *Fitting*, Rn. 51 vgl. auch GK-*Kreutz*, Rn. 47.
46 *Fitting*, Rn. 54.
47 *LAG Hamm* 23.9.54, AP Nr. 1 zu § 15 BetrVG; vgl. auch *Fitting*, Rn. 57, die darauf hinweisen, dass im Falle der Bestellung des WV durch Gerichtsbeschluss der BR durch Rechtsmitteleinlegung den Eintritt der Rechtskraft des Beschlusses verhindern müsse, weil sonst der gerichtlich bestellte der rechtmäßige WV sei.
48 Vgl. *LAG Düsseldorf* 20.11.75, DB 76, 682.

antragsberechtigt (h. M.). In dem Antrag können Vorschläge für die Zusammensetzung des WV gemacht werden, ohne dass das ArbG verpflichtet ist, diese zu berücksichtigen. Soweit drei wahlberechtigte AN des Betriebs antragsberechtigt sind, liegt eine Verfahrensvoraussetzung vor, die während des **gesamten Verfahrens** bis zur letzten mündlichen Anhörung in der Rechtsbeschwerdeinstanz bestehen muss.[49] Es sind die Grundsätze maßgebend, die auch bei der Wahlanfechtung nach § 19 Abs. 2 durch drei wahlberechtigte AN zur Anwendung kommen. Daher ist auch zu der Vorschrift des § 16 die Rspr. des BAG zum Anfechtungsverfahren nach § 19 zu übernehmen, nach der ein von mehreren AN eingeleitetes Wahlanfechtungsverfahren nicht unzulässig wird, wenn AN während der Dauer des gerichtlichen Verfahrens aus dem Arbeitsverhältnis ausscheiden, sofern **wenigstens drei AN** das Anfechtungsverfahren weiter betreiben.[50]

In dem Antrag können Vorschläge für die **Zusammensetzung** des WV gemacht werden. Das ArbG ist allerdings nicht verpflichtet, sie zu berücksichtigen. Andererseits ist das Gericht nicht gehalten, andere als im Verfahren namhaft gemachte Personen zu suchen. Solange die Beteiligten eine hinreichende Zahl von Personen namhaft machen, sollten diese – sofern Zweifel an ihrer Eignung nicht bestehen – bestellt werden.[51] Es ist auch zulässig, dass das ArbG **ausschließlich betriebsfremde Gewerkschaftsmitglieder** in den WV beruft.[52] In dem Bestellungsverfahren entscheidet das ArbG zugleich über die Zahl der Mitglieder des WV. Das ArbG hat auch zu versuchen, der Regelung des Abs. 1 Satz 5 Rechnung zu tragen, dass in Betrieben mit weiblichen und männlichen AN dem WV Frauen und Männer angehören sollen (vgl. auch Rn. 12 a). In den Betrieben der privatisierten Post-UN **Deutsche Post AG, Deutsche Postbank AG u. Deutsche Telekom AG** hat dem WV überdies ein **Beamter** anzugehören, sofern diese Gruppe im Betrieb vertreten ist (§ 26 Nr. 3 PostPersRG; vgl. auch Rn. 13 a). 26

Der Antrag kann von dem Tage an gestellt werden, der, um **acht Wochen** zurückgerechnet, dem Tag des Ablaufs der Amtszeit des BR entspricht.[53] Problematisch ist die Frage, ab welchem Zeitraum der Antrag gestellt werden kann, wenn es zu einem Fall der **vorzeitigen Neuwahl** nach § 13 Abs. 2 Nrn. 1 – 3 gekommen ist. Dem geschäftsführenden BR (vgl. § 22) wird eine angemessene Frist zugestanden werden müssen. Als angemessen kann eine Frist von **zwei Wochen** gelten, weil auch § 16 von einer mindestens zweiwöchigen Frist ausgeht, nach deren ergebnislosem Ablauf das ArbG zur Bestellung eines WV angerufen werden kann.[54] 27

V. Bestellung nichtbetriebsangehöriger Gewerkschaftsmitglieder

Das ArbG kann auch Mitglieder einer im Betrieb vertretenen **Gewerkschaft** in den WV berufen, die nicht dem Betrieb angehören. Für Betriebe mit in der Regel 20 oder weniger wahlberechtigten AN gilt diese Bestimmung allerdings nicht. Bei Betrieben dieser Größenordnung kann das ArbG nur wahlberechtigte AN des betreffenden Betriebs als WV-Mitglieder bestellen. 28

Voraussetzung für die Bestellung externer Gewerkschaftsmitglieder ist, dass dies die **ordnungsgemäße Durchführung** der Wahl erfordert. Sie ist bereits gegeben, wenn nicht genügend AN des Betriebs zur Übernahme des Amtes als Mitglied des WV bereit sind.[55] Die Erforderlichkeit kann sich auch daraus ergeben, dass die AN des Betriebs nicht in der Lage sind, das förmlich ausgestaltete Wahlverfahren ordnungsgemäß durchzuführen.[56] Die Bestel- 29

49 *BAG* 21.11.75, AP Nr. 6 zu § 118 BetrVG 1972.
50 *BAG* 4.12.86, AP Nr. 13 zu § 19 BetrVG 1972; vgl. auch § 19 Rn. 21 f.
51 *LAG Baden-Württemberg* 20.9.73 – 7 Ta BV 5/73.
52 *LAG Baden-Württemberg*, a. a. O.
53 *Fitting*, Rn. 58.
54 *Fitting*, a. a. O.
55 Vgl. *LAG Düsseldorf* 7.11.74, DB 75, 260; *Fitting*, Rn. 70.
56 *Fitting*, Rn. 71; *LAG München* 20.4.04 – 5 TaBV 18/04; vgl. auch *ArbG Mönchengladbach* 27.7.89, BetrR 90, 16, das für den Fall der erstmaligen BR-Wahl in einem Betrieb die Notwendigkeit zur Bestellung eines nicht betriebsangehörigen Gewerkschaftsmitglieds selbst dann bejaht, wenn zum gerichtlichen Entscheidungstermin die Bereitschaftserklärung einer ausreichenden Anzahl von betriebsangehörigen AN zur Übernahme des Amtes als WV-Mitglied vorliegt, die AN des Betriebs aber nach Überzeugung des Gerichts nicht in der Lage sind, das förmliche Wahlverfahren ordnungsgemäß durchzuführen.

lung eines **hauptamtlichen Mitglieds** der antragstellenden Gewerkschaft zum Mitglied des WV kann auch erforderlich sein, wenn dadurch eine befürchtete Einflussnahme des AG verhindert wird und zu erwarten ist, dass die erstmalige Wahl eines BR mit der gebotenen Unabhängigkeit und Durchsetzungsfähigkeit erfolgt.[57]

30 Bei den betriebsfremden AN kann es sich sowohl um **hauptamtliche Gewerkschaftsvertreter** handeln als auch um **Gewerkschaftsmitglieder,** die als **AN in einem anderen Betrieb** tätig sind. Auch diese nicht betriebsangehörigen WV-Mitglieder handeln zwar grundsätzlich ehrenamtlich. Der AG hat ihnen jedoch notwendige Aufwendungen und Auslagen einschließlich eines etwaigen Lohnausfalls zu erstatten.[58] Soweit die Gewerkschaft Aufwendungen und Auslagen übernommen hat, kann sie vom AG gemäß § 683 BGB Ersatz dieser Aufwendungen verlangen.[59]

VI. Bestellung durch GBR oder KBR (Abs. 3)

31 Die Regelung des Abs. 3 ermöglicht eine Bestellung des WV durch den **GBR,** sofern ein solcher nicht besteht, durch den **KBR,** wenn der BR seiner Verpflichtung zur Bestellung des WV nicht nachkommt. Die Möglichkeit der Bestellung durch den GBR bzw. KBR besteht ebenso, wenn nach einem Absinken der Zahl der Betriebsratsmitglieder auch nach dem Nachrücken der Ersatzmitglieder die nach § 9 vorgeschriebene Mitgliederzahl nicht mehr erreicht wird und somit eine Neuwahl durchgeführt werden muss (§ 13 Abs. Nr. 2), der BR aber keinen Wahlvorstand bestellt.[60] Für das Tätigwerden des GBR bzz. des KBR bedarf es, anders als nach Abs. 2 bei der Einleitung eines Bestellungsverfahrens beim ArbG, **keines förmlichen Antrags.** So können sich etwa AN des Betriebs, in dem die BR-Wahl erfolgen soll, der BR aber bis zehn Wochen vor der Wahl den WV nicht bestellt hat, an den GBR bzw. ggf. an den KBR wenden, um die Bestellung des WV zu erreichen; Entsprechendes gilt für die im Betrieb vertretene Gew. GBR bzw. KBR können aber auch **von sich aus tätig werden,** wenn sie auf andere Weise von dem Untätigbleiben des BR erfahren haben. GBR bzw. KBR haben bei der Bestellung die in Abs. 1 enthaltenen Grundsätze zu beachten.

32 Die Bestellung des WV durch den GBR bzw. KBR soll sicherstellen, dass auch bei einem Untätigbleiben des BR keine betriebsratslose Zeit eintritt. Dieses Bestellungsverfahren ist eine **praxisbezogene Alternative** zur Bestellung durch das ArbG. Sie wird sich wegen der größeren Sachnähe des GBR bzw. des KBR zum Betrieb empfehlen, so dass die Anrufung des ArbG wesentlich auf die Fälle beschränkt sein wird, in denen ein GBR und KBR nicht vorhanden sind.[61] Hat der GBR bzw. der KBR das Bestellungsverfahren eingeleitet, kommt eine Anrufung des ArbG nur noch in Ausnahmefällen in Betracht.

33 GBR bzw. KBR können den WV auch dann noch bestellen, wenn ein gerichtliches Verfahren zu seiner Bestellung eingeleitet worden ist. Es gilt das **Prioritätsprinzip.**[62] Das gerichtliche Verfahren ist in der Regel einzustellen.

VII. Streitigkeiten

34 Verstöße gegen die **Regelungen zur Bestellung und Zusammensetzung** des WV berechtigen, wenn die Voraussetzungen des § 19 vorliegen, zur **Anfechtung der Wahl.**[63] Eine fehlerhafte Besetzung des WV kann aber ggf. bereits während des Wahlverfahrens durch eine einstweilige Verfügung angegriffen werden.[64] Der Abbruch der Wahl ist aber nur dann möglich, wenn vor Ablauf der Amtszeit des neu zu wählenden BR ein neuer WV bestellt und die Wahl durchgeführt werden kann, ohne dass eine betriebsratslose Zeit entsteht[65] und die Bestellung nichtig

57 *ArbG Berlin* 11.10.01, AiB 02, 106 ff.
58 *Fitting,* Rn. 73; GK-*Kreutz,* Rn. 70.
59 *Fitting,* a. a. O.; GK-*Kreutz,* a. a. O.; Richardi-*Thüsing,* Rn. 46.
60 *LAG Hessen* 8.12.05, AuR 06, 253.
61 Vgl. auch *Fitting,* Rn. 77.
62 *Löwisch,* BB 01, 1734, 1738; *Fitting,* Rn. 76.
63 Vgl. *BAG* 2.3.55, AP Nr. 1 zu § 18 BetrVG; vgl. auch § 19 Rn. 12.
64 *LAG Nürnberg* 30.3.06, FA 06, 280.
65 *LAG Nürnberg* 30.3.06, a. a. O.

war. Ein Abbruch der Wahl kann nicht erfolgen, wenn die Bestellung des Wahlvorstandes nur anfechtbar ist. Insoweit gelten die gleichen Grundsätze des Bundesarbeitsgerichtes wie für den Abbruch der bereits laufenden BR-Wahl auch[66]. Insbesondere kann die Wahl des Wahlvorstandes nicht durch denjenigen angegriffen werden, der den Anlass zur Wahlanfechtung selbst gesetzt hat.

Solange der WV im Amt ist, kann er **Beteiligter** eines Beschlussverfahrens sein, das sich gegen die Einleitung oder Durchführung der BR-Wahl richtet. Nach Erlöschen seines Amtes kann er weder Beteiligter in einem Beschlussverfahren sein noch Rechtsmittel gegen einen zu seinen Ungunsten ergangenen Beschluss einlegen.[67]

Bei Streitigkeiten über die ordnungsgemäße Bestellung und Zusammensetzung des WV entscheidet **vor Abschluss der Wahl** das ArbG auf Antrag im Beschlussverfahren (§§ 2 a, 80 ff. ArbGG). **Antragsberechtigt** ist neben den in § 19 Abs. 2 genannten Antragstellern[68] auch der amtierende BR, sofern dieser damit die Möglichkeit erhält, Fehler bei der Bestellung des WV zu **korrigieren**;[69] ggf. kommt eine einstweilige Verfügung in Betracht.[70] **35**

Auch Streitigkeiten über die **Rechtsstellung** der WV-Mitglieder sind vom ArbG im Beschlussverfahren zu entscheiden.[71] Entsprechendes gilt, wenn in den WV entsandte betriebsfremde AN die Erstattung von Aufwendungen und Auslagen verlangen oder die Gewerkschaft vom AG gemäß § 20 Abs. 3 Ersatz von Aufwendungen fordert[72]. **36**

§ 17 Bestellung des Wahlvorstands in Betrieben ohne Betriebsrat

(1) Besteht in einem Betrieb, der die Voraussetzungen des § 1 Abs. 1 Satz 1 erfüllt, kein Betriebsrat, so bestellt der Gesamtbetriebsrat oder, falls ein solcher nicht besteht, der Konzernbetriebsrat einen Wahlvorstand. § 16 Abs. 1 gilt entsprechend.

(2) Besteht weder ein Gesamtbetriebsrat noch ein Konzernbetriebsrat, so wird in einer Betriebsversammlung von der Mehrheit der anwesenden Arbeitnehmer ein Wahlvorstand gewählt; § 16 Abs. 1 gilt entsprechend. Gleiches gilt, wenn der Gesamtbetriebsrat oder Konzernbetriebsrat die Bestellung des Wahlvorstands nach Absatz 1 unterlässt.

(3) Zu dieser Betriebsversammlung können drei wahlberechtigte Arbeitnehmer des Betriebs oder eine im Betrieb vertretene Gewerkschaft einladen und Vorschläge für die Zusammensetzung des Wahlvorstands machen.

(4) Findet trotz Einladung keine Betriebsversammlung statt oder wählt die Betriebsversammlung keinen Wahlvorstand, so bestellt ihn das Arbeitsgericht auf Antrag von mindestens drei wahlberechtigten Arbeitnehmern oder einer im Betrieb vertretenen Gewerkschaft. § 16 Abs. 2 gilt entsprechend.

Inhaltsübersicht

66 *LAG Hamm* 7. Kammer 6.9.13 – 7 TaBVGa 7/13.
67 *BAG*, a. a. O.
68 Zur Antragsberechtigung der Gewerkschaft vgl. *BAG* 14.12.65, AP Nr. 5 zu § 16 BetrVG; zum Antragsrecht des AG vgl. *BAG* 3.6.75, AP Nr. 1 zu § 5 BetrVG 1972 Rotes Kreuz.
69 GK-*Kreutz,* Rn. 80.
70 Vgl. *BAG* 8.2.57, AP Nr. 1 zu § 82 BetrVG; *BAG* 3.6.75, a. a. O.
71 GK-*Kreutz,* Rn. 81.
72 *BAG* v. 16.4.03 – 7 ABR 29/02.

I. Bestellung des Wahlvorstands durch den Gesamtbetriebsrat oder Konzernbetriebsrat (Abs. 1)

1 Nach dem BetrVG 1972 hatte die Bestellung eines WV in einem Betrieb, in dem bisher ein BR nicht bestand, grundsätzlich durch eine Betriebsversammlung zu erfolgen. Dieses zeit- und kostenaufwändige Verfahren hat das BetrVG-ReformG 2001 durch die zweckmäßigere Regelung ersetzt, dass die Bestellung des WV durch den **GBR des UN** bzw., wenn ein solcher nicht vorhanden ist, durch den **KBR des Konzerns** zu erfolgen hat. Der GBR bzw. ggf. der KBR können die Initiative **jederzeit** ergreifen, wenn sie feststellen, dass der betreffende Betrieb zwar nach § 1 betriebsratsfähig ist, aber noch keinen BR hat. Der GBR bzw. KBR hat gegenüber der UN-Leitung nach § 80 Abs. 2 i. V. m. § 51 Abs. 5 einen Auskunftsanspruch dahingehend, in welchen Betrieben des UN kein BR besteht,[1] entsprechend gilt nach § 80 Abs. 2 i. V. m. § 59 Abs. 1 für den KBR gegenüber der Konzernleitung für betriebsratslose Betriebe im Konzernbereich. Sobald der WV durch den GBR bzw. KBR errichtet worden ist, geht der Auskunftsanspruch an den eingesetzten WV über[2]. Der AG ist aber auch seinerseits verpflichtet, dem GBR bzw. KBR Auskunft über die betriebsratslosen Betriebe im UN bzw. Konzern zu geben.[3] Eine Auskunft kann nur verweigert werden, wenn die Bestellung des WV nichtig war oder die BR-Wahl insgesamt voraussichtlich nicht sein wird[4].
Unabhängig von der Auskunftserteilungspflicht kann die Anregung zur Bestellung des WV aber auch von der im Betrieb vertretenen **Gewerkschaft** oder von **AN** des betroffenen Betriebs kommen. Eines förmlichen Antrags einer der beteiligten Parteien bedarf es nicht.

2 Haben der GBR bzw. ggf. der KBR festgestellt, dass ein betriebsratsfähiger, aber betriebsratsloser Betrieb im UN bzw. Konzern vorhanden ist oder haben sie entsprechende Hinweise erhalten, sollen sie unverzüglich die Bestellung des WV vornehmen. Dabei haben sie die Grundsätze des § 16 Abs. 1 zu beachten. Das Bestellungsverfahren durch den GBR bzw. ggf. durch den KBR findet auch auf die Bestellung des WV nach **§ 17 a Anwendung** (vgl. § 17 a Rn. 2).

3 Unterlassen GBR oder KBR die Bestellung des WV, obwohl die Voraussetzungen dafür vorliegen, kann die Bestellung durch die in Abs. 2 vorgesehene Betriebsversammlung erfolgen. Es gilt das **Prioritätsprinzip.** Wird der WV noch vor dem Stattfinden der Betriebsversammlung durch den GBR oder KBR bestellt, findet die Versammlung nicht mehr statt.[5] Es ist daher sinnvoll, wenn die Einladungsberechtigten den GBR bzw. KBR von der beabsichtigten Durchführung der Versammlung verständigen, damit dieser noch tätig werden kann.[6]

II. Wahl des Wahlvorstands durch die Betriebsversammlung (Abs. 2, 3)

4 Die Betriebsversammlung, in der in einem betriebsratslosen Betrieb ein WV gewählt werden soll, kann dann einberufen werden, wenn weder ein GBR noch ein KBR besteht oder diese Betriebsverfassungsorgane zwar vorhanden, aber untätig geblieben sind. Zur Versammlung können **drei wahlberechtigte AN** des Betriebs oder die im Betrieb vertretene Gewerkschaft[7] einladen (vgl. auch Rn. 2 a). Das Einladungsrecht der Gewerkschaft zu einer Betriebsversammlung zur Wahl eines WV entfällt nicht bereits deshalb, weil drei AN des Betriebes schon eine Einladung ausgesprochen haben. Es kann erforderlich sein, dass die Gewerkschaft zusätzlich eine Einladung ausspricht, aber einen früheren Zeitpunkt der Durchführung festlegt, weil eine unmittelbar bevorstehende Betriebsänderung die umgehende Wahl eines BR erforderlich macht. Auch unabhängig davon bringt eine »Doppeleinladung« keine Nachteile, sondern sichert die Ordnungsgemäßheit der Einleitung der Wahlen zum BR.[8] Die Möglichkeit einer

1 *Fitting*, Rn. 9.
2 *BAG* 15.10. 14 – 7 ABR 53/12.
3 *LAG Nürnberg* 25.1.07 – 1 TaBV 14/06.
4 *LAG Schleswig-Holstein* 2.4.14 – 3 TaBVGa 2/14.
5 *Fitting*, Rn. 14.
6 *Fitting*, Rn. 15.
7 Zu der Frage, wie die Gewerkschaft den Nachweis führen kann, dass sie im Betrieb vertreten ist, vgl. *BAG* 25.3.92, DB 93, 95 und § 2 Rn. 30.
8 So auch *LAG Köln* 6.10.89, BB 90, 998, das zutreffend auf die gesetzliche Verknüpfung von Einladungs-

»**Doppeleinladung**« durch drei wahlberechtigte AN des Betriebs besteht schon deshalb, weil das Wort »oder« in Abs. 3 zwischen den Einladungsberechtigten nicht im Sinne des wechselseitigen Ausschlusses (»entweder – oder«) zu verstehen ist, sondern **kumulativ** in dem Sinn »sowohl – als auch«.[9] Die Einladenden können bei einer »Doppeleinladung« unabhängig voneinander den Weg für die Einladung wählen, der ihrer Meinung nach am besten geeignet ist. Um eine »Doppeleinladung« handelt es sich nicht, wenn eine von drei wahlberechtigten AN einberufene Versammlung zur Wahl eines WV ergebnislos verlaufen ist und die Gewerkschaft nach einiger Zeit von ihrem Einladungsrecht Gebrauch macht. Die Aufzählung der Einladungsberechtigten ist **abschließend.** Daher sind weder der AG noch andere Stellen berechtigt, eine entsprechende Einladung vorzunehmen.[10] Andererseits darf der AG die Durchführung der Betriebsversammlung nicht verbieten oder auf AN dahingehend Einfluss nehmen, dass sie an der Versammlung zur Bildung eines WV nicht teilnehmen. In einem solchen Verhalten des AG würde eine **Behinderung der BR-Wahl** liegen (§ 20 Abs. 1 Satz 1) und ggf. ihre Beeinflussung, wenn der AG durch die Zufügung oder Androhung von Nachteilen oder durch die Gewährung oder das Versprechen von Vorteilen AN abhalten will, an der Versammlung teilzunehmen. Ggf. kommen ein **Verfahren nach § 23 Abs. 3** sowie eine **Strafverfolgung nach § 119 Abs. 1 Nr. 1** in Betracht. Es gelten dabei dieselben Grundsätze, die auch zur Anwendung kommen, wenn der AG Betriebsversammlungen verhindern will (vgl. § 42 Rn. 31).

Formvorschriften für die Einladung zur Betriebsversammlung bestehen **nicht.** Die Einladung kann daher beispielsweise durch einen Aushang am »Schwarzen Brett«, durch ein Rundschreiben oder ein Faltblatt vorgenommen werden. Die AN des Betriebes müssen allerdings in jedem Fall über Termin und Zweck der Betriebsversammlung **informiert** werden, damit sie Gelegenheit haben, an der Versammlung teilzunehmen.[11] Wenn die Einladung in der Form eines Aushangs gemacht wird, ist es nicht unbedingt erforderlich, dass dieser von der einladenden Stelle unterschrieben ist.[12] Es ist darauf zu achten, dass **alle AN** des Betriebs Gelegenheit bekommen, von der **Einladung Kenntnis zu erhalten;** andernfalls kann die Wahl des WV unwirksam sein.[13] Der AG ist verpflichtet, allen regelmäßig auswärts beschäftigten AN eine Einladung zu einer Betriebsversammlung zum Zwecke der Wahl eines WV für die erstmalige Wahl eines BR zukommen zu lassen.[14] Diese Verpflichtung des AG kann von der Gewerkschaft ggf. gerichtlich durchgesetzt werden. Verweigert der AG die Mitwirkung und kann deswegen keine Betriebsversammlung stattfinden, ist aber auch die Anrufung des ArbG nach Abs. 4 zur gerichtlichen Bestellung des WV möglich.[15] Auf keinen Fall kann sich der AG auf die fehlende Kenntnis von AN von der Einladung zu einer Betriebsversammlung nach § 17 berufen, wenn er diese Kenntnisnahme selbst vereitelt oder erschwert bzw. die AN nicht informiert hat. Geht es etwa in einem arbeitsgerichtlichen Verfahren darum, ob die Einladung zur Wahl des WV 5

und Vorschlagsrecht hinweist, allerdings eine weitere Einladung zu derselben Betriebsversammlung dann ausschließt, wenn der weitere Einladungsberechtigte lediglich an einen anderen Ort und zu einer anderen Zeit einladen will.

9 *LAG Köln*, a. a. O. unter Hinweis auf Wahrig, Deutsches Wörterbuch 1980.

10 *Fitting*, Rn. 22 m. w. N.; *GL*, Rn. 6; a. A. *BAG* 19.3.74, AP Nr. 1 zu § 17 BetrVG 1972; Richardi-*Thüsing*, Rn. 11; GK-*Kreutz*, Rn. 13 f.

11 Vgl. *LAG Hamm* 9.12.77, DB 78, 1282, das es als unerheblich bezeichnet, auf welche Weise Ort und Zeitpunkt der Betriebsversammlung bekannt gemacht worden sind.

12 *LAG Hamm* 29.11.73, DB 74, 389.

13 Zu weitgehend *BAG* 7.5.86, AP Nr. 18 zu § 15 KSchG 1969, das die Möglichkeit der Nichtigkeit der Wahl des WV in einem solchen Fall annimmt, allerdings auch darauf abstellt, dass die AN nicht auf andere Weise von der Durchführung der Versammlung erfahren haben und überdies durch das Fernbleiben der nicht unterrichteten AN das Wahlergebnis beeinflusst werden konnte.

14 *BAG* 26.2.92, DB 92, 2147; vgl. auch *ArbG Stuttgart* 22.12.92 – 1 BV 191/92 –, das die Verpflichtung des AG in einem Zeitungsvertrieb feststellt, die von den Einberufern der Versammlung zur Wahl eines WV übergebene Einladung an die als Zeitungszusteller beschäftigten AN zu versenden; noch umfassender *LAG Hamburg* 16.6.92 – 2 TaBV 10/91 –, das den AG nach Aufforderung durch die Gewerkschaft als verpflichtet ansieht, alle AN von der Einladung zur Betriebsversammlung nach § 17 durch die Gewerkschaft zu unterrichten.

15 *Fitting*, Rn. 33; a. A. *BAG* 26.2.92, AP Nr. 6 zu § 17 BetrVG 1972.

ordnungsgemäß erfolgte, kann sich der AG nicht darauf berufen, dass die AN nicht ausreichend Zeit gehabt hätten, von der Einladung Kenntnis zu nehmen, wenn er durch die Abnahme des Einladungsschreibens selbst die Voraussetzungen des § 17 Abs. 3 BetrVG vereitelt hat. Die Bestellung des WV ist häufig Ziel von Angriffen geworden, die im Wesentlichen auf die **Verhinderung eines BR** ausgerichtet sind. Daher sind AG, die im Rahmen eines Verfahrens den Einwand der nicht ordnungsgemäßen Einladung erheben davon ausgeschlossen. Der darauf gerichtete Einwand des AG verstößt gegen § 242 BGB bzw. § 162 BGB.[16]

6 Die Einladung zur Betriebsversammlung kann **zusätzlich** zu den anderen Formen der Einladung durch die im Betrieb vorhandene IuK-Technik erfolgen.[17] Es ergibt sich bereits daraus, dass eine solche zusätzliche Einladung auch im vereinfachten zweistufigen Wahlverfahren zu der Einladung zur Wahl des WV nach § 28 Abs. 1 Satz 3 WO erfolgen kann.[18] Der AG hat dazu die im Betrieb vorhandene Infrastruktur (E-Mail, Intranet) zur Verfügung zu stellen. Eine Einladung **ausschließlich** mit der IT-Technik ist nur zulässig, wenn grundsätzlich alle AN von der Einladung Kenntnis erlangen.[19]

7 **Beauftragte** einer im Betrieb vertretenen **Gewerkschaft** haben das Recht, den Betrieb nach Unterrichtung des AG gemäß § 2 Abs. 2 zu betreten, um die AN zur Betriebsversammlung einzuladen. Sie sind unabhängig von der Einladung zur Versammlung berechtigt, die AN über die Bedeutung der BR-Wahl und die Notwendigkeit des Vorhandenseins eines BR zur Wahrnehmung der betrieblichen AN-Interessen aufzuklären. Die Gewerkschaftsbeauftragten dürfen auch **Arbeitsplätze aufsuchen,** etwa um geeignete AN zur Übernahme des Amts als WV-Mitglied zu gewinnen.[20] Das Zugangsrecht zur Betriebsversammlung besteht auch für ein Mitglied des GBR, das von drei wahlberechtigten AN eingeladen worden ist. Das Zugangsrecht kann ggfs. gerichtlich erzwungen werden.[21]

8 An der Versammlung können **alle im Betrieb beschäftigten AN** teilnehmen, auch die nicht wahlberechtigten. **Leitende Angestellte** nach § 5 Abs. 3 sind jedoch ausgeschlossen.[22] Daher haben Mitglieder des SpA nicht das Recht der Teilnahme. Nehmen leitende Angestellte an der Versammlung teil, so ist dies nicht per se ein Grund zur Anfechtung, sondern nur dann, wenn sie auch entscheidenden Einfluss auf die Bildung des WV genommen haben. Das ergibt sich schon daraus, dass es in vielen Fällen streitig ist, wer zum Kreis der leitenden Angestellten zu rechnen ist. Auch der AG ist zur Teilnahme **nicht berechtigt,** da dies die Möglichkeit einer Beeinflussung bei der Bildung des WV mit sich bringen könnte.[23] **Der Gewerkschaftsbeauftragte** hat auch dann ein **Teilnahmerecht,** wenn die Gewerkschaft nicht selbst zu der Versammlung eingeladen hat, sondern AN des Betriebes. Das ergibt sich nicht nur aus ihrer betriebsverfassungsrechtlichen Unterstützungsfunktion, sondern auch aus § 46 Abs. 1. Ein Teilnahmerecht haben auch **Mitglieder des GBR,** wenn es zwar zu keiner Initiative durch den GBR zur Bildung eines WV nach Abs. 1 gekommen ist, ihre Anwesenheit für eine ordnungsgemäße Erfüllung der Aufgaben der Betriebsversammlung aber sachdienlich ist und drei Wahlberechtigte AN den GBR zur Anwesenheit bei einer Betriebsversammlung nach § 17 eingeladen haben.[24]

---

16 *ArbG Lingen* 24.11.05 2 BV 2/05.

17 Zur Anwendung der IT-Technik bei BR-Wahlen vgl. umfassend Schneider/Wedde, AuR 1 – 2/07, 26; vgl. auch § 18 Rn. 7 a.

18 Vgl. auch *Fitting,* Rn. 17.

19 Vgl. § 2 Abs. 4 Satz 4 WO; vgl. auch *BAG* 19.11.03 – 7 ABR 24/03, das es als nicht ausreichend ansieht, wenn von 59 AN 52 AN über einen E-Mail-Anschluss verfügen.

20 *ArbG Wuppertal* 17.9.85 – 7 BV 41/85; *Fitting,* Rn. 7.

21 *ArbG Frankfurt a. M.* 31.10.96, AiB 97, 716.

22 *Fitting,* Rn. 24.

23 *LAG Niedersachsen* 15.4.77 – 5 TaBV 38/77, das zutreffend erklärt, eine Teilnahme des AG würde der Gesetzestendenz, die Bildung von Organen der Betriebsverfassung zu erleichtern, zuwiderlaufen; ebenso *ArbG Bielefeld* 23.6.82, AuR 83, 91; a. A. *LAG Berlin* 10.2.86, AuR 87, 34, das überdies darauf hinweist, dass sich der AG nicht durch eine betriebsfremde Person vertreten lassen darf; vgl. auch *LAG Hamm* 9.1.80, DB 80, 1222; vgl. ferner *Fitting,* Rn. 26, die für die Versammlung nach § 17 die gleichen Grundsätze, auch hinsichtlich des Teilnahmerechtes des AG, gelten lassen wollen wie bei den Vorschriften über die Betriebsversammlungen nach § 43.

24 Zur Sachdienlichkeit der Teilnahme von GBR-Mitgliedern vgl. *ArbG Frankfurt* 31.10.96 – 18 BV 73/96.

Die Betriebsversammlung findet grundsätzlich **während der Arbeitszeit** statt (§ 44 Abs. 1). Das hat insbesondere zur Folge, dass die Zeit der Teilnahme den AN einschließlich evtl. zusätzlicher Wegezeiten wie Arbeitszeit zu vergüten ist und entstehende besondere Fahrkosten zu erstatten sind (vgl. § 44 Rn. 17). Insbesondere in Schichtbetrieben oder Betrieben mit hohem Anteil von AN in der (Auslands)Montage wird es nahezu unmöglich sein, einen Zeitpunkt zu finden, der in der Arbeitszeit aller AN liegt. Deshalb ist es ausreichend, wenn die AN des Betriebes rechtzeitig über Zeit und Lage der Versammlung informiert werden[25]. **9**

Eine bestimmte **Mindestzahl** von Teilnehmern zur Beschlussfassung ist **nicht erforderlich,** da die Wahl mit der Mehrheit der anwesenden AN erfolgt.[26] Die Mehrheit der abgegebenen Stimmen genügt nicht.[27] Allerdings erweist sich dies immer wieder als schwierig, wenn es besonders viele Bewerber für das Amt des Wahlvorstandes gibt und schon rechnerisch nicht jeder Kandidat die Mehrheit der anwesenden Stimmen in einem Wahlgang auf sich vereinigen kann. Dies könnte dadurch aufgelöst werden, dass zwischen den Kandidaten mit den meisten Stimmen um die Plätze im Wahlvorstand eine Stichwahl stattfindet. Auf diese Art könnten die Fälle einer Bestellung des Wahlvorstandes durch ein Gericht verringert werden. Insbesondere dann, wenn insgesamt genügend Stimmen auf die Kandidaten für das Amt des Wahlvorstandes abgegeben worden sind, ohne dass alle drei Bewerber die Mehrheit auf sich vereinen konnten.[28] Es finden auch nicht die Grundsätze der Verhältniswahl Anwendung. Das gilt umso mehr, als sie praktisch kaum durchführbar wäre, da die notwendigen Vorbereitungen für die Berechnung nicht getroffen werden können. **10**

Die **Einladenden eröffnen** die Versammlung. Einer förmlichen Abstimmung bei der Bestellung des Versammlungsleiters bedarf es nicht.[29] Es genügt, wenn einer der einladenden AN oder ein Beauftragter einer einladenden Gewerkschaft die Versammlung eröffnet und die Wahl leitet,[30] sofern erkennbar ist, dass die Mehrheit der Versammelten mit der Verfahrensweise einverstanden ist.[31] In Betracht kommt aber auch jeder andere AN. **11**

Entsprechend dem Teilnahmerecht sind **alle AN stimmberechtigt,** somit nicht nur die Wahlberechtigten. Eine geheime Wahl ist nicht erforderlich.[32] Selbst die Benutzung von Stimmzetteln ist nicht notwendig. Die Wahl kann auch durch Handaufheben erfolgen, wenn feststeht, dass die Anwesenden in ihrer Mehrheit mit den vorgeschlagenen Kandidaten einverstanden sind und keine berechtigten Zweifel bestehen können, wer gewählt ist.[33] Es genügt aber auch, dass sich keine Gegenstimmen erheben und niemand erklärt, er enthalte sich der Stimme. Eine vor der Wahl erklärte Bereitschaft eines AN, das Amt eines WV-Mitglieds übernehmen zu wollen, ist rechtlich unbeachtlich. Erst wenn die Bestellung erfolgt ist, hat der AN das Recht, das Amt als Wahlvorstand-Mitglied anzunehmen oder abzulehnen.[34] **12**

Über die einzelnen Kandidaten ist zwar prinzipiell getrennt abzustimmen. Aus Gründen der Vereinfachung kann jedoch die Versammlung über einen **kompletten Vorschlag,** der z. B. drei bestimmte WV-Mitglieder und drei Ersatzmitglieder enthält, beschließen.[35] Werden allerdings mehr Kandidaten vorgeschlagen, als Mitglieder des WV erforderlich sind, muss eine (formlose) Abstimmung erfolgen. Die Festlegung der Reihenfolge der Kandidaten durch den Versammlungsleiter kann zur Unwirksamkeit der Bestellung führen.[36] Jedes Mitglied des WV bedarf der Mehrheit der abgegebenen Stimmen[37]. Dies kann durch eine einzelne Abstimmung **13**

25 a. A. *LAG Sachsen-Anhalt* v. 29.06.11 – 5 TaBVGa 1/11 – das es für erforderlich hält, dass alle AN eines Schichtbetriebes in ihren jeweiligen Arbeitszeiten zu einer (geteilten) Versammlung gehen können müssen.
26 *Fitting,* Rn. 28; Richardi-*Thüsing,* Rn. 16.
27 *Fitting,* a. a. O.; GK-*Kreutz,* Rn. 33; Richardi-*Thüsing,* Rn. 19.
28 Auf diese Art könnte in vielen Fällen auch verhindert werden, dass Teilnehmer, die keine Stimme abgeben, die Wahl eines Wahlvorstandes boykottieren können.
29 *LAG Berlin* 10.2.86, AuR 87, 34.
30 GK-*Kreutz,* Rn. 22.
31 Vgl. *BAG* 14.12.65, AP Nr. 5 zu § 16 BetrVG.
32 *BAG* 14.12.65, AP Nr. 5 zu § 16 BetrVG; *LAG Rheinland-Pfalz* 30.1.86, AuR 87, 35.
33 *BAG,* a. a. O.
34 *ArbG Lingen* 24.11.05 – 2 BV 2/05.
35 GK-*Kreutz,* Rn. 27.
36 Vgl. *ArbG Bielefeld* 20.5.87, NZA 87, 680.
37 *ArbG Hamburg* 7.1.15 – 27 BVGa 5/14.

zu jedem Mitglied erfolgen, oder dadurch, dass der gesamte Wahlvorstand zur Abstimmung gestellt.

14 In den WV kann gewählt werden, wer wahlberechtigt ist. Dagegen ist die Wählbarkeit nicht erforderlich. Die Geschlechter sollen im WV vertreten sein (§ 16 Abs. 1 Satz 5). In den Betrieben der privatisierten Post-UN **Deutsche Post AG, Deutsche Postbank AG** u. **Deutsche Telekom AG** hat dem WV ein **Beamter** anzugehören, sofern diese Gruppe im Betrieb vertreten ist (§ 26 Nr. 3 PostPersRG; vgl. auch § 16 Rn. 13 a). Der Vorsitzende des WV wird ebenfalls durch die Betriebsversammlung gewählt. Ist das nicht geschehen, kann ihn der WV selbst wählen.[38]

15 Nach den Bestimmung des § 16 Abs. 1 Satz 6 kann jede im **Betrieb vertretene Gewerkschaft** ein nicht stimmberechtigtes Mitglied in den WV entsenden, sofern ihr nicht ohnehin ein stimmberechtigtes WV-Mitglied angehört (vgl. § 16 Rn. 21). Ist somit durch den GBR bzw. den KBR oder durch die Betriebsversammlung bei einem Untätigbleiben dieser Betriebsverfassungsorgane (Abs. 1 – 3) der WV in einer Weise zusammengesetzt worden, dass einer im Betrieb vertretenen Gewerkschaft nicht ein Mitglied im WV angehört, kommt diese Bestimmung zur Anwendung. Die Entsendung kann jedoch erst nach der Bildung des WV vorgenommen werden. Das ist schon deswegen erforderlich, weil nur der WV berechtigt und verpflichtet ist, zu prüfen, ob der betreffende Gewerkschaftsbeauftragte, der entsandt werden soll, einer Gewerkschaft i. S. d. § 2 angehört und diese Gewerkschaft im Betrieb vertreten ist. Hierfür genügt, dass zum Zeitpunkt der Einleitung der BR-Wahl die Gewerkschaft ein Mitglied im Betrieb hat. Dieses Mitglied muss nicht aktiv wahlberechtigt sein.[39] Auch ein späterer Austritt dieses Mitgliedes aus der Gewerkschaft oder das Ausscheiden aus dem Betrieb ändern am »Vertretensein« nichts (vgl. auch § 16 Rn. 21).

Der Nachweis des Vorhandenseins eines Mitgliedes im Betrieb kann über eine notarielle Bestätigung geführt werden; sofern nicht schon die einfache schriftliche Erklärung der Gewerkschaft genügt.

16 Die Betriebsversammlung kann die Zahl der WV-Mitglieder erforderlichenfalls **über drei hinaus erhöhen und Ersatzmitglieder** bestellen.[40] Ist die Bestellung von Ersatzmitgliedern nicht vorgenommen worden und scheiden WV-Mitglieder aus, ist die Ergänzung des WV durch eine Nachwahl in einer neuen Betriebsversammlung möglich.[41] Die Nachbestellung kann durch die Betriebsversammlung auch dann vorgenommen werden, wenn die Bestellung des WV nach § 16 Abs. 1 durch den BR erfolgt ist, seine Amtszeit aber zwischenzeitlich geendet hat.

III. Bestellung des Wahlvorstands durch das Arbeitsgericht (Abs. 4)

17 Kommt eine Betriebsversammlung **nicht zustande** oder verläuft sie **erfolglos** (Abs. 4), ist die Anrufung des ArbG zulässig. Auf die Gründe, warum die Versammlung nicht zustande gekommen ist oder warum sie keinen WV bestellt hat, kommt es nicht an.[42] Die Anrufung des ArbG setzt aber voraus, dass zunächst der Versuch unternommen worden ist, eine Betriebsversammlung einzuberufen. Diese Voraussetzung besteht auch dann, wenn der AG sich weigert, eine ihm obliegende, zur Bewirkung der Einladung notwendige Mitwirkungshandlung vorzunehmen.[43] Ein Verzicht auf eine Einladung zu einer Betriebsversammlung nach Abs. 3 mit der Folge der Zulässigkeit der gerichtlichen Bestellung des WV durch das ArbG ist jedenfalls dann gegeben, wenn den Einladungsberechtigten eine Einladung nur unter sehr erschwerten Umständen oder gar nicht zumutbar ist.[44] Die Bestellung eines WV durch das ArbG

38 *BAG* 14.12.65, AP Nr. 5 zu § 16 BetrVG.
39 *Hessisches LAG* 15.5.14 – 9 TaBV 194/13.
40 *Halberstadt*, Rn. 5.
41 Vgl. *BAG* 14.12.65, AP Nr. 5 zu § 16 BetrVG zur Nachbestellung durch den BR.
42 *LAG Hamm* 22.10.59, BB 60, 288.
43 *BAG* 26.2.92, DB 92, 2147, das den AG verpflichtet, den regelmäßig auswärts beschäftigten AN eine Einladung zu einer Betriebsversammlung zum Zwecke der Wahl eines WV für die BR-Wahl zukommen zu lassen; vgl. auch Rn. 4.
44 Vgl. auch *Fitting*, Rn. 33.

hat ansonsten **subsidiäre Bedeutung.** Durch die Anrufung des ArbG geht der Betriebsversammlung das ihr nach Abs. 1 zustehende Recht, einen WV zu wählen, so lange nicht verloren, als eine rechtskräftige gerichtliche Entscheidung noch nicht vorliegt.[45]

Ein gerichtliches Verfahren zur Einsetzung eines WV können die Antragsteller einleiten, die auch zur Einberufung einer Betriebsversammlung nach Abs. 3 berechtigt sind, also **drei wahlberechtigte AN** des Betriebs oder eine im **Betrieb vertretene Gewerkschaft.**[46] Das Antragsrecht setzt nicht voraus, dass die Gewerkschaft für den Betrieb oder das UN des AG tarifzuständig ist.[47] Andere Personen oder Stellen, wie z. B. der AG, können das gerichtliche Verfahren nicht einleiten.[48] Die Gewerkschaft, die nach Abs. 3 die Einsetzung eines WV in einem betriebsratslosen Betrieb erzwingen kann,[49] ist auch dann berechtigt, das ArbG zur Einsetzung eines WV anzurufen, wenn Antragsteller zur Einberufung einer Betriebsversammlung nach Abs. 1 drei wahlberechtigte AN gewesen sind und die Versammlung ergebnislos verlaufen ist. Die Antragsteller, die das ArbG zur Einsetzung eines WV anrufen, brauchen nicht mit denjenigen identisch zu sein, die zur Betriebsversammlung eingeladen haben.[50] Daher ist es auch grundsätzlich möglich, dass eine andere Gewerkschaft, als die zur Betriebsversammlung eingeladen hat, die gerichtliche Bestellung betreibt. **18**

Die Regelungen des § 16 Abs. 2 gelten für das gerichtliche Verfahren entsprechend. Das bedeutet insbesondere, dass in dem Antrag an das ArbG auch Vorschläge für die **Zusammensetzung des WV** gemacht werden können und das Gericht in Betrieben mit in der Regel mehr als 20 wahlberechtigten AN auch **nicht betriebsangehörige Gewerkschaftsmitglieder** zu Mitgliedern des WV bestellen kann (vgl. § 16 Rn. 25). Bei dem Antrag an das ArbG sollte allerdings angestrebt werden, auch betriebsangehörige AN als Kandidaten für den WV vorzuschlagen. Finden sich jedoch keine AN bereit, für den WV zu kandidieren, etwa aus Furcht vor Repressalien des AG, können die Antragsteller **ausschließlich betriebsfremde Mitglieder** der im Betrieb vertretenen Gewerkschaft für den WV vorschlagen. Das Gericht ist dann nicht gehalten, andere Personen zu suchen. Solange eine hinreichende Anzahl von Personen namhaft gemacht worden ist, wird aus diesem Kreis der WV zu bilden sein.[51] Hat das ArbG einen WV bestellt und ist eine Ergänzung erforderlich, z. B. weil WV-Mitglieder ausgeschieden sind, kann eine **nachträgliche Ergänzung** in einem weiteren Verfahren durch das ArbG erfolgen.[52] **19**

Geht die Initiative zur Wahl eines WV in einer Betriebsversammlung (Abs. 2) oder zur Bestellung des WV durch das ArbG (Abs. 4) von AN des Betriebs aus, haben diese den **besonderen Kündigungsschutz** nach § 15 Abs. 3 a KSchG ab dem Zeitpunkt der Einladung bzw. der Antragstellung bis zur Bekanntgabe des Wahlergebnisses.[53] Der besondere Kündigungsschutz endet, sofern kein BR gewählt wird, nach drei Monaten. Es kommt nicht zu einem rückwirkenden Wegfall des Kündigungsschutzes.[54] Der Kündigungsschutz ist auf die gesetzliche Mindestzahl der einladenden bzw. antragstellenden AN begrenzt.[55] Haben **weitere AN** eingeladen, besteht für diese jedenfalls der Schutz nach § 20. Das bedeutet u. a., dass der AG keine Kündigung wegen der Initiative zur Einleitung einer BR-Wahl aussprechen darf. **20**

---

45 *BAG* 19.3.74, AP Nr. 1 zu § 17 BetrVG 1972.
46 Vgl. *LAG Hamm* 10.8.94 – 3 TaBV 92/94, nach dem die den Antrag auf gerichtliche Bestellung des WV stellende Gewerkschaft die Auskunft über die im Betrieb beschäftigten Gewerkschaftsmitglieder verweigern kann; zur Frage des Vertretenseins der Gewerkschaft im Betrieb vgl. im Übrigen § 2 Rn. 29 f.
47 *BAG* 10.11.04, NZA 05, 426 ff.
48 *Fitting,* Rn. 34.
49 *Däubler,* Das Arbeitsrecht 1, Rn. 761.
50 GK-*Kreutz,* Rn. 34; Richardi-*Thüsing,* Rn. 29.
51 *LAG Baden-Württemberg* 20.9.73 – TaBV 5/73.
52 *LAG Düsseldorf* 7.11.74, DB 75, 260; *ArbG Iserlohn* 12.4.88 – 2 BV 2/88.
53 *ArbG Frankfurt* 17.3.10 – 7 Ca 8989/09.
54 *Fitting,* Rn. 37 ff.
55 *Fitting,* Rn. 39.

IV. Streitigkeiten

21 Verstöße gegen § 17 berechtigen unter den Voraussetzungen des § 19 zur **Anfechtung der BR-Wahl.** Auch über sonstige Streitigkeiten, die sich im Zusammenhang mit der Bestellung des WV durch den GBR, den KBR oder die Betriebsversammlung oder das ArbG ergeben, ist durch das ArbG im Beschlussverfahren zu entscheiden.

22 Bewerber für das Amt des WV genießen, im Gegensatz zu Wahlbewerbern für das Amt des Betriebsrates leider keinen besonderen Kündigungsschutz nach § 15 Abs. 3 KSchG[56]. Dies ist jedoch zu kritisieren, weil sich die Auseinandersetzung um die Errichtung eines BR auf die Bestellung des Wahlvorstandes vorverlagert hat und die Kandidaten für das Amt eines WV regelmäßig Ziel von Angriffen sind.

§ 17 a Bestellung des Wahlvorstands im vereinfachten Wahlverfahren

Im Fall des § 14 a finden die §§ 16 und 17 mit folgender Maßgabe Anwendung:

1. **Die Frist des § 16 Abs. 1 Satz 1 wird auf vier Wochen und die des § 16 Abs. 2 Satz 1, Abs. 3 Satz 1 auf drei Wochen verkürzt.**
2. **§ 16 Abs. 1 Satz 2 und 3 findet keine Anwendung.**
3. **In den Fällen des § 17 Abs. 2 wird der Wahlvorstand in einer Wahlversammlung von der Mehrheit der anwesenden Arbeitnehmer gewählt. Für die Einladung zu der Wahlversammlung gilt § 17 Abs. 3 entsprechend.**
4. **§ 17 Abs. 4 gilt entsprechend, wenn trotz Einladung keine Wahlversammlung stattfindet oder auf der Wahlversammlung kein Wahlvorstand gewählt wird.**

1 Die Bestellung des WV im vereinfachten Wahlverfahren wird an die Regelungen des § 14 a angepasst. Das betrifft zunächst die **Verkürzung der Fristen** (Nr. 1): Die Frist zur Bestellung des WV in einem Betrieb, in dem bereits ein BR besteht, und die normalerweise mindestens zehn Wochen vor Ablauf der Amtszeit beträgt (§ 16 Abs. 1 Satz 1), wird auf **vier Wochen** verkürzt; die Fristen für die arbeitsgerichtliche Bestellung des WV (§ 16 Abs. 2 Satz 1) und durch den GBR bzw., wenn ein solcher nicht besteht, durch den KBR (§ 16 Abs. 3 Satz 1), werden jeweils von acht auf **drei Wochen** verkürzt. Eine weitere Besonderheit ist, dass der WV immer aus **drei Personen** besteht (Nr. 2). Eine Erhöhung der Zahl der WV-Mitglieder ist nicht zulässig (Ausschluss des § 16 Abs. 1 Satz 2).[1] Dagegen können **Ersatzmitglieder** bestellt werden (§ 16 Abs. 1 Satz 4). Die Regelung, dass dem WV **Frauen und Männer** angehören sollen, wenn beide Geschlechter im Betrieb vertreten sind (§ 16 Abs. 1 Satz 5), findet ebenso Anwendung wie die Möglichkeit der Entsendung eines **nicht stimmberechtigten Mitglieds** in den WV durch die im Betrieb vertretene Gew. (§ 16 Abs. 1 Satz 6).

2 Die Wahlversammlung zur Wahl des WV findet grundsätzlich während der **Arbeitszeit** statt (§ 44 Abs. 1). Die Zeit der Teilnahme ist den AN daher wie Arbeitszeit zu vergüten, und zwar einschl. zusätzlicher Wegezeiten.[2] Die Einladung zur Wahlversammlung muss mindestens den Zeitpunkt, den Ort, den Gegenstand der Versammlung sowie die Einladenden angeben und so bekannt gemacht werden, dass alle AN des Betriebes von ihr Kenntnis nehmen können und die Möglichkeit erhalten, an ihr teilzunehmen (zu den erforderlichen Angaben vgl. auch § 28 Abs. 1 Satz 5 WO). Fehlt eine der an sich notwendigen Angaben, wie etwa der Hinweis, dass bis zum Ende der Wahlversammlung Wahlvorschläge zur Wahl des BR gemacht werden können, führt das **nicht zum Ausschluss des besonderen Kündigungsschutzes** der zur Versammlung einladenden AN nach § 15 Abs. 3 a KSchG.[3] Zur Beschlussfassung in der Wahlversammlung vgl. § 17 Rn. 10 f.

56 *BAG* 31.7.14 – 2 AZR 505/13.
1 Vgl. *Fitting*, Rn. 6.
2 *Fitting*, Rn. 16.
3 Vgl. *LAG Berlin* 25.6.03 – 17 Sa 531/03: Es ist ausreichend, wenn die Einladung von drei wahlberechtigten AN unterzeichnet wurde und Angaben zu Zeit und Ort der Versammlung enthält; so auch *ArbG Frankfurt/M.* 9.4.02, AuR 02, 394 f.

Die Einladung zur Wahlversammlung zur Wahl des WV kann durch die im Betrieb vorhandene IT-Technik erfolgen (§ 28 Abs. 1 Satz 3 WO). Der AG hat dazu die im Betrieb vorhandene Infrastruktur (E-Mail, Intranet) zur Verfügung zu stellen. Die Einladung **ausschließlich** mit der IT-Technik, z. B. per E-Mail ist nur zulässig, wenn grundsätzlich alle AN von der Einladung Kenntnis erlangen.[4] 3

Die Bestellung des WV soll auch in den Kleinbetrieben, in denen das vereinfachte Wahlverfahren nach § 14 a anzuwenden ist, vorrangig durch den **GBR** bzw. **KBR** erfolgen. Aber gerade in diesen Bereichen wird in vielen Fällen ein GBR bzw. KBR nicht vorhanden sein. Deshalb kommt der Regelung der **Nr. 3** besondere Bedeutung zu. Der WV kann daher, wenn ein GBR bzw. KBR nicht besteht oder untätig bleibt, in einer **Wahlversammlung** von der Mehrheit der anwesenden AN gewählt werden. Zu dieser Versammlung können drei wahlberechtigte AN oder die im Betrieb vertretene Gew. einladen. Kommt trotz Einladung eine Wahlversammlung nicht zustande oder wird auf ihr ein WV nicht gewählt, kommt die Bestellung durch das **ArbG** nach § 17 Abs. 4 in Betracht. 4

§ 18 Vorbereitung und Durchführung der Wahl

(1) Der Wahlvorstand hat die Wahl unverzüglich einzuleiten, sie durchzuführen und das Wahlergebnis festzustellen. Kommt der Wahlvorstand dieser Verpflichtung nicht nach, so ersetzt ihn das Arbeitsgericht auf Antrag des Betriebsrats, von mindestens drei wahlberechtigten Arbeitnehmern oder einer im Betrieb vertretenen Gewerkschaft. § 16 Abs. 2 gilt entsprechend.

(2) Ist zweifelhaft, ob eine betriebsratsfähige Organisationseinheit vorliegt, so können der Arbeitgeber, jeder beteiligte Betriebsrat, jeder beteiligte Wahlvorstand oder eine im Betrieb vertretene Gewerkschaft eine Entscheidung des Arbeitsgerichts beantragen.

(3) Unverzüglich nach Abschluss der Wahl nimmt der Wahlvorstand öffentlich die Auszählung der Stimmen vor, stellt deren Ergebnis in einer Niederschrift fest und gibt es den Arbeitnehmern des Betriebs bekannt. Dem Arbeitgeber und den im Betrieb vertretenen Gewerkschaften ist eine Abschrift der Wahlniederschrift zu übersenden.

Inhaltsübersicht

I. Vorbemerkungen

Zur ordnungsgemäßen Abwicklung einer BR-Wahl gehört das Tätigwerden **eines WV.** Der WV hat die Verpflichtung, die **Einleitung und Durchführung** der BR-Wahl vorzunehmen sowie das **Wahlergebnis** festzustellen.[1] Daneben hat er allgemein darauf zu achten, dass die Wahl **rechtmäßig und ordnungsgemäß** abgewickelt wird. Der WV hat dementsprechend das Recht, sämtliche Hindernisse und Störungen, die der ordnungsgemäßen Durchführung der BR-Wahl entgegenstehen, zu beseitigen.[2] Er kann sich dabei auf den allgemeinen Unterlassungsanspruch i. V. m. § 20 stützen. Dieser kann auch im Wege einer e. V. durchgesetzt werden.[3] Eine ohne WV eingeleitete und durchgeführte BR-Wahl ist **anfechtbar,** nach h. M. sogar nichtig.[4] 1

---

4 Vgl. § 2 Abs. 4 Satz 4 WO; vgl. auch *BAG* 19.11.03 – 7 ABR 24/03, das es als nicht ausreichend ansieht, wenn von 59 AN nur 52 AN über einen E-Mail-Anschluss verfügen. Zur Anwendung der IT-Technik bei BR-Wahlen vgl. umfassend Schneider/Wedde, AuR 1 – 2/07, 26 ff.; vgl. auch § 18 Rn. 7 a.

1 Zu Mustern für die verschiedenen Wahlarten siehe bei DKKWF-*Berg/Heilmann/Schneider*, §§ 7 bis 20.

2 *ArbG Regensburg* 6.6.02, AiB 03, 554 f.

3 *ArbG Regensburg*, a. a. O.

4 Vgl. statt vieler GK-*Kreutz*, § 16 Rn. 5 m. w. N.; vgl. aber auch *Gnade*, FS Herschel [1982], der die

II. Aufgaben des Wahlvorstands

2 Der WV hat die Wahl »unverzüglich« einzuleiten. Das bedeutet, dass die Einleitung **ohne schuldhaftes Zögern** zu erfolgen hat. Dabei hat der WV allerdings einen **Ermessensspielraum,** zumal er die Einleitung der Wahl gründlich vorbereiten muss, um eine Anfechtbarkeit zu vermeiden.[5] Die entsprechenden Vorbereitungen beginnen mit der Aufstellung der **Wählerliste** (§ 2 WO). Zu diesem Zweck hat der WV eine Liste der wahlberechtigten AN (Wählerliste), getrennt nach Frauen und Männern, zu erstellen (zu den weiteren wahlvorbereitende Handlungen vgl. Rn. 4). Wenn es zur zeitgleichen Wahl eines SpA nach dem SprAuG kommt, ist ggf. hinsichtlich der Zuordnung der leitenden Angestellten das **Zuordnungsverfahren nach § 18 a zu** beachten, das der WV für die Wahl des BR und der WV für die Wahl des SpA gemeinsam durchzuführen haben (vgl. dazu im Einzelnen die Erl. zu § 18 a). Der WV fasst seine Beschlüsse mit **einfacher Stimmenmehrheit** der stimmberechtigten Mitglieder (§ 33 Abs. 1). Gehören dem WV wesentlich mehr Mitglieder an, als in § 16 Abs. 1 Satz 1 als Mindestzahl vorgesehen ist, kann es sich empfehlen, einen **geschäftsführenden Ausschuss** zu bilden, dem die laufenden Geschäfte des WV übertragen werden. (Für den WV im vereinfachten Wahlverfahren gilt das nicht, da dieser aus drei Mitgliedern besteht und eine Erhöhung der Anzahl nicht zulässig ist; vgl. § 17 a Nr. 2 mit dem Ausschluss des § 16 Abs. 1 Satz 2 und 3.) Die Beschlussfassung über die erforderlichen Entscheidungen, z. B. Erlass des Wahlausschreibens, Gültigkeit von Vorschlagslisten usw., muss jedoch der WV insgesamt treffen.[6] Der WV kann ggf. die **Gewerkschaft hinzuziehen,** um fachkundigen Rat einzuholen.[7] Ein **Gewerkschaftsbeauftragter** kann zur Erörterung von Zweifelsfragen auf Wunsch des WV an dessen **Sitzungen teilnehmen**[8]; und der Vertreter der Gewerkschaft ist zu diesem Zweck auch in den Betrieb einzulassen[9]. Einer vorherigen Ankündigungsfrist des Erscheinens bedarf es nicht, insbesondere dann nicht, wenn der Vertreter der Gewerkschaft dem Arbeitgeber schon bekannt ist.

3 Der **AG** hat dem WV alle für die Anfertigung der Wählerliste erforderlichen **Auskünfte zu erteilen** und die erforderlichen **Unterlagen zur Verfügung zu stellen.** Dazu gehört wesentlich die Herausgabe einer Mitarbeiterliste, damit der WV die Wählerliste nach § 2 Abs. 1 WO aufstellen kann. Diese Liste kann der WV auch verlangen, wenn der AG bestreitet, dass überhaupt ein betriebsratsfähiger Betrieb vorliegt.[10] Eine Herausgabe der Mitarbeiterliste kann der Arbeitgeber nur dann ausnahmsweise verweigern, wenn die anstehende Wahl des Betriebsrates bereits zu diesem frühen Zeitpunkt erkennbar nichtig sein wird[11]. Dies dürfte aber in der Regel nicht der fall sein, so dass der Arbeitgeber dem Wahlvorstand zwingend die Mitarbeiterliste umgehend auszuhändigen hat. Entsprechendes gilt bei einem Streit zwischen AG und WV über die Frage, ob ein gemeinsamer Betrieb vorliegt.[12] Zu den vom AG herauszugebenden Unterlagen gehören auch die Privatadressen der wahlberechtigten AN, sofern sie der Wahlvorstand benötigt, wie etwa für die Durchführung der schriftlichen Stimmabgabe.[13] Es bestehen dagegen keine datenschutzrechtlichen Bedenken.[14] Den Anspruch auf Herausgabe der Privatadressen kann der WV ggf. im Wege der einstweiligen Verfügung durchsetzen.[15]

4 Der WV ist vom AG insbes. bei der Feststellung des Personenkreises der leitenden Angestellten

---

Nichtigkeit jedenfalls dann verneint, wenn die Wahl zwar ohne WV, aber geheim und nach demokratischen Grundsätzen durchgeführt worden ist.

5 GK-*Kreutz*, Rn. 18.

6 *Fitting*, Rn. 8.

7 *Fitting*, Rn. 11, die neben der allgemeinen betriebsverfassungsrechtlichen Unterstützungsfunktion der Gewerkschaft darauf hinweisen, dass aus ihrem Recht, die BR-Wahl anzufechten, auch eine vorbeugende Hilfe gestattet sein muss.

8 Vgl. *LAG Düsseldorf* 15.8.80, BB 80, 1424; *Fitting*, Rn. 13; GK-*Kreutz*, Rn. 13.

9 *LAG Mecklenburg-Vorpommern* 5. Kammer vom 11.11.13 – 5 TaBVGa 2/13.

10 LAG Hamm, NZA-RR 05, 373.

11 *LAG Kiel* 3. Kammer vom 2.4.14 – 3 TaBVGa 2/14.

12 *LAG Hamm* 29.3.06 – 13 TaBV 26/06, mit dem Hinweis, dass die Verkennung des Betriebsbegriffs zur Anfechtung berechtigt, wenngleich nicht zur Nichtigkeit der Wahl führt.

13 *ArbG Leipzig* 24.2.06 – 3 BVGa 5/06.

14 *LAG Baden-Württemberg* 30.10.92 – 1 TaBV2/92.

15 ArbG Leipzig, a. a. O.

nach § 5 Abs. 3 zu unterstützen (§ 2 Abs. 2 WO). Ein anderes Verhalten des AG würde eine **Behinderung der Wahl** nach § 20 Abs. 1 darstellen. Der Anspruch kann im Wege einer **einstweiligen Verfügung** durchgesetzt werden.[16] Die **Wählerliste** ist bis zum Abschluss der Wahl an geeigneter Stelle im Betrieb zur **Einsichtnahme auszulegen** (§ 2 Abs. 4 WO). Zur Bekanntmachung in elektronischer Form vgl. § 2 Abs. 4 Satz 3 und 4 WO. In den Betrieben der privatisierten Post-UN **Deutsche Post AG, Deutsche Postbank AG und Deutsche Telekom AG** hat der WV abweichend von § 2 Abs. 1 WO eine Liste der Wahlberechtigten getrennt nach den Gruppen der AN und Beamten aufzustellen.

Neben der Erstellung der Wählerliste hat der WV im Rahmen der Vorbereitungen vor allem **folgende Aufgaben:** 5

- Feststellung der Zahl der zu wählenden BR-Mitglieder (§ 9);
- Feststellung der Mindestanzahl der BR-Mandate für das Minderheitsgeschlecht (§ 15 Abs. 2);
- Feststellung der Anzahl der Stützunterschriften für Wahlvorschläge (§ 14 Abs. 4);
- Festlegung des Ortes, des Tages und der Zeit der Stimmabgabe;
- Erlass des Wahlausschreibens (§ 3 WO).

Mit **Erlass des Wahlausschreibens,** das spätestens sechs Wochen vor dem ersten Tag der Stimmabgabe ausgehängt werden muss, ist die **BR-Wahl eingeleitet** (§ 3 Abs. 1 WO). Bei der Durchführung der Wahl hat der WV insbes. folgende Aufgaben: 6

- Entscheidung über die Richtigkeit von Einsprüchen gegen die Wählerliste (§ 4 Abs. 1 und 2 WO);
- Entgegennahme und Prüfung von Wahlvorschlägen (§ 7 WO).
- Vorbereitung der technischen Abwicklung des Wahlgangs, wie Beschaffung von Stimmzetteln, Wahlumschlägen und Wahlurne (§ 12 WO);
- Bekanntgabe der Wahlvorschläge (§ 10 WO). Zur wahltechnisch teilweise anderen Abwicklung des vereinfachten Wahlverfahrens vgl. die Erläuterungen zu § 14 a und §§ 28 ff. WO.
- Eingereichte Wahlvorschläge hat der WV unverzüglich zu prüfen Das gilt insbesondere, wenn sie am letzten Tag der Einreichungsfrist (§ 6 Abs. 1 Satz 2 WO) eingereicht werden.[17]

Der WV soll die Wahl so zügig durchführen, dass der neu gewählte BR sein Amt **spätestens mit Ablauf der Amtszeit des bestehenden BR** antreten kann. Fehlerhafte Entscheidungen und Maßnahmen des WV können zwar bereits **vor Abschluss der BR-Wahl** gerichtlich angegriffen werden.[18] So kann beispielsweise durch eine sog. Leistungsverfügung dem WV aufgegeben werden, bestimmte AN in die Wählerliste aufzunehmen oder eine Wahlvorschlag zur Wahl zuzulassen (vgl. § 19 Rn. 16 ff.). Eine Aussetzung der Wahl oder ihre erneute Einleitung kommt jedoch regelmäßig nicht in Betracht. Der Abbruch der eingeleiteten Wahl durch den WV ist nur zulässig, wenn der festgestellte Rechtsmangel nicht korrigierbar ist und die Weiterführung der Wahl mit Sicherheit eine Nichtigkeit zur Folge hätte.[19] Somit ist eine einmal korrekt eingeleitete Wahl regelmäßig zu Ende zu führen, so dass es grundsätzlich **unzulässig** ist, eine **zweite Wahl einzuleiten,** bevor die zuerst eingeleitete Wahl noch nicht beendet worden ist.[20] Es soll verhindert werden, dass eine betriebsratslose Zeit eintritt. Die WO sieht deshalb vor, dass der erste Tag der Stimmabgabe **spätestens eine Woche** vor dem Tag liegen soll, an dem die Amtszeit des bestehenden BR abläuft (§ 3 Abs. 1 WO; zu den Fristen beim vereinfachten Wahlverfahren vgl. § 14 a Abs. 2 und 3). Besteht im Betrieb kein BR, ist die Wahl so zügig abzuwickeln, dass möglichst bald der neue BR gewählt ist. Entsprechendes gilt, wenn nur noch ein geschäftsführender BR vorhanden ist (vgl. § 22). 7

Auch ein **Arbeitskampf,** der nach Erlass des Wahlausschreibens und damit nach Einleitung 8

---

16 *ArbG Augsburg* 27.4.88, BB 89, 218; *LAG Hamm* 27.5.77, DB 77, 1269 zur Aufsichtsratswahl nach dem MitbG; *Fitting*, § 2 WO Rn. 6; Richardi-*Thüsing*, § 2 WO Rn. 11.

17 *BAG* 25.5.05, NZA 06, 116; vgl, auch § 7 WO Rn. 7.

18 *BAG* AuR 75, 216; *LAG Hamm* 3.3.06, 15 TaBV 18/06; vgl. auch § 19 Rn. 16 ff.

19 So *LAG Bremen* 27.2.90, DB 90, 1571, das sogar erklärt, der WV müsse bei der Prüfung des Abbruches des Wahlverfahrens wegen irreparabler Rechtsfehler nach Rechtmäßigkeitskriterien vorgehen, die auch ein ArbG zu Grunde legen würde; *LAG Baden-Württemberg* 1.3.94, AiB 94, 420; *LAG Hamm* 9.9.94, BB 95, 260; vgl. auch § 19 Rn. 16 f.

20 *LAG Bremen* 27.2.90, a. a. O.; *ArbG Celle* 20.8.84 – 2 BV 3/84.

der BR-Wahl beginnt, führt grundsätzlich nicht zu einer Aussetzung der Wahl. So werden die Fristen für Einsprüche gegen die Richtigkeit der Wählerliste und zur Einreichung von Vorschlagslisten nicht verlängert. Diese Fristen werden durch den Arbeitskampf **weder unterbrochen noch gehemmt.** Auf Grund der arbeitskampfrechtlichen Neutralität der Betriebsverfassung (vgl. § 74 Abs. 2 Satz 1) haben die AN vielmehr auch während eines Arbeitskampfes das Recht der Einreichung von Vorschlagslisten und das Einspruchsrecht gegen die Wählerliste. Damit hat nicht nur der WV ein Zutrittsrecht zum Betrieb während des Arbeitskampfes; auch die **AN** besitzen das **Zutrittsrecht,** um die mit ihrem Wahlrecht verbundenen Wahlhandlungen vornehmen zu können. Der WV muss alle Vorkehrungen treffen, die einen ungestörten Ablauf von Wahlhandlungen sicherstellen. Ist es beispielsweise während des Arbeitskampfes nicht möglich, die notwendigen **Stützunterschriften** für einen Wahlvorschlag (vgl. § 14 Abs. 4) zu sammeln, weil die AN nicht im Betrieb sind, muss das Sammeln von Stützunterschriften auch vor dem Werkstor oder ggf. in räumlicher Nähe mit dem Streiklokal ermöglicht werden.

9 Das Bundesverfassungsgericht hat in seiner Entscheidung vom 3. März 2009 festgestellt, dass es den Einsatz von rechnergesteuerten Wahlgeräten für verfassungskonform hält, solange für den Wähler die Wahlhandlung und die Ergebnisermittlung ohne besondere Sachkenntnis überprüft werden kann.[21] Die grundsätzlich wünschenswerte Durchführung einer Betriebsratswahl mit Hilfe des Einsatzes von computergestützten Wahlgeräten wäre mithin ebenfalls möglich, solange die genannten Voraussetzungen erfüllt werden. Dazu bedarf es aber derzeit noch einer Gesetzesänderung, weil das geltende Recht es nicht zulässt, die BR-Wahl **insgesamt** als **computergestützten Wahlvorgang** durchzuführen im Gegensatz zur Durchführung der Wahl der ArbN-Vertreter im Aufsichtsrat (vgl. Vorbemerkungen zur WO, Rn. 2). Das ergibt sich bereits daraus, dass die WO grundsätzlich die Durchführung der Wahl in einem Wahlraum mit der persönlichen Stimmabgabe und im Zusammenhang damit zwingend die Verwendung von Wahlurnen vorsieht.[22] Es ist nach der **WO 2001** jedoch zulässig, **einzelne** Wahlhandlungen computergestützt vorzunehmen. So können die **Wählerliste**, das **Wahlausschreiben** und der **Text der WO** mittels der im Betrieb vorhandenen IT-Techniken, wie etwa durch Intranet oder E-Mail, bekannt gemacht werden (vgl. § 2 Abs. 4 Satz 3 u. 4, § 3 Abs. 4 Satz 2 u. 3 WO; vgl. dazu auch § 2 WO Rn. 9 ff.). Die Bekanntmachung **ausschließlich** in elektronischer Form darf aber nur erfolgen, wenn sichergestellt ist, dass **alle AN** auf diesem Wege Kenntnis erlangen können. Außerdem müssen Vorkehrungen dahin gehend getroffen werden, dass nur der WV Änderungen am Wahlausschreiben bzw. an der Wählerliste vornehmen kann (vgl. § 2 Abs. 4 Satz 4 WO). Wird das Wahlausschreiben nach § 3 Abs. 4 Satz 2 WO lediglich **ergänzend** mittels der im Betrieb vorhandenen IT-Technik bekannt gemacht, ist nur der **Aushang maßgeblich,** weil das Wahlausschreiben nur durch den Aushang wirksam erlassen werden kann. Es sei denn, die Bekanntmachung auf elektronischem Weg entspricht den Anforderungen des § 3 Abs. 4 Satz 3 i. V. m. § 2 Abs. 4 Satz 2 WO.[23] Weiterhin ist es dem Wahlvorstand möglich, seine Korrespondenz mit dem Arbeitgeber rechtsverbindlich per E-Mail zu führen, was in weiten Bereichen zu einer erheblichen Vereinfachung der täglichen Arbeit des WV führen dürfte.[24]

10 Nach Abschluss des Wahlgangs hat der WV die **Stimmenauszählung** vorzunehmen. Ort und Zeitpunkt der Stimmauszählung müssen vorher im Betrieb öffentlich bekannt gemacht werden.[25] Mit der Feststellung der endgültig gewählten BR-Mitglieder und der Wahlniederschrift (§ 16 WO) steht das **Wahlergebnis** fest. Die Bekanntgabe des endgültigen Wahlergebnisses gegenüber der Belegschaft erfolgt durch zweiwöchigen Aushang (§ 18 WO). Der WV hat dem AG eine Abschrift der Wahlniederschrift zu übersenden. Die Übersendung muss er auch

---

21 *BVerfG* 3.3.09 – 2 BvC 3/07.

22 Vgl. dazu auch *Wedde*, CF 05, 35 ff.

23 *BAG* 5.5.04 – 7 ABR 44/03.

24 *BAG* 10.3.09 – 1 ABR 93/07, zum Widerspruch des BR nach § 99 per E-Mail. Zum Einsatz der IT-Technik bei BR-Wahlen vgl. umfassend Schneider/Wedde, AuR 1 – 2/07, 26 ff., vgl. auch § 2 Rn. 9 ff. WO.

25 *BAG* 15.11.00 – 7 ABR 59/99: ein Verstoß gegen das Gebot der Bekanntgabe kann die Wahlanfechtung begründen.

gegenüber den Gewerkschaften vornehmen, sofern ihm bekannt ist, dass diese im Betrieb vertreten sind. Die Übersendung kann noch vom BR vorgenommen werden, wenn sie der WV versäumt hat.[26] Die Gewerkschaft muss sich nicht mit der Übersendung der Wahlniederschrift begnügen. Sie hat das Recht, sich durch **eigene Wahrnehmung** von der ordnungsgemäßen Ermittlung des Wahlergebnisses zu überzeugen.[27]

Mit der **Bekanntgabe des endgültigen Wahlergebnisses** ist die BR-Wahl beendet. Der WV hat die Mitglieder des gewählten BR zu der **konstituierenden Sitzung** einzuberufen (§ 29 Abs. 1) und die Wahlakten an den BR zu übergeben, damit dieser sie aufbewahren kann (§ 19 WO). Mit der Einberufung zu der konstituierenden Sitzung ist das Amt des WV noch nicht beendet.[28] Das Amt des WV erlischt vielmehr erst mit dem Zeitpunkt, zu dem der neu gewählte BR in der konstituierenden Sitzung aus seiner Mitte einen **Wahlleiter bestellt hat** (§ 29 Abs. 1 Satz 2). Nach seinem Amtsende kann der WV weder Beteiligter noch Rechtsmittelführer in einem Beschlussverfahren sein, das die BR-Wahl betrifft, selbst wenn es um eine Wahlanfechtung geht.[29] 11

III. Ersetzung des Wahlvorstands durch das Arbeitsgericht (Abs. 1)

Verletzt der WV seine **gesetzlichen Pflichten,** die BR-Wahl unverzüglich einzuleiten, sie rechtzeitig durchzuführen und das Wahlergebnis festzustellen, so kann er durch das ArbG auf Antrag **ersetzt** werden. Der BR kann den einmal bestellten WV nicht mehr abberufen.[30] Liegen die Voraussetzungen zu seiner Ersetzung vor, kommt es nicht darauf an, ob der WV nachträglich, wenn die Ersetzung beim Gericht beantragt ist, Schritte unternimmt, um sich dem **Abberufungsverfahren** zu entziehen, z. B. durch Erlass eines Wahlausschreibens.[31] Keine Ersetzung durch das ArbG kann erfolgen, wenn wegen erheblicher Verstöße bei der Wahl des WV nach § 17 Abs. 2, 3 BetrVG dessen Wahl nichtig war.[32] Im gerichtlichen Verfahren zur Ersetzung des Wahlvorstands muss das Rechtsschutzinteresse in jeder Lage des Verfahrens bestehen.[33] Das Ersetzungsverfahren nach § 18 Abs. 1 Satz 2 BetrVG wird daher unzulässig, wenn das ArbG in einem Beschlussverfahren nach § 18 Abs. 2 BetrVG rechtskräftig festgestellt hat, dass die Betriebsstätte, in der der WV die BR-Wahl durchführen soll, nicht betriebsratsfähig ist.[34] 12

Für die Ersetzung ist **nicht Voraussetzung,** dass ein **Verschulden** des WV vorliegt. Es genügt also eine **objektive Untätigkeit** oder **Säumnis.**[35] Andererseits führen Untätigkeit oder Säumnis des WV nur dann zu seiner Ersetzung, wenn sein Verhalten so unzweckmäßig oder unrechtmäßig ist, dass dadurch die Durchführung der Wahl **überhaupt gefährdet** ist.[36] Daher können Verstöße des WV, die die Wahl nicht verzögern oder vereiteln, nicht zum Gegenstand eines Beschlussverfahrens vor dem ArbG gemacht werden, das auf seine Ersetzung abzielt. Die Möglichkeit der Ablösung des WV durch das Gericht stellt nämlich darauf ab, die Durchführung der BR-Wahl zu gewährleisten; sie dient aber nicht dazu, die Recht- und Ordnungsmäßigkeit der Wahl zu sichern.[37] Ein Antrag auf Ersetzung des WV ist daher erst dann gerechtfertigt, wenn das Verhalten des WV so unzweckmäßig oder unrechtmäßig ist, dass die Durchführung der Wahl gefährdet ist.[38] Der WV verletzt seine Pflichten aber nicht bereits dadurch, 13

---

26 *LAG Düsseldorf* 6.4.78, BB 78, 1310.
27 *BAG* 16.4.03, AP Nr. 21 zu § 20 BetrVG 1972; *Fitting,* Rn. 23.
28 So aber offenbar *BAG* 14.11.75, AP Nr. 1 zu § 18 BetrVG 1972.
29 *BAG,* a. a. O.
30 *ArbG Berlin* 3.4.74, DB 74, 830.
31 *ArbG Essen* 9.7.82, AuR 83, 188, in einem Fall, in dem der WV zweieinhalb Monate gewartet hatte, bevor er erste Aktivitäten unternahm.
32 *ArbG Essen* 22.6.04, DB 05, 456.
33 *BAG* 1.12.04, DB 05, 953.
34 *BAG* 1.12.04, a. a. O.
35 *Fitting,* Rn. 48; GK-*Kreutz,* Rn. 45; Richardi-*Thüsing,* Rn. 10.
36 *Fitting,* Rn. 49.
37 GK-*Kreutz,* Rn. 42.
38 *LAG Niedersachsen* 20.2.04, NZA-RR 04, 640.

dass er selbst das ArbG anruft, wenn er berechtigte Zweifel hat, ob überhaupt eine betriebsratsfähige Einheit besteht.[39]

14 Die Verpflichtung des WV, die Wahl durchzuführen, ist **nicht,** auch nicht durch einstweilige Verfügung, **erzwingbar.**[40] Es können jedoch **einzelne Maßnahmen und Entscheidungen** des WV, ohne dass die Voraussetzungen der Wahlanfechtung nach § 19 erfüllt sein müssen, schon **vor Abschluss des Wahlverfahrens** gesondert vor dem ArbG angegriffen werden.[41] Ist die Wahl allerdings bereits durchgeführt, kann sie nur noch nach § 19 **angefochten** werden.

15 Im Rahmen des Rechtsschutzes gegen Entscheidungen des WV sind ggf. auch **einstweilige Verfügungen** nach § 85 Abs. 2 ArbGG möglich, zumal das Wahlverfahren in einem relativ kurzen Zeitraum abläuft. Die **Aussetzung der Wahl** kommt jedoch **regelmäßig nicht in Betracht,** da sie die Gefahr mit sich bringt, dass für einen erheblichen Zeitraum das **Betriebsverfassungsrecht** quasi für den betroffenen Betrieb **suspendiert** wird.[42]

16 Die Ersetzung des WV durch das ArbG bedarf eines **Antrags.** Antragsberechtigt sind mindestens **drei wahlberechtigte AN** (zu der Frage der Antragsberechtigung dieses Personenkreises im Einzelnen vgl. § 16 Rn. 25) und **jede** im **Betrieb vertretene Gewerkschaft.** Das **BetrVerf-ReformG 2001** gibt nunmehr auch dem **BR,** der den untätig gebliebenen WV bestellt hat, das Antragsrecht auf Ersetzung. Der AG kann den Antrag auf Ersetzung des WV **nicht stellen.**[43]

17 Das ArbG kann den WV nur insgesamt ersetzen. Der Ausschluss eines einzelnen Mitglieds ist grundsätzlich nicht zulässig.[44] Mit **Rechtskraft** der Entscheidung des ArbG erlischt das Amt des WV. Es tritt jedoch keine Rückwirkung ein, bereits eingeleitete Maßnahmen bleiben rechtswirksam. Der neue WV ist aber berechtigt, rechtsfehlerhafte Maßnahmen des alten zu **berichtigen.**[45]

18 Wird der WV durch das ArbG ersetzt, so gelten die Grundsätze des § 16 Abs. 2 entsprechend, wonach auch Mitglieder einer im Betrieb vertretenen **Gewerkschaft,** die **nicht AN** des Betriebs sind, zu WV-Mitgliedern bestellt werden können (zur Berücksichtigung der Geschlechter bei der Bestellung des WV vgl. § 16 Abs. 1 Satz 5. Im Übrigen können die Antragsteller Vorschläge für die personelle Zusammensetzung des neuen WV machen. Das ArbG kann auch Mitglieder des **bisherigen WV** bestellen, insbesondere dann, wenn diese Mitglieder keinen Anlass für die Abberufung des alten WV gegeben haben.[46]

IV. Gerichtliche Feststellung des Vorliegens einer betriebsratsfähigen Organisationseinheit (Abs. 2)

19 Die Frage, ob eine betriebsratsfähige Organisationseinheit vorliegt, kann von den Antragstellern **jederzeit,** also auch unabhängig von einer konkreten BR-Wahl, vor das ArbG getragen werden. Zur Einleitung eines Verfahrens nach § 18 Abs. 2 berechtigte Antragsteller sind der **AG,** die **beteiligten BR** oder eine im Betrieb vertretene **Gewerkschaft;** vor der BR-Wahl auch die **beteiligten WV.** Soweit das Gesetz von betriebsratsfähigen Organisationseinheiten spricht, sind wesentlich folgende Streitfragen gemeint: das Vorliegen eines **gemeinsamen Betriebes** mehrerer UN (§ 1 Abs. 2); ob ein Betriebsteil als **selbstständiger Betrieb** gilt (§ 4 Abs. 1 Satz 1); die Bildung eines **unternehmenseinheitlichen BR** durch TV (§ 3 Abs. 1 Nr. 1 erste Alternative); die **Zusammenfassung von Betrieben** (§ 3 Abs. 1 Nr. 1 zweite Alternative); die Bildung von **Sparten-BR** (§ 1 Abs. 1 Nr. 2); die Bildung anderer **AN-Vertretungsstrukturen** (§ 1 Abs. 1 Nr. 3). Der Begriff »Nebenbetrieb«, wie er im früheren Recht (vgl. § 18 Abs. 2 BetrVG 1972) verwendet wurde, ist im geltenden Gesetz nicht mehr enthalten. Er ist in den

---

39 *LAG Niedersachsen* 20.2.04, a. a. O.

40 *ArbG Iserlohn* 7.6.88, AuR 89, 28.

41 *BAG* 15.12.72, AP Nr. 1 zu § 14 BetrVG 1972; GK-*Kreutz,* Rn. 64 f. m. w. N.; vgl. auch Rn. 6 und § 19 Rn. 16 ff.

42 Zur Problematik einstweiliger Verfügungen gegen Entscheidungen und Handlungen des WV vgl. § 19 Rn. 16 ff.; vgl. auch ErfK-*Koch,* § 18, Rn. 7.

43 *Fitting,* Rn. 45; *HSWG,* Rn. 14; GK-*Kreutz,* Rn. 48.

44 *Fitting,* Rn. 47.

45 *ArbG Celle* 20.8.84 – 2 BV 3/84; *Fitting,* Rn. 51; GK-*Kreutz,* Rn. 53.

46 *Fitting,* Rn. 52.

umfassenderen Begriff »betriebliche Organisationseinheit« eingegangen. Ebenfalls von erheblicher praktischer Bedeutung ist, dass in dem Verfahren nach Abs. 2 eine Klärung dahin gehend erfolgen kann, ob zwei oder **mehrere UN** einen gemeinsamen Betrieb (**Gemeinschaftsbetrieb**) bilden; zum Gemeinschaftsbetrieb mehrerer UN vgl. im Übrigen § 1 Rn. 73 ff.).

Die Frage, ob eine betriebsratsfähige Organisationseinheit vorliegt, kann im Übrigen auch als **Vorfrage** in einem **anderen streitigen Verfahren** (z. B. in einem Verfahren nach § 99 oder § 102) entschieden werden, solange noch keine bindende Entscheidung über die Betriebsabgrenzung ergangen ist.[47] Gegenstand des Verfahrens nach § 18 Abs. 2 ist nämlich nicht allein, die Voraussetzungen für eine ordnungsgemäße Wahl zu schaffen, sondern z. B. auch die Zuständigkeit eines gewählten oder noch zu wählenden BR zu bestimmen oder Meinungsverschiedenheiten über den Umfang von Mitwirkungs- und Mitbestimmungsrechten des BR beizulegen.[48] **20**

Ein Verfahren nach § 18 Abs. 2 kann nicht nur in einem Zusammenhang mit der BR-Wahl eingeleitet werden, sondern **jederzeit,** sofern ein Rechtsschutzinteresse an einer solchen Entscheidung besteht.[49] Selbst eine während des Verfahrens zwischenzeitlich durchgeführte BR-Wahl beseitigt das **Rechtsschutzinteresse nicht.**[50] Andererseits kann die zwischenzeitlich durchgeführte BR-Wahl zulässigerweise zu einem Wechsel von dem auf § 18 Abs. 2 gestützten Feststellungsverfahren in ein Wahlanfechtungsverfahren nach § 19 führen,[51] wobei aber das Verfahren nach § 18 Abs. 2 nicht ohne weiteres in ein Verfahren auf Anfechtung der inzwischen durchgeführten BR-Wahl umgedeutet wird.[52] **21**

Ein Rechtsschutzinteresse, das zu einem Zuordnungsverfahren nach Abs. 2 führt, kann insbesondere bei der Umstrukturierung von UN und Konzernen auftreten, wenn dadurch entsprechende Auswirkungen auf die Betriebsstrukturen und damit auf Bestand und Zuständigkeitsbereich der BR auftreten. Das gilt vor allem, wenn der AG den nach Abs. 2 Antragsberechtigten Daten vorenthält, die sie zur Beurteilung der neuen Strukturen benötigen.[53] Insoweit ist der ArbG auch von einer späteren Wahlanfechtung nach Treu und Glauben ausgeschlossen, weil er den Grund für die Anfechtbarkeit der BR-Wahl durch Nichtauskunft selbst gesetzt hat. **22**

Antragsberechtigt zur Einleitung eines Verfahrens nach Abs. 2 sind der **AG,** jeder **beteiligte BR,** jeder **beteiligte WV** und **jede** im **Betrieb vertretene Gewerkschaft (zu Gewerkschaftsrechten vgl. umfassend** *Däubler,* **Gewerkschaftsrechte im Betrieb).** Der Kreis der Antragsberechtigten ist in Abs. 2 abschließend geregelt.[54] Soweit ein Betriebsteil als ein selbstständiger Betrieb angesehen wurde mit der Folge der Bildung eines eigenen BR, sind sowohl der BR des Betriebsteils als auch der BR des Hauptbetriebs antragsberechtigt.[55] Beteiligte WV können sowohl der WV des Hauptbetriebs als auch die WV sein, die in dem Betriebsteil, dessen Zuordnung strittig ist, bestehen. **23**

Für die Antragsbefugnis der Gewerkschaft genügt die Vertretung in der betreffenden betriebsverfassungsrechtlichen Organisationseinheit, um deren Zuordnung es geht.[56] Das Antragsrecht der Gewerkschaft besteht **unabhängig** von dem zeitlichen Zusammenhang mit einer BR-Wahl. Es erlischt daher auch dann nicht, wenn bis zur Beendigung des Wahlverfahrens keine rechtskräftige Entscheidung in einem Verfahren nach § 18 Abs. 2 ergangen ist.[57] Die gegen- **24**

---

47 *BAG* 3.12.85, AP Nr. 28 zu § 99 BetrVG 1972.
48 *BAG* 7.8.86, AP Nr. 5 zu § 1 BetrVG 1972.
49 H. M. bereits zum BetrVG 1972; vgl. etwa *BAG* 25.11.80, AP Nr. 3 zu § 18 BetrVG 1972; 11.4.78, AP Nr. 8 zu § 19 BetrVG 1972; GK-*Kreutz,* Rn. 56 m. w. N.
50 *BAG* 25.11.80, a. a. O.
51 *BAG* 25.11.80, a. a. O.; 14.1.83, AP Nr. 9 zu § 19 BetrVG 1972.
52 *BAG* 15.12.72, AP Nr. 5 zu § 80 ArbGG 1953.
53 *Fitting,* Rn. 56.
54 A. A. GK-*Kreutz,* Rn. 58.
55 *BAG* 29.1.87, AP Nr. 6 zu § 1 BetrVG 1972; *Fitting,* Rn. 59.
56 *Fitting,* Rn. 59; GK-*Kreutz,* Rn. 57; *HSWG,* Rn. 19.
57 A. A. *LAG Frankfurt* 3.3.88, AuR 89, 186, nach dessen Auffassung die Gewerkschaft ihre Antragsbefugnis im Verfahren nach § 18 Abs. 2 mit Ablauf der zweiwöchigen Anfechtungsfrist verliert, wenn sie in einer von ihrem Antrag nach § 18 Abs. 2 mitbetroffenen Betriebsstätte die Wahl eines BR nach § 19 unangefochten lässt; wie *LAG Frankfurt* auch GK-*Kreutz,* a. a. O.

teilige Auffassung übersieht die **umfassende betriebsverfassungsrechtliche Rechtsposition** der im Betrieb vertretenen Gewerkschaft. Der Gewerkschaft sind weitgehende Unterstützungs- und Beratungsfunktionen zugewiesen (vgl. § 2 Rn. 27). Es ist für die Gewerkschaft deshalb von entscheidender Bedeutung und berührt wesentlich ihre betriebsverfassungsrechtliche Rechtsposition, ob und inwieweit eine betriebsratsfähige Organisationseinheit vorliegt. Sie hat daher ein ebenso umfassendes Antragsrecht nach § 18 Abs. 2 wie etwa das Recht auf Beteiligung in einem Wahlanfechtungsverfahren nach § 19 auch dann, wenn sie selbst von ihrem Anfechtungsrecht keinen Gebrauch gemacht hat.[58]

25 Ergeht in ein **laufendes Wahlverfahren** hinein eine rechtskräftige gerichtliche Entscheidung über die Frage, ob eine betriebsratsfähige Organisationseinheit vorliegt, ist sie bereits für die laufende Wahl verbindlich. Für den Fall, dass bei der Einleitung der Wahl eine andere Abgrenzung zu Grunde gelegt worden ist, muss die Wahl abgebrochen und unter Berücksichtigung der Entscheidung neu eingeleitet werden; ggf. ist ein neuer WV zu bestellen.[59] Ergeht dagegen **zwischen zwei BR-Wahlen** eine rechtskräftige Entscheidung nach Abs. 2 dahingehend, dass bei der letzten Wahl fehlerhafte Zuordnungen erfolgten, ist das Ergebnis der gerichtlichen Feststellung grundsätzlich erst für die **nächste Wahl maßgebend.** Die (bzw. der) auf einer fehlerhaften Grundlage gebildeten BR bleiben bis zur nächsten Wahl im Amt, da die **Verkennung des Betriebsbegriffs** regelmäßig nicht die Nichtigkeit zur Folge hat, sondern nur die **Anfechtung begründet** (vgl. § 19 Rn. 10 f.). Stellt also das ArbG zwischen zwei Wahlen rechtskräftig fest, dass beispielsweise ein bei der letzten BR-Wahl als zum Hauptbetrieb gehörend angesehener Betriebsteil selbstständig ist und somit einen eigenen BR zu wählen hat, bleibt der BR des Hauptbetriebes gleichwohl bis zum Ablauf seiner Amtszeit für diesen Betriebsteil zuständig.[60] Stellt das ArbG rechtskräftig umgekehrt fest, dass ein als bisher selbstständig angesehener Betriebsteil, in dem ein eigener BR besteht, dem Hauptbetrieb zuzuordnen ist, so bleibt der in dem Betriebsteil gewählte BR bis zum Ablauf seiner Amtszeit im Amt.[61] Dagegen ist der BR des Hauptbetriebes für den Betriebsteil, der vor Einleitung des Verfahrens nach § 18 Abs. 2 nicht bei der Wahl des BR zum Hauptbetrieb einbezogen worden ist, aber weder die Wahl eines eigenen BR noch ein Zuordnungsbeschluss nach § 4 Abs. 1 Satz 2 erfolgte, nunmehr zuständig, wenn nach der rechtskräftigen Entscheidung die irrtümlicherweise angenommene Selbstständigkeit des Betriebsteils bzw. Nebenbetriebs nicht besteht.

V. Streitigkeiten

26 Über Streitigkeiten entscheidet das ArbG im Beschlussverfahren (§§ 2 a, 80 ff. ArbGG). Soweit es um Handlungen des WV nach Abs. 1 und 3 geht, können Antragsgegenstand **sämtliche fehlerhaften Maßnahmen, Entscheidungen** und **Unterlassungen** des WV sein. Zur Problematik der einstweiligen Verfügung und der damit verbundenen Frage einer Aussetzung einer BR-Wahl sowie zur Möglichkeit einer sog. Leistungsverfügung vgl. § 19 Rn. 16 ff.

27 Bei einem Verfahren nach Abs. 2 ist das ArbG zuständig, in dessen Bezirk sich der **Sitz** der Organisationseinheit, um deren Betriebsratsfähigkeit es geht, **befindet.** Ein Verfahren kann auch ohne Zusammenhang mit der BR-Wahl eingeleitet werden (vgl. Rn. 19). Ein Verfahren nach Abs. 2 wird durch eine zwischenzeitlich durchgeführte BR-Wahl nicht erledigt.[62] Es ist jedoch zulässig, allerdings nicht mehr in der Rechtsbeschwerdeinstanz, innerhalb der Anfechtungsfrist des § 19 Abs. 2 von dem ursprünglich gestellten Antrag nach § 18 Abs. 2 auf einen entsprechenden Wahlanfechtungsantrag überzugehen.[63]

---

58 **A. A.** zur Beteiligungsbefugnis bei einem Anfechtungsverfahren nach § 19 *BAG* 19.9.85, DB 86, 864 unter Aufgabe seiner bisherigen Rspr.; vgl. auch § 19 Rn. 25.

59 *Fitting*, Rn. 61.

60 *Fitting*, Rn. 62; a. A. GK-*Kreutz*, Rn. 62.

61 *Fitting*, Rn. 63; insoweit wie hier GK-*Kreutz*, a. a. O.; a. A. Richardi-*Thüsing*, Rn. 34.

62 *BAG* 25.11.80, AP Nr. 3 zu § 18 BetrVG 1972; vgl. auch Rn. 19.

63 *BAG* 14.1.83, AP Nr. 9 zu § 19 BetrVG 1972.

§ 18 a Zuordnung der leitenden Angestellten bei Wahlen

(1) Sind die Wahlen nach § 13 Abs. 1 und nach § 5 Abs. 1 des Sprecherausschussgesetzes zeitgleich einzuleiten, so haben sich die Wahlvorstände unverzüglich nach Aufstellung der Wählerlisten, spätestens jedoch zwei Wochen vor Einleitung der Wahlen, gegenseitig darüber zu unterrichten, welche Angestellten sie den leitenden Angestellten zugeordnet haben; dies gilt auch, wenn die Wahlen ohne Bestehen einer gesetzlichen Verpflichtung zeitgleich eingeleitet werden. Soweit zwischen den Wahlvorständen kein Einvernehmen über die Zuordnung besteht, haben sie in gemeinsamer Sitzung eine Einigung zu versuchen. Soweit eine Einigung zustande kommt, sind die Angestellten entsprechend ihrer Zuordnung in die jeweilige Wählerliste einzutragen.
(2) Soweit eine Einigung nicht zustande kommt, hat ein Vermittler spätestens eine Woche vor Einleitung der Wahlen erneut eine Verständigung der Wahlvorstände über die Zuordnung zu versuchen. Der Arbeitgeber hat den Vermittler auf dessen Verlangen zu unterstützen, insbesondere die erforderlichen Auskünfte zu erteilen und die erforderlichen Unterlagen zur Verfügung zu stellen. Bleibt der Verständigungsversuch erfolglos, so entscheidet der Vermittler nach Beratung mit dem Arbeitgeber. Absatz 1 Satz 3 gilt entsprechend.
(3) Auf die Person des Vermittlers müssen sich die Wahlvorstände einigen. Zum Vermittler kann nur ein Beschäftigter des Betriebs oder eines anderen Betriebs des Unternehmens oder Konzerns oder der Arbeitgeber bestellt werden. Kommt eine Einigung nicht zustande, so schlagen die Wahlvorstände je eine Person als Vermittler vor; durch Los wird entschieden, wer als Vermittler tätig wird.
(4) Wird mit der Wahl nach § 13 Abs. 1 oder 2 nicht zeitgleich eine Wahl nach dem Sprecherausschussgesetz eingeleitet, so hat der Wahlvorstand den Sprecherausschuss entsprechend Absatz 1 Satz 1 erster Halbsatz zu unterrichten. Soweit kein Einvernehmen über die Zuordnung besteht, hat der Sprecherausschuss Mitglieder zu benennen, die anstelle des Wahlvorstands an dem Zuordnungsverfahren teilnehmen. Wird mit der Wahl nach § 5 Abs. 1 oder 2 des Sprecherausschussgesetzes nicht zeitgleich eine Wahl nach diesem Gesetz eingeleitet, so gelten die Sätze 1 und 2 für den Betriebsrat entsprechend.
(5) Durch die Zuordnung wird der Rechtsweg nicht ausgeschlossen. Die Anfechtung der Betriebsratswahl oder der Wahl nach dem Sprecherausschussgesetz ist ausgeschlossen, soweit sie darauf gestützt wird, die Zuordnung sei fehlerhaft erfolgt. Satz 2 gilt nicht, soweit die Zuordnung offensichtlich fehlerhaft ist.

Inhaltsübersicht

I. Vorbemerkungen

1 Das in dieser Vorschrift geregelte Zuordnungsverfahren ist Folge der **Einrichtung von SpA** der leit. Ang. durch das SprAuG.[1] § 5 Abs. 1 SprAuG und § 13 Abs. 1 BetrVG verpflichten die WV, die regelmäßigen Wahlen zum BR und SpA zeitgleich einzuleiten. Damit ist es erforderlich geworden, die zur jeweiligen AN-Vertretung wahlberechtigten und wählbaren Angestellten so gegeneinander abzugrenzen, dass die **Doppelvertretung** ein und desselben Angestellten **durch beide Vertretungsorgane** ausgeschlossen wird.[2] Auch wenn mit der Novellierung 2001 die Gruppe der Angestellten entfallen ist, geht es stets um die Abgrenzung von gewöhnlichen Angestellten gegenüber leitenden Angestellten. Es muss gewährleistet sein, dass nicht derselbe Angestellte an beiden Wahlen teilnimmt, etwa weil er von beiden WV in die jeweilige Wählerliste aufgenommen worden ist. Darüber hinaus muss sichergestellt sein, dass **das passive Wahlrecht** eines Angestellten nur hinsichtlich des BR oder des SpA ausgeübt werden kann, weil eine **Doppelmitgliedschaft** in beiden Organen **ausgeschlossen** ist. Das gilt entsprechend im Rahmen von Wahlen auf tariflicher Grundlage gem. § 3 Abs. 1 Nrn. 1 – 3.[3] Die Vorschrift des Abs. 5 ist auf die Zuordnung von Personen, deren Status als Auszubildender fraglich ist, nicht entsprechend anwendbar.[4]

2 Allerdings gewährleistet die Vorschrift auf Grund ihrer teilweise verunglückten Fassung nicht in jedem Fall eine eindeutige Zuordnung.[5]

3 Für die Dauer des betriebsinternen Zuordnungsverfahrens sind mindestens zwei Wochen einzukalkulieren. **Das Verfahren muss** in allen seinen Stufen **am Tag vor Einleitung der Wahlen beendet sein,** weil spätestens dann die Wählerliste aufgestellt sein muss und zur Einsicht auszulegen ist (§ 2 Abs. 4 WO). »Einleitung der Wahlen« bedeutet Erlass (genauer: Aushang bzw. Bekanntmachung) des Wahlausschreibens (§ 3 Abs. 1 Satz 2 WO). Dieser zu berücksichtigende Zeitbedarf ergibt sich aus § 18 a Abs. 1 Satz 2, Abs. 2 Satz 1 und § 16 Abs. 1 Satz 1 BetrVG bzw. § 7 Abs. 1 SprAuG. Dadurch, dass sich die beiden WV spätestens zwei Wochen vor Einleitung der Wahlen gegenseitig darüber zu unterrichten und abzustimmen haben, welche Angestellten sie für leitende Angestellte halten, und im Nichteinigungsfalle ein Vermittler spätestens eine Woche vor Einleitung der Wahlen nochmals einen Einigungsversuch der WV unternehmen muss, ist es erforderlich, dass die BR jeweils spätestens zehn Wochen (vgl. § 16 Abs. 1) vor Ablauf der Amtszeit des BR den jeweiligen WV zu bestellen haben.

4 Die Vorschrift ist **im vereinfachten Wahlverfahren** gem. § 14 a wegen des mit ihr verbundenen Zeitbedarfs **unanwendbar.**[6] Allerdings wird in derartigen Betrieben i. d. R. schon die notwendige Anzahl von mindestens 10 leitenden Angestellten (vgl. § 1 Abs. 1 SprAuG) zur Wahl eines SpA nicht vorhanden sein.

II. Überblick über den Verfahrensablauf

1. Regelmäßiges Vorgehen

5 Ausgehend von dem in Abs. 1 geregelten Normalfall, dass die regelmäßigen Wahlen zum BR und SpA zeitgleich einzuleiten sind, müssen die **WV spätestens zehn Wochen vor Ablauf der Amtszeit** des BR **bestellt** sein (vgl. dazu das Ablaufschema S. 491). Spätestens **zwei Wochen vor Einleitung der Wahlen** haben die WV sich gegenseitig zu unterrichten, welche Angestellten sie den leitenden Angestellten zugeordnet haben. Dieser wechselseitigen Unterrichtung sollte die interne **Aufstellung der Wählerlisten** im jeweiligen WV vorangehen, weil diese

1 Vgl. BGBl. 1988 I S. 2316.
2 Vgl. *BT-Drucks.* 11/2503, S. 32.
3 ErfK-*Koch,* Rn. 1; *Fitting,* Rn. 2; Richardi-*Thüsing,* Rn. 10; HWGNRH-*Nicolai,* Rn. 2; **a. A.**: GK-*Kreutz,* Rn. 8; HaKo-BetrVG/*Brors,* Rn. 2.
4 *LAG Baden-Württemberg* 5.7.95 – 2 TaBV 8/94.
5 Dazu unten Rn. 26 f., 46 f., 55 f.; so auch die Konsequenz in *LAG Hamm* 24.4.90, BB 90, 1628, Ls.
6 ErfK-*Koch,* Rn. 1; *Fitting,* Rn. 4.

Unterrichtung sonst nicht ordnungsgemäß durchgeführt werden kann. Sofern zwischen beiden WV **kein Einvernehmen** besteht, ist in einer gemeinsamen Sitzung eine Einigung zu versuchen. Wird Einvernehmen erzielt, sind die betreffenden Angestellten in die jeweilige Wählerliste einzutragen. Kommt in dieser Sitzung eine Einigung nicht zustande, hat ein **Vermittler spätestens eine Woche** vor Wahleinleitung eine erneute Verständigung beider WV zu versuchen. Auf Verlangen des Vermittlers muss der AG ihn durch Auskunftserteilung und Zurverfügungstellung von Unterlagen bei seiner Aufgabe unterstützen (Abs. 2 Satz 2).

Auf die **Person des Vermittlers** müssen sich die WV einigen (dazu näher unter Rn. 55 ff.). **6**
Können sich die WV nicht auf einen Vermittler einigen, entscheidet das Los. Dazu müssen beide WV jedoch zunächst Vorschläge für die Person des Vermittlers machen, aus denen der Vermittler ausgelost wird. Für das Losverfahren sind keine besonderen Regelungen zu beachten (zu verschiedenen Lostechniken vgl. die Kommentierung zu § 10 WO). Bleibt der **Vermittlungsversuch** über die Zuordnung der leitenden Angestellten **erfolglos,** hat der Vermittler nach **Beratung mit dem AG** die Zuordnung vorzunehmen. Entsprechend dieser Entscheidung sind die betreffenden Angestellten in die jeweilige Wählerliste aufzunehmen.

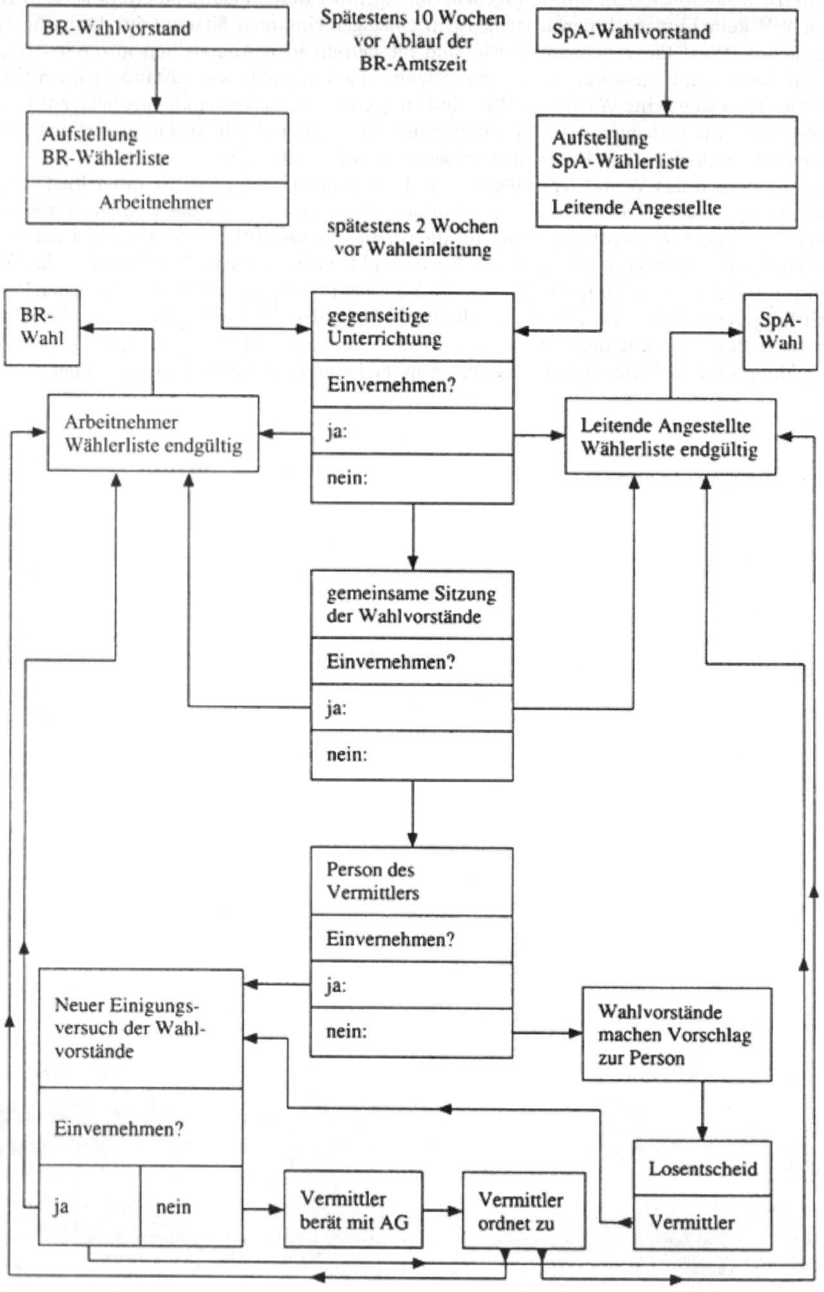
BR-Wahlvorstand
Spätestens 10 Wochen vor Ablauf der BR-Amtszeit
SpA-Wahlvorstand
Aufstellung BR-Wählerliste
Arbeitnehmer
Aufstellung SpA-Wählerliste
Leitende Angestellte
spätestens 2 Wochen vor Wahleinleitung
BR-Wahl
gegenseitige Unterrichtung
Einvernehmen?
ja:
nein:
SpA-Wahl
Arbeitnehmer Wählerliste endgültig
Leitende Angestellte Wählerliste endgültig
gemeinsame Sitzung der Wahlvorstände
Einvernehmen?
ja:
nein:
Person des Vermittlers
Einvernehmen?
ja:
nein:
Neuer Einigungsversuch der Wahlvorstände
Einvernehmen?
ja
nein
Wahlvorstände machen Vorschlag zur Person
Losentscheid
Vermittler
Vermittler berät mit AG
Vermittler ordnet zu

2. Entfallen des Verfahrens

Es kann jedoch Fälle geben, in denen das **Zuordnungsverfahren entfällt** oder nicht in allen Stationen durchlaufen werden kann: 7

- BR oder SpA sind gar nicht vorhanden: Das Zuordnungsverfahren entfällt (vgl. ausführlich Rn. 33 ff.).
- Die Wahlen können nicht zeitgleich eingeleitet werden, weil ein WV zu spät bestellt wird oder bei BR-WV-Bestellung ungewiss ist, ob ein SpA-WV noch gebildet wird: Das Zuordnungsverfahren entfällt (vgl. das Beispiel Rn. 34 und die dazu gegebenen Erl. Rn. 37 f., 45, 47).
- Es findet sich kein Vermittler, oder nur eine Seite schlägt einen Vermittler vor, der vom anderen WV aus sachlichen Gründen abgelehnt wird (vgl. Rn. 24, 66): Das Zuordnungsverfahren entfällt.
- Es handelt sich um eine freiwillige zeitgleiche Wahleinleitung (vgl. Rn. 26 ff.): Das Zuordnungsverfahren endet mit der gegenseitigen Unterrichtung der WV nach Abs. 1 Satz 1, 2. Halbsatz; es können dann strittige Fälle verbleiben.
- Beide WV weigern sich trotz gesetzlicher Pflicht, das Zuordnungsverfahren nach § 18 a zu betreiben:[7] Das Verfahren entfällt oder endet mit der wechselseitigen Unterrichtung, sofern diese Verpflichtung noch durch rechtskräftige gerichtliche Entscheidung ausgeurteilt wird (dazu Rn. 81).
- Es werden nach Abschluss des Zuordnungsverfahrens noch »strittige« Angestellte im Betrieb eingestellt (dazu Rn. 82): Das Zuordnungsverfahren entfällt hinsichtlich dieser Angestellten.

In derartigen Fällen kann versucht werden, im Wege des Einspruchs gegen die Richtigkeit der jeweiligen Wählerliste, durch arbeitsgerichtliches Statusfeststellungsverfahren oder Anfechtung der BR-Wahl Klarheit herzustellen.

3. Abbruch des Verfahrens

Des Weiteren sind Fälle denkbar, bei denen das bereits eingeleitete **Zuordnungsverfahren abgebrochen** werden muss: 8

- Es findet sich kein Vermittler (vgl. Rn. 66): Abbruch des Verfahrens bezüglich der streitig gebliebenen Angestellten.
- Das Verfahren kann nicht mehr rechtzeitig zur Wahleinleitung beendet werden (vgl. Rn. 78 f.).
- Das Verfahren kann bei neu in den Betrieb eintretenden Angestellten nicht rechtzeitig beendet werden (vgl. Rn. 82).
- Ein WV weigert sich, § 18 a anzuwenden, und eine rechtskräftige gerichtliche Klärung erfolgt nicht mehr rechtzeitig (vgl. Rn. 79): Abbruch mit dem Tag vor der Wahleinleitung.

Auch in diesen Fällen bleiben die in Rn. 7 a. E. erwähnten Rechtsbehelfe unberührt.

III. Das Zuordnungsverfahren im Einzelnen

Die Vorschrift unterscheidet **vier Anwendungsfälle,** in denen es zum Zuordnungsverfahren bezüglich der leitenden Angestellten kommen muss: die regelmäßigen BR-Wahlen (Rn. 10 ff.), die freiwillige zeitgleiche Wahleinleitung (Rn. 26 ff.), die Durchführung außerordentlicher Wahlen (Rn. 36 ff.) und die Besonderheiten bei Fehlen einer der beiden AN-Vertretungen (Rn. 39 ff.). 9

7 Vgl. Rn. 81; dazu auch *LAG Hamm* 24.4.90, BB 90, 1628, Ls.

1. Regelmäßige Betriebsratswahlen

10 Stehen **die regelmäßigen Wahlen zum BR und SpA** an (dieser Fall liegt vor, wenn die turnusgemäßen Wahlen des jeweiligen Frühjahrszeitraumes [1. März bis 31. Mai 2010, 2014 usw.] durchzuführen sind), **müssen sie zeitgleich eingeleitet werden.** Die Einleitung erfolgt mit Erlass des Wahlausschreibens, d. h. mit Aushang und Bekanntmachung durch den zuständigen WV. Demzufolge haben in diesem Anwendungsfall die beiden WV jeweils das Wahlausschreiben für die BR-Wahl und die SpA-Wahl an demselben Tage auszuhängen. Erfolgt der Aushang an mehreren Tagen (z. B. bei weitläufigen Betrieben), muss der letzte Tag, an dem die WV das Ausschreiben bekannt machen, übereinstimmen. Bis spätestens einen Tag vor diesem Zeitpunkt müssen das Zuordnungsverfahren – notfalls unter Einschaltung des Vermittlers (Abs. 2) – und die dementsprechende Eintragung der Wahlberechtigten in die Wählerliste abgewickelt sein. Abs. 1 Satz 1 knüpft die Pflicht zur Durchführung des Zuordnungsverfahrens nur an die Pflicht zur zeitgleichen Wahleinleitung an, **nicht** aber daran, **dass** die Wahlen **auch tatsächlich gleichzeitig** eingeleitet werden. Letzteres wird vielfach schon daran scheitern, dass die Amtszeiten beider Gremien nicht synchron sind. Die Verletzung der Pflicht zur zeitgleichen Wahleinleitung bleibt nach dem Gesetz folgenlos (vgl. § 13 Abs. 1 und § 5 Abs. 1 SprAuG).

11 Um das Zuordnungsverfahren mit der nach Abs. 1 erforderlichen Unterrichtung des jeweils anderen WV darüber, welche Angestellten vom jeweiligen WV den leitenden Angestellten (vorläufig) zugeordnet worden sind, überhaupt einleiten zu können, ist es zunächst notwendig, dass der BR-WV selbstständig eine Wählerliste aufgestellt hat. Es ist schon wegen der mit der Novellierung 2001 erfolgten Aufgabe des Gruppenprinzips (§§ 6, 10) nicht zu beanstanden, wenn der BR-WV zunächst nur eine Liste der leitenden Angestellten aufstellt, anhand derer die Information des SpA-WV gemäß Abs. 1 erfolgt, weil die Unterrichtungspflicht sich eben nur auf die leitenden Angestellten bezieht.[8] In der gleichen Weise ist durch den SpA-WV zu verfahren.

12 Das Gesetz spricht nur davon, dass beide WV sich **gegenseitig zu unterrichten** haben, sagt aber **nicht,** dass dies **gleichzeitig** zu geschehen habe.[9] Damit können sich gewisse Vorteile für denjenigen WV ergeben, der zuerst über die (vorläufige) Zuordnung des anderen WV in Kenntnis gesetzt wurde. Dieser Vorteil kann für den SpA-WV z. B. darin liegen, dass der zuerst informierende BR-WV auf seiner Liste Namen hat, an die der SpA-WV – aus welchen Gründen auch immer – im Entferntesten nicht gedacht hat und Letzterer seine Liste noch um diese Personen ergänzt.

13 Die Unterrichtung kann **formfrei** erfolgen, also auch mündlich; die jeweilige Zuordnungsentscheidung muss auch nicht begründet werden.[10]

14 Weil das weitere Zuordnungsverfahren (Einigungsversuch) sich nur auf strittige Zuordnungsfälle bezieht, kann der BR-WV seine (vorläufige) Zuordnung nicht wieder zurückziehen. Soweit die miteinander ausgetauschten Listen übereinstimmen, herrscht nämlich bereits Einvernehmen. Zunächst **unstreitige Fälle können** daher **nicht nachträglich wieder streitig gestellt werden, um Druck auszuüben.**[11]

15 Um über den Zeitpunkt der gegenseitigen Unterrichtung der beiden WV unnötige Querelen zu vermeiden, sollten die beiden Listen **in einem einheitlichen Termin** zunächst nur ausgetauscht werden (vgl. aber auch Rn. 13). Sodann müssen die WV in getrennten Sitzungen die Listen daraufhin überprüfen, ob und inwieweit sie übereinstimmen. Wenn die Zuordnung durch beide WV vollkommen übereinstimmt, entfällt das in Abs. 1 Satz 2 enthaltene Erfordernis, eine gemeinsame Sitzung beider WV einzuberufen. Stimmt die Zuordnung dagegen nur teilweise überein, ist in folgenden Schritten vorzugehen (vgl. das Schaubild S. 605).

8 *Fitting,* Rn. 13; ErfK-*Koch,* Rn. 2.

9 So auch GK-*Kreutz,* Rn. 45; *Fitting,* Rn. 15; Richardi-*Thüsing,* Rn. 13; a. A. *Dänzer-Vanotti,* AuR 89, 204 [206].

10 GK-*Kreutz,* Rn. 44; *Fitting,* Rn. 14, raten hierzu, um das Verfahren zu beschleunigen.

11 Vgl. ErfK-*Koch,* Rn. 2; *Engels/Natter,* BB-Beilage 8/89, S. 15; *Wlotzke,* DB 89, 111 [125]; GK-*Kreutz,* Rn. 47.

1. Schritt: 16

Die leitenden Angestellten, über deren Zuordnung Übereinstimmung besteht, werden endgültig in die Wählerliste der SpA-Wahlen eingetragen (Aufgabe des SpA-WV).

2. Schritt: 17

Hinsichtlich der strittigen Fälle muss nunmehr eine gemeinsame Sitzung beider WV durchgeführt werden, um eine Einigung zu versuchen. Auf die Terminierung dieser Sitzung sollten sich die jeweiligen Vorsitzenden des WV verständigen, da es sich insoweit um eine Geschäftsführungsaufgabe handelt. In einer Geschäftsordnung des WV kann diese Frage abweichend geregelt werden, z. B., indem eine Beschlussfassung im WV erfolgen muss. In der gemeinsamen Sitzung beider WV haben nur die ordentlichen WV-Mitglieder ein **Teilnahmerecht,** also nicht z. B. der AG (der AG kann aber zur Auskunfterteilung geladen werden)[12] oder der nach § 16 Abs. 1 Satz 6 zusätzlich in den BR-WV entsandte betriebsangehörige Gewerkschaftsbeauftragte.[13]

Letzteres ergibt sich daraus, dass Abs. 1 Satz 2 gegenüber § 16 Abs. 1 Satz 6 die speziellere Vorschrift darstellt. Soweit das Gesetz andernorts die Teilnahmebefugnis von Sondervertretern an betrieblichen Zusammenkünften vorsieht (z. B. § 46 Abs. 1, § 29 Abs. 4), legt es ausdrücklich diesen Personenkreis und dessen Befugnisse in abgestufter Form (bloße Teilnahme, Teilnahme- und Rederecht [Beratungsrecht], Ausschluss der Teilnahme an der Beschlussfassung im Falle des § 29 Abs. 4) fest. Auch nach § 20 Abs. 1 BPersVG hat ein Beauftragter der in der Dienststelle vertretenen Gewerkschaft das Recht, an Sitzungen des WV beratend teilzunehmen. Eine gleichartige Parallelvorschrift fehlt in § 16 Abs. 1 Satz 6. Daher ist **der betriebsangehörige Gewerkschaftsbeauftragte** nach § 16 Abs. 1 Satz 6 mangels entsprechender Normierung lediglich zur passiven (beobachtenden) Teilnahme und auch nur bei WV-Sitzungen befugt, nicht aber an der besonders geregelten gemeinsamen Sitzung beider WV nach § 18 a. Anderenfalls würden in dieser gemeinsamen Sitzung der beiden WV ungleiche Verhältnisse auftreten, weil für den SpA-WV gemäß § 7 SprAuG das Teilnahmerecht eines betriebszugehörigen Gewerkschaftsbeauftragten analog der Regelung in § 16 Abs. 1 Satz 6 fehlt. Die Anwesenheit des besonderen Gewerkschaftsbeauftragten nach § 16 ist auch entbehrlich, weil es in der gemeinsamen Sitzung beider WV ausschließlich darum geht, Einvernehmen über die Zuordnung der strittigen Fälle zu den leitenden Angestellten herzustellen. Außerdem entfällt ein Teilnahmerecht des Gewerkschaftsbeauftragten nach § 16 Abs. 1 Satz 6 bei der gemeinsamen Sitzung auch dann schon von selbst, wenn gemäß Abs. 4 die Funktion des einen WV durch den BR bzw. SpA wahrgenommen wird (vgl. Rn. 30 ff.). 18

Über die Zuordnung der Streitfälle muss durch jeweils getrennte Beschlussfassung in den beiden WV entschieden werden.[14] Von der Beschlussfassung ist der Gewerkschaftsbeauftragte nach § 16 Abs. 1 Satz 6 jedoch wegen fehlenden Stimmrechts ohnehin ausgeschlossen. **Leitende Angestellte können schon deswegen nicht Gewerkschaftsbeauftragte nach § 16 sein,** weil sie nicht wahlberechtigt sind. Die Wahlberechtigung ist aber regelmäßig Voraussetzung der WV-Mitgliedschaft.[15] 19

Das durch Entscheidung des WV zu begründende Recht auf **Teilnahme** eines Gewerkschaftsbeauftragten **analog § 31** bleibt unberührt.[16] 20

3. Schritt: 21

Wird **nach getrennter Beschlussfassung der beiden WV** festgestellt, dass über die zunächst strittig gebliebenen Fälle Einvernehmen hergestellt wurde, so werden diese Personen nunmehr (je nach Ergebnis) in die insoweit endgültigen Wählerlisten der SpA-Wahlen bzw. BR-Wahlen eingetragen. Das Erfordernis getrennter Beschlussfassung ergibt sich schon daraus, dass es anderenfalls einem zahlenmäßig größeren WV ohne weiteres möglich wäre, den anderen WV zu überstimmen.[17] Ob die getrennten Abstimmungen noch im Rahmen der gemeinsamen

12 *Fitting,* Rn. 19.
13 A. A. *Fitting,* Rn. 19; GK-*Kreutz,* Rn. 50; Richardi-*Thüsing,* Rn. 19; wie hier *KRHS,* Rn. 3.
14 Ebenso *Fitting,* Rn. 21; GK-*Kreutz,* Rn. 52; *Engels/Natter,* BB-Beilage 8/89, S. 15; Richardi-*Thüsing,* Rn. 20.
15 *Fitting,* § 16 Rn. 21.
16 Vgl. *Fitting,* § 18 Rn. 13; *KRHS,* Rn. 3.
17 Zutreffend *Engels/Natter,* BB-Beilage 8/89, S. 15.

Sitzung oder **in jeweils getrennten Zusammenkünften** der WV erfolgen sollen, kann jeder WV nur mit Wirkung für sich entscheiden.

22 **4. Schritt:**
Bleiben auch **nach der gemeinsamen Sitzung** beider WV **noch strittige Fälle,** ist gemäß Abs. 2 durch einen **Vermittler** bis spätestens eine Woche vor Einleitung der Wahlen erneut eine Verständigung der beiden WV über die Zuordnung zu versuchen. Sofern Einvernehmen über einzelne Streitfälle hergestellt wird, ist wie im Schritt 3 (Rn. 21) zu verfahren. Bleibt der Einigungsversuch im Übrigen erfolglos, entscheidet nunmehr der Vermittler nach Beratung mit dem AG über die Zuordnung.

23 Auf den Vermittler (Einzelheiten vgl. Rn. 55 ff.) haben sich gemäß Abs. 3 die WV bis **spätestens zum Beginn der letzten Woche** vor Wahleinleitung zu **einigen.** Der Vermittler soll dem Betrieb, in dem gewählt wird, angehören; er kann aber auch aus einem anderen – jedoch immer mindestens unternehmens- oder konzernzugehörigen – Betrieb kommen. Der AG wird zwar in Abs. 3 Satz 2 an letzter Stelle genannt, ist als Vermittler aber i. d. R. **ungeeignet,** weil er selbst betriebsverfassungsrechtliches Organ ist.[18] Er sollte deshalb vom BR-WV als befangen abgelehnt werden, soweit andere Personen zur Verfügung stehen. Dies gilt auch für **leitende Angestellte,** die nach hier vertretener Ansicht (vgl. Rn. 55) ohnehin nicht als »Beschäftigte« i. S. d. Abs. 3 Satz 2 in Betracht kommen und daher nicht Vermittler sein können.[19] Es besteht für niemanden die Pflicht, als Vermittler tätig zu werden.[20] Auch der durch Losentscheid festgestellte Vermittler braucht das Amt nicht anzunehmen.

24 **Findet sich kein Vermittler,** ist die Wahl ohne das weitere Verfahren nach § 18 a durchzuführen.[21] Ebenso wenig kommt eine **Ersatzbestellung** des Vermittlers **durch das ArbG** in Betracht.[22]

25 Bei der Zuordnungsentscheidung muss der Vermittler sich strikt an die gesetzliche Begriffsabgrenzung des leitenden Angestellten nach § 5 Abs. 3 halten.[23] Insoweit muss er **ausreichende Rechtskenntnisse besitzen.**[24]

2. Freiwillige zeitgleiche Wahleinleitung

26 Entsprechend Abs. 1 Satz 1 (Unterrichtung des anderen WV) ist wegen Abs. 1 Satz 1, 2. Halbsatz zu verfahren, **wenn die Wahlen** zum BR und SpA **zeitgleich eingeleitet werden, ohne dass dazu eine gesetzliche Verpflichtung besteht,** z. B. bei Neuwahlen nach einem (nahezu) gleichzeitigen Rücktritt von SpA und BR (vgl. § 13 Abs. 2 Nr. 3 BetrVG bzw. § 5 Abs. 2 Nr. 4 SprAuG). Stets ist hier aber Voraussetzung, dass Wahlen zu beiden Gremien aus anderen als den in § 13 Abs. 1 BetrVG bzw. § 5 Abs. 1 SprAuG genannten Gründen zeitgleich eingeleitet werden. Das kann der Fall sein, wenn in einem Betrieb weder BR noch SpA vorhanden sind und erstmals gewählt werden sollen (z. B. bei einem neu errichteten Betrieb). Ob in derlei Fällen tatsächlich die Wahleinleitung zeitgleich erfolgt, liegt **im freien Ermessen der beiden WV,**[25] verpflichtet sind sie dazu gerade nicht. Richardi-*Thüsing,* (Rn. 7) halten wegen der mit den Wahlen verbundenen Kostenbelastungen dagegen die WV zur Ausübung eines **pflichtgemäßen** Ermessens für verpflichtet.[26]

27 Da der zweite Halbsatz in Abs. 1 Satz 1 lediglich auf Satz 1 verweist, hat es bei diesem Anwendungsfall mit der **gegenseitigen Unterrichtung** sein Bewenden.[27] Das weitere Zuordnungsverfahren des § 18 a ist nicht anzuwenden, weil es hierfür an der gesetzlichen Erlaubnisnorm fehlt.

---

18 Skeptisch auch *Fitting,* Rn. 47.
19 A. A. GK-*Kreutz,* Rn. 57; Richardi-*Thüsing,* Rn. 38.
20 Vgl. *Bauer,* SprAuG, S. 136.
21 *Bauer,* SprAuG, S. 136; GK-*Kreutz,* Rn. 70; vgl. Rn. 65 ff.
22 *Fitting,* Rn. 51; GK-*Kreutz,* Rn. 63.
23 *Engels/Natter,* BB-Beilage 8/89, S. 11, weisen den innerbetrieblichen Rechtsanwendern zutreffend dieselben Prüfungs- und Sorgfaltspflichten zu wie den Gerichten.
24 Ähnlich *Fitting,* Rn. 44.
25 *Fitting,* Rn. 32.
26 Ebenso im Ergebnis GK-*Kreutz,* Rn. 24.
27 Vgl. dazu näher *3. Aufl. 1992,* Rn. 26 bis 31; a. A. *Fitting,* Rn. 32 und GK-*Kreutz,* Rn. 24.

Somit kann es gerade in Grenzfällen dazu kommen, dass bei fakultativ-zeitgleicher Wahleinleitung bestimmte Angestellte sowohl zu den SpA-Wahlen als auch zu den BR-Wahlen wahlberechtigt und wählbar sein können, wenn sie von den beiden WV unterschiedlich (einmal als leitender Angestellter und andererseits als »gewöhnlicher« Angestellter) zugeordnet worden sind. Allerdings ist auch in diesem Fall zu beachten, dass Wahlberechtigung und Wählbarkeit sich nicht konstitutiv aus dem Eintrag in die Wählerliste ableiten lassen, wenn nicht zugleich neben der Eintragung auch die materiellen Voraussetzungen des aktiven und/oder passiven Wahlrechts gemäß §§ 7, 8 vorliegen.[28] 28

In diesen Fällen einer doppelten Zuordnung ein und desselben Angestellten kommt der **Einspruch gegen die Richtigkeit der Wählerliste** nach § 4 WO in Betracht, wie dies auch bisher schon bezüglich der leitenden Angestellten galt.[29] Das Einspruchsrecht wird in diesen Fällen auch nicht durch § 4 Abs. 2 Satz 2 WO ausgeschlossen, weil eine Zuordnung nach § 18 a gar nicht erfolgt ist und eine lediglich wechselseitige Unterrichtung der WV über die jeweils eigene Zuordnungsentscheidung die beschränkten Rechtswirkungen des Abs. 5 (Einschränkung des Anfechtungsrechts) nicht auslösen kann (anders aber diejenigen, die auch hier das vollständige Verfahren nach § 18 a für anwendbar halten, vgl. Rn. 27). 29

3. Außerordentliche Wahlen

Steht eine **außerordentliche Wahl** nach § 13 Abs. 2 BetrVG bzw. § 5 Abs. 2 SprAuG an **und ist nur eine der beiden Vertretungen neu zu wählen,** so gilt das in Rn. 10 ff. erläuterte Zuordnungsverfahren, allerdings in gemäß **Abs. 4** modifizierter Form. Für den Fall, dass es z. B. wegen einer Initiative aus Kreisen der leitenden Angestellten gemäß § 7 Abs. 2 SprAuG außerhalb des regulären Wahlzeitraums zu SpA-Wahlen kommt, weil noch kein SpA besteht (§ 5 Abs. 2 Nr. 1 SprAuG), muss der SpA-WV den amtierenden BR entsprechend Abs. 1 Satz 1 unverzüglich nach Aufstellung der SpA-Wählerlisten, spätestens jedoch zwei Wochen vor Einleitung der Wahlen darüber unterrichten, welche Angestellten er den leitenden Angestellten zugeordnet hat. 30

Gerade dann, wenn **erstmals ein SpA** errichtet werden soll, könnte auf Seiten des SpA-WV die Neigung groß sein, möglichst viele Angestellte den leitenden Angestellten zuzuordnen, weil die zahlenmäßige Größe des SpA von der Anzahl leitender Angestellter im Betrieb abhängig ist (vgl. § 4 SprAuG). In diesem Fall ist eine besonders sorgfältige Prüfung der Entscheidung des SpA-WV durch den BR notwendig. Ein solcher Fall kann auftreten, wenn erstmals **SpA-Wahlen nach dem** Ablauf des 31. 5. eines Jahres, in dem die regelmäßigen BR-Wahlen stattfinden, durchgeführt werden . Hier ist davon auszugehen, dass die Zuordnung der Angestellten, wie sie für die ja zeitlich nur kurz vorher stattgefundene BR-Wahl durch den BR-WV erfolgt ist, eine **Präjudizwirkung** hat, sofern sich die tatsächlichen Verhältnisse seitdem nicht geändert haben. Derartige Änderungen werden i. d. R. nur selten auftreten. Soweit zwischen SpA-WV und BR über die Zuordnung kein Einvernehmen erzielt wird, hat der BR aus seiner Mitte Mitglieder zu benennen, die anstelle des (ansonsten hierzu berufenen) WV an dem in Rn. 10 ff. dargestellten Zuordnungsverfahren teilnehmen. Die Zahl der aus der Mitte des BR zu benennenden Mitglieder ist im Gesetz nicht festgelegt. Der BR kann dies nach freiem Ermessen bestimmen. Er wird aber ähnlich wie bei der WV-Zusammensetzung darauf achten müssen, dass die AN-Gruppen berücksichtigt sind. 31

Die Bedeutung des Abs. 4 erschöpft sich aber nicht in der Regelung für die Fälle, in denen wegen Eintritts eines Ereignisses nach § 13 Abs. 2 Nrn. 1 bis 6 BetrVG bzw. § 5 Abs. 2 Nrn. 1 bis 4 SprAuG außerordentliche **Wahlen zu nur einer der beiden Vertretungen** durchzuführen sind. Weil Abs. 4 Satz 1 bzw. Satz 3 auch auf die an sich zeitgleich einzuleitenden Wahlen abhebt (»Wahl nach § 13 **Abs. 1** oder 2« bzw. »Wahlen nach § 5 **Abs. 1** oder 2«), findet diese Vorschrift dem Wortlaut nach offenbar auch dann Anwendung, wenn die Wahlen entgegen der Anordnung in § 13 Abs. 1 Satz 2 BetrVG bzw. § 5 Abs. 1 Satz 2 SprAuG doch nicht zeitgleich eingeleitet werden.[30] 32

28 H. M.; vgl. *Fitting,* § 2 WO Rn. 8 m. w. N.
29 Vgl. *Fitting,* § 4 WO Rn. 2.
30 Vgl. auch GK-*Kreutz,* Rn. 27 f.

4. Fehlen einer der beiden Arbeitnehmervertretungen und Besonderheiten bei erstmaligen Sprecherausschusswahlen

33 **Fehlt eine der beiden Vertretungen,** so kann das Zuordnungsverfahren gemäß Abs. 1 bis 3, aber auch das entsprechend nach Abs. 4 modifizierte Verfahren nicht stattfinden, weil der dazu notwendige »Verfahrenspartner« fehlt. In diesem Fall entscheidet z. B. der BR-WV allein, welche Angestellten er in die Wählerliste aufnimmt; die Rechtsfolge der begrenzten Anfechtbarkeit gemäß Abs. 5 Satz 2 tritt bei solchen »einseitigen« Zuordnungsentscheidungen nicht ein.[31] Dies gilt z. B. dann, wenn die leitenden Angestellten sich gemäß § 7 Abs. 2 SprAuG gegen die Bildung eines SpA ausgesprochen haben.

34 Für die in den Jahren regelmäßiger Wahlen und dort innerhalb des regulären Wahlzeitraums (1. März bis 31. Mai) erstmals überhaupt erfolgenden Wahlen gesetzlicher SpA sind folgende, an einem Beispiel erläuterte Besonderheiten zu beachten:

Beispiel:
Die Amtszeit eines 2010 gewählten BR endet am 18.3.2014. Gemäß § 16 Abs. 1 bestellt der amtierende BR, um noch genügend zeitliche Reserven zu behalten, zulässigerweise bereits am 3.12.2013 den BR-WV, vor allem auch, damit dieser noch rechtzeitig eine Schulung besuchen kann. Als Tage der Stimmabgabe werden vom WV der 3. und 4.3.2014 bestimmt (§ 3 Abs. 1 Satz 3 WO: spätestens eine Woche vor dem Amtszeitende). Somit ist entsprechend § 3 Abs. 1 Satz 1 WO spätestens am 20.1.2014 das Wahlausschreiben zu erlassen. Demzufolge müsste an sich spätestens am 6.1.2014 gemäß § 18 a Abs. 1 die gegenseitige Unterrichtung der beiden WV über ihre Zuordnungsentscheidung erfolgen. Zu diesem Zeitpunkt – so sei hier angenommen – ist jedoch noch kein SpA-WV gebildet; es ist auch zunächst ungewiss, ob es dazu kommen wird. Etwas später (10.1.2014) wird ein SpA-WV gebildet.

35 Bei diesem Beispiel kommt es **für den weiteren Verfahrensablauf** entscheidend darauf an, **ob die erstmaligen** SpA-Wahlen (sofern sie im Zeitraum regelmäßiger Wahlen durchgeführt werden) begrifflich als »**regelmäßige Wahlen**« i. S. d. § 5 Abs. 1 SprAuG **oder als »freiwillig-zeitgleich einzuleitende Wahlen**« i. S. v. § 18 a Abs. 1 Satz 1, 2. Halbsatz anzusehen sind (vgl. zu dieser Kontroverse im Einzelnen die *3. Aufl.*, Rn. 40 ff.).

36 Mit der überwiegend in der Literatur vertretenen Ansicht ist davon auszugehen, dass es sich bei erstmaligen SpA-Wahlen um »regelmäßige« Wahlen handelt, die somit grundsätzlich zeitgleich einzuleiten sind,[32] **sofern diese im Zeitraum vom 1. 3. bis 31. 5.** durchgeführt werden. Somit ist das Zuordnungsverfahren nach Abs. 1 bis 3 durchzuführen. Für die Festlegung des Zeitpunktes »Einleitung der Wahlen« i. S. d. Abs. 1 ist jedoch der Wahl-Terminkalender maßgebend, der sich für die BR-Wahlen 2010, 2014 usw. in Anwendung von § 13 Abs. 1, § 21 Satz 2, § 16 Abs. 1 BetrVG und § 3 Abs. 1 WO ergibt. Danach ist **der Zeitablauf vor allem so zu gestalten, dass keine betriebsratslosen Zeiten eintreten** können.[33] Daher braucht der BR-WV 2010, 2014 usw. auch keine Rücksicht auf die Terminplanung zu nehmen, die sich aus dem SprAuG ergibt, wenn die leitenden Angestellten **erstmals** im Frühjahr 2010, 2014 usw. einen SpA wählen wollen.[34]

37 Weil nach § 37 Abs. 1 i. V. m. § 7 Abs. 2 SprAuG zuerst durch eine Versammlung der leitenden Angestellten ein WV zu wählen ist, der sodann die Vorabstimmung darüber vorbereiten und durchführen muss, ob überhaupt ein SpA gewählt werden soll, kann es durchaus sein, dass **zum Zeitpunkt der Wahleinleitung durch den BR-WV noch kein SpA-WV** besteht. Dann **entfällt** für den BR-WV **das Zuordnungsverfahren nach § 18 a BetrVG** mangels Existenz eines Sprecherausschusses bzw. SpA-WV.[35] Der BR-WV darf auch nicht etwa stattdessen einen

31 *Fitting*, Rn. 41; GK-*Kreutz*, Rn. 36.
32 *Bauer*, SprAuG, S. 112; *Borgwardt/Fischer/Janert*, § 5 SprAuG Rn. 1; *Hromadka/Sieg*, § 5 SprAuG Rn. 2; *Wlotzke*, DB 89, 176; ebenso BT-Drucks. 11/2503, S. 44; a. A. wohl *Engels/Natter*, BB-Beilage 8/89, S. 15; GK-*Kreutz*, Rn. 15, der den Charakter der erstmaligen SpA-Wahl als »regelmäßige« Wahl erst beginnend mit dem Jahr 2006 annimmt.
33 *Fitting*, Rn. 28.
34 Ebenso *Schneider*, AiB 90, 18.
35 So auch *ArbG Frankfurt* 1.8.89, BetrR 89, 189.

noch auf freiwilliger Basis bestehenden SpA in das Zuordnungsverfahren analog § 18 a BetrVG einbeziehen, weil dieser nicht die Rechtsstellung besitzt, die dem gesetzlichen SpA zukommt (vgl. § 37 Abs. 2 SprAuG).[36] Abs. 4 Satz 1 ist ebenfalls nicht anwendbar, ganz abgesehen davon, dass der BR-WV gar nicht ermessen kann, ob im Sinne dieser Vorschrift eine Wahl nach dem SprAuG überhaupt noch zeitgleich eingeleitet werden wird, wenn noch nicht einmal ein SpA-WV existiert.

Im Beispiel (vgl. Rn. 34) wäre der BR-WV auch nicht verpflichtet, mit dem verspätet gebildeten SpA-WV ein Zuordnungsverfahren nach § 18 a zu beginnen, da er sonst einen **Formverstoß** begehen würde (vgl. Rn. 78 f.). Nach Abs. 1 Satz 1 müssen sich die beiden WV nämlich **spätestens** zwei Wochen vor Wahleinleitung über ihre Zuordnungsabsichten unterrichten. Es bliebe dabei, dass das Zuordnungsverfahren nach Abs. 1 bis 3 nicht durchgeführt werden kann. **38**

Gleichwohl wäre denkbar, dass der (Beispiel Rn. 34) am 10. 1. 2014 gebildete SpA-WV seine Wahlvorbereitung so zügig betreibt, dass er die Wahl zum SpA tatsächlich noch zeitgleich mit den BR-Wahlen einleitet, ohne dass es aber zu einem Zuordnungsverfahren gekommen ist. In diesem Fall wäre eine **Doppelzuordnung von Angestellten nicht ausgeschlossen.** Es kann wegen Fehlens seiner Anwendungsvoraussetzungen auch nicht auf Abs. 4 ausgewichen werden, weil die Wahl ja gleichzeitig eingeleitet wurde und nur das Zuordnungsverfahren unterblieben ist (zu den möglichen Rechtsfolgen Rn. 49). Das Verfahren nach Abs. 1 bis 3 knüpft gerade nicht an die bloß **tatsächlich** gleichzeitige Wahleinleitung an, sondern an die Rechtspflicht zur zeitgleichen Wahleinleitung (vgl. Rn. 10). **39**

Dasselbe Ergebnis (doppelte Zuordnung) kann sich auch in dem in Rn. 24 erwähnten Fall einstellen, wenn das Zuordnungsverfahren nach § 18 a deswegen entfällt, weil ein Vermittler nicht gefunden werden kann oder nur ein WV einen Vermittler vorschlagen kann (ausführlich dazu Rn. 66). Diese Beispiele zeigen, dass das besondere Zuordnungsverfahren, in dem Verfahrensabläufe festgelegt wurden, die auf **Regelungsstreitigkeiten** zugeschnitten sind und bei denen es immer mehrere »richtige« Lösungen gibt, dort versagen muss, wo in Wahrheit über eine **Rechtsstreitigkeit** (und darum geht es bei der Zuordnung eines AN zu den leitenden Angestellten immer!) Klarheit gewonnen werden soll (näher zu diesem grundsätzlichen Strukturproblem des § 18 a *3. Aufl.*, Rn. 47 f.). **40**

Handelt es sich dagegen im Beispiel (Rn. 34) auf Grund der weiteren Entwicklung um einen **Fall tatsächlich ungleichzeitiger Wahleinleitung** (SpA-WV erlässt sein Wahlausschreiben nach dem BR-Wahlausschreiben), könnte prinzipiell daran gedacht werden, nach Abs. 4 zu verfahren, d. h., den (noch) amtierenden BR in das Zuordnungsverfahren einzubeziehen.[37] Der Wortlaut dieser Vorschrift schließt dies zumindest nicht aus. Allerdings ist **§ 18 a Abs. 4 sprachlich total verunglückt,** so dass zunächst sein **Regelungszweck** zu ermitteln ist. **41**

Abs. 4 Satz 1 und 3 **unterscheidet zwei** jeweils für SpA und BR parallele **Fälle:** **42**

(1) Die beiden WV verstoßen gegen ihre Pflicht zur gleichzeitigen Wahleinleitung im Falle der beiderseits regelmäßigen Wahlen nach § 13 Abs. 1 BetrVG bzw. § 5 Abs. 1 SprAuG. Ein Pflichtverstoß liegt jedoch nicht vor, wenn der BR noch nicht ein Jahr im Amt ist (vgl. § 13 Abs. 3). Auch die erstmalige SpA-Wahl ist als regelmäßige Wahl anzusehen (vgl. Rn. 35 ff.). Damit handelt es sich bei **Abs. 4** offenbar auch um eine **Rechtsfolgenanordnung bei Verstößen** der WV gegen ihre Pflicht zur zeitgleichen Einleitung von regelmäßigen Wahlen (§ 18 a Abs. 1 i. V. m. § 13 Abs. 1 Satz 2 BetrVG bzw. § 5 Abs. 1 Satz 2 SprAuG; vgl. oben Rn. 32). Jede andere Interpretation müsste leugnen, dass Abs. 4 Satz 1 bzw. 3 ausweislich seines Wortlauts eine alternative Nennung von »§ 13 Abs. 1 **oder** 2« bzw. »§ 5 Abs. 1 **oder** 2« enthält. Abs. 1 der genannten Vorschriften bezieht sich aber gerade auf die Pflicht zur zeitgleichen Wahleinleitung der regelmäßigen Wahlen.[38]

(2) Es kommt zu außerordentlichen Wahlen nur eines Vertretungsgremiums außerhalb des

---

36 Näher dazu *Wlotzke*, NZA 89, 709.

37 So offenbar *Fitting*, Rn. 30 und Rn. 37, die damit allerdings den ja bereits bestellten BR-WV quasi beiseite schieben; vgl. zur Kritik auch GK-*Kreutz*, Rn. 34.

38 Anders GK-*Kreutz*, Rn. 34, der Abs. 4 immer dann für unanwendbar hält, wenn beide WV bereits bestellt sind.

regulären Wahlzeitraums. Dann gilt Abs. 4 in der oben (Rn. 30 f.) erläuterten Form. Es handelt sich hierbei um die in Abs. 4 genannte zweite Alternative des § 13 **Abs. 2** BetrVG bzw. § 5 **Abs. 2** SprAuG.

43 Auch die Formulierung des § 18 a Abs. 4 krankt daran, dass sie den vom Gesetzgeber offenbar gemeinten Sinn sprachlich nicht hinlänglich zum Ausdruck bringt. **Satz 1** ist so zu verstehen, dass es um die Wahl eines BR geht und daher der BR-WV einen bereits bestehenden SpA zu unterrichten hat.[39] Demgegenüber regelt **Satz 3** den Fall, dass eine SpA-Wahl stattfindet und bereits ein amtierender BR vorhanden ist, der vom SpA-WV zu unterrichten ist.

44 **Für das oben** (Rn. 34) **gegebene Beispiel** hat § 18 a Abs. 4 **folgende Konsequenzen:** Kommt es – wenn auch verspätet – noch zur Bildung eines SpA-WV und späterer Wahleinleitung zum SpA, würde Abs. 4 Satz 3 anzuwenden sein, weil gegen das Gebot zeitgleicher Wahleinleitung verstoßen wurde. Danach müsste der SpA-WV den amtierenden BR (und nicht den BR-WV!) gemäß Abs. 1 Satz 1 unterrichten (siehe aber dazu Rn. 47). Weitere Folge wäre, dass im Nichteinigungsfalle der BR Mitglieder zu benennen hätte, die anstelle des WV an dem Zuordnungsverfahren gemäß Abs. 1 bis 3 teilnehmen. Dies könnte allerdings das absurde Ergebnis zur Folge haben, dass das Verfahren nach Abs. 1 bis 3 zu einem Zeitpunkt beendet wird, zu dem die Wahlvorbereitung durch den BR-WV so weit fortgeschritten ist, dass nicht einmal mehr Einsprüche gegen die Wählerliste zu den BR-Wahlen eingelegt werden können (§ 4 WO). Ob auch in diesem Fall der Ausschluss des Einspruchsrechts gemäß § 4 Abs. 2 Satz 2 WO gilt, ist ohnedies mehr als fraglich.

45 **§ 18 a Abs. 4 führt daher** bei Fällen zwar nicht zeitgleicher, aber doch im gewissen zeitlichen Zusammenhang miteinander erfolgender Wahleinleitung zu unhaltbaren Ergebnissen. In derartigen Fällen zeitlich zwar »lose« zusammenhängender, aber dennoch tatsächlich ungleichzeitiger Wahleinleitung ist daher Abs. 4 BetrVG zu modifizieren.

46 **Satz 1** will ein Zuordnungsverfahren eröffnen, obgleich der hierfür primär zuständige andere WV (SpA-WV) noch nicht (weil noch nicht gebildet) oder nicht mehr (weil dessen Amt mit der SpA-Konstituierung gemäß § 12 SprAuG bereits wieder beendet ist) oder nicht frist-/zeitgerecht (weil SpA-Wahlen entgegen § 5 Abs. 1 Satz 2 oder wegen § 5 Abs. 2 SprAuG bereits eingeleitet sind) erreicht werden kann. Die **Initiative** zur Einleitung der BR-Wahlen **geht** hier innerhalb eines gewissen zeitlichen Zusammenhangs beider Wahlen **vom BR-WV aus.** Nur diese Variante regelt Satz 1. Er setzt aber die Existenz eines gesetzlichen SpA voraus, so dass für das Beispiel (Rn. 34) schon wegen Fehlens dieser Voraussetzung die Anwendung von Satz 1 ausscheidet.

47 **Satz 3** hat den umgekehrten Fall zum Gegenstand, dass nämlich ein BR (noch oder schon) besteht und erst daraufhin SpA-Wahlen eingeleitet werden. In Satz 3 liegt daher für die Fälle bereits »anhängiger« Wahlen die Annahme zugrunde, dass die **Initiative** zur Einleitung der SpA-Wahlen innerhalb eines gewissen zeitlichen Zusammenhangs beider Wahlen **vom SpA-WV** ausgeht. In dem (vgl. Rn. 34) gebildeten Beispiel ging die **Wahlinitiative** aber vom BR-WV aus, so dass Satz 3 hier gar nicht anzuwenden ist. Es entfällt daher auch für den SpA-WV die Pflicht zur Unterrichtung des noch amtierenden BR und damit das Zuordnungsverfahren insgesamt. Aus diesem Grund bleibt auch das umfassende Einspruchsrecht nach § 4 Abs. 1 WO erhalten. § 4 Abs. 2 Satz 2 WO ist mangels Zuordnungsverfahrens unanwendbar.

48 Es ergibt sich auch hier das Problem, dass mangels eines Zuordnungsverfahrens einzelne AN sowohl in die BR-Wählerliste als auch die SpA-Wählerliste aufgenommen werden (dazu Rn. 39). Darüber hinaus kann die **doppelte Zuordnung derselben AN** vor allem in Grenzfällen dazu führen, dass z. B. die Zahl der BR-Mitglieder (§ 9 BetrVG) bzw. SpA-Mitglieder (§§ 4 und 20 SprAuG) unzutreffend ermittelt wird.

49 Die Wählerlisten und das Wahlausschreiben wären in diesem Fall fehlerhaft; beide Wahlen wären anfechtbar. Diese Rechtsfolge kann nur vermieden werden, wenn man davon ausgeht, dass bei zeitlich zusammenhängenden, aber ungleichzeitig eingeleiteten Wahlen in der Variante, dass die BR-Wahl eingeleitet wurde und auch die Einspruchsfrist gegen die Richtigkeit der Wählerliste verstrichen ist (§ 4 Abs. 1 WO), **die vom BR-WV aufgestellte Wählerliste**

39 Vgl. auch *BT-Drucks.* 11/2503, S. 32.

gegenüber einer nachträglich vom SpA-WV vorgenommenen Zuordnung der leitenden Angestellten vorgreiflich ist und präjudizierende Wirkung hat.[40] Damit ist der etwas später tätig werdende SpA-WV an die Entscheidungen des BR-WV bezüglich der Zuordnung der leitenden Angestellten im vollen Umfang gebunden.

Nur unter dieser Voraussetzung kann vermieden werden, dass eine **Berichtigung des Wahlausschreibens** zur BR-Wahl nötig wird. Zwar lassen sich **offenbare Unrichtigkeiten** des Wahlausschreibens auch nach dessen Erlass korrigieren. Allerdings ist das nur so lange zulässig, wie noch keine Wahlvorschläge eingereicht sind. Andernfalls müsste das Wahlausschreiben zurückgezogen und ein neues erlassen werden. 50

IV. Wahl von Betriebsrat und Unternehmens-Sprecherausschuss

Nach § 20 SprAuG kann anstelle von betrieblichen SpA für UN mit mehreren Betrieben dann **ein UN-SpA** gewählt werden, wenn im UN in der Regel insgesamt mindestens zehn leitende Angestellte beschäftigt sind und die Mehrheit der im UN vorhandenen leitenden Angestellten dies verlangt. In diesem Fall ist nach § 20 Abs. 2 SprAuG ein UN-WV der leitenden Angestellten zu bilden. Dieser hat im Rahmen des Zuordnungsverfahrens nach § 18 a Abs. 1 bis 3 die Funktionen des SpA-WV gegenüber sämtlichen BR-WV der zum UN gehörenden Betriebe wahrzunehmen.[41] Der **Wechsel von Betriebs-SpA zu UN-SpA** und umgekehrt ist jedoch stets nur im Zeitraum der darauf folgenden regelmäßigen Wahlen zulässig (§ 20 Abs. 2 Satz 2 SprAuG). 51

Da der UN-WV für die UN-SpA-Wahlen nach § 18 a mit jedem einzelnen BR-WV das Zuordnungsverfahren durchführen muss, kann insbesondere bei einer großen Zahl zudem räumlich weit verstreuter Betriebe eines UN **die Zweiwochenfrist des Abs. 1 Satz 1 wesentlich zu kurz bemessen** sein. Das ist vor allem dann von Bedeutung, wenn es zu gravierenden Abgrenzungsstreitigkeiten zwischen den WV kommt und der Vermittler nach Abs. 2 und 3 in einer Vielzahl von Einzelfällen tätig werden muss.[42] Hier ist zu beachten, dass derartige faktische Probleme nicht dazu führen können, die Wahleinleitung für die BR-Wahlen zeitlich zu verschieben, weil ansonsten betriebsratslose Zeiten entstehen könnten. Kann in derartigen Fällen das Zuordnungsverfahren nicht rechtzeitig innerhalb der Zweiwochenfrist abgeschlossen werden, ist es am Tag vor der Wahleinleitung abzubrechen, selbst wenn dann noch strittige Zuordnungsfälle verbleiben.[43] 52

Darüber hinaus ist zu beachten, dass die Anzahl der benötigten Vermittler von der Zahl der durchzuführenden Zuordnungsverfahren abhängig ist. 53

Beispiel:
Hat ein UN fünf Betriebe, in denen BR zu wählen sind, und soll ein UN-SpA gebildet werden, müssen fünf Zuordnungsverfahren durchgeführt werden. Dazu können im ungünstigsten Falle fünf Vermittler erforderlich sein.

Vollkommen unklar ist nach dem Gesetz zudem, wie in dem Beispiel (Rn. 53) das Gebot der zeitgleichen Wahleinleitung erfüllt werden soll, wenn die Amtszeiten der fünf BR zu völlig unterschiedlichen Zeiten ablaufen und demzufolge auch die Einleitung der BR-Wahlen zu unterschiedlichen Zeitpunkten erfolgen muss (was praktisch sehr häufig auftreten wird).[44] In derartigen Fällen ist vom **Vorrang der** reibungslosen und ungehinderten **Vorbereitung und Durchführung der BR-Wahlen** auszugehen. Die Zuordnungsverfahren bezüglich der jeweiligen Angestellten eines Betriebs sind daher zeitlich so abzuwickeln, dass sie rechtzeitig vor Einleitung der jeweiligen BR-Wahl beendet sind. Kann dies, aus welchem Grund auch immer, 54

40 Ebenso *Schneider,* AiB 90, 15 [18]; dagegen GK-*Kreutz,* Rn. 95.
41 Vgl. *Wlotzke,* DB 89, 124; *Engels/Natter,* BB-Beilage 8/89, S. 14; *Fitting,* Rn. 23.
42 Vgl. *Dänzer-Vanotti,* AuR 89, 207.
43 Vgl. Rn. 78; für grundsätzlichen Abbruch des Zuordnungsverfahrens in diesen Fällen auch *Fitting,* Rn. 28.
44 Vgl. nur den vom *LAG Hamm* 24.4.90, BB 90, 1628, Ls., entschiedenen Fall.

nicht gewährleistet werden, ist das **Zuordnungsverfahren abzubrechen.**[45] Eine Verschiebung des Wahleinleitungstermins kommt nicht in Betracht (vgl. Rn. 78 f.).

V. Die Person des Vermittlers

55 Können sich die WV über die Zuordnung der leitenden Angestellten nicht einigen, soll nach Maßgabe der Abs. 2 und 3 ein Vermittler tätig werden. Dabei sind gewisse **formale** und **sachliche Einschränkungen** bezüglich der in Betracht zu ziehenden Personen zu beachten:

1. Formale Einschränkungen

56 **In formaler Hinsicht** kommen als Vermittler nur »**Beschäftigte**« des Betriebs, UN oder Konzerns, dem das UN angehört, in Betracht sowie der **AG** selbst. Damit ist die Fähigkeit, Vermittler sein zu können, für **externe Berater** (z. B. Verbandsvertreter, UN-Berater, Rechtsanwälte – selbst wenn diese für das UN ständige Beratungsaufgaben wahrnehmen) eindeutig **ausgeschlossen**;[46] dasselbe gilt hinsichtlich der nicht mehr im Betrieb beschäftigten **Pensionäre** bzw. **Ruheständler.**[47] Soweit eine Beschäftigung **im Konzern** in Rede steht, kann es sich dabei **sowohl** um einen **Unterordnungs- als auch** um einen **Gleichordnungskonzern** handeln.[48]

57 Nach umstrittener Ansicht können **leitende Angestellte** nicht als Vermittler fungieren, da diese wegen der nach § 5 Abs. 3 Satz 1 verlangten, in § 18 a Abs. 3 aber gerade nicht enthaltenen ausdrücklichen Nennung nicht zu den »Beschäftigten« i. S. d. Vorschrift gerechnet werden.[49] Das Gesetz findet nach § 5 Abs. 3 Satz 1 auf leitende Angestellte nur dann Anwendung, wenn dies in seinen Vorschriften **ausdrücklich** bestimmt ist. So hat das *BAG* etwa[50] zu den Begriffen »im Betrieb tätige Personen« (§ 75) und »Belegschaft« (§§ 80 Abs. 1 Nr. 2, 111 Satz 1) entschieden, dass hierbei die leitenden Angestellten nicht erfasst würden, weil es für deren Einbeziehung insoweit an der notwendigen sprachlichen Klarheit fehle. Für den Begriff »Beschäftigte« gilt aber nichts anderes, zumal er im Grunde keinen rechtlich erheblichen Unterschied zum Begriff »im Betrieb tätige Personen« enthält. *Thüsing*[51] meint, für die Einbeziehung auch der leit. Ang. spreche, dass ja auch der AG selbst vom Vermittler bestellt werden könne. Hat gleichwohl ein leitender Angestellter als Vermittler am Zuordnungsverfahren mitgewirkt, können u. U. die Wahlen sowohl zum BR als auch zum SpA anfechtbar sein – allerdings wohl nur selten aus diesem Grunde allein (vgl. Rn. 80).

58 Zweifelhaft ist ebenso, ob die **Nicht-Arbeitnehmer gemäß § 5 Abs. 2 BetrVG** als Vermittler in Betracht kommen können, was vor allem hinsichtlich der Fälle des § 5 Abs. 2 Nrn. 3 und 4 einigermaßen kurios erscheint.[52]

59 Keine einheitliche Meinung besteht ferner dazu, ob **Mitglieder eines BR- oder SpA-WV**[53] oder **Mitglieder eines BR bzw. SpA**[54] **als Vermittler** fungieren dürfen.[55] Da insoweit das

---

45 Ebenso *Fitting*, Rn. 28.

46 Vgl. *Fitting*, Rn. 43; GK-*Kreutz*, Rn. 62; wohl aber könnte sich der Vermittler dieser Personen erforderlichen Falles als Berater bedienen.

47 Vgl. *Bauer*, S. 135 f.; *Fitting*, Rn. 44; anders aber, wenn diese noch in Teilzeit beschäftigt werden.

48 Zutreffend GK-*Kreutz*, Rn. 58 m. w. N.

49 Näher dazu § 5 Rn. 221 m. w. N.; a. A. *Fitting*, Rn. 44; GK-*Kreutz*, Rn. 57; Richardi-*Thüsing*, Rn. 38; *LK*, Rn. 7; *Hromadka/Sieg*, SprAuG, § 18 a BetrVG Rn. 16; HWGNRH-*Nicolai*, Rn. 9; sämtlich allerdings ohne durchgreifende Begründung.

50 19. 2. 75, AP Nr. 10 zu § 5 BetrVG 1972.

51 A. a. O.

52 Ablehnend *Dänzer-Vanotti*, AuR 89, 204, 206; bejahend aber *Bauer*, S. 136; *Fitting*, Rn. 45; GK-*Kreutz*, Rn. 57; Richardi-*Thüsing*, Rn. 38; HWGNRH-*Nicolai*, Rn. 9; *LK*, Rn. 7; *Hromadka/Sieg*, SprAuG, § 18 a BetrVG Rn. 16, die – wenig konsequent – bei den leit. Ang. den Begriff »Beschäftigte« mit »Arbeitnehmer« gleichsetzen, bei dem Personenkreis nach § 5 Abs. 2 aber gerade auch Nicht-Arbeitnehmer hinzurechnen wollen.

53 **Dafür**: GK-*Kreutz*, Rn. 59; **dagegen**: *Dänzer-Vanotti*, AuR 89, 206; *Fitting*, Rn. 44; *Hromadka/Sieg*, SprAuG, § 18 a BetrVG Rn. 16; Hako-BetrVG/*Brors*, Rn. 9; *Martens*, RdA 89, 73, 87; *SWS*, Rn. 5.

54 **Dafür**: *Fitting*, a. a. O.; GK-*Kreutz*, a. a. O.; *Dänzer-Vanotti*, a. a. O.; *Hromadka/Sieg*, a. a. O.; **dagegen:**

Gesetz aber lediglich verlangt, dass es sich nur um einen »Beschäftigten« handeln muss, kann man – jedenfalls nicht auf der Ebene der formal zu bestimmenden Vermittlerfähigkeit – ein Mitglied des BR oder des BR-WV nicht von vornherein ausschließen. Anders verhält es sich mit den Mitgliedern des SpA bzw. des SpA-WV: Diese sind begriffsnotwendig leitende Angestellte und scheiden nach hier vertretener Ansicht bereits aus formalen Gründen aus (vgl. Rn. 57). Etwas anderes ist es, ob die formal zwar zulässigen Personen in jedem Falle auch in sachlicher Hinsicht als Vermittler geeignet erscheinen.[56]

2. Sachliche Einschränkungen

In sachlicher Hinsicht müssen zur Person des Vermittlers **Einschränkungen** gemacht werden, die sich zum einen aus der Besorgnis einer **Voreingenommenheit** (Befangenheit) und zum anderen unter dem Gesichtspunkt der **fachlichen Geeignetheit** ergeben können. 60

Durch die gesetzliche Fixierung des Vermittlers auf interne Personen ist eine gänzliche Neutralität der betreffenden Person kaum zu erreichen:[57] Entweder gehört sie zum Personenkreis, der von einem Organ der Betriebsverfassung vertreten wird, oder ist sogar Organmitglied – in jedem Falle ist sie also nicht unbeteiligt. Allerdings wird es hier graduelle Abstufungen geben. So wird ein »schlichter« AN regelmäßig weniger voreingenommen sein als das Mitglied eines WV, das bereits selbst im Zuordnungsverfahren involviert war (aber nicht schon deshalb als Vermittler ausscheiden muss; vgl. Rn. 59). Es spricht einiges dafür, tunlichst solche Personen, die eine betriebsverfassungsrechtliche Organfunktion ausüben, nur in begründeten Ausnahmefällen als Vermittler heranzuziehen,[58] so etwa, wenn andere Personen nicht zur Verfügung stehen. 61

Somit wird in den meisten Fällen kraft seiner betriebsverfassungsrechtlichen Organstellung als **befangen** der AG als Vermittler abzulehnen sein.[59] Ähnliches gilt für die **leitenden Angestellten,** soweit man mit der h. M. in der Lit. und gegen die *BAG*-Rspr. (vgl. Rn. 57) deren formale Vermittlerfähigkeit annimmt. Hier kann ein eigenes Interesse am Verfahrensausgang jedenfalls dann nicht ausgeschlossen werden, wenn es z. B. um die Erreichung bestimmter Schwellenwerte geht (vgl. etwa § 1 Abs. 1 und § 4 Abs. 1 SprAuG). 62

Als **fachlich ungeeignete Personen** sind diejenigen Beschäftigten nicht zu berücksichtigen, bei denen das notwendige Maß spezieller Rechtskenntnisse über den Begriff der leitenden Angestellten nach § 5 Abs. 3 nicht vorausgesetzt werden kann. Insbesondere benötigt der Vermittler ausreichende Kenntnisse über die Rechtsauslegung, da er sonst nicht in der Lage ist, die Fülle unbestimmter Rechtsbegriffe des § 5 Abs. 3 zutreffend zu interpretieren bzw. das umstrittene Verhältnis von § 5 Abs. 4 zu § 5 Abs. 3 richtig zu werten.[60] In Betracht zu ziehen sind als personelle Vorschläge seitens des BR-WV für das Amt eines Vermittlers vor allem erfahrene **ehrenamtliche Richter der Arbeitsgerichtsbarkeit,** da bei diesen entsprechende Kenntnisse und praktische Erfahrungen in der Gesetzesanwendung unterstellt werden können. 63

Erweist sich ein Vermittler als unfähig, kann er nicht einseitig von einem der WV abberufen werden. Die WV können einer weiteren Tätigkeit dieses Vermittlers den Boden entziehen, indem sie sich entweder übereinstimmend auf einen neuen Vermittler verständigen oder die offen gebliebenen Fälle doch noch ohne Vermittler lösen.[61] 64

Martens, a. a. O.; *SWS*, a. a. O.

55 Durchweg bejaht durch Richardi-*Thüsing*, Rn. 40.

56 Ebenso *Fitting*, Rn. 43, 47; keine Bedenken insoweit bei GK-*Kreutz*, Rn. 61.

57 Zustimmend GK-*Kreutz*, Rn. 61.

58 Vgl. auch *Fitting*, Rn. 45.

59 Enger *Fitting*, Rn. 47; GK-*Kreutz*, Rn. 60, will derlei Bedenken als bloß rechtspolitisch motiviertes Gegenargument abtun; Richardi-*Thüsing*, Rn. 41, hält die hier vertretene differenzierte Position für einen Verstoß gegen den Gesetzeswortlaut, verkennt aber, dass vorliegend keineswegs vertreten wird, der AG komme überhaupt nicht in Betracht; wie hier *KRHS*, Rn. 4; im Grundsatz ebenso *Martens*, RdA 88, 202 ff.

60 Vgl. dazu § 5 Rn. 280; ähnlich *Fitting*, Rn. 44.

61 Vgl. GK-*Kreutz*, Rn. 78.

3. Losverfahren/Ersatzbestellung?

65 Kommt eine Einigung der WV über die Person des Vermittlers nicht zustande, so schlagen die WV je eine Person vor; **das Los entscheidet** dann, **wer Vermittler ist.** Die Auslosung kann z. B. durch Ziehen von Losen oder Werfen einer Münze erfolgen (zu den möglichen Auslosungsarten vgl. § 10 WO Rn. 3).

66 Das **Losverfahren** setzt immer die Nichteinigung und ferner voraus, dass von jedem WV jeweils ein Vorschlag für die Person des Vermittlers gemacht worden ist. Es sind aber Fälle denkbar, in denen **eine Seite keinen Vorschlag** machen kann und der Vorschlag der anderen Seite vollkommen inakzeptabel ist. So ist es möglich, dass der BR-WV **keine Person findet,** die zur Amtsübernahme bereit ist, entweder weil sie ungeeignet ist oder nicht willens. Auf Grund der Mitwirkungspflicht der WV am Verfahren nach § 18 a muss ein WV sich jedoch ernsthaft um einen eigenen Vorschlag für den Vermittler bemühen. Eine Pflicht zur Amtsübernahme besteht gleichwohl nicht; dies gilt selbst dann, wenn das Los bereits entschieden hat.[62] Das Gesetz bestimmt nicht, wie in derartigen (einseitigen) Fällen zu verfahren ist. Daher muss die weitere Wahlvorbereitung ohne vollständiges Durchlaufen aller Stufen des Zuordnungsverfahrens erfolgen.[63] Ein einseitiges Bestimmungsrecht desjenigen WV, der einen Vermittler »an der Hand« hat, kommt nicht in Betracht, weil damit die beim Losverfahren vielleicht gerade noch akzeptable »demokratische« Basis endgültig verlassen wird.[64]

67 Die **arbeitsgerichtliche Ersatzbestellung** eines Vermittlers in den Fällen, in denen das Losverfahren nicht durchgeführt werden kann oder nicht zum Ergebnis führt (z. B. Ablehnung der Amtsübernahme durch den Ausgelosten), **ist unzulässig.**[65] Vgl. zu weiteren Fragen, die die **persönliche Rechtsstellung des Vermittlers** betreffen (z. B. Ehrenamt, Entgeltfortzahlung, Zeitausgleich, Kostenerstattung, Behinderungsverbot, Geheimhaltungspflichten, Weisungsunabhängigkeit) die sonstige Kommentierungen.[66]

VI. Rechtswirkungen der Zuordnungsentscheidung

68 Die rechtlichen Wirkungen der Zuordnungsentscheidung sind in Abs. 5 zusammengefasst. Diese treten jedoch nur ein, wenn das Zuordnungsverfahren in (nötigenfalls) allen seinen Stufen durchlaufen worden ist; sie treten auch nur ein in Bezug auf diejenigen Personen, deren Status überhaupt Gegenstand der Erörterungen in den verschiedenen Stufen des Zuordnungsverfahrens gewesen ist. Konnte z. B. über eine bestimmte Person ein Zuordnungsverfahren nicht durchgeführt werden, weil etwa ein Vermittler nicht gefunden werden konnte, ist Abs. 5 unanwendbar.

69 Die **Wirkungen des Abs. 5 gelten lediglich für die jeweilige BR- bzw. SpA-Wahl,** für die das Zuordnungsverfahren stattgefunden hat. Das bedeutet:
- Die Wahlanfechtung nach § 19 BetrVG bzw. § 8 SprAuG mit der Begründung, die Zuordnung sei fehlerhaft, ist ausgeschlossen.
- Die Wahlanfechtung bleibt in vollem Umfang möglich, wenn die Zuordnung **offensichtlich** fehlerhaft gewesen ist.
- Durch die möglich bleibende – wenn auch nur beschränkte – Anfechtbarkeit der Zuordnung soll der Vermittler gehindert werden, allzu einseitige Entscheidungen zu treffen.[67]

70 Eine **offensichtlich fehlerhafte Zuordnung** liegt vor, wenn sich ihre Fehlerhaftigkeit geradezu aufdrängt.[68] Unzutreffend ist jedoch die Ansicht, es reiche aus, wenn sich die Fehlerhaftigkeit **jedermann** aufdränge.[69] Vielmehr ist auf das **Erkenntnisvermögen eines Fachkundigen** ab-

62 Vgl. *Bauer,* SprAuG, S. 136; *KRHS,* Rn. 4.
63 So auch *Fitting,* Rn. 51; GK-*Kreutz,* Rn. 71; Richardi-*Thüsing,* Rn. 46; *Bauer,* a. a. O.
64 Verkannt von *LK,* Rn. 13.
65 *Bauer,* S. 136; *Fitting,* Rn. 51; GK-*Kreutz,* Rn. 63; Richardi-*Thüsing,* Rn. 46 a. E.; *Hromadka/Sieg,* SprAuG, § 18 a BetrVG Rn. 20; *LK,* Rn. 13; *Engels/Natter,* BB-Beilage 8/89, S. 14.
66 Z. B. *Fitting,* Rn. 59 f.; GK-*Kreutz,* Rn. 72 ff.; Richardi-*Thüsing,* Rn. 47 ff.
67 Vgl. *Dänzer-Vanotti,* AuR 89, 207.
68 Vgl. Entwurfsbegründung, BT-Drucks. 11/2503, S. 32.
69 So aber *Dänzer-Vanotti,* AuR 89, 207.

zustellen.[70] Dieser Maßstab wird auch im Rahmen der Offensichtlichkeit nach § 91 zu Grunde gelegt (vgl. § 91 Rn. 14). Die offensichtliche Fehlerhaftigkeit kann sich sowohl aus dem Inhalt der Zuordnungsentscheidung selbst als auch aus dem Zuordnungsverfahren als solchem ergeben[71].

Eine **offensichtlich fehlerhafte Zuordnung** ist dann erfolgt, **wenn die betrieblichen Rechtsanwender** beispielsweise **die Fallgruppe des § 5 Abs. 3 Nr. 3 nur oberflächlich** oder ohne genügende tatsächliche Aufklärung **prüfen** und stattdessen die Zuordnung unter Anwendung der Hilfskriterien in § 5 Abs. 4 Nrn. 1 bis 4 vornehmen.[72] § 5 Abs. 4 steht – wenn man seine Anwendbarkeit trotz verfassungsrechtlicher Bedenken[73] überhaupt für zulässig hält – zu § 5 Abs. 3 Nr. 3 in einem eindeutig nachrangigen Verhältnis.[74] Aus diesem Grunde ist es erforderlich, die tatsächlichen und rechtlichen Umstände, aus denen die Zuordnung im Verfahren nach § 18 a erfolgte, durch exakte und **aussagekräftige Protokollierung** für etwaige gerichtliche Auseinandersetzungen beweisbar festzuhalten. Deshalb folgt die offensichtliche **Fehlerhaftigkeit allein schon aus dem Zuordnungsverfahren**, wenn die Prüfung anhand vom AG überlassener, inhaltlich aber nicht aussagekräftiger Unterlagen erfolgt oder der WV lediglich aufgrund einer summarischen Prüfung von Einzelfällen einer Gruppe (einige Angehörige derselben Leitungsebene) auf die Zugehörigkeit aller Gruppenangehörigen zu den leit. Ang. schließt[75]. 71

Neben den vorstehend genannten Wirkungen der Zuordnung ist zu beachten, dass sie außerdem 72

- das **Einspruchsrecht** gegen die Richtigkeit der **Wählerliste** nach § 4 WO einschränkt, soweit mit dem Einspruch die Fehlerhaftigkeit der Zuordnung nach § 18 a gerügt wird. Der Einspruch wegen einer offensichtlich fehlerhaften Zuordnung bleibt jedoch erhalten (vgl. § 4 WO);
- **präjudizierende Wirkung** im Hinblick auf das Hilfskriterium des § 5 Abs. 4 Nr. 1 für künftige Wahlen haben **kann.**

Die Zuordnung entfaltet **keine rechtliche Bindungswirkung für andere Rechtsgebiete,** in denen es auf die Eigenschaft als leitender Angestellter ankommt, wenngleich nicht verkannt werden darf, dass eine faktische Bedeutung nicht ausgeschlossen werden kann, z. B.: 73

- bei Aufsichtsratswahlen nach dem MitbG 1976 und DrittelbG,
- im Kündigungsschutzrecht (§ 14 KSchG),
- im ArbZG (§ 18 Abs. 1 Nr. 1 ArbZG),
- bei den Beteiligungsrechten des BR, vor allem in personellen Angelegenheiten, insbes. § 99 und §§ 102 ff.

Da nach Abs. 5 Satz 1 **der allgemeine Rechtsweg nicht ausgeschlossen** ist, kann im arbeitsgerichtlichen Beschlussverfahren positive oder negative Feststellung des Status als leitender Angestellter beantragt werden. Das Verfahren nach § 18 a steht dem Feststellungsinteresse an der allgemeinen betriebsverfassungsrechtlichen Klärung des Status eines leitenden Angestellten im Wege eines Beschlussverfahrens nicht entgegen.[76] Antragsberechtigt sind insoweit 74

- der BR,
- der SpA,
- jeweils beide WV,
- der betreffende AN selbst,
- der AG.

---

70 Richtig ErfK-*Koch*, Rn. 7; ähnlich *Engels/Natter*, BB-Beilage 8/89, S. 14 und *Fitting*, Rn. 70: Vertrautsein mit den maßgeblichen rechtlichen Kriterien; GK-*Kreutz*, Rn. 103: der fachkundige Richter.

71 *LAG Baden-Württemberg* 29.4.11 – 7 TaBV 7/10, juris = BB 11, 1268 (Ls.): ungeprüfte Übernahme der vom AG übermittelten Listen der leit. Ang. durch den Wahlvorstand; Anwendung einer zwischen AG und BR abgeschlossenen, aber rechtlich irrelevanten Regelungsabrede über die Abgrenzung der leit. Ang.

72 Ebenso *Fitting*, Rn. 70; Richardi-*Thüsing*, Rn. 59; a. A. offenbar GK-*Kreutz*, Rn. 103.

73 Vgl. *Clausen/Löhr/Schneider/Trümner*, AuR 88, 293 [297 ff.]; *G. Müller*, DB 89, 824 [827].

74 *Engels/Natter*, BB-Beilage 8/89, S. 14; vgl. dazu ausführlich § 5 Rn. 286.

75 *LAG Baden-Württemberg* 29.4.11, a. a. O., dortige Rz. 25.

76 *LAG Berlin* 5.3.90, NZA 90, 577.

75 Das Beschlussverfahren kann jederzeit – auch zeitlich parallel zum laufenden Zuordnungsverfahren nach § 18 a – eingeleitet werden.[77] Ergeht noch vor Durchführung der Wahl, d. h. bis zum Tag vor dem ersten Wahltag, eine rechtskräftige Entscheidung, ist der betreffende AN in die entsprechende Wählerliste aufzunehmen. Unterlassen die WV dies, ist die bis dato vorgenommene Zuordnung offensichtlich fehlerhaft und die Wahl nach § 18 a Abs. 5 Satz 3 demnach anfechtbar.

VII. Sonderprobleme/Streitigkeiten

1. Fehler im Zuordnungsverfahren

76 In der betrieblichen Praxis kann es bei im Vorhinein nicht absehbaren Problemen (z. B. schwerwiegendem Streit um die zutreffende Abgrenzung der leitenden Angestellten) vorkommen, dass die **Fristen des § 18 a nicht eingehalten** werden können. Sowohl die zweiwöchige Frist des Abs. 1 als auch die einwöchige Frist des Abs. 2 sind Mindestfristen, deren Beginn lediglich vorverlegt werden kann. Sie enden jedoch **zwingend** mit dem **Tag vor der Wahleinleitung.** Der Fristablauf ist also unabänderbar.

77 Der Tag der Wahleinleitung ergibt sich **entweder** zwingend aus § 3 Abs. 1 WO und ist unabänderlich; eine Verkürzung dieser Mindestfrist von sechs Wochen begründet ein Anfechtungsrecht.[78] **Oder** der WV hat den Tag der Wahleinleitung nach pflichtgemäßem Ermessen so bestimmt, dass in Anbetracht der betrieblichen Verhältnisse (z. B. Betriebsgröße u. Ä.) über die Sechswochenfrist hinaus ein »Zeitpuffer« zur Verfügung steht.

78 In beiden Fällen (Rn. 77) bindet die Festlegung des Tags der Wahleinleitung die WV und den Vermittler insofern, als danach die Durchführung des Zuordnungsverfahrens nach § 18 a unzulässig ist. Kann die Zuordnung nicht bis zu diesem Zeitpunkt abgeschlossen werden, ist das **Zuordnungsverfahren abzubrechen.**[79] Strittig gebliebene Fälle können nur noch im Rahmen des Einspruchsverfahrens nach § 4 WO und ggf. in einem arbeitsgerichtlichen Beschlussverfahren geklärt werden; soweit vor dem Wahltag die Rechtskraft einer arbeitsgerichtlichen Entscheidung eintritt, ist die Wählerliste entsprechend zu berichtigen.

79 Ist dagegen der **Fristbeginn** für die Einleitung des Zuordnungsverfahrens **nicht beachtet** worden oder nimmt der Vermittler seine Tätigkeit verspätet auf und wird das Zuordnungsverfahren dennoch rechtzeitig abgeschlossen, so bleibt der Verstoß gegen die Fristvorschriften der Abs. 1 und 2 folgenlos. Kann jedoch wegen Nichtbeachtung dieser Mindestfristen das Zuordnungsverfahren nicht mehr rechtzeitig abgeschlossen werden, enthält das Gesetz keine Vorschrift, wie zu verfahren sei (vgl. Rn. 80). Eine Verschiebung des Wahleinleitungszeitpunkts kommt jedenfalls aus den in Rn. 76 ff. genannten Gründen nicht in Betracht, weil sonst die Gefahr betriebsratsloser Zeiten entstünde und das Interesse der Belegschaft am Vorhandensein eines BR höher zu bewerten ist als das Kostenrisiko des AG im Falle einer evtl. erfolgreichen Wahlanfechtung.[80] Allerdings ist schon fraglich, ob das **Festhalten am ursprünglichen Wahleinleitungszeitpunkt bei nicht abgeschlossenen Zuordnungsverfahren** überhaupt eine Wahlanfechtung begründen kann, da selbst ein Verstoß gegen das Gebot zeitgleicher Wahleinleitung rechtlich konsequenzlos bleibt[81] und für sich allein keinen Wahlanfechtungsgrund darstellt.[82] Daher ist auch in einem derartigen Fall mit Ablauf des Tages vor der Wahleinleitung das Zuordnungsverfahren abzubrechen. Im Übrigen ist dann entsprechend den Ausführungen in Rn. 76 ff. zu verfahren.

80 Kommt es zu sonstigen einfachen Verfahrensfehlern im Zuordnungsverfahren, so begründet

---

77 So auch *ArbG Frankfurt* 1.8.89, BetrR 89, 189.

78 *Fitting,* § 3 WO Rn. 4; vgl. auch die Kommentierung zu § 3 WO.

79 Ebenso *Schneider,* AiB 90, 15 [18]; *Fitting,* Rn. 28 und Rn. 58; a. A. GK-*Kreutz,* Rn. 43, dessen Vorschlag allerdings – je nach Sachverhalt – zum Abbruch der Wahlen führen kann, damit u. U. vertretungslose Zeiten riskiert und deshalb abzulehnen ist.

80 Vgl. § 19 Rn. 20; *ArbG Düsseldorf* 23.3.81 – 5 BVGa 5/81; *ArbG München* 3.4.84 – 15 BV 26/84; *ArbG Lingen* 3.3.87, BetrR 87, 128.

81 *LK,* § 13 Rn. 2.

82 *LK,* a. a. O.

dies für sich allein noch nicht die Anfechtbarkeit der Wahlen;[83] anders ist dies aber bei schweren Fehlern (vgl. Rn. 71).

2. Weigerung der Wahlvorstände, § 18 a anzuwenden

In der Literatur[84] wird die Ansicht vertreten, dass die WV auf die **Erfüllung der** in Abs. 1 Satz 1 **81**
festgelegten **Pflicht zur Information** über die jeweilige Zuordnung **im Wege einstweiliger Verfügung** in Anspruch genommen werden können. Diese Auffassung mag im Grundsatz zutreffen, verkennt aber, dass selbst ein Eilverfahren häufig nicht mehr rechtzeitig die notwendige Klarheit bringen wird, zumal dann, wenn gegen die erstinstanzliche Entscheidung Beschwerde beim *LAG* eingelegt wird. In der praktischen Konsequenz laufen auch derartige Fälle auf den Abbruch des Zuordnungsverfahrens hinaus (Rn. 76 f.). Verweigern beide WV ihre Mitwirkung am Zuordnungsverfahren, kann dieses nicht durchgeführt werden.[85] Auch in derartigen Fällen ist entsprechend den Ausführungen in Rn. 76 ff. zu verfahren. Es ist auch nicht möglich, dass der BR bzw. SpA im Wege einstweiliger Verfügung versucht, die SpA-Wahl bzw. BR-Wahl abbrechen zu lassen, nur weil das Zuordnungsverfahren nicht oder nicht formgerecht durchgeführt worden ist;[86] gleiches gilt für die im Wege einstweiliger Verfügung versuchte Korrektur der Wählerliste[87].

3. Einstellung von »strittigen« Angestellten nach Abschluss des Zuordnungsverfahrens

Werden Angestellte, deren Status zweifelhaft sein kann, nach Abschluss des Zuordnungsver- **82**
fahrens im Betrieb eingestellt, kann das Zuordnungsverfahren insoweit nicht mehr durchgeführt werden. Es bleibt auch hier bei der bisherigen Rechtslage (ggf. arbeitsgerichtliches Beschlussverfahren zur Statusklärung). Das Anfechtungsrecht wird insoweit durch Abs. 5 nicht eingeschränkt. Dies ist vor allem dann von praktischer Bedeutung, wenn der SpA-WV gemäß § 4 Abs. 3 Satz 2 WO SprAuG bei Einstellung eines vermeintlich leitenden Angestellten diesen kurzerhand noch ohne nähere Prüfung (die dann aus Zeitgründen kaum noch mit der gebotenen Sorgfalt möglich ist) in die SpA-Wählerliste aufgenommen hat. Derartige Grenzfälle können auch im umgekehrten Fall (BR-WV ordnet den Betreffenden der BR-Wählerliste zu) zu Wahlanfechtungsgründen führen, weil der Gesetzgeber diese Sachverhalte offensichtlich nicht bedacht hat.

§ 19 Wahlanfechtung

(1) Die Wahl kann beim Arbeitsgericht angefochten werden, wenn gegen wesentliche Vorschriften über das Wahlrecht, die Wählbarkeit oder das Wahlverfahren verstoßen worden ist und eine Berichtigung nicht erfolgt ist, es sei denn, dass durch den Verstoß das Wahlergebnis nicht geändert oder beeinflusst werden konnte.
(2) Zur Anfechtung berechtigt sind mindestens drei Wahlberechtigte, eine im Betrieb vertretene Gewerkschaft oder der Arbeitgeber. Die Wahlanfechtung ist nur binnen einer Frist von zwei Wochen, vom Tage der Bekanntgabe des Wahlergebnisses an gerechnet, zulässig.

Inhaltsübersicht

83 GK-*Kreutz*, Rn. 101, 112.
84 *Fitting*, Rn. 76; GK-*Kreutz*, Rn. 111; *LK*, Rn. 11.
85 Zutreffend *LK*, Rn. 14.
86 Vgl. *LAG Hamm* 24.4.90, BB 90, 1628, Ls.
87 *LAG Hamm* 24.4.90, a. a. O.

I. Vorbemerkungen

1 Mit der in dieser Vorschrift gegebenen Möglichkeit der Wahlanfechtung soll in einem gerichtlichen Verfahren überprüft werden können, ob ein **BR wirksam gewählt worden ist** oder nicht. Die Bestimmung dient einschließlich der kurzen Anfechtungsfrist und der Tatsache, dass nicht ein einzelner AN zur Anfechtung berechtigt ist, der Rechtssicherheit.[1] Der Rechtssicherheit nützt es auch, dass an das Vorliegen der Voraussetzungen für die Anfechtung ein **strenger Maßstab** anzulegen ist. Die das Wahlverfahren betreffenden Vorschriften sind so auszulegen, dass die Bildung von BR nicht unnötig erschwert wird. Für übertriebenen Formalismus ist kein Platz, sofern nicht gegen die Grundprinzipien einer demokratischen Wahl verstoßen wird. Die Regelungen des § 19 gelten auch für die Anfechtung der JAV (vgl. § 63 Abs. 2 Satz 2), dagegen nicht für den GBR, den KBR und die GJAV, da die Mitglieder dieser Organe durch Beschluss des BR, des GBR oder der JAV entsandt werden. Die Entsendungsbeschlüsse dieser Gremien sind nach den Grundsätzen, die auch für die gerichtliche Überprüfung von BR-Beschlüssen Anwendung finden, überprüfbar (vgl. § 33 Rn. 23 ff.).

2 Die Anfechtung richtet sich gegen das festgestellte **endgültige Wahlergebnis** (vgl. § 18 WO). Zu dem Wahlergebnis in diesem Sinne gehört nach Auffassung des *BAG* nicht die **Reihenfolge der Ersatzmitglieder,** so dass es für eine Anfechtung nicht genügt, dass ein Wahlverstoß lediglich diese Reihenfolge geändert oder beeinflusst hat.[2] Eine unzutreffende Reihenfolge der Ersatzmitglieder kann jedoch auch außerhalb der Anfechtungsfrist des § 19 Abs. 1 durch eine arbeitsgerichtliche Entscheidung berichtigt werden. Die Möglichkeit der Anfechtung schließt nicht aus, dass **einzelne Handlungen oder Unterlassungen** des WV bei der Einleitung und Durchführung der BR-Wahl bereits **vor Abschluss des Wahlverfahrens** in einem arbeitsgerichtlichen Beschlussverfahren angegriffen werden, ggf. auch im Wege der einstweiligen Verfügung (vgl. Rn. 16 ff.). Von der Anfechtung ist die Nichtigkeit der Wahl zu unterscheiden, die jedoch nur in extremen Ausnahmefällen gegeben ist (Rn. 39 ff.).

II. Anfechtung der Wahl

1. Anfechtungsgründe

3 Die Anfechtung setzt voraus, dass Verstöße gegen wesentliche Wahlvorschriften vorliegen und eine Berichtigung der Verstöße nicht rechtzeitig erfolgte. Obwohl das Gesetz und die WO nicht zwischen wesentlichen und anderen Wahlvorschriften unterscheiden, wird regelmäßig die Unterscheidung zwischen **Mussvorschriften einerseits** und bloßen **Soll- und Ordnungsvorschriften andererseits** vorgenommen.[3] Die Verletzung einer Ordnungsvorschrift oder der Verstoß gegen eine Sollvorschrift kann die Anfechtung regelmäßig nicht rechtfertigen, es sei denn, sie stellen auch als Sollvorschrift eine wesentliche Vorschrift über das Wahlverfahren dar und sind Ausdruck elementarer Grundprinzipien der Wahl.[4] Bei der Frage, ob wesentliche Vorschriften verletzt worden sind, wird darauf abzustellen sein, ob diese (Muss-)Vorschriften **tragende Grundsätze** des Betriebsverfassungsrechts berühren oder nicht.[5] Sollvorschriften,

1 Vgl. hierzu BT-Drucks. VI/2729, S. 21.
2 *BAG* 21.2.01, AP Nr. 49 zu § 19 BetrVG 1972.
3 Vgl. dazu GK-*Kreutz*, Rn. 17 m. w. N.
4 Vgl. *BAG* 13.10.04, NZA-RR 2006, 10 zur nicht ordnungsgemäßen Unterrichtung ausländischer AN nach § 2 Abs. 5 WO.
5 *G. Müller*, FS Schnorr von Carolsfeld [1972], S. 383.

deren Verletzung eine Anfechtung nicht begründen würde, stellen z. B. § 2 Abs. 4 Satz 2 WO (Nichtangabe der Geburtsdaten in den im Betrieb ausgelegten Abdrucken der Wählerliste) oder § 6 Abs. 2 WO[6] dar. Unschädlich ist es beispielsweise auch, wenn der WV die in den Vorschlagslisten enthaltenen Kennworte in den Stimmzetteln durch allgemein geläufige und im Kreis der Wahlberechtigten allgemein bekannte Abkürzungen ersetzt, sofern hinsichtlich der Identität keine Zweifel entstehen.[7] Zu Beispielen, die eine Anfechtung wegen Verletzung wesentlicher Vorschriften erfolgreich sein lassen können, vgl. Rn. 5 ff.

Die Anfechtung setzt aber nicht nur Verstöße gegen wesentliche Wahlvorschriften voraus. **4**
Weitere Voraussetzung ist, dass eine **Berichtigung** der Verstöße **nicht rechtzeitig erfolgte.** Rechtzeitig ist eine Berichtigung dann, wenn sie im Laufe des Wahlverfahrens zu einem Zeitpunkt erfolgt, dass danach die Wahl noch ordnungsgemäß ablaufen kann.[8] So ist z. B. die Änderung des Ortes der Stimmabgabe nach Erlass des Wahlausschreibens noch zulässig, sofern sie so erfolgt, dass sich die Wahlberechtigten rechtzeitig informieren können und keine Einschränkung ihres Wahlrechts eintritt.[9] Aber auch dann, wenn eine Berichtigung nicht rechtzeitig erfolgte, muss die Anfechtung ergebnislos bleiben, wenn durch den Verstoß das Wahlergebnis **nicht geändert oder beeinflusst** werden konnte. Das ArbG hat somit neben dem Vorliegen des (nicht berichtigten) Verstoßes gegen eine wesentliche Wahlvorschrift festzustellen, ob es im **Bereich des Möglichen** liegt, dass ohne den Verstoß das Wahlergebnis anders aussehen würde. Es reicht dabei nicht jede **theoretisch denkbare Möglichkeit** eines anderen Wahlergebnisses aus. Vielmehr muss nach der allgemeinen Lebenserfahrung und den konkreten Umständen des Falles die Möglichkeit eines anderen Ergebnisses **nicht gänzlich unwahrscheinlich** sein.[10] Nach dem BAG ist die Anfechtung nicht gerechtfertigt, wenn bei einer hypothetischen Betrachtungsweise eine Wahl unter Berücksichtigung der konkreten Umstände zwingend zu demselben Wahlergebnis geführt hätte.[11]

Vorschriften über das **Wahlrecht** betreffen die Wahlberechtigung nach § 7 BetrVG. Verstöße **5**
gegen wesentliche Vorschriften, die die Anfechtbarkeit begründen können, sind beispielsweise:

- Zulassung von Nichtwahlberechtigten zur Wahl, wie etwa jugendliche AN oder Beschäftigte nach § 5 Abs. 2 oder 3 BetrVG;
- Nichtzulassung wahlberechtigter AN,[12] etwa bei Teilzeitbeschäftigten;[13] Nichtzulassung Wahlberechtigter, bei denen die Voraussetzungen nach § 7 Satz 2 vorliegen;
- Berichtigung der Wählerliste nach Ablauf der Einspruchsfrist ohne Vorliegen der in § 4 Abs. 3 WO genannten Voraussetzungen, wenn dadurch das Wahlergebnis beeinflusst werden konnte.[14]

Nach einer weit verbreiteten Auffassung ist die Wahl wegen eines Verstoßes gegen das Wahl- **6**
recht dann nicht anfechtbar, wenn ein **Einspruch** gegen die **Richtigkeit der Wählerliste** möglich war (vgl. § 4 WO), die betreffenden AN davon aber keinen Gebrauch gemacht haben.[15] Das Problem tritt etwa auf, wenn Wahlberechtigte nicht in die Wählerliste eingetragen wurden und daher nicht wählen konnten oder eine Eintragung in die Wählerliste von Nichtwahlberechtigten erfolgte und diese mit gewählt haben. Nach richtiger Auffassung ist der rechtzeitige Einspruch beim WV gegen die Richtigkeit der Wählerliste nach § 4 WO **keine Voraussetzung der Anfechtungsberechtigung,** wenn die Anfechtung auf einen Verstoß gegen das Wahlrecht gestützt wird. Die materiell-rechtlichen Voraussetzungen für das Wahlrecht, die Wählbarkeit und die Anfechtungsberechtigung sind in den §§ 7, 8 und 19 Abs. 2 Satz 1 vom

---

6 Doppeltes Bewerber-Soll in Wahlvorschlägen, vgl. *BAG* 29.6.65, AP Nr. 11 zu § 13 BetrVG.
7 *BAG* 3.6.69, AP Nr. 17 zu § 18 BetrVG.
8 *Fitting*, Rn. 23.
9 *BAG* 19.9.85, AP Nr. 12 zu § 19 BetrVG 1972.
10 *LAG Brandenburg* 27.11.98, NZA-RR 99, 418; *Fitting*, Rn. 24 m. w. N.
11 *BAG* 13.10.04 – 7 ABR 5/04; 5.5.04, DB 04, 1947.
12 *BAG* 25.6.74, AP Nr. 3 zu § 19 BetrVG 1972.
13 Vgl. *BAG* 29.1.92, AP Nr. 1 zu § 7 BetrVG 1972, das das aktive Wahlrecht von Zeitungszustellern bejaht hat.
14 Vgl. *BAG* 27.1.93, NZA 93, 949.
15 Vgl. *LAG Düsseldorf* 8.5.73, DB 73, 2050; *LAG Frankfurt* 27.1.76, BB 76, 1271; vgl. auch *Fitting*, Rn. 14 m. w. N.

Gesetz geregelt. Die WO stellt lediglich eine Rechtsverordnung dar und geht dem Gesetz im Range nach. Daraus ergibt sich, dass die Versäumung eines Einspruchs gegen die Wählerliste nicht zugleich den Verlust der Anfechtungsberechtigung aus diesem Grunde zur Folge haben kann. Jede andere Auffassung sprengt den Rahmen der gesetzlichen Ermächtigung, wie sie in § 126 zum Ausdruck kommt.[16] Das Anfechtungsrecht einer im Betrieb vertretenen Gewerkschaft bleibt von der Frage, ob die Anfechtung noch betrieben werden kann, wenn kein Einspruch gegen die Wählerliste eingelegt wurde, ohnehin unberührt.[17] Andererseits steht jeder im Betrieb vertretenen **Gewerkschaft** neben dem Anfechtungsrecht auch das Recht zu, **Einspruch gegen die Wählerliste** einzulegen. Dagegen ist der **AG** zwar anfechtungsberechtigt, er hat aber **nicht das Recht auf Einspruch gegen die Wählerliste**.[18]

7 Nach § 18 a kann die Anfechtung der BR-Wahl nicht darauf gestützt werden, dass die **Zuordnung** zum Personenkreis der **leitenden Angestellten** nach § 5 Abs. 3 fehlerhaft erfolgte (§ 18 a Abs. 5). Dementsprechend sieht § 4 Abs. 2 Satz 2 WO vor, dass der Einspruch gegen die Wählerliste ausgeschlossen ist, soweit er darauf gestützt wird, dass die Zuordnung nach § 18 a des Gesetzes fehlerhaft erfolgt sei. Die Anfechtung ist jedoch möglich, wenn die Zuordnung »offensichtlich fehlerhaft« ist (§ 18 a Abs. 5 Satz 3; vgl. auch § 4 Abs. 2 Satz 3 WO, wonach der Einspruch gegen die Wählerliste möglich ist, soweit die nach § 18 a Abs. 1 oder 4 Satz 2 und 3 am Zuordnungsverfahren Beteiligten die Zuordnung übereinstimmend für offensichtlich fehlerhaft halten). Die **offensichtliche Fehlerhaftigkeit** und damit die Anfechtungsmöglichkeit kann beispielsweise gegeben sein, wenn die betrieblichen Rechtsanwender des Zuordnungsverfahrens (die WV zur Durchführung der BR-Wahl und zur Wahl des SpA oder der Vermittler nach § 18 a Abs. 2) keine oder keine ausreichende Prüfung der Voraussetzungen des § 5 Abs. 3 Nr. 3 vorgenommen, sondern sich bei der Frage der Zuordnung vorschnell dem Abs. 4 zugewandt haben (zur Frage der »offensichtlichen Fehlerhaftigkeit« vgl. im Übrigen § 18 a Rn. 70 ff.). Die Anfechtung bei einer »bloßen« Fehlerhaftigkeit, also nicht erst bei einer »offensichtlichen« Fehlerhaftigkeit, ist auch dann möglich, wenn das Zuordnungsverfahren nach § 18 a überhaupt nicht stattgefunden hat oder vorzeitig abgebrochen wurde (zu den möglichen Gründen vgl. § 18 a Rn. 6 f.).

8 Verstöße gegen wesentliche Vorschriften, die die **Wählbarkeit** (§ 8) betreffen, können etwa in folgenden Fällen gegeben sein:

- Zulassung nicht wählbarer AN als Wahlbewerber, z. B. eines AN unter 18 Jahren;
- Ausschluss wählbarer AN von der Wahl, z. B. durch unberechtigte Streichung von der Vorschlagsliste;
- Wahl von nicht wählbaren AN, die zwar formalrechtlich zum Betrieb in arbeitsvertraglichen Beziehungen stehen, tatsächlich aber ausschließlich in einem anderen Betrieb arbeiten;[19]
- Wahl von Leih-AN nach dem AÜG, die im Entleiherbetrieb zwar wahlberechtigt sind (§ 7 Satz 2), aber nicht wählbar (§ 14 Abs. 2 AÜG);
- Ausschluss einer Liste von der BR-Wahl wegen Verkennung der Wählbarkeit eines gekündigten AN, der diese Liste anführt.[20]

Der Mangel der Wählbarkeit eines gewählten BR-Mitglieds kann ggf. durch **Zeitablauf** geheilt werden. Deshalb kann die Anfechtung wegen fehlender Wählbarkeit dann nicht mehr auf diesen Mangel gestützt werden, wenn vor Abschluss der gerichtlichen Verhandlung der AN wählbar geworden ist, weil er zwischenzeitlich das 18. Lebensjahr oder die sechsmonatige Betriebszugehörigkeit vollendet hat.[21]

---

16 Wie hier *LAG Köln* 4.5.00 – 10 TaBV 56/99; *Gnade*, FS Herschel [1982], S. 145; GK-*Kreutz*, Rn. 59; vgl. auch die Nachweise bei *Fitting*, a. a. O.

17 *BAG* 25.6.74, AP Nr. 3 zu § 19 BetrVG 1972.

18 Vgl. die Kommentierung zu § 4 WO; vgl. auch *BAG* 29.3.74, AP Nr. 2 zu § 19 BetrVG 1972; 25.6.74, a. a. O.; 11.3.75, AP Nr. 1 zu § 24 BetrVG 1972, nach dessen Auffassung weder die im Betrieb vertretene Gewerkschaft noch der AG zur Einlegung eines Einspruchs gegen die Wählerliste berechtigt sind.

19 *BAG* 28.11.77, AP Nr. 2 zu § 8 BetrVG 1972.

20 *BAG* 14.5.97, AP Nr. 6 zu § 8 BetrVG 1972.

21 Vgl. *BAG* 7.7.54, AP Nr. 1 zu § 24 BetrVG.

Verstöße gegen wesentliche Vorschriften über das **Wahlverfahren** liegen z. B. vor bei: 9

- Bestellung des WV durch einen BR, dessen Amtszeit abgelaufen ist oder sonst geendet hat;[22]
- Fehlen oder nicht ordnungsgemäßer Bekanntgabe des Wahlausschreibens;[23]
- Durchführung der Wahl in einem Betrieb mit 51 bis 100 wahlberechtigten AN nach dem vereinfachten Wahlverfahren, obwohl keine wirksame Vereinbarung zwischen WV und AG nach § 14 a Abs. 5 vorliegt;[24]
- Nichtgewährung einer ausreichenden Zeit zur Einsichtnahme in die Wählerliste;[25]
- Verletzung der Pflicht des WV zur Prüfung eingereichter Vorschlagsfristen (§ 7 Abs. 2 Satz 2 WO) mit der Folge der Unmöglichkeit des Einreichens einer neuen Liste innerhalb der Frist nach § 6 Abs. 1 WO;[26]
- Nichtzulassung einer Liste, auf der Wahlbewerber nur eines Geschlechts kandidieren, obwohl im Betrieb beide Geschlechter vertreten sind und dem Geschlecht in der Minderheit eine bestimmte Anzahl von BR-Sitzen nach § 15 Abs. 2 zusteht;
- Nichtberücksichtigung der Mindestanzahl von BR-Mandaten für das in der Minderheit befindliche Geschlecht (§ 15 Abs. 2), obwohl auf den Wahlvorschlagslisten Angehörige des Minderheitengeschlechts in ausreichender Anzahl aufgeführt waren, so dass eine entsprechende Wahlkorrektur erfolgen konnte;
- unzutreffender Hinweis im Wahlausschreiben auf die Mindestquote für das Minderheitsgeschlecht ohne Vornahme einer Korrektur durch den WV;[27]
- Nichteinhaltung der Fristen der WO zur Einreichung von Wahlvorschlägen;[28]
- Fehlen der schriftlichen Zustimmung von Wahlbewerbern;[29]
- Vorliegen der schriftlichen Zustimmung von Wahlbewerbern nur durch E-Mail oder Scan;[30]
- Unterlassen der Verpflichtung des WV Wahlbewerber, die auf zwei Listen kandidieren, nach § 7 WO aufzufordern, sich zu erklären, auf welcher Liste die Kandidatur aufrechterhalten werden soll, und zwar auch dann, wenn eine der Listen ungültig ist;[31]
- Verkennung der Wählbarkeit eines gekündigten AN und Ausschließung einer von diesem angeführten Vorschlagsliste von der Wahl;[32]
- Unterlassen des Aushangs des Wahlausschreibens in jeder Betriebsstätte in einem Betrieb mit vielen Betriebsstätten;[33]
- nicht rechtzeitige Bekanntmachung des Wahlausschreibens gegenüber den AN eines räumlich weit entfernten Betriebsteils, so dass diese keine Möglichkeit der aktiven Teilnahme an der Wahl haben;[34]
- Unterlassen der Bekanntgabe der Vorschlagslisten durch den WV, es sei denn, die Wahlberechtigten sind gleichwohl allesamt zur Wahl gegangen und haben dort erfahren, dass es nur eine einzige Liste für die Wahl gibt;[35]
- fehlerhafter Vorschlagsliste, bei der auf einer vor Monaten zusammengestellten Aufstellung von Bewerbern bis zum Zeitpunkt der Einreichung der Liste Bewerber aus dem Betrieb ausgeschieden sind und der WV eine entsprechende Kontrolle unterlässt;[36]

---

22 *BAG* 2.3.55, AP Nr. 1 zu § 18 BetrVG.
23 *BAG* 27.4.76, AP Nr. 4 zu § 19 BetrVG 1972.
24 *BAG* 19.11.03, AuR 04, 309.
25 *LAG Köln* 16.1.91, LAGE, § 19 BetrVG 1972 Nr. 11, zur Einsichtmöglichkeit der Wählerliste an drei Stunden vormittags in einem Betrieb, in dem auch nachts gearbeitet wird.
26 *BAG* 25.5.05 – 7 ABR 39/04.
27 *BAG* 10.3.04 – 7 ABR 49/03.
28 *BAG* 12.2.60, AP Nr. 11 zu § 18 BetrVG.
29 *BAG* 1.6.66, AP Nr. 15 zu § 18 BetrVG.
30 *ArbG Frankfurt* 29.4.15 – 15 BV 275/14. Das ArbG hatte eine Wahl für ungültig erklärt, weil die Unterschrift eines Wahlbewerbers nur als eingescannte Unterschrift vorlag und damit nicht schriftlich i. S. v. § 126 I BGB. Zu weit gehend ist jedoch die Auffassung, dass die Unterschrift als Fax auch nicht genügt **a. A.** *BVerwG* 11.3.14 – 6 P 5/13, das eine Übermittlung per Fax für nicht ausreichend hält.
31 *LAG München* 25.1.07 – 2 TaBV 102/06; vgl. auch § 6 Rn. 45.
32 *BAG* 14.5.97, DB 97, 2083.
33 *BAG* 5.5.04, NZA 04, 1285 ff.
34 *LAG Baden-Württemberg* 29.11.90, AiB 91, 276.
35 *LAG Rheinland-Pfalz* 30.5.96, ZTR 97, 144.
36 *LAG Frankfurt* 14.7.88, BB 88, 2317.

- Streichung einzelner oder mehrerer Kandidaten von der Vorschlagsliste ohne Zustimmung der Unterzeichner;[37]
- Verstöße gegen Form und Inhalt der Stimmzettel nach § 11 Abs. 2 WO;[38]
- unterschiedliche Gestaltung der Stimmzettel;[39]
- Unterlassung der Verwendung von Wahlumschlägen zur Einlegung der Stimmzettel;[40]
- Verbindung unterschiedlicher Vorschlagslisten zu einer Liste;
- Nichtübersendung der Briefwahlunterlagen nach § 24 Abs. 2 WO an Wahlberechtigte, von denen dem WV bekannt war, dass sie zur Wahl voraussichtlich nicht im Betrieb sein würden (insb. Außendienstler, Tele-AN und Heimarbeiter);
- genereller Zulassung der Briefwahl, ohne dass die Voraussetzungen der WO (§ 24) vorliegen;[41]
- Verstoß gegen die Sollvorschrift des § 2 Abs. 5 WO;[42] vgl. auch *ArbG Frankfurt*;[43]
- Feststellung einer zu großen oder zu geringen Zahl von BR-Mitgliedern;[44]
- Zulassung der Kumulierung (Häufung) von Stimmen auf einzelne Wahlbewerber bei Anwendung der Persönlichkeitswahl;[45]
- Stimmauszählung, die teilweise außerhalb des bekannt gemachten Auszählungsraumes in einem anderen Raum (Rechenzentrum) stattfindet und interessierte Beobachter nur auf Klingelzeichen Einlass finden;[46]
- Verletzung des Wahlgeheimnisses;[47]
- Unterlassen der Bekanntmachung von Ort und Zeit der Stimmauszählung;[48]
- Verstoß gegen den allgemeinen Grundsatz der freien Wahl und den ungeschriebenen Grundsatz der Chancengleichheit der Wahlbewerber, wenn der WV Dritten während des noch laufenden Wahlverfahrens Einblick in die mit Stimmabgabevermerken versehene Wählerliste gestattet;[49]
- Wahlbetrug und Urkundenfälschung, wobei eidesstattliche Versicherungen von Wählern oder die Vernehmung von Wählern über ihre Stimmabgabe unzulässig sind.[50]
- Rücknahme eines bereits eingereichten Wahlvorschlages durch den Listenvertreter wegen Eingriffes in die Rechte der übrigen Bewerber auf dem Wahlvorschlag.[51]
- Wahl des BR auf Basis eines nicht oder nicht mehr gültigen Zuordnungstarifvertrages nach § 3 Abs. 1 Nr. 3 BetrVG wegen Verkennung des Betriebsbegriffes[52]

10 Eine in der betrieblichen Praxis immer wieder auftretende Frage ist, ob die **Verkennung des Betriebsbegriffs** zur Anfechtung berechtigt. Das *BAG* hat das in ständiger Rspr. bejaht, zugleich aber auch darauf hingewiesen, dass durch die Verkennung des Betriebsbegriffs **regelmäßig nicht die Nichtigkeit** der Wahl eintritt.[53] Es ist deshalb im Falle der Wahl eines einheitlichen BR für mehrere Betriebsteile unzulässig, während der Amtszeit dieser Betriebsver-

37 Vgl. *BAG* 15.12.72, AP Nr. 1 zu § 14 BetrVG 1972.
38 Vgl. *BAG* 3.6.69, AP Nr. 17 zu § 18 BetrVG.
39 *BAG* 14.1.69, AP Nr. 12 zu § 13 BetrVG.
40 *LAG Niedersachsen* 1.3.04 – 16 TaBV 60/03.
41 *BAG* 27.1.93, AP Nr. 29 zu § 76 BetrVG hinsichtlich der Wahl der AN-Vertreter im Aufsichtsrat.
42 Unterrichtung ausländischer AN, die der deutschen Sprache nicht mächtig sind, über das Wahlverfahren, die Aufstellung der Wähler- und Vorschlagslisten, den Wahlvorgang und die Stimmabgabe, *BAG* 13.10.04, EzA § 19 BetrVG 2001 Nr. 4.
43 12.11.02, AuR 03, 158: Verstoß nur dann, wenn für den WV offenkundig ist, dass ausländische AN wegen der mangelnden Sprachkenntnisse das Wahlverfahren nicht verstehen können, der WV ist weder berechtigt noch verpflichtet, ausländische AN einem Sprachtest zu unterziehen.
44 Vgl. *BAG* 7.5.08 – 7 ABR 17/07 vgl. auch *BAG* 29.5.91, BB 92, 136.
45 *ArbG Lörrach* 14.7.06 – 3 AV 06.
46 *LAG Berlin* 16.11.87, DB 88, 504.
47 Vgl. *Herschel*, DB 63, 1046; vgl. auch *LAG Hamm* 26.2.76, DB 76, 1920.
48 *BAG* 15.11.00, AP Nr. 10 zu § 18 BetrVG 1972.
49 *BAG* 6.12.00, AP Nr. 48 zu § 19 BetrVG 1972.
50 Vgl. *ArbG Düsseldorf* 30.10.84, DB 85, 1137.
51 *LAG Niedersachsen* 28.6.07 – 14 TaBV 5/07.
52 *BAG* 13.3.13 – 7 ABR 70/11.
53 Vgl. etwa *BAG* 13.11.96, DB 97, 729; 26.6.96 – 7 ABR 51/95; 13.9.84, AP Nr. 3 zu § 1 BetrVG 1972; 3.12.85, AP Nr. 28 zu § 99 BetrVG 1972.

tretung einen eigenen BR für einen Betriebsteil mit der Begründung zu wählen, dieser Betriebsteil sei selbstständig i. S. d. § 4.[54] Ebenso darf kein eigener BR gewählt werden, wenn unter Verkennung des Betriebsbegriffs für zwei Betriebe ein gemeinsamer BR gewählt und dessen Wahl nicht angefochten worden ist. Das gilt jedenfalls so lange, als sich die tatsächlichen Verhältnisse nicht wesentlich ändern.[55] Andererseits steht der Wahl eines eigenen BR durch die Belegschaft eines selbstständigen Betriebsteils für **künftige regelmäßige Amtszeiten** nicht entgegen, dass (zunächst) für den gesamten Betrieb einschließlich des Betriebsteils ein gemeinsamer BR gewählt wurde.[56] Es ist in solchen Fällen häufig empfehlenswert, ein **Verfahren nach § 18 Abs. 2** zu betreiben. Das kann ohne einen unmittelbaren Zusammenhang mit einer BR-Wahl geschehen (vgl. § 18 Rn. 19).

Die Verkennung des Betriebsbegriffs kann nicht nur dazu führen, dass ein einheitlicher BR für mehrere Betriebsteile bzw. für zwei selbstständige Betriebe gebildet worden ist. Die Folge kann auch sein, dass in einem an sich einheitlichen Betrieb **mehrere BR** für die einzelnen Betriebsteile gewählt worden sind. Die Anfechtung muss sich dann auf die Wahl **aller BR** erstrecken; die Anfechtung der Wahl nur eines der BR ist unzulässig.[57] Ist andererseits für den Teil eines Betriebes ein BR gewählt und dessen Wahl **nicht angefochten** worden, so hat dieser BR alle entsprechenden Beteiligungsrechte, und zwar unabhängig davon, ob er tatsächlich für eine betriebsfähige Einheit gewählt wurde.[58] Die vorstehend aufgeführten Grundsätze zur Verkennung des Betriebsbegriffs sind auch anzuwenden, wenn es um die Anfechtung von BR-Wahlen in einem gemeinsamen Betrieb nach § 1 Abs. 2 oder in einer durch TV nach § 3 Abs. 1 Nr. 1 bis 3 gebildeten Organisationseinheit geht (vgl. § 18 Abs. 2, der eine gerichtliche Überprüfung solcher Organisationseinheiten ohne einen Zusammenhang mit einer BR-Wahl vorsieht). Beim Vorliegen einer Matrixorganisation, wie sie häufiger in multinationalen Konzernen anzutreffen ist, kann es möglicherweise zu fehlerhafter Zuordnung von einzelnen Arbeitnehmern oder u. U. ganzer Abteilungen kommen. In solchen Fällen kann, abhängig vom Einzelfall, ebenfalls eine Verkennung des Betriebsbegriffes vorliegen, die maximal zur Anfechtbarkeit der Wahl führen kann. Für die Annahme eines Betriebes kommt es in erster Linie auf die rechtliche Zugehörigkeit zu einem Unternehmen an und nicht auf die Organisation des Arbeitgebers. So genügt ein Mindestmaß an organisatorischer Selbständigkeit für einen eigenen Betrieb oder Betriebsteil[59]. **11**

Die Wahl eines BR kann nicht mit der Begründung angefochten werden, Mitglieder einer bestimmten Beschäftigungsgruppe im Betrieb seien keine AN i. S. des § 5 Abs. 1, wenn bereits in einem früheren Beschlussverfahren rechtskräftig festgestellt wurde, dass solche Beschäftigten betriebsverfassungsrechtlich AN sind und sich die tatsächlichen Umstände zwischenzeitlich nicht wesentlich geändert haben.[60] **12**

Die **fehlende Angabe des Ortes der Wahlräume** (vgl. § 3 Abs. 2 Nr. 11 WO) stellt dann keinen Verstoß gegen eine wesentliche Vorschrift des Wahlverfahrens dar, wenn eine Ergänzung so rechtzeitig erfolgt, dass für die Wahlberechtigten keine Einschränkung ihres Wahlrechts eintritt.[61] Die Wahl wird dagegen als anfechtbar angesehen, wenn die der deutschen Sprache nicht mächtigen **ausländischen AN nur in deutscher Sprache** über die Wahl unterrichtet werden. Dem WV kann jedoch nicht abverlangt werden, dass er jede im Betrieb vertretene Sprache berücksichtigen muss. Es genügt, wenn in den häufiger vertretenen Sprachen unterrichtet wird. Anfechtbar ist die Wahl auch, wenn die **sechswöchige Aushangfrist** für das Wahlausschreiben um einen Tag **unterschritten wird und keine Wahlumschläge** bei der Stimmabgabe benutzt werden.[62] **13**

54 *BAG* 11.4.78, AP Nr. 8 zu § 19 BetrVG 1972, das in einem solchen Falle festgestellt hat, dass eine gleichwohl durchgeführte BR-Wahl in dem Betriebsteil nichtig ist.
55 Vgl. auch *BAG* im Hinblick auf die Bindungswirkung eines Verfahrens nach § 18 Abs. 2; *BAG* 19.11.03 – 7 ABR 25/03.
56 *BAG* 21.7.04, EzA § 4 BetrVG 2001 Nr. 1.
57 *BAG* 7.12.88, DB 89, 1619; vgl. auch *BAG* 31.5.00, NZA 00, 1350, zur Verkennung des Betriebsbegriffs in einem Gemeinschaftsbetrieb; a. A. *LAG Köln* 2.12.87, DB 88, 1327.
58 *BAG* 27.6.95, NZA 96, 164.
59 *ArbG Frankfurt* 21.7.09, 12 BV 184/09; vgl. auch § 1 Rn. 96 ff.
60 *BAG* 20.3.96, AuR 96, 408.
61 *BAG* 19.9.85, AP Nr. 12 zu § 19 BetrVG 1972.
62 *LAG Hamm* 27.1.82, DB 82, 2252.

14 Ein zur Anfechtung berechtigender Verstoß liegt nicht vor, wenn der WV vom ArbG bestellt worden ist, obwohl der BR oder die Betriebsversammlung für die Bestellung zuständig gewesen wäre oder umgekehrt. Es ist auch unschädlich, wenn der WV die in den Wahlvorschlägen enthaltenen **Kennworte** in den Stimmzetteln durch allgemein geläufige und im Kreis der Wahlberechtigten allgemein bekannte Abkürzungen ersetzt, wenn hinsichtlich der Identität keine Zweifel bestehen.[63] Das Nutzen von Kennworten, die zu Verwechslungen oder falschen Annahmen beim Wähler führen können, kann auch zur Wahlanfechtung berechtigen,[64] vgl. auch § 7 WO, Rn. 4 – 6 zur Gewerkschaftsliste.

15 Ein Verstoß gegen wesentliche Wahlvorschriften reicht für eine Anfechtung nicht aus, wenn durch den Verstoß das **Wahlergebnis nicht geändert oder beeinflusst** werden konnte. So ist die Anfechtung nicht begründet, wenn nicht wahlberechtigte AN mitgewählt haben, dies aber nur in einem Umfang geschehen ist, der für das Wahlergebnis unerheblich war. Selbst die vorzeitige Schließung des Wahlraumes begründet keine Anfechtung, wenn feststeht, dass dadurch kein Wahlberechtigter von der Stimmabgabe abgehalten worden ist.[65] Die Berichtigung eines Verstoßes während des Wahlverfahrens hat grundsätzlich durch den WV zu erfolgen. Der WV kann z. B. fehlerhafte Angaben im Wahlausschreiben berichtigen, wenn eine offenbare Unrichtigkeit vorliegt. Das ist bei bloßen Schreib- oder Rechenfehlern regelmäßig gegeben. So liegt etwa eine offenbare Unrichtigkeit vor, wenn eine Gesamtzahl der BR-Mitglieder angegeben ist, die das Gesetz nicht kennt, z. B. eine gerade Zahl. Eine offenbare Unrichtigkeit liegt aber nicht vor, wenn durch Rechenfehler eine falsche Verteilung der Sitze erfolgte oder wenn die Gesamtzahl der BR-Mitglieder zwar eine ungerade Zahl ergibt, aber zu hoch oder zu niedrig festgesetzt wurde.[66] Können fehlerhafte Angaben im Wahlausschreiben **nicht mehr berichtigt** werden, weil nicht lediglich eine bloße offenbare Unrichtigkeit vorliegt, ist ggf. ein **neues Wahlausschreiben** zu erlassen, wobei dann die Fristen zur Einreichung von Wahlvorschlägen nach § 6 Abs. 1 Satz 2 WO neu zu laufen beginnen. Soweit Berichtigungen und Ergänzungen des Wahlausschreibens zulässig sind, haben sie durch Beschluss des WV zu erfolgen. Entsprechendes gilt für einen notwendig werdenden Neuerlass des Wahlausschreibens.

2. Einstweilige Verfügung

16 Entscheidungen und Maßnahmen des WV können bereits **vor Abschluss** der BR-Wahl **gerichtlich angegriffen werden.**[67] Da die Wahl, insbesondere beim vereinfachten Wahlverfahren für Kleinbetriebe nach § 14 a, in einem relativ schmalen Zeitfenster abläuft, wird regelmäßig nur die einstweilige Verfügung nach § 85 Abs. 2 ArbGG eine realistische Möglichkeit der Einflussnahme bieten[68]. Dabei ist grundsätzlich zwischen dem Abbruch der Wahl und dem korrigierenden Eingriff in die laufende Wahl durch eine sog. **Leistungsverfügung** zu unterscheiden.

Bei Abbruch ist wiederum zwischen der drohenden **Nichtigkeit** und der drohenden **Anfechtbarkeit** zu unterscheiden. Ein Abbruch oder eine Aussetzung der laufenden BR-Wahl im Wege der einstweiligen Verfügung ist nur zulässig, wenn bereits zum Zeitpunkt der Antragstellung im Verfahren zuverlässig erkennbar ist, dass die Wahl **nichtig** (zur Nichtigkeit siehe Rn. 39) sein wird.

17 Sollte die Wahl zuverlässig erkennbar **anfechtbar** sein, so ist diese **nicht** abzubrechen, sondern maximal ist korrigierend im Wege der Leistungsverfügung einzugreifen (siehe Rn. 22). Sollte auch dies nicht möglich sein, weil beispielsweise die Wahl schon zu weit fortgeschritten ist, um

63 *BAG* 3.6.69, AP Nr. 17 zu § 18 BetrVG.

64 *LAG Hamm* 18.3.11 – 13 TaBV 98/10 – wegen Führung des Kennwortes »IG Metall«, ohne berechtigt zu sein; *BAG* 15.5.13 – 7 ABR 40/11; *Homburg,* AiB 10/13, 572 ff.

65 Vgl. *BAG* 19.9.85, AP Nr. 12 zu § 19 BetrVG 1972.

66 Zur Frage der Anfechtung der BR-Wahl bei der Festlegung einer unzutreffenden Zahl von BR-Mitgliedern vgl. *BAG* 12.10.76, AP Nr. 1 zu § 8 BetrVG 1972 und 12.10.76, AP Nr. 5 zu § 19 BetrVG 1972; vgl. auch *BAG* 29.5.91, BB 92, 136; vgl. ferner Rn. 37.

67 *BAG* 15.12.72, AP Nr. 1 zu § 14 BetrVG 1972; GK-*Kreutz,* § 18 Rn. 64 ff. m. w. N.

68 Vgl. dazu umfassend *Zwanziger,* DB 99, 2264.

noch korrigierend eingreifen zu können, so ist die gesetzliche Wertung hinzunehmen, dass die Wahl nur im Nachhinein im Wege der Anfechtung angegriffen werden kann und der gewählte BR, solange das Anfechtungsverfahren nicht rechtskräftig abgeschlossen ist, im Amt verbleibt. Denn genau dies ist die Absicht des Gesetzgebers gewesen[69].

Der Abbruch der laufenden BR-Wahl im einstweiligen Verfügungsverfahren (EV) ist ein deutliches Plus zur Wahlanfechtung nach § 19, welches so im Gesetz nicht normiert ist[70].

Teilweise wird differenzierend darauf hingewiesen, dass die Grundlage für eine EV auch gegeben sein kann, wenn die Weiterführung der Wahl mit Sicherheit eine erfolgreiche Anfechtung zur Folge hätte.[71] Als Gründe werden hierfür angeführt, dass es ein Demokratiedefizit[72] gäbe, weil eine unzutreffende Anzahl von Mitgliedern eines BR gewählt wurden. Als weiteres Argument wird die finanzielle Belastung des AG mit den Kosten einer weiteren Wahl ins Feld geführt[73]. **18**

Zunächst ist dieser Auffassung entgegen zu halten, dass nur weil eine Anfechtung möglich wäre, diese nicht zwingend auch eingereicht wird. In einer unbekannten – vermutlich hohen – Zahl von Fällen wird in den Betrieben auf eine Wahlanfechtung verzichtet, weil mit dem Wahlergebnis AG und Belegschaft zufrieden sind und sich deshalb nicht mit formalen Fehlern einer Wahl aufhalten möchten. Dieser politischen Bewertung der Wahl durch die Belegschaft und den AG wird bei einem Abbruch im Vorfeld der Wahl durch EV nicht Rechnung getragen. **19**

Die Verkennung der Anzahl, der zu wählenden BR-Mitglieder, rechtfertigt auch **nicht** die Aussetzung des Wahlverfahrens wegen der damit angeblich verbundenen fehlenden demokratischen Legitimation des neu gewählten BR. Die entscheidende Grundlage der demokratischen Legitimation ist die ordnungsgemäße Durchführung der Wahl und nicht die bloße Anzahl der gewählten BR-Mitglieder.[74] **20**

Ebenso führt die Nichtzulassung einer Kandidatenliste durch den Wahlvorstand nicht zum Abbruch der Wahl, sondern nur zu deren Anfechtbarkeit[75].

Eine Aussetzung der Wahl ist auch **nicht** wegen des damit verbundenen **Kostenrisikos für den AG** gerechtfertigt. Die Gefahr, dass es für eine gewisse Zeit zu einem betriebsratslosen Zustand kommt, ist im Rahmen einer **Interessenabwägung** für die AN höher zu bewerten als das mögliche Kostenrisiko des AG im Falle einer evtl. Wahlanfechtung.[76] Zumal die Wahl in vielen Fällen nicht löschen zu Beginn des Wahlverfahrens, sondern erst im Laufe der Wahl abgebrochen wird. Dann ist ein Großteil der Kosten der Wahl bereits aufgelaufen und eine Ersparnis; auch mit dem Gesichtspunkt der Verfahrenskosten, fällt nicht an oder sie ist nur gering.

Da bei solchen Streitigkeiten im einstweiligen Verfügungsverfahren der Rechtschutz bei den Landesarbeitsgerichten endet, hat sich in der Rechtsprechungspraxis eine bunte Landschaft herausgebildet[77], die zu einer gewissen Verunsicherung der Wahlvorstände in der Praxis der **21**

---

69 ErfK-*Koch*, § 18, Rn. 7.

70 So grundsätzlich auch *LAG Köln* 27.12.89, DB 90, 539; *LAG Hessen* 21.5.90, BB 91, 417; *LAG Hamm* 9.9.94, BB 95, 260; *LAG Köln* 8.5.06 – 2 TaBV 22/06; vgl. auch *Fitting*, § 18 Rn. 42; GK-*Kreutz*, § 18 Rn 75; *Held*, DB 85, 1691 f.

71 Vgl. *LAG Hamm* 14.12.89, DB 90, 1571; *LAG Düsseldorf* 1.7.91 – 11 Ta BV 66/91; vgl. auch *LAG Hessen* 3.5.10 – 9 TaBVGa 82/10; Berlin 7.7.06, NZA 06, 509; vgl. auch *LAG Baden-Württemberg* 6.3.06, AuR 06, 213; **a. A.***LAG Hamburg* 26.4.06 – 6 TaBV 6/06, das jedoch verkennt, dass eine fehlerhafte Festsetzung der zu wählenden BR-Mitglieder nur zur Anfechtbarkeit und nicht zur Nichtigkeit der Wahl führt; *Fitting*, Rn. 22.

72 *Veit/Wichert*, DB 2006, 390 ff.

73 *Bram*, Wahlstop im Eilbeschlussverfahren, FA 2006, 66 ff.

74 Es hat auch niemand in Gänze die demokratische Grundlage des Bundestages in Zweifel gezogen und ernsthaft seine Auflösung gefordert, weil es gemäß der Entscheidung des *BVerfG* (2 BvC 1/07) zu viele Überhangmandate gab. Vgl.auch *Zwanziger*, DB 99, 2264 ff. a. A. *Veit/Wichert*, DB 06, 390 ff.

75 *HessLAG* 9. Kammer vom 20.2.14, 9 TaBVGa 11/14.

76 Vgl. *LAG Düsseldorf* 1.7.91 – 11 TaBV 66/91; *ArbG Düsseldorf* 23.3.81 – 5 BV Ga 5/81; *ArbG München* 3.4.84 – 15 BV 26/84; *ArbG Lingen* 3.3.87, NZA 88, 40; vgl. auch *Held*, a. a. O., S. 1694.

77 Für einen Abbruch der BR-Wahl nur bei sicher feststellbarer Nichtigkeit: *LAG Hamm* 10.4.75, DB 75, 1176; *LAG München* 3.8.88, BB 89, 147; *LAG Baden-Württemberg* 20.5.98, AiB 98, 401; *LAG Baden-Württemberg* 5.3.10 – 15 TaBVGa 1/10; *LAG Hessen* 17.2.05 – 9 TaBVGa 28/05; *ArbG Darmstadt* 09.07.09 – 7 BVGa 17/09 Für einen Abbruch **auch** bei sicher feststellbarer Anfechtbarkeit: *LAG*

Wahlen führt, weil schwierige Entscheidungen des WV zu einem Abbruch der Wahlen führen können. Mit dem Beschluss des BAG vom 27.7.2011[78] dürfte die Landschaft der unterschiedlichen LAG-Entscheidungen jedoch übersichtlicher werden, weil der Senat den gerichtlichen Abbruch der Wahl nur in Fällen einer drohenden Nichtigkeit für gerechtfertigt gehalten hat[79]. Inzwischen dürfte sich jedoch die Auffassung, dass eine BR-Wahl nur bei drohender Nichtigkeit abgebrochen werden kann, durchgesetzt haben[80].

22 Unter bestimmten Voraussetzungen kann eine **sog. Leistungsverfügung** in Betracht kommen, also eine einstweilige Verfügung, die zu einer Berichtigung oder einer »Nachbesserung« der Handlungen des WV in der Weise führt, dass berichtigend in das Wahlverfahren eingegriffen wird und dem WV bestimmte einzelne Maßnahmen aufgegeben oder untersagt werden.[81] An eine sog. Leistungsverfügung, mit der Wahlfehler während des laufenden Wahlverfahrens korrigiert werden sollen, sind jedoch **strenge Anforderungen** zu stellen.[82] Ein Eingriff in das Wahlverfahren durch eine sog. Leistungsverfügung setzt voraus, dass mit Sicherheit ein wesentlicher Fehler vorliegt, der zweifelsfrei die Nichtigkeit oder Anfechtbarkeit der Wahl begründet und dieser Fehler durch die einstweilige Verfügung noch korrigierbar ist.[83] Bei **sehr schwerwiegenden Fehlern** kann auch in Betracht kommen, den **Wahlgang abzubrechen und neu einzuleiten.**[84] Gegenüber einem (nur) berichtigenden Eingriff in das laufende Wahlverfahren sind eher noch gesteigerte Anforderungen zu stellen, wenn durch die einstweilige Verfügung das laufende Wahlverfahren abgebrochen werden soll.[85] Soll dem WV durch eine einstweilige Verfügung die weitere Durchführung einer eingeleiteten BR-Wahl einstweilen vollständig untersagt werden (zu den Voraussetzungen vgl. Rn. 16), ist der WV Beteiligter des Verfahrens und kann gegen einen erstinstanzlichen Beschluss, der die weitere Durchführung vorläufig untersagt, Beschwerde einlegen.[86]

3. Anfechtungsberechtigte und Anfechtungsfrist

23 In Abs. 2 wird **abschließend** angeführt, wer zur Anfechtung einer BR-Wahl berechtigt ist. Danach sind anfechtungsberechtigt:

- drei oder mehr wahlberechtigte AN des Betriebes;
- jede im Betrieb vertretene Gewerkschaft;
- der AG.

Die Anfechtungsberechtigung führt jedoch noch nicht dazu, dass in jedem Falle ein Rechtsschutzbedürfnis besteht, das zur Einleitung eines Anfechtungsverfahrens berechtigt. Auf der AN-Seite wird eine Anfechtung nicht in Betracht kommen, wenn sie lediglich auf die Verkennung des Betriebsbegriffs gestützt werden soll; das gilt umso mehr, als für diese Rechtsfragen das besondere Verfahren nach § 18 Abs. 2 vorgesehen ist und – anders als bei der Anfechtung – (mindestens drei) wahlberechtigte AN dieses Verfahren nicht führen können. Andererseits setzt die Anfechtungsberechtigung nach § 19 nicht unbedingt eine besondere Eigenbetroffenheit der Anfechtungsberechtigten voraus.[87] Das Rechtsschutzinteresse für einen An-

---

Schleswig-Holstein 19.03.10 – 4°TaBVGa 5/10; *LAG Hamm* 14.08.09 – 10 TaBVGa 30/09; *LAG Hessen* 28.05.08 – 9 TaBVGa 133/08; *LAG Hamburg* 19.4.10 – 7 TaBVGa 2/10; differenzierend *LAG Nürnberg* 8.2.11 – 6 TaBVGa 17/10.

78 *BAG* 27.7.11 – 7 ABR 61/10.

79 Vgl. zum aktuellen Meinungsstand *Homburg/Fay*, AuR 12, 290 ff.

80 Beispielhaft: *LAG Hessen* 20.2.14 – 9 TaBVGa 11/14; sowie *LAG Hamm* 4.4.14 – 13 TaBVGa 8/14.

81 Ebenda und vgl. GK-*Kreutz*, § 18 Rn. 76; vgl. auch *Held*, DB 85, 1691 ff.

82 GK-*Kreutz*, § 18 Rn. 77; kritisch auch *Held*, a. a. O., S. 1692; vgl. auch *LAG München* 14.4.87, DB 88, 347, das es als unzulässig ansieht, dem WV aufzugeben, das Wahlausschreiben hinsichtlich der Zahl der zu wählenden BR-Mitglieder zu berichtigen.

83 Vgl. *LAG Hamm* 18.9.96, BB 96, 2622; vgl. auch *LAG Baden-Württemberg* 1.3.94, AiB 94, 420.

84 Vgl. *Hanau*, DB-Beilage 4/86, S. 10 f.

85 Vgl. *LAG Baden-Württemberg* 1.3.94, a. a. O.; vgl. auch *LAG Baden-Württemberg* 13.4.94, AiB 94, 420; *LAG Frankfurt* 16.7.92, NZA 93, 1008.

86 Vgl. *LAG Frankfurt* 21.3.90, NZA 93, 1008, das auch dem AG eine solche Beschwerdebefugnis zuspricht.

87 *LAG Köln* 4.5.00, AiB 01, 353.

trag, die Wahl für unwirksam zu erklären, entfällt mit Ablauf der Amtszeit des Gremiums, dessen Wahl angefochten wird.[88]

Anfechtungsberechtigt ist nicht der **BR,** was selbstverständlich nicht ausschließt, dass einzelne Mitglieder dieses Betriebsverfassungsorgans als AN die Anfechtung betreiben;[89] ebenso nicht der WV als solcher.[90] Kein Anfechtungsrecht hat der **einzelne AN,** auch wenn er bei ordnungsgemäßer Durchführung der Wahl gewählt worden wäre.[91] **24**

Soweit **mindestens drei wahlberechtigte AN** die Wahl anfechten können, steht ihnen dieses Recht als Individualrecht zu.[92] Anfechtungsberechtigt sind auch die in § 7 Satz 2 angeführten AN unter der Voraussetzung, dass sie die Wahlberechtigung haben.[93] Die AN müssen sich daher nicht von vornherein zu einer Gruppe mit dem Ziel zusammenschließen, die Wahl anzufechten. Sie sind keine notwendigen Streitgenossen i. S. d. § 62 ZPO. Wird der Anfechtungsantrag nicht gemeinsam gestellt, sind die Anträge miteinander zu verbinden.[94] Da die anfechtenden AN nicht als Gruppe handeln, wird ein von mehr als drei AN eingeleitetes Wahlanfechtungsverfahren nicht unzulässig, wenn einzelne AN während der **Dauer des Verfahrens aus dem Arbeitsverhältnis** ausscheiden oder auf andere Weise die Wahlberechtigung verlieren. Voraussetzung bleibt aber, dass **mindestens drei wahlberechtigte AN** das Anfechtungsverfahren weiter betreiben.[95] Die AN, die die Anfechtung betreiben, müssen den Wahlanfechtungsantrag selbst unterschreiben oder sich rechtswirksam vertreten lassen. Das Einreichen einer Antragsschrift, die ein AN als Erklärungsbote »im Auftrag« für weitere AN unterschreibt, genügt nicht.[96] **25**

Jeder anfechtende AN kann seinen Antrag in der ersten Instanz **ohne Zustimmung der übrigen Beteiligten** zurücknehmen.[97] Das *BAG* hat damit seine frühere Rspr., dass der Antrag von den drei anfechtenden AN nur gemeinsam zurückgenommen werden kann, aufgegeben.[98] Für einen AN, der nach Antragstellung ausscheidet, kann nach Ablauf der Anfechtungsfrist **weder ein anderer wahlberechtigter AN[99] noch eine im Betrieb vertretene Gewerkschaft[100]** neu in das Verfahren eintreten. Bei Rücknahme einzelner Anträge müssen grundsätzlich drei Antragsteller übrig bleiben (vgl. auch Rn. 21). **26**

Soweit die **Gewerkschaft** als Antragsteller auftritt, muss die Verfahrensvoraussetzung, dass sie im **Betrieb vertreten ist,** während des **ganzen Anfechtungsverfahrens** gegeben sein.[101] Eine Anfechtung durch die Gewerkschaft wegen Unrichtigkeit der Wählerliste setzt nicht voraus, dass ein AN vorher gegen die Wählerliste Einspruch eingelegt hat.[102] Das Rechtsschutzinteresse für die Anfechtung einer BR-Wahl wegen nicht erfolgter Aufnahme eines bestimmten Personenkreises in die Wählerliste besteht für eine Gewerkschaft jedenfalls dann fort, wenn ein **27**

---

88 *BAG* 13.3.91, NZA 91, 946.
89 *Halberstadt,* Rn. 10.
90 Vgl. *BAG* 14.11.75, AP Nr. 1 zu § 18 BetrVG 1972.
91 *BAG* 20.4.56, AP Nr. 3 zu § 27 BetrVG.
92 *BAG* 4.12.86, AP Nr. 13 zu § 19 BetrVG 1972; GK-*Kreutz,* Rn. 66.
93 *Fitting,* Rn. 29 m. w. N.
94 GK-*Kreutz,* a. a. O.
95 GK-*Kreutz,* Rn. 68 m. w. N., nach dessen Auffassung mindestens drei Wahlberechtigte die Anfechtung jedenfalls bis zum Ende der letzten mündlichen Tatsachenverhandlung in der Beschwerdeinstanz tragen müssen; so auch *VerwG EKD* 10.4.97, NZA 98, 1135, zur Wahlanfechtung einer Mitarbeitervertretung nach kirchlichem/diakonischem Mitarbeitervertretungsrecht; vgl. auch *BAG* 4.12.86, AP Nr. 13 zu § 19 BetrVG 1972, das zwar ebenfalls verlangt, dass mindestens drei AN das Verfahren weiter betreiben, aber unter Aufgabe der Rspr. 10.6.83, AP Nr. 10 zu § 19 BetrVG 1972, den Fortbestand der Wahlberechtigung während des Verfahrens nicht mehr als zwingende Voraussetzung ansieht; vgl. aber auch *BAG* 15.2.89, DB 89, 2626, das einen Wegfall des Rechtsschutzbedürfnisses und damit die Unzulässigkeit des Wahlanfechtungsverfahrens als gegeben ansieht, wenn alle Wahlanfechtenden während des Beschlussverfahrens endgültig aus ihren Arbeitsverhältnissen ausscheiden.
96 *LAG Frankfurt* 23.2.89 – 12 TaBV 157/88.
97 *BAG* 12.2.85, AP Nr. 11 zu § 19 BetrVG 1972.
98 Vgl. *BAG* 8.12.70, AP Nr. 21 zu § 76 BetrVG.
99 *BAG* 12.2.85, a. a. O.
100 *BAG* 10.6.83, AP Nr. 10 zu § 19 BetrVG 1972.
101 *BAG* 21.11.75, AP Nr. 6 zu § 118 BetrVG 1972.
102 *BAG* 29.3.74, AP Nr. 2 zu § 19 BetrVG 1972.

neues UN errichtet wird, dem der streitige Personenkreis angehören soll, aber auf Grund der veränderten Sachlage noch kein neuer BR gewählt worden ist.[103] Erfolgt die Anfechtung der Gewerkschaft durch eine Gliederung, die dem Hauptvorstand oder Bundesvorstand nachgeordnet ist – wie etwa durch eine örtliche Verwaltungsstelle –, muss die satzungsmäßige Berechtigung gegeben sein.[104] Die Anfechtung durch eine nicht nach der Satzung zuständigen Stelle, z. B. einer Verwaltungsstelle, führt dazu, dass die Anfechtung unzulässig ist. Die mangelnde Anfechtungsberechtigung wird nicht dadurch geheilt, dass sie nach Ablauf der Anfechtungsfrist nach § 19 Abs. 2 Satz 2 BetrVG von der für die Anfechtung zuständigen Stelle, wie dem Hauptvorstand der Gewerkschaft, genehmigt wird.[105]

28 Anfechtungsberechtigt ist der **AG, in dessen Betrieb die BR-Wahl** stattgefunden hat. Nur dieser AG hat ein schutzwürdiges Interesse an der Überprüfung der Bildung und Zusammensetzung des BR, da die Bestimmung des § 19 Abs. 2 Satz 1 in einem engen Zusammenhang mit § 2 Abs. 1 und den sich hieraus ergebenden Zuständigkeiten des AG als Organ der Betriebsverfassung zu sehen ist.[106] Haben sich **zwei oder mehrere AG** zu einer **BGB-Gesellschaft** zusammengeschlossen, so ist zur Anfechtung der Wahl des BR in diesem Betrieb als AG nur die BGB-Gesellschaft berechtigt, nicht aber ein einzelner Gesellschafter.[107] Dementsprechend sind, wenn zwei oder mehrere UN einen Betrieb gebildet haben, nur die UN insgesamt zur Anfechtung berechtigt. Nach einem Betriebsübergang ist der Veräußerer des Betriebs nicht mehr anfechtungs- und beschwerdeberechtigt.[108] Anfechtungsberechtigt ist auch nicht ein AG, der **AN einem anderen AG** überlassen hat, wenn in dessen Betrieb eine BR-Wahl stattgefunden hat. Das gilt auch, wenn die überlassenen AN nach § 7 Satz 2 an der BR-Wahl teilgenommen haben.[109] Einem AG, der aktiv die Verhinderung der BR-Wahl betrieben hat, ist es nach erfolgter Wahl grundsätzlich verwehrt, die Anfechtung zu betreiben.[110]

29 Von der Anfechtungsberechtigung ist die **Beteiligungsbefugnis** zu unterscheiden. Beteiligte sind nach § 83 Abs. 3 ArbGG neben dem Antragsteller der BR (bei Teilanfechtungen gegen eine Gruppe oder einzelne BR-Mitglieder vgl. Rn. 26 f., 38) sowie jeder, der in seiner **betriebsverfassungsrechtlichen Rechtsposition** durch das Anfechtungsverfahren betroffen ist. Das ist regelmäßig der AG, in dessen Betrieb die Wahl des dort bestehenden BR angefochten wird (vgl. Rn. 24), und die im Betrieb vertretene Gewerkschaft; der WV nur dann, wenn seine Amtszeit noch nicht abgelaufen ist. Die Ansicht, dass die im Betrieb vertretene Gewerkschaft, wenn sie von ihrem Anfechtungsrecht keinen Gebrauch gemacht hat, nicht gemäß § 83 Abs. 3 ArbGG Beteiligte des Wahlanfechtungsverfahrens ist,[111] verkennt die **umfassende Unterstützungs- und Beratungsfunktion der Gewerkschaft** im Rahmen der Betriebsverfassung. Entgegen der Auffassung des *BAG* kommt es deshalb nicht darauf an, ob und inwieweit die im Betrieb vertretene Gewerkschaft generell Hüter einer ordnungsgemäßen BR-Wahl ist.[112] Ihre umfassende Unterstützungs- und Beratungsfunktion führt zu eigenen gewerkschaftlichen Rechten im Rahmen der Betriebsverfassung (vgl. § 2 Rn. 27 ff.). Schon von daher hat die Gewerkschaft ein berechtigtes Interesse, mit einem ordnungsgemäß zusammengesetzten BR zusammenzuarbeiten. Daher besteht ihre Beteiligungsbefugnis auch dann, wenn sie von dem eigenen Anfechtungsrecht keinen Gebrauch gemacht hat.

30 Die Anfechtung wird sich regelmäßig gegen den **neu gewählten BR** richten. Sie kann aber auch gegen ein **einzelnes BR-Mitglied** gerichtet sein, wenn lediglich dessen Wahl fehlerhaft ist.[113] Einwendungen gegen die Wahl einzelner BR-Mitglieder, die nicht wählbar gewesen sind

---

103 *BAG* 25.6.74, AP Nr. 3 zu § 19 BetrVG 1972.
104 Vgl. *BAG* 1.6.66, DB 66, 1438; 29.3.74, DB 74, 1342, 1680.
105 *LAG Düsseldorf* 12.12.06 – 12 TaBV 95/06 n. v.
106 *BAG* 28.11.77, AP Nr. 6 zu § 19 BetrVG 1972.
107 *BAG* 28.11.77, a. a. O.
108 *LAG Düsseldorf* 8.1.79, BB 79, 938.
109 *ArbG Frankfurt/M.* 22.5.02, NZA-RR 03, 26; Richardi-*Thüsing*, Rn. 41.
110 Ähnlich *ArbG Kiel* 13.11.03, AiB 04, 66.
111 So *BAG* 19.9.85, AP Nr. 12 zu § 19 BetrVG 1972 unter Aufgabe der bisherigen Rspr., vgl. *BAG* 15.8.78, AP Nr. 3 zu § 47 BetrVG 1972 und 10.6.83, AP Nr. 10 zu § 19 BetrVG 1972; vgl. auch *BAG* 27.1.93, NZA 93, 949.
112 Vgl. *BAG* 19.9.85, a. a. O.
113 *BAG* 7.7.54, AP Nr. 1 zu § 24 BetrVG; ebenso *BAG* 11.6.97, NZA 98, 162, zur Wahlanfechtung eines einzelnen Aufsichtsratsmitglieds der AN-Vertreter nach § 22 Abs. 1 MitbestG.

oder ihre Wählbarkeit nachträglich verlieren, können auch nach Ablauf der Anfechtungsfrist des § 19 Abs. 2 vorgebracht werden, und zwar nach § 24 Abs. 1 Nrn. 4 und 6.[114] In den Betrieben der Post-UN kann sich die Anfechtung im Fall der Gruppenwahl nur auf eine Gruppe beschränken, wenn der Anfechtungsgrund nur diese Gruppe betrifft.[115] Bei einer erfolgreichen Anfechtung werden nur die Mitglieder dieser Gruppe neu gewählt. Bis zur Neuwahl rücken Ersatzmitglieder der anderen Gruppe in den BR nach.[116] Der WV ist **nicht Anfechtungsgegner,** da sein Amt mit der Durchführung der konstituierenden Sitzung des BR (§ 29 Abs. 1) erloschen ist (vgl. § 16 Rn. 20). Das schließt nicht aus, dass ehemalige Mitglieder des WV vom ArbG als Auskunftspersonen herangezogen werden.[117] Der WV als solcher ist auch dann nicht Beteiligter in einem Anfechtungsverfahren, wenn die Anfechtung mit Mängeln seiner Bestellung oder seines Verfahrens begründet wird.[118]

Der Antragsteller muss angeben, worauf sich die Anfechtung stützt. Er muss daher einen betriebsverfassungsrechtlich **erheblichen Tatbestand** vortragen, der möglicherweise die Anfechtung der BR-Wahl rechtfertigt.[119] Der Antrag muss zum Ziel haben, die Ungültigkeit der Wahl festzustellen. Ist die Wahl frist- und ordnungsgemäß angefochten worden, so muss das ArbG von Amts wegen **weiteren Anfechtungsgründen,** die im Laufe des Verfahrens sichtbar werden, nachgehen.[120] Es besteht allerdings **keine Ausforschungspflicht** des Gerichts.[121] Die teilweise Anfechtung einer BR-Wahl, etwa bezogen auf die Wahl einer bestimmten Vorschlagsliste, ist unzulässig.[122] Der Antrag an das ArbG kann allerdings eine Korrektur des Wahlergebnisses anstreben.[123] Grundsätzlich gilt, dass durch den innerhalb der Wahlanfechtungsfrist gestellten Antrag der Wahlprüfungsauftrag des Gerichts gegenständlich bestimmt und begrenzt wird.[124] **31**

Eidesstaatliche Versicherungen von AN, mit denen diese bestätigen, welche Liste sie bei einer BR-Wahl gewählt haben, sind im Anfechtungsverfahren **nicht verwertbar.** Die Verwertung würde gegen den Grundsatz der geheimen Wahl verstoßen.[125] **32**

Tritt vor einer rechtskräftigen Entscheidung des Gerichts über die Anfechtung der **BR zurück** und hat er einen WV zur Einleitung einer Neuwahl **bestellt,** ist nach Auffassung des *BAG* das Anfechtungsverfahren nicht einzustellen.[126] **33**

Tritt der BR zurück, führt er jedenfalls die Amtsgeschäfte nach § 22 weiter. Der Rücktrittsbeschluss muss allerdings vor der rechtskräftigen Entscheidung über die erfolgreiche Wahlanfechtung erfolgen. Der Eintritt der Rechtskraft kann auch durch Einlegung der Nichtzulassungsbeschwerde verhindert werden.[127] Dies stellt keinen Missbrauch dar. Ziel der Wahlanfechtung ist nämlich nicht eine »Sanktion«, die »Zerschlagung« des BR, sondern die Einleitung von Neuwahlen.[128] Das wird auch durch den Rücktritt erreicht. Das Rechtsschutzinteresse entfällt auch, wenn nur die Wahl eines einzelnen BR-Mitglieds angefochten wird und dieses Mitglied sein Amt niederlegt.[129] **34**

Ein Rechtsschutzinteresse an der Feststellung der für die Größe des BR maßgebenden AN-Zahl entfällt, wenn die Wahl durchgeführt und nicht angefochten worden und auch völlig ungewiss **35**

---

114 *BAG* 11.4.58, AP Nr. 1 zu § 6 BetrVG.
115 Vgl. *BAG* 20.5.69, AP Nr. 1 zu § 5 BetrVG.
116 *Fitting,* Rn. 47 m. w. N.
117 *Fitting,* Rn. 43.
118 Vgl. *BAG* 14.1.83, AP Nr. 9 zu § 19 BetrVG 1972.
119 *BAG* 24.5.65, AP Nr. 14 zu § 18 BetrVG.
120 *BAG* 3.6.69, AP Nr. 17 zu § 18 BetrVG.
121 *Fitting,* Rn. 52 m. w. N.
122 *LAG Baden-Württemberg* 30.11.90 – 15 Ta BV 4/90.
123 *Fitting,* Rn. 39; GK-*Kreutz,* Rn. 88 ff.; vgl. auch Rn. 37.
124 *BVerwG* 8.5.92, PersR 92, 311.
125 *ArbG Frankfurt* 24.9.01, AiB 02, 629.
126 *BAG* 29.5.91, NZA 92, 74; *Fitting,* Rn. 31, *BAG* 13.3.91, AP Nr. 20 zu § 19 BetrVG 1972; *LAG Düsseldorf* 16.10.86, DB 87, 177; vgl. auch *LAG Köln* 16.1.91, LAGE § 19 BetrVG 1972 Nr. 11; a. A. *GL,* Rn. 28; *Müller,* FS Schnorr von Carolsfeld [1972] S. 380.
127 Vgl. *ArbG Hamburg* 2.11.88 – 21 GaBV 4/88.
128 *ArbG Hamburg* 2.11.88, a. a. O.
129 Insoweit auch *Fitting,* Rn. 44.

ist, ob die aufgetretene Streitfrage bei einer zukünftigen BR-Wahl noch eine Rolle spielen kann.[130]

36 Die Anfechtung hat innerhalb einer Frist von **zwei Wochen** nach Bekanntgabe des Wahlergebnisses zu erfolgen (zum Fristbeginn und -ende vgl. Rn. 32). Es handelt sich dabei um das Wahlergebnis, das der WV nach § 19 WO im Betrieb auszuhängen hat.[131] Die Frist von zwei Wochen zur Anfechtung beginnt nicht zu laufen, wenn die Bekanntgabe des Wahlergebnisses entgegen § 19 WO **verzögert** wird.[132] Es ist jedoch zulässig, das Anfechtungsverfahren bereits vor der verspäteten Bekanntgabe des Wahlergebnisses anzustrengen.[133]

37 Im Übrigen bestimmt sich der **Beginn der Frist** nach § 187 Abs. 1 BGB. Die Anfechtungsfrist endet somit **zwei Wochen** später mit Ablauf des Tages, der seiner Benennung nach dem Tage entspricht, an dem das Wahlergebnis durch Aushang bekannt gemacht worden ist. Erfolgte also z. B. der Aushang des Wahlergebnisses an einem Donnerstag, so endet die Frist mit Ablauf des Donnerstags der zweiten darauf folgenden Woche. Ist der letzte Tag der Frist ein Sonnabend, Sonntag oder Feiertag, tritt an dessen Stelle der nächste Werktag (§ 193 BGB). Zur Wahrung der Frist reicht der Eingang der Antragsschrift zur Anfechtung auch bei einem örtlich nicht zuständigen ArbG aus.[134] Innerhalb der Ausschlussfrist muss dem ArbG nicht nur der Anfechtungsantrag, sondern auch die **Begründung** für die Anfechtung zugehen. Ein späteres Nachschieben von weiteren Anfechtungsgründen ist nicht möglich.[135] Das Gericht muss jedoch weiteren Anfechtungsgründen, die im Laufe des Verfahrens sichtbar werden, von Amts wegen nachgehen.[136] Nach Ablauf der zweiwöchigen Anfechtungsfrist, die eine **Ausschlussfrist** ist, erlischt das Anfechtungsrecht. Es kann danach nur noch eine evtl. vorliegende Nichtigkeit der BR-Wahl gerichtlich geltend gemacht werden (zur Frage der Nichtigkeit der BR-Wahl vgl. Rn. 39 ff.). Es gibt auch keine **Wiedereinsetzung in den vorigen Stand**.[137]

38 Die Anfechtung erfolgt im Beschlussverfahren. Die Beteiligten des Wahlanfechtungsverfahrens können Wahlanfechtungsgründe, die sie in das Verfahren eingebracht haben, nicht mehr zurückziehen, da sie über den Streitstoff nicht verfügen. Sie können aber den Anfechtungsantrag insgesamt zurückziehen.

4. Folgen der Anfechtung

39 Eine erfolgreiche Anfechtung entzieht mit der Rechtskraft der Entscheidung dem BR die **Grundlage** für sein **weiteres Bestehen.** Er führt auch nicht mehr die Geschäfte bis zur Neuwahl weiter, da sich § 22 nicht auf diesen Fall bezieht. Die Anfechtung wirkt jedoch nicht zurück: Die bisher vorgenommenen Handlungen einschließlich des Abschlusses von Betriebsvereinbarungen bleiben aus Gründen der Rechtssicherheit wirksam. Insoweit gilt nichts anderes als bei politischen Wahlen.[138]

40 Eine erfolgreiche Anfechtung führt somit zu einem **betriebsratslosen Betrieb.** Der BR, dessen Wahl erfolgreich angefochten worden ist, darf keinen WV mehr bestellen (vgl. zu den Rechtsfolgen eines Rücktritts des BR vor Rechtskraft der Entscheidung Rn. 29), es sei denn, der Beschluss ist noch nicht rechtskräftig.[139] Die Bestellung des WV erfolgt durch den GBR bzw. KBR (vgl. § 17 Abs. 1). Sind diese Betriebsverfassungsorgane nicht vorhanden oder bleiben sie untätig, ist in einer Betriebsversammlung ein WV zu wählen (§ 17 Abs. 2). Unterbleibt die Betriebsversammlung oder wählt diese keinen WV, kann die Bestellung nach § 17 Abs. 4 durch das ArbG erfolgen.

---

130 *BAG* 15.12.72, AP Nr. 5 zu § 80 ArbGG 1953.
131 *Fitting,* Rn. 34.
132 *Fitting,* Rn. 25.
133 *LAG München* 23.2.52, BB 52, 319.
134 Vgl. *BAG* 15.7.60, AP Nr. 10 zu § 76 BetrVG.
135 *BAG* 24.5.65, AP Nr. 14 zu § 18 BetrVG.
136 Vgl. *BAG* 3.6.69, AP Nr. 17 zu § 18 BetrVG; GK-*Kreutz,* Rn. 106 m. w. N.
137 *Fitting,* Rn. 36; GK-*Kreutz,* Rn. 76; Richardi-*Thüsing,* Rn. 47.
138 Näher zu dieser »Anleihe« aus dem Staatsorganisationsrecht *Däubler,* NZA 1988, 857 [863].
139 Vgl. *Fitting,* Rn. 45, die zutreffend darauf hinweisen, dass der BR den WV noch vor Ablauf der Rechtsmittelfrist bestellen kann; a. A. GK-*Kreutz,* Rn. 125.

Die Folge, dass die BR-Wahl bei einer erfolgreichen Anfechtung zu wiederholen ist, muss nicht eintreten, wenn sich die Anfechtung nicht gegen das Wahlverfahren gerichtet hat, sondern gegen die **Feststellung des Wahlergebnisses.** Das ArbG stellt dann nicht die Unwirksamkeit der Wahl fest, sondern das richtige Wahlergebnis. Auch in diesem Fall hat der Beschluss rechtsgestaltende Wirkung.[140] Die Möglichkeit der **Korrektur des Wahlergebnisses** durch das Gericht ist jedoch begrenzt. Sie ist etwa möglich, wenn es um Fehler des WV bei der Feststellung des Wahlergebnisses bei einer im Übrigen ordnungsgemäß durchgeführten Wahl geht.[141] Eine bloße Korrektur des Wahlergebnisses kommt **nicht in Betracht,** wenn der WV von **vornherein** von einer zu hohen Anzahl zu wählender BR-Mitglieder ausgeht. In einem solchen Falle ist die Wahl des BR zu wiederholen.[142] **41**

Sollte eine Neuwahl des BR während des laufenden Wahlanfechtungsverfahrens stattgefunden haben, so entfällt in jedem Fall das Rechtschutzbedürfnis für eine weitere Durchführung der Wahlanfechtung und der neu gewählte BR übernimmt die Amtsgeschäfte.[143] **41a**

Ist die Wahl eines einzelnen BR-Mitglieds erfolgreich angefochten worden, scheidet es mit Rechtskraft der Entscheidung aus dem BR aus. An seine Stelle tritt das nach § 25 in Betracht kommende Ersatzmitglied.[144] Während des Beschlussverfahrens selbst nimmt das BR-Mitglied, dessen Wahl angefochten wurde, allerdings die Amtsgeschäfte wahr. Es wird in dieser Zeit nicht von einem Ersatzmitglied vertreten, es sei denn, es liegen andere Vertretungsgründe vor. **42**

Scheidet ein Mitglied des BR auf Grund der Entscheidung eines Gerichtes aus dem Amt, unabhängig davon, ob sich das Verfahren gegen den BR als Gremium oder das einzelne Mitglied richtete, so entfällt der rückwirkende Kündigungsschutz nach § 15 Abs. 1 Satz 2 KSchG nur dann, wenn das Mitglied vorsätzlich gegen Gesetze verstoßen hat. Andernfalls würde ein Wertungswiderspruch entstehen, weil die getroffenen Entscheidungen des BR bei Vorliegen einer erfolgreichen Anfechtung trotzdem bestehen bleiben.[145]

III. Nichtigkeit der Wahl

1. Nichtigkeitsgründe

Von der Anfechtung ist die **Nichtigkeit** einer BR-Wahl zu unterscheiden. Nach der Rspr. des BAG ist eine nichtige Wahl des BR nur in **extremen Ausnahmefällen** anzunehmen, in denen gegen allgemeine Grundsätze jeder ordnungsgemäßen Wahl in so hohem Maße verstoßen worden ist, dass auch der Anschein einer dem Gesetz entsprechenden Wahl nicht mehr vorliegt.[146] Das BAG hat seine bisherige Rspr., nach der auch eine Häufung von Mängeln, die für sich allein nur Anfechtungsgründe wären, zur Nichtigkeit der BR-Wahl führen können, ausdrücklich aufgegeben.[147] Nach der neueren Rspr.[148] führt auch eine **Häufung von Verstößen** gegen wesentliche Wahlvorschriften, die für sich allein betrachtet, eine Wahlanfechtung rechtfertigen würden, **nicht zur Nichtigkeit** der Wahl, und zwar weder durch eine **Addition der Fehler** noch durch eine **Gesamtwürdigung.** Die Änderung der Rspr. dient der **Rechtsklarheit** und damit der **Rechtssicherheit,** zumal die bisherige Rspr. keine Maßstäbe für eine Gesamtwürdigung enthielt. BR-Wahlen können vielmehr nur noch innerhalb der Anfechtungsfrist und der übrigen Voraussetzungen des § 19 geltend gemacht werden, es sei denn, dass bereits ein Wahlverstoß für sich allein genommen zur Nichtigkeit führt.[149] **43**

140 Vgl. *BAG* 29.5.91, AP Nr. 2 zu § 9 BetrVG 1972; Richardi-*Thüsing*, Rn. 61.
141 Wie hier *ArbG Bremen* 6.12.02 – 3 BV 51/02; vgl. auch *BVerwG* 8.5.92, PersR 92, 311.
142 Vgl. *BAG* 12.10.76, a. a. O., das die Möglichkeit eines anderen Verlaufs der Wahl annimmt, wenn die richtige Anzahl der zu wählenden BR-Mitglieder von vornherein festgestanden hätte; wie *BAG* auch *LAG Berlin* 2.5.94 – 9 Ta BV 1/94.
143 *BAG* 15.2.12 – 7 ABN 59/11 zum Rechtschutzbedürfnis einer Nichtzulassungsbeschwerde.
144 GK-*Kreutz*, Rn. 130.
145 A. A. *Fitting*, Rn. 50.
146 Vgl. etwa *BAG* 22.3.00, NZA 00, 1119; *BAG* 19.11.03 – 7 ABR 24/03.
147 So noch *BAG* 27.4.76, AP Nr. 4 zu § 19 BetrVG 1972.
148 *BAG* 19.11.03, NZA 04, 395 ff. = AuR 04, 309 f.
149 *Fitting*, Rn. 4.

44 Für die **Nichtigkeit einer Wahl** kommen beispielsweise in Betracht:
- Durchführung einer BR-Wahl in einem Betrieb, der offensichtlich nicht dem BetrVG unterliegt;[150]
- Wahl eines BR für einen Betriebsteil, obwohl in diesem zusammen mit anderen Betriebsteilen bereits ein gemeinsamer BR gewählt und diese Wahl nicht angefochten worden ist;[151]
- Wahl eines gemeinsamen BR für mehrere Filialen außerhalb des normalen Wahlzeitraums, wenn in einzelnen Filialen bereits ein BR besteht, dessen Aufgaben der gemeinsame BR mitübernehmen soll;[152]
- Wahl eines unternehmenseinheitlichen BR für zwei UN auch dann, wenn sich die AN beider UN in Verkennung des § 3 Abs. 3 BetrVG durch Abstimmung für einen einheitlichen BR ausgesprochen haben;[153]
- Es liegt jedoch keine Nichtigkeit der Wahl vor, wenn auf Grund des Wegfalls des Tarifvertrages nach § 3 BetrVG der Wahlvorstand den Betriebsbegriff verkannt hat[154]
- Bildung eines BR in der Betriebsversammlung durch Zuruf;[155]
- Wahl eines BR in einem Betrieb mit weniger als fünf wahlberechtigten AN, und zwar auch dann, wenn zum Zeitpunkt der Wahl diese Zahl noch erreicht wird, aber feststeht, dass sie unmittelbar nach der Wahl auf Dauer unter fünf wahlberechtigte AN sinkt;[156]
- Wahl eines BR außerhalb des regelmäßigen Wahlzeitraums, ohne dass einer der Ausnahmefälle des § 13 Abs. 2 vorliegt.

45 Die Nichtigkeit kann von **jedem** geltend gemacht werden, der an ihrer Feststellung ein **berechtigtes Interesse** hat. Dabei greift keine Frist ein.[157] Der AG wird sich jedoch dann nicht auf die Nichtigkeit der BR-Wahl berufen können, wenn er von den Gründen Kenntnis gehabt hat oder haben musste und den BR gleichwohl längere Zeit als rechtmäßige Betriebsvertretung anerkannt und als solche behandelt hat (vgl. Rn. 44).

46 Die Geltendmachung der Nichtigkeit ist nicht an ein bestimmtes gerichtliches Verfahren gebunden. Es kann über sie als **Vorfrage** entschieden werden, aber auch in einem besonderen arbeitsgerichtlichen Verfahren.[158] Andererseits umfasst ein Anfechtungsantrag regelmäßig auch den Antrag, die Nichtigkeit festzustellen.[159] Auch die Wahl eines **einzelnen BR-Mitglieds** kann nichtig sein, so z. B., wenn der Betreffende dem Betrieb überhaupt nicht angehört.

2. Folgen der Nichtigkeit

47 Die Feststellung der Nichtigkeit hat **rückwirkende Kraft.** Ein BR, dessen Wahl gerichtlich für nichtig erklärt wurde, hat von **Anfang an nicht bestanden.** Der Betrieb ist als betriebsratslos zu behandeln.

48 Die zwischen dem BR, dessen Wahl für nichtig erklärt wurde, und dem AG abgeschlossenen BV sind zwar **unwirksam.** Der **AG** kann sich jedoch auf die Nichtigkeit der Wahl nicht auch für die Vergangenheit berufen, wenn er in **Kenntnis der Umstände,** die zur Nichtigkeit geführt haben, den BR längere Zeit als rechtmäßige Betriebsvertretung anerkannt und als solche behandelt hat. Einer Berufung auf die Nichtigkeit auch für die Vergangenheit würde der **Einwand der Arglist entgegenstehen.**[160] Unabhängig von der Frage der normativen Wirkung solcher BV werden jedenfalls auf **individualrechtlicher Ebene** BV, die zwischen dem AG und einem rechtlich nicht existenten BR in der Vergangenheit abgeschlossen worden sind, Wirkung

150 *BAG* 9.2.82, AP Nr. 24 zu § 118 BetrVG 1972; *BAG* 30.4.97 – 7 ABR 60/95, zum Bereich kirchlicher Einrichtungen nach § 118 Abs. 2.
151 *BAG* 11.4.78, AP Nr. 8 zu § 19 BetrVG 1972.
152 *ArbG Regensburg* 20.9.89, BB 90, 852.
153 *ArbG Hamburg* 13.6.06 – 19 BV 16/06.
154 *BAG* 13.3.13 – 7 ABR 70/11.
155 *BAG* 12.10.61, AP Nr. 84 zu § 611 BGB Urlaubsrecht.
156 *LAG Hessen* 22.11.05, AuR 06, 177.
157 *BAG* 27.4.76, AP Nr. 4 zu § 19 BetrVG 1972.
158 Vgl. *Fitting*, Rn. 9 m. w. N.
159 *BAG* 24.1.64, AP Nr. 6 zu § 3 BetrVG.
160 *Fitting*, Rn. 8; a. A. *BAG* 27.4.76, AP Nr. 4 zu § 19 BetrVG 1972; einschränkender GK-*Kreutz*, Rn. 140.

entfalten. Solche BV können individualrechtlich unter dem Gesichtspunkt der allgemeinen Arbeitsbedingungen verbindlich sein.[161] Entsprechendes gilt für Lohnansprüche von BR-Mitgliedern, die im Rahmen der (nichtigen) BR-Tätigkeit entstanden sind. Es wäre treuwidrig, wenn der AG trotz seines Verhaltens einen fortgezahlten Lohn zurückverlangen oder einen noch offen stehenden Lohnanspruch verweigern würde.[162]

IV. Streitigkeiten

Die Entscheidung über die Wahlanfechtung erfolgt im arbeitsgerichtlichen Beschlussverfahren (§§ 2 a, 80 ff. ArbGG). Das Gericht hat, auch wenn keine Ausforschungspflicht besteht,[163] den **Sachverhalt von Amts wegen** zu erforschen. Das ArbG ist deshalb nicht an die vom Antragsteller vorgebrachten Anfechtungsgründe gebunden, sondern hat sämtliche Anfechtungsgründe, auf die es im Laufe des Verfahrens stößt, von Amts wegen zu berücksichtigen. Das gilt unabhängig davon, ob sich die Beteiligten darauf berufen oder nicht.[164] Deshalb kann ein Anfechtungsgrund auch später nicht wirksam fallen gelassen werden.[165] **49**

§ 20 Wahlschutz und Wahlkosten

(1) Niemand darf die Wahl des Betriebsrats behindern. Insbesondere darf kein Arbeitnehmer in der Ausübung des aktiven und passiven Wahlrechts beschränkt werden.
(2) Niemand darf die Wahl des Betriebsrats durch Zufügung oder Androhung von Nachteilen oder durch Gewährung oder Versprechen von Vorteilen beeinflussen.
(3) Die Kosten der Wahl trägt der Arbeitgeber. Versäumnis von Arbeitszeit, die zur Ausübung des Wahlrechts, zur Betätigung im Wahlvorstand oder zur Tätigkeit als Vermittler (§ 18 a) erforderlich ist, berechtigt den Arbeitgeber nicht zur Minderung des Arbeitsentgelts.

Inhaltsübersicht

I. Vorbemerkungen

Mit den in dieser Bestimmung angesprochenen **Verboten der Behinderung oder unzulässigen Wahlbeeinflussung** der BR-Wahl soll sichergestellt werden, dass die Wahl entsprechend den gesetzlichen Bestimmungen frei und ungehindert durchgeführt werden kann. Von dem Begriff der Behinderung nach Abs. 1 werden alle rechtswidrigen Einschränkungen der Handlungsfreiheit im Rahmen der BR-Wahl erfasst, während das Wahlbeeinflussungsverbot nach Abs. 2 auf die innere Willensbildung abstellt.[1] Der Begriff »Wahl« ist dabei im weitesten Sinne zu verstehen und umfasst alle mit der Wahl zusammenhängenden oder ihr dienenden Handlungen, Betätigungen und Geschäfte.[2] Die Verbote richten sich gegen **jedermann,** insbes. gegen den AG. Dieser hat sich bei der BR-Wahl strikt jeder Meinungsäußerung und jeglichen **1**

---

161 GK-*Kreutz*, a. a. O.
162 GK-*Kreutz*, a. a. O., m. w. N.; vgl. auch *LAG Düsseldorf* 9.4.79, DB 79, 2140, zu der Verpflichtung des AG, Schulungskosten für BR-Mitglieder zu tragen, die vor der Feststellung der Nichtigkeit der BR-Wahl entstanden sind; ebenso *Fitting*, a. a. O.
163 *Fitting*, Rn. 52.
164 *BAG* 3.6.69, AP Nr. 17 zu § 18 BetrVG; *Fitting*, Rn. 52 m. w. N.
165 *BAG* 3.10.58, AP Nr. 3 zu § 18 BetrVG; *Fitting*, a. a. O.
1 *Fitting*, Rn. 13; Richardi-*Thüsing*, Rn. 8.
2 *Fitting*, Rn. 5 m. w. N.; *Halberstadt*, Rn. 2; vgl. auch *BayObLG* 29.7.80, BB 80, 1638, zur Strafvorschrift des § 119.

Einflusses auf die Zusammensetzung des BR zu enthalten. Der AG hat **Neutralität** zu üben.[3] Ein Verstoß gegen die in dieser Vorschrift enthaltenen Verbote setzt zwar die Rechtswidrigkeit voraus; auf **Verschulden** oder sonstige subjektive Elemente kommt es aber **nicht an.**[4] Die Vorschrift des § 20 enthält zwingendes Recht, so dass auf den in ihr enthaltenen Wahlschutz nicht verzichtet werden kann.[5] Im Übrigen bringt die Strafvorschrift des § 119 Abs. 1 Nr. 1 eine **Ergänzung** des Verbots der Wahlbehinderung.

2 Es wird nicht nur die eigentliche Durchführung der BR-Wahl, sondern die Wahl in ihrem **gesamten Bereich** geschützt. Daher ist es beispielsweise auch unzulässig, folgende mit der Wahl zusammenhängende Handlungen und Maßnahmen zu behindern oder in unzulässiger Weise zu beeinflussen:

- Bestellung des WV nach § 17 Abs. 1, § 17 a, Einleitung und Durchführung von Wahlversammlungen nach § 14 a und Betriebsversammlungen nach § 17 Abs. 2;
- Tätigkeit des WV und des Vermittlers nach § 18 a;
- Verbot der Nutzung der im Betrieb vorhandenen Informations- und Kommunikationstechnik durch den WV, wenn dieser das Wahlausschreiben oder andere Wahlunterlagen auch in elektronischer Form bekannt machen will (vgl. etwa § 2 Abs. 4 WO);
- Aufstellung von Wahlvorschlägen und Sammlung von Unterschriften für sie;
- Werbung für bestimmte Wahlvorschläge durch AN des Betriebs (zur Wahlwerbung der Gewerkschaften vgl. Rn. 23 ff.);
- Einleitung und Durchführung eines gerichtlichen Verfahrens zur Feststellung, ob eine betriebsratsfähige Organisationseinheit vorliegt (§ 18 Abs. 2);
- Teilnahme am Wahlgang;
- Einleitung und Durchführung eines Anfechtungsverfahrens;
- Einladung zu gleichzeitig zum Wahltag stattfinden Seminaren oder Veranstaltungen des Betriebes.

3 Verboten ist somit **jede Begünstigung oder Benachteiligung,** sofern sie geeignet ist, auf Wahlbeteiligte – wie etwa Wähler, Kandidaten, WV-Mitglieder, Unterzeichner von Wahlvorschlägen – dahingehend einzuwirken, dass sie ihre Wahlbefugnisse nicht nach eigener Willensentscheidung, sondern in dem von dritter Seite (z. B. vom AG) gewünschten Sinne ausüben.[6] Es ist daher nicht nur eine Wahlbeeinflussung durch Zufügung von Nachteilen (z. B. Versetzung auf einen schlechteren Arbeitsplatz) oder entsprechende Androhungen, sondern auch die Gewährung von Vorteilen (z. B. Versetzung auf einen besseren Arbeitsplatz) verboten.

4 Zur Anwendung der Vorschrift ist nicht immer notwendig, dass konkrete Nachteile ausdrücklich angedroht werden. So können sich unzulässige **Einwirkungsversuche des AG** bereits aus der Art und Weise seines Vorgehens ergeben, etwa dadurch, dass er gegenüber AN erklärt, bei einer Nichtbeachtung seiner Hinweise könnten sich nachteilige Auswirkungen, wenn auch nur in Bezug auf die bisherige Zusammenarbeit und das Vertrauensverhältnis, einstellen.[7] Vor allem die besondere Position des AG und das soziale Abhängigkeitsverhältnis der bei ihm Beschäftigten machen es erforderlich, dass sich der AG jeder Einflussnahme auf die BR-Wahl enthält. Es wird deshalb mit Recht, wenn auch verschiedentlich mit anderer Begründung, die Auffassung vertreten, dass sich der AG in die Wahl und die **Wahlpropaganda** für bestimmte Kandidaten überhaupt nicht einschalten darf.[8] Der AG hat bei der Wahl der betrieblichen AN-Repräsentanten strikte **Enthaltung** und **Neutralität** zu üben.[9] Eine verbotene Wahlbeeinflussung liegt auch dann vor, wenn der AG in einem Schreiben die AN darauf hinweist, dass bei der Wahl einer Gewerkschaftsliste dem UN schwerer Schaden zugefügt wird.[10] Ebenso liegt in der Gewährung von finanziellen Vorteilen, sein sie direkt oder indirekt gewährt, eine strafbare Wahlbeeinflussung.

---

3 *ArbG Berlin* 8.8.84 – 18 BV 5/84; vgl. auch Rn. 4.
4 GK-*Kreutz*, Rn. 12.
5 GK-*Kreutz*, Rn. 5.
6 *Fitting*, Rn. 17 ff.
7 *Kehrmann*, in Benze u. a., MitbG '76, § 20 Rn. 10 m. w. N.
8 *Kehrmann*, a. a. O., § 20 Rn. 11 m. w. N.
9 So grundsätzlich auch *ArbG Berlin* 8.8.84 – 18 BV 5/84; *Richardi*, Rn. 18.
10 *ArbG Heilbronn* 18.3.99, AiB 99, 581.

Auch aus anderen Vorschriften können **sich Maßregelungsverbote ergeben.** So würde es nicht mehr den Ausgang der BR-Wahl beeinflussen können, wenn ein AN nach seiner Stimmabgabe auf einen Arbeitsplatz mit ungünstigeren Arbeitsbedingungen versetzt werden soll, weil er von seinem Wahlrecht Gebrauch gemacht hat. Das Maßregelungsverbot ergibt sich dann aus § 612 a BGB.[11] 5

Zu dem **besonderen Kündigungsschutz** der Mitglieder des WV und der Wahlbewerber nach § 103 BetrVG sowie § 15 Abs. 3 und 4 KSchG vgl. § 103 Rn. 50 ff. 6

Die Verbote des § 20 gelten entsprechend für **die Wahl der JAV** (§ 63 Abs. 2 Satz 2), der **Bordvertretung** (§ 115 Abs. 2) und des **See-BR** (§ 116 Abs. 2). Auf die Bestellung der Mitglieder des GBR, des KBR, der Gesamt-JAV und des WA findet § 20 keine unmittelbare Anwendung, weil diese Gremien nicht gewählt, sondern durch Entsendung gebildet werden. Die jeweilige Entsendung in diese Betriebsverfassungsorgane ist jedoch eine Tätigkeit des entsendenden Organs, wie etwa des BR bei der Entsendung in den GBR, so dass § 78 Anwendung finden kann. 7

II. Verbot der Wahlbehinderung und unzulässigen Wahlbeeinflussung

Das Verbot der Behinderung der BR-Wahl schützt alle diejenigen, die im Zusammenhang mit der Einleitung und der Durchführung der Wahl oder der Feststellung des Wahlergebnisses **Wahlhandlungen** vornehmen. Der sich auf den WV und seine einzelnen Mitglieder erstreckende Schutz wird durch § 103 i. V. m. § 15 Abs. 3 KSchG ergänzt. Das Verbot der Behinderung der BR-Wahl gilt selbst dann, wenn der **WV nicht rechtmäßig** zustande gekommen ist. Auch dann darf der AG die Arbeit des WV nicht eigenmächtig behindern, sondern muss vielmehr durch das ArbG klären lassen, ob der WV ordnungsgemäß gebildet worden ist.[12] Eine Behinderung der Wahl liegt auch darin, dass sich der AG von den AN eine von ihm verfasste Erklärung unterschreiben lässt, wonach die Belegschaft des Betriebs keinen BR wünscht.[13] 8

Auch **Handlungen** des noch **amtierenden BR,** die dieser bei der Einleitung der Wahl vornimmt, wie z. B. solche im Zusammenhang mit der **Bestellung des WV,** fallen unter das Verbot der Wahlbehinderung. Entsprechendes gilt für das **Sammeln von Unterschriften** für Wahlvorschläge durch Listenvertreter.[14] Das Verbot wirkt sich auch **zu Gunsten** der im Betrieb vertretenen **Gewerkschaft** aus, wenn sie im Zusammenhang mit einer BR-Wahl tätig wird (vgl. z. B. § 16 Abs. 2, § 17 Abs. 2, § 18 Abs. 1). 9

Eine Behinderung der Wahl liegt auch vor, wenn der AG ihm obliegende bestimmte Handlungen **nicht vornimmt**[15] oder wenn er durch **aktive Maßnahmen** die Wahl behindert (z. B. Verbot des Verlassens des Arbeitsplatzes zum Zwecke der Abstimmungen nach § 14 Abs. 2; Verweigerung der erforderlichen Arbeitsbefreiung für die Mitglieder des WV und Unterbindung notwendiger Gespräche zwischen WV-Mitgliedern und AN; Behinderung der Wähler bei der Ausübung der Wahl). Eine Behinderung liegt weiterhin vor, wenn der AG zum Zeitpunkt der geplanten Wahlversammlung eine Erste-Hilfe-Ausbildung anordnet.[16] 10

Eine Behinderung der BR-Wahl liegt – unabhängig von der Durchführung eines Zuordnungsverfahrens nach § 18 a – ferner in der **rechtswidrigen Mitteilung** des AG an wahlberechtigte AN, dass sie leitende Angestellte und deshalb nicht wahlberechtigt seien. Derartige Mitteilun- 11

11 Vgl. GK-*Kreutz,* Rn. 27, der darauf hinweist, dass das Maßregelungsverbot nach § 20 unmittelbar Anwendung findet, wenn ein Nachteil vor der Wahlhandlung angedroht und später zugefügt wird.

12 *AmtsG Detmold* 24.8.78, BB 79, 783, das allerdings ein Eingreifen des AG dann zulassen will, wenn der WV »offensichtlich fehlerhaft« gebildet worden ist.

13 *ArbG München* 26.5.87, DB 87, 2662.

14 Vgl. aber *LAG Berlin* 9.1.79, BB 79, 1036, das in der Weigerung des AG, einen Wahlbewerber zur Sammlung von Unterschriften zur Unterstützung seiner Wahl für die BR-Wahl freizustellen, noch keine Behinderung der Wahl sieht.

15 Z. B. Nichtzurverfügungstellung der für die Wahl notwendigen Unterlagen [vgl. *AmtsG Detmold* 24.8.78, BB 79, 783], wie etwa der für die Anfertigung der Wählerliste erforderlichen Unterlagen zur Wahlversammlung nach § 14 a [vgl. § 28 Abs. 2 WO], der Wahlräume oder materieller Mittel wie Stimmzettel, Wahlurnen.

16 *ArbG Berlin* 29.5.09 – 16 BVGa 9922/09.

gen sind geeignet, die betroffenen AN von der Beteiligung an der Wahl abzuhalten, und zwar allein schon deshalb, weil sie dessen rechtliche Unverbindlichkeit nicht ohne weiteres erkennen können. Zu eng ist dagegen die Auffassung, nach der eine Wahlbehinderung erst vorliegen soll, wenn die Meinungsäußerung des AG als verbindlicher Hinweis aufgefasst werden kann.[17]

12 In Abs. 1 Satz 1 wird ausdrücklich hervorgehoben, dass kein AN in der Ausübung des aktiven und passiven Wahlrechts beschränkt werden darf. Der Gesetzgeber trägt damit dem Umstand Rechnung, dass gerade in diesem Bereich AG versuchen, auf die BR-Wahl Einfluss zu nehmen. Unzulässige Wahlbeeinflussung ist **jede Androhung** von Nachteilen gegenüber Wählern und Wahlbewerbern. Es ist auch verboten, für ein bestimmtes Wahlverhalten **gewisse Vorteile** zu gewähren oder zu versprechen.[18] Eine Gewährung von Vorteilen ist beispielsweise auch die verschleierte finanzielle Unterstützung einseitig einer Liste durch den AG. Hierdurch werden die Straftatbestände des § 119 Abs. 1 Nr. 1 Alt. 2 i. V. m. § 20 Abs. 2 BetrVG erfüllt.[19] Eine Beschränkung des aktiven oder passiven Wahlrechts i. S. d. Abs. 1 Satz 2 liegt nicht nur darin, dass der AG versucht, schriftliche Erklärungen von AN zu erreichen, nach der sie eine BR-Wahl nicht wünschen.[20] Sie ist beispielsweise auch gegeben, wenn der AG die Teilnahme von AN an den Wahlversammlungen nach § 14 a dadurch zu verhindern versucht, dass er durch betriebliche Anweisungen, etwa durch einen Reiseauftrag, AN davon abhält, ihr Wahlrecht auszuüben.

13 Dem AG ist die Einflussnahme auf die Ausübung des Wahlrechts verboten, gleichgültig, welche Mittel er dazu verwendet.[21] Eine solche Beschränkung des Wahlrechts wäre gegeben, wenn der AG die Teilnahme an der Wahl dadurch verhindern will, dass er nicht oder nur unter erschwerten Umständen die Entfernung des AN vom Arbeitsplatz erlaubt. Die betroffenen AN sind allerdings in solchen Fällen berechtigt, sich auch gegen den Willen ihrer Vorgesetzten vom Arbeitsplatz zu entfernen.[22]

14 Unter das Verbot der Behinderung der BR-Wahl fällt eine **Kündigung,** die anlässlich der Betätigung für die Wahl oder im Zusammenhang mit ihr ausgesprochen wird, um die Entsendung des betreffenden AN in den BR zu verhindern.[23] Entsprechendes gilt, wenn ein AN wegen seines Einsatzes bei der BR-Wahl gemaßregelt werden soll.[24] Es kommt dabei nicht einmal darauf an, ob der Gekündigte das passive Wahlrecht besitzt.[25] Der AN ist jedoch nur bei rechtmäßigem Verhalten geschützt. Die Verletzung arbeitsvertraglicher oder gesetzlicher Pflichten ist durch das Behinderungsverbot nicht gedeckt.[26] Einem **gekündigten Wahlbewerber** ist, wenn auch unter Berücksichtigung betrieblicher Notwendigkeiten, **Zugang zum Betrieb** zu gestatten, um Kontakt mit den Wählern aufzunehmen.[27]

15 Neben dem Verbot der Behinderung der BR-Wahl und der Ausübung des aktiven und passiven

17 *LAG Hamm* 27.4.72, DB 72, 1297; *LAG Baden-Württemberg* 31.5.72, DB 72, 1392; *Fitting,* Rn. 18; GK-*Kreutz,* Rn. 17.

18 *BAG* 8.3.57, AP Nr. 1 zu § 19 BetrVG.

19 *BGH* 13.9.10 – 1 StR 220/09.

20 *ArbG München* 26.5.87, DB 87, 2662.

21 *LAG Baden-Württemberg* 31.5.72, DB 72, 1392.

22 So grundsätzlich auch GK-*Kreutz,* Rn. 14.

23 Vgl. *ArbG Iserlohn* 4.6.82 – 1 Ca 12/82.

24 Vgl. *BAG* 13.10.77, AP Nr. 1 zu § 1 KSchG 1969 Verhaltensbedingte Kündigung; vgl. auch Rn. 21.

25 *LAG Rheinland-Pfalz* 5.12.91, AiB 92, 531 mit Anm. *Kunz.*

26 *BAG,* a. a. O.; vgl. auch *BAG* 13.6.96 BB 96, 2098, das darauf hinweist, nach Beendigung des nachwirkenden Kündigungsschutzes könne der AG dem erfolglosen Wahlbewerber wieder wie jedem anderen AN kündigen, wobei er nicht daran gehindert sei, die Kündigung auf Pflichtverletzungen des AN zu stützen, die dieser während der Schutzfrist begangen hat, sofern die Kündigung erkennbar nicht im Zusammenhang mit der Wahlwerbung stehe.

27 Vgl. *ArbG Münster* 11.4.75, DB 75, 1468; vgl. auch *LAG Hamm* 9.1.80, DB 80, 1223, wegen des Zugangs zum Betrieb während der Freischichten; vgl. ferner *ArbG München* 18.11.97, AiB 98, 161, das einen gekündigten Wahlbewerber, über dessen Kündigungsschutzklage das ArbG noch nicht abschließend entschieden hat, als berechtigt ansieht, den Betrieb zum Zwecke der Wahlwerbung zumindest zeitweise zu betreten, wobei er diesen Anspruch durch eine einstweilige Verfügung durchsetzen kann; wie hier auch *Fitting,* Rn. 16; a. A. GK-*Kreutz,* Rn. 15, der eine Wahlbehinderung allerdings dann als gegeben ansieht, wenn der AG einem Wahlbewerber während der Freischichten das Betreten des Betriebs zum Sammeln von Stützunterschriften für seinen Wahlvorschlag verbietet;

Wahlrechts besteht das Verbot der Beeinflussung der BR-Wahl durch Zufügung oder Androhung von Nachteilen oder durch Gewährung oder Versprechen von Vorteilen (Abs. 2). Es geht hierbei um die Einflussnahme auf die **innere Willensbildung** der an der Wahl beteiligten Personen (vgl. Rn. 1). Eine solche verbotene Einflussnahme ist bereits dann gegeben, wenn sich der Handelnde darüber bewusst ist, dass er einen an der Wahl Beteiligten begünstigen oder benachteiligen will.[28] Es ist somit nicht einmal die Absicht erforderlich, den Ausgang der Wahl zu beeinflussen.

16 Eine unzulässige Wahlbeeinflussung i. S. d. Abs. 2 sind etwa Hinweise und Empfehlungen des AG, das **Wahlrecht in bestimmter Weise oder überhaupt nicht auszuüben.**[29] Auch die tatsächliche und finanzielle Unterstützung einer Gruppe von Kandidaten durch den AG bei der Herstellung einer Wahlzeitung stellt einen Verstoß gegen Abs. 2 dar, der zur Unwirksamkeit der BR-Wahl führt.[30] Aber auch **Dritte** können unzulässige Wahlbeeinflussungen ausüben, so etwa, wenn durch Flugblattaktionen gegen den BR gehetzt wird.[31] Es stellt aber keine unzulässige Wahlbeeinflussung dar, wenn an ausländische AN Handzettel mit Wahlempfehlungen verteilt werden.[32] Dagegen kann nach den Umständen des Falles eine unzulässige Wahlbeeinflussung darin liegen, dass der Vorbeter einer mohammedanischen Glaubensgemeinschaft im Kreis türkischer AN bestimmte Wahlempfehlungen abgibt.[33] Eine unzulässige Wahlbeeinflussung liegt auch vor, wenn AN des Betriebs Aushänge des WV mit eigenen Publikationen, mit denen sie Einfluss auf die Wahl nehmen wollen, verdecken oder die Aushänge abreißen oder in sonstiger Weise beschädigen. In einem solchen Vorgehen ist zugleich eine Behinderung der Wahl zu sehen. Im Rahmen der Wahlwerbung (vgl. Rn. 19) nimmt die Nutzung der modernen IuK-Technik immer breiteren Raum ein. Der Arbeitgeber hat es in diesem Zusammenhang zu unterlassen den verschiedenen Wahlbewerbern unterschiedliche Unterstützung bei der Nutzung des firmeninternen Intranets z. B. zukommen zu lassen. Ermöglicht er beispielsweise einer Liste die Nutzung des Intranets zur Wahlwerbung, so muss er allen weiteren Listen, die sich bewerben, den gleichen Raum im Intranet einräumen. Im Zweifel ist sogar die Erstellung eines **Intranet-Auftrittes** anderer Wahlbewerber erst zu ermöglichen, damit alle Wahlbewerber den gleichen Zugang zu Wahlwerbung haben. Eine Wahlbeeinflussung z. B. durch Unterlassen der gleichen Unterstützung, würde die Wahl anfechtbar machen.

17 Die Wahlbeeinflussung kann **materieller Natur** sein, wie z. B. die Versetzung auf einen schlechteren Arbeitsplatz oder auch nur eine entsprechende Androhung. Das gilt auch für die **Gewährung von Vorteilen,** beispielsweise die Versetzung auf einen besseren Arbeitsplatz. Es kann sich aber auch um angedrohte oder zugefügte Nachteile **immaterieller Natur** handeln. Sie brauchen nicht einmal unmittelbar den zu beeinflussenden AN zu treffen. Es genügt, wenn die Begünstigung oder Benachteiligung Dritter – etwa Angehöriger – geeignet ist, den AN in seinem Verhalten zu beeinflussen.[34] In Betracht kommt auch die unzulässige Beeinflussung von Teilen oder der ganzen Belegschaft. Auf die moralische Anstößigkeit kommt es nicht an.[35]

18 Das Verbot der Beeinflussung der BR-Wahl durch Zufügung oder Androhung von Nachteilen oder durch Gewährung oder Versprechen von Vorteilen ergreift auch solche Maßnahmen, die **nachträglich** erfolgen, also das Wahlergebnis an sich nicht mehr beeinflussen können.[36] Un-

---

28 GK-*Kreutz,* Rn. 25.

29 *Löwisch,* TK-BetrVG, Rn. 3, allerdings mit der Einschränkung, dass dies nur gilt, wenn die Hinweise und Empfehlungen des AG als Anweisungen zu verstehen sind; a. A. *LAG Köln* 15.10.93, a. a. O., das eine bloße Eignung zur Erschwerung als nicht ausreichend ansieht und eine Behinderung nur dann als gegeben ansieht, wenn die Wahl tatsächlich erschwert oder unmöglich gemacht wird.

30 *BAG* 4.12.86, AP Nr. 13 zu § 19 BetrVG 1972.

31 Vgl. *BAG* 13.10.77, AP Nr. 1 zu § 1 KSchG 1969 Verhaltensbedingte Kündigung.

32 *LAG Hamm* 12.2.76, DB 76, 922.

33 Verneinend *LAG Hamm,* a. a. O.

34 GK-*Kreutz,* Rn. 26.

35 GK-*Kreutz,* a. a. O.

36 So grundsätzlich auch *Fitting,* Rn. 19; vgl. auch GK-*Kreutz,* Rn. 27, nach dessen Auffassung der Wahlschutz keine Nachwirkung hat, etwas anderes aber gelten soll, wenn der Nachteil vor der Wahlhandlung angedroht und später zugefügt wird.

abhängig davon kann eine Maßregelung wegen eines bestimmten Wahlverhaltens nach den §§ 138, 242 oder § 612 a BGB unwirksam sein.[37] Außerdem können solche Maßnahmen **Schadensersatzansprüche** des betroffenen AN auslösen.[38]

19 Die **Wahlwerbung** durch AN oder durch die im Betrieb vertretenen Gewerkschaften zählt zu den wahlvorbereitenden Maßnahmen (h. M.). Sie ist wesentlicher Bestandteil der BR-Wahl.[39] Das Recht auf Wahlwerbung wird durch die allgemeine Meinungsfreiheit und für die Gewerkschaften zusätzlich durch Art. 9 Abs. 3 GG gedeckt.[40] Die einzelnen Bewerber oder hinter ihnen stehende Wählergruppierungen (zum Recht der Gewerkschaft auf Werbung vgl. Rn. 23 ff.) können somit auch im Betrieb für sich bzw. für die von ihnen aufgestellten Kandidaten werben. So ist beispielsweise das Verteilen von Handzetteln zugunsten einzelner Kandidaten oder Wahlvorschläge auch während der Arbeitszeit zulässig, sofern keine erhebliche Störung des betrieblichen Ablaufs eintritt.[41] Die Propaganda für oder gegen einen Kandidaten oder eine Vorschlagsliste ist keine Wahlbehinderung; selbst dann nicht, wenn die Propaganda wahrheitswidrig ist.[42] Dagegen darf der **AG** nicht für einzelne Kandidaten oder zu Gunsten bestimmter AN-Gruppen werben, da die **Wahl des BR allein Sache der AN des Betriebs** ist.[43] Nicht nur die Werbung für sich selbst oder eine bestimmte Gruppierung ist erlaubt, sondern auch Propaganda gegen andere Kandidaten oder Wahlvorschläge. Darin liegt für sich allein noch keine unzulässige Wahlbeeinflussung. Sie liegt jedoch vor, wenn es sich um eine **diffamierende und grob wahrheitswidrige Propaganda** gegen Wahlbewerber handelt; vor allem dann, wenn der strafrechtliche Tatbestand der Beleidigung oder der zivilrechtliche Tatbestand der unerlaubten Handlung (§§ 823, 826 BGB) erfüllt wird.[44] Der von einer diffamierenden Propaganda betroffene Wahlbewerber kann vor dem ArbG im Wege des Beschlussverfahrens (ggf. mittels einer einstweiligen Verfügung) Unterlassung verlangen, um einer Wahlanfechtung vorzubeugen. Es handelt sich um eine betriebsverfassungsrechtliche Streitigkeit.[45] Daneben kommt, wenn der Tatbestand der Beleidigung erfüllt ist, der Rechtsschutz vor den ordentlichen Gerichten in Betracht.

III. Rechtsfolgen bei Verstößen

20 Verstöße gegen die in den Abs. 1 und 2 ausgesprochenen Verbote stellen eine **strafbare Handlung** dar. Sie können nach § 119 Abs. 1 mit Freiheitsstrafe bis zu einem Jahr oder mit Geldstrafe bestraft werden. Darüber hinaus handelt es sich um **gesetzliche Verbote** i. S. d. § 134 BGB. Rechtsgeschäftliche Maßnahmen gegenüber Wahlbeteiligten mit dem Ziel, die Wahl zu behindern oder zu beeinflussen, sind daher nichtig. Unerheblich ist dabei, ob der Begünstigte zugestimmt hat. Sowohl für die strafrechtliche Bedeutung als auch für die Frage der Nichtigkeit des Rechtsgeschäfts ist es daher unerheblich, ob ein Wahlbewerber, dem der AG zum Zwecke der Beeinflussung der Wahl einen besseren Arbeitsplatz versprochen hat, diesen Vorteil annimmt. Ferner kann ein AN, der durch Verstöße gegen die Regelungen der Abs. 1 und 2 geschädigt worden ist, **Schadensersatz** nach § 823 Abs. 2 BGB verlangen, da es sich um ein Schutzgesetz i. S. d. Vorschrift handelt (h. M.). Soll in einem betriebsratslosen Betrieb, der die Voraussetzungen des § 1 erfüllt, in einer Betriebsversammlung ein WV gewählt werden und wird die Einberufung und Durchführung dieser BR-Wahl behindert, so stellt das einen Straftatbestand des § 119 Abs. 1 Nr. 1 dar.[46]

---

37 GK-*Kreutz*, a. a. O.

38 *Fitting*, Rn. 34; Richardi-*Thüsing*, Rn. 30; vgl. auch Rn. 20.

39 Vgl. *BAG* 2.12.60, AP Nr. 2 zu § 19 BetrVG.

40 Vgl. *BVerfG* 30.11.65, AP Nr. 7 zu Art. 9 GG; *Fitting*, Rn. 25 m. w. N.

41 So grundsätzlich *Fitting*, Rn. 8; a. A. GK-*Kreutz*, Rn. 19;

42 Vgl. *LAG Köln* 15.10.93, NZA 94, 431.

43 Vgl. Richardi-*Thüsing*, Rn. 17 f.; zur unzulässigen Wahlbeeinflussung des AG durch tatsächliche und finanzielle Unterstützung einer Gruppe von Kandidaten bei der Herstellung einer Wahlzeitung vgl. Rn. 16.

44 Vgl. *Fitting*, Rn. 11, die darauf hinweisen, dass eine bloß wahrheitswidrige Propaganda noch keine Behinderung der Wahl darstellt.

45 GK-*Kreutz*, Rn. 33; grundsätzlich auch Richardi-*Thüsing*, Rn. 15; a. A. *Fitting*, a. a. O., die in solchen Fällen das ordentliche Gericht als zuständig betrachten.

46 *BayObLG* 29.7.80, BB 80, 1638.

Kündigungen, die zum Zwecke der Beeinflussung der BR-Wahl ausgesprochen wurden, etwa deswegen, um bestimmte AN vom aktiven oder passiven Wahlrecht abzuhalten, sind nichtig.[47] Ein wichtiger Grund für eine fristlose Kündigung kann allerdings darin liegen, dass ein AN bei der Werbung für die Wahl zum BR die Ehre anderer **schwerwiegend verletzt** und dabei zugleich parteipolitisch mit **verfassungsfeindlicher Zielsetzung** agiert.[48] Die Beweislast dafür, dass durch die Kündigung die Wahl behindert oder beeinflusst werden sollte, obliegt zwar grundsätzlich dem AN. Es kommen jedoch die Grundsätze **des Beweises des ersten Anscheins** zur Anwendung.[49] Das gilt vor allem dann, wenn der AG eine allgemein betriebsratsfeindliche Haltung erkennen lässt,[50] oder es außer der anstehenden BR-Wahl keinen weiteren erkennbaren Zusammenhang gibt. **21**

Schließlich kann eine Behinderung oder Beeinflussung der Wahl i. S. d. Abs. 1 und 2 zu einer **Wahlanfechtung** nach § 19, in besonders schweren Fällen auch zur Nichtigkeit der Wahl führen.[51] **22**

IV. Werbetätigkeiten der Gewerkschaften

Die im **Betrieb vertretenen Gewerkschaften** sind berechtigt, anlässlich einer BR-Wahl eine **Werbetätigkeit** vorzunehmen, insbesondere durch Werbung auch per E-Mail[52] für bestimmte Wahlvorschläge oder Kandidaten. Das ergibt sich nicht nur aus ihrer Unterstützungs- und Beratungsfunktion im Rahmen der Betriebsverfassung. Die Gewerkschaften haben auch deshalb ein berechtigtes Interesse an dem Ausgang der Wahlen, weil ihre sozialpolitische Repräsentanz im Betrieb und darüber hinaus auch an ihrem Erfolg bei den BR-Wahlen gemessen wird.[53] Die übliche Wahlwerbung der Gewerkschaft bei einer BR-Wahl gehört bereits zu ihren **koalitionsrechtlichen Befugnissen.** Die koalitionsmäßige Betätigung der Gewerkschaft ist nicht von vornherein auf einen Kernbereich beschränkt, sondern erstreckt sich auf **alle koalitionsspezifischen Verhaltensweisen.** Auch im Rahmen der betrieblichen Mitbestimmung fördern die Gewerkschaften die Arbeits- und Wirtschaftsbedingungen ihrer Mitglieder und nehmen eine verfassungsrechtlich geschützte Funktion wahr.[54] Eine solche Werbetätigkeit der Gewerkschaften stellt daher keine unzulässige Wahlbeeinflussung dar.[55] **23**

Im Rahmen des Wahlkampfes darf sich eine Gewerkschaft auch mit **konkurrierenden Gewerkschaften** und anderen Gruppierungen auseinandersetzen, sofern die Propaganda nicht in **Hetze** ausartet.[56] Es gehört zum Wesen des Wahlkampfes, dass Kritik auch an konkurrierenden Gewerkschaften geübt wird.[57] Dabei ist eine **vergleichende** Werbung grundsätzlich zulässig.[58] **24**

Der Gewerkschaft ist es auch erlaubt, auf ihre Mitglieder dahingehend einzuwirken, dass sie keine Wahlvorschläge unterschreiben, die von konkurrierenden Gewerkschaften oder Gruppierungen unterstützt werden. Sie kann ihnen wegen der Verletzung der gewerkschaftlichen Solidaritätspflicht mit den satzungsmäßigen Mitteln der Gewerkschaft bis hin zur **Androhung des Ausschlusses** untersagen, dass ein Mitglied auf einer derartigen Liste kandidiert, da anderenfalls die Geschlossenheit der Organisation und die Durchsetzungskraft gegenüber dem sozialen Gegenspieler gefährdet sein können. Verbandsinterne Regularien, die die Geschlossenheit und Durchsetzungsfähigkeit der Gewerkschaft sicherstellen sollen, sind **zentrales** **25**

47 Vgl. *BAG* 13.10.77, AP Nr. 1 zu § 1 KSchG 1969 Verhaltensbedingte Kündigung; vgl. auch *LAG Rheinland-Pfalz* 5.12.91, AiB 92, 531 mit Anm. *Kunz; ArbG München* 26.5.87, DB 87, 2662; *Fitting*, Rn. 15 m. w. N.
48 *BAG* 15.12.77, AP Nr. 69 zu § 626 BGB.
49 *Fitting*, Rn. 33; Richardi-*Thüsing*, Rn. 29.
50 *Fitting*, a. a. O.
51 Vgl. *BAG* 8.3.57, AP Nr. 1 zu § 19 BetrVG; Richardi-*Thüsing*, Rn. 28; wesentlich enger *Fitting*, Rn. 32.
52 *BAG* 20.1.09 – 1 AZR 515/08 hier zur gewerkschaftlichen Mitgliederwerbung an Firmenmailadresse.
53 *Fitting*, Rn. 25.
54 *BVerfG* 24.2.99 – 1 BvR 123/93; vgl. auch Rn. 26.
55 Vgl. *BVerfG* 30.11.65, AP Nr. 7 zu Art. 9 GG; *BAG* 2.12.60, AP Nr. 2 zu § 19 BetrVG; *Fitting*, a. a. O.; GK-*Kreutz*, Rn. 23.
56 Vgl. *BAG* 14.2.67, AP Nr. 10 zu Art. 9 GG.
57 *BVerfG* 30.11.65, AP Nr. 7 zu Art. 9 GG.
58 *BGH* 7.1.64, AP Nr. 1 zu § 1004 BGB und *BGH* 6.10.64, AP Nr. 6 zu § 54 BGB.

Schutzgut des Art. 9 Abs. 3 GG.[59] Es ist einem AN zuzumuten, nicht auf der **Liste konkurrierender Gewerkschaften** zu kandidieren oder diese offen zu unterstützen, da damit stets die **gewerkschaftliche Solidaritätspflicht verletzt wird.**[60] Dies gilt umso mehr, als die Gewerkschaft ihre Mitglieder nicht frei auswählen, sondern einem Aufnahmezwang unterliegen kann.[61] Die Respektierung der eigenen gewerkschaftlichen Vorschlagsliste gehört auch dann zu den wesentlichsten verbandsrechtlichen Pflichten eines Gewerkschaftsmitglieds, wenn die gewerkschaftliche Liste von einem von den betriebsangehörigen Gewerkschaftsmitgliedern zu diesem Zweck gewählten Repräsentationsorgan aufgestellt worden ist; andernfalls ist eine Ausschlussdrohung nicht als unzulässig anzusehen.[62] Gewerkschaftsfeindlich ist auch die Kandidatur auf einer Liste, die von dem Programm bestimmt wird, die Gewerkschaften allgemein oder die Grundordnung, die ihre freie Betätigung garantiert, zu bekämpfen.[63]

26 Die **gewerkschaftliche Solidaritätspflicht** ist auch verletzt, wenn ein Gewerkschaftsmitglied auf einer **sog. freien oder neutralen Liste** kandidiert. Auch dann ist die Androhung eines Ausschlusses aus der Gewerkschaft regelmäßig nicht als rechtswidrige Nachteilsandrohung i. S. v. § 20 Abs. 2 anzusehen. Diese Feststellung trifft auch zu, wenn Mitglieder der Gewerkschaft eine **konkurrierende Liste** zu der gewerkschaftlich unterstützten Liste aufstellen. Die Glaubwürdigkeit der Wahlaussagen der Gewerkschaft und das Vertrauen in ihre Durchsetzungsfähigkeit hängen wesentlich von dem Eindruck ihrer Geschlossenheit ab. Konkurrierende Listen eigener Mitglieder wirken dem entgegen.[64]

V. Kosten der Wahl und Arbeitsversäumnis

27 Abs. 3 Satz 1 dieser Vorschrift geht von dem Grundsatz aus, dass der AG alle im Zusammenhang mit der BR-Wahl entstehenden Kosten zu tragen hat. Es handelt sich somit um eine **Kostentragungspflicht im weitesten Sinne.**[65] Es geht dabei sowohl um sachliche als auch um andere Kosten, wie etwa persönliche Kosten der Mitglieder des WV oder auch um Kosten der zuständigen **Gewerkschaft** im Zusammenhang mit der Durchführung der Wahl[66]. Erfasst werden alle Kosten, auch diejenigen, die bereits vor der Einleitung der BR-Wahl entstehen können. Dazu gehören z. B. Kosten für die Vorbereitung und Durchführung von Wahlversammlungen nach § 14 a oder Betriebsversammlungen nach § 17 Abs. 2. Zu tragen sind aber auch die Kosten für eine Wahlanfechtung.[67]

28 Zu den **sachlichen Kosten,** die der AG im Zusammenhang mit der BR-Wahl zu tragen hat, gehören etwa Kosten für

- die generelle Geschäftsführung des WV, wie z. B. Zurverfügungstellung von Räumlichkeiten, einschließlich der erforderlichen Einrichtung, Schreibmaterial, Aktenordner, Telefon-

59 So *BVerfG* 24.2.99 – 1 BvR 123/93 – hinsichtlich der Verletzung der gewerkschaftlichen Solidarität durch das Aufstellen einer konkurrierenden Liste durch Gewerkschaftsmitglieder; vgl. dazu auch Rn. 26; vgl. ferner *BAG* 2.12.60, AP Nr. 2 zu § 19 BetrVG; enger *BGH* 13.6.66, AP Nr. 5 zu § 19 BetrVG; *BGH* 27.2.78, AP Nr. 27 zu Art. 9 GG; vgl. auch *Fitting,* Rn. 26 ff.; GK-*Kreutz,* Rn. 38; *Gnade,* FS Herschel [1982], S. 150; *Herschel,* AuR 78, 319; *ders.,* AuR 84, 160; nach wie vor differenzierend zwischen »gegnerischer« und »freier Kandidatur« Richardi-*Thüsing,* Rn. 26; *Weiss,* Rn. 8.

60 *Fitting,* a. a. O., die zutreffend darauf hinweisen [Rn. 20], dass die Mitgliedschaft in der Gewerkschaft freiwillig ist und Rechtspflichten sowie eine gewisse Unterwerfung unter die Vereinsmacht begründet.

61 *BGH* 10.12.84, AuR 85, 294; *Sachse,* AuR 85, 267.

62 *Popp,* ZfA 77, 430 ff.

63 Vgl. *BGH* 27.2.78, BGHZ 71, 126 [130].

64 So *BVerfG* 24.2.99 – 1 BvR 123/93 – zu einer Liste »Alternative Metaller« mit dem Hinweis, dass die abträgliche Wirkung konkurrierender Listen eigener Mitglieder auf das Gesamtbild der Gewerkschaft abstrahlt und damit auch das Vertrauen in ihre Durchsetzungsfähigkeit bei Tarifauseinandersetzungen berührt; zur Verletzung der gewerkschaftlichen Solidarität bei der Aufstellung derart konkurrierender Listen und zu den möglichen verbandsinternen Sanktionen wie hier grundsätzlich *Fitting,* Rn. 27 ff.; nach wie vor differenzierend zwischen »gegnerischer« und »freier Kandidatur« Richardi-*Thüsing,* Rn. 25 ff.; vgl. auch GK-*Kreutz,* Rn. 39 f.

65 GK-*Kreutz,* Rn. 47. *Fitting,* Rn.35

66 *BAG* 31.5.00 – 7 ABR 8/99 Die Wahlkosten eines von der Gewerkschaft beauftragten Rechtsanwaltes sind hiernach vom AG zu tragen.

67 *ArbG Gelsenkirchen* 22.8.77, BB 78, 307.

kosten und Briefmarken; die Kostenübernahme durch den AG ist auch dann zwingend, wenn es sich um einen vom ArbG nach § 17 Abs. 4, § 17 a Nr. 4 eingesetzten betriebsfremden WV handelt;[68]

- Stimmzettel, Wahlurnen, Wahlkabinen, Vordrucke, Formularmuster und Portokosten für die Briefwahl;
- die Zurverfügungstellung der im Betrieb vorhandenen Informations- und Kommunikationstechnik, wenn der WV von der Veröffentlichung bestimmter Wahlunterlagen (vgl. etwa § 2 Abs. 4 WO) Gebrauch machen will;
- die Anfertigung der auszuhändigenden und an die Briefwähler zu versendenden Unterlagen einschließlich der Wahlvorschläge bzw. Vorschlagslisten;[69]
- kommentierte einschlägige Gesetzestexte, zu denen mindestens das BetrVG, die WO und das SprAuG einschließlich der WO zu diesem Gesetz gehören;
- die Zurverfügungstellung eines Kraftfahrzeugs, um z. B. die zur Durchführung der BR-Wahl erforderlichen Unterlagen und Gegenstände zu den Wahlräumen in die außerhalb liegenden Betriebsteile zu transportieren;[70]
- durchzuführende Wahlversammlungen nach § 14 a einschließlich deren Vorbereitung und die Durchführung der Betriebsversammlung nach § 17 Abs. 2, § 17 a Nr. 3 zur Wahl eines BR in einem betriebsratslosen Betrieb.
- Die Durchführung einer Wahlanfechtung, auch durch betroffene AN, sofern diese nicht von vornherein aussichtslos oder mutwillig erscheint. Dazu können auch die Kosten einer Vertretung durch einen Rechtsanwalt gehören[71].
- Kosten für die Beratung und Prozessvertretung des Wahlvorstandes durch einen Rechtsanwalt. Für die Erforderlichkeit einer anwaltlichen Vertretung ist der Maßstab des § 40 Abs. 1 BetrVG anzuwenden.[72]

Wenn es sich um vom WV verursachte Kosten handelt, hat er bei der Festsetzung der notwendigen Maßnahmen und den damit verbundenen Kosten einen **Beurteilungsspielraum,** den er nach den für den BR im Rahmen des § 40, § 37 Abs. 2 und 6 geltenden Grundsätzen zu beachten hat.[73] **29**

Auch die Kosten für einen vom **WV zu führenden Rechtsstreit** hat der AG zu tragen.[74] Das gilt auch für die Kosten, die durch die **Beauftragung eines Rechtsanwalts** bei gerichtlichen Streitigkeiten entstehen, da dem WV – wie dem BR hinsichtlich der durch die BR-Tätigkeit entstehenden Kosten nach § 40 – die Wahlmöglichkeit eingeräumt werden muss, ob er das Verfahren selbst führen oder sich der Vertretung durch einen Gewerkschaftsvertreter oder eines Rechtsanwalts bedienen will. Sofern der WV bei pflichtgemäßer verständiger Würdigung der Umstände die Hinzuziehung eines Rechtsanwalts für notwendig erachten konnte, sind die Kosten vom AG zu tragen.[75] Zu den vom AG zu tragenden Kosten gehören ferner die erforderlichen außergerichtlichen **Kosten einer Gewerkschaft**, die ihr in Ausübung ihrer im Zusammenhang mit der BR-Wahl zustehenden Rechte[76] oder durch die Beauftragung eines **30**

68 *Fitting,* Rn. 41; GK-*Kreutz,* Rn. 49;

69 Vgl. *BAG* 3.12.87, AP Nr. 13 zu § 20 BetrVG 1972; vgl. auch *ArbG Halberstadt* 14.2.93, AuA 94, 57, hinsichtlich der Portokosten für die Briefwahl.

70 Zur Kostentragungspflicht vgl. auch *Fitting,* Rn. 35 ff.

71 *Fitting,* Rn. 38, *GK-Kreutz,* Rn. 47

72 *LAG Hamm* (Westfalen) 7. Kammer vom 10.12.13 – 7 TaBV 85/13.

73 *BAG* 3.12.87, AP Nr. 13 zu § 20 BetrVG 1972.

74 Vgl. auch *BAG* 8.4.92, NZA 93, 415, wonach zu den nach § 20 Abs. 3 zu erstattenden Kosten auch solche gehören, die im Rahmen eines arbeitsgerichtlichen Beschlussverfahrens zur Klärung der Befugnisse des WV entstehen.

75 *BAG* 8.4.92, a. a. O.; vgl. auch zur entsprechenden Kostentragungspflicht des AG bei der Hinzuziehung eines Rechtsanwalts durch den BR *BAG* 4.12.79, AP Nr. 18 zu § 40 BetrVG 1972; vgl. auch *BAG* 26.11.74, AP Nr. 6 zu § 20 BetrVG 1972, das die Kosten der Beauftragung eines Rechtsanwalts bei gerichtlichen Streitigkeiten im Zusammenhang mit der BR-Wahl schon in erster Instanz für erforderlich und verhältnismäßig hält, wenn die Rechtsverfolgung nicht offensichtlich aussichtslos erscheint und es sich um eine schwierige Sach- und Rechtslage handelt; vgl. auch *LAG Düsseldorf* 25.10.94, NZA 95, 444; zur Tragung der Rechtsanwaltskosten durch den AG nach § 40 bei Tätigkeit des BR vgl. § 40 Rn. 16 ff.; *LAG* 2.9.05 – 15 TaBV 69/05.

76 *BAG* 16.4.03, AiB 2003, 577; DB 2003, 2234.

Rechtsanwalts in einem Beschlussverfahren zur gerichtlichen Bestellung eines WV entstanden sind.[77] Auch Rechtsanwaltskosten, die ein **Wahlbewerber** für ein **einstweiliges Verfügungsverfahren** während der Zeit der BR-Wahlen aufwenden muss, um die Genehmigung zum Betreten des Betriebs zum Sammeln von Stützunterschriften für seinen Wahlvorschlag, zur Durchführung von Wahlwerbung u. Ä. zu erlangen, sind vom AG zu erstatten.[78] Auch die Kosten einer später als nichtig erklärten BR-Wahl hat der AG zu übernehmen.[79]
Einzig die Kosten für ein von vornherein aussichtsloses Wahlanfechtungsverfahren hat der Arbeitgeber nicht zu tragen.[80]

31 Beim Streit über das Bestehen eines **gemeinsamen Betriebs mehrerer UN** und die sich daraus ergebenden Konsequenzen für die Wahl eines BR sind diejenigen UN als kostenpflichtige AG i. S. d. Abs. 3 anzusehen, die Umstände gesetzt haben, die das Vorliegen eines von ihnen gemeinsam geführten Betriebs ernsthaft als möglich erscheinen lassen. Für die dadurch erwachsende Kostentragungspflicht ist es nicht erforderlich, dass auch tatsächlich ein gemeinsamer Betrieb besteht.[81]

32 Weigert sich der AG, die für die Wahl erforderlichen Gegenstände und Unterlagen zur Verfügung zu stellen, kann sie der WV auf **Rechnung des AG** beschaffen[82] oder ihre Herausgabe bzw. Zurverfügungstellung ggf. gerichtlich durchsetzen. Von dadurch entstehenden Ansprüchen Dritter hat der AG den WV **freizustellen.**[83]

33 Neben den sachlichen Kosten der BR-Wahlen hat der AG auch die **persönlichen Kosten** zu ersetzen, die den Mitgliedern des WV entstehen. Solche Kosten können bei Reisen mit öffentlichen Verkehrsmitteln von oder zu unselbstständigen Nebenbetrieben oder Betriebsteilen im Rahmen der Vorbereitung und Durchführung der Wahl ebenso entstehen wie in den Fällen, in denen diese Reisen mit einem Firmenfahrzeug durchgeführt werden.[84] Benutzt das WV-Mitglied für solche Fahrten seinen **eigenen PKW,** sind ihm die Kosten mit der betriebsüblichen Kilometerpauschale zu erstatten.[85] Eine Kilometerpauschale gilt **Unfallschäden** nicht ab. Die Kostentragungspflicht ergreift grundsätzlich auch die Pflicht zum Ersatz des bei der unmittelbaren WV-Tätigkeit erlittenen **Sachschadens.**[86] Deswegen kommt der Ersatz von Unfallschäden, die ein Mitglied des WV bei der Benutzung seines eigenen PKWs erleidet, auf jeden Fall in Betracht, wenn der AG die Benutzung ausdrücklich gewünscht hat oder diese erforderlich war, damit das WV-Mitglied seine gesetzlichen Aufgaben wahrnehmen konnte.[87]

34 Die Betätigung im WV **findet grundsätzlich während der Arbeitszeit** statt, wobei für die Zeit der Arbeitsversäumnisse das **volle Entgelt** nebst allen Zuschlägen zu zahlen ist. WV-Mitglieder sind, soweit es zur ordnungsgemäßen Durchführung der Wahlhandlungen notwendig ist, von ihrer **beruflichen Tätigkeit zu befreien** (h. M.). Einer Genehmigung zum Verlassen ihres Arbeitsplatzes bedürfen sie **nicht.** Sie haben sich jedoch ab- und zurückzumelden, soweit sie nicht ohnehin freigestellt sind. Eine **allgemeine Freistellung** von WV-Mitgliedern, zumindest des Vorsitzenden, für die Dauer des Wahlverfahrens wird vor allem in größeren Betrieben erforderlich sein.[88] Muss die Tätigkeit des WV aus betriebsbedingten Gründen außerhalb der

77 *BAG* 31.5.00, BB 00, 2574.
78 Vgl. *LAG Hamm* 6.2.80, DB 80, 1223; *LAG Berlin* 11.3.88, AuR 89, 28; zum Sammeln von Stützunterschriften während der Arbeitszeit vgl. Rn. 35.
79 Vgl. *BAG* 29.4.98, AuR 98, 247, zu den BR-Kosten bei einer nichtigen BR-Wahl.
80 *LAG Köln* 15.1.14 – 11 TaBV 48/13.
81 *BAG* 8.4.92, NZA 93, 415.
82 Vgl. *ArbG Limburg* 13.5.87, AuR 88, 122.
83 *BAG* 3.12.87, AP Nr. 13 zu § 20 BetrVG 1972, mit dem Hinweis, dass einerseits die Kosten zur ordnungsgemäßen Durchführung der Wahl erforderlich sein müssten, andererseits der WV zur Ausfüllung des unbestimmten Rechtsbegriffs der Erforderlichkeit einen Beurteilungsspielraum habe.
84 GK-*Kreutz,* Rn. 53.
85 So *BAG* 3.3.83, AP Nr. 8 zu § 20 BetrVG 1972, sofern das WV-Mitglied die Kosten bei vernünftiger Betrachtung als erforderlich ansehen konnte.
86 GK-*Kreutz,* a. a. O.
87 *BAG* 3.3.83, a. a. O., mit der Einschränkung, dass die Fahrt mit dem eigenen PKW dann als erforderlich anzusehen ist, wenn das Mitglied des WV seine Tätigkeit zumutbarerweise mit anderen Verkehrsmitteln nicht erfüllen kann; vgl. auch *Fitting,* Rn. 37.
88 So grundsätzlich GK-*Kreutz,* Rn. 58.

Arbeitszeit durchgeführt werden, haben die betroffenen WV-Mitglieder entsprechend § 37 Abs. 3 Anspruch auf Arbeitsbefreiung unter Fortzahlung des Arbeitsentgelts.[89] **Überstunden,** die ein Mitglied des WV ohne seine Tätigkeit im WV geleistet hätte, sind ihm zu vergüten. Das gilt auch dann, wenn es sich dabei nicht um regelmäßig anfallende Überstunden handelt.[90] Im Streitfalle hat das WV-Mitglied ggf. darzulegen, dass die Arbeitsversäumnis zur Betätigung im WV erforderlich war.[91] Zur Betätigung im WV gehört auch die Tätigkeit von Wahlhelfern, die der WV zu seiner Unterstützung bei der Durchführung der Stimmabgabe und bei der Stimmenauszählung heranzieht.

Nicht nur Mitglieder des WV, sondern alle AN, die im Zusammenhang mit der Wahl tätig **35** werden, dürfen dadurch, auch im Hinblick auf das Entgelt, **keine Nachteile** erleiden. Nach Abs. 3 Satz 2 darf eine wahlbedingte Arbeitsversäumnis nicht zur Minderung des Arbeitsentgelts führen. Dies gilt neben der eigentlichen Wahlhandlung z. B. auch für die Teilnahme an einer Betriebsversammlung zur Wahl eines WV (§ 17) und für die Wahlversammlungen nach § 14 a. Die AN sind so zu stellen, als ob sie während der Zeit der Arbeitsversäumnis **gearbeitet hätten.**

Auch das **Sammeln von Stützunterschriften** für einen Wahlvorschlag (vgl. § 14 Abs. 3 und 4) **36** ist Teil der Wahlhandlung und betrifft die Ausübung des aktiven und passiven Wahlrechts.[92] Das Sammeln von Stützunterschriften kann daher während der Arbeitszeit ohne Entgeltminderung erfolgen.[93] Die gegenteilige Auffassung übersieht, dass die Einreichung von Wahlvorschlägen zu den unverzichtbaren Bereichen der Ausübung des passiven Wahlrechts gehört und jede Erschwerung der Aufstellung von Wahlvorschlägen mit den in § 20 Abs. 3 enthaltenen Grundsätzen nicht vereinbar ist. Eine Verweisung auf das Sammeln von Stützunterschriften für Wahlvorschläge auf Zeiten außerhalb der Arbeitszeit oder während der Pausen stellt eine **unvertretbare Beschränkung** der Ausübung des passiven Wahlrechts dar.

Nehmen **Wahlbewerber** während der Arbeitszeit als Beobachter an der **Stimmauszählung** **37** teil, ist dies ebenfalls eine Wahlhandlung, die unter die Regelung des Abs. 3 Satz 2 fällt.[94]

Die **Kosten** für eine **Wahlwerbung** hat der AG zwar nicht zu übernehmen.[95] Zulässige Wahl- **38** werbung hat der AG jedoch zu gestatten. So kann z. B. die im Betrieb vertretene Gewerkschaft bei einer Wahlwerbung auf betriebliche Anschlagflächen und E-Mailadressen zurückgreifen (zur Wahlwerbung durch die Gewerkschaft vgl. im Übrigen Rn. 23 ff.). Durch den ständig wachsenden Einsatz von Webseiten und »social media«, wie facebook, google+ u. ä. Systemen, im Wahlkampf ist, auch hier für eine gleiche Ausgangsposition der Wahlbewerber zu Sorgen. Genehmigt der AG also den Einsatz solcher Werbemittel oder duldet er Ihn, so kann daraus die Pflicht entstehen, auch allen anderen Wahlbewerbern eine solche Plattform zu bieten, unabhängig von Ihrem Kenntnisstand, um eine Gleichheit der Wahl zu gewährleisten. Die daraus entstehenden Kosten hätte der AG zu tragen.

Zur Betätigung im WV gehört auch die Teilnahme an einer **Schulungsveranstaltung** zur **39** Unterweisung in die Aufgaben eines WV-Mitglieds.[96] Eine entsprechende Kostenerstattungspflicht des AG ist daher zu bejahen, wenn die Schulung der WV-Mitglieder erforderlich ist, um die BR-Wahl ordnungsgemäß durchzuführen.[97]

Mit der Entscheidung vom 7. 6. 84[98] hat das *BAG* seine frühere Rspr.[99] aufgegeben, dass nur ein **40**

---

89 *BAG* 26.4.95, NZA 96, 160; *Fitting*, Rn. 48; GK-*Kreutz*, a. a. O.
90 *BAG* 29.6.88, AP Nr. 1 zu § 24 BPersVG.
91 Vgl. *BAG* 5.3.74, AP Nr. 5 zu § 20 BetrVG 1972.
92 Insoweit zutreffend *LAG Hamm* 6.2.80, DB 80, 1223.
93 A. A. *LAG Berlin* 9.1.79, BB 79, 1036, das in Verkennung der betrieblichen Gegebenheiten den AN zumutet, in den Arbeitspausen bzw. zu Beginn oder Ende der Arbeitszeit die erforderlichen Unterschriften zu sammeln.
94 *Blanke/Berg u. a.*, Rn. 167; a. A. *LAG Schleswig-Holstein* 26.7.89, NZA 90, 118.
95 Vgl. auch *ArbG Düsseldorf* 21.7.81, BB 81, 1579, das darauf hinweist, dass Wahlwerbung ein gesetzlich nicht normierter Wahlverfahrensbestandteil ist.
96 So grundsätzlich *BAG* 7.6.84, AP Nr. 10 zu § 20 BetrVG 1972.
97 So grundsätzlich *LAG Hamm* 30.11.72, DB 73, 288; *LAG Frankfurt* 15.12.72, AuR 73, 315; *Fitting*, Rn. 39; a. A. *ArbG Bielefeld* 1.8.72, AuR 73, 29.
98 AP Nr. 10 zu § 20 BetrVG 1972.
99 26.6.73, 5.3.74, AP Nrn. 3, 5 zu § 20 BetrVG 1972.

besonderer Anlass die Teilnahme eines WV-Mitglieds an einer gewerkschaftlichen Schulung über die Wahl erforderlich machen könne, weil erwartet werden müsse, dass das WV-Mitglied die zur ordnungsgemäßen Wahrnehmung des Amtes erforderlichen Kenntnisse mitbringe oder sich mit den einschlägigen Wahlvorschriften selbst bekannt mache und bei erstmals in den WV berufenen AN darauf abzustellen sei, ob für sie die Möglichkeit bestanden habe, sich im Betrieb von anderen, kenntnisreichen Belegschaftsangehörigen – wie insbesondere BR-Mitgliedern – über ihre Aufgaben unterrichten zu lassen. Das BAG hält jedenfalls eine **kurzzeitige Teilnahme eines erstmals bestellten WV-Mitglieds** auch ohne nähere Darlegung des Fehlens ausreichender Kenntnisse der Wahlvorschriften für erforderlich, wobei im **Streitfalle der AG** darzulegen und ggf. zu **beweisen** habe, dass das erstmals berufene WV-Mitglied schon ausreichende Kenntnisse habe.[100] Das In-Kraft-Treten des BetrVerf-ReformG 2001 hat ohnehin eine andere Situation für die Notwendigkeit von WV-Schulungen mit sich gebracht. Durch die gravierenden Änderungen der Wahlgrundlagen ist ein umfassender Informations- und Schulungsanspruch entstanden, der auch über die BR-Wahlen 2002 hinausgeht.

41 Nach wie vor ist jedoch die in der Entscheidung vom 7.6.84[101] zum Ausdruck kommende Auffassung des *BAG* zu eng, wenn es darauf abhebt, dass bei anderen WV-Mitgliedern allein auf den **konkreten Wissensstand** abzuheben sei. Ein nicht erstmals bestelltes WV-Mitglied, das Anspruch auf Fortzahlung des Arbeitsentgelts während der durch eine Schulungsteilnahme versäumten Arbeitszeit geltend mache, habe darzulegen, dass es keine ausreichenden Kenntnisse über die Wahlvorschriften besitze und die Schulungsmaßnahme zur Behebung dieses Mangels erforderlich sei. Diese Meinung übersieht, dass selbst ein WV-Mitglied, das nicht zum ersten Mal im WV tätig wird, bei jeder BR-Wahl schon wegen des **großen Zeitraumes** zwischen den einzelnen Wahlen (nach der ab 1.1.1989 gegebenen Rechtslage in der Regel vier Jahre) in der Lage sein muss, seine Kenntnisse aufzufrischen und sich mit der zwischenzeitlich **ergangenen neuen Rspr.** vertraut zu machen. Im Übrigen dient eine gründliche Unterweisung von Mitgliedern des WV auch dem AG, da eine falsche Anwendung von Wahlvorschriften eine **Wiederholung der BR-Wahl** mit den damit **verbundenen Kosten** mit sich bringen kann.

42 Auch die Kosten zur Vorbereitung einer erstmaligen BR-Wahl sind durch den AG nach § 37 Abs. 2 analog zu tragen. Dies betrifft insbesondere die Vorbereitung der Wahl während der Arbeitszeit bis zur Bestellung des WV.[102]

VI. Streitigkeiten

43 Entsteht Streit, ob eine **Wahlbehinderung** oder eine unzulässige Wahlbeeinflussung vorliegt, entscheidet das ArbG im Beschlussverfahren (§ 2a Abs. 1 Nr. 1, Abs. 2 i. V. m. §§ 80 ff. ArbGG); erforderlichenfalls im Wege des einstweiligen Verfügungsverfahrens.[103] Verweigert der AG die Beschaffung der erforderlichen Unterlagen, der Gegenstände oder des sonstigen Sachaufwands für die Wahl bzw. stellt er den WV von daraus entstehenden Verpflichtungen gegenüber Dritten nicht frei, kann der WV eine entsprechende Verpflichtung des AG zur Kostentragung im Wege des **arbeitsgerichtlichen Beschlussverfahrens,** ggf. durch Erwirkung einer einstweiligen Verfügung, durchsetzen. Wird der AG rechtskräftig zur Tragung der Kosten verpflichtet, ist der gerichtliche Beschluss nach § 85 Abs. 1 ArbGG der Zwangsvollstreckung fähig.[104] Das ist vor allem dann wichtig, wenn der WV oder einzelne seiner Mitglieder in Ausübung des Amtes Verpflichtungen eingegangen oder bei den Sachkosten oder den persönlichen Kosten in Vorlage getreten sind, der AG seine Kostentragungspflicht aber bestreitet.[105]

44 Streitigkeiten über die Verpflichtung des AG, das **Arbeitsentgelt** wegen der Vornahme von Wahlhandlungen fortzuzahlen, sind dagegen vom ArbG im Urteilsverfahren zu entscheiden.

---

100 *BAG*, a. a. O.
101 AP Nr. 10 zu § 20 BetrVG 1972.
102 *ArbG Kiel* 16.09.2010 – 5 Ca 1030 d/10.
103 Richardi-*Thüsing*, Rn. 32 f.
104 *Fitting*, Rn. 42.
105 *BAG* 3.12.87, AP Nr. 13 zu § 20 BetrVG 1972; *ArbG Halberstadt* 14.2.93, AuA 94, 57.

Dabei sind bestehende **tarifliche Ausschlussfristen** zu beachten. Der Anspruch auf **Auslagenersatz** ist allerdings kein Anspruch aus dem Arbeitsverhältnis, sondern aus dem BetrVG. Er unterliegt deshalb auch nicht den tariflichen Ausschlussfristen.[106]

Zweiter Abschnitt
Amtszeit des Betriebsrats

§ 21 Amtszeit

Die regelmäßige Amtszeit des Betriebsrats beträgt vier Jahre. Die Amtszeit beginnt mit der Bekanntgabe des Wahlergebnisses oder, wenn zu diesem Zeitpunkt noch ein Betriebsrat besteht, mit Ablauf von dessen Amtszeit. Die Amtszeit endet spätestens am 31. Mai des Jahres, in dem nach § 13 Abs. 1 die regelmäßigen Betriebsratswahlen stattfinden. In dem Fall des § 13 Abs. 3 Satz 2 endet die Amtszeit spätestens am 31. Mai des Jahres, in dem der Betriebsrat neu zu wählen ist. In den Fällen des § 13 Abs. 2 Nr. 1 und 2 endet die Amtszeit mit der Bekanntgabe des Wahlergebnisses des neu gewählten Betriebsrats.

Inhaltsübersicht

I. Vorbemerkungen

Die Vorschrift regelt **Beginn, Dauer und Ende der Amtszeit** des BR als Organ. Sie hat Bedeutung für die Ausübung der Beteiligungsbefugnisse des BR sowie für die persönliche Rechtsstellung seiner Mitglieder, insbes. Schutz vor Kündigungen oder Benachteiligungen. Die Amtszeit beträgt i. d. R. 4 Jahre. Abweichungen ergeben sich für BR, die zwischen den regelmäßigen Wahlzeiträumen gewählt worden sind (§ 13 Abs. 2). Je nach Zeitpunkt der Wahl ist ihre Amtszeit kürzer oder länger (§ 13 Abs. 3). 1

Die Vorschrift gilt für die Amtszeit des **See-BR** entsprechend (vgl. § 116 Abs. 2), für die **Bordvertretung** mit der Maßgabe, dass die Amtszeit ein Jahr beträgt (§ 115 Abs. 3 Nr. 1). Für die **JAV** gilt § 64 Abs. 2; ihre Amtszeit beträgt 2 Jahre. Die Vorschrift gilt nicht für **GBR, KBR, GJAV** und **KJAV** da diese Gremien eine Dauereinrichtung ohne best. Amtszeit darstellen.[1] Die Mitgliedschaft der einzelnen entsandten BR- bzw. JAV-Mitglieder endet in diesen Gremien mit Ende ihrer Amtszeit im BR bzw. in der JAV (vgl. § 49, § 57, § 73 Abs. 2 i. V. m. § 49, § 73 b Abs. 2 i. V. m. § 57). In der Praxis werden diese Gremien typischerweise jeweils mit Beginn der regelmäßigen Amtszeiten der neu gewählten BR bzw. JAV personell neu besetzt, wobei die bisherigen Vertreter erneut entsandt werden können. Zum WA vgl. § 107 Abs. 2;[2]; zur Dauer der Mitgliedschaft im EBR § 32 EBRG; zum PR § 26 BPersVG; zur Schwerbehindertenvertretung § 94 Abs. 7 SGB IX; zum Sprecherausschuss § 5 Abs. 4 SprAuG (jeweils 4 Jahre). 2

106 *ArbG Gelsenkirchen* 22.8.77, BB 78, 307.
1 *BAG* 5.6.02 – 7 ABR 17/01, EzA § 47 BetrVG 1972 Nr. 9.
2 Dazu *BAG* 7.4.04 – 7 ABR 41/03, EWiR 05, 59.

3 Die Vorschrift ist **zwingend.** Eine abweichende Regelung der Amtszeit des BR durch TV oder BV ist – abgesehen von der Verlängerung des Übergangsmandats des BR nach § 21 a Abs. 1 Satz 4 – ausgeschlossen.[3] Dies gilt auch für den Fall **abweichender BR-Strukturen nach § 3 Abs. 1 Nr. 1 und 2** bzw. anderer AN-Vertretungsstrukturen nach § 3 Abs. 1 Nr. 3 (vgl. § 3 Abs. 5 Satz 2). Dagegen richtet sich die Amtszeit der **nach § 3 Abs. 1 Nr. 4 und 5 gebildeten zusätzlichen Gremien** allein nach der zu Grunde liegenden Rechtsgrundlage (TV oder ausnahmsweise BV). Werden dort keine besonderen Regelungen zur Amtszeit getroffen, ist ebenfalls von 4 Jahren auszugehen.

4 §§ 21 a und 21 b enthalten besondere Regelungen zum Übergangsmandat und Restmandat des BR. Aus § 1 Abs. 2 ergibt sich die Vermutung eines gemeinsamen Betriebs auch bei Spaltung und Zusammenarbeit mehrerer UN.

II. Beginn der Amtszeit

1. Betriebsratsloser Betrieb

5 Die Amtszeit des BR **beginnt** mit **Bekanntgabe des Wahlergebnisses** (vgl. Rn. 8), wenn im Betrieb zu diesem Zeitpunkt ein BR nicht oder nicht mehr besteht oder der bestehende BR lediglich die Geschäfte gemäß § 22 weiterführt.[4]

6 **Ein BR besteht** im Betrieb **nicht,** wenn eine BR-Wahl erstmalig durchgeführt wird oder die regelmäßige Amtszeit des alten BR vor Bekanntgabe des Wahlergebnisses abgelaufen oder die BR-Wahl mit Erfolg rechtskräftig angefochten oder der BR durch rkr. gerichtliche Entscheidung aufgelöst worden ist (§ 13 Abs. 2 Nrn. 4, 5; §§ 19, 23 Abs. 1).[5]

7 Mit Bekanntgabe des Wahlergebnisses beginnt die Amtszeit des neuen BR auch bei Neuwahl nach Rücktritt des alten BR sowie in den Fällen, in denen der alte BR nach **§ 13 Abs. 2** außerhalb des regelmäßigen Wahlzeitraums gewählt worden war.[6]

8 **Bekannt gemacht** ist das Wahlergebnis in dem Zeitpunkt, in dem es vom WV gemäß § 18 WO im Betrieb ausgehängt wird. Erfolgt dies an mehreren Stellen des Betriebs an verschiedenen Tagen, ist wie bei dem Aushang des Wahlausschreibens der Tag des letzten Aushangs maßgebend.[7] Nicht maßgebend ist der Tag der öffentlichen Stimmauszählung (§ 18 Abs. 3; § 13 WO) oder der Tag der Fertigung der Wahlniederschrift (§ 16 WO). Für den Beginn der Amtszeit spielt es keine Rolle, ob die Bekanntmachung nachträglich berichtigt wird.[8] Nicht maßgeblich ist der Zeitpunkt der Bekanntmachung des Wahlergebnisses über elektronische Informations- und Kommunikationstechnik (IuK). Diese hat nach § 18 i. V. m. § 3 Abs. 4 Satz 2 WO nur ergänzende Funktion. Sie ersetzt den Aushang nicht und kann den Beginn der Amtszeit weder nach vorne noch nach hinten verlegen.[9]

9 **Die Amtszeit beginnt** kraft ausdrücklicher gesetzlicher Regelung **am Tage und im Zeitpunkt der Bekanntgabe** des Wahlergebnisses, nicht erst am Tage danach.[10]

10 Unterbleibt die Bekanntgabe des Wahlergebnisses entgegen § 18 WO, beginnt die Amtszeit des neuen BR mit seiner konstituierenden Sitzung.[11]

---

3 GK-*Kreutz*, Rn. 7; HaKo-*Düwell*, Rn. 5; *LAG Hamm* 24.3.10 – 10 TaBVGA 7/10: keine Verlängerung durch Vereinbarung mit AG: gegen *LAG Düsseldorf* 17.5.02 – 18 TaBV 26/02, LAGE § 14 BetrVG 2001 Nr. 2.

4 Vgl. *BAG* 28.9.83, AP Nr. 1 zu § 21 BetrVG 1972; Ausnahme nach *BAG* 5.11.09 – 2 AZR 487/08, AuR 10, 225: Geschäftsführender BR i. S. d. § 22, wenn Bekanntmachung nach § 18 WO unterbleibt: Beginn mit konstituierender Sitzung.

5 Nach *HessLAG* 12.8.93 wird auch die Bestellung des WV nach § 16 Abs. 2 erst mit Rechtskraft des Auflösungsbeschlusses wirksam, AuR 94, 107.

6 GK-*Kreutz*, Rn. 11; vgl. Rn. 16.

7 *Fitting*, Rn. 8; Richardi-*Thüsing*, Rn. 6.

8 Richardi-*Thüsing*, Rn. 6; GK-*Kreutz*, Rn. 12.

9 Ebenso Hako-*Düwell*, Rn. 10; ausführlich zur IuK-Technik bei der BR-Wahl *Schneider/Wedde*, AuR 2007, 26 ff., 28 f.

10 *Fitting*, Rn. 7; GK-*Kreutz*, Rn. 13; HaKo-*Düwell*, Rn. 7; Richardi-*Thüsing*, Rn. 6; ErfK-*Koch*, Rn. 2; a. A. Schaub-*Koch*, § 219, Rn. 1.

11 *BAG* 5.11.09 – 2 AZR 487/08, AuR 10, 225.

Mit Beginn der Amtszeit bestehen grundsätzlich alle Beteiligungsrechte des BR nach diesem und anderen Gesetzen. Nach zweifelhafter Rspr. des *BAG* sind die Beteiligungsrechte des BR nach §§ 111 ff. nicht gegeben, wenn in dem Zeitpunkt, in dem der AG beschließt, eine Betriebsänderung durchzuführen, ein BR (noch) nicht besteht.[12] Voraussetzung ist allerdings auch danach, dass die Planung über die Betriebsänderung bereits abgeschlossen und mit der Durchführung des Plans begonnen wurde.[13] 11

2. Betrieb mit Betriebsrat

Ist bei Bekanntgabe des Wahlergebnisses die **Amtszeit des bisherigen BR** noch nicht abgelaufen, (reguläre Neuwahl) beginnt die Amtszeit des neuen BR am Tage nach dem Ablauf der Amtszeit des alten BR.[14] Endet dessen Amtszeit z. B. am 21.4.2018, beginnt die Amtszeit des neuen BR am 22.4.2018. Niemals bestehen 2 BR nebeneinander. Lediglich die konstituierende Sitzung des neuen BR ist nach § 29 Abs. 1 vor Ablauf einer Woche nach dem Wahltag einzuberufen, also ggf. vor Beginn der Amtszeit. Diese führt aber noch nicht zum Beginn der Amtszeit des neuen BR.[15] 12

Vor Ablauf der Amtsperiode des alten BR stehen dem neuen schon gewählten BR keinerlei **Amtsbefugnisse** zu,[16] selbst wenn er sich bereits konstituiert hat.[17] Vor Beendigung der Amtszeit des alten BR gefasste Beschlüsse sind unwirksam.[18] 13

Gegen Kündigungen sind diese Mitglieder des neuen BR nach § 103, § 15 KSchG geschützt.[19] Der Gesetzgeber hat mit § 15 KSchG und § 103 einen umfassenden und nahtlosen **Kündigungsschutz** für Wahlbewerber und BR-Mitglieder geschaffen. Das Motiv der Regelung, die Träger der Betriebsverfassungsorgane (einschließlich Wahlbewerber und Mitglieder des WV) vor Kündigungen zu schützen, würde verwässert, würde man in der kurzen Interimszeit den gewählten BR-Mitgliedern, die noch nicht im Amt sind, den besonderen Kündigungsschutz aus diesen Vorschriften verweigern. Dies gilt auch für das Zustimmungserfordernis des § 103.[20] 14

Das Amt des neu gewählten BR **beginnt,** ohne dass eine besondere Handlung oder Erklärung erforderlich ist.[21] Das *BAG*[22] sah früher die Konstituierung als zwingende Voraussetzung der Amtsausübungsbefugnis an; vgl. § 26 Rn. 6. Der Zusammentritt des BR und seine Konstituierung haben jedoch lediglich geschäftsordnungsmäßige Bedeutung.[23] Eine Unterscheidung zwischen **Amtsbeginn und Amtsausübungsbefugnis** kann aus dem Gesetz nicht abgeleitet werden.[24] Sie widerspräche auch der von Gesetzgeber und Rspr. gewollten lückenlosen Kontinuität des BR-Amts.[25] 15

Weicht die Amtszeit des bestehenden BR von der regelmäßigen Amtszeit von 4 Jahren ab, sei 16

---

12 *BAG* 20.4.82, DB 82, 961. Dies soll selbst dann gelten, wenn dem AG bekannt war, dass im Betrieb ein BR gewählt werden sollte (*BAG* 28.10.92, DB 93, 385 a. a. O.; a. A. *M. Kraushaar*, AuR 00, 245; *ArbG Reutlingen* 29.10.98, AuR 98, 492; *LAG Saarland* 14.5.03 – 2 TaBV 7/03, AuR 05, 33 mit Anm. *B. Kraushaar; LAG Köln* 5.3.07 – 2 TaBV 10/07, AuR 07, 326; § 111 Rn. 124 f., *HessLAG* 15.10.13 – 4 TaBV 138/13, juris: Bestellung der ESt. Sozialplan nach § 98 ArbGG.

13 *BAG* 20.4.82, 28.10.92, a. a. O.

14 *Fitting*, Rn. 10.

15 Ausnahme nach *BAG* 5.11.09 – 2 AZR 487/08, AuR 10, 225: Geschäftsführender BR iSd. § 22, wenn Bekanntmachung nach § 18 WO unterbleibt, dazu auch § 22 Rn. 12.

16 GK-*Kreutz*, Rn. 19. Für eine Unterscheidung zwischen Beginn der Amtszeit und Handlungsfähigkeit des BR dagegen HaKo-*Düwell*, Rn. 9.

17 *ArbG Hameln* 14.2.91, BetrR 91, 250.

18 *ArbG Hameln* a. a. O.

19 *BAG* 22.9.83, AP Nr. 11 zu § 78 a BetrVG 1972; *LAG Hamm* 23.6.14 – 13 TaBVGa 20/14, juris; *Fitting*, Rn. 12; GK-*Kreutz*, Rn. 20; Richardi-*Thüsing*, Rn. 10; WPK-*Wlotzke*, Rn. 4; a. A. *GL*, Rn. 7; *HWGNRH*, Rn. 9.

20 *Fitting*, Richardi-*Thüsing*, a. a. O.

21 ErfK-*Koch*, Rn. 2.

22 *BAG* 23.8.84, EzA § 102 BetrVG 1972 Nr. 59.

23 *Löwisch/Kaiser*, Rn. 1.

24 GK-*Kreutz*, Rn. 19; *BAG* 28.9.83, AP Nr. 1 zu § 21 BetrVG 1972.

25 Vgl. *BAG* 20.10.54, AP Nr. 1 zu § 25 BetrVG; *ArbG Hamburg* 21.3.86, AuR 86, 348; *LAG Köln* 5.7.87, DB 87, 1996.

es, dass eine vorzeitige Neuwahl (§ 13 Abs. 2 Nrn. 1 – 3) durchzuführen ist, sei es, dass der bestehende BR außerhalb des regelmäßigen Wahlzeitraums gewählt worden und der neue BR gemäß § 13 Abs. 3 wieder in den regelmäßigen Wahlzeitraum einzugliedern ist, beginnt die Amtszeit des neuen BR mit **Bekanntgabe des endg. Wahlergebnisses** (§ 18 WO) des neuen BR.[26] Das gleiche gilt bei einer Neuwahl in abweichenden Strukturen nach § 3 Abs. 4 Satz 2, wenn die zugrunde liegende Kollektivvereinbarung einen abweichenden Wahlzeitpunkt festlegt.[27]

III. Ende der Amtszeit

17 Von der Amtszeit des BR als Organ ist die **Mitgliedschaft des einzelnen Mitglieds im BR** zu unterscheiden. Diese wird unmittelbar durch die Wahl begründet[28] und fällt zwar i. d. R. mit der Amtszeit des BR zusammen, kann sich aber hiervon unterscheiden, z. B. durch Niederlegung des BR-Amts, Beendigung des Arbeitsverhältnisses, Ausschluss aus dem BR, nachträglichen Verlust der Wählbarkeit oder gerichtliche Entscheidung über die Feststellung der Nichtwählbarkeit (§ 24). Das Ausscheiden des einzelnen BR-Mitglieds führt zum Nachrücken eines Ersatzmitglieds (§ 25).

1. Regelmäßige Amtszeit

18 Die Amtszeit des BR endet im Regelfall mit **Ablauf der vierjährigen Amtsperiode, spätestens jedoch am 31. 5.** des Jahres, in dem nach §§ 13 Abs. 1, 125 Abs. 1 die regelmäßigen BR-Wahlen stattfinden (2018, 2022 usw.). Für die Berechnung des Endes der Amtszeit ist § 188 BGB maßgebend.

19 Hat die **Amtszeit des BR mit Ablauf der Amtszeit des vorherigen BR begonnen** (vgl. Rn. 12), endet sein Amt 4 Jahre später mit Ablauf desselben Kalendertages wie die des vorherigen BR.

> **Beispiel:**
> Ist die Amtszeit des alten BR am 23. 4. erloschen, beginnt die Amtszeit des neuen BR am 24. 4. Sie endet 4 Jahre später mit Ablauf des 23. 4.

20 Nach h. M. endet die Amtszeit des BR unabhängig davon, ob im Zeitpunkt ihres Ablaufs bereits ein neuer BR gewählt ist.[29] Dies wird im Wesentlichen mit dem Wortlaut des Satzes 1 und dem Grundsatz der vierjährigen Regelamtszeit begründet. Nach Richardi-*Thüsing*, Rn. 13, endet die Amtszeit dann nicht mit Ablauf der Vierjahresfrist, wenn bis zum 31.5. ein neuer BR gewählt wird. Nach dieser u. a. mit Hinweis auf Satz 3 und Gesichtspunkte der Kontinuität und Praktikabilität begründeten Auffassung wird eine BR-lose Zeit infolge einer Verzögerung der BR-Wahl vermieden, die nach der noch h. M. entstehen könnte.[30] Auch ist der Wortlaut nicht so eindeutig, um einen kurzzeitigen Fortfall des BR zu rechtfertigen, wenn dann bis zum 31. 5. doch gewählt wird. Jedenfalls empfiehlt es sich für WV, durch Anberaumung eines früheren Wahltermins Risiken auszuschließen.

21 **Hat die Amtszeit** des BR mit **Bekanntgabe des Wahlergebnisses** (vgl. Rn. 5, 9) begonnen, endet sie nach § 188 Abs. 2 i. V. m. § 187 Abs. 1 BGB 4 Jahre später an dem Tag, der seiner Bezeichnung nach dem Tag der Bekanntgabe des Wahlergebnisses entspricht.[31]

---

26 *BAG* 28.9.83, AP Nr. 1 zu § 21 BetrVG 1972; Richardi-*Thüsing*, Rn. 14; *Fitting*, Rn. 9; GK-*Kreutz*, Rn. 16, 29.
27 Ebenso *Fitting*, Rn. 9.
28 *BAG* 22.9.83, AP Nr. 11 zu § 78 a BetrVG 1972.
29 *Fitting*, Rn. 19; GK-*Kreutz*, Rn. 24; HaKo-*Düwell*, Rn. 6 mit rechtspol. Kritik in Rn. 44.
30 Für eine analoge Anwendung des § 22 *Berscheid*, AR-Blattei SD 530. 6. 3. Rn. 23, 153.
31 Richardi-*Thüsing*, Rn. 12; *Fitting*, Rn. 18; GK-*Kreutz*, Rn. 22; *GL*, Rn. 8.

Beispiel:
Ist das Wahlergebnis am 23. 4. um 15.00 Uhr bekannt gemacht worden, beginnt die Amtszeit des BR mit diesem Ereignis. Sie endet 4 Jahre später am 23. 4. um 24.00 Uhr. Da die Amtszeit des BR gemäß § 21 Satz 2 mit der Bekanntgabe des Wahlergebnisses beginnt, ihre Dauer aber nach der üblichen gesetzlichen Fristberechnung (§ 187 BGB) ermittelt wird, dauert sie einige Stunden länger als 4 Jahre.[32]

2. Amtszeit des außerhalb des regelmäßigen Wahlzeitraums gewählten Betriebsrats

Ist der **bestehende BR außerhalb des regelmäßigen Wahlzeitraums** gewählt worden, weicht seine Amtsdauer von der vierjährigen Amtszeit ab. Zwei Fälle sind zu unterscheiden (vgl. § 13 Abs. 3): 22

a) **Die Amtszeit des BR ist kürzer** als 4 Jahre, wenn er am 1. 3. des nächsten Wahljahres, dem Beginn des für die regelmäßigen BR-Wahlen festgelegten Zeitraums, ein Jahr oder länger im Amt gewesen ist. Seine Amtszeit endet nach § 21 Satz 3 i. V. m. § 13 Abs. 3 Satz 1 spätestens am 31. 5. des Wahljahres für die regelmäßigen BR-Wahlen bzw. mit Bekanntgabe des Wahlergebnisses des neuen BR. 23

b) Die **Amtszeit des BR ist länger** als 4 Jahre, wenn er am 1. 3. des Wahljahres noch nicht ein Jahr im Amt war. Seine Amtszeit endet nach § 21 Satz 4 i. V. m. § 13 Abs. 3 Satz 2 spätestens am 31. 5. des übernächsten Wahljahres bzw. mit Bekanntgabe des Wahlergebnisses des neu gewählten BR. 24

Aus dem Gesetzeswortlaut ergibt sich nicht eindeutig, ob die Amtszeit des außerhalb des regelmäßigen Wahlzeitraums gewählten BR erst am 31. 5. des regelmäßigen Wahljahres oder bereits mit Bekanntgabe des Wahlergebnisses des neu gewählten BR endet. Das Wort **spätestens** kann jedoch nur in dem Sinn verstanden werden, dass die Beendigung der Amtszeit mit dem Ablauf des 31. 5. den Ausnahmefall darstellt und im Regelfall die Amtszeit früher endet.[33] In Anlehnung an § 21 Satz 5 und § 22 endet die Amtszeit des vorherigen BR demnach mit dem Zeitpunkt der Bekanntgabe des Wahlergebnisses.[34] Künftige Neuwahlen fallen dann wieder in den einheitlichen »regelmäßigen« Wahlzeitraum. Der 31. 5. bleibt für den Fall maßgeblich, dass kein neuer BR gewählt wird.[35] 25

3. Amtszeit des bestehenden Betriebsrats im Falle des § 13 Abs. 2

Nach Satz 5 endet die Amtszeit des noch bestehenden BR im Falle des § 13 Abs. 2 Nrn. 1 und 2 (Veränderung der Zahl der regelmäßig beschäftigten AN, Absinken der Gesamtzahl der BR-Mitglieder) mit Bekanntgabe des Wahlergebnisses des neu gewählten BR. Zum Ausnahmefall der konstituierenden Sitzung des neuen BR, wenn Bekanntgabe unterbleibt, vgl. § 22 Rn. 12. 26

§ 13 Abs. 2 Nr. 1 stellt klar, dass die **Veränderung der Zahl der regelmäßig beschäftigten AN die Amtszeit selbst nicht beendet,**[36] sondern allenfalls zur Neuwahl verpflichtet. Unterbleibt diese, bestellt z. B. der BR den WV nicht oder wird dieser nicht tätig, bleibt der bestehende BR im Amt und führt die Geschäfte nach § 22 weiter. Sein Unterlassen kann ggf. eine grobe Pflichtverletzung iSd. § 23 darstellen, was aber wegen Zeitablaufs regelmäßig keine Verfahren nach sich ziehen wird. Kommt es zu keiner vorherigen Auflösung, endet die Amtszeit spätestens am 31. 5. des regelmäßigen Wahlzeitraums. Dies gilt auch bei Stilllegung eines Betriebsteils oder Betriebseinschränkung sowie bei Auflösung eines von 2 UN geführten **Gemeinschaftsbetriebs,** weil eines der beiden UN seine betriebliche Tätigkeit einstellt. Der im Gemeinschaftsbetrieb gewählte BR nimmt für die verbleibenden AN des anderen UN seine gesetzlichen Rechte und Pflichten wahr, selbst wenn nur noch eines von 7 BR-Mitgliedern im Amt ist.[37] 27

---

32 *Fitting,* Rn. 18.
33 *Fitting,* Rn. 23.
34 *BAG* 28.9.83, AP Nr. 1 zu § 21 BetrVG 1972; *Fitting,* a. a. O.; GK-*Kreutz,* Rn. 29; *WW,* Rn. 5.
35 *Fitting,* a. a. O.; GK-*Kreutz,* Rn. 30.
36 *LAG München* 28.4.04 – 5 Sa 1375/03, AuR 05, 118; ErfK-*Koch,* Rn. 4.
37 *BAG* 19.11.03 – 7 AZR 11/03, AuR 04, 165.

28 Sinkt die **Zahl der wahlberechtigten AN** unter 21 (51, 101, 201 usw.) oder steigt sie über 20 (50, 100, 200 usw.), endet das Amt des BR, unabhängig davon, ob er aus einer oder mehreren Personen besteht, nicht. Der BR ist neu zu wählen, wenn die Voraussetzungen des § 13 Abs. 2 Nr. 1 erfüllt sind[38] oder die Wahl aus anderen Gründen notwendig wird, z. B. Rücktritt des BR (§ 13 Abs. 1 Nr. 3). Im Falle des endgültigen Absinkens unter 20 AN verringern sich lediglich die Befugnisse des BR auf die eines einköpfigen BR; dieser erlangt im Falle des Ansteigens (s. o.) die Befugnisse eines mehrköpfigen BR, vor allem die Beteiligungsrechte in personellen und wirtschaftlichen Angelegenheiten nach §§ 99, 111,[39] falls er sie nicht auf Grund des Unternehmensbezugs dieser Vorschriften schon vorher hatte.

29 Sinkt die Zahl der i. d. R. beschäftigten AN **unter die Mindestzahl fünf** (§ 1), endet die Amtszeit des BR, weil der Betrieb dann nicht mehr betriebsratsfähig ist.[40] Nach der Logik der früheren, inzwischen aber aufgegebenen *BAG*-Rspr. zur Anrechnung von Leiharbeitern[41] bestand die Gefahr des Verlustes der BR-Fähigkeit auch, wenn AN durch Leiharbeiter ersetzt werden sowie wenn AN in die Freistellungsphase der Altersteilzeit eintreten (vgl. § 5 Rn. 81 ff.). Inzwischen hat sich der *7. Senat* des *BAG* der hier vertretenen, europarechtlich gebotenen Auffassung angeschlossen, dass Leiharbeiter bei den Schwellenwerten des § 9 mit zählen.[42] Dann muss dies auch für die Berechnung der Mindestzahl von 5 AN gelten. Voraussetzung für eine Beendigung der Amtszeit ist, dass die AN-Zahl endgültig unter 5 absinkt.[43] Hierfür ist ein nicht zu kurz zu bemessender Zeitraum zu betrachten.[44] Der BR bleibt aber bestehen, wenn der AG die Voraussetzung für den Wegfall des BR durch willkürliche Entlassungen von AN arglistig herbeiführt, um einen unbequemen BR auszuschalten.[45] Das Amt des einköpfigen BR endet auch nicht, wenn zwar noch 5 wahlberechtigte Beschäftigte, aber nicht mehr 3 wählbare AN vorhanden sind, da diese Bestimmung lediglich die Möglichkeit einer Auswahl sichern will.[46] Die Mindestzahl der wahlberechtigten AN ist nicht nur für die Wahl, sondern auch für den Bestand des BR Voraussetzung.[47] Bei Streitigkeiten über die Voraussetzungen des Wegfalls des BR bleibt dieser bis zu einer rechtskräftigen arbeitsgerichtlichen Entscheidung einstweilen im Amt.

30 **§ 13 Abs. 2 Nr. 2:** Sinkt die Gesamtzahl der BR-Mitglieder unter die **gesetzlich vorgeschriebene Zahl** seiner Mitglieder, endet die Amtszeit auch dann nicht, wenn die fehlenden BR-Mitglieder nicht durch Ersatzmitglieder ersetzt werden können. Der »Rumpf-BR« – notfalls ein BR-Mitglied – führt ggf. bis zum Ablauf der regelmäßigen Amtszeit die Geschäfte weiter. Dies gilt auch dann, wenn es, z. B. mangels Kandidaten, zu keiner Neuwahl des BR kommt.[48]

31 Die Amtszeit des BR endet, wenn **alle Mitglieder und Ersatzmitglieder** endgültig aus ihrem Amt **ausgeschieden sind** (vgl. § 24), ohne dass es einer Erklärung bedarf. Im Gegensatz zum Rücktritt (vgl. Rn. 30) kommt eine Weiterführung der Geschäfte (vgl. auch § 22) mangels gesetzlicher Grundlage nicht in Betracht.[49] Wird das Arbeitsverhältnis nach vollständiger

---

38 Richardi-*Thüsing*, Rn. 25.

39 GK-*Kreutz*, Rn. 38; Richardi-*Thüsing*, Rn. 25; *GL*, Rn. 17.

40 *BAG* 7.4.04 – 7 ABR 41/03, DB 04, 1839; vgl. auch § 1 Rn. 249; *Fitting*, § 1 Rn. 269; *GL*, Rn. 16; GK-*Kraft*, § 1 Rn. 99, 102, jeweils m. w. N.; anders aber zum österreichischen Recht *OGH* 7.6.06, DRdA 07, 222.

41 *BAG* 16.4.03 – 7ABR 53/02, AuR 04, 109, mit Anm. *Däubler*: »Leiharbeiter wählen, zählen aber nicht.«

42 *BAG* 13.3.13 – 7 ABR 69/11, AuR 13, 187; *EuGH* 15.1.14 – C-176/12, ASM, AuR 14, 81, zur RL 2002/14/EG i. V. m. Art. 27 EU-GRC.

43 *LAG Schleswig-Holstein* 27.3.12 – 12 TaBV 12 b/11, EzA SD 12, Nr. 10, 13; Richardi-*Thüsing*, Rn. 23.

44 *LAG Frankfurt* 16.3.76, AuR 76, 250.

45 *Däubler*, FS Kreutz, S. 72; Anwalt-Kommentar-*Stoffels/Bergwitz* §§ 21 – 21 b Rn. 11; *Fitting*, § 1 Rn. 269, bis zur 21. Aufl., seitdem a. A.; a. A. auch GK-*Kreutz*, Rn. 37; zweifelnd *LAG Schleswig-Holstein* a. a. O.

46 GK-*Kreutz*, Rn. 38; *GL*, Rn. 18; *Löwisch/Kaiser*, Rn. 4.

47 *Fitting*, a. a. O.

48 *BAG* 19.11.03 – 7 AZR 11/03, AuR 04, 165, *LAG Düsseldorf* 15.4.11 – 6 Sa 857/10, AuR 11, 368: AG einigt sich mit BR-Mitglied vor Ablauf der Kündigungsfrist auf Fortsetzung des Arbeitsverhältnisses; GK-*Kreutz* Rn. 31.

49 *BAG* 27.8.96, DB 97, 104; 12.1.00, DB 00, 1422; *Fitting*, Rn. 28; GK-*Kreutz*, Rn. 36.

rechtlicher Beendigung wieder neu begründet, zwischenzeitlich auch kein Restmandat ausgeübt, lebt das erloschene Betriebsratsamt dadurch grundsätzlich nicht wieder auf (im Einzelnen § 24 Rn. 19).

§ 13 Abs. 2 Nr. 3: Hat der BR mit Mehrheit seiner Stimmen den **Rücktritt** beschlossen, bleibt er bis zur Bekanntgabe des Wahlergebnisses des neu gewählten BR im Amt. Dies ergibt sich zwar nicht ausdrücklich aus § 21 Satz 5, jedoch aus § 22 (vgl. dort Rn. 4). Die Befugnis zur Weiterführung der Geschäfte entfällt, wenn alle BR-Mitglieder und Ersatzmitglieder einzeln ihr Amt niederlegen (vgl. § 24 Rn. 6 ff.). 32

§ 13 Abs. 2 Nrn. 4 und 5: Bei Anfechtung bzw. Auflösung endet die Amtszeit des alten BR mit **Rechtskraft** des der **Anfechtung** stattgebenden Beschlusses bzw. gerichtlichen **Auflösungsbeschlusses,**[50] ggf. erst mit Ablauf der Frist für die Einlegung der Nichtzulassungs-Beschwerde[51] bzw. mit Zurückweisung der NZB durch das *BAG.* Durch Einlegung der NZB wird die Rechtskraft der LAG-Entscheidung gehemmt (§ 92 a Satz 2 i. V. m. § 72 a Abs. 4 Satz 1 ArbGG). Der BR hat die Möglichkeit, vor Zustellung der Entscheidung über die NZB mit der Folge des § 22 zurückzutreten. Wird dann ein neuer BR gewählt, entfällt das Rechtsschutzbedürfnis für das Anfechtungsverfahren.[52] Dagegen soll die gerichtliche Feststellung der Nichtigkeit einer Wahl (gravierende und evidente Verletzung grundlegender Wahlvorschriften) nur deklaratorische Wirkung haben, also zurückwirken.[53] Beruht die Nichtigkeit allerdings auf einer nicht offenkundigen Verkennung des Geltungsbereichs des BetrVG, so anerkennt auch das *BAG*[54] ein besonderes Schutzbedürfnis der BR-Mitglieder, so dass sie zumindest hinsichtlich ihrer tatsächlichen Aufwendungen den BR-Mitgliedern, deren Wahl für unwirksam erklärt worden ist, gleichgestellt werden, die Aufwendungen also ersetzt werden. Das Gleiche muss für die Entgeltfortzahlung nach § 37 und den besonderen Kündigungsschutz nach § 15 KSchG gelten, da diese Vorschriften an die Wahrnehmung des BR-Amtes mit dem damit verbundenen besonderen (Zeit-)Aufwand und Schutzbedürfnis anknüpfen. Noch konsequenter wäre es, eine solche Wahl nicht für nichtig, sondern allenfalls für anfechtbar zu erklären, so dass es einer solchen Gleichstellung nicht bedurft hätte (vgl. auch Rn. 37 sowie § 19 Rn. 43 ff.). 33

4. Gesellschaftsrechtliche Umstrukturierungen – Betriebsübergang

Zur Beendigung des Amts des BR kann es auf Grund von organisatorischen Veränderungen kommen, durch die der Betrieb, für den der BR gewählt worden ist, aufhört zu existieren. Im Vordergrund stehen **Veränderungen der Betriebsstruktur** wie Spaltung von bzw. Zusammenlegung mit anderen Betrieben und Veränderungen des regionalen Zuschnitts von Betrieben. Diese organisatorischen Veränderungen sind häufig, aber nicht notwendig, verbunden mit Veränderungen in der Struktur des UN als Rechtsträgers (Spaltung, Fusion, [Teil-]Betriebsübergang). Hierbei sind die **Ebenen von Betrieb und UN voneinander zu trennen** (ausführlich § 1 Rn. 33 ff.). Begriffe wie Betriebsübergang, -aufspaltung, -abspaltung oder -zusammenlegung werden häufig irreführend für beide Ebenen verwendet. Veränderungen auf Ebene des UN führen aber nicht notwendig zu Veränderungen der betrieblichen Organisation, wie § 1 Abs. 2 zeigt. Sie beenden dann auch die Amtszeit des bestehenden BR nicht. Umgekehrt kann sich durch organisatorische Maßnahmen die betriebsverfassungsrechtliche Struktur ändern, ohne gesellschaftsrechtlich sichtbar zu werden. 34

Häufige gesellschaftsrechtliche Umstrukturierungen sind Unternehmensspaltungen, Verschmelzungen, Vermögensübertragungen, Formwechsel, Gesellschafterwechsel oder die Übertragung von Betrieben oder Betriebsteilen an andere AG. Ein Automatismus derart, dass das Auftreten neuer oder mehrerer AG den Betrieb und damit die Amtszeit des BR verändert, 35

50 *BAG* 13.3.91, AP Nr. 20 zu § 19 BetrVG 1972; Musterschreiben in DKKWF-*Buschmann,* § 21 Rn. 2.
51 *LAG Hamm* 9.11.77, DB 78, 216; vgl. auch *LAG Düsseldorf* 16.10.86, DB 87, 177; *LAG Frankfurt* 24.11.87, BB 88, 1461.
52 *BAG* 15.2.12 – 7 ABN 59/11 und 7 ABN 74/11, AuR 12, 226; vgl. auch § 13 Rn. 25.
53 *BAG* 13.3.91, a. a. O.
54 *BAG* 29.4.98 – 7 ABR 42/97, AuR 1998, 246, 420 im Falle eines vom Diakonischen Werk betriebenen Jugenddorfs als kirchliche Einrichtung.

besteht nicht, da das Vorhandensein von Betrieben nicht von der gesellschaftsrechtlichen Form abhängt, in der das UN betrieben wird.[55]

36 Soweit Umstrukturierungen auf Ebene des UN die Identität des Betriebs nicht verändern, haben sie keinen Einfluss auf den Bestand des BR und seine Rechtsstellung.[56] Dies gilt vor allem für: **Änderung des Betriebszwecks, räumliche Verlegung oder Übertragung des Betriebs an einen anderen Inhaber i. S. d.** § 613 a BGB,[57] Dies ergibt sich auch aus Art. 6 Abs. 1 S. 1 der (Betriebsübergangs)RL 2001/23/EG. Behält eine übertragene wirtschaftliche Einheit ihre Selbstständigkeit, bleiben danach Rechtsstellung und Funktion der AN-Vertretung unter den gleichen Bedingungen erhalten, wie sie vor dem Zeitpunkt des Übergangs bestanden haben (kein bloßes Übergangsmandat). Selbstständigkeit erkennt der *EuGH*, wenn die Organisationsbefugnisse innerhalb der Organisationsstrukturen des Erwerbers im Wesentlichen unverändert bleiben.[58] Auf die Eigentumsstrukturen kommt es insofern nicht an. Das Vollmandat besteht ebenso fort bei **Fusion von Gesellschaften, Eintritt oder Ausscheiden von Gesellschaftern, Anwachsung von Gesellschaftsanteilen,**[59] **Änderung der Rechtsform** (aus GmbH wird AG, aus OHG eine GmbH),[60] Gesamtrechtsnachfolge in Umwandlungsfällen nach dem UmwG,[61] Eröffnung des **Insolvenzverfahrens** (vgl. § 21 b Rn. 10). Der BR amtiert bis zum Ablauf seiner regelmäßigen Amtszeit normal weiter, benötigt insoweit auch kein Rest- oder Übergangsmandat.

37 Etwas anderes soll gelten, wenn der Betrieb von einem anderen **Erwerber** erworben wird, der seinerseits **nicht unter den Geltungsbereich des BetrVG fällt,** z. B. bei Erwerb des Betriebs durch eine Körperschaft, Anstalt oder Stiftung des öffentlichen Rechts (vgl. § 130) oder bei Erwerb einer erzieherischen oder karitativen Einrichtung durch eine Religionsgemeinschaft (vgl. § 118 Abs. 2, dort Rn. 123 ff.).[62] In diesem Fall endet die Amtszeit des BR nach Auffassung des *BAG* und der h. M. mit dem Betriebsübergang.[63] Dies erscheint problematisch, da eine demokratische Vertretungsstruktur durch lediglich gesellschaftsrechtlichen Akt zerstört wird.[64] Selbst aber nach dieser umstr. Rspr. reicht allein die **kirchliche Übernahme** nicht aus. Vielmehr muss der karitative oder erzieherische Charakter nach dem verfolgten Zweck und der Art der Betätigung zum Ausdruck kommen, was organisatorische Veränderungen und ein Mindestmaß an kirchlichen Einflussmöglichkeiten voraussetzt.[65] Die einfache Übernahme von Gesellschaftsanteilen bzw. die Mitgliedschaft der Einrichtung oder ihres Rechtsträgers im Diakonischen Werk der Ev. Kirche beinhaltet noch keinen dahingehenden Automatismus. Vielmehr ist im Einzelfall (gerichtlich) zu überprüfen, ob eine institutionelle Verbindung zwischen Kirche und Einrichtung besteht und ob die Kirche auf Grund dieser Verbindung über ein Mindestmaß an Einflussmöglichkeiten verfügt, um auf Dauer eine Übereinstimmung der religiösen Betätigung der Einrichtung mit ihren Vorstellungen gewährleisten zu können. Die Prüfung der Einflussmöglichkeiten der Kirche wird nicht durch das den Kirchen nach Art. 140 GG i. V. m. Art. 137 Abs. 3 WRV garantierte Selbstbestimmungs- und Selbstverwaltungsrecht ausgeschlossen.[66] Der gerichtlichen Überprüfung unterliegt auch das Merkmal »karitativ« i. S. d. § 118 Abs. 2, was z. B. nicht gegeben ist, wenn eine von einer Kirche getra-

55 Ausführlich § 1 Rn. 33 ff. m. w. N.; vgl. DKKWF-*Buschmann*, § 21 Rn. 4, 7.
56 *BAG* 28.9.88, EzA § 95 BetrVG 1972 Nr. 14; *SWS*, Rn. 8; *Bernsau/Dreher/Hauck*, 164.
57 St. Rspr., vgl. nur *BAG* 5.6.02 – 7 ABR 17/01, EzA § 47 BetrVG 1972 Nr. 9; 27.7.94, AuR 95, 156 mit Anm. *Gaul* und *Wendeling-Schröder;* 5.2.91, AuR 91, 219 zur Rechtskraft gerichtlicher Entscheidungen gegenüber dem Erwerber; vgl. auch § 1 Rn. 234 ff. m. w. N.; ebenso zum österreichischen Recht *OGH* 26.1.06, DRdA 07, 388.
58 *EuGH* 29.7.10 – Rs. C-151/09, UGT/Uribe, AuR 10, 484; dazu *Buschmann*, AiB 4/14, 21.
59 Dazu *Schnitker/Grau*, ZIP 08, 394.
60 Ebenso *Fitting*, Rn. 34.
61 GK-*Kreutz*, Rn. 39.
62 Richardi-*Thüsing*, Rn. 29 f.; *Fitting*, Rn. 34; GK-*Kreutz*, Rn. 40.
63 *BAG* 9.2.82, AP Nr. 24 zu § 118 BetrVG 1972.
64 Zur kirchlichen Übernahme von Krankenhäusern in den neuen Bundesländern vgl. *Bischoff/Hammer*, AuR 95, 162.
65 *BAG* 23.10.02 – 7 ABR 59/01, AuR 03, 238.
66 *BAG* 5.12.07 – 7 ABR 72/06, AuR 08, 230, insofern Bestätigung von *LAG Düsseldorf* 29.8.06 – 8 TaBV 58/06, AuR 07, 136, Flucht in die Religionsgemeinschaft.

gene gemeinnützige GmbH in gleicher Weise wie andere Träger auch und unter ausschließlicher Verwendung öffentlicher Mittel Arbeitslosenprojekte betreibt (str.).[67] Aus Gründen der Rechtssicherheit kann der BR nur entfallen, wenn der Geltungsbereich des BetrVG offensichtlich und endgültig verlassen wird. Solange diese Rechtsfrage im Einzelfall nicht geklärt ist bzw. vertretbare Gesichtspunkte gegen ein endgültiges Ausscheiden aus der Betriebsverfassung sprechen, ist der sich darauf berufende BR weiterhin geschützt, insbes. sind seine Mitglieder hinsichtlich ihrer tatsächlichen Aufwendungen so zu stellen wie diejenigen BR-Mitglieder, deren Wahl für unwirksam erklärt worden ist. Dies ergibt sich auch aus einer Wertungsparallele zum Fall einer »nicht offenkundigen Verkennung des Geltungsbereichs des BetrVG« bei einer später für nichtig erklärten Wahl, für den das *BAG*[68] ebenfalls ein besonderes Schutzbedürfnis der gewählten BR-Mitglieder, ggf. mit der Folge der Erstattung entstandener BR-Kosten, anerkannt hat (vgl. auch Rn. 33). Der rechtmäßig gewählte und sich mit vertretbaren Überlegungen nach wie vor im Amt fühlende BR darf nicht schlechter gestellt werden als bei einer aus den gleichen Gründen von Anfang an fehlerhaften Wahl. Endet infolge kirchlicher Übernahme das Vollmandat des BR, kommt zur Abwicklung ein Restmandat in Frage.[69]

Für den Fall der **Übernahme durch eine Körperschaft des öffentlichen Rechts** findet mit vorstehender Maßgabe § 130 dieses Gesetzes Anwendung, so dass sich dann die Arbeitnehmervertretung nach den Personalvertretungsgesetzen regelt. Allerdings ist dann ebenso wie im umgekehrten Fall der Privatisierung (vgl. § 130, Rn. 2) auf Grundlage des unzureichend in nationales Recht umgesetzten Art. 5 der Europäischen Betriebsübergangsrichtlinie ein Übergangsmandat des bisherigen BR in Form des Personalvertretungsrechts anzuerkennen.[70] Sind an einem gemeinschaftlichen Betrieb sowohl eine juristische Person des Privatrechts als auch eine Körperschaft des öffentlichen Rechts beteiligt, findet das BetrVG Anwendung, wenn sich die Betriebsführung mangels entgegenstehender Anhaltspunkte auf der Grundlage einer privatrechtlichen Vereinbarung in Form einer BGB-Gesellschaft vollzieht.[71] **38**

Bei einem **Betriebsübergang** gehört die künftige betriebsverfassungsrechtliche Struktur (z. B. Übergangs- oder Restmandat) zu den rechtlichen, wirtschaftlichen und sozialen Folgen für die AN, über die der AG die vom Übergang betroffenen AN gem. § 613 a Abs. 5 Nr. 3 BGB vor dem Übergang in Textform zu **unterrichten** hat.[72] Die Einhaltung dieser Verpflichtung hat der BR nach § 80 Abs. 1 zu überwachen. **39**

5. Betriebsorganisatorische Umstrukturierungen

Grundsätzlich endet das Amt des BR mit der endgültigen und vollständigen **Betriebsstilllegung,** nicht jedoch notwendig mit der Umstrukturierung von Betrieben. Die damit im Zusammenhang stehenden Rechtsfragen werden umfassend unter den jeweiligen Vorschriften behandelt: **40**

- § 1 Abs. 2 enthält unter bestimmten Voraussetzungen die **Vermutung eines gemeinsamen Betriebs** mehrerer UN. Wird etwa bei einer Spaltung des UN der Betrieb als gemeinsamer Betrieb fortgeführt, endet die Amtszeit des BR nicht.
- Nach § 21 a bleibt bei der Spaltung und/oder Zusammenfassung von Betrieben der BR im Amt und führt die Geschäfte im Rahmen eines befristeten **Übergangsmandats** weiter.
- Nach § 21 b bleibt der BR bei einem Betriebsuntergang durch Stilllegung, Spaltung oder Zusammenlegung für die Wahrnehmung der damit im Zusammenhang stehenden Rechte des BR im Rahmen eines **Restmandats** weiter im Amt.

---

67 *ArbG Hamburg* 10.4.06, AuR 07, 137, mit zust. Anm. *Kühling*; a. A. *LAG Hamburg* 15.2.07 – 7 TaBV 9/06, ZMV 07, 271 m. zust. Anm. *Fey*, wonach allein entscheidend sei, ob die Einrichtung der Kirche organisatorisch zugeordnet sei.

68 *BAG* 29.4.98, AuR 98, 246, 420.

69 Vgl. § 21 b Rn. 20; für eine Übertragung der Grundsätze von *BAG* 29.4.98 a. a. O. sowie für ein Übergangsmandat des BR mit den Befugnissen einer zu wählenden Mitarbeitervertretung HaKo-*Düwell*, Rn. 31.

70 Ebenso HaKo-*Düwell*, Rn. 31.

71 *BAG* 24.1.96, AuR 96, 374.

72 ErfK-*Preis*, § 613 a BGB Rn. 88; Bachner/Köstler/Matthießen/Trittin-*Trittin*, S. 346, Rn. 100.

6. Abweichende Regelungen nach § 3

41 Für **abweichende BR- bzw. AN-Vertretungsstrukturen** nach § 3 Abs. 1 Nr. 1 – 3 bestimmt § 3 Abs. 4, dass die Amtszeit der bestehenden BR erst mit der Neuwahl (Bekanntgabe des Wahlergebnisses) endet (ausführlich § 3 Rn. 186 ff.). Durch den bloßen Abschluss eines Zuordnungstarifvertrags wird die Betriebsorganisation noch nicht geändert.[73] Ein Übergangsmandat nach § 21 a bzw. eine Weiterführung der Geschäften nach § 22 ist deshalb noch nicht erforderlich, ggf. besteht ein Restmandat nach § 21 b, wenn durch die durchgeführte Umstrukturierung von Betrieben der Tatbestand der Spaltung oder Zusammenlegung erfüllt ist. Für den umgekehrten Fall der Ablösung des TV durch das Gesetz bzw. durch Inkrafttreten einer neuen anders gearteten tariflichen Regelung handelt es sich ebenfalls um eine Spaltung oder Zusammenlegung. Die Kontinuität der AN-Vertretung wird durch ein Übergangsmandat nach § 21 a gesichert, so dass keine BR-lose Zeit entsteht. Im Übrigen gelten die gleichen Rechtsfolgen wie oben (vgl. § 3 Rn. 192). Wird einer der durch TV/BV nach § 3 zusammengefassten Betriebsteile nach § 613 a BGB auf ein anderes UN übertragen, bleibt der BR im Amt und behält seine Zuständigkeit für den gesamten Betrieb nach Maßgabe d. TV/BV.[74] Auch die Veränderung der Leitungsstruktur ändert die Identität der tariflich geschaffenen Betriebseinheit nicht, da diese daran nicht anknüpft. Eines Übergangsmandats bedarf es nicht. Nach Auffassung des *BAG*[75] wirken aber die betriebsverfassungsrechtlichen Normen eines Zuordnungs-TV i. S. v. § 3 im Falle eines Betriebsübergangs nach § 613 a BGB beim neuen Rechtsträger grundsätzlich nicht fort (ausführlich dazu § 3, Rn. 190 ff.).

42 Nicht gesetzlich geregelt ist der Fall, dass ein UN mit einer auf Grundlage eines Kollektivvertrags nach § 3 gebildeten unternehmenseinheitlichen Arbeitnehmervertretung einen weiteren Betrieb erwirbt, in dem ebenfalls ein BR besteht. Der reine Arbeitgeberwechsel beinhaltet noch keine Veränderung der Identität des Betriebs und somit auch keine Zusammenlegung von Betrieben i. S. d. § 21 a Abs. 2. Der BR des übernommenen Betriebs verbleibt im Einklang mit Art. 6 Abs. 1 der BetriebsübergangsRL 2001/23/EG im Amt. Ggf. ist ein GBR zu bilden. Dafür spricht auch der Gesichtspunkt der demokratischen Legitimation des BR. Seit 2001 ist die abweichende Regelung des § 3 nicht mehr zwingend an das Instrument des TV geknüpft, sondern auch auf Grundlage einer BV oder sogar Mehrheitsabstimmung möglich. Dies rechtfertigt es nicht, die gewählte Interessenvertretung von AN (des übernommenen Betriebs) aufzuheben, die an dieser Willensbildung nicht beteiligt waren.[76] § 3 Abs. 5 steht dem nicht entgegen. Eine nachfolgende Eingliederung des übernommenen Betriebs in eine einheitliche Organisation verändert dessen Identität und stellt eine Betriebsänderung dar, für die das Verfahren der §§ 111 ff. einzuhalten ist. Wird anschließend der übernommene Betrieb durch weitere Kollektivvereinbarung in die Repräsentationsstruktur nach § 3 einbezogen, erfolgt die Lösung wie vorstehend nach § 3 Abs. 4.[77]

43 Die Bildung **zusätzlicher Gremien und Vertretungen** auf der Grundlage des § 3 Abs. 1 Nr. 4 und 5 hat keinen Einfluss auf die Amtszeit bestehender BR, führt insbes. nicht zu ihrer Beendigung. Im Falle des Rücktritts eines/r auf der auf der Grundlage von § 3 Abs. 1 Nr. 4 und 5 gebildeten zusätzlichen Gremiums/Vertretung ist § 22 entsprechend anzuwenden, so dass das Gremium/die Vertretung geschäftsführend im Amt bleibt. Die Rechtsfolgen für den Fall des Ablaufs des TV richten sich nach den jeweiligen tariflichen Bestimmungen. Im Übrigen ist die Amtszeit dieser Gremien und Vertretungen nicht an die Amtszeit der bestehenden BR gebunden (ausführlich § 3 Rn. 135 ff.).

---

73 *BAG* 18.3.08 – 1 ABR 3/07, AuR 08, 362.
74 *Däubler,* DB 05, 666.
75 *BAG* 18.1.12 – 7 ABR 72/10, DB 12, 1754; kritisch *Reinecke,* AuR 13, 338.
76 Ebenso *ArbG Hamburg* 13.6.06 – 19 BV 16/06, AuR 06, 413; GK-*Kraft/Franzen,* § 3 Rn. 63.
77 Vgl. auch § 1 Rn. 194; *Trümner,* FA 07, 226 ff.; Bachner/Köstler/Matthiesen/Trittin-*Bachner,* § 4 Abs. 1 Rn. 81.

7. Wirkung der Beendigung der Amtszeit

Endet aufgrund einer Neuwahl das Amt eines BR, wird der neu gewählte BR Funktionsnachfolger seines Vorgängers. Er tritt auch in dessen Beteiligtenstellung in einem arbeitsgerichtlichen Beschlussverfahren ein. Dies gilt bei unverändertem Betriebszuschnitt ebenso wie bei geänderten Strukturen. Entstehen aus einer betrieblichen Einheit mehrere Einheiten, werden mehrere BR Funktionsnachfolger. Werden mehrere eigenständige betriebsverfassungsrechtliche Einheiten zu einer Einheit zusammengefasst, wird der in dieser Einheit neu gewählte BR Funktionsnachfolger der bisherigen BR. Voraussetzung ist, dass die vor und nach der Änderung von den BR jeweils repräsentierten organisatorischen Einheiten zuverlässig voneinander abgegrenzt werden können.[78] Ohne Funktionsnachfolger enden die BR-Befugnisse mit Ablauf seiner Amtszeit,[79] sofern er nicht nach § 22 seine Geschäfte weiter führt oder ein Übergangsmandat bzw. Restmandat ausübt (vgl. §§ 21 a, 21 b). Gegen ihn gerichtete arbeitsgerichtliche Anträge sind als unzulässig abzuweisen.[80] Ein von einem Insolvenzverwalter mit einem BR, dessen Amtszeit abgelaufen war, geschlossener Sozialplan[81] ist ebenso unwirksam wie ein mit ihm geschlossener Interessenausgleich, insbes. mit Namensliste i. S. d. § 125 InsO, § 1 Abs. 5 KSchG. Die Befugnisse des BR können grundsätzlich nicht durch ein anderes Organ, z. B. den GBR, oder die Belegschaft selbst wahrgenommen werden. Tritt ein BR, dessen Wahl angefochten wurde, vor Rechtskraft der Anfechtungsentscheidung zurück, ist er berechtigt und verpflichtet, einen WV für die Neuwahl zu bestellen.[82] Der WV führt die Neuwahl auch nach Ablauf der Amtszeit des alten BR noch durch. 44

Mit der endgültigen Beendigung der Amtszeit, ggf. unter Berücksichtigung der Weiterführung der Geschäfte des BR nach § 22 bzw. der Ausübung eines Übergangs- bzw. Restmandats, erlöschen auch die Rechte der einzelnen BR-Mitglieder. Der Kündigungsschutz nach § 103 entfällt; erhalten bleibt jedoch der einjährige nachwirkende Kündigungsschutz nach § 15 Abs. 1 KSchG.[83] Mit dem Amtsende des BR verlieren seine Mitglieder nicht nur ihre Mitgliedschaft im BR, sondern auch sonstige Funktionen, die die Mitgliedschaft im BR voraussetzen, z. B. Freistellung nach § 38, Mitgliedschaft im GBR (§§ 47 ff.), KBR (§§ 54 ff.) und WA (§§ 106 ff.).[84] 45

IV. Streitigkeiten

Endet aufgrund einer Neuwahl das Amt eines BR, wird nach dem Prinzip der Funktionsnachfolge und dem Grundgedanken der Kontinuität betriebsverfassungsrechtlicher Interessenvertretungen der neu gewählte BR Funktionsnachfolger seines Vorgängers und tritt in dessen Beteiligtenstellung in einem arbeitsgerichtlichen Beschlussverfahren ein. Dies gilt auch, wenn während eines laufenden Beschlussverfahrens anstelle des bisher nur für den Betrieb eines UN gewählten BR oder der mehreren in den Betrieben des UN gewählten BR ein BR für einen – tatsächlichen oder vermeintlichen – gemeinsamen Betrieb mehrerer UN gewählt wird.[85] Geht im Laufe eines Beschlussverfahrens die Zuständigkeit für die Wahrnehmung des im Verfahren umstr. Mitbestimmungsrechts auf ein anderes betriebsverfassungsrechtliches Organ über, wird dieses Organ Beteiligter des anhängigen Beschlussverfahrens. Ein solcher Wechsel in der Zuständigkeit ist noch in der Rechtsbeschwerdeinstanz zu beachten.[86] Der nachfolgende BR hat als (Rechts-)**Funktionsnachfolger** die Interessen seines Vorgängers und seiner Mitglieder wahrzunehmen. Bei Betriebsübergang während eines Beschlussverfahrens tritt der Erwerber ohne besondere Prozesserklärung automatisch und in jeder Hinsicht in die prozessuale Stel- 46

78 *BAG* 24.8.11 – 7 ABR 8/10, AuR 12, 138; 13.2.13 – 7 ABR 36/11, BB 13, 1395.
79 *BAG* 15.1.74, AP Nr. 1 zu § 68 PersVG Baden-Württemberg; 12.1.00, EzA BetrVG 1972 § 24 Nr. 2.
80 *LAG Schleswig-Holstein* 27.3.12, EzA SD 12, Nr. 10, 13.
81 *HessLAG* 15.5.12 – 12 Sa 280/11 und 281/11, jurisPR-ArbR 51/2012, (Anm. 4, zust. *Bertzbach*).
82 LAG *Schleswig-Holstein* 7.4.11 – 4 TaBVGa 1/11, AiB 13, 649.
83 *Fitting*, Rn. 38; *GL*, Rn. 27.
84 *Fitting*, Rn. 38; *GL*, Rn. 27.
85 *BAG* 13.2.13 – 7 ABR 36/11, BB 13, 1395.
86 *BAG* 18.10.88, AP Nr. 10 zu § 81 ArbGG 1979.

lung des bisherigen Betriebsinhabers ein.[87] Die Antragsbefugnis des BR bzw. einzelner kostenbelasteter BR-Mitglieder ist nicht entfallen, wenn die Amtszeit des BR abgelaufen ist, der das Beschlussverfahren eingeleitet hat.[88]

47 Über Fragen der Amtszeit des BR entscheiden im Streitfall die Arbeitsgerichte im **Beschlussverfahren** (§ 2 a, §§ 80 ff. ArbGG). Beginn und Ende der Amtszeit können auch in einem Verfahren vor der Einigungsstelle[89] und im arbeitsgerichtlichen Urteilsverfahren, etwa im Kündigungsschutzprozess, eine Rolle spielen und dort als Vorfrage mit entschieden werden. Für einen Feststellungsantrag fehlt nach Ablauf der Amtszeit des BR i. d. R. das Feststellungsinteresse.[90] Bestreitet der AG, dass ein BR noch im Amt sei, kann dem AG im Wege einer sog. »Regelungsverfügung« aufgegeben werden, den antragstellenden BR bis zur Hauptsacheentscheidung als im Amt befindlich zu behandeln.[91]

§ 21 a Übergangsmandat

(1) Wird ein Betrieb gespalten, so bleibt dessen Betriebsrat im Amt und führt die Geschäfte für die ihm bislang zugeordneten Betriebsteile weiter, soweit sie die Voraussetzungen des § 1 Abs. 1 Satz 1 erfüllen und nicht in einen Betrieb eingegliedert werden, in dem ein Betriebsrat besteht (Übergangsmandat). Der Betriebsrat hat insbesondere unverzüglich Wahlvorstände zu bestellen. Das Übergangsmandat endet, sobald in den Betriebsteilen ein neuer Betriebsrat gewählt und das Wahlergebnis bekannt gegeben ist, spätestens jedoch sechs Monate nach Wirksamwerden der Spaltung. Durch Tarifvertrag oder Betriebsvereinbarung kann das Übergangsmandat um weitere sechs Monate verlängert werden.
(2) Werden Betriebe oder Betriebsteile zu einem Betrieb zusammengefasst, so nimmt der Betriebsrat des nach der Zahl der wahlberechtigten Arbeitnehmer größten Betriebs oder Betriebsteils das Übergangsmandat wahr. Absatz 1 gilt entsprechend.
(3) Die Absätze 1 und 2 gelten auch, wenn die Spaltung oder Zusammenlegung von Betrieben und Betriebsteilen im Zusammenhang mit einer Betriebsveräußerung oder einer Umwandlung nach dem Umwandlungsgesetz erfolgt.

Inhaltsübersicht

87 *BAG* 28.8.14 – 7 ABR 60/12, ZTR 15, 53, zum Übergang der Kostentragungspflicht nach § 40 auf den Erwerber; 9.12.08 – 1 ABR 75/07, AP Nr. 356 zu § 613 a BGB.
88 *BAG* 25.4.78, AP Nr. 11 zu § 80 BetrVG 1972 = EzA § 80 BetrVG 1972 Nr. 15 mit Anm. v. *Blomeyer;* zum Restmandat des BR i. S. eines allgemeinen – auch prozessualen – Abwicklungsmandats vgl. § 21 b Rn. 23.
89 *LAG Hamburg* 2.11.88, BB 89, 916.
90 *BAG* 11.10.95, AuR 96, 149.
91 *LAG Nürnberg* 4.9.07 – 6 TaBV 31/07, AuR 08, 76.

I. Vorbemerkungen

Mit dem allgemeinen betriebsverfassungsrechtlichen Übergangsmandat des BR wird Art. 6 der Europäischen RL 2001/23/EG umgesetzt. Bereits zuvor war diese Rechtsfigur in einzelnen Gesetzen sowie in der Rspr.[1] als allgemeiner betriebsverfassungsrechtlicher Grundsatz anerkannt worden (im Einzelnen *7. Aufl.*, § 21 Rn. 55 ff.). 1

Die Vorschrift ist **zwingend.** Insbes. ist das Übergangsmandat nicht durch TV/BV abdingbar.[2] Seine Ausübung ist eine unverzichtbare, gesetzliche Amtspflicht der einzelnen BR-Mitglieder.[3] Seine Dauer kann nach Abs. 1 Satz 4 durch TV/BV um weitere 6 Monate verlängert werden. Zur Sicherungsvereinbarung nach § 325 Abs. 2 UmwG vgl. Rn. 58. 2

Wesentlicher Inhalt des Übergangsmandats ist eine **Verlängerung der Amtszeit des BR und der einzelnen BR-Mitglieder,** wodurch der Grundsatz, nach dem das Mandat des BR an den aktuellen Bestand des Betriebs und das Mandat der einzelnen BR-Mitglieder an das Arbeitsverhältnis zum Betriebsinhaber geknüpft sind (vgl. Rn. 6) modifiziert wird. 3

Sinn und Zweck des Übergangsmandats ist es, die **Kontinuität des BR-Mandats** zu sichern, betriebsratslose Zeiten zu vermeiden[4] und die AN in einer kritischen Phase im Anschluss an eine betriebliche Umstrukturierung vor dem Verlust ihrer Beteiligungsrechte zu schützen.[5] Es dient zugleich dem Fortbestand der bestehenden betrieblichen Normen. 4

Durch die verbindliche Anordnung des Übergangsmandats des BR besteht eine **einheitliche Regelung** in allen Fällen, in denen eine Änderung der Betriebsorganisation zum Verlust der Beteiligungsrechte des BR führt.[6] Der Gesetzgeber unterstellt, dass nach der Wahl eintretende betriebsorganisatorische Änderungen Einfluss auf das Amt des BR haben können, ohne im Einzelnen zu klären, wann und in welchem Ausmaß dies der Fall ist. Nicht jede Änderung der Betriebsorganisation beendet das Vollmandat des BR. Insofern hat die Vorschrift eine Auffangfunktion und gilt subsidiär. Vorrangig ist zu prüfen, ob nicht das Vollmandat des BR auch nach durchgeführten organisatorischen Änderungen weiter besteht.[7] 5

Nach h. M. ist die Zuständigkeit des BR an die Identität des Betriebs geknüpft, für den er gewählt worden ist. Solange die Identität fortbesteht, behält der BR das ihm durch Wahl übertragene Mandat bis zum Ablauf seiner regulären Amtszeit. Dies gilt grundsätzlich auch bei **Änderung des Betriebsinhabers, des AG, etwa im Falle eines Betriebsübergangs nach § 613 a BGB** (ebenso Art. 6 Abs. 1 der RL 2001/23/E6). Die strikte Anbindung an die Betriebsidentität würde aber dazu führen, dass bei einer betrieblichen Umorganisation, die eine Änderung der bisherigen **Betriebsidentität** zur Folge hat, das Amt des BR enden oder er für einen Teil der bisher von ihm vertretenen AN die Zuständigkeit verlieren würde.[8] Ohne Übergangsmandat wären die betr. AN ab Wirksamwerden einer Spaltung oder Zusammenlegung von Betrieben bis zur Neuwahl eines BR betriebsverfassungsrechtlich nicht mehr repräsentiert und würden bis zur Konstituierung des neuen BR den kollektiven Schutz des BetrVG verlieren. Zugleich entstünden für den AG weit reichende Möglichkeiten zu Missbrauch und Manipulation, indem sich Betriebe organisatorisch umstrukturieren ließen, um die Existenz bzw. Zuständigkeit des BR oder die Mitgliedschaft einzelner BR-Mitglieder zu beenden, wie der Fall des *BAG* v. 31.5.2000 beweist.[9] Ebenso wäre der Fortbestand der geltenden BV in Gefahr. 6

1 *BAG* 31.5.00 – 7 ABR 78/98, AuR 01, 30 ff. mit Anm. *Buschmann.*
2 *Fitting,* Rn. 5.
3 *Fitting,* Rn. 27.
4 Ebenso *BAG* 27.7.11 – 7 ABR 61/10, AuR 12, 83.
5 BT-Drucks. 14/5741, S. 38 f.
6 BT-Drucks. 14/5741, S. 38 f.
7 Vgl. § 21 Rn. 36; ebenso ErfK-*Koch,* Rn. 3; Richardi-*Thüsing,* Rn. 4.
8 *BAG* 23.11.88 – 7 AZR 121/88, BAGE 60, 191 = AuR 89, 354 mit krit. Anm. *Kleveman;* 31.5.00 – 7 ABR 78/98, AuR 01, 30; *Fitting,* Rn. 1, 7; *Bachner,* DB 95, 2068.
9 *BAG* 31.5.00 – 7 ABR 78/98, a. a. O.; ebenso *LAG Hamm* 14.2.90 – 3 TaBV 141/89, DB 90, 2530.

7 *Kreutz*[10] hatte hervorgehoben, dass der BR für eine volle Amtsperiode gewählt worden ist, so dass er für die Dauer der Amtszeit und ohne Zuständigkeitseinbußen im Amt bleibt. Dafür spricht eine Wertungsparallele zur – etwa wegen Verkennung des Betriebsbegriffs – fehlerhaften, aber nicht angefochtenen Wahl des BR, der bis zum Ablauf seiner regulären Amtszeit im Amt bleibt. Ein Grundsatz, nach dem das Amt des BR bei betrieblichen Umstrukturierungen ende, sei nirgends geregelt. Die Unterscheidung von identitätswahrender und identitätsauflösender Betriebsaufspaltung bzw. von Zusammenlegung und Eingliederung von Betrieben sei nicht tragfähig. Diese Auffassung hatte den Vorzug, die **Amtskontinuität** des BR zu sichern auch und gerade für den Fall, dass nicht sicher bzw. strittig ist, ob die Umstrukturierung die Betriebsidentität geändert hat.

8 Der Gesetzgeber löst diese Problematik nur z. T. durch das Übergangsmandat, d. h. Verlängerung der Amtszeit des BR über den Zeitpunkt hinaus, an dem die Veränderung der Betriebsidentität wirksam geworden ist. Die Vorschrift trifft eine **eigenständige Bestimmung der Amtszeit** des BR für den Fall, dass der Betrieb durch Spaltung oder Zusammenlegung seine Identität verändert, insbes. untergeht. Sie beantwortet nicht die Frage, wann dies der Fall ist.[11] Soweit betriebliche Umstrukturierungen nicht dazu führen, kommt das Übergangsmandat nicht zum Tragen und ist auch nicht erforderlich. Vorrangige Frage ist, ob der bisherige Betrieb endgültig seine **Identität verändert** hat.

9 Wie die Voraussetzungen unterscheiden sich die Rechtsfolgen der Abs. 1 und 2 strukturell. In der 1. Variante verbindet sich die Übergangszuständigkeit **retrospektiv** mit der organisatorischen Einheit **vor der Spaltung,** in der anderen **prospektiv nach der Zusammenfassung.** Das Mandat bezieht sich im Falle des **Abs. 1** auf alle vor der Spaltung vom BR vertretenen Betriebsteile, so dass für diese während des Übergangszeitraums der Fortbestand des unveränderten Betriebs, ggf. als gemeinsamer Betrieb mehrerer UN, für einen Übergangszeitraum fingiert wird. Die bloße Spaltung führt allein nicht zu Konflikten mit der Zuständigkeit anderer BR und bedarf keiner Konkurrenzregelung. Im Falle des **Abs. 2** trägt das Mandat der betriebsorganisatorisch wirksam gewordenen Veränderung Rechnung, indem es sich von Rechts wegen auf den zusammengefassten Betrieb bezieht. Bei der Zusammenfassung ist eine Konkurrenzregelung erforderlich. Demzufolge regelt die Vorschrift nicht die zu Grunde zu legende betriebsverfassungsrechtliche Einheit, sondern nur, welcher BR das Mandat für sie übergangsweise wahrnimmt.[12] Je nach Konstellation können Abs. 1 *und* 2 zur Anwendung kommen, z. B. bei organisatorischer Zusammenfassung eines abgespaltenen Betriebsteils mit einem anderen zuvor selbstständigen oder von einem anderen Betrieb abgespaltenen Betriebsteil. In diesem Fall gilt das für den abgespaltenen Betriebsteil bestehende Übergangsmandat unter den Voraussetzungen des Abs. 2 (größter Betriebsteil der zusammengefassten Einheit) auch für Letztere. In beiden Varianten wird das Übergangsmandat gegenüber der Leitung neu entstandener Einheiten ausgeübt (dagegen Restmandat: Ausübung gegenüber Leitung des Ursprungsbetriebs).[13]

10 Im Unterschied zu dem in § 21 b geregelten Restmandat unterliegt das Übergangsmandat **keinen funktionellen, sondern allein zeitlichen Beschränkungen,** d. h. während seiner Dauer übt der BR alle Befugnisse nach diesem Gesetz und anderen Rechtsvorschriften (z. B. TV) aus. Ein besonderer Bezug seiner Aktivitäten auf die betriebsorganisatorische Spaltung oder Zusammenlegung ist nicht erforderlich. Sein Mandat bezieht sich auch auf neue Aufgaben, die dem BR nach der Spaltung/Zusammenlegung in den einzelnen Betriebsteilen erwachsen können.[14] Abs. 1 Satz 2 gibt ihm lediglich die besondere Aufgabe, unverzüglich Wahlvorstände zu bestellen.

11 Die Vorschrift unterscheidet nicht, ob eine Spaltung oder Zusammenlegung mit **Veränderungen in der Person des AG** verbunden ist oder nicht, was auch in Abs. 3 zum Ausdruck kommt.

10 FS Wiese, S. 235 ff.; vgl. auch GK-*Kreutz*, Rn. 15, unter Hinweis, dass der Gesetzgeber diese Lösungskonzeption verworfen habe.
11 Ebenso *Fitting*, Rn. 8.
12 *Rieble/Gutzeit*, ZIP 04, 693.
13 ErfK-*Koch*, Rn. 1.
14 Richardi-*Thüsing*, Rn. 16; vgl. auch unten Rn. 61.

Spaltungen/Zusammenlegungen nach dem Umwandlungsgesetz (Gesamtrechtsnachfolge) und traditionelle Betriebs-(teil-)veräußerungen nach § 613 a BGB (Einzelrechtsnachfolge) stehen hier gleich. Die Frage der analogen Anwendung wie bei § 321 UmwG a. F. stellt sich nicht, soweit die Vorschrift direkt anwendbar ist.[15] Ein Übergangsmandat des BR kann auch vorliegen, wenn sich der AG nicht ändert. Umgekehrt ist denkbar, dass gesellschaftsrechtliche Änderungen die Betriebsidentität unverändert lassen, z. B. wenn eine Spaltung des UN keine Spaltung des Betriebs zur Folge hat (gemeinsamer Betrieb, vgl. § 1 Abs. 1 Satz 2 und Abs. 2), so dass die Zuständigkeit des BR ohne Übergangsmandat und ohne dessen zeitliche Begrenzung fortbesteht.

Da das Übergangsmandat des BR keinen funktionellen Begrenzungen unterliegt, ist während seiner Dauer der BR weiterhin im **GBR** (§ 47 Abs. 2) und ggf. auch im **KBR** (§ 54 Abs. 2) vertreten.[16] Bei einer Zusammenfassung von Betrieben kann dies zur Entsendung neuer GBR-/KBR-Mitglieder führen. Unter entspr. Voraussetzungen (Spaltung des bzw. Fusion mit anderen UN/Konzernen) kann auch dem GBR/KBR ein Übergangsmandat zukommen.[17] Für den **See-BR** findet die Vorschrift nach § 116 Abs. 2 Anwendung; dagegen nimmt § 115 Abs. 3 für die **Bordvertretung** auf sie nicht Bezug. Zur **JAV** vgl. Rn. 63. Freistellungen nach §§ 37 Abs. 2 und 38 berechnen sich auf der Grundlage des Betriebs, für die der BR während der Dauer des Übergangsmandats zuständig ist, bzw. entspr. der Gesamtzahl der von ihm repräsentierten AN. Im Falle des Abs. 2 kann sich dadurch während des Übergangszeitraums die Zahl der nach § 38 freizustellenden BR-Mitglieder erhöhen.[18] 12

Das Übergangsmandat setzt ein bestehendes (bleibt im Amt) Vollmandat des BR voraus. Hat die Umstrukturierung/Identitätsänderung schon vor oder während der BR-Wahl, d. h. **vor Bekanntmachung des Wahlergebnisses** stattgefunden, wird kein Übergangsmandat, sondern ein **Vollmandat** des BR begründet. Das Übergangsmandat deckt nur Fälle der nachträglichen Identitätsveränderung ab. Vorzeitigen Veränderungen der zu Grunde zu legenden Betriebsstruktur hat der WV bei der Wahl (Wählerliste) selbst Rechnung zu tragen; bei Verkennung ist unter den Voraussetzungen des § 19 ggf. eine Anfechtung zulässig (vgl. § 19 Rn. 10 f.). Die Wahl ist indes nicht nichtig.[19] Ist sie danach wirksam, unterliegt sie auch nicht den zeitlichen Beschränkungen des Übergangsmandats. 13

Eine entspr. Regelung im **BPersVG** fehlt, obwohl mit dem Verlust eines öffentlich-rechtlichen AG, stärker als beim Wechsel von einem privaten AG zu einem anderen, die Berufswahlentscheidung des AN berührt wird und sich die Problematik des drohenden Verlusts der kollektiven Vertretung der AN und ihrer Beteiligungsrechte gerade bei Privatisierung stellt.[20] Wird der Geltungsbereich der PersVG nicht verlassen, tritt regelmäßig eine Zuständigkeit der übergeordneten Stufenvertretung ein.[21] Problematischer gestaltet sich der Fall der sog. privatisierenden Umwandlung (vgl. §§ 168 ff. UmwG). Mit dem Stichtag der Privatisierung erlischt grundsätzlich das Amt des Personalrats (PR) nach Maßgabe des BPersVG. Da zu diesem Zeitpunkt ein BR noch nicht besteht, würde ohne eine zumindest übergangsweise fortbestehende Zuständigkeit des bisherigen PR jedenfalls zeitweilig ein vertretungsloser Zustand entstehen. 14

Bereits vor In-Kraft-Treten dieser Vorschrift wurde dafür plädiert, im Wege einer Gesamtanalogie zu verschiedenen Einzelvorschriften außerhalb dieses Gesetzes ein generelles auf 6 Monate befristetes **Übergangsmandat des PR bei Privatisierungen** anzuerkennen.[22] Nach- 15

15 *Engels/Trebinger/Löhr-Steinhaus*, DB 01, 533.
16 Ebenso *Rieble*, NZA 02, 240.
17 Str., vgl. § 47 Rn. 11; § 54 Rn. 125; nicht erörtert von *BAG* 5.6.02 – 7 ABR 17/01, AuR 03, 124; ausdrücklich a. A. *Fitting*, Rn. 5; GK-*Kreutz*, Rn. 11; *Rieble*, a. a. O.
18 *Gragert*, NZA 04, 291; vgl. auch Rn. 59 ff.
19 *BAG* 13.3.13 – 7 ABR 70/11, AuR 13, 187; vgl. dazu auch *Homburg/Mittag*, AuR 13, 253.
20 Vgl. *BVerfG* 25.1.11 – 1 BvR 1741/09, AuR 11, 132: Gefahr der Entfernung aus dem ö. D.
21 *ArbG Freiburg/Offenburg* 28.2.02, AuR 03, 15; *Schubert*, AuR 03, 132 m. w. N.
22 Vgl. § 130 Rn. 1 ff.; *Fitting*, § 130 Rn. 15 ff.; *ArbG Bremen* 29.9.99, EzBAT § 54 BAT Unkündbare Angestellte Nr. 9; offen gelassen in *BAG* 25.5.00, DB 00, 1966; ablehnend *OVG NRW* 29.9.99, PersR 00, 455; 30.4.10 1 A 3242/07, juris; *LAG Köln* 11.2.00, PersR 00, 378 und 10.3.00, PersR 00, 380 mit krit. Anm. *Blanke*, a. a. O., 346 ff.; *LAG Düsseldorf* 16.1.12 – 14 TaBV 83/11, BB 12, 572; *Besgen/Langner*, NZA 03, 1239; *Kast/Freihube*, DB 04, 2530.

dem der Gesetzgeber das Übergangsmandat der AN-Vertretung als allgemeines Prinzip des kollektiven Arbeitsrechts anerkannt hat, ist seine Anwendung auf ehemals öffentlich-rechtliche Betriebe auch aus Gründen des Gleichheitssatzes geboten, da andernfalls der öff. AG sich bei betrieblichen Umstrukturierungen einen Sondervorteil verschaffen bzw. seine Beschäftigten in besonderer Weise gegenüber anderen Beschäftigten benachteiligen würde. Sie ist weiterhin geboten auf Grund von Art. 6 der europäischen Betriebsübergangs-RL.[23] Die insofern ablehnende Entscheidung des *LAG Düsseldorf*[24] beschränkt sich ausdrücklich auf die Umstrukturierung von Verwaltungsbehörden, in Abgrenzung zur Privatisierung öffentlicher UN, die eine wirtschaftliche Tätigkeit ausüben, unabhängig davon, ob sie Erwerbszwecke verfolgen oder nicht (Art. 1 Abs. 1 c RL). Letztere unterfällt aber der Richtlinie. Nach *von Roetteken*[25] ergibt sich aus der RL eine generelle Aufrechterhaltung der Rechtsstellung und der Funktionen des PR nunmehr als BR, so dass sich die Frage einer Neuwahl bzw. eines Übergangsmandats erst stellt, wenn zusätzlich zur Privatisierung eine Spaltung bzw. Zusammenlegung stattfindet.

II. Entwicklung des Übergangsmandats

1. Gesetzgebung

16 Vor 2001 wurden in **Einzelbestimmungen außerhalb dieses Gesetzes** Regelungen über die Fortdauer der Amtszeit des BR /PR getroffen (vgl. §§ 13, 14 SpTrUG, § 6 b VermG, § 25 PostPersRG, § 24 PZNeuOG, § 8 ENeuOG, §§ 15, 20 DBGrG, sachsen-anhaltinisches Gesetz zur Sicherstellung der Personalvertretung v. 4.5.94,[26] Nieders. VO über die Personalvertretung bei Auflösung eines Ministeriums v. 9.8.94.[27] Im Einzelnen vgl. 7. Aufl., § 21 Rn. 47). Von besonderer Bedeutung war § 321 UmwG a. F. über das Übergangsmandat aus Anlass gesellschaftsrechtlicher Umwandlungen. Mit dem BetrVerf-ReformG wurde jene Vorschrift aufgehoben und durch diese ersetzt.

2. Rechtsprechung

17 Das *BAG*[28] hatte früher bei Übertragung eines Betriebsteils auf einen anderen Inhaber ein Übergangsmandat gar nicht geprüft und ein Restmandat des BR ebenso abgelehnt wie eine analoge Anwendung des § 22. Diese Rspr. war überwiegend kritisiert worden, da sie die von einer Umstrukturierung betroffenen AN schutzlos stellte und den Grundsatz der Kontinuität der AN-Vertretung verkannte.[29] Zuletzt hatte die h. M. entweder eine **Analogie zu § 321 UmwG a. F. oder eine Gesamtanalogie** zu o. g. Vorschriften angenommen.[30] Dieser Auffassung hatte sich im Grundsatz auch das *BAG*[31] angeschlossen. Seit 2001 gilt nur diese Vorschrift.

III. Übergangsmandat nach der Betriebsübergangsrichtlinie

18 Bei der Auslegung der Vorschrift wie auch der §§ 21, 21 b ist die europäische Betriebsübergangsrichtlinie 2001/23/EG[32] zu beachten. Nach Art. 1 (1) a ist die RL auf den Übergang von UN, Betrieben- oder Unternehmens- bzw. Betriebsteilen auf einen anderen Inhaber durch vertragliche Übertragung oder durch Verschmelzung anwendbar. Zudem ordnet Art. 11 der

23 Vgl. Rn. 18 ff. ; GK-*Kreutz*, Rn. 2; *Löwisch/Schmidt-Kessel*, BB 01, 2162; *Löwisch/Kaiser*, Rn. 4; *Altvater* u. a., § 1 BPersVG, Rn. 9 d – g.
24 *LAG Düsseldorf* 16.1.12 – 14 TaBV 83/11, BB 12, 572.
25 NZA 01, 414 ff., 422.
26 GVBl. LSA S. 562.
27 Nds. GVBl. S. 422.
28 23.11.88, BAGE 60, 191 = AuR 89, 354 mit krit. Anm. *Kleveman*.
29 Vgl. *Däubler*, RdA 95, 146; *Fitting*, Rn. 2.
30 Ausführlich *7. Aufl.*, § 21 Rn. 68 ff.
31 *BAG* 31.5.00 – 7 ABR 78/98, AuR 01, 30 ff. mit Anm. *Buschmann*.
32 ABlEG 2001 Nr. L 82 S. 16.

RL 82/891/EWG die Fälle einer **Spaltung, insbes. Ausgründung von Betrieben, Betriebs- oder Unternehmensteilen** ausdrücklich dem Anwendungsbereich der RL 77/187/EWG zu.[33]

19 Nach Art. 6 Abs. 1 Unterabs. 1 der RL bleiben bei **fortdauernder Selbstständigkeit** des Betriebs/UN Rechtsstellung und Funktion der AN-Vertreter/Vertretung erhalten, was der dt. Rechtslage[34] entspricht. Nach der Rspr. des *EuGH* sind »Selbstständigkeit« und »Identität« nicht gleichwertig. »Selbstständigkeit« liegt vor, wenn die Organisationsbefugnisse der für die übertragene Einheit Verantwortlichen nach dem Übergang innerhalb der Strukturen des Erwerbers im Vergleich zu der Lage vor dem Übergang im Wesentlichen unverändert bleiben. In diesem Fall muss das Recht der AN auf Vertretung unter den gleichen Bedingungen wie vor dem Übergang ausgeübt werden können. Eine Umverteilung bestimmter Organisationsbefugnisse innerhalb der übertragenen Einheit, insbes. der bloße Austausch der obersten Dienstvorgesetzten beeinträchtigt grundsätzlich deren Selbständigkeit nicht. Das Amt des BR sowie die abgeschlossenen Betriebsvereinbarungen bestehen dann uneingeschränkt weiter, so dass es eines Übergangsmandats nicht bedarf.[35]

20 Für den Fall, dass das UN, der Betrieb oder der UN- bzw. Betriebsteil seine **Selbstständigkeit nicht behält,** bestimmt Art. 6 Abs. 1 Unterabs. 4 RL, dass die vom Übergang betroffenen AN, die vor dem Übergang vertreten wurden, während des Zeitraums, der für die Neubildung oder Neubenennung der AN-Vertretung erforderlich ist, im Einklang mit dem Recht oder der Praxis der Mitgliedstaaten weiterhin angemessen vertreten werden. Dementsprechend hat die Vorschrift die ausdrückliche Funktion, die Vorgaben aus der europäischen RL umzusetzen.[36]

21 Art. 6 Unterabs. 4 der RL trifft anders als Art. 6 Unterabs. 1 keine Ausnahmeregelung für den Fall, dass die Betriebsteile nach einer Spaltung nicht mehr die **Voraussetzungen des § 1 Abs. 1 Satz 1** (mindestens 5 AN) erfüllen, so aber § 21 a Abs. 1 Satz 1. Vielmehr geht die RL generell davon aus, dass die weitere angemessene Vertretung während des Übergangszeitraums fortbesteht.[37] Zwar sind die Mitgliedstaaten frei, eine Mindestgröße für die Errichtung einer Arbeitnehmervertretung festzulegen.[38] Das ändert aber nichts daran, dass allein der Betriebsübergang den Verlust der Vertretung nicht herbeiführen darf. Daraus ergeben sich Konsequenzen bei der Aufspaltung eines Betriebs in mehrere nicht mehr BR-fähige Einheiten sowie bei der Abspaltung nicht mehr BR-fähiger Einheiten. Die RL enthält keine Einschränkung, dass in diesen Fällen das Übergangsmandat des BR entfällt, sondern spricht nur von dem Zeitraum, der für die Neubildung oder Neubenennung der AN-Vertretung erforderlich ist. Jedoch könnte auch in diesen Fällen das Übergangsmandat bedeutsam werden, z. B. wenn durch TV abweichende Regelungen nach § 3 Abs. 1 Nr. 1 – 3 getroffen werden sollen, die das Ziel haben, den bisherigen Betrieb einschließlich des abgespaltenen, für sich nicht BR-fähigen Betriebsteils beizubehalten. Insofern besteht noch Anpassungsbedarf.

22 Nach Art. 6 Abs. 2 RL gelten für AN-Vertreter die mit ihrem Amt verbundenen Schutzmaßnahmen weiter, auch wenn ihr Mandat auf Grund des Übergangs erlischt. Durch den Betriebsübergang sollen die AN-Vertreter in ihrer **persönlichen Rechtsstellung** nicht schlechter gestellt werden als ohne den Übergang. Dies gilt auch, wenn ihr persönliches Mandat auf Grund des Übergangs endet. Das Erlöschen tritt frühestens mit Ende des Übergangsmandats ein. Diese Bestimmung betrifft also nicht den Schutz während (hier ist das Mandat noch nicht erloschen), sondern nach Ablauf des Übergangsmandats. Betroffen sind etwa ehemalige **BR-Mitglieder nach Ablauf des Übergangsmandats sowie BR-Mitglieder, deren Mitgliedschaft ausnahmsweise auf Grund des Übergangs endet,** etwa bei Eingliederung in einen aufnehmenden Betrieb mit BR oder Zusammenlegung zu einem neuen Betrieb nach Art. 6 Abs. 2 RL,

33 Zu Anforderungen der europäischen RL ausführlich *von Roetteken,* NZA 01, 414 ff., 419 ff.; vgl. auch Übergangsmandat im österreichischen §§ 62 b, 62 c ArbVG.

34 Vgl. *BAG* 28.9.88, EzA § 95 Nr. 14; 27.7.94, AuR 95, 156; 11.10.95, DB 96, 1190; *Krause,* NZA 98, 1205; *Mengel,* Umwandlungen, S. 280; vgl. auch § 21 Rn. 36.

35 *BAG* 11.10.95, a. a. O.; *EuGH* 29.7.10 – Rs. C-151/09, UGT/Uribe, AuR 10, 484; dazu *Buschmann,* AiB 14, 21.

36 BT-Drucks. 14/5741, S. 39.

37 Dies übersehen *Löwisch/Kaiser,* Rn. 7 und Richardi-*Thüsing,* Rn. 5, 13; wie hier: Anwalt-Kommentar-*Stoffels/Bergwitz,* §§ 21 – 21 b, Rn. 11.

38 HaKo-*Düwell,* Rn. 60.

in dem ein anderer größerer BR das Übergangsmandat wahrnimmt. »Schutzmaßnahmen« sind vor allem die Sonderkündigungsschutzvorschriften der §§ 103 BetrVG und 15 KSchG. Diesen Anforderungen der RL widersprechen die Begrenzung des § 103 auf aktuelle BR-Mitglieder sowie die zeitlich begrenzte Nachwirkung nach § 15 KSchG. Europarechtlich müsste sich dieser Schutz so gestalten, als hätten die BR-Mitglieder ihr Mandat (ohne den Übergang) bis zum Ablauf der regulären Amtszeit ausgeübt. Daran müsste sich der nachwirkende Kündigungsschutz des § 15 Abs. 2 Satz 2 KSchG anschließen. Der Staat als AG ist unmittelbar an die Vorgaben der RL gebunden und kann sich nicht wirksam auf seine mangelnde Umsetzung berufen.

IV. Spaltung des Betriebs (Abs. 1)

1. Begriff der Spaltung

23 Das **Umwandlungsgesetz** definiert Spaltung a) als Aufspaltung des sich auflösenden UN in mindestens 2 Teile (§ 123 Abs. 1 UmwG); b) als Abspaltung und Übertragung eines Unternehmensteils auf einen anderen Rechtsträger, während das bisherige UN bestehen bleibt (§ 123 Abs. 2); c) als Ausgliederung eines Unternehmensteils wie b), jedoch gegen Gewährung von Anteilsrechten an der »Empfangsgesellschaft« an das abgebende UN (§ 123 Abs. 3). Diese Definitionen sind für die Betriebsverfassung nur beschränkt verwendbar, da sie die Spaltung von UN im Wege der Universalsukzession zum Gegenstand haben, während das Übergangsmandat des BR an die Spaltung von Betrieben anknüpft.[39]

24 Die Betriebsspaltung hat keinen gesetzlich abschließend definierten Inhalt. Sie tritt wie bei UN in Form der **Aufspaltung oder Abspaltung** auf. Die Aufspaltung führt grundsätzlich zur Entstehung zumindest zweier neuer »Einheiten«,[40] damit zu einer Änderung der Betriebsidentität und beinhaltet regelmäßig, allerdings nicht als Voraussetzung eine **Betriebsänderung** nach § 111 Nr. 3.[41] Umgekehrt liegt keine Spaltung vor, solange ein einheitlicher, identischer Betrieb erhalten bleibt. Dies ist etwa der Fall, wenn der gesamte Betrieb auf einen anderen Inhaber übergeht. In diesem Fall bleibt der BR dort erhalten. Bei der **Abspaltung** behält der ursprüngliche Betrieb seine Identität und der BR hierfür sein Voll-Mandat – auch für die wegen Widerspruchs gegen den Übergang hier verbleibenden AN. Für den abgespaltenen Betriebsteil hat er ein Übergangsmandat,[42] auch wenn dieser Betriebsteil nicht »wesentlich« ist.[43]

25 Auf die Art und Weise der Spaltung kommt es nicht an, da die Vorschrift nur an das Ergebnis anknüpft.[44] Es ist weder erforderlich, dass die Voraussetzungen des § 111 BetrVG im Einzelnen belegt sind, noch dass der bisherige AG diese Spaltung durch zielgerichtete organisatorische Maßnahme vollzogen hat. Eine **Spaltung**, die ein Übergangsmandat erforderlich macht, liegt demnach auch vor, wenn bei einer **Teilveräußerung** der Betrieb mit Beschäftigten und BR auf einen anderen Inhaber übergeht, die Identität also beim veräußerten Betriebsteil liegt, während ein Teil der AN aber bei dem alten AG verbleibt. Erfüllen letztere die Voraussetzungen des § 1 Abs. 1 Satz 1, übt der (übergegangene) BR für den übergangenen Teil das Vollmandat, für die anderen das Übergangsmandat, aus.[45] Letzteres erfasst auch die wegen Widerspruchs gegen den Übergang hier verbleibenden AN. Findet hier keine fristgemäße BR-Wahl statt, entsteht ein Restmandat nach § 21 b.[46]

25a Das Gleiche muss gelten, wenn die Spaltung dadurch eintritt, dass nur ein Teil der Beschäftigten übergeht, dagegen die Mehrheit oder Minderheit (ggf. auch BR-Mitglieder) dem **Über-**

39 Ähnlich GK-*Kreutz*, Rn. 24.
40 So zu § 111 *BAG* 18.3.08 – 1 ABR 77/06, AuR 08, 321.
41 Ebenso *Fitting*, Rn. 9 a; *LAG Bremen* 21.10.04, AuR 05, 38; zu den verschiedenen Formen § 111 Rn. 93 ff.
42 *Fitting*, Rn. 9.
43 Vgl. *BAG* 18.3.08 a. a. O. zu § 111 Satz 3 Nr. 3.
44 Ebenso *Fitting*, Rn. 7.
45 Ebenso *Löwisch*, FS Bepler, S. 404.
46 *Löwisch* a. a. O.; *Löwisch/Kaiser*, § 21 b, Rn. 3; *LAG Sachsen-Anhalt* 25.11.10 – 3 TaBV 16/10, juris.

gang ihres Arbeitsverhältnisses nach § 613 a Abs. 6 BGB wirksam widersprechen und deren Arbeitsverhältnisse mit dem bisherigen Betriebsinhaber fortgeführt werden.[47] Der durch eine unternehmerische Entscheidung, nämlich den Betriebsübergang, bewirkte Verlust des bisherigen AG beinhaltet einen Eingriff in das Grundrecht der Berufswahl der AN nach Art. 12 GG und erfordert deshalb einen besonderen Schutz.[48] In der Rspr. wurde hierfür teilweise ein Restmandat des BR angenommen.[49] In kündigungsrechtlich motivierten Urteilen hat der 2. (Kündigungs-)Senat des *BAG* entschieden, dass allein der Widerspruch weder ein Rest-[50] noch ein Übergangsmandat[51] begründe. Um die Ablehnung der Anhörungspflicht nach § 102 BetrVG begründen zu können, wurde pauschal den Tatbestand der Spaltung verneint, da es sich bei der Erklärung des Widerspruchs nicht um eine Entscheidung des AG handele.[52] Dies überzeugt nicht. Eine dahingehende Entscheidung des AG ist kein konstitutives Merkmal einer betriebsverfassungsrechtlichen Spaltung. Maßgeblich ist allein das betriebsorganisatorische Ergebnis. Selbst aber, wenn man den Tatbestand der Spaltung an eine darauf gerichtete organisatorische Maßnahme des AG knüpfen wollte, wäre es ein Trugschluss, diese bei Widerspruch gegen den Übergang der Arbeitsverhältnisse pauschal zu verneinen. Der Widerspruch selbst verhindert nur den Übergang des Arbeitsverhältnisses auf einen anderen AG, nicht aber eo ipso die betriebsorganisatorische Zuordnung der widersprechenden AN. Um diese aus dem übergegangenen Betrieb herauszulösen, bedarf es eines weiteren (konkludenten) organisatorischen Aktes des bisherigen AG, etwa durch Einsatz der widersprechenden AN auf bei ihm vorhandenen Arbeitsplätzen. Nach (umstr.) Rspr. des *BAG*[53] wäre es auch möglich, die AN selbst nach Widerspruch gegen den Betriebsübergang in Abstimmung mit dem Betriebserwerber dort auf den alten Arbeitsplätzen weiter zu beschäftigen.[54] Für diese AN bleibt der übergegangene Betriebsrat erst recht zuständig. Die Anerkennung des Übergangsmandats bei Widerspruch gegen den Übergang vermeidet zudem Wertungswidersprüche. Behält nämlich der abgebende Betrieb seine Identität, geht der bisherige BR nicht über, hat möglicherweise ein Übergangsmandat für die übergehenden AN, bleibt aber über sein Vollmandat auch für die widersprechenden AN zuständig.[55]

2. Erheblichkeitsgrenze

Faktisch hängt der betriebsverfassungsrechtliche Schutz der AN weitgehend von wirksam 26
gewordenen Organisationsentscheidungen des AG ab. AN sind von den zu Grunde liegenden organisatorischen Veränderungen persönlich betroffen. Somit entstehen für den AG weitreichende **Möglichkeiten zu Missbrauch und Manipulation,** indem sich Betriebe organisatorisch umstrukturieren lassen, um die Existenz oder nur die Zuständigkeit des BR zu beenden, wie ein Fall des *BAG*[56] beweist.[57] Hängt z. B. die regionale Abgrenzung mehrerer Betriebe eines

47 Ebenso *Löw*, AuR 07, 194; Bachner/Köstler/Matthiesen/Trittin-*Bachner*, § 4 I Rn. 42; *Fitting*, Rn. 12 a: Widerspruch sämtlicher BR-Mitglieder; a. A. GK-*Kreutz*, Rn. 86: *Moll/Ersfeld*, DB 11, 1108; *Löwisch* a. a. O., letzterer jedoch für ein Restmandat.

48 Vgl. *BVerfG* 25.1.11 – 1 BvR 1741/09, AuR 11, 132 zur Unzulässigkeit des Betriebsübergangs ohne Widerspruchsrecht.

49 *LAG Rheinland-Pfalz* 18.4.05 – 2 TaBV 15/05, AuR 05, 465; *LAG Düsseldorf* 12.10.05 – 12 Sa 931/05, AuR 06, 132; *ArbG Freiburg/Offenburg* 28.2.02, AuR 03, 153; ebenso *M. Schubert*, AuR 03, 133; *Löwisch* a. a. O.; nun auch Richardi-*Thüsing*, § 21 b, Rn. 4 b, für den Fall des Identitätsverlustes des bestehenden Betriebs; a. A. *BAG* 24.5.12 – 2 AZR 62/11 AuR 13, 98, 100; 8.5.14 – 2 AZR 1005/12, AuR 15, 69; *Fitting*, § 21 b, Rn. 6; aus Arbeitgebersicht *Hidalgo/Kobler*, NZA 14, 290.

50 *BAG* 24.5.12 – 2 AZR 62/11, AuR 13, 98, 100.

51 *BAG* 8.5.14 – 2 AZR 1005/12, AuR 15, 69; ablehnend dazu auch *Schwarze*, JA 15, 70.

52 *BAG* 24.5.12, 8.5.14 a. a. O. Nach der Logik dieser Begründung würde der Tatbestand der Spaltung insgesamt mit Folgen für §§ 21 a, 21 b und 111 ff. entfallen. Diese Rechtsfolge lässt sich aber nur betriebsverfassungsrechtlich, nicht kündigungsrechtlich begründen.

53 *BAG* 19.3.98, DB 98, 1416, zu § 615 Satz 2 BGB.

54 Zum Betriebsübergang im Gemeinschaftsbetrieb *BAG* 15.2.07 – 8 AZR 310/06, AuR 07, 324.

55 Musterschreiben des BR bei DKKWF-*Buschmann*, § 21 a Rn. 3.

56 *BAG* 31.5.00 – 7 ABR 78/98, AuR 2001, 30 f.

57 Ebenso *LAG Hamm* 14.2.90, DB 90, 2530.

Dienstleistungs-UN organisatorisch von der jeweiligen Kompetenz bestimmter Regionaldirektionen ab, hätte es der AG in der Hand, durch einfache Zuständigkeitsverlagerungen Betriebs- und BR-Strukturen zu verändern und damit ggf. die Existenz von BR zu gefährden oder ihre personelle Zusammensetzung zu beeinflussen. Ein AG könnte versuchen, einzelne BR-Mitglieder durch organisatorische Umstrukturierungen aus dem Betrieb, in dem sie ihr Mandat ausüben, ausgliedern oder die Wahlergebnisse, die einen »unangenehmen« BR hervorgebracht haben, korrigieren, indem der bisherige Betrieb aufgelöst und neue Betriebe gebildet werden. Gleichzeitig wäre der betriebsverfassungsrechtliche Bestandsschutz, insbes. die Weitergeltung der im bisherigen Betrieb abgeschlossenen BV, in Gefahr.

27 Die Vorschrift löst diese Problematik nur zum Teil, nämlich auf der Rechtsfolgenseite für den »Übergang« nach Wirksamwerden der Spaltung bzw. Zusammenlegung. Sie beantwortet dagegen nicht die Frage, ab welcher Stufe der betrieblichen Umstrukturierung der auslösende Tatbestand der Spaltung oder Zusammenlegung erfüllt ist.[58] Im Einzelfall wird vielfach zweifelhaft oder streitig sein, ob wirklich neue selbstständige Einheiten gebildet worden sind. Solange eine Abspaltung die Betriebsidentität des ursprünglichen Betriebs nicht vernichtet, besteht der BR des identischen Betriebs fort (vgl. Rn. 34). Für die Beurteilung der Änderung der Betriebsidentität ist eine **Erheblichkeitsgrenze**[59] zu beachten. Dies bedeutet, dass nicht jede Veränderung der organisatorischen Einheiten eines oder mehrerer UN automatisch die Struktur der BR verändert (vgl. § 1 Rn. 151 ff.; § 21 Rn. 34 ff.). Auch das *BAG* hat (zu einem Zuordnungs-TV nach § 3) ein dynamisch-funktionales Verständnis gebilligt.[60] Unwesentliche Organisationsveränderungen bleiben außer Betracht.[61]

28 Ändert sich auf Grund von Veränderungen der unternehmerischen Leitungsorganisation lediglich der **regionale Zuschnitt der Betriebe** eines flächendeckend arbeitenden UN, z. B. die **organisatorische Zuordnung von Filialbetrieben** in Handel, Banken oder Versicherungen, bleiben die bisherigen BR erhalten. Auch ihre Zuständigkeit bleibt grundsätzlich in dem bisherigen Ausmaß bestehen, es sei denn, die Veränderungen sind so gewichtig, dass offenkundig die bisherige Betriebsstruktur nicht mehr besteht. So sah etwa das *LAG Berlin*[62] die Betriebsidentität nicht wesentlich beeinträchtigt, wenn nach abweichender Zuordnung von Verkaufsstellen 60 % im bisherigen Betrieb verbleiben; ebenso *LAG Nürnberg.*[63] Sog. Co-Optationsmodelle, bei denen der BR bei einer Betriebsvergrößerung einfach weitere Mitglieder aufnimmt bzw. bei einer -verkleinerung abgibt, sind gesetzlich nicht vorgesehen. Die Zuständigkeit des BR ändert sich auch nicht, wenn ein bisher unselbstständiger Betriebsteil durch Ansteigen der Zahl der AN auf mindestens 5 nach § 4 selbstständig wird, solange ein neuer BR für diesen Betriebsteil nicht gewählt ist.[64]

3. Gemeinsamer Betrieb

29 Bei einer Spaltung von UN wird nach § 1 Abs. 2 Nr. 2 (Vorgängerregelung in § 322 Abs. 1 UmwG, dazu 7. Aufl., § 21 Rn. 53 ff.) grundsätzlich vermutet, dass diese nicht die Spaltung von Betrieben zur Folge hat, vielmehr der Betrieb als **gemeinsamer Betrieb** fortgeführt wird (ausführlich § 1 Rn. 88 ff.). In diesem Fall besteht der BR bis zum Ablauf seiner regulären Amtszeit uneingeschränkt weiter. Auch die Neuwahl hat auf der Grundlage des gemeinsamen Betriebs zu erfolgen. Eines Übergangsmandats bedarf es nicht.[65] Dies gilt insbesondere bei

58 Ebenso *Fitting*, Rn. 8.
59 Ebenso *LAG Düsseldorf* 11.1.11 – 17 Sa 828/10, juris; *Fitting*, Rn. 9 a; nach GK-*Kreutz*, Rn. 25, die Hälfte der regelmäßigen Belegschaft.
60 *BAG* 21.9.11 – 7 ABR 54/10, AuR 12, 180.
61 Bachner/Köstler/Matthiesen/Trittin-*Bachner*, § 4 I Rn. 24 f. m. w. N.; *Fitting*, Rn. 9 a; zu § 322 UmwG schon *Däubler*, RdA 95, 135; *Düwell*, NZA 96, 393.
62 *LAG Berlin* 27.7.06 – 18 TaBV 145/06, AuR 06, 454.
63 *LAG Nürnberg* 4.9.07 – 6 TaBV 31/07, AuR 08, 76: Verlust eines kleineren Betriebsteils mit unter 40 % der Belegschaft nebst Zuwachs einer anderen, ebenfalls kleineren Betriebseinheit mit unter 50 % der Belegschaft; vgl. auch Rn. 38.
64 *ArbG Marburg* 20.12.91, AiB 92, 454; zum einzelnen BR-Mitglied § 24 Rn. 29.
65 Ebenso *Rieble*, NZA 02, 239.

gesellschaftsrechtlichen Veränderungen aus steuer-, haftungs- oder wettbewerbsrechtlichen Gründen.[66]

Die **Vermutung eines gemeinsamen Betriebs** besteht erst recht, wenn sich gesellschaftsrechtlich nichts ändert, sondern lediglich der AG vorträgt, er habe betriebsverfassungsrechtlich selbstständige organisatorische Einheiten geschaffen, für die nicht mehr ein gemeinsamer BR, sondern allenfalls ein GBR zuständig sei.[67] **30**

Die **Vermutung** ist **widerlegbar** (zu den Anforderungen daran § 1 Rn. 159). Geht aber etwa der BR von einem einheitlichen Betrieb, der AG von einem gespaltenen Betrieb aus, hilft das Übergangsmandat nicht weiter. Der BR wird das Übergangsmandat von seinem Standpunkt folgerichtig weder in Anspruch nehmen, noch einen Wahlvorstand bestellen, sondern sein Mandat weiter ausüben. Für die vorzeitige Bestellung des WV ist danach auch rechtlich kein Raum, sofern der BR nicht vorzeitig seinen Rücktritt erklärt. Jedoch ist auch nach einem Rücktritt eine Neuwahl getrennter BR ausgeschlossen, wenn ein gemeinsamer Betrieb vorliegt. Wird später durch rechtskräftige gerichtliche Entscheidung festgestellt, dass zu einem bestimmten Zeitpunkt eine Spaltung (nicht) stattgefunden hat, so bedarf es aus Gründen der Rechtssicherheit einer Übergangsregelung, die Sinn und Zweck der Vorschrift erfüllt, nämlich den Fortbestand der betriebsverfassungsrechtlichen Vertretung im Falle betrieblicher Umstrukturierungen zu sichern. Dies erfolgt in der Weise, dass in Streitfällen das Mandat des BR für den bisherigen einheitlichen Betrieb auch über den Zeitraum von 6 Monaten nach Wirksamwerden der Spaltung hinaus solange andauert, bis in einem Beschlussverfahren nach § 18 Abs. 2 der Betriebsbegriff verbindlich geklärt ist[68] und die Beschäftigten des auf- bzw. abgespaltenen Betriebsteils die Möglichkeit der Neuwahl wahrnehmen können. Der Beginn der in Abs. 1 Satz 3 genannten Frist wird demnach durch das Verfahren nach § 18 Abs. 2 gehemmt.[69] Die Frist wird dann erst ab Rechtskraft der arbeitsgerichtlichen Entscheidung berechnet (ebenso § 1 Rn. 167 m. w. N.). Will man sich dieser Auffassung nicht anschließen, zwingt man den BR zum vorzeitigen Rücktritt nebst anschließender Neuwahl auf Grundlage des ungespaltenen Betriebs, die dann angefochten werden kann. Eine gegen diese Neuwahl gerichtete einstweilige Verfügung wird regelmäßig abzuweisen sein, wenn nicht feststeht, dass der gemeinsame Betrieb inzwischen aufgelöst worden ist.[70] **31**

Spaltung i. S. d. Vorschrift ist auch die organisatorische **Spaltung eines gemeinsamen Betriebs,** den das Gesetz in § 1 ausdrücklich anerkannt hat. Das ist etwa der Fall, wenn ein bisher gemeinsam geführter Betrieb künftig von verschiedenen beteiligten UN getrennt geführt wird (Aufspaltung) oder wenn auch nur ein einziges UN ausscheidet,[71] ebenso wenn ein einziges oder mehrere der bisher beteiligten UN sich an einem anderen gemeinsamen Betrieb beteiligt.[72] Dagegen liegt **keine Identitätsveränderung** und somit auch kein Übergangsmandat vor bei Stilllegung eines Betriebsteils[73] oder einer Betriebseinschränkung sowie bei Auflösung eines von 2 UN geführten Gemeinschaftsbetriebs, weil eines der beiden UN seine betriebliche Tätigkeit einstellt. Der im Gemeinschaftsbetrieb gewählte BR nimmt für die verbleibenden AN des anderen UN seine gesetzlichen Rechte und Pflichten wahr, selbst wenn nur noch eines von 7 BR-Mitgliedern im Amt ist.[74] Das Gleiche gilt, wenn von mehreren (hier 4) bet. UN eins – etwa durch besondere organisatorische Maßnahmen nach Insolvenzeröffnung – ausscheidet, die übrigen UN jedoch den gemeinsamen Betrieb fortführen. Für sie bleibt der gemeinsame BR zuständig,[75] für den ausgeschiedenen Betriebsteil hat er das Übergangsmandat.[76] **32**

---

66 Etwa reiche, arbeitnehmerlose Besitzgesellschaft und arme Betriebsgesellschaft; vgl. Bachner/Köstler/Matthiesen/Trittin-*Bachner*, § 4 I Rn. 22.
67 Musterschreiben vgl. DKKWF-*Buschmann*, § 21 a Rn. 5.
68 Vgl. *BAG* 9.12.09 – 7 ABR 38/08, DB 10, 1409.
69 Bachner/Köstler/Matthiesen/Trittin-*Bachner*, § 4 I Rn. 51; *Hahn/Rudolph*, AiB 09, 440.
70 *HessLAG* 19.4.02 – 9 TaBVGa 71/02.
71 *BAG* 31.5.2000, AuR 2001, 30 ff., mit Anm. *Buschmann*, Fall der Abspaltung; *Fitting*, Rn. 9 a.
72 Zustimmend *Rieble*, NZA 02, 238; zum gemeinsamen Betrieb ausführlich § 1 Rn. 88 ff.
73 So zu § 111 *BAG* 18.3.08 – 1 ABR 77/06, AuR 08, 321.
74 *BAG* 19.11.03 – 7 AZR 11/03, AuR 04, 165.
75 *HessLAG* 19.4.02 – 9 TaBVGa 71/02.
76 Vgl. auch Rn. 34; Musterschreiben in DKKWF-*Buschmann*, § 21 a Rn. 6.

4. Abweichende Regelungen nach § 3

33 Eine Spaltung liegt auch vor, wenn während der Amtszeit eines nach dem Gesetz gewählten BR durch TV/BV eine abweichende Regelung nach § 3 Abs. 1 Nrn. 1 – 3 in Kraft tritt. Hinsichtlich der Rechtsfolgen für den bestehenden BR trifft § 3 Abs. 4 allerdings eine Sonderregelung i. S. eines Fortbestands der Amtszeit bis zur Neuwahl, so dass in diesem Fall ein Übergangsmandat nach dieser Vorschrift nicht erforderlich ist. Durch den bloßen Abschluss eines Zuordnungstarifvertrags wird die Betriebsorganisation noch nicht geändert.[77] Eine Spaltung liegt regelmäßig vor bei Auslaufen dieser abweichenden Regelung und Rückkehr zum gesetzlichen Rechtszustand, so dass in diesem Fall der kraft abweichender Struktur gewählte BR bis zur Neuwahl ein Übergangsmandat wahrnimmt.[78]

5. Vollmandat und Übergangsmandat

34 Soweit der bisherige Betrieb, etwa bei der Abspaltung, weiter existiert, bleibt dessen BR uneingeschränkt und bis zum Ende seiner regulären Amtszeit im Amt.[79] Das **befristete Übergangsmandat bezieht sich nur auf die abgespaltenen bzw. ausgegliederten Betriebsteile** mit Ausnahme derer, die in einen Betrieb eingegliedert werden, in dem ein BR besteht. Für Erstere hat er unverzüglich WV zu bestellen. Damit wird klargestellt, dass auch bei den neu entstehenden Betrieben keine Betriebsversammlungen nach § 17 erforderlich sind.

6. Zusammensetzung des Betriebsrats

35 Träger des Übergangsmandats ist der **BR als Organ in seiner vorherigen personellen Zusammensetzung**, d. h. unter Einschluss von ggf. in dem abgespaltenen Betriebsteil beschäftigten und nun übergegangenen BR-Mitgliedern.[80] Durch die Abspaltung ist für die dort beschäftigten Betriebsrat-Mitglieder kein Verlust der Wählbarkeit gemäß § 24 Nr. 3 und 4 eingetreten.[81] § 24 will zwar verhindern, dass dem BR Mitglieder angehören, die nicht mehr zur Belegschaft gehören, deren Interessen er vertritt. § 21 a trifft jedoch eine Sonderregelung. Diese personelle Zusammensetzung gilt nicht nur für die abgespaltenen Betriebsteile, sondern auch für den ggf. weiter bestehenden Restbetrieb. Dies ergibt sich schon aus dem Wortlaut des Abs. 1 Satz 1 (»bleibt dessen BR im Amt«), während es sich bei einer je nach Gegenstand wechselnden personellen Zusammensetzung nicht mehr um denselben einheitlichen BR handeln würde. Auch das Nachrücken von Ersatzmitgliedern nach § 25 bestimmt sich nach der bisherigen Zusammensetzung.[82] Allerdings kann während der Ausübung des Übergangsmandats die individuelle Mitgliedschaft nach § 24 erlöschen, z. B. durch Amtsniederlegung.

7. Mindestzahl von fünf Arbeitnehmern

36 Das **Übergangsmandat** setzt voraus, dass »die ihm zugeordneten Betriebsteile die Voraussetzungen des § 1 Abs. 1 Satz 1 erfüllen «, d. h. mindestens 5 AN zählen. Maßgeblich ist der Zeitpunkt, zu dem das Übergangsmandat wahrgenommen werden soll, d. h. nach der Spaltung. Das Übergangsmandat soll die Kontinuität sichern und zu einer normalen BR-Wahl überleiten. Es kommt deshalb darauf an, dass der neue Betrieb, in den der abgespaltene ehemalige Betriebsteil aufgeht, betriebsratsfähig ist, so dass ein neuer BR gewählt werden kann. Dies ist auch dann der Fall, wenn durch Zusammenlegung eines abgespaltenen, mangels der Mindestzahl von 5 AN für sich nicht betriebsratsfähigen ehemaligen Betriebsteils mit

---

77 *BAG* 18.3.08 – 1 ABR 3/07, AuR 08, 362; dazu *Salamon*, NZA 09, 74; *Trebeck/Kania*, BB 14, 1595.
78 Vgl. § 3 Rn. 166; ebenso *Fitting*, Rn. 9 a; *Thüsing*, ZIP 03, 704; *Trebeck/Kania* a. a. O.
79 *Feudner*, DB 03, 882.
80 *Fitting*, Rn. 16; ErfK-*Koch*, Rn. 7; *Engels*, DB 91, 966, 967; GK-*Kreutz*, Rn. 34; *Gragert*, NZA 04, 290; *Rieble*, NZA 02, 236; Richardi-*Thüsing*, Rn. 22; ebenso § 62 b Abs. 3 des österreichischen ArbVG.
81 *Fitting*, a. a. O.; *Bachner*, a. a. O. Rn. 134; a. A. ErfK-*Koch* a. a. O.; HaKo-*Düwell*, Rn. 75.
82 *Löwisch/Schmidt-Kessel*, BB 01, 2163; *Löwisch/Kaiser*, Rn. 8.

weiteren AN ein neuer betriebsratsfähiger Betrieb entsteht. Gleiches gilt für die Eingliederung in einen bestehenden, jedoch betriebsratslosen Betrieb, Umkehrschluss aus Abs. 1 Satz 1 letzter Halbsatz.[83] In beiden Fällen kommt es nicht darauf an, dass bereits vor Abspaltung eine – fiktive – Betriebsratsfähigkeit des ehemaligen Betriebsteils bestand. Dieses Ergebnis ergab sich schon aus der Vorgängervorschrift des § 321 UmwG, nach der es auf die Betriebsratsfähigkeit der abgespaltenen Betriebsteile nicht ankam,[84] und entspricht der BetriebsübergangsRL.[85] Die Amtszeit des BR endet allerdings, wenn der neue Betrieb endgültig unter 5 AN sinkt (vgl. § 21 Rn. 29).

Mit dieser Einschränkung setzt die Vorschrift die europäische BetriebsübergangsRL 2001/23/ EG[86] nicht vollständig um (vgl. Rn. 22). Diese enthält ausdrücklich keine Einschränkung, dass in diesen Fällen das Übergangsmandat des BR entfällt, sondern spricht in Art. 6 I Unterabs. 4 nur von dem Zeitraum, der für die Neubildung oder Neubenennung der AN-Vertretung erforderlich ist. Jedoch könnte auch in diesen Fällen das Übergangsmandat bedeutsam werden, z. B. wenn durch TV **abweichende Regelungen nach § 3 Abs. 1 Nr. 1 – 3** getroffen werden sollen, die das Ziel haben, den bisherigen Betrieb einschließlich des abgespaltenen für sich nicht BR-fähigen Betriebsteils beizubehalten. Nach § 3 Abs. 2 kann diese Regelung ggf. auch durch BV getroffen werden, was freilich beinhaltet, dass das Mandat des BR zum Abschluss dieser BV nicht bestritten wird. Mit § 3 n. F. sollte eine flexible Kombination aus gesetzlicher und vertraglicher Lösung geschaffen werden,[87] wobei beide Lösungen prinzipiell als gleichrangig betrachtet werden. Die Kontinuität der AN-Vertretung kommt auch in § 3 Abs. 4 zum Ausdruck, wonach bei einer derartigen Regelung die Amtszeit bestehender BR erst mit Neuwahl enden soll. Es widerspräche dieser Zielvorstellung, könnte ein AG durch eine von ihm einseitig vollzogene Spaltung bisherige Betriebsteile zumindest zeitweilig schutzlos stellen. Finden deshalb konkrete Verhandlungen nach § 3 über einen TV oder eine BV mit diesem Ziele statt, erfordert die Richtlinie die Anerkennung des **Übergangsmandats für nicht BR-fähige Einheiten** auch während dieser Verhandlungen.[88] Der Staat als AG ist unmittelbar auch an RL gebunden. Im Übrigen sind nach § 4 Abs. 2 entstehende Kleinstbetriebe dem Hauptbetrieb zuzuordnen. 37

8. Eingliederung in einen Betrieb, in dem ein Betriebsrat besteht

Nach Abs. 1 Satz 1 letzter Halbsatz entsteht das Übergangsmandat nicht bei **Eingliederung in einen Betrieb mit BR.** In seiner Struktur ist dieses Merkmal als **gesetzlicher Ausnahmetatbestand** formuliert, der ausdrücklich feststehen muss, um das Übergangsmandat auszuschließen. Die in dem aufgenommenen Betriebsteil beschäftigten BR-Mitglieder verlieren damit ihr Amt. Sie behalten den Schutz aus Art. 6 Abs. 2 RL 2001/23/EG (vgl. Rn. 22). Die betriebsverfassungsrechtliche Repräsentation erfolgt durch den BR des aufnehmenden Betriebs.[89] Das damit verbundene Legitimationsdefizit wird in Kauf genommen. Gesetzlicher Typus ist hier die Eingliederung in einen größeren Betrieb mit weiter bestehendem BR. Verliert dagegen der aufnehmende Betrieb durch Aufnahme eines größeren Betriebsteils seine Identität, findet Abs. 2 Anwendung. Im Umkehrschluss ergibt sich, dass das Übergangsmandat auch besteht bei Eingliederung in einen Betrieb ohne BR (vgl. auch Rn. 44). Amtsverlust tritt ein bei Zusammenlegung zu einem neuen Betrieb, in dem ein anderer »größerer« BR das Übergangs- 38

83 *Bachner*, AR-Blattei, Unternehmensumwandlung, Arbeitsrechtliche Folgen, Rn. 123; *ders.*, DB 95, 2068; *Düwell*, NZA 96, 393.
84 *BAG* 31.5.00, AuR 01, 30 ff. mit Anm. *Buschmann*.
85 Dazu sogleich Rn. 37; ebenso ErfK-*Koch*, Rn. 3; *Fitting*, Rn. 13; WPK-*Wlotzke*, Rn. 8.
86 AblEG 2001 Nr. L 82 S. 16.
87 BT-Drucks. 14/5741, S. 9.
88 Für eine teleologische Reduktion der »soweit«-Ausnahme HaKo-*Düwell*, Rn. 17; die Vorschrift für vereinbar mit Art. 6 RL hält GK-*Kreutz* unter Hinweis, dass diese unternehmensinterne Umstrukturierungen nicht erfasse und Kleinstbetriebe nach § 4 Abs. 2 dem Hauptbetrieb zuzuordnen seien, was zutrifft. Für unternehmensübergreifende Umstrukturierungen besteht das aufgezeigte Problem weiter; a. A. HaKo-*Düwell*, Rn. 16; ohne Berücksichtigung der RL Richardi-*Thüsing*, Rn. 5, 13.
89 *BAG* 21.1.03 – 1 ABR 9/02, EzA BetrVG 2001 § 77 Nr. 3.

mandat wahrnimmt. Ist also in dem größeren Betrieb ein BR vorhanden, kommt es insofern nicht darauf an, ob dieser als aufnehmender Betrieb seine Identität behält oder durch Zusammenlegung verliert. Diese Unterscheidung ist nur bedeutsam für die Frage, ob der »größere« BR für den ganzen Betrieb sein Vollmandat oder ein Übergangsmandat wahrnimmt.

39 Eine Eingliederung, die zum Amtsverlust des BR des eingegliederten Betriebs führt, liegt nicht vor, wenn ein UN mit einem auf Grundlage eines Kollektivvertrags nach § 3 gebildeten unternehmenseinheitlichen BR einen weiteren Betrieb erwirbt, in dem ebenfalls ein BR besteht (im einzelnen § 21 Rn. 42).

V. Zusammenfassung von Betrieben (Abs. 2)

1. Begriff der Zusammenfassung

40 **Abs.** 2 regelt das Übergangsmandat bei der **Zusammenfassung von Betrieben oder Betriebsteilen zu einem Betrieb** (Vorgängervorschrift § 321 Abs. 2 UmwG, aufgehoben 2001).

41 Das **Umwandlungsgesetz** kennt als Formen der **Verschmelzung** die Aufnahme des Vermögens eines Rechtsträgers oder mehrerer Rechtsträger (übertragende Rechtsträger) als Ganzes auf einen anderen bestehenden Rechtsträger (übernehmender Rechtsträger) nach § 2 Nr. 1 i. V. m. § 20 UmwG oder die Neugründung durch Übertragung der Vermögen zweier oder mehrerer Rechtsträger (übertragende Rechtsträger) jeweils als Ganzes auf einen neuen, von ihnen dadurch gegründeten Rechtsträger nach § 2 Nr. 2 i. V. m. § 36 UmwG.

42 Wie bei der Spaltung sind diese Definitionen für die Zusammenfassung zu einem Betrieb nur beschränkt verwendbar, da sie die Verschmelzung von UN im Wege der Universalsukzession zum Gegenstand haben, während das Übergangsmandat des BR an die **Organisation von Betrieben** anknüpft. Wie **Abs. 3** deutlich macht, erfasst die Vorschrift auch Zusammenlegungen von Betrieben im Zusammenhang mit **Umwandlungen** nach dem UmwG, ebenso aber im Zusammenhang mit **Betriebsveräußerungen** und auch ohne gesellschaftsrechtliche Veränderungen, die Übernahme eines weiteren Betriebs auf Grund eines Pachtvertrages.[90]

2. Entstehung eines neuen Betriebs

43 Für das Übergangsmandat nach Abs. 2 kommt es nicht darauf an, ob Betriebe oder ob Betriebsteile zusammengefasst werden. Maßgeblich ist, dass nach der **Zusammenfassung ein neuer Betrieb** besteht. Für diesen ist ein neuer BR zu wählen (vgl. Rn. 9). Der bloße Zuwachs eines bestehenden Betriebs mit BR um einen kleineren Betriebseinheit mit unter 50 % der Belegschaft führt noch nicht zu einer Identitätsveränderung, so dass in diesem Fall der BR sein Vollmandat behält und kein Übergangsmandat benötigt.[91] Kommt es aber zu einem Übergangsmandat, bezieht sich dieses prospektiv – auch bezüglich der Erfüllung der Schwellenwerte – auf den neu entstandenen Betrieb, nicht nur auf die bisher betriebsverfassungsrechtlich vertretenen Betriebsteile.[92] Besteht in der bisher größten Einheit kein BR, so nimmt der BR der nächstgrößten Einheit das Übergangsmandat wahr, selbst wenn diese wesentlich kleiner ist.[93]

44 In der **Erstreckung des Übergangsmandats auf bisher BR-lose Betriebsteile** wurde von Teilen der Lit.[94] ein Legitimationsdefizit gesehen, woraus z. T. für den Fall der Eingliederung, die Notwendigkeit einer teleologischen Reduktion gefolgert wurde. Diese Überlegungen überzeugen nicht:

- Der Wortlaut erfasst gleichermaßen Zusammenfassungen mit und ohne Identitätsänderung.[95] Er schließt nur die Eingliederung in Betriebe *mit BR* vom Übergangsmandat aus, so

90 *LAG Rheinland-Pfalz* 12.6.07 – 3 TaBVGa 1/07, ebenso die Bildung eines gemeinsamen Betriebs mehrerer UN; *ArbG Frankfurt/M* 24.9.01, AiB 02, 629; vgl. auch DKKWF-*Buschmann*, § 21 a Rn. 8.
91 *LAG Nürnberg* 4.9.07 – 6 TaBV 31/07, AuR 08, 76; vgl. auch Rn. 25.
92 *Fitting*, Rn. 11 a, 23; Richardi-*Thüsing*, Rn. 11; a.A: ErfK-*Koch*, Rn. 8.
93 *ArbG Frankfurt/Main* 24.9.01, AiB 02, 629.
94 Vgl. nur GK-*Kreutz*, Rn. 67, m. w. N.
95 *Fitting*, Rn. 11 a.

dass sowohl bei Zusammenfassung mit als auch bei Eingliederung in einen betriebsratslosen Betrieb dieser besondere Ausnahmetatbestand nicht greift und somit der in der größten bisherigen Einheit bestehende BR das Übergangsmandat nun für den gesamten Betrieb ausübt.

- Der **Konflikt von Amtskontinuität und demokratischer Legitimation** entsteht bei der Zusammenfassung von Betrieben zwangsläufig.[96] Der Gesetzgeber hat diesen Konflikt i. S. eines Übergangsmandats gelöst. Aus der einheitlichen Vertretung der AN durch einen BR ergibt sich notwendig, dass AN für einen Übergangszeitraum von einem BR vertreten werden können, den sie nicht gewählt haben.
- Die gesetzliche Anordnung eines Übergangsmandats bei Zusammenfassung von Betrieben gilt eigenständig und setzt eine vorherige Spaltung nach Abs. 1 nicht voraus.
- Das partielle Legitimationsdefizit ist gesetzlich in Kauf genommen worden. Es besteht gleichermaßen bei Eingliederung in einen Betrieb mit BR (hier sogar Vollmandat) wie bei Entstehung eines neuen Betriebs, für den der BR des größten Betriebs oder Betriebsteils das Mandat wahrnimmt. In beiden Fällen können AN des kleineren Betriebsteils ihren BR verlieren und werden durch einen von ihnen nicht gewählten BR repräsentiert.
- Abs. 2 gewährleistet eine annähernde Legitimation durch Berücksichtigung des »größten« repräsentierten Betriebs oder Betriebsteils.[97]
- Die gesetzlich gewählte Mittellösung[98] erfolgt durch zeitliche Begrenzung des Übergangsmandats. Die endgültige Legitimation ergibt sich aus der Neuwahl des gemeinsam gewählten BR.
- Die Voraussetzungen einer teleologischen Reduktion[99] liegen nicht vor. Eine Einschränkung würde nur dazu führen, dass der Grundsatz der Amtskontinuität der unternehmerischen Gestaltungsmacht untergeordnet würde. Je nach Fallkonstellation würden die AN ihre betriebsverfassungsrechtliche Vertretung ohne Schutz durch einen anderen BR verlieren und wären auf den gefährlichen, konfliktreichen und kündigungsträchtigen Weg der Neuwahl in einem Betrieb ohne BR angewiesen.
- Je nach Einzelfall kann die Umstrukturierung von Betrieben zur Ausweitung, Beibehaltung oder zur Einschränkung der betriebsverfassungsrechtlichen Vertretung führen. Die partielle Ausweitung ist nicht systemfremd, sondern entspricht der gesetzlichen Wertung, wie aus § 1 Abs. 1: »werden BR gewählt« hervorgeht.

Abs. 2 erfasst damit auch den Fall der **Eingliederung** eines Betriebs als Ganzes mit oder ohne vorherige Spaltung in einen anderen Betrieb, für den ein BR bisher nicht besteht.[100] Damit werden zugleich komplizierte Abgrenzungen zwischen »einfacher« Zusammenfassung und Eingliederung[101] vermieden. Auch in diesem Fall beschränkt sich das Übergangsmandat des BR des eingegliederten Betriebs nicht auf die von ihm bisher vertretenen AN, sondern bezieht sich auch auf die AN des aufnehmenden, bisher BR-losen Betriebs.[102] Ob die vollständige Eingliederung eines Betriebs oder Betriebsteils in die eigene Organisationsstruktur eines anderen UN individualrechtlich nach § 613 a BGB zu beurteilen ist,[103] ist für das Übergangsmandat des BR nicht maßgeblich. **45**

96 *Fischer*, RdA 05, 41.
97 Zum maßgeblichen Zeitpunkt vgl. *Rieble/Gutzeit*, ZIP 04, 693.
98 *Fischer*, a. a. O.
99 Dafür *Oliver Kittner*, NZA 12, 542.
100 Ebenso Anwalt-Kommentar-*Stoffels/Bergwitz* §§ 21 – 21 b Rn. 14; *Fitting*, Rn. 11 a; MünchArbR-*Joost*, § 217, Rn. 21.
101 Dazu *Fischer*, a. a. O.; GK-*Kreutz*, Rn. 61 f.
102 *HessLAG* 26.11.09 – 9/5 TaBVGa 226/09, AuR 2011, 313; *Fitting*, Rn. 11 a; *Engels*, DB 91, 967; Bachner/Köstler/Matthiesen/Trittin-*Bachner*, § 4 I Rn. 69; Hako-*Düwell*, Rn. 68; MünchArbR-*Joost*, § 217, Rn. 23; WPK-*Wlotzke*, Rn. 16, 18, 23; für ein Übergangsmandat, aber beschränkt auf AN aus bisherigen Betrieben mit BR ErfK-*Koch*, Rn. 7; a. A. nur noch für den Fall der Eingliederung in einen betriebsratslosen aufnehmenden Betrieb Richardi-*Thüsing*, Rn. 10 f.
103 Dagegen *BAG* 6.4.06 – 8 AZR 249/04, AuR 06, 371.

3. Zusammensetzung und Kompetenzen des Betriebsrats

46 Mandatsträger ist der BR, dem der nach Zahl der wahlberechtigten AN **größte Betriebsteil** zugeordnet war (**Prinzip der größeren Zahl**).[104] Nicht notwendig ist, dass dessen Betrieb durch die Zusammenfassung untergegangen ist. Nach Satz 1 ist auch die Konstellation denkbar, dass Betrieb und BR nach einer Abspaltung oder Ausgliederung weiterbestehen, der BR zusätzlich für den zusammengefassten neuen Betrieb einschließlich der weiteren angefügten Betriebsteile das Übergangsmandat wahrnimmt. Der Begriff des größten Betriebs/Betriebsteils ist relativ zu verstehen, bezogen auf die Einheiten, in denen ein BR besteht, mag auch ein noch größerer Betrieb/Betriebsteil ohne BR sein.[105] Nur diese Lösung ist unionsrechtskonform. Aus Gründen der Rechtssicherheit und Rechtsklarheit maßgeblich sind die Verhältnisse zum Zeitpunkt der letzten BR-Wahl, nicht der tatsächlichen Zusammenfassung.[106] Der BR des größten betriebsverfassungsrechtlich vertretenen Betriebs/Betriebsteils nimmt das Übergangsmandat für alle Einheiten, auch für die bisher BR-losen, wahr.

47 Bezüglich der **Kompetenzen des BR,** der das Übergangsmandat wahrnimmt und seiner Zusammensetzung gelten für Spaltung und Zusammenlegung die gleichen Grundsätze. Abs. 2 Satz 2 verweist auf Absatz 1.

VI. Dauer des Übergangsmandats

48 Das Übergangsmandat endet, sobald in den Betriebsteilen ein neuer BR gewählt und das Wahlergebnis bekannt gegeben ist. Es kann also für die verschiedenen Betriebsteile zu unterschiedlichen Zeitpunkten enden. Im Übrigen ist es auf **6 Monate** befristet, gerechnet ab **Wirksamwerden** der Spaltung oder Zusammenfassung der Betriebe/Betriebsteile. Wirksamwerden ist i. S. d. tatsächlichen betrieblich-organisatorischen Wirksamkeit zu verstehen. Auf die gesellschaftsrechtliche Wirksamkeit einer unternehmerischen Spaltung/Fusion kommt es nicht an.[107]

49 Der Fristbeginn setzt aber eine **offizielle Information des BR** über die betrieblich-organisatorische Spaltung/Zusammenfassung, ggf. auch über die unternehmerische Spaltung/Zusammenfassung voraus.[108] Die Verpflichtung dazu ergibt sich aus §§ 5 Abs. 3, 126, 136 UmwG, 613 a Abs. 5 BGB i. V. m. § 80 BetrVG.

50 U. U. kann die nach Abs. 1 oder nach Abs. 2 verlängerte Amtszeit des BR **über seine reguläre Amtszeit nach § 21 hinausgehen.** Die Vorschrift trifft für den Fall der Spaltung/Zusammenlegung eine eigenständige Regelung der Amtszeit. § 21 ist auch nicht subsidiär anwendbar. Vollzieht z. B. ein AG eine organisatorische Betriebsspaltung am oder unmittelbar vor Ende der regulären Amtszeit des BR, ist eine Neuwahl entsprechend der geänderten Strukturen erforderlich, die u. U. aber erst nach Ablauf der regulären Amtszeit des BR stattfinden kann. Die Gegenansicht[109] verzichtet auf eine Auseinandersetzung mit dem Wortlaut der Norm. Sie würde im Übrigen den WV dazu zwingen, zunächst die Wahl auf der Grundlage der nicht mehr zutreffenden BR-Strukturen zu Ende zu führen und dann über Anfechtungsverfahren oder Rücktritte neue Wahlen zu initiieren, was nur Bürokratie und Kosten erhöht. Der BR nimmt während dieser Zeit sein Übergangsmandat nach dieser Vorschrift wahr.[110] An das Übergangsmandat kann sich ein Restmandat nach § 21 b anschließen (vgl. auch § 21 b Rn. 16).

51 Wird anlässlich einer vom AG vorgetragenen Spaltung in einem **Beschlussverfahren nach § 18 Abs. 2** der Betriebsbegriff geklärt, beginnt die in Abs. 1 Satz 3 genannte Frist erst nach

---

104 Vgl. *Däubler,* RdA 95, 141.
105 Ebenso *Fitting,* Rn. 19; GK-*Kreutz,* Rn. 73; Richardi-*Thüsing,* Rn. 11.
106 *Fitting,* Rn. 18; GK-*Kreutz,* Rn. 71; a. A. HWGNRH-*Worzalla,* Rn. 25; *Rieble,* NZA 02, 233; *Hohenstatt,* D 81.
107 *Hahn/Rudolph,* AiB 09, 440.
108 *ArbG Frankfurt/M.* 24.9.01 – 15/18 BV 187/01, AiB 02, 629; Bachner/Köstler/Matthiesen/Trittin-*Bachner,* § 4 I Rn. 50; *Hahn/Rudolph* a. a. O.; teilweise a. A. GK-*Kreutz,* Rn. 47: keine Wirksamkeitsbedingung.
109 Richardi-*Thüsing,* Rn. 19: BR-lose Zeit.
110 Ebenso GK-*Kreutz,* Rn. 49; a. A. Richardi-*Thüsing,* Rn. 19.

rechtskräftigem Abschluss des Beschlussverfahrens zu laufen (vgl. Rn. 31). Das Übergangsmandat nach Abspaltung eines Betriebsteils verlängert sich um die Zeit, in der der BR vom neuen AG an seiner Tätigkeit gehindert wurde.[111]

Nach Abs. 1 Satz 3 kann durch TV oder BV das Übergangsmandat **um weitere sechs Monate verlängert** werden. Eine solche Vereinbarung kann bereits vor Wirksamwerden der Spaltung/Zusammenlegung getroffen werden, nicht jedoch nach Ablauf des Übergangsmandats. Die Vereinbarung ist (als TV) zwischen der zuständigen Gewerkschaft bzw. (als BV) dem das Übergangsmandat ausübenden BR und dem AG abzuschließen, für dessen Betrieb/Betriebsteil das Übergangsmandat wahrgenommen wird.[112] Dies ist im Fall der Spaltung der bisherige, im Fall der Zusammenlegung der neue AG, was der unterschiedlichen Struktur des Übergangsmandats in beiden Fällen entspricht (vgl. Rn. 9). Daraus können sich belastende Wirkungen auch für andere betroffene AG ergeben, die das Übergangsmandat während der verlängerten Amtszeit zu dulden und ggf. hierfür AN freizustellen haben.[113] Trotz der missverständlichen Formulierung[114] ist diese weitere Frist als Rahmenfrist zu verstehen, die nicht notwendig ausgeschöpft werden muss. Eine kürzere vereinbarte Verlängerung ist möglich.[115] Im Übrigen endet auch dieses verlängerte Übergangsmandat grundsätzlich mit der Neuwahl. Satz 3 verlängert nur die Rahmenfrist, ändert jedoch nicht den in Satz 2 aufgestellten Grundsatz. Daneben ist es nach § 325 Abs. 2 UmwG möglich, durch TV/BV die Fortsetzung von Rechten des BR zu vereinbaren, die infolge einer Spaltung oder Teilübertragung eines Rechtsträgers entfallen (Sicherungsvereinbarung, vgl. Rn. 58). In vielen Fällen kann es sinnvoll sein, aus Anlass von Betriebsübergängen mit Spaltung und/oder Zusammenfassung von Betrieben kollektive, d. h. tarifliche oder betriebliche **Überleitungsverträge** mit Elementen von Interessenausgleich/Sozialplan, Verlängerung des Übergangsmandats, Verlängerung von Mitbestimmungsrechten, Garantien für die Ausübung des Übergangsmandats ggf. gegenüber mehreren AG, Garantien für den Fall, dass ein künftiger Betrieb nach § 112 a Abs. 2 nicht mehr sozialplanpflichtig ist oder nach § 23 KSchG nicht mehr dem Kündigungsschutz unterliegt, Regelungen nach § 3 mit dem Ziel der Bildung von Wahlbetrieben, zu treffen.[116] 52

Ein TV, durch den das Übergangsmandat verlängert wird, übt insofern eine **Sperrwirkung** aus, d. h. eine BV darüber ist ausgeschlossen. Besteht dagegen eine BV über die Verlängerung des Übergangsmandats, ist es nicht ausgeschlossen, durch TV eine weitere Verlängerung bis hin zu sechs Monaten vorzunehmen.[117] 53

Die Eröffnung des **Insolvenzverfahrens** beendet das Übergangsmandat nicht. Es kann auch während des Insolvenzverfahrens begründet und ausgeübt werden. 54

VII. Übergangsmandate nach anderen Vorschriften

Mit der ReformG 2001 wurde § 321 UmwG aufgehoben. Die in Rn. 16 genannten Sondervorschriften, insbes. in den neuen Bundesländern, sind durch Zeitablauf weitgehend gegenstandlos geworden (zur Kommentierung vgl. 7. Aufl., § 21 Rn. 63 ff.). Soweit jene Vorschriften ein Übergangsmandat von nur 3 Monaten vorsahen, ist allein die in dieser Vorschrift geregelte Sechs-Monats-Frist anzuwenden. 55

---

111 *ArbG Herne* 19.4.01 – 4 BV 10/01, AiB 01, 726.
112 *Fitting*, Rn. 26; Richardi-*Thüsing*, Rn. .20 a.
113 Str., vgl. *Fitting*, Rn. 26: Vereinbarung mit allen bet. AG, Richardi-*Thüsing*, Rn. 19: alter AG nur vor Übergang.
114 Vgl. *Däubler*, AiB 2001, 316.
115 Ebenso GK-*Kreutz*, Rn. 51; *Thüsing*, DB 02, 741.
116 Ausführlich *Bachner/Köstler/Matthiesen/Trittin*, a. a. O.; befürwortend auch aus Arbeitgebersicht *C. Meyer*, DB 09, 1350.
117 Ebenso GK-*Kreutz*, Rn. 54; Richardi-*Thüsing*, Rn. 20 a.

VIII. Besondere Bestimmungen des Umwandlungsgesetzes

56 Nach § 323 UmwG verschlechtert sich die **kündigungsrechtliche Stellung** der AN auf Grund der Spaltung oder Teilübertragung für die Dauer von zwei Jahren nicht. Zur »kündigungsrechtlichen Stellung« gehört nicht nur der Kündigungsschutz, sondern die Gesamtheit der kündigungsbezogenen Regelungen,[118] nach *BAG*[119] alle Verschlechterungen, die unmittelbare Folge der Spaltung sind. Hierzu zählt auch die Beteiligung des BR bei Kündigungen nach §§ 102, 103 BetrVG, 15, 17, 18 KSchG.[120] In der Praxis[121] führt nämlich die Beteiligung des BR bei Kündigungen zu einer wesentlich stringenteren Einhaltung der gesetzlichen Kündigungsvorschriften als die potentielle Anrufung des Arbeitsgerichts durch den einzelnen gekündigten AN. Damit verlängern sich auch die kündigungsbezogenen Beteiligungsrechte des BR, wenn sonst eine Schlechterstellung eintreten würde, d. h., wenn sonst kein BR die Rechte in gleichem Umfang wahrnehmen könnte, die dem alten BR zustanden.[122] Der Modus der Berechnung dieser Frist entspricht der 6-Monats-Frist des § 21 a. Das *BAG*[123] lehnt eine analoge Anwendung dieser Vorschrift auf andere Fälle des Betriebsübergangs nach § 613 a BGB ab, was der RL 2001/23/EG widerspricht.[124]

57 Auswirkungen auf den Fortbestand des Betriebs und damit die Amtszeit des BR hat auch § 323 Abs. 2 UmwG. Nach § 111 Nr. 3 kann aus Anlass der Verschmelzung, Spaltung oder Vermögensübertragung ein **Interessenausgleich** abgeschlossen werden, in dem die AN namentlich Betrieben oder Betriebsteilen zugeordnet werden. Diese Zuordnung kann arbeitsgerichtlich nur auf »grobe Fehlerhaftigkeit« überprüft werden. Der Interessenausgleich erlangt damit eine Verbindlichkeit, die über die schwache Sanktionsnorm des § 113 hinausgeht (dazu vgl. § 112 Rn. 16 ff.). Abs. 2 bezieht sich nach seinem Wortlaut nicht nur auf die individualrechtliche Stellung des einzelnen AN, sondern auch auf die Betriebs-(rats-)struktur. Zur Vermeidung nachfolgender Streitigkeiten kann es deshalb sinnvoll sein, Regelungen darüber bereits in der Vereinbarung über den Interessenausgleich mit zu treffen.

58 § 325 Abs. 2 UmwG erlaubt die **Vereinbarung der Fortgeltung von Rechten oder Beteiligungsrechten** des BR, die durch die Betriebsspaltung entfallen könnten, durch BV oder TV (**Sicherungsvereinbarung**). Gemeint sind vor allem die an eine bestimmte Personenzahl geknüpften Rechte wie in §§ 99, 111, nicht aber die Zahl der Mitglieder des BR oder Betriebsausschusses (zu Rechtsfolgen bei der Verringerung der Zahl der AN oder BR-Mitglieder vgl. § 21 Rn. 26 ff.). Dass dort die BV zuerst genannt ist, hat keine materielle Bedeutung. Insofern gilt das gleiche wie zu Abs. 1 Satz 3 dieser Vorschrift. Im Unterschied dazu sind die Rechtswirkungen der Sicherungsvereinbarung zeitlich nicht begrenzt.

IX. Konsequenzen für die Ausübung des Übergangsmandats

1. Rechtsstellung der Betriebsratsmitglieder

59 Für die einzelnen Mitglieder des BR, der das Übergangsmandat ausübt, kann dessen Wahrnehmung zu einem **Auseinanderfallen von Arbeitsverhältnis und Betriebsratsamt** führen, wenn die betriebliche Organisationsveränderung von unternehmensrechtlichen Veränderungen begleitet ist und der konkrete AG nicht Inhaber der Organisationseinheit ist, für den der BR das Übergangsmandat ausübt. Diese BR-Mitglieder werden in ihrer Amtsausübung in gleicher Weise geschützt wie alle anderen BR-Mitglieder, etwa nach den §§ 78, 103, 119 dieses

118 KR-*Friedrich*, § 323 UmwG, Rn. 38.
119 *BAG* 22.9.05 – 6 AZR 526/04, EZA InsO § 113 Nr. 18.
120 Vgl. *Herbst*, AiB 95, 13.
121 Vgl. nur die rechtstatsächlichen Untersuchungen von *Falke/Höland/Rhode/Zimmermann*, Bd. II 963, 966, sowie von *Bielenski u. a.*, AuR 03, 87.
122 Ebenso *Bachner*, AuA 96, 220; *ders.*, AR-Blattei, Unternehmensumwandlung, Arbeitsrechtliche Folgen, Rn. 95; *Düwell*, 96, 397; *Mengel*, 269, 272; *Trittin*, AiB 96, 357; *Schalle*, 262 – 282, nur §§ 99, 102, 103, m. w. N. auch zu a. A.
123 *BAG* 15.2.07 – 8 AZR 397/06, AuR 07, 283.
124 A. A. *Buschmann*, AuR 96, 285, 287; *Däubler*, RdA 95, 136, 146.

Gesetzes oder nach § 15 KSchG.[125] Der besondere **Kündigungsschutz** nach dieser Vorschrift gilt dann ggf. auch gegenüber einem neuen AG.[126] Die Frist für den nachwirkenden Kündigungsschutz nach § 15 Abs. 1 Satz 2 KSchG berechnet sich nicht mit der Spaltung/Zusammenfassung, sondern mit dem Ende der Geschäftsführungsbefugnis nach dieser Vorschrift.[127]

Innerhalb des BR gilt **keine Geheimhaltungspflicht** der BR-Mitglieder auch aus verschiedenen UN (§ 79 Abs. 1 Satz 3). Von ihren jeweiligen AG (auch dem neuen AG) sind sie nach § 37 unter Fortzahlung der Vergütung für ihr Amt freizustellen und zu vergüten, auch soweit sich ihre Tätigkeit auf Betriebsteile bezieht, die nun einem anderen (dem neuen oder dem früheren) AG zuzurechnen sind.[128] Für die Berechnung der **Freistellungen** nach § 38 ist von der organisatorischen Gesamtheit auszugehen, für die der BR sein originäres Mandat und das Übergangsmandat ausübt.[129] Insofern richtet sich die Freistellung nach dem durch das Übergangsmandat vorübergehend erhaltenen oder erweiterten Aufgabenbereich des BR. Dies gilt umso mehr, als man in Zeiten betrieblicher Umstrukturierungen für die tägliche BR-Arbeit einen erhöhten, die Freistellung legitimierenden Arbeitsanfall erwarten kann.[130] **60**

Die durch die BR-Arbeit entstehenden **Kosten** sind nach § 40 grundsätzlich vom Betriebsinhaber abzurechnen. Das einzelne BR-Mitglied kann sich für die ihm aus seiner BR-Tätigkeit entstandenen Kosten unmittelbar an seinen Vertragsarbeitgeber wenden, ohne dass es darauf ankommt, auf welchen Betriebsteil sich seine konkrete Tätigkeit bezieht. Wie beim gemeinsamen Betrieb haften die beteiligten UN als Gesamtschuldner.[131] Für den internen Kostenausgleich sind sie auf ihre vertraglichen Vereinbarungen zu verweisen.[132]

2. Zeitlich befristetes Vollmandat

Durch das Übergangsmandat als **zeitlich befristetes Vollmandat** ist der BR befähigt, für die organisatorische Gesamtheit, für die er zuständig ist, also nicht nur die bisher betriebsverfassungsrechtlich vertretenen Betriebsteile oder Personen,[133] alle betriebsverfassungsrechtlichen Rechte wahrzunehmen, insbes. Betriebsvereinbarungen oder Sozialpläne abzuschließen oder auch Beschlussverfahren einzuleiten.[134] Dies gilt gleichermaßen für den Fall der Spaltung wie für den Fall der Zusammenlegung von Betrieben. Z. B. könnte er im Falle einer Abspaltung/Übergang eines Teils der Beschäftigten auf eine nach § 112 a Abs. 2 nicht sozialplanfähige Gesellschaft bei drohender Schließung einen Sozialplan abschließen. Weiterhin nimmt er seine gesetzlichen Unterstützungsaufgaben zu Gunsten der AN bei der Wahrnehmung ihrer individuellen Rechte nach §§ 81 ff. auch gegenüber dem neuen AG wahr. Damit verbunden ist das **Zugangsrecht zu allen Betriebsteilen,** für die er das Mandat ausübt.[135] Bei **Kündigungen** ist er nach §§ 102 ff. zu beteiligen.[136] Auch die Beschäftigten, ggf. aus mehreren UN, können sich an ihn wenden. Hat sich der BR während des Übergangsmandats mit mehreren AG auseinanderzusetzen, gelten für die Ausübung der Mitwirkungs-/Mitbestimmungsrechte, Anrufung von ESt und Einleitung von Beschlussverfahren die gleichen Regeln wie im gemeinsamen Betrieb (vgl. § 1 Rn. 261). U. a. hat der das Übergangsmandat wahrnehmende BR die Betriebsversammlungen i. S. d. § 43 mit den AN mehrerer UN durchzuführen, an denen dann auch die AN aus diesen UN ohne Einschränkung teilnehmen können. **61**

Als besondere Aufgabe gibt § 21 a Abs. 1 Satz 2 dem Übergangs-BR vor, unverzüglich **Wahl-** **62**

125 *Löwisch/Schmidt-Kessel*, BB 01, 2163; *Löwisch/Kaiser*, Rn. 9.
126 *Hahn/Rudolph*, AiB 09, 439 m. w. N.
127 Ebenso *Hahn/Rudolph* a. a. O.
128 Nach Richardi-*Thüsing*, Rn. 24, ebenso *Thüsing*, DB 02, 743 nur nach § 37 Abs. 2, nicht nach Abs. 3, allerdings ohne einsichtige Begründung.
129 Ebenso *Gragert*, NZA 04, 292.
130 *Rieble*, NZA 02, 236.
131 *Gragert*, NZA 04, 291; ebenso *Fitting*, Rn. 27; a. A. ErfK-*Koch*, Rn. 9: nur Betriebsinhaber.
132 *Rieble*, a. a. O.; Richardi-*Thüsing*, Rn. 24.
133 Ebenso *Fitting*, Rn. 23.
134 GK-*Kreutz*, Rn. 78; *Löwisch/Kaiser*, Rn. 10; *Thüsing*, DB 02, 740.
135 *Gragert*, NZA 04, 293; HWGNRH-*Worzalla*, Rn. 33; *ArbG Duisburg* 3.9.96, AiB 97, 287.
136 Ebenso *Löwisch*, FS Bepler, S. 404; zur Beteiligung im Restmandat vgl. § 21 b Rn. 22.

vorstände zu bestellen. Je nach Fallkonstellation kann es sich auch nur um einen WV, etwa bei Fortbestand des Ursprungsbetriebs und Neuwahl für einen abgespaltenen früheren Betriebsteil, handeln. Jedoch auch bei einer Abspaltung kann für den fortbestehenden Betrieb ein WV zu bestellen sein, wenn infolge des Ausscheidens mehrerer BR-Mitglieder die Gesamtzahl der BR-Mitglieder unter die gesetzlich vorgeschriebene Zahl gesunken ist (§ 13 Abs. 2 Nr. 2). Diese Verpflichtung gilt entsprechend bei Zusammenfassung nach Abs. 2. In diesem Fall ist ein WV für den zusammengefassten Betrieb zu bestellen.[137] Das Unterlassen kann ggf. eine grobe Pflichtverletzung i. S. d. § 23 darstellen (vgl. auch § 21 Rn. 27), was aber wegen Zeitablaufs regelmäßig keine Verfahren nach sich ziehen wird. Es handelt sich um einen Sonderfall der Bestellung nach § 16, nicht nach § 17. Dort soll die Bestellung regelmäßig 10 Wochen vor Ablauf des Mandats erfolgen (vgl. § 16 Rn. 6). Eine frühere Bestellung ist sinnvoll, nicht aber vorgeschrieben.[138] Insofern bestehen auch die Bestellungskompetenzen des GBR bzw. KBR[139] alternativ zur Bestellung durch den BR. Das Amt des vom BR eingesetzten WV ist nicht an die Dauer des Übergangsmandats gebunden. Hat der BR – nicht unverzüglich – erst kurz vor Ablauf seines Mandats den WV bestellt, kann dieser noch nach Fristablauf die Neuwahl einleiten. Zu empfehlen ist eine derart späte Bestellung allerdings nicht.

63 Auch wenn dies in § 21 a nicht ausdrücklich erwähnt ist, hat der Übergangs-BR das Recht und die Pflicht, rechtzeitig den oder die WV für die **Neuwahl der JAV** zu bestellen. § 63 Abs. 2 setzt nur voraus, dass ein BR besteht, was der Fall ist. Nach h. M.[140] hat die JAV selbst kein Übergangsmandat, was mit dem fehlenden Verweis auf die Vorschrift in §§ 64, 65 erklärt wird. Folgt man dieser Logik, dürfte aber auch die Amtszeit der JAV nicht durch Identitätsveränderung des Betriebs enden, da die gesetzliche Wertung, nach der ohne Übergangsmandat das Amt des BR enden würde, nicht zuletzt aus der Novellierung des § 21 a abgeleitet wird.

64 Mit dem Übergangsmandat typischerweise verbunden ist die **kollektive Fortgeltung der Betriebsvereinbarungen** des bisherigen Betriebs für die vom Übergangsmandat erfassten Betriebsteile.[141] Nach *BAG*[142] gelten auch unabhängig von einem Übergangsmandat die im ursprünglichen Betrieb bestehenden Einzel- und Gesamtbetriebsvereinbarungen jedenfalls dann normativ weiter, wenn der übernommene Betriebsteil vom Erwerber als selbstständiger Betrieb geführt wird. Allerdings weist das *BAG* zur Begründung zutreffend darauf hin, es wäre nicht folgerichtig, den BR zwar mit dem Übergangsmandat auszustatten, die Fortgeltung der von ihm selbst auch für den veräußerten Betriebsteil geschlossenen BV aber zu verneinen. Diesen Zusammenhang von Mandat und betrieblichen Normen betont das *BAG*[143] auch für den umgekehrten Fall, dass bei Eingliederung in einen aufnehmenden Betrieb mit BR letzterer für die Belegschaft des eingegliederten Betriebsteils zuständig wird und die für ihn geltenden BV sich auch auf sie erstrecken. Im Übrigen kann der BR während der Dauer des Übergangsmandats mit Wirkung für seinen gesamten Zuständigkeitsbereich Rechtshandlungen ausüben, damit in diesem Rahmen auch bei einer Zusammenlegung kollektives Recht schaffen.

137 Vgl. *LAG Sachsen-Anhalt* 8.10.03 – 3 (7) TaBV 21/02.

138 A. A. Richardi-*Thüsing*, Rn. 21: Zweiwochenfrist, mit unzutreffender Berufung auf *HessLAG* 19.4.02 – 9 Ta BVGA 71/02. Das *LAG* bezieht diese Frist jedoch nicht auf das unverzügliche Tätigwerden des BR, sondern auf das arbeitsgerichtliche Bestellungsverfahren nach § 16 Abs. 2 »zwei Wochen nach dem Tag, an dem der BR den WV hätte bestellen müssen, wenn er unverzüglich gehandelt hätte«.

139 *Fitting*, Rn. 22.

140 Vgl. nur *Fitting*, § 64 Rn. 13; Richardi-*Annuß*, § 64 Rn. 25.

141 Ausführlich § 77 Rn. 92 ff.; *BAG* 18.9.02 – 1 ABR 54/01, EzA BGB 2002 § 613 a Nr. 1; AuR 03, 238; *LAG München* 11.3.09 – 5 TaBV 6/08; *Bachner*, NJW 03, 2865; *Kreutz*, Gedächtnisschrift für Sonnenschein, 829, jeweils m. w. N.; *Löwisch*, FS Bepler, S. 407; a. A. *Rieble*, NZA 02, 241; *Preis/Richter*, ZIP 04, 925; *Thüsing*, DB 04, 2474; *Fitting*, Rn. 22 a.

142 *BAG* 18.9.02, a. a. O., dazu *Kreft*, FS Wißmann, 347; ebenso zu einer Zusammenfassung durch TV nach § 3: *BAG* 7.6.11, ArbRB 11, 370.

143 *BAG* 21.1.03, EzA BetrVG 2001 § 77 Nr. 3.

X. Streitigkeiten

Vgl. § 21 Rn. 46. Die Frage, ob der BR nach Zusammenfassung von Betrieben ein reguläres Mandat oder ein Übergangsmandat wahrnimmt, ist von erheblicher rechtlicher und praktischer Bedeutung und begründet regelmäßig ein Rechtsschutzinteresse für ein entspr. Beschlussverfahren.[144] Zur Duldung des Übergangsmandats kann der AG auf Antrag des BR durch **einstweilige Verfügung** im Beschlussverfahren verpflichtet werden.[145] Im Beschlussverfahren können die Anträge des BR oder des einzelnen BR-Mitglieds je nach Rechtsschutzbedürfnis sowohl gegen bisherige als auch gegen neue AG gerichtet werden. Anhängige **Beschlussverfahren** werden durch den ÜbergangsBR fortgeführt. Verliert der BR sein Amt infolge Aufnahme in einen aufnehmenden Betrieb mit BR, so wird letzterer ipso jure Beteiligter des Beschlussverfahrens. Der Vornahme besonderer Prozesshandlungen bedarf es dafür nicht.[146] Das Gleiche gilt bei Zusammenlegung mit einem größeren Betrieb, dessen BR das Übergangsmandat wahrnimmt. Der neu gewählte BR tritt als Funktionsnachfolger seines Vorgängers in dessen Beteiligtenstellung in Beschlussverfahren ein.[147] Für Verfahren, die das Übergangsmandat betreffen, ist das ArbG am Sitz des das Übergangsmandat ausübenden BR örtlich zuständig.[148] Zum Betriebsinhaberwechsel im Übrigen § 21 Rn. 46 f. 65

§ 21 b Restmandat

Geht ein Betrieb durch Stilllegung, Spaltung oder Zusammenlegung unter, so bleibt dessen Betriebsrat so lange im Amt, wie dies zur Wahrnehmung der damit im Zusammenhang stehenden Mitwirkungs- und Mitbestimmungsrechte erforderlich ist.

Inhaltsübersicht

I. Vorbemerkungen

Mit der 2001 aufgenommenen Vorschrift wurde die bereits zuvor (vgl. 7. Aufl. § 21 Rn. 33, 36 – 44, § 111 Rn. 79, 127, §§ 112, 112 a Rn. 109) in Rspr. und Lit. anerkannte Rechtsfigur des **Restmandats des BR gesetzlich verankert**.[1] Die Vorschrift ist **zwingend;** das Restmandat ist weder durch TV/BV abdingbar noch individuell verzichtbar. Seine Wahrnehmung gehört zu den Amtspflichten der BR-Mitglieder. Sie können aber ihr Amt nach § 24 Nr. 2 niederlegen.[2] 1

Das Gesetz will **betriebsratslose Zustände vermeiden**.[3] Die Anerkennung des Restmandats in der Rspr. beruhte auf der Überlegung, dass die Beteiligungsrechte des BR, insbes. in den Fällen einer Betriebsstilllegung, leer laufen müssten, wenn der BR nicht mehr tätig werden könnte.[4] 2

144 *LAG München* 11.11.09 – 11 TaBV 31/09, AuR 10, 347.
145 *LAG Nürnberg* 4.9.07, AuR 08, 76, *ArbG Hamburg* 14.10.98, BetrR 98, 102; *ArbG Solingen* 26.1.00, AiB 00, 285; *Rieble/Gutzeit*, ZIP 04, 699 ff.
146 *BAG* 21.1.03, EzA BetrVG 2001 § 77 Nr. 3.
147 *BAG* 23.6.10 – 7 ABR 3/09, AuR 10, 485; 24.8.11 – 7 ABR 8/10, AuR 12, 138; 28.8.14 – 7 ABR 60/12, ZTR 15, 53, zum Übergang der Kostentragungspflicht nach § 40 auf den Erwerber.
148 Vgl. auch *LAG Berlin-Brandenburg* 20.4.15 – 21 SHa 462/15, BB 15, 1203.
1 BT-Drucks. 14/5741, S. 40, zu Nr. 19.
2 *BAG* 5.5.10 – 7 ABR 728/08, AuR 10, 275, 394.
3 *BAG* 27.7.11 – 7 ABR 61/10, AuR 12, 83.
4 *BAG* 1.4.98 – 10 ABR 17/97, DB 98, 1471.

Das Gleiche galt bei Spaltung oder Zusammenlegung von Betrieben, wenn diese zur Folge haben, dass der Ursprungsbetrieb nicht mehr besteht. Endet das Mandat des BR aus anderen Gründen vorzeitig, ist das Restmandat nach dieser Vorschrift nicht vorgesehen.

3 Die Vorschrift erfasst **alle Fälle des Betriebsuntergangs durch Stilllegung, Spaltung oder Zusammenlegung.** Hierbei handelt es sich regelmäßig um **Betriebsänderungen** i. S. d. § 111: Stilllegung nach Satz 3 Nr. 1, Spaltung und Zusammenlegung/Zusammenschluss nach Satz 3 Nr. 3. Für das Restmandat des BR kommt es allerdings nicht darauf an, ob auch die weiteren Voraussetzungen des § 111, z. B. UN mit mehr als 20 wahlberechtigten AN, gegeben sind, zumal die hier in Bezug genommenen Mitwirkungs- und Mitbestimmungsrechte nicht nur die §§ 111 ff. betreffen.

4 Wesentlicher Inhalt des Restmandats ist wie beim Übergangsmandat eine **Verlängerung der Amtszeit des BR und der einzelnen BR-Mitglieder,** was u. a. bedeutet, dass der Grundsatz, nach dem das Mandat des BR an den Bestand des Betriebs geknüpft ist (vgl. § 21 a Rn. 6), sowie § 24 Nrn. 1 und 3, wonach die Mitgliedschaft im BR durch Ablauf der regulären Amtszeit bzw. durch Beendigung des Arbeitsverhältnisses erlischt, insoweit nicht zur Anwendung kommen.[5]

5 Das Restmandat ist im Unterschied zum Übergangsmandat einerseits zeitlich unbegrenzt, andererseits funktional begrenzt auf die Wahrnehmung von Mitwirkungs- und **Mitbestimmungsrechten, die sich auf den untergegangenen Betrieb beziehen.** Die Vorschrift unterstellt, dass derartige Rechte bestehen, stellt selbst aber keine eigenständige Mitbestimmungsnorm dar. Welche Mitwirkungs- und Mitbestimmungsrechte dem BR im Einzelnen zustehen, richtet sich nach anderen Vorschriften. Wegen dieser funktionalen Beschränkung ist vorrangig zu prüfen, ob dem BR ein Voll- oder Übergangsmandat zusteht (vgl. Rn. 16).

6 Die Ausübung des Restmandats erfolgt durch den **BR insgesamt,** nicht etwa durch dessen Vorsitzenden.[6] Nach st. Rspr. des *BAG*[7] ist das Restmandat von dem BR bzw. von den BR-Mitgliedern auszuüben, die bei Beendigung des Vollmandats im Amt waren.[8] Endet nach diesem Zeitpunkt ihr Beschäftigungsverhältnis zum Betrieb, etwa durch Ausgliederung oder Eintritt in den Ruhestand, hat dies auf ihre Mitgliedschaft im restmandatierten BR keinen Einfluss, da für diesen § 24 Nrn. 1 und 3 keine Anwendung finden.[9] Bestand der BR zu diesem Zeitpunkt bereits aus weniger Mitgliedern als in § 9 vorgesehen, sollte danach nur diesen verbliebenen Mitgliedern das Restmandat zustehen. Nach *BAG* a. a. O. können die das Restmandat ausübenden BR-Mitglieder ihr Amt niederlegen. Das Mandat kann dann notfalls von dem letzten verbliebenen BR-Mitglied ausgeübt werden. Das *LAG Brandenburg*[10] hatte dagegen das Restmandat dem letzten vollständig gewählten BR zugesprochen, d. h. in der letzten, der gewählten Größe entsprechenden Zusammensetzung bzw. wie er bei Eintritt der Betriebsänderung vollständig bestand. Dazu gehören dann auch die früheren Mitglieder, die durch individuelle Aufhebungsverträge ausgeschieden sind. Dem *BAG* ist zuzustimmen, dass die Niederlegung des Mandats nach § 24 Nr. 2, insbes. wenn sie unabhängig von einer Betriebsänderung erfolgt ist, wirksam bleibt. Endet jedoch das Arbeitsverhältnis einzelner BR-Mitglieder im Zusammenhang mit der Betriebsstilllegung, Spaltung oder Zusammenlegung (§ 24 Nr. 3), würde die Auffassung des *BAG* dazu führen, dass nicht der BR insgesamt funktionsbezogen im Amt bleibt, sondern nur seine bis zuletzt verbleibenden Mitglieder, was dem Zweck des Restmandats, der Unabhängigkeit des BR und seiner Rolle als Kollektivorgan widerspricht. Deshalb gehören zur Wahrnehmung des Restmandats auch diese Mitglieder dem BR an. Bereits ausgeschiedene BR-Mitglieder werden auf diese Weise auch nicht gegen ihren Willen in den BR einbezogen, da sie jederzeit ihr Mandat nach § 24 Nr. 2 niederlegen können. In diesem Fall rückt nach Maßgabe des § 25 das nächste Ersatzmitglied nach.[11] BR-Mitglieder

5 *BAG* 5.5.10 – 7 ABR 728/08, AuR 10, 275, 394.
6 *BAG* 14.11.78 – 6 ABR 85/75, AP Nr. 6 zu § 59 KO.
7 *BAG* 12.1.00 – 7 ABR 61/98, DB 00, 1422 = AuR 00, 237; 6.12.06 – 7 ABR 62/05, AP Nr. 5 zu § 21 b BetrVG 1972; 5.5.10 – 7 ABR 728/08, AuR 10, 275, 394.
8 Ebenso *LAG Rheinland-Pfalz* 18.4.05 – 2 TaBV 15/05, AuR 05, 465.
9 *BAG* 5.5.10 – 7 ABR 728/08, a. a. O.
10 *LAG Brandenburg* 7.5.98, AuR 99, 487.
11 *Löwisch/Kaiser*, Rn. 8.

verlieren auch nicht dadurch ihr Restmandat, dass sie im Wege des Betriebsübergangs nach § 613 a BGB auf einen anderen AG übergangen sind.[12]

Entfallen die Voraussetzungen für die Bildung eines **GBR/KBR** durch Stilllegung, Spaltung oder Zusammenlegung, so kann auch diesen Gremien ein Restmandat zukommen.[13] Umgekehrt ist es nicht ausgeschlossen, dass ein BR in Wahrnehmung seines Restmandats Vertreter in den GBR/KBR entsendet, wenn dies zur Wahrnehmung der mit dem Untergang des Betriebs im Zusammenhang stehenden Mitbestimmungsrechte erforderlich ist. Dies ist bspw. der Fall bei Betriebsänderungen im UN/Konzern, die örtlich umgesetzt werden, oder, wenn ein betrieblicher Sozialplan u. a. auch Versetzungsregelungen innerhalb des UN/Konzerns enthält, deren Umsetzung noch nicht abgeschlossen ist. 7

Für den **See-BR** findet die Vorschrift nach § 116 Abs. 2 i. V. m. Abs. 6 Nr. 1 c Anwendung, dagegen nimmt § 115 Abs. 3 für die **Bordvertretung** auf sie nicht Bezug. Eine entsprechende Regelung im Personalvertretungsrecht fehlt. Allerdings kommt hier regelmäßig eine Zuständigkeit der Stufenvertretung in Betracht.[14] 8

II. Untergang des Betriebs

1. Stilllegung

Bei einer **Betriebsstilllegung** endet das Amt des BR grundsätzlich mit der vollständigen und endgültigen Stilllegung des Betriebs. Keine endgültige Stilllegung bedeutet notwendig die Zerstörung der Betriebsanlagen durch äußere Einwirkungen[15] oder eine vorübergehende Produktionseinstellung,[16] z. B. durch Streik oder Aussperrung.[17] Auch durch die Löschung im Handelsregister geht der Betrieb als solcher nicht unter, so dass der BR in Funktion bleibt,[18] da hierdurch lediglich die Gesellschaft gelöscht wird und der Betrieb davon nicht zwangsläufig betroffen sein muss. 9

Die Eröffnung eines **Insolvenzverfahrens** hat keinen Einfluss auf die Amtszeit des BR. Die nach § 22 InsO auf den Insolvenzverwalter übergehende Geschäftsführungsbefugnis umfasst auch die Rechte und Pflichten aus der AG-Stellung des Gemeinschuldners, insbes. aus dem BetrVG selbst dann, wenn für einen Gemeinschaftsbetrieb mehrerer UN ein BR besteht und über das Vermögen eines dieser UN das Insolvenzverfahren eröffnet wird. In diesem Fall bleibt der BR voll in Funktion auch für den »Betriebsteil«, über den das Insolvenzverfahren eröffnet wurde.[19] Eine Neuwahl des BR wird erst erforderlich, wenn die Voraussetzungen des § 13 Abs. 2 Nr. 1 vorliegen, sofern aber die Voraussetzungen eines Restmandats nach dieser Vorschrift vorliegen, kann dieses auch während eines Insolvenzverfahrens begründet und/oder ausgeübt werden.[20] 10

Eine Betriebsstilllegung ist im Rechtssinne erst dann abgeschlossen, wenn alle Arbeitsverhältnisse beendet sind.[21] Solange Arbeitsverhältnisse von AN fortbestehen, die AN-Zahl nicht weniger als 5 beträgt und BR-Mitglieder noch beschäftigt sind, übt der BR für die noch im Betrieb tätigen AN seine **vollen Rechte** (kein bloßes Restmandat) auch dann aus, wenn der Betriebszweck nicht mehr weiterverfolgt wird.[22] Ausscheidende BR-Mitglieder sind gemäß § 25 durch Ersatzmitglieder zu ersetzen. Ist dies nicht mehr möglich, nimmt der Rest-BR die Mitwirkungs- und Mitbestimmungsrechte wahr.[23] 11

---

12 *LAG Rheinland-Pfalz* 18.4.05 a. a. O.
13 Vgl. § 47 Rn. 11; § 54 Rn. 125; a. A. *Fitting*, Rn. 3; für eine Analogie bei bestehender Zuständigkeit des GBR bei Stilllegung GK-*Kreutz*, Rn. 5.
14 Vgl. *ArbG Freiburg/Offenburg* 28.2.02, AuR 03, 153; *Schubert*, AuR 03, 132.
15 *Fitting*, Rn. 7.
16 Vgl. *BAG* 29.3.77, AP Nr. 11 zu § 102 BetrVG 1972.
17 *BAG* 21.4.71, 25.10.88, AP Nrn. 43, 100 zu Art. 9 GG Arbeitskampf; *Fitting*, a. a. O.; Richardi-*Thüsing*, Rn. 4.
18 *LAG Düsseldorf* 4.12.78 – 20 TaBV 42/78.
19 A. A. *HessLAG* 19.4.02 – 9 TaBVGa 71/02, AuR 04, 278.
20 Musterschreiben in DKKWF-*Buschmann*, § 21 b Rn. 2.
21 *BAG* 22.10.09 – 8 AZR 766/08, ZIP 10, 849, zum Betriebsübergang.
22 *BAG* 19.11.03 – 7 AZR 11/03, AuR 04, 165.
23 Vgl. *BAG* 18.8.82, AP Nr. 24 zu § 102 BetrVG 1972.

12 Eine **Teilstilllegung,** die zu einer Änderung der Belegschaftsstärke führt, hat auf das Amt des BR keinen unmittelbaren Einfluss, solange nicht die Mindestzahl von 5 ständigen wahlberechtigten AN unterschritten wird.[24] Für die von der Teilstilllegung betroffenen und aus dem Betrieb ausgeschiedenen AN bleibt der BR zuständig zur Wahrnehmung ihrer Interessen im Zusammenhang mit dem Arbeitsverhältnis.[25]

13 Hat ein UN wegen eines **Brandes** allen AN gekündigt und entschließt er sich Monate später, den Betrieb endgültig stillzulegen, hat er dabei die Mitbestimmungsrechte des BR selbst dann zu berücksichtigen, wenn dessen Amtszeit an sich abgelaufen war. Selbst wenn die Arbeitsverhältnisse seiner Mitglieder infolge des Brandes ebenfalls fristlos gekündigt wurden, übt der BR bis zur Abwicklung der Stilllegung auch über den Ablauf seiner regelmäßigen Amtszeit hinaus das **Restmandat** aus.[26]

14 Das **Restmandat** bei der Betriebsstilllegung wird **wirksam,** wenn der Betrieb, für den ein BR bestand, vollständig untergegangen ist. Das Gleiche gilt, wenn der Betrieb zwar weiter besteht, die für den BR notwendige Mindestzahl von 5 ständigen wahlberechtigten AN jedoch nicht nur vorübergehend unterschritten wird, so dass die Amtszeit des BR ohne das Restmandat ebenfalls beendet wäre.[27] Ändert der AG seine Pläne und nimmt den stillgelegten Betrieb wieder auf, könnte der ein Restmandat ausübende BR u. U. einen WV für die Neuwahl bestellen.

15 Während die noch überwiegende Rspr. für die Wahrnehmung der Mitbestimmungsrechte nach §§ 111 ff. verlangt, dass der BR im Zeitpunkt, in dem sich der UN entschlossen hat, eine Betriebsänderung durchzuführen, schon bestanden hat (vgl. § 21 Rn. 11 auch zur Kritik), kommt es für die Existenz des Restmandats hierauf nicht an. Der **während der Durchführung der Stilllegung erst gegründete BR** kann u. U. ein Restmandat wahrnehmen, welches allerdings nach bisheriger Rspr. nicht die Rechte aus §§ 111 ff. beinhaltet. Unmaßgeblich ist, ob der BR die Rechte, für deren Ausübung er das Restmandat beansprucht, schon vorher, d. h. während seiner normalen Amtszeit, für sich reklamiert bzw. geltend gemacht hat.[28] Allerdings setzt die Vorschrift (bleibt im Amt) voraus, dass das Amt des BR zumindest für eine logische Sekunde als Vollmandat bestanden haben muss. Die Wahl ausschließlich mit dem Inhalt der Begründung des Restmandats ist nicht vorgesehen.[29]

2. Spaltung oder Zusammenlegung

16 Ein Restmandat des BR entsteht auch, wenn der Betrieb oder ein Betriebsteil infolge einer Spaltung oder Zusammenlegung untergeht. **Spaltung oder Zusammenlegung** haben den gleichen Inhalt wie in § 21 a. Das Restmandat setzt nicht voraus, dass dem BR gleichzeitig ein Übergangsmandat zusteht. Die für das Übergangsmandat nach § 21 a Abs. 1 Satz 1 geltenden Einschränkungen (Voraussetzungen des § 1 Abs. 1 Satz 1; kein Übergangsmandat bei Eingliederung in einem Betrieb, in dem ein BR besteht; Begrenzung bis zur Neuwahl bzw. auf 6 Monate) gelten für das Restmandat nicht. Eine **Gleichzeitigkeit von Übergangs- und Restmandat** für denselben Betrieb bzw. Betriebsteile ist nur für Einzelfälle[30] vorstellbar, da regelmäßig der BR, solange er das Übergangsmandat wahrnimmt, auch die Rechte im Zusammenhang mit dem Untergang des Betriebs ausübt.[31] An ein beendetes Übergangsmandat kann sich ein Restmandat anschließen (vgl. auch § 21 a Rn. 50).

17 Spaltung oder Zusammenlegung von Betrieben können, müssen aber nicht mit **gesellschaftsrechtlichen Veränderungen** verbunden sein. Beide organisatorischen Veränderungen können

---

24 *BAG* 19.11.03 – 7 AZR 11/03, AuR 04, 165; Richardi-*Thüsing,* Rn. 4; *Fitting,* Rn. 9; GK-*Kreutz,* Rn. 15.
25 *Fitting,* a. a. O.
26 *BAG* 16.6.87, AP Nr. 20 zu § 111 BetrVG 1972.
27 Vgl. Rn. 11; Musterschreiben in DKKWF-*Buschmann,* § 21 b Rn. 3.
28 Zustimmend GK-*Kreutz,* Rn. 16; Richardi-*Thüsing,* Rn. 9.
29 *HessLAG* 22.11.05 – 4 TaBV 165/05, AuR 06, 172.
30 Etwa Zusammenlegung nebst Übergangsmandat des größeren BR und Restmandat des kleineren BR; so auch HaKo-*Düwell,* Rn. 12; weiter gehend *Fitting,* Rn. 13; WPK-*Wlotzke,* Rn. 17 f.
31 *Löwisch/Kaiser,* Rn. 2; zweifelnd Richardi-*Thüsing,* Rn. 5 f.; für eine ausschließliche Anwendung des Übergangsmandats in solchen Fällen *Lelley,* DB 08, 1433.

auch stattfinden, wenn der AG derselbe bleibt und sich lediglich der Zuschnitt des Betriebs ändert (vgl. § 21 a Rn. 23 ff.).

Eine Spaltung ist die Teilung des Betriebs in tatsächlicher Hinsicht. Sie kann in Form der Betriebsaufspaltung wie auch der Abspaltung eines Betriebsteils erfolgen.[32] In ersterem Fall verliert der Betrieb seine Identität, geht also unter. Zu einem Restmandat kann es kommen, wenn ein kleinerer Teil der Beschäftigten auf einen anderen Inhaber übergeht, die Mehrheit bei dem bisherigen AG verbleibt; ebenso umgekehrt.[33] Umstritten ist das Restmandat für den Fall, dass mehrere AN wirksam dem **Übergang ihres Arbeitsverhältnisses nach § 613 a Abs. 6 BGB** widersprechen, so dass deren Arbeitsverhältnisse mit dem bisherigen Betriebsinhaber fortgeführt werden. Bezogen auf diese Beschäftigungsverhältnisse hat der 2. Senat des *BAG* zur Begründung der Nichtanwendung des Restmandats auf die Anhörung nach § 102 BetrVG pauschal den Tatbestand der Spaltung verneint, da es sich bei der Erklärung des Widerspruchs nicht um eine Entscheidung des AG handele.[34] Darauf kommt es aber nicht an. Eine dahingehende Entscheidung des AG ist kein konstitutives Merkmal einer betriebsverfassungsrechtlichen Spaltung. Maßgeblich ist allein das betriebsorganisatorische Ergebnis.[35] Das Entstehen des Restmandats und seine funktionelle Tragweite bei späteren personellen Maßnahmen sind denklogisch zu trennen. Ein Übergangsmandat infolge des Widerspruchs nebst Anhörungsobliegenheit nach § 102 hat das *BAG* ebenfalls verneint; dazu § 21 a Rn. 25 a. 18

Die Spaltung von oder Zusammenlegung mit anderen Betrieben erfüllt regelmäßig den Tatbestand der **Betriebsänderung** nach § 111 Nr. 3. Solange eine solche Betriebsänderung noch nicht abgewickelt ist, hat der BR hierfür regelmäßig ein diesbezügliches Restmandat. Umgekehrt setzt das Restmandat nicht die Anwendung des § 111 in jedem Einzelfall voraus. 19

Eine Zusammenlegung i. S. d. Vorschrift liegt auch vor, wenn ein Betrieb mit einem »größeren« Betrieb zusammengefasst (§ 21 a Abs. 2) oder in einen anderen eingegliedert wird, für den ein BR besteht. Grundsätzlich, d. h. ohne Restmandat, würde die Amtszeit des BR des eingegliederten Betriebs mit der **Eingliederung** enden. Unter den Voraussetzungen des § 13 Abs. 2 Nr. 1 führt der aufnehmende BR gemäß § 22 die Geschäfte auch für den eingegliederten Betriebsteil bis zur Neuwahl weiter, während sich das Restmandat des eingegliederten BR auf die im Zusammenhang mit der Eingliederung bestehenden Beteiligungsrechte bezieht. Das Restmandat kommt auch in Frage, wenn der bisherige Betrieb durch Aufnahme in einen **kirchlichen Betrieb** bzw. durch kirchliche Übernahme seine Identität verliert.[36] 20

III. Aufgaben des BR im Restmandat

1. Interessenausgleich/Sozialplan

Rechtsfolge der Vorschrift ist nach dem Wortlaut trotz Untergang des Betriebs ein »Verbleiben im Amt«, begrenzt auf »Erforderlichkeit«. Das Restmandat ist bezogen auf die Wahrnehmung seiner **Mitwirkungs- und Mitbestimmungsrechte im Zusammenhang mit Stilllegung, Spaltung oder Zusammenlegung,** durch die der Betrieb, für den der BR gebildet ist, untergeht. Die Gesetzesformulierung »im Zusammenhang mit« erfasst jedes Beteiligungsrecht des BR, das in diesem Zusammenhang bestehen könnte. Hierzu gehören Verhandlungen und Vereinbarungen nach §§ 111 ff., die Einleitung eines Beschlussverfahrens zur Klärung der Frage, ob ein 21

32 *BAG* 24.5.12 – 2 AZR 62/11, AuR 13, 98, 100.

33 *LAG Sachsen-Anhalt* 25.11.10 – 3 TaBV 16/10, juris: analoge Anwendung; weiter gehend *Löwisch*, FS Bepler, S. 404; *Löwisch/Kaiser*, § 21 b, Rn. 3.

34 *BAG* 24.5.12 – 2 AZR 62/11, AuR 13, 98, 100. Nach der Logik dieses allein kündigungsrechtlich motivierten Begründungssatzes würde der Tatbestand der Spaltung insgesamt mit Folgen für §§ 21 a, 21 b und 111 ff. entfallen.

35 Wie hier *LAG Rheinland-Pfalz* 18.4.05 – 2 TaBV15/05, AuR 05, 465; *LAG Düsseldorf* 12.10.05 – 12 Sa 931/05, AuR 06, 132; *ArbG Freiburg/Offenburg* 28.2.02 – 10 Ca 476/99, AuR 03, 153; ebenso *Schubert*, AuR 03, 133; *Löwisch*, FS Bepler, S. 407; referierend *Düwell*, Rn. 18; a. A. *BAG* a. a. O.; *LAG Nürnberg* 9.8.11 – 6 Sa 230/10, ZIP 12, 844, m. w. N.; *Fitting*, Rn. 6; Richardi-*Thüsing*, Rn. 4 b.

36 *Fitting*, § 21 a, Rn. 12 a; Richardi-*Thüsing* § 21 a Rn. 12; zur generellen Problematik des Verlustes des betriebsverfassungsrechtlichen Schutzes vgl. auch § 21 Rn. 37.

Betriebsübergang oder eine Stilllegung vorliegt, die Anrufung und ggf. Einleitung eines gerichtlichen Verfahrens auf Bestellung der Einigungsstelle zur Durchsetzung eines »vorsorglichen« Sozialplans,[37] der Abschluss eines Sozialplans ebenso wie seine Änderung, soweit dieser noch nicht vollständig abgeschlossen ist.[38] Es erfasst auch die bereits ausgeschiedenen AN insoweit, als diese aus der ursprünglichen Sozialplanregelung Ansprüche herleiten können.[39] Stellt ein Insolvenzverwalter in einem wegen Personalabbaus abgeschlossenen Interessenausgleich dem BR Verhandlungen über einen Sozialplan für den Fall in Aussicht, dass er bei der Veräußerung des Betriebs einen Übererlös erzielt, und wird 2 Jahre später der Betrieb von dem Erwerber stillgelegt, so kann der BR im Rahmen seines Restmandats von dem Insolvenzverwalter den Abschluss eines Sozialplans für die 2 Jahre zuvor im Zuge des Personalabbaus gekündigten AN verlangen.[40] Das Restmandat erfasst die konkrete Durchführung des Sozialplans, etwa die Verwaltung eines Härtefonds zur Abmilderung besonderer Härten der Betriebsänderung, die Durchführung eines gerichtlichen Verfahrens zur Klärung der Frage, ob dem BR anlässlich einer Stilllegung Beteiligungsrechte zustehen oder nicht,[41] schließlich die konkrete Unterstützung einzelner AN bei der Wahrnehmung ihrer individuellen Rechte gegenüber dem bisherigen AG, z. B. zur Durchsetzung von Sozialplanleistungen, bei der Einsicht in die Personalakte nach § 83 oder bei Beschwerden nach §§ 84, 85.

2. Versetzungen und Kündigungen

22 Das Restmandat erfasst die Ausübung der **Beteiligungsrechte bei Versetzungen und Kündigungen** nach §§ 99 ff.[42] Nach *BAG*[43] ist der restmandatierte BR (des abgebenden Betriebs) nicht nach § 99 I 1 zu beteiligen, wenn der AG einem AN nach vollständiger Stilllegung des Betriebs eine Tätigkeit in einem anderen Betrieb des UN zuweist. Kündigt ein Insolvenzverwalter einem AN, den er über den Zeitpunkt der Betriebsstilllegung hinaus mit Abwicklungsarbeiten weiterbeschäftigt hat, so ist diese Kündigung nach § 102 Abs. 1 Satz 3 unwirksam, wenn der Insolvenzverwalter den BR im Restmandat nicht zuvor nach § 102 beteiligt hat.[44] Dabei ist es unerheblich, ob die Arbeitsverhältnisse nur deshalb weiter bestanden, weil eine zuvor ausgesprochene Kündigung unwirksam war, so dass es auch nicht darauf ankommt, ob die zu kündigenden AN zu Rest- oder Abwicklungsarbeiten eingeteilt waren.[45] Ebenso wenig kommt es darauf an, ob das Arbeitsverhältnis dem KSchG unterliegt.[46]

3. Abwicklung unerledigter Aufgaben

23 Aus § 80 Abs. 1 Nr. 1 hat der BR die Aufgabe der **Überwachung der Durchführung der zugunsten der AN geltenden Rechtsnormen** im Zusammenhang mit dem Untergang des Betriebs. Hierzu gehören tarifliche Rationalisierungsschutzabkommen, die u. a. für die AN die Rechtsfolgen von Stilllegung, Spaltung oder Zusammenlegung regeln, unabhängig davon, ob sie im Einzelfall dem BR besondere Rechte verleihen, was aber häufig der Fall ist. Betriebsverfassungsrechtliche Aufgaben können sich daraus ergeben, dass trotz tatsächlicher Stilllegung des Betriebs noch nicht alle Arbeitsverhältnisse rechtlich beendet sind und einzelne AN

37 Für letzteren Fall *BAG* 1.4.98 – 10 ABR 17/97, DB 98, 1471.
38 *BAG* 26.5.09 – 1 ABR 12/08, DB 09, 2331.
39 *BAG* 5.10.00 – 1 AZR 48/00, DB 01, 1563.
40 *LAG Köln* 14.8.07 – 9 TaBV 27/07, AuR 08, 162.
41 *BAG* 1.4.98 – 10 ABR 17/97, DB 98, 1471; vgl. auch *Biebl*, AuR 90, 308 m. w. N.
42 *LAG Bremen* 9.12.04 – 3 TaBV 15/04, AuR 05, 420 mit Anm. *Buschmann; BayVGH* 19.2.13 – 18 PC 13.24, juris; GK-*Kreutz*, Rn. 7, 11 f.; *Löwisch*, FS Bepler, S. 404; Richardi-*Thüsing*, Rn. 7 f.; grundsätzlich restriktiver aber *BAG* 24.5.12 – 2 AZR 62/11, AuR 13, 98, 100; dazu Rn. 18.
43 *BAG* 8.12.09 – 1 ABR 41/09, AuR 10, 226.
44 *BAG* 26.7.07 – 8 AZR 769/06, DB 07, 2843; noch deutlicher *BAG* 25.10.07 – 8 AZR 917/06, DB 08, 989: BR im Restmandat ist auch nach Betriebsstilllegung vor jeder Kündigung nach § 102 zu hören; dem folgend *LAG Rh-Pf.* 20.2.14 – 2 Sa 123/13, NZB zurückgewiesen, *BAG* 30.7.14 – 6 AZN 470/14; *Fitting*, Rn. 17.
45 *LAG Niedersachsen* 6.3.06 – 17 Sa 85/06 juris; 23.4.07 – 9 Sa 815/06, AuR 08, 194.
46 *LAG Niedersachsen* 23.4.07 a. a. O.

mit Abwicklungsarbeiten beschäftigt werden.[47] Weiter in Frage kommen die Vorschlagsrechte zur Beschäftigungssicherung nach §§ 80 Abs. 1 Nr. 8, 92 a, Mitbestimmung über Qualifizierungsmaßnahmen nach §§ 97 Abs. 2, 98.[48] Nach *LAG Niedersachsen*[49] kann der BR sog. Liquidationsbeschlüsse fassen, um bereits eingeleitete BR-Geschäfte ordnungsgemäß abzuwickeln. Dazu gehört z. B. die Abtretung eines Freistellungsanspruchs aus einem Beschlussverfahren an seinen Rechtsanwalt mit der Folge, dass sich der Freistellungsanspruch in einen Zahlungsanspruch umwandelt, der im Beschlussverfahren eingeklagt werden kann (a. a. O.). Dieser Auffassung ist das *BAG*[50] im Ergebnis gefolgt, indem es zwar die Wahrnehmung entstandener betriebsverfassungsrechtlicher Vermögensrechte nicht generell den sich im Zusammenhang mit der Betriebsstilllegung ergebenden Beteiligungsrechten zugeordnet hat, darin aber eine planwidrige Regelungslücke erkannt hat, die es im Wege der Analogie zu § 22 i. V. m. § 49 Abs. 2 BGB geschlossen hat.[51] Danach kann der BR auch Kosterstattungsansprüche gegenüber dem AG verfolgen und ist an entspr. Verfahren zu beteiligen. Richtigerweise muss er die Möglichkeit haben, nach allgemeinen Liquidationsgrundsätzen auch sonstige **unerledigte Aufgaben abzuwickeln,** z. B. anhängige Beschlussverfahren, für die ein Rechtsschutzinteresse besteht.[52] Im gerichtlichen Verfahren ist der BR Träger der Prozessgrundrechte nach Art. 101 Abs. 1 Satz 2 und Art. 103 Abs. 1 GG.[53] Es ist nicht zulässig, sich durch einseitigen Organisationsakt seines Prozessgegners zu entledigen. Allerdings gehört es zu den Voraussetzungen eines Beschluss-(Feststellungs-)verfahrens, dass ein die endgültige tatsächliche Stilllegung des Betriebs überdauernder Regelungsbedarf besteht.[54] Andernfalls werden die Anträge unzulässig bzw. haben sich erledigt.[55] Dies ist aber keine Frage des Restmandats, sondern der Zulässigkeit des konkreten Verfahrens.[56] Verliert der BR sein Amt infolge Aufnahme in einen aufnehmenden Betrieb mit BR, so wird Letzterer ipso jure Beteiligter des Beschlussverfahrens. Der Vornahme besonderer Prozesshandlungen bedarf es dafür nicht.[57] Das Gleiche gilt bei Zusammenlegung mit einem größeren Betrieb, dessen BR das Übergangsmandat wahrnimmt.

Das Restmandat erstreckt sich im Unterschied zum Übergangsmandat nicht auf Angelegen- **24**
heiten des neuen Betriebs und dessen AN, z. B. Einstellungen und Kündigungen dieser AN, auch wenn sie vorher dem alten Betrieb angehört haben.[58]

IV. Rechtsstellung der BR-Mitglieder im Restmandat

Die **Kosten** und den **Verdienstausfall** für die Ausübung des Restmandats trägt der AG des **25**
»stillgelegten Betriebs«.[59] Zu den erforderlichen Kosten gehören dieselben **Sachmittel,** die dem BR auch während des Vollmandats zur Verfügung standen, z. B. Räume, PC, Telefon- und Faxanschluss, Literatur, Aktenschrank,[60] Fahrtkosten, Verpflegungs- und Materialaufwand, Gestellung einer Schreibkraft.[61] Sowohl der BR als Organ als auch seine Mitglieder unterliegen dem Schutz des § 78. Solange das Arbeitsverhältnis des restmandatierten BR-Mitglieds noch besteht (etwa bei identitätsändernden, betriebsorganisatorischen Veränderungen, sonst Vollmandat), bleibt auch dessen bisherige **arbeitsvertragliche Rechtsstellung** erhalten.[62] Insbes.

47 *BAG* 12.1.00, EzA § 24 BetrVG Nr. 2; *BAG* 26.7.07 a. a. O.
48 *Löwisch/Kaiser,* Rn. 5 f.; *Schubert,* AuR 03, 133.
49 *LAG Niedersachsen* 24.1.00, LAGE § 40 BetrVG 1972 Nr. 65, zum Rechtszustand vor 2001.
50 *BAG* 24.10.01 – 7 ABR 20/00, AuR 01, 507.
51 Ebenso *BAG* 9.12.09 – 7 ABR 90/07, AuR 10, 223; 17.11.10 – 7 ABR 113/09, AuR 11, 266; dazu § 22 Rn. 6.
52 Ähnlich *Däubler,* AuR 2001, 3; *Konzen,* RdA 2001, 85; *Etzel,* Rn. 193; *LAG Bremen* 9.12.04 a. a. O.; a. A. ErfK-*Koch,* Rn. 3; *Fitting,* Rn. 18; Richardi-*Thüsing,* Rn. 7; *LAG München* 29.7.14 – 6 TaBV 8/14.
53 Vgl. *BVerfG* 22.8.94 – 1 BvR 1767/91 und 1117/92, AuR 94, 377.
54 *BAG* 14.8.01 – 1 ABR 52/00, BB 02, 48.
55 *BAG* 19.6.01 – 1 ABR 48/00, DB 01, 2659; *LAG München* 29.7.14 – 6 TaBV 8/14.
56 Unklar *BAG* 14.8.01, a. a. O.
57 *BAG* 21.1.03 – 1 ABR 9/02, EzA BetrVG 2001 § 77 Nr. 3.
58 Vgl. auch *Biebl,* AuR 90, 307 ff.; Bachner/Köstler/Matthiesen/Trittin-*Bachner,* § 4 I Rn. 91.
59 Vgl. hierzu auch *BAG* 3.10.78, AP Nr. 14 zu § 14 BetrVG 1972; § 40 Rn. 1, 3 ff.
60 *LAG Bremen* 9.12.04, a. a. O.
61 HWGNRH-*Worzalla,* Rn. 8; Musterschreiben in DKKWF-*Buschmann,* § 21 b Rn. 4.
62 Wie hier HaKo-*Düwell,* Rn. 25 f.; KR-*Etzel,* § 15 KSchG Rn. 119.

genießt das BR-Mitglied, das im Rahmen des Restmandats BR-Tätigkeiten auszuüben hat, den besonderen Kündigungsschutz nach § 103 bzw. nach § 15 KSchG.[63] Die Kündigung ist auch nicht auf Grund von § 15 Abs. 4 KSchG zulässig, da ein Grund für die vollständige Beendigung des Arbeitsverhältnisses nicht vorliegt. Die frühere Rspr. des *BAG*[64] ist durch die Novellierung des Restmandats, die die Amtszeit einschließlich der damit verbundenen Rechte und Pflichten ausdrücklich verlängert, überholt. Für den Fall, dass die reguläre Amtszeit des BR auf Grund eines Betriebsübergangs endet, etwa bei Eingliederung in einen aufnehmenden Betrieb oder Zusammenlegung mit einem größeren Betrieb mit BR, ergibt sich dieser besondere Schutz auch aus Art. 6 Abs. 2 der BetriebsübergangsRL 2001/23/EG v. 12.3.01, vgl. § 21 a Rn. 22.

26 Ist das Arbeitsverhältnis bereits beendet, wird durch das Restmandat allein kein neues selbstständiges Arbeitsverhältnis mit dem früheren Betriebsinhaber begründet. Es besteht ein reines **Amtsverhältnis im Umfang der notwendigen BR-Tätigkeit**, dessen formale Abwicklung sich nach dem Arbeitsvertrag bestimmt, freilich ohne Leistungspflicht und Direktionsrecht (vgl. auch § 48 Abs. 2 BGB zur rechtlichen Stellung vereinsrechtlicher Liquidatoren). Sie richtet sich nach dem zuletzt geltenden arbeitsvertraglichen Status, d. h. die anfallende BR-Tätigkeit sollte entsprechend vom Betriebsinhaber vergütet werden[65] und stellt dann eine (möglicherweise geringfügige) »Beschäftigung« i. S. d. Sozialversicherung, insbes. der Unfallversicherung (§ 2 SGB VII) dar.[66] Zu denken wäre auch an eine entspr. Anwendung des § 37 Abs. 3 Satz 3.[67] Das *BAG* hat aber eine solche Analogie und damit eine Vergütungspflicht für restmandatierte BR-Mitglieder, die nicht mehr im Arbeitsverhältnis zum Betriebsinhaber stehen, abgelehnt.[68] Ausdrücklich offen gelassen wurde, ob BR-Mitglieder im Restmandat einen Ausgleich für Vermögensopfer verlangen können, die dadurch entstehen, dass sie von ihrem neuen AG unbezahlt für Tätigkeiten im restmandatierten BR des alten Betriebs freigestellt werden. Ist das BR-Mitglied inzwischen in einem anderen Betrieb desselben oder eines anderen AG beschäftigt, ist es für diese Aufgaben nämlich unbezahlt freizustellen und darf auch nicht behindert werden (§§ 37, 78), da es eine gesetzliche Amtspflicht erfüllt, die auch der neue AG zu respektieren hat.[69] Für Kosten und Entgeltausfall hat allerdings nicht dieser, sondern der Inhaber des untergegangenen Betriebes aufzukommen, was sich dann aus § 40 begründen lässt.[70]

V. Dauer des Restmandats

27 Das Restmandat beginnt mit dem Untergang des Betriebs durch Stilllegung, Spaltung oder Zusammenlegung. Schon die Rspr. vor dem BetrVerf-ReformG hatte anerkannt, dass das **Restmandat des BR auch über das Ende seiner regelmäßigen Amtszeit hinausgehen kann.**[71] Das Restmandat ist anders als das Übergangsmandat nicht zeitlich beschränkt. Das BR-Amt erlischt erst endgültig, wenn keine vom BR mehr wahrzunehmenden Aufgaben vorhanden sind.[72] Bei Dauerregelungen eines Sozialplans tritt Erlöschen erst ein, wenn alle Vereinbarungen tatsächlich umgesetzt und alle ausstehenden Forderungen der AN bzw. des BR, etwa aus § 40, beglichen sind.[73] Die Erforderlichkeit richtet sich nach der Beurteilung des BR. Das Restmandat entfällt deshalb auch dann nicht, wenn im Einzelfall ein Mitbestimmungsrecht des BR richterlich verneint wird.

---

63 *Löwisch*, FS Bepler, S. 409 f.; *Griebe*, ArbR 14, 506 ff.
64 *BAG* 14.10.82 – 2 AZR 568/80, EzA § 15 KSchG Nr. 29.
65 Ebenso WPK-*Wlotzke*, Rn. 16; Richardi-*Thüsing*, Rn. 14 a.
66 Bachner/Köstler/Matthiesen/Trittin-*Bachner*, § 4 I Rn. 94.
67 So *BAG* 14.10.82 – 2 AZR 568/80, EzA § 15 KSchG Nr. 29; GK-*Kreutz*, Rn. 25; KR-*Etzel*, § 15 KSchG, Rn. 119; *Schulze/Schreck*, AiB 13, 442; a. A. *Auktor*, NZA 03, 952).
68 *BAG* 5.5.10 – 7 ABR 728/08, AuR 10, 275, 394.
69 Ebenso Richardi-*Thüsing*, Rn. 14 a; *OVG Lüneburg* 1.11.12 – 5 ME 233/12, juris.
70 So ausdrücklich *Auktor*, NZA 03, 953 m. w. N.; *Schulze/Schreck* a. a. O.
71 St. Rspr.: *BAG* 16.6.87, AP Nr. 19 mit Anm. *Kort* und Nr. 20 zu § 111 BetrVG 1972; 27.8.96, NZA 97, 623; 1.4.98, DB 98, 1471; *Biebl*, AuR 90, 307 ff.; ebenso zum heutigen Recht *Fitting*, Rn. 19; GK-*Kreutz*, Rn. 19; Richardi-*Thüsing*, Rn. 8, 11.
72 *LAG Düsseldorf* 29.3.76, BB 76, 1366; ErfK-*Koch*, § 21 BetrVG Rn. 6.
73 Richardi-*Thüsing*, Rn. 11.

VI. Streitigkeiten

Vgl. § 21 Rn. 46; § 21 a Rn. 65. In Beschlussverfahren um seine Mitbestimmungsrechte ist der restmandatierte BR parteifähig.[74] Im Verfahren über die Bestellung der Einigungsstelle gilt der Prüfungsmaßstab der offensichtlichen Unzuständigkeit gem. § 98 Abs. 1 Satz 2 ArbGG auch für die Frage, ob das vom BR geltend gemachte Mitbestimmungsrecht Inhalt eines Restmandats nach dieser Vorschrift sein kann.[75] Für Verfahren, die das Restmandat betreffen, ist das ArbG am Sitz des aufgelösten Betriebes örtlich zuständig.[76] **28**

§ 22 Weiterführung der Geschäfte des Betriebsrats

In den Fällen des § 13 Abs. 2 Nr. 1 bis 3 führt der Betriebsrat die Geschäfte weiter, bis der neue Betriebsrat gewählt und das Wahlergebnis bekannt gegeben ist.

Inhaltsübersicht

I. Vorbemerkungen

Die Vorschrift (Vorgänger § 43 BRG 1920) regelt die **Weiterführung der Geschäfte** durch BR, die vorzeitig neu zu wählen sind. Sie ist für BR in den Fällen der § 13 Abs. 2 Nrn. 1 und 2 nur klarstellend; denn diese BR bleiben gem. § 21 Satz 5 bis zur Bekanntgabe des Wahlergebnisses des neugewählten BR ohnehin im Amt. Für den zurückgetretenen BR ist die Vorschrift dagegen von Bedeutung, da § 21 Satz 5 den § 13 Abs. 2 Nr. 3 nicht ausdrücklich nennt. Während der Weiterführung der Geschäfte ist der BR **in vollem Umfang geschäftsführungsbefugt.** Sachlich besteht zwischen dem Fortbestand des BR und der Weiterführung der Geschäfte i. S. d. Vorschrift kein Unterschied.[1] Die dogmatische Trennung beider Rechtsfiguren hat keine praktischen Konsequenzen. Unter den Voraussetzungen der Vorschrift endet die Amtszeit des BR auch nicht durch Rücktritt.[2] **1**

Die Vorschrift ist zwingend und weder durch TV noch BV abdingbar. Sie gilt für **Bordvertretung** und **See-BR** entsprechend (vgl. § 115 Abs. 3, § 116 Abs. 2). Für die **JAV** gilt sie nicht ausdrücklich (§ 65 Abs. 1). Lediglich im Falle des § 13 Abs. 2 Nr. 2 ergibt sich eine Befugnis der JAV zur Weiterführung der Geschäfte aus § 64 Abs. 2. Danach bleibt sie bis zur Bekanntgabe des Wahlergebnisses der neugewählten JAV im Amt. Keine Anwendung findet die Bestimmung auf **GBR, KBR, GJAV, KJAV, WA** und **EBR** (§§ 51 Abs. 1, 59 Abs. 1, 73 Abs. 2, 73 b Abs. 2, 107 BetrVG, § 36 EBRG).[3] Entspr. Vorschriften: § 27 Abs. 3 BPersVG; § 5 Abs. 5 SprAuG. **2**

II. Weiterführung der Geschäfte

Die Weiterführung der Geschäfte des BR in der Zeitspanne bis zur Neuwahl dient der personellen Kontinuität **der BR-Arbeit** und der Vermeidung betriebsratsloser Zustände.[4] **3**

---

74 *BAG* 8.12.09 – 1 ABR 41/09, AuR 10, 226; 9.12.09 – 7 ABR 90/07, AuR 10, 223.
75 *LAG Köln* 14.8.07 – 9 TaBV 27/07, AuR 08, 162.
76 *LAG Berlin-Brandenburg* 20.4.15 – 21 SHa 462/15.
1 GK-*Kreutz*, Rn. 10, 16.
2 Richardi-*Thüsing*, § 21 Rn. 19.
3 HaKo-*Düwell*, Rn. 3.
4 Ebenso *BAG* 27.7.11 – 7 ABR 61/10, AuR 12, 83.

1. Einzelfälle

4 Die Geschäftsführung nach § 22 besteht **in den Fällen des § 13 Abs. 2 Nrn. 1 – 3:**

- Veränderung der **regelmäßigen AN-Zahl** des Betriebs in dem in § 13 Abs. 2 Nr. 1 genannten Umfang (vgl. § 13 Rn. 7 ff.);
- Absinken der **Mitgliederzahl des BR** unter die gesetzlich vorgeschriebene Zahl (vgl. § 13 Rn. 14 ff.). Die Geschäftsführung bleibt auch erhalten, wenn der **Rumpf-BR** nur noch aus einem Mitglied besteht.[5] Ist auch das letzte BR-Mitglied (Ersatzmitglied) ausgeschieden, besteht kein BR mehr, der zur Amtsfortführung befugt wäre.[6] Die Neuwahl erfolgt dann ggf. nach § 17;
- **Rücktritt des BR** (vgl. § 13 Rn. 17 ff.), auch wenn dieser vor Beendigung eines die BR-Wahl anfechtenden Beschlussverfahrens erfolgt.[7] Zum Rechtsschutzinteresse für die Wahlanfechtung bei Rücktritt während des Nichtzulassungsbeschwerdeverfahrens vgl. § 21, Rn. 33, m. w. N. Der Rücktrittsbeschluss des BR kann nicht im Hinblick auf die Gründe gerichtlich überprüft werden.[8] Zur Abgrenzung des Rücktritts des BR und der gemeinsamen Amtsniederlegung der BR-Mitglieder vgl. § 13 Rn. 20. Im letzteren Falle endet das BR-Amt mit der Amtsniederlegung sofort.

5 Eine Weiterführung der Geschäfte in den anderen Fällen des § 13 Abs. 2, in denen der BR vorzeitig neu zu wählen ist (rechtskräftige Wahlanfechtung gemäß § 19 und Auflösung des BR gemäß § 23; vgl. § 13 Rn. 23 ff.), kommt nicht in Betracht. Diese Betriebe sind nach rechtskräftiger Entscheidung bis zur Neuwahl eines BR betriebsratslos (vgl. § 21 Rn. 33). Bei der Auflösung des BR hat das ArbG jedoch gemäß § 23 Abs. 2 einen WV zur Einleitung der BR-Wahl zu bestellen. Der Bestellungsbeschluss bezüglich des WV wird erst mit Rechtskraft des Auflösungsbeschlusses bezüglich des BR wirksam.[9]

6 Die Vorschrift gilt entsprechend, wenn der BR wegen **zeitweiliger Verhinderung von BR-Mitgliedern,** die auch nicht durch Ersatzmitglieder vertreten werden können, nicht mehr beschlussfähig ist.[10] **Nach Ablauf der regelmäßigen Amtszeit** (§ 21) können die Geschäfte durch den BR nach dieser Vorschrift nicht weitergeführt werden.[11] Die Vorschrift ist nach Auffassung des *BAG*[12] analog anzuwenden, wenn ein restmandatierter BR noch betriebsverfassungsrechtliche Vermögensrechte wie Kostenfreistellungsansprüche wahrnimmt, die das *BAG* nicht den im Zusammenhang mit der Betriebsstilllegung stehenden Beteiligungsrechten zugeordnet hat. Das *BAG* hat darin eine planwidrige Regelungslücke erkannt, die es im Wege der Analogie zu § 22 i. V. m. § 49 Abs. 2 BGB wieder geschlossen hat.

7 Für **abweichende BR- bzw. AN-Vertretungsstrukturen** nach § 3 Abs. 1 Nr. 1 – 3 bestimmt § 3 Abs. 4, dass die Amtszeit der bestehenden BR erst mit der Neuwahl (Bekanntgabe des Wahlergebnisses) endet (ausführlich § 3 Rn. 186 ff.; § 21 Rn. 41). Für den umgekehrten Fall der Ablösung des TV durch das Gesetz bzw. durch eine neue anders geartete tarifliche Regelung wird die Kontinuität der AN-Vertretung durch ein Übergangsmandat gesichert (vgl. § 3 Rn. 166; § 21 Rn. 41). Eine analoge Anwendung der Vorschrift ist geboten für den Fall des Rücktritts eines/r auf der auf der Grundlage von § 3 Abs. 1 Nr. 4 und 5 gebildeten zusätzlichen Gremiums/Vertretung während seiner Amtszeit. Die Rechtsfolgen für den Fall des Ablaufs des TV richten sich nach der getroffenen Vereinbarung (ausführlich § 3 Rn. 190 ff. m. w. N.; § 21 Rn. 41).

---

5 *BAG* 19.11.03, AuR 04, 165; vgl. auch § 33 Rn. 5.
6 *BAG* 12.1.00, EzA BetrVG 1972 § 24 Nr. 2; GK-*Kreutz*, Rn. 12.
7 *BAG* 15.2.12 – 7 ABN 59/11, NZA-RR 12, 602, und 7 ABN 74/11, AuR 12, 226; *LAG Schleswig-Holstein* 7.4.11 – 4 TaBVGa 1/11, juris; *ArbG Hamburg* 2.11.88, DB 89, 1473, Musterschreiben in DKKWF-*Buschmann*, § 22, Rn. 2.
8 *BVerwG* 26.11.92, PersR 93, 119.
9 *HessLAG* 12.8.93 – 12 TaBV 203/92, AuR 94, 107.
10 *BAG* 18.8.82, AP Nr. 24 zu § 102 BetrVG 1972.
11 GK-*Kreutz*, Rn. 19; vgl. aber §§ 21 a, 21 b zum Übergangs- und Restmandat.
12 *BAG* 24.10.01 – 7 ABR 20/00, EzA BetrVG 1972 § 22 Nr. 2; 9.12.09 – 7 ABR 90/07, AuR 10, 223; 17.11.10 – 7 ABR 113/09, AuR 11, 266.

2. Umfang der Geschäftsführung

Die Geschäftsführung nach § 22 ist **umfassend.** Sie entspricht in vollem Umfang derjenigen eines ordnungsgemäß gewählten und zusammengesetzten BR während seiner Amtszeit.[13] Dies gilt auch für den Rumpf-BR (vgl. Rn. 4; § 21 Rn. 30). 8

Die Geschäftsführung umfasst die **Wahrnehmung sämtlicher Mitwirkungs- und Mitbestimmungsrechte** des BR. Der BR kann erzwingbare und freiwillige BV abschließen, selbst wenn diese aufschiebbar sind oder den neuen BR in wesentlichen Fragen binden.[14] Die Geschäftsführung schließt das Recht ein, einen BR-Ausschuss und sonstige Ausschüsse nach §§ 27, 28 zu bilden, BR-Sitzungen (§§ 29 ff.) durchzuführen,[15] Betriebs- oder Abteilungsversammlungen (§§ 42 ff.) durchzuführen bzw. Sprechstunden (§ 39) einzurichten; auch bleibt z. B. der Anspruch auf Teilnahme an Schulungsveranstaltungen gem. § 37 Abs. 6 und 7,[16] auf Freistellung gem. § 38 oder auf Kosten- und Auslagenersatz nach § 40 erhalten. Die in den GBR (§ 47 Abs. 2) bzw. KBR (§ 54 Abs. 2) entsandten Mitglieder bleiben Mitglieder dieser Organe. Der geschäftsführende BR behält das Recht, Mitglieder des GBR und ggf. KBR abzuberufen und neue Mitglieder zu entsenden. Ebenso gelten für ihn die Vorschriften des Wahlverfahrens, insbesondere § 16. Auch die Antragsrechte nach § 23 Abs. 1 und 3 bleiben in vollem Umfang erhalten. Die ESt. kann im Bedarfsfall angerufen werden, und in einem arbeitsgerichtlichen Beschlussverfahren ist der geschäftsführende BR beteiligungsfähig und antragsberechtigt.[17] Bei Kündigungen ist er nach §§ 102 ff. zu beteiligen.[18] Solange der BR die Geschäfte nach dieser Vorschrift weiterführt, bleiben auch die bestehenden BV erhalten. 9

Der geschäftsführende BR hat unverzüglich einen WV für die vorzeitige Neuwahl zu bestellen (§ 16 Rn. 5). Dies gilt auch, wenn er vor Rechtskraft einer Anfechtungsentscheidung zurückgetreten ist.[19] Unterlässt er dies pflichtwidrig, kann er wegen grober Amtspflichtverletzung gemäß § 23 Abs. 1 aufgelöst werden, was aber wegen Zeitablaufs regelmäßig ins Leere gehen wird. 10

3. Rechtsstellung des Betriebsrats und seiner Mitglieder

Der geschäftsführende BR hat die **Rechtsstellung des amtierenden BR.** Dasselbe gilt auch für seine Mitglieder, insbes. hinsichtlich der §§ 2 Abs. 1, 74, 75, 78 und 79 sowie für den vollen erweiterten Kündigungsschutz nach § 15 KSchG und § 103.[20] Die Frist für den nachwirkenden Kündigungsschutz nach § 15 Abs. 1 Satz 2 KSchG berechnet sich nicht mit dem Rücktritt, sondern mit dem Ende der Geschäftsführungsbefugnis nach der Vorschrift (s. u.). Die BR-Mitglieder verlieren den Kündigungsschutz auch dann nicht, wenn sie sich weigern, die Geschäfte weiterzuführen.[21] In diesem Fall kann eine grobe Amtspflichtverletzung gemäß § 23 Abs. 1 angenommen werden. Bei zeitweiliger Verhinderung oder endgültigem Ausscheiden eines BR-Mitglieds rückt das nächste Ersatzmitglied nach § 25 nach. 11

III. Ende der Geschäftsführung

Die Weiterführung der BR-Geschäfte endet gemäß § 22 nach erfolgter Neuwahl mit **Bekanntgabe des Wahlergebnisses** nach § 18 WO, nicht erst mit Ablauf des Tages der Bekanntmachung (vgl. § 21 Rn. 9 f.). Die Amtszeit des neu gewählten BR schließt sich lückenlos an (vgl. § 21 Rn. 5). Nach einer in einem Kündigungsschutzverfahren ergangenen Entscheidung des 12

13 Richardi-*Thüsing*, Rn. 7; ErfK-*Koch*, Rn. 2; *Fitting*, Rn. 8; GK-*Kreutz*, Rn. 16 ff.; *GL*, Rn. 5; *HWGNRH*, Rn. 7 ff.; *Wahsner*, AuR 79, 209.
14 GK-*Kreutz*, Rn. 17.
15 Richardi-*Thüsing*, a. a. O.
16 Richardi-*Thüsing*, a. a. O.; *Fitting*, a. a. O.; vgl. aber auch § 37 Rn. 148.
17 *Fitting*, a. a. O.; GK-*Kreutz*, Rn. 17; *LAG Frankfurt* 24.11.87, BB 88, 1461; vgl. auch § 21 Rn. 46.
18 *Fitting*, Rn. 8.
19 *LAG Schleswig-Holstein* 7.4.11 – 4 TaBVGa 1/11, AiB 13, 649.
20 *BAG* 27.9.57, AP Nr. 7 zu § 13 KSchG; *GL*, Rn. 6.
21 GK-*Kreutz*, Rn. 23.

BAG[22] endet die Amtszeit des geschäftsführenden BR mit der konstituierenden Sitzung des neuen BR, wenn die förmliche Bekanntmachung nach § 18 WO unterbleibt.

13 Kommt eine Neuwahl nicht zustande, führt der bisherige BR bzw. Rumpf-BR die Geschäfte in vollem Umfang weiter, längstens jedoch bis zum 31. 5. des Jahres der regelmäßigen BR-Wahlen.[23] Der »geschäftsführende« BR kann jederzeit erneut die Wahl einleiten; § 16 Abs. 2 bzw. nach Ablauf der Amtsperiode § 17 finden daneben Anwendung. Im Fall der Spaltung/Zusammenlegung kann es unter den Voraussetzungen der §§ 21 a, 21 b zu einem **Übergangs- bzw. Restmandat des zuletzt amtierenden BR kommen.**

14 Ist die Wahl des neu gewählten BR nichtig, hat der vorherige BR ggf. die Geschäfte wieder aufzunehmen,[24] es sei denn, seine Amtszeit (§ 21) ist abgelaufen. Dasselbe muss nach erfolgreicher, rechtskräftiger Wahlanfechtung der vorzeitigen Neuwahl gelten, solange kein neuer BR gewählt wird, da sonst die AN bei einer bloßen Wahlanfechtung durch eine betriebsratslose Zeit sozial schlechter gestellt wären als bei der Nichtigkeit.[25] Zwar ist der Gegenansicht zuzugeben, dass die bloß anfechtbare Wahl des neuen BR zunächst rechtswirksam ist und erst mit Rechtskraft der Anfechtungsentscheidung aufgehoben wird.[26] Diese Wirksamkeit soll jedoch die bloß anfechtbare Wahl gegenüber der nichtigen Wahl privilegieren, indem sie den vorläufigen Fortbestand des BR sichert, und nicht die notwendige Neuwahl erschwert, was nach der Gegenansicht der Fall wäre.

IV. Streitigkeiten

15 Über Fragen der Weiterführung der Geschäfte entscheiden im Streitfall die ArbG im Beschlussverfahren (§§ 2 a, 80 ff. ArbGG).

§ 23 Verletzung gesetzlicher Pflichten

(1) Mindestens ein Viertel der wahlberechtigten Arbeitnehmer, der Arbeitgeber oder eine im Betrieb vertretene Gewerkschaft können beim Arbeitsgericht den Ausschluss eines Mitglieds aus dem Betriebsrat oder die Auflösung des Betriebsrats wegen grober Verletzung seiner gesetzlichen Pflichten beantragen. Der Ausschluss eines Mitglieds kann auch vom Betriebsrat beantragt werden.

(2) Wird der Betriebsrat aufgelöst, so setzt das Arbeitsgericht unverzüglich einen Wahlvorstand für die Neuwahl ein. § 16 Abs. 2 gilt entsprechend.

(3) Der Betriebsrat oder eine im Betrieb vertretene Gewerkschaft können bei groben Verstößen des Arbeitgebers gegen seine Verpflichtungen aus diesem Gesetz beim Arbeitsgericht beantragen, dem Arbeitgeber aufzugeben, eine Handlung zu unterlassen, die Vornahme einer Handlung zu dulden oder eine Handlung vorzunehmen. Handelt der Arbeitgeber der ihm durch rechtskräftige gerichtliche Entscheidung auferlegten Verpflichtung zuwider, eine Handlung zu unterlassen oder die Vornahme einer Handlung zu dulden, so ist er auf Antrag vom Arbeitsgericht wegen einer jeden Zuwiderhandlung nach vorheriger Androhung zu einem Ordnungsgeld zu verurteilen. Führt der Arbeitgeber die ihm durch eine rechtskräftige gerichtliche Entscheidung auferlegte Handlung nicht durch, so ist auf Antrag vom Arbeitsgericht zu erkennen, dass er zur Vornahme der Handlung durch Zwangsgeld anzuhalten sei. Antragsberechtigt sind der Betriebsrat oder eine im Betrieb vertretene Gewerkschaft. Das Höchstmaß des Ordnungsgeldes und Zwangsgeldes beträgt 10 000 Euro.

---

22 *BAG* 5. 11. 09 – 2 AZR 487/08, AuR 10, 225.
23 *LAG Düsseldorf* 15. 4. 11 – 6 Sa 857/10, AuR 11, 368; vgl. auch § 21 Rn. 26 ff.; Richardi-*Thüsing*, Rn. 8; *Fitting*, Rn. 11; GK-*Kreutz*, Rn. 21.
24 *Fitting*, Rn. 12; GK-*Kreutz*, Rn. 22.
25 A. A. *Fitting*, a. a. O.; GK-*Kreutz*, a. a. O.
26 *Kreutz*, a. a. O.

Inhaltsübersicht

I. Vorbemerkungen

1 § 23 regelt Sanktionsmöglichkeiten gegen den BR, seine Mitglieder und den AG bei grober Pflichtverletzung. Sie unterscheiden sich in ihrer Art und im Verfahren erheblich von denen

gegen den AG, weil vom AG höchstens ein Ordnungsgeld in Höhe von maximal 10.000 € verhängt werden kann, während der BR aufgelöst und seine Mitglieder ihr Amt verlieren können. Diese **Ungleichbehandlung** stößt auf erhebliche verfassungsrechtliche Bedenken (§ 74 Rn. 91). Sie wird noch verstärkt durch die Rspr. (Rn. 101 ff.), die auch arbeitsvertragliche Sanktionen als zulässig ansieht, wodurch AN nicht nur das Amt, sondern auch den Arbeitsplatz verlieren können.

Abs. 1 und 2 regeln **den Ausschluss eines BR-Mitglieds** aus dem BR und die **Auflösung des BR als Kollektivorgan** abschließend. Über beide Maßnahmen entscheiden die ArbG in **Beschlussverfahren** (§§ 2 a, 80 ff. ArbGG). Ein Ausschluss einzelner Mitglieder durch eine Mehrheitsentscheidung des BR ist ebenso unzulässig[1] wie eine Abwahl des BR oder eine Absetzung einzelner BR-Mitglieder durch die AN des Betriebs, beispielsweise durch Mehrheitsbeschluss der Betriebsversammlung. 2

Der BR hat kein imperatives, sondern ein **repräsentatives Mandat**.[2] Durch Abweichung von auf einer Betriebsversammlung gefassten Beschlüssen verstößt der BR also nicht gegen seine gesetzlichen Pflichten. 3

Abs. 3 gewährt dem BR oder der im Betrieb vertretenen Gewerkschaft das Recht, einen **AG**, der **grob** gegen seine **Verpflichtungen aus dem BetrVG** verstoßen hat, durch gerichtliche Zwangsmaßnahmen zur Befolgung des Gesetzes anzuhalten. Die Möglichkeit, nach den allgemeinen Zwangsvollstreckungsregeln die Einhaltung der gesetzlichen Pflichten des AG sicherzustellen, bleibt davon unberührt (Rn. 288 ff.). 4

Die Vorschrift will die **Funktionsfähigkeit des BR** und/oder ein Mindestmaß **gesetzmäßiger Amtsausübung** sicherstellen.[3] Die Gefährdung des Betriebsfriedens oder des Vertrauens zwischen BR und AG bzw. BR und Belegschaft sind nicht erforderlich. Auch **gewerkschaftliche Rechte** können z. B. durch Abschluss tarifwidriger BV verletzt werden, wodurch ein gesetzwidriger und durch § 23 auf Antrag zu beseitigender Zustand entsteht.[4] 5

Ansprüche auf **Schadensersatz** sind nicht ausgeschlossen. Der BR kann sich bei der Hinzuziehung von Beratern gem. § 111 Satz 2 ersatzpflichtig machen, wenn er die Haftung nicht auf das erforderliche Maß begrenzt (Rn. 153). Der AG haftet bei Persönlichkeitsverletzungen von Mitgliedern des BR oder der Schwerbehindertenvertretung (Rn. 366). Das Recht zum Ausspruch von Abmahnungen oder fristlosen Kündigungen ist begrenzt (zum Verhältnis zu anderen Sanktionsmitteln gegen den BR Rn. 100). 6

Eine mögliche Konfliktlösung auf anderem Weg, z. B. durch die einvernehmliche Einschaltung eines **Moderators** schränkt den Anwendungsbereich des § 23 aber nicht ein. Das Mediationsverfahren ist gem. § 1 Abs. 1 MediationsG freiwillig und kann nach § 2 Abs. 5 MediationsG jederzeit beendet werden.[5] Das **MediationsG** ist gem. § 80 Abs. 2 Satz 1 ArbGG auch im Beschlussverfahren anwendbar und damit eine Option zur Konfliktlösung. 7

Die Vorschrift gilt für die **Bordvertretung** und den **See-BR** entsprechend (§ 115 Abs. 3, § 116 Abs. 2). Für die **JAV** gilt nur Abs. 1 (§ 65), es gelten nicht die Abs. 2 und 3.[6] Die Bestellung des WV erfolgt bei einer Auflösung einer JAV gem. § 63 Abs. 2 durch den BR. Verletzt der AG die ihm gegenüber der JAV obliegenden Pflichten in grober Weise, kann nur der BR oder die im Betrieb vertretene Gewerkschaft das Verfahren nach Abs. 3 einleiten.[7] Die JAV hat kein eigenes Antragsrecht. Auf den **GBR**, den **KBR** und die **GJAV** finden die Abs. 1 und 2 keine Anwendung. Sie treten gegenüber den Sondervorschriften der §§ 48, 56 und 73 Abs. 2 zurück. Dagegen gilt gemäß § 51 Abs. 6 und § 59 die Vorschrift des Abs. 3 für den GBR und KBR im Verhältnis zum UN.[8] Für die GJAV und KJAV gelten Abs. 2 und Abs. 3 nicht. Hier muss ggf. der GBR bzw. KBR bzw. die im UN oder Konzern vertretene Gewerkschaft das Verfahren 8

1 *BAG* 27.9.57, AP Nr. 7 zu § 13 KSchG.
2 *BVerfG* 27.3.79, AP Nr. 31 zu Art. 9 GG; Richardi-*Thüsing*, Rn. 5; *Fitting*, Rn. 1 a; HWGNRH-*Huke*, Rn. 6.
3 *BAG* 5.9.67, 29.4.69, AP Nrn. 8, 9 zu § 23 BetrVG.
4 Vgl. GK-*Oetker*, Rn. 11.
5 *Lukas/Dahl*, S. 45 ff.
6 *Fitting*, Rn. 3.
7 *BAG* 15.8.78, AP Nr. 1 zu § 23 BetrVG 1972; Richardi-*Thüsing*, Rn. 95.
8 *Fitting*, Rn. 4; GK-*Oetker*, Rn. 4; a. A. *GL*, Rn. 4.

einleiten.[9] Das AGG verpflichtet den BR zur Einhaltung des **Diskriminierungsschutzes** des AGG (Rn. 367 ff.).

9 Unterlassungsanträge sind im **personalvertretungsrechtlichen Verfahren** nicht zulässig, weil VG nicht befugt sind, ihre Prüfung auch auf die Rechtsfolgen zu erstrecken, die sich aus einer Verletzung des Beteiligungsrechts der Personalvertretung ergeben. Eine dem § 23 Abs. 3 1 entsprechende Regelung enthält das BPersVG nicht.[10]

II. Ausschluss des Betriebsratsmitglieds aus dem Betriebsrat (Abs. 1)

1. Voraussetzungen

a) Verstoß gegen Amtspflichten

10 Voraussetzung für den Ausschluss eines Mitglieds aus dem BR ist eine **grobe Verletzung** seiner gesetzlichen Pflichten. Zu ihnen zählen alle Pflichten aus dem BetrVG, also auch die Beachtung der Grundsätze von Recht und Billigkeit nach § 75 Abs. 1. Außerdem gehören dazu Pflichten, die durch allgemeine Gesetze sowie durch für den Betrieb geltende TV und BV konkretisiert sind.[11] Zu den gesetzlichen **Pflichten** zählen auch die, die sich aus **Funktionen** innerhalb des BR ergeben, etwa aus der Stellung des Vorsitzenden, stellvertretenden Vorsitzenden, der Mitgliedschaft im Betriebsausschuss oder in sonstigen Ausschüssen.

11 Über die Art seiner Amtsführung entscheidet der BR und seine Mitglieder im Rahmen ihrer gesetzlichen Verpflichtungen nach freiem Ermessen. Ihm steht also ein **eigener Beurteilungsspielraum** zu, der der Beurteilung durch den AG und das Gericht entzogen ist. Er beruht auf dem System der Betriebsverfassung und dem grundgesetzlichen Schutz der Betätigungsfreiheit gem. Art. 2, Abs. 1 GG seiner Mitglieder. Allein ihren Wählern sind die Mitglieder des BR gegenüber deshalb verantwortlich. Der BR ist als Organ rechtsfähig. Der Beurteilungsspielraum ist »im Interesse der **Funktions- und Handlungsfähigkeit** des BR **nicht zu eng** zu ziehen.«[12] Dieser weite Beurteilungsspielraum des BR verbietet jede Maßregelung und Schikane durch den AG bei der Wahrnehmung seiner Aufgaben nach dem BetrVG auch dann, wenn sie mit dem Wunsch nach Kostenersparnis begründet wird.[13]

12 Die **Vernachlässigung gesetzlicher Befugnisse** soll eine Pflichtverletzung darstellen können, da es sich hierbei um pflichtgebundene Rechte handelt.[14] Diese Auffassung überzeugt nicht, weil der Gesetzgeber diese Pflicht in § 23 Abs. 1 BetrVG 1952 noch ausdrücklich vorsah, aber seit § 23 Abs. 1BetrVG 1972 ausdrücklich eliminierte. Dann muss man in der Änderung des Wortlauts auch einen sachlichen Unterschied bei den Pflichten der Betriebsparteien erkennen. Stattdessen gibt es einen sachlichen Grund für die Begrenzung auf gesetzliche Pflichten: Ihre Wahrnehmung erfolgt im betrieblichen Spannungsfeld und ihre Vernachlässigung kann das Ergebnis von schwer zu überwindenden Widerständen im Betrieb sein, die auch gerade in kleineren und Mittelbetrieben zur Nichtwahl eines BR überhaupt führt. Solange der Gesetzgeber diese Nichtwahl nicht sanktioniert, kann auch für die Vernachlässigung von Pflichten nach der Wahl nichts anderes gelten. Auch die grobe Vernachlässigung von Fördergeboten gem. § 80 Abs. 1 Nr. 2 a, 2 b, 4, 6 bis 9 stellt keinen Verstoß gegen die gesetzlichen Pflichten gem. § 23 Abs. 1 dar.[15]

Die **konsequente Ausschöpfung betriebsverfassungsrechtlicher Befugnisse** stellt keine Pflichtverletzung dar. Sie ist auch nicht rechtsmissbräuchlich oder pflichtwidrig.[16]

13 Nicht unter § 23 fallen Verletzungen sonstiger gesetzlicher Pflichten, z. B. als Beisitzer der **ESt.** oder Mitglied im **WA** bzw. **AR.** Pflichtverletzungen im Rahmen solcher Tätigkeiten können

9 GK-*Oetker*, Rn. 6; *K. Weber*, Erzwingungsverfahren, S. 178 ff.
10 *OVG Magdeburg* 15.2.12; NZA RR 12/448.
11 ErfK-*Koch*, Rn. 3; *Fitting*, Rn. 15; *GL*, Rn. 6.
12 *BGH* 25.1.12 – III ZR 266/11 im Zusammenhang mit der Beauftragung eines Beraters unmittelbar durch den BR.
13 Vgl. Rn. 7 und 153.
14 *BAG* 5.9.67, AP Nr. 8 zu § 23 BetrVG; *GL*, Rn. 1; GK-*Oetker*, Rn. 23.
15 A. A. GK-*Kreutz*, Rn. 23.
16 *Fitting*, Rn. 38; ErfK-*Koch*, Rn. 3.

allerdings im Einzelfall gleichzeitig Verstöße gegen das BR-Amt darstellen. Entsprechendes gilt für Verletzungen gesetzlicher Pflichten als Mitglied des GBR oder KBR.[17] Für den Ausschluss aus dem GBR oder KBR finden im Übrigen die Sondervorschriften der §§ 48 und 56 Anwendung.

Wegen ausschließlicher Verletzung **arbeitsvertraglicher Pflichten** darf keine Amtsenthebung erfolgen, weil es sich nicht um Amtspflichten handelt. Umgekehrt sind arbeitsvertragliche Sanktionen ausgeschlossen bei reinen Amtspflichtverletzungen.[18] **14**

b) Grobe Amtspflichtverletzung des Betriebsratsmitglieds

Der Antrag auf Amtsenthebung eines BR-Mitglieds ist nur begründet, wenn es sich um eine **grobe Amtspflichtverletzung** handelt. Der Begriff »grobe Pflichtverletzung« ist ein unbestimmter Rechtsbegriff, der den Tatsacheninstanzen einen gewissen **Beurteilungsspielraum** einräumt und eine Abwägung aller Umstände des Einzelfalles erfordert. Das Rechtsbeschwerdegericht hat nur zu überprüfen, ob das LAG den unbestimmten Rechtsbegriff verkannt hat, bei der Subsumtion des Sachverhalts unter die Rechtsnorm Denkgesetze oder allgemeine Erfahrungssätze verletzt sind und ob die Beurteilung, insbesondere wegen Übersehens wesentlicher Umstände, offensichtlich fehlerhaft ist.[19] **15**

Die grobe Pflichtverletzung muss **objektiv erheblich und offensichtlich schwerwiegend** sein. Der Ausschluss kann erfolgen, wenn derjenige, gegen den sich der Ausschlussantrag richtet, durch ein ihm zurechenbares Verhalten die Funktionsfähigkeit des BR ernstlich bedroht oder lahm gelegt hat.[20] Ein grober Verstoß des BR-Mitglieds ist nur anzunehmen, wenn unter Berücksichtigung aller Umstände die weitere Amtsausübung des Betriebsratsmitglieds untragbar erscheint. Es genügt zur Begründung des Antrags nach § 23 Abs. 1 BetrVG nicht, darzutun, dass es dem Arbeitgeber nicht zuzumuten sei, mit dem Auszuschließenden weiter zusammenzuarbeiten. Vielmehr kann der Ausschluss nur erfolgen, wenn der Auszuschließende durch sein persönliches Verhalten die Funktionsfähigkeit des BR ernstlich bedroht oder lahmgelegt hat.[21] **16**

Die Pflichtverletzung muss **objektiv** vorliegen. Deshalb genügt es nicht, wenn lediglich das **Vertrauensverhältnis** zum AG oder zur Belegschaft erschüttert ist. Auch die **Zumutbarkeit der Zusammenarbeit mit anderen Mitgliedern** ist unerheblich, weil der Ausschluss nicht allgemein die Arbeitsbedingungen im BR erleichtern soll und regelmäßig im BR unterschiedliche Gruppen und Interessen vertreten sind.[22] **17**

Eine **»gewöhnliche« Pflichtverletzung** genügt für den Ausschluss also nicht.[23] Ebenso wenig reicht ein bloß offensichtlicher Verstoß, weil auch eine leichte Pflichtverletzung offensichtlich sein kann. **18**

Eine Pflichtverletzung ist i. d. R. jedoch nur dann grob, wenn sie **offensichtlich** und damit **eindeutig** ist.[24] Insgesamt reicht nicht jeder objektive offensichtliche und schwerwiegende Verstoß. Er muss vielmehr von einem solchen **Gewicht** sein, dass er das Vertrauen in eine künftig ordnungsgemäße Amtsführung zerstört oder zumindest schwer und irreparabel erschüttert.[25] **19**

Ein **einmaliger, besonders schwerwiegender,** grober Pflichtverstoß kann genügen, um den **20**

---

17 Richardi-*Thüsing,* Rn. 18.

18 *BAG* 16.10.86, AP Nr. 95 zu § 626 BGB; zum Verhältnis und der gleichzeitigen Verletzung von Amts- und Vertragspflichten Rn. 42 ff.

19 *BAG* 21.2.78, AP Nr. 1 zu § 74 BetrVG 1972.

20 *BAG* 21.2.78, AP Nr. 1 zu § 74 BetrVG 1972.

21 *ArbG Darmstadt* 12.4.07 – 12 BV 18/06.

22 *BAG* 5.9.1967, AP Nr. 8 zu § 23 BetrVG mit Anm. *Galperin; Fitting,* Rn. 18; *GL,* Rn. 9; HWGNRH-*Huke,* Rn. 18; MünchArbR-*Joost,* Rn. 7.

23 *Däubler,* Gewerkschaftsrechte, Rn. 194; *GL,* Rn. 8.

24 *BAG* 15.8.78, AP Nr. 1 zu § 23 BetrVG für Offensichtlichkeit als Kriterium; *ArbG Marburg* 7.8.96, NZA 96, 1131; GK-*Oetker,* Rn. 42; a. A. MünchArbR-*Joost* Rn. 9: keine Privilegierung eines geschickt verborgenen Verstoßes.

25 BVerwG 14.4.04, NZA-RR 04, 448.

Ausschlussantrag zu rechtfertigen.[26] Eine mehrmalige **Wiederholung** leichter Pflichtverletzungen kann zu einer groben Pflichtverletzung werden, wenn mit einer gewissen Beharrlichkeit gegen die gleiche Pflicht fortgesetzt verstoßen wird und auf die Pflichtverletzung aufmerksam gemacht wurde.[27] Verstöße aus mehreren Amtsperioden sind nicht zusammenzurechnen, weil sich die Amtsenthebung nur auf die **jeweilige Amtsperiode** bezieht.

21 Die **nachträgliche Wiedergutmachung** oder das Versprechen, sich **in der Zukunft anders** zu verhalten, beseitigt eine grobe Pflichtverletzung, weil es beim Ausschlussverfahren nicht um Sanktionierung des Verhaltens in der Vergangenheit geht, sondern nur um die Sicherstellung gesetzeskonformen Verhaltens in der Zukunft.[28]

Die Rspr. des *BAG* berücksichtigt zu wenig den Verhältnismäßigkeitsgrundsatz, wonach zur Wiederherstellung der betriebsverfassungsmäßigen Ordnung nicht sofort zum schärfsten Mittel gegriffen werden darf. Der Ausschluss aus dem Betriebsrat ist erst das letzte zur Verfügung stehende Sanktionsmittel. Aus diesem Grund ist in der Regel vor dem Ausschluss eine **betriebsverfassungsrechtliche Abmahnung** geboten (Rn. 148).

22 Im Übrigen will die Vorschrift kein vergangenes Verhalten sanktionieren, sondern allein die Funktionsfähigkeit des BR und seine gesetzmäßige Arbeit für die Zukunft gewährleisten. Deshalb kommt es maßgebend auf eine **Zukunftsprognose** an, die an vergangenem Verhalten anknüpft, um die zukünftige Arbeit des BR zu sichern. Die nachträgliche **Wiedergutmachung** oder das glaubhafte Versprechen, sich in Zukunft anders zu verhalten, kann eine vergangene Pflichtverletzung zwar nicht beseitigen, mindert aber für die Zukunft ihr Gewicht.

23 Da das arbeitsgerichtliche Erkenntnisverfahren auf ein zukünftiges Verhalten des BR-Mitglieds, nicht aber auf Sanktionen gerichtet ist, hat das Tatbestandsmerkmal der groben Pflichtverletzung für das Verfahren eine ähnliche Bedeutung wie bei negatorischen Klagen die in den materiell-rechtlichen Vorschriften bezeichnete Wiederholungsgefahr und wie bei einer Klage auf künftige Leistungen die Besorgnis der nicht rechtzeitigen Erfüllung. Es stellt also eine **Rechtsschutzvoraussetzung** dar.[29]

c) Verschulden

24 Eine grobe Verletzung gesetzlicher Pflichten setzt i. d. R. ein **schuldhaftes Verhalten** des BR-Mitglieds voraus. Verschulden beinhaltet nach § 276 BGB Vorsatz und Fahrlässigkeit. Es handelt sich um kein zusätzliches Tatbestandsmerkmal, sondern ist im Begriff »grob« enthalten.[30]

25 Ein Verschulden liegt nicht vor, wenn ein BR-Mitglied eine pflichtwidrige Störung des Betriebsfriedens **nicht verursacht** hat[31] oder sich in einem **Rechtsirrtum** befand. Auch die Gesamtumstände sind zu berücksichtigen. Dies gilt insbesondere, wenn der AG seit Jahren den BR durch Missachtung **provoziert,** der sich dann zur Diffamierung des AG hinreißen lässt.[32] Eine rein objektive Betrachtung würde die Amtsenthebung zu sehr erleichtern.[33] Eine Ausnahme kann allenfalls bei krankhaftem, querulatorischem Verhalten vorliegen.[34]

26 Es kommt nicht darauf an, ob anderen **BR-Mitgliedern** die Zusammenarbeit **unzumutbar** ist.[35]

---

26 *BAG* 22.5.59, AP Nr. 3 zu § 23 BetrVG; *Fitting,* Rn. 17; MünchArbR-*Joost,* § 310 Rn. 8.

27 *BAG* 22.5.59, AP Nr. 3 zu § 23 BetrVG; ErfK-*Koch,* Rn. 4; *Fitting,* Rn. 17; GK-*Oetker,* Rn. 45, der Verstöße gegen unterschiedliche Pflichten pauschal und abweichend vom Wortlaut als »Nachlässigkeit« ausreichen lässt; *GL,* Rn. 8; HWGNRH-*Huke,* Rn. 16; restriktiver *LAG Baden-Württemberg,* WA 63, 139, wonach stets mehrere Verstöße erforderlich sind.

28 A. A. Richardi-*Thüsing,* Rn. 27.

29 *BAG* 23.6.92, EzA § 87 BetrVG 1972 Arbeitszeit Nr. 51; *HessLAG* 7.3.13 – 9 TaBV 197/12.

30 *BAG* 21.2.78, AP Nr. 1 zu § 74 BetrVG 1972; *LAG Berlin* 17.3.88, BB 88, 1045; *LAG Düsseldorf* 15.10.92, LAGE § 611 BGB Abmahnung Nr. 33; *ArbG Marburg* 7.8.96, NZA 96, 1337; *ArbG Paderborn* 8.2.73, BB 73, 835; *Fitting,* Rn. 16; ErfK-*Koch,* Rn. 4; Richardi-*Thüsing,* Rn. 28; a. A. MünchArbR-*Joost,* § 302 Rn. 11 f.

31 *LAG Berlin* 17.3.88, BB 88, 1045.

32 *ArbG Marburg* 28.5.99, DB 01, 156.

33 *Neumann-Duesberg,* FS E. Molitor, S. 307.

34 *BAG* 5.9.67, AP Nr. 8 zu § 23 BetrVG; *BVerwG* 14.2.69, AP Nr. 8 zu § 26 PersVG; GK-*Oetker,* Rn. 47.

35 *BAG* 5.9.67, AP Nr. 8 zu § 23 BetrVG; *Fitting,* Rn. 18; GK-*Oetker,* Rn. 47.

d) Amtsperiode des Betriebsrats

Die Geltendmachung der Verletzung der Amtspflichten ist auf Handlungen während der gerade **laufenden Amtsperiode** beschränkt. Der Ausschluss eines BR-Mitglieds aus dem BR nach § 23 Abs. 1 ist also nicht möglich, wenn die Amtszeit, in der das BR-Mitglied seine Pflichten grob verletzt haben soll, abgelaufen ist und das BR-Mitglied wieder in den nach Ablauf der Amtsperiode gebildeten BR gewählt worden ist.[36] Da der neue BR mit dem alten auch bei Personengleichheit nicht identisch und durch die Wiederwahl des auszuschließenden BR-Mitglieds ein Vertrauensbeweis erfolgt ist, besteht nach Ablauf der Amtszeit das Rechtsschutzinteresse für das Ausschlussverfahren nicht mehr. Ein eingeleitetes Ausschlussverfahren erledigt sich deshalb mit der **Neuwahl** des BR, die zwar die vergangene Pflichtwidrigkeit nicht beseitigt, dem BR-Mitglied jedoch für die neue Amtsperiode eine neue Grundlage verschafft, die bei zukunftsbezogener Betrachtungsweise entscheidend zu berücksichtigen ist.[37] Der Antragsteller kann nach Ablauf der Amtsperiode das eingeleitete Verfahren für **erledigt erklären.** 27

Das betroffene BR-Mitglied kann sowohl bei einer Neuwahl nach Ablauf der normalen Amtsperiode als auch bei einer vorzeitigen Wahl, selbst wenn diese durch den Rücktritt des gesamten BR gemäß § 13 Abs. 2 Nr. 3 erzwungen wurde, **wieder kandidieren,** da der Gesetzgeber die Frage der Wählbarkeit abschließend in § 8 geregelt hat.[38] 28

Das betroffene BR-Mitglied kann dem Verfahren jederzeit dadurch die Grundlage entziehen, dass es sein **Amt niederlegt,**[39] da hierdurch das Ziel des Verfahrens erreicht wurde und das Rechtsschutzbedürfnis entfällt. In diesem Fall stellt das Gericht auf Antrag das Verfahren ggf. unter Aufhebung der vorinstanzlichen Entscheidungen, die dem Antrag stattgegeben haben, ein bzw. weist den Antrag als unzulässig ab. Ist dagegen der gesamte BR vorzeitig zurückgetreten, kann das Ausschlussverfahren nicht eingestellt werden, da der BR bis zur Neuwahl die Geschäfte weiterführt und deshalb auch das auszuschließende Mitglied noch im Amt bleibt. Dies ist erst nach der Neuwahl und Konstituierung des BR möglich.[40] 29

e) Ersatzmitglieder

Die Vorschrift ist entsprechend auf die **Ersatzmitglieder** anzuwenden, die zeitweilig als Stellvertreter in den BR eingetreten sind und während der Zeit ihrer Zugehörigkeit zum BR eine grobe Verletzung ihrer Amtspflichten begangen haben. Das ArbG-Verfahren wird auch dann fortgesetzt, wenn die Vertretung beendet ist. Eine entsprechende Entscheidung des ArbG führt dazu, dass der Betroffene auch aus dem Kreis der Ersatzmitglieder ausgeschlossen wird. Da es auf Amtspflichtverstöße als BR-Mitglied ankommt, kann ein Ersatzmitglied, das niemals vertretungsweise in den BR nachgerückt ist, auch nicht ausgeschlossen werden.[41] 30

2. Einzelfälle

Die nachfolgende Aufzählung grober Pflichtverletzungen einzelner BR-Mitglieder kann weder erschöpfend sein noch eine konkrete Berücksichtigung der Umstände des Einzelfalls ersetzen. Deshalb liefert sie allenfalls Anhaltspunkte und Hinweise aus der Rechtspraxis der Vergangenheit und ersetzt keine gründliche **Einzelfallprüfung** in aktuellen Auseinandersetzungen ersetzen. 31

36 *BAG* 29.4.69, AP Nr. 9 zu § 23 BetrVG; *LAG Berlin* 19.6.78, DB 79, 112; *LAG Bremen* 27.10.87, DB 88, 136; *LAG Hamm* 23.7.97 – 3 TaBV 70/97; *LAG München* 28.4.14, AuR 14, 440; Fitting, Rn. 25; *WW*, Rn. 10; MünchArbR-*Joost*, § 302 Rn. 10; a. A. Richardi-*Thüsing* Rn. 25; GK-*Oetker*, Rn. 53, die die Betreibung des Ausschlussverfahrens in den folgenden Amtsperioden jedenfalls dann für zulässig ansieht, wenn die Amtspflichtverletzung für die Amtsausübung dieses BR-Mitglieds belastend fortwirkt.

37 *BAG* 8.12.61, AP Nr. 7 zu § 23 BetrVG.

38 *BAG* 16.2.73, AP Nr. 1 zu § 19 BetrVG 1972; *Fitting*.

39 *BAG* 8.12.61, 29.4.69, AP Nrn. 7, 9 zu § 23 BetrVG.

40 *Fitting*, Rn. 33.

41 *Fitting*, Rn. 34.

a) Grobe Pflichtverletzung des Betriebsratsmitglieds

32 Als grobe Pflichtverletzungen wurden angesehen:

- **Amtsführung**
  Weigert sich ein BR-Mitglied nachhaltig und grundlos, eine ihm durch Beschluss des BR-Gremiums zugeteilte Aufgabe zu übernehmen, die für eine ordnungsgemäße Arbeit des BRs unabdingbar ist, kann dieses Verhalten den Ausschluss des BR-Mitglieds aus dem BR rechtfertigen.[42] Das Betreiben eines Ausschließungsverfahrens gegenüber anderen BR-Mitgliedern in **kollusivem** Zusammenwirken mit dem AG.[43] Die Einleitung eines Beschlussverfahrens zur Überprüfung einiger Regelungen in der Geschäftsordnung des BR stellt allerdings keine grobe Amtspflichtverletzung seitens eines Betriebsratsmitglieds dar, welches sich als Antragsteller im Verfahren beteiligte. Die Weigerung eines BR-Mitglieds an einer Abstimmung teilzunehmen, rechtfertigt ebenfalls keinen Ausschluss aus dem BR, wenn nicht von einem Wiederholungsfall oder von einer beharrlichen Verweigerungshaltung ausgegangen werden kann.[44]

33
- **Behinderung der BR-Arbeit:**
  Verhalten, durch das die **Funktionsfähigkeit des BR** ernstlich bedroht oder lahm gelegt wird;[45] Einschlagen eines **Konfrontationskurses** gegenüber der BR-Mehrheit, der darauf angelegt ist, die sachliche BR-Arbeit und die Funktionsfähigkeit des BR zu gefährden;[46] zum Verbot der Störung und Behinderung § 78 Rn. 1 ff.;

34
- **Beleidigung:**
  ungerechtfertigte, gehässige **Diffamierung** von BR-Mitgliedern, ehrkränkende Äußerungen über BR-Mitglieder,[47] wobei allerdings ein hartes Ringen um die richtige Auffassung auch mit polemischen Argumenten keine Amtspflichtverletzung darstellt; falsche Anschuldigung und Beleidigung des AG;[48] bei der Beurteilung einer Beleidigung ist zu berücksichtigen, dass der AG den BR provoziert hat;[49]
  Ein BR-Vorsitzender, der auf einer Betriebsversammlung aus den ihm mit einem Antrag auf Erteilung der Zustimmung des AG zur Einstellung übermittelten Bewerbungsschreiben eines Mitbewerbers ohne dessen Einwilligung wörtlich zitiert und ihn dadurch herabwürdigt, kann aus dem BR ausgeschlossen werden.[50]

35
- **Betriebsratssitzung:**
  unberechtigte Ablehnung eines mit Gründen versehenen Antrages eines Viertels der BR-Mitglieder auf **Einberufung einer BR-Sitzung** nach § 29 Abs. 3 durch den BR-Vorsitzenden;[51] beharrliche Weigerung, an **BR-Sitzungen teilzunehmen**;

36
- **Betriebsversammlung:**
  wiederholte Unterlassung der **Einberufung von Pflichtversammlungen** i. S. d. § 43 durch den BR-Vorsitzenden[52] und der **Erstattung von Tätigkeitsberichten** während eines längeren Zeitraums (§ 43 Rn. 1 ff.);

37
- **Diskriminierung ausländischer Arbeitnehmer:**
  die Diskriminierung ausländischer Arbeitnehmer verstößt gegen § 75;[53]

38
- Rechtswidrige **Drohung** mit Einschaltung der **Gewerbeaufsicht** wegen Verstößen gegen das ArbZG.[54]

---

42 ArbG *Halle* 25.1.13, NZA-RR 13, 361.
43 *Hess. LAG* 23.5.13, 9 TaBV 17/13.
44 ArbG Halle 17.9.13, 3 BV 41/12.
45 *BAG* 5.9.67, AP Nr. 8 zu § 23 BetrVG.
46 *BAG* 21.2.78, AP Nr. 1 zu § 74 BetrVG 1972.
47 *Hess. LAG* 23.5.13, 9 TaBV 17/13; NJW 13, 28; *LAG Baden-Württemberg* 11.2.86, AuR 86, 316, Ls.; *ArbG Marburg* 28.5.99, DB 01, 156.
48 *LAG München* 26.8.92, BB 93, 2168: AG hätte BR-Mitglied durch Tätlichkeit zu Fall gebracht.
49 *ArbG Marburg*, a. a. O.
50 *LAG Düsseldorf* 9.1.13, 12 TaBV 93/12.
51 *ArbG Esslingen* 21.5.64, AuR 64, 249.
52 *ArbG Stuttgart* 24.7.13; **BB** 13, 1908; *ArbG Hamburg* 27.6.12; *HessLAG* 25.2.93, AiB 94, 404; *ArbG Wetzlar* 22.9.92, AiB 93, 48 = BB 92, 2216.
53 *Kleveman*, AiB 1993, 529 [544]); zum Diskriminierungsverbot § 75 Rn. 20 ff.
54 *ArbG München* 25.9.06, AuA 07, 58: sehr zweifelhaft, weil das rechtswidrige Verhalten des AG Anlass gegeben hat und nicht noch durch den Ausschluss aus dem BR gerechtfertigt werden kann.

- **falsche Angaben:** 39
falsche Angaben eines freigestellten BR-Mitglieds über den Zweck seiner Tätigkeit während der Arbeitszeit außerhalb des Betriebs;[55] angeblich falsche eidesstattliche Versicherung einer BR-Vorsitzenden zum Vorliegen einer Betriebsänderung gem. § 111;[56]
- **Gewerkschaftsrechte, Rechte einzelner Arbeitnehmer:** 40
Behinderung der Teilnahme des Beauftragten der im Betrieb vertretenen **Gewerkschaft** an einer Betriebsversammlung (§ 46 Abs. 1) auf Grund rechtswidrigen Gebrauchs vom Hausrecht durch den BR-Vorsitzenden[57] sowie sonstige Beeinträchtigungen der Gewerkschaften, wie z. B. durch Nichteinladung eines Gewerkschaftsbeauftragten zur BR-Sitzung. Der AG solle nach der Rspr. nicht verpflichtet sein, die Nutzung eines für dienstliche Zwecke eingerichtetes E-Mail Accounts durch die bei ihm beschäftigten AN für den Arbeitskampf zu dulden. Eine derartige Duldungspflicht folge nicht aus Art. 9 Abs. 3 GG zum Schutz der individuellen Koalitionsfreiheit der AN. Die Mobilisierung von AN zur Streikteilnahme sei Aufgabe der jeweiligen Koalition und ihrer Mitglieder und vom AG könne nicht verlangt werden, hieran durch Bereitstellung eigener Betriebsmittel mitzuwirken.[58]
Schließt der BR mit dem AG eine **Regelungsabrede** im Sinne eines sog. **Bündnisses für Arbeit** ab, in der sich der BR mit veränderten Wochenarbeitszeiten und einer Veränderung der Vergütung der AN unter der Voraussetzung einverstanden erklärt, dass diese einzelvertraglich einer solchen Arbeitsvertragsänderung zustimmen, so liegt darin – jedenfalls gegenüber den tarifgebundenen AN – eine grobe Pflichtverletzung i. S. des § 23 Abs. 1 BetrVG. Diese Vorgehensweise verletzt u. a. die durch Art. 9 Abs. 3 GG geschützte **Tarifautonomie** und damit die Tarifhoheit der Tarifvertragsparteien. Gewerkschaften haben einen Anspruch auf Unterlassung tarifwidriger betrieblicher Regelungen.[59] 41
Trotz der groben Pflichtverletzung kann die Amtsenthebung des BR am – jeweils im Einzelfall festzustellenden – **Verschulden** scheitern. Eine etwaige Heilung der Pflichtverletzung aus dem Gesichtspunkt des Günstigkeitsprinzips (§ 4 Abs. 3 TVG) scheidet auch dann aus, wenn der AG als »Gegenleistung« für den Vereinbarungszeitraum auf den Ausspruch betriebsbedingter Kündigungen verzichtet hat. Denn der Verzicht auf Kündigungen stellt in Anbetracht der Gesamtumstände keine objektive gleichwertige Leistung dar.[60] 42
Mitglieder des BR sind nicht berechtigt, **AN** zu **sanktionieren**, die unter Inanspruchnahme ihres Rechts zur freien Entscheidung eine Änderung ihres Arbeitsvertrags ablehnen,[61] vgl. auch zur Androhung von Nachteilen für einen AN, wenn dieser nicht seine Gewerkschaft wechselt;[62] 43
- **Nichtbestellung** der **Mitglieder** des BR für den GBR; 44
- **Parteipolitik:** 45
wiederholte **parteipolitische Agitation** im Betrieb oder Verteilung von Flugblättern parteipolitischen Inhalts innerhalb bzw. außerhalb des Betriebs, sofern dies noch der Betriebssphäre zuzurechnen ist und im Zusammenhang mit der Stellung des BR-Mitglieds steht;[63] Behandlung von parteipolitischen Fragen in einer Betriebsversammlung bzw. deren Zulassung, sofern der Betriebsfrieden nachhaltig gestört wird.[64]
Nicht jede parteipolitische Tätigkeit von BR-Mitgliedern berechtigt jedoch deren Ausschluss aus dem BR.[65] Das Verbot parteipolitischer Betätigung ist restriktiv zu handhaben. 46

55 *BAG* 21.2.78, AP Nr. 1 zu § 74 BetrVG 1972.
56 *ArbG Darmstadt* 12.4.07 12 BV 18/06 u. v.
57 *ArbG Esslingen* 21.5.64, AuR 64, 249.
58 Wenig überzeugend *BAG* 15.10.13, NZA 14, 319, das verkennt, dass die Beschäftigten das Internet für den AG als Betriebsmittel eigenständig nutzen und deshalb auch über die Art der Nutzung selbstständig bestimmen können müssen (vgl. Rn. 100 ff.).
59 *BAG* 20.4.99, NZA 99, 887.
60 *ArbG Marburg* 7.8.96, NZA 96, 1331; *Bachner,* NZA 96, 1304.
61 *ArbG Freiburg* 15.10.97 – 6 BV 2/97.
62 *LAG Köln* 15.12.00, NZA-RR 01, 371.
63 *BAG* 21.2.78, AP Nr. 1 zu § 74 BetrVG 1972.
64 *BAG* 4.5.55, AP Nr. 1 zu § 44 BetrVG; *LAG Düsseldorf* 23.6.77, DB 77, 2191; zur parteipolitischen Betätigung § 74 Rn. 50 ff.
65 *BAG* 8.8.68, AP Nr. 57 zu § 626 BGB.

Eine grobe Pflichtverletzung, die einen Ausschluss aus dem BR rechtfertigen könnte, liegt vielmehr im Allgemeinen nur vor, wenn eine parteipolitische Betätigung eine **schwere Störung des Betriebsfriedens** zur Folge hat,[66] wobei die Grenze zur verfassungsrechtlich geschützten freien Meinungsäußerung (Art. 5 Abs. 1 GG) fließend und das allgemeine politische Verhalten im Betrieb, insbesondere des AG, ebenfalls zu würdigen ist.[67] Die Aufforderung zur Beteiligung an politischen Wahlen stellt keine parteipolitische Betätigung dar.[68]

47 Das Eintreten für **Völkerverständigung** und **gegen Rassismus** ist nicht nur erlaubt, sondern spätestens durch die **BetrVG-Novell. 2001** sogar geboten, während rassistische Agitation in so grober Weise gegen betriebsverfassungsrechtliche Pflichten verstößt, dass der Ausschluss aus dem BR gerechtfertigt ist;

48 • **Schweigepflicht:**
Eine **Verletzung der Schweigepflicht** ist u. U. als grobe Amtspflichtverletzung anzusehen, wenn sie schwerwiegende Folgen hat oder mehrfach erfolgt.[69] Nach § 79 unterliegen die BR-Mitglieder zugunsten des UN einer Geheimhaltungspflicht. Zugunsten der AN gilt die Schweigepflicht der BR-Mitglieder nach § 82 Abs. 2, § 83 Abs. 1, § 99 Abs. 1 und § 102 Abs. 2. Darüber hinaus besteht im Allgemeinen keine Rechtspflicht zum Stillschweigen über in einer BR-Sitzung erörterte Angelegenheiten,[70] zumal der BR kein Geheimrat und für seine Arbeit die **Kommunikation mit der Belegschaft** wichtig und entscheidend ist. Dennoch kommt den behandelten Beratungsgegenständen zur Erhaltung der Funktionsfähigkeit des BR vielfach eine »gewisse allgemeine Vertraulichkeit« zu, so dass z. B. die rücksichtslose Preisgabe vertraulicher Informationen oder eines – unter Ausnutzung oder auf Grund der BR-Eigenschaften erlangten – Wissens gegenüber der AG-Seite eine grobe Amtspflichtverletzung darstellen soll.[71] Entsprechendes wird angenommen für vorzeitige Veröffentlichungen von noch im Stadium der Beratung befindlichen BR-Beschlüssen oder von geschäftsführenden Angelegenheiten, bevor sie im BR selbst beraten wurden.[72] In Zweifelsfällen sollte ein BR-Beschluss über die Geheimhaltung herbeigeführt werden (zur Schweigepflicht § 79 Rn. 1 ff.);

49 • **Schwerbehinderung:**
Wiederholte Missachtung des Teilnahmerechts der **Schwerbehindertenvertretung** an Sitzungen des BR gem. § 32, GBR gem. § 52 oder KBR gem. § 59 a.[73]

50 • **Tätlichkeiten:**
Handgreiflichkeiten gegenüber anderen BR-Mitgliedern während einer BR-Sitzung.[74] Notwehrhandlungen sind erlaubt und rechtfertigen keinen Ausschluss;

51 • **Tonbandaufzeichnung:**
unzulässige Aufzeichnungen des Verlaufs einer Betriebsversammlung auf Tonband;[75]

52 • **Untätigkeit:**
ständige **Nichtwahrnehmung betriebsverfassungsrechtlicher Befugnisse und Aufgaben,** z. B. durch beharrliche Weigerung, an BR-Sitzungen und Abstimmungen im BR teilzunehmen wegen grundsätzlicher Ablehnung der Betriebsverfassung;[76]

53 • **Vorteilsannahme:**
Entgegennahme von besonderen, nur dem betreffenden BR-Mitglied zugewandten Vorteilen zum Zwecke der **Beeinflussung der Amtsführung** oder zur **Belohnung** einer vorausgegangenen **pflichtwidrigen Amtsführung;**[77]

---

66 *BAG* 21.2.78, a. a. O.; *BVerfG* 28.4.76, AP Nr. 2 zu § 74 BetrVG 1972; § 74 Rn. 27 ff.
67 *BVerfG* 28.4.76, AP Nr. 2 zu § 74 BetrVG 1972; ErfK-*Koch*, Rn. 6.
68 *BAG* 17.3.10 – 7 ABR 95/08.
69 *GL*, Rn. 14; HWGNRH-*Huke*, Rn. 29.
70 *BAG* 5.9.67, AP Nr. 8 zu § 23 BetrVG.
71 *LAG München* 15.11.77, DB 78, 894 f.
72 *LAG Düsseldorf* 27.2.67, BB 67, 1123.
73 *Rudolph*, AiB 11, 193.
74 *ArbG Berlin* 19.5.81, AuR 82, 260.
75 *LAG München* 15.11.77, DB 78, 894 f.
76 *LAG Mainz* 28.10.53, BB 54, 129.
77 *LAG München* 15.11.77, DB 78, 894.

- **Weitergabe von Unterlagen, Datenschutz:** 54
Weitergabe einer vom AG für vertraulich und betriebsintern erklärten Liste über die Lohngruppenzugehörigkeit von AN an die Gewerkschaft zur Überprüfung der Beitragsehrlichkeit.[78] Der BR darf nicht ohne weiteres die vom AG elektronisch erfassten Arbeitszeiten der AN namensbezogen den Aufsichtsbehörden mitteilen, weil dies gegen das BDSG verstößt;[79]
Weitergabe von Bewerbungsunterlagen an Dritte;[80]
Heimlicher Zugriff auf elektronisch geführte Personalakten;[81]
Ein BR-Vorsitzender, der auf einer Betriebsversammlung aus den ihm mit einem Zustimmungsantrag des AG zur Einstellung übermittelten **Bewerbungsschreiben** eines Mitarbeiters ohne dessen Einwilligung wörtlich zitiert und dadurch den eingestellten Mitarbeiter herabwürdigt, soll aus dem BR ausgeschlossen werden können.[82]
- **wilder Streik:** 55
Aufruf zu einem »wilden« **Streik** unter Ausnutzung des BR-Amtes;[83] Beteiligung an einem rechtmäßigen Arbeitskampf unter missbräuchlicher Ausnutzung des BR-Amtes und sachlicher Mittel des BR,[84] wobei in jedem Einzelfall genau zu prüfen ist, ob ein Missbrauch vorliegt, zumal die Grenze zwischen den Befugnissen eines BR- und eines Gewerkschaftsmitglieds fließend ist.

b) Keine grobe Pflichtverletzung

Keine groben Pflichtverletzungen sollen vorliegen: 56
- **Abstimmungsverhalten:**
Abstimmungsverhalten bei Beschlüssen des BR;[85]
- **Amtsführung, Neuwahlen, Beschlussverfahren, Kostenübernahme, Arbeitszeit** 57
Kommt der BR seiner Verpflichtung zur Durchführung von **Neuwahlen** gemäß § 13 Abs. 2 Nr. 2 nicht nach, obwohl die Zahl der Mitglieder unter die vorgesehene Mindestzahl gesunken ist, bleibt er dennoch bis zum Ablauf der normalen Amtsperiode im Amt, es sei denn, er wird vorher gemäß § 23 Abs. 1 S. 1 BetrVG aufgelöst oder es wird gemäß § 16 Abs. 2 BetrVG durch das Arbeitsgericht ein WV bestellt, der dann eine Neuwahl einleitet.[86]
Eine **Vereinbarung** eines Antragstellers mit dem AG über die Kostenübernahme im Umfang der im Betrieb auch für die Anwaltsberatung des BR üblichen Höhe (Stundenhonorar von EUR 250,-) stellt keinen Ausschließungsgrund gegenüber einem BR-Mitglied dar.[87]
Nimmt ein BR-Mitglied, das im Rahmen eines Seminars »Aktuelle Rechtsprechung zum Arbeits- und Betriebsverfassungsrecht« an einem halbtägigen Besuch von Verhandlungen vor dem **Arbeitsgericht** unter dem Vorsitz eines bestimmten Kammervorsitzenden teil, während einer Verhandlungspause in dieser Kammer ein Cafe gegenüber dem Gerichtsgebäude aufsucht oder eine Güteverhandlung im Kündigungsschutzprozess eines anderen Mitarbeiters seines AG besucht, ist dies weder ein an sich für eine außerordentliche fristlose Kündigung geeigneter wichtiger Grund noch ein Sachverhalt, der geeigneter Anlass für einen Ausschluss aus dem BR wäre, wenn die pünktliche Rückkehr nach der Verhandlungspause in den Sitzungssaal gewährleistet ist, in dem die im Seminarplan vorgesehenen Verhandlungen stattfinden, und wenn eine solche pünktliche Rückkehr auch tatsächlich stattfindet.[88]
Wendet sich dieses BR-Mitglied nach Scheitern der Güteverhandlung im Kündigungs-

---

78 Bedenklich im Hinblick auf § 2 Abs. 1 BetrVG, *BAG* 22.5.59, AP Nr. 3 zu § 23 BetrVG.
79 *BAG* 3.6.03, AiB 04, 184.
80 *ArbG Wesel* 16.10.08, NZA-RR 09, 21.
81 *LAG Berlin Brandenburg* 12.11.12, ArbuR 13, 56;
82 LAG Düsseldorf 9.1.13, 12 TaBV 93/12.
83 *LAG Hamm* 23.9.55, BB 56, 41.
84 *Bieback*, RdA 78, 82 [92]; § 74 Rn. 16 ff.
85 *BAG* 19.4.89, AP Nr. 29 zu § 40 BetrVG 1972.
86 *LAG Düsseldorf* 15.4.11; NZA-RR 11, 531.
87 *Hess. LAG* 23.5.12, 9 TaBV 17/13.
88 *LAG München* 24.2.11, 3 TaBV 23/10.

schutzprozess des anderen Mitarbeiters ungefragt an dessen Rechtsanwalt und bestärkt diesen darin, einen Vergleich wegen fehlerhafter Sozialauswahl und fehlerhafter BR-Anhörung abzulehnen, stellt dies zwar eine arbeitsvertragliche Loyalitätspflichtverletzung dar, die jedoch ohne vorherige Abmahnung keinen wichtigen Grund für eine außerordentliche Kündigung bildet.[89]

Die **Einleitung eines Beschlussverfahrens** zur Überprüfung einiger Regelungen in der Geschäftsordnung des BR stellt keine grobe Amtspflichtverletzung eines BR-Mitglieds dar, das sich als Antragsteller im Verfahren beteiligte.

Die Verweigerung eines BR-Mitglieds, an einer **Abstimmung teilzunehmen**, rechtfertigt keinen Ausschluss aus dem BR, wenn nicht von einem Wiederholungsfall oder von einer beharrlichen Verweigerungshaltung ausgegangen werden kann.[90]

58 • **Beleidigung:**
öffentlicher Vorwurf einzelner BR-Mitglieder gegenüber der BR-Mehrheit, gegen die AN-Interessen mit dem UN zusammenzuarbeiten;[91] Verunglimpfung des UN;[92] Das BVerfG gab der Verfassungsbeschwerde gegen eine strafrechtliche Verurteilung wegen Beleidigung einer Richterin des Amtsgerichts statt und bewertete überzogene und ausfällige Kritik nur dann als Schmähkritik, »wenn nicht mehr die Auseinandersetzung in der Sache, sondern allein die Diffamierung der Person im Vordergrund steht. Die Äußerung des Beschwerdeführers sei Teil einer Auseinandersetzung, die einen **sachlichen Hintergrund** habe und mit der er erreichen wollte, dass das kritisierte richterliche Verhalten durch eine übergeordnete Stelle überprüft wird. Im Rahmen der vorzunehmenden Einzelfallabwägung müsse berücksichtigt werden, dass sich der Beschwerdeführer im »**Kampf ums Recht**« befand. Dazu ist es nach Auffassung der Kammer grundsätzlich erlaubt, auch starke und eindringliche Worte zu benutzen, um seine Rechtsposition zu unterstreichen, ohne **jedes Wort auf die Goldwaage legen zu müssen**«;[93]
Auch ein möglicher Vergleich der Arbeitsbedingungen im Betrieb mit denen im KZ ist vom Recht auf freie Meinungsäußerung gedeckt. Schmähkritik liegt nur dann vor, wenn es nicht um Sachkritik geht, sondern eine Person ohne Tatsachenkern herabgewürdigt werden soll.[94]

59 • **Betriebsfrieden:**
Störung des Betriebsfriedens, sofern das BR-Mitglied die eigentliche Ursache hierfür nicht gesetzt hat;[95]

59a • **Entschuldigung:**
Entschuldigung des BR, die die Wiederholungsgefahr ausschließt;[96]

60 • **Freistellung:**
Weigerung eines BR-Mitglieds, sich trotz Mahnung des BR nach § 37 Abs. 2 **freistellen** zu lassen;[97]

61 • **Gewerkschaft:**
die bloße Vermutung, dass sich ein BR-Mitglied für **gewerkschaftlich organisierte AN** stärker einsetzen würde;[98] Verteilung eines **gewerkschaftlichen Aufrufs** zur Kommunalwahl im Betrieb bei nur geringer Bedeutung des Verstoßes gegen das Verbot der parteipolitischen Betätigung;[99] Werbung für einen **gewerkschaftlichen Beitritt** gem. § 74 Abs. 3;

---

89 *LAG München* a. a. O.
90 *ArbG Halle (Saale)* 17.9.13, 3 BV 41/12.
91 *ArbG Hamburg* 11.2.86, AuR 86, 316, Ls.; zu eng *LAG Baden-Württemberg* 16.7.85 – 17 TaBV 1/85.
92 *LAG Berlin* 17.3.88, BB 88, 1045.
93 *BVerfG* 28.7.14, AuR 14, 44 (zur Kritik des Verhaltens einer Richterin als »schäbiges rechtswidriges und einem Richter unwürdiges Verhalten«, die effizient bestraft werden müsse, um zu verhindern, dass sie auf die schiefe Bahn gerate).
94 *LAG Berlin-Brandenburg* 2.10.14, NZA-RR 15, 125; *Hess. LAG* 23.5.13 – 9 TaBV 17/13.
95 *LAG Berlin* 17.3.88, BB 88, 1045.
96 *ArbG Marburg* NZA-RR 01, 94 für unbefugte Weitergabe von Personalakten.
97 *LAG Hamm* 12.11.73 – 8 TaBV 63/73; a. A. *ArbG Gelsenkirchen* 9.8.73 – 1 BV 1/73.
98 *ArbG Hagen* 29.10.76 – 1 BV 20/76.
99 *BVerfG* 28.4.76, AP Nr. 2 zu § 74 BetrVG 1972 unter Hinweis auf das Grundrecht der freien Meinungsäußerung nach Art. 5 Abs. 1 GG.

zugespitzte Kritik im Rahmen der innergewerkschaftlichen Meinungsbildung; tadelnde Urteile und alle Äußerungen in Wahrnehmung berechtigter Interessen, die bereits gem. § 193 StGB die Strafbarkeit ausschließen.[100]

- **Irrtum:** 62
  irrtümliche Verletzung betriebsverfassungsrechtlicher Pflichten;[101]
- **Kompromissbereitschaft:** 63
  mangelnde Kompromissbereitschaft gegenüber dem AG;
- **Mitschreiben auf Betriebsratssitzungen, Mitnahme von Unterlagen:** 64
  Es erscheint fraglich, ob der Betriebsrat berechtigt ist, seinen Mitgliedern zu verbieten, auf Betriebsratssitzungen mitzuschreiben oder Unterlagen aus einer Betriebsratssitzung mitzunehmen. Setzt sich ein Betriebsratsmitglied über einen nicht schriftlich niedergelegten **Betriebsratsbeschluss** hinweg, rechtfertigt dies nicht die Annahme einer groben Pflichtverletzung i. S. d. § 23 Abs. 1 BetrVG. Hat ein BR den Antrag auf Ausschluss eines seiner Mitglieder gestellt, so genügt es zur Begründung dieses Antrages nicht, darzutun, dass es ihm in seiner Mehrheit nicht zuzumuten sei, mit dem Auszuschließenden weiter zusammenzuarbeiten.[102]
- **Kritik am Arbeitgeber:** 65
  Kritik an der Geschäftsführung des AG durch den Betriebsratsvorsitzenden rechtfertigt – selbst wenn sie in zugespitzter und provozierender Weise vorgetragen wird – nur ausnahmsweise dann eine außerordentliche Kündigung, wenn es sich um eine grobe Beleidigung oder Diffamierung handelt, die nicht durch die Wahrnehmung berechtigter Interessen gem. § 193 StGB gerechtfertigt ist.[103] Das BVerfG gab einer Verfassungsbeschwerde gegen eine Verurteilung wegen Beleidigung einer Richterin statt, wonach die Grenze der Schmähkritik nicht überschritten war, weil die Kritik einen sachlichen Hintergrund hatte.[104] Im »Kampf ums Recht« müsse nicht jedes Wort auf die Goldwaage gelegt werden (vgl. Rn. 58). Auch ein Vergleich der betrieblichen Arbeitsbedingungen mit einem KZ ist zulässig.[105]
- **Meinungsverschiedenheit:** 66
  Streitigkeiten innerhalb des BR, sofern sie auf **sachlichen Meinungsverschiedenheiten** beruhen;[106]
- **Politische Betätigung:** 67
  Die **Aufforderung zur Wahlbeteiligung** stellt keine parteipolitische Betätigung dar.[107]
- **Rechtsauffassung:** 68
  Einnahme eines unrichtigen, aber nicht völlig abwegigen **Rechtsstandpunktes;**[108]
- **Schweigepflicht:** 69
  Verletzung der arbeitsvertraglichen **Schweigepflicht;**[109] Weitergabe der in einer BR-Sitzung erörterten Tatsachen, soweit sie nicht unter § 79 oder ein anderes **Schweigegebot** des BetrVG fallen;[110] Weitergabe von **Informationen** an das Gewerbeaufsichtsamt oder an die Berufsgenossenschaft über sicherheitstechnische Mängel (§ 89 Rn. 11 ff.);
  Informiert ein BR-Mitglied mit Billigung des Gremiums die Aufsichtsbehörde über einen tatsächlichen oder vermeintlichen Arbeitszeitverstoß des AG (unzulässige Sonntagsarbeit),

100 *Däubler*, Gewerkschaftsrechte, Rn. 470 ff.; *OVG Saarland* 15.11.67, AP Nr. 15 zu Art. 9 GG; a. A. *LAG Kiel*, AuR 61, 157 zum BetrVG 1952 bei Trennung gewerkschaftlicher Betätigung vom Amt; zu den Rechten der Gewerkschaft **Einl.** Rn. 137 ff.
101 *ArbG Paderborn* 8.2.73, BB 73, 335.
102 *LAG Hamm* 14.8.09 – 10 TaBV 175/08.
103 *LAG Hamm* 20.3.09 – 10 TaBV 149/08.
104 *BVerfG* 28.7.14, 1 BvR 482/13.
105 *LAG Berlin-Brandenburg* 2.10.14, NZA-RR 15, 125.
106 *BAG* 5.9.67, AP Nr. 8 zu § 23 BetrVG.
107 *BAG* 17.3.10 – 7 ABR 95/08, NZA 10, 1133 für allgemeinpolitische Äußerungen [Aufruf zur Stimmabgabe über die Zulässigkeit von Volksentscheiden in Hamburg]; vgl. auch Rn. 45 zur Parteipolitik.
108 *BAG* 19.4.89, AP Nr. 29 zu § 40 BetrVG 1972.
109 *BAG* 25.8.66, AP Nr. 1 zu § 611 BGB Schweigepflicht.
110 *BAG* 5.9.67, AP Nr. 8 zu § 23 BetrVG.

so stellt dieses Verhalten jedenfalls dann keinen Grund für eine fristlose Kündigung oder eine Amtsenthebung des BR dar, wenn der AG zuvor in rechtswidriger Weise ohne Zustimmung des BR den Schichtbeginn am Sonntagabend vorverlegt hat.[111]

70 • **Strafanzeige:**
Erstattung einer **Strafanzeige** gegen den AG, soweit sie nicht missbräuchlich ist oder absichtlich unwahre Anschuldigungen enthält;[112]

71 • **Streik:**
Einem BR-Mitglied steht es frei, an die streikende Belegschaft eines anderen Betriebs eine **Solidaritätserklärung** zu schicken. Dabei darf er sich auch als BR-Mitglied bezeichnen. Auf die Rechtmäßigkeit der fraglichen Arbeitsniederlegung kommt es nicht an.[113] Der Aufruf eines Mitglieds des BR zum »wilden Streik« kann zwar einen Ausschlussgrund darstellen, aber die **Erörterung etwaiger Streikabsichten** unter BR-Kollegen ist zulässig; insbesondere ist es den BR-Mitgliedern erlaubt, miteinander über beabsichtigte Maßnahmen zu sprechen, auch wenn diese unzulässig sind.[114] Die Weigerung eines BR-Mitglieds, AN, die in einen spontanen Streik getreten sind, zur Arbeitsaufnahme aufzufordern; das gilt selbst dann, wenn das BR-Mitglied Verständnis für die Aktion der AN zeigt und sich solidarisch erklärt;[115]

72 • **Tarifvertrag:**
Aushang des BR zur **Belehrung** der organisierten und nicht organisierten AN über **tarifliche Rechte**;[116]

73 • **Vertrauensverhältnis:**
Missverständnisse, Meinungsverschiedenheiten und Ungeschicklichkeiten, die eine schwere Beeinträchtigung des **Vertrauensverhältnisses** verursachen.[117]

3. Verfahren

a) Antragstellung

74 Das ArbG-Verfahren nach Abs. 1 setzt einen **Antrag** voraus; es wird nicht von Amts wegen eingeleitet. Der Antrag kann nur von einem Antragsberechtigten (Rn. 77 ff.) gestellt und muss begründet sein, d. h., er muss hinreichend konkret auf den in Abs. 1 genannten Grund einer groben Verletzung der gesetzlichen Pflichten gestützt werden.
Der Antrag muss **schriftlich** beim ArbG eingereicht oder zu Protokoll der Geschäftsstelle gestellt werden. Er darf an **keine Bedingung** geknüpft sein. Dies ist nicht der Fall bei einem dem ArbG übersandten **Misstrauensantrag** an den BR mit der Androhung, ihn als Antrag gemäß § 23 Abs. 1 an das BAG zu geben.[118] Ein Ausschluss durch den BR selbst oder eine Abberufung z. B. durch die Betriebsversammlung ist nicht zulässig und wäre rechtlich wirkungslos. Ein derartiges Misstrauensvotum der Belegschaft könnte allerdings dem BR Veranlassung zum Rücktritt geben oder das BR-Mitglied veranlassen, sein Amt niederzulegen. Auch können Antragsberechtigte (Rn. 77 ff.) dadurch motiviert werden, einen entsprechenden Antrag beim ArbG zu stellen.

75 Die **Zurücknahme des Antrags** ist in der ersten Instanz auch ohne Zustimmung der übrigen Beteiligten jederzeit zulässig (§ 81 Abs. 2 ArbGG). Ein AN kann somit, jedenfalls in der ersten Instanz, seinen Antrag auch ohne Zustimmung der übrigen AN zurücknehmen,[119] was dazu führen kann, dass, sofern das Quorum von mindestens einem Viertel der wahlberechtigten AN unterschritten wird, das Ausschlussverfahren **unzulässig** wird. In den Rechtsmittelinstanzen

---

111 *ArbG Marburg* 12.11.10; DB 10, 360.
112 *LAG Baden-Württemberg* 25.10.57, AP Nr. 2 zu § 78 BetrVG.
113 BAG 20.3.79 mit Anm. *Däubler*, AiB 12, 604; *LAG München* AuR 85, 291 = DB 85, 1539.
114 *ArbG Hagen* 6.10.11, AuR 12, 180.
115 *LAG Hamm* 6.11.75, BB 76, 363; *Wiese*, NZA 84, 378 [383]; § 74 Rn. 16 ff.
116 GK-*Oetker*, Rn. 6.
117 *LAG Bremen*, DB 62, 1442.
118 *ArbG Bremen* 31.10.91 – 6 BV 47/91.
119 *BAG* 12.2.85, AP Nr. 27 zu § 76 BetrVG 1952.

ist die **Rücknahme des Antrags** nur mit Zustimmung der anderen Beteiligten zulässig (§§ 87 Abs. 3, 92 Abs. 2 ArbGG).[120]

Werden mit dem Ausschließungsantrag Gründe vorgetragen, die eine grobe Pflichtverletzung gem. § 23 Abs. 1 als möglich erscheinen lassen, können keine **weiteren Gründe** im Verfahren nachgeschoben werden.[121] 76

b) Antragsbefugnis

Antragsberechtigt sind ein **Viertel der wahlberechtigten AN,** der **AG,** eine im Betrieb vertretene **Gewerkschaft** oder der **BR.** 77

aa) Ein Viertel der wahlberechtigten Arbeitnehmer

Ein Quorum, das nur unter massiver Einflussnahme eines **leitenden Angestellten** und einiger Manager und Druck »von oben nach unten« erreicht wird, erfüllt nicht die Voraussetzungen eines Quorums im Sinne des § 23 Abs. 1.[122] 78

Das **Quorum** von einem Viertel der wahlberechtigten AN ist eine vom Gericht von Amts wegen zu beachtende **Sachentscheidungsvoraussetzung,** die in jeder Lage des Verfahrens gegeben sein muss, ggf. bis zur letzten mündlichen Anhörung in der Rechtsbeschwerdeinstanz.[123] Scheidet während des Verfahrens ein Teil der Antragsteller aus, müssen die verbliebenen AN noch diese Mindestzahl erreichen. Wird sie unterschritten, ist das Verfahren einzustellen. Andere wahlberechtigte AN können anstelle von ausscheidenden in das Verfahren eintreten.[124] Wäre die **Vertrauenskrise** gegenüber einem BR-Mitglied oder dem BR tatsächlich so groß, dürfte es keine Schwierigkeit bereiten, eine ausreichend große Zahl von AN zu finden, die den Antrag stützen. Die im Betrieb vertretene Gewerkschaft, der BR oder der AG können nicht an die Stelle ausgeschiedener AN treten.[125] Sie können jedoch, ebenso wie mindestens ein Viertel der wahlberechtigten AN, ggf. ein **neues Verfahren** einleiten. 79

Scheidet ein AN während der Dauer des Beschlussverfahrens **aus dem Arbeitsverhältnis** aus, hat dies auf seine Antragsbefugnis keine Auswirkung. Sein Antrag wird dadurch nicht unzulässig.[126] Allerdings muss mindestens ein Viertel der AN das Beschlussverfahren weiterbetreiben. Scheiden jedoch alle antragstellenden AN aus dem Arbeitsverhältnis aus, entfällt das **Rechtsschutzinteresse** für die Fortführung des Verfahrens.[127]

Die Mindestzahl von einem Viertel der wahlberechtigten AN berechnet sich nach dem **regelmäßigen,** nicht nur vorübergehenden **Beschäftigungsstand.**[128] 80

Antragsberechtigt sind **alle wahlberechtigten AN.** Hierzu gehören gem. § 7 Satz 2 auch die länger als 3 Monate im Betrieb tätigen Leih-AN, sowie die Privat-UN tätigen Beamten, Soldaten und sonstigen Angehörigen des öffentlichen Dienstes. Auch BR-Mitglieder sind als wahlberechtigte AN antragsberechtigt. Die Antragsberechtigten müssen zum Zeitpunkt der Wahl **nicht unbedingt wahlberechtigt** gewesen sein. 81

Ein »Quorum« ist als Mindestzahl den Ausschluss betreibender AN zu definieren und kann nicht als solches einen Antrag nach § 23 Abs. 1 stellen. Es ist deshalb keine »Stelle« im Sinne § 10 ArbGG. Mindestens ein Viertel der wahlberechtigten AN kann den Antrag stellen, die dann auch jeweils als einzelne AN **Beteiligte** des Verfahrens sind. Um kein echtes Quorum 82

---

120 *BAG* 21.6.57, AP Nr. 2 zu § 81 ArbGG 1953.
121 a. A. *Hess. LAG* 19.9.13 9 TaBV 225/12.
122 *Hess. LAG* 19.9.13 9 TaBV 225/12.
123 *BAG* 14.2.78, AP Nr. 7 zu § 19 BetrVG 1972, *LAG Frankfurt* 9.7.92, NZA 93, 378; *Fitting,* Rn. 9; Richardi-*Thüsing,* Rn. 33.
124 So auch zur Anfechtung einer AR-Wahl nach dem BetrVG 1952; *BAG* 12.2.85, AP Nr. 27 zu § 76 BetrVG 1952; *Fitting,* Rn. 9.
125 *LAG Hamm* 5.5.82, *DB* 82, 2709.
126 *BAG* 4.12.86, AP Nr. 13 zu § 19 BetrVG 1972 für die Anfechtung einer BR-Wahl unter Aufgabe seiner bisherigen Rspr.
127 *BAG* 15.2.89, AP Nr. 17 zu § 19 BetrVG 1972.
128 § 9 Rn. 6 ff.

handelt es sich bei einem »**verdeckten Arbeitgeberquorum**«, das nur im Interesse des AG gegen den BR Stimmung macht. Hierfür könne sprechen, dass alle leitenden Angestellten und die sog. »AUB« (Arbeitsgemeinschaft unabhängiger Betriebe) unterstützen, die bei der Siemens AG gegen die IG Metall in strafbarer Weise agierte und vom AG finanziert wurde.[129]

bb) Arbeitgeber

83 Das Antragsrecht des AG besteht nur, wenn die Amtspflichtverletzung das **Verhältnis zwischen BR** bzw. **BR-Mitgliedern und AG** betrifft. Es ist nicht gegeben bei Amtspflichtverletzungen gegenüber der Belegschaft oder einzelner BR-Mitglieder gegenüber dem BR. Der AG ist nicht Interessenwahrer oder Anwalt der Belegschaft oder des BR und kann sich auch nicht auf Amtspflichtverletzung berufen, an denen er selbst mitwirkte, die er verursacht oder zumindest mit verursachte.[130]

cc) Gewerkschaft

84 Das **Antragsrecht** der Gewerkschaft besteht auch, wenn der Auszuschließende einer anderen oder gar keiner Gewerkschaft angehört. Die Antragsberechtigung örtlicher Untergliederungen der Gewerkschaften richtet sich nach deren Satzung. Berufsgruppen einer Gewerkschaft sind dagegen nicht antragsberechtigt.[131] **Gewerkschaftliche Spitzenorganisationen** sind antragsberechtigt,[132] wenn sie hierzu bevollmächtigt bzw. beauftragt wurden. Die Gewerkschaft muss im Betrieb **vertreten,** jedoch tarifrechtlich nicht unbedingt für die betreffende Branche oder das UN zuständig sein.[133] Das Antragsrecht besteht unabhängig davon, ob es sich um den Ausschluss eines einzelnen BR-Mitglieds handelt oder ob es Gewerkschaftsmitglied ist.[134] In privatisierten **Post- und Bahnunternehmen** sind die Berufsverbände der Beamten den Gewerkschaften gleichgestellt.

85 Es reicht aus, wenn die Gewerkschaft bei **Einleitung des Verfahrens** im **Betrieb vertreten** ist.[135]

dd) Betriebsrat (Abs. 1 Satz 2)

86 Die Antragstellung setzt einen **Mehrheitsbeschluss** der anwesenden Mitglieder nach § 33 voraus, der nach ordnungsgemäßer Ladung gefasst wurde. Auch nach Einleitung des Verfahrens kann noch rückwirkend ein wirksamer Beschluss des BR gefasst werden, wenn der ursprüngliche Beschluss unwirksam gewesen sein sollte. Zum Prozessbevollmächtigten, der den Antrag eingereicht hat, entstünde dann ein Prozessrechtsverhältnis.[136]

Das **betroffene BR-Mitglied** darf weder an der Beratung noch an der Abstimmung über den Ausschlussantrag teilnehmen.[137] Es ist i. S. d. § 25 Abs. 1 Satz 2 »zeitweilig« verhindert. An seiner Stelle wirkt das nach § 25 in Frage kommende **Ersatzmitglied** bei der Beratung und Beschlussfassung mit (vgl. § 25 Rn. 1 ff.). Dem betroffenen BR-Mitglied ist Gelegenheit zur **Stellungnahme** zu geben.[138] Die Durchsetzung rechtmäßigen Handelns des BR und seiner Mitglieder gebietet die strikte Einhaltung rechtsstaatlicher Prinzipien.

---

129 *LAG Hessen* 14.11.13, 9 TaBV 76/13, zum Auflösungs- bzw. Amtsenthebungsverfahren bei Hyundai in Rüsselsheim.
130 *Fitting,* Rn. 10, GK-*Oetker,* Rn. 80; HWGNRH-*Huke,* Rn. 12; Richardi-*Thüsing,* Rn. 30, 35.
131 *LAG Hamm* 13.5.68, DB 69, 135.
132 *LAG Frankfurt* 19.10.62, BB 64, 1016; HWGNRH-*Huke,* Rn. 10; GK-*Oetker,* Rn. 81.
133 ErfK-*Koch,* Rn. 12; Rn. 89.
134 *BAG* 22.6.93, AP Nr. 22 zu § 23 BetrVG 1972; *Fitting,* Rn. 11.
135 *BAG* 4.12.86, AP Nr. 13 zu § 19 BetrVG 1972, das es als unschädlich ansieht, wenn antragstellende AN während der Dauer des Beschlussverfahrens aus dem Arbeitsverhältnis ausscheiden; a. A. *Fitting,* Rn. 11; *Däubler,* Gewerkschaftsrechte, Rn. 194 ff.
136 *BAG* 18.2.03 AP Nr. 11 zu 77 BetrVG 1972 Betriebsvereinbarung.
137 § 25 Rn. 18; § 33 Rn. 17; *Fitting,* Rn. 13; *Oetker,* ZfA 84, 409 [427 f.]; Richardi-*Thüsing,* Rn. 36: Teilnahme an Beratung ohne Stimmrecht.
138 *Fitting,* Rn. 13.

c) Verwirkung, Wahrnehmung berechtiger Interessen

AG und BR sowie seine Mitglieder können das Recht, einen Ausschlussantrag gegen ein BR-Mitglied zu stellen, verwirken.[139] Das ist z. B. der Fall, wenn sich AG oder BR **selbst** eines Verstoßes gegen ihre betriebsverfassungsrechtlichen Pflichten **schuldig gemacht** haben oder wenn das auszuschließende Mitglied in **Wahrnehmung berechtigter Interessen** handelte: 87

- Ein Verstoß gegen betriebsverfassungsrechtliche Pflichten liegt dann vor, wenn das antragstellende Mitglied oder der AG selbst die eigenen Pflichten missachtet. Ein **einfacher Pflichtverstoß** reicht aus. Es bedarf also keiner groben Verstöße oder gar einer strafbaren Behinderung.[140]
- Für einen u. a. auf anmaßende und beleidigende Äußerungen einer BR-Vorsitzenden gestützten Ausschlussantrag des AG kann ein grober Verstoß zu verneinen sein, wenn seitens eines Teils der Belegschaft ein **betriebsratsfeindliches Klima** herrscht (hier: Wortprotokoll einer Betriebsversammlung durch Betriebsfremde, Polemik von Betriebsfremden auf einer Betriebsversammlung, anonymer Aushang über Verleihung des Arsch-mit-Ohren-Awards an den Betriebsrat usw.).[141]
- Ein Mitglied des BR handelt in Wahrnehmung berechtigter Interessen, wenn es sich z. B. gegen **unberechtigte Vorwürfe zu Wehr setzt** für einen Fall, in dem ein BR-Vorsitzender den Vorwurf des Amtsmissbrauchs, Urkundenfälschung und Betrugs erhebt, deswegen Strafanzeige erstattet und die Staatsanwaltschaft die Ermittlungen wegen fehlenden Tatverdachts einstellt. Ein Mitglied darf sich bei Konflikten innerhalb des BR hilfesuchend **an die Gewerkschaft wenden**, um ein Gespräch bitten, die Darstellung bei der laienhaften eigenen Bewertung auch »überziehen« und selbst ehrenrührige Vorwürfe erheben. Gewerkschaften sind in der Betriebsverfassung nicht außenstehende Dritte. Sie haben nicht nur zahlreiche Teilnahme- und Antragsrechte wie z. B. gem. §§ 2 Abs. 2, 16 Abs. 2, 19 Abs. 1, 31, 34 Abs. 2, 46 Abs. 1, sondern durch ihre eigenen Antragsrechte nach Abs. 1 Satz 1 und Abs. 3 Satz 1 gerade auch das Recht und sogar die Pflicht, über die Einhaltung betriebsverfassungsrechtlicher Aufgaben zu wachen. Für Schlichtungsversuche einzelner BR-Mitglieder sind sie deshalb ein geeigneter Ansprechpartner für alle BR-Mitglieder. Dabei auftretende Fehler der Gewerkschaft können nicht den hilfesuchenden BR-Mitgliedern angelastet werden.[142]

d) Rechtsschutzinteresse

Das **Rechtsschutzinteresse** für den Ausschlussantrag muss bis zum Zeitpunkt der letzten mündlichen Verhandlung des Ausschlussverfahrens, ggf. in der Rechtsbeschwerdeinstanz, gegeben sein. Es entfällt z. B., wenn im Laufe des Verfahrens das auszuschließende BR-Mitglied – entweder durch Ablauf der Amtszeit des BR oder durch eigene Amtsniederlegung – aus dem BR **ausscheidet**.[143] Die Geltendmachung der Verletzung von Antragspflichten ist wie bei der Auflösung des BR auf Handlungen während der **laufenden Amtsperioden** beschränkt. 88

e) Rechtsstaat: Vorherige Anhörung des Mitglieds

Alle Antragsteller müssen rechtsstaatliche Grundsätze wahren. Der Beschluss eines BR, ein einzelnes BR-Mitglied auszuschließen, ist z. B. unwirksam, wenn es vor der Beschlussfassung nicht durch das Gremium **angehört** wurde.[144] Der BR sei nach dieser zutreffenden Entscheidung Träger der Rechte und Pflichten aus dem Betriebsverfassungsrecht und übe grundsätz- 89

---

139 *HessLAG* 13.9.12; *dass.* 7.3.13; AiB 3/14, 68 mit Anm. von *Trittin*; überzeugend zur Verwirkung des Antragsrechts bei groben Verstößen gegen den AG Rn 211.

140 Zu groben Verstößen von BR-Mitgliedern Rn. 10 ff., des BR Rn. 159 ff und des AG Rn. 201 ff.

141 *HessLAG* 13.9.12, 9 TaBV 79/12.

142 *HessLAG* 7.3.13, AiB 3/14, 68 m. Anm. von *Trittin.*

143 *BAG* 8.12.61, 29.4.69, AP Nrn. 7, 9 zu § 23 BetrVG; *LAG Bremen* 27.10.87, DB 88, 136; *Fitting*, Rn. 25.

144 *ArbG Halle*, 25.1.13 – 9 BV 50/12.

lich mit all seinen Mitgliedern die Mitbestimmungsrechte aus. Diese seien grundsätzlich dem BR als Gremium zugewiesen. Seine Mitglieder würden durch Wahl bestimmt und wenn dieses Gremium den Ausschluss eines seiner Mitglieder durch Beschluss betreiben wolle, gehöre es zu den Grundsätzen eines **fairen Verfahrens**, dass es diesem Mitglied die Möglichkeit einräumt, sich vor der Beschlussfassung zur Sache und zu den Ausschließungsgründen zu äußern. Hierauf könne er nicht verzichten, weil der BR als Gremium selber den Ausschluss nicht bewirken kann, sondern dieser durch ein ArbG zu erfolgen hat, das ohne Antrag, quasi von Amts wegen, ein BR-Mitglied nicht ausschließen könne. Der Antrag auf Einleitung eines Ausschlussverfahrens sei daher ein unverzichtbarer Bestandteil des Ausschlussverfahrens und dem betroffenen BR-Mitglied müsse vor der Entscheidung, ein solches Verfahren einzuleiten, die Möglichkeit eingeräumt werden, zur Sache Stellung zu nehmen.

f) Antragsverbindungen

90 Der Antrag auf Ausschluss eines BR-Mitglieds kann **kumulativ** oder **hilfsweise** mit **anderen** Anträgen prozessual verbunden werden. Dies gilt nicht nur für den AG, sondern auch für die anderen Antragsberechtigten:

- **Antrag auf Ersetzung der fehlenden Zustimmung zur außerordentlichen Kündigung**
  Der AG ist nicht befugt, neben dem Ausschlussantrag die Zustimmungsersetzung zur außerordentlichen Kündigung gemäß § 103 Abs. 2 zu beantragen. Hierfür fehlt es bereits am **Rechtsschutzbedürfnis.** Es kann nicht darauf gestützt werden, dass die Amtsenthebung mit Rechtskraft des Beschlusses wirksam wird, die Kündigung hingegen erst noch ausgesprochen werden muss. Bei einer fristlosen Kündigung besteht hier kein Unterschied bzw. er fällt nicht ins Gewicht.[145] Zulässig ist jedoch umgekehrt der Antrag auf Ausschluss aus dem BR als Hilfsantrag zum Zustimmungsersetzungsverfahren.

91
- **Antrag auf Auflösung des gesamten Betriebsrats**
  Beide Anträge können miteinander **verbunden** werden. Unzulässig ist eine Antragshäufung. Der weiter reichende Auflösungsantrag hat aus prozessökonomischen Gründen Vorrang. Bei Auflösung des BR erübrigt sich der Ausschluss eines Mitglieds. Beide Anträge können jedoch jeweils **hilfsweise** gestellt werden.[146] Der Ausschluss eines BR-Mitglieds bzw. mehrerer Mitglieder ist gegenüber der Auflösung des BR **kein Minus,** sondern etwas anderes. Deshalb kann das Gericht nicht auf Ausschluss entscheiden, wenn allein die Auflösung des BR beantragt war.[147]

92
- **Wahlanfechtung**
  Mit dem Ausschlussantrag kann der Antrag auf Wahlanfechtung gemäß § 19 verbunden werden, die aus prozessökonomischen Gründen Vorrang hat.[148] Sie können jedoch auch jeweils hilfsweise gestellt werden.

93
- **Antrag auf Erlass einer einstweiligen Verfügung**
  Der Antrag auf Erlass einer einstweiligen Verfügung ist im Prinzip ausgeschlossen und soll nur in extremen Ausnahmefällen doch zulässig sein (Rn. 95).

g) Beteiligte, Kosten

94 Das ArbG entscheidet im **Beschlussverfahren** (§§ 2 a, 80 ff. ArbGG).[149] Es hat in der Tatsacheninstanz einen Beurteilungsspielraum, dessen Umfang sich aus freier, pflichtgemäßer Gesamtwürdigung aller Umstände ergibt.[150] Der **AG** ist als Organ der Betriebsverfassung stets Beteiligter. Die **Kosten** trägt der AG gem. § 40. Für das Verfahren auf Ausschluss aus dem BR beträgt der Wert zwei Monatseinkommen.[151] Nach a. A. ist der Antrag als nichtvermögens-

145 A. A. *BAG* 21.2.78, AP Nr. 1 zu § 74 BetrVG 72; ErfK-*Koch,* Rn. 14; *Fitting,* Rn. 22.
146 GK-*Oetker,* Rn. 91 ff.; Richardi-*Thüsing,* Rn. 49.
147 *LAG Schleswig-Holstein* 30.11.83, AuR 84, 287; Richardi-*Thüsing,* Rn. 45.
148 HWGNRH-*Huke,* Rn. 41; Richardi-*Thüsing,* Rn. 46.
149 Vgl. Muster von Antrag und Antragserwiderung DKKWF-*Trittin,* § 23 Rn. 2 und 3.
150 *BAG* 15.8.78, AP Nr. 1 zu § 23 BetrVG 1972.
151 *LAG Düsseldorf* 11.5.99, NZA-RR 2000, 592.

rechtliche Streitigkeit mit dem Regelwert zu bemessen. Eine Erhöhung des Streitwerts ist angemessen, wenn der beabsichtigte Ausschluss aus dem BR den BRV betrifft und nicht nur auf dessen Person oder Verhalten gestützt wird, sondern zumindest mittelbar einen Bezug auf das gesamte Betriebsratsgremium oder Teile davon hat.[152]

h) Einstweilige Verfügung

Eine **einstweilige Verfügung** zur Untersagung der weiteren Amtsausübung bis zur rechtskräftigen Entscheidung über die Amtsenthebung wegen einer groben Pflichtverletzung eines BR-Mitglieds soll nur in äußerst schwerwiegenden und völlig unzweifelhaften **Ausnahmefällen** zulässig sein, wenn die weitere Zusammenarbeit innerhalb des BR unter Anlegung eines strengen Maßstabes nicht einmal mehr vorübergehend zumutbar erscheint.[153] Die Mehrheit des BR kann das einzelne Mitglied nicht an der Amtsausübung hindern. Es kann erneut kandidieren.[154] 95

4. Rechtsfolgen des Ausschlusses

Der Ausschluss wird erst mit **Rechtskraft der ArbG-Entscheidung** wirksam. Ist die Rechtsbeschwerde vom LAG nicht zugelassen worden, wird der Beschluss des LAG und damit der Ausschluss aus dem BR erst wirksam mit dem Ablauf der Frist zur Einlegung der **Nichtzulassungsbeschwerde.**[155] Die rechtskräftige Gerichtsentscheidung führt zum unmittelbaren und **sofortigen Amtsverlust.** Gemäß § 25 rückt ein **Ersatzmitglied** in den BR nach. Aber einem wegen sexueller Belästigung ausgeschlossenen Mitglied, das nach Rücktritt des BR und seiner Wiederwahl erneut amtiert, kann auf Antrag des AG durch einstweilige Verfügung die Amtsausübung bis zur Verkündung der erstinstanzlichen Entscheidung im erneuten Ausschließungsverfahren untersagt werden, wenn glaubhaft gemacht ist, dass Rücktritt und Neuwahl ein **rechtsmissbräuchliches Umgehungsverhalten** darstellen oder wenn die Ausschließungsgründe sich weiterhin auswirken.[156] 96

Mit der Wirksamkeit des Ausschlusses aus dem BR **erlöschen alle Rechte** aus der Amtsstellung. Das ausgeschlossene BR-Mitglied verliert ab dem Zeitpunkt des rechtskräftigen Ausschlusses aus dem BR auch den **nachwirkenden Kündigungs- und Versetzungsschutz** (§ 15 Abs. 1 Satz 2 KSchG, 2. Halbsatz nach Ausschluss aufgrund einer gerichtlichen Entscheidung). Ein nur im Wege einer einstweiligen Verfügung ausgeschlossenes BR-Mitglied behält jedoch den vollen Kündigungsschutz, weil diese Maßnahme nur vorläufigen Charakter hat.[157] Dem ausgeschlossenen BR-Mitglied bleiben die Rechte aus § 37 Abs. 4 und 5 und § 38 Abs. 4 erhalten.[158] 97

Mit dem wirksamen Ausschluss erlöschen die **Funktionen und Ämter des BR-Mitglieds** innerhalb des BR und die Ämter, die notwendigerweise an die BR-Mitgliedschaft geknüpft sind, also z. B. die Mitgliedschaft im GBR und KBR. Im WA erlischt die Möglichkeit nur dann zwangsläufig, wenn es sich um das notwendige BR-Mitglied i. S. d. § 107 Abs. 1 handelt. Ebenfalls nicht zwangsläufig erlöschen die Ämter des ausgeschlossenen BR-Mitglieds in seiner Funktion als Beisitzer einer ESt. oder als AN-Vertreter im Aufsichtsrat, da sie nicht unmittelbar mit der Mitgliedschaft im BR zusammenhängen.[159] 98

Das ausgeschlossene Mitglied kann **erneut** in den BR **gewählt** werden. Dies gilt auch bei vorzeitiger Neuwahl gemäß § 13 Abs. 2.[160] 99

152 *LAG Nürnberg* 10.10.13, 7 Ta 112/13.
153 *BAG* 29.4.69, AP Nr. 9 zu § 23 BetrVG; *LAG Hamm* 18.9.75, EzA § 23 BetrVG 1972 Nr. 2; *ArbG München* 19.7.79, EzA § 23 BetrVG 1972 Nr. 8; *ArbG Freiburg* 22.1.98 – 6 BV Ga 1/98; *Dütz*, ZfA 72, 247 ff., 256; ErfK-*Koch*, Rn. 9; GK-*Oetker*, Rn. 102; a. A. zu Recht *ArbG Wiesbaden*, ARSt 84, 101 »Nr. 90«; *ArbG Weiden* 18.11.96 – 2 BVGa 3/96 A.
154 Richardi-*Thüsing*, Rn. 50; GK-*Kreutz*, Rn. 102.
155 *LAG Hamm* 9.11.77, DB 78, 216.
156 *Hess. LAG*, 3.9.09 – 9 TaBVGa 159/09.
157 *Fitting*, Rn. 29; ErfK-*Koch* Rn. 16; GK-*Oetker*, Rn. 105.
158 *Fitting*, Rn. 30.
159 *Fitting*, Rn. 34; GK-*Oetker*, Rn. 106.
160 *BVerwG*, AP Nr. 7 zu § 10 BPersVG; MünchArbR-*Joost*, § 302 Rn. 21; *Fitting*, Rn. 30; vgl. auch Rn. 15.

5. Verhältnis zu anderen Sanktionsmitteln

a) Unterlassungsanspruch

100 Neben den gesetzlichen Sanktionen des AG gegen den BR bei groben Verstößen darf der AG gemäß § 23 Abs. 1 die Auflösung des BR oder den Ausschluss einzelner Mitglieder beantragen. Daneben hat der AG keinen **Unterlassungsanspruch** gegen den BR, was sich nach der zutreffenden Rspr. aus **Wortlaut, Sinn und Zweck der Vorschrift** sowie dem **gesetzlichen Gesamtzusammenhang** ergibt: Abs. 2 Satz 3 normiere seinem Wortlaut nach im Hinblick auf jede parteipolitische Betätigung eine Unterlassungsverpflichtung der Betriebsparteien, regele aber nicht, wer als Inhaber eines entsprechenden Anspruchs Unterlassung verlangen könne. Der Vorschrift des § 23 sei zudem ein strukturelles Konzept zu entnehmen, nach dem der AG nach § 23 Abs. 1 u. a. die Auflösung des BR beantragen könne, während der BR gemäß § 23 Abs. 3 einen Unterlassungsanspruch gegen den AG geltend machen und auch vollstrecken lassen könne. Ein entsprechender Unterlassungsanspruch des AG gegen den BR sei demgegenüber wegen dessen Vermögenslosigkeit nicht vollstreckbar.[161] Wenig überzeugend ist die Entscheidung des BAG zum **Streikaufruf**: Danach soll § 23 die betriebsverfassungsrechtliche Ordnung im Verhältnis des AG zum BR und seiner Mitglieder gewährleisten, während § 1004 Abs. 1 Satz 2 BGB dem privatrechtlichen Schutz des Eigentums gegenüber jedermann diene. Seien weitere Beeinträchtigungen zu besorgen, könne er deshalb auf Unterlassung klagen. Der Anwendbarkeit stehe die betriebsverfassungsrechtliche Konzeption des § 23, die bei groben Amtspflichtverletzungen des BR oder einzelner seiner Mitglieder lediglich die Möglichkeit der gerichtlichen Auflösung des BR oder den Ausschluss einzelner seiner Mitglieder kennt, nicht entgegen. Ein Verhältnis der Spezialität zwischen beiden Regelungen sei schon deshalb ausgeschlossen, weil sie unterschiedlichen Zwecken diene. Während § 23 Abs. 1 die betriebsverfassungsrechtliche Ordnung im Verhältnis des AG zum BR und seiner Mitglieder gewährleiste, diene § 1004 Abs. 1 Satz 2 BGB dem privatrechtlichen Schutz des Eigentums gegenüber jedermann. Beide Normen unterschieden sich darüber hinaus in ihren Voraussetzungen: Ein Unterlassungsanspruch aus § 1004 Abs. 1 Satz 2 BGB setze ein Verschulden des Störers nicht voraus; demgegenüber erfordere § 23 Abs. 1 eine grobe Verletzung betriebsverfassungsrechtlicher Pflichten, d. h. regelmäßig ein vorwerfbares Verhalten.[162] Betriebsverfassungsrechtliche Unterlassungspflichten des BR kann der AG nicht im Wege von Unterlassungsanträgen gerichtlich durchsetzen, sondern lediglich mit entsprechenden Feststellungsanträgen **feststellen** lassen. Das Gebot effektiven Rechtsschutzes rechtfertigt unter den Voraussetzungen des § 940 ZPO im Beschlussverfahren auf Antrag des AG den Erlass einer Feststellungsverfügung gegen den BR.[163]

b) Außerordentliche Kündigung

aa) Grundsätze

(1) Ursache der Pflichtverletzung

101 Nach der Rspr. kann der AG das Arbeitsverhältnis wegen schwerer Verfehlung des Arbeitsvertrages unter Anlegung eines strengen Maßstabs außerordentlich kündigen.[164] Sie verkennt, dass bereits der Ausspruch der ordentlichen Kündigung nur als ultima ratio und besonders die außerordentliche Kündigung nur im äußersten Fall zulässig ist. Wird der besondere Schutz der BR-Mitglieder an dieselbe Voraussetzung geknüpft, dann wird contra legem entweder gegen den besonderen gesetzlichen Schutz verstoßen oder der allgemeine Kündigungsschutz für BR-Mitglieder verschlechtert. Bei einer reinen **Amtspflichtverletzung** ist deswegen eine Amtsenthebung nach Abs. 1 möglich und eine arbeitsvertragliche Sanktion ausgeschlossen.[165] Umge-

161 *BAG* 17.3.11, NZA 10, 1133 für den Aufruf zur Teilnahme an politischen Wahlen, 74 Rn. 50 ff.
162 *BAG* 15.10.13; NZA 14, 319 zum Streikaufruf im Internet.
163 *BAG* 28.5.14, AuR 14, 440.
164 *BAG* 23.10.08, NZA 09, 855; *Fitting* Rn. 23.
165 *BAG* 15.7.92, EzA § 611 BGB Abmahnung Nr. 26; *LAG Düsseldorf* 15.10.92, LAGE § 611 BGB Ab-

kehrt kann eine reine **Arbeitsvertragsverletzung** nicht durch ein Amtsenthebungsverfahren sanktioniert werden, weil Vertragspflichten nicht mit gesetzlichen Pflichten gleichzusetzen sind. Diese klare Trennung von Tatbestand und Rechtsfolgen wird durch die Annahme vermengt, bestimmte Handlungen verletzten **gleichzeitig Amts- und Vertragspflichten.** Eine Arbeitsbefreiung nach § 37 Abs. 6 stelle beispielsweise beides dar, wenn sich das BR-Mitglied über das Fehlen der Voraussetzungen, wie z. B. die Erforderlichkeit einer Schulungsmaßnahme, bewusst sei. Es werden hierzu verschiedene Auffassungen vertreten:

- **Simultantheorie** 102
  Nach der Simultantheorie können Amtspflichtverletzungen **zugleich** Vertragsverletzungen darstellen und nach Vertragsgrundsätzen geahndet werden. Der AG habe die **Wahl.** Für den Ausspruch der außerordentlichen Kündigung sei diese Konsequenz nur dadurch eingeschränkt, dass sie unter Anlegung eines **besonders strengen Maßstabs** in Betracht kommt. Das Verhalten müsse einen besonders schweren Verstoß gegen die arbeitsvertraglichen Pflichten darstellen.[166] Das BR-Amt lasse die arbeitsvertraglichen Pflichten unberührt. Bei einer gemäß § 38 vollständigen oder gemäß § 37 Abs. 2 vorübergehenden Arbeitsbefreiung sei nur eine Pflichtverletzung im Leistungsbereich (Schlechtleistung usw.), nicht jedoch im Vertrauensbereich ausgeschlossen. Außerdem gelten stets die auf § 242 BGB beruhenden Vertragspflichten zur gegenseitigen Rücksichtnahme. Weiterhin würden Amtsinhaber gemäß § 78 Satz 2 unzulässig bevorzugt, wenn mit der Amtspflichtverletzung verbundene Vertragsverstöße unbeachtet blieben. Demnach seien andererseits bei einer fristlosen Kündigung die Anforderungen aus dem wichtigen Grund gegenüber anderen Arbeitnehmern erhöht. Das Amtsenthebungsverfahren wirke auf den wichtigen Grund zurück und § 78 Satz 2 gebiete, zunächst nach Abs. 1 vorzugehen. Grundsätzlich seien die Dringlichkeit der beruflichen Tätigkeit und der Verrichtung von Betriebsratsarbeit gegeneinander **abzuwägen.**[167]
  Hält ein BR-Mitglied sein Verhalten **irrig** für rechtmäßig, so liege eine grobe Amtspflichtverletzung nur bei objektiv schweren Fällen und grober Fahrlässigkeit vor.[168] Der AG habe die **Wahl,** nach Abs. 1 die Amtsenthebung zu betreiben, nach § 626 BGB i. V. m. § 103 zu kündigen oder beide Wege gleichzeitig zu beschreiten.[169]
- **Amtshandlungstheorie** 103
  Nach der Amtshandlungstheorie ruhen die Pflichten aus dem Arbeitsvertrag, wenn das BR-Mitglied bei seiner Tätigkeit von der Rechtmäßigkeit überzeugt ist. Nur bei außeramtlichem Handeln oder einem vorsätzlichen Amtspflichtverstoß käme danach eine arbeitsvertragliche Sanktion in Betracht.[170]
- **Trennungs- oder Vorrangtheorie** 104
  Nach der Trennungs- oder Vorrangtheorie hat das **Amtsenthebungsverfahren** nach Abs. 1 **Vorrang** vor den arbeitsvertraglichen Sanktionen, insbesondere der Kündigung.[171]

Die überwiegend vertretene Simultantheorie kann nicht überzeugen: 105

- Der **Gesetzessystematik** lässt sich ein besonderer Schutz der BR-Mitglieder entnehmen, 106

mahnung Nr. 33; *LAG Schleswig-Holstein* 1.12.00, AiB 01, 305; *LAG Düsseldorf* 23.2.93, DB 93, 2604, wonach eine Abmahnung durch den AG wegen einer Verletzung betriebsverfassungsrechtlicher Pflichten selbst eine grobe Pflichtverletzung darstellen kann; *LAG Hamm* 9.2.07, AuR 07, 316; *ArbG Darmstadt* 12.4.07 – 12 BV 18/06; vgl. auch Rn. 146 zur Abmahnung.

166 *BAG* 15.7.92, EzA § 611 BGB Abmahnung Nr. 26; 23.10.08, NZA 09, 855; *Fitting*, Rn. 22; GK-*Oetker*, Rn. 28; ErfK-*Koch*, Rn. 2; *v. Hoyningen-Huene/Linck*, § 15 Rn. 90 f.; KR-*Etzel*, § 15 KSchG, Rn. 26; a. A. *Bieback*, RdA 78, 82; *Peter*, BlStSozArbR 77, 257; *Schwerdtner*, Arbeitsrecht I, S. 221 ff.; *Weber*, NJW 73, 787.

167 *BAG* 11.6.97 – 7 AZR 229/96; 15.3.95, AP Nr. 105 zu § 37 BetrVG 1972.

168 Weitergehend der 7. Senat des *BAG*, der auf die objektive Prüfung eines Dritten abstellt, für den ohne weiteres der Pflichtverstoß erkennbar war; 10.11.93, NZA 94, 500 für die Teilnahme an einer Schulungsmaßnahme nach § 37 Abs. 6 auf Grund eines Beschlusses des BR; a. A. Vorinstanz *LAG Düsseldorf* 15.10.92 – 12 [13] Sa 1035/92.

169 GK-*Oetker*, Rn. 31.

170 *Säcker*, RdA 65, 372; DB 67, 2072; *Sinzheimer*, JW 22, 1737; a. A. *Bieback*, RdA 78, 85; GK-*Oetker*, Rn. 29; *Weber*, NJW 73, 787.

171 *Bieback*, RdA 78, 82; *Peter*, BlStSozArbR 77, 257; GK-*Kreutz, Rn. 30, Weber*, NJW 73, 787.

der wegen ihrer besonderen Gefährdung keine gemäß § 78 Satz 2 unzulässige Bevorzugung darstellt. Eine ordentliche Kündigung ist gemäß § 15 KSchG ausgeschlossen, ohne Differenzierung danach, ob entweder Amts- oder Vertragspflichten, oder beide gleichzeitig verletzt wurden.

107 • Sie greift für das gesetzmäßige Handeln auf allgemeine vertragliche Pflichten des einzelnen BR-Mitglieds (Pflicht zur gegenseitigen Rücksichtnahme etc.) zurück und verkennt, dass allein das **BetrVG** selbst den hierfür **notwendigen Rahmen** absteckt (vertrauensvolle Zusammenarbeit, Geheimhaltung etc.).

108 • Sie ist unvereinbar mit **prozessualen Grundsätzen.** Eine gerichtliche Klärung über die Ausübung der BR-Tätigkeit erfolgt stets im **Beschlussverfahren.** Eine im Urteilsverfahren erhobene Feststellungsklage, dass ein BR-Mitglied für eine bestimmte Tätigkeit gemäß § 37 Abs. 2 freizustellen sei, würde zu einer Abgabe ins Beschlussverfahren führen. Es gibt keinen Grund, weshalb man ausschließlich bei der Frage der Sanktionen von der betriebsverfassungsrechtlichen in die arbeitsvertragliche Ebene überwechseln müsste.[172]

109 • Die Auffassung **verstößt gegen** das **Benachteiligungsverbot** des § 78 Satz 2, weil sie das BR-Mitglied wegen seiner Tätigkeit benachteiligt. Es wird mit dem Risiko belastet, bei einer Fehleinschätzung seinen Arbeitsplatz zu verlieren.

110 • Eine doppelte und wahlweise Sanktionsmöglichkeit ist zum Schutz der AG-Interessen **nicht erforderlich,** weil dem Ausschluss aus dem BR eine Abmahnung und Warnfunktion zukommt, die ohnehin vor Ausspruch einer fristlosen Kündigung i. d. R. Wirksamkeitsvoraussetzung ist. Damit stehen dem AG ausreichende betriebsverfassungsrechtliche Sanktionsmittel zur Verfügung, um Pflichtwidrigkeiten des BR zu unterbinden.

111 • Sie ist unvereinbar mit dem gesetzlich angestrebten und durch Einfügung des Abs. 3 verwirklichten Prinzip der **Gleichwertigkeit der Sanktionsmittel** von Abs. 1 und Abs. 3. Dem AG stehen zwei Sanktionsarten zur Verfügung, während der BR nur über eine, nämlich die betriebsverfassungsrechtliche verfügt.

112 • In der **Rechtspraxis** machen AG in den letzten Jahren überwiegend nur noch vom arbeitsvertraglichen Sanktionsmittel Gebrauch (vgl. dazu die Entscheidungsdaten in der Übersicht der Einzelfälle Rn. 19 und 52). Der betriebsverfassungsrechtliche Sanktionsmechanismus wird auf diese Weise zunehmend **unterlaufen.** Diesem Ergebnis werden sich die Vertreter der Simultantheorie stellen müssen.

113 • Sie verwickelt BR-Mitglieder in **unlösbare Konflikte:** Einerseits beschließt z. B. der BR die Teilnahme eines seiner Mitglieder an einer Schulungsmaßnahme, andererseits bezeichnet der AG sie nicht als erforderlich. Das betreffende Mitglied hat nunmehr zwischen seiner Amtspflicht (Beschlüsse des BR auszuführen) und der Forderung des AG (keine Teilnahme) zu entscheiden. Es ist auf der einen Seite an die Beschlüsse des BR gebunden, auf der anderen Seite soll es hierfür arbeitsvertragliche Nachteile durch den AG in Kauf nehmen.

114 Richtigerweise ist zwischen Amtspflicht- und Arbeitsvertragsverletzungen **strikt zu unterscheiden.** Der AG hat nicht die freie Auswahl, ob ein bestimmtes Verhalten betriebsverfassungsrechtliche oder arbeitsvertragliche Sanktionen zur Folge hat. Beide schließen sich aus. Es ist nach der jeweiligen **Ursache der Pflichtverletzung** zu fragen. Liegt sie ganz oder teilweise im BR-Amt, dann ist das Verhalten ausschließlich als Amtspflichtverletzung zu werten.[173] Es ist also stets zu fragen, ob die Pflichtverletzung auch möglich gewesen wäre, wenn der AN nicht BR-Mitglied wäre. Ist dies zu verneinen, liegt eine Amtspflichtverletzung vor, die ohne Verletzung des § 78 nur nach § 23 Abs. 1 sanktioniert werden kann.[174]

115 Nicht überzeugend ist die Entscheidung des *BAG* zur Erforderlichkeit der Freistellung gemäß § 37 Abs. 2, nach der nicht jede Verkennung der objektiven Rechtslage, namentlich bei schwierigen und ungeklärten Rechtsfragen, nachteilige Auswirkungen für das betreffende BR-Mitglied haben kann. Die Grenze sei dort zu ziehen, wo aus Sicht eines **sorgfältig prüfenden**

172 *Däubler,* Anm. zu *BAG* 31.8.94, AiB 95, 293.

173 *LAG Berlin* 6.9.91, LAGE Nr. 28 zu § 611 BGB Abmahnung; *Weber,* DB 92, 2140; *Säcker,* RdA 65, 372; *LAG Bremen* 6.1.95, BB 95, 677: Pflicht zur Substantiierung der Abmeldung für BR-Arbeit ist allein betriebsverfassungsrechtlicher Art und ein Verstoß kann nicht abgemahnt werden.

174 KR-*Friedrich,* § 13 KSchG Rn. 209; § 78 Rn. 22.

objektiven Dritten erkennbar ist, dass es sich nicht mehr um die Wahrnehmung von Amtsobliegenheiten handelt.[175] Bei der Teilnahme des BR-Mitglieds an einer **Schulung nach § 37 Abs. 2** liegt die Ursache einer eventuellen Pflichtverletzung **stets in seiner Amtstätigkeit.** Als AN kann er hieran überhaupt nicht teilnehmen. Im Übrigen würde er als BR in eine Zwickmühle geraten: Er müsste neben der (ablehnenden) Stellungnahme des AG den u. U. ausdrücklich befürwortenden Beschluss des BR auch die des objektiven Dritten berücksichtigen. Auf jeden Fall wird die Meinung des BR weiter relativiert.

Die strikte Trennung der Amts- und Vertragspflichten **entspricht** dem **Benachteiligungs- und Begünstigungsverbot** gem. § 78, weil es dem besonderen Risiko der BR durch ihre Amtstätigkeit entspricht. Es gebietet außerdem eine Bewertung des **zukünftigen Verhaltens** eines Mitglieds bei der Arbeit im BR. Ist in Zukunft z. B. nach einer Amtsenthebung oder aus sonstigen Gründen (Amtsniederlegung, keine Wiederwahl usw.) mit keinen Fehlverhalten mehr zu rechnen, dann wirkt dies auf die Beurteilung des wichtigen Grundes gem. § 626 Abs. 1 BGB so zurück, dass zunächst die Einleitung des **Amtsenthebungsverfahrens** geboten und das Kündigungsverfahren unzulässig ist.[176] Dieses Ergebnis ergibt sich auch aufgrund des **Verhältnismäßigkeitsprinzips**, das den AG zur Ergreifung der für den AN milderen Maßnahmen und damit der Amtsenthebung verpflichtet, die als mildere Maßnahme für die Zukunft auch eine ungestörte Durchführung des Arbeitsverhältnisses erwarten lässt.[177] 116

(2) Verhalten des Arbeitgebers

Das **Verhalten des AG** kann bei der Bewertung möglicher Pflichtverstöße einzelner Mitglieder nicht unberücksichtigt bleiben. Hat er selbst eine Pflichtverletzung mit verursacht, dann kann sie nicht dem BR-Mitglied angelastet werden. Stellt sich die behauptete Pflichtverletzung als unzulässige Maßregelung rechtmäßigen Handelns dar, z. B. durch Wahrnehmung von Mitbestimmungsrechten oder Teilnahme an einem rechtmäßigen Streik, dann kann sich der AG hierauf nicht berufen. Der Verdacht eines solchen Zusammenhangs reicht bereits aus, wenn der AG die behauptete Pflichtverletzung ebenfalls auf einen Verdacht stützt. Der Verdacht des AG ist nicht anders als der des BR zu bewerten. 117

(3) Volle Darlegungs- und Beweislast

Der AG trägt die volle **Darlegungs- und Beweislast** für das Vorliegen eines die außerordentliche Kündigung rechtfertigenden Pflichtverstoßes. Der Verdacht einer Pflichtverletzung reicht insofern auf keinen Fall aus. Eine lediglich abgestufte Beweislast des AG besteht nicht. 118

(4) Keine Vorbildfunktion

Die Mitglieder des BR haben gegenüber den AN **keine Vorbildfunktion** hinsichtlich der Erfüllung ihrer arbeitsvertraglichen Pflichten. Insofern dürfen an mögliche Pflichtverletzungen von einzelnen BR-Mitgliedern keine schärferen Anforderungen als an andere AN gestellt werden. 119

(5) Prognoseprinzip

Für jede verhaltensbedingte Kündigung gilt das **Prognoseprinzip**, weil sie keine Sanktion für vergangenes Verhalten darstellt, sondern in Zukunft weitere Pflichtverletzungen verhindern soll. Insofern muss sich die Pflichtverletzung noch weiterhin in der Zukunft belastend auswirken.[178] Ist also ein weiterer Pflichtverstoß nicht zu befürchten, dann kommt eine außerordentliche Kündigung von vorneherein nicht in Betracht. Dies ist z. B. dann der Fall, wenn der 120

175 *BAG* 31.8.94, AiB 95, 293 m. Anm. *Däubler.*
176 *BAG* 23.10.08, NZA 09, 855; *LAG Niedersachsen* 25.4.04, NZA-RR 05, 530; Richardi/Thüsing, Rn. 23.
177 So völlig zutreffend GK-*Kreutz,* Rn. 32.
178 *BAG* 23.10.08, NZA 09, 855.

BR durch Ausübung seiner Mitbestimmungsrechte Regelungen schafft, die **in Zukunft weitere Pflichtverstöße unmöglich** oder zumindest unwahrscheinlicher machen. Gab es z. B. bisher keine mitbestimmten Normen gem. § 87 Abs. 1 Ziffer 4 zum Zeitpunkt, der Art und den Verfahren bei der Fahrtkostenabrechnung, so können klarere Regelungen hierzu Fehler in der Zukunft verhindern.

(6) Zeitpunkt der Antragstellung

121 Zur Beurteilung des Verhaltens der AN ist stets der **Zeitpunkt des Antrages** an den BR zur Erteilung seiner Zustimmung maßgebend. Insbesondere kann die Art, wie der AN auf den Verdacht reagiert und sich prozessuale verhalten hat, nicht zu Lasten des AN bei der Beurteilung des Vorliegens eines wichtigen Grundes berücksichtigt werden.[179]

(7) Europarecht

122 Die Verdachtskündigung von **Betriebsratsmitgliedern** widerspricht europäischem Recht. Art. 7 der Richtlinie 2002/14/EG lautet:
»Die Mitgliedsstaaten tragen dafür Sorge, dass die Arbeitnehmervertreter bei der Ausübung ihrer Funktion einen ausreichenden Schutz und ausreichende Sicherheiten genießen, die es ihnen ermöglichen, die ihnen übertragenen Aufgaben in angemessener Weise wahrzunehmen.«

123 Zwar wird das deutsche Recht ohne nähere Begründung für mit den Vorgaben des Art. 7 Richtlinie 2002/14/EG vereinbar gehalten.[180] Dabei werden jedoch für die Verdachtskündigung die Schutzlücken der deutschen Rechtspraxis verkannt, da unter dem Vorwand eines Verdachts einer Arbeitsvertragspflichtverletzung ein BR gekündigt werden kann und die Maßregelungsverbote des § 612 a BGB und des § 78 BetrVG aufgrund der schwierigen Beweisbarkeit von Maßregelungen weitgehend leerlaufen. Auch ist vor dem Hintergrund des europäischen Rechtsraumes die **Unschuldvermutung gemäß Art. 6 Ziffer 2 EMRK** und Art. 48 Abs. 1 der Charta der Grundrechte der Europäischen Union als ungeschriebene Rechtsgrundsätze des Gemeinschaftsrecht bei der Auslegung bei der Richtlinie zu berücksichtigen.

(8) Mitbestimmungsrechte

124 Der BR kann gem. § 87 Abs. 1 Ziff. 1 aufgrund seines insoweit bestehenden Initiativrechts die **Geltung rechtsstaatlicher Grundsätze** im Betrieb durchsetzen. Die Ordnung des Betriebs kann so gestaltet werden, dass der bloße Verdacht strafbarer Handlungen für individualrechtliche Sanktionen nicht ausreicht, insbesondere außerordentliche Kündigungen wegen vermeintlicher Bagatelldelikte von vornherein unwirksam sind, jeder AN zu dem Verdacht strafbarer Handlungen zu hören ist und einen anderen AN bzw. Vertreter des BRs zu einem Gespräch mit dem AG mitnehmen kann. Räumt der AN den Verdacht durch eine objektive Tatschilderung aus, dann ist es dem AG verwehrt, an dem Verdacht festzuhalten. Die rechtsstaatlichen Grundsätze gelten für alle AN. Dies gilt besonders für Mitglieder des BR und anderen Organe der Mitbestimmung, die die Interessen der Belegschaft auch im Konflikt mit dem AG vertreten müssen. Stehen keine Gründe des Vertrauensschutzes entgegen, kann eine BV auch **rückwirkend** in Kraft treten und auch **Einzelfälle** regeln.[181]

---

179 A. A.: *BAG* 19.9.91, das anders als bei der normalen außerordentlichen Kündigung bei AN auf den Zeitpunkt der letzten mündlichen Verhandlung abstellt und damit BR-Mitglieder benachteiligt; offen gelassen durch *BAG* 28.7.09, NZA 09, 859 im Falle »Emmely«.

180 *Deinert*, NZA 1999, 800, 801; *Giesen*, RdA 2000, 298, 302; *Reichold*, NZA 2003, 289, 297 f.

181 *Trittin/Fütterer*, AuR 10, 62; § 87 Rn. 16.

(9) Auslauffrist

Wird das Vorliegen eines wichtigen Grundes bejaht, ist das Arbeitsverhältnis im Rahmen einer Interessenabwägung frühestens unter Einhaltung einer **Auslaufpflicht** aufzulösen, die der ordentlichen Kündigungsfrist entspricht, als frühestmöglicher Kündigungszeitpunkt, der nach Ablauf der Amtszeit des Betriebsratsmitglieds heranzuziehen ist.[182] **125**

bb) Verdachtskündigung

(1) Rechtsstaat

Rechtswidrige und vorsätzliche Handlungen des AN, die sich unmittelbar gegen das Vermögen des AG richten, können ein wichtiger Grund zur außerordentlichen Kündigung sein, wenn die Pflichtverletzung Sachen von **nur geringem Wert** betrifft oder nur zu einem geringfügigen, möglicherweise gar keinem Schaden geführt hat. Das Gesetz kennt auch im Zusammenhang mit strafbaren Handlungen des AN keine absoluten Kündigungsgründe. Es bedarf stets einer umfassenden, auf den Einzelfall bezogenen Prüfung und Interessenabwägung dahingehend, ob dem Kündigenden die Fortsetzung des Arbeitsverhältnisses trotz der eingetretenen Vertrauensstörung – zumindest bis zum Ablauf der Kündigungsfrist – zumutbar ist oder nicht.[183] Das BAG beruft sich zwar zur Begründung nur auf seine bisherigen Rechtsgrundsätze, ohne die Verdachtskündigung selbst mit der entsprechenden Rspr. des BAG in Frage zu stellen. Es gibt kein Ende der Verdachtskündigung und noch nicht einmal einen grundlegenden Wandel in ihrer praktischen Anwendung.[184] **126**

Nach der **Rspr. des BAG** verletzt ein AN seine arbeitsvertragliche Rücksichtnahmepflicht schwerwiegend und missbraucht das in ihn gesetzte Vertrauen in erheblicher Weise, der im Zusammenhang mit seiner Arbeitsleistung strafrechtlich relevante Handlungen gegen das Vermögen seines AG begeht, auch wenn die Sachen nur einen **geringen Wert** haben. Der AG dürfe wegen einer sein Eigentum verletzenden Handlung des AN die Fortsetzung des Arbeitsverhältnisses unter Berücksichtigung aller Umstände des Einzelfalls unter Abwägung der beidseitigen Interessen unzumutbar sein.[185] **127**

Nicht nur die erwiesene Vertragsverletzung, sondern auch schon der **schwerwiegende Verdacht** einer solchen Verfehlung kann als wichtiger Grund ausreichen. Eine Verdachtskündigung ist nach der Rspr. zulässig,[186] wenn **128**

- sich starke Verdachtsmomente auf **objektive Tatsachen** gründen
- die Verdachtsmomente geeignet sind, das für die Fortsetzung des Arbeitsverhältnisses erforderliche **Vertrauen** zu zerstören,
- alle zumutbaren Anstrengungen zur **Aufklärung des Sachverhalts** unternommen wurden,
- der AN Gelegenheit zur Stellungnahme hatte, die thematisch nicht im »luftleeren Raum« stattfinden darf.[187]

An die **Darlegung und Qualität der schwerwiegenden Verdachtsmomente** stellt die Rspr. besonders strenge Anforderungen, weil bei einer Verdachtskündigung stets die Gefahr besteht, dass ein »Unschuldiger« betroffen ist.[188] Der wegen eines dringenden Tatverdachts kündigende AG hat im Verfahren vor den Gerichten für Arbeitssachen konkrete Tatsachen darzulegen, die **129**

182 APS-*Dörner*, § 626 Rn. 42 ff.
183 *BAG* 10.6.10, AuR 11, 74 m. Anm.von *Mittag/Wroblewski* – »Emmely und hob damit die gegenteilige Entscheidung des *LAG Berlin-Brandenburg* v, 24.2.09, AuR 09, 218 zu Recht auf.
184 *Eylert*, NZA-RR 14, 393 ff.
185 Prüfung der 1. und 2. Stufe des § 626 Abs. 1 BGB: *BAG* 13.12.07, AuR 08, 398 ff., 11.12.03, AuR 04, 25.
186 *BAG* 25.10.12 – 2 AZR 700/11, 13.3.08, NZA 13, 371; 08, 809 = AuR 08, 154.
187 *LAG Berlin-Brandenburg* 30.3.12, AiB 12, 616.
188 *BAG* 10.2.05 – 2 AZR 189/04; *LAG München* 12.12.07 – 5 TaBV 47/06, das das Vorliegen dieser Voraussetzung bei einem Verdacht auf Spesenbetrug zu Recht verneint, wenn die Abweichung der abgerechneten Kilometer von einem Routenplaner innerhalb einer Spanne von +/– 30 % im Einzelfall, bzw. +/– 15 % im Durchschnitt liegen.

als solche unmittelbar den Schluss zulassen, der AN sei eines bestimmten, die Kündigung rechtfertigenden Verhaltens dringend verdächtig. Er darf sich zwar Ermittlungsergebnissen der **Strafverfolgungsbehörden** zu eigen machen, muss diese aber im Arbeitsgerichtsprozess – zumindest durch Bezugnahme – als eigene Behauptungen vortragen. Es genügt nicht, anstelle von unmittelbar verdachtsbegründenden Tatsachen den Umstand vorzutragen, auch die Strafverfolgungsbehörden gingen von einem Tatverdacht aus.

130 Die Unschuldsvermutung gem. Art. 6 Abs. 2 MRK wird im Kündigungsrecht nicht durch das **Prognoseprinzip** »überlagert«.[189]

131 Das **Rechtsinstitut der Verdachtskündigung** ist mit einer in der Rechtsliteratur und Instanzrechtsprechung verbreiteten Ansicht[190] grundsätzlich **abzulehnen**. Zu Unrecht wird diese kritische Gegenauffassung als »vereinzelt« abgetan, ohne sich mit ihr inhaltlich auseinander zu setzen.[191] *Riebles* maßlose Polemik[192] gegen Kritiker dieser Entscheidung und v. a. die betroffene Kassiererin diskreditiert auch ihn selbst. Schon der Rückgriff auf ein Vertrauensverhältnis ist im Arbeitsverhältnis unangebracht, da bei Erbringung der Arbeit in einer betrieblichen Organisation regelmäßig kein unmittelbarer Kontakt zur Person des AG besteht. Dass das pauschale **Abstellen auf ein Vertrauensverhältnis** zwischen AN und AG **zu weitgehend** ist, ergibt sich auch aus § 627 BGB, der zwischen Diensten unterscheidet, die ein besonderes Vertrauen voraussetzen und solchen, bei denen das nicht der Fall ist. Es ist zu berücksichtigen, dass sich dann auch nicht nur der AG auf sein fehlendes Vertrauen berufen kann, sondern auch der AN, der mit der Äußerung eines unberechtigten Verdachts konfrontiert wird.

132 Faktisch führt die Verdachtskündigung zu einer **Umkehr der Darlegungs- und Beweislast**, da sie nicht mehr die Prognose hinsichtlich der ordnungsgemäßen Vertragserfüllung zum Anknüpfungspunkt der Kündigung macht, sondern die Prognose hinsichtlich des Vertrauens des Arbeitgebers in die ordnungsgemäße Vertragserfüllung. Dies ist unvereinbar mit der umfassenden Darlegungs- und Beweislast des AG bei Kündigung.

133 Weiterhin widerspricht die Verdachtskündigung der **Unschuldsvermutung** gemäß Art. 6 Abs. 2 EMRK Diese ist nicht auf das Strafverfahren beschränkt, sondern nach der Rspr. des BVerfG darf dem Verdächtigen/Verurteilten die Schuld auch im allgemeinen Rechtsverkehr erst vorgehalten werden, wenn ihr Nachweis rechtskräftig erfolgt sei.[193] Auch dient die Unschuldsvermutung im Rahmen des Grundrechtsschutzes durch Verfahren dem Schutz vor unberechtigten Beeinträchtigungen. Der Arbeitsplatz ist gemäß Art. 12 Abs. 1 GG ebenso grundrechtlich geschützt und sein Verlust kann oftmals empfindlicher und existentieller sein als eine Strafe.

134 Es ist nicht nachvollziehbar, warum im **Strafrecht** der Verdacht allein nur zu weiteren Ermittlungen berechtigt, im Arbeitsrecht aber den Ausspruch der schärfsten Sanktion rechtfertigen soll.

135 Die Verdachtskündigung passt schließlich systematisch nicht zum gesetzlich vorgesehenen **Stufenverhältnis** der § 626 BGB und §§ 1, 9 KSchG. Der Gesetzgeber hat mit diesen Vorschriften ein **lückenloses System** zum Schutz der beidseitigen Interessen von AN und AG geschaffen. Es besteht also für den Fall der Verdachtskündigung keine von der Rspr. zu schließende Regelungslücke. Die Verdachtskündigung beinhaltet die nicht nachzuprüfende **subjektive Einschätzung des AG.** Ihm wird ein Prognosespielraum in einem rechtlich normierten Bereich eingeräumt, der gerade seine einseitige Interessendurchsetzung begrenzen soll.

---

189 Besonders fragwürdig *LAG Berlin-Brandenburg* 24.2.09 – »Emmely« – AuR 09, 218.

190 *Heilmann*, Verdachtskündigung und Wiedereinstellung nach Rehabilitation; *Joachim*, AuR 64, 33; *Moritz*, NJW 78, 402; *Schütte*, NZA 1991, Beil Nr. 2, S. 17 ff. APS-*Dörner*, § 626 BGB Rn. 374 ff.; *ders.* NZA 92, 865; ders AiB 93, 147; *Naujok*, AuR 1998, 398; KSchR-Zwanziger/*Däubler*, § 626 BGB Rn. 152; Kittner/Zwanziger-*Appel*, § 96 Rn. 31 ff.; *Deinert*, AuR 2005, 285 mit zahlreichen weiteren Nachweisen; *Mayer*, dbr 5/09, S. 14; *Backmeister/Trittin/Mayer*, § 626 BGB Rn. 158; *Däubler*, Arbeitsrecht, Bd. 2, Rn. 1134; *Buschmann*, Anm. zum *LAG Berlin-Brandenburg* v. 24.2.09 AuR 09, 218; *Klueß*, NZA 09, 337; *ders.* AuR 10, 57; *Trittin/Fütterer*, AuR 10, 62; *Walter*, AuR 10, 59, *LAG Bremen* v. 23.4.1976, BB 1976, 1560.

191 So *LAG Berlin-Brandenburg* 24.2.09 – »Emmely« – AuR 09, 218.

192 NJW 09, 2101.

193 BVerfGE 74, 358, 371.

Die Unschuldsvermutung kann nicht durch das im Kündigungsrecht geltende Prognoseprinzip überlagert werden. In der Rspr. des BAG findet sich hierfür keine Stütze. Vielmehr geht es um die **Drittwirkung der Unschuldsvermutung,**[194] zu der das LAG Berlin-Brandenburg schweigt, das auch selbst keine Prognose anstellt und damit dieses Prinzip als reine Leerformel verwendet. Das Erfordernis einer negativen Prognose gibt es gerade bei Bagatelldelikten. Auch geringere Anforderungen an den Nachweismaßstab rechtfertigen nicht den Verzicht auf die Prognose. **136**

(2) Vertrauensvolle Zusammenarbeit

Eine Verdachtskündigung kann nicht gegenüber Betriebsratsmitgliedern ausgesprochen werden, weil sie gegen den **Grundsatz der vertrauensvollen Zusammenarbeit** gemäß § 2 Abs. 1 BetrVG verstößt. Der AG muss dem BR und Betriebsratsmitglied zunächst **vertrauen**, wenn er die Vorwürfe bestreitet. Das Gebot der vertrauensvollen Zusammenarbeit verpflichtet den AG zu einer fairen, jede Schikane ausschließende Verfahrensweise, die gegenseitige Rücksichtnahme gebietet und Rechtsmissbrauch ausschließt. Der BR und seine Mitglieder stehen nach der gesetzgeberischen Konzeption des BetrVG als Interessenvertreter der Belegschaft insgesamt zwangsläufig auch im Konflikt mit dem AG. Aus diesem Grunde bedarf es des besonderen und stark ausgestalteten Kündigungsschutzes gem. § 15 KSchG und § 103 BetrVG. Er wird ergänzt und nochmals verstärkt durch das besondere Verfahren gem. § 23 Abs. 1 und 2 BetrVG bei groben Verstößen des BR oder einzelner Mitglieder. **137**

Mit diesem besonderen Schutz von BR-Mitgliedern wäre es unvereinbar, wenn der AG wegen des rein subjektiven Verdachts einer strafbaren Handlung rechtswirksam kündigen könnte. Der BR und seine Mitglieder müssten dann im Konfliktfall **ständig Sanktionen befürchten** und könnten ihre Aufgaben nicht mehr unbeeinträchtigt erfüllen. Gerade dies wollte der Gesetzgeber verhindern. **138**

Die Verdachtskündigung bei BR-Mitgliedern ist besonders dann ausgeschlossen, wenn es sich um den Verdacht auf strafbare Handlungen wegen geringwertiger Gegenstände (»**Bagatelldelikte**«) handelt. Eine solche Verdachtskündigung verstößt auch gegen das **Verhältnismäßigkeitsprinzip**, das der AG im Rahmen des § 2 Abs. 2 zu beachten hat: Die Auflösung von Arbeitsverhältnissen wegen des Verdachts von Bagatelldelikten ist also unzulässig und entsprechende Anträge auf Erteilung der Zustimmung durch den BR gem. § 103 sind zurückzuweisen. **139**

Im Rahmen der wechselseitigen Verpflichtungen zur vertrauensvollen Zusammenarbeit ist auch der **Verdacht des BR** und seiner Mitglieder rechtsmissbräuchlichen oder sogar strafbaren Handeln des AG in gleicher Weise und mit demselben Gewicht zu berücksichtigen wie der Verdacht des AG gegenüber einem BR-Mitglied. Vermutet der BR also, z. B. dass die Sanktion wegen der Teilnahme an einem rechtmäßigen Streik oder wegen der zulässigen Wahrnehmung von Mitbestimmungsrechten erfolgte, dann ist dieser Verdacht genauso zu berücksichtigen wie der des AG. § 2 verbietet unterschiedliche Bewertungen der wechselseitigen Vermutungen der beiden Betriebsparteien. **140**

Bei **freigestellten Betriebsratsmitgliedern** ist das Vertragsverhältnis nicht mehr vorrangig durch die wechselseitigen Pflichten aus dem Arbeitsvertrag, sondern durch das Betriebsratsmandat und dem damit verbundenen Grundsatz der vertrauensvollen Zusammenarbeit gemäß § 2 Abs. 1 BetrVG geprägt. Die Freistellung gem. § 38 beinhaltet die generelle Entbindung von BR-Mitgliedern von ihrer Verpflichtung zur Arbeitsleistung zum Zwecke der Erfüllung von BR-Aufgaben, ohne dass es hierfür eines Nachweises bedarf. Durch einen bloßen Verdacht kann ein unterstelltes Vertrauensverhältnis als Grundlage des Arbeitsverhältnisses nicht mehr hinreichend gestört werden. Bei freigestellten BR-Mitgliedern ist der AG auf den Ausschluss von Mitgliedern des BR oder die Auflösung des BR insgesamt als Sanktion angewiesen. Dies gilt unabhängig davon, ob es sich um Äußerungen des BR-Mitglieds, Fahrtkostenabrechnungen o. ä. handelt, wenn sie mit der BR-Tätigkeit in Verbindung stehen. **141**

---

194 *Deinert*, 05, 285.

142 Schließlich führt eine Verdachtskündigung wegen einer Amtspflichtverletzung, die zugleich eine Pflichtverletzung aus dem Arbeitsvertrag darstellt, zu unüberbrückbaren **Wertungswidersprüchen** zum Amtsenthebungsverfahren gem. § 23 Abs. 1 BetrVG. In diesem Verfahren muss die Amtspflichtverletzung unstreitig zur Überzeugung des Gerichts feststehen. Lässt man aber gleichzeitig wegen desselben Sachverhalts eine Kündigung aufgrund eines bloßen Verdachts zu, so könnte der Arbeitgeber individualrechtlich unter im Vergleich zum Betriebsverfassungsrecht erleichterten Voraussetzungen gegen ein Betriebsratsmitglied vorgehen. Es ist wäre demnach aus Arbeitgebersicht einfacher, dem Betriebsratsmitglied seinen Arbeitsplatz nebst Betriebsratsmandat als nur sein Betriebsratsmandat zu entziehen.

cc) Verstoß gegen Verschwiegenheitspflicht

143 Nach der – zu weit gehenden – Rspr. des BAG kann die außerordentliche Kündigung eines BR-Mitglieds wegen des Verstoßes gegen die Verschwiegenheitspflicht gerechtfertigt sein. Dies soll auch für Informationen gelten, die es als **Mitglied im Aufsichtsrat** erhalten hat, weil es insoweit gem. § 116 i. V. m. 93 Abs. 1 Satz 3 AktG über Betriebs- und Geschäftsgeheimnisse der Gesellschaft Stillschweigen zu bewahren hat unabhängig davon, ob die Informationsempfänger ihrerseits der Geheimhaltungspflicht unterliegen.[195]

144 Etwas anderes kann dann gelten, wenn der **AG seine Informationspflichten verletzt**. Wer rechtswidrig handelt, kann sich nicht ohne Verstoß gegen den Grundsatz von Treu und Glauben gem. § 242 BGB und das betriebsverfassungsrechtliche Gebot der vertrauensvollen Zusammenarbeit gem. § 2 zur schärfsten Sanktion gegen AN greifen. Die außerordentliche Kündigung ist also bei eigenem rechtswidrigen Verhalten ausgeschlossen.[196]

145 Eine Kündigung ist grundsätzlich ausgeschlossen, wenn in Zukunft mit **keinen weiteren Verstößen** zu rechnen ist. Gehört z. B. AN in Zukunft nicht mehr dem Aufsichtsrat an, sind weitere Verstöße gegen die Verschwiegenheitspflicht als Mitglieder des Aufsichtsrats objektiv unmöglich. Die theoretisch mögliche Wiederwahl kann deshalb die Kündigung ebenso wenig rechtfertigen wie eine mögliche Belastung des Arbeitsverhältnisses in der Zukunft.[197]

c) Individualrechtliche Abmahnung

146 Die Ausführungen zur außerordentlichen Kündigung **gelten entsprechend** für die **Abmahnung,** weil es sich hierbei ebenfalls um ein individualrechtliches Sanktionsmittel handelt. Werden einem BR-Mitglied grobe Amtspflichtverletzungen vorgeworfen, ist nicht nur eine außerordentliche Kündigung ausgeschlossen, sondern auch eine Abmahnung. Ihr Ausspruch wegen betriebsverfassungsrechtlicher Tätigkeit behindert den BR an der ordnungsgemäßen Durchführung seiner Aufgaben.[198] Abzulehnen ist die Auffassung, wonach eine Abmahnung nur bei **groben Pflichtverletzungen** zulässig sei.[199] Damit wäre zwar eine Abmahnung für irrtümliches Handeln des BR-Mitglieds ausgeschlossen, aber an der Vermischung arbeitsvertraglicher und betriebsverfassungsrechtlicher Pflichten würde festgehalten. Eine betriebsverfassungsrechtliche Abmahnung liegt also vor, wenn sich diese nur auf eine Verletzung von betriebsverfassungsrechtlichen Pflichten, nicht aber auf arbeitsrechtlichen Pflichten bezieht. In einem solchen Fall kann der AG nur nach § 23 Abs. 1 vorgehen, weil die betriebsverfassungsrechtliche Stellung des BR-Mitglieds betroffen ist und nicht ohne weiteres sein arbeitsrechtliches Verhältnis zu dem AG.[200]

147 Eine **Abmahnung ist** aus der Personalakte **zu entfernen,** die der AG wegen Nichtteilnahme an der Arbeit ausgesprochen hat, wenn das BR-Mitglied auf Wunsch des BR-Vorsitzenden an

---

195 *BAG* 23.10.08, NZA 09, 855; a. A. *Köstler/Zachert/Müller*, Rn. 547 ff.
196 Offen gelassen vom *BAG* 23.10.08, NZA 09, 855.
197 *BAG* 23.10.08, NZA 09, 855.
198 *LAG Düsseldorf* 23.2.93, LAGE § 23 BetrVG 1972 Nr. 31; *LAG Berlin* 23.2.88, DB 88, 863; *LAG Hamm* 10.1.96, BB 96, 1015; *ArbG Detmold* 8.10.98, AiB 99, 41.
199 *LAG Düsseldorf* 15.10.92, 12 [13] Sa 1035/92; aufgehoben durch *BAG* 10.11.93, NZA 94, 500.
200 *LAG Bremen* 2.7.13, 1 TaBV 35/12.

einer **Sitzung** teilnahm und der AN damit »Opfer« einer Auseinandersetzung zwischen AG und BR wird.[201] Stützt ein BR-Mitglied in einem Beschlussverfahren einen Anspruch auf Entfernung einer Abmahnung aus seiner Personalakte auf § 78 Sätze 1 und 2, sind die Gerichte für Arbeitssachen nicht gehindert, ihn auch unter dem rechtlichen Gesichtspunkt der §§ 242, 1004 Abs. 1 Satz 1 BGB zu beurteilen.[202] Ein BR-Mitglied, dem im Zusammenhang mit seiner BR-Tätigkeit eine Abmahnung erteilt worden ist, kann deren Wirksamkeit sowohl im Urteils- als auch im Beschlussverfahren überprüfen lassen. Demgegenüber hat der BR als Gremium **keinen eigenständigen Anspruch** auf Feststellung der Unwirksamkeit einer Abmahnung, die einem seiner Mitglieder erteilt worden ist.[203]

d) Betriebsverfassungsrechtliche Abmahnung

Die betriebsverfassungsrechtliche »Abmahnung« **rügt,** dass ein bestimmtes Verhalten eines BR-Mitglieds bzw. des gesamten Gremiums gegen betriebsverfassungsrechtliche Pflichten verstößt und **im Wiederholungsfall** mit einem gerichtlichen Verfahren auf Ausschluss des Mitglieds bzw. Auflösung des gesamten **BR** zu rechnen sei. Individualrechtliche Konsequenzen sind damit nicht verbunden. **Abmahnungsberechtigt** sind alle Parteien, die auch das Verfahren nach Abs. 1 einleiten könnten, also neben dem AG eine im Betrieb vertretene Gewerkschaft oder ein Viertel der wahlberechtigten AN. **148**

Ihre **Rechtsgrundlage** findet die »Abmahnung« in § 2. Die Pflicht zur **vertrauensvollen Zusammenarbeit** bedeutet, dass diese Betriebsparteien verpflichtet sind, BR bzw. BR-Mitglied nicht mit einem Ausschluss- bzw. Auflösungsverfahren zu »überfallen«, sondern ihnen die Chance zur Verhaltenskorrektur einzuräumen, wenn sie sich tatsächlich pflichtwidrig verhalten haben. Zur Wiederherstellung der betriebsverfassungsrechtlichen Ordnung darf nicht gleich zum schärfsten Mittel gegriffen werden. Deshalb hat der AG vor Einleitung eines Ausschlussverfahrens zunächst von dem milderen Mittel einer betriebsverfassungsrechtlichen Abmahnung Gebrauch zu machen.[204] Dies gilt insbesondere, wenn erst aus der Wiederholung leichterer Pflichtverletzungen die grobe Pflichtverletzung entsteht. **149**

Die betriebsverfassungsrechtliche »Abmahnung« zieht **keine individuelle Sanktion** nach sich, sondern es darf ausschließlich die Einleitung eines Verfahrens nach Abs. 1 in Aussicht gestellt werden. Als Konkretisierung des allgemeinen Verhältnismäßigkeitsgrundsatzes bei groben Verstößen von Betriebsratsmitgliedern ist die betriebsverfassungsrechtliche Abmahnung zulässig.[205] **150**

Die Bedenken sind insofern unberechtigt, als die betriebsverfassungsrechtliche »Abmahnung« nicht bei jedem leichten Verstoß zulässig ist, sondern selbst einen **groben Verstoß voraussetzt.** Insofern droht keine neue Prozessflut. Außerdem sprechen **systematische Gründe** für eine notwendige betriebsverfassungsrechtliche Abmahnung, weil auf diese Weise das Verfahren gegen einzelne BR-Mitglieder bzw. den BR in gleicher Weise geteilt wird, wie das gegen den AG gemäß Abs. 3 gerichtete. Dem dortigen Erkenntnisverfahren kommt ebenfalls nur der Charakter einer Abmahnung zu. Erst das nachfolgende Vollstreckungsverfahren führt nach einem erneuten Verstoß zur beantragten Sanktion. Der AG wäre selbst dann gegenüber dem BR immer noch insofern privilegiert, als die gegen ihn ausgesprochene »Abmahnung« in einem Beschlussverfahren zu erfolgen hat und nicht direkt vom BR ausgesprochen werden kann. **151**

Streitigkeiten über die Berechtigung einer Abmahnung sind im arbeitsgerichtlichen **Be-** **152**

---

201 *BAG* 11.6.97, AuR 97, 288.
202 *BAG* 4.12.13; AuR 14, 205.
203 *BAG* 4.12.13, AuR 14, 68.
204 *ArbG Hildesheim* 1.3.96, AuR 97, 336.
205 *LAG Düsseldorf* 25.10.74, DB 75, 359; *ArbG Hildesheim* 1.3.96, AuR 97, 336; *ArbG Berlin* 10.1.07 – 76 BV 16593/06; Hako-BetrVG/Düwell, Rn. 15; GK-*Oetker*, Rn. 38; *Kania*, DB 96, 374; *ders.*, NZA 96, 970; WPK-*Kreft*, Rn. 13; *Schleusener*, NZA 01, 640; a. A. *BAG* 5.12.75, AP Nr. 1 zu § 87 BetrVG 72 Betriebsbuße zu einer Abmahnung, weil sie nicht durch eine Bußordnung zugelassen sei; *LAG Düsseldorf* 23.2.92, LAGE § 23 BetrVG 72 Nr. 31; *LAG Berlin* 23.2.88, DB 88, 863; *Fitting*, § 23 Rn. 17 a wegen Verstoßes gegen § 78; *Schlochauer*, DB 77, 254 [259]; *Fischer*, NZA 96, 633 wegen vermeintlich drohender Überlastung der ArbG; *Wolmerath*, dbr 07, 36.

schlussverfahren auszutragen. Hieran sind zu beteiligen zunächst der AG, der die Abmahnung erteilt hat, sowie der jeweilige Abmahnungsempfänger, also der BR als Gremium oder das einzelne Betriebsratsmitglied. Wird die Abmahnung einem einzelnen BR-Mitglied gegenüber ausgesprochen, so ist auch der BR als Gremium zu beteiligen, weil eine unberechtigte Abmahnung gleichzeitig eine unzulässige Behinderung der BR-Tätigkeit i. S. von § 78 BetrVG darstellt.[206] Der BR hat einen betriebsverfassungsrechtlichen Anspruch auf Entfernung der unzulässigen betriebsverfassungsrechtlichen **Abmahnung** aus der Personalakte.[207]

e) Schadensersatz

153 Der Anspruch auf **Schadensersatz** ist prinzipiell wegen der Unabhängigkeit des BR ausgeschlossen.[208] Außerdem würde es sich um vom AG gem. § 40 Abs. 1 auszugleichende Kosten des BR handeln. Jede Form **deliktischer Haftung** gegenüber einzelnen Beschäftigten oder gar dem AG ist ausgeschlossen. Im Anschluss an die Rspr. des BAG zur **Vermögens- und Rechtsfähigkeit** des BR im Verhältnis zum AG ist allerdings eine Vermögens- und damit eine Rechtsfähigkeit des BR auch im Verhältnis zu Dritten anzunehmen, soweit die mit dem Dritten getroffene Vereinbarung innerhalb des gesetzlichen Wirkungskreises des BR abgeschlossen wurde. Der gegen den AG gerichtete Anspruch des BR gem. § 40 Abs. 1 auf Befreiung von der gegenüber dem Berater bestehenden Verbindlichkeit setzt notwendig das Bestehen einer eigenen Verpflichtung des BR gegenüber dem Dritten voraus. Ohne wirksame vertragliche Grundlage würde der Dritte auch kaum den BR beraten. Ein Vertrag, den der BR zu seiner Unterstützung gem. § 111 S. 2 mit einem Berater schließt, ist indes nur insoweit wirksam, als die vereinbarte Beratung zur Erfüllung der Aufgaben des BR erforderlich, das versprochene Entgelt marktüblich ist und der BR daher einen Kostenerstattungs- und Freistellungsanspruch gegen dem AG gem. § 40 hat. Denn nur in diesem Umfang ist der Betriebsrat vermögens- und daher auch rechtsfähig. Schutzwürdige Interessen des Beraters stehen einer solchen Begrenzung der Vertragswirksamkeit nicht entgegen, da eine weitergehende rechtsgeschäftliche Verpflichtung des BR für den Berater mangels eines über den Kostenerstattungs- und Freistellungsanspruch hinaus gehenden Vermögens des BR regelmäßig wertlos ist. Die Grenzen des dem BR bei der Beurteilung der Erforderlichkeit der Beratung zustehenden Spielraums sind im Interesse seiner Funktions- und Handlungsfähigkeit nicht zu eng zu ziehen. Soweit sie von dem BR-Vorsitzenden bei der Beauftragung dennoch überschritten werden, ist der von ihm für den BR geschlossene Vertrag nicht wirksam. Der BR-Vorsitzende kann insoweit gegenüber dem Dritten nur entsprechend den Grundsätzen des Vertreters ohne Vertretungsmacht haften, es sei denn das Beratungsunternehmen kannte die mangelnde Erforderlichkeit der Beratung oder musste sie kennen.[209] Der BGH stärkt die Rechte des BR, indem er ihm in dem Umfang Vermögensfähigkeit zubilligt, als er einen Kostenerstattungsanspruch gegen den AG hat. Der BR hat einen **eigenen Beurteilungsspielraum** bei der Beantwortung der Frage, ob er einen Berater gem. § 111 Satz 2 auf Kosten des AG hinzuziehen kann, dessen Grenzen nach der Entscheidung ausdrücklich **nicht zu eng** zu ziehen sind. Werden sie **nicht** überschritten, dann ist eine Haftung des BR bei einem RA, der das Risiko der Erforderlichkeit abschätzen kann, stets ausgeschlossen. Der BR kann es ganz ausschließen, indem er vertraglich den Erstattungsanspruch auf die erforderliche Höhe begrenzt. Lässt sich ein Dritter nicht darauf ein, dann muss er keinen Vertrag abschließen.[210]

---

206 *LAG Düsseldorf* 23.2.92, LAGE § 23 BetrVG 1972 Nr. 31; *Kania*, DB 96, 374 [378]; *Schleusener*, NZA 01, 640.

207 a. A. *LAG Bremen* 2.7.13, 1 TaBV 35/12, wonach nur ein individualrechtlicher Entfernungsanspruch entsteht.

208 *Konzen*, FS E. Wolf, S. 279; *Fitting*, Rn. 24.

209 *BGH* 25.10.12; NZA 12, 1382.

210 *Deinert*, AiBplus 13, 9; *Bergmann*, NZA 13, 57; *Fischer*, NZA 14, 343.

III. Auflösung des Betriebsrats (Abs. 1 und 2)

1. Voraussetzungen

Nach Abs. 1 kann der BR als Gremium wegen grober Verletzung seiner Pflichten aufgelöst werden. Hierfür gelten die gleichen Voraussetzungen wie für den Ausschluss einzelner Mitglieder (Rn. 10 ff.). 154

a) Grobe Pflichtverletzung des Betriebsrats

Eine grobe Verletzung liegt vor, wenn die Pflichtverletzung **objektiv erheblich** und **offensichtlich schwerwiegend** ist. Es muss sich um Pflichten handeln, die den BR als Gremium betreffen.[211] Zu den gesetzlichen Pflichten gehören alle Amtspflichten, die dem BR als Organ obliegen, wie z. B. Wahl des BR-Vorsitzenden oder Ausübung der Mitbestimmungsrechte. Eine Amtspflichtverletzung des BR setzt **aktives Verhalten** voraus. Sie kommt also nicht in Betracht, wenn er als Gremium eine gesetzwidrige Amtsausübung seiner Mitglieder oder Ausschüsse nur duldet und registriert, ohne Gegenmaßnahmen zu ergreifen. Hierzu ist er nicht verpflichtet, weil die BR-Wahl selbst freiwillig ist und die Nichtwahl keiner Sanktion unterliegt.[212] 155

Die groben Pflichtverletzungen müssen vom **BR als Organ** begangen sein. Dies bedeutet aber nicht, dass im Fall einer gesetzwidrigen Beschlussfassung dem BR nur solche Entscheidungen und Maßnahmen zugerechnet werden können, die einstimmig getroffen wurden; maßgebend sind **Mehrheitsbeschlüsse** gemäß § 33. Bei der **Neuwahl** konstituiert sich ein neuer BR. Deshalb rechtfertigen Pflichtverletzungen des alten BR nicht die Auflösung des neuen.[213] 156

Gleichzeitige, jedoch einzelne **Pflichtverletzungen** mehrerer oder aller BR-Mitglieder rechtfertigen nicht die Auflösung des BR, sondern lediglich den Ausschluss einzelner Mitglieder.[214] Diese Unterscheidung ist wichtig, da im ersteren Fall die Amtszeit des BR mit der Auflösung endet, im letzteren Fall jedoch Ersatzmitglieder nachrücken können und der BR somit als Organ weiterbesteht.[215] Es ist also zwischen den Pflichtverletzungen des BR als Gremium und den Pflichtverletzungen des/der Betriebsratsvorsitzenden zu unterscheiden: Nur dem Gremium – etwa aufgrund entsprechender Beschlüsse – zuzurechnende Verstöße gegen das BetrVG können den Antrag auf Auflösung des Betriebsrats begründen, nicht zuzurechnende Pflichtenverstöße des/der Vorsitzenden sind bei der Prüfung des Hilfsantrags zu berücksichtigen, nicht zurechenbare Verstöße weiterer Betriebsratsmitglieder sind unerheblich.[216] 157

b) Objektive Pflichtverletzung, kein Verschulden

Anders als beim Ausschluss einzelner BR-Mitglieder (Rn. 10 ff.) setzt die grobe Verletzung gesetzlicher Pflichten durch den BR **kein Verschulden** voraus, da ein Gremium nicht schuldhaft handeln kann. Es kommt vielmehr darauf an, ob der BR als Organ **objektiv** seine Pflichten in grober Weise verletzt hat.[217] Unerheblich ist das Mitwirken einzelner oder der Mehrheit der BR-Mitglieder. Wenn einzelne BR-Mitglieder nicht zur Pflichtverletzung beitragen oder gar entgegengewirkt haben, so ist dies ebenfalls bedeutungslos. 158

---

211 *BAG* 22.6.93, EzA § 23 Nr. 35; *Fitting*, Rn. 36; WPK-Kreft, Rn. 18.
212 A. A. *Fitting*, Rn. 36.
213 *Fitting*, Rn. 39; *GL*, Rn. 33; GK-*Oetker*, Rn. 118; a. A. HWGNRH-*Huke*, Rn. 44 bei personeller Identität beider BR.
214 *ArbG Marburg* 7.8.96, NZA 96, 1331.
215 *Fitting*, Rn. 39; GK-*Oetker*, Rn. 119.
216 *LAG Schleswig-Holstein* 3.12.13, 1 TaBV 11/13.
217 *BAG* 22 6.93, AP Nr. 22 zu § 23 BetrVG 1972; *Fitting*, Rn. 40; *GL*, Rn. 34; GK-*Oetker*, Rn. 120; HWGNRH-*Huke*, Rn. 43; Richardi-*Thüsing*, Rn. 54.

2. Einzelfälle

a) Grobe Pflichtverletzung des Betriebsrats

159 Als **grobe Amtspflichtverletzung** des BR kommen grundsätzlich die gleichen Verstöße in Betracht, die zum Ausschluss eines BR-Mitglieds aus dem BR führen können (Rn. 10 ff.), sofern sie vom BR als Organ begangen wurden. Dabei kommt es entscheidend auf die Umstände des **Einzelfalles** an. Grobe Pflichtverletzungen sollen vorliegen:

160 • **Beleidigung** des AG in grober Weise;[218] Der Vergleich betrieblicher Arbeitsbedingungen eines BR-Mitglieds mit denen eines KZ ist **zulässig** und kann dann auch nicht zur Auflösung des BR führen.[219]

161 • **Betriebsratssitzung:**
ein BR, der durchschnittlich nur alle **zwei Monate** tagt, kann die Belange einer Belegschaft von fast 600 AN nicht hinreichend erörtern;[220]

162 • **Betriebsversammlung:**
Nichteinberufung von Pflichtversammlungen nach § 43;[221] Nichtberücksichtigung betrieblicher Belange und Interessen wesentlicher Belegschaftsteile bei der Festlegung der **zeitlichen Lage** von Betriebsversammlungen;[222] Führt ein BR keine dem Gesetz entsprechenden Betriebsversammlungen und Abteilungsversammlungen durch, verletzt er grob seine gesetzlichen Pflichten.[223]

163 • **Gewerkschaft:**
Unterlässt der BR jeden Kontakt mit der Gewerkschaft und kann er deshalb seinen Aufgaben nicht voll gerecht werden, verstößt er gegen seine Pflichten;[224] Vereitelt er zielgerichtet im Gesetz verankerte Rechte einer im Betrieb vertretenen Gewerkschaft, ist er nicht mehr tragbar und muss aufgelöst werden.[225]

164 • **Homepage:**
Die Einrichtung einer eigenen Homepage im Internet soll unzulässig sein, da es nicht zu den Aufgaben des Betriebsrats gehöre, ohne Veranlassung durch den Arbeitgeber die Öffentlichkeit über betriebsinterne Vorgänge zu informieren. Unterhalte der Arbeitgeber allerdings ein Intranet, so müsse er ihm eine eigene Homepage in diesem Netzwerk zur Verfügung stellen.[226] Ob die Einrichtung einer Homepage überhaupt einen **groben Verstoß** darstellen kann, ist zu bezweifeln;

165 • **Kostensenkung, Druck auf Arbeitnehmer, Verstoß gegen Recht und Billigkeit:**
Ein BR, der sich an einem Konzept zur Kostensenkung beteiligt und durch Unterstützung von Maßregelungskündigungen und anderer sachwidriger Maßnahmen auf die freie Willensbildung einzelner AN Einfluss nimmt, verletzt seine Pflichten schwer;[227]

166 • **Mitbestimmungsrechte:**
Nichtausübung gesetzlicher Mitwirkungs- und Mitbestimmungsrechte; dagegen kann auch die konsequente Ausübung von Mitbestimmungsrechten keinen Auflösungsantrag rechtfertigen, auch wenn der AG sie für missbräuchlich hält;

---

218 *ArbG Marburg*, NZA-RR 01, 91.

219 *LAG Berlin-Brandenburg* 2.10.14, NZA-RR 15, 125; vgl. auch BVerfG 28.7.14, AuR 14, 442, das Äußerungen vor einem sachlichen Hintergrund im Kampf ums Recht erlaubt, bei dem man nicht jedes Wort auf die Goldwaage legen muss, vgl. auch Rn. 58 und 65 zu erlaubten Äußerungen einzelner BR-Mitglieder.

220 *ArbG Wetzlar* 22.9.92, AiB 93, 48 = BB 92, 2216.

221 *LAG Frankfurt* 12.8.93 – 12 TaBV 203/92: 1989 und 1990 fanden zwei und 1991 nur eine statt; ebenso Vorinstanz *ArbG Wetzlar* 22.9.92, AiB 92, 48 = BB 92, 2216; *LAG Hamm* 25.9.59, DB 59, 1227: keine Versammlung innerhalb von $1^1/_2$ Jahren nach der BR-Wahl; *ArbG Göttingen* 30.5.96 – 2 BV 6/96; *ArbG Mannheim* 18.12.73 – 5 BV 23/73; 8.5.74 – 6 BV 1/74, wenn auf Antrag der im Betrieb vertretenen Gewerkschaft nach § 43 Abs. 4 keine Versammlung einberufen wird.

222 *LAG Niedersachsen* 30.8.82, DB 83, 1312.

223 *LAG Baden-Württemberg* 13.3.14, 6 TaBV 5/13.

224 *Däubler*, Gewerkschaftsrechte, Rn. 173; a. A. *LAG Köln*, 15.12.00 NZA-RR 01, 371 zur angeblich gewerkschaftsneutralen Amtsführung.

225 *LAG Baden-Württemberg* 13.3.14, 6 TaBV 5/13.

226 *ArbG Paderborn* 29.1.98, DB 98, 678 = AuR 98, 342 m. Anm. *Dübber*.

227 *ArbG Freiburg* 15.10.97, AiB 98, 402 m. Anm. v. *Gnann*.

- **nachlässige Geschäftsführung:** 167
  Nichtweiterführung der Geschäfte gemäß § 22; **unzulässige Übertragung von Aufgaben** auf den Vorsitzenden oder Duldung seines Auftretens ohne Vertretungsmacht; Beschlüsse, die beharrlich gegen arbeitsrechtliche Schutzgesetze oder TV verstoßen; **Nichtbehandlung von Beschwerden** nach § 85; **Nichtbestellung des WV** zur Wahl der JAV (§ 63 Rn. 16); keine **Errichtung des GBR** auch dann, wenn die Voraussetzungen hierfür vorliegen.
- **Personaldaten:** 168
  Veröffentlichung von Vergütungsgruppen oder Gehalts-/Lohnhöhen einzelner, von personellen Maßnahmen betroffener AN am »Schwarzen Brett«,[228] es sei denn, der AG bringt selbst einen erheblichen Teil entsprechender Personaldaten in die Betriebs- bzw. UN-Öffentlichkeit;[229] Weitergabe von Bewerbungsunterlagen an Dritte.[230]
- **Strafanzeige** gegen Geschäftsführer gem. § 119 ohne ausreichenden Tatverdacht;[231] 169
- **Tarifvertrag:** 170
  Abschluss einer BV über tariflich geregelte oder üblicherweise in TV geregelte Arbeitsbedingungen unter Verstoß gegen § 77 Abs. 3;[232]
- **Untätigkeit:** 171
  Nichtbestellung eines Vorsitzenden, eines stellvertretenden Vorsitzenden, des Betriebsausschusses, des WV oder der Mitglieder für den GBR;
- **Vertrauensvolle Zusammenarbeit:** 172
  Desinteresse an vertrauensvoller Zusammenarbeit.[233]

b) Keine grobe Pflichtverletzung des Betriebsrats

Keine groben Pflichtverletzungen sollen vorliegen: 173

- **Betriebsversammlung:** 174
  keine grobe Pflichtverletzung, wenn Versammlung wegen einer **Baumaßnahme** auf einen Zeitpunkt acht bis neun Monate nach der Konstituierung des BR hinausgeschoben wird;[234] Bei der zu geringen Anzahl von Betriebsversammlungen ist zugunsten des BR z. B. zu berücksichtigen, dass er erst kurze Zeit amtiert oder die antragstellenden AN als milderes Mittel die Einberufung einer Betriebsversammlung hätten erzwingen können und hierauf verzichteten.[235]
- Verletzung des **Datenschutzes,** wenn auf Grund einer Entschuldigung des BR keine Wiederholungsgefahr besteht;[236] 175
- **Information** der Gewerbeaufsicht oder an die Berufsgenossenschaft über Sicherheitsmängel; 176
- **Konsequentes** Vertreten der eigenen Standpunkte; 177
- **Mangelnde Kompromissbereitschaft** in Verhandlungen; Unzufriedenheit;[237] 178
- Sachlich begründete **Streitigkeiten im BR;** 179
- **Streik:** 180
  Keine grobe Pflichtverletzung ist es, wenn sich der BR bei einer spontanen, durch provokative Maßnahme des AG verursachten **Arbeitsniederlegung** mit den streikenden AN solidarisch erklärt und sie nicht zur Wiederaufnahme der Arbeit auffordert.[238]

---

228 *LAG Berlin* 26.6.86, RDV 87, 252.
229 *LAG Hamburg* 24.5.88, DB 89, 1295.
230 *ArbG Wesel* 16.10.08, NZA-RR 09, 21.
231 Sehr bedenklich *ArbG Krefeld* 6.2.95, NZA 95, 803.
232 *BAG* 22.6.93, EzA Nr. 35 zu § 23 BetrVG 1972; *LAG Schleswig-Holstein* 28.1.99, AiB 00, 105; *LAG Hamburg* 6.8.92 – 7 TaBV 4 /92; *Däubler,* BB 90, 2256; *ArbG Göttingen* 30.5.96 – 2 BV 6/96; vgl. im Einzelnen zur Tarifsperre § 77 Rn. 62 ff.; § 87 Rn. 29 ff.
233 *ArbG Krefeld* 6.2.95, NZA 95, 803.
234 *LAG Mainz* 5.4.60, BB 60, 983.
235 *ArbG Darmstadt* 2.4.13, 9 BV 22/12 für Hyundai in Rüsselsheim.
236 *ArbG Marburg,* 28.5.99, NZA-RR 01, 94.
237 *ArbG Darmstadt* 2.4.13, 9 BV 22/12.
238 *LAG Hamburg* 6.11.75, BB 76, 363; *LAG Hamm,* DB 76, 343; *Wiese,* NZA 84, 378; zum Arbeitskampf insgesamt § 74 Rn. 16 ff.

3. Verfahren

a) Antrag, Antragsberechtigung, Antragsverbindungen

181 Auch das Auflösungsverfahren wird nur **auf Antrag** eingeleitet. **Antragsberechtigt** sind wie beim Ausschlussverfahren ein Viertel der wahlberechtigten AN, der AG und jede im Betrieb vertretene **Gewerkschaft** (Rn. 84 zum Ausschluss aus dem BR und Rn. 273 zum Antrag gegen den AG). BR-Mitglieder sind als wahlberechtigte AN antragsberechtigt (Rn. 78 ff.). Das Antragsrecht des BR entfällt naturgemäß. Der Antrag kann mit anderen verbunden werden (Rn. 89 ff.).

Die Antragsschrift zur Auflösung des BR muss gemäß §§ 80 Abs. 2, 46 Abs. 2 ArbGG, § 253 ZPO **unbedingt** sein. Ein bei Gericht eingereichter **Misstrauensantrag** an den BR mit der Androhung, ihn als Antrag an das ArbG zur Auflösung des BR zu geben, falls der BR nicht zurücktrete, stellt keine ordnungsgemäße Antragsschrift zur Einleitung des Beschlussverfahrens dar.[239]

182 Im arbeitsgerichtlichen Beschlussverfahren kann der Hauptantrag auf Auflösung des BR zulässigerweise mit einem Hilfsantrag auf Ausschluss des/der BR-Vorsitzenden **verbunden** werden, obwohl der/die Vorsitzende formal nicht Beteiligte im Verfahren über den Hauptantrag ist und es sich damit um einen im Zivilprozess regelmäßig unzulässigen Hilfsantrag gegen einen Dritten handelt. In diesem Verfahren ist zwischen den Pflichtverletzungen des BR als Gremium und den Pflichtverletzungen des/der BR-Vorsitzenden **zu unterscheiden**. Nur dem Gremium – etwa aufgrund entsprechender Beschlüsse – zuzurechnende Pflichtverstöße gegen das BetrVG können den Antrag auf Auflösung des BR begründen. Nicht zuzurechnende Pflichtverstöße des /der Vorsitzenden sind bei der Prüfung des Hilfsantrags zu berücksichtigen, nicht zurechenbare Verstöße weiterer BR-Mitglieder sind unerheblich. Denkbar ist bei Pflichtverstößen einzelner BR-Mitglieder, dass diese dem BR deswegen zugerechnet werden, weil dieser das gesetzwidrige Verhalten einzelner seiner Mitglieder billigt oder unterstützt, was **substantiiert** vorzutragen und zu beweisen ist.[240]

b) Rechtsschutzinteresse

183 Die Geltendmachung der Verletzung der Amtspflichten ist – wie beim Ausschluss einzelner BR-Mitglieder – auf Handlungen während der **laufenden Amtsperiode** beschränkt. Das **Rechtsschutzinteresse** für die Fortführung des Verfahrens ist selbst bei Personenidentität des neuen BR zu verneinen, weil der neue BR nicht mit dem alten identisch ist. Ebensowenig ist die Auflösung des neuen BR wegen Pflichtverletzungen aus der vorhergehenden Amtszeit zulässig, selbst wenn diese Amtspflichtverletzungen erst kurz vor Ablauf oder während der Amtszeit des neuen BR bekannt wurden. Ein entsprechender Antrag ist als **unzulässig** zurückzuweisen.

184 Das Rechtsschutzinteresse kann entfallen, wenn sich während des Gerichtsverfahrens die **Besetzung** des BR **komplett geändert** hat.[241]

185 Der BR kann sich **nicht** wie die einzelnen BR-Mitglieder dem Auflösungsverfahren dadurch entziehen, dass er seinen **Rücktritt** beschließt, weil sein Amt durch einen solchen Beschluss nicht sofort endet, sondern in der Weise fortbesteht, dass er gemäß § 22 die laufenden Geschäfte weiterzuführen hat.[242] Das Verfahren wird gegen den **geschäftsführenden BR** so lange fortgesetzt, bis seine Amtszeit tatsächlich, ggf. durch die Wahl eines neuen BR und die Bekanntgabe des Wahlergebnisses, abgelaufen ist. Dies gilt entsprechend, wenn sämtliche BR-Mitglieder und Ersatzmitglieder einzeln ihr **Amt niederlegen,** weil dies als kollektiver Rücktritt anzusehen ist.[243] Das gerichtliche Verfahren zur Auflösung des BR kann auch gegen einen bereits zurückgetretenen BR eingeleitet werden. Endet jedoch die Amtszeit des BR während des Beschlussverfahrens, entfällt das Rechtsschutzinteresse für den Auflösungsantrag.

---

239 *ArbG Bremen* 31.10.91 – 6 BV 47/91.

240 *LAG Schweswig-Holstein* 3.1213, 1 TaBV 11/13.

241 *LAG Köln* 19.12.90, AuR 91, 382.

242 GK-*Oetker*, Rn. 104.

243 § 13 Rn. 17; HWGNRH-*Huke*, Rn. 55; a. A. Richardi-*Thüsing*, Rn. 60.

c) Beschlussverfahren, Gegenstandswert

186 Das ArbG entscheidet im **Beschlussverfahren** gemäß §§ 2 a, 80 ff. ArbGG.[244] Für die Berechnung des **Gegenstandswertes** ist der Hilfswert von 4000,– Euro (§ 8 Abs. 2 Satz 2 BRAGO) je nach den Umständen des Einzelfalls, Bedeutung, Arbeitsaufwand zu erhöhen. Bei durchschnittlichem Schwierigkeitsgrad und normalem Verfahrensgang ist nach der Rspr. eine Erhöhung um jeweils $^1/_4$ (1000,– Euro) für jedes BR-Mitglied angemessen,[245] bzw. der doppelte Ausgangswert von § 23 Abs. 3 Satz 2 Halbs. 2 RVG, also 8000,00 €[246] oder die Zahl der BR-Mitglieder maßgebend.[247]

d) Einstweilige Verfügung

187 Eine **einstweilige Verfügung,** durch die dem BR vor Rechtskraft des Auflösungsbeschlusses generell die Ausübung seines Amtes untersagt wird oder die ihn einstweilen auflöst, ist nicht zulässig,[248] weil sonst eine betriebsratslose Zeit entstünde (§ 21 Rn. 1 ff.).

4. Rechtsfolgen der Auflösung

a) Auflösung mit Rechtskraft

188 Der BR wird **mit der Rechtskraft** der arbeitsgerichtlichen Entscheidung aufgelöst. Die Amtszeit des BR endet **sofort und unmittelbar.** Der BR ist nicht berechtigt, gemäß § 22 die Geschäfte weiterzuführen (§ 22 Rn. 1 ff.) oder den WV für die Neuwahl zu bestellen. Der Beschluss erfasst auch sämtliche **Ersatzmitglieder.**[249] Der Betrieb wird also mit der Rechtskraft des Auflösungsbeschlusses **betriebsratslos.** Die Rechtskraft tritt, sofern das *LAG* die Rechtsbeschwerde nicht zugelassen hat, erst mit Ablauf der Frist für die Einlegung der **Nichtzulassungsbeschwerde** ein[250] bzw. mit der Entscheidung über diese Beschwerde oder, nach erfolgter Zulassung, mit der rechtskräftigen Entscheidung des *BAG.*

b) Ende der Amtsstellung und des besonderen Kündigungsschutzes

189 Mit dem **rechtskräftigen Auflösungsbeschluss** erlöschen gleichzeitig alle sonstigen **Rechte aus der Amtsstellung** wie die Mitgliedschaft im GBR und/oder KBR sowie ggf. im WA, sofern diese nicht vom GBR bestellt wurde und es sich um das notwendige BR-Mitglied i. S. d. § 107 Abs. 1 handelt. Die Auflösung des BR führt gleichzeitig zum vorzeitigen Ende der Amtszeit aller Mitglieder des WA, sofern kein GBR besteht. Mit der Auflösung des BR verlieren die BR-Mitglieder auch ihre Funktion als Beisitzer einer ESt., wie im Übrigen einem etwaigen laufenden ESt.-Verfahren durch den rechtskräftigen Auflösungsbeschluss der Boden entzogen ist.[251] Ihre etwaige Mitgliedschaft im AR verlieren die BR-Mitglieder jedoch nicht. Vor Zustellung der Auflösungsentscheidung kann der BR zurücktreten und einen neuen Wahlvorstand bestellen.

190 Mit Ende der Amtsstellung endet auch der **besondere Kündigungsschutz** der BR-Mitglieder gemäß § 15 Abs. 1 KSchG und § 103. Gemäß § 15 Abs. 1 bis 3, Satz 2 letzter Halbsatz KSchG ist der **nachwirkende Kündigungsschutz** nur dann ausgeschlossen, wenn die Mitgliedschaft durch Gerichtsentscheidung beendet wird. Endet sie nicht durch Ausschluss des einzelnen BR-Mitglieds (Rn. 39), sondern durch Auflösung des BR als Organ, dann **wirkt** er durch teleologische Reduktion der Rechtsfolgen des § 15 Abs. 1 KSchG nach.[252] Die Gegenansicht ver-

---

244 Muster eines Antrags auf Auflösung des BR vgl. DKKWF-*Trittin*, § 23 Rn. 4.
245 *LAG Köln* 20.10.97, NZA-RR 98, 2750.
246 *Hess LAG* 16.3.09 – 5 Ta 103/09.
247 *LAG Hamm* 6.3.09 – 13 Ta 846/08.
248 *Fitting*, Rn. 45; GK-*Oetker*, Rn. 132.
249 *Fitting*, Rn. 41.
250 *LAG Hamm* 9.11.77, DB 78, 216.
251 GK-*Oetker*, Rn. 133.
252 *Fitting*, Rn. 43; *Matthes*, DB 80, 1169; restriktiv gegen Nachwirkung GK-*Oetker*, Rn. 137.

kennt, dass der BR als Gremium durch Beschlüsse agiert. Mitglieder, die vergeblich rechtswidrigem Verhalten des BR entgegentreten, dürfen nicht ihren individuellen Kündigungsschutz bei Auflösung des BR verlieren und damit als Minderheit für eine Mehrheit »mithaften«.

c) Bestellung des Wahlvorstandes (Abs. 2)

191 Ein neuer WV wird bestellt, sobald der Auflösungsbeschluss rechtskräftig geworden ist. Dies erfolgt **von Amts wegen.** Es bedarf hierzu also keines besonderen Antrags. Zur Vermeidung eines längeren betriebsratslosen Zustands ist eine **Verbindung des Bestellungs- mit dem Auflösungsverfahren** als zulässig anzusehen. Es bedarf hierfür keines besonderen Antrags. Wird der Antrag von der Gewerkschaft oder einem AN gestellt, so können sie Vorschläge für die Größe oder Zusammensetzung des WV machen. Der Beschlusstenor im Auflösungsverfahren kann die Bestellung des WV davon abhängig machen, dass die Auflösung rechtskräftig wird. Da es sich um eine Rechtsbedingung (Eintritt der Rechtskraft) handelt, ist die bedingte Bestellung unschädlich.[253] Das ArbG kann Betriebsfremde in den WV berufen. Der Beschluss ist gem. § 87 ArbGG durch **Beschwerde** anfechtbar.[254] Beschwerdeberechtigt sind mit Ausnahme des aufgelösten BR alle Verfahrensbeteiligten des Auflösungsverfahrens (zur Bestellung des WV § 16 Rn. 1 ff.).

192 Der Hinweis in Abs. 2 auf § 16 Abs. 2 bedeutet, dass die im Betrieb vertretene Gewerkschaft oder die AN, sofern sie den Antrag auf Auflösung des BR gestellt haben, **Vorschläge für die Größe und Zusammensetzung des WV** machen können. Dem AG steht ein derartiges Vorschlagsrecht nicht zu.[255]

d) Wählbarkeit

193 Die vom auflösenden Beschluss betroffenen BR-Mitglieder können für die unmittelbar sich **anschließende Amtszeit** des neuen BR **wiedergewählt** werden, auch wenn diese Wahl außerhalb des regelmäßigen Wahlzeitraums stattfindet. Die Wählbarkeit ist ebenso wenig eingeschränkt wie die eines ausgeschlossenen BR-Mitglieds.

5. Verhältnis zu anderen Vorschriften

194 Abs. 1 regelt die Auflösung des BR abschließend (vgl. Rn. 100 ff.)

IV. Sanktionen gegen den Arbeitgeber (Abs. 3)

1. Grundsätze

195 Verstößt der AG grob gegen seine betriebsverfassungsrechtlichen Verpflichtungen, dann gewährt die **Sonderregelung** des Abs. 3 dem BR und jeder im Betrieb vertretenen Gewerkschaft einen Anspruch gemäß § 194 BGB gegen den AG, diese Handlung zu unterlassen, die Vornahme der Handlung zu dulden oder eine Handlung vorzunehmen. Auf diese Weise soll **ein Verfahren des AG** sichergestellt werden, das das der **betriebsverfassungsrechtlichen Ordnung** entspricht.[256] Abs. 3 ist insofern mit Abs. 1 vergleichbar, als beide Vorschriften ein **gesetzmäßiges Verhalten der Betriebsverfassungsorgane** gewährleisten sollen. Sie knüpfen an die in der Vergangenheit liegenden groben Verstöße an und wollen in die **Zukunft** wirken. Das

253 *HessLAG* 12.8.93 – 12 TaBV 203/92; ErfK-Koch, Rn. 22; *Sahmer*, Rn. 8; a. A. GK-*Oetker*, Rn. 142, wonach stets das Gericht erster Instanz für die Bestellung des WV zuständig ist, gegen dessen Entscheidung die Beschwerde nach § 87 ArbGG stattfindet.

254 *Fitting*, Rn. 48; WPK-*Kreft*, 24.

255 MünchArbR-*Joost*, § 302 Rn. 24; *Fitting*, Rn. 47; a. A. GK-*Oetker*, Rn. 143; Richardi-*Thüsing*, Rn. 71 a; Hako-*Düwell*, Rn. 33, § 16 Abs. 2.

256 *BAG* 25.8.04, 3.5.94 AP Nrn. 41, 23 zu § 23 BetrVG 1972.

gesetzwidrige Verhalten von BR und seinen Mitgliedern soll durch materiell gleichgewichtige Regelungen unterbunden werden können und gewährt einen materiell-rechtlichen Anspruch.[257] Der BR kann zur Herstellung eines rechtmäßigen Verhaltens des AG und Vermeidung des Arbeitsgerichtsverfahrens vom AG die Abgabe einer **Unterlassungserklärung** verlangen.[258]

Der materiell-rechtliche Anspruch und das **Verfahren** gemäß Abs. 3 weisen einige Besonderheiten auf: **196**

- der Anspruch setzt einen **groben Verstoß des AG** voraus;
- das Antragsrecht beschränkt sich auf den **BR.** Einzelne AN sind nicht antragsberechtigt (Rn. 88);
- die **Gewerkschaft** hat ein umfassendes Antragsrecht;
- der Höchstbetrag des zu verhängenden **Ordnungs- oder Zwangsgeldes** beträgt 10000,– Euro. Eine Verurteilung zur Haft ist ausgeschlossen;
- Abs. 3 ist **neben** anderen betriebsverfassungsrechtlichen Ansprüchen anwendbar. Insbesondere kommt der Anspruch auf **Durchführung einer BV** in Betracht. Seine Durchsetzung ist **nicht** an das Vorliegen eines groben Verstoßes gebunden;
- **das Verfahren gegen den AG** gliedert sich **in zwei Stufen,** nämlich in ein Verfahren (**Erkenntnisverfahren**), in dem der AG nach Abs. 3 Satz 1 verurteilt wird, und, sofern der AG seiner Verpflichtung aus der arbeitsgerichtlichen Entscheidung nicht nachkommt, in ein zweites Verfahren (**Vollstreckungsverfahren**) zur Durchsetzung der ArbG-Entscheidung mit gerichtlichen Zwangsmaßnahmen nach Abs. 3 Sätze 2 und 3.

Diese Besonderheiten gebieten eine im Vergleich zu Abs. 1 eigene Bestimmung der Voraussetzungen und Rechtsfolgen.

2. Erkenntnisverfahren (Abs. 3 Satz 1)

a) Voraussetzungen

aa) Betriebsverfassungsrechtliche Pflichten

Abs. 3 erfasst alle Verstöße gegen Pflichten des AG, die sich auf seine **betriebsverfassungsrechtliche Rechtsstellung** beziehen. Sie beruhen in erster Linie auf dem BetrVG, können sich aber auch aus anderen Gesetzen ergeben, wie z. B. § 9 Abs. 3 ASiG, § 17 Abs. 2 KSchG.[259] Soweit TV betriebsverfassungsrechtliche Pflichten des AG enthalten, werden sie von Abs. 3 erfasst.[260] Abs. 3 gilt nicht für arbeitsvertragliche Pflichten des AG gegenüber einzelnen AN. Dagegen sind die Pflichten des AG gegenüber dem einzelnen AN nach § 75 und den §§ 81 ff. gesetzliche Pflichten gemäß § 23 Abs. 3.[261] **197**

Betriebsverfassungsrechtliche Pflichten des AG können sich auch aus **BV, Sprüchen der ESt.** und **Regelungsabreden** ergeben. Dies gilt unabhängig davon, ob sie diese selbst begründen oder lediglich gesetzliche Pflichten konkretisieren. Maßgebend ist allein, dass sie die **betriebsverfassungsrechtliche Rechtsstellung** des AG ausgestalten.[262] Betriebsverfassungsrechtliche Pflichten können sich auch aus einer EDV-Betriebsvereinbarung[263] oder einem Interessenausgleich und Sozialplan ergeben.[264] **198**

Von Abs. 3 werden nicht nur Verpflichtungen erfasst, die den allgemeinen Vollstreckungsvorschriften der §§ 887, 888 und 890 ZPO zu Grunde liegen, so dass solche auf Zahlung eines Geldbetrages gemäß § 803 ZPO, auf Herausgabe bestimmter beweglicher Sachen gemäß § 883 **199**

257 *Fitting*, Rn. 49; *Konzen*, Leistungspflichten, S. 39 ff.; einschränkend MünchArbR-*Joost*, § 302 Rn. 30 unter Hinweis auf die unterschiedlichen Folgen.
258 Vgl. Abmahnungschreiben mit vorbereiteter Unterlassungserklärung DKKWF-*Trittin*, § 23 Rn. 5 f.
259 *Fitting*, Rn. 60.
260 *LAG Baden-Württemberg* 29.10.90, LAGE § 77 BetrVG 72 Nr. 10.
261 *LAG Köln* 19.2.88, DB 89, 1341; a. A. *Konzen*, S. 71 f.; *Heinze*, DB-Beilage 9/83, S. 12 ff.
262 *LAG Baden-Württemberg* 29.10.90, LAGE § 77 BetrVG 72 Nr. 10.
263 *LAG Köln* 19.2.10, 11 TaBV 50/08.
264 *ArbG Darmstadt* 7.12.93 – 3 BV 4/94: Abschluss betriebsbedingter Aufhebungsverträge ohne die vereinbarte Beteiligung des BR.

ZPO oder zur Abgabe einer Willenserklärung gemäß § 894 ZPO unberücksichtigt bleiben müssen. Die Durchsetzung der betriebsverfassungsrechtlichen Ordnung auf Grund von Abs. 3 muss im Prinzip bei **jeder Pflichtverletzung** möglich sein, also auch bei Zahlung eines Geldbetrages, Herausgabe bestimmter Sachen oder Abgabe einer Willenserklärung.[265] Soweit speziellere Vorschriften bei einem Pflichtverstoß Anwendung finden, tritt Abs. 3 zurück.
Da von Abs. 1 sämtliche Pflichten des BR und seiner Mitglieder erfasst werden, gilt dies auch für Abs. 3 aus dem Gesichtspunkt der **Gleichgewichtigkeit** beider Vorschriften. Wenn der AG wegen **grober Pflichtwidrigkeiten aller Art** den BR auflösen lassen kann, dann müssen auch umgekehrt gegen den AG bei allen groben Pflichtverstößen Sanktionen möglich sein.

200 Ein Unterlassungsbegehren im Sinne des § 23 Abs. 3 kann nur erfolgreich geltend gemacht werden, wenn der AG grob gegen seine Verpflichtungen aus dem Betriebsverfassungsgesetz verstößt. Ein arbeitgeberseitiger Verstoß gegen **arbeitsvertragliche** Verpflichtungen oder auch gegen **tarifvertragliche** Regelungen sei dagegen kein Verstoß, der im Zusammenhang mit der betriebsverfassungsrechtlichen Stellung des AG steht.[266]

bb) Grober Verstoß; Objektiv erhebliche Pflichtverletzung

201 Das Verfahren nach Abs. 3 setzt grundsätzlich einen **groben Verstoß** gegen Verpflichtungen des AG aus dem BetrVG voraus. Er muss **objektiv erheblich** sein.[267]

202 Verstößt ein AG **mehrfach** und **offenkundig** gegen seine betriebsverfassungsrechtlichen Pflichten, dann ist dies objektiv erheblich und er erfüllt regelmäßig die Anforderung des Abs. 3 Satz 1.[268]

203 Objektiv erheblich kann jedoch auch ein **einmaliger schwerwiegender** Pflichtverstoß sein, wenn er nur schwerwiegend genug ist;[269] leichtere Verstöße können bei **Fortsetzung oder Wiederholung** zu einem groben Verstoß werden.[270] Eine grobe Verletzung gegen die Verpflichtungen aus dem Betriebsverfassungsgesetz liegt vor, wenn der AG **mehrfach** erzwingbare Mitbestimmungsrechte des BR übergangen hat.[271] Eine Wiederholungsgefahr ist gegeben, wenn zum Zeitpunkt der letzten mündlichen Verhandlung eine ernsthafte, sich auf Tatsachen gründende Besorgnis weiterer Eingriffe besteht. Dafür besteht im Falle der Pflichtverletzung in der Vergangenheit grundsätzlich eine **tatsächliche Vermutung**, es sei denn, dass z. B. die tatsächliche Entwicklung einen neuen Eingriff unwahrscheinlich macht.[272]

204 Jede Missachtung von in der Literatur und Rspr. anerkannten **Mitbestimmungsrechten** des BR kann einen groben Verstoß darstellen.[273] Der grobe Verstoß muss nicht offensichtlich sein. Er kann sich also auch erst nach näherer Prüfung herausstellen. Weiterhin setzt er **nicht** die **Gefährdung des Betriebsfriedens,** der Amtsausübung des BR oder der vertrauensvollen Zusammenarbeit voraus, weil es allgemein um die gesetzmäßige Ordnung der Betriebsverfassung geht.

205 Im Erkenntnisverfahren kommt es **nicht** auf ein **Verschulden** des AG an, da es um ein zukünftiges Verhalten geht und er nicht als Einzelperson, sondern als Organ der Betriebsverfassung betroffen ist. Das Verhalten eines Vertreters muss sich der AG **zurechnen** lassen.[274]

265 GK-*Oetker*, Rn. 214.
266 *LAG Düsseldorf* 26.6.14, 5 TaBV 35/14.
267 *BAG* 16.7.91, AP Nr. 44 zu § 87 BetrVG 1972 Arbeitszeit; 14.11.89, AP Nr. 76 zu § 99 BetrVG 1972.
268 *BAG* 7.3.12, NZA-RR 12, 359.
269 *BAG* 18.3.14, NZA 14, 987; 14.11.89, NZA 14, 357; 14.11.89, AP Nr. 76 zu § 99 BetrVG 1972; *LAG Schleswig-Holstein* 9.8.07, NZA-RR 07, 639; *LAG Baden-Württemberg* 14.4.88, AiB 88, 281; *LAG Frankfurt* 24.2.87, 1.12.87, 9.2.88, LAGE § 23 BetrVG 1972 Nrn. 9.13.14; *Fitting*, Rn. 62; *Konzen*, Leistungspflichten, S. 73; *Pahle*, NZA 90, 51 ff.; Richardi-*Thüsing*, Rn. 93.
270 *BAG* 18.4.85, AP Nr. 5 zu § 23 BetrVG 1972; 16 7.91, AP Nr. 44 zu § 87 BetrVG 1972 Arbeitszeit; 23.4.91, EzA § 98 BetrVG 1972 Nr. 7; *LAG Schleswig-Holstein* 9.8.07, NZA-RR 07, 639; *LAG München* 18.9.07 – 6 TaBV 59/07.
271 *LAG Düsseldorf* 26.8.93, LAGE § 23 BetrVG 1972 Nr. 35.
272 *BAG* 29.2.00 – 1 ABR 4/99; *LAG Köln* 19.2.10 – 11 TaBV 50/08.
273 *Rüthers*, Anm. zu EzA § 23 BetrVG 1972 Nr. 9 = AP Nr. 2 zu § 23 BetrVG 1972.
274 *BAG* 22.10.91, NZA 90, 320; 92, 376; 27.11.90, BB 91, 548; *HessLAG* 9.10.97 – 5 TaBV 8/97; *Fitting*, Rn. 64, GK-*Oetker*, Rn. 229; *Heinze*, DB-Beilage 9/83, S. 10 f.; *Rüthers*, Anm. zu EzA § 23 BetrVG 1972 Nr. 9 = AP Nr. 2 zu § 23 BetrVG 1972.

Ein **grober Pflichtverstoß** kann auch dann vorliegen, wenn der AG **irrig** in einer **schwierigen und ungeklärten Rechtsfrage** eine bestimmte Meinung vertritt und danach handelt, also auf Grund eines **Rechtsirrtums** gegen Bestimmungen des BetrVG verstößt.[275] Übereinstimmend wird ein grober Verstoß dann bejaht, wenn das Verhalten des AG auf leichtfertiger oder grob **fahrlässiger Unkenntnis** bzw. Fehlbeurteilung der Rechtslage beruht. Ist die vom Arbeitgeber vertretene Rechtsansicht in einer schwierigen und ungeklärten Rechtslage jedoch vertretbar, liegt kein grober Pflichtverstoß vor.[276] 206

Zweifel über kollektivrechtliche Regelungsbefugnisse und über deren Reichweite können nicht dazu führen, die Mitbestimmungsrechte nach § 87 Abs. 1 außer Acht zu lassen; § 87 Abs. 2 und § 76 Abs. 5 sind auch bei Meinungsverschiedenheiten über den Umfang der Regelungszuständigkeit zu beachten. Nur eine rechtskräftige Gerichtsentscheidung kann Zweifel über gegenseitig bestehende Rechte, z. B. nach § 87 Abs. 1, mit Wirkung für die Beteiligten ausräumen. 207

Von einem groben Verstoß i. S. v. Abs. 3 ist jedenfalls dann auszugehen, wenn in einer Mehrzahl von Fällen Rechte des BR, z. B. nach § 87 Abs. 1, missachtet wurden. Eines weiteren Verfahrens zur Klärung von Rechtsfragen bedarf es vor der Einleitung des Verfahrens nach dieser Vorschrift nicht. **Kein grober Verstoß** liegt allenfalls dann vor, wenn der AG zur Klärung einer umstrittenen Rechtsfrage das ArbG anruft.[277] 208

Für die Beurteilung eines groben Pflichtverstoßes ist es unerheblich, ob dieser während der **Amtszeit des gegenwärtigen oder eines früheren BR** begangen wurde.[278] 209

Dies gilt entsprechend für einen **Inhaberwechsel,** da er in die Rechtsposition des alten Inhabers eintritt und es auf ein Verschulden nicht ankommt. Die Betriebserwerber treten von Gesetzes wegen nicht nur in die Rechte und Pflichten aus den im Zeitpunkt des Betriebsübergangs bestehenden Arbeitsverhältnissen ein, sondern zugleich auch in das betriebsverfassungsrechtliche Rechtsverhältnis des BR zu dem vorherigen Betriebsinhaber. Sie müssen sich also als Rechtsnachfolger des Betriebsveräußerers dessen betriebsverfassungsrechtliche Pflichtverletzungen bei der Gewichtung der Pflichtverletzung als grob zurechnen lassen.[279] 210

cc) Keine Verwirkung

Unterlässt ein BR es über mehrere Jahre, einen Verstoß des AG gegen Mitbestimmungsrechte zu beanstanden, führt dies nicht zur Verwirkung des Mitbestimmungsrechts.[280] Die **materiellrechtliche Verwirkung** von Mitbestimmungsrechten ist grundsätzlich ausgeschlossen.[281] Der BR kann weder auf sein Mitbestimmungsrecht verzichten noch darf er es der einseitigen Regelung durch den AG überlassen.[282] Der AG muss grundsätzlich damit rechnen, dass der BR seine Beteiligung in einer seiner Mitbestimmung unterliegenden Angelegenheit verlangt und diese gegebenenfalls auch gerichtlich durchsetzt. Auch das Recht, einen **Anspruch gerichtlich geltend** zu machen, kann der Verwirkung unterliegen. Dies setzt voraus, dass die Klage erst nach Ablauf eines längeren Zeitraums erhoben wird und Umstände vorlagen, aufgrund derer der Anspruchsgegner annehmen durfte, er werde nicht mehr gerichtlich belangt werden. Zudem muss das Zumutbarkeitsmoment verwirklicht sein, d. h. dass das Erfordernis des Vertrauensschutzes das Interesse des Berechtigten an einer sachlichen Prüfung des von ihm behaupteten Anspruchs derart überwiegt, dass dem Gegner die Einlassung auf die Klage nicht mehr zuzumuten ist.[283] 211

275 *BAG* 29.2.00 – 1 ABR 4/99; 18.4.85, AP Nr. 5 zu § 23 BetrVG 1972; AP Nr. 76 zu § 99 BetrVG 1972; MünchArbR-*Joost,* § 302 Rn. 33; *Fitting,* Rn. 63; GK-*Oetker,* Rn. 227.
276 *LAG Hamm* 19.10.07 – 10 TaBV 67/07; *LAG Düsseldorf* 29.2.08 – 9 TaBV 91/07.
277 *BAG* 15.8.78, AP Nr. 1 zu § 23 BetrVG 1972.
278 GK-*Oetker,* Rn. 175.
279 *Hess. LAG* 3.2.11, 9 TaBV 27/10.
280 *LAG Schleswig-Holstein* 4.3.08, TaBV 42/07.
281 *BAG* 28.8.07, NZA 08, 188 c.
282 *BAG* 3.6.03, NZA 03, 1155.
283 *BAG* 25.4.06, NZA-RR 07, 374.

b) Einzelfälle grober Verstöße des Arbeitgebers

212 Als **grobe Pflichtverstöße** des AG wurden je nach den Umständen des Einzelfalles folgende Fälle angesehen:

aa) Fortbestand der Arbeitsverhältnisse der Mitglieder, Amtsführung des Betriebsrats, Durchführungsanspruch

213 1. **Ab- und Zurückmeldung:**
einseitige **Anweisung gegenüber BR-Mitgliedern,** sich schriftlich unter Verwendung eines detaillierten Formblatts vom Arbeitsplatz ab- und wieder zurückzumelden.[284]

214 2. **Abmahnung:**
Androhen von **arbeitsvertraglichen Konsequenzen** gegenüber von der Arbeitspflicht durch Beschluss nach § 37 Abs. 2 befreiten BR-Mitgliedern bei Fernbleiben von der Arbeit[285] oder gegenüber dem BR-Vorsitzenden wegen betriebsverfassungsrechtlicher Tätigkeit,[286] da die Verletzung von Amtspflichten nicht durch Abmahnungen sanktioniert werden kann. Sie behindern den BR an der ordnungsgemäßen Durchführung seiner Aufgaben (Rn. 45).

215 3. **Behinderung:**
§ 119 Abs. 1 Nr. 2 schützt die Tätigkeit des BR, stellt jede Behinderung sowie Störung unter Strafe und Nr. 3 schützt die Betätigung aller Mitglieder betriebsverfassungsrechtlicher Organe vor Benachteiligungen und Störungen. Worin die geschützten Tätigkeiten jeweils liegen, definiert der Gesetzgeber nicht, sondern setzt es voraus. Das BetrVG geht von einem eigenständigen Tätigkeitsbereich des BR aus, in dem er sich zur Wahrnehmung seiner Aufgaben **selbst organisiert** und in dem er autonom bestimmen kann, wie er seine Aufgaben wahrnehmen will. Für schützenswert hält er alle Tätigkeiten des BR bzw. seiner Mitglieder, die in seinen Aufgabenbereich fallen und die er zur Durchführung seiner Aufgaben für erforderlich und geboten hält. Dem BR steht insoweit ein **Beurteilungsspielraum** zu, von dem er eigenständig Gebrauch machen kann. Der AG kann hierzu andere Auffassungen vertreten, darf jedoch die Ausübung des Ermessens durch den BR und seine Mitglieder nicht durch seine eigene Beurteilung ersetzen. Die Mitbestimmung setzt die freie Betätigung der BR-Mitglieder im Rahmen des BetrVG voraus. Sie ist ein durch Art. 1 und 2 GG verfassungsrechtlich gewährleistetes Recht, das der AG über die konkreten Regelungen der Betriebsverfassung hinaus zu beachten hat.
Alle Mitglieder des BR dürfen mit allen AN im Betrieb **kommunizieren** (Telefon, Gespräch, E-Mail), sie am **Arbeitsplatz** und bei **Abteilungsversammlungen** aufsuchen.[287] Unzulässig ist die Initiierung eines Misstrauensvotums gegen den BR, GBR oder KBR;[288] gravierende Verstöße gegen das **Behinderungs- und Benachteiligungsverbot** nach § 78;[289] öffentliche Verleumdung von BR-Mitgliedern, sie würden sich verantwortungslos verhalten, weil sie die Verschlechterung ihrer Arbeitsverträge abgelehnt hätten.[290] Stellt der AG die Belegschaft und den BR vor die Wahl: »**Geld oder Mitbestimmung**«, so stellt dies eine strafbare Behinderung dar. Dies gilt auch für die Drohung des AG, dass BR-Sitzungen nur noch ohne Bezahlung in der Freizeit durchgeführt werden.[291] Eine Behinderung stellt auch die Drohung des AG dar, dass der **Betrieb geschlossen** oder eine **freiwillige Vergütung** nicht mehr gezahlt wird, wenn der BR auf der Wahrnehmung seiner Mitbestimmungsrech-

284 *ArbG Oberhausen* 7.12.84, 7.2.85, AiB 85, 47; vgl. auch *BAG* 14.2.90, BB 90, 1625; § 37 Rn. 43, 46.
285 *ArbG Nürnberg* 8.3.85 – 8 BV 68/84.
286 *LAG Düsseldorf* 23.2.93, DB 93, 2604; *LAG Berlin* 23.2.88, DB 88, 863.
287 *Trittin*, dbr 3/11, S. 24.
288 *Fitting*, Rn. 66.
289 *ArbG Bayreuth* 12.12.73, AuR 74, 251; *ArbG Oberhausen* 7.12.84, 7.2.85, AiB 85, 47; *ArbG Pforzheim* 25.2.77, BetrR 77, 392; *ArbG Rosenheim* 26.8.88, AiB 89/83.
290 *ArbG Stralsund* 14.12.04 AiB 05, 498; vgl. auch *LAG Hamburg* 1.9.88, BB 90, 1053, Ls.
291 *AG Kempten* Strafbefehl vom 6.12.99, Cs 213 Js 5082/99; unten zur vertrauensvollen Zusammenarbeit und § 78 Rn. 7 ff.

te besteht. Der BR hat gegen den AG zumindest dann einen Unterlassungsanspruch wegen Benachteiligung nach § 78 Satz 2 BetrVG i. V. m. § 1004 Satz 2 BGB, wenn weitere Benachteiligungen zu befürchten sind und damit **Wiederholungsgefahr** besteht.[292]

4. **Betriebsfrieden:** 216
Verstöße gegen die betriebliche **Friedenspflicht** und das Verbot der **parteipolitischen Betätigung** gemäß § 74 Abs. 2.[293]

5. **Betriebsvereinbarungen:** 217
Nichtdurchführung von Vereinbarungen mit dem BR entgegen § 77 Abs. 1, auch soweit sie auf einem Spruch der ESt. beruhen;[294] die Zusicherung des AG, eine BV in Zukunft korrekt durchzuführen, beseitigt nicht die Wiederholungsgefahr und das Rechtsschutzinteresse.[295] Verstößt der AG gegen eine BV, GBV oder KBV, haben BR, GBR oder KBR Anspruch auf ihre ordnungsgemäße Durchführung. Jeder Verstoß schafft einen betriebsverfassungswidrigen Zustand, dessen Beseitigung sie verlangen können. Möglicherweise gleichzeitig bestehende und auch gerichtlich durchsetzbare Rechte einzelner AN stehen dem Anspruch des BR auf Beseitigung des betriebsverfassungswidrigen Zustands nicht entgegen. Die Rechte des BR gelten unabhängig von denen einzelner AN, weil der BR als selbständiges Organ der Belegschaft insgesamt, nicht jedoch einzelner AN gegenüber verantwortlich ist. **Klageverzichtsklauseln** in GBV oder KBV, wonach Ansprüche von AN ihre Rechte nicht gerichtlich geltend machen oder BR ihre Mitbestimmungsrechte nicht wahrnehmen, verstoßen gegen das Maßregelungsverbot gem. § 612 a BGB, sind unwirksam und schaffen einen betriebsverfassungswidrigen Zustand.
Der Abschluss von BV verstößt immer gegen § 77 Abs. 3.[296]

6. **Betriebsversammlung:** 218
Abdecken der Einladung zu einer **Betriebsversammlung** am Schwarzen Brett mit dem Versprechen, einen halben Tag Zusatzurlaub bei Nichtteilnahme zu gewähren,[297] bzw. Aushang im Betrieb, in dem der AG darauf hinweist, dass er den AN nicht empfehlen könne, die Betriebsversammlung zu besuchen;[298] wiederholte oder gar ständige **Unterlassung der Berichte** nach § 43 Abs. 2 und § 110.[299] Der AG darf den BR nicht durch die Art und Weise der Information über die **Kosten der Betriebsratsarbeit** in seiner Arbeit behindern.[300] Eine **Zeitgutschrift** für Nichtteilnehmer an einer Betriebsversammlung ist unzulässig. Die Mitteilung des AG, wonach er gegen die Rechtmäßigkeit einer Betriebsversammlung Bedenken habe, seine Entgeltzahlungspflicht entfallen könne und die Teilnahme freiwillig sei, soll kein grober Verstoß sein.[301]

7. **Büro:** 219
Weigerung, dem BR ein geeignetes BR-Büro mit den notwendigen Einrichtungen einschließlich Telefonanschluss sowie eine Schreibkraft zur Verfügung zu stellen.[302]

8. **Homepage, PC:** 220
Der AG muss dem BR eine eigene Homepage im Intranet zur Vergügung stellen, wenn er ein solches Netzwerk unterhält.[303] Er darf die Arbeit am **Betriebsrats-PC** nicht behin-

---

292 *LAG Brandenburg* 28.10.99, AiB 02, 573 und *ArbG Cottbus* 12.5.99, AiB 02, 573 wegen verweigerter Überlassung betrieblicher Kfz zu Sonderkonditionen wegen eines vom BR eingeleiteten Beschlussverfahrens und weil ein BR-Mitglied dem AG »schon soviel Geld gekostet« habe; § 78 Rn. 1 ff.

293 *LAG Berlin* 3.3.86, AiB 86, 235; *LAG Niedersachsen* 9.3.90, AuR 91, 153, Ls.; *ArbG Münster* 8.9.86, AiB 86, 236; *ArbG Verden,* 14.4.89, BetrR 89, 167 mit Anm. *Preuß*; 25.4.90, AuR 90, 389, Ls.; *ArbG Regensburg* 28.7.89, AiB 89, 354; § 74 Rn. 22 ff.

294 *BAG* 10.11.87, AP Nr. 2 zu § 77 BetrVG 1972; *LAG Hamm* 26.1.93 – 13 TaBV 95/91; *LAG Frankfurt* 12.7.88, AuR 89, 150, Ls.; *LAG Berlin* 8.11.90, BB 91, 206, Ls.; *LAG Hamm* 20.11.90, BB 91, 477.

295 *BAG* 23.6.92– 1 ABR 11/92; zur Durchführung von Betriebsvereinbarungen § 77 Rn. 3 ff.

296 *BAG* 20.8.91 AP Nr. 2 zu § 77 BetrVG 1972 Tarifvorbehalt; Fitting, Rn. 66; Gewerkschaftsrechte Rn. 84.

297 *LAG Baden-Württemberg* 30.4.87 – 13 [7] TaBV 15/86.

298 *OLG Stuttgart* 9.9.88, AuR 89, 151.

299 *LAG Hamburg* 13.6.88 – 1 BV 4/88 für den Gemeinschaftsbetrieb mehrerer UN.

300 *BAG* 19.7.1995, DB 1996, 431; *LAG Düsseldorf* 26.11.93, LAGE § 23 BetrVG 1972 Nr. 34.

301 *ArbG Hamburg* 5.11.97, NZA-RR 98, 214; § 42 Rn. 31 f.

302 *ArbG Osnabrück* 19.11.90 – 2 BV 18/90; § 40 Rn. 118.

303 *ArbG Paderborn* 29.1.98, DB 98, 678 = AuR 98, 342 m. Anm. *Dübber*.

dern.[304] Der AG hat dem BR die erforderlichen Informations- und Kommunikationstechniken zur Verfügung zu stellen. § 40 Abs. 2 ist auch bei § 23 zu berücksichtigen.

221 9. **Kündigung:**

Rechtsmissbräuchlicher Antrag auf Zustimmung zur außerordentlichen Kündigung.[305] Missachtet der AG einen ordnungsgemäß formulierten **Widerspruch des BR** gegen eine beabsichtigte Kündigung gemäß § 102 Abs. 3, dann kann der BR die **Weiterbeschäftigung** des gekündigten AN **erzwingen.** Der AG verstößt hierdurch grob gegen seine gesetzlichen Pflichten aus dem BetrVG. Dem BR kann nicht entgegengehalten werden, dass er individuelle Rechtsansprüche vom AN nicht gerichtlich geltend machen könne. Die pflichtwidrige Nichtweiterbeschäftigung des AN verletzt **eigene Rechte des BR,** weil der AG durch Nichtweiterbeschäftigung des AN den Widerspruch des BR missachtet. Den Anspruch auf Weiterbeschäftigung des AN kann der BR auch im Wege einer **einstweiligen Verfügung** geltend machen (Rn. 279) mit der Verpflichtung zur Weiterbeschäftigung bis zur rechtskräftigen Entbindung. Es besteht regelmäßig ein Verfügungsanspruch, da nach Ablauf der Kündigungsfrist der Gesetzesverstoß droht. Es liegt auch ein Verfügungsgrund vor, weil nur durch den Erlass einer einstweiligen Verfügung dieser Gesetzesverstoß verhindert werden kann. Die Gewerkschaft ist berechtigt, einen Antrag nach § 23 Abs. 3 zu stellen.

222 10. **Rechtsanwalt:**

Der AG hat die Kosten des vom BR als **Berater, Sachverständigen oder Prozessvertreter** herangezogenen Rechtsanwalts zu tragen. Weigert er sich beharrlich, dann **behindert** er den BR bei seiner Amtsführung und macht sich gem. § 119 strafbar (§ 119 Rn. 14; *Fitting*, § 119 Rn. 7). Dies gilt unabhängig davon, ob sie in einem für den BR geführten gerichtlichen Verfahren obsiegten oder unterlagen. Der AG darf auch nicht anstelle eines festgesetzten Streitwerts einfach einen geringeren Betrag zugrunde legen und damit drohen, überhaupt kein Honorar mehr zu zahlen, wenn der BR und sein Anwalt das nicht akzeptieren würden (vgl. auch Rn. 243 zu den Kosten des Beraters und Sachverständigen.

223 11. **Tätlichkeit, Gewaltanwendung, Beleidigung, Bruch des Postgeheimnisses:**

Der AG ist verpflichtet, AN dazu anzuhalten, BR-Mitglieder nicht **anzubrüllen,** sie nicht anzufassen, sie nicht mit körperlicher Gewalt am Verlassen des Raumes zu hindern.[306] **Öffnen** der an den BR adressierten Post[307] bzw. ihre Nichtweiterleitung an den BR.[308]

224 12. **Veröffentlichungen:**

Bekanntmachung der Kosten der Betriebsratstätigkeit in einer gegen die Pflichten der AG verstoßenden Weise.[309] **Aushang eines Schriftwechsels** mit dem BR am »Schwarzen Brett« während laufender Verhandlungen über eine mitbestimmungspflichtige Maßnahme ohne Zustimmung des BR;[310] **Bekanntgabe der »Fehlzeiten«** des BR, die durch Krankheit, BR-Tätigkeit oder Lehrgänge verursacht sind, durch Herausgabe einer schriftlichen Information oder Aushang am »Schwarzen Brett«.[311] Wenn der AG im Zusammenhang mit Verhandlungen mit dem BR über freiwilliges Weihnachtsgeld die **Kosten der BR-Arbeit** durch Aushang bekannt macht und dokumentiert, dass er bei Reduzierung der betriebsratsbedingten Kosten das Weihnachtsgeldbudget erhöhen würde, dann hat der BR einen Unterlassungsanspruch.[312] Äußerungen des AG, er wolle den BR gegen die Wand laufen lassen, den »Sozialtopf« auf andere Betriebe verteilen und den Betrieb wegen der unzumutbaren Zusammenarbeit mit dem BR schließen und Aufforderungen, den BR von der Bildfläche verschwinden zu lassen, sollen keine Maßnahmen nach § 23 Abs. 3 BetrVG gegen den AG nach sich ziehen.[313]

---

304 *ArbG Düsseldorf* 8.9.99, AiB 99, 648.

305 *ArbG Ludwigshafen* 21.5.1992, BetrR 1992, 140; zur außerordentlichen Kündigung § 102 Rn. 113 ff.

306 *ArbG Frankfurt* 14.1.99, AiB 01, 178; vgl. Musterschriftsatz in DKKWF-*Trittin,* § 23 Rn. 8 mit einem Antrag auf Unterlassung von Beleidigungen und Verhängung eines Ordnungsgelds.

307 *ArbG Köln* 21.3.89, CR 90, 208.

308 *ArbG Elmshorn* 27.3.91, AiB 91, 269.

309 *BAG* 12.11.97, AuR 98, 250.

310 *ArbG Trier* 14.6.89, AiB 89, 353 mit Anm. *Schoof.*

311 *ArbG Verden* 14.4.89, BetrR 89, 167; *LAG Niedersachsen* 9.3.90, AuR 91, 153.

312 *ArbG Wesel* 10.4.96, AiB 1997, 52.

313 *LAG Köln* 21.3.95, LAGE § 23 BetrVG 1972 Nr. 37.

13. Vertrauensvolle Zusammenarbeit: 225
einmalige schwere oder fortgesetzt leichtere Verstöße gegen das **Zusammenarbeitsgebot** mit dem BR, insbes. nach § 2 Abs. 1;[314] Verleumdung von BR-Mitgliedern als verantwortungslos, weil sie die Verschlechterung ihrer Arbeitsverträge ablehnten;[315] Aufforderung an BR-Mitglieder, von **BR-Sitzungen** fernzubleiben oder diese zu verlassen.[316] Dem AG ist es untersagt, die Kosten des BR öffentlich bekannt zu geben mit dem Vorwurf, er gefährde die Sicherheit der Arbeitsplätze. Derartige Äußerungen auf einer Betriebsversammlung sind nicht durch das Grundrecht auf freie Meinungsäußerung gedeckt, das seine Grenzen in §§ 2, 78 findet.[317] Mitteilung von BR-Kosten auf Betriebsversammlung.[318] Herstellung eines unmittelbaren Bezugs zwischen den **Kosten der BR-Arbeit** (Freistellung eines BR-Mitglieds) und der Streichung von Fahrtkostenzuschüssen für die AN in einer Betriebsversammlung durch den AG.[319]

14. Wahlbehinderung: 226
Verstöße gegen das Verbot der **Wahlbehinderung und Wahlbeeinflussung** gemäß § 20 Abs. 1 und 2 sowie Unterlassen der dem AG in Zusammenhang mit der Bildung eines BR obliegenden Duldungs- und Unterstützungspflichten.[320] Der BR ist antragsbefugt, soweit er geltend macht, ein Verhalten des AG im Rahmen einer Betriebsratswahl stelle einen groben Verstoß im Sinne von § 23 Abs. 3 BetrVG dar,[321]

15. Zutritt zum Betrieb: 227
Verweigerung des **Zutritts von BR-Mitgliedern** zum Betrieb,[322] auch während eines Arbeitskampfes.[323] Verweigerung des Zutritts von **Beauftragten der Gewerkschaften** zum Betrieb.[324]

bb) Mitbestimmungsrechte in sozialen Angelegenheiten

1. Allgemein: Verletzung von Mitbestimmungsrechten: 228
Verletzung von Mitbestimmungsrechten;[325]

2. Arbeitszeit: 229
Jede Änderung von Dienstplänen ohne Zustimmung des BR;[326] einseitige Anordnung von Arbeitszeit während in einem Dienstplan festgelegter Pausenzeiten;[327] mehrfaches **Übergehen von Mitbestimmungsrechten** des BR bei der Anordnung von Überstunden oder **Duldung freiwilliger Überstunden**;[328] **Übertragung** von Arbeiten auf eine **andere Firma,**

---

314 *LAG Baden-Württemberg* 14.4.88, AiB 88, 281; ArbG Darmstadt, AuR 94, 381.
315 *ArbG Stralsund* 14.12.04, AiB 05, 498; ArbG Ludwigshafen, BetrR 92, 140; *ArbG Oberhausen* 7.12.84, 7.2.85, AiB 85, 47; § 2 Rn. 4 ff.
316 *ArbG Frankfurt* 2.3.88, AiB 89, 78.
317 *LAG Düsseldorf* 26.11.93, BR-Info 3/94, S. 15; a. A. *LAG Köln* 21.3.95, LAGE § 23 BetrVG 1972 Nr. 37 für Aufforderung, den BR verschwinden zu lassen.
318 *BAG* 19.7.95, DB 95, 1516.
319 *ArbG Rosenheim* 22.6.88, AiB 89, 83; zur vertrauensvollen Zusammenarbeit § 2 Rn. 4 ff.; vgl. insgesamt zu den Grenzen betriebsratskritischer Äußerungen des AG: *Wenckebach* AiB 13, 678.
320 *LAG Hamm* 27.4.72, DB 72, 1297.
321 *LAG Niedersachsen* 7.5.07.
322 *ArbG Göttingen* 26.8.88 – 3 BVGa 8/88; *ArbG Elmshorn* 5.12.90, AiB 91, 56.
323 *LAG Frankfurt* 8.2.90, BB 90, 1626, Ls.
324 § 2 Rn. 27 ff.; Musterschriftsatz vgl. DKKWF-*Trittin*, § 23 Rn. 18 mit einem Antrag auf Erlass einer einstweiligen Verfügung an das ArbG.
325 *LAG Hamburg* 9.5.89, AuR 90, 202; *ArbG Lörrach* 22.5.90, AuR 91, 121.
326 *Fitting*, Rn. 66.
327 *BAG* 7.2.12, NZA-RR 12, 359.
328 *BAG* 27.11.90, BB 91, 548; 29.6.92, AiB 93, 117; *LAG Frankfurt* 24.2.87, 1.12.87, LAGE § 23 BetrVG 1972 Nrn. 9, 13; 3.6.88, DB 89, 536, Ls.; 12.7.88, AuR 89, 150, Ls.; 24.1.89, NZA 89, 943, Ls.; *LAG Berlin* 6.9.90 – 4 TaBV 5/90; *LAG Niedersachsen* 2.11.88, AuR 89, 151, Ls.; *LAG Bremen* 18.7.86, AP Nr. 6 zu § 23 BetrVG 1972; *LAG Düsseldorf* 17.5.93 – 5 (2) TaBV 15/93; *LAG Hamm* 9.3.07 – 10 TaBV115/06; a. A. *LAG Schleswig-Holstein* 14.11.86, NZA 87, 714 bei freiwilliger Überstundenleistung; *LAG Rheinland-Pfalz* 10.5.07 – 4 TaBV 32/06 wonach eine Arbeitsendeüberschreitung von ein bis zwei Minuten nicht ausreichend ist.

die von denselben Geschäftsführern wie der AG geführt wird und die Arbeiten in dessen Betrieb und mit den AN ausführt, für die der BR des AG die Ableistung von Überstunden abgelehnt hat;[329] einseitige **Absage von Schichten**;[330] finanzielle **Abgeltung eines Freischichtguthabens** durch individualrechtliche Vereinbarung.[331] Der AG muss eine BV über **gleitende Arbeitszeit** durchführen und so umsetzen, dass am Ende des Ausgleichszeitraums ein bestimmter Höchstwert nicht überschritten wird. Arbeiten außerhalb des Arbeitszeitrahmens ist zu unterbinden;[332] dies gilt auch für einseitigen Einsatz von Leiharbeitnehmern zur Aufrechterhaltung eines geordneten Geschäftsbetriebs im Kassenbereich während einer Betriebsversammlung.[333] Der BR kann vom AG verlangen, es zu unterlassen, während der in den Dienstplänen festgelegten **Pausenzeiten** oder statt der vorgesehenen Pause Arbeitsleistungen entgegenzunehmen oder zu dulden.[334] Dem BR steht bei der Aufstellung von Dienstplänen für die AN eines **Kinos** auch hinsichtlich des dort geregelten Einsatzes von Mitarbeitern an einer sog. Kombikasse (gemeinsamer Verkauf von Tickets sowie Speisen/Getränke) ein Mitbestimmungsrecht aus § 87 Abs. 1 Nr. 2 zu.[335]

230 3. **Entgeltsystem:**
Änderung einer **Eingruppierungsordnung**;[336] Anrechnung von Tariferhöhungen auf übertarifliche Zulagen;[337]

231 4. **Ordnung des Betriebs:**
Erlass einer **Dienstkleiderordnung**;[338] Anweisung über das Verhalten in Anwesenheit von Kunden;[339]

232 5. **technische Einrichtungen:**
Untersuchung an Arbeitsplätzen mittels **Video-Kamera**;[340] Einführung eines Personalabrechnungs- und **Informationssystems**;[341] Aufstellen von **Zeiterfassungsgeräten**.[342]

cc) Mitbestimmungsrechte in personellen und wirtschaftlichen Angelegenheiten

232 1. **Betriebliche Bildungsmaßnahme**
Beabsichtigt ein AG, einen AN für eine Bildungsmaßnahme freizustellen, kann der BR nach § 98 Abs. 3 eigene personelle Vorschläge für die Teilnahme machen. In einem solchen Fall ist der AG nach § 98 Abs. 4 verpflichtet, sich mit dem BR über die Auswahl der Teilnehmer zu einigen. Kommt eine Einigung nicht zu Stande, hat der AG die Einigungsstelle anzurufen. Setzt er sich über diese eindeutige gesetzliche Regelung hinweg, kann der BR nach § 23 Abs. 3 die zukünftige **Unterlassung dieser Handlung** verlangen. Ein solcher Unterlassungsanspruch kann auch bereits nach einer **einmaligen Verletzung** dieser betriebsverfassungsrechtlichen Verpflichtung bestehen.[343]

234 2. **Personelle Einzelmaßnahmen gem. § 99:**
Nach der Rspr. des BAG soll der **allgemeine Unterlassungsanspruch** nicht nur bei unbefristeten oder auf längere Zeit geplanter, sondern auch hinsichtlich nur kurzzeitig beabsichtigter Maßnahmen ausgeschlossen sein. Eine spezifische Schutzlücke bestehe insoweit nicht.[344] Überzeugen kann diese Entscheidung nicht. Richtigerweise muss ein AG, der

329 *BAG* 22.10.91, NZA 92, 376 = AiB 92, 458.
330 *LAG Hamm* 29.6.93, BB 94, 139.
331 *ArbG Arnsberg* 16.8.95 – 3 BV 6/95; im Einzelnen § 87 Rn. 68 ff.
332 *LAG Baden-Württemberg* 11.7.02, AuR 02, 3.
333 *LAG Hamm* 26.8.05, n.v.; Musterschriftsatz vgl. DKKWF-*Trittin,* § 23 Rn. 7 auf Unterlassen der Anordnung oder Duldung von Überstunden.
334 *LAG Berlin-Brandenburg* 17.9.14, 15 TaBV 706/14; 15 TaBV 1746/14;
335 *LAG Sachsen-Anhalt* 24.6.14.
336 *BAG* 13.3.01, NZA 02, 111.
337 *ArbG München* 11.11.87, AiB 89, 78; § 87 Rn. 241.
338 *BAG* 8.8.89, AP Nr. 15 zu § 87 BetrVG 1972 Ordnung des Betriebs.
339 *ArbG Köln* 13.7.89, AiB 90, 73; § 87 Rn. 41 ff.; § 87 Rn. 41 ff.
340 *LAG Baden-Württemberg* 14.4.88, AiB 88, 281.
341 *ArbG Braunschweig* 6.2.85, DB 85, 1487; § 87 Rn. 135 ff.
342 *LAG Schleswig-Holstein* 4.3.08 – 2 TaBV 42/07.
343 *BAG* 18.3.14, NZA 14, 987.
344 *BAG* 23.6.09, NZA 09, 1430.

kurzfristig AN für jeweils nur wenige Stunden bzw. Tage beschäftigt, die Beteiligungsrechte des BR zu achten. Er kann sich nicht darauf zurückziehen, dass eingeleitete Beschlussverfahren wegen Beendigung der Beschäftigung jedes Mal vom Erstgericht eingestellt werden.[345]

Missachtung Beteiligungsrechte des BR bei **personellen Einzelmaßnahmen,** so z. B. Einstellung von AN ohne Unterrichtung und Zustimmung des BR oder Weiterbeschäftigung von Leiharbeitnehmern über den festgelegten Beschäftigungszeitraum hinaus.[346]

Auch bei dem Einsatz von **Fremdfirmen-Beschäftigten** und **freien Mitarbeitern** besteht eine Informationspflicht des BR gemäß § 99 Abs. 1, bei deren Missachtung ein Verfahren nach Abs. 3 in Betracht kommt. Bei kurzfristigen Maßnahmen, die bereits vor Einleitung eines Beschlussverfahrens nach § 101 wieder beendet sind, kann der BR die Beachtung seiner Mitbestimmungsrechte für die Zukunft nur durch einen Antrag nach § 23 Abs. 3 sichern.[347] Der Träger eines Krankenhauses, der an einzelnen Tagen in der Woche von seinen Ärzten auswärtige Operationen durchführen lässt, muss für die Heranziehung von ihm dort gestelltem nichtärztlichen Fremdpersonal die Zustimmung des BR gemäß § 99 Abs. 1 Satz 2 einholen.[348] 235

Auch bei kurzfristigen **Versetzungen** hat der BR einen allgemeinen Unterlassungsanspruch.[349] Dies kann auch durch einstweilige Verfügung geschehen.[350] Bei der Frage, ob ein AG bei der Einstellung von Leiharbeitnehmern in jedem Fall den Namen des einzustellenden Leiharbeitnehmers gegenüber dem Betriebsrat im Rahmen des Zustimmungsverfahrens nach § 99 BetrVG bekannt geben muss, handelt es sich um eine ungeklärte Rechtsfrage, die einen groben Verstoß ausschließt. Kommt ein AG seiner Verpflichtung, den Namen des einzustellenden Leiharbeitnehmers dem BR im Zustimmungsverfahren mitzuteilen, nur in bestimmten Fällen nicht nach, etwa weil er ihn noch nicht kennt, kommt auch kein allgemeiner Unterlassungsanspruch in Betracht.[351] 236

Solange der BR einer Änderung der **Vergütungsordnung** nicht zugestimmt hat, muss der Arbeitgeber die Vergütung neu eingestellter AN an der Struktur der bisherigen **Vergütungsordnung** ausrichten. 237

Der Anspruch des BR auf künftige Beachtung seiner Mitbestimmungsrechte nach § 23 Abs. 3 BetrVG ist durch § 101 nicht ausgeschlossen. Beide Vorschriften finden **nebeneinander** Anwendung.[352] 238

2a. Kündigungen: 239

Der AG teilt den betroffenen AN vor Einleitung oder **vor Abschluss des Anhörungsverfahrens** des BR gem. § 102 seine Kündigungsansicht mit und missachtet damit das Beteiligungsrecht des BR, auf die abschließende Willensbildung des AG durch Bedenken oder Widerspruch gem. § 102 Abs. 2 und 3 Einfluss zu nehmen.

3. Personalmaßnahmen allgemein: 240

Missachtung der Beteiligungsrechte des BR bei allgemeinen personellen Maßnahmen, wie z. B. Unterlassung der innerbetrieblichen **Stellenausschreibung** gem. § 93 in einem Tendenzbetrieb, bei Beurteilungssystemen;[353] Einer Stellenausschreibung, die eine unzutreffende Angabe eines bestimmten Stundenlohns enthält, kann der BR mit einem Unterlas-

345 *LAG München* 18.9.07, 6TaBV 59/07.

346 *BAG* 17.3.87, AP Nr. 7 zu § 23 BetrVG 1972; 6.12.88 – 1 ABR 42/87; 14.11.89, AP Nr. 76 zu § 99 BetrVG 1972; 19.1.10, *NZA 10, 659; LAG Hamburg* 12.4.89 – 4 TaBV 1/89; *LAG Frankfurt* 9.2.88, LAGE § 23 BetrVG 1972 Nr. 14; 24.10.89, DB 90, 2126; 15.12.92 – 4 TaBV 102/92; *ArbG Siegen* 12.7.02, AiB 04, 116 m. Anm. v. *Ross; ArbG Wesel* 13.10.89, AuR 91, 219, Ls.; *ArbG Frankfurt* 22.10.90 – 12 TaBVGa 1/90; *ArbG Hameln* 12.10.90, a. a. O.; a. A. *ArbG Passau* 8.5.90, BB 90, 2335; *ArbG Frankfurt* 6.6.91, AiB 93, 116; vgl. insgesamt § 99 Rn. 1 ff.; zur Antragstellung und Vermeidung unzulässiger Globalanträge *HessLAG* 15.12.98; NZA-RR 99, 584; Rn. 86.

347 *LAG München* 18.09.07 – 6 TaBV 59/07 –; *ArbG Braunschweig*, 11.10.00 – 6 BV 27/00 n. v.

348 *LAG Berlin-Brandenburg* 30.8.13, 6 TaBV 953/13.

349 *LAG Düsseldorf* 29.2.08, 9 Ta BV 91/07.

350 *LAG Köln* 19.3.04 – 8 TaBV 13/04; vgl. aber auch Rn. 85, 131; § 101 Rn. 21 ff.

351 *LAG Hamm* 25.9.09 – 10 TaBV 21/09.

352 *LAG Hamburg* 12.1.07, AiB 07, 670.

353 *BAG* 6.12.88 – 1 ABR 42 – 43/87; *LAG Berlin* 22.4.87, LAGE § 23 BetrVG 1972 Nr. 8.

sungsantrag nach § 23 Abs. 3 S. 1 BetrVG nicht nur in den Fällen einer offensichtlichen Falschangabe begegnen. Jede bewusst unzutreffende Information ist mit der betriebsverfassungsrechtlichen Ordnung unvereinbar;[354] Diebstahlsaufklärung mittels **Fragebogen** ohne Beteiligung des Betriebsrats;[355] Die wiederholte Verletzung der Mitteilungspflicht nach § 105 BetrVG kann zu einer Unterlassungsverpflichtung nach § 23 Abs. 3 führen, insbesondere vor dem Hintergrund einer Selbstverpflichtung des Arbeitgebers.[356] Die Aufstellung von **Beurteilungsgrundsätzen** unterliegt gem. § 94 Abs. 2 der Mitbestimmung, deren Missachtung der BR gem. § 23 Abs. 3 sanktionieren kann.[357] Die wiederholte Verletzung der Mitteilungspflicht nach § 105 kann zu einer Unterlassungsverpflichtung nach § 23 Abs. 3 führen, insbesondere vor dem Hintergrund einer Selbstverpflichtung des AG.[358]

241 4. **wirtschaftliche Angelegenheiten, Wirtschaftsausschuss**
Durchführung einer Betriebsänderung gem. §§ 111 ff. ohne Beteiligung des BR. Einführung eines EDV-Systems;[359] keine Unterrichtung über Betriebsstilllegung;[360] ist in einem Interessenausgleich/Sozialplan die Beteiligung des BR bei Gesprächen über einen Aufhebungsvertrag mit einzelnen AN vereinbart, dann handelt der AG grob pflichtwidrig, wenn er ohne Beteiligung des BR Aufhebungsverträge abschließt;[361] Die Unterrichtungsansprüche und Beratungsansprüche des BR nach § 111 können durch einstweilige Verfügung gesichert werden, dabei kommt auch ein Verbot, Kündigungen auszusprechen, in Betracht;[362] der AG verweigert dem gem. § 111 Satz 2 bestellten **Berater** den Zutritt zum Betrieb, die Herausgabe von Informationen oder die Vergütung. Die verspätete, unvollständige oder vollständig unterlassene Information des Wirtschaftsausschusses kann mit einem Verfahren nach § 23 Abs. 3 geahndet werden.[363]

242 5. **Vorschläge des Betriebsrats:**
Beantwortet der AG Vorschläge des BR zur Beschäftigungssicherung nicht, dann verstößt er dadurch grob gegen seine Pflichten aus § 92 a (§ 92 a, Rn. 26).

243 6. **Berater- und Sachverständigenkosten:**
Begleicht ein AG Rechnungen des Beraters gem. § 111 Satz 2 nicht, dann verstößt er damit grob gegen seine Pflichten. Dies gilt entsprechend für Kosten des Sachverständigen gem. § 80 Abs. 3, Der AG verstößt damit aber nicht nur grob gegen seine betriebsverfassungsrechtlichen Pflichten, sondern macht sich auch nach **§ 119** strafbar.[364]

244 7. **Neu-, Um- und Erweiterungsbauten:**
so späte Unterrichtung über die Planung von Neu-, Um- und Erweiterungsbauten von betrieblichen Räumen oder von Umzügen innerhalb eines Gebäudes, dass der BR die Pläne faktisch nur noch zur Kenntnis nehmen kann.[365]

245 8. **Verstöße gegen das AGG:**
Der BR hat bei groben Verstößen gegen AGG-Normen einen **Unterlassungsanspruch** gem. § 17 Abs. 2 AGG gegen den AG. Der AG verstößt in grober Weise gegen die §§ 11, 7, 1 AGG, wenn er in Stellenausschreibungen gezielt Mitarbeiter/-innen im ersten Berufsjahr sucht um die Stellen kostensparend zu besetzen. Dies stellt eine mittelbare Diskriminierung älterer Bewerber/-innen dar, wenn Mitarbeiter/-innen im ersten Berufsjahr im Betrieb im Durchschnitt gegenüber Beschäftigten im zweiten und dritten Berufsjahr um sechs bzw. 13 Jahre jünger sind.[366]

---

354 A. A. *LAG Berlin-Brandenburg* 23.3.10, 7 TaBV 2511/09.
355 *ArbG Offenbach* 21.6.95, AiB 95, 671 ff.
356 *Hess. LAG* 23.5.13, 9 TaBV 288/12.
357 *Dachrodt*, dbr 12/11 S. 22.
358 *Hess. LAG* 23.5.13, 9 TaBV 288/12.
359 *LAG Hamburg* 5.2.86, 4 TaBV 12/85, LAGE § 23 BetrVG 1972 Nr. 5.
360 *LAG Niedersachsen* 4.5.07, dbr 07, Nr. 12, 38; *LAG Schleswig-Holstein* 20.7.07, AuR 08, 188; *ArbG Hamburg* 25.1.07, AiB 2008 m. Anm. v. *Brinkmeier; ArbG Flensburg* 24.1.08, AuR 08, 351; *ArbG Bamberg* 30.11.84, NZA 85, 259.
361 *ArbG Darmstadt* 7.12.93, EzA § 611 BGB Aufhebungsvertrag Nr. 15.
362 *LAG Berlin-Brandenburg* 12.12.13, 17 TaBV Ga 2058/13.
363 *LAG Berlin-Brandenburg* 30.3.12, 10 TaBV 2362/11.
364 § 119 Rn. 14; *Fitting*, § 119 Rn. 7.
365 *LAG Frankfurt* 3.11.92, BB 93, 1948 = AiB 93, 731; 11.11.93, AuR 94, 201.
366 *LAG Hessen* 6.3.08 – 9 TaBV 251/07.

dd) Individualrechte der Arbeitnehmer

Die Verletzung individueller Rechte verstößt gegen die **betriebsverfassungsrechtliche Ordnung**. Dies gilt unabhängig von der Anzahl betroffener AN, und davon, ob einzelne AN sich beim BR deswegen **beschwert** haben. Die Rechte des BR und ihre Durchsetzung sind unabhängig davon zu bewerten, ob auch die betroffenen AN dies als Rechtsverletzung ansehen und diesen Zustand auch beenden wollen. Dies ergibt sich nicht nur aus dem Wortlaut, der keine Beschwerde voraussetzt, sondern auch aus dem Schutzzweck der Mitbestimmung, die richtigerweise unterstellt, dass der einzelne AN seine Rechte im bestehenden Arbeitsverhältnis gegenüber dem AG nicht oder nicht ausreichend wahrnehmen kann. Die absolut geringe Zahl gerichtlicher Verfahren im bestehenden Arbeitsverhältnis unterstreicht insoweit die Bedeutung der Mitbestimmung. 246

1. **Arbeitsunfähigkeit:** 247
   Schreiben an erkrankte AN, in dem generell willkürliches Verhalten zum Ausdruck gebracht und an der Ernsthaftigkeit der Arbeitsunfähigkeit gezweifelt wird.[367]
2. **Beschwerderechte:** 248
   beharrliche Verletzung der **Beschwerderechte** einzelner AN gemäß §§ 81 ff. bzw. Weigerung des AG, ein BR-Mitglied auf Verlangen eines AN in den Fällen des § 82 Abs. 2, § 83 Abs. 1 bzw. § 84 Abs. 1 hinzuzuziehen.[368]
3. **Informationsrechte:** 248a
   Alle einzelnen AN haben gem. § 81 einen individuellen Anspruch auf **arbeitsplatzbezogene Unterrichtung**, **Anhörung** und **Erörterung**. Verletzt der AG seine Verpflichtung, kann der BR bei grobem Verstoß ein Verfahren gegen ihn einleiten.[369]
4. **Rechte aus Betriebsvereinbarungen:** 249
   In BV, GBV oder KBV verankerte Rechte hat der AG zu beachten, wie z. B. das Recht, seiner Beurteilung oder Leistungsbewertung zu widersprechen.
5. **Streikrecht:** 250
   Der AG hat das Streikrecht der einzelnen AN gem. Art. 9 Abs. 3 GG und Art. 11 EMRK zu beachten. Dies gilt unabhängig davon, ob es sich um Mitglieder der **Mehrheits-** oder **Minderheitsgewerkschaft** bzw. einer **repräsentativen** oder **nicht repräsentativen Gewerkschaft** handelt.
6. **Ungleichbehandlung:** 251
   willkürliche **Ungleichbehandlung einzelner AN** bzw. Verletzung von Persönlichkeitsrechten gemäß § 75;[370] Das gilt ganz besonders auch für Verstöße gegen das AGG, für die § 17 Abs. 2 AGG ausdrücklich auf § 23 Abs. 3 verweist.
7. **Veröffentlichung:** 252
   Bekanntgabe von Mitarbeitern, die eine Abmahnung erhalten haben, am »Schwarzen Brett«.[371]
8. **Wahrnehmung der BR-Sprechstunde:** 253
   Ein unter Verstoß gegen § 39 gegenüber dem AN ausgesprochenes Verbot, den BR aufzusuchen, kann ein grober Verstoß i. S. v. § 23 Abs. 3 sein. Nicht ausreichend ist allerdings, wenn der AG den AN auf die Zuständigkeit seines Vorgesetzten verweist, selbst wenn dies in einschüchternder Weise geschieht.[372]

---

367 *LAG Köln* 19.2.88, DB 89, 1341.
368 *ArbG Hamm* 10.1.79, BB 80, 42.
369 *Zimmermann*, AuR 14, 262.
370 *ArbG München* 1.9.76, AuR 77, 123; *LAG Niedersachsen* 24.2.84, AuR 86, 99; *LAG Köln* 19.2.88, DB 89, 1341; *Klevemann*, AiB 93, 529 zu ausländischen AN; *Grunewald*, NZA 93, 1071 zu Maßnahmen des AG, die dem »Mobbing« zugerechnet werden können. Dies gilt auch für jede Ungleichbehandlung von AN, die als befristet beschäftigte Ferien- oder sonstige **Aushilfen untertariflich** vergütet werden, obwohl hierfür keine sachlichen Gründe vorliegen; zur Ungleichbehandlung § 75 Rn. 106 ff.
371 *ArbG Regensburg* 28.7.89, AiB 89, 354.
372 *LAG Hamm* 19.10.07 10 TaBV 67/07.

ee) Gewerkschaftsrechte

254 1. **Tarifvertrag:**

Die Beeinträchtigung der **kollektiven Koalitionsfreiheit** liegt nicht in der Nichtzahlung der tariflichen Leistungen für tarifwidrig geleistete Arbeitszeit, sondern in der Vereinbarung einer tarifwidrigen betrieblichen Regelung, welche die tariflichen Vorschriften als kollektive Ordnung im Betrieb zu verdrängen versucht. Diese Beeinträchtigung kann durch die Nichtanwendung einer (ohnehin rechtsunwirksamen) BV und eine darauf gerichtete, gegenüber den AN abzugebende ausdrückliche Erklärung des AG beseitigt werden. Die Gewerkschaft ist im Hinblick auf die Beseitigung des tarifwidrigen Zustands verfahrensrechtlich nicht rechtlos gestellt. Sie kann eine solche Beeinträchtigung ihrer kollektiven Koalitionsfreiheit im Wege des einstweiligen Rechtsschutzes durch eine Regelungsverfügung nach § 940 ZPO verhindern oder zumindest verkürzen. Das genüge dem Gebot effektiver Rechtsschutzgewährung. Der Beseitigungsanspruch umfasse jedoch nach Ansicht des BAG nicht die Wiederherstellung des tarifkonformen Zustands durch Nachzahlung tariflicher Leistungen an die AN.[373]

255 Für die Geltendmachung des Unterlassungsanspruchs durch die Gewerkschaften ist das **Beschlussverfahren** die **zutreffende Verfahrensart,** da es sich um eine betriebsverfassungsrechtliche Angelegenheit gemäß § 29 Abs. 1 Nr. 1 ArbGG handelt. Das gegen den AG gerichtete Unterlassensbegehren einer Gewerkschaft nach § 23 Abs. 3 i. V. m. § 77 Abs. 3, das auf Untersagung der Durchführung von Betriebsvereinbarungen abzielt, ist eine Angelegenheit aus dem BetrVG und deshalb im Beschlussverfahren zu verfolgen.[374] Das Begehren der Gewerkschaft betrifft in diesem Falle ausschließlich eine Frage der **betrieblichen Ordnung,** weil sie festlegt, ob die Betriebsparteien von ihrer Regelungsbefugnis einen zulässigen Gebrauch gemacht haben. Zugleich greift eine solche Entscheidung unmittelbar in die durch die Betriebsvereinbarung normativ ausgestalteten Rechtsbeziehungen der Arbeitsvertragsparteien ein. Dies gilt auch dann, wenn der Unterlassungsanspruch auf § 1004 BGB i. V. m. § 823 BGB und Art. 9 GG gestützt wird.[375] Dies **stellt** die **Gewerkschaften** gegenüber dem AG **nicht besser.** Auf den Antrag der Gewerkschaft darf das Gericht nicht »ins Blaue hinein« ermitteln, sondern nur auf Grund des konkreten Sachvortrages.[376] Dies gilt auch hinsichtlich der Kostenfreiheit des arbeitsgerichtlichen Beschlussverfahrens, weil der AG nicht verpflichtet ist, bei Unterliegen im Beschlussverfahren einer Gewerkschaft die notwendigen außergerichtlichen Kosten zu erstatten.[377]

256 **Die Missachtung des § 77 Abs. 3** stellt ebenfalls einen groben Verstoß i. S. d. § 23 Abs. 3 dar.[378] Ein bloßer Feststellungsantrag ist unzulässig.[379] Umgeht der AG § 77 Abs. 3 durch ein **System** von **Regelungsabreden,** haben Gewerkschaften ebenfalls einen materiell-rechtlichen Anspruch gegen den AG darauf, diese im Betrieb nicht umzusetzen. Sie können verlangen, dass der AG die Durchführung vertraglicher Einheitsregelungen unterlässt.[380] Allerdings soll der Abschluss **einzelvertraglicher Vereinbarungen** über die Verlängerung der betrieblichen Arbeitszeit ohne Lohnausgleich auch bei tarifgebundenen AN die IG Metall nicht in ihrem durch Art. 9 Abs. 3 GG geschützten Recht zur Regelung der Arbeits-

373 *BAG* 17.5.11, NZA 11, 1169; 28.5.02, NZA 03, 166; 20.4.99, DB 99, 1555.

374 *BAG* 13.3.01, NZA 01; 1037, NZA 92, 317; Musterschriftsatz vgl. DKKWF-*Trittin,* § 23 Rn. 9 mit einem Antrag auf Nicht-Durchführung einer tarifwidrigen BV.

375 *BAG* 13.3.01, NZA 01, 1037; ErfK-*Eisemann,* § 23 Rn. 24; *Kocher,* AuR 99, 382; *Berg/Platow,* DB 99, 2362; a. A. *Annuß,* RdA 00, 287; *Bauer,* NZA 99, 957; *Richardi,* DB 00, 42.

376 *BAG* 13.3.01, NZA 01, 1037; 12.5.99, NZA 99, 1290.

377 *BAG* 13.3.01, NZA 01, 1037.

378 *BAG* 20.8.91, NZA 92, 317; *LAG Baden-Württemberg* 13.1.99 – 17 TaBV 3/98; *LAG Schleswig-Holstein* 25.5.99, AiB 00, 105; *ArbG Marburg* 3.1.06, AuR 96, 133; *ArbG Mannheim* 4.3.05 – 7 BV 3/04, wonach die Mitgliedschaft **eines Mitglieds** für die Prozessbefugnis der antragstellenden Gewerkschaft ausreicht; *ArbG Stuttgart* 25.1.00 – 2 BV 104/99; *ArbG Elmshorn* 26.5.98 – 4 BV 4 a/98).

379 *BAG* 22.6.93; EzA Nr. 35 zu § 23 BetrVG 1972; *Däubler,* BB 90, 2256; *Kempen,* AuR 89, 261; *Matthießen,* DB 88, 285.

380 *BAG* 20.4.99, DB 99, 1555; *LAG Hamm* 29.7.11; AuR 11, 504; zu Regelungsabreden § 77 Rn. 81 ff.

und Wirtschaftsbedingungen durch Tarifverträge verletzen.[381] Auch nach Ansicht des **BVerfG** ist es problematisch, den Gewerkschaften Schutzansprüche gegen Betriebsparteien bei nicht tarifkonformen BV über mitbestimmungspflichtige Angelegenheiten gemäß § 87 zu versagen.[382]

Das Arbeitsgericht kann auf Antrag einer Gewerkschaft dem AG im Wege einer einstweiligen Verfügung die Anwendung tarifwidriger **arbeitsvertraglicher Regelungen** untersagen. Die Verfügung kann sich bei einer kollektiven Maßnahme auf alle AN einschließlich der Unorganisierten erstrecken.[383]Entsprechende Anträge sind im arbeitsgerichtlichen **Beschlussverfahren** zu verfolgen. Dabei ist der BR, der die Betriebsvereinbarung bzw. die Regelungsabrede mit dem AG abgeschlossen hat, zu beteiligen.[384] **257**

Die Gewerkschaft hat einen Unterlassungsanspruch gegen AG, wenn dieser durch **einzelvertragliche Einheitsregelung** entgegen den gültigen Tarifverträgen die Arbeitszeit verlängert und Urlaubs- und Weihnachtsgeld nicht zahlt. Es ist nicht erkennbar, inwieweit 40 Stunden gegenüber 38 Stunden Arbeitszeit pro Woche günstiger sein soll, ebenso wenig, inwiefern eine vom Betriebsergebnis abhängige Einmalzahlung günstiger sein soll als die feste Zahlung von Weihnachts- und Urlaubsgeld nach Tarifvertrag.[385]

Die Koalitionsfreiheit der Gewerkschaft wird durch tarifwidrige betriebliche Vereinbarungen verletzt, die den Tarifvertrag als kollektive Ordnung verdrängen und damit seiner zentralen Funktion berauben sollen. Die Gewerkschaft hat einen Unterlassungsanspruch gegen den AG, der auch besteht, wenn der AG aus dem **AG-Verband austrat** und die Tarifverträge gemäß § 3 Abs. 3 TVG fortgelten. Ein »Haustarifvertrag« mit der »CGM, der eine 40-stündige Arbeitszeit und den Wegfall von Urlaubs- und Weihnachtsgeld vorsieht, verdrängt nicht die mit der IG Metall abgeschlossenen Tarifverträge, der die große Mehrheit der Beschäftigten als Mitglieder angehören.[386] **258**

2. **Betriebsversammlung:** **259**

Verhindert ein BR durch absichtliche Irreführung die **Teilnahme einer im Betrieb vertretenen Gewerkschaft** an einer Veranstaltung, die nach Ansicht des BR eine Betriebsversammlung sein soll und führt er weder auf Antrag der Gewerkschaft eine ordnungsgemäße Betriebsversammlung noch überhaupt die gesetzlich vorgeschriebene Zahl von Betriebsversammlungen durch, stellt dies eine grobe Verletzung gesetzlicher Pflichten dar, die auf Antrag der Gewerkschaft zur Auflösung des Betriebsrats führen kann.[387]

3. **Zutrittsrecht:** **260**

Versagung des **Zutritts von Gewerkschaftsbeauftragten** zum Betrieb gemäß § 2 Abs. 2.

ff) Schutzgesetze

Der AG ist zur Einhaltung, insbesondere der arbeitsrechtlichen Schutzgesetze und des BR zur **Überwachung ihrer Einhaltung** gem. § 80 Abs. 1 Ziffer 1 verpflichtet. Der Verstoß gegen diese Schutzgesetze berechtigt deshalb den BR und die Gewerkschaft zur Antragstellung gemäß § 23 Abs. 3 Satz 1. Das gilt ganz besonders auch für Verstöße gegen das AGG, für die § 17 Abs. 2 AGG auf § 23 Abs. 3 verweist. **261**

381 *BAG* 20.4.99 – 1 ABR 72/98, wonach ein auf Art. 9 Abs. 3 GG gestützter Unterlassungsanspruch der Gewerkschaft besteht; *ArbG Marburg* 7.8.96, NZA 96, 1337; *Buchner,* NZA 96, 1304.

382 *BAG* 29.6.93, NZA 94, 34; *Däubler,* BB 90, 2256 ff.; *ders., FS Wlotzke,* S. 257 [276]; *Kempff,* AiB 89, 66; *Matthießen,* DB 88, 285 ff.; *Weyand,* AuR 89, 193 f.; *Grunsky,* DB 90, 526; *Kempen,* AuR 89, 261 ff.; *Otto,* RdA 89, 247.

383 *ArbG Bautzen* 28.6.00, AiB 01, 554 m. Anm. von *Uhh.*

384 *LAG Hamm* 29.7.11, 10 TaBV 91/10.

385 *ArbG Halberstadt* 13.9.00, AiB 01, 554 m. Anm. v. *Uhh.*

386 *ArbG Dresden* 5.12.00, AiB 01, 554 m. Anm. v. *Uhh.*

387 *LAG Baden-Württemberg* 13.3.14, 6 TaBV 5/13.

c) Verfahren

aa) Zukünftiges Verhalten, betriebsverfassungsrechtliche Ordnung

262 Das Verfahren ist auf ein **zukünftiges Verhalten** gerichtet. Es dient der Beseitigung eines rechtswidrigen Zustandes oder der Verhinderung rechtswidriger Handlungen oder Unterlassungen.[388] Die Rechtsfolge einer vergangenheitsbezogenen Restitution zurückliegender Verstöße gegen Pflichten des AG soll die Grenzen der Vorschrift überschreiten.[389] Zurückliegende Verstöße können allenfalls als Ordnungswidrigkeit gem. § 121 oder Straftat gem. § 119 geahndet werden. Sie sind jedoch keine materielle Voraussetzung für einen obsiegenden Beschluss der ArbG.[390] Es geht hierbei um die Herstellung der **betriebsverfassungsrechtlichen Ordnung. AN** sind deshalb nicht antragsberechtigt, auch wenn es um ihr Recht geht. Die Geltendmachung dieser Rechte ist dem BR und der Gewerkschaft als betriebliche Interessenvertretungen vorbehalten.[391] Der Betriebsrat muss gem. § 33 die Einleitung des Verfahrens ordnungsgemäß beschließen.[392]

bb) Antrag

263 Der Antrag muss **bestimmt** sein. Die Handlungen müssen möglichst genau bezeichnet und die Verletzungshandlung abstrahierend beschrieben werden.[393] An die Bestimmtheit des Antrags in dem Verfahren nach Abs. 3 sind **geringere Anforderungen** zu stellen als in einem Verfahren, in dem auf Grund des »allgemeinen Unterlassungsanspruchs« dem AG Handlungen untersagt werden sollen. Die Art des durch den Antrag zu verhindernden betriebsverfassungswidrigen Verhaltens ist nicht von vornherein in allen Merkmalen vorhersehbar. Aus diesem Grund scheidet eine auf einzelne tatbeständlich umschriebene, konkrete Handlungen bezogene Antragstellung aus, da sonst das mit Abs. 3 verfolgte gesetzgeberische Ziel, die Erfüllung sämtlicher betriebsverfassungsrechtlicher Pflichten des AG zu sichern, nicht zu erreichen wäre. In diesem Sinne sind **Globalanträge** zulässig, weil nur so ein **effektiver Rechtsschutz** gewährleistet ist, ohne das rechtsstaatliche Bestimmtheitsgebot zu verletzen. Für die Erwirkung von Unterlassungen nach § 940 ZPO ist anerkannt, dass Begriffe verwendet werden dürfen, die erst im Vollstreckungsverfahren zu konkretisieren sind. Die Vollstreckungsfähigkeit ist hierdurch nicht beeinträchtigt.[394] Allerdings reicht es nicht, wenn der Antrag lediglich den entsprechenden **Gesetzeswortlaut** wiederholt, sofern unter den Beteiligten gerade der Inhalt der gesetzlichen Regelung umstritten ist.[395] Durch die Verwendung von unbestimmten Rechtsbegriffen wird ein Antrag allein noch nicht unbestimmt. Erforderlich und ausreichend ist vielmehr, wenn diejenigen Maßnahmen des AG genau bezeichnet werden, für welche Mitbestimmungsrechte in Anspruch genommen werden.[396]

264 Für **Überstunden** sind **Globalanträge** zulässig, mit denen dem AG allgemein untersagt werden soll, für AN seines Betriebes ohne Zustimmung des BR **Überstunden** anzuordnen oder zu dulden.[397] Eine Unterlassungsverpflichtung des Arbeitgebers in einem arbeitsgerichtlichen

388 *Fitting,* Rn. 75; HWGNRH-*Huke,* Rn. 67; Richardi-*Thüsing,* Rn. 103.
389 *BAG* 17.5.11, NZA 11, 1169, für einen Verstoß gegen § 77 Abs. 3.
390 A. A. *Fitting,* Rn. 75.
391 WPK-*Kraft* Rn. 51.
392 § 33 Rn. 1 ff.
393 *BAG* 19.1.2010, NZA 10, 659.
394 *BAG* 14.11.06, AP Nrn. 121, 124 zu § 87 BetrVG 1972 Arbeitszeiten; 2; *LAG Bremen* 18.7.86, AP Nr. 6 zu § 23 BetrVG 1972; 16.12.88, AiB 89, 161; *LAG Hamburg* 12.4.89 – 4 TaBV 1/89; *LAG Düsseldorf* 17.5.93 – 5 [2] TaBV 15/93; enger *LAG Berlin* 31.7.89 – 12 TaBV 2/88; 6.9.90 – 4 TaBV 5/90, das eine auf die konkrete Konfliktsituation abgestellte Antragstellung verlangt, wenn der Anspruch des BR str. ist.
395 *BAG* 17.3.87, AP Nr. 7 zu § 23 BetrVG 1972; *LAG Köln* 16.1.97, NZA-RR 98, 19; a. A. *LAG Hamm* 5.2.10, 13 TaBV 38/09.
396 *LAG Berlin-Brandenburg* 12.6.13, 15 TaBV 2028/12.
397 *BAG* 10.3.92, NZA 92. 952; *LAG Düsseldorf* 29.4.92, NZA 92, 812, wonach dies nur für die Zwangsvollstreckung von Belang sei; vgl. auch Formulierungsvorschlag von *Fiebig,* NZA 93, 58: »Der Antragsteller beantragt, dem Antragsgegner aufzugeben, zu leistende Überstunden in seinem Betrieb nur

Beschlussverfahren (§ 3 a ArbGG) und einem darin geschlossenen Vergleich, in dem es heißt: Die Antragsgegnerin verpflichtet sich, es zu unterlassen, für Arbeitnehmer in ihrem Betrieb in D. Mehrarbeit anzuordnen oder duldend entgegenzunehmen, ohne den Betriebsrat ordnungsgemäß zu beteiligen, gemäß § 87 I Nr. 3 BetrVG, ist hinreichend bestimmt und hat einen vollstreckungsfähigen Inhalt.[398] Hat der BR für einen Teilbereich des Betriebs eine formlose Regelungsabrede getroffen, nach der die Zustimmung des BR vor der Anordnung von Überstunden nicht erforderlich ist, so fehlt dem Globalantrag die Anspruchsgrundlage.[399]

Ein Antrag des BR auf Unterlassung mitbestimmungswidriger **Versetzungen** ist jedenfalls dann insgesamt unbegründet, wenn er so global gefasst ist, dass er Fallgestaltungen umfasst, in denen der AG nach § 100 Abs. 1 BetrVG Personalmaßnahmen vorläufig ohne Zustimmung des BR durchführen kann.[400] Ein Unterlassungsantrag, mit dem dem AG untersagt wird, Beschäftigte aus dem Vertretungsbereich des antragstellenden BR länger als einen Tag außerhalb dieses Vertretungsbereichs einzusetzen, wenn die Zustimmung des BR zur **Versetzung** nicht vorliegt oder die Voraussetzungen des § 100 BetrVG vorliegen, genügt dem Bestimmtheitserfordernis.[401] 265

Bei der Unterlassung von **Einstellungen** ohne rechtzeitige Beteiligung des BR liegt kein Globalantrag vor, wenn der BR bei seinem Antrag die vorläufige Durchführung der Einstellungen dadurch berücksichtigt, dass er von seinem Unterlassungsantrag die **Fälle ausnimmt,** in denen der AG die vorläufige Durchführung gem. § 100 Abs. 2 BetrVG vorgenommen hat.[402] 266

Die **prozessuale Hinweispflicht** des Gerichts bezieht sich auch auf die nach seiner Ansicht bestehenden Defizite in der Antragstellung.[403] Erweist sich ein Unterlassungsantrag als zu unbestimmt, dann ist zumindest einem hilfsweise gestellten **Feststellungsantrag** zu entsprechen, wenn eine solche Entscheidung für andere Verfahren von Bedeutung sein könnte (z. B. die Feststellung der Unwirksamkeit einer tarifwidrigen Betriebsvereinbarung für nachfolgende Einzelklagen). 267

Mit dem Antrag kann der weitere Antrag **verbunden** werden, den AG wegen jeder Zuwiderhandlung gegen die gerichtlich auferlegte Verpflichtung zu einem Ordnungs- bzw. Zwangsgeld zu verurteilen.[404] 268

Ein Verpflichtungsantrag kann in einem **Feststellungsantrag umgedeutet** werden. Zulässig wäre auch eine entsprechende Antragsänderung, der alle Beteiligten **zustimmen** müssen, was durch Einlassung auf den Antrag geschehen kann. Eine Antragsänderung ist im Rechtsbeschwerdeverfahren i. d. R. unzulässig[405] oder wenn ArbG bzw. LAG ihre Hinweispflichten gem. § 139 ZPO verletzen.[406] 269

BR und AG können zur Klärung von Streitfragen über das Bestehen oder Nichtbestehen oder den Inhalt eines Beteiligungsrechts unabhängig von konkret zu entscheidenden Einzelfällen ein **Feststellungsverfahren** einleiten. Das erforderliche Rechtsschutzinteresse kann sich z. B. daraus ergeben, dass der AG regelmäßig Rahmenverträge mit Aushilfsarbeitnehmern abschließt und die Parteien sich über die Beteiligungsrechte des BR nach § 99 BetrVG bei Abschluss dieser Rahmenverträge streiten.[407] Der BR kann auch einen **Zwischenfeststellungsan-** 270

---

mit Zustimmung des Betriebsrats anzuordnen oder zu dulden, es sei denn, es handelt sich um eine Maßnahme in einem Einzel- oder Notfall, um eine Tendenzmaßnahme oder arbeitskampfbezogene Maßnahme.«; *Thon*, AuR 96, 175.

398 *LAG Düsseldorf* 26.6.03, NZA-RR 04, 154.

399 *BAG* 10.3.92, DB 92, 1734; Rn. 81 und zum Mitbestimmungsrecht bei Überstunden § 87 Rn. 81.

400 *BAG* 6.12.94, EzA § 23 BetrVG 1972 Nr. 37.

401 *LAG Brandenburg* 7.11.94, AiB 96, 123.

402 *HessLAG* 15.12.98, NZA-RR 99, 584; *HBR*, Rn. 161 ff.

403 *Derleder*, AuR 95, 13 zur Entscheidung des *BAG* vom 3.5.94, NZA 95, 40.

404 *LAG Berlin* 3.3.86, AiB 86, 235; *LAG Bremen* 25.7.86, LAGE § 23 BetrVG 1972 Nr. 7; *LAG Hamburg* 27.1.92, NZA 92, 568.

405 *BAG* 20.2.02, AP Nr. 33 zu § 99 BetrVG 1972 Einstellung, aber ausnahmsweise gem. § 264 Nr. 2 ZPO bei festgestellten oder unstreitigen Sachverhalt zulässig *BAG* 27.1.04 AP Nr. 35 zu § 69 zur BetrVG 1979.

406 *BAG* 26.10.00, AP Nr. 29 zu § 99 BetrVG 1972; *Fitting* Rn. 74.

407 *BAG* 16.11.04, AP Nr. 3 zu § 82 BetrVG 1972; 28.4.92, NZA 92, 1141 für einen Antrag auf Feststellung, dass der AG den BR vor Abschluss der Rahmenverträge beteiligen muss; a. A. *Fitting*, Rn. 56; WPK-*Kreft*, Rn. 50; § 99 Rn. 223, 225.

trag nach § 256 Abs. 2 ZPO stellen.[408] Erkann z. B. auch einen Feststellungsantrag stellen, wonach ein AN ein Mitglied des BR zu einem Personalgespräch gem. § 82 Abs. 2 Sätze 1 und 2 hinzuziehen darf, wenn es an einem groben Verstoß wegen Unklarheit fehlt.[409] Deshalb kann der BR **hilfsweise** einen **Feststellungsantrag** stellen. Für den Fall, dass das ArbG die Rechtsverletzungen des AG noch nicht als grob qualifiziert und auch einen auf einen allgemeinen Unterlassungsanspruch gestützten Leistungstitel nicht zuspricht, kann der BR die Verletzung seiner Mitbestimmungsrechte feststellen lassen, um der Antragsgegnerin den künftigen Einwand abzuschneiden, es handle sich bei den geschilderten Fällen um schwierige und ungeklärte Rechtsfragen oder nur um einen einmaligen Verstoß, der nicht das Gewicht eines groben Verstoßes erlangt habe.

cc) Antragsberechtigung, Aktiv- und Passivlegitimation

271 Die Antragsberechtigung ist als Verfahrensvoraussetzung in jedem Stadium des Verfahrens, also auch noch in der Rechtsbeschwerdeinstanz zu prüfen.[410] **Antragsberechtigt** sind ausschließlich der BR oder eine im Betrieb vertretene Gewerkschaft, und zwar unabhängig davon, ob sie materiell-rechtlich Gläubiger der Verpflichtung sind, gegen die der AG in grober Weise verstoßen hat. Insoweit besteht eine **gesetzliche Prozessstandschaft.**[411] So kann z. B., wenn der AG grob gegen das Verbot der parteipolitischen Betätigung verstoßen hat oder generell die Mitbestimmungsrechte des BR missachtet, auch eine im Betrieb vertretene Gewerkschaft das gerichtliche Verfahren einleiten, obwohl nicht sie, sondern der BR »Gläubiger« dieser Ansprüche ist. Ferner kann der BR das gerichtliche Verfahren einleiten, wenn der AG z. B. das Zugangsrecht der Gewerkschaft nach § 2 Abs. 2 bzw. Rechte der JAV, des WA oder einzelner AN grob verletzt hat. Die Vorschrift dient in erster Linie der Herstellung eines **gesetzmäßigen Zustands** und nicht nur der Durchsetzung eigener Rechte des BR oder der Gewerkschaft. Die **Gewerkschaften** müssen im Betrieb **vertreten** sein. Der Nachweis der Vertretung kann auf jede geeignete Weise erfolgen. Die Namen der Mitglieder müssen nicht genannt werden. Es ist nicht erforderlich, dass sie auch satzungsmäßig für die Branche oder den Betrieb zuständig sind, da es allein um die betriebsverfassungsrechtliche Ordnung, nicht jedoch um tarifrechtliche Abgrenzung geht. Die Mitgliedschaft nur **eines Mitglieds** reicht aus.[412] Auf die Tarifzuständigkeit der antragstellenden Gewerkschaft kommt es nicht an.[413]

272 Im **Gemeinschaftsbetrieb** soll ein einzelnes an der gemeinsamen Führung beteiligtes UN nicht passivlegitimiert für Ansprüche des BR sein, die sich auf die Vornahme oder die Unterlassung einer der gemeinsamen betrieblichen Leitungsmacht unterfallenden Maßnahme richten.[414]

273 Die **Schwerbehindertenvertretung** ist nach § 23 Abs. 3 BetrVG nicht berechtigt, ein Ordnungsgeld bzw. dessen Androhung zu beantragen.[415]

Nicht antragsberechtigt ist die **JAV;** sie kann aber als materiell Betroffene Beteiligte im Beschlussverfahren sein.[416] Ebenfalls nicht antragsberechtigt sind die **AN,** selbst dann nicht, wenn es um einen Verstoß gegen die Individualrechte i. S. d. §§ 81 ff. geht. Der betroffene AN kann aber aus eigenem Recht seinen Anspruch im Urteilsverfahren durchsetzen.[417]

274 Die Antragsteller im **Erkenntnis- und im Vollstreckungsverfahren** müssen **nicht identisch**

408 HaKo-BetrVG-*Düwell*, Rn. 57; a. A. *Fitting*, Rn. 56; WPK-*Kreft* Rn. 50.
409 WPK-*Kreft*, Rn. 50.
410 *BAG* 15.8.78, AP Nr. 1 zu § 23 BetrVG 1972; a. A. *Grunsky*, § 80 Rn. 29.
411 *Fitting*, Rn. 69; GK-*Oetker*, Rn. 268; *Dütz*, AuR 73, 56; *Heinze*, DB-Beilage 9/83, S. 22; HWGNRH-*Huke*, Rn. 60; Richardi-*Thüsing*, Rn. 95; *Pahle*, NZA 90, 51; a. A. *GL*, Rn. 60 hinsichtlich des Antrags, ein Verhalten zu dulden; weitergehend MünchArbR-*Joost*, § 302 Rn. 40, wonach die Gewerkschaft in Wahrnehmung eigener betriebsverfassungsrechtlicher Kompetenzen handelt.
412 *ArbG Mannheim* 4.3.05 – 7 BV 3/04.
413 *BAG* 13.3.07; 10.11.04.
414 *BAG* 15.5.07, AuR 07, 366.
415 *LAG Rheinland-Pfalz* 19.7.12, 10 TaBV 13/12.
416 *BAG* 15.8.78, AP Nr. 1 zu § 23 BetrVG.
417 GK-*Oetker*, Rn. 267.

sein.[418] Der BR kann somit Antragsteller im Erkenntnisverfahren und die Gewerkschaft im Vollstreckungsverfahren sein oder umgekehrt.
Die Antragstellung des **BR** setzt eine ordnungsgemäße **Beschlussfassung** gemäß § 33 voraus.

dd) Unterlassungsanspruch

Der Unterlassungsanspruch des BR setzt **keine Wiederholungsgefahr** voraus, weil er eine Rechtsfolge des groben Verstoßes ist, der bereits die Wiederholungsgefahr begründet.[419] Die Verpflichtung gem. Abs. 3 Satz 1 des AG setzt weiterhin keine Wiederholungsgefahr voraus, wenn er bereits seine Pflichten grob verletzt hat.[420] Hiergegen spricht der **Wortlaut,** der zusätzliche Tatbestandsmerkmale nicht enthält. Außerdem bezweckt Abs. 3 eine **Gleichgewichtigkeit der Sanktionen** gegen den AG mit denen gegen den BR. Wenn Abs. 1 bei dem Ausschluss einzelner BR-Mitglieder oder der Auflösung des BR keine Wiederholungsgefahr voraussetzt, dann kann dies bei Abs. 3 wohl kaum zusätzlich verlangt werden. Der grobe Pflichtverstoß des AG hat für das Verfahren eine ähnliche Bedeutung wie bei einer Klage auf zukünftige Leistung die **Besorgnis nicht rechtzeitiger Erfüllung.** Sie wird nicht durch die Zusicherung des AG beseitigt, er werde sich in Zukunft rechtmäßig verhalten.[421] Im Übrigen trägt der grobe Verstoß die Wiederholungsgefahr in sich.[422] 275

Ein grober Verstoß soll ausnahmsweise nicht mehr vorliegen, wenn er aus faktischen oder rechtlichen Gründen, z. B. durch Abschluss einer neuen BV für die Zukunft ausgeschlossen ist.[423] Der BR kann nach § 23 Abs. 3 vom AG verlangen, es zu unterlassen, während der in den Dienstplänen festgelegten **Pausenzeiten** für die betreffenden Mitarbeiter Arbeit anzuordnen oder Arbeitsleistungen entgegenzunehmen.[424] 276

ee) Rechtsschutzinteresse

Ein **Wechsel des BR** durch Neuwahl ist für die Beurteilung des Pflichtverstoßes des AG unerheblich, weil es um ein zukünftiges pflichtgemäßes Verhalten des AG geht.[425] Das Verfahren nach Abs. 3 kann auch während der Amtszeit eines anderen als des zurzeit der Verletzung amtierenden BR eingeleitet werden. Der Pflichtverstoß muss zur **Zeit der Antragstellung** noch bestehen, unmittelbar bevorstehen oder zumindest seine Wiederholung zu befürchten sein. Hat der AG in der Vergangenheit grob gegen seine Pflichten verstoßen, so beseitigt seine Zusicherung, dass in Zukunft ein betriebsverfassungswidriges Verhalten unterbleiben werde, nicht die Wiederholungsgefahr.[426] 277

Die **Absicht des BR,** ein auf Unterlassung bestimmter Handlungen des AG gerichtetes Verfahren nach § 23 Abs. 3 **vorzubereiten,** begründet nach der Rspr. nicht das nach § 256 ZPO erforderliche Interesse an der Feststellung, dass der AG mit solchen Handlungen in der Vergangenheit das Mitbestimmungsrecht verletzt habe.[427] Zweifel über das Vorliegen eines groben Verstoßes können nicht durch einen entsprechenden **Feststellungsantrag** auf Vorliegen eines solchen groben Verstoßes geklärt werden.[428] Liegt allerdings ein einfacher Verstoß vor, dann 278

418 *LAG Baden-Württemberg* 26.4.93 – 15 TaBV 1/93; a. A. *Heinze*, DB-Beilage 9/93, S. 23.
419 *BAG* 7.2.12; NZA-RR 12, 359; 23.6.92; AP Nr. 20 zu § 23 BetrVG 1972; *Fitting* Rn. 65; a. A. ErfK-Koch Rn. 25.
420 *BAG* 18.4.85, AP Nr. 5 zu § 23 BetrVG 1972; *LAG Bremen* 18.7.86, AP Nr. 6 zu § 23 BetrVG; *LAG Baden-Württemberg* BetrR 87, 420; *LAG Berlin* 3.3.86, AiB 86, 235; *ArbG Stralsund* 14.12.04, AiB 05, 498; *Fitting*, Rn. 65; *Kümpel*, AuR 85, 78; *ders.*, AiB 86, 46; a. A., MünchArbR-*Joost*, § 302 Rn. 37, wonach allerdings eine »allgemeine« Wiederholungsgefahr ausreicht.
421 *BAG* 23.6.92 – 1 ABR 11/92.
422 *ArbG Stralsund* 14.12.04, AiB 05, 498.
423 *BAG* 15.5.07, AP Nr. 30 zu § 1 BetrVG 1972 Gemeinsamer Betrieb.
424 *BAG* 7.2.12, 1 ABR 77/10.
425 GK-*Oetker*, Rn. 273; vgl. HWGNRH-*Huke*, Rn. 63, die einschränkend darauf verweisen, dass vielfach das Rechtsschutzinteresse nicht gegeben sein dürfte.
426 *BAG* 23.6.92 – 1 ABR 11/92.
427 *BAG* 5.10.00, AiB 02, 371.
428 *Fitting* Rn. 56; WPK-*Kreft* Rn. 50.

kann dies festgestellt werden mit der Rechtsfolge, dass im Wiederholungsfall ein grober Verstoß vorliegt und entsprechende Anträge gestellt werden können. Vor Einleitung des Verfahrens ist der BR nicht verpflichtet, den AG auf die Einleitung des Beschlussverfahrens hinzuweisen. § 23 Abs. 3 hat materiell rechtlich selbst bereits den Charakter einer Abmahnung und deshalb muss der BR auch gem. § 2 Abs. 1 den AG nicht wegen einer bevorstehenden Abmahnung abmahnen.[429] Die Durchführung eines Einigungsstellenverfahrens führt nicht zwingend dazu, dass der BR unter dem Gesichtspunkt der vertrauensvollen Zusammenarbeit der Betriebsparteien an einer Durchführung eines arbeitsgerichtlichen Beschlussverfahrens mit dem Ziel der Aufhebung der bisher nicht mitbestimmten Maßnahme gehindert ist.[430]

ff) Einstweilige Verfügung

279 Die sich aus Abs. 3 ergebenden Verpflichtungen können dem AG auch im Wege der **einstweiligen Verfügung** auferlegt werden, weil § 85 Abs. 2 ArbGG den Erlass einer einstweiligen Verfügung generell für Beschlussverfahren zulässt und § 85 Abs. 1 Satz 3 lediglich die Zwangsvollstreckung für § 23 Abs. 3 in der Weise beschränkt, dass die Festsetzung von Ordnungs- oder Zwangshaft nicht erfolgt.[431]

280 Gem. §§ 2 a Abs. 1 Nr. 1, 80, 84 ArbGG entscheidet der AG durch **Beschluss.** Liegt kein grober Verstoß vor, ist der Antrag abzuweisen. Dem AG ist eine bestimmte Handlung aufzugeben oder auf Dritte einzuwirken, um eine ihm zurechenbare Zuwiderhandlung in Zukunft zu verhindern.[432] Die **Rechtsbeschwerde** gegen Entscheidungen der LAG ist ausgeschlossen.[433] Die Unterlassungsverfügung muss innerhalb der Monatsfrist des § 929 Abs. 2 ZPO vollzogen werden. Auch im Beschlussverfahren ersetzt die Amtszustellung die Vollziehung der einstweiligen Verfügung nicht.[434]

gg) Arbeitsgerichtliche Entscheidung

281 Das ArbG entscheidet durch **Beschluss,** der die Grundlage für das Vollstreckungsverfahren darstellt.[435] Darin hat es dem AG die Vornahme einer bestimmten Handlung aufzugeben, sie zu unterlassen oder ihre Vornahme durch Dritte zu dulden. Die Entscheidung ist also auf ein künftiges Verhalten gerichtet. Liegt nach Ansicht des ArbG kein grober Verstoß des AG vor, dann ist der Antrag als **unbegründet** abzuweisen.[436] Fehlt es an der Antragsbefugnis, wird der

---

429 a. A. Sächs. LAG 7.12.12, 3 TaBV 15/12.

430 *ArbG Stuttgart* 25.7.13.

431 *BAG* 23.6.09; NZA 09, 1430, wonach ein allgemeiner Unterlassungsanspruch gem. § 99 Abs. 1 Satz 1 gerade deshalb nicht bestehe, weil der BR generell im Rahmen von § 23 Abs. 3 Satz 1 den Erlass einer einstweiligen Verfügung beantragen könne; *LAG Düsseldorf* 16.5.90, NZA 91, 29; *LAG Köln*, 22.2.85, LAGE § 23 BetrVG 1972 Nr. 4; *ArbG Bautzen [Görlitz]* 28.6.00, AuR 00, 431 zum Antrag einer Gewerkschaft auf Untersagung tarifwidriger Arbeitsbedingungen bei allen Mitarbeitern einschließlich der Unorganisierten; *LAG Hamm* 23.3.83 – 12 TaBV 15/83; *ArbG Bielefeld* 14.9.95 – 1 BV Ga 11/95; *ArbG Hamburg* 6.1.05, AuR 05, 345 [L]; *Dütz,* DB 84, 115 f.; *Hanau,* JuS 85, 360; *Heinze,* DB-Beilage 9/83, S. 23; *v. Hoyningen-Huene,* Anm. AP Nr. 2 zu § 23 BetrVG 1972; *Konzen,* Leistungspflichten, S. 75; *Roos* AiB 11, 177; *Trittin,* DB 83, 230; *ders.,* BB 84, 1169; *Weber,* Erzwingungsverfahren, S. 152; GK-*Oetker,* Rn. 268; a. A. *LAG Hamm,* 4.2.77, EzA § 23 BetrVG 1972 Nr. 5; *LAG Köln* 21.2.89, LAGE § 23 BetrVG Nr. 20; *LAG Niedersachsen* 5.6.87, LAGE § 23 BetrVG Nr. 11; *LAG Rheinland-Pfalz* 30.4.86, DB 86, 1629; ErfK-*Eisemann,* Rn. 30; MünchArbR-*Joost,* § 302 Rn. 43; *Fitting,* Rn. 76 zur Sicherung künftiger Ansprüche und Rn. 107 für den allgemeinen Unterlassungsanspruch; *GL,* Rn. 61; Richardi-*Thüsing,* Rn. 103; vgl insgesamt §§ 112, 112 a Rn. 23 zur Frage nach dem Kündigungsverbot während laufender Beratungen über eine Betriebsänderung mit weiteren Nachweisen.

432 *BAG* 29.4.04, AP Nr. 3 zu § 77 BetrVG 1972 Durchführung; WPK-*Kreft* Rn. 66.

433 *BAG* 22.1.03, NZA 03, 399.

434 *LAG Berlin-Brandenburg* 24.2.11, NZA RR 11, 552.

435 *BAG* 15.8.78, AP Nr. 1 zu § 23 BetrVG 1972; Musterschriftsätze DKKWF-*Trittin,* § 23 Rn. 7 bis 10 mit Anträgen gegen einseitige Anordnung oder Duldung von Mehrarbeit, Unterlassung von Beleidigungen, Nicht-Durchführung tarifwidriger Betriebsvereinbarungen und auf Gewährung des Zugangs zum Betrieb.

436 *BAG* 27.11.73, AP Nr. 4 zu § 40 BetrVG 1972; *Weber,* S. 91; a. A. Richardi-*Thüsing,* Rn. 100, wonach der Antrag als unzulässig zurückzuweisen ist.

Antrag als **unzulässig** abgewiesen. Vom AG kann verlangt werden, eine bestimmte Handlung selbst vorzunehmen oder auf Dritte einzuwirken, wenn ihn eine Unterlassungspflicht trifft.[437]

Die **Umdeutung** eines Antrags nach Abs. 3 Satz 1 in einen entsprechenden Feststellungsantrag ist unzulässig. Dies gilt jedoch nicht für eine **Antragsänderung** bis zum Ablauf der Beschwerdefrist.[438] Ist mit dem Antrag gemäß Abs. 3 Satz 1 der Antrag auf Androhung von Ordnungs- bzw. Zwangsgeld verbunden, dann ist hierüber **zugleich zu entscheiden.** Andernfalls ist ein erneuter Beschluss des ArbG zur Androhung zu beantragen.[439] **282**

Gegen den Beschluss des *ArbG* kann beim *LAG* **Beschwerde** und gegen dessen Entscheidung Rechtsbeschwerde gemäß § 92 Abs. 1 ArbGG eingelegt werden. **283**

Der titulierte Anspruch des BR kann erlöschen, wenn der Betrieb seine **Identität** verliert. Er bleibt jedoch erhalten, wenn er nur Teil eines Einheitsbetriebs wird.[440] **284**

hh) Vergleich

AG und BR können auch einen **Vergleich** abschließen, der ebenfalls als Grundlage für das Vollstreckungsverfahren nach § 23 Abs. 3 Satz 2 dienen kann. Er hat selbst dann einen vollstreckungsfähigen Inhalt, wenn die Anforderungen an die Konkretheit des Antrags nicht erfüllt sind. Es muss nur erkennbar sein, welche Tatsachen bzw. Verstöße des AG zu der Einleitung des Vollstreckungsverfahrens führen können.[441] **285**

Nach Ansicht des *LAG Berlin* kann ein Vergleich nur dann Grundlage einer Zwangsvollstreckung sein, wenn der AG in ihm anerkennt, in der Vergangenheit grob gegen Mitbestimmungsrechte des Betriebsrats verstoßen zu haben.[442] Die Antragsteller können jederzeit beantragen, durch Beschluss des ArbG ein Ordnungs- bzw. Zwangsgeld anzudrohen, ohne dass ein erneuter Verstoß des AG gegen die auferlegte Verpflichtung erfolgt ist.[443] **286**

ii) Gegenstandswert

Bei der Feststellung des **Verfahrenswertes** einer nicht vermögensrechtlichen Streitigkeit sind die Umstände des Einzelfalls und insbesondere Aufwand und Bedeutung der Angelegenheit zu berücksichtigen. Die Bewertung erfolgt nach billigem Ermessen.[444] Die Behinderung der Tätigkeit des BR als kollektives Organ stellt einen **anderen Streitgegenstand** dar als die Benachteiligung eines einzelnen Betriebsratsmitglieds i. S. d. § 78 Satz 1.[445] Streiten BR und AG im Rahmen eines Verfahrens gemäß § 23 Abs. 3 Satz 1 BetrVG um Duldung der Anwesenheit eines BR-Mitgliedes bei bestimmten Mitarbeitergesprächen, die Untersagung der Missbilligung von AN, die in bestimmten Situationen den BR aufgesucht haben oder die Untersagung der aktuellen und zukünftigen Verwendung einer arbeitsvertraglichen Verrechnungsabrede, dann ist ein Gegenstandswert von jeweils 4000,00 € angemessen.[446] Bei der Festsetzung des Gegenstandswertes eines Ordnungsgeldantrages – auch betreffend einen betriebsverfassungsrechtlichen Unterlassungsanspruch – ist im Regelfall von einem Bruchteil des Wertes der Hauptsache auszugehen, es kann sich dieser Bruchteilswert nach den Umständen des jeweiligen Einzelfalles allerdings erhöhen oder erniedrigen.[447] **287**

437 *BAG 29.4.04*, AP Nr. 3 zu § 77 BetrVG 1972 Durchführung; WPK-*Kreft* Rn. 66.
438 *BAG* 15.8.78, AP Nr. 1 zu § 23 BetrVG 1972.
439 *LAG Berlin* 3.3.86, AiB 86, 235; *LAG Bremen* 18.7.86, LAGE § 23 BetrVG 1972 Nr. 6; *LAG Frankfurt* 3.6.88, DB 89, 536; *LAG Hamburg* 27.1.92, NZA 92, 568.
440 *BAG* 18.3.08, AP Nr. 6 zu § 3 BetrVG 1972; *Fitting*, Rn. 77.
441 *LAG Bremen* 16.12.88, NZA 89, 568; *LAG Hamburg* 27.1.92, NZA 92, 568; *LAG Baden-Württemberg* 30.12.93 – 15 TaBV 3/93; einschränkend *LAG Düsseldorf* 26.7.90, NZA 92, 812; 29.4.92, NZA 92, 812; 26.4.93, LAGE § 23 BetrVG 1972 Nr. 30; *LAG Rheinland-Pfalz* 11.1.96 – 1 TaBV 34/95; *LAG Köln* 29.8.94, LAGE § 23 BetrVG 1972 Nr. 36; *ArbG Osnabrück* 9.3.93 – 3 BV 13/92.
442 3.11.94, LAGE § 23 BetrVG 1972 Nr. 38.
443 *LAG Bremen* 12.4.89, LAGE § 23 BetrVG 1972 Nr. 19; *LAG Hamburg* 27.1.92, NZA 92, 568.
444 *LAG Nürnberg* 20.6.06, NZA-RR 06, 491; *LAG Brandenburg* 28.10.99, AiB 02, 573.
445 *HessLAG* 4.9.07, AuR 08, 77.
446 *LAG Hamm* 16.11.07 – 13 Ta 524/07.
447 *LAG Hamburg* 20.1.15, NZA 15, 213.

3. Vollstreckungsverfahren (Abs. 3 Sätze 2 und 3)

a) Übersicht

288 Die **Zwangsmittel** sind für die Unterlassung oder die Duldung einer Handlung die Festsetzung eines Ordnungsgeldes (Abs. 3 Satz 2) und für die Nichtdurchführung einer Handlung die Festsetzung eines Zwangsgeldes (Abs. 3 Satz 3). Die Verhängung einer **Haftstrafe** ist in Abs. 3 nicht vorgesehen und in § 85 Abs. 1 Satz 3 ArbGG ausdrücklich ausgeschlossen. Es handelt sich im Prinzip um keine Sanktionsmittel einer Straftat oder Ordnungswidrigkeit, sondern hauptsächlich um **Beugemittel**. Aus diesem Grund sind §§ 119, 121 neben Abs. 3 anwendbar. Ein Zwangsgeld wegen Nichtvornahme einer Handlung (Abs. 3 Satz 3) kann nicht mehr verhängt oder vollstreckt werden, wenn der AG die Handlung inzwischen vorgenommen bzw. sie geduldet oder unterlassen hat.[448] Der AG ist verpflichtet, den Eintritt des mitbestimmungswidrigen Zustandes aktiv zu verhindern. Tritt er dennoch ein, ist nach der Rspr. zu prüfen, ob der AG das ihm **Mögliche** und **Zumutbare** zur Verhinderung des Erfolgs getan hat.[449]

289 Hat das ArbG den AG verpflichtet, eine **Handlung zu unterlassen** oder die **Vornahme einer Handlung zu dulden**, besteht das Zwangsmittel zur Durchsetzung dieser Verpflichtung in der Verurteilung zu einem Ordnungsgeld. Die Verhängung eines Ordnungsgeldes im Zwangsvollstreckungsverfahren setzt **keinen weiteren groben Pflichtverstoß** gem. § 23 Abs. 3 Satz 1 voraus.[450] Die Verurteilung setzt die vorherige Androhung eines Ordnungsgeldes (cc) sowie Verschulden (dd) voraus. Beide Voraussetzungen müssen kumulativ vorliegen.

290 Da dem Ordnungsgeld neben dem Beugecharakter zumindest **auch** eine **repressive Funktion** zukommt[451], kann es auch dann noch verhängt werden, wenn der AG nach Rechtskraft des Beschlusses im Erkenntnisverfahren und vorheriger Androhung gegen die ihm auferlegte Verpflichtung verstoßen hat, dann aber die pflichtgemäße Handlung unterlässt oder ihr Vornahme duldet.

291 Die Festsetzung eines Ordnungsgeldes im arbeitsgerichtlichen Beschlussverfahren bedarf einer Klausel. Ist sie ohne vorherige Erteilung einer **Vollstreckungsklausel** erfolgt, kann dies im Beschwerdeverfahren mit Wirkung **ex tunc** nachgeholt werden.[452]

292 Sowohl gegen den Beschluss mit Festsetzung des Ordnungsgeldes als auch des Zwangsgeldes kann gem. § 78 Abs. 1 ArbGG i. V. m. § 83 Abs. 5 ArbGG die sofortige **Beschwerde** eingelegt werden. Die weitere Beschwerde bedarf der Zulassung, woran das BAG gebunden ist.[453]

b) Ordnungsgeld bei Unterlassung oder Duldung einer Handlung (Abs. 3 Satz 2)

aa) Antrag

293 Dem Erkenntnisverfahren folgt das Vollstreckungsverfahren gegen den AG, sofern ein entsprechender Antrag beim ArbG gestellt wird, wobei die Antragstellung auch von einem **anderen Antragsberechtigten** vorgenommen werden kann. Antragsteller im Erkenntnis- und Vollstreckungsverfahren müssen **nicht identisch** sein. Die Gewerkschaft kann z. B. die Vollstreckung aus einem vom BR im Erkenntnisverfahren erlangten Titel betreiben.[454] **Einzelnen BR-Mitgliedern** fehlt die Antragsbefugnis. Sie können z. B. nicht die Unterlassung der Begünstigung anderer BR-Mitglieder wegen ihres Betriebsratsamtes verlangen.[455]

294 Die Pflichten des AG beziehen sich auf den Betrieb oder das UN. Titulierte Ansprüche erlöschen, wenn der Betrieb **stillgelegt** oder seine Identität verliert. Bewahrt der Betrieb nach einer Umstrukturierung seine Identität, wird er gem. § 3 zu einer neuen Einheit zusammengefasst, bezieht sich der Titel auf diesen jeweiligen Teil.[456]

---

448 *LAG Hamm* 30.7.76, EzA § 23 BetrVG 1972 Nr. 4; *Fitting*, Rn. 81.
449 *BAG* 29.9.04, NZA 05/313; 14.11.06, AP Nr. 121 zu § 87 BetrVG 1972 Arbeitszeit.
450 *LAG Schleswig-Holstein* 25.7.14, 5 Ta 172/13.
451 RegE eines EGStGB, BT-Drucks. 7/550, S. 195.
452 *LAG Hamm* 3.5.07 – 10 Ta 692/06.
453 *BAG* 28.2.03 AP Nr. 2 zu § 78 ArbGG 1979; WPK-*Kreft* Rn. 75.
454 *Fitting*, Rn. 86; *GL*, Rn. 66; GK-*Oetker*, Rn. 283; HWGNRH-*Huke*, Rn. 71.
455 *LAG München* 5.2.09 – 3 TaBV 107/08.
456 *BAG* 18.3.08, AP Nr. 6 zu § 3 BetrVG 1972.

Für die Zwangsvollstreckung aus in Beschlussverfahren ergangenen Entscheidungen finden gemäß § 85 Abs. 1 Satz 3 ArbGG die Vorschriften des 8. Buches der **ZPO** Anwendung. Sie werden allerdings durch die Sonderregelungen von Abs. 3 Sätze 2 bis 5 verdrängt, können jedoch zu ungeregelten Einzelfragen **entsprechend herangezogen** werden.[457] Aus einem rechtskräftig festgestellten Anspruch oder einem Vergleich kann innerhalb von 30 Jahren vollstreckt werden. Gem. § 85 Abs. 1 Satz 1 ArbGG findet, soweit sich aus § 85 Abs. 2 ArbGG nichts anderes ergibt, aus rechtskräftigen Beschlüssen der ArbG oder gerichtlichen Vergleichen, durch die einem Beteiligten eine Verpflichtung auferlegt wird, die Zwangsvollstreckung statt. Mithin stehen auch im Zusammenhang mit § 23 Abs. 3 Satz 2 BetrVG **gerichtliche Vergleiche** den rechtskräftigen Beschlüssen des ArbG grundsätzlich gleich.[458] **295**

Durch bloßen Zeitablauf entfällt das Rechtsschutzinteresse nicht.[459] Das **Vollstreckungsverfahren** vollzieht sich in **zwei** nach Voraussetzung und Wirkung **unterschiedlichen Formen,** je nachdem, ob das ArbG dem AG auferlegt hat, eine Handlung zu unterlassen, die Vornahme einer Handlung zu dulden (Abs. 3 Satz 2; vgl. Rn. 103 ff.) oder eine Handlung vorzunehmen (Abs. 3 Satz 3. Im ersteren Fall ist als Zwangsmittel ein Ordnungsgeld, im letzteren ein Zwangsgeld zu verhängen. **296**

bb) Zuständigkeit, Beendigung, Rechtsmittel

Für das Vollstreckungsverfahren ist das **ArbG zuständig**, unabhängig davon, ob der zugrunde liegende Titel in der ersten, zweiten oder dritten Instanz erwirkt wurde. Nach §§ 888, 890 ZPO ist stets das Prozessgericht des ersten Rechtszuges zuständig. Die Beschlüsse zur Verhängung eines Ordnungs- bzw. Zwangsgeldes können **ohne mündliche Verhandlung** ergehen und werden in diesem Fall vom Vorsitzenden der zuständigen Kammer allein erlassen. Findet keine mündliche Verhandlung statt, ist allen Beteiligten, aber insbes. dem AG **rechtliches Gehör** und Gelegenheit zur schriftlichen Stellungnahme zu geben. Dies kann jedoch bei der Verhängung eines Zwangsgeldes entfallen, da der AG durch Vornahme der Handlung einer Vollstreckung entgehen kann. Der Titel muss stets mit einer Vollstreckungsklausel versehen sein.[460] **297**

Eine **vergleichsweise Erledigung** des Vollstreckungsverfahrens ist unzulässig.[461] **298**

Gegen die Festsetzung des Ordnungs- bzw. Zwangsgeldes, aber auch gegen den selbstständigen Androhungsbeschluss ist die **sofortige Beschwerde** gemäß § 793 ZPO zulässig.[462] Eine weitere Beschwerde findet nicht statt (§ 78 Abs. 2 ArbGG). **299**

cc) Androhung des Ordnungsgeldes

Notwendig sind die Androhung des Ordnungsgeldes durch Beschluss und danach erfolgte Zuwiderhandlung gegen die gerichtlich festgelegte Verpflichtung. Die Entscheidung im Erkenntnisverfahren, **nicht** jedoch der die Androhung enthaltende Beschluss muss **rechtskräftig** sein.[463] In der Regel erfolgt die Androhung zusammen mit dem Beschluss, der dem AG die Verpflichtung im Erkenntnisverfahren auferlegt. Dies ist zulässig.[464] Ist dies nicht erfolgt, so muss die gerichtliche Androhung auf Antrag zunächst nachgeholt werden. Dies ist dann der Beginn des Vollstreckungsverfahrens.[465] Der Antrag muss nicht von dem Antragsteller gestellt werden, der das Beschlussverfahren eingeleitet hat. Nicht erforderlich ist, dass das Ordnungsgeld in einer **bestimmten Höhe** angedroht wurde. Es muss jedoch das gesetzliche Höchstmaß genannt werden.[466] Ist im Beschluss bereits ein bestimmter Betrag angedroht, so kann später kein höherer verlangt werden. **300**

---

457 *LAG Bremen* 12.4.89, LAGE § 23 BetrVG 1972 Nr. 19; *Weber*, S. 158.
458 *BAG* 25.8.04, AP Nr. 41 zu § 23 BetrVG 1972; *LAG Rheinland-Pfalz* 20.11.09 – 7 Ta 237/09.
459 *LAG Baden-Württemberg* 30.12.93 – 15 TaBV 3/93.
460 *LAG Düsseldorf* 5.8.93, EzA § 23 BetrVG 1972 Nr. 33.
461 *LAG Bremen* 16.12.88, NZA 89, 568.
462 § 85 Abs. 1 ArbGG; *LAG Berlin* 27.1.89, LAGE § 23 BetrVG 1972 Nr. 18; *LAG Hamburg* 27.1.92, NZA 92, 568.
463 GK-*Oetker*, Rn. 273.
464 *BAG* 24.4.07, AP Nr. 124 zu § 87 BetrVG 1972 Arbeitszeit.
465 *LAG Hamburg* 27.1.92, NZA 92, 568.
466 *LAG Berlin* 3.3.86, AiB 86, 235; *LAG Düsseldorf* 13.8.87, LAGE § 23 BetrVG 1972 Nr. 10;

301 Für das **Zwangsvollstreckungsverfahren** vor dem ArbG als **Prozessgericht gilt die ZPO** und nicht das ArbGG. Beschlüsse des Prozessgerichts nach § 888 ZPO werden vom Vorsitzenden allein gefasst (§ 891 ZPO i. V. m. § 53 Abs. 1 ArbGG; GMP, § 85 Rn. 23). Es gelten folgende Grundsätze:

302 • Die Entscheidung nach §§ 887 ff. ZPO ergeht grundsätzlich durch **Beschluss.** Dies gilt auch dann, wenn über den Antrag mündlich verhandelt wurde.[467]

303 • Über die Festsetzung des Ordnungsgeldes gemäß Abs. 3 Satz 2 entscheidet der **Vorsitzende allein** ohne mündliche Verhandlung.[468]

304 • Gegen den Beschluss nach § 888 ZPO ist die **sofortige Beschwerde** nach § 793 ZPO i. V. m. § 78 ArbGG gegeben.[469] War die Rechtsmittelbelehrung unrichtig und hat ein Gericht z. B. eine Beschwerdefrist von einem Monat eingeräumt, dann ist eine verspätet eingelegte Beschwerde gleichwohl gemäß § 9 ArbGG zulässig, wonach bei unrichtiger Rechtsmittelbelehrung eine Frist von einem Jahr seit Zustellung der Entscheidung gilt.[470] Eine **weitere Beschwerde** bedarf der Zulassung nach § 72 Abs. 2 ArbGG i. V. m. § 78 S. 2 ArbGG. An die Zulassung ist das BAG gebunden.[471]

305 • Der Antrag nach **§ 888 ZPO** darf erst gestellt werden, wenn mit dem Vorliegen von **Titel, Klausel** und **Zustellung** die Voraussetzungen für die Zwangsvollstreckung vorliegen. Sie darf also gemäß § 750 Abs. 1 Satz 1 ZPO nur beginnen, wenn die Entscheidung bereits zugestellt ist oder gleichzeitig zugestellt wird.

306 • Die **Vollstreckungsklausel** gemäß § 724 ZPO ist für den rechtskräftigen Beschluss auf Unterlassung erforderlich[472] und sollte deshalb gleich nach Rechtskraft beantragt und zugestellt werden.[473]
Die Vollstreckungsklausel kann auch gegen einen **Rechtsnachfolger,** auf den der Betrieb im Wege des Betriebsübergangs gemäß § 613 a BGB oder nach dem UmwG übergegangen ist, verlangt werden. Kann der bisherige AG die ausgeurteilte Verpflichtung nicht mehr erfüllen, dann ist bei Inhaberwechsel nach § 613 a BGB oder dem UmwG die Vorschrift des § 727 ZPO entsprechend anzuwenden.[474] Dies gilt auch für im Beschlussverfahren erlangte Titel, selbst wenn der Betriebsübergang erst nach dessen rechtskräftigem Abschluss eingetreten ist.[475] Gemäß § 727 ZPO ist die Klausel selbst dann gegen den Rechtsnachfolger zu erteilen, wenn der Unterlassungstitel eine Bestrafung androht.[476] Das Beschwerdegericht ist verpflichtet, zur Prüfung der Identität auch **Ermittlungen** anzustellen und darf sich nicht mit der Prüfung begnügen, ob offenkundig äußere Umstände die Identität des AG mit dem im Vollstreckungstitel angegebenen UN nahe legten. Das Vollstreckungsgericht hat deshalb nicht nur das **Handelsregister** einzusehen, sondern auch sonstige Ermittlungen zu betreiben und ggf. **Auflagen** zu machen.[477]

307 • Der Antrag auf Verhängung eines **Ordnungsgeldes** gemäß Abs. 3 Satz 2 ist nicht bereits dann unbegründet, wenn zwischen der gerichtlichen Unterlassungsentscheidung und dem behaupteten Verstoß gegen diese über **acht Jahre** vergangen sind. Rechtskräftig festgestellte Ansprüche unterliegen der regulären **Verjährung.**[478] Eine Übertragung der für die individualrechtliche Abmahnung entwickelten Grundsätze, wonach eine Abmahnung nicht mehr auf mehrere Jahre zurückliegende Vorgänge gestützt werden können, ist unzulässig.[479]

---

467 *LAG Schleswig-Holstein* 27.12.01, NZA-RR 02, 357; *Zöllner,* ZPO; § 891 Rn. 11.
468 *LAG Schleswig-Holstein* 27.12.01, NZA-RR 02, 357; 20.10.00 – 4 Ta 96/00.
469 *BAG* 2.6.08, AP Nr. 11 zu § 85 ArbGG 1979.
470 Vgl. *LAG Schleswig-Holstein* 27.12.01, NZA-RR 02, 357.
471 *BAG* 28.2.03, AP Nr. 2 zu § 78 ArbGG 1972.
472 *LAG Bremen* 11.3.93, DB 93, 839.
473 WPK-*Kreft*, Rn. 70; Rn. 136.
474 *LAG Nürnberg* 21.12.92 – 7 Ta 7/91.
475 *BAG* 5.2.91, NZA 91, 639.
476 *LAG Nürnberg* 21.12.92 – 7 Ta 7/91.
477 A. A. *LAG Schleswig-Holstein* 27.12.01, NZA-RR 02, 357.
478 *HessLAG* 8.5.09 – 4 TaBV 139/09; a. A. *LAG Schleswig-Holstein* 27.12.01, NZA-RR 02, 357.
479 A. A. *LAG Schleswig-Holstein,* a. a. O.

Die vorherige Androhung eines Ordnungsgeldes soll auch dann erforderlich sein, wenn mehrere rechtlich selbstständige UN einen **einheitlichen Betrieb** bilden.[480] 308

dd) Verschulden

Weitere Voraussetzung für die Verhängung des Ordnungsgeldes ist, dass die durch **Beschluss** des ArbG dem AG aufgegebene Verpflichtung durch dessen Verschulden nicht befolgt wurde, wobei **einfaches Verschulden (z. B. Fahrlässigkeit)** genügt.[481] Wegen der auch auf Repression zielenden Elemente setzt das Ordnungsgeld also eine Schuld voraus. Bei juristischen Personen (GmbH, AG etc.) kommt es auf das Verschulden eines Organmitglieds an. Maßgebend ist, ob der AG seine Aufgaben so organisiert hat, dass er einer gegen ihn ergangenen Unterlassungsverfügung genügen kann. Der AG, gegen den i. R. d. § 23 Abs. 3 BetrVG eine **Unterlassungsverfügung** ergangen ist, muss seine AN zu deren Beachtung anhalten, indem er sie grundsätzlich schriftlich über die im Fall des Verstoßes aus ihren Arbeitsverhältnissen drohenden Nachteile belehrt und auf die dem Unternehmen angedrohten Sanktionen in der Zwangsvollstreckung hinweist.[482] Er ist also für alle **Organisationen, Auswahl- und Überwachungsfehler** verantwortlich.[483] Im Zwangsvollstreckungsverfahren kann damit das Verschulden des AG auch in einem **Organisationsverschulden** liegen.[484] 309

Dem AG ist das Verschulden einer Personalsachbearbeiterin idR nur zuzurechnen, wenn es auf einem ihm zurechenbaren **Organisationsverschulden** besteht.[485] Bloße Hausmitteilungen, Rundschreiben oder sonstige Unterrichtungen an die AN mit dem Hinweis auf das, was künftig zu unterlassen sei, sind unzureichend, wenn der Schuldner weitergehende rechtliche oder auch tatsächliche andere Einflussmöglichkeiten hat.[486] 310

Dem AG ist **rechtliches Gehör** zu gewähren. Bei Streit über das Verschulden kann das ArbG im Wege des Freibeweises Beweis erheben, wonach Beweisverfahren und –mittel im Ermessen des Gerichts stehen.[487] 311

ee) Höhe des Ordnungsgeldes

Der **Höchstbetrag** des im Einzelfall zu verhängenden Zwangsmittels beläuft sich auf 10000 Euro. Das Ordnungsgeld ist auch bei einer Zwangsvollstreckung eines Unterlassungstitels aufgrund eines allgemeinen Unterlassungsanspruchs des BR analog § 23 Abs. 3 Satz 5 BetrVG auf 10000 € begrenzt.[488] Bei der Bemessung der Höhe des Ordnungsgeldes ist also sowohl der Grad des Verschuldens zu berücksichtigen als auch die wirtschaftliche Leistungsfähigkeit des Schuldners, ferner der wirtschaftliche Erfolg, den der Schuldner bei einer weiteren Nichtbeachtung des Titels erzielen könnte. Ebenfalls ist zu beachten, ob ein Verstoß gegen einen Titel erstmalig oder wiederholt erfolgt. Bei der Festlegung der Höhe des Ordnungsgeldes ist also der Grad des Verschuldens des AG, dessen wirtschaftliche Leistungsfähigkeit und ein möglicher wirtschaftlicher Erfolg, den der AG bei erneuter Nichtbeachtung der Mitbestimmungsrechte erzielen könnte, zu beachten. In jedem Fall muss das Ordnungsgeld seiner Höhe nach geeignet sein, den AG zu betriebsverfassungsgemäßen Verhalten anzuhalten.[489] Bei einer bundesweit operierenden **Drogeriekette**, also einen Großunternehmen, ist z. B. ein Ordnungsgeld bei 8 Verstößen in Höhe von insgesamt 8000,00 € gerechtfertigt und ausreichend.[490] 312

---

480 *LAG Baden-Württemberg* 30.4.92, BB 92, 2431.
481 *BAG* 18.4.85, AP Nr. 5 zu § 23 BetrVG 1972; *Fitting*, Rn. 84; *GL*, Rn. 65;.
482 *OLG Nürnberg* 19.8.98 – 3 W 106/98.
483 *LAG Berlin-Brandenburg* 14.5.09 – 15 Ta 466/09.
484 *LAG Schleswig-Holstein* 3.1.12, 6 Ta 187/11.
485 *HessLAG* 8.5.09 – 4 Ta139/09.
486 *LAG Hamm* 3.5.07 – 10 Ta 692/06.
487 *BGH* NJW 97, 3319; WPK-*Kreft*, Rn. 70.
488 *BAG* 5.10.10 1 – ABR 71/09, NZA 11, 174; *LAG Köln* 27.7.07 – 4 TaBV 23/07.
489 *LAG Schlewig-Holstein* 25.7.14 – 5 Ta 172/13.
490 *LAG Berlin-Brandenburg* 14.5.09 – 15 Ta 466/09.

313 Bei **wiederholter Zuwiderhandlung** kann erneut festgesetzt werden, ohne dass es einer erneuten Androhung bedarf.[491] Sind gleichzeitig mehrere Zuwiderhandlungen zu ahnden, dann ist für **jeden Verstoß gesondert** zu erkennen, weil es keine Anhaltspunkte für einen zu bildenden Gesamtbetrag gibt, der die Summe der einzelnen Zwangsmittel oder gar 10000 Euro unterschreitet. Das Ordnungsgeld ist nur bis zu 10000 € zulässig.[492] Für jede Zuwiderhandlung gegen eine durch rechtskräftige gerichtliche Entscheidung auferlegte Unterlassungsverpflichtung ist dem Schuldner gem. § 23 Abs. 3 Satz 2 und 5 grundsätzlich das Höchstmaß eines Ordnungsgeldes von 10000 € anzudrohen.[493] Im Falle der Androhung eines Ordnungsgeldes nach § 890 Abs. 2 ZPO sind **keine Verhältnismäßigkeitserwägungen** im Hinblick auf Schwere und Bedeutung vorangegangener und künftig zu besorgender Pflichtverletzungen anzustellen. Dies hat vielmehr erst bei der Festsetzung des Ordnungsgeldes zu geschehen.[494]

314 Die Summe der einzelnen Zwangsmittel kann **10000 Euro überschreiten**, wenn die einzelnen Verstöße keinem einheitlichen Entschluss des AG entspringen.[495]

315 Ob und in welcher Höhe ein Ordnungsgeld festzusetzen ist, kann nur im **Vollstreckungsverfahren** beurteilt werden. Die Androhung eines Ordnungsgeldes gibt regelmäßig nur den **gesetzlichen Rahmen** an. Wenn im Androhungsbeschluss bereits ein bestimmter Ordnungsgeldbetrag angeführt ist, kann später kein höherer festgesetzt werden. Bei der Festlegung der Höhe eines Ordnungsgeldes nach § 890 ZPO hat sich das Gericht in erster Linie davon leiten zu lassen, welcher Druck erforderlich erscheint, um den Schuldner künftig zur Titelbefolgung zu veranlassen. Dabei sind sowohl **der Grad des Verschuldens** zu berücksichtigen als auch die **wirtschaftliche Leistungsfähigkeit** des Schuldners, ferner der wirtschaftliche Erfolg, den der Schuldner bei einer weiteren Nichtbeachtung des Titels erzielen könnte.[496] Die Höhe eines nach § 23 Abs. 3 S. 2 BetrVG verhängten Ordnungsgeldes muss geeignet sein, den **AG zu motivieren, sich künftig gesetzeskonform zu verhalten**. Bei Anordnung oder Duldung von Überstunden durch den AG ohne Zustimmung des Betriebsrats ist eine Staffelung der Ordnungsgeldhöhe nach dem zeitlichen Umfang der ohne Zustimmung des Betriebsrats angeordneten Mehrarbeit sachgerecht, da der zeitliche Umfang der angeordneten Mehrarbeit das Ausmaß des Verstoßes gegen das Betriebsverfassungsrecht kennzeichnet. Die Bereitschaft einzelner Arbeitnehmer zu einer vorübergehenden Verlängerung ihrer Arbeitszeit lässt das Mitbestimmungsrecht nach § 87 Abs. 1 Nr. 3 BetrVG unberührt. Dieses besteht nicht nur zum Schutze der AN, deren Arbeitszeit verlängert oder verkürzt werden soll. Vielmehr geht es ebenso um die gerechte Verteilung der mit der vorübergehenden Änderung der Arbeitszeit verbundenen Belastungen und Vorteile. Daher ist nicht nur die Anordnung, sondern auch die Duldung der von Arbeitnehmern freiwillig geleisteten Überstunden nach § 87 Abs. 1 Nr. 3 BetrVG mitbestimmungspflichtig.[497]

316 Die Höhe des Ordnungsgeldes muss **geeignet** sein, den AG zu einem **gesetzestreuen Verhalten zu motivieren.** Die vom AG für richtig gehaltene Orientierung am Stundenlohn der AN nicht der Fall, denn Ordnungsgelder könnten dann wie Überstundenzuschläge in die regelmäßige Kalkulation der Betriebskosten eingestellt werden. Zudem sei zu berücksichtigen, dass der AG im Falle der Verhängung eines Ordnungsgeldes schon eine gewisse Normresistenz unter Beweis gestellt habe, weil er sich trotz der vorangegangenen gerichtlichen Androhung weiterhin pflichtwidrig verhalten hat. Bei einem solchen AG sei ein zu niedriges Ordnungsgeld nicht geeignet, um künftig ein gesetzeskonformes Verhalten zu bewirken. Bei einem Unterlassungsverstoß ist i. d. R. ein Ordnungsgeld von $^1/_{20}$ des Wertes des Unterlassungsanspruchs angemessen.[498]

---

491 *Baumbach/Lauterbach*, § 890 Rn. 5 D; *Wieczorek*, § 890 Anm. C IV.b; GK-*Oetker*, Rn. 294.
492 *BAG* 29.4.04, NZA 04, 670.
493 *LAG Berlin-Brandenburg* 10.11.11, 6 Ta 2034/11.
494 *LAG Hamm* 6.2.12, 10 Ta 637/11.
495 *LAG Baden-Württemberg* 3.2.93 – 5TaBV 27/92; *HBR*, Rn. 776; *Weber*, § 164.
496 *BGH* 30.9.93 – IZR 54/91; *LAG Hamm* 3.5.07 – 10 Ta 692/06.
497 *LAG Hamburg* 29.1.09 – 8 Ta 1/06; *LAG Schleswig-Holstein* 3.1.12, 6 Ta 187/11.
498 *LAG Hamburg* 29.1.09, dbr 09, S. 37; *OLG Frankfurt* 2.1.90 – 22 W 57/89; *LAG Hamm* 3.5.07 – 10 Ta 692/06.

ff) Vollstreckung des Ordnungsgeldes

Die Beitreibung des festgesetzten Ordnungsgeldes erfolgt **von Amts wegen** nach der Justizbeitreibungsordnung. Das beigetriebene Ordnungsgeld fällt demnach in die Staatskasse. Die Vollstreckung setzt nicht voraus, dass der Beschluss, mit dem das Ordnungs- oder Zwangsgeld verhängt wird, bereits rechtskräftig ist.[499] 317

Die Vollstreckung des Ordnungsgeldes ist wegen ihres auch repressiven Charakters noch zulässig, wenn der AG nach einer Zuwiderhandlung, aber vor Vollstreckung des Ordnungsgeldes die **Handlung unterlässt** bzw. die Vornahme der angedrohten **Handlung duldet**.[500] 318

gg) Gegenstandswert

Für einen in die Zukunft gerichteten Unterlassungsanspruch des BR nach § 23 Abs. 3 BetrVG ist regelmäßig der **Hilfswert des § 23 Abs. 3 RVG** maßgebend. Nimmt der BR den AG auf Unterlassung der Beschäftigung von Mitarbeitern bzw. Leiharbeitnehmern oder Beachtung des Mitbestimmungsrechts des § 99 BetrVG sowie auf Unterlassung der Anordnung von Überstunden, Samstagsarbeit und Schichtarbeit in Anspruch, wird eine Bewertung des gesamten Verfahrens mit dem Auffangwert des § 23 Abs. 3 RVG der Bedeutung jeweiligen Streitgegenstands nicht gerecht. Beide Unterlassungsanträge sind jeweils mit dem Auffangwert zu bewerten. Allein der Umstand, dass der Sachverhalt im Ausgangsverfahren im Wesentlichen unstreitig war, rechtfertigt keine Herabsetzung des Gegenstandswerts im arbeitsgerichtlichen Beschlussverfahren nach § 23 Abs. 3 S. 2 RVG in nicht vermögensrechtlichen Streitigkeiten. Das gleiche gilt für den Einwand, die wirtschaftliche Situation der Arbeitgeberin sei derzeit sehr angespannt.[501] 319

c) Zwangsgeld bei Nichtvornahme einer Handlung (Abs. 3 Satz 3)

Hat das ArbG dem AG aufgegeben, eine bestimmte Handlung vorzunehmen, kann zur Durchsetzung dieser Verpflichtung gegen ihn als Zwangsmittel ein **Zwangsgeld** verhängt werden (Abs. 3 Satz 3). Eine **besondere Antragstellung** durch einen Antragsberechtigten ist erforderlich (Rn. 47). Voraussetzung für die Stellung des Antrags ist, dass der Beschluss des ArbG durch den dem AG die Vornahme der Handlung aufgegeben wurde, **rechtskräftig** ist.[502] Nicht erforderlich ist es, dass dem AG das Zwangsgeld zunächst angedroht wird, geschweige denn, der Androhungsbeschluss rechtskräftig ist. Weder ist nach dem Wortlaut eine Androhung erforderlich noch ergibt sich hierfür aus § 888 ZPO ein Anlass. 320

Die Verhängung des **Zwangsgeldes** setzt die Nichtvornahme der auferlegten Handlung voraus. Es ist unerheblich, ob es sich um eine vertretbare oder unvertretbare Handlung handelt. Sie muss ihm nur möglich sein.[503] Die Verhängung des Zwangsgeldes setzt **kein Verschulden** des AG bei der Nichtbefolgung des gerichtlichen Gebots voraus, da das Zwangsgeld eine reine **Beugemaßnahme** ist und erst dann fällig wird, wenn die Handlung durch den AG nicht vorgenommen wird.[504] 321

Die **wiederholte Festsetzung** des Zwangsgeldes ist zulässig, wenn der AG der ihm auferlegten Verpflichtung zur Vornahme einer Handlung weiterhin nicht nachkommt.[505] 322

Die Festsetzung des Zwangsgeldes erfolgt gem. § 53 ArbGG i. V. m. § 329 ZPO durch Beschluss, der ohne vorherige mündliche Verhandlung ergehen kann. **Rechtliches Gehör** gem. § 891 S. 2 ZPO für den AG muss **nicht** gewährt werden, weil er die Vollstreckung durch Vornahme der Handlung abwenden kann.[506] 323

499 *Heinze*, DB-Beilage 9/83, S. 13; a. A. *Grunsky*, § 85 Rn. 8.
500 GK-*Oetker*, Rn. 298.
501 *LAG Hamm* 2.2.09 – 10 Ta 801/08.
502 *Fitting*, Rn. 92; GK-*Oetker*, Rn. 288.
503 *LAG Hamm* 30.7.76, EzA § 23 BetrVG 1972 Nr. 4; *Weber*, S. 167; GK-*Oetker*, Rn. 291.
504 *Fitting*, Rn. 93; *GL*, Rn. 71; GK-*Oetker*, Rn. 298.
505 *Fitting*, Rn. 93.
506 *Fitting*, Rn. 94; ErfK-*Koch*, Rn. 31.

324 Die Höhe des Zwangsgeldes wird nach den für das **Ordnungsgeld** maßgebenden Grundsätzen festgelegt. Es wird gem. § 85 Abs. 1 Satz 3 ArbGG i. V. m. §§ 803 ff. ZPO beigetrieben und verfällt der Staatskasse.

4. Verhältnis des Erkenntnis- und Vollstreckungsverfahrens gem. Abs. 3 zu entsprechenden Vorschriften des BetrVG

a) Erkenntnisverfahren

aa) Erfüllungsansprüche

325 Abs. 3 enthält **keine abschließende Regelung** für materiell-rechtliche Ansprüche des BR und der im Betrieb vertretenen Gewerkschaft bei Pflichtverletzung des AG. Aus dem BetrVG ergeben sich zahlreiche Ansprüche gegen den AG, die ihn zur Leistung von Geld oder Sachen, Informationen, Vorlage von Unterlagen oder Vornahme sonstiger Handlungen verpflichten. Es handelt sich um **Erfüllungsansprüche,** die i. d. R. im Beschlussverfahren und nach dem allgemeinen Vollstreckungsrecht durchsetzbar sind,[507] wie z. B.

- § 2 Abs. 2: Zutrittsrecht der Gewerkschaften;
- § 20 Abs. 3: Kostentragung der BR-Wahl;
- § 29 Abs. 3: BR-Sitzung auf Verlangen des AG;
- § 40: Kostentragung der BR-Tätigkeit;
- § 44: Kostentragung der Betriebs- und Abteilungsversammlung;
- § 74 Abs. 2: Unterlassung von Verstößen gegen die Friedenspflicht u. Ä.;
- § 77 Abs. 1: Durchführung von BV bzw. ESt.-Sprüchen;
- § 77 Abs. 3: Beachtung der Tarifautonomie;
- § 80 Abs. 2: Vorlage von Unterlagen;
- § 89 Abs. 2: Mitteilung von Arbeitsschutzvorschriften;
- § 90: Unterrichtungs- und Beratungsrecht bei der Gestaltung der Arbeitsplätze;
- § 93: Stellenausschreibung auf Verlangen des BR;
- §§ 99 – 101: Beteiligung des BR bei personellen Einzelmaßnahmen. Das Zwangsgeldverfahren schließt den Anspruch des BR auf künftige Beachtung seiner Mitbestimmungsrechte nach Abs. 3 nicht aus (vgl. Rn. 131);
- §§ 111 ff.: Unterrichtungs-, Beratungs- und Mitbestimmungsrechte bei einer Betriebsänderung.

bb) Allgemeiner Unterlassungs- und Beseitigungsanspruch neben Abs. 3

(1) Grundlagen

326 Bis zur Entscheidung des BAG vom 22.2.83[508] wurde ein allgemeiner Unterlassungs- und Beseitigungsanspruch des BR neben § 23 Abs. 3 nicht in Zweifel gezogen. Seine Bedeutung wurde darin gesehen, dass der BR und eine im Betrieb vertretene Gewerkschaft im Wege einer **Prozessstandschaft** die Verletzung fremder Rechte geltend machen kann.[509] Die *BAG*-Entscheidung vom 22.2.83 hat hiermit – etwa zeitgleich mit *Heinze*, DB-Beilage 9/83 – überraschend gebrochen und damit eine heftige Kontroverse in der Rspr. und Literatur ausgelöst. Durch Beschluss vom 3.5.94[510] korrigierte der 1. Senat des *BAG* seine Rspr.[511]

327 Abs. 3 enthält keine allgemeine Anspruchsgrundlage bei pflichtwidrigem Verhalten des AG, die andere Ansprüche ausschließt. Es handelt sich um einen **Auffangtatbestand,** der ergänzend zu anderen Ansprüchen die Rechte des BR und der Gewerkschaften sichert. Dies ist insbes. dann von Bedeutung, wenn die anderen Rechte nicht ausreichen.[512]

507 *BAG* 17.5.83, AP Nr. 19 zu § 80 BetrVG 1972.
508 AP Nr. 2 zu § 23 BetrVG 1972.
509 *Dütz*, AuR 73, 353; *GL*, Rn. 50, 62.
510 *BAG* 3.5.94, 1 ABR 24/93, NZA 95, 40.
511 Vgl. auch *BAG* 3.5.06, AP Nr. 119 zu § 87 BetrVG 1972.
512 *Derleder*, AuR 85, 65.

Abs. 3 hat auch die Funktion einer **Prozessstandschaftsnorm,** nach der materiell Nichtberechtigte gegen den AG vorgehen können. Materiell Berechtigte können ihre Ansprüche nach § 85 ArbGG durchsetzen. Das Verfahren nach Abs. 3 ist gegenüber dem nach §§ 80 ff., 85 Abs. 1 ArbGG subsidiär.[513] 328

Die **dogmatische Begründung** beruht auf verschiedenen Überlegungen:[514] 329

- Es handelt sich um **Nebenleistungsansprüche** aus dem besonderen, zwischen AG und BR bestehenden Verhältnis;
- der Unterlassungs- und Beseitigungsanspruch folgert aus **§§ 823 Abs. 1, 2, 1004 BGB** zur Sicherung eines Schutzrechts;
- die Ansprüche ergeben sich aus der **Entstehungsgeschichte;**
- für die Ansprüche spricht der **Wortlaut.**

(2) Prozessuale Fragen: Antragstellung, einstweilige Verfügung

Wird ein Unterlassungsanspruch gerichtlich geltend gemacht, mit dem der Antragsgegner zur zukünftigen Unterlassung einzelner Handlungen verpflichtet werden soll, müssen diese so **genau bezeichnet** sein, dass über betroffene Maßnahmen kein Zweifel bestehen kann. Dem Bestimmtheitserfordernis kann auch ein sog. **Globalantrag** genügen, der für einen bestimmten Vorgang generell ein Mitbestimmungsrecht geltend macht (Rn. 86). Der AG kann dem vom BR im Wege der einstweiligen Verfügung verfolgten Unterlassungsanspruch nicht den Einwand des »**unzulässigen Koppelungsgeschäfts**« entgegenhalten, wenn der BR die Erteilung seiner Zustimmung zu Veränderung von Lage und Verteilung der Arbeitszeit von der Gewährung einer finanziellen »Kompensation« an die betroffenen Arbeitnehmer abhängig macht.[515] 330

Der BR kann den Unterlassungsanspruch ggf. durch Erlass einer **einstweiligen Verfügung** durchsetzen.[516] Bestehen an dem Bestand des Vergütungsanspruchs keine vernünftigen Zweifel, ist eine einstweilige Verfügung zu erlassen, da das mögliche Interesse des AG an der Beibehaltung einer offensichtlich rechtswidrigen Verfahrensweise rechtlich **nicht schützenswert** ist.[517] Der Verfügungsgrund kann entfallen, sobald der (dies zunächst verweigernde) AG die Einigungsstelle anruft und nunmehr der BR seinerseits nicht an der zügigen Durchführung des Einigungsstellenverfahrens mitwirkt.[518] Ein Betriebsratsbeschluss muss die in einem nachfolgenden Beschlussverfahren zu stellenden Anträge nicht bereits im Einzelnen formulieren. Es reicht aus, wenn der Gegenstand, über den in dem Beschlussverfahren eine Klärung herbeigefügt werden soll, und das angestrebte Ereignis bezeichnet sind.[519] 331

(3) Rechtsprechung des BAG

Unabhängig von der Schwere des Pflichtverstoßes hat der BR nach Ansicht des *BAG* einen Unterlassungsanspruch als selbstständigen, einklagbaren **Nebenleistungsanspruch** auch ohne ausdrückliche gesetzliche Normierung. Dies gilt bei Verletzung eines absoluten Rechts i. S. von § 823 Abs. 1 BGB oder eines gemäß § 823 Abs. 2 BGB geschützten Rechts, aber auch für vertragliche Beziehungen. Sie können unmittelbar aus dem Mitbestimmungsrecht (z. B. § 87) 332

---

513 *Derleder*, AuR 83, 289; *Dütz*, AuR 73, 353; *ders.*, DB 84, 115; a. A. HWGNRH-*Huke*, Rn. 81.
514 zur Entscheidung des *BAG* 3.5.94: Rn. 123 ff. und Rn. 130 ff.
515 *LAG Düsseldorf* 12.12.07, AuR 08, 162.
516 Zur Rechtslage vor der Entscheidung des BAG vom 3.5.94, NZA 94, 40; *LAG Köln* 13.8.02, NZA-RR 03, 249 für personelle Einzelmaßnahmen; *LAG Frankfurt* 21.9.82, DB 83, 613; 30.8.84, DB 85, 178 ff.; *LAG Hamburg* 13.11.81, AuR 82, 389 mit Anm. *Bertelsmann/Gäbert;* 5.2.86, LAGE § 23 BetrVG 1972 Nr. 5, 19.9.88 – 7 TaBV 7/88; *LAG Hamm* 23.3.83 – 12 TaBV 15/83; *ArbG Bielefeld* 14.9.95 – 1 BV Ga 11/95; *Burghardt*, S. 343; *Dütz*, a. a. O.; *Köstler*, BB 82, 861; *Trittin*, DB 83, 230 f.; *ders.*, BB 84, 1169; a. A. *LAG Rheinland-Pfalz* 28.3.89, NZA 89, 863, Ls.; GK-*Oetker*, Rn. 154; §§ 112, 112 a Rn. 53.
517 *LAG Hamm* 30.11.07 – 10 TaBV Ga 19/07.
518 *LAG Düsseldorf* 12.12.07, AuR 08, 162.
519 *BAG* 29.4.04 – 1 ABR 30/02; *LAG Düsseldorf* 12.12.07 – 12 TaBV Ga 8/07; *LAG Berlin-Brandenburg* 17.9.14, 15 TaBV 706/14.

oder aus der besonderen, zwischen AG und BR bestehenden Rechtsbeziehung folgen. Das nach Auffassung des *BAG* zwischen ihnen bestehende »**Betriebsverhältnis**« ähnelt einem Dauerschuldverhältnis, das durch die Mitbestimmungstatbestände sowie die wechselseitigen Rücksichtspflichten gemäß § 2 normiert ist.[520] § 2 ist bei der Auslegung der einzelnen Mitwirkungs- und Mitbestimmungsrechte mitzuberücksichtigen. Aus dem Gebot der vertrauensvollen Zusammenarbeit als Nebenpflicht kann auch das Gebot abgeleitet werden, alles zu unterlassen, was der Wahrnehmung des konkreten Mitbestimmungsrechts entgegensteht. Nicht jede Verletzung von Rechten des BR soll allerdings zu einem Unterlassungsanspruch führen. Vielmehr kommt es auf die **einzelnen Mitbestimmungstatbestände,** deren konkrete gesetzliche Ausgestaltung und Art der Rechtsvertretung an.[521]

333 Die Entscheidung des *BAG* vom 3.5.94 hat ein **geteiltes Echo** gefunden, das von Ablehnung mit teilweise schrillen Tönen[522] bis zu sachlicher, im Ergebnis zustimmender Kritik reicht.[523] Die **Korrektur** der vorherigen Rspr. war **überfällig.** Die Begründung setzt sich zu wenig mit den in der Literatur vertretenen Positionen auseinander (Rn. 130) und stützt sich zu stark auf die besondere, als Betriebsverhältnis bezeichnete Beziehung zwischen AG und BR.

334 Die Stellungnahmen nehmen weitgehend Bezug auf die **Kontroverse** nach der Entscheidung des BAG vom 22.3.83.[524] Sie ist nicht abgeschlossen:

335 Von der eigenen Rspr. wich das *BAG* mit Beschluss vom 22.3.83[525] ab und verneinte einen Anspruch auf Unterlassung wegen Verletzung seiner Mitbestimmungsrechte. Dieser stehe dem BR nur zu, wenn der AG einen groben Verstoß gegen seine Verpflichtungen aus dem BetrVG begangen habe, sofern das Gesetz nicht ausdrücklich spezielle Normen vorsehe. Die Vorschrift des Abs. 3 enthalte keine Norm des Verfahrensrechts, sondern eine materiell-rechtliche Anspruchsgrundlage. Es bestehe **kein allgemeiner Unterlassungsanspruch** des BR gegen den AG, wenn dieser gegen dessen Mitbestimmungs- oder Mitwirkungsrechte verstößt. Erst bei einem groben Verstoß (Rn. 52 ff.) des AG gegen seine Pflichten aus dem BetrVG soll der BR nach Abs. 3 die Unterlassung mitbestimmungswidriger Handlungen verlangen können.

336 Der Beschluss vom 22.3.83 stieß überwiegend auf **Kritik.**[526]

337 Die Entscheidung des 1. Senats vom 22.2.83 fand jedoch auch **Zustimmung.**[527]

338 Mit der Entscheidung vom 3.5.94[528] hat sich das *BAG* einige der kritischen Argumente gegen die bisherige Rspr. zu eigen gemacht, andere jedoch unberücksichtigt gelassen bzw. nur ungenügend erörtert.

339 Folgende Gründe untermauern über die wichtigsten vom 1. Senat angeführten Argumente (Rn. 123) hinaus einen eigenständigen Unterlassungsanspruch des BR bei Verletzung seiner Rechte:

---

520 *v. Hoyningen-Huene,* NZA 89, 121; *Heinze,* DB-Beilage 9/83, S. 6.

521 *BAG* 3.5.94, NZA 95, 40; 23.7.96, 1 ABR 13/96, DB 97, 378; 15.5.07, AP Nr. 30 zu § 1 BetrVG 1972 Gemeinsamer Betrieb.

522 Z. B. *Bauer/Diller,* ZIP 95, 95: »Richtungskorrektur oder Revolution?«; *Adomeit,* NJW 95: »ruckartige Kompetenzerweiterung«; sie verkennen, dass das *BAG* lediglich zu einem – wenig aufregenden – Rechtszustand vor 1983 zurückkehrte; vgl. auch *Dobberahn,* NJW 95, 1333; *Walker,* DB 95, 1961.

523 *Derleder,* AuR 95, 13; *Richardi,* NZA 95, 8; *ders.,* FS *Wlotzke,* S. 407 ff.; *Konzen,* NZA 95, 865; *Prütting,* RdA 95, 257; *Hanau,* NZA 96, 844; *Raab,* ZfA 97, 183; *Bauer,* ZfA 97, 445.

524 AP Nr. 2 zu § 23 BetrVG 1972.

525 AP Nr. 2 zu § 23 BetrVG 1972.

526 *Däubler,* Arbeitsrecht I, Rn. 919 ff.; *Derleder,* AuR 85, 65; *Dütz,* BB 84, 115; *Kümpel,* AuR 85, 78; *Pahle,* NZA 90, 51; *Raab,* S. 67 ff.; *Salje,* DB 88, 909; *Trittin,* BB 84, 1169; *ders.,* DB 83, 230; vgl. darüber hinaus *LAG Berlin* 22.4.87, LAGE § 23 BetrVG 1972 Nr. 8; *LAG Düsseldorf* 23.8.93, AiB 84, 143 m. Anm. *Trittin; LAG Hamburg* 5.2.86, LAGE § 23 BetrVG 1972 Nr. 5; *LAG Frankfurt* 24.2.87, BB 87, 1877; 11.8.87, LAGE § 23 BetrVG 1972 Nr. 12, 19.8.88, DB 89, 128; *LAG Berlin* 22.4.87, BetrR 88, 4 m. Anm. *Trümner; LAG Niedersachsen* 2.11.88 – 4 TaBV 76/88; *LAG Bremen* 18.7.86, AP Nr. 6 zu § 23 BetrVG 1972; *LAG Hamburg* 9.5.89 – 3 TaBV 1/89; *ArbG Bayreuth* 26.2.87, BetrR 88, 15; *ArbG Düsseldorf* 2.9.87, BB 88, 482, Ls.; *LAG Niedersachsen* 5.6.87, LAGE § 23 BetrVG 1972 Nr. 11.

527 *Buchner,* S. 40; HWGNRH-*Huke,* Rn. 83; *v. Hoyningen-Huene,* DB 87, 1426; *Konzen,* Leistungspflichten, S. 92; *Söllner,* Arbeitsrecht, § 21 VII; *SWS,* Rn. 17 a; *LAG Baden-Württemberg* 28.8.85, DB 86, 805; *LAG Berlin* 17.5.84, BB 84, 1551; *LAG Hamburg* 12.12.83, DB 84, 567; *LAG Niedersachsen* 5.6.87, LAGE § 23 BetrVG 1972 Nr. 11; *LAG Schleswig-Holstein* 15.11.84, BB 85, 997; weitere Nachweise bei *Kümpel,* AuR 85, 78.

528 NZA 95, 40; 23.7.96, DB 97, 378.

- **Wortlaut** 340
Nach dem **Wortlaut** steht der Unterlassungsanspruch gemäß § 23 Abs. 3 neben anderen Unterlassungsansprüchen im BetrVG und verdrängt diese nicht. Sollte der Gesetzgeber eine Beschränkung der Unterlassungsansprüche des BR auf die Vorschrift des Abs. 3 gewollt haben, dann hätte er das Wort »nur« einfügen müssen.[529]
- **Entstehungsgeschichte** 341
Aus der **Entstehungsgeschichte** der Norm lässt sich nicht ableiten, dass der Gesetzgeber mit Abs. 3 eine abschließende Regelung für den Unterlassungsanspruch des BR bei Pflichtverstößen des AG aus dem BetrVG schaffen wollte.[530] Zweifelsfrei ist, dass der Wille des Gesetzgebers des BetrVG 1972 darauf zielte, die kollektiven Rechte der AN zu erweitern und die rechtliche Stellung des BR zu stärken.[531] **Nicht** gewollt war die **Reduzierung der Durchsetzungsmöglichkeiten** der Mitbestimmungsrechte auf »grobe Verstöße«.[532] Mit Abs. 3 hat der Gesetzgeber eine **zusätzliche Sanktionsnorm** auf Grund der Kritik[533] schaffen wollen, die an der Einseitigkeit der Sanktionsregelung des BetrVG 1952 – Vorschrift über den Ausschluss eines BR-Mitglieds aus dem BR und über die Auflösung des BR wegen grober Verletzung gesetzlicher Pflichten – wegen Verstoßes gegen Art. 3 GG geübt worden war.[534]
- **Anspruch aus § 1004 BGB analog** 342
Bei Verletzung eines absoluten, d. h. gegen jedermann geschützten Rechts oder Rechtsguts hat der Inhaber gegen den Verletzer einen **verschuldensunabhängigen Unterlassungsanspruch.** Steht eine Rechtsverletzung sicher bevor, genügt eine erstmals drohende Beeinträchtigung.[535] Das Mitbestimmungsrecht stellt ein absolutes Recht oder Rechtsgut dar. Es handelt sich um eine kraft Gesetzes zugewiesene Rechtsstellung, durch die die Freiheit des BR zur Willensbildung und -betätigung geschützt wird.[536]
- **Anspruch aus § 823 Abs. 2 BGB i. V. m. § 78 Satz 1 BetrVG** 343
Die Ausführungen zu § 1004 BGB gelten sinngemäß auch für § 823 Abs. 2 BGB. Zur Abwehr künftiger rechtswidriger Eingriffe in alle durch Schutzgesetze im Sinne des § 823 Abs. 2 BGB geschützten »**Lebensgüter und Interessen**« ist der vorbeugende Unterlassungsanspruch nach § 1004 BGB analog anerkannt. Das Schutzgesetz ist das jeweilige Mitbestimmungsrecht in Verbindung mit § 78 Satz 1.[537]
- **Fehlende Sanktionsmittel** 344
Die Möglichkeit des BR, die **ESt. anzurufen,** sichert das Mitbestimmungsrecht des BR nicht. Abgesehen davon, dass die ESt. in der Regel jeweils von der Seite anzurufen ist, die eine Veränderung will, ist das Interesse des BR bei rechtswidrigem Verhalten des AG gerade nicht auf die Veränderung einer bestehenden Regelung, sondern auf deren Beachtung, ggf. bis zum Spruch (Einigung) der ESt., gerichtet. Im Übrigen ist das ESt.-Verfahren dazu bestimmt, Regelungsstreitigkeiten zwischen AG und BR beizulegen. Da es aber nichts zu regeln gibt, sondern einem rechtswidrigen Verhalten des AG zu begegnen ist, handelt es sich nicht um eine Regelungs-, sondern um eine Rechtsstreitigkeit, für die das ArbG zuständig ist.[538]

529 *Coen,* DB 84, 2459; *Kümpel,* AiB 83, 132; *ders.,* AuR 85, 78; *Raab,* S. 86; *Salje,* DB 88, 909; *Trittin,* BB 84, 1170; *Derleder,* AuR 83, 289 [293]; vgl. auch *BAG* 18.4.85, AP Nr. 5 zu § 23 BetrVG 1972.
530 *Dütz,* S. 33 ff.; *Raab,* S. 67 ff.; *Derleder,* AuR 83, 289 [293 ff.]; *Kümpel,* AuR 85, 78 [82 ff.]; a. A. *Heinze,* DB-Beilage 9/83, S. 7 ff.; *v. Hoyningen-Huene,* Anm. zu AP Nr. 2 zu § 23 BetrVG 1972; *Rüthers/Henssler,* Anm. zu EzA § 23 BetrVG 1972 Nr. 9.
531 Begründung zum RegE, BT-Drucks. VI/1786, S. 31 ff. sowie VI/2729, S. 4.
532 *Kümpel,* AiB 83, 132 [135].
533 *Radke,* BB 57, 1112 [1115]; *Rüthers,* BB 58, 778 f.
534 *Derleder,* AuR 83, 289 [295]; *Kümpel,* AiB 83, 132 [133]; *ders.,* AuR 85, 78 [89].
535 *BGH* LM 27 und 32 zu § 1004 BGB; Palandt-*Bassenge,* § 1004, Anm. 2 b und 6 c.
536 *Denck,* RdA 82, 279; *Derleder,* AuR 85, 65; *Kümpel,* AiB 83, 132; *LAG Hamm* 17.12.80, DB 81, 1336 zu dem in § 1004 BGB mitgeregelten Beseitigungsanspruch; *LAG Düsseldorf* 23.8.83, BetrR 83, 728.
537 *Denck,* RdA 82, 279; *Derleder,* AuR 85, 65 [75]; *Kümpel,* AiB 83, 132; Palandt-*Thomas,* vor § 823 Anm. 8 b.
538 *Kümpel,* AuR 85, 78 [87] mit Hinweisen auf die Rspr. der Instanzgerichte; *Raab,* S. 207 ff.; a. A. *Buchner,* SAE 84, 189; *v. Hoyningen-Huene,* Anm. AP Nr. 2 zu § 23 BetrVG 1972; *Joost,* SAE 1985, 59 ff.

345 • **Individualrechtliche Unwirksamkeit**
Auch die individualrechtliche **Unwirksamkeit gesetzes- bzw. mitbestimmungswidriger Maßnahmen** ist für die Sicherung der Mitbestimmungsrechte des BR ein untaugliches Mittel. Betroffene AN sehen nur aus Unkenntnis, Unsicherheit, Desinteresse oder Furcht vor Sanktionen i. d. R. davon ab, sich auf ihre individualrechtlichen Befugnisse – z. B. auf ein Zurückbehaltungsrecht – zu berufen, nur um die Rechte des BR zu sichern.[539]

(4) Europäisches Recht

346 Der Anspruch auf Unterlassung geplanter und Beseitigung rechtswidriger Maßnahmen beruht inzwischen auch auf europäisches Recht (Richtlinie 2002/14/EU): »Zudem spricht nach dem Ablauf der Umsetzungsfrist am 23.3.2005 inzwischen auch die Anhörungsrichtlinie 2002/14/EU für die Beibehaltung der bisherigen Rechtsprechung der Kammer. Das Beteiligungsverfahren nach §§ 111 ff. BetrVG dient inzwischen teilweise auch der Umsetzung der Unterrichtungs- und Anhörungsvorgaben von Art. 4 der Richtlinie. Bei der Umsetzung der Richtlinie sind die Mitgliedsstaaten nach Art. 8 I der Richtlinie verpflichtet, u. a. für den Fall der Nichteinhaltung der Richtlinie durch einen Arbeitgeber geeignete Maßnahmen vorzusehen. Nach Art. 8 II der Richtlinie haben die Mitgliedsstaaten für diesen Fall Sanktionen zu regeln, die wirksam, angemessen und abschreckend zu sein haben. Diese Vorgaben werden allein durch von der Initiative der betroffenen Arbeitnehmer abhängende Nachteilsausgleichsansprüche i. S. von § 113 III BetrVG schwerlich erfüllt. Im Interesse einer europarechtskonformen Ausgestaltung des Beteiligungsrechts ist Betriebsräten daher auch aufgrund der Richtlinie 2002/14/EU ein Unterlassungsanspruch zuzubilligen«.[540]

(5) Anwendungstatbestände

347 Für folgende Tatbestände ist ein allgemeiner Unterlassungs- und Beseitigungsanspruch anzuerkennen:
• **Tarifwidrige betriebliche Regelung**
Zur Abwehr von Eingriffen in ihre kollektive Koalitionsfreiheit steht der betroffenen Gewerkschaft ein Unterlassungsanspruch entsprechend § 1004 BGB zu. Sie kann auch verlangen, dass der AG die Durchführung einer vertraglichen Einheitsregelung unterlässt.[541]

348 • **Behinderung der Betriebsratsarbeit nach § 78**
Dem BR steht bei einer Störung oder Behinderung der BR-Arbeit durch den AG ein Unterlassungsanspruch zu, der aus dem Zweck des § 78 folgt und als selbstständig einklagbarer Nebenleistungsanspruch auch ohne ausdrückliche Normierung besteht.[542]

349 • **Mitbestimmung in sozialen Angelegenheiten nach § 87**
Bei Verstößen gegen das Mitbestimmungsrecht des § 87 hat der BR einen **Unterlassungsanspruch,** weil hier der AG nur mit Zustimmung des BR wirksam handeln kann und bei Verstößen eine betriebsverfassungswidrige Lage entsteht. An einer § 115 Abs. 7 Nr. 4 entsprechenden Regelung (Kapitän kann vorläufige Maßnahmen allein treffen) fehlt es bei § 87. Das darin zur Konfliktlösung vorgesehene Verfahren vor der ESt. sichert das Mitbestimmungsrecht des BR nicht bis zu ihrer Entscheidung. Dies gilt auch für die Theorie der Wirksamkeitsvoraussetzungen, wonach mitbestimmungswidrige Maßnahmen gegenüber dem einzelnen AN keine Rechtswirkung erzeugen. Damit wird dem BR kein Anspruch zur Sicherung seiner Mitbestimmung eingeräumt. Hat der AG einen rechtswidrigen Zustand geschaffen, dann kann der BR dessen **Beseitigung** verlangen.[543] Der Unterlassungsan-

539 *Kümpel,* AuR 85, 78 [87]; a. A. *Konzen/Rupp,* DB 84; 2695 [2698].

540 *HessLAG* 27.6.07, AuR 08, 267; *LAG Hamm* 30.7.07, AuR 2008, 117; *LAG Schleswig-Holstein* 20.7.07, AuR 08, 189; *LAG München* 16.12.08, AuR 08, 142.

541 *BAG* 20.4.99, DB 99, 1555 = AuR 99, 408; *Däubler,* AiB 99, 481 ff.; *Berg/Platow,* DB 99, 2362; *Wohlfarth,* NZA 99, 962; a. A. *Buchner,* NZA 99, 897; *Thüsing,* DB 99, 1552; *Löwisch,* BB 99, 200; *Annuß,* RdA 00, 287; *Müller,* DB 99, 2310; *Bauer,* NZA 99, 957; Rn. 84.

542 *BAG* 12.11.97, NZA 98, 559; *LAG Brandenburg* 28.10.99 und *ArbG Cottbus* 12.5.99, AiB 02, 573; § 78 Rn. 20.

543 *BAG* 15.5.07, AP Nr. 30 78 § 1 BetrVG1972 Gemeinsamer Betrieb; 3.5.94, NZA 95, 40; *LAG Berlin*

spruch setzt Wiederholungsgefahr voraus. Für sie besteht eine tatsächliche Vermutung, es sei denn, dass besondere Umstände einen neuen Eingriff unwahrscheinlich machen.[544]

- **Mitbestimmung bei der Gestaltung von Arbeitsplatz, -ablauf und -umgebung gemäß § 90** 350
  Der AG ist nach § 90 zur Unterrichtung des BR und zur Beratung mit ihm bei den genannten Maßnahmen verpflichtet. Dem entspricht ein Unterlassungsanspruch des BR, der im Beschlussverfahren u. U. auch durch einstweilige Verfügung durchgesetzt werden kann.[545]
- **Mitbestimmung bei personellen Angelegenheiten nach §§ 92 ff.** 351
  Für folgende Ansprüche können **Unterlassungsansprüche** des BR bestehen:
  § 92 Abs. 1: Unterrichtung und Beratung über Personalplanung (§ 92 Rn. 48),
  § 93: Ausschreibung von Arbeitsplätzen (§ 93 Rn. 15 f.),
  §§ 94, 95: Verwendung von Personalfragebögen und Beurteilungsgrundsätzen oder Auswahlrichtlinien (§ 94 Rn. 44 und § 95 Rn. 31 f.),
  §§ 96 Abs. 1 Satz 2, 97: Einrichtungen und Maßnahmen der Berufsbildung (§ 96 Rn. 24; § 97 Rn. 6).
  Sie bestehen neben und unabhängig von § 23 Abs. 3.[546]
- **Mitbestimmung bei personellen Einzelmaßnahmen nach §§ 99 ff.** 352
  Vorbeugender Rechtsschutz auf Grund eines **Unterlassungsanspruchs** ist dann geboten, wenn personelle Maßnahmen so kurzfristig sind, dass das Verfahren aus praktischen Gründen nicht durchgeführt werden kann. Der BR ist nicht auf das Aufhebungsverfahren nach § 101 zu verweisen, wenn es nichts mehr zu beseitigen gibt. Sein Unterlassungsanspruch beruht auf der ernsthaften Besorgnis einer Mitbestimmungswidrigkeit, also einer Störung, die durch eine Ankündigung des AG ausgelöst worden sein kann.[547] Nach Ansicht des BAG steht dem BR **kein** von den Voraussetzungen des § 23 Abs. 3 unabhängiger **Unterlassungsanspruch** zur Seite, um eine gegen § 99 Abs. 1 Satz 1 oder § 100 Abs. 2 verstoßende personelle Einzelmaßnahme zu verhindern. Ein effektiver Schutz der Mitbestimmungsrechte des BR seien auch auf andere Weise zu erreichen, z. B. durch eine einstweilige Verfügung. Stehe ein betriebsverfassungswidriges Verhalten des AG erstmals oder erneut zu erwarten, könne der BR das Bestehen seines Mitbestimmungsrechts zunächst gem. § 256 Abs. 1 ZPO feststellen lassen. Drohten anschließend weitere Verstöße, könne er nunmehr – möglicherweise im Wege der einstweiligen Verfügung – nach § 23 Abs. 3 BetrVG vorgehen. In der Missachtung eines gerichtlich festgestellten Rechts des BR würde regelmäßig eine grobe Pflichtverletzung des AG liegen. Der Unterlassungsanspruch aus § 23 Abs. 3 wird durch den Aufhebungsanspruch nach § 101 nicht verdrängt.[548]
- **Mitbestimmung bei Betriebsänderungen nach §§ 111 ff.** 353
  Die Sanktionsnorm des § 113 schließt weder § 23 Abs. 3 noch einen **allgemeinen Unterlassungsanspruch** des BR aus. Etwas anderes ergibt sich nicht aus der Entstehungsgeschichte oder aus der individualrechtlichen Sanktion in § 113 Abs. 3, die von dem Handeln einzelner AN abhängen, nicht jedoch von dem des BR. Wenn das Gesetz auf kollektivrechtlicher Ebene ein differenziertes Verfahren vorschreibt, dann entspricht dem auch ein kollektivrechtliches Verfahrenssicherungsinstrument.[549] Der Unterlassungsanspruch kann

---

3.2.81, AuR 81, 285; *LAG Bremen* 25.7.86, LAGE § 23 BetrVG 1972 Nr. 7; *HessLAG* 21.12.95 – 5 TaBV 33/95; *HessLAG* 9.10.97 – 5 TaBV 8/97 und *LAG Köln* 8.3.94 – 9 TaBV 54/93 – bei duldender Entgegennahme von Mehrarbeit; *LAG Hamm* 16.9.97, AiB 98, 588 bei Zahlung von Streikbruchprämien; *HessLAG* 4.10.07, AiB 08, 100 m. *ArbG Stuttgart* 1.8.2000 – 14 BV 84/00; Anm. v. *Klimaschewski*; *ArbG Mainz* 19.10.95 – 8 BVGa 2776/95 zur Einführung eines E-Mail-Systems; *Bobke*, AiB 83, 84; *Derleder*, AuR 83, 289; *Dütz*, DB 84, 115; *Kümpel*, AuR 85, 78; *Trittin*, BB 84, 1169; *ders.*, DB 83, 230; GK-*Oetker*, Rn. 130 ff.; § 87 Rn. 306; vgl. auch das Muster eines Antrags auf Unterlassung der Anordnung oder Duldung von Überstunden: *Herbst/Reiter/Schindele*, Rn. 822; § 87 Rn. 306.

544 *BAG* 29.2.00, NZA 00, 1066.

545 *LAG Hamburg*, MitbGespr 79, 150; *Denck*, RdA 82, 279; *Konzen*, Leistungspflichten, S. 87; *Dütz*, DB 84, 115; *Trittin*, BB 84, 1169; GK-*Oetker*, Rn. 138.

546 *LAG Berlin* 22.4.87, LAGE § 23 BetrVG 1972 Nr. 8.

547 a. A. *BAG* 23.6.09, NZA 09, 1430; vgl. auch das Muster eines Antrags auf Unterlassung einer personellen Einzelmaßnahme bei *HBR*, Rn. 836; § 99 Rn. 265 und § 101 Rn. 19 ff.

548 *BAG* 23.6.09, NZA 09, 1430.

549 *Derleder*, AuR 95, 13 mit dem Hinweis auf die Verpflichtung beider Betriebsparteien zur Verfahrens-

sich auch aus Abs. 5 a der Massenentlassungsrichtlinien v. 17.2.1975 – RL 75/129/EWG ergeben.[550]

354 • **Sonstige betriebsverfassungswidrige Verhaltensweisen**
Der BR hat nicht nur bei mitbestimmungswidrigen Maßnahmen einen Unterlassungsanspruch, ohne dass eine grobe Pflichtverletzung des AG vorliegt, sondern auch bei anderen betriebsverfassungswidrigen Verhaltensweisen, wie z. B. der Untersagung einer vom AG rechtsmissbräuchlich anberaumten **Mitarbeiterdienstbesprechung.**[551]

cc) Gegenüber Abs. 3 speziellere Regelungen

355 Die Anwendbarkeit des Abs. 3 scheidet aus, soweit die Spezialvorschriften des **§ 98 Abs. 5 und § 104** zur Anwendung kommen. Dies gilt allerdings nicht für die im Betrieb vertretene Gewerkschaft, da nach den genannten Vorschriften nur ein Antragsrecht des BR besteht.[552]

356 Das in **§ 101** vorgesehene **Zwangsgeldverfahren** schließt jedoch den Anspruch des BR auf künftige Beachtung seiner Mitbestimmungsrechte nach Abs. 3 nicht aus,[553] da andernfalls der BR seine Mitbestimmungsrechte nur auf Kosten der betroffenen AN sichern könnte. Ein Antrag der Gewerkschaft nach dieser Vorschrift ist allerdings möglich.[554]

357 Unberührt bleiben auch die Sanktionsmöglichkeiten nach **§§ 119, 121.**[555] Danach können wegen Pflichtverletzung **Freiheitsstrafen** oder **Geldbußen** gegen den AG verhängt werden. Diese Sanktionen kommen unabhängig von den Anträgen nach Abs. 3 zur Anwendung. Dies ist auch erforderlich, um die betriebsverfassungsrechtliche Ordnung wieder herzustellen. Auch das Antragsrecht der Gewerkschaft beschränkt Abs. 3 nicht.[556]

dd) Vertragsstrafenversprechen, Sperrkonto

358 Die Einhaltung der Mitbestimmungsrechte kann nach der Rechtsprechung des BAG **nicht** durch Vertragsstrafenversprechen **gesichert werden**, weil der BR weder vermögens- noch rechtsfähig sei oder ihn begünstige. Außerdem führe ein Vertragsstrafenversprechen dazu, dass sich der BR bei einem mitbestimmungswidrigen Verhalten des AG mit der Geltendmachung der Vertragsstrafe begnüge und von der Einleitung eines arbeitsgerichtlichen Verfahrens zur Beseitigung des betriebsverfassungswidrigen Zustands und Wiederherstellung der betriebsverfassungsgemäßen Ordnung absehe. Eine solche Abrede bezwecke, die betriebsverfassungsrechtlichen Sanktionsmöglichkeiten zu beschränken und nicht zu erweitern. Damit und wegen der vereinbarungsgemäß begrenzten Höhe des Ordnungsgeldes werde betriebsverfassungswidriges Verhalten für den AG finanziell kalkulierbar. Er könne in den Angelegenheiten, die Gegenstand des Vertragsstrafenversprechens sind, von der Beteiligung des BR gegen Zahlung der vereinbarten Strafe absehen. Das kommt einem »Abkauf« gesetzlicher Rechte gleich und sei mit der gesetzlichen Konzeption der betrieblichen Mitbestimmung auch dann unvereinbar, wenn der BR keinen finanziellen Vorteil aus der Verwirkung der Vertragsstrafe zu erwarten habe. Schließlich ist das Sanktionensystem des BetrVG nicht darauf gerichtet, Dritte zu unterstützen, mögen sie auch wohltätige Zwecke verfolgen.[557]

---

loyalität; *Fauser/Nacken*, NZA 06, 1136; *Gruber*, NZA 11, 1011; *Fitting*, § 111 Rn. 90; *LAG Frankfurt* 21.9.82, DB 83, 613; 30.8.84, DB 85, 178; *LAG Hamburg* 13.11.81, DB 82, 1522; 8.6.83, DB 83, 2369; 5.2.86, LAGE § 23 BetrVG 1972 Nr. 5; *LAG Berlin* 7.9.95, AuR 96, 159; a. A. *ArbG Bonn* 23.8.95, BB 95, 2115; *ArbG Nürnberg* 17.1.00, BB 00, 2100; GK-*Oetker*, Rn. 155; Richardi-*Thüsing*, Rn. 84; *Hümmerich* BB 96, 1986; vgl. aber auch *Hanau*, NZA 96, 841; §§ 112, 112 a Rn. 52 ff.

550 *Fitting*, Rn. 102, Rn. 130 a zum Europäischen Recht.

551 *ArbG Osnabrück* 25.6.97, AuR 98, 82.

552 *Dütz*, AuR 73, 353 [357].

553 *BAG* 25.6.09 – 1 ABR 23/08, 17.3.87, AP Nr. 7 zu § 23 BetrVG 1972 m. Anm. *Kittner;* 22.2.83, AP Nr. 2 zu § 23 BetrVG 1972; *LAG Hamm* 30.7.76, EzA § 23 BetrVG 1972 Nr. 4; vgl. auch 7.11.75, AP Nr. 3 zu § 99 BetrVG 1972 bei Nichtunterrichtung des BR bei der Einstellung eines Redakteurs.

554 GK-*Oetker*, Rn. 188.

555 *BAG* 22.2.83, AP Nr. 2 zu § 23 BetrVG 1972; *Fitting*, Rn. 85; *GL*, Rn. 68.

556 *Fitting* Rn. 58; WPL-*Kreft* 28.

557 *BAG* 19.1.10, NZA 10, 592; 29.9.04, NZA 04, 670; *Fitting*, Rn. 98; *Gelhaar* AuR 08, 380.

Überzeugen kann dies nicht, weil der BR sehr wohl im Beschlussverfahren **rechtsfähig** ist und durch die Vertragsstrafe **kein eigenes Vermögen** begründet werden muss (z. B. durch Zahlung an gemeinnützige Einrichtungen). Weiterhin verkennt das BAG, dass der gesetzliche Aufhebungsanspruch nicht nur bei kurzzeitigen personellen Maßnahmen ins Leere geht. Bleiben jedoch Sanktionsmittel wirkungslos, dann kann das BAG nicht glaubwürdig auf Sanktionsmittel verweisen, die sich in der Praxis gerade als wirkungslos erwiesen haben. Darüber hinaus übersieht das BAG, dass der Gesetzgeber selbst das Sanktionssystem des Abs. 3 durch Höchstgrenzen kalkulierbar ausgestaltet hat. Es kann also nicht überzeugend ein zwischen den Betriebsparteien vereinbartes System der Zahlung von Ordnungsgeldern als mit der gesetzlichen Konzeption unvereinbar verwerfen. Schließlich berücksichtigt das BAG nicht, dass die Betriebsparteien gemeinsam eine Vereinbarung abgeschlossen und damit von ihrem Recht auf betriebsautonome Regelung Gebrauch machten. Diese sind von der Rspr. auch dann zu respektieren, wenn dem BR hierdurch Rechte eingeräumt werden.[558] **359**

Die Zahlung einer Geldbuße des Betriebsrats bei Verstößen gegen § 87 Abs. 1 Nr. 3 auf ein Sperrkonto für die von Mehrarbeit **betroffenen Arbeitnehmer** ist zulässig. Eine derartige Regelung ist allerdings **abschließend**. Ein Anspruch auf Androhung von Zwangsgeldzahlungen besteht daneben nicht.[559] **360**

b) Vollstreckungsverfahren

Abs. 3 stellt keine die allgemeine **Zwangsvollstreckung nach § 85 ArbGG** ausschließende Sonderregelung dar. Mit Abs. 3 hat der Gesetzgeber gleichzeitig § 85 Abs. 1 in das ArbGG eingefügt und damit die Zwangsvollstreckungsvorschriften der ZPO für das Beschlussverfahren für anwendbar erklärt. Aus entsprechenden Beschlüssen des ArbG, durch die dem AG aufgegeben worden ist, eine Handlung zu unterlassen, die Vornahme einer Handlung zu dulden oder eine Handlung vorzunehmen, kann gemäß § 85 ArbGG nach den allgemeinen Zwangsvollstreckungsvorschriften des Achten Buches der ZPO vollstreckt werden. **361**

Im arbeitsgerichtlichen Beschlussverfahren kann zur Durchsetzung einer Unterlassungsverpflichtung gegen den AG **nicht Ordnungshaft** für den Fall angedroht und verhängt werden, dass ein festgesetztes Ordnungsgeld nicht beigetrieben werden kann. Zwar sieht der gem. § 85 Abs. 1 Satz 3 ArbGG auch im arbeitsgerichtlichen Beschlussverfahren anwendbare § 890 Abs. 1 PO vor, dass für den Fall, dass ein Ordnungsgeld nicht beigetrieben werden kann, Ordnungshaft verhängt werden kann. Diese Möglichkeit scheidet jedoch nach der in § 85 Abs. 1 Satz 3 ArbGG enthaltenen Maßgabe als Sanktion gegenüber einem grob betriebsverfassungswidrigen Verhalten eines AG von Gesetzes wegen aus. **362**

Diese spezialgesetzliche Beschränkung von Zwangsmaßnahmen ist zur Vermeidung von **Wertungswidersprüchen** auch bei der Durchsetzung des allgemeinen Unterlassungsanspruchs des BR zu beachten, der im Gegensatz zu dem auf § 23 Abs. 3 beruhenden Unterlassungsanspruch nicht einmal einen groben Pflichtenverstoß des AG verlangt. Da die Zwangsmaßnahmen bei einer »einfachen« Verletzung betriebsverfassungsrechtlicher Pflichten nicht weitgehender sein können als bei einer groben Pflichtverletzung des AG, ist die für § 23 Abs. 3 geltende Beschränkung auch beim allgemeinen Unterlassungsanspruch zu beachten. Für den aus dem Durchführungsanspruch nach § 77 Abs. 1 folgenden Unterlassungsanspruch gilt nichts anderes.[560] **363**

Da die Regelungen der ZPO über das Zwangsvollstreckungsverfahren ergänzend anwendbar sind, soll vor der Festsetzung der Ordnungsgelder eine **Vollstreckungsklausel** gemäß § 724 ZPO für den rechtskräftigen gerichtlichen Beschluss auf Unterlassung erforderlich sein.[561] Deshalb empfiehlt es sich, unmittelbar nach Rechtskraft des Erkenntnisbeschlusses die Vollstreckungsklausel zu beantragen, damit alle Verstöße des AG, die zeitlich nach Erteilung der Vollstreckungsklausel liegen, im Vollstreckungsverfahren berücksichtigt werden können. **364**

558 *Wiebauer,* AuR 12, 150.
559 *ArbG Kiel* 20.5.08, EzA-SD 08, Nr. 8, 16.
560 *BAG* 5.10.10, NZA, 11, 174; *Holthaus,* dbr 11, Heft 5, S. 39.
561 *LAG Bremen* 11.3.93, DB 93, 839.

365 Bei groben Pflichtverletzungen können materiell Nichtberechtigte nur nach Maßgabe des Abs. 3 gegen den AG vorgehen. **Materiell Berechtigte** können dagegen ihre Ansprüche auch bei leichten Pflichtverletzungen des AG nach Maßgabe des § 85 ArbGG durchsetzen, da das Verfahren nach Abs. 3 gegenüber dem nach §§ 80 ff., 85 Abs. 1 ArbGG **subsidiär** ist.[562] Die allgemeinen Vollstreckungsvorschriften für materiell Berechtigte sind nicht ausgeschlossen, wenn ein materiell Nichtberechtigter nach Abs. 3 vorgeht. Ein Vorrang des Abs. 3 gegenüber den anderen Vollstreckungsvorschriften ist der Norm nicht zu entnehmen. Nach der Rspr. soll sich jedoch Art und Höhe der Ordnungsmittel an § 23 Abs. 3 Satz 5 orientieren. Bei der Durchsetzung des allgemeinen Unterlassungsanspruchs wäre deshalb zur Vermeidung von Wertungswidersprüchen das Ordnungsgeld auf 10 000 € begrenzt.[563]

5. Schadensersatz

366 Der AG kann gem. § 823 BGB bei **Persönlichkeitsverletzungen** der Mitglieder haften. Bei der Bemessung der Höhe der Entschädigung sind die Genugtuungswirkung für das Opfer, der Präventionsgedanke und die Intensität der Verletzung zu berücksichtigen.[564] Wird ein BR-Mitglied auch besonders als Interessenvertreter angegriffen, ist die Präventionswirkung von besonderer Bedeutung.

V. Verfahren nach § 17 Abs. 2 AGG

1. Vorbemerkung

367 Seit Inkrafttreten des **Allgemeinen Gleichbehandlungsgesetzes** (AGG) v. 14.8.06[565] besteht in § 17 Abs. 2 AGG eine besondere gerichtliche Verfahrensmöglichkeit mit dem Ziel, ein diesem Gesetz entsprechendes Verhalten des AG sicherzustellen. Diese Vorschrift verweist auf das in § 23 BetrVG geregelte Verfahren, weswegen es hier behandelt wird:

368 *§ 17 AGG Soziale Verantwortung der Beteiligten*
(1) Tarifvertragsparteien, Arbeitgeber, Beschäftigte und deren Vertretungen sind aufgefordert, im Rahmen ihrer Aufgaben und Handlungsmöglichkeiten an der Verwirklichung des in § 1 genannten Ziels mitzuwirken.
(2) In Betrieben, in denen die Voraussetzungen des § 1 Abs. 1 Satz 1 BetrVG vorliegen, können bei einem groben Verstoß des Arbeitgebers gegen Vorschriften aus diesem Abschnitt der Betriebsrat oder eine im Betrieb vertretene Gewerkschaft unter der Voraussetzung des § 23 Abs. 3 Satz 1 BetrVG die dort genannten Rechte gerichtlich geltend machen; § 23 Abs. 3 Satz 2 bis 5 des BetrVG gilt entsprechend. Mit dem Antrag dürfen nicht Ansprüche des Benachteiligten geltend gemacht werden.

369 Die Vorschrift ist eingeordnet in die allgemeine Bestimmung des § 17 AGG zur **sozialen Verantwortung der Beteiligten** (Tarifparteien, AG, Beschäftigte und deren Vertretungen). Diese sind nach § 17 Abs. 1 AGG aufgefordert, im Rahmen ihrer Aufgaben und Handlungsmöglichkeiten an der Verwirklichung des in § 1 AGG genannten Ziels mitzuwirken. Dieses Ziel ist die *Verhinderung oder Beseitigung von Benachteiligungen aus Gründen der Rasse oder wegen der ethnischen Herkunft, des Geschlechts, der Religion oder Weltanschauung, einer Behinderung, des Alters der sexuellen Identität.* Damit betont der Gesetzgeber zugleich die Verantwortung des BR und der im Betrieb vertretenen Gewerkschaft, denen eine besondere Antragsbefugnis zuerkannt wird, für die Effektivierung der Ziele des AGG einzutreten.[566]

562 *Derleder,* AuR 83, 289 [294]; *Dütz,* AuR 73, 353 [356]; *ders.,* DB 84, 115 [116]; *ders.,* S. 35; ErfK-*Koch,* Rn. 35.

563 *BAG* 24.4.07, AP Nr. 124 zu § 87 BetrVG 1972 Arbeitszeit; 29.4.04, AP Nr. 3 zu § 77 BetrVG 1972 Durchführung; 24.4.07, AP Nr. 124 zu § 87 BetrVG 1972 Arbeitszeit; *Fitting,* Rn. 110.

564 *BGH* 5.10.04 – VI ZR 255/03; *ArbG Dresden* 7.7.03; *Schwab, AiB 12, 446 allg. zur Haftung des AG;* a. A. ohne Begründung *Fitting* Rn. 58; WPK-*Kreft,* Rn. 28.

565 BGBl. I 1897; ausführlich HK-*Buschmann,* § 17 AGG, Rn. 10 ff.

566 Vgl. auch Begründung, BT-Drucks. 16/1780, S. 40; rechtsvergleichend mit Frankreich *Ahmad/Jansen,* AuR 14, 311 ff.

Das AGG dient der **Umsetzung von insg. 4 europäischen Richtlinien** zur Gleichbehandlung, nämlich der RL 2000/43/EG v. 29.6.00 zur Anwendung des Gleichbehandlungsgrundsatzes ohne Unterschied der Rasse oder der ethnischen Herkunft (Antirassismus-Richtlinie), ABl. Nr. L 180 S. 22 v. 19.7.00, der RL 2000/78/EG v. 27.11.00 zur Festlegung eines allgemeinen Rahmens für die Verwirklichung der Gleichbehandlung in Beschäftigung und Beruf (Rahmenrichtlinie), ABl. Nr. L 303 S. 16 v. 2.12.00, der RL 2002/73/EG v. 23.9.02 zur Änderung der RL 76/207/EWG zur Verwirklichung des Grundsatzes der Gleichbehandlung von Männern und Frauen hinsichtlich des Zugangs zur Beschäftigung, zur Berufsbildung sowie in Bezug auf die Arbeitsbedingungen (Gender-Richtlinie), ABl. Nr. L 269 S. 15 v. 5.10.02, Neufassung durch RL 2006/54/EG v. 5.7.06 zur Verwirklichung des Grundsatzes der Chancengleichheit und Gleichbehandlung von Männern und Frauen in Arbeits- und Beschäftigungsfragen, ABl. Nr. L 204 S. 23 v. 26.7.06; der RL 2004/113/EG v. 13.12.04 zur Verwirklichung des Grundsatzes der Gleichbehandlung von Männern und Frauen beim Zugang zu und bei der Versorgung mit Gütern und Dienstleistungen (Gender-Richtlinie Zivilrecht), ABl. Nr. L 373 S. 37 v. 21.12.04. **370**

Die **europäischen Richtlinien** geben das gerichtliche Verfahren, wie es in dieser Vorschrift geregelt ist, nicht im Einzelnen vor, sondern gehen davon aus, dass der nationale Gesetzgeber eine solche **Verfahrensmöglichkeit** schafft. So erwarten etwa die RL 2000/43 in Begründungserwägung 19 und Art. 7 Abs. 2, die RL 2000/78 in Erwägung 29 und Art. 9 Abs. 2, die RL 2002/73/EG in Erwägung 20 und Art. 6 Abs. 3, die RL 2004/113/EG in Art. 8 Abs. 3 einen *angemessenen Rechtsschutz* mit der Möglichkeit der *Beteiligung von Verbänden*, selbst wenn das Verhältnis, während dessen die Diskriminierung vorgekommen sein soll, bereits beendet ist. Erwägung 26 der RL 2000/43, Erwägung 35 der RL 2000/78, Erwägung 22 und Art. 8 d der RL 2002/73/EG, Erwägung 27 sowie Art. 14 der RL 2004/113 erwarten wirksame, verhältnismäßige und abschreckende *Sanktionen* für den Fall, dass gegen die aus der Richtlinie erwachsenden Verpflichtungen verstoßen wird. Art. 7 der RL 2002/73/EG verlangt den Schutz der *Arbeitnehmervertreter* vor Entlassung oder anderen Benachteiligungen durch den AG, die als Reaktion auf die Einleitung eines Verfahrens zur Durchsetzung des Gleichbehandlungsgrundsatzes erfolgen. Mithin geht die Richtlinie davon aus, dass Arbeitnehmervertreter derartige Verfahren führen können, wie es in § 17 Abs. 2 AGG der Fall ist. **371**

§ 17 Abs. 2 AGG begründet eine **eigenständige prozessuale Antragsbefugnis** für den BR und die im Betrieb vertretene Gewerkschaft unter den im AGG genannten Voraussetzungen. Die Verweisung auf § 23 erfasst das hier geregelte Verfahren, nämlich das arbeitsgerichtliche Beschlussverfahren zur Erzwingung eines rechtstreuen Verhaltens. Voraussetzung ist ein grober Verstoß des AG gegen die in § 17 bezeichneten Vorschriften des AGG, so dass es nicht darauf ankommt, ob der AG damit zugleich gegen seine Pflichten aus dem BetrVG verstößt.[567] Die Konstruktion eines eigenständigen materiell-rechtlichen Rechtsanspruchs des BR bzw. der Gewerkschaft auf Einhaltung der Verpflichtungen des AG aus dem AGG ist hierfür nicht erforderlich. Gäbe es ihn, ließe er sich auch nicht auf die Unterbindung *grober* Verstöße begrenzen. Es handelt sich nicht um ein Mitbestimmungsrecht. Die Einhaltung der Verpflichtungen des AG aus dem AGG steht weder zur Disposition des AG noch der Betriebsparteien. Das AGG verleiht BR und/oder Gewerkschaft vielmehr eine besondere Verfahrensbefugnis, um als Sachwalter der Gleichbehandlung die Ziele des Gesetzes in einem anerkannten gerichtlichen Verfahren durchzusetzen und ein rechtmäßiges Verhalten des AG sicherzustellen. Ob und wie weit sie davon im Einzelfall Gebrauch machen, steht in ihrem Ermessen. Eine dahingehende Pflicht ergibt sich auch nicht aus § 17 Abs. 1 AGG. Die Verweisung auf das betriebsverfassungsrechtliche Verfahren hat ferner Bedeutung für die Zuständigkeit von BR, GBR und KBR, Modalitäten der Beschlussfassung, Kostentragung nach § 40 usw. Daneben können Verfahrensmöglichkeiten aus § 23 Abs. 3 i. V. m. § 75 BetrVG bestehen.[568] I. d. R. beinhaltet ein grober Verstoß des AG gegen das AGG zugleich einen groben Verstoß gegen § 75.[569] Mit § 17 Abs. 2 AGG hat der Gesetzgeber die Rechte des BR nicht eingeschränkt, sondern erweitert.[570] **372**

567 Ebenso *Fitting*, Rn. 112.
568 Vgl. *Fitting*, § 23 Rn. 60, m. w. N.
569 ErfK-*Schlachter*, § 17 AGG, Rn. 2; vgl. auch *Hayen*, AuR 07. 6. 9.
570 Richardi-*Thüsing*, Rn. 86 c.

2. Antragsvoraussetzungen

373 Die Beschränkung des Verfahrens nach § 17 Abs. 2 AGG auf Betriebe, in denen die Voraussetzungen des § 1 Abs. 1 Satz 1 BetrVG vorliegen, bedeutet, dass der Betrieb **betriebsratsfähig** ist, nicht aber, dass ein BR gewählt ist. Besteht kein BR, kann ggf. die im Betrieb vertretene Gewerkschaft allein ein Verfahren anhängig machen. In nicht betriebsratsfähigen Kleinstbetrieben ist auch diese Möglichkeit nicht gegeben.[571] Für die Antragsberechtigung gelten insofern die gleichen Voraussetzungen wie nach Abs. 3 dieser Vorschrift (vgl. IV). Obwohl in § 17 Abs. 2 AGG nur auf § 1 Abs. 1 BetrVG verwiesen wird, sind auch gemeinsame Betriebe mehrerer UN erfasst. Diese Rechtsfigur ergibt sich schon aus § 1 Abs. 1. Abs. 2 enthält nur eine dahingehende Rechtsvermutung. Auszugehen ist von dem auch für die Betriebsratsbildung maßgeblichen **Betriebsbegriff.** Ebenso erfasst sind BR bzw. betriebliche Interessenvertretungen auf Grund einer Regelung nach § 3 Abs. 1 Nrn. 1 – 3 BetrVG, nicht aber zusätzliche betriebsverfassungsrechtliche Gremien und Vertretungen nach § 3 Abs. 1 Nrn. 4 und 5, da es sich bei ihnen nicht um BR handelt.

374 Zur Antragsberechtigung von BR und Gewerkschaft vgl. IV. Auf die Tarifzuständigkeit der den Antrag stellenden Gewerkschaft kommt es nicht an.[572] Aus der **Beschränkung auf BR und Gewerkschaften** ergibt sich, dass andere Gremien wie Personalräte, Mitarbeitervertretungen, Sprecherausschüsse, aber auch die sog. Anti-Diskriminierungsverbände i. S. d. § 23 AGG (abgesehen von Gewerkschaften), dieses Verfahren nicht führen können.[573] Im Rahmen ihrer Zuständigkeiten (etwa bei betriebsübergreifenden Personal-, Verhaltens- oder Ethik-Richtlinien) können Verfahren auch von GBR und KBR eingeleitet werden, da §§ 51 Abs. 5 und 59 Abs. 1 insoweit verweisen.[574] Im Allgemeinen wird aber eine Zuständigkeit des örtlichen BR gegeben sein. Der BR des Entleiherbetriebs ist auch für Leih-AN antragsberechtigt.[575]

375 **Antragsgegner** ist der AG, wie er in § 6 Abs. 2 AGG definiert wird. Dieser Begriff reicht weiter als der Arbeitgeberbegriff des BetrVG und umfasst alle Personen, die Personen i. S. d. § 6 Abs. 1 AGG beschäftigen. Der **Beschäftigtenbegriff des AGG** reicht wiederum weiter als der Arbeitnehmerbegriff des BetrVG. Namentlich hervorgehoben werden neben AN die zu ihrer Berufsbildung Beschäftigten, arbeitnehmerähnliche Personen einschließlich Heimarbeiter und Gleichgestellte, Bewerber für ein Beschäftigungsverhältnis und ausgeschiedene Beschäftigte. Schließlich erfasst § 6 Abs. 3 AGG hinsichtlich der Bedingungen für den Zugang zur Erwerbstätigkeit sowie den beruflichen Aufstieg auch Selbstständige wie sog. Freie Mitarbeiter und Franchise-Nehmer und entspricht damit den RL 2000/43/EG und 2000/78/EG, die jeweils in Art. 3 Abs. 1 a zwischen unselbstständiger und selbständiger Erwerbstätigkeit nicht differenzieren. Damit sind auch Beschlussverfahren zulässig, die keine Benachteiligung der vom BR vertretenen AN, sondern anderer Beschäftigter zum Gegenstand haben.[576] Eine Beeinträchtigung von AN i. S. d. BetrVG ist auch nicht erforderlich. Diese besondere Verfahrensart dient dem Zweck der Verwirklichung der Ziele des AGG. BR und Gewerkschaft sind insofern lediglich Instrumente der Rechtsordnung und machen keine Ansprüche aus einem »betriebsverfassungsrechtlichen Grundverhältnis« oder mitgliedschaftliche Interessen aus Arbeitsverhältnissen geltend. Das AGG bietet für den Schutz der Beschäftigten (§ 6) vor Benachteiligung i. S. d. § 7 ein einheitliches, nicht nach Gruppen differenziertes Verfahren an. Bei einem gemeinsamen Betrieb mehrerer UN kann der Antrag auch, ggf. mit differenzierter Antragstellung, gegen eine Mehrzahl von Antragsgegnern gerichtet werden.

376 **Einzelne Beschäftigte** sind in diesem Verfahren weder Antragsteller noch Antragsgegner noch sonstige Beteiligte.[577] Sie sind ggf. als Zeugen zu hören. Die Zustimmung einzelner Beschäftigter, deren Benachteiligung gerügt wird, ist nicht erforderlich.[578] Erklärungen, ob sie die

571 Zur Kritik *Hayen,* AuR 07, 11.
572 *BAG* 10.11.04 – 7 ABR 19/04, AuR 05, 164; 13.3.07 – 1 ABR 24/06, DB 08, 1331.
573 Weiter gehend, d. h. auch für PR in Dienststellen mit mehr als 5 AN *Besgen/Roloff,* NZA 07, 671.
574 Vgl. *LAG Düsseldorf* v. 14.11.05 – 10 TaBV 46/05, AuR 06, 132 zur Ethik-Richtlinie bei Wal-Mart; dazu *Kolle/Deinert,* AuR 06, 177 ff.; zur Mitbestimmung § 87 Rn. 62.
575 Ebenso *Fitting,* Rn. 113.
576 Ebenso *Besgen/Roloff,* NZA 07, 671.
577 Ebenso *Besgen/Roloff,* a. a. O.; *Fitting,* Rn. 114.
578 Ebenso *Fitting,* Rn. 113.

Einleitung bzw. Durchführung eines derartigen gerichtlichen Verfahrens wünschen oder nicht, sind prozessual unbeachtlich und nicht einzuholen. Von den Vorschriften des AGG kann nicht zu Ungunsten der geschützten Personen abgewichen werden (§ 31 AGG).

3. Grober Verstoß gegen Vorschriften des AGG

Vorschriften aus »diesem Abschnitt« sind die §§ 6 – 18 AGG (Schutz der Beschäftigten vor Benachteiligung). Gemeint sind **Verstöße gegen Rechtspflichten des AG auf Durchführung bestimmter Maßnahmen, Duldung oder Unterlassung,** die sich aus den §§ 7, 11 – 16 AGG ergeben. Im Vordergrund steht das Benachteiligungsverbot des § 7 AGG, soweit die Benachteiligung dem AG selbst über eigenes Handeln oder seine Organisation zuzurechnen ist. Hierfür kommen sämtliche Ungleichbehandlungen in Betracht, die mittelbar oder unmittelbar an einen oder mehrere der nach § 1 AGG verpönten Gründe anknüpfen. Dabei kommt es nicht darauf an, ob diese Merkmale tatsächlich vorliegen.[579] 377

- Ein praktischer Schwerpunkt sind Verfahren im Zusammenhang mit (aus Gründen des § 1 AGG nicht vorgenommenen) **Einstellungen**. Die Nichteinladung zu einem Vorstellungsgespräch wegen eines solchen, dem Bewerber zugeschriebenen Merkmals kann eine unzulässige Benachteiligung i. S. d. § 7 darstellen.[580] Die öffentliche Äußerung eines AG, er werde **keine AN einer bestimmten ethnischen Herkunft oder Rasse** einstellen, versteht der *EuGH* als unmittelbare Diskriminierung wegen der **Rasse oder der ethnischen Herkunft** bei der Einstellung i. S. d. Art. 2 Abs. 2 a der RL 2000/43/EG.[581] Um eine solche Diskriminierung handelt es sich auch, wenn ein US-amerikanischen Sicherheitsbestimmungen unterliegendes UN die (russische) Staatsangehörigkeit einer AN zum Anknüpfungspunkt einer Ungleichbehandlung nimmt.[582] Eindeutig ist der Fall bei **sexueller Belästigung**[583] oder bei unterschiedlicher Bezahlung[584] oder Begründung **unterschiedlicher Statusverhältnisse.** Beispiel: Mit einer Person mit geäußertem Kinderwunsch wird deshalb nur ein befristetes Arbeitsverhältnis abgeschlossen.[585]
- Das gleiche gilt, wo das Benachteiligungsverbot in Bezug genommen wird, etwa bei einer **Ausschreibung, die Beschäftigtengruppen diskriminiert**, § 11 AGG, vgl. Kommentierung zu § 93 dieses Gesetzes. Unzulässig, weil altersdiskriminierend ist z. B. eine Ausschreibung, in der Mitarbeiter im ersten Berufsjahr gesucht werden.[586] Das Merkmal Berufsjahr ist zwar scheinbar neutral, beeinträchtigt jedoch ältere Bewerber zahlenmäßig stärker als jüngere. *BAG* und LAG erkannten darin einen groben Verstoß des AG gegen §§ 11, 7, 1 AGG und verpflichteten diesen auf Unterlassung. Ein Verstoß könnte auch vorliegen, wenn entgegen § 7 TzBfG eine Ausschreibung nur in Vollzeit erfolgt und dadurch Frauen mittelbar diskriminiert werden (oder umgekehrt, vgl. § 93). Neben den Ausschreibungsbedingungen unterliegen auch Einstellungsfragebögen und Arbeitsvertragsformulare der Überprüfung nach dem AGG. Ein grober Verstoß liegt auch vor, wenn Arbeitsverträge wie im Fall eines sächs. Großklinikums[587] die formularmäßige Versicherung der AN enthalten, nicht schwanger bzw. schwerbehindert zu sein.
- Gegenstand dieses Verfahrens sind ferner Benachteiligungen im Vollzug von Arbeitsverhältnissen, etwa bei der Auswahl von Teilnehmern an Bildungsmaßnahmen, bei Beförderungen, Versetzungen usw., schließlich (sexuelle) Belästigungen i. S. d. § 3 AGG.

579 Insofern ist der Begriff »Merkmalsträger« unzutreffend.
580 *BAG* 23.8.12 – 8 AZR 285/11, AuR 2012, 374.
581 *EuGH* 10.7.08 – Rs. C-54/08, Feryn, AuR 2008, 319.
582 Nicht nachvollziehbar a. A. *SächsLAG* 17.9.10 – 3 TaBV 2/10, NZA-RR 2011, 72, das sich einer Auseinandersetzung mit dem innerstaatlichen Stellenwert amerikanischer Bestimmungen entzieht, indem es für den Zusatz »TR-Trade restricted« zur e-mail-Adresse schon den Tatbestand der Benachteiligung verneint.
583 *ArbG Berlin* 27.1.12 – 28 BV 17992/11, EzA-SD 2012, Nr. 10, 6.
584 *Zimmer*, AuR 14, 90.
585 Vgl. *ArbG Wiesbaden* 12.2.92, AiB 92, 298.
586 *BAG* 18.8.09 – 1 ABR 47/08, AuR 09, 310; AuR 10, 223; *HessLAG* 6.3.08 – 9 TaBV 251/07, AuR 08, 315.
587 Ausgangsfall von *BAG* 3.12.08 – 5 AZR 62/08, AP Nr 42 zu § 307 BGB.

- Zu denken ist auch an einen Verstoß des AG gegen die **Schutzpflicht aus § 12 AGG;**[588] etwa gegen seine Verfahrenspflichten bei einer **Beschwerde** nach § 13 AGG (vgl. §§ 84, 85 BetrVG), wenn er diese nicht in der gebotenen Weise behandelt oder zum Anlass für Maßregelungen der Beschwerdeführer nimmt; gegen seine Duldungs- und Vergütungspflicht bei der Ausübung des **Leistungsverweigerungsrechts** nach § 14 AGG, wenn der AG mit dem Vorwurf der beharrlichen Arbeitsverweigerung und des Vertragsbruchs gegen den oder die Beschäftigten vorgeht; auch wenn der AG Bewerberdaten unter dem **Vorwand des sog. AGG-Hoppings** speichert, nutzt oder weitergibt, so dass sie in eine zentrale von arbeitgebernahen Anwaltsbüros geführte Datei einfließen. Dies wirkt sich wie eine »**schwarze Liste**« zu Lasten der Bewerber aus, die von ihren Rechten aus dem AGG Gebrauch machen.[589]

Maßgeblich ist, dass ein Verstoß des AG gegen seine Pflichten aus dem AGG zum Gegenstand des Verfahrens gemacht wird. Nicht erforderlich ist, dass sich dieser Verstoß zum Nachteil der vom BR vertretenen Beschäftigten ausgewirkt hat. Zum einen kennt das AGG einen gegenüber dem Arbeitnehmerbegriff des BetrVG **erweiterten Beschäftigtenbegriff**. Zum anderen ist nicht maßgeblich, ob ein individueller Nachteil eingetreten ist oder nicht. Bei einem Pflichtenverstoß durch dritte Personen, die für ihn keine Arbeitgeberbefugnisse ausüben, ist der AG nur nach Maßgabe des § 12 AGG verantwortlich.

378 Eine besondere Rolle könnte das Verfahren nach § 17 Abs. 2 AGG im Zusammenhang mit **diskriminierenden Kündigungen** gewinnen.[590] Dies wäre etwa der Fall, wenn der AG eine **soziale Auswahl** nach Alter, Geschlecht oder ethnischer Herkunft vornimmt oder vorzugsweise das Arbeitsverhältnis älterer AN oder von AN mit Migrationshintergrund kündigt.[591] Eine diskriminierende Auswahl kann sich manifestieren in sog. »Namenslisten« im Interessenausgleich gem. § 1 Abs. 5 KSchG, Insbes. dort ausgedrückte Altersgruppen sind nach Maßgabe des AGG zu überprüfen. Ein solcher Verstoß ist unzweifelhaft »grob«. Zwar trifft § 2 Abs. 4 AGG eine Bereichsausnahme, nach der für Kündigungen ausschließlich die Bestimmungen zum allgemeinen und besonderen Kündigungsschutz gelten sollen. Es besteht aber allgemeiner Konsens, dass diese Bereichsausnahme europarechtswidrig ist, insbes. den vorgenannten Antidiskriminierungsrichtlinien widerspricht, die diese Bereichsausnahme nicht kennen.[592] Der *EuGH* hat[593] keinen Zweifel gelassen, dass die Kündigungsbedingungen an den Maßstäben der Allgemeinen Gleichbehandlungsrichtlinie zu messen sind. Darüber hinaus versteht er[594] den Grundsatz der Gleichbehandlung in Beschäftigung und Beruf als Bestandteil des primären Unionsrechts (jetzt Art. 21, 23 EU-Grundrechtecharta), dessen Verletzung dazu führt, dass die abweichende nationale Norm nicht anzuwenden ist.[595] Im Rahmen des Kündigungsschutzes nach dem KSchG finden die Diskriminierungsverbote des AGG deshalb Anwendung.[596] § 2 Abs. 4 AGG steht dem nicht entgegen. Eine Kündigung, die ein Diskriminierungsverbot verletzt, kann deshalb rechtswidrig und unwirksam sein.[597] Dies gilt auch, wenn die soziale Auswahl in einem vom BR unterschriebenen Interessenausgleich niedergelegt ist. Eine diskriminierende BV, damit auch ein Interessenausgleich, ist selbst nach § 7 Abs. 2 AGG unwirksam.[598]

---

588 Vgl. Begründung, BT-Drucks. 16/1780, S. 40.

589 Ein von einer Stuttgarter Anwaltssozietät geführtes sog. AGG-Archiv musste nach Beanstandung durch das Baden-Württembergische Innenministerium als zust. Aufsichtsbehörde wegen Verstoßes gegen das BDSG geschlossen werden, AuR 09, 306.

590 Ausführlich zum Verhältnis von Kündigungsschutz und Diskriminierungsschutz *Benecke*, AuR 07, 230 ff.; *dies.*, AuR 1/16.

591 Anschaulich *LAG Bremen* 29.6.10 – 1 Sa 29/10, AuR 10, 523 (zust. *Wenckebach*, 499, mwN.): Probezeitkündigung, weil Kl. mit russischem Akzent spricht; vgl. HK-*Buschmann*, § 17 AGG, Rn. 19 d.

592 Statt vieler *Benecke*, AuR 07, 230; *dies.*, AuR 1/16; Däubler/Bertzbach-*Däubler*, § 2 Rn. 256 ff.; *Annuß*, BB 06, 1630; *Thüsing*, NZA 06, 777.

593 *EuGH* 11.7.06 – Rs. C-13/05, AuR 06, 292, sowie v. 19.1.10 – Rs. C-555/07, AuR 10, 264.

594 *EuGH* 22.11.05 – Rs. C-144/04, AuR 06, 167, mit Anm. *Schiek*, sowie v. 19.1.10 – Rs. C-555/07, AuR 10, 264.

595 Ebenso schon *Däubler*, a. a. O.

596 *BAG* 6.11.08 – 2 AZR 701/07, AuR 09, 144 – 2 AZR 523/07, AuR 09, 358; 19. 12.13 – 6 AZR 190/12, AuR 14, 39, 158; 26.3.15 – 2 AZR 237/14, AuR 15, 201.

597 So ausdrücklich *BAG* 23.07.15 – 6 AZR 457/15, altersdiskriminierende Kündigung im Kleinbetrieb.

598 Ausführlich *Buschmann*, Altersdiskriminierung in der Namensliste, FS Wank, 2014, 63 ff.

Damit unterliegen Kündigungen dem AGG,[599] so dass insoweit die Verfahrensmöglichkeit des § 17 Abs. 2 AGG eröffnet ist.[600] Daraus ergibt sich zwar nicht die Möglichkeit der Erhebung einer individualrechtlichen Kündigungsschutzklage durch BR oder Gewerkschaft, gerichtet auf Feststellung, dass das Arbeitsverhältnis durch die Kündigung nicht aufgelöst ist, wohl aber die Beziehung der spezifischen Antragsrechte des § 17 Abs. 2 AGG gegen den Ausspruch, die Vollziehung sowie auf Rücknahme von Kündigungen, die gegen das Benachteiligungsverbot verstoßen. Aus der in § 17 Abs. 2 getroffenen Gesetzesfassung im Singular ergibt sich, dass dieser Antrag schon nach einem einzelnen groben Verstoß gestellt werden kann. Das gleiche gilt für Diskriminierungen bei Kündigungsumständen wie -fristen.[601] Dies gilt auch bei Diskriminierungen von Beschäftigten i. S. d. § 6 AGG, deren Beschäftigungsverhältnis dem KSchG nicht unterliegt. Wären für sie die Wege nach § 17 AGG nicht eröffnet, bestünde für sie gar kein Rechtsschutz, was wiederum den Vorgaben der Gleichbehandlungsrichtlinien (Rn. 370) und dem Grundrecht auf Rechtsschutz nach Art. 47 der EU-Grundrechte-Charta widerspräche.

Sowohl § 17 Abs. 2 AGG als auch § 23 Abs. 3 BetrVG begrenzen das Verfahren auf einen **»groben« Verstoß.** Diese doppelte Hervorhebung beinhaltet keine besondere Qualifizierung gegenüber den in dieser Vorschrift maßgeblichen Grundsätzen, die auch für das Verfahren nach dem AGG Anwendung finden. Nach *BAG* liegt ein grober Verstoß des AG gegen seine Pflichten aus dem AGG vor bei einer objektiv erheblichen und offensichtlich schwerwiegenden Pflichtverletzung, wobei es auf Verschulden nicht ankommt. Die für den »groben« Verstoß i. S. v. § 23 Abs. 3 BetrVG bestehenden Grundsätze gelten insoweit auch im Rahmen des § 17 Abs. 2 Satz 1 AGG.[602] Ein grober Verstoß ist regelmäßig zu bejahen, wenn der AG mehrfach und erkennbar gegen seine sich aus dem AGG ergebenden Pflichten verstoßen hat. **379**

Ebenso wie § 23 Abs. 3 BetrVG hat § 17 Abs. 2 AGG keinen Strafcharakter und will auch nicht individuelle Schuld sühnen. Das arbeitsgerichtliche Erkenntnisverfahren ist auf Durchsetzung eines künftigen rechtmäßigen Verhaltens des AG gerichtet. Dafür **kommt es auf individuelle Vorwerfbarkeit des eingetretenen Verstoßes nicht an.**[603] Zur umstr. Theorie der vertretbaren Rechtsansicht des AG in einer schwierigen und ungeklärten Rechtsfrage, die nach h. M. zu § 23 Abs. 3 dieses Gesetzes der Annahme eines groben Verstoßes entgegenstünde, vgl. Rn. 206 m. w. N. auch zur a. A. Letztlich privilegiert diese Theorie den prozessualen Vortrag eines Rechtsirrtums des AG. Diese innere Tatsache wird schwer zu ermitteln sein. Das Verfahren nach dieser Vorschrift soll aber gerade einen Weg darstellen, für die Zukunft Rechtssicherheit herzustellen. Da kann es auf ein subjektives Merkmal wie den verschuldeten oder unverschuldeten Verbotsirrtum nicht ankommen. **380**

Auch ein **einmaliger Verstoß** kann grob sein, sofern er objektiv erheblich ist.[604] Andererseits können gerade durch Wiederholung leichtere Verstöße zu einem groben Verstoß werden.[605] Hier sind die Formulierungen des § 23 Abs. 3 BetrVG und des § 17 Abs. 2 AGG nicht ganz identisch. Spricht § 23 Abs. 3 von »groben Verstößen«, wählt § 17 Abs. 2 AGG ausdrücklich den Singular, was Missverständnisse ausschließt. Voraussetzung ist nach dem Gesetzeswortlaut aber, dass der grobe Verstoß eingetreten ist. Die sichere Erwartung eines Verstoßes oder Drohung reichen nicht, sofern diese nicht selbst einen solchen Verstoß darstellt. **381**

Nicht erforderlich ist der Eintritt eines **Schadens** oder einer sonstigen Beeinträchtigung auf Seiten eines oder mehrerer Beschäftigter. Die Möglichkeit des Verfahren nach § 17 Abs. 2 AGG besteht auch bei einem folgenlosen Verstoß. Erst recht unerheblich ist, ob der Verstoß AN i. S. d. BetrVG betrifft, die vom BR vertreten werden. **382**

---

599 *ArbG Osnabrück* 5.2.07 – 3 Ca 721/06, AuR 07, AuR 07, 103; *Wenckebach*, AuR 10, 499; a. A. *Bayreuther*, DB 06, 1842; *Willemsen/Schweibert*, 06, 2583.
600 *Benecke*, AuR 07, 230; *dies.*, AuR 1/16; Däubler/Bertzbach-*Buschmann*, § 17 AGG, Rn. 19 d ff.; *Hayen*, AuR 07, 6, 10.
601 Vgl. *EuGH* 19.1.10 – Rs. C-555/07, AuR 10, 264.
602 BT-Drucks. 16/2022 S. 12; *BAG* 18.8.09 – 1 ABR 47/08, AuR 09, 310.
603 Ebenso Richardi-*Thüsing*, Rn. 94; *HessLAG* 6.3.08 – 9 TaBV 251/07, AuR 08, 315; *BAG* 18.8.09 – 1 ABR 47/08, AuR 09, 310.
604 *Besgen/Roloff*, NZA 07, 672.
605 Richardi-*Thüsing*, a. a. O. Rn. 93.

383 Ist ein grober Verstoß eingetreten, ist eine besondere **Wiederholungsgefahr** nicht mehr zu prüfen. Sie ist nicht Tatbestandsmerkmal dieser Vorschrift und wird nicht eigenständig geprüft, wenn der grobe Verstoß einmal eingetreten ist.[606] Deswegen kann sich ein AG nicht mit der Zusicherung entlasten, er werde sich künftig rechtmäßig verhalten.[607] Etwas anderes könnte gelten, wenn etwa auf Grund einer Beschwerde eines Beschäftigten oder der Rüge des BR oder der Gewerkschaft neue Rechtstatsachen geschaffen werden, z. B. der Abschluss eines TV oder einer BV über diskriminierungsfreie Ausschreibungen.

4. Rechte aus § 23 Abs. 3 Satz 1 BetrVG

384 Nach dem in Bezug genommenen Abs. 3 dieser Vorschrift kann das Gericht auf Antrag dem AG aufgeben, eine **Handlung zu unterlassen, die Vornahme einer Handlung zu dulden oder eine Handlung vorzunehmen.** Maßgeblich ist die konkrete Antragstellung. Des Antrag muss hinreichend bestimmt sein (§ 81 ArbGG). Auch Hilfsanträge sind zulässig (ausführlich hierzu Rn. 266 ff.).

385 Welcher Antrag zu stellen ist, richtet sich nach dem gerügten groben Verstoß seitens des AG. Am einfachsten ist die **Antragstellung** bei Unterlassung und Duldung, schwieriger bei Leistungsanträgen:

Unterlassung ist zu beantragen, wenn der gerügte Verstoß des AG in einer rechtswidrigen Handlung besteht, die unterlassen werden kann, etwa der persönlichen Benachteiligung von Beschäftigten i. S. d. § 7 AGG, der Aufnahme diskriminierender Merkmale in die PA oder der Maßregelung i. S. d. § 16 AGG, ebenso bei einer diskriminierenden Ausschreibung eines Arbeitsplatzes i. S. d. § 11 AGG.[608]

Ein Antrag auf *Duldung* kommt in Frage bei der Wahrnehmung von Rechten der Beschäftigten nach dem AGG, etwa des Leistungsverweigerungsrechts nach § 14 AGG oder des Beschwerderechts nach § 13 AGG, z. B. im Hinblick auf eine Beschwerde beim BR während der Arbeitszeit. Im Falle von Repressalien lassen sich diese Anträge mit Unterlassungsanträgen kombinieren.

Leistungsanträge beziehen sich im Wesentlichen auf die in § 12 AGG enthaltenen Pflichten des AG, die erforderlichen Maßnahmen zum Schutz vor Benachteiligungen wegen eines in § 1 AGG genannten Grundes zu treffen. Dieser Schutz umfasst auch vorbeugende Maßnahmen. Diese könnten einmal ansetzen an einem groben Verstoß durch rechtswidriges Handeln wie etwa einer diskriminierenden Ausschreibung, hinsichtlich der schon der Unterlassungsantrag einschlägig ist. Indes erschöpft sich das Begehren des BR nicht in der Unterlassung diskriminierender Ausschreibungen, sondern erfasst die Durchführung rechtmäßiger Ausschreibungen, für die der BR nach § 93 dieses Gesetzes ein Initiativrecht hat, so dass er sie in seinen Antrag aufnehmen kann. Angesichts unterschiedlicher Auffassungen in der Arbeitsgerichtsbarkeit hinsichtlich der richtigen Tenorierung wird es häufig sinnvoll sein, mehrere Anträge zu kombinieren bzw. Hilfsanträge zu stellen.

386 Besondere Sorgfalt bei der Antragstellung ist geboten, wenn der gerügte **Verstoß des AG in einem Unterlassen besteht.** Ein konkreter Leistungsantrag ist zu stellen, wenn für den AG nur eine rechtmäßige Handlungsweise zur Verfügung steht, z. B. diskriminierungsfreie Ausschreibungen vorzunehmen oder eingelegte Beschwerden nach diesem Gesetz zu prüfen und das Ergebnis dem Beschwerde führenden Beschäftigten mitzuteilen. Hat der AG dies unterlassen, liegt regelmäßig auch ein grober Verstoß vor, dies übrigens nicht nur gegen die Verpflichtung aus § 13 AGG, sondern auch gegen §§ 84, 93 dieses Gesetzes. Ein konkreter Leistungsantrag ist auch zu stellen bei einer Ermessenreduzierung auf Null, z. B. wenn farbige, muslimische, ältere

606 *BAG* 23.6.92 – 1 ABR 11/92, AP § 23 BetrVG Nr. 20; *Fitting*, Rn. 114.
607 *BAG* a. a. O.
608 *BAG* 18.8.09 – 1 ABR 47/08, AuR 09, 310; AuR 10, 223; *HessLAG* 6.3.08 – 9 TaBV 251/07, AuR 08, 315; Einen vom konkreten Bewerbungsverfahren losgelösten, einer »Popularklage« ähnelnden Anspruch eines Bewerbers auf Unterlassung künftiger diskriminierender Ausschreibungen bzw. auf künftige diskriminierungsfreie Neuausschreibungen verneint *BAG* 14.11.13 – 8 AZR 997/12, AuR 14, 157.

oder behinderte Beschäftigte zu einem – freiwilligen – Betriebsausflug nicht eingeladen werden. Soweit dem AG allerdings Handlungsermessen bleibt, kann der Antrag auf ermessensfehlerfreie Entscheidung bzw. Durchführung geeigneter, erforderlicher und angemessener Maßnahmen gestellt werden, was insbesondere im Rahmen des § 12 – zumindest als Hilfsantrag – häufig geboten sein wird.

Anträge auf Feststellung eines Rechtsverhältnisses oder eines Rechtsverstoßes sowie Anträge **387** auf Folgenbeseitigung bzw. Restitution sind in dem Verfahren nach § 17 Abs. 2 AGG ebenso wenig zulässig wie nach Abs. 3 dieser Vorschrift. In Frage kommen ggf. Anträge auf Zwischenfeststellung, wodurch künftige Verfahren entbehrlich werden und auch Streitigkeiten über das Merkmal des groben Verstoßes ausgeräumt werden könnten.

Nach § 17 Abs. 2 Satz 2 AGG dürfen mit dem Antrag nicht **Ansprüche des Benachteiligten** **388** geltend gemacht werden. Dabei handelt es sich im Wesentlichen um die Entschädigungs- oder Schadensersatzansprüche nach § 15 AGG, um die Feststellungsklage nach § 4 KSchG oder um die Feststellung der Unwirksamkeit einer individuellen Befristungsvereinbarung (vgl. Rn. 251). Insofern handelt es sich um eine Klarstellung.[609] Derartige Ansprüche lassen sich auch über Abs. 3 dieser Vorschrift nicht durchsetzen. Ebenso wenig kommt es zu einer Überschneidung mit individuellen Unterlassungs-, Duldung- oder Leistungsanträgen einzelner betroffener Beschäftigter.[610] Diese individuellen Verfahrensmöglichkeiten haben einen anderen Streitgegenstand als das kollektive Verfahren. Voraussetzung des individuellen Verfahrens sind individuelle Klagebefugnis, individuelles Rechtsschutzbedürfnis und ein konkreter, auf die Person des Antragsstellers bezogener Antrag, während es auf den groben Verstoß des AG gegen seine Verpflichtungen aus dem AGG nicht ankommt. Der Antrag des BR ist unabhängig von diesen konkret personenbezogenen Voraussetzungen und deshalb auch nicht auf die Rechtsansprüche eines, einer oder mehrerer benachteiligter Beschäftigter bezogen, formuliert.

5. Prozessuale Fragen

Hinsichtlich der Durchführung dieses Beschlussverfahrens kann auf die Ausführungen unter **389** Rn. 262 ff. verwiesen werden. Dies gilt auch für den Fall, dass dem Verfahren eine gerügte Benachteiligung zu Grunde liegt, die zwar Beschäftigte i. S. d. § 6 AGG, nicht aber AN iSd. § 5 BetrVG betrifft.

Wie im Verfahren nach § 23 Abs. 3 gilt auch in Verfahren nach § 17 Abs. 2 AGG hinsichtlich **390** der **Darlegungs- und Beweislast** grundsätzlich der eingeschränkte Untersuchungsgrundsatz nach §§ 80, 83 ArbGG.[611] Allerdings gelten auch im Beschlussverfahren die Regeln über die objektive Beweislast[612] nach Maßgabe der zugrundeliegenden materiellrechtlichen Vorschrift bzw. allgemeinen zivilprozessualen Grundsätzen. Insofern ist in einer non-liquet-Situation auch § 22 AGG zu berücksichtigen. Sofern danach eine Partei Indizien beweist, die eine Benachteiligung wegen eines in § 1 AGG genannten Grundes vermuten lassen, trägt die andere Partei die Beweislast dafür, dass kein Verstoß gegen die Bestimmungen zum Schutz vor Benachteiligung vorgelegen hat. »Partei« i. S. d. Vorschrift sind auch BR und Gewerkschaft. Dieses Ergebnis ergibt sich auch aus europarechtskonformer Auslegung. Art. 8 Abs. 4 i. V. m. Art. 7 Abs. 2 der RL 2000/43/EG, Art. 10 Abs. 4 i. V. m. Art. 9 Abs. 2 der RL 2000/78/EG, Art. 9 Abs. 4 i. V. m. Art. 8 Abs. 3 der RL 2004/113/EG beziehen die Beweislastregelung ausdrücklich auf das Verfahren unter Beteiligung von Verbänden, Organisationen und juristischen Personen, was zumindest bei der Gewerkschaft der Fall ist.[613] Der BR ist zwar weder Verband noch juristische Person; es wäre aber wertungswidersprüchlich, die in Umsetzung europäischen Rechts zur Effektivierung des Schutzes vor Benachteiligung getroffene Beweislastregelung in Verfahren einzelner Beschäftigter und der Gewerkschaft zur Anwendung kommen zu lassen, in Verfahren des BR aber nicht.

609 Begründung, Ausschussdrucks. 16/11/337, S. 2.
610 Ebenso ErfK-*Schlachter*, § 17 AGG, Rn. 2.
611 Ausführlich Däubler/Bertzbach-*Bertzbach*, § 22 AGG Rn. 70 ff.
612 *Bertzbach* a. a. O., Rn. 72.
613 Vgl. auch Däubler/Bertzbach-*Buschmann*, § 17 AGG Rn. 31; a. A. ohne Begründung *Besgen/Roloff*, NZA 07, 673.

391 Für das Verfahren der **einstweiligen Verfügung** gelten die Regeln der Glaubhaftmachung nach §§ 935, 294 ZPO (vgl. Rn. 279). Die **Zwangsvollstreckung** richtet sich nach § 23 Abs. 3 Satz 2 – 5 BetrVG. Insofern ist auf Rn. 288 ff. zu verweisen.

§ 24 Erlöschen der Mitgliedschaft

Die Mitgliedschaft im Betriebsrat erlischt durch
1. Ablauf der Amtszeit,
2. Niederlegung des Betriebsratsamtes,
3. Beendigung des Arbeitsverhältnisses,
4. Verlust der Wählbarkeit,
5. Ausschluss aus dem Betriebsrat oder Auflösung des Betriebsrats auf Grund einer gerichtlichen Entscheidung,
gerichtliche Entscheidung über die Feststellung der Nichtwählbarkeit nach Ablauf der in § 19 Abs. 2 bezeichneten Frist, es sei denn, der Mangel liegt nicht mehr vor.

Inhaltsübersicht

I. Vorbemerkungen

1 Die Vorschrift regelt das Erlöschen der **Mitgliedschaft des einzelnen BR-Mitglieds.** Die Beendigung der Amtszeit des BR als Kollektivorgan ist dagegen in §§ 21 – 22 geregelt.

2 In den Fällen der Nrn. 1 bis 4 erlischt die Mitgliedschaft automatisch kraft Gesetzes, in den Fällen der Nrn. 5 und 6 auf Grund **rechtskräftiger Gerichtsentscheidung.**

3 Die Vorschrift gilt auch für die Mitglieder der **Bordvertretung** und des **See-BR,** wobei § 115 Abs. 3 Nr. 2 und § 116 Abs. 2 Nr. 9 zu beachten sind. Für die **JAV** gilt die Vorschrift entsprechend (vgl. § 65 Abs. 1). Sie gilt nicht für die Mitglieder des **GBR/KBR** und der **GJAV/KJAV.** Hier gelten die Sonderbestimmungen der §§ 49, 57, 73 Abs. 2 und 73 b Abs. 2. Zur Mitgliedschaft im EBR vgl. § 32 Abs. 1 und Abs. 2 Satz 3 EBRG. Diese endet durch Abberufung, bei Veränderungen, die eine andere Zusammensetzung des EBRG erforderlich machen, mit der Neubestellung, ansonsten nach 4 Jahren. Soweit der TV keine andere Regelung trifft, findet die Vorschrift uneingeschränkt Anwendung auf die Mitglieder in **zusätzlichen** oder **anderen betriebsverfassungsrechtlichen Vertretungen** nach § 3 Abs. 1 Nrn. 1 und 2.

4 Auf noch nicht nachgerückte **Ersatzmitglieder** findet die Vorschrift keine unmittelbare, im Einzelfall – Nrn. 1, 3, 4 sowie 5 (Auflösung des BR) – jedoch entsprechende Anwendung mit der Folge, dass die Anwartschaft des Ersatzmitglieds erlischt, in den BR nachzurücken.[1] Für die gerichtlichen Verfahren nach Nrn. 5 (Ausschluss aus einem BR, dem das Ersatzmitglied noch nicht angehört) und 6 wird regelmäßig das Rechtsschutzbedürfnis fehlen (zu Nr. 5 vgl. auch § 23 Rn. 17: keine Amtspflichtverletzung ohne Amt). Ersatzmitglieder können nicht ihr »Amt niederlegen«,[2] da sie noch kein Amt haben. Lehnt ein **Ersatzmitglied** es ab, bei Ausscheiden (nicht schon bei zeitweiliger Verhinderung) eines BR-Mitglieds an dessen Stelle nachzurücken, ohne selbst verhindert zu sein, steht dies nach *ArbG Kassel*[3] der Amtsniederlegung gleich und

1 Vgl. *Fitting,* Rn. 4; GK-*Oetker,* Rn. 76 ff.; *HWGNRH,* Rn. 3.
2 Dafür GK-*Oetker,* Rn. 78
3 *ArbG Kassel* 20.2.96 – 2 Bv 1/96, AuR 96, 149.

führt zum Ausscheiden aus dem BR. Dagegen beinhaltet die bloße Äußerung eines gewählten BR-/Ersatzmitglieds, man wolle keine BR-Arbeit machen, regelmäßig noch keine Amtsniederlegung.[4] Für Personalräte vgl. § 29 BPersVG.

II. Erlöschen der Mitgliedschaft im Betriebsrat

1. Ablauf der Amtszeit (Nr. 1)

Die Mitgliedschaft der einzelnen BR-Mitglieder erlischt mit **Ablauf der Amtszeit des BR unter Berücksichtigung etwaiger Übergangs- oder Restmandate**, die im Einzelfall über das Ende der regelmäßigen Amtszeit hinausgehen können (vgl. § 21 b Rn. 27). Der Ablauf der regelmäßigen Amtszeit beendet die Mitgliedschaft im restmandatierten BR nicht.[5] Sie endet grundsätzlich bei vorzeitiger Beendigung der Amtszeit, bspw. durch erfolgreiche rechtskräftige Anfechtung der BR-Wahl (§ 19) oder durch Auflösung des BR auf Grund rechtskräftiger gerichtlicher Entscheidung (§ 23 Abs. 1). Die Amtszeit einzelner BR-Mitglieder kann niemals die Amtszeit des BR überdauern. 5

2. Niederlegung des Betriebsratsamtes (Nr. 2)

Die Niederlegung des BR-Amtes ist jederzeit formlos[6] und ohne Angabe von Gründen möglich, und zwar auch schon unmittelbar nach der Wahl vor dem Amtsbeginn[7] – ebenso, während der BR ein **Übergangs**- (§ 21 a) oder **Restmandat** (§ 21 b) ausübt.[8] 6

Die Amtsniederlegung erfolgt durch **empfangsbedürftige Willenserklärung** gegenüber dem BR.[9] Sie ist wirksam, wenn sie dem Vorsitzenden des BR, bei dessen Verhinderung dem stv. Vorsitzenden, zugegangen ist oder in einer BR-Sitzung ausgesprochen wurde. Wird die Amtsniederlegung in einer Betriebsversammlung erklärt, kann sie als Erklärung gegenüber dem BR ausgelegt werden, wenn der Vorsitzende oder dessen Stellvertreter die Versammlung leitet.[10] Wenn 2 Betriebsratsmitglieder ihr Amt niederlegen wollen, reicht es nicht aus, wenn sie dies nur jeweils dem anderen gegenüber erklären. Die Amtsniederlegung muss nach außen kundgetan werden.[11] Eine Erklärung gegenüber dem AG ist grundsätzlich rechtlich unbeachtlich.[12] Besteht der BR nur noch aus einem Mitglied, das ein Restmandat ausübt und ist eine Belegschaft, die als Erklärungsadressat allenfalls in Betracht käme, tatsächlich nicht mehr vorhanden, so kann die Amtsniederlegung ausnahmsweise gegenüber dem AG erklärt werden;[13] zu weitgehend *LAG Brandenburg*,[14] nach dem die Erklärung des einzigen verbliebenen BR-Mitglieds gegenüber dem AG auch bei noch vorhandener Belegschaft ausreicht. In diesem Fall ist regelmäßig nach § 13 Abs. 2 Nr. 2 die Neuwahl einzuleiten und ein Wahlvorstand zu bestellen, damit die AN den betriebsverfassungsrechtlichen Schutz behalten und die betriebsverfassungsrechtlichen Normen fortbestehen. 7

Die Amtsniederlegung wird wirksam mit Zugang der Erklärung, es sei denn, der Erklärende selbst setzt einen anderen Zeitpunkt fest, z. B. Monats- oder Quartalsende.[15] Sie kann nach Zugang **nicht mehr einseitig zurückgenommen oder widerrufen** werden.[16] 8

4 *LAG Hamm* 24.11.03 – 10 TaBV 162/03, AuR 05, 37.
5 *BAG* 5.5.10 – 7 ABR 728/08, AuR 10, 275, 394.
6 LAG *Berlin*, BB 67, 1424.
7 *BVerwG* 9.10.59, AP Nr. 2 zu § 27 PersVG.
8 *BAG* 5.5.10 – 7 ABR 728/08, AuR 10, 275, 394.
9 Musterschreiben in DKKWF-*Buschmann*, § 24 Rn. 2.
10 So auch *Fitting*, Rn. 10; Richardi-*Thüsing*, Rn. 8 a.
11 *LAG Niedersachsen* 23.4.07 – 9 Sa 464/05, AuR 07, 445 sowie 9 Sa 815/06, AuR 08, 194.
12 *LAG Schleswig-Holstein* 19.8.66, AP Nr. 4 zu § 24 BetrVG; *LAG Baden-Württemberg* 30.5.94 – 16 Sa 22/94, AiB 95, 187; 11.10.12 – 11 TaBV 2/12, juris.
13 *BAG* 12.1.00, EzA BetrVG 1972 § 24 Nr. 2 = AuR 00, 237.
14 *LAG Brandenburg* 2.8.01 – 3 TaBV 4/01, AuR 02, 198.
15 So auch *Fitting*, Rn. 10.
16 *BVerwG* 9.10.59, AP Nr. 2 zu § 27 PersVG.

9 Die Erklärung muss **ernst gemeint** und hinreichend **bestimmt** sein. Eine Amtsniederlegung unter einer Bedingung ist nur als Ankündigung zu werten.[17] Diese ist, ebenso wie eine Absichtserklärung, rechtlich ohne Bedeutung.[18] Die Erklärung ist nur wirksam, wenn aus ihr eindeutig hervorgeht, dass durch sie die Rechtsfolge der Amtsniederlegung herbeigeführt werden soll.[19] Dies ist nicht der Fall, wenn die AN einschließlich des verbliebenen Betriebsratsmitglieds selbst die Frage eines Insolvenzverwalters nach dem Bestehen eines BR auf einer Betriebsversammlung mit Kopfschütteln beantworten. Ein Insolvenzverwalter kann diese Äußerung nicht als rechtsgestaltende Erklärung, sondern nur als – möglicherweise rechtsirrige – Kundgabe einer Tatsache verstehen.[20] Nach h. M. ist eine **Anfechtung der Amtsniederlegung** grundsätzlich ausgeschlossen,[21] außer bei Drohung und arglistiger Täuschung.[22]

10 Das Ausscheiden aus Ausschüssen des BR oder der Rücktritt von bestimmten BR-Funktionen, z. B. Vorsitz, berührt die Mitgliedschaft im BR nicht und ist nicht als Amtsniederlegung zu werten.[23] Die vakanten Funktionen sind vom BR neu zu besetzen.[24] Die Amtsniederlegung nach dieser Vorschrift ist zu unterscheiden vom Rücktritt des BR nach § 13 Abs. 2 Nr. 3. Zur **gleichzeitigen** und abgestimmten **Amtsniederlegung** durch alle BR-Mitglieder und Ersatzmitglieder vgl. § 13 Rn. 20.

3. Beendigung des Arbeitsverhältnisses (Nr. 3)

11 Voraussetzung für die Wählbarkeit eines AN in den BR ist die Betriebszugehörigkeit (§ 8). Daher erlischt mit Beendigung des Arbeitsverhältnisses grundsätzlich die Mitgliedschaft im BR. Insofern stellt Nr. 3 nur einen Unterfall von Nr. 4 dar. Maßgeblich ist die **rechtliche Beendigung** des Arbeitsverhältnisses. Gleichgültig ist, aus welchen Gründen das Arbeitsverhältnis beendet wird, z. B. Kündigung, Fristablauf, Aufhebungsvertrag, Tod des AN.[25] Ruht das Arbeitsverhältnis, bleibt es aber in seinem rechtlichen Bestand aufrecht erhalten, wird die Mitgliedschaft im BR nicht beendet (vgl. auch Rn. 20). Für die Dauer der Verhinderung rückt ein Ersatzmitglied nach (vgl. § 25 Rn. 14 ff.).

12 **Kündigt** das **BR-Mitglied** sein Arbeitsverhältnis unter Einhaltung der Kündigungsfrist, endet die Mitgliedschaft im BR mit Ablauf der Kündigungsfrist. Entsprechendes gilt für den in einem **Aufhebungsvertrag** festgesetzten Zeitpunkt. Kündigung, Aufhebungsvertrag (§ 623 BGB) oder Befristung (§ 14 Abs. 4 TzBfG) bedürfen zu ihrer Wirksamkeit der **Schriftform.** Ein Aufhebungsvertrag ist wegen des Verzichts auf einen gesicherten Kündigungsschutz nur bei eindeutigen Sachverhalten anzunehmen. Er kann grundsätzlich nicht schlüssig vereinbart werden.[26] Die wirksame Anfechtung des Aufhebungsvertrages wirkt gem. § 142 BGB ex tunc, d. h. das Arbeitsverhältnis wurde nie beendet, das Betriebsratsamt besteht fort.[27] Dies gilt erst recht, wenn nach Erklärung der Anfechtung der Aufhebungsvertrag einvernehmlich aufgehoben wird. Zum Ende des befristeten Arbeitsvertrages s. § 15 TzBfG.

13 Gegenüber einem BR-Mitglied kann der AG eine **ordentliche Kündigung** nur im Falle und zum Zeitpunkt der Stilllegung oder Teilstilllegung des Betriebs aussprechen (vgl. § 15 Abs. 4, 5 KSchG; § 103). Für den Ausspruch einer **außerordentlichen Kündigung** aus wichtigem Grund ist entweder die Zustimmung des BR oder ein die Zustimmung des BR ersetzender rechtskräftiger Beschluss des ArbG erforderlich. Während des Zustimmungsersetzungsverfahrens besteht die Mitgliedschaft im BR fort. Wird die Zustimmung erteilt oder vom ArbG rechtskräftig ersetzt, endet das Arbeitsverhältnis mit Wirksamwerden der Kündigung ggf. nach

17 GK-*Oetker*, Rn. 11.
18 *GKSKR*, Rn. 1.
19 *LAG Niedersachsen* 23.4.07 – 9 Sa 815/06, AuR 08, 194.
20 *BAG* 19.11.03 – 7 AZR 11/03, AuR 04, 165.
21 Richardi-*Thüsing*, Rn. 10; *Fitting*, Rn. 11; GK-*Oetker*, Rn. 16; *WW*, Rn. 2.
22 *HessLAG* 8.10.92, LAGE § 24 Nr. 1, AuR 93, 374; *GL*, Rn. 10; *HWGNRH*, Rn. 7.
23 *GL*, Rn. 12.
24 *Fitting*, Rn. 12.
25 GK-*Oetker*, Rn. 23.
26 GK-*Oetker*, Rn. 39.
27 *LAG Düsseldorf* 15.4.11 – 6 Sa 857/10, AuR 11, 368; Richardi-*Thüsing*, Rn. 16.

Ablauf einer vom ArbG eingeräumten Frist. Zur **Änderungskündigung,** die nach § 15 Abs. 4, 5 KSchG grundsätzlich nur im Zuge einer Stilllegung des Betriebs zulässig ist, vgl. § 103 Rn. 7.

Erhebt das BR-Mitglied gegen eine mit Zustimmung des BR ausgesprochene außerordentliche Kündigung **Kündigungsschutzklage** und stellt das ArbG die Rechtsunwirksamkeit der außerordentlichen Kündigung fest, ist die Mitgliedschaft im BR nicht erloschen. Bis zu dieser rechtskräftigen Feststellung ist das BR-Mitglied nach h. M. wegen der Ungewissheit über seinen Status an der Ausübung seines Amtes zeitweilig verhindert, so dass ein Ersatzmitglied nach § 25 Abs. 1 Satz 2 an seine Stelle tritt.[28] Etwas anderes gilt, wenn das BR-Mitglied seinen **Weiterbeschäftigungsanspruch** durchgesetzt hat.[29] In diesem Fall übt es auch sein BR-Mandat aus. Wird vom ArbG rechtskräftig festgestellt, dass die außerordentliche Kündigung rechtswirksam ist, steht fest, dass das Arbeitsverhältnis mit dem Zeitpunkt des Zugangs der Kündigung endet bzw. geendet hat und das BR-Mitglied zu diesem Zeitpunkt auch sein Mandat verliert bzw. verloren hat. Das Ersatzmitglied rückt dann endgültig nach.[30] 14

Zum Schutz der BR-Tätigkeit kann während des Kündigungsrechtsstreits eine **einstweilige Verfügung** auf Zutritt zum Betrieb bzw. Weiterbeschäftigung erlassen werden.[31] Dies gilt jedenfalls, wenn die Kündigung offensichtlich unbegründet ist bzw. die Voraussetzungen des allgemeinen Weiterbeschäftigungsanspruchs vorliegen.[32] Das ist zB. der Fall, wenn der AG die Kündigung ohne Zustimmung des BR oder eine die Zustimmung ersetzende rechtskräftige Entscheidung des ArbG nach § 103 Abs. 2 ausgesprochen hat.[33] 15

Finden während des Kündigungsrechtsstreits **BR-Wahlen** statt, steht dem gekündigten BR-Mitglied auch ohne Weiterbeschäftigung das aktive[34] und passive[35] Wahlrecht zum BR zu, da es sonst im Falle des Obsiegens benachteiligt wäre. Dies gilt jedenfalls nach einer obsiegenden erstinstanzlichen Entscheidung des ArbG. 16

Die Erreichung des **Rentenalters** hat für Mitglieder des BR keine anderen Folgen als für andere AN. Das Arbeitsverhältnis endet nicht automatisch, sondern nur durch einen eigenständigen Beendigungstatbestand. Es besteht auch fort, wenn der AN **Altersteilzeit** in Anspruch nimmt. Dagegen verliert der AN im **sog. Blockmodell** der Altersteilzeit nach Eintritt in die Freistellungsphase nach der Rspr.[36] seine Betriebszugehörigkeit.[37] Zum AN-Status und zum aktiven Wahlrecht vgl. § 5 Rn. 40 und § 7 Rn. 12. Das Alter des AN oder die Möglichkeit zur Inanspruchnahme der Altersteilzeit sind kein Grund für die Beendigung des Arbeitsverhältnisses.[38] Sie rechtfertigen auch keine Kündigung. Vereinbarungen über eine verbindliche Beendigung des Arbeitsverhältnisses mit Erreichen des Rentenanspruchs beziehen sich nach § 41 Satz 2 SGB VI grundsätzlich auf die jeweilige (sich nach hinten verschiebende) Regelaltersgrenze.[39] Im Falle einer BV (»Arbeitsordnung«), nach der der AG mit Einverständnis des BR mit dem 17

---

28 GK-*Oetker,* § 25 Rn. 34; *HWGNRH,* Rn. 11; *BAG* 10.11.04 – 7 ABR 12/04, AuR 05, 237 zum Fall eines vor der Wahl ordentlich gekündigten, dann aber gewählten BR-Mitglieds.

29 Vgl. *BAG* 27.2.85, AuR 86, 159 mit Anm. *Herschel; Fitting,* Rn. 19.

30 *BAG* 10.11.04 – 7 ABR12/04, a. a. O. Zum (nachwirkenden) Kündigungsschutz vgl. § 25 Rn. 41; § 103 Rn. 6; zur Rücknahme der Kündigung im Kündigungsschutzprozess *Thüsing,* AuR 96, 245.

31 *LAG Hamburg* 2.3.76, BetrR 76, 310; *LAG München* 28.9.05 – 9 TaBV 58/05; *Dütz,* Anm. zu EzA § 15 KSchG n. F. Nr. 21; *ders.,* DB-Beilage 13/78, S. 20; *GL,* Rn. 17; a. A. GK-*Oetker,* § 25 Rn. 37; *HWGNRH,* Rn. 12; Musterantrag in DKKWF-*Buschmann,* § 24 Rn. 3.

32 Vgl. *BAG* 27.2.85, AuR 86, 159 mit Anm. *Herschel; LAG Hamm* 23.6.14 – 13 TaBVGa 20/14; 14.10.04 – 10 TaBV 95/04, beide juris; 17.1.96, LAGE BetrVG § 25 Nr. 4; ErfK-*Koch,* Rn. 4; *Fitting,* Rn. 17; GK-*Oetker,* a. a. O.; *HWGNRH,* a. a. O.

33 LAG *Hamm,* a. a. O.

34 *Fitting,* § 7 Rn. 36: jedenfalls solange Zustimmung des BR nicht rechtskräftig arbeitsgerichtlich ersetzt ist; vgl. § 7 Rn. 14.

35 *BAG* 10.11.04 – 7 ABR 12/04, AuR 05, 237; vgl. § 8 Rn. 25.

36 *BAG* 25.10.00 – 7 ABR 18/0, AuR 00, 464 zur Mitgliedschaft im AR; 16.4.03 – 7 ABR 53/02, AuR 04, 109 mit Anm. *Däubler.*

37 Zum Verlust der Mitgliedschaft eines AN im PR *BVerwG* 15.5.02 – 6 P 8/01, ZBR 03, 168; vgl. auch § 7 Rn. 12, § 8 Rn. 22.

38 St. Rspr. seit *BAG* 28.9.61, AP Nr. 1 zu § 1 KSchG personenbedingte Kündigung: GK-*Oetker,* Rn. 21; § 8 Abs. 1 ATG, § 41 Satz 1 SGB VI.

39 Zu tariflichen Altersgrenzen als besondere Form der Befristung unter Berücksichtigung europäischen Gleichbehandlungsrechts ausführlich Kempen/Zachert-*Buschmann,* § 1 TVG, Rn. 651 ff.

AN das Arbeitsverhältnis auch über die Altersgrenze hinaus fortsetzen konnte, musste er auch bei BR-Mitgliedern für die Dauer der Wahlperiode davon Gebrauch machen bzw. konnte sich diesen gegenüber nicht auf die Altersgrenze berufen.[40] Besteht das Arbeitsverhältnis fort, erlischt die Mitgliedschaft im BR auch nicht durch zeitweiligen Bezug einer Erwerbsminderungsrente.

18 **Wirksam befristete Arbeitsverhältnisse** enden auch bei BR-Mitgliedern durch Zeitablauf. U. U. kann die Befristung wegen Verstoßes gegen das Benachteiligungsverbot des § 78 Satz 2 i. V. m. Europarecht unwirksam sein. Eine generelle Reduktion des § 14 Abs. 2 TzBfG lehnt das *BAG* allerdings ab (ausführlich § 78, Rn. 28, m. w. N.).[41] Wird der AN über die Befristung hinaus weiterbeschäftigt, besteht das BR-Amt fort (§ 15 Abs. 5 TzBfG). Nach *BAG*[42] kann das andernfalls auf Grund einer Befristung auslaufende Arbeitsverhältnis eines BR-Mitglieds auch befristet verlängert werden, wenn dies zur Sicherung der personellen Kontinuität der BR-Arbeit geeignet und erforderlich ist. Für BR-Mitglieder in einem befristeten Ausbildungsverhältnis gilt § 78 a. Die erfolgreiche **Anfechtung** und die Berufung auf die **Nichtigkeit** des Arbeitsvertrages wirken grundsätzlich nur für die Zukunft, nicht dagegen rückwirkend.[43] Erst dann endet auch das Mandat als BR-Mitglied.

19 Wird das Arbeitsverhältnis eines aus dem Betrieb ausgeschiedenen BR-Mitglieds zu einem späteren Zeitpunkt wieder neu begründet, lebt das erloschene BR-Amt dadurch nicht wieder auf. Dies gilt selbst, wenn die spätere **Wiedereinstellung** von vornherein in Aussicht genommen und zugesichert war.[44] Dagegen kommt es nicht zu einer Beendigung, wenn sich AG und BR-Mitglied vor Ablauf der Kündigungsfrist auf eine Fortsetzung des Arbeitsverhältnisses einigen[45] oder das Arbeitsverhältnis lediglich ruhte oder wenn ein rechtswirksam beendetes Arbeitsverhältnis mit Wissen des AG nahtlos fortgesetzt wird bzw. dieser nicht gem. § 625 BGB unverzüglich widerspricht.[46]

Keine Beendigungsgründe sind:

20 **aa)** Die Ableistung des (freiwilligen) **Kriegs-/Wehrdienstes** und des **Zivildienstes** sowie die Heranziehung zum **Zivil- und Katastrophenschutz**, sofern der AN nicht endgültig ausscheidet. In diesen Fällen ruht das Arbeitsverhältnis (§ 1 ArbPlSchG, § 78 ZDG). Das BR-Mitglied ist an der Ausübung seines Amtes zeitweilig verhindert, so dass für die Zeit der Verhinderung ein Ersatzmitglied nachrückt.[47] Finden in der Zeit der Verhinderung BR-Wahlen statt, haben die betr. BR-Mitglieder aktives und passives Wahlrecht.[48] Entsprechendes gilt bei **Beschäftigungsverboten** nach dem **MuSchG, Elternzeit** nach dem BEEG[49] oder sonstigen Unterbrechungen wie (lang anhaltender) Krankheit[50] oder **Sonderurlaub**.[51]

21 **bb)** Die bloße **Veräußerung** eines Betriebs hat keine Auswirkungen auf die Mitgliedschaft im BR, da nach § 613 a BGB die im Zeitpunkt des Betriebsübergangs bestehenden Arbeitsverhältnisse kraft Gesetzes auf den neuen Betriebsinhaber übergehen, sofern der AN nicht widerspricht. Der BR[52] und das einzelne Mandat bleiben ebenso bestehen wie bei anderen Formen des Betriebsinhaberwechsels.[53] Zu UN-Teilungen und Betriebsaufspaltungen vgl. §§ 21 a, b.

22 Wird nur ein **Betriebsteil veräußert,** scheiden die dort beschäftigten BR-Mitglieder auch dann nicht aus dem für den nicht veräußerten Betriebsteil fortbestehenden BR aus, wenn infolge des

---

40 *BAG* 12.12.68, AP Nr. 6 zu § 24 BetrVG, ausdrücklich aufgegeben durch Art. 20.12.84, AuR 86, 28.
41 *BAG* 5.12.12 – 7 AZR 698/11, BB 13, 819.
42 *BAG* 23.1.02 – 7 AZR 611/00, AiB 03, 49, mit Anm. *Fuchs* = AuR 03, 389 mit Anm. *Pauli.*
43 GK-*Oetker,* Rn. 24; *Fitting,* Rn. 21.
44 BAG, AP Nr. 6 zu § 15 KSchG 1969; *Fitting,* Rn. 23; ErfK-*Koch,* Rn. 5; Richardi-*Thüsing,* Rn. 19; *HWGNRH,* Rn. 21.
45 *LAG Düsseldorf* 15.4.11 – 6 Sa 857/10, AuR 11, 368.
46 *LAG Hamm* 14.10.04 – 4 Sa 1102/04, FA 05, 218.
47 Ebenso *Fitting,* Rn. 13; vgl. auch *SWS,* Rn. 4.
48 Vgl. auch *BAG* 29.3.74, AP Nr. 2 zu § 19 BetrVG 1972.
49 *BAG* 25.5.05 – 7 ABR 45/04, AuR 05, 385.
50 Ob das BR-Mitglied Arbeitsentgelt oder Krankengeld bezieht, ist betriebsverfassungsrechtlich irrelevant.
51 *Fitting,* a. a. O.; GK-*Oetker,* Rn. 44; *SWS,* a. a. O.; zur zeitweiligen Verhinderung § 25 Rn. 14 ff.
52 *BAG* 11.10.95 – 7 ABR 17/95, AuR 96, 149.
53 Ebenso zum österreichischen Recht *OGH Wien* 26.1.06, DRdA 07, 388.

Betriebsübergangs nach § 613 a BGB die Arbeitsverhältnisse auf den Erwerber übergehen, der Betrieb jedoch als gemeinsamer Betrieb i. S. d. § 1 Abs. 2 weitergeführt wird und/oder wenn die betr. BR-Mitglieder dem Übergang des Arbeitsverhältnisses auf den Erwerber gem. § 613 a Abs. 6 BGB widersprechen. In diesem Fall bleiben sie Mitglied des für den nicht veräußerten Betriebsteil fortbestehenden BR.[54]

cc) Die Beendigung des Arbeitsverhältnisses hat keinen Verlust der Mitgliedschaft im BR zur Folge, wenn der BR noch ein **Restmandat** wahrnimmt.[55] Die Beendigung des Arbeitsverhältnisses infolge einer Spaltung hat ferner keine Auswirkungen auf die Mitgliedschaft im BR, solange dieser im Rahmen eines **Übergangsmandats** für einen ausgegliederten und auf einen neuen Inhaber übergegangenen Betrieb oder Betriebsteil zuständig bleibt. § 21 a ist insofern lex specialis zu § 24.[56] **23**

dd) Die Eröffnung eines **Insolvenzverfahrens** über das Vermögen des AG hat auf den Bestand der Arbeitsverhältnisse keinen unmittelbaren Einfluss. Die Mitgliedschaft im BR bleibt deshalb auch während des Insolvenzverfahrens bis zur Auflösung des Betriebs bestehen.[57] Der Insolvenzverwalter tritt in die Rechte und Pflichten des AG ein und hat gegenüber dem BR die Mitwirkungs- und Mitbestimmungsrechte zu beachten.[58] **24**

ee) Durch **Streik und Aussperrung** werden die Rechte und Pflichten aus dem Arbeitsverhältnis nur zeitweilig suspendiert, so dass die Mitgliedschaft im BR erhalten bleibt.[59] Während eines Arbeitskampfes behält der BR grundsätzlich seine Funktionsfähigkeit.[60] **25**

4. Verlust der Wählbarkeit (Nr. 4)

Der nachträgliche Verlust der Wählbarkeit (§ 8) führt am gleichen Tag zur Beendigung des BR-Amtes, ohne dass es einer besonderen gerichtlichen Feststellung bedarf. Die Beendigung des Arbeitsverhältnisses nach Nr. 3 ist nur ein Unterfall von Nr. 4.[61] Sie beendet die Mitgliedschaft deshalb nur, wenn dadurch gleichzeitig der Verlust der Wählbarkeit eintritt. In Betracht kommen z. B.: **26**

- Ausscheiden aus der Belegschaft des Betriebs; **27**
- Verlust der AN-Eigenschaft i. S. d. § 5 Abs. 1, § 6, z. B. durch Eheschließung, Aufnahme einer eingetragenen gleichgeschlechtlichen Partnerschaft mit dem AG,[62] Beförderung zum lt. Angestellten;
- Entmündigung, Anordnung der vorläufigen Vormundschaft, Anordnung der Pflegschaft wegen geistiger Gebrechen, Aberkennung der Wählbarkeit oder der Fähigkeit, Rechte aus öffentlichen Wahlen zu erlangen, durch Richterspruch.[63]

Wird das BR-Mitglied nicht nur vorübergehend mit seinen gesamten Arbeitsaufgaben in einen **anderen Betrieb** des UN oder Konzerns **versetzt,** endet die Mitgliedschaft im BR des alten Betriebs.[64] Ist das BR-Mitglied mit der Versetzung nicht einverstanden, bedarf die Versetzung nach § 103 Abs. 3 der Zustimmung des abgebenden BR. Die Zustimmung des aufnehmenden BR ist auch bei Einverständnis des BR-Mitglieds erforderlich (vgl. § 99 Rn. 15 ff.). Die Versetzung darf keine nach § 78 verbotene Störung der BR-Arbeit darstellen.[65] Der Verlust der BR-Mitgliedschaft nach dieser Vorschrift setzt voraus, dass die Versetzung endgültig, vollständig **28**

54 Ebenso *BAG* 15.2.07 – 8 AZR 310/06, AuR 07, 324 zum Betriebsübergang innerhalb eines Gemeinschaftsbetriebs, dem das BR-Mitglied widersprochen hatte; GK-*Oetker*, Rn. 47.
55 *BAG* 5.5.10 – 7 ABR 728/08, AuR 10, 275, 394.
56 Ebenso *Fitting,* § 21 a, Rn. 16; Richardi-*Thüsing,* Rn. 22; *Gragert,* NZA 04, 290; a. A. GK-*Oetker*, Rn. 48.
57 *Fitting,* Rn. 30; GK-*Oetker*, Rn. 49.
58 *BAG* 17.9.74, AP Nr. 1 zu § 113 BetrVG 1972; vgl. auch § 21 b Rn. 10.
59 *BAG* 25.10.88, AP Nr. 110 zu Art. 9 GG Arbeitskampf; *SWS*, Rn. 4.
60 *BAG* 14.2.78, AP Nrn. 57, 58 und 60 zu Art. 9 GG Arbeitskampf; 6.3.79, AP Nr. 20 zu § 102 BetrVG 1972; 25.10.88, a. a. O.; vgl. im Übrigen § 74 Rn. 16 ff.
61 Richardi-*Thüsing,* Rn. 11; GK-*Oetker*, Rn. 22.
62 Vgl. AuR 01, 138.
63 Richardi-*Thüsing,* Rn. 24 f.; *Fitting,* Rn. 32; GK-*Oetker*, Rn. 61.
64 ErfK-*Koch*, Rn. 6; *Fitting,* Rn. 34.
65 *LAG Hamm,* 11.1.89, DB 89, 1732; *Löwisch/Kaiser,* Rn. 7.

und wirksam ist. Das ist nicht der Fall, solange die o. g. notwendigen Zustimmungen der bet. BR nicht vorliegen bzw. rechtskräftig arbeitsgerichtlich ersetzt sind. Auch bei gegebener Zustimmung der BR kann die Versetzung individualrechtlich unwirksam sein, wenn der AN ihr nicht zugestimmt hat. Eine Änderungskündigung ist nach § 15 KSchG nur in den dort beschriebenen Ausnahmefällen möglich. Eine einseitige Versetzung, gestützt auf einen arbeitsvertraglichen Versetzungsvorbehalt bzw. das Direktionsrecht des AG, setzt voraus, dass der AG die Grenzen billigen Ermessens nach § 315 BGB eingehalten hat. Nach der gesetzlichen Wertung des § 103 Abs. 3 Satz 2 ist auch diese Versetzung nur wirksam, wenn sie unter Berücksichtigung der betriebsverfassungsrechtlichen Stellung des betroffenen AN aus dringenden betrieblichen Gründen notwendig ist.[66] Bei vorübergehenden **Abordnungen** bleiben Arbeitsverhältnis und Mitgliedschaft im BR ebenso bestehen wie bei einer **Unterbrechung**[67] oder **Suspendierung.**[68] Abordnungen bis zu 3 Monaten sind generell vorübergehend (vgl. auch § 7 Satz 2), u. U. auch länger, solange die Voraussetzungen des § 8 erfüllt bleiben. Das ist auch der Fall, wenn das BR-Mitglied seine Arbeitszeit reduziert oder für einen Teil seiner Aufgaben in einem anderen Betrieb tätig werden soll, zu einem (geringen) Teil aber im Betrieb verbleibt.[69] Der Erwerb der Wählbarkeit in einem anderen Betrieb führt nicht zu einem Verlust i. S. dieser Vorschrift.

29 Die Mitgliedschaft im BR kann enden, wenn der Betriebsteil, in dem das BR-Mitglied beschäftigt ist, aus dem **Betrieb organisatorisch ausgegliedert** wird, und zwar unabhängig davon, ob er mit einem **anderen Betrieb zusammengeschlossen** oder als selbstständiger Betrieb organisiert wird. Zur **Verhinderung von Manipulationen** gilt dies jedoch nur, wenn die betriebliche Umstrukturierung dauerhaft und offenkundig ist. Andernfalls könnte ein AG durch bloße Zuständigkeitsveränderungen die Mandate unliebsamer BR-Mitglieder einseitig beenden (vgl. auch § 21 a Rn. 26 ff. m. w. N. zur Rspr.). Derartige Veränderungen unterliegen regelmäßig der Mitbestimmung nach § 111. In entspr. Anwendung des § 15 Abs. 5 KSchG ist weiterhin Voraussetzung, dass aus betrieblichen Gründen keine Möglichkeit besteht, das BR-Mitglied in einem nicht ausgelagerten Teil des Betriebs weiterzubeschäftigen.[70] Schließlich bleibt das Amt des BR-Mitglieds erhalten, wenn dieses dem Betriebsübergang widerspricht.[71] Zum Übergangsmandat und Restmandat vgl. §§ 21 a, 21 b. Bleibt bei einer **Spaltung bzw. Zusammenfassung von UN** der Betrieb (Gemeinschaftsbetrieb), dann mehrerer UN, erhalten, hat diese unternehmerische Maßnahme keine Auswirkungen auf das BR-Amt (vgl. § 1 Abs. 2).

30 Fehlte die Wählbarkeit schon im Zeitpunkt der Wahl, kann dieser Mangel nur durch rechtzeitige Wahlanfechtung (vgl. § 19 Rn. 10) oder nach Ablauf der Anfechtungsfrist in einem gesonderten gerichtlichen Verfahren zur Feststellung der Nichtwählbarkeit gemäß Abs. 1 Nr. 6 geltend gemacht werden.[72]

5. Ausschluss aus dem Betriebsrat oder Auflösung des Betriebsrats auf Grund einer gerichtlichen Entscheidung (Nr. 5)

31 Bei Ausschluss eines BR-Mitglieds aus dem BR oder Auflösung des gesamten BR gemäß § 23 Abs. 1 durch rechtskräftigen arbeitsgerichtlichen Beschluss endet die Mitgliedschaft mit **Rechtskraft der Entscheidung** (vgl. § 23 Rn. 96 ff.). Die Rechtskraft eines entsprechenden Beschlusses eines LAG, das keine Rechtsbeschwerde zugelassen hat, tritt erst mit Ablauf der Frist für die Einlegung der Nichtzulassungsbeschwerde ein, sofern auf die Einlegung dieses Rechtsmittels nicht verzichtet wird.[73]

---

66 Vgl. auch § 21 a Rn. 26.
67 *HWGNRH*, Rn. 20.
68 ErfK-*Koch*, Rn. 6; *GL*, Rn. 23; vgl. auch *SWS*, Rn. 4; vgl. ferner Rn. 20.
69 *LAG Hamm* 16. 3. 12 – 13 TaBV 48/11, NZB 7 ABN 55/12 zurückgewiesen, juris.
70 *BAG* 13. 8. 92, NZA 93, 224; *Fitting*, a. a. O.; a. A. *GL*, Rn. 25; GK-*Oetker*, a. a. O.
71 WPK-*Wlotzke*, Rn. 7.
72 *Fitting*, Rn. 31.
73 *LAG Hamm* 5. 2. 77, BB 78, 715; *Fitting*, Rn. 39.

6. Nachträgliche Feststellung der Nichtwählbarkeit (Nr. 6)

Anders als bei Nr. 4 bezieht sich die gerichtliche Feststellung der Nichtwählbarkeit auf den Zeitpunkt der Wahl. Sie kann auch nach Ablauf der Anfechtungsfrist nach § 19 Abs. 2 beantragt werden.[74] Verneint das Gericht die Wählbarkeit i. S. d. § 8, endet die Mitgliedschaft. Das gilt aber nicht, wenn der Mangel bis zur rechtskräftigen Entscheidung behoben wird, z. B. dadurch, dass das betreffende BR-Mitglied zwischenzeitlich das 18. Lebensjahr vollendet oder dem Betrieb 6 Monate angehört.[75] In diesem Fall behält das gewählte BR-Mitglied auch seinen Kündigungsschutz. Eine analoge Anwendung auf die Kündigung von Wahlbewerbern lehnt das *BAG*[76] ab. **32**

Die entsprechende gerichtliche Feststellung ist unzulässig, wenn wegen der Nichtwählbarkeit des BR-Mitglieds bereits ein **Wahlanfechtungsverfahren** anhängig ist oder durchgeführt wurde, das keinen Erfolg hatte,[77] es sei denn, das Anfechtungsverfahren wurde aus anderen Gründen eingestellt.[78] **33**

Die gerichtliche Feststellung erfolgt nur auf **Antrag** gegen das betr. BR-Mitglied als Antragsgegner im Beschlussverfahren. Eine Entscheidung als Vorfrage, etwa in einem Urteilsverfahren reicht nicht aus. **Antragsberechtigt** sind die nach § 19 zur Anfechtung der Wahl Anfechtungsberechtigten.[79] **34**

Mit der rechtskräftigen Feststellung der Nichtwählbarkeit erlischt die Mitgliedschaft im BR für die **Zukunft.** Beschlüsse, an denen das BR-Mitglied zuvor mitgewirkt hat, bleiben wirksam.[80] Bis zur Rechtskraft behält das BR-Mitglied den besonderen Kündigungsschutz, so dass eine vorher ausgesprochene Kündigung unwirksam ist.[81] **35**

III. Rechtsfolgen des Erlöschens der Mitgliedschaft

In den Fällen der Nrn. 1 – 6 enden **mit Wirkung für die Zukunft** nicht nur die Mitgliedschaft im BR, sondern auch gleichzeitig alle Funktionen und Ämter innerhalb des BR und die Ämter, die notwendigerweise an die BR-Mitgliedschaft geknüpft sind, so die Mitgliedschaft im GBR und/oder KBR. Im WA endet die Mitgliedschaft, wenn es sich um das notwendige BR-Mitglied i. S. d. § 107 Abs. 1 handelt. Nicht zwangsläufig erlöschen die Ämter des BR-Mitglieds als Beisitzer einer ESt., als AN-Vertreter im AR[82] oder im EBR; Musterbeschluss in DKKWF-*Buschmann,* § 24 Rn. 4. Ist das ehemalige BR-Mitglied weiterhin in einem laufenden ESt-Verfahren tätig, hat es die Stellung eines außerbetrieblichen Beisitzers, vgl. § 76 a Rn. 20. **36**

Der **Fortbestand des BR in seiner Gesamtheit** wird durch die Beendigung der Mitgliedschaft eines oder mehrerer Mitglieder nicht betroffen. Dies gilt auch, wenn der BR nur aus einer Person besteht, sofern noch das Ersatzmitglied vorhanden ist. **37**

Mit dem Erlöschen der Mitgliedschaft enden alle Rechte aus der Amtsstellung. Das ehemalige BR-Mitglied verliert den besonderen **Kündigungsschutz** nach § 103 und § 15 Abs. 1 Satz 1 KSchG. Es behält den nachwirkenden Kündigungsschutz nach § 15 Abs. 1 Satz 2 KSchG.[83] Dieser ist nicht auf die Beendigung der Amtszeit des BR als Kollegialorgan beschränkt, sondern erfasst auch die Beendigung der einzelnen Mitgliedschaft.[84] Dies gilt nicht, wenn die Beendigung der Mitgliedschaft auf einer gerichtlichen Entscheidung beruht (vgl. § 15 Abs. 1 **38**

74 *BAG* 11.4.58, AP Nr. 1 zu § 6 BetrVG; *Fitting,* Rn. 40; *GL,* Rn. 32.
75 *BAG* 7.7.54, AP Nr. 1 zu § 24 BetrVG; 26.9.96 – 2 AZR 528/95, AuR 97, 217; 10.10.12 – 7 ABR 53/11, AuR 13, 100, zu Beschäftigungszeiten als Leiharbeiter; Richardi-*Thüsing,* Rn. 31.
76 A. a. O.
77 Richardi-*Thüsing,* Rn. 32; GK-*Oetker,* Rn. 68.
78 *Fitting,* Rn. 43.
79 Vgl. § 19 Rn. 23 ff.; *BAG* 11.3.75, AP Nr. 1 zu § 24 BetrVG 1972; *Fitting,* Rn. 41; *GL,* Rn. 33.
80 ErfK-*Koch,* Rn. 8; *Fitting,* Rn. 45; GK-*Oetker,* Rn. 72; *HWGNRH,* Rn. 34.
81 *BAG* 29.9.83, AP Nr. 15 zu § 15 KSchG 1969; *ArbG Passau* 9.12.13 – 2 BV 11/13.
82 Richardi-*Thüsing,* Rn. 34; *Fitting,* Rn. 46; GK-*Oetker,* Rn. 73.
83 Vgl. ErfK-*Koch,* Rn. 8; *Fitting,* Rn. 47; GK-*Oetker,* Rn. 74; *Barwasser,* AuR 77, 74; *Matthes,* DB 80, 1169; a. A. *HWGNRH,* Rn. 35.
84 *BAG* 5.7.79, AP Nr. 6 zu § 15 KSchG 1969; GK-*Oetker,* Rn. 75.

[letzter Halbsatz] KSchG). Darunter versteht die wohl h. M. die Fälle der Nrn. 5 und 6 (Ausschluss oder Auflösung bzw. Feststellung der Nichtwählbarkeit), was sich aus dem Wortlaut begründen lässt, während *Oetker*[85] unter Berufung auf die amtliche Begründung zutreffend nur Auflösung und Ausschluss, d. h. Nr. 5 unter diese Ausnahme fasst. Für letztere Auffassung spricht ferner die Schutzwürdigkeit und die Sicherung der unbefangenen Amtsausübung des betr. AN, der bis zur rechtskräftigen Entscheidung BR-Mitglied war.[86] Außerdem bestehen die Rechte aus §§ 37 Abs. 4 und 5 sowie 38 Abs. 3 und 4 fort.[87] Zum besonderen Schutz nach der Betriebsübergangsrichtlinie, auch zu § 103, vgl. § 21 a Rn. 18 ff.

IV. Geschlechtsumwandlung

39 Bis 2001 regelte Abs. 2, dass ein BR-Mitglied bei Wechsel der Gruppenzugehörigkeit Vertreter der Gruppe blieb, für die es gewählt war. Nachdem das Gruppenprinzip teilweise durch eine **Minderheitenquote** (§ 15 Abs. 2) ersetzt wurde, gilt das Gleiche für den Fall der Geschlechtsumwandlung. Zweifellos hat der Wechsel der Geschlechtszugehörigkeit gravierendere Folgen als früher der Wechsel der Gruppenzugehörigkeit, aber nicht in der Betriebsverfassung. Dies würde auch gegen Art. 5 Abs. 1 der GleichstellungsRL 76/207 bzw. Art. 14 der RL 2006/54/EG verstoßen.[88] Dies gilt auch für Transsexuelle.[89] Zu Ersatzmitgliedern vgl. § 25 Rn. 30.

V. Streitigkeiten

40 Besteht zwischen AG und einem BR-Mitglied Streit darüber, ob die Mitgliedschaft im BR erloschen ist, entscheiden die **ArbG im Beschlussverfahren** (§§ 2 a, 80 ff. ArbGG). Entscheidungen nach Abs. 1 Nrn. 5 und 6 wirken rechtsgestaltend und werden erst mit Rechtskraft wirksam.[90] Entscheidungen nach Abs. 1 Nrn. 1 – 4 haben Feststellungscharakter i. S. d. § 256 Abs. 1 ZPO[91] und können auch incidenter als Vorfrage in einem Urteils-, z. B. Kündigungsschutzverfahren oder einer Lohnstreitigkeit, entschieden werden.[92] Scheidet das betr. BR-Mitglied vor der rkr. Entscheidung aus dem BR aus, entfällt das Rechtsschutzinteresse.[93] Ein Antrag nach § 103 Abs. 2 auf Ersetzung der Zustimmung des BR zur fristlosen Entlassung eines BR-Mitglieds bzw. nach § 23 Abs. 1 auf Ausschluss aus dem BR wird gegenstandslos und ist, wird er trotz Erledigung aufrechterhalten, als unzulässig abzuweisen.[94]

§ 25 Ersatzmitglieder

(1) Scheidet ein Mitglied des Betriebsrats aus, so rückt ein Ersatzmitglied nach. Dies gilt entsprechend für die Stellvertretung eines zeitweilig verhinderten Mitglieds des Betriebsrats.

(2) Die Ersatzmitglieder werden unter Berücksichtigung des § 15 Abs. 2 der Reihe nach aus den nichtgewählten Arbeitnehmern derjenigen Vorschlagslisten entnommen, denen die zu ersetzenden Mitglieder angehören. Ist eine Vorschlagsliste erschöpft, so ist das Ersatzmitglied derjenigen Vorschlagsliste zu entnehmen, auf die nach den Grundsätzen der Verhältniswahl der nächste Sitz entfallen würde. Ist das ausgeschiedene oder verhinderte Mitglied nach den Grundsätzen der Mehrheitswahl gewählt, so bestimmt sich die Reihenfolge der

85 *Oetker*, Rn. 74 m. w. N.; ebenso HaKo-*Düwell*, Rn. 27; zweifelnd auch KDZ-*Deinert*, § 15 KSchG, Rn. 47.
86 *Oetker*, a. a. O.
87 *Fitting*, a. a. O.
88 St. Rspr. des *EuGH*, vgl. nur 30.4.96 – C-13/94, NZA 96, 695.
89 *EuGH* 27.4.06 – C-423/04, AuR 06, 216; *BVerfG* 6.12.05 – 1 BvL 3/03, JZ 06, 513; Däubler/Bertzbach-*Däubler*, § 1 AGG Rn. 48 m. w. N.
90 *BAG* 29.9.83, AP Nr. 15 zu § 15 KSchG.
91 *BAG* 17.2.10 – 7 ABR 51/08, AuR 10, 346.
92 *Fitting*, Rn. 48.
93 *BAG* 11.3.75, AP Nr. 1 zu § 24 BetrVG 1972; GK-*Oetker*, Rn. 72.
94 *BAG* 27.6.02 – 2 ABR 22/01, EzA BetrVG 1972 § 103 Nr. 43.

Ersatzmitglieder unter Berücksichtigung des § 15 Abs. 2 nach der Höhe der erreichten Stimmenzahlen.

Inhaltsübersicht

I. Vorbemerkungen

1 Die Vorschrift regelt das Nachrücken von Ersatzmitgliedern für zeitweilig verhinderte oder endgültig ausgeschiedene BR-Mitglieder. Sie dient der Wahrung der Kontinuität der Arbeit des BR und seiner Beschlussfähigkeit (vgl. § 33 Abs. 2).

2 Die Vorschrift gilt auch für **Bordvertretung, See-BR** (vgl. § 115 Abs. 3, § 116 Abs. 2), **JAV** (vgl. § 65 Abs. 1). Für Ersatzmitglieder im **GBR, KBR, GJAV** und **KJAV** gelten § 47 Abs. 3, § 55 Abs. 2, § 72 Abs. 3 und § 73 a Abs. 2 Satz 2. Für eine **tarifliche Sondervertretung** nach § 3 Abs. 1 Nr. 3 gilt die Vorschrift entspr., sofern der TV keine abweichende Regelung enthält.[1] Für **zusätzliche betriebsverfassungsrechtliche Gremien und Vertretungen** nach § 3 Abs. 1 Nr. 4 und 5 kann der TV entspr. Regelungen vorsehen,[2] die die Gleichstellungsquote berücksichtigen können, aber nicht müssen. Für **Ausschüsse des BR,** einschließlich **WA,** gilt die Vorschrift nicht unmittelbar.[3] Ein Nachrücken von Ersatzmitgliedern entspr. dieser Vorschrift kommt auch nicht in Betracht, wenn der BR beschließt, die Zahl von Ausschussmitgliedern während seiner Amtszeit zu erhöhen.[4] Dies schließt nicht aus, dass der BR für seine Ausschüsse Ersatzmitglieder vorsieht. Dies ist zulässig und vielfach zweckmäßig.[5] Wie die Bestellung der Ersatzmitglieder für die Ausschüsse des BR erfolgt und wie die Reihenfolge der Vertretung festgelegt wird, bestimmt der BR ggf. in seiner Geschäftsordnung (vgl. hierzu § 27 Rn. 11, 23 f., § 107 Rn. 27). Zur Bestellung von Ersatzmitgliedern des WV vgl. § 16 Rn. 16, zu Freistellungen vgl. § 38 Rn. 59 ff.; zu EBR vgl. § 22 Abs. 1 EBRG; zur Personalvertretung vgl. § 31 BPersVG; zum Stv. Mitglied der Schwerbehindertenvertretung § 96 Abs. 3 S. 2 SGB IX.

II. Voraussetzungen des Nachrückens

1. Allgemeine Grundsätze

3 **Nicht gewählte Wahlbewerber** sind **Ersatzmitglieder.** Nach *LAG Düsseldorf*[6] gilt dies nur für die AN, die bei der BR-Wahl mindestens eine Stimme erhalten haben, was sich demokratietheoretisch begründen lässt. Sie haben eine **Anwartschaft** darauf, bei vorübergehender Verhinderung eines BR-Mitglieds zeitweilig oder bei vorzeitigem Ausscheiden für den Rest der Amtszeit des BR kraft Gesetzes die Stellung eines BR-Mitglieds einzunehmen. In diesem Fall sind sie vollwertige BR-Mitglieder mit allen sich aus dieser Stellung ergebenden **Rechten und**

1 *Fitting*, Rn. 2.
2 *Fitting*, a. a. O.
3 *ArbG Saarlouis*, 18.9.96 – 1 BV 3/96, AuR 96, 506; zum GBA vgl. § 51 Rn. 23; nach *LAG Düsseldorf* 8.5.12 – 16 TaBV 96/11, juris, gilt § 25 Abs. 1 S. 1 analog.
4 *BAG* 16.3.05 – 7 ABR 43/04, AuR 05, 385 zum Personalausschuss.
5 Ausdrücklich für WA *HWGNRH*, Rn. 3.
6 *LAG Düsseldorf* 15.4.11 – 6 Sa 857/10, AuR 11, 368.

Pflichten.[7] Das Ersatzmitglied tritt nur in den BR ein. Die Stellvertretung erstreckt sich **nicht auf die Ämter und Funktionen,** die das ausgeschiedene oder zeitweilig verhinderte BR-Mitglied innehat, wie z. B. Freistellung nach § 38, Mitglied des Betriebsausschusses oder des GBR.[8] Dem zeitweilig verhinderten BR-Mitglied bleiben diese Funktionen erhalten. Zur **Ersatzfreistellung** für die Dauer der Verhinderung eines freigestellten BR-Mitglieds, z. B. durch Urlaub, vgl. § 38 Rn. 23.

4 Ist das **Ersatzmitglied** ebenfalls **verhindert,** wird es vom nächstzuständigen Ersatzmitglied vertreten, solange die Verhinderung andauert.[9] Während der Dauer der Verhinderung haben beide Ersatzmitglieder den besonderen Kündigungsschutz nach § 103, § 15 KSchG.[10]

5 Die Ersatzmitglieder rücken – ggf. unter **Berücksichtigung der Mindestquote** – in der sich aus der Vorschlagsliste (bei Verhältniswahl) bzw. der erreichten Stimmenzahl (bei Mehrheitswahl) ergebenden **Reihenfolge** für verhinderte oder ausgeschiedene BR-Mitglieder in den BR nach (vgl. Rn. 28 ff.). Diese sich aus der Vorschlagsliste bzw. der erreichten Stimmenzahl ergebende Reihenfolge ist zwingend mit der Maßgabe, dass das »erste« Ersatzmitglied stets vor dem nachfolgenden anstelle verhinderter oder ausgeschiedener BR-Mitglieder dem BR angehört.[11]

Beispiel:
Alle BR- und Ersatzmitglieder gehören derselben Liste an. Das erste Ersatzmitglied vertritt das (zuerst verhinderte) BR-Mitglied A. Nachdem auch das erste Ersatzmitglied verhindert ist, wird dieses durch das zweite Ersatzmitglied vertreten. Sodann scheidet das BR-Mitglied B aus dem BR aus. Es wird durch das dritte Ersatzmitglied vertreten. Dieses Ersatzmitglied rückt nicht endgültig für das ausgeschiedene BR-Mitglied B in den BR ein, sondern nur zeitweilig, bis die Verhinderung des BR-Mitglieds A oder des ersten Ersatzmitglieds behoben ist. Auf Dauer in den BR nachgerückt ist das erste Ersatzmitglied mit allen Rechten und Pflichten. Die vorübergehende Verhinderung schließt die Mandatsübernahme nicht aus.[12]

6 Die Ersatzmitglieder rücken bei Ausscheiden bzw. Verhinderung eines BR-Mitglieds (bzw. Ersatzmitglieds) automatisch **kraft Gesetzes** nach. Es bedarf weder eines BR-Beschlusses noch einer Berufung etwa durch den BR-Vorsitzenden oder einer Annahmeerklärung durch das Ersatzmitglied.[13] Die Annahmeerklärung durch das Ersatzmitglied ist bereits deshalb entbehrlich, weil es jederzeit das BR-Amt in entspr. Anwendung des § 24 Abs. 1 Nr. 2 niederlegen kann.[14] Lehnt ein Ersatzmitglied es ab, beim endgültigen Ausscheiden eines BR-Mitglieds (nicht schon bei zeitweiliger Verhinderung) an dessen Stelle nachzurücken, steht dies einer Amtsniederlegung gleich und führt zum Ausscheiden aus dem BR.[15] Dagegen beinhaltet die bloße Äußerung eines gewählten BR-/Ersatzmitglieds, man wolle keine BR-Arbeit machen, regelmäßig weder eine Amtsniederlegung noch eine Verhinderung.[16]

7 Der BR-Vorsitzende ist im Hinblick **auf eine ordnungsgemäße Geschäftsführung des BR** verpflichtet, das Ersatzmitglied von dem Ausscheiden bzw. von der Verhinderung eines BR-Mitglieds unverzüglich zu unterrichten und ggf. zur Erledigung der anfallenden BR-Aufgaben heranzuziehen, insbesondere zu BR-Sitzungen einzuladen.[17] § 29 Abs. 2 sieht eine ausdrückliche Ladungspflicht auch der Ersatzmitglieder durch den Vorsitzenden vor. Anderenfalls sind BR-Beschlüsse unwirksam[18] (vgl. § 29 Rn. 15, 17, 23). Voraussetzung für die Teilnahme des

---

7 Vgl. *BAG* 9.11.77, 17.1.79, 6.9.79, AP Nrn. 3, 5, 7 zu § 15 KSchG 1969.
8 *Fitting,* Rn. 14.
9 *BAG* 9.11.77, 6.9.79, AP Nrn. 3, 7 zu § 15 KSchG 1969; *ArbG Lörrach* 13.8.73, BB 73, 1214.
10 Vgl. *BAG* 9.11.77, a. a. O.; vgl. auch Rn. 27, 38 ff.
11 Vgl. *BAG* 17.1.79, 6.9.79, AP Nrn. 5, 7 zu § 15 KSchG 1969; *Fitting,* Rn. 3; GK-*Oetker,* Rn. 5.
12 GK-*Oetker,* Rn. 49.
13 *BAG* 8.9.11 – 2 AZR 388/10, AuR 12, 180 ; *Fitting,* Rn. 14; GK-*Oetker,* Rn. 39; *LK,* Rn. 1.
14 *HWGNRH,* Rn. 6.
15 *ArbG Kassel* 20.2.96, AuR 96, 149.
16 *LAG Hamm* 28.11.03 – 10 TaBV 162/03, AuR 05, 37; vgl. auch § 24 Rn. 4.
17 *LAG Hamburg* 12.3.93 – 6 TaBV 4/92, AiB 94, 304; ErfK-*Koch,* Rn. 2; *Fitting,* Rn. 23; GK-*Oetker,* Rn. 42; Mustermitteilung an das Mitglied sowie den AG in DKKWF-*Buschmann,* § 25 Rn. 2, 3.
18 *BAG* 23.8.84, AP Nr. 17 zu § 103 BetrVG 1972; 19.8.92 – 7 ABR 58/91, BB 93, 1433.

Ersatzmitglieds an einer BR-Sitzung ist die Ladung allerdings nicht.[19] Dies gilt auch, wenn der BR-Vorsitzende selbst noch keine Kenntnis von der Verhinderung des BR-Mitglieds hatte, z. B. bei plötzlichen und unvorhergesehenen Ereignissen, die zur Verhinderung eines BR-Mitglieds führen.[20]

Da das Ersatzmitglied kraft Gesetzes bei Verhinderung oder Ausscheiden eines BR-Mitglieds in den BR einrückt, ist eine **Benachrichtigung des AG** an sich nicht erforderlich.[21] Sie ist **zweckmäßig,** um Auseinandersetzungen bzgl. Arbeitsbefreiungen (§ 37 Abs. 2) oder besonderen bzw. nachwirkenden Kündigungsschutz gemäß § 15 Abs. 1 KSchG zu vermeiden.[22] 8

Die **Vertretung** durch das Ersatzmitglied **beginnt** zum Zeitpunkt des Ausscheidens bzw. mit Beginn der Verhinderung des BR-Mitglieds (bzw. Ersatzmitglieds). Dies gilt auch, wenn das Ersatzmitglied erst später davon Kenntnis erhält.[23] Die BR-Tätigkeit des Nachrückers kann vor diesem Zeitpunkt beginnen (Vorwirkung), wenn sich dieser vor Eintritt des Verhinderungsfalls z. B. auf eine BR-Sitzung vorbereiten muss, an der er wegen bereits jetzt feststehender Verhinderung eines anderen BR-Mitglieds teilnehmen muss (zum Kündigungsschutz vgl. Rn. 38). Sie **endet,** wenn das verhinderte BR-Mitglied (bzw. vorrangige Ersatzmitglied) seine Tätigkeit im Betrieb wieder aufnimmt.[24] Sie kann zu einem späteren Zeitpunkt enden, wenn das Ersatzmitglied noch konkrete Aufgaben, wie das Abfassen eines Protokolls über Sitzungen oder Verhandlungen aus seiner Vertretungstätigkeit, zu erfüllen hat. 9

Ist das Ersatzmitglied des BR gleichzeitig Mitglied der JAV vgl. § 61 Rn. 16. Ein in der **Berufsausbildung** stehendes Ersatzmitglied des BR bzw. der JAV hat den Schutz nach § 78 a, sofern das Berufsausbildungsverhältnis während des Vertretungsfalls bzw. innerhalb eines Jahres nach dem Vertretungsfall erfolgreich abgeschlossen wird und innerhalb von 3 Monaten vor Beendigung des Ausbildungsverhältnisses Weiterbeschäftigung verlangt wurde.[25] 10

Das Nachrücken von Ersatzmitgliedern erfolgt bis zum **Ende der Amtszeit** des BR i. S. v. §§ 21 – 22, d. h. auch, während der BR ein **Übergangs- oder Restmandat** ausübt[26] oder die **Geschäfte** nach § 22 i. V. m. § 13 Abs. 2 Nr. 1 oder 3 **weiterführt** (vgl. § 22 Rn. 11). Bei **Weiterführung der Geschäfte** durch den BR nach § 22 endet die Ersatzmitgliedschaft mit Bekanntgabe des Wahlergebnisses für den neuen BR (vgl. § 22 Rn. 12). Die Funktion des einzelnen Ersatzmitglieds endet aus den gleichen Gründen wie die der BR-Mitglieder nach § 24.[27] 11

Kann ein endgültig (nicht zeitweilig verhindertes[28]) ausgeschiedenes BR-Mitglied nicht mehr durch ein Ersatzmitglied ersetzt werden, ist der BR nach § 13 Abs. 2 Nr. 2 neu zu wählen (vgl. § 13 Rn. 12 ff.). Bestellt der BR keinen WV, liegt grundsätzlich eine Amtspflichtverletzung i. S. d. § 23 Abs. 1 vor. Bis zur Neuwahl des BR und Bekanntgabe des Wahlergebnisses bzw. bis zur rechtskräftigen ArbG-Entscheidung über den Auflösungsantrag des BR amtiert dieser auch ohne Ersatzmitglieder als »Rumpf-BR« weiter (vgl. § 22 Rn. 4). 12

2. Ausscheiden eines Betriebsratsmitglieds

Scheidet ein Mitglied aus dem BR aus, rückt **für den Rest der Amtszeit** das Ersatzmitglied endgültig nach. Die Fälle des Ausscheidens eines BR-Mitglieds sind identisch mit den in § 24 Nrn. 2 – 6 bezeichneten Gründen des Erlöschens der Mitgliedschaft.[29] Der Grund des Ausscheidens ist gleichgültig.[30] 13

---

19 Ebenso *Fitting,* a. a. O.
20 GK-*Oetker,* Rn. 39.
21 *Fitting,* Rn. 14; vgl. aber GK-*Oetker,* Rn. 31, der den BR-Vorsitzenden auf Grund des Gebots der vertrauensvollen Zusammenarbeit für verpflichtet hält, den AG zu unterrichten.
22 *BAG* 9.11.77, 17.1.79, 6.9.79, AP Nrn. 3, 5, 7 zu § 15 KSchG 1969; vgl. auch Rn. 39 und § 103 Rn. 20 ff.
23 *Uhmann,* NZA 00, 577.
24 *BAG* 17.1.79, AP Nr. 5 zu § 15 KSchG 1969; GK-*Oetker,* Rn. 48.
25 *BAG* 13.3.86, AP Nr. 3 zu § 9 BPersVG; vgl. § 78 a Rn. 7 f.
26 Vgl. § 21 a Rn. 35; § 21 b Rn. 6; *Fitting,* Rn. 13; *Löwisch/Schmidt-Kessel,* BB 01, 2163; *LK,* § 21 a Rn. 8; § 21 b Rn. 8.
27 *HWGNRH,* Rn. 22; vgl. auch § 24 Rn. 5 ff.
28 GK-*Oetker,* Rn. 64; vgl. *BAG* 18.8.82, AP Nr. 24 zu § 102 BetrVG 1972.
29 Vgl. § 24 Rn. 6 ff.; *Fitting,* Rn. 13.
30 Richardi-*Thüsing,* Rn. 4.

3. Zeitweilige Verhinderung eines Betriebsratsmitglieds

14 Nach Abs. 1 Satz 2 rückt das Ersatzmitglied bei Verhinderung eines BR-Mitglieds nicht endgültig, sondern nur für die Dauer der jeweiligen Verhinderung in den BR ein. Während der Zeit der Stellvertretung nimmt das Ersatzmitglied **nicht nur** an **BR-Sitzungen** teil, sondern hat **alle Rechte und Pflichten** des BR-Mitglieds einschließlich des besonderen Schutzes, nicht aber die besonderen Funktionen und Ämter, die dem verhinderten BR-Mitglied übertragen sind.[31] Das zeitweilig **verhinderte BR-Mitglied behält** sein **Amt** und seine **Funktionen** im BR ebenso wie die Rechte und Befugnisse (einschl. des besonderen Kündigungsschutzes), die sich aus dem BR-Amt ergeben.[32]

15 **Zeitweilige Verhinderung** liegt vor, wenn das BR-Mitglied vorübergehend tatsächlich oder rechtlich nicht in der Lage ist, sein **Amt auszuüben.** Ein BR-Mitglied kann sich nicht willkürlich nach freiem Ermessen vertreten lassen.[33] Eine Verhinderung liegt nicht vor, wenn das BR-Mitglied aus Desinteresse, Vergesslichkeit oder mutwillig nicht an einer BR-Sitzung teilnimmt oder seine sonstigen Aufgaben nicht wahrnimmt.[34] Ein BR-Mitglied wird auch nicht durch ein Ersatzmitglied vertreten, wenn eine BR-Sitzung außerhalb seiner persönlichen Arbeitszeit stattfindet[35] Das Gleiche gilt für BR-Tätigkeit an Rouliertagen, sog. AZV-Tagen, Freischichten zum Überstundenausgleich, nach *LAG Hamm*[36] sogar bei mehrmonatiger Nichtarbeit im Rahmen einer flexiblen Saison-Arbeitszeit. Eine Stellvertretung durch das Ersatzmitglied ist i. d. R. gegeben, wenn sich ein BR-Mitglied krankmeldet, auch wenn sich später herausstellt, dass das BR-Mitglied nicht arbeitsunfähig krank war und unberechtigt der Arbeit fernblieb.[37] Es wird dann vermutet, dass das BR-Mitglied verhindert ist. Wird das Ersatzmitglied entsprechend tätig, verletzt es nicht seine Arbeitspflicht, selbst wenn sich später herausstellt, dass das BR-Mitglied doch arbeitsfähig war.[38]

16 Als **Verhinderungsgründe** kommen z. B. in Betracht: Krankheit, Urlaub,[39] Sonderurlaub, Beschäftigungsverbote nach dem MuSchG,[40] Kuraufenthalt, Zivildienst, Kriegsdienst, Montage, Dienstreise, Teilnahme an Schulungsmaßnahmen, Tätigkeit als ehrenamtlicher Richter/Schöffe. Der BR-Vorsitzende muss ggf. prüfen, ob die Teilnahme eines Ersatzmitglieds an einer BR-Sitzung zulässig ist,[41] ist aber nicht verpflichtet, eine nach § 29 Abs. 2 Satz 5 mitgeteilte Absage auf ihre Richtigkeit zu überprüfen.

17 Das BR-Mitglied ist nicht nur verhindert, wenn ihm die Amtsausübung **objektiv unmöglich** ist, sondern auch, wenn ihm die Teilnahme an einer BR-Sitzung **unzumutbar** ist, so z. B., wenn es seinen Urlaub am Betriebsort verbringt.[42] Aus Gründen der Praktikabilität und Rechtssicherheit hat das *BAG* hierzu folgende Klarstellung getroffen:[43] »Wird einem ordentlichen BR-Mitglied Erholungsurlaub bewilligt, führt dies nicht nur zum Ruhen seiner Verpflichtung zur Arbeitsleistung, sondern zugleich zur Suspendierung seiner Amtspflichten. Dem BR-Mitglied wird während seines Erholungsurlaubs die Verrichtung seiner Amtspflichten zwar nicht ohne Weiteres objektiv unmöglich, grundsätzlich aber unzumutbar. Das BR-Mitglied gilt im Fall des Erholungsurlaubs jedenfalls so lange als zeitweilig verhindert i. S. v. § 25 Abs 1 S 2 BetrVG, wie es nicht seine Bereitschaft, während des Urlaubs BR-Tätigkeiten zu

31 Richardi-*Thüsing*, Rn. 26; *Fitting*, Rn. 16; vgl. Rn. 3.
32 GK-*Oetker*, Rn. 79.
33 *BAG* 23.6.10 – 7 ABR 103/08, AuR 10, 349, 484.
34 *LAG Hamm* 28.11.03 – 10 TaBV 162/03, AuR 05, 37; *Fitting*, Rn. 21; GK-*Oetker*, Rn. 24; *HWGNRH*, Rn. 10.
35 *BAG* 16.1.08 – 7 ABR 71/06, AuR 08, 194, das dem betr. BR-Mitglied die Erstattung der dadurch entstehenden Reisekosten zugesprochen hat; *LAG Schleswig-Holstein* 1.11.12 – 5 TaBV 13/12, DB 12, 2814; vgl. auch § 37 Rn. 62; § 40 Rn. 64 ff.
36 *LAG Hamm* 19.7.00 – 3 Sa 2201/99, juris.
37 *BAG* 5.9.86, AP Nr. 26 zu § 15 KSchG 1969.
38 *LAG Düsseldorf* 6.1.04 – 6 Sa 1387/03, AiB 04, 753 mit Anm. *Malottke*.
39 *BAG* 20.8.02, AuR 03, 197.
40 Vgl. aber *LAG Schleswig-Holstein* 15.12.06 – 2 Ta 210/05, AuR 07, 140, mit Anm. *Nebe*.
41 GK-*Oetker*, Rn. 25.
42 *Fitting*, Rn. 21; HaKo-*Düwell*, Rn. 7; *WW*, Rn. 2.
43 *BAG* 8.9.11 – 2 AZR 388/10, AuR 12, 180.

verrichten, positiv anzeigt.« Will jedoch das wegen Unzumutbarkeit verhinderte BR-Mitglied an der Sitzung teilnehmen, hat es das Recht hierzu.[44] Ein BR-Mitglied kann bspw. für die Teilnahme an einer BR-Sitzung seinen **Urlaub unterbrechen**[45] oder während **Kurzarbeit** bzw. **Elternzeit** BR-Tätigkeit ausüben.[46] **Krankheitsbedingte Arbeitsunfähigkeit** eines BR-Mitglieds führt **nicht zwangsläufig** zur **Amtsunfähigkeit** und zur Verhinderung.[47] Damit der BR-Vorsitzende nicht unnötig ein Ersatzmitglied lädt, ist das BR-Mitglied gehalten, den Vorsitzenden rechtzeitig vorher von seiner Absicht zu **informieren, trotzdem an der BR-Sitzung teilzunehmen**. Solange dies nicht erfolgt, gilt es aus Gründen der Rechtssicherheit als verhindert, so dass das Ersatzmitglied mit Beginn des ersten Urlaubstages nachrückt.[48]

Eine zeitweilige Verhinderung kann darin bestehen, dass ein BR-Mitglied sein Amt bspw. **18** wegen einer Dienstreise oder Schulungsmaßnahme nur unter Aufwand erheblicher Kosten ausüben könnte. In einem solchen Fall gilt es als verhindert, was nicht ausschließt, dass es auf eigene Kosten an einer BR-Sitzung teilnimmt und über seine Absicht den BR-Vorsitzenden rechtzeitig informiert.

Bei **kollidierenden Betriebsratsaufgaben** hat grundsätzlich die Teilnahme an der BR-Sitzung **19** Vorrang. Andere Betriebsratstermine sind grundsätzlich so zu legen, dass diese gewährleistet ist. Dies ist aber – vor allem in Großbetrieben – nicht immer möglich. Die Teilnahme an Seminaren nach § 37 Abs. 6, 7 kann deshalb ebenso eine Verhinderung begründen wie andere aus dem Arbeitsverhältnis resultierende Termine.[49] Das gleiche gilt für GBR-Sitzungen. Allerdings besteht kein rechtlicher Vorrang der GBR-Tätigkeit vor sonstigen Betriebsratsaktivitäten, so dass das Mitglied frei ist in seiner Entscheidung, an welcher Sitzung es teilnimmt. Das BR-Mitglied ist nicht an der BR-Sitzung verhindert, wenn er als Schwerbehindertenvertreter nach § 32 ebenfalls teilnahmeberechtigt ist.[50] In diesem Fall kann sein Stellvertreter nach § 94 Abs. 1 Satz 1 SGB IX teilnehmen (vgl. § 32 Rn. 10).

Wegen Teilnahme an einem **Arbeitskampf** ist das BR-Mitglied nicht zwingend an der Amts- **20** ausübung gehindert.[51] Er kann sich aber aus diesem Grunde für nicht empfangszuständig erklären. Ein Verhinderungsfall liegt auch nicht vor, wenn das BR-Mitglied auf Grund seiner **Schichtarbeit** von seinem Wohnort in den Betrieb fahren muss, um an einer BR-Sitzung außerhalb seiner üblichen Arbeitszeit teilzunehmen.[52]

Ein Verhinderungsfall liegt vor, wenn ein BR-Mitglied nicht rechtzeitig zu Beginn der BR- **21** Sitzung erscheinen kann oder gezwungen ist, sie zwischenzeitlich vorübergehend oder vorzeitig zu verlassen.[53] Entsprechendes gilt für die **teilweise Verhinderung** eines BR-Mitglieds bei Sitzungen des Betriebsausschusses oder eines anderen BR-Ausschusses.[54] Da sich die Funktion eines BR-Mitglieds nicht in der Teilnahme an einer BR-Sitzung erschöpft, ist es nicht erforderlich, dass die Verhinderung eine BR-Sitzung betrifft.[55]

Auf die **Dauer der Verhinderung** kommt es nicht an.[56] Auch bei **einmaliger Verhinderung** **22** von kürzerer Dauer sind Ersatzmitglieder zu bestellen.[57] Unerheblich ist, ob die Verhinderung

---

44 A. A. offenbar Richardi-*Thüsing*, Rn. 15.

45 *LAG Hamm* 21.1.87 – 3 Sa 1520/86; *BAG* 5.5.87, AP Nr. 5, 6 zu § 44 BetrVG 1972 für die Teilnahme an einer Betriebsversammlung; ErfK-*Koch*, Rn. 4; a. A. GK-*Oetker*, Rn. 26, der von einer objektiven, rechtlichen Verhinderung ausgeht, was aber abzulehnen ist, weil dann das BR-Mitglied nicht an der Sitzung teilnehmen dürfte, selbst wenn es wollte; kritisch dazu auch *Fitting*, Rn. 21; *Uhmann*, NZA 00, 579; vgl. § 37 Rn. 39.

46 *BAG* 25.5.05 – 7 ABR 45/04, AuR 05, 385.

47 *BAG* 15.11.84, DB 85, 1028; *LAG Düsseldorf* 6.1.04 – 6 Sa 1387/03, AiB 04, 753: Vermutung der Amtsunfähigkeit.

48 *LAG Düsseldorf* 26.4.10 – 16 Sa 59/10, bestätigt durch *BAG* 8.9.11 – 2 AZR 388/10, AuR 12, 180.

49 Vgl. *ArbG Gießen* 26.2.86, NZA 86, 614; *SWS*, Rn. 4.

50 *HessLAG* 1.11.12 – 9 TaBV 156/12, juris.

51 GK-*Oetker*, Rn. 17; Richardi-*Thüsing*, Rn. 8; vgl. auch § 74 Rn. 16 ff.

52 *BAG* 18.1.89, BB 89, 1618; vgl. auch § 37 Rn. 62, § 40 Rn. 64.

53 GK-*Oetker*, Rn. 28; a. A. offenbar *HWGNRH*, Rn. 9.

54 GK-*Oetker*, a. a. O.

55 *LAG Hamburg* 4.7.77, BB 77, 1602; GK-*Oetker*, Rn. 16; *SWS*, Rn. 6.

56 *Fitting*, Rn. 17; Richardi-*Thüsing*, Rn. 6; vgl. auch *BAG* 17.1.79, AP Nr. 5 zu § 15 KSchG 1969; *LAG Hamburg* 4.7.77, DB 78, 113; *LAG Bremen* 15.2.85, BB 85, 1129.

57 GK-*Oetker*, Rn. 22, mit dem zutreffenden Hinweis auf § 29 Abs. 2 Sätze 5, 6; vgl. auch *SWS*, Rn. 4.

vorhersehbar ist.[58] Die **Vorhersehbarkeit einer Verhinderung** verpflichtet lediglich das BR-Mitglied zur Mitteilung an den BR-Vorsitzenden, damit dieser die rechtzeitige Unterrichtung und ggf. Ladung des Ersatzmitglieds zu einer BR-Sitzung veranlassen kann.[59]

23 Die zeitweilige Verhinderung kann sich auch über einen **längeren Zeitraum** erstrecken, z. B. längere Krankheit, lange Prozessdauer bei Streit über eine außerordentliche Kündigung, der der BR zugestimmt hatte.[60]

24 Bis zur Rechtskraft der Entscheidung über die **außerordentliche Kündigung mit Zustimmung des BR** tritt das Ersatzmitglied zeitweilig in den BR ein. Stellt das ArbG rechtskräftig fest, dass die **Kündigung zu Recht** erfolgte, rückt das Ersatzmitglied endgültig nach.[61] Ist auf Grund rkr. Gerichtsentscheidung die **fristlose Kündigung unwirksam,** besteht die Mitgliedschaft im BR fort; das Ersatzmitglied verliert seine Funktion als BR-Mitglied mit Wirkung für die Zukunft (vgl. § 24 Rn. 14 und § 103 Rn. 54). Entsprechendes gilt, wenn das BR-Mitglied seinen Anspruch auf Weiterbeschäftigung durchsetzt (vgl. § 102 Rn. 270 ff.) oder die einstweilige Verfügung Erfolg hat. **Kein Verhinderungsfall** liegt vor, wenn der AG einem BR-Mitglied kündigt, bevor der BR zugestimmt oder das ArbG die Zustimmung des BR rkr. ersetzt hat, da in diesem Fall keine wirksame Kündigung vorliegt.[62] Das Gleiche gilt während eines gerichtlichen Verfahrens auf Zustimmungsersetzung, Feststellung der Nichtwählbarkeit oder Ausschluss aus dem BR. Nach *BAG*[63] ist das vor der Wahl gekündigte, später jedoch gewählte BR-Mitglied bis zum rkr. Abschluss des Kündigungsschutzverfahrens und bei fehlender tatsächlicher Weiterbeschäftigung an der Amtsausübung gehindert. Nach *LAG Köln*[64] ist dies auch der Fall, wenn und solange ein BR-Mitglied gegen den Erwerber eines Betriebsteils, in dem er beschäftigt war, die gerichtliche Feststellung betreibt, durch Betriebsübergang dessen AN geworden zu sein.

25 Zeitweilig verhindert ist ein BR-Mitglied nach der Rspr., wenn es von der **Beschlussfassung persönlich unmittelbar betroffen** ist (Interessenkollision), so z. B. bei der **Beratung und Abstimmung** über eine vom BR-Mitglied für sich eingebrachte Beschwerde nach § 85 wegen persönlicher Beeinträchtigung,[65] über die Zustimmung zu einer das BR-Mitglied betr. außerordentlichen Kündigung,[66] Versetzung oder Umgruppierung;[67] Zuteilung oder Kündigung einer Werkmietwohnung oder einem Ausschlussantrag nach § 23 Abs. 1.[68] Von individueller Betroffenheit kann regelmäßig nur gesprochen werden, wenn das BR-Mitglied gerade die Person ist, auf die sich das Zustimmungsersuchen des AG richtet. Sie fehlt, wenn das BR-Mitglied lediglich als Angehöriger eines aus mehreren Personen bestehenden Teils der Belegschaft betroffen ist, wenn mit der Maßnahme oder Regelung nur mittelbare Reflexe verbunden sind, wenn str. ist, ob eine bestimmte Maßnahme der Mitbestimmung unterliegt und dieser Sachverhalt im Verfahren nach § 101 geklärt wird.[69] Die zeitweilige Verhinderung gilt nur für

58 GK-*Oetker,* Rn. 23; a. A. *HWGNRH,* Rn. 9.
59 So auch GK-*Oetker,* a. a. O.
60 Zur Weiterbeschäftigung und einstweiligen Verfügung vgl. § 24 Rn. 15; Richardi-*Thüsing,* Rn. 12 ff.; *Fitting,* Rn. 22; GK-*Oetker,* Rn. 34; *LAG Schleswig-Holstein* 2.9.76, BB 76, 1319; *LAG Düsseldorf* 8.9.75, NJW 76, 386.
61 *BAG* 14.5.97 – 7 ABR 26/96, EzA § 8 BetrVG 1972 Nr. 8.
62 ErfK-*Koch,* Rn. 4; *Fitting,* Rn. 22; ebenso bei offensichtlich unwirksamer Kündigung *LAG Hamm* 23.6.14 – 13 TaBVGa 20/14, mit der Folge eines durch eV. durchsetzbaren Zutrittsrechts.
63 *BAG* 14.5.97, a. a. O., ebenso 10.11.04 – 7 ABR 12/04, AuR 05, 237.
64 *LAG Köln* 27.6.97 – 11 TaBV 75/96, AuR 98, 378.
65 *LAG Nürnberg* 16.10.12 – 7 TaBV 28/12, NZA-RR 13, 23. Unabhängig davon sollte jeder BF vom BR zur Beschwerde angehört werden.
66 *BAG* 25.3.76, 26.8.81, 23.8.84, AP Nrn. 6, 13, 17 zu § 103 BetrVG 1972; nach *ArbG Berlin* 1.2.13 – 28 Ca 18456/12, BB 13, 691, gilt dies »spiegelbildlich« für ein BR-Mitglied, das als Vorgesetzter eines anderen Mitglieds dessen Kündigung betreibt.
67 *BAG* 3.8.99 – 1 ABR 30/98, AuR 00, 158; 10.11.09 – 1 ABR 64/08, DB 10, 455; 24.4.13 – 7 ABR 82/11, DB 13, 1794: Kein Ausschluss von der Beschlussfassung über eine Versetzung, weil sich das BR-Mitglied selbst um die Stelle beworben hat.
68 *Fitting,* Rn. 18; GK-*Oetker,* Rn. 31; unter dem Gesichtspunkt der Interessenkollision *Oetker,* ZfA 84, 409 ff.; unter dem Gesichtspunkt der Befangenheit *M. Schmitt,* NZA 87, 78 ff.
69 *BAG* 6.11.13 – 7 ABR 84/11, DB 14, 786.

diesen Beratungsgegenstand und nur bei der Anhörung und Beratung, nicht dagegen bei einer Information. Nach *BAG*[70] kann hier nicht sinnvoll zwischen Beratung und Beschlussfassung unterschieden werden. Soll **mehreren BR-Mitgliedern** gekündigt werden, ist das BR-Mitglied jeweils nur in der sich selbst betreffenden Sache verhindert.[71] In diesem Fall ist es u. U. erforderlich, zu den einzelnen Beratungen und Abstimmungen verschiedene Ersatzmitglieder zu laden. Der Vorsitzende des BR hat rechtzeitig das oder die Ersatzmitglieder zur Beratung und Abstimmung für die unmittelbar betroffenen BR-Mitglieder zu laden. Unterlässt er dies, ist der etwaige Zustimmungsbeschluss nach § 103 nichtig.[72] Die Beteiligung des betr. BR-Mitglieds an der Abstimmung und/oder Beratung führt nach der Rspr. des *BAG* grundsätzlich zur Nichtigkeit des betr. BR-Beschlusses.[73]

Bei der **Beschlussfassung über organisatorische Angelegenheiten** des BR, z. B. Wahl oder Abwahl des Vorsitzenden, des stv. Vorsitzenden, der Mitglieder von BR-Ausschüssen, des GBR oder KBR, Entsendung von BR-Mitgliedern auf Schulungen, liegt keine zeitweilige Verhinderung der persönlich betroffenen BR-Mitglieder vor. Diese können in allen Fällen mitberaten und mitabstimmen, auch wenn es um Funktionen geht, für die sie sich bewerben oder die sie innehaben.[74] So ist ein von einer beabsichtigten außerordentlichen Kündigung betroffenes BR-Mitglied nicht wegen Interessenkollision verhindert, wenn der BR gegen die einseitige Einstellung eines Mitarbeiters nach §§ 99, 101 vorgehen will, der das BR-Mitglied wegen der beabsichtigten a. o. Kündigung ersetzen soll, bzw. wenn der BR seine Freistellung von Anwaltskosten und deren Durchsetzung in diesem Verfahren beschließt.[75] **26**

Ist das der Reihenfolge nach zu berufende **Ersatzmitglied selbst zeitweilig verhindert,** so rückt es mit allen sich aus der Mitgliedschaft ergebenden Rechtsfolgen in den BR nach und wird während seiner Verhinderung vom nächst folgenden Ersatzmitglied vertreten. Auch diese Verhinderung muss objektiv vorliegen. Betriebsablaufstörungen, die durch die Teilnahme des Ersatzmitglieds an einer BR-Sitzung bedingt sind, stellen keinen Verhinderungsgrund i. S. v. Abs. 1 Satz 2 dar.[76] Zur Ablehnung des zeitweiligen Tätigwerdens seitens des Ersatzmitglieds aus persönlichen Gründen vgl. Rn. 15. Scheidet während der Ersatzmitgliedschaft ein anderes BR-Mitglied endgültig aus, rückt das Ersatzmitglied unter Berücksichtigung der Liste und § 15 Abs. 2 endgültig nach und wird ggf. von dem nächsten Ersatzmitglied vertreten. Die Ersatzmitgliedschaft bezieht sich nicht auf ein bestimmtes BR-Mitglied.[77] Sind keine Ersatzmitglieder mehr vorhanden, vgl. Rn. 12. **27**

III. Reihenfolge des Nachrückens

Die Reihenfolge des Nachrückens bestimmt sich nach der **Feststellung des Wahlergebnisses in der Wahlniederschrift** gem. § 23 WO, wobei zu berücksichtigen ist, dass ein Verstoß bei der BR-Wahl, der sich lediglich auf die Reihenfolge der Ersatzmitglieder auswirkt, nicht zur Wahl- **28**

70 *BAG* 3.8.99 a. a. O.; *Oetker*, a. a. O.; kritisch Richardi-*Thüsing*, Rn. 9: nur für die Beschlussfassung; vgl. auch ebd. § 33 Rn. 20, wo zutr. darauf hingewiesen wird, dass dem betr. BR-Mitglied jedenfalls rechtliches Gehör gewährt werden muss.

71 *BAG* 25.3.76, a. a. O.

72 *BAG* 23.8.84, AP Nr. 17 zu § 103 BetrVG 1972; *LAG Hamm* 18.5.83, DB 84, 250; *ArbG Berlin* 17.2.88 – 37 Ca 455/87; vgl. § 29 Rn. 17, 22; § 103 Rn. 29 ff.

73 *BAG* 3.8.99 a. a. O.; *Oetker*, a. a. O.

74 ErfK-*Koch*, Rn. 4; *Fitting*, Rn. 19; Richardi-*Thüsing*, Rn. 11; vgl. auch § 33 Rn. 25.

75 *LAG Hamm* 10.3.06 – 10 TaBV 151/05, AuR 06, 294.

76 *LAG Schleswig-Holstein* 1.11.12 – 5 TaBV 13/12, DB 12, 2814; wörtlich: »Die Erfüllung der Betriebsratsaufgaben hat Vorrang gegenüber derjenigen aus dem Arbeitsvertrag… Mögliche betriebliche Interessen des AG (Vermeidung von Betriebsablaufstörungen) dürfen jedoch keinen Einfluss auf die jeweilige Zusammensetzung des BR haben. Lediglich bezüglich der zeitlichen Lage der erforderlichen Betriebsratsarbeit hat der BR nach dem Grundsatz der vertrauensvollen Zusammenarbeit ggfs. die betrieblichen Belange des AG zu berücksichtigen.« Zu eng und ohne Grundlage *BAG* 11.6.97 – 7 AZR 229/96, ZTR 1997, 524, »in Fällen einer betrieblichen Unabkömmlichkeit des BR-Mitglieds, wenn in der Sitzung keine wichtigen oder keine sonstigen Fragen zu behandeln sind, die die Teilnahme gerade dieses BR-Mitglieds erfordern.« Dazu *Ögüt*, AiB 14, 64; ausführlich **§ 37 Rn. 26.**

77 Richardi-*Thüsing*, Rn. 22.

anfechtung nach § 19 berechtigt.[78] Bei Stimmengleichheit entscheidet gem. § 22 Abs. 3 WO 2001 das Los. Ersatzmitglieder bleiben außer Betracht, die zum Zeitpunkt des Nachrückens die Wählbarkeit endgültig verloren haben, z. B. Lt. Angestellte sind[79] oder eine Ehe/Lebenspartnerschaft mit dem AG eingegangen sind. Das früher auch für die Auswahl der nachrückenden Mitglieder maßgebliche Gruppenprinzip (Arbeiter/Angestellte) wurde 2001 durch den Schutz des Minderheitsgeschlechts ersetzt. Weiterhin ist zu unterscheiden, ob Verhältniswahl (Listenwahl) oder Mehrheitswahl (Personenwahl) stattgefunden hat (§ 14). Sind keine Ersatzmitglieder mehr vorhanden, die nachrücken können, so dass mindestens ein BR-Sitz auf Dauer nicht mehr besetzt werden kann, ist gemäß § 13 Abs. 2 Nr. 2 ein neuer BR zu wählen (vgl. § 13 Rn. 14 ff.). Zu Besonderheiten bei PostUN vgl. Rn. 34 ff.

1. Verhältniswahl

29 Wurde die Wahl als **Verhältniswahl** durchgeführt, d. h. gemäß § 14 Abs. 2 Satz 1 auf Grund mehrerer Vorschlagslisten, werden die Ersatzmitglieder in der Reihenfolge berücksichtigt, in der sie auf der Liste, der das ausgeschiedene oder verhinderte Mitglied angehört, aufgeführt sind (vgl. § 14 Rn. 17). Enthält die Liste, der das zu ersetzende BR-Mitglied angehört, keine Ersatzmitglieder mehr, ist nach Abs. 2 Satz 2 das Ersatzmitglied aus der Vorschlagsliste zu nehmen, auf die nach den Grundsätzen der Verhältniswahl der nächste Sitz entfallen wäre. Zu berücksichtigen sind dabei auch Vorschlagslisten, auf die bei der Auszählung kein BR-Mandat entfiel, da das Gesetz keine Sperrklausel vorsieht.[80]

30 Bei der »Entnahme der Ersatzmitglieder« aus den Vorschlagslisten ist **§ 15 Abs. 2** zu berücksichtigen. Danach muss das Geschlecht, das in der Belegschaft in der Minderheit ist, mindestens entspr. seinem zahlenmäßigen Verhältnis im BR vertreten sein, wenn dieser aus mindestens 3 Mitgliedern besteht. Die Vorschrift ist nicht verfassungswidrig.[81] Grundsätzlich können Ersatzmitglieder einem anderen Geschlecht als das zu ersetzende Mitglied angehören. Dadurch kann sich im Einzelfall das Verhältnis von Mehrheits-/Minderheitsgeschlecht ändern (vgl. § 15 Rn. 20). Würde das Nachrücken eines andersgeschlechtlichen Ersatzmitglieds aber dazu führen, dass das Minderheitsgeschlecht nicht mehr mindestens anteilmäßig im BR vertreten ist, rückt das dem Minderheitsgeschlecht angehörige Ersatzmitglied nach, das auf der Vorschlagsliste an nächster Stelle steht, während ein vorrangig stehender andersgeschlechtlicher Bewerber nicht zu berücksichtigen ist. Maßgeblich für die Berechnung der Zahlenverhältnisse in der Belegschaft sind die **Angaben im Wahlausschreiben** (§ 3 Abs. 2 Nr. 5; § 5 WO), nicht der Zeitpunkt des Nachrückens, da andernfalls eine erneute Wählerliste erstellt werden müsste. Dies erfolgt auch nicht, wenn sich die Belegschaftsstruktur verändert, die personelle Zusammensetzung des BR aber nicht, es also nicht zum Vertretungsfall oder zu einem Nachrücken kommt. Eine Veränderung der Belegschaftsstruktur nach der Wahl wirkt sich demzufolge hier nicht aus. Nicht zu berücksichtigen wäre auch eine nach Feststellung des Wahlergebnisses durchgeführte **Geschlechtsumwandlung,** was der bis zum Jahr 2001 geltenden Regelung des § 24 Abs. 2 (Wechsel der Gruppenzugehörigkeit) und dem Gedanken der Rechtssicherheit entspricht (vgl. § 24, Rn. 39).

31 Nach dem Wortlaut bezieht sich die Berücksichtigung des § 15 Abs. 2 auf die »Entnahme aus den Vorschlagslisten«. Ist das Minderheitsgeschlecht auf der heranzuziehenden Vorschlagsliste nicht mehr vertreten und wäre mit dem nächsten – andersgeschlechtlichen – Ersatzmitglied derselben Liste das Minderheitsgeschlecht nicht mehr i. S. v. § 15 mindestens anteilig vertreten, kommt es zu einem **Übergreifen auf die nächst zu berücksichtigende Vorschlagsliste** (vgl. auch § 15 Abs. 5 Nr. 2 WO) wie auch nach dem bis zur Novellierung 2001 geltenden Gruppenprinzip (dazu 7. Aufl. Rn. 26 ff.). Damit führt die Anwendung der Minderheitsquote

---

78 *BAG* 21.2.01 – 7 ABR 41/99, AP Nr. 49 zu § 19 BetrVG 1972 = AuR 01, 358.
79 *Fitting,* Rn. 25.
80 *ArbG Köln* 21.9.93, AuR 94, 425; *Fitting,* Rn. 28; anders § 31 Abs. 2 BPersVG, dazu Altvater u. a., Rn. 11: BVerwG 30.10.10 – 6 PB 16/10, Personalrat 11, 73.
81 *BAG* 16.3.05 – 7 ABR 40/04, AuR 05, 153, 425; a. A. *LAG Köln* 13.10.03 – 2 TaBV 1/03, AuR 04, 111, mit Anm. *Hänlein,* Vorlage an *BVerfG*: 1 BvL 9/03.

bei Listen- und Mehrheitswahl prinzipiell zu gleichen Lösungen i. S. d. Minderheitsgeschlechts. Im Übrigen folgt die Anwendung der Minderheitsquote bei Ausscheiden und Vertretung eines BR-Mitglieds der Anwendung dieser Quote bei der Wahl selbst (vgl. § 15 Rn. 5 ff. sowie § 15 WO). Haben infolge von § 15 Abs. 2 alle Bewerber des Minderheitsgeschlechts einen Sitz erhalten, von denen einer ausscheidet oder verhindert ist, so kann durch das Nachrücken die Minderheitsquote unterschritten werden. Das Ersatzmitglied ist der Vorschlagsliste zu entnehmen, auf die nach den Grundsätzen der Verhältniswahl der nächste Sitz entfallen wäre.[82] Rücken mehrere Mitglieder hintereinander nach, so bestimmt sich jeder einzelne Vorgang nach vorst. Grundsätzen. Wird die Minderheitenquote erst durch das gleichzeitige Nachrücken mehrerer Mitglieder unterschritten (z. B. Abwesenheit von einer BR-Sitzung infolge derselben Dienstreise), gilt § 15 WO entsprechend (vgl. dort Rn. 6 f.).

2. Mehrheitswahl

Bei **Mehrheitswahl** (nur eine Vorschlagsliste) rückt für das verhinderte oder ausgeschiedene **32** BR-Mitglied das nächste Ersatzmitglied in den BR ein. Wäre mit dem Nachrücken eines andersgeschlechtlichen Ersatzmitglieds das Minderheitsgeschlecht nicht mehr mindestens anteilmäßig im BR vertreten, rückt das nächste dem Minderheitsgeschlecht angehörige Ersatzmitglied – soweit vorhanden – nach. Bei einem einköpfigen BR kommen keine Quoten zur Anwendung.

3. Gemeinsamer Betrieb

Nach vorst. Grundsätzen richtet sich auch das Nachrücken im gemeinsamen Betrieb. Dies **33** kann im Einzelfall dazu führen, dass sich die Zahl der auf ein einzelnes UN anfallenden BR-Mitglieder verändert.

IV. Besonderheiten in Postunternehmen

Besondere Bestimmungen gelten für die privatisierten Post-UN Dt. Post AG, Dt. Postbank **34** AG, Dt. Telekom AG. Die dort beschäftigten Beamten gelten nach § 24 Abs. 2 PostPersRG für die Anwendung des BetrVG als AN. Die bis zum **BetrVerf-ReformG** erforderliche Aufteilung der Beamten in Zuordnungs- bzw. Funktionsgruppen (Arbeiter/Angestellte; hierzu 7. Aufl., Rn. 32 ff.) ist mit der Aufgabe des Gruppenprinzips in diesem Gesetz entfallen. Die Beamten bilden allerdings nach § 26 Nr. 1 PostPersRG bei der BR-Wahl eine eigene Gruppe, falls sie nicht mehrheitlich vor der Wahl in geheimer Abstimmung hierauf verzichten (ausführlich § 14 Rn. 37 f.).

§ 26 Satz 1 PostPersRG verweist bezüglich der Wahl und Zusammensetzung des BR sowie **35** seiner Ersatzmitglieder mit einzelnen Maßgaben auf das BetrVG, damit auch auf § 25. Für das Nachrückverfahren legt § 26 Nr. 7 PostPersRG fest:
Ist der BR in gemeinsamer Wahl gewählt, bestimmt sich das Nachrücken von Ersatzmitgliedern nach § 25 BetrVG unter Berücksichtigung der Grundsätze der Nr. 2.
Nach Nr. 2 dieser Vorschrift müssen AN und Beamte entspr. ihrem zahlenmäßigen Verhältnis im BR vertreten sein, wenn dieser aus mindestens 3 Mitgliedern besteht. Wie bei der Wahl sind damit auch für die Auswahl der Ersatzmitglieder die **Beamtenquote** und die **Minderheitsquote** maßgeblich. Dem Wahlergebnis kommt hierfür in der Praxis nur geringe Bedeutung zu.

Die Voraussetzungen (Ausscheiden oder zeitweilige Verhinderung von AN oder Beamten) **36** gestalten sich nach allgemeinen Grundsätzen (vgl. Rn. 13 – 27). Für die **Bestimmung des nachrückenden BR-Mitglieds** wird wiederum zwischen Gruppen- und gemeinsamer Wahl, Verhältnis- und Mehrheitswahl unterschieden:

- Bei Gruppen- und Verhältniswahl (mehrere Listen) rückt der nächste anstehende Bewerber

82 Richardi-*Thüsing*, Rn. 18; *ArbG Köln* 12.11.14 – 17 BV 296/14, juris: Übererfüllung der Minderheitsquote infolge des Nachrückvorgangs unbeachtlich, deshalb keine Korrektur des Listensprungs; a. A. *LAG Nürnberg* 13.5.04 – 5 TaBV 54/03, AuR 04, 317: letzter Bewerbertausch rückgängig zu machen.

aus derselben Beamtenliste wie das zu ersetzende BR-Mitglied nach. Enthält die Liste keinen weiteren Beamtenbewerber, rückt der erste Beamtenbewerber aus der nächsten zu berücksichtigenden Liste nach.

- Bei Gruppen- und Mehrheitswahl (nur eine Liste) rückt der nächste Beamtenbewerber nach.
- Bei Gemeinschafts- und Verhältniswahl rückt der nächstfolgende Beamtenbewerber derselben Liste nach. Enthält die Liste keinen Beamtenbewerber, rückt der erste Beamtenbewerber aus der nächsten zu berücksichtigenden Liste nach.
- Bei Gemeinschafts- und Mehrheitswahl rückt der nächste Beamtenbewerber, ansonsten der nächste Bewerber nach.
- Für den Fall der gruppenfremden Kandidatur bestimmt § 26 Nr. 4 a, dass die Gewählten insoweit als Angehörige der Gruppe gelten, die sie gewählt hat. Dies gilt auch für *Ersatzmitglieder* (Satz 3), was der Formulierung des bis zum Jahr 2001 geltenden § 24 Abs. 2 BetrVG entspricht. Der gruppenfremd kandidierende Wahlbewerber wird auch als Ersatzmitglied der anderen Gruppe zugerechnet und rückt ggf. für diese in den BR nach (vgl. auch § 14 Rn. 37).

37 Die so getroffene **Auswahl** der Ersatzmitglieder ist sodann in allen Varianten **nach Maßgabe des § 15 Abs. 2 zu korrigieren,** wenn andernfalls die Minderheitsgruppe infolge des Vorgangs der Vertretung bzw. des Nachrückens nicht mehr mind. anteilig im BR vertreten wäre (vgl. Rn. 30). Die Minderheitsquote ist nach § 15 Abs. 2 i. V. m. §§ 4 I 2 und 6 IV WO Post nicht auf die Belegschaft und auf den BR zu beziehen, sondern getrennt auf Beamte oder AN. Würde durch den Vertretungsfall die Minderheitsquote unterschritten und ist die jeweilige Liste hinsichtlich des Minderheitsgeschlechts erschöpft, ist das nächste Ersatzmitglied in o. g. Fällen aus der nächsten Beamtenliste, sodann aus der AN-Liste zu entnehmen.[83]

V. Rechtsstellung und Schutz der nachgerückten Ersatzmitglieder

38 **Bis zu seinem Eintritt** in den BR hat das Ersatzmitglied eine Anwartschaft auf einen Sitz im BR (vgl. Rn. 3), jedoch noch nicht die Rechte des BR-Mitglieds. Eine einstweilige Verfügung auf Zutritt ist erst bei Verhinderung des vorrangigen BR-Mitglieds möglich.[84] Es hat noch nicht den Kündigungsschutz nach § 103 BetrVG und § 15 Abs. 1 KSchG, jedoch in den ersten 6 Monaten nach Bekanntgabe des Wahlergebnisses den nachwirkenden Kündigungsschutz von Wahlbewerbern nach § 15 Abs. 3 KSchG. Ferner kann sich die Unwirksamkeit der Kündigung aus § 78 BetrVG und § 134 BGB ergeben.[85]

39 Das zeitweilig oder dauernd in den BR nachrückende Ersatzmitglied hat während der Dauer seiner Vertretung **alle Befugnisse, Rechte und Pflichten** eines BR-Mitglieds.[86] An Weisungen des originären BR-Mitglieds ist es nicht gebunden. Ihm stehen alle Schutzrechte eines BR-Mitglieds zu, z. B. der **besondere Kündigungsschutz** nach § 15 KSchG[87] und § 103 BetrVG,[88] das Antragsrecht des Azubi auf Übernahme in ein Arbeitsverhältnis nach § 78 a,[89] das Behinderungs- und Benachteiligungsverbot nach § 78 und der strafrechtliche Schutz nach § 119 Abs. 1 Nr. 3. Der besondere Kündigungsschutz gilt für die gesamte Vertretungszeit, und zwar mit der Arbeitsaufnahme an dem Tag, an dem das BR-Mitglied erstmals verhindert ist, auch wenn das Ersatzmitglied tatsächlich keine BR-Tätigkeit ausübt[90] und die Verhinderung lediglich einen Arbeitstag andauert.[91] Es genügt die Möglichkeit, dass dem Ersatzmitglied BR-Aufgaben zufallen könnten.[92] Dies gilt auch, wenn der Betroffene zur Vertretung eines ver-

83 Vgl. auch § 14 Rn. 37; *Altvater/Hamer/Ohnesorg/Peiseler,* § 26 PostPersRG, Rn. 6, 12.
84 *LAG Hamm* 25.6.04 – 10 TaBV 61/04; GK-*Oetker,* Rn. 67.
85 Vgl. § 78 Rn. 26, 29 f.; so auch ErfK-*Koch,* Rn. 8; *Fitting,* Rn. 8.
86 *BAG* 8.9.11 – 2 AZR 388/10, AuR 12, 180; 15.4.14 – 1 ABR 2/13 (B), AuR 14, 247; Richardi-*Thüsing,* Rn. 25, 29; *GL,* Rn. 6.
87 Hierzu *Uhmann,* NZA 00, 576 ff.; *Kröll,* AiB 10, 589 ff.
88 Dazu ausführlich § 103, Rn. 20 ff.
89 Nachw. unter § 78 a, Rn. 7.
90 *BAG* 8.9.11 – 2 AZR 388/10, AuR 12, 180.
91 *LAG Niedersachsen* 14.5.87, AuR 89, 287.
92 *BAG* 8.9.11 – 2 AZR 388/10, AuR 12, 180.

hinderten BR-Mitglieds aufgefordert wird, er aber an einer BR-Sitzung nicht teilnimmt, weil sein Vorgesetzter dies ihm wegen »Unabkömmlichkeit« untersagt;[93] wenn sich ein BR-Mitglied krankmeldet und sich später herausstellt, dass das BR-Mitglied nicht arbeitsunfähig krank und unberechtigt der Arbeit ferngeblieben war;[94] wenn sich im Nachhinein herausstellt, dass ein Vertretungsfall nicht vorgelegen hatte; wenn die BR-Sitzung nicht erforderlich oder unter Verstoß gegen § 30 anberaumt worden war.[95] Ausgeschlossen ist der Schutz nur, wenn der Vertretungsfall durch kollusive Absprachen zum Schein herbeigeführt wird.[96] Die Dauer der Verhinderung und deren Vorhersehbarkeit sind unerheblich.[97] Nicht erforderlich ist, dass das Ersatzmitglied Kenntnis vom Eintritt des Vertretungsfalls hat.[98] Für die Beurteilung, ob dem Ersatzmitglied besonderer Kündigungsschutz zusteht, kommt es auf die Verhältnisse bei Zugang und nicht bei Abgabe der Kündigungserklärung an.[99]

Der besondere Kündigungsschutz kann sich zugunsten eines Ersatzmitglieds bereits **vor Eintritt in den BR** aus der Schutzvorschrift des § 78 ergeben, die jede Benachteiligung auch eines Ersatzmitglieds (vgl. § 78 Rn. 7) wegen seiner (zu erwartenden) Tätigkeit untersagt.[100] So ist eine Kündigung mit dem Ziel, das Eintreten eines Ersatzmitglieds in den BR zu verhindern, als Verstoß gegen § 78 i. V. m. § 134 BGB nichtig.[101] Der besondere Kündigungsschutz greift zugunsten eines Ersatzmitglieds vor Eintritt in den BR auch dann ein, wenn der Verhinderungsfall noch nicht vorliegt, das Ersatzmitglied sich jedoch z. B. auf eine BR-Sitzung vorbereitet, an der es wegen Verhinderung, z. B. Urlaub eines BR-Mitglieds, teilnehmen muss. In diesem Fall tritt der Kündigungsschutz vom Tag der Ladung zur Sitzung ein. Als Vorbereitung hielt das *BAG* i. d. R. 3 Arbeitstage für ausreichend.[102] Den besonderen Kündigungsschutz verliert das Ersatzmitglied nicht, wenn bei ihm selbst eine Verhinderung eintritt und die Dauer im Vergleich zur voraussichtlichen Dauer der Vertretung unerheblich ist.[103] Nach *LAG Hamm*[104] gilt dies auch für das am Tage des Nachrückens und danach langfristig erkrankte nachgerückte BR-Mitglied. **40**

Der **nachwirkende Kündigungsschutz** gem. § 15 Abs. 1 Satz 2 KSchG gilt ebenfalls für Ersatzmitglieder, die stellvertretend für zeitweilig verhinderte BR-Mitglieder dem BR angehört haben.[105] Er gilt jeweils für ein Jahr. Die Frist beginnt am Tag nach Ablauf des Vertretungszeitraums. Der nachwirkende Kündigungsschutz setzt nicht voraus, dass das Ersatzmitglied konkrete Vertretungsaufgaben wahrgenommen hat.[106] Diese Konsequenz ergibt sich schon aus der Gleichwertigkeit des Kündigungsschutzes während der Zeit des Nachrückens und während der Nachwirkung. § 15 Abs. 1 Satz 1 und 2 KSchG treffen insofern keine qualitative Unterscheidung. Gleichwohl hat der *2. Senat* des *BAG* im klaren Gegensatz zum Schutz während des Nachrückens einen nachwirkenden Kündigungsschutz für den Fall verneint, dass das Ersatzmitglied bewusst rechtswidrig nicht zu BR-Sitzungen geladen wurde und allein deshalb keine Aktivitäten ausüben konnte. Etwas anderes käme allenfalls in Betracht, wenn der AG den Fehler in der Amtsführung des BR-Vorsitzenden bewusst veranlasst oder mit diesem kollusiv zusammengewirkt habe.[107] Regelmäßig wird sich dies nur schwer beweisen lassen. Diese Rspr. **41**

93 *LAG Brandenburg* 25.10.93, AiB 94, 415; 9.6.95 – 5 Sa 205/95, LAGE § 15 KSchG Nr 12.
94 *BAG*, a. a. O.
95 *ArbG Hamburg* 3.6.08 – 25 Ca 52/08, AiB-Newsletter 2008 Nr. 10.
96 *BAG* 8.9.11 – 2 AZR 388/10, AuR 12, 180; 12.2.04, EzA KSchG § 15 Nr. 56.
97 *LAG Niedersachsen*, a. a. O.
98 *BAG* 8.9.11 – 2 AZR 388/10, AuR 12, 180; *Uhmann*, NZA 00, 577.
99 *BAG* 8.9.11 – 2 AZR 388/10, AuR 12, 180; bestätigt 27.9.12 – 2 AZR 955/11, AuR 13, 181; a. A. *LAG Düsseldorf* 9.11.11 – 12 Sa 956/11: Abgabe der Erklärung.
100 *Fitting*, Rn. 8; GK-*Oetker*, Rn. 78.
101 Richardi-*Thüsing*, Rn. 30; *Fitting*, a. a. O.; GK-Oetker, a. a. O.
102 *BAG* 17.1.79, AP Nr. 5 zu § 15 KSchG 1969; *Fitting*, a. a. O.; GK-*Oetker*, a. a. O.; *Uhmann*, NZA 00, 577; a. A. offenbar *HWGNRH*, Rn. 17.
103 *BAG* 9.11.77, AP Nr. 3 zu § 15 KSchG 1969; *Fitting*, Rn. 9; Richardi-*Thüsing*, Rn. 30.
104 *LAG Hamm* 9.2.94, LAGE § 25 BetrVG Nr. 3.
105 *BAG* 12.2.04, EzA KSchG § 15 Nr. 56.
106 Vgl. *LAG Brandenburg* 9.6.95 – 5 Sa 205/95; *Uhmann*, NZA 00, 578; KR-*Etzel*, § 103 Rn. 49 und § 15 KSchG Rn. 65 a; a. A. GK-*Oetker*, Rn. 82, der aber auch Vorbereitungshandlungen genügen lässt.
107 *BAG* 19.4.12 – 2 AZR 233/11, NJW 12, 3704; ablehnend dazu auch *Wulff*, AiB 13, 665.

ist insgesamt nicht konsistent.[108] Der nachwirkende Schutz ist nicht davon abhängig, dass der AG bei Ausspruch der Kündigung von der Vertretung Kenntnis hat, und er entfällt auch nicht, wenn sich im Nachhinein herausstellt, dass ein Vertretungsfall nicht vorgelegen hat.[109] Ausgeschlossen ist der Schutz des § 15 KSchG nur, wenn der Vertretungsfall durch kollusive Absprachen zum Schein herbeigeführt wird oder das Ersatzmitglied weiß oder sich ihm aufdrängen muss, dass kein Vertretungsfall vorliegt.[110] Um Unklarheiten zu vermeiden, empfiehlt es sich, dem AG jeweils anzuzeigen, in welchem Zeitraum welches Ersatzmitglied verhinderte BR-Mitglieder vertreten hat. Im Streitfall muss das Ersatzmitglied darlegen und beweisen, dass es zeitweilig als BR-Mitglied amtiert hat. Der BR kann ein Ersatzmitglied zu einer **Schulungsveranstaltung** entsenden, wenn dies im Einzelfall zur Gewährleistung der Arbeitsfähigkeit des BR erforderlich ist.[111]

42 Nach Auffassung des *BAG*[112] sind vorübergehend eingesetzte, inzwischen aber wieder ausgeschiedene Ersatzmitglieder im Zeitraum des nachwirkenden Kündigungsschutzes nicht nach § 103 geschützt, so dass ihre Kündigung nicht der Zustimmung des BR bedarf (vgl. auch § 103 Rn. 20 ff.). Von da aus kommt es darauf an, wann sie wieder aus dem BR ausgeschieden sind. Dies richtet sich nach der Dauer der Verhinderung, ist also nicht gleichzusetzen etwa mit einer BR-Sitzung, an der das Mitglied teilgenommen hat. Ein späterer Zeitpunkt kann maßgeblich sein, wenn etwa das Ersatzmitglied gemäß der Beschlussfassung des BR für diesen nach der Sitzung weitere Aufgaben zu erledigen hat.

43 Ein in der Berufsbildung befindliches Ersatzmitglied des BR oder der JAV hat den **Schutz des § 78 a**, ist also berechtigt, den Antrag auf Übernahme nach § 78 a Abs. 2 und 3 zu stellen, wenn es zum Zeitpunkt der Antragsstellung endgültig nachgerückt ist oder innerhalb eines Jahres vor erfolgreichem Abschluss der Berufsausbildung ein Mitglied des BR oder der JAV vertreten hat.[113]

VI. Streitigkeiten

44 Streitigkeiten über das Nachrücken und die Reihenfolge des Nachrückens von Ersatzmitgliedern sind vom **ArbG im Beschlussverfahren** zu entscheiden (§§ 2 a, 80 ff. ArbGG). Entsprechendes gilt für Streitigkeiten über die Rechtswirksamkeit von Beschlüssen des BR, an denen ein Ersatzmitglied mitgewirkt hat. Die Streitfragen können aber auch in einem **Urteilsverfahren** als Vorfrage entschieden werden, z. B. in einem Kündigungsrechtsstreit, wenn der AG den besonderen Kündigungsschutz im Hinblick auf § 15 KSchG bestreitet. Zieht hier ein AG lediglich in Zweifel, dass der kl. AN zu einer Betriebsratssitzung ordnungsgemäß als Ersatzmitglied hinzuzuziehen war, ist dies unbeachtlich. Die Äußerung von Zweifeln ist kein ordnungsgemäßes Bestreiten. Es ist nicht erforderlich, dass der AN hinreichend darlegt, dass er als Ersatzmitglied hinzuzuziehen war. Da dem AG nach § 18 Abs. 3 eine Abschrift der Wahlniederschrift zu übersenden ist, sind ihm Wahlergebnis und Listenplatz des AN bekannt. Da er an Hand seiner Unterlagen ohne weiteres feststellen kann, ob die vorstehenden BR- und ggf. Ersatzmitglieder verhindert waren, ist eine substantiierte Einlassung möglich, ob der AN zu Recht als Ersatzmitglied zu einer BR-Sitzung hinzugezogen wurde.[114] Haben an einer BR-Sitzung mehr als die erforderliche Anzahl von Ersatzmitgliedern teilgenommen und bestreitet der AG substantiiert den Vertretungsfall, hat der AN dessen Voraussetzungen darzulegen.[115]

---

108 Vgl. dazu die zit. gegenteilige Aussage für die Zeit des Nachrückens in *BAG* 8.9.11 – 2 AZR 388/10, AuR 12, 180.

109 *ArbG Dresden* 30.10.08 – 11 Ca 1926/08, AuR 09, 145.

110 *BAG* 12.2.04 – 2 AZR 163/03, a. a. O.; ebenso *LAG Köln* 14.7.04 – 7 Sa 108/04, AuR 05, 236.

111 *BAG* 19.9.01, AP Nr. 9 zu § 25 BetrVG 1972; a. A. Richardi-*Thüsing*, Rn. 32; ausführlich § 37 Rn. 145 ff.

112 18.5.06, AuR 06, 333; 5.11.09, AuR 10, 225.

113 *BAG* 17.2.10 – 7 ABR 89/08, AuR 10, 135 ; Fitting, Rn. 12; vgl. auch § 78 a Rn. 7.

114 *LAG Hamburg* 31.7.07 – 2 Sa 13/07, AuR 08, 121.

115 *LAG Bremen* 5.9.08, AuR 08, 363.

Dritter Abschnitt
Geschäftsführung des Betriebsrats

§ 26 Vorsitzender

(1) Der Betriebsrat wählt aus seiner Mitte den Vorsitzenden und dessen Stellvertreter.

(2) Der Vorsitzende des Betriebsrats oder im Fall seiner Verhinderung sein Stellvertreter vertritt den Betriebsrat im Rahmen der von ihm gefassten Beschlüsse. Zur Entgegennahme von Erklärungen, die dem Betriebsrat gegenüber abzugeben sind, ist der Vorsitzende des Betriebsrats oder im Fall seiner Verhinderung sein Stellvertreter berechtigt.

Inhaltsübersicht

I. Vorbemerkungen

1 Die Vorschrift regelt die **organisatorische Gestaltung** des BR, der aus mehreren Mitgliedern besteht. Sie verpflichtet zur Wahl eines Vorsitzenden und stellvertretenden Vorsitzenden **(Abs. 1).** Außerdem regelt sie die Stellung des BR-Vorsitzenden und seines Stellvertreters sowohl für die Abgabe als auch für die Entgegennahme von Erklärungen **(Abs. 2).** Die Regelung des Abs. 1 ist **zwingend.**[1]

2 Die Vorschrift gilt in vollem Umfang für den **GBR** (§ 51), den **KBR** (§ 59), die **JAV** (§ 65), **GJAV** (§ 73), die **KJAV** (§ 73 b), die **Bordvertretung** (§ 115) und den **See-BR** (§ 116 Abs. 3). Für die **tarifvertraglichen Sondervertretungen** nach § 3 Abs. 1 Nrn. 1 und 2 sind abweichende Regelungen durch TV (ausnahmsweise auch durch BV) zulässig.[2]

II. Wahl des Vorsitzenden und des stellvertretenden Vorsitzenden

1. Allgemeine Grundsätze

3 Jeder BR mit mindestens drei Mitgliedern muss aus seiner Mitte einen Vorsitzenden und einen stellvertretenden Vorsitzender wählen (zu einköpfigen BR in **Kleinbetrieben** vgl. § 9 Rn. 24 f.). Es ist nicht automatisch gewählt, wer bei einer Mehrheitswahl die meisten Stimmen erhalten hat oder bei einer Verhältniswahl Listenführer der Liste war, die die meisten Sitze auf sich vereinigen konnte. Die Wahl ist eine **gesetzliche Pflichtaufgabe** des BR. Wird sie pflichtwidrig nicht vorgenommen, kann dies gemäß § 23 zur Auflösung des BR führen.[3] Die Wahl des Vorsitzenden und des stellvertretenden Vorsitzenden kann weder auf den Betriebsausschuss (§ 27) noch auf einen anderen Ausschuss (§ 28) oder eine Arbeitsgruppe (§ 28 a) übertragen werden.[4] Eine Ersatzbestellung durch das ArbG kommt mangels gesetzlicher Grundlage nicht in Betracht,[5] wobei es gleichgültig ist, warum eine Wahl nicht zustande gekommen ist.[6]

4 Der in der Rspr.[7] und der überwiegenden Literatur[8] vertretenen Auffassung, dass der AG

1 GK-*Raab,* Rn. 3.
2 *Fitting,* Rn. 3; a. A. Richardi-*Thüsing,* Rn. 11.
3 *Fitting,* Rn. 6; GK-*Raab,* Rn. 5; HWGNRH-*Glock,* Rn. 5.
4 Richardi-*Thüsing,* Rn. 3; GK-*Raab,* a. a. O.
5 HWGNRH-*Glock,* Rn. 6.
6 *Fitting,* a. a. O.; GK-*Raab,* a. a. O.; *GL,* Rn. 5.
7 *BAG* 23.8.84, AP Nr. 36 zu § 102 BetrVG 1972; *LAG Düsseldorf* 24.6.09, AuR 09, 52; *ArbG Mainz,*

Verhandlungen mit dem BR so lange verweigern kann, bis dieser einen Vorsitzenden gewählt hat, ist nicht zu folgen.[9] Entsprechendes gilt bezüglich eines **Insolvenzverwalters,** der Verhandlungen während dieser Zeit ebenfalls nicht verweigern kann.[10] Die **Amtszeit des BR beginnt mit** der **Bekanntgabe des Wahlergebnisses** bzw. mit dem Ablauf der Amtszeit des vorherigen BR. Zu diesem Zeitpunkt entstehen alle mit dem Amt des BR verbundenen Rechte und Pflichten. Das Gesetz unterscheidet nicht zwischen **Amtsbeginn und »Amtsausübungsbefugnis«.**[11] Eine Beteiligung käme allenfalls dann nicht in Betracht, wenn diese dem AG z. B. nach § 2 Abs. 1 BetrVG, § 242 BGB unzumutbar wäre.[12]

5 Abzulehnen ist die Ansicht, dass ohne einen Vorsitzenden eine BR-Sitzung nicht ordnungsgemäß einberufen werden kann.[13] Der BR kann jederzeit ohne besondere Ladung – ggf. durch Absprache untereinander – **zu einer förmlichen Sitzung zusammentreten** und wirksame Beschlüsse fassen sowie mit dem AG Vereinbarungen treffen.[14] **Voraussetzung** ist, dass alle BR-Mitglieder von der Sitzung wissen.

6 Der **BR** ist **ohne Wahl des Vorsitzenden** und seines Stellvertreters **funktionsfähig.**[15] Dies gilt jedenfalls dann, wenn die Konstituierung des BR nach Beginn seiner Amtszeit nicht unverhältnismäßig lange hinausgezögert wird bzw. hierbei innerhalb der Wochenfrist des § 29 Abs. 1 bleibt. Die entgegenstehende Auffassung des *BAG*[16] ist abzulehnen, weil sie dem AG unter Umgehung der Beteiligungsrechte des BR die Möglichkeit eröffnet, noch schnell vor der Konstituierung des BR, z. B. gegen unbequeme AN, personelle Entscheidungen zu treffen.[17] Aber selbst wenn man dieser *BAG*-Entscheidung folgte, wird man den AG nach § 2 Abs. 1 dennoch für verpflichtet halten können, mit der Einleitung eines Beteiligungsverfahrens nach § 99 Abs. 1, § 102 Abs. 1 bis zur Konstituierung des BR zu warten.[18]

2. Wahl

7 Die Wahl des Vorsitzenden und stellvertretenden Vorsitzenden erfolgt in der **konstituierenden Sitzung.**[19] Diese wird gemäß § 29 Abs. 1 vom WV vor Ablauf einer Woche nach dem Wahltag einberufen und vom Vorsitzenden des WV geleitet, bis der BR aus seiner Mitte einen Wahlleiter bestellt hat (vgl. im Übrigen § 29 Rn. 2 ff.). Besondere Wahlvorschriften bestehen nicht. Der BR kann unter Beachtung gesetzlicher Bestimmungen Grundsätze beschließen und ggf. in einer Wahlordnung festlegen. Die Wahl kann geheim oder offen, durch Handaufheben und u. U. sogar durch Zuruf erfolgen, sofern durch den Wahlleiter einwandfrei festgestellt werden kann, wer gewählt worden ist.[20] Sofern es ein BR-Mitglied verlangt, muss eine geheime Abstimmung erfolgen.[21] Nur auf diese Weise kann die Wahlfreiheit der einzelnen BR-Mitglieder garantiert werden.[22]

25.9.97, AiB 98, 469 mit ablehnender Anm. *Grimberg; LAG Hamm* 20.5.99, ZInsO 99, 362.

8 *Fitting,* Rn. 7; Richardi-*Thüsing,* Rn. 1; *GL,* Rn. 4; HWK-*Reichold,* Rn. 2; HaKo-BetrVG/Blanke/Wolmerath, Rn. 3; HWGNRH-*Glock,* Rn. 2; ErfK-*Koch,* Rn. 1.

9 So auch GK-*Wiese,* Rn. 6; *Wiese,* Anm. zu EzA § 102 BetrVG 1972 Nr. 59; *Matusche,* AiB 2011, 251 ff.

10 A. A. *LAG Hamm,* a. a. O.

11 So aber *BAG,* a. a. O., das eine Anhörungspflicht des AG nach § 102 Abs. 1 für nicht gegeben ansieht, solange sich der BR nicht konstituiert hat; in diesem Sinne auch *LAG Berlin* 27.11.86, DB 87, 2206. Ls.; *LAG Hamm,* a. a. O. für das »Beteiligungsverfahren« nach § 99; *ArbG Mainz,* a. a. O.; wie hier GK-*Raab,* a. a. O.

12 GK-*Raab,* a. a. O.

13 So aber *BAG* 23.8.84, AP Nr. 30 zu § 102 BetrVG 1972; Richardi-*Thüsing,* Rn. 1; HWGNRH-*Glock,* Rn. 2.

14 Ebenso *BAG* 28.9.83, AP Nr. 1 zu § 21 BetrVG 1972; GK-*Raab,* Rn. 6; vgl. aber auch § 29 Rn. 14 ff.

15 Ebenso GK-*Raab,* Rn. 6.

16 23.8.84, AP Nr. 36 zu § 102 BetrVG 1972; zur Literatur vgl. *v. Hoyningen-Huene,* § 9 I a; HWK-*Reichold,* Rn. 2.

17 Vgl. hierzu den Tatbestand *BAG* 23.8.84, a. a. O.

18 Vgl. *BAG* 28.9.83, AP Nr. 1 zu § 21 BetrVG 1972; *LAG Rheinland-Pfalz* 19.2.09 – 11 TaBV 29/08; ähnlich *Fitting,* Rn. 7; GK-*Raab,* Rn. 6; a. A. *BAG* 23.8.84, a. a. O.; vgl. auch HWGNRH-*Glock,* Rn. 3.

19 Ausführlich *Wedde,* Konstituierung; *Jansen,* AiB 2014, 40 ff.

20 *Fitting,* Rn. 9; GK-*Raab,* Rn. 10; HWGNRH-*Glock,* Rn. 7.

21 *HaKo-BetrVG/Blanke/Wolmerath,* Rn. 5; MünchArbR-*Joost,* § 306 Rn. 3; Richardi-*Thüsing,* Rn. 6; *Lichtenstein,* BetrR 87, 7 [9]; HWK-*Reichold,* Rn. 4; a. A. *ArbG Bielefeld* 12.8.98, AiB 99, 341 mit

Wahlberechtigt sind alle BR-Mitglieder, auch die Kandidaten, da es sich nicht um eine Abstimmung in einer persönlich unmittelbar betreffenden Angelegenheit handelt.[23] Bei der Wahl muss die **Beschlussfähigkeit** des BR gemäß § 33 Abs. 2 gegeben sein, d. h., wenigstens die Hälfte der BR-Mitglieder muss sich an der Wahl beteiligen. Für verhinderte BR-Mitglieder sind **Ersatzmitglieder** hinzuzuziehen.[24] Die Mitglieder der **JAV** haben bei der Wahl des Vorsitzenden und stellvertretenden Vorsitzenden kein Stimmrecht.[25] **8**

Da der Vorsitzende und stellvertretende Vorsitzende nach Abs. 1 **aus der Mitte des BR** gewählt werden müssen, sind nur Mitglieder des BR **wählbar.** Ein Ersatzmitglied kann dann zum Vorsitzenden oder stellvertretenden Vorsitzenden gewählt werden, wenn es endgültig für ein ausgeschiedenes BR-Mitglied in den BR nachgerückt ist[26] oder für eine längere Zeit ein verhindertes BR-Mitglied vertritt und ein endgültiges Nachrücken absehbar ist. **9**

Die Wahlen erfolgen jeweils in einem **einheitlichen Wahlgang** aller BR-Mitglieder.[27] Die Nominierung von Gegenkandidaten ist nicht erforderlich.[28] Die Wahl des stellvertretenden Vorsitzenden erfolgt in einem **gesonderten Wahlgang.**[29] Es ist nicht etwa derjenige, der die meisten Stimmen erhalten hat, zum Vorsitzenden und der mit der nächsthöheren Stimmenzahl zum stellvertretenden Vorsitzenden gewählt,[30] es sei denn, der BR beschließt, die Wahl des Vorsitzenden und stellvertretenden Vorsitzenden in einem gemeinsamen Wahlgang durchzuführen, was zulässig ist.[31] Hält der BR dies für sinnvoll, können auch **mehrere Stellvertreter** gewählt werden.[32] Hierbei muss klargestellt werden, in welcher Reihenfolge Vertretungen erfolgen (etwa durch Wahl eines ersten und eines zweiten Stellvertreters). **Gewerkschaftliche Machtverhältnisse** dürfen bei Koalitionsabsprachen darüber, wer Vorsitzender und stellvertretender Vorsitzender wird, berücksichtigt werden.[33] Nicht gesetzlich vorgeschrieben ist die proportionale Berücksichtigung der Geschlechter.[34] **10**

Als Vorsitzender oder stellvertretender Vorsitzender ist gewählt, wer jeweils die **meisten Stimmen** auf sich vereinigt. Das Gesetz fordert nicht die absolute Mehrheit für einen Kandidaten; es genügt die einfache.[35] Der BR kann jedoch ein bestimmtes Mindestquorum, z. B. absolute Mehrheit, beschließen.[36] Für den Fall der **Stimmengleichheit** ist gesetzlich keine Regelung vorgesehen, so dass es zweckmäßig sein dürfte, wenn der BR vor der Abstimmung eine Entscheidung herbeiführt, was im Falle der Stimmengleichheit gelten soll. Zu empfehlen ist eine Regelung, wonach bei Stimmengleichheit die Wahl wiederholt wird und danach bei Stimmengleichheit das Los entscheidet.[37] Diese Regelung hat den Vorteil, dass jeder Abstimmende weiß, dass es bei erneuter Stimmengleichheit auf den Losentscheid ankommt. Hat der BR keine Regelung durch Beschluss oder in der Geschäftsordnung festgelegt, erfolgt die Auflösung **11**

---

kritischer Anm. *Wedde; Fitting,* a. a. O.; GK-*Raab,* a. a. O. unter Hinweis auf den vom Gesetzgeber abgeschafften Minderheitenschutz; offen *Wurm,* ZBVR 00, 257.

22 Ähnlich MünchArbR-*Joost,* a. a. O.

23 Vgl. § 25 Rn. 26; *Fitting,* Rn. 10; GK-*Raab,* Rn. 7; HWGNRH-*Glock,* Rn. 11; Richardi-*Thüsing,* Rn. 3.

24 *Fitting,* a. a. O.; Richardi-*Thüsing,* a. a. O.; GK-*Raab,* Rn. 9; HWGNRH-*Glock,* Rn. 11.

25 So auch GK-*Raab,* Rn. 7; vgl. auch § 67 Abs. 2.

26 *Fitting,* Rn. 11; GK-*Raab,* Rn. 8; *GL,* Rn. 6; HWGNRH-*Glock,* Rn. 12.

27 Richardi-*Thüsing,* Rn. 3; *Fitting,* Rn. 12; MünchArbR-*Joost,* § 306 Rn. 3.

28 *BAG* 29.1.65, AP Nr. 8 zu § 27 BetrVG; HWGNRH-*Glock,* Rn. 9.

29 *Bopp,* S. 12; HWGNRH-*Glock,* a. a. O.; *Löwisch,* BB 01, 1734 [1739].

30 *Fitting,* a. a. O. HWGNRH-*Glock,* a. a. O.; Richardi-*Thüsing,* Rn. 7.

31 So auch GK-*Raab,* Rn. 13; a. A. *Fitting,* a. a. O.

32 Ähnlich HWK-*Reichold,* Rn. 12.

33 *BAG* 1.6.66, AP Nr. 16 zu § 18 BetrVG; GK-*Raab,* Rn. 10; HWGNRH-*Glock,* Rn. 13; einschränkend Richardi-*Thüsing,* Rn. 10; vgl. auch *LAG Bremen* 26.6.91, NZA 92, 422 = AiB 92, 46 mit Anm. *Richter,* das zutreffend darauf verweist, dass gewerkschaftspolitische Differenzen die Übergehung der Minderheitenregelung nicht rechtfertigen.

34 *Fitting,* a. a. O.; Richardi-*Thüsing,* Rn. 11.

35 *Fitting,* Rn. 14; GK-*Raab,* Rn. 11; HWGNRH-*Glock,* Rn. 9.

36 *Bopp,* S. 13; *Fitting,* a. a. O.; ErfK-*Koch,* Rn. 1; jedenfalls für den ersten Wahlgang GK-*Raab,* Rn. 11.

37 Vgl. etwa *LAG Düsseldorf* 10.8.88 – 15 TaBV 68/88; *Fitting,* Rn. 15; Richardi-*Thüsing,* Rn. 8; *Lichtenstein,* BetrR 87, 7 [9]; GK-*Raab,* Rn. 12, der allerdings zur Wahlwiederholung den Antrag eines BR-Mitglieds genügen lässt; zu weit HWK-*Reichold,* Rn. 5, der von einer herrschenden Meinung spricht; a. A. HWGNRH-*Glock,* a. a. O., die bei Stimmengleichheit sofort das Los entscheiden lassen wollen.

der Pattsituation unmittelbar – ohne weitere Wahlgänge – durch Losentscheid.[38] Über die Wahl ist eine **Niederschrift** (§ 34) aufzunehmen, die vom gewählten Vorsitzenden und zweckmäßigerweise vom Wahlleiter als dem weiteren BR-Mitglied zu unterzeichnen ist.[39] Der Arbeitgeber ist über die gewählten Personen zu informieren.[40]

3. Annahme des Amtes, Amtsniederlegung

12 Eine Verpflichtung des BR-Mitglieds, das Amt des Vorsitzenden oder stellvertretenden Vorsitzenden anzunehmen, besteht nicht.[41] Erklärt sich der Gewählte zur **Annahme des Amtes** nicht bereit, ist eine erneute Wahl vorzunehmen (vgl. ergänzend Rn. 3 ff.). Die Ablehnung durch einen Gewählten hat keinen Einfluss auf den jeweils anderen gewählten Amtsträger. Die Annahme wie auch die Ablehnung erfolgen formlos gegenüber dem Wahlleiter.[42]

13 Der Vorsitzende oder der stellvertretende Vorsitzende können das **Amt** jederzeit **niederlegen.**[43] Die **Niederlegung** erfolgt **durch Erklärung gegenüber** dem **BR.** Scheidet ein Vorsitzender oder sein Stellvertreter aus dem BR aus, beinhaltet dies die Amtsniederlegung. Die Erklärung der Niederlegung muss klar und eindeutig sein. Eine Erklärung gegenüber dem AG ist rechtlich unbeachtlich.[44] Die Amtsniederlegung hat auf die Zugehörigkeit zum BR keinen Einfluss.

4. Dauer der Amtszeit, Abberufung

14 Die Wahl des Vorsitzenden und stellvertretenden Vorsitzenden erfolgt **für die Dauer** bzw., wenn die Wahl später erfolgt, für **den Rest** der **Amtszeit,**[45] es sei denn, der BR hat eine andere Regelung, z. B. in der Geschäftsordnung, beschlossen. Eine entsprechende Regelung, beispielsweise Wahl für ein Jahr, ist jedoch weder zweckmäßig noch erforderlich, da der BR den Vorsitzenden und/oder stellvertretenden Vorsitzenden jederzeit **abwählen** und dabei auch gewerkschaftliche Machtverhältnisse berücksichtigen kann.[46]

15 Die **Abberufung** des Vorsitzenden oder seines Stellvertreters kann mit der gem. § 33 erforderlichen Stimmenmehrheit **jederzeit** und ohne besondere Begründung erfolgen.[47] **Nach** der **Abberufung** hat **unverzüglich** eine **Neuwahl** zu erfolgen. Betroffene sind beim Beschluss über die Abberufung stimmberechtigt.[48] Es gelten die gleichen Grundsätze wie bei der Konstituierung des BR (vgl. Rn. 7 ff.). Scheidet der Vorsitzende aus der Funktion aus, übernimmt der Stellvertreter dessen Position bis zur Neuwahl. Der stellvertretende Vorsitzende rückt nicht automatisch in die Stellung des Vorsitzenden nach.[49] **Scheiden** der **Vorsitzende** und sein **Stellvertreter gleichzeitig aus** ihren Ämtern aus, muss, sofern der BR für diesen Fall, z. B. in der Geschäftsordnung, keine Regelung getroffen hat, ein BR-Mitglied, ggf. das dem Lebensalter nach älteste BR-Mitglied[50] oder das BR-Mitglied mit den meisten Stimmen bei der BR-Wahl bzw. mit dem höchsten Listenplatz der Mehrheitsliste, die Initiative zur Neuwahl übernehmen. Scheidet der Vorsitzende oder der stellvertretende Vorsitzende nicht nur aus dem Amt, sondern auch aus dem BR aus, rückt das zuständige Ersatzmitglied endgültig in den BR, aber nicht in das Amt nach (vgl. hierzu § 25).

---

38 Vgl. *BAG* 26.2.87, AP Nr. 5 zu § 26 BetrVG 1972, 15.1.92, DB 93, 334 [im Fall des Gruppenvorschlags]; 26.2.87, AP Nr. 7 zu § 38 BetrVG 1972 [bei Freistellungen nach § 38]; Fitting, Rn. 15; a. A. *LAG Düsseldorf,* a. a. O., das zunächst eine weitere Abstimmung fordert;
39 GK-*Raab,* Rn. 14; *Fitting,* Rn. 17.
40 Vgl. DKKWF-*Wedde,* § 26 Rn. 2, 11.
41 *BAG* 29.1.65, AP Nr. 8 zu § 27 BetrVG.
42 Richardi-*Thüsing,* Rn. 12; HWGNRH-*Glock,* Rn. 14.
43 *Fitting,* Rn. 19; GK-*Raab,* Rn. 25; HWGNRH-*Glock,* Rn. 25; Richardi-*Thüsing,* Rn. 14; ErfK-*Koch,* Rn. 1.
44 Vgl. auch § 24 Rn. 7; DKKWF-*Wedde,* § 26, Rn. 3, 12.
45 § 21; vgl. *Fitting,* Rn. 18; MünchArbR-*Joost,* § 306 Rn. 14.
46 *BAG* 26.1.62, AP Nr. 8 zu § 626 BGB Druckkündigung; *BAG* 1.6.66, AP Nr. 16 zu § 18 BetrVG.
47 *BAG* 26.1.92, AP Nr. 8 zu § 626 BGB Druckkündigung; Richardi-*Thüsing,* Rn. 28; ErfK-*Koch,* Rn. 1; *Fitting,* Rn. 20; GK-*Raab,* Rn. 26; HWGNRH-*Glock,* Rn. 26.
48 GK-*Raab,* a. a. O.; Richardi-*Thüsing,* Rn. 30.
49 HWGNRH-*Glock,* Rn. 29; vgl. im Übrigen Rn. 32 ff.
50 *GL,* Rn. 40; GK-*Raab,* Rn. 28; vgl. auch Rn. 5 f.; § 29 Rn. 7.

5. Mängel der Wahl

Die **Wahlen** des Vorsitzenden und seines Stellvertreters sind auf ihre Rechtmäßigkeit hin **gerichtlich überprüfbar.** Für ein derartiges »**Amtsenthebungsverfahren**« gilt die Zweiwochenfrist des § 19 Abs. 2 analog.[51] Anfechtungsberechtigt sind auch die im Betrieb vertretene Gewerkschaft[52] und jedes BR-Mitglied,[53] aber nicht der AG, BR und einzelne AN des Betriebs.[54] 16

III. Stellung des Vorsitzenden

Der Vorsitzende vertritt den BR im Rahmen der gefassten Beschlüsse. Er ist deshalb nicht Vertreter des BR im Willen, sondern **nur Vertreter in der Erklärung.**[55] Er ist nicht Bevollmächtigter und nicht allgemeiner gesetzlicher Vertreter. Er hat lediglich die vom BR in Ausübung seiner Pflichten und Befugnisse gefassten **Beschlüsse auszuführen.** Nur insoweit kann er gegenüber dem Arbeitgeber bindende Erklärungen abgeben, die eine rechtliche Wirkung entfalten können.[56] Er kann **nicht anstelle des BR** die diesem im Gesetz zugewiesenen **Befugnisse, Pflichten und Zuständigkeiten ausüben.** Diese sind ausschließlich vom Gremium selbst bzw. unter bestimmten Voraussetzungen von einem BR-Ausschuss (§§ 27 und 28) wahrzunehmen. 17

Neben den vorstehenden Aufgaben, den BR im Rahmen der von ihm gefassten Beschlüsse zu vertreten, sowie der Berechtigung zur Entgegennahme von dem BR gegenüber abzugebenden Erklärungen hat der Vorsitzende bestimmte **gesetzliche Aufgaben** eigenständig wahrzunehmen, wobei diese allerdings der BR durch Einzelbeschlüsse und in der Geschäftsordnung konkretisieren kann, wie z. B.: 18

- Sitz kraft Amtes im Betriebsausschuss (§ 27 Abs. 1);
- Einberufung der BR-Sitzungen, Festlegung der Tagesordnung für die Sitzungen, Ladung der BR-Mitglieder, der Schwerbehindertenvertretung, des betreffenden Mitglieds der JAV bzw. u. U. der gesamten JAV zu den Sitzungen sowie die Leitung der BR-Sitzungen (§ 29 Abs. 2 und 3);
- Unterzeichnung der Sitzungsniederschrift (§ 34 Abs. 1);
- Leitung der Betriebsversammlung (§ 42 Abs. 1);
- Teilnahme an Sitzungen und Sprechstunden der JAV, soweit nicht ein anderes BR-Mitglied hiermit beauftragt ist (§§ 65 Abs. 1 und 69);
- Führung der laufenden Geschäfte in BR mit weniger als neun Mitgliedern gemäß § 27 Abs. 3 (vgl. § 27 Rn. 35 ff.).

Darüber hinaus können in **BR mit weniger als neun Mitgliedern** dem Vorsitzenden die **laufenden Geschäfte** (§ 27 Abs. 3) sowohl durch die Geschäftsordnung des BR als auch durch Beauftragung im Einzelfall übertragen werden.[57] 19

Eine **generelle oder allgemeine Ermächtigung** des Vorsitzenden durch den BR zur selbstständigen Erledigung von betriebsverfassungsrechtlichen Aufgaben ist **unzulässig**, da die Möglichkeit einer solchen Übertragung durch die §§ 27 und 28 abschließend geregelt ist und der Vorsitzende dort nicht genannt wird.[58] Dies gilt für alle mitwirkungs- und mitbestim- 20

---

51 *BAG* 13.11.91, NZA 92, 944 = AiB 92, 652, 15.1.92, DB 93, 334, 12.10.76, AP Nr. 2 zu § 26 BetrVG 1972; *Fitting,* Rn. 55; GK-*Raab,* Rn. 18; HWGNRH-*Glock,* Rn. 28.

52 *BAG* 12.10.76, a. a. O.; a. A. GK-*Raab,* Rn. 19 m. w. N.

53 *BAG* 13.11.91, a. a. O.

54 *Fitting,* Rn. 56 f.; GK-*Raab,* Rn. 19; HWGNRH-*Glock,* Rn. 22 f.; ausführlich *Krampe,* S. 84 ff.; vgl. im Übrigen Rn. 37 ff.

55 Vgl. *BAG* 24.5.06, DB 07, 696; 17.2.81, AP Nr. 11 zu § 112 BetrVG 1972; Richardi-*Thüsing,* Rn. 33 m. w. N.; a. A. GK-*Raab,* Rn. 31; *Linsenmaier,* FS Wißmann, 378 [380 ff.]; zur Vertretung in eigenen Angelegenheiten vgl. *BAG* 19.3.03, DB 03, 1911; zur Stellung allgemein *Keil,* AiB 08, 402.

56 *Fitting,* Rn. 24; GK-*Raab,* a. a. O.; HWK-*Reichold,* Rn. 9 spricht für diese Fälle von schwebend unwirksamen Erklärungen; HWGNRH-*Glock,* Rn. 32; Richardi-*Thüsing,* Rn. 34; *Linsenmaier,* FS Wißmann, 378 [380]; zur gesetzlichen Vertretung *BAG* 30.9.14, NZA 15, 370.

57 *Fitting,* Rn. 21.

58 GK-*Raab,* Rn. 34; *Fitting,* Rn. 23; HWGNRH-*Glock,* Rn. 33; Richardi-*Thüsing,* Rn. 44; allgemein *Linsenmaier,* FS Wißmann, 378 [383, 385 f.].

mungspflichtigen Angelegenheiten, z. B. alle Kündigungsfragen,[59] für andere personelle Einzelmaßnahmen[60] oder für Monatsgespräche nach § 74 Abs. 1.[61] Auch durch ständige **betriebliche Übung** kann die Vertretungsmacht des Vorsitzenden nicht erweitert werden.[62] Nur eine ausdrückliche Genehmigung durch den BR für jeden Einzelfall ist möglich.[63] Die Vertretungsbefugnis des BR-Vorsitzenden besteht grundsätzlich nur im Rahmen der **vom BR gefassten Beschlüsse.**[64] Fehlt der notwendige Beschluss des BR, entfaltet die unterschriebene BV keine Wirkung und ist unwirksam.[65]. Ist ein entsprechender Beschluss gefasst, vertritt der Vorsitzende den BR auch in eigenen Angelegenheiten, wie etwa der Verweigerung der Zustimmung zu einer personellen Einzelmaßnahme, die ihn als Person selbst betrifft.[66] Im **Rahmen** der gefassten BR-Beschlüsse kann der BR-Vorsitzende jedoch berechtigt sein, eine Betriebsvereinbarung als Ergebnis einer Einigungsstelle zu unterzeichnen, ohne dass die Sitzung zwecks Beschlussfassung unterbrochen werden muss.[67] Eine dem Vorsitzenden erteilte Vollmacht zur Beauftragung eines Rechtsanwalts umfasst die Befugnis, eine bereits im Namen des BR vorgenommene Verfahrenseinleitung zu genehmigen.[68] Entsprechende BR-Beschlüsse sind mit Blick auf die grundsätzlich begrenzte Vertretungsbefugnis des BR-Vorsitzenden **eng** auszulegen. Er hat keine gesetzliche Befugnis Erklärungen für andere BR-Mitglieder abzugeben.[69]

21 Die in der Literatur[70] anzutreffende Auffassung, dass den **BR-Vorsitzenden** eine gewisse selbstständige **Entscheidungsbefugnis** dadurch eingeräumt werden kann, dass der BR für bestimmte Angelegenheiten, z. B. sich häufig wiederholende gleichartige Fälle, im Voraus bindende **Richtlinien** oder **Weisungen** beschließt, ist in dieser allgemeinen Form **abzulehnen.** Im Ergebnis würde diese Kompetenzerweiterung zu einer Aushöhlung der vom **Gesetz** ausschließlich dem BR übertragenen Aufgaben führen, so z. B. über Entscheidungen nach § 87 Abs. 1 Nrn. 2 und 3, §§ 99 und 102.[71] Um allerdings dem BR-Vorsitzenden bzw. einer Verhandlungskommission bei Gesprächen und Verhandlungen mit dem AG einen gewissen Bewegungsspielraum einzuräumen, ist es zulässig, dass der BR für konkrete Einzelfälle **Alternativbeschlüsse** oder einen **Grundsatzbeschluss** fasst.[72]

22 **Überschreitet** der Vorsitzende seine **Vertretungsbefugnis,** indem er z. B. ohne Beschlussfassung eine BV unterzeichnet[73] oder eine Erklärung abgibt, ist diese für den BR **nicht bindend.** Entsprechendes gilt, wenn ein Beschluss nicht ordnungsgemäß zustande gekommen ist.[74] Durch nachträgliche Zustimmung kann die Unwirksamkeit von Erklärungen des Vorsitzenden nach § 184 BGB geheilt werden.[75] Für die nachträgliche Genehmigung ist ein wirksamer

---

59 *BAG* 28.2.74, AP Nr. 2 zu § 102 BetrVG 1972; *LAG Köln* 20.12.83, DB 84, 937; HWGNRH-*Glock*, Rn. 35; *SWS*, Rn. 9.

60 *Fitting*, Rn. 24.

61 *ArbG Bielefeld* 11.6.08, 6 BV 37/08, juris; allgemein § 74 Rn. 3.

62 *Fitting*, Rn. 24; bedenklich insoweit *BAG* 28.2.58, AP Nr. 1 zu § 14 AZO mit ablehnender Anm. *Denecke*.

63 Richardi-*Thüsing*, Rn. 44 ff.; *Fitting*, a. a. O.

64 *BAG* 15.12.61, AP Nr. 1 zu § 615 BGB Kurzarbeit; 9.12.14NZA 15, 368; Richardi-*Thüsing*, Rn. 33 ff.; *Fitting*, a. a. O.; GK-*Raab*, Rn. 31.

65 Richardi-*Thüsing*, Rn. 46.

66 *BAG* 19.3.03, DB 02, 1911; *Fitting*, a. a. O.; GK-*Raab*, Rn. 31.

67 *BAG* 24.2.00, DB 2000, 1287; ähnlich *HaKo-BetrVG/Blanke/Wolmerath*, Rn. 11 unter Hinweis auf »Vorratsbeschlüsse«.

68 *LAG Berlin* 8.5.09, BB 09, 1413.

69 So *LAG Schleswig-Holstein* 12.4.05 – 2 TaBv 8/05.

70 Vgl. *Fitting*, Rn. 29; GK-*Raab*, Rn. 35; HWGNRH-*Glock*, Rn. 35; MünchArbR-*Joost*, § 306 Rn. 17; ErfK-*Koch*, Rn. 2; Richardi-*Thüsing*, Rn. 44.

71 Vgl. *Kühner*, S. 29; a. A. *SWS*, Rn. 9; ablehnend zur Kündigung *BAG* 28.2.74, AP Nr. 2 zu § 102 BetrVG 1972.

72 GK-*Raab*, Rn. 36; weitergehend *Linsenmaier*, FS Wißmann, 378 [383 f.].

73 *BAG* 5.3.59, AP Nr. 26 zu § 611 BGB Fürsorgepflicht; 15.12.61, AP Nr. 1 zu § 615 BGB Kurzarbeit; *ArbG Heilbronn* 13.6.89, DB 89, 1897; GK-*Raab*, Rn. 38; HWGNRH-*Glock*, Rn. 38.

74 *Fitting*, Rn. 25.

75 *BAG* 9.12.15, NZA 15, 368, 17.11.10, DB 11, 884; *Fitting*, Rn. 26; GK-*Raab*, Rn. 40; HWGNRH-*Glock*, Rn. 39 f.; ErfK-*Koch*, Rn. 2; a. A. Richardi-*Thüsing*, Rn. 48 für die Fälle einer gesetzlich normierten vorherigen Zustimmung des BR.

Beschluss des BR erforderlich.[76] Für sie gibt es keine zwingend vorgesehene Ausschlussfrist. Die nachträgliche Beschlussfassung soll ausgeschlossen sein, wenn sie erst nach dem für die Beurteilung eines Sachverhalts maßgeblichen Zeitpunkt erfolgt oder für das vom BR vorzunehmende Rechtsgeschäft eine gesetzliche oder rechtsgeschäftliche Frist besteht.[77] So kann beispielsweise das von einem BR-Vorsitzenden erklärte Scheitern einer Verhandlung nachträglich genehmigt werden, nicht aber der Besuch einer Schulungs- und Bildungsveranstaltung nach § 37 Abs. 6.[78] Die notwendige Genehmigung kann nicht durch eine ständige, vom BR gebilligte, **betriebliche Übung** ersetzt werden.[79] Die Genehmigung einer Vertretungshandlung bedarf eines gemäß § 33 wirksamen Beschlusses des BR. Sie kann damit nicht stillschweigend erfolgen.[80] Ausnahmsweise kann eine nachträgliche **Genehmigung durch konkludentes Verhalten** des BR in Betracht kommen.[81] Eine Bindung an eine Erklärung seines Vorsitzenden nach den **Grundsätzen der Rechtsscheinshaftung** kommt in engen Grenzen nur in Frage, wenn der BR in zurechenbarer Weise den Anschein erweckt hat, die Erklärung sei durch einen Beschluss gedeckt, der AG auf diesen Anschein vertraut hat und nach Treu und Glauben darauf vertrauen durfte.[82] Zurechenbar ist der Anschein, wenn der BR als Gremium – nicht nur einzelne BR-Mitglieder[83] – Kenntnis vom eigenmächtigen Verhalten des Vorsitzenden hat und gleichwohl untätig bleibt.[84] Nicht ausreichend ist, dass der BR das Verhalten des Vorsitzenden hätte kennen müssen.[85]

Die Erklärung des BR-Vorsitzenden gegenüber dem AG hat zwar die Vermutung für sich, dass ein ordnungsgemäßer Beschluss des BR gefasst ist. Diese kann aber durch **Gegenbeweis** jederzeit entkräftet werden.[86] Nach der Rspr. soll der AG sich nicht auf seinen **guten Glauben** berufen können, wenn ihm die Tatsachen bekannt sind oder bekannt sein müssen, aus denen sich die Unwirksamkeit des Beschlusses ergibt.[87] Eine Erkundigungspflicht des AG nach der Wirksamkeit des Beschlusses lehnt das *BAG* ab. Der gute Glaube, dass sich der Vorsitzende im Rahmen der Beschlüsse des BR bewegt hat, ist nicht geschützt.[88] In Zweifelsfällen muss sich der AG vergewissern, ob die übermittelte Stellungnahme durch Beschluss des BR gedeckt ist.[89] Dies wird etwa dann der Fall sein, wenn sich aus Äußerungen von BR-Mitgliedern oder aus dem Verhalten des BR-Vorsitzenden – sofortige Entscheidung ohne Beratung mit dem BR – Zweifel daran ergeben, ob ein Beschluss überhaupt oder mit dem angegebenen Inhalt vorliegt.[90] Enthält die Mitteilung des BR-Vorsitzenden an den AG zu einer Beschlussfassung Fehler oder Ungenauigkeiten, sind diese aus Gründen der Rechtssicherheit unbeachtlich.[91] 23

76 *BAG* 10.10.07, a. a. O.
77 *BAG* 10.10.07, a. a. O., das nachträgliche Beschlussfassungen zu Sachverhalten, die Kosten nach § 40 Abs. 1 auslösen, nicht für zulässig hält; ebenso GK-*Raab*, Rn. 40 mit ausführlicher Begründung.
78 Ähnlich *Fitting*, Rn. 27; GK-*Raab*, Rn. 40.
79 *Fitting*, Rn. 28; GK-*Raab*, Rn. 40; HWGNRH-*Glock*, Rn. 39 f.; Richardi-*Thüsing*, Rn. 47.
80 *BAG* 10.10.07, a. a. O.; 17.11.10, a. a. O.; *Fitting*, Rn. 26; GK-*Raab*, Rn. 41; a. A. *BAG* 15.12.61, AP Nr. 1 zu § 615 BGB Kurzarbeit.
81 Ähnlich GK-*Raab*, Rn. 41; vgl. § 33 Rn. 14.
82 Ähnlich *Fitting*, Rn. 32; Richardi-*Thüsing*, Rn. 49 f.
83 So aber *Fitting*, Rn. 33; Richardi-*Thüsing*, Rn. 50; wie hier GK-*Raab*, Rn. 47 ff.; ähnlich ErfK-*Koch*, Rn. 2.
84 Nach *LAG Hamm* 25.11.05 – 10 Sa 922/05 etwa, wenn die Mehrheit der BR-Mitglieder bei einer nicht durch Beschluss gedeckten Unterzeichnung eines Interessenausgleichs durch den Vorsitzenden anwesend ist.
85 *Fitting*, Rn. 33; ähnlich Richardi-*Thüsing*, a. a. O.; a. A. GK-*Raab*, a. a. O.; *Buchner*, DB 1976, 532 [535].
86 *BAG* 17.2.81, AP Nr. 11 zu § 112 BetrVG 1972; *Fitting*, Rn. 30; GK-*Raab*, Rn. 45; *HaKo-BetrVG/Blanke/Wolmerath*, Rn. 12; HWGNRH-*Glock*, Rn. 49; Richardi-*Thüsing*, Rn. 37.
87 *BAG* 23.8.84, AP Nr. 17 zu § 103 BetrVG 1972.
88 Richardi-*Thüsing*, Rn. 46; *Fitting*, Rn. 31; ErfK-*Koch*, Rn. 2; vgl. auch HWGNRH-*Glock*, Rn. 40 ff.
89 Vgl. auch *BAG*, a. a. O., 16.12.60, AP Nr. 3 zu § 133 c GewO; *Fitting*, Rn. 30; GK-*Raab*, Rn. 44, der den AG generell für verpflichtet hält, sich nach dem ordnungsgemäßen Zustandekommen des BR-Beschlusses zu erkundigen; a. A. *BAG* 23.8.84, a. a. O.; Richardi-*Thüsing*, Rn. 37, sieht einen Verstoß gegen den Grundsatz vertrauensvoller Zusammenarbeit, wenn der AG den Nachweis immer fordert; vgl. auch *BAG* 2.4.76, AP Nr. 9 zu § 102 BetrVG 1972.
90 *Fitting*, a. a. O.; a. A. *BAG* 2.4.76, a. a. O.
91 *BAG* 30.9.14, NZA 15, 370

24 Der BR ist nicht verpflichtet, sich ausschließlich durch seinen Vorsitzenden vertreten zu lassen. Er kann alle Pflichten, Befugnisse und Zuständigkeiten selbst in seiner Gesamtheit wahrzunehmen. Darüber hinaus kann er in von ihm zu bestimmenden Einzelfällen mit der Ausführung von Beschlüssen und Befugnissen **andere BR-Mitglieder** betrauen.[92] Die Übertragung der Vertretungsbefugnisse auf andere BR-Mitglieder ist insbes. möglich, wenn der BR dem Betriebsausschuss oder einem anderen **Ausschuss,** z. B. Personalausschuss, bestimmte **Aufgaben zur selbstständigen Erledigung** überträgt.[93] Im begründeten Einzelfall ist es in diesem Rahmen auch zulässig, ein BR-Mitglied mit der Unterschrift einer BV zu betrauen. Es handelt sich insoweit um eine durch Rechtsgeschäft erteilte **Vollmacht.** Generell darf dem Vorsitzenden die ihm kraft Gesetzes zustehende Vertretungsmacht jedoch weder durch die Geschäftsordnung noch durch Einzelbeschluss entzogen werden.[94] Die Übertragung kann vom BR jederzeit widerrufen werden.[95] Sie kann darüber hinaus mit dem Vorbehalt versehen werden, dass keine abschließenden Regelungen mit dem Arbeitgeber getroffen werden können (insbesondere auch bei Arbeitsgruppen gem. § 28 a).

25 Handelt der BR-Vorsitzende ohne Beschluss des BR oder gibt er eine dem Beschluss widersprechende Erklärung ab, kann er **abberufen** werden. Bei grober Pflichtverletzung (§ 23 Abs. 1) kann er aus dem BR ausgeschlossen werden. Eine grobe Pflichtverletzung kann vorliegen, wenn ein BR-Vorsitzender einen Verfahrensbevollmächtigten anweist, in einem Gerichtsverfahren falsch vorzutragen.[96] Liegt ein grober Pflichtverstoß vor, kann ein BR-Vorsitzender ggf. persönlich für den aus der unbefugt abgegebenen Erklärung entstehenden Schaden haften.[97] Eine persönliche Haftung kommt nur bei vorsätzlicher sittenwidriger Schädigung (§ 826 BGB) in Betracht,[98] zumal im Gesetz für die Verletzung von Amtspflichten die Sanktion der Schadensersatzpflicht nicht vorgesehen ist und auch nicht mit dem Benachteiligungsverbot des § 78 Abs. 2 zu vereinbaren wäre. Die schadensunabhängige Garantiehaftung des § 179 BGB ist nicht entsprechend anwendbar.[99]

26 Durch Abs. 3 Satz 2 ist ausdrücklich klargestellt, dass der Vorsitzende befugt ist, **Erklärungen,** die dem BR gegenüber abzugeben sind, **entgegenzunehmen.**[100] Dies bedeutet, dass jede Erklärung, die gegenüber dem Vorsitzenden – im Falle seiner Verhinderung seinem Stellvertreter – mündlich oder schriftlich abgegeben wurde, damit zugleich dem BR zugegangen ist. Es ist gleichgültig, ob es sich um Mitteilungen des AG, Äußerungen (z. B. Beschwerden) von AN oder Erklärungen bzw. Anträge anderer betriebsverfassungsrechtlicher Institutionen – z. B. WA, JAV – bzw. einzelner BR-Mitglieder handelt.[101] Mit dem **Zugang** der Erklärung beim Vorsitzenden beginnen gesetzlich festgelegte **Fristen zu laufen.**[102] Wirksame schriftliche Erklärungen des AG müssen in konventioneller Form den Voraussetzungen des § 126 BGB und in elektronischer Form denen des § 126 a BGB entsprechen. Eine E-Mail ohne entsprechende qualifizierte digitale Signatur erfüllt die Schriftformvoraussetzungen nicht.[103] Wählt der AG andere Wege wie E-Mail oder Telefax, ist der BR-Vorsitzende nicht verpflichtet, sie entgegenzunehmen.[104] Tut er es doch, geht die Erklärung mit Kenntnisnahme zu. Im Streitfall muss der AG in allen Fällen den Nachweis erbringen, dass eine schriftliche Erklärung dem BR zugegangen ist.[105]

---

92 *Fitting,* Rn. 36; GK-*Raab,* Rn. 71 f.; Richardi-*Thüsing,* Rn. 38; ErfK-*Koch,* Rn. 2; enger HWGNRH-*Glock,* Rn. 62; zur Übertragung auf Arbeitsgruppen gem. § 28 a vgl. § 28 a Rn. 21 ff.
93 *Fitting,* Rn. 37; GK-*Raab,* a. a. O.
94 GK-*Raab* Rn. 73.
95 Richardi-*Thüsing,* Rn. 45.
96 Vgl. *ArbG Kempten* 21.8.12, ArbRB 12, 369; hierzu *Fischer,* jurisPR-ArbR 14/2013, Anm. 3.
97 *Fitting,* Rn. 35; GK-*Raab,* Rn. 41; vgl. aber auch *BAG* 24.4.86, AP Nr. 7 zu § 87 Sozialeinrichtung.
98 *Fitting,* § 1 Rn. 214 ff.; HWGNRH-*Glock,* Rn. 45; vgl. auch Einl. Rn. 142 ff.
99 HWGNRH-*Glock,* a. a. O.; a. A. GK-*Raab,* a. a. O.
100 Zur Eingangsbestätigung DKKWF-*Wedde,* § 26 Rn. 7, 15.
101 *Fitting,* Rn. 38; GK-*Raab,* Rn. 54; HWGNRH-*Glock,* Rn. 46.
102 Vgl. z. B. § 99 Abs. 3, § 102 Abs. 2; *Fitting,* a. a. O.; GK-*Raab,* Rn. 55; nach *LAG Köln* 11.1.06, AiB-Newsletter 06, Nr. 4, 2 muss sich ein BR den Kenntnisstand seines Vorsitzenden zurechnen lassen.
103 *HessLAG* 18.9.07, ArbuR 08, 77; vgl. zur Schriftform allgemein Einl. Rn. 184 a ff.
104 A. A. wohl GK-*Raab,* Rn. 54, der entsprechende Übermittlungswege während der Arbeitszeit des BR auf Grund analoger Anwendung des § 130 BGB für rechtswirksam hält.
105 Vgl. *Palandt/Heinrichs,* § 130 Rn. 21; vgl. ausführlich Einl. Rn. 192 i ff.

Wird eine abzugebende **Erklärung nicht dem Vorsitzenden** (im Falle seiner Verhinderung dem stellvertretenden Vorsitzenden), sondern **einem anderen BR-Mitglied** gegenüber abgegeben, wird dieses als Bote tätig.[106] Die Erklärung wird erst wirksam, wenn sie dem Vorsitzenden, ggf. seinem Stellvertreter oder dem BR als Gremium zur Kenntnis gelangt.[107] Dies gilt entsprechend auch bezüglich Arbeitsgruppen gem. § 28 a[108] sowie bei der Zustellung an das falsche Gremium.[109] Sind sowohl der Vorsitzende als auch sein Stellvertreter verhindert, ist ein Vertretungsbeschluss des BR notwendig (vgl. Rn. 34). Auf Grund des eindeutigen Wortlautes des § 26 Abs. 2 Satz 2 ist eine anderweitige Stellvertreterschaft bei der Entgegennahme von Erklärungen wie etwa durch eine angenommene Duldungsvollmacht nicht möglich. Die Annahme einer solchen Duldungsvollmacht würde die gesetzlich eindeutig normierte Sprecherrolle des Vorsitzenden untergraben.[110] 27

Zulässig ist, **dass der BR** in bestimmten Angelegenheiten oder generell durch die Geschäftsordnung **andere Mitglieder als zuständig** für die Entgegennahme von Erklärungen **bestimmt.** 28
Dies kann namentlich bei der Übertragung von Aufgaben zur selbstständigen Erledigung auf **Ausschüsse** gemäß §§ 27, 28 bzw. auf Arbeitsgruppen gem. § 28 a von Bedeutung sein.[111] **Ändert der BR die Befugnis zur Entgegennahme von Erklärungen,** kann sie einem Dritten, z. B. dem AG, erst entgegengehalten werden, wenn sie ihm mitgeteilt oder in anderer angemessener Weise nach außen verlautbart worden ist.[112] Allerdings soll der BR bei nicht nur kurzfristiger Betriebsabwesenheit des BR-Vorsitzenden und seines Stellvertreters nicht berechtigt sein, die Stelle für die Entgegennahme von Erklärungen des AG einseitig zu bestimmen und auf einen in einiger Entfernung vom Betriebssitz liegenden Aufenthaltsort des BR-Vorsitzenden und seines Stellvertreters festzulegen.[113]

Der Vorsitzende des BR (im Falle seiner Verhinderung sein Stellvertreter) ist **nicht verpflichtet,** Erklärungen **außerhalb der Arbeitszeit** und **außerhalb der Betriebsräume** entgegenzunehmen; tut er dies doch, gilt die Erklärung als zugegangen.[114] Entsprechendes gilt für ausdrücklich benannte Mitglieder. Im Rahmen des Anhörungsverfahrens bei einer beabsichtigten Kündigung muss sich der BR nur das Wissen eines nach dieser Vorschrift berechtigten oder hierzu ausdrücklich ermächtigten BR-Mitglieds zurechnen lassen.[115] Werden Erklärungen in einen Briefkasten des BR eingeworfen, muss dieser innerhalb üblicher Zeiten geleert werden.[116] Erfolgt ein Einwurf außerhalb der üblichen und (ggf. durch Hinweis am Briefkasten bekannt gemachten) Leerungszeiten, ist der AG schon mit Blick auf das Gebot der vertrauensvollen Zusammenarbeit nach § 2 Abs. 1 verpflichtet, auf die Tatsache des Einwurfs hinzuweisen. Tut er dies nicht, muss der BR sich den Zugang einer Erklärung erst mit der nächsten üblichen Leerung zurechnen lassen.[117] 29

Der **Vorsitzende des BR** (GBR/KBR) ist für die Entgegennahme von **Zustellungen,** z. B. in arbeitsgerichtlichen Verfahren, zuständig. Bedient sich allerdings der BR stets und ständig der beim AG bestehenden Posteingangsstelle, ist ein dort tätiger AN, der vom BR mit der Annahme seiner Post betraut ist, bei gerichtlichen Zustellungen Bediensteter i. S. v. § 184 Abs. 1 ZPO.[118] 30

---

106 GK-*Raab,* Rn. 56 spricht von »Empfangsbote«.

107 *BAG* 28.2.74, 27.6.85, AP Nrn. 2, 37 zu § 102 BetrVG 1972; *Fitting,* Rn. 38; GK-*Raab,* Rn. 56; HWGNRH-*Glock,* Rn. 49; HWK-*Reichold,* Rn. 11; Richardi-*Thüsing,* Rn. 42; ErfK-*Koch,* Rn. 2; DKKWF-*Wedde,* § 26 Rn. 9, 16.

108 A. A. *Fitting,* Rn. 43.

109 Vgl. *LAG Düsseldorf* 28.4.04, NZA 02, 1116 im Falle der Zustellung an den Vorsitzenden eines BR, obwohl der GBR zuständig war.

110 Ähnlich *Fitting,* Rn. 39, SWG-*Glock,* Rn. 52: Richardi-*Thüsing,* Rn. 40: a. A. *LAG Rostock* 20.5.03 n. rkr., dass für den Fall, dass von einer (widerruflichen) Duldungsvollmacht ausgeht.

111 *BAG* 4.8.75, AP Nr. 4 zu § 102 BetrVG 1972; *Fitting,* Rn. 43; GK-*Raab,* Rn. 58; *HaKo-BetrVG/Blanke/Wolmerath,* Rn. 14; Richardi-*Thüsing,* Rn. 41.

112 GK-*Raab,* Rn. 61.

113 *LAG Frankfurt* 28.11.89, BB 90, 1488, Ls.

114 *BAG* 27.8.82, AP Nr. 25 zu § 102 BetrVG 1972; *Fitting,* Rn. 41; GK-*Raab,* Rn. 55.

115 *BAG* 27.6.85, AP Nr. 37 zu § 102 BetrVG 1972.

116 A. A. *LAG Nds.* 26.11.07 – 6 TaBV 34/07, das den BR-Vorsitzenden für verpflichtet hält, am Ende der üblichen Arbeitszeit noch einmal in den Briefkasten zu sehen.

117 A. A. *LAG Nds.*, a. a. O.

118 *BAG* 20.1.76, AP Nr. 2 zu § 47 BetrVG 1972; *Fitting,* Rn. 42; GK-*Raab,* Rn. 58.

IV. Stellung des stellvertretenden Vorsitzenden/Verhinderung des Vorsitzenden

31 Der stellvertretende Vorsitzende kann und darf die Aufgaben und Befugnisse des Vorsitzenden nur wahrnehmen, **wenn und solange der Vorsitzende selbst verhindert ist.**[119] Ihm stehen insoweit außerhalb des Vertretungsfalls nicht die gleichen Rechte zu wie dem Vorsitzenden.[120] Der AG soll eine Verhinderung vermuten können, wenn auf dessen Einladung hin statt des Vorsitzenden dessen Stellvertreter erscheint.[121] Diese Vermutung kann ein tatsächlich nicht verhinderter Vorsitzender allerdings entkräften. Kündigt ein AG die Übergabe von Dokumenten außerhalb des Betriebs, etwa auf einer Betriebsräteversammlung, ausdrücklich an, soll nach Auffassung des BAG im Fall der Abwesenheit des Vorsitzenden sein dort anwesender Vertreter empfangsberechtigt sein.[122] Das BAG verkennt, dass ein Vorsitzender wegen anderer Aufgaben daran gehindert sein kann, sich an dem Ort außerhalb des Betriebs aufzuhalten, den ein AG für die Übergabe vorgesehen hat.[123] BR können Unklarheiten bezüglich der Vertretungs- und Empfangsbefugnisse eines Stellvertreters dadurch ausräumen, dass sie das Ansinnen eines AG auf Zustellung außerhalb des BR-Büros zurückweisen.[124]
Die Anhörung eines unzuständigen Vertreters wird erst wirksam, wenn dieser davon Kenntnis erlangt hat. Der Vorsitzende kann dem Stellvertreter nicht einzelne Aufgaben oder Geschäfte zur einmaligen oder ständigen Erledigung übertragen; dieses Recht hat allerdings der BR.[125] Der stellvertretende Vorsitzende gehört kraft Amtes dem Betriebsausschuss an (§ 27 Abs. 1).

32 Die **zeitweilige Verhinderung** des Vorsitzenden führt zu einer **Aufspaltung seiner Vertretung:** In seiner Eigenschaft als Vorsitzender des BR tritt sein Stellvertreter an seine Stelle; im Übrigen rückt das nach § 25 Abs. 2 in Betracht kommende Ersatzmitglied in den BR nach, ohne jedoch den Vorsitz zu übernehmen. Scheidet der Vorsitzende aus seinem Amt aus, wird der stellvertretende Vorsitzende nicht automatisch Vorsitzender. Er übernimmt lediglich bis zur Neuwahl des Vorsitzenden vorläufig dessen Aufgaben. Er ist verpflichtet, unverzüglich eine Sitzung des BR einzuberufen, damit ein neuer Vorsitzender gewählt wird. Mit dessen Wahl endet die Vertretung.[126] Für die **Dauer seiner Vertretung** hat der stellvertretende Vorsitzende **kraft Gesetzes die gleichen Befugnisse und Zuständigkeiten** wie ein Vorsitzender.

33 Für die Beurteilung, wann der Vorsitzende verhindert ist, gelten die für die zeitweilige Verhinderung eines BR-Mitglieds nach § 25 Abs. 1 Satz 2 maßgebenden Grundsätze entsprechend.[127] **Verhinderungen** sind **insbesondere Urlaub** und **Krankheit.** Keine Verhinderung liegt vor, wenn ein Vorsitzender mitgeteilt hat, dass er trotz der Urlaubsabwesenheit für die BR-Tätigkeit zur Verfügung steht.[128] Eine **kurzfristige Verhinderung,** z. B. bei einer Abwesenheit von wenigen Stunden, **reicht nicht aus,** es sei denn, es ist **ausnahmsweise** eine **unaufschiebbare Angelegenheit** zu regeln.[129] Eine Verhinderung kann auch gegeben sein, wenn ein AG die fristlose Kündigung eines BR-Vorsitzenden betreibt und wenn er die notwendigen Erklärungen hierzu an den Stellvertreter richtet.[130] Keine Verhinderung liegt vor, wenn der AG die Kündigung eines Vorsitzenden beabsichtigt und hierfür ein Zustimmungsersetzungsverfahren betreibt.[131] Sind Verhinderungen absehbar, sollte rechtzeitig eine Mitteilung an das Gremium und an den Stellvertreter erfolgen.[132] Muss BR-Tätigkeit außerhalb der individuellen

119 Vgl. DKKWF-*Wedde*, § 26 Rn. 5, 13 f.
120 *Fitting*, Rn. 44.
121 Vgl. *Sächs. LAG* 9.2.10 – 1 Sa 586/09.
122 Vgl. *BAG* 7.7.11, NZA 11, 719; ebenso *Fitting*, Rn. 41 a; kritisch GK-*Raab*, Rn. 66.
123 Ebenso kritisch *Wroblewski*, AiB 12, 56; *ders.*, ArbuR 12, 34; GK-*Raab*, Rn. 66.
124 Ähnlich *Mittag*, jurisPR-ArbR 10/2012 Anm. 5.
125 *Fitting*, Rn. 44; GK-*Raab*, Rn. 63; HWGNRH-*Glock*, Rn. 50; Richardi-*Thüsing*, Rn. 56.
126 *Fitting*, Rn. 47 ff.; GK-*Raab*, Rn. 67; HWGNRH-*Glock*, Rn. 55.
127 Vgl. § 25 Rn. 15 ff.
128 *BAG* 27.9.12, NZA 13, 1060; *Fitting*, Rn. 45.
129 Ähnlich GK-*Raab*, a. a. O.
130 *LAG Hamm* 8.6.07 – 10 TaBV 31/07; a. A. *LAG Hamm* 10.3.06, AuR 06, 294, das keine Interessenkollision sieht, wenn ein betroffener Vorsitzender an einem Beschluss zur Freistellung von Anwaltskosten mitwirkt.
131 *LAG Berlin-Brandenburg* 2.9.09, LAGE § 78 BetrVG 2001 Nr. 4.
132 *HaKo-BetrVG/Blanke/Wolmerath*, Rn. 16.

Arbeitszeit des Vorsitzenden erfolgen, liegt keine Verhinderung vor. Dies gilt auch in einem **Saisonbetrieb,** in dem der AG eine Arbeitszeitgestaltung wählt, bei der AN über längere Zeiträume hinweg nicht zur tatsächlichen Arbeitsleistung verpflichtet sind.[133] Eine Verhinderung liegt auch vor, wenn der Vorsitzende selbst durch eine Angelegenheit, etwa eine beabsichtigte personelle Einzelmaßnahme, persönlich betroffen ist.[134] Gleiches gilt, wenn der BR nach § 23 den Ausschluss des Vorsitzenden aus dem BR betreibt.[135] Er soll aber nicht daran gehindert sein, eine schriftliche Mitteilung an den Arbeitgeber über die Verweigerung der Zustimmung des BR zu einer personellen Einzelmaßnahme zu unterschreiben, wenn diese ihn selbst betrifft.[136] Keine persönliche Verhinderung liegt bezogen auf eine Versetzung vor, wenn ein Vorsitzender sich ebenfalls auf die entsprechende Stelle beworben hat.[137]

Ist auch der **stellvertretende Vorsitzende** während der Dauer seiner Stellvertretung zeitweise **verhindert,** muss, wenn dieser Fall nicht bereits durch Beschluss oder Geschäftsordnung geregelt ist, die Vertretung durch den BR beschlossen werden.[138] Da eine ordnungsgemäße Ladung nach § 29 Abs. 2 in diesem Fall nicht ergehen kann, muss der **BR selbst zusammentreten.**[139] Hat der **BR nicht für eine Vertretung** gesorgt, kann der **AG** grundsätzlich **jedem BR-Mitglied gegenüber Erklärungen abgeben** mit der Folge, dass eine etwaige gesetzliche Frist zu laufen beginnt.[140] Dies gilt nicht, wenn der BR unmittelbar nach Bekanntwerden der Verhinderung den Selbstzusammentritt plant. In diesen Fällen ist dem AG ein Abwarten zumutbar. Gibt dieser Erklärungen gegenüber einem BR-Mitglied ab, obwohl der BR-Vorsitzende bzw. sein Stellvertreter nicht verhindert sind, ist dessen Kenntnis dem Wissen des BR erst zuzurechnen, wenn das Mitglied diese dem Vorsitzenden, ggf. seinem Stellvertreter oder dem BR-Gremium, mitgeteilt hat.[141] Ist ein BR nach Rücktritt des Vorsitzenden und des Stellvertreters nicht mehr beschlussfähig und lässt sich diese Situation wegen des Fehlens von Ersatzmitgliedern nicht beheben, können die verbliebenen BR-Mitglieder einen WV einsetzen.[142] **34**

V. Streitigkeiten

Streitigkeiten über **Wahl, Abberufung und Zuständigkeit** des Vorsitzenden oder seines Stellvertreters entscheidet das ArbG im Beschlussverfahren (§§ 2 a, 80 ff. ArbGG). Die Wahlen des Vorsitzenden und seines Stellvertreters sind auf ihre Rechtmäßigkeit hin gerichtlich überprüfbar.[143] Die Wahl des Vorsitzenden oder seines Stellvertreters kann **nichtig** oder **unwirksam** sein. **35**

Nichtigkeit der Wahl ist nur gegeben, wenn so krasse Verstöße vorliegen, die jeden Anschein einer echten Wahl vermissen lassen. Dies kann z. B. gegeben sein, wenn eine ordnungsgemäße Ladung fehlte oder nicht mindestens die Hälfte der BR-Mitglieder an der Wahl teilgenommen hat.[144] Die Nichtigkeit der Wahl kann jederzeit und von jedermann geltend gemacht werden. Für die **Anfechtung der Wahl** gilt die Zweiwochenfrist nach § 19 Abs. 2 analog.[145] **36**

Antragsberechtigt sind jedes BR-Mitglied und die im Betrieb vertretene Gewerkschaft.[146] Das **37**

---

133 *LAG Hamm,* 19.7.00 – 3 Sa 2201/99, nicht veröffentlicht.
134 *Fitting,* Rn. 45 a; GK-*Raab,* a. a. O.; *HaKo-BetrVG/Blanke/Wolmerath,* Rn. 16; HWGNRH-*Glock,* Rn. 53 f.
135 *Fitting,* Rn. 46.
136 *BAG* 19.3.03, DB 02, 1911; *Fitting,* a. a. O.; GK-*Raab,* Rn. 31.
137 *BAG* 24.4.13, NZA 13, 523; *Fitting,* Rn. 45 a.
138 Richardi-*Thüsing,* Rn. 55; *Fitting,* Rn. 50; HWGNRH-*Glock,* Rn. 60; GK-*Raab,* Rn. 69; ErfK-*Koch,* Rn. 3; zur Möglichkeit der Verankerung in der Geschäftsordnung *HessLAG* 18.9.07, AuR 08, 77.
139 *HessLAG* 29.3.07 – 9 TaBVGa 68/07 für den Fall der Verhinderung von Vorsitzenden und Stellvertreter aufgrund eines vom AG ausgesprochenen Hausverbots; vgl. im Übrigen § 29 Rn. 7, 15.
140 *LAG Frankfurt* 23.3.76, BB 77, 1048, Ls.; *Fitting,* Rn. 40; GK-*Raab,* a. a. O.; Richardi-*Thüsing,* Rn. 41; a. A. HWGNRH-*Glock,* Rn. 57 m. w. N.
141 *LAG München* 11.5.88, BB 88, 2175, Ls.
142 Vgl. *LAG Schleswig-Holstein* 12.4.05 – 2 TaBV 8/05 n. rkr.
143 Vgl. *BAG* 12.10.76, AP Nr. 2 zu § 26 BetrVG 1972; 8.4.92, NZA 93, 270.
144 Vgl. GK-*Raab,* Rn. 15, der allerdings in der fehlenden Ladung keinen Anfechtungsgrund mehr sieht; ähnlich *Fitting,* Rn. 60; grundsätzlich a. A. HWGNRH-*Glock,* Rn. 16; vgl. hierzu auch § 29 Rn. 17 ff.
145 GK-*Raab,* Rn. 16 ff.; *Krampe,* S. 158 ff.; Richardi-*Thüsing,* Rn. 18; vgl. im Übrigen Rn. 16.
146 *BAG* 12.10.76, AP Nr. 2 zu § 26 BetrVG 1972; vgl. auch 1.6.76, AP Nr. 1 zu § 28 BetrVG 1972; *Fitting,* Rn. 56 f.; GK-*Raab,* Rn. 19; *Sibben,* NZA 95, 819; a. A. Richardi-*Thüsing,* Rn. 22; vgl. auch Rn. 16.

Antragsrecht der Gewerkschaft ergibt sich daraus, dass es sich bei der Wahl des Vorsitzenden und seines Stellvertreters um **konstitutive Akte des BR** handelt, die insbes. im Hinblick auf die Vertretungsbefugnis des Vorsitzenden von wesentlicher Bedeutung für die gesetzlich vorgesehene Zusammenarbeit sind. Die Gewerkschaft wird deshalb in ihrer betriebsverfassungsrechtlichen Stellung unmittelbar berührt.[147] **Nicht antragsberechtigt** sind der AG und einzelne AN des Betriebs, weil ihnen keine Kontrollfunktion über die interne Geschäftsführung des BR zukommt.[148]

§ 27 Betriebsausschuss

(1) Hat ein Betriebsrat neun oder mehr Mitglieder, so bildet er einen Betriebsausschuss. Der Betriebsausschuss besteht aus dem Vorsitzenden des Betriebsrats, dessen Stellvertreter und bei Betriebsräten mit
9 bis 15 Mitgliedern aus 3 weiteren Ausschussmitgliedern,
17 bis 23 Mitgliedern aus 5 weiteren Ausschussmitgliedern,
25 bis 35 Mitgliedern aus 7 weiteren Ausschussmitgliedern,
37 oder mehr Mitgliedern aus 9 weiteren Ausschussmitgliedern.
Die weiteren Ausschussmitglieder werden vom Betriebsrat aus seiner Mitte in geheimer Wahl und nach den Grundsätzen der Verhältniswahl gewählt. Wird nur ein Wahlvorschlag gemacht, so erfolgt die Wahl nach den Grundsätzen der Mehrheitswahl. Sind die weiteren Ausschussmitglieder nach den Grundsätzen der Verhältniswahl gewählt, so erfolgt die Abberufung durch Beschluss des Betriebsrats, der in geheimer Abstimmung gefasst wird und einer Mehrheit von drei Vierteln der Stimmen der Mitglieder des Betriebsrats bedarf.
(2) Der Betriebsausschuss führt die laufenden Geschäfte des Betriebsrats. Der Betriebsrat kann dem Betriebsausschuss mit der Mehrheit der Stimmen seiner Mitglieder Aufgaben zur selbstständigen Erledigung übertragen; dies gilt nicht für den Abschluss von Betriebsvereinbarungen. Die Übertragung bedarf der Schriftform. Die Sätze 2 und 3 gelten entsprechend für den Widerruf der Übertragung von Aufgaben.
(3) Betriebsräte mit weniger als neun Mitgliedern können die laufenden Geschäfte auf den Vorsitzenden des Betriebsrats oder andere Betriebsratsmitglieder übertragen.

Inhaltsübersicht Rn.

I. Vorbemerkungen

1 Die Vorschrift regelt die Bildung von Ausschüssen in größeren Betrieben (**Abs. 1**) und gestaltet die Möglichkeiten der Aufgabenerledigung durch Ausschüsse normativ aus (**Abs. 2**). Für kleinere BR sieht sie die Möglichkeit der Aufgabenübertragung auf den BR-Vorsitzenden oder andere BR-Mitglieder vor (**Abs. 3**). Eine Berücksichtigung der **Geschlechterquote** ist nicht vorgesehen.

147 *BAG* 12.10.76, a. a. O.; *Fitting*, Rn. 57; a. A. GK-*Raab*, a. a. O.; *Krampe*, S. 177.
148 Richardi-*Thüsing*, Rn. 23; *Fitting*, Rn. 58; GK-*Raab*, a. a. O.; HWGNRH-*Glock*, Rn. 22.

2 Die Vorschrift soll dazu beitragen, insbesondere in größeren BR die **Geschäftsführung** zu erleichtern, das BR-Gremium zu entlasten und eine praktikable Arbeit zu ermöglichen. Sie gilt entsprechend für den **GBR** (§ 51 Abs. 1 und 2) und den **KBR** (§ 59 Abs. 1). Sie findet keine Anwendung für die **JAV** (§ 65 Abs. 1), die **GJAV** (§ 73 Abs. 2), **KJAV** (§ 73 b Abs. 2), die **Bordvertretung** und den **See-BR** (§ 115 Abs. 4, § 116 Abs. 3). Die Vorschrift kommt auch für eine **anderweitige Vertretung der AN** nach § 3 Abs. 1 Nr. 2 zur Anwendung, sofern der TV keine andere Regelung vorsieht. Auf eine **zusätzliche Vertretung der AN** nach § 3 Abs. 1 Nr. 1 ist sie nicht anzuwenden.[1]

II. Errichtung des Betriebsausschusses; Grundsätze

3 Die Errichtung des Betriebsausschusses ist **zwingend** vorgeschrieben, sofern der BR **neun oder mehr Mitglieder** hat. Wird kein Betriebsausschuss gebildet, handelt der BR **pflichtwidrig** und kann ggf. gemäß § 23 Abs. 1 aufgelöst werden.[2] Der AG kann die **Zusammenarbeit mit dem BR,** der keinen Betriebsausschuss gewählt hat, allerdings nicht ablehnen.[3] Gegen die Amtspflichtverletzung kann **keine Sanktion** verhängt werden, wie z. B. Nichtzahlung des Arbeitsentgelts für versäumte Arbeitszeit, wenn der BR laufende Geschäfte im Plenum erledigt, weil er keinen Betriebsausschuss gebildet hat.[4]

4 Gem. Abs. 1 gehören dem Betriebsausschuss **kraft Amtes** der Vorsitzende und der stellvertretende Vorsitzende sowie, je nach Größe des BR, bis zu neun weitere Mitglieder an.[5] Dem Betriebsausschuss gehören demnach mindestens fünf, höchstens elf Mitglieder an. Hat der BR keine neun Mitglieder, kann kein Betriebsausschuss gebildet werden, auch wenn der Betrieb mehr als 200 AN beschäftigt.

5 Maßgebend für die **Größe des BR** und damit für die zwingend vorgegebene Stärke des Betriebsausschusses ist allein die **Zahl der tatsächlich gewählten Mitglieder.**[6] Sinkt diese im Laufe der Amtszeit, hat dies auf die Größe des Betriebsausschusses keine Auswirkungen, solange der BR im Amt ist.[7]

1. Durchführung der Wahl

6 Die **Wahl** erfolgt durch den BR in einer Sitzung und wird vom BR-Vorsitzenden geleitet. Einen Zeitpunkt für die Wahl hat der Gesetzgeber nicht ausdrücklich vorgeschrieben. Sie ist in der konstituierenden Sitzung oder spätestens in der ersten Sitzung nach der Konstituierung durchzuführen.[8] Soweit BR-Mitglieder nicht bereits kraft Amtes dem Betriebsausschuss angehören (vgl. Rn. 4), werden die **weiteren Mitglieder,** ggf. unter Berücksichtigung des Verhältniswahlrechts (vgl. Rn. 19 ff.), durch den BR gewählt. **Wählbar** und **wahlberechtigt** sind **nur BR-Mitglieder. Ersatzmitglieder** sind nur wählbar, wenn sie anstelle eines ausgeschiedenen BR-Mitglieds – ggf. zeitweilig (längerfristig) – nachgerückt sind.[9] Die Besetzung des Betriebsausschusses sollte dem AG mitgeteilt werden.[10]

7 Bei der Wahl der weiteren Mitglieder des Betriebsausschusses sind die **Grundsätze der Verhältniswahl** (vgl. Rn. 19 ff.) zu beachten. Diese bereits 1989 in das Gesetz aufgenommene Vorgabe erschwert insbes. die Durchführung der Wahlen für die BR-Ausschüsse (§§ 27, 28) erheblich.[11] Der BR muss die weiteren Mitglieder des Betriebsausschusses zwingend in **gehei-**

1 Vgl. *Fitting*, Rn. 5; GK-*Raab*, Rn. 6.
2 Vgl. § 23 Rn. 52.
3 GK-*Raab*, Rn. 12; *Fitting*, a. a. O.; HWGNRH-*Glock*, Rn. 11; Richardi-*Thüsing*, Rn. 5.
4 So auch *Fitting*, a. a. O.; HWGNRH-*Glock*, Rn. 10; GK-*Raab*, Rn. 12; Richardi-*Thüsing*, a. a. O.
5 Vgl. allgemein *Ratayczak* AiB 06, 270 ff.
6 *GL*, Rn. 12; Richardi-*Thüsing*, Rn. 6.
7 So für den WA *HessLAG* 17.8.93, DB 94, 1248; vgl. auch *Fitting*, Rn. 10; GK-*Raab*, Rn. 10; HWGNRH-*Glock*, Rn. 12.
8 Ähnlich *Fitting* Rn. 8; Richardi-*Thüsing*, Rn. 9 f.; ErfK-*Koch*, Rn. 2; hinsichtlich Bedenken im Hinblick auf ordnungsgemäße Ladung und Mitteilung der Tagesordnung vgl. § 29 Rn. 2.
9 *Fitting*, Rn. 13; GK-*Raab*, Rn. 43; vgl. im Übrigen Rn. 11 und § 25 Rn. 3 ff.
10 Musterschreiben in DKKWF-*Wedde*, § 27 Rn. 3.
11 Vgl. ausführlich GK-*Raab*, Rn. 16; HWGNRH-*Glock*, Rn. 16; vgl. zu Freistellungen entsprechend § 38.

mer Wahl wählen. Ein Verstoß gegen diese Formvorschrift macht die Wahl anfechtbar (vgl. Rn. 53). Gewählt werden können nur BR-Mitglieder, die damit einverstanden sind, dass sie zur Wahl vorgeschlagen werden.[12]

2. Unterschiedliche Wahlverfahren

8 Durch die **Beibehaltung des Verhältniswahlrechts** in Abs. 1 Satz 2 bleibt die Durchführung einer Mehrheitswahl in größeren BR die Ausnahme. **Mehrheitswahl** erfolgt nur, wenn sich bei gemeinsamer Wahl der weiteren Ausschussmitglieder alle BR-Mitglieder auf einen Wahlvorschlag einigen (Abs. 1 Satz 4).

9 Bei **Mehrheitswahl** (zur Verhältniswahl vgl. Rn. 16, 19 ff.) erfolgt die Wahl der übrigen Ausschussmitglieder in einem Wahlgang mit der Maßgabe, dass die Mitglieder gewählt sind, die die meisten Stimmen auf sich vereinigen konnten.[13] Dabei hat jedes BR-Mitglied so viele Stimmen, wie insgesamt weitere Betriebsausschussmitglieder zu wählen sind. Werden auf dem Stimmzettel mehr Bewerber ausgewählt, ist dieser wie bei der BR-Wahl ungültig; weniger Stimmen kann der Wähler jedoch abgeben.[14] Bei Mehrheitswahl dürfte es auch zulässig sein, dass die Wahl der weiteren Ausschussmitglieder jeweils in gesonderten Wahlgängen erfolgt,[15] sofern der BR dies beschließt. Haben für den zuletzt zu vergebenden Sitz im Betriebsausschuss oder bei den einzelnen Wahlgängen mehrere Bewerber die gleiche Stimmenzahl erhalten, entscheidet das Los,[16] es sei denn, der BR hat vorher festgelegt, dass vor dem Losentscheid eine Stichwahl oder ein erneuter Wahlgang zu erfolgen hat, was zu empfehlen ist.[17] Findet die Wahl in getrennten Wahlgängen statt, sind so viele Abstimmungen durchzuführen, wie Ausschussmitglieder zu wählen sind. Derjenige, der in dem einzelnen Wahlgang die meisten Stimmen erhält, ist gewählt. Ein durch Losentscheid unterlegener Bewerber kann beim nächsten Wahlgang erneut kandidieren. Die Wahlergebnisse sind gemäß § 34 Abs. 1 in einer **Niederschrift** aufzunehmen.

3. Stimmzettel

10 Die Wahl muss in einem förmlichen Verfahren unter Nutzung von **Stimmzetteln** erfolgen. Dass diese vorgedruckt sind, ist nicht erforderlich. Es reicht handschriftliche Ausfüllung durch die Wählenden.[18] Weiterhin muss die Möglichkeit bestehen, die Stimmzettel unbeobachtet kennzeichnen zu können. Eine Wahlkabine ist nicht erforderlich.[19] An der Wahl müssen sich mindestens die Hälfte der BR-Mitglieder beteiligen (§ 33 Abs. 2). Im Übrigen sollte der BR weitere Regularien für die Wahl und für die Vertretung von BR-Mitgliedern im Betriebsausschuss durch Ersatzmitglieder (vgl. Rn. 11, 24) in der Geschäftsordnung (vgl. § 36 Rn. 5) bzw. durch besonderen Beschluss festlegen.

4. Ersatzmitglieder, Ergänzung der Mitglieder

11 Für die Wahl von **Ersatzmitgliedern** für verhinderte oder ausgeschiedene Mitglieder sieht das Gesetz keine ausdrückliche Regelung vor. Die Wahl von **Ersatzmitgliedern für den Betriebsausschuss** (entsprechend auch für den Vorsitzenden und seinen Stellvertreter) ist zulässig und zweckmäßig.[20] Mit Blick auf ausgeschiedene Ausschussmitglieder besteht die Verpflichtung,

---

12 *Fitting,* Rn. 20.
13 *Blanke/Trümner,* a. a. O.; *Bopp,* S. 42 ff.; *Fitting,* Rn. 25; GK-*Raab,* Rn. 20; *SWS,* Rn. 3.
14 *Bopp,* a. a. O.; *Fitting,* Rn. 37.
15 So auch Richardi-*Thüsing,* Rn. 14; *Fitting,* Rn. 25 f.; GK-*Raab,* Rn. 19; *GL,* Rn. 8; unklar HWGNRH-*Glock,* Rn. 26.
16 Vgl. auch *BAG* 26.2.87, AP Nr. 5 zu § 26 BetrVG; *Fitting,* Rn. 26.
17 Vgl. auch § 26 Rn. 11; ferner *Blanke/Trümner,* BetrR 90, 25 [28].
18 *Fitting,* Rn. 15.
19 Vgl. *LAG Nds.* 24.4.09, NZA-RR 09, 532, *Blanke/Trümner,* BetrR 90, 25 [27]; *Bopp,* S. 29; GK-*Raab,* Rn. 22.
20 *Bopp,* S. 50 ff.; ErfK-*Koch,* Rn. 2; *Fitting,* Rn. 28.

eine volle Besetzung des Betriebsausschusses insbes. in den Fällen zu gewährleisten, in denen ihm Aufgaben zur selbstständigen Erledigung (hierzu Rn. 40 ff.) übertragen wurden.[21] Zu Ersatzmitgliedern des Betriebsausschusses können im Regelfall nur BR-Mitglieder gewählt werden. Sie können vorsorglich für den Fall vorgeschlagen und gewählt werden, wenn ihr Nachrücken absehbar ist.[22] Die Wahl erfolgt durch den BR unter Berücksichtigung des Verhältniswahlrechts.[23] Gibt es keine Ersatzmitglieder und kann der Ausschuss deshalb nicht mehr gesetzeskonform besetzt werden, ist bei vorheriger Verhältniswahl die Neuwahl des gesamten Gremiums, bei Mehrheitswahl die Nachwahl für ausgeschiedene Mitglieder notwendig.[24]

Der Betriebsausschuss kann sich **nicht selbst ergänzen.**[25] Keineswegs rückt das nach § 25 für das verhinderte BR-Mitglied in Betracht kommende Ersatzmitglied automatisch in den Betriebsausschuss nach. Ist ein Mitglied des Betriebsausschusses verhindert, hat es **zwei Vertreter,** einmal für den BR, zum anderen für den Betriebsausschuss.[26] Der BR kann allerdings bei Bildung des Betriebsausschusses oder später beschließen, dass beim Ausscheiden eines BR- und Ausschussmitgliedes das nach § 25 Abs. 1 Satz 1 nachrückende Ersatzmitglied Ausschussmitglied wird. **12**

5. Dauer der Amtszeit und Abberufung

Die Wahl des Betriebsausschusses erfolgt, sofern der BR nichts anderes beschlossen hat, grundsätzlich für die gesamte **Amtszeit.**[27] Die Mitgliedschaft im Betriebsausschuss endet daher mit der Amtszeit des BR (§ 21), seiner Auflösung (§ 23 Abs. 1) oder nach einer erfolgreichen Wahlanfechtung (§ 19). Die Mitgliedschaft einzelner BR-Mitglieder im Betriebsausschuss endet mit der Mitgliedschaft im BR (§ 24), da diesem nur BR-Mitglieder angehören dürfen.[28] **13**

Eine **Abberufung** aller oder einzelner Mitglieder des Betriebsausschusses durch den BR ist jederzeit möglich.[29] Die Abberufung bedarf keiner Begründung.[30] Der Betriebsausschuss selbst kann keine Mitglieder abberufen.[31] Der Beschluss über die Abberufung erfolgt in einer Sitzung des BR, zu der ordnungsgemäß unter Mitteilung der Tagesordnung einzuladen ist,[32] in **geheimer Abstimmung** (Abs. 1 Satz 5). Für die Abstimmung muss Beschlussfähigkeit (§ 33 Abs. 2) gegeben sein, d. h., mindestens die Hälfte der Betriebsratsmitglieder muss an der Abstimmung teilnehmen. **14**

Das oder die **betroffenen Ausschussmitglieder** sind bei der Abstimmung über die Abberufung **stimmberechtigt,** weil es sich um einen Akt der Geschäftsführung des BR handelt.[33] Der Vorsitzende des BR und sein Stellvertreter können jedoch nicht aus dem Betriebsausschuss abberufen werden, da sie diesem kraft Amtes angehören, es sei denn, sie würden zugleich als Vorsitzender oder stellvertretender Vorsitzender abberufen. **15**

Sind die Mitglieder des Betriebsausschusses in **Verhältniswahl** gewählt worden, bedarf die Abwahl einer **qualifizierten Mehrheit** von drei Vierteln der Stimmen aller Mitglieder des BR, also nicht nur der anwesenden Mitglieder.[34] Dieses hohe Quorum wird mit der Sicherung der Minderheitenregelung begründet, die unterlaufen werden könnte, wenn eine Abwahl mit einfacher Stimmenmehrheit möglich wäre.[35] Erfolgt eine Neuwahl mit der notwendigen qua- **16**

---

21 Vgl. *Fitting,* a. a. O.; GK-*Raab,* Rn. 40.
22 *Fitting,* Rn. 22; vgl. auch HWGNRH-*Glock,* Rn. 13.
23 Ähnlich *LAG Nds.* 5.9.07 – 15 TaBV 3/07, juris; *ArbG Berlin* 19.6.03, NZA-RR 04, 87.
24 Richardi-*Thüsing,* Rn. 16; vgl. auch *BAG* 16.3.05, NZA 05, 1072.
25 GK-*Raab,* a. a. O.; zu den Regularien für die Bestellung der Ersatzmitglieder vgl. Rn. 24.
26 *Kühner,* S. 21.
27 Vgl. auch § 26 Rn. 14; zur Mitteilung der Wahl an den AG vgl. DKKWF-*Wedde,* § 27 Rn. 4, 22.
28 GK-*Raab,* Rn. 28.
29 *BAG* 16.3.05, NZA 05, 1072.
30 Fitting, Rn. 74; GK-*Raab,* Rn. 36
31 *Fitting,* Rn. 45, GK-*Raab,* Rn. 31.
32 Vgl. GK-*Raab,* Rn. 32; im Übrigen § 29 Rn. 17 ff. sowie DKKWF-*Wedde,* § 27 Rn. 6 und 23.
33 Richardi-*Thüsing,* Rn. 28; *Fitting,* Rn. 45; GK-*Raab,* a. a. O.; vgl. auch § 25 Rn. 25; a. A. *GL,* Rn. 26.
34 *Fitting,* Rn. 46; GK-*Raab,* Rn. 33; *Ratayczak,* AiB 2010, 296 ff.
35 Vgl. *BAG* 29.4.92, AP Nr. 15 zu § 38 BetrVG 1972; a. A. *LAG Niedersachsen* 12.12.05 – 5 TaBv 16/05,

lifizierten Mehrheit ohne vorherige Abwahl, stellt sie im Ergebnis eine wirksame Abwahl dar.[36] Außerdem schreibt das Gesetz **zwingend geheime Abstimmung** vor (vgl. Abs. 1 Satz 5). Für die **Berechnungen** der qualifizierten Mehrheit ist von der gesetzlich vorgeschriebenen Zahl der BR-Mitglieder bzw. von der tatsächlichen Größe des BR, ggf. unter Berücksichtigung des sich aus § 11 ergebenden Absinkens unter die vorgeschriebene Zahl, auszugehen.[37] BR-Mandate, die durch Ausscheiden von BR-Mitgliedern einer Minderheitsliste der Mehrheitsliste nach § 25 Abs. 2 Satz 2 zugefallen sind, sind bei der Berechnung der qualifizierten Mehrheit nicht in Abzug zu bringen.[38] Hinsichtlich erforderlich werdender Nachwahlen vgl. Rn. 24.

Beispiel:
Der BR besteht aus 15 Mitgliedern. 13 Mitglieder sind anwesend, davon haben 11 für und zwei gegen die Abberufung gestimmt. Der Antrag auf Abberufung ist abgelehnt, da das Quorum von drei Viertel der Stimmen der BR-Mitglieder nicht erreicht wurde. Es hätten 12 BR-Mitglieder für den Antrag stimmen müssen.

Sind die Mitglieder des Betriebsausschusses wirksam gewählt, ist eine **Neuwahl** nur nach Abberufung der amtierenden Ausschussmitglieder möglich. Hat die Abberufung nicht stattgefunden, ist die Neuwahl nichtig.[39] Etwas anderes soll nur gelten, wenn eine Neuwahl des gesamten Betriebsausschusses nach den Grundsätzen der Verhältniswahl erfolgt ist, da dann der Minderheitenschutz wieder zum Tragen kommt.[40]

6. Ausschluss und Amtsniederlegung

17 Mitglieder des Betriebsausschusses können bei **groben Pflichtverletzungen** nach § 23 Abs. 1 aus dem BR ausgeschlossen werden, wodurch sie zugleich aus dem Betriebsausschuss ausscheiden. Dagegen ist der Ausschluss nur aus dem Betriebsausschuss in entsprechender Anwendung des § 23 Abs. 1 nicht möglich.[41]

18 Die zu weiteren Mitgliedern oder Ersatzmitgliedern des Betriebsausschusses gewählten BR-Mitglieder sind zur **Übernahme dieses Amts nicht verpflichtet**.[42] Sie können ihr **Amt jederzeit niederlegen**.[43] Damit verlieren sie nicht zugleich ihr BR-Amt. Treten sie als BR-Mitglieder zurück, endet damit gleichzeitig ihre Mitgliedschaft im Betriebsausschuss. Da der BR-Vorsitzende und sein Stellvertreter dem Betriebsausschuss kraft Gesetzes angehören, können sie aus dem Betriebsausschuss nur unter gleichzeitiger Niederlegung des Amts des Vorsitzenden oder des stellvertretenden Vorsitzenden ausscheiden.

III. Wahl der weiteren Mitglieder bei mehreren Wahlvorschlägen (Verhältniswahl)

19 Durch die Festlegung des **Verhältniswahlrechts** in Abs. 1 Satz 2 für die Wahl der weiteren Ausschussmitglieder ist der BR in seiner Gesamtheit nicht mehr in der Lage, die Aufgabenerfüllung des Betriebsausschusses in optimaler Weise sicher zu stellen. Eine insbes. an **Qualifi-**

---

das bei Abberufung »en bloc« und bei anschließender Neuwahl nach Änderung der Mehrheitsverhältnisse durch Listenwechsel eine qualifizierte Mehrheit nicht für erforderlich hält.

36 Vgl. *BAG* 20.4.05, NZA 05, 1013; ebenso *Fitting* 51.

37 Vgl. *Fitting*, Rn. 47; GK-*Raab*, Rn. 34.

38 *HessLAG* 4.3.93, AiB 93, 655 [656].

39 *BAG* 13.11.91, AP Nr. 3 zu § 27 BetrVG 1972; GK-*Raab*, Rn. 37; *Fitting*, Rn. 51.

40 *BAG* 29.4.92, AP Nr. 15 zu § 38 BetrVG 1972; a. A. *Fitting*, a. a. O., die zwar in diesem Ergebnis einen Widerspruch gegen die gesetzliche Regelung des Abs. 1 Satz 5 sehen, es im Übrigen aber für eine Frage der Auslegung halten, ob in einem Beschluss zur Feststellung der Nichtigkeit einer vorausgegangenen Wahl und der anschließenden Neuwahl nicht eine wirksame Abberufung der früher gewählten Mitglieder gesehen werden kann.

41 *Fitting*, Rn. 53; GK-*Raab*, Rn. 39.

42 *Fitting*, Rn. 44; HWGNRH-*Glock*, Rn. 27; vgl. auch *BAG* 11.3.92, NZA 92, 946 = AiB 92, 732; vgl. ferner GK-*Raab*, Rn. 30, die jedoch darauf verweisen, dass die willkürliche Ablehnung oder Niederlegung des Amts u. U. eine grobe Pflichtverletzung i. S. d. § 23 Abs. 1 sein kann.

43 *BAG* 16.3.05, NZA 05, 1072.

kation und Durchsetzungsvermögen orientierte personelle Zusammensetzung kann er nicht garantieren. Gerade weil dem Betriebsausschuss und den sonstigen Ausschüssen nach § 28 Aufgaben zur selbstständigen Erledigung übertragen werden können (vgl. Rn. 35 ff.), hat die optimale Besetzung der Ausschüsse besondere Bedeutung. Durch die Verhältniswahl als gesetzliche Regelwahl wird die Konstituierung des BR erschwert. Dies gilt auch für die Wahl der freizustellenden BR-Mitglieder in Großbetrieben (vgl. § 38 Rn. 40 ff.).

Die weiteren Ausschussmitglieder sind nach mittels der **Verhältniswahl** zu wählen, **wenn mehrere Wahlvorschläge** gemacht werden.[44] Hierbei sind der **Vorsitzende des BR** und sein **Stellvertreter** bei der Verteilung der Mandate auf die einzelnen Wahlvorschläge nach dem klaren Wortlaut des Gesetzes als »geborene« Mitglieder nicht zu berücksichtigen.[45] Liegen mehrere Wahlvorschläge vor, findet Verhältniswahl in einem einheitlichen Wahlgang statt (vgl. auch Rn. 23). Mehrheitswahl findet nur Anwendung, wenn nur ein Wahlvorschlag vorliegt (vgl. zur Beschlussfähigkeit § 33 Rn. 4 ff.). 20

Bei der Wahl der Ausschussmitglieder sind die Wahlvorschläge nicht auf die Listen beschränkt, die bei der BR-Wahl eingereicht wurden und auf die BR-Mandate entfallen sind. Für die Wahl der Ausschussmitglieder können sich **andere Koalitionen** und »Listenverbindungen« bilden, wodurch Minderheiten ihre Wahlchancen erhöhen.[46] Dies gilt auch, wenn der BR in gemeinsamer Wahl und Mehrheitswahl gewählt wurde. Die Berechnung der auf die einzelnen Wahlvorschläge entfallenden Mandate erfolgt, wenn der BR nicht die Nutzung anderer Auszählformeln beschlossen hat, nach dem **d'Hondtschen Höchstzahlenverfahren.**[47] Das Wahlergebnis wird anhand der Höchstzahlen vom BR-Vorsitzenden festgestellt. Dabei ist auf die Reihenfolge der Bewerber auf den Listen abzustellen.[48] Da im Gesetz nicht verbindlich vorgeschrieben ist, in welcher Weise die auf die einzelnen Vorschlagslisten entfallenden Ausschusssitze zu berechnen sind, könnte der BR auch die Anwendung eines anderen Systems, z. B. das von Hare/Niemeyer, beschließen. 21

Die Zusammensetzung des Betriebsausschusses ist abhängig von den eingereichten Wahlvorschlägen.

Beispiel 1:
Ein BR mit 15 Mitgliedern setzt sich aus zehn Vertretern der Liste 1, zwei Vertretern der Liste 2 und drei Vertretern der Liste 3 zusammen. Es sind drei weitere Mitglieder für den Betriebsausschuss zu wählen. Würden die drei Listen für die Wahl jeweils eigene Wahlvorschläge einreichen, entfielen alle drei Sitze auf die Liste 1, da die drei Höchstzahlen nach d'Hondt auf die Liste 1 entfallen:

Liste 1	Liste 2	Liste 3
10 : 1 = **10** 10 : 2 = **5** 10 : 3 = **3,3**	2 : 1 = 2	3 : 1 = 3

Beispiel 2:
Würden dagegen Vertreter der Listen 2 und 3 einen gemeinsamen Wahlvorschlag einbringen, entfielen zwei Sitze auf die Liste 1 und ein Sitz auf den gemeinsamen Vorschlag (Liste 2). Das Beispiel setzt voraus, dass sämtliche BR-Mitglieder den Wahlvorschlag ihrer Liste unterstützen und sich an der Abstimmung beteiligen.

Liste 1	Liste 2
10 : 1 = **10** 10 : 2 = **5** 10 : 3 = **3,3**	5 : 1 = **5** 5 : 2 = 2,5

44 *Fitting*, Rn. 23; vgl. auch *BAG* 21.7.04, DB 05, 1066.
45 *Blanke/Trümner*, BetrR 90, 25 [29 f.]; *Bopp*, S. 37 ff.
46 Ebenso *Ratayczak* AiB 06, 270.
47 GK-*Raab;* Rn. 21; Richardi-*Thüsing*, Rn. 13; enger *Fitting*, Rn. 24.
48 *Fitting*, a. a. O.

Je größer der Ausschuss ist, umso eher haben durch die Verhältniswahl Minderheiten Chancen, Mandate zu erhalten.[49]

22 Die **Vorschläge für die Wahl** der weiteren Ausschussmitglieder bedürfen keines **Quorums** und können mündlich – ggf. in der Sitzung – gemacht werden, sofern der BR keine andere Regelung getroffen hat.[50] Bei **mündlichen Vorschlägen** in der Sitzung müssen die Vorschlagenden deutlich machen, ob sie einen eigenen Wahlvorschlag einbringen wollen, der auch aus einer Person bestehen kann, oder ob es sich bei ihren namentlichen Vorschlägen um Vorschläge für einen gemeinsamen Wahlvorschlag handelt.[51] Im letzteren Fall würde nämlich keine Verhältniswahl, sondern Mehrheitswahl stattfinden, weil nicht mehrere Wahlvorschläge eingegangen sind.[52] Im Zweifelsfall sollte von getrennten Wahlvorschlägen ausgegangen werden, um Unklarheiten bei der Besetzung der Ausschüsse zu vermeiden.[53] Die Wahlvorschläge einschließlich der Reihenfolge der Bewerber sind vom Wahlleiter schriftlich festzuhalten und in der **Niederschrift** (vgl. § 34 Abs. 1) aufzuführen. Wahlberechtigte können bei der Verhältniswahl lediglich eine Vorschlagsliste, auf der eine oder mehrere Wahlkandidaten in festgelegter Reihenfolge stehen, wählen. Sie haben keinen Einfluss auf die Reihenfolge der Kandidaten. Sie können keinen auf der Vorschlagsliste stehenden Kandidaten streichen oder die Reihenfolge verändern.[54]

23 Für die **Bestellung der Ersatzmitglieder** hat der Gesetzgeber keine Regelung getroffen. Auch wenn die Wahl der weiteren Ausschussmitglieder nach den Grundsätzen der Verhältniswahl erfolgt, entscheidet der BR durch Mehrheitsbeschluss oder Festlegung in seiner Geschäftsordnung (vgl. § 36) darüber, nach welchen Regularien Ersatzmitglieder bestellt und gewählt werden.[55] **Die sich aus Abs. 1 ergebenden Wahlgrundsätze sind zu beachten.**[56] Die Festlegung der Regularien für die Bestellung der Ersatzmitglieder ist bei **Verhältniswahl** wichtig.[57] Dies gilt sowohl für die zeitweilige Vertretung verhinderter Ausschussmitglieder als auch beim Nachrücken für ausgeschiedene Ausschussmitglieder. Der BR ist nicht darauf beschränkt, erst durch eine **Nachwahl** einen frei gewordenen Sitz im Betriebsausschuss wieder zu besetzen.[58]

24 Es bieten sich folgende Lösungsmöglichkeiten an:

a) **Analoge Anwendung des § 25 Abs. 1 und 2** (allerdings ohne Berücksichtigung der neuen Geschlechterquote) mit der Folge, dass auf die jeweiligen Wahlvorschläge mehr Bewerber als zu vergebende – oder zu erwartende – Ausschusssitze aufzunehmen sind. Dabei sollten möglichst viele Bewerber auf den Vorschlagslisten berücksichtigt werden, um frei werdende Sitze aus der jeweiligen Liste nachbesetzen zu können.[59] Im Verhinderungsfall würden die Ersatzmitglieder der Reihe nach aus den nicht gewählten Bewerbern der entsprechenden Vorschlagsliste entnommen.[60] Ist eine Vorschlagsliste erschöpft, wäre entsprechend § 25 Abs. 2 Satz 2 die Vorschlagsliste zu berücksichtigen, auf die der nächste Sitz entfallen wäre.[61]

---

49 Vgl. auch die Beispiele bei *Wlotzke,* DB 89, 111 [114].

50 Vgl. *Bopp,* S. 41 f.; GK-*Raab,* Rn. 18; *ArbG Hamburg* 15.9.98, AiB 99, 42 mit Anm. *Grimberg.*

51 *Blanke/Trümner*BetrR 90, 25.

52 Vgl. *ArbG Hamburg,* a. a. O.

53 Ähnlich im Ergebnis *Fitting*Rn. 19.

54 *Bopp,* S. 38; vgl. im Übrigen Rn. 19 ff.

55 *Blanke/Trümner,* BetrR 90, 25 [29]; enger *Fitting,* Rn. 40, nach dem Mehrheitswahl nur bei Vorliegen eines Einverständnisses zulässig sein soll; *ArbG Berlin* 19.6.03, NZA-RR 04, 87, lässt für Nachrücker ausschließlich die Verhältniswahl zu.

56 Vgl. auch Rn. 11.

57 Für die Zulässigkeit der gesonderten Wahl in diesen Fällen Richardi-*Thüsing,* Rn. 21; a. A. *Fitting,* Rn. 38; GK-*Raab,* Rn. 47.

58 So aber HWGNRH-*Glock,* Rn. 14.

59 *Engels/Natter,* BB-Beilage 8/89, S. 22; *Fitting,* Rn. 35.

60 Ebenso *ArbG Berlin* 19.6.03, NZA-RR 04, 87; vgl. auch *BAG* 16.3.05, NZA 05, 1072, das für den Fall der Erweiterung der Zahl von Ausschussmitgliedern gem. § 28 immer eine Neuwahl fordert; ähnlich *HaKo-BetrVG/Blanke/Wolmerath,* Rn. 6; kritisch *Fitting,* a. a. O.; vgl. auch § 38 Rn. 59 ff.

61 Vgl. § 25 Rn. 28 ff.; so auch *Blanke/Trümner,* a. a. O.; *Bopp,* S. 50 ff.; *Engels/Natter,* BB-Beilage 8/89, S. 22; *Fitting,* a. a. O.; a. A. GK-*Raab,* Rn. 46, 50, die nur eine Neuwahl aller weiteren Mitglieder des Betriebsausschusses für zulässig halten; Richardi-*Thüsing,* Rn. 19; *Dänzer-Vanotti,* AuR 89, 204 [208] und HWGNRH-*Glock,* Rn. 15, sprechen sich gegen eine analoge Anwendung des § 25 Abs. 2 aus.

b) **Jeweilige Nachwahlen** eines Ersatzmitglieds, wenn ein Ausschussmitglied verhindert bzw. ausgeschieden ist. Da in diesem Fall nur ein Mitglied für den Betriebsausschuss zu wählen ist, würde die Nachwahl nach den Grundsätzen der Mehrheitswahl erfolgen. Das zu wählende Ausschussmitglied müsste nicht Vertreter der Liste sein, der das zu ersetzende Ausschussmitglied angehört.[62] Gegen den Vorschlag, statt einer Nachwahl alle weiteren Ausschussmitglieder neu zu wählen, bestehen **erhebliche Bedenken** hinsichtlich der Kontinuität der Arbeit im Betriebsausschuss.[63] Hinzu kommt, dass jedes Ausschussmitglied freiwillig seinen Rücktritt erklären müsste, da eine Abberufung der Mehrheit von drei Vierteln der Stimmen der Mitglieder des BR in geheimer Abstimmung bedarf (vgl. Abs. 1 Satz 3; vgl. Rn. 24). Jedenfalls, soweit es die Nachwahl für verhinderte Auschussmitglieder betrifft, bestehen hinsichtlich der praktikablen Anwendung des Vorschlags, Nachwahlen von Fall zu Fall aus konkretem Anlass vorzunehmen, ebenfalls Bedenken. Dies gilt insbes., wenn dem Betriebsausschuss Aufgaben zur selbstständigen Erledigung übertragen wurden. Da Verhinderungen oft unvorhergesehen eintreten, besteht die Gefahr, dass keine ordnungsgemäßen Beschlüsse gefasst werden können (vgl. hierzu § 29 Rn. 12; § 33 Rn. 29 f.), weil, sofern der BR nicht vorher tagt, kein Ersatzmitglied eingeladen werden kann.

c) **Wahl der Ersatzmitglieder in gesonderten Wahlgängen**[64] durch entsprechende Anwendung der §§ 47 Abs. 3 und 55 Abs. 2 für jede Wahlvorschlagsliste. Das Nachrücken erfolgt wie beim Vorschlag a) unter Berücksichtigung der jeweiligen Liste in der Reihenfolge der erhaltenen Stimmenzahl. Hinsichtlich der Zahl der Bewerber und des Verfahrens im Falle der Erschöpfung einer Liste wird auf den Vorschlag unter a) verwiesen.

d) Gegen eine Nachwahl nur des **wiederzubesetzenden Ausschusssitzes** bestehen jedoch keine Bedenken, wenn bei gemeinsamer Wahl sämtliche BR-Mitglieder mit dem Vorgehen einverstanden sind, da von der Minderheitenregelung zwar Gebrauch gemacht werden kann, aber nicht muss.[65]

Die Lösungen a) und c) sind grundsätzlich vorzuziehen, da sie das Nachrücken von Ersatzmitgliedern nicht nur bei konkreten Anlässen, sondern generell regeln.

Einer besonderen Regelung für die Vertretung bedarf es grundsätzlich bei der **zeitweiligen Verhinderung des BR-Vorsitzenden** und/oder seines **Stellvertreters,** jedenfalls bei Verhältniswahl. Da sie kraft Amtes dem Betriebsausschuss angehören, haben sie auf keiner Vorschlagsliste kandidiert. Hier bietet sich an, das Ersatzmitglied der Liste zu entnehmen, auf die der nächste Sitz entfallen wäre.[66] Diese Verfahrensweise setzt voraus, dass Ersatzmitglieder auf »Vorrat« und nicht erst aus aktuellem Anlass gewählt werden. Im Falle des **Ausscheidens des BR-Vorsitzenden** oder seines **Stellvertreters** bedarf es keiner besonderen Regelung, weil deren Nachfolger kraft Gesetzes dem Betriebsausschuss angehören. Wird ein Mitglied des Betriebsausschusses zum Vorsitzenden bzw. Stellvertreter gewählt, muss ggf. für ihn ein Nachfolger gewählt werden. **25**

IV. Stellung und Aufgaben des Betriebsausschusses

1. Stellung des Betriebsausschusses

Der Betriebsausschuss ist **keine besondere Betriebsvertretung** neben dem BR. Er ist lediglich dessen geschäftsführendes Organ bzw. dessen erweiterter geschäftsführender Vorstand. Der Betriebsausschuss kann nicht an die Stelle des BR treten oder dessen Aufgaben und Amtsgeschäfte übernehmen; alleiniger Träger dieser Aufgaben und insbesondere der Mitbestim- **26**

62 So *Dänzer-Vanotti*, a. a. O.; ähnlich HWGNRH-*Glock*, Rn. 18; a. A. *Fitting*, Rn. 37 ff.; GK-*Raab*, Rn. 48, die sich stattdessen für die Neuwahl aller weiteren Ausschussmitglieder aussprechen, jedoch bei Zustimmung aller BR- bzw. Gruppenmitglieder auch eine Nachwahl nur des wiederzubesetzenden Ausschusssitzes für unschädlich halten.

63 So auch *HessLAG* 4.3.93, AiB 93, 655 [657].

64 Ähnlich HWK-*Reichold*, Rn. 7; Richardi-*Thüsing*, Rn. 21; a. A. *Fitting*, Rn. 37; im Ergebnis auch *BAG* 16.3.05, NZA 05, 1072).

65 So GK-*Raab*, Rn. 50.

66 So GK-*Raab*, Rn. 44.

mungsrechte bleibt auch nach der Errichtung eines Betriebsausschusses der BR. Neben dem Betriebsausschuss kann der BR weitere Ausschüsse bilden (vgl. im Übrigen § 28).

27 Der Vorsitzende des BR hat den **Vorsitz im Betriebsausschuss,** bei seiner Verhinderung der stellvertretende Vorsitzende.[67] Soweit der Betriebsausschuss zuständig ist, binden seine Beschlüsse den BR (vgl. zum Widerruf Rn. 41).

28 Für die **Geschäftsführung** des Betriebsausschusses gelten die Vorschriften der §§ 29 ff. über die Geschäftsführung des BR entsprechend. Beschlüsse des Betriebsausschusses müssen in Sitzungen und dürfen nicht im Umlaufverfahren gefasst werden.[68] **Sitzungen** sind **nicht öffentlich.** Der Betriebsausschuss kann zu seinen Sitzungen oder einzelnen Tagesordnungspunkten den **AG** einladen.[69] **Gewerkschaftsvertreter** können nach Maßgabe der für die Teilnahme an den Sitzungen des BR geltenden Vorschriften teilnehmen, d. h., wenn ein Viertel der Mitglieder des BR bzw. die Mehrheit einer Gruppe im BR dies verlangt oder der Betriebsausschuss bzw. der BR dies mehrheitlich beschließt oder der BR eine entsprechende Regelung in der Geschäftsordnung vorgesehen hat.[70] Dies gilt unabhängig davon, ob nur laufende Geschäfte oder Aufgaben selbstständig erledigt werden.[71] Für die Antragstellung nach § 31 ist es nicht erforderlich, dass die Gewerkschaft im Betriebsausschuss vertreten ist, die Vertretung im BR reicht.[72]

29 Der Betriebsausschuss ist berechtigt, sich eine **Geschäftsordnung** zu geben.[73] Beschließt der BR eine Geschäftsordnung für den Betriebsausschuss, hat diese Vorrang.[74] Die Regeln der Geschäftsordnung gelten nur für die jeweilige Amtszeit des BR, können aber von einem neu gewählten Gremium jederzeit per Beschluss unverändert übernommen werden.

30 Die **Schwerbehindertenvertretung** hat gemäß § 95 Abs. 4 SGB IX ein eigenständiges Teilnahmerecht an allen Sitzungen des BR und seiner Ausschüsse ohne Rücksicht auf die Tagesordnung und ohne Rücksicht darauf, ob den Ausschüssen Angelegenheiten zur selbstständigen Erledigung übertragen worden sind.[75] Der **Vertrauensmann der Zivildienstleistenden** hat gemäß § 3 ZDVG kein unmittelbares Teilnahmerecht an den Sitzungen von Ausschüssen, sondern lediglich an den Sitzungen des BR. Dem Betriebsausschuss ist es jedoch unbenommen, ihn zu Sitzungen heranzuziehen.[76]

31 Auch die **JAV** hat ein Teilnahmerecht an allen Sitzungen des Betriebsausschusses in entsprechender Anwendung des § 67 Abs. 1; sie kann immer einen Vertreter entsenden.[77] Andererseits ist aber das Teilnahmerecht der gesamten JAV an Sitzungen des Betriebsausschusses, in denen besonders den in § 60 Abs. 1 genannten Personenkreis betreffende Angelegenheiten behandelt werden und ein Stimmrecht aller JAV-Mitglieder (vgl. § 67) besteht, nicht gerechtfertigt, weil dies zu einer **ungleichgewichtigen Stimmenverteilung** zwischen BR und JAV führen würde. Deshalb ist die Zahl der teilnahme- und stimmberechtigten JAV-Mitglieder an allen Sitzungen des Betriebsausschusses im gleichen Verhältnis zu kürzen, wie es dem Verhältnis der Zahl der

---

67 *Fitting,* Rn. 55; GK-*Raab,* Rn. 50; HWGNRH-*Glock,* Rn. 37.
68 Richardi-*Thüsing,* Rn. 40; vgl. auch § 33 Rn. 9.
69 Richardi-*Thüsing,* Rn. 41; *Fitting,* Rn. 56; vgl. ausführlich § 29 Abs. 4.
70 Vgl. *BAG* 28.2.90, EzA § 31 BetrVG 1972 Nr. 1; für Teilnahme an den Sitzungen des WA vgl. *BAG* 18.11.80, 25.6.87, AP Nrn. 2, 6 zu § 108 BetrVG 1972; ebenso GK-*Raab,* Rn. 64; vgl. im Übrigen § 31 Rn. 3 ff., 19.
71 a. A. GK-*Raab,* Rn. 54, wenn dem Betriebsausschuss nur die laufende Geschäftsführung obliegt.
72 Richardi-*Thüsing,* Rn. 42; *SWS,* Rn. 11.
73 Muster einer Geschäftsordnung in DKKWF-*Wedde,* § 27 Rn. 4 ff.
74 GK-*Raab,* Rn. 60; a. A. HWGNRH-*Glock,* Rn. 42; vgl. ergänzend Rn. 34 ff. und § 36 Rn. 5.
75 *BAG* 21.4.93, NZA 94, 43; HWGNRH-*Glock,* Rn. 40; *Fitting,* Rn. 57; a. A. GK-*Raab,* Rn. 54; vgl. im Übrigen § 32 Rn. 4 ff.
76 *Fitting,* Rn. 60; *GL,* Rn. 23; a. A. GK-*Raab,* a. a. O., wenn dem Betriebsausschuss nur die laufende Geschäftsführung obliegt.
77 Ebenso GK-*Raab,* Rn. 57 f.; enger ErfK-*Koch,* Rn. 5; a. A. *Fitting,* Rn. 58 f.; *GL,* Rn. 24, die das Teilnahmerecht auf die Fälle beschränken wollen, in denen der Betriebsausschuss Angelegenheiten behandelt, die besonders oder überwiegend den in § 60 Abs. 1 genannten Personenkreis betreffen; *HaKo-BetrVG/Blanke/Wolmerath,* Rn. 11 nur bei Übertragung zur selbstständigen Erledigung oder bei besonderer Betroffenheit; nach Richardi-*Thüsing,* Rn. 43 soll in diesen Fällen die gesamte JAV ein Teilnahmerecht haben.

Mitglieder des Betriebsausschusses zu der des BR entspricht.[78] Besteht der BR z. B. aus 15 und der Betriebsausschuss dementsprechend aus fünf Mitgliedern, kann die JAV ein Drittel ihrer Mitglieder ggf. mit Stimmrecht entsenden. Ergibt das Ergebnis der Berechnung keine volle Zahl, ist »kaufmännisch« auf- bzw. abzurunden.[79]

2. Führung der laufenden Geschäfte

Kraft Gesetzes führt der Betriebsausschuss die laufenden Geschäfte des BR. Durch diese Verlagerung soll in größeren BR eine funktionsfähige Arbeitsweise gewährleistet werden. Der Betriebsausschuss hat in diesem Rahmen einen **eigenen Zuständigkeitsbereich,** in dem er ohne einen entsprechenden BR-Beschluss und anstelle des BR entscheiden kann.[80] Der BR kann allerdings jederzeit Einzelmaßnahmen der laufenden Geschäftsführung an sich ziehen und in die Geschäftsführung des Betriebsausschusses eingreifen. Er kann Beschlüsse des Betriebsausschusses aufheben, sofern sie nicht bereits nach außen wirksam geworden sind.[81] Der BR kann jedoch nicht generell die Führung der laufenden Geschäfte an sich ziehen oder sie einem anderen Ausschuss übertragen.[82] **32**

Das Gesetz definiert nicht ausdrücklich, was laufende Geschäfte sind. Unter diesen Begriff werden die **internen verwaltungsmäßigen und organisatorischen Aufgaben** gefasst, die sich regelmäßig wiederholen. Hierzu gehören alle regelmäßig wiederkehrenden internen, verwaltungsmäßigen oder organisatorischen Aufgaben des Betriebsrats wie etwa Erledigung des Schriftverkehrs, Entgegennahme von Anträgen von Arbeitnehmern, Einholung von Auskünften, Vorbereitung von BR-Sitzungen sowie von Betriebs-, Teil- und Abteilungsversammlungen.[83] Der Betriebsausschuss hat im Wesentlichen die Aufgabe, alle Angelegenheiten zu erledigen, bei denen eine Beschlussfassung des BR nicht erforderlich ist. **Nicht** zu den **laufenden Geschäften** gehört die Wahrnehmung von **Mitwirkungs- oder Mitbestimmungsrechten,** und zwar selbst dann nicht, wenn sie sich regelmäßig wiederholen.[84] Die **Vertretung nach außen** steht ebenfalls nur dem BR bzw. dem Vorsitzenden zu. **33**

Was im Einzelnen unter die **laufende Geschäftsführung** fällt, hängt sowohl von den konkreten Verhältnissen des einzelnen Betriebs als auch von der Größe des betreffenden BR ab. Der Kreis der laufenden Geschäfte kann in der Geschäftsordnung (§ 36) näher festgelegt werden. Zu den laufenden Geschäften gehört beispielsweise: Vorbereitung beabsichtigter BR-Beschlüsse sowie von BR-Sitzungen; Einholung von Auskünften; Beschaffung von Unterlagen; Besprechungen mit Vertretern der im Betrieb vertretenen Gewerkschaften; Entgegennahme von Anträgen und Beschwerden sowie deren Vorprüfung; Vorbesprechungen mit dem AG; Erstellung von BV-Entwürfen; Durchführung von Beschlüssen des BR; Führung des Schriftwechsels nach Maßgabe der Beschlüsse des BR oder Vorbereitung der Betriebs- und Abteilungsversammlungen.[85] **34**

3. Übertragung von Aufgaben zur selbstständigen Erledigung

Über die laufenden Geschäfte hinaus kann der BR mit der qualifizierten **Mehrheit der Stimmen seiner Mitglieder** (erforderlich beispielsweise in einem elfköpfigen Gremium mindestens sechs Ja-Stimmen ohne Rücksicht auf die Zahl der insgesamt anwesenden BR-Mitglieder) dem **35**

78 GK-*Raab,* Rn. 56; für Stimmberechtigung der gesamten JAV bei Angelegenheiten, die Jugendliche und Auszubildende [§ 60 Abs. 1] betreffen, Richardi-*Thüsing,* Rn. 43.

79 *Fitting,* Rn. 59 a; a. A. GK-*Raab,* a. a. O., die stets abrunden wollen.

80 *BAG* 15.8.12, NZA 13, 284; *Fitting,* Rn. 66; HWGNRH-*Glock,* Rn. 45; ErfK-*Koch,* Rn. 4.

81 *Fitting,* a. a. O.; GK-*Raab,* Rn. 64; Richardi-*Thüsing,* Rn. 48; ErfK-*Koch,* a. a. O; a. A. HWGNRH-*Glock* Rn. 45, 53, die dem Ausschuss eine eigenständige und abschließende Beschlusskompetenz zubilligen.

82 GK-*Raab,* Rn. 61; *Halberstadt,* Rn. 17.

83 *BAG* 15.8.12, NZA 13, 284; a. A. HWK-*Reichold,* Rn. 10, der sich für einen erweiterten Begriff der »laufenden Geschäfte« ausspricht.

84 *LAG Düsseldorf* 23.11.73, DB 74, 926; *Fitting,* Rn. 68; ErfK-*Koch,* Rn. 5; *Halberstadt,* Rn. 17; a. A. Richardi-*Thüsing,* Rn. 50 ff.; MünchArbR-*Joost,* § 306 Rn. 45.

85 *Fitting,* Rn. 68; GK-*Raab,* Rn. 67; HWGNRH-*Glock,* Rn. 48; *Blanke,* AiB 81, 123.

Betriebsausschuss weitere Aufgaben zur selbstständigen Erledigung übertragen (Abs. 2 Satz 2).[86] Betrifft der Beschluss überwiegend den in § 60 Abs. 1 genannten Personenkreis, ist die erforderliche Stimmenmehrheit entsprechend der §§ 67 Abs. 2 und 33 Abs. 3 unter Einbeziehung der Stimmen der **JAV** zu errechnen, wobei sowohl die absolute Mehrheit der BR-Mitglieder als auch die Mehrheit der JAV gegeben sein muss.[87] Die Übertragung bedarf der **Schriftform** (Abs. 2 Satz 3). In dem Beschluss sind **Inhalt** und **Abgrenzung** der übertragenen Aufgaben **festzuhalten.**[88] Die Verwendung auslegungsfähiger und auslegungsbedürftiger Begriffe führt noch nicht zu einer unzulässigen Unklarheit in der Zuständigkeitsverteilung zwischen BR und Ausschuss.[89] Der Schriftform ist Genüge getan, wenn der vollständige Beschluss über die Aufgabenübertragung gemäß § 34 Abs. 1 in der Sitzungsniederschrift enthalten und diese vom BR-Vorsitzenden und einem weiteren BR-Mitglied unterschrieben[90] oder die Übertragung in der Geschäftsordnung des BR geregelt ist.[91] Auch die Nennung der entsprechenden Paragraphen des BetrVG ist für eine wirksame Übertragung ausreichend.[92] Fehlt die erforderliche Mehrheit oder die Schriftform, ist der **Übertragungsbeschluss unwirksam.** Vom Betriebsausschuss gefasste Beschlüsse sind deshalb unwirksam, können aber vom BR **durch** einen **bestätigenden Beschluss genehmigt werden.**[93]

36 Sind dem Betriebsausschuss Aufgaben zur **selbstständigen Erledigung** übertragen worden, tritt er sowohl in der Willensbildung als auch in der Willensäußerung an die Stelle des BR. Der Beschluss des Betriebsausschusses ersetzt den des BR.[94] Entsprechende Beschlüsse kann der BR nur mit der Mehrheit seiner Stimmen aufheben, sofern der Beschluss des Betriebsausschusses nach außen hin noch nicht wirksam geworden ist.[95]

37 **Von der Übertragung** sind **ausgeschlossen:** Der Abschluss von BV (Abs. 2 Satz 2) und die Anrufung der ESt., da ihr Spruch die Qualität einer BV hat;[96] die Zustimmungserteilung zu einer außerordentlichen Kündigung von Mitgliedern der in § 103 Abs. 1 aufgeführten betriebsverfassungsrechtlichen Vertretungen;[97] die Wahl des Vorsitzenden und seines Stellvertreters (§ 26 Abs. 1) sowie der weiteren Mitglieder des Betriebsausschusses (§ 27 Abs. 2) und der sonstigen Ausschüsse (§ 28 Abs. 2)[98] einschließlich des WA (§ 107); die Übertragung von Aufgaben auf Arbeitsgruppen gemäß § 28 a.[99] Ausgeschlossen ist eine Übertragung von Aufgaben auch in den Fällen, in denen ausnahmsweise für einen Beschluss des BR die Mehrheit der Stimmen seiner Mitglieder erforderlich ist.[100] Im Bereich der **privatisierten Postunternehmen** bleibt die Beschlussfassung in bestimmten Personalangelegenheiten[101] der gem. § 28 PostPersG gesondert gewählten Beamtenvertretung im BR vorbehalten und kann deshalb nicht auf den Betriebsausschuss übertragen werden.[102] Außerdem darf die Übertragung von

86 Zur Mitteilung an den AG vgl. DKKWF-*Wedde*, § 27 Rn. 6 ff., 24.
87 Vgl. § 33 Rn. 18; GK-*Raab*, Rn. 72; Richardi-*Thüsing*, Rn. 61; wohl auch *Fitting*, Rn. 81.
88 Vgl. *BAG* 20.10.93, NZA 94, 567 = AiB 94, 421; für eine **zweifelsfreie** und **eindeutige** Übertragung *BAG* 17.3.05, NZA 05, 1064 = AiB 06, 178 mit Anm. *Müller*; *Fitting*, Rn. 82; GK-*Raab*, Rn. 76; *Raab* FS Konzen, 719 ff.; *HaKo-BetrVG/Blanke/Wolmerath*, Rn. 12 für eine eindeutige Definition; Richardi-*Thüsing*, Rn. 62; HWGNRH-*Glock*, Rn. 61.
89 *BAG*, 20.10.93, a. a. O.
90 *Fitting*, Rn. 83; HWGNRH-*Glock*, a. a. O.
91 *BAG* 4.8.75, AP Nr. 4 zu § 102 BetrVG 1972; 20.10.93, NZA 94, 567 [568]; Fitting, Rn. 83.
92 *BAG* 17.3.05, NZA 05, 1064.
93 *Fitting*, Rn. 84; ErfK-*Koch*, Rn. 5; die Genehmigungsfähigkeit ungültiger Beschlüsse wird von GK-*Raab*, Rn. 75 und HWGNRH-*Glock*, Rn. 62 verneint.
94 *Fitting*, Rn. 71; GK-*Raab*, Rn. 79; HWGNRH-*Glock*, Rn. 55; Richardi-*Thüsing*, Rn. 65; ErfK-*Koch*, Rn. 5.
95 A. A. HWGNRH-*Glock*, a. a. O.
96 *LAG München* 29.10.09, EzA-SD 2010, Nr. 1, 15; a. A. bezüglich der Anrufung der ESt. GK-*Raab*, Rn. 78; Richardi-*Thüsing*, Rn. 66, *Fitting*, Rn. 73 b, die es aber für zulässig halten, dass sich der BR die Anrufung der ESt. vorbehält; vgl. auch HWGNRH-*Glock*, Rn. 57, die jedoch auch einen Vorbehalt wegen der eigenständigen Stellung des Ausschusses ablehnen.
97 *LAG Berlin* 16.10.79, AuR 80, 29, Ls.
98 *Fitting*, Rn. 77; GK-*Raab*, Rn. 66.
99 *HessLAG* 24.9.09 – 9 TaBV 69/09.
100 GK-*Raab*, a. a. O.
101 Hierzu ausführlich *Fitting*, § 99, Rn. 316 ff.
102 *Fitting*, Rn. 75; GK-*Raab*, Rn. 72; Richardi-*Thüsing*, Rn. 70.

Angelegenheiten zur selbstständigen Erledigung auf den Betriebsausschuss oder andere Ausschüsse des BR nicht so weit gehen, dass dem BR als Gesamtorgan nicht ein Kernbereich der gesetzlichen Befugnisse verbleibt,[103] da sonst die vom Gesetzgeber im Prinzip gewollte Mitwirkung aller BR-Mitglieder an der Willensbildung des BR aufgehoben würde.[104] Nach der Rspr.[105] ist bei der Beurteilung des Kernbereichs nicht nur auf den einzelnen Mitbestimmungstatbestand, sondern auf den gesamten Aufgabenbereich des BR abzustellen. Eine nur punktuelle Betrachtung würde danach eine Einschränkung der dem BR durch § 27 Abs. 2 Satz 2 eingeräumten Übertragungsbefugnis bedeuten.

Ansonsten ist der **Aufgabenbereich,** der dem Betriebsausschuss oder einem anderen Ausschuss des BR (vgl. § 28) zur selbstständigen Erledigung übertragen werden kann, **nicht begrenzt.**[106] Der BR entscheidet im Rahmen der aufgezeigten Grenzen eigenverantwortlich darüber, inwieweit er eine Übertragung von Aufgaben für zweckmäßig erachtet. Seine Entscheidung unterliegt keiner Zweckmäßigkeits-, sondern nur einer Rechtsmissbrauchskontrolle.[107] Der BR kann den Betriebsausschuss ausdrücklich ermächtigen, Mitbestimmungsrechte wahrzunehmen.[108] In Betracht kommen kann insbesondere die Wahrnehmung von Mitwirkungs- und Mitbestimmungsrechten im **personellen Bereich,** z. B. bei personellen Einzelmaßnahmen gemäß §§ 99 und 102;[109] Entscheidungen über außerordentliche Kündigungen nach § 103;[110] im **sozialen Bereich,** z. B. für die Verwaltung von Sozialeinrichtungen, Zuweisung und Kündigung von Werkswohnungen sowie Festlegung der zeitlichen Lage des Urlaubs für einzelne AN;[111] im Bereich der Schulungs- und Bildungsveranstaltungen gemäß § 37 Abs. 6 die Beschlussfassung über Teilnahme einzelner BR-Mitglieder.[112] Übertragen werden kann auch die Führung der Monatsgespräche nach § 74 Abs. 1.[113] Der BR hat in eigener Machtkompetenz verantwortlich zu entscheiden, in welchen Fällen er generell oder mit Einschränkungen Zuständigkeiten zur selbstständigen Erledigung an den Betriebsausschuss abtreten will bzw. in seiner Gesamtverantwortung für die Belegschaft kann. Dies trifft beispielsweise insbesondere für die Mitwirkungsrechte bei Kündigungen zu. Der BR kann mit der Übertragung bestimmte **Weisungen** verbinden oder allgemeine Richtlinien aufstellen, z. B., dass in bestimmten Angelegenheiten eine qualifizierte Mehrheit im Betriebsausschuss oder sogar Einstimmigkeit erforderlich und anderenfalls die Angelegenheit dem BR zur Beschlussfassung vorzulegen ist.[114] 38

Der BR muss dafür sorgen, dass der **Informationsfluss** zwischen den Gremien sichergestellt wird. Die Mitglieder des BR haben jederzeit das Recht, in die **Unterlagen** des Betriebsausschusses **Einsicht zu nehmen.**[115] 39

Für die **Wirksamkeit des Übertragungsbeschlusses** ist nicht erforderlich, dass er dem AG mitgeteilt wird. Die unverzügliche Unterrichtung des AG ist jedoch im Interesse einer ordnungsgemäßen Zusammenarbeit angezeigt.[116] Der AG braucht sich eine Übertragung von Angelegenheiten auf den Betriebsausschuss nicht entgegenhalten zu lassen, solange er davon keine Kenntnis erlangt hat. Er kann die Vorlage des Übertragungsbeschlusses verlangen, wenn Zweifel über die Beschlussfassung oder Unklarheiten über den Inhalt bestehen.[117] Solange der 40

103 *BAG* 20.10.93, NZA 94, 567 [568] = AiB 94, 421, 1.6.76, AP Nr. 1 zu § 28 BetrVG 1972.
104 GK-*Raab,* Rn. 70.
105 *BAG* 20.10.93, a. a. O.
106 *Fitting,* Rn. 74; ErfK-*Koch,* Rn. 5.
107 *BAG* 20.10.93, NZA 94, 567 [568] = AiB 94, 421.
108 Vgl. *BAG* 1.6.76, AP Nr. 1 zu § 28 BetrVG 1972, 4.8.75, 12.7.84, AP Nrn. 4, 32 zu § 102 BetrVG 1972; *LAG Köln* 15.11.88 – 4 TaBV 54/88 zur Zulässigkeit eines besonderen Personalausschusses mit selbstständiger Entscheidungsbefugnis.
109 *LAG Berlin-Brandenburg,* BB 14, 2931; ähnlich *Fitting,* a. a. O.; a. A. Richardi-*Thüsing,* Rn. 55.
110 *BAG* 17.3.05, NZA 05, 1064 = AiB 06, 178 mit Anm. *Müller.*
111 HWGNRH-*Glock,* Rn. 52.
112 *ArbG Essen* 29.7.03, DB 04, 2056 = AiB 05, 44 mit Anm. *Peter.*
113 *BAG* 15.8.12, NZA 13, 284; *Rudolph, AiB 14, 65;*vgl. auch § 74 Rn. 7.
114 *Fitting,* Rn. 73 a; GK-*Raab,*Rn. 80; ErfK-*Koch,* Rn. 5; zur Anrufung der ESt. vgl. Rn. 37.
115 *Fitting,* Rn. 86; vgl. auch § 34 Rn. 19 ff.
116 *Fitting,* Rn. 85; weiter gehend GK-*Raab,* Rn. 80; HWGNRH-*Glock,* Rn. 64, die aus § 2 Abs. 1 eine Verpflichtung zur Unterrichtung ableiten.
117 *Fitting,* a. a. O.; GK-*Raab,* a. a. O.; Richardi-*Thüsing,* a. a. O.; weiter gehend HWGNRH-*Glock,* Rn. 64.

AG nicht über den Übertragungsbeschluss unterrichtet wurde, kann er davon ausgehen, dass der BR nur in seiner Gesamtheit zuständig ist.[118] Auch der **Widerrufsbeschluss** ist dem AG unverzüglich mitzuteilen.

41 Für den **Widerruf** der Übertragung von Angelegenheiten zur selbstständigen Erledigung gelten gemäß Abs. 2 Satz 4 die gleichen Grundsätze wie für die Übertragung selbst, d. h., der Widerruf bedarf ebenfalls der Mehrheit der Stimmen aller Mitglieder des BR sowie der Schriftform.[119] Der Widerruf der Übertragung ist jederzeit und ohne Begründung möglich. Entsprechendes gilt für eine Änderung des Umfangs der übertragenen Aufgaben.[120]

42 Kraft Gesetzes gehört zu den Aufgaben des Betriebsausschusses oder eines nach § 28 gebildeten Ausschusses die Ausübung des Rechts auf **Einblick in die Listen über die Bruttolöhne und -gehälter**.[121] Es bedarf deshalb keiner besonderen Übertragung nach Abs. 2 Satz 2.

V. Führung der laufenden Geschäfte in kleineren Betrieben

43 BR mit weniger als neun Mitgliedern können **keinen Betriebsausschuss** bilden. Im Interesse einer möglichst praktikablen Durchführung der laufenden Geschäfte haben sie jedoch nach Abs. 3 die Möglichkeit, die **Führung der laufenden Geschäfte** auf den Vorsitzenden des BR oder andere BR-Mitglieder **zu übertragen**.[122] Auch die Übertragung auf mehrere BR-Mitglieder gemeinsam ist zulässig. **Mitbestimmungsrechte** können in kleineren Betrieben nur **vom BR in seiner Gesamtheit** wahrgenommen werden.[123] Dies gilt auch in Betrieben mit mehr als 100 AN, in denen gem. § 28 Abs. 1 ebenfalls Ausschüsse gebildet werden können (vgl. insgesamt § 28 Rn. 6 ff.). Die Übertragung der Führung laufender Geschäfte auf diese Ausschüsse ist allenfalls indirekt unter Rückgriff auf Abs. 3 in der Form möglich, dass den Mitgliedern eines Ausschusses diese gem. § 28 Abs. 1 persönlich übertragen wird.[124] Die Ausübung von originären Beteiligungs- und Beschlussrechten bleibt diesen Ausschüssen allerdings verwehrt.[125] Das Monatsgespräch nach § 74 kann durch den Ausschuss allein ebenso wenig wahrgenommen werden wie nur durch den BR-Vorsitzenden.[126]

44 Die Übertragung erfolgt durch **Beschluss des BR.** Es genügt die einfache Mehrheit des beschlussfähigen BR.[127] Übertragungsbeschlüsse sollte AG im Interesse einer ordnungsgemäßen Zusammenarbeit mitgeteilt werden. Die Schriftform ist zwar nicht ausdrücklich vorgeschrieben. Aus Gründen der Beweisbarkeit sollte aber immer eine Aufnahme des Beschlusses in die Sitzungsniederschrift erfolgen.

45 Zu den laufenden Geschäften gehört auch in kleineren Betrieben das Einblicksrecht in die Bruttolohn- und Gehaltslisten. Dieses Recht kann der BR-Vorsitzende oder das mit der Führung der laufenden Geschäfte beauftragte Mitglied übernehmen.[128]

---

118 Richardi-*Thüsing*, a. a. O.; a. A. HWGNRH-*Glock*, Rn. 59 a.

119 Vgl. Rn. 40; *Fitting*, Rn. 87; GK-*Raab*, Rn. 92; HWGNRH-*Glock*, Rn. 65.

120 GK-*Raab*, a. a. O.; vgl. auch HWGNRH-*Glock*, Rn. 66, der jedoch das Entziehen einzelner Fälle unter Beibehaltung der Übertragung im Übrigen ablehnt; zur Mitteilung an den AG vgl. DKKWF-*Wedde*, § 27, Rn. 14, 26.

121 Vgl. unter § 80 Rn. 26 ff.; zum Einsichtsrecht in kleineren Betrieben vgl. auch *BAG* 14.1.2014, jurisPR-ArbR 25/2014 Anm. 5.

122 Zum Begriff »laufende Geschäfte« vgl. Rn. 37 ff.; zur Beschlussfassung und zur Mitteilung an den AG DKKWF-*Wedde*, § 27, Rn. 16, 28 f.

123 *LAG Bremen* 26.10.82, AuR 83, 123, Ls.; *Horstkötter*, AiB 01, 564; *Geffken*, AiB 02, 257.

124 Vgl. zum Umfang der zulässigen Übertragung Rn. 33; ähnlich *Wulff*, ZBVR 02, 134; im Ergebnis wohl auch *Fitting*, a. a. O.; GK-*Raab*, Rn. 10 und 86.

125 *BAG* 14.8.13 14.8.13, NZA 14, 161, das einen geschäftsführenden Ausschuss in kleineren Betrieben ausschließt, ähnlich GK-*Raab*, Rn. 82.

126 *ArbG Bielefeld* 11.6.08 – 6 BV 37/08, juris; a. A. für größere Betriebe nunmehr *BAG* 15.8.12, NZA 13, 284; vgl. auch § 74 Rn. 7.

127 *Fitting*, Rn. 91; GK-*Raab*, Rn. 87; HWGNRH-*Glock*, Rn. 70; ErfK-*Koch*, Rn. 5; a. A. Richardi-*Thüsing*, Rn. 75, der die absolute Mehrheit der BR-Mitglieder verlangt.

128 *BAG* 23.2.73, 18.9.73, AP Nrn. 2, 3 zu § 80 BetrVG 1972; vgl. im Übrigen die Kommentierung zu § 80.

VI. Streitigkeiten

Streitigkeiten im Zusammenhang mit der Wahl und der Zusammensetzung des Betriebsausschusses, der Abberufung der weiteren Mitglieder des Betriebsausschusses oder des gemäß Abs. 3 mit der Führung der laufenden Geschäfte beauftragten BR-Mitglieds sowie Streitigkeiten über die Zuständigkeit des Betriebsausschusses oder des/der beauftragten BR-Mitglieder entscheiden die **ArbG im Beschlussverfahren** (§§ 2 a, 80 ff. ArbGG). **46**

Nichtigkeit der Wahl ist nur in besonderen Ausnahmefällen gegeben, in denen gegen wesentliche Grundsätze der Wahl in einem derartigen Maße verstoßen worden ist, dass nicht einmal der Anschein einer dem Gesetz entsprechenden Wahl vorliegt.[129] Dies ist z. B. bei einer Bildung des Betriebsausschusses durch Zuruf der BR-Mitglieder[130] oder bei Nichtachtung der Wahlgrundsätze nach Abs. 1 der Fall., Die Nichtigkeit der Wahl kann **jederzeit** und von **jedermann geltend gemacht werden.** **47**

Verstöße z. B. gegen gesetzliche Formvorschriften führen nicht zur Nichtigkeit der Wahl, sondern machen diese anfechtbar. Auch **nicht jede Verletzung** wesentlicher Wahlvorschriften führt aus Gründen der Rechtssicherheit zur **Nichtigkeit** der Wahl, sondern nur außergewöhnlich schwerwiegende Gesetzesverletzungen. Aus Gründen der Rechtssicherheit ist bei BR-internen Wahlen in Analogie zu § 19 Abs. 2 die **»Anfechtung der Wahl«** (Antrag auf Feststellung der Rechtswidrigkeit der Wahl) nur innerhalb einer **Frist von zwei Wochen** nach Kenntniserlangung des Grundes der Rechtswidrigkeit zulässig.[131] **48**

Antragsberechtigt ist jedes BR-Mitglied.[132] Entgegen der Auffassung des *BAG*[133] ist hinsichtlich der Wahl des Betriebsausschusses auch die im Betrieb vertretene Gewerkschaft antragsberechtigt.[134] Nicht antragsberechtigt sind der AG und einzelne AN.[135] **49**

Solange das ArbG nicht rechtskräftig festgestellt hat, dass die Wahl der weiteren Ausschussmitglieder fehlerhaft war, bleibt der Betriebsausschuss in seiner bisherigen Zusammensetzung bestehen.[136] **50**

§ 28 Übertragung von Aufgaben auf Ausschüsse

(1) Der Betriebsrat kann in Betrieben mit mehr als 100 Arbeitnehmern Ausschüsse bilden und ihnen bestimmte Aufgaben übertragen. Für die Wahl und Abberufung der Ausschussmitglieder gilt § 27 Abs. 1 Satz 3 bis 5 entsprechend. Ist ein Betriebsausschuss gebildet, kann der Betriebsrat den Ausschüssen Aufgaben zur selbstständigen Erledigung übertragen; § 27 Abs. 2 Satz 2 bis 4 gilt entsprechend.

(2) Absatz 1 gilt entsprechend für die Übertragung von Aufgaben zur selbstständigen Entscheidung auf Mitglieder des Betriebsrats in Ausschüssen, deren Mitglieder vom Betriebsrat und vom Arbeitgeber benannt werden.

129 *BAG* 13.11.91, NZA 92, 989 = AiB 92, 737; 20.10.93, NZA 94, 567; ErfK-*Koch*, Rn. 6; *Fitting*, Rn. 96; GK-*Raab*, Rn. 24; HWGNRH-*Glock*, Rn. 28 f. m. w. N.

130 *BAG* 12.10.61, AP Nr. 84 zu § 611 BGB Urlaubsrecht.

131 *BAG* 20.10.93, NZA 94, 567 [570] = AiB 94, 421, 13.11.91; vgl. auch *BAG* 16.3.05, NZA 05, 1072; *Fitting*, Rn. 98; GK-*Raab*, Rn. 37; ErfK-*Koch*, Rn. 6; HWGNRH-*Glock*, Rn. 30; *Kamphausen*, NZA 91, 880; a. A. Richardi-*Thüsing*, Rn. 36.

132 *BAG* 13.11.91, NZA 92, 989 = AiB 92, 737, 1.6.76, AP Nr. 1 zu § 28 BetrVG 1972.

133 12.10.76, AP Nr. 2 zu § 26 BetrVG 1972.

134 *Däubler*, Gewerkschaftsrechte, Rn. 193; ErfK-*Koch*, Rn. 6; *Fitting*, a. a. O.; vgl. auch *BAG* 1.2.69, AP Nr. 1 zu § 28 BetrVG; offen gelassen *BAG* 13.11.91, NZA 92, 989 = AiB 92, 737; enger *Wullf*, ZBVR 02, 134 [137], der ein Antragsrecht nur bei »Vertretung« im BR sieht; a. A. Richardi-*Thüsing*, Rn. 35; GK-*Raab*, Rn. 27; HWGNRH-*Glock*, Rn. 31.

135 Richardi-*Thüsing*, Rn. 34; HWGNRH-*Glock*, Rn. 31; wegen der damit verbundenen Mehrbelastung gestehen GK-*Raab*, Rn. 26; *Fitting*, a. a. O. und ErfK-*Koch*, a. a. O. dem AG ein Anfechtungsrecht ausnahmsweise dann zu, wenn mehr Mitglieder als nach Abs. 1 vorgesehen in den Ausschuss gewählt worden sind.

136 GK-*Raab*, Rn. 26; *Fitting*, Rn. 100; vgl. auch *BAG* 13.11.91, NZA 92, 989 = AiB 92, 737.

Inhaltsübersicht

I. Vorbemerkungen

1 Sind im Betrieb mehr als 100 AN tätig, wird es BR durch **Abs. 1** der Vorschrift ermöglicht, ihre Arbeit durch Bildung von Ausschüssen zu spezifischen Themen besser und effektiver zu strukturieren und zu erledigen.[1] Ausschüsse können auf Zeit oder auf Dauer gebildet werden. Ihnen können bestimmte Aufgaben zur Vorbereitung oder zur selbstständigen Erledigung übertragen werden. Durch **Abs. 2** wird sichergestellt, dass für die Entsendung von BR-Mitgliedern in **gemeinsame Ausschüsse** von BR und AG die gleichen Grundsätze wie für die weiteren Ausschüsse gelten. Für die Zusammensetzung, die Wahl und Abberufung der Ausschussmitglieder – einschließlich der Verhältniswahl – und die Übertragung von Aufgaben gelten die Grundsätze des § 27. Dies gilt auch für das Teilnahmerecht der **JAV** und der **Schwerbehindertenvertretung** sowie die Hinzuziehung des **Gewerkschaftsbeauftragten** zu den Sitzungen der Ausschüsse, einschließlich gemeinsamer Ausschüsse.[2]

2 Die Vorschrift gilt mit Einschränkungen entsprechend für den **GBR** (§ 51), **KBR** (§ 59), die **JAV** (§ 65), die **GJAV** (§ 73), **KJAV** (§ 73 b), die **Bordvertretung** (§ 115 Abs. 4) und den **See-BR** (§ 116 Abs. 3). Für die **anderen Vertretungen der AN** nach § 3 Abs. 1 kann der TV (ausnahmsweise auch eine BV) abweichende Regelungen vorsehen. Für **zusätzliche AN-Vertretungen** nach § 3 Abs. 1 Nr. 4 und 5 gilt die Vorschrift nicht.

II. Bildung von Ausschüssen durch den Betriebsrat (Abs. 1)

1. Gesetzliche Voraussetzungen

3 Gesetzliche Voraussetzung für die Bildung weiterer Ausschüsse ist, dass im Betrieb mehr als 100 AN beschäftigt sind. Es ist von der Zahl der **regelmäßig beschäftigten AN** auszugehen (vgl. hierzu § 1 Rn. 183 m. w. N.). Auf die tatsächliche Zahl der BR-Mitglieder kommt es nicht an. Auch der Umfang der Tätigkeit (Voll- oder Teilzeit) der AN ist ohne Relevanz. Entscheidend ist lediglich das Überschreiten des gesetzlich definierten Schwellenwertes von mindestens 101 AN.

4 In Betrieben mit weniger als 101 AN können Ausschüsse i. S. d. § 28 nicht gebildet werden. Dies schließt nicht aus, dass BR hier »Ausschüsse« (bzw. Arbeitsgruppen) errichten können. Allerdings ist eine Übertragung von Aufgaben zur selbstständigen Erledigung auf diese Ausschüsse oder auf einzelne BR-Mitglieder nicht möglich.[3] Im Übrigen kann der BR seine Arbeit so organisieren, wie er es für erforderlich hält (vgl. § 37 Rn. 27).

5 Die Bildung weiterer Ausschüsse setzt einen **Beschluss** gemäß § 33 Abs. 1 voraus.[4] Er muss die dem Ausschuss **übertragenen Aufgaben genau bezeichnen** und **festlegen,** ob die selbstständige Erledigung oder nur eine Vorbereitung gewollt ist. Der Gegenstand der Übertragung muss

1 Vgl. *Engels/Trebinger/Löhr-Steinhaus* DB 01, 532 [537].

2 *BAG* 21.4.93, NZA 94, 43 = AiB 94, 48; *LAG Düsseldorf* 7.4.92 – 6 TaBV 4/92 – zum Teilnahmerecht der Schwerbehindertenvertretung; *LAG Schleswig-Holstein* 10.9.08, DB 08, 2839 zur Teilnahme an BR-Ausschusssitzungen.

3 Vgl. *BAG* 29.4.92, NZA 93, 375; ErfK-*Koch*, Rn. 1 *Fitting*, Rn. 16; GK-*Raab*, Rn. 18; a. A. HWGNRH-*Glock*, Rn. 5.

4 Vgl. DKKWF-*Wedde*, § 28, Rn. 6.

zweifelsfrei feststellbar sein.[5] Es soll ausreichen, wenn der Übertragungsbeschluss die entsprechende Mitbestimmungsnorm nennt.[6] Außerdem muss er **die Zahl der Mitglieder** festlegen.[7]

Die **Übertragung von Aufgaben** an einen Ausschuss zur **selbstständigen Erledigung** setzt voraus, dass ein BR-Ausschuss gem. § 27 besteht. Ist dies der Fall, bedarf die Übertragung von Aufgaben zur selbstständigen Erledigung auf einen Ausschuss gem. § 28 ebenso wie bei der entsprechenden Übertragung auf den Betriebsausschuss der **Mehrheit aller BR-Mitglieder** (vgl. hierzu § 27 Rn. 40). **Schriftform** ist erforderlich.[8] Entsprechendes gilt für den **Widerruf,** der jederzeit erfolgen kann, und für die **Abänderung des Übertragungsbeschlusses.**[9] 6

Die **Bildung** von Ausschüssen gem. § 28 durch den BR bedarf **nicht** der **Zustimmung des AG.** Über ihre Bildung entscheidet der BR nach eigenen Zweckmäßigkeitserwägungen.[10] Der AG sollte jedoch im Interesse einer ordnungsgemäßen Zusammenarbeit von der Errichtung der Ausschüsse, unabhängig davon, ob ihnen Aufgaben zur selbstständigen Erledigung übertragen wurden, in Kenntnis gesetzt werden.[11] 7

Ausschüsse des BR werden im Allgemeinen für die Dauer der Amtszeit des BR gebildet. Haben sie **vorübergehende Aufgaben** zu erfüllen, können sie auf Zeit gebildet werden. Dann findet der Ausschuss seine Beendigung mit Ablauf der vom BR ausdrücklich vorgesehenen Zeit oder mit Erreichung des Zwecks, ohne dass es eines Aufhebungsbeschlusses des BR bedarf.[12] Unabhängig davon kann der BR einen Ausschuss jederzeit **auflösen** oder einzelne Mitglieder abberufen.[13] Für die Auflösung des Ausschusses ist einfache Stimmenmehrheit gem. § 33 Abs. 1 erforderlich.[14] In Betriebsräten mit weniger als neun Mitgliedern kann auf der Grundlage von § 28 kein geschäftsführender Ausschuss gegründet werden.[15] 8

2. Übertragung von Aufgaben

Sind einem Ausschuss zulässigerweise (vgl. Rn. 6) **Aufgaben zur selbstständigen Erledigung** übertragen, tritt er in diesem Rahmen an die Stelle des BR. Die Willensbildung im Ausschuss ersetzt diejenige des BR.[16] Dadurch wird der BR aber nicht von eigener Entscheidung und Beratung ausgeschlossen.[17] Er kann die übertragenen Angelegenheiten jederzeit an sich ziehen oder den Übertragungsbeschluss widerrufen bzw. abändern (vgl. auch § 27 Rn. 41). Für die **Geschäftsführung** und Modalitäten bei der **Beschlussfassung** sowie der **Übertragung** gelten die gleichen Grundsätze wie für den Betriebsausschuss (vgl. im Übrigen § 27 Rn. 32 ff.). Der Abschluss einer BV ist Ausschüssen verwehrt.[18] 9

Der BR kann Ausschüssen **alle Aufgaben** zuweisen, die seiner eigenen Zuständigkeit unterliegen.[19] Die Entscheidung über Aufgabenzuweisungen unterliegt keiner Zweckmäßigkeitskontrolle, sondern nur einer Rechtskontrolle. Aufgabenzuweisungen dürfen aber nicht zur Folge 10

5 *Fitting,* Rn. 23 fordert eine genaue Umschreibung.
6 So *BAG* 17.3.05, DB 05, 1693.
7 Vgl. GK-*Raab,* Rn. 21.
8 Vgl. § 27 Rn. 40; zu Textmustern vgl. DKKWF-*Wedde,* § 28 Rn. 3 ff.
9 § 27 Rn. 41; DKKWF-*Wedde,* § 28, Rn. 3, 8.
10 Vgl. *Fitting,* Rn. 6; ErfK-*Koch,* Rn. 1; GK-*Raab,* Rn. 19 und HWGNRH-*Glock,* Rn. 17 sprechen von pflichtgemäßem Ermessen; ähnlich Richardi-*Thüsing,* Rn. 6.
11 Vgl. § 27 Rn. 44; DKKWF-*Wedde,* § 28, Rn. 10.
12 *Fitting,* Rn. 30; GK-*Raab,* Rn. 25.
13 Vgl. § 27 Rn. 13 ff., Textmuster bei DKKWF-*Wedde,* § 28, Rn. 9.
14 *Fitting,* Rn. 9; GK-*Raab,* Rn. 28.
15 *BAG* 14.8.13, NZA 14, 161.; vgl. auch § 27 Rn. 43 ff.
16 *Fitting,* Rn. 9; GK-*Raab,* Rn. 15; *Geffken,* AiB 06, 267; vgl. auch § 27 Rn. 36; DKKWF-*Wedde,* § 28, Rn. 10.
17 Vgl. aber zum begrenzten Einblicksrecht *LAG Schleswig-Holstein* 18.4.07 – 6 TaBV 41/06.
18 *Fitting,* Rn. 9; GK-*Raab,* Rn. 28.
19 GK-*Raab,* Rn. 4; Richardi-*Thüsing,* Rn. 23; *Fitting,* Rn. 9 und Rn. 35 mit dem 1Hinweis, dass in den **privatisierten Postunternehmen** hinsichtlich der Beamten für bestimmte Personalangelegenheiten Einschränkungen bestehen; a. A. bzgl. der Bildung von Arbeitsgruppen nach § 28 a BetrVG *HessLAG* 24.9.09 – 9 TaBV 69/09.

haben, dass der BR nicht mehr als Gesamtorgan in einem Kernbereich der gesetzlichen Befugnisse zuständig ist.[20] In diesem Rahmen kann der BR z. B. dem **Personalausschuss** die Ausübung seiner Beteiligungsrechte bei personellen Einzelmaßnahmen zur selbstständigen Erledigung übertragen.[21] Im Bereich der **privatisierten Postunternehmen** kann neben einem allgemeinen Personalausschuss die Einrichtung eines **spezifischen Beamtenpersonalausschusses** sinnvoll sein. Es gelten die gleichen Grundsätze wie für die Übertragung von Aufgaben zur selbstständigen Erledigung an den Betriebsausschuss und den Informationsfluss zwischen den Gremien (vgl. daher § 27 Rn. 35 ff.). Zu denken ist weiterhin an **Ausschüsse für die Verwaltung von Sozialeinrichtungen** (Pensionskassen, Werkswohnungen, Kantinen), **für Akkordfragen, Angelegenheiten des Arbeits- und Gesundheitsschutzes, Betriebsökologie und Umweltschutz,**[22] **Frauenförderung, ausländische AN** oder an die **Ersetzung des WA** nach § 107 Abs. 3.[23] Sinnvoll kann auch die Einsetzung eines **Projektausschusses** sein, der sich mit anstehenden grundlegenden Veränderungen im Betrieb oder mit beabsichtigten Betriebsänderungen befasst und der ermächtigt werden kann, alle dem BR zur Verfügung stehenden gesetzlichen Erkenntnismöglichkeiten zu nutzen.[24] Auch kann der BR einem Ausschuss das Einblicksrecht in die **Listen über die Bruttolöhne und -gehälter** übertragen.[25] Ausschüsse können aber ebenso wenig wie der Betriebsausschuss zum Abschluss von **BV** ermächtigt werden (vgl. § 27 Rn. 37). Durch Betriebsvereinbarung kann die **Errichtung weiterer,** nicht im BetrVG normierter **Ausschüsse** (etwa eines sog. Koordinierungsausschusses, in dem Mitglieder aller in einer bestimmten Region vertretenen BR vertreten sind) vereinbart werden.[26] Auch bei der Bildung dieser Ausschüsse sind nach Auffassung des *BAG* die Grundprinzipien des BetrVG zu wahren.[27] Eine Verpflichtung zur Bildung von Ausschüssen besteht nicht.[28]

11 Ausschüssen können nicht die **laufenden Geschäfte** des BR zugewiesen werden, deren Führung kraft Gesetzes dem Betriebsausschuss obliegt. Dies gilt auch, wenn kein BR-Ausschuss besteht.[29] Wahrnehmen kann ein Ausschuss die spezifischen laufenden Geschäfte, die für die Erledigung **der ihm übertragenen Aufgaben** notwendig sind.[30]

III. Zusammensetzung der Ausschüsse

1. Größe und Mitglieder

12 Für die weiteren Ausschüsse ist **keine bestimmte Größe** vorgeschrieben. Der BR bestimmt die Zahl der Mitglieder nach pflichtgemäßem Ermessen.[31] Die Zweckmäßigkeit der BR-Entscheidung verschließt sich der Überprüfung durch die Arbeitsgerichtsbarkeit.[32] Rechtsfehler könnten gerichtlich geltend gemacht werden.[33] Die Ausschüsse können demnach zahlenmäßig kleiner oder größer als ein Betriebsausschuss sein. Bei der Festlegung der Größe kann sich der BR an der Mitgliederzahl des Betriebsausschusses orientieren und die Auswirkungen berücksichtigen, die sich durch die Verhältniswahl ergeben.[34] Je größer die Ausschüsse sind, umso

20 *BAG* 20.10.93, NZA 94, 567.

21 *BAG* 1.6.76, AP Nr. 1 zu § 28 BetrVG 1972; 4.8.75, 12.7.84, AP Nrn. 4, 32 zu § 102 BetrVG 1972; *LAG Köln* 15.11.88 – 4 TaBV 54/88; *Fitting*, Rn. 10; GK-*Raab*, Rn. 13; HWGNRH-*Glock*, Rn. 17.

22 Vgl. *Trümner*, AiB 91, 522.

23 GK-*Raab*, a. a. O.

24 Vgl. *Fitting*, 20. Aufl., Rn. 7 a.

25 Vgl. § 80 Abs. 2 Satz 2; *LAG Schleswig Holstein* 18.4.07 – 6 TaBV 41/06 – geht davon aus, dass das Einsichtsrecht nach einer Übertragung auf die Ausschussmitglieder beschränkt ist.

26 *Fitting*, Rn. 12.

27 *BAG* 15.1.92, NZA 92, 1091.

28 A. A. GK-*Raab*, Rn. 19 mit dem Hinweis auf das Gebot vertrauensvoller Zusammenarbeit; ähnlich Richardi-*Thüsing*, Rn. 19.

29 A. A. Richardi-*Thüsing*, Rn. 24 a.

30 Zu den Aufgaben, die den Ausschüssen nicht übertragen werden können vgl. § 27 Rn. 37.

31 *Fitting*, Rn. 25; GK-*Raab*, Rn. 31; a. A. HWGNRH-*Glock*, Rn. 8, die auf die Obergrenze des § 27 verweisen.

32 *BAG* 20.10.93, AP Nr. 5 zu § 28 BetrVG 1972.

33 *LAG Nds.* 24.4.09, NZA-RR 09, 532; *Fitting*, Rn. 22.

34 *Engels/Natter*, BB-Beilage 8/89, S. 22; HWGNRH-*Glock*, a. a. O.

mehr kommen die Grundsätze der Verhältniswahl zum Tragen.[35] Sie müssen nicht so groß sein, dass alle Listen zwingend vertreten sind.[36] Es würde hingegen mit den Grundprinzipien der Betriebsverfassung nicht übereinstimmen, wenn z. B. ein aus 27 Mitgliedern bestehender BR die Entscheidung über Kündigungen einem aus drei Personen bestehenden Personalausschuss übertragen würde. Nicht notwendig ist, dass die Zahl der Ausschussmitglieder stets ungerade ist. Dies dürfte aber zu empfehlen sein, um Beschlussmehrheiten sicherzustellen. Der Vorsitzende des BR und sein Stellvertreter gehören den weiteren Ausschüssen nicht ohne weiteres an.[37] Gehört der Vorsitzende des BR dem Ausschuss an, wird er im Verhinderungsfall nicht automatisch von seinem Stellvertreter vertreten.[38]

2. Wahl der Mitglieder

13 Hinsichtlich der Wahl der Mitglieder und Ersatzmitglieder der weiteren Ausschüsse und ihrer Abberufung sowie der Dauer der Amtszeit u. a. gelten die allgemeinen Grundsätze für den Betriebsausschuss entsprechend (vgl. § 27 Rn. 3 ff.). Die Bestellung von Ersatzmitgliedern ist nicht zwingend. Einer Abberufung bedarf es nicht, wenn ein Ausschuss nur für eine bestimmte Zeit oder zu einem bestimmten Zweck errichtet wurde. Vor der Wahl hat der BR durch Beschluss die Zahl der Ausschussmitglieder festzulegen (vgl. Rn. 12). Wird die Zahl der Ausschussmitglieder während der Amtszeit des BR verändert und sind dessen Mitglieder nach den Grundsätzen der Verhältniswahl gewählt worden, muss eine Neuwahl erfolgen. Die Nachnominierung einzelner Mitglieder soll nicht möglich sein. Auch eine generelle Erhöhung der Zahl der Ausschussmitglieder erfordert die Neuwahl aller Mitglieder.[39] Sind der Vorsitzende des BR und sein Stellvertreter in Ausschüsse gewählt, übernehmen sie im Gegensatz zum Betriebsausschuss (vgl. § 27 Rn. 32) diese Funktionen hier nicht automatisch.[40] Einer vorherigen Abberufung bedarf es in diesen Fällen nicht.[41] Die **Bestellung eines Vorsitzenden** und eines **stellvertretenden Vorsitzenden** ist für Ausschüsse zweckmäßig.[42] Sie erfolgt durch den BR.[43] Unterlässt der BR dies, können die Ausschüsse entsprechende Wahlen vornehmen. Die Wahl von Ersatzmitgliedern für die Mitglieder der Ausschüsse ist zulässig[44] und vielfach zweckmäßig (vgl. hierzu § 27 Rn. 11, 23). Sie ist aber nicht vorgeschrieben. Es fällt vielmehr insoweit in die Gestaltungsfreiheit des BR, ob und wie er auf das Absinken der Zahl der Mitglieder eines Ausschusses nach § 28 reagiert.[45] Bezüglich der **Nichtannahme des Amts,** der **Amtsniederlegung** und der **Abberufung** von Ausschussmitgliedern gelten die gleichen Grundsätze wie für die Mitglieder des Betriebsausschusses (vgl. § 27 Rn. 14 ff.).

3. Verhältniswahl/Mehrheitswahl

14 Die Wahl der Mitglieder erfolgt im BR unter Berücksichtigung der durch Beschluss festgelegten Zahl (Rn. 12) nach den Grundsätzen der Verhältniswahl, sofern **mehrere Wahlvorschläge** gemacht werden.[46] Wird der BR aus nur einem Wahlvorschlag gewählt, erfolgt auch die Wahl zu Ausschüssen in Mehrheitswahl (vgl. § 27 Rn. 10). Da der Vorsitzende des BR und dessen

35 *Wlotzke,* DB 89, 111 [114]; vgl. auch § 27 Rn. 19.
36 *Fitting,* Rn. 26.
37 *Fitting,* Rn. 29; GK-*Raab,* Rn. 31.
38 Vgl. *LAG Schleswig-Holstein* 22.8.83, NZA, 85, 68, Ls.
39 So *BAG* 16.3.05, DB 05, 96; ebenso *Fitting,* Rn. 28 a; Richardi-*Thüsing,* Rn. 15 a.
40 *Fitting,* Rn. 33; GK-*Raab,* Rn. 35; HWGNRH-*Glock,* Rn. 15; ErfK-*Koch,* Rn. 1.
41 *BAG* 20.4.05, NZA 05, 1013.
42 Vgl. HWGNRH-*Glock,* a. a. O., die die Bestellung für notwendig halten, weil sonst eine ordnungsgemäße Ausschusstätigkeit im Hinblick auf Einladungen zu den Sitzungen nicht möglich wäre; nach GK-*Raab,* a. a. O., soll der BR auch festlegen können, dass kein Vorsitzender gewählt wird.
43 *Fitting,* a. a. O.; GK-*Raab,* a. a. O.; Richardi-*Thüsing,* Rn. 21; a. A. HWGNRH-*Glock,* a. a. O., für Wahl durch Ausschuss.
44 Richardi-*Thüsing,* Rn. 14; *Fitting,* Rn. 28.
45 *LAG Nds.* 12.5.04; *BAG* 16.3.2005, NZA 05, 1072.
46 *Fitting,* Rn. 28 f.; GK-*Raab,* Rn. 21; *ArbG Hamburg* 15.9.98, AiB 99, 42 mit Anm. *Grimberg;* vgl. § 27 Rn. 19 ff.; zur Veränderung der Größe vgl. Rn. 13.

Stellvertreter den weiteren Ausschüssen nicht kraft Amtes angehören, sind alle Mitglieder ggf. unter Berücksichtigung der Verhältniswahl zu wählen. Die Geschäftsordnung kann Vorgaben zur Berücksichtigung dieser Personen in Ausschüssen machen.[47] Besteht der Ausschuss z. B. aus fünf Mitgliedern, sind nicht nur drei weitere, sondern alle Mitglieder zu wählen. Etwas anderes gilt, wenn der BR durch Beschluss oder in seiner Geschäftsordnung festgelegt hat, dass der Vorsitzende und dessen Stellvertreter allen oder bestimmten Ausschüssen (z. B. Personalausschuss) als »geborene« Mitglieder angehören. In diesem Fall sind nur die weiteren Ausschussmitglieder zu wählen.[48]

IV. Gemeinsame vom Betriebsrat und Arbeitgeber zu besetzende Ausschüsse (Abs. 2)

15 In der betrieblichen Praxis werden, zum Teil durch TV vorgesehen, gemeinsame **Ausschüsse** gebildet, deren Mitglieder einerseits **vom BR** und andererseits **vom AG benannt** werden,[49] z. B. Akkordausschuss, Personalplanungsausschuss, Arbeitsschutzausschuss und Ausschüsse zur Verwaltung von Sozialeinrichtungen, Umweltausschuss, Gleichstellungs- und Frauenförderungsausschuss oder Technologieausschuss.[50] Gemeinsame Ausschüsse können auch in Betrieben mit weniger als 100 AN eingerichtet werden.[51]

16 Zweifelhaft ist, ob Abs. 2 es ermöglicht, den Mitgliedern des BR die endgültige Entscheidungsbefugnis zu übertragen.[52] Voraussetzung für die Zulässigkeit einer Übertragung ist ein eindeutiger Beschluss des BR, mit dem entsprechende Kompetenzen auf den gemeinsamen Ausschuss übertragen werden.[53] Weiterhin ist die paritätische Besetzung des Ausschusses und die einstimmige Beschlussfassung aller hier tätigen BR-Mitglieder unumgänglich.[54] Gemeinsame Ausschüsse können auf Zeit bzw. für einen bestimmten Zweck errichtet werden (vgl. im Übrigen Rn. 8). Sollen endgültige Entscheidungen nicht gefällt werden, ist eine paritätische Besetzung nicht zwingend erforderlich.[55] Sind endgültige Entscheidungen möglich, wäre eine Unterparität zu Lasten des BR als unzulässiger Verzicht auf Beteiligungsrechte unzulässig.[56] Eine Unterparität zu Lasten des AG ist hingegen zulässig. Eine paritätische Besetzung kann vom BR bei der Bildung des Ausschusses zur Bedingung gemacht werden.[57]

17 Für die Praxis ist anzuraten, dass die gemeinsamen Ausschüsse lediglich **vorbereitende Tätigkeiten** wahrnehmen und dass sich der BR die abschließende Entscheidung vorbehält. Hält es der BR für zweckmäßig, seinen in gemeinsamen Ausschüssen tätigen Mitgliedern Aufgaben zur selbstständigen Erledigung zu übertragen, muss er die paritätische Besetzung sicherstellen, um seine Mitwirkungs- und Mitbestimmungsrechte zu wahren.[58] BV können in gemeinsamen Ausschüssen nicht abgeschlossen werden. Ein gemeinsamer Ausschuss ist kein Organ des BR, sondern ein **eigenständiges betriebsverfassungsrechtliches Gremium.** In ihm können mit einfacher Mehrheit Entscheidungen getroffen werden, sofern an der Sitzung mindestens die Hälfte der Ausschussmitglieder (§ 33 Abs. 2 1. Halbs.) teilgenommen hat.[59] Werden durch den

47 Ebenso *Fitting,* Rn. 24.
48 ErfK-*Koch,* Rn. 1; *Fitting,* Rn. 24; Richardi-*Thüsing,* Rn. 14; a. A. allerdings nunmehr *BAG* 16.11.05, DB 06, 731.
49 Zu Aufgabenbereichen und Häufigkeit gemeinsamer Ausschüsse vgl. *Senne,* BB 95, 305.
50 *BAG* 20.10.93, NZA 94, 567.
51 GK-*Raab,* Rn. 38.
52 So *Fitting,* Rn. 39; MünchArbR-*Joost,* § 306 Rn. 62; ähnlich *Wulff,* ZBVR 02, 134 [137]; a. A. *ArbG Wuppertal* 12.10.92, AiB 93, 456 mit Anm. *Mayer;* Richardi-*Thüsing,* Rn. 36.
53 Textmuster bei DKKWF-*Wedde,* § 28 Rn. 13 ff.
54 Ebenso *HaKo-BetrVG/Blanke/Wolmerath,* Rn. 15; vgl. zur Übertragung der Beteiligungsrechte nach § 102 BetrVG auf einen paritätisch besetzten Personalausschuss *BAG* 12.7.84, AP Nr. 32 zu § 102 BetrVG 1972.
55 *Fitting,* Rn. 38 ff.; MünchArbR-*Joost,* § 306 Rn. 65; a. A. offenbar *Halberstadt,* Rn. 8; für die Unzulässigkeit einer Unterparität des BR GK-*Raab,* Rn. 41.
56 GK-*Raab,* a. a. O.
57 HWGNRH-*Glock,* Rn. 30.
58 Vgl. auch *Fitting,* Rn. 42; GK-*Raab,* Rn. 41; a. A. HWGNRH-*Glock,* Rn. 30; *Kallmeyer,* DB 78, 98.
59 *Fitting,* Rn. 45; GK-*Raab,* Rn. 44; HWGNRH-*Glock,* Rn. 31 f.

Beschluss **Aufgaben des BR wahrgenommen,** kann dieser jedoch **nicht gegen die Mehrheit** der entsandten **BR-Mitglieder** gefasst werden;[60] Um seine Interessen zu wahren und um »Zufallsmehrheiten« zu verhindern, kann der BR durch Beschluss die **Voraussetzungen für die Entscheidungsfindung** in gemeinsamen Ausschüssen vorgeben.[61] Er kann beispielsweise festlegen, dass die Wirksamkeit der in einem gemeinsamen Ausschuss erfolgten Beschlüsse von der Zustimmung der Mehrheit oder aller dorthin entsandten BR-Mitglieder abhängt.[62] Auch ein Beschluss, nach dem bei Meinungsverschiedenheiten zwischen den entsandten BR-Mitgliedern eine Entscheidung des BR eingeholt werden muss, ist zulässig. Die Durchsetzung dieser Vorgaben kann der BR erreichen, indem er seine Zustimmung zur Bildung dieser Gremien bzw. zur Übertragung von Aufgaben zur selbstständigen Erledigung von der Erfüllung seiner Forderungen abhängig macht.

Der gemeinsame Ausschuss kann bei einer entsprechenden Beauftragung durch den BR (vgl. **18**
Rn. 17) ggf. mit Wirkung für und gegen den BR Entscheidungen treffen, da, sofern nichts anderes vereinbart ist, grundsätzlich die einfache Mehrheit ohne Rücksicht darauf gilt, von welcher Seite die Mehrheit gebildet wird.[63] Auch wenn der gemeinsame Ausschuss kein Organ des BR, sondern ein **eigenständiges betriebsverfassungsrechtliches Gremium** ist, kann der BR Vorkehrungen dafür treffen, dass die Wirksamkeit gefasster Beschlüsse davon abhängt, dass **alle Mitglieder des BR** zugestimmt haben.[64] Durch Beschluss des BR können die Voraussetzungen für die Beschlussfassung im Ausschuss festgelegt werden. Der BR kann auch beschließen, dass bei Meinungsverschiedenheiten zwischen den entsandten BR-Mitgliedern eine Entscheidung des BR einzuholen ist. Tritt bei der Abstimmung im gemeinsamen Ausschuss eine Pattsituation auf, fällt die Angelegenheit an BR und AG zurück.[65] Nur auf diesem Weg bleiben die gesetzlichen Konfliktlösungsinstrumente wirksam.

Überträgt der BR seinen in gemeinsamen Ausschüssen tätigen Mitgliedern Aufgaben zur **19**
selbstständigen Erledigung, sind der Umfang und die Grenzen der Ermächtigung genau zu formulieren und schriftlich festzuhalten.[66] Im Übrigen gelten für die Übertragung der Aufgaben die gleichen Grundsätze wie für Ausschüsse des BR.[67] Die **Berichterstattungspflicht** ist bei der Bildung von gemeinsamen Ausschüssen von besonderer Bedeutung (vgl. § 27 Rn. 39). Wird die Übertragung durch Beschluss des BR einseitig widerrufen, wird der Widerruf auch dann wirksam, wenn die Bildung des gemeinsamen Ausschusses in einer BV festgelegt wurde.[68]

Die Bildung und Zusammensetzung eines gemeinsamen Ausschusses von BR und AG ist nicht **20**
davon abhängig, ob weitere Ausschüsse i. S. des § 28 Abs. 1 bestehen und wie sie besetzt sind. Die **Größe des gemeinsamen Ausschusses** legen BR und AG einvernehmlich nach ihrem Ermessen fest.[69] Zur Sicherung des Kommunikationsflusses ist es sinnvoll, dass der BR **mindestens zwei Mitglieder** in den gemeinsamen Ausschuss entsendet. Begnügen sich AG und BR mit der Mindestanzahl, ist ihre Entscheidung auch dann rechtmäßig, wenn dadurch auf eine im BR vertretene Liste keine Ausschussmitglieder entfallen.[70] Einen entsprechenden **Listenschutz** enthält das BetrVG nicht. Im Übrigen gelten für die Entsendung der BR-Mitglieder und

---

60 Zutreffend Richardi-*Thüsing,* Rn. 36; ErfK-*Koch,* Rn. 2; *HaKo-BetrVG/Blanke/Wolmerath,* Rn. 16 unter Hinweis auf das Prinzip der doppelten Mehrheit; a. A. *Fitting,* a. a. O.; GK-*Raab,* a. a. O.; HWGNRH-*Glock,* a. a. O.

61 *Fitting,* a. a. O.; GK-*Raab,* Rn. 43; ErfK-*Koch,* a. a. O.; a. A. HWGNRH-*Glock,* Rn. 33.

62 Vgl. *BAG* 12.7.84, AP Nr. 32 zu § 102 BetrVG 1972; 20.10.93, NZA 94, 567; ähnlich *Fitting,* a. a. O.; GK-*Raab,* Rn. 43; *Geffken,* AiB 02, 258; a. A. Richardi-*Thüsing,* a. a. O., der die Mehrheit der BR-Mitglieder für ausreichend hält.

63 *Fitting,* Rn. 45; GK-*Raab,* Rn. 44; *Senne,* BB 95, 305 [307]; a. A. MünchArbR-*Joost,* § 306 Rn. 62; Richardi-*Thüsing,* Rn. 36; *Hanau,* BB 73, 1274 [1277], die stets einen von der Mehrheit der BR-Mitglieder im gemeinsamen Ausschuss getragenen Beschluss fordern.

64 Vgl. *BAG* 12.7.84, AP Nr. 32 zu § 102 BetrVG 1972; a. A. Richardi-*Thüsing,* a. a. O.

65 *Fitting,* Rn. 46; a. A. HWGNRH-*Glock,* Rn. 34; GK-*Raab,* Rn. 44, die in diesen Fällen von der Antragsablehnung ausgehen.

66 Vgl. zum Schriftformzwang *LAG Rheinland-Pfalz* 27.11.12, EzA-SD 2012, Nr. 3, 14.

67 Vgl. Rn. 9 ff.; § 27 Rn. 35 ff.; DKKWF-*Wedde,* § 28 Rn. 4, 13.

68 GK-*Raab,* Rn. 40.

69 *BAG* 20.10.93, NZA 94, 567 = AiB 94, 421; *Fitting,* Rn. 25, 42; Richardi-*Thüsing,* Rn. 32.

70 *BAG* 20.10.93, a. a. O.

die Bestellung von Ersatzmitgliedern die gleichen Grundsätze wie für die Bildung der Ausschüsse des BR (vgl. Rn. 12 ff.). Bestehen ein **allgemeiner und ein gemeinsamer Ausschuss zu denselben Aufgaben,** muss der AG bei Mitbestimmungsangelegenheiten den BR-Ausschuss einschalten. Anderenfalls würden dem BR-Ausschuss wesentliche Funktionen entzogen. Dem Beteiligungsrecht des BR ist Genüge getan, wenn die BR-Mitglieder des weiteren Ausschusses gleichzeitig Mitglieder des gemeinsamen Ausschusses sind.[71]

21 Gemeinsame Ausschüsse können in allen Betrieben mit mehr als 100 AN gebildet werden. In kleineren Betrieben können aber gemeinsame Ausschüsse oder Kommissionen (z. B. Akkordkommissionen), wie dies verschiedentlich in TV vorgesehen ist, gebildet werden. Ihnen können jedoch als Ausschuss keine Aufgaben zur selbstständigen Erledigung übertragen werden, es sei denn, der TV sieht eine andere Regelung vor.

V. Streitigkeiten

22 Streitigkeiten im Zusammenhang mit der Bildung, Zusammensetzung und Zuständigkeit der Ausschüsse des BR sowie der gemeinsamen Ausschüsse von BR und AG gemäß Abs. 3 entscheiden die ArbG im Beschlussverfahren (§§ 2 a, 80 ff. ArbGG; vgl. im Übrigen § 27 Rn. 46 ff.). Entsprechende Streitigkeiten können auch inzidenter im **Urteilsverfahren** entschieden werden, z. B. bei einer Lohnklage eines betroffenen Akkordarbeiters.

§ 28 a Übertragung von Aufgaben auf Arbeitsgruppen

(1) In Betrieben mit mehr als 100 Arbeitnehmern kann der Betriebsrat mit der Mehrheit der Stimmen seiner Mitglieder bestimmte Aufgaben auf Arbeitsgruppen übertragen; dies erfolgt nach Maßgabe einer mit dem Arbeitgeber abzuschließenden Rahmenvereinbarung. Die Aufgaben müssen im Zusammenhang mit den von der Arbeitsgruppe zu erledigenden Tätigkeiten stehen. Die Übertragung bedarf der Schriftform. Für den Widerruf der Übertragung gelten Satz 1 erster Halbsatz und Satz 3 entsprechend.
(2) Die Arbeitsgruppe kann im Rahmen der ihr übertragenen Aufgaben mit dem Arbeitgeber Vereinbarungen schließen; eine Vereinbarung bedarf der Mehrheit der Stimmen der Gruppenmitglieder. § 77 gilt entsprechend. Können sich Arbeitgeber und Arbeitsgruppe in einer Angelegenheit nicht einigen, nimmt der Betriebsrat das Beteiligungsrecht wahr.

Inhaltsübersicht Rn.

71 So für BR-Personalausschuss und paritätischen Personalausschuss *BAG* 12.7.84, NZA 85, 96.

I. Vorbemerkungen

Die Vorschrift wurde durch das BetrVerf-ReformG 2001 **neu** in das Gesetz **eingefügt.** Die Regelung ist von dem Gedanken geprägt, dass sich die einzelnen AN stärker als bisher in kollektive Prozesse einbringen können sollen. Hierdurch soll die Funktion des BR als einheitliche Interessenvertretung der AN nicht beeinträchtigt werden.[1] Durch die Ermöglichung der Übertragung von Aufgaben soll den **Bedürfnissen der Praxis** und dem **Wunsch der AN nach unmittelbarer Beteiligung** Rechnung getragen werden. Die Übertragung kommt insbesondere bei der Durchführung von Gruppenarbeit im Sinne von § 87 Abs. 1 Nr. 13 in Betracht. Darüber ist sie auch für sonstige Team- und Projektarbeit sowie für bestimmte Beschäftigungsarten und Arbeitsbereiche möglich.[2] Schließlich ist eine Übertragung im Rahmen einer **weiten Auslegung** des Begriffs auch bei spezifischen Ausgestaltungen der Arbeit in Call-Center oder in virtuellen Arbeitsstrukturen möglich, wenn die hiermit befassten Arbeitsgruppen klar abgrenzbar sind (vgl. ausführlich Rn. 14). Der tatsächliche Nutzen der Vorschrift ist bisher in der betrieblichen Praxis begrenzt. In der Praxis werden die aus der Vorschrift folgenden Möglichkeiten bisher nur sehr verhalten genutzt.[3] 1

Die Vorschrift **gilt entsprechend** für **andere AN-Vertretungen** gem. **§ 3 Abs. 1 Nr. 2 und 3,** wenn sie an die Stelle des BR treten.[4] Für **einheitliche BR** gem. **§ 3 Abs. 1 Nr. 1** in Unternehmen gilt sie **unmittelbar.** Für den **GBR** (§ 51), den **KBR** (§ 59), die **JAV** (§ 65), die **GJAV** (§ 73), die **KJAV** (§ 73 b) und für zusätzliche AN-Vertretungen nach § 3 Abs. 1 Nrn. 4 und 5 kommt die Vorschrift nicht zur Anwendung. Die normativen Vorgaben bezüglich Voraussetzungen und Rechtsfolgen der Übertragung betriebsverfassungsrechtlicher Aufgaben sind **zwingendes Recht.**[5] Die Arbeitsgruppe ist keine »Unterorganisation« des BR.[6] 2

Die Übertragung von Aufgaben an Arbeitsgruppen kann der BR nach eigenem Ermessen und nach eigener Entscheidung durchführen.[7] Ein **Zwang zur Verlagerung** von Aufgaben auf Arbeitsgruppen **leitet sich** jedoch aus der Vorschrift **nicht ab.** Es liegt **im Ermessen** des BR, ob er von der ihm eingeräumten Möglichkeit Gebrauch macht (vgl. Rn. 42). Durch die Norm wird der Arbeitsgruppe keine eigenständige gesetzliche Kompetenz zugewiesen. Voraussetzung für ihre kollektivrechtliche Tätigkeit ist stets ein vorhergehender Beschluss des BR.[8] 3

Verfügen Arbeitsgruppen über einen hohen Grad an persönlicher Autonomie bezüglich der Erbringung der von ihnen erwarteten Arbeitsleistung,[9] kommt es in der Praxis schon beinahe zwingend zu Kollisionen mit kollektivrechtlich normierten Mitwirkungs- und Mitbestimmungsrechten des BR. Diese treten beispielsweise ein, wenn eine Arbeitsgruppe eigenständig Regelungen zur Lage der Arbeitszeit, zu Pausen oder zur Urlaubsplanung vornimmt, da hier insbesondere Mitbestimmungsrechte gem. § 87 Abs. 1 Nr. 13 tangiert werden (vgl. hierzu § 87 Rn. 384 ff.). Für einen Teil dieser sowie für vergleichbare Konfliktsituationen im Zusammenhang mit anderen Arbeitsgruppen stellt § 28 a nunmehr **Handlungs- und Lösungsmöglichkeiten** zur Verfügung, die es unter Wahrung der Rechte des BR ermöglichen, bestimmte Entscheidungsmöglichkeiten und Handlungsspielräume auf die unmittelbar betroffenen Arbeitsgruppen zu verlagern.[10] Die Vorschrift ist aus Sicht der betroffenen Arbeitsgruppen, des BR und des AG gleichermaßen **zu begrüßen.**[11] Vor diesem Hintergrund ist es zu bedauern, dass die Nutzung der Möglichkeiten des § 28 a bisher sehr begrenzt ist.[12] 4

1 BT-Drucks. 14/5741, S. 17.
2 BT-Drucks. 14/5741, S. 42.
3 Vgl. hierzu *Linde*, AiB 02, 334; ähnlich der Hinweis von *Richter/Schneider*, AiB 04, 154, 161.
4 Ähnlich HaKo-BetrVG/Blanke/Wolmerath, Rn. 2, für **Bordvertretungen** (§ 115 Abs. 4) und für **See-BR** (§ 116 Abs. 3).
5 *Fitting*, Rn. 3.
6 *Natzel*, DB 01, 1362; *SWS*, Rn. 6.
7 Ebenso *Fitting*, Rn. 25; weitergehend wohl *Engels*, FS Wißmann, 302 [308].
8 GK-*Raab*, Rn. 3.
9 Zu unterschiedlichen Ausgestaltungen *Annuß*, NZA 01, 370; vgl. auch § 87 Rn. 376 ff.
10 Ähnlich *Hjort/Hummel/Helm*, AiB 01, 122; *Engels/Trebinger/Löhr-Steinhaus*, DB 01, 532 [537].
11 Ähnlich *Reichold*, NZA 01, 857 [862]; a. A. *Hanau*, RdA 01, 65 [73], der von Überregulierung spricht.
12 Vgl. *Linde*, AiB 04, 334; GK-*Raab*, Rn. 5.

5 Die Regelung kann zu **Problemen** führen, wenn sich beispielsweise **Drucksituationen** zu Lasten der betroffenen AN ergeben, die sachgerechte und ausgeglichene Lösungen ausschließen. Dies kann etwa der Fall sein, wenn ein AG den BR immer dann auffordert, Entscheidungen auf eine Arbeitsgruppe zu verlagern, wenn er sich hier günstigere Lösungen erhofft oder wenn er die Mitglieder einer Gruppe im Verlauf des Entscheidungsprozesses unmittelbar und persönlich unter Druck setzt.[13] Gleiches gilt, wenn der BR sich den Partikularinteressen einer größeren Arbeitsgruppe gegenübersieht, deren Vertreter im BR eine Verlagerung der Entscheidungsebenen im einseitigen Interesse durchsetzen. Schließlich kann im Einzelfall bei der Einbindung in verbindliche betriebliche Organisationskonzepte wie »Just-in-Time« oder »Lean Management« die Feststellung Probleme bereiten, ob für eine Arbeitsgruppe tatsächlich autonome Handlungsspielräume bestehen.[14]

6 Für alle angesprochenen Problemkonstellationen stellt die in Abs. 1 Satz 4 enthaltene Möglichkeit des **Widerrufs** zwar eine Lösungsmöglichkeit dar. Deren Wirksamkeit kann in der Praxis aber begrenzt sein. Ist nämlich eine entsprechende Verlagerung der Aufgaben erfolgt und zeichnet sich in den Verhandlungen zwischen AG und der Arbeitsgruppe eine Lösung ab, befindet sich der BR, der sein Widerspruchsrecht auf Grund absehbarer Probleme für andere AN oder für den Betrieb ausüben will, fast automatisch in der schwierigen Situation eines »Spielverderbers«. Die Wahrnehmung des Widerspruchsrechts unterliegt in derartigen Fällen betriebspolitisch einem hohen Begründungszwang.

7 Schwierig stellt sich mit Blick auf mögliche Drucksituationen schließlich die Tatsache dar, dass die Mitglieder von Arbeitsgruppen **nicht** wie BR-Mitglieder gem. § 78 BetrVG und § 15 KSchG einen **besonderen Benachteiligungs- und Kündigungsschutz** genießen. Dies schwächt in der Praxis insbesondere die Position von Verhandlungsführern aus der Arbeitsgruppe, die naturgemäß im Klärungsprozess mit dem AG vorsichtiger agieren müssen als gesetzlich besonders geschützte BR-Mitglieder.

8 Um vor diesem Hintergrund die angesprochenen Vorteile der mit § 28 a verbundenen Möglichkeiten zu nutzen und Risiken auszuschließen oder zu minimieren, ist es aus Sicht der BR wie auch der betroffenen AN notwendig, Ausgestaltungen der Rahmenvereinbarungen vorzunehmen, durch die einerseits für den BR das Primat des Handelns in kollektivrechtlichen Fragen gesichert und andererseits der Schutz der aus der Arbeitsgruppe am Verhandlungsprozess beteiligten AN gewährleistet wird. Nur so lassen sich insbesondere auch die zu Lasten der aktiv handelnden AN sowie der Arbeitsgruppen als Ganzes bestehenden Risiken minimieren.

II. Übertragung von Aufgaben (Abs. 1)

9 Liegen die gesetzlich normierten Voraussetzungen des Abs. 1 vor, kann der BR Arbeitsgruppen durch mehrheitliche Entscheidung die Erledigung von Aufgaben übertragen. Es besteht jedoch **keine kollektivrechtliche Verpflichtung für eine Übertragung.**[15] Damit hat der BR nicht nur uneingeschränkte Entscheidungsfreiheit zum »Wie« einer Übertragung, sondern auch zum »Ob« bzw. zum »Überhaupt«. Findet eine beantragte Übertragung im BR keine Mehrheit, kann sie weder von der Arbeitsgruppe noch vom AG erzwungen werden. Die entsprechenden Rechte werden dann weiterhin ausschließlich vom BR wahrgenommen.

10 **Entsprechendes gilt für die Gegenstände und Inhalte der Übertragung,** die gemäß der jeweiligen Entscheidung des BR weit oder eng gefasst sein können. Im Einzelfall kann der BR beispielsweise beschließen, dass Themen wie beispielsweise die Lage der Arbeitszeit von der Arbeitsgruppe mit dem AG völlig autonom verhandelt und in einer Vereinbarung festgelegt werden können. Er kann deren Gegenstand aber auch auf bestimmte Aspekte begrenzen und/oder sich selbst den endgültigen Abschluss von Vereinbarungen vorbehalten. Nur eine derartige Auslegung der normativen Grundlagen wahrt die allgemeinen kollektivrechtlichen Positionen bzw. Mitwirkungs- und Mitbestimmungsrechte des BR.

---

13 *Hjort/Hummel/Helm,* a. a. O.; *Däubler,* AuR 01, 285; *Fitting,* Rn. 6; GK-*Raab,* Rn. 4.
14 Vgl. *Preis/Elert,* NZA 01, 371 [372].
15 Ebenso *Konzen,* RdA 01, 76 [85]; Hako-BetrVG-*Blanke,* Rn. 8.

1. Betriebsgröße

Die Übertragung von Aufgaben gem. § 28 a ist erst ab einer **Belegschaftsgröße** von **mindestens 101 AN** möglich. Da die Vorschrift nicht an die Wahlberechtigung anknüpft, sind auch jugendliche AN zu berücksichtigen sowie Leih-AN, die länger als drei Monate im Betrieb tätig sind.[16] In kleineren Betrieben kann aufgrund der eindeutigen gesetzgeberischen Festlegung nur der BR selbst kollektivrechtliche Aufgaben wahrnehmen und entsprechende Vereinbarungen schließen. Gleiches gilt, wenn es sich um einen **gemeinsamen Betrieb** gem. § 1 Abs. 2 BetrVG handelt (vgl. hierzu Rn. 19). 11

Maßgeblich ist die **regelmäßige AN-Zahl**,[17] d. h. die die Zahl der Beschäftigten, die **regelmäßig** im Betrieb arbeiten.[18] Das Erfordernis der »Regelmäßigkeit« ist zwar in der Norm nicht ausdrücklich erwähnt. Dass der Gesetzgeber bei der Formulierung dieser Vorschrift auf einen entsprechenden Hinweis verzichtet hat, ist vermutlich ein Redaktionsversehen. Das Anknüpfen an die regelmäßige Beschäftigtenzahl ergibt sich aus der allgemeinen Systematik des Gesetzes, nach der durch das Abstellen auf eine regelmäßige Beschäftigtenzahl (etwa in § 1 Abs. 1) Zufallsergebnisse und -entscheidungen vermieden werden sollen, die sich bei schwankenden Beschäftigtenzahlen ergeben können. Das Abstellen auf die regelmäßige Beschäftigtenzahl verhindert weiterhin Manipulation im Zusammenhang mit der Übertragung von Aufgaben durch kurzfristige Veränderungen der AN-Zahl im Betrieb. Schließlich ist zu bedenken, dass das Abstellen auf die regelmäßige Beschäftigtenzahl auch aus Gründen der Praktikabilität geboten ist, weil sonst etwa eine kurzzeitige Unterschreitung der Mindestbeschäftigtenzahl (beispielsweise wegen der Kündigung von AN) zum Wegfall des Verhandlungsmandats führen würde. 12

Die relevante AN-Zahl muss zum **Zeitpunkt der Übertragung** gegeben sein. Sinkt die Zahl der AN nach der Übertragung auf die Arbeitsgruppe unter den gesetzlich normierten Mindestwert, kann die Verhandlung im Rahmen des Mandats fortgeführt werden, da die gesetzlich festgelegte AN-Zahl sich auf den Zeitpunkt der Übertragung bezieht, nicht aber auf den Zeitpunkt des Abschlusses einer Vereinbarung. In der Rahmenvereinbarung können für derartige Fälle jedoch anderweitige Regelungen getroffen werden. Dem BR ist es zudem hier unbenommen, die **Übertragung zu widerrufen.** 13

2. Arbeitsgruppen

Arbeitsgruppen sind **selbstregulierende Organisationseinheiten** innerhalb des Betriebs, die im Rahmen eines konkreten Arbeitsauftrags durch den AG die Planung, Steuerung, Durchführung, Koordination und Kontrolle ihrer Tätigkeit bzw. Aufgaben eigenverantwortlich durchführen.[19] Dabei muss die Arbeitsgruppe über einen eigenständigen Handlungsspielraum und über größere Selbstständigkeit verfügen.[20] Um diese definitorischen Anforderungen erfüllen zu können, ist es notwendig, dass **feststeht, wer die Mitglieder der Arbeitsgruppe sind.** 14

Der **Begriff erfasst** nur Arbeitsgruppen im **arbeitsorganisatorischen Sinn**.[21] Allgemeine Voraussetzung für die Anwendbarkeit der Vorschrift ist, dass eine Arbeitsgruppe autonom sowohl die Erledigung der Einzelaufgaben als Gesamtaufgabe als auch über die damit zusammenhängenden vor- und nachgelagerten Tätigkeiten sowie über begleitende Aufgaben wie etwa Qualitätssicherung zu entscheiden hat und dass sie dabei auch Vorgesetztenfunktionen wie etwa Anwesenheits- und Terminkontrolle wahrnimmt (vgl. § 87 Rn. 76 ff.). Die **erforderliche Autonomie** ist nur gegeben, wenn echte Entscheidungsspielräume bestehen, nicht aber, wenn durch die Einbindung in Konzepte wie etwa »Just-in-Time« oder »Lean Management«, in der 15

16 *Fitting*, Rn. 8; *Linde*, S. 107; *Zumbeck*, S. 18; a. A. Richardi-*Thüsing*, Rn. 5; *Nill*, S. 65.
17 Vgl. hierzu § 1 Rn. 249 m. w. N.; § 9 Rn. 6; *Wedde*, AuR 02, 122; *Nill*, 65 ff.
18 Vgl. § 9 Rn. 6; zum relevanten AN-Begriff vgl. § 5 Rn. 7 ff., 183.
19 Vgl. im Ergebnis ähnlich *Fitting*, Rn. 11; *Federlin*, NZA-Sonderheft 01, 25.
20 BT-Drucks. 14/5741, S. 30, 40 zu Nr. 25 und S. 47 zu Nr. 56; weitere Nachweise vgl. § 28 a Rn. 24 der 12. Aufl.
21 A. A. GK-*Raab*, Rn. 14, der diese Einschränkung für zu eng hält; ähnlich wohl auch *Fitting*, Rn. 12.

Praxis keine oder nur geringe Handlungsspielräume der einzelnen AN sowie der Arbeitsgruppe insgesamt bestehen.[22]

16 Innerhalb des vorstehend beschriebenen Rahmens ist der **Begriff der Arbeitsgruppe** gem. § 28 a mangels präziser gesetzgeberischer Definition **weit** auszulegen.[23] Er erfasst zunächst beispielsweise **teilautonome Gruppen** im Sinne von § 87 Abs. 1 Nr. 13,[24] die ihnen übertragene Gesamtaufgaben im Rahmen des betrieblichen Ablaufs im Wesentlichen eigenverantwortlich erledigen. Ist die entsprechende Eigenverantwortlichkeit und Eigenständigkeit gegeben, kommt weiterhin die Übertragung von Aufgaben auf **Projektgruppen** oder auf **Teams** in Betracht. Hierzu können auch Projektgruppen gehören, die mit der langfristigen Einführung oder Veränderung eines IT-Systems befasst sind und deren vorrangige Aufgabe die erfolgreiche und termingerechte Implementation der IT-Anwendung ist. Arbeitsgruppe im Sinne der Vorschrift können darüber hinaus auch abgrenzbare Einheiten wie Außendienstorganisationen von Betrieben oder Forschungs- und Entwicklungsabteilungen sein.

17 Die Voraussetzungen für eine Übertragung von Aufgaben können auch **virtuelle Arbeitsgruppen** erfüllen, wenn diese eine Aufgabe eigenverantwortlich und eigenständig erledigen. Gemeint sind Arbeitsgruppen, die ohne direkte organisatorische oder räumliche Verbindung unter Nutzung verschiedener IT-Anwendungen zusammenarbeiten.

18 Arbeitsgruppen können grundsätzlich auch **unternehmensbezogen** bestehen oder organisiert sein (beispielsweise zur Abwicklung von übergreifenden IT-Projekten, bei betriebsübergreifenden Vertriebskonzepten, im Zusammenhang mit Unternehmensumorganisationen usw.). In diesen Fällen ist ebenfalls eine Übertragung durch alle betroffenen BR nach den gleichen Grundsätzen möglich wie innerhalb eines Betriebs.[25] Sie erfordert einen übereinstimmenden Beschluss aller beteiligten BR. Eine Zuständigkeit des GBR ist hingegen nicht gegeben, weil ein entsprechender Verweis im Katalog des § 51 Abs. 1 fehlt. Eine Beauftragung des GBR gem. § 50 Abs. 2 ist jedoch im Einzelfall möglich.[26]

19 Wird ein **gemeinsamer Betrieb mehrerer Unternehmen** gem. § 1 Abs. 1 Satz 2 gebildet, obliegt die Übertragung von Aufgaben gem. § 28 a dem hier gewählten BR. Entsprechendes gilt, wenn gem. § 3 mögliche **abweichende Vertretungsstrukturen** geschaffen worden sind (vgl. hierzu insgesamt § 3 Rn. 21 ff., 112 ff., 146 ff.).

20 **Keine Arbeitsgruppe i. S. von § 28 a** besteht, wenn AN, die Einzelaufgaben erbringen, lediglich organisatorisch in einer Einheit zusammengefasst sind und vom AG dort zentral koordiniert werden, wie etwa »Arbeitsgruppen« in einem Call-Center, die allenfalls die Lage der individuellen Pausen bestimmen können, nicht jedoch die inhaltliche Einteilung der zu erledigenden Calls.[27] Gleiches gilt, wenn **Arbeitsgruppen nur parallel zur Arbeitsorganisation** bestehen wie etwa sog. Projekt- oder Steuerungsgruppen, die Arbeitsprozesse nur begleiten, steuern oder kontrollieren, ohne sie gleichzeitig auch selbst und eigenverantwortlich durchzuführen. Für Mitarbeiter im Außendienst kommt eine Delegation von Aufgaben auf der Grundlage des § 28 a nur in Betracht, wenn sie als Gruppe Aufgaben und Selbstorganisation eigenverantwortlich wahrnehmen können.[28] Die Tatsache, dass eine Mehrzahl von AN eine gleichartige Tätigkeit ausübt, reicht für die Einbeziehung in den Anwendungsrahmen des § 28 a nicht aus.[29] Auch andere Arbeitsgruppen des BR, des AG oder gemeinsame Arbeitsgruppen des BR und des AG gem. § 28 Abs. 2 werden nicht von § 28 a erfasst.

---

22 Vgl. *Preis/Elert,* NZA 01, 371 f.

23 *Wedde,* AuR 02, 122; ebenso *Däubler,* AiB 01, 383; *Malottke,* AiB 01, 626; *Werwach,* ZBVR 04, 131; enger GK-*Raab,* Rn. 12 f.; ähnlich *Geffken,* AiB 06, 266, der nur Arbeitsgruppen i. S. von § 87 Abs. 1 Nr. 13 für einschlägig hält; zu weit *Fitting,* Rn. 12, *Zumbeck,* S. 20, die etwa auch Außendienstmitarbeiter als eine Arbeitsgruppe sehen.

24 Ebenso GK-*Raab,* Rn. 12; *ders.,* NZA 02, 474.

25 Im Ergebnis ähnlich *Fitting,* Rn. 12 a; Richardi-*Thüsing,* Rn. 9; a. A. *Linde,* S. 154; *Nill,* S. 69; GK-*Raab,* Rn. 16.

26 Vgl. § 50 Rn. 62 ff.; ebenso *Fitting,* Rn. 12 a.

27 A. A. ErfK-*Koch,* Rn. 2; *Fitting,* Rn. 11; GK-*Raab,* Rn. 15; Richardi-*Thüsing,* Rn. 8.

28 Ähnlich *Däubler,* AuR 01, 289; a. A. *Fitting,* Rn. 12 und *Engels,* FS Wißmann, 302 [304], die sich für eine Qualifikation als Arbeitsgruppe aussprechen.

29 A. A. *Engels,* a. a. O.

3. Rahmenvereinbarung

Grundlage für die Übertragung von Aufgaben an eine Arbeitsgruppe ist eine zwischen AG und BR abgeschlossene **Rahmenvereinbarung.** In dieser ist festzulegen, welchen Arbeitsgruppen in welchem Umfang Aufgaben übertragen werden sollen.[30] Darüber hinaus ist es **sinnvoll,** in eine solche Vereinbarung weitere allgemeine Vorgaben zu Themen wie 21

- formale Abwicklung von Übertragung und Widerruf (etwa Adressaten/Ansprechpartner in der Arbeitsgruppe, Zustellung von Beschlüssen, Beendigung der Verhandlungen mit dem AG usw.),
- formale Anforderungen an abzuschließende Vereinbarungen (etwa verkürzte oder verlängerte Kündigungsfristen, Vereinbarung von Nachwirkungen usw.),
- Stellung der am Verhandlungsprozess beteiligten AN aus den Arbeitsgruppen (insbesondere Schutz vor Benachteiligungen analog den Regeln des § 78; vgl. auch Rn. 83),
- Ausgestaltung der Binnenstruktur der Arbeitsgruppen (etwa Wahl von Sprechern und Vertretern, Ablauf der Diskussionen und Beschlussfassungen usw.),
- Information des BR über den aktuellen Verhandlungsstand und
- allgemeine Handlungsspielräume und -grenzen für die Arbeitsgruppe

aufzunehmen.[31] Die Rahmenvereinbarung kann auf konkrete Arbeitsgruppen bezogen werden, wenn hier Besonderheiten oder Unterschiede bestehen.[32]

Der Abschluss einer **Rahmenvereinbarung** ist **Wirksamkeitsvoraussetzung** für die Übertragung kollektivrechtlicher Aufgaben an eine Arbeitsgruppe. Ist sie nicht abgeschlossen, können zwischen AG und Arbeitsgruppe keine rechtswirksamen Vereinbarungen zu kollektiven Tatbeständen getroffen werden. Entsprechende Vereinbarungen wären **nichtig.** Den Abschluss einer Rahmenvereinbarung kann der BR (anders als die Übertragung von Aufgaben, vgl. hierzu Rn. 40) mit einfacher Mehrheit beschließen. 22

Auf Grund des Verweises des Satzes 2 wird der Regelungsgehalt der Rahmenvereinbarung auf Aufgaben beschränkt, die in einem **Zusammenhang** mit **der von der Arbeitsgruppe zu erledigenden Tätigkeit** stehen. Der Begriff des »Zusammenhangs« ist im Zweifel **eng auszulegen.** Nur so lässt sich vermeiden, dass arbeitsgruppenspezifische Vereinbarungen ungewollte Auswirkungen auf andere AN des Betriebs haben. 23

Die Rahmenvereinbarung ist eine **freiwillige Betriebsvereinbarung** gem. § 88 BetrVG.[33] Sie kann vom BR mit einfacher Mehrheit beschlossen werden und kann (freiwilliger) Bestandteil einer Betriebsvereinbarung sein.[34] Eine dem Regelungsgehalt der Rahmenvereinbarung widersprechende BV geht dieser vor.[35] Der **Abschluss** einer Rahmenvereinbarung ist **von keiner Seite erzwingbar.**[36] Sind AG oder BR zum Abschluss einer Rahmenvereinbarung zu § 28 a nicht bereit, kann keine Übertragung von Aufgaben an die Arbeitsgruppe erfolgen. 24

Für Abschluss, Wirkung und Kündigung von Rahmenvereinbarungen **gelten** die **allgemeinen Vorschriften des § 77.** Rahmenvereinbarungen sind damit gem. § 77 Abs. 2 von BR und AG **gemeinsam zu beschließen, schriftlich** niederzulegen und **von beiden Seiten zu unterzeichnen.**[37] Die **Pflicht zur Durchführung** der Rahmenvereinbarung obliegt gem. § 77 Abs. 1 dem **AG.** 25

---

30 BT-Drucks. 14/5741, S. 40; vgl. Muster einer Rahmenvereinbarung bei *Wedde,* AiB 01, 630 sowie bei DKKWF-*Wedde,* § 28 a, Rn. 3 ff.; *Wedde,* AuR 02, 122.

31 Ausführlich *Wedde,* AiB 01, 630; ähnlich *Fitting,* Rn. 14 ff.; *Nill,* 63 ff.

32 So ausdrücklich *Fitting,* Rn. 17, die den Abschluss einer Rahmenvereinbarung pro Arbeitsgruppe empfehlen.

33 So auch *Engels,* FS Wißmann, 302 [307]); *Fitting,* Rn. 18; *Geffken,* AiB 02, 257; *Nill,* S. 72 f.; Richardi-*Thüsing,* Rn. 13, 18; offener GK-*Raab,* Rn. 26; *ders.,* NZA 02, 474, HWGNRH-*Glock,* Rn. 15 und *Linde,* S. 195, die sowohl BV als auch Regelungsabreden für möglich halten; vgl. allgemein § 88 Rn. 11 ff. sowie zur Rechtsnatur § 77 Rn. 14.

34 § 33; zur Unzulässigkeit des Abschlusses durch einen BA *HessLAG* 24.9.09 – 9 TaBV 69/09.

35 Vgl. allgemein § 77 Rn. 25 ff.; *Fitting,* § 77 Rn. 192.

36 *Fitting,* Rn. 19; Richardi-*Thüsing,* Rn. 18; ähnlich *Linde,* S. 202; *Natzel,* DB 01, 1362; *Konzen,* RdA 01, 78 [85]; a. A. *Löwisch,* BB 01, 1734 [1740], der eine Verpflichtung von AG und BR sieht.

37 Vgl. § 77 Rn. 54 ff.; ebenso *Nill,* 75.

26 Rahmenvereinbarungen können gem. § 77 Abs. 5 im Regelfall von BR oder AG mit einer Frist von drei Monaten **gekündigt** werden. Hierbei gelten weder Kündigungsschutzbestimmungen noch bedarf die Kündigung einer Begründung. Eine Kündigung aus **wichtigem Grund** ist ebenfalls möglich (vgl. ausführlich § 77 Rn. 108 ff.). BR und AG können **abweichende Vereinbarungen zu Kündigungsfristen treffen** wie etwa längere oder kürzere Fristen. Zulässig ist auch die **Beendigung** der Rahmenvereinbarung **zu einem bestimmten Termin** oder mit **Eintritt eines bestimmten Ereignisses** (etwa Veränderung der Gruppen- oder Betriebsstruktur).

27 Als freiwillige Betriebsvereinbarung **wirkt** eine Rahmenvereinbarung nach einer Kündigung **nicht nach.**[38] Wird sie gekündigt, endet mit Ablauf der Kündigungsfrist die Möglichkeit der Übertragung von Aufgaben auf Arbeitsgruppen und deren Mandat zum Abschluss von Vereinbarungen. Innerhalb der Kündigungsfrist können weiter Verhandlungen erfolgen und wirksame Vereinbarungen abgeschlossen werden, soweit der BR nicht einen entsprechenden Widerruf ausgesprochen hat (vgl. Rn. 53 f.). Der Widerspruch kann sich **konkludent** aus der Formulierung der Kündigung ergeben. Voraussetzung ist auch in diesem Fall ein entsprechender Beschluss des BR mit absoluter Mehrheit.

28 Vorgaben zum Inhalt von Rahmenvereinbarungen enthält § 28 a nicht. Spezifische Anforderungen leiten sich aber aus dem normativen Gesamtzusammenhang ab. Unter Beachtung von Abs. 1 Satz 2 ist in Rahmenvereinbarungen zwingend festzulegen, **welche Aufgaben** übertragen werden können. Weiterhin kann festgeschrieben werden, **welche Arbeitsgruppen** hierfür **in Betracht kommen.**[39] Darüber hinaus sollten allgemeine **Regelungsbefugnisse der Arbeitsgruppen** festgelegt werden sowie **formale Einzelheiten** wie insbesondere ihre Definition im konkreten Betriebsumfeld.

29 Der **Detallierungsgrad** der Regelungen in Rahmenvereinbarungen obliegt der freien Vereinbarung zwischen BR und AG. Es ist den Parteien unbenommen, sich auf die Verankerung allgemeiner Grundsätze zu beschränken und exaktere Vorgaben jeweils der Beschlussfassung des BR in Einzelfällen zu überlassen. Aus Gründen der Rechtssicherheit und der Vereinfachung des Verfahrens ist es jedoch sinnvoll, in der Rahmenvereinbarung hinsichtlich der möglichen Regelungsgegenstände, der Regelungsbereiche und des persönlich-organisatorischen Anwendungsbereichs weitgehende Vorgaben zu machen, die eng und abschließend ausgestaltet sind.

a) Übertragene Aufgaben

30 Bei der Festlegung der **übertragbaren Aufgaben** in der Rahmenvereinbarung ist mit Blick auf Satz 2 zu beachten, dass diese in einem **inneren** Zusammenhang mit den Aufgaben stehen müssen, die von der Arbeitsgruppe zu erledigen sind. Nach der amtlichen Begründung ist diese Voraussetzung **insbesondere** hinsichtlich Arbeitszeitfragen, Pausenregelungen, Urlaubsplanung, Arbeitsgestaltung und ähnlichen tätigkeits- und aufgabenbezogenen Sachverhalten erfüllt.[40] Für eine Übertragung in Betracht kommen können **weiterhin Themen mit direktem Bezug zur Arbeitsgruppe** wie beispielsweise spezifische Berufsbildungsmaßnahmen, Berücksichtigung leistungsschwacher AN, Ausschreibung von Arbeitsplätzen, soweit diese sich hinsichtlich ihrer Auswirkungen auf die Arbeitsgruppe begrenzen lassen (etwa wenn nur hier entsprechend qualifizierte AN für eine ausgeschriebene Stelle zur Verfügung stehen), die Übertragung der Ausgestaltung interner Kommunikationsprozesse und Entscheidungsstrukturen (etwa Gruppengespräche, Konfliktlösungsmechanismen oder Arbeitswechsel in der Gruppe, Reihenfolge der Arbeitsabwicklung, Zusammenarbeit in der Gruppe usw.), eine Auseinandersetzung mit Vorschlägen einer Einigungsstelle, die die Arbeitsgruppe betreffen[41] oder die innerbetriebliche Koordination mit anderen Gruppen im Rahmen des Mitbestimmungsrechts des BR gem. § 87 Abs. 1 Nr. 13 (vgl. hierzu § 87 Rn. 381 ff.). Voraussetzung ist stets, dass sich

38 Vgl. § 77 Rn. 118 ff.; ErfK-*Koch*, Rn. 2; *Fitting*, Rn. 20; GK-*Raab*, Rn. 28; nunmehr auch Richardi-*Thüsing*, Rn. 17.
39 BT-Drucks. 14/5741, S. 40.
40 BT-Drucks. 14/5741, S. 40.
41 *BAG* 20.8.14, NZA 14, 1349.

die Aufgaben so abgrenzen lassen, dass andere AN des Betriebs außerhalb der Arbeitsgruppe nicht betroffen werden.

Unzulässig ist eine **Übertragung** insbesondere **bei Betriebsänderungen.** Es soll zur Vermeidung von unzulässigen Drucksituationen ausgeschlossen werden, dass hier die unmittelbar Betroffenen Beteiligungsrechte des BR nach den §§ 111 ff. ausüben können.[42] Eine Übertragung scheidet aber auch in anderen Fällen aus, in denen sich für die betroffenen AN **direkte materiellrechtliche Auswirkungen** ergeben können, die über den organisatorischen Rahmen hinausgehen. Dies kann etwa der Fall sein im Zusammenhang mit der vorübergehenden Verkürzung oder Verlängerung der Arbeitszeit durch Einführung von Kurzarbeit oder Überstunden (§ 87 Abs. 1 Nr. 3), bezüglich Regelungen zu Verhaltens- und Leistungskontrollen durch technische Einrichtungen (§ 87 Abs. 1 Nr. 6) oder zum Arbeits- und Gesundheitsschutz (§ 87 Abs. 1 Nr. 7), bei der Festsetzung von Akkord- und Prämiensätzen und vergleichbarer leistungsbezogener Entgelte[43] sowie bei personellen Einzelmaßnahmen.[44] Ausgeschlossen sind mit Blick auf deren unmittelbaren und zwingenden Charakter darüber hinaus grundsätzlich alle Abmachungen, die zu Ungunsten der AN von Betriebsvereinbarungen abweichen.[45] 31

Die Rahmenvereinbarung ist allgemeine **Grundlage für die Übertragung** von Aufgaben in konkreten Fällen. Sie begründet jedoch keinen Rechtsanspruch für eine entsprechende Delegation auf Arbeitsgruppen. Deshalb darf sie durch ihre inhaltliche Gestaltung die Übertragungen durch Beschluss des BR nicht vorwegnehmen. Insoweit wäre es beispielsweise zulässig, in der Rahmenvereinbarung festzulegen, dass es grundsätzlich Aufgabe der Arbeitsgruppen ist, innerhalb bestimmter Vorgaben über die Festlegung der Arbeitszeit zu entscheiden. Unzulässig wäre es, wenn gleichzeitig festgelegt würde, dass das Auftreten von entsprechenden Arbeitszeitfragen automatisch ein Verhandlungsmandat der Arbeitsgruppe begründet. 32

Sinnvoll und mit Blick auf den durch Abs. 1 Satz 2 geforderten Zusammenhang mit der Tätigkeit der Arbeitsgruppe ist auch zwingend erforderlich, in den Rahmenvereinbarungen abschließend festzulegen, **welche Aufgaben übertragen werden** können bzw. **welche nicht.** Entsprechende Festlegungen dienen nicht nur der Schaffung und Erhaltung von Rechtssicherheit, sondern auch der Herstellung von Klarheit bei der Arbeitsgruppe sowie bei BR und AG über die bestehenden Verhandlungsspielräume und deren Grenzen. Praktisch umsetzen lassen sich diese Anforderungen etwa durch Nennung von Aufgaben, die übertragen werden, oder durch den entsprechenden Ausschluss von Aufgaben, die nicht behandelt werden sollen. Den aktuellen Bedürfnissen und Wandelungen wird dadurch Rechnung getragen, dass sich der vereinbarte Katalog bei Bedarf durch Vereinbarung zwischen AG und BR erweitern lässt. 33

b) Festlegungen der Arbeitsgruppen

Um hinsichtlich der Anwendbarkeit des § 28 a Transparenz zu schaffen und um gleichzeitig Missbrauchsmöglichkeiten auszuschließen oder zu begrenzen, ist es sinnvoll, in der Rahmenvereinbarung abschließend festzulegen, **für welche Arbeitsgruppen** eine Übertragung ermöglicht werden soll.[46] Im konkreten Einzelfall kann es sinnvoll sein, dass für jede Arbeitsgruppe eine individuelle Rahmenvereinbarung abgeschlossen wird.[47] Entsprechende Festlegungen können in Abhängigkeit von der betrieblichen Struktur konkret unter Benennung der Arbeitsgruppen oder abstrakt unter Beschreibung der hierfür in Betracht kommenden Bereiche, Aufgaben oder Tätigkeiten getroffen werden. Ist in der Rahmenvereinbarung eine entsprechende Festlegung erfolgt, ist sie für BR wie AG insoweit bindend, als eine Übertragung nur im vereinbarten Rahmen möglich ist und Rechtswirkung entfalten kann. Die Nennung von Arbeitsgruppen im Produktionsbereich in einer Rahmenvereinbarung begründet damit beispielsweise nicht die Möglichkeit, entsprechende Übertragungen analog auch auf Arbeits- 34

---

42 Vgl. ähnlich BT-Drucks. 14/5741, S. 40; ebenso *Engels,* FS Wißmann, 302 [309].
43 § 87 Abs. 1 Nr. 11; *Fitting,* Rn. 23 a; nunmehr auch HaKo-BetrVG-*Blanke,* Rn. 20.
44 § 99; ebenso GK-*Raab,* Rn. 34; a. A. *Fitting,* Rn. 23 a.
45 A. A. wohl *Neef,* NZA 01, 361 [363].
46 Ähnlich *Fitting,* Rn. 14; weitergehend *Linde,* S. 207, der eine Festlegung für zwingend erforderlich hält.
47 *Engels,* FS Wißmann, 302 [307].

gruppen in der Verwaltung vorzunehmen. Dies wäre erst nach einer entsprechenden Ergänzung der Rahmenvereinbarung möglich.

35 In der Rahmenvereinbarung können die **Regelungsbefugnisse der Arbeitsgruppe** abschließend festgeschrieben bzw. zu Einzelfragen festgelegt werden.[48] Geregelt werden kann beispielsweise,

- dass Vereinbarungen mit dem AG unmittelbar von der Arbeitsgruppe getroffen werden können,
- dass sie erst nach Beschluss des BR wirksam werden oder
- dass sie vor Abschluss mit dem AG stets dem BR vorzulegen sind.

Auch die Festlegung von Widerspruchsfristen des BR nach Abschluss von Vereinbarungen durch die Arbeitsgruppe ist in diesem Rahmen möglich (vgl. zu entsprechenden Regelungen für Ausschüsse des BR § 28 Rn. 19).

36 Weiterhin können in der Rahmenvereinbarung **allgemeine Festlegungen,** beispielsweise bezüglich

- Geltungsdauer abgeschlossener Vereinbarungen,
- besonderer Kündigungsfristen in Abweichung von § 77 Abs. 5,
- Vereinbarung der Nachwirkung in allen oder in bestimmten Fällen,
- Erlöschen aller Übertragungen auf Arbeitsgruppen nach Aussprache der Kündigung der Rahmenvereinbarung durch BR oder AG sowie nach Widerspruch des BR oder
- formalen Bedingungen (etwa Erfüllung der Schriftform durch Übersendung per E-Mail; vgl. Einl. Rn. 184 a ff.),

getroffen werden.

37 Schließlich kann und sollte die Rahmenvereinbarung die konkrete **organisatorische Ausgestaltung** der Arbeitsgruppen regeln, auf die Aufgaben übertragen werden können.[49] Hierzu gehört zunächst die **verbindliche Definition** der Arbeitsgruppen bezüglich ihrer **inhaltlichen** und **persönlichen Struktur.** Dies kann beispielsweise dadurch geschehen, dass zwischen AG und BR eine **abschließende Aufstellung der Gesamtaufgaben** vereinbart wird, die einer Arbeitsgruppe übertragen worden sind, sowie eine **abschließende Aufstellung** der ihr **zugeordneten Mitarbeiter.** Letztere ist auch deshalb wichtig, weil Vereinbarungen nur mit der Mehrheit der Stimmen der Arbeitsgruppenmitglieder geschlossen werden können.

38 Bedeutsam sind auf dieser Ebene schließlich auch weitere **grundlegende Themen** wie die Festlegung

- der Struktur von Arbeitsgruppen, soweit diese nicht bereits unter Wahrnehmung des Mitbestimmungsrechts gem. § 87 Abs. 1 Nr. 13 anderweitig zwischen BR und AG erfolgt sind,[50] oder
- der minimalen bzw. maximalen Größe einer Arbeitsgruppe,[51]
- der Einzelheiten des Abstimmungsverfahrens in den Arbeitsgruppen (vgl. auch Rn. 69) sowie
- Aussagen zur persönlichen Stellung der am Verhandlungsprozess beteiligten Arbeitsgruppenmitglieder.

39 In der Rahmenvereinbarung geregelt werden sollte schließlich die Vertretung der Gruppe durch einen **Gruppensprecher.**[52] Gegenstand der Vereinbarung kann hierbei sowohl das Wahlverfahren des Sprechers sowie seine mögliche Abwahl sein. Hinzu kommen Regelungen zur **Vertretung** des Gruppensprechers, um in jedem Fall die Kommunikationsfähigkeit der Arbeitsgruppe gegenüber AG und BR zu sichern. Darüber hinaus können aber auch alle übrigen Rechte, Pflichten und Kompetenzen des Gruppensprechers festgeschrieben werden wie insbesondere

- Art und Umfang der Vertretungsbefugnis gegenüber der Gruppe, dem BR und dem AG (etwa verbindliche Abgabe von Erklärungen und Entgegennahme von Widersprüchen des

---

48 Vgl. ausführlich *Wedde,* AiB 01, 630.
49 Ähnlich *Fitting,* Rn. 14 ff.; *Engels,* FS Wißmann, 302 [306].
50 Ebenso GK-*Raab,* Rn. 25, der von »Binnenstruktur« spricht.
51 HaKo-BetrVG-*Blanke,* Rn. 17 sieht die Größe allgemein als Regelungsgegenstand.
52 Ebenso HaKo-BetrVG-*Blanke,* Rn. 4.

BR für die gesamte Arbeitsgruppe; Umfang der Abschlussbefugnis gegenüber dem AG usw.),
- Übernahme der auf Grund der Sprechertätigkeit entstehenden besonderen Kosten und Aufwendungen einschließlich ggf. notwendiger Beratungsaufwendungen,
- Freistellung von der eigentlichen beruflichen Tätigkeit für die Wahrnehmung der Sprecheraufgaben (etwa Verhandlungen mit dem AG, Teilnahme an BR-Sitzungen zum Zweck des Berichts über Verhandlungen) und Ausschluss von beruflichen und persönlichen Nachteilen,
- spezifische Schulungs- und Bildungsansprüche (etwa Gesprächsführung, Projektmanagement usw.; ggf. analog § 37 Abs. 6) und
- Kündigungsschutz.

Entsprechende Regelungen sind auch durch TV möglich.

4. BR-Beschluss

Die Übertragung von Aufgaben auf Arbeitsgruppen muss mit der Mehrheit der Stimmen des BR[53] gefasst werden. Kommt die notwendige absolute Mehrheit nicht zustande, bleibt die Arbeitsgruppe ohne einschlägige Regelungskompetenz. **40**

Der Beschluss muss in einer BR-Sitzung des Betriebsrats erfolgen, zu der ordnungsgemäß eingeladen worden ist (vgl. § 29 Rn. 15 ff., § 33 Rn. 9 ff.). BR-Mitglieder, die der Arbeitsgruppe angehören, sind von der Beschlussfassung **nicht** wegen persönlicher Befangenheit ausgeschlossen, da es sich nicht um eine eigene, das persönliche Arbeitsverhältnis betreffende Angelegenheit handelt.[54] **41**

Es besteht **kein Zwang zur Übertragung** von Aufgaben. Auch eine bestehende Rahmenvereinbarung hindert den BR deshalb nicht, im Einzelfall auf die Übertragung von Aufgaben zu verzichten. Die Übertragung von Aufgaben bzw. deren Ablehnung bedarf keiner Begründung. **42**

Mit Blick auf den geforderten Zusammenhang mit der von der Arbeitsgruppe zu erledigenden Tätigkeit und die hieraus resultierende enge Auslegung müssen **Beschlüsse des BR für jeden Einzelfall** gefasst werden. Übertragungen von Aufgaben auf Arbeitsgruppen können deshalb weder durch eine Rahmenvereinbarung vorweggenommen werden noch generell vorab für bestimmte Zwecke oder bestimmte Themen erfolgen.[55] **43**

5. Bestimmte Aufgaben

Durch Mehrheitsbeschluss des BR dürfen Arbeitsgruppen nur **bestimmte Aufgaben** zur Erledigung übertragen werden. Der Begriff ist **eng auszulegen** und beinhaltet begrenzte Beteiligungsrechte.[56] Nur eine solche Auslegung garantiert die Wahrung der allgemeinen Rechte des BR sowie die Berücksichtigung der Interessen aller AN eines Betriebs.[57] **44**

Die Beschränkung der Vereinbarungen auf aufgaben- und tätigkeitsbezogene Sachverhalte der Arbeitsgruppe führt dazu, dass ihre **direkte oder indirekte persönliche Anwendbarkeit** auf deren Mitglieder zu **beschränken ist.** Anderenfalls würden die Rechte und Pflichten des BR bezüglich anderer AN unzulässig tangiert. Können Auswirkungen auf AN außerhalb der Arbeitsgruppe nicht ausgeschlossen werden, darf sie keine Vereinbarungen mit dem AG abschließen. Damit wäre es beispielsweise nur zulässig, dass einer Arbeitsgruppe die konkrete Ausgestaltung und Vereinbarung der Lage ihrer Arbeitszeit bzw. Pausen übertragen wird, wenn hiervon nicht auch Dritte (etwa zuliefernde AN außerhalb der Gruppe, Pförtner, technisches Support-Personal aus anderen Abteilungen usw.) betroffen werden. Im Zweifelsfall ist **45**

53 Absolute Mehrheit, vgl. § 33 Rn. 22.
54 Vgl. § 33 Rn. 22 ff.; Richardi-*Thüsing*, Rn. 19.
55 A. A. *Fitting*, Rn. 20, der entsprechende Übertragungen für zulässig hält.
56 BT-Drucks. 14/5741, S. 29; HaKo-BetrVG-*Blanke*, Rn. 5; Richardi-*Thüsing*, Rn. 23; *Wedde*, AuR 02, 122; *Wullf*, ZBVR 02, 134; vgl. auch Rn. 67; für eine weitere Auslegung GK-*Raab*, Rn. 32 f.; *Fitting*, Rn. 23.
57 A. A. *Neef*, NZA 01, 363, der einen Zusammenhang mit der Tätigkeit der Arbeitsgruppe als ausreichend für eine Übertragung hält; ähnlich Richardi-*Thüsing*, Rn. 23.

die **Feststellung der Betroffenheit** von AN außerhalb der Arbeitsgruppe unter Anlegung eines **weiten Maßstabs** zu treffen, was im Ergebnis ebenfalls zu einer engen Auslegung bei der Festlegung der übertragbaren Aufgaben führt.

46 Zur Vermeidung von entsprechenden Interessenkollisionen ist es (soweit entsprechende Regelungen nicht in der Rahmenvereinbarung enthalten sind, vgl. Rn. 21 ff.) aus Sicht des BR für den Einzelfall sinnvoll, den **Umfang der übertragenen Aufgaben** im Rahmen der Beschlussfassung **abschließend festzulegen.** So kann eine Übertragung beispielsweise unter der Maßgabe erfolgen, dass sich die Arbeitszeit der Gruppe innerhalb der betriebsüblichen Öffnungs- oder Kernzeiten befinden muss oder dass die Pausen in der allgemeinen Öffnungszeit der Kantine liegen müssen.

47 Die **Übertragung** kann vom BR im Rahmen seiner Beschlussfassung mit **grundsätzlichen Vorgaben oder Einschränkungen** verbunden werden.[58] Dies gilt auch, wenn damit eine Abweichung von einer weiter gefassten Rahmenvereinbarung einhergeht. Entsprechende Vorgaben oder Einschränkungen können sich sowohl auf die zu verhandelnden Regelungsbereiche beziehen (etwa nur Regelungen zu Pausen, nicht aber zu Beginn und Ende der täglichen Arbeitszeit) als auch grundsätzliche Vorgaben beinhalten. So kann der BR beispielsweise für den Einzelfall oder grundsätzlich festlegen, dass Vereinbarungen der Arbeitsgruppe mit dem AG seiner vorherigen Zustimmung bedürfen bzw. dass sie eine entsprechende Widerrufsklausel enthalten müssen.[59] Denkbar sind weiterhin auch Vorgaben zur grundsätzlichen inhaltlichen Ausgestaltung von Vereinbarungen (etwa Befristung, Vereinbarung von Nachwirkungen, Rückholbarkeit usw.).[60]

48 Schließlich kann der Übertragungsbeschluss formale Vorgaben enthalten wie etwa Anforderungen an die Organisationsstruktur der Arbeitsgruppen (beispielsweise Verknüpfung der Übertragung mit vorheriger Wahl von Gruppensprecher und Vertreter nach demokratischen Prinzipien, Zustellung eines Widerrufs des BR und des hieraus resultierenden Handelns der Arbeitsgruppe).

49 Das **Verhandlungs- und Abschlussmandat** der Arbeitsgruppe mit dem AG besteht nur in dem Rahmen, der durch die entsprechende Übertragung der Aufgaben vorgegeben wird. Weiter gehende Vereinbarungen sind wegen des Fehlens einer Regelungsbefugnis unwirksam (vgl. Rn. 84). Im Streitfall ist mit Blick auf die Sonderstellung der Regelung eine enge Auslegung der übertragenen Befugnisse indiziert.

6. Schriftform

50 Die **Übertragung** der Aufgaben an eine Arbeitsgruppe **bedarf der Schriftform.**[61] Ausreichend ist ein vom BR-Vorsitzenden unterzeichnetes Schreiben. Dieses muss den Beschluss des BR inhaltlich vollständig wiedergeben und auf Umfang und Grenzen der Vertretungsbefugnis abschließend hinweisen. Dies gilt insbesondere für Einschränkungen gegenüber den Vorgaben einer Rahmenvereinbarung.[62] Ggf. kann der ergänzende Verweis auf relevante Passagen der Rahmenvereinbarung erforderlich sein. Die Handlungs- und Vertretungsbefugnis der Arbeitsgruppe besteht nur im Rahmen der schriftlich fixierten Übertragungserklärung.

51 Ist ein **Gruppensprecher** mit entsprechenden Vertretungsvollmachten gewählt, kann die **Übertragung diesem gegenüber erklärt** werden. Gibt es **keinen Gruppensprecher,** ist die Übertragung **gegenüber** der **gesamten Arbeitsgruppe** zu erklären. Mit Blick auf die praktischen Probleme, die mit einer verbindlichen Erklärung gegenüber einer größeren Zahl von AN verbunden sind, ist indes die Wahl eines Gruppensprechers ratsam.

52 Unter Beachtung des allgemeinen kollektivrechtlichen Grundsatzes der **vertrauensvollen Zu-**

58 A. A. Richardi-*Thüsing,* Rn. 19 a.
59 *Fitting,* Rn. 23; *Zumbeck,* S. 23.
60 Vgl. Rn. 21, 34 ff.; weiter gehend GK-*Raab,* Rn. 36 f., die immer von einer Übertragung zur selbstständigen Erledigung ausgehen.
61 Ebenso *Fitting,* Rn. 22; GK-*Raab,* Rn. 30; a. A. *Malottke,* AiB 01, 626; zur Schriftform allgemein Einl. Rn. 184 ff.; Textmuster bei DKKWF-*Wedde,* § 28 a, Rn. 6.
62 Im Ergebnis ähnlich GK-*Raab,* a. a. O.

sammenarbeit ist im Regelfall auch der AG über die Übertragung und deren Inhalt zu informieren.[63]

7. Widerruf

Ist die Übertragung von Aufgaben erfolgt, besteht in der übertragenen Angelegenheit eine vorrangige Zuständigkeit der Arbeitsgruppe.[64] Die Übertragung an eine Arbeitsgruppe kann der BR jedoch gem. Abs. 1 Satz 4 **jederzeit** und **ohne Begründung widerrufen.**[65] Auf Grund des Verweises auf Satz 1 erster Halbs. und Satz 3 ist der Widerruf an die gleichen formalen Voraussetzungen gebunden wie die Übertragung selbst.[66] Der Widerruf setzt damit einen **Beschluss des BR** voraus, der mit **absoluter Mehrheit** gefasst worden ist. Er kann nur insgesamt erfolgen und die Beauftragung als solche beenden. Dem BR ist es aber unbenommen, im Anschluss an einen Widerruf eine veränderte Aufgabenübertragung vorzunehmen. Beide Vorgänge können ggf. verbunden werden. 53

Weitere Voraussetzung für die Wirksamkeit des Widerspruchs ist die **schriftliche Erklärung gegenüber der Arbeitsgruppe.**[67] Ist ein Gruppensprecher gewählt, ist der Beschluss mit Zugang bei diesem wirksam. Gibt es keinen Sprecher, müssen alle Mitglieder der Arbeitsgruppe informiert werden. Dies kann durch Anschreiben erfolgen. Denkbar ist aber auch der Aushang an zentraler Stelle (etwa an einem allgemeinen Informationsort der Arbeitsgruppe) oder die Zusendung per E-Mail. Weiterhin sollte der AG informiert werden. Hat er Kenntnis vom wirksamen Widerruf, ist er aus dem Grundsatz der vertrauensvollen Zusammenarbeit heraus an weiteren Verhandlungen gehindert und kann keine rechtswirksamen Vereinbarungen mehr abschließen. 54

Mit dem **Zugang des Widerrufs** bei der Arbeitsgruppe **endet die Übertragung von Aufgaben.** Die kollektivrechtliche Regelungsbefugnis einschließlich des Kündigungsrechts und der delegierten Beteiligungsrechte fallen insgesamt an den BR zurück,[68] der Vertragspartei der Gruppenvereinbarung ist. 55

III. Gruppenvereinbarungen mit einer Arbeitsgruppe (Abs. 2)

Hat der BR Aufgaben wirksam auf die Arbeitsgruppe übertragen, kann sie mit der Mehrheit ihrer Stimmen Gruppenvereinbarungen mit dem AG schließen, wenn diese im Zusammenhang mit der von dieser zu erledigenden Tätigkeit stehen. Die Gruppenvereinbarung hat **kollektivrechtlichen Charakter** und **kann** wie eine BV **unmittelbare und zwingende Wirkung entfalten.** Die Übertragung von Aufgaben beinhaltet auch die Übertragung von **Rechten des BR.**[69] 56

1. Rechtsnatur der Gruppenvereinbarung/Abschluss

Die **Rechtsnatur** der zu schließenden Gruppenvereinbarung hat der Gesetzgeber offen gelassen. Gesetzestext und Gesetzesbegründung machen aber deutlich, dass die zu treffende **Gruppenvereinbarung** systematisch unterhalb der Ebene von **BVen gem.** § 77 **anzusiedeln** ist.[70] 57

---

63 Ebenso *Linde*, S. 256.
64 Weiter *Nill*, 81, der von einer »Alleinzuständigkeit« ausgeht; ähnlich wohl auch HWGNRH-*Glock*, Rn. 30; GK-*Raab*, Rn. 32.
65 BT-Drucks. 14/5741, S. 40; *Geffken*, AiB 02, 257; Richardi-*Thüsing*, Rn. 21; *Wulff*, ZBVR 02, 134; a. A. GK-*Raab*, Rn. 38, der für einen Widerruf sachliche Gründe fordert, dabei aber verkennt, dass der BR auch im Rahmen von § 28 a über eine Delegation seiner kollektiven Rechte im konkreten Einzelfall autonom entscheiden kann.
66 Vgl. Rn. 40 ff.; *Fitting*, Rn. 26, GK-*Raab*, a. a. O.
67 BT-Drucks. 14/5741, S. 40; Textmuster bei DKKWF-*Wedde*, § 28 a, Rn. 10.
68 Vgl. BT-Drucks. 14/5741, S. 30; *Fitting*, Rn. 26; Richardi-*Thüsing*, Rn. 21.
69 BT-Drucks. 14/5741, S. 40; *Fitting*, Rn. 30 f.
70 Ähnlich HaKo-BetrVG-*Blanke*, Rn. 24; Richardi-*Thüsing*, Rn. 26 spricht von eine Ansiedelung unterhalb der BV; offen *Nill*, 87, der sich für eine »vermittelnde Lösung« ausspricht, nach der der Gruppenvereinbarung ein besonderer Rechtsstatus zukommen soll; a. A. und für die Qualifikation als BV

Entgegen der in der Literatur überwiegenden Meinung spricht für diese Qualifikation eine Reihe von Argumenten.

58 So verweist etwa Abs. 2 Satz 2 darauf, dass **§ 77** nur **entsprechend gilt.** Dieser Verweis wäre entbehrlich, wenn die in Abs. 1 Satz 1 genannte Gruppenvereinbarung als BV zu qualifizieren wäre. Gleiches gilt für den ausdrücklichen Hinweis des Gesetzgebers, dass Gruppenvereinbarungen **wie BVen** unmittelbar und zwingende Wirkung entfalten.[71] Auch diese Wortwahl verdeutlicht die gewollte Abweichung der Gruppenvereinbarung gem. § 28 a von einer BV im Sinne von § 77. In die gleiche Richtung weist die Tatsache, dass im Fall der Nichteinigung nur der BR befugt ist, die Einigungsstelle anzurufen, und nicht die Arbeitsgruppe.[72] Der Verweis auf § 77 beschränkt sich vor diesem Hintergrund inhaltlich einerseits darauf, dass der kollektivrechtliche Charakter der Gruppenvereinbarung allgemein verdeutlicht werden soll.[73] Andererseits legt er den formalen Rahmen für den Abschluss der Gruppenvereinbarung fest.

59 Die **definitorische Ansiedelung** der Gruppenvereinbarung gem. Abs. 2 unterhalb einer BV entspricht weiterhin der Intention des Gesetzgebers, mit der Regelung des § 28 a **nur eng begrenzte Beteiligungsrechte** an Arbeitsgruppen im Betrieb delegieren zu wollen.[74] In diesem Rahmen soll zwar der einzelne AN, dem im Rahmen von Gruppenarbeit am Arbeitsplatz zunehmend Eigeninitiative und Mitverantwortung abverlangt wird, in gleicher Weise die betriebliche Mitbestimmung mitgestalten können. Andererseits bleibt aber im Konfliktfall ausdrücklich der BR zuständig, der delegierte **Beteiligungsrechte** jederzeit wieder an sich ziehen kann.[75] Hätte der Gesetzgeber Regelungen auf »BR-Niveau« gewollt, wäre es zudem notwendig gewesen, die Mitglieder einer Arbeitsgruppe für die Fälle streitiger Auseinandersetzungen ebenso vor hiermit zusammenhängenden Benachteiligungen zu schützen wie BR-Mitglieder. Aus dem Verzicht einer Einbeziehung in den Gesetzeswortlaut des § 78 (vgl. Rn. 82 f.) ist aber unmittelbar zu folgern, dass die Tätigkeit der Arbeitsgruppen vom Gesetzgeber bewusst unterhalb der Schwelle betriebsrätlichen Handelns angesiedelt wurde. Auch die Wortwahl »Beteiligungsrechte« statt »Mitbestimmungsrechte« verdeutlicht zudem, dass die Regelungsbefugnis der Arbeitsgruppen entscheidend hinter der des BR zurückbleibt.

60 Schließlich spricht auch die **systematische Einordnung** des § 28 a im Gesetz gegen die Berechtigung zum Abschluss von BVen. Die Einfügung der neuen Vorschrift ist im unmittelbaren Anschluss an die Regelungen zum Betriebsausschuss bzw. zu anderen Ausschüssen des BR in den §§ 27 und 28 erfolgt. Die Regelungsmechanismen dieser Vorschriften stimmen mit denen des § 28 a überein: Ebenso wie in § 28 a ist die Übertragung von Aufgaben auf Ausschüsse nur mit absoluter Mehrheit der BR-Mitglieder möglich. Das gleiche Quorum gilt für den Widerruf der Übertragung, die unter dieser Voraussetzung jederzeit und ohne Begründung erfolgen kann (vgl. hierzu die Erläuterungen zu § 27 Rn. 41). Sind dem BR-Ausschuss oder anderen Ausschüssen gem. § 28 Aufgaben zur selbstständigen Erledigung übertragen, tritt dieser sowohl in der Willensbildung wie auch in der Willensäußerung an Stelle des BR. Der Beschluss des Ausschusses ersetzt den des BR (vgl. § 27 Rn. 36 m. w. N.).

61 Aus dieser engen systematischen Verbundenheit leitet sich mangels anderweitiger Regelung durch den Gesetzgeber die analoge Schlussfolgerung ab, dass einer Arbeitsgruppe gem. § 28 a, der der Gesetzgeber **ausdrücklich nur Beteiligungsrechte** zugesteht, nicht weiter gehende Rechtspositionen zustehen darf als den Ausschüssen des BR, die keine BVen abschließen können.[76] Nur eine solche Interpretation steht im Einklang mit der vom Gesetzgeber ausdrücklich intendierten **eng begrenzten Delegation von Beteiligungsrechten** an Arbeitsgruppen im Betrieb.[77] Sie lässt im Übrigen auch für die Auffassungen keinen Raum, dass Gruppenvereinbarungen bestehenden BVen generell vorgehen.[78]

DE, Rn. 3; *Engels*, FS Wißmann, 302 [305]; *Fitting*, Rn. 32; GK-*Raab*, Rn. 43; *Geffken*, AiB 02, 257; *Linde*, S. 286; Löwisch, BB 01, 1734 [1741]; *Richardi*, NZA 01, 346 (351).

71 BT-Drucks. 14/5741, S. 40.

72 BT-Drucks., a. a. O.

73 BT-Drucks. 14/5741, a. a. O.

74 BT-Drucks. 14/5741, S. 16.

75 BT-Drucks. 14/5741, S. 29 f., 40.

76 Vgl. § 28 Rn. 11; § 27 Rn. 37; vgl. zur Unzulässigkeit der Übertragung von Aufgaben auf Arbeitsgruppen durch einen BA *HessLAG* 24.9.09 – 9 TaBV 69/09.

77 BT-Drucks. 14/5741, S. 29.

Diese Auslegung ist auch mit Blick darauf sinnvoll und notwendig, dass die **Arbeitsgruppenmitglieder nicht** wie BR-Mitglieder besonders gegen mögliche Einfluss- und Repressionsversuche des AG **geschützt** sind. Würde AN vor diesem Hintergrund die Wahrnehmung von Mitbestimmungsmöglichkeiten gegeben, die über die von BR-Ausschussmitgliedern hinausgehen, führte dies zu einer Zerfaserung der Mitbestimmung. Im Ergebnis könnten von nicht durch ein Wahlamt legitimierten AN für einzelne Arbeitsgruppen andere (und im Einzelfall ggf. auch schlechtere) kollektivrechtliche Abschlüsse getätigt werden als für die übrige Belegschaft. Auch dies widerspräche der gewollten engen Begrenzung von Beteiligungsrechten.[79] 62

Obwohl Gruppenvereinbarungen gem. § 28 a damit nicht als BV zu qualifizieren sind, unterliegen diese auf Grund des Verweises auf § 77 in Abs. 2 Satz 2 den **formalen Vorgaben** an eine BV **entsprechend.** Hieraus leitet sich für die Praxis insbesondere ab: 63

Gruppenvereinbarungen i. S. von § 28 a sind gem. § 77 Abs. 2 vom AG und der Arbeitsgruppe gemeinsam zu beschließen, **schriftlich niederzulegen** und von beiden Seiten zu unterzeichnen. Für die Arbeitsgruppe **unterzeichnet deren gewählter Sprecher** (vgl. Rn. 39) oder ein anderer demokratisch bestimmter Gruppenvertreter. Auch eine Unterschrift durch alle AN der Arbeitsgruppe wäre zulässig. Ein solches Verfahren ist allerdings nur bei kleineren Arbeitsgruppen praktikabel. 64

Gruppenvereinbarungen sind gem. § 77 Abs. 1 **vom AG durchzuführen.** Sie können gem. § 77 Abs. 5 mit einer Frist von **drei Monaten gekündigt** werden. Eine **Nachwirkung** gem. § 77 Abs. 6 ist **nicht gegeben,** da die Gruppenvereinbarung keine BV ist.[80] Sie kann aber gesondert vereinbart werden, wenn die Arbeitsgruppe entsprechend beauftragt ist bzw. wenn eine entsprechende Regelung vom BR beschlossen wird. Weiterhin können auch Befristungen oder auflösende Bedingungen vereinbart werden. Wird die Arbeitsgruppe aufgelöst, erlischt die Gruppenvereinbarung.[81] 65

Die getroffenen **Gruppenvereinbarungen wirken** gem. § 77 Abs. 4 für alle AN der Arbeitsgruppe **unmittelbar und zwingend.** Für andere AN des Betriebes sind sie in keiner Weise maßgeblich. Werden den AN der Arbeitsgruppe durch die Gruppenvereinbarung Rechte eingeräumt, so ist ein Verzicht hierauf nur mit Zustimmung des BR (und nicht nur der Arbeitsgruppe) zulässig. 66

Eine zwischen AG und Arbeitsgruppe geschlossene Gruppenvereinbarung ist insgesamt **nur in dem Rahmen wirksam,** in dem eine **Übertragung erfolgt ist.** Sind weiter gehende Regelungen getroffen, sind diese nichtig.[82] Ggf. kann die Nichtigkeit einzelner nichtiger Regelungsteile die Unwirksamkeit der gesamten Vereinbarung nach sich ziehen. Allerdings ist zu beachten, dass für Gruppenvereinbarungen gem. § 28 a ebenso wie für BVen bei **Teilnichtigkeit** die Vermutung des § 139 BGB nicht gilt. Insoweit ist davon auszugehen, dass die wirksamen Teile einer teilweise nichtigen Vereinbarung weitergelten.[83] Dies gilt nicht, wenn unwirksame Teile mit den übrigen Teilen der Vereinbarung in unmittelbarem Zusammenhang stehen und der Grund der Unwirksamkeit auch die übrigen Teile trifft.[84] Dann ist Nichtigkeit der gesamten Vereinbarung gegeben. 67

2. Inhalt der Gruppenvereinbarung

Die Arbeitsgruppe kann mit dem AG Gruppenvereinbarungen zu allen kollektivrechtlichen Themen schließen, die im Zusammenhang mit den von ihr zu erledigenden Tätigkeiten stehen und für die eine entsprechende Beauftragung durch den BR besteht.[85] Hierzu gehören **ins-** 68

78 So *Fitting,* Rn. 34; HWGNRH-*Glock,* Rn. 32; GK-*Raab,* Rn. 54; kritisch *Däubler,* AiB 03, 383; wie hier HaKo-BetrVG-*Blanke,* Rn. 6; *Blanke,* RdA 03, 152 f.; Richardi-*Thüsing,* Rn. 28.
79 Vgl. BT-Drucks., a. a. O.
80 HaKo-BetrVG/Blanke/Wolmerath, Rn. 8; a. A. *Linde,* S. 312; *Natzel,* DB 01, 1362; *Fitting,* Rn. 32; GK-*Raab,* Rn. 57.
81 Richardi-*Thüsing,* Rn. 30.
82 Ebenso HaKo-BetrVG/Blanke/Wolmerath, Rn. 22; GK-*Raab,* Rn. 63.
83 *BAG* 28.4.81, AP Nr. 1 zu § 87 BetrVG 1972 Betriebliches Vorschlagwesen.
84 *BAG* 6.8.91, AP Nr. 52 zu § 77 BetrVG 1972; grundlegend Kittner/Zwanziger-*Kittner,* § 12 Rn. 47 ff.
85 Textmuster bei DKKWF-*Wedde,* Rn. 4.

besondere Arbeitszeit, Pausen, Urlaubsplanung, Arbeitsgestaltung und ähnliche tätigkeits- und aufgabenbezogene Sachverhalte. **Ausgeschlossen** ist hingegen die Wahrnehmung von Rechten im Zusammenhang mit einer **Betriebsänderung**[86] sowie der **Abschluss von BVen** durch die Arbeitsgruppe (vgl. Rn. 57 ff.).

3. Abstimmungsverfahren innerhalb der Arbeitsgruppe

69 Gruppenvereinbarungen zwischen AG und Arbeitsgruppe sind nur wirksam, wenn die Mehrheit ihrer AN[87] zugestimmt hat. Auf Grund des normativen Zusammenhangs sind die Regelungen des § 33 wie auch die weiteren Verfahrensvorschriften des BetrVG (etwa § 29 Abs. 2 – 4 bezüglich der Einberufung, Leitung und Tagesordnung von Gruppensitzungen, § 31 über die Teilnahme von Gewerkschaftsvertretern oder § 32 über das Teilnahmerecht) entsprechend anzuwenden. **Nicht ausreichend** ist damit die Mehrheit anwesender Gruppenmitglieder, es sei denn, dies wäre die Mehrheit der Gesamtgruppe.

70 Diese zwingende gesetzliche Anforderung macht es unumgänglich, abschließend festzustellen, **welche AN zu einer Arbeitsgruppe gehören.** Um zu vermeiden, dass das Ergebnis einer Abstimmung durch Veränderung der Gruppengröße oder -zusammensetzung beeinflusst werden kann, ist es unumgänglich, die Zugehörigkeit von AN verbindlich festzuhalten.[88] **Stimmberechtigt** sind alle Gruppenmitglieder. Auf das Vorliegen des aktiven Wahlrechts zum BR kommt es nicht an.[89] Die Stimmberechtigung steht auch Leih-AN zu, wenn sie gem. der Rahmenvereinbarung Mitglieder der Arbeitsgruppe sind.[90]

71 Eine entsprechende **Festlegung** erfolgt sinnvollerweise bereits in der **Rahmenvereinbarung** gem. Abs. 1 (vgl. Rn. 21 ff.). Dabei kann die notwendige Flexibilität als Prozessvorgabe in diese Vereinbarung mit aufgenommen werden. Auch die Beschränkung auf zahlenmäßige Festlegungen ist denkbar. Sie kann darüber hinaus vom BR auch im unmittelbaren **Zusammenhang mit der Übertragung** von Aufgaben getroffen werden, indem der Beschluss an das Bestehen einer bestimmten personellen Gruppenzusammensetzung anknüpft. Schließlich kann sie sich bei **Gruppenarbeit** auch aus Regelungen ableiten, die im Rahmen des Mitbestimmungsrechts gem. § 87 Abs. 1 Nr. 13 getroffen worden sind.

72 Ist eine entsprechende Verknüpfung der Übertragung mit einer bestimmten Zusammensetzung der Gruppe erfolgt, ist ihr weiteres Bestehen Wirksamkeitsvoraussetzung für Gruppenvereinbarungen. Ändert sich die Zusammensetzung der Arbeitsgruppe grundlegend, steht dies der Wahrnehmung von kollektiven Rechten entgegen, sofern der BR das Fortbestehen der Übertragung nicht durch einen weiteren Beschluss bestätigt.[91] Keine grundlegende Änderung der Zusammensetzung der Gruppe ist anzunehmen, wenn einzelne Mitarbeiter als Folge von personellen Einzelmaßnahmen ausgetauscht werden, sofern in der Rahmenvereinbarung oder im Übertragungsbeschluss nichts anderes bestimmt wird. Zur Vermeidung von Umgehungsstrategien sind an zulässige Veränderungen der Zusammensetzung der Gruppe enge Maßstäbe anzulegen.

73 Bezüglich des **Abstimmungsverfahrens innerhalb der Arbeitsgruppe** enthält die Vorschrift keinerlei Vorgaben. Diese Regelungslücke ist auf Grund der systematischen Einbindung von § 28 a in den 3. Abschnitt des BetrVG durch die analoge Anwendung der Verfahrensregeln für die Einberufung von Sitzungen des BR und die Herbeiführung von Beschlüssen in den §§ 29, 30, 33, 34 (vgl. die dortigen Kommentierungen) zu schließen.[92]

74 Demgemäß sind **entsprechende Beschlüsse** gem. § 29 Abs. 2 **in einer Sitzung der Arbeits-**

---

86 BT-Drucks. 14/5741, S. 40; *Engels/Trebinger/Löhr-Steinhaus,* DB 01, 532 [537]; *Schiefer/Korte,* NZA 01, 353; vgl. ausführlich Rn. 30 f.

87 Absolute Mehrheit, vgl. § 33 Rn. 22; HaKo-BetrVG/Blanke/Wolmerath, Rn. 32; GK-*Raab,* Rn. 44; *ders.,* NZA 02, 474; *Wedde,* AuR 02, 122.

88 Ebenso *Linde,* S. 176.

89 *Fitting,* Rn. 35; a. A. GK-*Raab,* Rn. 45.

90 Zutreffend GK-*Raab,* a. a. O.

91 A. A. *Fitting,* Rn. 12 b; HaKo-BetrVG-*Blanke,* Rn. 8; *Linde,* S. 281 schlägt eine Prüfung des Gesamtbildes der Gruppentätigkeit im Einzelfall vor.

92 Ebenso *Fitting,* Rn. 38; *Nill,* S. 84 ff.; a. A. GK-*Raab,* Rn. 9.

gruppe zu treffen, zu der alle AN der Arbeitsgruppe rechtzeitig unter Mitteilung der anstehenden Beschlussfassung einzuladen sind.[93] Bei der Terminierung ist sicherzustellen, dass eine Teilnahme allen AN der Arbeitsgruppe möglich ist. Dies gilt besonders bezüglich absehbarer Urlaubszeiten oder anderweitiger persönlicher Verhinderungen. Andererseits ist es keine zwingende Voraussetzung für eine wirksame Beschlussfassung, dass alle AN anwesend sind, solange gezielte Umgehungen durch entsprechende Terminierung sicher auszuschließen sind. Nicht zulässig ist eine Beschlussfassung **im Umlaufverfahren,** weil sich hierbei eine unmittelbare Beteiligung aller Gruppenmitglieder sowie ein direkter Meinungsaustausch nicht garantieren lässt. Es gelten mithin die Regeln für die Beschlussfassung im BR.[94]

Die **Beschlussfassung** kann sowohl in einer speziellen Sitzung als auch im Rahmen von regulären Treffen oder Sitzungen der Arbeitsgruppe sowie in anderweitigen Team-, Projekt- oder Arbeitssitzungen erfolgen. Um eine unbeeinflusste Abstimmung zu gewährleisten, ist jedoch **sicherzustellen,** dass **AG-Vertreter** bei der Beratung und Abstimmung **nicht zugegen sind.** **75**

Ist ein **Gruppensprecher gewählt, lädt** dieser zu **Sitzungen ein** (vgl. entsprechend § 29). Ist keine entsprechende Wahl erfolgt und hat der BR in seinem Übertragungsbeschluss keine entsprechenden Vorgaben gemacht, hat die Gruppe ein **Selbstzusammentrittsrecht.** Wirksame Beschlüsse können hier jedoch nur gefasst werden, wenn die Teilnahme aller AN der Arbeitsgruppe gesichert ist. Allerdings sollte eine derartige personell-organisatorisch völlig unstrukturierte Vertretungssituation von Seiten des BR wegen der hiermit verbundenen Risiken durch entsprechende Gestaltung der Übertragung vermieden werden. **76**

Über die konkrete Ausgestaltung des **Abstimmungsverfahrens** entscheidet die Arbeitsgruppe durch Mehrheitsbeschluss, soweit die Rahmenvereinbarung oder der Übertragungsbeschluss des BR keine anderweitigen Vorgaben enthält. Dies gilt beispielsweise auch bezüglich des Abstimmungsverfahrens (etwa offene oder geheime Abstimmung; vgl. insgesamt § 33 Rn. 18). **77**

Entstehen einzelnen AN der Arbeitsgruppe im Zusammenhang mit einer Abstimmung gem. Abs. 2 **Kosten oder Aufwendungen,** weil etwa eine entsprechende Versammlung außerhalb der persönlichen Arbeitszeit stattfindet, sind diese **vom AG zu erstatten.** Dies gilt insbesondere bezüglich entstehender Lohn- und Gehaltseinbußen sowie für anfallende Reisekosten. **78**

IV. Nichteinigung

Kommt zu einem Thema eine **Einigung** zwischen der Arbeitsgruppe und dem AG **nicht zustande,** sieht Abs. 2 Satz 3 vor, dass das Beteiligungsrecht in dieser Angelegenheit an den BR zurückfällt.[95] Für die Feststellung, dass eine Einigung nicht möglich ist, reicht die Erklärung einer Seite aus, da der BR gem. der Gesetzesbegründung im Konfliktfall ausdrücklich zuständig bleibt.[96] Es ist damit ausreichend, wenn der Gruppensprecher oder der AG dem BR mitteilt, dass eine Einigung im Rahmen der übertragenen Aufgabe nicht zu erwarten ist. Eine Begründung ist nicht erforderlich, da eine entsprechende Vorgabe im Gesetz nicht enthalten ist. Weder die Arbeitsgruppe noch der AG sind in diesen Fällen berechtigt, die ESt. anzurufen. Dieses Recht besteht nur im Verhältnis AG/BR.[97] **79**

Hat der BR die Angelegenheit als Ergebnis der nicht möglichen Einigung wieder an sich gezogen, **endet das entsprechende Verhandlungsmandat der Arbeitsgruppe.** Der BR kann bestehende Mitwirkungs- und Mitbestimmungsrechte nach eigenem Ermessen und gemäß seiner Beschlussfassung durchführen. Es gelten die allgemeinen kollektivrechtlichen Grundsätze. Insbesondere kann er die ESt. gemäß § 76 anrufen, soweit die kollektivrechtlichen Voraussetzungen hierfür gegeben sind. Die Arbeitsgruppe selbst hat hingegen kein Recht, die ESt. anzurufen. **80**

---

93 Vgl. Mustertexte bei DKKWF-*Wedde,* § 28 a, Rn. 11 ff.

94 Vgl. § 33 Rn. 10; ebenso *Linde,* S. 173; a. A. *Fitting,* Rn. 36, die Umlaufverfahren zulassen wollen, wenn allen AG-Mitgliedern der genaue Inhalt der angestrebten Regelung bekannt ist; ebenso GK-*Raab,* Rn. 48; *ders.,* NZA 02, 474.

95 BT-Drucks. 14/5741, S. 40; Mustertext bei DKKWF-*Wedde,* § 28 a, Rn. 17.

96 Vgl. BT-Drucks. 14/5741, S. 30.

97 *Fitting,* Rn. 37; unklar bezüglich der Berechtigung zur Anrufung GK-*Raab,* Rn. 38.

81 Eine **erneute Beauftragung** der Arbeitsgruppe ist **möglich,** wenn sich Einigungsmöglichkeiten mit dem AG abzeichnen. In diesem Fall ist aber ein **erneuter Beschluss** des BR erforderlich.

V. Schutz der Arbeitsgruppenmitglieder

82 Soweit die Mitglieder einer Arbeitsgruppe nicht zugleich BR-Mitglieder sind, unterfallen sie nicht dem allgemeinen kollektivrechtlichen Tätigkeitsschutz. Insbesondere der Sonderkündigungsschutz nach § 103 und § 15 KSchG kommt nicht zur Anwendung.[98] Arbeitsgruppenmitglieder werden aber **zur Vermeidung persönlicher Nachteile** in entsprechender Anwendung vom durch § 37 Abs. 1 bis 3 normierten Schutz erfasst. Ihnen steht damit wie BR-Mitgliedern ein Anspruch auf Arbeitsbefreiung zur Durchführung ihrer kollektivrechtlichen Aufgaben ebenso zu wie der auf Freizeitausgleich bzw. auf Ausgleich für kollektivrechtliche Tätigkeit außerhalb der Arbeitszeit.[99] Mitglieder der Arbeitsgruppe haben bezüglich der Wahrnehmung von Aufgaben gemäß § 28 a Ansprüche auf Teilnahme an Schulungs- und Bildungsveranstaltungen gemäß § 37 Abs. 6 und 7, soweit Themen einschlägig sind.[100] Auf Grund der kollektivrechtlichen Tätigkeit entstandene Kosten sind ihnen gem. § 40 zu erstatten.[101]

83 Mangels Nennung im Text kommt eine **direkte Einbeziehung** der Arbeitsgruppenmitglieder in das allgemeine Behinderungs-, Benachteiligungs- und Begünstigungsverbot des **§ 78** sowie in den Bereichen der besonderen Geheimhaltungspflichten gem. **§ 79 nicht in Betracht.**[102] Eine Behinderung oder Benachteiligung der Arbeitsgruppenmitglieder wäre aber ggf. als **Behinderung der BR-Arbeit** zu qualifizieren (vgl. § 78 Rn. 7). Der vom Gesetzgeber vorgenommene Verzicht einer Einbeziehung in den Schutzbereich der §§ 78 und 79 verdeutlicht, dass er den Mitgliedern von Arbeitsgruppen gem. § 28 a nur Kompetenzen in einem so begrenzten Rahmen zugesteht, dass ein besonderer Schutz wie für BR-Mitglieder entbehrlich ist.

VI. Streitigkeiten

84 **Streitigkeiten** über die ordnungsgemäße Beschlussfassung des BR entscheidet das **ArbG im Beschlussverfahren;** ggf. als Vorfrage im **Urteilsverfahren.** Entsprechendes gilt bezüglich der Beschlussfassung der Arbeitsgruppen, da diese als Träger von Mitbestimmungsrechten Regelungen mit kollektivrechtlichem Charakter abschließen. Antragsbefugt gem. § 2 a Abs. 1 Nr. 1 ArbGG ist der BR.[103]

85 Beschlüsse des BR können auf die **Rechtswirksamkeit** ihres Zustandekommens oder ihres Inhalts nur eingeschränkt überprüft werden.[104] Eine Nachprüfung der sachlichen **Zweckmäßigkeit** von Beschlüssen ist ausgeschlossen (vgl. ausführlich § 33 Rn. 29 ff.). Entsprechendes gilt auch für die Beschlussfassung einer Arbeitsgruppe gem. § 28 a, wobei das Verfahren nur durch den BR geführt werden kann.

86 Sind Beschlüsse nicht ordnungsgemäß zustande gekommen, haben sie einen gesetzeswidrigen Inhalt oder fallen sie nicht in die sachliche Zuständigkeit des BR, sind sie **nichtig.**[105] Nichtige Beschlüsse entfalten **keine Rechtswirkung.**[106] Die Unwirksamkeit kann durch einen späteren Beschluss **geheilt werden.**[107] Entsprechendes gilt für Beschlüsse der Arbeitsgruppe. Von ihr

---

98 ErfK-*Koch,* Rn. 3; *Fitting,* Rn. 39; *Linde,* S. 133; Richardi-*Thüsing,* Rn. 32 a.
99 *Wedde,* AuR 01, 122; ausführlich *Fitting,* a. a. O.; *Linde,* S. 135; ebenso GK-*Raab,* Rn. 8.
100 A. A. *Fitting,* Rn. 39; Richardi-*Thüsing,* Rn. 32 a; GK-*Raab,* Rn. 8.
101 *Wedde,* a. a. O.; Richardi-*Thüsing,* Rn. 32 a; a. A. GK-*Raab,* Rn. 8.
102 Vgl. hierzu § 78 Rn. 6 und § 79 Rn. 19; a. A. *Fitting,* a. a. O., die von einer entsprechenden Anwendung der §§ 78 und 79 ausgehen.
103 A. A. *Fitting,* Rn. 40; Richardi-*Thüsing,* Rn. 33; *Löwisch,* BB 01, 1734 [1741], die die Arbeitsgruppe selbst für befugt halten; ähnlich auch GK-*Raab,* Rn. 60.
104 *GL,* Rn. 18; GK-*Raab,* § 33, Rn. 46 f., m. w. N., bejaht eine gerichtliche Überprüfung; ähnlich *Fitting,* § 33 Rn. 50.
105 *BAG* 28.10.92, BB 93, 580; vgl. auch § 33 Rn. 32 ff.
106 *Fitting,* § 33 Rn. 57.
107 *LAG Nürnberg* 23.9.97, AiB 98, 162 mit Anm. *Manske,* **a. A.** *BAG* 8.3.00, AiB 01, 356 mit Anm. *Wedde,* das eine nachträgliche Beschlussfassung bezüglich der Entsendung zu einer Schulungs- und Bildungsveranstaltung für unzulässig gehalten hat.

getroffene Vereinbarungen, die den Rahmen der Übertragung überschreiten oder die nicht die erforderliche absolute Mehrheit der AN gefunden haben, sind nichtig.

§ 29 Einberufung der Sitzungen

(1) Vor Ablauf einer Woche nach dem Wahltag hat der Wahlvorstand die Mitglieder des Betriebsrats zu der nach § 26 Abs. 1 vorgeschriebenen Wahl einzuberufen. Der Vorsitzende des Wahlvorstands leitet die Sitzung, bis der Betriebsrat aus seiner Mitte einen Wahlleiter bestellt hat.

(2) Die weiteren Sitzungen beruft der Vorsitzende des Betriebsrats ein. Er setzt die Tagesordnung fest und leitet die Verhandlung. Der Vorsitzende hat die Mitglieder des Betriebsrats zu den Sitzungen rechtzeitig unter Mitteilung der Tagesordnung zu laden. Dies gilt auch für die Schwerbehindertenvertretung sowie für die Jugend- und Auszubildendenvertreter, soweit sie ein Recht auf Teilnahme an der Betriebsratssitzung haben. Kann ein Mitglied des Betriebsrats oder der Jugend- und Auszubildendenvertretung an der Sitzung nicht teilnehmen, so soll es dies unter Angabe der Gründe unverzüglich dem Vorsitzenden mitteilen. Der Vorsitzende hat für ein verhindertes Betriebsratsmitglied oder für einen verhinderten Jugend- und Auszubildendenvertreter das Ersatzmitglied zu laden.

(3) Der Vorsitzende hat eine Sitzung einzuberufen und den Gegenstand, dessen Beratung beantragt ist, auf die Tagesordnung zu setzen, wenn dies ein Viertel der Mitglieder des Betriebsrats oder der Arbeitgeber beantragt.

(4) Der Arbeitgeber nimmt an den Sitzungen, die auf sein Verlangen anberaumt sind, und an den Sitzungen, zu denen er ausdrücklich eingeladen ist, teil. Er kann einen Vertreter der Vereinigung der Arbeitgeber, der er angehört, hinzuziehen.

Inhaltsübersicht

I. Vorbemerkungen

1 Die Bestimmung ist die wesentliche **Formvorschrift** für die **konstituierende** sowie für die **weiteren Sitzungen** des BR. Sie gilt entsprechend für die Sitzungen der **JAV** (§ 65 Abs. 2), der **Bordvertretung** (§ 115 Abs. 4) und des **See-BR** (§ 116 Abs. 3). Für den **GBR** (§ 51 Abs. 3), den **KBR** (§ 59 Abs. 2), die **GJAV** (§ 73 Abs. 2) sowie die KJAV (§ 73 b) gelten nur die Abs. 2 bis 4. Die Vorschrift kommt entsprechend für den **Betriebsausschuss** (§ 27) und die **weiteren Ausschüsse** (§ 28) des BR zur Anwendung, insbes. wenn ihnen Aufgaben zur selbstständigen Erledigung übertragen sind,[1] sowie für eine **andere Vertretung der AN** nach § 3 Abs. 1 Nr. 2, sofern der TV keine abweichende Regelung enthält. Die Vorschrift kommt auch für **Arbeitsgruppen** gem. § 28 a zur Anwendung. Sie gilt nicht für **zusätzliche betriebsverfassungsrechtliche Vertretungen** nach § 3 Abs. 1 Nr. 1.[2] Wegen des **zwingenden Charakters** der Vorschrift sind Abweichungen durch TV oder BV unzulässig.

II. Die konstituierende Sitzung des Betriebsrats

2 Die konstituierende Sitzung des BR dient insbesondere der **Wahl des Vorsitzenden und stellvertretenden Vorsitzenden** sowie in Betrieben mit mehr als neun Mitgliedern der Wahl der weiteren **Mitglieder des Betriebsausschusses,** damit das zur Führung der laufenden Geschäfte befugte Gremium (vgl. § 27 Rn. 35 ff.) möglichst früh bestellt wird.[3] Zweckmäßiger-

1 *BAG* 18. 11. 80, AP Nr. 2 zu § 108 BetrVG 1972 mit Anm. *Wohlgemuth;* GK-*Raab*, Rn. 2; § 27 Rn. 32 ff.
2 A. A. GK-*Raab*, Rn. 3.
3 *Fitting*, Rn. 6, 21; GK-*Raab*, Rn. 6, 21; *Kühner*, S. 16; vgl. auch § 27 Rn. 6; DKKWF-*Wedde*, § 29, Rn. 3 ff., 18; zum Wahlverfahren *Wedde*, Betriebsratswahl, S. 127 ff.

weise werden in der konstituierenden Sitzung noch gewählt: der **Schriftführer** (vgl. § 34 Rn. 9), die **Vertreter für den GBR bzw. KBR,** die **Mitglieder für den Betriebsausschuss, den WA** und die **weiteren Ausschüsse** oder Kommissionen. Auch über **Freistellungen** kann entschieden werden. Vertreter der JAV und die Schwerbehindertenvertretung haben ein Teilnahmerecht (vgl. Rn. 10, 14).

3 Kommen die vorstehend genannten **weiteren Wahlen** in Betracht, kann der WV diese auf die Tagesordnung für die konstituierende Sitzung setzen,[4] da sie notwendiger Bestandteil der Konstituierung des BR sind. Es ist davon auszugehen, dass alle BR-Mitglieder wissen, welche Wahlen bei der Konstituierung des BR anstehen. Die Mitteilung in der vom WV verschickten Tagesordnung versetzt zudem jedes BR-Mitglied in die Lage, sich auf anstehende Wahlen vorzubereiten, um sachbezogen entscheiden zu können oder im Falle einer Verhinderung auf eine Verlegung einzelner Tagesordnungspunkte hinzuwirken. Für die Zulässigkeit eines solchen Vorgehens des WV spricht zudem, dass ein nach § 33 Abs. 2 beschlussfähigen BR nach der Rechtsprechung[5] auf der Grundlage eines einstimmigen Beschluss der anwesenden Mitglieder auch weitergehende Ergänzungen übersandter Tagesordnungen vornehmen kann. Bestehen Zweifel an der Zulässigkeit weiterer Wahlen in der konstituierenden Sitzung, kann der neue BR deren Durchführung in Ergänzungen der vorliegenden Tagesordnung beschließen.

4 Der WV hat **vor Ablauf einer Woche** nach dem Wahltag, falls die Wahl sich über mehrere Tage erstreckt, dem letzten Tag der Stimmabgabe, alle Mitglieder des neu gewählten BR unter Mitteilung von Zeitpunkt, Ort und Tagesordnung zur **konstituierenden Sitzung einzuberufen,** und zwar unabhängig davon, ob die Amtszeit des neu gewählten BR nach § 21 (vgl. § 21 Rn. 5 ff.) bereits begonnen hat. Die Frist von einer Woche ist als Ordnungsvorschrift anzusehen. Geringfügige Überschreitungen lösen keine negativen Rechtsfolgen aus.[6] Eine fristgemäße Einberufung muss auch erfolgen, wenn die Wahl gemäß § 19 angefochten wurde. Die konstituierende Sitzung des BR kann stattfinden, bevor die Amtszeit des bisherigen BR abgelaufen ist. Allerdings muss sich in diesem Fall die Sitzung auf die Konstituierung beschränken. Sachentscheidungen, z. B. in beteiligungspflichtigen Angelegenheiten, können nicht getroffen werden.[7]

5 Der WV muss die konstituierende Sitzung des BR innerhalb einer Woche nach dem Wahltag bzw. letzten Tag der Stimmabgabe einberufen. Der Wahltag selbst ist bei der Berechnung dieser Wochenfrist nicht mitzuzählen (§ 187 Abs. 1 BGB). Fällt der letzte Tag der Frist auf einen Sonntag, Feiertag oder Samstag, endet sie am nächsten Werktag (§ 193 BGB). Die **Sitzung** selbst muss **nicht innerhalb dieses Zeitraums** stattzufinden.[8] Sie kann vertagt und erneut einberufen werden, z. B., wenn nicht wenigstens die Hälfte der neu gewählten BR-Mitglieder erschienen und somit die Beschlussfähigkeit nach § 33 Abs. 2 nicht gegeben ist.

6 Den **Zeitpunkt der konstituierenden Sitzung** des BR legt der WV in eigener Verantwortung unter Berücksichtigung der Amtszeit des bisherigen BR fest. Hierbei hat er darauf zu achten, dass der neue BR möglichst spätestens zum Zeitpunkt der Beendigung der Amtszeit des bisherigen BR konstituiert ist. Nach Auffassung des *BAG* braucht der AG nämlich vor der Konstituierung des BR nicht mit diesem zu verhandeln. Den AG trifft keine Pflicht, mit beteiligungspflichtigen Maßnahmen, z. B. einer Kündigung, zu warten, bis sich der BR konstituiert hat.[9] Bei der Bekanntgabe des Wahlergebnisses und der Terminierung der konstituierenden

4 Vgl. *Blanke u. a.*, Betriebsratswahl, Rn. 451 f.; *Fuchs*, AiB 02, 2; für die Wahl der Mitglieder des Betriebsausschusses *Engels/Natter*, BB-Beilage 8/89, S. 22; GK-*Raab*, Rn. 6, 21; a. A. *Bopp*, S. 26, der aber eine ergänzende einstimmige Beschlussfassung aller BR-Mitglieder für zulässig hält; zum Inhalt der Einladung DKKWF-*Wedde*, § 29, Rn. 19.

5 *BAG* 9.7.13, NZA 2013, 1433; bestätigt durch *BAG* 22.1.14, DB 2014, 726 und 15.4.2014, NZA 2014, 551; zum Ganzen ausführlich Rn. 20.

6 *Fitting*, Rn. 9; HWGNRH-*Glock*, Rn. 7; zu praktischen Fragen vgl. *Schneider*, AiB 06, 490 ff.

7 *Fitting*, a. a. O.; vgl. auch § 21 Rn. 12 ff.

8 Richardi-*Thüsing*, Rn. 4; *Fitting*, Rn. 11; *GL*, Rn. 4; HWGNRH-*Glock*, Rn. 5; MünchArbR-*Joost*, § 307 Rn. 4; *Wlotzke/Preis*, Rn. 2; a. A. *WW*, Rn. 1; GK-*Raab*, Rn. 8.

9 *BAG* 23.8.84, AP Nr. 36 zu § 102 BetrVG 1972; vgl. auch *LAG Düsseldorf* 24.6.09, 12 Sa 336/09; *LAG Berlin* 27.11.86, DB 87, 2206, Ls.; *ArbG Mainz* 25.9.97, AiB 98, 469 mit kritischer Anm. *Grimberg*; *LAG Hamm* 20.5.99, ZInsO 99, 362; § 26 Rn. 4 ff.; § 21 Rn. 15; kritisch zur Rspr. und mit praktischen Hinweisen zur konstituierenden Sitzung *Matusche*, AiB 11, 251.

Sitzung muss der WV daher darauf achten, dass **betriebsratslose Zeiten** vermieden werden. Droht das Ende der Amtszeit des bisherigen BR, ist die konstituierende Sitzung so schnell wie möglich, ggf. unmittelbar nach der Bekanntgabe des Wahlergebnisses, anzuberaumen (vgl. unten Beispiel a). Ist dies nicht der Fall, sollte die konstituierende Sitzung spätestens **am letzten Tag der Amtszeit** des bisherigen BR stattfinden.[10]

Beispiele:

a) Besteht **im Betrieb kein BR,** sollte der WV so schnell wie möglich das Wahlergebnis bekannt geben und die konstituierende Sitzung am Tag der Bekanntgabe terminieren. Die schriftliche Benachrichtigung nach § 17 Abs. 1 WO an die gewählten AN sollten die WV-Mitglieder umgehend persönlich mit einer vorbereiteten schriftlichen Erklärung übergeben, in der die gewählten BR-Mitglieder bescheinigen, dass sie die Wahl annehmen und auf die dreitägige Erklärungsfrist verzichten. Gleichzeitig kann die Einladung zur konstituierenden Sitzung übergeben werden.

b) Besteht ein BR nur **bis zur Bekanntgabe des Wahlergebnisses** (vgl. z. B. § 22 Rn. 4 ff.), sollte die Bekanntgabe des »offiziellen« Wahlergebnisses erst an dem Tag erfolgen, an dem die konstituierende Sitzung des BR stattfindet (vgl. im Übrigen Beispiel a) Sätze 2, 3).

c) **Läuft die Amtszeit** des bisherigen BR **nicht kurzfristig ab,** muss der WV die konstituierende Sitzung des BR spätestens auf den **letzten Tag der Amtszeit** des bisherigen BR legen, damit ein nahtloser Übergang gewährleistet wird. Besteht die Absicht, künftige BR-Wahlen, z. B. wegen Osterferien, zu einem früheren Zeitpunkt durchzuführen, kann die konstituierende Sitzung entsprechend terminiert werden und der amtierende BR nach der Konstituierung des neu gewählten BR zurücktreten, damit dessen Amtszeit entsprechend früher beginnen kann.

Kommt der WV seiner Verpflichtung zur fristgemäßen Einberufung der konstituierenden BR-Sitzung nicht nach, können die BR-Mitglieder aus eigener Initiative (**Selbstzusammentrittsrecht**) zu ihrer ersten Sitzung zusammentreten.[11] Jedes BR-Mitglied kann hierzu die Initiative ergreifen, ohne dass dem nach dem Lebensalter ältesten Mitglied ein Vorrang zukäme. Die Einberufung der konstituierenden Sitzung durch Eigeninitiative der BR-Mitglieder ist nur ordnungsgemäß, wenn sämtliche BR-Mitglieder – ggf. auch für verhinderte BR-Mitglieder heranzuziehende Ersatzmitglieder – vom Zeitpunkt und Ort der konstituierenden Sitzung sowie von den zu behandelnden Gegenständen unterrichtet wurden.[12] **7**

Der Anspruch auf Einladung zur konstituierenden Sitzung kann gegen den WV nicht gerichtlich geltend gemacht werden. Die Ersetzung der Einladung des WV durch das ArbG gemäß § 18 Abs. 1 kommt nicht in Betracht.[13] **8**

Der WV hat zur konstituierenden Sitzung **alle gewählten Mitglieder** des BR sowie alle übrigen Personen mit Teilnahmerecht (vgl. Rn. 10) einzuladen. Hat ein Wahlbewerber verbindlich erklärt, dass er die Wahl nicht annimmt, ist der nachrückende Wahlbewerber zu laden. Für zeitweilig verhinderte BR- oder JAV-Mitglieder (z. B. durch Krankheit, Urlaub) hat der WV die nach § 25 in Frage kommenden **Ersatzmitglieder** zu laden. Bei der Ladung muss das **Minderheitengeschlecht** berücksichtigt werden.[14] **9**

An der konstituierenden Sitzung sind **nur der Vorsitzende des WV** und nicht dessen übrige Mitglieder **teilnahmeberechtigt**. Das Teilnahmerecht entfällt, sobald der BR aus seiner Mitte einen Wahlleiter bestellt hat,[15] sofern der WV-Vorsitzende nicht selbst Mitglied des BR ist. Ein **10**

---

10 *Fitting,* Rn. 11 empfehlen die Durchführung der konstituierenden Sitzung am ersten Tag der Amtszeit des neuen BR.

11 Richardi-*Thüsing,* Rn. 10; *Fitting,* Rn. 9; GK-*Raab,* Rn. 13 f.; *GL,* Rn. 9; HaKo-BetrVG/*Blanke,* Rn. 6; MünchArbR-*Joost,* § 307 Rn. 4; *HSGW* Rn. 7 a; vgl. Musterschreiben bei DKKWF-*Wedde,* § 29, Rn. 20 ff.; das *BAG* 23.8.84, AP Nr. 36 zu § 102 BetrVG 1972 lässt diese Frage für den Fall der Untätigkeit des Wahlvorstandes ausdrücklich offen; ein Selbstversammlungsrecht verneinen HWGNRH-*Glock,* Rn. 11; ähnlich auch *LAG Hamm* 20.5.99, ZInsO 99, 362.

12 GK-*Raab,* Rn. 14; vgl. auch *BAG* 28.4.88, AP Nr. 2 zu § 29 BetrVG 1972, 28.10.92, BB 93, 580 = BetrR 93, 63 mit Anm. *Ortmann;* vgl. ferner Rn. 15.

13 Vgl. GK-*Raab,* Rn. 12 m. w. N.

14 *Schneider,* AiB 06, 490 f.

15 *BAG* 28.2.58, AP Nr. 1 zu § 29 BetrVG.

Teilnahmerecht eines **Beauftragten der im BR vertretenen Gewerkschaft** ist gegeben, wenn dies gemäß § 31 von einem Viertel der BR-Mitglieder beantragt wurde; etwas anderes lässt sich auch nicht aus der Entscheidung des *BAG*[16] entnehmen.[17] Die Hinzuziehung eines Beauftragten der im BR vertretenen Gewerkschaft ist unter Beachtung der Grundsätze des § 31 zulässig und wegen der komplizierten Konstituierungsvorschriften vielfach zweckmäßig. Ein Teilnahmerecht besteht auch für die **Schwerbehindertenvertretung** und für einen **Vertreter der JAV,** da beide Vertretungen ein gesetzliches Teilnahmerecht an allen Sitzungen des BR haben.[18]

11 Der **Vorsitzende des WV,** im Verhinderungsfall sein Stellvertreter oder ein anderes WV-Mitglied, **leitet** die konstituierende Sitzung, bis der **BR aus seiner Mitte einen Wahlleiter** bestellt hat. Der Vorsitzende des WV kann nur zum Wahlleiter gewählt werden, wenn er Mitglied des BR ist.[19] Die Wahl des Wahlleiters erfolgt durch den BR in seiner Gesamtheit.[20] Die Wahlleitung kann auch von Bewerbern für die Ämter des Vorsitzenden bzw. des Stellvertreters übernommen werden.[21] Wird die Wahl unter der Leitung einer nicht befugten Person durchgeführt, kann sie angefochten werden.[22] **Gewählt ist,** wer von den vorgeschlagenen Kandidaten die meisten Stimmen erhält. Es genügt die einfache Mehrheit.

12 Nach seiner Wahl übernimmt der **Wahlleiter** die Leitung der konstituierenden Sitzung. Er hat nunmehr die Wahl des BR-Vorsitzenden und seines Stellvertreters durchzuführen.[23] Mit der Wahl des BR-Vorsitzenden und seines Stellvertreters und der Annahme der Wahl durch die beiden Gewählten ist der BR formal konstituiert. Die **Leitung der Sitzung** geht auf den neuen Vorsitzenden über.

13 Hat der WV **weitere Wahlen auf der Tagesordnung** vorgesehen (vgl. Rn. 2), muss der Vorsitzende nach der Konstituierung in die Behandlung der nachfolgenden Tagesordnungspunkte eintreten. Dies gilt jedenfalls, wenn dies die anwesenden BR-Mitglieder mehrheitlich beschließen (vgl. Rn. 3, 20). Waren keine weiteren Tagesordnungspunkte angekündigt, können die anwesenden Mitglieder des BR eine Ergänzung der Tagesordnung ebenfalls einstimmig beschließen.[24] Über die Wahlhandlungen ist eine **Sitzungsniederschrift** aufzunehmen (vgl. § 34). In ihr müssen eventuelle Beschlüsse des BR zum Wahlverfahren und die Ergebnisse – ggf. auch der Vorabstimmungen in den Gruppen – der einzelnen Wahlgänge aufgenommen werden.[25]

14 Eine Beratung und Beschlussfassung weiterer Tagesordnungspunkte durch den BR ist nur möglich, wenn die **JAV** und die **Schwerbehindertenvertretung zur konstituierenden Sitzung eingeladen** wurden oder für den weiteren Teil der Sitzung hinzugezogen werden.[26] Eine Beschlussfassung zu aktuellen Themen kommt nicht in Betracht, wenn die Amtszeit des bisherigen BR noch nicht abgelaufen ist.[27]

III. Die weiteren Sitzungen des Betriebsrats

15 Die weiteren Sitzungen des BR werden von dessen **Vorsitzenden einberufen.**[28] Der stellvertretende Vorsitzende ist dazu nur berechtigt, wenn der Vorsitzende verhindert ist.[29] Entspre-

---

16 BAG, a. a. O.
17 A. A. GK-*Raab,* Rn. 17; HWGNRH-*Glock,* Rn. 128, 10; *Fitting,* Rn. 14; Richardi-*Thüsing,* Rn. 7.
18 § 95 Abs. 4 SGB IX; §§ 32, 67 Abs. 1; enger *Bopp,* S. 28, 173 f.; *Fitting,* a. a. O.; GK-*Raab,* a. a. O., die ein Teilnahmerecht ablehnen, wenn nur die Wahl des Vorsitzenden und stellvertretenden Vorsitzenden vorgesehen ist; a. A. ErfK-*Koch,* Rn. 1.
19 *BAG* 12.10.76, AP Nr. 1 zu § 8 BetrVG 1972; HWGNRH-*Glock,* Rn. 7; GK-*Raab,* Rn. 19.
20 *Fitting,* Rn. 17; GK-*Raab,* Rn. 14, 18; *Fuchs,* AiB 02, 281.
21 *Fitting,* a. a. O.; GK-*Raab,* Rn. 19; HWGNRH-*Glock,* Rn. 7.
22 *BAG* 28.2.58, AP Nr. 1 zu § 29 BetrVG; HWGNRH-*Glock,* Rn. 15.
23 GK-*Raab,* Rn. 20; *GL,* Rn. 8; MünchArb-*Joost,* § 307 Rn. 39; offen Richardi-*Thüsing,* Rn. 13 f.
24 Grundlegend *BAG* 9.7.13, NZA 2013, 1433; ebenso 22.1.14, DB 2014, 726 und 15.4.2014, NZA 2014, 551.
25 *Bopp,* S. 14.
26 *Fitting,* a. a. O.; GK-*Raab,* a. a. O.; zur Hinzuziehung von Gewerkschaftsbeauftragten vgl. Rn. 10.
27 GK-*Raab,* Rn. 9; vgl. auch § 21 Rn. 13.
28 Abs. 2 Satz 1; Musterschreiben bei DKKWF-*Wedde,* § 29, Rn. 22 ff.
29 Richardi-*Thüsing,* Rn. 42; zur Verhinderung § 26 Rn. 31.

chendes gilt für den Widerruf einer bereits erfolgten Einladung. Andere BR-Mitglieder sind nicht berechtigt, zu einer BR-Sitzung einzuladen. Etwas anderes gilt, wenn der Vorsitzende und der stellvertretende Vorsitzende verhindert sind. Hat der BR für diesen Fall durch Beschluss oder Geschäftsordnung Vorsorge getroffen, hat das danach **ermächtigte BR-Mitglied** einzuladen. Wurde keine Vorsorge getroffen, kann jedes BR-Mitglied die Initiative ergreifen (**Selbstzusammentrittsrecht**), zu den Voraussetzungen einer Beschlussfassung vgl. Rn. 7) und zu einer BR-Sitzung einladen, wenn Beratungsgegenstände, z. B. personelle Einzelmaßnahmen wie Einstellungen und Kündigungen, der sofortigen Erledigung bedürfen[30] und/oder trotz Antrag nach Abs. 3 keine Sitzung anberaumt wird bzw. der Vorsitzende und sein Stellvertreter verhindert sind. Ohne Ladung kann eine Sitzung nur stattfinden, wenn alle BR-Mitglieder – für verhinderte die zuständigen Ersatzmitglieder (vgl. § 25 Rn. 14 ff., 28) – mit Zeit, Ort und Tagesordnung einverstanden sind.[31] In diesem Fall ist ein Mitglied des BR mit der Sitzungsleitung zu beauftragen.

Den **Zeitpunkt** und die **Häufigkeit** der BR-Sitzungen bestimmt der Vorsitzende nach pflichtgemäßem Ermessen, es sei denn, der BR hat bestimmte Regeln beschlossen und z. B. in der Geschäftsordnung festgelegt.[32] Dies gilt auch, wenn die nach Abs. 3 Antragsberechtigten ordnungsgemäß die Abhaltung einer BR-Sitzung verlangt haben (vgl. Rn. 27 ff.). **16**

Der Vorsitzende hat nach Abs. 2 Satz 3 alle Mitglieder des BR – für verhinderte Mitglieder die zuständigen Ersatzmitglieder – **rechtzeitig unter Mitteilung der Tagesordnung zu laden.** Die Reihenfolge der zu ladenden Ersatzmitglieder ist nicht dispositiv und leitet sich zwingend aus § 28 Abs. 2 ab.[33] Die Regelung in Abs. 2 Satz 3 gehört zu den wesentlichen und unverzichtbaren Verfahrensvorschriften, von deren Beachtung die **Rechtswirksamkeit der BR-Beschlüsse** abhängt.[34] Die ordnungsgemäße Ladung setzt voraus, dass sie in verkehrsüblicher Weise in die tatsächliche Verfügungsgewalt des BR-Mitglieds gelangt ist und dieses unter gewöhnlichen Verhältnissen die Möglichkeit hatte, von ihr Kenntnis zu nehmen.[35] Die Ladung mit der Tagesordnung muss danach **allen Sitzungsteilnehmern** – einschließlich JAV, Schwerbehindertenvertretung, ggf. auch AG und der Gewerkschaft – so rechtzeitig zugehen, dass sie sich auf die Teilnahme einstellen, notwendige Vorbereitungen (Informationen einholen, Unterlagen prüfen) treffen und dem Vorsitzenden eine etwaige Verhinderung mitteilen oder auf eine Verlegung hinwirken können.[36] Dies gilt im Prinzip auch für außerordentliche Sitzungen. In unvorhersehbaren Not- und **Eilfällen** kann abweichend eine kurzfristige Einladung zulässig sein.[37] **17**

Besondere **Formen und Fristen** schreibt das Gesetz nicht vor, so dass die Ladung auch mündlich und telefonisch zugehen kann.[38] Dies ist aber auf wirklich dringende Fälle zu beschränken, da schon wegen der Tagesordnung, aber auch um Missverständnisse auszuschließen, die **Schriftform** geboten ist. Die Schriftform kann bei entsprechender technischer und organisatorischer Ausstattung auch durch Einladung und Übersendung der Tagesordnung per E-Mail **18**

30 *Fitting,* Rn. 24; GK-*Raab,* a. a. O.; ErfK-*Koch,* Rn. 2; HaKo-BetrVG/*Blanke,* Rn. 9; *Ulrich,* AiB 11, 154 f.; enger Richardi-*Thüsing,* Rn. 17; a. A. HWGNRH-*Glock,* Rn. 19.

31 *LAG Saarbrücken* 11.11.64, AP Nr. 2 zu § 29 BetrVG; *LAG Düsseldorf* 7.3.75, DB 75, 743; *LAG Hamm* 9.3.75, DB 75, 1851; *Fitting,* Rn. 45; GK-*Raab,* Rn. 36; HWGNRH-*Glock,* Rn. 20; Richardi-*Thüsing,* Rn. 17; vgl. auch *BAG* 28.10.92, BB 93, 580; 28.4.88, AP Nr. 2 zu § 29 BetrVG 1972.

32 GK-*Raab,* Rn. 24; HWGNRH-*Glock,* Rn. 21; MünchArbR-*Joost,* § 307 Rn. 8 f.; *Renker,* AiB 02, 219; vgl. §§ 30 Rn. 4, 36 Rn. 5.

33 Vgl. *LAG Schleswig-Holstein* 1.11.12, DB 12, 2814.

34 *BAG* 28.4.88, AP Nr. 2 zu § 29 BetrVG 1972, 28.10.92, BB 93, 580; 19.8.92, BB 93, 1433; *LAG Hamm* 24.10.14 – 13 TaBV 94/13, juris; *Kettner,* AiB 98, 431; *v. Hoyningen-Huene,* S. 158; *Renker,* AiB 02, 221; zur praktischen Umsetzung *Mischewski,* AiB 06, 277.

35 *LAG Hamm* 12.2.92, DB 92, 2148, Ls.

36 *BAG,* a. a. O.; *LAG Düsseldorf* 26.10.07 – 9 TaBV 54/07 hält die Mitteilung des Tagesordnungspunkts »Abberufung eines Betriebsratsmitglieds von der Freistellung« eineinhalb Tage vor Beginn der Betriebsratssitzung für nicht rechtzeitig; *LAG Köln* 3.3.08 hält eine Ladungsfrist von zwei Werktagen im Zusammenhang mit Verhandlungen über einen Interessenausgleich bzw. einen Sozialplan für zu kurz; vgl. auch Rn. 22.

37 *Fitting,* Rn. 44 a; ErfK-*Koch,* Rn. 2; Richardi-*Thüsing,* Rn. 37; enger *BAG* 24.5.06, NZA 06, 1364.

38 Vgl. auch *BAG* 8.2.77, AP Nr. 10 zu § 80 BetrVG 1972; *Fitting,* Rn. 44; GK-*Raab,* Rn. 34.

gewahrt werden (vgl. § 40 Rn. 137; zu elektronischen Dokumenten Einl. Rn. 184 ff.). In jedem Fall muss die Einladung so rechtzeitig erfolgen, dass sich alle BR-Mitglieder auf die Sitzung einrichten können. Der BR sollte in der Geschäftsordnung angemessene **Fristen** und die **Form** der Ladung festlegen, z. B. Ladungsfrist drei Arbeitstage mit Angabe der Tagesordnung, Schriftform sowie Sonderregelungen für Eilfälle, ggf. feste Sitzungstermine und die Verpflichtung für den Vorsitzenden, von einzelnen BR-Mitgliedern oder von der JAV (vgl. auch § 67 Rn. 25 ff.) oder von der Schwerbehindertenvertretung (vgl. § 32 Rn. 6) beantragte Tagesordnungspunkte auf die Tagesordnung zu setzen (vgl. im Übrigen § 36 Rn. 5 f.). Sind in einer Geschäftsordnung Mindestfristen festgelegt, ist deren Verkürzung aber in bestimmten Fällen (etwa wegen Eilbedürftigkeit) möglich, muss die Ladungsfrist dennoch so ausgestaltet sein, dass die BR-Mitglieder sich auf die Sitzung einstellen und vorbereiten können.[39]

19 Liegen nach der Geschäftsordnung die Termine der Sitzung fest oder hat der BR Sitzungstermine beschlossen, ist eine besondere Ladung zu den regelmäßigen Terminen – mit Ausnahme für außerordentliche Sitzungen oder soweit für verhinderte BR- und JAV-Mitglieder Ersatzmitglieder geladen bzw. Gewerkschaftsbeauftragte hinzugezogen werden müssen – nicht erforderlich. Den Sitzungsteilnehmern muss jedoch die Tagesordnung rechtzeitig mitgeteilt werden.[40] Die rechtzeitige Mitteilung dient dem Zweck, dass sich die Sitzungsteilnehmer auf die Beratung der Tagesordnungspunkte vorbereiten und ggf. mit den AN Fühlung aufnehmen oder sich mit der im Betrieb vertretenen Gewerkschaft besprechen können.[41]

20 Die **Tagesordnung** legt der Vorsitzende nach pflichtgemäßem Ermessen unter Berücksichtigung der anstehenden Beratungsgegenstände und der aktuellen Geschäftslage fest.[42] **Ladung** und **Tagesordnung** können **getrennt** übermittelt werden, sofern beides rechtzeitig vor der Sitzung geschieht und garantiert ist, dass den BR-Mitgliedern eine eindeutige Zuordnung beider Dokumente möglich ist. Der Vorsitzende kann die Tagesordnung vor der Sitzung ändern oder ergänzen, wenn er sicherstellt, dass die geänderte Fassung allen Sitzungsteilnehmern noch rechtzeitig vor der Sitzung zugeht.[43] Die rechtzeitige Übersendung von Ladung und Tagesordnung soll dem BR eine Befassung mit einem vorab festgelegten Themenkreis ermöglichen.[44] Diese Übersendung ist zudem **Voraussetzung** für eine **wirksame Beschlussfassung in der Sitzung.**[45] **Beschlüsse** sind **nur wirksam**, wenn **alle BR-Mitglieder**[46] bzw. die jeweiligen **Ersatzmitglieder geladen** wurden.[47] Etwas anderes kann ausnahmsweise nur gelten, wenn die Verhinderung einzelner BR-Mitglieder so plötzlich und unvorhersehbar eintritt, dass eine Benachrichtigung der jeweiligen Ersatzmitglieder nicht mehr möglich ist.[48] Die Heilung bestehender Ladungsmängel kann in einer späteren Sitzung erfolgen, zu der ordnungsgemäß geladen wurde.[49] In der BR-Sitzung kann unter bestimmten Voraussetzungen die Änderung oder Ergänzung einer vorliegender sowie die Aufstellung einer nicht vorhandenen Tagesordnung erfolgen (vgl. Rn. 24 ff.).

21 **Verhinderte Mitglieder** des BR und der JAV sollen ihre **Verhinderung** dem **Vorsitzenden**

39 *HessLAG* 25.3.04 – 9 TaBV 117/03, juris, das eine ordnungsgemäße Ladung für den Fall verneint hat, dass BR-Mitglieder über die anstehende Wahl des freizustellenden Mitgliedes mündlich erst am Nachmittag vor der BR-Sitzung informiert wurden.

40 *BAG* 28.4.88, AP Nr. 2 zu § 29 BetrVG 1972, 28.10.92, BB 93, 580; 19.8.92, BB 93, 1433; Richardi-*Thüsing*, Rn. 38; ErfK-*Koch*, Rn. 2; *Fitting*, Rn. 34; GK-*Raab*, Rn. 37; HWGNRH-*Glock*, Rn. 34; allgemein *Mallmann*, AiB 13, 230 ff.

41 *Fitting*, Rn. 46.

42 *Fitting*, Rn. 47; Textmuster bei DKKWF-*Wedde*, § 29, Rn. 24 f.

43 GK-*Raab*, Rn. 52.

44 *BAG* 19.1.05, ZBVR 05, 110.

45 *BAG* 28.4.88, AP Nr. 2 zu § 29 BetrVG 1972; 28.10.92, BB 93, 580; 1.10.91 – 1 ABR 81/90; *Fitting*, Rn. 45 und 68; *Müller*, AiB 06, 601.

46 *LAG Düsseldorf*, a. a. O.

47 Vgl. *BAG* 23.8.84, AP Nr. 17 zu § 103 BetrVG 1972; 19.8.92, BB 93, 1433; *ArbG Berlin* 17.2.88 – 37 Ca 455/87; vgl. zu sog. **Umlaufbeschlüssen** und zur Frage der **Beschlussfähigkeit** eines »Rumpf-BR« § 33 Rn. 9 ff.

48 Zur individuellen Verhinderung in persönlichen Angelegenheiten vgl. § 25 Rn. 25.

49 *BAG* 28.10.92, a. a. O.; *LAG München* 25.2.93 – 7 TaBV 89/92; *LAG Nürnberg* 23.9.97, AiB 98, 162 mit Anm. *Maaske.*

unverzüglich **mitteilen,** damit dieser zuständige Ersatzmitglieder noch rechtzeitig laden kann.[50] Entsprechendes gilt, wenn eine Verhinderung aus einem Interessenkonflikt resultiert.[51] Unterbleibt eine Mitteilung und erlangt der Vorsitzende auf andere Art und Weise Kenntnis, dass ein Verhinderungsfall besteht, ist er ebenfalls zur Einladung von Ersatzmitgliedern verpflichtet. Die Verhinderung soll unter **Angabe des Grundes** (vgl. hierzu § 25 Rn. 16) angezeigt werden, damit dieser Ersatzmitglieder laden kann. Die Verpflichtung zur Angabe des Grundes kann der BR in der Geschäftsordnung festlegen.[52] Der Vorsitzende ist **nicht verpflichtet**, die vorgebrachte Begründung durch intensive **eigene Nachforschungen** zu überprüfen. Ist die Begründung aus seiner Sicht zutreffend und erfüllt sie die Vorgaben des § 25 Abs. 1, kann er ohne weitere Nachforschungen die jeweiligen Ersatzmitglieder nachladen (vgl. insgesamt § 25 Rn. 14 ff.). Ist dies nicht der Fall, muss er auf die Ladung verzichten.[53] Erscheint ein arbeitsunfähig erkranktes BR-Mitglied zu einer Sitzung, ist davon auszugehen, dass kein Verhinderungsgrund vorliegt.[54] Entsprechendes gilt während der Zeit des Mutterschutzes nach dem MuschG oder während der Elternzeit.[55] Ein BR-Vorsitzender kann allerdings bei einer ihm bekannten Abwesenheit aufgrund von Urlaub, Elternzeit usw. solange von einer Verhinderung ausgehen, wie ihm vom jeweiligen BR-Mitglied nicht angezeigt worden ist, dass es ungeachtet der Abwesenheitssituation seine BR-Tätigkeit durchführen will.[56]

Die versandte **Tagesordnung** muss die in der BR-Sitzung **zu behandelnden Punkte möglichst konkret angeben**[57] und »Sammel-Punkte« wie »Verschiedenes« oder »Personelle Einzelmaßnahmen« jedenfalls für Beschlussfassungen vermeiden oder genau spezifizieren.[58] Der Tagesordnungspunkt »**Verschiedenes**« steht für die dort gefassten Beschlüsse dem **Fehlen einer Tagesordnung** gleich.[59] An den Inhalt der Tagesordnung dürfen keine überhöhten Anforderungen gestellt werden.[60] Soll z. B. ein GBR-Mitglied aus dem Gesamtbetriebsausschuss und aus dem WA abgewählt werden, ist diese Abwahl nicht durch den Tagesordnungspunkt »Wahlen zu den Gremien des GBR« legitimiert.[61] Notwendig wäre eine Bezeichnung wie beispielsweise »Gesamtbetriebsausschuss – Abwahl von Mitgliedern«. Über die **Entsendung** eines BR-Mitglieds zu einer **Schulungsmaßnahme** kann kein wirksamer Beschluss gefasst werden, wenn dieses Thema nicht auf der übersandten Tagesordnung gestanden hat bzw. unter dem Tagesordnungspunkt »Verschiedenes« behandelt wird.[62] Der Tagesordnungspunkt »Überstunden, Zustimmung, Zusammenfassung und Verstöße bei der Überstundenanordnung« stellt dagegen eine ausreichende Unterrichtung über den Beratungsgegenstand dar und ist eine ausreichende Grundlage für den Beschluss, ein arbeitsgerichtliches Beschlussverfahren nach § 23 Abs. 3 einzuleiten.[63] Dies gilt jedenfalls, wenn sich der BR wegen Missachtung seiner Mitbestimmungsrechte häufiger mit der Problematik befasst hat. Es ist nicht erforderlich, mit der Einladung konkrete Anträge oder Beschlusstexte, über die beschlossen werden soll, mit- 22

50 Abs. 2 Satz 5; Textmuster bei DKKWF-*Wedde*, § 29, Rn. 26 f.; vgl. auch *Mischewski*, AiB 06, 277; *Müller*, AiB 06, 601 f.; *Schlichting/Matthiesen*, AiB 06, 606.
51 Vgl. *HessLAG* 1.11.12, ArbR 12, 248; zum Interessenkonflikt ausführlich § 25, Rn. 25.
52 *Schneider*, AiB 06, 490 ff.; *Fitting*, Rn. 39.
53 Ebenso *Fitting*, Rn. 39 unter Hinweis auf die Unzulässigkeit gewillkürter Stellvertretung; ErfK-*Koch*, Rn. 2; Richardi-*Thüsing*, Rn. 32; vgl. auch § 33, Rn. 12.
54 *LAG Schleswig-Holstein* 26.5.05, AuA 05, 504, Ls.
55 *BAG* 25.5.05, NZA 05, 1002; *LAG Hamm* 15.10.10 – 10 TaBV 37/10.
56 *LAG Berlin* 1.3.05, DB 05, 2252; nach *LAG Hamm*, a. a. O. kann von einer Verhinderung ausgegangen werden, wenn das jeweilige BR-Mitglied positiv angezeigt hat, dass es während dieser Zeit keine BR-Tätigkeit durchführen will.
57 *Fitting*, Rn. 46; HWGNRH-*Glock*, Rn. 47; GK-*Raab*, Rn. 50; HaKo-BetrVG/*Blanke*, Rn. 10; *Renker*, AiB 02, 219; *Müller*, AiB 06, 601.
58 *BAG* 28.10.92, BB 93, 580 = BetrR 93, 63 mit Anm. *Ortmann;* HWGNRH-*Glock*, Rn. 45; *Kühner*, S. 43.
59 So *BAG*, a. a. O.; a. A. *Fitting*, Rn. 48, der die Behandlung von Angelegenheiten für möglich hält, die nicht ausdrücklich in der Tagesordnung erwähnt sind.
60 *Fitting*, Rn. 46; *Grosjean*, NZA-RR 05, 113 ff.
61 *ArbG Paderborn* 12.4.89 – 2 BV 4/89.
62 *BAG*, a. a. O., 28.4.88, AP Nr. 2 zu § 29 BetrVG 1972; *LAG Schleswig-Holstein* 28.9.89, NZA 90, 288, Ls.; vgl. Rn. 26.
63 *BAG* 1.10.91 – 1 ABR 81/90.

zuteilen.[64] Werden Beschlusstexte mit der Einladung versandt, kann der BR sie als Ergebnis seines Meinungsbildungsprozesses jederzeit verändern und mit der notwendigen Mehrheit annehmen.

23 Der BR-Vorsitzende hat in gleicher Weise wie die BR-Mitglieder die **Schwerbehindertenvertretung** (vgl. § 32) und die **JAV** (vgl. auch § 67 Abs. 1) sowie ggf. die Sprecherin oder den Sprecher der nach dem **BFDG tätigen Freiwilligen** einzuladen. Entsprechendes gilt für die **Ersatzmitglieder** anstelle verhinderter BR- bzw. JAV-Mitglieder (vgl. Abs. 2 Satz 6; § 25 Rn. 6 ff.) sowie bei Verhinderung der Schwerbehindertenvertretung (§ 32 Rn. 7) oder der Vertreter der Freiwilligen nach dem BFDG (§ 10 BFDG). Sofern die entsprechenden Voraussetzungen vorliegen, sind ferner unter Mitteilung der Tagesordnung einzuladen: alle Mitglieder der JAV (vgl. § 67 Abs. 1 der AG, Gewerkschaftsbeauftragte (§ 31) und Sachverständige bzw. Auskunftspersonen.[65]

24 **Ergänzungen** oder **Änderungen** einer versandten der Tagesordnung wie auch ihre **Aufstellungen** sind nach der Rspr. des *BAG*[66] zulässig, wenn der nach § 33 beschlussfähige BR dies durch einstimmigen Beschluss der anwesenden Mitglieder festlegt (etwa einstimmige Entscheidung der fünf anwesenden Mitglieder eines neunköpfigen BR). Diese Position hat der 1. Senat des *BAG* erstmals in einer Entscheidung vom 9.7.13[67] vertreten. Auf eine Anfrage des 1. Senats hat sich der 7. Senat ihr am 22.1.14[68] angeschlossen. Die bisher vertretene Auffassung, nach der eine Änderung der Tagesordnung nur aufgrund eines einstimmigen Beschluss des vollständig anwesenden Gremiums (etwa alle neun Mitglieder des neunköpfigen BR) möglich sein sollte[69], wurde ausdrücklich aufgegeben.[70] Die veränderte Rspr. ist ein Schritt in die richtige Richtung. Sie nimmt die Kritik an der bisher restriktiveren Position auf und akzeptiert, dass durch das Abstellen auf einen einstimmigen Beschluss aller BR-Mitglieder eine Ergänzung der Tagesordnung in der Praxis weitgehend unmöglich ist und dass damit Betriebsratsarbeit erschwert wird.[71] Fraglich bleibt allerdings, ob das Abstellen auf einen einstimmigen Beschluss der anwesenden BR-Mitglieder tatsächlich geeignet ist, notwendige Anpassungen der Tagesordnung in praxisnaher Weise zu ermöglichen und so die BR-Arbeit nachhaltig zu erleichtern. Die geforderte Einstimmigkeit stärkt zwar die Rechte von einzelnen BR-Mitgliedern, schafft aber gleichzeitig eine individuelle Blockademöglichkeit, die missbraucht werden könnten. Insbesondere in größeren Gremien bleiben Ergänzungen und Änderungen der Tagesordnung aufgrund der vom *BAG* formulierten Voraussetzung damit weiterhin schwierig.

25 Im Ergebnis überzeugt die geänderte Rspr. deshalb nicht uneingeschränkt. Sie ist aufgrund der Notwendigkeit eines einstimmigen Beschlusses weder mit **allgemeinen Geschäftsordnungsgrundsätzen** und der **normalen Gremienpraxis** noch mit der **betrieblichen Wirklichkeit** und den **praktischen Bedürfnissen der Betriebsratsarbeit** in Übereinklang zu bringen. Das geforderte Quorum greift zudem unangemessen in die **demokratische Selbstbestimmungskompetenz** des Gremiums ein. Dies wird deutlich, wenn man die sich hieraus ableitenden praktischen Konsequenzen vor Augen hält: Die Anknüpfung an einen einstimmigen Beschluss der Anwesenden könnte beispielsweise dazu führen, dass die Mitglieder eines vollständig anwesenden BR in einer Sitzung zwar mit der notwendigen absoluten Mehrheit der Stimmen die Übertragung wichtiger Aufgaben auf den Betriebsausschuss oder die Auflösung des Gremiums beschließen könnte, wenn dieses Thema auf der Tagesordnung steht. Gleichzeitig bliebe es dem BR aber verwehrt, in derselben Sitzung mittels Mehrheitsbeschluss eine Erweiterung der Tagesordnung festzulegen, um sich mit nicht vorhersehbaren personellen Einzelmaßnahme zu befassen oder einen Rechtsanwalt zu beauftragen, wenn auch nur ein einziges Mitglied hiermit nicht einverstanden ist.

---

64 *BAG* 29.4.04, NZA 04, 670.
65 Vgl. *ArbG Frankfurt* 16.9.88, AuR 89, 186, Ls.; § 80 Rn. 65 ff., 75.
66 *BAG* 22.1.14, NZA 14, 441.
67 *BAG* 9.7.13, NZA 13, 1433.
68 *BAG* 22.1.14, NZA 14, 441, vgl. auch 15.4.14, NZA 14, 551.
69 *BAG* 28.4.88, AP Nr. 2 zu § 29 BetrVG 1972, 28.10.92, BB 93, 580 = BetrR 93, 63 mit Anm. *Ortmann;* 19.8.92, BB 93, 1433; ausdrücklich bestätigt durch *BAG* 24.5.06, DB 07, 696.
70 *BAG* 9.7.13, a.a.O. und 22.1.14, a.a.O.
71 *BAG* 22.1.14, a.a.O. unter II.4.b) der Gründe.

Weiterhin ist zu bedenken, dass es sich bei einer Ergänzung bzw. Änderung der Tagesordnung vielfach um **betriebsratsinterne Routineangelegenheiten** handelt. Mehrheitlich beschlossene Änderungen von Tagesordnungen aufgrund der Erledigung einzelner Themen oder der Verschiebung einzelner Punkte erfolgen vielfach, ohne dass Gremien bewusst ist, dass eigentlich einstimmige Beschlüsse erforderlich sind. Bezüglich der Aufnahme von aktuellen personellen Einzelmaßnahmen oder von eiligen Angelegenheiten sind zudem selbst AG oftmals der Meinung, dass diese Themen kurzfristig in der bevorstehenden Sitzung entschieden werden sollten. Das Abstellen auf einen einstimmigen Beschluss kann zudem im **Einzelfällen zu Nachteilen** für die von Einzelmaßnahmen betroffenen Arbeitnehmern führen sowie zu **Verzögerungen zu Lasten der AG**. Konsequenz der vom *BAG* formulierten Voraussetzung wird insbesondere bei dringenden oder fristgebundenen Angelegenheiten regelmäßig eine zeitaufwändige und zusätzliche Kosten verursachende **Sondersitzung** sein, die weder von BR-Mitgliedern noch von AG gewollt sein wird. **26**

Vor dem Hintergrund, dass selbst für die Arbeit des BR elementare Beschlüsse wie solche zur Übertragung von Aufgaben oder zum eigenen Rücktritt nicht der Einstimmigkeit bedürfen, ist es nicht plausibel, dass an eine Änderung bzw. Ergänzung der Tagesordnung höhere Anforderungen gestellt werden. Deshalb muss es ausreichen, dass bei ansonsten ordnungsgemäßer Ladung zur Sitzung sich kurzfristig ergebende **Ergänzungen** bzw. **Änderungen** der Tagesordnung mit **der Mehrheit der BR-Mitglieder** beschlossen werden.[72] Das Abstellen auf eine solche Mehrheitsentscheidung entspricht allgemeinen Geschäftsordnungsgrundsätzen sowie bewährter Gremienpraxis.[73] Ein solcher Mehrheitsbeschluss wäre aufgrund der Zielrichtung gesetzlicher Regelungen nur dann nicht ausreichend, wenn dies in einschlägigen Normen ausdrücklich geregelt ist.[74] Das BetrVG sieht für bestimmte Angelegenheiten insoweit ausdrücklich vor, dass bestimmte Beschlüsse mit absoluter Mehrheit gefasst werden müssen, d. h. mit der Mehrheit aller Mitglieder (vgl. § 33 Rn. 22). Notwendig ist eine solche absolute Mehrheit etwa bei der Übertragung von Aufgaben zur selbstständigen Erledigung auf den Betriebsausschuss (§ 27 Abs. 2 Satz 2) oder bei einem Rücktritt des BR (§ 13 Abs. 2 Nr. 3). **27**

Das Festhalten an der vom *BAG* vorausgesetzten einstimmigen Entscheidung aller anwesenden BR-Mitglieder stärkt zwar den Minderheitenschutz, birgt aber zugleich die Möglichkeit einer individuellen Beeinflussung und Manipulation von Beschlüssen in sich. Zudem ist sie bezogen auf eine mehrheitlich gewollte Ergänzung oder Änderung der (ohnehin nur vom Vorsitzenden aufgestellten) Tagesordnung als ungerechtfertigter Formalismus zu qualifizieren, der abzulehnen ist. Schließlich ist zu berücksichtigen, dass auch mehrheitlich beschlossene Ergänzungen der Tagesordnung, die beispielsweise rechtlich unzulässig sind, die manipulative Ziele haben oder die berechtigte Interessen von BR-Mitglieder verletzt, einer **gerichtlichen Überprüfung** unterzogen werden können.[75] Das **Schutzinteresse einzelner BR-Mitglieder** bleibt damit im Ergebnis auch gewahrt, wenn Ergänzungen oder Änderungen der Tagesordnung mit der hier vorgeschlagenen Mehrheit beschlossen werden.[76] Mit Blick auf die für bestimmte Fälle notwendige absolute Mehrheit könnte zudem daran gedacht werden, dass Tagesordnungspunkte, die nur mit absoluter Mehrheit des BR entschieden werden können, auch nur mit dieser Stimmzahl in einer BR-Sitzung auf die Tagesordnung gesetzt werden können. **28**

Die hier vertretene Auffassung, nach der die Mehrheit der BR-Mitglieder eines beschlussfähigen Gremiums ausreichen soll, um in einer Sitzung Änderungen bzw. Ergänzungen der Tagesordnung vorzunehmen (vgl. Rn. 27 f.), ist selbstverständlich von dem Fall zu unterscheiden, dass eine **ordnungsgemäße Ladung** zur BR-Sitzung überhaupt **nicht erfolgt.** Liegt **28a**

---

72 So auch *Fitting*, Rn. 48; HaKo-BetrVG/*Blanke*, Rn. 11; GK-*Raab*, Rn. 55 sieht bereits die Mehrheit der anwesenden BR-Mitglieder als ausreichend an; a. A. *Wulff*, AiB 08, 528.

73 Ebenso zur bisherigen Rechtsprechung des *BAG* GK-*Raab*, Rn. 53; ähnlich *Fitting*, Rn. 48 f.; HaKo-BetrVG/*Blanke*, Rn. 11.

74 Vgl. etwa § 51 GmbHG.

75 GK-*Raab*, Rn. 56 weist zutreffend darauf hin, dass bei einer Manipulation ein Fall des Rechtsmissbrauchs und damit ein Handeln ohne Rechtsgrundlage vorliegt mit der Folge, dass der gefasste Beschluss unwirksam wäre.

76 Zum Minderheitenschutz im BR Ulrich, AiB 11, 154.

ein solcher gravierender Mangel vor, kann er nur durch einstimmigen Beschluss des beschlussfähigen Gremiums (einschließlich ggf. nachgerückter Ersatzmitglieder) geheilt werden.

28b Ist eine Ladung erfolgt, ohne dass zugleich eine **Tagesordnung** versandt wurde, soll deren **Fehlen** nach der Rspr. ebenfalls durch einen einstimmigen Beschluss der anwesenden BR-Mitglieder geheilt werden können. Diese vom *BAG* eröffnete generelle Möglichkeit steht indes im Widerspruch zum Wortlaut des § 29 Abs. 2 Satz 2, nach der zu BR-Sitzungen »*unter Mitteilung der Tagesordnung zu laden*« ist. Die vorherige Übermittlung einer Tagesordnung ist hiernach eine wesentliche und unverzichtbare Voraussetzung für die Wirksamkeit eines in der BR-Sitzung gefassten Beschlusses.[77] Insoweit steht die Auffassung des *BAG*, dass das Fehlen einer Tagesordnung in jedem Fall durch einen einstimmigen Beschluss geheilt werden kann, im Widerspruch zum Wortlaut der Norm. In diesem Zusammenhang kann deshalb der Argumentation des Gerichts nicht gefolgt werden, die ausdrücklich in Abrede stellt, dass die vorherige Kenntnis der Tagesordnung es verhinderten BR-Mitgliedern ermöglichen soll, andere BR vorab von der eigenen Meinung zu unterrichten und ggf. hiervon zu überzeugen[78] bzw. etwaige Terminkollisionen sachgerecht aufzulösen.[79] Diese Argumentation verkennt, dass erst die Tagesordnung nebst evtl. beigefügten ergänzenden Unterlagen BR-Mitglieder in die Lage versetzt, sich ordnungsgemäß und damit auch inhaltlich fundiert auf Sitzungen vorbereiten zu können, an denen sie teilnehmen wollen.[80] Von dieser Grundvoraussetzung nachhaltiger BR-Arbeit kann nur ausnahmsweise abgewichen werden, wenn beispielsweise die Versendung der Tagesordnung nachweislich oder offensichtlich versehentlich unterblieben ist. Für derart sachlich begründete Abweichungen von den Vorgaben des § 29 Abs. 2 sollte nach der hier entgegen der Position des BAG vertretenen Auffassung ebenso wie für sonstige Änderungen und Ergänzungen der Tagesordnung eine einfache Mehrheit des beschlussfähigen BR ausreichend sein.

29 Die **Leitung der BR-Sitzungen** obliegt dem Vorsitzenden, im Falle seiner Verhinderung dem Stellvertreter. Sind beide verhindert, bestimmen die anwesenden BR-Mitglieder durch Mehrheitsbeschluss den Sitzungsleiter,[81] sofern in der Geschäftsordnung für derartige Fälle keine andere Regelung vorgesehen ist. Der Vorsitzende hat im Rahmen der Leitung die Sitzung zu eröffnen, das Wort zu erteilen und zu entziehen, Abstimmungen durchzuführen und deren Ergebnis festzustellen, für eine Sitzungsniederschrift (§ 34) zu sorgen und die Sitzung zu schließen. Ihm steht – auch in Anwesenheit des AG (vgl. Rn. 37 ff.) – das **Hausrecht** im Sitzungszimmer zu. Aus dem Hausrecht leitet sich mangels gesetzlicher Regelung nicht die Befugnis ab, ein BR-Mitglied **von der Sitzung auszuschließen**.[82] Der Vorsitzende kann einem BR-Mitglied **in der Sitzung das Wort** entziehen. Bei grober Pflichtverletzung in der Sitzung kann vom BR ein arbeitsgerichtliches Beschlussverfahren gem. § 23 Abs. 1 gegen BR-Mitglieder eingeleitet werden.[83]

30 Die jährlich einmal vorgesehene **gemeinsame Sitzung des BR und des SpA** (vgl. § 2 Abs. 2 SprAuG) wird von den Vorsitzenden beider Gremien geleitet. Zulässig ist eine anderweitige Absprache beispielsweise dahin gehend, dass die Leitung dieser Sitzungen zwischen den beiden Vorsitzenden wechselt.

---

77 Ebenso *BAG* 9.7.13, a. a. O. unter II.4.d der Gründe; der 7. Senat lässt in seiner Entscheidung vom 22.1.14, a. a. O. die Frage, welche Voraussetzungen für die Wirksamkeit eines Beschlusses unverzichtbar sind, ausdrücklich offen (vgl. unter II.2. der Gründe).

78 *BAG* 9.7.13, a. a. O.

79 *BAG* 9.7.13, a. a. O.

80 *BAG* 24.5.06, NZA 06, 1364.

81 *Fitting*, Rn. 49; GK-*Raab*, Rn. 57; Richardi-*Thüsing*, Rn. 42.

82 Vgl. mit zutreffender Begründung *Fitting*, Rn. 50; ebenso *HaKo-Blanke/Wolmerath*, Rn. 12; MünchArb-*Joost*, § 306 Rn. 40; ErfK-*Koch*, a. a. O.; *Wlotzke/Preis*, Rn. 15; a. A. GK-*Raab*, Rn. 61; HWGNRH-*Glock*, Rn. 55; Richardi-*Thüsing*, Rn. 44.

83 Ebenso *Fitting*, Rn. 50 a.

IV. Die Sitzungen auf Antrag

Der Vorsitzende des BR, im Falle seiner Verhinderung der stellvertretende Vorsitzende,[84] **muss eine BR-Sitzung einberufen,** wenn mindestens ein **Viertel der Mitglieder** des BR oder der **AG** dies beantragen.[85] Außerdem ist der BR-Vorsitzende verpflichtet, den **Gegenstand,** dessen Beratung beantragt wird, auf die Tagesordnung zu setzen. Dem BR-Vorsitzenden ist es jedoch unbenommen, weitere Punkte auf die Tagesordnung zu nehmen. 31

Ist ein BR-Mitglied verhindert, kann das für ihn nachrückende Ersatzmitglied den Antrag stellen bzw. unterstützen.[86] 32

Der **Antrag** ist an den Vorsitzenden zu richten. Eine besondere Form ist nicht vorgeschrieben; daher reicht ein mündliches Vorbringen[87] oder eine **E-Mail**. Bei größeren BR ist die **Schriftform** zum Nachweis der erforderlichen Zahl der Antragsberechtigten regelmäßig unumgänglich.[88] Der Antrag muss angeben, über welche Fragen verhandelt werden soll. Der Beratungsgegenstand muss zum Aufgabenbereich des BR gehören.[89] 33

Den Antragsberechtigten steht auch das Recht zu, die **Ergänzung der Tagesordnung** einer bereits anberaumten oder anzuberaumenden BR-Sitzung zu verlangen.[90] Sofern eine Ergänzung nicht möglich ist, hat eine **Sondersitzung** stattzufinden. 34

Andere Personen, etwa die Belegschaft oder Teile der Belegschaft, eine im Betrieb vertretene Gewerkschaft, der GBR oder KBR, haben **kein formelles Recht,** die Einberufung einer BR-Sitzung zu verlangen. Sie können sie allenfalls anregen. Auch die **JAV** und **Schwerbehindertenvertretung** haben kein Recht, eine BR-Sitzung zu beantragen. Sie haben allerdings gemäß § 67 Abs. 3 BetrVG bzw. § 95 Abs. 4 SGB IX die für den BR bindende Antragsbefugnis, Angelegenheiten, die besonders die jugendlichen AN und die Auszubildenden des Betriebs betreffen und über die die JAV bereits vorberaten hat, bzw. Angelegenheiten, die einzelne Schwerbehinderte oder die Schwerbehinderten als Gruppe besonders betreffen, auf die **Tagesordnung** der nächsten BR-Sitzung zu setzen.[91] 35

Der Vorsitzende kann den Antrag nur ablehnen, wenn der zur Erörterung gestellte Gegenstand nicht zum Aufgabenbereich des BR gehört.[92] Er handelt **pflichtwidrig,** wenn er eine BR-Sitzung nicht in angemessener Zeit ansetzt. Das berechtigt den Antragsteller aber nicht, von sich aus den BR einzuberufen.[93] Jedoch kann der BR diesen Pflichtverstoß zum Anlass nehmen, den Vorsitzenden abzuwählen oder den Ausschluss nach § 23 Abs. 1 zu betreiben.[94] Entsprechendes gilt, wenn der Vorsitzende einen beantragten Gegenstand pflichtwidrig nicht bei der Festlegung der Tagesordnung berücksichtigt.[95] Verhindert der Vorsitzende seine mögliche Abwahl durch Nichteinladung und lädt trotz Antrag nicht ein, besteht ein Selbstzusammentrittsrecht (vgl. Rn. 7). Dieses ist auch dann gegeben, wenn der Vorsitzende und sein Stellvertreter nicht nur für kurze Zeit verhindert sind.[96] 36

---

84 Sind beide verhindert, das mit der Führung der Geschäfte beauftragte BR-Mitglied [vgl. *ArbG Esslingen* 21.5.64, AuR 64, 249].
85 Textmuster bei DKKWF-*Wedde,* § 29, Rn. 29.
86 Richardi-*Thüsing,* Rn. 16; *Fitting,* Rn. 26; vgl. auch § 25 Rn. 6 ff.
87 *Fitting,* Rn. 31; MünchArbR-*Joost,* § 307 Rn. 7.
88 GK-*Raab,* Rn. 28.
89 *Fitting,* a. a. O.; GK-*Raab,* a. a. O.
90 Richardi-*Thüsing,* Rn. 23; ErfK-*Koch,* Rn. 2; *Fitting,* Rn. 29; GK-*Raab,* Rn. 30; HWGNRH-*Glock,* Rn. 24.
91 Richardi-*Thüsing,* Rn. 21; *Fitting,* a. a. O.; HWGNRH-*Glock,* a. a. O.; vgl. auch § 67 Rn. 25 ff.
92 Richardi-*Thüsing,* Rn. 25; GK-*Raab,* Rn. 28; HWGNRH-*Glock,* Rn. 24.
93 *Fitting,* Rn. 32; GK-*Raab,* Rn. 31; HWGNRH-*Glock,* Rn. 253.
94 GK-*Raab,* a. a. O.; *ArbG Esslingen* 21.5.64, AuR 64, 249.
95 Beschlussfassung über eine erweiterte Tagesordnung in der Sitzung vgl. Rn. 20 ff. m. w. N.
96 *HessLAG* 29.3.07 – 9 TaBVGa 68/07, juris.

V. Die Stellung des Arbeitgebers

37 Der **AG hat einen Anspruch auf Teilnahme** an BR-Sitzungen, wenn er selbst deren Abhaltung oder die Behandlung eines Beratungsgegenstandes **beantragt** hat oder vom Vorsitzenden des BR **ausdrücklich eingeladen** wurde.[97]

38 Ist der AG vom Vorsitzenden nur **zu einem oder mehreren Tagesordnungspunkten** eingeladen, hat er lediglich während der Beratung dieser Punkte ein Teilnahmerecht.[98] Das gilt auch, wenn der AG die Einberufung einer Sitzung und die Behandlung bestimmter Gegenstände beantragt, der Vorsitzende des BR aber weitere Tagesordnungspunkte berücksichtigt hat.[99]

39 Die **Einladung des AG** erfolgt durch den Vorsitzenden nach **pflichtgemäßem Ermessen.** Ein BR-Beschluss ist nicht erforderlich. An einen entsprechenden Beschluss ist der Vorsitzende jedoch gebunden.

40 Wird der AG zu einer Sitzung eingeladen, ist er nach dem Grundsatz der vertrauensvollen Zusammenarbeit (§ 2 Abs. 1) **zur Teilnahme verpflichtet**; er kann sich dieser Teilnahme nicht ohne triftigen Grund entziehen.[100] Ggf. muss er sich durch eine an der Leitung des Betriebs beteiligte Person vertreten lassen, nicht aber durch betriebsfremde Personen, z. B. einen Rechtsanwalt.[101] Bei **juristischen Personen oder Personengesamtheiten** steht das Anwesenheitsrecht den nach Gesetz, Satzung oder Gesellschaftsvertrag zur Vertretung berechtigten Personen zu.

41 Ein grundloses und hartnäckiges Fernbleiben des AG von den Sitzungen des BR kann eine vorsätzliche **Behinderung** oder **Störung der Tätigkeit des BR** bedeuten und daher nach § 119 Abs. 1 Nr. 2 zur Bestrafung des AG führen oder zur Einleitung eines gerichtlichen Zwangsverfahrens nach § 23 Abs. 3 (vgl. hierzu § 23 Rn. 79 ff.) durch den BR oder die im Betrieb vertretene Gewerkschaft berechtigen.[102] Für die Durchsetzung des Anspruchs kommt auch ein arbeitsgerichtliches Beschlussverfahren in Betracht.[103]

42 In der BR-Sitzung hat der **AG kein Stimmrecht.** Er kann lediglich seine Auffassung zu den betreffenden Punkten der Tagesordnung äußern und sich an der Beratung beteiligen sowie verlangen, dass ihm das Wort erteilt wird. Er hat aber keine **beratende Stimme.**[104] Der AG ist nicht berechtigt, Sitzungen des BR und seiner Ausschüsse zu leiten, in die Sitzungsleitung einzugreifen oder BR-Sitzungen einzuberufen. Entsprechendes gilt für Arbeitsgruppen gem. § 28 a. Während der Beschlussfassung des BR zu einzelnen Tagesordnungspunkten besteht kein Teilnahmerecht des AG.[105] Der BR ist nicht verpflichtet, in Anwesenheit des AG einen Beschluss zu fassen. Es kann eine geheime Abstimmung über den Verhandlungsgegenstand beschließen (vgl. § 33 Rn. 14). Weiterhin kann er die Beschlussfassung über den Tagesordnungspunkt auf die nächste Sitzung vertagen, die ggf. kurzfristig einberufen werden kann.

43 Zur Unterstützung kann der AG oder sein Vertreter **betriebsangehörige Sachbearbeiter** mit in die Sitzung bringen, soweit für die anstehenden Tagesordnungspunkte deren Sachkunde

---

97 Vgl. *Mühlig-Seel,* AuA 02, 121; Textmuster bei DKKWF-*Wedde,* § 29, Rn. 30 f.

98 Richardi-*Thüsing,* Rn. 46; ErfK-*Koch,* Rn. 3; *Fitting,* Rn. 53; GK-*Raab,* Rn. 64; *Hamm,* AiB 99, 488; a. A. *GL,* Rn. 29; HWGNRH-*Glock,* Rn. 45, die den AG für berechtigt halten, an der gesamten Sitzung teilzunehmen.

99 GK-*Raab,* a. a. O.; *Fitting,* a. a. O.; *Hamm,* a. a. O.; a. A. HWGNRH-*Glock,* a. a. O., die eine teilweise Teilnahme nur anerkennen, wenn der AG eine Ergänzung der Tagesordnung beantragt hat.

100 Enger MünchArbR-*Joost,* § 307 Rn. 29.

101 *Fitting,* Rn. 54; GK-*Raab,* Rn. 66; HWGNRH-*Glock,* Rn. 48; *Hamm,* a. a. O.; vgl. auch *BAG* 11.12.91, DB 92, 1732 = AiB 92, 534; enger MünchArbR-*Joost,* a. a. O., zur Hinzuziehung betriebsfremder Personen durch den AG Rn. 39 ff.

102 *Fitting,* Rn. 57; GK-*Raab,* Rn. 70; *GL,* Rn. 27 f.; HWGNRH-*Glock,* Rn. 47; ErfK-*Koch,* Rn. 3.

103 Vgl. *BAG* 17.5.83, AP Nr. 19 zu § 80 BetrVG 1972; a. A. GK-*Raab,* a. a. O., die aber die Anwendbarkeit des § 23 Abs. 3 bejahen.

104 *Fitting,* Rn. 59; *WW,* Rn. 13; a. A. GK-*Raab,* a. a. O.; Richardi-*Thüsing,* Rn. 49.

105 *LAG Düsseldorf* 7.3.75, DB 75, 743; *Fitting* bedenklich *BAG* 24.3.77, AP Nr. 12 zu § 102 BetrVG 1972, das eine Teilnahme als unschädlich ansieht, sofern der AG auf die Abstimmung keinen Einfluss nimmt; vgl. auch GK-*Raab,* Rn. 68, der bei Sitzungen auf eigenes Verlangen dem AG ein Teilnahmerecht bei der Beschlussfassung einräumt; HWGNRH-*Glock,* Rn. 52, die den BR nicht für berechtigt halten, den AG aufzufordern, während der Beschlussfassung die Sitzung zu verlassen.

erforderlich ist. Unzulässig ist die Hinzuziehung von **betriebsfremden Personen** oder **Sachverständigen** wie etwa eines **Rechtsanwalts** durch den AG, sofern der BR nicht zustimmt.[106] Der AG hat Anspruch auf eine Abschrift der Protokollteile, die sich auf die Zeit seiner Teilnahme beziehen (vgl. § 34 Rn. 14). Er ist nicht berechtigt, von sich aus eine betriebsratsfremde Protokollführung hinzuzuziehen.[107]

Der AG kann zur Sitzung einen **Beauftragten der AG-Vereinigung** hinzuziehen, der er angehört (Abs. 4 Satz 2). Die Zustimmung des BR hierzu ist nicht erforderlich. Der AG ist jedoch gehalten, den Vorsitzenden des BR rechtzeitig darüber zu informieren, dass er einen solchen Beauftragten hinzuzieht,[108] damit der BR ggf. einen Gewerkschaftsbeauftragten einladen kann. Informiert der AG den BR-Vorsitzenden nicht, bestehen keine Bedenken, wenn der Vorsitzende – ggf. auf Grund eines Mehrheitsbeschlusses des BR – die BR-Sitzung kurzfristig vertagt. Wird der Beauftragte einer AG-Vereinigung vom BR nicht zugelassen, hat dies keinen Einfluss auf die Wirksamkeit der in der Sitzung getroffenen Beschlüsse.[109] **44**

Eine Entsendung des Beauftragten einer **AG-Vereinigung** in Vertretung des AG ist ausgeschlossen.[110] Wird ein Beauftragter vom AG zu einer Sitzung hinzugezogen, hat er das Recht, an der Stelle des AG und für ihn das Wort zu ergreifen. Ein selbstständiges oder abgeleitetes Rederecht steht dem Beauftragten nicht zu.[111] Er hat, anders als Beauftragte der Gewerkschaft (vgl. § 31), keine beratende Stimme gegenüber dem BR.[112] Der Beauftragte der AG-Vereinigung ist wie die übrigen Teilnehmer der BR-Sitzung unter bestimmten Voraussetzungen (vgl. § 79) zur Geheimhaltung verpflichtet. **45**

VI. Streitigkeiten

Streitigkeiten, z. B. über die Ordnungsmäßigkeit der Ladung zur Sitzung und der Mitteilung der Tagesordnung, über den Vorsitz, die Stellung des WV hinsichtlich der konstituierenden Sitzung, über das Teilnahme- bzw. Anwesenheitsrecht anderer Personen, entscheidet das **ArbG im Beschlussverfahren** (§§ 2 a, 80 ff. ArbGG). Ggf. ist der Erlass einer **einstweiligen Verfügung** zulässig. Bei der Anfechtung von betriebsratsinternen Wahlen tritt an die Stelle der Anfechtungsbefugnis von drei Wahlberechtigten die Anfechtungsbefugnis eines einzelnen BR-Mitglieds.[113] Werden **Beschlüsse** gefasst, ohne dass eine ordnungsgemäße Ladung erfolgt ist (vgl. Rn. 17 ff.), sind diese **nichtig.**[114] **46**

§ 30 Betriebsratssitzungen

Die Sitzungen des Betriebsrats finden in der Regel während der Arbeitszeit statt. Der Betriebsrat hat bei der Ansetzung von Betriebsratssitzungen auf die betrieblichen Notwendigkeiten Rücksicht zu nehmen. Der Arbeitgeber ist vom Zeitpunkt der Sitzung vorher zu verständigen. Die Sitzungen des Betriebsrats sind nicht öffentlich.

Inhaltsübersicht

106 Richardi-*Thüsing*, Rn. 51; *Fitting*, Rn. 58; HWGNRH-*Glock*, Rn. 4.
107 *ArbG Bad Hersfeld* 8.1.87, BB 87, 2452, Ls.
108 GK-*Raab*, Rn. 73.
109 *Fitting*, Rn. 64.
110 *Fitting*, Rn. 62; GK-*Raab*, Rn. 72; Richardi-*Thüsing*, Rn. 52.
111 *BAG* 19.5.78, AP Nr. 3 zu § 43 BetrVG 1972 zum Rederecht in einer Betriebsversammlung.
112 *Fitting*, Rn. 64; a. A. Richardi-*Thüsing*, Rn. 53; ErfK-*Koch*, Rn. 4; GK-*Raab*, Rn. 75, die sich für ein Äußerungsrecht des Beauftragten in einem Umfang aussprechen, wie es auch dem AG zusteht.
113 *BAG* 13.11.91, NZA 92, 989 = AiB 92, 737.
114 *Fitting*, Rn. 68; zur Beschlussfassung über die Tagesordnung, vgl. Rn. 20 ff.

I. Vorbemerkungen

1 Die Vorschrift behandelt in Ergänzung des § 29 Einzelheiten der BR-Sitzung, insbes. den **Zeitpunkt** und die **Nichtöffentlichkeit.** Sie gilt für den **GBR** (§ 51), den **KBR** (§ 59), die **JAV** (§ 65), die **GJAV** (§ 73), die **KJAV** (§ 73 b), die **Bordvertretung** (§ 115 Abs. 4) und den **See-BR** (§ 116 Abs. 3). Die Vorschrift ist auf Sitzungen des **Betriebsausschusses** (§ 27) und anderer **Ausschüsse** des BR (§ 28, § 107) entsprechend anzuwenden.[1] Entsprechendes gilt für Arbeitsgruppen gem. § 28 a sowie für anderweitige Vertretungen der AN gem. § 3 Abs. 1 Nr. 1 bis 3, wenn diese an die Stelle des BR treten. Für zusätzliche Vertretungen der AN gem. § 3 Abs. 1 Nrn. 4 und 5 kann die Anwendbarkeit durch TV oder BV vereinbart werden. Die Vorschrift ist **zwingend** und weder durch TV noch durch BV abdingbar.[2]

II. Abhaltung der Betriebsratssitzungen

2 Die Sitzungen des BR finden regelmäßig **während der Arbeitszeit** statt.[3] Die Arbeitszeit definiert sich zwingend nach dem AZG. Die Vorschrift wendet sich in erster Linie an den Vorsitzenden des BR, der den Zeitpunkt der Sitzung festlegt. Aber auch der BR ist an die Verpflichtungen gebunden, wenn er von seinem Recht Gebrauch macht, Sitzungstermine in der Geschäftsordnung (vgl. § 36 Rn. 5) oder von Fall zu Fall durch besonderen Beschluss festzulegen. Durch die Festlegung der zeitlichen Lage in die Arbeitszeit soll zum einen gewährleistet werden, dass möglichst **alle BR-Mitglieder** an BR-Sitzungen teilnehmen; zum anderen kommt in der Regelung zum Ausdruck, dass BR-Mitgliedere grundsätzlich nicht gezwungen sein sollen, ihre Freizeit der Wahrnehmung gesetzlicher Aufgaben zu opfern.[4] Räumlich findet die Sitzung regelmäßig im Betrieb statt, sofern der BR unter Berücksichtigung betrieblicher Notwendigkeiten nicht einen anderen Ort per Beschluss festgelegt hat.[5]

3 Von dem Gebot, die BR-Sitzungen während der Arbeitszeit abzuhalten, kann nur in eng begrenzten **Ausnahmefällen abgewichen werden.**[6] Eine Ausnahme kann beispielsweise in kleineren Betrieben erforderlich sein, wenn dort alle oder fast alle BR-Mitglieder Arbeitsplätze innehaben, von denen sie unabkömmlich sind,[7] sofern AG keine organisatorischen Änderungen zumutbar sind. Vereinbarungen oder generelle Absprachen mit dem AG, nach denen BR-Sitzungen immer außerhalb der Arbeitszeit stattfinden, sind wegen der abschließenden gesetzlichen Regelung nichtig.[8] Unzulässig ist hingegen eine BV, nach der Sitzungen ausschließlich außerhalb der persönlichen Arbeitszeit stattfinden sollen. Wird in **mehreren Schichten** gearbeitet und gehören die BR-Mitglieder verschiedenen Schichten an, lässt es sich nicht vermeiden, dass für einen Teil der BR-Mitglieder die Sitzungen außerhalb der Arbeitszeit stattfinden müssen. In jedem Fall müssen auch bezüglich der Lage der Sitzungen und ihrer Relation zur sonstigen Arbeitszeit der BR-Mitglieder insgesamt die normativen Vorgaben des AZG eingehalten werden. Dies beinhaltet auch die Einhaltung der Ruhepausen gem. §§ 4 und 5 AZG. Stehen im Betrieb keine oder keine zumutbaren Räume (z. B. wegen klimatischer Verhältnisse wie etwa einer Überhitzung) für eine BR-Sitzung zur Verfügung, kann diese außerhalb des Betriebsgeländes stattfinden.[9] Bezüglich des Anspruchs auf entsprechende **bezahlte Arbeitsbefreiung** vgl. § 37 Rn. 10 ff., 62 ff.

4 In kleineren und mittleren Betrieben kann es zweckmäßig sein, mit dem AG eine **Abstimmung über die Sitzungstage** zu treffen, allerdings kann dieser keine ihm genehmen Sitzungstage bestimmen oder gar gerichtlich durchsetzen.[10] Zulässig ist der Abschluss einer freiwilligen

1 Vgl. *BAG* 18.11.80, AP Nr. 2 zu § 108 BetrVG 1972 = EzA § 108 BetrVG 1972 Nr. 4 mit Anm. *Wohlgemuth*.
2 *Fitting*, Rn. 4, GK-*Raab*, Rn. 3.
3 Vgl. *LAG Hamburg* 29.1.92 – 3 TaBV 13/91.
4 GK-*Raab*, Rn. 5; § 37 Rn. 10 ff.
5 *HessLAG* 29.3.07 – 9 TaBVGa 68/07, juris.
6 Ähnlich *Fitting*, Rn. 6.
7 GK-*Raab*, Rn. 9; ErfK-*Koch*, Rn. 1.
8 *LAG Hamburg* 29.1.92 – 3 TaBV 13/91; *Fitting*, Rn. 7; GK-*Raab*, Rn. 12.
9 Vgl. *LAG Berlin* 23.2.88, AiB 88, 110.
10 *ArbG Wesel* 12.4.88, AuR 89, 60, Ls.; *v. Hoyningen-Huene*, S. 159.

BV (§ 88) über den regelmäßigen Zeitpunkt (Wochentag und Uhrzeit) einzelner oder turnusmäßiger Sitzungen.[11] Eine derartige Vereinbarung hindert den BR-Vorsitzenden nicht, bei besonderen Anlässen BR-Sitzungen zu einem anderen Zeitpunkt einzuberufen.[12] Damit der AG BR-Sitzungen in seiner Produktionsplanung berücksichtigen kann, empfiehlt es sich für den BR, in seiner Geschäftsordnung bzw. durch Beschluss einen **festen Sitzungsrhythmus** – z. B. jeden Mittwoch um 13.00 Uhr; sollte der Mittwoch Feiertag sein, am vorherigen Arbeitstag – festzulegen und dem AG mitzuteilen. Nur ein wöchentlicher Sitzungsrhythmus, der wegen des Gebots der ordnungsgemäßen Beschlussfassung auch im Interesse des AG liegt (vgl. § 29 Rn. 26), gibt dem BR die Gewähr, dass er seinen Beteiligungsrechten, z. B. in personellen Angelegenheiten (§§ 99, 102), die in der Regel an Wochenfristen gebunden sind, sowie seinen Mitbestimmungsrechten, insbes. bezogen auf die Leistung von Überstunden (§ 87 Abs. 1 Nr. 3), gerecht wird. Hinzu kommt, dass BR-Tätigkeit nicht nur aus dem Reagieren auf Maßnahmen des AG besteht, sondern dass das Gesetz auch eine Fülle von Initiativrechten vorsieht, die der BR im Interesse der AN zu nutzen hat.

Der BR bestimmt allein, wann, wie oft und wie lange er tagt.[13] Der AG kann weder die **zeitliche** 5 **Dauer** der BR-Sitzungen insgesamt noch die zeitliche Dauer für die Behandlung einzelner Tagesordnungspunkte vorschreiben. Diese ergibt sich allein nach den objektiven Erfordernissen, so dass selbst der BR-Vorsitzende oder der BR nicht von vornherein festlegen können, welchen Zeitraum die Sitzungen umfassen. Selbst das ArbG kann die Notwendigkeit der Dauer der BR-Sitzungen nur eingeschränkt überprüfen.[14]

Bei der Anberaumung von BR-Sitzungen ist auf die **betrieblichen Notwendigkeiten,** die 6 allerdings nicht mit betrieblichen Interessen und Bedürfnissen gleichzusetzen sind,[15] **Rücksicht zu nehmen.**[16] Betriebliche Notwendigkeiten haben nur Vorrang, wenn **dringende** betriebliche Gründe vorliegen und dem BR eine Verschiebung des Sitzungstermins möglich ist.[17] Erforderliche Sitzungen müssen unbedingt stattfinden. Notfalls müssen die betrieblichen Interessen zurückstehen, wenn z. B. Fristabläufe drohen. Der AG hat bei seinen Dispositionen bzw. in der Personalplanung Vorsorge dafür zu treffen, dass der BR in der Lage ist, die für seine Arbeit erforderlichen Sitzungen abzuhalten.

Die Rücksichtnahme auf die betrieblichen Notwendigkeiten verpflichtet den BR keineswegs, 7 **Sitzungen regelmäßig an den Beginn oder das Ende der Arbeitszeit** oder in **Arbeitspausen** zu legen,[18] sofern der BR diesen Sitzungszeitpunkt, z. B. in **Schichtbetrieben,** nicht selbst für zweckmäßig ansieht. Hält der AG die betrieblichen Notwendigkeiten bei der Ansetzung von BR-Sitzungen für nicht ausreichend berücksichtigt, kann er sie nicht persönlich unterbinden. Er kann jedoch versuchen, die Aufhebung der angesetzten Sitzung durch Beantragung einer einstweiligen Verfügung zu erreichen. Der AG ist **nicht berechtigt,** den BR-Mitgliedern das **Arbeitsentgelt zu kürzen.**[19] Die **Nichtbeachtung betrieblicher Notwendigkeiten** bei der Anberaumung von BR-Sitzungen hat **keinen Einfluss** auf die **Wirksamkeit** der gefassten **Beschlüsse.**[20]

Sofern keine betrieblichen (z. B. **Schichtarbeit**) oder persönlichen Gründe (z. B. **Teilzeitbe-** 8 **schäftigung, Gleitzeit**) vorliegen, sollten BR-Sitzungen grundsätzlich so gelegt werden, dass

---

11 GK-*Raab*, Rn. 12; enger *Fitting*, a. a. O., die von »unverbindlicher Abstimmung« mit dem AG sprechen.

12 So im Ergebnis auch Richardi-*Thüsing*, Rn. 7; *Fitting*, a. a. O.; GK-*Raab*, a. a. O.; HWGNRH-*Glock*, Rn. 11.

13 *BAG* 3.6.69, AP Nr. 11 zu § 37 BetrVG.

14 *ArbG Berlin* 21.5.80 – 40 Ca 72/80 – und 8.7.80 – 39 Ca 75/80; *LAG Berlin* 11.12.80 – 7 Sa 67/80 und 17.12.80 – 5 Sa 75/80; *ArbG Berlin* 3.4.80, AiB 3/80, 11.

15 GK-*Raab*, Rn. 7 m. w. N.; HWGNRH-*Glock*, Rn. 5; *v. Hoyningen-Huene*, S. 159; MünchArbR-*Joost*, § 307 Rn. 10.

16 *BAG* 24.7.79, AP Nr. 1 zu § 51 BetrVG 1972; vgl. aber *LAG Köln* 17.4.02, BB 02, 2680, nach dessen abzulehnender Position eine Sitzungsverlegung zur Einsparung von Reisekosten zumutbar sein soll.

17 Enger *LAG Köln*, a. a. O.

18 *Fitting*, Rn. 7, 10; GK-*Raab*, Rn. 8; Richardi-*Thüsing*, Rn. 5; a. A. *GL*, Rn. 5; HWGNRH-*Glock*, Rn. 7; vgl. § 37 Rn. 62 ff.

19 *LAG Hamm* 8.6.78, EzA § 37 BetrVG 1972 Nr. 58; ausführlich GK-*Raab*, Rn. 11.

20 *Fitting*, a. a. O.; GK-*Raab*, a. a. O.

sie für die größtmögliche Anzahl der BR-Mitglieder (unter Berücksichtigung der Teilzeitbeschäftigten und Schichtarbeiter) in deren individueller Arbeitszeit stattfinden, so dass ihnen nicht mehr Freizeitaufwand als unvermeidbar abgefordert wird.[21] Für den Anspruch auf Bezahlung des Verdienstausfalls und Erstattung etwaiger Reisekosten ist die betriebliche und nicht nur die persönliche Arbeitszeit zugrunde zu legen (vgl. § 37 Rn. 62 ff., § 40 Rn. 62 ff.). Liegt die BR-Sitzung aufgrund besonderer Umstände außerhalb der persönlichen Arbeitszeit einzelner BR-Mitglieder (etwa in Schichtbetrieben), haben sie einen Anspruch auf entsprechende Arbeitsbefreiung oder auf Abgeltung gem. § 37 Abs. 3 Satz 1 (vgl. § 37 Rn. 80 ff.).

9 Jedes **BR-Mitglied** ist berechtigt und verpflichtet, **an jeder Sitzung teilzunehmen,** solange es nicht aus rechtlichen oder tatsächlichen Gründen verhindert ist.[22] Einer gesonderten persönlichen Abwägung der Wichtigkeit der Teilnahme bedarf es nicht.[23] Jedes BR-Mitglied muss sich darauf verlassen können, dass alle in ordnungsgemäß anberaumten BR-Sitzungen behandelten Themen eine Teilnahme rechtfertigen. Das Verlangen, die Erforderlichkeit der Sitzungsteilnahme individuell prüfen zu müssen[24], kann BR-Mitglieder in eine Zwangslage bringen, die der Unabhängigkeit der Amtsführung entgegensteht. Die uneingeschränkte Möglichkeit, an Sitzungen teilzunehmen, gehört zu den zentralen Voraussetzungen für eine ordnungsgemäße Ausübung des BR-Amtes[25] Sie darf nicht durch zusätzliche Abwägungsmechanismen begrenzt werden. Zudem ist zu beachten, dass sich BR-Mitglieder nicht nach freiem Ermessen vertreten lassen können.[26] Für die Teilnahme an Sitzungen bedürfen die BR-Mitglieder – und die übrigen betrieblichen Teilnehmer wie JAV, Schwerbehindertenvertretung und ggf. Ersatzmitglieder – **keiner Erlaubnis des AG.** Sie sind jedoch gehalten, den zuständigen Vorgesetzten vom Verlassen der Arbeit und von deren Wiederaufnahme nach Beendigung der BR-Sitzungen unmittelbar zu verständigen.[27] Ein nachträglicher Anspruch des AG auf Mitteilung von Beginn und Ende einer Sitzung durch ein BR-Mitglied besteht hingegen nicht.[28] Der AG ist nicht berechtigt, BR-Mitglieder aufzufordern, von BR-Sitzungen fernzubleiben oder diese vorzeitig zu verlassen.[29]

III. Unterrichtung des Arbeitgebers

10 Der **AG** ist **vom Zeitpunkt** einer jeden BR-Sitzung vorher zu **verständigen,** um ihm die Möglichkeit zu geben, den Arbeitsablauf des Betriebs entsprechend einzurichten und für eine Vertretung der Sitzungsteilnehmer (BR- und JAV-Mitglieder, Schwerbehindertenvertretung) an ihren Arbeitsplätzen zu sorgen.[30] Der AG hat mangels gesetzlicher Anspruchsgrundlage keinen **nachträglichen Auskunftsanspruch** auf Mitteilung der Anfangs- und Endzeiten der Sitzungen des BR an bestimmten Tagen.[31] Die Unterrichtung kann unterbleiben, wenn die Sitzungen – z. B. auf Grund der Geschäftsordnung des BR – stets zu einer bestimmten Zeit stattfinden und dies dem AG bekannt ist. Einer **Mitteilung der Tagesordnung** bedarf es **nicht,** es sei denn, der AG hätte nach § 29 an der Sitzung teilzunehmen, so dass ihm die in seiner Gegenwart zu behandelnden Tagesordnungspunkte mitzuteilen sind.[32] Seine Zustimmung zur Sitzungsdurchführung ist nicht erforderlich. Die Unterlassung der Unterrichtung hat keinen Einfluss auf die Wirksamkeit der vom BR gefassten Beschlüsse[33] und berechtigt den AG nicht dazu, das Arbeitsentgelt zu mindern oder Schadensersatzansprüche geltend zu machen.[34]

21 *Bengelsdorf,* NZA 89, 905; *Fitting,* Rn. 6; HWGNRH-*Glock,* Rn. 3, 9; GK-*Raab,* Rn. 5.
22 *ArbG Frankfurt* 2.3.88, AuR 89, 151 = AiB 89, 78; *Renker,* AiB 02, 219; für die Teilnahme außerhalb der persönlichen Arbeitszeit vgl. § 25 Rn. 15 ff. sowie § 37 Rn. 50 ff. bezüglich der Verdienstfortzahlung und § 40 Rn. 62 ff. hinsichtlich der Reisekostenübernahme.
23 A. A. *HessLAG,* ArbRB 13, 146; *Fitting,* **Rn. 11 a.**
24 *Fitting,* Rn. 11 a.
25 *ArbG Frankfurt,* a. a. O.; *LAG Hamburg* 6.10.05, AiB 06, 338 zum Teilnahmerecht eines gekündigten Ersatzmitglieds.
26 Vgl. § 25 Rn. 15 ff.
27 *BAG* 8.3.57, AP Nr. 4 zu § 37 BetrVG, 19.6.79, AP Nr. 36 zu § 37 BetrVG 1972; vgl. § 37 Rn. 43 ff.
28 *ArbG Hamburg* 8.9.99, AiB 00, 102 mit Anm. *Hjort.*
29 *ArbG Frankfurt,* a. a. O.; vgl. § 23 Rn. 79 ff.
30 *ArbG Hamburg* 8.9.99, AiB 00, 102 mit Anm. *Hjort;* Textmuster bei DKKWF-*Wedde,* § 30, Rn. 2.
31 ArbG *Hamburg,* a. a. O.; *Fitting,* Rn. 14; a. A. Richardi-*Thüsing,* Rn. 7 a.
32 GK-*Raab, Rn. 17.*
33 GK-*Raab,* Rn. 18.

IV. Grundsatz der Nichtöffentlichkeit

Aus der Bestimmung, dass die BR-Sitzungen nicht öffentlich sind, folgt, dass grundsätzlich nur BR-Mitglieder, bei Verhinderung die entsprechenden Ersatzmitglieder,[35] an ihnen teilnehmen dürfen. Eine Ausnahme gilt, soweit das Gesetz anderen Personen eine **ausdrückliche Teilnahmebefugnis** einräumt, also den JAV-Mitgliedern,[36] der Schwerbehindertenvertretung (§ 32), dem Vorsitzenden des WV zur konstituierenden Sitzung des BR (§ 29 Abs. 1), den Vertretern der Gewerkschaft (§ 31), dem AG (§ 29 Abs. 4) sowie den von ihm mitgebrachten Sachbearbeitern und dem Vertreter der AG-Vereinigung, in sie betreffenden Angelegenheiten teilnahmeberechtigt sind auch die Sprecherinnen und Sprecher der auf Grundlage des BFDG tätigen Freiwilligen. Es verstößt auch nicht gegen das Gebot der **Nichtöffentlichkeit,** wenn der BR ein **generelles Teilnahmerecht der im BR vertretenen Gewerkschaft** beschließt.[37] Schließlich kann der BR gem. § 2 Abs. 2 SprAuG dem Sprecherausschuss für leitende Angestellte oder einzelnen Mitgliedern dieses Gremiums ein Teilnahmerecht einräumen. Andere Personen, auch Ersatzmitglieder, soweit sie nicht nach § 25 zeitweilig nachgerückt sind, dürfen nicht an BR-Sitzungen teilnehmen.[38] Etwas anderes kann aber im Einzelfall gelten, wenn Ersatzmitglieder mit großer Regelmäßigkeit tätig werden und ihre Teilnahme an allen Sitzungen erforderlich ist, damit sie in Sachverhalte eingearbeitet sind.[39] Dem Grundsatz der Nichtöffentlichkeit steht die Teilnahme von Hilfspersonen für schwerbehinderte BR-Mitglieder nicht entgegen. Die Zulässigkeit hängt von den Umständen des Einzelfalls ab.[40] Dabei ist zu beachten, dass andere BR-Mitglieder nur zur Hilfeleistung herangezogen werden können, wenn dies dem Schwerbehinderten zumutbar ist und wenn sie hierdurch nicht von der Teilnahme an der Sitzung abgelenkt werden. 11

Der Grundsatz der Nichtöffentlichkeit verbietet es, dass eine Übertragung aus BR-Sitzungen in andere Räume oder an andere Stellen erfolgt. Unzulässig ist damit jede Form der Übertragung von Audio- oder Videoinformationen.[41] Der AG kann deshalb beispielsweise nicht unter Hinweis auf Sparmaßnahmen verlangen, dass der BR die Teilnahme auswärtiger Mitglieder an seinen Sitzungen mittels Videokonferenzen o. Ä. realisiert. Ein solches Verlangen würde dem Grundsatz der Nichtöffentlichkeit und der Vertraulichkeit der Sitzung entgegen stehen, der durch die Einschaltung entsprechender technischer Möglichkeiten nicht mehr garantiert werden kann (ausführlich § 33 Rn. 10). Die vorstehenden Grundsätze gelten auch für die Sitzungen von BR-Ausschüssen und Arbeitsgruppen gem. § 28 a entsprechend. 12

Der BR kann die Sitzungen weder im Einzelfall noch gar generell zu »öffentlichen« Sitzungen machen. Es handelt sich nicht nur um eine Ordnungsvorschrift, sondern um eine zwingende Verbotsnorm.[42] Der gesetzlich geforderten Nichtöffentlichkeit steht die Hinzuziehung einer **Schreibkraft als Protokollführer**[43] nicht entgegen. Darüber hinaus können weitere administrative Mitarbeiter des BR (etwa Assistenten, fachliche Referenten usw.) an den Sitzungen teilnehmen, wenn das Gremium dies für sinnvoll hält und beschließt.[44] Die Mitarbeiter des BR 13

---

34 *Fitting,* Rn. 15; GK-*Raab,* a. a. O.; HWGNRH-*Glock,* Rn. 14, 18; MünchArbR-*Joost,* § 307 Rn. 11; ErfK-*Koch,* Rn. 1.

35 Vgl. zum Teilnahmerecht eines gekündigten Ersatzmitglieds *LAG Hamburg* 6.10.05, AiB 06, 338.

36 § 67 Abs. 1; *Malottke,* AiB 01, 207.

37 *BAG* 28.2.90, EzA § 31 BetrVG 1972 Nr. 1 mit Anm. *Rieble;* vgl. § 31 Rn. 3 ff.

38 ErfK-*Koch,* Rn. 1; GK-*Raab,* Rn. 22 vgl. aber Rn. 12.

39 A. A. *Fitting,* Rn. 16., der die Teilnahme grundsätzlich ausschließt.

40 *Fitting,* Rn. 18.

41 Ebenso GK-*Raab,* Rn. 19; HaKo-BetrVG/*Blanke/Wolmerath,* Rn. 12.

42 HWGNRH-*Glock,* Rn. 19.

43 *Fitting,* § 34 Rn. 11; HaKo-BetrVG/*Blanke/Wolmerath,* Rn. 11; *Mischewski,* AiB 06, 277 f.; wohl auch Richardi-*Thüsing,* Rn. 13, der die Hinzuziehung einer Schreibkraft »zur Unterstützung« für zulässig hält; a. A. GK-*Raab,* Rn. 23; HWGNRH-*Glock,* Rn. 24, die Protokollführer nur zur Sitzung zulassen wollen, wenn es sich um BR-Mitglieder handelt; *BAG* 17.10.90, NZA 91, 432, das die Hinzuziehung eines Protokollführers im WA verneint.

44 So für den Fall eines einstimmigen Beschlusses des BR im Ergebnis auch *ArbG Frankfurt* 7.7.15 – 24 BV 162/15 (n. rkr.), das ansonsten höhere Anforderungen an den Grundsatz der Nichtöffentlichkeit stellt.

sind auf Grund ihrer arbeitsvertraglichen Nebenpflichten zur Verschwiegenheit über den Inhalt von BR-Sitzungen verpflichtet. Diese Verschwiegenheitspflicht gilt insbesondere auch gegenüber dem AG.[45] Über den Einsatz seiner Mitarbeiter zur Erledigung seiner nach dem Gesetz bestehenden Aufgaben entscheidet der BR nach eigenem Ermessen. Hierzu gehört auch eine aus Sicht des BR erforderliche Teilnahme seiner Mitarbeiter an BR-Sitzungen oder an Teilen hiervon.

13a Die **Teilnahmemöglichkeit** besteht **für die Dauer der gesamten BR-Sitzung** und nicht nur für die Dauer der Beratungen. Eine Beschränkung auf die Beratungsteile einer BR-Sitzung mit dem Ziel, das Abstimmungsverhalten einzelner BR-Mitglieder vor BR-Mitarbeitern geheim zu halten, ist schon deshalb wenig zielführend, weil sich unterschiedliche Positionen in BR-Gremium in der Regel bereits in der Diskussion vor der Beschlussfassung abzeichnen.[46] Sollen entsprechende Erkenntnisse von BR-Mitarbeitern sicher ferngehalten werden, müsste ihnen jegliche Sitzungsteilnahme verwehrt werden. Darüber hinaus müsste auch ihr Zugang zu anderen einschlägigen Informationen (etwa Sitzungsprotolle im Wortlaut) ausgeschlossen werden. Derartige Vorkehrungen könnten es BR-Mitarbeitern teilweise unmöglich machen, die ihnen vom BR zugewiesenen Arbeitsaufgaben zu erledigen.

13b Ein wiederkehrender zeitweiliger Ausschluss aus BR-Sitzungen für die Dauer von Beschlussfassungen hätte zudem zur Folge, dass der Sitzungsablauf gehemmt und in die Länge gezogen würde. Erfolgt der Ausschluss von BR-Mitgliedern und der damit verbundene Zeitaufwand gegen den Willen der Mehrheit des Gremiums, käme er möglicherweise einer Behinderung der BR-Arbeit gleich. Diesbezüglich ist zu bedenken, dass einzelne BR-Mitglieder ein Bekanntwerden ihres Abstimmungsverhaltens gegenüber BR-Mitarbeitern einfacher dadurch vermeiden können, dass sie eine geheime Abstimmung beantragen. Hinzu kommt, dass bei einem Ausschluss der BR-Mitarbeiter für die Dauer von Beschlussfassungen die erforderlichen Aufgaben wie insbesondere die Protokollführung von einzelnen BR-Mitgliedern wahrgenommen werden müssten. Dies hätte zur Folge, dass sie sich während dieser Zeit nicht mehr voll auf den Verlauf der Sitzung konzentrieren könnten.[47] Auch dies beinhaltet eine Erschwernis der BR-Arbeit. Entsprechendes gilt, wenn mit anderen Aufgaben betraute BR-Mitglieder sich die Beschlusslage nachträglich aus Protokollen erschließen müssen und etwa zur Beilegung von Konflikten erst bei einzelnen BR-Mitgliedern in Erfahrung bringen müssten, welche Positionen sie zu einem Beschlussthema haben.

13c Zulässig ist auch die Zuziehung zu BR-Sitzungen von allgemeinen **Auskunftspersonen,** z. B. Sachbearbeiter und sonstige sachkundige AN des Betriebs,[48] von Auskunftspersonen **gem. § 80 Abs. 3,** soweit es sich um Themen handelt, für die sie zuständig sind, von **Rechtsanwälten** oder **sonstigen Sachkennern** zu Themen, die in der BR-Sitzung behandelt werden,[49] sowie von **Sachverständigen,** sofern der BR die Hinzuziehung im Hinblick auf eine sachgerechte Behandlung einzelner Tagesordnungspunkte für zweckmäßig erachtet,[50] wie z. B. Gewerbeaufsichtsbeamte, technische Aufsichtsbeamte der Berufsgenossenschaft, Bedienstete der Agentur für Arbeit oder sonstiger Behörden, Mitglieder des GBR oder KBR, Vertreter der AN im AR. Soweit für die vorgenannten Personen gesetzliche oder vertragliche Geheimhaltungspflichten bestehen, die denen nach § 79 entsprechen (vgl. für Sachverständige etwa § 80 Abs. 4), bestehen keine grundlegenden Bedenken dagegen, dass sie bei einer Beschlussfassung anwesend sind, wenn der BR dies zulässt.[51] Das Teilnahmerecht ist ggf. sachbezogen auf

---

45 Vgl. § 40 Rn. 200.

46 A. A. *ArbG Frankfurt*, a. a. O., das alle BR-Mitarbeiter einschließlich Protokollanten für die Dauer von Beschlüssen zumindest dann aus der Sitzung ausschließen will, wenn einzelne BR-Mitglieder dies fordern.

47 *ArbG Frankfurt* 9.1.97, AuR 98, 44 leitet aus dieser Ablenkungsmöglichkeit die Notwendigkeit ab, dass mit der Protokollführung betraute BR-Mitarbeiter auch während der Beschlussfassung anwesend sein können.

48 *ArbG Frankfurt* 16.9.88, AuR 89, 186, Ls.

49 Z. B. Mobbingbeauftragte, Umwelt- oder EDV-Experten, vgl. *Fitting*, Rn. 17 ff.; enger GK-*Raab*, Rn. 21 ff.

50 *Fitting*, Rn. 17; GK-*Raab*, Rn. 20; *Kühner*, S. 60.

51 *ArbG Frankfurt* 7.7.15 – 24 BV 162/15,

einzelne Tagesordnungspunkte zu begrenzen. Es steht auf Einladung des BR **gewerkschaftlichen Vertrauensleuten** zu, wenn sie als Gewerkschaftsbeauftragte hinzugezogen werden. Zulässig ist auch die Hinzuziehung **betroffener AN,** beispielsweise bei personellen Einzelmaßnahmen (§§ 99, 102) oder Beschwerden (§ 85). Letztere dürfen allerdings nur für die Dauer ihrer Anhörung an der Sitzung teilnehmen. Keine Bedenken bestehen auch dagegen, dass der BR einen AN, der gem. § 86 a einen Beratungsgegenstand vorgeschlagen hat, zu diesem Tagesordnungspunkt einlädt. Entsprechendes gilt für den Sprecher einer Arbeitsgruppe gem. § 28 a, wenn der BR sich mit dem Inhalt oder dem Abschluss einer Vereinbarung befasst.

Aus dem Grundsatz der Nichtöffentlichkeit der BR-Sitzung ergibt sich keine über den Rahmen des § 79 hinausgehende **Verschwiegenheitspflicht** der BR-Mitglieder. Es besteht daher keine generelle Pflicht, Stillschweigen über den Inhalt von BR-Sitzungen zu bewahren.[52] Der BR kann den Teilnehmern keine besondere Verschwiegenheitspflicht über vertrauliche Angelegenheiten auferlegen.[53] **14**

Es gibt allerdings Angelegenheiten, die ihrer Natur nach einer vertraulichen Behandlung bedürfen, z. B. vertrauliche Mitteilungen von Belegschaftsmitgliedern gegenüber BR-Mitgliedern oder interne Überlegungen innerhalb des BR hinsichtlich eines Vorgehens gegenüber dem AG. Letzteres kann insbesondere gelten, wenn der BR die vertrauliche Behandlung der Angelegenheit beschlossen hat.[54] Die **Festlegung geheimhaltungsbedürftiger Sachverhalte** kann darüber hinaus auch in der **Geschäftsordnung** erfolgen.[55] Da sich für die BR-Mitglieder **Solidaritätspflichten** ergeben, ist es nicht zulässig, dass überstimmte BR-Mitglieder eine solche Tatsache und ihre Ansicht zu der anstehenden Frage dem AG mitteilen.[56] Aus demselben Grund ist die eigenmächtige Weitergabe von BR-Protokollen an den AG ebenso unzulässig wie die Information über das Abstimmungsverhalten einzelner Mitglieder. Ferner haben die BR-Mitglieder darauf zu achten, dass die **Funktionsfähigkeit** des BR nicht durch unangebrachte Indiskretion beeinträchtigt wird.[57] Bei schwerwiegenden Verstößen kann gemäß § 23 Abs. 1 ein Ausschluss aus dem BR oder eine Bestrafung nach § 119 Abs. 1 Nr. 2 in Betracht kommen. **15**

Ein Verstoß gegen das Gebot der Nichtöffentlichkeit beeinträchtigt die **Rechtsgültigkeit** der vom BR gefassten Beschlüsse **nicht**.[58] Damit ist insbesondere die Teilnahme von Hilfspersonen des Betriebsrats (vgl. Rn. 13 ff.) bezüglich der Wirksamkeit der Beschlüsse unschädlich. Etwas anderes kann gelten, wenn der Beschluss des BR bei Einhaltung des Gebots der Nichtöffentlichkeit anders ausgefallen wäre.[59] Nichtöffentlichkeit setzt die Anwesenheit aller BR-Mitglieder an einem Ort voraus.[60] Pflichtwidriges Handeln kann Sanktionen aus § 23 Abs. 1 auslösen.[61] **16**

V. Streitigkeiten

Streitigkeiten über den Zeitpunkt von BR-Sitzungen sowie über das Teilnahme- und Anwesenheitsrecht entscheiden die **ArbG im Beschlussverfahren** (§§ 2 a, 80 ff. ArbGG). Gemäß § 85 Abs. 2 ArbGG kommt auch der Erlass einer einstweiligen Verfügung in Betracht.[62] Un- **17**

52 *BAG* 5.9.67, AP Nr. 8 zu § 23 BetrVG; enger Richardi-*Thüsing*, Rn. 16, der allenfalls abstrakte Wertungen und Beurteilungen für zulässig hält; zu Grenzen der Geheimhaltungspflicht vgl. *HessLAG* 16.12.10 – 9 TaBV 55/10, juris.

53 *LAG München* 15.11.77, DB 78, 894; GK-*Raab*, Rn. 26.

54 Ähnlich GK-*Raab*, Rn. 28; *Fitting*, Rn. 21; vgl. auch § 79 Rn. 43; HWGNRH-*Glock*, Rn. 29.

55 Vgl. § 79 Rn. 43.

56 *Fitting*, a. a. O.; in diesem Sinne auch *LAG München* 15.11.77, DB 78, 89; offensichtlich weitgehender GK-*Raab*, § 35 Rn. 31.

57 Vgl. *BAG* 5.9.67, AP Nr. 8 zu § 23 BetrVG; *Fitting*, a. a. O.; GK-*Raab*, Rn. 28; HWGNRH-*Glock*, a. a. O.

58 *BAG* 28.2.58, AP Nr. 1 zu § 29 BetrVG.

59 *Fitting*, a. a. O.; Richardi-*Thüsing*, Rn. 17; ErfK-*Koch*, Rn. 1; a. A. HWGNRH-*Glock*, a. a. O., jeweils m. w. N.

60 Vgl. hierzu Rn. 12 sowie § 33 Rn. 10 ff.; a. A. Auffassung für Videokonferenzen in bestimmten Fällen *Fitting*, Rn. 22 und § 33 Rn. 21 b; *Fütterer*, dbr 11, 2/16.

61 GK-*Raab*, Rn. 24.

62 Ebenso Richardi-*Thüsing*, Rn. 19; a. A. bezüglich der Freistellung eines BR-Mitgliedes von der Nachtschicht *LAG Rheinland-Pfalz* 19.8.08 – 3 TaBGa 1/08, juris.

zulässig sind Globalanträge, mit denen es AG aufgegeben werden soll, es zu unterlassen, BR-Mitglieder wegen ihrer Teilnahme an notwendigen BR-Sitzungen arbeitsvertraglich abzumahnen.[63]

§ 31 Teilnahme der Gewerkschaften

Auf Antrag von einem Viertel der Mitglieder des Betriebsrats kann ein Beauftragter einer im Betriebsrat vertretenen Gewerkschaft an den Sitzungen beratend teilnehmen; in diesem Fall sind der Zeitpunkt der Sitzung und die Tagesordnung der Gewerkschaft rechtzeitig mitzuteilen.

Inhaltsübersicht

I. Vorbemerkungen

1 Die Vorschrift konkretisiert den Grundsatz der Zusammenarbeit zwischen BR und Gewerkschaften (§ 2). Unabhängig von der selbstverständlichen Befugnis des BR in seiner Gesamtheit, einen Gewerkschaftsvertreter hinzuzuziehen, steht dieses Recht nach § 31 einem **Viertel der BR-Mitglieder** zu.

2 Die Vorschrift gilt entsprechend für den **GBR** (§ 51 Abs. 1), den **KBR** (§ 59 Abs. 1), die **JAV** (§ 65 Abs. 1), die **GJAV** (§ 73 Abs. 2), die **KJAV** (§ 73 b), die **Bordvertretung** (§ 115 Abs. 4) und den **See-BR** (§ 116 Abs. 3), den **Betriebsausschuss** und die **Ausschüsse** (einschließlich WA) des BR (vgl. Rn. 19), **Arbeitsgruppen** gem. § 28 a sowie für eine **anderweitige Vertretung der AN.**[1] Bei einer **zusätzlichen Vertretung der AN** (§ 3 Abs. 1 Nrn. 4 und 5) kann der TV die Teilnahme von Gewerkschaftsvertretern an den Sitzungen regeln. Die Vorschrift ist **zwingend** und kann nicht durch TV oder BV abbedungen werden.[2]

II. Zuziehung eines Gewerkschaftsbeauftragten

3 Die im BR vertretene Gewerkschaft hat im Gegensatz zu Betriebsversammlungen (§ 46 Abs. 1) **kein selbstständiges Teilnahmerecht** an BR-Sitzungen. Allerdings hat der BR bzw. ein Viertel der Mitglieder **jederzeit** die Möglichkeit, die Einladung und Hinzuziehung von Beauftragten der im BR vertretenen Gewerkschaft zu veranlassen.[3]

4 Obwohl das Gesetz die Möglichkeit nicht ausdrücklich erwähnt, ist ein Beauftragter der im BR vertretenen Gewerkschaft auch dann hinzuzuziehen, wenn der **BR mit Mehrheit** (vgl. Rn. 7) einen entsprechenden **Beschluss** fasst.[4] Ein entsprechender Antrag kann jederzeit gestellt werden.[5] Das Antragsrecht nach § 31 wird hierdurch nicht eingeschränkt, zumal im Hinblick auf § 33 Abs. 1 und 2 in jedem Fall mindestens die nach § 31 erforderliche Zahl der BR-Mitglieder dem Beschluss zustimmen muss.[6] Stand der Antrag nicht auf der Tagesordnung, kann er durch Mehrheitsbeschluss der BR-Mitglieder jederzeit herbeigeführt werden.[7] Außerdem könnte der BR mit einfacher Stimmenmehrheit eine Vertagung des Tagesordnungspunktes oder der gesamten Sitzung beschließen, um die Einbeziehung eines Gewerkschaftsvertreters zu ermöglichen.

63 *HessLAG* 4.2.13 – 16 TaBV 261/12.
1 § 3 Abs. 1 Nrn. 1 – 3; a. A. HWGNRH-*Glock*, Rn. 32.
2 *Fitting*, Rn. 4; GK-*Raab*, Rn. 5.
3 *Hässler*, S. 33.
4 *BAG* 28.2.90, NZA 90, 660 = EzA § 31 BetrVG 1972 Nr. 1 mit zustimmender Anm. *Rieble*.
5 Vgl. Rn. 10; Textmuster bei DKKWF-*Wedde*, § 31, Rn. 3.
6 GK-*Raab*, Rn. 12.
7 Im Ergebnis ähnlich Richardi-*Thüsing*, Rn. 12.; vgl. aber § 29 Rn. 20 ff.

Die Hinzuziehung von Gewerkschaftsbeauftragten durch den BR kann sowohl im **Einzelfall** als auch **generell** beschlossen bzw. in der Geschäftsordnung des BR vorgesehen werden.[8] Für den Beschluss genügt die Mehrheit der anwesenden BR-Mitglieder (§ 33). Dagegen ist für die Aufnahme in die Geschäftsordnung die Mehrheit der Stimmen aller BR-Mitglieder erforderlich (§ 36). Der BR ist nicht verpflichtet, jede vertretene Gewerkschaft hinzuzuziehen, sondern kann seine Entscheidung auf eine bestimmte Gewerkschaft beschränken. **5**

Ein Viertel der Mitglieder im BR kann mit einem **Antrag nach dieser Vorschrift** auch die **generelle Hinzuziehung** von Gewerkschaftsbeauftragten **zu allen Sitzungen** des BR erzwingen.[9] **6**

Der **Antrag auf Hinzuziehung** eines Beauftragten einer im BR vertretenen Gewerkschaft kann von einem Viertel der Mitglieder des BR gestellt werden und ist an den Vorsitzenden zu richten. Ausschlaggebend ist jeweils die Gesamtzahl der BR-Mitglieder und nicht die Zahl der anwesenden oder an der Beschlussfassung teilnehmenden Mitglieder.[10] In den **privatisierten Postunternehmen** können die Vertreter der Beamten als eigenständige Gruppe nur dann Vertreter einer Gewerkschaft hinzuziehen, wenn sie im BR zur alleinigen Beschlussfassung (§ 28 PostPersRG) befugt sind.[11] Die Antragsteller brauchen nicht Mitglied der Gewerkschaft zu sein, deren Beauftragte an Sitzungen des BR teilnehmen sollen. **7**

Der **Antrag** kann **nicht** durch **Mehrheitsbeschluss des BR abgelehnt** werden.[12] Nach dieser Vorschrift gestellte Anträge haben immer den rechtlichen Charakter eines verbindlichen Verlangens, so dass sich eine Beschlussfassung des BR erübrigt.[13] Besteht **der BR nur aus einem Mitglied,** kann sich dieser mit einem Beauftragten der Gewerkschaft im Betrieb in einer Sitzung beraten.[14] **8**

Da der **Zeitpunkt** der Sitzung und die **Tagesordnung** der Gewerkschaft zum Zwecke der Vorbereitung **rechtzeitig** mitzuteilen sind, ist der Antrag so frühzeitig vor der Sitzung zu stellen, dass der Vorsitzende seiner Verpflichtung zur ordnungsgemäßen Ladung noch nachkommen kann. Der Antrag kann aber auch in einer Sitzung mit dem Ziel gestellt werden, dass zur nächsten Sitzung ein Gewerkschaftsbeauftragter hinzugezogen wird. Zulässig ist ferner, den **Antrag in der gleichen Sitzung** zu stellen, sofern der Gewerkschaftsbeauftragte anwesend bzw. abrufbereit ist oder sofort hinzugezogen werden kann. Auch eine **Vertagung** kommt in Betracht, falls dies der BR mit einfacher Mehrheit beschließt.[15] Ein **zwingender Anspruch** auf Vertagung lässt sich aus der Vorschrift nicht ableiten, weil sonst durch Anträge auf Hinzuziehung eines Gewerkschaftsbeauftragten die Beschlussfassung des BR durch eine Minderheit blockiert werden könnte. Der Antrag auf Hinzuziehung eines Gewerkschaftsbeauftragten kann auf bestimmte **Tagesordnungspunkte** beschränkt werden.[16] **9**

Die **Antragstellung** ist **nicht** an eine **bestimmte Form** gebunden; der Antrag kann somit auch mündlich in einer BR-Sitzung gestellt werden. Bei einer Antragstellung außerhalb einer Sitzung empfiehlt sich die Schriftform, um den Nachweis für die erforderliche Mehrheit führen zu können.[17] Ist ein Antrag gestellt worden, ist er in die Sitzungsniederschrift (§ 34) aufzunehmen.[18] Er bedarf **keiner Begründung.** Aus seinem Inhalt muss entnommen werden kön- **10**

---

8 *BAG* 28.2.90, NZA 90, 660 hinsichtlich der Beschlussfassung über ein generelles Teilnahmerecht an BR-Sitzungen; *Däubler*, Gewerkschaftsrechte, Rn. 142; *Fitting*, Rn. 7; ErfK-*Koch*, Rn. 1; vgl. auch *BAG* 18.11.80, AP Nr. 2 zu § 108 BetrVG 1972; a. A. Richardi-*Thüsing*, Rn. 14 f., 28; GK-*Raab*, Rn. 19; HWGNRH-*Glock*, Rn. 10 a; MünchArbR-*Joost*, § 307 Rn. 24; zur Teilnahme an WA-Sitzungen *BAG* 25.6.87, AP Nr. 6 zu § 108 BetrVG 1972 mit krit. Anm. *Däubler*; Textmuster bei DKKWF-*Wedde*, § 31, Rn. 3 ff.

9 *BAG* 28.2.90, NZA 90, 660; *Däubler*, Gewerkschaftsrechte, Rn. 142; ErfK-*Koch*, Rn. 1; *Fitting*, Rn. 10; a. A. Richardi-*Thüsing*, Rn. 14; GK-*Raab*, Rn. 19; HWGNRH-*Glock*, Rn. 10.

10 HWGNRH-*Glock*, Rn. 7; Richardi-*Thüsing*, Rn. 7; *Fitting*, Rn. 12 m. w. N.

11 Weitergehend *Fitting*, Rn. 15 für ein allgemeines Teilnahmerecht der Berufsverbände der Beamten.

12 *Fitting*, Rn. 9; GK-*Raab*, Rn. 15; HWGNRH-*Glock*, Rn. 15; Richardi-*Thüsing*, Rn. 12; ErfK-*Koch*, Rn. 1.

13 *GL*, Rn. 10.

14 *Fitting*, Rn. 6; GK-*Raab*, Rn. 9; MünchArbR-*Joost*, § 307 Rn. 25; HWGNRH-*Glock*, Rn. 7.

15 GK-*Raab*, Rn. 9; *Fitting*, Rn. 14.

16 Vgl. Richardi-*Thüsing*, Rn. 16; *Fitting*, a. a. O.; *GL*, Rn. 7; GK-*Raab*, Rn. 21; HWGNRH-*Glock*, Rn. 10.

17 GK-*Raab*, Rn. 11.

18 *Fitting*, Rn. 7; GK-*Raab*, a. a. O. halten die Aufnahme nicht für zwingend.

nen, welche Gewerkschaft zu welcher Sitzung oder zu welchen Tagesordnungspunkten einen Beauftragten entsenden soll. Es besteht keine Verpflichtung, jede im BR vertretene Gewerkschaft zur Entsendung eines Beauftragten aufzufordern, wenn die Hinzuziehung nur einer bestimmten Gewerkschaft beantragt wurde. Andererseits kann auch die Teilnahme der Beauftragten mehrerer Gewerkschaften beantragt werden, sofern diese im BR vertreten sind.[19] Die Hinzuziehung einer Gewerkschaft gibt anderen im BR vertretenen Gewerkschaften kein Recht auf Teilnahme.

11 Voraussetzung für die Hinzuziehung ist, dass die **Gewerkschaft mindestens mit einem Mitglied im BR vertreten** ist.[20] Im Bereich der privatisierten Post- und Bahnunternehmen sind **Berufsverbände der Beamten** den Gewerkschaften gleichgestellt.[21] Es genügt nicht, dass die Gewerkschaft AN des Betriebs, die nicht dem BR angehören, organisiert hat. Die Mitgliedschaft muss im BR, jedoch nicht gegenüber dem AG nachgewiesen werden.[22] Es bestehen keine Bedenken, Beauftragte von Gewerkschaften, die nicht im Betrieb vertreten sind, zu bestimmten Beratungsgegenständen in einer BR-Sitzung als Sachverständige oder Auskunftspersonen gem. § 80 Abs. 2 Satz 3 und Abs. 3 zu hören.[23]

12 Auch der **Vorsitzende des BR** ist nicht befugt, **ohne Beschluss des BR** oder **eine verbindliche Antragstellung** einen Gewerkschaftsbeauftragten eigenmächtig zu einer Sitzung zuzulassen oder hinzuzuziehen. Er kann von sich aus auch keine Beauftragten anderer Gewerkschaften einladen, wenn die Hinzuziehung eines Beauftragten einer bestimmten Gewerkschaft beschlossen oder beantragt wurde. Liegt ein **ordnungsgemäßer Antrag** vor, hat der Vorsitzende den Gewerkschaftsbeauftragten einzuladen. Die Mitteilung des Zeitpunkts der Sitzung kommt einer Einladung gleich.[24] Eine Entscheidung über die Zweckmäßigkeit steht ihm nicht zu. Entspricht der Vorsitzende dem Antrag nicht, handelt er pflichtwidrig.[25] Der Tagesordnungspunkt kann dann nicht behandelt werden, da ansonsten das Antragsrecht unterlaufen würde.[26] Die betroffene Gewerkschaft kann jedenfalls im Wiederholungsfall ein Verfahren nach § 23 Abs. 1 wegen grober Verletzung der gesetzlichen Pflichten einleiten.[27] Das Vorliegen einer Wiederholungsgefahr des gerügten Verhaltens ist allerdings keine Anspruchsvoraussetzung für ein Verfahren nach § 23 Abs. 1.[28] Liegt ein Antrag vor, kann der Gewerkschaftsbeauftragte auch gegen den Willen der Mehrheit des BR an der Sitzung teilnehmen.[29]

13 Die Hinzuziehung von Gewerkschaftsbeauftragten beschränkt sich nicht auf die Teilnahme an förmlichen Sitzungen i. S. d. § 30 des BR, sondern kann etwa auch für Besprechungen mit dem AG erfolgen.[30] § 2 Abs. 1 verpflichtet den BR, eng mit den im Betrieb vertretenen Gewerkschaften zusammenzuarbeiten. Es besteht somit die Möglichkeit, durch Mehrheitsbeschluss die **Hinzuziehung eines Gewerkschaftsbeauftragten zu sonstigen Besprechungen** mit dem AG oder anderen Stellen durchzusetzen, z. B. zum Abschluss von BV.

III. Teilnahme eines Gewerkschaftsbeauftragten

14 Die **Gewerkschaft** ist **nicht verpflichtet,** einen Beauftragten zur Sitzung des BR zu entsenden, wenn ihr seitens eines BR eine entsprechende Aufforderung zugeht. Die eingeladene Gewerkschaft entscheidet darüber, welchen Vertreter sie entsendet.[31] Der zu entsendende Gewerk-

---

19 *Fitting,* Rn. 15; GK-*Raab,* Rn. 13.
20 *BAG* 28.2.90, NZA 90, 660; 4.11.60, AP Nr. 2 zu § 16 BetrVG.
21 *Fitting,* Rn 15.
22 GK-*Raab,* Rn. 11; *Fitting,* Rn. 11; vgl. § 16 Rn. 22.
23 GK-*Raab,* Rn. 14; Richardi-*Thüsing,* Rn. 6; vgl. im Übrigen § 30 Rn. 11 ff.
24 *Fitting,* Rn. 25.
25 *Fitting,* Rn. 16.
26 ErfK-*Koch,* Rn. 1; *Fitting,* Rn. 25; a. A. GK-*Raab,* Rn. 15.
27 *Fitting,* a. a. O.; *GL,* Rn. 10; HWGNRH-*Glock,* a. a. O.; GK-*Raab,* a. a. O.
28 Vgl. auch *BAG* 18.4.85, AP Nr. 5 zu § 23 BetrVG 1972.
29 HWGNRH-*Glock,* Rn. 15.
30 A. A. Richardi-*Thüsing,* Rn. 4; *Fitting,* Rn. 21; GK-*Raab,* Rn. 18; HWGNRH-*Glock,* Rn. 5, die z. T. das Einverständnis des AG voraussetzen.
31 *Däubler,* Gewerkschaftsrechte, Rn. 134; *Hässler,* S. 34; ErfK-*Koch,* Rn. 1.

schaftsbeauftragte muss **nicht Angestellter der Gewerkschaft** sein. Die Gewerkschaft kann jedes ihrer Mitglieder als Beauftragten entsenden, ggf. auch einen AN des betreffenden Betriebs,[32] z. B. den Sprecher oder ein anderes Mitglied des gewerkschaftlichen Vertrauensleutekörpers.[33] Auch die Entsendung eines AN aus einem Konkurrenzbetrieb ist grundsätzlich möglich.[34] Die fachliche Qualifikation des Gewerkschaftsbeauftragten ist für die Zulässigkeit der Entsendung ohne Bedeutung.[35] Der BR hat kein Recht, die Entsendung einer bestimmten Person zu verlangen, kann aber Vorschläge machen. Die Gewerkschaft ist nicht darauf beschränkt, nur einen Vertreter zu entsenden.[36] Die Entsendung **mehrerer Vertreter** kann zweckmäßig sein, wenn die Tagesordnungspunkte eine Beratung durch verschiedene Gewerkschaftssachverständige notwendig erscheinen lassen.

Der Beauftragte braucht keine **Vollmacht** seiner Gewerkschaft vorzulegen, doch kann der BR einen Nachweis über die Beauftragung verlangen.[37] **15**

Der Beauftragte der Gewerkschaft nimmt mit **beratender Stimme** an der Sitzung teil, d. h., er kann auf die Willensbildung des BR Einfluss nehmen. Er darf sich nicht an der Beschlussfassung beteiligen und kann keine Anträge stellen, solche aber anregen. Ihm ist auf Antrag das Wort zu erteilen. Er kann bei Abstimmungen zugegen sein.[38] **16**

Der Beauftragte der Gewerkschaft unterliegt wie BR-Mitglieder der **Schweigepflicht** nach § 79 Abs. 2. Er hat über Betriebs- und Geschäftsgeheimnisse (vgl. § 79 Rn. 3 ff.) Stillschweigen zu bewahren. Verstöße können nach § 120 Abs. 1 mit Strafe geahndet werden.[39] Eine Schweigepflicht des Gewerkschaftsbeauftragten besteht in entsprechender Anwendung der §§ 99 Abs. 1 und 102 Abs. 2 auch in Bezug auf persönliche Verhältnisse und Angelegenheiten der AN, die ihrem Inhalt oder ihrer Bedeutung nach einer vertraulichen Behandlung bedürfen. Die Verletzung dieser Schweigepflicht ist wegen fehlender unmittelbarer Geltung der §§ 99 Abs. 1 und 102 Abs. 2 nicht strafbewehrt.[40] **17**

Der AG darf dem Beauftragten der Gewerkschaft den **Zutritt zum Betrieb** zur Teilnahme an BR-Sitzungen und Betriebsversammlungen nicht verweigern.[41] Verweigert er widerrechtlich den Zutritt, liegt regelmäßig eine Störung der BR-Tätigkeit i. S. d. § 78 vor, die strafrechtliche Folgen nach § 119 Abs. 1 Nr. 2 haben kann.[42] Darüber hinaus kann bei groben Verstößen das Zwangsverfahren nach § 23 Abs. 3 eingeleitet werden. **18**

---

32 HWGNRH-*Glock*, Rn. 21, die nur eine Entsendung außerhalb der persönlichen Arbeitszeit für zulässig halten.
33 In diesem Sinne auch Richardi-*Thüsing*, Rn. 19.
34 *LAG Hamburg* 28.11.86, Mitb 87, 782 mit Anm. *Köstler; WW*, Rn. 6; a. A. *Fitting*, Rn. 18; Richardi-*Thüsing*, a. a. O.; GK-*Raab*, a. a. O.; HWGNRH-*Glock*, Rn. 19.
35 HWGNRH-*Glock*, Rn. 20.
36 *Fitting*, Rn. 19; ErfK-*Koch*, Rn. 1; *Hässler*, a. a. O.; enger GK-*Raab*, Rn. 16, 21; für die Beschränkung des Entsenderechts auf eine Person Richardi-*Thüsing*, Rn. 18; HWGNRH-*Glock*, Rn. 22.
37 GK-*Raab*, Rn. 17; enger HWGNRH-*Glock*, Rn. 26, die auch den AG als berechtigt ansehen, einen Nachweis zu verlangen.
38 *Fitting*, Rn. 22; GK-*Raab*, Rn. 22; HWGNRH-*Glock*, Rn. 27; Richardi-*Thüsing*, Rn. 22; ErfK-*Koch*, Rn. 1, der aber einen Ausschluss der Anwesenheit per Beschluss für zulässig hält.
39 GK-*Raab*, Rn. 27.
40 *Fitting*, Rn. 24.
41 *BAG* 18.3.64, AP Nr. 1 zu § 45 BetrVG mit Anm. *Dietz; Fitting*, Rn. 23; GK-*Raab*, Rn. 23; HWGNRH-*Glock*, Rn. 23; *Zender*, ZBVR 04, 18; a. A. *LAG Hamm* 3.6.05, AuR 05, 465, das ausnahmsweise dann ein Zutrittsverweigerungsrecht des AG sieht, wenn ein Beauftragter in der Vergangenheit den Betriebsfrieden nachhaltig gestört hat und wenn eine Wiederholung dieses Verhaltens zu befürchten ist; zustimmend *Fitting*, a. a. O.; Richardi-*Thüsing*, Rn. 24.
42 *Amtsgericht Aichach* 29.10.87 – Ds 506 Js 20042/87; *OLG Hamm* 26.2.87 – 1 Ss 164/87, jeweils zum Zutrittsrecht eines Gewerkschaftsbeauftragten bei einer BR-Wahl; vgl. auch Widerspruchsbescheid der *Polizeidirektion Schleswig-Holstein-West* 12.3.91, AiB 91, 200, wonach die Entfernung eines Gewerkschaftsbeauftragten von einer BR-Sitzung rechtswidrig ist.

IV. Teilnahme an Ausschuss-Sitzungen des Betriebsrats

19 § 31 gilt entsprechend für die Hinzuziehung von Gewerkschaftsbeauftragten zu **Sitzungen der Ausschüsse**[43] des BR[44] sowie zu Sitzungen von Arbeitsgruppen gem. § 28 a. Dies gilt **nicht nur** für Sitzungen der Ausschüsse, denen Aufgaben zur **selbstständigen Erledigung** übertragen wurden,[45] sondern auch für Sitzungen von Ausschüssen, die nur **vorbereitende Aufgaben** haben. Das Gesetz regelt zwar die Sitzungen der Ausschüsse und Arbeitsgruppen gem. § 28 a nicht. Es ist jedoch anerkannt, dass sich für die Ausfüllung dieser Lücke die Bestimmungen über die BR-Sitzung anbieten. Von daher gibt es keinen Grund, von dieser Regel bei Teilnahme von Gewerkschaftsbeauftragten an Sitzungen abzuweichen, zumal das BetrVG in vielen Bestimmungen ein Zusammenwirken von BR und Gewerkschaft vorsieht und zu erreichen sucht.

20 Die Hinzuziehung eines Gewerkschaftsbeauftragten kann von einem Viertel der Mitglieder des BR beantragt und sowohl vom BR als auch vom betreffenden Ausschuss – Betriebsausschuss, WA oder sonstige Ausschüsse bzw. Arbeitsgruppen des BR – beschlossen werden.[46] Die Hinzuziehung kann für einzelne Sitzungen oder auch dauerhaft beschlossen werden.[47] Liegt ein entsprechender Antrag gemäß § 31 oder ein Beschluss des BR bzw. des WA oder einer Arbeitsgruppe (jedenfalls sofern diese durch den BR bevollmächtigt ist) vor, besteht ein Teilnahmerecht des Gewerkschaftsbeauftragten an den Sitzungen des WA.[48] Für das Teilnahmerecht an Ausschuss- oder Arbeitsgruppensitzungen des BR reicht es, wenn die Gewerkschaft im BR vertreten ist; einer Vertretung im Ausschuss bedarf es nicht.

V. Streitigkeiten

21 Streitigkeiten über die Zuziehung eines Gewerkschaftsbeauftragten zu den Sitzungen des BR einschließlich des Zugangsrechts zum Betrieb werden von den **ArbG im Beschlussverfahren** entschieden (§§ 2 a, 80 ff. ArbGG). Antragsberechtigt ist auch die betreffende Gewerkschaft.[49] Der Erlass einer einstweiligen Verfügung ist auf Antrag des BR oder der hinzugezogenen Gewerkschaft nach § 85 Abs. 2 ArbGG zulässig.[50]

§ 32 Teilnahme der Schwerbehindertenvertretung

Die Schwerbehindertenvertretung (§ 94 des Neunten Buches Sozialgesetzbuch) kann an allen Sitzungen des Betriebsrats beratend teilnehmen.

Inhaltsübersicht

---

43 Einschließlich WA, Ausschüsse nach § 28 und beauftragte Arbeitsgruppen nach § 28 a; a. A. hierzu HWGNRH-*Glock*, Rn. 32.

44 *Däubler*, Gewerkschaftsrechte, Rn. 143; Richardi-*Thüsing*, Rn. 19; ErfK-*Koch*, Rn. 1; *Fitting*, Rn. 26; MünchArbR-*Joost*, § 307 Rn. 27; HaKo-BetrVG/*Blanke/Wolmerath*, Rn. 2; mit Bedenken hinsichtlich des WA; HWGNRH-*Glock*, Rn. 30.

45 In diesem Sinne auch *BAG* 18.11.80, 25.6.87, AP Nrn. 2, 6 zu § 108 BetrVG 1972 für die Teilnahme an WA-Sitzungen; Richardi-*Thüsing*, Rn. 25; § 108 Rn. 35 ff.

46 *Däubler*, Gewerkschaftsrechte, Rn. 143 ff.; Richardi-*Thüsing*, Rn. 26; ErfK-*Koch*, Rn. 1; GK-*Raab*, Rn. 4; HWGNRH-*Glock*, Rn. 33, die allerdings nur dem Ausschuss das Recht auf Hinzuziehung eines Gewerkschaftsbeauftragten zubilligen.

47 Vgl. Rn. 6; a. A. Richardi-*Thüsing*, Rn. 28; für Sitzungen des WA *BAG* 25.6.87, DB 87, 2468.

48 *BAG* 18.11.80, 25.6.87, AP Nrn. 2, 6 zu § 108 BetrVG 1972; *Klinkhammer*, BetrR 77, 239 ff.

49 *BAG* 18.11.80, AP Nr. 2 zu § 108 BetrVG 1972.

50 *ArbG Elmshorn* 28.5.99, AiB 99, 521.

I. Aufgaben und Stellung der Schwerbehindertenvertretung

Nach § 95 Abs. 1 SGB IX haben die die Vertrauensperson der Schwerbehinderten sowie ein Stellvertreter als Schwerbehindertenvertretung die **Interessen der Schwerbehinderten im Betrieb zu vertreten** und ihnen beratend und helfend zur Seite zu stehen (zur Gesamtschwerbehindertenvertretung vgl. § 52). Die Aufgabe ist weitgehend deckungsgleich mit der des BR, der nach § 80 Abs. 1 Nr. 4 die Eingliederung Schwerbehinderter und sonstiger besonders schutzbedürftiger Personen zu fördern hat (vgl. § 80). Die Schwerbehindertenvertretung ist weder Organ des BR noch stehen ihr Mitbestimmungsrechte zu.[1] Die Vorschrift ist **zwingend** und kann durch TV oder BV nicht abgedungen werden. 1

Die Schwerbehindertenvertretung ist nicht Mitglied des BR, sondern hat ein **eigenes Amt** und eine **eigene Verantwortung,** deren Rechtsgrundlagen sich aus dem SGB IX ergeben. Die gleichzeitige Mitgliedschaft im BR ist **zulässig.** Beide Ämter beginnen und enden unabhängig voneinander.[2] Besteht ein GBR oder KBR, kann nach § 97 Abs. 1 oder 2 SGB IX eine Gesamt- oder Konzernschwerbehindertenvertretung gewählt werden. Die Wahrnehmung mehrerer Ämter im Bereich der Schwerbehindertenvertretung ist zulässig. 2

Die **doppelte Zuständigkeit** verpflichtet den AG, nicht nur den BR, sondern gem. § 95 Abs. 2 SGB IX auch die Schwerbehindertenvertretung in allen Angelegenheiten, die einzelne oder Gruppen von Schwerbehinderten betreffen, **rechtzeitig und umfassend zu unterrichten** bzw. vor einer Entscheidung zu hören (§ 95 Abs. 2 SGB IX). Ist die **Beteiligung unterblieben,** hat dies nicht die Unwirksamkeit der getroffenen Maßnahme zur Folge.[3] Der BR kann aber in diesem Fall nach § 99 Abs. 2 Nr. 1 seine Zustimmung zu einer personellen Einzelmaßnahme verweigern.[4] Die unterlassene Beteiligung gibt der Schwerbehindertenvertretung außerdem das Recht, die **Aussetzung eines Beschlusses** des BR nach § 35 zu verlangen (§ 95 Abs. 4 SGB IX; vgl. im Übrigen § 35 Rn. 3 ff.). Im Interesse der Schwerbehinderten sollte die Zusammenarbeit zwischen BR und Schwerbehindertenvertretung so eng gestaltet werden, dass unterschiedliche Stellungnahmen, die jederzeit möglich sind, weitestgehend vermieden werden. 3

II. Teilnahme an den Sitzungen des Betriebsrats und seiner Ausschüsse

Nach § 95 Abs. 4 SGB IX ist die Schwerbehindertenvertretung berechtigt, **an allen Sitzungen** des BR und seiner Ausschüsse und Arbeitsgruppen (insbes. auch gem. § 28 a) beratend teilzunehmen.[5] Ein entsprechendes Teilnahmerecht auf GBR- oder KBR-Ebene besteht nach § 97 Abs. 6 und 7 SGB IX. Hierzu zählen etwa auch die Sitzungen von paritätisch besetzten Gremien, denen auf Grund Vereinbarung der Betriebsparteien bestimmte Angelegenheiten übertragen werden, wenn die Interessen der schwerbehinderten AN berührt werden.[6] Finden allgemeine Standardtermine oder »Vorbereitungstreffen« zwischen einzelnen BR-Vertretern und AG-Vertretern statt, besteht kein automatisches Teilnahmerecht der Schwerbehindertenvertretung.[7] Es setzt aber ein, wenn anlässlich dieser Termine Sachverhalte mit Bezug zu schwerbehinderten AN angesprochen werden. Der allgemeine gesetzliche Anspruch der Schwerbehindertenvertretung schließt das Teilnahmerecht an der konstituierenden Sitzung des BR ein (vgl. § 29 Rn. 10). Es bedarf keiner ausdrücklichen Zuziehung durch den BR und es ist nicht erforderlich, dass in der Sitzung Angelegenheiten erörtert werden, die besonders schwerbehinderte AN betreffen. Das Teilnahmerecht kann weder durch Beschluss des BR noch durch TV eingeschränkt werden. 4

Um **Ausschüsse des BR** handelt es sich immer dann, wenn sich Mitglieder des Organs unter 5

1 *BAG* 16.8.77, AP Nr. 1 zu § 23 SchwbG.
2 *Fitting,* Rn 17; GK-*Raab,* Rn. 10.
3 Vgl. *BAG* 28.7.83, AP Nr. 1 zu § 22 SchwbG.
4 *BAG* 14.11.89, AP Nr. 77 zu § 99 BetrVG 1972.
5 *HessLAG* 4.12.01, AuR 02, 3; *Splanemann,* AiB 02, 404; grundsätzlich *Rudolph,* AiB 11, 193; einschränkend GK-*Raab,* Rn. 3, der das Teilnahmerecht an Sitzungen der Ausschüsse nur bejaht, wenn sie an die Stelle des BR treten und selbstständig entscheiden.
6 *BAG* 21.4.93, NZA 94, 43.
7 *LAG Schleswig-Holstein* 10.9.08, DB 08, 2839; *Fitting,* Rn. 17.

der Leitung des Vorsitzenden, dessen Stellvertreters oder eines anderen von den anwesenden Mitgliedern zu bestimmenden Mitglieds dieses Organs zusammenfinden, um gemeinsam zu beraten und ggf. zu beschließen.[8] Das **Teilnahmerecht** erstreckt sich auch auf **Sitzungen des WA,**[9] **Besprechungen mit dem AG** nach § 74 Abs. 1,[10] **Sitzungen gemeinsamer Ausschüsse** nach § 28 Abs. 2[11] und **Sitzungen besonderer Vertretungen** gem. § 3 Abs. 1.[12]

6 Die Schwerbehindertenvertretung hat zwar nicht das Recht, die **Einberufung einer BR-Sitzung** zu beantragen.[13] Sie kann – wie die JAV – aber verlangen, Angelegenheiten, die einzelne Schwerbehinderte oder die Schwerbehinderten als Gruppe besonders betreffen, auf die Tagesordnung der nächsten Sitzung zu setzen.[14] Diese Regelung gilt entsprechend für Ausschüsse des BR, insbes. wenn diesen Aufgaben zur selbstständigen Erledigung übertragen wurden (vgl. § 27 Rn. 35 ff., § 28 Rn. 9 ff.).

7 Der Vorsitzende des BR – ggf. auch die Vorsitzenden der Ausschüsse – hat die Schwerbehindertenvertretung gemäß § 29 Abs. 2 **rechtzeitig** zu allen Sitzungen **unter Mitteilung** der **vollständigen Tagesordnung einzuladen.**[15] Obwohl das BetrVG den **Stellvertreter** der Schwerbehindertenvertretung nicht erwähnt, kann dieser an den Sitzungen des BR und seiner Ausschüsse teilnehmen, wenn die Schwerbehindertenvertretung verhindert ist, da gemäß § 94 Abs. 1 SGB IX der Stellvertreter die Schwerbehindertenvertretung im Falle ihrer Verhinderung vertritt. Ist dem BR-Vorsitzenden die Verhinderung der Schwerbehindertenvertretung bekannt, hat er unmittelbar den Stellvertreter zu laden (vgl. im Übrigen § 29 Rn. 28).

8 Unterlässt der BR-Vorsitzende die rechtzeitige Ladung, handelt er **pflichtwidrig**. Die Beschlüsse, die in dieser Sitzung ohne beratende Teilnahme der Schwerbehindertenvertretung gefasst wurden, sind jedoch nicht unwirksam,[16] es sei denn, es liegt eine vorsätzliche Benachteiligung vor.[17] Die pflichtwidrige Nichtladung der Schwerbehindertenvertretung kann die Sanktion nach § 23 Abs. 1 auslösen.[18]

9 Eine **Verpflichtung** der Schwerbehindertenvertretung, an den Sitzungen des BR und seiner Ausschüsse teilzunehmen, besteht nicht. Sie kann sich auf die Teilnahme an der Behandlung einzelner Tagesordnungspunkte beschränken. Eine konstante Weigerung, an Sitzungen des BR teilzunehmen, obwohl seine Aufgabenstellung dies erfordert hätte, kann zu einem Amtsenthebungsverfahren nach § 94 Abs. 7 SGB IX führen.

10 Die Schwerbehindertenvertretung nimmt **beratend** an den BR-Sitzungen teil.[19] Das Beratungsrecht ist umfassend und nicht auf Fragen der Schwerbehinderten beschränkt. Sie kann bei Abstimmungen des BR zugegen sein; sie hat jedoch **weder ein Stimmrecht** – auch nicht in Angelegenheiten, die besonders Schwerbehinderte betreffen – noch die Befugnis, Anträge zur Abstimmung zu stellen, abgesehen von dem **Antrag auf Aussetzung** eines Beschlusses des BR nach § 35.[20] Ist ein Schwerbehindertenvertreter gleichzeitig BR-Mitglied und nimmt er dieses Mandat in der Sitzung wahr, kann nach § 94 Abs. 1 Satz 1 SGB IX sein gewählter Stellvertreter teilnehmen. Ergibt sich zwischen dem BR-Mandat und der Aufgabe als Schwerbehindertenvertretung ein Interessenkonflikt, muss die Vertrauensperson der schwerbehinderten Men-

---

8 *BAG* 19.1.84, AP Nr. 4 zu § 74 BetrVG 1972.
9 *BAG* 4.6.87, AP Nr. 2 zu § 22 SchwbG.
10 Vgl. § 95 Abs. 5 SGB IX; *Fitting,* Rn. 19; a. A. noch *BAG* 19.1.84, a. a. O.
11 So auch *BAG* 21.4.93, NZA 94, 43 = AiB 94, 48 mit Anm. *Unterhinninghofen* zum Teilnahmerecht an Sitzungen der **gemeinsamen Akkordkommission** und **Kommission zur Beurteilung von Verbesserungsvorschlägen;** einschränkend GK-*Raab,* Rn. 3.
12 Enger *Fitting,* Rn. 3, GK-*Raab,* Rn. 4, die hinsichtlich § 3 Abs. 1 Nr. 1 a. F. eine entsprechende Regelung im TV voraussetzten.
13 *Fitting,* Rn. 23; Richardi-*Thüsing,* Rn. 20; *Splanemann,* AiB 02, 404.
14 § 95 Abs. 4 SGB IX; HWGNRH-*Glock,* Rn. 14.
15 Textmuster bei DKKWF-*Wedde,* § 32 Rn. 5 f.
16 *Fitting,* Rn. 24; GK-*Raab,* Rn. 13; Richardi-*Thüsing,* Rn. 20 a. A. *GL,* Rn. 12, für den Fall, dass die Beschlüsse Angelegenheiten der Schwerbehinderten betreffen; weitergehend WP-*Kreft,* Rn. 8, der Beschlüsse für unwirksam hält und einen groben Verstoß sieht.
17 HWGNRH-*Glock,* Rn. 12.
18 *Fitting,* a. a. O.; GK-*Raab,* a. a. O.; HWGNRH-*Glock,* a. a. O.; vgl. auch § 23 Rn. 9 ff.
19 Vgl. *Düwell,* AuR 93, 345 [348], der von einer sachgerechten Mitberatung spricht.
20 *Fitting,* Rn. 28; GK-*Raab,* Rn. 16; vgl. § 35 Rn. 3 ff.

schen dies dem BR-Vorsitzenden anzeigen.[21] In Abhängigkeit von der Art des Interessenkonflikts muss zur BR-Sitzung der nach § 94 Abs. 1 Satz 1 SGB IX gewählte Vertreter oder ein Ersatzmitglied des Betriebsrats hinzugezogen werden.

Nimmt die Schwerbehindertenvertretung an Sitzungen des BR teil, ist ihr das **Arbeitsentgelt** fortzuzahlen (§ 96 Abs. 4 und 6 SGB IX). Die Teilnahme ist als notwendige Versäumnis von Arbeitszeit anzusehen. Wie ein BR-Mitglied bedarf die Schwerbehindertenvertretung zur Teilnahme nicht der Zustimmung des AG.[22] Sie ist jedoch verpflichtet, sich beim Verlassen ihres Arbeitsplatzes bei ihrem Vorgesetzten **abzumelden** und nach Beendigung der Sitzung wieder **zurückzumelden.**[23] Die Schwerbehindertenvertretung darf in der Ausübung ihres Amtes nicht benachteiligt werden (§ 96 Abs. 2 SGB IX) und hat im Übrigen die gleiche persönliche Rechtsstellung wie BR-Mitglieder (§ 96 Abs. 3 SGB IX).[24] 11

Die Schwerbehindertenvertretung ist verpflichtet, über **Betriebs- und Geschäftsgeheimnisse** des AG, die ihr durch die Teilnahme an den BR-Sitzungen bekannt werden und die der AG ausdrücklich als geheimhaltungsbedürftig bezeichnet hat, **Stillschweigen** zu bewahren (§ 96 Abs. 7 SGB IX). Diese Verschwiegenheitspflicht gilt allerdings nicht gegenüber den in § 79 Abs. 1 genannten betriebsverfassungsrechtlichen Institutionen. Sie bezieht sich auch auf die bei der Amtsausübung bekannt gewordenen **persönlichen Verhältnisse und Angelegenheiten der Beschäftigten,** die ihrer Bedeutung oder ihrem Inhalt nach einer vertraulichen Behandlung bedürfen. Ihre Verletzung ist nach § 155 Abs. 1 SGB IX mit Strafe bedroht. 12

Wurde in einem UN mit mehreren Betrieben in einem Betrieb, in dem Schwerbehinderte beschäftigt sind, keine Schwerbehindertenvertretung gewählt, vertritt gemäß § 97 Abs. 6 SGB IX die **Gesamtschwerbehindertenvertretung** die Interessen dieser Schwerbehinderten mit. In diesem Fall ist die Gesamtschwerbehindertenvertretung zu den Sitzungen des örtlichen BR und seiner Ausschüsse sowie zu den Besprechungen nach § 74 Abs. 1 einzuladen und berechtigt, daran teilzunehmen.[25] 13

III. Streitigkeiten

Streitigkeiten über die Teilnahme der Schwerbehindertenvertretung an Sitzungen sowie über ihre Befugnisse innerhalb der Betriebsverfassung entscheiden die **ArbG im Beschlussverfahren.**[26] Die Schwerbehindertenvertretung ist antragsberechtigt.[27] Im Übrigen sind Streitigkeiten zwischen der Schwerbehindertenvertretung und dem AG über ihre Rechtsstellung und Zuständigkeiten, z. B. über die Kosten einer Schulung – im Gegensatz zur entsprechenden Kostenerstattung von BR-Mitgliedern – im **Urteilsverfahren** zu entscheiden.[28] 14

§ 33 Beschlüsse des Betriebsrats

(1) Die Beschlüsse des Betriebsrats werden, soweit in diesem Gesetz nichts anderes bestimmt ist, mit der Mehrheit der Stimmen der anwesenden Mitglieder gefasst. Bei Stimmengleichheit ist ein Antrag abgelehnt.

(2) Der Betriebsrat ist nur beschlussfähig, wenn mindestens die Hälfte der Betriebsratsmitglieder an der Beschlussfassung teilnimmt; Stellvertretung durch Ersatzmitglieder ist zulässig.

(3) Nimmt die Jugend- und Auszubildendenvertretung an der Beschlussfassung teil, so

---

21 Vgl. *HessLAG* 1.11.12, ArbR 13, 248; vgl. auch Rn. 25.

22 *Fitting,* Rn. 26; enger HWGNRH-*Glock,* Rn. 15, die unzutreffend eine Fortzahlung ausschließen, wenn die Teilnahme vorher erkennbar offensichtlich überflüssig war.

23 Vgl. auch § 37 Rn. 67 ff.

24 *BAG* 14.8.86, AP Nr. 2 zu § 23 SchwbG.

25 Vgl. *BAG* 28.4.88, AP Nr. 3 zu § 22 SchwbG zum Teilnahmerecht der Bezirksschwerbehindertenvertretung; zur Gesamtschwerbehindertenvertretung vgl. im Übrigen die Erl. zu § 52.

26 §§ 2 a, 80 ff. ArbGG; *BAG* 4.6.87, AP Nr. 2 zu § 22 SchwbG; 8.2.89 – 7 ABR 83/86, 21.9.89, EzA § 14 SchwbG 1986 Nr. 2.

27 *BAG* 21.9.89, a. a. O.; HWGNRH-*Glock,* Rn. 18.

28 *BAG* 16.8.77, 14.8.86, 30.4.87, AP Nrn. 1, 2, 3 zu § 23 SchwbG; a. A. *Fitting,* Rn. 29; GK-*Raab,* Rn. 20.

werden die Stimmen der Jugend- und Auszubildendenvertreter bei der Feststellung der Stimmenmehrheit mitgezählt.

Inhaltsübersicht

I. Vorbemerkungen

1 Diese Vorschrift regelt die für die Willensbildung des BR als Kollegialorgan wichtigen Fragen der **Beschlussfassung** (Abs. 1 und 3) und der **Beschlussfähigkeit** (Abs. 2). Sie gilt für den **Betriebsausschuss,** die **Ausschüsse**[1] sowie für **Arbeitsgruppen** gem. § 28 a des BR entsprechend.[2] Der BR kann bei der Übertragung bestimmter Aufgaben auf den Betriebsausschuss, auf die Ausschüsse oder auf Arbeitsgruppen **anderweitige Regelungen festlegen,** z. B. verschärfte Anforderungen sowohl für die Beschlussfassung – wie qualifizierte Mehrheit – als auch für die Beschlussfähigkeit.[3] Nicht einschlägig ist die Vorschrift für Abstimmungen i. R. der gem. § 2 Abs. 2 Satz 3 SprAuG gemeinsamen Sitzung von BR und Sprecherausschuss. Notwendige Abstimmungen müssen hier getrennt erfolgen.[4] Die Grundsätze der Vorschrift sind **zwingend** und können nicht durch TV und BV abgedungen werden.

2 Die Vorschrift findet Anwendung auf die **GBR-Ausschüsse** (§ 51 Abs. 5), **KBR-Ausschüsse** (§ 59 Abs. 1 i. V. m. § 51 Abs. 5) und **JAV** (§ 65 Abs. 1). Sie gilt nicht für den **GBR, KBR, GJAV** und **KJAV.** Hier gelten die Sonderregelungen § 47 Abs. 7 und 8, § 51 Abs. 4, § 55 Abs. 4, § 59 Abs. 1, § 72 Abs. 7 und § 73 a Abs. 3. Auf die **Bordvertretung** und den **See-BR** finden die Vorschriften eingeschränkt Anwendung. Es entfällt z. B. Abs. 3, da im Seebereich keine JAV zu wählen ist (vgl. im Übrigen § 115 Abs. 4, § 116 Abs. 3). Sie gilt jedoch entsprechend für anderweitige bzw. zusätzliche **AN-Vertretungen** i. S. v. § 3 Abs. 1, sofern der TV keine andere Regelung vorsieht.[5]

II. Voraussetzungen für die Beschlussfassung des Betriebsrats

1. Die Willensbildung im Betriebsrat

3 Der BR trifft seine **Entscheidungen als Kollegialorgan** in einer förmlichen Sitzung durch Beschluss.[6] Eine Willensbildung etwa durch **Stillschweigen** oder im Wege des **Umlaufverfahrens** ist auch dann **unzulässig**, wenn alle BR-Mitglieder einverstanden sind[7] (vgl. im Übrigen Rn. 9 ff.). Keine Beschlüsse i. S. d. § 33 sind die vom BR durchzuführenden Wahlen;[8] hier kommt es darauf an, wer die meisten Stimmen erhält.[9] Die Regelungen des Abs. 2 über Beschlussfähigkeit und Stellvertretung durch Ersatzmitglieder gelten entsprechend.[10]

1 *Fitting,* Rn. 2; HWGNRH-*Glock,* Rn. 43.
2 Ebenso *Fitting,* § 28 a Rn. 38; a. A. GK-*Raab,* Rn. 3.
3 ErfK-*Koch,* Rn. 1; vgl. auch § 27 Rn. 35 ff.
4 *Fitting,* Rn. 6.
5 GK-*Raab,* Rn. 4; *Fitting,* Rn. 5.
6 *BAG* 9.12.14, NZA 15, 368; 15.4.14, NZA 14, 551..
7 *Fitting,* Rn. 21; Richardi-*Thüsing,* Rn. 2; *v. Hoyningen-Huene,* S. 161; *Matusche,* AiB 96, 537.
8 GK-*Raab,* Rn. 7, *Fitting,* Rn. 10.
9 *Hässler,* S. 40; vgl. auch § 26 Rn. 11 und § 27 Rn. 19 ff.
10 *Fitting,* Rn. 10.

2. Beschlussfähigkeit

Die Beschlussfähigkeit ist eine **unverzichtbare Voraussetzung** für das Zustandekommen wirksamer Beschlüsse.[11] Ohne einen wirksamen Beschluss gibt es in bestimmten Fällen keine Befugnis des BR-Vorsitzenden, nach außen hin tätig zu werden.[12] Die Beschlussfähigkeit liegt vor, wenn **mindestens die Hälfte der BR-Mitglieder** – ggf. einschließlich Ersatzmitgliedern (vgl. Abs. 2) – an der Beschlussfassung teilnimmt.[13] Die Teilnahme anderer Beauftragter oder Bevollmächtigter an der Beschlussfassung für verhinderte BR-Mitglieder ist nicht statthaft.[14] Bei der Feststellung der Beschlussfähigkeit zählen die **Stimmen der JAV** auch dann nicht mit, wenn sie gemäß § 67 Abs. 2 Stimmrecht im BR hat.[15] **4**

Maßgebend ist die Zahl des nach § 9 oder § 11 **ordnungsgemäß besetzten BR.** Ist die Gesamtzahl der BR-Mitglieder auch nach Eintreten sämtlicher Ersatzmitglieder unter die vorgeschriebene Zahl gesunken (vgl. § 13 Abs. 2 Nr. 2), ist bis zur Neuwahl von der Zahl der noch vorhandenen BR-Mitglieder einschließlich der nachgerückten Ersatzmitglieder für die Dauer der Weiterführung der Geschäfte (vgl. auch § 22 Rn. 4) auszugehen.[16] Dies gilt entsprechend, wenn mehr als die Hälfte der BR-Mitglieder an der Amtsausübung, z. B. für die Dauer der Äußerungsfristen des § 102 Abs. 2, verhindert ist und nicht durch Ersatzmitglieder vertreten werden kann.[17] **5**

Für die Beschlussfähigkeit des BR reicht es nicht aus, wenn die Hälfte seiner Mitglieder anwesend ist. Vielmehr muss mindestens die **Hälfte der BR-Mitglieder** an der **Beschlussfassung teilnehmen.**[18] Dies kann in der Form einer Stimmenthaltung geschehen.[19] Es bedarf daher der Feststellung der Ja- und Nein-Stimmen sowie der Stimmenthaltungen durch den BR-Vorsitzenden.[20] Da davon auszugehen ist, dass alle anwesenden BR-Mitglieder an der Beschlussfassung teilgenommen haben, muss ein anwesendes BR-Mitglied, das nicht teilnehmen will, seine **Nichtteilnahme ausdrücklich erklären.**[21] Wer seine Nichtteilnahme erklärt, wird für diese Abstimmung als nichtteilnehmendes BR-Mitglied gezählt.[22] Im Zweifelsfall sollte der Vorsitzende durch Nachfrage klären, ob Stimmenthaltung oder Nichtteilnahme eines BR-Mitglieds vorliegt. Lässt sich keine Klärung herbeiführen, ist von einer Stimmenthaltung auszugehen.[23] **6**

Da der Beschluss eines beschlussunfähigen BR unwirksam ist, sollten in der Sitzungsniederschrift nach § 34 nicht nur die Ja- und Nein-Stimmen, sondern auch die **Stimmenthaltungen** ausdrücklich aufgenommen werden.[24] Entsprechendes gilt bezüglich der Zahl der BR-Mitglieder, die nicht an der Beschlussfassung teilgenommen haben.[25] Zweckmäßig ist es auch, die Erklärung von Mitgliedern, nicht an der Abstimmung teilnehmen zu wollen, in der Sitzungsniederschrift zu vermerken. Die Protokollierung ist keine Voraussetzung für die Wirksamkeit des Beschlusses.[26] **7**

11 GK-*Raab*, Rn. 12 ff., 60; allgemein *Grosjean*, NZA-RR 05, 113; *Koll/Grolms*, AiB 13, 103.

12 *BAG* 19.1.05, ZBVR 05, 110 für die Einleitung eines arbeitsgerichtlichen Beschlussverfahrens; 18.1.06, dbr 06, Nr. 7, 38 für die unwirksame Beauftragung eines Rechtsanwalts wegen eines aufgrund eines Ladungsmangels unwirksamen Beschlusses des BR.

13 V. *Hoyningen-Huene*, S. 161; MünchArbR-*Joost*, § 307 Rn. 43; *Matusche*, AiB 96, 535; GK-*Raab*, Rn. 12 ff.; *Werwach*, ZBVR 01, 15; *Wiszkocsill*, dbr 3/05, 16 ff.

14 *LAG Hamm* 21.10.05 – 13 TaBV 77/05, juris hält eine Beschlussfassung für unwirksam, weil hierbei zwei ehemalige BR-Mitglieder anwesend waren.

15 *Fitting*, Rn. 18; GK-*Raab*, Rn. 12 ff.; HWGNRH-*Glock*, Rn. 8; MünchArbR-*Joost*, a. a. O.; Richardi-*Thüsing*, Rn. 9.

16 *LAG Berlin* 1.3.05, NZA-RR 06, 32;*Fitting*, Rn. 12; GK-*Raab*, Rn. 13; HWGNRH-*Glock*, Rn. 9; Richardi-*Thüsing*, Rn. 5; *Matusche*, AiB 96, 535; *BAG* 18.8.82, AP Nr. 24 zu § 102 BetrVG 1972.

17 *BAG*, a. a. O.; v. *Hoyningen-Huene*, S. 161.

18 Zahlen zur Beschlussfähigkeit bei DKKWF-*Wedde*, § 33 Rn. 10.

19 *Fitting*, Rn. 13; *Kettner*, AiB 98, 434.

20 GK-*Raab*, Rn. 15; HWGNRH-*Glock*, Rn. 11; MünchArbR-*Joost*, § 307 Rn. 43; *Wiszkocsill*, dbr 3/05, 16 ff.

21 *GL*, Rn. 8; *Fitting*, a. a. O.; *Weiss*, Rn. 2; ErfK-*Koch*, Rn. 3; a. A. GK-*Raab*, Rn. 16; HWGNRH-*Glock*, Rn. 11.

22 *Fitting*, a. a. O.; ErfK-*Koch*, Rn. 3; a. A. Richardi-*Thüsing*, Rn. 7.

23 Ebenso *Fitting*, a. a. O.; *HaKo-BetrVG-Blanke/Wolmerath*, Rn. 6.

24 Textmuster bei DKKWF-*Wedde*, § 33 Rn. 12 ff.

25 GK-*Raab*, Rn. 17; HWGNRH-*Glock*, Rn. 17; *Fitting*, Rn. 14; *Kühner*, S. 62.

26 Richardi-*Thüsing*, Rn. 24.

8 Die Beschlussfähigkeit muss bei **jeder Abstimmung** des BR bestehen und durch den Vorsitzenden erneut festgestellt werden. Die Beschlussfähigkeit zu Beginn einer Sitzung ist weder erforderlich noch ausreichend, da sie sich durch vorübergehende An- und Abwesenheit von BR-Mitgliedern im Laufe einer Sitzung verändern kann, z. B. auch durch Heranholen abwesender BR-Mitglieder[27] oder **Nichtbeteiligung an der Beschlussfassung.** Die Herbeiführung der Beschlussunfähigkeit ohne triftigen Grund kann eine Pflichtverletzung i. S. d. § 23 Abs. 1 sein.[28] Die Sitzung kann zur Wiederherstellung der Beschlussfähigkeit unterbrochen werden. Tritt während der Sitzung ein Verhinderungsfall für einzelne BR-Mitglieder ein (etwa durch eine akute Erkrankung), können Ersatzmitglieder hinzugezogen werden.[29] Erscheint ein arbeitsunfähig erkranktes BR-Mitglied zur BR-Sitzung, ist davon auszugehen, dass es an der Teilnahme nicht wegen der Krankheit gehindert ist.[30]

3. Beschlussfassung nur in Sitzungen

9 Beschlüsse des BR können nur in einer ordnungsgemäß einberufenen Sitzung gefasst werden. In dieser muss sich das Gremium auf Basis einer mit den Vorschriften des BetrVG in Einklang stehenden Ladung mit dem jeweiligen Sachverhalt befasst und durch Abstimmung eine einheitliche Willensbildung herbeigeführt haben.[31] Damit scheidet etwa eine Beschlussfassung aus, die während der monatlichen Besprechungen zwischen AG und BR gemäß § 74 Abs. 1 oder bei sonstigen Zusammenkünften des BR gefasst erfolgt.[32]

10 Aus dem Gesetzeswortlaut des Abs. 1, der von »anwesenden Mitgliedern« spricht, folgt, dass Beschlüsse in einer Sitzung bei gleichzeitiger Anwesenheit vor Ort zu fassen sind. Ziel ist, dass alle BR-Mitglieder miteinander diskutieren können.[33] Damit ist eine Beschlussfassung im **Umlaufverfahren** (sog. Umlaufbeschluss), d. h. dadurch, dass man einen schriftlichen Beschlussvorschlag verschickt und durch die BR-Mitglieder unterschreiben lässt, **unzulässig** – anders als bei Beschlüssen des AR nach § 108 Abs. 4 AktG –.[34] Sie widerspricht dem Erfordernis der gleichzeitigen Anwesenheit von mindestens der Hälfte der BR-Mitglieder, der Notwendigkeit der mündlichen Beratung mit der Möglichkeit der Einwirkung auf die Willensbildung der anderen BR-Mitglieder und unterläuft das Teilnahmerecht anderer Personen an BR-Sitzungen, z. B. Schwerbehindertenvertretung, Gewerkschaftsbeauftragte (vgl. § 29 Rn. 14 § 31 Rn. 3), sowie deren Einwirkungsmöglichkeit auf BR-Beschlüsse.[35] Aus demselben Grund ist eine **schriftliche, telegrafische oder fernmündliche** Beschlussfassung unzulässig.[36] Gleiches gilt für eine Beschlussfassung per **E-Mail, Internet** oder **Intranet** sowie solche unter Nutzung neuer webbasierender Anwendungen wie etwa **TV oder IP**.[37]

11 Die Teilnahme von BR-Mitgliedern aus anderen Betriebsteilen an BR-Sitzungen per **Videokonferenz** oder mittels **anderer elektronischer Medien** ist ebenfalls **nicht zulässig.** Bei derartigen technischen Kommunikationsmöglichkeiten ist die **Nichtöffentlichkeit** der Sitzungen **nicht zu garantieren,** weil unberechtigte Dritte den Gesprächsinhalt mithören oder verfolgen

---

27 *Fitting,* a. a. O.; ErfK-*Koch,* Rn. 2; HWGNRH-*Glock,* Rn. 16; GK-*Raab,* Rn. 18; Richardi-*Thüsing,* Rn. 6.

28 *Fitting,* a. a. O.; GK-*Raab,* Rn. 10; ErfK-*Koch,* a. a. O.

29 A. A. HWGNRH-*Glock,* Rn. 16 a.

30 *LAG Schleswig-Holstein* 26.5.05, AuA 05, 504.

31 *BAG* 9.12.14, NZA 15, 368;.

32 *Fitting,* Rn. 20; GK-*Raab,* Rn. 9; *ArbG Heilbronn* 13.6.89, BB 89, 1897 = AiB 89, 351 mit Anm. *Schoof;* allgemein *Ulrich,* AiB 10, 309, *Rebhan,* dbr 10, Nr. 6, 16.

33 Ähnlich GK-*Raab,* Rn. 10.

34 Vgl. *BAG* 4.8.75, AP Nr. 4 zu § 102 BetrVG 1972; *ArbG Heilbronn* 13.6.89, BB 89, 1897 = AiB 89, 351 mit Anm. *Schoof; LAG Köln* 25.11.98 – 2 TaBv 38/98; *Fitting,* Rn. 21; GK-*Raab,* a. a. O.; HWGNRH-*Glock,* Rn. 4; Richardi-*Thüsing,* Rn. 2; ErfK-*Koch,* Rn. 3; *Fitting,* Rn. 21; WP-*Kreft,* Rn. 9; *v. Hoyningen-Huene,* S. 161; *Müller,* AiB 06, 601; a. A. *GL,* Rn. 1, die das Umlaufverfahren für zulässig halten, wenn alle BR-Mitglieder einverstanden sind; *LAG München* 6.8.74, DB 75, 1228, bei klaren und einfachen Sachverhalten; *Brill,* AuR 75, 20.

35 *Fitting,* a. a. O.; GK-*Raab,* Rn. 11.

36 *Fitting,* Rn. 21 a; GK-*Raab,* a. a. O.; ErfK-*Koch,* Rn. 3.

37 Ebenso *Fitting,* Rn. 21 b; GK-*Raab,* Rn. 11;

könnten, ohne dass andere BR-Mitglieder dieses bemerken.[38] **Ausnahmen** von diesem Grundsatz sind selbst dann **nicht denkbar,** wenn sich etwa zahlreiche BR-Mitglieder auf Dienstreisen (ggf. auch im Ausland) befinden. Die diesbezüglich gegenteilige Auffassung von *Fitting*[39] verkennt, dass in derartigen Fällen der Verhinderung § 29 Abs. 2 Satz 5 die Ladung von Ersatzmitgliedern zwingend vorgibt. Diese klare normative Vorgabe würde unterlaufen, wenn abwesenden BR-Mitgliedern die Teilnahme per Videokonferenz zulässig wäre. Zudem verbindet sich mit einer solchen elektronischen Zuschaltung das Risiko der Unwirksamkeit oder Nichtigkeit von BR-Beschlüssen.[40] Zudem ist nicht auszuschließen, dass BR mit dem Verlangen von AG konfrontiert werden können, Videokonferenzen aus Kostengründen zu nutzen, wenn etwa BR-Mitglieder im Außendienst tätig sind und zu Sitzungen extra in den Betrieb anreisen müssten. Ein solches Verlangen könnte einzelne BR-Mitglieder unangemessen unter Druck setzen.

Befinden sich tatsächlich die meisten BR-Mitglieder auf Dienstreisen im Ausland und ist ihnen die Teilnahme an der Sitzung deshalb unmöglich (zur Begründung vgl. § 29 Rn. 28), kann indes daran gedacht werden, dass die gesamte BR-Sitzung an einem Ort außerhalb des Betriebs und ggf. auch Ausland stattfindet, um die Funktionsfähigkeit des BR zu gewährleisten. Die anfallenden Fahrtkosten wären dann solche der BR-Tätigkeit und nach den Grundsätzen des § 40 Abs. 1 (vgl. § 40 Rn. 62 ff.). **12**

Aus dem Zusammenarbeitsgebot des § 2 Abs. 1 kann sich für den AG die Verpflichtung ergeben, den BR auf offensichtliche Mängel seiner Beschlussfassung hinzuweisen, die aus einer unzulässigen Art der Beschlussfassung folgen.[41] Die vorstehenden Grundsätze gelten auch für die Sitzungen von BR-Ausschüssen und Arbeitsgruppen gem. § 28 a entsprechend. **13**

Eine **stillschweigende** Beschlussfassung ist ebenfalls unzulässig.[42] Dagegen kann eine Beschlussfassung **durch schlüssiges Verhalten** zustande kommen. Im Streitfall muss sich dieses durch das Sitzungsprotokoll belegen lassen.[43] Da das Gesetz keine bestimmte Form für die Abstimmung vorschreibt, kann ein Beschluss z. B. dadurch gefasst werden, dass sich auf die Frage des BR-Vorsitzenden bzw. Sitzungsleiters, ob dem Antrag widersprochen wird, niemand äußert.[44] In diesem Fall muss der Sitzungsleiter das Ergebnis eindeutig feststellen und in der Sitzungsniederschrift protokollieren lassen (§ 34). Die **Willensbildung** kann durch den BR nicht **auf den Vorsitzenden** übertragen werden.[45] Vom BR mit weniger als 9 Mitgliedern können dem Vorsitzenden nach § 27 Abs. 4 BetrVG allenfalls die laufenden Geschäfte übertragen werden. Entscheidungen können dagegen von nach §§ 27, 28 gebildeten Ausschüssen sowie von Arbeitsgruppen gem. § 28 a getroffen werden, wenn diesen die entsprechenden Angelegenheiten zur selbstständigen Erledigung übertragen worden sind (vgl. § 27 Rn. 35 ff.; § 28 Rn. 9 ff.; § 28 a Rn. 44 ff.). **14**

Voraussetzung für eine wirksame Beschlussfassung ist die **ordnungsgemäße Ladung** und die **rechtzeitige Mitteilung der Tagesordnung.**[46] Es ist die Ladung **aller BR-Mitglieder**[47] und **aller Mitglieder der JAV,** sofern die JAV im BR Stimmrecht hat, sowie ggf. der **Ersatzmitglieder** erforderlich.[48] Die Ladung der Ersatzmitglieder für verhinderte BR- bzw. JAV-Mit- **15**

38 *Fitting,* Rn. 21 b; GK-*Raab,* a. a. O.; ähnlich HWGNRH-*Glock,* Rn. 4 für Telefonkonferenzen; a. A. *Fütterer,* dbr 11, Nr. 2, 16; vgl. auch *Butz/Pleul,* AuA 11, 213; *Fütterer,* dbr 11, Nr. 2, 16; zu bestehenden technischen Möglichkeiten *Dietze,* CuA 6/2014, S. 31

39 *Fitting,* Rn. 21 b…

40 Zum Risiko der Nichtigkeit von Beschlüssen vgl. *Jesgarzewski/Holzendorf,* NZA Online Aufsatz 5/2012, 1 (https://rsw.beck.de/rsw/upload/NZA/NZAOnlineAufsatz_2012_05.pdf.).

41 *LAG Frankfurt* 21.2.91, AuR 92, 222, Ls., zu einem »Telefonrundspruch«-Beschluss.

42 *BAG* 14.2.96, NZA 96, 892; GK-*Raab,* Rn. 37; *v. Hoyningen-Huene,* S. 161.

43 Vgl. *LAG Hamm* 17.10.97 – 4 SA 1516/95; *HaKo-BetrVG-Blanke/Wolmerath,* Rn. 9.

44 GK-*Raab,* Rn. 38.

45 HWGNRH-*Glock,* Rn. 5.

46 *BAG* 28.4.88, AP Nr. 2 zu § 29 BetrVG 1972, 28.10.92, BB 93, 580 = BetrR 93, 63 mit Anm. *Ortmann,* 19.8.92, BB 93, 1433; Richardi-*Thüsing,* Rn. 3; ErfK-*Koch,* Rn. 2; *Fitting,* Rn. 22, 24; GK-*Raab,* Rn. 51; HWGNRH-*Glock,* Rn. 20; *v. Hoyningen-Huene,* S. 161; MünchArbR-*Joost,* § 307 Rn. 53; vgl. § 29 Rn. 3 ff. und allgemein *Felser,* AiB 06, 280 ff.

47 *BAG* 23.8.84, AP Nr. 17 zu § 103 BetrVG 1972; *LAG Düsseldorf* 7.3.75, DB 75, 743.

48 *BAG* 23.8.84, a. a. O., 19.8.92, a. a. O.; *LAG Saarbrücken* 11.11.64, AP Nr. 2 zu § 29 BetrVG.

glieder setzt voraus, dass der BR-Vorsitzende von der Verhinderung Kenntnis hat.[49] Diese kann sich aus der Tagesordnung ergeben, z. B. in **persönlichen Angelegenheiten** eines BR- bzw. JAV-Mitglieds (vgl. § 25 Rn. 15 ff.). Eine Beschlussfassung ist **nicht unwirksam,** wenn ein BR- oder stimmberechtigtes JAV-Mitglied plötzlich und unvorhersehbar verhindert ist und es dem Vorsitzenden nicht mehr möglich war, ein Ersatzmitglied zu laden.[50] Entsprechendes gilt, wenn der BR-Vorsitzende es versäumt, den AG (vgl. § 29 Rn. 35, 41), die Schwerbehindertenvertretung (§ 32 Rn. 4 ff.) oder den Beauftragten der Gewerkschaft (§ 31 Rn. 4 ff.) zur Sitzung einzuladen.[51] Ist ein BR-Mitglied nicht verhindert, bleibt es aber einer Sitzung fern, muss kein Ersatzmitglied geladen werden.[52] Im Zweifel entscheidet der Vorsitzende nach pflichtgemäßem Ermessen (zur Unzulässigkeit einer Ladung vgl. § 29 Rn. 28).

16 Der **Mangel** der nicht rechtzeitigen Mitteilung der Tagesordnung oder die Notwendigkeit der Ergänzung der Tagesordnung kann durch **einstimmigen Beschluss** der anwesenden BR-Mitglieder (bzw. der zuständigen Ersatzmitglieder; vgl. hierzu § 25 Rn. 21 ff.) eines beschlussfähigen BR geheilt werden.[53] Will ein BR nicht Gefahr laufen, dass seine Beschlüsse wegen Formmangels nichtig sind, sollte er mit Blick auf die Rspr. kurzfristige Anträge des AG, z. B. auf Überstundengenehmigung oder in personellen Angelegenheiten, grundsätzlich erst in der nächsten oder – aus Fristgründen – in einer außerordentlichen bzw. zusätzlichen Sitzung behandeln. Dies folgt schon daraus, dass in der Tagesordnung die zu behandelnden Punkte so konkret wie möglich zu bezeichnen sind.[54] Die Entscheidung des *BAG* verlangt vom AG eine konkrete und weitsichtige Planung sowie rechtzeitige Mitteilung an den BR.

17 Ein vorliegender Ladungsmangel kann in einer späteren Sitzung **geheilt** werden, wenn hierzu ordnungsgemäß geladen wurde.[55] Der Nachweis einer wirksamen Beschlussfassung des BR ist nur erforderlich, wenn hinter der Rüge Umstände stehen, die Anlass für ernsthafte Zweifel an der ordnungsgemäßen Beschlussfassung geben können.[56]

III. Die Abstimmung

18 Einzelheiten des **Abstimmungsverfahrens** (z. B. Reihenfolge sowie schriftliche oder mündliche Stimmabgabe, offene oder geheime Abstimmung, Feststellung des Abstimmungsergebnisses) können, soweit das Gesetz selbst keine Regelung enthält, in der **Geschäftsordnung** (vgl. § 36 Rn. 5) festgelegt oder vom BR im Einzelfall beschlossen werden. Die Geschäftsordnung kann nicht qualifizierte Mehrheit vorschreiben, wenn das Gesetz die einfache Mehrheit ausreichen lässt.[57] Etwas anderes gilt, wenn der BR Ausschüssen oder Arbeitsgruppen Aufgaben zur selbstständigen Erledigung überträgt (vgl. Rn. 1). Über **jeden Antrag** ist grundsätzlich **gesondert abzustimmen.** Das Ergebnis ist durch den Sitzungsleiter festzustellen und in die Sitzungsniederschrift aufzunehmen. Dies gilt auch, wenn z. B. ein Tagesordnungspunkt mehrere personelle Einzelmaßnahmen enthält (vgl. ergänzend § 29 Rn. 25). Zum Teilnahmerecht des AG bzw. des Gewerkschaftsbeauftragten bei der Beschlussfassung vgl. § 29 Rn. 42 bzw. § 31 Rn. 16.

19 **Die Abstimmung** in den Sitzungen des BR erfolgt im Regelfall **gemeinsam.** Im Bereich der **privatisierten Postunternehmen** besteht nach § 28 PostPersRG für übergeleitete Beamte in Personalangelegenheiten gemäß den §§ 76 Abs. 1, 78 Abs. 1 Nr. 3 bis 5 und 79 Abs. 3 BPersVG

49 Vgl. § 29 Abs. 2 Satz 5; *LAG Hamm* 28.7.06 – 10 TaBV 12/06; allgemein zur Verhinderung von BR-Mitgliedern und zur Ladung von Ersatzmitgliedern § 29 Rn. 24.

50 *BAG,* a. a. O.; MünchArbR-*Joost,*§ 307 Rn. 53; enger HWGNRH-*Glock,* Rn. 21, der bei fehlender Ladung von Ersatzmitglieder eine Hinderung für die Beschlussfassungsieht; zur Unmöglichkeit einer Beschlussfassung, wenn die Ladung eines Ersatzmitglieds versäumt wurde vgl. § 29 Rn. 17.

51 *Fitting,* Rn. 22; GK-*Raab,* Rn. 54; HWGNRH-*Glock,* Rn. 20.

52 *Fitting,* Rn. 23; GK-*Raab,* Rn. 27, *Kettner,* AiB 98, 432; vgl. § 25 Rn. 15 ff.

53 *BAG* 22.1.14, NZA 14, 441; *BAG* 9.7.13, NZA 13, 1433; zur Einordnung und zur Kritik § 29 Rn. 24 ff.

54 Vgl. *BAG* 28.10.92, a. a. O.; *LAG Nürnberg* 23.9.97, AiB 98, 162 mit Anm. *Manske;* im Übrigen § 29 Rn. 21.

55 Vgl. Rn. 22 und § 29 Rn. 26, ähnlich *LAG Nürnberg,* a. a. O.

56 *HessLAG* 17.8.93, AiB 94, 107, Ls.

57 *Fitting,*Rn. 26; HWGNRH-*Glock,*Rn. 31; ErfK-*Koch,* Rn. 3.

eine Ausnahme. Sind entsprechende beteiligungspflichtige Angelegenheiten zu beschließen, erfolgt nach Beratung im BR die Beschlussfassung allein durch die Beamten.[58] An der Abstimmung muss mindestens die Hälfte der Vertreter der Beamten teilnehmen.[59] Diese Grundsätze gelten nicht nur für die Konzernmutter Deutsche Post AG (DP AG), sondern auch für deren nachgelagerten Betriebe und Unternehmen sowie für die entsprechenden Beteiligungsgesellschaften.[60]

Keine entsprechende Ausnahme gibt es im Bereich der **privatisierten Deutschen Bahn AG,** da die beamtenrechtliche Zuordnung hier anders gestaltet ist als bei den Postunternehmen[61] und eigene Personalvertretungen der Beamten gebildet werden.[62] Ähnliches gilt für **Kooperationsbetriebe der Bundeswehr** nach dem Kooperationsgesetz der Bundeswehr vom 30.7.04.[63] Hier bleibt die Bundeswehr für das von eingesetzte Personal AG mit der Folge der Anwendbarkeit des Personalvertretungsrechts für diese Personengruppe.[64] Entsprechendes gilt für die bei der **BRD-Finanzagentur GmbH** eingesetzten Beamten und AN, deren AG weiterhin das Bundesamt für zentrale Dienste und offene Vermögensfragen ist, für die Beamten und AN der **Gesellschaft für Außenwirtschaft**, deren AG das Bundesamt für Wirtschaft und Ausfuhrkontrolle bleibt sowie für die Beschäftigten der **DFS Deutsche Flugsicherung**, deren AG das Luftfahrt-Bundesamt AG.[65] 20

Ein Beschluss des BR wird, sofern das Gesetz nicht etwas anderes bestimmt, mit der **Mehrheit der Stimmen der anwesenden BR-Mitglieder** gefasst, wobei nur Personen berücksichtigt werden, die sich an der Abstimmung beteiligen.[66] Ein Antrag ist angenommen, wenn – bei einfacher Stimmenmehrheit – die Mehrheit der anwesenden Mitglieder dafür gestimmt hat; **Stimmenthaltungen,** die grundsätzlich möglich sind, wirken sich als Ablehnung aus.[67] Bei **Stimmengleichheit** ist der Antrag nach Abs. 1 abgelehnt. Einen Stichentscheid des Vorsitzenden gibt es nicht.[68] Beschlussfähigkeit muss jedoch gegeben sein (vgl. Rn. 4 ff.). 21

Beispiele:

a) Von sieben BR-Mitgliedern sind (einschließlich Ersatzmitgliedern) nur drei anwesend. Beschlussfähigkeit ist nicht gegeben. Der BR kann keine wirksamen Beschlüsse fassen.
b) Neun BR-Mitglieder (einschließlich Ersatzmitgliedern) sind anwesend. Von diesen stimmen fünf für und vier gegen den Antrag. Der Antrag ist angenommen.
c) Neun BR-Mitglieder (einschließlich Ersatzmitgliedern) sind anwesend. Von diesen erklären zwei, sich nicht an der Abstimmung beteiligen zu wollen. Für den Antrag stimmen vier und gegen den Antrag drei BR-Mitglieder. Der Antrag ist angenommen, weil für diese Abstimmung von sieben anwesenden Mitgliedern auszugehen ist. Wer nicht an der Abstimmung teilnimmt, wird als nicht teilnehmendes BR-Mitglied gezählt (vgl. Rn. 5).
d) Von elf BR-Mitgliedern sind (einschließlich Ersatzmitgliedern) sieben anwesend. Von diesen stimmen drei mit Ja, zwei mit Nein, und zwei enthalten sich der Stimme. Der Antrag ist mit 3 : (2 + 2) abgelehnt, weil nicht die Mehrheit der anwesenden BR-Mitglieder mit Ja gestimmt hat.

Die **einfache Stimmenmehrheit** der anwesenden Mitglieder eines beschlussfähigen BR **reicht** für einen wirksamen Beschluss **nicht aus,** wenn das Gesetz die Mehrheit der Stimmen der BR-Mitglieder (**absolute Mehrheit**) fordert. Sie wird verlangt: 22

58 *Fitting,* Rn. 27; GK-*Raab,* Rn. 28, 36; Richardi-*Thüsing,* Rn. 14.
59 WP-*Kreft,* Rn. 7; GK-*Raab,* Rn. 14.
60 *Fitting,* Rn. 27 a; vgl. auch § 14 Rn. 37 ff.
61 Vgl. ausführlich *Fitting,* Rn. 29; ebenso WP-*Kreft,* Rn. 14; GK-*Raab,* a. a. O.
62 Vgl. *Engels/Müller/Mauß,* DB 94, 473 ff.
63 Vgl. BGBl. I, S. 2027.
64 *Fitting,* Rn. 30 a.
65 *Fitting,* Rn. 30 b – 30 d.
66 *Fitting,* Rn. 34; MünchArbR-*Joost,* § 307 Rn. 48; Richardi-*Thüsing,* Rn. 6; *Wulff,* AiB 08, 528; a. A. GK-*Raab,* Rn. 28 f.; vgl. auch Rn. 6, zum Minderheitenschutz *Ulrich,* AiB 11, 154.
67 *BAG* 17.9.91, BB 91, 2535; *Fitting,* Rn. 33; GK-*Raab,* Rn. 29; a. A. *Löwisch,* BB 96, 1006, der zur Begründung auf die geänderte Rspr. des *BGH* zum Vereinsrecht verweist; unklar HWGNRH-*Glock,* Rn. 26.
68 Zutreffend *Fitting,* Rn. 35; HWGNRH-*Glock,* Rn. 27.

- beim Rücktritt des BR (§ 13 Abs. 2 Nr. 3);
- bei der Übertragung von Aufgaben zur selbstständigen Erledigung auf Ausschüsse (§ 27 Abs. 3, § 28);
- bei der Übertragung von Aufgaben auf Arbeitsgruppen gem. § 28 a;
- bei der Aufstellung bzw. Änderung einer Geschäftsordnung (§ 36);
- bei der Beauftragung des GBR bzw. KBR, eine Angelegenheit für den BR mit der UN-Leitung zu behandeln (§ 50 Abs. 2, § 58 Abs. 2 i. V. m. § 54 Abs. 2);
- bei der Übertragung der Aufgaben des WA auf einen Ausschuss des BR (§ 107 Abs. 3).

Beispiel:
Der BR will nach § 27 Abs. 2 dem Betriebsausschuss die selbstständige Behandlung und Entscheidung über Eingruppierungen übertragen. Von 15 BR-Mitgliedern sind 13 anwesend, sieben stimmen dafür, vier dagegen, und zwei enthalten sich der Stimme. Der Antrag ist abgelehnt, da nicht die Mehrheit aller BR-Mitglieder (mindestens acht Stimmen) für den Antrag gestimmt hat.

23 Nehmen **Mitglieder der JAV** in den Fällen des § 67 Abs. 2 an der Beschlussfassung teil, werden ihre Stimmen bei der Feststellung der Stimmenmehrheit nach Abs. 3 dieser Vorschrift mitgezählt, jedoch nicht bei der Feststellung der Beschlussfähigkeit (vgl. Rn. 4). Für die Wirksamkeit eines Beschlusses in den Fällen des § 67 Abs. 2 ist es nicht erforderlich, dass auch die Mehrheit der Mitglieder der JAV bei der Beschlussfassung anwesend ist.[69]

Beispiel:
Der BR hat 15 Mitglieder. Die JAV besteht aus drei Mitgliedern. Nach Abs. 2 müssen somit an der Beschlussfassung mindestens acht BR-Mitglieder teilnehmen. Stimmen fünf BR-Mitglieder gegen den Beschlussvorschlag, drei BR-Mitglieder und die drei JAV-Mitglieder dafür, ist der Beschluss mit 6 : 5 Stimmen angenommen.

24 In den Fällen des § 67 Abs. 1 hat die **Stimme der JAV** bei der Abstimmung das **gleiche Gewicht** wie die eines BR-Mitglieds. Dies gilt nicht, wenn die Beschlüsse der Mehrheit der Stimmen des BR bedürfen und an diesen Beschlüssen die Mitglieder der JAV teilnehmen. In diesem Fall setzt ein wirksamer Beschluss des BR sowohl die Mehrheit des aus BR- und JAV-Mitgliedern gebildeten Gremiums als auch die absolute Mehrheit der BR-Mitglieder voraus.[70] Eine Minderheit von BR-Mitgliedern kann damit zusammen mit den Mitgliedern der JAV keinen wirksamen Beschluss fassen.

Beispiel:
Ein BR mit 19 Mitgliedern beabsichtigt, einen besonderen Jugendausschuss mit selbstständiger Entscheidungsbefugnis zu bilden. Die JAV besteht aus drei Mitgliedern. Die Abstimmung ergibt eine Mehrheit von zwölf Stimmen für die Bildung des Ausschusses, davon neun Stimmen von BR-Mitgliedern und drei Stimmen der JAV. Der Beschluss hat zwar die absolute Mehrheit der Stimmen erzielt; jedoch hat sich nicht die Mehrheit der Mitglieder des BR für ihn ausgesprochen. Der Antrag ist daher abgelehnt.
Der Antrag ist ebenfalls abgelehnt, wenn elf BR-Mitglieder dafür, acht BR-Mitglieder und die drei JAV dagegen stimmen (Stimmengleichheit trotz absoluter Mehrheit der BR-Mitglieder).

25 In den **eigenen** Arbeitsvertrag betreffenden **Angelegenheiten,** z. B. Umgruppierung, Versetzung, Kündigung oder Ausschlussantrag, hat das betroffene BR-Mitglied kein Stimmrecht.[71] Stimmt das BR-Mitglied dennoch mit ab, führt dies zur Unwirksamkeit des Beschlusses.[72] Nicht als eigene Angelegenheit sind allgemeine Organisations- und Geschäftsentscheidungen eines BR-Mitglieds anzusehen, durch die seine individuelle Rechtsstellung nicht beeinflusst

69 *Fitting,* Rn. 40; MünchArbR-*Joost,* § 307 Rn. 53.
70 *Fitting,* Rn. 40; GK-*Raab,* Rn. 33; ErfK-*Koch,* Rn. 3.
71 *BAG* 3.8.99, DB 00, 626 = AiB 00, 355 mit Anm. *Böttcher;* 10.11.09, DB 10, 455; *Fitting,* Rn. 37 c.
72 *BAG,* a. a. O.; HaKo-BetrVG-*Blanke/Wolmerath,* Rn. 7.

wird, etwa interne Wahlen oder Abwahlen und Entscheidungen zur Teilnahem an Schulungsveranstaltungen nach § 37 Abs. 6.[73] Betreffen Beschlüsse Familienangehörige eines BR-Mitglieds, führt dies nicht automatisch zum Wegfall des Stimmrechts.[74] Gegen eine Ausdehnung der »persönlichen Befangenheit« spricht schon die Überlegung, dass dann auch keine Beteiligung in Angelegenheiten von guten Freunden und Kollegen im Betrieb erfolgen dürfte. Es ist insoweit davon auszugehen, dass BR-Mitglieder ihre Amtspflichten auch bezogen auf Familienangehörige gesetzeskonform wahrnehmen und dass sie sich bei der Beschlussfassung nicht unzulässig von persönlich geprägten Motiven leiten lassen. Bestehen können Interessenkonflikte zwischen dem BR-Mandat und der Aufgabe als Schwerbehindertenvertretung nach § 94 Abs. 1 Satz 1 SGB IX. Diese müssen von Vertrauensperson der schwerbehinderten Menschen dem BR-Vorsitzenden angezeigt werden.[75] Bezieht sich der Interessenkonflikt auf das BR-Mandat, muss ein Ersatzmitglied des BR hinzugezogen werden.[76]

An Stelle des in persönlichen Belangen betroffenen BR-Mitglieds nimmt das nach § 25 zuständige Ersatzmitglied (vgl. hierzu § 25 Rn. 25) an der **Abstimmung** teil, das der Vorsitzende zu laden hat. Nach Auffassung des *BAG* ist das betroffene BR-Mitglied auch von der vorhergehenden **Beratung** ausgeschlossen.[77] Es hat jedoch Anspruch auf **rechtliches Gehör.**[78] Bei der anschließenden Beratung und Beschlussfassung darüber, welcher Anwalt oder welcher Gewerkschaftsvertreter im Zustimmungsersetzungsverfahren die Vertretung des BR übernehmen soll, hat das betroffene BR-Mitglied das volle Stimmrecht.[79] Nicht ausgeschlossen ist ein betroffenes Mitglied hingegen von der Beschlussfassung über die Beauftragung eines Rechtsanwalts in einem Zustimmungsersetzungsverfahren gem. § 103 Abs. 2, von dem es selbst betroffen ist[80] oder wenn der BR nach den §§ 99 und 101 gegen die einseitige Einstellung eines Beschäftigten vorgeht, der das BR-Mitglied nach dessen Kündigung ersetzen soll.[81] Bei der Beschlussfassung über persönliche, das BR-Amt betreffende Angelegenheiten, z. B. Wahl oder Abwahl des Vorsitzenden u. ä., hat das betroffene BR-Mitglied ebenfalls Stimmrecht (vgl. § 25 Rn. 26). **26**

Jeder Beschluss ist in die **Sitzungsniederschrift** (§ 34) aufzunehmen. Bezieht sich der Beschluss auf ein einzuleitendes Verfahren vor dem ArbG, müssen der Gegenstand und das angestrebte Ergebnis bezeichnet werden.[82] Die Beachtung dieser zwingenden Vorschrift ist nicht Wirksamkeitsvoraussetzung für die Beschlussfassung (vgl. § 34 Rn. 13). **27**

Eine **Änderung, Ergänzung** oder **Aufhebung** eines **BR-Beschlusses** ist, solange er noch nicht durchgeführt ist und noch keine Rechtswirkungen nach außen erlangt hat, jederzeit zulässig. Der spätere Beschluss geht nach allgemeinen Grundsätzen dem früheren vor.[83] Insoweit kann der Mangel eines unwirksamen Beschlusses, z. B. wegen nicht rechtzeitiger Ladung und Mitteilung der Tagesordnung (vgl. § 29 Rn. 17 ff.), durch einen späteren ordnungsgemäß gefassten Beschluss geheilt werden.[84] Hat er **Außenwirkung** (z. B. durch Mitteilung an den AG) erzeugt, ist der **BR an ihn gebunden,** sofern der AG nicht mit einer Änderung einverstanden ist. Ist beispielsweise die beschlossene Zustimmung zu einer Kündigung dem AG mitgeteilt worden, kann diese nicht wieder rückgängig gemacht werden. Hat der Beschluss zum Ab- **28**

73 *Fitting*, Rn. 37 b.

74 A. A. *LAG Düsseldorf* 16.12.04, AuR 05, 164 bezüglich des Ehepartners eines BR-Mitglieds; ebenso Richardi-*Thüsing*, Rn. 22.

75 Vgl. *HessLAG* 1.11.12, ArbR 13, 248; vgl. auch Rn. 10.

76 Vgl. allgemein § 32 Rn. 10.

77 *BAG*, a. a. O.; *LAG Hamm*, a. a. O.; so auch GK-*Raab*, Rn. 24; *Fitting*, Rn. 38; HWGNRH-*Glock*, Rn. 29; ErfK-*Koch*, Rn. 3; a. A. *LAG Hamm* 10.6.98, BB 99, 743, Ls., für Mitwirkung am Beauftragungsbeschluss eines Rechtsanwalts im Verfahren nach § 103 Abs. 2 BetrVG.

78 GK-*Raab*, Rn. 25; HWGNRH-*Glock*, a. a. O.; *Fitting*, Rn. 38 überlässt dem BR die Anhörung; a. A. *Oetker*, ZfA 84, 409 [436 f.]; *Matusche*, AiB 96, 538.

79 *LAG Hamm*, a. a. O.

80 *LAG Hamm* a. a. O.; *Fitting*, Rn. 37.

81 *LAG Hamm* 10.3.06, AuR 06, 294.

82 *BAG* 29.4.04, NZA 04, 670; *LAG Hamm* 16.5.07, – 10 TaBV 101/06, juris.

83 *LAG Hamm* 22.10.91, LAGE § 611 BGB Direktionsrecht Nr. 1 = DB 92, 483, Ls.; *Fitting*, Rn. 45; GK-*Raab*, Rn. 42; WP-*Kreft*, Rn. 22; *Hässler*, S. 41; Richardi-*Thüsing*, Rn. 34.

84 Ebenso *BAG* 18.2.03, DB 03, 2290.

schluss einer BV geführt, kann der BR nicht mehr aufheben oder ändern; ihm bleibt allein die Möglichkeit einer Kündigung der BV.[85] Etwas anderes gilt, solange die BV noch nicht ordnungsgemäß zustande gekommen ist (vgl. § 77 Rn. 58 f.). Der BR kann nämlich den Beschluss, mit einem BV-Vorschlag des AG einverstanden zu sein, jederzeit wieder aufheben.[86] Entsprechendes gilt, wenn der Beschluss rechtsirrtümlich (§ 119 BGB) oder in Verkennung eines bestehenden Mitbestimmungsrechts erfolgt ist. Wird eine BV vom Vorsitzenden unterschrieben, ohne dass dies durch die notwendige Beschlussfassung des Gremiums legitimiert ist, kommt keine wirksame Vereinbarung zustande.[87] AG können sich in diesen Fällen auch nicht auf den Anschein einer ordnungsgemäßen Bevollmächtigung des Vorsitzenden berufen.[88]

IV. Streitigkeiten; Nachprüfbarkeit von Betriebsratsbeschlüssen durch das Arbeitsgericht

29 **Streitigkeiten** über die Beschlussfähigkeit und die Rechtswirksamkeit von BR-Beschlüssen entscheidet das **ArbG im Beschlussverfahren,** ggf. als Vorfrage im **Urteilsverfahren.** Dies gilt auch, wenn der BR ein betriebsverfassungsrechtliches Mitbestimmungsrecht für die im Bereich der privatisierten Postunternehmen beschäftigten Beamten wahrnimmt.[89] Beschlüsse des BR können allerdings auf die Rechtswirksamkeit ihres Zustandekommens oder ihres Inhalts nur in eingeschränktem Umfang nachgeprüft werden.[90]

30 Eine Nachprüfung der sachlichen **Zweckmäßigkeit** von Beschlüssen ist ausgeschlossen.[91] Sie können insbes. nicht angefochten werden, da die Vorschrift des § 19 auf BR-Beschlüsse mangels einer gesetzlichen Grundlage nicht anwendbar ist.[92] Eine Anfechtung der Stimmabgabe des einzelnen BR-Mitglieds wegen Irrtums, Täuschung oder Drohung ist nicht ausgeschlossen,[93] was u. U. Auswirkungen auf die für die Wirksamkeit des Beschlusses erforderliche Mehrheit haben kann. Nur in diesem Fall wird die Wirksamkeit des Beschlusses berührt werden.[94] Ist eine Anfechtung wirksam, darf der Vorsitzende den Beschluss nicht ausführen. Dies gilt nicht, wenn die Wirksamkeit gegenüber einem außen stehenden Dritten, der von der Anfechtung nicht wusste, bereits eingetreten ist.[95]

31 **Nichtig** sind Beschlüsse des BR, wenn sie entweder einen **gesetzwidrigen Inhalt** (z. B. Verstoß gegen das GG, ein Gesetz oder einen TV) haben oder **nicht ordnungsgemäß** zustande gekommen sind.[96] Die Nichtigkeit eines BR-Beschlusses wegen nicht ordnungsgemäßer Beschlussfassung liegt nicht schon bei kleinen Formfehlern vor, sondern lediglich bei **groben Verstößen** gegen Vorschriften und Grundsätze, deren Beachtung unerlässliche Voraussetzung einer Beschlussfassung ist.[97]

32 Beispiele für eine nichtige Beschlussfassung:
- **nicht ordnungsgemäße Ladung aller BR-Mitglieder** (bzw. Ersatzmitglieder; vgl. auch Rn. 15 f.) unter Mitteilung der Tagesordnung;[98]

---

85 *Fitting,* a. a. O.
86 *LAG Berlin* 6.9.91, AiB 92, 294 mit Anm. *Kuster;* zur Aussetzung von BR-Beschlüssen vgl. § 35 Rn. 3 ff.
87 *BAG* 9.12.14, NZA 15, 368 für den Fall der Unterschrift durch den stellvertretenden BR-Vorsitzenden.
88 *BAG* a. a. O.
89 *BAG* 26.6.96, AP Nr. 12 zu § 2 a ArbGG 1979; *BVerwG* 22.2.98, NZA-RR 98, 30; *Fitting,* Rn. 48.
90 *GL,* Rn. 18; weiter gehend GK-*Raab,* Rn. 48 m. w. N., die eine gerichtliche Nachprüfbarkeit bejahen.
91 *BAG* 3.4.79, AP Nr. 1 zu § 13 BetrVG 1972; *LAG Düsseldorf* 10.4.75, DB 75, 1897 f.; *LAG Nürnberg* 19.11.85, AiB 86, 93 mit Anm. *Grimberg; Fitting,* Rn. 50; GK-*Raab,* Rn. 68; *HaKo-BetrVG-Blanke/Wolmerath,* Rn. 4; MünchArbR-*Joost,* § 307 Rn. 57, 59; Richardi-*Thüsing,* Rn. 40; ErfK-*Koch,* Rn. 4.
92 *Fitting,* Rn. 51; GK-*Raab,* Rn. 48; ErfK-*Koch,* a. a. O.; *Oetker,* BlStSozArbR 84, 129 ff.
93 Richardi-*Thüsing,* Rn. 36; *Fitting,* a. a. O. m. w. N.; HWGNRH-*Glock,* Rn. 35.
94 Richardi-*Thüsing,* a. a. O.; HWGNRH-*Glock,* a. a. O.
95 *Fitting,* a. a. O.; GK-*Raab,* a. a. O.; a. A. Richardi-*Thüsing,* Rn. 37, der keine Auswirkungen einer Anfechtung auf den Beschluss sieht.
96 *BAG* 23.8.84, AP Nr. 17 zu § 103 BetrVG 1972; 28.4.88, AP Nr. 2 zu § 29 BetrVG 1972; 28.10.92, BB 93, 580 = BetrR 93, 63 mit Anm. *Ortmann; Fitting,* Rn. 52, 54; HWGNRH-*Glock,* Rn. 36; umfassend *Oetker,* BlStSozArbR 84, 129 ff.; vgl. § 29 Rn. 17 ff., 22.
97 *BAG,* a. a. O.; *Fitting,* Rn. 54; vgl. im Übrigen zur Anfechtbarkeit und Nichtigkeit § 19 Rn. 3 ff.
98 *BAG* 28.4.88, AP Nr. 2 zu § 29 BetrVG 1972, 28.10.92, BB 93, 580 mit Anm. *Ortmann.*

- **Beschlussfassung** über die Entsendung eines BR-Mitglieds nach § 37 Abs. 6 zu einer Schulungsmaßnahme **unter dem Tagesordnungspunkt »Verschiedenes«,** ohne diesen Punkt zu konkretisieren, da nach Auffassung des *BAG*[99] der Tagesordnungspunkt »Verschiedenes« dem Fehlen einer Tagesordnung gleichkommt;
- **Nichtbeteiligung der JAV-Mitglieder** an der Abstimmung, obwohl die Voraussetzungen des **§ 67 Abs. 2** gegeben waren (der Beschluss ist nur nichtig, wenn sich das Abstimmungsergebnis durch die Beteiligung der JAV-Mitglieder hätte ändern können);
- **nicht ordnungsgemäße Ladung aller JAV-Mitglieder** unter Mitteilung der Tagesordnung, wenn die Voraussetzungen des § 67 Abs. 2 vorliegen. Der BR-Beschluss ist in diesem Fall jedoch nur nichtig, wenn die Beschlussfassung nicht entsprechend einem Antrag der JAV erfolgt ist und die JAV durch ihre Stimmen das Abstimmungsergebnis hätte beeinflussen können;[100]
- **fehlende Beschlussfähigkeit** des BR (vgl. Rn. 4 ff.);
- **Beschlussfassung außerhalb von Sitzungen** des BR (vgl. Rn. 8 ff.);
- **nicht ordnungsgemäße Beschlussfassung,** z. B. fehlende Mehrheit der anwesenden BR-Mitglieder bzw. keine absolute Mehrheit, sofern es das Gesetz vorschreibt (vgl. Rn. 22);
- **Beteiligung von Nichtstimmberechtigten an der Beschlussfassung**. In diesem Fall ist der Beschluss jedoch nur nichtig, wenn das Abstimmungsergebnis sich dadurch verändern könnte;[101]
- **Nichtbeachtung der Schriftform** des Beschlusses (vgl. § 27 Abs. 3, § 28 Abs. 1, § 36);
- **Beschlussfassung** über Gegenstände, die **nicht in die Zuständigkeit** des BR fallen;
- **Beschlussfassung** über den **Ausschluss eines Mitglieds** aus dem BR;[102]
- **Benennung** von **Beauftragten des Betriebsrats.**[103]

Ist ein **GBR** (KBR) **betriebsverfassungswidrig** zusammengesetzt, sind seine Beschlüsse nicht generell unwirksam. In entsprechender Anwendung des § 19 ist eine Unwirksamkeit nur gegeben, wenn eine fristgemäße Wahlanfechtung erfolgt. Entsprechendes gilt, wenn der GBR (KBR) wegen fehlerhafter Beauftragung (§ 50 Abs. 2) seine Kompetenzen überschreitet. Die fehlerhafte Beschlussfassung kann der Einzel-BR, soweit die zu regelnde Angelegenheit in seine Kompetenz fällt, durch eine eigene ordnungsgemäße Beschlussfassung heilen.[104] **33**

Solange die Amtszeit des alten BR noch nicht beendet ist, kann der **neue BR,** selbst wenn er sich bereits konstituiert hat, keine wirksamen Beschlüsse fassen.[105] **34**

Keine Wirksamkeitsvoraussetzung für die Gültigkeit eines BR-Beschlusses sind die Wahrung der Nichtöffentlichkeit der Sitzung und die Aufnahme des Beschlusses in die Niederschrift.[106] Entsprechendes gilt für Verstöße gegen Vorschriften der Geschäftsordnung (vgl. § 36 Rn. 10). **35**

Die **Nichtigkeit eines BR-Beschlusses** führt zur Nichtigkeit der darauf beruhenden Maßnahme. Soweit zeitlich noch möglich, kann zum jeweiligen Thema ggf. ein erneuter Beschluss erfolgen.[107] Ist z. B. der Beschluss des BR, ein BR-Mitglied zu einer Schulungsmaßnahme nach § 37 Abs. 6 BetrVG zu entsenden, wegen nicht ordnungsgemäßer Ladung und Mitteilung der Tagesordnung nichtig, läuft das betroffene Mitglied nach Auffassung des *BAG* Gefahr, seinen Kostenerstattungsanspruch gemäß § 40 Abs. 1 BetrVG gegenüber dem AG zu verlieren.[108] Allerdings können in diesen Fällen zugunsten des AN bzw. des AG u. U. die Grundsätze des **36**

---

99 28.10.92, a. a. O.; vgl. auch *Kraushaar,* AiB 95, 161.
100 Vgl. *BAG* 6.5.75, AP Nr. 5 zu § 65 BetrVG 1972.
101 Vgl. *Fitting,* Rn. 56 m. w. N.; Richardi-*Thüsing,* Rn. 44; *Kühner,* S. 67; a. A. *LAG Hamm* 21.10.05 – 13 TaBV 77/05, juris, das eine Beschlussfassung aufgrund der Anwesenheit ehemaliger BR-Mitglieder für unwirksam gehalten hat.
102 *LAG Hamm* 14.8.09 – 10 TaBV 175/08.
103 *ArbG Stuttgart* 8.4.09, AuR 09, 226.
104 *ArbG Rheine* 16.1.89 – 1 Ca 305/88.
105 *ArbG Hameln* 14.2.91, BetrR 91, 250 mit Anm. *Troglauer;* vgl. § 21 Rn. 13.
106 *Fitting,* Rn. 55 m. w. N.; HWGNRH-*Glock,* Rn. 40; GK-*Raab,* Rn. 57, 62; ErfK-*Koch,* Rn. 4; MünchArbR-*Joost,* § 307 Rn. 54; vgl. auch § 34 Rn. 13.
107 Ähnlich Richardi-*Thüsing,* Rn. 46.
108 Vgl. *BAG* 28.4.88, AP Nr. 2 zu § 29 BetrVG 1972, 28.10.92, BB 93, 580 = BetrR 93, 63 mit Anm. *Ortmann.*

Vertrauensschutzes eingreifen.[109] Eine **nachträgliche Beschlussfassung** soll nach der Rechtsprechung des *BAG*[110] im Bereich von § 37 (vgl. dort Rn. 153) **unzulässig** sein. Die Position des *BAG* verkennt die praktischen Notwendigkeiten und zwingt Betriebsräten einen zunehmenden Formalismus auf, der im Ergebnis zu einer erhöhten Zahl von außerordentlichen Sondersitzungen führen wird.[111] In anderen Fällen ist die nachträgliche Beschlussfassung weiterhin zulässig.[112] Fehlerhafte Beschlussfassungen eines BR können nach Abschluss eines erstinstanzlichen Beschlussverfahrens geheilt werden, wenn die beantragte Maßnahme noch nicht vollzogen wurde und Kosten nicht entstanden sind.[113]

37 Ist eine Beschlussfassung durch Entscheidung eines ArbG für unwirksam erklärt worden, kann sie erneut erfolgen, wenn sich die tatsächlichen Verhältnisse im Betrieb verändert haben; etwa die erforderlichen Sachmittel nach einer Erhöhung der Zahl der BR-Mitglieder von fünf auf sieben.[114] Das Bestreiten eines ordnungsgemäßen Beschlusses durch einen AG mit Nichtwissen, aber ohne den Vortrag von Anhaltspunkten hierfür, steht der Wirksamkeit der Entscheidung des BR nicht entgegen.[115]

§ 34 Sitzungsniederschrift

(1) Über jede Verhandlung des Betriebsrats ist eine Niederschrift aufzunehmen, die mindestens den Wortlaut der Beschlüsse und die Stimmenmehrheit, mit der sie gefasst sind, enthält. Die Niederschrift ist von dem Vorsitzenden und einem weiteren Mitglied zu unterzeichnen. Der Niederschrift ist eine Anwesenheitsliste beizufügen, in die sich jeder Teilnehmer eigenhändig einzutragen hat.
(2) Hat der Arbeitgeber oder ein Beauftragter einer Gewerkschaft an der Sitzung teilgenommen, so ist ihm der entsprechende Teil der Niederschrift abschriftlich auszuhändigen. Einwendungen gegen die Niederschrift sind unverzüglich schriftlich zu erheben; sie sind der Niederschrift beizufügen.
(3) Die Mitglieder des Betriebsrats haben das Recht, die Unterlagen des Betriebsrats und seiner Ausschüsse jederzeit einzusehen.

Inhaltsübersicht

I. Vorbemerkungen

1 Die Vorschrift betrifft die Anfertigung der Niederschrift (»Protokoll«), ihren Mindestinhalt und deren Aushändigung sowie das Recht aller BR-Mitglieder, die Unterlagen des BR und seiner Ausschüsse bzw. Arbeitsgruppen einzusehen. Sie gilt entsprechend für die **Sitzungen** bzw. **Unterlagen der BR-Ausschüsse** (einschließlich WA) und **Arbeitsgruppen (einschließlich solcher nach § 28 a)** insbes. dann, wenn ihnen Aufgaben zur selbstständigen Erledigung

---

109 *BAG* 23.8.84, AP Nr. 17 zu § 103 BetrVG 1972, wenn der AG die Tatsachen kennt oder kennen musste, aus denen die Unwirksamkeit des BR-Beschlusses über die beantragte fristlose Kündigung eines BR-Mitglieds folgt; vgl. *Fitting*, Rn. 59.

110 8.3.00, AiB 01, 356 mit ablehnender Anm. *Wedde;* ähnlich *LAG Hamm* 5.5.99 – 3 TaBV 88/98; a. A. *Fitting* Rn. 57.

111 Vgl. die zutreffende Kritik von GK-*Raab*, Rn. 63 ff.

112 Vgl. zum Abschluss einer Betriebsvereinbarung *BAG* 9.12.14, NZA 15, 368; zur Bestellung eines Rechtsanwalts § 40 Rn. 37 ff.; zur Bestellung eines E-Stellen-Beisitzers *BAG* 10.10.07, NZA 08, 369 = AiB 08, 418 mit Anm. Klimaschewski; *Fitting*, Rn. 47; a. A. *Reitze*, NZA 02, 492 der aus der Rspr. des *BAG* eine generelle Regel für alle Beschlüsse ableiten will.

113 *LAG Nürnberg* 24.8.09, AuR 10, 132; vgl. auch Rn. 35.

114 *LAG Nürnberg*, a. a. O.

115 Vgl. *HessLAG* 14.7.11 – 9 TaBV 192/10, juris, (n. rkr.).

übertragen wurden, für den **GBR** (§ 51 Abs. 1) und **KBR** (§ 59 Abs. 1) einschließlich ihrer Ausschüsse, die **JAV** (§ 65 Abs. 1), die **GJAV** (§ 73 Abs. 2), die **KJAV** (§ 73 b Abs. 2), die **Bordvertretung** (§ 115 Abs. 4) und den **See-BR** (§ 116 Abs. 3) sowie für **andere AN-Vertretungen** und **zusätzliche AN-Vertretungen** nach § 3 Abs. 1. Die Vorschrift kommt ebenso wie § 13 Abs. 3 und 4 SprAuG auch für gemeinsame Sitzungen mit dem Sprecherausschuss gem. § 2 Abs. 3 Satz 3 SprAuG zur Anwendung. Einvernehmlich kann ein gemeinsames Protokoll erstellt werden. Die Vorschrift ist zwingend und kann durch TV oder BV nicht abgedungen werden.[1] Ist gem. § 28 a eine Aufgabenübertragung auf eine Arbeitsgruppe erfolgt, ist auch über die dort stattfindenden Verhandlungen und Entscheidungen eine Sitzungsniederschrift anzufertigen.

II. Die Sitzungsniederschrift

Das Gesetz schreibt vor, dass **über jede Verhandlung** des BR eine Niederschrift aufzunehmen ist.[2] Aus der Gesetzessystematik und aus dem Text der Überschrift dieser Vorschrift ergibt sich, dass sie sich nur auf Sitzungen (einschließlich der konstituierenden) des BR und seiner Ausschüsse bzw. Arbeitsgruppen bezieht, auch wenn hier keine Beschlüsse gefasst worden sind.[3] In der Geschäftsordnung kann eine **weiter gehende Protokollierungspflicht** (beispielsweise über Gespräche mit dem AG) entsprechend den Vorgaben des § 34 vorgesehen werden. Unabhängig von der Sitzungsniederschrift können einzelne BR-Mitglieder Mitschriften und Notizen anfertigen, die allerdings den einschlägigen Vertraulichkeits- und Geheimhaltungsregelungen des Gesetzes unterliegen.[4] 2

Die Niederschrift ist über **die gesamte Verhandlung** anzufertigen.[5] Es muss sich aus ihr ergeben, welche Fragen behandelt worden sind.[6] Das bedeutet nicht, dass jede Äußerung aufzunehmen ist. **Zwingend vorgeschrieben** sind die Wiedergabe des **Wortlauts der Beschlüsse** und die Angabe des **Stimmenverhältnisses,** mit dem sie gefasst wurden,[7] und die Beifügung der eigenhändig unterschriebenen **Anwesenheitsliste.**[8] Notwendig ist die **Angabe des Datums** der BR-Sitzung, damit feststeht, auf welche Sitzung sich die Niederschrift bezieht. Die Aufnahme der **Uhrzeit von Beginn und Ende** der Sitzung kann sinnvoll sein, ist aber **nicht zwingend** notwendig.[9] Zweckmäßig ist die Aufnahme der Zahl (ggf. unterteilt nach BR- und JAV-Mitgliedern) der Ja- und Nein-Stimmen, Stimmenthaltungen und der zwar anwesenden, aber nicht an der Abstimmung teilnehmenden BR-Mitglieder.[10] Die Angabe, wie jedes BR-Mitglied gestimmt hat, ist nur zwingend erforderlich, wenn der BR namentliche Abstimmung beschlossen hat.[11] Wird im Rahmen eines Abstimmungsvorgangs nur festgestellt, dass es keinen Widerspruch bzw. keinen mehrheitlichen Widerspruch gibt, ist auch dieses festzuhalten. Die Aufnahme einer Niederschrift über die Sitzung des BR ist auch notwendig, wenn **kein formeller Beschluss** gefasst worden ist, sondern nur Beratungen stattgefunden haben.[12] Da nur BR-Mitglieder ein Einsichtsrecht in die Niederschriften haben, können auch vom AG während der Sitzung mitgeteilte Betriebs- und Geschäftsgeheimnisse aufgenommen werden, zumal sie nach § 79 zur Verschwiegenheit verpflichtet sind.[13] Zur Beschlussfähigkeit und Stimmenmehrheit vgl. die Erl. zu § 33. 3

1 *Fitting,* Rn. 3; GK-*Raab,* Rn. 4.
2 »Checkliste« bei DKKWF-*Wedde,* § 34 Rn. 11; allgemein *Kröll,* AiB 15, 35; *Mischewski,* AiB 06, 272.
3 Richardi-*Thüsing,* Rn. 3; GK-*Raab,* Rn. 6; *GL,* Rn. 6; *Fitting,* Rn. 2.
4 GK-*Raab,* Rn. 7.
5 Textmuster bei DKKWF-*Wedde,* § 34 Rn. 12 ff.
6 Richardi-*Thüsing,* a. a. O.; a. A. GK-*Raab,* Rn. 16; *Renker* AiB 02, 223; HWGNRH-*Glock,* Rn. 5, die dies nur als zweckmäßig ansehen und in der Geschäftsordnung regeln wollen.
7 *Fitting,* Rn. 10; GK-*Raab,* a. a. O.; MünchArbR-*Joost,* § 307 Rn. 72 ff.; ErfK-*Koch,* Rn. 1; *LAG Köln* 25.11.98 – 2 TaBV 38/98.
8 Vgl. Rn. 5; Textmuster bei DKKWF-*Wedde,* § 34 Rn. 14.
9 *ArbG Hamburg* 8.9.99, AiB 00, 102.
10 Weiter gehend GK-*Raab,* Rn. 15, die die entsprechende Protokollierung für zwingend halten.
11 Richardi-*Thüsing,* Rn. 1; *Fitting,* Rn. 10; a. A. GK-*Raab,* Rn. 15; HWGNRH-*Glock,* Rn. 6, die selbst bei namentlicher Abstimmung die Aufzeichnung für entbehrlich halten.
12 GK-*Raab,* Rn. 6.
13 *Fitting,* Rn. 16; a. A. GK-*Raab,* Rn. 29, die den AG für berechtigt halten, die Auslassung derartiger Informationen in der Niederschrift zu verlangen.

4 Über den gesetzlichen Mindestinhalt hinaus können in der Geschäftsordnung (§ 36), oder im Einzelfall, für die Erstellung, Form und Inhalt der Niederschriften weitere Regelungen festgelegt werden. Ein Anspruch der Sitzungsteilnehmer auf Aufnahme einer **Erklärung zu Protokoll** ist im Gesetz nicht vorgesehen, dürfte aber selbst dann anzunehmen sein, wenn die Geschäftsordnung hierzu schweigt.[14] Ein Anspruch auf wörtliche Wiedergabe aller Aussagen und Äußerungen der BR-Mitglieder in der Niederschrift besteht im Regelfall nicht.

5 Ein wesentlicher Bestandteil der Sitzungsniederschrift ist die beizufügende **Anwesenheitsliste,** in die sich **alle Teilnehmer** – also nicht nur die BR-Mitglieder bzw. Ersatzmitglieder, sondern auch die JAV, die Schwerbehindertenvertretung, der Beauftragte der Gewerkschaft, der AG, der Vertreter der Arbeitgebervereinigung, Sachverständige, Auskunftspersonen sowie die Schreibkraft – **eigenhändig einzutragen** haben, auch bei einer Teilnahme von kurzer Dauer.[15] Zum Nachweis der Beschlussfähigkeit sind vom Schriftführer bzw. BR-Vorsitzenden entweder auf der Anwesenheitsliste oder in der Sitzungsniederschrift Angaben über den Zeitraum der Teilnahme – Beginn und Ende – zu machen, wenn BR-Mitglieder lediglich vorübergehend anwesend sind. Die Anwesenheitsliste ist Bestandteil der Niederschrift, so dass gegen sie Einwendungen nach Abs. 2 Satz 2 erhoben werden können.[16]

6 Die Niederschrift kann als **Beweismittel** in einer arbeitsgerichtlichen Auseinandersetzung dienen,[17] muss aber weder dem AG noch dem ArbG vorgelegt werden.[18] Sie hat den Charakter einer **Privaturkunde** gemäß § 416 ZPO.[19] Die Niederschrift beweist nur, dass die Unterzeichner die Angaben in der Niederschrift gemacht haben, nicht aber ihre Richtigkeit. Die Wirksamkeit eines BR-Beschlusses resultiert aus der mehrheitlichen Abstimmung, nicht aber aus der Niederschrift.[20] Alternativ zur Sitzungsniederschrift können auch Zeugenaussagen als Beweismittel dienen.[21] Die Niederschrift ist **Urkunde im strafrechtlichen Sinn** (§ 267 StGB), so dass sie Gegenstand einer Urkundenfälschung sein kann.[22]

7 **Tonaufnahmen** von Sitzungen des BR zu Protokollzwecken sind nur möglich, wenn sämtliche Anwesenden ausdrücklich freiwillig zustimmen. Aufnahmen von Äußerungen der zustimmenden Sitzungsteilnehmer werden damit zwar nicht ausgeschlossen. »Teilaufnahmen« dürften aber in der Praxis kaum durchführbar sein. Mit Rücksicht auf die vorgeschriebene Schriftform und Unterzeichnung (vgl. Rn. 3) muss eine Tonaufnahme in jedem Fall in Schriftform übertragen werden.[23]

8 Die Sitzungsniederschrift ist unverzüglich nach der Sitzung anzufertigen; sie muss den BR-Mitgliedern spätestens mit der Einladung zur nächsten Sitzung zugeleitet werden (vgl. Rn. 14 ff.) oder zu diesem Zeitpunkt vorliegen. Nähere Einzelheiten kann die Geschäftsordnung regeln (vgl. Rn. 4).

9 Wer die Niederschrift aufzunehmen hat, ist im Gesetz nicht bestimmt. Es empfiehlt sich, möglichst schon in der konstituierenden Sitzung (vgl. § 29 Rn. 2 ff.), einen **Schriftführer** und ggf. einen Stellvertreter aus dem Kreis der BR-Mitglieder zu bestellen. Die Bestellung erfolgt durch den BR.[24] Die Hinzuziehung einer **Schreibkraft** ist unter der Voraussetzung zulässig, dass der Vorsitzende oder ein anderes Mitglied des BR für die Sitzungsniederschrift verantwortlich zeichnet.[25] Die Schreibkraft kann den Protokollführer (Schriftführer) unterstützen,

---

14 *Fitting,* Rn. 15; GK-*Raab,* a. a. O.; *Kröll,* AiB 15, 35; enger HWGNRH-*Glock,* Rn. 5.
15 *Fitting,* Rn. 21; GK-*Raab,* Rn. 18; HWGNRH-*Glock,* Rn. 12; *Kühner,* S. 73; MünchArbR-*Joost,* § 307 Rn. 76; Muster bei DKKWF-*Wedde,* § 34 Rn. 15.
16 Vgl. Rn. 17 f.
17 *Hässler,* S. 45.
18 *ArbG Berlin* 3.4.80, AiB 80, 11.
19 Vgl. hierzu auch *BAG* 3.11.77, AP Nr. 1 zu § 75 BPersVG, 1135.
20 *Kröll,* AiB 15, 35.
21 *BAG* 8.2.77, AP Nr. 10 zu § 80 BetrVG 1972.
22 *Fitting,* Rn. 5.; GK-*Raab,* Rn. 14.
23 GK-*Raab,* Rn. 18.
24 *Fitting,* Rn. 10; GK-*Raab,* Rn. 8; HaKo-BetrVG-*Blanke,* Rn. 4; ErfK-*Koch,* Rn. 1.
25 Richardi-*Thüsing,* Rn. 5; ErfK-*Koch,* Rn. 1; *Fitting,* Rn. 11; *Wlotzke/Preis,* Rn. 2; *Kröll,* AiB 15, 35; nach *ArbG Frankfurt* 7.8.90 – 4 BV 9/90 kann von einem BR-Mitglied jedenfalls bei umfangreichen Tagesordnungen nicht verlangt werden kann, Stichwortprotokolle zu führen; ferner *BAG* 17.10.90, DB 91, 1523 [B. I. 1 der Gründe]; a. A. GK-*Raab,* Rn. 9; HWGNRH-*Glock,* Rn. 8 f.; *SWS,* Rn. 2, die diese Hinzuziehung als unzulässig ansehen.

nicht jedoch ersetzen.[26] Bedenken wegen der Nichtöffentlichkeit (vgl. § 30 Rn. 12) der Sitzung bestehen nicht, da nach § 40 Abs. 2 der AG dem BR für Sitzungen Büropersonal zur Verfügung zu stellen hat.[27]

Werden einer Schreibkraft bei ihrer Tätigkeit für den BR **Betriebs- und Geschäftsgeheimnisse** bekannt, ist sie aus dem Arbeitsverhältnis zur Verschwiegenheit verpflichtet.[28] **10**

Der Vorsitzende, im Fall seiner Verhinderung sein Stellvertreter, ist für die **Ordnungsmäßigkeit der Niederschrift** verantwortlich, weil er die Verhandlung leitet und die Niederschrift zu unterzeichnen hat.[29] Nach Abs. 1 Satz 2 muss die Niederschrift durch ein weiteres Mitglied des BR unterzeichnet sein. Ist ein Schriftführer bestellt, sollte dieser mit unterzeichnen.[30] **11**

Die Niederschrift gehört ebenso wie ein Protokollbuch zu den **Akten des BR.** Der AG kann weder die Aushändigung verfügen noch steht ihm ein Einsichtsrecht zu.[31] Die »Niederschriftsurkunden« und sonstigen Akten sind Eigentum des BR und nicht des AG.[32] Die in der Literatur teilweise anzutreffende Auffassung, dass der AG, weil er das Schreibpapier zur Verfügung stellt, auch Eigentümer der daraus hergestellten Urkunde werde, ist wirklichkeitsfremd.[33] Die Niederschriften sind so lange aufzubewahren, wie ihr Inhalt von rechtlicher Bedeutung ist.[34] Da diese in der Regel über die Amtszeit des BR hinausgeht, ist der Protokollordner an den nachfolgenden BR weiterzugeben und von diesem aufzubewahren.[35] **12**

Der Vorsitzende bzw. der Stellvertreter handelt **pflichtwidrig,** wenn er die Anfertigung einer ordnungsgemäßen Niederschrift unterlässt.[36] Diese ist aber nicht **Wirksamkeitsvoraussetzung** für die Rechtsgültigkeit eines BR-Beschlusses,[37] soweit nicht das Gesetz ausdrücklich Schriftform vorsieht.[38] Die Niederschrift ist nur Beweis dafür, dass ein BR-Beschluss gefasst worden ist, wenn seine Rechtmäßigkeit bestritten wird (vgl. Rn. 3). Die Anfertigung einer Niederschrift ist für die Rechtsgültigkeit eines BR-Beschlusses dann erforderlich, wenn dieser nach dem Gesetz der Schriftform bedarf, z. B. Übertragungsbeschlüsse nach § 27 Abs. 3 und § 28 sowie Erlass einer Geschäftsordnung. **13**

III. Aushändigung der Sitzungsniederschrift; Einwendungen

Hat der AG oder ein Beauftragter der Gewerkschaft an der BR-Sitzung teilgenommen, ist ihm eine **Abschrift der Sitzungsniederschrift** (bei teilweiser Sitzungsteilnahme der entsprechende Teil) **auszuhändigen.**[39] Weitergehende Einsichtsrechte in Unterlagen des BR haben AG nicht.[40] Bei Betrieben im Bereich der privatisierten Post- und Bahnunternehmen steht eine Abschrift auch den **Beauftragten von Berufsverbänden der Beamten** zu,[41] wenn diese in der Sitzung anwesend waren. Die Abschrift muss vom BR-Vorsitzenden unterschrieben sein. Der AG erhält einen Auszug aus der Niederschrift für den Teil seiner Anwesenheit. Soweit der AG oder ein berechtigter Vertreter an der Sitzung des BR nicht teilgenommen hat, kann er die Aushändigung einer Abschrift oder die Einsichtnahme in die Niederschrift auch dann nicht beanspruchen, wenn er gemäß § 29 Abs. 4 zur Teilnahme berechtigt gewesen wäre.[42] Der AG **14**

---

26 *Kühner,* S. 73.
27 Richardi-*Thüsing,* a. a. O.
28 *BAG,* 17.10.90, DB 91, 1523.
29 GK-*Raab,* Rn. 8;Richardi-*Thüsing,* Rn. 4.
30 Richardi-*Thüsing,* Rn. 9; *Fitting,* Rn. 19; HWGNRH-*Glock,* Rn. 11.
31 Richardi-*Thüsing,* Rn. 22; GK-*Raab,* Rn. 30.
32 *Fitting,* Rn. 5; HaKo-BetrVG-*Blanke/Wolmerath,* Rn. 6; WP-*Kreft,* Rn. 5; *Kühner,* S. 75.
33 So Richardi-*Thüsing,* a. a. O.; GK-*Weber,* § 40 Rn. 180; HWGNRH-*Glock,* Rn. 18, die dem AG jedoch kein Besitzrecht einräumen; vgl. auch unter § 40 Rn. 88.
34 *Fitting,* Rn. 17; GK-*Raab,* Rn. 40; HWGNRH-*Glock,* Rn. 18; ErfK-*Koch,* Rn. 2; *Kröll,* AiB 15, 35.
35 Richardi-*Thüsing,* Rn. 23, der sich für eine entsprechende Anwendung des § 44 b HGB ausspricht, was eine zehnjährige Aufbewahrungspflicht bedeuten würde.
36 GK-*Raab,* Rn. 10; *GL,* Rn. 13; MünchArbR-*Joost,* § 307 Rn. 81.
37 *BAG* 8.2.77, AP Nr. 10 zu § 80 BetrVG 1972.
38 V. *Hoyningen-Huene,* S. 160.
39 *GL,* Rn. 15; GK-*Raab,* Rn. 23; *Hamm,* AiB 99, 488; vgl. Textmuster bei DKKWF-*Wedde,* § 34 Rn. 16 f.
40 *LAG Düsseldorf* 7.3.12, BB 12, 832.
41 *Fitting,* Rn. 22 m. w. N.
42 *Fitting,* Rn. 22; GK-*Raab,*Rn. 24.

kann insoweit auch nicht geltend machen, dass er dem Protokoll Anfang und Ende von BR-Sitzungen entnehmen will.[43] Unterzeichnet der AG einen ihm übersandten ordnungsgemäß protokollierten Beschluss des BR (gegen), kann darin je nach Erklärungswert der **Abschluss einer BV** liegen.[44]

15 Der AG ist nicht berechtigt, einen **betriebsfremden Mitarbeiter zur Protokollierung** mitzubringen[45] oder mit seinen Einwendungen ein eigenes »Gegenprotokoll« über eine BR-Sitzung zu erstellen.[46]

16 Die BR-Mitglieder haben **Anspruch auf Aushändigung** einer Abschrift oder Fotokopie der Sitzungsniederschrift, wenn sie diese für ihre Tätigkeit benötigen.[47] Dies gilt insbesondere dann, wenn zu Beginn der Sitzung abgefragt wird, ob es Einwendungen gegen die Niederschrift der letzten Sitzung gibt, da eine qualifizierte Aussage hierzu die vorherige Kenntnis erfordert. Die BR-Mitglieder müssen die notwendige **Vertraulichkeit** wahren und sind deshalb nicht berechtigt, die Sitzungsniederschrift eigenmächtig an Personen außerhalb des BR-Gremiums (insbesondere an Vertreter des AG) weiter zu leiten. Mit Blick auf die vielfältigen Aufgaben (vgl. § 37 Rn. 16 ff.) ist eine weite Auslegung der Notwendigkeit geboten. Die übrigen Sitzungsteilnehmer, wie JAV, Schwerbehindertenvertretung oder Sachverständige, haben keinen Anspruch auf Aushändigung einer Abschrift oder Fotokopie der Sitzungsniederschrift. Die **Aushändigung** ist jedoch **zulässig** und **grundsätzlich zweckmäßig**, es sei denn, in der Niederschrift sind Aussagen des AG zu Betriebs- und Geschäftsgeheimnissen enthalten (vgl. Rn. 4).

17 **Einwendungen** gegen die Richtigkeit der Niederschrift können der AG, der Beauftragte der Gewerkschaft sowie alle übrigen Sitzungsteilnehmer erheben.[48] Unter Einwendung i. S. d. Abs. 2 sind kurze Gesamt- oder punktuelle Gegenstellungnahmen zu einzelnen beanstandeten Protokollinhalten oder Formulierungen der Sitzungsniederschrift zu verstehen und keine Gegenprotokolle.[49] Sie müssen unverzüglich, d. h. ohne schuldhaftes Zögern, und schriftlich beim BR erhoben werden.[50] Der BR-Vorsitzende hat die Gegendarstellung dem BR zur Kenntnis zu geben und selbst dann der Niederschrift beizufügen, wenn er oder der BR sie für unzutreffend hält.

18 Soweit BR-Mitglieder **Einwendungen** gegen die Sitzungsniederschrift haben, können sie diese auch in der nachfolgenden BR-Sitzung aus Anlass der **Genehmigung der Niederschrift** geltend machen.[51] Der BR muss sich mit den Einwendungen befassen und ggf. die Berichtigungen in die Niederschrift aufnehmen.[52] Entsprechendes gilt, wenn er die Gegendarstellung für nicht berechtigt erachtet.[53] In der Niederschrift, auf die sich die Einwendungen beziehen, ist zweckmäßigerweise ein Vermerk anzubringen.[54] Die Erhebung von Einwendungen hat auf die Wirksamkeit der Beschlüsse des BR keine unmittelbaren Auswirkungen.[55] Sie können jedoch für die Würdigung der Beweiskraft der Niederschrift von Bedeutung sein.

---

43 *ArbG Hamburg* 8.9.99, AiB 00, 102.

44 *Fitting,* a. a. O.; Richardi-*Thüsing,* Rn. 13; GK-*Raab,* a. a. O., der verlangt, dass das entsprechende Dokument vorab vom BR-Vorsitzenden unterschrieben wurde; a. A. *LAG Berlin* 6.9.91, DB 91, 2593.

45 *ArbG Hersfeld* 8.1.87, BB 87, 2452, Ls., zu monatlichen Besprechungen nach § 74 Abs. 1.

46 *LAG Frankfurt* 19.5.88, DB 89, 486; *Fitting,* Rn. 29; einschränkender GK-*Raab,* Rn. 27.

47 A. A. GK-*Raab,* Rn. 25; MünchArbR-*Joost,* § 307 Rn. 82; Richardi-*Thüsing,* Rn. 11; *Fitting,* Rn. 25; *Zender,* ZBVR 00, 238; vgl. auch Rn. 23; enger wohl *LAG Nds.* 24.4.09, NZA-RR 09, 532.

48 ErfK-*Koch,* Rn. 2; *Fitting,* Rn. 29; GK-*Raab,* Rn. 26; *GL,* Rn. 12; HaKo-BetrVG-*Blanke/Wolmerath,* Rn. 2; a. A. *SWS,* Rn. 3 a.

49 *LAG Frankfurt* 19.5.88, DB 89, 486.

50 V. *Hoyningen-Huene,* S. 160; MünchArbR-*Joost,* § 307 Rn. 80.

51 MünchArbR-*Joost,* § 307 Rn. 80 empfiehlt, in die Tagesordnung der nächsten Sitzung die Behandlung von Einwendungen gegen die letzte Niederschrift aufzunehmen; Textmuster bei DKKWF-*Wedde,* § 34 Rn. 18 ff.

52 Vgl. GK-*Raab,* Rn. 26 ff.; a. A. *Kühner,* S. 25.

53 Vgl. *Fitting,* Rn. 30; GK-*Raab,* a. a. O.

54 GK-*Raab,* a. a. O.

55 *Fitting,* a. a. O.; GK-*Raab,* Rn. 27; ErfK-*Koch,* Rn. 2.

IV. Einsichtsrecht der Betriebsratsmitglieder

Die Mitglieder des BR haben nach Abs. 3 das Recht, **jederzeit,** d. h. ohne zeitliche Begrenzung, die Unterlagen des BR und seiner Ausschüsse bzw. gem. § 28 a gebildeter Arbeitsgruppen einzusehen.[56] Praktisch kann dieses Einsichtsrecht etwa durch Überlassung eines Schlüssels zum BR-Büro realisiert werden.[57] Einer Begründung oder des Vorliegens eines besonderen Interesses bedarf es nicht.[58] Diese Regelung garantiert, dass sich jedes BR-Mitglied jederzeit über die Vorgänge im BR, aber auch in den nach §§ 27 und 28 eingerichteten Ausschüssen[59] einschließlich der gemeinsamen Ausschüsse nach § 28 Abs. 2, über die Arbeit des WA[60] und in gem. § 28 a gebildeten Arbeitsgruppen informieren kann, auch wenn das BR-Mitglied diesen Ausschüssen nicht angehört. Die Vorschrift will sicherstellen, dass alle Mitglieder des BR den **Überblick** über die Gesamttätigkeit des BR behalten. Das Einsichtsrecht steht BR-Mitgliedern nur während der Dauer ihrer Amtszeit zu. Ausgeschiedene BR-Mitglieder verlieren es.[61] Der **AG** hat **kein Recht,** Einsicht in die Niederschriften und Unterlagen des BR zu verlangen.[62] 19

Zu den **Unterlagen** gehören sämtliche Schriftstücke, Niederschriften, Listen, Berechnungen, Materialien, Sitzungsunterlagen, Stellungnahmen und Akten, die aus der Tätigkeit des BR anfallen. Dies schließt auch Unterlagen in elektronischer Form (insbes. Dateien) ein.[63] Dabei ist es gleichgültig, ob der BR sie selbst angefertigt hat oder ob sie ihm von anderer Seite, z. B. AG, Gewerkschaft, AN, Gewerbeaufsichtsamt oder Berufsgenossenschaft, zugeleitet wurden. Außerdem gehören dazu BV, TV, Gesetzestexte, Kommentare u. Ä.[64] **Nicht zu den Unterlagen** i. S. d. Vorschrift gehört die Geschäftsordnung des BR (als Ordnungsstatut), da das einzelne BR-Mitglied diesbezüglich nicht nur ein Einsichtsrecht, sondern Anspruch auf Aushändigung einer Kopie hat.[65] Nicht zu den einsehbaren Unterlagen des BR sollen Informationen zu Tarifverhandlungen gehören, über die BR-Mitglieder in ihrer Eigenschaft als Mitglieder einer gewerkschaftlichen Verhandlungskommission verfügen.[66] 20

Aus Abs. 3 leitet sich kein allgemeines Einsichtsrecht in die Unterlagen, die persönlichen Aufzeichnungen und Arbeitshilfen der einzelnen BR-Mitglieder ab.[67] Etwas anderes kann nur bezüglich der Aufzeichnungen gelten, die BR-Mitglieder in gemeinsamen Ausschüssen nach § 28 Abs. 2 angefertigt haben,[68] da diese in der Praxis oft die einzige schriftliche Informationsmöglichkeit darstellen werden. Es ist anzuraten, dass der BR seinen entsandten BR-Mitgliedern klare Vorgaben bezüglich einer Protokollierung und Dokumentation der Gespräche mit dem AG macht. 21

Das Einsichtsrecht besteht neben konventioneller Dokumente und Papiere auch bezüglich aller **elektronischen Unterlagen** des BR. Voraussetzung ist allerdings, dass diese Unterlagen von einzelnen BR-Mitgliedern auch für die Benutzung im Gremium freigegeben sind.[69] Kein allgemeines Einsichtsrecht kann es beispielsweise in elektronisch vorgehaltene persönliche 22

---

56 HWGNRH-*Glock*, Rn. 27.
57 *LAG Baden-Württemberg* 20.2.13 – 13 TaBV 11/12; *Fitting*, Rn. 33.
58 GK-*Raab*, Rn. 33; *BAG* in ständiger Rspr. zu § 80 Abs. 2, vgl. z. B. 11.7.72, 23.2.73, AP Nrn. 1, 2 zu § 80 BetrVG 1972; enger *LAG Nds.* 16.2.01, 16 TaBV 46/00, das für Unterlagen des Personalausschusses ein berechtigtes Interesse voraussetzt.
59 *LAG Nds.*, a. a. O., für Unterlagen des Personalausschusses.
60 A. A. Richardi-*Thüsing*, Rn. 26; HWGNRH-*Glock*, Rn. 30, die jedoch § 108 Abs. 4 übersehen, wonach der WA den BR vollständig zu unterrichten hat.
61 *HessLAG* 25.10.12, AiB 13, 326 mit Anm. Hayen.
62 Zur Aushändigung von Niederschriften vgl. Rn. 14.
63 *BAG* 12.8.09, NZA 09, 1218; zur Unzulässigkeit des Zugriffs von AG vgl. *LAG Düsseldorf* 7.3.12, BB 12, 832.
64 *Fitting*, Rn. 36; HWGNRH-*Glock*, Rn. 34; a. A. GK-*Raab*, Rn. 39.
65 *ArbG München* 12.4.89, AiB 89, 351, Ls.
66 LAG *Hamm* 21.3.14, 13TaBVGa 2/14, juris.
67 A. A. *BAG* 12.8.09, NZA 09, 1218; *Fitting*, Rn. 33 ff.
68 *Fitting*, Rn. 39; Richardi-*Thüsing*, Rn. 26.
69 Zu weitgehend *ArbG Stade* 29.5.07, RdV 07, 258, das undifferenziert ein Einsichtsrecht auf alle Unterlagen sieht, die ein BR gespeichert hat; bestätigt durch *LAG Nds.* 17.12.07 – 12 TaBV 86/07; *BAG* 12.8.09, NZA 09, 1218.

Unterlagen von Vorsitzenden oder deren Stellvertretern sowie in Entwürfe von Mitarbeitern des BR geben.[70] Ebenso besteht kein grundlegendes Einsichtsrecht aller Gremienmitglieder in individuelle elektronische Unterlagen, wenn etwa von einzelnen BR-Mitgliedern aufgrund einer Hinzuziehung nach § 82 Abs. 2 Satz 2 erhoben und verarbeitet werden. Einem weit gefassten Einsichtsrecht, das sich auf alle BR-Mitglieder erstreckt, steht die Verpflichtung der jeweiligen BR-Mitglieder zur Verschwiegenheit nach § 82 Abs. 2 Satz 3 entgegen (vgl. § 82 Rn. 16). Entsprechendes gilt nach § 83 Abs. 1 Satz 2 bezüglich der Hinzuziehung von Gremienmitgliedern zur Einsichtnahme in Personalakten. Schließlich steht einem unbegrenzten Anspruch des ganzen BR-Gremiums auf Einsicht in die individuellen Unterlagen einzelner BR-Mitglieder auch der mit dem Beschwerderecht nach § 84 verbundene Vertraulichkeitsanspruch entgegen. AN müssen auf dieser Grundlage nicht davon ausgehen, dass vertrauliche Inhalte, die ein BR-Mitglied in persönlichen Dateien gespeichert hat, dem gesamten Gremium zugänglich gemacht werden.

23 Den einzelnen Mitarbeitern eines BR steht innerhalb des Gremiums dasselbe Maß an Persönlichkeitsschutz und Datenschutzrechten zu wie anderen Beschäftigten auch. Entgegen der teilweise in Rechtsprechung[71] und Literatur[72] vertretenen Auffassung kann es damit keinen unbegrenzten Zugriff auf alle individuellen BR-Unterlagen geben. Dieses ist vielmehr auf solche Informationen zu beschränken, die nach dem Willen der einzelnen BR-Mitglieder Eingang in die Arbeit des BR gefunden haben bzw. die dem Gremium nach einschlägigen gesetzlichen Vorgaben zur Verfügung gestellt werden müssen.

24 Soll der Zugriff auf BR-Unterlagen elektronisch von Arbeitsplätzen außerhalb des BR-Büros erfolgen, müssen hierfür besondere technische und organisatorische Schutzmaßnahmen getroffen werden. Maßstab hierfür ist § 9 BDSG.[73] Dies gilt insbesondere, wenn der BR besondere Arten personenbezogener Daten i. S. von § 3 Abs. 9 BDSG (etwa Gesundheitsinformationen im Rahmen des betrieblichen Wiedereingliederungsmanagements) verarbeitet.

25 Das **Einsichtsrecht** steht nur den Mitgliedern des BR zu. Ersatzmitglieder haben kein allgemeines Einsichtsrecht. Dies steht ihnen nur zu, wenn und solange sie für verhinderte BR-Mitglieder tätig sind. Bezogen auf konkrete Vertretungsfälle kann es in Einzelfällen weiterhin notwendig sein, dass sie etwa zur Vor- oder Nachbereitung von Sitzungen oder Themen unabhängig von einem konkreten Sitzungszeitpunkt Einsicht nehmen. Die JAV nach § 70 Abs. 2 kann verlangen, dass ihr der BR die zur Durchführung ihrer Aufgaben erforderlichen Unterlagen zur Verfügung stellt. Die Vorschrift hindert den BR nicht, Personen, denen kein Einsichtsrecht zusteht, z. B. Gewerkschaftsbeauftragten, Informationen anhand der Unterlagen zu geben, soweit ein berechtigtes Interesse besteht, die Geheimhaltungspflicht nach § 79[74] sowie allgemeine datenschutzrechtliche Vorgaben nicht entgegen stehen.

26 Das Einsichtsrecht ist unabdingbar und kann nicht durch die Geschäftsordnung oder einen Beschluss des BR eingeschränkt werden. Es ist entweder durch den Vorsitzenden zu gewähren, da er die Verantwortung für die Aktenführung trägt,[75] oder es besteht gegenüber demjenigen BR-Mitglied, das die Unterlagen des BR bzw. die Unterlagen der Ausschüsse des BR aufbewahrt.[76]

27 Das einzelne BR-Mitglied hat ein Einblicksrecht und keinen Anspruch auf **Überlassung oder Zurverfügungstellung** der Unterlagen. Es kann sich jedoch aus den Unterlagen eigene **Notizen** machen bzw. **Abschriften** oder **Kopien** anfertigen.[77] Die formale und nicht interessengerechte Entscheidung des *BAG*[78] schließt nicht aus, dass der BR in der Geschäftsordnung

70 Für ein umfassendes Einsichtsrecht wohl *Fitting*, Rn. 33 ff.
71 Vgl. *BAG*, a. a. O.; *LAG Nds., a. a. O.; ArbG Stade*, a. a. O.
72 *Fitting*, Rn. 33 b; GK-*Raab*, Rn. 34.
73 Vgl. hierzu DKWW-*Wedde*, § 9 Rn. BDSG, Rn. 33.
74 Vgl. § 79 Rn. 21, 26 ff.
75 GK-*Raab*, Rn. 31.
76 Richardi-*Thüsing*, Rn. 29.
77 Richardi-*Thüsing*, Rn. 28; *Fitting*, Rn. 34; GK-*Raab*, Rn. 32; *Kühner*, S. 76; *LAG Hamm* 14.8.09 – 10 TaBV 175/08, das ein Verbot des Mitschreibens für »fraglich« hält; unklar ErfK-*Koch*, Rn. 2; a. A. hinsichtlich der Ablichtungen *BAG* 27.5.82, AP Nr. 1 zu § 34 BetrVG 1972HWGNRH-*Glock*, Rn. 33.
78 So GK-*Raab*, a. a. O.

festlegt oder im Einzelfall beschließt, seinen Mitgliedern z. B. Sitzungsunterlagen, Niederschriften, BVen u. Ä. in Kopie zur Verfügung zu stellen. Nur so sind die BR-Mitglieder in der Lage, sich auf Sitzungen vorzubereiten und ihren gesetzlichen Verpflichtungen nachzukommen. Die Weitergabe an Personen außerhalb des BR ist mit Blick auf die besondere Vertraulichkeit der BR-Unterlagen unzulässig. Die Aushändigung von Unterlagen an den AG erfolgt nur durch den BR-Vorsitzenden.

V. Streitigkeiten

Streitigkeiten über die Notwendigkeit der Anfertigung und die Richtigkeit der Niederschriften, über die Berechtigung und Behandlung von Einwendungen, über den Anspruch auf Aushändigung einer Abschrift und über das Einsichtsrecht in die Unterlagen des BR und seiner Ausschüsse entscheidet das ArbG im **Beschlussverfahren** (§§ 2 a, 80 ff. ArbGG). **Antragsbefugt** sind alle Personen, die z. B. als Sitzungsteilnehmer Einwendungen gegen eine Sitzungsniederschrift erheben oder die Aushändigung einer Abschrift oder Einsicht in die Unterlagen des BR und seiner Ausschüsse verlangen können. **28**

§ 35 Aussetzung von Beschlüssen

(1) Erachtet die Mehrheit der Jugend- und Auszubildendenvertretung oder die Schwerbehindertenvertretung einen Beschluss des Betriebsrats als eine erhebliche Beeinträchtigung wichtiger Interessen der durch sie vertretenen Arbeitnehmer, so ist auf ihren Antrag der Beschluss auf die Dauer von einer Woche vom Zeitpunkt der Beschlussfassung an auszusetzen, damit in dieser Frist eine Verständigung, gegebenenfalls mit Hilfe der im Betrieb vertretenen Gewerkschaften, versucht werden kann.
(2) Nach Ablauf der Frist ist über die Angelegenheit neu zu beschließen. Wird der erste Beschluss bestätigt, so kann der Antrag auf Aussetzung nicht wiederholt werden; dies gilt auch, wenn der erste Beschluss nur unerheblich geändert wird.

Inhaltsübersicht

I. Vorbemerkungen

Als **interne Ordnungsvorschrift** für die Willensbildung des BR ist die Vorschrift **zwingend** und kann weder durch TV noch durch BV abbedungen werden. Die Vorschrift ist entsprechend anzuwenden auf Beschlüsse eines **BR-Ausschusses** nach §§ 27 und 28 jedenfalls dann, wenn diesem Aufgaben zur selbstständigen Erledigung übertragen wurden.[1] Entsprechend gilt sie in diesen Fällen auch für gem. § 28 a gebildete Arbeitsgruppen. **1**

Die Vorschrift gilt entsprechend für den **GBR** (§ 51 Abs. 1), die **Bordvertretung** (§ 115 Abs. 4), den **See-BR** (§ 116 Abs. 3) und mit gewissen Abweichungen wegen Fehlens einer JAV und einer Schwerbehindertenvertretung auf Konzernebene auch für den **KBR** (§ 59 Abs. 1). Sie gilt nicht für Beschlüsse der **JAV,** der **GJAV** und der **KJAV** (§ 66 Abs. 1, § 73 Abs. 2, § 73 b Abs. 2). Auf eine **tarifliche Sondervertretung** nach § 3 Abs. 1 Nrn. 1 – 3 ist die Bestimmung anzuwenden.[2] Für eine **zusätzliche Vertretung** nach § 3 Abs. 1 Nrn. 4 und 5 kann der TV nähere Regelungen treffen. Bei Beschlüssen des **WA** ist die Vorschrift nicht anwendbar, da er keine originären BR-Aufgaben, sondern ihm eigens zugewiesene Aufgaben zu erfüllen hat.[3] **2**

1 Ähnlich ErfK-*Koch,* Rn. 1; *Fitting,* Rn. 38; GK-*Raab,* Rn. 6; weiter gehend *Oetker,* BlStSozArbR 83, 289 [293], der die Vorschrift auch auf »vorbereitende« Ausschüsse anwenden will.
2 *Fitting,* Rn. 1; GK-*Raab,* Rn. 5.
3 *Oetker,* BlStSozArbR 83, 289 ff.

II. Die Aussetzung eines Beschlusses

3 Der Antrag auf Aussetzung kann nur gegen einen Beschluss des BR oder seiner Ausschüsse gestellt werden. Die **Wahl** des BR-Vorsitzenden, seines Stellvertreters (§ 26), der Mitglieder des Betriebsausschusses oder anderer Ausschüsse des BR (§§ 27, 28, 107), der freizustellenden BR-Mitglieder (§ 38 Abs. 2), der Mitglieder des GBR (§ 47 Abs. 2) oder des KBR (§ 55 Abs. 1) sind keine Beschlüsse i. S. d. Vorschrift.

4 Der Antrag kann von der **Mehrheit der JAV** oder von der **Schwerbehindertenvertretung** gestellt werden.[4] **Kein Antragsrecht** haben der Sprecherausschuss für leitende Angestellte sowie Vertreter anderer Gruppen wie etwa ausländischer Arbeitnehmer oder Frauen.[5]

5 **Der Antrag der JAV** bedarf eines Mehrheitsbeschlusses aller anwesenden Mitglieder der JAV.[6] Der Antrag kann nur gestellt werden bei Angelegenheiten, die die in § 60 Abs. 1 genannten AN überwiegend oder besonders i. S. d. § 67 berühren.[7] Hat die JAV gemäß § 67 Abs. 2 Stimmrecht, setzt der Antrag voraus, dass die Mehrheit der JAV gegen den Beschluss gestimmt hat.[8] Soweit das Gesetz nach § 67 Abs. 1 Satz 2 für die JAV nur ein beratendes Teilnahmerecht vorsieht, weil die Angelegenheit besonders die in § 60 Abs. 1 genannten AN betrifft, genügt es für den Aussetzungsantrag, dass die JAV erkennbar gemacht hat, dass sie mehrheitlich erhebliche Bedenken gegen den zur Abstimmung gestellten Beschluss hatte.[9]

6 Die Schwerbehindertenvertretung hat im BR kein Stimmrecht. Sie kann lediglich mit beratender Stimme an den Sitzungen des BR, seiner Ausschüsse sowie der nach § 28 a gebildeten Arbeitsgruppen teilnehmen. Dennoch steht ihr ebenso wie der Jugend- und Auszubildendenvertretung das Recht zu, die Aussetzung eines BR-Beschlusses zu verlangen, wenn wichtige Interessen schwerbehinderter AN durch die Beschlussfassung erheblich beeinträchtigt werden.[10] Die Schwerbehindertenvertretung kann einen Aussetzungsantrag auch dann stellen, wenn sie entgegen § 95 Abs. 2 SGB IX bei Maßnahmen gegenüber schwerbehinderten Menschen nicht rechtzeitig und umfassend vorher vom AG unterrichtet bzw. angehört wurde (vgl. § 95 Abs. 4 Satz 2 SGB IX).

7 Für den Antrag auf Aussetzung ist keine besondere **Form** vorgeschrieben; diese kann aber durch die Geschäftsordnung (§ 36) vorgesehen werden. Er ist gemäß § 26 Abs. 3 Satz 2 an den Vorsitzenden des BR zu richten. Dies gilt auch für Beschlüsse, die in Ausschüssen des BR gefasst werden.[11]

8 Eine **Frist** ist für die Antragstellung ausdrücklich nicht vorgeschrieben. Sie ergibt sich jedoch mittelbar daraus, dass der Beschluss nur für die Dauer einer Woche, von der Sitzung – nicht vom Antrag – an gerechnet, ausgesetzt werden kann.[12] Die Aussetzung kann nicht mehr beantragt werden, wenn der Beschluss bereits durchgeführt wurde.[13]

9 In dem Antrag muss vorgetragen werden, dass der Beschluss in erheblicher Weise **wichtige Interessen** der von den Antragstellern vertretenen AN **beeinträchtigt.** Ob die Beeinträchtigung objektiv vorliegt, ist gleichgültig; es genügt die sachliche Meinung der Antragsteller, dass eine erhebliche Beeinträchtigung des jeweiligen Personenkreises gegeben ist.[14]

10 Bei einem **ordnungsgemäßen Antrag** ist der Beschluss auf die Dauer von einer Woche, gerechnet von der BR-Sitzung an, in der er gefasst wurde, auszusetzen. Für die Berechnung der Frist vgl. § 19 Rn. 37 f. Der Vorsitzende des BR kann einen Antrag auch dann nicht unberücksichtigt lassen, wenn er **offensichtlich unbegründet** ist,[15] da hierdurch das Recht der Min-

4 Textmuster bei DKKWF-*Wedde*, § 35 Rn. 3 f.
5 *Fitting*, Rn. 11 ff.
6 GK-*Raab*, Rn. 12.
7 *Fitting*, Rn. 7; GK-*Raab*, Rn. 11 ff.
8 *Fitting*, Rn. 8; GK-*Raab*, a. a. O.; a. A. Richardi-*Thüsing*, Rn. 8; vgl. auch HWGNRH-*Glock*, Rn. 7.
9 *Fitting*, Rn. 9; GK-*Raab*, a. a. O.
10 GK-*Raab*, Rn. 14; HWGNRH-*Glock*, Rn. 9 f.; *v. Hoyningen-Huene*, S. 161.
11 A. A. *Wlotzke/Preis*, Rn. 2, die den Vorsitzenden des Ausschusses als Adressat sehen.
12 GKZur Fristberechung. *Rudolph*, AiB 07, 653.
13 Richardi-*Thüsing*, Rn. 12; ErfK-*Koch*, Rn. 1; *Fitting*, Rn. 15; GK-*Raab*, Rn. 16 f.; a. A. MünchArbR-*Joost*, § 307 Rn. 64.
14 *Fitting*, Rn. 16; Richardi-*Thüsing*, Rn. 7; GK-*Raab*,Rn. 19; HWGNRH-*Glock*, Rn. 11.
15 HWGNRH-*Glock*, Rn. 17; *WW*, Rn. 6; a. A. *Fitting*, Rn. 19; GK-*Raab*, Rn. 20; *Oetker*, BlStSozArbR 83,

derheit auf Nachprüfung von vagen Kriterien abhängig wäre.[16] Etwas anderes gilt, wenn sich die Ausübung des Antragsrechts unzweifelhaft als **Rechtsmissbrauch** darstellt.[17]

Gesetzlich **nicht geregelt** ist die Frage, ob der BR im Falle eines Aussetzungsantrages den von ihm gefassten Beschluss vor Ablauf der einwöchigen Aussetzungsfrist auch dann nicht vollziehen darf, wenn die Gefahr besteht, dass sein **Schweigen als Zustimmung** zu einer beabsichtigten Maßnahme des AG angesehen wird (vgl. etwa §§ 99 Abs. 3, 102 Abs. 2). Die Problematik wird besonders deutlich bei der Äußerungsfrist von drei Tagen bei außerordentlichen Kündigungen nach § 102 Abs. 2. Die teilweise vertretenen Lösungsvorschläge, wonach die Frist des § 35 in jedem Fall erhalten bleibt und der Vorsitzende des BR für die Bereinigung der Schwierigkeiten zu sorgen hat oder dass die vom Gesetz vorgeschriebenen Äußerungsfristen des BR durch den Aussetzungsantrag in ihrem Ablauf für die Dauer der Aussetzung unterbrochen werden, überzeugen nicht, da sie entweder von einem überzogenen Minderheitenschutz ausgehen oder z. B. bei Einstellungen sowohl für den AG als auch für den AN zu einer unzumutbaren Unklarheit führen würden. Da der im Gesetz festgelegte **besondere Schutz nicht zu einer Lähmung der Arbeit des BR** führen darf, ist der Meinung Vorzug zu geben, nach der der BR in einem solchen Fall dem AG vor Ablauf der Äußerungsfrist die von ihm getroffene Entscheidung mitzuteilen und gleichzeitig auf den gestellten Aussetzungsantrag hinzuweisen hat.[18] Diese Auffassung wird durch § 95 Abs. 4 Satz 2 SGB IX bestätigt, der jedenfalls für den Aussetzungsantrag der Schwerbehindertenvertretung ausdrücklich die Verlängerung einer Frist ausschließt. Bis zum Ablauf der Äußerungsfrist hat der BR-Vorsitzende auf eine **Verständigung** hinzuwirken. Hat der BR dem AG fristgemäß seinen Beschluss mitgeteilt und zugleich auf einen hiergegen gerichteten Aussetzungsantrag hingewiesen, wird es gegen den Grundsatz der vertrauensvollen Zusammenarbeit (§ 2 Abs. 1) verstoßen, wenn der AG nach Ablauf der Äußerungsfrist die personelle Maßnahme durchführt, ohne die endgültige Entscheidung abzuwarten.[19] Richtet sich der Antrag gegen die Zustimmung zu einer personellen Einzelmaßnahme nach § 99, kann der BR-Vorsitzende gehalten sein, bis zur abschließenden Entscheidung die Zustimmung gegenüber dem AG unter Hinweis auf den Aussetzungsantrag zu verweigern, um das Verfahren offen zu halten.[20] **11**

Über den Einspruch selbst kann nach Abs. 2 erst nach **Ablauf der Wochenfrist** beschlossen werden (vgl. Rn. 13); es sei denn, die Antragsteller sind auf Grund der erfolgten Verständigung mit einer Verkürzung der Frist einverstanden.[21] Außerdem kann der Aussetzungsantrag jederzeit **zurückgenommen** werden. **12**

Die im **Betrieb vertretene Gewerkschaft** kann zur Hilfestellung bei den Verständigungsverhandlungen herangezogen werden.[22] In Betracht kommt in erster Linie die im BR vertretene Gewerkschaft. Eine Hinzuziehung von Verbänden der schwerbehinderten Menschen ist im Gesetz nicht erwähnt; dennoch ist der BR nicht gehindert, in einschlägigen Fällen Vertreter eines solchen Verbandes als Auskunftsperson zu hören.[23] **13**

Die zur Verfügung stehende Frist kann zur **Verständigung** zwischen den **Antragstellern** und den **übrigen BR-Mitgliedern** genutzt werden. Dazu ist zwar die Einberufung einer neuen Sitzung nicht unbedingt erforderlich, aber wohl zweckmäßig. **14**

291; *Wlotzke/Preis*, Rn. 7; Richardi-*Thüsing*, Rn. 16; für ein Recht auf Zurückweisung bei offensichtlicher Unbegründetheit HaKo-BetrVG/*Blanke*, Rn. 10.

16 HWGNRH-*Glock*, a. a. O., m. w. N.

17 Vgl. *BVerwG* 29.1.92, PersR 92, 208.

18 So auch mit zum Teil unterschiedlicher Begründung Richardi-*Thüsing*, Rn. 24; *Fitting*, Rn. 29 ff.; *GL*, Rn. 12 a; GK-*Raab*, Rn. 22 f.; HWGNRH-*Glock*, Rn. 23; *WW*, Rn. 8; a. A. *Brecht*, Rn. 8; *Oetker*, BlStSozArbR 83, 289 [293], die die Fristen als unterbrochen ansehen.

19 Vgl. auch GK-*Raab*, a. a. O.; *Fitting*, a. a. O.; *GL*, Rn. 12 a.

20 So zutreffend WP-*Kreft*, Rn. 8.

21 GK-*Raab*, Rn. 26.

22 Vgl. *Fitting*, Rn. 22; GK-*Raab*, Rn. 24.

23 *Fitting*, Rn. 23; GK-*Raab*, a. a. O.

III. Erneute Beschlussfassung

15 **Nach Ablauf der Wochenfrist** sieht das Gesetz eine erneute Beschlussfassung über die Angelegenheit vor. Dies gilt sowohl für den Fall, dass die Meinungsverschiedenheiten nicht beigelegt werden konnten, als auch dann, wenn es außerhalb einer BR-Sitzung zu einer Verständigung gekommen ist.[24] Eine erneute Beschlussfassung ist nur dann entbehrlich, wenn die Antragsteller ihren Aussetzungsantrag zurückgezogen haben. Sie hat in einer gemäß § 29 Abs. 2 einberufenen Sitzung sowie unter Beachtung des § 33 zu erfolgen.

16 Kommt es bereits vor Ablauf der Wochenfrist zu einer **Einigung** mit den Antragstellern oder sind sie mit der Nichtausschöpfung der Frist einverstanden, kann der BR schon früher einen neuen Beschluss fassen.

17 Der BR-Vorsitzende ist verpflichtet, schon bei der Antragstellung dafür zu sorgen, dass umgehend nach Ablauf der Wochenfrist über die Angelegenheit erneut beschlossen wird. Etwas anderes gilt, wenn die Vollziehung des gefassten Beschlusses einen längeren Aufschub duldet, ggf. bis zur nächsten turnusmäßigen Sitzung.[25]

18 Bestätigt der BR inhaltlich den früheren Beschluss, ist das Aussetzungsverfahren endgültig beendet. Ein neuer Antrag auf Aussetzung kann dann auch von einem anderen Personenkreis nicht mehr gestellt werden. Etwas anderes gilt, wenn ein neuer oder inhaltlich anderer Beschluss gefasst wird. In diesem Fall ist es möglich, einen erneuten Aussetzungsantrag zu stellen.[26] Die Vorschrift gibt den Vertretern nicht das Recht, ihre abweichende Meinung in einem förmlichen **Minderheitsvotum** dem AG mitzuteilen.[27]

IV. Streitigkeiten

19 Streitigkeiten, die sich aus Anträgen auf Aussetzung eines BR-Beschlusses oder aus der Durchführung der Aussetzung ergeben, entscheidet das **ArbG im Beschlussverfahren** (§§ 2 a, 80 ff. ArbGG). Dies gilt auch im Fall der Antragstellung bzw. der Beteiligung der Schwerbehindertenvertretung.[28] Der BR-Vorsitzende kann durch die Antragsteller ggf. durch eine **einstweilige Verfügung** des Arbeitsgerichts zur rechtzeitigen Einberufung der erforderlichen Sitzung gezwungen werden.

§ 36 Geschäftsordnung

Sonstige Bestimmungen über die Geschäftsführung sollen in einer schriftlichen Geschäftsordnung getroffen werden, die der Betriebsrat mit der Mehrheit der Stimmen seiner Mitglieder beschließt.

Inhaltsübersicht

I. Vorbemerkungen

1 Es gibt keinen **Zwang** zum Erlass einer Geschäftsordnung.[1] Wegen der Bedeutung eines ord-

24 HWGNRH-*Glock*, Rn. 28 f.; unklar *Fitting*, Rn. 24, der offen lässt, von welchem Zeitpunkt an es zu einer Entfaltung von Rechtswirkung im Außenverhältnis kommen kann.
25 *Fitting*, Rn. 25.
26 Richardi-*Thüsing*, Rn. 21; *Fitting*, Rn. 28; GK-*Raab*, Rn. 29; *v. Hoyningen-Huene*, S. 161 f.; MünchArbR-*Joost*, § 307 Rn. 65.
27 So zu § 35 Abs. 1 a. F. Richardi-*Thüsing*, Rn. 5; *Fitting*, § 30 Rn. 21; GK-*Raab*, Rn. 31; vgl. auch § 30 Rn. 14 f.
28 Vgl. *BAG* 21.9.89, AP Nr. 1 zu § 25 SchwbG.
1 »Sollvorschrift«; vgl. Richardi-*Thüsing*, Rn. 1; *Fitting*, Rn. 9; a. A. GK-*Raab*, Rn. 6, die eine Verpflichtung sehen.

nungsgemäßen Ablaufs der BR-Tätigkeit empfiehlt es sich, die wesentlichen Regelungen für die Geschäftsführung in einer Geschäftsordnung festzulegen, soweit sie nicht im Gesetz enthalten sind. Dies gilt auch für kleinere BR.

Die Vorschrift gilt entsprechend für den **Betriebsausschuss und die Ausschüsse des BR**, es sei denn, dass der BR in seiner Geschäftsordnung das Verfahren der Ausschüsse mit geregelt oder ihnen eine eigene Geschäftsordnung gegeben hat,[2] sowie für gem. § 28 a gebildete **Arbeitsgruppen,** für den **GBR** (§ 51 Abs. 1), den **KBR** (§ 59 Abs. 1), die **JAV** (§ 65 Abs. 1), die **GJAV** (§ 73 Abs. 2), die **KJAV** (§ 73 b Abs. 2), **die Bordvertretung** (§ 115 Abs. 4), den **See-BR** (§ 116 Abs. 3) und für eine anderweitige AN-Vertretung nach § 3 Abs. 1 Nrn. 1 – 3, da diese an die Stelle des BR tritt. Für die **zusätzliche AN-Vertretung** nach § 3 Abs. 1 Nrn. 4 und 5 kann die Frage der Geschäftsordnung im TV geregelt werden. 2

II. Inhalt der Geschäftsordnung

Die Geschäftsordnung kann nur Bestimmungen über die **Ordnung der internen Geschäftsführung,** insbesondere der Sitzungen des BR enthalten.[3] Da die §§ 26 bis 41 fast ausschließlich zwingendes Recht beinhalten sowie allgemein anerkannte demokratische Grundsätze berücksichtigen, kann der BR hiervon nicht abweichen.[4] Es kann sinnvoll sein, in der Geschäftsordnung auf gesetzliche Bestimmungen zu verweisen oder diese sogar zu wiederholen.[5] Es können auch Vorgaben für die Übertragung von Aufgaben an **Arbeitsgruppen** gem. § 28 a getroffen werden. 3

In der Geschäftsordnung können nicht einseitig Fragen geregelt werden, die **Gegenstand einer Vereinbarung** mit dem AG sein müssen, z. B. Abhaltung von Sprechstunden (§ 39) oder über § 38 Abs. 1 hinausgehende Freistellungen.[6] Diese Themen können nur durch BV oder durch gemeinsamen Beschluss des AG und des BR sowie für Arbeitsgruppen durch Rahmenvereinbarungen gem. § 28 a Satz 1 letzter Halbs. ausgestaltet werden. Regelungen, die in eine Geschäftsordnung gehören, können nicht Gegenstand einer BV sein. Allerdings können Regelungen, die mit dem AG vereinbart oder in einer BV getroffen wurden, in einer Geschäftsordnung aufgenommen werden.[7] 4

Die Geschäftsordnung kann dem BR keine Aufgaben und Befugnisse übertragen, die ihm nicht bereits auf Grund einer gesetzlichen oder tariflichen Regelung obliegen.[8] **Möglich sind Vorschriften über:** Zuständigkeit des Vorsitzenden, des Betriebsausschusses – einschließlich der Frage, was unter die laufende Geschäftsführung fällt oder nicht[9] – und der weiteren Ausschüsse; Festlegung regelmäßiger Sitzungstermine; Form und Frist der Einladung zu den Sitzungen und der Bekanntgabe der Tagesordnung;[10] Leitung der Sitzung, wenn Vorsitzender und stellvertretender Vorsitzender zugleich verhindert sind;[11] Bestellung des Schriftführers; generelles Teilnahmerecht der im BR vertretenen Gewerkschaft;[12] Abmeldepflicht bei Verhinderungen; Festlegung des Abstimmungsverfahrens (z. B. offene oder geheime Abstimmung); Regelungen über die Verschwiegenheitspflicht über betriebsratsinterne Vorgänge; Einzelheiten über die Niederschrift, z. B., dass alle BR-Mitglieder eine Fotokopie der Niederschriften des BR und seiner Ausschüsse spätestens mit der Einladung zur nächsten Sitzung erhalten, sowie deren Abfassung und Aufbewahrung; Führung und Aufbewahrung der Akten;[13] Art und Um- 5

2 *Bopp*, S. 157; GK-*Raab*, Rn. 3; Richardi-*Thüsing*, Rn. 8.
3 Muster einer Geschäftsordnung bei DKKWF-*Wedde*, § 36 Rn. 4 ff.
4 *Kraushaar*, AiB 95, 161; *LAG Hamburg* 17.2.06 – 6 TaBV 6/05, juris zur Unzulässigkeit der Änderung zwingender Vorgaben der §§ 26 ff. durch die Geschäftsordnung.
5 GK-*Raab*, Rn. 13; *v. Hoyningen-Huene*, a. a. O.; ErfK-*Koch*, Rn. 1; allgemein *Süllwold*, ZBVR 03, 214.
6 *BAG* 16.1.79, AP Nr. 5 zu § 38 BetrVG 1972; Richardi-*Thüsing*, Rn. 3.
7 GK-*Raab*, Rn. 13.
8 Richardi-*Thüsing*, Rn. 3; ErfK-*Koch*, Rn. 1; *Fitting*, Rn. 5.
9 HWGNRH-*Glock*, Rn. 5; vgl. im Übrigen § 27 Rn. 35 ff.
10 *BAG* 28.4.88, AP Nr. 2 zu § 29 BetrVG 1972; 28.10.92, BB 93, 580 = BetrR 93, 63 mit Anm. *Ortmann; LAG Schleswig-Holstein* 28.9.89, NZA 90, 288, Ls.
11 *HessLAG* 18.9.07, ArbuR 08, 77.
12 *BAG* 28.2.90, NZA 90, 660; *Fitting*, Rn. 6; a. A. HWGNRH-*Glock*, Rn. 4; Richardi-*Thüsing*, Rn. 5.
13 *Fitting*, a. a. O.; GK-*Raab*, Rn. 14 ff.; HWGNRH-*Glock*, a. a. O.

fang der Erledigung von Aufgaben durch Arbeitsgruppen gem. § 28 a sowie Art und Umfang ihrer Entscheidungskompetenz für den Abschluss von Vereinbarungen mit dem AG.

6 **Weiter kann die Geschäftsordnung u. a. Vorschriften enthalten über:** die Art der Abberufung und Neuwahl des Vorsitzenden und des stellvertretenden Vorsitzenden; Regelungen über die Wahlen der Mitglieder von Ausschüssen und der freizustellenden BR-Mitglieder; die Art der Bekanntgabe von Beschlüssen und Mitteilungen an die Belegschaft; die Übertragung der laufenden Geschäfte auf den Vorsitzenden oder andere BR-Mitglieder in kleineren BR; die Übertragung von Aufgaben zur selbstständigen Erledigung auf den Betriebsausschuss oder auf andere Ausschüsse des BR bzw. auf die BR-Mitglieder in gemeinsamen Ausschüssen nach § 28 Abs. 2 sowie auf Arbeitsgruppen gem. § 28 a; Regularien für die Arbeit der Ausschüsse einschließlich der Bestellung von Ersatzmitgliedern; Verhandlungen und Gespräche mit dem AG, z. B., dass diese vom Vorsitzenden und wenigstens von einem weiteren BR-Mitglied zu führen sind.[14]

7 Die Geschäftsordnung kann die **Bildung von Ausschüssen** zu bestimmten Fragen wie z. B. EDV-Ausschuss, Personalplanungsausschuss, Wohnungsausschuss, Kantinenausschuss, Sozialausschuss, Bildungsausschuss, Ausschüsse zur Frauenförderung, für Unfallverhütungs- und Gesundheitsfragen, für Umweltfragen u. Ä. vorsehen.[15] Bezogen auf den Betriebsausschuss kann etwa in der Geschäftsordnung festgelegt werden, dass dieser vor jeder ordentlichen BR-Sitzung tagen muss und eine umfassende Berichterstattung im BR zu erfolgen hat. Entsprechendes gilt auch für die übrigen Ausschüsse sowie für Arbeitsgruppen gem. § 28 a. Besteht ein GBR/KBR, kann geregelt werden, dass vor und nach jeder Sitzung des GBR/KBR eine Sitzung des BR mit einem entsprechenden Tagesordnungspunkt stattzufinden hat. Im Übrigen ist es dem BR überlassen, die Regelungen zu treffen, die er für seine Geschäftsführung für erforderlich und zweckmäßig erachtet.

III. Erlass und Wirkung der Geschäftsordnung

8 Die **Geschäftsordnung** ist vom BR mit **der Mehrheit der Stimmen seiner Mitglieder** zu **beschließen.**[16] Ihre Festlegung bedarf der Schriftform. Diese ist durch Aufnahme des Textes in die Sitzungsniederschrift gewahrt. Die Geschäftsordnung ist vom **Vorsitzenden des BR** zu unterzeichnen.[17]

9 Eine **Bekanntmachung** der Geschäftsordnung ist nicht erforderlich. Sie braucht auch dem AG nicht mitgeteilt zu werden. Die Aushändigung von Teilen der Geschäftsordnung kann zweckmäßig sein, soweit es für die Zusammenarbeit notwendig ist.[18] Den einzelnen BR-Mitgliedern ist eine Kopie der Geschäftsordnung auszuhändigen.[19]

10 Der BR kann die Geschäftsordnung **jederzeit** mit der Mehrheit seiner Stimmen unter Beachtung der Schriftform **ändern, ergänzen** oder **aufheben** und in Einzelfällen mit dem gleichen Stimmenquorum von ihr **abweichen.**[20] Er kann sich bei einer Beschlussfassung nicht ohne weiteres über die Geschäftsordnung hinwegsetzen, es sei denn, sie erfolgt mit absoluter Stimmenmehrheit.[21]

11 Die Geschäftsordnung enthält lediglich **Verfahrensrichtlinien.** Ein Beschluss des BR, der unter Verstoß gegen die interne Geschäftsordnung zustande gekommen ist, bleibt nach außen

14 *Fitting,* Rn. 7; GK-*Raab,* Rn. 15 f.; weitere Beispiele bei *Kraushaar,* AiB 95, 161 ff.

15 Richardi-*Thüsing,* Rn. 7.

16 »Absolute Mehrheit«, vgl. auch § 33 Rn. 17; GK-*Raab,* Rn. 7; HWGNRH-*Glock,* Rn. 9; *v. Hoyningen-Huene,* S. 157; *Fitting,* Rn. 9; Richardi-*Thüsing,* Rn. 9; ErfK-*Koch,* Rn. 1; vgl. zur konkreten Ausgestaltung *Böttcher,* AiB 02, 224.

17 *Fitting,* Rn. 10; GK-*Raab,*Rn. 7; Richardi-*Thüsing,* Rn. 10; MünchArbR-*Joost,* § 307 Rn. 85.

18 *Fitting,*Rn. 11; weiter gehend *Bopp,* S. 158; GK-*Raab,* Rn. 9, die eine entsprechende Verpflichtung aus § 2 Abs. 1 annehmen.

19 *ArbG München* 12.4.89, AiB 89, 351, Ls.; *Fitting,* a. a. O.

20 *Bopp,* S. 159; *Fitting,* Rn. 13; GK-*Raab,* Rn. 10; HWGNRH-*Glock,* Rn. 13; MünchArbR-*Joost,* § 307 Rn. 90.

21 Vgl. auch GK-*Raab,* Rn. 17; ErfK-*Koch,* Rn. 1; zu weitgehend Richardi-*Thüsing,* Rn. 13, der das Einverständnis aller BR-Mitglieder fordert.

hin rechtswirksam.[22] Die Verletzung der Geschäftsordnung kann eine Amtspflichtverletzung i. S. d. § 23 Abs. 1 darstellen, jedenfalls in Wiederholungsfällen nach erfolgter Rüge.

Die Geschäftsordnung gilt **für die Dauer der Amtszeit** des BR.[23] Die Übernahme der Geschäftsordnung durch den nachfolgenden BR ist möglich, bedarf aber wiederum der absoluten Stimmenmehrheit und der Schriftform. Dies gilt entsprechend für den **Betriebsausschuss,** für die weiteren **Ausschüsse des BR** sowie für **Arbeitsgruppen gem. § 28 a,** soweit sie für ihr Gremium eine eigene Geschäftsordnung erlassen haben. Anderes gilt für die Geschäftsordnung des **GBR/KBR,** da diese Organe keine von vornherein begrenzte Amtszeit haben. Nach den regelmäßigen BR-Wahlen empfiehlt sich auch hier eine erneute Beschlussfassung. **12**

IV. Streitigkeiten

Streitigkeiten über den Erlass, das Bestehen und die Auslegung einer Geschäftsordnung entscheidet das **ArbG im Beschlussverfahren** (§§ 2 a, 80 ff. ArbGG). **13**

§ 37 Ehrenamtliche Tätigkeit, Arbeitsversäumnis

(1) Die Mitglieder des Betriebsrats führen ihr Amt unentgeltlich als Ehrenamt.

(2) Mitglieder des Betriebsrats sind von ihrer beruflichen Tätigkeit ohne Minderung des Arbeitsentgelts zu befreien, wenn und soweit es nach Umfang und Art des Betriebs zur ordnungsgemäßen Durchführung ihrer Aufgaben erforderlich ist.

(3) Zum Ausgleich für Betriebsratstätigkeit, die aus betriebsbedingten Gründen außerhalb der Arbeitszeit durchzuführen ist, hat das Betriebsratsmitglied Anspruch auf entsprechende Arbeitsbefreiung unter Fortzahlung des Arbeitsentgelts. Betriebsbedingte Gründe liegen auch vor, wenn die Betriebsratstätigkeit wegen der unterschiedlichen Arbeitszeiten der Betriebsratsmitglieder nicht innerhalb der persönlichen Arbeitszeit erfolgen kann. Die Arbeitsbefreiung ist vor Ablauf eines Monats zu gewähren; ist dies aus betriebsbedingten Gründen nicht möglich, so ist die aufgewendete Zeit wie Mehrarbeit zu vergüten.

(4) Das Arbeitsentgelt von Mitgliedern des Betriebsrats darf einschließlich eines Zeitraums von einem Jahr nach Beendigung der Amtszeit nicht geringer bemessen werden als das Arbeitsentgelt vergleichbarer Arbeitnehmer mit betriebsüblicher beruflicher Entwicklung. Dies gilt auch für allgemeine Zuwendungen des Arbeitgebers.

(5) Soweit nicht zwingende betriebliche Notwendigkeiten entgegenstehen, dürfen Mitglieder des Betriebsrats einschließlich eines Zeitraums von einem Jahr nach Beendigung der Amtszeit nur mit Tätigkeiten beschäftigt werden, die den Tätigkeiten der in Absatz 4 genannten Arbeitnehmer gleichwertig sind.

(6) Die Absätze 2 und 3 gelten entsprechend für die Teilnahme an Schulungs- und Bildungsveranstaltungen, soweit diese Kenntnisse vermitteln, die für die Arbeit des Betriebsrats erforderlich sind. Betriebsbedingte Gründe im Sinne des Absatzes 3 liegen auch vor, wenn wegen Besonderheiten der betrieblichen Arbeitszeitgestaltung die Schulung des Betriebsratsmitglieds außerhalb seiner Arbeitszeit erfolgt; in diesem Fall ist der Umfang des Ausgleichsanspruchs unter Einbeziehung der Arbeitsbefreiung nach Absatz 2 pro Schulungstag begrenzt auf die Arbeitszeit eines vollzeitbeschäftigten Arbeitnehmers. Der Betriebsrat hat bei der Festlegung der zeitlichen Lage der Teilnahme an Schulungs- und Bildungsveranstaltungen die betrieblichen Notwendigkeiten zu berücksichtigen. Er hat dem Arbeitgeber die Teilnahme und die zeitliche Lage der Schulungs- und Bildungsveranstaltungen rechtzeitig bekannt zu geben. Hält der Arbeitgeber die betrieblichen Notwen-

22 *Bopp,* S. 161; HWGNRH-*Glock,* Rn. 14; *Fitting,* Rn. 14; ErfK-*Koch,* Rn. 2; a. A. mit beachtlichen Argumenten MünchArbR-*Joost,* § 307 Rn. 89 bei Verstößen gegen wesentliche Ordnungsbestimmungen; ebenso *HessLAG* 25.3.04 – 9 TaBV 117/03, juris, für den Fall einer kurzfristigen mündlichen Einladung zu einer BR-Sitzung, die nach der Geschäftsordnung grundsätzlich möglich war; ähnlich im Ergebnis auch GK-*Raab,* Rn. 18; nunmehr auch Richardi-*Thüsing,* Rn. 12.

23 *Fitting,* Rn. 10; HWGNRH-*Glock,* Rn. 12; *Bopp,* S. 157; ErfK-*Koch,* Rn. 2; a. A. Richardi-*Thüsing,* Rn. 15; *WW,* Rn. 5; *v. Hoyningen-Huene,* S. 157, die eine Nachwirkung bejahen; *Fitting,* a. a. O., läßt diese Möglichkeit offen.

digkeiten für nicht ausreichend berücksichtigt, so kann er die Einigungsstelle anrufen. Der Spruch der Einigungsstelle ersetzt die Einigung zwischen Arbeitgeber und Betriebsrat.

(7) Unbeschadet der Vorschrift des Absatzes 6 hat jedes Mitglied des Betriebsrats während seiner regelmäßigen Amtszeit Anspruch auf bezahlte Freistellung für insgesamt drei Wochen zur Teilnahme an Schulungs- und Bildungsveranstaltungen, die von der zuständigen obersten Arbeitsbehörde des Landes nach Beratung mit den Spitzenorganisationen der Gewerkschaften und der Arbeitgeberverbände als geeignet anerkannt sind. Der Anspruch nach Satz 1 erhöht sich für Arbeitnehmer, die erstmals das Amt eines Betriebsratsmitglieds übernehmen und auch nicht zuvor Jugend- und Auszubildendenvertreter waren, auf vier Wochen. Absatz 6 Satz 2 bis 6 findet Anwendung.

Inhaltsübersicht

I. Vorbemerkungen

Die Vorschrift konkretisiert den in § 78 normierten allgemeinen Grundsatz, dass BR-Mitglieder wegen ihrer Tätigkeit – auch im Hinblick auf ihre berufliche Entwicklung – weder benachteiligt noch begünstigt werden dürfen. § 78 kann zur Auslegung des § 37 herangezogen werden.[1] Im Zusammenhang mit den §§ 38, 40, 78, 78 a und 103 BetrVG sowie §§ 15 f. KSchG ist Zweck dieser Vorschrift die Sicherung der äußeren und inneren Unabhängigkeit der BR-Mitglieder, umso eine ordnungsgemäße und sachdienliche BR-Arbeit zu gewährleisten.[2] Sie ist zwingendes Recht und kann nicht durch BV oder TV verändert oder ausgeschlossen werden. 1

Die Abs. 1 – 3 gelten entsprechend für den **GBR** (§ 51 Abs. 1), den **KBR** (§ 59 Abs. 1), die **GJAV** (§ 73 Abs. 2) und die *KJAV* (§ 73 b Abs. 2). Dagegen finden die Abs. 4 – 7 keine Anwendung auf diese Gremien, da diese Vorschriften für die Mitglieder der Gremien bereits in ihrer Funktion als BR- bzw. JAV-Mitglieder gelten. Auf **Bordvertretungen** finden nur die Abs. 1 – 3 Anwendung (§ 115 Abs. 4). Dagegen findet die Vorschrift volle Anwendung für die Mitglieder der **JAV** (§ 65 Abs. 1), des **See-BR** (§ 116 Abs. 3) und der **AN-Vertretung** i. S. d. § 3 Abs. 1 Nrn. 2 und 3. Auf **zusätzliche AN-Vertretungen** i. S. d. § 3 Abs. 1 Nr. 1 bis 3 findet sie Anwendung, soweit entsprechende Regelungen im TV enthalten sind.[3] Auf Mitglieder unternehmensübergreifender Arbeitsgruppen gem. § 3 Abs. 1 Nr. 4 kommt § 37 auf Grund der BR-Mitgliedschaft in einem der beteiligten Betriebe zur Anwendung.[4] Auf zusätzliche Arbeitnehmervertretungen i. S. d. § 3 Abs. 1 Nr. 5 kommt die Vorschrift nur zur Anwendung, wenn es entsprechende tarifliche oder betriebliche Vereinbarungen gibt.[5] In **Arbeitsgruppen gem. § 28 a** werden die Beschäftigten direkt von § 37 erfasst, die BR-Mitglieder sind.[6] Die Abs. 2 und 3 gelten entsprechend auch für **Beisitzer der ESt.**, die dem Betrieb, u. U. auch einem anderen Betrieb des UN oder eines Konzern-UN, angehören.[7] 2

II. Ehrenamt (Abs. 1)

Die Betriebsratstätigkeit ist ein privatrechtliches Ehrenamt.[8] Die Mitglieder des BR führen ihr Amt unentgeltlich und eigenverantwortlich (vgl. Rn. 26). An den Begriff der Unentgeltlichkeit ist im Interesse der Unabhängigkeit der BR-Mitglieder ein strenger Maßstab anzulegen.[9] Für die BR-Tätigkeit dürfen weder vom AG noch von den AN oder anderen Personen besondere **Vergütungen** oder irgendwelche sonstigen **Vorteile** gewährt werden.[10] Jede materielle Besserstellung ist unzulässig.[11] Diesem Verbot von Vorteilen steht der Ausschluss jeglicher **Benachteiligung** und der Ersatz notwendiger **Auslagen** gegenüber.[12] Der **pauschale Ersatz regelmäßig entstehender Auslagen und Aufwendungen** ist zulässig, wenn es sich nicht um eine versteckte Vergütung handelt.[13] Zulässig sind Pauschalen, wenn sie sich einerseits auf den 3

1 Vgl. *BAG* 3.6.69, AP Nr. 11 zu § 37 BetrVG; *Fitting*, Rn. 1.
2 Vgl. *BAG* 21.6.57, AP Nr. 5 zu § 37 BetrVG; *Fitting*, Rn. 7.
3 *Fitting*, Rn. 3; GK-*Weber*, Rn. 7; a. A. HWGNRH-*Glock*, Rn. 4.
4 *Fitting*, a. a. O.; GK-*Weber*, a. a. O.; a. A. HWGNRH-*Glock* Rn. 5.
5 *Fitting*, a. a. O.; a. A. HWGNRH-*Glock*, Rn. 3 c.
6 Zur Anwendung auf andere Gruppenmitglieder vgl. § 28 a Rn. 82.
7 Vgl. § 76 a Abs. 2; *Fitting*, a. a. O.; HWGNRH-*Glock*, Rn. 3.
8 Richardi-*Thüsing*, Rn. 5; GK-*Wiese*, Rn. 11; allg. *Fischer*, NZA 07, 484; *Rieble*, NZA 08, 276; *Schweibert/Buse*, NZA 07, 1080; *Thannheiser*, AiB 07, 259.
9 *Fitting*, Rn. 7; *v. Hoyningen-Huene*, S. 167; Richardi-*Thüsing*, Rn. 6.
10 Vgl. ErfK-*Koch*, Rn. 1; *Fitting*, Rn. 8; GK-*Weber*, Rn. 9 f.; Richardi-*Thüsing*, Rn. 7; zur Erfüllung des Untreuestraftatbestandes BGHSt 17.9.09, NJW 10, 92, das eine Vergütung der BR nach der Bewertung ihrer BR-Tätigkeit für unzulässig hält; zu strafrechtlichen Aspekten *Dzida/Mehrens*, NZA 13, 753.
11 Vgl. *BAG* 11.5.73, AP Nr. 2 zu § 20 BetrVG 1972.
12 Vgl. Abs. 2 – 7, § 40 Abs. 1; GK-*Weber*, Rn. 12; *v. Hoyningen-Huene*, a. a. O.
13 *Fitting*, Rn. 10; HWGNRH-*Glock*, Rn. 18; Richardi-*Thüsing*, Rn. 8; *Kühner*, S. 89; für großzügige Pau-

Ausgleich tatsächlich anfallender Auslagen und Aufwendungen beschränken und wenn andererseits Einzelabrechnungen entweder betriebswirtschaftlich unverhältnismäßig aufwendig oder unmöglich sind.[14] Werden diese Voraussetzungen beachtet, kann die Höhe einer Pauschale für alle BR-Mitglieder einheitlich sein.[15] Von AG geleistete **Überstundenpauschalen** sollen bei der Berechnung von Frühpensionsleistungen keine Berücksichtigung finden.[16]

4 **Unzulässig ist** z. B.: Lohnzahlung für offensichtlich überflüssige Arbeitsversäumnisse;[17] Zahlung einer höheren Vergütung als an vergleichbare AN;[18] Zahlung einer Vergütung, die das vor der BR-Tätigkeit erhaltene Gehalt überschreitet;[19] außerplanmäßige und nicht leistungsbedingte Beförderung, sofern sie nicht der Regelung des Abs. 4 entspricht; Zuweisung einer besonders verbilligten Werkswohnung;[20] Freistellung von der Arbeit, ohne dass dies zur Erfüllung der BR-Arbeit erforderlich ist;[21] Gewährung besonders günstiger Konditionen bei Firmendarlehen und Deputaten;[22] Weiterzahlung einer pauschalierten Überstundenabgeltung an freigestellte BR-Mitglieder, wenn andere AN keine Überstunden mehr erbringen.[23]

5 Keine **Gewährung eines unberechtigten Vorteils** ist gegeben, wenn ein BR-Mitglied, das wegen der Übernahme des Amtes die bisherige Tätigkeit im Betrieb nicht mehr ausüben kann, den bisherigen Lohn weiter erhält, obwohl er an einen schlechter bezahlten Arbeitsplatz versetzt wird.[24] Der AG ist hier mit Blick auf das Benachteiligungsverbot verpflichtet, die **Lohndifferenz** zu zahlen.[25] Kein unberechtigter Vorteil ist die **Gewährung eines bezahlten Freizeitausgleichs** an ein BR-Mitglied, das aus betriebsbedingten Gründen notwendige BR-Arbeit außerhalb seiner Arbeitszeit ausgeübt hat.[26]

6 Sieht ein TV oder eine BV **nachteilige Regelungen** vor, z. B. eine Versetzung an einen geringer bezahlten Arbeitsplatz bzw. Einführung von Kurzarbeit, gelten diese Regelungen auch für BR-Mitglieder.[27] Dies gilt aber nur, wenn keine Änderungskündigung erforderlich ist, da diese auch in der Form von Massen- und Gruppenänderungskündigungen gegenüber einem BR-Mitglied wegen des Kündigungsschutzes aus § 15 KSchG nicht ausgesprochen werden dürfen.[28]

7 Nicht nur die Gewährung eines besonderen Entgelts oder sonstigen Vorteils, sondern schon das **Versprechen** einer solchen **Besserstellung** ist unzulässig.[29] Die **Annahme** unzulässiger Vorteile durch das BR-Mitglied kann eine **grobe Verletzung seiner gesetzlichen Pflichten** darstellen und nach § 23 Abs. 1 den Ausschluss aus dem BR rechtfertigen.[30] Die vorsätzliche Begünstigung oder Benachteiligung eines BR-Mitglieds durch den AG ist nach § 119 Abs. 1 Nr. 3 strafbar. **Vereinbarungen** jeder Art über eine unzulässige Entgeltgewährung sind nach § 134 BGB **nichtig,** da sie gegen das Begünstigungsverbot des § 78 verstoßen. Aufgrund einer solchen Vereinbarung geleistete Zahlungen können nicht zurückgefordert werden, da sich das

---

schalisierungsmöglichkeiten *Kehrmann,* FS Wlotzke, S. 374 ff.; allg. Waas, S. 17 ff.; *Dzida/Mehrens,* NZA 13, 753; vgl. auch *LAG Köln* 13.9.84, DB 85, 394.

14 Vgl. *Waas,* S. 25 ff.; a. A. *ArbG Stuttgart* 13.12.12, ArbuR 13, 136 = NZA-RR 13, 140.

15 A. A. *ArbG Stuttgart a. a. O.,* das eine »Generalpauschale« für unzulässig hält; ähnlich *Byers,* NZA 14, 65.

16 *BAG* 18.2.14 – 3 AZR 568/12.

17 HWGNRH-*Glock,* Rn. 15; Richardi-*Thüsing,* Rn. 10.

18 GK-*Weber,* Rn. 17.

19 HWGNRH-*Glock,* Rn. 15; zur strafrechtlichen Bewertung BGHSt 17.9.09, NJW 10, 92.

20 *Fitting,* Rn. 8; HWGNRH-*Glock,* Rn. 9.

21 Vgl. *BAG* 1.3.63, AP Nr. 8 zu § 37 BetrVG.

22 *Fitting,* a. a. O.; HWGNRH-*Glock,* a. a. O.; vgl. auch § 78 Rn. 21.

23 GK-*Weber,* a. a. O.

24 Richardi-*Thüsing,* Rn. 7.

25 *Richardi,* a. a. O.; HWGNRH-*Glock,* Rn. 16.

26 *Fitting,* Rn. 9.

27 GK-*Weber,* Rn. 19; Richardi-*Thüsing,* Rn. 11; HWGNRH-*Glock,* Rn. 17.

28 *BAG* 29.1.81, 6.3.86, AP Nrn. 10, 19 zu § 15 KSchG 1969; 24.4.69, AP Nr. 18 zu § 13 KSchG; GK-*Weber,* Rn. 20; *Richardi,* a. a. O.; KR-*Etzel,* § 103 Rn. 59; *Matthes,* DB 81, 1165; a. A. *Fitting,* § 103 Rn. 12, die hierin eine verbotene Begünstigung [§ 78] und eine Verletzung des Gleichbehandlungsgrundsatzes [§ 75] sehen.

29 *Fitting,* Rn. 11.

30 GK-*Weber,* Rn. 16.

Verbot der unzulässigen Entgeltgewährung auch gegen den AG richtet, der deshalb ebenfalls gegen Abs. 1 verstößt.[31]

Die ehrenamtliche Tätigkeit des BR-Mitglieds ist **sozialversicherungsrechtlich** normale Arbeitsleistung.[32] **Unfälle,** einschließlich **Wegeunfällen,** die das BR-Mitglied in Ausübung von Amtsgeschäften bzw. bei Reisen in Erfüllung von BR-Aufgaben (vgl. Rn. 16 ff.) erleidet, sind Betriebsunfälle, die nach den allgemeinen unfallversicherungsrechtlichen Vorschriften zu entschädigen sind.[33] Dies gilt auch bei der Teilnahme an Schulungsmaßnahmen nach Abs. 6 und 7.[34] Für die **gesetzliche Unfallversicherung** ist im Übrigen die Erforderlichkeit der Arbeitsbefreiung (vgl. Rn. 26 ff.) und eine etwaige Abmeldepflicht (vgl. Rn. 44 ff.) nicht von Bedeutung, weil bei betrieblichem Bezug der Tätigkeit trotz pflichtwidrigen Verhaltens Versicherungsleistungen nur versagt werden können, wenn der Versicherte das Unfallereignis absichtlich herbeigeführt hat.[35] 8

Die BR-Tätigkeit ist nicht mit der nach dem Arbeitsvertrag zu erbringenden Arbeitsleistung identisch. Deshalb ist sie in einem **Arbeitszeugnis** nicht zu erwähnen, wenn der AN damit nicht einverstanden ist.[36] Auch mittelbare Aussagen haben zu unterbleiben.[37] Etwas anderes kann gelten, wenn ein freigestelltes BR-Mitglied infolge inzwischen eingeführter grundlegender technischer Neuerungen seiner früheren beruflichen Tätigkeit entfremdet wurde[38] sowie ausnahmsweise dann, wenn ein freigestelltes BR-Mitglied ein qualifiziertes Zeugnis wünscht und eine Beurteilung ohne Erwähnung der BR-Tätigkeit **überhaupt nicht möglich** ist.[39] Eine ehrenamtliche Tätigkeit nach dem BetrVG, z. B. JAV-Mitglied, darf grundsätzlich nicht in einer dienstlichen Regelbeurteilung enthalten sein.[40] Der AG darf auch die BR-Tätigkeit selbst nicht in einem Zeugnis beurteilen. 9

III. Arbeitsbefreiung (Abs. 2)

1. Allgemeines

Die Mitglieder des BR sind weiterhin AN des Betriebs und verpflichtet, ihren arbeitsvertraglichen Aufgaben nachzukommen. Die Übernahme des Betriebsratsamtes lässt den vertraglich vereinbarten Arbeitsort bei nicht freigestellten BR-Mitgliedern unverändert (zur Situation bei Freigestellten vgl. § 38 Rn. 66 ff.). Durch die Übernahme des BR-Amtes haben sie jedoch weitere, nicht unerhebliche Amtspflichten und Aufgaben wahrzunehmen. Dies führt in der betrieblichen Praxis vielfach zu einer **Kollision der Amts- und Arbeitsvertragspflichten.** Durch die in Abs. 2 und § 38 Abs. 1 vorgesehene Arbeitsbefreiung wird deutlich, dass der Gesetzgeber der **Erfüllung der Amtspflichten** gegenüber den arbeitsvertraglichen Pflichten eindeutig den **Vorrang** einräumt.[41] Dabei geht das Gesetz davon aus, dass BR-Mitglieder ihre Amtstätigkeit grundsätzlich während der Arbeitszeit auszuüben haben.[42] Voraussetzung ist, dass das **Arbeitsversäumnis erforderlich** ist. 10

Die Vorschrift ist gegenüber § 38 Abs. 1 als Generalnorm anzusehen.[43] Während nach § 38 11

31 *Fitting,* a. a. O.; *GL,* Rn. 14; a. A. ErfK-*Koch,* Rn. 1; GK-*Weber,* Rn. 15; Richardi-*Thüsing,* Rn. 9; *Bittmann/Mujan,* BB 12, 1604.
32 *Fitting,* Rn. 14; HWGNRH-*Glock,* Rn. 13.
33 *BSG* 20.5.76, BB 76, 980.
34 Vgl. auch Rn. 138, 157.
35 Vgl. § 8 SGB VII; *Schlömp,* AiB 87, 251.
36 *LAG Hamm* 12.4.76, DB 76, 1112, 6.3.91, DB 91, 1527; *LAG Frankfurt* 10.3.77, DB 78, 167; für den PR vgl. *HessLAG* 19.11.93, DB 94, 1044; Textmuster bei DKKWF-*Wedde,* § 37 Rn. 31.
37 *ArbG Ludwigshafen* 18.3.87, BB 87, 1464; *Witt,* BB96, 2194, hält es in bestimmten Fällen für zulässig, dass AG von der Pflicht zur Beurteilung befreit werden.
38 *LAG Frankfurt,* a. a. O.; *ArbG Kassel* 18.6.76, DB 76, 1487.
39 *BAG* 19.8.92, NZA 93, 222 = PersR 93, 85; a. A. HWGNRH-*Glock,* Rn. 14, der von einer grundsätzlichen Pflicht zur Erwähnung ausgeht.
40 Vgl. *BAG* a. a. O.
41 Vgl. *Bopp,* S. 10; *Fitting,* Rn. 16; HaKo-BetrVG/*Blanke,* Rn. 2; *Peter,* AiB 02, 203; ähnlich im Ergebnis ErfK-*Koch,* Rn. 3.
42 *BAG* 31.10.85, AP Nr. 52 zu § 37 BetrVG 1972.
43 Vgl. *BAG* 22.5.73, AP Nr. 2 zu § 38 BetrVG 1972.

Abs. 1 entsprechend der im Betrieb beschäftigten AN-Zahl eine bestimmte Zahl von BR-Mitgliedern von ihrer beruflichen Tätigkeit völlig freizustellen ist, regelt Abs. 2 die **Arbeitsbefreiung aus konkretem Anlass**. Sie eröffnet die Möglichkeit, einzelne BR-Mitglieder generell für einen Teil ihrer Arbeitszeit, beispielsweise für bestimmte Stunden am Tag bzw. in der Woche oder für bestimmte Tage in der Woche oder im Monat freizustellen, sofern dies für die ordnungsgemäße Erfüllung der BR-Aufgaben erforderlich ist,[44] sofern regelmäßig BR-Tätigkeit in einem bestimmten, einer Pauschalierung zugänglichen Mindestumfang anfällt.[45] Dies kann sowohl in Betrieben unter 200 AN, für die das Gesetz (§ 38 Abs. 1) keine generelle Regelung über Freistellungen vorsieht, als auch in größeren Betrieben, z. B. durch eine über die Mindeststaffel des § 38 Abs. 1 hinausgehende zusätzliche teilweise Freistellung, in Betracht kommen.[46] Für die völlig freigestellten BR-Mitglieder ist Abs. 2, mit Ausnahme seines Verbots der Entgeltminderung, praktisch unbedeutend. Etwas anderes gilt, wenn statt einer völligen Freistellung nach § 38 Abs. 1 zwei BR-Mitglieder teilweise freigestellt werden. In diesen Fällen steht den BR-Mitgliedern ein Anspruch auf zusätzliche Arbeitsbefreiung nach Abs. 2 über den Umfang ihrer Teilfreistellung hinaus zu, wenn sie BR-Aufgaben wahrnehmen müssen.[47] Im Rahmen der Arbeitsbefreiung nach Abs. 2 steht BR-Mitgliedern auch ein Anspruch auf **Zutritt zum Betrieb** zu, damit sie ihre Aufgaben ordnungsgemäß wahrnehmen können.[48]

12 Darüber hinaus gewährt Abs. 2 u. U. einen Anspruch auf generelle **Befreiung** von einer **bestimmten Art der Arbeit,** wenn dies für eine sachgerechte Erfüllung der Aufgaben des BR erforderlich ist.[49] Dies gilt z. B. für die Versetzung eines BR-Mitglieds aus der **Wechsel- in die Normalschicht,**[50] aus dem Außen- in den Innendienst[51] oder von der **Akkord- in die Zeitarbeit.**[52]

13 Der Anspruch des BR-Mitglieds auf Freistellung von der beruflichen Tätigkeit erschöpft sich nicht darin, die zur ordnungsgemäßen Durchführung der BR-Aufgaben erforderliche Zeit zu erhalten. Der AG ist vielmehr verpflichtet, bei der Zuteilung des **Arbeitspensums** auf die Inanspruchnahme durch BR-Tätigkeit angemessen Rücksicht zu nehmen. Daraus folgt, dass ein BR-Mitglied nicht mit dem Arbeitspensum eines Vollzeitbeschäftigten belastet werden darf.[53] Bei der Festlegung des individuellen Arbeitspensums ist insbesondere auch der Zeitaufwand zu berücksichtigen, der für Vorbereitungen der turnusmäßigen BR-Sitzungen anfällt.[54]

14 Die Bestimmung gilt auch für **Ersatzmitglieder,** sofern sie Aufgaben eines zeitweilig verhinderten BR-Mitglieds (§ 25 Abs. 1) wahrnehmen,[55] und für **Mitglieder des WA,** die nicht BR-Mitglied sind.[56]

---

44 *Fitting,* Rn. 19; GK-*Weber,* Rn. 26; Richardi-*Thüsing,* Rn. 13; *BAG* 2.4.74, AP Nr. 10 zu § 37 BetrVG 1972, 13.11.91, NZA 92, 414 = AiB 92, 456; ferner *v. Hoyningen-Huene,* der zutreffend darauf verweist, dass erfahrungsgemäß die BR-Mitglieder etwa zu einem Drittel von ihrer beruflichen Tätigkeit für BR-Aufgaben befreit werden müssen; zu regelmäßigen BR-Sitzungen vgl. DKKWF-*Wedde,* § 37 Rn. 6, 32 ff.

45 Vgl. *BAG* 2.4.74, a. a. O.; *LAG Düsseldorf* 30.3.89, NZA 89, 650; vgl. im Übrigen Rn. 30 ff.; a. A. HWGNRH-*Glock,* Rn. 24, der eine generelle Arbeitsbefreiung für einen Teil der Arbeitszeit ohne konkreten Anlass ablehnt.

46 *LAG Köln* 2.8.88, AuR 89, 150, Ls.; *ArbG Heilbronn* 15.11.90 – 3 Ca 350/90; GK-*Weber,* Rn. 25; *Fitting,* a. a. O.; a. A. bezüglich kleinerer Betriebe HWGNRH-*Glock,* Rn. 24.

47 *Fitting,* Rn. 17; GK-*Weber,* a. a. O.; a. A. HWGNRH-*Glock,* Rn. 17, der Abs. 2 nicht für einschlägig hält.

48 *LAG München* 28.9.05, AuR 06, 213; Richardi-*Thüsing,* Rn. 16; vgl. zum Zutrittsrecht auch § 5 Rn. 47 und § 80 Rn. 23.

49 *Fitting,* Rn. 20; GK-*Weber,* Rn. 26, jeweils m. w. N.; *Weber,* AiB 99, 71; Richardi-*Thüsing,* Rn. 13; *SWS,* Rn. 9; enger *LAG Schleswig-Holstein* 30.8.05, DB 05, 2415, das eine einzelfallbezogene Prüfung fordert; a. A. HWGNRH-*Glock,* Rn. 25, der lediglich eine einvernehmliche Änderung des Arbeitsvertrags zulässt.

50 *BAG* 13.11.64, 3.6.69, AP Nrn. 9, 11 zu § 37 BetrVG; vgl. auch *LAG Düsseldorf* 22.7.74, DB 75, 311; *Manstetten,* AiB 96, 215; DKKWF-*Wedde,* § 37 Rn. 7, 35 ff.

51 *ArbG Wuppertal* 9.12.87, AuR 88, 323, Ls.; *LAG Düsseldorf* 19.7.88 – 8/2 TaBV 57/88.

52 *Fitting,* a. a. O.; GK-*Weber,* a. a. O.; *GL,* Rn. 18; a. A. HWGNRH-*Glock,* a. a. O.

53 Vgl. *BAG* 27.6.90, BB 91, 739 = PersR 92, 76; *Textmuster bei* DKKWF-*Wedde,* § 37 Rn. 8, 37.

54 Hierzu *BAG* 17.1.79, DB 79, 1136, dass für Ersatzmitglieder einen durchschnittlichen Vorbereitungsaufwand von drei Tagen veranschlagt hat.

55 *ArbG Berlin* 2.6.80 – 36 Ca 82/80; *Peter,* AiB 02, 203.

56 *ArbG Berlin* 28.4.80, AiB 3/80, S. 11 f., Ls.

2. Voraussetzungen

Das BR-Mitglied hat einen Rechtsanspruch auf Arbeitsbefreiung, wenn **zwei Voraussetzungen** gegeben sind: Zum einen muss es sich um die **Durchführung von BR-Aufgaben** (vgl. Rn. 16 ff.) handeln, zum anderen muss die Arbeitsbefreiung **zur ordnungsgemäßen Durchführung** dieser Aufgaben **erforderlich**[57] sein. Damit ist allerdings nicht gesagt, dass sich BR-Tätigkeit und Arbeitsbefreiung zeitlich überschneiden müssen: Ist für ein BR-Mitglied, das außerhalb seiner Arbeitszeit an einer BR-Sitzung teilgenommen hat, die Einhaltung der vor oder nach der Sitzung liegenden Arbeitszeiten (etwa in Schichtbetrieben) unzumutbar oder unmöglich, besteht auch für diese Zeiten ein Anspruch auf Arbeitsbefreiung nach Abs. 2 und nicht nur ein Ausgleichsanspruch nach Abs. 3.[58] Entsprechendes gilt, wenn durch die Arbeitsleistung im Anschluss an BR-Tätigkeit die **gesetzlich zulässige Höchstarbeitszeit** überschritten würde. 15

a) Aufgaben des Betriebsrats

Welche Aufgaben zum Tätigkeitsbereich des BR und seiner Mitglieder gehören, ergibt sich in erster Linie aus dem BetrVG, aber auch aus anderen Gesetzen (z. B. ArbSchG, ASiG, BDSG, KSchG, SGB III, SGB VII, SGB IX, AGG) oder aus TV oder BV.[59] Auf das Vorliegen eines BR-Beschlusses bezüglich der Wahrnehmung von Aufgaben kommt es nicht an.[60] 16

Zu den **Aufgaben** des BR und seiner Mitglieder gehören nicht nur die **Teilnahme an den Sitzungen**[61] und **seiner Ausschüsse,** sondern z. B. auch die Beteiligung an Betriebsbegehungen,[62] und Besprechungen mit der Gewerkschaft und Behörden.[63] Unerheblich ist, ob die Durchführung der BR-Aufgaben innerhalb **oder außerhalb des Betriebs** erfolgt.[64] Jedes BR-Mitglied ist berechtigt, an jeder Sitzung teilzunehmen, solange es nicht aus rechtlichen oder tatsächlichen Gründen i. S. d. § 25 verhindert ist.[65] 17

Zu den **Aufgaben des BR bzw. seiner Mitglieder** (bzw. bei Verhinderung der entsprechenden Ersatzmitglieder) gehören außerdem z. B. folgende Tätigkeiten:[66] 18

- Teilnahme an Betriebs-, Abteilungs-, Teil- und BR-Versammlungen (§§ 42 ff., § 53) und deren Vorbereitung;[67]
- Teilnahme an Sitzungen des Arbeitsschutzausschusses (§ 11 ASiG), an Besprechungen mit dem Betriebsarzt und Sicherheitsfachkräften (§ 9 Abs. 1 und 2 ASiG) sowie an allen anderen Maßnahmen des Arbeitsschutzes;
- Teilnahme an Maßnahmen des betrieblichen Umweltschutzes gem. § 89 Abs. 1;
- Teilnahme an Sitzungen der JAV (§ 65 Abs. 2) und an JA-Versammlungen (§ 71); zu Sitzungen der GJAV und der KJAV vgl. § 73 Abs. 1, § 73 b Abs. 1;
- Teilnahme an Sitzungen von Gremien, die auf Grund eines TV oder einer BV errichtet wurden, z. B. paritätische Prämien- bzw. Akkordkommissionen;
- Teilnahme an betriebsübergreifenden Zusammenkünften von BR mehrerer Betriebe außerhalb einer BR-Versammlung, wenn es hierfür einen konkreten betrieblichen Anlass gibt;[68]

---

57 Vgl. Rn. 26 ff.; DKKWF-*Wedde*, § 37 Rn. 28.
58 *BAG* 7.6.89, NZA 90, 531.
59 ErfK-*Koch*, Rn. 2; *Fitting*, Rn. 24; GK-*Weber*, Rn. 30; *Pulte*, NZA 96, 913 ff.; vgl. im Übrigen § 80; a. A. HWGNRH-*Glock*, Rn. 22 f., hinsichtlich TV und BV.
60 *LAG Berlin-Brandenburg* – 10 TaBV 567/11, juris.
61 BR, GBR, KBR, WA, JAV, GJAV, KJAV; vgl. *ArbG Hamburg* 3.6.08, AiB Newsletter 08, Nr. 10, 5; *ArbG Frankfurt* 2.3.88, AiB 89; vgl. auch § 30 Rn. 2 ff.
62 *LAG Nürnberg* 18.10.93, BB 94, 65.
63 *Brill*, AuR 81, 202; *Fitting*, Rn. 23; HWGNRH-*Glock*, Rn. 30; Richardi-*Thüsing*, Rn. 16.
64 ErfK-*Koch*, Rn. 2; GK-*Weber*, Rn. 31; zu **Wege- und Reisezeiten** vgl. Rn. 41 f. und zu **Auslandskontakten** Rn. 20 f.
65 *ArbG Frankfurt* 2.3.88, a. a. O.; vgl. auch § 25 Rn. 15 ff.
66 Vgl. *Fitting*, Rn. 23 ff.; GK-*Weber*, Rn. 30 ff.; HWGNRH-*Glock*, Rn. 30; Richardi-*Thüsing*, Rn. 16, jeweils m. w. N.; *Peter*, AiB 02, 204.
67 *LAG Düsseldorf* 11.2.74, AuR 74, 280, Ls.; *LAG Frankfurt* 23.8.83, BetrR 84, 307 ff.
68 *BAG* 21.6.06, AuR 06, 454; ähnlich *LAG Rheinland-Pfalz* 10.9.09, NZA-RR 10, 78.

- Teilnahme an Besprechungen mit dem AG nach § 74 Abs. 1 und sonstigen Besprechungen und Verhandlungen mit ihm;
- Teilnahme an Besprechungen des AG mit Sicherheitsbeauftragten oder dem Sicherheitsausschuss nach § 22 Abs. 3 SGB VII (§ 89 Abs. 4);
- Teilnahme an Betriebsbesichtigungen durch Vertreter des Gewerbeaufsichtsamts oder der Berufsgenossenschaft (§ 89 Abs. 2);
- Beteiligung an Unfalluntersuchungen der Berufsgenossenschaft (§ 89 Abs. 2);
- Ausübung erforderlicher Tätigkeiten für den GBR, KBR, WA usw.;[69]
- Besprechungen mit Behörden, wie z. B. dem Gewerbeaufsichtsamt über Arbeitsschutz- und Gesundheitsfragen, der Berufsgenossenschaft über Arbeitssicherheits- und Unfallverhütungsfragen oder der Agentur für Arbeit bei drohenden Massenentlassungen, drohender Kurzarbeit, drohender bzw. geplanter Betriebsänderung, ggf. im Zusammenhang mit Verhandlungen über einen Interessenausgleich bzw. Sozialplan[70] oder Teilnahme an einem Arbeitsmarktgespräch, zu dem die Agentur für Arbeit eingeladen hat;[71]
- Beteiligung an Verhandlungen, die der AG mit Behörden führt und in denen es auf die Stellungnahme des BR ankommt bzw. bei denen aus sonstigen Gründen die Hinzuziehung des BR erwünscht wird;[72]
- Besprechung mit Gewerkschaftsvertretern auch außerhalb des Betriebs (z. B. Gewerkschaftsbüro) über betriebsbezogene Fragen oder zur Klärung von Rechtsfragen;[73]
- Besuch eines Rechtsanwalts zur Vorbereitung eines arbeitsrechtlichen Verfahrens;
- Information über den Stand von Tarifverhandlungen, wenn diese Auswirkungen auf den Betrieb haben;[74]
- Teilnahme an Schulungs- und Bildungsveranstaltungen gemäß § 37 Abs. 6 und 7 (nunmehr durch die Formulierung des Abs. 6 Satz 1 gesetzlich normiert);
- Vorbereitung von Sitzungen (einschließlich GBR, KBR, WA und sonstige Ausschüsse), Besprechungen und Verhandlungen sowie deren Nachbereitung;[75]
- Besprechung mit anderen BR-Mitgliedern des Betriebs, z. B. auch »Fraktionssitzungen« auf Grund der verstärkten Minderheitenregelung, zum Zwecke der Abstimmung über gemeinsame Anträge und Initiativen in Vorbereitung auf eine Sitzung des BR oder seiner Ausschüsse;
- Besprechungen mit anderen BR eines UN zur Frage der Zuständigkeit des GBR oder zur Beeinflussung der Willensbildung dieses Gremiums;[76]
- Einordnen von BR-Unterlagen sowie Erledigung schriftlicher Arbeiten einschließlich der Erstellung von Niederschriften und Gesprächsnotizen;[77]
- Vorbereitung des Monatsgesprächs gemäß § 74 Abs. 1;[78]
- Erstellung von Sitzungsunterlagen sowie des Tätigkeitsberichts des BR;[79]
- Wahrnehmung der Sprechstunde des BR;[80]

---

69 *LAG München* 19.7.90, NZA 91, 905.
70 Hierzu *Brill,* AuR 81, 202.
71 *BAG* 23.9.82, AP Nr. 42 zu § 37 BetrVG 1972; a. A. HWGNRH-*Glock,* Rn. 32.
72 *Kühner,* S. 92; vgl. insbes. § 89.
73 Vgl. *ArbG Aachen* 12.12.78 – 1 Ca 485/78; *ArbG Stuttgart* 31.8.88 – 22 Ca 2334/88; *SWS,* Rn. 8; bezogen auf die Zahl der Gesprächsteilnehmer, insbes. wenn freigestellte BR-Mitglieder vorhanden sind; einschränkender: *BAG* 6.8.81 – AP Nr. 39 zu § 37 BetrVG 1972; so auch HWGNRH-*Glock,* Rn. 30; bzw. Beschränkung auf den BR-Vorsitzenden vgl. HWGNRH-*Glock,* Rn. 40; *LAG Hamm* 13.5.05, AuA 05, 744.
74 A. A. *ArbG Osnabrück* 17.1.95, NZA 95, 1013; HWGNRH-*Glock,* Rn. 32.
75 *BAG* 17.1.79, DB 79, 1136 – drei Vorbereitungstage für Ersatzmitglieder; *ArbG Berlin* 28.4.80, AiB 3/80, S. 11 f.; *LAG Berlin* 18.6.92, BB 93, 291, Ls. = AiB 93, 46 mit Anm. *Küster.*
76 *BAG* 10.8.94, BB 95, 1034; *LAG Hamburg* 23.10.97 – 1 TaBV 1/97; *Fitting,* Rn. 30; a. A. *Behrens,* BB 95, 1035; HWGNRH-*Glock,* Rn. 32.
77 *ArbG Stuttgart* 31.8.88 – 22 Ca 2334/88; *LAG Berlin* 11.12.80 – 7 Sa 67/80; zustimmend *Hunold,* NZA 05, 1149 f.
78 *ArbG Berlin* 2.6.80 – 36 Ca 156/80.
79 *ArbG Stade* 16.9.80 – 2 Ca 626/80.
80 *BAG* 13.11.91, NZA 92, 414 = AiB 92, 456; *ArbG Berlin* 21.5.80 – 40 Ca 72/80.

- Wahrnehmung der Aufgaben, die gem. § 80 aus anderen zugunsten der Arbeitnehmer geltenden Gesetzen folgen (vgl. hierzu die Übersicht § 80 Rn. 7 ff.);
- Betriebsbegehungen in Erfüllung der Aufgaben des BR (z. B. § 80) sowie zur Überprüfung der Einhaltung von Unfallverhütungsvorschriften.[81] Dies gilt auch während eines Arbeitskampfes[82] und schließt das Aufsuchen von AN an ihrem Arbeitsplatz ein;[83]
- Unterstützung und Betreuung einzelner AN bei der Verwirklichung von Individualrechten[84] oder sonstige Gespräche und Beratungen mit ihnen im Rahmen betrieblicher Angelegenheiten und der Zuständigkeit des BR[85] sowie Teilnahme an Erörterungen zwischen AN und AG nach § 81 Abs. 3;
- Entgegennahme von und Untersuchung der Berechtigung der Beschwerden der AN (§§ 84 ff.) sowie deren Unterstützung;
- Teilnahme an Einsicht in die Personalakte durch den AN (§ 83 Abs. 1);
- Durchführung und Umsetzung der dem BR obliegenden Mitwirkungs- und Mitbestimmungsrechte sowie Wahrnehmung der gesetzlichen Aufgaben i. R. eines Insolvenzverfahrens;[86]
- Teilnahme an Zeitaufnahmen;[87]
- Schlichtung von Urlaubsstreitigkeiten;[88]
- Teilnahme an Sitzungen der ESt. (§ 76);
- Abholen von Materialien, die für die Beratung in einer BR-Sitzung oder für die Gestaltung einer Betriebsversammlung benötigt werden; Entsprechendes gilt für das Abholen eines Gewerkschaftssekretärs am Bahnhof oder Flughafen, der zur Teilnahme und Beratung an einer BR-Sitzung eingeladen wurde;[89]
- Besuch auswärtiger Betriebsteile bzw. Betriebsstätten, soweit sie nicht nach § 4 als selbstständige Betriebe gelten. Dies gilt für Betriebe mit vielen im Außendienst tätigen AN sowie für ausländische Betriebsteile (z. B. Baustelle), sofern dort vorübergehend AN beschäftigt sind, die nach den Grundsätzen der »Ausstrahlungstheorie« (vgl. § 5 Rn. 48; § 111 Rn. 135) zum Betrieb gehören;[90]
- in grenzüberschreitend tätigen Unternehmen und Konzernen Bildung eines EBR beim Vorliegen der gesetzlichen Voraussetzungen sowie die Wahrnehmung der aus diesem Gesetz folgenden Aufgaben und Befugnisse durch BR bzw. GBR/KBR.[91] Entsprechendes gilt, wenn statt des EBR auf Grund anderweitiger Vereinbarungen andere Regelungen zur Unterrichtung und Anhörung der AN getroffen wurden;[92]
- Wahrnehmung von Befugnissen und Aufgaben, die sich in grenzüberschreitend tätigen Unternehmen aus freiwilligen Absprachen zwischen AG und BR zu grenzüberschreitenden Vertretungen oder zur grenzüberschreitenden Zusammenarbeit ableiten;[93]
- Aufsuchen von AN am Arbeitsplatz, ohne Vorliegen eines konkreten Anlasses;[94]

---

81 *BAG* 1.3.63, AP Nr. 8 zu § 37 BetrVG; *Kühner,* S. 92; Richardi-*Thüsing,* Rn. 16; einschränkender: HWGNRH-*Glock,* Rn. 32.
82 *ArbG Düsseldorf* 30.5.84 – 3 BV Ga 14/84; *Kümpel,* AiB 82, 5.
83 *BAG* 17.1.89, 13.6.89, a. a. O.; *Lemke,* PersR 90, 171; a. A. *BVerwG* 9.3.90, ZTR 90, 254 für den Zugang eines PR-Mitglieds zu Arbeitsplätzen; vgl. ergänzend § 80 Rn. 9.
84 §§ 81 ff.; ähnlich GK-*Weber,* Rn. 32.
85 *BAG* 6.8.81, AP Nr. 40 zu § 37 BetrVG 1972; *Kühner,* S. 92.
86 Etwa gem. § 120 InsO; vgl. HWGNRH-*Glock,* Rn. 30.
87 Einschränkend *BAG* 11.8.93 – 7 AZR 619/92, AuR 93, 374, Ls., sofern diese lediglich zur Vorbereitung der Willensbildung des AG dienen.
88 *ArbG Berlin* 7.6.79 – 8 Ca 103/79.
89 Vgl. *ArbG Berlin* 28.10.88 – 49 Ca 136/88.
90 So auch zur Durchführung von Teilversammlungen *Fitting,* § 42 Rn. 55 m. w. N.; weitergehend *SWS,* Rn. 8; a. A. *BAG* 27.5.82, AP Nr. 3 zu § 42 BetrVG 1972.
91 *Fitting* Rn. 25; HWGNRH-*Glock,* Rn. 28 f.; zum EBR Anhang B sowie insgesamt *Asshoff/Bachner/Kunz,* 182 ff.
92 Zu den Möglichkeiten vgl. Anhang B, § 17 EBRG Rn. 14 ff.; *Fitting,* a. a. O.; a. A. HWGNRH-*Glock,* a. a. O.
93 Zutreffend *Fitting,* Rn. 26.
94 *BAG* 21.2.82, AP Nr. 1 zu § 70 BetrVG 1972; a. A. HWGNRH-*Glock,* Rn. 32; nach abzulehnender Auffassung *BAG* 13.6.89 soll ein BR-Beschluss erforderlich sein.

- Besuch von **Telearbeitern** an häuslichen Arbeitsplätzen[95] sowie von AN in ausgelagerten Call-Centern.

19 Die Teilnahme an **Besprechungen mit BR fremder Betriebe** kann zu den Aufgaben des BR bzw. seiner Mitglieder gehören, **sofern ein konkreter betrieblicher Anlass** dafür **besteht**,[96] z. B. Einführung eines neuen EDV-Systems oder einer neuen, komplizierten Produktionsanlage, die in dem anderen Betrieb bereits besteht; Produktionsverlagerung; UN-Zusammenschlüsse; Ausbau der Betriebsnutzungszeiten; Einführung regelmäßiger Wochenendarbeit; Fragen des Arbeitsschutzes zweier nebeneinander liegender Betriebe. Hat der AG in der Vergangenheit die Teilnahme an Treffen mit BR anderer Betriebe als erforderlich angesehen, entsteht ein **Vertrauenstatbestand.** Will der AG hiervon in Zukunft abweichen, muss er dies dem BR eindeutig erklären.[97] Sollen mehrere Betriebe verschiedener AG zu einem **gemeinsamen Betrieb** (vgl. § 1 Abs. 1 Satz 2, Abs. 2) zusammengefasst werden, arbeiten AG in Angelegenheiten eng zusammen, die der Beteiligung des BR unterliegen oder diese berühren, oder treten in benachbarten Betrieben gleichartige Arbeitsschutzprobleme (vgl. hierzu auch § 8 ArbSchG) auf, sind Besprechungen ebenfalls zulässig. BR-Tätigkeit ist auch die Teilnahme an durch TV oder BV begründeten unternehmensübergreifenden Arbeitsgemeinschaften gem. § 3 Abs. 1 Nr. 4.

20 Obwohl das Gesetz nach dem Territorialitätsprinzip grundsätzlich nur im Inland gilt (vgl. § 1 Rn. 23 ff.), kommen Besprechungen und Sitzungen **mit betrieblichen Interessenvertretungen ausländischer Betriebe**. im Ausland in Betracht.[98] Dies gilt insbes. für Betriebe multinationaler UN/Konzerne, aber auch bei bevorstehenden Fusionen, Verschmelzungen, Firmenaufkäufen und Neugründungen von Standorten. Standortfragen – wie Nationalität, Steuersystem, behördliche Auflagen, Entwicklung des arbeits- und sozialrechtlichen Schutzes der AN – waren und sind für das Management multinationaler UN keine Hindernisse für die Durchsetzung einer einheitlichen Konzernpolitik. Sie waren dagegen häufig willkommene Anlässe, z. B. den Abbau von Sozialleistungen oder Betriebsänderungen durchzusetzen bzw. längere Betriebsnutzungszeiten oder regelmäßige Samstags- oder Wochenendarbeit einzuführen. Unternehmerische Entscheidungen mit zum Teil erheblichen sozialen Auswirkungen, bis hin zu Betriebsschließungen, fallen nicht selten in der Konzernspitze im Ausland. Der örtliche BR bzw. GBR/KBR hat es damit vor Ort ggf. mit einem Management ohne echte Verhandlungskompetenz zu tun. Um sein Informationsdefizit auszugleichen, muss es dem BR bzw. GBR/KBR möglich sein, sich ebenfalls Informationen durch Besprechungen mit der betrieblichen Interessenvertretung ausländischer Betriebe, z. B. des Gleichen UN/Konzerns, zu beschaffen. Es ist für die AN-Vertretung zur Aufgabenerfüllung erforderlich, sich ebenfalls treffen und abstimmen zu können.[99] In Betracht kommen auch Schulungsmaßnahmen nach Abs. 6 und 7 (vgl. Rn. 127, 174 f.). Es bleibt den AG im Übrigen unbenommen, Veranstaltungen von BR verschiedener UN durch die Gewährung von Arbeitsbefreiung und die Übernahme der erforderlichen Kosten zu fördern.

21 Eine **Auslandsreise** kann erforderlich sein, wenn der BR bei der EU-Behörde in Brüssel seine Besorgnis artikulieren will, dass das UN die Gründung eines Gemeinschafts-UN mit einem anderen UN plant, da Art. 18 Abs. 4 der Verordnung (EWG) Nr. 4064/89 des Rates vom 21.12.1989 über die Kontrolle von UN-Zusammenschlüssen die Möglichkeit einer Anhörung von rechtlich anerkannten Vertretern oder AN der UN, die einen Zusammenschluss planen, vorsieht.[100] Die **Erforderlichkeit** einer Auslandsreise ist nicht rückblickend nach rein objek-

95 *Wedde*, S. 118 ff.

96 *LAG Düsseldorf* 30.6.87 – 16 TaBV 41/87; *ArbG München* 29.8.91, BB 91, 2375 = AiB 91, 429 mit Anm. *Däubler* = BetrR 93, 47 mit Anm. *Meißner;* ErfK-*Koch*, Rn. 2; *Plander*, AiB 97, 195 ff.; *Fitting*, Rn. 30; *BAG* 10.8.94, BB 95, 1034 zu Treffen mit BR-Mitgliedern aus regionalen Betrieben eines UN zur Erörterung strittiger Punkte; a. A. HWGNRH-*Glock*, Rn. 32; GK-*Weber*, Rn. 38.

97 *LAG Berlin* 18.6.92, BB 93, 291, Ls. = BetrR 93, 38, Ls.

98 *ArbG München*, 29.8.91, BB 91, 2375 = AiB 91, 429 mit Anm. *Däubler*, wenn der AG grenzüberschreitend ein mitbestimmungspflichtiges EDV-System einführen will; *Klebe*, FS Gnade, S. 661 [669 ff.] § 40 Rn. 22; a. A. HWGNRH-*Glock*, Rn. 32.

99 *Klebe*, FS Gnade, a. a. O.

100 *LAG Niedersachsen* 10.6.92, BB 93, 291, Ls.; ähnlich ErfK-*Koch*, Rn. 2; unklar GK-*Weber*, Rn. 31.

tivem Maßstab, sondern danach zu beurteilen, ob der BR die Reise subjektiv im Zeitpunkt der Entscheidung für erforderlich halten durfte.[101]

Zu den **Aufgaben des BR** gehört das **Auftreten vor ArbG** in Angelegenheiten, in denen er selbst Beteiligter ist[102] bzw. bei arbeitsgerichtlichen Streitverfahren zwischen BR und AG oder einem BR-Mitglied und dem AG, sofern die Amtstätigkeit die wesentliche Ursache für die Rechtsstreitigkeit bildet.[103] Die **Teilnahme** eines oder mehrerer BR-Mitglieder an einem **ArbG-Verfahren als Zuhörer** kann ein notwendiges Arbeitsversäumnis darstellen, wenn es sich um einen Rechtsstreit von grundsätzlicher Bedeutung über eine für die Arbeit des betreffenden BR wesentliche Frage – z. B. neue Tarifregelung, Kündigungsrechtsstreit eines AN des Betriebs – handelt[104] oder wenn der BR erwarten durfte, die in der Gerichtsverhandlung erworbenen Informationen zur Lösung eines konkret bestehenden Konfliktes einsetzen zu können.[105] Ein Teilnahmerecht besteht auch bei Streitigkeiten über betriebsverfassungsrechtliche Stellung, Rechte und Pflichten **einzelner BR-Mitglieder**. Zum Teilnahmerecht eines freigestellten BR-Mitglieds als Zuhörer an Gerichtsverhandlungen vgl. § 38 Rn. 71. Tritt ein BR-Mitglied als **Zeuge** oder **Sachverständiger** vor Gericht oder in einem Strafverfahren nach § 119 auf, liegt keine BR-Tätigkeit vor. Es findet stattdessen das Gesetz über die Entschädigung von Zeugen und Sachverständigen Anwendung.[106] 22

Nicht zu den gesetzlichen Aufgaben des BR gehören z. B.: 23

- Vertretung einzelner AN des Betriebs in deren arbeitsgerichtlichen Streitigkeiten;[107]
- individuelle Rechtsberatung der AN des Betriebs;[108]
- Wahrnehmung von Ehrenämtern in der Gerichtsbarkeit, z. B. als ehrenamtlicher Richter eines Arbeits- oder Sozialgerichts oder als Mitglied des Verwaltungsausschusses der Agentur für Arbeit;
- Durchführung einer BR-Wahl, mit Ausnahme der Bestellung des WV. Die Durchführung obliegt dem WV, dem allerdings BR-Mitglieder angehören können. WV-Mitglieder haben für erforderliche Tätigkeit außerhalb ihrer Arbeitszeit Ausgleichsansprüche in entsprechender Anwendung des § 37 Abs. 3 BetrVG.[109]

Bei nachstehenden Maßnahmen, die **üblicherweise nicht zu den Aufgaben des BR** gehören, entscheiden die betrieblichen Gegebenheiten, ob sie als BR-Tätigkeit angesehen werden können: Beratung der AN bei Wohnungsproblemen, Einkaufsmöglichkeiten, Urlaubsreisen oder Versicherungsverträgen; Entgegennahme von Urlaubsanträgen; Teilnahme an Tarifverhandlungen; Mitwirkung in gewerkschaftlichen Tarifkommissionen;[110] Betätigungen für die Gewerkschaft einschl. Mitgliederwerbung u. Ä. (vgl. jedoch § 74 Rn. 77 ff.). Die Teilnahme an **Veranstaltungen von Gewerkschaften** außerhalb von Schulungs- und Bildungsveranstaltungen i. S. v. Abs. 6 und 7 kann in Abhängigkeit von der betrieblichen Situation ebenfalls zu den Aufgaben des BR gehören.[111] 24

101 *LAG Niedersachsen,* a. a. O.
102 Vgl. *BAG* 19.5.83, AP Nr. 44 zu § 37 BetrVG 1972; *LAG Düsseldorf* 3.1.75, BB 75, 373; *ArbG Hamburg* 27.11.91, AiB 92, 90; Richardi-*Thüsing,* Rn. 17.
103 *LAG Schleswig-Holstein* 27.2.92 – 6 Sa 577/91; *ArbG Stuttgart* 2.7.86 – 21 Ca 29/86; vgl. auch *Otto,* Anm. zu *BAG* 14.10.82, AP Nr. 19 zu § 40 BetrVG 1972.
104 *LAG Bremen* 28.6.89, DB 90, 742; *LAG Frankfurt* 13.5.80, BB 82, 186, das allerdings die Teilnahme auf ein BR-Mitglied beschränkt; vgl. auch *BAG* 31.5.89, AP Nr. 9 zu § 38 BetrVG 1972, das eine Teilnahme in Ausnahmefällen als erforderliche BR-Tätigkeit ansieht; *Fitting,* Rn. 29; *Leisten,* AuR 81, 168; a. A. *BAG* 31.8.94, NZA 95, 225 für eine geklärte Rechtsfrage; *LAG Hamm* 6.1.93 – 3 Sa 1432 – 3/92, jedenfalls dann, wenn die erörterten Rechtsfragen für zukünftige Rechtspositionen des BR nicht wichtig sind.
105 *LAG Köln* 14.9.92 – 11/2 Sa 246/92; a. A. MünchArbR-*Joost,* § 308 Rn. 7.
106 *LAG Düsseldorf* 3.1.75, BB 75, 373.
107 *BAG* 9.10.70, AP Nr. 4 zu § 63 BetrVG; 19.5.83, AP Nr. 44 zu § 37 BetrVG 1972.
108 *LAG Rheinland-Pfalz* 10.9.84, NZA 85, 430; vgl. allgemein zu den gesetzlichen Möglichkeiten nach der Novelle des Rechtsberatungsgesetzes *Düwell,* dbr 7/08, 16.
109 *BAG* 26.4.95, AP Nr. 17 zu § 20 BetrVG = AiB 96, 40 mit Anm. *Hamm.*
110 A. A. *Fitting,* Rn. 31; GK-*Weber,* Rn. 37; Richardi-*Thüsing,* Rn. 18; ErfK-*Koch,* Rn. 2.
111 Enger *BAG* 21.6.06, AuR 06, 454, das die Teilnahme nur in Ausnahmefällen und beim Vorliegen eines konkreten betrieblichen Anlasses für erforderlich hält; a. A. Richardi-*Thüsing,* Rn. 18.

25 Soweit ein BR-Mitglied Arbeitsbefreiung aus Gründen in Anspruch genommen hat, die nicht zu den Aufgaben des BR gehören, hat es grundsätzlich keinen Anspruch auf Fortzahlung des Arbeitsentgelts. Dies gilt nicht, wenn das BR-Mitglied in einem **entschuldbaren Irrtum** davon ausgegangen ist, BR-Tätigkeit auszuüben.[112] Ein solcher Irrtum kann gegeben sein, wenn der AG ein entsprechendes Verhalten in der Vergangenheit unwidersprochen akzeptiert hat.[113]

b) Erforderlichkeit der Arbeitsbefreiung

26 Steht fest, dass es sich um BR-Tätigkeit handelt, muss durch den BR bzw. das BR-Mitglied geprüft werden, ob zu ihrer ordnungsgemäßen Erledigung Arbeitsbefreiung nach Umfang und Art des Betriebs **erforderlich** ist.[114] Was im Einzelfall als erforderlich anzusehen ist, kann nur anhand der **konkreten Umstände** beurteilt werden. Das gilt sowohl für die Zahl der BR-Mitglieder als auch für die Dauer der Arbeitsbefreiung. Während die Frage, ob die betreffende Tätigkeit zum Aufgabenkreis des BR-Mitglieds gehört, nach objektiven Gesichtspunkten zu beurteilen ist (vgl. Rn. 16 ff.), ist die Beurteilung, ob die Arbeitsbefreiung erforderlich ist, weder nach objektiven noch nach subjektiven Gesichtspunkten vorzunehmen. Es ist vielmehr danach zu entscheiden, ob das oder die BR-Mitglieder bei **gewissenhafter Überlegung und unter Abwägung der Interessen des Betriebs, des BR und der Belegschaft** die Arbeitsversäumnisse für notwendig halten durften, um den gestellten Aufgaben gerecht zu werden.[115] Eine BR-Sitzung hat immer Vorrang. Ein Beschluss des BR allein soll nicht genügen, um die Erforderlichkeit einer Arbeitsbefreiung zu begründen.[116] Bei der Beurteilung der Erforderlichkeit spielen u. a. eine wesentliche Rolle: Größe und Art des Betriebs; die Vielfalt der konkret dem BR obliegenden Aufgaben; die Aktivität des jeweiligen BR und die Gründlichkeit, mit der einzelne Mitglieder ihre Aufgaben erledigen; individuelles Temperament, Geschicklichkeit, Fähigkeit und Arbeitsweise; Konfliktgeneigtheit des AG.[117] Ein BR, der den weit gesteckten Rahmen seiner gesetzlichen Mitwirkungs- und Mitbestimmungsrechte auszuschöpfen versucht, überschreitet nicht die Grenzen der Erforderlichkeit.[118] Deshalb ist im Regelfall auch eine Besprechung zwischen BR-Mitgliedern zulässig, deren Gegenstand die Möglichkeit der Bildung eines GBR ist.[119]

27 Der **Umfang der Arbeitsbefreiung** hängt auch davon ab, welche Stellung das BR-Mitglied innerhalb des BR bekleidet bzw. welche Aufgaben ihm durch den BR übertragen wurden. Naturgemäß hat ein BR-Mitglied, das als Vorsitzender oder stellvertretender Vorsitzender fungiert und/oder verschiedenen Ausschüssen des BR, ggf. auch dem GBR, KBR oder dem WA angehört, wesentlich mehr Aufgaben wahrzunehmen als ein Mitglied ohne Funktionen. Bei **Ersatzmitgliedern** leitet sich die Notwendigkeit einer Arbeitsbefreiung im konkreten Einzelfall aus Vertretungsnotwendigkeiten ab.[120] Welchem BR-Mitglied welche Aufgaben innerhalb des BR zugewiesen werden, ist **allein Sache des BR**,[121] wobei jedoch teilweise eine Verpflichtung zur rationellen Arbeitsweise angenommen wird.[122]

---

112 *BAG* 31.8.94, NZA 95, 225; *LAG Bremen* 28.6.89, DB 90, 742; *Fitting,* Rn. 33; *Weiss,* Rn. 4; vgl. Richardi-*Thüsing,* Rn. 15; MünchArbR-*Joost,* § 308 Rn. 15, die dem BR-Mitglied einen Beurteilungsspielraum einräumen; a. A. GK-*Weber,* Rn. 28; HWGNRH-*Glock,* Rn. 33; *SWS,* Rn. 6; zur Abmahnung vgl. Rn. 32.

113 Beispielsweise eine Zusammenkunft der BR mehrerer Betriebe, vgl. *LAG Berlin* 18.6.92, BB 93, 291.

114 Richardi-*Thüsing,* Rn. 21; *Peter,* AiB 02, 203.

115 *BAG* 8.3.57, 6.7.62, AP Nrn. 4, 7 zu § 37 BetrVG, 6.8.81, AP Nr. 40 zu § 37 BetrVG 1972; *LAG Bremen* 28.6.89, DB 90, 742; GK-*Weber,* Rn. 40; HWGNRH-*Glock,* Rn. 34; *v. Hoyningen-Huene,* S. 168; Richardi-*Thüsing,* Rn. 24; jeweils m. w. N.; nach *BAG* 11.6.97 – 7 AZR 229/96 – soll die Dringlichkeit der beruflichen Tätigkeit und der Verrichtung von BR-Arbeit miteinander abzuwägen sein.

116 *BAG* 6.8.81, AP Nr. 39 zu § 37 BetrVG 1972; vgl. auch Rn. 30.

117 *LAG Berlin* 11.12.80 – 7 Sa 67/80; 17.12.80 – 5 Sa 75/80; *ArbG Berlin* 8.7.80 – 39 Ca 75/80.

118 ErfK-*Koch,* Rn. 3; *Fitting,* a. a. O.; *Frohner,* BlStSozArbR 79, 67; GK-*Weber,* Rn. 43.

119 Enger *LAG Hamm* 14.7.99 – 3 Sa 698/99, für das die Erforderlichkeit in diesen Fällen nur ausnahmsweise gegeben sein soll.

120 *ArbG Hamburg* 3.6.08, AiB Newsletter 08, Nr. 10, 5.

121 *BAG* 1.3.63, AP Nr. 8 zu § 37 BetrVG.

122 *BAG,* a. a. O.; GK-*Weber,* Rn. 29; *Kühner,* S. 96.

Auch in Betrieben mit nach § 38 **völlig freigestellten BR-Mitgliedern** ist eine zeitweise Arbeitsbefreiung anderer Mitglieder generell zulässig.[123] Eine Übertragung von Aufgaben auf einzelne BR-Mitglieder könnte allenfalls dann als nicht erforderlich angesehen werden, wenn für die Erledigung der konkreten Aufgabe geeignete freigestellte BR-Mitglieder nicht ausgelastet wären.[124] **28**

Da Gegenspieler des AG innerhalb des Betriebs nicht der BR-Vorsitzende, sondern der BR in seiner Gesamtheit ist[125] können **alle BR-Mitglieder** an den Besprechungen nach § 74 Abs. 1 und an Verhandlungen mit dem AG über grundsätzliche Fragen teilnehmen.[126] Dies gilt z. B. in größeren BR allenfalls nicht für reine Routinebesprechungen und -verhandlungen. Etwas anderes kann für kleinere BR gelten, wo die Beteiligung aller BR-Mitglieder auf Grund der überschaubaren Zahl selbst bei Routinegesprächen durchaus sinnvoll und praktikabel ist. Verhandlungen über Angelegenheiten, die einem Ausschuss des BR zur selbstständigen Erledigung übertragen sind, sind grundsätzlich von allen Mitgliedern des Ausschusses wahrzunehmen.[127] Sucht der BR-Vorsitzende einen Rechtsanwalt auf, kann die Begleitung durch weitere BR-Mitglieder in Abhängigkeit von den zu behandelnden kollektivrechtlichen Themen im Einzelfall erforderlich sein.[128] **29**

Ein **Beschluss des BR,** mit dem ein BR-Mitglied zur Erledigung bestimmter Aufgaben »freigestellt« wird, reicht allein nicht aus, um die Erforderlichkeit einer Arbeitsbefreiung zu begründen,[129] auch wenn für konkrete Aufgabenstellungen grundsätzlich ein entsprechender BR-Beschluss vorausgesetzt werden muss.[130] Vielmehr muss hinzukommen, dass das betreffende BR-Mitglied das Arbeitsversäumnis zur Erfüllung der ihm obliegenden Aufgaben selbst für notwendig halten konnte.[131] Umfassende Darlegungspflichten dazu, dass etwa Aufgaben nicht durch andere BR-Mitglieder (etwa durch nach § 38 Abs. 1 freigestellte) erledigt werden können, wie ihn einzelne Gerichte für notwendig halten[132], würden die unabhängige Amtsführung jedes BR-Mitglieds in Frage stellen. Ohne ein konkretes Gegenvorbringen des Arbeitgebers kann deshalb von einem BR-Mitglied keine detaillierte Darlegung dazu verlangt werden, welche BR-Arbeit er aus welchen Gründen durchführen musste.[133] Jedes BR-Mitglied führt unabhängig von der Geschäftsverteilung innerhalb des BR sein **Amt eigenverantwortlich,** so dass in einer konkreten Situation das Tätigwerden eines BR-Mitglieds auch **ohne BR-Beschluss** erforderlich sein kann.[134] Da die Erforderlichkeit der Arbeitsbefreiung sich nach den Umständen des Einzelfalles richtet, ist es **unzulässig,** sog. **Richtwerte** in Anlehnung an die Freistellungsstaffel des § 38 Abs. 1 für die Arbeitsbefreiung nach Abs. 2 festzulegen.[135] Der AG hat Vorkehrungen zu treffen, damit das BR-Mitglied seine **Amtspflichten während seiner Arbeitszeit** ausüben kann.[136] Dementsprechend kann z. B. ein Anspruch auf **Reduzierung der Unterrichtsverpflichtung** bei Lehrern[137] oder auf **Reduzierung des Arbeitspensums** bestehen (vgl. hierzu Rn. 13). **30**

Bei der Frage, ob die BR-Tätigkeit erforderlich ist, steht dem BR-Mitglied und den Gerichten der Tatsacheninstanzen ein revisionsrechtlich nur eingeschränkt nachprüfbarer **Beurteilungs-** **31**

---

123 So auch *Fitting,* Rn. 45; *Weber,* AiB 99, 71 f.; zu eng GK-*Weber,* Rn. 44; *Richardi,* a. a. O.

124 *BAG* 19.9.85, AP Nr. 1 zu 42 LPVG Rheinland-Pfalz; zu eng *LAG Hamm* 24.8.79, EzA § 37 BetrVG 1972 Nr. 66; HWGNRH-*Glock,* Rn. 39, der es für nicht vertretbar hält, wichtige und Zeit raubende Tätigkeiten einem nicht freigestellten BR-Mitglied zuzuweisen.

125 *Kühner,* S. 92.

126 ErfK-*Koch,* Rn. 3; *Fitting,* Rn. 46; GK-*Weber,* Rn. 46; wohl auch *GL,* Rn. 30; HWGNRH-*Glock,* Rn. 40.

127 *Fitting,* Rn. 48; enger GK-*Weber,* a. a. O., der die Beteiligung aller Ausschussmitglieder auf Verhandlungen über grundsätzliche Fragen beschränkt.

128 Enger GK-*Weber,* a. a. O., der hierfür grundsätzlich keine Erforderlichkeit sieht.

129 *BAG* 6.8.81, AP Nr. 39 zu § 37 BetrVG 1972; ErfK-*Koch,* Rn. 3; *Fitting,* Rn. 39; *SWS,* Rn. 7.

130 *Schlömp,* AiB 87, 251; *BAG,* a. a. O.

131 *BAG,* a. a. O.; *Fitting,* a. a. O.; HWGNRH-*Glock,* Rn. 38; vgl. auch Rn. 26.

132 Vgl. *LAG Rheinland-Pfalz* 14.5.13 – 6 SaGa 2/13, juris.

133 Ähnlich *ArbG Hamburg* 4.10.12, ArbuR 13, 53.

134 *BAG* 6.8.81, AP Nr. 40 zu § 37 BetrVG 1972; *LAG Köln* 14.9.92 – 11/2 Sa 246/92; *Schlömp,* a. a. O.

135 *BAG* 21.11.78, AP Nr. 34 zu § 37 BetrVG 1972; *Fitting,* a. a. O.; HWGNRH-*Glock,* Rn. 34.

136 *BAG* 27.8.82, AP Nr. 25 zu § 102 BetrVG 1972; 27.6.90, BB 91, 759.

137 *LAG Berlin* 25.11.85, BB 86, 324; a. A. offenbar *LAG Düsseldorf* 30.3.89, NZA 89, 650; vgl. Rn. 11 ff.

und Ermessensspielraum zu.[138] Es soll nicht ausreichen, wenn das BR-Mitglied die Arbeitsbefreiung lediglich als vertretbar ansieht.[139] Hat es nach gewissenhafter Prüfung die Arbeitsbefreiung für erforderlich angesehen und stellt sich nachher heraus, dass diese objektiv doch nicht notwendig war, hat dies auf den Lohnfortzahlungsanspruch des BR-Mitglieds keinen Einfluss.[140] Für den bestehenden Beurteilungs- und Ermessensspielraum ist es unerheblich, ob das BR-Mitglied Voll- oder Teilzeittätigkeit ausübt.[141]

32 Eine **Abmahnung**[142] wegen **nichtberechtigter Arbeitsversäumnis** kommt nicht in Betracht, wenn ein BR-Mitglied bei eigener gewissenhafter Überprüfung und bei ruhiger und vernünftiger Würdigung aller Umstände die Versäumung von Arbeitszeit[143] und die Tätigkeit nach gewissenhafter Prüfung für erforderlich ansehen konnte.[144] Sie soll nach der abzulehnenden Auffassung des *BAG* erteilt werden können, wenn das BR-Mitglied BR-Tätigkeit wahrgenommen hat, die es nicht für erforderlich halten konnte,[145] oder wenn sich das BR-Mitglied nicht vor Beginn der BR-Tätigkeit bei seinem Vorgesetzten abmeldet.[146] Die Abmahnung ist ausgeschlossen, wenn das unzulässige Arbeitsversäumnis auf der Verkennung einer schwierigen oder ungeklärten Rechtslage beruht.[147] Sie kann nicht darauf gestützt werden, dass das abmeldende BR-Mitglied die Art der auszuübenden BR-Tätigkeit nicht hinreichend dargelegt habe.[148]

33 Bei Sitzungen des BR (GBR, KBR) und seiner Ausschüsse bzw. seiner Arbeitsgruppen sowie bei Teilnahme an einer Arbeitsgruppe gem. § 28 a, die nach § 30 in der Regel während der Arbeitszeit stattfinden, ist eine besondere **Prüfung der Erforderlichkeit** entbehrlich, da jedes BR-Mitglied berechtigt und grundsätzlich auch verpflichtet ist, z. B. an jeder Sitzung – auch außerhalb der persönlichen Arbeitszeit (z. B. **Wechselschicht, Teilzeitbeschäftigung;** vgl. hierzu Rn. 62. ff.) – teilzunehmen, solange es nicht aus rechtlichen oder tatsächlichen Gründen i. S. d. § 25 Abs. 1 verhindert ist.[149] Eine Verpflichtung zur Teilnahme an **BR-Sitzungen** besteht auch, wenn sie nicht erforderlich ist oder die betrieblichen Notwendigkeiten nicht berücksichtigt (§ 30 Satz 2) wurden, da das einzelne BR-Mitglied auf die Anberaumung der BR-Sitzung keinen Einfluss hat.[150] Entsprechendes gilt, wenn die BR-Sitzung in Räumen **außerhalb des Betriebsgeländes** stattfindet.[151]

34 Der BR-Vorsitzende hat es nicht allein in der Hand, die **Dauer einer Sitzung** zu bestimmen.

---

138 *BAG* 1.3.63, AP Nr. 8 zu § 37 BetrVG, 6.11.73, AP Nr. 5 zu § 37 BetrVG 1972; *LAG Hessen* 3.4.07 – 4 Ta BV 39/07, juris; ErfK-*Koch*, Rn. 3; GK-*Weber*, Rn. 28, 41; *Peter*, AiB 02, 203.

139 *BAG* 13.11.64, AP Nr. 9 zu § 37 BetrVG.

140 *Fitting*, Rn. 40; GK-*Weber*, Rn. 42; HaKo-BetrVG/*Blanke*, Rn. 4; HWGNRH-*Glock*, Rn. 34; *WW*, Rn. 4; vgl. aber *BAG* 15.3.95, NZA 95, 961 = AiB 95, 735 mit Anm. *Nielebock*, das von einer abgestuften Darlegungslast ausgeht, wenn seitens des AG erhebliche Zweifel an der Erforderlichkeit der BR-Tätigkeit bestehen, ebenso *BAG* 11.6.97 – 7 AZR 229/96; vgl. ergänzend Rn. 45 f.

141 A. A. *LAG Berlin* 14.7.00, AuR 00, 478.

142 Vgl. grundlegend *Kittner/Däubler/Zwanziger*, Einl. Rn. 72 ff.

143 *BAG* 31.8.94, NZA 95, 225; a. A. HWGNRH-*Glock*, Rn. 45; WP-*Kreft*, Rn. 19, der eine Abmahnung bei einer nicht erfolgten Abmeldung beim Vorgesetzten für möglich hält.

144 *BAG* 6.8.81, AP Nr. 40 zu § 37 BetrVG 1972; *HessLAG* 4.2.13, ArbR 13, 246; im Ergebnis ebenso ErfK-*Koch*, Rn. 3; *Fitting*, Rn. 34; GK-*Weber*, Rn. 58; vgl. auch *BAG* 27.6.90 – 7 AZR 348/89; 11.6.97 – 7 AZR 229/96, § 23 Rn. 148 f.; § 87 Rn. 57.

145 *BAG* 6.8.81, AP Nr. 39 zu § 37 BetrVG 1972, 31.8.94, a. a. O., wegen Teilnahme an der Gerichtsverhandlung im Kündigungsschutzverfahren eines AN, in dem es um eine geklärte Rechtsfrage ging; 10.11.93, DB 94, 2554 wegen Teilnahme an »ohne weiteres erkennbar« nicht erforderlicher BR-Schulung; vgl. auch *LAG Düsseldorf* 15.10.92, BB 93, 581, das eine grobe Pflichtverletzung i. S. v. § 23 Abs. 1 voraussetzt; zustimmend HWGNRH-*Glock*, Rn. 45.

146 *BAG* 15.7.92, NZA 93, 220 = AiB 93, 184, Ls. = BetrR 93, 51 mit krit. Anm. *Fahlbusch* = EzA § 611 BGB Abmahnung Nr. 26 mit Anm. *Kittner;* zustimmend *Ehrich/Hoß, NZA* 96, 1075, 1079; *Fitting*, Rn. 56; ErfK-*Koch*, Rn. 5; vgl. Rn. 45; zur Kritik § 87 Rn. 57.

147 *BAG* 31.8.94, NZA 95, 225; a. A. HWGNRH-*Glock*, a. a. O.

148 *LAG Bremen*, 6.1.95, AuR 95, 153.

149 *ArbG Frankfurt* 2.3.88, AuR 89, 151 = AiB 88, 309 mit Anm. *Schoof;* vgl. auch *ArbG Nürnberg* 8.3.85 – 8 BV 68/84; vgl. auch § 25 Rn. 15 ff.

150 *LAG Hamm* 8.6.78, EzA § 37 BetrVG 1972 Nr. 58; *ArbG Berlin* 3.4.80, AiB 3/80, S. 11; vgl. auch GK-*Weber*, Rn. 41 ff.

151 *LAG Berlin* 23.2.88, DB 88, 863.

Die festgelegte Tagesordnung ist zu erledigen. Er kann **nicht einzelnen Mitgliedern das Wort** entziehen bzw. die **Diskussionen abbrechen,** sondern muss die Meinungsbildung des BR zu den einzelnen Punkten herbeiführen, beraten und abstimmen lassen.[152] Eine Lohnkürzung im Zusammenhang mit der Dauer von Sitzungen kommt nicht in Betracht (vgl. Rn. 38, 60). Der AG kann allenfalls wegen grober Amtspflichtverletzung die Auflösung des BR oder den Ausschluss einzelner BR-Mitglieder aus dem BR gemäß § 23 Abs. 1 betreiben.[153]

Die Teilnahme an den **Betriebsversammlungen** ist immer eine notwendige Arbeitsversäumnis.[154] Dies gilt auch für **Abteilungs- und Teilversammlungen,** da jedes BR-Mitglied Gelegenheit haben muss, sich die für seine Tätigkeit erforderlichen Informationen zu beschaffen.[155] **35**

Für die **Mitglieder der BR-Ausschüsse,** des **WA** und des **Arbeitsschutzausschusses** (§ 11 ASiG) sowie von Arbeitsgruppen gem. § 28 a stellt die Teilnahme an diesen Sitzungen einen Fall erforderlicher Arbeitsversäumnisse dar. Entsprechendes gilt, soweit BR-Mitglieder berechtigt sind, an **Sitzungen der JAV** (§ 65 Abs. 2) bzw. **GJAV** (§ 73 Abs. 1), **KJAV** (§ 73 b Abs. 1) oder an **JA-Versammlungen** (§ 73 Abs. 1) teilzunehmen sowie für die Teilnahme von BR-Mitgliedern an Sitzungen des **SpA.** **36**

Die Notwendigkeit einer Arbeitsbefreiung beschränkt sich nicht auf die Teilnahme an Sitzungen des BR und der sonstigen betriebsverfassungsrechtlichen Gremien, zumal zahlreiche dem BR obliegende Aufgaben dort nur zu einem geringen Teil erledigt werden können. Bei den **übrigen Amtsobliegenheiten** ist jedoch stets zu prüfen, ob eine Arbeitsbefreiung für das einzelne BR-Mitglied erforderlich ist. So ist ein BR-Mitglied, das **längere Zeit aus persönlichen Gründen verhindert** war, grundsätzlich berechtigt, sich nach Rückkehr in den Betrieb und Wiederaufnahme seiner Amtsgeschäfte für einen bestimmten Zeitraum von der Arbeit freistellen zu lassen, um sich in die aktuellen Fragen der BR-Arbeit einarbeiten zu können.[156] Ein BR-Mitglied, das auf einem **Gang durch den Betrieb** von einem AN angesprochen wird, ist regelmäßig nicht verpflichtet, auf die Sprechstunde des BR oder auf freigestellte BR-Mitglieder zu verweisen.[157] Ein einzelnes BR-Mitglied ist auf Grund der Eigenverantwortlichkeit seiner Amtsführung in konkreten mitbestimmungspflichtigen Angelegenheiten berechtigt, sich per Flugblatt mit einer von der Mehrheitsmeinung im BR abweichenden Position an die betroffenen AN zu wenden, wenn hierdurch der Betriebsfrieden nicht gestört wird.[158] **37**

Hinsichtlich des zeitlichen Aufwandes für BR-Tätigkeit gilt, dass dieser »nicht mit der Stoppuhr gemessen werden kann«.[159] Es würde einen **unzulässigen Eingriff** in die BR-Tätigkeit darstellen, wenn der AG einseitig die Dauer der Amtsausübung bestimmen könnte,[160] da dann die Gefahr bestehen würde, dass der BR die ihm nach dem Gesetz obliegenden Pflichten nicht ordnungsgemäß erfüllen kann.[161] **38**

Die **Urlaubsunterbrechung** zur Teilnahme an einer BR-Sitzung kann für ein BR-Mitglied zur ordnungsgemäßen Durchführung seiner Aufgaben erforderlich sein, wenn es sie bei gewissenhafter Überlegung und vernünftiger Würdigung aller Umstände für notwendig halten durfte.[162] Dies gilt etwa dann, wenn in der BR-Sitzung ein für die AN des Betriebs und damit **39**

---

152 *LAG Hamm,* 8.6.78, EzA § 37 BetrVG 1972 Nr. 58; *ArbG Berlin,* 23.2.88, DB 88, 863; *ArbG Berlin* 3.4.80, AuR 81, 61, Ls.; GK-*Weber,* Rn. 48; vgl. ferner Rn. 38.

153 *LAG Berlin,* a. a. O.; *LAG Hamm,* a. a. O.

154 GK-*Weber,* Rn. 51; MünchArbR-*Joost,* § 308 Rn. 6; zur Mitteilung an den AG DKKWF-*Wedde,* § 37 Rn. 32 ff.

155 Enger GK-*Weber,* a. a. O.; HWGNRH-*Glock,* Rn. 40, der die Teilnahme auf den BR-Vorsitzenden und die BR-Mitglieder beschränkt, die der betreffenden Abteilung als AN angehören und ggf. sachverständige BR-Mitglieder zur Behandlung von Sonderthemen zulassen will.

156 *LAG Frankfurt* 20.5.80 – 4 TaBV Ga 36/80.

157 *BAG* 23.6.83, AP Nr. 45 zu § 37 BetrVG 1972 mit ablehnender Anm. *Löwisch/Reimann,* 19.9.85, AP Nr. 1 zu § 42 LPVG Rheinland-Pfalz; vgl. auch *Däubler,* Arbeitsrecht 1, Rn. 866; a. A. HWGNRH-*Glock,* Rn. 42; zu **Einzelfällen** vgl. Rn. 18.

158 *HessLAG* 17.2.97, NZA-RR 98, 17.

159 *ArbG Berlin* 7.6.79 – 8 Ca 103/79; vgl. auch GK-*Weber,* Rn. 40.

160 *ArbG Berlin* 21.5.80 – 40 Ca 72/80.

161 *LAG Berlin* 11.12.80 – 7 Sa 67/80.

162 *LAG Hamm* 21.1.87 – 3 Sa 1520/86; vgl. auch *ArbG Gießen* 26.2.86, NZA 86, 614; *BAG* 5.5.87, AP Nr. 5 zu § 44 BetrVG 1972 für die Teilnahme an einer Betriebsversammlung; a. A. *Fitting,* Rn. 87; GK-

für den BR wichtiges Thema behandelt wird oder das BR-Mitglied über besondere Sachkenntnisse verfügt.[163] BR-Mitglieder sind berechtigt, den Termin einer Sitzung vom Urlaub auszunehmen und einen Urlaubsantrag entsprechend zu gestalten. Die gleichen Grundsätze gelten für die Teilnahme an einer BR-Sitzung während der **Elternzeit** nach dem BErzGG bzw. während der **Beschäftigungsverbote** nach dem MuSchG[164] oder während einer krankheitsbedingten **Arbeitsunfähigkeit,** sofern diese nicht zu einer Amtsunfähigkeit führt.[165] Beabsichtigt ein BR-Mitglied, das grundsätzlich als verhindert anzusehen ist, z. B. an einer BR-Sitzung teilzunehmen, hat es hiervon rechtzeitig den BR-Vorsitzenden zu informieren, damit kein Ersatzmitglied geladen wird.[166]

40 **Während eines Arbeitskampfes** bleibt das BR-Amt bestehen.[167] Der BR bleibt als Gremium funktionsfähig, wenn sich einzelne oder alle BR-Mitglieder am Streik beteiligen oder ausgesperrt werden.[168] Während eines Arbeitskampfes können vielfältige Aufgaben auf den BR und seine Mitglieder zukommen.[169] Nicht anders verhält es sich, wenn im Betrieb kurzgearbeitet wird und davon einige (oder alle) BR-Mitglieder betroffen sind.[170]

41 Bei der Erfüllung von BR-Aufgaben außerhalb des Betriebs (z. B. Reise zu GBR-/KBR-/WA-Sitzungen u. Ä.) oder durch BR-Mitglieder, die außerhalb des Betriebs tätig sind (z. B. Fahrpersonal, Außendienstmitarbeiter), zählen mit der Folge der Bezahlung die während der Arbeitszeit des BR-Mitglieds aufgewendeten **Wege- und Reisezeiten** zum erforderlichen Arbeitsversäumnis.[171] Der bestehende Anspruch kann sich im Einzelfall aus einschlägigen betrieblichen oder tariflichen Regelungen ableiten.[172] Reisezeiten **außerhalb der Arbeitszeit** des BR-Mitglieds sind nach Auffassung des BAG als erforderliches Arbeitsversäumnis nur anzusehen, wenn die Reise aus **betriebsbedingten Gründen** außerhalb der Arbeitszeit ausgeführt wurde.[173] Dies ist z. B. der Fall, wenn die Reisezeit zwar außerhalb der persönlichen Arbeitszeit des BR-Mitglieds, aber innerhalb der üblichen Arbeitszeit der meisten BR-Mitglieder liegt.[174] In Betracht kommt z. B. die Anreise zu **Gerichtsterminen, Sitzungen des GBR/KBR, BR-Versammlungen,**[175] BR-Tätigkeit außerhalb der persönlichen Arbeitszeit von AN, die in **Schicht** oder in **Teilzeit** arbeiten[176] sowie Besuche an **Telearbeitsplätzen** außerhalb der Betriebsstätte[177] oder von **Call-Center**-Arbeitsplätzen.

42 Fällt aus Anlass einer BR-Sitzung z. B. für im **Fahrdienst beschäftigte BR-Mitglieder** not-

---

Weber, Rn. 84; *ArbG Bonn* 6.11.08 – 3 Ca 1643/08, sieht bei einer Unterbrechung des Urlaubs keinen betrieblichen Grund; *ArbG Cottbus* 15.8.12 – 2 Ca 147/12 sieht keine Urlaubsunterbrechung.

163 *LAG Hamm,* a. a. O.

164 Vgl. *ArbG Gießen,* a. a. O.; vgl. *BAG* 31.5.89, AP Nr. 9 zu § 44 BetrVG 1972 für die Teilnahme an einer Betriebsversammlung.

165 *BAG* 15.11.84, AP Nr. 2 zu § 25 BetrVG 1972.

166 Vgl. *ArbG Cottbus* 15.8.12 – 2 Ca 147/12, juris; im Übrigen § 25 Rn. 15 ff.; zur Zahlung des Verdienstausfalls Rn. 50 ff.

167 *BAG* 21.4.71, AP Nr. 43 zu Art. 9 GG Arbeitskampf.

168 *BAG* 6.3.79, AP Nr. 20 zu § 102 BetrVG 1972.

169 Vgl. *BAG* 25.10.88, AP Nr. 110 zu Art. 9 GG Arbeitskampf; *ArbG Düsseldorf* 30.5.84 – 3 BV Ga 14/84; 10.10.84 – 10 Ca 4116/84; vgl. im Übrigen Rn. 15, 40; § 74 Rn. 26 ff.

170 *BAG* 5.5.87, AP Nr. 6 zu § 44 BetrVG 1972 für die Teilnahme an einer Betriebsversammlung; zur Zahlung des Verdienstausfalls vgl. Rn. 50 ff.

171 *BAG* 10.11.10, NZA 05, 704; *LAG Berlin* 18.6.92 – 14 Sa 15/92 für Wegezeiten von einer GBR-Sitzung zur Betriebsversammlung; *Fitting,* Rn. 42 und 91; allg. *Wulff,* AiB 09, 91; enger GK-*Weber,* Rn. 52, der statt auswärts tätiger BR-Mitglieder Ersatzmitglieder laden will; zur Information des AG Textmuster bei DKKWF-*Wedde,* § 37 Rn. 40.

172 *BAG* 12.8.09, NZA 09, 1286.

173 *BAG* 11.7.78, a. a. O.; 22.5.86, AP Nr. 8 zu § 46 BPersVG; *BAG* 26.1.94, NZA 94, 765 = AiB 95, 166 mit Anm. *Goergens;* vgl. auch Rn. 59; ähnlich *LAG München* 25.9.08 – 4 Sa 347/08, das die Betriebsbedingtheit verneint, wenn ein BR Sitzungen an wechselnden Orten so festlegt, dass zusätzliche Reisezeiten anfallen; weitergehend *ArbG Hamburg* 6.5.14 – 11 BV 17/13, das einen unmittelbaren sachlichen Zusammenhang mit BR-Tätigkeiten für ausreichend hält.

174 *BAG* 18.1.89, AP Nr. 28 zu § 40 BetrVG 1972; *LAG Hamm* 11.1.89, DB 89, 1422; vgl. im Übrigen Rn. 71 ff.

175 *BAG* 11.7.78, 19.1.84, jeweils a. a. O.; *LAG Hamm* 14.7.78, a. a. O., auch für die Anreise am Vortag.

176 Vgl. *Fitting,* Rn. 43; *ArbG Hamburg* 6.5.14 – 11 BV 17/13; vgl. ferner Rn. 39, 63 ff.

177 *Wedde,* S. 218 ff.

wendigerweise eine ganze Schicht aus, ist diese vollständig zu vergüten.[178] Nimmt ein in **Nachtschicht** arbeitendes BR-Mitglied an einer **ganztägigen** BR-Sitzung teil, ist es jedenfalls dann von der Arbeitsleistung in der vorausgehenden und nachfolgenden Nachtschicht befreit, wenn es ihm unmöglich oder unzumutbar ist, seine vor oder nach der BR-Sitzung liegende Arbeitszeit einzuhalten.[179] Es kann seine Tätigkeit früher beenden, wenn kurzfristig eine BR-Sitzung angesetzt wurde, um einigermaßen ausgeschlafen an dieser Sitzung teilnehmen zu können.[180] Die Beachtung gesetzlicher Regelungen zur Höchstarbeitszeit und zu den einzuhaltenden Ruhezeiten (vgl. §§ 3 und 5 ArbZG) kann die Arbeitszeit ebenfalls begrenzen.[181] Bei der Prüfung, ob die Erbringung der geschuldeten Arbeitsleistung wegen einer bevorstehenden oder absehbaren Betriebsratstätigkeit ganz oder teilweise unzumutbar ist, sind die mit den Ruhezeitvorgaben im ArbZG angestrebten Ziele zu berücksichtigen.[182]

Der für die Teilnahme an einer BR-Sitzung in der Freizeit zu gewährende **Freizeitausgleich** soll mit der ausgefallenen Arbeitszeit in der unmittelbar angrenzenden Schicht **verrechnet werden können**.[183] Der zwingenden Anwendbarkeit des ArbZG steht nicht entgegen, dass die BR-Mitglieder ihr Amt als Ehrenamt führen. Die sich aus ihrer Tätigkeit im Betrieb ableitende ehrenamtliche Tätigkeit kann nicht zur Folge haben, dass sie aus dem Bereich des gesetzlichen Arbeitszeitschutzes ausgeschlossen werden, der gem. § 2 Abs. 2 für alle AN besteht. Der Ausschluss der Anwendbarkeit der Regeln des gesetzlichen Arbeitszeitschutzes, der im Ergebnis zu gesundheitlichen und persönlichen Risiken für die betroffenen BR-Mitglieder führen würde, ist schon mit Blick auf das Benachteiligungsverbot des § 78 S. 2 unzulässig.[184] Kommt eine **Gleitzeitregelung** zur Anwendung, ist die wegen BR-Tätigkeit ausgefallene Arbeitszeit nicht nur auf die Kernzeit, sondern auf die Normalarbeitszeit insgesamt anzurechnen.[185] Kann ein Ausgleich für die außerhalb der Arbeitszeit geleisteten BR-Arbeit über das **Gleitzeitkonto** erfolgen, ist eine besondere Geltendmachung nicht notwendig.[186] Nimmt ein BR-Mitglied während seiner schichtfreien Zeit an einer BR-Sitzung oder Betriebsversammlung teil, kann es eine Ersatzfreischicht verlangen.[187] **43**

c) Verfahrensweise

Bei Vorliegen der Voraussetzungen des Abs. 2 ist das BR-Mitglied in entsprechendem Umfang von der Verpflichtung zur Arbeitsleistung befreit. Die Vorschrift kommt auch auf teilfreigestellte BR-Mitglieder zur Anwendung, wenn sie während der Zeit ihrer anderweitigen Tätigkeit BR-Aufgaben wahrnehmen wollen.[188] Einer **Zustimmung des AG** zur Arbeitsbefreiung bedarf es nicht.[189] Abzulehnen ist die Auffassung, dass eine Zustimmung des AG lediglich bei nicht vorhersehbarem Arbeitsversäumnis entbehrlich sein soll,[190] da der AG ansonsten dar- **44**

---

178 *LAG Düsseldorf* 23.8.77, EzA § 37 BetrVG 1972 Nr. 56; vgl. auch Rn. 71 ff.; a. A. für das BPersVG *BVerwG* 30.1.86, AuR 86, 349, Ls.

179 *BAG* 7.6.89, AP Nr. 72 zu § 37 BetrVG 1972; vgl. ferner *ArbG Hamburg* 15.4.82, AiB 89, 254; *ArbG Lübeck* 7.12.99, DB 00, 2074, wonach ein in Nachtschicht beschäftigtes BR-Mitglied vor BR- und/oder Ausschusssitzungen von der Nachtschicht unter Fortzahlung des Arbeitsentgelts zu befreien ist; *Fitting*, Rn. 44, der auf die Umstände des Einzelfalls abstellt; HWGNRH-*Glock*, Rn. 44.

180 *ArbG Koblenz* 3.5.88, AiB 89, 79.

181 *LAG Nds.* 20. 4 15 – 12 TaBV 76/14, juris; vgl. hierzu *Manstetten*, AiB 96, 214; enger *Wiesbauer*, NZA 13, 540.

182 *LAG Hamm* 20.2.15 – 13 Sa 1386/14, juris; enger wohl *LAG Hamm* 30.1.15 – 13 Sa 933/14, juris.

183 *ArbG Lübeck* 7.12.99, DB 00, 2074; ebenso *Bengelsdorf*, AuA 01, 71.

184 *Manstetten*, a. a. O., S. 215, verweist zutreffend auf die Pflicht zur aktiven, d. h. geistig wachen Teilnahme an der BR-Sitzung.

185 Zutreffend HWGNRH-*Glock*, Rn. 51; ebenso nunmehr auch *Fitting*, Rn. 60.

186 *Fitting*, Rn. 92 a.

187 *ArbG Koblenz* 5. 7. 83, BetrR 84, 316; zur BR-Tätigkeit bei **Wechselschicht** vgl. im Übrigen Rn. 71 ff., zur Zahlung des Arbeitsentgelts vgl. Rn. 49 ff., 78.

188 Zustimmend *LAG Hessen* 28.11.06 – 15 Sa 1343/06, juris; ähnlich *Fitting*, Rn. 50.

189 *BAG* 19.6.79, 6.8.81, AP Nrn. 36, 39 zu § 37 BetrVG 1972; 19.9.85, AP Nr. 1 zu § 42 LPVG Rheinland-Pfalz; 15.3.95, NZA 95, 961 = AiB 95, 735 mit Anm. *Nielebock*; GK-*Weber*, Rn. 53 f., der auf die Funktionsfähigkeit des Gremiums abstellt; a. A. HWGNRH-*Glock*, Rn. 46.

190 So *Dütz*, DB 76, 1428 [1431]; *Frohner*, BlStSozArbR 79, 65 [68]; wie hier offenbar *BAG* 6.8.81, 23.6.83, AP Nrn. 39, 45 zu § 37 BetrVG 1972; *v. Friesen*, DB 81, 1618 [1619].

über mitentscheiden könnte, ob ein BR-Mitglied an einer BR-Sitzung teilnehmen kann.[191] Allerdings wird man den BR bzw. das BR-Mitglied für verpflichtet halten müssen, den AG rechtzeitig über ein bevorstehendes Arbeitsversäumnis zu informieren.[192] Feste Abmeldefristen hierfür gibt es allerdings nicht.[193] Für Ab- und Rückmeldungen gibt es keine verbindlichen Formvorschriften. Neben einer persönlichen mündlichen Mitteilung kommt deshalb auch die Information per Telefon, E-Mail, SMS usw. in Betracht.[194] Auch die Nutzung im Betrieb üblicher sozialer Netzwerke oder anderer Internet-Kommunikationsdienste ist möglich, solange sichergestellt ist, dass der AG hiervon Kenntnis erlangt.

45 Das BR-Mitglied ist im Regelfall verpflichtet, sich bei seinem **Vorgesetzten abzumelden,**[195] damit dieser entsprechend disponieren kann. Feste Ankündigungsfristen gibt es nicht.[196] Die Abmeldung soll dem Arbeitgeber die Überbrückung des Arbeitsausfalls ermöglichen. Keine vorherige Meldepflicht besteht in Fällen, in denen eine vorübergehende Umorganisation der Arbeitseinteilung nicht ernsthaft in Betracht kommt, etwa wenn das BR-Mitglied seine Arbeit später problemlos selbst fortführen kann. Maßgeblich sind die Umstände des Einzelfalls.[197] Wie die Abmeldung bewirkt wird, steht dem BR-Mitglied frei. Sie kann auch **mündlich** erfolgen und muss nicht **persönlich** durchgeführt werden.[198] Gleiches gilt vor Antritt **einer erforderlichen Reise** (zu Wege- und Reisezeiten Rn. 41 f.). Das BR-Mitglied muss weder detaillierte Auskünfte über den Reisezweck erteilen noch die Zustimmung des AG einholen. Der Reisezweck muss aber in einem evtl. Beschlussverfahren über die Kostenerstattung belegt werden.[199] Regelt ein AG in diesem Zusammenhang, wie Vorgesetzte nach einer Abmeldung verfahren sollen, besteht kein Mitbestimmungsrecht nach § 87 Abs. 1 Nr. 1.[200] Meldet sich ein BR-Mitglied ab, soll es nach der Rspr. verpflichtet sein, dem AG lediglich den **Ort und die voraussichtliche Dauer** der beabsichtigten BR-Tätigkeit mitzuteilen.[201] Die Angabe zur **Dauer der BR-Tätigkeit** kann sich auf die **voraussichtlich** aufzuwendende Zeit beschränken.[202] Die Mitteilung des **Namens des AN,** der aufgesucht werden soll, ist nicht notwendig.[203] Musste sich ein BR-Mitglied nicht vorher abmelden, kann der AG nachträglich eine Mitteilung zur Gesamtdauer der BR-Tätigkeit verlangen.[204] Die Mitteilung des **Ortes** ist nicht erforderlich, wenn sich hieraus Rückschlüsse auf den besuchten AN ziehen lassen. Dies wird in kleineren Betrieben in der Regel der Fall sein. Bei der Bewertung, ob die BR-Tätigkeit für erforderlich gehalten werden darf, soll nach der Rspr. vom Standpunkt eines vernünftigen Dritten auszugehen sein.[205] Die Teilnahme an einer BR-Sitzung hat im **Zweifel Vorrang** vor beruflichen Tätigkeiten.[206]

46 Angaben zur **Art der BR-Tätigkeit** sind nicht erforderlich, weil diese das BR-Mitglied bereits

---

191 Vgl. auch *Kühner,* S. 96 f.
192 V. *Friesen,* a. a. O.; GK-*Weber,* Rn. 56; *Kühner,* a. a. O.
193 *LAG Hamm* 25.5.07, AuR 07, 405.
194 Ähnlich **Schulze, AiB 14, 33.**
195 *BAG* 15.7.92, NZA 93, 220 = AiB 93, 184, Ls.; 15.3.95, AP Nr. 105 zu § 37 BetrVG 1972 = AiB 95, 735 mit Anm. *Nielebock; Ehrich/Hoß,* NZA 96, 1075, 1079; *Ohm/Rudolph,* AiB 98, 241 ff.; *Hunold,* BB 99, 1492 ff.; *Peter,* AiB 02, 207; *Markowski*/Carlson, AiB 12, 53; *Schulze,* AiB 15, 33; Textmuster bei DKKWF-*Wedde,* § 37 Rn. 38.
196 *LAG Hamm* 25.5.07, ArbuR 07, 405 hält eine vom AG verlangte Frist von vier Tagen für unzulässig.
197 *BAG* 29.6.11, NZA 12, 47; *Fitting,* Rn. 50; a. A. *Schiefer/Pogge,* DB 12, 743 die von einer generellen An- und Abmeldepflicht ausgehen.
198 *BAG* 13.5.97, NZA 97, 1062 = AiB 97, 662 mit Anm. *Schuster.*
199 *BAG* 10.8.94, NZA 95, 796.
200 *BAG,* a. a. O.
201 *BAG* 15.3.95, NZA 95, 961 = AiB mit Anm. *Nielebock* = DB 95, 1514 mit krit. Anm. *Leege;* zustimmend *Ehrich/Hoß,* NZA 96, 1075, 1079; ErfK-*Koch,* Rn. 5; *Fitting,* Rn. 49; GK-*Weber,* Rn. 57; vgl. auch *Hamm,* AuR 96, 16; *Ohm/Rudolph,* AiB 98, 241 ff.; *Peter,* AiB 02, 208; a. A. GK-*Weber,* Rn. 59; HWGNRH-*Glock,* Rn. 46.
202 Zutreffend *Ohm/Rudolph,* a. a. O.
203 *BAG* 23.6.83, AP Rn. 45 zu § 37 BetrVG 1972; *Ohm/Rudolph,* a. a. O.
204 *BAG* 29.6.11, NZA 12, 47.
205 *BAG,* a. a. O., 16.3.88, DB 88, 1453.
206 *BAG* 11.6.97 – 7 AZR 229/96, nach dessen nicht überzeugender Auffassung allerdings im konkreten Fall die Wichtigkeit der zu behandelnden Themen Berücksichtigung finden soll.

im Vorfeld **Rechtfertigungszwängen** aussetzen, die die **Handlungsfreiheit** beeinträchtigen und sich damit nachteilig auf die **unabhängige Amtsführung** auswirken können.[207] Orts- und zeitbezogene Angaben können nach nicht überzeugender Auffassung der Rspr. unzureichend sein, wenn der AG bei der Abmeldung eine **Organisationsproblematik** beschreibt, nach der das BR-Mitglied für die Zeit der beabsichtigten BR-Tätigkeit unabkömmlich ist und **betriebsbedingte Gründe** eine zeitliche Verlegung der BR-Arbeit verlangen. In diesem Fall muss das BR-Mitglied prüfen, ob und inwieweit die BR-Aufgabe aufgeschoben werden kann. Ist diese dringlich, hat es dies dem AG darzulegen.[208] Für die Durchsetzung des **Entgeltfortzahlungsanspruchs** sieht das *BAG* eine **abgestufte Darlegungslast** für den Fall vor, dass der AG mit sog. **erheblichen Zweifeln** an der Erforderlichkeit der BR-Tätigkeit die Entgeltfortzahlung verweigert.[209] In diesem Fall hat das BR-Mitglied die Erforderlichkeit der Art und der Dauer der BR-Tätigkeit stichwortartig darzulegen,[210] damit dem AG eine **Plausibilitätskontrolle** ermöglicht wird. Danach ist es Sache des AG, darzulegen, aus welchen Gründen sich Zweifel an der Erforderlichkeit der BR-Tätigkeit ergeben. Erst dann hat das BR-Mitglied substantiiert darzulegen, auf Grund welcher Umstände es die BR-Tätigkeit für erforderlich halten durfte. Durch die vorgenommene **Trennung zwischen Abmeldung** einerseits **und Darlegung** andererseits wird zwar auf den ersten Blick das Ziel »unabhängige Amtsführung« erreicht. Wenn jedoch der AG mit »vorgeschobenen« Zweifeln an der Erforderlichkeit die Entgeltfortzahlung verweigert, hat dies insbesondere für die BR-Mitglieder erhebliche Konsequenzen, die ihre BR-Aufgaben aktiv wahrnehmen. Diese kommen in Rechtfertigungszwang, abgesehen von den materiellen Problemen und dem psychologischen Druck, die dadurch verursacht werden.[211] Zur Sicherung der unabhängigen Amtsführung ist daher die Entgeltfortzahlung, ggf. unter Vorbehalt, ein notwendiger Lösungsansatz.[212]

Im Allgemeinen ist ein nicht freigestelltes BR-Mitglied verpflichtet, sich nach Beendigung der **47**
BR-Tätigkeit bei seinem Vorgesetzten wieder **zurückzumelden.**[213] Eine **Rückmeldung** kann z. B. erforderlich sein, weil der AG die für die Zeit der Abwesenheit getroffenen Maßnahmen (z. B. Vertretung) rückgängig machen will.[214] Wird die Zeit der voraussichtlichen Rückkehr bereits bei der Abmeldung mitgeteilt, ist die **Rückmeldung entbehrlich,** da der AG dann vorausschauend disponieren kann. Erfolgt die Abmeldung z. B. durch den BR-Vorsitzenden unmittelbar gegenüber der Geschäftsleitung, ist eine zusätzliche Abmeldung des BR-Mitgliedes bei seinem Vorgesetzten nicht notwendig.[215] Auf die Dauer der BR-Tätigkeit hat die **Ab- und Rückmeldung** keinerlei Auswirkungen. Diese bestimmt allein das BR-Mitglied oder (z. B. bei Sitzungen) der BR.[216]

Neben der Abmeldepflicht besteht für das BR-Mitglied, wenn es einen AN in Ausübung seines **48**
Amtes am Arbeitsplatz aufsuchen will, **keine besondere Anmeldepflicht** bei der Personalleitung des Betriebs oder der betreffenden Abteilung,[217] es sei denn, es sind objektive Sicherheits-

---

207 *BAG* 15.3.95, a.a.O.; zur Unzulässigkeit einer Abmahnung wegen unentschuldigten Fernbleibens *LAG Hamm* 15.2.08 – 13 Sa 990/07.

208 *BAG,* a.a.O.; ErfK-*Koch,* Rn. 5; *Ohm/Rudolph,* a.a.O.

209 Zu weitgehend *LAG Berlin* 20.2.97, AiB 98, 641 mit krit. Anm. *Thannheiser.*

210 Ebenso ErfK-*Koch,* Rn. 5; das *LAG Bremen* 7.10.97 – 3 SA 28/97 – ist der Auffassung, dass BR verpflichtet sind, entsprechende Darlegungen bereits in der ersten Instanz einer gerichtlichen Auseinandersetzung zu machen; zutreffend a.A. *Ehrich/Hoß,* NZA 96, 1075, 1080 für die Darlegung noch bis zur letzten mündlichen Verhandlung in der Tatsacheninstanz unter Hinweis auf die Kostenfolge des § 97 Abs. 2 ZPO.

211 Zur Kritik und zum praktischen Vorgehen vgl. *Nielebock,* a.a.O.; a.A. HWGNRH-*Glock,* Rn. 47 f.

212 Vgl. *Nielebock,* Anm. zu *BAG* 15.3.95, AiB 95, 735 = NZA 95, 961, die Hinweise zum praktischen Vorgehen gibt; enger ErfK-*Koch,* Rn. 5, der dem AG ein weitergehendes **Zurückbehaltungsrecht** einräumt.

213 *BAG,* 13.5.97, NZA 97, 1062; *Peter,* AiB 02, 208.

214 *BAG,* a.a.O., 15.7.92, NZA 93, 220; ErfK-*Koch,* Rn. 5; *Fitting,* Rn. 52.

215 Offen gelassen *BAG* 27.6.90 – 7 ABR 348/89; zur Abmeldepflicht von **Außendienstmitarbeitern** vgl. *Schlömp,* AiB 87, 251.

216 *LAG Düsseldorf,* a.a.O.

217 *ArbG Berlin* 16.6.80 – 37 BV 1/80; *ArbG Stuttgart* 29.10.80 – 2 BV 2/80; *Fitting,* Rn. 54; a.A. *LAG Nürnberg* 18.10.93, NZA 94, 378; *LAG Berlin* 10.10.80, DB 81, 1416; vgl. auch *LAG Köln* 20.8.92, LAGE § 2 BetrVG 1972 Nr. 9; offen gelassen *BAG* 13.9.89, NZA 89, 934.

gründe gegeben, die den Zutritt für alle AN einschränken.[218] Der **AG hat kein Weisungsrecht** hinsichtlich **der Ab- und Rückmeldung;** deshalb entfällt auch ein Mitbestimmungsrecht nach § 87 Abs. 1 Nr. 1.[219] Der Abschluss einer **freiwilligen BV** zur Regelung des Ab- und Rückmeldeverfahrens der nicht freigestellten BR-Mitglieder ist zulässig.[220] Auch die **einseitige Anweisung** gegenüber den BR-Mitgliedern, sich schriftlich unter **Verwendung eines Formblattes** vom Arbeitsplatz ab- und zurückzumelden, greift in deren Organstellung ein und ist mangels eines Direktionsrechts des AG unwirksam.[221] Die Mitglieder des BR sind auch nicht verpflichtet, die von ihnen jeweils aufgewendete **Zeit** für BR-Tätigkeit **schriftlich aufzuzeichnen.**[222] Besteht im Betrieb eine Pflicht zur **Zeiterfassung** bei Betreten und Verlassen des Betriebs (sog. Stempelpflicht), gilt diese für BR-Mitglieder, wenn sie BR-Tätigkeit außerhalb des Betriebes ausüben.[223]

49 Sind auf Grund einer **freiwilligen BV** mit dem BR schriftliche Tätigkeitsnachweise vereinbart, bedarf es keines weiteren Nachweises für erforderliche BR-Tätigkeit.[224] Insbesondere ist der BR nicht verpflichtet, zum Nachweis des Umfangs einer BR-Sitzung dem AG oder dem ArbG die Sitzungsniederschrift vorzulegen.[225] Die **Festlegung der Person,** bei der sich das **BR-Mitglied abzumelden hat,** kann in dieser BV ebenso geregelt werden[226] wie die Frage, »wie« die **Ab- bzw. Rückmeldung** zu erfolgen hat. Jede einseitige Regelung durch den AG ist rechtswidrig.

3. Verbot der Minderung des Arbeitsentgelts

50 Liegen die Voraussetzungen des § 37 Abs. 2 vor, ist den BR-Mitgliedern nicht nur Arbeitsbefreiung zu gewähren, sondern auch das Gehalt (Lohn) weiterzuzahlen. Das **Lohn- bzw. Entgeltausfallprinzip** kommt zur Anwendung.[227] Eine tarifvertragliche Modifikation des Begriffs des fortzuzahlenden Entgelts ist mangels tariflicher Öffnungsklausel nicht möglich.[228] Das bedeutet: Das BR-Mitglied hat **Anspruch auf das Arbeitsentgelt** einschließlich aller **Zulagen und Zuschläge** sowie sonstiger **Nebenbezüge,** wie z. B. **Erschwernis- und Schmutzzulage, Zusatzurlaub** für gesundheitsgefährdende Tätigkeiten[229] und Schichtarbeit,[230] **Prämien,**[231] auch Inkasso-[232] und Anwesenheitsprämien,[233] **tarifvertraglicher Pauschalvergütungen**[234], **Wintergeld** nach §§ 209 ff. SGB III, Vergütung der Sonntagsarbeit für freigestellte BR-Mit-

---

218 Ähnlich *Fitting,* a. a. O.

219 *BAG* 23.6.83, AP Nr. 45 zu § 37 BetrVG 1972 mit insoweit zustimmender Anm. v. *Löwisch/Reimann; v. Friesen,* DB 81, 1618 [1619 f.].

220 *Löwisch/Reimann,* a. a. O.; a. A. nunmehr HWGNRH-*Glock,* Rn. 53, der keine Rechtsverbindlichkeit sieht.

221 *ArbG Oberhausen* 7.12.84, 7.2.85, AiB 85, 47 mit Anm. *Schlömp; Kühner,* S. 97.

222 *BAG* 14.2.90, BB 90, 1625; GK-*Weber,* Rn. 58; zu eng *LAG Berlin* 26.1.98, 9 Sa 119/97, das eine weitgehende Aufschlüsselungspflicht sieht.

223 *LAG Berlin* 9.1.84, DB 84, 2098; *ArbG Berlin* 9.8.83, DB 83, 2476; ErfK-*Koch,* Rn. 5; GK-*Weber,* Rn. 58; *SWS,* Rn. 11 g; *Fitting,* Rn. 55; zur Zeiterfassung für freigestellte BR-Mitglieder *BAG* 10.7.13, NZA 13, 1221.

224 *ArbG Berlin* 2.6.80 – 36 Ca 82/80.

225 *ArbG Berlin* 3.4.80, AiB 3/80, S. 11.

226 *ArbG Siegen* 18.8.81, DB 82, 439.

227 *BAG* 18.9.73, AP Nr. 3 zu § 37 BetrVG 1972 mit Anm. *Weiss;* vgl. auch *BAG* 13.11.91, BB 92, 1567, Ls.; *Däubler,* Schulung Rn. 424 ff.; *Peter,* AiB 02, 205; GK-*Weber,* Rn. 60, 66 ff.; HaKo-BetrVG/*Blanke,* Rn. 7; HWGNRH-*Glock,* Rn. 55; MünchArbR-*Joost,* § 308 Rn. 28; Richardi-*Thüsing,* Rn. 31; *Fischer,* NZA 14, 71; kritisch *Rieble,* NZA 08, 276; zur Beweislast *LAG Schleswig-Holstein* 18.6.09 – 3 Sa 414/08, das begrenzte Darlegungs- und Beweislasten für BR-Mitglieder sieht.

228 *BAG* 28.8.91, AP Nr. 16 zu § 46 BPersVG; *Fitting,* Rn. 57.

229 *BAG* 8.10.81, NJW 82, 1348.

230 *Ehrich/Hoß,* NZA 96, 1075, 1080; *SWS,* Rn. 17.

231 *LAG Berlin* 28.6.96, NZA 97, 224 zur Jahresprämie eines Pharmaberaters.

232 *BAG* 11.1.78, AP Nr. 7 zu § 2 LohnFG.

233 *LAG Hamm* 20.4.88, DB 88, 2058, das den Anspruch bei Teilnahme an nicht erforderlichen Schulungsmaßnahmen verneint.

234 *LAG Berlin-Brandenburg* 22.2.12 – 17 Sa 2212/12, juris.

glieder,[235] **Entschädigungen,**[236] **Mehrflugprämien und -vergütungen** gem. § 57 Tarifvertrag-Personalvertretung Bordpersonal der Deutschen Lufthansa,[237] **Fahrtentschädigungen,** die Lokomotivführern und Zugbegleitern der Deutsche Bahn AG gewährt werden,[238] Zuschläge für **Mehr-, Schicht-, Nacht-** oder **Sonntagsarbeit,** die es erzielt haben würde, wenn es gearbeitet hätte,[239] einschließlich sog. **Antrittsgebühren,** die z. B. in der Druckindustrie für regelmäßige Sonntagsarbeit zur Herstellung von Zeitungen und Zeitschriften gezahlt werden.[240] Findet eine **BR-Sitzung während der Nachtschicht** statt, sind hierfür gezahlte Nachtarbeitszuschläge nach den gleichen Grundsätzen wie für andere Nachtarbeit zu versteuern bzw. ggf. steuerfrei zu zahlen.[241]

Fällt wegen der BR-Tätigkeit ein **ganzer Arbeitseinsatz** oder eine **ganze Schicht** aus, steht dem betroffenen BR-Mitglied hierfür ein uneingeschränkter Ausgleich zu.[242] In Betracht kommt auch die Bezahlung von **Überstunden,** die das BR-Mitglied an seinem Arbeitsplatz geleistet hätte, wenn es nicht wegen seiner Tätigkeit daran gehindert gewesen wäre.[243] **Der steuerpflichtige Teil der Nahauslösung** gemäß § 7 Bundesmontage-TV in der Eisen-, Metall- und Elektroindustrie gehört bei BR-Mitgliedern ebenfalls zum fortzuzahlenden Arbeitsentgelt i. S. d. Vorschrift.[244] **Trinkgelder** können zum Arbeitsentgelt gehören.[245] Die abzulehnende Rspr. des *BAG* und die dieser zustimmende Lit.[246] verkennen, dass gerade im Gaststättengewerbe Trinkgelder oft einen erheblichen Anteil des Einkommens ausmachen und dass die Nichtanrechenbarkeit im Ergebnis zu einer verbotenen Minderung des Arbeitsentgelts führt. Erhalten AN **umsatzorientierte Jahreszahlungen oder -prämien,** ist der durch die BR-Tätigkeit geminderte Verdienst auszugleichen.[247] Bei der Berechnung des Ausgleichs sind andere Marketingaktivitäten des AG zu berücksichtigen.[248] Werden AN Aktienoptionen durch eine andere Konzerngesellschaft eingeräumt, können sie zum Arbeitsentgelt gehören, wenn der Dritte diese nach Abrede der Arbeitsvertragsparteien anstelle oder neben dem AG erbringen soll.[249] **51**

Bei **Akkord- bzw. Prämienarbeit** ist der Akkord- bzw. Prämienlohn nach Maßgabe der durchschnittlichen seitherigen Arbeitsleistung des BR-Mitglieds zu vergüten. Werden **Provisionen** monatlich in unterschiedlicher Höhe bezahlt, ist im Regelfall der Rückgriff auf den Durchschnitt der letzten 12 Monate sinnvoll.[250] Ist diese nicht mehr feststellbar, ist der Durchschnitt der an vergleichbare AN gezahlten Akkord- bzw. Prämienlöhne zugrunde zu legen.[251] Nach § 6 Abs. 2 der DVO zum BPG erhalten BR-Mitglieder **im Bergbau die Prämie** auch für zulässigerweise versäumte Untertageschichten, obwohl die Bergmannsprämie nicht als Bestandteil des Lohnes gilt.[252] **52**

235 *BAG* 21.6.57, AP Nr. 5 zu § 37 BetrVG.
236 *LAG Schleswig-Holstein* 23.7.91, PersR 91, 430 für eine Lehrentschädigung, die gezahlt wurde, obwohl durch die Lehrtätigkeit keine Mehraufwendungen entstanden.
237 *BAG* 16.8.95, NZA 96, 552; GK-*Weber,* Rn. 69.
238 *BAG* 5.4.00, NZA 00, 1174.
239 *BAG* 29.7.80, 22.8.85, AP Nrn. 37, 50 zu § 37 BetrVG 1972; 12.12.00, DB 01, 875; *LAG Köln* 17.10.03, AiB Newsletter 05, Nr. 1, 5; GK-*Weber,* Rn. 69; *Peter,* AiB 02, 205.
240 *BAG* 13.7.94, NZA 95, 588; zustimmend HWGNRH-*Glock,* Rn. 57.
241 *Hess.* LAG 10.3.14, 16 TaBV 197/13, juris.
242 *LAG Düsseldorf/Köln* 23.8.77, EzA § 37 BetrVG 1972 Nr. 56; *Fitting,* Rn. 59; GK-*Weber,* Rn. 66.
243 *BAG* 29.6.88, AP Nr. 1 zu § 24 BPersVG; vgl. auch 3.12.97, AuR 98, 193 = NZA 98, 558; *Becker-Schaffner,* BB 82, 501.
244 *BAG* 10.2.88, AP Nr. 64 zu § 37 BetrVG 1972, 14.9.88, DB 89, 1775; *LAG Hamburg* 30.6.86 – 2 Sa 27/86; vgl. jedoch auch Rn. 57.
245 A. A. *BAG* 28.6.95, AP Nr. 112 zu § 37 BetrVG 1972 = AiB 96, 319 mit krit. Anm. *Grimberg,* das entsprechende Ansprüche nur bei Bestehen arbeitsvertraglicher Vereinbarungen anerkennt.
246 Vgl. *Fitting,* Rn. 65; GK-*Weber,* Rn. 69; HWGNRH-*Glock,* Rn. 64; Richardi-*Thüsing,* Rn. 31.
247 *LAG Berlin* 28.6.96, NZA 97, 224 = AiB 97, 228 mit zustimmender Anm. *Roos;* zu Problemen bei der Berechnung *Gaul,* BB 98, 101.
248 *LAG Berlin* a. a. O.; *Fitting,* Rn. 50.
249 *BAG* 16.1.08, NZA 08, 836 = ArbuR 08, 55.
250 GK-*Weber,* Rn. 68; *Gaul,* BB 98, 101.
251 *Däubler,* Schulung Rn. 427; ErfK-*Koch,* Rn. 6; *Fitting,* Rn. 68; GK-*Weber,* Rn. 68; enger Richardi-*Thüsing,* Rn. 31.
252 *Fitting,* Rn. 69; Richardi-*Thüsing,* Rn. 34.

53 Nach abzulehnender Auffassung des *BAG* soll im Baugewerbe ein BR-Mitglied nur Anspruch auf **Schlechtwettergeld** haben, wenn es während der Zeit des Arbeitsausfalls wegen Schlechtwetter BR-Tätigkeit verrichtet.[253] Ist auf Basis von Tarifregelungen eine **Kündigung** auf Grund von **witterungsbedingtem Arbeitsausfall** zulässig, kann diese wegen des besonderen Kündigungsschutzes **nicht gegenüber BR-Mitgliedern** ausgesprochen werden.[254] Bei betrieblicher **Kurzarbeit** hat das BR-Mitglied grundsätzlich nur Anspruch auf das verkürzte Arbeitsentgelt und im Übrigen Anspruch auf Kurzarbeitergeld gegen die Bundesagentur für Arbeit.[255] Führt jedoch ein BR-Mitglied aus **betriebsbedingten Gründen** während einer Kurzarbeitsperiode BR-Tätigkeit aus, während die anderen AN in dieser Zeit nicht arbeiten, hat es Anspruch gegen den AG auf seine übliche Vergütung ohne Mehrarbeitszuschlag.[256] Ein entsprechender Anspruch gegen den AG besteht, wenn ein BR-Mitglied während der für seinen Betrieb angesetzten Kurzarbeit an einer GBR/KBR-Sitzung teilnehmen muss. Eine entsprechende Zahlungspflicht des AG setzt auch ein, wenn ein BR-Mitglied während der sog. »Kurzarbeit Null« BR-Tätigkeiten ausüben muss. Eine gem. § 38 Abs. 1 freigestellte **Raumpflegerin** hat Anspruch auf **volle Entgeltfortzahlung für Schulferienzeiten,** wenn arbeitsvertraglich vereinbart ist, dass in den Ferien mangels Beschäftigungsmöglichkeit kein Lohn gezahlt wird.[257]

54 Von der Arbeit befreiten BR-Mitgliedern fortzuzahlen sind **allgemeine oder einmalige Zuwendungen,** wie z. B. Weihnachtsgratifikationen, Urlaubsgeld oder vermögenswirksame Leistungen.[258] Entsprechendes gilt auch für freiwillige, jederzeit widerrufliche **Zulagen.**[259]

55 **Heimarbeiter** haben als BR-Mitglieder einen Anspruch auf Entgeltfortzahlung für die Zeit der BR-Arbeit.[260] Da sie während ihrer Tätigkeit auf Grund ihrer persönlichen Selbstständigkeit[261] in der Einteilung ihrer Arbeitszeit frei sind, bereitet die Festlegung der Höhe der Entgeltfortzahlung im konkreten Fall Schwierigkeiten. Nicht sachgerecht ist der Rückgriff auf den in der jeweils maßgebenden bindenden Festsetzung festgelegten Mindeststundenlohn,[262] da dieser im Ergebnis für BR-Mitglieder, die als Heimarbeiter ein höheres Einkommen haben, zu einer schon mit Blick auf das Benachteiligungsverbot des § 78 S. 2 unzulässigen Schlechterstellung führen würde. Gleiches gilt für die Errechnung eines Durchschnittsentgelts nach den Grundsätzen von § 11 Abs. 2 EFZG,[263] weil sich hier je nach angefallener Arbeitsmenge im konkreten Fall ohne Rücksicht auf die geleistete BR-Tätigkeit unterschiedliche Vergütungen ergeben können. Sachgerechter scheint daher der **Rückgriff auf Referenzeinkommen** mit der Folge, dass z. B. die Zahlung eines Entgelts erfolgt, das sich am Durchschnitt vergleichbarer Heimarbeiter orientiert. Denkbar ist auch eine Berechnung auf Basis des individuellen Durchschnittsverdienstes des betroffenen Heimarbeiters in der Zeit vor der BR-Tätigkeit unter Berücksichtigung der allgemeinen Anpassungen des Entgelts, wobei der Erfahrungswert Berücksichtigung finden müsste, dass BR-Mitglieder ein Drittel ihrer Arbeitszeit für die BR-Arbeit aufwenden.

56 Es stellt sich allerdings die bisher in Literatur und Rechtsprechung noch nicht diskutierte Frage, ob die Anwendbarkeit der Heimarbeitereigenschaft nach § 2 HAG noch gegeben ist, wenn die Wahl eines Heimarbeiters in den BR erfolgt ist. Da die Mitgliedschaft im BR auf Grund der Notwendigkeit zur Teilnahme an zeitlich festliegenden Sitzungen, zur Wahrnehmung sonstiger BR-Aufgaben usw. eine zeitliche Festlegung mit sich bringt, die der vom HAG

253 *BAG* 23.4.74, 31.7.86, AP Nrn. 11, 55 zu § 37 BetrVG 1972; vgl. hierzu auch Rn. 135.
254 *BAG* 18.5.99, NZA 99, 1166; *Fitting,* a. a. O.
255 *ArbG Aachen* 19.6.74, BB 75, 136; ErfK-*Koch,* Rn. 6; *Fitting,* a. a. O.; GK-*Weber,* Rn. 64.
256 S. *Däubler,* Ratgeber Arbeitsrecht, S. 104, sowie *Fitting,* a. a. O., die den Anspruch aus Abs. 3 ableiten; *BAG* 29.9.99 – 7 AZR 281/98, für eine freiwillige Prämienzahlung des AG für das Erreichen der festgesetzten Wochenarbeitszeit, die das Gericht einem BR-Mitglied, das die notwendige Zeit auf Grund einer ganztägigen BR-Sitzung trotz Kurzarbeit erreichte, nicht zugesprochen hat.
257 *LAG Hamm* 2.7.97, AiB 98, 405 mit Anm. *Schuster.*
258 *LAG Düsseldorf* 16.4.74, DB 74, 1966.
259 *BAG* 21.4.83, AP Nr. 43 zu § 37 BetrVG 1972.
260 *Fitting,* Rn. 70 unter Hinweis auf das Benachteiligungsverbot.
261 Vgl. *Schmidt/Koberski/Tiemann/Wascher,* Heimarbeitsgesetz, § 3 Rn. 7; *Otten,* Heim- und Telearbeit, § 2 Rn. 15.
262 So *Fitting,* a. a. O.; zustimmend ErfK-*Koch,* Rn. 6; a. A. HWGNRH-*Glock,* Rn. 65.
263 So HWGNRH-*Glock,* a. a. O.

vorausgesetzten persönlichen Unabhängigkeit entgegensteht, ist eine Bindung des BR-Mitgliedes in zeitlicher und organisatorischer Hinsicht gegeben. Unter Beachtung der Rspr. zum Arbeitnehmerbegriff[264] erfüllt zumindest die Teilnahme an Sitzungen und anderen zeitlich festgelegten BR-Aktivitäten die Voraussetzung einer persönlichen Abhängigkeit und damit eines Arbeitsverhältnisses. Es liegt daher nahe, dass durch die BR-Tätigkeit Teile des Beschäftigungsverhältnisses nach dem HAG in ein (sachlich befristetes) Arbeitsverhältnis umgewandelt werden, zumal nach der Rspr. des *BAG* ein aus der konkreten Ausgestaltung des Beschäftigungsverhältnisses folgender Rechtsformzwang besteht.[265] Folgt man dieser Auffassung, müsste den auf Basis des HAG Beschäftigten für die Zeit der Durchführung von BR-Aufgaben auf Grund der hier feststellbaren persönlichen Abhängigkeit und dem hieraus resultierenden Arbeitsverhältnis ein Entgelt gezahlt werden, das sich an dem vergleichbarer AN orientiert. Würde ein Heimarbeiter gem. § 38 freigestellt, würde hierdurch ein (ggf. zeitlich befristetes) Arbeitsverhältnis begründet.

Leistungen des AG, die einen reinen **Aufwendungscharakter** tragen, wie z. B. **Wegegelder,**[266] Auslösungen,[267] **Kilometergeld**[268] oder **Beköstigungszulagen,** sind an BR-Mitglieder, die solche Aufwendungen infolge ihrer Arbeitsbefreiung nicht mehr haben, nicht fortzuzahlen,[269] sofern es sich dabei nicht um einen besonderen Teil des Lohnes handelt.[270] Einem nach § 38 freigestellten BR-Mitglied sind jedoch ein **Dienstwagen** und **andere Arbeitsmittel** weiter zu gewähren, die ihm vor der Freistellung allein mit Rücksicht auf und zur Erfüllung seiner Tätigkeit gestellt wurden.[271] Die Überlassung eines **Firmenwagens** zur **privaten Nutzung** besteht fort, wenn ein freigestelltes BR-Mitglied vorher einen entsprechenden vertraglichen Anspruch hatte.[272] **57**

Die fortzuzahlenden Bezüge unterliegen der **Steuer- und Sozialversicherungspflicht.** Das gilt nach § 3 b Abs. 1 S. 1 EStG auch für Sonntags-, Feiertags- und Nachtarbeitszuschläge, wenn sie nur zur Vermeidung eines Einkommensverlustes gezahlt werden, ohne dass die Sonntags-, Feiertags- oder Nachtarbeit tatsächlich geleistet worden ist. Der AG muss die Lohnsteuer für diese Zuschläge an das Finanzamt abführen. Die Auffassung des *BAG*,[273] dass der AG nicht nochmals die Ausgleichssumme an das BR-Mitglied zahlen muss, so dass es den gleichen Nettolohn erhält, ist abzulehnen,[274] da dies im Ergebnis zu einer Benachteiligung der BR-Mitglieder führt.[275] **58**

Bestehen tarifliche Ausschlussfristen, kommen diese auf den Entgeltfortzahlungsanspruch nach Abs. 2 ebenso zu Anwendung wie auf die arbeitsvertraglichen Entgeltansprüche anderer Beschäftigter.[276] **59**

Der AG ist grundsätzlich nicht berechtigt, **Lohn einzubehalten,** wenn er der Auffassung ist, dass im konkreten Fall keine erforderliche BR-Tätigkeit gegeben ist,[277] es sei denn, es liegt ein Missbrauch des Freistellungsanspruchs vor.[278] Gleiches gilt, wenn keine Abmeldung erfolgt ist.[279] **60**

264 Grundlegend *BAG* 8.6.67, AP Nr. 6 zu § 611 BGB Abhängigkeit.
265 Vgl. 14.2.74, 21.9.77, 26.7.95, AP Nrn. 12, 24 und 79 zu § 611 BGB Abhängigkeit.
266 Vgl. hierzu auch *BAG* 28.8.91, NZA 92, 709.
267 Vgl. *BAG* 18.9.91, NZA 92, 936, vgl. auch 28.8.91, NZA 92, 709; zu Nahauslösungen Rn. 48.
268 *BAG* 14.9.88, *DB* 89, 1775, sofern dieses nur bei tatsächlicher Montagetätigkeit gezahlt wird.
269 ErfK-*Koch*, Rn. 8; *Fitting*, Rn. 66; GK-*Weber*, Rn. 71; *Kühner*, S. 98; Richardi-*Thüsing*, Rn. 33.
270 *LAG Düsseldorf* 29.4.74, *DB* 74, 2405; *Richardi*, a. a. O.
271 A. A. *BAG* 25.2.09 – 7 AZR 954/07, juris; *LAG Köln* 4.7.03, AiB 04, 82; *Fitting*, Rn. 66; GK-*Weber*, a. a. O.
272 *BAG* 23.6.04, DB 04, 111; *Fitting*, a. a. O.; Richardi-*Thüsing*, Rn. 30 a hält die BAG-Entscheidung für zu weitgehend; a. A. *LAG Hamburg* 9.8.07 – 7 Sa 27/07, juris, das die vorher zugestandene Weiternutzung eines Dienstfahrzeugs für die Fahrten von und zum Betrieb verneint; *VG Ansbach* 9.4.08 – AN 11 K 06 01560, juris, das im Einzelfall keinen Anspruch auf einen Firmenwagen gesehen hat.
273 29.7.80, 22.8.85, AP Nrn. 37, 50 zu § 37 BetrVG 1972.
274 So zutreffend noch *BAG* 10.6.69, AP Nr. 12 zu § 37 BetrVG.
275 *Becker-Schaffner*, BB 82, 502; *Görg*, AiB 81, 124; *Schneider*, NZA 84, 21; vgl. auch *Kühner*, S. 98 f.; a. A. WP-*Kreft*, Rn. 25.
276 *BAG* 8.9.10, NZA 11, 159; *Fitting* Rn. 58; GK-*Wiese*, Rn. 52.
277 *LAG Hamm* 8.6.78, EzA § 37 BetrVG 1972 Nr. 58.
278 Einschränkender *BAG* 15.3.95, NZA 95, 961 = AiB 95, 735 mit Anm. *Nielebock;* a. A. HWGNRH-*Glock*, Rn. 45 f., 66 f.; vgl. ergänzend Rn. 44 ff.
279 *Ehrich/Hoß*, NZA 96, 1075, 1079; vgl. auch Rn. 47.

61 Versucht der BR im Falle einer **spontanen Arbeitsniederlegung** durch Verhandlungen mit dem AG und den streikenden AN zu schlichten, ist die Zeit der schlichtenden Tätigkeit wie Arbeitszeit zu vergüten, selbst wenn die BR-Mitglieder von dem Streik betroffen sind; dies gilt jedenfalls dann, wenn der AG mit der schlichtenden Tätigkeit einverstanden war.[280] Führt ein BR-Mitglied während eines **Arbeitskampfes** erforderliche BR-Tätigkeit aus, hat es für deren Dauer Anspruch auf Zahlung seiner entsprechenden Vergütung. Dies gilt auch, wenn es selbst am Arbeitskampf beteiligt ist und lediglich für die Dauer der BR-Tätigkeit den Arbeitskampf unterbrochen hat.[281] Nach – allerdings abzulehnender – Auffassung des *BAG* sollen jedoch BR-Mitglieder bei einer **Aussperrung** keinen Entgeltanspruch haben, wenn sie während dieser Zeit erforderliche BR-Tätigkeit wahrnehmen.[282] Das *BAG* verkennt, dass die Aussperrung nur die **arbeitsvertraglichen Pflichten** und nicht die **auf dem Gesetz beruhenden Tätigkeiten des BR** berührt. Der Anspruch auf Zahlung der Vergütung kann sich auch aus dem **Gleichbehandlungsgrundsatz** ergeben, wenn der AG nur eine AN-Gruppe aussperrt. In diesem Fall ergibt sich für die Gruppenmitglieder der nicht ausgesperrten Gruppe der Anspruch aus Abs. 2. Der Anspruch der BR-Mitglieder, die der ausgesperrten Gruppe angehören, ergibt sich aus Abs. 3, da im Falle einer Aussperrung die BR-Tätigkeit aus betriebsbedingten Gründen außerhalb der Arbeitszeit, die sich auf Grund der Aussperrung auf Null reduziert hat, durchzuführen ist. Streiken die BR-Mitglieder oder üben während der Aussperrung keine BR-Tätigkeit aus, entfällt der Anspruch auf Fortzahlung des Arbeitsentgelts.

IV. Ausgleich für Betriebsratstätigkeit außerhalb der Arbeitszeit (Abs. 3)

1. Voraussetzungen

62 Die Mitglieder des BR sollen die ihnen übertragenen Aufgaben grundsätzlich **während der Arbeitszeit** erledigen. Da dies aus betriebsbedingten Gründen nicht in allen Fällen möglich ist, z. B. in **Schichtbetrieben,** bei **Gleitzeitmodellen,** bei der **Anpassung** der individuellen oder kollektiven Arbeitszeit **an das jeweilige Auftragsvolumen,** bei Arbeit nach **Zielvorgaben,** bei **Vertrauensarbeitszeit** oder bei unterschiedlichen Formen der **Teilzeitbeschäftigung** (etwa »normale« Teilzeitarbeit, Job-Sharing-Arbeitsverhältnisse, kapazitätsorientierte variable Arbeitszeit usw.), gewährt Abs. 3 einen Ausgleichsanspruch. Die Vorschrift dient somit dem **Schutz der BR-Mitglieder** vor einer Inanspruchnahme außerhalb der Arbeitszeit.[283] Sie kommt unabhängig davon zur Anwendung, ob BR-Mitglieder auf der Basis von **Voll- oder Teilzeitarbeitsverhältnissen** tätig werden. Der **Ausgleichsanspruch** auf Arbeitsbefreiung ohne Minderung des Arbeitsentgelts setzt voraus, dass **BR-Tätigkeit** (vgl. Rn. 63 f.) aus **betriebsbedingten Gründen** (vgl. Rn. 65 f.) **außerhalb der Arbeitszeit** durchgeführt wurde. Er besteht auch in Zeiten der Freistellung wegen vorangegangener Betriebsratstätigkeit.[284] Abs. 3 gilt entsprechend für **Mitglieder des WV**[285] und Mitglieder des WA, die nicht zugleich BR-Mitglieder sind.[286] Ansprüche auf Ausgleich bestehen nur, wenn die BR-Tätigkeit in einem noch laufenden Arbeitsverhältnis anfällt.[287]

63 Bezüglich der BR-Tätigkeit gelten die zu Abs. 2 entwickelten Grundsätze (vgl. Rn. 15 ff.). Es

280 *BAG* 5.12.78 – 6 AZR 485/76; a. A. HWGNRH-*Glock,* Rn. 194.

281 So bei einer **Streikmaßnahme** *ArbG Düsseldorf* 30.5.84 – 3 BVGa 14/84; 10.10.84 – 10 Ca 4116/84; vgl. auch *BAG* 5.5.87, AP Nr. 4 zu § 44 BetrVG 1972 für die Teilnahme an einer Betriebsversammlung; vgl. ferner *BAG* 15.1.91, DB 91, 1465, bei Teilnahme an einer Schulungsmaßnahme; *Fitting,* Rn. 184; GK-*Weber,*Rn. 65; a. A. offenbar HWGNRH-*Glock,* Rn. 58, 62.

282 *BAG* 25.10.88, AP Nr. 110 zu Art. 9 GG Arbeitskampf; ErfK-*Koch,* Rn. 6; GK-*Weber,* a. a. O.; HWGNRH-*Glock,* Rn. 62; *Reinecke,* DB 91, 1168; § 74 Rn. 16 ff.; *Fitting,* Rn. 61, die Entgeltansprüche als gegeben sehen, wenn der Arbeitgeber während eines Arbeitskampfes den BR bei Angelegenheiten ohne Kampfbezug einschaltet, da Mitbestimmungsrechte zu beachten sind; wie hier offenbar auch *Hanau,* RdA 91, 275 [278].

283 GK-*Weber,* Rn. 75.

284 *LAG Köln* 3.2.12 – 4 Sa 888/11, juris.

285 *BAG* 26.4.95, BB 95, 49, Ls.

286 Vgl. Rn. 35; Textmuster bei DKKWF-*Wedde,* § 37 Rn. 42 ff.

287 *LAG Saarland* 14.5.08 – 2 Sa 100/07, juris.

muss folglich nicht nur objektiv BR-Tätigkeit vorliegen, sondern deren Durchführung außerhalb der Arbeitszeit muss erforderlich sein.[288] Hat der AG bei der Prüfung der Erforderlichkeit der BR-Tätigkeit bisher einen großzügigen Maßstab angelegt, entsteht für den BR ein **Vertrauenstatbestand.** Hiervon kann der AG nur für die Zukunft durch klare und eindeutige Erklärung gegenüber dem BR abweichen.[289] Zu den BR-Tätigkeiten i. S. v. Abs. 3 gehören auch Aktivitäten, die zwar für sich alleine keine BR-Tätigkeit sind, die aber in einem unmittelbaren notwendigen sachlichen Zusammenhang mit den Aufgaben des BR stehen. Zu nennen sind z. B. **Reisezeiten** oder **zusätzliche Wegezeiten,** die zur Erfüllung notwendiger BR-Arbeiten aufgewendet werden müssen, sofern diese Zeiten aus betriebsbedingten Gründen außerhalb der Arbeitszeit anfallen.[290] Maßgebend ist die persönliche Arbeitszeit des betreffenden BR-Mitglieds.[291] Dies gilt uneingeschränkt auch für in Teilzeit beschäftigte BR-Mitglieder sowie bei Kurzarbeit.[292]

Die Regelung des Abs. 3 (und nicht des § 44 Abs. 1) findet auch bei **Betriebs-, Teil- oder Abteilungsversammlungen** gemäß § 43 Abs. 1 Anwendung, die außerhalb der Arbeitszeit durchgeführt werden. BR-Mitglieder nehmen in ihrer Amtseigenschaft teil.[293] Eine Begünstigung für BR-Mitglieder liegt darin nicht, da sie im Gegensatz zu anderen AN verpflichtet sind, an den Versammlungen außerhalb der Arbeitszeit teilzunehmen.[294] 64

a) Betriebsbedingte Gründe

Betriebsbedingte Gründe sind insbesondere solche, die sich aus der Eigenart des Betriebs, der Gestaltung des Arbeitsablaufs oder der Beschäftigungslage ergeben[295] und vom BR nicht beeinflussbar sind. Betriebliche Gegebenheiten und hieraus resultierende Sachzwänge müssen dazu führen, dass die BR-Tätigkeit außerhalb der Arbeitszeit durchgeführt werden muss.[296] Dies ist in **Betrieben mit Schichtarbeit** der Fall, wenn BR-Mitglieder in Wechselschicht arbeiten,[297] aber auch bei **Zeitungszustellern,** die ihre Arbeit in den frühen Morgenstunden erledigen[298] sowie in **Saisonbetrieben.**[299] Ein Ausgleichsanspruch besteht auch dann, wenn die Ursache für die erforderliche BR-Tätigkeit außerhalb der Arbeitszeit dem AG-Bereich zuzuordnen ist,[300] z. B. **Abhaltung einer BR-Sitzung auf Wunsch des AG** außerhalb der Arbeitszeit[301] oder wenn im **betrieblichen Interesse** Verhandlungen zwischen BR und AG ganz oder zum Teil außerhalb der Arbeitszeit stattfinden.[302] Gleiches gilt, wenn das BR-Mitglied die 65

---

288 *Bengelsdorf,* NZA 89, 905 [906]; ErfK-*Koch,* Rn. 7; GK-*Weber,* Rn. 85 f. m. w. N.
289 *LAG Berlin* 18.6.92, BB 93, 291, Ls. = AiB 93, 46 mit Anm. *Kuster; SWS,* Rn. 21.
290 Vgl. *BAG* 16.1.08, DB 08, 938; *BAG* 15.2.89, AP Nr. 70 zu § 37 BetrVG 1972; *LAG Baden-Württemberg* 29.1.04, EzA-SD 04, Nr. 18, 13; a. A. hinsichtlich zusätzlicher Wegezeiten OVG Rheinland-Pfalz 14.2.03 – 10 A 11627/02 (n. v.) für die Reisezeiten eines beamteten BR-Mitgliedes bei einer privatrechtlich organisierten Eisenbahn; *LAG Bremen* 11.10.74, BB 75, 838; vgl. auch Rn. 61 ff.
291 Vgl. Rn. 61 ff.; MünchArbR-*Joost,* § 308 Rn. 34.
292 *Bengelsdorf,* NZA 89, 905 ff.; *Fitting,* Rn. 92; HWGNRH-*Glock,* Rn. 73; *SWS,* a. a. O.; *LAG Berlin,* a. a. O.; vgl. Rn. 65 ff., 70.
293 *Fitting,* Rn. 78; GK-*Weber,* Rn. 94; *LAG Düsseldorf* 8.12.72, EzA § 44 BetrVG 1972 Nr. 1; a. A. Richardi-*Thüsing,* Rn. 61; ErfK-*Koch,* Rn. 7 bezüglich der Zahlung von Mehrarbeitszuschlag für BR-Mitglieder, die als AN an der Versammlung teilnehmen sowie *BAG* 5.5.87, AP Nr. 4 zu § 44 BetrVG 1972, das den Entgeltanspruch auf § 44 Abs. 1 stützt.
294 *LAG Düsseldorf,* a. a. O.; HWGNRH-*Glock,* a. a. O.
295 Vgl. *Bengelsdorf,* NZA 89, 905 [907 f.]; *Fitting,* Rn. 79; GK-*Weber,* Rn. 85 ff.; *GLKühner,* S. 101; MünchArbR-*Joost,* § 308 Rn. 35 ff.; *Peter,* AiB 02, 206.
296 *BAG* 11.7.78, 3.12.87, 15.2.89, AP Nrn. 57, 62, 70 zu § 37 BetrVG 1972.
297 Vgl. im Übrigen Rn. 67 f.
298 *Fitting,* Rn. 79.
299 *LAG Hamm* 19.7.00 – 3 Sa 2201/99.
300 *BAG* 26.1.94, NZA 94, 765 = AiB 95, 166 mit Anm. *Goergens,* wenn der AG Einfluss genommen hat, dass die BR-Tätigkeit nicht während der Arbeit verrichtet wurde; vgl. auch *BAG* 21.5.74, AP Nr. 14 zu § 37 BetrVG 1972.
301 *LAG Hamm* 14.11.98 – 3 Sa 1026/98 für auf Wunsch des AG festgesetzte Zeit einer Betriebsräteversammlung; *Fitting,* Rn. 80; GK-*Weber,*Rn 83.
302 *Fitting,* a. a. O.; GK-*Weber,* a. a. O.; *Kühner,* a. a. O.; a. A. *LAG Hamm* 14.7.78, EzA § 37 BetrVG 1972 Nr. 61.

beabsichtigte BR-Tätigkeit außerhalb der Arbeitszeit anzeigt, weil der AG keine Möglichkeit zur Ausübung während der Arbeitszeit gegeben hat oder, auch ohne Anzeige, wenn er sich eindeutig und endgültig auch für zukünftige Fälle geweigert hat, die BR-Tätigkeit während der Arbeitszeit zu ermöglichen.[303] Keine betriebsbedingten Gründe sollen hingegen vorliegen, wenn die Durchführung der BR-Tätigkeit außerhalb der individuellen oder der betrieblichen Arbeitszeit allein aus persönlichen Gründen veranlasst wurde.[304]

66 Betriebsbedingtheit ist gegeben, wenn das für Fragen der Arbeitssicherheit zuständige BR-Mitglied an einer **nächtlichen Betriebsbegehung** durch das Gewerbeaufsichtsamt – entsprechend § 89 Abs. 2 – teilnimmt oder bei **Unfalluntersuchungen** außerhalb seiner Arbeitszeit zugegen sein muss.[305] Gleiches gilt, wenn der AG dem BR kurzfristig eine größere Anzahl von beteiligungspflichtigen Vorgängen vorlegt, die aus objektiver Sicht auf Grund ihres Volumens nicht in der Arbeitszeit zu bewältigen sind.[306] Auch ein BR-Mitglied, das eine **Schlüsselstellung** als AN im Betrieb einnimmt und deshalb während der Arbeitszeit unabkömmlich ist, kann unaufschiebbare BR-Arbeit außerhalb der Arbeitszeit erledigen. Betriebsbedingte Gründe liegen ohne besonderen Nachweis ferner vor, wenn ein in **Teilzeit** beschäftigtes BR-Mitglied BR-Tätigkeit zwar außerhalb seiner persönlichen, aber innerhalb der betrieblichen Normalarbeitszeit ausübt.[307]

67 Betriebsbedingte Gründe liegen schließlich gemäß Abs. 3 vor, wenn die BR-Tätigkeit auf Grund unterschiedlicher Arbeitszeiten oder Arbeitszeitsysteme **außerhalb der persönlichen Arbeitszeit** eines BR-Mitgliedes **erfolgt.** Durch diese Regelung soll verhindert werden, dass sich unterschiedliche Arbeitszeiten der BR-Mitglieder nachteilig auf die Arbeit des BR oder die persönliche Rechtsstellung seiner Mitglieder auswirken.[308] Bezugspunkt für das Entstehen eines Anspruchs auf bezahlte Arbeitsbefreiung ist allein die Tatsache, dass **BR-Tätigkeit** außerhalb der persönlichen Arbeitszeit erledigt werden muss. Ist diese Voraussetzung erfüllt, fingiert das Gesetz das Vorliegen betriebsbedingter Gründe. Auf andere Kriterien wie etwa die Lage der Arbeitszeit von vollzeitbeschäftigten AN oder BR-Mitgliedern kommt es hingegen nicht an.[309] Da Abs. 3 eingefügte (anders als Abs. 6) keine Begrenzung auf die Arbeitszeit vollzeitbeschäftigter AN enthält, kann der Freizeitanspruch von Teilzeit-Beschäftigten im Einzelfall höher sein als der von Vollzeit-Beschäftigten.[310] Entscheidend ist allein die Notwendigkeit der BR-Tätigkeit. Nimmt ein Teilzeit-Beschäftigter als BR-Mitglied beispielsweise an Ausschusssitzungen des BR außerhalb seiner perönlichen Arbeitszeit teil, wird der Tatbestand der Vorschrift erfüllt.

b) Betriebsratsbedingte Gründe

68 **Betriebsratsbedingte Gründe** sind nach der Auffassung des *BAG* nicht mit betriebsbedingten Gründen gleichzusetzen.[311] Danach soll **kein Ausgleichsanspruch** bestehen, wenn es dem BR **aus Gründen der eigenen Geschäftsführung zweckmäßig** erscheint, eine Sitzung außerhalb der Arbeitszeit anzusetzen, z. B. weil ansonsten die Teilnahme oder das Aufsuchen eines besonders sachverständigen Gewerkschaftsvertreters nicht möglich ist oder eine während der Arbeitszeit begonnene Sitzung über das Ende der Arbeitszeit hinaus fortgesetzt wird.[312]

---

303 *BAG* 3.12.87, AP Nr. 62 zu § 37 BetrVG 1972; vgl. auch *BAG* 26.1.94, a. a. O.
304 *Fitting*, Rn. 86.
305 *Bengelsdorf*, a. a. O.; GK-*Weber*, Rn. 81; HWGNRH-*Glock*, a. a. O.
306 *Fitting*, Rn. 80.
307 *Fitting*, Rn. 81; einschränkender *Bengelsdorf*, NZA 89, 905 [907 f.]; GK-*Weber*, Rn. 82, der den Nachweis eines betriebsbedingten Grundes für die BR-Tätigkeit außerhalb der persönlichen Arbeitszeit verlangt; vgl. im Übrigen Rn. 66; hinsichtlich der BR-Mitglieder, die ihre Arbeitsleistung teilweise **außerhalb des Betriebs** erbringen Rn. 65.
308 Vgl. BT-Drucks. 14/5741, S. 40 zu Nr. 29 a.
309 Enger GK-*Weber*, Rn. 91.
310 Kritisch *Hanau*, RdA 01, 65 [71].
311 *BAG* 21.5.74, AP Nr. 14 zu § 37 BetrVG 1972.
312 Vgl. *Fitting*, Rn. 88; GK-*Weber*, Rn. 86, 95; *Kühner*, S. 101; Richardi-*Thüsing*, Rn. 45 f.; *Löwisch*, BB 01, 1734 [1741].

Bei der **Festsetzung von Zeit und Ort** z. B. der **Sitzungen** des GBR, KBR, WA oder der BR-Versammlung (§ 53) soll es sich nach der Rspr. im Allgemeinen nicht um betriebsbedingte Gründe handeln.[313] Diese Rspr. ist für die betriebliche Praxis wenig hilfreich und daher abzulehnen. Es ist einerseits nicht immer einfach, **zwischen betriebs- und betriebsratsbedingten Gründen zu unterscheiden;** andererseits wird die Abwicklung der BR-Tätigkeit unnötig erschwert und eingeengt, was nicht zuletzt höhere Kosten für den AG verursacht.[314] Eine Sitzung wird zwangsläufig länger dauern, wenn sie wegen Arbeitsschlusses unterbrochen und am nächsten Tag fortgesetzt werden muss, oder höhere Kosten (Übernachtung, Reisespesen, Lohnstunden) verursacht, wenn z. B. die **An- oder Abreise** zu oder von einer auswärtigen GBR-Sitzung aus dem gleichen Grund nicht mehr angetreten werden kann und deshalb die Reise am Vortag oder am nächsten Tag während der Arbeitszeit angetreten werden muss.[315] Nach der Rspr. soll BR-Tätigkeit nur insoweit außerhalb der Arbeitszeit i. S. d. Abs. 3 liegen, wie sie insgesamt zusätzlich zu der vertraglichen Arbeitszeit des BR-Mitglieds geleistet wird, wobei ggf. die **Dauer der BR-Tätigkeit** (z. B. Teilnahme an einer Sitzung oder Versammlung) **und die Reisezeit** zu addieren sind.[316] Erfolgt dagegen die An- oder Rückreise am Tag der Sitzung des GBR außerhalb der Arbeitszeit aus betriebsbedingten Gründen, z. B. weil das BR-Mitglied unabkömmlich ist bzw. auf Wunsch des AG, besteht der Anspruch auf Freizeitausgleich.[317] Bestehen über die Durchführung von Dienstreisen nähere **tarifliche oder betriebliche Regelungen,** sind diese für Reisen von BR-Mitgliedern maßgebend.[318] Es gelten die gleichen Grundsätze wie für notwendige BR-Arbeit außerhalb der Arbeitszeit.[319] **69**

c) Freigestellte BR-Mitglieder

Freigestellte BR-Mitglieder sind gehalten, ihre BR-Aufgaben während der normalen Arbeitszeit durchzuführen. Ist dies infolge eines übermäßigen Arbeitsanfalls nicht möglich, sind ggf. weitere BR-Mitglieder ganz oder teilweise freizustellen.[320] **70**

d) Außerhalb der Arbeitszeit

Die BR-Tätigkeit muss **außerhalb der Arbeitszeit** stattgefunden haben. Hierunter ist gem. Abs. 3 auch die persönliche Arbeitszeit des jeweiligen BR-Mitglieds zu verstehen. Diese ergibt sich aus TV-Bestimmungen, einer BV nach § 87 Abs. 1 Nr. 2 oder dem Einzelarbeitsvertrag.[321] Dies gilt nunmehr auch für BR-Mitglieder, die als **Teilzeitbeschäftigte** tätig sind[322] oder in einem Arbeitsverhältnis mit **kapazitätsorientierter variabler Arbeitszeit**[323] bzw. in einem **Job-sharing-Arbeitsverhältnis** (vgl. § 13 TzBfG) stehen,[324] sofern sie BR-Tätigkeit außerhalb ihrer **persönlichen Arbeitszeit** ausüben, z. B. an Sitzungen des BR (GBR, KBR) oder seiner Ausschüsse teilnehmen bzw. sonstige BR-Tätigkeit (z. B. Teilnahme als Vertreter des BR an Einstellungsgesprächen) wahrnehmen.[325] **71**

---

313 *BAG* 11.7.78, AP Nr. 57 zu § 37 BetrVG 1972; 22.5.86, AP Nr. 8 zu § 46 BPersVG; vgl. auch *BAG* 26.1.94, NZA 94, 765 = AiB 95, 166 mit Anm. *Goergens.*

314 So *Schubert,* AiB 94, 652.

315 Vgl. *BAG* 11.7.78, a. a. O., 19.1.84, BetrR 84, 319; *LAG Hamm,* a. a. O.; *LAG Niedersachsen* 10.5.85, AiB 86, 94; *Fitting,* Rn. 91; GK-*Weber,* Rn. 95; *Grikschat,* AuR 75, 334; a. A. *LAG Bremen* 11.10.74, BB 75, 838; auch Rn. 41.

316 *BAG* 15.2.89, AP Nr. 70 zu § 37 BetrVG 1972; zur Anrechnung für Beamte bei privatisierten Bahnunternehmen vgl. OVG Rheinland-Pfalz 14.2.03 – 10 A 11627/02.

317 *BAG* 11.7.78, 26.1.94, a. a. O.; enger *Richardi,* a. a. O.; a. A. *LAG Hamm,* a. a. O.

318 *BAG* 12.8.09, NZA 09, 1284; 16.4.03, NZA 04, 171 = AiB 05, 186 mit Anm. *Peter;* a. A. HWGNRH-*Glock,* Rn. 83; bezüglich der Teilnahme von BR-Mitgliedern an **Schulungs- und Bildungsveranstaltungen** nach Abs. 6 oder 7 vgl. Rn. 147, 172.

319 Richardi-*Thüsing,* Rn. 49 ff.; a. A. GK-*Weber,* Rn. 93; *Bengelsdorf,* NZA 89, 912; *Lipke,* NZA 90, 761.

320 Vgl. *BAG* 21.5.74, AP Nr. 14 zu § 37 BetrVG 1972; *LAG Köln* 6.3.98, NZA-RR 99, 247; im Übrigen § 38 Rn. 11 ff.

321 *Fitting,* Rn. 92; GK-*Weber,* Rn. 74; HWGNRH-*Glock,* Rn. 75.

322 ErfK-*Koch,* Rn. 7; *Fitting,* a. a. O.; GK-*Weber,* a. a. O.

323 Vgl. § 12 TzBfG; *BAG* 3.12.97, NZA 98, 558.

324 *Bengelsdorf,* NZA 89, 905 ff.

325 *LAG Köln* 17.5.89, NZA 89, 943, Ls.; *Fitting,* Rn. 92 a.

e) Teilzeitbeschäftigte

72 Arbeitszeit, die **Teilzeitbeschäftigte** über ihr persönliches Arbeitskontingent hinaus für erforderliche BR-Tätigkeit aufwenden, ist gem. Abs. 3 Satz 2 betriebsbedingt.[326] Hierzu gehören beispielsweise auch die Fälle, in denen ein in **Wechselschicht** Teilzeit tätiges BR-Mitglied außerhalb seiner persönlichen Arbeitszeit erforderliche BR-Tätigkeiten durchführt. Hierfür steht ihm regelmäßig ein Anspruch auf vollen Freizeitausgleich zu (vgl. auch Rn. 65 f.). Dies gilt für **Reise- und Wegezeiten,** z. B. zu auswärtigen BR- (GBR-, KBR-) bzw. Ausschuss-Sitzungen, unter den gleichen Voraussetzungen wie für ein vollbeschäftigtes BR-Mitglied.[327] Enthalten TV Vorgaben oder Begrenzungen für anrechenbare Reise- und Wegezeiten, sollen diese auch für BR-bedingte Reisen mit der Folge zur Anwendung kommen, dass Erstattungsansprüche im Einzelfall nicht bestehen.[328] Entstehen Reise- und Wegezeiten außerhalb der persönlichen Arbeitszeit im Zusammenhang mit der Teilnahme an Schulungs- und Bildungsmaßnahmen nach den Abs. 6 und 7, soll der Anspruch gemäß Abs. 6 allerdings auf die vergleichbare Arbeitszeit eines in Vollzeit beschäftigten Arbeitnehmers begrenzt sein.[329]

73 Nach abzulehnender Meinung soll ein teilzeitbeschäftigtes BR-Mitglied, das außerhalb seiner persönlichen Arbeitszeit BR-Tätigkeit geleistet hat, erst dann Anspruch auf Mehrarbeitsvergütung nach Abs. 3 Satz 2 haben, wenn die Mehrarbeit über die Grenze der regelmäßigen Arbeitszeit der vollzeitbeschäftigten AN hinausgeht[330] bzw. wenn im Fall von Reisezeiten diese innerhalb der Arbeitszeit von Vollzeitbeschäftigten gelegen hätten,[331] sofern keine günstigere tarifliche oder betriebliche Regelung besteht. Diese Position überzeugt im Ergebnis nicht, weil es Teilzeit-AN im BR gegenüber Vollzeit-AN, die Zuschläge ggf. von der ersten Mehrarbeitsstunde an erhalten, offenkundig benachteiligt. Besonders deutlich wird dies in den Fällen, in denen zwei parallele Teilzeittätigkeiten mit dem Volumen einer Vollzeittätigkeit erfolgen.[332] Aber auch im Rahmen einer einzelnen Teilzeittätigkeit ist es mit Blick auf das Diskriminierungsverbot des § 1 TzBfG sachlich nicht nachvollziehbar, dass die Vergütung für Mehrarbeit bei Teilzeitarbeit von BR-Mitgliedern geringer ausfällt als die von Vollzeitbeschäftigten. Gesetzeskonform wäre deshalb eine Orientierung der Vergütung von Mehrarbeit am vereinbarten Teilzeitvolumen.

74 Zum selben Ergebnis führt eine Bewertung der Position des BAG, nach der die von einem in Teilzeit beschäftigten AN außerhalb der persönlichen Arbeitzeit geleisteten BR-Tätigkeit nicht bei der Berechnung von **Referenzzeiträumen** zur Feststellung der im Durchschnitt tatsächlich geleisteten Arbeitzeit heranzuziehen ist.[333] Die vom *BAG* vorgenommene Differenzierung nach »betrieblicher Überarbeit« und »betriebsratsbedingter Überarbeit« stellt im Ergebnis Teilzeit-AN, die BR-Tätigkeit verrichten, deutlich schlechter als vergleichbare Vollzeit-AN. Zudem ist es wenig überzeugend, wenn das BAG hier aufgrund der BR-Tätigkeit zu Lasten einer BR differenziert, während andererseits bei der Anrechnung von betriebsbedingten Reisezeiten eine pauschale Gleichsetzung mit anderen Tätigkeiten und damit keine Berücksichtigung der spezifischen Bedingungen der BR-Gremienarbeit erfolgt.[334] Bezüglich der Teilnah-

---

326 Ebenso *Fitting,* Rn. 91; enger HWGNRH-*Glock,* Rn. 81, die eine vom AG begründete Notwendigkeit voraussetzen.

327 *LAG Niedersachsen,* a. a. O.; *LAG Frankfurt,* a. a. O.; zustimmend GK-*Weber,* Rn. 95; einschränkend *BAG* 26.1.94, NZA 94, 765; *Bengelsdorf,* a. a. O., S. 911 ff.; a. A. HWGNRH-*Glock,* Rn. 82 vgl. auch Rn. 56 f.

328 *BAG* 21.6.06, NZA 06, 1417; hierzu *Wolmerath,* jurisPR-ArbR 49/06, Anm. 4.

329 *BAG* 10.11.04, DB 05, 1175; enger *LAG Baden-Württemberg* 3.2.04, EzA-SD 04, Nr. 12, 13, das einen entsprechenden Anspruch nur zubilligen will, wenn eine entsprechende allgemeine Regelung besteht; ähnlich HWGNRH-*Glock,* Rn. 201; vgl. auch *BAG* 16.2.05, AuR 05, 108 = DB 05, 1858, nach dessen abzulehnender Position kein Ausgleichsanspruch bestehen soll, wenn zu dem Zeitpunkt, zu dem der Anspruch ausgelöst wird (hier: Freitagnachmittag in einem Druckereibetrieb) im Betrieb kein Vollzeitarbeitnehmer mehr tätig ist; ähnlich Richardi-*Thüsing,* Rn. 41, 116 a.

330 *BAG* 7.2.85, a. a. O.; *Bengelsdorf,* NZA 89, 905 [913 ff.]; *Lipke,* a. a. O.; vgl. auch *EuGH* 15.12.94, DB 95, 49, 7.3.96, NZA 96, 430; GK-*Weber,* Rn. 116 ff.; Rn. 136.

331 *BAG* 11.10.04, DB 05, 1175.

332 Zu Rechtsfolgen vgl. MünchArbR-*Schüren,* § 162 Rn. 44 ff.

333 *BAG* 19.12.06 – 9 AZR 355/06 und 9 AZR 356/06, juris.

334 Vgl. *BAG* 21.6.06, NZA 06, 1417.

me von teilzeitbeschäftigten BR-Mitgliedern an **Schulungsmaßnahmen** nach Abs. 6 oder 7 vgl. Rn. 166 ff.

f) Wechselschicht

Der Anspruch auf Freizeitausgleich besteht nach § 616 Abs. 1 BGB und § 78 BetrVG[335] für ein in Wechselschicht beschäftigtes BR-Mitglied auch, wenn durch seine tagsüber ausgeübte bzw. auszuübende BR-Tätigkeit in der vorhergehenden und/oder nachfolgenden **Nachtschicht** ganz oder teilweise nicht gearbeitet werden kann. So wird es bei einer ganztägigen BR-Sitzung BR-Mitgliedern im Allgemeinen nicht zumutbar sein, die dem Sitzungstag vorangehende und die nachfolgende Nachtschicht zu fahren.[336] In diesem Fall hat der AG dem BR-Mitglied für die Dauer der Sitzung bezahlten Freizeitausgleich zu gewähren und bis zur Dauer der notwendigen Arbeitsverhinderung die restlichen Stunden nach § 616 Abs. 1 BGB bzw. § 78 BetrVG zu vergüten.[337] Ist die BR-Sitzung (oder sonstige BR-Tätigkeit) kürzer, ist im Allgemeinen den betroffenen BR-Mitgliedern bezahlte Freistellung von der dem Sitzungstag vorangehenden Nachtschicht zu gewähren[338] bzw. eine frühere Beendigung der Nachtschicht zu gewährleisten, damit sie noch einigermaßen ausgeschlafen an der BR-Sitzung teilnehmen können.[339] 75

Nimmt ein in **Wechselschicht** beschäftigtes BR-Mitglied während seiner **schichtfreien Zeit** an einer BR-Versammlung nach § 53 teil – oder übt es sonstige erforderliche BR-Tätigkeit aus –, hat es Anspruch auf entsprechende Arbeitsbefreiung und kann eine Ersatzfreischicht verlangen.[340] Kein Ausgleichsanspruch soll aufgrund des Ehrenamtsprinzips für Betriebsratsmitglieder bestehen, die nach Beendigung ihres Arbeitsverhältnisses ein Restmandat ausüben.[341] 76

g) Freie Bestimmung der Arbeitszeit /Tätigkeit außerhalb des Betriebs

Um eine aus **betriebsbedingten Gründen** außerhalb der Arbeitszeit ausgeübte BR-Tätigkeit handelt es sich auch bei BR-Mitgliedern, die nach ihrem Arbeitsvertrag die zeitliche **Lage der Arbeitszeit ganz oder teilweise selbst bestimmen** und **außerhalb des Betriebs** erbringen (z. B. Privatschullehrer). Dies gilt auch, wenn das betroffene BR-Mitglied dem AG vorher mitgeteilt hat, dass die BR-Tätigkeit nicht innerhalb der Arbeitszeit erfolgen kann[342] und der AG keine Möglichkeit zur Ausübung der BR-Tätigkeit während der Arbeitszeit schafft. Sie üben in diesen Fällen BR-Tätigkeit außerhalb der Arbeitszeit aus, die als zusätzlich geleistet anzusehen ist.[343] Kann für die aufgewendete Zeit keine entsprechende Arbeitsbefreiung gewährt werden, ist diese wie Mehrarbeit zu vergüten (vgl. Rn. 85). Ist eine **Urlaubsunterbrechung** als erforderlich i. S. d. Abs. 2 anzusehen (vgl. Rn. 39), besteht ein Anspruch auf eine entsprechende Verlängerung seines Urlaubs oder auf Gutschrift eines Urlaubstages.[344] 77

---

335 *BAG* 7.6.89, AP Nr. 72 zu § 37 BetrVG 1972; *ArbG Berlin* 27.9.89 – 8 Ca 226/89; vgl. § 78 Rn. 16.

336 *BAG* 7.6.89, AP Nr. 72 zu § 37 BetrVG 1972; vgl. auch *LAG Hamm* 23.10.91, DB 92, 233, Ls. = BetrR 92, 38 mit Anm. *Ortmann,* sofern dies zur aktiven, geistig wachen Teilnahme an der BR-Sitzung erforderlich ist.

337 *BAG,* a. a. O.; *LAG Hamm,* a. a. O.; vgl. auch Rn. 42.

338 *ArbG Hamburg* 15.4.82, AiB 89, 254.

339 *ArbG Koblenz* 3.5.88, AiB 89, 79.

340 *ArbG Koblenz* 5.7.83, BetrR 84, 316; vgl. auch *OVG Rheinland-Pfalz* 24.1.90, PersR 91, 234, Ls.; enger *BVerwG* 30.1.86, AuR 86, 349, Ls., das einen Freizeitausgleich nur für die tatsächliche Dauer der PR-Sitzung anerkannt hat, wenn die Diensteinteilung so geändert wurde, dass das PR-Mitglied an dem betreffenden Tag dienstfrei hatte; vgl. auch Rn. 60 ff.

341 *BAG* 5.5.10, ArbuR 10, 275 für den Fall, dass Personen bereits Versorgungsleistungen erhalten.

342 *BAG* 31.10.85, AP Nr. 52 zu § 37 BetrVG 1972.

343 *BAG* 15.5.86, 3.12.87, 15.2.89, AP Nrn. 53, 62, 70 zu § 37 BetrVG 1972, 26.1.94, NZA 94, 765 = AiB 95, 166 mit Anm. *Goergens; LAG Berlin* 18.6.92, BB 93, 291 = AiB 93, 46 mit Anm. *Kuster; Rath,* BB 89, 2326 [2328]; a. A. HWGNRH-*Glock,* Rn. 77.

344 Im Ergebnis ebenso *Ochsmann,* BB 78, 562; a. A. ErfK-*Koch,* Rn. 7: *Fitting,* Rn. 87; GK-*Weber,* Rn. 92; Richardi-*Thüsing,* Rn. 46; *ArbG Cottbus* 15.8.12 – 2 Ca 147/12, juris.

2. Anspruch auf Arbeitsbefreiung

78 Das betreffende BR-Mitglied muss seinen **Anspruch** auf bezahlte Freistellung gegenüber dem AG **geltend machen** und mitteilen, wann und wie lange es außerhalb der Arbeitszeit BR-Tätigkeiten durchgeführt hat, sofern der AG hiervon nicht ohnehin Kenntnis hat. Maßgeblich ist der vom BR-Mitglied nachgewiesene Zeitraum.[345] Da der **Freizeitausgleich** grundsätzlich **innerhalb eines Monats** zu gewähren ist, hat die Mitteilung unverzüglich, d. h. ohne schuldhaftes Zögern (§ 121 Abs. 1 BGB), zu erfolgen. Eine **verspätete Geltendmachung** des Anspruchs ist jedoch **unschädlich,** auch nach Ablauf eines Monats[346] und im Rahmen der tarifvertraglichen Ausschlussfrist. Nur wenn die Gewährung der Arbeitsbefreiung innerhalb eines Monats aus betriebsbedingten Gründen nicht möglich ist, besteht ein **Abgeltungsanspruch** (vgl. Rn. 85). Dieses **Rangverhältnis** der Ansprüche ist zwingend und unterliegt weder der Disposition des AG noch der des betreffenden BR-Mitglieds.[347]

79 Das BR-Mitglied darf den Anspruch auf Freizeitausgleich grundsätzlich nicht eigenmächtig realisieren und einfach der Arbeit fernbleiben.[348] Es gelten die gleichen Grundsätze wie bei der Urlaubsgewährung, wobei sich die zeitliche Lage der Arbeitsbefreiung vorwiegend nach den Wünschen des BR-Mitglieds richtet, sofern keine betriebsbedingten Gründe entgegenstehen.[349] Entsprechendes gilt auch für die Frage, ob die Arbeitsbefreiung **zusammenhängend** genommen werden kann oder ob **eine Teilung** möglich oder notwendig ist.[350] Eine **eigenmächtige Inanspruchnahme** des Freizeitausgleichs durch das BR-Mitglied ist nach umstrittener, aber richtiger Auffassung möglich, wenn der AG den Ausgleichsanspruch nicht innerhalb eines Monats erfüllt und keine erkennbaren Gründe, die der Gewährung des Ausgleichsanspruchs entgegenstehen, vorhanden sind.[351] Um einen Abgeltungsanspruch zu verhindern, ist der AG berechtigt, die zeitliche Lage der Arbeitsbefreiung festzulegen, sofern das BR-Mitglied diesbezüglich keine Wünsche äußert oder seine Wünsche aus betriebsbedingten Gründen nicht berücksichtigt werden können.[352] Entsprechendes gilt, wenn Anspruch verspätet geltend gemacht wird (Rn. 78).

80 Die für BR-Tätigkeit außerhalb der Arbeitszeit **aufgewendete Zeit** ist **wie Arbeitszeit** zu behandeln. Sie ist auf die gesetzliche oder tarifliche regelmäßige Arbeitszeit anzurechnen. Hat z. B. ein in der Spätschicht arbeitendes BR-Mitglied vor Schichtbeginn eine vierstündige BR-Tätigkeit ausgeübt, ist es – falls seine normale Arbeitszeit täglich acht Stunden beträgt – grundsätzlich nur noch verpflichtet, in der Spätschicht weitere vier Stunden zu arbeiten.[353] Ein weiterer Freizeitausgleich braucht dann nicht gewährt zu werden (vgl. insgesamt Rn. 65 f., 71). Erkrankt ein BR-Mitglied während des Freizeitausgleichs, soll kein Anspruch auf Entgeltfortzahlung nach dem EFZG entstehen, wohl aber auf Fortzahlung der Vergütung.[354]

81 Abzulehnen ist die Auffassung des *BAG,*[355] wonach der Ausgleichsanspruch im gleichen Um-

---

345 *ArbG Freiburg* 28.11.95, AiB 96, 377, 378; GK-*Weber,* Rn. 108.

346 *Fitting,* Rn. 87; GK-*Weber,* Rn. 99; *Richardi,* a. a. O.; a. A. *ArbG Gießen* 26.2.86, NZA 86, 614; *GL,* 46, nach deren Ansicht der Anspruch nach Ablauf eines Monats erlischt; ähnlich MünchArbR-*Joost,* § 308 Rn. 41 f.; HWGNRH-*Glock,* Rn. 90.

347 ErfK-*Koch,* Rn. 8; *Fitting,* Rn. 93; GK-*Weber,* Rn. 96; *Kühner,* S. 102; Richardi-*Thüsing,* Rn. 56 f.

348 Vgl. *Däubler,* Schulung, Rn. 452 ff.; ErfK-*Koch,* Rn. 8; *Fitting,* Rn. 95 m. w. N.; *SWS,* Rn. 24 a.

349 *ArbG Rheine* 20.4.79 – 2 Ca 240/79; ErfK-*Koch,* Rn. 8; *Fitting,* a. a. O., 101; *Kühner,* S. 103 f.; enger *BAG* 15.2.12, NZA 12, 1112, das AG ein Prüfungsrecht nach billigem Ermessen zugesteht; *Dütz,* DB 76, 1428 [1480]; *GL,* Rn. 48; HWGNRH-*Glock,* Rn. 88; Richardi-*Thüsing,* Rn. 54; gegen die Anwendbarkeit der Grundsätze des BurlG GK-*Weber,* Rn. 96.

350 *Fitting,* Rn. 101; enger *Richardi,* a. a. O.; *Dütz,* a. a. O.; GK-*Weber,* Rn. 103; HWGNRH-*Glock,* Rn. 88; *Richardi,* a. a. O.

351 *Fitting,* Rn. 96; *Lichtenstein,* BetrR 87, 7 [43]; a. A. ErfK-*Koch,* a. a. O.; *Dütz,* a. a. O.; *GL,* Rn. 47; GK-*Weber,* Rn. 98; MünchArbR-*Joost,* a. a. O.; Richardi-*Thüsing,* Rn. 55, die zum Teil auf die Möglichkeit einer einstweiligen Verfügung verweisen.

352 Vgl. auch *SWS,*Rn. 24 a, die darauf verweisen, dass der Anspruch erlischt, wenn der AG diesen ordnungsgemäß anbietet, das BR-Mitglied aber nicht annimmt.

353 A. A. *SWS,* a. a. O., wonach BR-Tätigkeit auf die gesetzliche Höchstarbeitszeit nicht anzurechnen ist.

354 *BAG* 15.2.12, NZA 12, 1112; *Fitting,* **Rn. 102.**

355 19.7.77, AP Nr. 29 zu § 37 BetrVG 1972.

fang (1:1) bestehen soll, wie das BR-Mitglied außerhalb seiner Arbeitszeit BR-Tätigkeit ausgeübt hat. Nach richtiger Ansicht ist vielmehr davon auszugehen, dass ein Anspruch auf **Mehrarbeitszuschläge** bzw. entsprechend **höheren Freizeitausgleich** gegeben sein kann, da das BR-Mitglied in diesen Fällen eine Mehrbelastung auf sich genommen hat, zu deren Ausgleich üblicherweise Zuschläge gezahlt werden. Sieht beispielsweise ein TV vor, dass die über die vereinbarte tägliche oder wöchentliche Arbeitszeit hinausgehenden Arbeitsstunden mit Mehrarbeitszuschlag zu vergüten sind, hat auch das BR-Mitglied, dessen darüber hinausgehende außerhalb der Arbeitszeit verrichtete BR-Tätigkeit im Wege des Freizeitausgleichs abgegolten wird, Anspruch auf zusätzliche Gewährung der Mehrarbeitszuschläge bzw. eines entsprechend höheren Freizeitausgleichs.[356] **Teilzeitbeschäftigte BR-Mitglieder** sollen jedoch bis zur Höhe der vollzeitbeschäftigten AN keinen höheren Freizeitausgleich erhalten,[357] sofern keine anderslautende tarifliche, betriebliche oder einzelvertragliche Regelung besteht (vgl. auch Rn. 71).

Für die Zeit der Arbeitsbefreiung ist dem BR-Mitglied das **Arbeitsentgelt einschließlich aller Zulagen und Zuschläge fortzuzahlen,** das es verdient haben würde, wenn es gearbeitet hätte.[358] Es gelten die gleichen Grundsätze wie zu Abs. 2 (vgl. im Übrigen Rn. 50 ff.). 82

Die Arbeitsbefreiung ist **vor Ablauf eines Monats** zu gewähren. Für den Beginn der Frist ist die Amtshandlung, nicht die Anzeige maßgebend.[359] Der Tag der Amtshandlung ist bei der Fristberechnung gem. § 187 Abs. 1 BGB nicht mitzurechnen. Wurde eine BR-Tätigkeit am 10. eines Monats außerhalb der Arbeitszeit durchgeführt, muss die entsprechende **Arbeitsbefreiung bis zum Ablauf des 10. des Folgemonats** gewährt werden. 83

Wird der Anspruch auf Freizeitausgleich nicht innerhalb eines Monats erfüllt, wandelt er sich in einen **Abgeltungsanspruch** um (vgl. Rn. 85), falls seiner Erfüllung betriebsbedingte Gründe entgegenstehen. Wird die Arbeitsbefreiung nicht innerhalb eines Monats gewährt, obwohl dem keine betrieblichen Gründe entgegenstehen und deshalb dem Grunde nach auch kein Abgeltungsanspruch entsteht, behält das BR-Mitglied seinen Anspruch auf Arbeitsbefreiung,[360] der jedoch um das Verhältnis des Mehrarbeitszuschlags zu erhöhen ist.[361] Das BR-Mitglied hat dann ein **Wahlrecht** zwischen Freizeitausgleich und Mehrarbeitsvergütung. Die Monatsfrist ist keine **Ausschlussfrist** in dem Sinne, dass nach Ablauf der Frist der Anspruch nicht mehr bestünde.[362] Andererseits kann das BR-Mitglied den Abgeltungsanspruch nicht dadurch herbeiführen, dass es den Anspruch auf Arbeitsbefreiung nicht oder verspätet geltend macht.[363] Hat der AG den Freizeitausgleich ordnungsgemäß gewährt, das BR-Mitglied ihn jedoch innerhalb einer angemessenen Frist unbegründet nicht in Anspruch genommen, erlischt dieser.[364] Gemäß den §§ 195, 199 BGB **verjährt der Anspruch** auf Freizeitausgleich spätestens mit Ablauf von drei Jahren, gerechnet vom Schluss des Jahres an, in dem er entstanden ist,[365] sofern nicht kürzere tarifliche Ausschlussfristen zu beachten sind.[366] Die Gewährung von Arbeitsbefreiung soll kein Anerkenntnis darstellen, die Zeit der Arbeitsbefreiung unabhängig von einer dazu bestehenden rechtlichen Verpflichtung auch vergüten zu wollen.[367] 84

356 Vgl. *Peter,* AiB 02, 206; *Kühner,* S. 103; a. A. *Eich,* BB 74, 1443 [1445]; ErfK-*Koch,* Rn. 8; *Fitting,* Rn. 98; GK-*Weber,* Rn. 108 f.; *GL,* Rn. 49; Richardi-*Thüsing,* Rn. 50, vgl. dort aber Rn. 53; HWGNRH-*Glock,* Rn. 93; WP-*Kreft,* Rn. 31.
357 *EuGH* 15.12.94, DB 95, 49.
358 So auch, jedoch ohne Mehrarbeitszuschläge oder erhöhten Freizeitausgleich, *BAG* 19.7.77, AP Nr. 29 zu § 37 BetrVG 1972; *Fitting,* Rn. 102; GK-*Weber,* Rn. 120; HWGNRH-*Glock,* Rn. 93; Richardi-*Thüsing,* Rn. 51.
359 *Fitting,* Rn. 103; GK-*Weber,* Rn. 101; HWGNRH-*Glock,* Rn. 89; Richardi-*Thüsing,* Rn. 52.
360 *Fitting,* Rn. 104.
361 So auch *GL,* Rn. 53; vgl. auch Rn. 73.
362 GK-*Weber,* Rn. 99, 95 f.; *GL,* Rn. 50; Richardi-*Thüsing,* Rn. 53; a. A. MünchArbR-*Joost,* § 308 Rn. 43.
363 ErfK-*Koch,*Rn. 8; *Fitting,* Rn. 107; *GL,* Rn. 51; MünchArbR-*Joost,* a. a. O.
364 Vgl. *ArbG Rheine* 20.4.79 – 2 Ca 240/79.
365 *Fitting,* Rn. 120; GK-*Weber,* Rn. 110; *GL,* Rn. 50; zur Übergangsfrist per 1.1.02 vgl. Art. 229 § 6 EGBGB.
366 HWGNRH-*Glock,* Rn. 91; vgl. auch *BAG* 26.2.92, NZA 93, 423 = PersR 92, 468.
367 *BAG* 16.2.05, NZA 05, 936.

3. Abgeltung der Mehrarbeit

85 Nach Abs. 3 Satz 2 kommt eine **Abgeltung** des Anspruchs nur in Betracht, wenn die Arbeitsbefreiung aus betriebsbedingten Gründen nicht innerhalb eines Monats möglich ist. Das BR-Mitglied muss den AG zur realisierbaren Einräumung der Arbeitsbefreiung aufgefordert haben.[368] Aus dem eindeutigen Gesetzeswortlaut ergibt sich, dass ein **Wahlrecht** zwischen Freizeitgewährung und Mehrarbeitsvergütung nicht besteht.[369] Hieraus folgt, dass der Begriff »betriebsbedingte Gründe« aus sozial- und gesundheitspolitischen Grundgedanken eng ausgelegt werden muss.[370] Betriebsbedingte Gründe sind nur solche, die aus objektiven Gründen eines ordnungsgemäßen Betriebsablaufs auch eine nur vorübergehende Abwesenheit des BR-Mitglieds als nicht vertretbar erscheinen lassen.[371] Sie sind z. B. gegeben, wenn ein **teilzeitbeschäftigtes BR-Mitglied** seinen Freizeitausgleich nicht innerhalb seiner persönlichen Arbeitszeit verwirklichen kann, weil seine BR-Arbeit die zur Verfügung stehende Arbeitszeit vollständig ausfüllt.[372] Ähnliches gilt für gem. § 38 Abs. 1 freigestellte BR-Mitglieder.[373] Ggf. muss der AG entsprechende **Personalreserven** vorsehen. Bei der Abgeltung ist allen betroffenen BR-Mitgliedern unabhängig von Voll- oder Teilzeittätigkeit die **aufgewandte Zeit wie Mehrarbeit zu vergüten.**[374] Die Höhe des Mehrarbeitszuschlags richtet sich in erster Linie nach bestehenden Vereinbarungen.[375] Das erzielte höhere Einkommen muss bei der **Berechnung von Urlaubsgeld** berücksichtigt werden.[376] Darin liegt keine unzulässige Begünstigung des BR-Mitglieds.[377] Dies gilt entsprechend für alle sonstigen Lohnersatzleistungen, deren Höhe nach dem Referenzprinzip ermittelt wird.[378] Keinen Anspruch auf Abgeltung von Mehrarbeit sollen Betriebsratsmitglieder haben, die nach Beendigung ihres Arbeitsverhältnisses ein Restmandat wahrnehmen und während dieser Zeit aufgrund der Versetzung in den Ruhestand Versorgungsleistungen erhalten.[379]

V. Wirtschaftliche und berufliche Absicherung (Abs. 4 und 5)

86 Durch die Abs. 4 und 5 soll sichergestellt werden, dass BR-Mitglieder weder in wirtschaftlicher noch in beruflicher Hinsicht gegenüber vergleichbaren AN mit betriebsüblicher beruflicher Entwicklung Nachteile erleiden.[380] Dieser Schutz gilt sowohl während als auch innerhalb eines Jahres nach Beendigung der Amtszeit und steht damit in einem engen Zusammenhang mit dem nachwirkenden Kündigungsschutz der BR-Mitglieder gegen ordentliche Kündigungen nach § 15 Abs. 1 Satz 2 KSchG. Für freigestellte BR-Mitglieder verlängert sich der nachwirkende Schutzzeitraum nach § 38 Abs. 3 unter bestimmten Voraussetzungen (vgl. § 38 Rn. 78 ff.). Damit soll berücksichtigt werden, dass ein BR-Mitglied durch die Belastung seines

368 *LAG Rheinland-Pfalz* 19.11.09 – 2 Sa 389/09.
369 So im Ergebnis auch Richardi-*Thüsing*, Rn. 56; GK-*Weber*, Rn. 112.
370 ErfK-*Koch*, Rn. 8; *Fitting*, Rn. 106; vgl. auch *BAG* 8.3.00 – 7 AZR 136/99.
371 *Fitting*, a. a. O.; GK-*Weber*, Rn. 113; a. A. *GL*, Rn. 51; HWGNRH-*Glock*, Rn. 95; Richardi-*Thüsing*, Rn. 42 ff.
372 *ArbG Freiburg*, AiB 96, 377, 378.
373 Ebenso *Fitting*, Rn. 107 bei Ausfüllung der Arbeitszeit mit erforderlicher BR-Tätigkeit; GK-*Weber*, a. a. O., der allerdings auf die Betriebsratsbedingtheit abstellt; vgl. hierzu Rn. 59.
374 *Fitting*, Rn. 110; Richardi-*Thüsing*, Rn. 58; MünchArbR-*Schüren*, § 164 Rn. 16 ff.; *BAG* 12.12.00, DB 01, 875, das auf die Betriebsbedingtheit der aufgewendeten Zeit abstellt; a. A. bezüglich Teilzeittätigkeit *BAG* 7.2.85, AP Nr. 48 zu § 37 BetrVG 1972; *LAG Baden-Württemberg* 14.10.97 – 10 Sa 27/96, das nur auf das Grundgehalt abstellt; bestätigt durch *BAG* 25.8.99, DB 00, 883 = AiB 00, 432 mit Anm. *Peter*, das auf das Fehlen der erforderlichen Darlegung abstellt, dass dieser Anspruch aus betriebsbedingten Gründen nicht erfüllt werden kann; *Bengelsdorf*, NZA 89, 913; *Boemke*, JuS 00, 825; *Lipke*, NZA 90, 761.
375 TV, Einzelarbeitsvertrag, Betriebsüblichkeit; ebenso Richardi-*Thüsing*, Rn. 58.
376 Ähnlich HWGNRH-*Glock*, Rn. 98.
377 *BAG* 11.1.95, NZA 96, 105 = AuR 95, 61, Ls.; *Fitting*, Rn. 113.
378 Ebenso *Fitting*, a. a. O.; HWGNRH-*Glock*, a. a. O.
379 *BAG 5.5.10*, ArbuR 10, 275.
380 BT-Drucks. VI/2729, S. 23.

Amtes Nachteile allein deshalb erleiden kann, weil es an der beruflichen Entwicklung nicht in der Intensität teilnehmen kann wie vergleichbare AN.[381] Es soll folglich grundsätzlich so gestellt werden, als ob es kein BR-Amt übernommen, sondern weitergearbeitet und eine normale berufliche Entwicklung genommen hätte.[382] Die Regelungen der Abs. 4 und 5 konkretisieren damit das allgemeine Benachteiligungsverbot des § 78 Satz 2[383] und sichern die äußere Unabhängigkeit der BR-Mitglieder. Sie kommen auch für freigestellte Beamte des Bundeseisenbahnvermögens zur Anwendung, die der Bahn AG zugewiesen sind.[384]

1. Wirtschaftliche Sicherung

Während Abs. 2 gewährleistet, dass den BR-Mitgliedern bei Arbeitsbefreiung das ihnen sonst zustehende Arbeitsentgelt weitergezahlt wird, darf nach **Abs. 4** ihr **Arbeitsentgelt nicht geringer bemessen werden** als das Arbeitsentgelt vergleichbarer AN des Betriebs mit **betriebsüblicher beruflicher Entwicklung.**[385] Da eine hypothetische Betrachtungsweise[386] im Einzelfall zu Schwierigkeiten führen kann, stellt das Gesetz auf diesen **Vergleichsmaßstab** ab.[387] Die Vorschrift ist für freigestellte BR-Mitglieder von besonderer Bedeutung, findet aber auch auf nicht freigestellte Anwendung. Diese werden durch die Inanspruchnahme durch das Amt vielfach daran gehindert, sich ihrer beruflichen Tätigkeit mit der gleichen Intensität wie andere AN zu widmen oder ihrer bisherigen Tätigkeit im gleichen Umfang nachzukommen.[388] **87**

a) Vergleichbarkeit

Maßgebend ist das Arbeitsentgelt solcher AN, die mit dem BR-Mitglied »**vergleichbar**« sind. **88** Beschäftigt der Betrieb nur (oder nur noch) einen vergleichbaren AN, ist der Vergleich mit diesem maßgebend.[389] Fehlt ein vergleichbarer AN, ist die allgemeine Entwicklung im Betrieb, insbesondere die der am ehesten vergleichbaren AN, zugrunde zu legen.[390]Gibt es eine betriebliche Regelungsvereinbarung zu Grundsätzen und Verfahren für die Vergütung von freigestellten Betriebsratsmitgliedern, ist diese bei Festlegung der Entgeltentwicklung freigestellter BR-Mitlieder zu berücksichtigen, sofern aus der Vereinbarung kein Verstoß gegen diese Vorschrift oder gegen § 78 S. 2 resultiert.[391] Maßgebender Zeitpunkt für den Vergleich ist der **Zeitpunkt der Wahl** des BR-Mitglieds bzw. die **Übernahme des Amtes,** d. h. der Moment, in dem sich das BR-Mitglied noch, ohne ein BR-Amt innegehabt zu haben, ausschließlich seiner beruflichen Tätigkeit widmen konnte.[392] Bei **Teilzeit-AN** ist darauf abzustellen, ob es sachliche

---

381 *Fitting,* Rn. 114; HWGNRH-*Glock,* a. a. O.; Richardi-*Thüsing,* Rn. 62.
382 *Hennecke,* RdA 86, 241.
383 *BAG* 17.5.77, AP Nr. 28 zu § 37 BetrVG 1972; *Fitting,* a. a. O.; GK-*Weber,* Rn. 119; *Hennecke,* BB 86, 936; HWGNRH-*Glock,* Rn. 99; *Richardi,* a. a. O.; *SWS,* a. a. O.
384 *OVG Berlin-Brandenburg* 13.1.12 – OVG 6 N 55.09, juris.
385 Zur analogen Anwendung auf ein übernommenes Mitglied der JAV vgl. *LAG Hamm* 8.11.05, AuR 06, 214.
386 Vgl. *LAG Rheinland-Pfalz* 3.6.80, EzA § 37 BetrVG 1972 Nr. 69.
387 Vgl. *Fitting,* Rn. 116; GK-*Weber,* Rn. 121; *GL,* Rn. 56; *Hennecke,* RdA 86, 241; HWGNRH-*Glock,* Rn. 103.
388 Vgl. *BAG* 16.1.08, NZA 08, 1496; 13.11.87, AP Nr. 61 zu § 37 BetrVG 1972; *Fitting,* Rn. 117; GK-*Weber,* Rn. 120; HWGNRH-*Glock,* Rn. 102; *Kühner,* S. 106; im Übrigen Rn. 10 ff.
389 *BAG* 21.4.83, AP Nr. 43 zu § 37 BetrVG 1972; vgl. auch *BAG* 17.5.77, AP Nr. 28 zu § 37 BetrVG 1972; enger *HessLAG* 20.9.00, AiB 00/372 mit kritischer Anm. *Backmeister; Roos,* AiB 99, 12 ff., im Übrigen Rn. 84.
390 Ebenso ErfK-*Koch,* Rn. 9; *Fitting,* a. a. O.; a. A. GK-*Weber,* Rn. 122; HWGNRH-*Glock,* Rn. 106, wonach der vergleichbare AN abstrakt zu bestimmen ist; vgl. auch *Hennecke,* RdA 86, 241 [244], der eine Gesetzeslücke sieht und diese durch Analogie ausfüllen will.
391 *LAG Hamburg* 5.3.15, EzA-SD 2015, Nr. 13, 16.
392 Vgl. *BAG* 15.1.92, DB 93, 1379 = AuR 92, 379, Ls. = AiB 93, 236 = BetrR 93, 35 mit kritischer Anm. *Ortmann* = AuR 92, 379, Ls.; *Fitting,* Rn. 119; GK-*Weber,* Rn. 121; vgl. auch *BAG* 17.5.77, 21.4.83, AP Nrn. 28, 43 zu § 37 BetrVG 1972; *GL,* Rn. 57, die jedoch zum Teil auf die Freistellung abheben; a. A. *Hennecke,* RdA 86, 241 [242]; *Schneider,* NZA 84, 21, die nur auf den Zeitpunkt der Freistellung abstellen.

Unterschiede zwischen Voll- und Teilzeitarbeit gibt. Ist die Differenzierung kein Verstoß gegen das gesetzliche Diskriminierungsverbot (vgl. § 4 TzBfG), sind andere Teilzeit-AN für den Vergleich heranzuziehen. Liegt eine Diskriminierung vor, kann auf Vollzeit-AN abgestellt werden.[393] Bei **Ersatzmitgliedern** ist auf den Zeitpunkt des Nachrückens abzustellen.[394] Um spätere Streitigkeiten auszuschließen, empfiehlt es sich, zu Beginn der Amtszeit schriftlich festzulegen, mit welcher Gruppe oder welchen einzelnen AN das BR-Mitglied vergleichbar ist, und diese Statusbeschreibungen fortlaufend zu ergänzen.

89 Vergleichbar zum Zeitpunkt der Wahl sind die AN, die unter Berücksichtigung der **Qualifikation** und der **Persönlichkeit** dieselbe oder eine vergleichbare Arbeit verrichtet haben.[395] Es ist also nicht etwa auf den durchschnittlichen, sondern auf den dem BR-Mitglied vergleichbaren AN abzustellen.[396] Dieser Grundsatz gilt auch, wenn der frühere Arbeitsplatz eines freigestellten BR-Mitglieds ersatzlos fortgefallen ist. In diesem Fall hat es Anspruch auf den Lohn von AN mit vergleichbarer Tätigkeit, die es ausüben würde, wenn es nicht freigestellt wäre.[397] Die berufliche Entwicklung der mit der bisherigen Tätigkeit beschäftigten vergleichbaren AN ist der Maßstab für die Zukunft.[398] Dies gilt auch, wenn diese neue Tätigkeit durch Änderungen der technischen Anlagen, Arbeitsverfahren und Arbeitsabläufe im Betrieb mit einem Wechsel von der Arbeiter- zur Angestelltentätigkeit verbunden ist, wie z. B. durch die Einführung des rechnergesteuerten Textsystems in der Druck- und Verlagsbranche. Solange das freigestellte BR-Mitglied die neue Tätigkeit nicht tatsächlich ausübt, ist kein Wechsel der AN-Gruppe erfolgt.[399]

90 Der Begriff »vergleichbar« ist **subjektiv** zu verstehen. Ist ein BR-Mitglied besonders qualifiziert und in seiner beruflichen Tätigkeit überdurchschnittlich gewesen, kommt als vergleichbarer AN nur einer mit ähnlicher Qualifikation und überdurchschnittlicher Leistung in Betracht.[400] **Persönliche Umstände,** z. B. die Behinderung des beruflichen Fortkommens durch eine längere Krankheit, in der weiteren Entwicklung des BR-Mitglieds müssen bei der Bemessung des Arbeitsentgelts nach Abs. 4 außer Acht bleiben, weil das Gesetz auf die Verhältnisse vergleichbarer AN und deren betriebsübliche Entwicklung abstellt.[401] Nicht zu berücksichtigen sind dagegen besondere Leistungen des BR-Mitglieds bei seiner Amtsführung.[402]

b) Betriebsübliche Entwicklung

91 Für die Bemessung des an das BR-Mitglied zu zahlenden Arbeitsentgelts ist die **betriebsübliche berufliche Entwicklung** der vergleichbaren AN zu berücksichtigen. Betriebsüblich ist die Entwicklung, die ein anderer nach Persönlichkeit, Qualifikation und Leistung vergleichbarer AN unter Berücksichtigung der betrieblichen Gegebenheiten im Betrieb genommen hat. Die Festlegung sog. Referenzgruppen mit vergleichbaren AN ist zulässig.[403] Umfassender sind die

---

393 *Greßlin,* S. 115 ff.
394 *BAG* 15.1.92, a. a. O.
395 *Fitting,* Rn. 119; GK-*Weber,* Rn. 122; *GL,* Rn. 57; *Hennecke,* RdA 86, 241 [242]; *Kühner,* S. 107; *Schneider,* NZA 84, 21; Richardi-*Thüsing,* Rn. 64; *SWS,* Rn. 27 a; vgl. auch *BAG* 17.5.77, 21.4.83, 13.11.87, AP Nrn. 28, 43, 61 zu § 37 BetrVG 1972, 15.1.92, DB 93, 1379 = AiB 93, 236 = BetrR 93, 35 mit kritischer Anm. *Ortmann* = AuR 92, 379, Ls.; vgl. ferner 26.9.90, NZA 91, 694, wonach auf den fiktiven beruflichen Werdegang abzustellen ist, um zu prüfen, ob die Bevorzugung eines anderen Bewerbers berechtigt war oder nicht.
396 *BAG* 17.5.77, a. a. O.
397 *BAG* 17.5.77, a. a. O.
398 GK-*Weber,* Rn. 125.
399 So wohl auch *Hennecke,* BB 86, 936 [937]; vgl. im Übrigen Rn. 82 ff.
400 Vgl. *BAG* 17.5.77, 21.4.83, 13.11.87, AP Nrn. 28, 43, 61 zu § 37 BetrVG 1972.
401 Vgl. ErfK-*Koch,* Rn. 9; *Fitting,* Rn. 122; HWGNRH-*Glock,* Rn. 113; a. A. GK-*Weber,* Rn. 124.
402 *Rüthers,* RdA 76, 61; *Fitting,* Rn. 120; GK-*Weber,* Rn. 121; vgl. aber Rn. 93.
403 Enger *BAG* 17.8.05, NZA 06, 448, das als Maßstab ein gleichförmiges Verhalten des AG auf der Grundlage einer von ihm aufgestellten Regel anlegt und insbesondere die Übertragung höherwertiger Aufgaben als nicht betriebsüblich ansieht; ähnlich auch *LAG München* 22.12.05 – 4 Sa 736/05; *LAG Baden-Württemberg* 30.11.06, AE 07, 246; enger Richardi-*Thüsing,* Rn. 66 c, der auf repräsentative Gruppen abstellt.

Anforderungen des BAG an das Vorliegen der notwendigen Voraussetzungen. Hiernach soll eine »betriebsübliche berufliche Entwicklung« erst aus einem gleichförmigen Verhalten des AG und einer bestimmten Regelung entstehen. Beförderungen müssen so typisch sein, dass auf Grund der betrieblichen Gegebenheiten und Gesetzmäßigkeiten grundsätzlich, d. h. wenigstens in der überwiegenden Mehrzahl der vergleichbaren Fälle, damit gerechnet werden kann.[404]

Hierbei sind auch Maßnahmen der betrieblichen **Fort- und Weiterbildung** zu berücksichtigen, an denen vergleichbare AN teilgenommen haben, während das betreffende BR-Mitglied wegen der BR-Tätigkeit auf eine Teilnahme verzichten musste.[405] Anspruch auf ein höheres Entgelt hat das BR-Mitglied auch dann, wenn es selbst ohne Erfolg an den betrieblichen Bildungsmaßnahmen teilgenommen hat, ohne dass zu prüfen wäre, ob der Misserfolg auf seiner Amtstätigkeit beruht,[406] da es nach Abs. 4 nicht auf die eigene, sondern auf die betriebsübliche Entwicklung ankommt (vgl. auch Rn. 90). Keine Entgeltabsicherung kommt in Betracht, wenn sich die früher vergleichbaren AN durch private Weiterbildung höher qualifiziert haben und deshalb eine höhere Vergütung erhalten.[407] Nur die in dem betreffenden Betrieb übliche berufliche Entwicklung ist zu berücksichtigen.[408] **92**

Das Verbot der geringeren Bemessung des Arbeitsentgelts findet auch Anwendung, wenn die **Bewerbung von BR-Mitgliedern** um einen höher dotierten Arbeitsplatz zu Unrecht erfolglos bleibt.[409] Bewerben sich neben dem BR-Mitglied andere AN des Betriebs um den höher dotierten Arbeitsplatz, ist der Anspruch des nicht berücksichtigten BR-Mitglieds auf das höhere Arbeitsentgelt gerechtfertigt, wenn eine personelle Auswahl im Rahmen der betriebsüblichen beruflichen Entwicklung zu einer Beförderung geführt hätte,[410] und zwar unabhängig davon, ob es sich um ein freigestelltes oder nicht freigestelltes BR-Mitglied handelt.[411] Dies gilt selbst dann, wenn der höher dotierte Arbeitsplatz im Wege der Neueinstellung besetzt wird[412] oder das BR-Mitglied wegen seiner Amtsfunktion, z. B. Freistellung, die Stelle nicht antreten kann.[413] § 78 enthält im Übrigen auch ein an den AG gerichtetes Gebot, dem BR-Mitglied eine berufliche Entwicklung angedeihen zu lassen, wie es sie ohne das BR-Amt genommen hätte.[414] Auf Erfüllung dieses Gebots hat das BR-Mitglied einen unmittelbaren gesetzlichen Anspruch gegen den AG.[415] **93**

404 *BAG* 19. 1. 05, AuA 05, 436 = juris PR-ArbR 26/05 Anm. 5 für die Vergleichbarkeit von AT-Angestellten; grundlegend *BAG* 15. 1. 92, DB 93, 1379 = AiB 93, 236 = AuR 92, 379, Ls. = BetrR 93, 35 mit zutreffender, kritischer Anm. *Ortmann; HessLAG* 20. 9. 00, AiB 02, 372 mit Anm. *Backmeister*, das Beförderungen nicht zur vergleichbaren Entwicklung zählt; *LAG Köln* 13. 3. 02, AR-Blattei ES 530.8 Nr. 44 verlangt entsprechende Entwicklungen bei einer Mehrzahl aller vergleichbaren AN; zustimmend Richardi-*Thüsing*, Rn. 63.

405 Vgl. *BAG* 21. 4. 83, AP Nr. 43 zu § 37 BetrVG 1972; GK-*Weber*, Rn. 127; *Görg*, AiB 81, 124; *Hennecke*, RdA 86, 241 [244]; HWGNRH-*Glock*, Rn. 109; *SWS*, Rn. 27 b; enger Richardi-*Thüsing*, Rn. 66 b, der keine Vergleichbarkeit sieht, wenn AN eine zusätzliche Qualifikation erworben haben.

406 HWGNRH-*Glock*, Rn. 113; enger, sofern der Misserfolg durch die Amtstätigkeit bedingt war, GK-*Weber*, a. a. O.; a. A. *Hennecke*, a. a. O.; *ders.*, BB 86, 936 [938].

407 GK-*Weber*, a. a. O.; HWGNRH-*Glock*, Rn. 109.

408 *Kühner*, S. 108; vgl. auch *BAG* 13. 11. 87, AP Nr. 61 zu § 37 BetrVG 1972.

409 *BAG* 13. 11. 87, AP Nr. 61 zu § 37 BetrVG 1972 zur Bewerbung von nicht freigestellten BR-Mitgliedern, vgl. auch 26. 9. 90, NZA 91, 694.

410 Vgl. *BAG* 13. 11. 87, a. a. O.; *Hennecke*, BB 86, 936 [937]; enger HWGNRH-*Glock*, Rn. 112 und wohl auch *Bayreuther*, NZA 14, 235.

411 Vgl. hierzu *BAG* 15. 1. 92, DB 93, 1379 = AiB 93, 236 = AuR 92, 379, Ls. = BetrR 93, 35 mit kritischer Anm. *Ortmann*.

412 Vgl. *BAG* 13. 11. 87, a. a. O.

413 Vgl. *BAG* 26. 9. 90, a. a. O.

414 *BAG* 15. 1. 92, a. a. O., 26. 9. 90, a. a. O.

415 *BAG*, a. a. O.; vgl. im Übrigen § 78 Rn. 13.

c) Anpassung und Ausgleich

94 Das **Arbeitsentgelt** des BR-Mitglieds ist demjenigen vergleichbarer AN laufend **anzupassen.**[416] Daraus folgt, dass einem BR-Mitglied selbst dann, wenn es wegen seiner Tätigkeit aus betrieblichen Gründen einen geringer entlohnten Arbeitsplatz übernimmt oder beibehalten muss, dadurch **keine finanziellen Nachteile** entstehen dürfen. Entsprechendes gilt, wenn das BR-Mitglied wegen der Übernahme des BR-Amtes nicht mehr im Leistungslohn (Akkord, Prämie) oder in Wechselschicht arbeiten bzw. keine Sonntagsarbeit mehr verrichten kann.[417] Fortzuzahlen sind auch **Mehrarbeitspauschalen**, die vor Übernahme der BR-Tätigkeit gezahlt wurden.[418] Muss ein AN allein wegen seiner BR-Arbeit seine Tätigkeit als stellvertretender Schichtführer aufgeben, hat der AG eine etwaige Lohndifferenz auszugleichen.[419] Der Ausgleich kann in Form einer **Pauschale,** die dem AG Verwaltungsaufwand erspart, unter Berücksichtigung des Benachteiligungs- und Begünstigungsverbots i. S. d. § 78 erfolgen, wobei Abs. 4 einen gewissen Beurteilungsspielraum zulässt.[420]

95 Der Anspruch auf Entgeltsicherung umfasst den **Ausgleich etwaiger Entgeltminderungen** einschließlich der **Weiterzahlung von Zuschlägen.**[421] Maßgebend ist jedoch nur das regelmäßige und nicht das effektive Arbeitsentgelt, das vergleichbare AN in bestimmten Abrechnungszeiträumen erzielen.[422] Die **Steigerungen des Arbeitsentgelts** auf Grund betriebsüblicher beruflicher Entwicklung sind zu berücksichtigen. Keine Anwendung findet Abs. 4 auf unterschiedliche Arbeitsverdienste infolge vorübergehender unterschiedlicher Arbeitszeit, z. B. durch vorübergehend anfallende Mehrarbeit, Schichtarbeit, Sonntagsarbeit oder Kurzarbeit, sofern das BR-Mitglied hiervon nicht betroffen ist, es sei denn, es hätte die Mehrarbeit geleistet, wenn es nicht durch die BR-Tätigkeit verhindert gewesen wäre.[423]

96 Nach Abs. 4 Satz 2 zählen zu dem Arbeitsentgelt allgemeine **Zuwendungen,** die der AG allen oder bestimmten AN-Gruppen oder einzelnen AN gewährt. Erhalten vergleichbare AN derartige Zuwendungen, haben die betreffenden BR-Mitglieder Anspruch darauf.[424] Nicht erforderlich ist, dass es sich dabei um arbeitsvertraglich vereinbarte Zuwendungen handelt. Durch die Vorschrift werden auch freiwillige und widerruflich gezahlte **Zulagen** jeglicher Art erfasst,[425] auch einmalige Zuwendungen.[426] Entsprechendes gilt für **Nahauslösungen** jedenfalls dann, wenn das BR-Mitglied wegen seiner BR-Tätigkeit z. B. keine Montagearbeiten mehr ausführen kann.[427] Abzulehnen ist die Auffassung des *LAG Hessen,*[428] nach der ein freigestelltes

416 Vgl. *BAG* 21.4.83, AP Nr. 43 zu § 37 BetrVG 1972; ErfK-*Koch,* Rn. 10; *Fitting,* Rn. 124; GK-*Weber,* Rn. 130 f.; Richardi-*Thüsing,* Rn. 68; a. A. bezüglich Angleichung der Eingruppierung *Natzel,* NZA 00, 79.

417 GK-*Weber,* Rn. 131 f.

418 *Mittag,* ArbuR 13, 136; zur Anrechung im Fall einer Frühpensionierung vgl. Rn. 3.

419 *LAG Köln* 13.9.84, DB 85, 394.

420 Vgl. *LAG Köln,* a. a. O.; a. A. offenbar *SWS,* Rn. 28; allg. zur Zulässigkeit von Pauschalen *Waas,* S. 17 ff. sowie Rn. 3.

421 Vgl. *BAG* 6.11.73, AP Nr. 5 zu § 37 BetrVG 1972; *LAG Niedersachsen* 12.8.92 – 4 Sa 753/92; *BayVGH* 12.2.08 – 14 B 06 1022, juris für die einmalige Entgeltzulage eines Lokführers; GK-*Weber,* Rn. 131 ff HWGNRH-*Glock,* Rn. 112; bezüglich der Versteuerung der Zuschläge vgl. Rn. 58 f.

422 *Fitting,* Rn. 125; GK-*Weber,* Rn. 131; *GL,* Rn. 56, 59; HWGNRH-*Glock,* a. a. O.; Richardi-*Thüsing,* Rn. 64; vgl. auch *BAG* 17.5.77, 21.4.83, AP Nrn. 28, 43 zu § 37 BetrVG 1972; *LAG Hamburg* 24.1.77, DB 77, 1097.

423 Vgl. *BAG* 17.5.77 7.2.85, AP Nr. 3 zu § 46 BPersVG; *LAG Hamburg,* a. a. O.; *LAG Niedersachsen* 1.8.79, a. a. O.; vgl. auch Rn. 49.

424 *BAG* 21.4.83, 13.11.87, AP Nrn. 43, 61 zu § 37 BetrVG 1972; *ArbG Stuttgart* 16.7.91 – 20 Ca 120/91; *LAG Niedersachsen* 12.8.92 – 4 Sa 753/92; *Fitting,* Rn. 127; GK-*Weber,* Rn. 133; enger *VG München* 7.3.06 – M 12 K 04 3982, juris, das einem als BR freigestellten Beamten in einem Unternehmen der DB AG keinen Anspruch auf Zahlungen zugesprochen hat, mit dem die individuelle Leistung eines vergleichbaren AN belohnt wurde; *VG Hannover* 29.4.08 – 2 A 3265/07, juris, das die Anrechnung einer Leistungsprämie in bestimmten Fällen für unzulässig hält.

425 Vgl. *BAG,* a. a. O.; *ArbG Stuttgart,* a. a. O.; *LAG Niedersachsen,* a. a. O.; *LAG Köln* 13.9.84, DB 85, 394.

426 HWGNRH-*Glock,* Rn. 117.

427 *BAG* 10.2.88, AP Nr. 64 zu § 37 BetrVG 1972; *LAG Hamburg* 30.6.86 – 2 Sa 27/86; vgl. Rn. 50 ff.

428 31.7.06 – 7/2 Sa 1544/05, juris, nicht rskr.; zutreffend kritisch *Fischer,* jurisPR-ArbR 17/07, Anm. 4.

BR-Mitglied den Anspruch auf Ansprüche aus einem Aktienoptionsplan gegenüber der ausländischen Muttergesellschaft verliert, den andere vergleichbare Personen weiter erhalten. Auch wenn derartige Ansprüche sich nicht unmittelbar aus dem Arbeitsvertrag, sondern aus einer ergänzenden Vereinbarung mit der Konzernmutter ableiten, gehören sie dennoch im weiteren Sinn zu den berufsbezogenen Zuwendungen, deren Schutz durch die Regelung des Abs. 4 intendiert wird. Werden entsprechende Ansprüche freigestellten BR-Mitgliedern verwehrt, ist dies eine unzulässige Schlechterstellung des betroffenen BR-Mitglieds.[429]

Als **Zulagen** bzw. **Zuwendungen** kommen z. B. in Betracht: Leistungszulagen, Vertreterzulagen, Zulagen für Rufbereitschaft, Leistungsprämien, Nachtzuschläge[430], Sozialzulagen (Familien-, Kinder-, Hausstands-, Wohnungszulagen), Gewinnbeteiligungen, Gratifikationen, Abschlussvergütungen, umsatzabhängige Jahresprämien,[431] Jubiläumszuwendungen, zusätzliches Urlaubsgeld, vermögenswirksame Leistungen.[432] Auch ein Firmenwagen kann als Zuwendung qualifiziert werden.[433] Zum anzupassenden Entgelt gehören Leistungen der betrieblichen Altersversorgung, wenn hier eine Differenzierung nach der Stellung der Arbeitnehmer im Betrieb erfolgt.[434] Dem BR-Mitglied steht gegen den AG ein Auskunftsanspruch über das Arbeitsentgelt (einschließlich Zuwendungen) vergleichbarer AN zu.[435] 97

d) Dauer des Entgeltschutzes

Der **Entgeltschutz** für das BR-Mitglied besteht für die **Dauer** seiner Mitgliedschaft im BR und für einen Zeitraum von einem Jahr nach Beendigung der Amtszeit. Zahlt ein AG eine »Aufwendungspauschale für die BR-Tätigkeit«, weil ein BR-Mitglied aufgrund seiner BR-Tätigkeit nicht mehr im vollkontinuierlichen Schichtbetrieb eingesetzt werden kann, entfällt diese spezifische Zahlung mit Beendigung der BR-Tätigkeit, wenn danach wieder eine Tätigkeit im Schichtbetrieb erfolgt.[436] Maßgebend ist nicht die Beendigung der Amtszeit des BR als Kollektivorgan, sondern die **individuelle Beendigung der Mitgliedschaft** des BR-Mitglieds, beispielsweise durch **Amtsniederlegung.**[437] Dies gilt auch bei Nichtigkeit einer Wahl, weil das BR-Mitglied auf deren ordnungsgemäße Durchführung in der Regel keinerlei Einfluss hat.[438] Der nachwirkende Schutz gilt auch, wenn der BR nach § 23 Abs. 1 aufgelöst oder das BR-Mitglied aus dem Gremium ausgeschlossen worden ist, da sich die Einschränkungen des § 15 Abs. 1 Satz 2 KSchG auf außerordentliche Kündigungen beschränken.[439] Entsprechendes gilt bei erfolgreicher Wahlanfechtung nach § 19.[440] Das später nachgerückte **Ersatzmitglied** hat den Anspruch nach Abs. 4 für einen Zeitraum von einem Jahr nach Beendigung der Amtszeit.[441] Für freigestellte BR-Mitglieder, die **drei volle aufeinander folgende Amtszeiten** freigestellt waren, erhöht sich der Schutz auf **zwei Jahre** nach Ablauf der Amtszeit (vgl. im Übrigen § 38 Rn. 78 ff.). 98

---

429 A. A. *LAG Hessen* a. a. O., das in der Gewährung eines eine unzulässige Besserstellung i. S. des § 78 BetrVG sieht.
430 *LAG Köln* 19.12.13AuR 14, 121 = AiB 4/14, 70.
431 *LAG Berlin* 28.6.96, AiB 97, 228 mit Anm. *Roos.*
432 Vgl. *Fitting,* Rn. 127; GK-*Weber,* Rn. 133; *GL,* Rn. 60; *Kühner,* S. 109; Richardi-*Thüsing,* Rn. 70.
433 A. A. *VG Ansbach* 9.4.08 – AN 11 K 06 01560, juris; allgemein *Dzida/Mehrens,* NZA 13, 753 (756).
434 *HessLAG* 6.9.00 AuR 02, 149.
435 *Fitting,* Rn. 128; *Hennecke,* RdA 86, 241; nunmehr auch *BAG* 19.1.05, AuA 05, 436 = jurisPR-ArbR 26/05 Anm. 5 vgl. ergänzend § 80 Rn. 11 ff., 56 ff.
436 Vgl. zum Wegfall *LAG Hamm* 25.11.11 – 10 Sa 757/11, juris.
437 Vgl. *BAG* 5.7.79, AP Nr. 6 zu § 15 KSchG 1969; *Fitting,* Rn. 129; GK-*Weber,* Rn. 134 f.; HWGNRH-*Glock,* Rn. 119.
438 Enger *Fitting,* a. a. O.; *GL,* Rn. 61, die Abs. 4 so lange für anwendbar halten, bis die Nichtigkeit geltend gemacht wird; a. A. ErfK-*Koch,* Rn. 10.
439 *A. A.* ErfK-*Koch,* a. a. O.; GK-*Weber,* Rn. 136; *GL,* a. a. O.; HWGNRH-*Glock,* Rn. 119 f.; Richardi-*Thüsing,* Rn. 71.
440 ErfK-*Koch,* a. a. O.; GK-*Weber,* a. a. O.; wohl auch *Fitting,* a. a. O.; a. A. *GL,* a. a. O.
441 Vgl. *BAG* 6.9.79, AP Nr. 7 zu § 15 KSchG 1969; GK-*Weber,* Rn. 134.

2. Berufliche Sicherung

99 Die **Arbeitsentgeltgarantie** des Abs. 4 wird ergänzt durch den Tätigkeitsschutz nach **Abs. 5.** Die Vorschrift soll aus Gründen des **Persönlichkeitsschutzes** verhindern, dass BR-Mitglieder durch die Zuweisung geringwertiger Arbeiten diskriminiert oder diszipliniert werden.[442] Da eine berufliche Tätigkeit vorausgesetzt wird, bezieht sich die Regelung in erster Linie auf die **nicht** gemäß § 38 **freigestellten BR-Mitglieder** während der Dauer ihrer Freistellung nach Abs. 5. Für nach § 38 Freigestellte ist Abs. 5 dann von Bedeutung, wenn sie nach Beendigung der Freistellung wieder eine berufliche Tätigkeit ausüben.[443] Sind BR-Mitglieder nur **teilweise freigestellt** (vgl. Rn. 10 und § 38 Rn. 14 ff.), findet die Vorschrift ebenfalls Anwendung.[444]

100 BR-Mitglieder dürfen grundsätzlich nur mit **Tätigkeiten** beschäftigt werden, die den Arbeiten **vergleichbarer AN** (Rn. 88 ff.) mit **betriebsüblicher beruflicher Entwicklung** (vgl. Rn. 91 f.) gleichwertig sind.[445] Unter dem Begriff »Tätigkeit« ist die konkrete berufliche Aufgabe zu verstehen, die das BR-Mitglied ausübt.[446] Es hat nur Anspruch auf eine **gleichwertige,** nicht auf die gleiche Tätigkeit.[447] Ob eine Tätigkeit gleichwertig ist, richtet sich nach den Umständen des Einzelfalles und ist unter Berücksichtigung der in der betreffenden Berufssparte vorherrschenden Verkehrsauffassung (Selbsteinschätzung der beteiligten AN-Gruppen) zu beurteilen.[448] Bezugspunkt für die Prüfung der Gleichwertigkeit ist der Moment der Übernahme des BR-Amtes (vgl. Rn. 88).

101 Die Vorschrift enthält zugunsten nicht freigestellter BR-Mitglieder eine **partielle Versetzungssperre.**[449] Ihnen dürfen geringerwertige Tätigkeiten, als sie von vergleichbaren AN auszuüben sind, im Wege einer Versetzung nur zugewiesen werden, wenn dies einzelvertraglich zulässig und durch zwingende betriebliche Notwendigkeiten geboten ist.[450] Die Versetzung kann rechtswidrig sein, wenn das BR-Mitglied hiermit wegen seiner BR-Tätigkeit benachteiligt wird.[451] Der Schutz des Abs. 5 gegen Versetzung setzt den Tatbestand des § 78 Satz 2 nicht voraus.[452] Die Vorschrift verhindert die Versetzung nicht, wenn diese Maßnahme einzelvertraglich möglich und die neu zugewiesene Tätigkeit nach Entgelt und Aufgabenstellung derjenigen vergleichbarer AN mit betriebsüblicher Entwicklung gleichwertig ist.[453] Grundsätzlich muss ein AG, der ein BR-Mitglied wegen zwingender betrieblicher Notwendigkeiten mangels eines anderweitigen freien gleichwertigen Arbeitsplatzes zunächst auf einen nicht gleichwertigen versetzt hat, eine Weiterversetzung auf einen später freiwerdenden gleichwertigen Arbeitsplatz vornehmen, sobald dies möglich ist.[454] Die **Ausnahmeregelung,** dass aus zwingenden betrieblichen Notwendigkeiten kein gleichwertiger Arbeitsplatz zur Verfügung gestellt werden kann, ist **eng auszulegen.**[455] Die Beweislast hierfür hat der AG.[456]

102 **Zwingende betriebliche Notwendigkeiten,** die dem Anspruch auf Zuweisung einer gleichen

---

442 *LAG Frankfurt* 14.8.86, BB 86, 2199, Ls.; *Fitting,* Rn. 130; GK-*Weber,* Rn. 138; *GL,* Rn. 62; HWGNRH-*Glock,* Rn. 121; *Schneider,* NZA 84, 21; Textmuster bei DKKWF-*Wedde,* § 37 Rn. 44.
443 GK-*Weber,* Rn. 139.
444 Wegen des Tätigkeitsschutzes für BR-Mitglieder, die drei volle aufeinander folgende Amtszeiten freigestellt waren, siehe § 38 Abs. 3.
445 Vgl. *LAG Frankfurt* 14.8.86, BB 86, 2199, Ls.
446 *Fitting,* Rn. 132; GK-*Weber,* Rn. 140 f.; Richardi-*Thüsing,* Rn. 74.
447 *Fitting,* a. a. O.; GK-*Weber,* Rn. 140; HWGNRH-*Glock,* Rn. 123 ff.; *Kühner,* S. 110; *Richardi,* a. a. O.
448 *LAG Frankfurt,* a. a. O.; *Fitting,* a. a. O.; a. A. GK-*Weber,* a. a. O.; HWGNRH-*Glock,* a. a. O.; *Kühner,* a. a. O., die auf die Auffassung der im Betrieb tätigen AN abstellen wollen; ebenso Richardi-*Thüsing,* a. a. O., wenn die Auffassung der im Betrieb tätigen AN strenger ist als die in der Berufssparte maßgebende.
449 Ebenso *Roos,* AiB 99, 12, 14; *ders.* AiB 02, 198.
450 *LAG Frankfurt,* 14.8.86, BB 86, 2199, Ls.; *SWS,* Rn. 32 a.
451 *LAG Frankfurt,* a. a. O.; vgl. auch *BAG* 15.1.92; AiB 93, 236 = AuR 92, 379, Ls.; Rn. 77.
452 *LAG Frankfurt,* a. a. O.
453 *LAG Frankfurt,* a. a. O.; *SWS,* a. a. O.
454 *LAG Frankfurt,* a. a. O.
455 *Fitting,* Rn. 134; GK-*Weber,* Rn. 142; *GL,* Rn. 64; Richardi-*Thüsing,* Rn. 76; vgl. auch HWGNRH-*Glock,* Rn. 127.
456 *ArbG München* 12.5.76 – 21 Ca 2008/76; *Lichtenstein,* BetrR 87, 7 [44].

oder gleichwertigen Beschäftigung entgegenstehen können, liegen z. B. vor, wenn ein entsprechender **Arbeitsplatz fehlt** oder wenn das **BR-Mitglied nicht an erforderlichen beruflichen Fortbildungsmaßnahmen teilgenommen** hat.[457] Als Ausnahmevorschrift ist diese Voraussetzung eng auszulegen.[458] Der Entgeltschutz nach Abs. 4 bleibt erhalten.[459] Wird vor Ablauf der Frist des Abs. 5 ein gleichwertiger Arbeitsplatz frei, ist dieser bei entsprechender Qualifikation mit dem BR-Mitglied zu besetzen.

Das Gebot gleichwertiger Beschäftigung gibt dem BR-Mitglied einen Anspruch auf Zuweisung **103**
einer **höheren Tätigkeit,** wenn vergleichbare AN unter Berücksichtigung der betriebsüblichen beruflichen Entwicklung inzwischen eine entsprechende höherwertige Tätigkeit ausüben.[460] Es ist daher eine **ständige Angleichung** der BR-Mitglieder an die berufliche Entwicklung vergleichbarer AN vorzunehmen. Ein BR-Mitglied darf nicht vom beruflichen Aufstieg ausgeschlossen werden. Das setzt allerdings eine entsprechende berufliche Qualifikation voraus, die fehlen kann, wenn das BR-Mitglied wegen seiner Amtstätigkeit nicht an **Maßnahmen der beruflichen Bildung** teilnehmen konnte. Fehlt sie, besteht grundsätzlich kein Anspruch auf die höherwertige Tätigkeit. In diesem Fall hat das BR-Mitglied aber gemäß der **Arbeitsentgeltgarantie** des Abs. 4 Anspruch auf das Arbeitsentgelt der vergleichbaren AN in der höherwertigen Tätigkeit.[461] Des Weiteren ist das BR-Mitglied bei Maßnahmen der beruflichen Bildung bevorzugt zu berücksichtigen.[462] Wurden die notwendigen beruflichen Fortbildungsmaßnahmen vor Ablauf der für den Schutz geltenden Fristen (vgl. Rn. 104) nachgeholt, ist der Angleichungsanspruch des BR-Mitglieds durch den AG zu realisieren.[463] Zur Bewertung der Zumutbarkeit der Dauer einer Umschulung zum Zwecke der Übernahme eines BR-Mitglieds in eine andere Abteilung kann die Jahresfrist des Abs. 4 Satz 1 herangezogen werden.[464]

Wie der Entgeltschutz in Abs. 4, besteht auch der Tätigkeitsschutz in Abs. 5 nicht nur für die **104**
Dauer der Amtszeit, sondern darüber hinaus für einen Zeitraum von **einem Jahr nach Beendigung der Mitgliedschaft** im BR.[465]

VI. Schulungs- und Bildungsveranstaltungen nach Abs. 6

1. Abgrenzung der Schulungs- und Bildungsmaßnahmen

Das Gesetz unterscheidet zwischen den beiden Anspruchsgrundlagen nach Abs. 6 und Abs. 7. **105**
Beide Ansprüche stehen selbstständig nebeneinander[466] und dienen der »Herstellung der **intellektuellen Waffengleichheit**« zwischen AG und BR (vgl. hierzu Rn. 106). Nach **Abs. 7** hat jedes BR-Mitglied während seiner regelmäßigen Amtszeit Anspruch auf bezahlte Arbeitsbefreiung von drei bzw. vier Wochen für die Teilnahme an Schulungsveranstaltungen, die von der zuständigen **obersten Arbeitsbehörde** des Landes **als geeignet anerkannt** wurden (vgl. Rn. 162 ff.). Daneben sind nach **Abs. 6** BR-Mitglieder außerdem von ihrer beruflichen Tätigkeit ohne Minderung des Arbeitsentgelts für die Teilnahme an solchen Schulungsveranstaltungen zu befreien, die für die BR-Arbeit **erforderliche Kenntnisse** (zum Begriff vgl. Rn. 108 ff.) vermitteln. Bei dem Anspruch nach **Abs. 7** handelt es sich grundsätzlich um einen **Individualanspruch** des einzelnen BR-Mitglieds; **Abs. 6** stellt dagegen auf die **Bedürfnisse des Kollektivorgans** BR ab (vgl. Rn. 108, 137, 187).

---

457 Vgl. *Fitting,* Rn. 134; GK-*Weber,* Rn. 142 f.; *Kühner,* S. 112; Richardi-*Thüsing,* Rn. 76.
458 *Fitting,* a. a. O.; *Richardi,* a. a. O.
459 GK-*Weber,* Rn. 131; zum weitergehenden Anspruch freigestellter BR-Mitglieder vgl. § 38 Rn. 72 ff., 76 ff.
460 *LAG Rheinland-Pfalz* 3.6.80, EzA § 37 BetrVG 1972 Nr. 69; ErfK-*Koch,* Rn. 11; *Fitting,* Rn. 133; GK-*Weber,* Rn. 141; HWGNRH-*Glock,* Rn. 126; Richardi-*Thüsing,* Rn. 75; *ArbG München* 12.5.76 – 21 Ca 2008/76.
461 *Fitting,* Rn. 133; GK-*Weber,* a. a. O.; *GL,* Rn. 64; Richardi-*Thüsing,* Rn. 75.
462 *Fitting,* a. a. O.; GK-*Weber,* a. a. O.; *GL,* a. a. O.; *Kühner,* S. 111.
463 Vgl. auch *BAG* 15.1.92, DB 93, 1379 = AiB 93, 236 = AuR 92, 379, Ls. = BetrR 93, 35 mit kritischer Anm. *Ortmann.*
464 *LAG Niedersachsen* 7.5.97 – 15 (6) Sa 1233/96.
465 HWGNRH-*Glock,* Rn. 128; vgl. Rn. 98 sowie § 38 Rn. 78 ff.
466 Vgl. *BAG* 5.4.84, AP Nr. 46 zu § 37 BetrVG 1972; *Schneider,* AiB 03, 344.

106 Der von Teilen der Rspr. und Literatur abgelehnte Grundsatz auf **»intellektuelle Waffengleichheit«**[467] ergibt sich aus der dem BR im BetrVG eingeräumten Stellung. Er ist nicht nur im Bereich der mitbestimmungspflichtigen Angelegenheiten (z. B. § 87) **gleichgewichtiger Gesprächspartner** des AG, wie sich aus dem Grundsatz der vertrauensvollen Zusammenarbeit nach § 2 Abs. 1 ergibt.[468] Nach § 80 Abs. 2 (und anderen Vorschriften des Gesetzes) ist der BR zur Durchführung seiner Aufgaben »rechtzeitig und umfassend« zu unterrichten, d. h. vor endgültigen Entscheidungen, damit er die unternehmerischen Maßnahmen noch beeinflussen kann (vgl. § 80 Rn. 50, 52; § 90 Rn. 19 f.). Um seiner Schutzfunktion optimal gerecht zu werden, ist ein **hoher Informationsstand** für den BR erforderlich, was auch vom *BAG* anerkannt wurde.[469] Die »intellektuelle Waffengleichheit« findet ihre zusätzliche Stütze in der Tatsache, dass das BetrVG auf **Ausgleich und gegenseitige Verständigung,** nicht jedoch auf Kampf und machtmäßige Auseinandersetzungen angelegt ist. Dieses Prinzip liegt dem Zusammenarbeitsgebot nach § 2 Abs. 1 ebenso zugrunde wie das Arbeitskampfverbot nach § 74 Abs. 2 Satz 1. Daraus folgt, dass besonderer Wert darauf zu legen ist, dass die AN-Seite in diesem **»Argumentationskampf«** nicht von vornherein ins Hintertreffen gerät und deshalb kaum eine Chance zur Durchsetzung eigener Positionen besitzt. Aus Sicht des BR besteht mithin eine Verpflichtung, sich durch Schulungsteilnahme sachkundig zu machen.[470]

107 Die »intellektuelle Waffengleichheit« hat bis heute nicht an ihrer Bedeutung verloren. Im Gegenteil ist sie notwendiger denn je und hat **neue Aktualität** erlangt. Um nicht von der Planung der UN überrollt zu werden, muss der BR über ein **breites Repertoire an Fachwissen,** über kommunikative Kompetenzen und über Lernbereitschaft verfügen. Die Modernisierung der Arbeitswelt, die Einführung neuer Produktions- und Beteiligungskonzepte und die immer stärker werdende Internationalisierung der Wirtschaft und der Arbeitsbeziehungen erfordert BR-Mitglieder mit hohem und immer **aktualisiertem Wissensstand.** Bei Managern, die jahrelang für ihre Funktionen speziell qualifiziert werden und deren Wissen ständig aktualisiert wird, steht dies völlig außer Zweifel.[471] Lehrgänge, die BR-Mitgliedern als erforderliche Schulungsmaßnahme nach § 37 Abs. 6 BetrVG verweigert werden, wie »Sprech- und Verhandlungstraining«, »Rhetorik und Kinesik«, »Psychologie und Technik der Führung und Überzeugung« sind fester Bestandteil von Manager-Schulungsprogrammen, deren (hohe) Kosten vom Betrieb (AG) getragen werden müssen. Die dort vermittelten Fähigkeiten werden offenbar bei BR-Mitgliedern als selbstverständlich vorausgesetzt. Trotz des vorausgesetzten Bezugs zur BR-Tätigkeit wird die **Kostenfrage** bei entsprechenden Schulungsmaßnahmen nach Abs. 7 anders entschieden als nach Abs. 6.[472]

2. Zulässiger Schulungsinhalt – erforderliche Kenntnisse

108 Anspruch auf Arbeitsbefreiung unter Fortzahlung des Arbeitsentgelts besteht nach **Abs. 6** für Veranstaltungen, die Kenntnisse vermitteln, die für die BR-Arbeit erforderlich sind. Durch diese Regelung wird klargestellt, dass die Teilnahme an Schulungsveranstaltungen zu den **Amtsobliegenheiten des BR** gehört.[473] Der AG hat die Kosten der Veranstaltung zu tragen, wenn aktuelle oder absehbare betriebliche bzw. betriebsratsbezogene Anlässe die Schulung des entsandten BR-Mitglieds **erforderlich** machen.[474] Das einzelne BR-Mitglied ist nicht nur be-

467 Vgl. z. B. *BAG* 6.11.73, AP Nr. 5 zu § 37 BetrVG 1972, 11.8.93, NZA 94, 517; GK-*Weber,* Rn. 149 m. w. N.; HWGNRH-*Glock,* Rn. 130; Richardi-*Thüsing,* Rn. 81 f.; *Oetker,* AuA 92, 139; wie hier *Däubler,* Schulung Rn. 85 ff.; *Fitting,* Rn. 142; *GL,* Rn. 68; *Kittner,* Anm. zu AP Nr. 5 zu § 37 BetrVG 1972; vgl. auch *Künzl,* ZfA 93, 341 [343], der auf die Vermittlung des »notwendigen geistigen Rüstzeugs« zur Erledigung der BR-Aufgabe abstellt.

468 Im Ergebnis auch *Däubler,* Schulung a. a. O.

469 Vgl. *BAG* 11.7.72, AP Nr. 1 zu § 80 BetrVG 1972.

470 *Däubler,* dbr 05, Nr. 10, 17 f.

471 So im Ergebnis auch *Däubler,* Schulung Rn. 132 f.; zur Gegenmeinung vgl. HWGNRH-*Glock,* Rn. 130.

472 So *Däubler,* Schulung Rn. 62 m. w. N. und Rn. 154.

473 *BAG* 31.10.72, 7.6.89, AP Nrn. 2, 67 zu § 40 BetrVG 1972; *Däubler,* AiB 04, 525; *ders.,* Schulung Rn. 158, 441; GK-*Weber,* Rn. 157; *Käufer,* S. 59.

474 *BAG* 19.7.95, NZA 96, 442 = AiB 95, 971 mit Anm. *Grimberg;* 15.1.97, NZA 97, 781 = AiB 97, 410 mit Anm. *Wolmerath;* Richardi-*Thüsing,* Rn. 86; *Schneider,* AiB 03, 344; zur Auslegung *Wank/Maties,* NZA 05, 1033.

rechtigt, sondern grundsätzlich auch **verpflichtet,** an Schulungsmaßnahmen teilzunehmen,[475] sofern für die BR-Arbeit erforderliche Kenntnisse nicht in ausreichendem Maße vorhanden sind. Auch Schulungsmaßnahmen, durch die BR-Mitglieder in die Lage versetzt werden, Verhandlungen in einer ESt zu begleiten und sich mit deren Vorschlägen aus eigener Kompetenz kritisch auseinanderzusetzen zu können, sind erforderlich.[476]
Lehnt das BR-Mitglied die Schulungsteilnahme ab, kann eine Pflichtwidrigkeit i. S. d. § 23 Abs. 1 vorliegen.

Sowohl die Vermittlung von **Grundkenntnissen** (vgl. Rn. 112 ff.) als auch von **Spezialwissen** (vgl. Rn. 117 ff.) kann i. S. d. Vorschrift erforderlich sein.[477] Durch die Rspr. hat die Unterscheidung zwischen Grundkenntnissen und Spezialwissen eine besondere Bedeutung erlangt, da für die Vermittlung allgemeiner Grundkenntnisse des BetrVG grundsätzlich kein konkreter betriebsbezogener Anlass vorliegen muss.[478] Die **Abgrenzung** zwischen Grundkenntnissen und Spezialwissen ist im Einzelfall fließend. Der BR hat, wie die Gerichte der Tatsacheninstanzen, einen bestimmten **Beurteilungsspielraum.**[479] **109**

Wegen der Schwierigkeit der gesetzlichen Materie kann ein BR-Mitglied nicht darauf verwiesen werden, sich über den Inhalt des Gesetzes im **Selbststudium** zu unterrichten oder auf die Unterrichtung durch bereits früher geschulte BR-Mitglieder zurückzugreifen.[480] Es gehört nicht zu den gesetzlich umschriebenen Aufgaben von BR-Mitgliedern, weniger erfahrene oder neu gewählte BR-Mitglieder in das für ihre Tätigkeit notwendige Wissen einzuführen, zumal sie in der Regel nicht über die entsprechenden pädagogischen Fähigkeiten verfügen.[481] Im Übrigen wäre der auf eine derartige Art der Wissensvermittlung innerhalb des BR – gleich ob in Form des Selbststudiums oder der **Unterrichtung durch erfahrene BR-Kollegen** – entfallende und i. S. d. Abs. 2 erforderliche Zeitaufwand unverhältnismäßig größer als derjenige, der durch den Besuch einer Bildungsstätte eines fachlich kompetenten Trägers entsteht.[482] Die Verweisung auf die Unterrichtung durch bereits geschulte BR-Mitglieder würde auch dem Grundsatz des BetrVG entgegenstehen, dass jedes BR-Mitglied sein Amt in **eigener Verantwortung** und in **Kenntnis seiner Kompetenzen** zu führen hat.[483] Aus diesem Grundsatz leitet sich auch ein Anspruch auf Schulungsmaßnahmen im **technischen Bereich** (etwa PC-Kenntnisse) ab, soweit das hierbei zu erwerbende Wissen für die Betriebsratsarbeit erforderlich sind. Die Möglichkeit der Selbstaneignung derartiger Kenntnisse kann schon deshalb nicht gegen die Erforderlichkeit ins Feld geführt werden, weil sie zumindest theoretisch auch bezüglich aller anderen Themen besteht.[484] Beherrscht ein BR-Mitglied die deutsche Sprache nicht, kann eine Schulung in der Muttersprache erforderlich sein.[485] BR-Mitglieder, die Beisitzer einer ESt sind, können vom AG nicht darauf verwiesen werden, sich die Kenntnisse für die notwendige kritische und unabhängige Auseinandersetzung mit den dort erarbeiteten Vorschlägen von externen Beisitzern vermitteln zu lassen, die der BR entsandt hat.[486] **110**

---

475 *BAG* 29.1.74, AP Nr. 5 zu § 40 BetrVG 1972; *Fitting,* Rn. 137; GK-*Weber,* Rn. 157.
476 So grundsätzlich *BAG* 20.8.14, NZA 14, 1349, das die Erforderlichkeit allerdings im Beschluss verneint hat.
477 Vgl. z. B. *BAG* 9.10.73, 6.11.73, 29.1.74, 14.6.77, 25.4.78, 21.11.78, 15.5.86, 16.10.86, AP Nrn. 4, 5, 9, 30, 33, 35, 54, 58 zu § 37 BetrVG 1972; *LAG Berlin* 10.3.87, CR 87, 699; *LAG Hamm* 13.10.99, AiB 01, 609 mit Anm. *Rädel;* Rspr.-Übersicht bei *Peter,* AiB 98, 693 ff.
478 Vgl. *BAG* 18.9.91, AuR 92, 60, Ls.; vgl. im Übrigen Rn. 103 ff.
479 *BAG* 9.10.73, 6.11.73, AP Nrn. 4, 5 zu § 37 BetrVG 1972, 29.4.92, NZA 93, 375; vgl. im Übrigen Rn. 139.
480 *BAG* 19.9.01, DB 02, 51 m. w. N.; 15.5.86, AP Nrn. 35, 54 zu § 37 BetrVG 1972; *Däubler,* AiB 04, 525; *Däubler,* Schulung Rn. 154 ff.; ErfK-*Koch,* Rn. 12; vgl. auch *Oetker,* AuA 92, 139 [140]; *Künzl,* ZfA 93, 341 [345 f., 348]; *Schneider,* AiB 98, 369 ff.; enger GK-*Weber,* Rn. 190, die Eigenschulungen in bestimmten Fällen für möglich und zumutbar halten.
481 *BAG,* 15.5.86, a. a. O.; vgl. auch HWGNRH-*Glock,* a. a. O.; a. A. GK-*Weber,* a. a. O.
482 So *BAG,* a. a. O.; ähnlich *Däubler,* Schulung, Rn. 154 a; vgl. auch Rn. 131 f.
483 *BAG,* a. a. O., 19.1.84 – 6 ABR 12/81; vgl. auch Rn. 116.
484 Abzulehnen deshalb *LAG Schleswig-Holstein* 15.5.07, EzA-SD 2007, Nr. 14, 14 und 3.6.04, ArbRB 03, 226, das einem »learning by doing« jeweils den Vorrang geben will.
485 ArbG Berlin 3311, jurisPR ArbR 33/11.
486 *BAG* 20.8.14, NZA 14, 1349.

111 Das didaktische Konzept sowie die organisatorischen Rahmenbedingungen, die Schulungs- und Bildungsveranstaltungen zugrunde liegen, sind bei der Bewertung der Erforderlichkeit nachrangig. Erforderliche Kenntnisse können deshalb nicht nur in Seminarveranstaltungen, sondern auch im Rahmen von **Fachkongressen** vermittelt werden. Entscheidend für die erforderliche Wissensvermittlung ist nämlich nicht vorrangig, dass ein individuell ansprechbarer Teilnehmerkreis gegeben ist, sondern dass das Wissen der Teilnehmer ausgebaut und verfestigt wird.[487] Diese Voraussetzung ist im Rahmen von Fachkongressen dann erfüllt, wenn neben der Konferenz auch Workshops angeboten werden, in denen ein individueller Austausch zwischen Lehrenden und Teilnehmern möglich ist.[488] Unter den Anwendungsbereich des Abs. 6 können völlig neue Lernangebote fallen wie etwa die Vermittlung erforderlicher Kenntnisse durch **E-Learning-Konzepte** oder durch andere Formen von **Online-Lernen.** Voraussetzung ist auch bezüglich dieser Lernformen lediglich, dass sie BR-Mitgliedern das für ihre Arbeit erforderliches Wissen vermitteln und dass die Auswahl dieser Vermittlungsform gegenüber anderen (konventionellen) Varianten nicht als unverhältnismäßig zu qualifizieren ist (zur kritischen Bewertung der Verhältnismäßigkeit vgl. Rn. 173).

a) Grundwissen

112 Die Vermittlung von **Grundkenntnissen des BetrVG** ist für alle BR-Mitglieder als unabdingbare Voraussetzung für die BR-Arbeit regelmäßig erforderlich.[489] Dies gilt insbesondere für alle erstmals gewählten BR-Mitglieder, sofern sie nicht bereits ausreichende Kenntnisse über das BetrVG erlangt haben.[490] Die Erforderlichkeit besteht auch für BR-Mitglieder, die dem Gremium schon mehrere Jahre angehören.[491] Die Vermittlung von Grundkenntnissen beschränkt sich nicht auf **Einführungslehrgänge,** sondern erfasst auch **spezielle, abgeschlossene Teilgebiete** des Gesetzes,[492] ohne dass es im Regelfall der Darlegung einer besonderen betrieblichen Situation, die solche Kenntnisse erforderlich macht, bedarf. Grundschulungen, für deren Notwendigkeit keine besondere Erforderlichkeit gegeben sein muss, sind einschlägige Seminare für BR, die weder der Spezialisierung noch der Vertiefung vorhandenen Wissens dienen.[493] Regelmäßig erforderlich sind auch Schulungen, die Kenntnisse über aktuelle **Neuregelungen des BetrVG** vermitteln.[494] Der grundsätzliche Schulungsanspruch im Bereich des BetrVG wird nicht verändert, wenn in einem Betrieb gemäß der Geschäftsordnung des BR unterschiedliche Ausschüsse gebildet wurden, denen Aufgaben zur selbstständigen Erledigung übertragen sind.[495] Nach der Aufnahme des Themas **Beschäftigungssicherung** und **Beschäftigungsförderung** in das BetrVG (vgl. §§ 80 Abs. 1 Nr. 8, 92 a) gehören diese Themen zum

---

487 A. A. HWGNRH-*Glock,* Rn. 135, die Kongresse nicht als Schulungs- und Bildungsveranstaltungen qualifizieren wollen.

488 *LAG Hamburg* 4.12.12 – 4 TaBV 14/11, juris.

489 Ständige Rspr.; vgl. *BAG* 19.9.01, DB 02, 51; *LAG Kiel* 15.5.07 – 5 TaBV 5/07, juris, das allerdings eine Darlegung zur Erforderlichkeit nur bei erstmals gewählten BR-Mitgliedern für verzichtbar hält; ähnlich *LAG Schleswig-Holstein* 15.5.05, MDR 07, 1143; enger *LAG Schleswig-Holstein* 3.6.09 – 6 Ta BV 55/08, das die Erforderlichkeit für die Fälle anzweifelt, in denen bereits einschlägige Kenntnisse vorliegen.

490 *BAG* a. a. O., m. w. N.; vgl. auch *Schneider,* AiB 98, 369 ff.; *Künzl,* ZfA 93, 341 [346 f.]; *Schneider,* AiB 87, 196; enger GK-*Weber,* Rn. 177; a. A. *LAG Hamm* 16.3.79, DB 79, 1364.

491 *BAG* 19.3.08 – 7 ABR 2/07, juris hält eine BR-Zugehörigkeit von vier Jahren noch nicht für ausreichend, um auf den Erwerb des erforderlichen Grundwissens im Bereich des allgemeinen Arbeitsrechts schließen zu können; *ArbG Bremen* 20.1.05, dbr 05, Nr. 9, 99 = jurisPR-ArbR 29/05 Anm 5 mit Anm. *Wolmerath.*

492 Vgl. *BAG* 15.5.86, AP Nr. 54 zu § 37 BetrVG 1972; *LAG Düsseldorf* 15.4.80, DB 81, 119; *LAG München* 25.2.93 – 7 TaBV 89/92, das in Ergänzung zu einem Einführungslehrgang zwei 5-tägige Lehrgänge zu den Teilgebieten soziale Angelegenheiten bzw. personelle Einzelmaßnahmen als erforderlich anerkannt hat; ähnlich *LAG Rheinland-Pfalz* 16.6.08 – 5 TaBV 3/08, juris; enger *BAG* 18.9.91, AuR 91, 60, Ls., wonach schwierige Fragenbereiche, die nur bei vertiefter Betrachtung sinnvoll behandelt werden können, nicht als Grundwissen anzusehen sind; vgl. im Übrigen Rn. 104 ff.

493 *LAG Berlin-Brandenburg* 3.5.13 – 10 TaBV 88/13.

494 *LAG Hamm* 17.10.03, AuR 05, 37 zum BetrV-ReformG; ähnlich *Fitting,* Rn. 143.

495 *ArbG Frankfurt* 11.2.04, AiB 04, 310 mit Anm. *Seum.*

Grundwissen von BR, ohne dass es einer gesonderten Darlegung der Erforderlichkeit bedarf.[496] In Abhängigkeit von den individuellen Vorkenntnissen können auch Schulungsmaßnahmen im Bereich **Rhetorik** zu den notwendigen Grundkenntnissen gehören.[497]

Die Vermittlung von Grundkenntnissen des allgemeinen **Arbeitsrechts,** insbesondere des Arbeitsschutzrechts, ist für jedes BR-Mitglied als erforderliche Kenntnisvermittlung anzusehen, ohne dass ein konkreter betriebsbezogener Anlass vorliegen muss.[498] Dies gilt auch für BR-Mitglieder, die schon längere Zeit in einem BR tätig sind.[499] Der BR kann nur dann seine Mitwirkungs- und Mitbestimmungsrechte sowie seine gesetzlichen Überwachungs- und Unterstützungsaufgaben sachgemäß wahrnehmen, wenn seine Mitglieder über entsprechende Grundkenntnisse verfügen,[500] wobei allerdings fälschlicherweise z. T. darauf abgestellt wird, dass entsprechende Kenntnisse auch durch langjährige BR-Tätigkeit erworben werden können.[501] Die langjährige BR-Tätigkeit steht einer Grundschulung nicht entgegen.[502]Im Rahmen entsprechender Grundlagenveranstaltungen ist auch der Besuch von Verhandlungen eines ArbG zulässig.[503] **113**

Entsprechendes gilt für den Themenkomplex Arbeitsschutz und Unfallverhütung (**Arbeitssicherheit**). Die Befassung mit diesen Themen gehört nach §§ 80 Abs. 1 Nr. 9 und 89 ausdrücklich zu den Aufgaben des BR (vgl. dort). Bei Themen aus den Bereichen ArbSchG oder Arbeitssicherheit handelt es sich stets um aktuelle Fragen und Aufgaben, so dass insoweit eine nicht näher darzulegende unabdingbare Notwendigkeit der Vermittlung von Kenntnissen für die Arbeit des BR vorliegt.[504] Wegen der besonderen Bedeutung des Arbeitsschutzes hängt die Notwendigkeit einer Schulung im Hinblick auf die konkreten betrieblichen Gegebenheiten nicht davon ab, dass im Betrieb eine übermäßige Unfallhäufigkeit besteht. Das *BAG*[505] hat ausdrücklich hervorgehoben, dass BR-Tätigkeit nicht erst einsetzt kann, wenn der Eintritt einer Schädigung absehbar oder eine Schädigung eingetreten ist, sondern dass sie bereits vorsorglich im Vorfeld notwendig ist. Nicht erforderlich können Schulungs- und Bildungsmaßnahmen in diesem Bereich nur sein, wenn in einem engen zeitlichen Zusammenhang mehrfach Angebote zum gleichen Themenkomplex besucht werden sollen, ohne dass es hierfür eine Begründung gibt.[506] **114**

Zum erforderlichen Grundwissen gehört auch der Bereich des **AGG**. Betriebsräten obliegt insoweit die Aufgabe, die Einhaltung der zwingenden Vorgaben zu überwachen und sicher zu stellen. Dieser Schulungsanspruch ist unabhängig von dem nach § 12 AGG. **115**

Eine sachgerechte BR-Arbeit erfordert von jedem BR-Mitglied ausreichende Kenntnisse über die für den Betrieb geltenden **TV**[507] sowie einen gewissen Standard an **allgemeinen rechtli-** **116**

496 Vgl. BDW, S. 121.
497 *LAG Sachen*, 22.11.02, NZA-RR 03, 420; ArbG *Dortmund*, AiB 00, 628; ausführlich *Däubler*, Schulung Rn. 229 f.; a. A. *LAG Köln* 20.12.07, PersV 08, 473.
498 LAG Berlin-Brandenburg 7.9.12 – 10 TaBV 1297/12, juris; *Däubler*, AiB 04, 526; *Däubler*, Schulung Rn. 168; *Peter*, AiB 96, 476; ErfK-*Koch*, Rn. 14; *Fitting*, Rn. 144, 164.
499 *BAG* 19.3.08 – 7 ABR 2/07, juris; *ArbG Düsseldorf* 3.9.04, AiB 04, 758 mit Anm. *Malottke;* a. A. Richardi-*Thüsing*, Rn. 91, der den Anspruch auf einmalige Schulungen beschränken will; Textmuster für die Mitteilung an AG bei DKKWF-*Wedde*, § 37 Rn. 47.
500 *BAG* 16.10.86, AP Nr. 58 zu § 37 BetrVG 1972; *LAG Schleswig-Holstein* 23.9.87, LAGE § 37 BetrVG 1972 Nr. 23; *LAG Frankfurt* 13.7.89, NZA 90, 156; *Fitting*, Rn. 144, 116; GK-*Weber*, Rn. 201 ff.; *Schneider*, AiB 87, 196; *Trümner*, BetrR 87, 237; a. A. HWGNRH-*Glock*, Rn. 170 ff.
501 *BAG* 16.10.86, a. a. O.; vgl. auch *LAG Bremen* 20.3.90 – 1 TaBV 16/89; wie hier *Däubler*, Schulung Rn. 168 ff.
502 *LAG Schleswig-Holstein* 4.1.00, AiB 00, 287 mit Anm. *Komposch;* enger *LAG Köln* 2.12.99, AuR 00, 158 mit kritischer Anm. *Peter.*
503 *LAG Hamm* 19.1.07 – 10 TaBV 62/06, juris.
504 *BAG* 15.5.86, AP Nr. 54 zu § 37 BetrVG 1972; ausführlich *Däubler*, Schulung Rn. 168 ff.; *Peter*, AiB 96, 476; HWGNRH-*Glock*, Rn. 164, vgl. aber dort Rn. 132 a hinsichtlich der Beschränkung der Teilnehmerzahl; enger *BAG* 29.4.92, NZA 93, 375, wonach auch bei Grundkenntnissen der Arbeitssicherheit auf eine einzelfallbezogene Prüfung der Erforderlichkeit nicht verzichtet werden kann; so auch GK-*Weber*, Rn. 180.
505 *BAG* 15.5.86, a. a. O.
506 *BAG* 1.9.09, BB 09, 672.
507 *LAG Hamm* 11.3.81, DB 81, 1678.

chen, wirtschaftlichen und technischen Kenntnissen.[508] Jedes BR-Mitglied muss aber über umfassende Grundkenntnisse (gilt praktisch deckungsgleich für Spezialwissen, vgl. Rn. 117 ff.) verfügen, da der gesamte BR auch für die speziellen Fachprobleme einzelner Ausschüsse letztzuständig und verantwortlich ist und jedes BR-Mitglied in der Lage sein muss, die eigenen »Spezialisten« zu kontrollieren[509] und sein Amt in eigener Verantwortung und in Kenntnis seiner Kompetenzen zu führen.[510] Der unbestimmte Rechtsbegriff »Erforderlichkeit« bedeutet im Ergebnis: **Alle BR-Mitglieder** haben nach Abs. 6 **Anspruch auf Vermittlung von Grundkenntnissen** hinsichtlich der gesamten BR-Tätigkeit,[511] einschließlich Arbeitsschutzrecht und Arbeitssicherheit, soweit sie über derartige Kenntnisse noch nicht verfügen; **BR-Mitglieder mit speziellen Aufgaben** haben darüber hinaus Anspruch auf **vertiefte Kenntnisse** zu ihren Spezialgebieten.[512] Hierzu gehören auch **Grundkenntnisse für die Wahrnehmung von Tätigkeiten im Wirtschaftsausschuss.**[513]

b) Spezialwissen

117 Die Vermittlung von **Spezialwissen** soll nur dann erforderlich sein, wenn der BR unter Berücksichtigung der konkreten Situation des Betriebs und des Wissensstands die Kenntnisse alsbald oder auf Grund einer typischen Fallgestaltung demnächst benötigt, um seine derzeitigen oder demnächst anfallenden Aufgaben sachgerecht wahrnehmen zu können.[514]

118 Bei der **Erforderlichkeitsprüfung** hat der BR einen Beurteilungsspielraum (vgl. Rn. 154). Diese vom *BAG* aufgestellten Kriterien dürfen nicht einschränkend ausgelegt werden,[515] da der BR auch eigene Gestaltungsmöglichkeiten (z. B. §§ 80, 87, 90) hat und es schwer vorstellbar ist, wie bei aktuellen Anlässen eine effektive Arbeit möglich sein soll, wenn er erst auf Grund entsprechender Vorfälle nachträglich die erforderlichen Kenntnisse erhalten kann.[516] Etwas anderes kann allenfalls dann gelten, wenn zumindest einige BR-Mitglieder, z. B. Mitglieder des betreffenden **Fachausschusses,** über entsprechende Grundkenntnisse verfügen.[517] Der Erforderlichkeit steht im Einzelfall nicht entgegen, dass der BR Experten zu bestimmten Themen als externe Beisitzer in eine ESt entsendet. Da BR-Mitglieder sich in eigener Kompetenz mit Vorschlägen und Beschlüssen der ESt sinnvoll und sachgerecht befassen können müssen, können sie nicht darauf verwiesen werden, auf die Sachkompetenz externer Beisitzer zu vertrauen.[518] Die Erforderlichkeit für die Vermittlung von Spezialwissen ist gegeben, wenn der BR auf Grund der sich vollziehenden **technischen Entwicklung** in einer Branche oder auf Grund von **TV-Forderungen** der im Betrieb vertretenen Gewerkschaft bzw. auf Grund von **sozialpolitischen Gesetzentwürfen**[519] damit rechnen muss, dass ihm in absehbarer Zukunft Aufgaben zuwachsen. Werden Beteiligungsrechte des BR durch TV oder BV erweitert, können die neuen Sachbereiche und Rechte Gegenstand erforderlicher Schulungen sein.[520]

---

508 Vgl. *BAG* 27.11.73, AP Nr. 9 zu § 89 ArbGG 1973; *Däubler,* Schulung Rn. 174; *Peter,* AiB 96, 478; *Fitting,* Rn. 165; GK-*Weber,* Rn. 203; vgl. auch Rn. 96 ff.; a. A. HWGNRH-*Glock,* Rn. 162.
509 Vgl. *Kittner,* Anm. zu AP Nr. 5 zu § 37 BetrVG 1972; *Kühner,* S. 117; *LAG München* 25.2.93 – 7 TaBV 89/92.
510 *BAG* 21.11.78, AP Nr. 35 zu § 37 BetrVG 1972.
511 Vgl. *BAG* 5.11.81, DB 82, 704; *LAG München,* a. a. O.; enger *BAG* 18.9.91, AuR 92, 60, Ls.; *LAG Köln* 12.4.96, BB 96, 1940, das eine Grundschulung von vier Wochen für zu lang hält.
512 Vgl. *Fitting,* Rn. 166; *Kühner,* S. 117.
513 *LAG Hamm* 22.6.07 – 10 TaBV 25/07, juris, für den Anspruch auf Grundlagenschulung eines BR-Mitglieds in der 2. Amtsperiode; enger *LAG Hamm* 10.6.05, 10 TaBV 1/05.
514 Vgl. *BAG* 9.10.73, 27.9.74, 8.2.77, 15.5.86, AP Nrn. 4, 18, 26, 54 zu § 37 BetrVG 1972; *LAG Düsseldorf* 15.4.80, DB 81, 119; *Fitting,* Rn. 141; *Künzl,* ZfA 93, 341 [346]; GK-*Weber,* Rn. 170, 204 f.; Richardi-*Thüsing,* Rn. 92.
515 So auch *Fitting,* Rn. 142.
516 *Teichmüller,* S. 26; vgl. auch *BAG* 15.5.86, AP Nr. 54 zu § 37 BetrVG 1972, bezogen auf die Unfallverhütung.
517 *ArbG Berlin* 4.2.98, AiB 98, 643 mit Anm. *Noll* spricht allen Ausschussmitgliedern dann einen Anspruch zu, wenn arbeitsteilig gearbeitet wird; vgl. im Übrigen Rn. 104 f., 110 ff.
518 *LAG Hamburg* 18.7.12 – 5 TaBV 1/12, juris.
519 Vgl. GK-*Weber,* Rn. 174; zu eng *BAG* 16.3.88, AP Nr. 63 zu § 37 BetrVG 1972; hierzu auch Rn. 131.
520 *Fitting,* Rn. 148; a. A. *Loritz,* NZA 93, 8.

Für die Notwendigkeit der Schulungsmaßnahme muss grundsätzlich eine **Aktualität** in der Weise bestehen, dass die vermittelten Kenntnisse, wenn nicht sofort, so doch voraussichtlich in absehbarer Zeit benötigt werden.[521] Insoweit ist eine weite Auslegung des Aktualitätsbegriffs geboten. Die bloße theoretische Möglichkeit, dass die Frage einmal im Betrieb auftauchen könnte, soll dagegen nicht ausreichen.[522] 119

Soweit der BR ein **Initiativrecht** besitzt (z. B. §§ 80, 87, 92), kann er ein Thema zu einem »demnächst anstehenden« machen.[523] So ist der Besuch eines speziellen Seminars für WA-Mitglieder nicht nur für alle BR-Mitglieder **erforderlich,** die diesem Gremium angehören, ohne dass es einer spezifischen Prüfung bedarf. Darüber hinaus wird der Besuch immer dann erforderlich, **wenn seitens des BR die Absicht besteht, einen** WA **einzurichten und** wenn die potenziellen Mitglieder vorab entsprechend geschult werden sollen.[524] Entsprechendes gilt auch für spezifische Seminare für Mitglieder des GBR oder KBR, wenn BR-Mitglieder diesen Gremien angehören. Der BR ist somit auch bei der Vermittlung von Spezialwissen **weder auf die Zukunft noch auf eine bloße Reaktion** auf unternehmerische Maßnahmen beschränkt.[525] Eine vom AG ausgehende **Konfrontation** kann ein **erhöhtes Schulungsbedürfnis** begründen.[526] 120

Anerkannt ist, dass BR-Mitglieder, die im BR **besondere Aufgaben** zu erfüllen haben, wie BR-Vorsitzende, stellvertretende Vorsitzende oder freigestellte Mitglieder, einen **erhöhten Bildungsbedarf** haben,[527] ohne dass jeweils der konkrete betriebsbezogene Anlass nachgewiesen werden muss.[528] Entsprechendes gilt für **Wahlvorstandsmitglieder,** auch wenn diese bereits vorher dem BR angehörten oder BR-Vorsitzende waren.[529] 121

Auch die Mitglieder (und ggf. Ersatzmitglieder) des **Betriebsausschusses** (§ 27) und der **Fachausschüsse** (§ 28) sowie der **Arbeitsgruppen** gem. § 28 a benötigen ggf. eine **vertiefende Vermittlung** von Grundkenntnissen und Spezialwissen auf dem jeweiligen Fachgebiet.[530] **Jedes Ausschussmitglied** kann die Vermittlung der erforderlichen Kenntnisse und Fähigkeiten verlangen, wenn nicht ein entsprechender eigener Kenntnis- oder Wissensstand vorliegt. 122

Für die sachgerechte Wahrnehmung der besonderen BR-Aufgaben genügt es nicht, wenn nur einige Mitglieder des für ein Fachgebiet gebildeten Ausschusses über hinreichende Vorkenntnisse verfügen.[531] Jedes Ausschussmitglied muss seine durch die interne Geschäftsverteilung näher umschriebene Funktion in Kenntnis seiner durch das BetrVG bestimmten Pflichten und Handlungsmöglichkeiten eigenverantwortlich wahrnehmen können.[532] Daraus ergibt sich, 123

---

521 Vgl. *BAG* 9.10.73, AP Nr. 4 zu § 37 BetrVG 1972, vgl. auch 20.12.95, NZA 96, 945 = AiB 97, 170 mit Anm. *Peter;* 15.2.95, NZA 95, 1036 = AiB 95, 742 mit Anm. *Mache,* jeweils m. w. N.; *LAG Hamm* 25.6.04 – 10 Sa 2025/03 (n. v.); *Peter* AiB 06, 284 f.; enger *GL,* Rn. 73, die verlangen, dass der BR mit der entsprechenden Angelegenheit ständig konfrontiert wird.

522 *BAG,* a. a. O.; *Fitting,* a. a. O.; HWGNRH-*Glock,* Rn. 162; *Teichmüller,* S. 27.

523 *LAG Düsseldorf* 18.1.77 – 11 TaBV 62/76, Die Quelle 77, 218; *Däubler,* Schulung Rn. 101; *Peter,* AiB 96, 471; a. A. offenbar HWGNRH-*Glock,* Rn. 181.

524 *BAG* 17.9.74, AP Nr. 6 zu § 40 BetrVG 1972; a. A. *LAG Nds.* 27.9.00, AuR 01, 116 = AiB 01, 228 mit Anm. *Peter,* das aber die Erforderlichkeit eines **Seminars über betriebswirtschaftliche Grundkenntnisse** für den Fall bejaht, dass der AG mit dem BR nach gemeinsamer Bilanzlesung die wirtschaftliche Situation des Unternehmens beraten will.

525 *Teichmüller,* S. 28.

526 *LAG Hamm* 5.12.74, BB 75, 92; bezüglich des Beurteilungsspielraums des BR vgl. Rn. 139.

527 *BAG* 27.9.74, 8.2.77, AP Nrn. 18, 26 zu § 37 BetrVG 1972; 24.5.95, BB 95, 2530; enger *LAG Köln* 2.12.99, AuR 00, 158 für BR-Mitglied mit langjähriger Erfahrung; vgl. ferner *Künzl,* ZfA 93, 341 [346].

528 *LAG Hamm* 14.4.76, AuR 76, 250, Ls.

529 *ArbG Frankfurt* 3.3.99, AiB 1999, 401 mit Anm. *Peter.*

530 *LAG Düsseldorf* 12.10.81, EzA § 37 BetrVG 1972 Nr. 72; 23.4.97 – 12 TaBV 9/97; vgl. auch *BAG* 19.1.84 – 6 ABR 12/81; vgl. ferner *LAG Frankfurt* 13.7.89, NZA 90, 156, Ls., das eine konkrete Darlegung der Erforderlichkeit verlangt; *ArbG Passau* 8.10.92, BB 92, 2431, Ls., das die Behandlung von Arbeitszeitfragen bei der Bildung eines Ausschusses auf die Mitglieder und Ersatzmitglieder des Ausschusses beschränkt.

531 Vgl. *BAG* 15.5.86, AP Nr. 54 zu § 37 BetrVG 1972, jedenfalls bei arbeitsteiliger Aufgabenwahrnehmung; *LAG Düsseldorf* 12.10.81, a. a. O.; *LAG Hamm,* a. a. O.; vgl. auch *LAG Düsseldorf* 15.4.80, DB 81, 119 und zum Schulungsanspruch von WA-Mitgliedern *LAG* Hamm, BB 97, 206, Ls.

532 *BAG* 15.5.86, a. a. O.

dass der BR ein Mitglied, das die erforderlichen Vorkenntnisse nicht besitzt, nicht darauf verweisen kann, sich an die besser informierten Mitglieder zu halten und sich im Einzelfall nach deren Belieben, so gut wie es geht, sachkundig zu machen.

124 Die Freistellung nach § 38 berechtigt den BR nicht, **freigestellte BR-Mitglieder** zu Schulungsmaßnahmen zu entsenden, die keine erforderlichen Kenntnisse i. S. d. Abs. 6 vermitteln.[533]

c) Vertiefung

125 Eine Schulungsmaßnahme zur **Vertiefung vorhandener Kenntnisse** des Betriebsverfassungsrechts, des allgemeinen Arbeitsrechts, der Arbeitssicherheit oder des speziellen Fachwissens in den Bereichen, in denen dem BR Beteiligungsrechte zustehen, kann ebenso erforderlich i. S. d. Abs. 6 sein wie **Wiederholungsschulungen,** wenn hierfür besondere Gründe vorgetragen und ggf. nachgewiesen werden.[534] Entsprechendes gilt zur Aneignung theoretischen Grundwissens zur **Ergänzung praktischer Erfahrungen,** da diese ebenso wenig wie langjährige Tätigkeit nicht den Mangel an theoretischem Wissen ausgleichen. Dies gilt insbesondere bei neuen technischen Entwicklungen im Betrieb (z. B. EDV-Systeme, soziale Netzwerke, sicherheitstechnische Fragen, Telearbeit), Änderung der betrieblichen Verhältnisse sowie bei betrieblichen Konflikten, Änderung der Rechtslage durch die Gesetzgebung bzw. Rspr. oder Fortentwicklung von Erkenntnissen.[535]

126 Auch nach vieljähriger Amtstätigkeit bzw. nach Aussetzen einer oder mehrerer Amtsperioden und erfolgter Neuwahl kann die Vermittlung von allgemeinen Grundkenntnissen des BetrVG erforderlich sein, sofern die Kenntnisse mit Rücksicht auf die konkrete Situation im Betrieb und im BR sowie im Hinblick auf den Wissensstand des BR-Mitglieds benötigt werden.[536] Ebenso kann eine **Wiederholungs- bzw. Vertiefungsschulung** über die Entwicklung der Rspr. insbesondere des *BAG* und der *LAG*[537] oder zur Auffrischung und Erweiterung der bisherigen Kenntnisse notwendig sein, zumal die für jedes BR-Mitglied erforderlichen Kenntnisse über das BetrVG nicht mit einem einmaligen Lehrgang zu erwerben sind.

d) Themenspektrum

127 Unter Abs. 6 fallen im Hinblick auf die sehr weitgehenden Aufgaben des BR nicht nur Schulungsmaßnahmen, die rechtliche Kenntnisse vermitteln, sondern **alle Themen,** in denen der BR zur Erfüllung der ihm **obliegenden Aufgaben** über **ausreichendes Wissen** verfügen muss.[538] Hierzu zählen Kenntnisse z. B. über das BetrVG und über das allgemeine Arbeitsrecht, da der BR u. a. nach § 80 Abs. 1 Nr. 1 die Einhaltung von Gesetzen, Rechts-VO und TV

---

533 *BAG* 21.7.78, AP Nr. 4 zu § 38 BetrVG 1972.

534 *BAG* 29.1.74, AP Nr. 9, 23.4.74, DB 74, 1725; vgl. auch *ArbG Bremen* 20.1.05, dbr 05, Nr. 9, 39, das insbesondere bei betriebsinternen Seminaren wegen der größeren Betriebsnähe die Erforderlichkeit bejaht hat; *Fitting,* Rn. 156, 166 m. w. N.; *Däubler,* Schulung Rn. 184; WP-*Kreft,* Rn. 53; *Künzl,* ZfA 93, 341 [347]; enger *LAG Nürnberg* 1.9.09 – 6 Ta BV 18/09; GK-*Weber,* Rn. 209, die die BR-Mitglieder für verpflichtet halten, den durch Schulung erworbenen Wissensstand im Rahmen des Zumutbaren durch Selbststudium zu erhalten und zu vertiefen; im Ergebnis auch MünchArbR-*Joost,* § 308 Rn. 112.

535 Vgl. *BAG* 15.5.86, a. a. O.

536 *BAG* 24.7.79, DB 80, 551; *LAG Hamburg* 13.3.08, AiB 09, 303; *LAG Hamm* 19.1.07 – 10 TaBV 62/06, juris; vgl. allgemein *Däubler,* Schulung Rn. 184 ff.; *Peter,* AiB 06, 284; enger *BAG* 19.3.08, ZBVR online 08, Nr. 12, 5 – 8, das die Frage der Nachweistiefe offen lässt; *LAG Hamm* 7.1.98 – 3 TaBV 36/97, das bei wiederholter Teilnahme eine detaillierte Begründung durch den BR verlangt; *LAG Hamm* 22.6.07 – 10 TaBV 25/07, juris für eine Veranstaltung zu Grundlagen des Wirtschaftsausschusses nach mehrjähriger Tätigkeit in diesem Gremium; *ArbG Ulm* 20.12.06, dbr 6/07, 38 für die Vermittlung von Grundkenntnissen der GBR-Arbeit nach langjähriger Tätigkeit in diesem Gremium; a. A. offenbar *LAG Schleswig-Holstein* 23.9.87, LAGE § 37 BetrVG 1972 Nr. 23; *LAG Düsseldorf* 23.4.97 – 12 TaBV 9/97, das die wiederholte Vermittlung von Grundkenntnissen zumindest bei Ersatzmitgliedern für nicht erforderlich hält, ähnlich *LAG Köln* 9.6.00, FA 00, 392.

537 *Fitting,* Rn. 149; *Teichmüller,* DB 75, 446; enger HWGNRH-*Glock,* Rn. 154; *Künzl,* ZfA 93, 341 [352]; *LAG Hamm* 19.1.07, a. a. O., das konkrete betriebliche Bezüge fordert; enger nunmehr *BAG* 18.1.12, NZA 12, 813, das eine nähere Darlegung der Erforderlichkeit verlangt.

538 *Fitting,* Rn. 139; *Teichmüller,* S. 37; *Weiss,* Rn. 10.

zu überwachen hat (vgl. auch Rn. 131), ebenso wie über Fragen des Akkord- und Prämienlohns oder anderer leistungsbezogener Entgelte, des Arbeitsschutzes, der Unfallverhütung und Arbeitssicherheit, des Datenschutzes, der Personalplanung, der EDV-Systeme, der Berufsbildung, der Betriebs- und Finanzwirtschaft, der Betriebsorganisation und andere betriebswirtschaftliche Fragen. Die zunehmende Verflechtung und Verzahnung, teilweise verbunden mit der Spaltung von UN bzw. Betrieben und ihrer rechtlichen Verselbstständigung sowohl auf nationaler als auch auf internationaler Ebene, machen **Konzern- bzw. Branchenschulungen,** in denen BR sich spezielle konzern-, betriebs- und branchenbezogene Kenntnisse aneignen können, erforderlich i. S. dieser Vorschrift. Dies gilt jedenfalls bei aktuellen Anlässen (vgl. Rn. 119) auch dann, wenn bei entsprechenden Schulungsmaßnahmen betriebliche Interessenvertretungen beispielsweise ausländischer Tochter-UN einbezogen werden und die Maßnahme im **Ausland** stattfindet.[539]

Die Erforderlichkeit der **Notwendigkeit der Vermittlung** von **Kenntnissen** aus dem Bereich des **EBRG** ist von der konkreten Situation im Unternehmen abhängig. Sie ist gegeben, wenn die Bildung eines EBR aufgrund der Größe des Unternehmens grundsätzlich in Betracht kommen würde. Etwas anderes gilt, wenn das EBRG aufgrund der mangelnden Größe des UN bzw. der UN-Gruppe keine Anwendung findet.[540] **128**

Erforderlich ist eine Schulung über die durch §§ 17 ff. EBRG eröffnete Möglichkeit der alternativen **Bildung anderweitiger Vereinbarungen** zur grenzüberschreitenden Unterrichtung und Anhörung der AN.[541] **129**

Der **Schulungsanspruch** von **EBR-Mitgliedern** ergibt sich vorrangig aus § 40 EBRG (vgl. ausführlich Anhang B, § 40 Rn. 2). **Freiwillige Vereinbarungen** mit dem AG über Schulungsansprüche der EBR-Mitglieder sind möglich.[542] **130**

e) Erforderliche Kenntnisse

Unter Berücksichtigung der konkreten Verhältnisse des Betriebs und des BR kommen neben den Einführungs- und allgemeinen Lehrgängen zum BetrVG[543] und des allgemeinen Arbeitsrechts (hierzu Rn. 113) sowie des Arbeitsschutzes und der Arbeitssicherheit (vgl. Rn. 115) für eine Schulung nach Abs. 6 z. B. in Betracht:[544] **131**

- Schulungen zu den Themen **»Aids im Betrieb«**[545] **bzw. »Alkohol/Sucht am Arbeitsplatz«**[546];
- Fragen des **Akkord- bzw. Prämienlohns** bzw. der **Lohngestaltung und Mitbestimmung** im Betrieb;[547]
- Schulungen zum **Allgemeinen Gleichbehandlungsgesetz – AGG;**[548]
- BR-Amt und **Arbeitskampf,**[549] **Rechte und Pflichten des BR im Arbeitskampf**[550] bzw. **Beteiligungsrechte** des BR **im Fall arbeitskampfbedingter Kurzarbeit;**[551]

---

539 Vgl. hierzu auch *Blank,* AiB 93, 483; *Däubler,* Arbeitsrecht 1, Rn. 209 f.;§ 37 Rn. 20 f.
540 Ähnlich *Fitting,* Rn. 150; a. A. HWGNRH-*Glock,* Rn. 126 a; vgl. ergänzend Rn. 20 sowie Anhang B.
541 *Fitting,* Rn. 150; vgl. im Übrigen die Kommentierung Anhang B.
542 Zutreffend *Fitting,* Rn. 151.
543 Hierzu *BAG* 19.1.84 – 6 ABR 12/81; vgl. auch Rn. 109 ff.
544 Vgl. allgemein *Däubler,* Schulung Rn. 190 ff., 173 ff. mit umfassenden Nachweisen; *Peter,* AiB 96, 476 f.; *dies.,* AiB 98, 693 ff. mit ausführlicher Rspr.-Übersicht; *Wichert,* DB 97, 2325; *Fitting,* Rn. 149; GK-*Weber,* Rn. 171, 183; *Hamm,* Rspr.-Übersicht, AiB 94, 545; HWGNRH-*Glock,* Rn. 164; *Künzl,* ZfA 93, 341 [347 f.].
545 *HessLAG* 7.3.91, NZA 91, 981 = AiB 92, 93 mit Anm. *Hinrichs* = AuR 93, 62). (*OVG Bremen* 1.2.91, PersR 91, 176 mit Anm. *Richter; LAG Düsseldorf* 9.8.95, BB 95, 2531.
546 *OVG Bremen* 1.2.91, PersR 91, 176 mit Anm. *Richter; LAG Düsseldorf* 9.8.95, BB 95, 2531.
547 *BAG* 9.10.73, 29.1.74, 10.6.74, AP Nrn. 4, 9, 15 zu § 37 BetrVG 1972; *LAG Düsseldorf* 15.4.80, DB 81, 119; *LAG Hamm* 29.6.79, EzA § 37 BetrVG 1972 Nr. 67.
548 *HessLAG* 25.10.07 – 9 TaBV 84/07, juris für eine viertägige Schulung.
549 *ArbG Augsburg* 22.10.87 – 3 BV 16/87.
550 *LAG Hamm* 11.8.03, NZA 04, 511 bei Bestehen eines aktuellen, betriebsbezogenen Anlasses; *LAG Düsseldorf* 12.6.03, AuR 03, 398 bereits ab einer gewissen Wahrscheinlichkeit eines Arbeitskampfes.
551 *ArbG Stuttgart* 27.7.90 – 13 BV 2/90 A.

- Schulungen zu **neuen** für die BR wichtigen **arbeitsrechtlichen Gesetzen,** insbesondere, soweit hierdurch Überwachungsaufgaben nach § 80 Abs. 1 Nr. 1 ausgelöst werden[552] wie z. B. zum **Nachweisgesetz**[553] sowie zu hieraus resultierenden Problemfeldern wie **Scheinselbstständigkeit**[554] oder **geringfügige Beschäftigungsverhältnisse,** Schulungen zum **TzBfG**[555] und zum **novellierten BetrVG;**[556]
- Fragen des **betrieblichen Arbeitsschutzes und der Arbeitssicherheit** sowie des **Gesundheitsschutzes** (vgl. Rn. 116, 138), wobei das Thema Gesundheitsschutz auch für Mitglieder der JAV erforderlich ist, wenn der Jugendschutz im Mittelpunkt steht; allerdings hält das *BAG*[557] die Behandlung der Mitbestimmungsrechte für die JAV mit wenig überzeugender Begründung für nicht erforderlich;
- Schulungsmaßnahmen über **Arbeitsstudien und Arbeitsbewertung;**[558]
- Schulungen zu neuen **Arbeitszeitformen** wie insbes. **»Vertrauensarbeitszeit«;**
- Fragen der **arbeitswissenschaftlichen Erkenntnisse** über die menschengerechte Gestaltung der Arbeit i. S. d. §§ 90, 91;[559]
- Fragen der **Berufsbildung**[560] sowie des **Bildungsurlaubs;**
- Fragen der **betrieblichen Altersversorgung**[561] jedenfalls dann, wenn ein besonderes Bedürfnis besteht, sowie Schulungen zum Thema »Riester-Rente«;[562]
- Schulungen zum **betrieblichen Eingliederungsmanagement BEM;**[563]
- Schulungen zum Bereich **Beschäftigungssicherung** und **Innovation;**[564]
- **betriebswirtschaftliche** oder **betriebsorganisatorische Fragen** einschließlich Grundkenntnisse der Betriebswirtschaftslehre, **Bilanzkunde und -analyse,** Grundkenntnisse für die Arbeit im **WA** und für die Verarbeitung und Umsetzung der Informationen[565] sowie Schulungen zu »betriebswirtschaftlichen Grundsätzen«;[566]
- Schulungen eines örtlichen BR zu einer bevorstehenden unternehmensweiten **Betriebsänderung,** auch wenn eine originäre Zuständigkeit des GBR besteht;[567]
- Schulungen zum Themenfeld »**Burn out«;**[568]
- Fragen des Datenschutzes im Betrieb, insbes. Unterrichtung über das BDSG und seine Bedeutung für die BR-Arbeit,[569] über europäischen Datenschutzregelungen, über Telediensetgesetze (z. B. TKG, TMG) sowie über ein »**Neues Beschäftigtendatenschutzgesetz«**[570]**;**
- Fragen der Einführung und Ausgestaltung von **Datenschutz-Audits** gem. § 9 a BDSG und deren Nutzung bzw. Integration in kollektivrechtliche Regelungssysteme;[571]

---

552 *Fitting,* Rn. 149.
553 *ArbG Frankfurt,* AiB 98, 703 mit Anm. *Noll.*
554 *Fitting,* a. a. O.
555 Vgl. *ArbG Detmold* 30.10.97, AiB 98, 42 mit Anm. *Ludwig.*
556 *ArbG Berlin* 17.10.01, AiB 02, 566 mit Anm. *Kuster.*
557 *BAG* 10.6.75, AP Nr. 6 zu § 65 BetrVG 1972.
558 *BAG* 6.11.73, AP Nr. 8 zu § 89 ArbGG 1953; 21.5.74, AP Nr. 13 zu § 37 BetrVG 1972.
559 *BAG* 14.6.77, AP Nr. 30 zu § 37 BetrVG 1972, das jedoch als Anspruchsvoraussetzung eine schlüssige Darstellung, welche Änderungen und Planungen im Betrieb anstehen, verlangt; vgl. auch MünchArbR-*Joost,* § 308 Rn. 105.
560 *ArbG Kassel* 21.3.74, DB 74, 924.
561 A. A. *LAG Düsseldorf* 22.3.89, BB 89, 1559, Ls., wenn in einem UN mit mehreren Betrieben der GBR für die betriebliche Altersversorgung zuständig ist.
562 *ArbG Darmstadt* 24.9.01, AiB 02, 306 mit Anm. *Mansholt.*
563 *Litzig,* AiB 12, 397; *Fitting,* Rn. 149;
564 *LAG Hamm* 31.5.06, AuR 07, 105: vgl. § 92 a; ausführlich *BDW,* S. 212 ff.
565 *BAG* 6.11.73, AP Nr. 5 zu § 37 BetrVG 1972; *LAG Köln* 11.4.02, AuR 02, 358; enger *LAG Köln* 13.6.97, AiB 98, 697; *LAG Nds.* 27.9.00, AuR 01, 116; *LAG Köln* 2.12.99, AuR 00, 158.
566 *LAG Niedersachsen* 27.9.00, AiB 01, 228 mit Anm. *Peter.*
567 *LAG Niedersachsen* 10.9.04; dbr 05, Nr. 2, 35 mit Anm. *Klein.*
568 *ArbG Essen – 3 BV 29/11, juris; Horcher,* ArbuR 12, 86.
569 *LAG Niedersachsen* 28.9.79, EzA § 37 BetrVG 1972 Nr. 64; *Wohlgemuth,* BlStSozArbR 80, 209; enger *LAG Hamm* 19.1.07 – 10 TaBV 62/06, juris, dass einen konkreten aktuellen Anlass fordert.
570 *LAG Hamburg* 4.12.12 – 4 TaBV 14/11, das allerdings einen konkreten und betriebsbezogenen Anlass voraussetzt.
571 Vgl. *Wedde/Schröder,* AiB 01, 284; *dies.,* quid! – Das Gütesiegel für Qualität im betrieblichen Datenschutz, 2001, S. 16 ff.

Fragen und Probleme der Einführung und Anwendung von **Datenverarbeitungssystemen** und der Computertechnik, insbes. von Personaldatenverarbeitung und sonstiger computergestützter betrieblicher Informationssysteme,[572] selbst wenn kein aktueller Anlass gegeben ist, aber wegen der Eigenart des Betriebs mit der Einführung oder Erweiterung bereits vorhandener computergestützter Technologien latent gerechnet werden muss;[573] Entsprechendes gilt für Einführung und Anwendung des **Internets,** betrieblicher **Intranets,** von **E-Mail-Systemen** sowie bezüglich der Kontroll- und Überwachungsmöglichkeiten, die **Filter- und Kontrollsoftware** für den AG bieten;

- Schulungsveranstaltungen zu anstehenden tarifvertraglichen **Eingruppierungen;**[574]
- Schulungsveranstaltungen zum Thema »**Effektive Gremienarbeit im Betriebsrat** – Gremienlust statt Gremienfrust – Kommunikation und Konfliktfähigkeit in der BR-Arbeit«;[575]
- Schulungen zum Thema »**Frauenförderung und Gleichstellung**«;[576]
- Schulungen zu den Voraussetzungen von **Freistellungen nach § 38 BetrVG;**[577]
- beim Bestehen einer grenzüberschreitenden Arbeitnehmervertretung oder einer grenzüberschreitenden Zusammenarbeit der jeweiligen nationalen Vertretungen kann eine Schulung in einer der üblichen **Fremdsprachen** erforderlich sein;
- Schulungen für **GBR/KBR-Mitglieder,**[578] wobei für die Entsendung von Mitgliedern des KBR (GBR, WA, EBR) der entsendende BR zuständig ist;[579]
- Schulungen zum Thema »**Gefährdungsbeurteilung**« nach § 5 ArbSchG, soweit ein Mitbestimmungsrecht nach § 87 Abs. 1 Nr. 7 besteht;[580]
- Schulungen zu **gesellschaftsrechtlichen Fragen,** die über wesentliche gesetzliche Änderungen wie z. B. das neue Umwandlungsrecht informieren;[581]
- **Gesetze und VO,** die für die Arbeit des BR von Bedeutung sind,[582] insbesondere auch das **AGG;**[583]
- Schulungsmaßnahmen über **Gesetzesvorhaben**[584] sowie **EU-Richtlinien** jedenfalls dann, wenn damit zu rechnen ist, dass der Gesetzentwurf bzw. die Richtlinie ohne wesentliche Änderungen verabschiedet wird oder zwingend in nationales Recht umzusetzen ist;[585]
- Schulungen zur Problematik der **Geschlechtergleichstellung;**[586]
- Schulungen zum Thema »**Gesprächs- und Verhandlungsführung**«;[587]

---

572 *ArbG Hamburg* 5.8.08, AuR 08, 407; für eine Grundschulung; *ArbG Würzburg* 4.2.99, AiB 99, 524 für Seminar »Keine Angst vor Computern«.

573 *LAG Düsseldorf* 7.3.90, BB 90, 1130.

574 *LAG Rheinland-Pfalz* 24.5.07 – 2 TaBV 3/07, das den konkreten Anspruch allerdings wegen des Abschlusses der Eingruppierungen verneint hat.

575 *ArbG Wiesbaden* 15.9.99 – 6 BV 2/99.

576 *ArbG Braunschweig* 9.5.89 – 4 BV 21/89.

577 *LAG Köln* 6.8.08, NZA-RR 09, 423; *Fitting*, Rn. 143.

578 *ArbG Wesel* 31.8.89 – 5 BV 17/89; *LAG München* 24.11.06 – 11 TaBV 57/06, juris für eine Schulung zum Thema »Einführung in die Arbeit des KBR«, wenn Kenntnisse zur sachgerechten Ausübung des Amtes der KBR-Mitglieder vermittelt werden.

579 Vgl. *BAG* 6.11.73, AP Nr. 5 zu § 37 BetrVG 1972, 10.6.75, AP Nr. 1 zu § 73 BetrVG 1972; ähnlich *LAG Bremen* 3.11.00, NZA-RR 01, 310, im Zusammenhang mit der geplanten Bildung eines **KBR** für die Teilnahme an einer Veranstaltung zum Thema »Betrieblicher Strukturwandel – Kooperation zwischen Betriebsrat, Gesamtbetriebsrat, Konzernbetriebsrat«; a. A. *BAG* 27.9.74, AP Nr. 18 zu § 37 BetrVG 1972, das die Erforderlichkeit einer entsprechenden Schulungsmaßnahme verneint, wenn kein GBR oder KBR errichtet werden kann; ebenso *BAG* 24.7.91, DB 92, 482 bei Streit über die Bildung eines KBR, da die Schulung nicht geeignet ist, den Streit über die Rechtmäßigkeit der Bildung des KBR beizulegen.

580 So grundsätzlich *BAG* 20.8.14, NZA 14, 1349, das den Schulungsanspruch im konkreten Fall allerdings mangels Nachweis der Erforderlichkeit abgelehnt hat.

581 *Fitting*, Rn. 149.

582 *BAG* 31.10.72, AP Nr. 2 zu § 40 BetrVG 1972.

583 Vgl. zu Rechtsproblemen *Wedde*, CF 12/06, 26.

584 *BAG* 16.3.88, AP Nr. 63 zu § 37 BetrVG 1972.

585 *BAG* 16.3.88, AP Nr. 63 zu § 37 BetrVG 1972; vgl. ergänzend § 87 Rn. 212 ff.; *ArbG Stuttgart* 4.4.95 – 16 BV 258/94.

586 *Horstkötter*, AiB 02, 39.

587 *LAG Hamm* 13.1.06 – 10 TaBV 65/05, juris; a. A. *LAG Köln* 20.12.07 – 10 TaBV 53/07, juris, das eine

- Schulungen zum Thema »**Gruppenarbeit**« und sonstige »**Beteiligungsmodelle**«,[588] »**Moderne Führungsmittel und -formen**«[589] bzw. »**Managementtechniken für BR und PR**«;[590]
- Schulungen zu Aspekten des **Hartz-Konzepts** und der hieraus folgenden gesetzlichen Neuregelungen;
- Schulungen zum Thema **Innovation** zur Beschäftigungssicherung und -förderung (§ 80 Abs. 1 Nr. 8 und § 92 a);
- Schulungen über Zertifizierung nach »**ISO 9000 F**«,[591] nach »**ISO 9000**«[592] und nach »**ISO 9000 – 9004**«;[593]
- Seminare zum Thema »**Logistik und Wertschöpfungskette**«;[594]
- Seminare zum Thema »**Konfliktmanagement**«;[595]
- Schulungsveranstaltung »Einführung in die Arbeit des **Konzernbetriebsrats**«, wenn die Frage der Gründung eines solchen Gremiums strittig ist;[596]
- Seminare für **Mitglieder der JAV,** sofern eine Beschlussfassung des BR vorliegt;[597]
- Schulungsveranstaltungen zum Thema **Mediation,** wenn der AG dieses Verfahren der innerbetrieblichen Konfliktlösung akzeptiert;[598]
- Kosten für die Teilnahme an einem zweitägigen Seminar zum Thema »**Mobbing**«;[599] der Anspruch besteht, sobald erste Anzeichen für eine systematische Schikane gegenüber Mitarbeitern erkennbar sind[600], erst recht, wenn es im Betrieb Problemlagen gibt, aus denen sich Mobbing entwikeln kann[601] oder wenn es bereits aktuelle betriebliche Konflikte gibt[602] oder wenn der BR sich inhaltlich mit diesem Thema auseinandersetzen will;[603] die Teilnahme ist im Wege der einstweiligen Verfügung durchsetzbar;[604]
- Lehrveranstaltungen in der **Muttersprache ausländischer AN;**[605]
- Schulungsmaßnahmen über den Einsatz eines **PC für BR-Arbeit,**[606] zu **Anwendungssoftware**[607] sowie zur Nutzung von **Internet/Intranet**-Anwendungen;

Schulung, die sich nur schwerpunktmäßig mit Kommunikations-, Rede- und Argumentationstechnik befasst, zwar für nützlich, nicht aber für erforderlich hält; *LAG Schleswig-Holstein* 17.3.09 – 2 TaBV 36/08, das eine Schulung zu **Diskussions- und Verhandlungstechnik** für nicht erforderlich hält.

588 Vgl. *LAG Düsseldorf* 15.10.92 – 12 [13] Sa 1035/92.

589 A. A. *BAG* 21.7.78, AP Nr. 4 zu § 38 BetrVG 1972.

590 A. A. *BAG* 14.9.94, NZA 95, 381 = AiB 95, 530 mit Anm. *Wedde,* jedenfalls bei fehlender Darlegung eines betrieblichen Bezugs.

591 *ArbG Wetzlar* 22.11.95, AiB 96, 188.

592 *ArbG Koblenz* 8.7.97 – 9 BV 16/95 N und 9 Ca 1189/95 N.

593 *LAG Rheinland-Pfalz* 29.11.97, AiB 97, 533 mit Anm. *Peter;* zustimmend GK-*Weber,* Rn. 183; Richardi-*Thüsing,* Rn. 92; a. A. HWGNRH-*Glock,* Rn. 164 m. w. N.; *Schmidt/Dobberahn,* NZA 95, 1017, 1021.

594 *LAG Hamm* 31.5.06, AuR 07, 105.

595 *LAG Nds.* 9.2.05, dbr 05, Nr. 10, 36 für das Vorliegen einer konkreten Konfliktsituation im Betrieb.

596 *LAG München* 24.11.06 – AuA 07, 441.

597 *BAG* 6.5.75, AP Nr. 5 zu § 65 BetrVG 1972; 19.1.84 – 6 ABR 12/81; ablehnend, weil kein BR-Beschluss vorlag bzw. überwiegend nicht erforderliche Themen behandelt wurden, *BAG* 10.5.74, AP Nrn. 3, 4 zu § 65 BetrVG 1972.

598 *ArbG Bochum* 9.9.05 – 4 BV 49/05, juris, das allerdings im entschiedenen Fall die Erforderlichkeit verneint hat.

599 *BAG* 15.1.97, NZA 97, 781 = AiB 97, 410 mit Anm. *Wolmerath;*

600 *ArbG Kiel* 27.2.97, AuR 97, 252, Ls. = AiB 97, 410 mit Anm. *Wolmerath.*

601 *BAG* 14.1.15, EzA-SD 2015, Nr. 10, 14.

602 *LAG München* 30.10.12, EzA-SD 2013, Nr. 3, 14.

603 *ArbG Bremen* 17.12.03, NZA-RR 04, 538, dessen Entscheidung über die das BAG hinausgeht; vgl. auch *ArbG Weiden* 13.7.05, dbr 06, Nr. 3, 37, das die Darlegung einer konkreten Konfliktlage nicht für erforderlich hält; a. A. *LAG Hamm* 15.11.12 – 13 TaBV 56/12, juris und 7.7.06, AuR 06, 454, das eine entsprechende Darlegung für unverzichtbar hält; *LAG Mecklenburg-Vorpommern* 18.3.09 – 2 TaBV 18/08, das Vertiefungseminare zum Thema in kleinen Betrieben an besondere Darlegungslasten knüpft.

604 *ArbG Detmold,* AiB 98, 405 mit Anm. *Wolmerath.*

605 *LAG Hamm* 10.10.74, DB 74, 1439.

606 *BAG* v. 19.7.95, DB 95, 2378 = AuR 95, 469, Ls., sofern die Erforderlichkeit dargelegt werden kann; enger *LAG Schleswig-Holstein* 3.6.03, ArbRB 03, 226.

607 *LAG Schleswig-Holstein* 3.6.03 ArbRB 03, 226.

- Schulungsveranstaltung zum Thema »**Protokoll**- und Schriftführung im Betriebsrat«;[608] an dieser Veranstaltung kann auch die Teilnahme eines stellvertretenden Schriftführers des BR erforderlich sein;[609]
- Schulungen, die sich mit der eigenen **Organisation** des BR befassen und zu deren Gestaltung bzw. Optimierung erforderlich sind wie etwa ein Seminar **»Schriftverkehr, Protokolle, Beschlüsse«**;[610] **Verhandlungen** des BR mit dem AG, **Moderationstechniken, »Gesprächs-, Diskussions- und Verhandlungsführung** in der BR-Arbeit«,[611] **Managementtechniken,**[612] Schulungen zum Thema **»Betriebsratsmarketing«**;[613]
- Schulungen zum Thema **Kompetent Führen – Training für Betriebsräte mit Leitungsaufgaben,** die sich an BR-Vorsitzende, deren Stellvertreter und Ausschussvorsitzende richten;[614]
- Fragen der **Personalplanung** und **Arbeitsorganisation** im Hinblick auf das Vorschlagsrecht des BR nach § 92 Abs. 2;[615]
- im Bereich der **privatisierten Postunternehmen** Schulungen zu einschlägigen **Regelungen des BPersVG** und zu **Grundzügen des Beamtenrechts**;[616]
- Schulungen zum Thema **»Qualität im Gesundheitswesen«**;[617]
- Schulungen zum Umgang mit **rassistischen oder fremdenfeindlichen Betätigungen** im Betrieb;[618]
- Schulungsmaßnahmen über die **Rspr.** des *BAG*[619] und der Instanzgerichte zum BetrVG, jedenfalls solange es angesichts der Fülle der Gerichtsentscheidungen zu diesem Gesetz selbst Fachleuten Mühe macht, den Überblick über die Rspr. zu behalten,[620] Informationen zu **Änderungen der Rspr.** zu für die BR-Arbeit wichtigen Gesetzen oder TV[621]. Das *BAG* verlangt nunmehr allerdings die Darlegung der Erforderlichkeit[622];
- **Rhetorik**-Schulungen, wenn sie zur sachgerechten Erfüllung der BR-Arbeit dienen.[623]
- auf bestimmte Gruppen oder Geschlechter zugeschnittene Schulungen wie etwa ein Seminar **»Rhetorik und Verhandlungsführung für Frauen«,** wenn BR-Mitglieder aufgrund ihrer vorherigen Tätigkeit keine spezifischen Vorkenntnisse besitzen;[624]
- ein Semiar zum Thema **»Sanktionsmöglichkeiten des Betriebsrats«**[625] – Vermittlung von

608 *ArbG Weiden* 4.9.07, dbr 12/07, 38.
609 *LAG Düsseldorf* NZA-RR 09, 306.
610 *LAG Rheinland-Pfalz* 17.11.05 – 4 TaBV 49/05, juris.
611 *ArbG Bremen* 25.2.00, AiB 00, 288 mit Anm. *Wolmerath; LAG Schleswig-Holstein* 4.12.90, BB 91, 139; ausführlich zum individuellen Anspruch *Däubler,* Schulung Rn. 229 f.; vgl. auch *BVerwG* 23.4.91, PersR 91, 289, das den Anspruch allerdings auf den PR-Vorsitzenden beschränkt; *BAG* 15.2.95, BB 95, 1906: AiB 95, 742 mit Anm. *Mache* = AuR 95, 418, sofern die [Schriftliche Kommunikation] Erforderlichkeit dargelegt wird; 24.5.95, BB 95, 2530, wenn das BR-Mitglied eine herausgehobene Stellung einnimmt [Diskussionsführung und Verhandlungstechnik]; im Ergebnis ebenso *Fitting,* Rn. 153; *ArbG Dortmund* 17.6.99, AiB 00, 628 mit Anm. *Teuber/Sticher,* a. A. *BAG* 6.11.73, AP Nr. 6 zu § 37 BetrVG 1972 [Methoden und Techniken der Diskussion, Versammlung und Verhandlung.
612 *BAG* 14.9.94, NZA 95, 381 = AiB 95, 530 mit Anm. *Wedde,* bei Darlegung eines konkreten Bezugs sowie *LAG Frankfurt* 14.9.00 – 12 TaBV 23/98 – Gesprächs- und Verhandlungsführungsseminare.
613 Vgl. *Disselkamp,* AiB 02, 554.
614 *LAG Schleswig-Holstein* 22.7.09 – 3 TaBV 13/09.
615 Zu eng *LAG Berlin* 11.12.89, DB 90, 696; vgl. *OVG Rheinland-Pfalz* 9.4.91, PersR 92, 156.
616 *Fitting,* Rn. 153; *Wedde,* AiB-Sonderheft Juni 1995, S. 24.
617 *LAG Rheinland-Pfalz* 16.3.05 – 1 TaBV 40/04, das den Anspruch allerdings im Verfahren wegen des Fehlens der Erforderlichkeit im konkreten Fall zurück gewiesen hat.
618 Ähnlich GK-*Weber,* Rn. 171.
619 *ArbG Iserlohn* 20.12.95, BB 96, 1169.
620 *BAG* 20.12.95, NZA 96, 895 = AiB 97, 170 mit Anm. *Peter; Fitting,* Rn. 149; *Teichmüller,* DB 75, 446; a. A. HWGNRH-*Glock,* Rn. 154.
621 *BAG* 22.1.65, AP Nr. 10 zu § 37 BetrVG.
622 *BAG* 18.1.12, NZA 12, 813.
623 *BAG* 12.1.11, NJW-Spezial 11, 308; ähnlich *LAG Hamm* 14.8.09, ZBVR online 10, Nr. 1, 20, das allerdings einen Anspruch im konkreten Fall wegen vorhandener »ausreichender Kommunikationsfähigkeiten« im entschiedenen Fall verneint hat; allg. *Horcher,* ArbuR 12, 86.
624 *LAG Sachsen,* NZA-RR 03, 420; ausführlich *Däuber,* Schulung Rn. 229 a.
625 *LAG Hamm* 15.10.10 – 10 TaBV 37/10, juris.

Spezialkenntnissen auf dem Gebiet des **Schwerbehindertenrechts,** selbst dann, wenn die Schwerbehindertenvertretung als ordentliches Mitglied dem BR angehört;[626]

- Schulungen zum Thema »**Sexuelle Belästigung am Arbeitsplatz**«;[627]
- Schulungen zum Thema »**Einsatz und Nutzung sozialer Netzwerke im Betrieb**«, wenn dieser vom AG gewollt ist;
- ein Seminar zum Thema »**Der BR erstellt einen Sozialplan**«;[628]
- Schulungen über **sozialversicherungsrechtliche Fragen,** sofern diese z. B. für die Einrichtung oder Ausgestaltung einer betrieblichen Altersversorgung von Bedeutung sind,[629] wenn sie Pflichten des Arbeitgebers betreffen, die im Sozialversicherungsrecht wurzeln[630] oder wenn es für die Vermittlung von Grundkenntnissen des Sozial- und Sozialversicherungsrechts **einen konkreten betriebsbezogenen Anlass** gibt;[631] weitergehend *ArbG Essen,* das Schulungen zum **Sozialrecht** grundsätzlich für erforderlich hält;[632]
- **spezielle Schulungen** für BR-Mitglieder eines Betriebs,[633] UN oder Konzerns;
- Schulungen zu den **Strafrechtsvorschriften §§ 119 und 120 BetrVG;**[634]
- »**Strategieveranstaltungen**« zur Erörterung von Vorschlägen und Handlungsmöglichkeiten der Einflussnahme des BR auf aktuelle unternehmerische Vorhaben;[635]
- Schulungen zu »Neuen **Techniktrends**«;[636]
- Schulungen zu Fragen der Ein- und Durchführung von **Telearbeit, Call-Centern** und **virtuellen Betrieben;**
- Vermittlung von Kenntnissen über für den **Betrieb maßgebende TV** bzw. bei In-Kraft-Treten eines neuen TV[637] sowie Schulungen zu Themen, die im Zusammenhang mit einem TV im Betrieb strittig sind;[638]
- Schulungen zu den Themenkomplexen »**TzBFG und ungeschützte Arbeitsverhältnisse**«[639] sowie zur **Teilzeitarbeit**[640] und deren gesetzliche Verankerung im TzBfG;
- Schulungen zum Thema »**Umweltschutz**« (vgl. insoweit die §§ 80 Abs. 1 Nr. 9; 89);
- **Vermögensbildung** und **Gewinnbeteiligung;**
- Schulungen zum Thema »**Vertrauensvolle Zusammenarbeit** zwischen BR und AG;[641]
- betriebliches **Vorschlagswesen** und **AN-Erfindungsrecht;**
- Schulungen zu **Wahlvorstandsfragen;**[642]

---

626 *LAG Hamm* 9.3.07 – 10 TaBV 34/06, juris; *HessVGH* 15.11.89, DB 90, 1243.
627 *ArbG Wesel* 31.3.93, AuR 93, 305 = AiB 93, 570, Ls.
628 *LAG Hannover* 10.9.04, AuR 05, 37; *Fitting,* Rn. 149.
629 A. A. *LAG Berlin* 24.9.73, BB 74, 786, Ls.; *Künzl,* ZfA 93, 341 [348 f.].
630 *LAG Köln* 3.6.00, NZA-RR 01, 255, das allerdings den Besuch einer zweiwöchigen Schulungsmaßnahme zur Einführung in das gesamte Sozialversicherungsrecht für nicht erforderlich hält.
631 *BAG* 4.6.03, NZA 03, 1284 = AP Nr. 136 zu § 37 BetrVG 1972 mit Anm. *Wedde* = AiB 05, 248 mit Anm. *Peter,* für den konkreten Fall hat das BAG den Anspruch allerdings verneint.
632 *ArbG Essen* 23.12.97, AuR 99, 75 = AiB 98, 694 mit Anm. *Noll;* a. A. für eine Schulung »**Soziale Sicherung – Grundlagen**« *ArbG Kiel* 8.7.97, NZA-RR 98, 169.
633 *LAG Berlin* 28.9.92, BB 93, 291, Ls. = AuR 93, 87, Ls.
634 *LAG Köln* 21.1.08 – 14 TaBV 44/07, juris.
635 A. A. allerdings *LAG Berlin* 11.12.89, DB 90, 696, wenn der UN lediglich ein Grobkonzept über die künftige Personalarbeit vorlegt.
636 *LAG Hamburg* 4.12.12 – 4 TaBV 14/11, das allerdings einen konkreten und betriebsbezogenen Anlass voraussetzt.
637 *BAG* 9.10.73, AP Nr. 4 zu § 37 BetrVG 1972; *LAG Hamm* 11.3.81, DB 81, 1678; a. A. *LAG Hamm* 11.3.05, 10 TaBV 123/04, das die Erforderlichkeit einer Veranstaltung »Tarifvertrag und betriebsrätliches Handeln« verneint hat; *LAG Hamm* 19.1.07 – 10 TaBV 62/06, juris hält entsprechende Kenntnisse für nicht erforderlich, wenn TV zum Zeitpunkt der Beschlussfassung gekündigt sind; *LAG Hamm* 21.8.09 – 10 TaBV 157/08, juris verneint den Anspruch für TV, die schon seit Jahren anwendbar sind.
638 *LAG Hamm* 17.8.07 – 13 TaBV 30/07, juris; enger *ArbG Ludwigshafen* 6.6.12 – 3 Ca 123/12, juris, das eine Veranstaltung mit Kerninhalt aus dem Bereich der Vorbereitung tariflicher Vereinbarungen für nicht erforderlich hält.
639 *LAG Düsseldorf* 19.4.89 – 4 TaBV 14/89 zum BeschFG.
640 *Fitting,* Rn. 149; GK-*Weber,* Rn. 183.
641 *LAG Hamm* 19.1.07 – 10 TaBV 62/06, juris, wenn ein konkreter aktueller Anlass besteht.
642 *ArbG Frankfurt* 3.3.99, AiB 99, 401 mit Anm. *Peter.*

- Schulungen zu den Themen »**wirtschaftliche Rahmenbedingungen und Unternehmensstrategien**«[643] und »**wirtschaftliche Informationen im Betrieb**«;[644]
- Aufgaben des **Wirtschaftsausschusses;**[645]
- Schulungen zum Wissensmanagement, wenn der Arbeitgeber die Einführung entsprechender Systeme oder Konzepte plant.

Für die Erforderlichkeit eines Schulungsmaßnahme ist es unerheblich, ob an der Veranstaltung auch **Personen teilnehmen, die keine BR-Mitglieder** sind,[646] oder die Maßnahme speziell für BR-Mitglieder ausgerichtet ist.

f) Nicht erforderliche Kenntnisse

Nicht erforderlich sollen dagegen Schulungsmaßnahmen sein zu 132
- rein **gewerkschaftspolitischen, politischen oder parteipolitischen, künstlerischen oder kirchlichen Themen;**[647]
- zur **Einhaltung von Konzessionsauflagen** oder zur Verletzung von **Spielsperrverträgen durch ein Spielcasino;**[648]
- **Lohnsteuerrichtlinien,** da es nicht zu den Aufgaben des BR gemäß § 80 Abs. 1 Nr. 1 gehören soll, darüber zu wachen, dass der AG bei der Berechnung des Lohnes die Vorschriften des Steuerrechts beachtet noch, den einzelnen AN in diesen Fragen zu beraten;[649]
- zur Vermittlung von **Grundkenntnissen des Sozial- und Sozialversicherungsrechts** ohne konkreten betriebsbezogenen Anlass;[650]
- zu allgemeinen **sozialversicherungsrechtlichen Fragen,** da die Beratung der Arbeitnehmer nicht zu den Aufgaben des BR gehören soll;[651]
- zum **Staatsangehörigkeitsrecht,** wenn ein konkreter betrieblicher Bezug nicht gegeben ist;[652]
- zu **Gesetzesentwürfen,** jedenfalls dann, wenn nicht zu erwarten ist, dass sie ohne wesentliche Änderungen verabschiedet werden.[653] Etwas anderes gilt, wenn mit dem alsbaldigen In-Kraft-Treten gerechnet werden kann[654] sowie
- zu **Rechten des KBR,** wenn seine Bildung streitig ist.[655]

g) Teilweise erforderliche Kenntnisse

Schulungsmaßnahmen werden von Veranstaltern (vgl. Rn. 142) durchweg allgemein angeboten und, von Ausnahmen abgesehen, nicht speziell für BR-Mitglieder eines bestimmten Betriebs durchgeführt. Die Allgemeinheit des Angebots kann zur Folge haben, dass für ein teilnehmendes BR-Mitglied nicht alle behandelten Themen als erforderlich anzusehen sind. Dies führt nicht dazu, dass für diese BR-Mitglieder der Besuch der Veranstaltung nach Abs. 6 unzulässig würde.[656] Für die Bewertung des **Überwiegens** kommt es nämlich nicht entschei- 133

643 *LAG Baden-Württemberg* 8.11.96, AuR 97, 168, Ls. = AiB 98, 102 mit Anm. *Hess-Grunewald.*
644 *LAG Hamm* 13.10.99, AiB 01/609 mit Anm. *Rädel.*
645 *Fitting,* Rn. 149; vgl. *LAG Hamm* 22.6.07 – 10 TaBV 25/07, juris, für den Anspruch auf Grundlagenschulungen in der 2. Amtsperiode.
646 So auch *Fitting,* Rn. 206; HWGNRH-*Glock,* Rn. 112.
647 *BAG* 28.1.75, AP Nr. 20 zu § 37 BetrVG 1972, vgl. auch *Fitting,* Rn. 155 für gewerkschaftliche Bildung; GK-*Weber,* Rn. 171; HWGNRH-*Glock,* Rn. 143; kritisch *Däubler,* Schulung Rn. 190 ff.
648 *LAG Berlin-Brandenburg* 8.2.08 AE 08, 127, das die Teilnahme eines BR-Mitglieds an der Jahrestagung des Fachverbandes Glücksspielsucht für nicht erforderlich gehalten hat.
649 *BAG* 11.12.73, AP Nr. 5 zu § 80 BetrVG 1972.
650 *BAG* 4.6.03, NZA 03, 1284 = AP Nr. 136 zu § 37 BetrVG 1972 mit Anm. *Wedde* = AiB 05, 248 mit Anm. *Peter.*
651 *LAG Köln* 3.6.00, NZA-RR 01, 255.
652 *ArbG Marburg* 8.9.99, NZA-RR 00, 248.
653 *BAG* 16.3.88, AP Nr. 63 zu § 37 BetrVG 1972.
654 *Fitting,* Rn. 155.
655 *BAG* 24.7.91 DB 92, 482.
656 *Däubler,* Schulung, Rn. 269 ff.; *Fitting,* Rn. 157; vgl. auch *Künzl,* ZfA 93, 341 [349 f.].

dend auf die Zahl der Themen, sondern auf die für die einzelnen Themen aufgewendete Zeit an.[657] Vor diesem Hintergrund ist bei Schulungsmaßnahmen, die **teils erforderliche und teils nicht erforderliche** Kenntnisse vermitteln, wie folgt zu verfahren:

- Werden **nicht erforderliche Kenntnisse** nur ganz **geringfügig** gestreift, berührt dies die Erforderlichkeit der gesamten Schulungsmaßnahme nicht.[658]
- Sind die erforderlichen und nicht erforderlichen Themen sowohl von der Thematik als auch von der zeitlichen Behandlung so klar voneinander **abgrenzbar,** dass ein zeitweiser Besuch der Veranstaltung möglich und sinnvoll ist, beschränkt sich die Erforderlichkeit der Teilnahme auf den Teil, in dem für die BR-Arbeit des betreffenden BR-Mitglieds erforderliche Kenntnisse vermittelt werden.[659] Hierbei ist es unbeachtlich, ob der Träger der Schulung einen teilweisen Besuch der Schulungs- und Bildungsveranstaltung in seinen Anmeldeunterlagen vorsieht oder nicht.[660]
- Sind erforderliche und nicht erforderliche Themen zeitlich und sachlich **eng verzahnt** oder ist ein **zeitweiser Besuch** einer entsprechenden Schulungsveranstaltung **nicht möglich,** z. B. weil der Veranstalter die Maßnahme nur als einheitliches Ganzes anbietet,[661] oder sinnvoll, kommt es darauf an, ob die erforderlichen oder die nicht erforderlichen Themen mit mehr als 50 v. H. überwiegen.[662] Überwiegen die erforderlichen Themen, ist die Schulungsveranstaltung insgesamt als erforderlich anzusehen.[663]

Für die Frage der Erforderlichkeit der Teilnahme ist ausschlaggebend, ob der BR aus dem ihm **mitgeteilten Lehrplan** entnehmen durfte, dass die Schulung überwiegend oder schwerpunktmäßig der Vermittlung der für die BR-Tätigkeit notwendigen Kenntnisse dient.[664]

h) Erforderlichkeit von Schulungsveranstaltungen nach Abs. 7

134 Auch eine nach Abs. 7 **als »geeignet« anerkannte** Schulungsveranstaltung kann **erforderliche Kenntnisse i. S. d. Abs. 6** vermitteln; jedenfalls schließt die Anerkennung einer Maßnahme nach Abs. 7 die Teilnahme nach Abs. 6 nicht aus.[665] Die zwangsläufige Allgemeinheit des Angebots der Schulungsträger kann dazu führen, dass für einen Teil der Teilnehmer die Kenntnisse als erforderlich, für einen anderen Teil – möglicherweise aus demselben Betrieb – dagegen nur als nützlich (Abs. 7) eingestuft werden müssen. Zu weitgehend ist die Auffassung des BAG, dass die Teilnahme eines BR-Mitglieds an einer nach Abs. 7 anerkannten Schulungsveranstaltung – wenn diese gleichzeitig die Voraussetzung des Abs. 6 erfüllt – eines besonderen sorgfältigen Vortrags der Erforderlichkeit bedarf.[666] Dies kann allenfalls für Veranstaltungen zutreffen, deren Themenpläne eindeutig nicht erforderliche Kenntnisse beinhalten. Erfüllt dagegen ein rein vorsorglich auch nach Abs. 7 anerkannter Lehrgang dem Grunde nach

657 *Däubler,* Schulung a. a. O.; GK-*Wiese,* a. a. O.; Richardi/*Thüsing,* Rn. 96.
658 *BAG* 29.1.74, AP Nr. 5 zu § 40 BetrVG 1972; ErfK-*Koch,* Rn. 14; *Fitting,* Rn. 158; HaKo-BetrVG/*Wolmerath,* Rn. 34; vgl. auch *Däubler,* Schulung Rn. 270, der einen geringfügigen Anteil für bis zu 20 % für zulässig hält.
659 *BAG* 21.7.78, AP Nr. 4 zu § 38 BetrVG 1972.
660 *LAG Hamm* 9.9.14, AiB 15, 59; kritisch zur Entscheidung *Spätlich,* jurisPR-ArbR 50/2014 Anm. 5.
661 *BAG* 27.9.74, AP Nr. 18 zu § 37 BetrVG 1972; 10.5.74, a. a. O.; 8.10.74, AP Nr. 7 zu § 40 BetrVG 1972.
662 *BAG* 28.5.76, a. a. O.; 7.5.08, DB 08, 2659; *LAG Köln,* 9.11.99, AiB 00, 360 mit Anm. *Peter; Däubler,* Schulung Rn. 269 ff.; ErfK-*Koch,* Rn. 14; *Fitting,* Rn. 160, mit der [abzulehnenden] Feststellung, dass entgegen der genannten *BAG*-Entscheidung darauf abzustellen sein soll, dass nicht nur die erforderlichen Themen, sondern auch die dafür aufgewandte Schulungszeit mit mehr als 50 % überwiegen müssen; enger insgesamt *HSWG,* Rn. 117, die die Freistellung des AG nur auf die erforderlichen Teile begrenzt sehen wollen.
663 *BAG,* a. a. O., 24.8.76, AP Nr. 2 zu § 95 ArbGG 1953; enger GK-*Weber,* Rn. 184, die dies lediglich bejahen, wenn der Besuch der thematisch gemischten Veranstaltung den Erwerb erforderlicher Kenntnisse ermöglicht; a. A. HWGNRH-*Glock,* Rn. 149; *Loritz,* NZA 93, 2.
664 *BAG* 10.5.74, 27.9.74, 8.10.74, 24.8.76, jeweils a. a. O.
665 *BAG* 6.11.73, 26.8.75, 5.4.84, AP Nrn. 5, 6, 21, 46 zu § 37 BetrVG 1972; *BVerwG* 27.4.79, ZBR 79, 310.
666 *BAG* 26.8.75, AP Nr. 21 zu § 37 BetrVG 1972; so auch HWGNRH-*Glock,* Rn. 144.

die Voraussetzung der Erforderlichkeit i. S. d. Abs. 6, können daher für die Teilnahme keine höheren Anforderungen gestellt werden, als sie das BAG für die Teilnahme an erforderlichen Maßnahmen ohnehin festgelegt hat.[667] Es gibt keine gesetzliche Verpflichtung für BR-Mitglieder bei Schulungsangeboten, die sowohl die Voraussetzungen des Abs. 6 als auch die des Abs. 7 erfüllen, zunächst den Anspruch nach Abs. 7 auszuschöpfen, bevor der BR eine Freistellung nach Abs. 6 verlangen kann.[668] Hat jedoch ein BR-Mitglied an einer gleichartigen Schulungsmaßnahme nach Abs. 7 teilgenommen, kann die Erforderlichkeit einer Schulung nach Abs. 6 entfallen, sofern keine vertiefenden Kenntnisse erforderlich sind.

i) Zeitliche Festlegungen /Ende der Amtszeit

Schulungsveranstaltungen sind sowohl im Bereich des Grund- wie des Spezialwissens noch kurz vor Ablauf der Amtszeit des BR zulässig.[669] Für die Erforderlichkeit einer Schulungsveranstaltung ist es nicht maßgeblich, ob bis zur Neuwahl Beteiligungssachverhalte in Angelegenheiten anfallen, für die in Schulungsveranstaltung Kenntnisse benötigen werden.[670] Entscheidend ist vielmehr, ob der Betriebsrat bei seiner Beschlussfassung ein Anfallen einer solchen Angelegenheit nicht ausschließen konnte.[671] Gleiches gilt bezüglich eines BR, der zum Zeitpunkt der Durchführung einer Veranstaltung zurückgetreten ist, da er gemäß § 22 die Amtsgeschäfte in vollem Umfang bis zur Neuwahl des BR bzw. bis zum Ablauf seiner Amtszeit weiterführt.[672] Endet das Beschäftigungsverhältnis eines BR-Mitglieds durch Befristung, gelten bezüglich der Erforderlichkeit einer Grundschulung die gleichen dieselben Darlegungsanforderungen wie bei einem bevorstehenden Ende der Amtszeit.[673] Die Teilnahme an entsprechenden Schulungsveranstaltungen ist für diese BR-Mitglieder damit nicht ausgeschlossen. 135

Eine zunächst durch generelle **Betriebsferienregelung** erfolgte zeitige Festlegung des Urlaubs eines BR-Mitglieds wird gegenstandslos, wenn der BR dieses Mitglied zu einer in den Zeitraum der Betriebsferien fallenden Schulungsmaßnahme entsendet. In einem solchen Fall wird durch die Freistellung von der Arbeit unter Fortzahlung der Vergütung nicht der Erholungsurlaub des BR-Mitglieds, sondern sein Freistellungsanspruch nach Abs. 6 bzw. 7 erfüllt.[674] 136

3. Teilnehmer

Bei dem Bildungsanspruch aus Abs. 6 handelt es sich um einen Kollektivanspruch des BR. Der BR muss in die Lage versetzt werden, seine gesetzlichen Aufgaben ordnungsgemäß zu erfüllen. Deshalb ist **Träger des Schulungsanspruchs** nach Abs. 6 grundsätzlich der BR und nicht von vornherein das einzelne BR-Mitglied:[675] Erst wenn der BR durch Beschluss ein bestimmtes Mitglied für eine Schulungsteilnahme bestimmt hat, erwirbt dieses einen aus dem Kollektivbeschluss abgeleiteten Individualanspruch.[676] Auch hier ist die bereits vorgenommene Unterscheidung zwischen der Vermittlung von **Grundkenntnissen** und **Spezialwissen** bedeut- 137

667 Hierzu Rn. 103 ff.; vgl. auch *Däubler*, Schulung Rn. 285.
668 Vgl. *BAG* 5.4.84, AP Nr. 46 zu § 37 BetrVG 1972 mit insoweit zustimmender Anm. *Löwisch/Riehle.*
669 So nun auch *BAG* 17.11.10, AuR 11, 252 = DB 11, 943; 7.5.08, DB 08, 2659 unter ausdrücklicher Aufgabe der gegenteiligen Position von *BAG* 7.6.89, AP Nr. 67 zu § 37 BetrVG 1975 bzw. 24.8.88, NZA 89, 221; zum Streitstand vgl. ausführlich Rn. 112 in der 11. Auflage dieses Kommentars; zustimmend *Fitting*, Rn. 163; *Markowski*, AiB 09, 59; *Schiefer*, DB 08, 2649; a. A. *LAG Hamm* 10.12.08 – 10 TaBV 125/08, juris, im Fall eines BR-Mitglieds unter Hinweis auf dessen zehnjährige arbeitsrechtliche Erfahrungen als Vertrauensperson der Schwerbehinderten.
670 Enger nunmehr *BAG* 17.11.10, AuR 11, 252, das die Vermittlung von Grundkenntnissen nicht für erforderlich hält, wenn diese bis zur Neuwahl nicht mehr eingesetzt werden können.
671 *BAG* 7.5.08, a. a. O.
672 *ArbG Berlin* 19.1.88 – 36 BV 11/87; *ArbG Krefeld* 29.4.80 – 2 BV 2/80; *ArbG Lübeck* 11.8.80 – 2 BV 19/80.
673 *BAG* 17.11.10, a. a. O.
674 Vgl. *LAG Niedersachsen* 14.8.87, AiB 88, 284, Ls.
675 *Peter*, AiB 96, 467.
676 *BAG* 6.11.73, 27.9.74, AP Nrn. 5, 18 zu § 37 BetrVG 1972; GK-*Weber*, Rn. 155; weitergehend Richardi-*Thüsing*, Rn. 106, der generell auch das einzelne BR-Mitglied für anspruchsberechtigt hält.

sam.[677] Daran orientiert sich nämlich die Entscheidung, ob alle oder nur einzelne BR-Mitglieder und welche Mitglieder zu einer bestimmten Schulungsveranstaltung entsandt werden können.[678] Es hat somit eine **doppelte Prüfung der Erforderlichkeit** zu erfolgen: zum einen Prüfung der Erforderlichkeit, zum anderen, wie viele und welche BR-Mitglieder[679] zu entsenden sind.

138 Für eine ordnungsgemäße BR-Arbeit ist unerlässlich, dass **jedes BR-Mitglied Grundkenntnisse** über das BetrVG als Basis jeder BR-Arbeit haben muss; denn nur dann, wenn es diese Kenntnisse besitzt, ist es in der Lage, seiner Verpflichtung zur eigenverantwortlichen Erfüllung der mit dem Amt verbundenen Aufgaben zu genügen.[680] Entsprechendes gilt bezüglich der Kenntnisse der für den Betrieb geltenden **TV** (vgl. Rn. 116, 131), über das **allgemeine Arbeitsrecht** sowie über **Arbeitsschutz und Arbeitssicherheit.**[681] Des Weiteren muss jedes BR-Mitglied über einen gewissen Standard an allgemeinen rechtlichen, wirtschaftlichen und technischen Kenntnissen verfügen.[682]

139 Nimmt der BR eine Aufgabenverteilung vor, kommt in diesen Fällen eine intensivere und vertiefende Vermittlung **besonderer Spezialkenntnisse** auf den entsprechenden Sachgebieten im Allgemeinen für solche BR-Mitglieder in Betracht, die vom BR mit der Wahrnehmung dieser Aufgaben betraut bzw. in entsprechenden Fachausschüssen des BR tätig sind. Für diese BR-Mitglieder ist die Vermittlung entsprechender Kenntnisse des betreffenden Fachgebiets auf jeden Fall erforderlich (vgl. Rn. 121 f.). Sind **Ausschüsse** gebildet, kann der BR die Vermittlung der erforderlichen Kenntnisse und Fähigkeiten für jedes Ausschussmitglied verlangen, sofern nicht bereits ein entsprechender Wissensstand vorhanden ist.[683]

4. Dauer der Schulungsmaßnahmen

140 Die Dauer der Teilnahme an Schulungsmaßnahmen richtet sich nach ihrer **Erforderlichkeit.**[684] Eine zwingende Grenze des Zeitvolumens gibt es für erforderliche Schulungsmaßnahmen nicht.[685] Demnach hängt die Dauer vom jeweiligen Inhalt der Schulung, insbesondere dem Umfang und der Schwierigkeit der Thematik, den betrieblichen Gegebenheiten sowie dem Kenntnis- und Wissensstand der Schulungsteilnehmer ab.[686] Die Rspr. hat grundlagenbildende sowie Speziallehrgänge mit einer Dauer von **ein bis zwei Wochen** als erforderlich angesehen.[687] Auch länger dauernde Schulungsveranstaltungen können erforderlich sein.[688] Für neu gewählte BR-Mitglieder kommen grundsätzlich bis zu vier Wochen in Betracht.[689] Für auslän-

---

677 *Däubler,* Schulung Rn. 315; *Peter,* AiB 96, 473; vgl. Rn. 93 ff.

678 Vgl. *ArbG Stuttgart* 27.7.90 – 13 BV 2/90 A, das es auch unter dem Gesichtspunkt der Verhältnismäßigkeit für gerechtfertigt hielt, dass an einer Schulungsmaßnahme 7 von 15 BR-Mitgliedern teilnahmen.

679 Vgl. HWGNRH-*Glock,* Rn. 132; vgl. auch *Künzl,* a. a. O.; *Peter,* AiB 96, 472.

680 Vgl. Rn. 100 ff.; a. A. HWGNRH-*Glock,* Rn. 170, die den Anspruch im Regelfall auf ein BR-Mitglied beschränken wollen.

681 *Däubler,* Schulung Rn. 110; zur Notwendigkeit der Darlegung der Erforderlichkeit *ArbG Bamberg* 5.11.12 – 2 BVGa 3/12, juris mit Anm. *Spengler,* jurisPR-ArbR 16/2013 Anm. 4.

682 *BAG* 27.11.73, AP Nr. 9 zu § 89 ArbGG 1953; *Däubler,* Schulung a. a. O.; *Fitting,* Rn. 164; GK-*Weber,* Rn. 203; *WW,* Rn. 24; nunmehr wohl auch HWGNRH-*Glock,* a. a. O.; vgl. Rn. 100 ff.

683 HWGNRH-*Glock,* Rn. 172; offenbar auch GK-*Weber,* a. a. O.; *Kittner,* Anm. zu AP Nr. 5 zu § 37 BetrVG 1972; vgl. auch *LAG Hamm* 8.7.05 – 10 Sa 2053/04, juris, zur gleichzeitigen Schulung von Ausschuss- und Arbeitsgruppenmitgliedern; *ArbG Berlin* 4.2.98, AiB 98, 644 mit Anm. *Noll* zum Anspruch aller Ausschussmitglieder bei arbeitsteiliger Organisation; Rn. 99 ff.; *LAG Hamm,* 8.8.96, BB 97, 206, Ls. zum Schulungsanspruch von neuen WA-Mitgliedern; enger Richardi-*Thüsing,* Rn. 94 gleichzeitige Schulung nur unter engen Voraussetzungen.

684 *Däubler,* Schulung Rn. 153 ff., 290; *Peter* AiB 06, 284 ff.

685 *ArbG Kaiserslautern* 11.1.06, AiB Newsletter Nr. 6, 5 – 6.

686 *Fitting,* Rn. 171 f.; *GL,* Rn. 82; enger GK-*Weber,* Rn. 207; HWGNRH-*Glock,* Rn. 146, 121 a f.; Richardi-*Thüsing,* Rn. 100 f.; vgl. im Übrigen Rn. 123.

687 *BAG* 6.11.73, 8.2.77, 25.4.78, 5.4.84, 15.5.86, 16.10.86, AP Nrn. 5, 26, 33, 46, 54, 58 zu § 37 BetrVG 1972; *LAG Baden-Württemberg* 17.12.87, AiB 88, 282.

688 *Däubler,* Schulung Rn. 295 ff.

689 *LAG Nürnberg* 28.5.02, AuR 02, 438; *Fitting,* Rn. 173.

dische BR-Mitglieder kann sich die Notwendigkeit einer längeren Schulungszeit ergeben.[690] Ebenso kann der Besuch mehrerer Schulungsmaßnahmen zum gleichen Themenfeld (z. B. Fortsetzungs- bzw. Aufbauseminare) in derselben Amtsperiode erforderlich i. S. d. Vorschrift sein.[691]

Abzulehnen ist die Rspr. des *BAG,*[692] wonach sowohl die Dauer der Schulungsmaßnahme (ggf. auch Teilnehmerzahl) als auch die Kostentragungspflicht des AG (vgl. § 40 Rn. 5 ff.) unter dem Gesichtspunkt der **Verhältnismäßigkeit** zu beurteilen und ggf. zu begrenzen sind.[693] **141**

5. Träger der Schulungsmaßnahmen

Das Gesetz geht von keinem bestimmten Schulungsträger aus. In Betracht kommen vor allem die **Gewerkschaften,** da sie in jeder Hinsicht die Gewähr für eine ordnungsgemäße Schulung bieten.[694] Darüber hinaus kommen andere Institutionen in Frage, wie z. B. Arbeiter- und Angestelltenkammern, Arbeitsgemeinschaft Arbeit und Leben, rechtlich selbstständige Bildungseinrichtungen[695] oder Volkshochschulen.[696] Welche Veranstaltungen von welchen Schulungsträgern das einzelne BR-Mitglied besucht, ist Sache des gesamten BR.[697] **142**

Unerheblich ist, ob an der Schulungsmaßnahme außer BR-Mitgliedern noch **andere Personen,** z. B. gewerkschaftliche Vertrauensleute, teilnehmen.[698] Andererseits ist eine Gewerkschaft nicht verpflichtet, ihre Schulungsveranstaltungen für **nicht oder anders organisierte BR-Mitglieder** zu öffnen.[699] Es ist legitim, dass die Gewerkschaft bei Schulungsveranstaltungen von BR-Mitgliedern Streitfragen aus dem Betriebsverfassungsrecht oder anderen Rechtsgebieten unter ihrer gewerkschaftspolitischen Zielsetzung sieht.[700] **143**

6. Anspruchsberechtigte

Die Schulungsmöglichkeiten nach Abs. 6 sind auf **BR-** und **JAV-Mitglieder** (vgl. § 65 Abs. 1) beschränkt. **Teilzeitbeschäftigten BR-Mitgliedern** steht der Anspruch auf Schulung im selben Umfang zu wie vollzeitbeschäftigten, allerdings mit der Maßgabe, dass der AG ihnen die arbeitsfreie Zeit bis zur Höhe der Arbeitszeit eines vollbeschäftigten BR-Mitglieds zu vergüten hat (vgl. Rn. 164 ff.). **144**

Für **Ersatzmitglieder** gilt die Vorschrift, wenn sie für ausgeschiedene Mitglieder definitiv nachgerückt sind oder wenn sie häufig und für längere Zeit BR-Mitglieder vertreten,[701] so dass grundsätzlich das erste, ggf. auch weitere Ersatzmitglieder Anspruch auf Schulungsmöglichkeit nach Abs. 6 haben können.[702] **145**

---

690 *LAG Hamm* 10.10.74, BB 74, 1439.

691 Vgl. z. B. *LAG Baden-Württemberg,* a. a. O.; *LAG München* 25.2.93 – 7 TaBV 89/92; vgl. zum Umfang der Schulungsmaßnahmen auch Rn. 100 ff.

692 *BAG* 31.10.72, 8.10.74, AP Nrn. 2, 7 zu § 40 BetrVG 1972; 27.9.74, 28.5.76, 8.2.77, AP Nrn. 18, 24, 26 zu § 37 BetrVG 1972.

693 So auch *Däubler,* Schulung Rn. 288; *Fitting,* Rn. 171; *Teichmüller,* S. 43; *Weiss,* DB 75, 504; kritisch ErfK-*Koch,* Rn. 17 unter Verweis auf die kaum praxisnahen Aussagen des *BAG* und mit der Folgerung, dass die Verhältnismäßigkeit nur in Ausnahmefällen heranzuziehen sei; ähnlich HWGNRH-*Glock,* Rn. 146, GK-*Weber,* Rn. 197 ff., der sich im Ergebnis dennoch dem BAG anschließt; der Rspr. zustimmend Richardi-*Thüsing,* Rn. 100.

694 *BVerwG* 27.4.79, ZBR 79, 310.

695 Zu gewerkschaftlichen Bildungseinrichtungen vgl. § 40 Rn. 66 ff.; zu freien Schulungsträgern *LAG Köln* 11.4.02, AiB 03, 487 mit Anm. *Ibach.*

696 *Däubler,* Schulung Rn. 330.

697 *Däubler,* Schulung Rn. 169 ff.; GK-*Weber,* Rn. 278, der jedoch dem BR-Mitglied ein Wahlrecht einräumt, wenn gleichartige und gleichwertige Veranstaltungen angeboten werden.

698 *Däubler,* Schulung Rn. 340; *Fitting,* Rn. 170; *Käufer,* S. 62; GK-*Weber,* Rn. 201.

699 BVerwG 27.4.79, ZBR 79, 310.

700 *BVerwG,* a. a. O.

701 Vgl. grundsätzlich *BAG* 19.9.01, DB 02, 51; *ArbG Mannheim* 19.1.00, AiB 00, 506 mit Anm. *Furier* für häufig herangezogene Ersatzmitglieder; *LAG Köln* 10.2.00, AiB 01, 176 mit Anm. *Peter; OVG Bremen* 1.2.91, PersR 91, 176 mit Anm. *Richter; Däubler,* Schulung Rn. 182 ff.; *Fitting,* Rn. 179; GK-*Weber,* Rn. 59 f.; a. A. Richardi-*Thüsing,* Rn. 109.

702 Vgl. *BAG* 10.5.74, AP Nr. 2 zu § 65 BetrVG 1972; 11.11.98, NZA 99, 1119; *LAG Düsseldorf* 23.4.97 –

146 In einem einköpfigen BR hat das **erste Ersatzmitglied** einen herausgehobenen Schulungsanspruch, weil es im Vertretungsfall weitgehend auf sich selbst gestellt ist.[703] Dies gilt nach der Rspr. jedenfalls dann, wenn der Erwerb der in der Schulungsveranstaltung vermittelten Kenntnisse unter Berücksichtigung der Ersatzmitgliedschaft für die Gewährleistung der Arbeitsfähigkeit des BR erforderlich ist, wobei die im Zeitpunkt der Beschlussfassung zu erwartende Tätigkeit künftiger Vertretungsfälle und die noch verbleibende Amtszeit des BR zu berücksichtigen sind.[704]

147 Dem BR steht bei seiner Entscheidung ein **Beurteilungs-/Prognosespielraum** zu.[705] Grundlage der Feststellung der Erforderlichkeit ist eine auf Tatsachen gegründete Prognose über die künftige Dauer und Prognose der Heranziehung von Ersatzmitgliedern. In diesem Rahmen muss der BR nach Auffassung des *BAG* insbesondere die durch die Heranziehung eines Ungeschulten enstehenden Belastungen für die sachgerechte BR-Arbeit würdigen und Erwägungen über andere, den Arbeitgeber weniger belastende Maßnahmen, anstellen.[706] Der BR soll bei seiner Prognose weiterhin Einflussfaktoren wie einen nur kurzfristigen Vertretungsaufwand auf Grund der Urlaubszeit wie auch die Möglichkeit der Verschiebung von Sitzungsterminen zur Vermeidung der Heranziehung von Ersatzmitgliedern berücksichtigen.[707] Die auf Tatsachen begründete Prognose ist vom BR im Rahmen einer gerichtlichen Auseinandersetzung darzulegen. Ihre arbeitsgerichtliche Überprüfung beschränkt sich aber auf die Feststellung, dass die Prognose eine Interessenabwägung enthält. Von Arbeitsgerichten nicht zu berücksichtigen ist hingegen, ob ein »vernünftiger Dritter« notwendig dieselbe Entscheidung getroffen hätte.[708] Ggf. ist dem Ersatzmitglied die Teilnahme an einer Schulungsmaßnahme nach Abs. 6 auch dann zu ermöglichen, wenn es im Zeitpunkt der Schulung einmal gerade nicht für ein verhindertes BR-Mitglied nachgerückt ist.

148 Der Beschluss über den **Rücktritt des BR** (§ 13 Abs. 2 Nr. 3) steht einer Teilnahme an einer Schulungsmaßnahme nach Abs. 6 nicht entgegen. Bei Schulungen **kurz vor Ablauf der Amtszeit** soll es nach der Rspr. darauf ankommen, dass diese noch für den Rest der Amtszeit erforderlich ist.[709]

149 Auf alle **Mitglieder des WA** ist die Regelung des Abs. 6 entsprechend anzuwenden,[710] und zwar nicht nur auf die Mitglieder des WA, die zugleich BR-Mitglieder sind.[711] Der Anspruch besteht auch, wenn nur Grundkenntnisse für WA-Mitglieder vermittelt werden.[712] Für Schulungsmaßnahmen der **Schwerbehindertenvertretung** enthält § 96 Abs. 8 SGB IX eine Sonderregelung, durch die diesen Vertretern für die Teilnahme an einschlägigen Schulungs- und Bildungsmaßnahmen von ihrer beruflichen Tätigkeit ohne Minderung des Arbeitsentgelts befreit werden.[713]

---

12 TaBV 9/97; *LAG Köln* 10.2.00, AiB 01, 176 mit Anm. *Peter,* auch für die Fälle, in denen die Vertretungsfälle regelmäßig nur durch Urlaubs- oder Krankheitsvertretung begründet sind; vgl. auch *Künzl,* ZfA 93, 341 [354].

703 *ArbG Bremen-Bremerhaven* 14.9.06, AiB 07, 251 mit Anm. *Grimberg.*

704 *BAG* 19.9.01, DB 02, 51; *LAG Berlin,* a. a. O. für ein Ersatzmitglied, das in eineinhalb Jahren an 220 Tagen als nachgerücktes BR-Mitglied tätig geworden ist, während die Amtszeit des BR noch über ein Jahr dauert; *LAG Hamm* 7.4.06 – 13 Sa 2298/05, juris, das einen Schulungsanspruch eines Ersatzmitgliedes zum Thema »Schichtplangestaltung« unter Hinweis darauf verneint hat, dass dieses mit den konkreten Verhandlungen nicht befasst war.

705 *BAG,* a. a. O.; vgl. auch Rn. 136.

706 *BAG* 19.9.01, a. a. O.; ähnlich im Ergebnis GK-*Weber,* Rn. 171.

707 BAG, a. a. O.

708 BAG, a. a. O.

709 Zustimmend Richardi-*Thüsing,* Rn. 117; zutreffend kritisch *Däubler,* Schulung Rn. 311; vgl. Rn. 124.

710 *Fitting,* Rn. 180; GK-*Oetker,* § 107 Rn. 44; Richardi-*Thüsing,* Rn. 111; *Däubler*-Schulung, Rn. 287; vgl. auch *Künzl,* ZfA 93, 341 [354]; *Rädel,* AuA 00, 364; zu eng *BAG* 28.4.88, NZA 89, 188, das den Schulungsanspruch nur für Ausnahmefälle anerkennt, wenn Mitglieder des WA die vom AG zu gebenden Informationen nicht verstehen; ebenso ErfK-*Koch,* Rn. 15.

711 So aber *BAG* 11.11.98, NZA 99, 1119 = AiB 99, 585 mit Anm. *Peter;* 6.11.73, AP Nr. 5 zu § 37 BetrVG 1972 mit krit. Anm. *Kittner;* vgl. auch *LAG Hamm* 10.6.05, AuR 05, 289 = AiB 06, 175; *ArbG Weiden* 9.4.92, BetrR 92, 142 a. A. HWGNRH-*Glock,* Rn. 167; zur Frage der Schulung von **Mitgliedern des WV** vgl. § 20 Rn. 38 ff.

712 *LAG Hamm* 13.10.99, NZA-RR 00, 641.

713 Vgl. *LAG Berlin* 19.5.88, DB 88, 1708.

7. Beschlussfassung und Beurteilungsspielraum des Betriebsrats

Voraussetzung für die Teilnahme eines oder mehrerer BR-Mitglieder an einer Schulungsmaßnahme i. S. d. Abs. 6 ist, dass der BR einen entsprechenden **Entsendungsbeschluss** gefasst hat.[714] Dies gilt auch bei der Entsendung von **Mitgliedern der JAV,** da die Beschlussfassung durch die **JAV** allein nicht ausreicht.[715] Erfolgt die Teilnahme im Zusammenhang mit Themenstellungen des **GBR, KBR, EBR** bzw. **GJAV oder KJAV,** muss die entsprechende Beschlussfassung durch den BR erfolgen, zu dem die einzelnen BR bzw. JAV-Mitglieder gehören.[716] Dieses Verfahren ist notwendig, weil in § 51 Abs. 1 bzw. in § 59 Abs. 1 keine Bezugnahme auf § 37 Abs. 6 erfolgt. Die Beschlussfassung des BR erstreckt sich auf die konkrete Schulungsveranstaltung, die Zahl und Auswahl der BR- bzw. JAV-Mitglieder und die zeitliche Lage der Maßnahme.[717] Auch im Falle von konkurrierenden Veranstaltungen kann das einzelne BR-Mitglied nicht selbst über die Teilnahme entscheiden. Es kann lediglich Wünsche an den BR herantragen. Der BR hat seine Entscheidungskompetenz nach pflichtgemäßem Ermessen auszuüben.[718] 150

Einen wirksamen Entsendungsbeschluss kann der BR nur in einer ordnungsgemäß einberufenen Sitzung fassen, wozu die Mitteilung der Tagesordnung und die rechtzeitige Ladung gehört.[719] Neben dem BR kann der Beschluss wirksam auch in einem vom BR entsprechend beauftragten BR-Ausschuss gefasst werden.[720] Der Beschluss muss nach der abzulehnenden neuen Rechtsprechung des *BAG*[721] **vor der Durchführung** der Maßnahme gefasst sein. 151

Eine **nachträgliche Beschlussfassung** auf Grund einer Terminverschiebung der Maßnahme soll auch bei unveränderten Seminarinhalten und -kosten **unwirksam** sein. Ggf. müssen BR deshalb Sondersitzungen durchführen, um eine ordnungsgemäße Beschlussfassung sicherzustellen. Zu der entsprechenden Sitzung müssen ggf. auch die entsprechenden Ersatzmitglieder eingeladen werden.[722] Nach Auffassung des *BAG*[723] muss ein beabsichtigter Entsendungsbeschluss eines oder mehrerer BR-Mitglieder ausdrücklich in der Tagesordnung angekündigt werden. Die Behandlung dieses Gegenstandes unter dem Tagesordnungspunkt »Verschiedenes« ist unzulässig, wenn der beabsichtigte Entsendungsbeschluss nicht zumindest als Unterpunkt angekündigt wird.[724] An der Beschlussfassung kann sich das betroffene BR-Mitglied beteiligen.[725] Ein nichtiger Entsendungsbeschluss des BR verpflichtet den AG nach Auffassung des *BAG* nicht zur Kostentragung nach § 40.[726] 152

Bei der Festlegung der zeitlichen Lage der Teilnahme an einer Schulungsveranstaltung ist der BR gehalten, die **betrieblichen Notwendigkeiten** zu berücksichtigen. Dieses Gebot greift jedoch nicht bei freigestellten BR-Mitgliedern. An das Vorliegen betrieblicher Notwendigkeiten sind **strenge Anforderungen** zu stellen.[727] Ein Fall dringender betrieblicher Notwendigkeiten 153

---

714 *Däubler,* Schulung Rn. 557 ff.; *Peter* AiB 06, 284 [286]; *Schneider,* AiB 03, 348; ähnlich ErfK-*Koch,* Rn. 23; vgl. Rn. 126; Beschluss- und Textmuster bei DKKWF-*Wedde,* § 37 Rn. 45 ff.

715 *BAG* 20.11.73, 10.5.74, AP Nrn. 1, 3 zu § 65 BetrVG 1972.

716 *ArbG Würzburg* 4.2.99, AiB 99, 524 mit Anm. *Peter.*

717 *Däubler,* Schulung Rn. 558 f.; *Fitting,* Rn. 231 ff.; GK-*Weber,* Rn. 272 ff.; HWGNRH-*Glock,* Rn. 173 f.; *Künzl,* ZfA 93, 341 [357]; *Teichmüller,* S. 10; *ArbG Essen* 29.7.03, AiB 05, 44 mit Anm. *Peter.*

718 *Fitting,* Rn. 235; GK-*Weber,* a. a. O.; *Künzl,* a. a. O. [358].

719 *BAG* 28.4.88, AP Nr. 2 zu § 29 BetrVG 1972, 28.10.92, DB 93, 580; vgl. § 33 Rn. 9 ff.

720 *ArbG Essen* 29.7.03, AiB 05, 44 mit Anm. *Peter.*

721 *BAG* 8.3.00, DB 00, 1335 = AiB 01, 356 mit Anm. *Wedde,* vgl. die zutreffende Kritik an der Position des BAG bei GK-*Weber,* Rn. 73 ff.; a. A. *Reitze,* NZA 02, 492, der die Rechtsprechung allerdings nur auf den AG benachteiligende Beschüsse des BR anwenden will; dem BAG zustimmend HWGNRH-*Glock,* Rn. 173.

722 *LAG Hamm* 11.10.07 – 13 Sa 1100/07, juris, das wegen der fehlenden Einladung eines Ersatzmitglieds den entsprechenden Beschluss für unwirksam erklärte.

723 28.4.88, AP Nr. 2 zu § 29 BetrVG 1972; 28.10.92, DB 93, 580.

724 *BAG* 28.10.92, a. a. O.; vgl. im Übrigen § 29 Rn. 20 ff.; § 33 Rn. 12 f.

725 *Däubler,* Schulung Rn. 560; MünchArbR-*Joost,* § 308 Rn. 109; vgl. § 33 Rn. 20.

726 Vgl. *BAG* 8.3.00 a. a. O.

727 *Däubler,* Schulung Rn. 309 ff.; 559; *Peter,* AiB 96, 470; *Fitting,* a. a. O.; vgl. auch GK-*Weber,* a. a. O.; a. A. HWGNRH-*Glock,* Rn. 176; Richardi-*Thüsing,* Rn. 115.

kann z. B. angenommen werden, wenn eine für den ordnungsgemäßen Betriebsablauf unabkömmliche Vertretung nicht sichergestellt ist oder wenn ein besonderer Arbeitsanfall (Saisonspitze), dessen Erledigung nicht hinausgeschoben werden kann, vorliegt.[728] Ist eine Beeinträchtigung betrieblicher Notwendigkeiten nicht zu umgehen, hat die Schulungsteilnahme der BR-Mitglieder letztlich Vorrang;[729] ggf. hat der AG entsprechende Vorkehrungen zu treffen.[730]

154 Bei der Frage, ob eine Schulung erforderlich ist, hat der BR, wie die **ArbG** und **LAG**,[731] einen **Beurteilungsspielraum**.[732] Dies gilt sowohl hinsichtlich des Inhalts der Maßnahme als auch der Dauer und der Teilnehmerzahl.[733] ArbG können bezüglich des Beurteilungsspielraums im Einzelfall nicht dessen Inhalt prüfen, sondern nur beurteilen, ob ein BR dessen Grenzen überschritten hat. Damit bestehen für BR und ArbG unterschiedliche Bewertungsfelder bezüglich der Prüfung der Erforderlichkeit. Maßgebend bei deren Beurteilung ist der Zeitpunkt der Beschlussfassung.[734] Nicht entscheidend ist hingegen, ob die Schulungsmaßnahme rückblickend tatsächlich erforderlich war.[735] Ist bei sorgfältiger Prüfung für jeden Dritten ohne weiteres erkennbar, dass die Schulung nicht erforderlich ist, soll nach abzulehnender Auffassung der Rspr. eine Abmahnung möglich sein.[736] Ein solcher Fall wäre indes nur vorstellbar, wenn der BR eine an Vorsatz grenzende Fehleinschätzung vornimmt (etwa Schulung zu einer Sprache, die an keiner Stelle im Konzern gesprochen wird).

155 Trotz des dem BR zustehenden Beurteilungsspielraums kommt es in der Praxis zwischen den Betriebsparteien häufig zu Streitigkeiten über die Teilnahme von BR-Mitgliedern an Schulungsmaßnahmen nach Abs. 6.[737] Um derartige Streitigkeiten zu vermeiden, sollten AG und BR unter Berücksichtigung der jeweiligen betrieblichen Gegebenheiten und Notwendigkeiten in einer BV konkretisierende und pauschalierende Regelungen über die Schulung von BR- und JAV-Mitgliedern festlegen. Dies kann in der Form geschehen, dass dem BR als Gremium ein gewisses **Kontingent von Schulungstagen** pro Amtszeit zur Verfügung gestellt wird.[738] Dabei handelt es sich aber um einen Ermessensrahmen; bei konkreten betrieblichen Notwendigkeiten kann die vorgesehene Zahl von Tagen oder Wochen überschritten werden.[739]

8. Unterrichtungs- und Einspruchsrecht des Arbeitgebers

156 Der BR ist verpflichtet, dem AG die **Teilnahme** des betreffenden BR-Mitglieds und die zeitliche Lage der Schulungsveranstaltung **rechtzeitig bekannt zu geben**.[740] Dies gilt auch für die Teilnahme freigestellter BR-Mitglieder.[741] Einer gesonderten Freistellungserklärung des AG für die Teilnahme bedarf es nach einem Beschluss des BR nicht. Deshalb soll eine Durchsetzung der Freistellung im Wege der einstweiligen Verfügung nicht möglich sein.[742] Die Information

---

728 *Fitting*, a. a. O.; vgl. auch GK-*Weber*, Rn. 282; *Künzl*, ZfA 93, 341 [359].
729 ErfK-*Koch*, Rn. 23; *Fitting*, Rn. 239.
730 So auch GK-*Weber*, a. a. O. für die Maßnahmen nach Abs. 7.
731 *BAG* zuletzt 29.4.92, NZA 93, 375.
732 *BAG* 6.11.73, 15.5.86, AP Nrn. 5, 53 zu § 37 BetrVG 1972; 28.4.88, NZA 89, 221, *LAG Berlin* 17.12.86 – 5 TaBV 4/86; *LAG Düsseldorf* 15.10.92 – 12 [13] Sa 1035/92, BB 93, 581, Ls.
733 ErfK-*Koch*, Rn. 14; *Fitting*, Rn. 174; *GL*, Rn. 83; Richardi-*Thüsing*, Rn. 114; vgl. auch *BAG* 28.4.88, a. a. O.; *HessLAG* 29.6.95, AiB 96, 246 mit Anm. *Kreuder* zur Teilnahme von zwei BR-Mitgliedern; GK-*Weber*, Rn. 210 m. w. N.; *Künzl*, ZfA 93, 341 [344, 350]; *Blank*, AiB 93, 483 [486 f.]; a. A. HWGNRH-*Glock*, Rn. 141, 173 ff.
734 *LAG Düsseldorf*, a. a. O.
735 *BAG* 6.11.73, 15.5.86, a. a. O.; *LAG Düsseldorf*, a. a. O.
736 *BAG* 10.11.93, AP Nr. 4 zu § 78 BetrVG 1972; *Fitting*, Rn. 175.
737 Zu Handlungsmöglichkeiten *Fischer*, AiB 05, 88 ff.
738 *Däubler*, Schulung Rn. 345 ff.; *Fitting*, Rn. 176; GK-*Weber*, Rn. 211; *Künzl*, ZfA 93, 341 [353].
739 Ebenso *Fitting*, Rn. 177, *Künzl*, ZfA 93, 353.
740 Vgl. *LAG Niedersachsen* 14.8.87, AiB 88, 284, Ls., das die Mitteilung zweieinhalb Wochen vor Beginn der Schulungsmaßnahme als ausreichend ansieht; ebenso ErfK-*Koch*, Rn. 23; *Schneider*, AiB 98, 369, 372; HWGNRH-*Glock*, Rn. 181 (in der 5. Aufl. noch mindestens zwei Wochen); *Fitting*, Rn. 240, die von zwei bis drei Wochen ausgehen.
741 *BAG* 21.7.78, AP Nr. 4 zu § 38 BetrVG 1972.
742 *LAG Hamm* 30.5.08 – 10 TaBV 129/07, juris; 21.5.08 – 10 TaBVGa 7/08, juris.

ist so rechtzeitig zu geben, dass sich der AG auf die Abwesenheit des BR-Mitglieds einstellen und aus seiner Sicht prüfen kann, ob die Voraussetzungen für die Gewährung einer bezahlten Freistellung vorliegen. Ggf. soll noch die Möglichkeit bestehen, die ESt. anzurufen.[743] Darüber hinaus sind nur solche Angaben zu machen, an denen der AG ein berechtigtes Interesse hat, wie Zeit, Dauer, Ort und Themenplan der Veranstaltung, da sich keine weitere Verpflichtung des BR aus dem Gesetzeswortlaut ergibt.[744] Zweckmäßigerweise sollte der BR dem AG jedoch ferner mitteilen, aus welchen Gründen er die Teilnahme der betreffenden BR-Mitglieder für erforderlich hält.[745] Ist die Information des AG erfolgt, bedarf es darüber hinaus keiner Abmeldung beim zuständigen Vorgesetzen.[746] Dessen Information ist jedoch mit Blick auf die Grundsätze vertrauensvoller Zusammenarbeit angeraten.

Unterrichtet der BR den AG nicht oder nicht rechtzeitig über den Entsendungsbeschluss und nehmen die BR-Mitglieder an der Schulungsveranstaltung teil, behalten sie ihren Anspruch auf Fortzahlung des Arbeitsentgelts, sofern die Voraussetzungen des Abs. 6 vorliegen.[747] Die vorherige Unterrichtung des AG ist **keine zusätzliche anspruchsbegründende Voraussetzung.**[748] Die unterlassene oder nicht rechtzeitige Unterrichtung kann jedoch im Wiederholungsfall eine grobe Amtspflichtverletzung des BR i. S. d. § 23 Abs. 1 darstellen.[749] **157**

Hält der AG die **betrieblichen Notwendigkeiten** bei dem Entsendungsbeschluss für nicht oder nicht ausreichend berücksichtigt, kann er zur Klärung dieser Frage die ESt. anrufen, die gemäß § 76 Abs. 5 entscheidet.[750] Dies gilt nicht bei freigestellten BR-Mitgliedern, da bei diesen grundsätzlich die Frage der Nichtberücksichtigung betrieblicher Notwendigkeiten nicht auftreten kann. Der BR bzw. das BR-Mitglied ist nicht verpflichtet, ggf. im Wege der einstweiligen Verfügung eine vorherige Klärung herbeizuführen,[751] da sich das BR-Mitglied selbst von der betrieblichen Arbeitspflicht befreien kann.[752] Ruft der AG die ESt. nicht an, bleibt es beim Beschluss des BR.[753] Die ESt. hat nur über die Frage zu befinden, ob die betrieblichen Notwendigkeiten berücksichtigt worden sind.[754] Der Spruch der ESt. ist gerichtlich überprüfbar. Ist der AG der Auffassung, dass in der Schulungsveranstaltung nicht überwiegend oder keine für die BR-Arbeit **erforderlichen** Kenntnisse vermittelt werden, obliegt die Entscheidung dieser Frage nicht der ESt., sondern dem ArbG; allerdings ist das freiwillige ESt.-Verfahren nach § 76 Abs. 6 möglich. Die **gerichtliche Klärung** kann ggf. auch **durch den BR** herbeigeführt werden (vgl. im Übrigen Rn. 193 ff.). **158**

Das Gesetz selbst sieht keine **Frist** vor, innerhalb deren der AG seine Bedenken gegen die mangelnde Berücksichtigung der **betrieblichen Notwendigkeiten** durch die Anrufung der ESt. geltend machen muss. Unter der Voraussetzung, dass der BR seinerseits die Teilnahme an einer Schulungsveranstaltung angemessene Zeit vorher mitgeteilt hat, ist der AG verpflichtet, unverzüglich, in entsprechender Anwendung des § 38 Abs. 2 Satz 4 jedoch spätestens innerhalb von **zwei Wochen** nach Erhalt der Mitteilung durch den BR die ESt. anzurufen.[755] An- **159**

743 *BAG* 18.3.77, AP Nr. 27 zu § 37 BetrVG 1972].
744 Vgl. ErfK-*Koch*, Rn. 23; *Fitting*, Rn. 241; *Teichmüller*, S. 12 f.
745 *Fitting*, a. a. O.; *Künzl*, a. a. O. [359 f.]; weitergehend *GL*, Rn. 86; Richardi-*Thüsing*, Rn. 122, der den Nachweis der Erforderlichkeit stets für notwendig hält; vgl. auch HWGNRH-*Glock*, Rn. 182.
746 *Peter* AiB 06, 284 [287].
747 *LAG Baden-Württemberg* 17.12.87, AiB 88, 282; ErfK-*Koch*, Rn. 23; *Fitting*, Rn. 242; GK-*Weber*, Rn. 286; a. A. HWGNRH-*Glock*, Rn. 183; Richardi-*Thüsing*, Rn. 124.
748 *Fitting*, a. a. O. m. w. N.
749 ErfK-*Koch*, Rn. 23; *Fitting*, a. a. O.; GK-*Weber*, a. a. O.; Richardi-*Thüsing*, Rn. 123; *Künzl*, ZfA 93, 341 [360].
750 Textmuster vgl. DKKWF-*Wedde*, § 37 Rn. 49.
751 *ArbG Hamburg* 22.3.84, AiB 85, 48.
752 *LAG Düsseldorf* 15.10.92 – 12 [13] Sa 1035/92, BB 93, 581, Ls.
753 *Däubler*, Schulung Rn. 582.
754 *Fitting*, Rn. 243; GK-*Weber*, Rn. 271; HWGNRH-*Glock*, Rn. 1187 f.
755 *Däubler*, Schulung Rn. 574; ErfK-*Koch*, Rn. 24; *Fitting*, Rn. 244; vgl. auch *LAG Niedersachsen* 14.8.87, AiB 88, 284, Ls.; *ArbG Dortmund* 7.9.01, AiB 01, 728 mit Anm. *Teuber* hält eine Frist von einem Monat für nicht mehr angemessen; enger Richardi-*Thüsing*, Rn. 128, der die unverzügliche Anrufung verlangt; a. A. GK-*Weber*, Rn. 272; HWGNRH-*Glock*, Rn. 190, die nach dem Gebot der vertrauensvollen Zusammenarbeit auf eine angemessene Zeit abstellen, so dass der BR noch umdisponieren kann.

dernfalls ist davon auszugehen, dass der AG gegen die beabsichtigte Teilnahme der BR-Mitglieder **keine Bedenken** erhebt.[756]

160 Hält die ESt. die betrieblichen Notwendigkeiten nicht für ausreichend berücksichtigt, kann sie sich nicht damit begnügen, den Beschluss des BR lediglich aufzuheben, sie hat vielmehr selbst einen oder mehrere geeignete Zeitpunkte für die Teilnahme an der Schulung festzusetzen.[757] Die rechtzeitige Anrufung der ESt. soll **aufschiebende Wirkung** haben, da, wie beispielsweise auch im Regelungsbereich des § 87, dem Spruch der ESt. nicht durch einseitige Maßnahmen vorgegriffen werden darf.[758] In besonderen Ausnahmefällen, z. B. wenn der BR nicht früher einen Beschluss fassen oder die ESt. nicht rechtzeitig zusammentreten konnte, wird der BR jedoch die Erlaubnis zur Teilnahme durch eine **einstweilige Verfügung des ArbG** erwirken können.[759] Die arbeitsgerichtliche Entscheidung schließt arbeitsrechtliche Konsequenzen[760] und weitere Rechtsstreitigkeiten wegen der Erforderlichkeit der Schulungsmaßnahme, aber nicht wegen der Höhe der Kosten, aus (vgl. ergänzend Rn. 32).

161 Bestehen zwischen AG und BR sowie dem einzelnen BR-Mitglied **Meinungsverschiedenheiten über die Erforderlichkeit** einer Schulungsmaßnahme, ist für die Klärung dieser Rechtsfrage das ArbG zuständig. Das arbeitsgerichtliche Beschlussverfahren (ggf. ein Verfahren auf Erlass einer einstweiligen Verfügung) kann sowohl durch den AG als auch durch den BR oder durch das einzelne BR-Mitglied eingeleitet werden.[761] Wenn der AG ein arbeitsgerichtliches Beschlussverfahren eingeleitet hat, hat dieser Umstand für sich allein nicht die Folge, dass das BR-Mitglied den Besuch der Schulungsveranstaltung zurückstellen muss.[762] Dies gilt erst recht, wenn der BR vor Beginn der Maßnahme einen obsiegenden, aber noch nicht rechtskräftigen Beschluss des ArbG erwirkt hat.[763]

162 Die BR-Mitglieder benötigen, sofern ein ordnungsgemäßer und dem AG rechtzeitig mitgeteilter Beschluss des BR vorliegt, **keine Erlaubnis bzw. Zustimmung** des AG für die Teilnahme an der Schulungsmaßnahme.[764] Dieses ergibt sich für den Fall, dass der AG die Erforderlichkeit der Schulungsmaßnahme bestreitet, daraus, dass Abs. 6, was die Frage der Arbeitsbefreiung anbelangt, auf Abs. 2 Bezug nimmt.[765] Über die Mitteilung des BR-Beschlusses hinaus bedarf es keiner zusätzlichen Abmeldung.[766] Etwas anderes kann gelten, wenn der AG der Teilnahme eines BR-Mitglieds an einer Schulungsveranstaltung ausdrücklich widerspricht und deshalb

---

756 Im Ergebnis auch *BAG* 18.3.77, AP Nr. 27 zu § 37 BetrVG 1972; *ArbG Hanau* 7.8.97, AiB 98, 699, das dem AG bei fehlender Anrufung der ESt. den Einwand verwehrt, betriebliche Notwendigkeiten seien nicht ausreichend berücksichtigt worden; *Däubler*, Schulung Rn. 582; *Fitting*, Rn. 245; Richardi-*Thüsing*, Rn. 128; GK-*Weber*, Rn. 273; a. A. *BAG* 24.5.95, AP Nr. 109, das im Schweigen des AG keine Zustimmung sieht.

757 ErfK-*Koch*, Rn. 24.; *Fitting*, Rn. 246; GK-*Weber*, Rn. 276; Richardi-*Thüsing*, Rn. 129.

758 So auch *BAG*, a. a. O.; ähnlich *ArbG Dortmund* 7.9.01, AiB 01, 728 mit Anm. *Teuber;* im Ergebnis ebenso ErfK-*Koch*, Rn. 24; vgl. auch *Däubler*, Schulung Rn. 612; *LAG Baden-Württemberg* 17.12.87, AiB 88, 282.

759 Vgl. *HessLAG* 19.8.04, dbr 05, Nr. 4, 35 mit Anm. *Messerschmidt* für die Zulässigkeit einer auf Freistellung eines BR-Mitgliedes gerichtete einstweiligen Verfügung; ähnlich *ArbG Ulm* 12.1.05 – 7 BVGa 1/05; a. A. hierzu *LAG Hamm* 21.5.08 – 10 TaBVGa 7/08; HWGNRH-*Glock*, Rn. 192; *LAG Köln* 20.11.03, DB 04, 551; *ArbG Darmstadt* 24.9.01, AiB 02, 306 mit Anm. *Mansholt*, das auch eine Verpflichtung zur Vorschusszahlung für zulässig hält; sowie im Übrigen Rn. 160 ff.

760 Vgl. *BAG* 10.11.93, DB 94, 2554.

761 *Däubler*, Schulung Rn. 592; ErfK-*Koch*, Rn. 24; *Fitting*, Rn. 251 f.; im Ergebnis ebenso Richardi-*Thüsing*, Rn. 191; GK-*Weber*, Rn. 282 sieht kein Bedürfnis für eine Freistellung durch einstweilige Verfügung, wenn in einem längeren Zeitraum mehrere Schulungsmaßnahmen zur Wahl stehen und die Teilnahme an der vorgesehenen Veranstaltung nicht gerade dringend erforderlich ist.

762 *LAG Hamm* 17.9.10 – 10 TaBV 26/10, juris; 24.10.74, DB 74, 2486; *Fitting*, Rn. 251; Richardi-*Thüsing*, Rn. 131; *Künzl*, ZfA 93, 341 [362]; a. A. GK-*Weber*, Rn. 261; offenbar auch HWGNRH-*Glock*, a. a. O.

763 *BAG* 6.5.75, AP Nr. 5 zu § 65 BetrVG 1972.

764 *LAG Baden-Württemberg* 17.12.87, AiB 88, 282; *LAG Düsseldorf* 15.10.92 – 12 [13] Sa 1035/92, BB 93, 581, Ls.; vgl. auch *BAG* 30.1.73, AP Nr. 3 zu § 40 BetrVG 1972.

765 *LAG Hamm* 24.10.74, DB 74, 2486; vgl. auch *BAG* 6.5.75, AP Nr. 5 zu § 65 BetrVG 1972; vgl. insoweit Rn. 10 ff.; a. A. GK-*Weber*, Rn. 294 f.; HWGNRH-*Glock*, Rn. 184, die darauf verweisen, dass die Freistellung grundsätzlich vom AG zu gewähren ist.

766 Vgl. *BAG* 27.6.90 – 7 AZR 348/89, juris.

möglicherweise von einer Nichtteilnahme ausgeht.[767] Will der AG die Teilnahme des BR-Mitglieds verhindern, muss er ggf. mit einer einstweiligen Verfügung beim ArbG initiativ werden.[768]

9. Entgeltfortzahlung und Freizeitausgleich

Erfolgt die Teilnahme betriebsbedingt außerhalb der persönlichen Arbeitszeit von BR-Mitgliedern, besteht nach Abs. 6 nunmehr ein Anspruch auf **Arbeitsbefreiung unter Fortzahlung des Arbeitsentgelts** (vgl. zu Einzelfragen die Kommentierung zu Abs. 3, insbes. Rn. 67). Dieser ist allerdings nach dem eindeutigen Wortlaut des Abs. 6 Satz 2, 2. Halbs. unter Einbeziehung der Arbeitsbefreiung nach Abs. 2 pro Schulungstag begrenzt auf die Arbeitszeit eines vollzeitbeschäftigten AN.[769] Maßgeblich ist die am Schulungstag zu erbringende Arbeitszeit. Bei Gleitzeit und anderen flexiblen Arbeitszeitmodellen ist eine an der Vergangenheit orientierte Prognose vorzunehmen. Gleiches gilt bei der Vereinbarung von sog. »Vertrauensarbeitszeit«. Der Ausgleichsanspruch wird nach dem Gesetzeswortlaut nicht durch jede Teilnahme an einer Schulungsteilnahme ausgelöst, sondern nur durch solche Maßnahmen, die aufgrund von Besonderheiten der betrieblichen Arbeitszeitgestaltung außerhalb der persönlichen Arbeitszeit stattfinden. Maßgeblich kann sowohl die Lage der Arbeitszeit als auch deren Umfang sein.[770] **163**

Das Arbeitsentgelt ist gem. dem Entgelt- bzw. **Lohnausfallprinzip** einschließlich aller Zuschläge und Zulagen zu zahlen.[771] **Vermögenswirksame Leistungen** sind weiterzugewähren, auch wenn eine tarifliche Regelung hierfür auf die tatsächliche Arbeitsleistung abstellt.[772] Die Teilnahme an einer Schulungsveranstaltung darf nicht zu einer Minderung der Jahressonderzahlung führen und stellt keine Fehlzeit i. S. einer Anwesenheitsprämienregelung dar.[773] Da die Teilnahme an Schulungsmaßnahmen der BR-Tätigkeit gleichzustellen ist,[774] besteht nach Abs. 6 Satz 2 ein Anspruch auf Freizeitausgleich. Der Ausgleichsanspruch wird auf die Arbeitszeit und die hieraus resultierenden Ausgleichsansprüche eines vollzeitbeschäftigten AN begrenzt sein (vgl. auch Rn. 168). Hätte das BR-Mitglied auf Grund des »**Schichtplans**« während der Reisezeit arbeiten müssen, sind ihm auch sämtliche Zuschläge und Zulagen zu vergüten.[775] **164**

Aus den gleichen Gründen hat auch ein BR-Mitglied, das während eines **Streiks**[776] oder einer **Kurzarbeitsperiode** bzw. – im Baugewerbe – an **Schlechtwettertagen** an einer Schulungsmaßnahme teilnimmt, Anspruch auf Bezahlung der Zeit, die es für die Schulungsmaßnahme aufwendet.[777] Nach abzulehnender Rspr. soll der Anspruch entfallen, wenn der AG aussperrt oder den Betrieb während eines Streiks vorübergehend schließt.[778] Nach Auffassung des *BAG* ist die Teilnahme an einer Schulungsmaßnahme (BR-Sitzung u. Ä.) auch keine Unterbrechung der völlig **ruhenden Arbeit** i. S. d. § 6 Nr. 13 des TV für Poliere und Schachtmeister.[779] **165**

Teilzeitbeschäftigte BR-Mitglieder haben in demselben Umfang Anspruch auf Schulungen **166**

---

767 Vgl. *LAG Baden-Württemberg*, a. a. O.

768 *LAG Baden-Württemberg*, a. a. O.; *LAG Düsseldorf*, a. a. O.; vgl. im Übrigen Rn. 143 f., 175 ff.

769 *Fitting*, Rn. 193; GK-*Weber*, Rn. 145.

770 *Fitting*, Rn. 188.

771 *Däubler*, Schulung, Rn. 431 ff.; ErfK-*Koch*, Rn. 18; *Fitting*, Rn. 183; GK-*Weber*, Rn. 212; *Schneider*, AiB 03, 344; vgl. im Einzelnen Rn. 64.

772 *LAG Düsseldorf* 9.4.74, DB 74, 1966.

773 *ArbG Ludwigshafen* 22.4.74, AuR 74, 349, Ls.; *Künzl*, ZfA 93, 341 [368].

774 *BAG* 29.1.74, AP Nr. 5 zu § 40 BetrVG 1972.

775 So *ArbG Augsburg* 24.1.90 – 3 Ca 1800/89 hinsichtlich der Lohnausfallstunden für Sonntagsarbeit einschließlich der tarifvertraglichen Zuschläge; vgl. auch *BAG* 13.7.94, NZA 95, 588 = AiB 94, 688 zur tariflichen Antrittsgebühr für Sonntagsarbeit; *Künzl*, ZfA 93, 346 [368]; vgl. ergänzend Rn. 48.

776 *BAG* 15.1.91, DB 91, 1465, auch für den Fall, dass sich das BR-Mitglied ohne die Schulung an dem Streik beteiligt hätte; a. A. HWGNRH-*Glock*, Rn. 202, der den Anspruch nur bei Nichtteilnahme sieht.

777 *Görg*, AiB 81, 124; a. A. *BAG* 23.4.74, 31.7.86, AP Nrn. 11, 55 zu § 37 BetrVG 1972; *LAG Hamm* 2.12.92 – 3 Sa 1305/92; vgl. ferner Rn. 50.

778 *BAG* 22.3.94, NZA 94, 1997 = AiB 95, 134 mit Anm. *Meyer;* ebenso HWGNRH-*Glock*, Rn. 202; vgl. auch *Fitting*, Rn. 184; *Däubler*, Schulung Rn. 440.

779 *BAG* 30.8.89, AP Nr. 116 zu § 1 TVG Tarifverträge: Bau.

wie vollzeitbeschäftigte.[780] Da Art. 142 EG-Vertrag und die Lohngleichstellungsrichtlinie 75/117/EWG vom 10.2.75 die Gleichstellung von voll- und teilzeitbeschäftigten BR-Mitgliedern hinsichtlich der Vergütung für Schulungsveranstaltungen gemäß Abs. 6 aufgewandter Arbeitszeit gebieten,[781] steht ihnen gem. Abs. 6 Satz 2 für Veranstaltungen, die zeitlich über die Dauer ihrer persönlichen Arbeitszeit hinausgehen, in Anwendung des Abs. 3 eine entsprechende **Arbeitsbefreiung** unter **Fortzahlung des Entgelts** als Ausgleich für die Einkommenseinbuße zu, die durch die Teilnahme entsteht. BR-Mitglieder müssen sich Arbeitsbefreiungen gem. Abs. 2 auf den Ausgleichsanspruch gem. Abs. 6 Satz 2 anrechnen lassen.[782] Durch diese sich unmittelbar aus § 37 ableitende Konsequenz soll die Gleichbehandlung voll- und teilzeitbeschäftigter BR-Mitglieder gewährleistet werden. Es ist insoweit nicht angebracht, von teilzeitbeschäftigten BR-Mitgliedern ein größeres Freizeitopfer zu fordern als von vollzeitbeschäftigten Mitgliedern.[783] Auch Wege- und Reisezeiten sind entsprechend auszugleichen (vgl. Rn. 71 ff.).

167 **Begrenzt** wird der Ausgleichsanspruch von BR-Mitgliedern im Zusammenhang mit Schulungs- und Bildungsveranstaltungen (anders als der allgemeine Anspruch gem. Abs. 3, der keine entsprechende Beschränkung enthält, vgl. hierzu Rn. 67) nach dem Gesetzeswortlaut des Abs. 6 Satz 2 Hlbs. 2 durch die **Arbeitszeit eines vollzeitbeschäftigten AN.**[784] Dies gilt auch, wenn bei einem AG überwiegend Teilzeitbeschäftigte tätig sind.[785] Hierdurch soll insbesondere vermieden werden, dass ein teilzeitbeschäftigtes BR-Mitglied besser gestellt wird als ein vollzeitbeschäftigtes. In Teilzeit tätige BR-Mitglieder haben einen Anspruch auf den Ausgleich anfallender Pausenzeiten.[786] Dies stellt keine Besserstellung gegenüber Vollzeit-AN dar, da deren Anspruch pauschal auf einen Arbeitstag pro Schulungstag begrenzt ist.

168 Ein entsprechendes Besserstellungsverbot leitet sich aus dem Wortlaut der Norm auch für **vollzeitbeschäftigte BR-Mitglieder** ab. Ein über die Vollarbeitszeit hinausgehender Ausgleichsanspruch soll beispielsweise nicht bestehen, wenn eine Schulung länger als die betriebliche Arbeitszeit dauert oder wenn ein BR-Mitglied an einem im Betrieb arbeitsfreien Samstag an einer Schulung teilnimmt.[787] Nach der Rspr. soll es allein auf die für BR-Mitglieder maßgebliche Arbeitszeit ankommen und nicht auf die durchschnittliche tägliche Arbeitszeit.[788] Dies soll für Teilzeitkräfte zur Folge haben, dass dann kein Ausgleichsanspruch entsteht, wenn etwa Reisezeiten auch außerhalb der Arbeitszeit von Vollzeitkräften lagen.[789] Bezugsgruppe für eine Prüfung sollen Beschäftigte sein, die in der Abteilung bzw. im Bereich des jeweiligen BR-Mitgliedes tätig sind.[790] Gibt es keine **vergleichbaren Vollzeit-AN,** soll nach Auffassung des BAG fingiert werden, in welchem Rahmen eine Vollzeittätigkeit erfolgen würde. Ist dies nicht möglich, soll auf die Arbeitszeit von Vollzeit-AN in vergleichbaren Bereichen oder mit vergleichbaren Aufgaben abgestellt werden. Lässt sich auch dieser Vergleich nicht realisieren, soll

---

780 BT-Drucks. 14/5741, S. 40 f.; im Grundsatz ebenso GK-*Weber,* Rn. 163; *Horstkötter,* AiB 02, 38.

781 *LAG Berlin* 5.8.92 – 8 Sa 64/90; vgl. auch *EuGH* 4.6.92, AP Nr. 39 zu Art. 117 EWG-Vertrag; 6.2.96, NZA 96, 319 = AiB 96, 375 mit Anm. *Nielebock* = AP Nr. 72 zu Art. 119 EWG-Vertrag [allerdings mit Jahresangabe 1995]; vgl. auch 7.3.96, NZA 96, 430; ähnlich ErfK-*Koch,* Rn. 18; *BAG* 5.3.97, BB 97, 2218 = AuR 97, 165, Ls., verneint einen Freizeitausgleich.

782 Ebenso *Löwisch,* BB 01, 1734 [1742]; GK-*Weber,* Rn. 215; HWGNRH-*Glock,* Rn. 196 ff.

783 Amtliche Begründung zu § 37 Abs. 6, BT-Drucks. 14/5741, S. 40 f. zu Nr. 29 b; das *LAG Baden-Württemberg* 29.1.04, EzA-SD 04, Nr. 18, 13 hält bei Teilzeitbeschäftigten auch Essens- und Erholungspausen in der Größenordnung von bis zu einer Stunde pro Tag für ausgleichspflichtig nach § 37 Abs. 3.

784 Vgl. *BAG* 16.2.05, AuR 05, 108 = DB 05, 1858, das einen Ausgleichsanspruch für den Fall verneint, dass während der Dauer der Bildungsveranstaltung (hier: an einem Freitagnachmittag) kein Vollzeitbeschäftigter AN mehr im Betrieb tätig war; ebenso *LAG Baden-Württemberg* 27.9.06 – 20 Sa 88/06, das nach Aufhebung des ersten Urteils durch das BAG erneut über den Sachverhalt zu entscheiden hatte.

785 *LAG Niedersachsen* 12.9.08 – 12 Sa 903/08.

786 BAG, a. a. O.; *Fitting,* Rn. 193 c.

787 Vgl. BT-Drucks. 14/5741, S. 41; *Fitting,* Rn. 192; GK-*Weber,* Rn. 216.

788 *BAG* 10.11.04, DB 05, 1175; *Fitting,* Rn. 193 a.

789 *BAG,* a. a. O.; Richardi-*Thüsing,* Rn. 113 a; zur substantiierten Darlegung von Reisezeiten *LAG Köln* 18.1.13 – 10 Sa 723/12, juris.

790 BAG, a. a. O. sowie 16.2.05, AuR 05, 108; *Fitting,* Rn. 193 b.

die Arbeitszeit in Anlehnung an § 2 Abs. 1 Satz 4 TzBfG nach einem einschlägigen TV oder nach der Branchenüblichkeit bestimmt werden.[791]

Damit bleibt es bei der unbefriedigenden Situation, dass BR-Mitglieder in bestimmten Fällen für die für ihre Tätigkeit aufgewandte Zeit keinen Ausgleich erhalten, selbst wenn sie entsprechende Zeitabläufe (etwa Vorgaben eines Veranstalters) erforderlicher Schulungen nicht selbst beeinflussen oder steuern können (insbesondere auch bei **flexiblen Arbeitszeit-Systemen**).[792] 169

Während der Zeit der Teilnahme an einer Schulungsmaßnahme unterliegen die BR-Mitglieder dem gesetzlichen **Unfallversicherungsschutz** nach §§ 2 ff. SGB VIII, das Gleiche gilt während der An- und Abreise zu bzw. von einer Schulungsveranstaltung.[793] Zur Frage der Erstattung der dem BR-Mitglied durch die Teilnahme an Schulungsveranstaltungen nach Abs. 6 entstehenden **Kosten** vgl. § 40 Rn. 63 ff. 170

VII. Schulungs- und Bildungsveranstaltungen nach Abs. 7

1. Geeignete Schulungsveranstaltungen

Im Gegensatz zum Anspruch auf Teilnahme an Schulungs- oder Bildungsveranstaltungen nach Abs. 6 handelt es sich bei Abs. 7 um einen **Individualanspruch** des einzelnen BR-Mitglieds, ohne Rücksicht auf seinen konkreten Wissensstand.[794] Der Anspruch steht Voll- wie Teilzeitbeschäftigten gleichermaßen zu. Beide Ansprüche bestehen selbstständig und unabhängig voneinander.[795] Eine Anrechnung der Arbeitsbefreiung gem. Abs. 6 auf den Anspruch gem. Abs. 7 ist nicht zulässig. Ein BR-Mitglied kann nicht auf Abs. 7 verwiesen werden, wenn es Arbeitsbefreiung nach Abs. 6 für eine Schulungsveranstaltung verlangt, die auch nach Abs. 7 als geeignet anerkannt ist (vgl. Rn. 134). Die BR-Mitglieder müssen nicht erst die Schulungsmöglichkeiten nach Abs. 7 ausschöpfen, bevor sie einen Anspruch nach Abs. 6 geltend machen können.[796] Nehmen auch andere Personen teil, steht dies der Eignung einer Veranstaltung nicht entgegen.[797] 171

Während für die Arbeitsbefreiung zur Teilnahme an einer Schulungsmaßnahme nach Abs. 6 jeweils vom BR geprüft werden muss, ob Kenntnisse vermittelt werden, die er benötigt, um seine Aufgaben sachgemäß wahrnehmen zu können (vgl. Rn. 117 ff.), ist eine solche **Prüfung für die Teilnahme an Schulungsmaßnahmen nach Abs. 7 entbehrlich.** Es reicht, wenn die betreffende Veranstaltung von der **zuständigen obersten Arbeitsbehörde** des Landes (vgl. Rn. 179 ff.) als **geeignet anerkannt** ist. Ist diese Voraussetzung erfüllt, ist ein Bestreiten der Geeignetheit durch den AG unerheblich.[798] Auf die Rechtskraft der Anerkennung kommt es nicht an.[799] 172

Die mögliche **Thematik** der Schulungsmaßnahmen nach dieser Vorschrift ist weiter zu fassen als die nach Abs. 6. Auch die Vermittlung **allgemeinen Wissens** kann hierunter fallen.[800] Es ist 173

791 *BAG* 16.2.05, a.a.O.; ebenso *Fitting*, Rn. 193 c.
792 Vgl. GK-*Weber*, Rn. 220.
793 *Fitting*, Rn. 186; Richardi-*Thüsing*, Rn. 136; vgl. auch Rn. 8 f.
794 *BAG* 28.8.96, NZA 97, 169 = AiB 97, 2 mit Anm. *Peter*; 6.11.73, 18.12.73, AP Nrn. 5, 7 zu § 37 BetrVG 1972; *Schneider*, AiB 03, 344 f.; *Peter*, AiB 97, 223; bezüglich der Beschlussfassung vgl. Rn. 173; Musterschreiben bei DKKWF-*Wedde*, § 37 Rn. 51.
795 GK-*Weber*, Rn. 193; *GL*, Rn. 114; *Kühner*, a.a.O.; vgl. auch Rn. 96.
796 *Fitting*, Rn. 229; a.A. HWGNRH-*Glock*, Rn. 227.
797 Richardi-*Thüsing*, Rn. 162.
798 *BAG* 11.8.93, AP Nr. 92 zu § 37 BetrVG 1972; *Fitting*, Rn. 224.
799 Vgl. *BAG* 11.10.95, NZA 96, 934 = AiB 97, 53 mit Anm. *Peter*; a.A. GK-*Weber*, Rn. 246.
800 *Däubler*, Schulung Rn. 277 ff.; vgl. auch *WW*, Rn. 41; enger *Fitting*, Rn. 197 ff., die sich zwar einerseits auch für einen weiten Zusammenhang der Themen zur BR-Arbeit aussprechen, andererseits aber darauf verweisen, dass die nach den Bildungsurlaubsgesetzen der Länder zulässigen Themen nicht ohne weiteres auch geeignete Themen nach Abs. 7 sein sollen; vgl. auch *BAG* 6.4.76 AP Nr. 23 zu § 37 BetrVG 1972; *Schiefer*, DB 91, 1453 und die dort aufgeführten Beispiele über die von den obersten Arbeitsbehörden bzw. Gerichten anerkannten bzw. nicht anerkannten Schulungsveranstaltungen; *Liebers*, DB 80, 638; a.A. GK-*Weber*, Rn. 235; HWGNRH-*Glock*, Rn. 209, 211; *Künzl*, ZfA 93, 341 [355].

anerkannt, dass die vermittelten Kenntnisse für die BR-Tätigkeit lediglich nützlich, d. h. förderlich sein müssen, ohne dass es darauf ankommt, dass die Kenntnisse für die konkrete Arbeit des BR auch benötigt werden.[801] Nach der zu engen Auffassung des *BAG*[802] soll die Schulung über rein gewerkschaftspolitische, historische oder allgemeinpolitische Themen ebenso wie die Vermittlung von Allgemeinwissen über staatsbürgerliche und ähnliche Fragen keinen genügenden Bezug zur BR-Tätigkeit haben.[803] Schulungsmaßnahmen nach Abs. 7 sind nach der Ansicht des *BAG* nicht dazu da, Rückstände an Allgemeinwissen von Mitgliedern der Betriebsverfassungsorgane abzubauen, allgemeine staatsbürgerliche Fortbildung zu vermitteln oder gar allgemein eine »intellektuelle Paritäts- oder Chancengleichheit« mit dem AG herzustellen.[804] Ungeeignet sollen auch Seminare mit dem Thema »Rhetorik und Persönlichkeitsbildung« sein.[805] Die vom *BAG* vorgenommene Ausklammerung insbesondere des staatsbürgerlichen Allgemeinwissens ist willkürlich und läßt unberücksichtigt, dass auch dieses Wissen für moderne Betriebsratsarbeit unumgänglich ist.[806]

174 Für die Anerkennung der **Geeignetheit** kommen nicht nur Schulungs- und Bildungsveranstaltungen in Betracht, die sozialversicherungsrechtliches, betriebs- und volkswirtschaftliches Wissen oder Kenntnisse des Versammlungswesens und der Redetechnik vermitteln. Vielmehr fallen auch Veranstaltungen mit Themen gewerkschaftspolitischer, gesellschaftspolitischer und staatsbürgerlicher Art darunter.[807] Entsprechendes gilt für Schulungen, die sich mit europäischen Themen, wie AN-Rechte, EG-Richtlinien im sozialpolitischen Bereich usw., befassen und ggf. im **Ausland** stattfinden,[808] soweit diese nicht sogar die Voraussetzungen der Erforderlichkeit erfüllen.[809] Die Eignung i. S. d. Abs. 7 ist stets zu bejahen, wenn die Voraussetzungen der Erforderlichkeit i. S. d. Abs. 6 vorliegen.[810]

175 Als geeignet, soweit nicht sogar erforderlich i. S. d. Abs. 6, sind Schulungsveranstaltungen anzusehen, die Kenntnisse auf folgenden Sachgebieten vermitteln:[811]

- **Mitbestimmungs- und Gesellschaftsrecht;**
- **verfassungsrechtliche Grundlagen** des Arbeitsrechts und seine Einbettung in das allgemeine Rechtssystem;
- **allgemeines Sozialrecht** und Sozialleistungsrecht, insbes. das Recht der Kranken-, Unfall- und Rentenversicherung;
- **wirtschaftliche** und **betriebswirtschaftliche Themen;**
- **internationale Zusammenarbeit** im Konzern;
- **EG-Recht,** soweit für BR relevant;
- **Richtlinie zu EBR,** Rechte der betrieblichen Interessenvertretung und der Gewerkschaften in Europa;[812]
- **Arbeitnehmerrechte in Europa,** EG-Richtlinien im sozialpolitischen Bereich wie Gesundheitsschutz, Bildschirmarbeit;
- Fragen des **Arbeitsschutzes** (insbesondere § 80 Abs. 1 Nr. 9 und § 89), der **Arbeitswissenschaften** und der **Arbeitsbewertung;**
- **Fragen des betrieblichen Umweltschutzes;**[813]

---

801 *BAG* 6.11.73, 18.12.73, 6.4.76, AP Nrn. 5, 7, 23 zu § 37 BetrVG 1972, das allerdings auch für diese Schulungen einen betriebsverfassungsrechtlichen Bezug verlangt.

802 18.12.73, 6.4.76, a. a. O., 11.8.93, NZA 94, 57.

803 Ebenso ErfK-*Koch,* Rn. 22; GK-*Weber,* Rn. 236; HWGNRH-*Glock,* Rn. 211.

804 *BAG* 6.4.76, a. a. O.; enger GK-*Weber,* a. a. O.; wie hier *Däubler,* Schulung Rn. 276 ff.

805 *BAG* 15.8.78 – 6 ABR 65/76.

806 A. A. *Künzl,* a. a. O.

807 *Däubler,* Schulung Rn. 281 f.; vgl. auch *WW,* Rn. 41; *Fitting,* Rn. 197 f.; a. A. GK-*Weber,* Rn. 238 m. w. N.; Richardi-*Thüsing,* Rn. 144.

808 *ArbG Stuttgart* 4.4.95 – 16 BV 258/94.

809 Vgl. *ArbG Lüneburg* 12.11.93 – 1 Ca 777/93, das die Maßnahme zutreffend als erforderlich nach Abs. 6 angesehen hat; hierzu auch Rn. 20 f., 139 ff.

810 *BAG* 6.11.73, AP Nr. 5 zu § 37 BetrVG 1972; GK-*Weber,* Rn. 237 m. w. N.; a. A. offenbar HWGNRH-*Glock,* Rn. 213 f.

811 Vgl. ErfK-*Koch,* Rn. 22; *Fitting,* Rn. 199 ff.; GK-*Weber,* Rn. 237; *Peter,* AiB 97, 223, 225.

812 Vgl. *ArbG Stuttgart* 4.4.95 – 16 BV 258/94; vgl. auch Rn. 107 a ff.

813 Insbesondere § 80 Abs. 1 Nr. 9 und § 89, vgl. auch *BAG* 11.10.95, NZA 96, 934 = AiB 97, 53 mit Anm. *Peter.*

- Fragen des **Arbeitsmarktes** und andere Bereiche, die im Zusammenhang mit der **Arbeitslosigkeit oder Kurzarbeit** von Bedeutung sein können;
- **Versammlungstechnik und -leitung** sowie **Diskussions- und Verhandlungstechnik**;[814] vgl. Rn. 131;
- Schulung über die **Geschichte der deutschen Arbeiterbewegung**;[815]
- **Sozialleistungsrecht;**
- **Stellung der Frauen** und der **Ausländer** in Gesellschaft und Beruf;
- **Vermögensbildung** der AN;
- **internationale Zusammenarbeit** in Konzernunternehmen;
- Auswirkungen der Tätigkeit der **Europäischen Union** auf das nationale Arbeits- und Wirtschaftsrecht, insbesondere bezüglich einschlägiger Harmonisierungsrichtlinien und Verordnungen;
- **EBR** und Themen **nationaler Interessenvertretung** der AN in den EU-Staaten.

Für den Bereich der **privatisierten Postunternehmen** sind wegen der fortbestehenden starken Bezüge zum öffentlichen Recht die nach § 46 Abs. 7 BPersVG von der Bundeszentrale für politische Bildung als geeignet anerkannten Schulungsthemen im Sinne von Abs. 7 anzusehen.[816]

Schulungsveranstaltungen, die teils geeignete und teils nicht geeignete Themen vorsehen, verlieren nicht ihren Charakter als Maßnahme i. S. d. Vorschrift, wenn **überwiegend geeignete Themen** behandelt werden. Auf ein irgendwie geartetes Gepräge kommt es nicht an.[817] Bei überwiegender Geeignetheit hat die oberste Arbeitsbehörde des Landes somit die Schulungsmaßnahme nach Abs. 7 anzuerkennen. 176

Für die Anerkennung von Schulungsveranstaltungen kommt es **nicht auf die Geeignetheit des Trägers der Veranstaltung** oder der Bildungseinrichtung an, **sondern** auf **das jeweilige Seminar,** die Arbeitstagung oder den Lehrgang. Diese müssen ihrem Inhalt, d. h. ihrem Programm (einschließlich Referenten) und dessen Durchführung nach, geeignet sein.[818] Das bedeutet aber nicht, dass jede Einzelheit der Veranstaltung unabänderlich festliegt, z. B. Referenten, Ort und Zeitpunkt. Aus Gründen der Praktikabilität muss dem Veranstalter eine gewisse Beweglichkeit in der Durchführung der Veranstaltung und in der Auswahl der Referenten belassen werden.[819] Bei der Frage der Eignung ist die Person des Veranstalters mit zu berücksichtigen. Denn die Frage, ob eine Schulungsveranstaltung geeignet ist, lässt sich nicht losgelöst von der Frage beurteilen, wer die Veranstaltung durchführt.[820] Als Träger kommen vor allem **Gewerkschaften** in Betracht.[821] 177

Die Anerkennung bezieht sich in erster Linie auf einen bestimmten **Lehrgangstyp** und dessen Inhalt. Es kommt jedoch auch die Anerkennung von **Einzelveranstaltungen** in Betracht. Eine Wiederholung anerkannter Lehrgänge mit demselben Lehrpersonal ist ohne erneute Genehmigung zulässig.[822] Kein entscheidendes Kriterium ist die **Dauer der Schulungsveranstaltung.** Es kann sich daher, wie bei Veranstaltungen nach Abs. 6, um kurze oder längerfristigere Veranstaltungen handeln.[823] 178

---

814 Vgl. *BAG* 6.11.73, AP Nr. 6 zu § 37 BetrVG 1972 mit Anm. *Wiese;* a. A. zu einem Seminar über Rhetorik allerdings *BAG* 15.8.78 – 6 ABR 65/76, offen gelassen 20.10.93, AP Nr. 91 zu § 37 BetrVG 1972.

815 *LAG Rheinland-Pfalz* 24.7.90; BetrR 91, 215; a. A. *Schiefer,* DB 91, 1453 [1455].

816 *Fitting,* Rn. 208; vgl. auch *Wedde,* AiB-Sonderheft Juni 1995, S. 26; GK-*Weber,* Rn. 233.

817 So ausdrücklich bei teilweise erforderlichen Themen *BAG* 28.5.76, AP Nr. 24 zu § 37 BetrVG 1972 unter Aufgabe seiner früheren Rspr.; vgl. auch Rn. 110; zur Diskussion vgl. die 12. Auflage, Rn. 144 m. w. N.

818 *BAG* 18.12.73, 6.4.76, AP Nrn. 7, 23 zu § 37 BetrVG 1972; a. A. hinsichtlich des Trägers GK-*Weber,* Rn. 242.

819 *Fitting,* Rn. 206; *Kühner,* S. 124; GK-*Weber,* Rn. 234.

820 Richardi-*Thüsing,* Rn. 161; a. A. ErfK-*Koch,* Rn. 22, der jeden Träger zulässt.

821 *BVerwG* 27.4.79, ZBR 79, 310; vgl. ferner Rn. 131 f.

822 Vgl. *BAG* 18.12.73, AP Nr. 7 zu § 37 BetrVG 1972; enger GK-*Weber,* Rn. 250, die die Anerkennung von Veranstaltungsreihen nur für ein Jahr zulassen.

823 Vgl. GK-*Weber,* Rn. 240; *Kühner,* S. 124.

2. Anerkennungsverfahren

179 Die Anerkennung einer Schulungsveranstaltung erfordert einen **Antrag des Schulungsträgers,** der nach dem Gesetz zwar keiner Form bedarf, aber in der Praxis schriftlich zu stellen ist.[824] Er sollte folgende **Angaben** enthalten: Träger der Veranstaltung, Angabe von Zeit und Ort der Veranstaltung, nähere Beschreibung des Programms nach Inhalt und zeitlichem Ablauf, Teilnehmerkreis und die in Aussicht genommenen Lehrkräfte.[825] Eine **Frist** für die Antragstellung ist gesetzlich nicht vorgeschrieben. Die Grundsätze zur vorläufigen Regelung des Anerkennungsverfahrens, wie sie zwischen den zuständigen obersten Arbeitsbehörden der Länder und dem BMWA abgesprochen sind, verlangen aber, dass der Antrag in schriftlicher Form unter Beifügung der für die Anerkennung erforderlichen Unterlagen in jeweils von der obersten Arbeitsbehörde festgesetzten mehrfachen Ausfertigungen in der Regel **spätestens acht Wochen** vor Beginn der Veranstaltung oder der Veranstaltungsreihe bei der für die Anerkennung zuständigen Behörde zu stellen ist.[826] Über einen rechtzeitig gestellten Antrag kann noch nach Veranstaltungsbeginn entschieden werden.[827] Ist eine Veranstaltung ohne Entscheidung über den Antrag bereits durchgeführt worden, ist hierüber mit Blick auf die Entgeltzahlungspflicht des AG **nachträglich** zu befinden.[828]

180 Zuständig für die Anerkennung ist die oberste Arbeitsbehörde des Landes – und zwar die Arbeitsminister bzw. -senatoren –, in dem der Veranstalter seinen Sitz hat; es gilt das **Trägerprinzip.**[829] Die oberste Arbeitsbehörde entscheidet nach Beratung, d. h. mündlicher Erörterung, mit den Spitzenorganisationen der Gewerkschaften (insbes. DGB) und AG-Verbänden.[830] Auf eine mündliche Erörterung kann im Einvernehmen mit den Beteiligten verzichtet werden, wenn Einwendungen auch im schriftlichen Verfahren vorgebracht werden können.[831] Zu beteiligen sind nur die Spitzenorganisationen des Landes, dessen oberste Arbeitsbehörde die Entscheidung über die Anerkennung trifft, nicht die Spitzenorganisationen anderer Länder oder des Bundes.[832]

181 Für die **gerichtliche Überprüfung** einer Entscheidung einer obersten Arbeitsbehörde hat ein AG auch dann keine Antragsbefugnis, wenn er auf Grund der Anerkennung einer Schulungsmaßnahme auf Lohnzahlung in Anspruch genommen wird.[833]

182 **Antrags- und beteiligungsbefugt** im arbeitsgerichtlichen Beschlussverfahren zur Überprüfung einer Entscheidung der obersten Arbeitsbehörde sind nur die schon im Verwaltungsvorverfahren zu beteiligenden Spitzenorganisationen der Gewerkschaften und der AG-Verbände.[834]

3. Dauer

183 Ein erheblicher Unterschied zu Abs. 6 liegt in der **zeitlichen Limitierung** der bezahlten Freistellung nach Abs. 7, der **für BR- und JAV-Mitglieder** drei Wochen (18 Werktage bzw. 15 Arbeitstage in der 5-Tage-Woche) beträgt und sich für BR-Mitglieder, die erstmals in das Amt gewählt worden sind und vorher nicht JAV-Mitglied oder Mitglied eines BR waren, auf vier Wochen erhöht. Für erstmals gewählte BR-Mitglieder, die zuvor einer **ausländischen Be-**

---

824 Vgl. ausführlich *Heckes,* S. 23 ff.
825 *Däubler,* Schulung Rn. 522; *Fitting,* Rn. 210 f.; GK-*Weber,* Rn. 245; *Kühner,* S. 121; *Liebers,* DB 80, 268.
826 *BAG* 10.11.95, NZA 96, 934 = AiB 97, 53 mit Anm. *Peter* = JR 97, 132 mit Anm. *Kothe;* GK-*Weber,* Rn. 230 mit Hinweis auf die BR-Bildungs-VwV des Landes *Baden-Württemberg* vom 2.2.81.
827 *BAG* 11.10.95, a. a. O.; vgl. auch HWGNRH-*Glock,* Rn. 220.
828 *BAG* 10.10.95, NZA 96, 934; GK-*Weber,* Rn. 246, 251.
829 *BAG* 18.12.73, 5.11.74, AP Nrn. 7, 19 zu § 37 BetrVG 1972; offen Richardi-*Thüsing,* Rn. 151.
830 Vgl. *BAG* 30.8.89, AP Nr. 73 zu § 37 BetrVG 1972.
831 Vgl. *Däubler,* Schulung Rn. 531; Richardi-*Thüsing,* Rn. 133; *Fitting,* Rn. 214; GK-*Weber,* Rn. 249.
832 *BAG* 5.11.74, 6.4.76, AP Nrn. 19, 23 zu § 37 BetrVG 1972.
833 *BAG* 25.6.81, vgl. auch 17.12.81, AP Nrn. 38, 41 zu § 37 BetrVG 1972 [mit kritischer Anm. *Grunsky*]; offen gelassen 30.8.89, AP Nr. 73 zu § 37 BetrVG 1972 = EzA § 37 BetrVG 1972 Nr. 103 mit Anm. *Berger-Delhey;* kritisch *Fitting,* Rn. 265; GK-*Weber,* Rn. 323; a. A. HWGNRH-*Glock,* Rn. 247.
834 *BAG* 6.4.76, 30.8.89, AP Nrn. 23, 73 zu § 37 BetrVG 1972; a. A. *LAG Frankfurt* 6.3.87, AuR 89, 321, Ls., das die Antragsbefugnis auf die Verletzung eigener Rechte beschränkt.

triebsvertretung angehört haben, tritt keine Verkürzung des vierwöchigen Schulungsanspruchs ein.[835] Gleiches gilt bei Mitgliedschaft in einer AN-Vertretung der ehemaligen DDR.[836] Den Mitgliedern der JAV steht der volle »Bildungsurlaubsanspruch« trotz der kürzeren Amtszeit von zwei Jahren zu.[837] Keinen verlängerten Schulungsanspruch soll es bei vorheriger Mitgliedschaft in einem PR geben.[838] Diese Position überzeugt indes schon mit Blick auf die im Detail teilweise unterschiedlichen gesetzlichen Grundlagen und unterschiedliche Verfahrensabläufe (etwa im ESt.-Verfahren) nicht.

Schulungstage, an denen für das betreffende BR-Mitglied aus einem bestimmten Grund keine Arbeitspflicht bestanden hätte (z. B. im Falle der Schichtarbeit ein freier Tag bei Schichtwechsel oder durch sonstige flexible Arbeitszeitgestaltung bzw. Kurzarbeit), sind **nicht auf die Höchstdauer** des Freistellungsanspruchs **anzurechnen.** Entsprechendes gilt, wenn ein BR-Mitglied während der Freistellung **erkrankt.**[839] Findet die Schulung während der **Werksferien** statt, hat der AN einen Anspruch auf Nachgewährung des Urlaubs.[840] **184**

Die **Dauer des Anspruchs** ändert sich nicht dadurch, dass die **Amtszeit** z. B. wegen einer außerhalb des einheitlichen Wahlzeitraums durchgeführten Wahl (§ 13) ausnahmsweise **mehr oder weniger als vier** Jahre beträgt.[841] Für die hier vertretene Auffassung spricht deren Praktikabilität sowohl für den AG als auch für den BR und das einzelne anspruchsberechtigte BR- bzw. JAV-Mitglied. Hinzu kommt, dass sich wohl in den seltensten Fällen zwei verkürzte Amtszeiten hintereinander anschließen. Eine Mehrbelastung für den AG tritt somit nicht ein. Eine Besserstellung einzelner BR- und JAV-Mitglieder leitet sich hieraus ebenfalls nicht ab. Vorteilhaft ist zudem, dass jeder der Beteiligten nach einer Neuwahl genau die Höhe des entsprechenden »Bildungsurlaubsanspruchs« kennt und keine Berechnungen vorgenommen oder irgendwelche Ansprüche (plus oder minus) aus der vorherigen Amtsperiode verrechnet werden müssen. Hinzu kommt, dass ein zu viel verbrauchter Anspruch bei vorzeitiger Beendigung der Amtszeit vom AG nicht zurückverlangt werden kann.[842] **185**

Dem **erstmals gewählten BR- bzw. JAV-Mitglied** steht die **Zusatzwoche** bezahlter Freistellung zur Teilnahme an Schulungs- und Bildungsveranstaltungen auch bei verkürzter Amtszeit in voller Höhe zu.[843] **186**

Die Freistellung kann **zusammenhängend** oder in mehreren **Teilabschnitten** genommen werden. **187**

Der Anspruch **verfällt** mit Ablauf der regelmäßigen Amtszeit, wenn und soweit die Arbeitsbefreiung vorher nicht in Anspruch genommen wurde; es sei denn, eine Übertragung auf die neue Amtszeit ist aus dringenden betrieblichen oder persönlichen Gründen erforderlich.[844] **Zuviel gewährte Freistellungen** können nicht zurückverlangt werden.[845] Da das **Teilnahmerecht** der BR-Mitglieder gemäß Abs. 7 während der gesamten Amtszeit besteht, ist der Besuch von Veranstaltungen gegen oder am **Ende der Amtszeit** noch zulässig.[846] **188**

---

835 *Däubler,* Schulung Rn. 302; GK-*Weber,* Rn. 253; HWGNRH-*Glock,* Rn. 223; *Kopp,* AuR 76, 333.
836 *Fitting,* a. a. O.; GK-*Weber,* a. a. O.
837 *Lichtenstein,* BetrR 87, 7 [46].
838 Vgl. *Däubler,* Schulung a. a. O.; *Fitting,* a. a. O.; GK-*Weber,* a. a. O.
839 *Däubler,* Schulung Rn. 298; GK-*Weber,* Rn. 254; allg. *Kunz/Wedde,* EFZR, § 3 Rn. 38 ff.
840 GK-*Weber,* Rn. 266; *Fitting,* Rn. 227; im Ergebnis ähnlich HWGNRH-*Glock,* Rn. 234.
841 *Däubler,* Schulung Rn. 305 f.; a. A. und für eine entsprechende Verlängerung bzw. Verkürzung bei Abstellung auf das angefangene Jahr für die Berechnung *Fitting,* Rn. 221; Richardi-*Thüsing,* Rn. 165 f.; *Künzl,* ZfA 93, 341 [356]; vgl. auch *BAG* 19.4.89, AP Nr. 68 zu § 37 BetrVG 1972; ebenso, aber bei entsprechender Anwendung der Regelung über anteiligen Urlaub, GK-*Weber,* Rn. 256 f.; *Kühner,* S. 125 f.; vgl. auch *Kopp,* AuR 76, 333
842 Vgl. GK-*Weber,* Rn. 257; *Kopp,* AuR 76, 333.
843 *BAG,* a. a. O.; *Däubler,* Schulung Rn. 306; *Fitting* und HWGNRH-*Glock,* jeweils a. a. O.; GK-*Weber,* Rn. 261.
844 Im Ergebnis auch *Däubler,* Schulung Rn. 300 ff.; aus wichtigem Grund *Kopp,* AuR 76, 333; a. A. ErfK-*Koch,* Rn. 20; *Fitting,* Rn. 223; GK-*Weber,* Rn. 260, jeweils m. w. N., die einen generellen Verfall annehmen.
845 *Fitting,* Rn. 221; GK-*Weber,* Rn. 241.
846 A. A. *BAG* 9.9.92, AP Nr. 86 zu § 37 BetrVG 1972; ebenso GK-*Weber,* Rn. 260; HWGNRH-*Glock,* Rn. 229; *Heckes,* S. 58; Richardi-*Thüsing,* Rn. 171; *Schiefer* DB 92, 631; *BAG* 28.8.96, NZA 97, 169 = AiB 97, 230 mit Anm. *Peter,* verlangt vom BR die Prüfung, ob die Kenntnisse überhaupt noch in die

189 Einem **Ersatzmitglied,** das während der laufenden Amtsperiode **endgültig in den BR nachrückt,** steht der Anspruch anteilig für die verbleibende Amtszeit mit der Maßgabe zu, dass er ihn bezogen auf die zusätzliche Woche für erstmals gewählte BR-Mitglieder in vollem Umfang behält, sofern er vorher nicht bereits Mitglied eines BR, einer JAV oder eines PR gewesen ist.[847] Lässt sich in der verbleibenden Amtszeit die **Zusatzwoche des »Bildungsurlaubs«** nicht mehr realisieren, gilt das nachgerückte BR-Mitglied in einer späteren Amtszeit als erstmals gewähltes BR-Mitglied, so dass es dann über einen vierwöchigen »Bildungsurlaub« verfügt. Ersatzmitglieder, die nur **zeitweilig** verhinderte BR-Mitglieder vertreten, sollen nach der abzulehnenden Rspr. keinen Anspruch nach Abs. 7 haben.[848]

4. Träger der Schulungsmaßnahmen, Anspruchsberechtigte, Entgeltfortzahlung

190 Es gelten bezüglich der Anspruchsberechtigten, Entgeltfortzahlung und des Unfallschutzes dieselben **Grundsätze wie bei Schulungsveranstaltungen nach Abs. 6,**[849] allerdings mit der Ausnahme, dass Mitglieder des **WV,** des **WA** und **Ersatzmitglieder** keinen Anspruch gem. Abs. 7 haben sollen.[850] Aufgrund der in Abs. 7 S. 3 enthaltenen Verweisung auf Abs. 6 S. 2 haben BR-Mitglieder einen Anspruch auf bezahlten Freizeitausgleich bzw. auf Abgeltung nach Abs. 3, wenn die Teilnahme an Maßnahmen aus betriebsbedingten Gründen außerhalb der Arbeitszeit stattfinden.[851] Ein **Kostenerstattungsanspruch** nach § 40 besteht nicht, es sei denn, das BR-Mitglied hat an der nach Abs. 7 anerkannten Schulungsmaßnahme auf Basis von Abs. 6 teilgenommen, weil erforderliche Kenntnisse vermittelt wurden, ggf. zu mehr als 50 v. H.[852]

5. Beschlussfassung des Betriebsrats

191 Die Teilnahme an Bildungsveranstaltungen nach Abs. 7 ist nur nach **erfolgter Beschlussfassung des BR** möglich (vgl. Rn. 151 ff. sowie § 29 Rn. 21 ff., § 33 Rn. 15 f.). Fehlt eine ordnungsmäßige vorherige Beschlussfassung, soll nach der abzulehnenden Rspr. des *BAG*[853] keine Pflicht zur Entgeltfortzahlung sowie zur Kostenerstattung durch den AG bestehen. Anders als beim Entsendungsbeschluss nach Abs. 6 beschränkt sich die Beschlussfassung des BR nach Abs. 7 auf die **Festlegung der zeitlichen Lage** der Teilnahme durch die einzelnen BR-Mitglieder[854] und auf die **Bekanntgabe des Beschlusses an den AG** (vgl. im Übrigen Rn. 182 ff.). An der Beschlussfassung kann sich das betroffene BR-Mitglied beteiligen.[855] Anders als nach Abs. 6 hat der BR nicht zu prüfen, ob die Schulungsmaßnahme Kenntnisse vermittelt, die für die BR-Arbeit geeignet sind. Die Anerkennung der Maßnahme durch die zuständige oberste Arbeitsbehörde des Landes reicht aus.[856]

Arbeit eingebracht werden können; *Fitting,* Rn. 217 hält dieser Position zutreffend entgegen, dass sie den individuellen Charakter des Schulungsanspruchs und die Bedeutung des Beschlusses nach Abs. 6 Satz 2 verkennt.

847 *Däubler,* Schulung, Rn. 304; *Fitting,* Rn. 218; vgl. auch *BAG* 19.4.89, AP Nr. 68 zu § 37 BetrVG 1972; für BR-Mitglieder, die vorher einer ausländischen Betriebsvertretung angehört haben, vgl. Rn. 166.

848 *BAG* 14.12.94, NZA 95, 593 = AiB 95, 361; ErfK-*Koch,* Rn. 22; *Fitting,* a. a. O.; GK-*Weber,* Rn. 163, jeweils m. w. N.; *Kühner,* S. 127; a. A. zutreffend *Däubler,* Schulung a. a. O., S. 88, der einen proportional verkürzten Anspruch bei mindestens dreimonatiger Vertretung bejaht; weiter *Wenning-Morgenthaler,* BB 85, 1336, der den Ersatzmitgliedern, die überwiegend und häufig an BR-Sitzungen teilnehmen, den vollen Anspruch zuspricht.

849 Vgl. Rn. 147 ff.

850 *BAG* 14.12.94, DB 95, 834; HWGNRH-*Glock,* Rn. 207; Richardi-*Thüsing,* Rn. 162 f.; vgl. aber § 107 Rn. 32.

851 *Fitting,* Rn. 226, Richardi-*Thüsing,* Rn. 177; a. A. HWGNRH-*Glock,* Rn. 236.

852 *Fitting,* Rn. 228; GK-*Weber,* Rn. 262; vgl. § 40 Rn. 56 ff ; *Künzl,* ZfA 93, 341 [370 f.]; a. A. für Kostenübernahme Richardi-*Thüsing,* Rn. 179; vgl. im Übrigen Rn. 122.

853 *BAG* 8.3.00, AiB 01, 356 mit Anm. *Wedde,* ebenso *Fitting,* Rn. 232; ErfK-*Koch,* Rn. 23; GK-*Weber,* Rn. 272; zur Kritik vgl. Rn. 137.

854 *LAG Niedersachsen* 14.8.87, AuR 89, 60, Ls.; ErfK-*Koch,* Rn. 23.

855 Vgl. auch § 33 Rn. 20.

856 *Fitting,* Rn. 196 m. w. N.

6. Unterrichtungs- und Einspruchsrecht des Arbeitgebers

Der AG ist von der beabsichtigten Teilnahme der betreffenden BR-Mitglieder unter Angabe der zeitlichen Lage der Schulungs- und Bildungsveranstaltung sowie der Mitteilung, dass die Veranstaltung von der obersten Arbeitsbehörde des Landes als geeignet anerkannt ist, zweckmäßigerweise unter Bekanntgabe des betreffenden Aktenzeichens, **rechtzeitig zu unterrichten.**[857] Die Vorlage einer beglaubigten Abschrift des Anerkennungsbescheides ist nicht erforderlich.[858] Hält der AG die **betrieblichen Notwendigkeiten** für nicht ausreichend berücksichtigt, kann er die ESt. anrufen.[859] Für die Teilnahme nach Abs. 7 besteht der Schutz der **gesetzlichen Unfallversicherung.**[860] 192

VIII. Streitigkeiten

Für die Entscheidung sämtlicher Rechtsstreitigkeiten aus der Anwendung des § 37 sind die **ArbG** zuständig, soweit sich nicht nach Abs. 6 Satz 4 bzw. Abs. 7 Satz 3 die **Zuständigkeit der ESt.** (vgl. Rn. 156 ff., 192) ergibt. Die Entscheidungen des ArbG ergehen nach dieser Vorschrift grundsätzlich im **Beschlussverfahren.**[861] Eine **Ausnahme** gilt für Streitigkeiten über Grund und Höhe des fortzuzahlenden Arbeitsentgelts bei Arbeitsbefreiung zur Durchführung von BR-Aufgaben (Abs. 2) und bei Teilnahme an Schulungsmaßnahmen (Abs. 6 und 7) sowie bei Ansprüchen aus den Abs. 3 bis 5, z. B. auf Gewährung des Freizeitausgleichs, Bemessung des Arbeitsentgelts oder Beschäftigung mit gleichwertiger Tätigkeit. In diesen Fällen ist nach Auffassung der Rspr. im **Urteilsverfahren** zu entscheiden, obwohl die Grundlage für die Streitigkeit im BetrVG liegt.[862] Ein fälschlicherweise eingeleitetes Beschlussverfahren kann auf Antrag noch in der Rechtsbeschwerdeinstanz an das im ersten Rechtszug zuständige Gericht zur Verhandlung und Entscheidung im Urteilsverfahren abgegeben werden.[863] Es kann bei derselben Vorfrage (z. B. Erforderlichkeit) zweckmäßig sein, unter Beachtung der tarifvertraglichen Ausschlussfristen das Urteilsverfahren einzuleiten und bis zum rechtskräftigen Abschluss des Beschlussverfahrens auszusetzen.[864] 193

Die Entscheidung im Urteilsverfahren gilt bei Anspruch auf Lohnfortzahlung bei Schulungsmaßnahmen nach Abs. 6 selbst dann, wenn auch die Kostenerstattung streitig ist. In diesem Fall sind **zwei Verfahren** – nämlich Urteilsverfahren wegen des Lohnanspruchs und Beschlussverfahren wegen Erstattung der Kosten – einzuleiten,[865] wobei es zweckmäßig erscheint, das Urteilsverfahren bis zum rechtskräftigen Abschluss des Beschlussverfahrens auszusetzen.[866] Die **Verbindung** beider Verfahren ist **unzulässig.**[867] Die Ansprüche sind im Streitfall vom einzelnen BR-Mitglied einzuklagen. Sie können ohne eine entsprechende **Abtretung** nicht von der Gewerkschaft geltend gemacht werden.[868] 194

Streitigkeiten zwischen BR und AG über betriebsverfassungsrechtliche Fragen sind im **Beschlussverfahren** nach §§ 2 a, 80 ff. ArbGG vor dem ArbG auszutragen. Ggf. kommt die Beantragung einer **einstweiligen Verfügung** in Betracht (vgl. Rn. 159 ff.). Nach der Rspr. des *BAG*[869] sind **Gewerkschaften** bei Streitigkeiten zwischen AG und BR über die Erforderlichkeit einer Schulungsmaßnahme auch dann nicht antragsberechtigt und an dem Verfahren zu be- 195

857 Textmuster bei DKKWF-*Wedde*, § 37 Rn. 52.
858 *ArbG Hamm* 16.5.74, AuR 74, 251, Ls.; *Künzl*, ZfA 93, 341 [360]; a. A. HWGNRH-*Glock*, Rn. 234.
859 Richardi-*Thüsing*, Rn. 174; vgl. Rn. 141 ff.
860 GK-*Weber*, Rn. 266; HWGNRH-*Glock*, Rn. 235.
861 *LAG Schleswig-Holstein* 30.8.05, DB 05, 2415.
862 Ständige Rspr. *BAG;* vgl. 30.1.72, 22.8.85, AP Nrn. 1, 50 zu § 37 BetrVG 1972; 11.5.73, 5.3.74, AP Nrn. 2, 5 zu § 20 BetrVG 1972; ebenso ErfK-*Koch*, Rn. 25; GK-*Weber*, Rn. 301.
863 *BAG* 21.5.74, AP Nr. 12 zu § 37 BetrVG 1972.
864 Vgl. auch *Däubler*, Schulung Rn. 601.
865 *BAG* 18.6.74, 17.9.74, AP Nrn. 16, 17 zu § 37 BetrVG 1972.
866 *Dütz*, Anm. zu AP Nr. 17 zu § 37 BetrVG 1972; auch *Fitting*, Rn. 253; HWGNRH-*Glock*, Rn. 242.
867 *Dütz*, AuR 73, 370; *Fitting*, a. a. O.
868 *BAG* 27.11.73, AP Nr. 4 zu § 40 BetrVG 1972.
869 28.1.75, AP Nr. 20 zu § 37 BetrVG 1972.

teiligen, wenn sie Träger der Schulungsveranstaltung sind.[870] Führt sie jedoch aus abgetretenem Recht das Verfahren gegen den AG, sind weder der BR noch der Schulungsteilnehmer zu beteiligen.[871]

196 Das Beschlussverfahren ist auch die zutreffende Verfahrensart für die **Anfechtung des Bescheids der obersten Arbeitsbehörde** über die Anerkennung von Schulungs- und Bildungsveranstaltungen, obwohl es sich dabei um einen Verwaltungsakt handelt. § 2 a ArbGG enthält mit der Zuweisung aller betriebsverfassungsrechtlichen Streitigkeiten an die ArbG eine gegenüber § 40 VwGO spezielle Zuständigkeitsregelung.[872] Der Antrag auf Aufhebung des Anerkennungsbescheids hat keine aufschiebende Wirkung.[873]

197 Für **Streitigkeiten zwischen BR und einzelnen BR-Mitgliedern** ist ebenfalls das ArbG im **Beschlussverfahren** zuständig. Voraussetzung ist aber, dass das BR-Mitglied geltend machen kann, durch eine Handlung oder ein Unterlassen des BR in seinen Rechten als BR-Mitglied verletzt zu sein, z. B. bei einem fehlerhaften Entsendungsbeschluss des BR.[874]

198 Bei drohender Vereitelung bzw. Nicht-Nachholbarkeit der Teilnahme eines Betriebsratsmitgliedes an einer erforderlichen Schulung kann eine **einstweilige Verfügung** erwirkt werden.[875]

199 Für die Geltendmachung der **individuellen Ansprüche der BR-Mitglieder,** z. B. Lohnansprüche wegen Arbeitsbefreiung bzw. Teilnahme an Schulungsmaßnahmen, sind ggf. die tarifvertraglichen **Ausschlussfristen** zu beachten. Entsprechendes gilt für die Klageerhebung. Sonstige Ansprüche nach dieser Vorschrift unterliegen grundsätzlich nicht der tarifvertraglichen Ausschlussfrist. Individuelle Ansprüche auf Zahlung können ggf. per einstweiliger Verfügung durchgesetzt werden.[876] Während der vollständigen Freistellung soll einer Klage eines BR-Mitglieds, mit der dieses gegenüber dem AG das Ziel verfolgt, mit einer bestimmten Tätigkeit beschäftigtigt bzw. nicht beschäftigtigt zu werden, das berechtigte Interesse fehlen, Gerichte für Arbeitssachen in Anspruch zu nehmen.[877]

§ 38 Freistellungen

(1) Von ihrer beruflichen Tätigkeit sind mindestens freizustellen in Betrieben mit in der Regel

200 bis 500	**Arbeitnehmern**	**ein Betriebsratsmitglied,**
501 bis 900	**Arbeitnehmern**	**2 Betriebsratsmitglieder,**
901 bis 1500	**Arbeitnehmern**	**3 Betriebsratsmitglieder,**
1501 bis 2000	**Arbeitnehmern**	**4 Betriebsratsmitglieder,**
2001 bis 3000	**Arbeitnehmern**	**5 Betriebsratsmitglieder,**
3001 bis 4000	**Arbeitnehmern**	**6 Betriebsratsmitglieder,**
4001 bis 5000	**Arbeitnehmern**	**7 Betriebsratsmitglieder,**
5001 bis 6000	**Arbeitnehmern**	**8 Betriebsratsmitglieder,**
6001 bis 7000	**Arbeitnehmern**	**9 Betriebsratsmitglieder,**
7001 bis 8000	**Arbeitnehmern**	**10 Betriebsratsmitglieder,**
8001 bis 9000	**Arbeitnehmern**	**11 Betriebsratsmitglieder,**
9001 bis 10000	**Arbeitnehmern**	**12 Betriebsratsmitglieder.**

In Betrieben mit über 10000 Arbeitnehmern ist für je angefangene weitere 2000 Arbeitnehmer ein weiteres Betriebsratsmitglied freizustellen. Freistellungen können auch in Form von Teilfreistellungen erfolgen. Diese dürfen zusammengenommen nicht den Umfang der Freistellungen nach den Sätzen 1 und 2 überschreiten. Durch Tarifvertrag oder Betriebsvereinbarung können anderweitige Regelungen über die Freistellung vereinbart werden.

870 Ebenso ErfK-*Koch*, Rn. 28.
871 *BAG* 15.1.92, AP Nr. 41 zu § 40 BetrVG 1972.
872 *BAG* 18.12.73, 30.8.89, AP Nrn. 7, 73 zu § 37 BetrVG 1972; zur Anfechtung des Bescheids durch den AG bzw. AG-Verband vgl. Rn. 163 ff.
873 *Fitting*, Rn. 266; vgl. auch *BAG* 11.10.95, NZA 96, 934 = AiB 97, 53 mit Anm. *Peter*.
874 *Däubler*, Schulung Rn. 617 f.; GK-*Weber*, Rn. 316 ff.
875 *ArbG Frankfurt* 27.1.00, AiB 00, 435.
876 Vgl. *ArbG Frankfurt* 16.1.01, FA 01, 240 bzgl. eines Entgeltanspruchs i. V. m. § 37 Abs. 2.
877 *BAG* 23.9.14, NZA 15, 179.

(2) Die freizustellenden Betriebsratsmitglieder werden nach Beratung mit dem Arbeitgeber vom Betriebsrat aus seiner Mitte in geheimer Wahl und nach den Grundsätzen der Verhältniswahl gewählt. Wird nur ein Wahlvorschlag gemacht, so erfolgt die Wahl nach den Grundsätzen der Mehrheitswahl; ist nur ein Betriebsratsmitglied freizustellen, so wird dieses mit einfacher Stimmenmehrheit gewählt. Der Betriebsrat hat die Namen der Freizustellenden dem Arbeitgeber bekannt zu geben. Hält der Arbeitgeber eine Freistellung für sachlich nicht vertretbar, so kann er innerhalb einer Frist von zwei Wochen nach der Bekanntgabe die Einigungsstelle anrufen. Der Spruch der Einigungsstelle ersetzt die Einigung zwischen Arbeitgeber und Betriebsrat. Bestätigt die Einigungsstelle die Bedenken des Arbeitgebers, so hat sie bei der Bestimmung eines anderen freizustellenden Betriebsratsmitglieds auch den Minderheitenschutz im Sinne des Satzes 1 zu beachten. Ruft der Arbeitgeber die Einigungsstelle nicht an, so gilt sein Einverständnis mit den Freistellungen nach Ablauf der zweiwöchigen Frist als erteilt. Für die Abberufung gilt § 27 Abs. 1 Satz 5 entsprechend.

(3) Der Zeitraum für die Weiterzahlung des nach § 37 Abs. 4 zu bemessenden Arbeitsentgelts und für die Beschäftigung nach § 37 Abs. 5 erhöht sich für Mitglieder des Betriebsrats, die drei volle aufeinander folgende Amtszeiten freigestellt waren, auf zwei Jahre nach Ablauf der Amtszeit.

(4) Freigestellte Betriebsratsmitglieder dürfen von inner- und außerbetrieblichen Maßnahmen der Berufsbildung nicht ausgeschlossen werden. Innerhalb eines Jahres nach Beendigung der Freistellung eines Betriebsratsmitglieds ist diesem im Rahmen der Möglichkeiten des Betriebs Gelegenheit zu geben, eine wegen der Freistellung unterbliebene betriebsübliche berufliche Entwicklung nachzuholen. Für Mitglieder des Betriebsrats, die drei volle aufeinander folgende Amtszeiten freigestellt waren, erhöht sich der Zeitraum nach Satz 2 auf zwei Jahre.

Inhaltsübersicht

I. Vorbemerkungen

Die Regelung schreibt in **Abs. 1** eine Mindestzahl von Freistellungen von BR-Mitgliedern fest und sichert so die Arbeitsfähigkeit des BR. Sie gilt nur in größeren Betrieben. **Abs. 2** beinhaltet Regelungen zum Wahlverfahren, zur Information des AG sowie für den Konfliktfall. Die **Abs. 3** und **4** haben die finanzielle und berufliche Absicherung der freigestellten BR-Mitglieder insbesondere nach Beendigung der Freistellung zum Ziel. Die Vorschrift soll durch ihren klarstellenden Charakter insgesamt die Vermeidung von Streitigkeiten zwischen AG und BR bezüglich der Freistellung von BR-Mitgliedern gewährleisten.[1] **1**

1 GK-*Weber*, Rn. 1.

2 Im Rahmen des **BetrVerf-ReformG** erfolgte 2001 eine Verbesserung der Freistellung durch Senkung der Betriebsgröße und durch die normative Verankerung der Teilfreistellungen (zur Kritik vgl. die 12. Auflage).

3 Die Vorschrift gilt nicht für Mitglieder des **GBR** und des **KBR**.[2] Diese Funktionsträger sind, soweit sie nicht ohnehin in ihrem BR freigestellt sind, für die Erfüllung ihrer Aufgaben als Mitglieder dieser Gremien nach § 37 Abs. 2 i. V. m. § 51 Abs. 1 bzw. § 59 Abs. 1 von ihrer beruflichen Tätigkeit zu befreien.[3] Auch auf die **JAV,** die **GJAV** und die **KJAV** findet sie keine Anwendung (vgl. § 65, § 73 Abs. 2 und § 73 b Abs. 2). Hier gilt ebenfalls die allgemeine Regelung des § 37 Abs. 2. Es ist aber zulässig, dass AG und BR eine Vereinbarung über eine Freistellung von JAV-Mitgliedern treffen.[4] Auf die Mitglieder der **Bord-Vertretung** findet die Vorschrift keine Anwendung (§ 115 Abs. 4). Sie gilt jedoch für den **See-BR** (§ 116 Abs. 3). Für die **»zusätzliche AN-Vertretung«** i. S. d. § 3 Abs. 1 Nr. 4 und 5 gilt die Vorschrift nicht, es sei denn, der TV enthält eine entsprechende Regelung. Auf eine **»andere AN-Vertretung«** i. S. d. § 3 Abs. 1 Nr. 1 – 3 findet sie Anwendung, da diese AN-Vertretung an die Stelle des BR tritt.[5]

II. Gesetzliche Mindestregelung der Freistellung

1. Rechtscharakter der Freistellung

4 Die Freistellung nach dieser Vorschrift ist zu unterscheiden von der Befreiung von der beruflichen Tätigkeit gemäß § 37 Abs. 2. § 38 ist zwar ein **Unterfall der Generalnorm des § 37 Abs. 2,** es bestehen aber zwischen beiden Bestimmungen erhebliche Unterschiede. Während unter »Befreiung von der beruflichen Tätigkeit« (§ 37 Abs. 2) die **Entbindung** von der Arbeitspflicht zu verstehen ist, die z. B. aus einem **konkreten Anlass** zur Durchführung von Aufgaben des BR notwendig wird (vgl. § 37 Rn. 10 ff.), bedeutet »Freistellung« die **generelle Entbindung** von BR-Mitgliedern **von ihrer Verpflichtung zur Arbeitsleistung** zum Zwecke der Erfüllung der BR-Aufgaben, ohne dass es jeweils eines Nachweises bedarf.[6] **Freigestellt** werden können **nur BR-Mitglieder,** nicht sonstige AN. Dies gilt auch für **Ersatzmitglieder,** sofern sie nicht für ein ausgeschiedenes oder längere Zeit verhindertes BR-Mitglied in den BR nachgerückt sind (vgl. auch Rn. 59). Die Freistellung setzt das **Einverständnis** des betreffenden BR-Mitglieds voraus, das vor oder unmittelbar nach der Wahl erklärt werden kann.[7]

5 Der Anspruch auf Freistellung steht dem Gremium und nicht einzelnen BR-Mitgliedern, z. B. dem BR-Vorsitzenden, zu.[8] Das einzelne BR-Mitglied erwirbt erst nach einem entsprechenden Beschluss des BR einen hieraus abgeleiteten Individualanspruch auf Freistellung.

6 Über die **Freistellung beschließt** der **BR** (vgl. Rn. 33 ff.). Der Beschluss ist dem AG mitzuteilen. Einer ausdrücklichen Erklärung seitens des AG, damit die Freistellung wirksam wird, bedarf es nicht. Er kann die ESt. nach Abs. 2 anrufen (vgl. Rn. 47 ff.).

7 Durch die Freistellung wird eine durch die Mindeststaffel des Abs. 1 festgelegte Zahl von BR-Mitgliedern in **vollem Umfang ganz** oder **im Rahmen von Teilfreistellungen zeitweise** von ihrer Verpflichtung zur Arbeitsleistung entbunden. Die entsprechenden BR-Mitglieder können sich im festgelegten Rahmen ausschließlich mit BR-Arbeit befassen. Das bestehende Freistellungskontingent kann der BR nach eigenem Ermessen auf seine Mitglieder verteilen. Die Ausgestaltung der Freistellung im konkreten Fall kann nach Absprache mit dem AG oder auf Basis anderweitiger Regeln in TV oder BV erfolgen. In diesem Rahmen ist auch eine Ausgestaltung möglich, bei der BR-Mitglieder für bestimmte Stunden, Tage oder sonstige überschaubare Zeitintervalle von der Arbeitspflicht entbunden werden.[9] Die Freistellung kann

2 Vgl. *LAG München* 19.7.90, NZA 91, 905.
3 *Fitting,* Rn. 3; HWGNRH-*Glock,* Rn. 5.
4 *Fitting,* a. a. O.; GK-*Weber,* Rn. 3.
5 *Fitting,* a. a. O.; GK-*Weber,* Rn. 4; HWGNRH-*Glock,* a. a. O.
6 *Fitting,* Rn. 7; GK-*Weber,* Rn. 8; Richardi-*Thüsing,* Rn. 5; *Jülicher,* AuR 73, 161; *Natzel,* NZA 00, 77; *BAG* 31.5.89, BB 90, 491 bei BR-Tätigkeit innerhalb des Betriebs; allg. *Müller,* AiB 08, 281.
7 *BAG* 11.3.92, NZA 92, 946 = AiB 92, 732; GK-*Weber,* Rn. 48; a. A. *Fitting,* Rn. 38, 70; Richardi-*Thüsing,* Rn. 38, die ein vorheriges Einverständnis voraussetzen.
8 ErfK-*Koch,* Rn. 1; *Fitting,* Rn. 7; GK-*Weber,* Rn. 8.
9 *BAG* 26.6.96, NZA 97, 58; vgl. Rn. 16.

nach Absprache mit dem AG oder durch eine anderweitige Regelung durch TV oder BV auch in der Weise erfolgen, dass BR-Mitglieder nicht völlig, sondern lediglich für bestimmte Stunden oder für bestimmte Tage von ihrer Arbeitspflicht entbunden werden.[10]

2. Mindeststaffel

Die in Abs. 1 genannten Zahlen sind – vorbehaltlich einer abweichenden Regelung durch TV oder BV – **Mindestzahlen,** die bei Bedarf überschritten werden können.[11] Selbst bei sehr umfangreicher Inanspruchnahme der zusätzlichen Arbeitsbefreiung nach § 37 Abs. 2 kann diese nicht auf die Mindeststaffel angerechnet werden, da das BetrVG zwischen Freistellungen nach § 38 Abs. 1 und Arbeitsbefreiung gemäß § 37 Abs. 2 differenziert.[12] 8

Einziges Kriterium für die Freistellung ist die **Zahl der im Betrieb** (zum Betriebsbegriff § 1 Rn. 33 ff.) **in der Regel** (vgl. § 9 Rn. 6 ff.) **beschäftigten AN,** einschließlich der zu ihrer Berufsausbildung Beschäftigten (vgl. § 5). Gemäß § 5 Abs. 1 Satz 3 sind auch **Beamte, Soldaten** und **AN des öffentlichen Dienstes** wie etwas bei Allgemeinen Ortskrankenkassen Beschäftigte[13] zu berücksichtigen, wenn sie in **Betrieben des Privatrechts** tätig werden (vgl. § 5 Rn. 108). Weiterhin sind die im Betrieb beschäftigten **Leih-AN** zu berücksichtigen[14], und zwar unabhängig davon, ob sie wahlberechtigt sind oder nicht. Auch »Vertretungsfälle« stehen dieser Berücksichtigung nicht entgegen.[15] Auf die **Wahlberechtigung** zum BR kommt es bei der Feststellung der für die Freistellung maßgeblichen AN-Zahl nicht an. Deshalb zählen die im Betrieb beschäftigten jugendlichen AN mit. Besteht die Arbeitnehmereigenschaft, kommt es auf den Ort der für den Betrieb erbrachten Tätigkeit nicht an. Auch außerhalb des Betriebs tätige Monteure, Außendienstmitarbeiter oder Telearbeiter sind relevant.[16] Zu berücksichtigen sind weiterhin:[17] 9

- **Heimarbeiter,** die in der Hauptsache für den Betrieb arbeiten (vgl. § 5 Rn. 126 ff.);
- **Teilzeitbeschäftigte,** und zwar nach Personen (»nach Köpfen«), nicht nach Aufrechnung der Arbeitszeit von Vollzeit-AN;[18]
- AN, die in zum Betrieb gehörenden **Betriebsteilen** oder **Kleinstbetrieben** arbeiten;[19]
- AN, die sich in **Altersteilzeit** in Form des sog. Blockmodells befinden;[20]
- bei Bildung eines BR auf Unternehmensebene bzw. bei Zusammenfassung mehrerer Betriebe gem. § 3 Abs. 1 Nr. 1 die Zahl der im Unternehmen bzw. im zusammengefassten Betrieb beschäftigten AN.[21]

Nicht zu berücksichtigen sind die in § 5 Abs. 2 und 3 genannten Personen (vgl. § 5 Rn. 144 insbesondere zur Einordnung von **Jobrotation, Ein-Euro-Jobs**[22] usw.).

10 *BAG* 26.6.96, a. a. O.; *Däubler,* Arbeitsrecht 1, Rn. 870; vgl. auch Rn. 19 ff.
11 Vgl. *BAG* 21.11.78, AP Nr. 34 zu § 37 BetrVG 1972; Rn. 11 ff.; *LAG Baden-Württemberg* 21.09.2010 – 14 TaBV 3/10.
12 *ArbG Berlin* 10.10.85 – 30 BV 12/85.
13 *BAG* 5.12.12, NZA 13, 690.
14 BAG 13.3.13, NZA 13, 789; 5.12.12, NZA 13, 690; a. A. *BAG* 10.3.04, DB 04, 1836; 22.10.03, DB 04, 939; 16.4.03, DB 03, 2128; zum kontroversen Meinungsstand vgl. statt vieler *Däubler,* AuR 04, 81 ff.; *Dörner,* FS Wißmann, 287 [292 f.]; *Gillen/Vahle,* BB 06, 2749; *Ratayczak,* AiB 04, 212; *Schüren,* RdA 04, 186; *Unger-Hellmich,* AuA 15, 148; Schirner, FS 50 Jahre BAG, 1063 ff.; *Wlotzke,* FS 50 Jahre BA, 1149 ff., jeweils m. w. N.; für eine Berücksichtigung der Leih-AN auch *Fitting,* Rn. 9; *ArbG Berlin* 31.1.01, AiB 01, 541; Richardi-*Thüsing,* Rn. 9, der die Rechtsprechung des BAG als »zweifelhaft« charakterisiert; ErfK-*Koch,* Rn. 1; vgl. ausführlich auch § 7 Rn. 8, 22.
15 *Fitting,* Rn. 9; a. A. *HessLAG* 12.8.13 AuR 14, 121, das insbesondere Vertretungsfälle nicht berücksichtigen will.
16 Unverständlich insoweit die Differenzierung von HWGNRH-*Glock,* Rn. 11.
17 Vgl. allgemein *Fitting,* Rn. 9; GK-*Weber,* Rn. 14; HWGNRH-*Glock,* Rn. 11; Rspr.-Übersicht v. *Matusche,* AiB 94, 486 ff.
18 *LAG Saarland* 4.7.01, AiB 02, 129; *LAG Düsseldorf* 26.9.89, BB 89, 2331, Ls.; *Fitting,* Rn. 9; Richardi-*Thüsing,* Rn. 10; a. A. GK-*Weber,* Rn. 21, die eine Aufrechnung der Personen vornehmen wollen.
19 *LAG Düsseldorf* 29.6.88, AiB 89, 80; GK-*Weber,* Rn. 13.
20 Vgl. § 5 Rn. 34 a, § 9 Rn. 12; ebenso *Däubler,* AiB 01, 688; *Greßlin,* S. 46; a. A. *BAG* 16.4.03, NZA 03, 1345; *Fitting,* Rn. 9; HaKo-BetrVG/*Wolmerath,* Rn. 5.
21 *Fitting,* Rn. 9.
22 Ebenso GK-*Weber,* Rn. 12

10 Bei der Festlegung der Freistellungen ist von der Zahl der zum Zeitpunkt der Beschlussfassung in der Regel beschäftigten AN auszugehen.[23] **Erhöht sich die Zahl der regelmäßig beschäftigten AN** während der Amtszeit des BR nicht nur vorübergehend, ist die Zahl der freizustellenden BR-Mitglieder anzupassen.[24] Der BR kann frei entscheiden, ob die zusätzliche Freistellung als Voll- oder (aufgeteilte) Teilfreistellung erfolgt. Entsprechendes gilt für den Abbau von Freistellungen bei **Absinken der Belegschaftsstärke,** wenn sich die Aufgaben des BR ebenfalls verringert haben. Maßgeblich ist in diesen Fällen nur ein dauerhaftes Absinken der Belegschaftsstärke, nicht aber ein vorübergehendes.[25]

3. Zusätzliche Freistellungen

11 Eine **generelle Freistellung weiterer BR-Mitglieder** ist zulässig, wenn dies für die ordnungsgemäße Durchführung der BR-Aufgaben erforderlich ist.[26] Dies ist Gegenstand einer Vereinbarung mit dem AG.[27] Macht ein AG dem BR für die Dauer der Amtszeit eine Zusage hinsichtlich einer zusätzlichen Freistellung, erstreckt sich diese auf die gesamte Dauer der regelmäßigen vierjährigen Amtszeit und wird auch nicht durch eine Neuwahl nach Rücktritt des BR und der Konstituierung eines neuen Gremiums hinfällig.[28] Neben einer Vereinbarung mit dem AG (etwa im Rahmen einer Regelungsabrede) besteht nach dem Gesetzeswortlaut die Möglichkeit, eine Erhöhung der Zahl der Freistellungen durch TV oder durch eine freiwillige, nicht durch Anrufen der ESt. erzwingbare BV herbeizuführen. Zusätzliche Freistellungen können auch geboten sein, wenn nach dem AÜG beschäftigte **LeihAN** als betriebszugehörig anzusehen sind (vgl. hierzu § 5 Rn. 81 ff.). In diesen Fällen rechtfertigen sich zusätzliche Freistellungen aus dem erhöhten Arbeitsaufwand des BR (vgl. aber Rn. 9). Erfolgt die Freistellung auf der Grundlage einer Regelungsabrede, ist diese vom AG in entsprechender Anwendung des ordentlich mit einer Frist von drei Monaten kündbar.[29]

12 **Zusätzliche Freistellungen** können, sofern diese für die BR-Arbeit erforderlich sind, durch ein **arbeitsgerichtliches Beschlussverfahren** erzwungen werden.[30] Das nach Abs. 2 vorgesehene ESt.-Verfahren ist nach Auffassung des *BAG*[31] nicht anzuwenden. Dieser Ansicht kann nicht gefolgt werden. Sie ist mit dem Wortlaut des Gesetzes nicht in Einklang zu bringen.[32] Das *BAG* räumt selbst ein, dass der Wortlaut der Vorschrift für sich betrachtet die gegenteilige Meinung nicht ausschließt.[33] Der Erlass einer **einstweiligen Verfügung** ist zulässig.[34]

13 Für die Beurteilung der Erforderlichkeit einer Freistellung über die Mindeststaffel hinaus können **keine Richtwerte bzw. Erfahrungswerte** zugrunde gelegt werden.[35] Wie bei § 37 Abs. 2 ist maßgebend, ob zur ordnungsgemäßen Wahrnehmung der BR-Aufgaben zusätzliche

---

23 *Fitting,* Rn. 8; GK-*Weber,* Rn. 17; Richardi-*Thüsing,* Rn. 11.

24 *Fitting,* Rn. 15; GK-*Weber,* Rn. 18; HWGNRH-*Glock,* Rn. 12; *Richardi,* a. a. O.; *SWS,* Rn. 4.

25 *LAG Rheinland-Pfalz* 14.5.13, EZA – SD Nr. 16, 14, LAG *Köln* 2.8.88, AiB 89, 165 mit Anm. *Grimberg; Fitting,* a. a. O.; enger, bereits für den Fall, dass die Zahl der regelmäßig beschäftigten AN nicht nur vorübergehend sinkt, *Richardi,* a. a. O.; ErfK-*Koch,* Rn. 1; GK-*Weber,* Rn. 19; *GL,* Rn. 7; *Becker-Schaffner,* BB 82, 498 [499]; HWGNRH-*Glock,* a. a. O.; *ArbG Hagen* 18.12.74, DB 75, 699; hinsichtlich Nach- bzw. Neuwahlen vgl. Rn. 59 ff.

26 Ausdrücklich *BAG* 26.6.96, NZA 97, 58; *Busch,* DB 96, 326; *Gillen/Vahle,* BB 06, 2749; *Fitting,* Rn. 19; allgemein *Waas, S. 29 ff;* a. A. GK-*Weber,* Rn. 24 die für weitere Freistellungen § 37 Abs. 2 als allein einschlägig ansehen.

27 *BAG* 16.1.79, AP Nr. 5 zu § 38 BetrVG 1972; vgl. aber *Lichtenstein,* BetrR 87, 49, der eine Beschlussfassung durch den BR als ausreichend ansieht.

28 *ArbG Köln* 21.2.08, BB 08, 945.

29 *LAG Hamm* 19.8.09, GWR 09, 457.

30 *BAG* 26.7.89, NZA 90, 621 = AuR 90, 232; 12.2.97, NZA 97, 728; 9.7.97, NZA 98, 164; *LAG Rheinland-Pfalz* 19.12.03 – 8 TaBV 558/03, juris; *Fitting,* Rn. 20; GK-*Weber,* Rn. 27 m. w. N.; Richardi-*Thüsing,* Rn. 17; ErfK-*Koch,* Rn. 2; a. A. HWGNRH-*Glock,* Rn. 16.

31 25.5.73, AP Nr. 2 zu § 38 BetrVG 1972.

32 *ArbG Darmstadt* 5.10.78 – 2 BV 11/78.

33 *BAG,* a. a. O.

34 GK-*Weber,* a. a. O.; *SWS,* Rn. 7; Richardi-*Thüsing,* Rn. 42.

35 *BAG* 21.11.78, AP Nr. 34 zu § 37 BetrVG 1972; GK-*Weber,* Rn. 26, 29; *Weber,* AiB 99, 71 f.; zu den Voraussetzungen zusätzlicher Freistellungen allg. *Waas,* S. 31 ff.

Freistellungen erforderlich sind.[36] **Maßgebende Kriterien** können z. B. sein: **erhöhter Arbeitsanfall;**[37]**Mehrbelastung des BR** durch vom Regelfall abweichende **Besonderheiten der betrieblichen Organisation;**[38]**Freistellungszeiten** von **nicht freigestellten BR-Mitgliedern;**[39]**außergewöhnliche Maßnahmen** wie Betriebsänderungen, Einführung von EDV-Systemen; Betriebsgröße knapp unter der nächsten Stufe der Mindeststaffel; weitverzweigte Betriebsstätten;[40]**Drei- bzw. Mehrschichtbetrieb;**[41] die **zeitweilige Verhinderung** eines freigestellten Mitgliedes auf Grund Tätigkeit als GBR-Vorsitzender.[42] Auch eine große Zahl von **Telearbeitsplätzen** kann wegen des hiermit verbundenen größeren Betreuungsaufwands[43] eine Erhöhung rechtfertigen. Entsprechendes gilt für eine verhältnismäßig große Zahl von **Leiharbeitnehmern**, wenn aus deren notwendiger Repräsentation im Betrieb für den BR ein erhöhter Arbeitsaufwand folgt.[44]

Der BR muss die **Erforderlichkeit zusätzlicher Freistellungen** in einem arbeitsgerichtlichen Beschlussverfahren darlegen.[45] Begehrt er die Freistellung eines zusätzlichen BR-Mitglieds für den Rest der Wahlperiode, muss er darlegen, dass diese Freistellung für die gesamte restliche Wahlperiode erforderlich ist und die notwendigen BR-Arbeiten nicht durch sonstige personelle Möglichkeiten (§ 37 Abs. 2) verrichtet werden können.[46] Die Tatsachengerichte (ArbG und LAG) haben bei der Prüfung der Frage der Erforderlichkeit einen gewissen **Beurteilungsspielraum.**[47] Entsprechendes gilt für den BR.[48] **14**

In **Betrieben mit weniger als 200 AN** kann eine Freistellung oder teilweise Freistellung in Betracht kommen, wenn diese zur ordnungsgemäßen Durchführung der BR-Aufgaben erforderlich ist und regelmäßig BR-Tätigkeit in einem bestimmten, einer Pauschalierung zugänglichen Mindestumfang anfällt.[49] Der Anspruch leitet sich nach Auffassung des *BAG* aus § 37 Abs. 2 ab, sofern keine anderweitige Regelung durch TV oder BV getroffen wurde.[50] Da es auf die konkreten Umstände des einzelnen Betriebs ankommt, lassen sich keine Richt- bzw. Erfahrungswerte zugrunde legen (vgl. Rn. 13). **15**

4. Teilfreistellungen, Ersatzfreistellungen

Abs. 1 S. 3 normiert ausdrücklich die Möglichkeit einer **Teilfreistellung** von BR-Mitgliedern. Die Regelung trägt der Tatsache Rechnung, dass Teilzeitarbeit in verschiedensten Formen zunimmt und nach Verkündung des TzBfG gesetzlich ausdrücklich begünstigt wird (TZA, § 1 TzBfG Rn. 3). Nicht relevant für die Berechnung des Gesamt-Freistellungsvolumens ist die individuelle Arbeitszeit der Freizustellenden, sondern das Stundenvolumen eines Vollzeitbeschäftigten. Damit besteht ein Teilfreistellungsanspruch für ein weiteres BR-Mitglied immer dann, wenn ein anderes freizustellendes Mitglied nur eine Teilzeittätigkeit ausübt.[51] Dies folgt **16**

36 Vgl. § 37 Rn. 26 ff.; im Übrigen *BAG* 22.5.73, AP Nrn. 1, 2 zu § 38 BetrVG 1972; 12.2.97, AuR 97, 252, Ls.; *LAG Niedersachsen* 6.9.88 – 11 TaBV 46/88.
37 *LAG Köln* 2.8.88, AiB 89, 165.
38 *ArbG Frankfurt* 4.1.90, AiB 90, 256 mit Anm. *Hartwig.*
39 *ArbG Frankfurt,* a. a. O.
40 *LAG Düsseldorf* 29.6.88, AiB 89, 80; *BAG* 22.5.73, AP Nr. 1 zu § 38 BetrVG 1972; ErfK-*Koch,* Rn. 2; *Fitting,* Rn. 28.
41 *BAG,* a. a. O.
42 *BAG* 12.2.97, NZA 97, 782; *Fitting,* Rn. 23; vgl. Rn. 17: regelmäßige Beschäftigung von **Leih-AN** im Betrieb; *ArbG Berlin* 31.1.01, AiB 01, 541 mit Anm. *Manske; BAG* 22.10.03, NZA 04, 1052, das aber auf die konkrete Arbeitsbelastung abstellt; zur zusätzlichen Arbeitsbelastung für den BR vgl. *Ratayczak,* AiB 04, 212.
43 Vgl. *Wedde,* S. 142 f.
44 Vgl. in *BAG* 22.10.03, DB 04, 939; ähnlich *Fitting,* Rn. 23.
45 *BAG* 25.5.73, 9.10.73, 16.1.79, AP Nrn. 1, 2, 3, 5 zu § 38 BetrVG 1972; *Fitting,* Rn. 20 ff.; GK-*Weber,* Rn. 27.
46 *BAG* 26.7.89, AP Nr. 10 zu § 38 BetrVG 1972.
47 *BAG* 9.10.73, AP Nr. 3 zu § 38 BetrVG 1972.
48 *LAG Nürnberg* 19.11.85 – 5 TaBV 7/84.
49 *BAG* 13.11.91, NZA 92, 414, 2.4.74, AP Nr. 10 zu § 37 BetrVG 1972; a. A. HWGNRH-*Glock,* Rn. 18 f.
50 *BAG,* a. a. O.; Richardi-*Thüsing,* Rn. 15.
51 Ähnlich *Fitting,* Rn. 12 b; Richardi-*Thüsing,* Rn. 14, ErfK-*Koch,* Rn. 4; *Hornung,* DB 02, 95 HWGNRH-*Glock,* Rn. 10, 21.

unmittelbar aus dem Wortlaut, der für den Standardfall einer Vollfreistellung vollzeitbeschäftigter AN Teilzeit-Freistellungen zulässt.[52]

17 Ein Ziel der Teilzeitregelung ist es, Teilzeitbeschäftigten ein Engagement in der BR-Arbeit zu ermöglichen. Darüber hinaus soll Vollzeitbeschäftigten durch die Nutzung von Teilfreistellungen die Möglichkeit gegeben werden, neben ihrer BR-Tätigkeit den Anschluss an ihre eigentlichen beruflichen Aufgaben zu wahren.[53] Schließlich soll es auf dieser Basis auch möglich werden, die BR-Arbeit in räumlich weit auseinander liegenden Betriebsteilen zu sichern.[54]

18 **Weitergehende Regelungen** zur Teilfreistellung, wie insbesondere auch eine Erhöhung des zur Verfügung stehenden Zeitvolumens, können durch **TV** oder **BV** getroffen werden.

19 Bleibt die Aufteilung der verschiedenen Teilfreistellungen summenmäßig innerhalb des nach Abs. 1 Satz 1 und 2 zulässigen Arbeitszeitvolumens von vergleichbaren freigestellten Vollzeitbeschäftigten, besteht **keine weitergehende Darlegungslast** des BR hinsichtlich des erforderlichen Umfangs gegenüber dem AG.[55] Für Teilfreistellungen gelten i. Ü. die gleichen allgemeinen Grundsätze wie für Vollfreistellungen (vgl. Rn. 4 ff.). Für die Berechnung des konkreten Freistellungsvolumens von Teilfreistellungen ist auf den Umfang der betrieblichen (Voll-)Arbeitszeit abzustellen.[56] Gibt es im Betrieb aufgrund unterschiedlicher Arbeitszeitmodelle für Gruppen von Vollzeitbeschäftigen verschiedene Arbeitszeiten, ist zur Berechnung des Freistellungsvolumens vom höchsten Zeitvolumen auszugehen. Abzulehnen ist das Abstellen auf das Volumen des im Betrieb mehrheitlich angewandten Vollzeitmodells.[57] Dieses Vorgehen würde zu Zufallsergebnissen führen, wenn etwa zwei Freistellungen je zur Hälfte auf vier BR-Mitglieder aufgeteilt werden sollten, die alle zu der Gruppe mit höheren Gesamtarbeitszeiten gehören. Die Freistellung dieser BR-Mitglieder läge damit unterhalb der gewollten fünfzig Prozent. Im Ergebnis würde damit die Arbeitsfähigkeit des BR beschränkt.

20 Mit der Regelung wird der Betriebsrat in die Lage versetzt, eine aus seiner Sicht optimale Anpassung und Gestaltung des Volumens der Teilfreistellungen vorzunehmen. Damit lassen sich BR-Mitgliedern in unterschiedlichen Bereichen bzw. Abteilungen eines Betriebs optimierte Arbeitsmöglichkeiten einräumen. Ergebnis kann insbesondere bei Betrieben mit einem hohen räumlichen Dezentralisationsgrad die Verbesserung der Basisnähe des BR zu den einzelnen AN sein.[58] Weiterhin kommt die Teilfreistellung auch den BR-Mitgliedern entgegen, die ihre berufliche Tätigkeit im Betrieb aus Gründen des Qualifikationserhalts nicht vollständig aufgeben wollen.

21 Über Teilfreistellungen und deren zeitliche und personelle Aufteilung entscheidet der BR durch **Beschluss** vor Durchführung der Wahl.[59] In der **konkreten Ausgestaltung** der Teilfreistellungen ist der BR frei.[60] Der AG kann keine bestimmte Form der Ausgestaltung von Teilfreistellungen verlangen. Beinhaltet eine Vollzeitstelle in einem Betrieb beispielsweise 37,5 Wochenstunden, sind Teilfreistellungen im entsprechenden Gesamtvolumen möglich (etwa zwei symmetrische Freistellungen zu je 18,75 Wochenstunden oder zwei asymmetrische Freistellungen zu 25 bzw. zu 12,5 Wochenstunden usw.). In größeren Betrieben kann der sich ergebende Gestaltungsspielraum etwa auch genutzt werden, um zwei Vollfreistellungen zu je $^2/_3$ auf zwei BR-Mitglieder und zu je $^1/_3$ auf zwei weitere BR-Mitglieder zu verteilen.[61] Bei der Aufteilung von Teilfreistellungen muss der BR bei Verhältniswahl beachten, dass die Entscheidung hierüber im Einzelfall der Liste zusteht, der die Vollfreistellung zufallen würde.[62]

52 Im Ergebnis ebenso *Peter*, AiB 02, 283.
53 Ähnlich *Plander*, DB 00, 2014 [2018].
54 Vgl. BT-Drucks. 14/5741 S. 41 zu Nr. 30 a.
55 Im Ergebnis ebenso *Fitting*, Rn. 12 ff.; GK-*Weber*, Rn. 21; *Wlotzke/Preis*, Rn. 11; *Greßlin*, S. 170; *Gillen/Vahle*, BB 06, 2749; Richardi-*Thüsing*, Rn. 14 f., der allerdings Aufteilungen für unzulässig hält, die zu einer »Atomisierung« der Freistellung führen würden; zur Darlegungslast bei Überschreiten des Volumens vgl. Rn. 11.
56 BT-Drucks. 14/5741 S. 41.
57 So *Fitting*, Rn. 12 b; *Greßlin*, S. 173.
58 BT-Drucks. 14/5741, S. 41.
59 *LAG Brandenburg* 4.3.03 – 2 TaBV 22/02, juris.
60 Ebenso *Fitting*, Rn. 13; *Gillen/Vahle*, BB 06, 2749; a. A. *Löwisch*, BB 01, 1734 [1743], dessen »konkrete Betrachtungsweise« zu unkalkulierbaren Zufallsergebnissen führen würde und *Hornung*, DB 02, 94 der dem BR kein freies Ermessen in dieser Frage zugesteht.
61 Vgl. weitere Beispiele bei *Fitting*, Rn. 12 b.

Eine Grenze für Gestaltungen von Teilfreistellungen kann nur bestehen, wenn diese offensichtlich kontraproduktiv sind. Dies wäre etwa der Fall, wenn in einem Betrieb mit mehr als 200 AN die einzige Freistellung durch Verteilung auf alle neun BR-Mitglieder »atomisiert« würde, ohne dass es für diese Variante spezifische Gründe (beispielsweise eine räumliche Zergliederung bei einem Filialbetrieb) gibt.[63] Allerdings ist zu beachten, dass der BR auch in derartigen Fällen nicht unter einem Begründungszwang gegenüber dem AG steht, sondern in der Ausgestaltung frei ist, es sei denn, der AG hält diese Form der Freistellung in bestimmten Einzelfällen für sachlich nicht vertretbar.[64] **22**

Ist ein freigestelltes BR-Mitglied **zeitweilig** verhindert, hat der BR, wenn dies für die ordnungsgemäße Durchführung seiner Aufgaben erforderlich ist, Anspruch auf **Ersatzfreistellung** eines anderen BR-Mitglieds.[65] Dieser Anspruch ist im **einstweiligen Verfügungsverfahren** durchsetzbar.[66] Dies gilt entsprechend auch für Teilfreistellungen. Eine **Ersatzfreistellung** ist nach der Rspr. **möglich,** wenn die Aufgaben eines zeitweilig verhinderten BR-Mitglieds auch nach einer zumutbaren betriebsratsinternen Umverteilung durch die anderen Mitglieder des BR nicht erledigt werden können und Arbeitsbefreiungen nach § 37 Abs. 2 bzw. die Vertretung durch ein Ersatzmitglied nach § 25 Abs. 1 Nr. 2 nicht ausreichen.[67] **23**

Die **Notwendigkeit** der Ersatzfreistellung ist vom BR durch **konkrete Gründe** näher darzulegen.[68] Nach nicht überzeugender Auffassung des *BAG*[69] soll indes nicht jede **kurzfristige Verhinderung** (= weniger als drei Tage) von ständig freigestellten BR-Mitgliedern zu Ersatzfreistellungen berechtigen. Zur Begründung wird darauf verwiesen, dass in der Berechnung der Mindestfreistellungsstaffeln urlaubs-, krankheits- und schulungsbedingte Abwesenheitszeiten bereits enthalten seien.[70] Die Begründung überzeugt nicht uneingeschränkt. Interne Vertretungen für kurzfristig verhinderte BR-Mitglieder lassen sich trotz der Regelung des § 37 Abs. 2 allenfalls in größeren Gremien mit vielen Freistellungen realisieren, nicht aber bei nur einem oder zwei Freigestellten. Kann ein BR darlegen, dass eine interne Vertretung auch unter Ausschöpfung der Möglichkeiten des § 37 Abs. 2 bei kurzfristiger Verhinderung nicht realisiert werden kann, hat er einen Anspruch auf Ersatzfreistellung.[71] Dies gilt insbesondere bei **kleineren Betrieben** mit nur einem oder zwei freigestellten BR-Mitgliedern.[72] Ersatzfreistellungen sind **keine zusätzlichen Freistellungen,** weil mit der Verhinderung die Zahl der insgesamt freigestellten BR-Mitglieder sinkt.[73] **24**

Für die **Erforderlichkeit einer Ersatzfreistellung** sind neben der Dauer der individuellen Verhinderung und der Zahl der Freigestellten auch Art, Organisation, Schichtsystem sowie die räumliche Lage der Betriebsstätten von Bedeutung.[74] An die Darlegungspflicht für zusätzliche Freistellungen bei verhinderten BR-Mitgliedern werden geringere Anforderungen gestellt als bei Freistellungen, die über die Mindeststaffel hinausgehen.[75] Die »Darlegungslast« kann sich **25**

62 *LAG Brandenburg,* a. a. O.; ebenso *Ratayczak,* AiB 10, 296 ff.; a. A. *Fitting,* Rn. 43, nach dem sich die auf Listen zu verteilenden Höchstzahlen nach der Anzahl der tatsächlich freizustellenden Personen richten soll.

63 Ähnlich *Fitting,* Rn. 13; Richardi-*Thüsing,* Rn. 14 a; *Gillen/Vahle,* BB 06, 2749.

64 *Fitting,* Rn. 14; GK-*Weber,* Rn. 34; *Greßlin,* S. 189 ff.; a. A. ErfK-*Koch,* Rn. 4; HSWG, Rn. 19 b.

65 *BAG* 22.5.73, AP Nr. 1 zu § 38 BetrVG 1972 mit Anm. *Richardi;* 12.2.97, NZA 97, 782; 9.7.97, NZA 98, 164 = AiB 98, 100 mit Anm. *Roos; ArbG Frankfurt* 17.9.99, AiB 91, 25 mit Anm. *Grimberg;* GK-*Weber,* Rn. 43; *Kühner,* S. 139 f.; *Gillen/Vahle,* BB 06, 2749; *Schneider,* AiB 99, 308; *Peter,* AiB 02, 285; a. A. offenbar HWGNRH-*Glock,* Rn. 16.

66 *ArbG Frankfurt,* a. a. O.

67 *BAG* 12.2.97, a. a. O.

68 *BAG* 9.7.97, a. a. O.; *Fitting,* Rn. 26.

69 22.5.73, 9.7.97, jeweils a. a. O.; mit zutreffenden Argumenten kritisch *Schneider,* AiB 99, 308 ff.

70 *BAG* 12.2.97, 9.7.97, jeweils a. a. O.

71 Ebenso *Schneider,* a. a. O.

72 So auch *Fitting,* Rn. 27; *Roos,* Anm. zu *BAG* 9.7.97, AiB 98, 100 weist zutreffend auf die Möglichkeit einer weiteren Freistellung in diesen Fällen hin; ähnlich *ArbG Frankfurt,* a. a. O.

73 *Richardi,* Anm. zu AP Nr. 1, 2 zu § 38 BetrVG 1972; Richardi-*Thüsing,* Rn. 19; a. A. *BAG* 9.7.97, NZA 98, 164; GK-*Weber* Rn. 37.

74 *BAG* 22.5.73, AP Nrn. 1, 2 zu § 38 BetrVG 1972; vgl. auch *Schneider,* a. a. O.

75 *BAG,* a. a. O.; Richardi-*Thüsing,* Rn. 19; GK-*Weber,* Rn. 44; a. A. offenbar HWGNRH-*Glock,* Rn. 16.

nach dem Grundsatz des Beweises des ersten Anscheins umkehren. Dies ist z. B. der Fall, wenn in einem 3-Schicht-Betrieb mit zwei räumlich getrennten Betriebsstätten während der Urlaubszeit von fast zehn Wochen zeitweise zwei der vier ständig freigestellten BR-Mitglieder an der Ausübung des Amtes verhindert sind. In diesem Fall ist davon auszugehen, dass ohne zusätzliche Freistellung für die Zeit der Verhinderung der freigestellten BR-Mitglieder der BR die ihm obliegenden Aufgaben nicht mehr ordnungsgemäß durchführen kann.[76] Die Grundsätze für die Arbeitsbefreiung nach § 37 Abs. 2 (vgl. § 37 Rn. 10 ff.) sind für Ersatzfreistellungen heranzuziehen.[77]

26 Der BR kann in seinem Beschluss über die Freistellungen zugleich festlegen, welche BR-Mitglieder für den Fall der zeitweisen Verhinderung ersatzweise freizustellen sind. Hat der BR Teilfreistellungen vorgenommen, kann er beispielsweise auch festlegen, dass die Aufgaben eines BR-Mitgliedes im Fall seiner zeitweiligen Verhinderung zur Aufstockung des Freistellungskontingents eines anderen teilfreigestellten Mitgliedes führen, sofern dieses mit einer entsprechenden Regelung einverstanden ist (vgl. zum Einverständnis allg. Rn. 55). Derartige Regelungen entsprechen dem Interesse des BR, seiner einzelnen Mitglieder, aber auch dem des AG, weil sich alle Beteiligten hierauf einstellen können.[78]

5. Anderweitige Regelungen durch Tarifvertrag oder Betriebsvereinbarung

27 In **TV** oder durch **BV** können anstelle der Staffel **anderweitige Regelungen über die Freistellung** getroffen werden (Abs. 1 Satz 3). Eine **BV** kann nicht gegen den Willen des AG oder des BR durch den Spruch der ESt. erlassen werden.[79] Dagegen könnte ein **TV** über eine anderweitige Regelung der Freistellung durch Arbeitskampf erzwungen werden.[80] Möglich soll aufgrund des nicht abschließenden Charakters der Vorschrift auch die Vereinbarung per Regelungsabrede sein.[81] Sie kann einvernehmlich vereinbart werden, wenn die hieraus resultierenden Freistellungen für den BR günstiger sind als die gesetzlichen Vorgaben. Mit derartigen Regelungen wird es möglich, branchenüblichen oder betrieblichen Besonderheiten Rechnung zu tragen. So kann z. B. eine durch TV oder BV getroffene Regelung anstelle oder neben der AN-Zahl des Abs. 1 für den Umfang von Freistellungen andere Kriterien (z. B. Zusammensetzung der Belegschaft, Zahl der BR-Mitglieder, Entfernung der einzelnen Arbeitsplätze oder Betriebsbereiche u. Ä.) zugrunde legen.[82] Des Weiteren kann dem BR hinsichtlich der Zahl der Freizustellenden ein Spielraum eingeräumt werden.[83] Bei der Verteilung tariflich vereinbarter zusätzlicher Freistellungen sind die Grundsätze der Verhältnis- bzw. Mehrheitswahl zu beachten. Damit fällt beispielsweise die tariflich indizierte Entscheidung über Teilfreistellungen nur der Liste zu, der eine Vollfreistellung zufallen würde.[84]

28 Für eine durch TV oder BV abweichende Regelung sind die in Abs. 1 enthaltenen **Mindestzahlen nicht verbindlich.** Da die Öffnungsklausel keine Einschränkungen enthält, soll die Vereinbarung sowohl eine Erhöhung als auch eine Herabsetzung der Zahl der freizustellenden BR-Mitglieder vorsehen können.[85] Die Zulässigkeit einer Herabsetzung der Zahl der Freizustellenden per TV oder BV ist abzulehnen, weil sie der Tatsache nicht gerecht würde, dass der BR zur Wahrnehmung seiner Aufgaben die vom Gesetzgeber festgelegte Mindestzahl von Freistellungen benötigt, um seine Arbeit sachgerecht wahrnehmen zu können.[86] Kollektiv-

---

76 *BAG* 22.5.73, AP Nr. 1 zu § 38 BetrVG 1972.
77 A. A. HWGNRH-*Glock*, a. a. O.
78 *Schumann*, DB 74, 190; zum Wahlverfahren Rn. 59 ff.
79 *Fitting*, Rn. 26; GK-*Weber*, Rn. 36, 34; HWGNRH-*Glock*, Rn. 25; Richardi-*Thüsing*, Rn. 20.
80 *Fitting*, a. a. O.; WP-*Kreft*, Rn. 13; a. A. GK-*Weber*, a. a. O.; Richardi-*Thüsing*, a. a. O.; ErfK-*Koch*, Rn. 5; *Gillen/Vahle*, BB 06, 2749.
81 *LAG Köln* 7.10.11, NZA-RR 12, 135; zur Regelungsabrede allg. § 77 Rn. 163.
82 Vgl. auch GK-*Weber*, Rn. 37.
83 Vgl. *Kühner*, S. 141 f.
84 *LAG Brandenburg* 4.3.03 – 2 TaBV 22/02, juris.
85 *BAG* 11.6.97, NZA 97, 1301 = SAE 98, 50 mit Anm. *Brors*, das eine **Herabsetzung** für zulässig hält; ähnlich *LAG Saarland* 4.7.01, AiB 02, 129; GK-*Weber*, Rn. 37; ErfK-*Koch*, Rn. 5; a. A. *WW*, Rn. 4.
86 Ähnliche *Fitting*, Rn. 30; Richardi-*Thüsing*,Rn. 21, der auf die Arbeitsfähigkeit des BR hinweist.

rechtliche Vereinbarungen können deshalb rechtswirksam nur darauf gerichtet sein, die Ausgestaltung der Freistellungen innerhalb des gesetzlichen Mindestrahmens zu präzisieren (etwa allgemeine Vorgaben zur Verteilung der Freistellungen auf verschiedene Bereiche) oder ein erhöhtes Kontingent festzulegen.[87] In TV wie in BV uneingeschränkt zulässig sind hingegen Regelungen zu **Teilfreistellungen,** die über den durch Abs. 1 Satz 3 und 4 normierten Rahmen hinausgehen und für Betriebe **unter 200 AN** völlige oder teilweise Freistellungen.[88] Unzulässig sind hingegen entsprechende Regelungen, die die Möglichkeiten von Teilfreistellungen ohne zwingende Gründe einschränken.[89]

Eine anderweitige Regelung durch TV oder BV ist **unzulässig,** sofern sie einen **generellen Ausschluss** der gesetzlichen Regelung über die Freistellung vorsieht.[90] Ggf. handelt der BR pflichtwidrig i. S. d. § 23 Abs. 1, wenn er sich mit einer geringeren als der gesetzlich vorgesehenen Zahl von Freistellungen einverstanden erklärt, obwohl diese zur ordnungsgemäßen Durchführung der Aufgaben des BR notwendig ist.[91] **29**

Besteht eine **anderweitige TV-Regelung** über die Freistellung, ist eine BV insoweit zulässig, als sie eine weitergehende Freistellungsregelung als der TV enthält.[92] Die Sperrwirkung des § 77 Abs. 3 findet keine Anwendung, da es sich bei der Freistellung nicht um die Regelung von Arbeitsbedingungen, sondern um eine betriebsverfassungsrechtliche Frage handelt.[93] Eine BV mit einer ungünstigeren Regelung, als der TV sie vorsieht, ist unzulässig, da der TV die höherrangige Norm ist. Etwas anderes gilt, wenn der TV eine entsprechende Öffnungsklausel enthält. **30**

Die **anderweitige Regelungsbefugnis** durch TV oder BV bezieht sich auf Grund ihrer Stellung in Abs. 1 Satz 3 offenbar nur **auf die Zahl** der ganz oder teilweise freizustellenden BR-Mitglieder und nicht auf eine abweichende Regelung des Freistellungsverfahrens.[94] Die durch TV oder BV getroffene Regelung tritt an die Stelle der gesetzlichen Regelung nach Abs. 1 Satz 1 und 2. In diesem Fall hat der BR, falls TV oder BV dies nicht ausdrücklich zulässt, keinen Anspruch auf weiter gehende Freistellungen.[95] **31**

Unberührt von einer getroffenen Regelung bleibt die **Möglichkeit der Arbeitsbefreiung** aus konkretem Anlass gemäß § 37 Abs. 2 und einer weiteren Freistellung durch ArbG-Beschluss.[96] **32**

III. Entscheidung über Freistellungen

1. Beschlussfassung des Betriebsrats

Das **Freistellungsverfahren** stellt sich wegen der Beteiligung des AG und ggf. der Wahl nach den Grundsätzen der Verhältniswahl (vgl. Rn. 34 ff.) als sehr kompliziertes Verfahren dar.[97] Der Entscheidungsprozess erfordert ggf. **mehrere Beschlüsse des BR,**[98] u. a. Vorauswahl der Freizustellenden durch den BR, Beratung mit dem AG, Wahl der Freizustellenden durch den BR und u. U. Verfahren vor der ESt. Das **Geschlecht spielt** bei der Freistellung **keine Rolle,** da das Gesetz keine Quoten vorschreibt. **33**

---

87 Richardi-*Thüsing,* a. a. O. verweist allerdings darauf, dass eine Freistellung weit über den gesetzlich festgelegten Grundbedarf hinaus eine unzulässige Begünstigung sein könnte.
88 *LAG Hamm* 19.8.09, GWR 09, 457.
89 Anders Brandenburg 4.3.03 – 2 TaBV 22/02, juris; *Fitting,* Rn. 28.
90 ErfK-*Koch,* Rn. 5; *Fitting,* Rn. 30; GK-*Weber,* Rn. 38; HWGNRH-*Glock,* Rn. 24.
91 *Fitting,* a. a. O.; GK-*Weber,* a. a. O.; *Kühner,* S. 142.
92 *Fitting,* Rn. 32; HWGNRH-*Glock,* Rn. 26; Richardi-*Thüsing,* Rn. 23.
93 *Fitting,* a. a. O.; GK-*Weber,* Rn. 39; HWGNRH-*Glock,* a. a. O.; Richardi-*Thüsing,* Rn. 23; a. A. *GL,* Rn. 32.
94 *LAG Nürnberg* 17.12.90, DB 91, 1178, Ls.; *LAG Saarland* 27.3.91 – 3 TaBV 4/90; *LAG Frankfurt* 1.8.91, DB 91, 2494, Ls. = AuR 92, 250, Ls.; vgl. auch *ArbG Kassel* 2.2.93 – 7 BV 28/29; vgl. ferner *Engels/Natter,* BB-Beilage 8/89, S. 23 hinsichtlich der Gruppenregelung.
95 *Fitting,* Rn. 33; GK-*Weber,* Rn. 40; Richardi-*Thüsing,* Rn. 24; ErfK-*Koch,* Rn. 5; vgl. aber *Kühner,* S. 143.
96 *Fitting,* Rn. 33; GK-*Weber,* Rn. 40; *Kühner,* S. 143.
97 HWGNRH-*Glock,* Rn. 27; *Grimberg,* Anm. zu *ArbG Hamburg* 15.9.98, AiB 99, 42.
98 GK-*Weber,* Rn. 52 ff.; *Peter,* AiB 02, 284; Textmuster bei DKKWF-*Wedde,* § 38 Rn. 8 ff.

34 Die **Wahl** der freizustellenden BR-Mitglieder hat **geheim** (vgl. § 27 Rn. 7) in einer ordnungsgemäß einberufenen Sitzung – möglichst unmittelbar nach der Konstituierung des BR – zu erfolgen[99] und zwar unabhängig davon, ob die Wahl nach den Grundsätzen der Mehrheitswahl oder der Verhältniswahl durchgeführt wird.[100] Beschlussfähigkeit des BR (vgl. § 33 Abs. 2) muss jeweils gegeben sein. Mit Blick auf die notwendige einheitliche und geheime Wahl ist die Durchführung der Wahl in getrennten Wahlgängen für die verschiedenen Standorte eines BR unzulässig.[101] Tarifvertraglich oder kollektivrechtlich vereinbarte Abweichungen vom Wahlverfahren sind unzulässig, wohl aber entsprechende anderweitige oder abweichende Regelungen über die Freistellung.[102]

35 Im Übrigen ist der **BR** bei der **Gestaltung** des **Wahlverfahrens frei** und kann entweder durch Beschluss oder in seiner Geschäftsordnung[103] generelle Regeln aufstellen. Die **Leitung** der Wahl obliegt dem BR-Vorsitzenden. Für ihre **Durchführung** gelten die Erläuterungen zu § 27 entsprechend (vgl. § 27 Rn. 3, 19 ff.).

36 Trotz der Beratungspflicht mit dem AG liegt die **Entscheidungskompetenz** über die Freizustellenden allein **beim BR**, ggf. aber auch bei der ESt. (vgl. Rn. 47 ff.). Bei seiner Beschlussfassung sind die betrieblichen Notwendigkeiten zu berücksichtigen und die Einwände des AG zu prüfen, wobei allerdings bei gegensätzlicher Interessenlage grundsätzlich die Belange des BR Vorrang haben. Zur Rechtsstellung der freigestellten BR-Mitglieder vgl. Rn. 66 ff.

37 Der **Wechsel** der **Listengemeinschaft** bei Verhältniswahl während der Amtsperiode hat keinen unmittelbaren Einfluss auf die erfolgte Wahl.[104]

2. Beratung mit dem Arbeitgeber

38 Der BR ist verpflichtet, vor seiner endgültigen Entscheidung **mit dem AG über die Freistellungen zu beraten.** Die Beratung hat in einer ordnungsgemäß einberufenen Sitzung mit dem gesamten BR zu erfolgen, zu der der AG rechtzeitig einzuladen ist.[105]

39 **Beratungsgegenstand** sind einerseits die Personen der freizustellenden BR-Mitglieder, andererseits, wenn der BR Freistellungen über die Mindeststaffel hinaus für erforderlich hält, die Zahl der Freistellungen. Dem AG soll durch die Anhörung Gelegenheit gegeben werden, auf die Berücksichtigung der betrieblichen Belange hinzuwirken.

40 Beschließt der BR über die Freistellung, **ohne vorher den AG gehört** zu haben, ist der Beschluss nicht unwirksam.[106] Die Nichtanhörung kann aber die Anfechtung der Wahl rechtfertigen. Die Beratung kann auch im Nachhinein stattfinden.[107]**Unterlässt der BR** die **Beratung mit dem AG,** handelt er pflichtwidrig und kann ggf., wenn die Voraussetzungen des § 23 Abs. 1 (vgl. hierzu § 23 Rn. 50 ff.) vorliegen, aufgelöst werden.[108] Etwas anderes kann nach dem Grundsatz der vertrauensvollen Zusammenarbeit ausnahmsweise gelten, wenn der BR die freizustellenden BR-Mitglieder in der Vergangenheit stets ohne vorherige Beratung mit dem Arbeitgeber gewählt hat und dies vom AG nicht beanstandet wurde.[109] Der BR ist nicht verpflichtet, den vom AG geäußerten Bedenken Rechnung zu tragen und kann folglich auch

---

99 Vgl. § 29 Rn. 2 f., 13; zur Unzulässigkeit der Wahl vor der Konstituierung *LAG Hamburg* 23.7.07 – 3 TaBV 13/06, juris.

100 *Bopp*, S. 115; ErfK-*Koch*, Rn. 6; *Fitting*, Rn. 34; GK-*Weber*, Rn. 54.

101 *ArbG Düsseldorf* 23.9.04, ZBVR 05, 34; *LAG Hamm* 10.6.05 – 13 TaBV 26/05 (n. v.); ähnlich *Fitting*, Rn. 41, die einen einheitlichen Wahlgang fordern.

102 *LAG Nds.* 10.10.11 – 9 TaBV 32/11, juris.

103 Vgl. § 36 Rn. 3 ff.; a. A. *Fitting*, Rn. 41, die grds. einen einheitlichen Wahlgang fordern.

104 *Blanke/Trümner*, BetrR 90, 25 [33]; vgl. § 27 Rn. 12.

105 *BAG* 29.4.92, NZA 93, 329 = AuR 93, 87, Ls.; *Bopp*, S. 114; *Fitting*, Rn. 45; Richardi-*Thüsing*, Rn. 27; ErfK-*Koch*, Rn. 7; vgl. auch § 29 Rn. 17 ff., § 33 Rn. 12 ff.; GK-*Weber*, Rn. 49 hält eine Behandlung in der monatlichen Besprechung nach § 74 Abs. 1 für ausreichend.

106 *LAG Nürnberg* 19.11.97, AiB 98, 582 mit Anm. *Kunz* = BB 98, 427; *Bopp*, S. 114; ErfK-*Koch*, Rn. 6; *Fitting*, Rn. 46; GK-*Weber*, Rn. 51; *WW*, Rn. 12; a. A. *GL*, Rn. 10; HWGNRH-*Glock*, Rn. 31; Richardi-*Thüsing*, Rn. 29; *SWS*, Rn. 22; *ArbG Hagen* 20.12.72, DB 73, 191.

107 *Blanke/Trümner*, BetrR 90, 25 [33].

108 Vgl. *Fitting*, a. a. O.; GK-*Weber*, a. a. O.

109 *ArbG Köln* 21.2.08, BB 08, 945.

andere AN wählen, als die vom AG favorisierten.[110] Dieser kann jedoch die ESt. nach Abs. 2 Satz 6 anrufen, wenn seine Einwände unberücksichtigt bleiben.[111]

3. Verhältniswahl

Wie bei der Wahl der Mitglieder der BR-Ausschüsse nach den §§ 27, 28 (vgl. § 27 Rn. 3, 19 ff.) führt die **gesetzliche Verankerung des Verhältniswahlrechts** bei der Wahl der freizustellenden BR-Mitglieder dazu, dass der BR in seiner Gesamtheit nicht mehr in der Lage ist, verantwortlich darüber zu entscheiden, welche BR-Mitglieder freigestellt werden.[112] Die Konzeption, nach der sich unter den freizustellenden BR-Mitgliedern weiterhin Vertreter von sog. Minderheiten befinden müssen, führt dazu, dass die freigestellten Personen nicht mehr für ihre Arbeit das Vertrauen der Mehrheit des BR haben.[113] Die zwingende Berücksichtigung von Minderheiten macht nicht nur das Freistellungsverfahren komplizierter, sondern wird Betrieben, in denen z. B. zwei oder drei Freizustellende zu wählen sind, dazu führen, dass keine echte Wahl mehr stattfindet, weil die Mandate faktisch nur auf die eingereichten Wahlvorschläge zu verteilen sind. Dies kann nicht nur die Kontinuität der BR-Arbeit negativ beeinflussen, sondern auch dazu führen, dass diese für den AG unberechenbarer wird. 41

Die **Verhältniswahl** ist weiterhin die **gesetzliche Regelwahl** für die Ermittlung der freizustellenden BR-Mitglieder.[114] Die **Mehrheitswahl** (Personenwahl) findet nur Anwendung, wenn 42

- bei gemeinsamer Wahl der Freizustellenden die BR-Mitglieder nur einen Wahlvorschlag machen oder
- nur ein BR-Mitglied freizustellen ist.

Bei der Wahl der freizustellenden BR-Mitglieder spielen die Listen keine Rolle, auf die BR-Mandate entfallen sind. Es können sich andere Koalitionen und »Listenverbindungen« bilden.[115] Dies gilt auch, wenn der BR in gemeinsamer Wahl und Mehrheitswahl gewählt wurde (vgl. § 27 Rn. 10). Sämtliche BR-Mitglieder können sich ggf. listenübergreifend auf einen Wahlvorschlag verständigen. Die Durchführung der Verhältniswahl hat analog § 5 WO nach dem d'Hondtschen Höchstzahlsystem zu erfolgen.[116] 43

Wie z. B. bei der Wahl der weiteren Mitglieder des Betriebsausschusses bedürfen die **Wahlvorschläge** für die Wahl der freizustellenden BR-Mitglieder **keines Quorums**. Sie können mündlich in der Sitzung gemacht werden, sofern der BR keine andere Regelung getroffen hat.[117] Die Wahl erfolgt geheim[118]. Findet **Mehrheitswahl** statt, muss nicht für jede Freistellung die Wahl in einem gesonderten Wahlvorgang durchgeführt werden.[119] Der BR entscheidet darüber, ob getrennte Wahlgänge oder ein gemeinsamer Wahlgang durchgeführt wird. Bei **Verhältniswahl** hat die Wahl aller freizustellenden BR-Mitglieder, auch wenn deren Zahl die Mindeststaffel übersteigt, in einem Wahlgang zu erfolgen.[120] 44

4. Unterrichtung des Arbeitgebers

Nach erfolgter Beratung mit dem AG beschließt der BR erneut über die freizustellenden BR-Mitglieder.[121] Der BR hat dem AG **die Namen der Freizustellenden mitzuteilen.** Die Mitteilung hat nach § 26 Abs. 3 durch den BR-Vorsitzenden, bei dessen Verhinderung durch seinen Stellvertreter, zu erfolgen.[122] Stimmt der AG den Beschlüssen zu, sind die betreffenden BR- 45

110 GK-*Weber*, Rn. 50.
111 *Bopp*, S. 115; *Fitting*, Rn. 57; vgl. im Übrigen Rn. 47 ff.
112 Vgl. *Engels/Natter*, BB-Beilage 8/89, S. 22; *Hanau*, AuR 88, 261 [265]; *Wlotzke*, DB 89, 111 [114 f.].
113 Vgl. *Engels/Natter*, a. a. O.; *Wlotzke*, a. a. O.
114 Ebenso Richardi-*Thüsing*, Rn. 30.
115 *Fitting*, Rn. 37.
116 *BAG* 11.3.92, NZA 92, 946 = AuR 92, 282, Ls.; vgl. die Beispiele bei § 14 Rn. 29 ff.; § 27 Rn. 21.
117 *ArbG Hamburg* 15.9.98, AiB 99, 42 mit Anm. *Grimberg*; vgl. im Übrigen § 27 Rn. 22.
118 Vgl. zu den Wahlgrundsätzen Rn. 33 ff.; § 27 Rn. 19 ff.
119 Vgl. § 27 Rn. 10.
120 Ebenso *LAG Hamm* 10.6.05 – 13 TaBV 26/05.
121 *Blanke/Trümner*, BetrR 90, 25 [33]); DKKWF-*Wedde*, § 38 Rn. 3, 9 ff.
122 Textmuster bei DKKWF-*Wedde*, § 38 Rn. 9, 14.

Mitglieder von ihrer beruflichen Tätigkeit freigestellt. Die Freistellung kann auch **stillschweigend** geschehen.[123] Dies ist grundsätzlich bei bisher bereits freigestellten BR-Mitgliedern der Fall, weil hier keine anderweitigen beruflichen Verpflichtungen entgegenstehen. Entsprechendes gilt, wenn der AG nicht innerhalb von zwei Wochen nach Mitteilung die ESt. anruft.[124]

46 Obwohl der BR beschließt, erfolgt die **Freistellung durch den AG,** der Gläubiger des Anspruchs auf die Arbeitsleistung ist. Bevor seine Einverständniserklärung nicht vorliegt, die Zweiwochenfrist für die Anrufung der ESt. nicht abgelaufen ist oder eine stillschweigende Zustimmung nicht unterstellt werden kann, dürfen die für die Freistellung vorgesehenen BR-Mitglieder ihrer beruflichen Tätigkeit nicht generell fernbleiben. Die Freistellung kann auch durch **konkludentes Handeln** des Arbeitgebers, d. h. ohne ausdrückliche Zustimmung erfolgen.[125] Eine Arbeitsbefreiung ist jedoch unter den Voraussetzungen des § 37 Abs. 2 jederzeit möglich. Der Freistellungsanspruch kann bei vorliegender Eilbedürftigkeit ggf. durch eine **einstweilige Verfügung des ArbG** vorläufig durchgesetzt werden.[126] Handelt der AG bewusst seiner Verpflichtung zur Freistellung zuwider, kann dies eine grobe Pflichtverletzung i. S. d. § 23 Abs. 3 darstellen, u. U. kommt auch eine Bestrafung nach § 119 Abs. 1 Nr. 2 in Betracht.[127]

5. Anrufung der Einigungsstelle

47 Hält der AG den Beschluss des BR für sachlich nicht vertretbar, kann er gemäß Abs. 2 Satz 4 **innerhalb von zwei Wochen die ESt.** anrufen.[128] Unterlässt er dies, wird der Beschluss gemäß Abs. 2 Satz 7 mit Ablauf der Frist wirksam. Dies gilt nach überwiegender – aber abzulehnender – Auffassung[129] jedoch nicht für die vom BR beschlossenen, über die Mindeststaffel des Abs. 1 hinausgehenden Freistellungen (vgl. im Übrigen Rn. 11 ff.), sofern weder TV noch BV abgeschlossen wurde. Demnach kann sich die »sachliche Vertretbarkeit« des Freistellungsbeschlusses des BR nur auf die **Auswahl der freizustellenden BR-Mitglieder** beziehen.[130] Dagegen ist es nicht Aufgabe des AG, darüber zu wachen, dass durch den BR bei der Freistellung die Minderheitenregelung gewahrt wurde.[131]

48 Der **Freistellungsbeschluss** des BR ist **sachlich nicht vertretbar,** wenn der BR bei der **Auswahl der Freizustellenden betriebliche Notwendigkeiten** nicht ausreichend berücksichtigt hat. Zu berücksichtigen sind nur Gründe, die aus objektiver Sicht **zwingend** sind.[132] Dies kann z. B. der Fall sein, wenn der BR ein Mitglied freistellt, das im Betrieb eine wichtige Schlüsselposition innehat, oder mehrere Freistellungen innerhalb einer Abteilung oder Arbeitsgrupe vornimmt, so dass deren Funktionsfähigkeit nicht mehr gegeben ist, sofern der BR ohne weiteres ein anderes geeignetes BR-Mitglied freistellen könnte[133] oder ein Ausgleich der Interessen durch Teilfreistellungen möglich ist. Betriebliche Notwendigkeiten sind nicht mit betrieblichen Interessen oder Bedürfnissen gleichzusetzen. Deshalb kommen als betriebliche Notwendigkeiten nicht Erschwerungen des Betriebsablaufs oder sonstige Unannehmlichkeiten für den AG in Betracht, die ohnehin mit jeder Freistellung verbunden sind.[134]

49 Der AG kann den Freistellungsbeschluss des BR nur insoweit anzugreifen, als er ihn sachlich nicht für vertretbar ansieht. Er kann sich darauf beschränken, die ESt. wegen der **Freistellung eines einzelnen BR-Mitglieds anzurufen.**[135]

---

123 *Kühner,* S. 146.
124 *Fitting,* Rn. 57; *GL,* Rn. 26; GK-*Weber,* a. a. O.; a. A. offenbar HWGNRH-*Glock,* Rn. 31; vgl. im Übrigen Rn. 45 ff.
125 Vgl. ähnlich GK-*Weber,* Rn. 60.
126 *Fitting,* Rn. 58; GK-*Weber,* a. a. O.
127 *Fitting,* a. a. O.; GK-*Weber,* Rn. 59; *GL,* Rn. 18; HWGNRH-*Glock,* Rn. 28; *Kühner,* S. 147.
128 Abs. 2 Satz 6; Textmuster bei DKKWF-*Wedde,* § 38 Rn. 12.
129 *BAG* 22.5.73, 9.10.73, AP Nrn. 2, 3 zu § 38 BetrVG 1972.
130 *Fitting,* Rn. 60; GK-*Weber,* a. a. O.
131 Richardi-*Thüsing,* Rn. 34.
132 *Fitting,* Rn. 61.
133 *Fitting,* a. a. O.; GK-*Weber,* a. a. O.; *Kühner,* S. 147.
134 *Fitting,* a. a. O.; GK-*Weber,* a. a. O.; HWGNRH-*Glock,* a. a. O.
135 *Fitting,* Rn. 64; GK-*Weber,* Rn. 68; HWGNRH-*Glock,* Rn. 42; Richardi-*Thüsing,* Rn. 33.

Die **Frist** zur Anrufung der ESt. beträgt **zwei Wochen.** Sie beginnt mit dem Zugang der Mitteilung der Namen der freizustellenden BR-Mitglieder durch den BR beim AG bzw. einer hierfür vertretungsberechtigten Person.[136] Die Zweiwochenfrist ist eine **Ausschlussfrist.** Die **Berechnung der Frist** bestimmt sich nach §§ 187 ff. BGB (vgl. § 19 Rn. 37). Sie ist etwa dann gewahrt, wenn vor ihrem Ablauf der Antrag des AG beim Vorsitzenden der ESt. eingegangen ist, sofern z. B. im Betrieb eine ständige ESt. besteht.[137] Muss dagegen die ESt. nach § 76 erst gebildet werden, wird man die Frist als gewahrt ansehen müssen, wenn der Antrag auf Bildung einer ESt. zum Zwecke der Überprüfung der Freistellung beim Vorsitzenden des BR (vgl. § 26 Abs. 3) eingegangen ist und dieser Antrag auch einen Vorschlag für den Vorsitzenden der ESt. und die Zahl der Beisitzer enthält.[138] Ruft der AG die ESt. nicht innerhalb dieser Frist an, wird der Freistellungsanspruch nach Abs. 2 Satz 9 wirksam. Bezüglich des ESt.-Verfahrens vgl. § 76. **50**

Durch den **Spruch der ESt.** wird die **Einigung zwischen BR und AG** ersetzt (Abs. 2 Satz 5). **Hebt die ESt. den Beschluss auf,** muss sie gleichzeitig unter Abwägung zwischen einer ordnungsgemäßen BR-Arbeit, den Belangen der betroffenen AN und der betrieblichen Notwendigkeiten **ein anderes freizustellendes BR-Mitglied bestimmen**, das mit der Freistellung einverstanden ist.[139] **51**

Das von der ESt. **zusätzlich zu beachtende Kriterium** der Verhältniswahl grenzt ihre personelle Auswahlentscheidung erheblich ein. Diesem zusätzlichen Kriterium ist ein hoher Stellenwert, aber keine absolute Priorität einzuräumen.[140] In der Praxis kann es mit den weiterhin zu beachtenden Vorgaben »betriebliche Notwendigkeiten« und »Interessen des BR und der AN« in Widerstreit geraten. Dies ist z. B. der Fall, wenn auf dem Wahlvorschlag der betreffenden »Liste« hinter dem gewählten, aber vom AG mit Erfolg abgelehnten Kandidaten, ein nach Ansicht der ESt. ungeeigneter Bewerber steht oder gar kein Kandidat mehr aufgeführt ist.[141] **52**

Die gesetzliche Regelung (Abs. 2 Satz 6) geht zwar grundsätzlich davon aus, dass anstelle des Gewählten ein BR-Mitglied freizustellen ist, das dem gleichen Wahlvorschlag wie jenes angehört. Deshalb wird die ESt. bei ihrer Entscheidung die **Minderheitenregelung** nicht gänzlich unberücksichtigt lassen dürfen, sondern bei ihrer Entscheidung den sich aus § 25 Abs. 2 ergebenden Grundgedanken zumindest im Auge behalten müssen.[142] Die ESt. darf sich eine Entscheidung nicht deshalb versagen, weil sie glaubt, eines der Kriterien nicht berücksichtigen zu können,[143] muss aber vor ihrer Entscheidung feststellen, ob das von ihr in Aussicht genommene BR-Mitglied für eine Freistellung zur Verfügung steht.[144] Zur Frage einer gerichtlichen Überprüfung des Spruchs der ESt. vgl. Rn. 92. **53**

6. Beendigung der Freistellung – Amtsniederlegung, Abberufung

Der BR wählt die freizustellenden Mitglieder im Allgemeinen für die **gesamte Amtsperiode**, es sei denn, die Freistellung war von vornherein nur **befristet** vorgesehen.[145] Die Freistellung endet zusammen mit der Amtszeit des BR (§ 21), der Auflösung des BR (§ 23 Abs. 1), nach erfolgreicher Wahlanfechtung (§ 19) sowie mit dem Erlöschen der Mitgliedschaft im BR (§ 24) oder erfolgreicher Amtsenthebung (§ 23 Abs. 1). Eine **Abberufung** der Freigestellten aus dieser Funktion in entsprechender Anwendung des **§ 23 Abs. 1** durch das ArbG ist unzulässig.[146] **54**

---

136 *Fitting*, Rn. 62; GK-*Weber*, Rn. 63.
137 *Fitting*, Rn. 63; GK-*Weber*, Rn. 64; HWGNRH-*Glock*, Rn. 41.
138 *Gnade*, AuR 73, 43; *Fitting*, a. a. O.; GK-*Weber*, a. a. O.; *GL*, Rn. 25; HWGNRH-*Glock*, a. a. O., die jedoch offenbar alle einen Vorschlag für den ESt.-Vorsitzenden und die Zahl der Beisitzer als entbehrlich ansehen.
139 Vgl. *Blanke/Trümner*, BetrR 90, 25 [33]; ErfK-*Koch*, Rn. 7; *Fitting*, Rn. 66; GK-*Weber*, Rn. 69; HWGNRH-*Glock*, Rn. 45; Richardi-*Thüsing*, Rn. 38; *Wlotzke*, DB 89, 111 [114].
140 GK-*Weber*, Rn. 70 f.; a. A. *Buchner*, NZA-Beilage 1/89, S. 2 [4].
141 *Engels/Natter*, BB-Beilage 8/89, S. 23.
142 *ArbG Stuttgart* 30.11.06 – 28 BV 149/06, juris; *Engels/Natter*, BB-Beilage 8/89, S. 23; vgl. auch *Fitting*, Rn. 68; GK-*Weber*, Rn. 71; a. A. *Richardi*, AuR 86, 33 [38]; HWGNRH-*Glock*, Rn. 45; *Wlotzke*, DB 89, 111 [115], die zu dem Ergebnis kommen, dass dem BR die Nachwahl obliegt und dass deshalb kein entsprechender Spruch der ESt. erfolgen muss.
143 *Heither*, NZA-Beilage 1/90, S. 11 [16].
144 *Fitting*, Rn. 66 f., m. w. N.
145 *Fitting, Rn. 71;* GK-*Weber*, Rn. 74.
146 *Fitting*, Rn. 76.

55 Da die Freistellung in allen Phasen das **Einverständnis** des betreffenden BR-Mitglieds voraussetzt (vgl. Rn. 4), kann es dieses jederzeit formlos widerrufen und auf die weitere Freistellung verzichten, um seine berufliche Tätigkeit wieder aufnehmen zu können. Allerdings kann das freigestellte BR-Mitglied verpflichtet sein, für eine gewisse Übergangszeit die Beendigung der Freistellung aufzuschieben, bis ein Nachfolger gewählt und ggf. eingearbeitet ist.[147]

56 Eine **Abwahl** aller oder einzelner freigestellter BR-Mitglieder ist jederzeit möglich.[148] Sie beendet die Freistellung, nicht dagegen die Mitgliedschaft im BR. Eine nachträgliche **Aussetzung** der gefassten Freistellungsbeschlüsse ist mangels gesetzlicher Grundlage nicht möglich. In Betracht kommt nur eine Abberufung.[149]

57 Die **Abberufung** erfolgt in einer Sitzung des BR, zu der ordnungsgemäß einzuladen ist (vgl. § 29 Rn. 15 ff., § 33 Rn. 15 ff.) und zu der die Beschlussfähigkeit (§ 33 Abs. 2) gegeben sein muss. § 27 Abs. 1 Satz 5 und Abs. 2 Satz 5 gilt entsprechend.[150] Hinsichtlich der für die Abberufung erforderlichen **Stimmenmehrheit** kommt es darauf an, ob die Wahl des Freigestellten in **Verhältniswahl** oder in Mehrheitswahl erfolgt ist. Bei einer Verhältniswahl bedarf die Abberufung einer **qualifizierten Mehrheit von drei Vierteln der Stimmen des BR.** Eine Neuwahl ohne vorherige Abberufung mit der notwendigen Stimmenmehrheit ist unzulässig.[151] Die Abstimmung über die Abberufung erfolgt offen oder auf mehrheitlichen Beschluss des BR geheim. Der BR ist nicht verpflichtet, gegenüber dem abberufenen BR-Mitglied Gründe für die Abberufung darzulegen.[152]

58 Im Falle der **Mehrheitswahl** reicht für die Abberufung die **einfache Stimmenmehrheit** des BR. Diese Beschlussfassung muss nach dem Gesetzeswortlaut **nicht** durch **geheime** Stimmabgabe erfolgen. Allerdings kann der BR geheime Abstimmung beschließen oder in seiner Geschäftsordnung festlegen.[153] Zur Wahrung der individuellen Wahlfreiheit sollte der BR eine geheime Wahl durchführen, wenn ein BR-Mitglied dieses fordert.[154]

7. Verfahren bei Ersatzfreistellungen, Nachwahlen

59 Ist ein freigestelltes BR-Mitglied verhindert oder scheidet es endgültig aus dem BR aus, rückt das **Ersatzmitglied** nach § 25 Abs. 1 nur in die Rechtsstellung als BR-Mitglied nach, ohne automatisch freigestellt zu werden.[155] Der BR hat in diesen Fällen Anspruch auf **Ersatzfreistellung** eines anderen BR-Mitglieds (vgl. Rn. 17 f.). Das Gleiche gilt, wenn ein freigestelltes BR-Mitglied diese Funktion niederlegt oder aus dieser Funktion abberufen wird oder wenn infolge der Erhöhung der Belegschaftszahl eine zusätzliche Freistellung durchzuführen ist.[156] Bei der Ersatzfreistellung muss beachtet werden, ob es sich vorher um eine Voll- oder um eine Teilzeitfreistellung gehandelt hat.

60 Erfolgte die Freistellung auf Grund einer Mehrheitswahl, hat der BR über die Ersatzfreistellung nach Abs. 2 (vgl. Rn. 33 ff.) erneut abzustimmen, es sei denn, er hat die **analoge Anwendung des § 25** beschlossen und für den Fall der Verhinderung bzw. des Ausscheidens, der Amtsniederlegung oder Abberufung Ersatzmitglieder gewählt.[157] In diesem Fall erfolgt das Nachrücken bei **Mehrheitswahl** in der Reihenfolge der bei der Wahl erreichten Stimmenzahlen.

---

147 *Fitting,* Rn. 70; WP-*Kreft,* Rn. 20; vgl. auch GK-*Weber,* Rn. 74 unter Hinweis auf § 23 Abs. 1.

148 *HessLAG,* 4.3.93 – 12 TaBV 142/92; *ArbG Saarlouis* 11.12.06, AuR 07, 284 für die Abwahl nach Wahlanfechtung durch ein BR-Mitglied.

149 *ArbG Essen* 1.7.03, AuR 04, 238.

150 Richardi-*Thüsing,* Rn. 46.

151 *Fitting,* Rn. 73 ff.; HWGNRH-*Glock,* Rn. 32; a. A. *LAG Düsseldorf* 5.8.04, EzA-S. 04, Nr. 22, 13, das für einen Beschluss des BR über die Neuwahl die einfache Mehrheit des Gremiums für ausreichend hält; ebenso *BAG* 29.4.02, DB 93, 1527; *LAG Nds.* 12.12.05 – 5 TaBV 16/05, juris; Richardi-*Thüsing,* Rn. 46; HaKo-BetrVG/*Wolmerath,* Rn. 13.

152 *LAG Hamburg* 7.8.12– 2 TaBV 2/12, juris.

153 *Fitting,* Rn. 72; GK-*Weber,* Rn. 75; vgl. ferner § 27 Rn. 10, 14 ff.

154 Weitergehender *Fitting,* Rn. 72, der aus einer entsprechenden Forderung die Notwendigkeit einer geheimen Wahl ableiten.

155 *LAG Bremen* 22.2.00, DB 00, 1232 = AiB 01, 483 mit Anm. *Gosch.*

156 *Fitting,* Rn. 47; GK-*Weber,* Rn. 77; vgl. ferner Rn. 54 ff.

157 *Fitting,* Rn. 47; WP-*Kreft,* Rn. 23; *Löwisch,* TK-BetrVG, Rn. 14; nunmehr auch GK-*Weber,* Rn. 78; *LAG Nürnberg* 19.11.97, AiB 98, 582 mit Anm. *Kunz* = BB 98, 427; *ArbG Saarlouis* 18.9.96, AuR 96, 506 Ls.

61 Wurden die Freizustellenden dagegen in **Verhältniswahl** gewählt, erfolgt das Nachrücken aus der Vorschlagsliste, der das freigestellte BR-Mitglied angehört hat.[158] Ist die Vorschlagsliste erschöpft, ist nach § 25 Abs. 2 das nunmehr freizustellende Ersatzmitglied derjenigen Vorschlagsliste zu entnehmen, auf die die nächste Freistellung entfallen wäre.[159]

62 Sind keine Ersatzmitglieder gewählt oder sind die **Vorschlagslisten erschöpft,** hat der BR erneut über die Freistellung zu beschließen.[160] Entsprechendes gilt für **Nachwahlen,** die durch die **Erhöhung der Zahl oder der Freistellungen** im Laufe der Amtszeit, z. B. wegen **Erhöhung der AN-Zahl,** nach der Vereinbarung **zusätzlicher Freistellungen** oder nach erfolgter **Abwahl** erforderlich werden. In diesen Fällen findet die Nachwahl unabhängig davon, ob die Freizustellenden in Verhältnis- oder Mehrheitswahl gewählt wurden, durch **Mehrheitswahl** statt.[161]

63 Die vorstehenden Grundsätze gelten entsprechend für die Nachweil eines **teilfreigestellten** BR-Mitglieds, sofern Kandidaten für eine Teilfreistellung zur Verfügung stehen. Einer Neuwahl sämtlicher freizustellender BR-Mitglieder bedarf es selbst dann nicht, wenn die ursprüngliche Wahl nach den Grundsätzen der Verhältniswahl stattgefunden hat.[162] Damit stellt sich die Frage einer vorherigen Abberufung nicht.

64 **Sinkt die Belegschaftsstärke auf Dauer ab** und muss deshalb die Zahl der freigestellten BR-Mitglieder reduziert werden (vgl. Rn. 10), sind **alle Freizustellenden neu zu wählen.**[163] Einer Beschlussfassung etwa mit dreiviertel Mehrheit bedarf es nicht.[164] Dies folgt daraus, dass der Freizustellende mit den wenigsten Stimmen nicht zwangsläufig auch bei der Wahl unter geänderten Voraussetzungen weniger Stimmen als die Gewählten erhalten hätte. Der BR hat daher die freizustellenden Mitglieder neu zu wählen (vgl. hierzu Rn. 33 ff.).

65 Die **Beratungs- und Unterrichtungsrechte des AG** (vgl. Rn. 31 ff., 45 f.) sind dann zu beachten, wenn die »Ersatzmitglieder« nicht bereits bei der ursprünglichen Beschlussfassung in die Beratung und Unterrichtung einbezogen wurden. Entsprechendes gilt bei Abberufung eines freigestellten BR-Mitglieds bzw. wenn das freigestellte BR-Mitglied sein Einverständnis widerruft. Zur **zeitweiligen Verhinderung** eines freigestellten BR-Mitglieds vgl. Rn. 23 f.

8. Rechtsstellung der Freigestellten

66 Die freigestellten BR-Mitglieder sind bei Vollfreistellung **grundsätzlich von ihrer** gesamten sonstigen **Arbeitspflicht befreit,** bei **Teilfreistellung** anteilsmäßig. Im Arbeitsvolumen der Freistellung haben sie sich ganz oder teilweise nur der Erfüllung ihrer betriebsverfassungsrechtlichen Aufgaben zu widmen.[165] Im Rahmen ihrer Freistellung unterliegen sie **nicht** dem **Direktionsrecht des AG.**[166] Der AG kann den freigestellten BR-Mitgliedern keine bestimmte Anwesenheitszeit vorschreiben, sofern die BR-Tätigkeit während der betriebsüblichen Arbeits-

---

unter Hinweis darauf, dass der BR die freie Auswahl unter den denkbaren Nachrückverfahren hat; vgl. auch § 27 Rn. 24; a. A. Richardi-*Thüsing,* Rn. 47 a, der eine separate Nachwahl wegen der bestehenden Rechtsunsicherheit lediglich für anfechtbar hält, nicht aber für nichtig; hierzu auch *LAG Düsseldorf* 24.6.04, ZBVR 05, 37.

158 *BAG* 14.11.01, NZA 02, 755; 25.4.01, NZA 01, 977; *LAG Düsseldorf* 24.6.04, ZBVR 05, 37; *Löwisch,* a. a. O.; a. A. *LAG BW* 1.3.00 – 17 TaBV 2/99, das in diesen Fällen die Neuwahl aller freigestellten BR-Mitglieder fordert.

159 A. A. *BAG,* a. a. O., das für diese Fälle den Weg der Mehrheitswahl vorsieht.

160 Ähnlich *SächsLAG* 25.10.01, LAG Report 02, 212 zum BetrVG 1972; wohl auch GK-*Weber,* Rn. 81.

161 *BAG,* 28.10.92, BB 93, 1658 = AuR 93, 255; *HessLAG* 4.3.93 – 12 Ta 142/92; *LAG Nürnberg* 19.11.97, AiB 98, 582 mit zustimmender Anm. *Kunz* = BB 98, 584; a. A. nunmehr *BAG* 20.4.05, NZA 05, 1013, das bei einer Erhöhung der Anzahl freizustellender BR-Mitglieder **immer** eine **Neuwahl** aller Freizustellenden fordert; ebenso *Fitting,* Rn. 16; *Bopp,* S. 120 ff., 127 f.; ErfK-*Koch,* Rn. 6; WP-*Kreft,* Rn. 24; GK-*Weber,* Rn. 79, jedenfalls bei Verhältniswahlen, da sonst die Minderheitenregelung unterlaufen würde; Richardi-*Thüsing,* Rn. 47; im Ergebnis offen *Däubler,* DB 01, 1669.

162 *BAG* a. a. O.; *HessLAG,* a. a. O.; vgl. Rspr.-Übersicht v. *Matusche,* AiB 94, 486 ff.; a. A. *Fitting,* Rn. 51 ff.

163 Vgl. auch HWGNRH-*Glock,* Rn. 12.

164 *BAG* 29.4.92, NZA 93, 329 = AuR 93, 87, Ls.; a. A. wohl HWGNRH-*Glock,* Rn. 37.

165 Vgl. *BAG* 17.10.90, AP Nr. 8 zu § 108 BetrVG 1972.

166 *Fitting,* Rn. 77; Richardi-*Thüsing,* Rn. 49; GK-*Weber,* Rn. 82, der das Direktionsrecht hinsichtlich der Arbeitspflicht suspendiert sieht; vgl. Rspr.-Übersicht v. *Matusche,* AiB 94, 486 ff.

zeit verrichtet wird.[167] Allerdings gelten die nicht unmittelbar mit der Arbeitsleistung zusammenhängenden Pflichten auch für freigestellte BR-Mitglieder weiter, so z. B. die betriebliche Arbeitszeit, ggf. auch die Zeiterfassung und die Nutzung von Zeiterfassungssystemen.[168]

67 In Schichtbetrieben kann das freigestellte BR-Mitglied eine **Verlegung seiner Arbeitszeit** in der Weise verlangen, dass es nicht nur während der Dauer »seiner« Schicht anwesend ist, sondern – wenn auch nur teilweise – während beider Tagschichten zur Verfügung steht.[169] Finden in einem Betrieb mehrere, unterschiedlich flexible Arbeitszeitmodelle Anwendung, gelten für freigestellte BR-Mitglieder im Zweifel diejenigen, die sie am wenigsten an feste Arbeitszeiten binden.[170] BR-Mitglieder sind in Betrieben mit flexiblen Arbeitszeiten nicht nur berechtigt, sondern zur sachgerechten Wahrnehmung ihrer Aufgaben im Einzelfall sogar verpflichtet, sich bei Vorliegen betriebsverfassungsrechtlicher Aufgaben auch während der Nachtschicht im Betrieb aufzuhalten.[171]

68 Freigestellte BR-Mitglieder haben sich im Rahmen des entsprechenden AZ-Volumens ganz oder teilweise grundsätzlich am **Sitz des BR** für die **BR-Tätigkeiten** bereitzuhalten.[172] Das gilt auch, wenn sie vor ihrer Freistellung ihre Tätigkeit, z. B. im Außendienst oder auf Montage, außerhalb des Betriebs zu leisten hatten. Die Freistellung führt zu einer Veränderung des Leistungsorts.[173]

69 Soweit ein freigestelltes BR-Mitglied aus **betriebsbedingten** Gründen Aufgaben außerhalb der Arbeitszeit durchführt, hat es Anspruch auf entsprechenden **Freizeitausgleich** bzw. auf **Mehrarbeitsvergütung,** wenn dieser Freizeitausgleich nicht gemäß § 37 Abs. 3 innerhalb eines Monats realisiert werden kann.[174] Da ein freigestelltes BR-Mitglied nicht oder nur teilweise in den Betriebsablauf eingegliedert ist, kann es grundsätzlich selbst bestimmen, wann es den ihm zustehenden Freizeitausgleich nimmt.[175] Wird es an bestimmten Tagen aus **betriebsratsbedingten Gründen** in besonderem Maße zeitlich beansprucht und erfolgt deshalb eine Tätigkeit außerhalb der Arbeitszeit, wird man ihm ebenfalls die Möglichkeit zubilligen müssen, an den folgenden Tagen einen entsprechenden Freizeitausgleich vornehmen zu können.[176] Ein Anspruch auf Mehrarbeitsvergütung besteht nur bei BR-Tätigkeit aus **betrieblichen Gründen** außerhalb der Arbeitszeit.[177] Sofern es für eine ordnungsgemäße Durchführung der BR-Aufgaben erforderlich ist, muss der BR ggf. weitere Mitglieder gemäß § 37 Abs. 2 von der Arbeit befreien. Führt das BR-Mitglied während der Freistellung andere als BR-Aufgaben durch, soll nach der herrschenden Rechtsauffassung insoweit kein Anspruch auf **Zahlung des Arbeitsentgelts** bestehen[178] und soll auch **abgemahnt** werden können.[179]

70 Der AG kann vom freigestellten BR-Mitglied für ihre Arbeit **keinen Tätigkeitsnachweis** verlangen.[180] Dies gilt selbst dann, wenn es BR-Aufgaben **außerhalb der betriebsüblichen Arbeitszeit** oder **außerhalb des Betriebs** durchführt. Auch für die Wahrnehmung von BR-Tätigkeit im Betrieb außerhalb des BR-Büros (z. B. Betriebsbesprechungen, Gespräche mit AN am Arbeitsplatz) entfällt jegliche An- oder Abmeldepflicht (vgl. § 37 Rn. 47 f.). Das freigestellte

---

167 *ArbG Nienburg* 20.10.99, AiB 00, 289 mit Anm. *Voigt.*

168 *BAG* 10.7.13, NZA 13, 1221.

169 *Fitting,* Rn. 78; a. A. GK-*Weber,* Rn. 84; HWGNRH-*Glock,* a. a. O., der die Zustimmung des AG für erforderlich hält.

170 *LAG Düsseldorf* 26.5.93, NZA 94, 720.

171 *LAG Rheinland-Pfalz* 8.11.07 – 9 TaBV 37/07.

172 *LAG Baden-Württemberg* 27.7.06, AiB 07, 299.

173 *BAG* 28.8.91, DB 91, 2594; *Fitting,* Rn. 78; HWGNRH-*Glock,* Rn. 49; *Lorenz,* AiB 99, 543.

174 *BAG* 21.5.74, AP Nr. 14 zu § 37 BetrVG 1972; vgl. im Übrigen § 37 Rn. 62 ff.; a. A. HWGNRH-*Glock,* Rn. 57.

175 *Fitting,*Rn. 6; GK-*Weber,* Rn. 94; a. A. HWGNRH-*Glock,* a. a. O.

176 Ebenso Richardi-*Thüsing,* Rn. 51; a. A. *Fitting,* Rn. 81; GK-*Weber,* Rn. 93.

177 In diesem Sinne auch *BAG,* a. a. O.

178 *BAG* 19.5.83, AP Nr. 44 zu § 37 BetrVG 1972; *Fitting,* Rn. 79; GK-*Weber,* Rn. 85; a. A. HWGNRH-*Glock,* Rn. 47 ff.

179 *BAG* 6.8.81, AP Nr. 39 zu § 37 BetrVG 1972; 13.11.91, NZA 92, 690; a. A. HWGNRH-*Glock,* a. a. O.

180 ErfK-*Koch,* Rn. 9; *Fitting,* Rn. 82; GK-*Weber,* Rn. 89; HWGNRH-*Glock,* Rn. 53; enger *ArbG Nienburg* 20.10.99, AiB 00, 289 mit Anm. *Voigt,* das im Falle des begründeten Verdachts der Durchführung betriebsratsfremder Tätigkeiten das Verlangen einer Auskunft durch den AG für zulässig hält.

BR-Mitglied ist lediglich verpflichtet, sich unter stichwortartiger Beschreibung des Gegenstandes der Tätigkeit ohne Darlegung des Inhalts bei der zuständigen Stelle im Betrieb (z. B. Personalleitung) abzumelden,[181] wenn es den Betrieb verlässt.[182]

71 Für die Teilnahme freigestellter BR-Mitglieder an **Schulungsveranstaltungen** nach § 37 Abs. 6 und 7 gelten dieselben Voraussetzungen wie für andere BR-Mitglieder.[183] Das bedeutet, dass ein Entsendungsbeschluss zu fassen und dem AG mitzuteilen ist (vgl. im Übrigen § 37 Rn. 150 f.). Nach Auffassung des *BAG* soll auch die Teilnahme eines freigestellten BR-Mitglieds als Zuhörer an einer **Gerichtsverhandlung** nur in Ausnahmefällen erforderliche BR-Tätigkeit sein,[184] z. B. wenn es vor einem VG um die Zustimmung der Hauptfürsorgestelle zu einer erst beabsichtigten Kündigung eines schwerbehinderten AN geht oder weitere Kündigungen auf Grund vergleichbarer Kündigungsgründe zu erwarten sind.[185]

72 Das BR-Mitglied unterliegt während der Freistellungszeit nicht den **Weisungen des BR-Vorsitzenden.**[186] Es ist jedoch verpflichtet, sich den betriebsverfassungsrechtlichen Aufgaben zu widmen, insbesondere den ihm durch BR-Beschluss generell oder im Einzelfall übertragenen Angelegenheiten.[187] Eine differenziertere Situation besteht bei **Teilfreistellungen.** Die betroffenen BR-Mitglieder unterliegen in diesen Fällen nur während ihrer »normalen« Arbeitszeit den Weisungen des AG, nicht aber während ihrer Teilfreistellung.[188] Es ist ihnen aber (wie anderen nicht freigestellten BR-Mitgliedern auch) unbenommen, beim Vorliegen der gesetzlichen Voraussetzungen des § 37 Abs. 2 zusätzliche BR-Arbeit zu leisten und hierfür ihre betriebliche Tätigkeit zu unterbrechen.[189]

73 Das freigestellte BR-Mitglied hat Anspruch auf das **Arbeitsentgelt,** das es bei Ausübung seiner beruflichen Tätigkeit erhalten würde. Es gilt insoweit das Gleiche wie für vorübergehend von der Arbeit befreite BR-Mitglieder.[190] Die Feststellung des individuellen Lohnes bereitet jedoch vielfach Schwierigkeiten, weil freigestellte BR-Mitglieder nicht in den Arbeitsprozess eingegliedert sind und nicht auf die persönliche Arbeitsleistung als Bezugspunkt zurückgegriffen werden kann.

74 Da BR-Mitglieder wegen ihrer Freistellung insbes. auch in **finanzieller Hinsicht nicht benachteiligt** werden dürfen, ist ihr Arbeitsentgelt so zu bemessen, wie es vergleichbare AN mit betriebsüblicher Entwicklung erhalten.[191] Dies gilt auch hinsichtlich einer **Leistungsentlohnung** (Akkord, Prämie), für **Überstunden bzw. Mehrarbeit,** selbst wenn im Rahmen der BR-Tätigkeit keine Mehrarbeit anfällt,[192] für Zeiten, in denen mangels Beschäftigungsmöglichkeit

---

181 *BAG* 19.6.79, AP Nr. 36 zu § 37 BetrVG 1972.

182 Vgl. auch *BAG* 31.5.89 – 7 AZR 402/88; 31.5.89, BB 90, 491; *Fitting,* a. a. O.; HWGNRH-*Glock,* a. a. O.; *Lorenz,* AiB 99, 543; enger GK-*Weber,* a. a. O., der den AG auch für berechtigt hält, einen Nachweis darüber zu verlangen, dass BR-Aufgaben wahrgenommen werden; zur neueren Rspr. des *BAG* 15.3.95, NZA 95, 961 vgl. Rn. 46.

183 *BAG* 21.7.78, AP Nr. 4 zu § 38 BetrVG 1972; GK-*Weber,* § 37 Rn. 168; vgl. für Teilzeitbeschäftigte § 37 Rn. 166 ff.

184 *Fitting,* a. a. O. nur unter denselben Voraussetzungen wie ein nicht freigestelltes BR-Mitglied.

185 *BAG* 31.5.89, BB 90, 491; 31.5.89, NZA 90, 313; 19.5.83, AP Nr. 44 zu § 37 BetrVG 1972 mit ablehnender Anm. *Weiss,* der zutreffend darauf verweist, dass ein Entgeltanspruch nur entfallen kann bei Tätigkeiten, die offensichtlich mit der Wahrnehmung von BR-Aufgaben nichts zu tun haben; vgl. ferner § 37 Rn. 24 ff.

186 GK-*Weber,* Rn. 82.

187 *Fitting,* Rn. 83 f.; WP-*Kreft,* Rn. 40; vgl. auch *Heither,* NZA-Beilage 1/90, S. 11 [16].

188 *Hornung,* DB 02, 94.

189 Ebenso *Hornung,* a. a. O.

190 Vgl. § 37 Rn. 50 ff.; *Fitting,* Rn. 85; GK-*Weber,* Rn. 96; Richardi-*Thüsing,* Rn. 53; *Göpfert/Fellenberg/Klarmann,* DB 09, 2041; *LAG Baden-Württemberg* 14.10.97, LAGE § 37 BetrVG 1972, Nr. 51; weitergehend *Aden,* RdA 80, 256 [258], der bei einem Freigestellten die BR-Tätigkeit als Beruf ansieht, in dem sich die Höhe des Verdienstes nach dem gemäß § 37 Abs. 4 anzupassenden Arbeitsvertrag ergebe; ebenso HWGNRH-*Glock,* Rn. 56.

191 *Fitting,* Rn. 85; GK-*Weber,* Rn. 96, § 37 Rn. 109 ff.; enger HWGNRH-*Glock,* Rn. 56; *Schneider,* NZA 84, 23; vgl. auch § 37 Rn. 87 ff.

192 *LAG Hamburg* 24.1.77, DB 77, 1097; *LAG Hamm* 11.2.98, DB 98, 1569 (Ls.); *LAG Köln* 21.11.96, AuR 98, 82; *Becker-Schaffner,* BB 82, 501; ErfK-*Koch,* Rn. 10; *Fitting,* Rn. 87 f.; a. A. HWGNRH-*Glock,* Rn. 56.

die vertraglich vereinbarte Arbeitsleistung nicht hätte erbracht werden können,[193] oder für **Zulagen,** z. B. Bereitschaftsdienstvergütungen.[194] Ausgenommen sind lediglich solche Leistungen, die reinen Aufwendungscharakter haben, sofern dem freigestellten BR-Mitglied diese Aufwendungen nicht mehr entstehen.[195] Dieser Grundsatz gilt auch dann, wenn der frühere Arbeitsplatz des BR-Mitglieds ersatzlos fortgefallen ist.[196] Freigestellte BR-Mitglieder haben den gleichen **Urlaubsanspruch** wie andere AN.

75 War ein BR-Mitglied vor seiner Freistellung auf Basis eines **rollierenden Arbeitszeitsystems** tätig, kommt auch während seiner Freistellung die für dieses System festgelegte tarifvertragliche Urlaubsregelung zur Anwendung, die ohne die Freistellung auf das BR-Mitglied anzuwenden gewesen wäre.[197]

76 Führt der Freigestellte BR-Tätigkeit über die normale Arbeitszeit hinaus aus betriebsbedingten Gründen aus, steht ihm der Anspruch aus § 37 Abs. 3 nur zu, wenn er für den gleichen Zeitraum nicht bereits eine **Überstundenbezahlung** deshalb erhält, weil vergleichbare AN Überstunden leisten, da er sonst gegenüber den übrigen AN begünstigt wäre.[198] Bei **Teilfreistellungen** gilt dies entsprechend mit der möglichen Folge von Anspruch auf Überstundenbezahlung, wenn BR-Tätigkeit über die persönliche Arbeitszeit hinaus erfolgt. Hatte das freigestellte BR-Mitglied vor seiner Freistellung wegen besonderer Arbeitsbedingungen Anspruch auf Zusatzurlaub, behält es diesen während der Freistellung.[199]

77 Freigestellte BR-Mitglieder ändern ihre **sozialversicherungsrechtliche Stellung** nicht. Die vormalige sozialversicherungsrechtliche Unterscheidung zwischen Arbeitern und Angestellten in der gesetzlichen Rentenversicherung ist nach der Zusammenfassung zur allgemeinen Rentenversicherung[200] obsolet geworden.

IV. Entgelt- und Tätigkeitsschutz freigestellter Betriebsratsmitglieder

78 Freigestellte BR-Mitglieder genießen wie alle BR-Mitglieder den Entgelt- und Tätigkeitsschutz nach § 37 Abs. 4 und 5 (vgl. ausführlich § 37 Rn. 86 ff.). Die nachwirkenden Schutzfristen von einem Jahr nach Beendigung der Amtszeit werden für die BR-Mitglieder, die **drei volle aufeinander folgende Amtszeiten** hintereinander freigestellt waren, durch Abs. 3 jeweils auf zwei Jahre verlängert.[201] Unter Freistellung i. S. d. Abs. 3 sind nur völlige Freistellungen zu verstehen.

79 Die Regelung kommt auch zur Anwendung, wenn **Teilzeitbeschäftigte** vollständig von ihrer normalen Tätigkeit freigestellt sind. Sind **Vollzeitbeschäftigte** mit einem **Teil ihres Arbeitskontingentes freigestellt,** ist sie schon aus Gleichbehandlungserwägungen heraus immer dann **analog anwendbar,** wenn betriebsübliche berufliche Entwicklungen der betroffenen BR-Mitglieder wegen der Freistellung unterblieben sind. Ggf. ist eine zeitliche wie inhaltliche Anpassung der notwendigen Maßnahmen unter Berücksichtigung des tatsächlichen Freistellungsanteils vorzunehmen.[202]

80 Entsprechender Nachholbedarf kann beispielsweise bestehen, wenn ein zu 50 % freigestelltes BR-Mitglied während der Amtszeit aufwändige mehrwöchige berufliche Qualifikationsmaßnahmen nicht durchgeführt hat, wenn die Freistellung mit einem Wechsel vom Außen- in den Innendienst verbunden war, wenn bestimmte Tätigkeiten nicht mehr ausgeübt werden konn-

---

193 *LAG Hamm* 2.7.97, AiB 98, 405 mit Anm. *Schuster* für eine freigestellte **Raumpflegerin** in einer Schule.
194 *LAG Niedersachsen* 19.3.87, AuR 88, 123, Ls. = AiB 89, 80; vgl. auch *LAG Schleswig-Holstein* 23.7.91, PersR 91, 430 zu einer Lehrentschädigung.
195 *Fitting,* Rn. 87.
196 *BAG* 17.5.77, AP Nr. 28 zu § 37 BetrVG 1972.
197 *BAG* 20.8.02, AP Nr. 27 zu § 38 BetrVG 1972.
198 ErfK-*Koch,* Rn. 10; Richardi-*Thüsing,* Rn. 54; *GL,* Rn. 40; vgl. auch § 37 Rn. 62 ff.; krit. HWGNRH-*Glock,* Rn. 57.
199 *BAG* 8.10.81, AP Nr. 2 zu § 49 BAT.
200 »Deutsche Rentenversicherung«, vgl. BT-Drs. 15/3654 und 15/3824; *Fitting,* Rn. 90.
201 Enger *Fitting,* Rn. 93, die auf die Umstände des Einzelfalls abstellen.
202 Offen *Fitting,* Rn. 93; a. A. ErfK-*Koch,* Rn. 10; Richardi-*Thüsing,* Rn. 58.

ten usw. Etwas anderes kann gelten, wenn Ausgestaltung und Volumen der Teilfreistellung in einer Form erfolgt sind, durch die die normale berufliche Tätigkeit unbeeinflusst geblieben ist. Dies wäre beispielsweise dann der Fall, wenn bei einer 30 %igen Freistellung die vorherige Tätigkeit in der Produktion oder Verwaltung ohne Veränderung weiter durchgeführt wurde.

Voraussetzung für die Erhöhung der nachwirkenden Schutzfrist auf zwei Jahre ist eine Frei- **81**
stellung über drei volle aufeinander folgende Amtszeiten. Unter **voller Amtszeit** ist die vierjährige Amtszeit i. S. d. § 21 Satz 1 zu verstehen. Nicht als volle Amtszeit ist die verkürzte Amtszeit wegen vorzeitiger Neuwahl gemäß § 13 Abs. 2 Nrn. 1 – 4 i. V. m. Abs. 3 anzusehen.[203] Um eine volle Amtszeit handelt es sich, wenn der BR gemäß § 13 Abs. 3 Satz 2 i. V. m. § 21 Satz 4 erst in dem übernächsten regelmäßigen Wahlzeitraum neu zu wählen ist, da dessen Amtszeit länger als vier bzw. drei Jahre dauert.[204] Dies gilt auch, wenn der BR infolge einer vorzeitigen Neuwahl eine verkürzte Amtszeit hatte, die Amtszeit des nachfolgenden BR sich jedoch gemäß § 21 Satz 4 i. V. m. § 13 Abs. 3 Satz 2 über vier Jahre hinaus verlängert, so dass beide Amtszeiten zusammen acht Jahre ausmachen.[205] Im Zweifelsfall (z. B. bei mehrfach vorzeitiger Neuwahl) sind die Freistellungszeiten zu addieren.

Die drei Amtszeiten müssen **unmittelbar** aufeinander folgen. Es darf keine Amtszeit dazwi- **82**
schen liegen, in der das betreffende BR-Mitglied nicht freigestellt war. Allerdings ist ein kurzer Zwischenraum zwischen den Amtszeiten des BR – etwa wegen einer geringfügigen Verzögerung der Wahl – unerheblich.[206]

Für den Anspruch auf den erhöhten nachwirkenden Schutz kommt es nicht auf die Beendi- **83**
gung der Freistellung, sondern auf den Ablauf der Amtszeit des BR, mit der das Mitglied aus dem BR ausscheidet, an. War z. B. ein BR-Mitglied über drei volle aufeinander folgende Amtszeiten freigestellt oder wird in der vierten Amtszeit seine Freistellung vorzeitig aufgehoben und wird er in den nächstfolgenden nicht mehr freigestellt, steht ihm, falls es nach Beendigung dieser Amtszeit endgültig aus dem BR ausscheidet, gleichwohl die erhöhte nachwirkende Schutzfrist von zwei Jahren zu.[207] Dies gilt unabhängig vom Freistellungsgrad.

V. Berufliche Weiterbildung freigestellter Betriebsratsmitglieder

Um eine Benachteiligung der freigestellten BR-Mitglieder zu verhindern, sieht Abs. 4 Satz 1 **84**
vor, dass sie von **inner- und außerbetrieblichen Maßnahmen der Berufsbildung** während ihrer Freistellung nicht ausgeschlossen werden dürfen, obwohl sie voll oder teilweise von ihrer beruflichen Tätigkeit entbunden sind.[208] Dies kann z. B. auch für die Teilnahme an Fortbildungskursen für Führungskräfte gelten, sofern die Teilnahmevoraussetzungen erfüllt werden.[209] Diese Regelung gibt den freigestellten BR-Mitgliedern zwar keinen Anspruch auf bevorzugte Berücksichtigung bei der Teilnahme an entsprechenden Maßnahmen, sie stellt aber sicher, dass sie nicht übergangen werden dürfen, sondern in gleicher Weise zu berücksichtigen sind, wie das der Fall wäre, wenn sie, anstatt freigestellt zu sein, ihre berufliche Tätigkeit auszuüben hätten,[210] wobei der BR ggf. von seinem Mitbestimmungsrecht nach § 98 Abs. 3 und 4 Gebrauch machen kann.[211] Die Vorschrift will die spätere Wiederaufnahme der beruflichen Tätigkeit erleichtern und gewährleisten, dass freigestellte BR-Mitglieder ihren früheren Arbeitskollegen in der beruflichen Entwicklung nicht nachstehen.[212]

---

203 *Fitting*, Rn. 94; GK-*Weber*, Rn. 98; HWGNRH-*Glock*, Rn. 60; HaKo-BetrVG/*Wolmerath*, Rn. 19; weitergehend Richardi-*Thüsing*, Rn. 59, der als erste Amtszeit auch eine verkürzte Amtszeit gelten lässt, die Folge einer ersten Wahl außerhalb des regelmäßigen Wahlturnus anerkennt; ähnlich WP-*Kreft*, Rn. 44.
204 *Fitting*, a. a. O.; GK-*Weber*, Rn. 99; HWGNRH-*Glock*, a. a. O.
205 *Fitting*, a. a. O.; GK-*Weber*, a. a. O.; HWGNRH-*Glock*, a. a. O.; Richardi-*Thüsing*, a. a. O.; a. A. *GL*, Rn. 43.
206 *Fitting*, Rn. 95; GK-*Weber*, Rn. 100; HWGNRH-*Glock*, Rn. 61; Richardi-*Thüsing*, Rn. 60; *Wlotzke/Preis*, Rn. 45.
207 GK-*Weber*, Rn. 101; a. A. ErfK-*Koch*, Rn. 11; *Fitting*, Rn. 96; *GL*, Rn. 44; Richardi-*Thüsing*, Rn. 61.
208 Zur Durchsetzung vgl. DKKWF-*Wedde*, § 38 Rn. 15.
209 HWGNRH-*Glock*, Rn. 66.
210 *BAG* 26.9.90, NZA 91, 694 = AuR 91, 251, Ls. zu § 46 Abs. 3 BPersVG; vgl. auch § 37 Rn. 89 ff.
211 *Fitting*, Rn. 98; *GL*, Rn. 48; HWGNRH-*Glock*, a. a. O.; *Schneider*, NZA 84, 21.
212 GK-*Weber*, Rn. 102; HWGNRH-*Glock*, Rn. 65; ausführlich *Cox/Offermann*, AiB 99, 23 ff.

85 Da voll oder teilweise freigestellte BR-Mitglieder infolge der Inanspruchnahme durch die BR-Aufgaben häufig nicht in der Lage sind, an betrieblichen Fortbildungsmaßnahmen teilzunehmen, sieht Abs. 4 Satz 2 vor, dass sie innerhalb eines Jahres **nach Beendigung der Freistellung** bevorzugt die Möglichkeit erhalten, an betrieblichen und außerbetrieblichen Berufsbildungsmaßnahmen teilzunehmen, um eine wegen der Freistellung unterbliebene berufliche Entwicklung nachzuholen.[213] Die unterbliebene berufliche Entwicklung muss hierbei durch die Freistellung bedingt sein.[214] Der Anspruch besteht ohne Rücksicht auf die Dauer der Freistellung innerhalb eines Jahres nach **Beendigung der Freistellung,** nicht erst nach Beendigung der Amtszeit des BR.[215]

86 Die Verpflichtung des AG besteht im Rahmen der **Möglichkeiten des Betriebs.** Die entsprechende Schulung muss für den Betrieb hinsichtlich der Art, Dauer und des finanziellen Aufwandes vertretbar sein.[216] Allerdings kann sie nicht bereits mit dem Hinweis auf eine fehlende innerbetriebliche Schulungsmöglichkeit abgelehnt werden. Bestehen entsprechende über- oder außerbetriebliche Fortbildungsmöglichkeiten, hat das BR-Mitglied einen Anspruch auf Teilnahme auf Kosten des AG. Nach Durchführung der Schulung hat das BR-Mitglied im Rahmen der betrieblichen Möglichkeiten Anspruch auf Zuweisung einer Tätigkeit, die dem damit bestehenden aktuellen Qualifikationsstand entspricht.[217]

87 War das BR-Mitglied über drei volle aufeinander folgende Amtszeiten (vgl. Rn. 78 ff.) freigestellt, erhöht sich der Zeitraum, innerhalb dessen dem BR-Mitglied bevorzugt Gelegenheit zu geben ist, eine infolge der Freistellung unterbliebene berufliche Entwicklung nachzuholen, auf **zwei Jahre.** Im Gegensatz zu Abs. 3 beginnt die erhöhte Schutzfrist nach Abs. 4 bereits mit Beendigung der Freistellung.[218]

VI. Streitigkeiten

88 Streitigkeiten auf Grund der Abs. 1 und 2, etwa über den Umfang der Freistellungen bzw. über die Wahl der freizustellenden BR-Mitglieder sowie über die Beschlüsse des BR entscheiden die **ArbG im Beschlussverfahren.**[219] Der Antrag auf Erlass einer einstweiligen Verfügung ist möglich.[220] Die **Anfechtung der Wahl** der freigestellten BR-Mitglieder ist in entsprechender Anwendung des § 19 binnen einer **Frist** von zwei Wochen seit Bekanntgabe der Wahl gerichtlich geltend zu machen.[221] Das Rechtschutzbedürfnis an der Feststellung, dass eine Freistellung rechtsgemäß war, besteht nicht mehr, wenn der jeweilige BR nicht mehr im Amt ist[222] oder wenn mit der Stimmenmehrheit des § 27 Abs. 1 Satz 5 eine erneute Wahl erfolgt ist.[223] Zur Anfechtung der Wahl des Vorsitzenden vgl. § 26 Rn. 35.

89 Das ArbG entscheidet im Beschlussverfahren über die Notwendigkeit von weiteren, über die Staffel des Abs. 1 hinausgehenden Freistellungen, wobei es Sache des BR ist, im Einzelnen darzulegen, aus welchen Gründen weitere Freistellungen für eine ordnungsgemäße Erfüllung seiner Aufgaben erforderlich sind.[224]

90 **Antragsberechtigt** zur Einleitung des arbeitsgerichtlichen Beschlussverfahrens ist auch das betroffene BR-Mitglied, nach Auffassung des *BAG* aber nicht die im Betrieb vertretene Gewerkschaft.[225] Einzelne BR-Mitglieder, die von der Freistellung nicht persönlich betroffen

---

213 Textmuster bei DKKWF-*Wedde,* § 38 Rn. 16.
214 *Fitting,* Rn. 99; GK-*Weber,* Rn. 104; Richardi-*Thüsing,* Rn. 63.
215 *Fitting,* Rn. 100; HWGNRH-*Glock,* Rn. 69.
216 *Fitting,* Rn. 102; GK-*Weber,* Rn. 106; HWGNRH-*Glock,* Rn. 70; Richardi-*Thüsing,* Rn. 63.
217 *Fitting,* Rn. 103; GK-*Weber,* Rn. 108; HWGNRH-*Glock,* Rn. 70; Richardi-*Thüsing,* Rn. 65.
218 *Fitting,* Rn. 101; GK-*Weber,* Rn. 102; Richardi-*Thüsing,* Rn. 61.
219 §§ 2 a, 80 ff. ArbGG; vgl. *LAG Nürnberg* 19.11.97, 4 TaBV 15/96.
220 Richardi-*Thüsing,* Rn. 42.
221 *BAG* 20.4.05, DB 05, 2416; 11.3.92, NZA 92, 946 = AiB 92, 732, vgl. auch 15.1.92, AiB 92, 234, 13.11.91, DB 92, 1988; *LAG Düsseldorf* 24.6.04, ZBVR 05, 37; *LAG Berlin* 19.6.95, AuR 95, 469; *LAG Saarland* 4.7.01, AiB 02, 129.
222 *BAG* 21.6.06 – 7 ABR 45/05, juris.
223 *LAG Nürnberg* 27.4.06, NZA-RR 06, 473.
224 *BAG* 22.5.73, AP Nr. 2 zu § 37 BetrVG 1972, 26.7.89, NZA 90, 621 = AuR 90, 232; vgl. auch Rn. 12 ff.
225 *BAG* 12.10.76, AP Nr. 2 zu § 26 BetrVG 1972; vgl. auch 22.5.73, AP Nr. 2 zu § 38 BetrVG 1972; *ArbG Frankfurt* 2.5.90 – 7 BVGa 8/90; *Fitting,* Rn. 106; GK-*Weber,* Rn. 110; HWGNRH-*Glock,* Rn. 76.

sind, haben keine Anfechtungsbefugnis.[226] Die **Anfechtungsfrist** beginnt, wenn der BR das Wahlergebnis festgestellt hat.[227] Hat ein anfechtungsberechtigtes BR-Mitglied an der Sitzung nicht teilgenommen, beginnt sie mit der Kenntnisnahme des Wahlergebnisses.[228]

Streitigkeiten zwischen einem BR-Mitglied und dem AG, die sich aus einer Arbeitsentgelt- **91**
minderung oder -vorenthaltung oder der Zuweisung eines minderwertigen Arbeitsplatzes ergeben, sind, obwohl es sich im Kern um betriebsverfassungsrechtliche Ansprüche handelt, nach der Rspr. durch die **ArbG im Urteilsverfahren** zu entscheiden. Das Gleiche gilt für Streitigkeiten von freigestellten BR-Mitgliedern hinsichtlich der Teilnahme an Berufsbildungsmaßnahmen nach Abs. 4.[229]

Bei Streitigkeiten bzw. Meinungsverschiedenheiten über die vom BR getroffene **Auswahl der** **92**
freizustellenden BR-Mitglieder entscheidet gemäß Abs. 2 die ESt. Der Spruch der ESt. kann durch das ArbG im Beschlussverfahren daraufhin überprüft werden, ob er sachlich begründet ist bzw., soweit es sich um Regelungsstreitigkeiten handelt, ob Ermessensfehler vorliegen.[230] Darüber hinaus ist innerhalb einer Frist von zwei Wochen die Anrufung des ArbG zur Überprüfung des unbestimmten Rechtsbegriffs der sachlichen Vertretbarkeit möglich.[231]

§ 39 Sprechstunden

(1) Der Betriebsrat kann während der Arbeitszeit Sprechstunden einrichten. Zeit und Ort sind mit dem Arbeitgeber zu vereinbaren. Kommt eine Einigung nicht zustande, so entscheidet die Einigungsstelle. Der Spruch der Einigungsstelle ersetzt die Einigung zwischen Arbeitgeber und Betriebsrat.

(2) Führt die Jugend- und Auszubildendenvertretung keine eigenen Sprechstunden durch, so kann an den Sprechstunden des Betriebsrats ein Mitglied der Jugend- und Auszubildendenvertretung zur Beratung der in § 60 Abs. 1 genannten Arbeitnehmer teilnehmen.

(3) Versäumnis von Arbeitszeit, die zum Besuch der Sprechstunden oder durch sonstige Inanspruchnahme des Betriebsrats erforderlich ist, berechtigt den Arbeitgeber nicht zur Minderung des Arbeitsentgelts des Arbeitnehmers.

Inhaltsübersicht

I. Vorbemerkungen

Nach Abs. 1 kann der BR unabhängig von der Betriebsgröße während der Arbeitszeit **Sprech-** **1**
stunden einrichten.[1] Sucht ein AN die Sprechstunde auf oder nimmt er außerhalb von Sprechstunden den BR in Anspruch, ist der AG verpflichtet, ihm die Zeit seiner Abwesenheit von seinem Arbeitsplatz zu bezahlen (Abs. 3).

Die Vorschrift gilt nicht für die Geschäftsführung des **GBR** (vgl. § 51 Abs. 1), des **KBR** (vgl. **2**

---

226 *LAG Baden-Württemberg* 26.10.07 – 5 TaBV 1/07.
227 *BAG* 20.4.05, NZA 05, 1426.
228 BAG, a. a. O.; Richardi-*Thüsing*, Rn. 66.
229 *Fitting*, Rn. 110; GK-*Weber*, Rn. 112; *GL*, Rn. 53; HWGNRH-*Glock*, Rn. 73; im Übrigen § 37 Rn. 193.
230 *Fitting*, Rn. 107; GK-*Weber*, Rn. 111; HWGNRH-*Glock*, Rn. 74; *Kühner*, S. 156.
231 *Fitting*, Rn. 108; GK-*Weber*, Rn. 72; Richardi-*Thüsing*, Rn. 39; a. A. HWGNRH-*Glock*, Rn. 74.
1 Zu den Vor- und Nachteilen von Sprechstunden *Brill*, BB 79, 1247; zum »Betriebsratsmarketing« *Disselkamp*, AiB 02, 557; vgl. ferner *BAG* 23.6.83, AP Nr. 45 zu § 37 BetrVG 1972 mit Anm. *Löwisch/Reimann*, 13.11.91, NZA 92, 414 = AiB 92, 456; *Ohm*, AiB 96, 407.

§ 59 Abs. 1), der **GJAV** (vgl. § 73 Abs. 2) und der **KJAV** (§ 73 b Abs. 2). Für die **JAV** gilt eine Sonderregelung nach § 69. Für die **Bordvertretung** (§ 115 Abs. 4) und den **See-BR** (§ 116 Abs. 3 Nr. 6) sowie für eine **anderweitige Vertretung der AN** nach § 3 Abs. 1 Nr. 2 gilt die Vorschrift entsprechend. Für eine **zusätzliche AN-Vertretung** nach § 3 Abs. 1 Nr. 1 bleibt die Errichtung von Sprechstunden dem TV vorbehalten. **Freiwillige nach dem BFDG** haben zwar keinen ausdrücklichen gesetzlichen Anspruch auf Teilnahme an den Sprechstunden, da sie nicht als AN des BetrVG zu definieren sind. Da der BR seine allgemeinen Aufgaben nach § 80 aber bezogen auf alle in den Betrieb eingegliederten Beschäftigten wahrnimmt, können die Freiwilligen angebotene Sprechstunden aufsuchen.[2]

II. Einrichtung der Sprechstunden (Abs. 1)

3 **Der BR entscheidet** nach pflichtgemäßem Ermessen durch Beschluss mit einfacher Stimmenmehrheit,[3] ob und in welcher Weise er während (oder außerhalb) der Arbeitszeit **Sprechstunden** einrichten will.[4] Bei seiner Entscheidung hat er die betrieblichen Verhältnisse, insbes. die Zahl der im Betrieb beschäftigten AN, zu berücksichtigen.[5] Einer **Zustimmung des AG** bedarf es **nicht.**[6] Hat der BR entschieden, Sprechstunden einzurichten, sind diese auch dann einzuhalten, wenn sie nicht stark in Anspruch genommen werden. Er hat dafür Sorge zu tragen, dass die AN innerhalb der Sprechstunde ordnungsgemäß beraten werden. Ggf. müssen **mehrere BR-Mitglieder** innerhalb der Sprechstunde zur Verfügung stehen.[7]

4 **Eine Verpflichtung** zur Durchführung von Sprechstunden **besteht nicht.**[8] Der BR kann zur Einrichtung weder gezwungen werden[9] noch stellt der Verzicht auf eine Sprechstunde trotz Erforderlichkeit oder Anregung durch den AG eine grobe Amtspflichtverletzung dar.[10] Für die Einrichtung besteht im Allgemeinen keine zwingende Notwendigkeit; allenfalls sprechen Zweckmäßigkeitsgründe für Sprechstunden.[11] Die Einrichtung kann die Geschäftsführung des BR aber erleichtern, da sich Anfragen, Anregungen, Beschwerden u. Ä. an den BR auf einen bestimmten Zeitpunkt konzentrieren. In **kleinen Betrieben,** in denen ein enger Kontakt zwischen den einzelnen Belegschaftsmitgliedern und dem BR besteht, dürfte sich die Einrichtung von Sprechstunden erübrigen. Das Gleiche kann für **Großbetriebe** mit mehreren freigestellten BR-Mitgliedern gelten.[12] Maßgeblich ist allein die Beschlussfassung des BR.

5 Die Möglichkeit des BR, AN am Arbeitsplatz aufzusuchen, ist kein Ersatz für Sprechstunden, da in diesem Fall die Initiative für ein Gespräch beim BR und nicht beim einzelnen AN liegt.[13] Unabhängig davon können die AN jedoch auch außerhalb der Sprechstunden **den BR jederzeit in Anspruch nehmen,** soweit dies erforderlich ist,[14] ohne vom Vorgesetzten auf die Sprechstunde des BR verwiesen zu werden.

6 Der BR entscheidet darüber, ob er **Sprechstunden während der Arbeitszeit** einrichtet und welche BR-Mitglieder er mit der Durchführung beauftragt.[15] Trifft er keine anderweitige Entscheidung, sind der **BR-Vorsitzende,** im Verhinderungsfall sein Stellvertreter[16] und ggf. **freigestellte BR-Mitglieder** berechtigt, die Sprechstunden abzuhalten.[17] Soweit ein **Betriebsaus-**

2 Zutreffend GK-*Weber*, Rn. 4.
3 Vgl. § 33 Rn. 27; Beschlussvorlage bei DKKWF-*Wedde*, § 39 Rn. 5.
4 *Fitting*, Rn. 7; Richardi-*Thüsing*, Rn. 3; GK-*Weber*, Rn. 9; ErfK-*Koch*, Rn. 1; *Ohm*, AiB 96, 407.
5 *Fitting*, a. a. O.; *Brill*, BB 79, 1247; *Kühner*, S. 158.
6 GK-*Weber*, Rn. 9; ausführlich *Ohm*, AiB 96, 407; ergänzend Rn. 11 ff., hinsichtlich Zeit und Ort der Sprechstunde; zur Information des AG DKKWF-*Wedde*, § 39 Rn. 6.
7 *Kühner*, S. 159; GK-*Weber*, Rn. 15.
8 *Fitting*, Rn. 6; HWGNRH-*Glock*, Rn. 5.
9 *Fitting*, Rn. 5 m. w. N.; vgl. auch Rn. 14.
10 *Fitting*, Rn. 6; *Kühbner*, S. 158.
11 *Brill*, BB 79, 1247; vgl. *Fitting*, a. a. O. für feste Sprechstunde.
12 A. A. *Kühner*, S. 158, der die Einrichtung einer Sprechstunde hier als unbedingt erforderlich ansieht.
13 *Fitting*, Rn. 6.
14 *LAG Berlin* 3.11.80, EzA § 39 BetrVG 1972 Nr. 1; hierzu auch Rn. 28.
15 Richardi-*Thüsing*, Rn. 3; *Brill*, BB 79, 1247.
16 *Brill*, a. a. OGK-*Weber*, Rn. 15; nunmehr auch HWGNRH-*Glock*, Rn. 16.
17 *Kühner*, S. 159.

schuss besteht, gehört die Durchführung der Sprechstunden zu den von ihm wahrzunehmenden **laufenden Geschäften.**[18]

7 Werden den BR-Mitgliedern bei der Durchführung von Sprechstunden schutzwürdige **persönliche Belange** von AN bekannt (z. B. Schwangerschaft), sind diese **vertraulich zu behandeln.**[19]

8 **Beauftragte der im Betrieb vertretenen Gewerkschaften** können im Rahmen der allgemeinen Unterstützungsfunktion in die Sprechstunden einbezogen werden, um z. B. bei der Auslegung von TV behilflich zu sein.[20] In diesem Fall ist eine Vereinbarung mit dem AG nicht erforderlich; dieser ist allenfalls gemäß § 2 Abs. 2 zu unterrichten.[21]

9 Nach näherer Vereinbarung mit dem AG gemäß § 80 Abs. 3 (vgl. § 80 Rn. 83 ff.) kann der BR **Sachverständige zu Sprechstunden hinzuziehen,** sofern dies für eine ordnungsgemäße Beratung der AN erforderlich ist.[22] Eine nähere Vereinbarung gem. § 80 Abs. 3 wird auch dann für notwendig gehalten, wenn ein **Gewerkschaftsvertreter** als Sachverständiger tätig wird.[23]

1. Zeit und Ort

10 Hat der BR sich für die Errichtung entschieden, muss er **über Zeit und Ort** der während der Arbeitszeit stattfindenden Sprechstunden eine Vereinbarung mit dem AG treffen. Dies sollte grundsätzlich in einer BV geschehen, wenn auch eine Regelungsabrede nicht ausgeschlossen ist.[24]

11 Unter Festlegung der Zeit der Sprechstunden ist die **Lage** (Tag, Uhrzeit) und die **Häufigkeit** (z. B. täglich, an bestimmten Tagen in der Woche oder im Monat) zu verstehen. Über die **Dauer** entscheidet **allein der BR** unter Berücksichtigung der Erforderlichkeit und Verhältnismäßigkeit.[25] Bei der konkreten Ausgestaltung der Zeit kommt es auf die besonderen betrieblichen Belange an, wie z. B. Größe des Betriebs, Zusammensetzung der Belegschaft, räumliche Ausdehnung des Betriebs, Arbeitszeit und Schichten, verschiedene TV, Fluktuation usw. Arbeitet der Betrieb in mehreren **Schichten,** sollten die Sprechstunden so gelegt werden, dass zumindest den AN der Früh- und Spätschicht der Besuch während der Arbeitszeit möglich ist.

12 Unter **Ort** der Sprechstunden ist der Raum zu verstehen, in dem die Sprechstunden durchgeführt werden. Finden die Sprechstunden **außerhalb der Arbeitszeit,** aber innerhalb des Betriebs statt, bedarf es keiner Vereinbarung mit dem AG, sofern die Sprechstunden in den Räumen des BR durchgeführt werden.[26]

13 Kommt es über die Festlegung von Zeit und Ort der während der Arbeitszeit durchzuführenden Sprechstunden zu keiner Einigung zwischen AG und BR, entscheidet die ESt. nach § 76 Abs. 5 verbindlich. Sie hat ihre Entscheidung unter angemessener Berücksichtigung der Belange des Betriebs und der betroffenen AN nach billigem Ermessen zu treffen. Dabei muss sichergestellt werden, dass den AN ein Aufsuchen der Sprechstunden des BR ermöglicht wird.[27] Der **Spruch der ESt.** kann sich nicht auf die Einrichtung einer Sprechstunde erstrecken.[28]

18 Richardi-*Thüsing,* Rn. 11; GK-*Weber,* Rn. 14; vgl. auch *Fitting,* Rn. 8.
19 GK-*Weber,* Rn. 15; *Kühner,* S. 159 f.; *Fitting,* Rn. 22.
20 *LAG Baden-Württemberg* 25.6.74, BB 74, 1206; GK-*Weber,* Rn. 16; a. A. *GL,* Rn. 8.
21 *Fitting,* a. a. O.; GK-*Weber,* a. a. O.; HWGNRH-*Glock,* a. a. O.; ErfK-*Koch,* Rn. 2.
22 zu den allgemeinen Voraussetzungen der Hinzuziehung vgl. § 80 Rn. 152.
23 Vgl. *Fitting,* Rn. 9; GK-*Weber,* Rn. 16; *GL,* Rn. 8; *Richardi,* Rn. 12; a. A. *HSG,* Rn. 18, die Gewerkschaftsbeauftragte als Sachverständige ausschließen.
24 *Fitting,* Rn. 11; GK-*Weber,* Rn. 12; HWGNRH-*Glock,* Rn. 7; *Kühner,* S. 159; a. A. Richardi-*Thüsing,* Rn. 7; *GL,* Rn. 9, die eine BV für erforderlich halten; zur BV vgl. im Übrigen § 77 Rn. 7 f.; Textmuster bei DKKWF-*Wedde,* § 39 Rn. 6 ff.
25 Richardi-*Thüsing,* Rn. 5; HaKo-BetrVG/*Wolmerath,* Rn. 4; a. A. ErfK-*Koch,* Rn. 1; *Fitting,* Rn. 11; WP-*Kreft,* Rn. 3; GK-*Weber,* a. a. O.; HWGNRH-*Glock,* Rn. 8.
26 *Fitting,* Rn. 11; GK-*Weber,* Rn. 11; *Kühner,* a. a. O.; a. A. HWGNRH-*Glock,* Rn. 6; Richardi-*Thüsing,* Rn. 29.
27 *Fitting,* Rn. 14; GK-*Weber,* Rn. 13; HWGNRH-*Glock,* Rn. 10.
28 GK-*Weber,* Rn. 13; vgl. auch Rn. 3.

2. Durchführung

14 Werden die Sprechstunden aus **betriebsbedingten Gründen außerhalb der Arbeitszeit** abgehalten, haben die mit der Durchführung betrauten BR-Mitglieder gemäß § 37 Abs. 3 Anspruch auf entsprechenden Freizeitausgleich bzw. auf Abgeltung dieser Zeit wie Mehrarbeit.[29]

15 Den Mitgliedern des BR, denen die Durchführung der Sprechstunden obliegt, ist **Arbeitsbefreiung nach § 37 Abs. 2** zu gewähren, soweit sie nicht nach § 38 von der Arbeit freigestellt sind. Die Einrichtung und Abhaltung von Sprechstunden rechtfertigt allein nicht die pauschale Freistellung eines BR-Mitglieds.[30]

16 Der AG ist verpflichtet, die für die Sprechstunden erforderlichen Räume und sachlichen Mittel – z. B. Licht, Heizung, Schreibmaschine, PC nebst Zubehör, Büromaterial, Büropersonal – zur Verfügung zu stellen.[31] Er hat auch die Kosten eines Dolmetschers zu tragen, wenn ausländische AN die Sprechstunde aufsuchen.[32] Erfolgt Telearbeit (vgl. § 5 Rn. 41 ff.) oder sonstige Arbeit außerhalb des Betriebs, können für erste Kontakte elektronische Dienste genutzt werden.[33]

3. Inhalte

17 In den Sprechstunden dürfen alle Angelegenheiten behandelt werden, die in den Aufgabenbereich des BR fallen und in unmittelbarem Zusammenhang mit den Arbeitsverhältnissen stehen. Hierzu gehört auch die Behandlung von **Beschwerden** (§ 85) und die **Entgegennahme von Anregungen**.[34] Der AN kann die Sprechstunden zwecks Einlegung einer Beschwerde auch dann aufsuchen, wenn er sich vorher nicht beim AG beschwert hat.[35] AN haben das Recht, Sprechstunden des BR allein oder gemeinsam aufzusuchen, um hier Fragen zur konkreten Tätigkeit oder zu beabsichtigten kollektiven Maßnahmen einschließlich aktueller Tarifverhandlungen zu stellen (vgl. Rn. 23).

18 Eine **Beratung und Auskunftserteilung,** die sich im Rahmen der Aufgaben des BR bewegt, ist als zulässig anzusehen, wenn es sich um arbeitsrechtliche Fragen handelt, sofern das BR-Mitglied dazu in der Lage ist.[36] Beratungsgegenstand können auch Fragen des Individualrechts sein, wenn sie die Situation der AN im Betrieb betreffen.[37] Erteilt werden dürfen auch **Rechtsauskünfte,** die mit den Aufgaben des BR in Zusammenhang stehen. Unter Beachtung des zum 1.7.08 in Kraft getretenen Rechtsdienstleistungsgesetzes ist dem BR eine Erörterung von Rechtsfragen erlaubt, wenn diese die AN betreffen.[38] **Falsche Rechtsauskünfte,** beispielsweise über die Klagefrist nach § 4 KSchG, gehen zu Lasten des AN und rechtfertigen keine nachträgliche Zulassung der Kündigungsschutzklage gemäß § 5 Abs. 1 KSchG.[39] BR-Mitglieder **haften für Rechtsauskünfte,** die sie in den von ihnen abgehaltenen Sprechstunden erteilen, nur bei **unerlaubter Handlung.**[40]

---

29 *Fitting,* Rn. 16; vgl. auch § 37 Rn. 62 ff.
30 *BAG* 13.11.91, NZA 92, 414 = AiB 92, 456.
31 Richardi-*Thüsing,* Rn. 13; *Fitting,* Rn. 16; GK-*Weber,* Rn. 22; *GL,* Rn. 13; vgl. § 40 Rn. 14 ff., 96.
32 *Brill,* BB 78, 1574.
33 *Wedde,* S. 142 ff.
34 § 80 Abs. 1 – 3; vgl. auch GK-*Weber,* Rn. 7.
35 GK-*Weber,* a. a. O.; HWGNRH-*Glock,* a. a. O.; vgl. im Übrigen §§ 84 und 85.
36 Richardi-*Thüsing,* Rn. 2; GK-*Weber,* Rn. 7; enger nunmehr *Fitting,* Rn. 23 [»Erörterung«], der zutreffend darauf verweist, dass es sich nicht um eine Rechtsdienstleistung i. S. des RDG handelt; a. A. HWGNRH-*Glock,* Rn. 4; vgl. auch *LAG Rheinland-Pfalz* 10.9.84, NZA 85, 430; *LAG Hamburg* 10.4.87, DB 87, 1744.
37 Zutreffend WP-*Kreft,* Rn. 9 bezüglich der individuellen Voraussetzungen von Vergütungsansprüchen.
38 *Düwell,* dbr 7/08, 17.
39 Vgl. *LAG Rheinland-Pfalz,* a. a. O.; *LAG Hamburg,* a. a. O.; *Fitting,* a. a. O.
40 § 676 BGB; GK-*Weber,* Rn. 33; Richardi-*Thüsing,* Rn. 29.

III. Teilnahme der Jugend- und Auszubildendenvertretung (Abs. 2)

19 In Betrieben, die in der Regel mehr als 50 in § 60 Abs. 1 genannte AN beschäftigen, kann die **JAV Sprechstunden während der Arbeitszeit einrichten** (vgl. § 69). Führt sie keine eigenen Sprechstunden durch, kann an den Sprechstunden des BR ein Mitglied der JAV teilnehmen, um in § 60 Abs. 1 genannte AN zu beraten.[41] Führt die JAV eigene Sprechstunden durch, entfällt ihr Teilnahmerecht an den Sprechstunden des BR.[42]

20 Die Teilnahme eines Mitglieds der JAV an der Sprechstunde des BR soll den in § 60 Abs. 1 genannten AN die Möglichkeit geben, ihre speziellen Probleme mit einem von ihnen gewählten JAV-Mitglied durchzusprechen.[43] Sie sind jedoch nicht verpflichtet, sich an ein Mitglied der JAV zu wenden, sondern können sich auch mit einem BR-Mitglied beraten.[44]

21 Die **JAV entscheidet selbstständig** darüber, ob sie an den Sprechstunden teilnehmen will.[45] Auch die Entscheidung, **welches Mitglied der JAV** an den Sprechstunden des BR teilnimmt, obliegt allein der JAV.[46] Trifft sie keine ausdrückliche Regelung, ist ihr Vorsitzender, im Verhinderungsfall sein Stellvertreter, befugt, an den Sprechstunden teilzunehmen.[47]

22 Der BR kann **getrennte Sprechstunden** für die in § 60 Abs. 1 genannten und die sonstigen AN einrichten. Dann besteht das Teilnahmerecht des Mitglieds der JAV nur zur Beratung der in § 60 Abs. 1 genannten AN.[48] Bei **»gemeinsamen« Sprechstunden** kann das Mitglied der JAV an jeder Sprechstunde des BR teilnehmen, unabhängig davon, ob sie von in § 60 Abs. 1 genannten AN besucht wird, auch wenn es nur berechtigt ist, diese AN zu beraten.[49]

IV. Versäumnis von Arbeitszeit und Entgeltfortzahlung (Abs. 3)

23 Die AN sind berechtigt, **während ihrer Arbeitszeit** die Sprechstunden des BR aufzusuchen. Sie müssen sich vor dem Besuch bei ihrem Vorgesetzten ordnungsgemäß **abmelden** und nach Rückkehr wieder **zurückmelden.**[50] Die AN benötigen für den Besuch der Sprechstunden **weder die Zustimmung des AG,**[51] noch müssen sie den AG um Freistellung ersuchen.[52] Die Inanspruchnahme des BR muss erforderlich sein, d. h., es muss ein sachlicher Grund hierfür vorliegen.[53] Der AG ist verpflichtet, den AN den Besuch der Sprechstunden zu ermöglichen. Verweigert er dies ohne triftigen Grund, kann der AN auch gegen dessen Widerspruch die Sprechstunden aufsuchen.[54] Der AN braucht dem AG den **Anlass seines Besuchs** nicht mitzuteilen.

24 Mehrere AN können ggf. gleichzeitig, z. B. zur erforderlichen Information über den Stand oder zur Klärung wichtiger betrieblicher Fragen, nach ordnungsgemäßer Abmeldung (vgl. Rn. 23) die Sprechstunden des BR (**kollektive Inanspruchnahme**) aufsuchen.[55] Unerheblich ist, wenn durch den Besuch der Sprechstunde vorübergehend einzelne Anlagen stillstehen.[56]

---

41 Richardi-*Thüsing*, Rn. 15; *Fitting*, Rn. 17 ff.; HWGNRH-*Glock*, Rn. 11; GK-*Weber*, Rn. 17 ff.
42 *Fitting*, Rn. 18; GK-*Weber*, Rn. 17; *Malottke*, AiB 01, 206; vgl. im Übrigen § 69.
43 *Fitting*, Rn. 17; GK-*Weber*, Rn. 18; *Kühner*, S. 161.
44 *Fitting*, Rn. 21; GK-*Weber*, a. a. O.; HWGNRH-*Glock*, Rn. 15.
45 ErfK-*Koch*, Rn. 1; GK-*Weber*, Rn. 19, der jedoch in der Nichtteilnahme ggf. eine grobe Pflichtverletzung i. S. d. § 23 Abs. 1 sieht.
46 Richardi-*Thüsing*, Rn. 17; GK-*Weber*, Rn. 20; *Kühner*, S. 161.
47 *Fitting*, Rn. 19.
48 Richardi-*Thüsing*, Rn. 18; GK-*Weber*, Rn. 21; a. A. ErfK-*Koch*, Rn. 2, der ein Teilnahmerecht nur für AN nach § 60 Abs. 1 sieht.
49 GK-*Weber*, a. a. O.; *Kühner*, S. 162; *Weiss*, Rn. 2; a. A. *Richardi*, a. a. O.; ErfK-*Koch*, a. a. O.; *Fitting*, Rn. 20; *GL*, Rn. 11; HWGNRH-*Glock*, a. a. O.
50 *BAG* 23.6.83, AP Nr. 45 zu § 37 BetrVG 1972; *LAG Düsseldorf* 9.8.85, DB 85, 2463.
51 So aber GK-*Weber*, Rn. 26; HaKo-BetrVG/*Blanke*, Rn. 2; HWGNRH-*Glock*, a. a. O.; wie hier *Fitting*, a. a. O.; HaKo-BetrVG/*Wolmerath*, Rn. 12; *Kühner*, S. 163; ErfK-*Koch*, Rn. 3.
52 So aber Richardi-*Thüsing*, Rn. 23.
53 Vgl. *LAG Berlin* 3.11.80, EzA § 39 BetrVG 1972 Nr. 1; *Fitting*, Rn. 29.
54 *Fitting*, a. a. O.; GK-*Weber*, Rn. 28; ErfK-*Koch*, a. a. O.; a. A. HWGNRH-*Glock*, Rn. 20, 24, der eine Abmahnung für zulässig ansieht.
55 *ArbG Hamburg* 18.12.81, AiB 82, 158 mit Anm. *Blanke; LAG Hamburg* 28.7.82 – 5 Sa 23/82; *ArbG Gießen* 14.7.82 – 3 Ca 131/82; *ArbG Darmstadt* 2.10.86 – 2 Ca 191/86; *Fitting*, Rn. 25; GK-*Weber*, Rn. 25; HWGNRH-*Glock*, Rn. 25 m. w. N.; HaKo-BetrVG/*Wolmerath*, Rn. 11; a. A. *LAG Frankfurt*

25 Der Besuch der Sprechstunden berechtigt den AG **nicht zur Minderung des Arbeitsentgelts.** Die durch den Besuch bedingte Arbeitsversäumnis ist dem AN wie Arbeitszeit einschließlich aller Zuschläge und Zulagen zu vergüten.[57] Dies gilt auch für Leistungslohn.

26 Anspruch auf Arbeitsbefreiung haben auch **Leih-AN.** Sie können nach § 14 Abs. 1, 2 AÜG sowohl die Sprechstunde des BR im Entleih- als auch im Verleihbetrieb aufsuchen.[58] Dies gilt sowohl für gewerbsmäßig überlassene als auch für nicht gewerbsmäßig überlassene Leih-AN.[59] Anspruch auf Entgeltfortzahlung hat der Leih-AN gegenüber dem AG des Verleih-Betriebs.[60] Entsprechendes gilt für **Ein-Euro-Jobs** nach § 16 Abs. 3 Nr. 2 SGB II, für die eine allgemeine Zuständigkeit des BR besteht.[61]

27 **AN** des Betriebs, die sich überhaupt nicht mehr oder nur gelegentlich im Betrieb aufhalten (etwa Tele- oder Außendienst-AN), sind alle im Zusammenhang mit dem Besuch von Sprechstunden des BR anfallenden Kosten (Fahrkosten, Arbeitszeit) zu erstatten.[62]

V. Sonstige Inanspruchnahme des Betriebsrats

28 Auch **außerhalb der Sprechstunden** können AN den BR aufsuchen, wenn es erforderlich ist;[63] jedenfalls ist der einzelne AN grundsätzlich nicht verpflichtet, die Sprechstunden des BR in Anspruch zu nehmen.[64] Der BR und einzelne BR-Mitglieder sind nicht verpflichtet, AN generell auf die Sprechstunden zu verweisen.[65] Der AG kann **Gespräche von AN** mit dem BR außerhalb der Sprechstunden nicht verbieten.[66]

29 Das Verbot der Minderung des Arbeitsentgelts besteht auch dann, wenn sich ein **Mitglied des BR zu den einzelnen AN** begibt, um eine dringende, für die berufliche Zukunft der AN wichtige Angelegenheit mit ihnen zu besprechen, und dadurch ein kurzfristiger Produktionsausfall eintritt.[67] Dabei sind die BR-Mitglieder nicht verpflichtet, die Namen der AN anzugeben, die sie im Betrieb aufsuchen wollen.[68] Der Grundsatz der Verhältnismäßigkeit kann es im Einzelfall sogar notwendig machen, dass sich der BR zum Zwecke der erforderlichen Information außerhalb der Sprechstunden direkt zu den einzelnen AN begibt, um deren Angelegenheiten, soweit sie im Zusammenhang mit dem Arbeitsverhältnis und der BR-Tätigkeit stehen, zu besprechen und ggf. die erforderlichen Informationen weiterzugeben.[69] Sofern es dabei zu einer **Arbeitsunterbrechung** kommt, können die einzelnen AN verpflichtet sein, sich bei ihrem Vorgesetzten abzumelden.[70]

VI. Streitigkeiten

30 Streitigkeiten über die Einrichtung und Abhaltung von Sprechstunden sind von den **ArbG im Beschlussverfahren** zu entscheiden (§§ 2 a, 80 ff. ArbGG). Bei Streitigkeiten über Zeit und Ort

---

11.11.87 – 8 Sa 203/87; *ArbG Osnabrück* 17.1.95, NZA 95, 1013; Richardi-*Thüsing*, Rn. 24.

56 *ArbG Hamburg* a. a. O.; *Däubler*, Ratgeber Arbeitsrecht, S. 110.

57 *Fitting*, Rn. 27; HWGNRH-*Glock*, Rn. 23; GK-*Weber*, Rn. 29; ErfK-*Koch*, Rn. 3; DKKWF-*Wedde*, § 39 Rn. 3, 9 f.

58 HWGNRH-*Glock*, Rn. 27; *Fitting*, Rn. 26; HaKo-BetrVG/*Wolmerath*, Rn. 11.

59 Vgl. auch *BAG* 18.1.89, DB 89, 1419; *Becker/Wulfgramm*, Art. 1 § 14 Rn. 13; HWGNRH-*Glock*, a. a. O.

60 Vgl. *Becker/Wulfgramm*, a. a. O.; HWGNRH-*Glock*, a. a. O.; ErfK-*Wank*, § 14 AÜG, Rn. 9; *Fitting*, Rn. 27.

61 *Engels*, NZA 07, 8 f.

62 *Wedde*, S. 141 ff.; *Fitting*, § 5 Rn. 194.

63 *BAG* 23.6.83, AP Nr. 45 zu § 37 BetrVG 1972 mit Anm. *Löwisch/Reimann;* GK-*Weber*, Rn. 13.

64 *LAG Berlin* 3.11.80, EzA § 39 BetrVG 1972 Nr. 1.

65 *BAG*, a. a. O.; *Fitting*, Rn. 27 ff.

66 Vgl. *LAG Berlin*, a. a. O.

67 *LAG Berlin*, 3.11.80, EzA § 39 BetrVG 1972 Nr. 1; *Fitting*, Rn. 31.

68 *BAG*, 23.6.83, AP Nr. 45 zu § 37 BetrVG 1972 mit Anm. *Löwisch/Reimann.*

69 *LAG Berlin*, a. a. O.; zum Zugangsrecht von BR-Mitgliedern zu den Arbeitsplätzen vgl. im Übrigen § 80 Rn. 12.

70 *ArbG Stuttgart* 29.10.80 – 2 BV 2/80; *Fitting*, a. a. O.; zur Abmeldepflicht von BR-Mitgliedern vgl. § 37 Rn. 45

der Sprechstunden entscheidet die **ESt.**, deren Spruch im Rahmen des § 76 Abs. 5 gerichtlich überprüft werden kann.[71]

31 Ansprüche auf vorenthaltenes Arbeitsentgelt wegen des Besuchs der Sprechstunden oder für die sonstige Inanspruchnahme des BR sind von den **ArbG im Urteilsverfahren** zu entscheiden.[72] Das gilt nicht nur für die Ansprüche der AN, sondern auch für BR- und JAV-Mitglieder nach § 37 Abs. 2.

§ 40 Kosten und Sachaufwand des Betriebsrats

(1) Die durch die Tätigkeit des Betriebsrats entstehenden Kosten trägt der Arbeitgeber.

(2) Für die Sitzungen, die Sprechstunden und die laufende Geschäftsführung hat der Arbeitgeber in erforderlichem Umfang Räume, sachliche Mittel, Informations- und Kommunikationstechnik sowie Büropersonal zur Verfügung zu stellen.

Inhaltsübersicht

I. Vorbemerkungen

1 Die Vorschrift verpflichtet den AG, die durch die **Tätigkeit des BR und der BR-Mitglieder** entstehenden und zur Durchführung ihrer Aufgaben erforderlichen Kosten zu tragen sowie die erforderlichen Räume, sonstigen Sachmittel, Informations- und Kommunikationstechnik

71 *Fitting*, Rn. 35; GK-*Weber*, Rn. 34; Textmuster für die Anrufung bei DKKWF-*Wedde*, § 39 Rn. 8.
72 Richardi-*Thüsing*, Rn. 32.

und das erforderliche Büropersonal bereitzustellen. Sie findet auch Anwendung, wenn der BR ein »**Rest- bzw. Übergangsmandat**« ausübt. Erfasst werden

- Kosten, die dem BR-Gremium durch die Ausübung seiner Tätigkeit entstehen;
- Aufwendungen des einzelnen BR-Mitglieds im Rahmen seiner BR-Tätigkeit;
- Kosten, die dadurch entstehen, dass der AG dem BR Sachmittel und Büropersonal zur Verfügung stellen muss.[1]

2 Die Bestimmung gilt entsprechend für den **GBR** (§ 51 Abs. 1), den **KBR** (§ 59 Abs. 1), die **JAV** (§ 65 Abs. 1),[2] die **GJAV** (§ 73 Abs. 2), die **KJAV** (§ 73 b Abs. 2), die **Bordvertretung** (§ 115 Abs. 4), den **See-BR** (§ 116 Abs. 3) und für eine **anderweitige Vertretung der AN** nach § 3 Abs. 1 Nr. 4 und 5.[3] Bei einer **zusätzlichen Vertretung** der AN nach § 3 Abs. 1 Nr. 1 – 3 können die TV-Parteien entsprechende Regelungen treffen.[4] Fehlen diese, gilt die Vorschrift entsprechend.[5] Dies gilt auch für den **WA.**[6] Für die **Ausschüsse des BR** gilt § 40 unmittelbar, da deren Tätigkeit BR-Tätigkeit ist.[7] Ebenso sind die Kosten zu übernehmen, die einer **Arbeitsgruppe** gem. **§ 28 a** bei der Ausübung von Aufgaben nach dem BetrVG entstehen.[8]

II. Kosten der Betriebsratstätigkeit

1. Grundsätzliches

3 Der **AG** hat **alle Kosten** zu tragen, die bei der pflichtgemäßen Wahrnehmung der Aufgaben nach dem BetrVG entstehen. Hierunter fallen, auch als notwendige Folge des Umlageverbots in § 41 und des Benachteiligungsverbots in § 78, die **sachlichen** und die **persönlichen Kosten** der Tätigkeit des BR und seiner Mitglieder. Unzulässig ist die Finanzierung aus dem **Tronc** einer Spielbank.[9] Die Kosten sind auch dann zu tragen, wenn der BR z. B. nach einer Betriebsstilllegung, ein **Restmandat** (§ 21 b) ausübt[10] oder ein **Übergangsmandat** (§ 21 a) wahrnimmt (vgl. ausführlich § 21 a Rn. 48 ff.; zum **Kostenerstattungsanspruch im Insolvenzverfahren** vgl. Rn. 86 und 203).[11] Bei einem **Betriebsübergang** gehen gemäß § 613 a Abs. 1 BGB die Kosten auf den Betriebserwerber über.[12] In einem gemeinsamen Betrieb gem. § 1 Abs. 2 haften die verschiedenen AG für die Kosten des BR gem. § 421 BGB gesamtschuldnerisch (vgl. auch § 1 Rn. 198).[13] Etwas anderes gilt, wenn sich die Kosten eindeutig einem AG zuordnen lassen.[14] Entfallen die Errichtungsvoraussetzungen für einen BR (etwa aufgrund der Nichtigkeit einer Wahl), berührt dies bestehende Ansprüche auf Kostenerstattung nicht.[15]

4 Die Kostentragungspflicht besteht auch für einen BR, dessen **Wahl angefochten** ist.[16] Entsprechendes gilt im Fall der **Nichtigkeit** der Wahl,[17] es sei denn, dass diese den BR-Mitgliedern bei Auslösung der Kosten bekannt war.[18]

---

1 Vgl. *Kühner,* S. 166.
2 Vgl. hierzu *Malottke,* AiB 01, 202.
3 A. A. HWGNRH-*Glock,* Rn. 7 b.
4 *Hanau,* NJW 01, 2514.
5 *Fitting,* Rn. 2; GK-*Weber,* Rn. 3; *Löwisch,* BB 01, 1735, a. A. *Reichold,* NZA 01, 859.
6 *Fitting,* Rn. 2; GK-*Weber,* Rn. 2.
7 *Fitting,* a. a. O.; GK-*Weber,* a. a. O.; HWGNRH-*Glock,* Rn. 146.
8 *Fitting,* Rn. 2; a. A. HWGNRH-*Glock,* Rn. 147.
9 *BAG* 14.8.02, AuR 03, 271 mit Anm. *Wedde;* vgl. § 41 Rn. 3.
10 *LAG Bremen* 9.12.04, AuR 05, 420 mit *Anm. Buschmann;* Fitting, Rn. 40; GK-*Weber,* Rn. 8; HWGNRH-*Glock,* Rn. 3; *LAG Hamm* 5.1.79, EzA § 40 BetrVG 1972 Nr. 42.
11 GK-*Wiese,* a. a. O.; Richardi-*Thüsing,* Rn. 3; *Feudner,* BB 96, 1934 ff.; *ArbG Leipzig* 5.5.06, NZA-RR 07, 24.
12 *BAG* 20.8.14, 13.7.1994, NZA 94, 1144 = AiB 94, 759 mit Anm. *Oberhofer; Fitting,* Rn. 95.
13 *BAG* 19.4.89, DB 90, 740; *Fitting,* Rn. 5; GK-*Wiese,* Rn. 6; *Wlotzke/Preis,* Rn. 4.
14 *Fitting,* Rn. 7 für eine Einigungsstelle wegen Meinungsverschiedenheiten in einem beteiligten Betrieb.
15 *BAG* 23.8.06, DB 07, 1091.
16 *Fitting,* Rn. 7; GK-*Weber,* Rn. 7; HWGNRH-*Glock,* Rn. 4; *Richardi,* a. a. O.
17 *LAG Düsseldorf* 9.4.79, DB 79, 2140; *BAG* 29.4.98, NZA 98, 1133.
18 *Fitting,* a. a. O.; HWGNRH-*Glock,* a. a. O.; *Wlotzke/Preis,* Rn. 3; ähnlich *BAG* 23.8.06, AP Nr. 12 zu § 54 BetrVG 1972 zur Kostenfreistellung eines unwirksam errichteten KBR; *LAG Köln* 10.11.05, AE 07, 167 hat einem nicht wirksam bestellten zweiten GBR den Freistellungsanspruch zugestanden, weil

Erstattungsfähig sind alle Kosten, deren **Aufwendung im Interesse des Betriebs und seiner Belegschaft** unter Berücksichtigung der Belange des AG erforderlich waren oder doch jedenfalls von dem BR oder seinem Mitglied unter Anlegung dieses Maßstabes für erforderlich gehalten werden durften.[19] Fallen **Schulungskosten** an, ist es unerheblich, ob diese durch einen gewerkschaftlichen, gewerkschaftsnahen oder nichtgewerkschaftlichen Schulungsträger entstanden sind.[20] Für die Feststellung der Erforderlichkeit der Kosten ist ebenso wie für die Feststellung der Erforderlichkeit einer Arbeitsbefreiung nach § 37 Abs. 2 (vgl. dort Rn. 26 ff.) nicht rückblickend ein rein objektiver Maßstab anzulegen. Ausschlaggebend ist, ob die Ausgaben im **Zeitpunkt der Verursachung** bei gewissenhafter Abwägung aller Umstände als **erforderlich** angesehen werden konnten, weil der BR anderenfalls in der Ausübung seiner Aufgaben nicht unbeträchtlich behindert worden wäre.[21] Zu erstatten sind die zur ordnungsgemäßen Amtsausübung notwendigen Kosten, die der BR in vertretbarem Umfang gemacht hat. Nach der Rspr. soll der **Grundsatz der Verhältnismäßigkeit** gelten.[22] Die Anwendung dieses Maßstabs ist abzulehnen, da der Verhältnismäßigkeitsgrundsatz leicht zum Instrument einer Reglementierung der BR-Tätigkeit werden kann.[23] 5

Hält der BR bzw. das BR-Mitglied Aufwendungen und Kosten seiner Tätigkeit für erforderlich, benötigt er **nicht die Zustimmung des AG.**[24] Das gilt z. B. auch für Reisen, die zur ordnungsgemäßen Aufgabenerfüllung durchgeführt werden.[25] Der BR sollte über die Notwendigkeit der Aufwendungen einen **Beschluss** herbeiführen, soweit Entscheidungen des BR nicht sowieso einer ordnungsgemäßen Beschlussfassung (vgl. § 29 Rn. 25 ff.; § 33 Rn. 15 ff.) bedürfen, z. B. Beauftragung eines Rechtsanwalts (vgl. Rn. 26 ff.), Entsendung von BR-Mitgliedern zu Schulungsmaßnahmen (vgl. Rn. 81 ff., § 37 Rn. 144 ff., 191), Honorarzusage für einen Beisitzer einer ESt. (vgl. Erl. zu § 76 a). Die **Beschlussfassung** des BR allein **verpflichtet den AG nicht,** die Kosten zu erstatten.[26] Bei **außergewöhnlichen Aufwendungen und Kosten** kann es geboten sein, sich vorher mit dem AG ins Benehmen zu setzen, um ihm Gelegenheit zur Stellungnahme zu geben.[27] Unterlässt ein BR dies, bleibt der Anspruch auf Kostenerstattung unberührt, wenn dessen Voraussetzungen gegeben sind.[28] 6

Der AG kann die Erstattung der Aufwendungen nur verweigern, wenn der BR oder das BR-Mitglied bei der **Prüfung der Erforderlichkeit leichtfertig** gehandelt oder sich über die Erforderlichkeit oder Angemessenheit der Kosten in nicht entschuldbarer Weise geirrt hat.[29] Die Frage, ob entstehende Kosten für die BR-Arbeit erforderlich sind, ist **nicht unter rückblickender Betrachtung** von einem rein objektiven Standpunkt aus zu beurteilen, es genügt, dass der BR die Aufwendungen unter Anlegung eines verständigen Maßstabs für erforderlich halten konnte.[30] Dabei kommt es auf den **Zeitpunkt der BR-Entscheidung** an.[31] 7

---

seine Bildung nicht offenkundig unzulässig war; dem zustimmend Richardi-*Thüsing*, Rn. 4 enger GK-*Weber*, a. a. O., die die Kostentragungspflicht nur bejahen, wenn BR-Mitglieder nach Treu und Glauben von der Rechtmäßigkeit ihres Tuns überzeugt sein konnten.

19 *BAG* 10.8.95, NZA 95, 795, 798; 24.6.69, AP Nr. 8 zu § 39 BetrVG; *Brill*, DB 77, 2139; Richardi-*Thüsing*, Rn. 8; *Ehrich/Hoß*, NZA 96, 1075, 1076.

20 Vgl. *Däubler*, Schulung Rn. 494 ff.

21 GK-*Weber*, Rn. 12; *Wlotzke/Preis*, Rn. 9; *Kühner*, S. 167; *Weber*, NZA 08, 280 [283].

22 *BAG* 31.10.72, 8.10.74, AP Nrn. 2, 7 zu § 40 BetrVG 1972; 27.9.74, 28.5.76, AP Nrn. 18, 24 zu § 37 BetrVG 1972.

23 Vgl. *Däubler*, Schulung, Rn. 463 ff.; krit. auch *Fitting*, Rn. 7; *Klebe*, FS Gnade, S. 661 [670]; MünchArbR-*Joost*, § 309 Rn. 4; nunmehr auch GK-*Weber*, Rn. 14.

24 *Fitting*, Rn. 9; GK-*Weber*, Rn. 15 m. w. N.; *SWS*, Rn. 4; vgl. auch *LAG Frankfurt* 31.5.90 – 12 Ta 26/90 zum Tätigwerden eines Beraters auf Kosten des AG; weitergehend *LAG Baden-Württemberg* 17.12.87, AuR 88, 258, Ls. und *Kolbermoor*, NZA 89, 422, die eine Information bzw. rechtzeitige Information des AG für den Anspruch auf Kostenerstattung als nicht erforderlich ansehen.

25 *BVerwG* 22.6.62, AP Nr. 3 zu § 44 PersVG.

26 *LAG Schleswig-Holstein* 31.3.98, AiB 98, 472 mit Anm. *Weißgerber* = DB 99, 540.

27 *BAG* 18.4.67, AP Nr. 7 zu § 39 BetrVG; *LAG Frankfurt* 26.11.87, NZA 88, 441.

28 GK-*Weber*, Rn. 17.

29 *LAG Hamburg* 5.4.07 – 2 TaBV 12/06, juris, das einen Irrtum beim Fehlen einer höchstrichterlichen Entscheidung für möglich hält.

30 *LAG Hamburg* 13.3.84, AiB 84, 174, Ls.; Richardi-*Thüsing*, Rn. 8.

31 *BAG* 4.12.79, AP Nr. 18 zu § 40 BetrVG 1972; 11.12.87 – 7 ABR 14/87; a. A. GK-*Weber*, Rn. 135, der den Zeitpunkt der letzten mündlichen Verhandlung für maßgeblich hält.

8 Die Erforderlichkeit ist nicht schon deshalb zu verneinen, weil eine im Betrieb vertretene Gewerkschaft ein besonderes Interesse z. B. an der Klärung einer Rechtsfrage gehabt und die Vertretung durch einen Rechtsanwalt ihres Vertrauens veranlasst hat.[32] In diesem Fall ist davon auszugehen, dass der BR bzw. die BR-Mitglieder auch ein eigenes Interesse haben.[33] Wurde die Erforderlichkeit der BR-Ausstattung in einem konkreten Fall rechtskräftig abgelehnt, kann ein erneuter Antrag durch den BR erfolgen, wenn eine reguläre BR-Wahl stattgefunden hat oder wenn sich die tatsächlichen Verhältnisse maßgeblich geändert haben.[34]

9 Der AG braucht z. B. nicht die Kosten zu übernehmen, die durch den **Eintritt** des BR **in den Mieterbund** entstehen, da dessen allgemeine sozialpolitische Zielsetzung überwiegend nichts mit dem Aufgabenbereich des BR zu tun hat.[35] Dies soll nach abzulehnender Auffassung selbst dann gelten, wenn das UN Werkwohnungen unterhält.[36]

10 Als regelmäßig **nicht notwendige Aufwendung** sind nach abzulehnender Auffassung des *BAG* Reisekosten anzusehen, die dadurch entstehen, dass ein Mitglied des BR vom **Urlaubsort zum Betriebsort** reist, um an einer (im entschiedenen Fall) konstituierenden BR-Sitzung teilzunehmen,[37] sofern hierdurch eine längere Reise erforderlich wird (vgl. aber auch § 37 Rn. 63 ff.).

11 Nicht nach dieser Vorschrift zu erstatten sind in der Regel die Kosten, die aus der Tätigkeit im **Aufsichtsrat** resultieren, dem ein BR-Mitglied angehört. Etwas anderes gilt, wenn im WA gewonnene Erkenntnisse im Rahmen der BR-Arbeit benötigt werden und hierbei Kosten anfallen.

12 Nur **tatsächlich entstandene Kosten** oder **Aufwendungen** hat der AG zu erstatten. Sie sind grundsätzlich **im Einzelnen nachzuweisen** und **abzurechnen.**[38] Die Zahlung einer **Kostenpauschale** ist zulässig bzw. möglich.[39] Sie muss sich im Rahmen der üblichen regelmäßig wiederkehrenden Aufwendungen halten und darf **keine versteckte Vergütung** umfassen.[40] Besteht eine betriebliche Reisekostenregelung für Geschäftsreisen der AN, ist diese für BR-Mitglieder zugrunde zu legen (vgl. ausführlich Rn. 62 ff.).[41] Sind die notwendigen Aufwendungen höher als die etwa zur Anwendung kommenden Pauschalsätze, kann das BR-Mitglied sie durch **Einzelnachweis** geltend machen.[42]

13 Dem BR kann ein **Dispositionsfonds** zur Verfügung gestellt werden, aus dem er die ihm oder seinen Mitgliedern entstehenden Kosten bezahlen kann.[43] Ein Dispositionsfond darf jedoch nur der Geschäftsvereinfachung dienen und keine versteckten Zuwendungen als Vergütung für BR-Tätigkeit enthalten (vgl. auch § 37 Rn. 3 f.).[44] Daher muss über den Fonds in angemessenen Zeitabständen abgerechnet werden. Der AG kann den BR-Mitgliedern **Kreditkarten** zur Verfügung stellen. Nach Auffassung des BAG[45] ist es unzulässig, dass ein Dispositionsfond aus **Vertragsstrafen** gespeist wird, die der AG aufgrund einer BV zahlen muss. Dies wird aus der fehlenden Rechtsfähigkeit des BR abgeleitet.

14 Entstehen dem BR bzw. einem BR-Mitglied Aufwendungen oder Auslagen, kann vom AG in

32 Vgl. GK-*Weber*, Rn. 118.
33 *BAG* 26.11.74, AP Nr. 6 zu § 20 BetrVG 1972; a. A. *Stege*, DB 74, 2204.
34 *LAG Köln* 9.1.08, AuR 09, 61.
35 *BAG* 27.9.74, AP Nr. 8 zu § 40 BetrVG 1972 mit ablehnender Anm. *Weimar* = EzA § 40 BetrVG 1972 Nr. 15 mit Anm. von *Herschel.*
36 HWGNRH-*Glock*, Rn. 18.
37 *BAG* 24.6.69, AP Nr. 8 zu § 39 BetrVG.
38 *BAG* 29.4.75, AP Nr. 9 zu § 40 BetrVG 1972; GK-*Weber*, Rn. 32 m. w. N.; Richardi-*Thüsing*, Rn. 51.
39 ErfK-*Koch*, Rn. 7; *Fitting*, Rn. 41; GK-*Weber*, Rn. 33; *Kehrmann*, FS Wlotzke, S. 357 ff.; *Franzen*, NZA 08, 250.
40 *Fitting*, a. a. O.; *Künzl*, ZfA 93, 341 [367]; Franzen, FS Adomeit, 173; ähnlich *ArbG Stuttgart* 13.12.12, ArbuR 13, 136 mit Anm. *Mittag*; kritisch Richardi-*Thüsing*, Rn. 46.
41 *BAG* 17.9.74, AP Nr. 6 zu § 40 BetrVG 1972.
42 *BAG* 29.1.74, AP Nr. 9 zu § 37 BetrVG 1972; 23.6.75, 7.6.84, AP Nrn. 10, 24 zu § 40 BetrVG 1972.
43 *FittingArbG Bremerhaven* 11.12.85, AiB 86, 167 mit Anm. *Richter*, das dem BR für seine laufenden Aufgaben einen regelmäßigen Vorschuss zubilligt; offen gelassen von *BAG* 29.9.04, BB 05, 163; vgl. auch Anm. *Bertzbach*, juris PR-ArbR 6/2005, Anm. 1.
44 GK-*Weber*, Rn. 36.
45 BAG, a. a. O.

entsprechender Anwendung des § 669 BGB die Zahlung eines angemessenen **Vorschusses** verlangt werden.[46] Vorschusszahlungen sind beispielsweise für **Gerichts- und Anwaltsgebühren, Reise- oder Schulungskosten** (§ 37 Abs. 6, vgl. Rn. 76 ff.), zu leisten.[47] Der Anspruch auf Vorschuss kann mit einer **einstweiligen Verfügung** durchgesetzt werden.[48] Der BR kann verlangen, dass der AG es zukünftig unterlässt, die ihm durch seine Tätigkeit entstandenen **Kosten** auf Betriebsversammlungen gegenüber der **Betriebsöffentlichkeit bekanntzugeben.**[49] Dies gilt insbesondere, wenn durch die Art und Weise der Informationsgestaltung und -vermittlung eine **Beeinträchtigung der BR-Arbeit eintritt**.[50] AG haben auch in anderen Zusammenhängen nicht das Recht, entsprechende Unterrichtungen vorzunehmen.[51] Kommt es zu einer Behinderung seiner Tätigkeit, hat der BR einen **Anspruch auf Unterlassung.**[52]

2. Kosten des Betriebsrats (Abs. 1)

a) Allgemeine Geschäftsführung

Zu den Kosten i. S. d. Abs. 1 gehören alle im Rahmen des **normalen Geschäftsbetriebs** anfallenden Aufwendungen des BR.[53] Welche Aufwendungen nötig sind, richtet sich weitgehend nach den Umständen des Einzelfalles. Dies sind insbesondere die Kosten der **laufenden Geschäftsführung** des BR, wie beispielsweise **Porto- und Telefongebühren** sowie die Kosten für die nach § 34 vorgeschriebene Anfertigung der **Sitzungsniederschriften** und die dem AG oder Gewerkschaftsbeauftragten auszuhändigenden Abschriften.[54] Entsprechendes gilt für die Ausfertigungen der Sitzungsniederschriften, die den BR-Mitgliedern, ggf. der JAV und der Schwerbehindertenvertretung auf Grund eines BR-Beschlusses zur Verfügung gestellt werden (vgl. § 34 Rn. 16, 18). Hinzu kommen die Kosten des gesamten **Sachaufwands** und des **Büropersonals** (vgl. Rn. 116 ff., 196 ff.) sowie für die Durchführung von **Sitzungen, Betriebs- und Abteilungsversammlungen** sowie die Abhaltung von **Sprechstunden** (vgl. § 39 Rn. 16).[55] So hat z. B. der AG für Sitzungen und Versammlungen des BR (GBR, KBR, Ausschüsse) erforderliche **Tagungskosten** zu tragen, wenn im Betrieb kein geeigneter Sitzungs- bzw. Veranstaltungsraum vorhanden ist und deshalb in eine Gaststätte, ein Hotel, ein Gewerkschaftshaus oder in eine Stadthalle ausgewichen werden muss.[56] Wenn es nach dem Gestaltungskonzept zur Durchführung einer Betriebsversammlung dienlich ist, kann die Anmietung und Anlieferung von Stehtischen erforderlich sein.[57] Nicht zu den erforderlichen Kosten sollen Aufwendungen für die Bewirtung der Teilnehmer einer Betriebsversammlung gehören.[58] **15**

Zu den Geschäftsführungskosten können ausnahmsweise die Kosten eines **Moderators** im Rahmen einer Klausurtagung gehören. Grundsätzlich ist es zwar Aufgabe des BR-Vorsitzenden, Sitzungen zu leiten. Ist aber beispielsweise die Situation im Gremium festgefahren, kann es ausnahmsweise erforderlich sein, externe Hilfe in Anspruch zu nehmen.[59] **15a**

46 Vgl. ErfK-*Koch*, Rn. 14; *Fitting*, Rn. 91, 36; GK-*Weber*, Rn. 35; HWGNRH-*Glock*, Rn. 91; *Kühner*, S. 176; zu Schulungen *Däubler*, Schulung Rn. 503; *ArbG Darmstadt* 5.7.88, AiB 88, 285, Ls.

47 *Etzel*, Rn. 415; GK-*Weber*, Rn. 35, 126; HWGNRH-*Glock*, a. a. O.; a. A. *LAG Schleswig-Holstein* 19.4.83, BB 84, 533.

48 GK-*Weber*, Rn. 126.

49 *ArbG Verden* 25.4.90, BB 90, 1626; a. A. *Hunold*, BB 99, 1492.

50 *BAG* 12.11.97, NZA 98, 559 = AiB 98, 341 mit Anm. *Mletzko;* enger 19.7.95, NZA 96, 332 = AiB 96, 316 mit Anm. *Grimberg*, das dem AG im entschiedenen Fall ein Mitteilungsrecht zugestanden hat; zustimmend *Fitting*, Rn. 6, soweit die Gefahr der Beeinträchtigung der BR-Arbeit ausgeschlossen ist; ähnlich GK-*Weber*, Rn. 37; HWGNRH-*Worzalla*, § 45 Rn. 18; kritisch *Bengelsdorf*, AuA 98, 149.

51 Ebenso *Fitting*, Rn. 6.

52 *BAG* 12.11.97, a. a. O.; *ArbG Leipzig* 12.11.97, NZA-RR 03, 142 für die Drohung des AG, aufgrund der Kosten des BR den Betrieb nach einer Verlagerung der Aufgaben ins Ausland zu schließen.

53 ErfK-*Koch*, Rn. 2; Textmuster zur Kostenübernahme bei DKKWF-*Wedde*, § 40 Rn. 11 ff.

54 *Brill*, DB 77, 2139; GK-*Weber*, Rn. 39 m. w. N.; *Ehrich/Hoß*, NZA 96, 1075, 1076.

55 Vgl. auch DKKWF-*Wedde*, § 40 Rn. 2 und 12.

56 Vgl. *ArbG Darmstadt* 5.7.88, AiB 88, 285, Ls. für eine Sitzung des GBR, die nicht am Ort der Hauptverwaltung des UN stattfand.

57 LAG *Rheinland-Pfalz* 23.3.10, EzA-SD 10, Nr. 13, 21; zustimmend GK-*Weber*, Rn. 42.

58 *LAG Nürnberg* 25.4.12, DB 12, 2106 = ArbuR 12, 370; ebenso GK-*Weber*, 43.

59 *HessLAG* 11.6.12 – 16 TaBV 237/11, juris mit Anm. *Wolmerath*, jurisPR-ArbR 50/2012 Anm. 5; zustimmend GK-*Weber*, Rn. 41.

15b Gibt es im Betrieb sog. **Beauftragte des BR**, die diesen bei der Kommunikation mit der Belegschaft unterstützen, können die hierfür entstehenden Aufwendungen Kosten der BR-Arbeit sein. Der BR ist insoweit nicht auf die Durchführung von Betriebs- oder Abteilungsversammlungen bzw. die Information über ein »Schwarzes Brett« oder über elektronische Medien beschränkt.[60]

16 Zu den Geschäftsführungskosten gehören die Kosten eines **Dolmetschers,** wenn dieser zur Verständigung z. B. in Sitzungen, in Sprechstunden[61] oder in Betriebsversammlungen benötigt wird.[62] Wird ein AN-Vertreter einer ausländischen Konzerngesellschaft auf eine Betriebsversammlung eingeladen, um dort über gemeinsame Probleme zu berichten, sind die hierfür anfallenden Dolmetscherkosten zu übernehmen.[63] Dasselbe gilt für die **Übersetzung von Schriftstücken** und für die schriftliche **Übersetzung** und **Verteilung des Tätigkeitsberichts** des BR nach § 43, insbes. in Betrieben mit zahlreichen ausländischen AN[64] (vgl. § 43 Rn. 10).

17 Stellt ein AG dem BR Dokumente, die im kollektivrechtlichen Rahmen bedeutsam sind, nur in einer Fremdsprache zur Verfügung, kann der BR Übersetzungen anfertigen lassen. Diese werden insbesondere dann erforderlich sein, wenn Dokumente Grundlage oder Anknüpfungspunkte von BVen sind. In diesen Fällen können rechtsverbindliche Übersetzungen durch vereidigte Sachverständige erforderlich sein. Nur so lassen sich rechtliche Probleme vermeiden, die aus dem unterschiedlichen Gehalt von deutschen und fremdsprachlichen Begriffen folgen können (insbesondere im Vergleich deutscher und englischer Rechtsbegriffe). Stellt der AG dem BR **Informationen in einer fremden Sprache** (etwa Systemdokumentationen zur EDV oder Datenschutzverträge mit ausländischen Unternehmen) zur Verfügung, sind die für die Übersetzung ins Deutsche anfallenden Kosten ebenfalls zu erstatten.

18 Erfolgt die ordnungsgemäße Unterrichtung in einer fremden Sprache, können Dolmetscher- und Übersetzungskosten erforderliche Kosten sein, wenn nicht alle Mitglieder des Gremiums ausreichende Sprachkenntnisse haben und der BR nach Prüfung der Erforderlichkeit die Übersetzung in deutsche Sprache verlangt.[65]**Sprechen** einzelne **BR-Mitglieder nicht Deutsch,** sind ihnen Übersetzungen der einschlägigen Fachliteratur und der Korrespondenz zwischen Unternehmen und BR zur Verfügung zu stellen. Darüber hinaus besteht in diesen Fällen ein Anspruch auf Übersetzung der Protokolle der BR- und BR-Ausschusssitzungen sowie auf die Teilnahme eines Dolmetschers an den Sitzungen.[66]

19 Bei einem **umfangreichen Tätigkeitsbericht** des BR nach § 43 Abs. 1 kann es, um eine sachgerechte Diskussion des Berichts in einer Betriebsversammlung zu ermöglichen, u. U. erforderlich sein, den Bericht den AN vor der Versammlung schriftlich in mehreren Sprachen vorzulegen.[67] Dies gilt auch, wenn ein größerer Teil der Belegschaft nicht an der Betriebsversammlung teilnehmen kann.[68]

---

60 Vgl. *LAG Baden-Württemberg* 6.9.12 – 3 TaBV 2/12, juris unter Hinweis auf *BAG* 21.11.78, DB 79, 751.

61 WP-*Kreft*, Rn. 11; HWGNRH-*Glock*, Rn. 15, für Ausnahmefälle; vgl. auch *ArbG Frankfurt* 5.3.97, AiB 98, 524 mit Anm. *Ebel; Hunold*, NZA-RR 99, 116; § 39 Rn. 16; DKKWF-*Wedde*, § 40 Rn. 2 und 12.

62 *LAG Düsseldorf* 30.1.81, EzA § 40 BetrVG 1972 Nr. 49; *ArbG Stuttgart* 27.2.86, AiB 86, 168 mit Anm. *Herbst* = AuR 86, 316, sieht die Hinzuziehung mehrerer Dolmetscher für mehrere Sprachen als sachlich gerechtfertigt an; *LAG Baden-Württemberg* 16.1.98, AuR 98, 286; *Aigner*, BB 92, 2357 ff.; *Helm*, AiB 93, 70 ff.; *Ehrich/Hoß*, NZA 96, 1076, 1077; *Hunold*, NZA-RR 99, 115; *Etzel*, Rn. 416, 1133; enger GK-*Weber*, Rn. 40 und HWGNRH-*Glock*, Rn. 15 nur bei einem erheblichen Teil fremdsprachiger AN; *Diller/Powietzka*, DB, 00, 719 [721]; a. A. *Vogt/Oltmanns*, NZA 14, 181.

63 *LAG Baden-Württemberg* 16.1.98, AiB 98, 342 mit Anm. *Herbst; Fitting*, Rn. 19; GK-*Weber*, a. a. O.; a. A. HWGNRH-*Glock*, Rn. 15.

64 *ArbG München* 14.3.74, BB 74, 1118; *Fitting*, a. a. O.; GK-*Weber*, a. a. O., *GL*, Rn. 9; *Helm*, AiB 93, 70; HWGNRH-*Glock*, a. a. O.; a. A. jedenfalls für Kleinbetriebe *LAG Düsseldorf*, a. a. O.; kritisch *Etzel*, a. a. O., der die schriftliche Übersetzung des Tätigkeitsberichts nur dann zulässt, wenn dieser auch für deutsche AN schriftlich abgefasst werden darf; *Gutmann*, AuR 08, 81, der bei teureren schriftlichen Übersetzungen eine mündliche Übersetzungen ausreichen lassen will, dabei aber übersieht, dass dieses Verfahren in keiner Weise praxistauglich ist.

65 *HessLAG* 19.8.93, NZA 95, 285; ebenso *Fitting*, a. a. O.; GK-*Weber*, a. a. O.; a. A. *Vogts/Oltmanns*, NZA 14, 181.

66 *ArbG Frankfurt* a. a. O.; *Hunold*, a. a. O.; a. A. *Fitting*, Rn. 19; *Diller/Powietzka*.

67 *Etzel*, Rn. 1132; *Fitting*, Rn. 18.

68 *LAG Baden-Württemberg* 10.2.83, AuR 84, 54, *Etzel*, a. a. O.

Zu den vom AG zu tragenden Kosten gehören auch die für die Herausgabe eines **Informationsblattes des BR.**[69] Auch für den **GBR** kann die Herausgabe eines **Informationsblattes** auf Kosten des UN erforderlich sein, sofern ein in die Zuständigkeit des GBR fallender aktueller Anlass gegeben ist.[70] Es kann sich auch aus der Tätigkeit des GBR ergeben, dass für den einzelnen BR ein konkreter Anlass für die Herausgabe eines Informationsblattes gegeben ist.[71] Die Versendung von **situationsbezogenen Informationen** des BR auf Kosten des AG während eines arbeitskampfbedingten Produktionsstillstands an die Privatanschriften der AN kann erforderlich sein.[72] Gleiches gilt für die Versendung von **Rundschreiben** des BR, sofern hierfür ein konkreter Anlass gegeben ist, was regelmäßig bei einer hohen Zahl von Außendienstmitarbeitern der Fall sein wird[73] (zu elektronischen Rundschreiben vgl. Rn. 179 ff.). **20**

Auch **Zeitungsanzeigen** können in Ausnahmefällen zu Informationszwecken erforderlich sein.[74] **Presseerklärungen** des BR sind mit Blick auf die Meinungsfreiheit gem. Art. 5 Abs. 1 S. 1 GG immer zulässig.[75] Zu den vom AG zu tragenden Kosten gehören auch die für die Durchführung einer **Fragebogenaktion** durch den BR bzw. die JAV, soweit sich die Fragen im Rahmen der gesetzlichen Aufgaben halten (vgl. auch § 80 Rn. 37).[76] Unter bestimmten Umständen können auch die Kosten für Mediationsverfahren erforderlich sein.[77] **21**

Der BR hat einen Anspruch auf Nutzung **im Betrieb vorhandener Kommunikationsmöglichkeiten** (vgl. ausführlich Rn. 179 ff.). Deshalb können die Kosten für die Erstellung und Pflege einer eigenen Homepage ebenso erforderlich sein wie die Aufwendungen für die Versendung elektronischer Mitteilungen, auch wenn hierfür auf externe Fachleute zurückgegriffen werden muss. **22**

Vom AG zu tragen können Kosten sein, die durch Besprechungen und Sitzungen mit betrieblichen Interessenvertretungen **fremder und/oder ausländischer Betriebe** entstehen, sofern ein konkreter Anlass dafür besteht (vgl. auch Rn. 22; § 37 Rn. 20 f.).[78] **23**

b) Auslandskontakte

Die immer stärker werdende internationale Verflechtung von UN und Konzernen sowie deren vielfache Abhängigkeit von in der Konzernspitze getroffenen Entscheidungen macht eine **engere Zusammenarbeit der BR** (GBR, KBR) **mit ausländischen Interessenvertretungen** erforderlich. Dies gilt insbesondere im Zusammenhang mit der Arbeit von **EBR** (vgl. Anhang B). Erstattungspflichtig sind etwa Kosten für Auslandsreisen der Mitglieder des BR, die im Zusammenhang mit der Gründung des EBR oder bei der laufenden Zusammenarbeit entstehen.[79] Der AG hat weiterhin die **Kosten zu tragen,** die durch die erforderliche Zusammenarbeit mit ausländischen Interessenvertretungen (vgl. Rn. 5, 7 ff.)[80] oder durch erforderliche Schulungsmaßnahmen (vgl. § 37 Rn. 127) entstehen,[81] sofern diese nicht nach den **24**

69 *Hoffmann,* AuR 74, 266; vgl. auch *BAG* 21.11.78, AP Nr. 15 zu § 40 BetrVG 1972 mit Anm. *Meisel* = EzA § 40 BetrVG 1972 Nr. 41 mit zustimmender Anm. *Herschel; BAG* 8.2.77, AP Nr. 10 zu § 80 BetrVG 1972; *LAG Baden-Württemberg* 10.2.83, AuR 84, 54; *LAG Düsseldorf* 1.3.91 – 10 TaBV 124/90, das jedoch eine regelmäßige Erscheinungsweise ablehnt; *Däubler,* Arbeitsrecht 1, Rn. 824 f.; GK-*Weber,* Rn. 147, jeweils m. w. N.; *Plander,* AuR 93, 161 [167]; *SWS,* Rn. 23; ablehnend HWGNRH-*Glock,* Rn. 139; *Eich,* DB 78, 395; zur Ausgestaltung einer BR-Zeitung *Bossmann,* AiB 12, 96.
70 *Fitting,* Rn. 118; a. A. GK-*Weber,* Rn. 168; Richardi-*Thüsing,* Rn. 81; *BAG* 21.11.78, AP Nr. 4 zu § 50 BetrVG 1972.
71 *BAG,* a. a. O.
72 *LAG Berlin* 28.6.84, DB 84, 1936.
73 Zutreffend *Ehrich/Hoß,* NZA 96, 1075, 1076.
74 A. A. GK-*Weber,* Rn. 168.
75 Ausführlich *Müller-Boruttau,* NZA 96, 1071 ff.
76 *BAG* 8.2.77, a. a. O.; *Ehrich/Hoß,* NZA 96, 1075, 1076
77 Vgl. *Schwinkowski/Neumaier,* AiB 12, 36.
78 *BAG* 10.8.94, NZA 95, 796 = BB 95, 1034 mit Anm. *Behrens; Klebe,* FS Gnade, S. 670.
79 *ArbG Hamburg* 17.4.97, AuR 98, 42 = AiB 98, 164 mit Anm. *Kunz;* ErfK-*Koch,* Rn. 8; *Fitting,* Rn. 50; vgl. auch DKKWF-*Wedde,* § 40 Rn. 13.
80 *Plander,* AuR 93, 161 [167]; *ders.,* AiB 97, 195; GK-*Weber,* Rn. 49; a. A. HWGNRH-*Glock,* Rn. 57.
81 *Zabel,* AiB 95, 583.

Grundsätzen der §§ 16, 30 EBRG (vgl. Anlage 2) zu erstatten sind. Hierzu können neben **Telefonkosten** usw. Kosten gehören, die durch **Besprechungen, Sitzungen** und **Schulungsmaßnahmen** mit betrieblichen Interessenvertretungen im **Ausland** entstehen. Neben den **Reise- und Übernachtungskosten**[82] für die teilnehmenden BR-Mitglieder hat der AG bzw. UN die erforderlichen **Veranstaltungskosten,** u. a. für die Übersetzung von Schriftstücken, Dolmetscher, Simultan-Anlage und Mietkosten, zu tragen.[83] Ob ein EBR Anspruch auf einen eigenen Intranet-Auftritt hat, ist offen.[84] Hinsichtlich der Erforderlichkeit der Kosten von Auslandsaktivitäten gelten die allgemeinen Grundsätze des § 40 (vgl. Rn. 3 ff.).[85]

25 Außerhalb des Anwendungsbereichs des EBRG (vgl. hierzu Anhang B, §§ 16, 30) können Auslandskontakte zur Tätigkeit des BR gehören, wenn z. B. mit der jeweiligen Konzernspitze **freiwillige Vereinbarungen** oder anderweitige **»Regelungsabsprachen«** getroffen wurden (vgl. zum Gesamtkomplex Einl. Rn. 231 ff.; § 37 Rn. 20 f.). Die in diesem Zusammenhang entstehenden Reisekosten sind erforderlich im Sinne von § 40.[86]

c) Rechtsverfolgung

26 Entstehen dem BR-Gremium bei der **gerichtlichen Verfolgung oder Verteidigung seiner Rechte** Kosten, hat der AG diese auch zu übernehmen, wenn er selbst Prozessgegner war und obsiegt hat.[87] Dies gilt auch für Verfahren nach § 119.[88] Der BR kann betriebsverfassungsrechtliche Streitfragen auf Kosten des AG gerichtlich klären lassen. Er hat die freie **Wahl,** ob er ein Verfahren selbst führt oder ob er eine **Gewerkschaft** um Unterstützung bittet bzw. einen **Rechtsanwalt** beauftragt.[89] Eine Gewerkschaft ist zur Übernahme der Prozessvertretung nicht verpflichtet.[90] Es ist **gleichgültig, zwischen wem das Gerichtsverfahren geführt wird,** ob zwischen BR und AG, zwischen BR und einem anderen betriebsverfassungsrechtlichen Organ (z. B. GBR, KBR), zwischen BR und der im Betrieb vertretenen Gewerkschaft (z. B. Wahlanfechtung, Antrag auf Auflösung des BR) oder zwischen BR und einem BR-Mitglied.[91] Es reicht, wenn der BR **Beteiligter** i. S. d. § 83 ArbGG ist.

27 Wird wegen Behinderung der BR-Tätigkeit ein Strafantrag nach § 119 Abs. 2 gestellt, kann die Hinzuziehung eines Rechtsanwalts selbst dann erforderlich sein, wenn gleichzeitig ein Unterlassungsantrag nach § 23 Abs. 3 erfolgt ist.[92] Erforderlich kann die Hinzuziehung eines Rechtsanwalts zur Erstattung einer **Ordnungswidrigkeitenanzeige nach § 121** wegen unvollständiger Information des Wirtschaftsausschusses[93] oder im Zusammenhang mit Strafverfahren nach § 119 BetrVG wegen **Behinderung der Betriebsratsarbeit** sein.[94] Außerhalb von Rechtsstreitigkeiten kann der BR berechtigt sein, sich von einem Rechtsanwalt vertreten zu lassen, wenn davon auszugehen ist, dass sich durch dessen Hinzuziehung eine friedliche Beilegung erreichen lässt.[95]

28 Der AG muss die **Kosten** nur übernehmen, wenn die Führung des Rechtsstreits erforderlich ist bzw. der BR diesen für erforderlich halten konnte[96] oder wenn eine **Rechtsfrage ungeklärt** und die Rechtsauffassung des BR hierzu vertretbar ist.[97] Dies soll z. B. **nicht** der Fall sein, wenn

---

82 *LAG Niedersachsen* 10.6.92, BB 93, 291; *ArbG München* 29.8.91, BB 91, 2357 = AiB 91, 429 mit Anm. *Däubler* = BetrR 93, 47 mit Anm. *Meißner.*

83 *Däubler,* Betriebsverfassung, S. 80; *Klebe,* FS Gnade, S. 661; ähnlich *Fitting,* Rn. 19; a. A. *Vogts/Oltmanns,* NZA 14, 181.

84 *ArbG Lörrach 26.6.2013, AiB 2/14, 68 verneint diesen Anspruch.*

85 Enger GK-*Weber,* a. a. O., der eine sorgfältigere Prüfung verlangt.

86 Zutreffend *Fitting,* Rn. 51.

87 *Fitting,* Rn. 21; GK-*Weber,* Rn. 99, 85; a. A. *Platz,* ZfA 93, 373, 380 ff.; ferner Rn. 72.

88 *LAG Düsseldorf* 12.8.93, NZA 94, 1052.

89 *BAG* 3.10.78, AP Nr. 14 zu § 40 BetrVG 1972 mit zustimmender Anm. *Grunsky* = AuR 79, 156 mit zustimmender Anm. *Däubler;* 4.12.79, AP Nr. 14 zu § 40 BetrVG 1972; ErfK-*Koch,* Rn. 4.

90 *BAG* 14.1.83, AP Nr. 12 zu § 76 BetrVG 1972; HWGNRH-*Glock,* Rn. 32.

91 ErfK-*Koch,* Rn. 3; *Fitting,* Rn. 21 ff.; GK-*Weber,* Rn. 101; *BAG* 19.4.89, NZA 90, 233; *LAG Berlin* 5.7.90 – 14 TaBV 3/90.

92 *LAG Düsseldorf* 12.8.93, NZA 94, 1052; auch *Fitting,* Rn. 2; a. A. HWGNRH-*Glock,* Rn. 33.

93 *LAG Schleswig-Holstein* 14.11.00, DB 01, 988.

94 *LAG Düsseldorf* 12.8.93, NZA 94, 1052.

95 *LAG SH* 20.7.99, AiB 00, 162 mit Anm. *Muratidis.*

96 *BAG* 19.4.89, a. a. O.; enger *BAG* 29.7.09, NZA 09, 1223, das eine Beachtung des Interesses des AG an

- die **Rechtsverfolgung** oder die **Einlegung von Rechtsmitteln überflüssig** ist, weil der AG keinen Anlass für den Prozess gegeben oder den Anspruch anerkannt hat,[98]
- eine anderweitige Klärung möglich ist, z. B. Abwarten eines **Parallelverfahrens** oder **Durchführung eines Musterprozesses,**[99] sofern dies dem BR oder einzelnen BR-Mitgliedern, etwa bei gleichgelagerten Ansprüchen, zumutbar ist und der AG erklärt, die Entscheidung anzuerkennen[100] oder
- wenn ein **Eilverfahren** eingeleitet wird, obwohl dies nicht durch drohende konkreten Nachteile begründet ist.[101]

Nach der **nicht überzeugenden Auffassung** des *LAG Schleswig-Holstein*[102] soll **keine Pflicht zur Kostenübernahme** durch den AG bestehen, wenn dieser in einem arbeitsgerichtlichen Verfahren einen **Pflichtverstoß** des BR feststellen lassen will und der BR hierfür einen Rechtsanwalt beauftragt. Folgte man dieser Position, könnte der AG durch Formulierung entsprechender Vorwürfe dem BR die Möglichkeit einer angemessenen Reaktion nehmen. Deshalb ist entgegen dem *LAG Schleswig-Holstein* davon auszugehen, dass die Beauftragung eines Rechtsanwalts auch in diesen Fällen erforderlich ist. **29**

Eine Kostenübernahmepflicht des AG soll mangels Erforderlichkeit ebenfalls nicht bestehen, wenn eine vom BR gesetzte **Frist fruchtlos abgelaufen ist.**[103] Das *LAG Köln* verlangt vor der Beauftragung zunächst eine erneute Nachfrage beim AG. Schließlich soll keine Erforderlichkeit bestehen, wenn Sachverhalte so einfach gelagert sind, dass BR notwendige Schreiben selbst verfassen können.[104] Diese Position verkennt, dass die fachliche Qualifikation eines BR-Gremiums durchaus unterschiedlich ist und dass es deshalb im Einzelfall erforderlich sein kann, auch für die Formulierung von Schreiben zu einfacheren Rechtsfragen fachkompetente Hilfe hinzuziehen zu können. **30**

Vom AG zu erstatten können auch Anwaltskosten sein, die anfallen, wenn ein Rechtsanwalt vom BR zur Durchsetzung **betriebsverfassungsrechtlicher Rechte** eingeschaltet wird[105] oder wenn er mit der **außergerichtlichen Vertretung** des BR gegenüber der Firmenleitung mit dem Ziel beauftragt wird, eine gerichtliche Auseinandersetzung zu vermeiden und eine einvernehmliche Regelung herbeizuführen.[106] Hierzu können auch die Kosten eines zu Unrecht gegründeten GBR oder KBR (»Schein-GBR« bzw. »Schein-KBR«) gehören, wenn dessen Gründung nicht unter offensichtlicher Verkennung des Unternehmens- oder Konzernbegriffs erfolgt ist.[107] Erforderlich ist die Zuziehung eines Anwalts, wenn das BetrVG durch den Gehalt eines TV nicht unerheblich modifiziert wird.[108] **Verweigert der AG** dem BR oder dem Wahlvorstand pflichtwidrig die **Übergabe notwendiger Unterlagen,** soll die Einschaltung eines Anwalts erst nach wiederholter Fristsetzung bzw. Nachfrage erforderlich sein.[109] BR bzw. Wahlvorstand sollten dem AG in derartigen Fällen kurze Fristen setzen, um zu vermeiden, dass Mitwirkungsrechte bzw. Wahlvorgänge verzögert werden.[110] **31**

Das *BAG* hält die Kostentragungspflicht für nicht gegeben, wenn die Rechtsverfolgung bzw. -verteidigung **mutwillig** oder von vornherein **offensichtlich aussichtslos** ist.[111] Mutwilligkeit **32**

---

der Begrenzung der Kostentragungspflicht fordert; ebenso *Fitting*, Rn. 21.

97 *BAG* 25.8.04, DB 05, 288; 19.3.03, DB 03, 1911; *LAG Hamm* 2.10.09, AuA 10, 179.

98 GK-*Weber*, a. a. O.; *SWS*, Rn. 12.

99 *LAG Berlin* 7.3.83, AP Nr. 21 zu § 40 BetrVG 1972; ErfK-*Koch*, Rn. 4; *Fitting*, Rn. 23.

100 *BAG* 3.10.78, AP Nr. 14 zu § 40 BetrVG 1972; *Hanau*, SAE 79, 220; HWGNRH-*Glock*, Rn. 24.

101 *LAG Köln* 22.7.08, ZTR 09, 163.

102 *LAG Schleswig-Holstein* 4.7.00, NZA-RR 00, 590.

103 *LAG Köln* 8.3.00, NZA-RR 00, 640 = PersV 01, 82 (Ls.).

104 Vgl. *LAG Hamm* 16.5.07 – 10 TaBV 101/06, juris bezüglich eines Schreibens, mit dem ein BR die Wahrung seiner Mitbestimmungsrechte einfordert.

105 *LAG Schleswig-Holstein* 31.3.98, AiB 98, 472 mit Anm. *Kossens;* ähnlich GK-*Weber*, Rn. 46, der auch die Beratung im Vorfeld eines Beschlussverfahrens für erforderlich hält.

106 *LAG Schleswig-Holstein* 20.7.99, AiB 00, 162 mit Anm. *Muratidis; BAG* 15.11.00; EzA § 40 BetrVG 1972 Nr. 92; *Fitting*, Rn. 14, 31.

107 *LAG Rheinland-Pfalz* 26.2.15 – 5 TaBV 19/14, juris für den Fall eines »Schein-KBR«.

108 *LAG Rheinland-Pfalz* 8.11.07 – 9 TaBV 38/07, juris zu **ERA-ETV**.

109 *LAG Köln* 8.3.00, NZA-RR 00, 640.

110 Vgl. zu Erstattungen in diesen Fällen Rn. 45 ff. sowie GK-*Weber*, a. a. O.

111 *BAG* 29.7.09, NZA 09, 1223; 19.3.03, NZA 03, 870; vgl. auch *BVerwG* 9.3.92, PersR 92, 243.

ist nicht gegeben, wenn ein vorheriger Einigungsversuch mit dem AG gescheitert ist oder wenn dieser seine Position zu einer strittigen Frage bereits abschließend erklärt hat.[112] Nicht offenkundig aussichtslos ist die Einreichung einer einstweiligen Verfügung auf Teilnahme eines BR-Mitglieds an einer Schulung.[113] Zu weitgehend ist die Auffassung des *BAG*,[114] wonach im Fall der Beantragung einer einstweiligen Verfügung kein Anspruch auf Erstattung der Anwaltskosten bestehen soll, wenn sich im Rechtsstreit herausstellt, dass kein Verfügungsanspruch vorliegt.[115] Entsprechendes soll nach der Ansicht des *LAG Hamm*[116] bei Führung eines Rechtsstreits über eine Rechtsfrage gelten, die durch eine gefestigte Rspr. höchstrichterlich entschieden ist. Diese Auffassung ist nicht überzeugend. Sie verkennt, dass das BAG seine Rspr. verschiedentlich ändert. Abzulehnen ist weiterhin die Position des *LAG Schleswig-Holstein*,[117] für das sich die Durchführung eines Rechtsstreits zwischen BR und AG als »ultima ratio« darstellt. Das *LAG* verkennt, dass eine gerichtliche Klärung einer Streitfrage oft vom AG provoziert wird oder auch dem Betriebsfrieden dienen kann und nichts Ehrenrühriges ist.

33 Der BR hat die Prüfung der *Erforderlichkeit* der **Beauftragung eines Rechtsanwalts** nach der Rspr. aus dem Blickwinkel eines vernünftigten Dritten *vorzunehmen*.[118] Ihm steht bei seiner Entscheidung ein Beurteilungsspielraum zu. Bei der Abwägung der Erforderlichkeit ist vom **Zeitpunkt des Beschlusses** auszugehen, der die Kosten ausgelöst hat.[119] Da im arbeitsgerichtlichen Beschlussverfahren keine Gebühren und Auslagen erhoben werden (§ 12 Abs. 5 ArbGG), beschränkt sich die Kostentragungspflicht des AG auf die außergerichtlichen Kosten, wie z. B. die Rechtsanwaltsgebühren.[120]

34 Dass der BR bei seiner Wahl auf die finanziellen Belange des AG Rücksicht zu nehmen hat, bedeutet nicht, dass er in jedem Fall den für den AG **billigsten Weg** wählen muss.[121] Der AG hat die **Kosten einer Prozessvertretung des BR durch einen Rechtsanwalt** zu tragen, wenn der BR bei pflichtgemäßer verständiger Würdigung aller Umstände die Hinzuziehung für notwendig erachten konnte.[122] Dies gilt für die erste und zweite Instanz, selbst wenn eine Vertretung durch einen Gewerkschaftsvertreter möglich ist.[123] Die Kosten für die Hinzuziehung eines Rechtsanwalts hat der AG auch zu tragen, wenn dieser, statt die Vollstreckung aus einem **Vergleich,** der in einem Verfahren nach § 23 Abs. 3 abgeschlossen wurde, zu betreiben, ein Beschlussverfahren einleitet.[124] Der BR kann **Honorarvereinbarungen mit einem Rechtsanwalt** abschließen,[125] soweit diese der Höhe nach angemessen sind.[126] Die Vereinbarung von

112 *LAG Schleswig-Holstein* 15.9.88, DB 89, 52; *Fitting*, Rn. 22.
113 *HessLAG* 29.7.13 – 16 TaBV 312/12.
114 *BAG* 28.8.91, AP Nr. 2 zu § 85 ArbGG 1979.
115 Dem BAG zustimmend HWGNRH-*Glock*, Rn. 22; a. A. GK-*Weber*, Rn. 46; *Fitting*, a. a. O.
116 *LAG Hamm* 4.12.85, DB 86, 88; *Fitting*, a. a. O.; vgl. auch GK-*Weber*, a. a. O.; HWGNRH-*Glock*, a. a. O.
117 *LAG Schleswig-Holstein* 15.8.88, DB 89, 52; so auch HWGNRH-*Glock*, Rn. 27.
118 *BAG* 16.10.86, AP 21 zu § 40 BetrVG 1972, *Kolbermoor*, NZA 89, 422; vgl. auch *Fitting*, Rn. 24; GK-*Weber*, Rn. 108.
119 *BAG* 19.4.89, NZA 90, 233; HWGNRH-*Glock*, Rn. 27.
120 *Fitting*, Rn. 23.
121 *BAG* 26.11.74, AP Nr. 6 zu § 20 BetrVG 1972.
122 *BAG*, a. a. O.; 3.10.78, 4.12.79, 16.10.86, AP Nrn. 14, 18, 26 zu § 40 BetrVG 1972, 5.11.81, AP Nr. 9 zu § 76 BetrVG 1972; *LAG Köln* 14.7.95, LAGE BetrVG § 40 Nr. 47 für den Fall, dass der AG anwaltliche Hilfe in Anspruch nimmt; *BAG* 21.6.89, AP Nr. 34 zu § 76 BetrVG 1972; 14.2.96, NZA 96, 892 = AiB 96, 610 mit Anm. *Warschkow* zur Hinzuziehung eines Rechtsanwalts als Verfahrensbevollmächtigten vor der ESt.; 27.7.94, DB 95, 835 = AuR 95, 238 mit Anm. *Fricke* zur Durchsetzung des Honoraranspruchs eines ESt.-Beisitzers, der selbst Rechtsanwalt ist.
123 *BAG* 3.10.78, AP Nr. 14 zu § 40 BetrVG 1972; vgl. auch 4.12.79, AP Nr. 18 zu § 40 BetrVG 1972 jedenfalls für die zweite Instanz; a. A. *LAG Düsseldorf* 3.5.76, EzA § 40 BetrVG 1972 Nr. 28 mit ablehnender Anm. *Kittner;* ablehnend für die erste Instanz *LAG Hamm* 15.6.77, EzA § 40 BetrVG 1972 Nr. 34, Ls.
124 *LAG Bremen* 19.1.90, BB 90, 1422, Ls.
125 *BAG* v. 21.6.89, NZA 90, 107 für Verfahrensbevollmächtigten in einer ESt.
126 *LAG Schleswig-Holstein* 31.3.98, AiB 98, 470 mit Anm. *Weißgerber* = DB 99, 540; Richardi-*Thüsing*, Rn. 28 hält eine Zusage für unzulässig, die über der Höhe des RVG-Satzes liegt; gegen eine Honorarvereinbarung GK-*Weber*, Rn. 123.

Honoraren, die die durch das RVG festgelegten Regeln übersteigen, soll nur mit vorheriger Zustimmung des AG zulässig sein.[127] Auch die Vereinbarung von Stundenhonoraren ist möglich.[128] AG sind nicht verpflichtet, dem Rechtsanwalt des BR Honorar in derselben Höhe zu zahlen wie seinen eigenen Rechtsanwälten.[129]

Soweit es sich um eine außergerichtliche Vertretung oder Beratung handelt, die nicht als Sachverständigentätigkeit (vgl. Rn. 44) zu qualifizieren ist, kann der BR verlangen, dass er einen Fachanwalt für Arbeitsrecht beauftragen kann, wenn dessen Vergütung sich im üblichen Rahmen bewegt.[130] Beschließt ein BR die Einholung einer präzise gefassten Rechtsauskunft, sollen Kosten, die über diesen Beratungsgegenstand hinausgehen, nicht erstattungsfähig sein.[131] Der AG kann zur Zahlung eines **Kostenvorschusses** an den Rechtsanwalt verpflichtet sein (vgl. Rn. 13). Ein Anspruch auf Kostenübernahme besteht auch, wenn der BR-Vorsitzende von einer BR-Sektretärin als Vorgesetzter verklagt wird.[132] **35**

Der BR ist nicht verpflichtet, von der Beauftragung eines Rechtsanwalts Abstand zu nehmen, wenn die im Betrieb vertretene Gewerkschaft zur Übernahme der Prozessvertretung bereit ist. Entsprechendes gilt für die Wahl der für den AG kostengünstigeren Möglichkeit, wenn die **Vertretung durch einen Gewerkschaftssekretär oder durch einen Rechtsanwalt** als gleichwertig anzusehen ist.[133] Der BR ist aber gut beraten, wegen der bestehenden Sachnähe eine gerichtliche Auseinandersetzung stets in enger Zusammenarbeit mit der im Betrieb vertretenen Gewerkschaft zu führen. **36**

Die Hinzuziehung eines Rechtsanwalts erfordert einen **ordnungsgemäßen Beschluss** des BR.[134] Der Beschluss muss den Gegenstand der Beauftragung beinhalten, nicht aber auch den Namen eines bestimmten Anwalts. Die Auswahl eines Anwalts kann per Beschluss auf den BR-Vorsitzenden übertragen werden.[135] Da **im Zweifel** die **Beauftragung** eines Rechtsanwalts **nur für die jeweilige Instanz** gilt, bedarf es für jeden Instanzenzug eines erneuten Beschlusses des BR, wenn der AG verpflichtet werden soll, die Anwaltskosten zu tragen.[136] Deckt der Beschluss des BR eindeutig die Prozessvertretung für mehrere oder alle Instanzen ab oder geht es z. B. um die Abwehr eines Rechtsmittels gegen eine Entscheidung, die der beauftragte Rechtsanwalt zugunsten des BR erwirkt hat, besteht hierfür eine Zahlungsverpflichtung des AG.[137] **37**

Eine **Nachholung des Beschlusses** bzw. die Genehmigung einer einseitigen Handlung des BR-Vorsitzenden bis zum Abschluss eines Rechtszuges im Gerichtsverfahren **möglich**.[138] Dies gilt insbesondere dann, wenn die Beschlussfassung vorher nicht möglich oder zumutbar war.[139] Nicht ausreichend ist es hingegen, wenn der BR eine nicht durch Beschluss gedeckte Prozess- **38**

---

127 So zur BRAGO *LAG Schleswig-Holstein,* a. a. O.; *Fitting,* Rn. 28; enger *BAG* 20.10.99, DB 00, 524, das eine die Sätze der BRAGO übersteigende Honorarzusage regelmäßig für nicht erforderlich hält; zustimmend GK-*Weber,* Rn. 122.

128 *LAG Nds.* 14.10.14 – 11 TaBV 51/14, juris (n. rkr.) hält einen Stundensatz von 290,00 € nicht für unüblich.

129 *Hess. LAG* 7.11.11 – 16 TaBVGa 177/11, juris.

130 *Fitting,* Rn. 28; *Kilian,* RdA 06, 120; *LAG Hannover* 13.5.15 – 11 TaBV 51/14, juris halt ein Nettohonorar von 290,-- € für Rechtsanwälte aus spezialisierten Büros im Einzelfall für angemessen.

131 *LAG Hamm* 14.10.13 – 13 TaBV 42/13.

132 *LAG Düsseldorf* 21.2.97, AiB 97, 535 mit Anm. *Grimberg.*

133 *BAG* 3.10.78, AP Nr. 14 zu § 40 BetrVG 1972 mit Anm. *Grunsky;* a. A. bzw. einschränkender: *BAG* 26.11.74, AP Nr. 6 zu § 20 BetrVG 1972; ErfK-*Koch,* Rn. 4; *Fitting,* Rn. 27; GK-*Weber,* Rn. 124 f.; *Klinkhammer,* AuR 77, 144; HWGNRH-*Glock,* Rn. 31, der keine Pflicht des AG zur Kostenübernahme sieht, wenn die Vertretung durch einen Gewerkschaftsbeauftragten möglich ist.

134 *BAG* 18.1.06, dbr 06, Nr. 7, 38; 14.2.96, NZA 96, 892 m. w. N.; vgl. § 29 Rn. 17 ff., § 33 Rn. 15 ff.

135 *LAG Schleswig-Holstein* 20.9.01, AiB 02, 632 mit Anm. *Komposch.*

136 *LAG Berlin* 26.1.87, AP Nr. 25 zu § 40 BetrVG 1972; *LAG Schleswig-Holstein* 19.4.83, BB 84, 533; vgl. auch *VGH Baden-Württemberg* 3.5.94, PersR 94, 527.

137 *BAG* 11.3.92, NZA 92, 946 = AiB 92, 732 mit Anm. *Warschkow* = AuR 92, 282, Ls.

138 *BAG* 6.12.06, AP Nr. 5 zu § 21 b BetrVG 1972 für die Nachholung bis zum Erlass einer zurückweisenden Prozessentscheidung; vgl. auch *BAG* 18.2.03, NZA 04, 336; *LAG Hamm* 15.6.05, AuR 06, 74; *LAG Hamburg* 24.2.05, AuR 05, 465; enger die abzulehnende Position des *BAG* 8.3.00, DB 00, 1335 = AiB 01, 356 mit Anm. *Wedde,* die nachträgliche Beschlüsse zu Schulungsmaßnahmen gem. § 37 Abs. 6 ausschließt [vgl. § 37 Rn. 151 f.]; ähnlich GK-*Weber,* Rn. 112; vgl. auch § 29 Rn. 26.

139 *LAG Köln* 14.7.95, LAGE § 40 BetrVG 1972 Nr. 47; *Fitting,* a. a. O.; GK-*Weber,* Rn. 112.

führung eines Rechtsanwalt hinnimmt bzw. durch konkludentes Handeln genehmigt,[140] Liegt eine wirksame Entscheidung einer Instanz vor, ist eine nachträgliche Genehmigung der Beauftragung eines Rechtsanwalts durch Beschluss des BR nicht mehr möglich.[141]

39 Nicht zu den erstattungsfähigen Kosten sollen im Regelfall die **Reisekosten eines auswärtigen Rechtsanwalts** gehören. Etwas anderes gilt, wenn der BR dessen Zuziehung bei pflichtgemäßer Abwägung aller Umstände für erforderlich halten kann.[142] Die Beauftragung eines auswärtigen Rechtsanwalts kann der BR folglich beschließen, wenn er in schwierigen Rechtsfragen für die Prozessvertretung einen erfahrenen und anerkannten Fachanwalt für erforderlich hält und dieser am Ort nicht vorhanden ist.[143] Beauftragt der AG einen auswärtigen Rechtsanwalt, hat dieses Recht auch der BR.[144] Nicht zu den erstattungsfähigen Kosten sollen die eines Rechtsanwalts gehören, die einem Mitglied der JAV in einem Verfahren nach § 78 a Abs. 4 entstanden sind.[145] Gleiches soll gelten, wenn die Übernahme des Mandats wegen einer Interessenkollision gem. § 43 a BRAO nichtig ist.[146]

40 Der Grundsatz der **Kostenschonung** soll den BR und seinen Prozessbevollmächtigen (z. B. Rechtsanwalt) nach der Rspr. verpflichten, für gleichgelagerte Sachverhalte grundsätzlich **Gruppenverfahren anstelle von Einzelverfahren** durchzuführen.[147] Unterlässt er dies, soll er nicht die Anwaltsgebühren für die durchgeführten Einzelverfahren, sondern nur die Gebühren verlangen können, die bei der Durchführung der Gruppenverfahren entstanden wären. Dieser Position kann für den Fall zugestimmt werden, dass zwischen den einzelnen Ansprüchen keine wesentlichen Unterschiede bestehen und weder Verjährung noch Verwirkung droht. Lohnfortzahlungsansprüche mehrerer BR-Mitglieder nach § 37 Abs. 2 könnten daher nicht nebeneinander eingeklagt werden, wenn sie aus demselben Anlass entstanden wären.[148] Etwas anderes müsste aber z. B. mangels gleichgelagerter Sachverhalte gelten, wenn die Begründung des AG für die Zahlungsverweigerungen unterschiedlich ist (etwa Hinweis auf fehlende Erforderlichkeit in einem und fehlenden Entsendungsbeschluss im anderen Fall) oder wenn der BR nach pflichtgemäßer Prüfung wesentliche Unterschiede sieht.

41 Zulässig ist die gleichzeitige Vertretung des BR und eines BR-Mitglieds in einem Beschlussverfahren nach § 103 Abs. 2 BetrVG.[149] Nimmt der BR seine Zustimmungsverweigerung zurück, soll der Rechtsanwalt beide Mandate niederlegen müssen, um nicht gegen das Verbot der Vertretung widerstreitender Interessen gemäß § 43 a BRAO zu verstoßen.[150]

42 Der BR kann seinen betriebsverfassungsrechtlichen **Freistellungsanspruch auf Kostenerstattung** nach § 40 Abs. 1 rechtswirksam **an den Rechtsanwalt abtreten.**[151] Ein entsprechender Abtretungsbeschluss kann vom **aufgelösten BR im Rahmen seines Restmandats (§ 21 b)** gefasst werden.[152] Der Freistellungsanspruch wird dann zu einem **Zahlungsanspruch des Rechtsanwalts** gegen den AG.[153] Dies gilt auch, wenn der BR in demselben Beschlussverfahren die Freistellung von dem Gebührenanspruch gegenüber dem AG beantragt hat.[154] Der BR, der

140 *BAG* 19.1.05, dbr 06, Nr. 7, 38.

141 WP-*Kreft*, Rn. a. a. O.

142 *BAG* 16.10.86, AP Nr. 31 zu § 40 BetrVG 1972; 2.4.87 – 6 ABR 36/85; 15.11.00, EzA § 40 BetrVG 1972 Nr. 92; *LAG Niedersachsen* 23.4.07 – 9 TaBV 51/06, juris für den Fall, dass der beauftragte auswärtige Anwalt die betrieblichen Abläufe besonders gut kennt; *LAG Hessen* 30.6.05 – 9 TaBV 2/05 für die Reisekosten eines Anwalts, dessen Beauftragung durch den GBR nicht erforderlich war.

143 *LAG Schleswig-Holstein* 21.9.88, DB 88, 2656, Ls.; *ArbG Siegburg* 29.1.87 – 3 BV 40/86; vgl. auch *ArbG Wetzlar* 26.11.92, BB 93, 583 Ls.

144 A. A. *BAG* 15.11.00, a. a. O.

145 *BAG* 5.4.00, NZA 00, 1178.

146 *LAG Köln* 15.11.00, NZA-RR 01, 253.

147 29.7.09, NZA 09, 1223; *LAG Rheinland-Pfalz* 8.11.07 – 9 TaBV 38/07, juris.

148 HWGNRH-*Glock*, Rn. 35.

149 *BAG* 25.8.06, NZA 05, 168.

150 *BAG*, a. a. O.; *Fitting*, Rn. 29.

151 *BAG* 17.8.05, NZA 06, 109; *LAG Hamm* 20.8.86, DB 87, 184, Ls.; *LAG Berlin* 26.1.87, AP Nr. 25 zu § 40 BetrVG 1972; *BAG* 13.5.98, NZA 98, 900 zur Abtretung an einen Sachverständigen gem. § 80 Abs. 3.

152 *BAG* 24.10.01, DB 00, 849 = AiB 02, 572 mit Anm. *Peter* = AuR 02, 157; *Fitting*, Rn. 146.

153 *LAG Hamm*, a. a. O.; *LAG Berlin*, a. a. O.

154 *LAG Hamm*, a. a. O.

in einem Beschlussverfahren von einem Rechtsanwalt vertreten worden ist, kann mangels Rechtsfähigkeit nicht als Kollegialorgan auf Zahlung der Anwaltskosten in Anspruch genommen werden.[155] Ein aufgrund eines Insolvenzverfahrens in Auflösung begriffenes BR-Gremium kann einen ihm zustehenden **Freistellungsanspruch** wirksam **an verbleibende BR-Mitglieder abtreten.** Voraussetzung ist ein wirksamer Beschluss des BR (vgl. Rn. 202 ff.).[156] Der Freistellungsanspruch des BR soll eine Masseverbindlichkeit[157], wenn er nach dem Insolvenzantrag entstanden ist.[158] Vorher entstandene Ansprüche auf Kostentragung sind Insolvenzforderungen.[159]

Der BR kann vom AG keine Freistellung von Rechtsanwaltskosten verlangen, die bereits **43**
verjährt sind. Der BR darf auf Grund des Grundsatzes der vertrauensvollen Zusammenarbeit in derartigen Fällen auf die Einrede der Verjährung nicht verzichten.[160]

d) Sachverständige, Rechtsanwälte und Auskunftspersonen

Zu den vom AG zu tragenden Kosten gehören auch die für die Hinzuziehung von **Sachver- 44**
ständigen gemäß § 80 Abs. 3, wenn hierüber vorher mit dem AG eine Vereinbarung getroffen wurde.[161] Nach der abzulehnenden Rspr. des *BAG* soll es weitere Voraussetzung sein, dass sich der BR die fehlende Sachkunde nicht kostengünstiger verschaffen kann, etwa durch Schulungen oder durch die Inanspruchnahme sachkundiger Betriebs- bzw. UN-Angehöriger (vgl. im Übrigen § 80 Rn. 122 ff.).[162] Eine Kostenerstattungspflicht kann für **Berater** bestehen, wenn diese den BR zu schwierigen Fragestellungen etwa im Bereich des IT-Einsatzes oder der betrieblichen Altersversorgung unterstützen (zu Beratern gem. § 111 vgl. Rn. 50 ff.)[163] sowie für **Referenten auf einer Betriebsversammlung.**[164]

Wird ein **Rechtsanwalt** zur **gutachterlichen Beratung** z. B. über eine abzuschließende BV **45**
hinzugezogen, besteht eine Pflicht zur Kostenerstattung nur, wenn die Voraussetzungen des § 80 Abs. 3 vorliegen.[165] Bei der Beauftragung eines Rechtsanwalts muss der BR auch den Gegenstand eines Gutachtens beschließen.[166] Entsprechendes gilt für die Tätigkeit eines Rechtsanwalts im Zusammenhang mit der **Errichtung einer ESt.** sowie damit verbundener vorbereitender Handlungen, wie z. B. der Erarbeitung von Entwürfen einer BV.[167] Kosten für die Einholung eines gesonderten, lediglich der Vorbereitung eines Prozesses dienenden **Rechtsgutachtens eines Rechtsanwalts** sind ebenfalls Sachverständigenkosten, wenn nicht zu erwarten ist, dass der Rechtsstreit hierdurch vermieden wird.[168]

Wird der **Rechtsstreit erspart,** sind die Kosten eines entsprechenden Gutachtens eines Rechts- **46**
anwalts in Höhe der sonst entstandenen Prozessvertretungskosten erstattungsfähig.[169] Nimmt

155 *LAG Hamm* 19.10.89, BB 89, 2479.
156 *BAG* 17.8.05, a. a. O.
157 *LAG Rheinland-Pfalz* 21.3.13, ZInsO 13, 1480.
158 *Fitting*, Rn. 101.
159 *LAG Rheinland-Pfalz* 21.11.13, ZInsO 2013, 1480; *Fitting*, a. a. O.
160 *LAG Schleswig-Holstein* v. 4.7.00, NZA-RR 00, 590.
161 *BAG* 25.4.78, 26.2.92, AP Nrn. 11, 48 zu § 80 BetrVG 1972; *LAG Frankfurt*, NZA 94, 379; zum Fehlen des Erstattungsanspruchs ohne BR-Beschluss *LAG Berlin-Brandenburg* 20.1.15 – 7 TaBV 2158/14, juris (n. rkr.).
162 *BAG* 26.2.92, NZA 93, 86.
163 Vgl. *LAG Frankfurt* 31.5.90, AuR 91, 93, Ls.
164 Vgl. *LAG Baden-Württemberg* 16.1.98, AuR 98, 286, Ls. bezüglich der Reisekosten des Referenten einer ausländischen Schwestergesellschaft; *Däubler*, Betriebsverfassung, S. 81; *Hunold*, NZA-RR 99, 115.
165 *BAG* 13.5.98, NZA 98, 900 = AiB 98, 643 mit Anm. *Kossens; HessLAG* 20.11.08 – 9 TaBV 126/08, juris; weiter *ArbG Marburg* 23.6.93 – 1 BV 5/93, das den Anspruch auf § 40 Abs. 1 stützt, weil keine gutachterliche Tätigkeit, sondern eine Interessenvertretung des BR verlangt wurde; zur Abgrenzung zwischen § 40 und § 80 Abs. 3 vgl. *LAG Köln* 2.2.07 – TaBV 61/06, juris.
166 *LAG Köln* 2.2.07 – 4 TaBV 61/06, juris.
167 Vgl. *BAG* 5.11.81, AP Nr. 9 zu § 76 BetrVG 1972.
168 *LAG Düsseldorf* 21.1.75, EzA § 80 BetrVG 1972 Nr. 9; ähnlich im Ergebnis *Fitting*,Rn. 14; weitergehend GK-*Weber*, Rn. 46, der eine Erstattungspflicht unabhängig von der Vermeidung eines Rechtsstreits sieht.
169 *LAG Schleswig-Holstein* 20.7.99, AiB 00, 162; *Fitting*, a. a. O.; *GL*, Rn. 10; ähnlich auch Richardi-

ein BR-Mitglied anwaltliche Hilfe in Anspruch, ist der AG unabhängig von den Grundsätzen des § 80 Abs. 3 zur Erstattung der Anwaltskosten verpflichtet, wenn die Führung des Rechtsstreits bei pflichtgemäßer Berücksichtigung der objektiven Gegebenheiten und unter Würdigung aller Umstände, insbesondere auch der Rechtslage, für erforderlich gehalten werden kann.[170] Eine gleichzeitige Vertretung des BR und eines BR-Mitgliedes verstößt nicht gegen das Verbot widerstreitender Interessen, weil beide Parteien in der Regel dasselbe Ziel haben.[171]

47 **Erstattungsfähig** sind die **Kosten der ESt.** (vgl. die Erl. zu § 76 a), der **Vorbereitung der ESt.-Verfahren**, der **Einbeziehung von Rechtsanwälten als Verfahrensvertreter**,[172] der Hinzuziehung von **Sachverständigen durch die ESt.**,[173] der **gerichtlichen Durchsetzung** der **Honorarforderung von Beisitzern**[174] und der **Tätigkeit des Vorsitzenden** bzw. der **Beisitzer der ESt.** Nach der Rspr. soll allein das Gebühreninteresse des **Rechtsanwalts** wegen seiner Tätigkeit als Sachverständiger seine **Hinzuziehung** in einer ESt. nicht rechtfertigen.[175] Sind die Voraussetzungen der Erforderlichkeit einer anwaltlichen Vertretung durch einen Rechtsanwalt als **Verfahrensbevollmächtigter** vor der ESt. gegeben, muss der AG die entstehenden Kosten tragen (vgl. § 76 a Rn. 12).[176] Keine Kostentragungspflicht für Rechtsanwaltskosten soll bestehen, wenn der AG der Einrichtung einer E-Stelle zwar grundsätzlich zugestimmt hat, bezüglich der zugrunde liegenden Thematik aber noch beim BR nachfragt.[177] Unzulässig sein soll die Mandatierung eines weiteren Rechtsanwalts für Verfahren nach § 78 a Abs. 4 Satz 1, wenn der BR bereits selbst anwaltlich vertreten wird.[178]

48 Die Gebühr der anwaltlichen Vertretung vor der ESt. ist **nicht auf die des Honoraranspruchs** eines Beisitzers nach § 74 a Abs. 3 begrenzt.[179] Übernimmt ein Rechtsanwalt im Auftrag des BR in gleicher Sache eine Prozessvertretung, handelt es sich um eine neue Angelegenheit im Sinne des § 15 Abs. 1 RVG, die autonome Gebührenansprüche auslöst.[180] Mit Blick auf § 3 a Abs. 1 RVG bedürfen Vereinbarungen über das Honorar eines Rechtsanwalts der **Textform**.

49 Ob die parallele Vertretung eines BR in einem Verfahren nach § 103 und die gleichzeitige Vertretung des betroffenen BR-Mitglieds standesrechtlichen gem. § 43 a Abs. 4 BRAO zulässig ist oder nicht und ob demgemäß eine Kostenerstattungspflicht des AG besteht oder nicht, ist strittig.[181] Im Einzelfall wird darauf abzustellen sein, ob beide Vertretungen die gleiche Zielrichtung verfolgen, so dass keine Interessenkollision besteht.[182] Liegt diese Voraussetzung vor, wird die parallele Vertretung zulässig sein. Werden AN des Betriebs als Auskunftspersonen gem. § 80 Abs. 2 Satz 3 tätig (vgl. § 80 Rn. 140 ff.), sind entstehende Kosten vom AG nach allgemeinen arbeitsrechtlichen Grundsätzen auszugleichen, da die Tätigkeit Teil der zu erbringenden Arbeitsleistung ist.[183] Dies gilt auch für zusätzlich anfallende Kosten (etwa Anreise zur Besprechung mit auswärtigen BR-Mitgliedern, für die Teilnahme an Ausschusssitzungen an einem anderen Ort usw.).

Thüsing, Rn. 26; GK-*Weber*, a. a. O., der in diesen Fällen eine Erstattung gem. § 40 Abs. 1 als den richtigen Weg sieht; a. A. HWGNRH-*Glock*, Rn. 16.

170 *BAG* 25. 8. 04, DB 05, 288; vgl. auch WP-*Kreft*, Rn. 11.

171 *BAG*, a. a. O.

172 *BAG* 21. 6. 89, AP Nr. 34 zu § 76 BetrVG 1972; *BAG* 14. 2. 96, NZA 96, 892; enger *LAG Schleswig-Holstein* 5. 12. 86, NZA 87, 754, das den Honoraranspruch gemäß § 80 Abs. 3 von einer Regelungsabrede zwischen AG und BR abhängig macht.

173 Vgl. *BAG* 13. 11. 91, NZA 92, 459 = AiB 92, 457.

174 *LAG Bremen* 5. 2. 92 – 2 TaBV 27/91 = AiB 92, 647; vgl. auch *LAG Frankfurt* 3. 9. 92, BB 93, 1367, Ls.

175 *BAG* 14. 2. 96, NZA 96, 892; zustimmend *Fitting*, Rn. 14.

176 *BAG*, a. a. O. m. w. N.

177 *LAG Düsseldorf* 23. 6. 05, AE 06, 124.

178 *BAG* 18. 1. 12, NZA 12, 683.

179 *BAG*, 14. 2. 96, NZA 12, 683; *Fitting*, Rn. 31; a. A. *Kamphausen*, NZA 94, 51; *LAG Schleswig-Holstein* 16. 1. 14 – 4 TaBV 3013 hält eine Honorarvereinbarung allenfalls in Höhe des Honorars des E-Stellenvorsitzenden für zulässig.

180 *LAG Rheinland/Pfalz* 6. 8. 92, NZA 93, 93; GK-*Weber*, Rn. 128.

181 *LAG Köln* 15. 11. 00, NZA-RR 01, 253 hält dies für unzulässig, *LAG Niedersachsen* 1. 7. 03, DB 04, 334 und *LAG Rheinland-Pfalz* 21. 12. 06 – 6 TaBV 41/06 halten dies für zulässig.

182 Ebenso *LAG Niedersachsen*, a. a. O.

183 *Fitting*, Rn. 15; *Natzel*, NZA 01, 873.

e) Berater bei Betriebsänderungen (§ 111 Satz 2)

Findet in Unternehmen mit mehr als 300 AN eine Betriebsänderung statt, kann der BR gemäß § 111 Satz 2 zu seiner Unterstützung einen **Berater** hinzuziehen (vgl. § 111 Rn. 166 ff.). Die Regelung ist ein Sonderfall gegenüber den allgemeinen Beratern, die als Sachverständige gem. § 80 Abs. 3 tätig werden (vgl. Rn. 44 sowie § 80 Rn. 91). Bezüglich der Frage, ob ein Berater erforderlich ist, steht dem BR schon im Interesse seiner Funktions- und Handlungsfähigkeit ein weiter Beurteilungsspielraum zu.[184] Dieser Spielraum ist eine hohe Hürde, die BR-Mitglieder vor einer persönlichen Inanspruchnahme für Beraterkosten weitgehend schützt. **50**

Liegt in Unternehmen entsprechender Größe (mehr als 300 AN) eine **Betriebsänderung** vor, hat der AG gem. § 111 Satz 2 die Kosten eines Beraters zu tragen, ohne dass es einer weiteren Vereinbarung des BR mit ihm bedarf.[185] Gegenüber der Einschaltung eines Sachverständigen gem. § 80 Abs. 3 steht dem BR damit im Fall einer Betriebsänderung ein autonomer Handlungsspielraum zur Verfügung. Er kann auf das zeitaufwändige Verfahren zur Hinzuziehung von Sachverständigen gem. § 80 Abs. 3 verzichten.[186] Sind die normativen Voraussetzungen des § 111 Satz 2 erfüllt, muss der BR nicht prüfen, ob der Berater objektiv notwendig ist oder ob betrieblicher Sachverstand verfügbar ist.[187] Im Einzelfall kann es notwendig sein, nicht nur einen, sondern **mehrere Berater** nach § 111 Satz 2 hinzuzuziehen.[188] Unzulässig soll die Zuziehung eines Beraters sein, wenn eine E-Stelle für einen Interessenausgleich nach § 111 Satz 2 eingesetzt wurde.[189] Werden inhaltlich nicht alle Themenfelder der Betriebsänderung von der E-Stelle abgedeckt, kann jedoch die Zuziehung zur Unterstützung des BR im Einzelfall weiter zulässig sein. **51**

Als Berater in Betracht kommen alle Personen, die den BR fachlich bei den hochkomplizierten Fragestellungen unterstützen können, die sich im Zusammenhang mit Betriebsänderungen ergeben.[190] Hinsichtlich der Qualifikation der heranzuziehenden Person bestehen keine besonderen formalen Anforderungen (vgl. § 111 Rn. 169). In Betracht kommt damit insbesondere der **Personenkreis,** der auch Sachverständiger gem. § 80 Abs. 3 sein kann (vgl. § 80 Rn. 91). **52**

§ 111 Satz 2 enthält keine Aussage zur **Höhe der Honorierung** des Beraters. Anders als im Rahmen von § 80 Abs. 3 ist zu diesem Thema im Rahmen von § 111 keine vorherige Beratung mit dem AG erforderlich. Mit Blick auf die hochkomplizierten Fragestellungen, die im Zusammenhang mit Betriebsänderungen zu beantworten sind[191] ist hinsichtlich der Höhe der Honorierung davon auszugehen, dass entsprechend qualifizierte Berater sich nur zu den **marktüblichen Preisen** gewinnen lassen, wie sie insbesondere spezialisierte Unternehmensberater in Ansatz bringen.[192] Mit Blick darauf, dass schon vor knapp zehn Jahren Honorare in der Größenordnung von 1700 €[193] bzw. im Jahr 2011 bis zu 1900 €[194] **marktüblich** waren, sind unter Berücksichtigung der allgemeinen Preissteigerung auch Honorare von mehr als **53**

---

184 *BGH* 25.10.12, NZA 12, 1382 sowie das zugehörige Urteil des *OLG Frankfurt* **16.12.13 – 1 U 184/10.**

185 Ebenso *Fitting,* Rn. 16; im Ergebnis auch GK-*Wiese,* § 111 Rn. 164; *LAG Hamm* 26.8.05, AuR 06, 131 lässt die Frage der Erforderlichkeit ausdrücklich offen; *ArbG Hannover* 16.1.09, NZA-RR 09, 309 sieht nur eine Verpflichtung für Kosten, die erforderlich und verhältnismäßig sind; *Hinrichs/Pitt,* NZA 11, 1006 stellen ausschließlich auf das marktübliche Honorar ab.

186 Vgl. BT-Drucks. 14/5741, S. 51 f. zu Nr. 70 b.

187 *Annuß,* NZA 01, 369; *Däubler,* AuR 01, 286; *Löwisch,* BB 01, 1798; a. A. *Bauer,* NZA 01, 376; *Natzel,* NZA 01, 874.

188 *LAG Hamm* a. a. O. verweist ausdrücklich darauf, dass es sich auch um eine Beratungsfirma handeln kann; ähnlich Richardi-*Thüsing,* Rn. 5; vgl. auch § 111 Rn. 135 k; *Bauer,* NZA 01, 376.

189 *LAG München* 24.6.10– 2 TaBV 121/09, juris.

190 BT-Drucks. 14/5741, S. 51 f.

191 Vgl. BT-Drucks. 14/5741, S. 51 f.

192 Ähnlich *Fitting,* Rn. 17, der auf ein marktübliches Honorar nach § 612 Abs. 2 BGB abstellt; enger *HessLAG* 18.11.09, FA 10, 50, das bzgl. der Zuziehung von Anwälten ein Abweichen von der den durch die RVG festgelegten Gebührensätzen nur dann für zulässig hält, wenn sonst kein qualifizierter Anwalt gefunden werden kann.

193 *LAG Hamm* 26.8.05, ZIP 05, 2269;

194 *LAG Rheinland-Pfalz* 7.11.11– 7 TaBV 29/11, juris.

2000 € nicht unverhältnismäßig.[195] Kann ein marktübliches Honorar nicht ermittelt werden, kann der Berater dies nach den §§ 316, 315 Abs. 1 BGB nach billigem Ermessen festsetzen.[196] Im Zweifel ist aus Sicht des BR darauf abzustellen, welche Honorare der AG externen Beratern im Zusammenhang mit der Betriebsänderung zahlt. Bezugspunkte für vergleichbare Honorare sind hierbei alle Beratungsleistungen, die direkt oder indirekt erbracht werden, d. h. beispielsweise auch solche im IuK-Bereich (vgl. auch § 111 Rn. 178). Der Schutz vor einer unangemessenen finanziellen Belastung wird in diesem Zusammenhang zugunsten der AG schon dadurch sichergestellt, dass die Zuziehung erst ab einer Unternehmensgröße mehr als 300 AN möglich wird.[197]

54 **Vereinbarungen** zur **Höhe des Honorars** können vom BR auf der Basis von marktüblichen **Stunden- oder Tagessätzen** getroffen werden.[198] Dies gilt auch bezüglich der Honorierung von als Berater verpflichteten Rechtsanwälten (vgl. § 111 Rn. 180).[199] Soweit für bestimmte Berufsgruppen **verbindliche Gebührenordnungen** bestehen, können diese zur Honorarfestlegung herangezogen werden.[200] Der BR hat gegenüber dem AG bezüglich der Kosten einen abtretbaren **Freistellungsanspruch.**[201] Der Freistellungsanspruch soll nicht bestehen, wenn BR-Mitglieder Beratungsleistungen vereinbaren, die zur Erfüllung der Aufgaben nach § 111 nicht erforderlich sind.[202] Die vom BGH vertretene Position verkennt, dass das BR-Amt ein Ehrenamt ist und dass aus dieser Situation die Notwendigkeit einer Haftungsprivilegierung folgt.[203] Sie wirft – ebenso wie das nach Zurückverweisung ergangene abschließende Urteil des *OLG Frankfurt* – im Ergebnis mehr Fragen auf als sie beantwortet.[204] Um individuelle Haftungsprobleme zu vermeiden, sollten BR mit Beratern Obergrenzen für Leistungen vereinbaren und diese dem AG mitteilen.[205] Hält der AG das vereinbarte Volumen nicht für erforderlich, lässt sich eine Klärung im Beschlussverfahren herbeiführen.

55 Aus dem allgemeinen Gebot der vertrauensvollen Zusammenarbeit folgt, dass der BR den AG über die Einschaltung eines Beraters und die Konditionen informieren sollte. Im Streitfall kann der BR das Bestehen der Kostentragungspflicht per **einstweiliger Verfügung** feststellen lassen.

56 Der BR wird unter Beachtung der (abzulehnenden) Rspr. bei Auswahl eines Beraters den **Grundsatz der Verhältnismäßigkeit** (vgl. Rn. 5, § 111 Rn. 181)[206] beachten müssen. Dies bedeutet indes **nicht,** dass er dem **jeweils billigsten Beratungsangebot** den Vorzug geben muss. **Ausschlaggebend** für die pflichtgemäße Auswahl eines Beraters sind vielmehr Aspekte wie Qualität und Qualifikation, Erfahrungen und Referenzen usw. Im Rahmen seines pflichtgemäßen Ermessens kann der BR den Berater auswählen, der nach seiner Meinung die **erforderlichen Leistungen am besten erbringt.** Bedeutsam kann auch die Tatsache sein, dass zu einem Berater bereits ein **Vertrauensverhältnis besteht** (§ 111 Rn. 181).[207] Der BR kann vom AG nicht darauf verwiesen werden, statt der Einschaltung eines externen Beraters entsprechende (kostenlose) Beratungsleistungen bei einer Gewerkschaft einzuholen. Dem BR ist es aber unbenommen, dies ergänzend zur Einschaltung eines Beraters zu tun.

---

195 Enger *Fitting,* der die Werte aus den Jahren 2005 bzw. 2011 unverändert zugrunde legt.
196 *Fitting,* a. a. O., Natzel, NZA 01, 874; Oetker, NZA 02, 465.
197 *Engels/Trebinger/Löhr-Steinhaus,* DB 01, 532 [540].
198 A. A. *HessLAG* 18.11.09, FA 10, 50.
199 A. A. *Bauer* NZA 01, 376.
200 Weitergehend *Fitting,* Rn. 17; *Löwisch,* BB 01, 1298, die Gebührenordnungen für maßgeblich halten.
201 Ebenso *Däubler,* AuR 91, 286; *Fitting,* Rn. 17 und § 111, Rn. 125; *HessLAG* 19.2.04, AuR 04, 397; a. A. *Löwisch,* BB 01, 1798, der einen unmittelbaren Anspruch des Beraters sieht.
202 *BGH* 25.10.12, NZA 12, 1382 sowie *OLG Frankfurt* 16.12.13 – 1 U 184/10; hierzu *Jaeger/Steinbrück,* NZA 13, 401.
203 Zutreffend *Hayen,* ArbuR 13, 95; kritisch auch *Preis/Ulber,* JZ 13, 579; *Ratayczak,* AiB 13, 389; allgemein zur Haftung *Dommermuth-Ahlhäuser,* BB 13, 1461.
204 Vgl. hierzu *Fischer* jurisPR-ArbR 15/2014 Anm. 4.
205 Ähnlich *Hayen,* a. a. o., *Kloppenberg,* jurisPR-ArbR 1/2013 Anm. 1; zur Möglichkeit entsprechender Versicherung für BR-Mitglieder *Bergmann* NZA 13, 57.
206 Ähnlich *Bauer* NZA 01, 377; GK-*Wiese,* § 111 Rn. 164; *Hanau* RdA 01, 72.
207 Vgl. *BAG* 28.6.95, DB 95, 2118 für den Bereich gewerkschaftlicher Schulungsveranstaltungen.

3. Aufwendungen der einzelnen Betriebsratsmitglieder

Kosten, die **einzelnen BR-Mitgliedern in Ausübung ihrer BR-Tätigkeit** entstehen, hat der AG zu tragen.[208] Entsprechende Erstattungsansprüche stehen auch BR-Mitgliedern zu, die ein **Restmandat** wahrnehmen.[209] Voraussetzung ist, dass die Tätigkeit objektiv zum **Aufgabenbereich des BR** gehört und die Kosten für **erforderlich** angesehen werden konnten (vgl. Rn. 7 ff.). Dabei ist auch zu berücksichtigen, welche BR-Funktionen, z. B. Tätigkeit im GBR, KBR oder WA das einzelne BR-Mitglied ausübt. Nicht zur unmittelbaren BR-Tätigkeit gehört die Teilnahme an Sitzungen des **AR,** dem ein BR-Mitglied angehört.[210] Auf Verlangen ist ein angemessener Vorschuss zu zahlen (vgl. Rn. 14). Hat das BR-Mitglied bereits Aufwendungen gemacht, kann es die Erstattung vom AG verlangen.[211] Die entstandenen Kosten und Aufwendungen müssen abgerechnet werden.[212] Im Gegensatz zu § 46 Abs. 5 BPersVG, der für freigestellte und teilweise freigestellte PR-Mitglieder eine durch VO der Höhe nach festzusetzende monatliche Aufwandsentschädigung vorsieht, enthält das BetrVG keine entsprechende Regelung. Werden an **BR-Mitglieder Pauschbeträge für Aufwendungen** gezahlt, muss sich dieser Betrag im Rahmen der üblichen und notwendigen Aufwendungen halten und darf keine versteckte Vergütung umfassen.[213] Notwendige, über Pauschalbeträge hinausgehende Auslagen sind ebenfalls zu erstatten.[214] **57**

Zu den Aufwendungen zählt **jede Aufopferung von Vermögenswerten.** Ein BR-Mitglied hat somit z. B. Anspruch auf Kostenerstattung, wenn z. B. in der Ausübung seiner BR-Tätigkeit seine Kleidung beschmutzt oder beschädigt wird[215] oder wenn er von seinem **privaten Telefonanschluss** nachgewiesenermaßen dienstliche Anrufe getätigt hat.[216] Erleidet es im Rahmen seiner Tätigkeit einen Unfall, handelt es sich dabei um einen **Arbeitsunfall** i. S. d. § 8 Abs. 1, 2 SGB VII.[217] Benutzt ein BR-Mitglied den **eigenen Pkw** und erleidet hierbei einen Verkehrsunfall, kann es die **Reparaturkosten** vom AG verlangen, wenn dieser die Benutzung ausdrücklich gewünscht hat oder diese erforderlich war, damit die gesetzlichen BR-Aufgaben wahrgenommen werden konnten.[218] **58**

Steht einem BR-Mitglied ein Firmenwagen zur Verfügung, muss der AG steuerlich bedingte Mehrkosten erstatten, die aus der BR-Tätigkeit folgen. Diese fallen aufgrund von § 8 Abs. 2 S. 2 EStR an, wenn das Fahrzeug für Fahrten zwischen Wohnung und Arbeitsstätte genutzt werden kann. Nach der Lohnsteuerrichtlinie R 9.4 aus dem Jahr 2008 besteht die Steuerpflicht, wenn die Fahrten zu einer regelmäßigen Arbeitsstätte durchgeführt werden. Diese ist gegeben, wenn ein Beschäftigter sie im Kalenderjahr durchschnittlich an einem Tag pro Woche aufsucht. Diese Voraussetzung wäre etwa erfüllt, wenn ein Außendienstmitarbeiter die eigene Betriebsstätte oder eine andere Betriebsstätte bzw. einen anderen Betrieb regelmäßig nur wegen der BR-Tätigkeit aufsuchen muss. Da die BR-Tätigkeit in derartigen Fällen der Anlass für die Fahrten zur Betriebsstätte ist, sind die aufgrund der Steuerpflicht anfallenden tatsächlichen Mehraufwendungen vom AG vollständig erstatten. Diese Erstattung stellt keinen Verstoß gegen das Begünstigungsverbot des § 78 dar. Die Ersatzpflicht des AG beinhaltet den **59**

---

208 *BAG* 6.11.73, AP Nr. 6 zu § 37 BetrVG 1972; 3.4.79, AP Nr. 1 zu § 13 BetrVG 1972; *Ehrich/Hoß,* NZA 96, 1075, 1078; *Kühner,* S. 170.
209 Vgl. *Auktor,* NZA 03, 953; *Fitting,* Rn. 40.
210 Vgl. zu Ausgleichsansprüchen in diesen Fällen *Köstler/Kittner/Zachert/Müller,* Rn. 716 ff.
211 *Fitting,* Rn. 42; Richardi-*Thüsing,* Rn. 47; *Kühner,* a. a. O.
212 Weitergehend WP-*Kreft,* Rn. 23.
213 *Fitting,* a. a. O.; Franzen, FS Adomeit, 173; enger Richardi-*Thüsing,* Rn. 46; vgl. zu **Dispositionsfonds** Rn. 13.
214 *LAG Köln* 13.9.84, DB 85, 394; vgl. Rn. 11.
215 *Fitting,* Rn. 44; GK-*Weber,* Rn. 94 f.; HWGNRH-*Glock,* Rn. 53; *Kühner,* S. 171.
216 *LAG Baden-Württemberg* 18.8.98 – 14 Ta BV 10/97.
217 *Däubler,* Schulung Rn. 506 f.; *Fitting,* Rn. 45; GK-*Weber,* Rn. 96; Richardi-*Thüsing,* Rn. 54; vgl. auch *Etzel,* Rn. 419; a. A. hinsichtlich der Teilnahme von AN an einer außerhalb des Betriebs durchgeführten Betriebsversammlung *LG Osnabrück* 1.4.92 – 130 353/91; im Ergebnis bestätigt durch *BGH* 11.5.93, BB 93, 1442, Ls.;hierzu zutreffend krit. Anm. *Faupel,* SozSich 92, 249.
218 *BAG* 3.3.83, AP Nr. 8 zu § 20 BetrVG 1972 zum Unfallschaden eines Wahlbewerbers; GK-*Weber,* Rn. 95; Richardi-*Thüsing,* a. a. O.

Nutzungsausfall, falls keine abweichende Vereinbarung getroffen worden ist.[219] Wurde der Unfall vom BR-Mitglied **grob fahrlässig** verursacht, soll keine Ersatzpflicht bestehen.[220]

60 Ein freigestelltes BR-Mitglied hat Anspruch auf Erstattung der Kosten für die **Fahrten zwischen Wohnort und Sitz des Stammbetriebs** (bzw. Sitz des BR), wenn an die ständig im Stammbetrieb beschäftigten AN Fahrtkosten gezahlt werden. Dies soll nach der Rspr.[221] selbst dann gelten, wenn es vor seiner Freistellung als Montage-AN nach dem Bundesmontage-TV entschädigt wurde (vgl. auch § 37 Rn. 54, 64). Erstattungsfähig sind Fahrkosten, die entstehen, wenn ein BR-Mitglied in **Filialen** des AG über die Möglichkeit einer Abstimmung über die Teilnahme an der Wahl des Betriebsrats im Hauptbetrieb informiert.[222]

61 Zu erstatten sind die Kosten, die für die **Kinderbetreuung** entstehen, wenn z. B. Sitzungen außerhalb der Arbeitszeit eines BR-Mitgliedes (insbesondere auch für teilzeitbeschäftigte BR-Mitglieder) **stattfinden** und wenn eine anderweitige Betreuung der Kinder nicht sichergestellt werden kann (vgl. auch § 37 Rn. 39).[223] Einem Erstattungsanspruch von BR-Mitgliedern kann nicht entgegengehalten werden, dass die Betreuung von anderen im Haushalt lebenden Personen geleistet werden kann.[224] Eine solche Auffassung würde in der Verantwortung des Arbeitgebers stehende Verpflichtungen ohne Rechtsgrund auf unbeteiligte Dritte verlagern und die kollektivrechtlichen Grundsätze zur Kostenerstattung aushöhlen.

a) Reisekosten

62 Zu den vom AG zu tragenden Aufwendungen zählen auch **Reisekosten,** einschließlich der notwendigen Kosten für angemessene Unterkunft und Verpflegung (Reisespesen) sowie Telefonkosten (vgl. Rn. 71)[225], wenn diese anlässlich der pflichtgemäßen Wahrnehmung von BR-, GBR-, KBR- oder WA-Aufgaben entstehen und erforderlich sind.[226] Es besteht keine Verpflichtung, dem AG vor Antritt der Reise detaillierte Auskünfte über den Reisezweck zu erteilen, noch seine Zustimmung einzuholen.[227]

63 Erforderlich sind z. B. (vgl. auch § 37 Rn. 18 ff., 41):

- Besuche in **auswärtigen Betrieben, Betriebsteilen, Nebenbetrieben, gemeinsamen Betrieben** gem. § 1 Abs. 2, auf **Baustellen,** z. B. zur Wahrnehmung von Sprechstunden, zur Beilegung von Meinungsverschiedenheiten, zu Betriebsbegehungen,[228] in Filialen, um hier über die Teilnahme an der Wahl zum BR zu informieren[229] oder bei auf **Montage** befindlichen Mitarbeitern[230] sowie das Aufsuchen von **Telearbeitsplätzen;**[231]
- Fahrten von einem Einsatzort (etwa einer Baustelle) zu einer BR-Sitzung am Stammsitz des Betriebs;[232]
- Reisen zu **Schulungs- und Bildungsmaßnahmen** nach § 37 Abs. 1 (vgl. ausführlich Rn. 81 ff.);
- **Übernachtungskosten** im Zusammenhang mit mehrtägigen Sitzungen oder Schulungsveranstaltungen, wenn aufgrund der Entfernung die tägliche An- und Abreise nicht zumutbar ist.[233] Die Unzumutbarkeit kann beispielsweise bei einer Entfernung des Schu-

219 *BAG* 7.9.95, NJW 96, 476.
220 *LAG Hamm* 16.4.97, BB 97, 2007, Ls.; *Hunold,* NZA-RR 98, 117.
221 *BAG* 28.8.91, NZA 92, 72.
222 *ArbG Wiesbaden* 14.9.04, AiB 05, 306 mit Anm. *Fischer.*
223 *BAG* 23.6.10, NZA 10, 1298; ; *Hess. LAG* 22.7.97, AiB 98, 221 mit Anm. *Sossna; Fitting,* Rn. 43; GK-*Weber,* Rn. 97; *Hunold,* NZA-RR 99, 116; a. A. *SWS,* Rn. 24 a.
224 So aber *LAG Nürnberg* 27.11.08 – 5 TaBV 79/07, juris.
225 Musterschreiben siehe DKKWF-*Wedde,* § 40 Rn. 14.
226 Ebenso ErfK-*Koch,* Rn. 8; GK-*Weber,* Rn. 48; *Ehrich/Hoß,* NZA 96, 1075, 1078; *Kühner,* S. 171.
227 *BAG* 19.8.94, NZA 95, 796; 29.6.11 – 7 ABR 135/07, keine Meldepflicht, wenn vorübergehende Umorganisation der Arbeitseinteilung nicht in Betracht kommt.
228 Vgl. auch *ArbG Hagen* 27.11.86 – 4 BV 20/86.
229 *ArbG Wiesbaden* 14.9.04, AiB 05, 306.
230 Ähnlich *Ehrich/Hoß,* NZA 96, 1075, 1076.
231 *Wedde,* S. 218 ff.
232 *LAG Schleswig-Holstein* 16.2.12 – 4 TaBV 28/11, juris.
233 *ArbG Düsseldorf* 3.9.04, AiB 757 mit Anm. *Malottke* hält eine Entfernung von 74 Kilometern mit Blick

lungsorts vom Wohnort von 44 km gegeben sein, wenn eine tägliche An- und Abreise aufgrund schwieriger Witterungsverhältnisse (etwa im Winter) nicht zumutbar ist.[234] Sie kann sich auch aus akuten Wetterbedingungen (extreme winterliche Verhältnisse) ableiten und dazu führen, dass ein BR die Notwendigkeit einer Übernachtung nach der Beschlussfassung über die Teilnahme unter den geänderten Umständen für erforderlich halten kann.[235]

- **Teilnahme an Sitzungen** des GBR, KBR, WA oder sonstiger Ausschüsse sowie an **BR-Versammlungen**[236] oder an **außerhalb der Betriebsstätte stattfindenden BR-Sitzungen** (vgl. zur Notwendigkeit in Ausnahmefällen § 33 Rn. 10);
- **Vorbesprechungen mit anderen örtlichen BR** vor einer **Betriebsräteversammlung**[237] bzw. vor einer **Betriebsrätekonferenz**[238] oder zur Beeinflussung der Willensbildung im GBR;[239]
- **Teilnahme** eines GBR-Mitglieds an einer **Betriebsversammlung eines anderen Werks des UN** auf Einladung des BR, um über die Tätigkeit des GBR zu berichten;[240]
- **Reisen des GBR-Vorsitzenden** zu einem **Betrieb,** dessen **Veräußerung** zu erwarten ist;[241]
- Reisen des BR-Vorsitzenden und des beteiligten BR-Mitglieds **zu auswärtigen Gerichtsterminen** (vgl. im Übrigen § 37 Rn. 22);[242]
- Teilnahme an **Gesprächen mit Behörden,** z. B. an einem Arbeitsmarktgespräch auf Einladung der zuständigen Agentur für Arbeit;[243]
- **Auslandsreisen** in bestimmten Fällen (vgl. Rn. 20).

Fährt ein BR-Mitglied zu einer **BR-Sitzung,** die, z. B. wegen Schichtdienst, **außerhalb seiner Arbeitszeit,** aber innerhalb der üblichen Arbeitszeit der meisten BR-Mitglieder liegt, sind die aufgewendeten Fahrtkosten zu erstatten.[244] Der gleiche Anspruch auf Erstattung der Fahrtkosten besteht, wenn BR-Mitglieder während der **Elternzeit** an BR-Sitzungen teilnehmen. Elternzeit führt nicht zum Erlöschen der Mitgliedschaft im BR. Damit werden in diesen Fällen die Reisekosten allein durch die Sitzung ausgelöst und nicht durch die sonstige Arbeitstätigkeit.[245] Entsprechendes gilt auch, wenn BR-Mitglieder während der Elternzeit nur in Teilzeit tätig sind und wenn Sitzungen außerhalb ihrer persönlichen Arbeitszeit stattfinden, da auch hier allein die BR-Tätigkeit der Grund für die entstehenden Kosten ist. Die Situation entspricht etwa der von Schichtarbeitern.[246] Gleiches gilt, wenn es wegen seiner Amtstätigkeit die **kostenlose Beförderung** mit Bussen des AG nicht in Anspruch nehmen kann.[247] Fallen im Zusammenhang mit erforderlicher BR-Tätigkeit (vgl. § 37 Rn. 16 ff., 62 ff.), für die der AG den Lohn fortzuzahlen bzw. die aufgewendete Zeit auszugleichen oder abzugelten hat, Fahrtkosten an, sind diese ebenfalls zu erstatten. **64**

---

auf den abendlichen Austausch zwischen Teilnehmern einer Schulung für unzumutbar; ebenso *Fitting*, Rn. 52; *Däubler* AiB 04, 621 ff.; a. A. *LAG Köln* 11.4.02, AiB 03, 487, das tägliche Anreisezeiten von bis zu 80 Minuten für zumutbar hält; *BAG* 28.3.07, AP Nr. 89 zu § 40 BetrVG 1972 das für eine Übernachtung im Tagungshotel jedenfalls dann eine besondere Begründung verlangt, wenn die Kosten hierfür über den Pauschalbeträgen einer betrieblichen Reisekostenregelung liegen – das Argument der Möglichkeit eines abendlichen Meinungsaustauschs zwischen Teilnehmern und Referenten hält das *BAG* für unerheblich; ähnlich *Fitting*, Rn. 54.

234 *BAG* 27.5.15, 7 ABR 26/13, NZA 15, 1141.

235 *BAG*, a. a. O..

236 *BAG* 24.7.79, AP Nr. 1 zu § 51 BetrVG 1972; *ArbG Darmstadt* 5.7.88, AiB 88, 285, Ls.

237 *Ehrich/Hoß*, NZA 96, 1075, 1078.

238 *LAG Hamm* 23.11.12 – 10 TaBV 63/12, juris.

239 *LAG Hamburg* 23.10.97 – 1 TaBV 1/97.

240 *ArbG Stuttgart* 27.10.81, AiB 82, 63.

241 *LAG Berlin* 1.10.73, BB 74, 1439.

242 *BAG* 8.2.77, BB 77, 796; *SWS*, Rn. 6; verneinend bezüglich der Teilnahme als Zuhörer bei einer Rechtsbeschwerdeverhandlung *BAG* 11.12.87 – 7 ABR 14/87.

243 *BAG* 23.9.82, AP Nr. 42 zu § 37 BetrVG 1972; a. A. HWGNRH-*Glock*, Rn. 57.

244 *BAG* 16.1.08, NZA 08, 546 = AiB 08, 421; 18.1.89, AP Nr. 28 zu § 40 BetrVG 1972; ebenso GK-*Weber*, Rn. 93; vgl. auch *LAG Hessen* 29.6.06, AuR 06, 454 für die Fahrtkosten von Teilzeit-AN.

245 *BAG* 25.5.05, NZA 05, 1002; Richardi-*Thüsing*, Rn. 10; *Fitting*, Rn. 48.

246 A. A. *Fitting*, Rn. a. a. O.

247 *Fitting*, Rn. a. a. O.; GK-*Weber*, Rn. 48; *LAG Düsseldorf* 28.10.68, BB 69, 1086; a. A. *GL*, Rn. 19.

65 Als **nicht notwendige Aufwendung** sind nach der Rspr. Reisekosten anzusehen, die entstehen, wenn ein BR-Mitglied vom **Urlaubsort zum Betriebsort** reist, um an der konstituierenden Sitzung des BR teilzunehmen. Begründet wird dies mit der Möglichkeit, sich durch ein Ersatzmitglied vertreten lassen zu können.[248] Dies soll insbes. gelten, wenn eine längere Reise erforderlich wird (vgl. im Übrigen § 37 Rn. 39).

66 Bezüglich der Konstituierung kann sich die Notwendigkeit einer Anweise vom Urlaubsort entgegen dem *BAG* beispielsweise dann ergeben, wenn die Teilnahme des BR-Mitglieds entscheidenden Einfluss auf das Wahlergebnis haben kann. Eine Erstattungspflicht kann entgegen der Position des *BAG* allerdings bestehen, wenn wichtige Termine für das BR-Mitglied überraschend in seine geplante Urlaubszeit fallen (etwa Verlegung der konstituierenden Sitzung bei anstehender Wahl des Mitglieds zum Vorsitzenden) oder wenn der BR ein Mitglied auf Grund besonderer Umstände (etwa anstehende Entlassungsmaßnahmen im Betrieb) zurückruft, weil zu diesem Sachverhalt über spezifische Erfahrungen oder Kenntnisse verfügt, die Ersatzmitglieder nicht haben. Der Lohnfortzahlungsanspruch entfällt nicht, wenn ein BR-Mitglied aus dem Urlaub auf eigene Kosten anreist.[249] Entsprechendes soll für die Übernachtungskosten gelten, wenn ein BR-Mitglied am Vortag einer Schulungsveranstaltung anreist, obwohl eine Anreise am gleichen Tag möglich und zumutbar gewesen wäre.[250] Nicht erstattungsfähig sollen die Reisekosten sein, die entstehen, wenn ein freigestelltes BR-Mitglied statt an seinem bisherigen Arbeitsplatz in einem weiter entfernten BR-Büro in einem anderen Betrieb arbeiten muss.[251] Die Auffassung des *BAG* ist abzulehnen. Sie übersieht, dass auch durch die ausschließliche Wahrnehmung der Amtsgeschäfte in einer anderen Betriebsstätte kein Wechsel des nach § 269 BGB begründeten Leistungsortes eintritt.[252] Die Aufbürdung erhöhter Fahrtkosten widerspricht dem Schutzgedanken des § 78 (vgl. dort Rn. 15 ff.). Es benachteiligt freigestellte BR-Mitglieder beispielsweise gegenüber nicht-freigestellten, denen entsprechende Zusatzkosten erstattet werden, wenn sie von ihrem regulären Arbeitsplatz zur Teilnahme an einer BR-Sitzung in eine andere Betriebsstätte fahren.[253] Mit Blick auf § 78 ist es deshalb notwendig, freigestellten BR-Mitgliedern die zusätzlichen Fahrtkosten zu erstattet, die anfallen, wenn sie, ggf. auch dauerhaft, aufgrund ihres Wahlamtes an einem Arbeitsplatz in einer anderen Betriebsstätte tätig werden müssen.

67 Reisekosten für den **Besuch eines erkrankten AN** im Krankenhaus sollen nur erstattungsfähig sein, wenn hierfür ein konkreter, im Aufgabenbereich des BR liegender Anlass besteht.[254] Ist es üblich, dass BR-Mitglieder, ggf. auch in Vertretung des AG, Langzeitkranken einen Besuch abstatten, besteht ein Anspruch auf Ersatz der Kosten.

68 Machen mehrere BR-Mitglieder eine erforderliche Dienstreise und benutzt eines den **eigenen Pkw,** sind die übrigen Mitglieder auf Grund vielfältiger Risiken und Probleme (Haftung, Fahrstil, persönliche Beziehungen) nicht verpflichtet, mitzufahren.[255] Eine Verpflichtung zur gemeinsamen Fahrt kann bestehen, wenn der AG ein **Dienstfahrzeug** zur Verfügung stellt, sofern es eine entsprechende zwingende betriebliche Reisekostenregelung gibt. Stellt der AG für Dienstreisen **Firmenfahrzeuge aus einem Pool** zur Verfügung, ist eine Nutzung solcher Fahrzeuge für BR-Tätigkeit, z. B. Anreise zu einer GBR-Sitzung, zu gestatten.[256] Bei längeren Strecken (etwa Fahrten von 500 km zur Teilnahme an GBR-Sitzungen) besteht aus **Sicher-**

248 *BAG* 24.6.69, AP Nr. 8 zu § 39 BetrVG; ähnlich *LAG Rheinland-Pfalz* 9.4.01 – 75 a 54/01.

249 A. A. *LAG Rheinland-Pfalz,* a. a. O., das keinerlei Ansprüche gegen den AG anerkennt.

250 *Fitting,* a. a. O.

251 *BAG* 13.6.07, NZA 07, 1301 = AiB 08, 53 mit ablehnender Anm. *Schneider;* zustimmend *Fitting,* Rn. 48.

252 *Schneider,* AiB 08, 53.

253 *Schneider,* a. a. O.

254 *Fitting,* Rn. 46; GK-*Weber,* Rn. 51; HWGNRH-*Glock,* Rn. 57; Richardi-*Thüsing,* Rn. 5; a. A. *LAG Rheinland-Pfalz,* a. a. O., das keinerlei Ansprüche gegen den AG anerkennt.

255 *ArbG Marburg* 24.1.92, AuR 93, 61, Ls.; *Fitting,* Rn. 58; *BAG* 28.10.92, AuR 93, 120 f., Ls., nach dem die Mitfahrt nicht zumutbar ist, wenn die begründete Besorgnis einer besonderen Gefahr besteht; a. A. *LAG Hamm* 14.4.76, DB 76, 1919, 13.11.91, BB 92, 781; *Etzel,* Rn. 419; GK-*Weber,* Rn. 51; HWGNRH-*Glock,* Rn. 57; *Künzl,* ZfA 93, 341 [364].

256 *ArbG Darmstadt* 5.7.88, AiB 88, 285, Ls.

heitsgründen keine Verpflichtung, mit dem PKW zu fahren.[257] Die Kosten für einen **Mietwagen** sind jedenfalls dann erforderlich, wenn die Anmietung kostengünstiger ist als die Nutzung alternativer Verkehrsmittel wie der Bahn.[258]

Besteht im Betrieb eine verbindliche **Reisekostenregelung,** gilt diese grundsätzlich auch für Reisen im Rahmen der BR-Tätigkeit (ergänzend Rn. 72 ff.),[259] z. B. auch für den Besuch von Schulungs- und Bildungsmaßnahmen nach § 37 Abs. 6.[260] **Abweichungen** von verbindlichen Reiseregelungen sind ausnahmsweise möglich, wenn die Benutzung einer vorgeschriebenen bestimmten Verbindung oder Linie immer wieder zu Verspätungen führt, die der BR auch nicht durch eine andere Terminierung vermeiden kann.[261] Finden kraft **betrieblicher Übung** statt einer Reisekostenregelung die Lohnsteuerrichtlinien Anwendung, gelten diese auch für BR-Mitglieder,[262] soweit die entstehenden Kosten vom BR-Mitglied beeinflusst werden können.[263] Fallen **höhere Kosten** an, sind diese zu erstatten, wenn der **Nachweis der Erforderlichkeit** geführt werden kann (vgl. auch Rn. 11),[264] z. B. bei Schulungen höhere Tagessätze des Veranstalters[265] oder bei höheren Übernachtungs- und Verpflegungspauschalen eines Seminarveranstalters.[266] **69**

Verzehrkosten sind in angemessener Höhe auch dann anzuerkennen, wenn sie in der betrieblichen Reisekostenordnung nicht vorgesehen sind.[267] Zusätzliche Aufwendungen für Getränke und Rauchwaren gehören zu den **Kosten der persönlichen Lebensführung** und sind nicht zu erstatten.[268] Sieht die betriebliche Reisekostenregelung vor, dass für erhaltene Verpflegung bestimmte Prozentsätze von der Spesenpauschale in Abzug zu bringen sind, ist der Restpauschalbetrag auch bei Gewährung von Vollpension auszuzahlen.[269] Nimmt ein BR-Mitglied während einer Sitzung oder eines Seminars dort angebotene Getränke zu sich, muss er sich hierfür keine Ersparnis anrechnen lassen.[270] Ein Spesensatz für die An- und Abreise ist in Abhängigkeit von der betrieblichen Reisekostenregelung entweder pauschal zu zahlen oder auf Grund von Einzelbelegen abzurechnen.[271] **70**

Steht bei betrieblichen Reisekostenabrechnungssystemen die Höhe des Tages- und Übernachtungsgeldes in Abhängigkeit von der Höhe des Jahresverdienstes, ist bei **teilzeitbeschäftigten BR-Mitgliedern** auf den **fiktiven Jahresverdienst** abzustellen, den sie bei Vollzeitarbeit erzielt hätten.[272] **71**

Sieht die betriebliche Reisekostenregelung für Dienstreisen von AN mit der Bundesbahn die 2. Klasse vor, können BR-Mitglieder nicht die **1. Klasse** erstattet verlangen.[273] Benutzen andere AN auf Grund betrieblicher Richtlinien oder betrieblicher Übung die 1. Klasse, gilt dies auch für BR-Mitglieder.[274] Entsprechend ist bei der Benutzung eines Flugzeugs (Business/Economy-Klasse) zu verfahren.[275] **72**

---

257 *ArbG Nürnberg* 16.6.95, AiB 96, 248 mit Anm. *Grimberg;* GK-*Weber,* Rn. 51.
258 *LAG Hamm* 23.11.12 – 10 TaBV 63/12, juris.
259 *BAG* 28.3.07, jurisPR-ArbR 34/2007 mit Anm. *Wolmerath; LAG Köln* 17.4.02, BB 02, 2680.
260 *BAG* 29.1.74, AP Nr. 8 zu § 37 BetrVG 1972; 28.2.90, AuR 91, 93, Ls.
261 *LAG Köln* 17.4.02, BB 02, 2680 für den Fall eines Luftfahrtunternehmens, das die Benutzung der eigenen Flugzeuge zwingend vorschreibt.
262 *BAG* 29.1.74, a. a. O.
263 *BAG* 17.9.74, 23.6.75, 28.2.90, a. a. O.
264 GK-*Weber,* Rn. 57; *Fitting,* Rn. 54; Richardi-*Thüsing,* Rn. 49; *LAG Düsseldorf* 4.5.76, AuR 76, 283, Ls.
265 *BAG* 29.1.74, AP Nr. 9 zu § 37 BetrVG 1972; 7.6.84, AP Nr. 24 zu § 40 BetrVG 1972; vgl. auch 28.2.90, a. a. O.
266 *LAG Baden-Württemberg* 1.2.06, EzA-SD Nr. 8, 10.
267 *LAG Düsseldorf,* 4.5.76, AuR 76, 283, Ls.
268 *BAG* 15.6.76, AP Nr. 12 zu § 40 BetrVG 1972; GK-*Weber,* Rn. 57; *Ehrich/Hoß,* NZA 96, 1075, 1079.
269 *ArbG Frankfurt* 27.10.87 – 4 BV 10/87; *LAG Baden-Württemberg* 20.9.07, dbr 4/08, 37 zur Kürzung um ersparte Aufwendungen.
270 *LAG Köln* 25.4.08 – 11 TaBV 10/08, n. v.
271 Vgl. *BAG* 29.1.74, AP Nr. 9 zu § 37 BetrVG 1972; 29.4.75, AP Nr. 9 zu § 40 BetrVG 1972.
272 *Fitting,* Rn. 57; a. A. *LAG Frankfurt* 6.10.88, DB 89, 2132, das auf den Einzelnachweis erhöhter Kosten verweist.
273 *BAG* 29.4.75, AP Nr. 9 zu § 40 BetrVG 1972 = EzA § 40 BetrVG 1972 Nr. 22 mit Anm. *Pfarr.*
274 *ArbG Bremen* 7.8.78 – 7 BV 145/77; vgl. auch *Däubler,* Schulung Rn. 481 ff.; GK-*Weber,* Rn. 57 m. w. N.; *Künzl,* ZfA 93, 341 [367].
275 *Etzel,* Rn. 419.

73 Enthält die betriebliche Reisekostenregelung nach Verdienst oder Stellung der AN **abgestufte Pauschalbeträge,** ist bei Dienstreisen von BR-Mitgliedern nicht darauf abzustellen, in welche Stufe sie als AN einzustufen wären. Stattdessen ist auf die Funktionstätigkeit im BR abzustellen. Wenn die betriebliche Reisekostenregelung keine besondere Stufe für reisende BR-Mitglieder enthält, ist die höchste Stufe anzuwenden.[276] Bei hochdifferenzierten Regelungen ist eine angemessene Stufe ggf. durch einen »Mittelwert« festzulegen.[277] Der Abschluss einer betrieblichen Regelung, die bei Dienstreisen alle BR-Mitglieder der gleichen Reisekostenstufe zuordnet, ist zulässig.[278]

74 Ob sich ein BR-Mitglied eine **Haushaltsersparnis** (z. B. wegen Wegfall der häuslichen Verpflegung oder Fahrten zwischen Wohnung und Arbeitsstätte) gemäß den Lohnsteuerrichtlinien anrechnen lassen muss, ist str. Keine Anrechenbarkeit ist gegeben, wenn sich die Aufwendung innerhalb der Grenzen der steuerlichen **Pauschbeträge** bewegt.[279] Entgegen der Auffassung des *BAG*[280] ist die Anrechnung einer Haushaltsersparnis dann **nicht gerechtfertigt,** wenn die Aufwendungen die steuerlichen Pauschbeträge übersteigen, da das BR-Mitglied den Gesamtbetrag ausgelegt hat, dessen Höhe es, jedenfalls bei Schulungsmaßnahmen, regelmäßig nicht beeinflussen kann und dem so gut wie nie eine echte Ausgabenminderung gegenübersteht.[281]

75 Bei Dienstreisen notwendig werdende Aufwendungen für **Telefongebühren, Internetgebühren, Briefporto** und dergleichen sind zu erstatten.[282] In bestimmten Fällen sind auch Kosten für **Kinderbetreuung** erstattungsfähig (vgl. Rn. 64).

b) Führung von Rechtsstreitigkeiten

76 Nach Abs. 1 erstattungsfähig sind Kosten, die einem BR-Mitglied durch die **Führung von Rechtsstreitigkeiten in betriebsverfassungsrechtlichen Angelegenheiten** entstehen. Die für den BR dargelegten Grundsätze gelten auch bezüglich der Hinzuziehung von Rechtsanwälten entsprechend (vgl. Rn. 24 ff.).[283] Sie erfassen auch Rechtsstreitigkeiten, die ausschließlich das Verhältnis des einzelnen BR-Mitglieds zum BR betreffen[284] oder wenn seine gesetzliche Rechtsstellung Streitgegenstand ist oder durch den Rechtsstreit berührt wird.

77 In Betracht kommen können Streitigkeiten von BR-Mitgliedern, von Wahlbewerbern oder von Ersatzmitgliedern[285] zu Themen wie z. B.:

- Anfechtung der **Wahl eines BR-Mitglieds** nach § 19;
- **Ausschluss eines BR-Mitglieds** aus dem BR nach § 23 Abs. 1.[286] Ob im Falle eines Ausschlusses wegen grober Pflichtverletzung das BR-Mitglied in jedem Fall die Erstattung der

276 So im Ergebnis *Däubler,* Schulung Rn. 481 ff. [352]; *ders.* AiB 04, 621.

277 *Fitting,* Rn. 55; Richardi-*Thüsing,* Rn. 50; a. A. *BAG* 29.4.75, AP Nr. 9 zu § 40 BetrVG 1972; kritisch GK-*Weber,* Rn. 56, der einen Pauschsatz für nicht begründbar hält; HWGNRH-*Glock,* Rn. 62.

278 GK-*Weber,* a. a. O. m. w. N.; a. A. HWGNRH-*Glock,* a. a. O.

279 *BAG* 30.3.94, NZA 95, 382 [384] = AiB 95, 132 mit Anm. *Däubler;* vgl. auch *LAG Baden-Württemberg* 23.8.90 – 10 TaBV 3/90; für eine Reduzierung um den Betrag der sog. Haushaltsersparnis *LAG Nürnberg* 26.7.04, AiB Newsletter 05, Nr. 2, 5 = dbr 05, Nr. 6, 37; *LAG Nürnberg* 25.2.03, AuR 03, 278, *LAG Baden-Württemberg* 6.2.03, jurisPR-ArbR 43/04 mit Anm. *Beckmann BAG* 11.2.04 – 7 ABR 32/03; allg. *Wulff,* AiB 09, 91.

280 29.1.74, AP Nr. 8 zu § 37 BetrVG 1972; vgl. auch 28.2.90, AuR 91, 93, Ls., wenn keine besonderen Umstände vorgelegen haben, aus denen sich ergeben könnte, dass ausnahmsweise keine Haushaltsersparnis eingetreten ist; so auch *Fitting,* Rn. 59; *Künzl,* ZfA 93, 341 [367 f.].

281 A. A. GK-*Weber,* Rn. 58; zur steuerlichen Bewertung allg. *Schölzel/Grüneberg,* AiB 11, 79.

282 *LAG Köln* 27.5.88 – 9 TaBV 14/88; *Fitting,* Rn. 43; GK-*Weber,* Rn. 49 m. w. N.; Richardi-*Thüsing,* Rn. 10; *Kühner,* S. 171; *Künzl,* ZfA 93, 341 [366].

283 *BAG* 14.10.82, AP Nr. 19 zu § 40 BetrVG 1972; zu Musterschreiben an den AG vgl. DKKWF-Wedde, § 40 Rn. 15.

284 ErfK-*Koch,* Rn. 6; *Fitting,* Rn. 60; GK-*Weber,* Rn. 106 ff.; *GL,* Rn. 36; HWGNRH-*Glock,* Rn. 67; Richardi-*Thüsing,* Rn. 21.

285 Vgl. *BAG* 29.7.82, AuR 82, 258; *LAG Hamm* 28.11.78, DB 79, 2043; 7.6.79, DB 80, 213; *LAG Frankfurt* 4.1.90, BB 90, 1346, Ls.

286 *BAG* 19.4.89, AP Nr. 29 zu § 40 BetrVG 1972; vgl. auch 29.7.82, AuR 82, 258 zum Ausschluss eines JAV-Mitglieds.

ihm entstehenden Anwaltskosten verlangen kann, ist str.;[287] Erstattungsfähig sollen die Kosten sein, die einem BR-Mitglied, das den Ausschluss beantragt hat, aufgrund seiner Beteiligung im Beschlussverfahren entstehen.[288]

- **Abwehr von Klagen anderer Mitarbeiter** des AG, mit der einem BR-Mitglied die »Ausnutzung« seines Status vorgeworfen wird;[289]
- Feststellung des **Verlustes der Wählbarkeit** eines BR-Mitglieds;
- Feststellung der **Wirksamkeit eines Rücktrittsbeschlusses** des BR;
- Streitigkeit wegen des **Einblicksrechts** in die BR-Unterlagen;[290]
- **Überprüfung von BR-Beschlüssen,** da durch diese in die Rechtsstellung eines BR-Mitglieds eingegriffen werden kann.[291] Die Überprüfung erstreckt sich nicht auf die Zweckmäßigkeit von Beschlüssen;[292]
- Beschlussverfahren zur Durchsetzung des Anspruchs eines BR-Mitglieds auf Berücksichtigung des Rechts auf **Teilnahme an einer Schulungsmaßnahme**;[293]
- Beschlussverfahren zur Klärung der Frage, ob die **Geschlechterquote** gem. § 15 ausreichend beachtet worden ist;[294]
- Beschlussverfahren eines Ersatzmitglieds wegen seines aktuellen **Nachrückens in den BR** bzw. seiner **zeitweiligen Ersatzmitgliedschaft im BR,** weil es sich um Fragen der ordnungsgemäßen Zusammensetzung und damit auch der Richtigkeit der Tätigkeit des BR handelt;[295]
- **Einstweilige Verfügung** eines Wahlbewerbers zur Durchsetzung des **Zutrittsrechts zum Betrieb** zwecks Sammlung von Stützunterschriften, der Durchführung von Wahlwerbung u. ä.[296]

Nach der abzulehnenden Rspr. des BAG[297] sollen die **Kosten von Rechtsstreitigkeiten** einzelner BR-Mitglieder gegen den AG selbst dann nicht erstattungsfähig sein, wenn der Rechtsstreit seinen Ursprung im BetrVG hat. Dies soll auch gelten, wenn im Urteilsverfahren ein Anspruch auf Lohnfortzahlung wegen **betriebsratsbedingter Arbeitsversäumnisse** geltend gemacht wird, weil insoweit keine BR-Tätigkeit vorliegt.[298] 78

Nicht erstattungsfähig sollen weiterhin die Kosten sein, die einem BR-Mitglied in einem Verfahren nach § 103 Abs. 2 entstehen, da es sich bei der Ersetzung der Zustimmung des BR zu einer vom AG beabsichtigten **Kündigung** nicht um BR-Tätigkeit handeln soll[299] sowie solche, die nach § 101 anfallen, wenn der AG zuvor noch kein Verfahren nach § 99 Abs. 4 eingeleitet hat.[300] Etwas anderes gilt, wenn das beteiligte und betroffene BR-Mitglied Beschwerde einlegt und obsiegt.[301] In diesem Fall hat der AG die Rechtsanwaltskosten des Beschwerdeverfahrens 79

---

287 Bejahend HWGNRH-*Glock,* Rn. 68; Richardi-*Thüsing,* Rn. 19; verneinend *BAG,* a. a. O., wenn eine Verteidigung gegen den Ausschlussantrag von vornherein offensichtlich aussichtslos ist; *Fitting,* Rn. 61; vgl. auch GK-*Weber,* Rn. 108; *BVerwG* 26.10.62, AP Nr. 4 zu § 44 PersVG.

288 *HessLAG* 23.5.13 – 9 TaBV 17/13.

289 *LAG Köln* 3.7.97, AiB 98, 163 mit Anm. *Dornieden.*

290 *BAG* 3.4.79, AP Nr. 1 zu § 13 BetrVG 1972; *LAG Berlin* 5.7.90 – 14 TaBV 3/90 zur **Klärung des Anspruchs auf rechtzeitige Einladung zur BR-Sitzung** unter Angabe sämtlicher Tagesordnungspunkte sowie auf **jederzeitigen Zugang zum BR-Büro** zur Einsichtnahme in sämtliche BR-Unterlagen.

291 *BAG* 3.4.79, AP Nr. 1 zu § 13 BetrVG 1972; HWGNRH-*Glock,* Rn. 65.

292 Vgl. *LAG Nürnberg* 19.11.85, AiB 86, 93 mit Anm. *Grimberg;* GK-*Weber,* Rn. 106.

293 GK-*Weber,* a. a. O.; vgl. auch § 37 Rn. 108 ff.

294 Vgl. entsprechend zur ehemals geltenden Gruppenregelung *BVerwG* 6.3.59, AP Nr. 1 zu § 44 PersVG; *Fitting,* 20. Aufl. Rn. 53; HWGNRH-*Glock,* Rn. 68.

295 *BAG* 11.12.87 – 7 ABR 76/86.

296 *LAG Berlin* 11.3.88, DB 88, 1172, Ls.

297 Vgl. 3.4.79, 14.10.82, AP Nrn. 16, 19 [mit Anm. *Otto*] zu § 40 BetrVG 1972; 31.1.90, BB 91, 205.

298 *BAG* 14.10.82, a. a. O.; GK-*Weber,* Rn. 110, 127; *SWS,* Rn. 20; wie hier *Blomeyer,* Die Finanzierung der Mitbestimmung durch den AG, S. 87 f.; *Fitting,* Rn. 65.

299 *BAG* 3.4.79, a. a. O.; 31.1.90, NZA 91, 152; *LAG Hamm* 15.2.13 – 13 TaBV 9/13, juris; *HessLAG* 29.9.05 – 9 TaBV 64/05, juris; *ArbG Hamburg* 24.1.97, NZA 97, 386 im Fall eines Betriebsobmanns; differenzierend *Fitting,* Rn. 62, für den Fall der Zustimmungsersetzung; GK-*Weber,* Rn. 109; wie hier *LAG Hamm* 8.11.89, BB 90, 283, Ls.

300 *LAG Hamm* 12.1.07 – 10 TaBV 63/06, juris.

301 Ähnlich *Fitting,* a. a. O.

zu zahlen.[302] Kein Erstattungsanspruch soll bestehen, wenn das BR-Mitglied Lohnfortzahlung für die Teilnahme an einer **Schulungsveranstaltung**[303] oder an einem **Gerichtstermin**[304] geltend macht. Dies soll für die Erstattung der erstinstanzlichen Rechtsanwaltskosten auch dann nicht gelten, wenn das BR-Mitglied rechtskräftig obsiegt hat.[305]

80 Str. ist, ob der AG die Rechtsanwaltskosten zu tragen hat, die z. B. einem **Gewerkschaftssekretär** als **Beisitzer in einer ESt.** dadurch entstanden sind, dass der AG die durch den BR ordnungsgemäß beschlossene Honorarzahlung verweigert.[306]

4. Schulungskosten

81 Zu den nach dieser Vorschrift zu erstattenden Aufwendungen gehören die Kosten für die **Teilnahme an Schulungs- und Bildungsveranstaltungen** nach § 37 Abs. 6.[307] Darüber hinaus sind vom AG **Stornierungskosten** jedenfalls dann zu erstatten, wenn er die Stornierung veranlasst hat.[308] Diese Situation ist die logische Konsequenz der Rechtsprechung des *BAG* nach der Beschlüsse für eine Schulungsteilnahme bezogen auf konkrete Angebote gefasst werden müssen (vgl. § 37 Rn. 151 ff.). Keine Erstattungspflicht des AG besteht, wenn ein BR es versäumt hat, eine mögliche notwendige Stornierung fristgemäß kostenfrei vorzunehmen.[309]

82 Die zu erstattenden Kosten sind vom BR durch entsprechende Rechnungen des Veranstalters zu belegen und nach den üblichen betrieblichen Verfahren abzurechnen. Im Regelfall wird hierbei eine auf den Betrieb ausgestellte **Rechnung** ausreichend sein.[310]

83 Die Erstattungspflicht für Schulungs- und Bildungsveranstaltungen gem. § 37 Abs. 6 besteht, weil hier für die BR-Arbeit erforderliche Kenntnisse vermittelt werden. Entsprechendes gilt, wenn eine Veranstaltung durch die zuständige oberste Arbeitsbehörde i. S. d. **§ 37 Abs. 7 als geeignet für die BR-Arbeit** anerkannt wurde, aber **i. S. d. § 37 Abs. 6 erforderliche Kenntnisse vermittelt** werden.[311] Werden Kosten für eine nach § 37 Abs. 7 als geeignet anerkannte Schulungsveranstaltung geltend gemacht, ist die Erforderlichkeit der Teilnahme nach Auffassung des *BAG* besonders zu begründen.[312] Das *BVerfG* hat die Rspr. des *BAG* zur Kostentragungspflicht des AG bei Schulungsmaßnahmen nach § 37 Abs. 6 auch für die Teilnahme an gewerkschaftlichen Schulungen (vgl. Rn. 88) als **verfassungsgemäß** anerkannt.[313] Die **Anforderungen an die Begründung** dürfen nicht zu hoch angesetzt werden. Es ist z. B. zu berücksichtigen, dass Veranstalter mit Blick auf die Position des *BAG* Teile ihres Angebots als geeignet im Sinne von Abs. 7 anerkennen lassen, um BR- und JAV-Mitgliedern auch in den Fällen eine Teilnahme zu ermöglichen, in denen Gerichte den Erwerb von Spezialwissen als nicht erforderlich ansehen (zur Rspr. ausführlich § 37 Rn. 108 ff.). Ausschlaggebend für eine Pflicht zur Kostenübernahme sind in jedem Fall die vermittelten Kenntnisse.

---

302 *BAG* 31. 1. 90, a. a. O.

303 *BAG* 14. 10. 82, a. a. O., 30. 6. 93, DB 94, 2634, Ls.

304 *BAG* 30. 6. 90, BB 93, 2449.

305 *BAG* a. a. O.

306 Zutreffend dafür *ArbG Frankfurt* 25. 6. 87 – 13 BV 23/86; a. A. wohl Richardi-*Thüsing*, Rn. 27.

307 *BAG* 30. 3. 94, NZA 95, 382 = AuR 95, 280 mit krit. Anm. *Birk* = AiB 95, 132 mit krit. Anm. *Däubler* = BetrR 95, 15 mit krit. Anm. *Preuß;* 28. 6. 95, DB 95, 2118 = AuR 95, 419 mit Anm. *Müller-Knapp* = AiB 95, 731 mit Anm. *Däubler*.

308 *ArbG Berlin* 24. 10. 07; AiB 07, 613 mit Anm. *Meissner; ArbG Frankfurt* 10. 2. 04, AiB 04, 377 mit Anm. *Burgmer*, enger Richardi-*Thüsing*, Rn. 52, der fordert, dass ggf. ein anderes Mitglied teilnehmen müsse. Er übersieht hierbei die engen Vorgaben des *BAG* zur vorherigen Beschlussfassung, vgl. § 40, Rn. 205.

309 *LAG Hamm* 18. 9. 09 – 13 TaBV 174/08.

310 A. A. *BAG* 4. 6. 03, AP Nr. 136 zu § 37 BetrVG 1972 mit Anm. *Wedde*, das den Anspruch eines BR auf Freistellung von Schulungskosten schon deshalb für unbegründet hielt, weil die Rechnung nur an den AG und nicht an den BR gesandt hatte; im Ergebnis ähnlich *LAG Hamm* 11. 3. 05 – 10 TaBV 123/04, n. v., das den Anspruch verneinte, weil die BR-Mitglieder und nicht der BR vom Veranstalter in Anspruch genommen worden sind.

311 *BAG* 6. 11. 73, 25. 4. 78, AP Nrn. 6, 33 zu § 37 BetrVG 1972.

312 26. 8. 75, AP Nr. 21 zu § 37 BetrVG 1972.

313 *BVerfG* 14. 2. 78, AP Nr. 13 zu § 40 BetrVG 1972.

Die **Kosten für Schulungs- und Bildungsveranstaltungen nach § 37 Abs. 7** hat der AG nach der Rspr. nicht zu tragen.[314] Diese Auffassung überzeugt weder im Ergebnis noch in der Begründung, zumal das *BAG*[315] für diese Maßnahmen einen Bezug zur BR-Tätigkeit verlangt, damit sie als erforderlich i. S. dieser Vorschrift angesehen werden können.[316] **84**

AG sind nur zur Übernahme der Kosten verpflichtet, die bei Teilnahme von BR-Mitgliedern an Schulungs- und Bildungsveranstaltungen entstehen, wenn diese erforderlich sind.[317] Das *BAG* hat als zusätzliches Bewertungskriterium den **Grundsatz der Verhältnismäßigkeit** eingeführt (ausführlich Rn. 5), in dessen Rahmen sowohl die **Dauer** einer Schulungs- und Bildungsmaßnahme als auch die **Zahl** der zu entsendenden BR-Mitglieder zu berücksichtigen sein soll.[318] Dieser Grundsatz soll auch für die **Kosten** gelten und den BR verpflichten, auf die Interessen des Betriebs und des AG Rücksicht zu nehmen.[319] Diese Rechtsauffassung ist abzulehnen, weil sie im Widerspruch zu dem Grundsatz steht, dass BR und AG gleichberechtigt sind (vgl. auch § 37 Rn. 105 ff.). Stattdessen ist davon auszugehen, dass die Kosten für BR-Schulungen an den Aufwendungen zu messen sind, die verkehrsüblich für **Schulungen des Managements,** die ebenfalls vom (»Betrieb«) AG zu tragen sind, aufgebracht werden.[320] **85**

Bei mehreren **qualitativ gleichwertigen Veranstaltungen** ist der BR im Rahmen seines Beurteilungsspielraums nach pflichtgemäßem Ermessen nicht verpflichtet, das Angebot auszuwählen, das für den AG die **geringeren Kosten** verursacht.[321] Bei der Wahl zwischen einer qualitativ höherwertigen, aber teureren Schulungsveranstaltung, und einer weniger guten, aber billigeren, ist im Interesse einer sachgerechten Schulung **im Zweifel der qualitativ höherwertigen der Vorzug** zu geben, vorausgesetzt, dass sich die Kosten in einem angemessenen Rahmen bewegen.[322] Bietet ein Veranstalter Schulungs- und Bildungsveranstaltungen mit denselben Inhalten und mit denselben Referenten sowohl extern als auch (kostengünstiger) als Inhouse-Seminar an, muss der BR bei seiner Auswahlentscheidung nicht allein auf die günstigeren Kosten abstellen.[323] Vielmehr kann er bei seiner Entscheidung auch berücksichtigen, ob im Betrieb eine ungestörte Schulungsteilnahme aller BR-Mitglieder garantiert ist, oder ob ein offener Austausch möglich ist. Weiterhin kann er bei mehrtätigen Veranstaltungen in seine Bewertung den Aspekt einbeziehen, dass bei externen Veranstaltungen nach Beendigung des Seminarprogramms ein Gedanken- und Erfahrungsaustausch zwischen den Teilnehmern stattfindet.[324] Sind Seminardauer und Referenten nicht identisch, kann dies Einfluss auf die Auswahlentscheidung des BR haben. Im Streitfall muss der BR darlegen, warum er der Teilnahme an einem externen Seminar gegenüber einer Inhouse-Veranstaltung den Vorrang geben will.[325] **86**

Der BR kann seine Auswahlentscheidung vom Veranstalter abhängig machen und dabei be- **87**

314 Vgl. statt vieler *BAG* 6.11.73, AP Nr. 6 zu § 37 BetrVG 1972.

315 11.8.93, *NZA* 94, 517.

316 Im Ergebnis auch *LAG Düsseldorf* 14.5.73, DB 73, 2048; *Däubler,* Schulung Rn. 500 ff.; Richardi-*Thüsing,* Rn. 33; *Schoden,* AuR 74, 287; *WW,* Rn. 16.

317 Ausführlich § 37 Rn. 92 ff.; ebenso zu den Anforderungen an eine vorherige Beschlussfassung vgl. § 37 Rn. 125.

318 *BAG* 8.2.77, AP Nr. 24, 26 zu § 37 BetrVG 1972; das *ArbG Stuttgart* 27.7.90 – 13 BV 2/90 A – hat diese Voraussetzungen auch bei Teilnahme durch 7 von 15 BR-Mitgliedern an einem Lehrgang, der der Vermittlung von Spezialwissen kurz vor Beendigung der Amtszeit bei einer konkreten betrieblichen Situation – Möglichkeit einer kalten Aussperrung – diente, als gegeben angesehen.

319 *BAG* 8.2.77, a. a. O.; *Fitting,* a. a. O.; enger GK-*Weber,* Rn. 72 f., die nunmehr ausschließlich auf die Erforderlichkeit abstellen; HWGNRH-*Glock,* Rn. 84 f.

320 Zutreffend *Däubler,* Schulung Rn. 478 ff.; vgl. auch *Kittner,* DB 72, 334; *Wedde,* AuR 94, 53; § 97 Rn. 91.

321 *BAG* 28.6.95, DB 95, 2118 = AuR 95, 419 mit Anm. *Müller-Knapp* = AiB 95, 731 mit Anm. *Däubler;* ErfK-*Koch,* Rn. 10; enger *Fitting,* Rn. 74; HWGNRH-*Glock,* Rn. 81; GK-*Weber,* Rn. 72 f.; Richardi-*Thüsing,* Rn. 40, nach dem der günstigste Anbieter ausgewählt werden muss.

322 *BAG* 29.1.74, AP Nr. 9 zu § 37 BetrVG 1972; *Fitting,* a. a. O.; GK-*Weber,* a. a. O.; *Kühner,* S. 174; *Künzl,* ZfA 93, 341 [364]; vgl. auch *BAG* 28.6.95, a. a. O.; *Däubler,* Schulung Rn. 38.

323 Enger *ArbG Trier* 20.11.14, BB 15, 435, das bei einer Mehrbelastung von 70% einem Inhouse-Seminar dem Vorzug gibt.

324 Dieser Möglichkeit misst auch das *BAG* 28.3.07, AP Nr. 89 zu § 40 BetrVG 1972 Bedeutung zu.

325 Das *ArbG Trier,* a. a. O. stellt insoweit auf entgegenstehende »gewichtige Interessen« des BR ab.

rücksichtigen, dass **gewerkschaftliche und gewerkschaftsnahe Anbieter** eine an den praktischen Bedürfnissen der BR-Arbeit ausgerichtete Wissensvermittlung erwarten lassen und dass eine gemeinsame Gewerkschaftszugehörigkeit ein Vertrauensverhältnis schafft, das den Schulungserfolg fördert.[326] Kennt ein BR die fachlichen Kompetenzen des Referenten in einem Schulungsangebot aus anderen Maßnahmen und werden in vergleichbaren Angeboten Namen von Referenten nicht genannt, steht auch eine Kostendifferenz zu anderen Angeboten von mehr als fünfzig Prozent der Erforderlichkeit nicht grundsätzlich entgegen.[327] Gewerkschaftsmitglieder müssen sich aus Kostengründen nicht auf Bildungsangebote **konkurrierender Gewerkschaften** oder einer **von AG getragenen Bildungseinrichtung** verweisen lassen, sondern können sich alternativ für Angebote der eigenen Gewerkschaften oder solche privater Schulungsträger entscheiden.[328] Entsprechendes gilt für BR-Mitglieder, die keiner Gewerkschaft angehören.

88 Die Grundsätze gelten auch in Bezug auf den **Ort der Schulungsveranstaltung.**[329] Reisekosten zu einer weiter entfernt liegenden Schulungsstätte sind zu erstatten, wenn das Angebot, etwa im Hinblick auf den Einsatz entsprechender Lehrkräfte oder die Verwendung besonderer pädagogischer Hilfsmittel, eine effektivere Ausbildung ermöglicht,[330] zumal eine höhere Effizienz für internatsmäßig durchgeführte Schulungsmaßnahmen spricht. Gleiches gilt, wenn eine nahe gelegene Schulungsstätte für längere Zeit ausgebucht ist.[331]

89 Überschreitet der **Kostenaufwand** einer Schulung den Rahmen des nach den Verhältnissen Zumutbaren, ist der AG nach Auffassung des *BAG* nur in diesem Rahmen zur Erstattung entstandener Kosten verpflichtet (vgl. aber Rn. 85 ff.).[332] Hat er gegenüber dem BR bzw. dem BR-Mitglied sein **Einverständnis zur Teilnahme an der Schulungsveranstaltung** nach § 37 Abs. 6 BetrVG ohne Vorbehalt erklärt, kann er sich nachträglich nicht mehr auf eine fehlende Erforderlichkeit berufen. Das Vertrauen des BR-Mitglieds auf die Einverständniserklärung genießt einen vorrangigen Schutz.[333] Ein entsprechender **Vertrauensschutz** soll jedoch nach abzulehnender Rspr. nicht bestehen, wenn der AG auf die Mitteilung eines entsprechenden BR-Beschlusses hin **geschwiegen** hat.[334]

90 Zu den Kosten, die im Rahmen einer erforderlichen Schulung vom AG zu tragen sind, zählen insbesondere die **Fahrkosten** sowie die **Kosten für Verpflegung und Übernachtung** (ausführlich Rn. 62 ff.) und ggf. weitere Auslagen, wie z. B. **Teilnehmer- bzw. Kursgebühren** (vgl. Rn. 88 ff.), soweit sie notwendig sind.[335]**Übernachtungskosten** sind bei pauschalierter Abrechnung durch den Veranstalter erstattungsfähig, wenn das betreffende BR-Mitglied fünf Kilometer von der Schulungsstätte entfernt wohnt.[336]

91 Werden üblicherweise die Aufwendungen anlässlich einer Dienstreise nach steuerlichen **Pauschalbeträgen der Lohnsteuerrichtlinien abgerechnet,** gilt dies auch für die Teilnahme von BR-Mitgliedern an Schulungsmaßnahmen nach § 37 Abs. 6.[337] Einzelne ArbG halten eine Reduzierung der vom AG zu tragenden **Verpflegungskosten** für zulässig.[338] Ein pauschaler

326 *BAG* 28.6.95, a. a. O.
327 Enger *BAG* 19.3.08, ZfPR online 08, Nr. 12, 5, das die Erforderlichkeit für »zweifelhaft« hält; ebenso *Fitting*, Rn. 74.
328 *BAG*, a. a. O.; *LAG Köln* 10.2.00 AiB 01, 176 mit Anm. *Peter; LAG Köln* 11.4.02, AuR 02, 358; im Ergebnis wohl auch *ArbG Düsseldorf* 3.9.04, AiB 04, 757 mit Anm. *Malottke;* a. A. HWGNRH-*Glock*, Rn. 82 f., die einen Verweis auf Schulungsangebote von AG-Organisationen für zulässig halten.
329 *LAG Köln* 27.5.88 – 9 TaBV 14/88.
330 *BAG* 29.4.75, AP Nr. 9 zu § 40 BetrVG 1972; 24.8.76, AP Nr. 2 zu § 95 ArbGG 1953; 15.5.86, DB 86, 2496.
331 *LAG Köln* 11.4.02, AiB 03, 487 mit Anm. *Ibach; Däubler*, Schulung,Rn. 465 f.; *Fitting*, Rn. 39, a. A. Richardi-*Thüsing*, Rn. 40, der die Wahl eines räumlich näher liegenden Angebots für zwingend hält; ebenso *LAG Rheinland-Pfalz* 11.7.07 – 8 TaBV 10/07, juris.
332 27.9.74, AP Nr. 18 zu § 37 BetrVG 1972.
333 *ArbG Regensburg* 6.5.87, BB 87, 1460, Ls.
334 *BAG* 24.5.95, BB 95, 2530.
335 *Fitting*, Rn. 76; GK-*Weber*, Rn. 67 ff.; Richardi-*Thüsing*, Rn. 52; *Künzl*, ZfA 93, 341 [365 ff.].
336 *BAG* 7.6.84, AP Nr. 24 zu § 40 BetrVG 1972; *Kühner*, S. 174.
337 *BAG* 29.1.74, AP Nr. 8 zu § 37 BetrVG 1972; *LAG Hamm* 9.3.07, ZBVR online 2007, Nr. 11, 15.
338 *LAG Nürnberg* 26.7.94, AiB Newsletter 05, Nr. 2, 5 = dbr 05, Nr. 6, 37; *LAG Baden-Württemberg* 6.2.03, jurisPR-ArbR 43/04 mit Anm. *Beckmann*.

Abzug in Höhe von 20 % gemäß der Lohnsteuerrichtlinien ist hierbei nicht mehr zulässig. Maßstab kann vielmehr die **Sozialversicherungsentgeltverordnung** sein, die in ihren § 1 Abs. 1 und Abs. 3 abstrakte Maßstäbe enthält.[339]

Teilnehmergebühren (Kursus- bzw. Lehrgangsgebühren) der Veranstalter von Schulungsmaßnahmen nach § 37 Abs. 6 sind im Rahmen der Verhältnismäßigkeit (vgl. Rn. 80 ff.) auch dann zu erstatten, wenn Veranstalter eine Gewerkschaft ist.[340] Die Gewerkschaften üben insoweit ihre betriebsverfassungsrechtliche Unterstützungsfunktion aus und sind nicht verpflichtet, die dadurch aufzuwendenden Kosten zu tragen.[341] **92**

Gewerkschaften oder gewerkschaftliche Träger können sämtliche Schulungskosten einschließlich der Aufwendungen für Referentenhonorare, Schulungsmittel und -materialien, die durch die konkrete Schulungsmaßnahme entstanden sind, auf die Schulungsteilnehmer umlegen.[342] Gleiches gilt für weitere durch die Schulung verursachte Kosten wie etwa Miete für Tagungs- und Unterrichtsräume, persönliche Tagungsunterlagen der Teilnehmer sowie für Übernachtung, Verpflegung, Fahrtkosten, Spesen und Honorare von Referenten.[343] **93**

Die Kostenerstattungspflicht des AG soll nach der Rspr. durch den koalitionsrechtlichen Grundsatz und das hieraus resultierende **Verbot der Gegnerfinanzierung** dahingehend eingeschränkt sein, dass Gewerkschaften aus Schulungsveranstaltungen keinen Gewinn ziehen dürfen.[344] Auch Gewerkschaften steht aber die Möglichkeit offen, die Abrechnung ihres Schulungsprogramms unter betriebswirtschaftlichen Gesichtspunkten vorzunehmen (vgl. Rn. 104 ff.). **94**

Werden die Schulungsmaßnahmen von Gewerkschaften oder ihren Trägern in **gewerkschaftseigenen Einrichtungen bzw. Tagungsstätten** durchgeführt, sind alle **schulungsbedingten Kosten** wie z. B. für Strom, Wasser, Reinigung sowie **zusätzliche Aufwendungen** (sog. **Grenzkosten**) vom AG zu erstatten.[345] Nicht erstattungsfähig sollen nach der Rspr. hingegen sog. **Vorhaltekosten bzw. Generalunkosten** wie Abschreibungen auf benutzte Gebäude u. ä. sein, soweit sie nicht durch die konkrete Schulungsmaßnahme verursacht werden.[346] Die erstattungsfähigen Kostenanteile kann der **Träger der Einrichtung** durch Einzelkosten ermitteln oder nach betriebswirtschaftlichen Kriterien (unter Gewinnausschluss) pauschalieren.[347] Entsprechendes muss auch gelten hinsichtlich der Kosten für die Anmietung von Schulungs- und Gruppenräumen,[348] Medienkosten und Technikeinsatz sowie Lehrmittel[349] sowie für Kinderbetreuungskosten. **95**

Erstattungsfähig sind auch die entstandenen **Personal- und Personalnebenkosten** wie z. B. für Reinigungspersonal, Hausmeister usw.[350] Gleiches gilt für die **Honorare** von **Referenten,** die Gewerkschaftsmitarbeiter sind und Schulungsmaßnahmen durchführen. Werden sie ausschließlich für BR-Schulungen (§ 37 Abs. 6) eingesetzt, sind die Personalkosten uneinge- **96**

339 *LAG Hamm* 13.1.06, NZA-RR 06, 249 zur aufgehobenen Sachbezugsverordnung; *Fitting*, Rn. 59.
340 *BAG* 28.6.95, DB 95, 2118 = AuR 95, 419 mit Anm. *Müller-Knapp* = AiB 95, 731 mit Anm. *Däubler;* 17.6.98 – 7 ABR 25/97, AuR 99, 202 mit Anm. *Wedde; BVerwG* 27.4.79, ZBR 79, 310.
341 *BAG* 28.6.95, a. a. O.; vgl. auch *BVerfG* 14.2.78, AP Nr. 13 zu § 40 BetrVG 1972.
342 *BAG* 28.6.95, AuR 95, 419 mit Anm. *Müller-Knapp* = AiB 95, 731 mit Anm. *Däubler* = AP Nr. 48 zu § 40 BetrVG 1972; 3.4.79, AP Nr. 17 zu § 40 BetrVG 1972 hinsichtlich der Honoraraufwendungen für gewerkschaftliche Referenten, die Lehrtätigkeiten neben ihrer eigentlichen Aufgabe übernehmen; vgl. auch ErfK-*Koch*, Rn. 12; *Fitting*, Rn. 77; GK-*Weber*, Rn. 62 ff.; Richardi-*Thüsing*, Rn. 35 ff.; zur Kritik *Birk*, AuR 95, 281; *Wedde*, AuR 94, 511; *ders.*, DB 94, 730; *ders.*, AuR 97, 228 ff.; a. A. HWGNRH-*Glock*, Rn. 86 ff.; *Schiefer*, DB 92, 631; *ders.*, DB 92, 2506; *ders.*, NZA 95, 382.
343 *BAG* 28.6.95, a. a. O.; *Fitting*, Rn. 79 b.
344 *BAG* 28.6.95, a. a. O. m. w. N.; 30.3.94, NZA 95, 382 = AuR 95, 280 mit krit. Anm. *Birk;* vgl. auch Rn. 100 ff.
345 *BAG* 28.6.95, a. a. O.; zur älteren Rspr. und Lit. vgl. die 12. Aufl., Rn. 66 ff. und dort die Fn. 319 ff.
346 *BAG*, a. a. O.; zur Anrechnung auch dieser Kosten vgl. *Wedde*, AuR 97, 229 f.
347 *BAG*, a. a. O.; zur Anwendung betriebswirtschaftlicher Grundsätze *Wedde*, a. a. O.
348 Vgl. *LAG Hamm* 2.3.83, DB 83, 1576; a. A. offenbar *BAG* 28.5.76, a. a. O.
349 *Künzl*, a. a. O., 365 zu erforderlichen Tagungsunterlagen; hinsichtlich der Überlassung der Textsammlung von *Michael Kittner*, Arbeits- und Sozialordnung, an alle Seminarteilnehmer zum Verbleib verneinend *LAG Berlin* 10.10.88, DB 89, 683.
350 *Fitting*, Rn. 80.

schränkt erstattungsfähig[351] und zwar unabhängig davon, ob Lehrtätigkeiten zu ihren Haupt- oder Nebenpflichten gehören. Werden Schulungsmaßnahmen von einem Gewerkschaftsmitarbeiter nur zeitweise durchgeführt, kann eine entsprechende Aufgliederung der hierauf entfallenden Personalkosten erfolgen.[352] Bei der Darlegung der angefallenen Personal- und Personalnebenkosten gegenüber den BR-Mitgliedern und dem AG müssen zugunsten der betroffenen Mitarbeiter **datenschutzrechtliche Aspekte** berücksichtigt werden (vgl. zum berechtigten Geheimhaltungsinteresse von Veranstaltern Rn. 110). Weigert sich ein Betroffener, Dritten Auskünfte über sein Einkommen aus der Schulungsmaßnahme zu erteilen, ist die Aufschlüsselung entsprechend allgemeiner durchzuführen. AG haben in diesen Fällen schon aus datenschutz- und persönlichkeitsrechtlichen Gründen keinen Anspruch auf vollständige Information zu individuell gezahlten Honoraren.

97 Nach der abzulehnenden Rspr. des *BAG* wird von den BR-Mitgliedern, die die Freistellung von den Seminargebühren begehren, die Vorlage einer **vollständigen Aufschlüsselung** der gesamten Schulungskosten verlangt, wenn das entsprechende Angebot von **Gewerkschaften oder gewerkschaftlichen Trägern** gemacht wird.[353] Die Aufschlüsselung soll die erbrachte Leistung nach Art und Umfang sowie die dafür vereinbarten Einzelpreise und ggf. die darauf entfallende gesetzliche MwSt. enthalten.[354] Die Aufschlüsselungspflicht soll auch bei **pauschalierten Seminargebühren** bestehen, da die Beachtung koalitionsrechtlicher Grundsätze nicht der freien Vereinbarung unterliegt.[355] Auch in diesen Fällen sollen daher nach der Rspr. die **Berechnungsfaktoren** der pauschalierten und entsprechend ausgewiesenen Seminargebühren dargelegt werden müssen. Die Angabe des vereinbarten Preises mit dem Hinweis auf die Pauschalierung soll nur bei Veranstaltern zulässig sein, die keinen koalitionsrechtlichen Beschränkungen unterliegen.[356]

98 Die vollständige Aufschlüsselungspflicht wird von der Rspr. aus § 666 BGB abgeleitet.[357] Diese Rspr. benachteiligt Gewerkschaften und gewerkschaftsnahe Schulungsträger gegenüber privaten Anbietern. Letzte unterliegen keiner entsprechenden Aufschlüsselungspflicht und können zudem Mischkalkulationen ihres gesamten Schulungsprogramms vornehmen.[358]

99 Nach der Rspr. soll die Übergabe einer vollständig aufgeschlüsselten Rechnung an Teilnehmer eine **vertragliche Nebenpflicht** der Schulungsträger sein.[359] Beim Fehlen einer entsprechenden Aufschlüsselung soll der AG ein **Leistungsverweigerungsrecht** haben.[360] Bei der Rechnungslegung sind steuerrechtliche Aufschlüsselungspflichten zu beachten.[361]

100 Das Bestehen der **Koalitionseigenschaft mit der Folge besonderer Aufschlüsselungspflichten** (vgl. hierzu Rn. 96) soll nach abzulehnender Auffassung des *BAG* auch für Schulungsangebote gegeben sein, die nicht von Gewerkschaften selbst oder deren Trägern, sondern von sog. **gewerkschaftsnahen Veranstaltern** durchgeführt werden. Unter diesen Begriff werden vom *BAG* z. B. rechtlich selbstständige Veranstalter gefasst, an denen **Gewerkschaften beteiligt** sind **oder** auf die sie einen **beherrschenden Einfluss** haben.[362] Dabei soll es sowohl **unerheblich** sein, in **welcher Rechtsform** sie auftreten, als auch, ob **Gemeinnützigkeit** gegeben ist. Entscheidend soll vielmehr sein, dass eine Gewerkschaft einen maßgeblichen Einfluss auf Inhalt, Organisation oder Finanzierung dieses Anbieters hat.[363]

---

351 *BAG* 28.6.95, a. a. O. für Hauptamtler eines gewerkschaftsnahen Anbieters.

352 Ebenso im Ergebnis *Fitting*,Rn. 81; ErfK-*Koch*, Rn. 12; enger wohl GK-*Weber*, Rn. 96.

353 *BAG* 30.3.94, a. a. O.; ähnlich *Fitting*, Rn. 80; GK-*Weber*, Rn. 64 f.; Richardi-*Thüsing*, Rn. 37, zur Kritik vgl. *Birk*, a. a. O.; *Däubler*, Schulung Rn. 498; *Wedde*, AuR 94, 511; *ders.*, DB 94, 730; zur Bewertung der neueren Rspr. *ders.*, AuR 97, 228 ff. und AuR 99, 203 f.; weitergehend *SWS*, Rn. 54, die entsprechende Aufschlüsselungen auch von nicht gewerkschaftlichen Veranstaltern verlangen.

354 Vgl. *BAG*, a. a. O.

355 So *BAG* 28.6.95, a. a. O.; ebenso *Fitting*, a. a. O.

356 *BAG*, a. a. O.

357 *BAG* 30.3.94, a. a. O.; 28.6.95, a. a. O.; zustimmend *Schiefer*, NZA 95, 454; *Fitting*, Rn. 100.

358 Zur Kritik vgl. Rn. 98 in der 14. Auflage dieses Kommentars.

359 *BAG* 30.3.94, a. a. O.; 28.6.95, a. a. O.; zur Kritik *Wedde*, AuR 94, 511 ff.; *ders.*, DB 94, 730 ff.

360 *BAG* a. a. O.

361 *BFH* 18.1.01, DB 01, 1074.

362 *BAG* 28.6.95, a. a. O.; enger *LAG Berlin* 2.12.94, AuR 95, 282; zur Kritik vgl. *Däubler*, Schulung Rn. 42 f.; *Wedde*, a. a. O.

363 *BAG*, a. a. O.; ebenso *Fitting*, Rn. 82; a. A. *LAG Berlin*, 2.12.94, AuR 95, 282.

Nach Auffassung des *BAG* sollen Gewerkschaften nicht durch das Dazwischenschalten einer von ihnen beherrschten juristischen Person dem Gebot der Aufschlüsselung von Seminargebühren entgehen und dadurch die gesetzliche Kostentragungspflicht des AG erweitern können.[364] Die **paritätische Besetzung** eines gemeinnützigen Vereins unter Beteiligung gewerkschaftlicher Vertreter begründet hingegen **keine Koalitionseigenschaft.**[365] **101**

Die aus der Koalitionseigenschaft abgeleitete besondere Aufschlüsselungspflicht ist **kein zusätzliches Korrektiv zur Verringerung der** betriebsverfassungsrechtlichen **Kostentragungspflicht des AG.**[366] Im Streitfall müssen **AG** demnach im Einzelfall **substantiiert vortragen,** woraus sich die Koalitionseigenschaft eines Veranstalters ableitet. Die bloße Behauptung des Vorliegens der »Gewerkschaftsnähe« löst hingegen keine besonderen Aufschlüsselungspflichten aus.[367] **102**

Als **gewerkschaftsnahen Veranstalter** hat das *BAG* z. B. die **HBV-KBV GmbH** in Düsseldorf qualifiziert, weil die Gewerkschaft HBV die Anteile der GmbH zu 100 % gehalten hat[368] und das **DGB-Bildungswerk Hamburg e. V.** auf Grund des kraft satzungsmäßiger Rechte und personeller Verflechtungen gegebenen maßgeblichen Einflusses der DGB-Gewerkschaften.[369]**Offengelassen** wurde eine entsprechende Qualifikation der **Bildungskooperative Alb-Donau-Bodensee e. V.**[370] **Verneint** wurde die Zuordnung in den Koalitionsbereich für den Verein **Arbeit und Leben – DGB/Volkshochschule – Arbeitsgemeinschaft für politische und soziale Bildung im Lande Nordrhein-Westfalen e. V.**[371] **103**

Das *BAG* **setzt** jedoch der **Aufschlüsselungspflicht** gewerkschaftsnaher Schulungsveranstalter **Grenzen.** Sie sind nicht zur unbeschränkten Aufschlüsselung verpflichtet.[372] Zur Berechnung der durch Schulungsangebote entstehenden und vom AG zu erstattenden Kosten können sie vielmehr auf betriebswirtschaftlich anerkannte Berechnungsmethoden zurückgreifen.[373] Voraussetzung soll es allerdings sein, dass das Angebot gemäß § 37 Abs. 6 organisatorisch, finanziell und personell von anderen Angeboten getrennt ist. Ist dies der Fall, können die Selbstkosten für die Veranstaltung im Wege einer **Mischkalkulation** nach anerkannten betriebswirtschaftlichen Grundsätzen ermittelt werden.[374] Der **Nachweis** der **Kosten einer konkreten Veranstaltung** ist **nicht erforderlich.** In der Mischkalkulation können die Kosten für alle betriebsverfassungsrechtlichen Seminare gem. § 37 Abs. 6 gemeinsam ermittelt und anteilig den einzelnen Schulungsveranstaltungen zugeordnet werden.[375] **104**

Erfolgt eine betriebswirtschaftliche Jahreskalkulation, können die Gesamtkosten aller betriebsverfassungsrechtlichen Schulungen nach Grund und Höhe belegt und daraus der auf die jeweilige Schulung entfallende teilnehmerbezogene Endbetrag ermittelt werden.[376] Eine Berechnung auf der Basis sog. **Mann-** oder **Personentage** ist dabei ebenso möglich wie die Kalkulation auf Basis der **Vorjahresergebnisse.**[377] Dabei ist es zulässig, im Rahmen der Berechnung einen **Ausgleich** zwischen **erfolgreichen und weniger erfolgreichen Veranstaltungen** vorzunehmen und **Festpreise** für Veranstaltungen ohne Rücksicht auf die tatsächlich teilnehmenden Personen festzulegen. Führt ein gewerkschaftsnaher Schulungsträger neben erstattungsfähigen auch andere Veranstaltungen oder sonstige Aktivitäten durch, können die dafür anfallenden Kosten entsprechend abgegrenzt werden.[378] **105**

---

364 *BAG* 17.6.98 – 7 ABR 22/97, AuR 99, 200 mit Anm. *Wedde.*
365 *BAG* 17.6.98 – 7 ABR 20/97 für »Arbeit und Leben Nordrhein-Westfalen e. V.«, AuR 99, 199 f. mit Anm. *Wedde;* ähnlich *Fitting,* Rn. 87, vgl. dort aber Rn. 66; a. A. GK-*Weber,* Rn. 66 die weitgehende Aufschlüsselungspflichten auch in diesen Fällen sehen.
366 *BAG* 17.6.98 – 7 ABR 25/97, AuR 99, 202 mit Anm. *Wedde; Fitting,* Rn. 84.
367 *BAG* 17.6.98 – 7 ABR 20/98, AuR 99, 199 f. mit Anm. *Wedde.*
368 *BAG* 30.3.94, AuR 95, 280 mit krit. Anm. *Birk* = AiB 95, 132 mit krit. Anm. *Däubler.*
369 *BAG* 28.6.95, a. a. O.
370 *BAG* 17.6.98 – 7 ABR 22/97, AuR 99, 200 mit Anm. *Wedde.*
371 *BAG* 17.6.98 – 7 ABR 20/97, AuR 99, 199 mit Anm. *Wedde.*
372 Grundlegend *BAG* 28.6.95, a. a. O.
373 *BAG* 17.6.98 – 7 ABR 25/97, a. a. O.
374 *BAG* 28.6.95, a. a. O.
375 *BAG* 28.6.95, a. a. O.; 17.6.98 – 7 ABR 25/97, a. a. O.; a. A. GK-*Weber,* Rn. 83.
376 *BAG* 28.6.95, a. a. O.
377 *BAG* 17.6.98 – 7 ABR 25/97, AuR 99, 202 mit Anm. *Wedde.*
378 *BAG* 28.6.95, AP Nr. 48 zu § 40 BetrVG 1972; *Fitting,* a. a. O.

106 Gewerkschaftsnahe Anbieter können in einer entsprechenden betriebswirtschaftlichen Gesamtkalkulation alle **Personal- und Personalnebenkosten** berücksichtigen, die im Zusammenhang mit der Organisation und Durchführung betriebsverfassungsrechtlicher Schulungen nach § 37 Abs. 6 anfallen (vgl. Rn. 96). Gleiches gilt für Aufwendungen zur **Planung des zukünftigen Angebots.**

107 Erfüllt eine von einem Schulungsveranstalter ausgestellte Rechnung die Anforderungen der Rspr., kann der AG keine weitergehende Aufschlüsselung der einzelnen Kosten verlangen. Entsprechende Aufschlüsselungspflichten lassen sich auch nicht aus den Rechtsgedanken des § 666 BGB ableiten (vgl. hierzu Rn. 98).[379] Die **Eröffnung betriebswirtschaftlicher Kalkulationsmöglichkeiten** durch das *BAG* ist damit **grundsätzlich zu begrüßen,**[380] weil sie Schulungsveranstalter in die Lage versetzt, ihre Kostenkalkulationen ebenso vorzunehmen wie private Anbieter. Damit wird die Chancengleichheit am Markt zumindest teilweise wiederhergestellt. Das *BAG* räumt damit aber die grundsätzliche Kritik (vgl. Rn. 97) an der von ihm geforderten Aufschlüsselung nicht aus.

108 Die **betriebswirtschaftlichen Berechnungsmöglichkeiten stehen** neben den gewerkschaftsnahen Schulungsveranstaltern auch den **Gewerkschaften selbst offen.**[381] Das *BAG* hat diese Frage zwar bisher nicht entschieden, sondern sich auf entsprechende Ausführungen zu gewerkschaftsnahen Veranstaltern beschränkt.[382] Überträgt man aber die Grundsätze der bisherigen Rspr. zu gewerkschaftsnahen Anbietern auf Gewerkschaften, wird es auch diesen möglich, die anfallenden Kosten nach betriebswirtschaftlichen Grundsätzen zu berechnen. **Voraussetzung** wäre unter Beachtung der Rspr. lediglich eine **Trennung des Angebots nach § 37 Abs. 6** von ihren übrigen Aktivitäten, um eine Gegnerfinanzierung auszuschließen.[383]

109 Werden Schulungsangebote von Trägern aus dem Koalitionsbereich gemacht, dürfen diese nach § 58 Nr. 6 AO **Rücklagen** bilden, soweit diese erforderlich sind, um die Ziele nachhaltig zu erfüllen.[384] Die Gewerkschaft darf jedoch keine Gewinnanteile entnehmen und bei der Auflösung einer Tochtergesellschaft nicht mehr als die eingezahlten Kapitalanteile zurückerhalten. Der übersteigende Wert darf nach dem Grundsatz der Vermögensbindung nur für steuerbegünstigte Zwecke verwendet werden.[385]

110 Veranstalter aus dem Koalitionsbereich dürfen nach der Rspr. durch die besonderen Aufschlüsselungspflichten **keine Wettbewerbsnachteile** gegenüber kommerziellen oder arbeitgebernahen Anbietern **erleiden,** da sie ansonsten in Gefahr geraten, ihre betriebsverfassungsrechtliche Unterstützungsfunktion nicht mehr oder nur in eingeschränktem Maße ausüben zu können.[386] Die **Aufschlüsselungspflichten** von Veranstaltern aus dem Koalitionsbereich werden deshalb **durch ihre berechtigten Geheimhaltungsinteressen begrenzt.**[387] AG steht damit beispielsweise kein Recht zu, über die konkreten Honorare einzelner Referenten informiert zu werden. Eine solche Aufdeckung personenbezogener Daten gegenüber Dritten wäre im Übrigen auch **aus datenschutzrechtlichen Gründen unzulässig,** wenn Referenten in eine entsprechende Weitergabe ihrer Daten nicht ausdrücklich eingewilligt oder dieser ausdrücklich widersprochen haben.[388]

111 Nach der Rspr. des *BAG*[389] sind alle **kommerziellen und gewerkschaftlichen Anbieter** von Bildungsveranstaltungen auf Grund einer vertraglichen Nebenpflicht verpflichtet, **die Unterbringungs- und Verpflegungskosten** getrennt aufzuschlüsseln und anzugeben, welche **gas-**

---

379 A. A. *Fitting,* Rn. 88.
380 Ebenso *Fitting,* Rn. 81.
381 Vgl. *Wedde,* AuR 97, 229 f.; *ders.,* Anm. zu *BAG* 17.6.98, AuR 99, 203 f.; *Fitting,* Rn. 81.
382 Vgl. 28.6.95, a. a. O.; 17.6.98 – 7 ABR 25/97, a. a. O.
383 Ebenso *Fitting,* a. a. O.; ausführlich *Wedde,* AuR 97, 229.
384 Ähnlich *BAG* 17.6.98 – 7 ABR 25/97, a. a. O.
385 *Birk,* Anm. zu *BAG* 30.3.94, AuR 95, 281 f.
386 *BAG* 28.6.95, a. a. O.
387 *BAG,* 17.6.98 – 7 ABR 25/97, a. a. O.; enger noch *BAG* 28.6.95, a. a. O., das mit Blick auf Geschäftsgeheimnisse im Rahmen von Gerichtsverhandlungen lediglich den Ausschluss der Öffentlichkeit bzw. die Belegung der in der Sitzung anwesenden Personen mit einem Schweigegebot vorsah.
388 Vgl. *Däubler,* Schulung Rn. 42; *Wedde,* AuR 94, 51 ff.; *ders.,* DB 94, 730 ff.
389 Vgl. 28.6.95, a. a. O. [Rn. 66], 30.3.94, a. a. O. [67].

tronomischen Leistungen in Rechnung gestellt wurden. Da der AG nach dieser Rspr. berechtigt ist, entsprechend Abschnitt 39 Abs. 1 der Lohnsteuerrichtlinien 20 % der tatsächlichen Verpflegungsaufwendungen als **Haushaltsersparnis** anzurechnen, sofern sich das BR-Mitglied nicht mit der ihm zustehenden **Kostenpauschale** begnügt, die bereits die Haushaltsersparnis berücksichtigt, kann er nur auf Grund dieser Angaben den Umfang seiner Kostentragungspflicht feststellen. Zudem ist der AG nicht verpflichtet, auch die Kosten der **persönlichen Lebensführung** zu übernehmen. Die Aufschlüsselungspflicht der Unterbringungs- und Verpflegungskosten besteht auch, wenn eine **pauschalierte Tagungsgebühr** in Rechnung gestellt wird.[390]

Sofern der BR nach § 28 einen **Ausschuss** für Arbeitszeitfragen gebildet hat, soll sich die Verpflichtung des AG zur Erstattung der Kosten für Schulungsveranstaltungen auf diesem Gebiet grundsätzlich auf die Mitglieder bzw. Ersatzmitglieder dieses Ausschusses beschränken.[391] Sie haben Anspruch auf einen angemessenen **Vorschuss** (vgl. Rn. 14). Sind andere BR-Mitglieder mit Arbeitszeitfragen befasst, können entsprechende Schulungen auch für sie erforderlich sein. **112**

5. Tarifvertragliche Ausschlussfrist, Verwirkung, Verjährung

Der Erstattungsanspruch des einzelnen BR-Mitglieds nach § 40 (nicht jedoch Verdienstansprüche und ggf. sonstige arbeitsvertragliche Ansprüche) unterliegt nicht einer **tarifvertraglichen Ausschlussfrist,**[392] da dieser nicht im Zusammenhang mit dem Arbeitsverhältnis entstanden ist, sondern sich aus dem BR-Amt ergibt. Der Anspruch verjährt nach den §§ 195, 199 BGB innerhalb einer Frist von drei Jahren, beginnend mit dem Ende des Entstehungsjahres des Anspruchs.[393] Der Anspruch kann zudem z. B. **verwirkt werden,** wenn er drei Jahre nach Entstehen und eineinhalb Jahre nach Ablauf der Amtszeit geltend gemacht wird.[394] Die Ansprüche eines BR-Mitglieds gem. § 40 bleiben bestehen, wenn ein Aufhebungsvertrag geschlossen wurde, der eine umfassende Erledigungserklärung enthält.[395] **113**

6. Erstattungsanspruch im Insolvenzverfahren

Vor Eröffnung des Insolvenzverfahrens des AG bereits begründete Kostenerstattungsansprüche aus § 40 Abs. 1 sind, sofern es sich nicht um Rückstände für die letzten sechs Monate handelt, keine Masseschulden nach § 55 InsO, sondern einfache Insolvenzverbindlichkeiten.[396] Bei Eröffnung des Verfahrens durch den Insolvenzverwalter gemäß einer nach § 613 a Abs. 1 BGB vorgenommenen **Betriebsänderung** haftet der Betriebserwerber nicht für Ansprüche, die vor Insolvenzeröffnung entstanden sind,[397] Sätze 2 und 3 geltend entsprechend. Wird ein vor der Insolvenz vom AG eingeleitetes Beschlussverfahren vom Insolvenzverwalter fortgeführt, sind hieraus resultierende Kosten eines vom BR beauftragten Anwalts ebenso Masseschulden nach § 55 InsO wie vor Eröffnung des Insolvenzverfahrens entstandene.[398] **114**

Der Aufwendungsersatz für BR-Tätigkeit **nach Eröffnung des Insolvenzverfahrens** zählt zu den Masseschulden i. S. d. § 55 Ab. 1 Nr. 1 InsO und ist somit vorab aus der Insolvenzmasse zu befriedigen.[399] Eine Absicherung der BR-Mitglieder durch rechtzeitige Vorschusszahlung ist mit Blick auf mögliche Forderungsausfälle ratsam.[400] **115**

390 *BAG* 28.6.95, a. a. O.; vgl. *Wedde*, AuR 97, 228 ff.
391 *ArbG Passau* 8.10.92, BB 92, 2431, Ls.; vgl. *LAG Hamm* 25.6.80, BB 80, 1374.
392 *BAG* 30.1.73, AP Nr. 3 zu § 40 BetrVG 1972.
393 *Fitting*, Rn. 98.
394 *BAG* 14.11.78, AP Nr. 39 zu § 242 BGB Verwirkung; *LAG Schleswig-Holstein* 31.5.76, BB 76, 1418.
395 *LAG Niedersachsen* 24.1.00, NZA-RR 00, 309.
396 *Fitting*, Rn. 101; vgl. zur Rspr. zur KO *BAG* 14.11.78, AP Nr. 6 zu § 59 KO mit Anm. *Uhlenbruck;* 25.8.83, AP Nr. 14 zu § 59 KO bezüglich des Honoraranspruchs des Vorsitzenden der ESt., die vor Insolvenzeröffnung einen Sozialplan aufgestellt hat.
397 *BAG* 13.7.94, NZA 94, 1144 = AiB 94, 759 mit Anm. *Oberhofer* = BetrR 95, 18 mit Anm. *Rosendahl.*
398 *BAG* 17.8.05, NZA 06, 109; Richardi-*Thüsing*, Rn. 59.
399 *LAG Hamm* 5.1.79, EzA § 40 BetrVG 1972 Nr. 42; *Däubler*, Schulung Rn. 519; *Fitting*, Rn. 102; GK-*Weber*, Rn. 225; vgl. auch *BAG* 27.3.79, AP Nr. 7 zu § 76 BetrVG 1972 bei Ansprüchen des Vorsitzenden einer ESt., die vor Konkurseröffnung begonnen, aber erst danach durch Spruch abgeschlossen wurde.
400 *Fitting*, Rn. 103.

III. Sachaufwand und Büropersonal (Abs. 2)

116 Nach Abs. 2 hat der AG unaufgefordert über die allgemeine Kostentragungspflicht gemäß Abs. 1 hinaus für die Sitzungen, die Sprechstunden und die laufende Geschäftsführung in erforderlichem Umfang, d. h. den Bedürfnissen des BR entsprechend, **Räume, sachliche Mittel und Büropersonal** zur Verfügung zu stellen, und die Kosten hierfür zu tragen. Die in Abs. 2 genannten Ansprüche stehen unabhängig nebeneinander. Ein BR kann deshalb etwa eine Bürokraft und einen PC verlangen, wenn beides erforderlich ist.[401] Der Begriff ist weiter als der gleich lautende in § 27 Abs. 3.[402] Umstritten ist jedoch, ob hierzu z. B. auch noch **Messgeräte** zählen, mit denen die Schadstoffbelastung am Arbeitsplatz gemessen werden kann.[403] Mit Blick auf die im Rahmen des BetrVerf-ReformG erfolgte besondere Betonung des Umweltschutzes (vgl. etwa §§ 80 Abs. 1 Nr. 9, 89) ist die Frage der Erforderlichkeit derartiger Geräte allerdings nunmehr zu bejahen.

117 Das Ausmaß der Verpflichtung des AG richtet sich nach den Aufgaben und der Größe des BR, nach der Größe und der Beschaffenheit des Betriebs sowie nach den besonderen Erfordernissen im Einzelfall.[404] Die Entscheidung über die Erforderlichkeit von Sachmitteln oder Büropersonal obliegt im Rahmen seines pflichtgemäßen Ermessens allein dem BR (vgl. hierzu auch Rn. 133, 137 f.). Dieser hat seine Entscheidung in Abwägung seiner Bedürfnisse mit den Belangen des AG zu treffen. Dabei steht ihm ein Beurteilungsspielraum zu.[405] Die getroffene Entscheidung unterliegt bezüglich der Erforderlichkeit der arbeitsgerichtlichen Überprüfung. Der Anspruch steht dem BR als Gremium zu, nicht aber einzelnen Gruppierungen innerhalb des Gremiums.[406]

118 Der BR ist nicht berechtigt, auf Kosten des AG Sachmittel selbst zu beschaffen, Büroräume anzumieten oder Büropersonal einzustellen.[407] Kommt der AG seiner Verpflichtung in angemessener Frist nicht nach, wird es für zulässig angesehen, dass der BR die erforderlichen sachlichen Mittel selbst beschafft und Ersatz der Aufwendungen unter dem Gesichtspunkt der Geschäftsführung ohne Auftrag verlangen kann.[408] Ggf. muss der Anspruch durch ein **arbeitsgerichtliches Beschlussverfahren** durchgesetzt werden, wobei auch eine einstweilige Verfügung in Betracht kommt.[409]

119 **Nicht verbrauchbare Sachen und Geräte,** die vom AG zur Verfügung gestellt werden, bleiben dessen **Eigentum.**[410] An **verbrauchbaren Sachen** wie z. B. Papier und Schreibmaterialien verliert er hingegen das Eigentum, weil diese durch das Beschreiben zu Geschäftspapieren und Akten des BR werden.[411] **Geschäftspapiere** und **Akten** kann der AG deshalb nach Ende der Amtszeit eines BR **nicht herausverlangen.**[412] Diese gehen an den neuen BR über. Wird kein neuer BR gewählt, sind sie vom alten BR zu vernichten.[413]

---

401 *BAG* 20.4.05, DB 05, 2754; HaKo-BetrVG/*Wolmerath,* Rn. 15; Richardi-*Thüsing,* Rn. 71.

402 *Fitting,* Rn. 104.

403 Dazu *Däubler,* Das Arbeitsrecht 1, Rn. 876.

404 *Fitting,* a. a. O.; HWGNRH-*Glock,* Rn. 106; Richardi-*Thüsing,* Rn. 61 f.; vgl. auch *Besgen,* AiB 87, 150 ff.; *Kühner,* a. a. O.; enger *BAG* 11.3.98, NZA 98, 953 = AiB 98, 646 mit Anm. *Wedde;* ErfK-*Koch,* Rn. 16; GK-*Weber,* Rn. 115.

405 *BAG* 9.6.99, AP Nr. 65 zu § 40 BetrVG 1972; 11.3.98, NZA 98, 953; 12.5.99, NZA 99, 1290; *Klebe/Wedde,* DB 99, 1955; *Fitting,* Rn. 105.

406 *LAG Berlin-Brandenburg* 19.7.11 – 7 TaBV 764/11, juris.

407 *BAG* 21.4.83, AP Nr. 20 zu § 40 BetrVG 1972.

408 Richardi-*Thüsing,* Rn. 47; *Kühner,* a. a. O.; *Hässler,* S. 77, jedenfalls wenn eine gerichtliche Entscheidung vorliegt; a. A. *BAG,* a. a. O.; GK-*Weber,* Rn. 131, der eine Selbstbeschaffung nur in »dringenden Fällen« bejaht.

409 *Besgen,* a. a. O.; *Kühner,* a. a. O.; vgl. *ArbG Berlin* 6.5.92, AiB 93, 184; *ArbG Duisburg* 24.12.93, AuR 94, 381.

410 *Fitting,* Rn. 107; GK-*Weber,* Rn. 205; HWGNRH-*Glock,* Rn. 140; Richardi-*Thüsing,* Rn. 74.

411 Zutreffend *Fitting,* Rn. 107 unter Hinweis auf § 950 BGB; *Schaub,* § 222 III 6; a. A. Richardi-*Thüsing,* a. a. O.; WP-*Kreft,* Rn. 43; GK-*Weber,* Rn. 207 ff.; die dem BR nur Besitzrechte einräumen HWGNRH-*Glock,* Rn. 141 sieht nur ein Gebrauchsrecht.

412 GK-*Weber,* Rn. 209; *Fitting,* Rn. 107.

413 *Fitting,* a. a. O.; a. A. hinsichtlich der Vernichtung GK-*Weber,* a. a. O.; HWGNRH-*Glock,* Rn. 100 a.

1. Büroräume und Raumausstattung

120 Regelmäßig hat der BR Anspruch auf eigene **Büroräume.**[414] In größeren Betrieben ist der AG verpflichtet, mehrere **Räume** (ggf. unter Berücksichtigung des Bedarfs der JAV und der Schwerbehindertenvertretung) zur Verfügung zu stellen, in denen der BR seine Sitzungen und Sprechstunden abhalten und die sonstige büromäßige Abwicklung seiner Tätigkeit vornehmen kann.[415] Die Räume müssen so beschaffen sein, dass der BR in ihnen seine Aufgaben ordnungsgemäß wahrnehmen kann. Es muss möglich sein, BR-Sitzungen und Besprechungen durchzuführen, Sprechstunden abzuhalten, Schreibarbeiten auszuführen sowie sich dorthin zur Lektüre zurückzuziehen.[416] In kleineren Betrieben (weniger als fünf BR-Mitglieder)[417] kann es auf Grund der betrieblichen Gegebenheiten genügen, einen Raum für bestimmte Zeiten, z. B. tage- bzw. stundenweise, zur Verfügung zu stellen, sofern hierdurch die BR-Arbeit nicht beeinträchtigt wird und die ungestörte Abhaltung von BR-Sitzungen gewährleistet ist.[418] In diesen Fällen müssen dem BR verschließbare Aktenschränke zur Verfügung gestellt und zur alleinigen Nutzung überlassen werden.

121 **Räumlichkeiten** einschließlich sonstiger erforderlicher Sachmittel (Bestuhlung, Lautsprecheranlage, Overheadprojektoren usw.) sind auch für die **Tätigkeit der Ausschüsse** des BR (§§ 27, 28) sowie für den **GBR, KBR,** die **JAV,** die **GJAV,** den **WA,** die **Betriebsversammlung,** die **BR-Versammlung,** die **Arbeitsgruppen** gem. § 28 a und ggf. die **ESt.** zur Verfügung zu stellen.[419] Sofern keine Sitzungen im Büroraum des BR abgehalten werden können, sind entsprechende **Sitzungsräume,** ggf. zeitlich befristet, zur Verfügung zu stellen. Zu den erforderlichen Räumen gehört auch die **Anmietung eines Saales** zur Abhaltung von Betriebs- und Abteilungsversammlungen sowie BR-Versammlungen nach § 53.[420]

122 Die zur Verfügung gestellten **Räume** müssen **funktionsgerecht und benutzbar** sein, d. h. entsprechend eingerichtet, heizbar, beleuchtet, mit entsprechendem Mobiliar einschließlich Sachmitteln und Telefon ausgestattet und abschließbar.[421] Die Räume müssen einschlägigen gesetzlichen Vorgaben wie etwa der Arbeitsstättenverordnung entsprechen.[422] Sie müssen optisch und akustisch soweit abgeschirmt sein, dass sie von Zufallszeugen von außen nicht eingesehen oder abgehört werden können.[423] Nicht ausreichend ist ein fensterloser Raum, der den Anforderungen an eine Arbeitsstätte nicht entspricht.[424] Die Räume müssen im Betrieb bereitgestellt werden, d. h. innerhalb des Betriebsgeländes liegen[425] und für die AN gut zugänglich, in der Nähe der Arbeitsplätze und behindertengerecht sein.

123 Mit der Zurverfügungstellung des Büroraums einschließlich der Einrichtung und ggf. der sonstigen Räume, die zu Sitzungen, Sprechstunden u. ä. dienen, gehen Besitz und Nutzung der im Eigentum des AG verbleibenden Sachen auf Dauer auf den BR über.[426] Ihm allein steht hier

---

414 Vgl. *LAG München* 8.7.05 – 3 TaBV 79/03, das einem BR mit fünf Mitgliedern einen Raum mit einer Grundfläche von mindestens 9 qm zugesprochen hat, als Notlösung, aber auch die Mitbenutzung eines Pausenraums für zumutbar hält; *ArbG Würzburg* 23.6.98, AiB 99, 402 für einen BR mit fünf Mitgliedern; zustimmend *Fitting,* Rn. 108; a. A. *LAG Hamm* 25.11.92 – 3 TaBV 131/92; allgemein *Ehrich/Hoß,* NZA 96, 1075, 1089; *Roos,* AiB 98, 188 f.; zu Schreiben an AG vgl. DKKWF-*Wedde,* § 40 Rn. 16.

415 ErfK-*Koch,* Rn. 15.

416 *LAG Schleswig-Holstein* 19.9.07, AiB 08, 668 mit Anm. *Rudolph.*

417 Vgl. *ArbG Frankfurt* 17.2.99, NZA-RR 99, 420 = AuR 99, 280.

418 *Brill,* DB 77, 2139; GK-*Weber,* Rn. 140; Richardi-*Thüsing,* Rn. 63.

419 Vgl. *Fitting,* Rn. 113; *Kühner,* S. 178.

420 Vgl. *Lichtenstein,* BetrR 87, 7 [55].

421 *LAG Rheinland-Pfalz* 2.2.96, BB 96, 2465; *ArbG Halberstadt* AuR 98, 428 = AiB 98, 586 mit Anm. *Wedde; Besgen,* AiB 87, 150; *Kort,* NZA 90, 598; allg. *Peter,* S. 16 ff.

422 *Heidemann* AiB 05, 288 verweist insbesondere auf die §§ 7, 9, 15. 24 und 25 ArbStättVO; ähnlich *Fitting,* Rn. 109.

423 *LAG Köln* 19.1.01, AiB 01, 605 mit Anm. *Groß-Kock.*

424 *LAG Köln,* a. a. O.

425 *ArbG Wiesbaden* 21.12.99, NZA-RR 00, 195 = AiB 00, 290 mit Anm. *Müller-Tuckfeld;* WP-*Kreft,* Rn. 44; HaKo-BetrVG/*Wolmerath,* Rn. 17; a. A. Richardi-*Thüsing,* Rn. 63, der auch Räume außerhalb des Betriebsgebäudes zulassen will.

426 *ArbG Heilbronn* 17.2.84, BB 84, 982; *ArbG Osnabrück* 19.11.90 – 2 BV 18/90; *ArbG Duisburg* 24.12.93, AuR 94, 381, Ls.

das **Hausrecht** zu.[427] Aus dem Hausrecht folgt, dass der BR berechtigt ist, seine auf Dauer bereitgestellten **Räume abzuschließen.**[428] Zu diesem Zweck muss ihm der AG **Schlüssel** zur Verfügung stellen, die nicht in die zentrale Schließanlage integriert sind.[429] Der AG darf das BR-Büro ohne Zustimmung des BR allenfalls in Notsituationen betreten.[430]

124 Das Hausrecht schließt Selbsthilfemaßnahmen des AG aus; gegen einen »Hinauswurf« aus seinen Räumen kann sich der BR mit den sog. **Besitzschutzrechten** nach §§ 858 ff. BGB, auch durch eine einstweilige Verfügung, zur Wehr setzen.[431] Räumt der Arbeitgeber das BR-Büro aus, hat der BR einen Herausgabeanspruch.[432] Das Besitzrecht gegenüber einem AG erstreckt sich auch auf die dem BR zur Verfügung gestellten Sachmittel.[433] Benötigt der AG dringend die Räume und stellt er dem BR eine gleichwertige Alternative zur Verfügung, ist der BR zum »Umzug« verpflichtet.[434] Der AG darf die Räume jedoch nicht willkürlich entziehen und rechtsmissbräuchlich handeln.[435] Werden dem BR überlassene Räume von der Kündigung eines Mietvertrags erfasst, müssen diese geräumt werden.[436] Der AG muss dem BR dann in unmittelbarer zeitlicher Verbindung neue Räumlichkeiten zur Verfügung stellen.

125 Nach der Rspr. soll das Hausrecht des BR nicht so weit gehen, dass er uneingeschränkt **Journalisten (oder sonstige Dritte) im BR-Büro empfangen kann.**[437] Ein solches Recht soll dem BR nur zustehen, wenn und soweit die Unterrichtung der Journalisten zur Erfüllung seiner gesetzlichen Aufgaben erforderlich ist[438] oder wenn er auf öffentliche Äußerungen des AG erwidern will.[439] Der BR hat aber das Recht, einen **Rechtsanwalt** in den BR-Räumen zu empfangen.[440]

2. Allgemeine Arbeitsmittel

126 Zu den **sachlichen Arbeitsmitteln,** die der BR zur ordnungsgemäßen Erfüllung seiner Aufgaben benötigt, gehören das **erforderliche Mobiliar,** z. B. **verschließbare Schränke, Schreibtische, Tische und Stühle**[441] sowie **Schreibmaterialien, Büro-(Klein-)Material, Aktenordner, Stempel, Briefmarken, Schreibmaschinen, Diktiergeräte** u. ä.[442] Auch ein **Tischrechner mit Addierrolle** ist erforderlich.[443]

127 Der BR ist berechtigt, für seinen Schriftverkehr **Briefpapier** mit dem Kopf des UN und dem Zusatz »Der Betriebsrat« zu benutzen.[444]

128 Sind BR viel außerhalb der Betriebsstätte unterwegs, können im Einzelfall auch (mobile) **Navigationsgeräte** erforderlich sein,[445] Der nach der Rechtsprechung[446] erforderliche Zusam-

---

427 *ArbG Heilbronn,* a. a. O.; ErfK-*Koch,* Rn. 15; *Fitting,* Rn. 112 m. w. N.; vgl. auch *BAG* 18.9.91, DB 92, 434; HWGNRH-*Glock,* Rn. 111; *Ehrich/Hoß,* NZA 96, 1075, 1082; vgl. ferner Rn. 101.
428 *Heidemann* AiB 05, 288; *Kühner,* S. 178; a. A. HWGNRH-*Glock,* Rn. 107; vgl. auch *Kort,* NZA 90, 598.
429 *ArbG Heilbronn,* a. a. O.; *LAG Nürnberg* 1.4.99, NZA 00, 335 = AiB 00, 35 mit Anm. *Seefried; Besgen,* AiB 87, 150; *ArbG Mannheim* 20.10.99, AiB 01, 48 mit Anm. *Stather.*
430 *ArbG Mannheim,* a. a. O.
431 *ArbG Berlin* 6.5.92, AiB 93, 184; *ArbG Duisburg,* a. a. O.
432 *ArbG Freiburg* 5.11.96, AiB 97, 413 mit Anm. *Kunz; Fitting,* Rn. 111.
433 *ArbG Duisburg,* a. a. O.
434 *ArbG Göttingen* 11.4.88, AiB 88, 284 mit Anm. *Schoof;* HWGNRH-*Glock,* Rn. 109. sieht eine jederzeitige Verfügungsmöglichkeit.
435 Zutreffend GK-*Weber,* Rn. 142., zum »Herausgabeanspruch« des AG *LAG Köln* 30.9.11 – 10 TaBV 23/11, juri9 s.
436 *LAG Hamm* 28.5.10 – 13 TaBV 102/09, juris.
437 *BAG* 18.9.91, DB 92, 434; Richardi-*Thüsing,* Rn. 65; *Fitting,* Rn. 112.
438 *BAG,* a. a. O.
439 *Fitting,* a. a. O.; HWGNRH-*Glock,* Rn. 111; *Müller-Boruttau,* NZA 96, 1071, 1075.
440 Vgl. *BAG* 20.10.99 – 7 ABR 37/98; ebenso GK-*Weber,* Rn. 143.
441 Vgl. *ArbG Osnabrück* 19.11.90 – 2 BV 18/90; *ArbG Bremerhaven* 11.12.85, AiB 86, 167.
442 Vgl. GK-*Weber,* Rn. 145; *Heidemann* AiB 05, 288; *Ehrich/Hoß,* NZA 96, 1075, 1082; *Kühner,* S. 179.
443 *ArbG Münster* 21.6.89, CR 89, 825.
444 *LAG Frankfurt* 21.8.73, DB 73, 2451; *Fitting,* Rn. 114; enger GK-*Weber,* Rn. 146; HWGNRH-*Glock,* Rn. 86.
445 *Besgen,* NZA 06, 959 f.
446 *BAG* 3.9.03, NZA 04, 278.

menhang mit der BR-Tätigkeit kann beispielsweise gegeben sein, wenn ein BR-Mitglied Telearbeiter an ihren häuslichen Arbeitsplätzen aufsuchen muss.[447]

a) Kopierer

Der BR kann in der Regel verlangen, dass ihm der AG ein eigenes **Fotokopiergerät** zur Vervielfältigung von Sitzungsunterlagen, Protokollen u. ä. zur Verfügung stellt.[448] Das gilt jedenfalls in größeren Betrieben; in kleineren Betrieben muss die ungestörte und jederzeitige Mitbenutzung vorhandener Geräte ermöglicht werden.[449] Neben klassischen Geräten kann ein modernes **Multifunktionsgerät**, das zusätzlich auch das Scannen von Dokumenten sowie deren Ausdruck ermöglicht, nebst der erforderlichen Software als erforderlich in Betracht kommen. Das Fotokopieren einer **gewerkschaftlichen Druckschrift** auf einem allgemein zur Verfügung gestellten Fotokopiergerät muss der AG nicht dulden, wenn diese eine eindeutige gewerkschaftspolitische Zielsetzung hat.[450] Etwas anderes gilt, wenn die Vermittlung der in der Druckschrift enthaltenen Informationen zu den Aufgaben des BR zu rechnen ist.[451] **129**

b) Telefax

Ein **Telefaxgerät** gehört in größeren UN und Konzernen zu den erforderlichen Sachmitteln des BR.[452] Der **technische Standard der Geräte** muss den im Betrieb üblichen Geräten entsprechen. In kleineren Betrieben kann es genügen, wenn dem BR die Mitbenutzung der Geräte eingeräumt wird. Statt eines Telefaxgeräts kann ein BR im Rahmen der gebotenen Interessenabwägung auch verlangen, dass ihm für entsprechende Software zur Verfügung gestellt wird, damit er vorhandene IT-Geräte (etwa einen PC) für die Versendung und den Empfang entsprechender Nachrichten verwenden kann. **130**

c) Telefon

Zur Grundausstattung gehört ein **Telefonanschluss,** von dem der BR im Rahmen seiner Aufgaben ungestört, unkontrolliert und ohne unzumutbare zeitliche Einschränkung interne und externe Gespräche führen und entgegennehmen kann[453] und den der AG zur Verfügung stellen muss. Von daher ergibt sich ein Anspruch auf eine **eigene Telefonamtsleitung,** zumindest aber auf einen **eigenen Nebenanschluss** (ggf. mit Durchwahl, in größeren Betrieben auf mehrere Anschlüsse), von dem aus ohne Zwischenschaltung der Telefonzentrale **jederzeit** Orts- und Ferngespräche im Rahmen der BR-Tätigkeit geführt werden können.[454] Einem BR-Gremium muss es möglich sein, dass alle Mitglieder telefonisch erreichbar sind und ungestört vertraulich miteinander kommunizieren können.[455] **131**

---

447 Enger *Besgen,* NZA 06, 959 f., die einen Anspruch im Regelfall nicht für ersichtlich hält.

448 ErfK-*Koch,* Rn. 16; *Fitting,* Rn. 114; GK-*Weber,* Rn. 147; *GL,* Rn. 42; *Kort,* NZA 90, 598.

449 Richardi-*Thüsing,* Rn. 68.

450 *LAG Frankfurt* 20.8.87, AuR 89, 321; HWGNRH-*Glock,* Rn. 115.

451 *Kort,* a. a. O.

452 Vgl. *LAG Hamm* 14.5.97, BB 97, 2052, Ls. = AiB 98, 43 mit Anm. *Wedde; LAG Niedersachsen* 27.5.02, AiB 03, 555 mit Anm. *Peter, Klebe/Wedde,* FS, a. a. O.; *Fitting,* Rn. 130; HaKo-BetrVG/*Blanke,* Rn. 6; Richardi-*Thüsing,* Rn. 67; a. A. *LAG Düsseldorf* 24.6.93, NZA 93, 1143 weil zwischen zwei Betriebsteilen dreimal täglich ein Kurierdienst fuhr; zu Anforderungsschreiben an AG vgl. DKKWF-*Wedde,* § 40 Rn. 17.

453 ErfK-*Koch,* Rn. 16; *Fitting,* Rn. 128; *Ehrich/Hoß,* NZA 96, 1075, 1082; *Junker/Band/Feldmann,* Supplement Computer Praxis & Recht, BB-Beilage 10/00, 18; HWGNRH-*Glock,* Rn. 112 stellt auf die Betriebsüblichkeit ab; *LAG Nds.* 30.7.14 – 16TaBV92/13 – RDV 14, 344 verneint einen Anspruch auf einen eigenen Telefonanschluss unter Hinweis darauf, dass Kontrollen durch Vereinbarungen ausgeschlossen werden können.

454 *BAG* 19.1.05, ZBVR 05, 110; *LAG Baden-Württemberg* 13.8.81 – 11 TaBV 8/81; enger *LAG Frankfurt* 18.3.86, NZA 86, 650; vgl. auch *Däubler,* CR 94, 754; *ders.,* AiB 95, 149; *Beckschulze,* DB 98, 1815 ff.; GK-*Weber,* Rn. 178 ff.; a. A. bezüglich des eigenen Amtsanschlusses Richardi-*Thüsing,* Rn. 67.

455 Ebenso WP-*Kreft,* Rn. 50; *Fitting,* Rn. 128.

132 In Betrieben mit **ausgelagerten Betriebsteilen oder Filialen** muss die Telefonanlage technisch so geschaltet sein, dass der BR die außerhalb der zentralen Betriebsstätte Beschäftigten direkt anwählen kann.[456] Weiterhin muss in derartigen Betrieben technisch sichergestellt werden, dass die in Filialen beschäftigten BR-Mitglieder telefonisch über eine Amtsleitung erreichbar sind.[457] Das *BAG* verneint in einer Entscheidung vom 27.11.02 allerdings mangels Anwendbarkeit des § 40 Abs. 2 einen Anspruch, dass durch entsprechende technische Schaltung die AN in anderen Filialen alle BR-Mitglieder anrufen können. Die betroffenen AN werden vielmehr darauf verwiesen, die BR-Mitglieder an deren Arbeitsplätzen ggf. von einem privaten Anschluss oder einem öffentlichen Fernsprecher anzurufen.[458] Diese Position ist abzulehnen, weil sie dazu führt, dass AN bei der Wahrnehmung kollektivrechtlich garantierter Rechte mit privat zu tragenden Kosten belastet werden. In einer weiteren Entscheidung gleichen Datums[459] stellt das *BAG* fest, dass der AG für alle AN in den Filialen technisch die Möglichkeit schaffen muss, von den dort vorhandenen Telefonen aus das »Betriebsratstelefon« erreichen zu können.

133 Ist für einzelne Betriebe kein örtlicher BR gebildet, steht der Anspruch auf Freischaltung der in den einzelnen Verkaufsstellen vorhandenen Telefonapparate zur Erfüllung von gesetzlichen Aufgaben dem GBR zu, damit er die Durchführung von einschlägigen BVen überwachen und einen WV bestellen kann.[460] In Kleinbetrieben kann die – ungestörte – **Mitbenutzung** des betrieblichen Fernsprechers ausreichend und zumutbar sein.[461] Entscheidend für die Zumutbarkeit der Mitbenutzung ist weniger die Technik als vielmehr das Bestehen eines ausreichenden Vertrauensschutzes.

134 Der BR hat weiterhin einen Anspruch auf einen **Anrufbeantworter.**[462] Dabei kann es sich entweder um ein eigenes Gerät im BR-Büro oder um die technische Einrichtung in einer zentralen Telefonanalge handeln. Bei der Einrichtung innerhalb einer zentralen Telefonanlage muss technisch sichergestellt sein, dass die eingegangenen Anrufe nicht von Dritten (etwa dem Systemadministrator der Telefonanlage) abgehört werden können. Ist dies nicht zu garantieren, muss der AG einen autonomen Anrufbeantworter im BR-Büro zur Verfügung stellen.

135 Das **Abhören der Telefongespräche von BR-Mitgliedern ist unzulässig.**[463] Als unbedenklich wird die Unterbrechung von Telefongesprächen durch eine sog. **Aufschaltanlage** angesehen, wenn das BR-Mitglied deutlich darauf aufmerksam gemacht wird und die Unterbrechung nicht zu einer Behinderung der BR-Tätigkeit führt.[464]

136 Nach strittiger Auffassung ist der Anschluss der BR-Telefone an **automatische Gebührenzähler** unzulässig.[465] Selbst wenn man diese Auffassung nicht teilt, ist in einer über die monatlich aufsummierte Erfassung der Gebühreneinheiten hinausgehenden Erfassung von Daten, z. B. Zielnummer, Zeitpunkt und Dauer der Einzelgespräche, ein Verstoß gegen das Verbot der

---

456 *BAG* 8.3.00, AuR 00, 142; 9.6.99, NZA 99, 1292 = AiB 99, 702 mit Anm. *Stather;* vgl. inges. *Klebe/Wedde,* FS, a. a. O.

457 *BAG* 19.1.05, ZBVR 05, 110; 27.11.02, AP Nr. 76 zu § 40 BetrVG 1972 = AiB 03, 746 mit Anm. *Ahlborn-Braun;* vgl. auch die weiteren Entscheidungen vom 27.11.02 – 7 ABR 45/01, n. v. und 7 ABR 36/01, AiB 05, 309 mit Anm. *Bergmann;*auch *LAG Köln* 9.2.04, AuR 04, 277, das einem BR, der für 21 Filialen im Umkreis von 70 km zuständig ist, vier Amtsleitungen zugesteht; ausdrücklich bestätigt durch *BAG* 19.1.05, ZBVR 05, 110.

458 Vgl. *BAG* 27.11.02, a. a. O.; a. A. *LAG Nds.* 21.9.09, das es sogar für erforderlich hält, dass in allen Verkaufsstellen des AG Telefone zur Verfügung stehen, auf denen eingehende Gespräche des BR angenommen werden können.

459 *BAG* 27.11.02, AP Nr. 75 zu § 40 BetrVG 1972.

460 *LAG Baden-Württemberg* 30.4.08, AiB 08, 416.

461 *LAG Rheinland-Pfalz,* a. a. O.; *Brill,* BB 77, 2139.

462 *Fitting,* Rn. 128; GK-*Weber,* Rn. 181; *Löwisch,* BB 01, 1744.

463 *Besgen,* AiB 87, 150; *Däubler,* CR 94, 754; *ders.,* AiB 95, 149; *Fitting,* Rn. 129; GK-*Weber,* Rn. 182; HWGNRH-*Glock,* Rn. 112; *Kort,* NZA 90, 598.

464 *BAG* 1.3.73, AP Nr. 1 zu § 611 BGB Persönlichkeitsrecht; *Besgen,* a. a. O.; *Däubler,* a. a. O.; GK-*Weber,* a. a. O.

465 *Hexel/Oberhofer,* BetrR 85, 289 [342]; *Schumann,* AiB 85, 89; *Wohlgemuth/Mostert,* AuR 86, 138; vgl. auch *Däubler,* CR 94, 754; *ders.,* AiB 95, 149; vgl. im Übrigen § 87 Rn. 166; a. A. GK-*Weber,* Rn. 183; HWGNRH-*Glock,* Rn. 112; Richardi-*Thüsing,* Rn. 67; *Kort,* NZA 90, 598; ferner *BAG* 27.5.86, AP Nr. 15 zu § 87 BetrVG 1972 Überwachung, 1.9.90, NZA 91, 316.

Störung und Behinderung der BR-Arbeit zu sehen (§ 78). Sie ist daher unzulässig.[466] Mit Blick auf Telefon-Flatrates verliert diese Frage an praktischer Bedeutung.

d) Mobiltelefon, Smartphone u. ä.

Ein **Mobiltelefon** (»**Handy**«) oder ggf. auch mehrere Geräte können erforderlich sein, wenn ein BR etwa mehrere weit auseinanderliegende Betriebsstätten zu betreuen hat oder wenn es andere zumutbare Kommunikationsmöglichkeiten zwischen einzelnen BR-Mitgliedern und betrieblichen Stellen nicht gibt.[467] Die Ausstattung mit Mobiltelefonen verbessert die Kommunikationsmöglichkeiten der BR-Mitglieder.[468] Die Erforderlichkeit ist gegeben, wenn ein BR-Mitglied aufgrund der Einbindung in überbetriebliche Gremien wie GBR oder KBR mehr als 40 % seiner Arbeitszeit außerhalb des eigenen Betriebs tätig ist.[469] Der Anspruch besteht weiterhin, wenn ein BR-Mitglied ansonsten nicht ungestört telefonieren oder angerufen werden kann.[470] **137**

Sind BR-Mitglieder aufgrund ihrer eigentlichen Tätigkeit oder wegen BR-Aufgaben oft außerhalb ihrer Betriebsstätte unterwegs, kann ein »**Smartphone**« oder eine vergleichbare Form mobiler Kommunikationsgeräte erforderlich sein, dass den die E-Mail Kommunikation oder den Zugriff auf das Internet von unterwegs ermöglicht erforderlich sein.[471] **138**

Entsprechendes gilt auch für **Funkmodem- oder GSM-Karten,** die den Zugriff auf E-Mail-Netze oder das Internet von jedem Notebook aus ermöglichen. Die Erforderlichkeit entsprechender Geräte ist insbesondere dann zu bejahen, wenn der AG entsprechende Kommunikationsmöglichkeiten im Rahmen von Verhandlungen mit dem BR nutzt (etwa durch Abruf aktueller Urteile in einer Verhandlungsrunde). BR haben insoweit ein Recht auf ein angemessenes und gleichrangiges Kommunikationsniveau.[472] **139**

3. Betriebsinterne Kommunikation

Die flächendeckende Information der AN im Betrieb über relevante Themen ist eine der wichtigsten Aufgaben des BR. Diese Informationsform ergänzt die Möglichkeiten, die für einzelne BR-Mitglieder im Rahmen von Einzelgesprächen mit AN bestehen. Die für eine breit gestreute Information notwendigen sachlichen Mittel und Kommunikationsmöglichkeiten muss der AG auf der Grundlage von Abs. 2 zur Verfügung stellen. **140**

Stehen mehrere unterschiedliche Informationswege oder -medien zur Verfügung, kann der AG den BR nicht nach eigenem Ermessen auf ein bestimmtes von mehreren sachgerechten Informationsmitteln verweisen.[473] Eine derartige **Beschränkung der Handlungsmöglichkeiten des BR** würde der Grundthese widersprechen, dass der BR seine Geschäfte eigenständig und in eigener Verantwortung führt[474] und ist daher abzulehnen. Dem BR steht somit ein eigenes Auswahlermessen zu. Ist es zur Wahrnehmung von BR-Aufgaben notwendig, AN **141**

---

466 Näher *Däubler*, Gläserne Belegschaften?, Rn. 502.

467 *ArbG Karlsruhe* 11.6.08 – 4 BV 15/07, juris; *ArbG Berlin* 7.10.05 – 28 BV 17569/05, n. v.; *ArbG Frankfurt* 12.8.97, AiB 98, 223 mit Anm. *Hess-Grunewald; ArbG Wesel* 14.4.99, AuR 00, 37; zustimmend *König*, Computer-Fachwissen, 1/98, 25 f.; vgl. auch *Fuhrmann*, AiB 97, 495; *Klebe/Wedde*, FS, a. a. O., s. *dies.*, DB 99, 1954; *Fitting*, Rn. 128 a; *Wolmerath*, jurisPR-ArbR 35/06 Anm. 5; enger *Beckschulze*, DB 98, 1815, 1817, der die Erforderlichkeit nur als Ausnahmefall sieht; ähnlich GK-*Weber*, Rn. 180; a. A. *LAG München* 20.12.05 – 8 TaBV 57/05, juris mit der praxisfernen Begründung, dass ein BR-Vorsitzender seinem Stellvertreter jeweils vorab mitteilen könne, in welcher der 39 Verkaufsstellen er wann zu erreichen sei; ebenso *LAG Baden-Württemberg* 3.3.06, LAGE § 40 BetrVG 2001 Nr. 6; Richardi-*Thüsing*, Rn. 68 mit der These, dass BR-Mitglieder nicht rund um die Uhr erreichbar sein müssen; HWGNRH-*Glock*, Rn. 113 ist für ein zurückhaltendes Agieren.

468 *Hess. LAG* 28.11.11, NZA-RR 12, 307.

469 Vgl. *ArbG Karlsruhe*, a. a. O.

470 *LAG-Sachsen-Anhalt* 23.6.10, AuR 10, 664; ähnlich *Fitting*, Rn. 128 a.

471 Ähnlich *Besgen*, NZA 06, 959 f.; a. A. Richardi-*Thüsing*, Rn. 68.

472 *Besgen*, NZA 06, 959 f.

473 So aber *BAG* 17.2.93, DB 93, 1426.

474 Vgl. *BAG* 21.4.83, AP Nr. 20 zu § 40 BetrVG 1972; *Klebe/Wedde*, DB 93, 1418 m. w. N.

unter ihrer Privatanschrift anzuschreiben (etwa längere Zeit erkrankte AN), muss der AG ihnen die notwendigen Daten zur Verfügung stellen.

142 Handelt es sich um **neue Nutzungsmöglichkeiten oder neue Systeme,** sind dem BR Zugänge oder entsprechende technische Möglichkeiten zur Verfügung zu stellen, wenn die Erforderlichkeit gem. Abs. 2 gegeben ist.[475] Die Erforderlichkeit der Nutzung ist vom BR nach allgemeinen Grundsätzen darzulegen (vgl. Rn. 3 ff.). Wird die Nutzung gefordert, muss von einem BR beispielsweise unter Berücksichtigung der Gegebenheiten im Betrieb **konkret dargelegt** werden, welche betriebsverfassungsrechtlichen Aufgaben mit den dort zur Verfügung stehenden Informationen erledigt werden sollen.[476] Allgemeine und pauschale Aussagen zur Erforderlichkeit reichen hingegen nach der zu engen Rspr. des *BAG* nicht aus.

143 Dem BR ist ein **Ermessensspielraum** einzuräumen.[477] Da er den Grundsatz der Verhältnismäßigkeit zu beachten hat, besteht für den AG ein ausreichender Schutz.[478] Verursacht etwa die Nutzung eines **E-Mail-Systems** keinen höheren Aufwand als ein sonstiges im Betrieb vorhandenes Informationsmittel, wird das Auswahlermessen des BR nicht durch den Verhältnismäßigkeitsgrundsatz eingeschränkt.[479] Er kann dies nach eigenem Ermessen sowohl für die interne Kommunikation innerhalb des Gremiums als auch für Kontakte zur Belegschaft und zu externen Personen nutzen.[480]

144 Bei der Bewertung der Erforderlichkeit ist zu beachten, dass die umfassende und rechtzeitige Information unstreitig zur laufenden Geschäftsführung des BR gehört.[481] Der AG hat die hierfür erforderlichen **Sachmittel zur Verfügung** zu stellen.[482] Unstreitig ist, dass neben Betriebsversammlung (§§ 42 ff.) und Sprechstunde (§ 39) weitere Informationsmittel wie Schwarzes Brett, Rundschreiben und Informationsschriften treten können.[483] Der BR darf Rundschreiben über das Postverteilsystem des AG versenden. Verweigert der AG dies, kann der BR diese von außerbetrieblichen Diensten befördern lassen.[484]

145 Die gleichen Grundsätze kommen zur Anwendung, wenn die **Kommunikation zunehmend oder ausschließlich über elektronische Systeme erfolgen soll.**[485] Sie gelten unabhängig von der jeweiligen Variante bzw. Gestaltung der IT-Technik (E-Mail, Internet, Intranet).

a) »Schwarze Bretter«

146 Für die Bekanntmachungen des BR hat der AG ein oder mehrere »**Schwarze Bretter**« zur Verfügung zu stellen, die an geeigneten, allen AN des Betriebs zugänglichen Stellen anzubringen sind.[486] Der BR kann als Schwarzes Brett einen **abschließbaren Info-Kasten** verlangen.[487] Er entscheidet selbstständig darüber, was er am »Schwarzen Brett« aushängen will.[488] Der Inhalt der Aushänge muss sich im Rahmen seiner Aufgaben und seiner Zuständigkeit bewegen.[489] Hierzu zählt auf Grund der Unterstützungsfunktion der Gewerkschaften gem. § 2

---

475 Vgl. *BAG* 23.8.06, NZA 07, 337, *LAG Köln* 10.1.92, NZA 92, 519.

476 So *BAG* 23.8.06, NZA 07, 337 bezüglich des Zugriffs auf das Internet; allg. *Heidemann* AiB 05, 288.

477 *BAG* 21.11.78, AP Nr. 15 zu § 40 BetrVG 1972; ähnlich *BAG* 11.11.98, DB 00, 150; *Junker/Band/Feldmann,* Supplement Computer Praxis & Recht, BB-Beilage 10/00, 14.

478 *Klebe/Wedde,* DB, a. a. O.; im Übrigen Rn. 5.

479 *LAG Baden-Württemberg* 26.9.97, AiB 98, 521 mit Anm. *Wedde.*

480 Vgl. auch *Däubler,* Internet, Rn. 509.

481 Vgl. *Klebe/Kunz,* NZA 90, 257; *BAG,* a. a. O.

482 Vgl. auch *BAG* 21.11.78, AP Nr. 15 zu § 40 BetrVG 1972; Richardi-*Thüsing,* Rn. 77 ff.

483 *BAG* 17.2.93, a. a. O.; vgl. auch *BAG,* 8.2.77, AP Nr. 10 zu § 80 BetrVG 1972 sowie Rn. 15 f., 88.

484 *ArbG Frankfurt* 26.3.97, AiB Telegramm 98, 1.

485 Vgl. zu immer dominierender werdenden elektronischen Kommunikationsformen und deren Auswirkung auf die BR-Arbeit *Klebe/Wedde,* DB 93, 1418, zugl. Anm. zu *BAG* 17.2.93, a. a. O.; *dies.,* FS, a. a. O., *dies.,* DB 99, 1954; *Wedde,* AiB 95, 252; zum Anspruch des BR auf einen Internetanschluss *Däubler,* Internet, Rn. 502 ff.

486 *BAG* 21.11.78, AP Nr. 15 zu § 40 BetrVG 1972; *Däubler,* Das Arbeitsrecht 1, Rn. 825; GK-*Weber,* Rn. 161 ff.; *Besgen,* AiB 87, 150 ff.; *Ehrich/Hoß,* NZA 96, 1075, 1082; *Roos,* AiB 98, 188, 193.

487 *ArbG Würzburg,* 23.6.98, AiB 99, 402.

488 *LAG Berlin* 23.6.80, DB 80, 1704; vgl. auch *VG Berlin* 9.11.94, PersR 95, 96.

489 *LAG Hamburg* 6.6.77, DB 78, 118; *LAG Baden-Württemberg* 10.11.77, DB 78, 799 = MitbGespr 78, 253 mit kritischer Anm. *Köstler; VG Berlin,* a. a. O.

Abs. 1 auch die Unterrichtung der Belegschaft über die **Rechtsansicht der Gewerkschaft** zu einer bestimmten aktuellen betriebsverfassungsrechtlichen Frage.[490] Auch die **Benutzung** des »Schwarzen Bretts« **durch die Gewerkschaft** kommt in Betracht.[491] Dies gilt jedenfalls, wenn der Gewerkschaft im Betrieb keine eigenen Anschlagflächen zur Verfügung stehen.

147 Der BR ist nicht gehindert, **seine Ansicht,** auch wenn sie von der des AG abweicht, am »Schwarzen Brett« **bekanntzugeben**[492] oder der Belegschaft einen Interessenkonflikt mitzuteilen und Missstände zu kritisieren.[493]**Unzulässig** sind Anschläge, die offensichtlich Beleidigungen und Ehrenkränkungen des AG enthalten.[494]

148 Bei **unzulässigen Anschlägen** kann der AG vom BR die **Entfernung** verlangen. Verwehrt der BR diese, begeht der AG grundsätzlich **verbotene Eigenmacht** (vgl. §§ 858 ff. BGB), wenn er Anschläge, die aus seiner Sicht unzulässig sind, entfernt oder entfernen lässt.[495] Der BR übt an den ihm zur Verfügung gestellten »Schwarzen Brettern« ein Besitzrecht aus.[496] Der AG ist auf das Mittel der **Gegendarstellung** beschränkt[497] oder kann den **Rechtsweg** beschreiten und ggf. eine **einstweilige Verfügung** auf Entfernung der Anschläge oder auf Widerruf der Behauptungen erwirken.[498]

149 Die Auffassung, dass bei Veröffentlichungen, die den Tatbestand einer unerlaubten Handlung erfüllen, vor allem bei Straftaten und bei Persönlichkeitsrechtsverletzungen, der AG im Wege der Notwehr bzw. Nothilfe den Anschlag entfernen lassen kann,[499] ist abzulehnen, da diesem zur Sicherung seiner Rechte genügend Möglichkeiten verbleiben, wie Gegendarstellung und Rechtsweg.[500] Einer eigenmächtigen Entfernung von Anschlägen darf sich der BR nach § 859 Abs. 1 BGB notfalls sogar mit Gewalt widersetzen.[501] Weiter hat der BR nach § 861 Abs. 1 BGB das Recht, vom AG die **Wiederanbringung der Anschläge** zu verlangen.[502] Das Umhängen von Schwarzen Brettern als Folge von Renovierungsmaßnahmen kann zulässig sein, wenn alle Beschäftigten weiterhin Kenntnis von den Mitteilungen erlangen können.[503]

b) Homepage des BR

150 Der AG ist verpflichtet, dem BR eine eigene **Homepage** im betrieblichen Intranet zur Verfügung zu stellen.[504] Steht ein Intranet **betriebsübergreifend** zur Verfügung, steht dies dem Nutzungsanspruch nicht entgegen, weil der AG Zugriffe technisch beschränken oder durch

490 *Fitting,* Rn. 116; GK-*Weber,* Rn. 162.
491 *Kort,* NZA 90, 598 [600]; GK-*Weber,* Rn. 162, wenn nur ein Schwarzes Brett zur Verfügung steht; a. A. HWGNRH-*Glock,* Rn. 133, die eine klare Trennung von den Anschlagflächen für die Gewerkschaften verlangen.
492 *LAG Berlin,* 23.6.80, DB 80, 1704; GK-*Weber,* Rn. 162 m. w. N.
493 *LAG Baden-Württemberg* 10.11.77, DB 78, 799 = MitbGespr 78, 253 mit kritischer Anm. *Köstler; VG Berlin* 9.11.94, PersR 95, 96; vgl. auch HWGNRH-*Glock,* Rn. 137.
494 *LAG Düsseldorf* 25.5.76, DB 77, 453.
495 *Hess LAG* 15.3.07 – 9 TaBVGa 32/07, juris.
496 Vgl. *Böhm,* RdA 74, 88 [93 f.]; *Däubler,* Gewerkschaftsrechte, Rn. 697; enger *Fitting,* Rn. 117; GK-*Weber,* Rn. 164; HWGNRH-*Glock,* Rn. 138; Richardi-*Thüsing,* Rn. 79, die dem AG unter den Voraussetzungen von Notwehr und Nothilfe und Weigerung des BR zur Entfernung ein entsprechendes Selbsthilferecht zubilligen wollen; zur Parallele bei gewerkschaftlichen Aushängen vgl. *LAG Frankfurt* 16.4.71, DB 72, 1027; *ArbG Gelsenkirchen* 15.3.84, AuR 85, 129, Ls.; *Schönfeld,* BB 89, 1818 [1820 f.]
497 *LAG Frankfurt,* a. a. O.; *Böhm,* a. a. O.
498 *LAG Frankfurt,* a. a. O.; *Fitting,* a. a. O.; GK-*Weber,* a. a. O.; *Kort,* NZA 90, 598 [600].
499 So *LAG Berlin* 23.6.80, DB 80, 1704; *Fitting,* a. a. O.; GK-*Weber,* a. a. O.; HWGNRH-*Glock,*Rn. 138; *Richardi,*Rn. 79.
500 So im Ergebnis auch *LAG Frankfurt,* a. a. O.; *Böhm,* a. a. O.
501 Vgl. *Böhm,* a. a. O.; vgl. ferner *Däubler,* a. a. O.
502 Vgl. *Däubler,* a. a. O.
503 *LAG Rheinland-Pfalz* 23.9.09 – 7 TaBV 20/09, juris.
504 *ArbG Paderborn* 29.1.98, DB 98, 678 = AiB 98, 282 mit Anm. *Klebe/Wedde; Fitting,* Rn. 133 ff.; GK-*Wiese,* Rn. 166; a. A. *Beckschulze,* DB 98, 1815, 1816; *Mühlhausen,* NZA 99, 136 ff.; *Junker/Band/Feldmann,* a. a. O., 19; *ArbG Frankfurt* 13.11.01, RDV 02, 133, das keinen Anspruch sieht, wenn der BR andere Kommunikationswege im Betrieb nutzen kann; zum Zugang für Gewerkschaften *Klebe/Wedde,* AuR 00, 401; vgl. allg. *Gehrke/Pfeifer* AiB 03, 522; zur Anforderung vgl. DKKWF-*Wedde,* § 40 Rn. 20.

Anweisungen untersagen kann.[505] Dem BR muss es ermöglicht werden, die Inhalte seiner Homepage jederzeit eigenständig und ohne die Einschaltung eines »Systemverwalters« ändern zu können, da er nur so seine gegenüber der Belegschaft bestehenden Informationsrechte ausschöpfen kann.[506] Abzulehnen ist deshalb die Rspr., nach der ein BR hinzunehmen hat, dass die Einstellung und Veränderung von Inhalten immer von einem Systemadministrator durchgeführt wird.[507] Für die Homepage gelten die Grundsätze zu Schwarzen Brettern entsprechend (vgl. Rn. 146). Der BR kann auf einer Homepage auch sog. **Mitarbeiterforen**[508] als elektronische Diskussionsplattform einrichten. Einer Zustimmung des AG zur Veröffentlichung bedarf es nicht.[509] Entsprechendes gilt, wenn der BR Anwendungen aus dem Bereich der sog. »Sozialen Netzwerke« bzw. der »Sozialen Medien« für seine Arbeit nutzen will. Insoweit kann die Nutzung von Angeboten wie »Twitter« oder »Facebook« erforderlich sein. Auch die Einrichtung von BR-»Wikipedia-Systemen« zu relevanten Themen kann im Einzelfall erforderlich sein. Gleiches gilt für den Aufbau und die Nutzung von sog. »internen sozialen Netzwerken«, die in der Arbeitswelt zunehmend Verbreitung finden und durch die etwa E-Mails teilweise verdrängt werden. Ggf. kann für den Betrieb entsprechender Systeme eine Unterstützung des BR durch externe Fachleute erforderlich sein. Voraussetzung für die Zulässigkeit der Nutzung »Sozialer Netzwerke« oder »Sozialer Medien« ist, dass die notwendige Vertraulichkeit und Geheimhaltung sichergestellt ist.

151 Dem AG ist es untersagt, auf vom BR in das Intranet gestellte Informationen oder Beiträge einzuwirken oder diese eigenständig zu entfernen.[510] **Notwehr- oder Nothilfetatbestände** kann der AG für sich im Regelfall nicht in Anspruch nehmen.[511] Entfernt der AG Seiten aus dem Intranet eigenmächtig, hat der BR einen Unterlassungsanspruch. Das Verhalten des AG kann eine **Behinderung der BR-Arbeit** darstellen.[512]

152 Muss der BR zum Erstellen der Homepage auf externe Anbieter zurückgreifen, weil es entsprechenden Sachverstand im Gremium bzw. im Betrieb nicht gibt, muss der AG diese Kosten wie sonstigen Geschäftsbedarf übernehmen.[513] Hingegen soll **kein Anspruch** auf Einrichtung und Nutzung einer **öffentlichen Homepage** im Internet bestehen. Dem AG steht in diesen Fällen **ein Unterlassungsanspruch** gegen den BR zu.[514]

153 Besteht keine direkte elektronische Anbindung an betriebliche Netze, hat der BR ggf. einen Anspruch auf eine direkte Verbindung zum Internet, um auf die dort vorhandenen Möglichkeiten wie insbesondere das »WEB« oder die E-Mail-Kommunikation zugreifen zu können. In Betracht kommt insbesondere ein eigener DSL-Anschluss, während ein **Modem** nebst entsprechender **Kommunikationssoftware** inzwischen nicht mehr dem aktuellen Stand der Technik entsprechen wird.[515] In Abhängigkeit von der konkreten betrieblichen Situation kann auch ein eigener Kommunikationsserver (etwa »Microsoft Exchange«) erforderlich sein. Werden in einem Betrieb **Kommunikationsvorgänge und Geschäftsvorgänge** auf der **Basis des Internet/Intranet abgewickelt** (etwa durch **Workflow-Management-Konzepte** oder durch Etablierung einer **»Internet-Driven-Company«**),[516] steht dem BR ein Anspruch auf autonome Nutzung dieser Strukturen für seine Arbeit zu.

---

505 *BAG* 1.12.04, AuR 05, 237.

506 *BAG* 3.9.03 – 7 ABR 8/03 – und – 7 ABR 12/03, DB 04, 491 = AuR 05, 111 mit Anm. *Wedde* = AiB 04, 694 mit Anm. *Wedde;* im Ergebnis ebenso *Fitting,* Rn. 133.

507 So aber *ArbG Frankfurt* 13.11.01, RDV 02, 133.

508 Vgl. hierzu *Mitschewski,* CF 10/05, 35.

509 *LAG Schleswig-Holstein,* 31.10.02 – 1 TaBV 16/02, AuR 03, 311.

510 Vgl. *LAG Schleswig-Holstein,* 31.10.02 1 TaBV 16/02 AuR 03, 311, 28.1.03 5 TaBV 25/02 AuR 03, 312.

511 *LAG Hamm* 12.3.04 RDV 04, 233.

512 *LAG Hamm,* a. a. O.

513 *Däubler,* Internet, Rn. 490.

514 *ArbG Paderborn,* a. a. O.

515 Vgl. *BAG* 3.9.03, DB 04, 491 zum Anspruch auf einen Internet-Anschluss; zustimmend GK-*Wiese,* Rn. 167; vgl. auch *Fitting,* Rn. 131; *Besgen,* NZA 06, 959; *Beckschulze,* DB 07, 1526.

516 Vgl. *Wedde,* Die Virtualisierung der Arbeitsbeziehungen, in: *Lorenz/Schneider* (Hrsg.), Der flexible Betriebsrat, Hamburg 2002, S. 17 ff.

c) Intranetanschluss

Werden innerhalb eines Betriebs ergänzende Kommunikationsvorgänge über ein bestehendes internes Intranet abgewickelt, hat der BR nach den vorstehend beschriebenen allgemeinen Grundsätzen (vgl. Rn. 140 ff.) einen Anspruch, autonome Nutzungsmöglichkeiten eingeräumt zu bekommen. Dieser Anspruch wird dann bedeutsam, wenn der AG beispielsweise eigene »Wikis«, d. h. von AN inhaltlich mit gestaltete Informationsangebote einrichtet oder offene interne Kommunikationskonzepte nach dem Modell von »**Facebook**« einführt. 154

d) E-Mail-Zugang

Der BR hat nach den vorstehend beschriebenen allgemeinen Grundsätzen (Rn. 140 ff.) einen Anspruch darauf, ein vorhandenes betriebliches **E-Mail-System** für seine Arbeit eigenständig nutzen zu können. Hierzu gehört sowohl betriebsinterne Kommunikation als auch externe (etwa mit zuständigen Gewerkschaften oder mit anderen Betrieben). In diesem Rahmen kann er vom AG auch verlangen, dass eine eigene E-Mail-Adresse für den BR eingerichtet wird.[517] 155

e) Neue Kommunikationsmöglichkeiten

Besteht die Möglichkeit der Ausstrahlung und des Empfangs **unternehmenseigener Fernsehsendungen** (»**Business-TV**«) und nutzt der AG diese für die Kommunikation mit der Belegschaft, steht dem BR ein Nutzungsanspruch nach allgemeinen Grundsätzen zu.[518] Entsprechendes gilt, wenn entsprechende **internetbasierende Kommunikationsmöglichkeiten** (»**Web-TV**«) geschaffen werden. 156

Sind AN aufgrund der spezifischen Belegschaftsstruktur optimal mittels neuer Kommunikationsdienste aus dem Bereich der sog. »Sozialen Netzwerke« wie etwa **Twitter**, **Facebook** usw. zu erreichen, kann der BR diese für seine Informationsarbeit nutzen, wenn er dies für erforderlich hält. Anfallende Kosten sind in diesen Fällen vom AG zu übernehmen bzw. zu erstatten. Der BR muss beachten, dass betriebsinterne Informationen nicht von Unbefugten gelesen werden können. 157

4. IuK-Technik

Der Gesetzgeber hat im Rahmen **des BetrVerf-ReformG 2001** neben den sachlichen Mitteln in Abs. 2 ausdrücklich **Informations- und Kommunikationstechnik** (IuK-Technik) als erforderliches Sachmittel eingeführt. Der AG ist verpflichtet, dieses Sachmittel dem BR für seine Arbeit zur Verfügung zu stellen.[519] Hierzu gehören vor allem Computer mit entsprechender Software, aber auch die Nutzung im Betrieb oder Unternehmen vorhandener moderner Kommunikationsmöglichkeiten und Kommunikationsdienste.[520] AG sind nicht berechtigt, auf Informationen, Dateien oder Daten zuzugreifen, die der BR mittels der zur Verfügung gestellten IuK-Technik erhebt, verarbeitet oder nutzt.[521] 158

Der Gesetzgeber hat die IuK-Technik in den Katalog von Abs. 2 aufgenommen, ohne zugleich Aussagen dazu zu machen, worauf der BR in welchem Umfang zugreifen darf und inwieweit die **Betriebsüblichkeit der Nutzung** hier relevant wird.[522] Damit sind betriebliche Konflikte 159

517 Ähnlich *Fitting*, Rn. 134; a. A. *LAG Köln* 27.9.01, AiB 03, 37 mit Anm. *Wedde;* HWGNRH-*Glock*, Rn. 117.
518 Zutreffend *Manstetten* in Anm. zu *ArbG Münster* 17.12.96, AiB 98, 169.
519 Vgl. *Engels/Trebinger/Löhr-Steinhaus*, DB 01, 532 [538]; *Hanau*, RdA 01, 65 [71]; *Klebe/Wedde*, DB 99, 1954 m. w. N.; *Löwisch*, BB 01, 1734 [1744]; *Konzen*, RdA 01, 76 [84]; einen Überblick zu erforderlicher IuK-Technik geben Lück, AiB 11, 298 und *Schomaker*, AiB 11, 325; zur Erforderlichkeit im Rahmen der BR-Wahl *Schneider/Wedde* AuR 07, 26.
520 BT-Drucks. 14/5741, S. 41 zu Nr. 31.
521 *LAG Düsseldorf* 7.3.12, BB 12, 832.
522 Ähnlich *BAG* 3.9.03 – 7 ABR 8/03 – und – 7 ABR 12/03 –, DB 04, 491 = AuR 05, 111 mit Anm. *Wedde* = AiB 04, 694 mit Anm. *Wedde.*

nicht auszuschließen, in denen es nicht mehr um das »ob« der IuK-Nutzung geht, sondern um das »wie«.[523]

160 Als Konsequenz sind auf diesem Feld Rechtsstreitigkeiten zu erwarten, die an die Erforderlichkeit der IuK-Technik im konkreten Fall anknüpfen. Abzulehnen ist in diesem Zusammenhang die Feststellung des *BAG*,[524] dass BR regelmäßig nur ein Anrecht auf zeitnahe Beschaffung von Gesetzestexten haben, nicht aber auf tagesaktuelle Informationen. Diese Auffassung führt dazu, dass Entscheidungsabläufe in BR ohne zwingenden Grund verzögert werden. Gesehen wird die Erforderlichkeit vom *BAG* allerdings, wenn der AG im Betrieb Änderungen der Rechtslage missachtet oder nur zögerlich beachtet.[525]

a) Begriff

161 Der allgemeine und teilweise abstrakte Begriff der IuK-Technik als modernes Sachmittel berücksichtigt die **schnelle Entwicklung** in diesem Bereich und stellt klar, dass der BR dieses für seine Arbeit benötigt.[526] Die Aufnahme der IuK-Technik in den Katalog der gem. Abs. 2 erforderlichen Arbeitsmittel versetzt ihn in die Lage, an der schnellen Entwicklung und den hieraus resultierenden Vorteilen und Verbesserungen seiner praktischen Arbeit teilzuhaben.

162 Der **Begriff** der IuK-Technik **ist weit auszulegen.** Er erfasst alle technischen Möglichkeiten, die dem BR ein rationelles Arbeiten ermöglichen.[527] Mit Blick auf die hohe Innovationsgeschwindigkeit der Iuk-Technik ist er darüber hinaus **flexibel** auszulegen und nicht statisch. Dies folgt aus dem gesetzgeberischen Hinweis, dass es sich um ein **modernes Sachmittel** handelt.[528] Er beinhaltet die Gesamtheit der zur Informationsbe- und -verarbeitung zur Verfügung stehenden Geräte und Anlagen, der zur Übermittlung von Daten dienenden Leitungs- und Verbindungsnetze sowie der verschiedenen Übermittlungsdienste. Erfasst werden damit neben **Computern nebst Software** (»**PC**« oder »**Notebook**«, vgl. hierzu auch Rn. 169 ff.) sowie **Telefone** oder Handys (vgl. Rn. 137 ff.) beispielsweise auch **Internet-Zugänge**, **Verschlüsselungssoftware**, sog. **Smartphones, MDAs, iPhones, iPads, Tablet-PCs** (vgl. Rn. 169 ff.) und andere vergleichbare Geräte.[529] Im Einzelfall können sich Überschneidungen zwischen »IuK-Technik« und Geräten sowie DV-Hard- und Software ergeben, die bisher unter »sachliche Mittel« gefasst waren.

b) Nutzung durch den BR

163 Sind im Betrieb elektronische **Kommunikationssystemen oder -dienste** (etwa **E-Mail, Internet, Intranet)** vorhanden, ist der AG verpflichtet, dem BR den Zugriff zu gestatten, auch wenn er etwa einen vorhandenen Zugang selbst nicht oder nur eingeschränkt nutzt.[530] Wann die Schwelle einer allgemeinen Nutzung überschritten ist, soll nach Auffassung der Rspr. in Abhängigkeit von der konkreten betrieblichen Situation beurteilt werden.[531] Erfolgt im Betrieb

---

523 *Wedde*, AiB 01, 131; ähnlich *Däubler*, AuR 01, 5; a. A. *Engels/Trebinger/Löhr-Steinhaus*, DB 01, 532 [538] sowie die AG-Meinung in Gestalt von *Rieble/Gutzeit*, ZFA 01, 341.

524 Vgl. etwa *BAG* 23.8.06, NZA 07, 337, das im konkreten Fall die Erforderlichkeit verneint hat.

525 *BAG*, a. a. O.; vgl. auch *Wolmerath* juris PR-ArbR 8/2007, Anm. 3.

526 Ähnlich Däubler, Internet, Rn. 463 a; enger GK-*Weber*, Rn. 170 ff., die die Erforderlichkeit nach wie vor besonders betonen.

527 *Plander*, DB 00, 2015; ähnlich *Fischer*, NZA 00, 167 [174]; *Engels/Trebinger/Löhr-Steinhaus*, DB 01, 532 [538].

528 BT-Drucks. 14/5741, S. 41 zu Nr. 31.

529 Ähnlich *Engels/Trebinger/Löhr-Steinhaus*, DB 01, 532 [538].

530 *BAG* 3.9.03 – 7 ABR 8/03, DB 04, 493 und 7 ABR 12/03, DB 04, 491 = AuR 05, 111 mit Anm. *Wedde* = AiB 04, 694 mit Anm. *Wedde; LAG Nds.* 27.10.10, AuR 11, 222; zur Rechtsprechung der Instanzgerichte vgl. die Nachweise in der 12. Auflage 2010; im Ergebnis wie hier *Däubler*, Internet, Rn. 474 ff.; *Fitting*, Rn. 134; GK-*Wiese*, Rn. 166; *Junker/Band/Feldmann*, a. a. O., 18 f.; enger *Beckschulze/Henkel*, DB 01, 1499; *Beckschulze*, DB 03, 2777 [2783]; *Löwisch*, BB 01, 1734 [1744]; HWGNRH-*Glock*, Rn. 135; *Weber*, NZA 08, 280 (284); a. A. *ArbG Frankfurt* 13.11.01, RDV 02, 133, das einem BR eine Intranet-Homepage unter Hinweis auf die bestehende Möglichkeit der E-Mail-Versendung verweigert hat; Muster eines Anforderungsschreibens an den AG bei DKKWF-*Wedde*, § 40 Rn. 21.

531 *BAG* 23.8.06, NZA 07, 337 sieht noch **keinen allgemeinen Anspruch,** wenn in einem Betrieb lediglich

eine allgemeine Nutzung, steht dem BR ein **Auswahlermessen** nach den Grundsätzen des § 40 Abs. 1 zu,[532] in dessen Rahmen er nach pflichtgemäßem Ermessen darüber entscheiden kann, ob er zur Information die elektronischen Kommunikationsmöglichkeiten oder andere Informationswege wie beispielsweise Schwarze Bretter oder eine außerordentliche Betriebsversammlung nutzt.[533] Dem BR kann der Zugriff jedenfalls dann nicht verwehrt werden, wenn die gewählte Alternative kostenneutral gegenüber anderen Medien ist.[534]

Wird beispielsweise die Arbeit im Betrieb standardmäßig durch eine entsprechende Organisationssoftware (etwa zur Terminkoordinierung oder zum Projektmanagement) koordiniert, kann diese auch der BR nutzen. Verfügen sensible Bereiche oder Abteilungen im Betrieb (Entwicklung, Geschäftsleitung, Personal- oder Finanzabteilung usw.) über geschlossene Intranets, speziell abgesicherte Systeme, Verschlüsselungssoftware usw., kann auch der BR die entsprechende Nutzung verlangen.[535] Werden spezifische Geräte wie Handys (vgl. Rn. 137), Smartphones, Tablet-PCs, Notebooks (vgl. Rn. 177) oder Kommunikationswege wie E-Mail, Intranet/Internet (vgl. Rn. 161 ff.) oder Firmenfernsehen (vgl. Rn. 156) genutzt, kann der BR die Zurverfügungstellung für seine Arbeit verlangen, wenn sie aus seiner Sicht erforderlich ist. Das Vorliegen der Erforderlichkeit muss der BR für den Einzelfall vortragen.[536] Der Verweis auf die Notwendigkeit soll nach der zu engen Rspr. des BAG[537] nicht schon aus der Tatsache folgen, dass die Geschäftsleitung die Möglichkeiten der IuK-Technik umfassend nutzt bzw. dass der Zugriff auf das Internet sich aus kollektivrechtlichen Aufgaben ableitet, die dem BR obliegen. **164**

Sind für eine effektive Nutzung elektronischer Kommunikationssysteme besondere Vorkehrungen wie etwa die Freischaltung von **E-Mail-Verteilern** notwendig, muss der Arbeitgeber diese treffen.[538] Der Zugang zum Internet darf inhaltlich nicht beschränkt werden.[539] Der Nutzung vorhandener IuK-Technik und insbesondere der Möglichkeit der Einstellung eigener Inhalte in ein betriebliches Internet (etwa auf einer eigenen Homepage) steht auch nicht die Tatsache gegenüber, dass neben den unmittelbar von einem BR vertretenen AN auch andere Beschäftigte (etwa AN in betriebsratslosen Betrieben) auf die eingestellten Inhalte zugreifen können.[540] **165**

Sind in einem Betrieb AN nur noch auf elektronischem Weg zu erreichen **(Telearbeiter, Außenarbeitnehmer, Vertriebsmitarbeiter usw.),** kann der BR sich aus den vorhandenen elektronischen Kommunikationswegen den heraussuchen, der für eine Herstellung und Aufrechterhaltung des Kontaktes sinnvoll und effizient ist.[541] **166**

---

zwei leitende Mitarbeiter einen Internet-Zugang haben; *LAG Hessen* 16.9.05, RDV 06, 83 hat einen Anspruch verneint, weil mehr als 80 % der Mitarbeiter keinen gesicherten Zugriff zu E-Mail Systemen hatten; *LAG Nds.* 29.4.08, AuR 09, 54 = AiB 09, 96 mit Anm. *Lück* sieht einen Anspruch erst, wenn ohne seinen Einsatz die Wahrnehmung anderer Rechte und Pflichten vernachlässig werden müsste; *LAG Nürnberg* 19.3.08, AuR 08, 406 verweist bezüglich der Begründung der Erforderlichkeit auf die Möglichkeit der schnellen Informationsgewinnung.

532 *BAG* 21.11.78, AP Nr. 15 zu § 40 BetrVG 1972; vgl. auch *BAG* 1.12.04, EzA-SD 05, Nr. 10, 10; 3.9.03 – 7 ABR 8/03 – und – 7 ABR 12/03 –, DB 04, 491 = AuR 05, 111 mit Anm. *Wedde* = AiB 2004, 694 mit Anm. *Wedde.*

533 Vgl. *Klebe/Wedde*, FS, a. a. O. m. w. N.; *dies.*, DB 99, 1954; *Fitting*, a. a. O.; GK-*Wiese*, a. a. O.; a. A. *Junker/Band/Feldmann*, BB-Beilage 10/00, 14; zum entsprechenden Anspruch von Gewerkschaften *Klebe/Wedde,* AuR 00, 401.

534 A. A. *BAG* 17.2.93, DB 93, 1426; vgl. auch vom 1.12.04, NZA 05, 1656, nach dem bei der Abwägung zugunsten des AG auch die Begrenzung der Kostentragungspflicht zu berücksichtigen ist; ähnlich *Fitting,* Rn. 127.

535 Ähnlich *BAG* 3.9.03 – 7 ABR 8/03 – und – 7 ABR 12/03 –, DB 04, 491 = AuR 05, 111 mit Anm. *Wedde* = AiB 04, 694 mit Anm. *Wedde.*

536 *BAG* 23.8.06, a. a. O., das einen entsprechenden Sachvortrag im abgelehnten Fall vermisst hat.

537 *BAG* 23.8.06, NZA 07, 337; *LAG Köln* 19.1.06, NZA-RR 06, 472.

538 Enger bezüglich der Erforderlichkeit von Verteilern für den GBR *LAG München* 21.5.08 – 3 TaBV 19/08, juris.

539 *LAG Berlin-Brandenburg* 9.7.08, BB 08, 2066.

540 *BAG* 1.12.04, dbr 7/05, 37.

541 Ähnlich *Däubler,* Internet und Arbeitsrecht, Rn. 509; *Klebe/Wedde,* DB 99, 1959; *Wedde,* S. 143, 218 ff.; enger *Beckschulze,* DB 98, 1815.

167 **Entsprechendes** gilt nach der Aufnahme der IuK-Technik in den Katalog der Arbeitsmittel des BR auch **für technische Möglichkeiten,** die **im Betrieb** noch **nicht standardmäßig** vorhanden sind, die der BR aber im Rahmen seines Auswahlermessens für erforderlich hält. Ist beispielsweise in einem Betrieb oder Unternehmen der Einsatz von Notebooks, Handys, E-Mail-Systemen oder anderen IuK-Technik-Komponenten nicht üblich, kann der BR ihre Zurverfügungstellung analog der vorstehend beschriebenen Grundsätze verlangen, wenn eine entsprechende Erforderlichkeit besteht. Die tatsächliche IuK-Ausstattung des AG stellt aus Sicht des BR keine Begrenzung für die Erforderlichkeit im Sinne der Vorschrift dar. Ein Verzicht des AG auf technische Neuerungen darf nicht dazu führen, dass die Arbeitsmöglichkeiten des BR in unzulässiger Weise eingeschränkt werden.

168 Der AG kann BR-Mitgliedern nicht verwehren, dass sie dem BR **private IuK-Geräte** (etwa DSL-Modem, Scanner usw.) oder persönliche Datenbankzugänge (für arbeitsrechtliche Themen etwa den Zugriff auf www.boeckler.de) zur Verfügung stellen, wenn diese für die BR-Arbeit erforderlich, aber im Betrieb noch nicht vorhanden sind. Dies gilt insbesondere, wenn durch die Nutzung keine Mehrkosten ausgelöst werden.

c) PC, PC-Zubehör und Notebook

169 Für die Nutzung der meisten IuK-Anwendungen und -dienste ist ein PC unumgänglich. Arbeitsplatzcomputer in ihrer Ausgestaltung als Desktop-PC oder als Notebook sowie in modernen Varianten als Hand-Held-Computer, Tablet-PC oder iPad sind das zentrale Arbeitsmittel geworden. Hieraus leitet sich unmittelbar die Erforderlichkeit einer Grundausstattung für BR-Arbeitsplätze ab. Die Konfiguration seiner PC bestimmt der BR selbst.[542]

170 Die **Bereitstellung** einer angemessenen Zahl von **Personalcomputern** (»PC«) **nebst Zubehör** (Tastatur, Maus, CD- bzw. DVD-Laufwerk, USB-Anschlüsse sowie Speichermedien, vgl. hierzu Rn. 173) gehört als Ergebnis der Einfügung der Informations- und Kommunikationstechnik durch den BR zu den erforderlichen Sachmitteln der BR-Arbeit, ohne dass es hierfür noch einer **nähere Begründung** bedarf.[543] Verweigert ein AG dem BR einen PC und verweist ihn stattdessen etwa darauf, notwendige Schriftstücken handschriftlich zu erstellen bzw. mit einer konventionellen Schreibmaschine abzufassen und zu kopieren, kann dies als Behinderung einer auf einem Mindestniveau moderner Schreibtechnik stattfindenden BR-Arbeit qualifiziert werden.[544] Die Forderung eines AG, Schriftstücke per Hand oder mit einer elektrischen Schreibmaschine des legendären Typs »Gabriele« zu schreiben, ist im Zeitalter der EDV unzumutbar und degradierend.[545] Ein BR muss sich selbst in Kleinbetrieben nicht auf die Mitbenutzung eines vorhandenen PC verweisen lassen, weil sich diese immer mit der Gefahr verbindet, dass der AG (bspw. über temporär gespeicherte Daten) unzulässige Kenntnisse von internen BR-Vorgängen (etwa von BR-Protokollen) erlangen kann.[546]

171 Einer besonderen Begründung der Erforderlichkeit bedarf es deshalb nur in den Fällen, in denen der BR mehr als einen Standard-PC oder bestimmtes Zubehör wie etwa **ausgefallene Software** oder einen leistungsfähigen **Scanner** benötigt. Zur üblichen Ausstattung kann hingegen auch ein Multifunktionsgerät gehören, dass die Möglichkeiten eines Scanners und eines

---

542 *LAG Berlin-Brandenburg* 4.3.11, DB 11, 882 = DuD 11, 425.

543 Ebenso *ArbG Berlin* 15.8.08, dbr 09, 39 mit Anm. *Wedde*, die Entscheidung enthält eine lesenswerte Begründung; *ArbG Berlin* 7.10.05, AuR 06, 37; *LAG München* 19.12.07, jurisPR-ArbR 24/08 mit Anm. Wolmerath; *LAG Berlin-Brandenburg* 23.3.06 – 18 TaBV 2050/05, n. v.; *LAG Köln* 9.1.08, BB 08, 1505; *HessLAG* 7.2.08, dbr 08, 7/08, 37, das die Benutzung eines PC durch den Betriebsrat als für einen vernünftigen und angemessenen Einsatz menschlicher Arbeitskraft unabdingbar ansieht; HaKo-BetrVG/*Blanke*, Rn. 6, *Däubler*, AuR 01, 285; ErfK-*Koch*, Rn. 16; *Fitting*, Rn. 127, 131; *Wlotzke/Preis*, Rn. 53; *Konzen*, RdA 01, 84; *Löwisch*, BB 01, 1744; differenzierend *LAG München* 17.12.07, BB 08, 441, das die Erforderlichkeit für gegeben sieht, wenn der Arbeitgeber bei Verhandlungen mit dem Betriebsrat seinerseits die Möglichkeiten der elektronischen Datenverarbeitung nutzt; a. A. *LAG Bremen* 4.6.09, NZA-RR 09, 485.

544 Vgl. *HessLAG* 7.2.08, AiB Newsletter 9/5.

545 *LAG Schleswig-Holstein* 27.1.10, AuR 10, 132.

546 A. A. GK-*Weber*, Rn. 174, der in Kleinbetrieben eine Mitbenutzung für zulässig hält.

Druckers vereint und dass mit entsprechender Software auch als Kopierer oder Telefaxgerät genutzt werden kann.

Als **erforderlich** ist ein **PC mit Hard- und Software-Standardausstattung** anzusehen.[547] Für den technischen Standard ist es bedeutsam, welche Ausstattung der AG nutzt.[548] Der BR kann in jedem Fall eine Ausstattung mittlerer Qualität und Güte verlangen.[549] Weiterhin ist bezüglich der PC-Leistung zu berücksichtigen, dass neue Programme i. d. R. höhere Rechnerleistungen notwendig machen. Bei der Überprüfung der Erforderlichkeit ist von den betrieblichen Verhältnissen zum **Zeitpunkt der Beschlussfassung** auszugehen.[550] Auf die Größe des BR kommt es nicht an.[551] Der BR muss sich mit Blick auf den notwendigen **Vertrauensschutz** im Regelfall nicht auf die Mitbenutzung vorhandener Rechner des AG verweisen lassen.[552] **172**

Zur **notwendigen Hardware** gehört ein PC mit einem Leistungsvolumen, das einerseits dem aktuellen betrieblichen Standard entspricht (vgl. Rn. 172) und das andererseits den Bedürfnissen des BR gerecht wird.[553] Die Geräte müssen mit angemessenen Speichermedien ausgestattet sein. Dies sind im Regelfall CD- bzw. DVD-Laufwerke, mit denen Daten gelesen und geschrieben werden können, Wechsellaufwerke[554] nebst des notwendigen Verbrauchsmaterials (CD- oder DVD-»Rohlinge«). Darüber hinaus sind mit Blick auf die aktuelle Technik universelle Anschlüsse für Peripheriegeräte (etwa USB- oder Firewireanschlüsse) erforderlich. Hinzu kommen im Einzelfall transportable Speichermedien wie beispielsweise »USB-Sticks« oder »USB-Festplatten«. **173**

Zur PC-Standardausstattung eines BR gehören ein Monitor und ein Drucker nebst entsprechender Verkabelung. Ein **Farbdrucker** ist erforderlich, wenn der BR vom AG Unterlagen mit Farbdarstellung erhält.[555] Der AG muss weiterhin die **notwendige Software** stellen. Stets zur Verfügung zu stellen sind **Anwendungsprogramme** für Textverarbeitung, Präsentation und Tabellenkalkulation[556] und Programme zur Aufbereitung von BR-Unterlagen (etwa sog. PDF-Writer). Erforderlich können darüber hinaus Spezialprogramme sein wie etwa Programme, die auf die besonderen Bedürfnisse von BR zugeschnitten sind.[557] **174**

Wird im Betrieb **spezielle Software** eingesetzt (z. B. SAP-Komponenten), hat der BR hierauf ebenfalls einen Anspruch. Dieser besteht insbesondere dann, wenn seine Mitwirkungs- und Mitbestimmungsrechte nur auf dieser Basis gesichert werden können (z. B. praktische Umsetzung des Anspruchs auf Einsicht in Bruttolohn- und Gehaltslisten gem. § 80 Abs. 2 Satz 2, 2. Halbs.). Bestehen im Betrieb Zugänge zum **Internet,** ist dem BR auch die hierfür notwendige Software zur Verfügung zu stellen.[558] Gleiches gilt, wenn ein betriebliches Intranet bzw. E-Mail-Systeme genutzt werden. **175**

Zur Sicherung der Vertraulichkeit ist darüber hinaus bei vernetzten PC-Systemen **Verschlüsselungssoftware** erforderlich, da anderenfalls nicht auszuschließen ist, dass technisches Personal oder andere Dritte Zugriff auf vertrauliche BR-Unterlagen erlangen. Haben BR einen direkten Zugriff auf das Internet, ist darüber hinaus Software zum **Viren- und Spamschutz** ebenso erforderlich wie eine **Firewall.** Wird entsprechende Schutzsoftware im Betrieb nicht ohnehin standardmäßig verwendet, hat der BR einen Anspruch, dass zum Schutz der Vertraulichkeit seiner Daten im inner- wie im außerbetrieblichen Rahmen eingesetzt wird (zur Erforderlichkeit von Fachkräften für die Installation und Bedienung dieser Software vgl. **176**

---

547 *Fitting,* Rn. 131.
548 *BAG* 11.3.98, NZA 98, 953 = AiB 98, 646 mit Anm. *Wedde.*
549 *Fitting,* Rn. 131; enger GK-*Wiese,* Rn. 153.
550 *BAG* 16.3.98, AP Nr. 63 zu § 37 BetrVG 1972; 11.3.98, a. a. O.
551 A. A. *BAG* 11.3.98, a. a. O., das eine entsprechende Ausstattung für »Ein-Personen-BR« bzw. BR in Kleinunternehmen in Zweifel zieht; ähnlich *Fitting,* a. a. O.; zur Kritik vgl. Anm. *Wedde,* AiB 98, 647 f.; *Klebe/Wedde,* FS, a. a. O.; *dies.,* DB 99, 1954; *Fischer,* BB 99, 1921.
552 *BAG,* a. a. O.
553 *Fitting,* Rn. 131.
554 Ebenso *Fitting,* Rn. 131.
555 *LAG Hamm* 18.6.10, NZA-RR 10, 521.
556 *Fitting,* Rn. 131; *Besgen,* NZA 06, 959 [961].
557 Vgl. zu speziellen BR-Software-Lösungen grundsätzlich *Böker,* ComputerFachwissen 1/98, 31.
558 *Fitting,* Rn. 131.

Rn. 23 und 196 ff.). Ein BR kann ein Begehren auf Bereitstellung eines Internetzugangs im Regelfall allein auf die fortschreitende technische Entwicklung und den allgemeinen Verbreitungsgrad des Internets stützen. Ein Internetanschluss ist weder Luxus noch Annehmlichkeit, sondern in der Arbeitswelt inzwischen schlicht selbstverständlich.[559] Er ist vielmehr inzwischen Voraussetzung für die Nutzung eines Computers.[560] So erfolgen beispielsweise Updates der verwendeten Software heute regelmäßig über das Internet.

177 Derzeit noch etwas differenzierter ist die Erforderlichkeit eines **Notebooks** oder eines **Smartphones** zu betrachten.[561] Sie kann z. B. gegeben sein, wenn ein BR-Mitglied wegen erheblicher Reisetätigkeit im Rahmen seiner Aufgaben für den BR, GBR oder KBR seine Aufgaben nur mit diesem Hilfsmittel erfüllen kann.[562] Die Erforderlichkeit ist zu bejahen, wenn eine entsprechende Ausstattung betrieblicher Standard ist.[563] Mit Blick auf den notwendigen **Daten- und Vertrauensschutz** ist der Verweis auf die Nutzung vor Ort vorhandener anderer PCs des AG durch Einsatz von Disketten, portablen Speicherplatten oder USB-Sticks o. ä. kein sinnvoller Ersatz. In diesen Fällen ist nicht auszuschließen, dass aus Datensicherungsgründen automatisch Kopien der eingespielten Dateien auf den genutzten Geräten erstellt werden und dort Dritten zugänglich werden könnten. Zudem verkennt die Verweigerung eines Notebooks den immer stärker um sich greifenden Trend zum sog. »Mobile Computing«, der auf die Nutzung mobiler und universell einsetzbarer Arbeitsplätze baut. Mit Blick auf den rasanten Preisverfall im Notebook-Bereich werden die Anforderungen an die Begründung der Erforderlichkeit abnehmen.

178 Im Einzelfall können kompakte Speichermedien wie **USB-Sticks** oder eine **mobile Festplatte** erforderlich sein, wenn BR größere Datenmengen transportieren müssen. Auch iPods oder vergleichbare Abspielgeräte können erforderlich sein, wenn ein BR im Rahmen seiner gesetzlichen Rechte auf einschlägige Sprachdateien und Informationsdienste zurückgreifen will.

d) Internet- und E-Mail-Zugang für den BR

179 Einen **Zugang zum Internet** sowie zu einem **E-Mail System** darf der BR zur sachgerechten Wahrnehmung der ihm obliegenden betriebsverfassungsrechtlichen Aufgaben **regelmäßig** für **erforderlich** halten. Zur Begründung des Anspruchs bedarf es nicht der Darlegung konkreter, aktuell anstehender betriebsverfassungsrechtlicher Aufgaben, zu deren Erledigung Informationen aus dem Internet benötigt werden.[564] Dem BR steht ein nicht personalisierter Zugang zum Internet zu. Er kann eigenständig bestimmten, ob beim Zugriff auf das Internet über einen gemeinsamen PC eine Personalisierung stattfindet.[565] Gibt es im Betrieb einen Internetanschluss, kann der AG den BR auf dessen Benutzung verweisen. Der BR kann darüber hinaus einen eigenen Internetanschluss nur verlangen, wenn er konkret darlegen kann, dass bei Nutzung des vorhandenen Anschlusses allgemeine Sicherheitsbedenken bestehen oder dass es Gefahr gibt, dass er in unzulässiger Weise kontrolliert wird.[566] Bestehen entsprechende Bedenken, kann der BR nicht darauf verwiesen werden, Kontrollmöglichkeiten durch Vereinbarungen mit dem AG auszuschließen.[567] Weiterhin kann der BR verlangen, dass der AG jedem BR-Mitglied eine eigene E-Mail-Adresse zuteilt.

---

559 *LAG Berlin-Brandenburg* 17.8.09, DB 09, 2329.

560 *LAG Köln* 23.1.13 – 5 TaBV 7/12.

561 Vgl. zur Begründung durch den BR das Textmuster DKKWF-*Wedde,* § 40 Rn. 19.

562 *Klebe/Wedde,* FS, a. a. O.; *dies.,* a. a. O.; *Fitting,* Rn. 132; ErfK-*Koch,* Rn. 16; ähnlich WP-*Kreft,* Rn. 53; a. A. *LAG Köln* 17.10.97, LAGE § 40 BetrVG 1972 Nr. 58, das den Antrag eines BR wegen unzureichenden Sachvortrags zurückgewiesen hat; ebenso GK-*Weber,* Rn. 175; *SWS,* Rn. 34 b; Richardi-*Thüsing,* Rn. 68 »regelmäßig nicht«; HWGNRH-*Glock,* Rn. 117.

563 *Fitting,* Rn. 131.

564 *BAG* 14.7.10, DB 10, 2731 = AiB 11, 54 mit Anm. *Schomaker;* 20.1.10, NZA 10, 709; 17.2.10, BB 10, 1724.

565 *BAG* 18.7.12, NZA 13, 49 mit Anm. *Wolmerath,* jurisPR-ArbR 48/2012; GK-*Weber,* Rn. 192.

566 Vgl. *LAG Baden-Württemberg* 23.1.13, ArbuR 13, 183; enger *LAG Nds.* 30.7.14 – RDV 14, 344, das einen eigenen Internetanschluss unter Hinweis auf ein Interesse des Arbeitgebers verneint, den Zugriff auf Seiten mit strafbarem und/oder sittenwidrigem Inhalt zu unterbinden.

567 So aber LAG Nds. 30.7.14 – 16 TaBV 92/13, juris.

Begrenzt wird dieser grundlegende Anspruch ausnahmsweise durch berechtigte Belange des AG.[568] Diese muss der AG darlegen. Unerheblich für das Bestehen des Anspruchs auf einen Internet-Zugang und auf Einrichtung von E-Mail-Adressen ist die Tatsache, dass andere BR oder der GBR keinen E-Mail-Zugang haben, da jedes Gremium selbst über die notwendigen Sachmittel zu entscheiden hat.[569] 180

Gibt es keine betriebliche Anbindung an das Internet, muss der AG dem BR einen **DSL-Anschluss** oder eine vergleichbare technische Möglichkeit zur Verfügung stellen.[570] Entsprechendes gilt, wenn der AG einen vorhandenen Anschluss selbst nur eingeschränkt nutzt.[571] Die Erforderlichkeit des Zugangs zum Internet leitet sich aus den Möglichkeiten der schnellen Informationsgewinnung ab, die sich BR über diesen Weg erschließen. Das *BAG* hat insoweit schon 2003 darauf verwiesen, dass das Internet die einzige Möglichkeit ist, Informationen zeitnah und gebündelt zu gewinnen. Hieraus hat es gefolgert, dass die Nutzung des Internets nicht ausschließlich der effektiveren Gestaltung der Betriebsratsarbeit, sondern einer sachgerechten, umfassend an den aktuellen Gegebenheiten orientierten Tätigkeit des Betriebsrats dient[572] Da für die BR-Arbeit erforderliche Informationen im Internet teilweise nur in unstrukturierter Form vorliegen[573], schließen entsprechende Zugangsmöglichkeiten den Anspruch des BR auf Fachliteratur und Fachzeitschriften nicht aus.[574] 181

Dem Anspruch des BR auf Einrichtung eines Internetzugangs steht nicht das Argument entgegen, dass in einem Betrieb oder in einer Filiale bisher kein Internetanschluss besteht oder dass auch die Filialleitung keinen Anschluss hat.[575] Etwas anderes kann ausnahmsweise nur gelten, wenn dem Zugang berechtigte Interessen des AG entgegenstehen wie etwa besondere Geheimhaltungsbedürfnisse oder greifbare Anhaltspunkte für die Gefahr des Missbrauchs bzw. das allgemeine betriebsübliche Ausstattungsniveau[576] oder wenn ein AG aufgrund einer schwierigen wirtschaftlichen Situation des Unternehmens generell auf die Nutzung des Internets verzichtet.[577] Bezogen auf das letzte Argument ist es heute indes kaum noch vorstellbar, dass ein Unternehmen wirtschaftliche Probleme ohne einen Zugriff zum Internet bewältigen kann. 182

5. Fachliteratur

Zu den erforderlichen sachlichen Mitteln gehört **Fachliteratur**.[578] Diese hat der AG dem BR zur Verfügung zu stellen und zur **ausschließlichen Benutzung** zu überlassen.[579] Die ihm zur alleinigen Benutzung überlassene Literatur kann der BR **selbst auswählen**.[580] Bezüglich der häufig benutzten Literaturquellen kann auch ein kleiner BR nicht auf die **Mitbenutzung** der beim AG vorhandenen Literatur verwiesen werden.[581] Gleiches gilt, wenn der AG nur über Literatur verfügt, die sich vorrangig an seinen Interessen orientiert bzw. wenn bei ihm keiner der vom BR bevorzugten Texte vorhanden ist, da sonst die notwendige Wahlmöglichkeit[582] in 183

568 *BAG* vom 14.7.10, a. a. O.
569 A. A. *LAG Nürnberg* 4.11.09 – 4 TaBV 44/09, juris, das eine entsprechende Abhängigkeit sieht.
570 *ArbG Berlin* 7.10.05 – 28 BV 17569/05, n. v.
571 *LAG Nds.* 27.10.10, AuR 11, 222.
572 *BAG* 3.9.03, NZA 04, 280; a. A. *BAG* 23.8.06, NZA 07, 337, für das die schnelle Informationsbeschaffung die Erforderlichkeit nicht zwingend begründet.
573 *BAG* 19.3.14, AuR 14, 391.
574 *LAG Stuttgart* 25.9.13, AiB 6/14, 70.
575 *BAG* 17.2.2010, BB 10, 1724.
576 *BAG* 20.1.10, NZA 10, 709.
577 *BAG* 17.2.2010, BB 10, 1724.
578 *BAG* 25.1.95, NZA 95, 591; 26.10.94, NZA 95, 386; 21.4.83, AP Nr. 20 zu § 40 BetrVG 1972; *Fitting*, Rn. 119 f.; GK-*Weber*, Rn. 148 ff.; zu Anforderungsschreiben an AG vgl. DKKWF-*Wedde*, § 40 Rn. 18.
579 Enger GK-*Weber*, a. a. O.; *Fitting*, Rn. 3; HWGNRH-*Glock*, Rn. 125, die in kleineren Betrieben die Mitbenutzung vorhandener Literatur für ausreichend ansehen, wenn sie dem BR bei Bedarf zur Verfügung steht; vgl. auch *BayVG* 13.4.94, PersR 94, 525.
580 *BAG* 25.1.95, a. a. O.; 26.10.94, NZA 95, 386; GK-*Weber*, Rn. 150 m. w. N.; a. A. HWGNRH-*Glock*, Rn. 127.
581 *Bulla*, DB 74, 1622.
582 *BAG*, a. a. O.

der Praxis leerlaufen würde.[583] Eine Mitbenutzung kommt damit im Ergebnis nur für Literatur in Betracht, die selten benötigt wird.[584] Sie ist **während der Arbeitszeit** zu ermöglichen.[585] Sind im Betrieb einschlägige Fachzeitschriften oder Entscheidungssammlungen vorhanden (etwa in der Personalabteilung), hat der BR ebenfalls ein Mitbenutzungsrecht.

184 Die dem BR zur Verfügung zu stellende Fachliteratur umfasst die **wichtigsten arbeits- und sozialrechtlichen Gesetzestexte,** wie z. B. BetrVG, ArbGG, AÜG, AZO, ASiG, ArbNErFG, ArbZG, BBiG, BetrAVG, BGB (arbeitsrechtliche Vorschriften), BUrlG, EFZG, GewO, HGB, JArbSchG, KSchG, MuSchG, SGB sowie BGB, TzBfG, einschlägige Gesetze und Normen aus den Bereichen Arbeitsschutz und Arbeitssicherheit, BBiG, TVG, VermBG usw.

185 Jedem BR-Mitglied und ersten Ersatzmitglied ist nicht nur der Text des BetrVG, sondern jeweils auch ein Exemplar eines Kurz- bzw. Basiskommentars zum BetrVG[586] und eine Sammlung arbeits- und sozialrechtlicher Gesetze[587] jeweils in der neuesten Auflage zur Verfügung zu stellen. Jedes BR-Mitglied hat Anspruch auf eine aktuelle **Einführung in das Arbeitsrecht.**[588] Darüber hinaus hat der BR als Gremium Anspruch auf ein aktuelles Arbeitsrechtshandbuch nach seiner Wahl.[589] Im Einzelfall kann statt eines gedruckten Exemplars auch eine digitale Version auf CD, DVD o. ä. erforderlich sein, wenn hierdurch etwa die praktische Arbeit des BR erleichtert wird.

186 Weiterhin sind dem BR die **Unfallverhütungsvorschriften** und die im Betrieb anzuwendenden **TV** sowie erforderliche **Spezialliteratur** zu bestimmten Sachgebieten, wie z. B. Personalplanung, Akkord- und Prämienwesen, Unfallverhütung, Gesundheitsgefährdung, Ökologie am Arbeitspatz und im Betrieb, Gestaltung von Arbeitsplatz und Arbeitsmitteln, menschengerechte Gestaltung der Arbeit, Arbeitssicherheit, gefahrengeneigte Arbeit, ESt.-Verfahren oder Frauenförderung,[590] zur Verfügung zu stellen.[591]

187 Wegen der Besonderheiten im Bereich der privatisierten Bahn- und Postunternehmen stehen den BR dort kommentierte Fassungen des BPersVG zu.[592] In Kooperationsbetrieben der Bundeswehr, in denen Beamte und Soldaten gemeinsam tätig sind, ist ein Kommentar zum Soldatenrecht erforderlich.[593]

188 Neben den Textausgaben sind dem BR **kommentierte Ausgaben** der wichtigsten arbeitsrechtlichen Gesetze, soweit er diese für seine Tätigkeit benötigt, zur Verfügung zu stellen.[594] So stehen jedem BR, auch wenn er aus einer Person besteht, ein **Kommentar zum BetrVG** in der neuesten Auflage als der unentbehrlichen rechtlichen Grundlage seiner Tätigkeit[595] sowie alle BetrVG-Kommentare zu, auf die sich der AG bezieht.[596] Die Erforderlichkeit beschränkt sich

---

583 A. A. HWGNRH-*Glock,* a. a. O., der eine Wahlmöglichkeit in diesen Fällen verneint, dabei aber verkennt, dass auch bei Mitbenutzung die Interessen des BR hinreichend berücksichtigt werden müssen.

584 Enger GK-*Weber,* Rn. 151, der jedoch hervorhebt, dass sie dem BR bei Bedarf zugänglich sein muss.

585 *Besgen,* AiB 87, 150 ff.

586 Vgl. *ArbG Elmshorn* 19.2.91 – 1 d BV 10/91; *ArbG Düsseldorf* 18.11.03, NZA-RR 04, 311 für den Anspruch eines im Außendienst tätigen BR-Mitglieds; *Heidemann,* AiB 05, 288.

587 Z. B. »Arbeits- und Sozialordnung« von *Kittner,* vgl. *LAG Schleswig-Holstein* 11.4.95, LAGE § 40 BetrVG 1972 Nr. 46 = AiB 97, 57 mit Anm. *Ledesma;* bestätigt durch *BAG* 24.1.96, NZA 97, 60; *LAG Bremen* 3.5.96, NZA 96, 1288; zustimmend *Ehrich/Hoß,* NZA 96, 1075, 1082; ErfK-*Koch,* Rn. 17; GK-*Weber,* Rn. 152; kritisch Richardi-*Thüsing,* Rn. 69; vgl. auch *LAG Düsseldorf* 12.4.88, DB 88, 1072; HWGNRH-*Glock,* Rn. 123, der auf den Grundsatz der Verhältnismäßigkeit abstellt; ähnlich im Ergebnis *Fitting,* Rn. 119.

588 Beispielsweise »Arbeitsrecht, Ratgeber für Beruf, Praxis und Studium« von *Däubler.*

589 Vgl. *LAG Bremen* 3.5.96, BB 96, 2303 bzgl. des Anspruchs eines neunköpfigen Gremiums auf ein Exemplar der neuesten Auflage »*Schaub,* Arbeitsrechtshandbuch«.

590 Ähnlich ErfK-*Koch,* Rn. 17; *Fitting,* Rn. 122.

591 Bei Beschäftigung ausländischer AN kann der BR entsprechende **Wörterbücher** verlangen (*Brill,* BB 78, 1574; ErfK-*Koch,* a. a. O.; *Fitting,* Rn. 125; GK-*Weber,* Rn. 148; HWGNRH-*Glock,* Rn. 123.

592 Zustimmend *Spoo,* AiB 98, 184.

593 *Fitting,* Rn. 121.

594 Vgl. *Besgen,* AiB 87, 150 ff.; *ArbG Bremerhaven* 11.12.85, AiB 86, 167; einschränkend *Brill,* DB 77, 2139, der kommentierte Ausgaben lediglich mittleren und größeren Betrieben zuspricht.

595 So auch *BAG* 26.10.94, NZA 95, 386 = BB 95, 878 mit Anm. *Molls* = AiB 95, 468 mit Anm. *Rudolph;* ErfK-*Koch,* Rn. 17; *Fitting,* Rn. 120; GK-*Weber,* Rn. 154; HWGNRH-*Glock,* Rn. 126; Richardi-*Thüsing,* Rn. 70; *Besgen,* a. a. O.; *Bulla,* DB 74, 1622; *Ehrich/Hoß,* NZA 96, 1075, 1082; *Kort,* NZA 90, 598 [599].

596 A. A. GK-*Weber,* a. a. O.

nicht auf eine kommentierte Fassung. Um unterschiedliche Sichtweisen kennenzulernen, können **mehrere aktuelle Kommentare** von verschiedenen Autoren erforderlich sein.[597]

189 Der BR hat ein Wahlrecht.[598] Dieses beinhaltet auch die Entscheidung, bei einer Neuauflage an dem bisherigen Kommentar festzuhalten oder eine andere Ausgabe zu wählen, wobei er dann auch Anspruch auf die neueste Auflage hat.[599] Die Betriebsgröße ist nicht entscheidend. Der BR in kleinen Betrieben hat kein geringeres Informationsbedürfnis als der eines Großbetriebs, zumal die Mitwirkungs- und Mitbestimmungsrechte im Wesentlichen gleich sind.[600] In mittleren und größeren Betrieben sind dem BR mehrere und ggf. verschiedene Kommentare zum BetrVG zur Verfügung zu stellen.[601]

190 Kommentare können weiterhin für folgende Gesetze in Betracht kommen: AZO, ArbGG, KSchG, EFZG, MuSchG, SGB IX, JArbSchG, BBiG, BUrlG.[602] Auch eine **Monographie** zum Ordnungswidrigkeitengesetz nach dem BetrVG ist zur Verfügung zu stellen.[603]

191 Neben Gesetzestexten und Kommentaren ist dem BR eine **arbeits- und sozialrechtliche Fachzeitschrift**[604] und, jedenfalls in größeren Betrieben, eine arbeitsrechtliche **Entscheidungssammlung** zur Verfügung zu stellen, damit der BR aktuell auftretende Rechtsfragen unter Berücksichtigung der einschlägigen Rechtsprechung eigenständig bewerten kann[605] bzw. der Zugang zu arbeitsrechtlichen/betriebsverfassungsrechtlichen **Rspr.-Datenbanken** zu ermöglichen.[606]

192 Ggf. sind dem BR neben oder anstatt eines Online-Zugangs zu Rspr.-Datenbanken entsprechende Entscheidungs- und Literatursammlungen und oder digitale Versionen von Gesetzessammlungen und Kommentaren als **CD-** oder **DVD-ROM** zur Verfügung zu stellen, selbst wenn diese im Einzelfall teurer sind als entsprechende Bücher oder Zeitschriften. Die preisliche Situation ändert sich allerdings derzeit, da digitale Medien einem rasanten Preisverfall unterliegen. Für die **CD-/DVD**-ROM-Versionen sprechen insbesondere die besseren Such- und Auswertungsmöglichkeiten sowie die hinterlegten Querverweise dieses Mediums.[607] Ist die Nutzung elektronischer oder konventioneller Informationsmedien nur im Rahmen eines Abonnements möglich, fließen dessen Kosten im Rahmen der Prüfung der Erforderlichkeit in die Bewertung ein. Steht im Betrieb ein entsprechender Zugang zur Verfügung, kann der BR auf dessen Mitbenutzung nur verwiesen werden, wenn sichergestellt ist, dass der AG keine Kenntnis von durchgeführten Recherchen erlangen kann. Die Mitbenutzung könnte nur dann verwehrt werden, wenn hiermit unverhältnismäßig hohe Kosten verbunden wären.[608]

193 Als geeignete Fachzeitschrift, die erforderliche Informationen für die BR-Arbeit vermittelt und deren Bezug der BR deshalb vom AG verlangen kann, ist »**Arbeitsrecht im Betrieb**« anzusehen.[609] Die gegen die Entscheidung des *BAG*[610] eingelegte Verfassungsbeschwerde wurde vom

---

597 *ArbG Halberstadt* 17.6.98, AiB 98, 585 mit Anm. *Wedde;* vgl. für mittlere und große Betriebe *Fitting,* a. a. O.
598 *BAG,* a. a. O.
599 *BAG,* a. a. O.; *LAG Rheinl.-Pfalz* 18.11.99, AuR 00, 97.
600 Vgl. auch *BAG* 21.4.83, AP Nr. 20 zu § 40 BetrVG 1972.
601 Vgl. *Hässler,* S. 75; a. A. offenbar *Kühner,* S. 180.
602 *Sandvoss,* a. a. O.; *Kühner,* S. 179; GK-*Weber,* Rn. 129; für mittlere und größere Betriebe *Fitting,* Rn. 119; vgl. auch *Kort,* a. a. O.; *BayVGH* 13.4.94, PersR 94, 525; *LAG Rheinl.-Pfalz,* a. a. O.; enger HWGNRH-*Glock,* Rn. 131; Richardi-*Thüsing,* a. a. O.
603 *ArbG Darmstadt* 5.3.96, AiB 96, 482 mit Anm. *Schmidt.*
604 Vgl. *LAG Berlin* 5.10.92, BB 93, 725.
605 *Fitting,* Rn. 123; *Heidemann,* AiB 05, 288; *SWS,* Rn. 36; *Kort,* NZA 90, 598 [599]; a. A. bezüglich einer Entscheidungssammlung *GL,* Rn. 44; GK-*Weber,* a. a. O.; HWGNRH-*Glock,* Rn. 129; Richardi-*Thüsing* a. a. O.; vgl. auch *LAG Düsseldorf* 27.6.78, BB 78, 1413, wonach sich bei Verfügbarkeit einer Fachzeitschrift die Bereitstellung eines Nachschlagewerks erübrigen soll.
606 Vgl. *Kort,* a. a. O.; *Fitting,* Rn. 134 für den Zugang zu Juris; ausführlich *Däubler* Internet, Rn. 503 ff.; WP-*Kreft,* Rn. 55; a. A. *GK-Weber,* Rn. 194; HWGNRH-*Glock,* Rn. 118, die den Zugang allein unter Hinweis auf die Kosten verwehren wollen.
607 GK-*Weber,* Rn. 193 soweit eine Erforderlichkeit gegeben ist.
608 GK-*Weber,* a. a. O.
609 *BAG* 21.4.83, AP Nr. 20 zu § 40 BetrVG 1972 mit zustimmender Anm. *Naendrup;* GK-*Weber,* Rn. 132; *Besgen,* AiB 87, 150; *Kühner,* S. 180; vgl. auch *LAG Niedersachsen* 15.2.89, AiB 89, 254 mit Anm. *Lohre; Kort,* a. a. O.; *Heidemann,* AiB 05, 288; a. A. HWGNRH-*Glock,* Rn. 130; *SWS,* Rn. 38; *BVerwG* 30.1.91,

BVerfG mangels Erfolgsaussicht nicht zur Entscheidung angenommen.[611] Nach Auffassung des *LAG Baden-Württemberg*[612] müssen BR sich über eine geeignete Fachzeitschrift nicht nur über die aktuelle Rechtsprechung, insbesondere zu Fragen der Betriebsverfassung, informiert können. Darüber hinaus müssen sie in der Lage sein, diese Informationen bei ihrer täglichen Arbeit im Betrieb umzusetzen. Hierfür ist insbesondere die Zeitschrift »**Arbeitsrecht im Betrieb**« erforderlich, weil sie die Folgen der Rechtsprechung auf die betriebliche Praxis für BR beschreibt und ihnen Handlungsempfehlungen gibt. Die Erforderlichkeit für den Bezug dieser Zeitschrift besteht unabhängig davon, ob dem BR vom AG ein Internetzugang ohne Zeit- und Datenmengenbeschränkung zur Verfügung gestellt wird.[613] Selbst die umfassende Information über das Internet ersetzt den Informationsgehalt einer Fachzeitschrift jedenfalls dann nicht, wenn sie nur in unstrukturierter Form zugänglich ist.[614] Entsprechendes gilt für die »**Arbeit und Ökologie-Briefe**«,[615] für die Zeitschrift »**Computer und Arbeit**« (ehemals »Computer« bzw. »Computerfachwissen«),[616] für die Fachzeitschrift »**Der Personalrat**«[617] sowie für die Zeitschrift »**Arbeit und Recht**«.[618] Die Zeitschrift »**Arbeit und Recht**« erfüllt ebenso wie »**Arbeitsrecht im Betrieb**« die Voraussetzungen der Dienlichkeit für die Betriebsratstätigkeit.[619]

194 Der BR hat bei der **Auswahl,** welche Zeitschrift für seine Tätigkeit erforderlich ist, einen gerichtlich und nicht arbeitgeberseitig nachprüfbaren **Ermessensspielraum,** an den der AG gebunden ist und der nicht dadurch reduziert ist, dass die Zeitschrift in einem gewerkschaftseigenen Verlag erscheint.[620] Der BR kann eine Zeitschrift verlangen, in der die Interessen der Belegschaft in besonderer Weise angesprochen werden, selbst wenn in einzelnen Beiträgen polemische Formulierungen zu finden sein sollten und verschiedentlich Kritik an der Bundesregierung geübt wird.[621] Die **Betriebsgröße** ist für den Anspruch nicht entscheidend, da das Informationsinteresse eines BR unabhängig von der Zahl der vertretenen AN ist (vgl. auch Rn. 112).[622] Allerdings muss der BR jeweils darlegen können, warum er aus betriebs- bzw. betriebsratsbedingten Gründen den Bezug einer bestimmten. zusätzlichen Zeitschrift benötigt.[623] Die Fachzeitschrift ersetzt jedoch nicht eine **Rspr.-Sammlung** oder den Online-Zugang zu einer **Rspr.-Datenbank,** da in den Fachzeitschriften die Gerichtsentscheidungen vielfach nicht vollständig abgedruckt sind und das Nachschlagen und Aufsuchen von Entscheidungen mit einem hohen Aufwand verbunden ist. In einer Entscheidungssammlung sind dagegen die Entscheidungen systematisch geordnet.

195 Nicht zur erforderlichen Literatur des BR sollen dagegen nach überwiegender Auffassung eine **Lohnabzugstabelle**[624] sowie ein **Lexikon**[625] gehören. Ein »**Duden**« ist vor dem Hintergrund

---

PersR 91, 213 mit krit. Anm. *Weyand;* enger Richardi-*Thüsing,* Rn. 70, der den Anspruch aufgrund des »tendenziösen Charakters« der Zeitschrift anzweifelt.

610 21.4.83, a. a. O.

611 Vgl. *BVerfG* 10.12.85, AP Nr. 21 zu § 40 BetrVG 1972.

612 *LAG Baden-Württemberg,* AiB 6/14, 70 mit Anm. *Bartl.*

613 *LAG Baden-Württemberg,* a. a. O.

614 Ähnlich *BAG* 19.3.14, AuR 14, 391; vgl. auch *LAG Stuttgart* 25.9.13, AiB 6/14, 70.

615 *LAG Frankfurt* 21.3.91, DB 91, 1835 = AiB 91, 335 mit Anm. *Hinrichs;* vgl. *Fitting,* Rn. 124; einschränkend *BAG* 21.9.95, NZA 95, 591 = AiB 95, 673 mit krit. Anm. *Wedde* = AuR 95, 225, Ls., wenn eine andere Fachzeitschrift zur Verfügung steht, die sich regelmäßig mit arbeits- und gesundheitswissenschaftlichen Themenstellungen befasst und der BR die Erforderlichkeit einer weiteren Fachzeitschrift nicht darlegt; a. A. HWGNRH-*Glock,* Rn. 130.

616 Vgl. *ArbG Wuppertal* 19.6.97, AiB 97, 603 mit Anm. *Kunz* = BetrR 97, 84 mit Anm. *Grimberg; LAG Düsseldorf* 30.9.97, CR 98, 461 unter Hinweis auf eine notwendige besondere Begründung.

617 *OVG Lüneburg* 26.8.91, PersR 92, 62; a. A. HWGNRH-*Glock,* a. a. O.

618 *ArbG Halberstadt* 17.6.98, AuR 98, 428 = AiB 98, 585 mit Anm. *Wedde.*

619 *LAG Baden-Württemberg,* a. a. O.

620 *BAG,* a. a. O.; *LAG Niedersachsen,* a. a. O., das dem BR den Anspruch auf »AiB« zusprach, obwohl der AG dem BR die Zeitschrift »NZA« bereitstellte; a. A. offenbar HWGNRH-*Glock,* Rn. 126.

621 *LAG Niedersachsen,* a. a. O.

622 *BAG* 21.4.83, a. a. O.; *LAG Niedersachsen* 2.3.93 – 11 TaBV 73/92.

623 *BAG* 21.1.95, a. a. O.

624 *BAG* 11.12.73, AP Nr. 5 zu § 80 BetrVG 1972.

625 *Bulla,* DB 74, 1622.

der Rechtschreibreform als ein erforderliches Sachmittel anzusehen. Unter besonderen Umständen ist dem BR auch eine **Tageszeitung,** z. B. die Wirtschaftszeitung »Handelsblatt«, zur Verfügung zu stellen.[626] **Fremdsprachige Wörterbücher** sind erforderlich, wenn ausländische AN im Betrieb tätig sind.[627]

6. Büropersonal

Dem BR ist **Büropersonal** im erforderlichen Umfang zur Verfügung zu stellen.[628] Der Anspruch auf Büropersonal ist unabhängig davon, ob dem BR PCs zur Verfügung stehen.[629] BR-Mitglieder sind nicht verpflichtet, alle anfallenden Schreibtätigkeiten selbst durchzuführen.[630] Auch ein hohes technisches Ausstattungsniveau (insbesondere vorhandene PCs) steht der Erforderlichkeit einer Bürokraft nicht entgegen.[631] Der Anspruch auf eine **Schreibkraft** besteht auch dann, wenn ein freigestelltes BR-Mitglied selbst über Schreibmaschinenkenntnisse verfügt, oder wenn der BR aufgrund seiner eigenen Arbeitsorganisation Schreibarbeiten auch selbst erledigt.[632] **196**

Der Begriff »Büropersonal« ist weit zu fassen. Neben **Schreibkräften,** die die anfallende Schreibarbeit bzw. Protokollführung[633] des BR erledigen, erfasst der Begriff auch **wissenschaftliche Mitarbeiter**, den BR (GBR, KBR) insbesondere in Groß-UN bei ihrer Arbeit unterstützen, bzw. um Büropersonal, dem der BR andere Hilfstätigkeiten übertragen kann, wie z. B. Telefonate, Vervielfältigungsarbeiten und Botengänge, sofern solche bei der Erledigung von BR-Aufgaben anfallen.[634] Besonders in größeren BR-Organisationen kann es auch erforderlich sein, dass dem BR eigenes **technisches Personal** zur Verfügung steht, dass sich um den Betrieb und um die Sicherheit der vom BR benutzten IuK-Technik kümmert. Dies gilt insbesondere dann, wenn der AG selbst über keine herausragenden Sicherheitsvorkehrungen verfügt wie etwa beim Fehlen von Verschlüsselungssoftware, (vgl. hierzu Rn. 174 ff.) und wenn der BR deshalb seine elektronisch versendeten Daten eigenständig vor unberechtigten Zugriffen schützen muss. Die Übernahme entsprechender Administratorenfunktionen kann von BR-Mitgliedern nicht verlangt werden. **Beauftragte des BR** können **durch** Beschluss mit der Erledigung von Aufgaben betraut werden.[635] **197**

Je nach Größe und Art des Betriebs wird es ausreichen, dem BR eine Schreibkraft **zeitweilig,** das heißt stunden- oder tageweise, zur Verfügung zu stellen.[636] In größeren Betrieben ist es dagegen im Allgemeinen erforderlich, eine oder ggf. mehrere Schreibkräfte **ausschließlich für die BR-Arbeit** einzustellen. Entscheidend ist der tatsächliche Arbeitsanfall.[637] Dem BR kann **198**

---

626 So *ArbG Darmstadt* 30.10.86, DB 87, 746; *Kühner,* S. 180; a. A. *BAG* 29.11.89, AP Nr. 32 zu § 40 BetrVG 1972; GK-*Weber,* Rn. 159; HWGNRH-*Glock,* Rn. 132; Richardi-*Thüsing,* Rn. 70.

627 GK-*Weber,* Rn. 159.

628 *BAG* 20.4.05, DB 05, 2754; *LAG Düsseldorf* 18.5.06 – 11 TaBV 33/03, juris; *LAG Baden-Württemberg* 25.11.87, AiB 88, 185, die beide einem BR mit drei freigestellten Mitgliedern eine vollzeitbeschäftigte Schreibkraft zusprechen; vgl. ferner *BAG* 17.10.90, DB 91, 1523 = BetrR 91, 273 zur Bereitstellung von Büropersonal für den WA; *ArbG Frankfurt/Main* 9.1.97, AiB 98, 587 zum Anspruch des GBR; ausführlich *Pielenz,* AiB 98, 421 ff.; *Roos,* AiB 98, 189 f.; zur schriftlichen Anforderung vgl. DKKWF-*Wedde,* § 40 Rn. 22 ff.; zum Weisungsrecht des BR gegenüber dem Büropersonal *Zumkeller/Lüber,* BB 08, 2067 ff.

629 BAG a. a. O.

630 *BAG* 20.4.05, DB 05, 2754; *Fitting,* Rn. 135.

631 *BAG* 20.4.05, DB 05, 2754; HaKo-BetrVG/*Wolmerath,* Rn. 15; WP-*Kreft,* Rn. 57.

632 *Fitting,* Rn. 135; GK-*Weber,* a. a. O.; HWGNRH-*Glock,* Rn. 142; Richardi-*Thüsing,* Rn. 71; *ArbG Solingen,* a. a. O.; *ArbG Frankfurt* 7.8.90 – 4 BV 9/90, das dem BR eine Schreibkraft zur Protokollführung für die Dauer einer GBR-Sitzung zuspricht.

633 *ArbG Frankfurt* 7.8.90 – 4 BV 9/90; *LAG Mecklenburg-Vorpommern* 3.5.05 – 5 TaBV 20/04 n. v.

634 *LAG Düsseldorf* a. a. O.; *LAG Baden-Württemberg,* a. a. O.; *Heidemann,* AiB 05, 288; *Besgen,* AiB 87, 150 ff.; *Kühner,* S. 182; a. A. *Bayreuther,* NZA 2013, 758, nach dessen Definition wissenschaftliche Mitarbeiter nicht Büropersonal sein können.

635 *LAG Baden-Württemberg* 26.7.10, AuR 10, 665.

636 *Fitting,* Rn. 135; GK-*Weber,* Rn. 195, jeweils m. w. N.

637 *LAG Düsseldorf* 8.1.04, AuR 04, 277 = NZA-RR 04, 358; *LAG Baden-Württemberg,* 25.11.87, AiB 88, 185; *LAG Mecklenburg-Vorpommern* – 5 TaBV 20/04, juris, das zwei freigestellten Mitgliedern eine Bürokraft mit einem Stundenvolumen von 24 Stunden pro Woche zgesteht.

diesbezüglich nicht das Argument entgegengehalten werden, dass die zusätzlichen Kosten einer Vollzeitkraft nach dem Grundsatz der vertrauensvollen Zusammenarbeit zu vermeiden seien.[638]

199 Bei der **Auswahl des Büropersonals** hat der BR ein Mitspracherecht,[639] da diese Tätigkeit ein Vertrauensverhältnis voraussetzt. Die Auswahl hat unter besonderer Berücksichtigung der Interessen des BR zu erfolgen. Er kann eine Person ablehnen, zu der er kein Vertrauen hat.[640] In diesem Fall muss der AG eine neue Person vorschlagen, da der BR kein eigenes Auswahlrecht hat.[641]

200 Der AG schließt den **Arbeitsvertrag** mit der Bürokraft auch dann ab, wenn diese ausschließlich mit Büroarbeiten des BR beschäftigt werden soll.[642] Für die Eingruppierung einer Bürokraft sind die vom BR im Rahmen seines Ausstattungsanspruchs zugewiesenen Tätigkeiten maßgeblich, nicht die den BR-Mitgliedern selbst obliegende originäre BR-Arbeit.[643] Das **Weisungsrecht** steht jedoch dem BR zu.[644] Das Büropersonal unterliegt nicht der Verschwiegenheitspflicht nach § 79. Jedoch ist es auf Grund seiner arbeitsvertraglichen Nebenpflicht zur **Verschwiegenheit über Betriebs- und Geschäftsgeheimnisse**[645] und gegenüber dem AG zur Verschwiegenheit über die BR-Angelegenheiten verpflichtet.[646]

201 Sofern die Bürokraft selbst BR-Mitglied ist, ist sie nicht auf die nach § 38 Abs. 1 vorgeschriebene Zahl der freizustellenden BR-Mitglieder anzurechnen.[647]

IV. Streitigkeiten

202 Alle Streitigkeiten, die sich aus der Anwendung des § 40 ergeben, wie z. B. über **die Erforderlichkeit** bzw. die **Freistellung von Kosten oder deren Erstattung, den Anspruch auf Kostenvorschuss** oder die **Bereitstellung der erforderlichen Räume** sowie über die **sachlichen Mittel** und **Bürokräfte,** entscheiden die **ArbG im Beschlussverfahren** (§§ 2 a, 80 ff. ArbGG). Entsprechendes gilt für Streitigkeiten über Fragen des **Besitz- bzw. Gebrauchsrechts an den BR-Akten**[648] und für Ansprüche einzelner BR-Mitglieder auf Erstattung ihrer **Aufwendungen** bzw. **Freistellung wegen eingegangener Verbindlichkeiten,** weil sich der Anspruch aus der Amtstätigkeit und nicht aus dem Arbeitsverhältnis ergibt.[649]

203 Das Beschlussverfahren ist auch die zutreffende Verfahrensart für die **insolvenzrechtliche Einordnung** von nach Grund und Höhe unstreitigen Kostenerstattungsansprüchen.[650] Honorarforderungen eines Sachverständigen, die vor Eröffnung des Insolvenzverfahrens begründet wurden, sind Insolvenzforderungen und keine Masseverbindlichkeiten.[651] Wird ein durch die Eröffnung eines **Insolvenzverfahrens** unterbrochenes Beschlussverfahren hingegen vom Insolvenzverwalter wieder aufgenommen, sind die dem BR entstandenen Kosten (insbes. die vom AG zu tragenden Rechtsanwaltskosten) **Masseverbindlichkeiten** nach § 55 Abs. 1 Nr. 1 InsO. Entsprechendes gilt für Rechtsanwaltsgebühren aus der Zeit vor Eröffnung des Insolvenzverfahrens.[652] Das BR-Mitglied ist dann selbst anspruchsberechtigter Beteiligter und An-

---

638 *LAG Düsseldorf,* a. a. O.

639 *Fitting,* Rn. 136; *Besgen,* a. a. O.; *Kühner,* S. 182; ErfK-*Koch,* Rn. 18; HSWGNGK-*Weber,* Rn. 196; Richardi-*Thüsing,* Rn. 72; *Heidemann,* AiB 05, 288; *Pielenz,* AiB 98, 421, 424.

640 *BAG,* 5.3.97, NZA 97, 844 = AiB 97, 471 mit Anm. *Rudolph; LAG Berlin* 20.10.95, AiB 96, 318.

641 GK-*Weber,*Rn 196; HWGNRH-*Glock,* Rn. 142.

642 GK-*Weber,* Rn. 170; *Kühner,* S. 182 f.

643 *HessLAG* 19.2.08 – 4 TaBV 147/07, juris.

644 ErfK-*Koch,* Rn 18; *Fitting,* Rn. 137; WP-*Kreft,* Rn. 58; GK-*Weber,* Rn. 197; Richardi-*Thüsing,* Rn. 73.

645 GK-*Weber,* Rn. 198; Richardi-*Thüsing,* a. a. O.; für eine ausdrückliche vertragliche Vereinbarung *Fitting,* a. a. O.;.

646 *Besgen,* a. a. O.; vgl. auch HWGNRH-*Glock,* Rn. 144.

647 ErfK-*Koch,* Rn. 18; *Fitting,* Rn. 135; GK-*Weber,* Rn. 199; HWGNRH-*Glock,* Rn. 145; *Kühner,* S. 183; *GL,* Rn. 49.

648 *Fitting,* Rn. 138; HWGNRH-*Glock,* Rn. 148.

649 Vgl. statt vieler *Fitting,* Rn. 139; GK-*Weber,* Rn. 214; HWGNRH-*Glock,* Rn. 149.

650 Vgl. ausführlich GK-*Weber,* Rn. 223 ff.

651 *BAG* 9.12.09, DB 10, 678, hierzu auch *Wroblewski,* AiB 11, 60.

652 *BAG* 17.8.05, AuR 05, 380; *Wolmerath* jurisPR-ArbR 3/2006, Anm. 3.

tragsteller. Der BR ist in dem Verfahren **notwendiger Beteiligter** i. S. v. §83 ArbGG.[653] Dies gilt auch, wenn inzwischen ein neuer BR gewählt worden ist, da dieser **Funktionsnachfolger des früheren BR** ist.[654] Die ArbG entscheiden im Beschlussverfahren auch über Ansprüche bereits **ausgeschiedener BR-Mitglieder.**[655]

Der BR ist befugt, **Freistellungs- und Auslagenerstattungsansprüche** seiner Mitglieder gegenüber dem AG im eigenen Namen im Beschlussverfahren geltend zu machen; er kann aber nur die Erstattung an seine Mitglieder verlangen.[656] **204**

Hat eine **Gewerkschaft** die dem BR oder einem einzelnen BR-Mitglied entstandenen Geschäftsführungskosten verauslagt und sich deren Ansprüche abtreten lassen, kann sie die **abgetretenen Ansprüche** im arbeitsgerichtlichen Beschlussverfahren geltend machen.[657] Entsprechendes gilt, wenn sich ein **Rechtsanwalt** seine Kosten für die Prozessvertretung des BR abtreten lässt.[658] Die Abtretung muss durch einen wirksamen BR-Beschluss erfolgen.[659] Für die gerichtliche Geltendmachung eines Kostenerstattungsanspruchs durch einen Rechtsanwalt ist der Vortrag ausreichend, dass eine entsprechende Abtretung erfolgt ist.[660] Eine Abtretung ist nach dem Prinzip der Funktionsnachfolge auch noch nach dem Ende der Amtszeit des BR zulässig.[661] Der Freistellungsanspruch des BR bzw. BR-Mitglieds verwandelt sich in diesem Fall in einen Zahlungsanspruch.[662] Die im Betrieb vertretene Gewerkschaft ist aus eigenem Recht für die Geltendmachung von Kostenerstattungsansprüchen aus der BR-Tätigkeit weder beteiligungs- noch antragsbefugt.[663] Hat der BR bzw. das BR-Mitglied seine Ansprüche an die Gewerkschaft abgetreten, sind weder der Schulungsteilnehmer noch der BR **beteiligungs- und antragsberechtigt,** da der Zedent seine materiell-rechtliche Position verliert,[664] sofern sich der Streit über die Höhe der Kostenerstattung auf die Frage beschränkt, ob die Kostenrechnung der Gewerkschaft aus koalitionsrechtlichen Gründen zu beanstanden ist.[665] **205**

Ein vom BR oder einem BR-Mitglied in einem arbeitsgerichtlichen Beschlussverfahren als Verfahrensbevollmächtigter hinzugezogener **Rechtsanwalt** ist in einem Beschlussverfahren, das vom BR wegen der Freistellung von Honoraransprüchen des Rechtsanwalts bzw. deren Erstattung eingeleitet wird, kein Beteiligter i. S. v. § 83 ArbGG.[666] Das Gleiche gilt in Bezug auf einen vom BR nach § 80 Abs. 3 hinzugezogenen **Sachverständigen.**[667] **206**

Der BR, der in einem arbeitsgerichtlichen Beschlussverfahren von einem Rechtsanwalt vertreten worden ist, kann mangels Rechtsfähigkeit nicht als Kollegialorgan auf Zahlung der Anwaltskosten in Anspruch genommen werden.[668] Der BR soll kein schützenswertes eigenes wirtschaftliches Interesse daran haben, mittels einer Anhebung des Gegenstandswerts die Erhöhung der Kosten für die von ihm eingeschalteten **Verfahrensbevollmächtigten** durchzusetzen.[669] Aus der Beauftragung eines Anwalts können AN des Betriebs keine vertraglichen Ansprüche ableiten.[670] Wird ein Rechtsanwalt für einen zu Unrecht gebildeten GBR oder KBR (»Schein-GBR« bzw. »Schein-KBR«) tätig, besteht ein Anspruch auf Kostenerstattung jeden- **207**

---

653 *BAG* 13.7.77, AP Nr. 8 zu § 83 ArbGG 1953; *Fitting,* Rn. 144 f.; GK-*Weber,* a. a. O.
654 *BAG* 25.4.78, AP Nr. 11 zu § 80 BetrVG 1972; 3.4.79, AP Nr. 1 zu § 13 BetrVG 1972.
655 *BAG* 10.10.69, AP Nr. 1 zu § 8 ArbGG 1953; *Fitting,* Rn. 139, GK-*Weber,* a. a. O.; HWGNRH-*Glock,* Rn. 150.
656 *BAG* 10.6.75, AP Nr. 1 zu § 73 BetrVG 1972; 21.11.78, AP Nr. 35 zu § 37 BetrVG 1972; a. A. offenbar *LAG Frankfurt* 17.9.87, BB 88, 568, Ls.
657 *BAG* 30.1.73, 29.1.74, AP Nrn. 3, 5 zu § 40 BetrVG 1972; 25.4.78, AP Nr. 33 zu § 37 BetrVG 1972.
658 Vgl. *LAG Hamm* 20.8.86, BB 87, 196.
659 *BAG* 13.5.98, NZA 98, 900.
660 *LAG Berlin-Brandenburg* 9. 10.14, NZA-RR 15, 80
661 *Fitting,* Rn. 146.
662 *BAG,* a. a. O.; GK-*Weber,* Rn. 216.
663 GK-*Weber,* Rn. 217.
664 *BAG* 15.1.92, DB 92, 2504 = AuR 92, 378, Ls.; vgl. auch *LAG Berlin* 10.10.88, DB 89, 683.
665 *BAG,* a. a. O.
666 *BAG* 3.10.78, AP Nr. 14 zu § 40 BetrVG 1972.
667 *BAG* 25.4.78, AP Nr. 11 zu § 80 BetrVG 1972.
668 *LAG Hamm* 19.10.89, BB 89, 2479.
669 *LAG Hamm* 22.2.05 – 13 TaBV 150/04, juris.
670 *BAG* 24.8.06, NZA 07, 172.

falls dann, wenn die Gründung des Gremiums nicht unter offensichtlicher Verkennung des Unternehmens- oder Konzernbegriffs erfolgt ist.[671]

208 **Ansprüche auf Arbeitsentgelt** einerseits und **Kostenerstattung** andererseits, z. B. wenn es sich um ein und dieselbe Schulungs- und Bildungsveranstaltung nach § 37 Abs. 6 handelt, müssen in **getrennten Urteils- und Beschlussverfahren** geltend gemacht werden (vgl. hierzu § 37 Rn. 193).[672] Hat ein BR-Mitglied Kosten i. S. v. § 40 aufgewendet, z. B. Reisekosten oder durch Bezahlung einer von ihm eingegangenen Verbindlichkeit, ist die Erstattungsforderung bei Verzug oder nach Rechtshängigkeit zu **verzinsen.**[673] Entsprechendes gilt, wenn die Gewerkschaft die Ansprüche aus abgetretenem Recht geltend macht.

209 Aus rechtskräftigen Beschlüssen der ArbG kann nach Maßgabe des § 85 Abs. 1 ArbGG **vollstreckt werden.**[674] Bei vermögensrechtlichen Streitigkeiten ist die Vollstreckung aus nicht rechtskräftigen Entscheidungen möglich. Gegenüber Kostenerstattungsansprüchen des BR kann der AG nicht nach den §§ 394 BGB, 850 a Nr. 3 ZPO aufrechnen, etwa mit behaupteten Schadensersatzansprüchen.[675]

210 Führen Streitigkeiten über die Tragung der Kosten zu einer wesentlichen Erschwerung der BR-Arbeit, kann der BR im Beschlussverfahren nach § 85 Abs. 2 ArbGG i. V. m. § 940 ZPO eine **einstweilige Verfügung beantragen.**[676] Dies gilt auch für die **Zahlung von Vorschüssen,** z. B. Reisekosten, Schulungskosten, an einzelne BR-Mitglieder.[677] Weiterhin kann ein Verfahren nach **§ 23 Abs. 3** in Betracht kommen. Führt die Weigerung des AG, die ihm nach § 40 obliegende Pflicht zu erfüllen, zu einer Behinderung der BR-Arbeit, kann dies den **Straftatbestand** des § 119 Abs. 1 Nr. 2 erfüllen.

211 Der BR hat bei hinreichender Erfolgsaussicht seines Begehrens im arbeitsgerichtlichen Beschlussverfahren **Anspruch auf Prozesskostenhilfe** (vgl. § 116 Nr. 2 ZPO).[678] Die Gewährung kommt nur dann in Betracht, wenn bei gegebener hinreichender Erfolgsaussicht der AG nicht in der Lage wäre, die Prozesskosten aufzubringen.[679] Der BR soll bzgl. der Frage, dass die Masse zur Begleichung der Kosten nicht ausreicht, darlegungspflichtig sein.[680]

212 Ein rechtsfähiges **Berufsbildungswerk** einer Gewerkschaft kann sich jedenfalls dann vor dem ArbG und LAG durch Rechtssekretäre der betreffenden Gewerkschaft oder des DGB vertreten lassen, wenn bei ihm nach seiner Satzung nur Mitglieder der betreffenden Gewerkschaft Mitglied sein können.[681]

213 Führt eine **Gewerkschaft** ein Beschlussverfahren zur Durchsetzung ihres Zugangsrechts nach § 2 Abs. 2 durch, hat sie keinen Anspruch nach § 40, sondern einen Kostenerstattungsanspruch nach § 280 Abs. 1 BGB.[682]

§ 41 Umlageverbot

Die Erhebung und Leistung von Beiträgen der Arbeitnehmer für Zwecke des Betriebsrats ist unzulässig.

671 *LAG Rheinland-Pfalz* 26.2.15 – 5 TaBV 19/14, juris, für den Fall eines »Schein-KBR«.
672 HWGNRH-*Glock,* Rn. 152.
673 *BAG* 18.1.89, NZA 89, 641 unter Aufgabe seiner früheren Rspr.; vgl. 24.7.79, AP Nr. 1 zu § 51 BetrVG 1972.
674 *Fitting,* Rn. 143; GK-*Weber,* Rn. 226; HWGNRH-*Glock,* Rn. 148.
675 *LAG Hamm* 15.6.05, AuR 06, 74; *Fitting,* Rn. 92.
676 *Fitting,* Rn. 148; GK-*Weber,* Rn. 226; HWGNRH-*Glock,* Rn. 153; Richardi-*Thüsing,* Rn. 90.
677 *ArbG Darmstadt* 5.7.88, AiB 88, 285, Ls.
678 *SächsLAG* 25.7.08, LAGE § 114 ZPO 2002, Nr. 9 für den Fall der Insolvenz des AG; *LAG Rheinland-Pfalz* 4.5.90, NZA 91, 32; *Fitting,* Rn. 34; HWGNRH-*Glock,* Rn. 34.
679 *LAG Rheinland-Pfalz,* a. a. O.; *ArbG Senftenberg* 2.10.96 – 2 BV 3/96.
680 *SächsLAG* a. a. O.
681 *BAG* 29.1.92, NZA 93, 379.
682 *LAG Hamm* 21.7.06, EzA-SD 2006, Nr. 19, 14.

Inhaltsübersicht

I. Vorbemerkungen

1 Die Vorschrift verbietet die Erhebung und Leistung von Beiträgen der AN für Zwecke des BR. Sie gilt entsprechend für den **GBR** (§ 51 Abs. 1), den **KBR** (§ 59 Abs. 1), die **JAV** (§ 65 Abs. 1), die **GJAV** (§ 73 Abs. 2), die **KJAV** (§ 73 b Abs. 2), die **Bordvertretung** (§ 115 Abs. 4) und den **See-BR** (§ 116 Abs. 3).

II. Unzulässige Beiträge

2 Die **Erhebung von Beiträgen** der AN für BR-Tätigkeit ist ohne Rücksicht darauf unzulässig, ob sie freiwillig gegeben werden oder ob es sich um laufende **Beitragseinnahmen** oder um einmalige **Sammlungen** handelt.[1] Ein **Beschluss** des BR, Beiträge zu erheben, ist nichtig.[2] Auch die Entgegennahme von **Zuwendungen Dritter** (etwa der Gewerkschaften, politischer Parteien oder sonstiger Einrichtungen) ist unzulässig.[3] Dies gilt auch für weitere über den Regelungsbereich des § 40 hinausgehende Zuwendungen des AG, da sie den Grundsatz des unbedingten Ehrenamtes gefährden würden.[4] Allerdings können freiwillig geleistete Beiträge nicht **zurückgefordert** werden (§ 817 BGB), da sich das Verbot auch gegen den Leistenden richtet.[5]

3 Ein **Verstoß gegen dieses Verbot** liegt nur vor, wenn derartige Beiträge aus Vermögen der Zuwendenden fließen, entweder dadurch, dass sie Beiträge abführen, oder dadurch, dass ihre Ansprüche gekürzt werden.[6] Eine verbotene Leistung liegt nicht vor, wenn eine **Spielbank** aus einem **Tronc** auch Personalaufwendungen bestreitet, die ihr durch die BR-Tätigkeit ihrer BR-Mitglieder entstehen. Den AN steht weder Eigentum an dem Tronc zu noch haben sie Ansprüche darauf, dass aus dem Tronc, der von Gesetzes wegen der Bestreitung von Personalaufwendungen der Spielbank dient, auch die Ansprüche nach §§ 37, 40 abgedeckt werden dürfen.[7] Unzulässig ist hingegen die Finanzierung von Sachmitteln des BR gem. § 40 aus dem **Tronc** einer Spielbank.[8]

4 Zu den gesetzlichen Aufgaben des BR gehört nicht die **Führung von Kassen,** in die z. B. Teile der AR-Vergütungen von AN-Vertretern im Aufsichtsrat, Überschüsse aus dem Betrieb von Zigaretten- oder Getränkeautomaten, Kantinengewinne u. ä. fließen, um damit u. a. Jubiläumsgeschenke und Krankenhausbesuche von Betriebsangehörigen finanzieren zu können. Dennoch ist die Führung derartiger Kassen durch den BR **zulässig,**[9] wenn der AG mit der Kassenführung einverstanden ist oder diese stillschweigend duldet. Die Führung einer solchen Kasse von einzelnen BR-Mitgliedern – als AN – wird jedenfalls als zulässig angesehen.[10]

---

1 Richardi-*Thüsing,* Rn. 2; ErfK-*Koch,* Rn. 1; *Fitting,* Rn. 3; HWGNRH-*Glock,* Rn. 2; vgl. auch *Leuze,* ZTR 06, 474; gegen ein Umlageverbot *Franzen,* FS Adomeit, S. 173 ff.

2 Richardi-*Thüsing,* Rn. 3; *Fitting,* Rn. 7.

3 Richardi-*Thüsing,* Rn. 6; *Fitting,* Rn. 5; GK-*Weber,* Rn. 8; ErfK-*Koch,* a. a. O.; HWGNRH-*Glock,* Rn. 3; *Weiss,* Rn. 1.

4 Richardi-*Thüsing,* Rn. 5; *Fitting,* Rn. 5.

5 *Fitting,* Rn. 6; *GL,* Rn. 5; a. A. GK-*Weber,* Rn. 9; HWGNRH-*Glock,* Rn. 4; Richardi-*Thüsing,* Rn. 4; ErfK-*Koch,* a. a. O.

6 *BAG* 24.7.91, AP Nr. 1 zu § 41 BetrVG 1972; HWGNRH-*Glock,* Rn. 2.

7 *BAG,* a. a. O.; *Fitting,* Rn. 4; HWGNRH-*Glock,* a. a. O.; Richardi-*Thüsing,* Rn. 4.

8 *BAG* 14.8.02, AuR 03, 271 mit Anm. *Wedde* = NZA 03, 626; *Fitting,* Rn. 4.

9 *BAG* 22.4.60, AP Nr. 1 zu § 2 ArbGG 1953 Betriebsverfassungsstreit; a. A. Richardi-*Thüsing,* Rn. 8; *Fitting,* Rn. 9; GK-*Weber,* Rn. 6; HWGNRH-*Glock,* Rn. 7; vgl. *LAG Baden-Württemberg* 22.9.59, AP Nr. 2 zu § 82 BetrVG zu der Verwaltung von AR-Vergütungen.

10 *Fitting,* Rn. 9; GK-*Weber,* a. a. O.; HWGNRH-*Glock,* a. a. O.

III. Erlaubte Sammlungen

5 Das Verbot des § 41 gilt nur für Sammlungen bzw. Leistungen der AN für Zwecke, die mit **der Tätigkeit des BR** zusammenhängen. Dagegen werden **Sammlungen für andere Zwecke,** wie z. B. für gemeinschaftliche Feste, Geburtstags- oder Jubiläumsgeschenke, Trauer- oder Unglücksfälle, jedenfalls dann als zulässig angesehen, wenn diese von einzelnen BR-Mitgliedern in die Hand genommen werden.[11] Der BR kann auch sonstige Sammlungen aus außerbetrieblichem Anlass durchführen, z. B. für Opfer einer Flutkatastrophe.[12] Unzulässig ist es hingegen, wenn der BR **Vertragsstrafen** aus BVen die der AG zahlen muss, eigenständig zu eigenen Zwecken verwaltet.[13]

IV. Streitigkeiten

6 Streitigkeiten, die sich aus der Anwendung dieser Vorschrift ergeben, entscheiden die ArbG nach §§ 2 a, 80 ff. ArbGG im **Beschlussverfahren.**[14] Bei grober Pflichtverletzung können Verstöße gegen § 41 u. U. zur Auflösung des BR nach § 23 Abs. 1 führen.[15]

Vierter Abschnitt
Betriebsversammlung

§ 42 Zusammensetzung, Teilversammlung, Abteilungsversammlung

(1) Die Betriebsversammlung besteht aus den Arbeitnehmern des Betriebs; sie wird von dem Vorsitzenden des Betriebsrats geleitet. Sie ist nicht öffentlich. Kann wegen der Eigenart des Betriebs eine Versammlung aller Arbeitnehmer zum gleichen Zeitpunkt nicht stattfinden, so sind Teilversammlungen durchzuführen.

(2) Arbeitnehmer organisatorisch oder räumlich abgegrenzter Betriebsteile sind vom Betriebsrat zu Abteilungsversammlungen zusammenzufassen, wenn dies für die Erörterung der besonderen Belange der Arbeitnehmer erforderlich ist. Die Abteilungsversammlung wird von einem Mitglied des Betriebsrats geleitet, das möglichst einem beteiligten Betriebsteil als Arbeitnehmer angehört. Absatz 1 Satz 2 und 3 gilt entsprechend.

Inhaltsübersicht Rn.

I. Vorbemerkungen

1 Die Betriebsversammlung besteht aus den AN des Betriebs und hat als **Organ der Betriebsverfassung**[1] den Zweck, die **Kommunikation zwischen dem BR und den AN** zu fördern.[2] Sie

11 Richardi-*Thüsing,* Rn. 8; *Fitting,* Rn. 8; *GL,* Rn. 6; ErfK-*Koch,* Rn. 1; ähnlich GK-*Weber,* Rn. 5.
12 Vgl. GK-*Weber,* a. a. O., für BR-Mitglieder in ihrer Eigenschaft als AN.
13 *BAG* 29.9.04, BB 05, 163.
14 Vgl. *BAG* 26.7.89, AP Nr. 4 zu § 2 a ArbGG.
15 *Fitting,* Rn. 11.
1 Eingehend zur Rechtsnatur der Betriebsversammlung GK-*Weber,* Rn. 8 f.
2 Zur Funktion der Betriebsversammlung aus AG-Sicht vgl. *Brötzmann,* NZA 90, 1055 [1056]; *Strehmel,* AuA 95, 337.

dient vor allem der **Aussprache** und **Diskussion** der in § 45 genannten Themen und der **Unterrichtung** der AN durch BR und AG (§ 43 Abs. 1 Satz 1 und Abs. 2 Satz 3).

Die für eine erfolgreiche Interessenvertretung notwendige **gegenseitige Information zwischen BR und AN** und die Schaffung der erforderlichen Betriebsöffentlichkeit kann nicht nur mit der Betriebsversammlung, sondern zusätzlich auch mit **weiteren Informations- und Kommunikationsmöglichkeiten**[3] erfolgen (s. dazu auch § 80 Rn. 122): Aufsuchen von AN am Arbeitsplatz durch BR-Mitglieder (vgl. § 80 Rn. 23 f.), Gespräche im Rahmen der Sprechstunde des BR (§ 39), Informations-, Anhörungs- und Erörterungsrechte der AN unter Hinzuziehung eines BR-Mitglieds ihres Vertrauens (§§ 81 Abs. 3, 82 Abs. 2, 83 Abs. 1, 84, 85), schriftliche und mündliche Befragung der Belegschaft durch den BR (in entsprechender Anwendung von § 80 Abs. 2;[4] vgl. zur Kostentragungspflicht des AG § 40 Rn. 20),[5] Information der Belegschaft durch Anschläge am »Schwarzen Brett« sowie die Herausgabe von Informationsschriften durch den BR (vgl. zur Kostentragungspflicht des AG § 40 Rn. 6) oder über eine betriebliche Telefonanlage,[6] ein EDV-gestütztes innerbetriebliches Kommunikationssystem,[7] die Einrichtung einer Homepage im Intranet sowie sonstige neue Kommunikationsmöglichkeiten wie »Business- oder Web-TV« und »Soziale Netzwerke« bzw. Social Web[8] (s. dazu auch Rn. 19 und zur Kostentragungspflicht des AG § 40 Rn. 150 ff., 156 f.) 2

Es ist grundsätzlich Sache des pflichtgemäßen **Ermessens des BR**, in welcher Weise er seine gesetzlichen Aufgaben wahrnimmt. Der Informationsaustausch zwischen Belegschaft und BR ist nicht allein auf die im Gesetz ausdrücklich vorgesehenen Institutionen, wie z. B. die Betriebsversammlung, beschränkt.[9] Der AG kann dem BR die Art der innerbetrieblichen **Kommunikation nicht vorschreiben**.[10] 3

Während der BR auf der Betriebsversammlung einen **Tätigkeitsbericht** zu erstatten hat (vgl. § 43 Abs. 1 Satz 1), kann die Betriebsversammlung dem BR Anträge unterbreiten und zu seinen Beschlüssen Stellung nehmen (vgl. § 45 Satz 2). Die Betriebsversammlung dient damit der gegenseitigen Information von BR und AN, der **Aussprache und Meinungsbildung**[11] und kann dem BR für seine Arbeit neue Impulse vermitteln. Entscheidungen der Betriebsversammlung haben jedoch keinen rechtsverbindlichen Charakter. Die Betriebsversammlung kann weder mit dem AG BV abschließen oder bestehende BV kündigen noch dem BR gegenüber rechtlich verbindliche Weisungen erteilen.[12] Insofern ist die Betriebsversammlung **dem BR nicht übergeordnet**.[13] 4

Dennoch kommt der Betriebsversammlung für die Arbeit des BR eine besondere Bedeutung zu. Berücksichtigt man, dass im Betrieb durch die Arbeitspflicht und die sonstigen vertraglichen Nebenpflichten die Kommunikationsmöglichkeiten der AN untereinander und zwischen BR und AN stark eingeschränkt sind,[14] ist die Betriebsversammlung als **institutionalisiertes und rechtlich abgesichertes Forum der Aussprache und Meinungsbildung** für eine durchsetzungsfähige betriebliche Interessenvertretung unverzichtbar. Die wünschenswerte Zunahme ihrer praktischen Bedeutung[15] könnte u. a. auch die zunehmende – zusätzlich kommunikationserschwerende – Leistungsverdichtung und Vereinzelung der AN am Arbeitsplatz auf 5

---

3 Vgl. dazu auch *Berg/Bobke*, S. 28 ff.; *dies.*, AiB 90, 485 ff.; *Buschmann*, AiB 87, 52, 59 ff.

4 Dazu eingehend *Neufeld/Elking*, NZA 13, 116 91172 f.

5 *BAG* 8.2.77, DB 77, 914; zur praktischen Durchführung *Satzer*, AiB 97, 251; *Wabra*, AiB 14, 57; zur Vorbereitung der Betriebsversammlung durch eine Befragungsaktion der AN vgl. *Bösche/Grimberg*, AiB 90, 272; AiB 91, 170.

6 *BAG* 9.6.99, NZA 99, 1292.

7 Intranet, E-Mail: *BAG* 3.9.03, DB 04, 491.

8 Zu den praktischen und rechtlichen Fragen *Greve*, CR 13, 32.

9 *BAG* 8.2.77, AP Nr. 10 zu § 80 BetrVG 1972; 17.2.93, NZA 93, 854; 9.6.99, a. a. O., 1294; 3.9.03, a. a. O., 492; ErfK-*Koch*, Rn. 2; *Fitting*, Rn. 13.

10 *BAG* 9.6.99, a. a. O.; 3.9.03, a. a. O.

11 *BAG* 24.8.11, NZA 12, 223; 27.6.89, NZA 90, 113.

12 *BAG* 27.6.89, a. a. O.

13 *Fitting*, Rn. 10; *GL*, Rn. 1; HWGNRH-*Worzalla*, Rn. 10; Richardi-*Annuß*, vor § 42 Rn. 3.

14 Vgl. dazu *Däubler*, Das Arbeitsrecht 1, Rn. 807 ff.

15 Zum rechtstatsächlichen Befund vgl. *Däubler*, a. a. O., Rn. 815, 817, und GK-*Fabricius*, 6. Aufl., vor § 42 Rn. 23; Richardi-*Annuß*, vor § 42 Rn. 14.

Grund arbeitsorganisatorischer und technologischer Rationalisierungsmaßnahmen kompensieren (ausführliche Hinweise zu den praktischen Fragen der erfolgreichen Durchführung von Betriebsversammlungen bei § 43 Rn. 6 ff.).[16]

6 Die Vorschrift grenzt die **Betriebsversammlung** (Abs. 1 Satz 1) von der **Teilversammlung** (Abs. 1 Satz 2) und der **Abteilungsversammlung** (Abs. 2) ab, regelt die Versammlungsleitung (Abs. 1 Satz 1) und schreibt die Nichtöffentlichkeit (Abs. 1 Satz 2) vor. Neben den Betriebsversammlungen nach dieser Vorschrift sieht das Gesetz vor: **zusätzliche Betriebsversammlungen** auf Initiative des BR (§ 43 Abs. 1 Satz 4); **außerordentliche Betriebsversammlungen**, wenn sie der BR als notwendig ansieht oder wenn er auf Wunsch eines bestimmten Teils der AN oder des AG zu ihrer Einberufung verpflichtet ist (§ 43 Abs. 3 Satz 1); auf Antrag der im Betrieb vertretenen Gewerkschaft wegen Untätigkeit des BR einberufene Betriebsversammlungen (§ 43 Abs. 4); Betriebsversammlungen zur Bestellung eines WV (§ 17 Abs. 1; zum vereinfachten Wahlverfahren vgl. §§ 14 a, 17 a). Daneben kennt das Gesetz Betriebsjugendversammlungen (§ 71), Betriebsräteversammlungen (§ 53) und Bordversammlungen (§ 115 Abs. 5, § 116 Abs. 3 Nr. 6). Zur Problematik von vom AG einberufenen »Belegschafts-« oder »**Mitarbeiterversammlungen**« vgl. Rn. 50 ff.

7 Bei den Vorschriften der §§ 42 ff. handelt es sich um **zwingendes Recht,** die auch durch **TV** oder **BV** nicht abbedungen,[17] aber unter Beachtung des gesetzlichen Rahmens näher ausgestaltet[18] oder erweitert werden können.

II. Teilnehmerkreis

8 Die Betriebsversammlung besteht gemäß Abs. 1 1. Halbsatz aus den **AN des Betriebs**. Zu diesem Personenkreis gehören gemäß § 5 Abs. 1 Satz 1 vor allem die Arbeiter und Angestellten einschließlich der zu ihrer Berufsausbildung Beschäftigten (zu den Einzelheiten vgl. Rn 15 f.; zum AN-Begriff vgl. § 5 Rn. 8 ff.). Dieser Grundsatz wird jedoch vom Gesetz selbst nicht uneingeschränkt durchgehalten. So haben der **AG** (§ 43 Abs. 2 Satz 1), die **im Betrieb vertretenen Gewerkschaften** (§ 46 Abs. 1 Satz 1) und – unter bestimmten Voraussetzungen – **Verbandsvertreter von AG-Vereinigungen** (§ 46 Abs. 1 Satz 2) ein Teilnahmerecht. Dagegen sind die **leitenden Angestellten** nach § 5 Abs. 3 von Gesetzes wegen nicht teilnahmeberechtigt.[19] Die Teilnahme von leitenden Angestellten ist jedoch möglich, wenn sie der BR zu der Versammlung zulässt oder wenn sie als Vertreter des AG teilnehmen (vgl. § 43 Rn. 23).

9 Die **Teilnahme weiterer Personen** an der Betriebsversammlung ist zulässig, soweit ein **sachlicher Grund** dafür vorliegt.[20] Das ist etwa der Fall, wenn bestimmte Personen zwar nicht zu den AN des Betriebs gehören, aber wegen ihrer besonderen Funktion eine **enge sachliche Verbindung zum Betrieb und zu den AN** haben. Das gilt z. B. für die Mitglieder des **GBR,** des **KBR,** des **EBR,** des **WA** und die **AN-Vertreter im AR.**[21] Teilnahmeberechtigt sind auch **Mitglieder des BR (bzw. vergleichbarer Interessenvertretungsorgane) ausländischer Betriebe bzw. UN,** wenn diese mit dem UN, dem der Betrieb des einladenden BR angehört, wirtschaftlich und/oder gesellschaftsrechtlich verbunden sind,[22] insbes. wenn es sich um vom EBRG (vgl. dazu Anhang B)[23] erfasste UN und Konzerne handelt.[24] Darüber hinaus kann für

16 *Bösche/Grimberg,* AiB 90, 272; AiB 91, 170; Bossman, AiB 11, 672; *Cox/Köhlbach,* AiB 04, 216 ff.; *Däubler,* AiB 82, 51 ff.; *Fricke/Grimberg/Wolter; Fuchs,* AiB 02, 242; *Kiausch,* AiB 89, 185 ff.; *Vorbrücken,* BR-Info 95, 9 ff.; *Müller,* AiB 11, 114 ff.; zur Rspr. zur Betriebsversammlung vgl. die Zusammenstellung bei *Cox/Grimberg,* AiB 01, 706 ff.; *Schoof,* AiB 89, 204 ff.

17 ErfK-*Koch,* Rn. 2; *Fitting,* Rn. 5; *GL,* Rn. 5; GK-*Weber,* Rn. 10; HaKo-BetrVG-*Tautphäus,* Rn. 1; HWGNRH-*Worzalla,* Rn. 1; Richardi-*Annuß,* vor § 42 Rn. 13.

18 *Fitting,* a. a. O.; HWK-*Diller,* Rn. 4; Richardi-*Annuß,* a. a. O.

19 *Fitting,* Rn. 15; *GL,* Rn. 7; HWGNRH-*Worzalla,* Rn. 12 a; Richardi-*Annuß,* Rn. 6.

20 *Fitting,* Rn. 20; GK-*Weber,* Rn. 48; *GL,* Rn. 9; Richardi-*Annuß,* Rn. 36; a. A. HWGNRH-*Worzalla,* Rn. 23; wie hier auch *Simitis/Kreuder,* NZA 92, 1009, 1012.

21 *BAG* 13.9.77, 28.11.78, AP Nrn. 1, 2 zu § 42 BetrVG 1972; *Fitting,* Rn. 18; GK-*Weber,* Rn. 49; Richardi-*Annuß,* Rn. 35.

22 *LAG Baden-Württemberg* 16.1.98, AuR 98, 286.

23 Gesetz über Europäische Betriebsräte (EBGR) vom 28.10.96.

24 A. A. Richardi-*Annuß,* a. a. O.

eine ordnungsgemäße Durchführung der Betriebsversammlung die Teilnahme anderer Personen notwendig werden, wie etwa von **Sachverständigen** (§ 80 Abs. 3)[25] oder von **Dolmetschern** in Betrieben mit einem Anteil ausländischer AN (zu der Frage der Übernahme der Kosten für Dolmetscher in Betrieben mit ausländischen AN vgl. § 43 Rn. 11). Sachkundige **betriebsfremde Referenten** und **Auskunftspersonen** können zu Tagesordnungspunkten an der Betriebsversammlung teilnehmen, die sich im Rahmen der Funktion der Betriebsversammlung und der zulässigen Themen gemäß § 45 bewegen.[26]

Diese Personen haben jedoch **kein originäres Teilnahmerecht** wie die AN des Betriebs oder die vom Gesetz ausdrücklich erwähnten Personen. Ihre **Teilnahme setzt** daher eine **Einladung durch den BR voraus.** Sie haben im Übrigen, wenn es in der Betriebsversammlung zu Abstimmungen kommen sollte, kein Stimmrecht.[27] Hat der BR gegenüber solchen betriebsfremden Personen eine Einladung ausgesprochen, kommt es auf eine Duldung durch den AG nicht an.[28] Zur Teilnahme von **Politikern** vgl. § 45 Rn. 20, von **Vertretern der Medien** vgl. Rn. 27. **10**

Wegen der Bedeutung der Betriebsversammlung innerhalb der Betriebsverfassung sollte **jeder AN** an ihr **teilzunehmen**. Ein **gesetzlicher Zwang** zur Teilnahme besteht allerdings nicht.[29] Eine Freistellung bzw. **Erlaubnis durch den AG** ist nicht Voraussetzung für die Teilnahme. Der **AG darf** die **Teilnahme** der AN an der Betriebsversammlung **nicht untersagen** oder durch sonstige Maßnahmen **behindern** oder **erschweren** (vgl. dazu die Einzelheiten bei Rn. 48 f.). Nimmt ein AN an einer während der Arbeitszeit stattfindenden Betriebsversammlung nicht teil, darf er den Betrieb gleichwohl nicht verlassen. Er ist, sofern dazu die Möglichkeit besteht, zur Arbeitsleistung verpflichtet. Zu der Frage des Entgeltausfalls, wenn die Möglichkeit des Weiterarbeitens nicht besteht, vgl. § 44 Rn. 26. **11**

Teilnahmeberechtigt an der Betriebsversammlung sind **alle AN** (zum AN-Begriff vgl. § 5 Rn. 8 ff., zum Teilnahmerecht bestimmter AN-Gruppen vgl. Rn. 15 f.), die einem **Betrieb** i. S. v. Abs. 1 **zuzurechnen** sind. Dazu gehören der **Betrieb i. S. d. § 1** (einschließlich des **gemeinsamen Betriebs mehrerer UN,** vgl. § 1 Abs. 2), **betriebsverfassungsrechtliche Organisationseinheiten** gemäß § 3 Abs. 5, **Betriebsteile gemäß § 4 Abs. 1 Satz 1,** mit dem **Hauptbetrieb** zusammengefasste **Betriebsteile gemäß § 4 Abs. 1 Satz 2** und **Kleinstbetriebe** gemäß § 4 Abs. 2.[30] Auch der **auf Initiative der AN** gemäß § 3 Abs. 3 **gewählte unternehmenseinheitliche BR** führt zu einem Betrieb bzw. einer betriebsverfassungsrechtlichen Organisationseinheit, für den bzw. die eine Betriebsversammlung durchzuführen ist. Der in § 3 Abs. 5 fehlende ausdrückliche Verweis auf § 3 Abs. 3 rechtfertigt es nicht, bei der Zulässigkeit einer »unternehmenseinheitlichen« Betriebsversammlung zwischen den Fällen des § 3 Abs. 1 Nr. 1 a) und des § 3 Abs. 3 zu unterscheiden.[31] **12**

Aus Anlass von Betriebs- oder UN-Umstrukturierungen kann das Bedürfnis der Durchführung **gemeinsamer Versammlungen der AN mehrerer Betriebe** (ggf. eines ganzen **UN** oder **Konzerns**) bestehen. Von den Fällen des Vorliegens abweichend gebildeter betriebsverfassungsrechtlicher Organisationseinheiten gemäß § 3 Abs. 1 – 3 abgesehen, dürfte es sich bei derartigen Versammlungen nicht um eine Betriebsversammlung i. S. d. Abs. 1 handeln.[32] Die Durchführung derartiger Versammlungen kann allerdings mit dem bzw. den beteiligten AG vereinbart werden. Daneben besteht die Möglichkeit, die Betriebsversammlungen der in Frage kommenden einzelnen Betriebe bei Vorliegen eines entsprechenden Bedürfnisses bezüglich ihrer Tagesordnung und zeitlichen Lage zu koordinieren. Schließlich ist auf die Möglichkeit der Durchführung von **BR-Versammlungen** gemäß § 53 und deren kollektivvertraglicher Erweiterung bezüglich ihres Teilnehmerkreises und ihrer Durchführung auf Konzernebene (streitig, vgl. § 53 Rn. 3 f.) hinzuweisen.[33] **13**

---

25 Vgl. dazu *BAG* 19.4.89, AiB 90, 36 f. mit Anm. *Trittin.*

26 *BAG* 13.9.77, a. a. O.; *ArbG Paderborn* 24.10.96, AuR 97, 168 = AiB 97, 414 mit Anm. *Peter* – Teilnahme von Vertretern mehrerer Krankenkassen.

27 *Fitting,* Rn. 27.

28 *BAG* 13.9.77, a. a. O.; ErfK-*Koch,* Rn. 4; *Fitting,* Rn. 20; a. A. *GL,* a. a. O.; HWGNRH-*Worzalla,* Rn. 21.

29 *Fitting,* Rn. 24, GK-*Weber,* Rn. 14; HWK-*Diller,* Rn. 16; Richardi-*Annuß,* Rn. 4.

30 ErfK-*Koch,* Rn. 3; *Fitting,* Rn. 14; HaKo-BetrVG-*Tautphäus,* Rn. 3; Richardi-*Annuß,* Rn. 3.

31 A. A. HaKo-BetrVG-*Tautphäus,* a. a. O.

32 *Fitting,* Rn. 14; Richardi-*Annuß,* Rn. 3.

33 Zur Einberufung einer Informationsveranstaltung zur BR-Wahl in einem betriebsratslosen Betrieb durch den GBR vgl. *BAG* 16.11.11, NZA 12, 404 (verneint).

14 Von den »Initiativrechten« gemäß §§ 14 a, 17 und 43 Abs. 3 Satz 1 (bei Einberufung durch den BR) abgesehen, sieht das Gesetz ein **Selbstversammlungsrecht der AN** im Betrieb nicht vor. Finden im Einvernehmen mit dem AG sonstige Versammlungen der AN im Betrieb statt, können die Vorschriften der §§ 42 – 46 nur auf Grund einer besonderen Vereinbarung mit dem AG zur Anwendung kommen.[34] Unzulässig sind sonstige Versammlungen der AN im Betrieb zu Themen, die den Aufgabenbereich des BR und der Betriebsversammlung betreffen (»**Gegenveranstaltungen**«, vgl. Rn. 50 ff.).

15 Das Teilnahmerecht steht zunächst allen AN zu, die in einem Vertragsverhältnis zum Arbeitgeber stehen und in den Betrieb eingegliedert sind (vgl. zum AN-Begriff aber auch vgl. § 5 Rn. 8 ff.) Dabei ist es unerheblich, ob die AN ständig oder nicht ständig Beschäftigte, Jugendliche oder Erwachsene oder wahlberechtigt sind.[35] Zu den **teilnahmeberechtigten AN** gehören daher auch **befristet Beschäftigte, Teilzeitbeschäftigte, AN auf ausgelagerten Arbeitsplätzen, Heim-AN** und **Tele-AN** (vgl. dazu § 5 Abs. 1 2. Halbsatz) und **Auszubildende** (vgl. § 5 Abs. 1. Halbsatz). Dies gilt auch für **gekündigte AN,** wenn ein Kündigungsschutzverfahren wegen dieser Kündigung anhängig ist.[36] Schließlich sind AN teilnahmeberechtigt, für die am Tag der Betriebsversammlung **keine Arbeitspflicht** besteht, z. B. während einer **Freischicht**,[37] des **Freizeitausgleichs für Mehrarbeit**,[38] des **Urlaubs**,[39] der **Elternzeit**,[40] der Freistellungsphase der **Altersteilzeit** im Blockmodell (vgl. dazu auch § 7 Rn. 12),[41] der **Kurzarbeit**[42] oder eines **Arbeitskampfes.**[43] AN, die **in mehreren Betrieben** beschäftigt sind, können an allen Betriebsversammlungen dieser Betriebe teilnehmen.[44]

15a Das Teilnahmerecht an der BV steht grundsätzlich auch AN zu, die keinen Arbeitsvertrag mit dem AG haben, aber zur Erbringung der Arbeitsleistung in dessen Betrieb eingegliedert sind. Dies ergibt sich aus dem wesentlichen Zweck der Betriebsversammlung (vgl. Rn. 5): für das Teilnahmerecht eines AN an der Kommunikation zwischen dem BR und der Belegschaft, insbesondere zu allen Themen und Gegenständen, die die Zusammenarbeit der AN, deren Arbeitsbedingungen und die darauf bezogenen Handlungsmöglichkeiten und Mitbestimmungsrechte des BR betreffen, kann es neben der Eingliederung in den Betrieb nicht zwingend zusätzlich auf das Vorliegen einer vertragliche Bindung zum AG ankommen. Dem hat der Gesetzgeber durch die ausdrückliche Regelung Rechnung getragen, dass **Leih-AN** an Betriebsversammlungen im Betrieb des Entleiher-UN teilnehmen können (vgl. § 14 Abs. 2 Satz 2 AÜG).[45] Dies gilt auch für sonstige **von anderen AG zur Arbeitsleistung im Betrieb überlassene AN,** auch wenn diese (noch) nicht gemäß § 7 Satz 2 wahlberechtigt sind.[46] Weiterhin gehören Beamte, Soldaten sowie AN des öffentlichen Dienstes einschließlich der zu ihrer Berufsausbildung Beschäftigten, die in Betrieben privatrechtlich organisierter UN tätig sind, zu den teilnahmeberechtigten AN (vgl. § 5 Abs. 1 Satz 3).[47] Für **Beamte**, denen gemäß **§ 4 Abs. 4 Satz 1 und Satz 2 PostPersRG** eine Tätigkeit in einem Unternehmen zugewiesen ist, und die gemäß § 24 Abs. 3 Satz 1 PostPersRG betriebsverfassungsrechtlich als AN dieses Einsatzbetriebes gelten, besteht nach Auffassung des BAG[48] lediglich ein Teilnahmerecht an der **Betriebsversammlung des Einsatzbetriebes**, nicht aber an der des Stammbetriebes. **Auszubildende** eines **reinen Ausbildungsbetriebes**, die zum Zwecke ihrer Ausbildung (vorübergehend) dem Betrieb eines anderen (Konzern-) Unternehmens zugewiesen sind, können wäh-

34 *Fitting*, Rn. 12; GK-*Weber*, Rn. 11; HWK-*Diller*, Rn. 13; Richardi-*Annuß*, Rn. 74 f.
35 Richardi-*Annuß*, Rn. 4; *Fitting*, Rn. 14; *GL*, Rn. 6.
36 GK-*Weber*, Rn. 16; *ArbG Hamburg* 14.7.77 – 14 Ga/Bo 31/77.
37 *Fitting*, a. a. O.; HWGNRH-*Worzalla*, Rn. 16;
38 *Fitting*, a. a. O.
39 *BAG* 5.5.87, AP Nr. 5 zu § 44 BetrVG 1972.
40 *BAG* 31.5.89, DB 90, 793.
41 *SWS*, Rn. 14; a. A. *Fitting*, a. a. O.
42 *BAG* 5.5.87, AP Nr. 6 zu § 44 BetrVG 1972.
43 *BAG* 5.5.87, AP Nr. 4 zu § 44 BetrVG 1972.
44 GK-*Weber*, a. a. O.
45 *BAG* 24.8.11, NZA 12, 223.
46 *Fitting*, Rn. 14; wohl auch Richardi-*Annuß*, Rn. 7.
47 *LAG Köln* 1.4.11 – 10 TaBV 105/10, juris, anhängig BAG 7 ABR 48/11.
48 *BAG* 5.12.12, AuR 13, 183 Ls., juris.

rend ihrer Ausbildungszeit in diesem Betrieb an den dort stattfindenden Betriebsversammlungen teilnehmen.[49]

Auch im **Außendienst**[50] oder vorübergehend **im Ausland tätige AN**[51] haben wegen des Vorrangs der Betriebsversammlung in Form der Vollversammlung gegenüber der Teilversammlung (vgl. dazu Rn. 30 ff.) grundsätzlich das Recht, an Betriebsversammlungen teilzunehmen. Etwas anderes kann dann gelten, wenn im Betrieb zahlreiche Außendienst-AN beschäftigt sind oder eine Vielzahl von AN vorübergehend im Ausland tätig ist (z. B. auf einer Auslandsbaustelle) und die Teilnahme an der Betriebsversammlung aus zeitlichen, verkehrstechnischen oder sonstigen Gründen nicht möglich ist. In derartigen Fällen kommt für die betroffenen AN die Abhaltung von **Teilversammlungen** (vgl. Rn. 29 ff.) in Frage,[52] die vom BR für – vorübergehend oder dauerhaft mit enger Anbindung an den Inlandsbetrieb – **im Ausland** tätige und damit zum Betrieb gehörende AN (zur Frage der Zugehörigkeit im Ausland tätiger AN zum Inlandsbetrieb vgl. Einl. Rn. 201 ff., § 1 Rn. 23 ff.) auch im Ausland durchgeführt werden können.[53] Dies gilt jedenfalls dann, wenn nicht zwingendes Recht des jeweiligen ausländischen Staates dem entgegensteht. Zu der Frage der Erstattung von Fahrkosten und der Vergütung der Zeit der Teilnahme an der Versammlung einschließlich der zusätzlichen Wegezeiten für solche AN vgl. § 44 Rn. 22. 16

III. Einberufung

Über die **Formalien der Einberufung** zu den Betriebsversammlungen enthält das Gesetz keine ausdrücklichen Regelungen.[54] 17

Ort, Zeit und **Tagesordnung** sind vom BR zu beschließen und den AN **rechtzeitig** bekannt zu geben.[55] Was rechtzeitig ist, richtet sich zunächst nach den **betrieblichen Gegebenheiten.** Darüber hinaus muss insbes. bei regelmäßigen Betriebsversammlungen gewährleistet sein, dass alle Teilnahmeberechtigten die Möglichkeit haben, sich auf den Termin einzustellen. Dabei ist auch auf AN Rücksicht zu nehmen, die sich z. B. wegen einer Außendiensttätigkeit oder wegen Urlaubs oder Krankheit nicht oder nur sporadisch im Betrieb befinden. Die **Einladungsfrist** muss so bemessen sein, dass sich die **AN** sachgerecht auf die Betriebsversammlung vorbereiten (z. B. Vorbereitung von Stellungnahmen und Anträgen gemäß § 45 Abs. 2) und dass sich auch die **Gewerkschaft** und der **AG terminlich** und **inhaltlich** auf die Betriebsversammlung einrichten können.[56] Eine bestimmte Frist, etwa zwei Wochen,[57] mindestens eine Woche[58] oder drei Tage,[59] braucht allerdings nicht eingehalten zu werden,[60] da stets die Gegebenheiten des Einzelfalls maßgebend sind.[61] 18

Auf welche Weise die Teilnehmer eingeladen werden, z. B. durch **Anschlag am »Schwarzen Brett«, Rundschreiben, Handzettel, Werkszeitung** u. Ä., richtet sich ebenfalls **nach den betrieblichen Gegebenheiten** und dem Erfordernis der ausreichenden Information aller Teil- 19

49 *BAG* 24.8.11, a. a. O.
50 *Fitting*, a. a. O.; HWGNRH-*Worzalla*, a. a. O.; einschränkend *GL*, a. a. O.
51 GK-*Weber*, Rn. 16.
52 *Fitting*, Rn. 55; *GL*, Rn. 12.
53 *Beitzke*, Anm. zu *BAG* 27.5.82, AP Nr. 3 zu § 42 BetrVG 1972; *Bobke-von Camen*, AiB 89, 230 [233]; *Däubler*, AuR 90, 1 [6 ff.]; Richardi-*Annuß*, vor § 42 Rn. 9; *Fitting*, a. a. O.; GK-*Weber*, Rn. 24; *GL*, Rn. 13; *LAG Hamm* 12.3.80, DB 80, 1030; a. A. *BAG* 27.5.82, AP Nr. 3 zu § 42 BetrVG 1972; ErfK-*Koch*, § 43 Rn. 6; HWGNRH-*Worzalla*, Rn. 3; offen gelassen bei *LAG München* 7.7.10 – 5 TaBV 18/09, juris.
54 Richardi-*Annuß*, Rn. 13; *Fitting*, Rn. 32.
55 Zu den praktischen Fragen, insbes. den Vor- und Nachteilen der Durchführung der Betriebsversammlung innerhalb oder außerhalb des Betriebs und der zeitlichen Lage innerhalb der Schicht, *Vorbrücken*, BR-Info 95, 9 ff.; zu Musterschreiben und -beschlüssen vgl. auch DKKWF-*Berg*, §§ 42 – 46 Rn. 5 ff.
56 Vgl. zum Ganzen auch *LAG Düsseldorf* 11.4.89, DB 89, 2284.
57 So *ArbG Berlin* 11.12.72, DB 73, 140 f.
58 HWK-*Diller*, Rn. 19; WPK-*Roloff*, Rn. 5.
59 So *LAG Düsseldorf* 11.4.89, a. a. O.
60 *ArbG Bielefeld* 20.4.90, DB 90, 1776; Richardi-*Annuß*, Rn. 12.
61 *LAG Düsseldorf* 11.4.89, a. a. O.

nahmeberechtigten. Werden im Betrieb **EDV-gestützte Kommunikationssysteme** eingesetzt, ist deren Benutzung durch den BR zur Einladung der Teilnehmer der Betriebsversammlung erforderlich und vom AG zu gestatten.[62] Das gilt insbesondere für weitgehend betriebsabwesende, im Außendienst tätige AN, die den Kontakt zum Betrieb über elektronische Medien aufrechterhalten (vgl. dazu auch § 40 Rn. 140 ff.),[63] oder wenn auf Grund besonderer Umstände eine Betriebsversammlung sehr kurzfristig einberufen werden muss.[64]

20 Ist im Betrieb ein geeigneter **Versammlungsraum** vorhanden, ist der BR gehalten, diesen Raum für die Betriebsversammlung zu nutzen,[65] was sich auch wegen der Nähe zum Betriebsgeschehen in der Regel empfiehlt.[66] Der AG ist verpflichtet, diese Räumlichkeit zur Verfügung zu stellen.[67] Stehen mehrere Räume zur Auswahl, entscheidet der BR über den Ort der Versammlung.[68] Existiert im Betrieb **kein geeigneter Versammlungsraum**, oder weigert sich der AG, einen geeigneten Versammlungsraum zur Verfügung zu stellen, kann der BR entsprechende Räumlichkeiten – bei Kostentragungspflicht des AG (vgl. § 40 Rn. 15) – anmieten.[69] Die Gegenauffassung verkennt, dass die durch die Durchführung einer Betriebsversammlung entstehenden Kosten unter § 40 Abs. 1 fallen und dass der Versammlungsort für eine Betriebsversammlung nicht zu den »Räumen und sachlichen Mitteln« gehört, die der AG gemäß § 40 Abs. 2 »für die Sitzungen, die Sprechstunden und die laufende Geschäftsführung« des BR zur Verfügung zu stellen hat. Im Rahmen der Kostentragungspflicht des AG gemäß § 40 Abs. 1 ist der BR nicht verpflichtet, vor der Verursachung der Kosten die Zustimmung des AG einzuholen, sondern hat im Rahmen der Erforderlichkeit der verursachten Kosten einen Freistellungs- bzw. Erstattungs- oder Zahlungsanspruch gegen den AG (zu den Einzelheiten vgl. auch § 40 Rn. 3 ff., 15).[70] Zumindest in den Fällen eines eilbedürftigen Anlasses für die zeitnahe Durchführung einer Betriebsversammlung ist auch der Hinweis der Gegenauffassung auf die Möglichkeiten der Erwirkung einer einstweiligen Verfügung (§ 85 Abs. 2 ArbGG) durch den BR wenig hilfreich.[71]

IV. Versammlungsleitung

21 Die Betriebsversammlung, die auf der Grundlage eines entsprechenden BR-Beschlusses einberufen wird (vgl. Rn. 17 ff.), hat der **BR-Vorsitzende zu leiten** (Abs. 1 Satz 1 2. Halbsatz). Im Falle seiner Verhinderung erfolgt die Leitung durch den stellvertretenden BR-Vorsitzenden. Sind der BR-Vorsitzende und sein Stellvertreter verhindert, kann der BR ein anderes seiner Mitglieder mit der Leitung der Betriebsversammlung beauftragen.[72] Die **Befugnisse des Versammlungsleiters** hat das Gesetz im Einzelnen nicht festgelegt. Es entspricht allgemeiner Meinung, dass er insbesondere die Rednerliste zu führen, das Wort zu erteilen und zu entziehen sowie ggf. Abstimmungen zu leiten hat. Darüber hinaus hat der Versammlungsleiter allgemein die Aufgabe, für einen störungsfreien und ordnungsgemäßen Ablauf der Versammlung zu sorgen.[73]

---

62 Einladung auch per E-Mail: *Fitting,* a. a. O.; HWK-*Diller,* a. a. O.; Richardi-*Annuß,* Rn. 13; *SWS,* Rn. 8; WPK-*Roloff,* a. a. O.

63 Vgl. dazu *LAG Köln* 10.1.92, NZA 92, 519 = AiB 92, 292; *ArbG München* 17.10.91, CR 92, 353 = AiB 92, 95.

64 *ArbG München* 19.11.96 – 19 BV 00126/96.

65 Im Ergebnis wie hier *HessLAG* 12.6.12 – 16 TaBVGa 149/12, juris.

66 Vgl. *Vorbrücken,* a. a. O.

67 GK-*Weber,* Rn. 22.

68 *GL,* Rn. 18; im Einvernehmen mit dem AG: *Fitting,* Rn. 31; a. A. GK-*Weber,* a. a. O.; HWGNRH-*Worzalla,* Rn. 32; Richardi-*Annuß,* Rn. 16.

69 ErfK-*Koch,* § 43 Rn. 6; *Fitting,* Rn. 31; HaKo-BetrVG-*Tantphäus,* Rn. 12; a. A. GK-*Weber,* Rn. 30; *Renker,* AiB 01, 701, 705; Richardi-*Annuß,* Rn. 18, der allein den AG zur Anmietung für berechtigt und verpflichtet hält und den BR auf die Durchsetzung über das Arbeitsgericht verweist.

70 Wie hier wohl auch *Fitting,* a. a. O.

71 Im Ergebnis auch ErfK-*Koch,* a. a. O.

72 *BAG* 19.5.78, AP Nr. 3 zu § 43 BetrVG 1972.

73 Zu Einzelfragen des Ablaufs der Betriebsversammlung und der Geschäftsordnung vgl. *Mußler,* NZA 85, 455.

22 Der BR-Vorsitzende bzw. sein Stellvertreter übt als Versammlungsleiter während der Versammlung innerhalb des **Versammlungsraumes,**[74] in den **Vorräumen** und auf den **Zugangswegen**[75] das **Hausrecht** aus. Das Hausrecht wird in dem vorstehend beschriebenen Umfang somit nicht vom AG wahrgenommen. Dieser darf insbesondere keinem Teilnahmeberechtigten den **Zugang** zur Versammlung **verweigern**[76] oder daran hindern, das Wort zu ergreifen. Allenfalls dann, wenn die Betriebsversammlung durch **nachhaltige grobe Verstöße** gegen den gesetzlichen Rahmen ihren Charakter als Betriebsversammlung verliert, kann dem AG das Hausrecht wieder zuwachsen.[77] Der Versammlungsleiter übt das Hausrecht auch gegenüber sonstigen Teilnehmern der Betriebsversammlung aus (zur Problematik der Teilnahme von Außenstehenden und des Grundsatzes der Nichtöffentlichkeit vgl. Rn. 9 ff., 27 ff.).

V. Tagesordnung

23 Für den Ablauf der Betriebsversammlung ist die vom BR vorher **festgesetzte Tagesordnung** maßgebend. Diese muss sich grundsätzlich in dem Rahmen halten, wie er durch diese Vorschrift und § 45 vorgegeben wird. Dem AG ist die Tagesordnung rechtzeitig zu übermitteln (§ 43 Abs. 2 Satz 1), ebenfalls den im BR vertretenen Gewerkschaften (§ 46 Abs. 2). Die gesetzlich vorgesehenen Teilnehmer der Betriebsversammlung, also die AN, der AG und die im Betrieb vertretenen Gewerkschaften, können Ergänzungen oder Änderungen der Tagesordnung anregen. Bei Betriebsversammlungen nach § 43 Abs. 3, d. h. Versammlungen, die auf Wunsch des AG oder von mindestens einem Viertel der wahlberechtigten AN stattfinden, ist der BR allerdings **verpflichtet,** den beantragten Beratungsgegenstand auf die Tagesordnung zu setzen. Aber auch hierbei hat er zu prüfen, ob die Anträge zulässig sind und sich innerhalb des Rahmens von § 45 bewegen.

VI. Nichtöffentlichkeit

24 Die Betriebsversammlung ist **nicht öffentlich** (Abs. 1 Satz 2). Das bedeutet vor allem, dass die Versammlung grundsätzlich in geschlossenen Räumen abzuhalten ist, weil regelmäßig nur dort die Nichtöffentlichkeit aufrechterhalten werden kann, und eine Beschränkung des Teilnehmerkreises auf diejenigen Personen erfolgt, die entweder ein gesetzliches Teilnahmerecht haben oder vom BR wegen der bestehenden sachlichen Verbindung zur Betriebsversammlung eingeladen worden sind (zur Teilnahme betriebsfremder Personen vgl. Rn. 5). Liegt für die Teilnahme **betriebsfremder Personen,** die der BR eingeladen hat, ein sachlicher Grund vor und wird § 45 hinsichtlich der behandelten Themen berücksichtigt, wird der Grundsatz der Nichtöffentlichkeit der Betriebsversammlung durch die Teilnahme dieser Personen nicht verletzt.[78]

25 Öffentlich ist eine Versammlung immer dann, wenn der Kreis der Teilnehmer **unbestimmt** bleibt, sie also grundsätzlich jedermann zugänglich ist. **Sachfremde Einflüsse** sollen von der Betriebsversammlung fern gehalten werden, damit die AN des Betriebs die gesetzlichen Möglichkeiten, die ihnen die Betriebsversammlung bietet, unbeeinflusst wahrnehmen können.

26 **Tonbandaufzeichnungen** der Betriebsversammlung sind ohne Zustimmung und ohne entsprechenden Hinweis des Versammlungsleiters den Teilnehmern der Betriebsversammlung gegenüber in jedem Fall unzulässig[79] und können den Straftatbestand des § 201 StGB erfüllen.[80] Jeder Teilnehmer hat das Recht, die Aufnahme seiner Wortbeiträge zu untersagen.[81]

---

74 *BAG* 18.3.64, AP Nr. 1 zu § 45 BetrVG; 13.9.77, AP Nr. 1 zu § 42 BetrVG 1972.

75 A. A. *LAG Düsseldorf* 11.1.11 17 TaBV 160/09, juris, anhängig *BAG* 1 ABR 11/11; offengelassen *LAG Hamm*, 17.3.05 – 10 TaBV 51/05; wie hier *Fitting*, Rn. 36; a. A. ErfK-*Koch*, Rn. 4; GK-*Weber*, Rn. 39; HaKo-*Tautphäus* Rn. 25; Richardi-*Annuß*, Rn. 29.

76 *BAG* 20.10.99 – 7 ABR 37/98, juris; *LAG Düsseldorf* 11.1.11., a. a. O.

77 So grundsätzlich auch *Fitting*, a. a. O.; Richardi-*Annuß*, Rn. 25.

78 *BAG* 13.9.77, AP Nr. 1 zu § 42 BetrVG 1972; *ArbG Paderborn* 24.10.96, AuR 97, 168 = AiB 97, 414 mit Anm. *Peter*.

79 *LAG München* 15.11.77, DB 78, 894; ErfK-*Koch*, Rn. 8; *Fitting*, Rn. 45; GK-*Weber*, Rn. 53; Richardi-*Annuß*, Rn. 40.

80 Weitergehend *Zieger*, PersR 96, 268, der die Zustimmung aller Teilnehmer fordert; *Leuze*, ZTR 00, 206

Heimliche Tonbandaufnahmen durch einen AN können eine außerordentliche Kündigung rechtfertigen.[82] Der BR-Vorsitzende ist verpflichtet, etwaige Tonbandaufnahmen für den BR sicher zu verwahren, und darf sie Dritten nicht zugänglich machen.[83] Insbes. hat der AG kein Recht, ohne Einverständnis der Betroffenen Tonbandaufnahmen vom BR heraus zu verlangen,[84] um sie abzuhören. Unzulässig ist auch die **Anfertigung von Wortprotokollen durch den AG,** da durch solche Protokolle die freie Meinungsäußerung behindert wird.[85] Dies gilt auch für die stichwortartige Protokollierung des Inhalts von Wortbeiträgen einzelner AN durch den AG, da ein derartiges Verhalten des AG regelmäßig geeignet ist, die Betriebsversammlung als ein Forum der freien Meinungsäußerung und der kritischen Auseinandersetzung in ihrer Funktion zu beeinträchtigen.[86] Der **AG hat kein Einsichtsrecht** bezüglich der vom BR rechtmäßig vorgenommenen Tonbandaufzeichnungen oder erstellten Wortprotokolle. Eine entsprechende Anwendung von § 34 Abs. 2 Satz 1 scheidet wegen dessen spezieller Zweckbestimmung aus.[87]

27 Vor dem Hintergrund des Zweckes des Grundsatzes der Nichtöffentlichkeit (vgl. Rn. 13) ergibt sich, dass der BR, wenn er es für sachdienlich hält, **Vertretern der Presse, des Rundfunks** oder **des Fernsehens** zum Zwecke der Berichterstattung über den Verlauf der Betriebsversammlung die Teilnahme erlauben kann. Von der nachträglichen Berichterstattung durch die Medien kann grundsätzlich kein unsachgemäßer Einfluss auf den Ablauf der Betriebsversammlung ausgehen. Es darf darüber hinaus nicht übersehen werden, dass der Betrieb nicht lediglich eine bloße Produktionsstätte, sondern auch ein **Sozialgebilde** und damit ein Teil dieser Gesellschaft ist. Im Übrigen können Betriebe, zumindest von einer bestimmten Größenordnung an, die Wirtschafts- und Arbeitsstruktur ihrer Region in einem hohen Maße beeinflussen, so dass bereits von daher ein Interesse der Öffentlichkeit an einem Bericht über die Betriebsversammlung bestehen kann.[88] Die **nachträgliche Unterrichtung** der Medien über die Erörterungspunkte der BV durch den BR ist in den Grenzen von § 79 uneingeschränkt zulässig.[89] Zur Teilnahme von **Politikern** an Betriebsversammlungen vgl. § 45 Rn. 20, zur Teilnahme sonstiger **betriebsfremder Personen** vgl. Rn. 9 f.

28 Der Versammlungsleiter ist verpflichtet, auf die Einhaltung des Grundsatzes der Nichtöffentlichkeit zu achten und allen **Nichtteilnahmeberechtigten** den Zutritt zu verwehren. Nehmen gleichwohl nichtteilnahmeberechtigte Personen an der Betriebsversammlung teil, so verlieren die AN **nicht** ihren Anspruch auf Weiterzahlung des Entgelts. Sie gehen auch nicht des Anspruchs nach § 44 Abs. 1 Sätze 2 und 3 (Bezahlung der zusätzlichen Wegezeiten und der Fahrkosten für außerhalb der Arbeitszeit stattfindende Betriebsversammlungen) verlustig. Etwas anderes gilt dann, wenn es sich erkennbar um eine »öffentliche« Versammlung gehan-

---

[248] und MünchArbR-*Joost*, § 224 Rn. 45, halten die Zustimmung jedes einzelnen Versammlungsteilnehmers für erforderlich, der einen Wortbeitrag hält.

81 ErfK-*Koch*, a. a. O.; *Fitting*, a. a. O.; GK-*Weber*, a. a. O.; Richardi-*Annuß*, a. a. O.

82 *LAG Düsseldorf* 28.3.80, DB 80, 2396.

83 *Fitting*, a. a. O.; *GL*, Rn. 31; *Zieger*, a. a. O.; Richardi-*Annuß*, Rn. 41.

84 *LAG Düsseldorf* 14.1.81, BetrR 81, 422.

85 *LAG Hamm* 9.7.86, AiB 87, 46 f.; ErfK-*Koch*, a. a. O.; *Fitting*, Rn. 47; MünchArbR-*Joost*, a. a. O., Rn. 44; Richardi-*Annuß*, Rn. 42; a. A. *LAG Baden-Württemberg* 27.10.78, DB 79, 316; GK-*Weber*, Rn. 54, der allerdings das Einverständnis der Redner fordern; HWGNRH-*Worzalla*, Rn. 43.

86 A. A. *LAG Düsseldorf* 4.9.91, AiB 92, 154, mit kritischer Anm. *Fels*, das in diesem Zusammenhang allein das schriftliche Festhalten der Namen der betroffenen AN durch den AG für unzulässig hält; ErfK-*Koch*, a. a. O.; WPK-*Roloff*, Rn. 8, weitergehend HWK-*Diller*, Rn. 27: Aufzeichnung der Namen zulässig.

87 *Fitting*, a. a. O.; a. A. GK-*Weber*, Rn. 53; *Leuze*, a. a. O.; *Loritz*, FS Wiese, 280, 286 ff.

88 Wie hier *Simitis/Kreuder*, NZA 92, 1009, 1012; a. A. HWGNRH-*Worzalla*, Rn. 25; Richardi-*Annuß*, Rn. 38; WPK-*Roloff*, Rn. 8; vgl. *Fitting*, Rn. 44, die jedenfalls eine generelle Hinzuziehung von Vertretern der Medien grundsätzlich als nicht zulässig ansehen; ähnlich einschränkend *BAG* 18.9.91, NZA 92, 315 für den Zugang von Pressevertretern zum BR-Büro, kritisch dazu *Plander*, AuR 93, 161, 168; *Simitis/Kreuder*, a. a. O., 1013 ff.; vgl. auch GK-*Weber*, Rn. 48, der eine Hinzuziehung der Presse dann bejahen, wenn alle Teilnehmer der Betriebsversammlung, die berechtigterweise anwesend sind, zustimmen; so auch ErfK-*Koch*, Rn. 8; HaKo-*Tautphäus*, Rn. 32; HWK-*Diller*, Rn. 26.

89 *LAG Düsseldorf* 28.3.80, DB 80, 2396, 2398; ErfK-*Dieterich*, Art. 5 GG Rn. 40; ErfK-*Koch*, a. a. O.; *Fitting*, a. a. O.; Richardi-*Annuß*, a. a. O.; zustimmend wohl auch *Leuze*, ZTR 09, 6, 8.

delt hat, bei der die Anwesenheit von nicht Teilnahmeberechtigten ohne weiteres möglich war, eine größere Anzahl solcher Personen tatsächlich teilgenommen und die Versammlung damit ihren Charakter als Betriebsversammlung verloren hat.

29 Eine **gesetzliche Verschwiegenheitspflicht** für Teilnehmer der Betriebsversammlung besteht nur im Rahmen des § 79 für die dort genannten Mitglieder von Betriebsverfassungsorganen. Aus dem Grundsatz der Nichtöffentlichkeit kann dagegen nicht geschlossen werden, dass eine generelle Pflicht der Teilnehmer der Betriebsversammlung zur Geheimhaltung der Erörterungspunkte der Betriebsversammlung besteht.[90] Auch aus den allgemeinen arbeitsvertraglichen Nebenpflichten lässt sich eine solche Verpflichtung nicht herleiten.[91]

VII. Teilversammlungen

30 Betriebsversammlungen sind **in der Regel als Vollversammlungen** aller AN durchzuführen. Vollversammlungen haben wegen der besseren Kommunikationsmöglichkeiten grundsätzlich **Vorrang vor Teilversammlungen.**[92] Das Gesetz geht vom Grundprinzip der einheitlichen **Betriebsversammlung der Gesamtbelegschaft** des Betriebes aus.[93]

31 Ausnahmsweise können Teilversammlungen (Abs. 1 Satz 2) jedoch abgehalten werden, wenn wegen der Eigenart des Betriebs eine Versammlung aller AN zum gleichen Zeitpunkt nicht möglich ist. Dies kommt in erster Linie bei **technisch-organisatorischen Besonderheiten** des Betriebes in Frage.[94]

32 **Wirtschaftliche Erwägungen,** die **Störung des Betriebsablaufs** oder der **öffentlich-rechtliche Auftrag** eines UN allein, wie etwa bei der Deutschen Post AG,[95] erlauben nicht die Durchführung von Teilversammlungen.

33 Muss eine Betriebsversammlung wegen ihrer voraussichtlichen Dauer und der langen Anreisezeiten eines Teils der an **räumlich weit voneinander entfernten Standorten** bzw. Niederlassungen eines Betriebs beschäftigten AN an zwei aufeinander folgenden Arbeitstagen durchgeführt werden, kann der AG wegen der damit verbundenen **wirtschaftlichen Belastung mit Übernachtungskosten** und des **zusätzlichen Arbeitsausfalls** nicht verlangen, dass in Ersetzung einer Betriebsversammlung an den einzelnen Standorten Teilversammlungen durchgeführt werden.[96]

34 Die Zulässigkeit einer Teilversammlung kann etwa gegeben sein, wenn ein **Betrieb so groß ist,** dass bei einer Versammlung aller AN eine vernünftige und sachliche Aussprache und Durchführung der Betriebsversammlung nicht mehr gewährleistet ist.[97] Eine Betriebsgröße von ca. 2500 Beschäftigten rechtfertigt noch nicht die Durchführung von Teilversammlungen.[98]

35 Das Gleiche kann auch für **Schichtbetriebe,** insbesondere für vollkontinuierlich arbeitende Betriebe gelten, in denen eine Unterbrechung des gesamten Betriebsablaufs nicht zu vertreten ist.[99]

36 Auch wenn die Voraussetzungen für die Durchführung von Teilversammlungen gegeben sein

---

90 *LAG Düsseldorf* 28.3.80, DB 80, 2396 [2398]; GK-*Weber*, Rn. 57; Richardi-*Annuß*, Rn. 45.

91 GK-*Weber*, a. a. O.; a. A. ErfK-*Koch*, Rn. 8; *Fitting*, Rn. 51; GK-*Weber*, a. a. O.; Richardi-*Annuß*, a. a. O. für Betriebs- und Geschäftsgeheimnisse, auf deren Geheimhaltungsbedürftigkeit der AG ausdrücklich hingewiesen hat; weiter gehend *GL*, Rn. 32.

92 *BAG* 9.3.76, AP Nr. 3 zu § 44 BetrVG 1972.

93 Dazu *Rieble*, AuR 95, 245, 246.

94 ErfK-*Koch/Koch*, Rn. 9; *Fitting*, Rn. 54; *Gamillscheg*, Kollektives Arbeitsrecht Bd. II, S. 648; GK-*Weber*, Rn. 58; Richardi-*Annuß*, Rn. 54.

95 *ArbG Wuppertal* 9.7.96, AiB 97, 347 mit Anm. *Peiseler*; vgl. aber für den Fall einer mit dem Grundsatz der Vollversammlung kollidierenden gesetzlichen Betriebspflicht für einen Flughafenbetrieb *LAG Berlin-Brandenburg* 8.4.11 – 9 TaBV 2765/10, juris.

96 A. A. *LAG Schleswig-Holstein* 15.10.08 – 2 TaBV 2/08, juris, das übersieht, dass allein der Umstand, dass Betriebsstätten räumlich weit auseinanderliegen (Fitting, a. a. O.; Richardi-*Annuß*, Rn. 49), oder die mit der Durchführung einer Betriebsversammlung verbundene wirtschaftliche Belastung des AG nicht die ersatzweise Durchführung von Teilversammlungen rechtfertigen.

97 So auch *Rieble*, a. a. O., 249.

98 *ArbG Wuppertal* 9.7.96, AiB 97, 347 mit Anm. *Peiseler*.

99 Vgl. dazu *LAG Baden-Württemberg* 10.5.02, AiB 03, 627 mit Anm. *Stather*.

sollten, sind diese in möglichst kurzen Zeitabständen hintereinander abzuhalten, damit sie hinsichtlich ihrer Wirkung einer gemeinsamen Betriebsversammlung gleichkommen (vgl. zu dieser Problematik auch § 44 Rn. 14 ff.).

37 Keine Teilversammlung i. S. dieser Bestimmung liegt vor, wenn nur **bestimmte Gruppen** von AN, z. B. Arbeiter, Angestellte, Frauen oder ausländische AN, zu einer Versammlung einberufen werden. Das Gesetz verbietet solche Versammlungen zwar nicht; sie unterliegen jedoch nicht den Vorschriften der Betriebsverfassung (zu den Abteilungsversammlungen nach Abs. 2 vgl. Rn. 40 ff.).

38 Für die Durchführung der Teilversammlungen gelten im Übrigen dieselben Grundsätze wie für die Betriebsversammlungen.

39 Soweit Teilversammlungen i. S. d. Abs. 1 Satz 3 durchgeführt werden, dürfen sie nicht mit den in Abs. 2 angeführten Abteilungsversammlungen verwechselt werden. Abteilungsversammlungen haben, obwohl an ihnen nur ein Teil der Belegschaft teilnimmt, bestimmte Zielsetzungen. Demgegenüber sind die Teilversammlungen nach Abs. 1 Satz 3 ein Teil der Betriebsversammlung, die insgesamt aus allen AN des Betriebs besteht. Allerdings können auch Abteilungsversammlungen in der Form von Teilversammlungen durchgeführt werden (vgl. auch Rn. 47).

VIII. Abteilungsversammlungen

40 Die nach dieser Vorschrift (Abs. 2) vorgesehenen **Abteilungsversammlungen**[100] sollen es den AN dieser Betriebsbereiche ermöglichen, ihre gemeinsamen Belange, die in einer großen Betriebsversammlung häufig nicht angesprochen werden können, zu erörtern. Das schließt aber nicht aus, dass neben den abteilungsspezifischen Angelegenheiten auch Belange des gesamten Betriebs und aller AN erörtert werden.[101]

41 Abteilungsversammlungen i. S. d. Vorschrift können nur für die Beschäftigten von **organisatorisch oder räumlich abgegrenzten Betriebsteilen** durchgeführt werden. Der Begriff Betriebsteil nach dieser Vorschrift deckt sich dabei nicht ohne weiteres mit demjenigen, wie er sich aus § 4 ergibt. Er ist vielmehr weiter gefasst.[102] Andererseits reicht es aus, wenn eine der genannten Voraussetzungen vorliegt, also der Betriebsteil entweder organisatorisch oder räumlich vom übrigen Betrieb abgegrenzt ist.

42 Eine **räumliche Abgrenzung** wird sich regelmäßig leicht feststellen lassen. Sie bestimmt sich durch die örtliche Lage oder die jeweilige bauliche Situation. So sind etwa Filialen eines Lebensmittelbetriebs oder Außendienstbüros von Redaktionen, sofern sie nicht die Voraussetzungen zur Bildung eines eigenen BR erfüllen, räumlich abgegrenzte Betriebsteile. Aber auch einzelne Gebäude (z. B. eine Verwaltung) auf einem größeren Betriebsgelände können einen räumlich abgegrenzten Betriebsteil darstellen.

43 Von einer **organisatorischen Abgrenzung** eines Betriebsteils kann dann gesprochen werden, wenn dieser eine organisatorisch-technische Einheit darstellt, d. h., wenn er betriebsorganisatorisch hinsichtlich der Aufgabenstellung und Leitung eine gewisse Eigenständigkeit aufweist. So werden z. B. Produktionsbetrieb und Verwaltung abgegrenzte Betriebsteile sein. Aber auch innerhalb der Verwaltung oder des Produktionsbereichs sind weitere Abgrenzungen möglich. So wird es, vor allem in größeren Betrieben, Produktionsabteilungen für verschiedene Erzeugnisse geben.

44 Der BR entscheidet nach **pflichtgemäßem Ermessen** darüber, ob die Voraussetzungen vorliegen. Wird das bejaht, ist der BR allerdings verpflichtet, in jedem Kalenderhalbjahr eine Betriebsversammlung in Form von Abteilungsversammlungen durchzuführen. Er kann dabei auch mehrere organisatorisch oder räumlich abgegrenzte Betriebsteile zu einer Abteilungsversammlung zusammenziehen, sofern die jeweilige Zusammensetzung für die Erörterung der besonderen Belange der beteiligten AN geboten ist.[103] Soweit Abteilungsversammlungen an-

---

100 Zu den praktischen Fragen ihrer Vorbereitung und Durchführung vgl. *Bösche/Grimberg*, AiB 91, 170.
101 *Fitting*, Rn. 74.
102 Richardi-*Annuß*, Rn. 61; *Fitting*, Rn. 65.
103 *Fitting*, Rn. 68.

stelle einer Betriebsversammlung abgehalten werden, sollten sie möglichst gleichzeitig erfolgen.

Es ist fraglich, ob Abteilungsversammlungen auch dann durchzuführen sind, wenn die Voraussetzungen bei nur einem **einzigen** Betriebsteil vorliegen. Das wird zu verneinen sein, da es nicht gerechtfertigt wäre, dem übrigen Betrieb anstelle der allgemeinen Betriebsversammlung eine Abteilungsversammlung aufzuzwingen.[104] Für den betreffenden Betriebsteil kann jedoch ein besonderer Grund für die Durchführung einer zusätzlichen Abteilungsversammlung gemäß § 43 Abs. 1 Satz 4 oder § 43 Abs. 3 gegeben sein.[105] **45**

Die Entscheidung über die Durchführung von Abteilungsversammlungen trifft der BR durch **Beschluss**[106] nach § 33. Er entscheidet auch darüber, welches BR-Mitglied die Abteilungsversammlung leitet. Es soll möglichst dem betreffenden Betriebsteil als AN angehören. Der BR kann jedoch auch andere BR-Mitglieder, insbesondere den Vorsitzenden, mit der Durchführung der Versammlung beauftragen. **46**

Für die Leitung und Durchführung der Abteilungsversammlungen gelten im Übrigen **dieselben Grundsätze** wie für die Betriebsversammlungen. Der Grundsatz der Nichtöffentlichkeit wird aber nicht dadurch verletzt, dass AN an der Abteilungsversammlung teilnehmen, die in anderen Betriebsteilen beschäftigt sind. Sofern Abstimmungen vorgenommen werden, sind jedoch nur die AN, die in dem betreffenden Betriebsteil beschäftigt sind, abstimmungsberechtigt.[107] Wegen des Verweises auf Abs. 1 Satz 3 können auch Abteilungsversammlungen in der Form von Teilversammlungen durchgeführt werden. Das wird insbesondere bei Schichtarbeit erforderlich sein. **47**

IX. Behinderung der Betriebsversammlung durch den Arbeitgeber

Der AG darf die AN **nicht auffordern, an einer** rechtmäßig einberufenen **Betriebsversammlung nicht teilzunehmen, betriebsöffentlich** die **Durchführung** einer Betriebsversammlung **ablehnen** oder die **Entgeltfortzahlung** bzw. **Fahrkostenerstattung** bei Teilnahme an einer Betriebsversammlung **in Frage stellen.** Derartige Äußerungen kann der BR, da sie eine **Störung der BR-Tätigkeit** darstellen, dem AG **gerichtlich untersagen** lassen.[108] Dem AG kann in diesem Zusammenhang gerichtlich auch aufgegeben werden, einen entsprechenden **gerichtlichen Beschluss betriebsöffentlich** den AN bekannt zu geben.[109] **48**

Im Einzelnen stellen z. B. folgende Maßnahmen des AG eine **rechtswidrige Behinderung** der Durchführung einer Betriebsversammlung dar: **49**

- Unzulässig ist die **Befragung einzelner AN** im Vorfeld einer Betriebsversammlung durch den AG, ob sie an der Betriebsversammlung teilnehmen werden. Das gilt auch dann, wenn die Befragung der Planung des Betriebsablaufs dienen soll.[110]
- Wenn der AG die Durchführung einer Betriebsversammlung wegen dringender betrieblicher Bedürfnisse zu dem vom BR beschlossenen Zeitpunkt für unzulässig hält, darf er auch einzelnen AN oder bestimmten AN-Gruppen die **Teilnahme an der Betriebsversammlung nicht einseitig untersagen.**[111]
- Das **Überhängen der Einladung und das Versprechen eines halben Tages Zusatzurlaub** durch den AG bei Nichtteilnahme an der Betriebsversammlung ist ein grober Verstoß i. S. v. § 23 Abs. 3.[112]
- Auch der Versuch, mit **Leih-AN** oder anderen **außerbetrieblichen Beschäftigten** den Be-

104 *Fitting*, Rn. 70; GK-*Weber*, Rn. 75, § 43 Rn. 21; a. A. *GL*, Rn. 16; HWGNRH-*Worzalla*, Rn. 66; Richardi-*Annuß*, Rn. 65.
105 *Fitting*, a. a. O.
106 *LAG Baden-Württemberg* 13.3.14, AuR 14, 164, juris.
107 *Fitting*, Rn. 73.
108 *ArbG Darmstadt* 27.11.03, AiB 04 mit Anm. *Mansholt; ArbG Köln* 28.4.82, AiB 89, 212; *ArbG Detmold* 12.5.92 – 3 BV Ga 7/92.
109 *ArbG Darmstadt*, 27.11.03, a. a. O.
110 *ArbG Bremen* 7.12.05, AiB 06, 756, m. Anm. *Nacken.*
111 *LAG Hamburg* 12.7.84, AiB 89, 212.
112 *LAG Baden-Württemberg* 30.4.87, BetrR 87, 420; vgl. auch *ArbG Darmstadt*, 27.11.03, a. a. O.

trieb während einer Betriebsversammlung aufrechtzuerhalten, kann je nach Umständen des Einzelfalls eine unzulässige Behinderung der Betriebsversammlung darstellen. Werden in einem solchen Fall die Mitbestimmungsrechte des BR verletzt, hat der BR einen entsprechenden **Unterlassungsanspruch.**[113]

- Lehnt der AG mit einem **Aushang** oder in **an einzelne AN gerichteten Schreiben** eine Betriebsversammlung ab, so liegt hierin eine **Behinderung der BR-Tätigkeit,** wenn diese Meinungsäußerung auf AN, die an der Betriebsversammlung teilnehmen wollen, bei objektiver Beurteilung abschreckend wirkt. Das Organisationsrecht des BR wird dann in schwerwiegender Weise beeinträchtigt. Die Grenzen der dem AG von Rechts wegen zustehenden Einwirkungsmöglichkeiten werden dadurch überschritten, dass er erklärt, er könne »den Meistern und Leuten nicht empfehlen, diese Versammlung zu besuchen«, es bleibe dem BR »unbenommen, für ihre Mitglieder eine private Versammlung abzuhalten«. Der **Tatbestand des § 119 Abs. 1 Nr. 2** ist bereits mit der Behinderung der BR-Tätigkeit bei der Einberufung der Betriebsversammlung vollendet.[114]
- Zu weiteren Behinderungen der **Einberufung**[115] (vgl. Rn. 17 ff.) und des **Ablaufs** der Betriebsversammlung, z. B. durch **Einschüchterung und Verunsicherung der Teilnehmer,** Anfertigung von Protokollen oder technischen Mitschnitten von Wortbeiträgen[116] vgl. Rn. 26.

50 Eine unzulässige Form der Behinderung der Durchführung von Betriebsversammlungen kann auch die **Einberufung von »Mitarbeiterversammlungen« durch den AG** darstellen, wenn in derartigen Veranstaltungen betriebliche Belange behandelt werden, die Fragen berühren, für die der BR zuständig ist.[117] Für den Fall, dass entsprechende betriebliche Belange auf den vom BR einzuberufenden Betriebsversammlungen nicht oder nicht rechtzeitig behandelt werden können (z. B. wegen deren Terminierung oder aus Zeitgründen), eröffnet das Gesetz dem AG gemäß § 43 Abs. 3 Satz 1 die Möglichkeit, vom BR die Einberufung einer außerordentlichen Betriebsversammlung zu verlangen.[118]

51 **Unzulässig** ist es vor allem, wenn der AG derartige »Mitarbeiterversammlungen« dazu missbraucht, die betriebsverfassungsrechtliche Ordnung durch **Gegenveranstaltungen zu Betriebsversammlungen** gezielt zu unterlaufen oder die Kommunikation zwischen BR und Belegschaft zu erschweren.[119] Das gilt erst Recht, wenn – möglicherweise sogar im Zusammenwirken von BR und AG – durch sog. **Informationsveranstaltungen** oder gesellige Zusammenkünfte wie **Betriebsfeste** oder **Weihnachtsfeiern** die gem. § 43 1 Abs. gesetzlich vorgeschriebenen Versammlungen ersetzt werden und die Teilnahme eines Gewerkschaftsvertreters abgelehnt wird[120] (zu der damit verbundenen groben Verletzung betriebsverfassungsrechtlicher Pflichten s. § 43 Rn. 4). Werden »Mitarbeiterversammlungen« vom AG nicht zu Gegenveranstaltungen gegenüber Betriebsversammlungen missbraucht, sind sie **nach Auffassung des *BAG* zulässig.**[121]

52 **Anhaltspunkte** für einen **missbräuchlichen Einsatz** von »Mitarbeiterversammlungen« sind gegeben, wenn sich der AG im Zusammenhang mit ihrer Durchführung weigert, an Betriebsversammlungen teilzunehmen oder seinen Berichtspflichten gemäß Abs. 2 Satz 3 nachzukommen, oder wenn der AG seine Teilnahme an Betriebsversammlungen von der Abwesenheit von Gewerkschaftsvertretern abhängig macht. Für die Unzulässigkeit von »Mitarbeiterversammlungen« kann auch ihre zeitnahe Terminierung zu bereits festgelegten Betriebsversammlun-

113 *LAG Hamm* 26.8.05, EzAÜG, § 14 ÄUG Betriebsverfassung Nr. 63.
114 *OLG Stuttgart* 9.9.88, AiB 89, 23 f.
115 *Renker,* AiB 01, 701.
116 *Hamm,* AiB 99, 306.
117 Ähnlich Richardi-*Annuß,* Rn. 73; *Lichtenstein,* BetrR 72, 281.
118 Richardi-*Annuß,* a. a. O.; a. A. GK-*Weber,* Rn. 12.
119 *Fitting,* Rn. 11; GK-*Weber,* a. a. O.; MünchArbR-*Joost,* § 223 Rn. 18; *Rieble,* AuR 95, 245, 250; *WW,* Rn. 3.
120 *LAG Baden-Württemberg* 13.3.14, AuR 14, 164, juris.
121 27.6.89, a. a. O.; so auch *Fitting,* a. a. O.; GK-*Weber,* a. a. O.; HWGNRH-*Worzalla,* Rn. 7; HWK-*Diller,* Rn. 11; MünchArbR-*Joost,* a. a. O.; WPK-*Roloff,* Rn. 3 *WW,* a. a. O.; einschränkend Richardi-*Annuß,* a. a. O.; *Lichtenstein,* a. a. O.

gen[122] sprechen[123] oder die Tatsache, dass der AG dem BR und Gewerkschaftsvertretern das Zutritts- und Rederecht verwehrt.

Missbraucht der AG »Mitarbeiterversammlungen« zu einer einseitigen Informationspolitik gegenüber der Belegschaft, kann der BR eine außerordentliche Betriebsversammlung gemäß § 43 Abs. 3 Satz 1 einberufen.[124] **53**

Die Durchführung von Mitarbeiterversammlungen ist gem. § 87 Abs. 1 Nr. 3 **mitbestimmungspflichtig,** wenn der AG sie außerhalb der betriebsüblichen Arbeitszeit stattfinden lassen will und eine Verpflichtung der AN zur Teilnahme besteht.[125] **54**

Unter Berücksichtigung des Gebots der vertrauensvollen Zusammenarbeit und des Zusammenwirkens mit der im Betrieb vertretenen Gewerkschaft sowie des gewerkschaftlichen Zutrittsrechts zum Betrieb und der betriebsverfassungsrechtlichen Unterstützungsfunktion der Gewerkschaft (§ 2 Abs. 1 und 2) ist **Vertretern des BR** und der **im Betrieb vertretenen Gewerkschaft** der **Zutritt** auch zu vom AG einberufenen **»Mitarbeiterversammlungen«** zu gewähren.[126] Dies gilt jedenfalls dann, wenn Fragen behandelt werden, die die Aufgaben des BR (§ 80 Abs. 1) berühren, wenn beteiligte AN die Anwesenheit des BR verlangen (§§ 81 Abs. 3, 82 Abs. 2, 83 Abs. 1, 84 Abs. 1) oder wenn der BR die Hinzuziehung eines Gewerkschaftsvertreters beschlossen hat (§ 2 Abs. 2). **55**

X. Streitigkeiten

Streitigkeiten im Zusammenhang mit der Einberufung und Durchführung von Betriebs- oder Abteilungsversammlungen, Behinderungen der Betriebsversammlungen sind im **arbeitsgerichtlichen Beschlussverfahren** auszutragen (§§ 2 a, 80 ff. ArbGG). Dies gilt beispielsweise für Streitigkeiten über den Zeitpunkt der Betriebsversammlung, die Teilnahmeberechtigung, die Zuständigkeit, die Zulässigkeit von Teil- oder Abteilungsversammlungen Behinderungen der Durchführung von Betriebsversammlungen durch den AG (vgl. Rn. 31 ff.) oder die Kostentragungspflicht des AG. **56**

Beruft der BR eine Vollversammlung ein, obwohl wegen der Eigenart des Betriebs gemäß Abs. 1 Satz 2 eine Teilversammlung durchgeführt werden müsste, begründet dies **keinen Unterlassungsanspruch des AG** gegenüber dem BR.[127] Das *BAG* hat bezüglich des gesetzlichen Gebots der Unterlassung jeder parteipolitischen Betätigung durch AG und BR (§ 74 Abs. 2 Satz 3 1. Halbsatz, vgl. § 74 Rn. 50 ff.) seine Rspr. neuerdings dahingehend geändert, dass dem AG bei Verstößen des BR gegen das Verbot parteipolitischer Betätigung kein Unterlassungsanspruch gegenüber dem AG zusteht[128] (vgl. dazu § 74 Rn. 88 ff.). Dabei stellt das BAG im wesentlichen darauf ab, dass nach dem gesetzgeberischen Konzept des § 23 dem BR und der im Betrieb vertretenen Gewerkschaft bei groben Verstößen des AG gegen seine betriebsverfassungsrechtlichen Pflichten ein Unterlassungsanspruch gemäß § 23 Abs. 3 zusteht, während § 23 Abs. 1 bei entsprechenden Verstößen des BR für den AG nur die Möglichkeit vorsieht, die Auflösung des BR zu beantragen. Auch aus § 74 Abs. 2 Satz 3 1. Halbsatz lasse sich nicht entnehmen, dass dem AG darüber hinaus ein Unterlassungsanspruch gegenüber dem BR zusteht. Diese Rspr. ist auf den Fall eines Verstoßes des BR gegen Abs. 1 Satz 2 zu übertragen. Die Verpflichtung des BR, gemäß Abs. 1 Satz 2 unter Berücksichtigung der Eigenart des Betriebs über die Durchführung einer Voll- oder einer Teilversammlung zu entscheiden, ist im Unterschied zu § 74 Abs. 2 Satz 3 1. Halbsatz noch nicht einmal als Unterlassungsgebot formuliert.[129] Der AG hat lediglich die Möglichkeit, nach Maßgabe des § 256 ZPO mit einem **57**

---

122 *ArbG Darmstadt* 6.5.96, AiB 96, 609 mit Anm. *Wolmerath; ArbG Marburg* 15.12.95, Mitb 97, 62 – Einladung durch AG in Verbindung mit polemischer Kritik an der Arbeit des BR; *ArbG Duisburg* 15.12.93, AuR 94, 276; *ArbG Osnabrück* 25.6.97, AuR 98, 298 = AiB 98, 109 mit Anm. *Elbers; ArbG Offenbach/Main* 16.6.00, AiB 00, 689 mit Anm. *B. Fischer.*

123 Vgl. zum Ganzen auch *BAG* 27.6.89, DB 89, 2543 f.

124 *BAG* 27.6.89, a. a. O.

125 *BAG* 13.3.01, DB 01, 2055; *ArbG Oldenburg* 17.3.04, AiB 05, mit Anm. *Nacken.*

126 A. A. HWGNRH-*Worzalla,* a. a. O.

127 *LAG Berlin-Brandenburg* 8.4.11, a. a. O., unter Bezugnahme auf *BAG* 17.3.10, NZA 10, 1133.

128 *BAG* 17.3.10, a. a. O.

129 *LAG Berlin-Brandenburg* 8.4.11, a. a. O.

Feststellungsantrag klären zu lassen, ob eine Voll- oder eine Teilversammlung hätte durchgeführt werden müssen bzw. durchgeführt werden muss.[130]

58 Über Vergütungs- und Kostenerstattungsansprüche der AN ist im **arbeitsgerichtlichen Urteilsverfahren** zu entscheiden (vgl. § 44 Rn. 34 f.).

§ 43 Regelmäßige Betriebs- und Abteilungsversammlungen

(1) Der Betriebsrat hat einmal in jedem Kalendervierteljahr eine Betriebsversammlung einzuberufen und in ihr einen Tätigkeitsbericht zu erstatten. Liegen die Voraussetzungen des § 42 Abs. 2 Satz 1 vor, so hat der Betriebsrat in jedem Kalenderjahr zwei der in Satz 1 genannten Betriebsversammlungen als Abteilungsversammlungen durchzuführen. Die Abteilungsversammlungen sollen möglichst gleichzeitig stattfinden. Der Betriebsrat kann in jedem Kalenderhalbjahr eine weitere Betriebsversammlung oder, wenn die Voraussetzungen des § 42 Abs. 2 Satz 1 vorliegen, einmal weitere Abteilungsversammlungen durchführen, wenn dies aus besonderen Gründen zweckmäßig erscheint.

(2) Der Arbeitgeber ist zu den Betriebs- und Abteilungsversammlungen unter Mitteilung der Tagesordnung einzuladen. Er ist berechtigt, in den Versammlungen zu sprechen. Der Arbeitgeber oder sein Vertreter hat mindestens einmal in jedem Kalenderjahr in einer Betriebsversammlung über das Personal- und Sozialwesen einschließlich des Stands der Gleichstellung von Frauen und Männern im Betrieb sowie der Integration der im Betrieb beschäftigten ausländischen Arbeitnehmer, über die wirtschaftliche Lage und Entwicklung des Betriebs sowie über den betrieblichen Umweltschutz zu berichten, soweit dadurch nicht Betriebs- oder Geschäftsgeheimnisse gefährdet werden.

(3) Der Betriebsrat ist berechtigt und auf Wunsch des Arbeitgebers oder von mindestens einem Viertel der wahlberechtigten Arbeitnehmer verpflichtet, eine Betriebsversammlung einzuberufen und den beantragten Beratungsgegenstand auf die Tagesordnung zu setzen. Vom Zeitpunkt der Versammlungen, die auf Wunsch des Arbeitgebers stattfinden, ist dieser rechtzeitig zu verständigen.

(4) Auf Antrag einer im Betrieb vertretenen Gewerkschaft muss der Betriebsrat vor Ablauf von zwei Wochen nach Eingang des Antrags eine Betriebsversammlung nach Absatz 1 Satz 1 einberufen, wenn im vorhergegangenen Kalenderhalbjahr keine Betriebsversammlung und keine Abteilungsversammlungen durchgeführt worden sind.

Inhaltsübersicht

I. Vorbemerkungen

1 Die Vorschrift legt u. a. zwingend fest, wie oft und wann vom BR Betriebsversammlungen abzuhalten sind (Abs. 1 und 3). In Abs. 2 sind die Rechte und Pflichten des AG anlässlich der Abhaltung von Betriebsversammlungen geregelt. Um die praktische Durchsetzung der gesetzlich zwingend vorgeschriebenen vier Betriebsversammlungen pro Kalenderjahr zu fördern, hat der Gesetzgeber in Abs. 4 den im Betrieb vertretenen Gewerkschaften unter bestimmten Voraussetzungen ein Antragsrecht zur Einberufung einer Betriebsversammlung eingeräumt.

130 *LAG Berlin-Brandenburg* 8.4.11, a. a.O

II. Regelmäßige Betriebs- und Abteilungsversammlungen

2 Die Bestimmung regelt, wie oft Betriebsversammlungen durchzuführen sind. Der BR ist **verpflichtet,** einmal im Kalendervierteljahr eine regelmäßige Betriebsversammlung einzuberufen, **pro Kalenderjahr** insgesamt also **vier Betriebsversammlungen.** Darüber hinaus ist der BR **berechtigt,** wenn dies aus besonderen Gründen zweckmäßig erscheint, **zwei weitere Betriebsversammlungen** (jeweils eine pro Kalenderhalbjahr) und zusätzlich **außerordentliche Betriebsversammlungen** (Abs. 3) durchzuführen. Außerordentliche Betriebsversammlungen gemäß Abs. 3 können jedoch nur mit Zustimmung des AG während der Arbeitszeit stattfinden. Zusätzlich ist der BR verpflichtet, auf Wunsch des AG oder von mindestens einem Viertel der wahlberechtigten AN eine außerordentliche Betriebsversammlung einzuberufen (Abs. 3). Liegen die Voraussetzungen des § 42 Abs. 2 Satz 1 vor, so hat der BR von den vierteljährlichen Versammlungen jährlich zwei als Betriebsversammlungen aller AN und weitere zwei in der Form von **Abteilungsversammlungen** (vgl. § 42 Rn. 40 ff.) abzuhalten. Dabei sind, sofern die Voraussetzungen nach § 42 Abs. 1 Satz 3 gegeben sind, sowohl die Betriebsversammlungen als auch die Abteilungsversammlungen in der Form von **Teilversammlungen** (zu den Teilversammlungen vgl. § 42 Rn. 30 ff.) durchgeführt werden.[1]

3 Es obliegt dem BR, die Reihenfolge der Versammlungen festzulegen. Er kann daher z. B. Betriebs- und Abteilungsversammlungen abwechselnd durchführen oder zunächst die Betriebsversammlung abhalten und dann die Abteilungsversammlungen. Im Übrigen ist die genaue Einhaltung eines Zwischenraums von drei Monaten zwischen den Versammlungen nicht erforderlich, sofern vierteljährlich eine Versammlung durchgeführt wird.

4 **Führt** der **BR** die gesetzlich vorgeschriebenen **Betriebsversammlungen nicht durch**, stellt dies eine erhebliche Beeinträchtigung eines wichtigen Bestandteils innerbetrieblicher Demokratie dar, verkürzt Unterrichtungs- und Informationsansprüche der AN und erschwert eine effektive Interessenvertretung durch den BR. Dies kann – insbes. im Wiederholungsfall – eine grobe **Verletzung der gesetzlichen Pflichten** des BR nach **§ 23 Abs. 1** darstellen[2] und auf Antrag u. a. der Gewerkschaft die gerichtliche Auflösung des BR rechtfertigen[3] (siehe dazu auch § 23 Rn. 162). Das gilt auch dann, wenn der AG den AN wegen des Verzichts des BR auf die Durchführung von Betriebsversammlungen besondere Leistungen oder sonstige Vorteile gewährt.[4] Seiner Verpflichtung zur Abhaltung der gesetzlich vorgeschriebenen Betriebsversammlungen kann der BR nicht dadurch nachkommen, dass er – auch gemeinsam mit dem AG – sonstige »Informationsveranstaltungen« oder eine Weihnachtsfeier durchführt, auf der der BR und der AG vor Beginn des »geselligen Teils« Geschäftsberichte abgeben.[5] Zum Antragsrecht der Gewerkschaft auf die Durchführung einer Betriebsversammlung in derartigen Fällen vgl. Rn. 40 ff.

5 Den Zeitpunkt der Versammlung legt der BR nach **pflichtgemäßem Ermessen** fest. Sie findet grundsätzlich während der Arbeitszeit statt (vgl. auch § 44 Rn. 2 ff.).

6 Um dem Charakter der Betriebsversammlung als **Forum der Kommunikation und Meinungsbildung** für BR und Belegschaft (vgl. § 42 Rn. 1 f.) gerecht zu werden, sollte der BR den **Ablauf der Betriebsversammlung** so gestalten, dass durch die **Tagesordnung** (vgl. § 42 Rn. 23) aktuelle Fragestellungen und Probleme im Betrieb und an den Arbeitsplätzen aufgegriffen und die Teilnehmer einbezogen und zur aktiven Beteiligung angeregt werden. Zur Festlegung der Tagesordnung und Vorbereitung einer Betriebsversammlung kann vom BR im Betrieb auch eine **Fragebogenaktion** durchgeführt werden.[6] Sowohl der gesetzlich vorgeschriebene **Tätigkeitsbericht des BR** (Abs. 1 Satz 1, vgl. Rn. 8) als auch der sonstige Inhalt der

1 Zur Jahresplanung und Vorbereitung von Betriebsversammlungen vgl. DKKWF-*Berg*, §§ 42 – 46 Rn. 2 ff.

2 *LAG Baden-Württemberg* 13.3.14, AuR 14, 164, juris; *HessLAG* 25.2.93, AiB 94, 404; *LAG Rheinland-Pfalz* 5.4.60, BB 60, 982; *LAG Hamm* 25.9.59, DB 59, 1227; *ArbG Hamburg* 27.6.12 – 27 BV 8/12, juris; *Fitting*, Rn. 10; *GL*, Rn. 10; GK-*Weber*, Rn. 30 f.; Richardi-*Annuß*, Rn. 22.

3 *LAG Baden-Württemberg* 13.3.14, a. a. O.

4 *Däubler*, AiB 82, 51 f.; *Fitting*, a. a. O.

5 *LAG Baden-Württemberg* 13.3.14,a. a. O.

6 *BAG* 8.2.77, DB 77, 914.

Betriebsversammlung, insbesondere die **Aussprache,** müssen nicht der überkommenen Ablaufgestaltung nach dem Modell des »Frontalunterrichts« und »Frage- und Antwortspiels« folgen, sondern können durch den Einsatz **unterschiedlicher und wechselnder Vortragsweisen** oder eines **aktivierenden Durchführungskonzepts** (z. B. Einzel- und Gruppenvortrag, Interviews, Rollenspiel, Gruppenarbeit, schriftliche und mündliche Befragung, Moderation, Aussprache in Kleingruppen), **Visualisierung** (z. B. Wandzeitungen, Overheadpräsentationen, Computerpräsentationen) und zusätzlicher **informierender und unterhaltender Gestaltungsmittel** (z. B. Videofilme, Referenten, Künstler) teilnehmerorientiert, interessant, anschaulich und verständlich präsentiert werden.[7]

7 Die **Gestaltung des Ablaufs und des Inhalts einer Betriebsversammlung** obliegt in den Grenzen der §§ 42 ff. allein dem Betriebsrat. Das Gestaltungskonzept des Betriebsrats unterliegt **nicht der Zustimmung des AG.**[8] Bei der Beurteilung der **Erforderlichkeit und Kostentragungspflicht des AG für einzelne Gestaltungsmittel** sind neben der Größe des Betriebs, der Komplexität der zu behandelnden Themen, der UN-Kultur und der damit verbundenen betriebsüblichen Veranstaltungsstandards auch die gesicherten Erkenntnisse über die Effektivität teilnehmerorientierter und aktivierender Präsentationstechniken zu berücksichtigen.[9]

8 Es ist zwingend vorgeschrieben, dass der BR einen **Tätigkeitsbericht** erstattet. Er ist seinem Inhalt nach vom BR festzulegen und nach § 33 zu beschließen.[10] Der Tätigkeitsbericht soll ein Spiegelbild der Arbeit des BR seit der Durchführung der letzten Versammlung sein. Der Bericht wird so erschöpfend sein müssen, dass jeder Betriebsangehörige die Möglichkeit hat, sich ein Bild über alle besonderen Ereignisse und Tatsachen, die für das betriebliche Leben von Bedeutung sind, zu verschaffen.[11] Der Tätigkeitsbericht kann beispielsweise eine Darstellung der Arbeit der Ausschüsse des BR, des WA[12] und ggf. der Mitarbeit im GBR und KBR beinhalten. In Frage kommt ferner die eingehende Information über den Stand von Verhandlungen über den Abschluss von BV, den Verlauf wichtiger Auseinandersetzungen mit dem AG, die Personalentwicklung oder die wirtschaftliche Lage des UN. Im Tätigkeitsbericht kann auf das gesamte betriebliche Geschehen eingegangen werden.[13] Dabei ist der BR nicht auf die Darstellung von Fakten beschränkt, sondern kann Bewertungen abgeben[14] und ggf. an betrieblichen Zuständen, am Verhalten des AG oder dem anderer Personen auch deutliche Kritik üben.[15]

9 Der Bericht ist vom **BR-Vorsitzenden,** im Falle seiner Verhinderung vom Stellvertreter, mündlich vorzutragen. Der BR kann aber auch ein anderes BR-Mitglied mit der Berichterstattung beauftragen.[16] Umfasst der Bericht verschiedene Sachgebiete, so kann der Tätigkeitsbericht auch von verschiedenen BR-Mitgliedern, die für die betreffenden Sachgebiete zuständig sind, erstattet werden.[17] BR-Mitglieder, die gleichzeitig Mitglieder des AR sind, können Informationen, die sich auf den Betrieb oder seine AN beziehen, in der Betriebsversammlung weitergeben, soweit nicht die Schweigepflicht nach § 93 Abs. 1 Satz 2, § 116 AktG entgegensteht.[18]

---

7 Vgl. dazu die Anregungen von *Bossmann*, AiB, 11, 672; *Müller*, AiB 11, 114; *Cox/Kölbach*, AiB 04, 216; *Thannheiser*, PR 03, 12 und *Fricke/Grimberg/Wolter;* zu den Methoden des Visualisierens, Präsentierens und Moderierens siehe *Seifert.*

8 *LAG Rheinland-Pfalz* 23.3.10 – 3 TaBV 48/09, anhängig *BAG* 7 ABN 31/10.

9 Zur Erforderlichkeit der Ausleihe von Videofilmen zur Gestaltung des Ablaufs einer Personalversammlung vgl. OVG Münster 9.8.89, NJW 90, 852 oder von Stehtischen für eine besonderes Konzept der Gruppenarbeit vgl. *LAG Rheinland-Pfalz* 23.3.10, a. a. O.

10 *Fitting*, Rn. 13; *GL*, Rn. 11; HWGNRH-*Worzalla*, Rn. 12; Richardi-*Annuß*, Rn. 8.

11 *Vogt*, S. 72.

12 *Fitting*, Rn. 13; *Weiss*, Rn. 3; a. A. *GL*, Rn. 13; GK-*Weber*, Rn. 6; HWGNRH-*Worzalla*, Rn. 15; *Vogt*, a. a. O.; Richardi-*Annuß*, Rn. 10.

13 *Däubler*, AiB 82, 51, 52; *Fitting*, a. a. O.; GK-*Weber*, a. a. O.; Richardi-*Annuß*, Rn. 11.

14 *Fitting*, a. a. O.; Richardi-*Annuß*, a. a. O.

15 *Däubler*, a. a. O.

16 *Fitting*, Rn. 16; HWGNRH-*Worzalla*, Rn. 12 f.; Richardi-*Annuß*, Rn. 12.

17 *Fitting*, a. a. O.

18 Zu eng *BAG* 1.3.66, AP Nr. 1 zu § 69 BetrVG, das meint, die Tätigkeit der AR-Mitglieder der AN dürfe nicht Gegenstand des Berichts des BR sein.

10 Den Teilnehmern der Betriebsversammlung bzw. der Abteilungsversammlung ist Gelegenheit zu geben, zu den einzelnen Punkten des Tätigkeitsberichts **Stellung zu nehmen** und darüber zu **diskutieren.** Das ist nicht zuletzt deshalb angezeigt, weil damit dem BR Anregungen und Hinweise für seine künftige Arbeit gegeben werden.

11 Die **schriftliche Vorlage des Tätigkeitsberichts** durch den BR ist zulässig.[19] Beschließt der BR, neben den mündlichen Erläuterungen den Tätigkeitsbericht ganz oder teilweise schriftlich vorzulegen, hat der AG die dafür anfallenden Kosten zu tragen. Voraussetzung dafür ist es jedoch, dass ein schriftlicher Bericht erforderlich ist.[20] Dies ist z. B. dann zu bejahen, wenn ein nicht unmaßgeblicher **Teil der Belegschaft verhindert** ist,[21] der Tätigkeitsbericht sehr umfangreich ist[22] oder für **ausländische Beschäftigte** der Bericht schriftlich übersetzt vorgelegt werden muss (vgl. auch § 40 Rn. 16).[23] Durch die schriftliche Vorlage des Tätigkeitsberichts bereits **vor der Betriebsversammlung** können sich die AN und der AG auf die Aussprache und Diskussion sachgerecht vorbereiten. Außerdem kann durch Verkürzung des mündlichen Tätigkeitsberichts Zeit gewonnen werden für eine **teilnehmerorientierte Gestaltung** des Ablaufs der Betriebsversammlung (vgl. Rn. 6 f.).[24]

III. Weitere Betriebs- und Abteilungsversammlungen

12 Außer den zwingend vorgeschriebenen vierteljährlichen Versammlungen nach Satz 1 und 2 kann der BR in jedem Kalenderhalbjahr eine **weitere Betriebsversammlung** oder – unter den Voraussetzungen des § 42 Abs. 2 Satz 1 – eine **weitere Abteilungsversammlung** durchführen. Diese zusätzlichen Versammlungen müssen jedoch **aus besonderen Gründen zweckmäßig erscheinen.** Hierüber hat der BR nach pflichtgemäßem Ermessen zu beschließen und hat dabei einen **weiten Ermessensspielraum.**[25] Nur insoweit unterliegt die Durchführung der Betriebsversammlung der gerichtlichen Nachprüfung.[26] Die Entscheidung des BR unterliegt einer **eingeschränkten gerichtlichen Kontrolle.**[27]

13 **Besondere Gründe** können beispielsweise gegeben sein, wenn der BR die AN aus wichtigem Anlass über betriebliche Vorgänge (z. B. Massenentlassung, drohende Kurzarbeit, Lohnkürzungen, drohender Konkurs, Betriebsinhaberwechsel), deren Behandlung bis zur nächsten ordentlichen Betriebsversammlung nicht mehr aufgeschoben werden kann, informieren oder ihre Auffassung zu bestimmten Fragen, etwa dem Abschluss einer bestimmten BV, näher kennen lernen und mit den AN besprechen will.

14 Mit der in der Vorschrift angelegten **subjektiven Komponente,**[28] die sich bereits eindeutig aus ihrem Wortlaut ergibt (»besondere Gründe« müssen die Einberufung einer weiteren Betriebsversammlung durch den BR lediglich »zweckmäßig erscheinen« lassen), ist es nicht vereinbar, wenn das *BAG*[29] meint, die Voraussetzungen für eine weitere Betriebsversammlung seien nur gegeben, wenn die Angelegenheit, die mit der Belegschaft erörtert werden soll, so bedeutend

---

19 *Fitting,* Rn. 17.
20 MünchArbR-*Joost,* § 224, Rn. 54.
21 *LAG Baden-Württemberg* 10.2.83, AuR 84, 54.
22 *Fitting,* a. a. O.
23 *ArbG München* 14.3.74, BB 74, 1022; vgl. aber auch *LAG Düsseldorf* 30.1.81, DB 81, 1093 f., das jedenfalls für Kleinbetriebe die Verpflichtung zur Kostenerstattung für schriftliche Übersetzungen verneint, andererseits den AG jedoch als verpflichtet ansieht, die durch die erforderliche Hinzuziehung eines Dolmetschers zu Betriebsversammlungen anfallenden Kosten zu tragen; zur Notwendigkeit der Hinzuziehung eines Dolmetschers auf Betriebsversammlungen vgl. auch *LAG Baden-Württemberg* 16.1.98, AuR 98, 286; *ArbG Stuttgart* 27.2.86, AiB 86, 168; *Aigner,* BB 92, 2357; *Diller/Powietzka,* DB 00, 718 [721]; *Helm,* AiB 93, 70, 72.
24 *Cox/Kölbach,* AiB 04, 216 f.
25 *BAG* 23.10.91, DB 92, 689 = AiB 92, 455 mit Anm. *Grimberg; LAG Baden-Württemberg* 25.9.91, AiB 92, 96 mit Anm. *Petri-Klar; ArbG Oldenburg* 29.5.89, NZA 89, 652; *Fitting,* Rn. 34; GK-*Weber,* Rn. 34.
26 *LAG Berlin* 12.12.78, DB 79, 1850; bestätigt durch *BAG* 29.7.82 – 6 ABR 34/79.
27 *BAG* 23.10.91, a. a. O.
28 So auch *BAG* 23.10.91, DB 92, 689 = AiB 92, 455 mit Anm. *Grimberg; LAG Baden-Württemberg* 25.9.91, AiB 92, 96 mit Anm. *Petri-Klar;* GK-*Weber,* Rn. 34.
29 23.10.91, a. a. O.

und dringend ist, dass ein »sorgfältig amtierender« BR unter Berücksichtigung der konkreten Situation im Betrieb die Einberufung einer weiteren Betriebsversammlung für »sinnvoll und angemessen« halten darf. Wenn ein AG in einer unternehmensinternen Hausmitteilung Rationalisierungsmaßnahmen ankündigt und der Agentur für Arbeit vorsorglich bevorstehende Massenentlassungen anzeigt, stellt dies unter Berücksichtigung der sich aus dem Gesetz ergebenden Aufgaben des BR und der Interessenlage der AN nicht nur regelmäßig einen außergewöhnlich wichtigen und einer Ausnahmesituation gleichkommenden Vorgang dar, sondern muss für den BR und die Belegschaft aus aktuellem und dringendem Anlass auch die Einberufung einer weiteren Betriebsversammlung für zweckmäßig erscheinen lassen.[30]

15 Wenn das *BAG*[31] die Zweckmäßigkeit einer weiteren Betriebsversammlung wesentlich in Abhängigkeit von den Kommunikationsbedürfnissen, der Informationspolitik und der damit verbundenen Zeitplanung des AG diskutiert, wird völlig verkannt, dass die Betriebsversammlung in erster Linie den Zweck hat, die **Kommunikation zwischen dem BR und den AN** zu fördern (vgl. dazu auch § 42 Rn. 1 ff.). Mit dieser Rspr. wird die Einberufung weiterer Betriebsversammlungen von der Informationspolitik des AG abhängig gemacht und die Bevormundung des BR und der AN betrieben. Schließlich verkennt das *BAG*, dass das Gesetz die Zweckmäßigkeit der Durchführung von Betriebsversammlungen gerade nicht von den Dispositionen des AG abhängig macht, sondern BR und AN diesbezüglich mit einem **weiten, vom AG nicht einschränkbaren Ermessensspielraum** ausgestattet hat (vgl. Abs. 1 Satz 3, Abs. 3 Satz 1).

16 Die Möglichkeit, aktuelle und dringende Angelegenheiten auf der nächsten ordentlichen Betriebsversammlung zu behandeln, schließt die Einberufung einer weiteren Betriebsversammlung nicht aus.[32]

17 Die Abhaltung einer weiteren Betriebsversammlung kann auch aus besonderen Gründen zweckmäßig erscheinen, **wenn ein großer Teil der Belegschaft,** z. B. mehr als ein Viertel der wahlberechtigten Beschäftigten, die **Durchführung einer Betriebsversammlung verlangt,**[33] wenn die **Kandidaten zur bevorstehenden BR-Wahl vorgestellt werden sollen**[34] oder wenn **während einer Tarifauseinandersetzung** durch betriebsöffentliche Stellungnahmen des AG zur Tarifpolitik oder wegen der Ankündigung arbeitskampfbedingter Kurzarbeit in der Belegschaft Informations- und Diskussionsbedarf entsteht.[35]

18 Für die zusätzlichen Versammlungen gelten die **gleichen Grundsätze,** wie sie auch für die regelmäßigen Betriebs- bzw. Abteilungsversammlungen maßgebend sind. Daher finden die Versammlungen ebenfalls grundsätzlich während der Arbeitszeit statt (§ 44 Abs. 1 Satz 1). Es besteht auch ein Teilnahmerecht des AG und der Gewerkschaftsbeauftragten. Dem AG und der Gewerkschaft sind Zeitpunkt und Tagesordnung rechtzeitig mitzuteilen (§ 43 Abs. 2 Satz 1 und § 46 Abs. 2).

19 Von den zusätzlichen Betriebs- und Abteilungsversammlungen nach dieser Vorschrift sind die **außerordentlichen** Betriebsversammlungen nach Abs. 3 (Rn. 32 ff.) zu unterscheiden.

---

30 A. A. *BAG* 23.10.91, a. a. O.; wie hier *Fitting,* Rn. 35.

31 23.10.91, a. a. O.

32 *Fitting,* Rn. 34; einschränkend GK-*Weber,* Rn. 33; *GL,* Rn. 20; HWGNRH-*Worzalla,* Rn. 33.

33 *ArbG Heilbronn* 6.3.90, AiB 90, 197 mit Anm. *Petri-Klar.*

34 *LAG Berlin* 12.12.78, a. a. O.; *ArbG Heilbronn* 6.3.90, a. a. O.

35 *LAG Baden-Württemberg* 25.9.91, AiB 92, 96 mit Anm. *Petri-Klar; ArbG Freiburg* 24.9.91 – 7 Ca 289/91; *ArbG Oldenburg* 29.5.89, a. a. O.; vgl. aber auch *ArbG Wilhelmshaven* 27.10.88, NZA 89, 571, das mit wenig überzeugenden Argumenten eine weitere Betriebsversammlung zur Diskussion der Forderungen des AG zu aktuellen Manteltarifvertragsverhandlungen nicht für aus besonderen Gründen zweckmäßig hält; zu eng auch *ArbG München* 3.2.86, NZA 86, 235, das eine weitere Betriebsversammlung mit dem Thema »Auswirkungen der bevorstehenden Änderung des § 116 AFG auf die Beschäftigung der AN im Betrieb« für unzulässig hält, da es bei dieser Tagesordnung nicht um einen aktuellen betrieblichen Vorgang, sondern allein um eine rechtspolitische Frage gehe; ähnlich *ArbG Neumünster* 25.1.94, DB 94, 436.

IV. Rechte und Pflichten des Arbeitgebers, Jahresbericht des Arbeitgebers

20 Der AG hat das **Recht,** sowohl an den **regelmäßigen** als auch an den **weiteren Betriebs- und Abteilungsversammlungen** nach Abs. 1 teilzunehmen.[36] Er ist darüber hinaus zur Teilnahme an den Betriebsversammlungen berechtigt, die auf sein Verlangen nach Abs. 3 einberufen worden sind (Rn. 27). Der AG hat dagegen ohne ausdrückliche Einladung **kein Teilnahmerecht** an den **außerordentlichen Betriebsversammlungen** nach Abs. 3, die der BR einberuft, weil er sie für erforderlich erachtet, oder auf Antrag von einem Viertel der wahlberechtigten AN einberufen muss.[37] Damit hat der Gesetzgeber der Belegschaft auch einen **gegenüber dem AG abgegrenzten Raum der internen Willensbildung** zugebilligt.[38] Dies gilt auch für Betriebsversammlungen gemäß § 17 (und Wahlversammlungen gemäß § 14 a), da diese Versammlungen den AN die Möglichkeit geben sollen, unbeeinflusst vom AG und ohne Sanktionen befürchten zu müssen die BR-Wahl vorzubereiten (vgl. dazu im Einzelnen § 14 a Rn. 11 und § 17 Rn. 8).[39]

21 Eine **Verpflichtung** des AG zur Teilnahme an den Versammlungen nach Abs. 1 besteht zwar grundsätzlich nicht. Der AG (oder sein Vertreter) ist jedoch gehalten, den in Abs. 2 Satz 3 festgelegten Bericht zu geben (Rn. 25 f.). Das setzt, da der Bericht mündlich gegeben werden muss, jedenfalls in der Versammlung, in der der AG den Bericht erstattet, seine Anwesenheit bzw. die seines Vertreters zwingend voraus. Darüber hinaus wird der AG bzw. sein Vertreter an der Versammlung teilzunehmen haben, wenn er vom BR ausdrücklich eingeladen worden ist, z. B., damit bestimmte Angelegenheiten mit ihm erörtert werden. In einer Verweigerung der Teilnahme trotz ausdrücklicher Einladung kann ein Verstoß gegen die Verpflichtung zur vertrauensvollen Zusammenarbeit mit dem BR liegen.

22 Der AG ist unter rechtzeitiger Mitteilung der Tagesordnung **einzuladen.** Soweit er selbst aus dringenden Gründen nicht teilnehmen kann, ist er berechtigt, einen kompetenten Vertreter zu entsenden.[40] In den Betrieben, in denen der AG nicht eine natürliche, sondern eine juristische Person ist, besteht ein Teilnahmerecht bzw. ggf. eine Teilnahmeverpflichtung eines Mitglieds des Organs, das zur gesetzlichen Vertretung der juristischen Person berufen ist (vgl. § 5 Rn. 154 ff.).

23 Soweit der AG an der Versammlung teilnimmt, kann er **einen Beauftragten der AG-Vereinigung,** der er angehört, hinzuziehen (§ 46 Abs. 1 Satz 2; Einzelheiten bei § 46 Rn. 11 f.). Weitere Personen kann der AG grundsätzlich nicht hinzuziehen. Eine Ausnahme ist jedoch zu machen, wenn es sich um bestimmte Personen des Betriebs bzw. UN handelt, wie insbesondere leitende Angestellte, die ihn bei seinen Stellungnahmen oder seinem Bericht nach Abs. 2 Satz 2 in sachlicher Hinsicht unterstützen können.[41]

24 In den Betriebs- und Abteilungsversammlungen hat nicht der AG, sondern der BR das **Hausrecht** (vgl. § 42 Rn. 22). Der AG hat jedoch das Recht, unter bestimmten Voraussetzungen das Wort zu ergreifen. Das gilt ohnehin für den in Abs. 2 Satz 2 vorgesehenen Bericht, aber auch dann, wenn der AG zu Erklärungen oder Fragen von Teilnehmern Stellung nehmen oder zu einzelnen Punkten der Tagesordnung das Wort ergreifen will. Voraussetzung ist aber immer, dass er seitens des Versammlungsleiters das Wort erhält. Der AG kann jedoch keine Anträge stellen.[42] Er hat auch kein Stimmrecht.[43] Die Willensbildung in der Betriebsversammlung ist ausschließlich Angelegenheit der AN.

---

36 Zu den Rechten des AG in der Betriebsversammlung vgl. insgesamt *Brill,* BB 83, 1860 ff.

37 *BAG* 27.6.89, DB 89, 2543; *Fitting,* Rn. 50; *GL,* Rn. 33; GK-*Weber,* Rn. 49; HWGNRH-*Worzalla,* Rn. 50; Richardi-*Annuß,* Rn. 47.

38 *BAG* 27.6.89, a. a. O.

39 *ArbG Bielefeld* 23.6.82, AuR 83, 91; *ArbG Stuttgart* 25.6.92 – 5 BVGa 11/92.

40 Zur Vertretung des AG in seiner Eigenschaft als Organ der Betriebsverfassung durch einen generell bevollmächtigten und mit uneingeschränkter Vertretungsvollmacht ausgestatteten Personalleiter auf einer Betriebsversammlung vgl. *LAG Düsseldorf* 11.2.82, DB 82, 1066.

41 Zu weitgehend *LAG Düsseldorf* 4.9.91, AiB 92, 154 mit Anm. *Fels,* das die Anwesenheit von zusätzlich vier leitenden Angestellten in einem Betrieb mit ca. 700 Beschäftigten ohne Zustimmung des BR für zulässig, die Teilnahme weiterer zehn AG-Vertreter – »Bezirksleiter« – allerdings für unzulässig hält.

42 *Fitting,* Rn. 32; HWGNRH-*Worzalla,* Rn. 53; *WW,* Rn. 12; a. A. GK-*Weber,* Rn. 50; *GL,* Rn. 34; Richardi-*Annuß,* Rn. 55.

43 *Fitting,* a. a. O.; GK-*Weber,* a. a. O.; *GL,* a. a. O.; HWGNRH-*Worzalla,* a. a. O.; Richardi-*Annuß,* a. a. O.

25 Die Regelung des Abs. 2 Satz 3 schreibt ausdrücklich vor, dass der **AG oder sein Vertreter** mindestens **einmal in jedem Kalenderjahr** in einer Betriebsversammlung über das **Personal- und Sozialwesen** einschließlich des Stands der **Gleichstellung von Frauen und Männern** im Betrieb sowie der Integration der im Betrieb beschäftigten **ausländischen AN,** über die wirtschaftliche Lage und Entwicklung des Betriebs sowie über den **betrieblichen Umweltschutz** einen **Bericht abgeben** (Jahresbericht).

26 Dieser Bericht ist auf einer **Betriebsversammlung**, nicht einer Abteilungsversammlung, zu geben. Wurde für mehrere UN ein einheitlicher BR gewählt, muss der Bericht von sämtlichen betroffenen AG für alle UN in einer Betriebsversammlung gegeben werden.[44] Auch in einem als Tendenz-UN anzusehenden Betrieb (Theater) hat der AG den jährlichen Bericht zu erstatten. In der Regel braucht sich der Bericht allerdings nicht auf die nähere Darlegung konkreter künstlerischer Entscheidungen zu erstrecken.[45] Die Unterrichtung hat mündlich zu erfolgen, was nicht ausschließt, dass der Bericht auch zusätzlich schriftlich vorgelegt wird.[46]

27 Der Bericht hat hinsichtlich des **Personalwesens** vor allem die Entwicklung des Personalbestandes, die Struktur der Belegschaft, die absehbare weitere Entwicklung der Belegschaftsstärke und ihre Zusammensetzung, hinsichtlich des Sozialwesens die sozialen Einrichtungen des Betriebs, also etwa betriebliche Versorgungseinrichtungen, Kantine, Werkswohnungen u. Ä., einzuschließen. Zur **wirtschaftlichen Lage und Entwicklung des Betriebs** gehören Angaben über die finanzielle Situation, die Produktions- und Absatzlage, Investitionsvorhaben, Rationalisierungsmaßnahmen oder vorgesehene Betriebsänderungen i. S. d. § 111 Abs. 1 sowie alle sonstigen wirtschaftlichen Vorgänge und Vorhaben, welche die Interessen der AN des Betriebs berühren können (§ 106 Abs. 3). Nach Abs. 2 ist der AG nicht verpflichtet, sich im Rahmen seines Berichts zu den **Kosten der Arbeit des BR** zu äußern. Die besondere Hervorhebung der Kosten der Arbeit des BR und Betonung ihrer negativen Auswirkung auf das wirtschaftliche Ergebnis des Betriebs ist gesetzwidrig und stellt eine Behinderung der Arbeit des BR gemäß § 78 und einen Verstoß gegen das Gebot der vertrauensvollen Zusammenarbeit gemäß § 2 dar (vgl. zur Unzulässigkeit der Veröffentlichung der Kosten der BR-Arbeit auch § 2 Rn. 23, § 74 Rn. 47 f.).[47]

28 Die **Berichtspflicht des AG** erstreckt sich gemäß Abs. 2 Satz 3 auch auf die Fragen der **Gleichstellung der Geschlechter,** der **Integration ausländischer AN** und des **betrieblichen Umweltschutzes.** Der betriebliche Umgang mit diesen Fragen steht in einem untrennbaren Zusammenhang mit der sozialen und gesellschaftspolitischen Entwicklung (vgl. zu diesem Aspekt § 74 Rn. 55; zur Aufgabe der Gleichstellung der Geschlechter vgl. die Einzelheiten bei § 75 Rn. 38 ff., § 80, zur Integration ausländischer AN §§ 75, 80 zum betrieblichen Umweltschutz §§ 80, 89).

28a Der Bericht hat unter dem Gesichtspunkt der **Geschlechtergleichstellung** über die Struktur und Zusammensetzung der Belegschaft, über geplante und bereits durchgeführte Maßnahmen zur Geschlechtergleichstellung und besondere betriebliche Vorkommnisse zu informieren. Mit der gesetzlichen Verpflichtung des AG, das Thema der Gleichstellung von Frauen und Männern im Betrieb zum Gegenstand seines Berichts auf der Betriebsversammlung zu machen, soll der Arbeitgeber veranlasst werden, eine entsprechende **Bestandsaufnahme** über die betriebliche Situation vorzunehmen, seine **Verantwortung** für die Förderung der Geschlechtergleichstellung zu dokumentieren und fortlaufend über die diesbezügliche betriebliche Entwicklung vor der Betriebsversammlung **Rechenschaft** abzulegen. Der Bericht sollte demzufolge über die Zusammensetzung der Belegschaft nach Geschlechtern, differenziert nach Tätigkeiten, Abteilungen, Beschäftigungsverhältnissen (z. B. befristet/unbefristet, Vollzeit/Teilzeit) und Entgeltgruppen, und über die Zielsetzungen des AG zur Verbesserung der Geschlechter und die in diesem Zusammenhang vorgesehenen Maßnahmen, z. B. **zur Vereinbarkeit von Familie und Beruf.** Dabei sollte die Beseitigung möglicher **Entgeltdiskriminierungen** von Frauen (vgl. dazu § 75 Rn. 99) und die gleichberechtigte Teilhabe von Frauen am

44 *LAG Hamburg* 15.12.88, NZA 89, 733.
45 *BAG* 8.3.77, AP Nr. 1 zu § 43 BetrVG 1972.
46 *Fitting,* Rn. 20.
47 *BAG* 9.8.95, BB 96, 328.

beruflichen Aufstieg und an **Fortbildungsmaßnahmen** im Vordergrund stehen. Die unbefriedigende Situation hinsichtlich der gleichberechtigten Teilhabe am beruflichen Aufstieg ist Gegenstand des **neuen Gesetzes** »für die **gleichberechtigte Teilhabe von Frauen und Männern an Führungspositionen** in der Privatwirtschaft und im öffentlichen Dienst v. 24.4.15.[48] Neben der Einführung einer **Geschlechterquote** (30%) für den Aufsichtsrat regelt das Gesetz eine für börsennotierte oder einem Mitbestimmungsgesetz unterliegende Unternehmen die verpflichtende Festlegung von **Zielgrößen für den Frauenanteil** im Vorstand/der Geschäftsführung, im Aufsichtsrat und den obersten Führungsebenen der Unternehmen. Über die Zielgrößen und die Zielerreichung müssen die Unternehmen, überwiegend im Lagebericht, Bericht erstatten und bei Nichterreichung der Zielgröße dafür die Gründe darlegen. Die Umsetzung des Gesetzes im Unternehmen sollte ebenfalls Bestandteil des Berichts des Arbeitgebers auf der Betriebsversammlung sein.

Der AG ist nicht verpflichtet, **Betriebs- und Geschäftsgeheimnisse** zu offenbaren. Ob und inwieweit solche vorliegen, hängt jedoch nicht von seiner subjektiven Beurteilung ab. Es kommt vielmehr ausschließlich darauf an, dass ein Betriebs- oder Geschäftsgeheimnis **objektiv** vorliegt (vgl. § 79 Rn. 7 ff.). **29**

Der AG kann zu der Berichterstattung über das Personal- und Sozialwesen sowie die wirtschaftliche Lage und Entwicklung des Betriebs nach § 23 Abs. 3 **gerichtlich gezwungen** werden. Entsprechendes gilt für eine vollständige Darlegung, wenn der Bericht lückenhaft gegeben wird. Eine lückenhafte Darstellung wird allerdings nur dann zu einem Verfahren nach § 23 Abs. 3 führen können, wenn der AG Ausführungen, zu denen er im Rahmen des Berichts nach Abs. 2 Satz 3 verpflichtet war, bewusst nicht gemacht hat, da die Regelung des § 23 Abs. 3 einen groben Verstoß des AG gegen seine gesetzlichen Pflichten voraussetzt. **30**

Der Bericht des AG nach Abs. 2 Satz 3 bezieht sich ausdrücklich auf den **Betrieb.** Es wird vielfach unvermeidbar, ja sogar notwendig sein, auf die wirtschaftliche Lage und Entwicklung des **UN** einzugehen. Gleichwohl ist der Bericht nach Abs. 2 Satz 3 nicht mit dem Bericht zu verwechseln, den der UN nach § 110 Abs. 1 und 2 zu erstatten hat. Der AG kann jedoch seine Darlegungen nach Abs. 2 Satz 3 dazu benutzen, den nach § 110 Abs. 1 und 2 zu gebenden Bericht näher zu erläutern (vgl. auch § 110 Abs. 1, wonach der UN in UN mit in der Regel mehr als 1000 ständig beschäftigten AN den dort vorgesehenen Bericht schriftlich zu erstatten hat). **31**

V. Außerordentliche Betriebsversammlungen

Neben den in Abs. 1 vorgesehenen regelmäßigen und zusätzlichen Betriebs- und Abteilungsversammlungen sieht das Gesetz **weitere (außerordentliche)** Betriebsversammlungen vor. Der BR kann bzw. muss solche außerordentlichen Versammlungen in folgenden Fällen einberufen: **32**

- wenn sie vom BR als zweckmäßig angesehen werden;
- auf Wunsch des AG;
- auf Wunsch von mindestens einem Viertel der wahlberechtigten AN.[49]

Der BR kann eine außerordentliche Betriebsversammlung einberufen, wenn ihm die unverzügliche Abhaltung einer solchen Versammlung **dringend geboten** erscheint. Die Durchführung einer außerordentlichen Betriebsversammlung kann vor allem dann zweckmäßig sein, wenn die AN des Betriebs über einen besonderen betrieblichen Vorgang, z. B. drohende Kurzarbeit oder eine bevorstehende Betriebsänderung, unterrichtet werden sollen und diese Unterrichtung wegen der Aktualität des Vorgangs bald erfolgen muss, eine ordentliche und eine zusätzliche Betriebsversammlung i. S. v. § 43 Abs. 1 in dem betreffenden Zeitraum aber bereits durchgeführt wurden. Bei der Frage, ob die Abhaltung einer außerordentlichen Betriebsver- **33**

48 BGBl. I, 642.; zum Inhalt dieses Gesetzes vgl. die gemeinsame Darstellung des Bundesministeriums für Familie, Senioren, Frauen und Jugend und des Bundesministeriums der Justiz und für Verbraucherschutz: *›http://www.bmfsfj.de/RedaktionBMFSFJ/Abteilung4/Pdf-Anlagen/FAQ-gesetz-frauenquote,property=pdf,bereich=bmfsfj,sprache=de,rwb=true.pdf‹*

49 Vgl. entsprechende Antragsmuster bei DKKWF-*Berg*, §§ 42 – 46 Rn. 11, 13

sammlung nach Abs. 3 zweckmäßig ist, hat der BR einen **weitgehenden Ermessensspielraum.** Die einseitige Informationspolitik des AG auf »Mitarbeiterversammlungen« (vgl. dazu § 42 Rn. 50 ff.) kann ein Anlass zur Durchführung einer außerordentlichen Betriebsversammlung sein.[50]

34 Der BR ist **verpflichtet,** eine außerordentliche Betriebsversammlung einzuberufen, wenn dies vom AG oder einem **Viertel der wahlberechtigten AN** (zur Wahlberechtigung vgl. § 7) verlangt wird. Der Antrag ist an keine besondere Form gebunden. Die Unterschriftensammlung für einen Antrag von AN auf Einberufung einer außerordentlichen Betriebsversammlung mit dem Tagesordnungspunkt »Stand der Tarifverhandlungen« ist zulässig und kann ohne Minderung des Arbeitsentgelts während der Arbeitszeit durchgeführt werden.[51] Der AG bzw. die AN müssen jedoch, wenn sie eine außerordentliche Betriebsversammlung verlangen, dem BR zugleich den Beratungsgegenstand angeben, den sie erörtert wissen wollen. Der BR ist, wenn das nicht geschieht, nicht verpflichtet, die Betriebsversammlung einzuberufen.[52] Der BR kann darüber hinaus beschließen, auf einer vom AG bzw. den AN beantragten außerordentlichen Betriebsversammlung weitere Tagesordnungspunkte behandeln zu lassen.

35 Das Gesetz sieht vor, dass der AG vom Zeitpunkt außerordentlicher Betriebsversammlungen, die auf sein Verlangen anberaumt werden, rechtzeitig zu verständigen ist. Ein **ausdrückliches Teilnahmerecht** hat er jedoch nur hinsichtlich dieser außerordentlichen Betriebsversammlung. Soweit weitere außerordentliche Betriebsversammlungen durchgeführt werden, weil sie der BR als erforderlich ansieht oder eine solche Versammlung von einem Viertel der wahlberechtigten AN beantragt worden ist, besteht ein Teilnahmerecht nicht. Es steht dem BR jedoch frei, den AG einzuladen, wenn er dies als zweckmäßig ansieht.[53] Unabhängig davon ist der AG vom BR über den **Zeitpunkt** außerordentlicher Betriebsversammlungen – also auch derjenigen, die nicht auf seinen Wunsch stattfinden – jedenfalls dann zu informieren, wenn die Versammlungen im Betrieb stattfinden sollen.

36 Anders als die ordentlichen und zusätzlichen Betriebsversammlungen nach Abs. 1 finden die **außerordentlichen Versammlungen** nach Abs. 3 **nur dann während der Arbeitszeit** statt, wenn der AG hiermit **einverstanden** ist (§ 44 Abs. 2; vgl. dazu auch § 44 Rn. 31). Eine entsprechende Erklärung des AG kann auch **konkludent** erfolgen, etwa durch **Teilnahme des AG** an einer außerordentlichen Betriebsvereinbarung während der Arbeitszeit oder durch widerspruchslose **Duldung** der Durchführung einer solchen Versammlung.[54]

37 Eine Ausnahme gilt, wenn die außerordentliche Betriebsversammlung auf **Wunsch des AG** einberufen worden ist. Sie hat in einem solchen Fall stets während der Arbeitszeit stattzufinden (§ 44 Abs. 1 Satz 1). Soweit die außerordentlichen Betriebsversammlungen während der Arbeitszeit stattfinden, weil ihre Durchführung vom AG beantragt oder er in den anderen Fällen mit der Abhaltung während der Arbeitszeit einverstanden war, darf ein Ausfall oder eine Minderung des Arbeitsentgelts nicht eintreten (§ 44 Abs. 1 Satz 2 und Abs. 2 Satz 2, 2. Halbsatz).

38 Der BR kann, wenn er eine außerordentliche Betriebsversammlung durchführen will oder auf Grund eines entsprechenden Antrags eines Viertels der wahlberechtigten AN vornehmen muss, diese Versammlung als eine **ordentliche** oder **zusätzliche Betriebsversammlung** nach Abs. 1 durchführen, wenn eine derartige Versammlung in dem betreffenden Zeitraum noch nicht durchgeführt worden ist.[55] In einem solchen Falle tritt ohne weiteres die Kostenfolge nach § 44 Abs. 1 Sätze 2 und 3 ein, d. h., die Zeit der Teilnahme einschließlich der zusätzlichen Wegezeiten ist den AN wie Arbeitszeit zu vergüten, und zwar auch dann, wenn die Versammlungen wegen der Eigenart des Betriebs außerhalb der Arbeitszeit stattfinden (§ 44 Rn. 9).

---

50 *BAG* 27.6.89, DB 89, 2543, 2544.
51 *ArbG Stuttgart* 13.5.77, BB 77, 1304.
52 *Fitting*, Rn. 42; *GL*, Rn. 23.
53 *Fitting*, Rn. 50; *GL*, Rn. 33; *Vogt*, S. 62.
54 *LAG Baden-Württemberg* 17.2.87, DB 87, 1441; zur Abgrenzung von Betriebsversammlungen zu sonstigen betrieblichen Informationsveranstaltungen, vgl. auch *Zachert*, BB 04, IV, und *Vogel*, BB 04, I.
55 *ArbG Heilbronn* 6.3.90, AiB 90, 197 mit Anm. *Petri-Klar; Däubler*, AiB 82, 51 [54]; Richardi-*Annuß*, Rn. 40.

Die **außerordentlichen Versammlungen** können, obwohl im Gesetz nicht ausdrücklich vorgesehen, **als Abteilungsversammlungen** nach § 42 Abs. 2 durchgeführt werden. Das ergibt sich bereits aus § 44 Abs. 2.[56] Bei der Bestimmung des Viertels der wahlberechtigten AN ist von der AN-Zahl des betreffenden Betriebsteils auszugehen.[57] **39**

VI. Betriebsversammlungen auf Antrag der Gewerkschaft

Die im **Betrieb vertretenen Gewerkschaften** haben das Recht, beim BR die Einberufung einer Versammlung zu verlangen, wenn im vorhergegangenen **Kalenderhalbjahr** keine Betriebsversammlung und keine Abteilungsversammlung durchgeführt worden sind. Dabei ist unter Kalenderhalbjahr i. S. d. Abs. 4 nicht ein beliebiger Zeitraum von sechs Monaten zu verstehen, sondern entweder die Zeit vom 1. 1. bis 30. 6. oder die vom 1. 7. bis 31. 12. eines Jahres. **40**

In dem Kalenderhalbjahr, das dem Antrag der Gewerkschaft vorausgeht, dürfen weder Betriebs- noch Abteilungsversammlungen durchgeführt worden sein. Es kommt dabei nicht nur auf die ordentlichen Betriebsversammlungen an. Deshalb reicht es aus, wenn der BR eine zusätzliche Versammlung nach Abs. 1 Satz 4 oder eine außerordentliche Versammlung nach Abs. 3 Satz 1 durchgeführt hat. Soweit Abteilungsversammlungen durchgeführt wurden, genügt es jedoch nicht, wenn sie nur **in einigen wenigen** Betriebsabteilungen stattgefunden haben. Es ist vielmehr erforderlich, dass zumindest für die **ganz überwiegende Zahl** der AN des Betriebs Abteilungsversammlungen durchgeführt wurden.[58] **41**

Der Antrag kann nur von einer im Betrieb vertretenen Gewerkschaft gestellt werden (vgl. § 2 Rn. 78 f.). Der Antrag ist an den BR zu richten. Er bedarf **keiner besonderen Form** und kann somit auch mündlich gestellt werden.[59] Die Gewerkschaft kann jedoch die Betriebsversammlung nicht selbst einberufen.[60] **42**

Der BR ist verpflichtet, **vor Ablauf von zwei Wochen** nach Eingang des gewerkschaftlichen Antrags eine Betriebsversammlung einzuberufen. Für die Fristberechnung gelten die §§ 187, 188 BGB, so dass der Tag des Zugangs des Antrags beim BR nicht mitzählt. Die Versammlung selbst muss jedoch nicht innerhalb der zweiwöchigen Frist erfolgen. Das bedeutet, dass der BR vor Ablauf der zwei Wochen den Zeitpunkt der Betriebsversammlung festzusetzen und den AN bekannt zu geben hat. Die Durchführung der Betriebsversammlung hat jedoch innerhalb eines angemessenen Zeitraumes nach Antragstellung durch die Gewerkschaft zu erfolgen. Kommt der BR dem **Antrag der Gewerkschaft** nicht nach, so begeht er eine **grobe Amtspflichtverletzung**, die nach § 23 Abs. 1 zu seiner Auflösung durch das Gericht führen kann.[61] **43**

Die auf Antrag der Gewerkschaft einberufene Versammlung ist grundsätzlich als **Vollversammlung** aller AN des Betriebs durchzuführen. Die Abhaltung von Abteilungsversammlungen ist in diesem Fall nicht zulässig.[62] Es ist jedoch möglich, die in § 42 Abs. 1 Satz 2 vorgesehenen Teilversammlungen durchzuführen, wenn wegen der Eigenart des Betriebs eine Versammlung aller AN zum gleichen Zeitpunkt nicht stattfinden kann (vgl. § 42 Rn. 30 ff.). **44**

VII. Streitigkeiten

Streitigkeiten über die Zulässigkeit von Betriebs-, Teil- oder Abteilungsversammlungen oder außerordentlichen Betriebsversammlungen sind ebenso wie solche über die Zuständigkeit von Betriebsversammlungen und die Rechte und Pflichten des AG im **arbeitsgerichtlichen Beschlussverfahren** (§§ 2 a, 80 ff. ArbGG) auszutragen. Nach neuer Rspr. des *BAG* begründet eine Verletzung der Vorschriften über die Durchführung der Versammlungen nach Abs. 1 oder 3 **keinen Unterlassungsanspruch des AG** gegenüber dem BR[63] (vgl. dazu näher § 42 Rn. 57, § 74 Rn. 88 ff.). **45**

56 *ArbG Stuttgart* 13.5.77, BB 77, 1304; *Fitting*, Rn. 45.
57 *Fitting*, a. a. O.; GK-*Weber*, Rn. 42; HWGNRH-*Worzalla*, Rn. 35; Richardi-*Annuß*, Rn. 33.
58 *Fitting*, Rn. 54.
59 Zu entsprechenden Antragsmustern vgl. DKKWF-*Berg*, §§ 42 – 46 Rn. 12.
60 *Fitting*, Rn. 55; *Vogt*, S. 62.
61 *LAG Baden-Württemberg* 13.3.14, AuR 14, 164, juris; *ArbG Wetzlar* 22.9.92, AiB 93, 48, bestätigt durch *HessLAG*, 25.2.93, AiB 94, 404; *Fitting*, Rn. 59; *GL*, Rn. 42.
62 *Fitting*, Rn. 57; *GL*, Rn. 41; Richardi-*Annuß*, Rn. 60.
63 *BAG* 17.3.10, NZA 10, 1133.

46 Streitigkeiten um die Verpflichtung des BR, eine Betriebsversammlung auf Grund eines **Antrags einer Gewerkschaft** gemäß Abs. 4 durchzuführen, sind ebenfalls im arbeitsgerichtlichen Beschlussverfahren auszutragen.

§ 44 Zeitpunkt und Verdienstausfall

(1) Die in den §§ 14 a, 17 und 43 Abs. 1 bezeichneten und die auf Wunsch des Arbeitgebers einberufenen Versammlungen finden während der Arbeitszeit statt, soweit nicht die Eigenart des Betriebs eine andere Regelung zwingend erfordert. Die Zeit der Teilnahme an diesen Versammlungen einschließlich der zusätzlichen Wegezeiten ist den Arbeitnehmern wie Arbeitszeit zu vergüten. Dies gilt auch dann, wenn die Versammlungen wegen der Eigenart des Betriebs außerhalb der Arbeitszeit stattfinden; Fahrkosten, die den Arbeitnehmern durch die Teilnahme an diesen Versammlungen entstehen, sind vom Arbeitgeber zu erstatten.

(2) Sonstige Betriebs- oder Abteilungsversammlungen finden außerhalb der Arbeitszeit statt. Hiervon kann im Einvernehmen mit dem Arbeitgeber abgewichen werden; im Einvernehmen mit dem Arbeitgeber während der Arbeitszeit durchgeführte Versammlungen berechtigen den Arbeitgeber nicht, das Arbeitsentgelt der Arbeitnehmer zu mindern.

Inhaltsübersicht

I. Vorbemerkungen

1 Die Vorschrift regelt, welche **Betriebs- und Abteilungsversammlungen während** und welche **außerhalb der Arbeitszeit** stattfinden. Sie stellt außerdem die **Anspruchsgrundlage für die Vergütung** der AN für die Zeit der Teilnahme an Betriebsversammlungen und die Erstattung notwendiger Fahrkosten dar.

2 Die Zeit der Teilnahme der AN an einer Betriebsversammlung gilt **arbeitszeitrechtlich** als **Arbeitszeit i. S. d. § 2 Abs. 1 1. Halbsatz ArbZG.**[1] Nach dem gesetzlichen Regelfall (vgl. § 44 Abs. 1 Satz 1 und Rn. 4) finden Betriebsversammlungen im Zeitraum vom Beginn bis zum Ende der Arbeitsaufnahme (vgl. § 2 Abs. 1 1. Halbsatz ArbZG) statt. Bei der Zeit der Teilnahme handelt es sich demnach nicht um Ruhepausen bzw. Ruhezeiten im arbeitsschutzrechtlichen Sinne.[2]

II. Versammlungen während der Arbeitszeit nach Abs. 1

1. Allgemeines

3 Die in diesem Abs. genannten Betriebs- und Abteilungsversammlungen haben während der Arbeitszeit stattzufinden, soweit nicht die Eigenart des Betriebs die Durchführung der Versammlungen außerhalb der Arbeitszeit zwingend erfordert. Zu den Versammlungen, die grundsätzlich **während der Arbeitszeit** durchzuführen sind, gehören somit:

- die vierteljährlich abzuhaltenden regelmäßigen Betriebs- bzw. Abteilungsversammlungen nach § 43 Abs. 1 Sätze 1 und 2, und zwar auch dann, wenn die Betriebsversammlung auf Antrag einer im Betrieb vertretenen Gewerkschaft durchgeführt wird (§ 43 Abs. 4);
- die nach § 43 Abs. 1 Satz 4 möglichen weiteren Betriebs- und Abteilungsversammlungen;
- die auf Antrag des AG nach § 43 Abs. 3 einzuberufende außerordentliche Betriebsversammlung;

1 *OVG NRW* 10.5.11, 4 A 1403/08, juris; *Buschmann/Ulber*, Arbeitszeitgesetz, § 2 Rn. 12.
2 *OVG NRW*, a. a. O.

- die Betriebsversammlung zur Bestellung des WV nach § 17 Abs. 2;
- die Wahlversammlungen nach § 14 a.

Die Regelung, dass diese Versammlungen **grundsätzlich während der Arbeitszeit** stattfinden, ist **zwingend.** Von ihr kann auch nicht durch TV oder BV abgewichen werden.[3] Den konkreten Beginn der Versammlung legt der BR durch Beschluss fest. Er bedarf **keiner Zustimmung** des AG.[4] Bei **der Festsetzung der zeitlichen Lage** der Betriebsversammlung hat der BR einen Ermessensspielraum, der weder durch den AG noch durch das ArbG eingeengt werden darf.[5] Der BR ist etwa berechtigt, bei gleitender Arbeitszeit die Versammlung in die **Kernarbeitszeit** zu legen.[6] Die Duldung der Durchführung der Betriebsversammlung während der Arbeitszeit kann ggf. durch eine **einstweilige Verfügung** im Beschlussverfahren erzwungen werden.[7] 4

Die **Dauer der Betriebsversammlung** ist gesetzlich nicht begrenzt, sondern richtet sich nach dem Umfang der zu behandelnden Themen, der Länge der zu erstattenden Berichte und der Anzahl der Wortmeldungen.[8] Grundsätzlich ist zu berücksichtigen, dass der ungestörten und freien Aussprache im Rahmen der Betriebsverfassung ein hoher Stellenwert zukommt.[9] Die Dauer der Betriebsversammlung ist daher auch grundsätzlich **nicht auf einen Arbeitstag beschränkt**: 5

- Ist aufgrund der Tagesordnung davon auszugehen, dass die Dauer der Betriebsversammlung nahezu einen vollständigen Arbeitstag in Anspruch nehmen wird, kann der BR eines Betriebes mit räumlich weit auseinander liegenden Betriebsstätten wegen der damit verbundenen langen Anreisezeiten eines Teils der AN die Betriebsversammlung **an zwei aufeinander folgenden Arbeitstagen** durchführen.[10]
- Auch kann unter bestimmten Voraussetzungen eine ursprünglich für einen Arbeitstag einberufene Betriebsversammlung **am nachfolgenden Arbeitstag fortgesetzt** werden.[11]
- Kann etwa die Tagesordnung nicht bis zum Ende der Betriebsversammlung abschließend behandelt werden, so kann der BR innerhalb seines Ermessensspielraums die Fortsetzung der Versammlung für den nächsten Tag innerhalb der Arbeitszeit bestimmen.[12]
- Wird auf einer Betriebsversammlung eine drohende Massenentlassung behandelt, kann sogar eine Dauer von vier Tagen im Einzelfall gerechtfertigt sein.[13]

Der BR hat den AG über den Zeitpunkt der Versammlung **rechtzeitig** zu unterrichten, so dass sich dieser mit seinen betrieblichen Dispositionen auf die Arbeitsunterbrechung einstellen kann (vgl. dazu § 42 Rn. 17 ff.). 6

Unter Arbeitszeit i. S. v. Abs. 1 Satz 1 ist die **betriebliche Arbeitszeit** zu verstehen, also die Zeit, während der jedenfalls ein erheblicher Teil der Belegschaft arbeitet.[14] Diese betriebliche Arbeitszeit muss sich nicht immer mit der **persönlichen Arbeitszeit** der einzelnen AN decken. So ergibt sich z. B. bei Durchführung einer Vollversammlung für alle AN des Betriebs in einem Schichtbetrieb, dass für einen Teil der AN die Versammlung außerhalb der Arbeitszeit liegt. Aber auch in anderen Fällen ist es denkbar, dass die Versammlung über das Ende der betriebs- 7

---

3 *Fitting,* Rn. 14; *GL,* Rn. 2; HWGNRH-*Worzalla,* Rn. 2; Richardi-*Annuß,* Rn. 16.
4 So grundsätzlich auch *Fitting,* Rn. 9.
5 *ArbG Braunschweig* 22.6.81, AiB 82, 141 f.
6 *ArbG München* 27.7.72 – 17 Ca 56/72; *Fitting,* Rn. 8; HWGNRH-*Worzalla,* Rn. 7; Richardi-*Annuß,* Rn. 6.
7 *ArbG Frankfurt* 17.5.76 – 11 BVGa 6/76.
8 Zur zulässigen Verlängerung einer Betriebsversammlung wegen der erforderlichen Übersetzung der Aussprache in mehrere Sprachen für ausländische AN aus verschiedenen Sprachräumen *ArbG Stuttgart* 27.2.86, AuR 86, 316.
9 *Goerke,* AuA 96, 47, 48; *Zabel,* AiB 96, 346, 347.
10 Zu eng *LAG Mecklenburg-Vorpommern* 15.10.08 – 2 TaBV 2/08, das meint, Betriebsversammlungen bis zu einer Dauer von acht Zeitstunden müssten zur Reduzierung der wirtschaftlichen Belastung des AG immer an einem Kalendertag durchgeführt werden.
11 *Fitting,* Rn. 10; GK-*Weber,* Rn. 16.
12 *LAG Baden-Württemberg* 5.5.82, AiB 89, 209 f.; 12.12.85, AiB 86, 67; *ArbG Stuttgart* 18.3.92 – 2 BVGa 7/92; *Goerke,* a. a. O.; *Zabel,* a. a. O., m. w. N.
13 *ArbG Hamburg* 28.6.77, AiB 89, 209.
14 *BAG* 9.3.76, AP Nr. 3 zu § 44 BetrVG 1972.

üblichen Arbeitszeit hinausgeht (zur Frage der Vergütung in solchen Fällen vgl. Rn. 17 f.). Nach Auffassung des *BAG*[15] ist der BR nicht berechtigt, eine regelmäßige Betriebsversammlung außerhalb der betriebsüblichen Arbeitszeit einzuberufen, wenn die persönliche Arbeitszeit einer bestimmten AN-Gruppe (z. B. Teilzeitbeschäftigte) von der Arbeitszeit eines wesentlichen Teils der übrigen Belegschaft abweicht.

8 Der Grundsatz, dass die in Satz 1 bezeichneten Versammlungen während der Arbeitszeit stattfinden, führt dazu, dass der BR nicht von vornherein den **Zeitpunkt des Beginns** der Versammlung so legen darf, dass ein Teil der Versammlung mehr oder weniger zwangsläufig in die **Freizeit der AN** hineinreicht. Das bedeutet insbesondere, dass der Versammlungsbeginn grundsätzlich nicht erst kurz vor dem Ende der betriebsüblichen Arbeitszeit liegen darf. Als unzulässig muss es angesehen werden, wenn von vornherein eine planmäßige zeitliche Begrenzung der Versammlung, etwa auf die Höchstdauer von einer Stunde, erfolgt.[16]

9 Die Abhaltung der in Abs. 1 Satz 1 bezeichneten Versammlungen außerhalb der Arbeitszeit ist an **strenge Voraussetzungen** geknüpft.[17] Die Eigenart des Betriebs muss der Durchführung der Versammlung während der Arbeitszeit **zwingend** entgegenstehen.

10 Unter »**Eigenart des Betriebs**« ist in erster Linie die **organisatorisch-technische Besonderheit** des konkreten Einzelbetriebs zu verstehen, nicht die eines ganzen Gewerbezweiges.[18] Darüber hinaus hat der Gesetzgeber auf den Betrieb abgestellt und nicht auf die Eigenart des UN. Von Ausnahmefällen einer absoluten wirtschaftlichen Unzumutbarkeit bzw. des Entstehens eines ruinösen wirtschaftlichen Schadens abgesehen, reichen Allgemeine **wirtschaftliche Zumutbarkeitserwägungen** daher grundsätzlich **nicht** aus, damit die Versammlung wegen zwingender Erfordernisse außerhalb der Arbeitszeit stattfindet.[19] Das gilt auch für die regelmäßig mit der Durchführung einer Betriebsversammlung verbundenen **Störungen der Betriebsablaufs.**[20]

11
- Der AG kann sich somit nicht darauf berufen, dass Produktionsausfälle oder das Nichterbringen von Dienstleistungen zu **wirtschaftlichen Einbußen** führen.[21]
- Das gilt z. B. auch für Betriebe mit einer **Just-in-time-Produktion**, die für die Nichteinhaltung von Lieferzeiten **Konventionalstrafen** vereinbart haben und deren Kunden bzw. Investoren die Befolgung betriebsverfassungsrechtlicher Vorschriften für wirtschaftlich unvertretbar halten.[22]
- Auch im **Einzelhandel,** z. B. in Lebensmittelfilial-UN und Kaufhäusern, sind Betriebsversammlungen während der **Ladenöffnungszeit** und damit während der Arbeitszeit durchzuführen.[23]

---

15 27.11.87, DB 88, 810.

16 *LAG Saarland* 21.12.60, AP Nr. 2 zu § 43 BetrVG; *Fitting,* Rn. 12; HWGNRH-*Worzalla,* Rn. 11; Richardi-*Annuß,* Rn. 21.

17 *LAG Schleswig-Holstein* 28.10.96, AiB 97, 348 mit Anm. *Peiseler*; *ArbG Essen* 14.4.11, DB 11, 1453; *Fitting,* Rn. 17.

18 *BAG* 26.10.56, AP Nr. 1 zu § 43 BetrVG.

19 *BAG* 9.3.76, AP Nr. 3 zu § 44 BetrVG 1972; *ArbG Essen* 14.4.11, a. a. O.; *Fitting,* Rn. 17; Hako-BetrVG-*Tautphäus,* Rn. 11; WPK-*Roloff,* Rn. 9.

20 *ArbG Essen* 14.4.11, a. a. O.

21 *ArbG Darmstadt* 7.5.09, AuR 09, 281.

22 *ArbG Darmstadt* 7.5.09, a. a. O.

23 Vgl. *BAG* 9.3.76, a. a. O., das erklärt, der Umsatzrückgang als wirtschaftliche Folge der Schließung des Betriebs wegen der Betriebsversammlung müsse außer Betracht bleiben; *ArbG Darmstadt* 27.11.03, AiB 04, 754 mit Anm. *Mansholt:* Durchführung von Betriebsversammlungen im Einzelhandel auch in umsatzstarken Wochen; GK-*Weber,* Rn. 20; a. A. *LK,* Rn. 9; vgl. auch *LAG Berlin* 7.10.80 – 8 TaBV 3/80, das hervorhebt, die Besonderheiten des Einzelhandels rechtfertigten keine Abweichung von der gesetzlichen Regelung, und dabei ausdrücklich erklärt, Betriebsversammlungen um 7.00 Uhr früh seien für die Beschäftigten unzumutbar; grundsätzlich zum Verhältnis von Ladenöffnungszeiten im Einzelhandel und betriebsverfassungsrechtlichen Kommunikations- und Mitbestimmungsrechten *BAG* 31.8.82, AP Nr. 8 zu § 87 BetrVG 1972 Arbeitszeit; zu einschränkend für den Fall, dass die Durchführung von Betriebsversammlungen in Kaufhäusern mit den Hauptgeschäftszeiten zusammenfällt, *Fitting,* Rn. 18; Richardi-*Annuß,* Rn. 12; aus AG-Sicht zur zeitlichen Lage von Betriebsversammlungen in Handelsunternehmen *Brötzmann,* NZA 90, 1055 [1060]; *Kappes/Rath,* DB 87, 2645 ff.; *Strümper,* NZA 84, 315 ff.

- Die Durchführung einer Betriebsversammlung außerhalb der Arbeitszeit kann vom AG nicht unter Berufung auf **vertragliche Verpflichtungen gegenüber Dritten** (z. B. in Einkaufscentern) über die Einhaltung bestimmter **Mindestöffnungszeiten** erzwungen werden (zur vergleichbaren Problematik beim betriebsverfassungsrechtlichen Zugangsrecht der Gewerkschaft vgl. eingehend § 2 Rn. 117 f.).
- Der **öffentlich-rechtliche Auftrag eines UN,** etwa der Infrastruktur- und Dienstleistungsauftrag der Deutschen Post AG, rechtfertigt für sich allein ebenfalls nicht die Abhaltung von Betriebsversammlungen außerhalb der Arbeitszeit.[24]

Es muss sich somit um eine **organisatorisch-technische Eigenart des Betriebs** handeln, die die Durchführung der Betriebsversammlung außerhalb der Arbeitszeit zwingend erforderlich macht. Das braucht nicht schlechthin eine technische Unmöglichkeit zu bedeuten, wohl aber eine **technisch untragbare Störung** des eingespielten Betriebsablaufs.[25] Die organisatorisch-technische Eigenart des Betriebs muss eine Durchführung der Versammlung außerhalb der Arbeitszeit zwingend erfordern, also keine andere Wahl lassen.[26] Mit der gesetzlich angeordneten Durchführung einer Betriebsversammlung ist im **Normalfall** immer die vorübergehende **Einschränkung** und das vorübergehende **Ruhen des Betriebs** verbunden. Daraus hat sich der AG im gesetzlichen Regelfall einzustellen und kann u. U. auch zur **Schließung des Betriebs** verpflichtet sein: 12

- Deshalb kann sich der AG für die Notwendigkeit der Durchführung einer Betriebsversammlung außerhalb der Arbeitszeit nicht auf von ihm zu verantwortende organisatorische Versäumnisse berufen.[27]
- Es ist unbeachtlich, wenn in der Bauwirtschaft wegen der Abhaltung von Betriebsversammlungen während der Arbeitszeit Schwierigkeiten bei der **Belieferung der Baustellen** mit Baumaterial sowie der **Stillstand von Maschinen** eintreten können bzw. schon einmal eingetreten sind.[28] 13
- Der AG ist nicht berechtigt, einen **Notdienst** für die Zeit der Betriebsversammlung einzuteilen und es den für diesen Notdienst vorgesehenen AN zu untersagen, an der Betriebsversammlung teilzunehmen.[29]
- In **Handels- und Dienstleistungsunternehmen** mit **Publikumsverkehr** ist es nicht zulässig, dass der AG durch die Öffnung des Betriebs während einer Betriebsversammlung unmittelbaren oder mittelbaren Druck auf die AN ausübt, auf den Besuch der Betriebsversammlung zu verzichten.
- Zur Vermeidung von Behinderungen der ordnungsgemäßen Durchführung von Betriebsversammlungen kann der AG zur **Schließung des Betriebs** verpflichtet sein.[30]
- Beschäftigt ein AG zur **Aufrechterhaltung des Geschäftsbetriebs** während der Zeit einer Betriebsversammlung **Leih-AN**, ohne vorher die Zustimmung des BR gemäß § 87 Abs. 1 Nr. 2 BetrVG einzuholen, kann der BR die **Unterlassung** des Einsatzes der Leih-AN gerichtlich erzwingen.[31] Die Leih-AN sollten vom BR frühzeitig darüber aufgeklärt werden, dass sie das **Recht haben**, selbst an der Betriebsversammlung **mit Anspruch auf Vergütung teilzunehmen** (s. dazu auch Rn. 17 und § 42 Rn. 15 a).

In bestimmten Fällen, so vor allem in Betrieben mit kontinuierlichem Arbeitsablauf (Schichtarbeit), wird sich die Frage stellen, ob es richtiger ist, **eine Vollversammlung aller** AN mit der Folge durchzuführen, dass für einen Teil der AN die Versammlung außerhalb der Arbeitszeit liegt, **oder Teilversammlungen** nach § 42 Abs. 1 Satz 3 abzuhalten, damit für alle AN die (Teil-)Versammlung in die Arbeitszeit fällt. Diese Frage stellt sich, weil sowohl § 42 Abs. 1 Satz 3 als auch § 44 Abs. 1 Satz 1 auf die Eigenart des Betriebs abstellen. Beide Gesetzesregelungen wird 14

---

24 *LAG Schleswig-Holstein* 28.10.96, AiB 97, 348; *ArbG Wuppertal* 9.7.96, AiB 97, 347 mit Anm. *Peiseler*.
25 Vgl. *BAG* 26.10.56, AP Nr. 1 zu § 43 BetrVG; *LAG Saarbrücken* 21.12.60, AP Nr. 2 zu § 43 BetrVG; *Fitting*, Rn. 17.
26 *BAG* 9.3.76, AP Nr. 3 zu § 44 BetrVG 1972.
27 *ArbG Essen* 14.4.11, a. a. O.
28 So zutreffend *ArbG Mannheim* 18.12.73 – 5 BV 23/73.
29 *ArbG Hamburg* 2.11.79 – 18 GaBV 1/79.
30 ErfK-*Koch*, Rn. 3; *Fitting*, Rn. 18; GK-*Weber*, Rn. 20; einschränkend *LAG Köln* 19.4.88, DB 88, 1400.
31 *LAG Hamm* 26.8.05, EzAÜG, § 14 ÄUG Betriebsverfassung Nr. 63.

man grundsätzlich als **gleichwertig** ansehen müssen. Dem Gesichtspunkt der Teilnahme aller AN des Betriebs an einer Vollversammlung wird im Grundsatz kein höherer Rang beizumessen sein als dem Interesse der AN, ihre persönliche Freizeit nicht zum Besuch einer Versammlung außerhalb der Arbeitszeit opfern zu müssen.[32]

15 Nach richtiger Auffassung ist in solchen Fällen dem BR ein **Ermessensspielraum** zuzuerkennen, der es ihm erlaubt, nach den jeweiligen konkreten Umständen von der einen oder der anderen Regelung der genannten Vorschriften Gebrauch zu machen.[33]

16 Entschließt sich der BR in einem **Zwei-Schicht-Betrieb** dazu, eine Vollversammlung durchzuführen, so kann er das in der Weise machen, dass die Versammlung gegen Ende der ersten Schicht beginnt und in die zweite Schicht hineinragt, so dass die AN der beiden Schichten jeweils nur einen Teil ihrer Freizeit opfern müssen.[34] Der BR kann aber auch so verfahren, dass die Vollversammlung für die eine Schicht in die Arbeitszeit fällt, während sie für die andere Schicht außerhalb der Arbeitszeit stattfindet. In einer solchen Handhabung dürfte jedenfalls dann keine Unbilligkeit zu sehen sein, wenn der BR dies bei der Festsetzung der nachfolgenden Betriebsversammlung berücksichtigt und diese so anberaumt, dass sie in die Schicht derjenigen AN fällt, in deren Freizeit die letzte Betriebsversammlung abgehalten wurde.[35]

2. Entgeltfortzahlung, zusätzliche Wegezeiten, Fahrkosten

17 Alle an den Versammlungen gem. Abs 1 teilnehmenden AN des Betriebs haben einen **Anspruch auf Vergütung** durch den AG (einschließlich der Außendienstmitarbeiter, Heim- und Telearbeiter usw.). Einen Vergütungsanspruch haben auch die teilnahmeberechtigten (vgl. dazu § 42 Rn. 15 a) **Leih-AN** und sonstige von anderen AG zur Arbeitsleistung im Betrieb überlassene AN. Dieser richtet sich allerdings nicht gegen den Arbeitgeber des Einsatzbetriebs, sondern gegen deren **Vertragsarbeitgeber** (z. B. Verleih-UN), entsprechend der sonstigen aus dem Arbeitsverhältnis folgenden Entgeltansprüche.[36] Die Teilnahme an den Versammlungen ist »**wie Arbeitszeit**« zu vergüten. Der Anspruch auf Fortzahlung des Arbeitsentgelts ist somit nicht auf die Zeit begrenzt, in der die Betriebs- oder Abteilungsversammlung während der **persönlichen Arbeitszeit** der betreffenden AN stattfindet. Das gilt auch, wenn AN nur geringfügig oder nur zu bestimmten Zeiten tätig sind, wie beispielsweise **Teilzeitbeschäftigte** oder AN mit kapazitätsorientierter variabler Arbeitszeit. Geht eine Versammlung über das Ende der persönlichen Arbeitszeit hinaus, ist der AG zur Entgeltfortzahlung auch für diese Zeit der Teilnahme verpflichtet. Entsprechendes gilt, wenn die Versammlung wegen der Eigenart des Betriebs außerhalb der Arbeitszeit stattfindet.

18 Abs. 1 Sätze 2 und 3 enthält eine eigenständige, in sich abgeschlossene Regelung der Vergütung für die Zeiten, an denen AN an Betriebsversammlungen teilnehmen. Es handelt sich dabei um **Vergütungsansprüche eigener Art** und nicht etwa um Ansprüche auf Lohnersatz. Die AN haben für die Zeit der Teilnahme an Betriebsversammlungen in jedem Fall einen Anspruch auf Vergütung, unabhängig davon, ob sie Lohnansprüche erworben hätten, wenn sie nicht an der Betriebsversammlung teilgenommen hätten.[37] Dieser Vergütungsanspruch besteht deshalb auch für AN, die während des **Erholungsurlaubs**,[38] während des **Erziehungsurlaubs**,[39] wäh-

32 *Fitting,* Rn. 19; GK-*Weber,* Rn. 22; Richardi-*Annuß,* Rn. 13; vgl. dagegen *BAG* 9.3.76, AP Nr. 3 zu § 44 BetrVG 1972, wonach Vollversammlungen wegen der besseren Kommunikationsmöglichkeiten grundsätzlich Vorrang vor Teilversammlungen haben sollten.

33 *LAG Baden-Württemberg,* 10.5.02, AiB 03, 627 mit Anm. *Stather; Fitting,* Rn. 19; *GL,* Rn. 17; GK-*Weber,* Rn. 22; Richardi-*Annuß,* Rn. 13; vgl. auch *BAG* 9.3.76, AP Nr. 3 zu § 44 BetrVG 1972.

34 Zu eng *LAG Niedersachsen* 30.8.82, DB 83, 1312, das in einem Schichtbetrieb ausschließlich diese Form der Durchführung der Betriebsversammlung für zulässig hält; ähnlich *LAG Schleswig-Holstein* 30.5.91, DB 91, 2247 = AiB 91, 390 mit kritischer Anm. *Grimberg.*

35 *Fitting,* Rn. 11; *GL,* Rn. 19; Richardi-*Annuß,* Rn. 19; zu den Gestaltungsoptionen des BR in einem Vier-Schicht-Betrieb (vier Teilversammlungen oder eine Vollversammlung) vgl. *LAG Baden-Württemberg,* 10.5.02, AiB 03, 627 mit Anm. *Stather.*

36 GK-*Weber,* Rn. 36; *Schüren/Hamann,* § 14 Rn. 86.

37 *BAG* 5.5.87, AP Nr. 4 zu § 44 BetrVG 1972.

38 *BAG* 5.5.87, AP Nr. 5 zu § 44 BetrVG 1972.

39 *BAG* 31.5.89, DB 90, 793.

rend **Kurzarbeitszeiten**[40] oder während der Beteiligung an einem **Arbeitskampf**[41] an einer Betriebsversammlung teilnehmen.

Für die gesamte Zeit der Teilnahme an Betriebsversammlungen, darüber hinaus aber auch für die zusätzlichen Wegezeiten (Rn. 22) ist den AN das **individuelle Arbeitsentgelt** weiterzuzahlen. Nimmt daher ein im Akkord stehender AN an der Betriebs- oder Abteilungsversammlung teil, erhält er den Durchschnitt des zuletzt erzielten Akkordlohnes.[42] Auch besondere Zuschläge, wie z. B. **Schmutzzulagen** oder **Erschwerniszulagen,** die bei einer Arbeitsleistung gezahlt worden wären, sind fortzuzahlen.[43] Entsprechendes gilt für **Sonn- und Feiertagszuschläge,** sofern eine Versammlung nach Abs. 1 an einem Sonn- oder Feiertag durchgeführt wird.[44] **19**

Da die Zeiten der Teilnahme an der Versammlung (und die zusätzlichen Wegezeiten) wie Arbeitszeit zu vergüten sind, müssen diese Zeiten einer schon erbrachten oder noch zu erbringenden tatsächlichen Arbeitszeit **hinzugerechnet** werden. Dadurch kann für diese Zeiten ein Anspruch auf **Mehrarbeitsvergütung** entstehen.[45] Aber auch dann, wenn man diese Auffassung nicht teilt, steht jedenfalls denjenigen AN ein Anspruch auf Mehrarbeitszuschlag zu, die normalerweise während der Zeit der Betriebsversammlung Mehrarbeit geleistet hätten.[46] **20**

Die Entgeltzahlungspflicht des AG für die Zeit der Teilnahme an der Versammlung entfällt grundsätzlich auch dann nicht, wenn in der Versammlung Themen **mit behandelt** werden, die an sich nicht zum Themenkreis nach § 45 gehören (vgl. im Übrigen Rn. 27 und § 45 Rn. 22 ff.). **21**

Zusätzliche Wegezeiten, die AN aufbringen müssen, um an einer Betriebs- bzw. Abteilungsversammlung teilzunehmen, sind ebenfalls wie Arbeitszeit zu vergüten. Es ist dabei auf den einzelnen AN abzustellen.[47] Eine Vergütung zusätzlicher Wegezeiten wird daher vor allem in Betracht kommen, wenn die Versammlung für den betreffenden AN außerhalb der Arbeitszeit stattfindet und der AN zusätzliche Wegezeiten aufbringen muss oder die Versammlung außerhalb des Betriebs durchgeführt wird, so dass für den AN ggf. ein längerer Anreiseweg entsteht.[48] **22**

Die Vergütung für zusätzliche Wegezeiten gehört zum **lohn- und sozialversicherungspflichtigen Arbeitseinkommen.**[49] **23**

Entstehen den teilnehmenden AN zusätzliche **Fahrkosten,** sind diese vom AG ebenfalls zu erstatten. Nach dem Wortlaut der Regelung des Abs. 1 Satz 3 wird eine Fahrkostenerstattungspflicht ohnehin nur dann gegeben sein, wenn es sich um Versammlungen handelt, die wegen der Eigenart des Betriebs außerhalb der Arbeitszeit stattfinden. Auch in diesem Zusammenhang bedeutet »außerhalb der Arbeitszeit« die Zeit außerhalb der **persönlichen Arbeitszeit** des einzelnen AN.[50] **24**

Umstritten ist, ob zusätzliche Fahrkosten zur Teilnahme an einer Versammlung nach Abs. 1 zu erstatten sind, wenn die Versammlung während der Arbeitszeit stattfindet, jedoch **außerhalb des Betriebs,** oder bei einem weitverzweigten Betrieb an einem zentralen Ort. Richtigerweise ist in solchen Fällen davon auszugehen, dass die Erstattung zusätzlicher Fahrkosten zu erfolgen hat, da das Gesetz allgemein davon ausgeht, dass die AN durch die Inanspruchnahme betriebsverfassungsrechtlicher Rechte und Befugnisse keine finanziellen Nachteile erleiden sollen.[51] **25**

---

40 *BAG* 5.5.87, AP Nr. 6 zu § 44 BetrVG 1972.
41 *BAG* 5.5.87, AP Nr. 4 zu § 44 BetrVG 1972.
42 *BAG* 29.3.60, AP Nr. 11 zu § 1 FeiertagslohnzahlungsG; *LAG Düsseldorf* 11.12.72, BB 73, 1395.
43 *LAG Düsseldorf* 16.1.78, AuR 79, 27.
44 *Fitting,* Rn. 31; vgl. aber *BAG* 1.10.74, AP Nr. 2 zu § 44 BetrVG 1972, das den AN, für die die Versammlung in die Freizeit fällt, keinen Anspruch auf sog. zeitabhängige Lohnzuschläge wie Sonn- und Feiertagszuschläge zuerkennt.
45 A. A. *BAG* 18.9.73, AP Nr. 1 zu § 44 BetrVG 1972; *LAG Düsseldorf* 18.12.72, DB 73, 386; *Fitting,* Rn. 33; GK-*Weber,* Rn. 33; Richardi-*Annuß,* Rn. 38.
46 *BAG* 18.9.73, a. a. O.; *Fitting,* a. a. O.; HWGNRH-*Worzalla,* Rn. 37; a. A. GK-*Weber,* Rn. 44; Richardi-*Annuß,* a. a. O.
47 *Fitting,* Rn. 36.
48 *Fitting,* a. a. O., Richardi-*Annuß,* Rn. 36.
49 *Fitting,* Rn. 38.
50 *Fitting,* Rn. 39; *GL,* Rn. 32.
51 Wie hier grundsätzlich auch *Fitting,* Rn. 40; GK-*Weber,* Rn. 48; HWGNRH-*Worzalla,* Rn. 49; Richardi-*Annuß,* Rn. 41; a. A. *GL,* Rn. 33 ff.

Die Erstattung der Fahrkosten unterliegt nicht der Lohnsteuerpflicht, da es sich um einen Aufwendungsersatz handelt.

25a Der AG ist nicht verpflichtet, für die Teilnehmer der Betriebsversammlung **Bewirtungskosten** zu übernehmen.[52]

26 **Nimmt ein AN,** der nicht aus bestimmten Gründen, z. B. wegen Urlaub oder Krankheit, dem Betrieb ohnehin fernbleiben kann, **nicht an einer Versammlung** nach Abs. 1 **teil,** hat er seine Arbeitsleistung zu erbringen. Kann diese Arbeitsleistung wegen der stattfindenden Versammlung nicht erbracht werden, gerät der AG **nicht** in Annahmeverzug.[53]

27 Die Behandlung nicht auf der Tagesordnung stehender, jedoch zulässiger Themen (§ 45) lässt den Vergütungsanspruch der AN unberührt.[54] Dies gilt ebenso, wenn **unzulässige Themen** behandelt werden und der AG nicht mit den ihm zur Verfügung stehenden Mitteln dagegen eingeschritten ist.[55] Im Verhältnis zur Gesamtdauer einer Betriebsversammlung kurzzeitige Erörterungen unzulässiger Themen, z. B. im zeitlichen Umfang von 15 bis 30 Minuten, rechtfertigen ebenfalls keine Kürzung der Vergütung durch den AG.[56] Nach Auffassung des *BAG* entfällt der Vergütungsanspruch **bei zu Unrecht außerhalb der Arbeitszeit einberufenen Betriebsversammlungen,** wenn der AG der Einberufung vorher widersprochen hat.[57] Dies soll auch **bei zu Unrecht einberufenen weiteren Betriebsversammlungen gelten.**[58] Macht ein hoher Ausländeranteil im Betrieb Übersetzungen durch einen Dolmetscher in der Betriebsversammlung erforderlich, haben alle Teilnehmer der Betriebsversammlung einen Vergütungsanspruch für die Gesamtdauer der Betriebsversammlung.[59]

28 Durch BV kann eine pauschale Abgeltung der Zeit der Teilnahme an Betriebs- bzw. Abteilungsversammlungen, der zusätzlichen Wegezeiten und der Erstattung von Fahrtkosten vorgesehen werden. Es kann jedoch ein sich ggf. nach dem Gesetz ergebender Anspruch auf höhere Vergütung oder Fahrkostenerstattung nicht ausgeschlossen werden.

III. Versammlungen außerhalb der Arbeitszeit nach Abs. 2

29 Die in Abs. 2 angesprochenen **sonstigen Betriebs- oder Abteilungsversammlungen** betreffen solche, die der BR

- auf Antrag eines Viertels der wahlberechtigten AN oder
- auf Grund eigener Entschließung

einberuft. Gesetzliche Grundlage dieser Versammlungen ist § 43 Abs. 3.

30 Bei den genannten Versammlungen besteht, anders als bei den Betriebs- und Abteilungsversammlungen nach Abs. 1, grundsätzlich weder ein Anspruch auf Zahlung von Arbeitsvergütung noch auf Vergütung zusätzlicher Wegezeiten und Erstattung zusätzlicher Fahrkosten. Die Versammlungen können jedoch **im Einvernehmen mit dem AG** während der Arbeitszeit stattfinden.

31 Erklärt der AG sein **Einverständnis** (vgl. dazu § 43 Rn. 36), dass die Versammlung während der Arbeitszeit stattfindet, so darf das Arbeitsentgelt der AN durch die Teilnahme nicht gemindert werden. Sie haben das Entgelt zu erhalten, das sie ohne die Teilnahme an der Versammlung erhalten hätten. Im Übrigen kann der AG sein Einverständnis nicht auf die Abhaltung der Versammlung während der Arbeitszeit beschränken, eine Entgeltfortzahlung jedoch ablehnen.[60] Der Anspruch auf Entgeltfortzahlung ist auch dann gegeben, wenn der BR

---

52 *LAG Nürnberg* 25.4.12, NZA-RR 12, 524.
53 GK-*Weber*, Rn. 67; Richardi-*Annuß*, Rn. 52; a. A. *Fitting*, Rn. 35.
54 *Fitting*, Rn. 34.
55 *LAG Baden-Württemberg* 17.2.87, DB 87, 1441; *LAG Bremen* 5.3.82, DB 82, 1573; *ArbG Augsburg* 2.12.86, AiB 89, 209; *ArbG Göttingen* 17.11.81, DB 82, 760; *ArbG Solingen* 16.9.86 – 2 Ca 584/86; a. A. *BAG* 23.10.91, DB 92, 689.
56 *LAG Baden-Württemberg* 25.9.91, AiB 92, 96, 98; *LAG Düsseldorf* 10.3.81, DB 81, 1729; *Däubler*, Das Arbeitsrecht 1, Rn. 820.
57 *BAG* 27.11.87, DB 88, 810.
58 *BAG* 23.10.91, a. a. O.
59 *ArbG Stuttgart* 27.2.86, AiB 86, 168.
60 *Fitting*, Rn. 43; Richardi-*Annuß*, Rn. 46.

dem AG mitteilt, dass er eine der in Abs. 2 genannten Versammlungen während der Arbeitszeit durchführen will, der AG dem aber nicht widerspricht[61] oder in sonstiger Weise die Durchführung der Betriebsversammlung während der Arbeitszeit duldet.[62]

War der AG mit der Abhaltung der Versammlung während der Arbeitszeit einverstanden oder hat er einem entsprechenden Verlangen des BR nicht widersprochen, so besteht ein Anspruch auf Entgeltfortzahlung aber nur insoweit, als die Versammlung während der persönlichen Arbeitszeit des einzelnen AN durchgeführt wird.[63] Geht die Versammlung über die **persönliche Arbeitszeit von AN** hinaus, so ist der AG nicht verpflichtet, diese Zeit zu vergüten. Das ergibt sich daraus, dass Abs. 2 im Gegensatz zu Abs. 1 lediglich das Verbot einer Minderung des Arbeitsentgelts enthält.[64] 32

Das Einverständnis des AG, die sonstige Betriebs- oder Abteilungsversammlung i. S. d. Abs. 2 während der Arbeitszeit durchzuführen, führt auch nicht dazu, dass ein Anspruch auf die Vergütung von zusätzlichen Wegezeiten und Erstattung zusätzlicher Fahrkosten gegeben ist. Der AG kann sich aber verpflichten, eine solche Vergütung bzw. Erstattung vorzunehmen. Ein solches Einverständnis kann in einer BV geregelt oder formlos erklärt werden. 33

IV. Streitigkeiten

Streitigkeiten über die **Einberufung von Betriebsversammlungen**, über den Zeitpunkt, den Ort und die vom AG zu tragenden Kosten sind im **arbeitsgerichtlichen Beschlussverfahren** auszutragen (§§ 2 a, 80 ff. ArbGG). Nach neuer Rspr. des *BAG* begründet eine Verletzung der Vorschriften über die Durchführung der Versammlungen nach Abs. 1 oder 2 **keinen Unterlassungsanspruch des AG** gegenüber dem BR[65] (vgl. dazu näher § 42 Rn. 57, § 74 Rn. 88 ff.). 34

Bei den **Vergütungs- und Fahrkostenerstattungsansprüchen der AN** handelt es sich um Ansprüche aus dem Arbeitsverhältnis i. S. d. § 2 Abs. 1 Nr. 2 ArbGG, über die im **arbeitsgerichtlichen Urteilsverfahren** zu entscheiden ist.[66] 35

§ 45 Themen der Betriebs- und Abteilungsversammlungen

Die Betriebs- und Abteilungsversammlungen können Angelegenheiten einschließlich solcher tarifpolitischer, sozialpolitischer, umweltpolitischer und wirtschaftlicher Art sowie Fragen der Förderung der Gleichstellung von Frauen und Männern und der Vereinbarkeit von Familie und Erwerbstätigkeit sowie der Integration der im Betrieb beschäftigten ausländischen Arbeitnehmer behandeln, die den Betrieb oder seine Arbeitnehmer unmittelbar betreffen; die Grundsätze des § 74 Abs. 2 finden Anwendung. Die Betriebs- und Abteilungsversammlungen können dem Betriebsrat Anträge unterbreiten und zu seinen Beschlüssen Stellung nehmen.

Inhaltsübersicht

61 *LAG Baden-Württemberg* 17.2.87, DB 87, 1441.
62 *Fitting*, a. a. O.; vgl. dazu auch § 43 Rn. 29.
63 *Fitting*, Rn. 46.
64 *Fitting*, a. a. O.; *GL*, Rn. 23; Richardi-*Annuß*, Rn. 45 f.
65 *BAG* 17.3.10, NZA 10, 1133.
66 *BAG* 1.10.74, AP Nr. 2 zu § 44 BetrVG 1972.

I. Vorbemerkungen

1 Die Vorschrift regelt die Befugnisse der Betriebsversammlung, insbes. ihre inhaltliche Zuständigkeit, und das Verhältnis von BR und Betriebsversammlung.

II. Behandlung bestimmter Themen in der Betriebsversammlung

1. Allgemeine Abgrenzung

2 Die Vorschrift legt fest, welche Angelegenheiten in den Betriebs- und Abteilungsversammlungen behandelt werden können, und hebt ausdrücklich solche tarifpolitischer, sozialpolitischer und wirtschaftlicher Art hervor. Die Aufzählung ist jedoch, wie die Verwendung des Wortes »einschließlich« deutlich macht, **nicht abschließend.**

3 Voraussetzung ist immer, dass das behandelte Thema **einen unmittelbaren Bezug zum Betrieb oder seinen AN** hat. Dazu ist es jedoch nicht erforderlich, dass ein Thema lediglich die Interessen nur des einen Betriebs oder seiner AN berührt. Gehört der Betrieb zu einem **UN mit mehreren Betrieben,** einer **UN-Gruppe** oder **Konzern,** können auch betriebsübergreifende Fragen der Geschäftspolitik, der Personalführung oder der wirtschafts- und gesellschaftspolitischen Positionierung des UN oder Konzerns, auch im Ausland, angesprochen werden, da diese Themen in der Regel einen unmittelbaren Bezug zum Betrieb und/oder seinen AN haben (zum Teilnahmerecht von Mitgliedern der Interessenvertretung ausländischer [Konzern-]UN vgl. § 42 Rn. 9 f.).

4 Es kann sich aber auch um Fragen handeln, die für die ANschaft **insgesamt** von Bedeutung sind, sofern sie **auch** den Betrieb oder seine AN betreffen. So dürfen z. B. sozialpolitische Angelegenheiten auch dann auf einer Betriebsversammlung erörtert werden, wenn sie nicht ausschließlich den Betrieb, sondern eine ganze Branche oder einen größeren Wirtschaftszweig angehen.[1]

5 In den Betriebs- oder Abteilungsversammlungen können vor allem Fragen erörtert werden, die zum **Aufgabenbereich des BR** gehören oder das **Verhältnis zwischen dem AG und den AN** betreffen. Da das Gesetz jedoch allein darauf abstellt, dass es sich um Themen handelt, die einen Bezug zum Betrieb oder seinen AN haben, können in den Versammlungen auch Angelegenheiten behandelt werden, die nicht in den Aufgabenbereich des BR fallen oder das Verhältnis zwischen dem AG und den AN betreffen.[2] Es ist daher beispielsweise zulässig, auf einer Betriebsversammlung darüber zu diskutieren und ggf. eine Resolution zu beschließen, wenn es um die Auswirkungen der beabsichtigten Stilllegung einer für den Betrieb bzw. die AN wichtigen Verkehrsverbindung geht, um Immissionen von dritter Seite oder die Errichtung oder Auflösung einer Kindertagesstätte in der Nähe des Betriebs,[3] um die Auswirkungen der Globalisierung und des internationalen Wettbewerbs[4] oder um friedens- und abrüstungspolitische Themen.[5]

2. Spezielle Themen

6 Es ist im Rahmen **tarifpolitischer Angelegenheiten** ohne weiteres zulässig, dass die AN in Betriebs- oder Abteilungsversammlungen über die für den Betrieb **maßgebenden TV** und deren Änderungen oder Ergänzungen unterrichtet werden. Sofern **Tarifverhandlungen** geführt werden, können sie auch über deren jeweiligen Stand informiert werden.[6] Es ist auch

---

1 ErfK-*Koch*, Rn. 3; *Fitting*, Rn. 11; GK-*Weber*, Rn. 11; vgl. auch *BAG* 14.2.67, AP Nr. 2 zu § 45 BetrVG; enger Richardi-*Annuß*, Rn. 5 ff.
2 *Fitting*, Rn. 6.
3 *Löwisch*, TK-BetrVG, Rn. 1.
4 *Fitting*, Rn. 7.
5 *ArbG Mannheim* 17.1.91, AiB 91, 55; *Berg/Bobke/Wolter*, BlStSozArbR 83, 356 ff.
6 *LAG Baden-Württemberg* 25.9.91, AiB 92, 96 mit Anm. *Petri-Klar; ArbG Oldenburg* 29.5.89, NZA 89, 652; *ArbG Wilhelmshaven* 27.10.88, NZA 89, 571; *ArbG Freiburg* 24.9.91 – 7 Ca 289/91; *Fitting*, Rn. 9; *GL*, Rn. 6; GK-*Weber*, Rn. 13; HWGNRH-*Worzalla*, Rn. 9; Richardi-*Annuß*, Rn. 12.

zulässig, dass die Diskussion der aktuellen tarifpolitischen Situation Gegenstand der Tagesordnung ist, und dass die Betriebsversammlung tarifpolitische Stellungnahmen abgibt.[7] Wird in anderen Betrieben desselben Tarifgebietes wegen des Abschlusses eines TV gestreikt, ist auch die Unterrichtung über mögliche **Auswirkungen von Arbeitskämpfen** etwa in Zulieferbetrieben zulässig.[8]

Der **Begriff »sozialpolitisch«** ist **weit zu verstehen** und umfasst alle gesetzlichen Maßnahmen oder sonstigen Regelungen, die den Schutz oder eine Veränderung der Rechtsstellung der AN bezwecken oder damit im Zusammenhang stehen.[9] Es gehören somit Probleme des Arbeits- und Sozialrechts dazu, wie Arbeits- und Unfallschutz, berufliche Bildung, Mitbestimmung, Vermögensbildung, flexible Altersgrenze.[10] 7

Es dürfen auch sozialpolitische oder arbeitsrechtliche Fragen, die sich im **Stadium der Gesetzgebung** befinden, behandelt werden, etwa hinsichtlich des aktuellen Standes und der Auswirkungen nach Abschluss des Gesetzgebungsverfahrens auf den Betrieb und seine AN.[11] Verschiedentlich wird allerdings darauf hingewiesen, dass gesetzgeberische Streitfragen als solche, zumal wenn sie sich schon auf dem Gebiet der Sozial- und Gesellschaftspolitik entwickelt haben, nicht zur Zuständigkeit einer betrieblichen Versammlung gehören.[12] Demgegenüber ist darauf hinzuweisen, dass die Behandlung sozialpolitischer Gesetzesvorhaben in Betriebsversammlungen wegen der gegebenen Aktualität gerade in Zeiten zweckmäßig ist, in denen sie Gegenstand parlamentarischer oder politischer oder auch parteipolitischer Auseinandersetzungen sind.[13] Zulässig ist somit beispielsweise auch die Erörterung der Auswirkungen des »Sparpakets 1996« bzw. des Sozialabbaus der Bundesregierung,[14] der Verlängerung des BeschFG, der Neuregelung des § 116 AFG (jetzt § 146 SGB III) auf den Betrieb und die AN,[15] der Novellierung des BetrVG, der Entwicklung des EG-Arbeitsrechts, der Einführung der Pflegeversicherung oder von Karenztagen. 8

Bei der Behandlung solcher Angelegenheiten ist zwar ein Bezugspunkt zum Betrieb oder seinen AN erforderlich. Gerade sozialpolitische Angelegenheiten werden sich jedoch regelmäßig auf einen größeren Bereich oder eine Vielzahl von AN erstrecken. Sie dürfen auch dann behandelt werden, wenn sie nicht ausschließlich den Betrieb, sondern eine ganze Branche oder einen größeren Wirtschaftszweig angehen.[16] 9

In den Rahmen der **sozialpolitisch zulässigen Themen** gehören auch **gewerkschaftliche Aktivitäten** und **Angelegenheiten,** sofern sie nicht ohnehin tarifpolitischer Art sind. So können in den Betriebs- und Abteilungsversammlungen nicht nur Fragen der Zusammenarbeit zwischen BR und den im Betrieb vertretenen Gewerkschaften erörtert werden, sondern auch andere Angelegenheiten, die einen Bezug zum Betrieb oder den AN haben, wie das z. B. bei gewerkschaftlichen Bildungs- und Schulungsangeboten der Fall ist. Zulässig ist es auch, wenn Gewerkschaftsvertreter über die Durchführung von Wahlen gewerkschaftlicher Vertrauensleute oder deren Aufgaben referieren.[17] 10

---

7 *Fitting,* a. a. O.; GK-*Weber,* a. a. O.; a. A. HaKo-BetrVG-*Tautphäus,* Rn. 3; Richardi-*Annuß,* a. a. O.

8 *Fitting,* a. a. O.; *LAG Baden-Württemberg* 25.9.91, a. a. O.; 17.2.87, DB 87, 1441.

9 *Fitting,* Rn. 10.

10 Vgl. auch *LAG Bremen* 5.3.82, DB 82, 1573, das aktuelle Fragen der gesetzlichen Rentenversicherung als ein zulässiges Thema i. S. d. § 45 ansieht; *ArbG Frankfurt* 26.4.93, AiB 93, 432: Zulässigkeit des Themas »Rückenschulung und Hebetechnik«; *ArbG Paderborn* 24.10.96, AuR 97, 168 = AiB 97, 414 mit Anm. *Peter:* Zulässigkeit des Themas »Wahlfreiheit für Pflichtversicherte in der Krankenversicherung«.

11 Wie hier *Fitting,* Rn. 12.

12 *GL,* Rn. 7.

13 So zutreffend *Vogt,* S. 105.

14 *ArbG Minden* 2.7.96, AiB 96, 555, bestätigt durch *LAG Hamm* 8.7.96 – 3 TaBV 71/96.

15 *Fitting,* Rn. 12; einschränkend GK-*Weber,* Rn. 14 (nur im Endstadium eines Gesetzgebungsverfahrens).

16 Vgl. *BAG* 14.2.67, AP Nr. 2 zu § 45 BetrVG.

17 Vgl. *LAG Düsseldorf* 10.3.81, DB 81, 1729; bejahend auch *LAG Hamm* 3.12.86, DB 87, 2659, mit der Einschränkung, dass keine Gewerkschaftswerbung betrieben wird; *Fitting,* Rn. 19 f.; GK-*Weber,* Rn. 22; Richardi-*Annuß,* Rn. 19; a. A. HWGNRH-*Worzalla,* Rn. 7. Zum Recht einer Gewerkschaft, vor dem Versammlungsraum auf dem Betriebsgelände Gewerkschaftswerbung zu betreiben vgl. *LAG Hamm* 17.3.05 – 10 TaBV 51/05; § 2 Rn. 46 a, 46 e ff.

11 Angelegenheiten **umweltpolitischer Art** sind ausdrücklich im Themenkatalog des Satzes 1 als zulässiges Thema aufgeführt.

12 Angelegenheiten **wirtschaftlicher Art** sind nicht allein solche, wie sie durch den Rahmen der Beteiligungsrechte und die Aufgaben von BR und WA vorgegeben sind. Es zählen auch andere konkrete wirtschaftliche Maßnahmen des AG dazu. Es können aber auch Fragen der allgemeinen Wirtschaftspolitik, wie etwa die regionale Wirtschaftsstruktur oder wirtschaftliche Rahmenbedingungen behandelt werden, sofern sie einen Bezug zu dem Betrieb oder den AN haben. Beispielhaft sind Fragen der Rohstoff- und Energieversorgung, Subventionen für bestimmte Wirtschaftsbereiche und Auswirkungen der Steuergesetzgebung auf den Betrieb zu erwähnen.[18]

13 Die in Satz 1 genannten Themen der **Förderung der Gleichstellung von Frauen und Männern** und der **Vereinbarkeit von Familie und Erwerbstätigkeit** sollen die Betriebsparteien anzuregen, das Thema Gleichstellung von Frauen und Männern in Betrieb und Gesellschaft stärker als bisher in den Mittelpunkt ihrer Arbeit zu rücken. Betriebsversammlungen können vor allem zur Information und Diskussion über die Lage der Frauen in Betrieb, Branche und Gesellschaft und die darauf bezogenen Handlungsmöglichkeiten des BR (vgl. § 75 Rn. 38 ff., § 80, § 92 Rn. 48, § 93, § 96 Rn. 29) genutzt werden.

14 Die Erwähnung von Angelegenheiten der **Integration der im Betrieb beschäftigten ausländischen AN** in den Katalog der speziellen Themen in Satz 1 soll die betriebsöffentliche Behandlung der Integration ausländischer AN fördern und die Betriebsversammlung zu einem **Forum gegen Fremdenfeindlichkeit** werden lassen und der wirksamen innerbetrieblichen **Bekämpfung von Rassismus** dienen (zu den Einzelheiten vgl. auch § 75 Rn. 24 ff.; § 80).[19] Den früheren Ansätzen, derartige Aktivitäten als unerlaubte parteipolitische Betätigung gemäß § 74 Abs. 2 Satz 3 im Betrieb zu unterbinden (vgl. die Nachweise bei § 74 Rn. 57), ist damit eine Absage erteilt.[20]

15 Soweit die Vorschrift hinsichtlich der Zulässigkeit der Behandlung bestimmter Themen gewisse Grenzen erkennen lässt, sind diese rechtlich ohne Belang, wenn Fragen außerhalb dieser Grenzen **in ausdrücklicher** oder **stillschweigender Übereinstimmung** aller Beteiligten in einer Betriebs- oder Abteilungsversammlung erörtert werden. Die verschiedentlich vertretene Auffassung, der Kreis der nach dieser Vorschrift zulässigen Themen dürfe in keinem Fall ausgedehnt werden, geht an der betrieblichen Wirklichkeit vorbei.

3. Anwendung der Grundsätze des § 74 Abs. 2

16 Soweit diese Vorschrift auf § 74 Abs. 2 Bezug nimmt, meint sie damit im Wesentlichen die **grundsätzlichen Erwägungen** des Gesetzgebers zu dem **Verbot des Arbeitskampfes** zwischen AG und BR, der Vornahme von Betätigungen, durch die der Arbeitsablauf oder der **Betriebsfrieden** beeinträchtigt werden, und der **parteipolitischen Betätigung** (zur grundsätzlichen Kritik und Reichweite dieser Vorschrift vgl. § 74 Rn. 2 f., 44 ff., 50 ff.).

17 Maßnahmen des (betrieblichen) **Arbeitskampfes zwischen BR und AG,** die ohnehin unzulässig sind, dürfen daher nicht Gegenstand von Beschlüssen der Betriebsversammlung sein. Dies gilt ebenfalls für **gewerkschaftliche Streiks** im Rahmen tarifpolitischer Auseinandersetzungen, da der Willensbildungsprozess über und die Durchführung von derartigen Kampfmaßnahmen den Gewerkschaften und ihren Mitgliedern vorbehalten ist.[21] Im Rahmen der **zulässigen Erörterung der Tarifpolitik** (vgl. Rn. 6) kann allerdings auch der **aktuelle Stand der Tarifauseinandersetzung** einschließlich der **von den Tarifvertragsparteien geplanten bzw. durchgeführten Arbeitskampfmaßnahmen** Thema der Betriebsversammlung sein und aus durch entsprechenden Stellungnahmen aus Sicht der Betriebsversammlung bewertet werden (vgl. dazu auch § 74 Rn. 21 f.).[22] Betriebsversammlungen können auch während eines

18 Vgl. *Fitting*, Rn. 15.
19 BetrVerf-ReformG, BT-Drucks. 14/5741, S. 26, 31, 42; *Fitting*, a. a. O.; GK-*Weber*, Rn. 19.
20 *Däubler*, AuR 01, 1 [7].
21 *Fitting*, Rn. 23.
22 Wie hier *Fitting*, Rn. 9; GK-*Weber*, Rn. 13, 26; a. A. HWGNRH-*Worzalla*, Rn. 9; Richardi-*Annuß*, Rn. 12.

Arbeitskampfes durchgeführt werden. In den als Gegenstand der Erörterung zulässigen Angelegenheiten gehören auch die Folgen des Arbeitskampfes (siehe auch § 44 Rn. 17 f.).[23]

Soweit sich die Betriebs- und Abteilungsversammlungen nicht mit Angelegenheiten zu befassen haben, durch die der **Arbeitsablauf** oder der **Betriebsfrieden** beeinträchtigt werden, darf das nicht zu einer Einschränkung des Rechts der AN zur **freien Meinungsäußerung** aus Art. 5 Abs. 1 GG auch über die betrieblichen Angelegenheiten führen (zur Bedeutung des Grundrechts der Meinungsfreiheit im Arbeitsverhältnis vgl. auch § 74 Rn. 65 f. m. w. N.).[24] Die AN sind daher nicht nur berechtigt, Missstände im Betrieb zu kritisieren, sondern auch an den Personen Kritik zu üben, die für diese Missstände verantwortlich sind.[25] Die Kritik darf sich auch auf den AG und die mit der Leitung des Betriebs oder von Teilen des Betriebs beauftragten Personen erstrecken, sofern sie nicht in einer unsachlichen, ehrverletzenden Weise ausgeübt wird.[26] Da die Betriebsversammlung auch ein Forum der innerbetrieblichen verbalen Auseinandersetzung darstellt, darf dabei **kein kleinlicher Maßstab** angelegt werden.[27] Wird ein AN aufgrund eines kritischen Wortbeitrags in der Betriebsversammlung zu den unternehmerischen Planungen des AG benachteiligt, stellt dies einen Verstoß gegen das Maßregelungsverbot gemäß § 612 a BGB dar.[28] Im Übrigen ist darauf hinzuweisen, dass es nicht ausreicht, wenn durch die Behandlung bestimmter Angelegenheiten der **Betriebsfrieden möglicherweise beeinträchtigt** werden kann. Allein der Umstand, dass als Reaktion auf einen kritischen Redebeitrag zu einem im Betrieb kontrovers behandelten Thema ein Teil der AN die Betriebsversammlung vorzeitig verlässt, ist keine durch den Redebeitrag verursachte Störung des Betriebsfriedens (vgl. auch § 74 Rn. 44).[29] Von den Teilnehmern der Betriebsversammlung sind die Grundsätze für die Behandlung der Betriebsangehörigen (§ 75) zu beachten, insbesondere auch das **Persönlichkeitsrecht der AN** des Betriebs. Ein Verstoß gegen das Persönlichkeitsrecht betroffener AN liegt vor, wenn der AG beispielsweise über krankheitsbedingte Fehltage,[30] die Arbeitsleistung oder aus seiner Sicht begangene Pflichtverletzungen einzelner AN auf der Betriebsversammlung berichtet. **18**

Die Bezugnahme auf das **Verbot der parteipolitischen Betätigung** bedeutet, dass nicht nur AG und BR, sondern auch die **Betriebsversammlung** insoweit zur Neutralität verpflichtet ist. Andererseits macht die Bezugnahme auf die Bestimmung des § 74 Abs. 2 in diesem Zusammenhang deutlich, dass auch für die Betriebsversammlung die dort genannten **Ausnahmeregelungen** über das Verbot der parteipolitischen Betätigung gelten, die sich auf Angelegenheiten tarifpolitischer, sozialpolitischer und wirtschaftlicher Art beziehen. Es ist daher kein Verstoß gegen das Verbot parteipolitischer Betätigung, wenn sich die Betriebsversammlung etwa mit Themen der Sozial- oder Wirtschaftspolitik befasst und gleichzeitig die verschiedenen Auffassungen der politischen Parteien dargelegt werden.[31] **19**

Das grundsätzliche Verbot der parteipolitischen Betätigung schließt auch nicht aus, dass **Politiker als Referenten** in Betriebsversammlungen auftreten. Es liegt deshalb keine verbotene parteipolitische Betätigung in der Betriebsversammlung vor, wenn ein Politiker z. B. ein Referat über ein sozialpolitisches Thema hält, das auch die AN des Betriebs betrifft. Nach der Auffassung des *BAG*[32] kann aber dann eine unzulässige parteipolitische Betätigung vorliegen, wenn ein solches Referat gerade und nur zu Zeiten des Wahlkampfes von einem Spitzenpolitiker in seinem Wahlkreis im Rahmen seiner Wahlkampfstrategie gehalten wird.[33] **20**

---

23 *BAG* 5.5.87, AP Nr. 4 zu § 44 BetrVG 1972.
24 *Fitting,* Rn. 22; GK-*Weber,* Rn. 10; dazu grundsätzlich ErfK-*Schmidt,* Art. 5 GG Rn. 28 ff., 37.
25 Richardi-*Annuß,* Rn. 25.
26 *Fitting,* a. a. O.; Richardi-*Annuß,* Rn. 23; vgl. auch *BAG* 22.10.64, AP Nr. 4 zu § 1 KSchG Verhaltensbedingte Kündigung, das im Ergebnis aber zu einer zu engen Auslegung kommt, und *BAG* 15.1.86, AiB 89, 209, das bei Äußerung unrichtiger Rechtsauffassungen und Hinweisen auf ein Leistungsverweigerungsrecht der AN eine Abmahnung für nicht gerechtfertigt hält.
27 *LAG Berlin* 3.7.89 – 18 Sa 24/89; *Däubler,* AiB 82, 51, 54 f.; ErfK-*Koch,* Rn. 4; *Kissel,* NZA 88, 145, 148; *Schuster,* AiB 86, 135 f.; vgl. auch *HessLAG,* 2.5.03, RDV 05, 172 zur konstitutiven Bedeutung der Meinungsfreiheit für die Tätigkeit der Betriebsparteien.
28 *BAG* 21.9.11, NZA 12, 317
29 *LAG* Hamm 20.3.09 – 10 TaBV 149/08.
30 *LAG Hamm* 25.4.13, juris.
31 So grundsätzlich auch *Fitting,* Rn. 25 f.
32 13.9.77, AP Nr. 1 zu § 42 BetrVG 1972.
33 Ähnlich zum Personalvertretungsrecht *BVerwG* 10.3.95, AuA 96, 178 mit Anm. *Rudolph.*

21 Der BR bedarf, wenn er einen außenstehenden Referenten zur Betriebsversammlung hinzuziehen will, **keines Einverständnisses** des AG. Da der BR im Rahmen der Zuständigkeit der Betriebsversammlung und unter Berücksichtigung der gestellten Anträge in der Gestaltung der Tagesordnung frei ist, kann er auch selbst entscheiden, wen er als Referenten für die Betriebsversammlung heranziehen will.[34] Der AG darf den vom BR eingeladenen Referenten den Zugang zu den Räumen der Betriebsversammlung nicht verwehren (vgl. § 42 Rn. 22). Zum Begriff der Parteipolitik vgl. im Übrigen § 74 Rn. 50 ff.

4. Folgen der Behandlung unzulässiger Themen

22 Soweit in den Betriebs- und Abteilungsversammlungen nach der Regelung des § 45 bestimmte Themen nicht behandelt werden dürfen, gilt diese Beschränkung für **alle Teilnehmer** an den Versammlungen, also den BR, den AG, die teilnehmenden AN, Beauftragte der Gewerkschaft und der AG-Vereinigung sowie sonstige Teilnehmer. Der BR darf daher Angelegenheiten, die über den Rahmen des § 45 hinausgehen, nicht auf die Tagesordnung einer Betriebs- oder Abteilungsversammlung setzen.

23 Der Versammlungsleiter, also regelmäßig der BR-Vorsitzende oder sein Stellvertreter, darf die Behandlung von Fragen oder Diskussionsbeiträgen, die nicht erörtert werden dürfen, nicht zulassen. Er muss ggf. von seinem **Hausrecht** Gebrauch machen, und zwar nicht nur gegenüber den teilnehmenden AN, sondern auch gegenüber jedem anderen Teilnehmer der Betriebs- und Abteilungsversammlung.[35]

24 Beiläufige Verstöße gegen § 45, wie sie etwa durch Anfragen einzelner Teilnehmer entstehen können, führen nicht dazu, dass die Betriebs- oder Abteilungsversammlung ihren Charakter als solche verliert.[36] Im Übrigen ist darauf hinzuweisen, dass ein Überschreiten der Grenze, wie sie durch § 45 gesetzt wird, rechtlich ohne Belang ist, wenn an sich unzulässige Themen in **ausdrücklicher oder stillschweigender Übereinstimmung** aller Beteiligten in einer Betriebs- oder Abteilungsversammlung erörtert werden (vgl. dazu auch § 44 Rn. 27).[37] Sanktionen gegen einen AN, der sich mit einem Diskussionsbeitrag nicht im Rahmen der zulässigen Themen bewegt, sind unzulässig, wenn der Versammlungsleiter die Fortsetzung des Diskussionsbeitrages nicht verhindert hat.[38] Ein Wegfall der Entgeltzahlung kann allenfalls dann eintreten, wenn für jeden Teilnehmer **eindeutig erkennbar** wird, dass es sich nicht mehr um eine Betriebsversammlung handelt; dabei erfolgt ggf. der Wegfall der Verpflichtung zur Entgeltzahlung von dem betreffenden Zeitpunkt an.

III. Verhältnis Betriebsversammlung/Betriebsrat

25 Die Betriebs- oder Abteilungsversammlung hat **keine Mitbestimmungs-** oder **Mitwirkungsrechte** gegenüber dem AG. Sie kann weder BV abschließen noch dem BR bindende Aufträge oder Weisungen erteilen. Sie hat jedoch die Möglichkeit, zu den Beschlüssen und zur Tätigkeit des BR **Stellung zu nehmen** und dabei dem BR **Anträge zu unterbreiten.** An diese Anträge bzw. entsprechenden Beschlüsse der Betriebs- oder Abteilungsversammlung ist der BR zwar nicht gebunden. Er erhält dadurch jedoch einen Eindruck über die Meinung der AN. Im Rahmen der Erörterung der BR-Tätigkeit ist auch Kritik an der BR-Arbeit zulässig, soweit sie nicht in grob unsachlicher oder ehrverletzender Weise vorgetragen wird.

---

34 Vgl. *BAG* 13.9.77, AP Nr. 1 zu § 42 BetrVG 1972.
35 *Fitting*, Rn. 27 f.; vgl. auch *BAG* 4.5.55, AP Nr. 1 zu § 44 BetrVG.
36 *Fitting*, Rn. 29.
37 *Fitting*, a. a. O.; vgl. auch *LAG Bremen* 5.3.82, DB 82, 1573, das den AG ausdrücklich als verpflichtet ansieht, hinsichtlich ihm bekannter und nach seiner Meinung unzulässiger Themen rechtzeitig Widerspruch zu erheben und darüber hinaus durch eine einstweilige Verfügung die Erörterung des seiner Auffassung nach unzulässigen Tagesordnungspunktes untersagen zu lassen, wenn er der Entgeltzahlungspflicht entgehen will.
38 *LAG Frankfurt* 13.3.72, AiB 89, 209.

IV. Streitigkeiten

Streitigkeiten über die Befugnisse der Betriebsversammlung, die Zulässigkeit für die Tagesordnung vorgesehener oder behandelter Themen und die Rechtswirksamkeit ihrer Beschlüsse sind im **arbeitsgerichtlichen Beschlussverfahren** (§§ 2 a, 80 ff. ArbGG) auszutragen. Nach neuerer Rspr. des *BAG* begründet eine Verletzung der Vorschriften über die zulässigen Themen der Versammlungen und deren sonstige Befugnisse **keinen Unterlassungsanspruch des AG** gegenüber dem BR[39] (vgl. dazu näher § 42 Rn. 57, § 74 Rn. 88 ff). 26

§ 46 Beauftragte der Verbände

(1) An den Betriebs- oder Abteilungsversammlungen können Beauftragte der im Betrieb vertretenen Gewerkschaften beratend teilnehmen. Nimmt der Arbeitgeber an Betriebs- oder Abteilungsversammlungen teil, so kann er einen Beauftragten der Vereinigung der Arbeitgeber, der er angehört, hinzuziehen.
(2) Der Zeitpunkt und die Tagesordnung der Betriebs- oder Abteilungsversammlungen sind den im Betriebsrat vertretenen Gewerkschaften rechtzeitig schriftlich mitzuteilen.

Inhaltsübersicht

I. Vorbemerkungen

Die Vorschrift beinhaltet ein **eigenständiges Recht der beratenden Teilnahme von Beauftragten der im Betrieb vertretenen Gewerkschaften** an der Betriebsversammlung und verpflichtet den BR, die im Betrieb vertretenen Gewerkschaften von der Einberufung einer Betriebsversammlung zu unterrichten. Dieses Teilnahme- und Beratungsrecht ist nicht nur eine Ausprägung der **betriebsverfassungsrechtlichen Unterstützungsfunktion** der Gewerkschaften, sondern dient auch – als Ausdruck der koalitionsrechtlichen Betätigungsrechte der Gewerkschaft – der wechselseitigen **Kommunikation zwischen der Gewerkschaft und den AN im Betrieb** und ihrer **Selbstdarstellung.**[1] 1

Beauftragte von AG-Vereinigungen können an Betriebsversammlungen nur teilnehmen, wenn der selbst AG anwesend ist und sie von diesem hinzugezogen werden. Sie haben kein Beratungsrecht. 2

II. Teilnahme von Gewerkschaftsbeauftragten

Nach dieser Bestimmung haben **Beauftragte der im Betrieb vertretenen Gewerkschaften** über den allgemeinen Zugang zum Betrieb nach § 2 Abs. 2 hinaus das Recht, an **allen** Betriebs- oder Abteilungsversammlungen teilzunehmen. Auf **andere betriebliche Versammlungen** oder **Zusammenkünfte** ist die Vorschrift zwar nicht unmittelbar anzuwenden. Das schließt jedoch eine Teilnahme von Gewerkschaftsbeauftragten nicht aus, wenn sie im Rahmen der betriebsverfassungsrechtlichen Unterstützungs- und Beratungsfunktion der Gewerkschaft liegt oder die Beteiligten einverstanden sind (vgl. auch § 42 Rn. 50 ff.). 3

Die Teilnahme von Gewerkschaftsbeauftragten setzt voraus, dass die **Gewerkschaft im Betrieb** 4

39 *BAG* 17.3.10, NZA 10, 1133.

1 *Gamillscheg*, Kollektives Arbeitsrecht Bd. II, S. 73, 649, der das Teilnahme- und Beratungsrecht zusätzlich unmittelbar aus Art. 9 Abs. 3 GG ableitet; a. A. GK-*Weber*, Rn. 2, unter Berufung auf *BAG* 14.2.67, AP Nr. 2 zu § 45 BetrVG: Teilnahme- und Beratungsrecht ist den Gewerkschaften nicht »in eigenem Interesse«, sondern nur zur Erreichung der betriebsverfassungsrechtlichen Zwecke eingeräumt.

vertreten (vgl. dazu im Einzelnen § 2 Rn. 78 f.) ist. Es muss mindestens ein AN des Betriebs, der auch zur Teilnahme an der Betriebs- oder Abteilungsversammlung berechtigt ist, bei der betreffenden Gewerkschaft organisiert sein. Ist die Gewerkschaft im Betrieb vertreten, kann sie auch zu solchen Abteilungsversammlungen Beauftragte entsenden, an denen AN teilnehmen, von denen keiner in der Gewerkschaft organisiert ist.[2] Den Gewerkschaften stehen **Spitzenorganisationen** (vgl. dazu § 2 Rn. 63) gleich, wobei es darauf ankommt, dass eine der ihnen angehörenden Gewerkschaften im Betrieb vertreten ist. Ein Teilnahmerecht steht dagegen Organisationen nicht zu, bei denen die Gewerkschaftseigenschaft nicht gegeben ist (vgl. auch § 2 Rn. 48 ff.). Der Anspruch auf Teilnahme an einer Betriebsversammlung steht **nur tariffähigen Gewerkschaften** zu (zum Gewerkschaftsbegriff vgl. auch § 2 Rn. 48).[3]

5 **Der AG kann** dem Gewerkschaftsbeauftragten **die Teilnahme** an der Betriebs- oder Abteilungsversammlung **nicht verwehren.** Die **Verweigerung des Zugangs zur Betriebsversammlung** kann eine strafbare Behinderung oder Störung gemäß § 119 Abs. 1 Nr. 2 darstellen.[4] Es besteht auch **keine Unterrichtungspflicht** gegenüber dem AG, da § 46 gegenüber § 2 Abs. 2 die Sonderregelung darstellt.[5] Es besteht deshalb für den AG auch nicht die Möglichkeit, dem Gewerkschaftsbeauftragten die Teilnahme aus einem der in § 2 Abs. 2 genannten Gründe zu untersagen.[6]

6 Die **Gewerkschaft entscheidet selbst** darüber, wen sie als Beauftragten zu einer Betriebs- oder Abteilungsversammlung entsenden will. Dabei kann die Gewerkschaft nicht nur hauptamtliche Beschäftigte, sondern auch ehrenamtliche Funktionäre als Beauftragte bestimmen, die AN anderer Betriebe sind.[7] So kann ein Gewerkschaftsbeauftragter nicht von der Teilnahme an der Betriebsversammlung ausgeschlossen werden, weil er in seiner Eigenschaft als AN-Vertreter dem AR eines Konkurrenzunternehmens angehört.[8] Die Gewerkschaft kann auch **mehrere Beauftragte** entsenden.[9] Auch die Vorbereitung und die Durchführung eines Streiks durch die Gewerkschaft lassen ihr Teilnahmerecht **unberührt.**[10]

7 Der **Gewerkschaftsbeauftragte** nimmt an der Betriebs- oder Abteilungsversammlung **beratend** teil. Er kann das **Wort ergreifen** und zu den anstehenden Themen Stellung nehmen. Der Gewerkschaftsbeauftragte kann jedoch keinen formellen Antrag stellen und nicht mit abstimmen.[11] Er kann an betrieblichen Gegebenheiten und Zuständen scharfe **Kritik üben**, soweit sie sachlich bleibt.[12] Verweigert der Versammlungsleiter dem Gewerkschaftsbeauftragten die Erteilung des Wortes oder entzieht er ihm in unzulässiger Weise das Wort, so liegt darin eine Pflichtverletzung, die möglicherweise zum Ausschluss aus dem BR nach § 23 Abs. 1 führt.[13]

III. Unterrichtung der Gewerkschaft

8 Sind **im BR Gewerkschaften vertreten**, ist er verpflichtet, diesen den **Zeitpunkt** und die **Tagesordnung** der Betriebs- oder Abteilungsversammlungen rechtzeitig und schriftlich mitzuteilen. Im BR ist eine Gewerkschaft dann vertreten, wenn wenigstens ein BR-Mitglied bei ihr

---

2 *Däubler*, Gewerkschaftsrechte, Rn. 152; *Fitting*, Rn. 6; *GL*, Rn. 4; Richardi-*Annuß*, Rn. 4.
3 *BAG* 22.5.12, NZA 12, 1176; 19.9.06, NZA 07, 518.
4 *LG Siegen* 13.11.86, AiB 92, 41 – bestätigt durch *OLG Hamm* 26.2.87 – 1 Ss 164/87 – mit Anm. *Zabel*.
5 *Fitting*, Rn. 8; ErfK-Koch, Rn. 3; a. A. GK-*Weber*, Rn. 8; Richardi-*Annuß*, Rn. 14.
6 *Fitting*, a. a. O.; vgl. allerdings *BAG* 14.2.67, AP Nr. 2 zu § 45 BetrVG, wonach der AG die Teilnahme eines bestimmten Gewerkschaftsvertreters an einer Betriebsversammlung dann untersagen kann, wenn durch die Entsendung gerade dieses Gewerkschaftsvertreters auf Grund eines früheren Verhaltens in einer Betriebsversammlung Störungen im Bereich des Betriebsgeschehens ernstlich zu befürchten sind; *Fitting*, Rn. 9; GK-*Weber*, Rn. 9 ff.; HWGNRH-*Worzalla*, Rn. 11; Richardi-*Annuß*, Rn. 14.
7 *Fitting*, Rn. 7; HWGNRH-*Worzalla*, Rn. 11; Richardi-*Annuß*, Rn. 8.
8 *LAG Hamburg* 21.11.86, DB 87, 1595.
9 *Däubler*, Gewerkschaftsrechte, Rn. 154; *Fitting*, a. a. O., die allerdings meinen, dass sich die Zahl der Beauftragten in dem Rahmen halten müsse, der durch den Zweck der Entsendung gezogen wird.
10 *BAG* 18.3.64, AP Nr. 1 zu § 45 BetrVG; *Fitting*, Rn. 9; Richardi-*Annuß*, Rn. 15.
11 *Fitting*, Rn. 11; GK-*Weber*, Rn. 10; Richardi-*Annuß*, Rn. 12.
12 Vgl. auch *BAG* 14.2.67, AP Nr. 2 zu § 45; *Däubler*, Gewerkschaftsrechte, Rn. 156; *Fitting*, Rn. 9.
13 Richardi-*Annuß*, Rn. 13.

organisiert ist. Dagegen reicht es nicht aus, dass eine Gewerkschaft im Betrieb vertreten ist.[14] Die Unterrichtungspflicht besteht hinsichtlich aller Betriebs- und Abteilungsversammlungen.

Die Unterrichtungspflicht obliegt dem **BR-Vorsitzenden**, im Falle seiner Verhinderung dem 9
Stellvertreter. In einem Verstoß gegen die gesetzliche Verpflichtung der Unterrichtung kann eine grobe Pflichtverletzung i. S. d. § 23 Abs. 1 liegen. Die Unterrichtung erstreckt sich zwar vom Wortlaut des Gesetzes her auf den **Zeitpunkt** und die **Tagesordnung** der Versammlung. Der BR ist jedoch gehalten, auch den **Ort** der Versammlung mitzuteilen, soweit er sich nicht auf Grund der betrieblichen Umstände von selbst ergibt.[15]

Die Unterrichtung muss nicht nur **schriftlich,** sondern auch **rechtzeitig** erfolgen. Das bedeu- 10
tet, dass der im BR vertretenen Gewerkschaft Ort, Zeitpunkt und Tagesordnung der Betriebs- oder Abteilungsversammlung so frühzeitig bekannt gegeben werden müssen, dass sie noch ausreichend Gelegenheit hat, sich auf die Versammlung und die zu erörternden Themen terminlich und sachlich einzustellen.[16] Wird die Versammlung kurzfristig einberufen, muss die Unterrichtung der Gewerkschaft entsprechend **unverzüglich** erfolgen (vgl. auch § 42 Rn. 17 ff.).[17]

IV. Teilnahme von Beauftragten der Arbeitgebervereinigung

Es können nur Beauftragte einer **AG-Vereinigung** (zu den Voraussetzungen der Tariffähigkeit 11
einer AG-Vereinigung vgl. § 2 Rn. 45 f.) teilnehmen, der der AG als **Mitglied** angehört. Die Mitgliedschaft in einem OT-Verband oder die OT-Mitgliedschaft in einer AG-Vereinigung erfüllt die gesetzliche Voraussetzung für das Teilnahmerecht des Beauftragten einer AG-Vereinigung nicht.[18] Im Gegensatz zur Gewerkschaft hat die AG-Vereinigung, der der AG angehört, kein **selbstständiges Recht** zur Entsendung eines Beauftragten.[19] Der BR ist auch nicht verpflichtet, den AG-Verband, dem der AG angehört, von geplanten Betriebs- oder Abteilungsversammlungen zu unterrichten. Das obliegt vielmehr dem AG.[20]

Voraussetzung für die **Teilnahme des Beauftragten der AG-Vereinigung** ist nicht nur, dass 12
der AG diesem AG-Verband angehört, sondern auch, dass er oder sein Vertreter an der Betriebs- oder Abteilungsversammlung **tatsächlich** teilnimmt.[21] Will der Beauftragte einer AG-Vereinigung an einer Betriebs- oder Abteilungsversammlung teilnehmen, obwohl der AG dieser **AG-Vereinigung nicht angehört** oder der **AG selbst** bzw. sein Vertreter an der Versammlung **nicht teilnimmt**, so ist dem Beauftragten der AG-Vereinigung der **Zutritt** zur Versammlung **zu verweigern**. Das hat durch den BR-Vorsitzenden zu geschehen, dem die Ausübung des Hausrechts obliegt. Die Zulassung des Vertreters des AG-Verbandes in einem solchen Fall würde gegen den Grundsatz der **Nichtöffentlichkeit** der Betriebs- oder Abteilungsversammlung verstoßen und könnte eine grobe Pflichtverletzung i. S. d. § 23 Abs. 1 darstellen. Unzulässig ist auch die Teilnahme von im Auftrag des AG tätigen **Rechtsanwälten** an Betriebsversammlungen, etwa um den AG arbeitsrechtlich zu beraten oder den AG auf der Betriebsversammlung zu vertreten. Dabei spielt es keine Rolle, ob der AG Mitglied einer AG-Vereinigung ist oder nicht.[22]

Da die Betriebs- und Abteilungsversammlung eine Angelegenheit der AN ist, hat der Gewerk- 13
schaftsbeauftragte umfassendere Rechte als der Beauftragte der AG-Vereinigung. Das führt auch dazu, dass der **Beauftragte der AG-Vereinigung** – im Gegensatz zum Gewerkschaftsbeauftragten – **keine beratende Funktion** ausübt.[23] Der Beauftragte der AG-Vereinigung kann

14 *Fitting,* Rn. 13.
15 *Fitting,* Rn. 14.
16 *Fitting,* Rn. 15; GK-*Weber,* Rn. 15; HWGNRH-*Worzalla,* Rn. 6.
17 *Fitting,* a. a. O.
18 *Fitting,* Rn. 17; HaKo-*Tautphäus,* Rn. 12; Richardi-*Annuß,* Rn. 17; a. A. HWK-*Diller,* Rn. 13; HWGNRH-*Worzalla,* Rn. 19; WPK-*Roloff,* Rn. 4.
19 *Fitting,* a. a. O.; GK-*Weber,* Rn. 18; Richardi-*Annuß,* a. a. O.
20 *Fitting,* a. a. O.; Richardi-*Annuß,* Rn. 21.
21 *Fitting,* Rn. 17.
22 ErfK-*Koch,* Rn. 5; *Fitting,* Rn. 17; GK-*Weber,* Rn. 18; *Henssler,* RdA 99, 38 [47]; Richardi-*Annuß,* Rn. 17; a. A. *Bauer,* NJW 88, 18 f.; *Brötzmann,* NZA 90, 1055 [1058]; HWK-*Diller,* Rn. 14.
23 *Fitting,* Rn. 19; ErfK-*Koch,* Rn. 5; GK-*Weber,* Rn. 19; a. A. Richardi-*Annuß,* Rn. 21.

auch nicht von sich aus verlangen, das Wort zu erhalten. Nimmt jedoch der AG an einer Betriebsversammlung in seinem Betrieb teil, so kann er vom Versammlungsleiter verlangen, dass dem von ihm hinzugezogenen Beauftragten seiner AG-Vereinigung zu bestimmten Einzelthemen an seiner Stelle und für ihn das Wort erteilt wird.[24] Im Übrigen hat der Beauftragte der AG-Vereinigung ebenso wenig wie der AG das Recht, an Abstimmungen teilzunehmen oder Anträge zu stellen.[25]

V. Streitigkeiten

14 Streitigkeiten über das Teilnahmerecht und die Befugnisse der Beauftragten der im Betrieb vertretenen Gewerkschaften und der AG-Vereinigung, der der AG angehört, sind im **arbeitsgerichtlichen Beschlussverfahren** auszutragen (§§ 2 a, 80 ff. ArbGG).[26] In diesen Verfahren können nur der BR, der AG oder eine im Betrieb vertretene Gewerkschaft Beteiligte sein, nicht aber der AG-Verband.[27]

15 Ist in einem Beschlussverfahren über das **Zutrittsrecht einer AN-Koalition** deren **Gewerkschaftseigenschaft** streitig, ist das Verfahren gem. § 97 Abs. 5 ArbGG auszusetzen[28] (vgl. dazu auch § 2 Rn. 145).

Fünfter Abschnitt
Gesamtbetriebsrat

§ 47 Voraussetzungen der Errichtung, Mitgliederzahl, Stimmengewicht

(1) Bestehen in einem Unternehmen mehrere Betriebsräte, so ist ein Gesamtbetriebsrat zu errichten.
(2) In den Gesamtbetriebsrat entsendet jeder Betriebsrat mit bis zu drei Mitgliedern eines seiner Mitglieder; jeder Betriebsrat mit mehr als drei Mitgliedern entsendet zwei seiner Mitglieder. Die Geschlechter sollen angemessen berücksichtigt werden.
(3) Der Betriebsrat hat für jedes Mitglied des Gesamtbetriebsrats mindestens ein Ersatzmitglied zu bestellen und die Reihenfolge des Nachrückens festzulegen. Für die Bestellung gilt Absatz 2 entsprechend.
(4) Durch Tarifvertrag oder Betriebsvereinbarung kann die Mitgliederzahl des Gesamtbetriebsrats abweichend von Absatz 2 Satz 1 geregelt werden.
(5) Gehören nach Absatz 2 Satz 1 dem Gesamtbetriebsrat mehr als vierzig Mitglieder an und besteht keine tarifliche Regelung nach Absatz 4, so ist zwischen Gesamtbetriebsrat und Arbeitgeber eine Betriebsvereinbarung über die Mitgliederzahl des Gesamtbetriebsrats abzuschließen, in der bestimmt wird, dass Betriebsräte mehrerer Betriebe eines Unternehmens, die regional oder durch gleichartige Interessen miteinander verbunden sind, gemeinsam Mitglieder in den Gesamtbetriebsrat entsenden.
(6) Kommt im Fall des Absatzes 5 eine Einigung nicht zustande, so entscheidet eine für das Gesamtunternehmen zu bildende Einigungsstelle. Der Spruch der Einigungsstelle ersetzt die Einigung zwischen Arbeitgeber und Gesamtbetriebsrat.
(7) Jedes Mitglied des Gesamtbetriebsrats hat so viele Stimmen, wie in dem Betrieb, in dem es gewählt wurde, wahlberechtigte Arbeitnehmer in der Wählerliste eingetragen sind. Entsendet der Betriebsrat mehrere Mitglieder, so stehen ihnen die Stimmen nach Satz 1 anteilig zu.

---

24 *BAG* 19.5.78, AP Nr. 3 zu § 43 BetrVG 1972; *Fitting*, a. a. O.
25 *Fitting*, a. a. O.
26 Zu einer entsprechenden Antragsschrift der Gewerkschaft vgl. DKKWF-*Berg*, §§ 42 – 46 Rn. 14.
27 *BAG* 19.5.78, AP Nr. 3 zu § 43 BetrVG 1972.
28 *LAG Düsseldorf*, 2.3.06 – 6 Ta 89/06, die christliche Gewerkschaft Postservice und Telekommunikation (CGPT) betreffend.

(8) Ist ein Mitglied des Gesamtbetriebsrats für mehrere Betriebe entsandt worden, so hat es so viele Stimmen, wie in den Betrieben, für die es entsandt ist, wahlberechtigte Abeitnehmer in den Wählerlisten eingetragen sind; sind mehrere Mitglieder entsandt worden, gilt Absatz 7 Satz 2 entsprechend.

(9) Für Mitglieder des Gesamtbetriebsrats, die aus einem gemeinsamen Betrieb mehrerer Unternehmen entsandt worden sind, können durch Tarifvertrag oder Betriebsvereinbarung von den Absätzen 7 und 8 abweichende Regelungen getroffen werden.

Inhaltsübersicht Rn.

I. Vorbemerkungen

1 In UN mit mehreren Betrieben werden für die AN wichtige Entscheidungen häufig nicht auf betrieblicher Ebene, sondern durch die **UN-Leitung** getroffen. Für solche UN sieht das Gesetz deshalb die Bildung eines GBR vor. Er soll eine sinnvolle **Koordinierung** der BR-Tätigkeit ermöglichen, dient dem Ausgleich kollidierender Interessen auf betrieblicher Ebene und hat im Rahmen seiner Zuständigkeit unmittelbar auf der Ebene des UN **mitzubestimmen,** um ein Regelungsdefizit auf der Betriebsebene auszugleichen. Durch den GBR sollte der UN-Leitung ein für das ganz UN zuständige Vertretungsorgan der AN gegenüberstehen, weil für AN wichtige Entscheidungen vielfach auf UN-Ebene getroffen werden.[1]

2 Allerdings ist die gesetzliche Struktur des GBR in sich **widersprüchlich,** weil er einerseits auf der UN-Ebene tätig ist, sich jedoch andererseits nur als Arbeitsgemeinschaft von BR-Mitgliedern zusammensetzt. Nach der Konzeption des Gesetzgebers handelt es sich um ein Organ für den **UN-Bereich,** das die Interessen der AN auf der zweiten betriebsverfassungsrechtlichen Ebene vertreten soll.[2] Der GBR schließt eine andernfalls bestehende Lücke in der Mitbestimmung und stärkt sie gegenüber dem AG.

3 Anders als beim BR und KBR, deren Bildung immer eine entsprechende Initiative von AN voraussetzt, ist die Errichtung des GBR **zwingend,** wenn die Voraussetzungen vorliegen. Er ist eine **Dauereinrichtung** mit wechselnder Mitgliedschaft (Rn. 11). Der GBR ist gegenüber dem BR **nicht weisungsbefugt.** Im umgekehrten Verhältnis gilt das Gleiche. Bei der Stimmabgabe handeln die Mitglieder des GBR **weisungs- und auftragsfrei**. Der BR kann jedoch durch die Möglichkeit der jederzeitigen Abberufung (§ 49, 47 Abs. 2 Satz 4) seiner Vertreter auf den GBR faktisch Einfluss nehmen. Er ist deshalb auch befugt, sich Informationen und Auskünfte über Probleme zu beschaffen, die in den Zuständigkeitsbereich des GBR fallen, um auf seine Willensbildung Einfluss zu nehmen.[3]

4 Entfällt der KBR, soll eine von diesem abgeschlossene KBV nicht gegenüber dem GBR kündbar sein, denn der GBR habe **keine Auffangposition** inne und sei den örtlichen BR gem. § 50 Abs. 1 Satz 2 BetrVG nicht übergeordnet.[4]

5 Die Vorschrift ist **zwingend,** schließt jedoch nicht die Bildung von Arbeitsgemeinschaften aus, die die Zuständigkeit des GBR nicht einschränken.[5] Die Vorschriften zum GBR sind ebenso wie die zum KBR (§§ 54 ff.) nicht in dem Sinne abschließend, dass eine unternehmens- und konzernübergreifende Zusammenarbeit der BR ausgeschlossen wäre.[6]

6 Für die Jugendlichen und Auszubildenden enthält § 72 eine vergleichbare Vorschrift zur Errichtung der **GJAV;** zur Errichtung einer **KJAV** vgl. § 73 a Abs. 1. Nach § 16 Abs. 1 SprAuG ist in einem UN mit mehreren Sprecherausschüssen ein **Gesamtsprecherausschuss** zu errichten. Für den öffentlichen Dienst enthalten die §§ 53, 55 BPersVG entsprechende Vorschriften zur Bildung eines **Gesamtpersonalrats.** Die Nov. BetrVG 2001 beseitigte den Gruppenschutz im GBR.[7]

7 Bereits gem. **§ 50 BRG** konnte ein GBR erstmals durch übereinstimmende Beschlüsse des BR einzelner Betriebe in der »Hand eines Eigentümers« errichtet werden, wenn die Betriebe gleichartig oder nach dem Betriebszweck zusammen gehören und sich innerhalb einer Ge-

1 *Reg E BT-Drucks. VI/1786, S. 42.*
2 MünchArbR-*Joost,* § 305 Rn. 5 f.
3 *BAG* 10.8.94 – 7 ABR 35/93; *LAG Hamburg* – 1 TaBV 1/97.
4 *LAG BaWü* 12.1.07 – 12 Sa 43/06.
5 *Fitting,* Rn. 3.
6 *Plander,* AiB 97, 195.
7 *BAG* 16.3.05, AP Nr. 14 zu § 47 BetrVG 1972 zur Übergangsregelung des Art. 14 Satz 2 i. V. m. Art. 1 Nr. 35 a BetrVerfReformG.

meinde oder wirtschaftlich zusammenhängender, nahe beieinander liegender Gemeinden oder wirtschaftlich zusammenhängender, nahe beieinander liegender Gemeinden befinden. Seine Errichtung war **freiwillig**. Die einzelnen BR entschieden, ob sie sich an der Wahl eines GBR beteiligen oder zusammen mit anderen BRe einen weiteren GBR errichten.[8]

II. Rechtsstellung des Gesamtbetriebsrats

1. Grundsätze

Die Errichtung des GBR ist bei Vorliegen der in Abs. 1 genannten Voraussetzungen **zwingend.** 8
Es kommt nicht darauf an, ob im UN Aufgaben für einen GBR vorhanden sind und deshalb ein Bedürfnis für seine Errichtung besteht.[9] Anders als für die Bildung des KBR bedarf es für die Errichtung keines gesonderten Beschlusses der einzelnen BR. Ebenso kann die Bildung des GBR nicht durch anders lautende Beschlussfassungen der BR verhindert werden. Vielmehr sind alle BR des UN rechtlich **verpflichtet,** an der Errichtung des GBR mitzuwirken und ihre Vertreter zu entsenden. BR, die sich weigern, dieser Rechtspflicht nachzukommen, begehen eine grobe **Amtspflichtverletzung** i. S. d. § 23 Abs. 1.[10]

Bis zur Errichtung des GBR kann der AG in mitbestimmungspflichtigen Angelegenheiten, die 9
weder in den Zuständigkeitsbereich des BR noch des KBR fallen, nicht wirksam **einseitig handeln,** um vollendete Tatsachen zu schaffen. Bei gesetzwidriger Gesamtbetriebsratslosigkeit oder in dringenden Angelegenheiten sind die Einzel-BR zuständig, auch in den Angelegenheiten, für die der GBR gemäß § 50 Abs. 1 originär zuständig ist.[11]

Für ein UN mit mehreren BR kann nur **ein GBR** gebildet werden. Er besteht neben den BR der 10
einzelnen Betriebe. Seine Aufgaben und die Zuständigkeitsabgrenzung zwischen GBR und BR ergeben sich aus § 50. Die Beschlussfassung und Geschäftsführung sind in § 51 geregelt.[12] Der GBR ist auch für **Betriebe ohne BR** zuständig, soweit seine originäre Zuständigkeit besteht gem. § 50 Abs. 1 Satz 1 2. HS auch.

2. Dauereinrichtung

Der GBR hat keine feste Amtszeit, da § 21 nicht für anwendbar erklärt worden ist. Es handelt 11
sich um eine **Dauereinrichtung,** die über die Wahlperioden des einzelnen BR hinaus besteht. Anders als beim BR gibt es keine Bestimmungen zur Beendigung oder Auflösung des GBR.[13] Die von den BR in den GBR entsandten Mitglieder verlieren aber mit dem Amtsende des BR ihre Mitgliedschaft auch im GBR, ungeachtet der möglichen Wiederentsendung.[14]

Aus dem Charakter des GBR als Dauereinrichtung folgt, dass er sich grundsätzlich **nur einmal** 12
konstituieren muss (§ 51 Abs. 3). Konstituiert er sich **irrtümlich** ein weiteres Mal in dem Glauben, seine Voraussetzungen seien entfallen, dann ist dies für seine weitere Arbeit unschädlich, wenn seine Voraussetzungen tatsächlich unverändert vorliegen. Die Arbeit wird dadurch im Gegenteil auf eine sichere Basis gestellt.

Neuwahlen des Gremiums verbessern die demokratische Legitimation und stellen seinen 13
Fortbestand nicht in Frage. Weder Abberufung bzw. Amtsniederlegung noch Rücktritt noch Auflösung einzelner BR berühren den Bestand des GBR.[15]

Besteht die Identität des Betriebs fort, dann lässt ein **Betriebsübergang** die Rechtsstellung des 14
für den Betrieb gewählten BR unberührt.[16]

---

8 *RAG* 26.10.29, RAGE 4, 226; *Flatow/Kahn-Freund,* § 50 BRG Anm. 7.
9 *BAG* 23.9.80, BB 81, 1095.
10 ErfK-*Koch,* Rn. 2; GK-*Kreutz,* Rn. 31; Richardi-*Annuß,* Rn. 40.
11 A. A. *Schmelcher,* FS Gaul, S. 497.
12 Insg. zum GBR *Grimberg,* AiB 99, 617.
13 *BAG* 9.2.11, NZA 11, 866; 5.6.02, AP Nr. 11 zu § 47 BetrG 1972; 16.3.05, AP Nr. 5 zu § 51 BetrVG 1972; 15.12.81, AP Nr. 1 zu § 47 BetrVG 1972; *Fitting,* Rn. 26; *GL,* Rn. 15; HWGNRH-*Glock,* Rn. 64; Richardi-*Annuß,* Rn. 26; GK- Rn. 49; Düwell-*Tautphäus,* Rn. 23.
14 *ArbG Stuttgart* 13.1.75, DB 76, 1160.
15 Düwell-*Tautphäus,* Rn. 25.
16 *BAG* 5.6.02, AP Nr. 11 zu § 47 BetrVG 1972

15 Der BR des übernommenen Betriebs entsendet seine **Vertreter** in den GBR des übernehmenden UN.[17]

III. Errichtung des Gesamtbetriebsrats (Abs. 1)

1. Unternehmen

a) Organisatorische Einheit

16 Die Errichtung des GBR setzt voraus, dass BR in mehreren Betrieben bestehen, die zu **einem Unternehmen** gehören.[18] Die Rspr. zum Unternehmensbegriff hat unterschiedliche Ansätze entwickelt, die einerseits auf die tatsächliche Organisation und andererseits auf die juristische Rechtsform abstellen:

17 • Nach Ansicht des *BAG* ist der Begriff des UN durch die **Einheit** des hinter dem arbeitstechnischen Zweck des Betriebes liegenden Zwecks wirtschaftlicher oder ideeller Art und die Einheit der dieser Zweckerreichung dienenden Organisation bestimmt. Ein UN ist danach die **organisatorische Einheit,** innerhalb derer der Unternehmer allein oder in Gemeinschaft mit seinen Mitarbeitern mit Hilfe von sachlichen und immateriellen Mitteln einen bestimmten, hinter dem arbeitstechnischen Zweck des Betriebs liegenden Zweck fortgesetzt verfolgt.[19] Diese Definition knüpft an den Betriebsbegriff an und verlangt für das Vorliegen eines UN in erster Linie einen hinter dem Betriebszweck liegenden **weiteren Zweck** beliebiger Art. Da dieser sehr häufig feststellbar wäre, würden in diesen Fällen stets UN vorliegen. Deshalb ist dieser Ansatz verfehlt.[20]

18 • Das BetrVG kennt keinen eigenen UN-Begriff, sondern knüpfe an den für das **Gesellschaftsrecht** geltenden UN-Begriff an. Danach ist für den Begriff des UN stets das Vorhandensein eines **einheitlichen Rechtsträgers** erforderlich. Dies bedeutet, dass die Betriebe von derselben rechtlich selbstständigen Rechtsperson betrieben werden müssen, wobei es sich um eine natürliche Person, um eine Person in Gesamtheit (z. B. OHG, KG) oder um eine juristische Person (z. B. AG, GmbH, Genossenschaft) handeln kann.[21] Für Betriebe verschiedener Rechtsträger kann **kein gemeinsamer GBR** errichtet werden. Dies gilt grundsätzlich auch für Gemeinschaftsbetriebe.[22] Es ist nicht einzusehen, weshalb der UN-Begriff des BetrVG durch andere Gesetze (AktG, GmbHG) bestimmt sein soll. Eine schlüssige Begründung hierfür lässt die Rspr. vermissen. Anders als bei der Begriffsbestimmung des Konzerns, für den § 54 ausdrücklich auf § 18 Abs. 1 des AktG verweist, nimmt § 47 nicht auf eine bestimmte Vorschrift des Gesellschaftsrechts Bezug.[23]

19 Der UN-Begriff des § 47 ist aus der **Systematik des BetrVG** heraus zu bestimmen. Ihr liegt ein dreistufiges Konzept der Interessenvertretung durch BR, GBR und des KBR zugrunde mit dem Ziel, eine möglichst lückenlose Repräsentation zu gewährleisten, die nicht durch rein organisatorische oder gesellschaftsrechtliche Maßnahmen unterlaufen werden kann. Der GBR vertritt die AN auf der **mittleren Ebene,** die von dem UN gebildet wird. Hierunter ist der zivil- und handelsrechtliche UN-Träger zu verstehen.[24]

20 Für den UN-Begriff ist der verfolgte **Zweck unerheblich.**[25] Nicht entscheidend ist weiterhin eine Koordinierungs- oder Leistungsfunktion des UN.[26]

---

17 *Fitting,* Rn. 17.
18 Vgl. Schaubild zur Bildung des GBR in DKKWF-*Trittin,* § 47 Rn. 2.
19 So schon *BAG* 3.12.54, AP Nr. 1 zu § 88 BetrVG; 23.9.80, AP Nr. 4 zu § 47 BetrVG 1972; *Fitting,* Rn. 9; GK-*Kreutz,* Rn. 11 ff.; *Gamillscheg,* AuR 89, 33 ff.
20 *Joost,* S. 77 ff.; *Wiedemann,* Anm. zu *BAG* 11.12.87, AP Nr. 7 zu § 47 BetrVG 1972.
21 *BAG* 5.12.75, AP Nr. 1 zu § 47 BetrVG 1972; 23.8.89, AP Nr. 7 zu § 106 BetrVG 1972 mit Anm. *Wiedemann.*
22 *BAG* 13.2.07, dbr 07, Nr. 10, S. 36.
23 *Leipold,* SAE 77, 139 ff.; *Joost,* S. 168 f.; MünchArbR-*Joost,* § 305 Rn. 14.
24 *Wiedemann,* Anm. zu BAG, AP Nr. 7 zu § 47 BetrVG 1972; *Joost,* S. 220; MünchArbR-*Joost,* § 305 Rn. 15; vgl. Checkliste zum UN-Begriff in DKKWF-*Trittin,* § 47 Rn. 3.
25 *BAG* 23.9.80, AP Nr. 4 zu § 47 BetrVG 1972; *GL,* Rn. 13; GK-*Kreutz,* Rn. 12; HWGNRH-*Glock,* Rn. 9.
26 A. A. *Röder/Powietzka,* DB 04, 542.

b) Einheitlicher Rechtsträger

aa) Rechtsperson

Für den Begriff des UN ist das Vorhandensein eines **einheitlichen Rechtsträgers** erforderlich. Es bedeutet, dass die Betriebe von derselben **rechtlich selbstständigen Person** betrieben werden müssen. Dieser Rechtsträger markiert mit seinem Geschäfts- und Tätigkeitsbereich die Grenze des UN. Der Begriff des also dessen Einheitlichkeit voraus. Das UN und der Inhaber der zu dem UN gehörenden Betriebe müssen **identisch** sein.[27] Aus diesem Grunde können BR aus Betrieben, die verschiedenen Rechtsträgern angehören, keinen gemeinsamen GBR bilden. 21

Dies gilt grundsätzlich auch für **Gemeinschaftsbetriebe** i. S. d. § 1 Abs. 2, deren BR-Mitglieder in die jeweiligen GBR der Träger-UN entsenden.[28] Einen unternehmensübergreifenden GBR kennt das BetrVG also nicht. Die Bildung eines unternehmensübergreifenden GBR soll auch dann unzulässig sein, wenn die UN einer Unternehmensgruppe ausschließlich oder teilweise Gemeinschaftsbetriebe gem. § 1 Abs. 2 unterhalten, denn die Trägerunternehmen werden durch die Bildung von Gemeinschaftsbetrieben nicht zu einem UN. Vielmehr entsenden die BR der Gemeinschaftsbetriebe gem. Abs. 9 jeweils Mitglieder in sämtliche bei den Trägerunternehmen zu errichtende GBR.[29] Es können aber **Umstände** vorliegen, die ausnahmsweise eine als GBR bezeichnete unternehmensüberschreitende Arbeitnehmervertretung zulassen.[30] Grundsätzlich stellt nur der KBR eine unternehmensüberschreitende Vertretung der AN sicher. Aufgrund von TV gem. § 3 können Sparten-BR errichtet werden. Ihre Unwirksamkeit hätte lediglich die Anfechtbarkeit der auf ihrer Grundlage gewählten Unternehmensvertretungen zur Folge. 22

Die **Rechtsform** des UN-Trägers ist für die Bildung des GBR ohne Belang. Deshalb kann es sich um eine **natürliche Person**, Personengesamtheit (z. B. OHG, KG) oder um eine **juristische Person** (z. B. AG, GmbH, Genossenschaft) handeln.[31] Auch eine rechts- und parteifähige **Gesellschaft bürgerlichen Rechts** kommt in Betracht.[32] 23

bb) Einzelfälle

Juristische Personen (AktG, GmbH usw.) können wegen der zwingenden gesellschaftsrechtlichen Regelungen jeweils immer nur **ein einheitliches UN** bilden.[33] Für das **Einzel-UN** gilt nichts anderes, weil für eine unterschiedliche Behandlung kein handels- und gesellschaftsrechtlicher Grund vorliegt. Auch das BetrVG gebietet dies nicht. Deshalb ist auch für den Geschäftsbereich des **Einzelkaufmanns** ein einheitlicher GBR zu bilden.[34] 24

Bei der **GmbH & Co. KG** ist darauf abzustellen, ob die KG mehrere Betriebe hat. In diesem Fall ist dort ein GBR zu bilden. Hat zugleich auch die GmbH mehrere selbstständige Betriebe, kommt auch dort ein GBR, im Übrigen aber wegen der fehlenden rechtlichen Identität beider UN nur die Bildung eines KBR nach § 54 in Betracht. Fehlt es an einer eigenständigen arbeitstechnischen Organisation der GmbH, obliegt ihr nur die Geschäftsführung und Verwaltung der GmbH & Co. KG, und hat sie etwaige eigene AN mit denen der KG betriebsorganisatorisch zusammengefasst, so ist von einem einheitlichen Betrieb und UN auszugehen, für den auch nur ein BR zu wählen ist.[35] 25

---

27 *BAG* 9.8.00, NZA 01, 116 für Bezirke der SPD;13.2.07 NZA 07, 825; *Fitting*, Rn. 10; *GL*, Rn. 6; GK-*Kreutz*, Rn. 18; HWGNRH-*Glock*, Rn. 8; Richardi-*Annuß*, Rn. 6.

28 *BAG* 17.4.12, BB 13, 57; 17.3.10, NZA 10, 1144; 13.2.07, NZA 07, 825.

29 *Hess. LAG*, 18.1.11, 12 Sa 778/10.

30 Hier bejaht, da diese konzerneigene Konzeption für eine Betriebsverfassung seit 1972 praktiziert und von den Gewerkschaften gebilligt wird – im Nachgang zur Entscheidung des *BAG* vom 13.2.07 – 1 AZR 184/06 – a. a. O. *LAG München* 11.3.08 – 6 Sa 461/07.

31 *Fitting, Rn. 10; Wiedemann/Strohn*, Anm. zu *BAG* 5.12.75, AP Nr. 1 zu § 47 BetrVG 1972; zum Begriff des UN in § 15 AktG vor § 54 Rn. 9 ff.

32 *BAG* 1.12.04, NZA 05, 318; *BGH* 29.1.01, NJW 01, 1056; *Habersack*, BB 01, 477; § 14 Abs. 2 BGB.

33 *BAG* 11.12.87, AP Nr. 7 zu § 47 BetrVG 1972.

34 *Joost*, S. 218 ff.; MünchArbR-*Joost*, § 305 Rn. 21; *Konzen*, S. 93; GK-*Kreutz*, Rn. 15; *Leipold*, SAE 77, 140; a. A. *Wiedemann/Strohn*, Anm. zu *BAG*, AP Nr. 1 zu § 47 BetrVG 1972 unter Hinweis auf die insoweit fehlenden organisationsrechtlichen Bestimmungen.

35 HWGNRH-*Glock*, Rn. 12; *Wiedemann/Strohn*, Anm. zu *BAG* 5.12.75, AP Nr. 1 zu § 47 BetrVG 1972.

26 Der Begriff des UN erfordert zusätzlich eine einheitliche Organisation, die v. a. bei **natürlichen Personen** von Bedeutung ist. Während juristische Personen stets eine einheitliche Leitung haben, ist dies bei natürlichen Personen nur dann der Fall, wenn mehrere Betriebe auch unter einheitlicher Leitung stehen. Besteht keine einheitliche Leitung, kann die natürliche Person auch mehrere UN betreiben. Da es jedoch für den GBR nicht auf die Rechtsform der UN ankommt, kann für die natürliche Person nichts anderes als für die juristische gelten. Bei ihr ist deshalb nur eine GBR und kein KBR zu errichten.[36]

27 Die **wirtschaftliche Beteiligung** eines UN an einem anderen hebt die **Identität der jeweils beteiligten Rechtsträger** nicht auf. Dies gilt im Verhältnis zwischen den Gesellschaften, Aktionären in ihrer Gesellschaft, zwischen Mutter- und Tochtergesellschaft und unabhängig davon, ob zwischen ihnen ein Beherrschungsvertrag geschlossen wurde.[37] Durch die wirtschaftliche Beteiligung an anderen UN kann bei einheitlicher Leitung ein Konzern i. S. v. §§ 17, 18 AktG entstehen (zum Konzern und der Errichtung des KBR § 54 Rn. 1 ff.). **Mehrere UN** können deshalb, etwa zur Erfüllung gemeinsamer Aufgaben wie z. B. der Durchführung eines Bauprojekts, **gemeinsam ein weiteres UN** betreiben, für dessen Bereich, wenn dort mehrere Betriebe mit BR existieren, ebenfalls ein GBR zu errichten ist.[38]

28 Ob bei einer von mehreren UN zum Zwecke der gemeinsamen Führung ihrer Betriebe gebildeten **Betriebsführungsgesellschaft** ein GBR zu errichten ist, hängt von der jeweiligen vertraglichen Ausgestaltung ab. Werden die Betriebe auf die Betriebsführungsgesellschaft dergestalt übertragen, dass sie AG der dort beschäftigten AN wird, ist für sie ein GBR zu bilden. Anderes gilt dagegen, wenn die gemeinsam die Betriebsführungsgesellschaft betreibenden UN selbst AG bleiben und die Betriebe weiterhin im Namen dieser beteiligten UN geführt werden. Eine UN- oder Betriebsführungsgesellschaft kann somit nur dann Anknüpfungspunkt für die Errichtung eines GBR sein, wenn die beteiligten Einzel-UN ihre Betriebe in der Weise in die Führungsgesellschaft eingebracht haben, dass diese alleinige AG der AN ist.[39]

29 **Franchise-Geber** und **Franchise-Nehmer** sind unterschiedliche UN und können für sie keinen gemeinsamen GBR, sondern allenfalls einen KBR bilden (vor § 54 Rn. 90 f. zum Franchising und den Voraussetzungen des Konzerns).[40]

30 Ein **Spitzenverband** der **freien Wohlfahrtspflege** führt ein UN, wenn er sich nicht auf die Wahrnehmung verbandlicher Aufgaben, der Koordination und der Führung des Verbandes beschränkt, sondern weitere Tätigkeiten parallel und in Ergänzung hierzu in Einrichtungen sozialfürsorgerischer und heilender Art durch die Beschäftigung von AN wahrnimmt. Sind in diesen Einrichtungen BR gebildet, ist ein GBR zu errichten.[41]

31 Für **politische Parteien** sind die für Wirtschaftsunternehmen entwickelten Grundsätze heranzuziehen. Für die rechtliche Selbstständigkeit der Bezirke der SPD kommt es nicht auf § 3 PartG, sondern darauf an, dass sie auf Dauer nach außen Aufgaben in eigenem Namen wahrnehmen, in ihrem Bestand vom Mitgliederwechsel unabhängig sind und über eigene finanzielle Mittel verfügen. Sie sind Zweigvereine innerhalb eines Gesamtvereins und damit Träger eines UN i. S. einer rechtlichen Einheit. Die für sie gebildeten BR können deshalb beim SPD-Bundesvorstand keinen GBR errichten.[42] Eine übergreifende Vertretung auf der Ebene des Gesamtvereins kann gem. § 3 auf Grund eines TV gebildet werden. Die Errichtung eines KBR gem. § 54 scheidet aus, da kein mit dem Demokratieprinzip unvereinbarer Unterordnungskonzern vorliegt.

32 Bei **mehreren gemeinsamen Betrieben** ist bei jedem Trägerunternehmen ein GBR zu errichten, auch wenn sie damit die jeweiligen UN-Grenzen überschreiten.[43]

---

36 *Fitting*, Rn. 13; *GL*, Rn. 7.
37 *BAG* 11.12.1987, AP Nr. 7 zu § 47 BetrVG 1972; 29.11.89, AP Nr. 3 zu § 10 ArbGG 1979; *Fitting*, Rn. 11.
38 Richardi-*Annuß*, Rn. 8; *Windbichler*, S. 293.
39 *BAG* 17.3.10, NZA 10, 1144.
40 *Fitting*, Rn. 11.
41 *BAG* 23.9.80, AP Nr. 4 zu § 47 BetrVG 1972; *Fitting*, Rn. 16.
42 *BAG* 9.8.00, NZA 01, 116; *LAG Köln*, NZA 99, 102; *Preis*, FS Däubler, S. 261.
43 *BAG* 13.2.07 NZA 07, 825; I. Schmidt FS Küttner 06, S. 499.

c) Auslandsbezug des Unternehmens

Für die Bildung des GBR kommt es nicht darauf an, ob die **UN-Leitung** im Inland oder vom **Ausland** aus erfolgt. Hat ein ausländisches UN mit **Sitz außerhalb der Bundesrepublik** mehrere Betriebe im Geltungsbereich des BetrVG und ist wenigstens in zwei dieser Betriebe ein BR gewählt worden, dann ist ebenfalls ein GBR zu bilden, dessen Zuständigkeit sich auf die inländischen Betriebe erstreckt. Eines inländischen Rechtsträgers bedarf es nicht.[44] Damit sind auch im Inland tätigen **Ltd.** UN im Sinne des BetrVG gemeint. Für die Bildung des GBR ist es unerheblich, ob man auf die Sitztheorie oder die Gründungstheorie abstellt.[45] 33

Die Errichtung des GBR setzt ebenso wie die des BR **keinen inländischen Ansprechpartner** voraus, weil internationale Konzerne andernfalls die Betriebsverfassung suspendieren könnten, wofür Wortlaut, Schutzzweck und Systematik des BetrVG nicht die geringsten Anhaltspunkte geben. Die Rspr. des BAG zur Errichtung des KBR ist insoweit unzutreffend und kann nicht auf BR und GBR übertragen werden.[46] Hat ein inländisches UN einen oder mehrere Betriebe im Ausland, dann nehmen dort bestehende Betriebsvertretungen i. d. R. nicht an der Errichtung des GBR im Inland teil.[47] 34

2. Mehrere Betriebsräte

a) Betriebe und Betriebsräte

Die Errichtung eines GBR setzt nicht voraus, dass es in einem UN **mehrere BR** gibt. Besteht ein UN zwar aus mehreren Betrieben, hat aber **nur ein Betrieb einen BR** gewählt, so sind die Voraussetzungen für die Bildung eines GBR ebenfalls gegeben, auch wenn die übrigen Betriebe ebenfalls betriebsratsfähig sind. Der BR kann zur Einsetzung von WV in anderen Betrieben des UN einen GBR bilden, der nur aus einem BR besteht (§ 3 Rn. 135; § 54 Rn. 40 ff. zur Errichtung des KBR im Konzern mit nur einem GBR).[48] 35

Auf die **Größe** der bestehenden BR kommt es nicht an. Auch für ein UN mit zwei oder mehreren kleineren Betrieben, in denen nur aus einer Person bestehende BR amtieren, ist ein GBR zu errichten.[49] Ebenso ist es unerheblich, ob die BR für selbstständige Betriebe oder für als selbstständig geltende **Betriebsteile** oder **Nebenbetriebe** nach § 4 gewählt worden sind.[50] 36

Für das Bestehen eines BR spielt es keine Rolle, ob dessen Wahl **anfechtbar** ist oder ein Anfechtungsverfahren eingeleitet wurde. Etwas anderes gilt lediglich bei nichtiger Wahl. Auch der **Rücktritt** eines BR lässt den Fortbestand unberührt, weil der BR in diesem Fall die Geschäfte fortführt (§ 13 Rn 21). 37

Ist in mehreren Betrieben eines UN, aber nicht in allen, ein BR vorhanden, bleiben die **betriebsratslosen Betriebe** für die Errichtung eines GBR außer Betracht und werden bei dessen Zusammensetzung nicht berücksichtigt.[51] Die **Zuständigkeit des GBR** erstreckt sich gem. § 50 Abs. 1 Satz 2, 2. Halbsatz ausdrücklich auch auf diese Betriebe, und zwar unabhängig davon, ob sie betriebsratsfähig sind oder nicht.[52] 38

---

44 *Fitting*, Rn. 23; *GL*, Rn. 9; HWGNRH-*Glock*, Rn. 15; GK-*Kreutz*, Rn. 9; Richardi-*Annuß*, Rn. 19; Düwell-*Tautphäus*, Rn. 15; *Auffarth*, FS *Hilger/Stumpf*, S. 31 [34]; *Birk*, FS *Schnorr v. Carolsfeld*, S. 61 [83]; *ders.*, RdA 84, 129 [137]; *Simitis*, FS *Kegel*, S. 153 [179]; *Walz*, S. 51 [54]; vgl. auch *BAG* 1.10.74, 31.10.75, AP Nrn. 1, 2 zu § 106 BetrVG 1972 zur vergleichbaren Frage der Bildung eines WA unter Hinweis auf die soziale Schutzfunktion, die inländischen Arbeitnehmern eines ausländischen UN nicht vorenthalten werden darf; *Hinz*, a. a. O.; Buchner, SAE 76, 141; vgl. auch *LAG Frankfurt*, BB 74, 785.

45 *EuGH* »Centros« 9.3.99, ZIP 99, 438; »Überseering« 5.11.02, NJW 02, 3614 ff.; *BGH* 13.3.03, NJW 03, 1461 f.

46 *Fitting*, Rn. 214, *Röder/Powietzka* DB 04, 542; *Schubert*, Anm. zu ERA BetrVG 2001 § 54 Nr. 3.

47 *Fitting*, Rn. 22; Richardi-*Annuß*, Rn. 19; HWGNRH-*Glock*, Rn. 14; vgl. Rn. 22.

48 *Däubler*, FS Kreutz, S. 69, [79]; *Helms/Müller*, AiB 01, 449.

49 GK-*Kreutz*, Rn. 7.

50 *Fitting*, Rn. 20.

51 *Fitting*, Rn. 24.

52 Zustimmend bereits zur bis 2001 geltenden Fassung des § 50 *Fitting*, Rn. 29 ff.; Richardi-*Annuß*,

39 Der Betriebsübergang eines Betriebs mit BR auf ein UN mit GBR hat auf den Fortbestand des GBR grundsätzlich keinen Einfluss. Mitglieder des BR gehören mit dem Zeitpunkt der Wirksamkeit der Betriebsübernahme dem GBR an. Nur wenn durch einen **Betriebsübergang** für den Veräußerer nach der Ausgliederung eines Betriebs die **Voraussetzungen** für die Bildung eines GBR deshalb **entfallen,** weil dieser nur noch über einen betriebsratsfähigen Betrieb verfügt, verliert der bis dahin bestehende GBR seine rechtliche Existenz. Eines förmlichen Auflösungsakts bedarf es nicht. Es genügt die dahin gehende Feststellung. Bleiben dem Betriebsveräußerer aber noch mehrere Betriebe mit mindestens zwei BR, führt die Ausgliederung eines Betriebs oder eines Betriebsteils nicht dazu, dass die dort gewählten Betriebsratsmitglieder ihre Wählbarkeitsvoraussetzungen im GBR des Unternehmens des Betriebsveräußerers mit dem Zeitpunkt des Betriebsübergangs verlieren. Führt der Betriebsübergang bei dem Betriebserwerber dazu, dass dieser nunmehr zwei oder mehrere Betriebsräte hat, liegen die Voraussetzungen für die Gesamtbetriebsratsbildung beim Erwerber und es ist ein GBR zu bilden. Die BR des vom Erwerber übernommenen Betriebs sind nunmehr an der Bildung des GBR beim Betriebserwerber beteiligt.[53]

40 Als Betrieb gilt auch ein **Gemeinschaftsbetrieb,** d. h. der gemeinsame Betrieb mehrerer UN gem. § 1 Abs. 2. Er entsendet Mitglieder in die GBR der verschiedenen UN.[54] Um einen Gemeinschaftsbetrieb handelt es sich nur, wenn durch die rechtliche Verbindung kein neuer Rechtsträger entsteht.[55] Nach Ansicht des *BAG* ist die Entsendung von Mitgliedern in alle GBR nahe liegend (§ 1 Rn. 73 ff.).[56] Die von dem dort gebildeten BR entsandten Mitglieder müssen nicht Angehörige des betreffenden UN sein.[57] Abs. 9 eröffnet die Möglichkeit, durch TV oder BV die Entsendung im Einzelnen zu regeln.

41 **Entfällt ein Betrieb** mit einem BR vorübergehend, hat dies auf den Fortbestand der GBR als Dauergremium keinen Einfluss. Die Systematik des BetrVG gewährleistet außerdem der betrieblichen Interessenvertretung durch gemeinsamen Betrieb, Übergangsmandat und Restmandat **Beständigkeit und Verlässlichkeit**. Für den GBR gilt insofern nichts anderes.

b) Auslandsbezug von Betrieben

42 In ausländischen UN mit mehreren Betrieben im Geltungsbereich des BetrVG ist ein GBR zu bilden.[58] Hieran ändert sich durch die Entscheidung des BAG zur Errichtung eines KBRs im internationalen Konzern mit ausländischer Konzernspitze nichts.[59] Zum einen überzeugt sie nicht[60], und zum anderen könnte ihr folgend die gesamte Betriebsverfassung für in Deutschland gelegene Betriebe durch Verlegung ihrer jeweiligen Leitung suspendiert werden. Mit dem Territorialitätsprinzip wäre dies unvereinbar.[61] Hat ein inländisches UN **Betriebe im Ausland,** sollen diese nach h. M. wegen des für die Betriebsverfassung geltenden **Territorialitätsprinzips** für die Frage, ob ein GBR zu errichten ist, außer Betracht bleiben. Sie können aber bei der Bildung des GBR beteiligt werden, wenn die jeweiligen ausländische betriebliche Arbeitnehmervertretung dem deutschen BR in etwa adäquat ist.[62] Dies schließt nicht aus, dass sich der

---

Rn. 17 und § 50 Rn. 35; *Mothes*, AuR 74, 328; *HSWGN*, Rn. 16; *BAG* 16.8.83, AP Nr. 5 zu § 50 BetrVG 1972 für betriebsratsfähige Betriebe des UN, in denen kein BR gewählt worden ist; *Behrens/Schaude*, DB 91, 279; vgl. aber auch *BAG* 9.5.95, DB 95, 1033, wonach der WA auch über die Stilllegung betriebsratsloser Betriebe zu unterrichten ist.

53 *Gaul*, S. 312; Rn. 11.

54 Richardi-*Annuß*, Rn. 11.

55 *Joost*, S. 264 ff.; *Blank u. a.*, S. 162 f.; *Däubler*, FS Zeuner II., 4.

56 21.10.69, AP Nr. 10 zu § 3 BetrVG

57 *ArbG Dortmund* 16.9.93 – 3 BV 27/93 – zur Bildung eines gemeinsamen GBR verschiedenen UN angehörender BR.

58 *BAG* 31.10.75, AP Nr. 2 zu § 106 BetrVG 1972; *Fitting*, Rn. 23 zur Errichtung des WiA.

59 *BAG* 14.2.07, AP Nr. 13 zu § 54 BetrVG 1972; vgl. § 54 Rn. 48 ff.

60 vgl. zur Kritik § 54 Rn. 64 ff.

61 *Fitting*, Rn. 23.

62 *Birk*, FS Schnorr v. Carolsfeld, S. 62 [82 f.]; *ders.*, RabelsZ Bd. 46, S. 384 [408]; *ders.*, RdA 84, 129 [137]; *Däubler*, RabelsZ Bd. 39, S. 444 [462 ff.]; *Fitting*, Rn. 22; *GL*, Rn. 9; Richardi-*Annuß*, Rn. 19, wonach sie auch dann nicht zu beteiligen ist; zum entsprechenden Problem beim Konzern § 54 Rn. 29.

GBR oder mehrere inländische BR mit Betriebsvertretungen der im Ausland gelegenen Betriebe, falls solche nach dortigem ausländischem oder in Anlehnung an das deutsche Recht gewählt worden sind, zur Behandlung gemeinsamer Fragen auf **freiwilliger** Basis zu einer **Arbeitsgemeinschaft** zusammenschließen. Sie kann jedoch keine verbindlichen Beschlüsse fassen und nicht in die gesetzlichen Kompetenzen des GBR eingreifen.

3. Konstituierung

Die **Konstituierung** des Gesamtbetriebsrats erfolgt durch die Wahl des **Vorsitzenden** und seines Stellvertreters. Sie ist **obligatorisch (Rn. 8)**. Es handelt sich um eine zwingende Verpflichtung der BR, deren Missachtung eine grobe Verletzung gesetzlicher Pflichten darstellt und als Sanktion die Auflösung eines untätigen BR rechtfertigen kann (Rn. 3 ff.). 43

Zur Konstituierung des GBR hat der BR der Hauptverwaltung des UN bzw. des größten Betriebes **einzuladen** (§ 51 Rn. 6 ff.). Vor seiner Konstituierung ist der GBR weder handlungsfähig noch amtsausübungsbefugt. Es gilt insoweit nichts anderes als bei der Konstituierung des BR gem. § 29.[63] Einer Unterscheidung zwischen Errichtung und Konstituierung bedarf es mangels praktischer Konsequenzen nicht.[64] 44

Der wirksamen Konstituierung steht nicht entgegen, dass ein BR keine Mitglieder in den GBR entsandte. Bei Streitigkeiten kann ihre **Unwirksamkeit nur in der Zweiwochenfrist** gem. § 19 Abs. 2 Satz 2 analog geltend gemacht werden. Es besteht kein Grund, die Konstituierung der GBR anders als die der BR zu behandeln.[65] 45

Ist dagegen streitig, ob die **Voraussetzungen** der Bildung des GBR noch vorliegen (z. B. nach einer Unternehmensverschmelzung), dann ist die Situation vergleichbar mit der Frage, ob eine betriebsratsfähige Organisationseinheit vorliegt. Deshalb findet hierauf § 18 Abs. 2 analog Anwendung. Danach können der AG, der GBR, jeder beteiligte BR oder eine im BR bzw. GBR vertretene Gesellschaft eine Entscheidung des ArbG beantragen. Eine Frist gilt hierfür nicht. 46

4. Veränderte Voraussetzungen des Gesamtbetriebsrats

a) Betriebsübergang

Bei einem Betriebsübergang bleibt der BR so lange bestehen, wie der **Betrieb existiert.** Er entsendet in den beim Erwerber u. U. bestehenden GBR seine Mitglieder und erhöht damit die Mitgliederzahl.[66] Besteht noch kein GBR, weil die Zahl der Betriebe mit BR bisher für einen GBR nicht ausreichte und existierte erst mit dem Betriebsübergang eine ausreichende Anzahl von Betrieben mit BR im UN, ist ein **GBR neu zu bilden.** 47

Werden sämtliche Betriebe mit BR eines UN unverändert auf ein anderes UN, in dem kein GBR besteht, übertragen, bleibt der GBR im Amt, muss sich nicht **neu konstituieren.**[67] 48

b) Wegfall der Voraussetzungen – Grundsätze

Der GBR kann entfallen, wenn die **Voraussetzungen seiner Errichtung** nicht mehr vorliegen. Wahrt das UN seine Identität und bleibt es wirtschaftlich im Wesentlichen mit dem größeren Teil der Betriebe erhalten, dann besteht auch der GBR fort und die GBV gelten unverändert **normativ weiter.**[68] Geht das UN unter oder sind nicht mehr mehrere Betriebe vorhanden, 49

63 Vgl. Musterschreiben zur Einholung von Auskünften vom AG, Einladung zur konstituierenden Sitzung, Entsendung von BR-Mitgliedern in der GBR, und Information der Belegschaft in DKKWF-*Trittin*, § 47 Rn. 4 – 7.

64 GK-*Kreutz*, Rn. 47; a. A. HWGNRH-*Glock*, Rn. 18, wonach der AG die Verhandlung mit dem GBR ablehnen kann, der keinen Vorsitzenden und Stellvertreter wählte.

65 A. A. *BAG* 15.8.78, AP Nr. 3 zu § 47 *BetrVG* 1972; *Fitting*, Rn. 41; Richardi-*Annuß*, Rn. 83.

66 *BAG* 16.3.05, AP Nr. 5 zu § 51 BetrVG 1972.

67 *BAG* 5.6.02, AP Nr. 11 zu § 47 BetrVG 1972; *Fitting*, Rn. 17.

68 *BAG* 16.3.05, NZA 05, 3721; *BAG* 5.6.02, AP Nr. 11 zu § 47 BetrVG 1972; *Fitting*, Rn. 17, 26; GK-*Kreutz*, Rn. 51.

dann kann er prinzipiell nicht mehr fortbestehen. Er hat allenfalls nach dieser zu restriktiven Rspr. ein **Übergangsmandat** in analoger Anwendung des § 21 a BetrVG oder ein **Restmandat** gem. § 21 b BetrVG.

50 Die Frage nach dem Fortbestand des BR und GBR ist im Übrigen nach folgenden Grundsätzen zu beantworten:

51 • **Demokratische Legitimation**
Der GBR bedarf ebenso wie **jedes andere Gremium** der betrieblichen Mitbestimmung der demokratischen Legitimation. Durch Umstrukturierung des UN, Konzerns oder UN-Umwandlung kann sie verloren gehen und nur durch Neukonstituierung wieder gewonnen werden.[69]

52 • **Erhalt der Betriebsstrukturen**
Der GBR existiert weiter, wenn das UN zwar untergeht und seine Identität wechselt, aber die betriebliche Struktur unverändert fortbesteht. Es entspricht dem Schutzzweck des BetrVG, dass der Arbeitgeberwechsel die betriebliche Mitbestimmung nicht berührt.

c) Wegfall des Unternehmens

53 Ein UN kann durch **Liquidation** untergehen oder im Wege der **Umwandlung** ohne Liquidation durch

54 • **Verschmelzung** (= Fusion) in Form der Aufnahme oder Neugründung. Eine Verschmelzung kann durch **Gesamtrechtsnachfolge** geschehen. Bei einer Verschmelzung nach dem UmwG geht das gesamte Vermögen des übertragenden UN auf den anderen Rechtsträger über und der übertragende Rechtsträger erlischt ohne Liquidation gem. §§ 20, 36 Abs. 1 UmwG.[70] Sie muss nicht im Wege der Gesamtrechtsnachfolge nach dem UmwG, sondern kann auch durch **Einzelrechtsnachfolge** erfolgen, bei der das bisherige UN fortbesteht und das neue gem. § 613 a Abs. 1 Satz 1 BGB in bestehende Arbeitsverträge eintritt.

55 • Unter **Anwachsung** gem. § 738 Abs. 1 Satz 1 BGB wird eine zwischen Gesamt- und Einzelrechtsnachfolge angesiedelte besondere Form der Verschmelzung verstanden, bei der nach Ausscheiden eines Gesellschafters aus einer Gesellschaft bürgerlichen Rechts (GbR) der Anteil am Gesellschaftsvermögen den übrigen Gesellschaftern »zuwächst«, ohne dass die GbR selbst untergeht. Dies gilt gem. § 105 Abs. 3 HGB für die offene Handelsgesellschaft (OHG) entsprechend. Auf alle Fälle der Gesamtrechtsnachfolge kraft Rechtsgeschäfts und damit auch auf die Anwachsung findet **§ 613 a BGB** unmittelbar oder zumindest analog als Auffangnorm Anwendung.[71]

> **Beispiel einer Anwachsung:**
> Die A-GmbH & Co. OHG und die B-GmbH, beide zu 100 % Tochterunternehmen der X-AG, sind die einzigen Gesellschafterinnen der I-GmbH & Co. OHG. Die A-GmbH & Co. OHG hält 100 % und die B-GmbH 0 % der Gesellschaftsanteile. Die B-GmbH erklärt ihren Austritt. Damit gehen alle Aktiva und Passiva der I-GmbH & Co. OHG auf die A-GmbH & Co. OHG als der einzig verbleibenden Gesellschafterin über. Die I-GmbH & Co. GmbH ist auf die A-GmbH & Co. OHG angewachsen.

56 • **Spaltung** in Form der Aufspaltung. Anders als bei der Abspaltung oder Ausgliederung bleibt bei der Aufspaltung der alte Rechtsträger nicht erhalten. Gemäß § 123 UmwG das UN hierbei in mindestens zwei Teile zerfällt und geht unter. Bei einer echten Aufspaltung eines UN in z. B. sechs Tochtergesellschaften ist eine dieser Gesellschaften auch dann nicht mehr mit dem bisher vorhandenen UN identisch, wenn sie mehr als 90 % der Betriebe des bisherigen UN übernommen hat. Das ursprüngliche UN besteht in einem solchen Fall nicht mehr und deshalb entfallen auch die Voraussetzungen für den GBR.[72]

---

69 *BAG* 16.3.05 – 7 ABR 37/04.
70 *Trittin*, AiB 01, 147 zu den Folgen einer Verschmelzung für den Bestandsschutz von Arbeitsverträgen.
71 *Trittin*, AiB 01, 7 ff.; *Schmidt*, AcP 191 (1991), 495 [517]; *Däubler/Lorenz*, TVG, § 3 Rn. 82; *ThürLAG* 14.8.95, AuR 95, 468.
72 *LAG Hamburg* 7.6.95, CR 96, 90; CR 97, 159.

- Bei einem **Formwechsel** der UN ändert das UN lediglich seine Rechtsform (z. B. von einer GmbH zur Aktiengesellschaft). Nach § 202 Abs. 1 Nr. 1 UmwG besteht das ursprüngliche UN in der neuen Rechtsform weiter, so dass die Voraussetzung zur Errichtung des GBR nicht entfällt. **57**

d) Weniger als zwei Betriebe

Im UN bestehen nicht mehr mindestens zwei BR, wenn **58**

- Betriebe eines UN zu einem **Betrieb zusammengelegt** werden, so dass nur noch ein BR im UN besteht; **59**
- im UN zwar noch mehrere Betriebe bestehen, aber nur noch **ein BR** vorhanden ist (vgl. Rn. 22); **60**
- Betriebe aus einem UN **ausgegliedert** werden, so dass im UN nur noch ein oder gar kein BR mehr besteht. Überträgt ein UN sämtliche Betriebe auf zwei oder mehr andere, rechtlich selbstständige UN, dann endet das Amt des in dem übertragenden UN gebildeten GBR. In einem solchen Fall sprechen vergleichbare Gründe wie beim Inhaberwechsel eines Betriebs[73] für den Fortbestand nicht nur der einzelnen BR, sondern auch des GBR. Die Grundlagen des GBR entfallen jedoch, wenn nicht sämtliche Betriebe eines UN auf den neuen Inhaber übertragen werden oder das übernehmende UN bereits einen oder mehrere Betriebe hat und sich die betrieblichen Strukturen im übernehmenden UN durch Integration der neuen Betriebe in das UN entsprechend ändern. In diesem Fall ist ein neuer GBR zu errichten. Dies soll bereits dann gelten, wenn die betriebsverfassungsrechtliche Identität eines Betriebes im Zusammenhang mit dem Betriebsübergang verändert wird. Auf die Bedeutungen der Änderungen oder die Zahl der betroffenen Betriebe komme es nicht an.[74] Der GBR soll nach der Rspr. auch dann nicht fortbestehen, wenn nur ein Betrieb von einem dritten UN übernommen wird und dieser mit dem anderen übernehmenden UN einen Gemeinschaftsbetrieb vereinbart. Ob ein GBR fortbesteht, wenn sämtliche Betriebe eines UN unverändert auf ein anderes UN übertragen werden, das bisher nicht über eigene Betriebe verfügt, bleibt vom BAG unentschieden. **61**

Die bloße Nichtexistenz mehrerer BR muss von **gewisser Dauer** sein. Beruht sie nur darauf, dass vor Ablauf der Amtszeit eines oder mehrerer bisheriger BR die Neuwahl nicht rechtzeitig eingeleitet wurde, oder kommt es nach einer erfolgreichen Anfechtung der BR-Wahl zu einer vorübergehenden betriebsratslosen Zeit, hat dies keinen Einfluss auf den Bestand des GBR.[75] **62**

e) Entgegenstehende Beschlussfassung

Beschlüsse der BR oder des GBR, Letzteren aufzulösen, oder auch die gleichzeitig erklärte **Amtsniederlegung** durch alle Mitglieder des GBR berühren die Institution des GBR als solche nicht. Sie haben allenfalls ein Ende der Zugehörigkeit seiner bisherigen Mitglieder im GBR zur Folge.[76] Aus denselben Gründen kommt auch eine **gerichtliche Auflösung** des GBR nicht in Betracht, sondern nur der gerichtliche Ausschluss bisheriger Mitglieder aus dem GBR nach § 48. **63**

f) Rechtsfolgen

Liegen die Voraussetzungen für die Errichtung des bisherigen GBR nicht mehr vor bzw. hat sich der GBR fehlerhaft konstituiert, stellt sich die Frage nach den **Konsequenzen** für das **Gremium:** **64**

---

73 Vgl. *BAG* 28.9.1988, NZA 89, 188; 11.10.95, NZA 96, 495.

74 *BAG* 5.6.02, NZA 03, 336 für die Übertragung nur eines Teils des bisherigen Betriebs »Hauptverwaltung« auf ein drittes UN; *LAG Düsseldorf* 14.2.01, NZA-RR 01, 594 = AiB 01, 664 m. Anm. von *Trittin.*

75 *Fitting,* Rn. 27; *GL,* Rn. 15; HWGNRH-*Glock,* Rn. 66; a. A. *ArbG Bielefeld* 2.4.08 unter Verkennung der Aufgaben des GBR.

76 *Fitting,* Rn. 26.

65 • **GBR des neuen Rechtsträgers**
Die BR entsenden mit dem Untergang des alten Rechtsträgers Delegierte in den GBR des neuen bzw. bilden einen GBR neu (vgl. auch Rn. 22). Der GBR des neuen Rechtsträgers muss sich u. U. neu **konstituieren.** Dies gilt entsprechend für die Bildung aller **Ausschüsse,**[77] und die Entsendung in einen bestehenden KBR.

66 • **Bestehender Gesamtbetriebsrat**
Die Errichtung eines GBR ist unwirksam, wenn durch TV gem. § 3 bereits ein unternehmensweiter GBR errichtet wurde.[78]

67 • **Fortbestand des GBR durch Vereinbarung**
Gemäß § 325 Abs. 2 UmwG kann durch BV oder TV die Fortgeltung von Rechten und Beteiligungsrechten vereinbart werden, wenn eine Spaltung oder Teilübertragung eines Rechtsträgers die Spaltung eines Betriebs zur Folge hat und Rechte und Beteiligungsrechte entfallen. Hierzu kann u. U. auch der Bestand des durch die BR errichteten GBR zählen.

68 • **Rest- und Übergangsmandat**
Das Rest- und Übergangsmandat bezieht sich auf die mitwirkungs- und mitbestimmungspflichtigen Angelegenheiten gegenüber dem bisherigen und dem (den) neuen Rechtsträger(n). § 21 a und § 21 b gelten sinngemäß im Rahmen seiner bisherigen Zuständigkeiten auch für den GBR, z. B. für die Weiterverwaltung von Sozialeinrichtungen oder den Abschluss eines Sozialplans (§ 21 b).[79] Der Untergang eines Rechtsträgers ist vergleichbar mit der Betriebsstilllegung, für die das Restmandat entwickelt wurde. Es ist in Anbetracht seines erheblichen Zuständigkeitsbereichs auch erforderlich. Hat z. B. ein GBR eine Überleitungsvereinbarung zur Verschmelzung und die sie begleitenden Maßnahmen (betriebsübergreifende Versetzungen etc.) abgeschlossen, so muss er ihre Durchführung überwachen und gegebenenfalls ergänzende Vereinbarungen abschließen können. Die örtlichen BR sind hierzu auf Grund ihrer rein örtlichen Zuständigkeit nur begrenzt in der Lage. Dies gilt auch für den Fall, dass **sämtliche Betriebe** mit BR eines UN zusammengelegt werden und das Mitbestimmungsrecht bei Betriebsänderungen gem. § 111 Satz 3 Ziff. 3 1. Alt. wahrzunehmen ist.

69 Wird ein UN nur deshalb **vorübergehend** verschmolzen, um es danach wieder zu spalten, liegt die Annahme eines ebenfalls nur vorübergehend geltenden Übergangsmandats besonders nahe.

70 Die Annahme eines Rest- oder Übergangsmandats kommt auch dann in Betracht, wenn ein **großes UN** mit BR, GBR und entsprechenden Vereinbarungen auf ein kleines UN mit nur wenigen AN ohne Mitbestimmungsstruktur erfolgt.

71 Besteht ein Rest- bzw. Übergangsmandat, gelten die bisherigen **GBV** zumindest so lange weiter, wie der GBR fortbesteht.

72 Dies gilt entsprechend für die **Spaltung** in analoger Anwendung des § 321 UmwG[80] sowie für Verschmelzungen und Spaltungen im Wege der **Einzelrechtsnachfolge.**[81] Die Tarifvertragsparteien können gem. § 3 Abs. 1 Ziff. 1 den Fortbestand des GBR sichern (§ 3 Rn. 1 ff.).[82]

73 Der Wegfall des GBR kann Auswirkungen auf die Geltung der von ihm abgeschlossenen **GBV** haben. Sie können unverändert als BV oder als transformierter Bestandteil des Einzelarbeitsvertrages jedes einzelnen AN weiter gelten.

g) Fallgruppen

74 Folgende Sachverhalte gebieten jeweils **differenzierte Lösungen:**

75 • **Übertragung aller Betriebe eines Unternehmens**

---

77 *BAG* 16.3.05, AP Nr. 5 zu § 51 BetrVG 1972.
78 *LAG Köln* – 5 TaBV 42/05.
79 A. A. *Feudner*, DB 03, 882; *Rieble*, NZA 00, 225.
80 *Oetker/Busche*, NZA-Beilage 1/94, S. 18, 25 zu § 13 SpTrUG; a. A. *Mengel*, S. 316 f.
81 A. A. *Mengel*, S. 449.
82 Vgl. Tarifvertrag zum Erhalt des BR oder des GBR im DKKWF-*Trittin*, § 47 Rn. 8.

Werden alle Betriebe einer UN an ein anderes mit einem GBR übertragen, dann entsenden die BR Mitglieder in diesen GBR. Der beim übertragenden UN gebildete GBR **entfällt,** da er nicht mehr über mehrere Betriebe verfügt.

- **Übertragung nur einiger Betriebe eines Unternehmens** 76
  Verfügt der bisherige Inhaber nach Unternehmensumwandlung (z. B. einer Abspaltung) noch über **Betriebe mit Betriebsräten,** dann besteht der dort gebildete GBR weiter.[83] Es besteht unverändert ein UN, das über mehrere Betriebe mit BR verfügt. Damit ändern sich die Voraussetzungen des errichteten GBR nicht. Lediglich seine Mitgliederzahl verringerte sich, die jedoch den Fortbestand des Gremiums als solches unberührt lässt.
- **Übertragung sämtlicher Betriebe in Unternehmen ohne Betriebe** 77
  Der GBR besteht fort, wenn **sämtliche Betriebe** eines UN, z. B. nach einer Verschmelzung, auf ein anderes übertragen werden, das über keine Betriebe mit BR verfügt.[84] In diesem Fall ändert sich nur die Identität des Unternehmens, während die betriebliche und mitbestimmungsrechtliche Struktur unverändert bleibt. Dann ist es auch sachgerecht, den GBR fortbestehen zu lassen.
- **Übertragung sämtlicher Betriebe mit einem Gemeinsamen Betrieb in Unternehmen ohne Betrieb** 78
  Der GBR besteht fort, wenn beim Übergang sämtlicher Betriebe eines UN das aufnehmende UN zwar einen Betrieb mit einem BR hatte, es sich hierbei jedoch um einen **Gemeinsamen Betrieb** gerade mit dem abgebenden UN handelt. Auch in diesem Fall verändert sich zwar die Identität des UN, aber die betriebliche und mitbestimmungsrechtliche Struktur bleibt unverändert, wodurch der GBR sinnvollerweise fortbesteht.
- **Übertragung von Betrieben in Unternehmen mit Betrieben** 79
  Bei Übertragung von Betrieben mit BR ist der beim aufnehmenden UN gebildete GBR **neu zu konstituieren.** Das Hinzutreten weiterer Betriebe verändert die Struktur des UN, und der dort gebildete GBR verliert seine demokratische Legitimation.[85] Eine solche Änderung betrieblicher Strukturen liegt bereits dann vor, wenn die Anzahl der übernommenen Betriebe und der dort beschäftigten AN im Verhältnis zur Anzahl der bereits vorhandenen Betriebe und der hier beschäftigten AN im Hinblick auf die Stimmengewichtung des § 47 Abs. 7 BetrVG nicht ganz unerheblich ist.[86]

5. Fehler bei der Errichtung des Gesamtbetriebsrats

80 Ein unter Verstoß gegen die zwingenden Organisationsvorgaben des BetrVG errichteter GBR soll nach der zu restriktiven Rspr. rechtlich **nicht existent** sein. Sein Handeln ist unbeachtlich; mit ihm geschlossene BV und Sozialpläne sind unwirksam.[87] Es ist jedenfalls vor dem Abschluss von BV zu prüfen, ob das betreffende Gremium zutreffend errichtet wurde. Bei Bedarf kann u. U. die **Fortexistenz** eines errichteten Gremiums durch Abschluss einer Vereinbarung gem. § 3 gesichert werden.[88]

---

83 *Fitting,* Rn. 26.

84 *Fitting,* Rn. 17; offen gelassen vom *BAG* 5.6.02, AP Nr. 11 zu § 47 BetrVG 1972; a. A. *Hohenstatt/Müller-Bonanni,* NZA 03, 771, wonach der GBR im Amt bleibt, wenn die Betriebsstrukturen »im Wesentlichen« dadurch erhalten bleiben, dass die Anzahl der übertragenen Betriebe und die darin beschäftigten AN die Zahl der Betriebe und der AN die darin beschäftigten AN der neuen Inhaber »klar überwiegt«.

85 *BAG* 5.6.02, AP Nr. 11 zu § 47 BetrVG.

86 *BAG* 16.3.05; AP Nr. 5 zu § 51 BetrVG 1972 für eine UN-Verschmelzung und GBR mit jeweils 10 Betrieben und einem Stimmverhältnis von 6635 zu 2144; a. A. *Hohenstatt/Müller-Bonanni,* NZA 03, 766 ff.

87 *BAG* 17.3.10, NZA 10, 1144.

88 *Gilles,* dbr 1/11, S. 39.

IV. Zusammensetzung des Gesamtbetriebsrats (Abs. 2)

1. Entsendung

a) Anzahl der zu entsendenden Mitglieder

81 Jeder BR mit bis zu drei Mitgliedern entsendet **ein Mitglied,** größere BR entsenden **zwei Mitglieder** in den GBR. Gem. Art. 14 BetrVerf-ReformG gilt dies erst bei der Neuwahl der am 28.7.01 bestehenden BR. Kleine BR mit bis zu drei Mitgliedern, die nach der alten Fassung des BetrVG zwei Mitglieder zu entsenden hätten, behalten sie bis zur Neuwahl. Dies gilt auch für größere Betriebe, die bisher wegen der Existenz nur einer Gruppe nur ein Mitglied zu entsenden hatten. Für jedes Mitglied ist mindestens ein persönliches Ersatzmitglied zu wählen.

b) Beschluss des Betriebsrats

82 Die Mitglieder des GBR werden **nicht** von den AN des UN oder der ihm angehörenden Betriebe **gewählt,** sondern von den einzelnen BR durch Beschluss **entsandt.** Die Entsendung in den GBR durch ein aus Delegierten bestehendes Gremium (Wahldelegierte o. Ä.) ist unzulässig, da die Unmittelbarkeit der Mitwirkung der BR ausgeschaltet wäre.[89] Auch der Betriebsausschuss kann die Entsendung nicht vornehmen.[90] Eine Ausnahme gilt nur für den Entsendungskörper des verkleinerten GBR.

83 Besteht der BR **nur aus einer Person,** ist diese unmittelbar Mitglied des GBR.

84 Bei der Beschlussfassung sollen die **Geschlechter** angemessen berücksichtigt werden. Werden unter den fachlich und persönlich geeigneten Vertretern AN wegen des Geschlechts diskriminiert, kann ein grober Verstoß gem. § 23 Abs. 1 und 2 vorliegen. Bei nicht angemessener Berücksichtigung ist jedoch die Entsendung in den GBR **nicht unwirksam.**[91] Die Gegenansicht ist nicht nur völlig unpraktikabel, sondern stellt die Wirksamkeit der Bildung des GBR in Frage, weil sie die Wirksamkeit der Beschlüsse des BR vom Eintritt einer Bedingung abhängig macht, die sie nicht selbst unmittelbar beeinflussen können. Sie beruht außerdem auf einem Denkfehler, weil die angemessene Vertretung im GBR erst nach der wirksamen Entsendung in den GBR festgestellt werden kann.

85 In den Postunternehmen stellen die **Arbeitnehmer** und die **Beamten** die maßgebenden Gruppen dar. § 32 PostPersRG enthält insofern eine von § 47 abweichende Regelung, als ein **besonderer Beamtenschutz** zu beachten ist, wenn in den GBR nicht nur ein Mitglied zu entsenden ist. Eines der beiden Mitglieder muss ein **Vertreter der Beamten** sein. Der BR als Gremium entscheidet frei darüber, welche Gruppe den Vertreter der Beamten entsendet, wenn beiden Beamte angehören. Danach kann der jeweilige Vertreter durch Beschluss bestimmt werden. In einer weiteren Abstimmung ist zu überprüfen, ob der Vertreter auch das Vertrauen der Mehrheit der Beamten im BR hat.

86 Das Amt als Vorsitzender des BR steht der Entsendung weder entgegen noch begründet es hierauf einen Anspruch. Entsandt werden können allerdings **nur Mitglieder** des BR; andere Personen und auch Ersatzmitglieder, solange sie nicht in den BR nachgerückt sind, scheiden aus.[92]

87 Die in den GBR zu entsendenden Vertreter werden nicht nach den Grundsätzen der Verhältniswahl, sondern durch einen **mit einfacher Mehrheit** der anwesenden Mitglieder zu fassenden **Beschluss** nach § 33 bestimmt.[93] Das BR-Mitglied, das in den GBR entsandt werden soll,

---

89 *LAG Frankfurt* 21.12.76, DB 77, 2056; *Fitting,* Rn. 34.

90 GK-*Kreutz,* Rn. 39, wonach zwar nicht der **Betriebsausschuss**, wohl aber ein gemäß §§ 27 Abs. 3 Satz 2, 28 Abs. 1 gebildeter weiterer Ausschuss zur selbstständigen Erledigung bestimmter Aufgaben entsenden könnte.

91 GK-*Kreutz,* Rn. 41; *Löwisch,* BB 01, 1734.

92 *HessLAG* 28.8.03 DB 04, 2112; *Fitting,* Rn. 30; HWGNRH-*Glock,* Rn. 45; GK-*Kreutz,* Rn. 40; Düwell-*Tautphäus,* Rn. 18.

93 *BAG* 16.3.05; 21.7.04, 15.8.78, AP Nrn. 14, 13, 3, zu § 47 BetrVG 1972; 25.5.05, NZA 06, 215; *HSWGN,* Rn. 43; *Fitting,* Rn. 33; *Richardi Annuß,* Rn. 29; GK-*Kreutz,* Rn. 38; offen gelassen vom BAG mit dem Hinweis, dass der BR über die Entsendung in den GBR regelmäßig durch Beschluss entscheide.

kann an der Abstimmung teilnehmen. Es ist nicht wegen Betroffenheit in eigener Sache aus der Beratung oder Beschlussfassung ausgeschlossen.

Die **Verhältniswahl** ist **kein allgemeines Prinzip** der Betriebsverfassung. Sie ist auch nicht aus Gründen des Minderheitenschutzes bei der Entscheidung des BR über die Entsendung von Mitgliedern in den GBR geboten.[94] **88**

Werden zwei Mitglieder entsandt, muss über jedes **gesondert** beschlossen werden.[95] Der BR kann mit Stimmenmehrheit allerdings auch beschließen, die in den GBR zu entsendenden Vertreter durch **förmliche Wahl** zu ermitteln, wobei auch das Ausreichen der relativen Stimmenmehrheit festgelegt werden kann.[96] Eine **Pattsituation** ist durch Losentscheid aufzulösen.[97] **89**

Die Entsendung in den GBR erfolgt i. d. R. für die **Dauer der Amtszeit** des entsendenden BR.[98] Bei **Neuwahl** des BR hat dieser seine Vertreter für den GBR erneut zu bestimmen.[99] Fehlt es an einer Beschlussfassung, so führt das bisherige Mitglied das Mandat übergangsweise fort. **90**

Hat der BR lediglich ein **Übergangsmandat,** kann er ebenfalls Delegierte in den GBR entsenden. Es ist hinzunehmen, dass u. U. ein BR-Mitglied eines anderen UN im GBR vorübergehend sitzt. Das Übergangsmandat gem. § 21 a ist Vollmandat. Der BR kann deshalb die Ausübung eigener Mitbestimmungsrechte an den GBR delegieren.[100] **91**

Der Beschluss über die zu entsendenden Mitglieder wird erst wirksam, wenn sie ihre **Zustimmung** erteilen, weil kein BR-Mitglied gegen seinen Willen in den GBR entsandt werden kann.[101] Er kann als betriebsratsinterne Wahl gem. § 19 Abs. 1 analog angefochten werden. Die zweiwöchige Anfechtungsfrist gem. § 19 Abs. 2 Satz 2 findet ebenfalls analoge Anwendung. Die gerichtliche Feststellung der Ungültigkeit wirkt nur für die Zukunft.[102] **92**

2. Abberufung

Der BR kann einen von ihm in den GBR entsandten Vertreter **jederzeit** wieder **abberufen,** ohne dass hierfür besondere Voraussetzungen vorliegen müssen oder es eines Anlasses bedarf.[103] Es darf allerdings niemand wegen seiner Abstammung, Religion, Nationalität, Herkunft, politischen oder gewerkschaftlichen Betätigung oder Einstellung oder wegen seines Geschlechts diskriminiert werden. Die bloße **Abwahl** eines Delegierten kann jedoch nicht gegen das AGG verstoßen, weil sie keiner Begründung bedarf und die Stimmabgabe selbst **nicht diskriminierend** sein kann. **93**

Für die Abberufung von Mitgliedern aus dem GBR gelten dieselben Grundsätze wie für ihre Entsendung. Sie erfolgt durch **einfachen Mehrheitsbeschluss** des BR.[104] Das betroffene Mitglied darf an der Abstimmung teilnehmen. Es gilt insoweit nichts anderes als bei anderen Wahlen. Die Abberufung bedarf zu ihrer Wirksamkeit des Zugangs an den Abberufenen. Hat er nicht an der Sitzung teilgenommen, ist die Zustellung Aufgabe des BR-Vorsitzenden.[105] Nach der Abberufung ist ein neuer Delegierter zu wählen. Ein vorher bestimmter Ersatzdelegierter rückt also nicht automatisch nach. **94**

94 *BAG* 21.7.04, NZA 05, 170; *LAG Hessen* 10.7.03, NZA-RR 05, 79; *LAG Berlin* 14.5.03; 4 TaBV 236/03.
95 *Fitting,* Rn. 33; HWGNRH-*Glock,* Rn. 43.
96 *Fitting,* Rn. 33.
97 *BAG* 15.8.01, NZA 02, 569 zum früheren § 47 Abs. 2 Satz 3.
98 *Fitting,* Rn. 36; Richardi-*Annuß,* Rn. 36.
99 *Fitting,* Rn. 32.
100 *Rieble,* NZA 02, 235.
101 GK-*Kreutz,* Rn. 42.
102 *BAG* 15.8.01 AP Nr. 10 zu § 47 BetrVG 1972; *Fitting,* Rn. 37.
103 *Fitting,* Rn. 38; *GL,* Rn. 16; *HSWGN,* Rn. 55.
104 *BAG* 16.3.05; NZA 05, 1080 = AuR 05, 385; *Fitting* § 49, Rn. 17.
105 GK-*Kreutz,* Rn. 45.

V. Ersatzmitglieder des Gesamtbetriebsrats (Abs. 3)

95 Die Bestimmung des Abs. 3 schreibt vor, dass **für jedes Mitglied** des GBR **mindestens ein Ersatzmitglied** zu bestellen ist. Werden mehrere Ersatzmitglieder bestellt, ist die Reihenfolge des Nachrückens festzulegen.[106] Die Bestellung der Ersatzmitglieder muss jeweils individuell für ein GBR-Mitglied erfolgen.[107] Für **jedes** GBR bzw. KBR-Mitglied ist mindestens ein **Ersatzmitglied** zu bestellen, um die reibungslose Arbeit von GBR und KBR zu gewährleisten. Die Bestellung erfolgt jeweils **individuell**. Werden mehrere bestellt, ist auch die **Reihenfolge** festzulegen. Die gleichzeitige Benennung eines Mitglieds als Ersatz für mehrere GBR-Mitglieder dient ebenfalls diesem Zweck. Es gibt keinen sachlichen Grund, die wechselseitige Vertretung verschiedener Mitglieder durch eine Person nicht zuzulassen. Unterstellt man den Normalfall der einheitlichen Interessenvertretung eines GBR bzw. BR im GBR, dann liegt dies auch von der Sache her nahe, dass ein BR-Mitglied mal das eine oder andere Mitglied vertritt. Ein Gremium, das dies durch wechselseitige Benennung von Mitgliedern unterstreicht, verstößt nicht gegen seine Pflichten. Gibt es unterschiedliche Präferenzen, dann kann es die Vertretung nur auf eine Person beschränken. Ein Ersatzmitglied kann in der betreffenden Sitzung nur nicht gleichzeitig mehrere Mitglieder in einer Sitzung vertreten. Mit Wortlaut und Gesetzeszweck wäre dies unvereinbar.

96 Für die **Bestellung der Ersatzmitglieder** gelten dieselben Grundsätze wie für die Entsendung der ordentlichen Mitglieder des GBR. Der BR kann Ersatzmitglieder für den GBR im Prinzip nur **aus seiner Mitte** bestimmen und auf eigene Ersatzmitglieder zurückgreifen. Sie müssen nicht auf die Dauer nachgerückt sein. Das **zeitweise nachgerückte Ersatzmitglied** kann auch Mitglied des GBR sein. Erfüllt es im BR seine Aufgaben, dann kann es dies auch im GBR. Eine Differenzierung zwischen den Anforderungen an die Arbeit im GBR und BR ist insofern sachlich ungerechtfertigt.[108] Die Ersatzmitglieder sind zwar für den BR nicht Ersatzmitglieder eines bestimmten BR-Mitglieds, aber dies setzt § 47 Abs. 3 nicht voraus.[109]

97 Ist ein nur **aus einer Person** bestehender BR im GBR vertreten, kommt für ihn die Bestellung eines besonderen Ersatzmitglieds für den GBR in Betracht. Es folgt dann das nach § 14 Abs. 4 im getrennten Wahlgang gewählte Ersatzmitglied auf Dauer zwingend nach oder übernimmt die Stellvertretung.

98 Das Ersatzmitglied tritt für das ordentliche Mitglied in den GBR ein, wenn dieses **zeitweilig verhindert** ist oder **endgültig** aus dem GBR ausscheidet. Allerdings kann der BR jederzeit eine abweichende Regelung beschließen. Anstelle des ursprünglich bestellten Ersatzmitgliedes kann also ein anderes Ersatzmitglied als Vertreter des verhinderten ordentlichen Mitgliedes im GBR bestellt werden.[110]

VI. Abweichende Größe des Gesamtbetriebsrats durch Tarifvertrag oder Betriebsvereinbarung (Abs. 4)

1. Grundsätze

99 Anders als beim BR, für den die Zahl der Mitglieder im Gesetz zwingend vorgeschrieben ist, besteht für den GBR nach Abs. 4 die Möglichkeit, eine **vom Gesetz abweichende** Mitgliederzahl festzulegen. Die Mitgliederzahl des GBR **kann** durch TV oder BV sowohl **erhöht als auch verringert werden.**

100 TV haben **Vorrang** vor BV.[111] Der AG kann keine abweichende BV erzwingen. Dies ergibt sich aus der **systematischen Vorrangstellung** des Abs. 4 vor den Abs. 5 und 6. Die BV gem. Abs. 5 kann nur abgeschlossen werden, soweit eine tarifvertragliche Regelung gem. Abs. 4 nicht be-

106 *Fitting*, Rn. 42; GK-*Kreutz*, Rn. 51; Richardi-*Annuß*, Rn. 37.
107 GK-*Kreutz*, Rn. 51.
108 *HessLAG* 28.8.03, AuR 04, 318; *Fitting*, Rn. 43; GK-*Kreutz*, Rn. 68.
109 A. A. Richardi-*Annuß*, Rn. 38.
110 *Fitting*, Rn. 42; ErfK-*Koch*, Rn. 15.
111 *Fitting*, Rn. 50; ErfK-*Koch*, Rn. 12; *Döring*, DB 76, 822; *Klasen*, DB 93, 2180.

steht. Die Einigungsstelle gem. Abs. 6 kommt wiederum nur in Betracht, wenn eine BV gem. Abs. 5 überhaupt abgeschlossen werden kann. Beim Bestehen einer entsprechenden tarifvertraglichen Regelung ist der Abschluss einer solchen BV aber überhaupt nicht möglich. Die gegenteilige Auffassung[112] findet jedoch keine Stütze im Gesetz. Vielmehr hat das BetrVG den Tarifvertragsparteien die Regelungsmöglichkeiten durch TV eröffnet, um auf das einzelne UN zugeschnittene Regelungen zu ermöglichen. Eine Verpflichtung zur Verringerung der Mitglieder des GBR auf 40 Mitglieder lässt sich schon für die BV nach Abs. 5 und 6 nicht begründen, da das Gesetz nur allgemein die Verringerung der Mitgliederzahl des GBR verlangt, nicht jedoch die Verringerung auf 40 Mitglieder zwingend vorschreibt. Erst Recht kann eine solche Verringerung für eine tarifvertragliche Regelung gem. Abs. 4 nicht begründet werden.

Da das Gesetz eine **tarifvertragliche Regelung** bevorzugt, wird man von dem AG verlangen **101** müssen, dass er zunächst eine ernsthafte tarifvertragliche Einigung mit der zuständigen Gewerkschaft versucht, bevor er den Weg über die Erzwingung einer BV beschreitet. Der TV kann durch Streik erkämpft werden.[113]

Die **Größe des GBR** ist **flexibel.**[114] Bei Vorliegen der Voraussetzungen des Abs. 5 ist eine **102** **Verkleinerung** des GBR zwingend vorgesehen. Eine GBV, die auch eine Regelung nach § 47 Abs. 4 enthält, ist nicht allein deshalb unwirksam, weil ihre **Überschrift** nur auf § 47 Abs. 5 verweist, wenn aus einem Entwurf der Vereinbarung deutlich hervorging, dass auch die Zahl der GBR-Mitglieder, die von den bestehen bleibenden Einzelbetrieben entsandt werden, reduziert werden sollte. Wird die Größe des GBR darin sowohl nach § 47 Abs. 4 als auch nach § 47 Abs. 5 festgelegt, ist dies zulässig.[115]

Es können für mehrere BR gemeinsame oder für einen BR mehr Vertreter entsandt werden, als **103** es das Gesetz vorsieht. Damit soll eine stärkere Berücksichtigung der unterschiedlichen **Größe und Bedeutung** einzelner Betriebe eines UN ermöglicht werden. Einer nach regionalen Gesichtspunkten zusammengefassten Versammlung von BR kann als Entsendungskörper die Entscheidung über die in den GBR zu entsendenden BR-Mitglieder übertragen werden.[116]

Die Mitgliederzahl des vergrößerten oder verkleinerten GBR kann frei festgelegt werden. Das **104** gesetzliche Gebot der **regionalen oder interessenmäßigen Verbindung** der Betriebe gemäß § 47 Abs. 5 gilt nicht nur für die erzwingbare BV. Es handelt sich um Wertentscheidungen, die nicht für den Kollektivvertrag nach Abs. 4 gelten. TV bzw. BV müssen nicht sicherstellen, dass jeder BR mit mindestens einem Mitglied im GBR vertreten sind, wohl aber, dass jeder BR bei der Bestimmung seiner Mitglieder mitwirken kann.[117] Bei der Verringerung der Mitgliederzahl muss nicht jeder BR im GBR vertreten sein und neben Entsendungseinheiten können auch Einzelbetriebe im GBR vertreten bleiben.[118]

Eine **Höchstgrenze ist nicht vorgeschrieben;** sie kann auch über 40 Mitglieder hinausgehen.[119] **105** Jeder BR kann mehr Mitglieder als in Abs. 2 Satz 1 vorgesehen, entsenden. Für größere BR kann insbesondere eine höhere Zahl festgelegt werden, um so das Stimmengewicht der einzelnen Mitglieder anzugleichen, um Verantwortung gleichmäßiger zu teilen. Es liegt im **Ermessen** der Regelungsparteien, ob und wie die Vergrößerung erfolgt, weil das Gesetz insoweit keine Vorgaben macht und nur willkürliche Festlegungen ausschließt.[120] Sie können z. B.

- **einen** oder **mehrere** BR berechtigen, mehr als ein Mitglied je Gruppe zu entsenden oder dieses Recht nur einer Gruppe einräumen;

---

112 *Richardi-Annuß*, Rn. 61.

113 DKKW-*Trümner*, § 3 Rn. 153 ff.; *Wissmann*, AiB 2000, 321, 322, *Däubler*, AuR 2001, 285, 288; *Plander*, NZA 2002, 483, 488; *Giesen*, BB 2002, 1480, 1484; *Rieble*, ZIP 2001, 133, 139; *Konzern*, RdA 2001, 76, 78, ErfK-*Koch*, BetrVG § 3 Rn. 2; *Richardi*, § 3 Rn 32; a. A. GK-*Kraft-Franzen*, § 3 Rn. 32; *Fitting*, § 3 Rn. 20.

114 BT-Drucks. VI/2729, S. 13.

115 *HessLAG* 5.6.08 – 9 TaBV 44/07; Mustervereinbarungen in DKKWF-*Trittin*, § 47 Rn. 9 bis 11.

116 *BAG* 25.5.05, NZA 06, 215.

117 *BAG* 25.5.05; NZA 06/215; *Klasen*, DB 93, 2180; *Löwisch/Hetzel*, Anm. zu *BAG*, AP Nr. 3 zu § 47 BetrVG Bl. 5, wonach § 47 Abs. 5 BetrVG insoweit einen allgemeinen Grundsatz enthält.

118 *Hess. LAG* 5.6.08 – 9 TaBV 44/07.

119 *Fitting*, Rn. 56; *HSWGN*, Rn. 24; Richardi-*Annuß*, Rn. 59; GK-*Kraft*, Rn. 72.

120 *Fitting*, Rn. 56; *Klasen*, DB 93, 2180.

- die **Gesamtzahl** der Mitglieder frei festlegen.

106 **Beschlüsse des Entsendungskörpers** werden gem. § 33 Abs. 1 mit einfacher Stimmenmehrheit gefasst.[121] Er kann wie der BR mehrheitlich die Tagesordnung ergänzen oder ändern (vgl. § 29 Rn. 2 ff. und 15 ff.).

107 Tarifvertraglich Regelungen oder Betriebsvereinbarungen müssen für die Beschlussfassung in Entsendungskörpern **nicht** zwingend **Verhältniswahl** vorschreiben. Sie ist nicht verfassungsrechtlich gem. Art. 9 Abs. 3, 28 Abs. 1, 38 Abs. 1 GG geboten. Der Gesetzgeber hat sich verfassungsrechtlich zulässig für ein Mischsystem von Verhältnis- und Mehrheitswahl entschieden.[122]

108 Für den Abschluss einer abweichenden Regelung der Stimmengewichtung für den **gemeinsamen Betrieb** mehrerer UN ist der GBR zuständig. Die Einzelbetriebsräte können vom Regelungsgegen- stand her nicht jeweils einzelne Regelungen treffen, die unmittelbar auch andere Betrieb berührt.[123]

109 Die GBV **endet** durch Kündigung, Fristablauf, ablösende Vereinbarung oder Wegfall der Geschäftsgrundlage. Insoweit gilt nichts anderes als für die notwendige Verkleinerung des GBR gemäß Abs. 5 und 6. Sie endet nicht, wenn neue Betriebe mit BR hinzukommen. Etwas anderes gilt nur, wenn ihre Anwendung keinen Sinn mehr ergibt.[124]

110 Regelungen, die vom Gesetz abweichende Voraussetzungen für die Errichtung oder die **Zuständigkeit** des GBR vorsehen, können allerdings nicht getroffen werden.

111 Inhaltlich kann **nur die Mitgliederzahl** des GBR verändert werden.[125] Zur Sollvorschrift des Abs. 2 Satz 2, wonach die **Geschlechter angemessen berücksichtigt** werden sollen, können die Vertragsparteien keine abweichenden Regelungen treffen, weil Abs. 4 nur auf Abs. 2 Satz 1 Bezug nimmt.

112 Ebenso wenig kann statt der Entsendung durch die BR ein **anderes Verfahren zur Bestellung** der Mitglieder des GBR vorgesehen werden, etwa auf einer BR-Versammlung oder durch den nicht verkleinerten GBR selbst.[126] Auch eine Bestellung durch Wahlmänner der beteiligten BR wäre unzulässig.[127]

2. Betriebsvereinbarung

113 Für den Abschluss einer BV bzw. GBV nach Abs. 4 ist der **»Ur-GBR«** in der nach Abs. 2 vorgesehenen Größe und Zusammensetzung **zuständig.**[128] Dieser muss sich **zunächst** nach § 51 Abs. 3 **konstituiert** haben und für den Abschluss der BV in beschlussfähiger Zusammensetzung zusammengetreten sein.[129] Eine GBV, die ein bereits verkleinerter GBR abschließt und nicht nur unwesentliche Verfahrensregeln enthält, ist unwirksam.[130] Die durch die BV beschlossene Änderung der Mitgliederzahl gilt auch für BR, die sich an der Beschlussfassung nicht beteiligt haben.[131] Die Veränderungen wegen der betroffenen BR und die Zahl der zu bestimmenden GBR-Mitglieder müssen **genau und konkret** festgelegt werden.[132] Werden mehrere BR zusammengefasst, so bestimmen deren sämtliche Mitglieder, wie wenn sie ein gemeinsamer BR wären.[133]

114 Der Abschluss der BV kann **nicht erzwungen** werden, und zwar weder durch den AG noch

121 *BAG* 25.5.05, NZA 06, 215.
122 *BAG* 25.5.05, NZA 06, 215.
123 *Robrecht*, S. 24.
124 *BAG* 16.3.05, AP Nr. 5 zu § 51 BetrVG 1972.
125 *BAG* 25.5.05, NZA 06, 215.
126 *BAG* 15.8.78, AP Nr. 3 zu § 47 BetrVG 1972; Fitting, Rn. 56.
127 A. A. Richardi-*Annuß*, Rn. 58.
128 *ArbG München* 30.7.02, AiB 03, 177; *Fitting*, Rn. 45; *GL*, Rn. 22; HWGNRH-*Glock*, Rn. 34; Richardi-*Annuß*, Rn. 51.
129 *BAG* 15.8.78, AP Nr. 3 zu § 47 BetrVG 1972.
130 *ArbG München* a. a. O.
131 *Fitting*, Rn. 45.
132 GK-*Kreutz*, Rn. 86.
133 *BAG* 15.8.78, a. a. O.

durch den GBR. Eine verbindliche Entscheidung der ESt. kommt nur bei einer Regelung nach Abs. 5 in Betracht. Eine BV ha wegen des fehlenden Schutzzwecks **keine Nachwirkung** gemäß § 77 Abs. 6 (vgl. Rn 122).[134]

Gilt ein TV, dann kann wegen des **Tarifvorrangs** keine hiervon abweichende BV geschlossen werden.[135] Eine BV kann von einem **nachfolgenden Firmentarifvertrag** oder firmenbezogenen Verbandstarifvertrag abgelöst werden.[136] **115**

3. Tarifvertrag

Der TV erfordert eine konkrete **unternehmensbezogene Regelung.** Als Tarifpartner der Gewerkschaft oder auch andere Gewerkschaften kommt der einzelne AG oder der AG-Verband in Betracht, der einen firmenbezogenen Verbandstarifvertrag abschließt.[137] Es genügt die **einseitige Tarifbindung** des AG, da der Vertrag eine betriebsverfassungsrechtliche Regelung gemäß § 3 Abs. 2 TVG enthält.[138] Sind im UN mehrere Gewerkschaften vertreten, ist für den TV nach dem Repräsentations- oder Mehrheitsprinzip die **mitgliederstärkste Gewerkschaft** zuständig.[139] **116**

Ein TV, mit dem die Mitgliederzahl nach Abs. 4 abweichend von Abs. 2 Satz 1 geregelt wird, kann durch **Arbeitskampfmaßnahmen** erkämpft werden, wenngleich er in der Regel nicht Gegenstand eines Arbeitskampfes sein und erstreikt werden wird.[140] **117**

Eine tarifliche Regelung wirkt nach ihrem Ablauf **nicht** nach. Nach Beendigung ihrer Geltungsdauer bedarf es keiner Nachwirkung zum Schutz der AN vor einem ungeregelten Zustand, weil die gesetzlichen Regelungen zur Bildung des GBR gem. Abs. 2 gilt und damit kein regelloser Zustand droht. Des gesetzgeberischen Schutzzwecks der Nachwirkung gem. § 4 Abs. 5 TVG bedarf es also bei einem TV zur Mitgliederzahl des GBR gem. Abs. 4 nicht.[141] Eine tarifvertragliche Regelung hat in jedem Fall **Vorrang** auch vor einer nach Abs. 5 erzwingbaren BV.[142] **118**

Der den GBR verkleinernde TV muss alle Betriebe des UN erfassen. In der Regel wird es sich um einen **Firmentarifvertrag** handeln. Fallen die Betriebe fachlich in den Zuständigkeitsbereich mehrerer Gewerkschaften, so können auch sie den TV auch einzeln abschließen. **119**

Es kann sich auch um einen **Verbandstarifvertrag** handeln, den die Verbände mit dem Geltungsbereich nur für ein UN abschließen.[143] Es genügt gemäß § 3 Abs. 2 TVG die alleinige Tarifbindung des AG, da es sich um eine betriebsverfassungsrechtliche Angelegenheit handelt. Da der TV nur die seinem **fachlichen** Geltungsbereich unterliegenden Betriebe eines UN erfasst, wird es als zulässig angesehen, die **tarifliche Regelung** für die übrigen, von ihr nicht erfassten Betriebe durch eine mit dem nach der gesetzlichen Regelung zusammengesetzten GBR getroffene BV zu **übernehmen.** **120**

4. Rechtsfolgen

Mit In-Kraft-Treten des TV oder der BV endet nicht das Amt des GBR. Erst mit der **tatsächlichen Konstituierung** tritt der »neue« GBR an die Stelle des alten.[144] **121**

---

134 HWGNRH-*Glock*, Rn. 35; GK-*Kreutz*, Rn. 79; *Klasen*, DB 93, 2180; § 77 Rn. 58 ff.
135 *BAG* 30.10.86, EzA § 47 BetrVG 1972 Nr. 4; *Fitting*, Rn. 48; *GL*, Rn. 22; HWGNRH-*Glock*, Rn. 29; GK-*Kreutz*, Rn. 83; Richardi-*Annuß*, Rn. 52.
136 GK-*Kreutz*, Rn. 89.
137 *Fitting*, Rn. 50; Richardi-*Annuß*, Rn. 50.
138 *BAG* 25.5.05, NZA 06, 215.
139 *Fitting*, Rn. 51; vgl. auch *BAG* 29.7.09. – 7 ABR 27/08.
140 *Brox/Rüthers*, § 8 Rn. 261; HSWG-*Glock*, Rn. 32, Düwell-*Tautphäus* Rn. 32; Richardi-*Annuß*, Rn. 50.
141 GK-*Kreutz*, Rn. 89.
142 *Fitting*, Rn. 48.
143 *GL*, Rn. 21: a. A. GK-*Kreutz*, Rn. 89.
144 GK-*Kreutz*, Rn. 90.

5. Beendigung

122 Der TV oder die BV gilt für eine vereinbarte Dauer. Dies dürfte regelmäßig die Amtszeit der amtierenden BR sein. Andernfalls gelten die Vereinbarungen bis zur Kündigung oder der einvernehmlichen Aufhebung. Mit der Beendigung bestimmt sich die Mitgliederzahl des GBR wieder allein nach § 47 Abs. 2. BV und TV gelten wegen des hier fehlenden Schutzzwecks der Nachwirkung nicht nach, weil anstelle der Vereinbarung die gesetzliche Regelung gilt.[145] Wandelt sich die UN-Struktur in nicht unerheblicher Weise durch Veränderung der Zahl der Betriebe oder ihre AN-Zahl, so kann schon vor Ablauf der vereinbarten Geltungsdauer die **Geschäftsgrundlage** entfallen mit der Folge, dass die Vereinbarung den geänderten Umständen anzupassen ist.[146] In diesem Fall bestimmt sich die Mitgliederzahl wieder nach der gesetzlichen Regelung.[147]

VII. Verkleinerung des Gesamtbetriebsrats (Abs. 5 und 6)

1. Voraussetzungen der Betriebsvereinbarung

123 Die Vorschrift will die **Arbeitsfähigkeit des GBR** sicherstellen. Der gem. § 47 Abs. 2 gebildete GBR muss sich durch die Wahl des Vorsitzenden und Stellvertreters **konstituiert** haben, weil er die eine Partei für die BV ist.[148] Der **verkleinerte GBR** kann also die Betriebsvereinbarung nach § 47 Abs. 4 und 5 **nicht** abschließen.[149] Dieser »Ur-GBR« gem. § 47 Abs. 2 ist für den Abschluss der Betriebsvereinbarung besonders zuständig (§ 50 Rn. 154 zu den besonderen gesetzlichen Zuständigkeiten).

124 Die Zahl der Mitglieder muss mehr als 40, also mindestens 41 betragen. Die abstrakt-rechnerische Möglichkeit der Überschreitung dieses Quorums reicht nicht aus. Es müssen dem GBR **tatsächlich** mehr als 40 Mitglieder angehören. Dies muss nicht zum **Zeitpunkt** der Konstituierung, sondern kann später der Fall sein, z. B. durch erstmalige BR-Wahl in bisher betriebsratslosen Betrieben.[150]

125 Es besteht aber **keine Rechtspflicht zur Verkleinerung**. Ergreift keine Partei eine Initiative, dann bleibt es sanktionslos bei der bisherigen Größe.[151] Der GBR verstößt also durch weitere Amtstätigkeit in der bisherigen Zusammensetzung nicht gegen seine gesetzlichen Pflichten und seine Beschlüsse wurden dadurch weder nichtig noch anfechtbar. Der GBR hat einen eigenen Beurteilungsspielraum, von dem er ermessensfehlerfrei Gebrauch machen kann und dessen Grenzen nicht eng zu ziehen sind.[152] Dabei kann er auch bewerten, ob und in welchem Umfang seine Mitgliederzahl in der Vergangenheit die tatsächliche Zahl der Teilnehmer an seinen Sitzungen die Zahl 40 überschritten hat. Wurde sie stets unterschritten, weil z. B. einzelne BR die Sitzung des GBR boykottiert hatten, dann erscheint die Verkleinerung des GBR weniger dringlich, als wenn sie stets auch tatsächlich überschritten wurde.

126 Eine BV kann jedoch nicht abgeschlossen werden, wenn ein TV über die Mitgliederzahl des GBR besteht. Damit wird der **Tarifvorrang** bestätigt. Er besteht immer, wenn ein unternehmensbezogener TV die Mitgliederzahl des GBR abweichend von Abs. 2 Satz 1 regelt. Es ist unerheblich, ob er für den GBR mehr oder weniger als 40 Mitglieder festlegt.

127 Die Voraussetzungen des § 47 Abs. 5 liegen nach Abschluss einer den GBR verkleinernden GBV nicht mehr vor. Der **Wortlaut** setzt voraus, dass die Mitgliederzahl die Grenze übersteigt, was nach wirksamer Verkleinerung nicht mehr der Fall ist.[153]

---

145 GK-*Kreutz*, Rn. 88.
146 *BAG* 16.3.05, AP Nr. 5 zu § 51 BetrVG 1972.
147 *Fitting*, Rn. 54; *Klasen*, DB 93, 2180.
148 *BAG* 15.8.78, AP Nr. 3 zu § 47 BetrVG 1972.
149 *ArbG München* 8.5.03, 11 BV 211/02; Richardi-*Annuß*, Rn. 62.
150 GK-*Kreutz*, Rn. 91.
151 *LAG München* 8.5.02, *Robrecht*, S. 98; *Mengel*, NZA 02, 409 [410].
152 *BGH* 25.10.12; NZA 12, 2012.
153 *Robrecht*, S. 37.

2. Beendigung der Betriebsvereinbarung

Die Rechtswirkungen einer BV können durch Kündigung, Zeitablauf bei Befristung, abändernde Vereinbarung oder Wegfall der tatsächlichen Voraussetzungen **beendet** bzw. **verändert** werden.[154] Dies gilt auch dann, wenn keine Vereinbarung zustande kam und sie gem. Abs. 6 durch Spruch der ESt. ersetzt wurde: 128

- **Kündigung** 129
  Wie jede Vereinbarung kann auch die den GBR verkleinernde GBV **gekündigt** werden. Nach der Kündigung und dem Ende ihrer Geltung bestimmt sich die Mitgliederzahl wieder nach der **gesetzlichen Regelung,** die durch einen nur nachwirkenden TV bzw. eine nur nachwirkende GBV nicht verdrängt wird.[155]
- **Ablösende bzw. verändernde Vereinbarung** 130
  Für die Ablösung oder Veränderung der Vereinbarung ist der **»Ur-GBR«** zuständig. Er besteht zwar nicht mehr als Gremium fort, ist jedoch neu von dem verkleinertem GBR einzuberufen. Jede Änderung der Vereinbarung bedarf derselben **demokratischen** Legitimation wie die ursprüngliche Vereinbarung auch.[156]
- **Wegfall der tatsächlichen Voraussetzungen, Änderung der UN-Struktur** 131
  Eine GBV endet bei Wegfall ihrer Voraussetzungen und der grundlegenden Änderung der UN-Struktur. Handelt es sich um keine grundlegende, sondern nur um kleinere Änderungen, so wirkt sich dies nur auf das **Stimmengewicht** der Mitglieder aus. Bei gemeinsamer Entsendung entsenden neu hinzugekommene Betriebe gesetzmäßig ein bzw. zwei Mitglieder, die neben die nach BV entsandten Mitglieder treten. Bei grundlegenden Strukturveränderungen endet die GBV und es würde wieder der »Ur-GBR« zusammentreten.[157] Nach dem ausdrücklichen Wortlaut ist der **GBR** für den Abschluss der BV **zuständig**. Einzelbetriebsräte können naturgemäß eine Verkleinerung der GBR nicht beschließen.

3. Regelungsinhalt der Betriebsvereinbarung

a) Art der Zusammenfassung

Art und Verfahren der Verkleinerung des GBR orientieren sich nicht nur an Wortlaut, Schutzzweck, Entstehungsgeschichte, sondern auch an der Gesetzessystematik, der die Prinzipien der **Unmittelbarkeit** und der **Gleichberechtigung** der Interessenvertretung im GBR zugrunde liegen. Deshalb kann durch Reduzierung der Delegiertenzahl auf einen Vertreter für jeden Betrieb so lange festgehalten werden, wie auf diese Weise die Zahl von 40 unterschritten wird (Rn. 139). Außerdem verlangt § 47 Abs. 5 nicht, dass alle Betriebe des UN zur gemeinsamen Entsendung zusammengefasst werden. Es können auch Betriebe bestehen bleiben, die nur **für sich entsenden.**[158] 132

Bei Zusammenfassung von mehreren Betrieben /BR zur Entsendung GBR geht das Recht der Entsendung von den örtlichen BR auf den Wahlkreis /Entsendekörper über. Die BV darf nur die herabgesetzte Mitgliederzahl und die gemeinsame Entsendung von Mitgliedern in dieses Gremium durch BR von Betrieben regeln, die unter bestimmten Gesichtspunkten der **regionalen Verbundenheit** und (oder) **gleichartiger Interessen** zusammengefasst sind.[159] Regionale Verbundenheit ist gegeben, wenn die Betriebe räumlich nicht weit voneinander entfernt liegen.[160] **Gleichartige Interessen** sind beispielsweise gleiche oder verwandte Betriebszwecke, gleiche Strukturen der Belegschaft, gleiche Stellung innerhalb der UN-Organisation wie Pro- 133

154 *Fitting,* Rn. 54; *Klasen,* DB 93, 2180.
155 *Fitting,* Rn. 73; a. A. *Klasen,* DB 93, 2180, wonach nur bei fakultativen GBV gemäß Abs. 4 die Nachwirkung entfällt.
156 A. A. 12. Auflage.
157 *BAG* 16.3.05AP Nr. 3 zu § 15 BetrVG 1972: *Klasen,* DB 93, 2180.
158 *HessLAG* 5.6.08 TaBV 44/07.
159 *BAG* 15.8.78, AP Nr. 3 zu § 47 BetrVG 1972.
160 *Fitting,* Rn. 53; weiter gehend MünchArbR-*Joost,* § 305 Rn. 37, wonach die Zugehörigkeit zu derselben Wirtschaftsregion maßgebend sei.

duktion, Vertrieb, Kundendienst u. Ä. UN und GBR haben einen **gewissen Beurteilungsspielraum** bei der Ausfüllung der Begriffe der regionalen Verbundenheit sowie der Verbundenheit infolge gleichartiger Interessen.[161] Der Gesetzesbegriff regionale Verbundenheit in § 47 Abs. 5 ist nicht gleichzusetzen mit räumlicher Nähe im Sinne des § 4 Abs. 1 BetrVG. Eine Regelung, die sich bei der Zusammenlegung von Betrieben an Gliederungen und regionale Verbundenheit orientiert, liegt regelmäßig noch im Rahmen des **Beurteilungsspielraums** von GBR und AG.[162] Der gesetzliche GBR gem. § 47 Abs. 2 ist nicht zur Entsendung von Mitgliedern in den verkleinerten GBR berufen.[163] Die gemeinsame Entsendung von Mitgliedern in den GBR erfolgt im jeweiligen Entsendekreis durch alle Mitglieder des BR. Sie sind zu den Sitzungen des Wahlkreises unter Mitteilung der Tagesordnung durch den GBR einzuladen. BR dürfen die Zahl der zu entsendenden Mitglieder nicht beschränken und nur bestimmte Mitglieder an den Sitzungen des Wahlkreises teilnehmen lassen. Hierin läge eine gravierende Beeinträchtigung des Unmittelbarkeitsprinzips der demokratischen Wahl, die geeignet wäre, die Rechtswirksamkeit der gesamten Wahl des GBR in Frage zu stellen. Über das Verfahren zur Verkleinerung des GBR, die Auslegung und Durchführung einzelner Bestimmungen der GBV können zwischen den Betriebsparteien unterschiedliche Auffassungen vertreten werden, die sich nicht einvernehmlich beilegen lassen. Damit der GBR rechtssicher arbeiten kann, ist die Vereinbarung einer Klausel zur Beilegung der **Meinungsverschiedenheit** in der GBV durch Anrufung einer Einigungsstelle gem. § 76 Abs. 5 nicht nur zulässig, sondern vor allem sinnvoll.

b) Anzahl der Mitglieder

134 Das Gesetz schreibt nicht vor, wie hoch die in der BV festzusetzende neue Mitgliederzahl sein muss. Sie kann sowohl **unter** als auch **über 40** liegen.[164] Entscheidend ist allein, dass durch eine gemeinsame Entsendung von Mitgliedern mehrerer BR eine **Reduzierung** der ursprünglichen Mitgliederzahl herbeigeführt wird. Die Regelung soll eine den jeweiligen Verhältnissen des UN entsprechende Vereinbarung ermöglichen.

c) Beschlussfassung

135 Der **gesetzliche »Ur-GBR«** nach Abs. 2 ist zur Entsendung von Mitgliedern in den verkleinerten GBR nicht berufen. Eine BV kann also z. B. nicht allein die Mitgliederzahl reduzieren und alles Weitere dem GBR überlassen. Die Entsendung hat vielmehr durch die **zusammengefassten BR** (»Ur-GBR«) zu erfolgen.[165] Ein bereits verkleinerter GBR kann also nicht wirksam mit dem AG eine BV nach § 47 Abs. 4 und 5 BetrVG abschließen. Dies kann nur ein nach § 47 Abs. 2 BetrVG zusammengetretener GBR.[166]

136 Die gemeinsame Entsendung hat durch eine Sitzung aller zusammengefassten BR zu erfolgen, zu der die BR-Vorsitzenden gemeinsam einladen. Jedes BR-Mitglied hat eine Stimme.[167] Gewählt ist das Mitglied, das die **einfache Stimmenmehrheit** auf sich vereint. Eine BV kann eine Stimmengewichtung analog Abs. 7 und 8 vorsehen, so dass jedes Mitglied so viele Stimmen hat, wie insgesamt wahlberechtigte AN in der Wählerliste des Betriebes eingetragen sind.[168] Die **Verhältniswahl** ist weder einfachgesetzlich noch verfassungsrechtlich geboten.[169]

161 *Fitting*, Rn. 64; vgl. Vereinbarungsmuster zur veränderten Zusammensetzung in DKKWF-*Trittin*, § 47 Rn. 9 bis 11.
162 *HessLAG* 5.6.08.
163 *BAG* 15.8.78, AP Nr. 3 zu § 47 BetrVG 1972.
164 *Fitting*, Rn. 68; MünchArbR-*Joost*, § 305 Rn. 36; *Klasen*, DB 93, 2180; *Robrecht*, S. 98; offen gelassen vom *BAG* 15.8.78, AP Nr. 3 zu § 47 BetrVG 1972; *Mengel*, 02, 409, wonach die Anzahl der die Anzahl der Mitglieder des GBR zwingend auf vierzig zurückzuführen ist. Die Gegenauffassung ist mit der Entstehungsgeschichte unvereinbar. Einen entsprechenden Gesetzesentwurf der CDU/CSU hatte der Bundestag nämlich ausdrücklich abgelehnt (BT-Drucks. VI/1806, S. 17).
165 *BAG* 15.8.78, AP Nr. 3 zu § 47 BetrVG 1972.
166 *ArbG München* 8.5.03
167 *BAG* 25.5.05, NZA 06, 215.
168 *Fitting*, Rn. 58; HWGNRH-*Glock*, Rn. 50.
169 *BAG* 25.5.05, NZA 06, 215.

d) Verfahren der Verkleinerung

Die Verringerung erfolgt in der Weise, dass **festgelegt** wird, welche BR gemeinsam Mitglieder in den GBR entsenden und wie viele Mitglieder von ihnen gemeinsam zu bestimmen sind. Abzustellen ist auf konkret bestehende BR, nicht auf Betriebe. Dabei müssen nicht alle BR zusammengefasst werden. Es wird allerdings für zulässig gehalten, in der BV über die Verkleinerung des GBR zur Lösung einer **Pattsituation** vorzusehen, dass das **Stimmengewicht** der BR-Mitglieder der einzelnen Betriebe entsprechend Abs. 8 den Ausschlag geben soll.[170] 137

Die BV kann **keine Verfahrensregeln** über die Bestimmung der GBR-Mitglieder durch die versammelten BR enthalten. Es ist z. B. nicht zulässig, 138

- die Bestimmung einem »Wahlmänner«-Gremium zu überlassen;[171]
- dass die beteiligten einzelnen BR in getrennten Sitzungen abstimmen;[172]
- dass die Abstimmung im Umlaufverfahren erfolgt.[173]

An den Prinzipien der **Unmittelbarkeit** und **Gleichheit der Mitwirkung aller BR im GBR** kann so lange festgehalten werden, wie durch Reduzierung der Delegiertenzahl auf einen Vertreter die Zahl von 40 unterschritten wird. Erst bei Überschreitung dieser Zahl auch nach Reduzierung auf einen Delegierten pro Betrieb ist das Prinzip der regionalen Entsendekreise bzw. Verbundenheit der Interessen anzuwenden. 139

4. Entscheidung der Einigungsstelle (Abs. 6)

Für den Fall, dass sich AG und GBR über den Inhalt einer nach Abs. 5 vorgeschriebenen BV nicht einigen, ist nach Abs. 6 die **verbindliche** Entscheidung der ESt. vorgesehen. Die Initiative zur Anrufung der ESt. kann ebenso wie die zum Abschluss einer BV nach Abs. 5 sowohl vom UN als auch vom GBR ausgehen. 140

Die **Zuständigkeit** für die Bestellung der Beisitzer der ESt. liegt bei dem nicht verkleinerten GBR nach Abs. 2.[174] Ebenso hat sich der nach Abs. 2 gebildete, nicht verkleinerte GBR mit dem AG über den unparteiischen Vorsitzenden zu einigen. Im Übrigen richtet sich das Verfahren nach § 76. Die Tarifvertragsparteien können eine **tarifliche Schlichtungsstelle** bilden.[175] 141

VIII. Stimmengewichtung bei gesetzlicher Größe des Gesamtbetriebsrats (Abs. 7)

1. Stimmengewicht (Satz 1)

Für das Stimmengewicht der einzelnen Mitglieder des GBR ist der Stand der **Wählerliste** bei der vorangegangenen BR-Wahl maßgebend.[176] Leiharbeitnehmer zählen mit. Bei der Neuwahl eines BR gilt dieses Stimmengewicht. Stichtag ist der **Wahltag.** Berichtigungen der Wählerliste durch den Wahlvorstand bis zum Tag vor Beginn der Stimmabgabe sind ebenso zu berücksichtigen wie Berichtigungen durch das ArbG, auch wenn die Entscheidungen erst nach der Wahl rechtskräftig werden.[177] 142

Verändert sich die **Belegschaftsstärke** eines Betriebs nachträglich, bleibt dies für das Stimmengewicht der betreffenden GBR-Mitglieder unbeachtlich.[178] Es ist auch unerheblich, auf welche Weise sich die Belegschaftsstärke verändert hat (z. B. durch allmählichen Personalabbau, Massenentlassung, Betriebsspaltung oder -zusammenlegung). AN aus betriebsratslosen Betrieben des UN zählen nicht mit. Der Bezug auf den Stand der Wählerliste ist allerdings 143

---

170 *LAG München* 11.11.82, DB 83, 2788.
171 *BAG* 15.8.78, AP Nr. 3 zu § 47 BetrVG 1972.
172 A. A. GK-*Kreutz*, Rn. 98.
173 A. A. GK-*Kreutz*, Rn. 100.
174 *GL*, Rn. 25; *Fitting*, Rn. 72; Richardi-*Annuß*, Rn. 63; a. A. *Sahmer*, Anm. 12, der die BR für zuständig hält.
175 *Richardi-Annuß* Rn. 64; Düwell-*Tautphäus*, Rn. 46.
176 Vgl. Beschluss über Hinzuziehung einer RA in DKKWF-*Trittin*, § 47 Rn. 12.
177 *Fitting*, Rn. 51; HWGNRH-*Glock*, Rn. 58; Richardi-*Annuß*, Rn. 70.
178 *Fitting*, Rn. 75; ErfK-*Koch*, Rn. 16; Richardi-*Annuß*, Rn. 71; *Löwisch/Kaiser*, Rn. 14.

problematisch, wenn sich durch Umstrukturierung das Zahlenverhältnis nicht allmählich, sondern **schlagartig veränderte** und damit **drastisch verzerrte.**

> **Beispiel:**
> Ein Betrieb verliert durch Ausgliederung eines Teils 900 von 1000 AN, während der andere Betrieb sie hinzugewinnt. Eine Neuwahl gem. § 13 Abs. 2 Nr. 1 könnte dieses Problem lösen, ist aber nicht ohne weiteres möglich, wenn die Umstrukturierung z. B. nicht innerhalb von 24 Monaten erfolgte.

144 Ausgangspunkt für eine Lösung sollten folgende **Überlegungen** sein:

145 • Die Regelung in § 47 Abs. 7 diente dazu, eine **gerechtere Stimmengewichtung** zu erzielen, als dies noch § 47 Abs. 1 Satz 3 BetrVG 1952 vorsah. Danach war die absolute Zahl der BR-Mitglieder des entsendenden BR bzw. die jeweilige Gruppenstärke im BR für das Stimmgewicht maßgeblich. Das führte aber wegen der Degression in der Zahlenstaffel des § 9 BetrVG 1952 (ebenso trotz Veränderungen immer noch im BetrVG 1972) zu Stimmgewichtsverzerrungen zugunsten kleiner und zu Lasten großer Betriebe. Nach der Begründung zum RegE 1972 sollte mit der Anknüpfung an der Wählerliste aber gerade »eine den tatsächlichen Stärkeverhältnissen der einzelnen Betriebe ... gerechtere Stimmengewichtung erzielt werden«.[179] Die Änderung betont also das Prinzip der demokratischen Repräsentation.

146 • Der GBR hat keine Amtszeit, sondern ist eine **Dauereinrichtung.**[180] Wenn gem. § 13 für die Repräsentationsebene des BR aufgrund dessen überschaubarer Amtszeit nicht jede Änderung schon immer Auswirkungen auf den Bestand des BR haben soll, dann ist dieses Prinzip auf den amtszeitlosen GBR nicht übertragbar. Er dient der Herstellung einer demokratisch repräsentativen Vertretung der Gesamtarbeitnehmerschaft auf der Ebene des UN und bezieht seine Legitimation gerade aus der betriebsbezogenen Stimmgewichtung, so dass kleine Betriebe gerade nicht einen unverhältnismäßig hohen Einfluss auf die Entscheidung des GBR gewinnen können. Dieses Prinzip muss ständig gewahrt sein.

147 • Es sind Kriterien zu definieren, wonach einerseits nicht jede Schwankung die Stimmengewichtung ändert, andererseits aber auch **nachhaltige Veränderungen** nicht ohne jede Bedeutung bleiben.

148 Ein Lösungsweg ist, dass das Gesetz selbst in einer Reihe von Bestimmungen vom **normalen Erscheinungsbild des Betriebes** ausgeht und dieses mit den Worten »in der Regel« beschreibt. Dabei kann auch die in einem Interessenausgleich festgestellte Betriebsänderung bei der Beurteilung der künftigen »Normalbedingungen« nicht unbeachtet bleiben. Ein anderer Weg besteht für den Beispielfall darin, dass man bei unternehmensrechtlich ausgelösten, dauerhaften Veränderungen im Bestand von Betrieben nicht auf die Betriebsfiktion des § 3 Abs. 5 abgestellt, sondern den **gesetzlichen Betriebsbegriff** zu Grunde legt. Man gelangt dann jedenfalls zu dem Ergebnis, das auch eintreten würde, wenn ein Betrieb aus dem UN oder Konzern ausscheidet. Schließlich kann davon ausgegangen werden, dass Abs. 7 nach UN-Umwandlungen und Umstrukturierungen keine Anwendung findet, wenn sich hierdurch die Stimmgewichte erheblich verzerrt haben.[181]

149 **AN, die mehreren Betrieben des UN angehören,** zählen dadurch **mehrfach.** Dies gilt unabhängig davon, wie die vertraglichen Beziehungen konkret ausgestaltet sind. Die Arbeitsverhältnisse mit zwei Betrieben können z. B. gleichzeitig aktiv in Form von Teilzeit ausgeübt werden oder es kann eines ruhen, während das andere aktiv vollzogen wird. Für das Stimmengewicht ist jeweils die Betriebszugehörigkeit maßgebend. Es vertrüge sich mit dem gestuften Aufbau der Betriebsverfassung nicht, wenn für die Rechtsstellung der GBR-Mitglieder von den Kriterien abgewichen werden müsste, die für das Delegationsorgan maßgeblich sind.[182]

150 Im **gemeinsamen Betrieb** haben die Vertreter im GBR das Stimmgewicht des gesamten Be-

179 BR-Drucks. 715/70, S. 42.
180 *BAG* 15.12.81, AP Nr. 1 zu § 47 BetrVG 1972.
181 A. A. Düwell-*Tautphäus*, Rn. 46.
182 *Windbichler*, S. 269.

triebs. Für den gemeinsamen Betrieb gilt insofern nichts anderes als für den »normalen« Betrieb. Er ist auch dann als eine organisatorische Einheit zu betrachten, wenn einem der beteiligten UN eine wesentlich größere AN-Zahl angehört.[183] Gem. Abs. 9 können hiervon abweichende Regelungen getroffen werden (Rn. 76 f.).

Die Mitglieder des GBR handeln bei der Stimmabgabe **weisungs- und auftragsfrei** und kann seine Stimmen nur **einheitlich** abgeben.[184] **151**

2. Anteiliges Stimmengewicht (Satz 2)

Die Entsendung von **zwei Mitgliedern** gem. Abs. 2 verdoppelt nicht das Stimmengewicht, sondern **teilt** es **gleichmäßig auf.** Dies gilt entsprechend für die Entsendung von mehr als zwei Mitgliedern gem. Abs. 4. Dabei rechnen auch Dezimalstellen (z. B.: Bei 2 Vertretern und 101 AN hat jeder Vertreter 50,5 Stimmen). Vertritt entgegen Abs. 7 Satz 2 nur ein Vertreter den BR, dann hat er auch bei entschuldigtem Fehlen des anderen Vertreters nicht das volle Stimmengewicht, weil andernfalls die Vertretungsregelung ausgehöhlt würde. Im Verhinderungsfall ist zunächst das gem. § 47 Abs. 3 bestellte persönliche Ersatzmitglied einzuladen. Ist dieses ebenfalls verhindert, dann ist das nächste persönliche Ersatzmitglied einzuladen. **152**

Durch **TV** oder **BV** darf keine von der anteiligen Teilung des Stimmengewichts abweichende Regelung getroffen werden. **153**

IX. Stimmengewichtung bei abweichender Größe des Gesamtbetriebsrats (Abs. 8)

Die Sonderregelung ist eine Folge der in Abs. 4 bis 6 eröffneten Möglichkeit, die Mitgliederzahl abweichend vom Gesetz zu regeln. Die Erläuterungen zum Stimmengewicht gemäß Abs. 7 gelten sinngemäß auch für Abs. 8. **154**

1. Stimmengewicht (1. Halbsatz)

Bei Verkleinerung des GBR gem. Abs. 4 – 6 kann ein Mitglied für **mehrere Betriebe** entsandt werden. In diesem Fall hat das entsandte Mitglied so viele Stimmen, wie wahlberechtigte Arbeitnehmer in **die Wählerlisten** eingetragen sind. Bei der Entsendung für einen oder mehrere gemeinsame Betriebe gem. § 1 Abs. 1 Satz 2 zählen alle in dem Gemeinschaftsbetrieb eingetragenen Wahlberechtigten. Die Summe der Wahlberechtigten wird zu gleichen Teilen auf die Vertreter aufgeteilt.[185] **155**

2. Anteiliges Stimmengewicht bei mehreren Mitgliedern (2. Halbsatz)

Bei Entsendung mehrerer Mitglieder erhöht sich nicht das Stimmengewicht. Die Summe der Stimmen verteilt sich zu gleichen Teilen auf die mehreren Vertreter. Es steht diesen dann nur **anteilig** zu. Sie müssen hiervon **keinen einheitlichen Gebrauch** machen.[186] **156**

X. Abweichende Regelung für gemeinsamen Betrieb (Abs. 9)

Der BR eines gemeinsamen Betriebs entsendet wie jeder andere BR seine Vertreter in den GBR. Wurde in allen aus gemeinsamen beteiligten UN eines Betriebs ein GBR gebildet, dann entsendet der BR des gemeinsamen Betriebs seine Vertreter in **jeden GBR.**[187] Sie müssen nicht in einem **Arbeitsverhältnis** zu dem betreffenden UN stehen, weil der Vertragsarbeitgeber vom Adressaten der Mitbestimmung zu unterscheiden ist.[188] Liegt in Wirklichkeit kein gemeinsamer Betrieb vor, kann die Errichtung des GBR unwirksam sein.[189] **157**

---

183 A. A. Richardi-*Annuß*, Rn. 78, wonach es auf die von den UN jeweils getragene Betriebsorganisation ankomme.

184 *Fitting*, Rn. 76; HWGNRH-*Glock*, Rn. 63; GK-*Kraft*, Rn. 61 Düwell-*Tautphäus*, Rn. 50.

185 *Fitting*, Rn. 78; GK-*Kreutz*, Rn. 111.

186 GK-*Kreutz*, Rn. 112.

187 *BAG* 13.2.07, AP Nr. 17 zu § 47 BetrVG 1972.

188 *Däubler*, FS Zeuner, S. 18; *Schmidt*, FS *Küttner*, S. 499; GK-*Kreuz*, Rn. 114; a. A. *Richardi/Annuß*,

158 Grundsätzlich richtet sich das **Stimmengewicht** der vom gemeinsamen Betrieb entsandten Mitglieder nach der Zahl der in die Wählerliste eingetragenen AN, zu denen AN aller beteiligten UN zählen. Dies kann zu Verzerrung bei Angelegenheiten führen, die nur ein UN betreffen. Deshalb können durch TV oder BV von Abs. 7 und 8 abweichende Regelungen für den *gemeinsamen* Betrieb getroffen werden. Der **TV** hat **Vorrang** (vgl. auch Rn. 58 zur Verkleinerung des GBR).[190]

159 Der Abschluss von TV oder BV **empfiehlt** sich z. B. für den Fall, dass

- im GBR eines der an einem gemeinsamen Betrieb beteiligten UN über eine Angelegenheit beschlossen werden soll, die nur dieses UN betrifft;
- Vertreter eines gemeinsamen Betriebs nur insoweit mitstimmen dürfen, als sie AN des in Frage stehenden UN repräsentieren. Vom gemeinsamen Betrieb selbst eingestellte AN sind zuzuordnen.

160 Die Regelungsbefugnis beschränkt sich auf das Stimmengewicht der in den GBR entsandten Mitglieder. Das Entsenderecht in den GBR selbst darf nicht in der Weise begrenzt werden, dass es nur für AN gilt, die in einem Arbeitsverhältnis zum betreffenden UN stehen. Zulässig ist eine Regelung, die das Stimmengewicht in der Weise beschränkt, dem einen Mitglied gem. Abs. 7 Satz 1 oder mehreren Mitgliedern gem. Abs. 7 Satz anteilig nur so viele Stimmen zustehen, wie wahlberechtigte AN in die Wahlliste des Gemeinschaftsbetriebs eingetragen sind, die in einem Arbeitsverhältnis zum jeweiligen UN stehen. Eine Reduzierung auf Null ist unzulässig.[191]

161 Das Stimmengewicht des einen Mitglieds gem. Abs. 7 Satz 1 oder der Mitglieder gem. Abs. 7 Satz 2 kann generell oder in einzelnen Angelegenheiten begrenzt werden dadurch, dass die Wahlberechtigten nur insoweit zählen, als sie **zu UN in einem Arbeitsverhältnis** stehen. Damit vermindert sich das Stimmengewicht um die zum andere UN rechnenden AN.[192]

XI. Streitigkeiten

1. Beschlussverfahren

162 Über Streitigkeiten, die die **Errichtung,** wirksame **Bestellung** bzw. **Abberufung von Mitgliedern und Ersatzmitgliedern, Mitgliederzahl** und **Zusammensetzung** des GBR sowie das **Stimmengewicht** seiner Mitglieder, die Wirksamkeit einer gemäß Abs. 4 und 5 getroffenen **TV oder BV** sowie die Zuständigkeit der **ESt.** und die Wirksamkeit ihres Spruchs betreffend, entscheiden gemäß § 2 a ArbGG die ArbG im **Beschlussverfahren.**

163 **Örtlich zuständig** ist das ArbG am Sitz des UN für Angelegenheiten des GBR (§ 82 Abs. 1 Satz 2 ArbGG). Die Bestellung und Abberufung von Mitgliedern und Ersatzmitgliedern ist keine Angelegenheit des GBR, sondern eine des jeweiligen BR. Deshalb sind für diese Rechtsstreitigkeiten die für den **jeweiligen Sitz des Betriebs** zuständigen ArbG örtlich zuständig. Befindet sich der UN-Sitz im **Ausland,** ist das ArbG örtlich zuständig, in dessen Bezirk der Betrieb des ausländischen UN liegt, dem innerhalb der Bundesrepublik die zentrale Bedeutung zukommt.[193] Für Streitigkeiten über Rechtmäßigkeit der Bestellung der inländischen AN-Vertretung im EBR ist örtlich und international der ArbG örtlich zuständig, in dessen Bezirk der nach Zahl der wahrberechtigten AN größte UN mit einem GBR seinen Sitz hat.[194]

164 Berührt das Verfahren betriebsverfassungsrechtliche Rechte von GBR-Mitgliedern, sind diese zu **beteiligen.**[195]

Rn. *77.*

189 *LAG Nürnberg,* 31.3.09 – 2 TaBV 49/07.

190 Richardi-*Annuß,* Rn. 76 ff. sowie Tarifvertragsmuster in DKKWF-*Trittin,* § 47 Rn. 14 und Rn. 15 mit GBV.

191 GK-*Kreutz,* Rn. 117.

192 GK-*Kreutz,* Rn. 119.

193 *BAG* 31.10.75, AP Nr. 2 zu § 106 BetrVG 1972 mit Anm. *Hinz.*

194 *BAG* 18.4.07, NZA 07, 1375.

195 *BAG* 25.5.05, AP Nr. 16 zu § 47 BetrVG 1972.

2. Entsendungsbeschlüsse der Betriebsräte

Bei Streitigkeit über die wirksame Entsendung eines bestimmten BR-Mitglieds findet § 19 analog Anwendung, so dass Fehler innerhalb einer **zweiwöchigen Frist** gerichtlich geltend gemacht werden müssen. Die Entsandten bleiben bis zur rechtskräftigen Entscheidung im Amt.[196] Die zweiwöchige Frist gilt auch bei Streit über die Wirksamkeit eines **TV** oder **BV** gem. Abs. 4 oder 5.[197] Eine Regelung, wonach nur AN der betreffenden UN in den GBR entsandt werden, ist unwirksam.[198] Sie **beginnt** i. d. R. mit der Feststellung des Wahl- bzw. Abstimmungsergebnisses durch den BR. War ein BR-Mitglied an der Sitzungsteilname verhindert, beginnt die Frist für dieses Mitglied erst mit der Information über die Wahl bzw. Beschlussfassung.[199] 165

Anfechtungsberechtigt ist jedes **einzelne Mitglied** des entsendenden BR[200] und die **Gewerkschaft.**[201] Die Gewerkschaft ist an der Errichtung der inneren Ordnung des Betriebs beteiligt. Sie ist nicht nur gem. § 23 Abs. 1 und 3 wegen groben Verstoßes des Betriebsrats, einzelner Mitglieder und des AG im Betrieb antragsberechtigt, sondern kann gerade auch gem. § 48 den Ausschluss einzelner Mitglieder aus dem GBR beantragen. Damit ist sie ein Organ der Betriebsverfassung und insofern noch mehr als der AG an der inneren Ordnung des GBR beteiligt. Wer nach dem eindeutigen Willen des Gesetzgebers über seine Verstöße zu wachen hat, dem kann das Anfechtungsrecht wegen dieser Verstöße nicht versagt werden. 166

Der **Antrag** auf Anfechtung des Beschlusses bzw. der Wahl richtet sich auf seine in die Zukunft wirkende **Unwirksamkeit.** Nur in extremen Ausnahmefällen, in denen noch nicht einmal der Anschein eines gesetzlichen Verfahrens erweckt wurde, ist die Feststellung der Nichtigkeit zu beantragen.[202] Einem BR, der zugleich Mitglied des GBR ist und bei der Bestellung der inländischen Arbeitnehmervertretung im Europäischen BR durch den GBR repräsentiert wurde, steht im Verfahren über die Wirksamkeit der Bestellung inländischer Arbeitnehmervertreter in den EBR eine Antragsbefugnis zu.[203] 167
Die vom GBR gefassten Beschlüsse **bleiben** bis zur bestandskräftigen arbeitsgerichtlichen Entscheidung, die sie für unwirksam erklären, in **Kraft**. Angefochtene BV gelten ebenfalls weiter. Etwas anderes kann nur ausnahmsweise bei ihrer Nichtigkeit gelten.[204]

An von einzelnen BR-Mitgliedern eingeleitete **Anfechtungsverfahren** sind alle BR, der GBR und der AG und die im GBR bzw. BR vertretene Gewerkschaft zu beteiligen.[205] 168

3. Konstituierung

Bei Streitigkeiten über **wirksame Konstituierung** des GBR kann beim ArbG die Feststellung beantragt werden, dass sie nicht rechtswirksam erfolgt sei. Hierfür gilt nach Ansicht der Rechtssprechung keine Anfechtungsfrist gemäß § 19 Abs. 2 Satz 2.[206] Richtigerweise gilt jedoch auch hier eine **zweiwöchige Frist,** weil aus Gründen der Rechtssicherheit zu seinem Bestandsschutz § 19 Abs. 2 Satz 2 analog anzuwenden ist.[207] 169

---

196 *BAG* 16.11.05, AP Nr. 7 zu § 28 BetrVG 1972; 25.5.05, NZA 06, 215; 15.8.01, DB 02, 330; 13.11.91, 8.4.92, EzA § 26 BetrVG 1972 Nrn. 5, 6; 15.1.92, EzA § 19 BetrVG 1972 Nr. 37 zu betriebsratsinternen Wahlen; anders *BAG* 15.8.78, AP Nr. 3 zu § 47 BetrVG 1972: Nichtigkeit, auf die § 19 unanwendbar ist.

197 *BAG* 25.5.05, NZA 06, 215.

198 Düwell-*Tautphäus*, Rn. 53; *Fitting*, Rn. 81; GK-Kreutz, Rn. 125; a. A. *Richardi-Annuß*, Rn 77.

199 *BAG* 20.4.05, AP Nr. 30 zu § 38 BetrVG 1972.

200 *BAG* 21.7.04, AP Nr. 13 zu § 47 BetrVG 1972; 16.11.05, AP Nr. 7 zu § 28 BetrVG 1972.

201 A. A. GK-*Kreutz*, Rn. 127, der ihre Beteiligung an der inneren Ordnung ausschließt; Richardi-*Annuß*, Rn. 86.

202 *BAG* 20.4.05, AP Nr. 30 zu § 38 BetrVG 1072; *Fitting*, Rn. 83.

203 *LAG Düsseldorf* 31.10.07 – 11 TaBV 80/07.

204 *Fitting, Rn. 83.*

205 *BAG* 15.8.78, AP Nr. 3 zu § 47 BetrVG 1972.

206 *BAG* 15.8.78 AP Nr. 3 zu § 47 BetrVG 1972; 23.8.06, AP Nr. 12 zu § 54 BetrVG 1972 für die Errichtung des KBR; *Fitting*, Rn. 84; GK-*Kreutz*, Rn. 129.

207 A. A. GK-*Kreutz*, Rn. 125, der auf die Errichtung des GBR durch einzelne Organisationsakte abstellt,

170 Etwas anderes gilt nur für das Feststellungsverfahren zur **Bildung des GBR.** Hier findet § 19 Abs. 2 **keine analoge Anwendung.** Hierzu fehlt es an der Regelungslücke und Vergleichbarkeit beider Konstellationen.

171 Die Unwirksamkeit der Errichtung kann von einzelnen BR,[208] **BR-Mitgliedern,**[209] vom AG[210] gerichtlich geltend gemacht werden. Dies gilt auch für die im UN vertretenen **Gewerkschaften,** die auch von Rechtsfehlern des GBR berührt sein können.[211] Ein nicht **rechtsfähiger Verein,** der keine Gewerkschaft, AG-Vereinigung oder kein Zusammenschluss solcher Vereinigungen gemäß § 10 Satz 1 ArbGG darstellt, ist ebenfalls fähig, ein arbeitsgerichtliches Beschlussverfahren als Antragsteller zu betreiben.[212] Die Gesellschaft bürgerlichen Rechts ist rechtsfähig und kann unter eigenem Namen Rechte und Pflichten erwerben.[213]

172 **Beteiligte** können neben dem GBR auch Mitglieder des GBR, die **Gewerkschaft** und der AG sein.[214] Die Gewerkschaft kann gem. § 48 den Ausschluss von GBR-Mitgliedern beantragen und darf deshalb in diesem Verfahren nicht fern gehalten werden.[215] Im Beschlussverfahren um die Wirksamkeit des Entsendungsbeschlusses sind der GBR und die entsandten Voll- und Ersatzmitglieder zu beteiligen.[216]

173 Der bestandskräftige Beschluss, der die Unwirksamkeit der Konstituierung des GBR feststellt, wirkt aus Gründen der Rechtssicherheit nur **für die Zukunft,** wenn er wegen ganz offensichtlicher und drastischer Fehler nichtig ist.[217]

174 Bei Streitigkeiten wegen der Bildung eines GBR ist grundsätzlich vom **Regelwert** gem. § 8 Abs. 2 BRAGO (derzeit 4000,– €) auszugehen multipliziert mit der Anzahl betroffene Mitglieder von BR.[218]

4. Interne Wahlen

175 Bei der Anfechtung betriebsratsinterner Wahlen ist jedes einzelne BR-Mitglied, das die Beeinträchtigung seiner Rechtstellung als Mitglied geltend macht, **antragsberechtigt.**[219] Entgegen § 19 Abs. 2 Satz 1 bedarf es zur Anfechtung **keiner drei Wahlberechtigten** und auch **keiner persönlichen Betroffenheit.**[220]

5. Entsendung durch den Gesamtbetriebsrat

176 Der GBR beschließt über seine Delegierten im **KBR** und dem **EBR.** Diese Beschlüsse sind gemäß § 19 Abs. 1 anfechtbar. Es gilt also eine Zweiwochenfrist. Für Streitigkeiten über die rechtmäßige Bestellung in den EBR ist örtlich der ArbG zuständig, in dessen Bezirk das nach der Zahl der wahlberechtigten AN gültige UN mit einem GBR seinen Sitz hat.[221] Einem BR, der zugleich Mitglied des GBR ist und bei der Bestellung der inländischen Arbeitnehmervertreter im EBR durch den GBR repräsentiert wurde, steht im Verfahren über die Wirksamkeit der Bestellung inländischer Arbeitnehmervertreter in den EBR eine **Antragsbefugnis** zu.[222]

---

ihre rückwirkende und unbefristete Anfechtbarkeit jedoch aus Rechtssicherheitsgründen so eingeschränkt, dass die gerichtliche Feststellung nur für die Zukunft wirkt.

208 *BAG* 11.12.87, EzA § 47 BetrVG 1972 Nr. 5.

209 *BAG* 15.8.78, AP Nr. 3 zu § 47 BetrVG 1972.

210 *BAG* 29.11.89, EzA § 47 BetrVG 1972 Nr. 6.

211 Einschränkend *Fitting,* Rn. 85; a. A. *BAG* 30.10.86, AP Nr. 6 zu § 47 BetrVG 1972 für Mängel bei der GBR-Konstituierung und den Abschluss von BV nach Abs. 5; Richardi-*Annuß,* Rn. 85.

212 *BAG* 29.11.89, NZA 90, 615.

213 *BGH* 29.1.01, NJW 01, 1056.

214 *BAG* 29.11.89, NZA 90, 615.

215 A. A. *BAG* 29.8.85, DB 86, 1024.

216 *LAG Hessen* 10.7.03, NZA-RR 05, 79.

217 *Fitting,* Rn. 84; GK-*Kreutz,* Rn. 131.

218 *LAG Düsseldorf* 18.11.77, LAGE § 8 BRAGO Nr. 1.

219 *BAG* 15.8.01 NZA 02, 569; 21.7.04, NZA 05, 170; *Fitting,* Rn. 85.

220 *BAG* 20.4.05, NZA 05, 1012 zur freien Wahl freigestellter BR-Mitglieder.

221 *BAG* 18.4.07, NZA 07, 1375.

222 *LAG Düsseldorf* 31.10.07 – 11 TaBV 80/07.

Werden die Voraussetzungen der Bildung des KBR nach seiner Konstituierung streitig, dann gilt gem. § 19 Abs. 2 analog **keine Anfechtungsfrist** und die darin genannten Organe können entsprechende Anträge stellen. Bis zur rechtskräftigen Entscheidung bleibt der GBR **im Amt.** 177

§ 48 Ausschluss von Gesamtbetriebsratsmitgliedern

Mindestens ein Viertel der wahlberechtigten Arbeitnehmer des Unternehmens, der Arbeitgeber, der Gesamtbetriebsrat oder eine im Unternehmen vertretene Gewerkschaft können beim Arbeitsgericht den Ausschluss eines Mitglieds aus dem Gesamtbetriebsrat wegen grober Verletzung seiner gesetzlichen Pflichten beantragen.

Inhaltsübersicht

I. Vorbemerkungen

Die Bestimmung ermöglicht den gerichtlichen Ausschluss von GBR-Mitgliedern wegen grober Pflichtverletzung, ohne dass damit notwendigerweise der Ausschluss aus dem entsendenden BR verbunden sein muss.[1] Sie ist der Vorschrift des § 23 Abs. 1 über den gerichtlichen Ausschluss von Mitgliedern aus dem Einzel-BR nachgebildet (§ 23 Rn. 1 ff.). 1

Da der GBR eine Dauereinrichtung ist, deren Mitglieder jederzeit abberufen und durch andere ersetzt werden können, gestattet die Vorschrift im Gegensatz zu § 23 Abs. 1 jedoch nur den **Ausschluss einzelner Mitglieder** aus dem GBR, nicht aber dessen Auflösung als Gremium. Der Ausschluss braucht sich nicht auf ein einzelnes Mitglied zu beschränken; er kann gleichzeitig **mehrere** oder, wenn die Voraussetzungen hierfür vorliegen, sogar gegen alle Mitglieder des GBR gerichtet sein.[2] 2

Der GBR wird durch den Ausschluss eines Mitgliedes nicht aufgelöst, sondern es rücken die **Ersatzmitglieder** nach. Nicht nachgerückte Ersatzmitglieder können nicht auf Antrag ausgeschlossen werden (§ 23 Rn. 17 für den Ausschluss aus dem BR).[3] 3

II. Voraussetzungen eines Ausschlusses

1. Grobe Pflichtverletzung

Der gerichtliche Ausschluss setzt voraus, dass das GBR-Mitglied die ihm obliegenden gesetzlichen Pflichten **grob verletzt** hat. Der Begriff der groben Pflichtverletzung entspricht inhaltlich dem des § 23 Abs. 1. Allerdings ist zu beachten, dass BR und GBR zwei voneinander unabhängige betriebsverfassungsrechtliche Organe mit unterschiedlichen Zuständigkeiten und selbstständigen Rechten und Aufgaben sind. Die sich aus der Mitgliedschaft im BR ergebenden Pflichten brauchen sich nicht mit denen eines GBR-Mitglieds zu decken und umgekehrt.[4] 4

Der Ausschluss aus dem GBR setzt weiterhin voraus, dass die grobe Pflichtverletzung auf die **Tätigkeit** des Mitglieds **im GBR** bezogen ist. Eine grobe Pflichtverletzung, die ein Mitglied des GBR nicht in dieser Eigenschaft, sondern als Mitglied des entsendenden BR begangen hat, reicht für einen Ausschluss aus dem GBR allein nicht aus.[5] Fraglich ist, ob und inwieweit zu 5

1 RegE, BR-Drucks. 715/70, S. 42.
2 *Fitting,* Rn. 6; GK-*Kreutz,* Rn. 2 und 6; Richardi-*Annuß,* Rn. 1.
3 *Fitting,* Rn. 6.
4 Zur Begründung des RegE, BR-Drucks. 715/70, S. 42.
5 *Fitting,* Rn. 9; Richardi-*Annuß,* Rn. 3.

den gesetzlichen Amtspflichten auch solche einer kollektiven Amtsführung zählen, wie z. B. §§ 2 Abs. 1, 17 Abs. 1, 17 a, 74, 75, 77, 78, 87, 91, 92 usw.[6] Dies scheint zumindest dann fragwürdig, wenn man umgekehrt aus dem Katalog der Rechte des GBR aufgrund der Generalklausel gem. § 51 Abs. 5 alle Organisations- und Gesellschaftsrechte ausschließen will: Schöpft man sie einerseits für den GBR aus, dann dürfen seine Mitglieder nicht andererseits nicht wegen eines Verstoßes gegen sie ausgeschlossen werden.

2. Antrag beim Arbeitsgericht

6 Der Ausschluss eines Mitglieds aus dem GBR setzt voraus, dass beim zuständigen ArbG ein **entsprechender Antrag** eingebracht wird. Er ist an keine Frist gebunden, muss begründet werden und auf den Ausschluss eines bestimmten Mitglieds gerichtet sein. Er ist schriftlich zu stellen bzw. beim ArbG mündlich zu Protokoll zu erklären. In der ersten Instanz kann er gemäß § 81 Abs. 2 ArbGG jederzeit zurückgenommen werden, danach gemäß §§ 87 Abs. 2 Satz 3, 92 Abs. 2 Satz 3 ArbGG nur noch mit Zustimmung aller Beteiligten. Die Antragsberechtigung ist ebenfalls der Vorschrift des § 23 Abs. 1 nachgebildet. Unterschiede ergeben sich nur insofern, als es sich beim GBR um ein auf UN-Ebene und nicht auf betrieblicher Ebene bestehendes Gremium handelt. Antragsberechtigt ist neben dem **AG** und dem **GBR** oder einer im UN vertretenen **Gewerkschaft** mindestens ein **Viertel der wahlberechtigten AN** des UN.

7 Bei der Ermittlung der Zahl der wahlberechtigten AN ist auf die **Zahl aller wahlberechtigten AN** des UN zum Zeitpunkt der Antragstellung abzustellen. Dabei rechnen auch die AN betriebsratsloser Betriebe mit, weil sie nicht außerhalb der Betriebsverfassung stehen.[7] Die originäre Zuständigkeit des GBR für betriebsratslose Betriebe gem. § 50 Abs. 1 Satz 1, 2. Halbsatz ist hierbei zu berücksichtigen. Maßgebend ist der **Regelstand** der Unternehmensbelegschaftsstärke. Abzustellen ist auf die Zahl der wahlberechtigten AN zum Zeitpunkt der Antragstellung, nicht zu dem der Bildung des GBR.[8]

8 Die für den Antrag erforderliche Mindestzahl muss während des **gesamten Verfahrens** gewahrt sein. Es reicht nicht aus, dass sie einmal in der notwendigen Anzahl gestellt wurde. Ausscheidende Antragsteller können jedoch durch andere Wahlberechtigte durch nachträgliche Antragstellung an deren Stelle treten. Eine **Gewerkschaft** kann noch nach Einleitung des Verfahrens beitreten.[9]

9 Soweit der GBR den Ausschluss beantragen kann, bedarf es hierzu eines **wirksamen Beschlusses.** An dem Beschluss wirkt das betroffene Mitglied des GBR, um dessen Ausschluss es geht, nicht mit. Ihm ist jedoch **rechtliches Gehör** zu gewähren. Es wird durch das **Ersatzmitglied** nach § 47 Abs. 3 vertreten.[10] Zwar ist die Gefahr einer **Interessenkollision** in der Person des Ersatzmitglieds nicht von der Hand zu weisen, da es im Falle des Ausschlusses des ordentlichen Mitglieds für diesen in den GBR endgültig nachrücken würde, sofern nicht der entsendende BR eine abweichende Entscheidung trifft, die jederzeit möglich ist. Es liegt hier ein Fall der **zeitweiligen Verhinderung** des ordentlichen GBR-Mitglieds i. S. d. §§ 51 Abs. 1, 25 Abs. 1 Satz 2 vor. Würde man außerdem die Vertretung durch Ersatzmitglieder wegen der Gefahr einer Interessenkollision generell ausschließen, so wäre etwa bei einem beabsichtigten Ausschluss mehrerer Mitglieder aus dem GBR möglicherweise die Beschlussfähigkeit insgesamt gefährdet. Hinzu kommt, dass im Falle der Nichtvertretung durch das Ersatzmitglied die Interessen und Auffassungen **gerade des BR,** dessen Mitglied ausgeschlossen werden soll, bei der Beschlussfassung im GBR überhaupt keine Berücksichtigung mehr finden würden.

10 Den **einzelnen BR** steht ein Antragsrecht auf Ausschluss eines Mitglieds aus dem GBR **nicht** zu, und zwar auch nicht hinsichtlich der Mitglieder, die von ihnen entsandt wurden. Eines derartigen Antragsrechts bedarf es nicht, da der entsendende BR seine Mitglieder aus dem GBR jederzeit und ohne Angabe von Gründen abberufen kann.[11]

---

6 So GK-*Kreutz*, Rn. 19.

7 Richardi-*Annuß*, Rn. 7; *Joost*, S. 214; ErfK-*Koch* Rn. 2; Düwell-*Tautphäus*, Rn. 5; HWGNRH-*Glock*, Rn. 6; GK-*Kreutz*, Rn. 11.

8 *Fitting*, Rn. 11; GK-*Kreutz*, Rn. 10; Richardi-*Annuß*, Rn. 7.

9 GK-*Kreutz*, Rn. 13.

10 *Fitting*, Rn. 19; *HSWG*, Rn. 7; GK-*Kreutz*, Rn. 15; Richardi-*Annuß*, Rn. 9.

11 *Fitting*, Rn. 20; GK-*Kreutz*, Rn. 16.

Eine **Gewerkschaft** kann den Ausschluss beantragen, wenn sie im UN vertreten ist. Dazu gehört, dass wenigstens ein AN, der in einem der Betriebe des UN beschäftigt wird, Mitglied der betreffenden Gewerkschaft ist. Nicht erforderlich ist, dass die Gewerkschaft auch in dem Betrieb vertreten ist, dessen BR das auszuschließende GBR-Mitglied entsandt hat. Die Gewerkschaften sind als Hüter des rechtmäßigen Verhaltens der GBR-Mitglieder eingesetzt.[12] **11**

Der **AG** ist antragsberechtigt. Hierunter ist das UN zu verstehen, in dem der GBR besteht. Auch bei Antragstellung ist er gemäß § 2 Abs. 1 an die Pflicht zur vertrauensvollen Zusammenarbeit gebunden.[13] **12**

III. Gerichtliches Verfahren

Das ArbG entscheidet über den beantragten Ausschluss im arbeitsgerichtlichen **Beschlussverfahren.** Örtlich zuständig ist das ArbG, in dessen Bezirk das UN seinen Sitz hat (§ 82 Satz 2 ArbGG). Ausgeschlossen ist das Mitglied aus dem GBR erst mit Rechtskraft der gerichtlichen Entscheidung.[14] Bis dahin bleibt es uneingeschränkt im Amt. **13**

Es ist denkbar, dass in besonders schwerwiegenden Fällen die weitere Amtsausübung bis zur rechtskräftigen Entscheidung im Beschlussverfahren im Wege einer **einstweiligen Verfügung** vorläufig untersagt wird.[15] Dies soll zulässig sein, wenn den übrigen Mitgliedern des GBR die weitere Zusammenarbeit mit dem auszuschließenden Mitglied nicht einmal mehr vorübergehend bei Anlegung eines **strengen Maßstabes** zumutbar erscheint.[16] **14**

Wird das Mitglied vor rechtskräftigem Abschluss des Beschlussverfahrens von dem entsendenden BR **abberufen** oder endet seine Mitgliedschaft aus einem anderen Grund, entfällt in aller Regel auch das **Rechtsschutzinteresse** für die weitere Durchführung des arbeitsgerichtlichen Ausschlussverfahrens. **15**

IV. Folgen des Ausschlusses

Wird ein Mitglied aus dem GBR rechtskräftig ausgeschlossen, so hat dies nur für die Zukunft rechtsgestaltende Wirkung, nicht jedoch rückwirkend. Es rückt mit Rechtskraft des Beschlusses das nach § 47 Abs. 3 bestellte **Ersatzmitglied** entsprechend der festgelegten Reihenfolge nach. Ist kein Ersatzmitglied mehr vorhanden, haben der entsendende oder im Falle des § 47 Abs. 4 oder 5 die entsendenden BR unverzüglich ein **anderes Mitglied** zu bestellen. Der entsendende BR kann im Übrigen jederzeit auch eine Entscheidung treffen, wonach anstelle des nach § 47 Abs. 3 an sich nachrückenden Ersatzmitgliedes ein anderes Mitglied in den GBR delegiert wird. **16**

Der Ausschluss aus dem GBR hat nicht unmittelbar Auswirkungen auf die **Mitgliedschaft im BR,** wenngleich die grobe Pflichtverletzung des GBR-Mitglieds oft zugleich auch eine Verletzung der Pflicht als Mitglied des BR darstellen wird, die dann einen Ausschluss auch aus diesem Gremium rechtfertigen kann. Dagegen beendet ein gerichtlicher Ausschluss aus dem BR gemäß § 49 direkt die Mitgliedschaft im GBR. In gleicher Weise endet eine etwaige Zugehörigkeit des ausgeschlossenen Mitgliedes zum KBR mit dem Ausschluss aus dem GBR.[17] **17**

Der BR, der das ausgeschlossene Mitglied in den GBR entsandt hatte, kann dieses nach erfolgtem **gerichtlichem Ausschluss während seiner Amtszeit** grundsätzlich nicht erneut zum Mitglied des GBR bestellen, da dies eine Umgehung der gerichtlichen Entscheidung darstellen würde.[18] Eine **erneute Entsendung** des ausgeschlossenen Mitglieds ist jedoch nach erfolgter Neuwahl des BR und seiner bekräftigten Legitimation möglich.[19] **18**

---

12 GK-*Kreutz,* Rn. 17; *Fitting,* Rn. 17; *HSWG,* Rn. 9.
13 GK-*Kreutz,* Rn. 14.
14 *Fitting,* Rn. 18; *HWGNRH-Glock,* Rn. 10; Richardi-*Annuß,* Rn. 12.
15 *HSWG,* Rn. 9; GK-*Kreutz,* Rn. 8; Richardi-*Annuß,* Rn. 12.
16 *LAG Hamm* 18.9.75, BB 75, 1302 zur vergleichbaren Situation im Rahmen des § 23 Abs. 1.
17 *Fitting,* Rn. 20; GK-*Kreutz,* Rn. 23.
18 *Fitting,* Rn. 19; *GL,* Rn. 2; GK-*Kreutz,* Rn. 24; *HSWG,* Rn. 12; Richardi-*Annuß,* Rn. 14.
19 *Fitting,* Rn. 24; GK-*Kreutz,* Rn. 24; Richardi-*Annuß,* Rn. 15.

§ 49 Erlöschen der Mitgliedschaft

Die Mitgliedschaft im Gesamtbetriebsrat endet mit dem Erlöschen der Mitgliedschaft im Betriebsrat, durch Amtsniederlegung, durch Ausschluss aus dem Gesamtbetriebsrat auf Grund einer gerichtlichen Entscheidung oder Abberufung durch den Betriebsrat.

Inhaltsübersicht

I. Vorbemerkungen

1 Die Vorschrift regelt die Tatbestände, die die Mitgliedschaft im GBR beenden. Sie entsprechen den Gründen, die zum Erlöschen der Mitgliedschaft im BR nach § 24 Abs. 1 führen.[1]

2 Für die Beendigung der Mitgliedschaft im **KBR** gilt § 57, und für die in der **GJAV** findet § 49 i. V. m. § 73 Abs. 2 entsprechend Anwendung.

II. Beendigung der Mitgliedschaft

3 Da der GBR eine **Dauereinrichtung** ist, haben seine Mitglieder **keine feste Amtszeit.** Er bleibt über die Amtszeit der einzelnen BR hinaus bestehen und wird laufend ergänzt. Daraus folgt zugleich, dass immer nur die Mitgliedschaft einzelner Mitglieder des GBR enden kann (§ 47 Rn. 7).

4 Eine Beendigung des Bestehens des GBR als Gremium ist allenfalls dann denkbar, wenn die **Voraussetzungen** für seine Errichtung entfallen. Die vom *BAG* entwickelten Grundsätze zur Ausübung eines **Restmandats** durch den BR gelten auch für den GBR, etwa wenn es um die Abwicklung eines vom GBR im Konkursverfahren abgeschlossenen Sozialplans geht (§ 21 b).

5 Die Bestimmung fasst die Gründe zusammen, die zu einer Beendigung der Zugehörigkeit **einzelner Mitglieder** im GBR führen können. Die Mitglieder des GBR werden für eine **bestimmte Amtszeit,** die regelmäßig mit der des entsendenden BR identisch ist, in den GBR delegiert. **Endet die Mitgliedschaft im BR,** gleich aus welchem Grund, erlischt sie auch im GBR.

6 Die **Gründe,** die zu einer Beendigung der Mitgliedschaft im BR führen können und damit zwangsläufig auch das Erlöschen der Mitgliedschaft im GBR zur Folge haben, sind im Einzelnen in § 24 Abs. 1 aufgeführt.

7 Soweit die Mitgliedschaft im GBR durch **Amtsniederlegung** erlischt, kann sie jederzeit erklärt werden und bedarf **keiner** besonderen **Form.** Sie muss sich auf die Mitgliedschaft im GBR beziehen. Die Niederlegung des Vorsitzes des GBR oder der Mitgliedschaft in einem Ausschuss reicht hierfür nicht.[2] Die Erklärung ist dem **Vorsitzenden des GBR** gegenüber abzugeben, der den entsendenden BR hierüber unverzüglich zu informieren hat. Die Mitgliedschaft im GBR endet mit dem Zeitpunkt, in dem die Erklärung dem Vorsitzenden des GBR zugeht. Sie kann wegen ihrer Rechtswirkungen aus Gründen der Rechtssicherheit nicht **zurückgenommen, widerrufen oder angefochten** werden.[3] Jedoch steht die Amtsniederlegung einer **erneuten Entsendung** in den GBR nicht entgegen, auch wenn diese schon nach kurzer Zeit erfolgt.[4] Auch das Mitglied des **einköpfigen BR** kann sein Amt im GBR niederlegen. Eine grobe Verletzung betriebsverfassungsrechtlicher Pflichten liegt hierin nicht, denn er macht von den ihm zustehenden Rechten Gebrauch.[5]

---

1 Begr. RegE, BR-Drucks. 715/70, S. 42.
2 GK-*Kreutz,* Rn. 9.
3 *Fitting,* Rn. 11; HWGNRH-*Glock,* Rn. 7; Richardi-*Annuß,* Rn. 6; a. A. GK-*Kreutz,* Rn. 11; ErfK-*Koch,* Rn. 3.
4 *Fitting,* Rn. 13; HWGNRH-*Glock,* Rn. 8; Richardi-*Annuß,* Rn. 6; GK-*Kreutz,* Rn. 13.
5 A. A. *Fitting,* Rn. 43; Richardi-*Annuß,* Rn. 7; ErfK-*Koch,* Rn. 3; GK-*Kreutz,* Rn. 14.

Ein **Rücktritt des GBR** als Organ ist nicht möglich. Das schließt nicht aus, dass mehrere oder auch sämtliche Mitglieder des GBR ihr Amt **gleichzeitig** niederlegen können. Auch dies führt allerdings nicht dazu, dass der GBR nicht mehr besteht. Die Mitglieder, die ihr Amt niedergelegt haben, gehören dem GBR lediglich nicht mehr an.[6] 8

Die Mitgliedschaft im GBR kann auf Grund eines **gerichtlichen Ausschlusses** gem. § 48. erlöschen. Der BR kann die Mitglieder jederzeit wieder abberufen (§ 47 Rn. 36). 9

Wegen der **Abberufung** von Mitgliedern aus dem GBR vgl. § 47 Rn. 36. Die Erklärung der Abberufung hat gegenüber dem Vorsitzenden des GBR zu erfolgen. Mit ihrem Zugang endet die Mitgliedschaft des abberufenen Mitglieds im GBR. Das abberufene GBR-Mitglied kann seiner Abberufung nicht mit Erfolg widersprechen, da dies allein im pflichtgemäßen Ermessen des entsendenden BR liegt.[7] Die Abberufung bedarf keiner Begründung und kann deshalb ebenfalls wie die Entsendung wegen Verstoßes gegen das AGG oder als Maßregelung gem. § 612 a BGB rechtsunwirksam sein. Mit der Abberufung aus dem GBR endet gleichzeitig auch eine etwaige Mitgliedschaft im KBR (§ 57 Rn. 1 ff.).[8] 10

Beim GBR gilt ebenso wie beim BR das Prinzip der **Funktionsnachfolge**.[9] Seine vorübergehende Handlungsunfähigkeit beendet nicht die Mitgliedschaft.[10] 11

III. Rechtsfolgen der beendeten Mitgliedschaft

Die gemäß § 49 erloschene Mitgliedschaft beendet die Amtstätigkeit mit Wirkung für die **Zukunft.** Dies schließt **alle zusätzlichen Funktionen** ein, die unmittelbar mit der Mitgliedschaft im GBR zusammenhängen, wie z. B. der Vorsitz im GBR, die Tätigkeit in einem seiner Ausschüsse usw. Es endet auch die Mitgliedschaft im KBR, in den das gemäß § 47 Abs. 3 bestellte Ersatzmitglied nachrückt. Haben alle GBR-Mitglieder ihr Amt gleichzeitig niedergelegt (Rn. 8), dann führt dies **nicht** zur **Beendigung des GBR** als Organ der Betriebsverfassung. Es ist lediglich seine Handlungsfähigkeit beeinträchtigt.[11] 12

Rückt ein **Ersatzmitglied** für das aus dem GBR und dem BR ausgeschiedene Mitglied in den BR nach, wird es nicht automatisch auch Mitglied des GBR. Eine Ausnahme gilt lediglich, wenn ein einköpfiger Betriebsrat ausgeschieden ist. In diesem Fall wird das nach § 14 Abs. 4 gewählte Ersatzmitglied gleichzeitig Mitglied des GBR. Im Übrigen richtet sich das Nachrücken von Ersatzmitgliedern für aus dem GBR ausscheidende Mitglieder nach § 47 Abs. 3. 13

IV. Streitigkeiten

Das ArbG entscheidet gemäß §§ 2 a, 80 ff. ArbGG im **Beschlussverfahren** über den Fortbestand der Mitgliedschaft im GBR und die Wirksamkeit 14

- einer Amtsniederlegung,
- einer Abberufung,
- des Nachrückens.

Das für den Sitz des UN maßgebende ArbG ist gemäß § 82 Satz 2 ArbGG **örtlich zuständig.** Für Streitigkeiten über die Wirksamkeit eines Abberufungsbeschlusses des entsendenden BR oder das Erlöschen der Mitgliedschaft im BR ist dagegen das für den Sitz des BR maßgebende ArbG örtlich zuständig[12]. 15

Der Beschluss des BR kann in entsprechender Anwendung des § 19 Abs. 2 Satz 2 nur innerhalb von **zwei Wochen** gerichtlich angefochten werden. Anfechtungsberechtigt ist jedes einzelne BR-Mitglied und auf persönliche Betroffenheit kommt es nicht an.[13] 16

6 GK-*Kreutz*, Rn. 24.
7 *Fitting*, Rn. 18.
8 *Fitting*, Rn. 17.
9 *BAG* 27.1.81, AP Nr. 2 zu § 80 ArbGG 1979.
10 GK-*Kreutz*, Rn. 24.
11 GK-*Kreutz*, Rn. 24.
12 *Fitting*, Rn. 20 unter Hinweis auf die erforderliche Abgrenzung nach materiellen Kriterien und nicht nach den Verfahrensbeteiligten; GK-*Kreutz*, Rn. 25.
13 *BAG* 20.4.05, NZA 05, 1013; *Fitting*, Rn. 20.

17 **Anfechtungsgegner** ist der **jeweilige BR**, dessen Beschlussfassung angegriffen wird. Haben mehrere BR an einer Entsendung mitgewirkt, wie dies z. B. bei Entsendekreisen der Fall sein kann, dann ist die Anfechtung gegen jeden einzelnen der an der Entsendung beteiligten BR zu richten.

18 Die Anfechtung von Beschlüssen des BR wirkt **rechtsgestaltend** und hat bis zur rechtskräftigen Entscheidung des Gerichts zur Folge, dass der entsprechende Beschluss ex nunc keine Rechtswirkung mehr entfaltet. Bis zum Eintritt der Rechtskraft amtiert der GBR also weiter. Auf die Frage der Nichtigkeit oder nur Anfechtbarkeit des Beschlusses kommt es dabei nicht an.

19 Die Frage der Anfechtungsbefugnis ist zu unterscheiden von der **Beteiligtenbefugnis**. Zu beteiligen ist jeder, der durch die Anfechtung betroffen ist.[14] Deshalb ist der **GBR** stets zu beteiligen, aber nicht selbst anfechtungsberechtigt.

20 Der **Anfechtungsantrag** muss den angefochtenen Beschluss konkret bezeichnen. Dazu gehört die Angabe des Gremiums, Ort und Datum des betreffenden Beschlusses. Fehlt es hieran und wird der Antrag nicht innerhalb der zweiwöchigen Frist gem. § 19 Abs. 2 Satz 2 ausreichend konkretisiert, dann ist der Anfechtungsantrag als unwirksam zurückzuweisen.

21 Anträgen auf **Feststellung** der Zugehörigkeit zum GBR fehlt das nach § 256 Abs. 1 ZPO stets notwendige Feststellungsinteresse und sie sind deshalb als unzulässig abzuweisen.

22 Tatsächlich oder vermeintlich **unwirksame Entsendungsbeschlüsse** können jederzeit durch die jeweiligen BR durch **wirksame ersetzt** werden. Leiden Beschlüsse also an einem Mangel wie z. B. an der fehlenden Beschlussfähigkeit, dann kann der BR über sie jederzeit wieder erneut und diesmal durch einen beschlussfähigen BR entscheiden. Das gilt auch nach Einleitung von gerichtlichen Anfechtungsverfahren.

§ 50 Zuständigkeit

(1) Der Gesamtbetriebsrat ist zuständig für die Behandlung von Angelegenheiten, die das Gesamtunternehmen oder mehrere Betriebe betreffen und nicht durch die einzelnen Betriebsräte innerhalb ihrer Betriebe geregelt werden können; seine Zuständigkeit erstreckt sich insoweit auch auf Betriebe ohne Betriebsrat. Er ist den einzelnen Betriebsräten nicht übergeordnet.

(2) Der Betriebsrat kann mit der Mehrheit der Stimmen seiner Mitglieder den Gesamtbetriebsrat beauftragen, eine Angelegenheit für ihn zu behandeln. Der Betriebsrat kann sich dabei die Entscheidungsbefugnis vorbehalten. § 27 Abs. 2 Satz 3 und 4 gilt entsprechend.

Inhaltsübersicht Rn.

14 § 19 Rn. 29.

I. Vorbemerkungen

1 **Novellierung 2001:** Der GBR vertritt ebenfalls betriebsratslose Betriebe, zu denen auch solche Einheiten zählen, die keinen selbstständigen BR wählen können.

2 Die Vorschrift regelt die **Rechtsstellung** und die **Zuständigkeit** des GBR im Verhältnis zu den einzelnen BR. Sie bringt zum Ausdruck, dass der GBR und die einzelnen BR nebeneinander bestehen, der GBR den BR also nicht übergeordnet ist[1].

3 Hinsichtlich der Aufgaben und Kompetenzen des GBR unterscheidet die Bestimmung zwischen der **originären Zuständigkeit** auf Grund ausdrücklicher Kompetenzzuweisung durch das Gesetz (Abs. 1 Satz 1) sowie der Zuständigkeit kraft **Beauftragung** des GBR durch einen oder mehrere BR des UN (Abs. 2 Satz 1). Beide Zuständigkeiten bestehen deshalb nebeneinander. Sie schließen sich nicht aus, sondern **ergänzen sich.** Der originär zuständige GBR kann also auch zusätzlich beauftragt werden, was sich als nützlich erweisen kann, um unnötige Konflikte zu vermeiden Rn. 23 ff. Die Zuständigkeit des GBR nach § 50 kann nicht durch eine Vereinbarung zwischen GBR und AG zu Lasten der BR erweitert werden. Ist die originäre Zuständigkeit des GBR gegeben, erstreckt sich diese auf **alle Betriebe** des UN, auch auf die, in denen kein BR besteht oder deren BR pflichtwidrig keine Vertreter in den GBR entsandt haben.

4 Die **Zuständigkeit der ESt.** hängt u. a. ab davon, wer Träger des Mitbestimmungsrechts ist. Wenn gemäß § 98 Abs. 1 Satz 2 ArbGG ein Antrag auf Bestellung des Vorsitzenden einer ESt. nur bei offensichtlicher Unzuständigkeit der ESt. zurückgewiesen werden darf, dann gilt dieser Prüfungsmaßstab auch für die Frage, ob das in Anspruch genommene Mitbestimmungsrecht dem antragstellenden GBR oder den einzelnen örtlichen BR zusteht[2] bzw. ob ein UN oder Konzern vorliegt.[3]

1 Rn. 7 ff.
2 *LAG Frankfurt* 15.6.84, NZA 85, 33.
3 *LAG Köln* 6.2.92 – 5 TaBV 36/91.

Dem GBR können allenfalls für im Gesetz nicht abschließend geregelte Bereiche **durch TV Zuständigkeiten** zugewiesen werden. Im Übrigen ist die Zuständigkeitsabgrenzung zwischen GBR und BR **zwingend.** Sie kann nicht durch einen TV verändert werden.[4] Auch AG und GBR können die Zuständigkeit des BR abbedingen.[5] **5**

Die Bestimmung gilt für die **GJAV** entsprechend. Die Zuständigkeit des **KBR** regelt § 58, der sich an § 50 anlehnt. Für die **KJAV** gilt § 58 i. V. m. § 73 b Abs. 2 entsprechend. **6**

II. Rechtsstellung des Gesamtbetriebsrats

1. Keine Überordnung (Abs. 1 Satz 2)

Der GBR besteht selbstständig neben den einzelnen BR des UN. Er ist diesen **weder übergeordnet noch** zur Erteilung von **Weisungen** befugt.[6] Umgekehrt ist der GBR auch nicht verpflichtet, Weisungen der einzelnen BR zu folgen.[7] Der GBR ist faktisch eine **Arbeitsgemeinschaft der BR** und insofern von ihnen abhängig.[8] **7**

Der BR kann also einem von ihm in den GBR entsandten Mitglied keine **Weisungen** erteilen, die dieses bei einer Abstimmung im GBR in seiner Entscheidungsfreiheit rechtlich beschränken.[9] Der BR kann jedoch ein GBR-Mitglied, das sich illoyal verhält und sich über eindeutige im BR gefasste Beschlüsse hinwegsetzt, jederzeit wieder aus dem GBR abberufen. **8**

GBR und BR können **keine Richtlinien** füreinander festlegen. Maßregelungen gegenüber ihr Mitbestimmungsrecht ausübenden BR sind rechtsunwirksam und können Schadenersatzansprüche auslösen. Der GBR kann aber eine wichtige **Koordinationsfunktion** ausüben,[10] deren praktische Bedeutung nicht unterschätzt werden darf. **9**

Der GBR darf auch gegenüber BR **keine Informationen zurückhalten**. Jede Beschränkung der Information vom BR ist unvereinbar mit dem Prinzip, dass der GBR dem BR nicht übergeordnet ist. Im Verhältnis der beiden Gremien gilt auch nicht der BDSG und gem. § 79 Abs. 1 Satz 1 keine Geheimhaltungspflicht für Betriebs- und Geschäftsgeheimnisse. BR müssen durch den GBR mehr und nicht weniger Informationen erhalten. Seine Errichtung durch die BR soll Informationslücken schließen und nicht aufreißen. Zu informieren sind BR deshalb auch über personelle Einzelmaßnahmen, die einzelne Mitglieder von BR betreffen. Wenn der GBR die BR informiert, dann erhalten die Gremien die Informationen, die sie eigentlich zuerst vom AG hätten bekommen müssen. Vom GBR kann der AG deshalb nicht verlangen, dass er die Informationen ausgerechnet an sie nicht weiterleitet, die sie eigentlich zuerst hätten bekommen müssen. Mit der Information der BR stellt der GBR im Grunde nur einen rechtmäßigen Zustand her. Der AG kann deshalb vom GBR nicht verlangen, dass er einen rechtswidrigen Zustand herstellt oder aufrechterhält. **10**

2. Rechte und Pflichten

Der GBR hat im Prinzip die **gleichen Rechte und Pflichten** wie der BR. Auch die Ausübungsformen entsprechen sich. Die von ihm abgeschlossenen Vereinbarungen sind GBV, die von ihrer Rechtsnatur den BV gem. § 77 entsprechen, für die jedoch einige Besonderheiten gelten (Rn. 10 ff.). Seine **Handlungsfähigkeit** wird durch § 50 begrenzt. **11**

Bei Meinungsverschiedenheiten zwischen AG und GBR über eine mitbestimmungspflichtige Angelegenheit entscheidet im Streitfall eine gemäß § 76 zu bildende ESt. Die **Benennung der Beisitzer** obliegt dann dem GBR. **12**

---

4 *BAG* 21.1.03, EzA § 50 BetrVG 2001 Nr. 2.
5 *BAG* 9.12.03, AP Nr. 27 zu § 50 BetrVG 1972.
6 Düwell-*Tautphäus*, Rn. 29; *Brill*, AuR 83, 169.
7 *Fitting*, Rn. 5.
8 *Fitting*, Rn. 6; GK-*Kreutz*, Rn. 14.
9 *GL*, Rn. 2; HWGNRH-*Glock*, Rn. 5.
10 *Fitting*, Rn. 6; GK-*Kreutz*, Rn. 13; Richardi-*Annuß*, Rn. 44; Düwell-*Tautphäus*, Rn. 29; *Behne*, AiB 90, 321.

13 **Mitbestimmungsrechte entstehen nicht neu** durch Ausübung durch den GBR. Sind sie von einer bestimmten Mindestzahl von im Betrieb beschäftigten AN abhängig, wie z. B. bei den §§ 95 Abs. 2, 99, 111 BetrVG, so bleibt ihre Überschreitung auch dann Voraussetzung, wenn der GBR mitbestimmt. Sind beispielsweise in allen Betrieben des UN zusammen weniger als 20 AN beschäftigt, dann steht auch dem GBR kein Mitbestimmungsrecht zu. Es kommt dann auch nicht ersatzweise auf die im UN beschäftigte AN-Zahl an.[11]

14 Umgekehrt besteht ein Mitbestimmungsrecht gem. §§ 111 ff., wenn die Anzahl der AN die Grenze von 20 überschreitet. Dies gilt auch dann, wenn sie diese Zahl in den jeweiligen Betrieben stets unterschreiten.[12] Die Mitbestimmungsrechte werden insoweit **erweitert,** als der GBR gem. § 50 Abs. 1 Satz 1 2. Halbsatz auch für **betriebsratslose Betriebe** zuständig ist.

15 Die BR können von ihren Mitbestimmungsrechten Gebrauch machen unabhängig davon, ob ein GBR pflichtwidrig nicht errichtet wurde oder ob er von seinen Rechten keinen Gebrauch macht. Der BR hat insoweit eine **Auffangzuständigkeit.**

16 Der GBR schließt eine Lücke der Mitbestimmung, schränkt aber die Mitbestimmungsrechte nicht ein.[13] Eine vom AG und BR abgeschlossene BV wird deshalb nicht rechtsunwirksam, weil sie in die originäre Zuständigkeit des GBR fällt. Jedes andere Ergebnis wäre mit den Prinzipien von Rechtsklarheit und -sicherheit unvereinbar.

17 BR entscheiden über ihre eigene Zuständigkeit oder die des GBR nach eigenem **Ermessen** und **Zweckmäßigkeitserwägungen.** Gem. Abs. 2 können sie den GBR mit der Wahrnehmung aller Rechte **beauftragen** (Rn. 169 ff.), der er sich nicht entziehen darf. Steht damit die Zuständigkeitsverteilung nach den gesetzgeberischen Vorstellungen zur Disposition des BR, dann ist dies unvereinbar

- mit einer strikten Zuständigkeitsabgrenzung zwischen BR und GBR.
- mit einer Auslegung, die die Rolle des GBR nicht als Ergänzung und Stärkung des BR gegenüber dem AG ansieht.
- mit einer Differenzierung danach, ob eine BV der zwingenden oder freiwilligen Mitbestimmung unterliegt und die zwingende Mitbestimmung dem Grundsatz der Zuständigkeitsnennung unterwirft.[14]

3. Zweifel über Zuständigkeit

18 Die Primärzuständigkeit besteht für den BR Rn. 50 ff. Zweifelt der AG dennoch an der Zuständigkeit des BR oder GBR, dann muss und kann er dies vorher durch Aufforderung an die Mitbestimmungsgremien klären, ihre Zuständigkeit dem AG mitzuteilen. Ohne **vorherige Klärung** trüge der AG z. B. bei Abschluss eines Interessenausgleichs gem. § 112 Abs. 2 das Risiko unzureichender Information und Beratung mit dem unzuständigen Gremium.[15]

19 Reklamiert ein GBR ein Mitbestimmungsrecht, müssen die örtlichen BR nur beteiligt werden, wenn AG oder GBR hilfsweise deren Zuständigkeit behaupten oder objektiv zumindest ernsthafte Zweifel bestehen können, ob nicht statt des GBR die örtlichen BR Inhaber des streitigen Mitbestimmungsrechts sind. Die Grundsätze gelten im umgekehrten Fall entsprechend, wenn ein örtlicher BR ein Mitbestimmungsrecht für sich reklamiert, jedoch muss auch der GBR die Regelungszuständigkeit für sich in Anspruch nehmen.[16]

20 In einer Situation, in der allgemein streitig ist, ob und wo Mitbestimmungsrechte bestehen und ein »bunter Strauß« möglicher Regelungen und Maßnahmen in Betracht kommt, führt die im Rahmen des § 98 Abs. 1 S. 2 ArbGG vorgegebene eingeschränkte gerichtliche Beurteilung zu dem Ergebnis, dass die begehrte **Einigungsstelle nicht offensichtlich unzuständig ist** (vgl. zu Streitigkeiten über Bildung der Einigungsstelle Rn. 260 ff.).[17] Der originär zuständige

11 *Fitting,* Rn. 8; a. A. *Mathes,* AuR 74, 329 f.
12 *BAG* 23.9.03, NZA 04, 440; 8.6.99, NZA 99, 1168.
13 A. A. *Fitting,* Rn. 10.
14 *Fitting,* Rn. 10.
15 *BAG* 24.1.96, NZA 96, 1107.
16 *LAG Düsseldorf* 6.3.09 – 9 TaBV 347/08.
17 *HessLAG* 15.5.07; AE 08, 50; 1.8.06; NZA-RR 07, 109.

BR kann eine kompetenzwidrige GBV **nachträglich genehmigen**. Sie gilt dann als BV und setzt einen mit absoluter Stimmenmehrheit gefassten Beschluss des jeweiligen BR voraus.[18]

4. Zwingende Zuständigkeitsregelung

21 Die gesetzliche Zuständigkeitsverteilung gem § 50 zwischen GBR und BR ist **zwingend**.[19] **BV** oder **TV** können keine abweichenden Regelungen rechtswirksam treffen.[20] AG und GBR können deshalb die Zuständigkeit örtlicher BR

- nicht abbedingen,[21]
- nicht an die örtlichen BR **delegieren**[22] und
- von zuständigen BR abgeschlossene BV selbst dann nicht rechtswirksam ablösen, wenn sie nachwirkt.[23]

22 Die Zuständigkeitsverteilung zwischen BR und GBR nach § 50 Abs. 1 betrifft nur die im BetrVG geregelten **Mitwirkungs- und Mitbestimmungsrechte**, die AG und BR eine Regelungsbefugnis eröffnen. Die Vorschrift findet bei Beteiligungssachverhalten, die einer weiteren Ausgestaltung durch die Betriebsparteien nicht zugänglich sind oder einer solchen nicht bedürfen, keine Anwendung.[24]

23 Die **TV-Parteien** können durch eine veränderte Mitbestimmungsstruktur auch die Ausübung des Mitbestimmungsrechts beeinflussen, z. B. durch Schaffung eines bundesweiten unternehmenseinheitlichen BR, womit mit dem GBR auch seine unternehmenseinheitliche Zuständigkeit entfällt (§ 3 Rn. 1 ff.).[25]

III. Originäre Zuständigkeit kraft Gesetzes (Abs. 1 Satz 1)

1. Voraussetzungen

a) Grundsätze

24 Grundsätzlich ist der von den AN **unmittelbar gewählte** BR für die Ausübung von Mitbestimmungsrechten zuständig.[26] Nach dem Wortlaut ist der GBR nur zuständig für die Behandlung von Angelegenheiten, die das UN in **seiner Gesamtheit** oder aber wenigstens **mehrere Betriebe** des UN, also überbetrieblich, betreffen und nicht durch die einzelnen BR innerhalb ihrer **Betriebe geregelt werden können.** Beide Voraussetzungen müssen **kumulativ vorliegen.**[27] Im Zweifel ist der BR zuständig, dem eine Primär- und Auffangzuständigkeit zusteht. Angelegenheiten der Betriebsverfassung sollen soweit wie möglich durch die BR wahrgenommen werden. Deshalb hat diese vom AN unmittelbar gewählte Vertretung stets Vorrang.

25 Der AG trägt die **Initiativlast** für die Ermittlung des richtigen Verhandlungspartners. Der seine Rechte aus einer GBV einklagende AN trägt für die Zuständigkeit des GBR nicht die **Darlegungslast.**[28] Die Zuständigkeitstrennung bezieht sich auf **alle Informations-, Beteiligungs- und Mitbestimmungsrechte** der Betriebsverfassung und ihre Ausübung.

26 Der Rechts- und Pflichtenkreis des GBR entspricht grundsätzlich dem des BR.[29] Der Begriff »Behandlung« umfasst **alle Tätigkeitsformen** bei der Ausübung von Rechten in den betreffenden Angelegenheiten.[30]

18 *Fitting*, Rn. 19; Düwell-*Tautphäus*, Rn. 34.
19 *Fitting*, Rn. 74; Richardi-*Annuß*, Rn. 72; Düwell-*Tautphäus*, Rn. 30.
20 *BAG* 9.12.03, NZA 05, 234; 11.11.08, NZA 99, 947; *Fitting*, Rn. 10.
21 *BAG* 9.12.03, NZA 05, 234.
22 *BAG* 21.1.03, EzA § 50 BetrVG 2001 Nr. 2.
23 *BAG* 15.1.02, NZA 02, 988
24 *BAG* 16.8.11, NZA 12, 342 für einen nur dem BR zustehenden Online-Zugriff auf Dateien.
25 *Siebert*, S. 109 f.; a. A. *Fitting*, Rn. 10.
26 *BAG* 14.11.06, NZA 07, 399.
27 *BAG* 14.12.99, AP Nr. 104 zu § 87 BetrVG 1972 Lohngestaltung.
28 *BAG* 20.2.01, RdA 02, 173.
29 *BAG* 21.11.78, AP Nr. 4 zu § 50 BetrVG 1972; *Fitting*, Rn. 8.
30 GK-*Kreutz,Rn. 20.*

b) Mehrere Betriebe

27 Der GBR ist nur zuständig, wenn eine Angelegenheit das UN oder zumindest **mehrere Betriebe** betrifft und nicht nur einen einzelnen Betrieb.[31] Mehrere Betriebe sind auch betroffen, wenn eine Angelegenheit **sämtliche Betriebe** umfasst. Ob eine Maßnahme mehrere Betriebe oder nur einen betrifft, hängt vom persönlichen oder sachlichen Geltungsbereich einer Maßnahme ab. Der subjektive **Wille des Initiators** kann hierfür ein wichtiges Indiz sein. Als Initiatoren kommen sowohl der AG als auch der GBR in Betracht.[32]

c) Fehlende Regelungsmöglichkeit des Betriebsrats

aa) Rechtsprechung

(1) Zwingendes Erfordernis

28 Ausreichend, aber auch erforderlich ist ein **zwingendes Erfordernis** für eine betriebsübergreifende Regelung. Eine objektive Unmöglichkeit setzt die Rspr. zur Konkretisierung des Begriffs des »Nichtregelkönnens« nicht voraus.[33]

(2) Technische und rechtliche Gründe

29 Aus **technischen und rechtlichen Gründen** kann sich ein zwingendes Erfordernis ergeben.[34] Würde z. B. ohne einheitliche Regelung eine technisch untragbare Störung der Produktion eintreten, lägen technische Gründe vor.[35]

(3) Zweckmäßigkeit

30 Das **unternehmerische Interesse** an und der Wunsch nach einer einheitlichen Regelung für den UN stellt **kein zwingendes Erfordernis** dar. Dies gilt auch in gleicher Weise für sein Kosten- und Koordinierungsinteresse.[36]

(4) Subjektive Unmöglichkeit

31 Bei **freiwilligen Leistungen** kann der AG Zweck und Personenkreis definieren und damit auch entscheiden, ob sie betrieblich oder überbetrieblich für mehrere Betriebe des UN insgesamt gewähren will. Über das »ob«, nicht aber über das »wie« kann der AG einseitig entscheiden. Gewährt der AG die Leistung überbetrieblich und verlangt er eine einheitliche Regelung für den UN, ist dem BR eine Regelung allein für den Betrieb subjektiv unmöglich.[37]

32 Strebt der AG keine unternehmenseinheitliche Regelung an, ist für die Wahrnehmung des Mitbestimmungsrechts nicht der GBR, sondern der BR der jeweils betroffenen Betriebe originär zuständig. Bestreitet der AG **das Bestehen eines Mitbestimmungsrechts**, wird der GBR nicht zuständig, wenn der AG[38] für eine übertarifliche Vergütung hilfsweise für den Fall des Bestehens eines Mitbestimmungsrechts die Zuständigkeit des GBR geltend macht.

33 Die **Konzentration der Entscheidungsgewalt** beim AG begründet keine Zuständigkeit des GBR. Ist – wie regelmäßig – die eigentliche Entscheidungsgewalt dem UN und nicht der Betriebsleitung vorbehalten, dann schränkt dies die Zuständigkeit des BR nicht ein.[39]

---

31 *BAG* 6.12.88, EzA § 87 BetrVG 1972 Betriebliche Lohngestaltung Nr. 23.
32 *BAG* 4.92, EzA § 87 BetrVG 1972 Betriebliche Lohngestaltung Nr. 23; § 50 BetrVG 1972 Nr. 10.
33 *BAG* 18.10.94, NZA 95, 390; 14.11.06, NZA 07, 399.
34 *BAG* 14.11.06, NZA 07, 399; 26.4.05, NZA 05, 892; 9.12.03, NZA 05, 234.
35 *BAG* 9.12.03, NZA 05, 234.
36 *BAG* 23.3.10, NZA 11, 642; 14.11.06, NZA 07, 399; 3.5.06, NZA 07, 1245; 8.6.04, NZA 05, 227; 9.12.03, NZA 05, 234; 15.1.02, NZA 02, 988; 11.12.01, NZA 02, 688; 11.11.98, NZA 99, 947.
37 *BAG* 10.10.06, NZA 07, 523; 26.4.05, NZA 05, 892; 9.12.03, NZA 05, 234; 30.8.95, NZA 96, 218.
38 *BAG* 18.10.94, NZA 95, 390.
39 *BAG* 18.10.94, NZA 95, 390; *Fitting*, Rn. 27.

34 Der GBR wird auch nicht deshalb zuständig, weil der AG eine tarifliche **Möglichkeit der Kürzung** einer Leistung, wie z. B. eine Sonderzahlung durch eine Betriebsvereinbarung, nutzen will und er auf einer Regelung mit dem GBR oder KBR besteht. Hierauf sind zur Gewährung freiwilliger Leistungen entwickelten Grundsätze nicht entsprechend anwendbar.[40]

35 Ein Fall der »subjektiven Unmöglichkeit« liegt also nicht vor, wenn es nicht um die Verteilung von Leistungen geht, die der AG freiwillig zur Verfügung stellt, sondern wenn dieser des Abschlusses einer BV bedarf, um eine von ihm an sich geschuldete **Leistung zu kürzen** oder Regelungen zu treffen, welche die AN belasten. Hier kann der AG gerade nicht mitbestimmungsfrei darüber entscheiden, ob und in welcher Höhe er welchem Adressatenkreis gegenüber eine Kürzung der Leistung vornehmen oder andere belastende Regelungen treffen will. Vielmehr bedarf in derartigen Fällen bereits die Maßnahme als solche und nicht erst deren Ausgestaltung der Mitwirkung des BR. Deshalb gibt es in diesen Fällen **keine mitbestimmungsfreie Vorgabe** des AG, durch welche die Ebene der Mitbestimmung und damit das für diese zuständige Gremium festgelegt würde. Dementsprechend kann der AG seinen Verhandlungspartner nicht »subjektiv« durch einseitige, mitbestimmungsfreie Vorgaben festlegen. Die Zuständigkeit des Mitbestimmungsgremiums richtet sich stattdessen ausschließlich nach den objektiven Umständen. In Fällen, in denen den AN keine zusätzlichen Leistungen gewährt, sondern die ihnen tariflich zustehenden Leistungen mit Zustimmung des BR gekürzt oder ihre Rechte beschränkt werden, besteht auch nach dem Gegenstand der mitbestimmungspflichtigen Angelegenheit kein Anlass, dem AG die Disposition über seinen Verhandlungspartner einzuräumen.[41]

(5) Zuständigkeitstrennung

36 Der Grundsatz der Zuständigkeitstrennung **verbietet** die Beschränkung der Zuständigkeit auf eine **bloße Rahmenkompetenz.** Nach der Rspr. kann ein Beteiligungsrecht nicht auf mehrere Organe der Mitbestimmung aufgespalten werden, weil dies mit den Erfordernissen der Rechtssicherheit und Rechtsklarheit unvereinbar wäre. Der GBR kann deshalb seine Zuständigkeit nicht auf den BR delegieren.[42]

37 Für die Beurteilung der Zuständigkeit des BR, GBR oder KBR ist die **Reichweite des Gegenstands des Beteiligungsrechts** maßgebend. Handelt es sich um eine einheitliche Angelegenheit, z. B. wenn der Kernbereichs dieses Gegenstands in die Zuständigkeit des BR fällt, ist der BR und nicht der GBR zuständig.[43] Die Zuständigkeit für einen Gegenstand des Beteiligungsrechts soll weder aufgespalten werden können noch sei sie in eine Rahmen- und Ausfüllungskompetenz aufteilbar.[44]

38 Der Grundsatz der Zuständigkeitstrennung soll für die **zwingende** und **freiwillige Mitbestimmung gelten.**

39 Der Verstoß gegen den Grundsatz der Zuständigkeitstrennung soll zum Wegfall aller Mitbestimmungsrechte führen, wenn BR trotz Vorliegens der Voraussetzung keinen GBR gebildet haben. Dabei wird verkannt, dass auch die Wahl von BR freiwillig ist und die Nichtwahl keiner Sanktion unterliegt. Dann kann auch die unterlassene Bildung des GBR **nicht sanktioniert** werden.[45]

---

40 *BAG* 19.6.07, NZA 07, 1184.
41 *BAG* 19.6.07, AuR 07, 406 für eine vom AG geplante Kürzung des 13. Monatseinkommens aufgrund einer tarifvertraglichen Öffnungsklausel.
42 *BAG* 19.6.07 BZA 07, 1184; 14.11.06, NZA 07, 399; *Fitting* Rn. 9; *HWGNRH-Glock*, Rn. 12; Richardi-*Annuß*, Rn. 13; GK-*Kreutz*, Rn. 17 ff.; Düwell-*Tautphäus*, Rn. 9.
43 *BAG* 15.1.02, NZA 02, 988; 26.1.93, NZA 93, 714.
44 *Fitting*, Rn. 25.
45 A. A. GK-*Kreutz*, Rn. 19.

bb) Schutzzweckorientierte Lösung

(1) Interessen der Arbeitnehmer und Menschenwürde

40 Die Rspr. des BAG zur fehlenden Regelungsmöglichkeit des BR verleiht ohne überzeugende Begründung dem Prinzip der Zuständigkeitstrennung einen zentralen Stellenwert. Es verstößt jedoch nicht nur gegen **Wortlaut**, und **Systematik** (Rn. 44 ff.), sondern vor allem gegen den **Schutzzweck** des BetrVG: Danach richtet sich die Zuständigkeit der GBR primär nach den Interessen der AN im Betrieb und dem von ihnen unmittelbar gewählten BR.[46] Die Betriebsverfassung und die nach dem Gesetz vorgesehenen Vertretungsgremien dienen der **Interessenvertretung der Beschäftigten**. Kompetenzabgrenzungen zwischen dem BR, GBR und KBR orientieren sich deshalb auch an der Erreichung dieses Ziels. Die BR sind direkt von AN gewählt und stehen anders als GBR und KBR mit ihnen zu allen betrieblichen Problemen unmittelbar im betrieblichen Kontakt.[47] Deshalb muss eine Kompetenzverlagerung von BR auf den GBR auf das **unbedingt Erforderliche** beschränkt bleiben. Die Errichtung des GBR soll Lücken im System der Mitbestimmung schließen, die **Effektivität der Mitbestimmung** erhöhen und die Arbeit der BR nicht durch **neue Konflikte** mit ihm über ihre jeweiligen Zuständigkeiten lähmen. Genau dies bewirkt jedoch die Anwendung des Grundsatzes der Zuständigkeitstrennung. Das BAG wendet zudem nicht nur ein neues Prinzip an, sondern verleiht ihm auch noch Vorrang vor allen anderen Prinzipien, ohne sie überhaupt zu benennen und es dann nachvollziehbar mit ihnen abzuwägen. Schon diese Methode ist fragwürdig und die Ergebnisse sind es noch mehr. Die Rspr. schafft nur neue Probleme, ohne die alten zu lösen. Die Anwendung des Prinzips der Zuständigkeitstrennung berührt die **Interessen** der beiden Betriebsparteien höchst unterschiedlich, denn es

- **entspricht** dem Interesse des **hierarchisch organisierten AG** an einer möglichst reibungslosen Umsetzung seiner zentralen Planung mithilfe seines Direktionsrechts (»top-down«), die dafür nach Rechtssicherheit verlangt. Die Rspr. hat zwar einerseits das Koordinierungsinteresse des AG als zuständigkeitsbegründend abgelehnt, aber sie entspricht ihm mit der Anwendung des Prinzip der Zuständigkeitstrennung(vgl. Rn. 55).
- **widerspricht** den Interessen der einzelnen im Betrieb beschäftigten AN an einer möglichst effektiven Wahrnehmung ihrer **gemeinsamen** und **individuellen Interessen** durch den BR. Seine Errichtung hängt von der oft mutigen Initiative einzelner Personen zur Bildung des BR ab. Darüber hinaus setzt die Interessenvertretung die Konsensbildung im Gremium des BR voraus mit der notwendigen Rückkoppelung bei den Beschäftigten. Die Mitbestimmung folgt deswegen demokratischen Prinzipien, ist basisorientiert (»bottum-up«) und ist damit prinzipiell anders als der AG organisiert. Das bedeutet, dass der BR nicht nur unmittelbarer Ansprechpartner der Beschäftigten für alle betrieblichen Probleme, sondern für sie auch vor allem **primär zuständig** sein muss.

Für den direkten Kontakt zum BR benötigen AN **Rechtssicherheit**. Sie würde ihnen jedoch genommen, wenn z. B. AG Arbeitsverhältnisse von Beschäftigten des Betriebs erleichtert kündigen könnten, nur weil ihre Namen auf einer gegen das Votum des BR mit dem GBR oder KBR vereinbarten Namensliste stehen (vgl. Rn. 150).

Als verfassungsrechtliche Wertentscheidung **verbietet** die Mitbestimmung eine Behandlung der **Einzelnen als bloßes Objekt** gesellschaftsrechtlicher Verfahren, gebietet die Beachtung der **Würde der Person** und des Rechts auf **freie Entfaltung der Persönlichkeit** gem. Art. 1 und 2 GG und verlangt **Beteiligung des Individuums** an der Gestaltung des Arbeitsprozesses (vgl. Einl. Rn. 47 f.). Sie gebietet damit nicht nur demokratische Wahlen des BR, GBR und KBR, sondern auch die Wahrung der Grundrechte der AN. Zur Wahrung der Mitbestimmungsrechte bedarf es deshalb nicht nur die Beteiligung des GBR, sondern vor allem der Zustimmung der betroffenen BR, wenn deren Fortbestand auf dem Spiel steht oder wenn die Arbeitsverhältnisse von AN ganz besonders z. B. durch Verkauf, Schließung oder sonstige Weise betroffen sind.

---

46 Lunk, NZA 13, 233 ff. mit krit. Bestandsaufnahme der Rspr. des BAG; Blomeyer, DB 67, 2221 [223 f.]; Pleyer, Anm zu BAG 5.2.65, SAE 65, 195 [195]; W. Meyer, AuR 64, 362 [365].

47 *BAG 11.12.01, BB 02, 1487.*

Schließt eine GBV alle AN eines Betriebs von in ihr geregelten Rechten z. B. auf Abfindungszahlungen wegen Verlusts des Arbeitsplatzes aus, dessen BR seine Mitbestimmungsrechte geltend machen will, dann **maßregelt** der AG die BR gem. § 612 a BGB, verstößt gegen seine Pflicht zur vertrauensvollen Zusammenarbeit gem. § 2 Abs. 1 und behindert sie bei der Arbeit gem. § 119 Abs. 1 Ziff. 2. Die Regelung ist nicht nur unwirksam, sondern begründet unmittelbar die Zuständigkeit der gemaßregelten BR, ohne dass die AN dadurch Rechte aus der GBV verlieren. Es ist der Zustand wieder herzustellen, der ohne die rechtswidrige Regelung bestünde (vgl. Rn. 246 für eine den Verkauf von Betrieben regelnde GBV).

Die Interessenvertretung der Beschäftigten des Betriebs kann als **gesetzliche Aufgabe** des BR nur von ihm und nicht von anderen BR des UN oder Konzerns wahrgenommen werden, weil sie ihrerseits die Interessen ihrer Betriebe wahrzunehmen haben. Der konzerninterne Wettbewerb um Standorte zwingt sie sogar verstärkt dazu (vgl. Rn. 83 ff.), Die betriebliche Interessenvertretung darf deshalb im Konfliktfall die betriebliche Interessenvertretung nicht als »**betriebsegoistisch**« abgewertet und durch Anwendung starrer Zuständigkeitsregeln unter Hinweis auf ein dem vermeintlichen »Gesamtinteresse des UN« verpflichteten GBR oder KBR unterlaufen werden.

Die Betriebsverfassung dient grundsätzlich dem **Schutz des einzelnen Arbeitnehmers**, wie sich nicht zuletzt aus § 75 Abs. 2 ergibt. Deswegen sind Mitbestimmungs- und Beteiligungsrechte des BR stets **weit auszulegen** (vgl. Einl. Rn 75 f.). Beide Grundsätze sind unvereinbar mit dem Prinzip der Zuständigkeitstrennung, das den Kontakt der einzelnen Beschäftigten zum BR gefährdet und Rechte des BR einschränkt.

(2) Rechtsunsicherheit

Die von der Rspr. des BAG zur Begründung angeführte größere Rechtssicherheit und -klarheit überzeugt nicht, weil sie zum einen nur dem Interesse des AG an reibungsloser Durchsetzung der zentralen Planung entspricht und zum anderen für die Beschäftigten **das Gegenteil bewirkt.** Hängt die Wirksamkeit aller Vereinbarungen davon ab, ob sie ihm entsprechen, dann stellen sich zahllose Vereinbarungen zwangsläufig als unwirksam heraus, weil die Betriebsparteien es beim Vertragsabschluss nicht berücksichtigen konnten. Die Rechtsunsicherheit dürfte auch für in der Zukunft abzuschließende Vereinbarungen nicht kleiner werden. Wollen sich die Betriebsparteien prinzipientreu an der Rspr. des BAG orientieren, können sie dennoch nicht sicher sein, ob sie ihr genügen. Sicher wissen sie es erst nach der letzten rechtskräftigen gerichtlichen Entscheidung, die einzelne AN z. B. zur Durchsetzung ihrer Ansprüche z. B. auf Nachteilsausgleich oder BRs, GBRs oder KBR zur Sicherung ihrer jeweiligen Rechte einleiten. Mit einem Federstrich versetzte die Rspr. also fast alle AN in größte Rechtsunsicherheit. Anders als für AG ist sie für AN inakzeptabel. Sie müssen sich zur Durchsetzung ihrer Ansprüche auf das dünne Eis des Vertrauensschutzes für alle in der Vergangenheit abgeschlossenen Vereinbarungen begeben und für in der Zukunft abgeschlossene BV, GBV oder KBV könnte der AG die Erfüllung von Vereinbarungen mit Hinweis auf noch nicht rechtskräftige Verfahren verweigern. 41

(3) Selbstständige Betriebsräte mit weitem Beurteilungsspielraum

Zur Konfliktlösung gibt es mit der **Auftragszuständigkeit** einen rechtssicheren Weg, wie die Mitbestimmungsorgane von ihren Zuständigkeiten Gebrauch wollen. Er eröffnet BR, GBR und KBR eine interne Absprache darüber, ob und wie sie ihre Rechte gemeinsam ausüben und damit mögliche Konflikte unter ihnen von vornherein vermeiden können. Wer Prinzipien sucht kann hier eines finden, nämlich das der **Autonomie dieser drei Betriebsparteien,** das auch über die Beauftragung hinaus zur Lösung möglicher Konflikte unter ihnen bei der Ausübung ihrer Rechte taugt. Diese Betriebsautonomie räumt beiden Parteien einen der gerichtlichen Kontrolle entzogenen eigenen **Beurteilungsspielraum** ein auch über die Frage der Zuständigkeit zu entscheiden und selbstständig das Organs zu bestimmen, das die Rechte ausüben soll. Sind sich z. B. alle Betriebsparteien, also auch die BRs, GBRs und der KBR mit dem AG darüber einig und schließen sie eine Vereinbarung, dann dürfte eigentlich kein ArbG 42 sie dennoch unter Berufung auf die Rspr. des BAG für unwirksam erklären, weil sie den Beurteilungsspielraum beider Betriebsparteien und ihre Betriebsautonomie missachten würden. Nach der dem Prinzip der Zuständigkeitstrennung folgenden Rspr. des BAG wäre dies möglich und jedes ArbG könnte die abgeschlossene Vereinbarung für unwirksam erklären. Die Rspr. des BGH stärkt die **Betriebsautonomie** dadurch, dass BR, GBR und KBR juristische Personen mit einem nicht zu eng bemessenen eigenen Beurteilungsspielraum sind.[48] Ist er schon bei der Heranziehung von Beratern zu respektieren, dann darf er gerade bei der Ausübung von Mitbestimmungsrechten nicht unberücksichtigt bleiben. In der Rspr. des BAG und der ihr folgenden Literatur[49] spielt dieser Beurteilungsspielraum des BR in diesem Zusammenhang jedoch bislang keine Rolle. Mit eigenverantwortlich handelnden BR ist ein **bevormundendes System gerichtlicher Kontrollen** aller BV, GBV und KBV darauf, ob sie möglicherweise dem Grundsatz der Zuständigkeitstrennung widersprechen und damit auch rechtsunwirksam sind, unvereinbar.

(4) Entstehungsgeschichte

43 Die **Entstehungsgeschichte** legt eine an den **Interessen der Arbeitnehmer** und nicht an denen des UN orientierte Zuständigkeitsabgrenzung zwischen BR und GBR nahe. Ein Änderungsantrag der CDU/CSU-Fraktion, wonach die Zuständigkeit des GBR bereits in den Fällen gegeben sein soll, in denen »eine einheitliche Regelung im Interesse ... des Unternehmens selbst erforderlich ist«, wurde abgelehnt. Der Ausschuss für Arbeit und Sozialordnung sah in dieser Formulierung mehrheitlich eine »zu starke Zuständigkeitsverlagerung zu Lasten der einzelnen BR; außerdem hielt sie eine an den Interessen der UN und nicht an die seiner AN anknüpfende Zuständigkeit des GBR für nicht sachgerecht«.[50]

(5) Gesetzessystematik und Solidaritätsprinzip

44 Das **Nebeneinander von originärer und Auftragszuständigkeit** gem. § 50 Abs. 1 und 2 stellt den BR ins Zentrum der Mitbestimmung. Wo er von vornherein und von Natur der Gegenstände her nicht regeln kann, soll der GBR mitbestimmen und was er nicht regeln will, soll der GBR mit dem AG aufgrund seines Auftrags verhandeln. Damit kann kein echter Konflikt zwischen BR und GBR über die jeweilige Zuständigkeit entstehen. Dies ist jedoch bei einer sich gegenseitig ausschließenden Zuständigkeit zwangsläufig und zugespitzt der Fall, wenn man den Blick nur auf den GBR und seine Regelungsmöglichkeiten richtet.

45 Dies gilt auch nach Erweiterung der Zuständigkeit des GBR auf **betriebsratslose Betriebe** gem. § 50 Abs. 1 Satz 1 2. HS. Sie verändert nicht das Verhältnis zwischen BR und GBR, deren Zuständigkeiten unangetastet bleiben. Hätte der Gesetzgeber dieses Verhältnis ändern wollen, dann hätte er dies mit der Einfügung des 2. Halbsatzes in § 50 Abs. 1 Satz 2 im Wortlaut zum Ausdruck bringen müssen durch die Klarstellung, dass sich ihre originären Zuständigkeiten wechselseitig ausschließen. Dies hat er jedoch gerade nicht getan und es gab auch keine entsprechenden Initiativen einer Fraktion.

46 Der Gesetzgeber ging in der Vergangenheit und geht auch heute noch immer wieder von **parallelen Zuständigkeiten** des BR, GBR und KBR aus:

- Gem. § 51 Abs. 5 gelten alle Rechte und Pflichten des BR auch für den **GBR**.
- Gem. § 51 Abs. 5 gelten pauschal alle **Rechte und Pflichten des BR** auch für den GBR, soweit die §§ 47 bis § 53 keine Abweichungen für ihn regeln.
- Gem. § 59 Abs. 1 i. V. m. § 51 Abs. 5 gelten pauschal alle Rechte und Pflichten des BR auch für den KBR, Weil die §§ 54 bis § 59 a keine Abweichungen für ihn regeln.
- Gem. § 97 Abs. 1 Satz 2 SGB IX nimmt eine Schwerbehindertenvertretung die Rechte und Pflichten der Gesamtschwerbehindertenvertretung wahr, was mit dem Prinzip einer Zuständigkeitstrennung unvereinbar ist.

---

48 *BGH* 25.10.12, NZA 12, 12; *Deinert*, AiB plus 13, 9; *Bergmann*, NZA 13, 57; vgl. auch § 23 Rn. 153.
49 *Fitting*, Rn. 9.
50 BT-Drucks. VI/2729, S. 26.

- Bei **UN-Verschmelzungen** verweist der Gesetzgeber auf den zuständigen Betriebsrat, ohne nach BR, GBR oder KBR zu differenzieren, wie z. B. in § 5 Abs. 3 UmwG, wonach der Vertrag »dem zuständigen BR« zuzuleiten ist.
- Bei **grenzüberschreitenden UN-Verschmelzungen** ist gem. § 10 Abs. 2 oder 3 zu MgVG der Betriebsrat für Bestellung der Mitglieder des Wahlgremiums zuständig.

Nach **§ 5 Abs. 1 EBRG** hat weiterhin eine »Arbeitnehmervertretung« den Auskunftsanspruch. **47**
BR, GBR, KBR. Sie können also in einem Mitgliedsstaat gegenüber der zentralen Leitung in Deutschland den Anspruch geltend machen. Eine Zuständigkeitstrennung nimmt der Gesetzgeber somit ausdrücklich nicht vor. Dies gilt auch für § 5 Abs. 2 Satz 1 EBRG, wonach **BR** und **GBR** nebeneinander den Auskunftsanspruch gegenüber der örtlichen Leitung geltend machen können.[51]

(6) Solidaritätsprinzip und denknotwendige Unmöglichkeit

Unter Solidarprinzip ist der Grundsatz zu verstehen, dass der **Stärkere den Schwächeren unterstützt**. Ihm widerspricht das Wettbewerbsprinzip, das alle Betriebsräte bzw. Gesamtbetriebsräte in UN oder Konzernen miteinander konkurrieren lässt um Arbeitsplätze und Einkommen. In solchen Fällen kann die Mitbestimmung nicht geschlossen gegenüber dem Arbeitgeber auftreten, sondern von vorherein gespalten: Zersplittert und sogar als Gegner. Mit einer einheitlichen Vertretung der Interessen hat dies nichts zu tun und widerspricht damit auch dem Schutzzweck der Betriebsverfassung und dem Solidaritätsprinzip, das nicht an den Grenzen des Betriebs endet, sondern über sie hinaus wirkt. Es verbindet die Betriebsräte, Gesamt- und Konzernbetriebsrat in der Weise, dass das stärkste Organ das schwächste unterstützt. Die Anwendung des Solidarprinzips in der Betriebsverfassung entspricht der im Tarifwesen. Beim Abschluss von Tarifverträgen kommt es z. B. so zum Ausdruck, dass die stärkste Gewerkschaft zuerst einen Abschluss erzielt, der dann auf die schwache Gewerkschaft übertragen wird. Der stärkste hilft also den Schwachen. Dies gilt entsprechend auch die dem Abschluss von Tarifverträgen innerhalb der Gewerkschaft. Der stärkste Bezirk einer Gewerkschaft schließt zuerst einen Vertrag ab, der dann auf die anderen Bezirke übertragen wird. Den Interessen der Beschäftigten entspricht allein die Beauftragung des Gesamt- und Konzernbetriebsrats gem. §§ 50 Abs. 2, 58 Abs. 2 BetrVG in allen überbetrieblichen Angelegenheiten dem Solidarprinzip. Ihre originären Zuständigkeiten ohne Beauftragung kommen nur dann in Betracht, wenn die Wahrnehmung von Mitbestimmungsrechten **denknotwendig, unmöglich oder sinnlos erscheint**, wie das z. B. bei der Wahrnehmung der Mitbestimmungsrechte für einen betriebsratslosen Betrieb im Unternehmen und Konzern gem. §§ 50 Abs. 1 2. Hs ; 58 Abs. 1 2. Hs. BetrVG durch der Gesamt- oder Konzernbetriebsrat der Fall ist. **48**

(7) Natur der Sache

Der GBR ist zuständig, wenn eine Angelegenheit **ihrer Natur nach** nur einheitlich geregelt werden kann. Der Begriff der »Natur der Sache« geht zurück auf die Gesetzesbegründung des BetrVG 52, wonach die einzelnen BR für solche Angelegenheiten zuständig bleibe, die sie »ihrer Art nach natürlicherweise wahrnehmen« konnte.[52] Ein »natürlicher Zuständigkeitsbereich eines einzelnen Betriebsrats« existiert.[53] **49**

Auch nach der Rspr. des *BAG* zum **BetrVG 1952** sei der GBR nur zuständig, wenn die zu regelnde Angelegenheit »ihrer Natur nach nicht Gegenstand einer einzelbetrieblichen Regelung« sein könne.[54] Die Gesetzesformulierung» nicht (...) geregelt werden« können fand sich wortgleich in § 48 Abs. 1 Satz 1 BetrVG 1952. **50**

Insgesamt bietet der Begriff »Natur der Sache« letztlich **mehr Möglichkeiten zur Konkretisierung**, als dies bei anderen Versuchen der Fall ist. Er umfasst alle Fälle **objektiver Unmög-** **51**

51 Vgl. Anhang B § 5 EBRG, Rn. 5 auch zur Zuständigkeit des KBR.
52 BT-Drucksache I/3585, S. 9.
53 BT-Drucks. I/1546 S. 49.
54 *BAG* 5.2.65, AP Nr. 1 zu § 56 BetrVG Urlaubsplan.

lichkeit, in denen der Regelungsgegenstand gedanklich nicht in Teilakte zerlegt werden kann, wie das z. B. bei Sozialeinrichtungen der Fall ist. Die Mitbestimmung des GBR würde also keinesfalls leer laufen, sondern hätte ein breites Regelungsfeld.[55] Außerdem umfasst der Begriff »Natur der Sache« auch alle Fälle, in denen das BAG eine Zuständigkeit des GBR aus **technischen oder rechtlichen Gründen** sieht.[56]

(8) Subsidiarität

52 Das Subsidiaritätsprinzip wie bei der **konkurrierenden Gesetzgebung gem. Art. 72 und 74 GG** findet auf das Verhältnis zwischen BR und GBR sowie GBR und KBR entsprechend Anwendung.[57] Die Gegenansicht verkennt die Entstehungsgeschichte, wonach »innerhalb der UN eine Art föderalistisches Systems der Betriebsvertretungen« besteht.[58] Einer ausdrücklichen Bezugnahme auf die Normen des GG bedarf es in Anbetracht des klaren Begriffs »föderalistisches System« nicht.

53 § 50 Abs. 1 Satz 1 ist eine Ausprägung des Subsidiaritätsprinzips, wonach die Zuständigkeit des **»größeren« GBR** gegenüber der des **»kleineren« BR** zurücktritt.[59] Danach soll eine Aufgabe möglichst von der kleinsten fähigen Einheit wahrgenommen werden. Es ist europarechtlich in Art. 5 Abs. 2 RGV, verfassungsrechtlich in Art. 23 Abs. 1 S. 1 GG normiert. Seine Wurzeln hat er in der **katholischen Soziallehre.**[60] Die Anwendung des Subsidiaritätsprinzips setzt **keine Weisungsbefugnis** voraus, wie der Vergleich des Verhältnisses von Bund und Ländern und dem der EG und ihre Mitgliedsländern sowie ihren Gebietskörperschaften zeigt, zwischen denen es ebenfalls Anwendung findet.[61] Deshalb steht die Regelung des § 50 Abs. 1 Satz 2, wonach GBR und BR in keinem hierarchischen Über- und Unterordnungsverhältnis stehen, nicht der Anwendung des Subsidiaritätsprinzips entgegen.

54 Zwischen UN- und Betriebsleitung besteht eine **hierarchische Beziehung**. Die maßgebende unternehmerische Organisationsform ist – in unterschiedlicher Ausprägung vom direkten System des »comand and control« bis hin zum subtilen vorauseilenden Gehorsam in einer sog. »Vertrauenskultur« – die Weisungsgebundenheit der unteren gegenüber der höheren Ebene. Im Konzern gemäß §§ 17, 18 AktG findet der hierarchische Aufbau des AG seinen Ausdruck darin, dass sogar formell herrschende UN anderen abhängigen UN Anweisungen erteilen dürfen. Da der GBR regelmäßig mit der UN-Ebene verhandelt, die der betrieblichen Ebene übergeordnet ist, existiert beim AG also stets ein hierarchischer Aufbau. Dieser letztlich auf dem Eigentumsprinzip mit dem Direktionsrecht des AG beruhende hierarchische Aufbau rechtfertigt deshalb die Anwendung des Subsidiaritätsprinzips auch im Verhältnis zwischen dem GBR und BR.

(9) Koordinierungsinteresse des Arbeitgebers

55 Allein der **Wunsch des AG** nach einer unternehmenseinheitlichen oder betriebsübergreifenden Regelung, seine **Kosten-** und **Koordinierungsinteressen** sowie reine **Zweckmäßigkeitsgesichtspunkte** begründen keine Zuständigkeit des GBR im Bereich der zwingenden Mitbestimmung.[62] Auch die **Entstehungsgeschichte** legt dies nahe, weil der Vorschlag des CDU/CSU-Fraktion zum BetrVG 1972, die Zuständigkeit des GBR an unternehmerischem Interesse zu koppeln, ausdrücklich abgelehnt wurde.[63]

---

55 *Kittner*, BlStSozArbR 1976, 232 [234].
56 *BAG* 9.12.03, NZA 05, 234.
57 *Burgkardt*, S. 155 f; a. A. *Robrecht*, S. 118; *Ehrich*, ZfA 93, 427.
58 Bericht des Ausschusses für Arbeit und den Abgeordneten *Sabel*, BT-Drucks. I/3589 S. 9.
59 *BAG* 21.3.96, AP Nr. 87 zu § 102 BetrVG 1972; a. A. *Robrecht*, S. 70.
60 *Lechler*, S. 29 ff.
61 A. A. *Robrecht*, S. 72; Richardi-*Annuß*, Rn. 46.
62 *BAG* 19.6.07, NZA 07, 1184; 14.11.06, NZA 07, 399, 8.6.04, NZA 05, 227; 9.12.03, NZA 05, 234.
63 BT-Drucks. VI/2729 S. 26; Rn. 43.

(10) Zwingende oder freiwillige Mitbestimmung

Im Bereich der **zwingenden Mitbestimmung** kann der AG nicht die Zuständigkeit des GBR dadurch begründen, dass er eine betriebsübergreifende Regelung verlangt. Ebenso wenig können AG und GBR die gesetzliche Zuständigkeitsverteilung zwischen BR und GBR abbedingen. Sie ist zwingend.[64] 56

Etwas anderes gilt für die **freiwillige Mitbestimmung.** Das Verlangen des AG soll eine einheitliche Regelung notwendig machen, wenn der AG allein unter diesen Voraussetzungen zu der regelungsbedürftigen Maßnahme bereit ist und insoweit **mitbestimmungsfrei** entscheiden kann, wie es z. B. bei freiwilligen Zulagen der Fall ist. Im Bereich der freiwilligen Mitbestimmung ist der GBR also nur dann zuständig, wenn der AG zu einer unternehmenseinheitlichen und betriebsübergreifenden Maßnahme befreit ist. Der AG darf allerdings seine Zuständigkeit nicht allein dadurch begründen, dass er bei seiner mitbestimmungspflichtigen Entscheidung eine betriebsübergreifende Regelung verlangt.[65] In gem. § 87 Abs. 1 mitbestimmungspflichtigen Angelegenheiten wird der GBR nicht deshalb zuständig, weil ein TV freiwillige ergänzende TV zulässt und der AG nur zu einer unternehmereinheitlichen GBV mit dem GBR bereit ist.[66] 57

Verfolgt der AG ein **überbetriebliches Sanierungskonzept**, dann berührt dies die zwingende Mitbestimmung und damit begründet diese Planung nicht die Zuständigkeit des GBR. Wenn der Wunsch des AG nach unternehmenseinheitlichen Regelungen die Zuständigkeit des GBR nicht begründet, dann ändert hieran seine Vorlage eines Sanierungskonzeptes nichts. Dies gilt umso mehr als die ursprüngliche Planung bei richtig verstandener Mitbestimmung nicht dem endgültigen Ergebnis nach Ausübung der Mitbestimmungsrechte entspricht. Es kann deshalb gerade nicht die für freiwillige Leistungen des AG entwickelte Topftheorie Anwendung finden, nach der er allein die Größe des Topfes bestimmt. 58

(11) Primär- und Auffangzuständigkeit des Betriebsrats

Da das Gesetz von einer Primärzuständigkeit des BR ausgeht, ist **im Zweifel** dieser zuständig.[67] 59

Bleibt der GBR trotz Zuständigkeit **untätig,** sind die BR zuständig und können BV abschließen.[68] 60

Nach Ansicht des *BAG* ist der BR dann zuständig, wenn der **GBR untätig blieb**.[69] Die Rspr. hatte in dem zugrundeliegenden Sachverhalt zwar nicht über das Verhältnis zwischen dem BR und GBR, sondern über das zwischen GR und KBR zu entscheiden. Aber das *BAG* hält den GBR für einen **Auskunftsanspruch** für zuständig, solange der KBR untätig bleibt. Was im Verhältnis zwischen GBR und KBR gilt, muss auch im Verhältnis BR zu GBR Anwendung finden, das die Zuständigkeiten in gleicher Weise nach dem Prinzip des »Nichtregelnkönnens« verteilt. 61

Das gegliederte System von BR, GBR und KBR soll **Lücken schließen** und nicht neue Lücken aufreißen. Bei einer sich gegenseitig ausschließenden Zuständigkeit der jeweiligen Gremien, wäre dies der Fall, wie die Rolle des KBR verdeutlicht: Er muss und kann nicht immer errichtet werden. Bestünde er nicht, würden alle Bereiche aus der Mitbestimmung herausfallen, dies einem originären Regelungsbereich zuzuordnen wären. Gegenüber einem GBR könnte der AG also Auskünfte und den Abschluss von GBV mit dem Hinweis auf die Zuständigkeit des nicht existierenden KBR verweigern. Diese Mitbestimmungslücke kann nur bei Vorliegen der Voraussetzungen des KBR geschlossen werden. Liegt z. B. nach Ansicht des AG kein Konzern gem. 62

---

64 *BAG* 14.11.06, NZA 07, 399; 9.12.03, AP Nr. 27 zu § 50 BetrVG 1972.

65 *BAG* 11.11.98, NZA 99, 947 f.; 30.8.95, NZA 96, 218.

66 *BAG* 9.12.03, NZA 05, 234.

67 *BAG* 4.6.76 AP Nr. 3 zu § 50 BetrVG 1972; Richardi-*Annuß*, Rn. 3; Erfk-*Koch*, Rn. 2; Düwell-*Tautphäus*, Rn. 2; a. A. *Fitting*, Rn. 9.

68 *LAG Hamburg* 27.10.97, LAGE § 98 ArbGG 1979 Nr. 30; *LAG Nürnberg* 27.10.97, NZA 90, 503; *LAG Berlin* 10.9.79, DB 79, 2091; *Burghardt*, S. 155; a. A. *Robrecht*, S. 116 ff.

69 *BAG* 19.3.81, AP Nr. 14 zu § 80 BetrVG 1972 zur Zuständigkeit des GBR bei Untätigkeit des KBR; a. A: GK-*Kreutz*, Rn. 18; Erfk-*Koch*, Rn. 2; Düwell-*Tautphäus*, Rn. 10, 31; *Robrecht*, S. 117.

§§ 17, 18 AktG in Deutschland vor, dann wäre die Lücke auch nicht zu schließen. Liegt ein Konzern unstreitig vor, dann könnte z. B. die fehlende Zustimmung eines stimmgewichtigen GBR im Konzern nicht zwingende Errichtung des KBR verhindern.

63 Die zu schließende Lücke erstreckt sich auch auf **abgeschlossene** KBV. Die rechtmäßige Existenz errichteter KBR könnte bestritten und damit auch die Rechtswirksamkeit der KBV in Abrede gestellt werden.

64 Die mögliche Bildung von KBR schließt Lücken in der Mitbestimmung. Dieser Gesetzeszweck und die GBR in Gesetzessystematik geben dem KBR eine **Auffangzuständigkeit**, was auch der Rspr. entspricht.[70]

65 Da die Zuständigkeitsverteilung zwischen BR und GBR der zwischen GBR und KBR entspricht, kann für den BR im **Verhältnis zum KBR** nichts anderes gelten: Er ist in allen Bereichen der Mitbestimmung grundsätzlich primär zuständig und hat eine Auffangzuständigkeit.

(12) Rahmenkompetenz des Betriebsrats

66 Im Bereich der zwingenden Mitbestimmung ist die originäre Zuständigkeit des GBR nach der Rspr. nicht auf eine **Rahmenkompetenz** beschränkt. AG und GBR müssen sich deshalb nicht mit durch die BR ausfüllungsbedürftigen Regelungen begnügen.[71]

67 Die gesetzliche Zuständigkeitsregelung ist nach Ansicht des *BAG* **unabdingbar.** Eine einheitliche mitbestimmungspflichtige Angelegenheit und ein Mitbestimmungstatbestand sei nicht aufteilbar. Dies entspreche den Erfordernissen der Rechtssicherheit und -klarheit. Insbesondere sei innerhalb des Mitbestimmungstatbestandes häufig eine Abgrenzung der Regelung kaum zuverlässig möglich. Detailregelungen stünden in einem wechselseitigen Abhängigkeitsverhältnis und seien miteinander verzahnt. Der GBR könne seine Regelungskompetenz grundsätzlich nicht an die BR delegieren. Es bleibe offen, ob GBR und AG zumindest eine mitbestimmungspflichtige Angelegenheit regeln und – zumindest in dem Umfang, in dem auch eine Übertragung der Entscheidung auf den AG zulässig wäre – im Wege der Öffnungsklausel eine freiwillige Regelung durch AG und BR ermöglichen.[72]

68 Die Bestimmung des Abs. 1 weist dem GBR unter bestimmten Voraussetzungen Regelungskompetenzen zu, ohne zugleich ausdrücklich die **Zuständigkeit der BR generell auszuschließen.** Die gegenteilige Auffassung, wonach stets nur die Zuständigkeit entweder des GBR oder des BR gegeben sein kann, beide Zuständigkeitsbereiche sich also gegenseitig ausschließen,[73] ist unvereinbar mit

- dem **Wortlaut** des § 50 Abs. 1. Für diese restriktive Auslegung enthält er keine Anhaltspunkte;
- dem **Gesetzeszweck,** wonach die Ausübung des Mitbestimmungsrechts nicht erschwert oder gar behindert werden soll. Die zwingende Errichtung eines GBR soll Mitbestimmungslücken schließen, aber keine neuen aufreißen, wenn er – aus welchem Grund auch immer (Einflussnahme des AG oder größerer Betriebe usw.) – von seinen Rechten keinen Gebrauch macht;
- der **Primärzuständigkeit** des BR. Er würde auch dann ausgeschlossen werden können, wenn der GBR von seiner Zuständigkeit noch keinen Gebrauch gemacht hat oder auch nicht machen will.[74] Außerdem kann bei **komplexen Problemen** die Zuständigkeit des GBR auf Rahmenregelungen beschränkt sein, deren Ausfüllung dem BR zu überlassen ist. Eine GBV zur Betriebsänderung durch Spaltung aller Betriebe darf z. B. nicht die Zustimmung zu Versetzungen einzelner AN in einem bestimmten Betrieb nach § 99 vorweg erteilen, für die der betreffende BR zuständig zu bleiben hat.

69 Der GBR kann in eine von ihm getroffene Vereinbarung eine **Öffnungsklausel** für ergänzende

---

70 *BAG* 19.3.81, AP Nr. 14 zu § 80 BetrVG 1972.
71 *BAG* 14.11.06, NZA 07, 399; 11.11.98, AP Nr. 19 zu § 50 BetrVG 1972.
72 *BAG* 14.11.06, für eine IT-Regelung.
73 *BAG* 14.11.06, NZA 07, 399, für eine IT-Regelung.
74 *BAG* 6.4.76, AP Nr. 2 zu § 50 BetrVG 1972; *LAG Düsseldorf* 6.2.91, LAGE § 50 BetrVG 1972 Nr. 4; 4.3.92, NZA 92, 613.

Regelungen durch die einzelnen BR aufnehmen.[75] Jedenfalls soll sich eine GBV mit Rücksicht auf die grundsätzliche Primärzuständigkeit der einzelnen BR auf das unbedingt Erforderliche beschränken. Für die Einzel-BR muss noch **Wesentliches** zu regeln bleiben.[76] Die Rahmenkompetenz erweitert also nicht die Zuständigkeit des GBR, sondern setzt sie voraus und begrenzt sie auf das wirklich Erforderliche. Sie kann auch zu einer **Initiative des GBR** führen, mit dem UN nur Eckpunkte zu vereinbaren.

Haben BR **keinen GBR gebildet,** obwohl die Voraussetzungen hierfür vorlagen, entfallen die **70** Mitbestimmungsrechte des GBR nicht mit der Folge, dass die BR sie nicht mehr wahrnehmen können. Auch der GBR soll nach den Gesetzeszweck Mitbestimmungslücken schließen, aber keine neuen aufreißen.[77]

Ist ein **GBR gebildet,** der jedoch von seinem Mitbestimmungsrecht – aus welchem Grund **71** auch immer – keinen Gebrauch macht, dann entfällt es ebenfalls nicht und die BR können uneingeschränkt mitbestimmen. Dies gilt entsprechend auch, wenn GBR **keinen KBR errichtet** haben. Sie können dann ebenfalls ihre Mitbestimmungsrechte wahrnehmen, die der KBR hätte ausüben können.

(13) Parallele Betriebsvereinbarungen, demokratische Legitimation

Überbetriebliche Angelegenheiten können rechtswirksam dadurch geregelt werden, dass die **72** BR jeweils **gleichlautende parallele BV** mit dem AG schließen. Der GBR kann in diesen Fällen nicht originär zuständig sein. Dies gilt gerade auch, wenn die Regelung einen völlig eindeutigen überbetrieblichen Bezug hat und gedanklich nicht in Teilakte zerlegt werden kann, wie dies z. B. für die Bildung einer für alle oder mehrere Betriebe zuständige Sozialeinrichtung gem. § 87 Abs. 1 Nr. 8 BetrVG der Fall ist.[78] Anders als AG haben AN ein besonderes Interesse an der Sicherung ihrer Ansprüche aus BV. Wären gleichlautende BV unwirksam, dann würden hierauf beruhende Ansprüche der AN einer erheblichen Gefährdung unterliegen. Noch jederzeit nach ihrem Abschluss könnte ihre Wirksamkeit wegen Unzuständigkeit des BR oder GBR in Frage gestellt werden. In Anbetracht der erheblichen Verbreitung derartiger BV würde die Anwendung dieser Auffassung mit einem Federstrich an allen Kündigungs- und Nachwirkungsvorschriften vorbei ihre Fortgeltung in Frage stellen und damit erhebliche Rechtsunsicherheit auslösen. Eine am Schutzzweck orientierte Auslegung vermeidet diese Risiken und sollte deshalb die geltungserhaltende Lösung bevorzugen.

Für die Wahrnehmung von Mitbestimmungsrechten ist in erster Linie der von den AN **un- 73** **mittelbar durch Wahl legitimierte BR** zuständig, der die betrieblichen Interessen der AN gegenüber dem AG direkt vertritt.[79] Deshalb verleihen die Unterschriften unter einer vom AG und allen betroffenen BR unterzeichneten Vereinbarung eine bessere **demokratische Legitimation** als eine bloß vom GBR unterzeichnete GBV. Während letztere lediglich eines Beschlusses des GBR bedarf, der kraft des Stimmgewichts eines einzelnen Betriebs oder weniger großer Betriebe gegen das Votum vieler kleiner Betriebe zustande kommen kann, bedeutet die Unterzeichnung durch alle BR auch zustimmende Beschlüsse aller betreffenden Gremien. Ein derartiges einheitliches Handeln aller BR liegt eher im Interesse der AN, als wenn sich die BR über Fragen der Zuständigkeit möglicherweise auseinander dividieren lassen und durch Verstärkung ihrer jeweils speziellen betrieblichen Interessen nicht mehr oder nur noch erschwert einheitlich handeln können.

Die demokratische Beschlussfassung in vielen BR **widerspricht** dem hierarchischen und dem **74** Kommandoprinzip gehorchenden Organisation des AG, dessen einmal getroffenen Entscheidungen nur noch möglichst schnell umgesetzt werden sollen. Wo AG Mitbestimmung über-

75 *BAG* 3.5.84, AP Nr. 5 zu § 95 BetrVG 1972.
76 *Fitting*, Rn. 28; *Keim*, BB 87, 962; *Kittner*, BlStSozArbR 76, 235.
77 A. A. GK-*Kreutz*, Rn. 19; wonach dies eine angemessene »Sanktion« sei, der, aber den Schutzcharakter des GBR verkennt; *Robrecht*, S. 122.
78 A. A. Richardi-*Annuß*, Rn. 8; *Ehrich*, ZfA 93, 427; Siebert, S. 46: *Robrecht*, S. 60; *Kittner*, BlStSozArbR 76, 232.
79 *BAG* 19.6.07, AuR 07, 406.

haupt akzeptieren, will sie auch schnell zu Regelungen gelangen und verlangt deshalb mit dem GBR oder im Konzern KBR einen zentralen Ansprechpartner, weil dies billiger, effektiver und marktgerechter sei. Mit der Mitbestimmung und dem abgestimmten System ihrer Gremien ist dieses dirigistisches Verständnis jedoch unvereinbar. Dass die demokratische Betriebsverfassung mit wirtschaftlich effektiven UN vereinbar ist, hat die Mitbestimmung seit ihrer Existenz immer wieder unter Beweis gestellt.

75 Die Ausdehnung der Zuständigkeit des GBR auch auf **betriebsratslose Betriebe** durch § 50 Abs. 1 Satz 1 2. Halbsatz hat an der Zulässigkeit gleichlautender paralleler BV nichts geändert. Selbstverständlich kann der GBR eine GBV mit dem AG abschließen, die dann für betriebsratslose Betriebe gilt. Werden nur gleichlautende BV abgeschlossen, gelten sie auch lediglich für die jeweiligen Betriebe und nicht auch für Betriebe ohne BR.

76 Gleichlautende BV sind auch **praktikabel.**[80] Dies zeigt nicht nur die Praxis selbst, sondern ergibt sich auch aus der Struktur des GBR als »Arbeitsgemeinschaft« bestehenden Delegierten der BR. Verhandlungen des GBR mit dem AG sind insofern nichts anderes, als Verhandlungen mit den Delegierten des BR. Divergierende Positionen und unterschiedliche Präferenzen der einzelnen BR sind deshalb eher zu berücksichtigen unabhängig davon, ob der GBR oder einzelne BR verhandeln.

77 Die Zuständigkeit des GBR ist grundsätzlich auch nicht gegeben, wenn bestimmte Angelegenheiten zwar im gesamten UN einer Regelung zugeführt werden müssen, dies aber ebenfalls durch **parallele Vereinbarungen** der einzelnen BR erfolgen kann, deren inhaltliche Ausgestaltungen von der Natur der Sache her nicht unbedingt einheitlich und identisch sein müssen. Dies gilt auch dann, wenn eine betriebliche Regelung notwendig die in einem anderen Betrieb **beeinflussen** oder gar **präjudizieren** würde oder wenn BR **divergierende Interessen** verfolgen. Die Interessen der einzelnen BR sind zwangsläufig nicht identisch, weil die BR nur die Interessen der AN des Betriebs und nicht die des UN vertreten. Außerdem hat jede betriebliche Regelung auch Auswirkungen auf die anderen Betriebe, sei es in finanzieller oder organisatorischer Hinsicht. Diese Folgen sind der dezentralen, auf den Betrieb abstellenden Struktur der Betriebsverfassung geschuldet.[81] Allerdings kann ausnahmsweise eine einheitliche Regelung wegen der Besonderheiten des Einzelfalls geboten sein. Der GBR ist deshalb zuständig für mitbestimmungsfreie und -pflichtige Arbeitsbedingungen, die bei anderen AG in Manteltarifverträgen geregelt werden können.[82]

(14) Gleichbehandlungsgrundsatz

78 Die zwingende Notwendigkeit einer unternehmenseinheitlichen Regelung und damit die Zuständigkeit des GBR lässt sich nicht allein mit dem Hinweis auf den arbeitsrechtlichen **Gleichbehandlungsgrundsatz** begründen. Seine Anwendung ist bei Regelungen und ihrer Anwendung geboten, er wirkt jedoch nicht selbst **zuständigkeitsbegründend.**[83] Weder der arbeitsrechtliche noch der betriebsverfassungsrechtliche Gleichbehandlungsgrundsatz des § 75 Abs. 1 wirken also zuständigkeitsbegründend.[84]

79 Die unternehmensweite Geltung des Gleichbehandlungsgrundsatzes steht unter dem **Vorbehalt der Mitbestimmungsrechte** der BR der einzelnen Betriebe des UN. Üben sie ihre Mitbestimmungsrechte im Rahmen ihrer gesetzlichen Kompetenzen unterschiedlich aus, kann dies nicht durch die Anwendung des Gleichbehandlungsgrundsatzes mit dem Ziel einer unternehmenseinheitlichen Regelung korrigiert werden.[85]

---

80 A. A. *Robrecht*, S. 69; Rn. 93.

81 A. A. *BAG* 16.8.83, AP Nr. 5 zu § 50 BetrVG 1972; *LAG Düsseldorf* 6.2.91, LAGE § 50 BetrVG 1972 Nr. 4.

82 *BAG* 28.4.92, EzA § 50 BetrVG 1972 Nr. 10 für die ÖTV, die als AG und Gewerkschaft keine TV abschließen kann.

83 *BAG* 19.6.07, NZA 07, 1184; *LAG Düsseldorf* 14.12.79, EzA § 50 BetrVG 1972 Nr. 5; 5.7.91, LAGE § 50 BetrVG 1972 Nr. 6; HWGNRH-*Glock*, Rn. 15; GK-*Kreutz*, Rn. 36; *Siebert*, S. 70; *Windbichler*, S. 342; a. A. *BAG* 23.9.75, AP Nr. 1 zu § 50 BetrVG 1972; 3.11.87, EzA § 77 BetrVG 1972; *LAG Köln*, DB 87, 2107.

84 *HessLAG 26.11.12 – 16 TaBV 201/12.*

85 *HessLAG* 9.1.07 – 4 Sa 1329/06.

Der Gleichbehandlungsgrundsatz gebietet die **gleiche Behandlung** von AN, Gruppen von ihnen in **vergleichbarer Lage**. Er verbietet also die willkürliche Schlechterstellung einzelner AN sowie einzelner AN sowie eine sachfremde Gruppenbildung.[86] **80**

Der Gleichbehandlungsgrundsatz bezieht sich auf das UN, weil der **AG Normaladressat** ist. Die GBR-Zuständigkeit kann deshalb nicht mit Hinweis auf diesen Gleichbehandlungsgrundsatz abgelehnt werden, weil seine Anwendung lediglich betriebsbezogen sei.[87] **81**

Eine Unterscheidung zwischen den Betrieben ist nach der Rspr. nur zulässig, wenn es hierfür **sachliche Gründe** gibt.[88] Betriebliche Besonderheiten können sachliche Gründe darstellen, die der GBR-Zuständigkeit entgegenstehen. **82**

(15) Standortwettbewerb

Betriebliche Besonderheiten hinsichtlich der Produkte und Dienstleistungen sowie der jeweiligen Situation im UN z. B. durch Standortkonkurrenz im UN schränken die originäre Zuständigkeit des GBR ein. In diesen Fällen kann nur der BR die Angelegenheit regeln. Die Rspr. des *BAG*[89] und die ihr folgende Literatur[90] ignoriert die betrieblichen Besonderheiten und die betrieblichen Sonderinteressen die nur der BR genau kennen und vertreten kann. Sie sind jedoch von erheblicher Bedeutung. Je stärker diese betrieblichen Besonderheiten durch das Produkt, Dienstleistung oder auf andere Weise in Erscheinung tritt, desto eher muss der örtliche BR zuständig sein. **83**

Der GBR ist kein unmittelbar gewähltes Gremium, sondern ein **Arbeitskreis** von BR-Delegierten ist, der gem. § 47 Abs. 7 i. V. m. § 51 Abs. 1 Satz 1 **stimmgewichtet** entscheidet. Damit dominiert stets die Mehrheit der AN aus einem Betrieb, z. B. dem Stammhaus oder mehreren Betrieben und kann die Minderheit aus mehreren kleineren Betrieben beherrschen. Die Geltung des Prinzips der Unterordnung der Minderheit ist dabei nicht an sich bedenklich, sondern seine Anwendung im Wettbewerb um **Arbeitsplätze** und **Standorte.** **84**

Bei unternehmenseinheitlichen Umstrukturierungen wäre u. U. der GBR für den Abschluss des Interessenausgleichs zuständig. Er entscheidet mehrheitlich nach Stimmgewicht und könnte so z. B. der **Schließung kleinerer Standorte** womöglich noch mit Namensliste zustimmen.[91] Dieses Ergebnis ist unzutreffend. Der BR ist gerade in diesen Fällen **originär zuständig.** **85**

Beispiel:
Bei einem UN konkurrieren die Standorte A mit 5000 AN, B mit 4000 AN und C mit 2000 AN nach einem unternehmenseinheitlichen Verfahren um die Fertigung verschiedener Produkte. Der AG entscheidet nach unternehmenseinheitlichen Kriterien und will bei allen Standorten Personal abbauen und den Betrieb C schließen.
Für die Betriebsänderung sind trotz der unternehmenseinheitlichen Verfahren die örtlichen BR originär zuständig. Der GBR kann nicht mit dem Stimmgewicht der Werke A und B einen Interessenausgleich (u. U. noch mit Namensliste, die alle AN faktisch den Kündigungsschutz nimmt!) abschließen, wonach das Werk C komplett geschlossen wird. Dies gilt entsprechend für den Personalabbau in den Werken A und B.

Entlassenen AN müsste der GBR als verlängerter Arm der Personalabteilung erscheinen, wenn sein gerade zur Arbeitsplatzsicherung gewählter und mit Mitbestimmungsrechten ausgestatteter BR im GBR einfach überstimmt werden könnte und ihm damit seine entscheidenden **86**

86 *BAG* 13.2.02, AP Nr. 184 zu § 242 BGB Gleichbehandlung; 18.9.01 AN Nr. 176 zu § 242 Gleichbehandlung.
87 *Robrecht*, S. 65; a. A. *LAG Düsseldorf* 5.9.91, NZA 92, 563; *Löwisch/Mikosch*, Anm. zu *BAG* 23.9.75 und 6.4.76, AP Nr. 2 gelte zu § 50 BetrVG 72.
88 *BAG* 3.12.08, AP Nr. 206 zu § 242 BGB Gleichbehandlung.
89 *BAG* 14.11.06, NZA 07, 399.
90 Z. B. ErfK-*Koch*, Rn. 6, wonach der GBR über betrieblichen Sachverstand verfüge und damit umstandslos entscheiden könne.
91 Vgl. z. B. *Ohlendorf/Salomon*, NZA 06, 131 zum Interessenausgleich der Namensliste mit Zuständigkeitsbereich des Gesamtbetriebsrats.

Rechte genommen würden. **Die Mitbestimmung** würde so »**umgedreht**« von einem die Konkurrenz unter AN abmildernden Recht zu einem, das sie unter AN, Standorten und Betrieben verschärft. Sie würde nicht nur leer laufen, sondern sogar den Fortbestand der **Arbeitsplätze bedrohen.** Die Berufung auf die originäre Zuständigkeit des GBR unter Berufung auf den Gleichbehandlungsgrundsatz oder andere Prinzipien ist insofern nicht nur rechtsmissbräuchlich, sondern widerspricht dem Sinn und Zweck der Mitbestimmung.

(16) Ergebnisorientierte Steuerung durch Wettbewerb im Unternehmen

87 Divergierende oder gar widerstrebende Interessen der AN in oder zwischen Betrieben begründen gerade nicht die Zuständigkeit des GBR.[92] An sich einheitliche Interessen der AN und Belegschaften gegenüber dem AG lassen den AG als AG nach **Einführung marktwirtschaftlicher Konkurrenzgesetze** in das UN schnell aus dem Blick verschwinden. Spielt ein AG z. B. Standorte und ihre Interessen am Erhalt der Arbeitsplätze und Einkommen gegeneinander aus, dann erscheint nicht mehr der AG, sondern die konkurrierende Belegschaft als der eigentliche Gegner. Mit der Realität und dem System der Betriebsverfassung hätte dies nichts zu tun.[93]

88 Die Einführung und Verstärkung der Mechanismen marktwirtschaftlicher Konkurrenz unter AN und im Verhältnis unter den Belegschaften prägt die **Alltagspraxis** in vielen Betrieb, UN und Konzernen durch Einbeziehung der AN in den Kampf um Aufträge, Produkt-Dienstleistungen und Projekt etc. Bei der Beantwortung der Frage nach der Zuständigkeit des BR, GBR oder KBR kann dies nicht unberücksichtigt bleiben.

(17) Regelungsinitiative

89 Für die Zuständigkeit des BR oder GBR ist es unerheblich, welche Betriebspartei die Regelungsinitiative ergriffen hat. Es hängt auch **nicht vom Wunsch** oder einer **Vorgabe des AG** ab, ob der BR, GBR oder KBR richtiger Verhandlungspartner ist.[94]

(18) Scheitern der Verhandlungen

90 Die Unmöglichkeit einer Regelung der einzelnen BR kann erst dann eintreten, wenn alle oder einige **Betriebsparteien auf lokaler Ebene** versuchen, eine Regelung durch den BR zu finden. Sie muss also nicht schon vorab feststehen.[95]

91 Der GBR ist nicht zuständig für Angelegenheiten, die die einzelnen BR regeln könnten, aber **nicht wollen.** Ob und wie Regelungen gefunden werden, liegt in der Hand der einzelnen BR und ihrer AG. Wollen sie keine Regelungen treffen und kommt es auch zu keinen Vereinbarungen, dann kommt dem **GBR keine Ersatzfunktion** zu. Ansonsten hätte der Gesetzgeber anstelle von »Nichtregelnkönnen« »Nichtregelnwollen« formuliert, wenn er die Zuständigkeit allein bei fehlender Bereitschaft hätte ausreichen lassen wollen.[96]

(19) Rechtsmissbrauch, Maßregelnde Behinderung des Betriebsrats

92 Der AG kann die Zuständigkeit des GBR gem. § 50 Abs. 1 nicht dadurch begründen, dass er eine unternehmensweite Regelung zur Regelung der Anzeige- und Nachweispflichten im Krankheitsfall verlangt.[97] Unterschiedliche Auffassungen über die zutreffende Verhandlungsebene **berechtigen nicht zu Maßregelungen** und Behinderungen bei der regulären Ausübung

---

92 *Robrecht*, S. 67 ff.; a. A. *Ehrich*, ZfA 93, 427.
93 *Trittin*, AiB 99, 625 zur Frage, ob das Arbeitszeitgesetz noch gilt; *ders.* NZA 01, 2003 zum Umbruch des Arbeitsvertrages durch ergebnisorientierte Arbeit; *ders.* AiB 02, 90.
94 *BAG* 14.11.06, NZA 07, 399; *Robrecht*, S. 62.
95 A. A. *Robrecht*, S. 59.
96 *Siebert*, S. 28.
97 *LAG Köln* 21.8.13, 11 Ta 87/13.

der BR-Tätigkeit. Der BR kann die Auffassung vertreten, mit ihm und nicht mit dem GBR oder gar KBR sei eine Vereinbarung zu treffen und er dürfe deshalb nicht benachteiligt werden. Er und die von ihm zu vertretenden AN dürfen deshalb keine Rechte verlieren und »freiwillige« Leistungen dürfen nicht deshalb versagt werden. Mit dem Gesetz der vertrauensvollen Zusammenarbeit gem. § 2 Abs. 1, dem Maßregelungsverbot gem. § 612 a BGB und dem Behinderungsverbot ge. § 119 Abs. 1 Ziffer 2 ist dies unvereinbar.[98]

(20) Praktikabilität

Mitbestimmung ist auch ohne originäre GBR-Zuständigkeit **praktikabel.** Wird der GBR von den BR **beauftragt,** dann werden diese Probleme vermieden. Sollten einzelne BR hierzu nicht bereit sein, dann muss der AG mit ihnen gesondert verhandeln mit dem Ziel, dass die für alle anderen Betriebe geltenden Konditionen auch im übrigen Anwendung finden. Das vermeidet in der Praxis unnötige Konflikte und ist insofern auch einfacher. Die von der Rspr. entwickelten Kriterien sind unverändert **wenig konkret** und führen in der Praxis zu neuen Streitfragen. Dort ist nicht nur zu entscheiden, welcher der drei Ebenen (BR, GBR oder KBR) eine Angelegenheit zuzuordnen ist, sondern auch ob und inwieweit es sich um mitbestimmungsfreie oder teilmitbestimmte Regelungen handelt, die u. U. den drei Ebenen unterschiedlich zuzuordnen sind. Der genaue Regelungsgegenstand stellt sich im übrigen erst am Ende der Verhandlungen fest. Berücksichtigt man schließlich, dass die Wahl der richtigen Ebene nach der Rspr. eine Wirksamkeitsvoraussetzung sein soll, dann erweist sich die Rspr. des *BAG*[99] als Hürde für eine praktikable Ausübung von Mitbestimmungsrechten, weil jede Regelung auf einer der drei Ebenen (BR, GBR oder KBR) mit hohen Risiken zu ihre Wirksamkeit verbunden ist, die nur durch parallele Beauftragungen völlig zu vermeiden sind. Das System der Mitbestimmung wird so nicht in ihr Gegenteil verkehrt. Gerade zur Vermeidung dieser Probleme dient die Beauftragung des GBR gem. § 50 Abs. 2.[100] 93

2. Einzelfälle

a) Abweichende Organisation

Für abweichende Regelungen gem. § 3 Abs. 1 Nr. 1 a, nach denen ein unternehmenseinheitlicher BR zu errichten ist, ist der **GBR** zuständig und dem örtlichen BR steht **kein Vetorecht** zu.[101] Der GBR ist auch für eine abweichende Anzahl von Mitgliedern des GBR gem. § 47 Abs. 4 bis 6 zuständig (vgl. § 47 Rn. 99 ff.). 94

b) Überwachungs- und Informationsrechte

Die allgemeinen Aufgaben sind vom **Einzel-BR** zu erfüllen. Er ist Träger des Überwachungsrechts aus § 80 Abs. 1 Nr. 1 und nicht der GBR oder gar der KBR.[102] Das Überwachungsrecht hängt nicht vom Vorliegen besonderer Mitwirkungs- oder Mitbestimmungsrechte ab. Der BR entscheidet allein, ob und auf welche Weise er seine Überwachungsaufgabe wahrnimmt. Die gesetzliche Aufgabenzuweisung an den BR besteht auch dann, wenn der GBR im Rahmen seiner Zuständigkeit nach § 50 Abs. 1 Satz 1 in einer mitbestimmungspflichtigen Angelegenheit eine BV abschließt, weil der BR nach § 80 Abs. 1 Nr. 1 nicht nur über die Einhaltung seiner eigenen Regelungen zu wachen hat, sondern auch über die anderer Normgeber.[103] Der BR hat darüber zu wachen, ob BV durchgeführt werden und der AG gem. **§ 23 Abs. 3** grob seine 95

98 A. A. *Robrecht*, S. 61.
99 *BAG* 24.5.06, EZA § 29 BetrVG2001, Nr. 11.
100 *Trittin/Russner*, Anm. 24 *BAG* 3.5.06, AP 29 zu § 50 BetrVG 1972.
101 *BAG* 24.4.13 – 7 ABR 71/11; *LAG München* 11.8.11, AuA 11, 726.
102 *BAG* 16.8.11, NZA 12, 342; vgl. Rn. 7 ff. zur Rechtsstellung des GBR, wonach der GBR nicht übergeordnet ist.
103 *BAG* 16.8.11, NZA 12, 180.

Pflichten verletzt. Der BR kann seine Rechte auch gerichtlich durchsetzen. Seine Aufgabe geht auch dann nicht auf GBR oder KBR über, wenn diese über eine mitbestimmungspflichtige Angelegenheit in originärer Zuständigkeit eine GBV oder KBV abschließen.[104] Jeder GBR bzw. BR kann vom UN gem. § 80 Abs. 1 **Auskunft** über das Vorliegen und die Art der Konzernverbundenheit verlangen. Bei **Umwandlung des UN** können die Informationsrechte nach §§ 5 Abs. 3, 126 Abs. 3, 194 Abs. 2 UmwG auch dem GBR zustehen. Hat der GBR z. B. eine GBV über Entlohnungsgrundsätze abgeschlossen, so haben die BR unverändert ein **Einblickrecht in Leistungsbeurteilungsunterlagen** gemäß § 80 Abs. 2, um die Durchführung dieser BV zu überwachen. Der Auskunftsanspruch steht auch dem GBR zu.[105] Der GBR hat ebenfalls einen Anspruch auf Hinzuziehung eines **Sachverständigen** gemäß § 80 Abs. 3 und eines Beraters gem. Betriebsänderungen gem. § 111 Satz 2. Der Beratungsanspruch besteht nicht nur, wenn der AG mit dem GBR verhandelt, sondern auch wenn er dieses verweigert.[106] Der GBR soll grundsätzlich nicht berechtigt sein, zu jedem Quartalsbericht des AG einen eigenen Alternativbericht zu verfassen und den AN zugänglich zu machen. Zur Wahrnehmung seiner gesetzlichen Aufgaben kann er sich aber mit Mitteilungen an alle Beschäftigten des Unternehmens wenden, sofern er dies für erforderlich hält.[107]

96 Für die Entsendung eines GBR-Mitglieds zu einem **Schulungsseminar** ist der BR zuständig.[108]

c) Personalakten

97 Gem. § 83 hat jeder AN das Recht auf **Einsichtnahme in die Personalakte**. Werden Personalakten in einem UN mit mehreren Betrieben zentral geführt, dann ist der GBR für eine die Rechte aller Beschäftigten regelnden Vereinbarung zuständig.[109]

d) Beschwerden

98 Für die Behandlung von **Beschwerden** gem. §§ 84, 85 von AN gem. § 8 Abs. 1 ist stets der BR zuständig. Dies gilt auch, wenn der Gegenstand mit vom GBR abgeschlossene GBV zusammenhängt, weil auch die Überwachung ihrer Durchführung durch den BR erfolgt (§ 85 Rn. 1 ff.).

e) Mitarbeiterbefragung

99 Der BR ist für Durchführung und Auswertung einer **Mitarbeiterbefragung** auch dann zuständig, wenn der AG sie mit dem KBR vereinbarte.[110]

f) Soziale Angelegenheiten

100 In den **sozialen Angelegenheiten** des § 87 obliegt das Mitbestimmungsrecht **grundsätzlich dem BR** und nicht dem GBR, da solche Angelegenheiten in aller Regel betriebsbezogen sind und eine **zwingende sachliche Notwendigkeit** für eine unternehmenseinheitliche Regelung nur ausnahmsweise gegeben sein dürfte.[111] Bei Verletzung seiner Mitbestimmungsrechte gem.§ 87 steht dem BR ein **Unterlassungsanspruch** zu. Ist der GBR für ihre Wahrnehmung originär zuständig, dann soll nur der GBR und nicht der BR den Anspruch auf Unterlassung durchsetzen können.[112]

104 *BAG* 20.12.88, NZA 89, 393; a. A. *BAG* 18.5.10, NZA 10, 1433 für einen durch den KBR abgeschlossenen Sozialplan; zur Kritik dieser Entscheidung § 58 Rn. 34 ff.; zur Durchführung und Überwachung von GBV Rn. 196 ff.
105 *BAG* 19.3.81, DB 81, 2181.
106 *HessLAG* 19.2.04 – 9 TaBV 95/03.
107 *LAG Hamburg* 18.7.11, 8 TaBV 10/09.
108 *ArbG Würzburg* 4.2.99, AiB 99, 524.
109 DKKWF-*Trittin*, Rn. 5.
110 *ArbG Berlin* 24.10.07, AiB 08, 424; *Peter* AiB 08/426.
111 *BAG* 23.9.75, AP Nr. 1 zu § 50 BetrVG 1972; *LAG Düsseldorf* 14.12.79, EzA § 50 BetrVG 1972 Nr. 5; *Fitting*, Rn. 35; Richardi-*Annuß*, Rn. 20 ff.

aa) Ordnung des Betriebes

In die Zuständigkeit des BR fallen beispielsweise Regelungen über **Torkontrollen,**[113] **Betriebsbußen**[114] sowie die Einführung einer **Kleiderordnung** in einzelnen **Warenhäusern** eines UN im Einzelhandel[115] oder für die **Dienstkleidung** des **Bodenpersonals**; Arbeitskleidung einer **Hotelkette.** Das folgt aus dem Zweck der Bekleidungsvorschrift. Diese soll dazu dienen, das Bodenpersonal der Arbeitgeberin auf den von ihr angeflogenen Flughäfen in Deutschland gegenüber den Fluggästen besonders kenntlich zu machen und es von dem Personal anderer Fluggesellschaften zu unterscheiden. Dieses Ziel kann nur durch eine unternehmenseinheitliche Regelung erreicht werden.[116] Der GBR ist auch in anderen Fragen zuständig, die gemäß § 87 Abs. 1 Ziff. 1 die Ordnung des Betriebes oder das Verhalten der AN im Betrieb betreffen, weil sie auf die Mentalität der dort beschäftigten AN abgestellt sein müssen.[117] Unternehmenseinheitliche **Ethikrichtlinien,** die AN Liebesbeziehungen zu Personen verbieten, wenn sie das Arbeitsverhältnis beeinflussen könnten, unterliegen der Mitbestimmung des GBR,[118] ebenso wie ein Kodex mit einer »Whistleblower-Klausel«.[119] Sollen sie konzernweit gelten und besteht ein KBR, dann ist dieser hierfür zuständig.[120] Dies gilt auch für die Errichtung einer **Beschwerdestelle** zum Beschwerdeverfahren gem. § 13 AGG.[121] **101**

Da § 13 Abs. 1 Satz 1 AGG gleichrangig von »den zuständigen Stellen des Betriebs und des Unternehmens« spricht, kann der AG entsprechende Stellen für Beschwerden jedenfalls auch auf UN-Ebene einrichten, so dass in diesem Fall dann im Rahmen des Mitbestimmungsrechts aus § 87 Abs. 1 Nr. 1 notwendig die Zuständigkeit des GBR und nicht die der einzelnen BR gegeben ist.[122] Bei der Ausgestaltung des **Beschwerdeverfahrens** für eine überbetriebliche Beschwerdestelle handelt es sich um eine Angelegenheit, die mehrere Betriebe betrifft und nicht durch die einzelnen BR innerhalb ihrer Betriebe geregelt werden kann.[123]

Das Mitbestimmungsrecht aus § 87 Abs.1 Nr. 1 zur Regelung der **Nachweispflichten** nichtleitender Angestellter im Krankheitsfall steht dem BR und nicht dem GBR zu, weil es kein zwingendes Bedürfnis für eine unternehmenseinheitliche Ausgestaltung der Vorlagepflicht von Arbeitsunfähigkeitsbescheinigungen gibt. Eine unternehmensweite Regelung zur Vereinheitlichung der Anzeige- und Nachweispraxis anzustreben, ist nicht zwingend erforderlich, sondern nur zweckmäßig.[124] **102**

bb) Arbeitszeit

Regelungen zum **Beginn bzw. Ende und bei vorübergehender Verkürzung** bzw. Verlängerung der regelmäßigen Arbeitszeit unterliegen grundsätzlich der **Zuständigkeit der einzelnen BR.** Dies gilt auch dann, wenn alle oder mehrere Betriebe technisch und organisatorisch eng miteinander verflochten sind und eine unterschiedliche Regelung in einzelnen Betrieben sich auf die anderen auswirkt.[125] Der GBR kann allerdings für einen **Schichtrahmenplan** zuständig **103**

112 *BAG* 17.5.11, AiB 12, 538 für den KBR und Ethikrichtlinien; vgl. auch § 58 Rn. 33 ff. mit krit. Anmerkungen zu dieser Rspr.
113 *LAG Düsseldorf* 14.12.79, EzA § 50 BetrVG 1972 Nr. 5.
114 *ArbG Oberhausen* 12.11.63, BB 64, 759.
115 *LAG* Düsseldorf 1.4.09 – 4 TaBV 83/09.
116 *BAG* 17.1.12, NZA 12, 687; *LAG Berlin-Brandenburg* 8.10.13.
117 *Fitting,* Rn. 36; HWGNRH-*Glock,* Rn. 19; a. A. *Ehrich,* ZfA 93, 427, der bei der Verwaltung und Sicherung von Parkmöglichkeiten, Waschräumen einfach auf den Willen des AG und bei Bußordnungen auf den Gleichbehandlungsgrundsatz abstellt.
118 *LAG Düsseldorf* 14.11.05, AuR 06, 132 = NZA-RR 06, 81.
119 *HessLAG* 18.1.07, AiB 2007, 663.
120 *BAG* 17.5.11; AiB 12, 538.
121 *LAG Hamburg* 17.4.07, NZA-RR 07, 413 = AiB 07, 548 m. Anm. v. *Hjort.*
122 *LAG Hamburg* 17.4.07, NZA-RR 07, 413.
123 *BAG* 21.7.09, BB 09, 1693.
124 *LAG Düsseldorf* 25.3.14.
125 *BAG* 19.6.12, NZA 12, 1237; 9.12.03, NZA 05, 234; 23.9.75, AP Nr. 1 zu § 50 BetrVG 1972 zu Beginn und Ende der Arbeitszeit mit der Einschränkung für technisch untragbare Störungen; 29.11.78, AP

sein, wenn der AG in mehreren Betrieben eine Dienstleistung erbringt, deren Arbeitsabläufe technisch-organisatorisch miteinander verknüpft sind.[126] Innerhalb eines UN sind alle Betriebe zwangsläufig miteinander organisatorisch-technisch verflochten, so dass dieses Kriterium stets die Zuständigkeit des GBR begründen würde. Für die Einführung und Beendigung von **Kurzarbeit** ist somit stets der BR zuständig.

104 Eine einheitliche Regelung ist nicht aus sachlichen Gründen zwingend erforderlich, wenn ein bundesweit tätiges Versicherungs-UN, das eine bundesweite Verfügbarkeit aller AN zu Zeiten der meisten Kundenanrufe erreichen möchte, nicht eine **konkrete Gefahr** darlegt, das die BR die UN-Interessen nicht in dem von § 2 Abs. 1 geforderten Umfang wahrnehmen.[127]

cc) Auszahlung des Arbeitsentgelts

105 Für Fragen der Zeit, des Ortes und der Art der **Auszahlung der Arbeitsentgelte** sind die BR der Einzelbetriebe zuständig. Dies gilt wegen der örtlichen Besonderheiten der Banken auch für die Einführung der **bargeldlosen Lohnzahlung,** der Erstattung von **Kontoführungsgebühren** oder der Gewährung von Freizeit zum Aufsuchen der Kreditinstitute[128] und zwar grundsätzlich auch dann, wenn der AG die Personalverwaltung und Gehaltsbuchhaltung zentralisiert hat, da die Zuständigkeitsabgrenzung zwischen GBR und BR vom AG nicht durch bloße Verlagerung von Entscheidungsbefugnissen oder Organisationsebenen verändert werden kann.[129] Auch die Notwendigkeit, die Kosten schnell zur UN-Sanierung zu senken, kann an der Zuständigkeitsverteilung etwas ändern.[130]

dd) Urlaub

106 Die Aufstellung eines **Urlaubsplans** fällt auch dann nicht in die Zuständigkeit des GBR, wenn sämtliche oder mehrere Betriebe des UN arbeitsmäßig derartig miteinander verzahnt sind, dass aus UN-Sicht eine einheitliche Regelung, beispielsweise die Durchführung **gemeinsamer Betriebsferien,** als sachlich angezeigt angesehen wird.[131] Auch die bloße Aufforderung des AG an den AN, einen oder mehrere Urlaubstage in einem bestimmten Zeitraum zu nehmen, unterliegt der Mitbestimmung. Dem UN bleibt es in einem solchen Fall unbenommen, die Vereinbarung inhaltsgleicher Regelungen mit den einzelnen BR anzustreben.

Nr. 18 zu § 611 BGB Bergbau, zu Kurzarbeit, für deren Notwendigkeit stets die Beschäftigungslage im Betrieb maßgebend sei, außerdem sei der Betrieb gemäß §§ 169 ff. SGB III für die Gewährung von Kurzarbeitergeld maßgebend; *Brill,* AuR 83, 161; einschränkend bei »produktionstechnischer Verknüpfung« *Fitting,* Rn. 37; Richardi-*Annuß,* Rn. 21; *GL,* Rn. 8; *HSWGN,* Rn. 20 f.; GK-*Kreutz,* Rn. 48; a. A. *Ehrich,* ZfA 93, 427, der bei jeder drohenden Störung des ordnungsgemäßen Produktionsablaufs durch unterschiedliche Regelungen zu Beginn und Ende der Arbeitszeit den GBR als originär zuständig ansieht, bei der vorübergehenden Verkürzung oder Verlängerung der Arbeitszeit soll hierfür bereits ausreichen das Unvermögen des BR, die Angelegenheit sachgerecht zu regeln.

126 *BAG* 19.6.12; NZA 12, 1237 für die Deutsche Telekom.

127 *LAG Nürnberg* 29.11.06, NZA-RR 07, 248.

128 *BAG* 15.1.02, DB 02, 1564; 20.4.82, DB 82, 1674; *Fitting,* Rn. 39; HWGNRH-*Glock,* Rn. 22.

129 A. A. *LAG Berlin* 10.9.79, DB 80, 209; wonach aber auch bei EDV-gesteuerter Entgeltabrechnung jedenfalls die Zeit der Auszahlung der Arbeitsentgelte weiterhin der Mitbestimmung des BR unterliegen sollte; GK-*Kreutz,* Rn. 37; *Ehrich,* ZfA 93, 427 unter Hinweis auf den andernfalls drohenden Verlust von Rationalisierungseffekten; dabei bleibt unberücksichtigt, dass gerade die moderne Datentechnik eine dezentrale Abrechnung erleichtert und ohnehin regionale Unterschiede [z. B. verschiedene TV] zu berücksichtigen sind; einschränkend *Fitting,* Rn. 39, wonach die Zeit der Auszahlung der Arbeitsentgelte auch bei einer zentralen Entgeltabrechnung weiterhin der Mitbestimmung der einzelnen BR unterliege.

130 *BAG* 15.1.02, DB 02, 1564.

131 *BAG* 5.2.65, AP Nr. 1 zu § 56 BetrVG Urlaubsplan; a. A. *Fitting,* Rn. 40 für den Fall der engen Verflechtung aller Betriebe im UN; einschränkend *Ehrich,* ZfA 93, 427.

ee) Technische Kontrolleinrichtungen, Telefonanlage

Nach § 3 a BDSG gilt der Grundsatz der **Datenvermeidung** und **Datensparsamkeit.** Danach sind möglichst wenig personenbezogene Daten zu erheben oder zu generieren. Eine Zentralisierung der Datenverarbeitung ist deshalb nur im Rahmen des unbedingt Erforderlichen zulässig. **107**

Die Einführung und Anwendung von **technischen Einrichtungen,** die dazu bestimmt sind, das **Verhalten** oder die **Leistung** der AN zu **überwachen,** fällt grundsätzlich in die Zuständigkeit der einzelnen BR, etwa bei der Überwachung von Telefongesprächen.[132] **108**

Die Zuständigkeit des GBR wird bejaht, wenn Daten elektronisch unternehmenseinheitlich und überbetrieblich erfasst werden, die auch zur Wiederverwendung in anderen Betrieben bestimmt sind wie z. B. bei der **unternehmensweiten** Einführung eines EDV-Systems oder einer Telefonvermittlung[133] bzw. der Einführung eines zentralen **computergesteuerten** Informations- oder **Personaldatenverarbeitungssystems.**[134] Soweit jedoch, auch im Falle der zentralen Einführung neuer Technologien, diese auf die **Betriebe bezogene Differenzierungen** zulassen, verbleibt es bei der Zuständigkeit der BR der jeweiligen Betriebe.[135] Der KBR ist grundsätzlich **nicht** originär zuständig. Der Konzern ist **datenschutzrechtlich Dritter.**[136] Dies gilt unabhängig davon, ob der Konzern eine konzerneinheitliche Personalpolitik betreibt.[137] Allein der Vertrags-AG verfügt über die Personaldaten und hat die Verfügungsmacht. Er ist deshalb der maßgebende Vertragspartner. **109**

Der GBR ist als Teil der **datenschutzrechtlichen verantwortlichen Stelle** zum Abschluss einer BV zuständig. Das Mitbestimmungsrecht wird auf der Ebene des UN ausgelöst, da nach den datenschutzrechtlichen Vorgaben nur hier die Verfügungsgewalt über die personenbezogenen Daten der AN besteht. Auch bei einer Auftragsdatenverarbeitung besteht kein zwingendes Erfordernis für eine konzerneinheitliche Regelung. Der GBR hat die Angelegenheit umfassend zu regeln, da nach dem Grundsatz der Zuständigkeitstrennung eine Aufteilung der Zuständigkeit in Rahmen- und Detailkompetenzen nicht zulässig ist. **110**

Bei der Ausübung des Mitbestimmungsrechts darf das **Schutzniveau des BDSG** nicht unterschritten werden. Als verantwortliche Stelle verpflichtet das BDSG das UN. Der Konzern ist datenschutzrechtlich Dritter. **111**

Bei einer **Auftragsdatenverarbeitung** ist die Datenübermittlung nach § 11 BDSG zulässig. Wird aber zur Ausübung des Mitbestimmungsrechts eine BV abgeschlossen, ist § 11 BDSG vorrangig. **112**

ff) Gesundheitsschutz

Regelungen über die Verhütung von **Arbeitsunfällen** und Berufskrankheiten sowie über den **Gesundheitsschutz** fallen in die Zuständigkeit der einzelnen BR, da sie regelmäßig unter Berücksichtigung der spezifischen Verhältnisse im jeweiligen Betrieb zu treffen sind. Dies gilt auch, wenn die Arbeitsplätze nach konzern- und unternehmenseinheitlichen Standards eingerichtet sind und es um Analysen möglicher Gesundheitsgefährdungen an einzelnen Arbeits- **113**

132 *Ehrich*, ZfA 93, 427.

133 *BAG* 14.11.06, NZA 07, 399; 11.11.98, NZA 99, 947 für HICOM-Anlage; 30.8.95, DB 96, 333; *LAG Rheinland-Pfalz* 25.5.07 – 6 TaBV 7/07 – für die Einführung einer systemgestützten Personalzeiterfassung, die Komm- und Gehzeiten der Mitarbeiter erfasst und Zugriffsrechte für das Marktbüro, die Marktleitung, die Personalplanung, die Revision, die Abteilung Personalverwaltung und den BR ermöglicht, wonach der GBR bestimmte Personengruppen – hier Marktleiter-Assistent – aus dem Geltungsbereich herausnehmen kann; *LAG Köln* 19.1.83, DB 83, 1101; *LAG Düsseldorf* 21.8.87, NZA 88, 211; *LAG Frankfurt* 15.7.86 – 5 TaBV 95/86 und 15.6.84, NZA 85, 33.

134 *BAG* 14.9.84, AP Nr. 9 zu § 87 BetrVG 1972 Überwachung; *LAG Nürnberg* 3.5.02, NZA-RR 03, 21 für unternehmenseinheitliche Arbeitsplatzgestaltung; *LAG Köln* 3.7.87, DB 87, 2107: GBR-Zuständigkeit für rechnerinterne Bereiche der Eingabe, Verarbeitung, Ausgabe.

135 *LAG Düsseldorf* 28.11.80, EzA Nr. 9 zu § 87 BetrVG 1972 Kontrolleinrichtung; vgl. auch *Däubler*, Gläserne Belegschaften?, Rn. 812 ff.

136 *Hummel/Hilbrans*, AuR 05, 207.

137 *Gola/Wronka*, Handbuch zum Arbeitnehmerdatenschutz, Rn. 600 f.

plätzen gem. § 5 ArbSchG und § 3 Bildschirmarbeitsverordnung sowie die Unterweisung in gefahrvermeidendes Verhalten am einzelnen Arbeitsplatz geht.[138]

114 Für den **Arbeitsschutzausschuss** in Großunternehmen besteht keine originäre Zuständigkeit des GBR. Dem Zweck der gesetzlichen Regelung entspricht es, eine arbeitsplatznahe, die konkreten Sicherheitsprobleme des Betriebes beachtende und betreffende Diskussion »vor Ort« zu befördern.[139] Sind mehrere Betriebe und UN eines Konzerns in einem Gebäude untergebracht, ergibt sich daraus alleine nicht die Notwendigkeit einer einheitlichen Regelung in Bezug auf **Arbeitsschutztatbestände**.[140] Betreffen jedoch Arbeitsanweisungen unternehmensweit einheitliche Montagearbeiten, die typischerweise im Außendienst erbracht werden, ist für die Wahrnehmung des Mitbestimmungsrechts der GBR zuständig.[141]

gg) Sozialeinrichtungen, Altersversorgung

115 Bei der **betrieblichen Altersversorgung** entscheiden AG i. d. R. mitbestimmungsfrei über den Dotierungsrahmen und den Adressatenkreis. Damit gibt er auch die jeweilige Regelungsebene im Betrieb, UN oder Konzern vor. Die betreffenden Organe der Mitbestimmung sind der BR, GBR oder KBR, die sowohl für den Abschluss Vereinbarungen, als auch für nachträgliche Änderungen, Ablösungen oder Aufhebungen zuständig sind. Der AG kann also seine Verhandlungspartner später nicht »auswechseln«.[142]

116 Der KBR ist zuständig, wenn sich der AG für eine **konzernweite Altersversorgung** entscheidet.[143] Wurde trotz Vorliegens der gesetzlichen Voraussetzungen kein KBR errichtet, soll nach der nicht überzeugenden Rspr. die Mitbestimmung entfallen.[144] Liegen sie dagegen nicht vor, nehmen der GBR oder BR der betreffenden UN die Mitbestimmungsrechte wahr.[145]

117 Bei einem AG mit nur **einem Betrieb** ist der BR für Versorgungszusagen zuständig.[146]

118 In § 1 b Abs. 1 Satz 4 BetrAVG erkennt der Gesetzgeber für den Bereich der betrieblichen Altersversorgung die **betriebliche Übung** als Rechtsquelle ausdrücklich an. Da es bei der Entstehung einer betrieblichen Übung lediglich darauf ankommt, ob der AN bzw. Betriebsrentner dem Verhalten des AG einen Verpflichtungswillen entnehmen konnte und die speziellen Kenntnisse und das Verständnis des einzelnen Versorgungsanwärters oder Versorgungsempfängers nicht maßgeblich sind, spielen etwaige zusätzliche Informationen eines Betriebsrentners, der im Aufsichtsrat und im GBR tätig war, unabhängig von den Benachteiligungsverboten des § 78 Satz 2 und § 26 Satz 2 MitbestG keine Rolle.[147]

119 Der GBR ist zuständig bei der Festlegung der Nutzungsbedingungen für vom UN verwaltete **Werkswohnungen**, wobei die Beteiligung bei der Zuweisung und Kündigung von Wohnräumen jedoch den BR der Einzelbetriebe vorbehalten bleibt.[148]

hh) Entgelt

120 Der AG ist nicht frei in der Leistung einer Vergütung, weil **Entgeltlichkeit das Arbeitsverhältnis** prägt.[149] Er ist deshalb nicht frei in der Entscheidung darüber, ob er eine unternehmens- oder konzerneinheitliche Regelung wünscht und er andernfalls davon absehen könne.[150] Für

138 *BAG* 8.6.04, NZA 05, 277.
139 *HessLAG* 1.2.96, NZA 97, 114.
140 *LAG Köln* 28.1.08 – 14 TaBV 70/07.
141 *BAG* 16.6.98, BB 99, 55; 11.12.12, 9 TaBV 103/11 zum Gesundheitsschutz beim ADAC, *Fitting*, Rn. 42; *Hähn/Oppolzer*, AiB 03, 604 zu einer GBV zum Gesundheitsschutz und Arbeitssicherheit im Pharmagroßhandel.
142 *BAG* 21.1.03, EzA § 50 BetrVG 2001 Nr. 2; 11.12.01, AP Nr. 22 zu § 50 BetrVG 1972; *Fitting*, Rn. 47; *Reinecke*, AuR 04, 328.
143 *BAG* 14.12.93, AP Nr. 81 zu § 7 BetrAVG.
144 *BAG* 14.12.93, AP Nr. 81 zu § 7 BetrAVG.
145 *BAG* 14.2.07, NZA 07, 999; *Reinecke* AuR 04, 328.
146 *Reinecke*, AuR 04, 328.
147 *BAG* 31.7.07, EzA-SD 08, Nr. 5, 11.
148 A. A. Richardi-*Annuß*, Rn. 27.
149 *BAG* 29.8.12, NZA 12, 1433.
150 *BAG* 23.3.10, NZA 11, 642.

die Aufstellung von **Vergütungsgrundsätzen** und der Einführung und Anwendung **neuer Vergütungsmethoden** ist der GBR nur dann zuständig, wenn zwingende sachliche Gründe für eine einheitliche Regelung für das UN bestehen. Bei der Anwendung eines veränderten Vergütungsschemas bzw. der Aufstellung von Entlohnungsgrundsätzen mit der Anwendung neuer -methoden, ist der GBR unzuständig, wenn keine zwingenden Gründe für eine einheitliche Regelung auf UN-Ebene vorliegen. Das MBR steht deshalb allein dem BR zu.[151] Einer GBV zur **Jahresabschlussvergütung** steht § 77 Abs. 3 nicht entgegen, wenn der TV eine Öffnungsklausel enthält.[152]

In der Rspr. wurde die Zuständigkeit des GBR bei folgenden Fallgruppen **verneint:** **121**

- Die Regelung der **Vergütungsgrundsätze der AT-Angestellten** steht den örtlichen BR zu. Der betriebsverfassungsrechtliche Gleichbehandlungsgrundsatz begrenzt die Regelungsmacht der Betriebsparteien, begründet aber keinen Zwang zu einer unternehmungseinheitlichen Ausgestaltung von Entlohnungsgrundsätzen für AT-Angestellte durch eine GBV. Erst die BV selbst ist am Maßstab des Gleichbehandlungsgrundsatzes des § 75 Abs. 1 BetrVG zu messen. Ebenso wenig handelt es sich bei der Entgeltzahlung an AT Angestellte um eine freiwillige Leistung im Sinne des BetrVG. Hier steht es dem AG gerade nicht frei zu entscheiden, ob er den AT-Angestellten vergüten will oder nicht. Auch der Zweck des Mitbestimmungsrechts im § 87 Abs. 1 Nr. 10 BetrVG, das Lohngefüge angemessen und durchsichtig zu gestalten und die Lohn- und Verteilungsgerechtigkeit zu wahren, ergibt für sich keine Regelungskompetenz des GBR. Dieser Gesetzeszweck ist vielmehr durch die Betriebsparteien bei der Ausgestaltung einer BV zu beachten.[153]
- Für die **Kürzung einer tariflichen Leistung** aufgrund einer Öffnungsklausel ist der BR zuständig und der GBR und KBR nur bei Vorliegen der gesetzlichen Voraussetzungen. Der AG kann nicht über das jeweils zuständige Gremium disponieren, wenn eine belastende Regelung nicht der erzwingbaren Zustimmung bedarf. Die Theorie der subjektiven Unmöglichkeit findet keine Anwendung.[154]
- **variable Bestandteile** der Grundvergütung,[155]
- Festsetzung der **Vorgabezeiten**,[156]
- **übertarifliche Vergütung** ohne unternehmenseinheitliche Regelung (Rn. 44).[157]

Eine Zuständigkeit des GBR wurde in folgenden Fallgruppen **bejaht:** **122**

- einem **leistungsbezogenen Vergütungssystem** für Außendienstangestellte,[158]
- **Bonuszahlungen**,[159]
- einer **erfolgsabhängigen Vergütung** für alle Vertriebsbeauftragten der UN,[160]
- einer **ergebnisabhängigen Bezahlung** der Abteilungsleiter im Verkauf[161] oder für alle AN,[162]
- einem **Vergütungssystem für AT-Angestellte**,[163]
- einer **Prospektpflicht** für Mitarbeiterbeteiligungsprogramme,[164]

---

151 So jetzt auch *BAG* 13.3.01, NZA 02, 111; a. A. noch *BAG* 11.2.92, DB 92, 1730; 30.8.95, DB 96, 333; 18.10.94, NZA 95, 390; *LAG Berlin* 16.2.89, BB 89, 984, wonach einem Beschlussverfahren, das den Umfang des Mitbestimmungsrechts festlegt, präjudizielle Wirkung für die Einzel-BR sämtlicher Betriebe des UN zukommen soll; *Fitting*, Rn. 44; ähnlich Richardi-*Annuß*, Rn. 23; *GL*, Rn. 8.

152 *BAG* 20.2.01, RdA 02, 173.

153 *BAG* 23.3.10, dbr 3/2011, S. 37 m. Anm. v. *Ertür*, das aus diesen Gründen den Spruch der ESt. mit einer unternehmenseinheitlichen Regelung für unwirksam erklärte.

154 *BAG* 19.6.07, NZA 07, 1184.

155 *BAG* 10.8.94 – 7 ABR 35/93.

156 *LAG Düsseldorf* 16.9.91, BB 91, 2528; *HWGNRH-Glock*, Rn. 29.

157 *BAG* 18.10.94, EzA § 87 BetrVG 1972 Betriebliche Lohngestaltung Nr. 46.

158 *BAG* 29.3.77, AP Nr. 1 zu § 87 BetrVG Provision; 6.12.88, DB 89, 984.

159 *LAG Düsseldorf* 20.3.07, AiB 07, 428 m. Anm. v. *Trittin*.

160 *BAG* 6.12.88, AP Nr. 37 zu § 87 BetrVG 1972 Lohngestaltung; *LAG Hamm* 14.5.76, DB 76, 1973.

161 *BAG* 31.1.89; EzA § 81 ArbGG 1979 Nr. 14.

162 *LAG Hamburg* 10.4.91, DB 91, 2195; *Trittin/Fischer*, AuR 06, 261 zu Zielvereinbarungen.

163 *Hess. LAG* 19.6.08 unter Hinweis auf die unternehmensweite Geltung des allg. Gleichbehandlungsgrundsatzes; *LAG Düsseldorf* 4.3.92, NZA 92, 613.

164 *Kollmorgen/Feldhaus*, BB 07, 2756.

- einer **Provisionsregelung** für alle Versicherungsvertreter eines Versicherungsunternehmens,[165]
- einer **Provisionsregelung** für das Verhältnis von festen Gehaltsbestandteilen zu variablen Einkommensbestandteilen und das Verhältnis der einzelnen variablen Einkommensbestandteile untereinander einheitlich für das gesamte UN.[166]
- bei **freiwilligen Leistungen aller Art,** wie z. B. Prämien, Weihnachtsgeld oder Jahressonderzahlung und der Festlegung näherer Einzelheiten bestimmt der AG durch seine mitbestimmungsfreie Vorgabe, die Leistung nur für einzelne Betriebe oder unternehmensweit zu gewähren, die Zuständigkeit des für die nähere Ausgestaltung zuständigen Mitbestimmungsorgans,[167]
- der Änderung einer unternehmenseinheitlichen vertraglichen Einheitsregelung über **Jubiläumszuwendungen**[168] oder eines unternehmenseinheitlichen Entlohnungsgrundsatzes;[169]
- der Änderung betrieblicher **Spesensätze,** die über die steuerfrei zu zahlenden Aufwendungserstattungen hinausgehen, wenn die Neuregelung für mehrere Betriebe des UN gelten soll.[170]
- **Aktienoptionen** und **Belegschaftsaktien.**[171]
- der Gewährung von auf Kosten des AG angebotenen Essens, auch dann, wenn es sich um Essen handelt, das nach einem **Warnstreik** zugesagt worden ist.[172]
- der **tarifersetzenden Regelung** der Vergütung der **Beschäftigten einer Gewerkschaft.** Dies gilt auch, soweit es um Vergütungsgruppen oder Zulagen geht, die ausschließlich für AN eines einzigen Betriebs in Betracht kommen.[173]

123 Werden in einem UN mit mehreren Betrieben nach **unternehmenseinheitlichen** Richtlinien **Darlehen** grundsätzlich an die AN aller Betriebe gewährt, so steht ein etwaiges Mitbestimmungsrecht ebenfalls dem GBR und nicht den einzelnen BR zu.[174] Dasselbe gilt für Maßnahmen nach § 88 Nr. 3 zur Förderung der **Vermögensbildung** der AN des UN und für die Durchführung des Altersvermögensgesetzes.[175]

124 Solange der AG keine unternehmenseinheitliche Regelung für eine **übertarifliche Vergütung** anstrebt, ist für die Wahrnehmung des Mitbestimmungsrechts nicht der GBR, sondern der BR des jeweils betroffenen Einzelbetriebes zuständig. Bestreitet der AG, eine Regelung angestrebt und geschaffen zu haben, kann er nicht hilfsweise geltend machen, jedenfalls komme nur eine unternehmenseinheitliche Regelung, und damit die Zuständigkeit des GBR in Betracht.[176] Der GBR ist unzuständig für die Festsetzung der **Vorgabezeiten.**

125 Erklärt der AG, er wolle einen **Bonus** nur zahlen, wenn eine einheitliche Regelung für das Gesamt-UN zustande komme, kann nur der GBR das Mitbestimmungsrecht wahrnehmen. Die vom GBR angerufene Einigungsstelle ist nicht offensichtlich unzuständig, wenn der AG bereits eine Auslobung der Bonuszahlungen vorgenommen hat, der bezweckte Erfolg eingetreten ist und er von der Bonuszahlung nur deshalb wieder Abstand nehmen will, weil er in monatelangen Verhandlungen mit dem GBR seine Vorstellungen hinsichtlich der Verteilungsgrundsätze nicht hat durchsetzen können. Der Grundsatz, dass der AG frei bleibt, ob er überhaupt eine freiwillige Zusatzleistung erbringt oder aufrecht hält, bedeutet nicht, dass der

165 *BAG* 29.3.77, AP Nr. 1 zu § 87 BetrVG 1972 Provision; 18.10.88, EzA § 83 ArbGG 1979 Nr. 8 für alle Verkaufsrepräsentanten eines UN.
166 *LAG Berlin-Brandenburg* 8.8.13, 26 Sa 61/13.
167 *BAG* 10.10.06, AP Nr. 24 zu § 77 BetrVG1972 Tarifvorbehalt; 26.4.05, NZA 05, 892.
168 *BAG* 3.11.87, EzA § 77 BetrVG 1972 Nr. 20.
169 *LAG Berlin* 16.2.89, NZA 89, 732.
170 *HessLAG* 4.9.97, AuR 98, 170.
171 *Baeck/Diller*, DB 98, 1405.
172 *ArbG Frankfurt a. M.* 14.9.99 – 15 BV 92/99.
173 *BAG* 14.12.99, NZA 00, 783; *LAG Hamm* 16.2.07.
174 *BAG* 9.12.80, AP Nr. 5 zu § 87 BetrVG 1972 Lohngestaltung.
175 »Riester-Rente«, *Feudner*, DB 01, 2047.
176 *BAG* 18.10.94, EzA § 87 BetrVG 1972 Betriebliche Lohngestaltung Nr. 46; *LAG Düsseldorf* 1.10.93 – 17 (11) TaBV 248/92.

GBR darauf beschränkt ist, eine vom AG geplante Leistung entweder in der vom AG beabsichtigten Ausgestaltung zu akzeptieren oder Gefahr zu laufen, dass die Leistung nicht gewährt wird.[177]

ii) Betriebliches Vorschlagswesen

126 Das betriebliche Vorschlagswesen kann in die Zuständigkeit des GBR fallen, wenn es für alle oder mehrere Betriebe des UN **einheitlich organisiert** wird.[178]

g) Gestaltung von Arbeitsplätzen

127 Die Beteiligungsrechte bei der Errichtung **neuer Arbeitsplätze,** der Gestaltung von Arbeitsplätzen, des Arbeitsablaufs und der Arbeitsumgebung (§ 90) stehen schon wegen der Sachnähe grundsätzlich den einzelnen BR zu. Jedoch soll bei der unternehmenseinheitlichen Einführung neuer Techniken (z. B. computergestützte Systeme) **ausnahmsweise** die Zuständigkeit des GBR gegeben sein, soweit deren zentrale Einführung eine einheitliche Regelung zwingend erfordert und örtliche Besonderheiten nicht vorliegen. Lassen sie dagegen eine Differenzierung auf betrieblicher Ebene zu, verbleibt es bei der Zuständigkeit der einzelnen BR.[179] Der GBR soll auch zuständig sein, wenn für mehrere Filialen eines Einzelhandels-UN mit gleichartiger Struktur die Kassenarbeitsplätze nach einheitlichen Richtlinien neu gestaltet werden sollen.[180]

128 Bei Maßnahmen zur **Abwendung, Milderung** und zum **Ausgleich von Belastungen** nach § 91 ist in erster Linie der BR zu beteiligen.[181] Der BR ist zuständig, wenn der AG zwar ein Konzept auch in den anderen Niederlassungen verwirklichen will, die konkrete Umsetzung jedoch von den jeweiligen baulichen Verhältnissen in den einzelnen Niederlassungen abhängig sein soll.[182]

h) Personalangelegenheiten

129 Im Bereich der **personellen Angelegenheiten** ist zu unterscheiden zwischen den allgemeinen personellen Angelegenheiten (§§ 92 ff.) und den personellen Einzelmaßnahmen (§§ 99, 102).

aa) Allgemeines Personalwesen

130 Bei den **allgemeinen personellen Angelegenheiten** soll die Zuständigkeit des GBR gegeben sein, etwa für Fragen der **Personalplanung,** soweit eine Gesamtplanung für das UN betrieben wird.[183] Erfolgt die Ausschreibung gem. § 93 auf Unternehmerebene aufgrund einer unternehmenseinheitlichen Personalplanung, dann kann dies in die Zuständigkeit des GBR fallen.[184] Etwas anderes gilt dagegen für nur auf den **Betrieb** bezogene Fragen der Personalplanung. Hierfür ist der BR zuständig.[185] Die Förderung **behinderter Menschen** gehört zu einer wichtigen Aufgabe des Arbeitgebers. **Integrationsvereinbarungen** gem. § 83 SGB IX sollen Chancengleichheit herstellen und soziale Abgrenzungen verhindern. Sie fallen deshalb in die Zuständigkeit der örtlichen Schwerbehindertenvertretung und nicht die der Gesamtschwerbehindertenvertretung. Verweisen sie auf die Quote gem. § 71 SGB IX, werden hierdurch nicht externe Behinderte mit eigenen Rechten ausgestattet, sondern sie verweist nur auf eine vom AG einzuhaltende Schutzvorschrift, die ohnehin einzuhalten ist. Ihr Geltungsbereich wird hierdurch nicht erweitert.

131 Bei **Personalfragebogen, Formulararbeitsverträgen** und **Beurteilungsgrundsätzen** ist der

---

177 *LAG Düsseldorf* 20.3.07, AiB 07, 428 m. Anm. v. *Trittin; LAG Frankfurt* 3.10.89 – 4 TaBV 86/89.
178 HWGNRH-*Glock,* Rn. 30.
179 *Fitting,* Rn. 49.
180 *LAG Düsseldorf,* ARSt. 82, 46.
181 *Fitting,* Rn. 49; mit Einschränkungen Richardi-*Annuß,* Rn. 30; HWGNRH-*Glock,* Rn. 26.
182 *LAG Sachsen-Anhalt* 9.3.10.
183 *GL,* Rn. 9; *Fitting,* Rn. 50; HWGNRH-*Glock,* Rn. 33; Richardi-*Annuß,* Rn. 32.
184 *ArbG Ulm* 12.8.09, NZA-RR 10, 29.
185 *Brill,* AuR 83, 169 [172]; *Fitting,* Rn. 36; *Ehrich,* ZfA 93, 427 [459].

GBR zuständig, wenn im Hinblick auf die Gleichartigkeit der Betriebe und eine unternehmenseinheitlich durchgeführte Personalplanungspolitik unterschiedliche Regelungen in diesen Fragen sachlich nicht vertretbar wären.[186] Schließt der AG z. B. die Arbeitsverträge von der Zentrale aus, von der aus er auch die gesamte Personalpolitik steuert, ist für die Angaben in betriebsübergreifend verwendete Formulararbeitsverträge der GBR zuständig.[187]

132 **Beurteilungsgrundsätze** dienen der Beurteilung von Leistung und Verhalten der AN. Betriebsvereinbarungen über ein jährliches Mitarbeitergespräch erfordern keine unternehmenseinheitliche und betriebsübergreifende Regelung. Die entsprechenden materiellen und formellen Anforderungen können betrieblich vereinbart werden.[188] Der GBR ist für den Abschluss der GBV über die Durchführung von **Personalentwicklungsmaßnahmen** auf der Grundlage von Mitarbeiterjahresgesprächen zuständig, soweit sie auch Beurteilungsgrundsätze regelt.[189]

133 Der GBR ist nach der Rspr. für **Auswahlrichtlinien** und **Punktetabellen** gem. § 95 zuständig. Seine Zuständigkeit setzt die Unmöglichkeit einer Regelung durch den BR voraus. Bei unternehmensweiter Personalplanung liegt die Voraussetzung vor.[190] Der Gleichbehandlungsgrundsatz kann die Zuständigkeit des GBR gebieten. Gilt deswegen eine Auswahlrichtlinie nicht für alle Betriebe eines UN einheitlich und in gleichem Maße, dann ist der GBR nicht originär zuständig und kann nur im Auftrag des BR tätig werden. Andernfalls könnte ein den GBR kraft Stimmengewicht dominierender BR einem anderen Gremium eine Auswahlrichtlinie »aufdrücken«, obwohl dieser Kündigungen für eine Betriebsänderung als nicht erforderlich ablehnt. Rechtsklarheit oder -sicherheit würden darunter leiden. Das Recht, die Aufstellung von Auswahlrichtlinien zu verlangen und im Falle des Scheiterns der Verhandlungen hierüber die Einigungsstelle anzurufen, steht nach § 95 Abs. 2 lediglich BR in Betrieben mit mehr als 500 AN zu. Etwas anderes gilt auch nicht für GBR, die eine Auswahlrichtlinie für eine Vielzahl von Betrieben aufstellen wollen. Auch hier kommt es auf die Arbeitnehmerzahl in den betroffenen Betrieben an. Dennoch abgeschlossene GBV s sind insoweit freiwilliger Natur, Dies gilt erst Recht, soweit auch eine örtliche Regelbarkeit gegeben gewesen wäre. Die Delegation von Zuständigkeiten in einer GBV, d. h. durch die Gesamtbetriebsparteien auf den örtlichen BR, könnte zudem ein freiwilliges, nicht aber ein zwingendes Mitbestimmungsrecht des örtlichen BR begründen. Letzteres erscheint gänzlich unvertretbar, wenn auch der GBR nur ein freiwilliges Mitbestimmungsrecht hatte.[191]

134 Das Recht gem. § 93 eine Stellenausschreibung zu verlangen, steht grundsätzlich dem **BR** zu. Dies ergibt sich aus dem **Wortlaut**, der ausdrücklich auf den Betrieb Bezug nimmt (»...innerhalb des Betriebs ...«). Für das Verlangen nach Ausschreibung und danach die Ausübung des Initiativrechts ist also der BR zuständig.[192]

135 Etwas anderes kann dann gelten, wenn es um die Art und Weise einer unternehmensweiten Ausschreibung in einem UN mit mehreren Betrieben geht. Der GBR ist dann gem. § 93 zuständig, wenn durch eine unternehmensweite Geltung des **Gleichbehandlungsgrundsatzes** eine bestehende Pflicht zur betriebsübergreifenden Stellenausschreibung nur auf UN-Ebene realisiert werden kann.[193]

136 Fragen der **Berufsbildung** gem. §§ 96 bis 98 können in die Zuständigkeit des GBR fallen, insbes. soweit Berufsbildungsmaßnahmen mit einer unternehmenseinheitlichen **Personalplanung** zusammenhängen. Die Durchführung einzelner Berufsbildungsmaßnahmen im betrieblichen Bereich gehört dagegen grundsätzlich in die Zuständigkeit der einzelnen BR.[194]

186 *Fitting*, Rn. 52.
187 *LAG Nürnberg* 21.12.10, NZA 11, 130.
188 *LAG Rheinland-Pfalz* 6.6.08, AE 08, 314, § 94 Rn. 23.
189 *LAG Hamburg* 18.2.13 – 8 TaBV 11/12.
190 § 95 Rn. 1 ff. mit Hinweisen zur Zulässigkeit von Öffnungsklauseln für BR in einer GBV; *LAG Hamm* 21.5.08 – 10 TaBVGa 5/08, weil ohne GBR-Zuständigkeit die Durchführung der Betriebsänderung erschwert würde, allerdings unter Verkennung des Grundsatzes, dass die für den AG erleichterte Durchführung gerade nicht die Zuständigkeit begründen kann.
191 *ArbG Magdeburg* 22.1.14 – 3 BV 2/14.
192 *BAG* 1.2.11, NZA 11, 703; 27.10.92, AP Nr. 29 zu § 95 BetrVG 1972.
193 *ArbG Hamburg* 20.6.08 – 27 BV 5/08; *ArbG Ulm* 12.8.09 –4 TaBV 5/09.
194 *Fitting*, Rn. 54; *GL*, Rn. 10; GK-*Kreutz*, Rn. 50; HWGNRH-*Glock*, Rn. 34.

Wenn sich die Durchführung der **Berufsbildungsmaßnahmen** von vornherein auf mehrere Betriebe erstreckt und nur so sachgerecht erfolgen kann, ist der GBR zuständig.[195] Der GBR nimmt das Recht aus § 96 wahr, wenn der AG zentral für mehrere Betriebe die Berufsbildungsmaßnahmen organisiert, auch wenn diese sodann vor Ort in den einzelnen Betrieben durchgeführt werden. Der AG hat darzulegen, welches Qualifikationsniveau besteht und welche Berufsbildungsmaßnahmen bereits durchgeführt wurden, sowie welchen Qualifikationsbedarf er sieht. Hierbei hat er nicht nur die Pflicht, vorhandenes Wissen weiterzugeben, sondern auch sich Informationen zu beschaffen.[196]

bb) Personelle Einzelmaßnahmen

Bei **personellen Einzelmaßnahmen** scheidet eine Zuständigkeit des GBR weitgehend aus. **137**
Danach sind i. d. R. bei **Einstellungen, Eingruppierungen, Umgruppierungen** und **Versetzungen** regelmäßig die einzelnen BR zu beteiligen.[197] Dies gilt auch für die Versetzung eines AN von einem Betrieb in einen anderen Betrieb desselben UN,[198] die Besetzung einer Stelle bei der Leitung des UN, auch wenn deren Inhaber für sämtliche Betriebe zuständig sein soll[199] oder wenn der AG eine Reihe von Versetzungen in einer sogenannten **Personalrunde** zusammenfasst und deshalb mehrere BR betroffen sind.[200] Der GBR ist ausnahmsweise bei mehreren Betrieben zuzuordnenden Arbeitsverhältnissen zuständig.[201]

Bei einer **Kündigung ist** immer nur der BR des Betriebs, in dem der AN beschäftigt ist, zu **138**
hören, nicht der GBR.[202] **Widerspricht** ein AN dem Übergang seines Arbeitsverhältnisses auf einen neuen Betriebsinhaber und kündigt daraufhin der bisherige Betriebsinhaber das Arbeitsverhältnis wegen fehlender Weiterbeschäftigungsmöglichkeiten, ohne den AN zuvor einem anderen Betrieb seines Unternehmens zuzuordnen, so ist zu dieser Kündigung nicht der GBR im UN des bisherigen Betriebsinhabers anzuhören. Dies gilt selbst dann, wenn der Widerspruch des AN dazu führt, dass zu der Kündigung keiner der im UN des bisherigen Betriebsinhabers gebildeten Einzelbetriebsräte anzuhören ist.[203]

Die Betonung der Zuständigkeit von Einzel-BR darf insgesamt nicht den Blick für betriebs- **139**
übergreifende Interessen der AN eines UN oder Konzerns verstellen, denen auf betrieblicher Ebene nur begrenzt Rechnung getragen werden kann, so dass **Mitbestimmungslücken** entstehen können, die nur durch partielle Einbeziehung des GBR zu vermeiden sind. Sie können entstehen bei systematischem und planmäßigem **Personalaustausch** zwischen einzelnen Betrieben. Der jeweils abgebende BR hat i. d. R. kein Mitbestimmungsrecht, weil die betroffenen AN den Betrieb nicht durch Kündigung, sondern auf Grund einzelvertraglicher Vereinbarung verlassen.[204] Besser wäre es, die Zuständigkeit bliebe nur dann bei den beiden Einzel-BR, wenn eine einzelne personelle Maßnahme lediglich zwischen zwei Betrieben geplant und abgewickelt würde, läge aber beim GBR, wenn eine **zentrale Steuerung** durch die UN-Leitung vorläge.

Der GBR ist in personellen Einzelmaßnahmen zuständig, wenn das **Arbeitsverhältnis** meh- **140**
reren Betrieben des UN gleichzeitig zugeordnet ist und damit nicht betriebs- sondern **unternehmensbezogen** vollzogen wird.[205] Dies ist z. B. der Fall bei AN, die

---

195 *BAG* 12.11.91, EzA § 98 BetrVG 1972 Nr. 8 für die Ausbildung bei einem Landesverband der Arbeiterwohlfahrt; *Fitting,* Rn. 55; *HSWGN,* Rn. 34.
196 *LAG Hamburg* 18.1.12 – 5 TaBV 10/11.
197 *BAG* 26.1.93, AP Nr. 102 zu § 99 BetrVG 1972; *Brill,* AuR 83, 169 [172]; Richardi-*Annuß,* Rn. 35; *Fitting,* Rn. 55; *Schmelcher,* FS Gaul, S. 497 ff.
198 *BAG* 20.9.90, AP Nr. 84 zu § 99 BetrVG 1972; 26.1.93, EzA § 99 BetrVG 1972 Nr. 109; *ArbG Berlin* 31.5.78, DB 78, 2491; *Heinze,* Rn. 443 ff.
199 *ArbG Berlin* 25.4.83, BB 83, 1920.
200 *BAG* 26.1.93, EzA § 99 BetrVG 1972 Nr. 109; Mustervereinbarung zu Versetzungen im UN und Konzern in DKKWF-*Trittin,* § 50 Rn. 7.
201 *BAG* 21.3.96, AP Nr. 81 zu § 102 BetrVG 1972.
202 *BAG* 21.3.96, NZA 96, 974; *LAG Köln* 20.12.83, DB 84, 937; *Fitting,* Rn. 56.
203 *BAG* 21.3.96, NZA 96, 974.
204 Richardi-*Annuß,* Rn. 32, wonach die betroffenen AN zwischen »Baum und Borke« geraten können und deshalb der GBR zuständig sei; ablehnend *Ehrich,* ZfA 93, 427.
205 *BAG* 21.3.96, NZA 96, 974; *ArbG Kiel* 1.7.99, NZA-RR 99, 670.

- arbeitsvertraglich allgemein für den betriebsübergreifenden, **unternehmensweiten Einsatz** beschäftigt werden oder
- mit (ggf. Teil-)Aufgaben **simultan** in mehreren Betrieben des UN beschäftigt werden oder
- auf Grund eines **einheitlichen Konzepts** mehrere Betriebe des UN in Folge zur **Ausbildung** oder Erfüllung der gestellten **Arbeitsaufgabe** durchlaufen sollen (für Ausbildungsverhältnisse § 60).[206]

141 Die Rspr. des *BAG* hat dementsprechend für die Kündigung eines AN des öffentlichen Dienstes in einem obiter dictum festgestellt, dass der Gesamtpersonalrat und nicht der PR zu beteiligen sei, wenn der betreffende AN **gleichzeitig** sowohl in der Stamm-Dienststelle als auch in dem personalvertretungsrechtlich verselbstständigten Teil der Dienststelle beschäftigt wird.[207]

142 Bei personellen Maßnahmen, die in **privatisierten Post-UN** Beamte betreffen, ist der BR gemäß § 28 PostPersRG zu beteiligen. Hierbei handelt es sich gemäß § 76 Abs. 1, § 78 Abs. 1 Nr. 3 bis 5 und § 79 Abs. 3 BPersVG um Einstellung, Beförderung, Abordnung, Versetzung, Einleitung von Disziplinarverfahren, Entlassungen. Nach § 32 Abs. 2 PostPersRG gilt § 28 PostPersRG für den GBR entsprechend. Die Zuständigkeit des GBR kann jedoch entsprechend den obigen Ausführungen nur **ausnahmsweise** vorliegen.[208] Über die personellen Maßnahmen entscheiden jedoch gemäß § 32 Abs. 1 Nr. 2 PostPersRG nur die Vertreter der Beamten, wobei jeder Einzelne nur so viele Stimmen hat, wie in dem Betrieb, in dem er gewählt wurde, wahlberechtigte Beamte in die Wählerliste eingetragen sind (Zu Besonderheiten in der Post-UN *Altvater* u. a., Anhang IV B § 32 PostPersRG Rn. 1 ff. auch mit Hinweisen auf abweichende Regelungen in TV und BV).

i) Wirtschaftliche Angelegenheiten

aa) Wirtschaftsausschuss

143 Im Bereich der **wirtschaftlichen Angelegenheiten** ist der GBR ausdrücklich im Zusammenhang mit der Errichtung und der Wahrnehmung der **Aufgaben des WA** zuständig (§§ 107, 108 Abs. 6, 109 Satz 4). Danach erfolgt die Benennung der Mitglieder des WA allein durch den GBR. Dieser ist zuständig für die Beilegung von Streitigkeiten über die Auskunftserteilung des UN an den WA, die Entgegennahme der Erläuterungen des Jahresabschlusses nach § 108 Abs. 5 sowie für die Abstimmung des vom UN nach § 110 zu erstattenden Berichts über die wirtschaftliche Lage und Entwicklung des UN.

144 Der GBR ist zuständig für die Anrufung der ESt gem. § 109 Satz 1, wenn der AG die angeforderten Auskünfte nicht oder nur ungenügend erteilt (§ 109 Rn. 1 ff.). Dies gilt auch, wenn in einem Konzern UN nur die **Muttergesellschaft** oder ein herrschendes UN mit Sitz im Ausland über die angeforderten Informationen verfügt. Hierdurch wird weder ein u. U. bestehender KBR zuständig noch ein BR. Auch im Konzern bleibt das Konzern-UN für die Beschaffung der Informationen zuständig. Sollen z. B. die Anteile eines Konzern-UN verkauft werden und hat das herrschende UN Angebote eingeholt, dann ist es auf Nachfrage des WA zur Herausgabe verpflichtet. Dies rechtfertigt die unveränderte Zuständigkeit des GBR.

145 Der WA hat für **Unterrichtung** des BR zu sorgen, wenn eine Angelegenheit in seine Zuständigkeit fällt und für ihn von Bedeutung ist. Grundsätzlich unterrichtet er den GBR (§ 108 Rn. 29). Ist ein BR jedoch nicht im WA vertreten und seine Information z. B. wegen Nichtteilnahme an einer Sitzung nicht über den GBR gewährleistet, hat er den BR direkt zu informieren.

146 Den Rechten des GBR stehen nicht die des **EBR** entgegen. Sein Anspruch auf Information verdrängt **nicht** die Beteiligungsrechte nationaler Gremien wie z. B. des WA.[209]

---

206 *Schmelcher*, FS Gaul, S. 497.

207 *BAG* 3.2.82, AP Nr. 1 zu § 77 LPVG Bayern [I. 2 a der Gründe]; weitergehend *Neyses*, BlStR 76, 372, wonach bei zentraler Einsatzplanung des UN für das mittlere Management stets der GBR zuständig sei.

208 *Fitting*, Rn. 57.

209 *LAG Niedersachsen* 19.9.04, Mitbest. 05, 67; *Müller*, EBRG, § 31 Rn. 3; vgl. auch Anhang B, § 31 EBRG Rn. 4.

bb) Betriebsänderung

(1) Interessenausgleich

Der GBR bestimmt bei einer Betriebsänderung aufgrund eines unternehmenseinheitlichen Konzepts mit, wenn die Maßnahme das ganze UN oder mehrere Betriebe des UN betrifft und **zwingend nur einheitlich** geregelt werden können.[210] Bei Zuständigkeit des GBR muss bei einer Spaltung durch Übertragung einer wirtschaftlichen Einheit auf das UN abgestellt werden. **147**

Der Inhalt der geplanten Betriebsänderung ist für die Zuständigkeit des GBR oder BR maßgebend. Liegt ihr ein **unternehmenseinheitliches Konzept** zugrunde, hat nach der Rspr. der GBR darüber zu befinden, ob er gebilligt wird oder ob nicht ein anderes Konzept besser, sinnvoller oder interessengerechter wäre.[211] Das einem unternehmenseinheitlichen Konzept zugrunde liegende Verteilungsproblem auf die einzelnen Betriebe soll nur der GBR lösen können.[212] **148**

Für die Zuständigkeit ist der **Beginn der Planung** maßgebend. Bei einer Betriebsänderung hat der AG schon im Frühstadium seiner Planungen zu informieren. Sinn und Zweck der Mitbestimmung besteht darin, noch auf das Planungsergebnis Einfluss zu nehmen. Dies bedeutet, dass sich im Verlauf der Verhandlungen der Umfang einer ursprünglichen Planung des Arbeitgebers reduzieren kann. Es ist nicht ausgeschlossen, dass sich eine ursprüngliche Planung komplett beendet wird oder nur noch auf ganz wenige Maßnahmen reduziert. Sie kann zu Beginn z. B. alle Betriebe und UN eines Konzerns erfassen und bezieht sich am Ende nur noch auf einen Betrieb des UN. Auf die Zuständigkeit der Mitbestimmungsgremien im Verlauf dieses Prozesses haben **Veränderungen im Verlauf des Planungsprozesses** keinen Einfluss, damit Mitbestimmungsrechte überhaupt sinnvoll ausgeübt werden können. War zu Beginn des Planungsprozesses der GBR für den Interessenausgleich zuständig, dann ist er es auch noch am Ende. Dies gilt umgekehrt auch für die Zuständigkeit des BR, die beim BR bleibt, wenn er zu Beginn zuständig war. Jede andere Annahme würde den **Schutzzweck** der Mitbestimmungsrechte vereiteln. Die Rspr. fragt bislang kaum nach der Situation zu Beginn der Planung und beantwortet die Frage der Zuständigkeit nicht anhand eines zu diesem Zeitpunkt noch abzuschließenden Sozialplan.[213] Nach der Rspr. würde die Zuständigkeit für den Interessenausgleich letztlich aus im Sozialplan bereits getroffenen Regelungen folgen: Ein offenkundiger Zirkelschluss. Wenn die Zuständigkeit für den Sozialplan nicht aus der für den Interessenausgleich folgen soll, dann kann die für den Interessenausgleich nicht aus bereits im Sozialplan getroffenen Regelungen folgen. Ein Ergebnis des mit originär zuständigen BR hätte ja auch sein können, dass überhaupt kein Sozialplan erforderlich gewesen wäre. Die Rspr. widerspricht insofern nicht nur den Gesetzen der Logik, sondern auch dem Gesetz selbst. Wortlaut und Inhalt des Mitbestimmungsrechts beim Abschluss des Interessenausgleichs sind zwar schwach, weil der AG sich letztlich über das Veto des BR hinwegsetzen kann, aber dennoch kann der BR nach seiner vollständigen Information Alternativen zu der Planung des AG vorschlagen und idealiter entspricht die ursprüngliche Planung des AG nicht mehr der zu Beginn seiner Planungsphase. Die Rspr. des BAG ignoriert diese Phase und folgt damit allein Logik unternehmerischer Planung, nach der der einmal gefasste Plan nur noch umzusetzen ist und es allenfalls noch um eine im Sozialplan zu vereinbarende Abfindung bzw. einen sonstigen sozialen Ausgleich geht. **149**

Der GBR soll auch für die in einem Interessenausgleich enthaltene **Namensliste** i. S. v. § 1 Abs. 5 KSchG, § 125 Abs. 1 Satz 1 InsO zuständig sein.[214] Wird ein Interessenausgleich durch den zuständigen GBR abgeschlossen, dann soll sogar eine diesen Interessenausgleich ergän- **150**

210 *BAG* 8.6.99, NZA 99, 1168; 11.12.01; 23.10.02, AP Nr. 26 zu § 50 BetrVG 1972; 3.5.06. AP Nr. 29 zu § 50 BetrVG 1972 mit Anm. *Trittin/Russner*, Anm. zu AP 29 zu § 50 BetrVG 1972; 19.7.12, 2 AZR 386/11; *Fitting*, Rn. 59; Richardi-*Annuß*, Rn. 25, § 111 Rn. 118.

211 *BAG* 11.12.01, NZA 02, 688.

212 *Wissmann*, FS ARGE Arbeitsrecht im DAV, S. 1037.

213 Wie z. B. *BAG* 23.10.02, AP Nr. 26 zu § 50 BetrVG 1972.

214 *Fitting* Rn. 60; a. A. *Fischer*, BB 04, 1101; APS/Kiel § 1 KSchG Rn. 795; ErfK-*Ascheid*, Rn. 516.

zende Namensliste nicht durch den örtlichen BR abgeschlossen werden.[215] Dies überzeugt nicht. Ist sie mit dem Interessenausgleich verbunden, dann kann der GBR keinen Interessenausgleich abschließen. Die Namensliste ist ebenso wie die Mitbestimmung in personellen Einzelmaßnahmen **zwingend betriebsbezogen**. Erforderlich ist für sie eine betriebsbezogene soziale Auswahl, die der GBR nicht vornehmen kann. In diesem Fall wäre nicht dem BR, sondern umgekehrt dem GBR der Abschluss eines Interessenausgleichs sogar unmöglich (vgl. Rn. 40, wonach Art. 1 und 2 GG die Behandlung des Einzelnen als Objekt verbieten). Bei einer betriebsübergreifenden Betriebsänderung gem. § 125 I Abs. 2 InsO ersetzt nach der Rspr. ein vom Insolvenzverwalter mit dem GBR abgeschlossener Interessenausgleich mit Namensliste die **Stellungnahmen der örtlichen BR** nach § 17 Abs. 3 KSchG zu den vom Insolvenzverwalter beabsichtigten Massenentlassungen.[216] Im Kündigungsschutzverfahren ist stets zu prüfen, ob das wirklich zuständige Gremium den Interessenausgleich abgeschlossen hat.[217]

151 Betrifft eine Betriebsänderung **Kleinbetriebe** i. S. des § 111 S. 1 BetrVG, die einen größeren UN angehören, besteht ein Mitbestimmungsrecht gem. §§ 111 ff. BetrVG jedenfalls dann, wenn sich die wirtschaftliche Maßnahme betriebsübergreifend auf mehrere Betriebe des UN erstreckt und in die Zuständigkeit des GBR fällt. Nach dem Schutzzweck der Vorschrift ist dann für die Berechnung des **Schwellenwertes** auf die Zahl der AN des UN abzustellen.[218] Nach der neuen Rspr. soll es allerdings bei der Frage, ob eine Betriebsänderung durch Personalabbau gem. § 111 Satz 3 Nr. 1, § 17 Abs. 1 KSchG vorliegt, auf die Anzahl der im einzelnen Betrieb beschäftigten AN ankommen. Das gilt auch dann, wenn für den Abschluss des Interessenausgleichs der GBR zuständig ist. Wird ein geplanter Personalabbau auf der Grundlage eines unternehmenseinheitlichen Konzepts durchgeführt und sind mehrere Betriebe davon betroffen, ist gem. § 50 Abs. 1 der GBR für den Abschluss des Interessenausgleichs zuständig. In seine Zuständigkeit fällt dann auch die Vereinbarung einer **Namensliste** gem. § 1 Abs. 5 KSchG. Treffen die Betriebsparteien bei einer mehrere Betriebe erfassenden Personalabbaumaßnahme eine Auswahlentscheidung auch bezogen auf AN, in deren Betrieb die Voraussetzungen einer Betriebsänderung nicht vorliegen, beeinträchtigt dies die mit der Namensliste verbundene Richtigkeitsgewähr nicht. Dies führt lediglich dazu, dass die in § 1 Abs. 5 S. 1, S. 2 KSchG vorgesehenen Rechtsfolgen für die diesen Betrieben zugehörigen AN nicht eingreifen.[219]

(2) Sozialplan

152 Aus der Zuständigkeit des GBR für einen **Interessenausgleich** folgt nicht ohne weiteres auch die für den Sozialplan.[220] Beim Interessenausgleich handelt es sich **nicht** um **dieselbe Angelegenheit** i. S. d. § 50 Abs. 1 Satz 1. Die vom AG geplante Betriebsänderung bilden zwar regelmäßig einen einheitlichen Lebenssachverhalt, aber dennoch sind Interessenausgleich und Sozialplan sich nach Inhalt und Ausgestaltung wesentlich **unterscheidende Rechtsinstitute**.[221] Die **Kostenwirksamkeit** mitbestimmter Regelungen begründet ebenso wenig die Zuständigkeit des GBR wie die Tatsache, dass für den einen Betrieb aufgewendete Finanzmittel im anderen »fehlen«.[222]

153 Für den Sozialplan muss ein **zwingendes Bedürfnis** nach einer **betriebsübergreifenden Vereinbarung** bestehen. Regelt ein mit dem GBR gem. § 50 Abs. 1 vereinbarter Interessenaus-

---

215 *BAG* 19.7.12, 2 AZR 386/11; *LAG Berlin-Brandenburg* 16.7.10 LAGE § 1 KSchG Interessenausgleich Nr. 17.

216 *BAG* 7.7.11, NZA 11, 1108.

217 *Janzen*, AuR 13, 203.

218 *BAG* 8.6.99 NZA 99, 1168.

219 *BAG* 19.7.12; AuR 13, 143.

220 *BAG* 3.5.06, AP Nr. 29 zu § 50 BetrVG 1972 mit Anm. v. *Trittin/Russner;* AiB 2007, 494 m. Anm. v. *Trittin/Russner;* 11.12.01, NZA 02, 688; *HessLAG* 19.2.04 – 9 TaBV 95/03; *Fitting*, Rn. 60; Düwell-*Tautphäus*, Rn. 23.

221 *BAG* 3.5.06, AP Nr. 29 zu § 50 BetrVG 1972; *Wissmann*, FS DAV, 1037 ff.; *Fitting*, §§ 112, 112 a Rn. 4; §§ 112, 112 a Rn. 3 ff.

222 *BAG* 3.5.06, AP Nr. 29 zu § 50 BetrVG 1972; 11.12.01, NZA 02, 688.

gleich Betriebsänderungen, die einzelne Betriebe unabhängig voneinander betreffen oder nur einen Betrieb betrifft, ist die Zuständigkeit des GBR für den Sozialplan nur dann gegeben, wenn die im Interessenausgleich vereinbarten Betriebsänderungen mehrere oder gar sämtliche Betriebe des UN betreffen und die Durchführung des Interessenausgleichs von betriebsübergreifend einheitlichen Kompensationsregelungen in dem noch abzuschließenden Sozialplan abhängen.[223] Die Zuständigkeit des GBR für einen **Sozialplan** setzt außerdem voraus, dass die wirtschaftlichen Nachteile für die betroffenen AN in den einzelnen Betrieben sowie die branchenspezifische Arbeitsmarktlage der Regionen vergleichbar sind. Ist dies nicht der Fall, bleibt es bei der örtlichen Zuständigkeit der BR.[224]

Der GBR soll nach der Rspr. zuständig sein, wenn ein im Interessenausgleich vorgesehenes **unternehmenseinheitliches Sanierungskonzept** nur auf der Grundlage eines bestimmten unternehmensbezogenen Sozialplanvolumens realisiert werden kann.[225] Ist ein bestimmtes Sozialplanvolumen nicht vorhanden, dann gibt es – anders als bei freiwilligen Leistungen des AG – keinen vorgegebenen Topf, den es betriebsübergreifend zu verteilen gilt. Der Gleichbehandlungsgrundsatz begründet die Zuständigkeit des GBR jedoch nicht.[226] Auch **betriebsübergreifende Versetzungen** im UN begründen keine Zuständigkeit des GBR, weil mögliche Nachteile betrieblich ausgeglichen werden können. Dies gilt auch für die Errichtung betriebsübergreifend tätiger **Transfergesellschaften.** 154

Aufgrund der konkreten Verhältnisse in den betroffenen UN führt die grundlegende **Neustrukturierung des Vertriebs** im Konzern nicht zur Zuständigkeit des KBR für den Sozialplan. Zuständig sind die GBR. Wegen der unterschiedlichen Vertriebs- und Vergütungsstrukturen in den einzelnen UN waren die mit den Besonderheiten der UN besser vertrauten GBR eher in der Lage, für den Sozialplan sachgerechte und passgenaue Lösungen zu finden als der KBR. Dies war den einzelnen BR aufgrund der übergreifenden Strukturänderung nicht mehr möglich.[227] 155

(3) Einzelfälle:

In der Praxis gibt es zahlreiche, von der Rspr. unterschiedlich und nicht immer überzeugend beurteilte **Fallkonstellationen**, weil sie sich zu wenig am Schutzzweck der Mitbestimmung[228] orientiert: 156

- Bei der **Stilllegung aller Betriebe** eines UN soll nach der Rspr. des *BAG* der GBR zuständig.[229] Die Voraussetzungen hierfür liegen allerdings nur vor bei einer betriebsübergreifenden Verzahnung und wechselseitigen Abhängigkeit der mitzubestimmenden Maßnahmen. Liegen sie nicht vor, verbleibt es bei der Zuständigkeit des BR.[230]
- Bei der **Zusammenlegung aller Betriebe** mit BR eines UN gem. § 111 Satz 3 Ziffer 3 1. Alt kann der GBR für den Interessenausgleich zuständig sein, nicht jedoch für den Sozialplan.[231]
- Bei der Erstellung eines Interessenausgleichs und Sozialplans im Falle der **Insolvenz** eines UN mit mehreren Betrieben.[232] Eine betriebsübergreifende Regelung ist dann erforderlich, wenn für das UN ein Insolvenzantrag gestellt ist und sich die geplante Maßnahme auf alle oder mehrere Betriebe auswirkt. Erfassen die im Interessenausgleich vereinbarten Betriebsänderungen mehrere oder gar sämtliche Betriebe des UN und ist seine Durchführung von

223 *BAG* 3.5.06, AP Nr. 29 zu § 50 BetrVG 1972 mit Anm. *Trittin/Russner*; 11.12.01, NZA 02, 688.
224 *ArbG Mannheim* 2.7.87, NZA 87, 682, wenn mehrere, an verschiedenen Orten gelegene Betriebe an einen dritten Ort verlegt und dort in ein Dritt-UN eingegliedert werden; a. A. Richardi-*Annuß*, Rn. 37.
225 *BAG* 11.12.01, NZA 02, 688; 23.10.02, AP Nr. 26 zu § 50 BetrVG 1972; 3.5.06; AP Nr. 29 zu § 50 BetrVG 1972 mit Anm. *Trittin/Russner; ArbG Essen* 17.2.10 4 Ca 3728/09.
226 *BAG* 3.5.06, AP Nr. 29 zu § 50 BetrVG 1972 mit Anm. *Trittin/Russner*, vgl. auch zur Kritik Rn. 58.
227 *LAG Düsseldorf* 12.2.14 – 12 TaBV 36/13.
228 Rn. 40 ff.
229 *BAG* 17.2.81, AP Nr. 11 zu § 112 BetrVG 1972 für den Konkurs.
230 *Fitting*, Rn. 59.
231 *BAG* 3.5.06, AP Nr. 29 zu § 50 BetrVG 1972 mit Anm. *Trittin/Russner.*
232 *BAG*, 17.2.81, AP Nr. 11 zu § 112 BetrVG 1972.

betriebsübergreifend einheitlichen Kompensationsleistungen des Sozialplans abhängig, dann kann diese Aufgabe nicht mehr von den einzelnen BR wahrgenommen werden.[233] Kann im Interesse der verbleibenden Belegschaft und der zu erhaltenden Betriebe nur auf Grundlage eines bestimmten, auf das gesamte UN bezogenen Sozialplanvolumens ein **Sanierungskonzept** realisiert werden, soll der GBR originär zuständig sein. Dies gilt insbesondere dann, wenn in der Insolvenz das Sozialplanvolumen gem. § 123 InsO objektiv beschränkt ist. In diesem Fall kann die Entscheidung, wie das Gesamtvolumen des Sozialplans auf die betroffenen AN verteilt werden kann, nur unternehmenseinheitlich und damit auf Ebene des GBR erfolgen. In einem solchen Fall kann der GBR den Sozialplan auf Betriebe erstrecken, in denen kein BR besteht und die deshalb keinen eigenen Sozialplan hätten abschließen können.[234]

- Plant ein AG die **Verlegung eines Betriebs** und dessen Zusammenlegung mit einem anderen seiner Betriebe, so ist der GBR für Verhandlungen über einen **Interessenausgleich** zuständig.
- Beabsichtigt der AG in einer ersten Stufe eines notwendig werdenden **Personalabbaus** zunächst nur die Entlassung älterer AN ohne Rücksicht auf betriebliche oder sonstige Besonderheiten in den einzelnen Betrieben, so ist für die Beratung über einen Interessenausgleich hinsichtlich dieser Maßnahmen der GBR zuständig.[235]
- Der GBR ist zuständig bei der geplanten Entlassung aller bisher in eigenständigen Kleinbetrieben organisierten **Außendienstmitarbeiter.**[236]
- Der GBR ist zuständig für das UN insgesamt erfassende **Strukturentscheidungen.**[237] Bei einer grundlegenden Änderung der **Organisationsstruktur** eines bundesweit tätigen Versicherungs-UN ist der GBR für den Interessenausgleich und den Sozialplan originär gem. Abs. 1 zuständig, wenn sie den überwiegenden Teil **der BR** betrifft.[238]
- Übernimmt ein Erwerber alle Betriebe eines UN, dann ist der GBR nicht von vorneherein originär zuständig für eine **Übernahmevereinbarung,** wonach einzelne BV gar nicht und andere BV und GBV nur eingeschränkt weiter gelten. Die Zuständigkeit ist also differenziert je nach den einzelnen Regelungsgegenständen der geltenden Vereinbarung zu prüfen. Eine besondere Zuständigkeit kraft Gesetzes für die Übernahme eines UN gibt es sonst nicht. Dies gilt auch für die Übernahme aus der **Insolvenz.**
- Ein zwischen AG und GBR vereinbarter **vorsorglicher Sozialplan**, der für eine Vielzahl zukünftig möglicher, noch nicht geplanter Betriebsänderungen den Ausgleich oder die Minderung wirtschaftlicher Nachteile vorsieht, begründet normative Ansprüche zu Gunsten von AN typischerweise für den Fall, dass aus Anlass einer konkreten Betriebsänderung auf betrieblicher Ebene der Abschluss eines Sozialplans unterbleibt.[239] Ein mit dem GBR vereinbarter vorsorglicher Sozialplan beschränkt also nicht die betriebsverfassungsrechtlichen Handlungsmöglichkeiten der örtlichen BR und nimmt diesen nicht die Befugnis, anlässlich einer konkreten Betriebsänderung nach § 88 i. V. mit § 112 a mit dem AG einen Sozialplan zu vereinbaren.
- Die Zuständigkeit des GBR für den Abschluss von Interessenausgleich und Sozialplan zur Un-Sanierung begründet noch nicht die Zuständigkeit für die **Beendigung der BV** eines BR über die Zahlung einer **Kontoführungspauschale.**[240]

---

233 *BAG* 11.12.01, DB 02, 1276; 23.10.02 – 7 ABR 55/01.
234 *ArbG Nürnberg* 19.11.10, AiB 12, 263.
235 *BAG* 20.4.94, NZA 95, 89.
236 *BAG* 8.6.99, NZA 99, 1168.
237 *BAG* 8.6.99, AP Nr. 47 zu § 111 BetrVG 1972.
238 *LAG Niedersachsen* 14.9.01, AiB 03, 249.
239 *BAG* 17.4.12, NZA 12, 1240.
240 *BAG* 15.1.02, AP Nr. 23 zu § 50 BetrVG 1972, *Fitting* Rn. 60.

(4) Verfahren

Der AG trägt im Rahmen des § 113 BetrVG die **Initiativlast.** Diese erstreckt sich auch auf die **Ermittlung des richtigen Verhandlungspartners.** Bestehen Zweifel, ob Einzel-BR oder der GBR zuständig sind, muss der AG die in Betracht kommenden Gremien zur Klärung der Zuständigkeitsfrage auffordern. Einigen sich GBR und Einzel-BR auf die Zuständigkeit des GBR, ist dieser in der Regel schon deshalb der richtige Verhandlungspartner, weil dann zumindest eine Beauftragung des GBR nach § 50 Abs. 2 BetrVG anzunehmen ist. **Einigen** sich GBR und Einzel-BR auf die Zuständigkeit eines oder mehrerer Einzel-BR, ist diese Einigung allerdings rechtlich nicht bindend, falls in Wahrheit die Zuständigkeit des GBR gegeben wäre; das Gesetz sieht eine entsprechende Delegation nicht vor. Verhandelt der AG aber dennoch mit derjenigen AN-Vertretung, die ihm gegenüber von den in Betracht kommenden betriebsverfassungsrechtlichen Organen übereinstimmend als zuständig bezeichnet wurde, liegt hierin regelmäßig ein dem Sanktionszweck des § 113 Abs. 3 BetrVG genügender Versuch eines Interessenausgleichs.[241] Das Gleiche gilt, wenn sich die AN-Vertretungen nicht einigen und der AG daraufhin eine Entscheidung trifft, die unter Berücksichtigung der Entscheidungssituation nachvollziehbar erscheint.[242] 157

Es besteht ein im Wege der einstweiligen Verfügung durchsetzbarer Anspruch auf **Unterlassung einer Betriebsänderung** bis zum Abschluss der Verhandlungen über einen Interessenausgleich. Nur so kann nämlich sichergestellt werden, dass die Rechte gem. §§ 111, 112 wahrgenommen werden können. Der GBR ist für die Behandlung einer beteiligungspflichtigen Angelegenheit dann zuständig, wenn diese nicht auf den einzelnen Betrieb beschränkt ist und deshalb die Interessen der AN nicht mehr auf der betrieblichen Ebene gewahrt werden können.[243] 158

j) Tarifvertrag, allgemeine Arbeitsbedingungen

Treffen die TV-Parteien in einem TV, der eine Reduzierung tariflicher Leistungen durch freiwillige BV gestattet, keine Regelung über die Zuständigkeit des Mitbestimmungsgremiums, so richtet sich diese nach dem BetrVG. Danach ist in erster Linie der **unmittelbar gewählte BR** zuständig.[244] 159

Tarifersetzende Regelungen auf betriebsverfassungsrechtlicher Ebene sind betriebsübergreifend von der dazu berufenen Arbeitnehmervertretung zu treffen, um den Fortbestand einheitlicher Arbeitsbedingungen zu gewährleisten.[245] 160

Der bei einer **Gewerkschaft** gebildete GBR ist für den Abschluss einer GBV zuständig, in der unternehmenseinheitlich alle die Arbeitsbedingungen geregelt werden sollen, die für andere AG in Manteltarifverträgen geregelt werden können, weil entsprechende TV bisher weder bestehen noch üblich sind.[246] Der »Verband der Gewerkschaftsbeschäftigten« ist bisher nicht tariffähig.[247] Deshalb sperrt § 77 Abs. 3 Satz 1 keine entsprechende GBV. 161

3. Betriebsratslose Betriebe (Abs. 1 Satz 1, 2. Halbsatz)

Die **Novellierung 2001** stellte die originäre Zuständigkeit des GBR für betriebsratslose Betriebe klar. Es entsprach der schon zuvor hier vertretenen Auffassung, dass betriebsratslose Betriebe **nicht außerhalb** der **Betriebsverfassung** stehen. Der GBR vertritt im Rahmen seiner Zuständigkeit auch die Betriebe des UN, die keinen BR gewählt haben. In diesem Rahmen ist er für alle AN der UN zuständig. Die Erweiterung der Zuständigkeit des GBR ist **nicht ver-** 162

241 *BAG* 24.1.96, BB 96, 2095.
242 *BAG* 24.1.96, BB 96, 2095; *Röder,* DB 96, 1674.
243 *BAG* 11.12.01; 23.10.023.5.06; *LAG Hamm* 30.7.07; 30.7.07, AuR 08, 117.
244 *BAG* 19.6.07, AuR 07, 406.
245 *LAG Hamm* 16.2.07 – 13 TaBV6/07.
246 *BAG* 20.2.01, AP Nr. 107 zu § 87 BetrVG 1972. Lohngestaltung; 15.11.00, AP Nr. 84 zu § 77 BetrVG 1972; 28.4.92, AuR 92, 313; *a. A. Robrecht S.* 115
247 *BAG* 19.9.06, AP Nr. 5 zu § 2 BetrVG 1972.

fassungswidrig.[248] Dies gilt auch für solche Betriebe, die nicht betriebsratsfähig sind, in denen kein BR gewählt worden ist und die das UN später erwarb oder bildete. Dies gilt auch für nicht betriebsratsfähige »Kleinstbetriebe«. Auch wenn ein BR zwar gebildet, dieser aber **pflichtwidrig** keinen Vertreter in den GBR entsandt hat, bleibt der GBR zuständig.[249]

163 An den Voraussetzungen der originären Zuständigkeit ändert sich hierdurch nichts. Der GBR kann deshalb **nur** in **überbetrieblichen Angelegenheiten** für AN betriebsratsloser Betriebe tätig werden. Er ist nicht berechtigt, die Rolle des örtlichen Betriebsrats zu übernehmen und rein betriebsbezogene Angelegenheiten zu regeln.[250]

164 Der GBR ist berechtigt, in Betrieben ohne BR einen **WV** einzusetzen und so die Wahl einzuleiten (§ 17 Abs. 1 Satz 1). Er hat diese Aufgabe in eigener Verantwortung wahrzunehmen. Hinsichtlich aller zur Bestellung des WV vorbereitenden Maßnahmen kommt ihm ein **Beurteilungsspielraum** zu. Der GBR hat ein berechtigtes Interesse, vor der Wahlvorstandsbestellung zu erfahren, welcher AN zur Übernahme des Amts im WV geeignet und bereit ist. Wie die hierfür erforderlichen Informationen eingeholt und ausgetauscht werden, obliegt seiner Einschätzung. Er hat auch dabei einen **Beurteilungsspielraum**. Allerdings muss er die im BetrVG zum Ausdruck kommende Konzeption beachten und die Interessen des AG, auch an einer Begrenzung der Kosten, berücksichtigen. Der GBR sei nicht befugt, in betriebsratslosen Betrieben zum Zwecke der Einleitung einer Betriebsratswahl zu **Informationsveranstaltungen** einzuladen. Eine entsprechende Berechtigung folge nicht aus § 17 Abs. 1 Nr. 1 BetrVG. Es besteht insoweit auch keine Annex-Kompetenz.[251] Der AG ist jedoch z. B. verpflichtet, in einem Filialunternehmen dem GBR eine Liste sämtlicher Telefonnummern der betriebsratslosen Filialen zur Verfügung zu stellen und hat in den betriebsratslosen Filialen die Telefone in der Weise einzurichten, dass der GBR von den Beschäftigten unmittelbar angerufen werden kann.[252] § 17 Abs. 1 ist nicht so teleologisch auszulegen, dass er den GBR zur Bestellung des WV nur berechtigt, wenn (wahlberechtigte) AN aus einem betriebsratslosen Betrieb ihn dazu auffordern.[253]

165 Eine **GBV** gilt für alle AN in UN verbindlich, soweit sie der GBR im Rahmen seiner originären Zuständigkeit gem. § 50 Abs. 1 für den Geltungsbereich aller Betriebe des UN abgeschlossen hat. Dies gilt auch dann, wenn **wirtschaftlicher Mehraufwand** für den AG die Folge ist. Zur Geltung der GBV bedarf es also keiner zusätzlichen Vereinbarung der Vertragsparteien.[254] Differenziert der räumliche Geltungsbereich der GBV in der Weise, dass er auf einzelne konkret aufgeführte Betriebe beschränkt wird oder wurde sie im Auftrag eines oder mehrerer Betriebe abgeschlossen, dann gilt die GBV grundsätzlich für diesen Betrieb und kann nicht auf betriebsratslose Betriebe erstreckt werden.[255] Ist das Sozialplanvolumen in der Insolvenz gem. § 123 Abs. 1 InsO objektiv beschränkt, kann es nach der Rspr. nur unternehmenseinheitlich durch den GBR verteilt werden, der den Sozialplan auch auf Betriebe erstrecken kann, in denen kein BR besteht und die deshalb keinen eigenen Sozialplan hätten abschließen können.[256]

166 **AN belastende GBV** gelten auch in BR-losen Betrieben, wenn der GBR originär zuständig ist. Allerdings kann Mitbestimmung nicht einseitig und ausschließlich belasten. Dies gilt auch für BR-lose Betriebe und für gem. § 1 Abs. 5 KSchG i. V. mit § 125 InsO vereinbarte **Namenslisten**. Findet z. B. mangels originärer Zuständigkeit auf den BR-losen kein Sozialplan Anwendung, dann kann für den BR-losen Betrieb nicht alleine ein nur belastender Interessenausgleich mit Namenslisten gelten.[257]

---

248 *Fitting*, Rn. 29; GK-*Kreutz*, Rn. 52.

249 *BAG* 9.12.09, NZA 10, 662; *Fitting*, Rn. 29; *Däubler*, DB 01, 1670; Düwell-*Tautphäus*, Rn. 28; zum Auskunftsverlangen des GBR an AG in DKKWF-*Trittin*, § 50 Rn. 31.

250 BT-Drucks. 14/5741, S. 42 zu Nr. 36 a.

251 *BAG* 16.11.11, NZA 12, 404.

252 *LAG BaWü* 30.4.08, AiB 08, 416.

253 *LAG Nürnberg* 25.1.07 – 1 TaBV 14/06; *Steininger*, AiB 13, 583 zur Vermeidung weißer Flecken.

254 A. A. HWGNRH-*Glock*, Rn. 50, die verkennen, dass mit der Novellierung 2001 nur ein bestehender Rechtsgrundsatz Gesetzeskraft erlangte, aber keine unzulässige Rückwirkung neu begründet wurde.

255 GK-*Kreutz*, Rn. 55.

256 *ArbG Nürnberg* 19.11.10 – 10 BV 46/10; Rn. 155 f.

257 *A. A. Fitting*, Rn. 30.

4. Gemeinsamer Betrieb mehrerer Unternehmen (§ 1 Abs. 1 Satz 2)

Gemeinsame Betriebe entsenden gem. § 47 Abs. 8 und 9 Vertreter in die GBR, soweit für die betreffenden UN einer errichtet ist. Besteht bisher noch kein GBR, ist er zusammen mit dem anderen im UN errichteten BR zu bilden. Er ist auch für den BR des gemeinsamen Betriebs gem. § 1 Abs. 1 Satz 2 originär zuständig. Dies betrifft den Vertrags AG in allen unmittelbar die individuellen Arbeitsverträge betreffenden Angelegenheiten.[258] Geht es um die Betriebsorganisation, ist der GBR des UN zuständig, der den gemeinsamen Betrieb einheitlich leitet. Die **einheitliche Leitung** durch ein UN ist nach der Rspr. konstituierendes Merkmal des gemeinsamen Betriebs. Liegt sie nicht vor, ist der GBR des UN zuständig, der im gemeinsamen Betrieb die meisten AN beschäftigt.[259] 167

5. Besondere gesetzliche Zuständigkeiten

Dem GBR sind durch gesetzliche Regelung darüber hinaus folgende Aufgaben zugewiesen: 168

- Der GBR kann gem. § 3 Abs. 2 zur **Verbesserung der betrieblichen Interessenvertretung** eine GBV abschließen, wenn in den Fällen des § 3 Abs. 1 Nr. 1, 2, 4 oder 5 keine tarifvertragliche Regelung gilt, die von den gesetzlichen Strukturen der Mitbestimmung abweicht.
- In einem **Betrieb ohne BR** hat der GBR den **WV** gem. § 17 Abs. 1 zu bestellen. Dies gilt entsprechend für den Betrieb mit BR, der keinen WV bestellt (§ 16 Abs. 3).[260] Kommt der GBR dieser Aufgabe nicht nach, hat der KBR dieses Recht;
- Fakultative oder obligatorische **Verkleinerung des GBR** gemäß § 47 Abs. 4 – 6;
- Abschluss einer GBV gem. § 47 Abs. 9, die das **Stimmgewicht** abweichend von § 47 Abs. 7 und 8 regelt;
- Antrag auf **Ausschluss von GBR-Mitgliedern** gem. § 48 (§ 48 Rn. 1 ff.);
- Entscheidungen über die Errichtung des **KBR** gemäß § 54 Abs. 1 BetrVG;
- Zustimmung zum individuellen Verzicht auf Rechte aus GBV gem. § 77 Abs. 4 Satz 1;
- Bestimmung der **Mitglieder des WA** gem. § 107 Abs. 2 Satz 2 BetrVG;
- Anderweitige Wahrnehmung der **Aufgaben des WA** gemäß § 107 Abs. 3 Satz 6 BetrVG;
- Mitwirkung an der Bestellung des **Wahlvorstandes** für die Wahl der **AR-Mitglieder** der AN nach dem DrittelbG, §§ 4 und 5 der 2. WO MitbestG, MitbestG gemäß § 4 Abs. 4 und 5 der 3. WO MitbestG, MitbestErgG gemäß §§ 3 und 4 WO MitbestErgG;
- Entgegennahme des Antrags auf **Widerruf** der Bestellung eines **AR-Mitglieds** der AN gemäß § 49 WO 1953 der 2. WO MitbestG, § 108 der 3. WO MitbestG; § 101 WO MitbestErgG;
- **Anfechtung** der Wahl der **AR-Mitglieder** der AN gemäß § 76 BetrVG 1952; § 22 Abs. 2 MitbestG;
- Vertretung von AN-Interessen im **Gläubigerausschuss** in der Insolvenz gem. § 67 Abs. 2 Satz InsO, wonach ein Mitglied die Interessen des AN zu vertreten hat;
- Einleitung eines **Statusverfahrens** gem. § 98 Abs. 2 AktG Ziff. 4 – 6; vgl. Beschluss zur Einleitung des Verfahrens in DKKWF-*Trittin*, § 50 Rn. 5);
- Bestellung der Mitglieder des besonderen Verhandlungsgremiums zur Errichtung des **EBR** gem. § 11 Abs. 1 EBRG.[261] Der GBR hat Anspruch darauf, dass ihm die UN-Leitung über die durchschnittliche Gesamtzahl der AN und ihre Verteilung auf die europäischen Mitgliedstaaten gem. § 2 Abs. 3 EBRG **Auskunft erteilt** (vgl. Anhang B EBRG);[262]
- Bestellung der Mitglieder des Wahlgremiums gem. § 8 Abs. 2 oder 3 SEBG für die **Europäische Gesellschaft**.[263]

---

258 Richardi-*Annuß*, Rn. 72; *Fitting*, Rn. 33; *Schmidt*, FS Küttner, S. 499; *Salomon*, RdA 08, 24.

259 *Schmidt*, FS Küttner S. 499; *Däubler*, FS Zenner, S. 18, 29; a. A. *Fitting*, Rn. 34, wonach beide GBR zuständig seien, der AG die ESt. anrufen könne und beide GBR zusammen so viele Beisitzer wie vom Betriebs AG benennen können.

260 *HessLAG*, 8.12.05, AuR 06, 253; vgl. auch Rn. 162 ff. zu betriebsratslosen Betrieben.

261 *BAG* 18.4.07 NZA 07, 1374.

262 *LAG Hamburg* 30.6.99, AuR 99, 447; *EuGH* 13.1.04, NZA 04, 160 zur Auskunftspflicht der zentralen UN-Leitung.

263 *Engels*, AuR 09, 10 ff. zur Betriebsverfassung außerhalb des BetrVG.

- Bestellung der Mitglieder ders Wahlgremiums gem. § 10 Abs. 2 oder 3 MgVG bei **grenzüberschreitender UN-Verschmelzung.**[264]

169 Der GBR ist **nicht originär** zuständig für die Information nach dem **UmwG.** Der Wortlaut der §§ 5 Abs. 3, 126 Abs. 3 UmwG verlangt die Information des »zuständigen Betriebsrats« und es ist kein Grund ersichtlich, weshalb der BR den Vertrag nicht auch in Empfang nehmen könnte. Außerdem haben gerade BR primär Interesse an der Information über ihren Fortbestand und die Weitergeltung ihrer BV. Dies berührt den eigenen Informationsanspruch des GBR nicht.

IV. Zuständigkeit kraft Beauftragung (Abs. 2)

1. Zweckmäßigkeit des Auftrags

170 Durch die Möglichkeiten, den GBR mit der Behandlung einer Angelegenheit zu beauftragen, kann sich der BR die **Verhandlungsmöglichkeiten** des GBR zunutze machen, die wegen des unmittelbaren Kontakts zur UN-Leitung und der umfassenden Information über die Situation des UN besser sein können. Der Gesetzgeber wollte ausdrücklich die Position des GBR stärken, weil »den GBR wegen des unmittelbaren Kontaktes zur UN-Leitung vielfach bessere Verhandlungsmöglichkeiten zur Verfügung« stehen.[265]

171 Die Vorschrift führte lange Zeit ein **stiefmütterliches Dasein.**[266] Sie ist jedoch heute ein verbreitetes und praktisches Mittel bei der Wahrnehmung von Mitbestimmungsrechten. Durch das Entstehen immer kleinerer betrieblicher Einheiten wächst das Bedürfnis nach einem einheitlichen Auftreten gegenüber des AG.

172 Die Beauftragung löst alle **Zuständigkeitsprobleme** im Verhältnis zwischen BR und GBR. Sie wahrt die unterschiedlichen betrieblichen Interessen im Verhältnis zu denen anderer Betriebe bzw. der Stimmenmehrheit mit der Möglichkeit, sich gem. Abs. 2 Satz 2 die endgültige Zustimmung vorzubehalten.

173 Außerdem kann eine Angelegenheit, für die der GBR nicht originär zuständig ist, dennoch vom GBR erledigt werden, wenn dies einem oder mehreren BR **zweckmäßig** erscheint. Dieser Gesichtspunkt würde nämlich allein noch keine originäre Zuständigkeit des GBR begründen.[267] Die Beauftragung ist nicht erforderlich, damit der BR **überhaupt** mit der **UN-Leitung** mittelbar verhandeln kann, weil er dazu jederzeit befugt ist.[268]

174 Dem nicht rechtsmissbräuchlich handelnden BR steht ein der gerichtlichen Nachprüfung entzogener **Beurteilungsspielraum** darüber zu, ob die Beauftragung vernünftig und wirklich zweckmäßig ist.[269]

175 Soweit der GBR auf Grund eines **Auftrags** eines oder mehrerer BR nach Abs. 2 zuständig wird, führt dies nicht zu einer **Ausweitung** von Mitwirkungs- und **Mitbestimmungsrechten** in den Fällen, in denen diese von einer bestimmten Belegschaftsstärke im einzelnen Betrieb abhängen. So wird beispielsweise das Initiativrecht für die Aufstellung von Auswahlrichtlinien nach § 95 Abs. 2 in einem Betrieb bzw. UN mit weniger als 500 AN nicht dadurch begründet, dass der dortige BR den GBR beauftragt, die Angelegenheit für ihn wahrzunehmen, und das UN selbst mehr als 500 AN beschäftigt.[270]

176 Die Beauftragung **beseitigt** mögliche **Zweifel** an der Zuständigkeit des BR oder des GBR. Der BR entscheidet mit der Beauftragung über die Zuständigkeit. Mit der Beauftragung steht fest, dass der GBR das zuständige Gremium darstellt.[271] Dies gilt unabhängig davon, ob der BR sich die endgültige Entscheidung gem. Abs. 2 Satz 2 vorbehalten hat oder nicht.

177 Die originäre Zuständigkeit des GBR gem. Abs. 1 Satz 1 und die kraft Auftrags **ergänzen** sich

---

264 *Engels*, AuR 09, 10 ff. zur Betriebsverfassung außerhalb des BetrVG.

265 *RegE BT-Drucks. VI*/1786 *S.* 43.

266 *Keim*, BB 87, 962.

267 *Ehrich*, AuR 93, S. 68.

268 MünchArbR-*Joost*, § 305 Rn. 66.

269 *LAG Frankfurt* 28.4.89 – 8 BVGa 15/89, wonach die Übertragung der Mitbestimmungsrechte bei der Anordnung von Überstunden rechtsmissbräuchlich und deshalb unwirksam sei.

270 *Mothes*, AuR 74, 329 für Betriebsänderungen nach §§ 111 ff.

271 *Fitting*, Rn. 62.

und schließen sich nicht aus. Der BR kann also bedenkenlos den originär zuständigen GBR zusätzlich beauftragen und so unnötige Konflikte vermeiden. Die BR können also den GBR **vorsorglich** mit der Behandlung einer bestimmten Angelegenheit beauftragen.[272]

Beauftragt der BR eines Betriebs, der nicht Tendenzbetrieb ist, aber einem **Tendenzkonzern** bzw. einem UN-Verbund von Tendenz-UN angehört, den KBR mit der Behandlung seiner Aufgaben, ändert sich dadurch der Charakter des Betriebs nicht. Die Beteiligungsrechte des BR werden durch die Beauftragung des KBR nicht eingeschränkt. Solange die Beteiligungsrechte nur auf die konzernabhängigen UN bezogen werden, die keine Tendenz-UN sind, kann der KBR alle Beteiligungsrechte des BR ohne die Einschränkungen des § 118 geltend machen. **178**

2. Beschlussfassung

Für die Beauftragung des GBR bedarf es eines mit der Mehrheit der **Stimmen der Mitglieder** des BR zu fassenden Beschlusses. Die Mehrheit der Anwesenden oder der sich an der Abstimmung beteiligenden Mitglieder genügt also nicht. Die Beschlussfassung erfolgt nicht durch Verhältniswahl. Der Schutz einer oder mehrerer im BR bestehender Minderheiten wird durch die erforderliche qualifizierte Mehrheit gewahrt.[273] Dieses Mehrheitsprinzip gilt auch dann, wenn eine Angelegenheit nur einige Betriebe des UN betrifft. Haben z. B. nur zwei BR von acht insgesamt im GBR vertretenen BR beauftragt, dann entscheidet der **GBR als Gesamtgremium** über eine verhandelte GBV. Der GBR verkleinert sich auch in diesem Falle nicht auf die Versammlung der BR, die dem GBR beauftragt hatten. Der Beschluss ist zugangsbedürftig, d. h., der BR-Vorsitzende hat ihn dem GBR-Vorsitzenden mitzuteilen.[274] **179**

Fehler in der Beschlussfassung des BR können **geheilt** werden. Dies kann durch nachträgliche erneute Beschlussfassung erfolgen oder in inzidenter durch die gem. Abs. 2 Satz 2 vorbehaltene Zustimmung.[275] **180**

Der Beschluss wird **nicht** dadurch **fehlerhaft,** dass der BR kein Mitbestimmungsrecht hat oder dass es von vornherein gem. Abs. 1 Satz 1 dem GBR originär zustand.[276] Haben weder BR oder GBR ein Mitbestimmungsrecht, dann begründet auch die Beauftragung es nicht. **181**

3. Schriftform der Beauftragung

Die Übertragung bedarf gem. § 50 Abs. 2 Satz 3 grundsätzlich der **Schriftform**, Abs. 2 Satz 3 verweist auf § 27 Abs. 2 Satz 3, wonach die Übertragung der Schriftform erfordert. Nach § 126 Abs. 1 BGB muss die Urkunde in diesem Fall von dem Aussteller eigenhändig durch Namensunterschrift oder mittels notariell beglaubigtem Handzeichen unterzeichnet werden. Es reicht also nicht aus, dass der Beschluss über die Beauftragung in die Sitzungsniederschrift aufgenommen wird. Die Beauftragung ist dem Vorsitzenden des GBR vielmehr schriftlich mitzuteilen. Die Schriftform ist **Wirksamkeitsvoraussetzung.**[277] **182**

Das Schriftlichkeitsgebot des § 50 Abs. 2 Satz 3 i. V. m. § 27 Abs. 2 Satz 3 wird auch durch die Einhaltung der **Textform des § 126 b BGB** erfüllt. Die Beauftragung des GBR ist nicht nur dann schriftlich, wenn sie von dem oder der Vorsitzenden gem. § 126 BGB eigenhändig mit Namensunterschrift versehen wurde. Schriftlich ist sie auch, wenn sie der Textform des § 126 b BGB genügt. Dafür reicht es aus, dass die Erklärung in dauerhaft lesbarer Weise abgegeben, die Person des Erklärenden genannt und der Abschluss des Textes erkennbar ist.[278] Die Beauftragung muss in Schrift- oder Textform dem Vorsitzenden des GBR zugehen.[279] **183**

Formelle Fehler in der **Sitzungsniederschrift**, wie z. B. die fehlende zweite Unterschrift gemäß **184**

272 *Richardi-Annuß*, Rn. 66; *Robrecht*, S. 156.
273 *ArbG Kassel* 28.6.02, AuR 02, 477.
274 Vgl. Muster einer Beauftragung in DKKWF-*Trittin*, § 50 Rn. 6.
275 *Fitting*, Rn. 63; *Robrecht*, S. 158.
276 *Fitting*, Rn. 67; a. A. *Rieble*, RdA 05, 26.
277 *Fitting*, Rn. 63; *GL*, Rn. 15; GK-*Kreutz*, Rn. 66; Richardi-*Annuß*, Rn. 60; *Behne*, AiB 90, 321.
278 *BAG* 9.12.08, AuR 09, 43 *f. für* § 99 *Abs.* 3 *Satz* 1, *Einl.* Rn. 162*a ff. zur Schriftform und der elektronischen Form in der Betriebsverfassung.*
279 *LAG Rheinland-Pfalz* 19.7.06 – 10 Sa 50/06.

§ 34 Abs. 1 Satz 2, haben dagegen keinen Einfluss auf die Wirksamkeit. Gegenstand der Mitteilung muss die Beauftragung sein. Nimmt der BR nur zu einer beabsichtigten Maßnahme des AG in der irrigen Annahme Stellung, der GBR sei hierfür zuständig, dann liegt hierin noch keine Beauftragung, die gegenüber der bloßen Stellungnahme ein »Mehr« ist.[280]

4. Durchführung der Beauftragung

185 Vom Zeitpunkt des Zugangs der Beauftragung an obliegt dem GBR die **Erledigung** der ihm übertragenen Angelegenheit.[281] Dies kann alle hierzu erforderlichen Schritte einschließen, wie z. B.:

- **Verhandlungen** mit dem AG;
- Geltendmachung und notfalls gerichtliche Durchsetzung des **Unterlassungsanspruchs** des BR zur Sicherung seiner Mitbestimmungsrechte;
- **Anrufung der ESt.** in mitbestimmungspflichtigen Angelegenheiten und Benennung der Beisitzer (§ 76 Abs. 1 und 2);
- Einleitung von **Beschlussverfahren** z. B. zur Durchsetzung von Informationspflichten oder Entscheidung von Streitfragen zum Umfang der Mitbestimmung.

186 Hat sich der BR gemäß Abs. 2 Satz 2 die endgültige Entscheidung vorbehalten, bedarf es zur Anrufung der ESt. nicht der **Zustimmung des BR,** damit die Entscheidung der ESt. für die Parteien vorbehaltlos verbindlich wird.

187 Der BR kann die Beauftragung **widerrufen.**[282] Insoweit gilt nichts anderes als für die Beauftragung selbst. Beide Rechte dürfen nicht rechtsmissbräuchlich eingesetzt werden.[283] Die Beauftragung kann nur aus **sachlichen Gründen** widerrufen werden. Ein Widerruf ist ausgeschlossen, wenn er einer zwischen BR und GBR getroffenen Vereinbarung z. B. über die Durchführung des Auftrags widerspricht. Er darf zudem nicht bereits vorsorglich beschlossen worden sein, sondern erst nach Erreichen eines Verhandlungsstandes. Der Widerruf setzt einen schriftlichen **Beschluss** des BR voraus, der

- einer absoluten Mehrheit bedarf;
- an den Vorsitzenden gemäß §§ 51 Abs. 1 Satz 1, 26 Abs. 3 Satz 2 zu übermitteln ist;
- mit dem Zugang wirksam wird.

188 Der Einzel-BR hat **den AG** über die Beauftragung und den Widerruf zu **informieren** (§§ 2 Abs. 1, 74). Ein Verstoß gegen diese Pflicht führt weder zur Unwirksamkeit der Beauftragung noch des Widerrufs. Der AG kann allerdings bei fehlender Information über die Beauftragung Verhandlungen mit dem GBR oder bei fehlender Information über den Widerruf mit dem BR ablehnen.[284] Hat der BR den AG von der Beauftragung des GBR informiert, so kann der gutgläubige AG auf den vom BR gesetzten Rechtsschein vertrauen und davon ausgehen, dass der GBR allein zuständig ist.[285]

189 Der GBR kann sich der Übertragung einer Aufgabe durch den BR **nicht entziehen,** weil er als Organ der Betriebsverfassung zur Zusammenarbeit mit dem BR verpflichtet ist. Die Wahrnehmung von Aufgaben und Pflichten ist weder beim BR noch dem GBR in das Belieben der Gremien gestellt. Ihre Nichtwahrnehmung stellt einen groben Verstoß gem. § 23 Abs. 1 dar, der zur Auflösung des BR führen kann. Es handelt sich um keine bloße Obliegenheit. Eine Rückdelegation an den BR kommt deshalb nicht in Betracht.[286] Eine Ausnahme kann nur dann gelten, wenn hierfür sachlich zwingende Gründe vorliegen. Sachlich gerechtfertigt wäre eine Anlehnung, wenn z. B.

- Der BR-Beschluss offensichtlich unwirksam wäre,

---

280 *BAG* 26.1.93, EzA § 99 BetrVG 1972 Nr. 109.
281 *Fitting,* Rn. 71.
282 *Fitting,* Rn. 70; GK-*Kreutz,* Rn. 68; vgl. Rn. 196.
283 Dies übersehen *Behrens/Kramer,* DB 94, 94, die einen sachlichen Grund für den Widerruf verlangen; *Ehrich,* AuR 93, 68.
284 *Ehrich,* AuR 93, 68, Fn. 10.
285 *LAG Köln* 23.1.98 – 12 TaBV 59/97.
286 *Fitting,* Rn. 71; *GL,* Rn. 15; *Rieble,* RdA 05, 26.

- eine Handlungsmöglichkeit zur Durchführung dieser Aufgabe offensichtlich mangels Mitbestimmungsrechten oder sonstigen Rechten nicht besteht,
- der BR-Beschluss unklar ist.

Der GBR kann auch durch **mehrere BR** beauftragt werden, für sie eine gleich gelagerte Angelegenheit zu verhandeln. Er muss hierbei nicht zu einem einheitlichen Ergebnis gelangen, wenn sachliche Gründe eine differenzierte Lösung nahe legen bzw. nur ein solcher Kompromiss erzielbar war.[287] 190

5. Betriebsrat als Mitbestimmungsträger

Das Mitbestimmungsrecht verbleibt beim **BR.** Er ist weiterhin Antragsteller und Beteiligter in einem **Beschlussverfahren.** Entfallen die Voraussetzungen zur Errichtung des GBR, dann gilt die abgeschlossene GBV als BV der betreffenden Betriebe weiter. Die in Erledigung des Auftrags vom GBR in eigenem Namen abgeschlossene BV gilt unmittelbar und zwingend nur für den beauftragten BR und die AN dieses Betriebes. Zur **Kündigung** der BV ist nur der BR berechtigt. Etwas anderes gilt nur, wenn er den GBR hierzu ausdrücklich ermächtigt hat.[288] 191

6. Gegenstand der Beauftragung

Die Beauftragung des GBR durch einen BR kann grundsätzlich nur für eine **bestimmte Angelegenheit** beschlossen werden; die generelle Übertragung eines ganzen Sachbereichs ist unzulässig, weil sie einer teilweisen »Selbstabdankung« des BR gleichkäme, die mit Amtspflichten des BR unvereinbar wäre.[289] Deshalb sollte die übertragene Angelegenheit begrenzt und konkret beschrieben sein. Dies schließt die Übertragung **komplexer Angelegenheiten** nicht aus.[290] 192

Die Beauftragung des GBR durch einen BR, eine Angelegenheit für ihn wahrzunehmen, kann sich auf **jede Frage** beziehen, die in die **Zuständigkeit** des BR fällt. Dies gilt auch für die Beauftragung, einen Anspruch des BR für diesen im eigenen Namen gerichtlich geltend zu machen.[291] Es kommt nicht darauf an, ob die Beauftragung sachlich gerechtfertigt, zweckmäßig oder sinnvoll ist. Sie darf jedoch nicht rechtsmissbräuchlich sein.[292] 193

Die Beauftragung kann sich auf Verhandlungen beschränken, aber auch den **Abschluss von BV** und die **Anrufung der ESt** mit umfassen. Die Delegation des GBR zur Durchführung eines Einigungsstellenverfahrens umfasst nicht zwingend die Berechtigung, einen Spruch der Einigungsstelle gerichtlich anzufechten. Maßgeblich ist der jeweilige Inhalt des Delegationsbeschlusses.[293] Überschreitet der GBR seinen Auftragsrahmen und damit seine Zuständigkeit, sind seine Handlungen zwar insoweit unwirksam, können jedoch **nachträglich** durch den BR **genehmigt** werden.[294] Hat der GBR die Einigungsstelle auf der Grundlage eines Auftrags des BR angerufen, dann kann sie uneingeschränkt entscheiden. Die Zuständigkeit des GBR ist nicht durch einen vom BR erklärten Entscheidungsvorbehalt beschränkt.[295] Hat ein BR also den GBR beauftragt, dann ist der GBR auch für die Anrufung der ESt zuständig. Seine Zuständigkeit wird damit auch nicht durch einen Vorbehalt eines BR oder der BR beschränkt. Der Vorbehalt des BR kann sich auch auf die Bildung und Entscheidung über die Zusammensetzung der ESt beziehen. Die Einleitung von Beschlussverfahren bedarf der Beauftragung. Beschränkt sich der auf die Durchführung von Verhandlungen, dann ist der GBR zur Einleitung von Beschlussverfahren zur Klärung des Umfangs von Mitbestimmungsrechten befugt.[296] 194

287 GK-*Kreutz*, Rn. 71; Richardi-*Annuß*, Rn. 66.
288 *Fitting*, Rn. 72.
289 *BAG* 26.1.93, EzA § 99 BetrVG 1972; *LAG Düsseldorf* 3.7.02 – 12 TaBV 22/02; *LAG Köln* 20.12.83, DB 84, 937 für die Übertragung aller personellen Angelegenheiten eines bestimmten Personenkreises; *Windbichler*, S. 344; a. A. *Rieble* RdA 05: nur für mitbestimmungspflichtige Angelegenheiten.
290 *Fitting*, Rn. 67; GK-*Kreutz*, Rn. 64.
291 *BAG* 1.3.66, 23.9.75, AuR 67, 61; 76, 88; *Fitting*, Rn. 68; GK-*Kreutz*, Rn. 69.
292 *ArbG Frankfurt* 28.4.89, AuR 91, 153.
293 *Hess. LAG* 31.5.11, 4 TaBV 153/10.
294 *ArbG Rheine* 16.1.89 – 1 Ca 305/88.
295 *LAG Düsseldorf*, 3.7.02, NZA 04, 173.
296 BAG 22.7.14 – 1 ABR 94/12.

7. Beauftragung als Auftrag

195 Die Beauftragung ist einerseits im Innenverhältnis als ein **Auftrag** zu qualifizieren und begründet andererseits zugleich eine **Vertretungsmacht** des GBR im **Außenverhältnis** gegenüber dem AG.[297] Für die Beauftragung kommt deshalb eine entsprechende Anwendung der §§ 164 ff. BGB über die Vollmacht und der §§ 662 ff. BGB über den Auftrag in Betracht, soweit sie auf das Verhältnis zwischen BR und GBR übertragbar sind. Dies ist nicht für Richtlinien des BR für den GBR der Fall. Der BR kann den GBR auch ermächtigen, eine Angelegenheit für ihn **in eigenem Namen** zu erledigen. Dies bedeutet, dass er u. a. auch für BR in **Prozessstandschaft** ein Beschlussverfahren zur Feststellung ihrer Rechte führen kann.[298]

196 Der GBR muss die Wirksamkeit seiner Beauftragung prüfen. Hierzu zählen die Fragen, ob der BR selbst zuständig war, die Aufgaben übertragbar waren, die Beschlussfassung des BR wirksam war und die Übertragung schriftlich erfolgte.[299] Ist der **Beauftragungsbeschluss** des BR **fehlerhaft** und unwirksam (z. B. wegen fehlender qualifizierter Mehrheit), gilt der schriftliche Beschluss zugunsten des AG gemäß § 173 BGB als richtig. Etwas anderes gilt, wenn der AG die Unwirksamkeit der Beauftragung kannte oder kennen musste, z. B. anhand der schriftlichen Unterlagen.[300] Wird ein Betrieb verkauft, scheidet der BR aus dem GBR aus und es entfällt die Geschäftsgrundlage für die Beauftragung des GBR durch den BR.

8. Vorbehalt des Betriebsrats

197 Der BR kann sich mit der Beauftragung die **endgültige Entscheidungsbefugnis,** wie z. B. den Abschluss einer BV, vorbehalten. In diesem Fall kann der GBR alle zur Erledigung der Angelegenheit ihm erforderlich erscheinenden Schritte unternehmen, mit Ausnahme der Maßnahmen, die zu einer für den BR verbindlichen Regelung führen. Mit der Beauftragung werden alle Stadien der Zusammenarbeit zwischen den Vertragsparteien erfasst. Dazu gehören Beratung, Erörterung, Unterbreitung von Vorschlägen und der vorläufige »Abschluss« der Verhandlungen durch BV bzw. Regelungsabreden. Dazu zählt nicht die Anrufung der ESt. Die Entscheidung über ihre Besetzung und ggfs. die Einleitung eines gerichtlichen Verfahrens liegt allein beim BR. Die ESt. könnte durch Spruch die Meinungsverschiedenheit entscheiden, ohne dass hierzu noch das Votum des BR eingeholt werden müsste. Hat der BR sich das endgültige Votum vorbehalten, dass muss er allein und nicht der GBR über die Besetzung dieser ESt. entscheiden, um so auf die endgültige Entscheidung noch Einfluss nehmen zu können.[301]

198 Der BR kann sich nicht nur die endgültige Entscheidung über die GBV sondern auch die über das Scheitern der Verhandlungen sowie die **Anrufung und Besetzung der ESt vorbehalten**.

199 Da der GBR bei Beauftragung nur kraft abgeleiteten Rechts tätig wird, stellt sich die Frage, ob ihm der BR auch für die Erledigung der Angelegenheit **verbindliche Richtlinien** vorschreiben kann. Dies ist abzulehnen,[302] weil

- der **Wortlaut** dies nicht vorsieht;
- die gesetzliche **Entstehungsgeschichte** hierfür keine Anhaltspunkte liefert;
- Abs. 2 eine **abschließende Sonderregelung** darstellt, die eine analoge Anwendung des § 665 BGB verbietet;
- zwingende Richtlinien des BR, verbunden mit der Verpflichtung, der Beauftragung nachzukommen, der Stellung des GBR als **eigenständigem Organ** der Betriebsverfassung widersprechen;
- dies auch zum Schutz des BR als eigenständigem Organ der Betriebsverfassung **nicht erforderlich** ist; er kann sich nach Satz 2 die Zustimmung vorbehalten.

---

297 GK-*Kreutz,* Rn. 62; a. A. *Rieble,* RdA 05, 26, der hierin eine bloße Kompetenzübertragung sieht.
298 *BAG* 6.4.76, AP Nr. 2 zu § 50 BetrVG 1972; *Fitting,* Rn. 68; GK-*Kreutz,* Rn. 63; Richardi-*Annuß,* Rn. 55.
299 *Rieble,* RdA 04, 26.
300 GK-*Kreutz,* Rn. 64.
301 GK-*Kreutz* Rn. 73; a. A. *LAG Düsseldorf,* NZA-RR 03, 83.
302 *Fitting,* Rn. 69; *GL,* Rn. 14; HWGNRH-*Glock,* Rn. 45; *Salomon,* NZA 13, 713; a. A. GK-*Kreutz,* Rn. 73 unter Hinweis auf die Weisungsbefugnis des Auftraggebers nach § 665 BGB, wonach der BR nicht auf ein »Entweder-oder« festgelegt und die Selbstständigkeit des GBR nicht beeinträchtigt sei.

Hat der BR den GBR allgemein beauftragt, dann soll er auch für die **Anrufung der ESt** zuständig und seine Zuständigkeit nicht durch einen Vorbehalt des BR beschränkt sein.[303] Das Rechtsverhältnis zwischen BR und GBR entspricht einem Auftragsverhältnis und unterscheidet sich dadurch von der Zuständigkeitsregelung nach Abs. 1. Dieses besondere Verhältnis lässt auch die direkte Formulierung von Zielvorstellungen über das angestrebte Ergebnis zu. Die Selbstständigkeit des GBR als selbstständiges Organ der Betriebsverfassung wird hierdurch nicht beeinträchtigt, sondern es wird lediglich die Durchführung seiner Aufgaben erleichtert. In der Praxis löst sich der scheinbare Gegensatz beider Gremien dadurch, dass sie die übertragene Aufgabe gemeinsam durchführen. Dies ist zulässig und entspricht der gesetzgeberischen Konzeption. BR und GBR bilden z. B. eine Verhandlungskommission des GBR mit dem entsandten Vertretern des BR im GBR. Zielsetzung, Durchführung und Ergebnis dieser Verhandlungen legen damit Vertreter beider Gremien fest. Die Formulierung von Richtlinien des BR erübrigt sich damit. Sie wären nicht unzulässig. Die Annahme des Ergebnisses ist eine Formsache, wenn der BR schon an den Verhandlungen mitwirkte. 200

V. Ausübung der Zuständigkeiten

Verhandlungspartner des GBR ist die UN-Leitung, die sich durch rechtsgeschäftliche Delegation zwar vertreten lassen, dem GBR jedoch – auch bei dezentralisierten Entscheidungsstrukturen – nicht den entscheidungsfähigen »Gegenpol« entziehen darf. Dies gilt auch, wenn der GBR nicht auf Grund originärer Zuständigkeit, sondern durch Beauftragung tätig wird.[304] Der GBR kann auch die Betriebsleitung als Verhandlungspartner auswählen, die sich den Verhandlungen nicht entziehen kann. Zweckmäßigerweise löst sich der Gegensatz in gemeinsamen Verhandeln von Betriebs- und UN-Leitung auf. 201

Der GBR hat gem. § 2 Abs. 1 Anspruch auf einen kompetenten **Ansprechpartner.**[305] Dies gilt in erster Linie für Verhandlungen über den Abschluss einer GBV. Er besteht jedoch auch in allen anderen Fragen, wie z. B. für den Informationsanspruch gem. § 80 Abs. 1 Ziff. 1 bei der Durchführung einer GBV zu Zielvereinbarungen.[306] 202

Bei der **freiwilligen Mitbestimmung** kann der AG nach der Rspr. durch seine mitbestimmungsfreien Vorgaben den Verhandlungspartner auf der AN-Seite bestimmen. Der KBR ist deshalb z. B. für Regelungen auf Konzernebene für die betriebliche Altersvorsorge zuständig. Er bleibt es für Änderungen und Ablösungen. Nach Beendigung der betreffenden Regelung kann der AG jedoch wieder mit einem anderen Gremium eine neue freiwillige BV vereinbaren. 203

VI. Gesamtbetriebsvereinbarung

1. Begriff

Die vom GBR in originärer Zuständigkeit gemäß Abs. 1 abgeschlossene Vereinbarung wird als **Gesamtbetriebsvereinbarung (GBV)** und die kraft Auftrags gemäß Abs. 2 abgeschlossene Vereinbarung als **Betriebsvereinbarung (BV)** bezeichnet.[307] Während die GBV von vornherein eine für das UN geltende Regelung darstellt, behält die BV stets ihren **betrieblichen Charakter.** Bezugsobjekt und Regelungssubstrat einer GBV sind die einzelnen Betriebe und nicht das UN. Es geht um betriebliche Angelegenheiten, unabhängig davon, wie viele Betriebe sie betrifft. Eine GBV gilt deshalb nicht im UN, sondern in den Betrieben des UN. Auch wenn ihr Zustandekommen den Wunsch nach überbetrieblicher oder unternehmensweiter Regelung voraussetzt, entsteht deshalb nicht eine Art »Betriebsverbund« als neues Bezugsobjekt. Genauso wenig wie dem GBR ein »Gesamtbetrieb« entspricht, gestaltet auch eine GBV nur die 204

303 *LAG Düsseldorf*, 3.7.02, NZA-RR 03, 83.
304 *Fitting*, Rn. 14; Richardi-*Annuß*, Rn. 65.
305 *BAG* 18.10.94, NZA 95, 390.
306 A. A. *Rieble/Gistel*, BB 04, 2462.
307 *BAG* 18.5.10, NZA 10, 1433; *Fitting*, Rn. 49; GK-*Kreutz*, Rn. 75; zu den für die BV geltenden Grundsätzen vgl. § 77 Rn. 14 ff.

kollektive Ordnung des von ihr betroffenen Betriebes nicht anders als eine BV. Hieran ändert sich nichts dadurch, dass sie zugleich in anderen Betrieben gilt.[308]

2. Normative Wirkung

205 Die GBV wirkt normativ und begründet damit für die betroffenen AN **eigene Rechte.** Bei einem **Betriebsübergang** gilt dies auch für eine Vereinbarung mit dem Betriebserwerber, wenn die Vertragsparteien dies in der Vereinbarung zum Ausdruck brachten und sie nicht gem. § 77 Abs. 3 unwirksam ist. Die übergegangenen AN können in jedem Fall unmittelbar aus der Übergangsvereinbarung eigene Rechte herleiten, wenn nach deren Zweckbestimmung durch die Vereinbarung etwaige Nachteile für die AN, die durch den Übergang entstehen, vermieden werden sollen.[309]

3. Kündigung

206 Das **Kündigungsrecht** der GBV liegt beim GBR, während es bei der BV beim BR verbleibt (vgl. auch Rn. 74).[310] **Adressat** der **Kündigung** einer BV ist der Vertragspartner. Der AG hat deshalb dem BR, GBR oder KBR gegenüber zu kündigen, der die BV abschloss. Solange ein GBR existiert, ist auch ihm gegenüber zu kündigen. Wurde die Kündigung einem Dritten übergeben, dann ist sie erst dann wirksam, wenn sie dem Vertragspartner zugeht.[311]

207 Die **Teilkündigung** einer GBV ist unwirksam. Etwas anderes gilt nur dann, wenn sie sich auf einen selbstständigen und mit dem weiteren Inhalt der BV sachlich nicht zusammenhängenden Komplex bezieht und Anhaltspunkte dafür vorliegen, dass die Betriebspartner gerade diesem Teil ein eigenes rechtliches Schicksal in zulässiger Weise zumessen wollten.[312]

208 Existiert kein KBR mehr, kann eine von diesem abgeschlossene KBV nicht gegenüber dem GBR gekündigt werden, denn der GBR hat **keine Auffangposition** inne und ist den örtlichen BR gem. § 50 Abs. 1 S. 2 nicht übergeordnet.[313]

4. Nachwirkung

209 Beendete GBV **wirken** wie andere BV, über deren Gegenstand bei Nichteinigung der Betriebsparteien durch Spruch der ESt entschieden werden kann, **nach.**[314] Ohne Nachwirkung bestünde die Gefahr mitbestimmungsfreier Zeiten, wenn – aus welchem Grund auch immer – kein regulärer GBR rechtzeitig errichtet wird. Eine GBV über die Begründung und Ausgestaltung von Altersteilzeitarbeitsverhältnissen unterliegt hinsichtlich der Verteilung der vom AG für Aufstockungsleistungen vorgesehenen finanziellen Leistungen dem Mitbestimmungsrecht gem. § 87 Nr. 10. Eine Nachwirkung nach § 77 Abs. 6 tritt nicht ein, wenn der AG nach Ablauf der Kündigungsfrist keine Mittel mehr für Aufstockungsleistungen zur Verfügung stellt.[315]

5. Inhalt

210 Das als **Protokollnotiz** bezeichnete und vom AG und GBR unterschriebene Schriftstück ist eine GBV. Der für die Einordnung als BV maßgebende Regelungswille kommt durch die Begründung individueller Rechten der AN zum Ausdruck.[316]

---

308 *BAG* 18.9.02, NZA 03, 670; *Kreft* in FS Wissmann, S. 347; *Hanau/Vossen* in FS Hilger/Stumpf, S. 275.
309 *LAG Düsseldorf* 16.8.06, AuR 07, 143 [LS] = NZA-RR 07, 188.
310 GK-*Kreutz*, Rn. 86.
311 *BAG* 18.9.02, NZA 03, 670; *LAG Düsseldorf* 28.4.04, NZA-RR 04, 480; 9.8.12.
312 *BAG* 29.5.1964, AP Nr. 24 zu § 59 BetrVG; *HessLAG* 15.6.07.
313 *LAG Baden-Württemberg* 17.1.07.
314 ErfK-*Eisemann*, Rn. 14; *Fitting*, Rn. 73.
315 *BAG* 10.12.13, NZA 14, 1040.
316 *BAG* 20.2.01, RdA 02, 173 für eine Jahresabschlussvergütung.

6. Geltungsbereich

Der Geltungsbereich einer GBV erstreckt sich regelmäßig auf alle Betriebe des UN. Sie kann jedoch ihren Geltungsbereich die Betriebe eines UN-Bereichs oder sogar nur einen einzigen Betrieb beschränken. Es muss sich stets um einen dem UN angehörenden Betrieb handeln. Für den Geltungsbereich bezieht sich also stets auf die UN-Bereiche, die der vereinbarte räumliche, sachliche, persönliche und damit auch betriebliche Geltungsbereich einschließt. Er umfasst so nur die Betriebe oder Betriebsteile des UN. Sonderfälle: 211

- Ob nach dem Abschluss der GBV in das UN **aufgenommene Betriebe** in den Geltungsbereich fallen, hängt von der Vereinbarung ab. Gilt danach die GBV für Beschäftigte des UN, dann erfasst sie auch die AN des neu aufgenommenen Betriebes.
- Wird ein **Betrieb** in einen **anderen Betrieb** desselben UN **eingegliedert,** dann gilt die GBV auch für AN dieses Betriebs.
- Die Geltung einer GBV wird nicht berührt, wenn mehrere Betriebe eines UN unter Wahrung der Betriebsidentität auf einen **Rechtsnachfolger** übergehen, wenn das übernehmende UN bislang keinen Betrieb geführt hat.[317]
- Gem. § 50 Abs. 1 Satz 1, 2. Halbsatz ist der GBR originär für **betriebsratslose Betriebe** zuständig. Diese Erweiterung seiner Zuständigkeit bedeutet für die von ihm abgeschlossenen GBV, dass sie auch zugunsten der AN betriebsratsloser Betriebe gelten. Sie können also Ansprüche gegenüber dem AG aus GBV ableiten, obwohl sie keinen BR wählten. Dies gilt unabhängig davon, ob die entsprechenden Betriebe z. B. nicht betriebsratsfähig sind, ob sie gerade gebildet wurden oder ob eine BR-Wahl scheiterte.
- GBV gelten auch in **gemeinsamen Betrieben** mehrerer UN (§ 1 Abs. 1 Satz 2) für alle AN unabhängig davon, welchen UN sie angehören. Die Zuständigkeit des GBR kann originär oder durch Auftrag gegeben sein. Bei Kollision mehrerer GBV ist zu entscheiden, ob die speziellere oder/und jüngere GBV gilt.

Ist der GBR zur Regelung einer Materie originär zuständig, fällt ihm ebenso wie dem BR bei einer BV auch die Kompetenz zu, bestimmte Gruppen von Arbeitnehmern aus dem Geltungsbereich der vereinbarten Regelung **herauszunehmen** (hier: Herausnahme der Marktleiter-Assistenten aus dem Geltungsbereich einer GBV zur Einführung der systemgestützten Personalzeiterfassung).[318] 212

7. Durchführung, Überwachung

Der AG hat die GBV durchzuführen. Schließen GBR oder KBR in originärer Zuständigkeit gem. § 50 Abs. 1, § 58 Abs. 1 mit dem AG, GBV oder KBR, so soll der nicht beteiligte örtliche BR aus eigenem Recht grundsätzlich keinen Anspruch auf Durchführung der GBV oder KBV haben.[319] Richtigerweise führt jedoch der Abschluss einer GBV noch nicht dazu, dass die **Überwachungsaufgabe** gem. § 80 Abs. 1 auf den GBR vollständig übergeht. Sie bleibt Aufgabe des BR.[320] Der BR kann deshalb auch Rechte aus einer GBV gerichtlich geltend machen und damit sowohl vom AG Unterlassung einer der GBV widersprechenden Verhaltens sowie die Durchführung einer GBV verlangen. Nur der BR vor Ort kann erkennen, ob eine auf Unternehmensebene abgeschlossene Vereinbarung auch betriebliche Realität wird. Ist dies im Einzelfall nicht der Fall, muss der BR berechtigt sein, die Einhaltung der GBV durchzusetzen, ohne zuvor die Zustimmung des GBR einzuholen, in denen Vertreter aus Betrieben sind, in denen sie u. U. korrekt durchgeführt wird. Vor ihrem zustimmenden Votum kann es vom Schutzzweck der Mitbestimmung her nicht abhängen, ob die GBV auch in einem einzelnen Betrieb umgesetzt wird, da sie dies nicht aus eigener Anschauung bewerten können. Der BR kann den GBR jedoch mit der Wahrnehmung beauftragen (§ 50 Abs. 2). Für bestimmte Aufgaben ist der GBR auch originär zuständig (§ 50 Abs. 1). 213

---

317 *HessLAG* 15.2.06 – 9 Ca 404/05.
318 *LAG Rheinland-Pfalz* 25.5.07 – 6 TaBV 7/07.
319 *BAG* 18.5.10, NZA 11, 1433 für den Abschluss eines Sozialplans durch einen wahrscheinlich originär unzuständigen KBR; zur Kritik dieser Entscheidung § 58 Rn. 34 ff.
320 *BAG* 16.8.11, 1 ABR 22/10, NZA 12, 342; 20.12.88, BB 89, 1268.

8. Wegfall der Voraussetzungen des GBR

a) Originäre und Auftragszuständigkeit

214 Entfallen die Voraussetzungen zur Errichtung des GBR, dann stellt sich die Frage nach dem Schicksal der von ihm abgeschlossenen **GBV** (§ 47 Rn. 8 ff.). Hierbei handelt es sich um die Vereinbarungen, die der GBR kraft **originärer Zuständigkeit** gem. § 50 Abs. 1 abgeschlossen hat. Die von ihm **kraft Auftrags** abgeschlossenen BV haben von vornherein betrieblichen Charakter. Bei Wegfall des GBR gelten sie grundsätzlich wie andere BV betrieblich weiter. Danach ist das Ende der Amtszeit des Betriebsrats oder sein Wegfall für den Fortbestand einer BV ohne Bedeutung.[321] Auch die kraft originärer Zuständigkeit abgeschlossenen KBV gelten betrieblich weiter. Es besteht für die Fortgeltung kein überzeugender Grund zur Differenzierung nach originärer oder nach Auftragszuständigkeit. Die originär geltende KBV hat betrieblichen Charakter. Im GBR sind dieselben Mitglieder, die auch betrieblich über die GBVs kraft Auftrags entscheiden. Dann macht es keinen großen Unterschied, ob die BR im GBR zustimmen oder im BR direkt. Wird z. B. einstimmig eine GBV im GBR angenommen, dann ist die Situation mit der vergleichbar, dass alle BR sie einstimmig annehmen. GBVs werden häufig im Auftrag abgeschlossen, um betriebliche Konflikte zu vermeiden. Prägen rein taktische Gründe die Entscheidung über originäre Zuständigkeit oder die durch Auftrag, dann kann von ihr keine überzeugende Antwort auf die Geltung abgeleitet werden.

b) Stilllegung von Betrieben

215 Werden **alle Betriebe** desselben UN mit Ausnahme eines einzigen stillgelegt, dann endet die Existenz des GBR. Die von ihm abgeschlossenen GBV gelten jedoch normativ als BV im einzig verbleibenden Betrieb weiter.[322] Wird ein Betrieb oder werden mehrere Betriebe stillgelegt und bestehen noch weitere Betriebe mit Betriebsräten fort, dann existiert auch der GBR weiter und mit ihm gelten auch die von ihm geschlossenen GBV fort.

c) Rechtsträgerwechsel, Betriebsübergang

aa) Weitergeltung als Gesamtbetriebsvereinbarung

(1) Rechtsprechung

216 Bei einem Rechtsträgerwechsel gemäß § 613 a BGB oder dem UmwG gelten die Einzel-BV gegenüber einem neuen Rechtsträger des Betriebes normativ weiter, wenn der **Betrieb** hierbei **seine Identität** wahrt. Dabei bleiben auch die im übertragenden Betrieb geltenden GBV als normative Regelungen in Kraft. Die für den normativen Fortbestand von BV entwickelten Grundsätze finden auch auf GBV Anwendung (§ 77 Rn. 1 ff.).[323] Der Begriff Betriebsvereinbarungen in § 613 a Abs. 1 Satz 2 BGB umfasst auch GBV.[324]

217 Nach der zutreffenden Ansicht des *BAG* ist die kollektivrechtliche Fortgeltung einer GBV im Interesse der AN und des Erwerbers gegenüber der Fortgeltung nach § 613 a Abs. 1 Satz 2 BGB der Vorzug einzuräumen. Dieses Verständnis entspreche den **schützenswerten Interessen** der Beteiligten und sei auch **systemkonform**. Die Aufrechterhaltung der kollektiven Ordnung diene zum einem dem Schutz der AN, auch wenn deren Interesse an der Weitergeltung der bestehenden Regelungen wegen § 613 a Abs. 1 BGB und den entsprechenden Vorschriften des Umwandlungsgesetzes nicht notwendig den Fortbestand einer GBV als kollektives und normatives Regelungswerk verlange: Es sei ein Unterschied, ob die Interessenwahrnehmung auch künftig durch den BR oder nur noch individuell erfolgen könne. Der Fortbestand der betrieb-

321 *BAG* 28.7.81, AP Nr. 2 zu § 87 BetrVG.

322 *BAG* 18.9.02, NZA 03, 670; ErfK-*Kania*, § 77 Rn. 137; Kittner/Zwanziger-*Bachner*, § 116 Rn. 10; Rn. 17 c zum Rechtsträgerwechsel.

323 *BAG* 18.9.02, NZA 03, 336; 10.10.06, EzA § 77 BetrVG 2001 Nr. 18; GK-*Kreutz*, Rn. 89.

324 *BAG* 5.6.02, NZA 03, 336; 18.9.02, NZA 03, 670; *Hess. LAG* 15.6.07; *Salomon* RdA 07, 103; *ErfK-Preis*, § 613 a BGB Rn. 151.

lichen Ordnung als Kollektivordnung diene zum anderen dem potenziellen Veränderungsinteresse des AG. Er könne so die bestehenden betrieblichen Regelungen gemeinsam mit dem BR an veränderte Gegebenheiten anpassen.[325] Dies gilt auch für vor dem grundlegenden Beschluss des *BAG* vom 18.9.02 abgeschlossene GBV.[326]

(2) Fallkonstellationen

Bei Anwendung der Rspr. des *BAG* ergeben sich je nach Art und Anzahl der übertragenen Betriebe, der Struktur des aufnehmenden UN, sowie der neuen betrieblichen Organisation dieses aufnehmenden UN folgende **Lösungen:** **218**

- **Übertragung aller Betriebe:** **219**
  Bei Übertragung **sämtlicher Betriebe** eines UN auf einen Rechtsträger ohne eigene Betriebe kann auch der bestehende GBR im Amt bleiben.[327] In diesem Fall spricht bereits der Gesichtspunkt der **Amtskontinuität** dafür, dass die von ihm geschlossenen GBV auch gegenüber dem neuen Rechtsträger fortwirken. Der begründende Koordinationsbedarf besteht unverändert fort. Eine lediglich individualrechtliche Fortgeltung der GBV ist sachlich ungerechtfertigt.[328]
- **Übertragung nur eines Betriebes:** **220**
  Bei Übertragung nur eines einzigen Betriebes von mehreren auf einen anderen Rechtsträger entfällt zwar die Zuständigkeit des GBR für den übertragenden Betrieb. Damit wird jedoch nicht die Geltung der GBV beendet. Nach einem identitätswahrenden Übergang eines Betriebes gilt die GBV normativ weiter. Hatte der neue Rechtsträger im Zeitpunkt des Betriebsübergangs keinen eigenen Betrieb und nur einen eigenen Betrieb übernommen, dann gilt die bisherige GBV als Einzelbetriebsvereinbarung fort und kann durch den neuen AG und den BR gekündigt bzw. geändert werden. Diese Auslegung entspricht dem Schutzzweck des BetrVG und der Gesetzessystematik, die die Interessenwahrnehmung durch den BR und nicht nach Transformation des Inhalts der GBV in den Arbeitsvertrag durch den einzelnen AN gebietet.[329]
- **Übertragung aller Betriebe mit Ausnahme eines Betriebes:** **221**
  Werden alle Betriebe eines UN mit Ausnahme eines einzigen auf einen anderen Rechtsträger übertragen, dann endet zwar die Existenz des GBR, nicht jedoch die Geltung der von ihm abgeschlossenen GBV. Sie gelten als **BV** in dem weiter bestehenden Betrieb weiter.[330]
- **Übertragung mehrerer Betriebe auf UN ohne Betriebe:** **222**
  Bei Übertragung mehrerer Betriebe eines UN auf einen anderen Rechtsträger, der bis dahin keinen eigenen Betrieb führte, gilt eine bestehende GBV in den übertragenden Betrieben **als GBV normativ** fort. Hierfür bedarf es nicht des Fortbestands des GBR selbst. Es reicht aus, dass eine gesamtbetriebsratsfähige Anzahl der Betriebe ihre Identität wahrt. Konstituiert sich der GBR beim neuen Rechtsträger neu, dann steht ihm ein Verhandlungspartner zur Verfügung. Nur bis zu diesem Zeitpunkt ist eine inhaltliche Abänderung der GBV ausgeschlossen. Möglich ist deren vollständige Beendigung durch gleichzeitige Kündigung durch den neuen Rechtsträger gegenüber allen BR der übernommenen Betriebe. Wollen diese ihrerseits kündigen, können sie dies selbst nicht gemeinsam, sondern nur der von ihnen zu bildende GBR.[331] Die Fortgeltung einer GBV scheitert nicht daran, dass der alte Rechtsträger nach Übertragung mehrerer Betriebe nicht seine »Unternehmensidentität wahrt«.[332] Für die Betriebsverfassung ist die Einheit des Rechtsträgers maßgebend, die bei einem Betriebsübergang sowohl auf Veräußerer- als auf Erwerberseite gewahrt bleibt. Regelungssubstrat einer GBV ist stets nur der jeweilige Betrieb. Deshalb kommt es auf den

325 *BAG* 18.9.02, NZA 03/670.
326 *LAG Köln* 13.7.10 9 Sa 182/10.
327 *BAG* 5.6.02, AP Nr. 11 zu § 47 BetrVG.
328 *BAG* 18.9.02, NZA 03, 670.
329 *BAG* 18.9.02, NZA 03, 670; ErfK-*Kania*, § 77 Rn. 137; *Meyer*, DB 00, 1174.
330 *BAG* 18.9.02, NZA 03, 670.
331 *BAG* 18.9.02, NZA 03, 670.
332 *BAG* a. a. O.; a. A. *Düwell/Hanau/Molkenbur/Schliemann*, Betriebsvereinbarung, S. 137.

nicht mehr weiter bestehenden Verbund der Betriebe beim bisherigen Rechtsgeber nicht an. Maßgebend ist die Wahrung der **betrieblichen Identität**, nicht jedoch die Zugehörigkeit zu einem rechtlich gar nicht existierenden Betriebsverbund, der als Unternehmensidentität verstanden wird.[333]

223 • **Übertragung eines Betriebsteils** mit Fortführung als Betrieb:
Bei Übertragung eines Betriebsteils mit Fortführung als Betrieb gilt die GBV **normativ als BV** weiter. Werden mehrere Betriebsteile beim Erwerber als Betriebe fortgeführt, ist ein als neuer Vertragspartner fungierender GBR zu errichten.

224 • **Übertragung von Betrieben in Unternehmen mit betrieblicher Organisation:**
Werden Betriebe in ein UN mit einem GBR mit bestehender betrieblicher Organisation übertragen, dann rückt dieser in die fortgeltende GBV als Vertragspartner ein. Er führt also die GBV für die betroffenen Betriebe fort. Eine GBV muss nicht zwangsläufig für alle Betriebe eines UN gelten. Ihr Geltungsbereich kann auch nur eine **Teilmenge der Betriebe** umfassen.

225 • **Übertragung von Betrieben mit Zusammenfassung zu einem neuen Betrieb:**
Werden zwei oder mehr Betriebe oder Betriebsteile des übertragenden UN im aufnehmenden Rechtsträger zu neuen Betrieben zusammengefasst, dann gilt eine **GBV normativ fort** (z. B. bei Regelungen für Außendienstmitarbeitern nach Übertragung der entsprechenden Betriebsteile).

226 • **Übertragung auf UN mit einem oder mehreren Betrieben:**
Die GV gelten auch dann **normativ,** wenn das aufnehmende UN in dem Erwerbszeitpunkt bereits einen oder mehrere Betriebe mit BR haben und ggf. ein GBR schon gebildet ist,[334] der eine entsprechende GBV für das UN abschloss. In diesem Fall gilt die GBV als BV in den durch Verschmelzung nach dem UmwG oder Inhaberwechsel gem. § 613 a BGB übertragenen Betrieben weiter.

(3) Schrifttum

(a) Normative Weitergeltung

227 Die normative Weitergeltung der GBV als BV hat gegenüber allen anderen hierzu verfassten Auffassungen den Vorteil, dass die in der GBV enthaltenen **Rechte nicht entfallen** und sie ihren **kollektivrechtlichen Charakter** wahrt. Umstrukturierungen eines UN dürfen wegen des Schutzzwecks der Betriebsverfassung keinen Anreiz bieten, die Geltung abgeschlossener GBV in Frage zu stellen. Tritt z. B. ein neuer Rechtsträger durch Verschmelzung oder Spaltung im Wege der Einzel- oder Gesamtrechtsnachfolge in die Rechte und Pflichten des Vorgängers ein, muss dies auch für die in einer GBV vereinbarten Rechte und Pflichten gelten.

228 Bei **Wegfall eines GBR** gilt eine GBV als BV in den einzelnen Betrieben weiter und wird durch den Einzel-BR vermittelt. Das aufnehmende UN tritt als neuer Betriebsinhaber in die Rechtsstellung des Vorgängers ein und wird »Schuldner« der sich hieraus ergebenden Verpflichtungen.[335]

229 Die normative Weitergeltung vermeidet **Schutzlücken** und **Wertungswidersprüche:**

- GBV gestalten in erster Linie eine kollektive betriebliche Ordnung, die so lange nicht enden kann, wie sie faktisch fortbesteht. Schon deshalb müssen die entsprechenden Vereinbarungen zumindest auch auf **Betriebsebene kollektivrechtlich** weiter gelten und dürfen nicht in den Arbeitsvertrag transformiert werden.
- Der Verlust der Regelungszuständigkeit führt nicht dazu, dass die GBV nicht mehr **sinnvoll** in den einzelnen Betrieben durchgeführt werden kann.[336] Die Betriebsparteien haben weiterhin ihre Ansprechpartner.[337]

---

333 *BAG* a. a. O.; *HessLAG* 15.6.07.
334 Offen gelassen von *BAG* a. a. O.
335 *C. Meyer*, ZIP 04, 545; *Thüsing* DB 04, 2474; *Robrecht*, S. 219, *Hanau/Vossen*, FS Hilger/Stumpf S. 271 [276]; MüKomm-*Schaub*, § 613 a BGB Rn. 103; *Kreßel*, BB 95, 925; *Boecken*, a. a. O. für die aufgrund eines Auftrags abgeschlossene GBV; a. A. *Röder/Haußmann*, DB 99, 1754; *BAG* 18.9.02, NZA 03, 670: nur bei Übernahme eines Betriebs gilt eine GBV als BV.
336 S. *Kreft*, FS Wissmann, S. 347; *Robrecht* S. 219.
337 C. *Meyer*, ZIP 04, 545.

- Die Geltung als BV entspricht dem Prinzip der sog. **Primär- und Auffangzuständigkeit** des BR: Wird der GBR nicht tätig oder kann er es nicht bzw. entfällt er, liegt die Zuständigkeit beim BR.
- GBV nehmen damit dasselbe Schicksal wie vom GBR kraft Auftrags abgeschlossene BV. Die einheitliche Lösung für beide Vereinbarungstypen dient der **Rechtsklarheit.**
- Gegen die normative Weitergeltung spricht nicht, dass sie i. d. R. auf Unternehmensebene für alle Betriebe abgeschlossen wird. Nicht nur bei gem. § 50 Abs. 2 kraft Auftrags vereinbarten BV, sondern auch kraft originärer Zuständigkeit abgeschlossene GBV gelten nicht zwingend für alle Betriebe des UN. Ihr Geltungsbereich kann auch auf einzelne Betriebe des UN begrenzt werden. Sie können deshalb ganz oder teilweise nur für einzelne Betriebe gelten.
- Eine betriebliche Weitergeltung von GBV vermeidet auch die Unterscheidung danach, ob ein UN **verschmolzen** oder **gespalten** wurde.[338]
- Bei Geltung der GBV als BV in den jeweiligen Betrieben kann auch eine übereinstimmende Lösung in den **unterschiedlichsten Formen** der **Unternehmensumstrukturierung** gefunden werden, wie z. B. bei Übergang aller oder nur eines Teils der Betriebe oder bei der Verschmelzung von zwei UN mit jeweils einem Betrieb zu einem neuen UN mit nunmehr zwei Betrieben. Dies erleichtert die Anwendung der Normen.

Die durch den Wegfall des GBR in den einzelnen Betrieben als BV weitergeltenden GBV können von den Betriebsparteien gem. § 77 Abs. 5 jederzeit **ordentlich gekündigt** oder durch eine neu abgeschlossene BV, GBV oder KBV **abgelöst** werden. § 613 a Abs. 1 Satz 3 BGB kommt nicht zur Anwendung.[339] Deshalb empfiehlt sich der Abschluss von **Übergangsvereinbarungen,** um die Rechte der AN und die Weitergeltung der GBV zu sichern. Außerdem sollte stets bei Abschluss einer GBV die Weitergeltung auch bei Umstrukturierungen aller Art gesichert werden. **230**

Eine **Differenzierung** normativ weitergeltender GBV danach, ob sie **originär** nach § 50 Abs. 1 oder **kraft Auftrags** gem. § 50 Abs. 2 getroffen wurde, ist ungerechtfertigt. Zwischen beiden Zuständigkeiten besteht systematisch kein so großer Unterschied, der dies rechtfertigen könnte. Auch die originär geltende GBV hat im Kern einen betrieblichen Charakter. Im GBR sind alle BR vertreten, die auch der GBV zu ihrer Wirksamkeit zustimmen. Ob die Zustimmung im GBR stimmengewichtet über die entsandten Mitglieder erfolgt oder im BR als Gremium, in dem jedes Mitglied eine Stimme hat, ist kein Kriterium, das sich auf die Geltung der GBV bei Umstrukturierungen auswirken kann. Eine Beauftragung bzw. Kompetenzzuweisung gem. § 50 Abs. 2 wirkt sich nur im Innenverhältnis zwischen BR und GBR aus und hat grundsätzlich keinen Einfluss auf den Geltungsbereich und die Bestandskraft der abgeschlossenen GBV gegenüber Dritten. Die betroffenen AN behalten ihre Ansprüche gegenüber dem neuen Rechtsträger. **231**

(b) Keine Transformation in den Arbeitsvertrag

Nach einer anderen Auffassung wird mit dem Wegfall des GBR als Gremium eine GBV gem. § 613 a Abs. 1 Satz 2 BGB in den Arbeitsvertrag transformiert.[340] Dies gelte auch bei einem Inhaberwechsel für einen unselbstständigen Betriebsteil, den der neue Inhaber als eigenständigen Betrieb führt.[341] Der Nachteil der Transformation besteht darin, dass die Normen einer **232**

338 Vgl. *Röder/Haußmann*, DB 99, 1754: bei Verschmelzung Vermutung für Weitergeltung der GBV des übertragenden Rechtsträgers; bei Spaltung keine Geltung für die bisherigen Betriebe, wenn alle vom bisherigen Geltungsbereich erfassten Betriebe nach der Spaltung demselben Rechtsträger angehören und damit der räumliche Regelungsgegenstand erhalten geblieben wäre; auf diesen Fall will *Boewer*, Brennpunkte des Arbeitsrechts, S. 91 [147], die Weitergeltung beschränken.

339 *Meyer*, DB 00, 1174 [1177]; *Silberberger*, S. 63; *Bauer/v. Steinau-Steinrück*, NZA 00, 303 zur Fortgeltung und Ablösung freiwilliger BV.

340 *LAG Schleswig-Holstein* 18.9.01, aufgehoben durch *BAG* 18.9.02, NZA 03, 670; *Gussen*, S. 25 f.; *Boecken*, S. 111 f.; *Hohenstatt/Müller-Bonanni*, NZA 03, 766, wenn sich die betriebliche Organisation »im Wesentlichen« ändert.

341 *LAG Hamm* 23.5.02, NZA-RR 03, 369.

GBV ihren kollektivrechtlichen Charakter verlieren. Die Gegenauffassung verkennt v. a. den **Auffangcharakter des § 613 a BGB.**[342] Die Anwendung dieser Vorschrift ist erst dann geboten, wenn die Rechte der AN auf anderem Weg nicht gesichert werden können.

(c) Keine Nachwirkung

233 Eine GBV soll nach einem weiteren Vorschlag gem. § 77 Abs. 6 **nachwirken,** wenn sie nicht im originären Zuständigkeitsbereich des GBR, sondern durch Auftrag abgeschlossen wurde. Im originären Zuständigkeitsbereich des GBR abgeschlossene GBV sollen allerdings der Transformation gem. § 613 a Abs. 1 Satz 2 BGB unterliegen.[343] Diese Differenzierung nach den unterschiedlichen Zuständigkeitsbereichen überzeugt nicht,[344] weil im Grunde jede Angelegenheit auch im Wege der Auftragszuständigkeit geregelt werden könnte. Die Zuständigkeiten des BR und des GBR schließen sich nicht gegenseitig aus.

bb) Keine Verdrängung der Gesamtbetriebsvereinbarung durch § 613 a Abs. 1 Satz 3 BGB

(1) Schutzzweck

234 Die **Verdrängung kollektiver Rechte** durch § 613 a Abs. 1 Satz 3 BGB im Wege der Übertragung von Betrieben ist keine »einzigartige« Möglichkeit zur Ablösung sozialer Lasten zur Unternehmenssanierung, die sogar eine »Waffe« gegen Arbeitnehmer darstelle.[345]

235 § 613 a Abs. 1 Satz 3 BGB löst nicht ohne Weiteres eine weiter geltende GBV ab. § 613 a BGB insgesamt und speziell Satz 3 sind so auszulegen, dass AN grundsätzlich **nicht schlechter gestellt** werden. Ihre Rechte sollen vom Schutzzweck der Norm her nach dem Betriebsübergang in Vergleich zum Zustand vor dem Übergang nicht gemindert werden. Bei einer verschlechterten Übergangsregelung oder Ablösung durch eine im aufnehmenden UN geltende GBV wäre dies jedoch der Fall. Der Gesetzgeber hat deshalb mit § 613 a Abs. 1 Satz 3 BGB auch nicht der Harmonisierung der Arbeitsbedingungen im aufnehmenden UN den Vorrang eingeräumt mit dem Ziel, die kollektive Normenordnung ohne Ausnahmen und Einschränkungen zu ordnen. Eine GBV kann deshalb auch nicht ohne Weiteres durch eine GBV im aufnehmenden UN abgelöst werden. Wäre dies richtig, dann könnte letztlich der AG über den Fortbestand einer GBV durch die Art der Verschmelzung zweier UN mit identischer GBV entscheiden und sich die für ihn Günstigste aussuchen. Er könnte sich so über Kündigungsfristen und Nachwirkung hinwegsetzen und GBV völlig beenden. Rechte der AN aus normativ wirkenden Vereinbarungen können nicht einfach zur Disposition des AG gestellt werden. Doch selbst wenn von einer Kollision auszugehen wäre, hat dies noch keine Ablösung zur Folge.

236 **Kollidieren** bei einem Rechtsträgerwechsel bzw. Betriebsübergang die Normen der GBV im abgebenden mit denen im aufnehmenden UN tatsächlich mit kongruenten Regelungsinhalten, sind die von der Rspr. zum Betriebsübergang entwickelten **Grundsätze der kollektivrechtlichen Fortgeltung** entsprechend anzuwenden.[346] Dies bedeutet, dass die bisher geltenden GBV möglichst auch nach dem Betriebsübergang oder sonstigem Rechtsträgerwechsel für die übernommenen Betriebe weiter gelten.

---

342 *BAG* 5.2.91, AP Nr. 89 zu § 613 a BGB.
343 *Joost* in: Lutter, Verschmelzung, Spaltung, Formwechsel, S. 297.
344 *Röder/Haußmann,* DB 99, 1754.
345 So aber *Heinze,* DB 98, 1861 [1865]; *Henssler,* FS Schaub, S. 311 für die Ablösung tarifvertraglicher Rechte durch BV.
346 *BAG* 18.9.02, NZA 02, 276.

(2) Europarecht

Die Ablösung einer GBV durch eine schlechtere GBV ist auch mit europäischem Recht unvereinbar, wonach Ansprüche aus einer GBV nicht ohne Übergangsfrist enden dürfen. Dem Wortlaut der Richtlinie ist der gesetzgeberische Wille zu entnehmen, dass eine GBV im Prinzip weitergelten soll, der Gesetzgeber die Dauer jedoch auf **mindestens ein Jahr** verkürzen darf. In diesem Sinne ist auch § 613 a Abs. 1 Satz 3 BGB **europarechtskonform auszulegen**, dass eine GBV frühestens nach Ablauf eines Jahres nach dem Betriebsübergang durch die beim neuen AG geltenden Kollektivnormen abgelöst werden können. **237**

Nach europäischem Recht dürfen also die Ansprüche der AN zumindest ein Jahr nicht verschlechtert werden. In der **Richtlinie 2001/23/EG vom 12.3.2001** heißt es: **238**

»Nach dem Vorgang erhält der Erwerber die in einem Kollektivvertrag vereinbarten Arbeitsbedingungen bis zur Kündigung oder zum Ablauf des Kollektivvertrages bzw. bis zum Inkrafttreten oder bis zur Anwendung eines anderen Kollektivvertrages in dem gleichen Maße aufrecht, wie sie in dem Kollektivertrag für den Veräußerer vorgesehen waren. Die Mitgliedsstaaten können den Zeitraum der Aufrechterhaltung der Arbeitsbedingungen begrenzen, allerdings darf dieser nicht weniger als 1 Jahr betragen.«

Wegen des **Vorrang europäischen Rechts** ist nationales Recht im Licht des Gemeinschaftsrechts auszulegen.[347] Mit europäischem Recht ist deshalb eine Auslegung des § 613 a Abs. 1 Satz 3 BGB unvereinbar, nach der der Anspruch nach einem Jahr erlöschen oder verschlechtert würde. **239**

(3) Gesetzessystematik

Dieses Ergebnis wird bestätigt durch **rechtssystematische Überlegungen** aufgrund des § 613 a Abs. 1 Satz 3 BGB, wonach Rechte aus Kollektivnormen nach ihrer Transformation in den Arbeitsvertrag ein Jahr nicht verschlechtert werden. Es wäre widersprüchlich, wenn sie gem. § 613 a Abs. 1 Satz 1 BGB mindestens für ein Jahr gesichert würden und dies gem. Satz 3 nicht der Fall, obwohl beide Regelungen dasselbe Sicherungsziel nur für unterschiedliche Fallkonstellationen verfolgen. Es wäre außerdem ein **Wertungswiderspruch**, wenn für an sich stärker gesicherten Kollektivrechte gem. § 613 a Abs. 1 Satz 3 BGB schlechter gesichert wären, als die relativ schwachen arbeitsvertraglichen Rechte gem. § 613 a Abs. 1 Satz 2 BGB. **240**

(4) Anwendungsvoraussetzungen

Die Ablösung einer GBV gem. § 613 a Abs. 1 Satz 3 BGB setzt voraus, dass es sich bei der ablösenden GBV überhaupt um eine GBV handelt. Eine Ablösung kommt nur in Betracht, wenn beide GBV sachlich **denselben Regelungsgegenstand** betreffen. Dazu ist konkreter Vergleich der einzelnen Sachverhalte erforderlich. Bei Differenzen kommt eine Ablösung gem. § 613 a Abs. 1 Satz 3 BGB nicht in Betracht. Das Vorliegen identischer Regelungsbereiche wird auch nicht die Bildung von Sachgruppen obsolet. Die Identität des Regelungsbereiches setzt nicht nur die sachliche, sondern auch die **personelle und räumliche Übereinstimmung** voraus. Wurden die GBV beim alten Inhaber z. B. ausschließlich, ausdrücklich oder auch nur indirekt für die übergehenden Betriebe abgeschlossen, dann können sie nicht durch GBV abgelöst werden, die für andere Betriebe gelten sollten. **241**

(5) Rechtsfolgen

Die GBV könnte die Normen einer anderen gem. § 613 a Abs. 1 Satz 3 BGB nur für die **Zukunft** verdrängen. Eine individuelle Verschlechterung einer GBV ist damit völlig ausge- **242**

347 *EuGH* 13.12.89, NZA 91, 283.

schlossen. Die ablösende Wirkung soll nach der Rspr. auch **in dem Arbeitsvertrag** gem. § 613 Abs. 1 Satz 2 transformierte Kollektivrechte umfassen.[348]

9. Kollision und Ablösung von Vereinbarungen

243 **Kollidieren** von einem Einzel-BR und dem GBR abgeschlossene Regelungen zum selben Sachverhalt, dann stellt sich die Frage, welche Normen **Vorrang haben sollen.** Eine Kollision kann z. B. erfolgen, wenn

- BR und GBR unabhängig voneinander Vereinbarungen mit dem AG treffen, die **denselben Regelungsbereich** betreffen. Eine mit dem BR freiwillig abgeschlossene BV kann der AG nicht durch eine freiwillige BV mit dem GBR ablösen.[349] Liegt die originäre Zuständigkeit beim GBR, dann löst die GBV eine vom BR getroffene freiwillige BV ab.[350] Ist der GBR unzuständig, dann kann eine GBV eine entsprechende BV nicht verdrängen.[351] Eine **ältere BV** kann durch eine **jüngere GBV** abgelöst werden, wenn die Zuständigkeit in der Zwischenzeit gewechselt hat, was auch umgekehrt möglich ist.
- ein Betrieb mit einem BR, der eine Vereinbarung abgeschlossen hatte, in ein anderes UN **eingegliedert** wird und der GBR eine entsprechende GBV abgeschlossen hatte. Eine GBV erfasst auch vom UN neu errichtete oder erworbene Betriebe. Für Angelegenheiten, die unternehmenseinheitlich geregelt werden müssen, haben die entsprechenden Vereinbarungen auch unternehmenseinheitlich zu gelten.[352]
- nach einem Rechtsträgerwechsel bzw. Betriebsübergang beim aufnehmenden UN ein **GBR mit GBV** zum gleichen Regelungsgegenstand existieren, gelten die Normen der bisherigen GBV auch dann als GBV weiter, wenn sich der Geltungsbereich der GBV im aufnehmenden UN auch auf neu erworbene Betriebe erstrecken würde. Dies gilt auch für den Fall, dass beim Erwerber kein GBR besteht.[353]

244 Das Kollisionsproblem ist unter Anwendung der allgemeinen Kollisionsregeln zu lösen. Das **Günstigkeitsprinzip** entspricht am ehesten dem Schutzzweck der Mitbestimmung. Einer **Übergangsvereinbarung** kann z. B. vorsehen, dass abweichend von § 613 a Abs. 1 Satz 3 BGB nicht das Ordnungs-, sondern das **Günstigkeitsprinzip** Anwendung findet, soweit dies nicht auf unüberwindbare praktische Schwierigkeiten stößt. Auch ohne gesonderte Regelung für den speziellen Fall der Übertragung eines Betriebs oder Betriebsteils ermöglicht das **Günstigkeitsprinzip** sachgerechte und vom Schutzzweck gebotene Lösungen. Dies gilt sowohl für freiwillige als auch der zwingenden Mitbestimmung unterliegende GBV.[354] Durch Anwendung des **Prinzip der Sachnähe** können so angemessene Lösungen erzielt werden. Kollidieren BV und GBV, dann soll die betriebsnähere Regelung Vorrang haben.[355] Etwas anderes kann dann gelten, wenn eine GBV später zum gleichen Gegenstand abgeschlossen wurde und als neuere Regelung die ältere ablöst.[356] Die Parteien einer BV können sie jederzeit für die Zukunft abändern. Die neue BV kann auch Bestimmungen enthalten, die für die AN ungünstiger sind. Im Verhältnis zweier gleichrangiger Normen soll nicht das Günstigkeitsprinzip, sondern die **Zeitkollisionsregel** gelten. Danach geht die jüngere Norm der älteren vor. Allerdings kann eine neue BV bereits entstandene Ansprüche der AN nicht schmälern oder entfallen lassen. Die Rückwirkung normativer Regelungen ist durch das **Vertrauensschutz**- und das **Verhältnismäßigkeitsprinzip** ausgeschlossen.[357] Das gilt unabhängig davon, ob es sich um einen Gegenstand der zwingenden oder der freiwilligen Mitbestimmung handelt. Deshalb kann eine mit

348 *BAG* 20.4.94, AiB 95, 194 für transformiertes Tarifrecht.
349 *BAG* 11.12.01, NZA 02, 688.
350 *BAG* 11.12.01, DB 02, 1276; 15.1.02, DB 02, 1564; *LAG Nürnberg* 3.5.02, 8 TaBV 38/01; a. A. GK-*Kreutz*, Rn. 82.
351 *BAG* 15.1.02, DB 02, 1564 für Kontoführungsgebühren.
352 *LAG München* 8.11.88, DB 89, 1880; *Fitting*, Rn. 77; a. A. *Sowka/Weiss*, DB 91, 1518.
353 *Robrecht*, S. 221.
354 A. A. *Robrecht*, S. 122.
355 *LAG Hamburg* 14.2.01 5 Sa 94/00 *für einen Sozialplan.*
356 *BAG* 11.12.01, AP Nr. 22 zu § 50 BetrVG 1972 GK-*Kreutz* Rn. 81; *Robrecht S.* 125.
357 *BAG* 23.1.08; NZA 08, 709.

dem GBR getroffene Vereinbarung grundsätzlich nicht durch eine mit dem örtlichen BR geschlossene abgelöst werden. Hat der AG mit dem GBR in einer Angelegenheit, die nicht der zwingenden Mitbestimmung unterliegt, eine GBV geschlossen, muss er sich wegen deren Aufhebung oder Änderung durch eine neue freiwillige Vereinbarung an den GBR wenden oder sie einseitig kündigen. Eine **Über-Kreuz-Ablösung** erfolgt nicht.[358]

In mitbestimmten Angelegenheiten, für deren Regelung der BR zuständig ist, kann eine zwischen ihm und dem AG geschlossene BV nicht eine zwischen GBR und AG geschlossene GBV ablösen.[359] Einem vorsorglich abgeschlossenen **Sozialplan** ist nicht zu entnehmen, dass er einem örtlichen BR die aus Anlass einer konkreten beteiligungspflichtigen Betriebsänderung zustehende Befugnis zum Abschluss eines wegen der Ausnahmevorschrift des § 112 a BetrVG nur freiwillig möglichen Sozialplans verschließen wollte. Als Ausgleichsregelung für eine Vielzahl denkbarer Betriebsänderungen beansprucht sie wegen ihrer typischen Auffangfunktion nur in solchen Fällen Geltung, in denen die örtlichen Betriebsparteien im Falle einer konkreten Betriebsänderung, die in ihren Zuständigkeitsbereich fällt, von einer eigenen Ausgleichsregelung absehen und keinen Sozialplan vereinbaren. Vorliegend haben die Betriebsparteien aus Anlass eines betriebsbezogenen interessenausgleichspflichtigen Personalabbaus gem. § 111 Satz 3 Nr. 1 eine Ausgleichsregelung getroffen, die allein wegen der Ausnahmevorschrift des § 112 a Abs. 1 Satz 1 Nr. 2 nur freiwillig erfolgen konnte.[360] 245

10. Maßregelungsverbot, Nichtigkeit, Unwirksamkeit

Eine GBV, die AN aus ihrem **Geltungsbereich GBV ausnimmt**, deren BR Mitbestimmungsrechte geltend machte, verstößt gegen das Maßregelungsverbot des § 612 a BGB und ist insoweit unwirksam. Eine GBV ist nicht deshalb unwirksam, weil der GBR nicht in der Lage ist, sein Mitbestimmungsrecht ordnungsgemäß auszuüben. Seine besondere zeitliche Belastung führte nicht zur Unwirksamkeit. Der GBR hat nach § 40 Abs. 2 Anspruch auf Überlassung von Büropersonal, soweit dies zur Wahrnehmung seiner gesetzlichen Aufgaben erforderlich ist. Von diesem Anspruch erfasst werden auch solche Hilfspersonen, die der BR für die Vorbereitung und Abwicklung von Entscheidungen über die Wahrnehmung seiner Beteiligungsrechte benötigt.[361] 11. Rechtsfolgen einer nichtigen oder unwirksamen Gesamtbetriebsvereinbarung 246

Der Grundsatz der Zuständigkeitstrennung zwischen Gesamtbetriebsrat und örtlichen Betriebsräten kann dazu führen, dass eine von einem unzuständigen Gremium abgeschlossene Vereinbarung unwirksam ist.[362] Die nichtige GBV ist in eine **arbeitsvertragliche Einheitsregelung** umzudeuten, wenn sich aus den besonderen Umständen des Einzelfalls der Wille des AG ergibt, sich auch einzelvertraglich binden zu wollen.[363] Bei einer einzelvertraglichen Bindung ist nämlich zu berücksichtigen, dass der AG sich dann nur noch unter den erschwerten Voraussetzungen einer Änderungskündigung gemäß § 2 KSchG von der Regelung lösen könnte. Eine in diesem Zusammenhang anerkannte Fallgruppe ist die Anwendung der BV in Kenntnis ihrer Unwirksamkeit durch den AG, mit der er zum Ausdruck bringt, dass er die in der unwirksamen Regelung begründeten Ansprüche der AN anerkennt und erfüllen will.[364] 247

Außerdem wirkt gem. § 77 Abs. 6 die nichtige GBV analog nach. Eine **planwidrige Regelungslücke** liegt vor, da nicht erkennbar ist, dass der Gesetzgeber den Fall der Nichtigkeit einer GBV infolge der Unzuständigkeit des Gesamtbetriebsrats vorausgesehen hat. Vielmehr hat sich die nunmehr herrschende Meinung erst im Laufe der letzten Jahre entwickelt.[365] 248

Ein vergleichbarer Sachverhalt kann unter Zugrundelegung des **Normzwecks** bejaht werden, da die Regelung des § 77 Abs. 6 sich an die des § 4 Abs. 5 TVG anlehnt, die eine inhaltliche Entleerung der Arbeitsverhältnisse verhindern will.[366] Auch bei einer Nichtigkeit der GBV 249

358 *BAG* 17.4.12; NZA 12, 1240.
359 *LAG* Köln 21.8.13 – 11 Ta 87/13.
360 *BAG* 17.4.12, NZA 12, 1240.
361 *BAG* 19.6.12, NZA 12, 1237 für eine GBV zur Schichtarbeit.
362 *BAG* 14.11.06, NZA 07, 399; *BAG* 24.5.06, EzA § 29 BetrVG.
363 *BAG* 24.1.1996, NZA 1996, 948; *BAG* 5.3.1997, NZA 1997, 951; 19.6.12, AuR 12, 454.
364 *BAG* 13.8.1980, AP BetrVG 1972 § 77 Nr. 2.
365 GK-*Kreutz*, § 50 Rn. 80 mit Nachweisen zu älteren und aktuellen Gegenansichten.
366 *Kempen/Zachert*, TVG, § 4 Rn. 541.

infolge der Unzuständigkeit des GBR ist dieser Normzweck einschlägig. Denn es ist nicht ersichtlich, warum eine materiell an sich zulässige Regelung lediglich aufgrund eines Zuständigkeitsfehlers nicht für eine Übergangszeit weitergelten kann.[367]

VII. Streitigkeiten

1. Örtliche Zuständigkeit

250 Streitigkeiten über die Zuständigkeit entscheiden gemäß §§ 2 a, 80 ff. ArbGG die ArbG im **Beschlussverfahren.** Örtlich zuständig ist das für den Sitz des UN maßgebende ArbG.[368] Dies gilt auch dann, wenn für eine betriebsverfassungsrechtliche Rechtsposition **mehrere Rechtsgrundlagen** in Betracht kommen und sich die Frage nach der originären Zuständigkeit des GBR nur bei einer nachrangig zu prüfenden Rechtsgrundlage stellt.[369]

251 Die Bestellung der **inländischen AN-Vertreter im EBR** einer gemeinschaftsweit tätigen Unternehmensgruppe mit Sitz des herrschenden UN im Ausland nach § 18 Abs. 2, § 23 Abs. 3 a EBRG ist eine Angelegenheit des GBR gem. § 82 Abs. 1 Satz 2 ArbGG. Für Streitigkeiten über die Rechtmäßigkeit der Bestellung ist das ArbG örtliche und international zuständig, in dessen Bezirk des nach der Zahl der wahlberechtigten AN größte UN mit einem GBR seinen Sitz hat.[370]

252 Betrifft der Streit die **Beauftragung des GBR,** dann ist das für den Sitz des betreffenden Betriebes des BR maßgebende ArbG örtlich zuständig. Dies gilt auch, wenn im Rahmen einer dem GBR übertragenen Angelegenheit das ArbG angerufen wird (z. B. zur Bestellung einer ESt. oder gemäß §§ 99 Abs. 4 oder 100 Abs. 2), weil es sich materiell weiterhin um eine betriebliche Streitigkeit handelt.[371]

2. Originäre Zuständigkeit für Rechtsausübung

253 Sind die Zuständigkeitsgrenzen zwischen BR, GBR und KBR für die Ausübung von Rechten streitig, können sie eine gerichtliche Entscheidung herbeiführen. Bei Streit über die originäre Zuständigkeit des BR oder des GBR kann der BR die Unanwendbarkeit einer GBV in seinem Betrieb **feststellen** lassen.[372] Die gerichtliche Überprüfung einer nicht selbst abgeschlossenen BV kann von einem antragstellenden BR nur im Hinblick auf eine Verletzung gerade seiner Regelungsbefugnis erfolgen. Fehlt dem abschließenden BR insoweit die Zuständigkeit, erweist sich die BV als Eingriff in die betriebsverfassungsrechtliche Rechtsposition des BR. Eine von einem unzuständigen BR getroffene Vereinbarung ist unwirksam. Nur für den Ausspruch der darauf gestützten Rechtsfolge ist der für den Abschluss der BV tatsächlich zuständige BR antragsbefugt.[373]

254 Für einen Antrag auf **Feststellung eines Initiativrechts** des GBR nach § 87 Abs. 1 Nr. 10 bei der Aufstellung von Verteilungsgrundsätzen bei übertariflichen Entgeltbestandteilen und bei der Aufstellung einer Vergütungsordnung für außertarifliche AN besteht allerdings kein **Feststellungsinteresse**, wenn weder der BR noch der GBR vorprozessual entsprechende Regelungen verlangt haben.[374]

255 In dem Beschlussverfahren, in dem ein vom GBR reklamiertes Mitbestimmungsrecht zwischen AG und BR streitig ist, ist der GBR **nicht Beteiligter** gemäß § 83 Abs. 3 ArbGG, weil hierdurch seine betriebsverfassungsrechtliche Stellung nicht unmittelbar betroffen ist.[375] Et-

---

367 A. A. GK-*Kreutz*, § 77 Rn. 423.
368 *BAG* 19.6.86, EzA § 82 ArbGG 1979 Nr. 1; 31.1.89, EzA § 81 ArbGG 1979 Nr. 14; *Fitting* Rn. 79; GK-*Kreutz* Rn. 96.
369 *ArbG Berlin* 27.10.10
370 *BAG* 18.4.07, NZA 07, 1375.
371 *Fitting*, Rn. 78; *Grunsky*, ArbGG, § 82 Rn. 3; GK-*Kreutz*, Rn. 77; *Behrens/Kramer*, DB 94, 94.
372 *BAG* 9.12.03, NZA 05, 234.
373 *BAG* 5.3.13, DB 13, 1423.
374 *LAG München* 25.1.07 – 3 TaBV 60/06.
375 *BAG* 13.3.84, AP Nr. 9 zu § 83 ArbGG 1979; *Fitting*, Rn. 80.

was anderes gilt jedoch, wenn die Zuständigkeit zur Wahrnehmung des umstrittenen Mitbestimmungsrechts während des Verfahrens auf den GBR übergeht. Er ist dann zu beteiligen, was auch in der Rechtsbeschwerdeinstanz zu beachten ist.[376]

Anträge des GBR auf Feststellung des fehlenden **Mitbestimmungsrechts** des BR nach einer bestimmten Norm oder auf dessen Unzuständigkeit im Hinblick auf eine bestehende GBV müssen **konkret** gestellt werden. Bezieht er sich auf alle denkbaren Regelungsmöglichkeiten, ist er unzulässig. Über ihn kann nicht ohne Rücksicht auf die UN-Struktur und den Inhalt der GBV entschieden werden.[377] 256

3. Beteiligte

Im Rechtsstreit über das Bestehen oder Nichtbestehen eines BR ist der GBR gem. § 83 Abs. 3 ArbGG **zu** beteiligen, wenn seine originäre Zuständigkeit ernsthaft in Betracht kommt. Umgekehrt ist der BR in einem Rechtsstreit über das Mitbestimmungsrecht des GBR zu beteiligen.[378] Geht es also um die Zuständigkeit des **BR oder des GBR**, dann ist die Regelungskompetenz nicht nur des BR, sondern auch des GBR sowie deren Rechtsstellungen betroffen mit der Folge, dass beide Organe zu beteiligen sind. Eine in den Vorinstanzen unterbliebene Beteiligung ist ohne eine darauf gerichtete **Rüge** für das BAG ohne Bedeutung.[379] Ist die nach § 83 Abs. 3 ArbGG notwendige Anhörung eines Beteiligten in den Tatsacheninstanzen unterblieben, stellt dies einen Verfahrensfehler dar. Einer darauf gestützten Zurückweisung bedarf es nicht, wenn eine bisher unterlassene Anhörung in der Rechtsbeschwerdeinstanz nachgeholt wird und der Beteiligte Gelegenheit erhält, sich in tatsächlicher und rechtlicher Hinsicht zum Verfahren zu äußern. Kann das Rechtsbeschwerdegericht den Kreis der anzuhörenden Personen oder Stellen auf der Grundlage der vom Beschwerdegericht getroffenen Feststellungen nicht bestimmen, hat es dessen Entscheidung aufzuheben und das Verfahren zur Nachholung einer möglichen Anhörung zurückzuweisen.[380] Das BAG kann auch eine unterbliebene Beteiligung nachholen und den BR Gelegenheit geben, sich zum Antrag des GBR zu äußern. Einer Zurückweisung bedarf es dann nicht.[381] 257

Der GBR kann in gewillkürter aktiver **Prozessstandschaft** für einen BR ein Beschlussverfahren einleiten und durchführen. Der BR hat ihn dazu gemäß § 50 Abs. 2 zu beauftragen.[382] In diesem Fall soll eine Beteiligungsbefugnis des BR entfallen, so dass dieser auch keine Rechtsmittel einlegen kann.[383] Bei einem Streit über die Einsetzung einer ESt. sind selbst dann keine weiteren betriebsverfassungsrechtlichen Gremien zu beteiligen, wenn die Zuständigkeit des die Einsetzung der ESt. beantragenden BR zweifelhaft ist und auch der KBR zuständig sein könnte. Vielmehr bleibt es dabei, dass nur die unmittelbar streitenden Betriebspartner zu beteiligen sind.[384] 258

4. Darlegungslast

Beruft sich ein AN auf eine GBV über die Gewährung einer freiwilligen Leistung, dann obliegt ihm **nicht** die **Darlegung** der Umstände, aus denen sich die Zuständigkeit des GBR ergibt.[385] 259

Im Urteilsverfahren bedarf es keines gesonderten Vortrags der Parteien zur Zuständigkeit des GBR, wenn sie unstreitig war und keine Umstände erkennbar sind, die hieran Zweifel aufkommen lassen.[386] Etwas anderes gilt nur, wenn Umstände vorliegen oder von der Gegenseite vorgetragen wurde, die Zweifel an der wirksamen Entstehung begründen.[387] 260

---

376 *BAG* 18.10.88, EzA § 83 ArbGG 1979 Nr. 8.
377 *BAG* 3.5.84, BB 85, 125 für Auswahlrichtlinien gemäß § 95 Abs. 2.
378 *BAG* 28.3.06, AP Nr. 128 zu § 87 BetrVG 1972 Lohngestaltung; a. A. *BAG* 13.3.84, AP Nr. 9 zu § 83 ArbGG 1979.
379 *BAG* 15.1.02, NZA 03, 1360.
380 *BAG* 17.4.12, NZA 13, 230.
381 *BAG* 19.6.12, NZA 12, 1237.
382 *BAG*, DB 66, 705.
383 *Behrens/Kramer*, DB 94, 94.
384 *LAG Düsseldorf* 4.2.13 – 9 TaBV 129/12.
385 *BAG* 20.2.01, RdA 02, 173 = DB 01, 2100.
386 *BAG* 29.10.02, NZA 03, 393.
387 *BAG* 20.5.08, NZA-RR 08, 636.

5. Gegenstandswert

261 Die Festsetzung des Gebührenstreitwertes auf **20 .000,– €** entspricht billigem Ermessen in einem Beschlussverfahren, mit dem ein örtlicher BR geltend macht, eine abgeschlossene **GBV** über Sanierungsbeiträge der AN sei **unwirksam**, weil nicht der GBR, sondern die örtlichen BR für die in der Vereinbarung geregelten Gegenstände zuständig seien.[388]

262 Der Antrag auf Feststellung, dass eine vom GBR mit dem AG geschlossene **BV** in einem bestimmten Betrieb des AG **nicht anwendbar** sei, beinhaltet ebenso wie der Antrag, dem AG die Durchführung dieser GBV in dem benannten Betrieb zu unterlassen, einen nicht vermögensrechtlichen Streitgegenstand, dessen Bewertung sich nach § 23 Abs. 3 Satz 2 RVG richtet. Begründet der Antragsteller beide Anträge mit der Unzuständigkeit des GBR, ist insoweit ein **gemeinsamer Gegenstandswert** festzusetzen. Dieser beträgt gem. § 23 Abs. 3 Satz 2 RVG grundsätzlich 4000,– €, sofern nicht im Einzelfall besondere Anhaltspunkte eine Erhöhung rechtfertigen.[389]

6. Einigungsstelle

263 Für die Bestellung der Einigungsstelle gem. § 98 ArbGG i. V. m. § 76 Abs. 2 Satz 2 und 3 gelten besondere Grundsätze. Nach § 98 Abs. 1 Satz 2 könnte der Bestellungsantrag wegen fehlender Zuständigkeit der ESt nur zurückgewiesen werden, wenn diese **offensichtlich unzuständig** wäre. Offensichtlich unzuständig ist sie, wenn ihre Zuständigkeit unter keinem denkbaren rechtlichen Gesichtspunkt als möglich erscheint, wenn ihre Zuständigkeit also bei sachgerechter Beurteilung auf den ersten Blick unter keinem rechtlichen Gesichtspunkt begründet ist. Das Bestellungsverfahren nach § 98 ArbGG soll weder durch die Klärung komplizierter Rechtsfragen noch durch die Aufklärung streitiger Tatsachen belastet werden; diese Aufgaben sind ggfs. der Est und einem evtl. Anfechtungsverfahren vorbehalten. Für die Bestellung der ESt ist entscheidend, ob an ihrer Unzuständigkeit ernsthafte rechtliche Zweifel möglich sind oder nicht. Nur in letzterem Fall ist der Bestellungsantrag zurückzuweisen. Bei Kontroversen in Rspr. und Lit. über die für die Zuständigkeit maßgeblichen Rechtsfragen besteht der Zurückweisungsgrund der offensichtlichen Unzuständigkeit nicht. Danach ist die ESt in diesen Fällen **nicht offensichtlich unzuständig.**[390]

264 Der **Offensichtlichkeitsmaßstab** des § 98 ArbGG gilt auch für die Prüfung der Frage, ob das in Anspruch genommene Mitbestimmungsrecht dem GBR oder den einzelnen BR zusteht.[391]

265 Grundsätzlich ist der von den unmittelbar gewählten und deshalb mit der **höchsten demokratischen Legitimation** versehene BR vor Ort zuständig.[392] Es spricht somit im Umkehrschluss zu den Sonderbestimmungen in §§ 50, 58 BetrVG eine **gesetzliche Vermutung** dafür, dass der BR vor Ort seine Mitbestimmungsrechte im Einigungsstellenverfahren zu wahren hat und nur im Ausnahmefall aus originärer Zuständigkeit der GBR oder KBR. Das führt im Verfahren nach § 98 ArbGG dazu, dass es der **offensichtlichen Zuständigkeit des GBR oder KBR** bedarf, um den ansonsten grundsätzlich zu beteiligenden örtlichen BR zu verdrängen und auf die Betriebsebene zu bildende ESt für »offensichtlich unzuständig« zu halten. Um eine offensichtliche Zuständigkeit eines übergeordneten Betriebsratsgremiums zu erkennen, ist es erforderlich, den hierzu erheblichen Sachverhalt von Amts wegen zu ermitteln.[393] Das Bestellungsverfahren gem. § 98 ArbGG würde seines Sinns entleert, wenn mit unterschiedlichen Betriebsratsgremien in mehreren ESt der gleiche Regelungsgegenstand zu behandeln wäre. Es will eine schnelle Regelung ermöglichen, die durch parallele ESt erschwert würden. Eine Einigungsstelle ist offensichtlich unzuständig, wenn sich der GBR i. R. d. § 87 Abs. 1 Ziffer 6 BetrVG auf eine bloße **Rahmenkompetenz** stützt. Eine offensichtliche Unzuständigkeit ist

388 *LAG Köln* 6.3.07, NZA-RR 07, 381.
389 *LAG Rheinland-Pfalz* 4.3.08 – 1 Ta 26/08.
390 *HessLAG* 15.5.07, AE 08, 50; 1.8.06, 06 *NZ-RR* 07, 199.
391 *LAG Hamm* 19.7.10 – 10 TaBV 39/10.
392 *LAG Köln* 28.1.08 – 14 TaBV 70/07 = *BB* 2008, 1113 *LS.*
393 *LAG Niedersachen* 26.8.08 – 1 TaBV 62/08; 8.6.07 – 1 TaBV 27/08; *LAG Köln* 28.1.08, BB 08, 1113 *LS.*

auch dann gegeben, wenn für eine Zuständigkeit des GBR gemäß § 50 Abs. 1 oder Abs. 2 keine geeigneten Gründe vorgetragen werden.[394] Etwas anderes gilt, wenn die Betriebsparteien in einem Konzern über die Zuständigkeit für einen Sozialplan streikten. Dann sind an dem Verfahren der KBR, die GBR und sämtliche Einzel-BR beteiligt, wenn zumindest ernsthafte Zweifel bestehen können, welches der Gremien zuständig ist. Soweit örtliche BR durch Delegationsbeschlüsse die verfahrensmäßige Geltendmachung möglicher Mitbestimmungsrechte dem GBR übertragen haben, ist insoweit nur der jeweilige GBR am Verfahren beteiligt. Auf AG-Seite sind das herrschende und die beherrschten UN beteiligt.[395]

Die Entscheidung über die **Zweckmäßigkeit** einer angestrebten Regelung obliegt gem. § 76 Abs. 5 Satz 3 der ESt. Sie ist nicht vorab im Bestellungsverfahren zu treffen.[396] 266

§ 51 Geschäftsführung

(1) Für den Gesamtbetriebsrat gelten § 25 Abs. 1, die §§ 26, 27 Abs. 2 und 3, § 28 Abs. 1 Satz 1 und 3, Abs. 2, die §§ 30, 31, 34, 35, 36, 37 Abs. 1 bis 3 sowie die §§ 40 und 41 entsprechend. § 27 Abs. 1 gilt entsprechend mit der Maßgabe, dass der Gesamtbetriebsausschuss aus dem Vorsitzenden des Gesamtbetriebsrats, dessen Stellvertreter und bei Gesamtbetriebsräten mit
9 bis 16 Mitgliedern aus 3 weiteren Ausschussmitgliedern,
17 bis 24 Mitgliedern aus 5 weiteren Ausschussmitgliedern,
25 bis 36 Mitgliedern aus 7 weiteren Ausschussmitgliedern,
mehr als 36 Mitgliedern aus 9 weiteren Ausschussmitgliedern besteht.

(2) Ist ein Gesamtbetriebsrat zu errichten, so hat der Betriebsrat der Hauptverwaltung des Unternehmens oder, soweit ein solcher Betriebsrat nicht besteht, der Betriebsrat des nach der Zahl der wahlberechtigten Arbeitnehmer größten Betriebs zu der Wahl des Vorsitzenden und des stellvertretenden Vorsitzenden des Gesamtbetriebsrats einzuladen. Der Vorsitzende des einladenden Betriebsrats hat die Sitzung zu leiten, bis der Gesamtbetriebsrat aus seiner Mitte einen Wahlleiter bestellt hat. § 29 Abs. 2 bis 4 gilt entsprechend.

(3) Die Beschlüsse des Gesamtbetriebsrats werden, soweit nichts anderes bestimmt ist, mit Mehrheit der Stimmen der anwesenden Mitglieder gefasst. Bei Stimmengleichheit ist ein Antrag abgelehnt. Der Gesamtbetriebsrat ist nur beschlussfähig, wenn mindestens die Hälfte seiner Mitglieder an der Beschlussfassung teilnimmt und die Teilnehmenden mindestens die Hälfte aller Stimmen vertreten; Stellvertretung durch Ersatzmitglieder ist zulässig. § 33 Abs. 3 gilt entsprechend.

(4) Auf die Beschlussfassung des Gesamtbetriebsausschusses und weiterer Ausschüsse des Gesamtbetriebsrats ist § 33 Abs. 1 und 2 anzuwenden.

(5) Die Vorschriften über die Rechte und Pflichten des Betriebsrats gelten entsprechend für den Gesamtbetriebsrat, soweit dieses Gesetz keine besonderen Vorschriften enthält.

Inhaltsübersicht

394 *LAG Nürnberg* 30.4.14 – 4 TaBV 7/14.
395 *LAG Düsseldorf* 12.2.2014 – 12 TaBV 36/13.
396 *HessLAG* 15.5.07 – 4 TaBV 60/07.

I. Vorbemerkungen

1 Die Vorschrift regelt die **Geschäftsführung** des GBR und dessen innere Organisation. Dabei wird **weitgehend** auf die für den BR geltenden Bestimmungen **verwiesen.** Soweit diese entsprechend anzuwenden sind, wird auf die jeweiligen Erl. zu den für den BR maßgebenden Bestimmungen Bezug genommen.

2 Es gelten daneben auch einige **Sonderregelungen** für den GBR. Gewisse Abweichungen beruhen darauf, dass er eine **Dauereinrichtung** ist und seine Mitglieder nicht unmittelbar gewählt, sondern von den einzelnen BR entsandt werden. Im Übrigen stellt Abs. 5 ausdrücklich klar, dass – soweit das Gesetz keine abweichenden Regelungen enthält – die Vorschriften über Rechte und Pflichten der BR entsprechend für den GBR gelten.

II. Konstituierung des Gesamtbetriebsrats (Abs. 2)

1. Einmalige Konstituierung

3 Als **Dauereinrichtung** ohne feste Amtszeiten muss sich der GBR grundsätzlich **nur einmal** konstituieren. Dies geschieht nach Maßgabe des Abs. 2. Ist der GBR erst einmal gebildet, bleibt er auch über die Amtsperioden der einzelnen BR hinaus bestehen. Lediglich die von den BR in den GBR entsandten Mitglieder verlieren mit dem Amtsende des BR ihre Mitgliedschaft auch im GBR, ungeachtet ihrer möglichen Wiederentsendung (§ 47 Rn. 7). Die einmalige Konstituierung steht der regelmäßigen Neuwahl nicht entgegen (Rn. 4). Zu ihr lädt der **amtierende GBR** und nicht der BR der Hauptverwaltung bzw. der BR des nach der Zahl der Wahlberechtigten größten BR ein, weil sich der GBR sich bereits konstituiert hat und es danach nur noch um die demokratische Neuwahl eines bereits konstituierten Dauergremiums geht. Bereits der **Wortlaut** setzt einen »zu errichtenden Gesamtbetriebsrat« voraus, sodass diese Voraussetzung bei einem bereits amtierenden GBR nicht vorliegt.[1] Die Tagesordnung kann auch auf diesen Sitzungen mehrheitlich ergänzt oder geändert werden (§ 29 Rn 2 ff. und 15 ff.).

4 Sind nach den regelmäßig stattfindenden Neuwahlen gemäß § 13 Abs. 1 die Mitglieder des GBR von den einzelnen BR neu entsandt worden, sind allerdings auch die **Wahlen** für den Vorsitzenden, stellvertretenden Vorsitzenden, Gesamtbetriebsausschuss und sonstige Ausschüsse des GBR **erneut** vorzunehmen. Dies empfiehlt sich schon wegen der i. d. R. **verän-**

1 *ArbG Solingen* 11.6.14 – 4 BVGa 5/14, AiB 14, 72 mit Anm. *Trittin*, mit einer Unterlassungsverfügung gegen die Einladung eines hierfür unzuständigen BR.

derten personellen Zusammensetzung.[2] Außerdem verbessern Neuwahlen seine **demokratische Legitimation** und zerstreuen Zweifel an seiner Existenz. § 49 nennt zwar die Neuwahl des BR nicht als einen Tatbestand, der die Mitgliedschaft im GBR beendet. Aber die Neukonstituierung des BR hat sie zumindest für eine juristische Sekunde auch im GBR beendet. Insofern besteht auch **normativ** Anlass zur Neuwahl. Sie sollte jedoch auch zur besseren demokratischen Legitimation wie alle BR auch gewählt werden und zwar möglichst analog zur dreimonatigen Wahlperiode des BR gem. 13 Abs. 1 Satz 1 in einem Zeitraum von drei Monaten nach der Konstituierung des letzten BR. Am Fortbestand des Gremiums als solchem ändern Neuwahlen nichts. Insofern besteht auch kein Risiko für die Ausübung von Mitbestimmungsrechten sowie Weitergeltung von GBV.

Die Vorschrift ist entsprechend anzuwenden, wenn **nach** den **regelmäßigen BR-Wahlen** oder aus anderem besonderen Anlass, etwa einer **Amtsniederlegung aller Mitglieder** des GBR, die Vornahme von Neuwahlen innerhalb des GBR erforderlich wird.[3] Sie findet auch Anwendung, wenn ein TV oder eine BV nach § 3 endet und sich die Mitgliederzahl wieder allein nach § 47 Abs. 2 richtet. **5**

2. Einberufung und Durchführung der Sitzung

Die **Einladung** zur konstituierenden Sitzung erfolgt durch den BR der **Hauptverwaltung** des UN oder, falls dort kein BR besteht, durch den BR des nach der Zahl der wahlberechtigten AN **größten** Betriebs. Hauptverwaltung ist der UN-Teil, in dem die Planungen und Entscheidungen über UN-Zwecke getroffen werden. Besteht bei der Hauptverwaltung ein BR, so ist dessen Größe **nicht** entscheidend; die Aufgabe zur Einberufung der konstituierenden Sitzung kann deshalb auch einem aus einer Person bestehenden BR zufallen. Ist die Hauptverwaltung nur als unselbstständiger Betriebsteil eines Produktionsbetriebs mit diesem zusammengefasst,[4] so ist der BR dieses Betriebs zuständig, auch wenn das UN daneben nach der Zahl der wahlberechtigten AN noch größere Betriebe hat. Nach dem Gesetzeszweck ist in erster Linie die Anbindung an den Sitz der Hauptverwaltung gewollt.[5] **6**

Für die Feststellung des nach der Zahl der wahlberechtigten AN größten Betriebs sind die Eintragungen in die Wählerliste bei der **letzten** BR-Wahl maßgebend.[6] **7**

Die Einladung zur konstituierenden Sitzung des GBR erfolgt an **alle BR des UN** und enthält die Aufforderung zur Entsendung der Mitglieder in den GBR, soweit dies noch nicht geschehen ist. Der AG, die GJAV, die Gesamtschwerbehindertenvertretung sowie die Gewerkschaften sind erst nach weiteren Sitzungen der Konstituierung des GBR zu beteiligen.[7] Auch wenn weder eine besondere Einladungsfrist noch eine Form vorgeschrieben ist, sind hierin **8**

- eine angemessene Ladungsfrist zu bestimmen,
- Ort und Zeit der Sitzung genau anzugeben,
- die Tagesordnung festzulegen, d. h. u. a. die Wahl des Vorsitzenden und des Stellvertreters, u. U. auch die Wahl der Mitglieder des GBR-Ausschusses und die Beschlussfassung über notwendige Verkleinerung des GBR gemäß § 47 Abs. 5.

Unterlässt der zuständige BR die Einladung zur konstituierenden Sitzung, so kann hierin eine **grobe Pflichtverletzung** i. S. d. § 23 Abs. 1 liegen.[8] In einem solchen Fall sind die von den einzelnen BR in den GBR entsandten Mitglieder berechtigt, nach Einladung sämtlicher BR zur konstituierenden Sitzung **von sich aus zusammenzutreten,** um die nach Abs. 1 und 2 vorgesehenen Wahlen durchzuführen,[9] wobei der Anstoß hierzu von jedem BR ausgehen kann.[10] **9**

2 *ArbG Stuttgart* 13.1.75, DB 76, 1160; *Fitting,* Rn. 17; Richardi-*Annuß,* Rn. 8.
3 *ArbG Stuttgart* 13.1.75, DB 76, 1160; a. A. GK-*Kreutz,* Rn. 16.
4 *BAG* 9.5.58, AP Nr. 1 zu § 3 BetrVG.
5 *Fitting* Rn. 7.
6 *Fitting,* Rn. 9; GK-*Kreutz,* Rn. 7.
7 *Fitting,* Rn. 10; *HSWGN,* Rn. 16; GK-*Kreutz,* Rn. 12; Richardi-*Annuß,* Rn. 28.
8 *Fitting,* Rn. 10; GK-*Kreutz,* Rn. 15; Richardi-*Annuß,* Rn. 28.
9 *Fitting,* Rn. 11.
10 A. A. *HWGNRH-Glock,* Rn. 17, die ein Recht zur Selbstversammlung ablehnen und stattdessen in analoger Anwendung des § 18 Abs. 1 Satz 2 die gerichtliche Ersetzung des gesetzlich zuständigen BR durch einen anderen BR des UN für notwendig und zulässig halten.

10 Der **Vorsitzende des einladenden BR** hat die konstituierende Sitzung zu leiten, bis der GBR aus seiner Mitte einen **Wahlleiter** bestellt hat (Abs. 3 Satz 2). Er hat dabei die gleiche Stellung wie der Vorsitzende des WV nach § 29 Abs. 1 Satz 2 bei der Konstituierung eines BR. Ist er nicht selbst in den BR oder GBR entsandt worden, endet seine Teilnahme an der konstituierenden Sitzung mit der Bestellung des Wahlleiters.[11]

11 Vor der Bestellung des Wahlleiters hat der Vorsitzende des einladenden BR die **Beschlussfähigkeit** des GBR gemäß Abs. 4 Satz 3 zu prüfen und ggf. zu einer weiteren konstituierenden Sitzung einzuladen. Sind nach der Wahl des Vorsitzenden und Stellvertreters weitere Tagesordnungspunkte zu behandeln, obliegt die Leitung dem Vorsitzenden.

12 Die Vorschrift gilt **nur** für die **konstituierende** Sitzung des GBR. Für die Einberufung der späteren, der Konstituierung nachfolgenden Sitzungen gelten die Vorschriften für den BR entsprechend (§§ 29 Abs. 2 bis 4, 30).

3. Vorsitzender des Gesamtbetriebsrats und Stellvertreter

a) Wahl

13 Für die **Wahl des Vorsitzenden** und des stellvertretenden Vorsitzenden des GBR gelten im Prinzip dieselben Grundsätze wie für die Beschlussfassung im GBR und die Wahl des Vorsitzenden und stellvertretenden Vorsitzenden des BR. Die Bestimmung des Abs. 1 Satz 1 verweist ausdrücklich auf § 26. Mit dem Ende der Amtszeit des BR, der den Vorsitzenden und Stellvertreter entsandt hatte, endet auch die Mitgliedschaft im GBR.[12] Vorsitzender und Stellvertreter sind deshalb neu zu wählen.

14 Die Wahl erfolgt nach **Stimmengewicht** gem. § 47 Abs. 7 und Abs. 8.[13] Bei **Stimmengleichheit** sollte eine weitere Abstimmung erfolgen. Ergibt sich auch dann keine Mehrheit, entscheidet das Los (zum entsprechenden Problem bei der Wahl des BR-Vorsitzenden § 26 Rn. 11). Eine **geheime Abstimmung** ist insofern nicht möglich, aber auch nicht gesetzlich geboten und dringend erforderlich.[14]

15 Der GBR wählt den Vorsitzenden und den Stellvertreter aus seiner Mitte. Die Abstimmung erfolgt stets durch den **beschlussfähigen GBR** in seiner Gesamtheit. Über sie ist gemäß § 34 i. V. m. § 51 Abs. 1 eine Sitzungsniederschrift zu erstellen. Die Wahl kann geheim oder offen, durch mündliche oder schriftliche Stimmabgabe erfolgen. **Wahlberechtigt** ist jedes Mitglied und nachgerückte Ersatzmitglied. **Wählbar** sind ebenfalls jedes Mitglied, allerdings nur endgültig nachgerückte Ersatzmitglieder.[15]

16 Die Wahl des Vorsitzenden und des Stellvertreters erfolgt in **getrennten Wahlgängen.**

17 Die zum Vorsitzenden und zum Stellvertreter gewählten GBR-Mitglieder sind nicht zur **Annahme des Amtes** verpflichtet. Sie erfolgt **formlos.**

18 Der GBR besteht nicht befristet für eine bestimmte Amtszeit. Aber das Amt des Vorsitzenden endet mit der Amtszeit des BR, dessen Mitglied er ist, weil der BR stets nach vier Jahren über die Entsendung **neu zu beschließen** hat.

b) Aufgaben

19 Der Vorsitzende des GBR oder im Falle seiner Verhinderung sein Stellvertreter **vertritt** den GBR **im Rahmen** der von diesem gefassten **Beschlüsse.** Zur Entgegennahme von Erklärungen, die dem GBR gegenüber abzugeben sind, ist der Vorsitzende des GBR oder im Falle seiner Verhinderung dessen Stellvertreter berechtigt. Insoweit finden nach Abs. 2 Satz 1 die für den BR geltenden Regelungen des § 26 Abs. 2 entsprechend Anwendung. Hat der GBR weniger als neun Mitglieder, kann durch einfachen Mehrheitsbeschluss auch die Führung der **laufenden**

---

11 *Fitting,* Rn. 12; GK-*Kreutz,* Rn. 16; Richardi-*Annuß,* Rn. 26.
12 *BAG* 9.2.11 – 7 ABR 11/10, NZA 11, 866; *Fitting,* Rn. 17.
13 Richardi-*Annuß,* Rn. 6.
14 GK-*Kreutz,* Rn. 32.
15 GK-*Kreutz,* Rn. 20.

Geschäfte auf den Vorsitzenden oder andere Mitglieder des GBR übertragen werden (§ 51 Abs. 1 i. V. m. § 47 Abs. 4).

III. Gesamtbetriebsausschuss, Ausschüsse (Abs. 1 Satz 2)

1. Errichtungspflicht

Nach Abs. 1 Satz 2 ist ein **Gesamtbetriebsausschuss** zu bilden, wenn der GBR neun oder mehr Mitglieder hat. Der Gesamtbetriebsausschuss entspricht hinsichtlich seiner Rechtsstellung dem Betriebsausschuss. Er führt wie dieser die laufenden Geschäfte des GBR. Auf ihn können nach Maßgabe des § 27 Abs. 3 vom GBR Aufgaben zur selbstständigen Erledigung übertragen werden. Dies gilt allerdings nicht uneingeschränkt. Soll die Anrufung einer Einigungsstelle zum **Abschluss von GBV** führen, kann dies der Betriebsausschuss nicht wirksam beschließen, denn nach § 51 Abs. 1 S. 1 BetrVG i. V. m. § 27 Abs. 2 S. 2 Halbs. 2 BetrVG kann dem Betriebsausschuss des GBR nicht der Abschluss von GBV zur selbstständigen Erledigung übertragen werden.[16] 20

Bildet ein GBR, dem mindestens neun Mitglieder angehören, keinen Gesamtbetriebsausschuss, liegt hierin eine **Pflichtverletzung,** die allerdings keinerlei gesetzliche Sanktionen nach sich zieht. Da der GBR eine Dauereinrichtung ist, scheidet eine gerichtliche Auflösung wegen grober Pflichtverletzung aus.[17] Denkbar wäre allerdings ein Ausschluss der einzelnen GBR-Mitglieder oder deren Abberufung. Kommt es nicht zur Bildung eines Gesamtbetriebsausschusses, nimmt der Vorsitzende des GBR dessen Geschäftsführung wahr. 21

2. Größe

Die **Größe** des Gesamtbetriebsausschusses ergibt sich aus Abs. 1 Satz 2. Die dort angegebenen Zahlen weichen von den in § 27 Abs. 1 Satz 2 für die Größe des Betriebsausschusses genannten ab, da sich die Mitgliederzahlen des GBR nach anderen Grundsätzen als die des BR ermitteln. Die Zahl der Mitglieder eines BR ist grundsätzlich ungerade (§ 9), während die des GBR oft gerade sein kann, weil die BR der einzelnen Betriebe des UN nach § 47 Abs. 2 ein oder zwei Mitglieder in den GBR entsenden. 22

3. Zusammensetzung

Der Vorsitzende des GBR und dessen Stellvertreter gehören dem Gesamtbetriebsausschuss **kraft Gesetzes** an (Abs. 1 Satz 2). Hinzu kommt die in der Bestimmung genannte Zahl **weiterer Mitglieder.** Eine Wahl von **Ersatzmitgliedern** für die Mitglieder des Gesamtbetriebsausschusses sieht das Gesetz nicht vor, ist jedoch zulässig.[18] Das BAG geht offenbar von der Wahl von Ersatzmitgliedern aus.[19] Für die Frage, wie ein ausscheidendes Gesamtbetriebsausschussmitglied zu ersetzen ist, enthält das BetrVG eine **Regelungslücke**. Sie ist durch entsprechende Anwendung des § 25 Abs. 1 Satz 1 zu schließen, solange auf einer Liste noch ein weiterer Kandidat vorhanden ist: Scheidet ein weiteres Ausschussmitglied des Gesamtbetriebsausschusses aus und wurde zur Bestimmung der weiteren Mitglieder eine Listenwahl durchgeführt, rückt damit ein Mitglied derjenigen Liste in den Gesamtbetriebsausschuss nach, der das ausgeschiedene Mitglied angehörte. Ein Ausscheiden in diesem Sinne liegt auch vor, wenn eine bisher als weiteres Ausschussmitglied gewählte Person zum (stellvertretenden) Vorsitzenden des GBR **gewählt** wird und damit kraft Amtes ein Mandat im Gesamtbetriebsausschuss wahrnimmt.[20] 23

Gem. § 47 Abs. 2 Satz 2 sollen die **Geschlechter** bei der Entsendung der Mitglieder in den GBR 24

---

16 *LAG München* 29.10.09 – 4 TaBV 62/09.
17 *Fitting,* Rn. 10; Richardi-*Annuß,* Rn. 10.
18 *Fitting,* Rn. 21; GK-*Kreutz,* Rn. 29; Richardi-*Annuß,* Rn. 15; a. A. HWGNRH-*Glock,* Rn. 39.
19 *BAG* 21.7.04, AP Nr. 4 zu § 51 BetrVG 1972.
20 *LAG Düsseldorf* 8.5.12 – 16 TaBV 96/11.

angemessen berücksichtigt werden. Dies gilt entsprechend bei der Besetzung des Gesamtbetriebsausschusses.

4. Wahlverfahren

25 Durch Verweis auf § 27 Abs. 1 gilt bei der Besetzung der Ausschüsse **Verhältniswahlrecht.** Dies könnte auf einem Redaktionsversehen hinsichtlich des Verweises auf den noch zuletzt geänderten § 27 Abs. 1 beruhen, weil diese Ausweitung des Verhältniswahlrechts auch auf die Besetzung der GBR-Ausschüsse im Rahmen der Novelle 2001 nicht beabsichtigt war.

26 Es liegt **kein Redaktionsversehen** vor, weil der Gesetzgeber seine ursprüngliche Absicht im Gesetzgebungsverfahren aufgab.[21]

27 Die Vorschriften des Abs. 1 Satz 2 i. V. m. § 27 Abs. 1 Satz 3 schreiben **geheime Wahl** vor. Sie lässt sich jedoch der gem. § 47 Abs. 7 und 8 erforderlichen Abstimmung nach Stimmgewicht nicht praktizieren, weil jedes GBR-Mitglied seine Stimme einheitlich abgibt und es schwerlich für jede Stimme einen eigenen Zettel abgeben kann. Aus diesen rein praktischen Gründen kann der an sich geltende Grundsatz ausnahmsweise vernachlässigt werden und es können Stimmzettel zur Abstimmung genutzt werden, der das jeweilige Stimmgewicht vermerkt.[22]

5. Neuwahl

28 Werden die für die Mitgliederzahl des GBR-Ausschusses genannten Grenzen (z. B. nach einer Umstrukturierung des UN) über- oder unterschritten, dann wirkt sich dies auf die Zusammensetzung aus und es stellt sich die Frage nach der **Neuwahl.** Eine Antwort hierauf gibt § 27 Abs. 1 durch den Verweis auf den Betriebsausschuss vom Wortlaut nicht, weil dieses Problem so nur im GBR bzw. KBR auftauchen kann.

29 Aus § 27 Abs. 1 Satz 3 lassen sich jedoch mit den Begriffen »geheime Wahl« und der vorgeschriebenen Verhältniswahl auch hier zu beachtende demokratische Grundsätze entnehmen. Dies gilt ebenfalls für den allgemeinen Verweis gem. Abs. 5. Danach muss ein verkleinertes Gremium auch insgesamt neu gewählt werden, damit seine Zusammensetzung der demokratischen Willensbildung entspricht. Das verkleinerte Gremium ist insofern ein **anderes Gremium.** Für den zu verkleinernden BR schlägt sich dieser Grundsatz in § 13 Abs. 2 Ziffern 1 und 2 BetrVG nieder, wonach er insgesamt neu zu wählen ist, wenn die Belegschaft stark sank bzw. die Gesamtzahl der Betriebsratsmitglieder nicht mehr erreicht wird. Für den Ausschuss kann nichts anderes gelten.

30 Aus diesen Gründen ist eine **Neuwahl** erforderlich. Dies gilt unabhängig davon, ob die bisherige Wahl als Verhältnis- oder Mehrheitswahl erfolgte und ob die Mitgliederzahl des Ausschusses bereits aus anderen Gründen auf die gesetzliche Zahl sank.

31 Es sind **sämtliche Ausschussmitglieder** neu zu wählen. Es kommt weder ein automatisches Nachrücken von Ersatzmitgliedern noch eine Neuwahl der noch fehlenden Mitglieder des Gesamtbetriebsausschusses in Betracht. Dies gebietet das Wahlrecht der neu hinzukommenen GBR-Mitglieder und das Prinzip der Verhältnismäßigkeit. Es gewährleistet, dass der die laufenden Geschäfte des GBR führende Ausschuss ein verkleinertes Abbild des GBR darstellt. Listenwahl erleichtert einer im GBR vertretenen Minderheit eine Mitarbeit im GBR.[23]

32 Dieses Ergebnis entspricht auch der Rspr. des BAG, wonach eine Veränderung der Mitgliederzahlen des GBR eine Anpassung der Anzahl der weiteren Ausschussmitglieder an die in § 51 Abs. 1 Satz 2 festgelegte Zahlenstaffel zur Folge hat. Der verkleinerte oder vergrößerte GBR hat dann die Besetzung des Gesamtbetriebsausschusses **anzupassen.**[24]

---

21 *BAG* 16.3.05, NZA 05, 1080 L = AuR 05, 385; *LAG Hessen* 10.7.03, 9 TaBV 162/02; *Fitting*, Rn. 20; a. A. ErfK-*Koch*, Rn. 12.
22 *Fitting*, Rn. 20; GK-*Kreutz*, Rn. 32.
23 *BAG* 16.3.05, NZA 05, 1080.
24 *BAG* 7.4.04, AP Nr. 17 zu § 106 BetrVG 1972.

6. Mitgliedschaft

Die Mitgliedschaft im Gesamtbetriebsausschuss endet durch **Amtsniederlegung, Verlust** des Amtes als BR- und GBR-Mitglied oder durch **Abberufung.** 33

Die **Abberufung** erfolgt durch den GBR und bedarf gem. Abs. 1 Satz 2 i. V. m. § 27 Abs. 1 Satz 5 einer Mehrheit von **drei Vierteln** der Stimmen der Mitglieder des GBR. Aus Praktikabilitätsgründen erfolgt die Beschlussfassung wie bei der Wahl unter Nichtbeachtung des an sich geltenden Grundsatzes der geheimen Wahl. 34

Für auf Dauer ausgeschiedene oder zeitweise verhinderte Mitglieder rückt analog § 25 Abs. 2 Satz 1 ein der jeweiligen Vorschlagsliste zu entnehmendes **Ersatzmitglied** nach. Ist sie erschöpft, dann ist nach den Grundsätzen der Mehrheitswahl nach zu wählen.[25] Zur Sicherung seiner Arbeitsfähigkeit können auch vorsorglich weitere Ersatzmitglieder gewählt werden.[26] 35

Erhöht sich die Zahl der Ausschussmitglieder insgesamt z. B. nach Vergrößerung des GBR durch UN-Verschmelzung, ist der Ausschuss insgesamt **neu zu wählen.** Die neuen Plätze werden nicht durch Nachrücken besetzt. 36

7. Ausschüsse

Sind im UN mehr als 100 AN beschäftigt, kann der GBR in entsprechender Anwendung des § 28 Abs. 1 Satz 1 **Ausschüsse** bilden und ihnen, sofern ein Gesamtbetriebsausschuss gebildet ist (§ 28 Abs. 1 Satz 3), bestimmte Aufgaben übertragen. Die Bildung der Ausschüsse setzt nicht das Bestehen eines Gesamtbetriebsausschusses voraus.[27] Für die Zusammensetzung solcher Ausschüsse sowie für die Wahl der Ausschussmitglieder gelten die Grundsätze der Mehrheitswahl, da nicht auf § 28 Abs. 1 Satz 2 verwiesen wird. Der **Vorsitzende des GBR** bzw. dessen **Stellvertreter** sind **nicht** von vornherein Ausschussmitglieder. Abs. 1 Satz 2 findet auf Ausschüsse keine Anwendung. Sie müssen im GBR wie jedes andere Mitglied durch Beschluss **gewählt** werden. 37

Der **GBR kann BR-Mitglieder**, die nicht selbst Mitglied im GBR sind, in seine nicht entscheidungsbefugten **Ausschüsse berufen**. § 51 Abs. 1 verweist nicht auf § 27 Abs. 1 Satz 2, wonach nur Mitglieder des BR in Ausschüsse gewählt werden dürfen. § 51 Abs. 1 verweist auch nicht auf § 28 Abs. 1 Satz 2, der die entsprechende Anwendung des § 27 Abs. 1 Satz 2 vorsieht. Es gibt keine Regelungslücke, sondern die Entscheidung des Gesetzgebers für eine größere Gestaltungsfreiheit des GBR bei der Organisation seiner Arbeit mit dem nicht konkretisierten Hinweis auf eine »Gesamtschau« der Vorschriften.[28]. Solange es lediglich um nicht entscheidungsbefugte Ausschüsse des GBR geht, besteht auch nicht die Gefahr, dass der GBR nicht demokratisch legitimierte Entscheidungen trifft. Dieses Ergebnis ergibt sich auch aus § 28 BetrVG: Wenn der BR bzw. der GBR schon gemeinsame Ausschüsse mit dem AG bilden kann, dann erst recht mit Mitgliedern örtlicher BR als Vertreter der Arbeitnehmersphäre. 38

Die rechtswirksame Übertragung von Aufgaben des GBR zur **selbständigen Erledigung** gem. § 51 Abs. 1 Satz 1 i. V. m. § 28 Abs. 1 Satz 1 setzt voraus, dass der Gesamtbetriebsausschuss gebildet wurde. Die Übertragung bedarf der **Schriftform.** Der Abschluss von GBV ist damit nicht verbunden. Hierüber hat der GBR insgesamt zu entscheiden (§ 51 Abs. 1 Satz 1 i. V. m. §§ 28 Abs. 1 Satz 3, 27 Abs. 2 Sätze 2 und 4). Abs. 1 verweist nicht auf § 28 Abs. 1 Satz 2 und schreibt damit keine besonderen Verfahren zur Bestellung und Abberufung der Mitglieder der Ausschüsse vor. Deshalb werden sie durch **Mehrheitsbeschluss** der GBR **bestimmt** und **abberufen.**[29] Alle Mitglieder der weiteren Ausschüsse sind zu wählen. Eine GBR-Geschäftsordnung kann nicht rechtswirksam automatische Mitgliedschaft festlegen.[30] 39

---

25 *BAG* 16.3.5, NZA 05, 1080 L = AuR 385.
26 *Richardi/Annuß*, Rn. 15; GK-*Kreutz*, Rn. 33; a. A. *Fitting*, Rn. 21 ab 23. Auflage.
27 *Fitting*, Rn. 22.
28 A. A. *ArbG Frankfurt* 20.4.11 – 14 BV 559/10.
29 *Fitting*, Rn. 24; GK-*Kreutz*, Rn. 46; a. A. *Löwisch/Kaiser*, Rn. 8.
30 *BAG* 16.11.05, AP Nr. 7 zu § 28 BetrVG 1972.

IV. Beschlüsse des Gesamtbetriebsrats (Abs. 3)

1. Beschlussfähigkeit

40 **Beschlüsse** im GBR werden nach Maßgabe des Abs. 4 gefasst. Der GBR ist **beschlussfähig,** wenn die Hälfte seiner Mitglieder an der Beschlussfassung teilnimmt und diese mindestens die Hälfte der Stimmen aller GBR-Mitglieder gemäß § 47 Abs. 7 auf sich vereinen.

41 Anwesend ist auch ein Mitglied, das sich der Stimme enthält. Die **Anwesenheitsliste,** die der Sitzungsniederschrift beizufügen ist, ermöglicht indirekt die Kontrolle der Beschlussfähigkeit des GBR. Soweit Beschlüsse des GBR der **einfachen** Stimmenmehrheit bedürfen, kommt es nicht auf die Zahl der anwesenden Mitglieder, sondern allein auf die Zahl der von ihnen **vertretenen Stimmen** an. In dem vorstehend zitierten Beispiel wäre ein zur Abstimmung gestellter Beschluss angenommen, wenn mehr als 350 Stimmen auf ihn entfallen. Nicht notwendig ist dagegen, dass diese mehr als 350 Stimmen auch von einer Mehrheit der an der Beschlussfassung teilnehmenden GBR-Mitglieder repräsentiert werden. Dies bedeutet, dass selbst ein Mitglied des GBR, das allein mehr Stimmen auf sich vereint als alle übrigen noch anwesenden Mitglieder des GBR zusammen, diese mit seinem Stimmengewicht ohne weiteres überstimmen und damit die Annahme eines Beschlusses herbeiführen könnte.

2. Beschlussfassung

42 Die Beschlussfassung erfolgt **stimmengewichtet.** Jedes Mitglied hat die Anzahl von Stimmen, die es vertritt. Ein Mitglied des GBR kann die ihm zustehenden Stimmen nur **einheitlich** abgeben; ein **Aufteilen** der Stimmen, in welcher Form auch immer ist bei der Beschlussfassung des GBR nicht möglich. Dies gilt auch, wenn ein BR nur ein Mitglied in den GBR entsandt hat. Wie bei der Beschlussfassung des BR (§ 33 Abs. 1) ist auch beim GBR ein Antrag im Falle der **Stimmengleichheit** abgelehnt, wobei es auch insoweit nicht auf die Zahl der abstimmenden GBR-Mitglieder, sondern allein auf deren Stimmengewichte ankommt.

43 Beschlüsse werden in der Regel mit **einfacher Mehrheit** gefasst. In **besonderen Fällen** (beispielsweise bei der Übertragung von Aufgaben des GBR auf den Gesamtbetriebsausschuss zur selbstständigen Erledigung nach § 51 Abs. 1, § 27 Abs. 3 oder der Abstimmung über die Geschäftsordnung nach § 51 Abs. 1, § 36) ist für die Beschlussfassung des GBR nicht die Mehrheit der anwesenden, sondern die Mehrheit **aller Stimmen** der GBR-Mitglieder erforderlich.

44 Wie beim BR ist auch bei der Beschlussfassung des GBR eine Stellvertretung durch **Ersatzmitglieder** zulässig (§ 51 Abs. 4 Satz 3, § 33 Abs. 2). Nimmt die **GJAV** an der Beschlussfassung teil (§ 73 Abs. 2, § 67 Abs. 2), werden die Stimmen der GJAV bei der Feststellung der **Stimmenmehrheit, nicht** dagegen bei der Frage der **Beschlussfähigkeit** mitgerechnet. Dabei gibt die GJAV allerdings nicht die Gesamtheit der auf sie entfallenden Stimmen geschlossen ab; vielmehr kann jedes an der Abstimmung teilnehmende Mitglied der GJAV nur die Stimmen abgeben, die ihm nach § 72 Abs. 7 zustehen. Gemäß § 51 Abs. 1 i. V. m. § 35 kann die Mehrheit der JAV oder die Schwerbehindertenvertretung oder gemäß §§ 73 Abs. 2, 66 die GJAV (für die KJAV gelten die §§ 73 b Abs. 2, 66) die **Aussetzung eines Beschlusses** für die Dauer einer Woche beantragen (vgl. Anm. zu §§ 35 und 66 sowie Rn. 46). Aufgrund der Rechtsstellung des GBR als selbstständiges Organ der Betriebsverfassung sind seine Mitglieder **nicht weisungsgebunden.** Es besteht also kein imperatives Mandat.[31]

Die Geschäftsordnung des GBR kann nicht rechtswirksam vorsehen, dass nicht nach Stimmgewicht (jedes Mitglied hat so viel Stimmen, wie es AN vertritt), sondern nach »**Nasen**« (jedes Mitglied hat nur eine Stimme) Beschlüsse gefasst werden. Dies kann zwar die Arbeit in Gremien mit vielen kleinen BRs und einem dominanten großen BR erleichtern. Über eine solche Geschäftsordnung müsste der GBR stimmgewichtet mit qualifizierter Mehrheit (Rn. 33) entscheiden. Aber eine derartige Abweichung ist gem. § 47 Abs. 9 nur beim gemeinsamen Betrieb zulässig.

45 Für die Auslegung von Beschlüssen des (Gesamt-)betriebsrats gelten die für Willenserklärun-

---

31 *BAG* 5.12.75, AP Nr. 1 zu § 47 BetrVG 1972.

gen geltenden allgemeinen Auslegungsgrundsätze des § 133 BGB. Bei der Ermittlung des **wirklichen Willens des (Gesamt-)betriebsrats** ist weder auf den individuellen Willen der einzelnen Mitglieder noch auf Umstände abzustellen, die nur den an der Beschlussfassung teilnehmenden Mitgliedern bekannt sind. Entscheidend ist der nach außen erkennbar dokumentierte Wille des Gesamtgremiums.[32]

V. Beschlussfassung des Gesamtbetriebsausschusses (Abs. 4)

Der Gesamtbetriebsausschuss führt gem. Abs. 1 Satz 1 i. V. m. § 28 Abs. 2 Satz 1 die **»laufenden Geschäfte«** des GBR. 46

Auf die Beschlussfassung des Gesamtbetriebsausschusses und weiterer Ausschüsse des GBR sind nach Abs. 5 die für den BR geltenden Grundsätze anzuwenden (§ 33 Abs. 1 und 2). Anders als bei Abstimmungen im GBR hat hier jedes Mitglied also nur **eine Stimme.** Der Ausschuss ist nur dann beschlussfähig, wenn mindestens die Hälfte seiner Mitglieder an der Beschlussfassung teilnimmt. 47

VI. Organisation und Geschäftsführung des Gesamtbetriebsrats (Abs. 1 Satz 1)

Nach Abs. 1 sind für die Organisation und Geschäftsführung des GBR eine Reihe von für den BR geltenden Vorschriften entsprechend anzuwenden. Insoweit wird auch auf die Erl. zu den in Bezug genommenen Regelungen **verwiesen.**[33] 48

1. Vorsitzender

Für die **Wahl des Vorsitzenden** des GBR und seines Stellvertreters sowie für die Stellung des Vorsitzenden gilt § 26 Abs. 1 und 3 entsprechend i. V. m. § 51 Abs. 2 Sätze 1 und 2. 49

2. Ersatzmitglied

Auch für den GBR gilt der Grundsatz, dass im Falle des Ausscheidens oder der zeitweiligen Verhinderung eines GBR-Mitglieds ein **Ersatzmitglied** nachrückt (§ 25 Abs. 1). Die Reihenfolge der nachrückenden Ersatzmitglieder bestimmt sich in diesen Fällen jedoch nach § 47 Abs. 3. Es rückt deshalb das Mitglied nach, das nach der Beschlussfassung des BR jeweils für das zu vertretende Mitglied eintritt. 50

3. Ausschüsse

Für den **Gesamtbetriebsausschuss** und **weitere** Ausschüsse des GBR gelten die für den BR maßgebenden Vorschriften der § 27 Abs. 3 und 4 sowie § 28 mit den in § 51 Abs. 1 und 2 enthaltenen Sonderregelungen. Er kann im Rahmen seines Ermessens in seiner Geschäftsordnung auch die Errichtung anderer Ausschüsse und so genannte Fachbeauftragte für bestimmte Themen regeln.[34] Danach wählt der GBR den Vorsitzenden und dessen Stellvertreter aus der Mitte der Mitglieder dieses Gremiums. 51

4. Sitzungen

Auf die **konstituierende Sitzung** des GBR ist die für den BR geltende Vorschrift des § 29 Abs. 1 nicht anzuwenden, da § 51 Abs. 3 insoweit eine Sonderregelung für den GBR enthält (Rn. 3 ff.). Jedoch gelten für die weiteren Sitzungen des GBR nach § 51 Abs. 3 Satz 3 die Bestimmungen des § 29 Abs. 2 bis 4 entsprechend. Über die Sitzungen des GBR ist gem. § 51 Abs. 3 i. V. m. § 34 ein Protokoll zu führen. Über **Protokollfehler** ist nicht nach Stimmen gewichtet, sondern nach der Personenanzahl abzustimmen. 52

---

32 *LAG Berlin-Brandenburg* 9.10.14, NZA-RR 15, 80.
33 Vgl. Musterregelung zur Geschäftsordnung des GBR in DKKWF-*Trittin*, § 51 Rn. 3.
34 *LAG Baden-Württemberg* 10.4.13, NZA-RR 13, 411 für einen Koordinationsausschuss eines BR.

53 Bei der Einberufung der weiteren Sitzungen sind die Vorschriften über ein **Teilnahmerecht** der **GJAV** nach § 73 Abs. 2 und § 67 (bzw. der **KJAV** nach § 73 b Abs. 2 und § 67) und der **Gesamtschwerbehindertenvertretung** nach § 52 zu beachten.

54 Der GBR ist nicht verpflichtet, seine **Sitzungen** nur am Ort der Hauptverwaltung eines UN einzuberufen; er kann Sitzungen auch in einem **anderen Betrieb** des UN abhalten.[35] Es ist auch nicht zu beanstanden, wenn Sitzungen des GBR in einem Hotel stattfinden. Dies gilt jedenfalls dann, wenn ein geeigneter Sitzungsraum beispielsweise im am Ort befindlichen Betrieb des UN nicht vorhanden ist.[36]

55 **Häufigkeit** und **Dauer** der **Sitzungen** bestimmt allein der GBR bzw. der GBR-Vorsitzende. Der AG hat bei einer zweitägigen Sitzung auch die anfallenden **Übernachtungskosten** und weitere Tagespauschalen zu tragen. Stellt der AG üblicherweise für Dienstreisen **Firmenfahrzeuge** aus einem Pool zur Verfügung, ist eine Nutzung solcher Fahrzeuge für die Anreise zur Sitzung des GBR zu gestatten.[37] Nutzt der AN sein privates Auto für dienstliche Zwecke, besteht hierauf auch bei Fahrten für den GBR ein Anspruch. GBR-Mitglieder sind nicht verpflichtet, die Hin- und Rückfahrt zu und von GBR-Sitzungen mit eigenem oder Firmen-PKW als Selbstfahrer durchzuführen. Sie können auch die **Bahn** nutzen.[38]

56 Der GBR hat Anspruch auf eine **Schreibkraft zur Protokollführung** während der Sitzungen, wenn sie einen erheblichen Umfang haben. Alle Teilnehmer sind während der Dauer gehalten, an den Verhandlungen konzentriert und intensiv zum Wohle der AN und des Betriebes teilzunehmen. An diesem Recht und dieser Pflicht werden sie gehindert, wenn einzelne Stichwortprotokolle zu führen haben. Insoweit werden sie daran gehindert, an der jeweils aktuellen Diskussion aktiv teilzunehmen. Ein Diktiergerät oder sonstiges Hilfsmittel stellen keine Alternative dar. Der Einsatz eines Diktiergerätes lenkt ab und kann dazu führen, dass das jeweilige BR-Mitglied nicht vollständig an dem sonstigen Verlauf der GBR-Sitzung teilnehmen kann.[39]

5. Teilnahmerecht Dritter

57 Die Vorschrift des § 31 über die Teilnahme von **Beauftragten der Gewerkschaft** an Sitzungen des GBR gilt entsprechend. Sie muss zumindest in einem BR des UN, nicht unbedingt im GBR, vertreten sein.[40] Mitglieder anderer GBR, des KBR oder von BR können als **Auskunftspersonen** auf Beschluss des GBR zu einzelnen Sitzungen hinzugezogen werden.

6. Aussetzung von Beschlüssen

58 Entsprechend anwendbar ist nach § 51 Abs. 1 Satz 1 auch die Vorschrift des § 35 über die **Aussetzung von Beschlüssen.**

7. Arbeitsbefreiung

59 Die Vorschriften des § 37 Abs. 1 bis 3 über die **ehrenamtliche Tätigkeit,** die **Arbeitsbefreiung** und den **Ausgleich von BR-Tätigkeit** außerhalb der Arbeitszeit durch Freizeitgewährung oder Vergütung einschließlich ihrer Abgeltung wie Mehrarbeit finden nach § 51 Abs. 1 Satz 1 analoge Anwendung auch für Mitglieder des GBR.

60 Der GBR bzw. das einzelne Mitglied kann für voraussichtliche **Aufwendungen,** insbes. erforderliche Reisekosten, einen angemessenen **Vorschuss** verlangen. Dies folgt daraus, dass den Mitgliedern des GBR aus ihrer ehrenamtlichen Tätigkeit keine zusätzlichen persönlichen Be-

---

35 *BAG* 29.4.98, AP Nr. 58 zu § 40 BetrVG 1972.

36 *ArbG Darmstadt* 5.7.88, AiB 88, 285; *Fitting,* Rn. 35; GK-*Kreutz,* Rn. 50; restriktiv HWGNRH-*Glock,* Rn. 11: in der Regel Sitz der Hauptverwaltung, keinesfalls an Orten ohne Betrieb des UN.

37 *ArbG Darmstadt* 5.7.88, AiB 88, 285.

38 *ArbG Nürnberg* 16.6.95, AiB 96, 248.

39 *ArbG Frankfurt* 9.1.97, AiB 98, 587, für Sitzungen mit 13 bis 18 Tagesordnungspunkten.

40 *Däubler,* Gewerkschaftsrechte, Rn. 149; *Fitting* ab 24. Aufl. Rn. 37.

lastungen erwachsen dürfen (§ 78 Satz 2). Die Ansprüche auf Reisekostenvorschuss oder Sachleistung (Fahrzeuge) können notfalls auch im Wege der einstweiligen Verfügung durchgesetzt werden.[41]

Nicht verwiesen wird in § 51 Abs. 1 Satz 1 auf die Bestimmungen des § 37 Abs. 4 bis 7 über den für BR-Mitglieder geltenden **Lohn- und Tätigkeitsschutz** sowie über die Teilnahme an **Schulungs-** und **Bildungsveranstaltungen.** Diese Vorschriften finden deshalb für GBR-Mitglieder keine entsprechende Anwendung. Das ist auch nicht erforderlich, da die Mitglieder des GBR den Lohn- und Tätigkeitsschutz bereits als BR-Mitglieder genießen; Entsprechendes gilt für Ansprüche auf Teilnahme an Schulungs- und Bildungsveranstaltungen. 61

Soweit es die **Erforderlichkeit** der Teilnahme an Schulungs- und Bildungsveranstaltungen nach § 37 Abs. 6 angeht, kann diese nicht allein nach der im entsendenden BR ausgeübten Tätigkeit beurteilt werden. Es muss auch die hierüber hinausgehende Tätigkeit im GBR berücksichtigt werden. Die Entsendung von Mitgliedern des GBR zu Schulungsveranstaltungen erfolgt aber nicht durch den GBR, sondern durch die jeweiligen BR.[42] 62

Der Grundsatz, dass BR-Mitglieder von ihrer Arbeit **ohne Verdienstminderung freizustellen** sind (§ 37 Abs. 2), soweit es die ordnungsgemäße Durchführung der BR-Tätigkeit erforderlich macht, gilt auch für die Mitglieder des GBR. Allerdings kommt auf den GBR die Staffelung des § 38 über die **Mindestfreistellung** nicht zur Anwendung, zumal hier in Bezug auf die Zahl der betreuten AN andere Größenverhältnisse bestehen. Ist eine Freistellung nach § 38 für ein Mitglied des BR erfolgt, kann sie nicht zwangsläufig zur Wahrnehmung von Aufgaben für den GBR »verbraucht« werden. Umgekehrt führt die Freistellung zur Durchführung von Tätigkeiten des GBR nicht zur Anrechnung auf die nach § 38 für einen BR vorzunehmende Mindestfreistellung. 63

Soweit der GBR, weil dies zur ordnungsgemäßen Wahrnehmung der ihm obliegenden Aufgaben **erforderlich** ist, die Freistellung **eines oder mehrerer** seiner Mitglieder nach § 37 Abs. 2 beansprucht, obliegt ihm die Entscheidung über die Person der Freizustellenden nach Maßgabe der insoweit entsprechend anzuwendenden Bestimmung des § 38 Abs. 2.[43] Im Übrigen sind **freiwillige Vereinbarungen** zwischen AG und GBR über Freistellungen selbstverständlich ohne Einschränkungen zulässig. 64

8. Sprechstunden

Nicht entsprechend auf den GBR zur Anwendung kommt die Regelung über die Einrichtung von **Sprechstunden** während der Arbeitszeit (§ 39). Allerdings kann ihre Durchführung zwischen AG und GBR freiwillig vereinbart werden.[44] 65

9. Kosten, Zugangsrecht

Die Vorschriften über die **Kostentragung** durch den AG (§ 40) und über das **Umlageverbot** (§ 41) gelten auch für den GBR. Kosten, die dadurch entstehen, dass der Vorsitzende des GBR im Zusammenhang mit einer beabsichtigten Veräußerung eines von mehreren Betrieben einen **Betriebsbesuch** durchführt, sind als notwendig i. S. d. § 40 anzusehen.[45] 66

Der GBR hat auch zu **betriebsratslosen Betrieben** ein Zugangsrecht. Soweit es die Durchführung von **Sitzungen** angeht, ist der GBR grundsätzlich nicht gebunden, sie am **Ort der Hauptverwaltung** eines UN einzuberufen. Die Zuständigkeit des GBR für den gesamten UN-Bereich bedingt, dass der GBR Sitzungen auch an **anderen unternehmensbezogenen Orten** durchführt, an denen es Betriebe und BR des UN gibt.[46] Ebenso ist der GBR berechtigt, an **Betriebs-** 67

41 *ArbG Darmstadt* 5.7.88, AiB 88, 285.
42 *BAG* 10.6.75, AP Nr. 1 zu § 73 BetrVG 1972; *Fitting,* Rn. 43.
43 *LAG München* 19.7.90, NZA 91, 905; *Fitting,* Rn. 44; Richardi-*Annuß,* Rn. 51; HWGNRH-*Glock,* Rn. 58; GK-*Kreutz,* Rn. 55.
44 *Fitting,* Rn. 45; *HSWGN,* Rn. 59; Richardi-*Annuß,* Rn. 38.
45 *LAG Berlin* 1.10.73, DB 74, 1439; *Fitting,* Rn. 46; a. A. *HSWGN,* Rn. 60.
46 *BAG* 24.7.79, AP Nr. 1 zu § 51 BetrVG 1972.

versammlungen in allen Betrieben der UN teilzunehmen. Eine solche Teilnahme ist stets als sachdienlich anzusehen und widerspricht deshalb nicht dem Grundsatz der Nichtöffentlichkeit derartiger Versammlungen.[47]

68 Soweit dem GBR keine Mitglieder des Einzel-BR angehören, ist einem Mitglied dieses Gremiums die **Teilnahmeberechtigung ohne Stimmrecht** zur Berichterstattung über die der Zuständigkeit des Einzel-BR entzogenen Angelegenheiten zu ermöglichen, wenn ihre Anwesenheit für eine ordnungsgemäße Erfüllung der Aufgaben der Betriebsversammlung sachdienlich ist und drei Arbeitnehmer den GBR zur Anwesenheit bei einer Betriebsversammlung nach § 17 BetrVG eingeladen haben.[48]

69 Der GBR hat Anspruch auf eine **Schreibkraft** zur Protokollführung, wenn auf einer Sitzung eine umfangreiche Tagesordnung behandelt wird.[49]

70 Der GBR ist von den Kosten eines für die ESt. **hinzugezogenen Rechtsanwaltes** freizustellen, sofern dies zur Rechtswahrung erforderlich ist.[50] Zur Vertretung des GBR durch einen Rechtsanwalt bedarf es einer wirksamen Abtretung des Kostenerstattungsanspruchs.[51]

71 Der AG hat **Kinderbetreuungskosten,** die dem GBR-Mitglied durch Teilnahme an den Sitzungen entstehen, zu tragen.[52]

72 Der GBR ist befugt, sich mit **ausländischen Interessenvertretungen** der AN des UN direkt in Verbindung zu setzen. Der AG hat die durch erforderliche Tätigkeit anfallenden Kosten zu tragen.[53]

10. Sachmittel

73 Der GBR hat Anspruch auf **Freischaltung** der in seinem Büro und der in betriebsratslosen Verkaufsstellen vorhandenen **Telefone** zur wechselseitigen Erreichbarkeit.[54] Soweit die dem BR vom AG bereitgestellten **Sachmittel** nicht ausreichen, sind für die Tätigkeit im GBR den Mitgliedern Büropersonal, Räume, Fachliteratur und sonstige Sachmittel zur Verfügung zu stellen.[55] Auf die Überlassung eines **Laptops** besteht erst dann ein Anspruch, wenn dem GBR für Sitzungen in den Niederlassungen kein Raum mit direktem EDV-Zugriff zur Verfügung gestellt wird.[56] BR-Mitglieder im Außendienst können eine andere Ausstattung verlangen.[57]

74 Nach Auffassung des *BAG* ist die Herausgabe eines eigenen **Informationsblattes** des GBR an die AN des UN auf Kosten des AG wegen der Möglichkeit der Unterrichtung der AN durch die einzelnen BR nicht erforderlich.[58] Dies ist jedoch unzutreffend. Im Rahmen seines Aufgabenbereichs kann auch die Herausgabe eines Informationsblattes erforderlich sein, wenn die Umstände des Einzelfalls dies geboten erscheinen lassen, z. B. wegen der Bedeutung der Angelegenheit.[59]

11. Arbeitsgemeinschaften

75 Eine Zusammenarbeit des GBR über UN-Grenzen hinweg neben oder anstelle eines KBR entspricht der Praxis, in der sich auf informelle Weise **Arbeitsgemeinschaften** gebildet haben. Dies ist gem. § 3 Abs. 4 durch Tarifvertrag zulässig, wenn die zusätzlichen Gremien der unternehmensübergreifenden Zusammenarbeit dienen.

---

47 *BAG* 13.9.77, 28.11.78, AP Nrn. 1, 2 zu § 42 BetrVG 1972.
48 *ArbG Frankfurt a. M.* 31.10.96, AiB 97, 716.
49 *ArbG Frankfurt a. M.* 9.1.97, AiB 98, 587.
50 *BAG* 5.11.81, EzA § 40 BetrVG 1972 Nr. 50.
51 *LAG Berlin-Brandenburg* 9.10.14, NZA-RR 15, 80.
52 *HessLAG* 22.7.97, NZA-RR 98, 121.
53 *ArbG München* 29.8.91, AiB 91, 429; *LAG Hannover* 10.6.92, CR 93, 293.
54 *BAG* 9.12.09, NZA 10, 662.
55 *Fitting,* Rn. 46; einschränkend HWGNRH-*Glock,* Rn. 60.
56 *LAG Köln* 17.10.97 – 11 TaBV 15/97.
57 *Däubler,* Internet und Arbeitsrecht, Rn. 472.
58 *BAG* 21.11.78, AP Nr. 4 zu § 4 BetrVG 1972.
59 *Fitting,* Rn. 46.

12. Betriebsratslose Betriebe

Der GBR hat dafür Sorge zu tragen, dass in bislang noch betriebsratslosen Betrieben, in dem jedoch nach § 1 BetrVG ein BR gewählt werden könnte, die Betriebsratswahl eingeleitet wird. Gemäß § 17 Abs. 1 Satz 1 bestellt der GBR dazu einen **Wahlvorstand** nach § 16 Abs. 1 BetrVG. Die Erfüllung dieser Aufgabe ist nicht in sein Belieben gestellt, sondern entspricht einer **Rechtspflicht.** Dies ergibt sich nicht nur aus dem Wortlaut des § 17 Abs. 1 Satz 1 BetrVG (»so bestellt der Gesamtbetriebsrat ...«), sondern auch aus dem Schutzzweck und der Gesetzessystematik. Der Gesetzgeber brachte im BetrVG vielfach zum Ausdruck, dass mitbestimmungsfreie Bereiche zu schließen sind, wenn die entsprechenden Voraussetzungen vorliegen. Die Existenz von BR in betriebsratsfähigen Einheiten entspricht der Zielvorstellung des Gesetzgebers. 76

Gemäß § 2 Abs. 1 WO 2001 hat der WV einen Anspruch darauf, dass ihm für die Betriebsratswahl eine Liste der **Wahlberechtigten** ausgehändigt wird. Darauf sind die Wahlberechtigten mit Familienname, Vorname und Geburtsdatum in alphabetischer Reihenfolge und getrennt nach Geschlechtern aufzuführen. Die nicht wahlberechtigten Leiharbeitnehmer sind in der Wählerliste auszuweisen. Dieser eigene Anspruch auf Informationen des Wahlvorstandes verdrängt nicht den des GBR. Er hat nach eigenem pflichtgemäßem Ermessen das Vorliegen der Voraussetzungen des § 1 Abs. 1 Satz 1 BetrVG zu prüfen.[60] Dazu muss er folgende Informationen über Arbeitnehmer haben: 77

- Vor- und Nachname
- Adresse
- Geburtsdatum
- Beschäftigungsbeginn
- Nichtwahlberechtigte Leiharbeitnehmer

Ohne **eigenen Informationsanspruch** müsste der GBR den WV in betriebsratslosen Betrieben quasi »blind« bestellen, ohne zuvor das Vorliegen der Voraussetzungen des § 1 Abs. 1 Satz 1 BetrVG geprüft zu haben. Hierdurch würden nicht nur unnötige Kosten entstehen, sondern auch ein vermeidbarer bürokratischer Aufwand erforderlich werden. 78

Besteht acht Wochen vor Ablauf der Amtszeit des BR kein WV, kann der **GBR ihn bestellen** (§ 16 Abs. 3). 79

Der GBR hat in betriebsratslosen Betrieben die **Einladung von GBR** gem. §§ 50 Abs. 5, 80 Abs. 1 Nr. 1 zu **überwachen**. Dadurch entsteht für ihn keine neue Ersatzzuständigkeit.[61] Der AG hat dem GBR deshalb z. B. in Filialunternehmen eine Liste sämtlicher Telefonnummern der betriebsratslosen Filialen zur Verfügung zu stellen.[62] 80

VII. Rechte und Pflichten des Gesamtbetriebsrats (Abs. 5)

Die Bestimmung des Abs. 5, nach der die Rechte und Pflichten des BR entsprechend auch für den GBR gelten, soweit das Gesetz keine abweichenden Regelungen trifft, gilt generell und bezieht sich auch auf die **Organisation und Geschäftsführung** des GBR. Die Verweisungen in Abs. 1 bis 4 sind insofern erschöpfend. Die Unterrichtungs- und Kontrollbefugnisse des betrieblichen Datenschutzbeauftragten bestehen nicht gegenüber dem BR und GBR. Dies wäre mit ihrer Unabhängigkeit unvereinbar.[63] Abs. 5 verweist nicht auf die die originären Mitbestimmungsrechte des BR regelnden Vorschriften. Die Zuständigkeitsverteilung zwischen BR und GBR nach § 50 Abs. 1 Nr. 1 BetrVG betrifft z. B. nur die im BetrVG geregelten Mitwirkungs- und Mitbestimmungsrechte, die AG und BR eine Regelungsbefugnis eröffnen. Sie findet bei Beteiligungssachverhalten, die einer weiteren Ausgestaltung durch die Betriebsparteien nicht zugänglich sind oder einer solchen nicht bedürfen, keine Anwendung.[64] 81

60 *LAG Baden-Württemberg* 30.4.08, AiB 08, 416; *LAG Nürnberg* 25.1.07 – 1 TaBV 14/06.
61 *LAG Baden-Württemberg* 30.4.08, AiB 08, 416.
62 *LAG Baden-Württemberg* 30.4.08, AiB 08, 416.
63 *BAG* 11.11.97, BB 98, 106.
64 *BAG* 16.8.11, NZA 12, 342 für den vom GBR beanspruchten, aber nur dem BR gem. § 80 Abs. 1 Nr. 1 zustehenden Online-Zugriff auf Daten.

82 Die Generalklausel des Abs. 5 betrifft die allgemeinen Grundsätze des Gesetzes, etwa das Gebot der Beachtung des Gleichbehandlungsgrundsatzes gemäß § 75. Sie besagt weiterhin, dass der GBR im Rahmen seiner Zuständigkeit nach § 50 die gleichen materiellen **Mitwirkungs- und Mitbestimmungsrechte** hat wie der BR.[65] Der GBR ist deshalb nach Maßgabe des § 80 Abs. 3 auch berechtigt, zur Erfüllung seiner Aufgaben **Sachverständige** und **Berater** hinzuzuziehen.[66] Dem GBR steht gem. § 50 Abs. 1 Satz 1, 2. Halbsatz auch dann ein Mitbestimmungsrecht zu, wenn in Betrieben kein BR besteht. § 51 Abs. 5 regelt nicht die Zuständigkeit des GBR, sondern nach der Systematik nur seine Geschäftsführung. Er wird Träger der dem BR zustehenden Rechte und Pflichten, wenn er entweder nach § 50 oder anderen Vorschriften für die Behandlung der Angelegenheit zuständig ist.[67] Über die §§ 47 – 53 hinaus trifft das Gesetz folgende Regelungen zur Rechtsstellung des GBR:

- Beteiligung bei Errichtung eines KBR gemäß §§ 54 ff.,
- Bestimmung der Mitglieder des Wirtschaftsausschusses, der damit ein Ausschuss des GBR ist.[68]

Darüber hinaus ist der GBR im Rahmen der UN-Mitbestimmung in verschiedenen Fällen beteiligt.[69]

VIII. Streitigkeiten

83 Über Streitigkeiten, die sich aus der Anwendung des § 51 über Fragen der Organisation oder Geschäftsführung des GBR ergeben, entscheidet das ArbG im **Beschlussverfahren** (§§ 2 a, 80 ff. ArbGG). Örtlich zuständig ist das ArbG, in dessen Bezirk das UN seinen Sitz hat (§ 82 Abs. 2 ArbGG).

84 Ist Gegenstand einer Streitsache der Anspruch auf Arbeitsentgelt, das Mitgliedern des GBR vorenthalten oder gemindert wurde, müssen die Betroffenen ihre Entgeltansprüche im **Urteilsverfahren** einklagen. Dabei bestimmt sich die **örtliche Zuständigkeit** des Gerichts nach den allgemeinen prozessualen Grundsätzen, so dass regelmäßig das ArbG zuständig ist, in dessen Bezirk der Beschäftigungsbetrieb des GBR-Mitglieds seinen Sitz hat.[70]

85 Streitigkeiten über die Wahl des Vorsitzenden des GBR und des Stellvertreters sowie die der weiteren Mitglieder des Gesamtbetriebsausschusses oder weiterer Ausschüsse sind analog § 19 binnen einer **Frist von zwei Wochen** seit Bekanntgabe der Wahlergebnisse gerichtlich geltend zu machen. Bei krassen Gesetzesverstößen kommt ausnahmsweise **Nichtigkeit** in Betracht (§ 19 Rn. 1 ff.).[71]

86 **Anfechtungsberechtigt** ist jedes GBR-Mitglied, der AG sowie die im UN vertretene Gewerkschaft, da sie ebenso wie beim BR auch an der inneren Ordnung des GBR beteiligt ist.[72] Die Nichtigkeit der Bildung des Gesamtbetriebsausschusses kann von jedem davon Betroffenen zu jeder Zeit unabhängig davon geltend gemacht werden, ob und in welcher Form er an dem nichtigen Rechtsakt mitwirkte.[73]

87 In einem Beschlussverfahren, in dem es um die Befugnisse des betrieblichen Datenschutzbeauftragten gegenüber dem GBR (BR) geht, ist der **betriebliche Datenschutzbeauftragte** nicht **Beteiligter**.[74]

88 Sind **AN Antragsteller**, müssen sie im Zeitpunkt der Entscheidung noch GBR-Mitglieder sein, wenn es um die Wirksamkeit von Beschlüssen geht.

---

65 *BAG* 20.1.04, AP Nr. 3 zu § 87 BetrVG 1972 Vorschlagswesen; *Fitting*, Rn. 63; *GL*, Rn. 32.
66 *BAG* 11.11.09 – 7 ABR 26/08; *Fitting*, Rn. 65; HWGNRH-*Glock*, Rn. 64.
67 *BAG* 16.8.11, NZA 12, 342.
68 *BAG* 4.6.87, EzA § 108 BetrVG 1972 Nr. 6.
69 Vgl. seine besonderen gesetzlichen Zuständigkeiten § 50 Rn. 168.
70 *BAG* 31.10.75, AP Nr. 2 zu § 106 BetrVG 1972 mit Anm. *Hinz*.
71 *BAG* 3.11.91, 8.4.92, EzA § 26 BetrVG 1972 Nrn. 5, 6; 15.1.92, EzA § 19 BetrVG 1972 Nr. 37.
72 Insoweit a. A. GK-*Kreutz*, Rn. 99.
73 *BAG* 21.7.04 – 7 ABR 62/03.
74 *LAG Berlin* 19.12.96, DB 97, 1187.

§ 52 Teilnahme der Gesamtschwerbehindertenvertretung

Die Gesamtschwerbehindertenvertretung (§ 97 Abs. 1 des Neunten Buches Sozialgesetzbuch) kann an allen Sitzungen des Gesamtbetriebsrats beratend teilnehmen.

Inhaltsübersicht

I. Vorbemerkungen

Die Vorschrift entspricht der die Teilnahmebefugnis der **Schwerbehindertenvertretung** an Sitzungen des BR regelnden Vorschrift des § 32. 1

II. Die Gesamtschwerbehindertenvertretung

Die Vorschrift verweist auf § 97 Abs. 1 SGB IX, dessen Abs. 1, 5 und 6 folgendermaßen lauten: 2

»(1) Ist für mehrere Betriebe eines Arbeitgebers ein Gesamtbetriebsrat oder für den Geschäftsbereich mehrerer Dienststellen ein Gesamtpersonalrat errichtet, so wählen die Schwerbehindertenvertretungen der einzelnen Betriebe oder Dienststellen eine Gesamtschwerbehindertenvertretung. Ist eine Schwerbehindertenvertretung nur in einem der Betriebe oder in einer der Dienststellen gewählt, nimmt sie die Rechte und Pflichten der Gesamtschwerbehindertenvertretung wahr.«
(5) Für jede Vertrauensperson, die nach den Absätzen 1 bis 3 neu zu wählen ist, wird wenigstens ein stellvertretendes Mitglied gewählt.
(6) Die Gesamtschwerbehindertenvertretung vertritt die Interessen der schwerbehinderten Menschen in Angelegenheiten, die das Gesamtunternehmen oder mehrere Betriebe oder Dienststellen des Arbeitgebers betreffen und von den Schwerbehindertenvertretungen der einzelnen Betriebe oder Dienststellen nicht geregelt werden können, sowie die Interessen der Schwerbehinderten, die in einem Betrieb oder einer Dienststelle tätig sind, für die eine Schwerbehindertenvertretung nicht gewählt werden kann oder worden ist. Satz 1 gilt entsprechend für die Konzern-, Bezirks- und Hauptschwerbehindertenvertretung sowie für die Schwerbehindertenvertretung der obersten Dienstbehörde, wenn bei einer mehrstufigen Verwaltung Stufenvertretungen nicht gewählt werden. Die nach Satz 2 zuständige Schwerbehindertenvertretung ist auch in persönlichen Angelegenheiten schwerbehinderter Menschen, über die eine übergeordnete Dienststelle entscheidet, zuständig; sie hat der Schwerbehindertenvertretung der Dienststelle, die den schwerbehinderten Menschen beschäftigt, Gelegenheit zur Äußerung zu geben. Satz 3 gilt nicht in den Fällen, in denen der Personalrat der Beschäftigungsbehörde zu beteiligen ist.«

Die Gesamtschwerbehindertenvertretung ist **gesetzliches Organ der Betriebsverfassung** mit eigenen Rechten und Pflichten.[1] Es ist unproblematisch, wenn ein GBR-Mitglied auch der Gesamtschwerbehindertenvertretung angehört und umgekehrt.[2] 3

Das Verhältnis zwischen Gesamtschwerbehindertenvertretung und Schwerbehindertenvertretung entspricht dem zwischen BR und GBR. Während jedoch die Schwerbehindertenvertretung unabhängig vom Bestehen eines BR gewählt wird (§ 24 SchwbG), ist die Wahl der Gesamtschwerbehindertenvertretung nur vorgesehen, wenn in einem UN ein **GBR errichtet** ist (vgl. § 97 Abs. 1 Satz 1 SGB IX). Besteht eine Schwerbehindertenvertretung nur in einem der Betriebe des UN, nimmt sie die Rechte und Pflichten der Gesamtschwerbehindertenvertretung wahr (§ 97 Abs. 1 Satz 2 SGB IX). 4

Die Interessenvertretung beinhaltet gem. § 97 Abs. 6 Satz 1 SGB IX Verhandlungen und den Abschluss von **Integrationsvereinbarungen**.[3] 5

1 *BAG* 21.9.89, EzA § 14 SchwbG 1986 Nr. 6.
2 *BAG* 4.6.87, BAGE 55, 332.
3 *Fitting*, Rn. 9; *Braun*, MDR 05, 62.

6 Die **regelmäßigen Wahlen** zur Gesamtschwerbehindertenvertretung finden gemäß § 97 Abs. 7 SGB IX alle vier Jahre in der Zeit vom 1. Dezember bis 31. Januar statt. Sie schließen sich denen der Schwerbehindertenvertretung an, die vom 1. Oktober bis 30. November durchgeführt werden.[4]

7 Gemäß § 97 Abs. 5 SGB IX sind eine **Vertrauensperson** und zugleich ein **stellvertretendes Mitglied** zu wählen.

8 Die Gesamtschwerbehindertenvertretung wird von den **Schwerbehindertenvertretungen der einzelnen Betriebe** gewählt. Wählbar sind alle im Betrieb nicht nur vorübergehend Beschäftigten, die am Wahltag das 18. Lebensjahr vollendet haben und dem Betrieb seit sechs Monaten angehören (§ 97 Abs. 7 i. V. m. § 94 Abs. 3 SGB IX). Der Gewählte braucht also kein Schwerbehinderter zu sein. Allerdings scheiden leitende **Angestellte** (§ 5 Abs. 3) und andere zum BR nicht wählbare Personen aus (§ 97 Abs. 7 i. V. m. § 94 Abs. 3 SGB IX).

9 Die Gesamtschwerbehindertenvertretung wird nach § 97 Abs. 7 i. V. m. § 94 Abs. 6 Satz 1 SGB IX **geheim** und **unmittelbar** nach den Grundsätzen der **Mehrheitswahl** gewählt. Wahlanfechtung, Wahlschutz und Wahlkosten erfolgen nach den Regeln der Betriebsverfassung.[5]

10 Die **Amtszeit** der Gesamtschwerbehindertenvertretung beträgt vier Jahre (§ 97 Abs. 7 i. V. m. § 94 Abs. 7 SGB IX).

11 Die Gesamtschwerbehindertenvertretung vertritt die Interessen der Schwerbehinderten in Angelegenheiten, die das Gesamt-UN oder mehrere Betriebe des UN betreffen und von den Schwerbehindertenvertretungen der einzelnen Betriebe **nicht geregelt werden können** (§ 97 Abs. 6 SGB IX). Insoweit ist die Regelung der Vorschrift des § 50 Abs. 1 über das Verhältnis zwischen GBR und BR nachgebildet.

12 Die Gesamtschwerbehindertenvertretung hat ausdrücklich auch die Interessen der Schwerbehinderten zu vertreten, die in einem Betrieb tätig sind, für die eine Schwerbehindertenvertretung nicht gewählt werden kann oder nicht gewählt worden ist (§ 97 Abs. 6 Satz 1 SGB IX).

III. Teilnahme an Sitzungen des Gesamtbetriebsrats und seiner Ausschüsse

13 Das **Teilnahmerecht** der Gesamtschwerbehindertenvertretung erstreckt sich auf die Sitzungen des GBR und seiner Ausschüsse. Es hängt nicht von den Themen der Tagesordnung ab und gilt auch für Sitzungen, auf denen Fragen der Schwerbehinderten nicht behandelt werden.

14 Die Teilnahme ist **beratender Art,** d. h., ein Stimmrecht hat die Gesamtschwerbehindertenvertretung nicht. Zum Teilnahmerecht an den Sitzungen des WA vgl. § 108 Rn. 7.

15 Die Gesamtschwerbehindertenvertretung ist zu allen (monatlichen) Besprechungen des AG mit dem GBR gemäß §§ 51 Abs. 6, 74 Abs. 1 hinzuzuziehen.

16 Die Gesamtschwerbehindertenvertretung kann zwar die Einberufung einer GBR-Sitzung nicht beantragen, hat aber das Recht zu **beantragen,** dass Angelegenheiten, die einzelne oder alle Schwerbehinderten besonders betreffen, auf die Tagesordnung der nächsten Sitzung gesetzt werden (§ 97 Abs. 7 i. V. m. § 95 Abs. 4 SGB IX). Außerdem kann sie die **Aussetzung von Beschlüssen** des GBR verlangen, wenn sie glaubt, dass durch einen Beschluss des GBR wichtige Interessen der Schwerbehinderten erheblich beeinträchtigt werden (§ 97 Abs. 7 i. V. m. § 95 Abs. 4 SGB IX). Das Gleiche gilt, wenn sie in einer Angelegenheit, in der sie nach § 95 Abs. 2 SGB IX vom AG rechtzeitig und umfassend zu unterrichten und vor einer Entscheidung zu hören war, nicht ordnungsgemäß beteiligt worden ist. Für das Verfahren bei der Aussetzung von Beschlüssen des GBR gilt § 35 (§ 51 Abs. 1).

17 Der Vorsitzende des GBR ist verpflichtet, die Gesamtschwerbehindertenvertretung unter Mitteilung der Tagesordnung rechtzeitig zu allen Sitzungen zu **laden.** Ein Verstoß hiergegen hat jedoch keinerlei Rechtswirkung auf die Wirksamkeit der während der Sitzung gefassten Beschlüsse des GBR.[6]

---

4 *Rudolph,* AiB 10, 681 ff.
5 *Fitting,* Rn. 7.
6 *Fitting,* Rn. 15.

IV. Streitigkeiten

18 Streitigkeiten über das Recht zur Teilnahme an den Sitzungen des GBR und seiner Ausschüsse sowie über sonstige Befugnisse der Gesamtschwerbehindertenvertretung entscheiden die ArbG im **Beschlussverfahren** gemäß §§ 2 a, 80 ff. ArbGG.[7] Gemäß § 82 Satz 2 ArbGG ist das Gericht **örtlich zuständig,** in dessen Bezirk das UN seinen Sitz hat.

§ 53 Betriebsräteversammlung

(1) Mindestens einmal in jedem Kalenderjahr hat der Gesamtbetriebsrat die Vorsitzenden und die stellvertretenden Vorsitzenden der Betriebsräte sowie die weiteren Mitglieder der Betriebsausschüsse zu einer Versammlung einzuberufen. Zu dieser Versammlung kann der Betriebsrat abweichend von Satz 1 aus seiner Mitte andere Mitglieder entsenden, soweit dadurch die Gesamtzahl der sich für ihn nach Satz 1 ergebenden Teilnehmer nicht überschritten wird.

(2) In der Betriebsräteversammlung hat

1. der Gesamtbetriebsrat einen Tätigkeitsbericht,

2. der Unternehmer einen Bericht über das Personal- und Sozialwesen einschließlich des Stands der Gleichstellung von Frauen und Männern im Unternehmen, der Integration der im Unternehmen beschäftigten ausländischen Arbeitnehmer, über die wirtschaftliche Lage und Entwicklung des Unternehmens sowie über Fragen des Umweltschutzes im Unternehmen, soweit dadurch nicht Betriebs- und Geschäftsgeheimnisse gefährdet werden,

zu erstatten.

(3) Der Gesamtbetriebsrat kann die Betriebsräteversammlung in Form von Teilversammlungen durchführen. Im Übrigen gelten § 42 Abs. 1 Satz 1 zweiter Halbsatz und Satz 2, § 43 Abs. 2 Satz 1 und 2 sowie die §§ 45 und 46 entsprechend.

Inhaltsübersicht

I. Vorbemerkungen

1 Die BR-Versammlung soll auch solchen BR-Mitgliedern, die nicht dem GBR angehören, **zuverlässige** und **umfassende Informationen** über die Tätigkeit des GBR sowie durch einen Bericht des UN über die wirtschaftliche Lage und Entwicklung des UN geben. Zum anderen soll sie Gelegenheit zu einem **Gedanken-, Meinungs- und Erfahrungsaustausch** von BR-Mitgliedern eines UN untereinander bieten.[1]

2 Die BR-Versammlung wird hinsichtlich ihrer Funktion und Rechtsstellung auf UN-Ebene vielfach mit der **Betriebsversammlung** auf betrieblicher Ebene verglichen.[2]

---

7 *BAG* 21.9.89, EzA § 14 SchwbG 1986 Nr. 2.

1 *Brill,* AuR 79, 138 ff.; *Fitting,* Rn. 2.

2 *Brill,* AuR 79, 138 ff.; *Fitting,* Rn. 1.

3 Die Vorschrift kann **nicht** durch BV **abbedungen**, wohl aber durch BV oder TV **erweitert** werden; ein solcher TV kann beispielsweise ein Teilnahmerecht für alle BR-Mitglieder vorsehen.[3] Zulässig ist es selbstverständlich, nähere Einzelheiten über die Durchführung einer BR-Versammlung, beispielsweise über Zeit und Ort der Versammlung, in einer ergänzenden, zwischen GBR und UN abgeschlossenen GBV festzulegen.[4] Sie kann jedoch nicht erzwungen werden.

4 Die Vorschrift findet zwar unmittelbar keine Anwendung auf die **Konzernebene,** aber in der Praxis werden mit dem AG häufig entsprechende Vereinbarungen abgeschlossen (§ 59 Rn. 33), in der Regel im Zusammenhang mit Vereinbarungen, die gemäß § 55 Abs. 4 die Mitgliederzahl des KBR abweichend festlegen. Solche Regelungen sind zulässig.

5 Das Gesetz kennt keine Versammlung der JAV auf UN-Ebene. Sie kann allerdings mit Zustimmung der AG durchgeführt werden.

II. Zusammensetzung der Betriebsräteversammlung

6 Bei der BR-Versammlung handelt es sich keineswegs – wie der Wortlaut nahelegt – um eine Versammlung aller BR-Mitglieder des UN. Die BR-Versammlung setzt sich vielmehr nur zusammen aus den **Mitgliedern des GBR** und der **Betriebsausschüsse** gemäß § 27, soweit sie bestehen. Gibt es keinen Betriebsausschuss, sind der Vorsitzende und der Stellvertreter teilnahmeberechtigt bzw. die einzige Person des BR (»einköpfiger BR«).

7 Der BR **kann** anstelle des Vorsitzenden, stellvertretenden Vorsitzenden oder Mitgliedern des Betriebsausschusses andere Mitglieder aus seiner Mitte entsenden. Sind der Vorsitzende, sein Stellvertreter oder andere Mitglieder des Betriebsausschusses gleichzeitig Mitglieder des GBR, kann der BR an deren Stelle **zusätzliche** Vertreter zur BR-Versammlung entsenden.

8 Nur **Mitglieder der BR** können zur BR-Versammlung entsandt werden; die Teilnahme von **Ersatzmitgliedern** ist zulässig, wenn das ursprüngliche Mitglied aus dem BR ausgeschieden oder zeitweilig verhindert ist.[5]

9 Es ist allein Sache der einzelnen BR, darüber zu entscheiden, ob sie sich an die **nach Abs. 1 Satz 1 vorgesehene Zusammensetzung** der BR-Versammlung halten wollen. Zur Entsendung anderer als der nach dieser Bestimmung vorgesehenen Mitglieder bedarf es eines Beschlusses nach § 33, aus dem sich ergibt, wer an der Versammlung teilnehmen soll. Die gesetzliche Höchstzahl der einzuladenden BR-Mitglieder ergibt sich aus § 27 Abs. 1, der die Mitgliederzahl und Mitgliedschaft des BR-Vorsitzenden und des Stellvertreters des Betriebsausschusses regelt. Ein BR mit
weniger als 9 Mitgliedern entsendet 2 Mitglieder,
9 bis 15 Mitgliedern entsendet höchstens 5 Mitglieder,
19 bis 23 Mitgliedern entsendet höchstens 7 Mitglieder,
27 bis 35 Mitgliedern entsendet höchstens 9 Mitglieder,
37 oder mehr Mitgliedern entsendet höchstens 11 Mitglieder.

10 Besteht ein BR lediglich aus einer Person, kann sie keinen anderen AN des Betriebs entsenden. Im Falle der Verhinderung tritt an ihre Stelle das nach § 14 Abs. 4 Satz 2 gewählte Ersatzmitglied.

III. Einberufung der Betriebsräteversammlung

11 Die Bestimmung des Abs. 1 Satz 1 schreibt lediglich vor, dass die BR-Versammlung **mindestens einmal** in jedem Kalenderjahr einzuberufen ist. Die Formulierung »mindestens« besagt, dass weitere BR-Versammlungen innerhalb eines Kalenderjahres ohne weiteres zulässig sind. Die Anzahl der BR-Versammlungen hängt von der **Erforderlichkeit** ab.[6]

---

3 A. A. GK-*Kreutz*, Rn. 4; *Fitting*, Rn. 4; HWGNRH-*Glock*, Rn. 2.
4 *Brill*, AuR 79, 138; *Fitting*, Rn. 4; HWGNRH-*Glock*, Rn. 4.
5 *Fitting*, Rn. 8; HWGNRH-*Glock*, Rn. 5; GK-*Kreutz*, Rn. 11; Richardi-*Annuß*, Rn. 8.
6 *Fitting*, Rn. 30; GK-*Kreutz*, Rn. 27; Richardi-*Annuß*, Rn. 18; HWGNRH-*Glock*, Rn. 20: schwerwiegende Gründe.

12 Ob weitere BR-Versammlungen sachlich geboten sind, wird man immer nur im Einzelfall unter Berücksichtigung aller Umstände beurteilen können. Es liegt im **pflichtgemäßen Ermessen** des GBR, hierüber zu befinden und einen entsprechenden Beschluss zu fassen. Keine Probleme ergeben sich, wenn der UN **weiteren BR-Versammlungen** zustimmt.

13 Auch über **Zeitpunkt** und **Ort** der BR-Versammlung entscheidet der GBR nach pflichtgemäßem Ermessen.[7] Der **Zustimmung** des UN bedarf er dabei **nicht.** Da der UN auf der Versammlung den Bericht nach Abs. 2 Nr. 2 zu erstatten hat, ist die vorherige Abstimmung mit diesem jedoch angezeigt. Eine bestimmte **Ladungsfrist** ist nicht vorgeschrieben, sie sollte jedoch angemessen sein.

14 **Unterlässt** der GBR die **Einberufung** der nach dieser Bestimmung vorgesehenen BR-Versammlung, so handelt er **pflichtwidrig.** Dies kann nach § 48 den Ausschluss der Mitglieder aus dem GBR rechtfertigen, die die Einberufung verhindern. Die Einberufung der BR-Versammlung durch eine andere Stelle, etwa den UN oder einzelne BR, ist nicht zulässig. Auch der Gewerkschaft soll es nicht zustehen, da § 53 Abs. 3 nicht auf § 43 Abs. 3 verweist.[8]

15 Gemäß § 53 Abs. 3 ist es zulässig, die BR-Versammlung in Form von **Teilversammlungen** gem. § 42 Abs. 1 Satz 2 durchzuführen. Dies ist sinnvoll, wenn wegen der Eigenart des UN eine Versammlung aller Arbeitnehmer gemäß Abs. 1 Satz 1 und 2 nicht erfolgen kann oder auf Schwierigkeiten stößt. Der GBR entscheidet hierüber nach pflichtgemäßem Ermessen.

IV. Durchführung der Betriebsräteversammlung

1. Gegenstand der Tagesordnung

a) Grundsätze

16 Die Bestimmung des Abs. 2 regelt die in der BR-Versammlung zu erstattenden Berichte in Anlehnung an § 43 Abs. 1 Satz 1 und Abs. 2 Satz 3. Darüber hinaus können selbstverständlich auch zusätzliche Tagesordnungspunkte behandelt werden.[9] Alle das UN betreffenden Angelegenheiten einschließlich solcher **tarifpolitischer, sozialpolitischer** und **wirtschaftlicher** Art können Gegenstand der Beratungen sein, und zwar auch, wenn sie nur einen Betrieb des UN oder dessen AN betreffen.[10] Für die zulässigen Themenbereiche gilt insoweit die entsprechend anwendbare Vorschrift des § 45. Die Berichtspflicht des GBR und des UN bezieht sich nicht nur auf die eine Versammlung, die pro Kalenderjahr mindestens durchzuführen ist. Finden mehrere statt, ist jeweils eine erneute Berichterstattung erforderlich.[11]

b) Tätigkeitsbericht des Gesamtbetriebsrats (Abs. 2 Nr. 1)

17 Der GBR hat über seine Tätigkeit zu berichten. Verantwortlich hierfür ist der **GBR als Kollegialorgan,** das den wesentlichen Inhalt durch Beschluss festlegt.[12] Der mündlich zu erstattende Bericht wird i. d. R. vom Vorsitzenden vorgetragen. Inhaltlich kann sich der Bericht auf alle Probleme im personellen, sozialen und wirtschaftlichen Bereich des UN erstrecken. Hierzu zählen z. B.

- Abschluss von BV,
- Verhandlungen mit UN,
- Tätigwerden für einzelne BR gem. § 50 Abs. 2 nach Beauftragung,
- Entsenden von Mitgliedern in den KBR und ihre dortige Tätigkeit,
- Tätigkeit von GBR-Mitgliedern im WA.

---

7 *Brill,* AuR 79, 141; *Fitting,* Rn. 32; GK-*Kreutz,* Rn. 29.

8 HWGNRH-*Glock,* Rn. 30; GK-*Kreutz,* Rn. 37; *Fitting,* Rn. 35; Richardi-*Annuß,* Rn. 29.

9 *Fitting,* Rn. 41; GK-*Kreutz,* Rn. 45; vgl. Muster einer Einladung zur Betriebsräteversammlung in DKKWF-*Trittin,* § 53 Rn. 2.

10 *Fitting,* Rn. 32; GK-*Kreutz,* Rn. 25; a. A. HWGNRH-*Glock,* Rn. 17.

11 HWGNRH-*Glock,* Rn. 13; a. A. GK-*Kreutz,* Rn. 16 unter Hinweis auf den Wortlaut.

12 *Fitting,* Rn. 18; HWGNRH-*Glock,* Rn. 14; GK-*Kreutz,* Rn. 19; Richardi-*Annuß,* Rn. 13.

c) Bericht des Unternehmers (Abs. 2 Nr. 2)

18 Der Unternehmer hat über das Personal- und Sozialwesen einschließlich des Stands der Gleichstellung von Frauen und Männern im UN, der Integration der im UN beschäftigten ausländischen AN und über die wirtschaftliche Lage und Entwicklung sowie über Fragen des **Umweltschutzes** im UN zu berichten. Der Bericht über das **Personalwesen** betrifft nicht individuelle Maßnahmen. Hierzu gehören vor allem die **Personalplanung** sowie das **Ausbildungswesen.** Zum Sozialwesen rechnen insbes. die Sozialeinrichtungen, soweit sie nicht nur auf den betrieblichen Bereich beschränkt und deshalb bereits Gegenstand des Berichts des AG in der Betriebsversammlung sind. Der Bericht über die wirtschaftliche Lage und Entwicklung des UN hat vor allem die finanzielle Situation, die Produktions-, Absatz- und Marktlage, Investitionsvorhaben, Planung von Betriebsänderungen und die Grundlinien der Entwicklung auf der Ebene des Gesamt-UN darzulegen.[13] Das UN soll auch über die **Integration ausländischer AN** im UN berichten, weil die Bekämpfung von Rassismus und Fremdenfeindlichkeit Aufgabe des ganzen UN ist.[14] Der Bericht über die **wirtschaftliche Lage** und **Entwicklung des UN** muss Fragen des Umweltschutzes im UN behandeln.

19 Die Verpflichtung des UN zur Berichterstattung ist insoweit eingeschränkt, als **Betriebs- und Geschäftsgeheimnisse** gefährdet werden. Ob Betriebs- oder Geschäftsgeheimnisse vorliegen, hängt nicht vom subjektiven Ermessen des UN ab.[15] Vielmehr muss **objektiv** feststellbar sein, dass es sich um Tatsachen handelt, an deren Geheimhaltung ein dringendes Interesse des UN besteht (zum Begriff der Betriebs- und Geschäftsgeheimnisse § 79).

20 Der in der BR-Versammlung zu erstattende **Bericht des UN** muss durch ein **Mitglied des Leitungsorgans** des UN gegeben werden. Die Bestimmung des § 53 sieht – anders als beispielsweise in § 43 Abs. 2 Satz 3 oder § 108 Abs. 2 Satz 1 – keine Vertretung des UN bzw. AG vor. Deshalb steht es dem UN betriebsverfassungsrechtlich nicht frei, den Bericht von Fall zu Fall allein etwa durch Hauptabteilungsleiter oder sonstige leitende Angestellte erstatten zu lassen.[16]

21 »**Erstatten**« bedeutet mehr als »Verlesen«. Der UN soll für eine vertiefende, der Bedeutung der Versammlung angemessene Beantwortung von Fragen der Teilnehmer zur Verfügung stehen.[17]

2. Leitung

22 Nach Abs. 3 finden hinsichtlich der **Leitung der BR-Versammlung**, der **Teilnahme des UN** und der **Verbandsvertreter** sowie der **zulässigen Themen** die für die Betriebsversammlung geltenden Vorschriften entsprechende Anwendung (§ 42 Abs. 1 Satz 1 Halbsatz 2 und Satz 2, § 43 Abs. 2 Sätze 1 und 2, § 45 und § 46).

23 Die BR-Versammlung wird vom **Vorsitzenden des GBR,** im Falle seiner Verhinderung von dem stellvertretenden Vorsitzenden, **geleitet.** Die mit der Versammlungsleitung zusammenhängenden Rechte und Pflichten entsprechen denjenigen des BR-Vorsitzenden als Leiter der Betriebsversammlung. Sind sowohl der GBR-Vorsitzende als auch der Stellvertreter an der Leitung gehindert, dann bestimmt die Betriebsräteversammlung aus ihrer Mitte die Leitung.[18]

3. Teilnehmer

24 Die BR-Versammlung ist gemäß Abs. 3 i. V. m. § 42 Abs. 1 Satz 2 **nicht öffentlich.** Teilnehmer sind deshalb grundsätzlich nur die gesetzlich vorgesehenen Personen, nämlich die Mitglieder des GBR und die weiteren von den einzelnen BR entsandten Mitglieder. Jedoch ist die Teilnahme von **Sachverständigen** und geladenen Gästen, etwa von **AR-Mitgliedern** der AN oder

---

13 *Brill*, AuR 79, 144.
14 BT-Drucks. 14/5741, S. 43 zu Nr. 38.
15 So aber offenbar *Brill*, a. a. O.
16 *LAG Frankfurt* 26.1.89, DB 89, 1473; HWGNRH-*Glock*, Rn. 39; GK-*Kreutz*, Rn. 50.
17 *LAG Frankfurt* 26.1.89, DB 89, 1473.
18 GK-*Kreutz*, Rn. 38; a. A. HWGNRH-*Glock*, Rn. 32: Wahl eines weiteren Stellvertreters.

von **Mitgliedern der GJAV,** der **KJAV,** des **KBR** sowie des **WA** zulässig und kann je nach Tagesordnung im Einzelfall auch zweckmäßig sein.[19] Die **Gesamtschwerbehindertenvertretung** kann an den BR-Versammlungen teilnehmen, obwohl dies gesetzlich nicht ausdrücklich vorgesehen ist. Dies ergibt sich aus ihrer Aufgabenstellung (§ 52 Rn. 1 ff.).[20] Der Versammlungsleiter erteilt das Rederecht. Er kann die **Presse** vom Versammlungsverlauf unterrichten, ohne gegen das Prinzip der Nichtöffentlichkeit zu verstoßen.[21]

4. Teilnahme der Verbände

25 **Beauftragte** der im UN **vertretenen Gewerkschaften** können gemäß Abs. 3 i. V. m. § 46 Abs. 1 Satz 1 an der BR-Versammlung beratend teilnehmen. Ein Teilnahmerecht haben alle Gewerkschaften, die in einem Betrieb des UN vertreten sind.[22] Den im GBR vertretenen Gewerkschaften sind der Zeitpunkt und die Tagesordnung der BR-Versammlung rechtzeitig und schriftlich mitzuteilen.[23] Sie haben zu den Tagesordnungspunkten ein **Rederecht.**

26 Eine entsprechende Verpflichtung gegenüber einer Vereinigung, der der AG angehört, besteht nicht, da diese **kein eigenständiges** Teilnahmerecht hat.[24] Allerdings kann der an der BR-Versammlung teilnehmende UN einen **Beauftragten der AG-Vereinigung,** der er angehört, **hinzuziehen.**[25]

5. Beschlüsse

27 Die BR-Versammlung kann **Beschlüsse fassen.** Sie hat insofern auch die Funktion, eine Willensbildung der Teilnehmer herbeizuführen. Beschlüsse werden mit einfacher Stimmenmehrheit gefasst. Dabei hat jedes an der Versammlung teilnehmende BR-Mitglied eine Stimme. Die Beschlüsse der BR-Versammlung sind jedoch weder für den GBR noch für einzelne BR rechtlich bindend. Sie sind jedoch betriebspolitisch bedeutsam.[26]

V. Freistellungsanspruch, Kosten

28 Die Auffassung, dass die BR-Versammlung grundsätzlich nicht **während der Arbeitszeit** stattfindet, da auf § 44 kein Bezug genommen wird,[27] ist unbegründet. Ein ausdrücklicher Hinweis auf § 44 erübrigt sich, weil es sich hier nicht um eine Versammlung der im Betrieb oder UN tätigen AN, sondern um eine Zusammenkunft von BR-Mitgliedern handelt, die hierfür nach § 37 Abs. 2 einen Anspruch auf **Freistellung** von der Arbeit und die Weiterzahlung ihrer Vergütung haben.[28]

29 BR-Mitglieder, für die eine Teilnahme an der BR-Versammlung **außerhalb ihrer Arbeitszeit** liegt, haben nach Maßgabe des § 37 Abs. 3 Anspruch auf entsprechenden **Freizeitausgleich** bzw. auf **Vergütung** dieser Zeit wie **Mehrarbeit.**[29] Dies gilt auch für die Zeit der Reise zur BR-Versammlung, wenn diese aus betriebsbedingten Gründen außerhalb der Arbeitszeit durchgeführt wird.[30]

30 Die **Kosten** der BR-Versammlung hat der AG zu tragen, da es sich um durch die Tätigkeit des

19 *Fitting,* Rn. 15; *GL,* Rn. 4.
20 *Fitting,* Rn. 14; a. A. Richardi-*Annuß,* Rn. 11.
21 GK-*Kreutz,* Rn. 45; vgl. auch *Plander,* AuR 93, 162 ff.
22 *Fitting,* Rn. 13; HWGNRH-*Glock,* Rn. 28; Richardi-*Annuß,* Rn. 10.
23 *Fitting,* Rn. 13; HWGNRH-*Glock,* Rn. 28; weitergehend GK-*Kreutz,* Rn. 36; Richardi-*Annuß,* Rn. 29, nach denen sich die Einladungsverpflichtung auf alle in den einzelnen BR vertretenen Gewerkschaften erstrecken soll.
24 GK-*Kreutz,* Rn. 50.
25 *Fitting,* Rn. 12; HWGNRH-*Glock,* Rn. 37.
26 *Fitting,* Rn. 44; HWGNRH-*Glock,* Rn. 19, 33; GK-*Kreutz,* Rn. 57; Richardi-*Annuß,* Rn. 39.
27 So *Brecht,* Rn. 5.
28 *Fitting,* Rn. 30; *GL,* Rn. 13; HWGNRH-*Glock,* Rn. 34; GK-*Kreutz,* Rn. 60.
29 *Fitting,* Rn. 38; *GL,* Rn. 13; GK-*Kreutz,* Rn. 60; HWGNRH-*Glock,* Rn. 34; Richardi-*Annuß,* Rn. 39.
30 *Fitting,* Rn. 31; vgl. auch *BAG* 11.7.78, DB 78, 2177.

GBR entstehende Kosten i. S. d. § 40 Abs. 1 handelt. Zu diesen Kosten gehören insbesondere die Reise-, Verpflegungs- und Übernachtungskosten der Teilnehmer.[31] Für die Versammlung sind die erforderlichen Sachmittel (Räume, Tageslichtprojektoren usw.) zur Verfügung zu stellen, § 51 Abs. 1 Satz 1 i. V. m. § 40 Abs. 2.

VI. Streitigkeiten

31 Das ArbG entscheidet gemäß §§ 2 a, 80 ff. ArbGG im **Beschlussverfahren** über Streitigkeiten wegen der Abhaltung oder Durchführung von BR-Versammlungen. Örtlich zuständig ist das ArbG, in dessen Bezirk das UN seinen Sitz hat.

32 Bei Streitigkeiten zwischen einzelnen BR oder einem Mitglied und dem AG über die Teilnahme ist das ArbG örtlich zuständig, in dessen Bezirk der Betrieb liegt.

33 Ansprüche auf Arbeitsentgelt sind für die Zeit der Teilnahme im **Urteilsverfahren** einzuklagen.

Sechster Abschnitt
Konzernbetriebsrat

Vor § 54 Einführung zum Konzernbetriebsrat

Inhaltsübersicht Rn.

31 *Brill*, AuR 79, 143; *Fitting*, Rn. 39; GK-*Kreutz*, Rn. 61.

I. Konzern

1 Der Konzern stellt eine **eigenständige Planungs-, Entscheidungs- und Kontrolleinheit** dar, die **mehr** ist als nur die **Addition der einzelnen Konzernunternehmen.** Durch das System konzerninterner Beziehungen und Interaktion gewinnt er eine **eigene Qualität.** Der Konzern gilt als **besonders leistungsfähige Form** der Organisation wirtschaftlicher Tätigkeit. Aufgabe und Zielsetzung der Konzernleitung bestehen in der Existenzsicherung und effizienten Führung des Konzerns, nicht jedoch unbedingt jedes einzelnen Konzernunternehmens.[1]

1 *Joost* in *Küting/Weber*, Handbuch für Konzernrechnungslegung, S. 379 [382]; *Scheffler*, S. 1, 33; *Wie-*

2 Hieraus erwachsen nicht nur für Gläubiger und Gesellschafter Probleme, zu deren Lösung das Gesellschaftsrecht bereits heute zahlreiche gesetzliche Regelungen enthält. In ganz besonderer Weise sind hiervon **AN** betroffen, deren Arbeitsverhältnis i. d. R. mit einem der abhängigen Konzern-UN besteht. Für sie besteht bislang **kein** vergleichbares **Schutzsystem.** Die Errichtung des KBR kann und soll dazu beitragen, die auf der Ebene der Konzernleitung klaffende »**Mitbestimmungslücke**« zu schließen.

3 Die Errichtung des KBR setzt voraus, dass ein **Konzern** vorliegt. Es sind deshalb zunächst die rechtlichen Voraussetzungen dieses Begriffs zu klären. Außerdem soll die **Bedeutung** des Konzerns erörtert werden, die **Formen von UN-Verbindungen** sowie Aspekte des **Konzernarbeitsrechts.**

1. Verweis auf § 18 Abs. 1 AktG

4 § 18 AktG liegt ein **einheitlicher Konzernbegriff** zugrunde. Danach entsteht ein Konzern durch die Zusammenfassung mehrerer rechtlich selbstständiger Unternehmen unter **einheitlicher Leitung.** Nur zwischen dem **Unterordnungs- und dem Gleichordnungskonzern** ist zu unterscheiden, weil gem. § 54 Abs. 1 BetrVG auf § 18 Abs. 1 AktG ein KBR nur im Unterordnungs-, nicht jedoch im Gleichordnungskonzern gebildet werden kann.[2] Gem. § 3 Abs. 1 Nr. 2 können Tarifverträge für Konzerne die Bildung von BR in Sparten (Spartenbetriebsräte) vorsehen, wenn dies der sachgerechten Wahrnehmung der Aufgaben des BR dient. Dies gilt für den Unterordnungs- und Gleichordnungskonzern in gleicher Weise.

5 § 54 Abs. 1 enthält keine eigenständige Begriffsbestimmung des Konzerns, sondern lediglich eine »**definitorische Verweisung**« auf § 18 Abs. 1 AktG. Für den Konzernbegriff der Betriebsverfassung sind deshalb die Merkmale bindend, mit denen der Gesetzgeber in § 18 Abs. 1 AktG den Konzern definiert.[3] Für die Bildung von EBR gilt gemäß §§ 1, 6 EBRG ein hiervon abweichender Konzernbegriff (Erl. zum EBRG im Anhang B zu diesem Gesetz).

6 Bei der Auslegung der Konzernmerkmale kann es allerdings zwischen dem **Gesellschaftsrecht** und dem **Betriebsverfassungsrecht** zu Abweichungen kommen, weil beide Rechtsgebiete **unterschiedliche Zielsetzungen** verfolgen. Während das Gesellschaftsrecht den Schutz der Gläubiger und Minderheitsgesellschafter im abhängigen Unternehmen in den Vordergrund stellt, bezweckt die Betriebsverfassung mit der Bildung des KBR die **Sicherung der Mitbestimmung** auf der Ebene der Konzernspitze. Dazu wandte die Rspr. die engen gesellschaftsrechtlichen Vorgaben auf die arbeitsrechtliche Problemstellung an und bejahte z. B. den »Konzern im Konzern« (vgl. § 54 Rn. 14 ff.).[4] Es findet danach der **weite arbeitsrechtliche Konzernbegriff** Anwendung, der es genügen lässt, dass im Unterordnungskonzern Abhängigkeit und einheitliche Leitung nicht in ganzer Breite gegeben sein müssen. Es reicht also aus, dass Abhängigkeit und einheitliche Leitung nur in einem der zentralen UN-Bereiche, wie z. B. Finanzen, Einkauf, Organisation, Personalwesen, Vertrieb, vorliegt.[5]

7 Die in § 18 Abs. 1 AktG genannten Merkmale eines Unterordnungskonzerns sind im »Allgemeinen Teil« des Konzernrechts, nämlich den **§§ 15 bis 19 AktG** geregelt. Darin unterscheidet das Gesetz im Wesentlichen zwischen verbundenen Unternehmen, in Mehrheitsbesitz stehenden und mit Mehrheit beteiligten Unternehmen, abhängigen und herrschenden Unternehmen, Konzernunternehmen sowie wechselseitig beteiligten Unternehmen.

---

demann, § 2 I 4; § 6 IV 2 a; vgl. insgesamt zum Konzernrecht *Hoffmann* in Hoffmann [Hrsg.], S. 2 [25 ff.]; *Hirte*, NJW 96, 2827 und 3392.

2 *BAG* 14.2.07 NZA 07, 99; 16.5.07 NZA 08, AP Nr. 3 zu § 96 a ArbGG 1979; *Fitting*, § 54 Rn. 9; *GL*, § 54 Rn. 5; HWGNRH-*Glock*, § 54 Rn. 9; *GK-Kreutz*, § 54 Rn. 8; Richardi-*Annuß*, § 54 Rn. 1; *WW*, § 54 Rn. 2.

3 *Fitting*, Rn. 8, *GK-Kreutz*, Rn. 12; *Oetker*, ZfA 86, 181.

4 *BAG* 21.10.80, AP Nr. 1 zu § 54 BetrVG 1972; GK-*Kreutz*, Rn. 12; *Hanau*, ZGR 84, 476; *Oetker*, ZfA 86, 188 f.

5 *BAG* 16.8.95 AP § 76 BetrVG 1972 Nr. 30; BayObLG 24.3.98, BB 98, 2129 Fitting, Rn. 8; anders wohl *BAG* 14.2.07, NZA 07, 999; 16.5.07, NZA 08, AP Nr. 3 zu § 96 a ArbGG 1979. Rn. 14 ff. und 26 ff.

Auszug aus dem AktG

§ 15 AktG Verbundene Unternehmen

Verbundene Unternehmen sind rechtlich selbstständige Unternehmen, die im Verhältnis zueinander in Mehrheitsbesitz stehende Unternehmen und mit Mehrheit beteiligte Unternehmen (§ 16), abhängige und herrschende Unternehmen (§ 17), Konzernunternehmen (§ 18), wechselseitig beteiligte Unternehmen (§ 19) oder Vertragsteile eines Unternehmensvertrags (§§ 291, 292) sind.

§ 16 AktG In Mehrheitsbesitz stehende Unternehmen und mit Mehrheit beteiligte Unternehmen

(1) Gehört die Mehrheit der Anteile eines rechtlich selbstständigen Unternehmens einem anderen Unternehmen oder steht einem anderen Unternehmen die Mehrheit der Stimmrechte zu (Mehrheitsbeteiligung), so ist das Unternehmen ein in Mehrheitsbesitz stehendes Unternehmen, das andere Unternehmen ein an ihm mit Mehrheit beteiligtes Unternehmen.

(2) Welcher Teil der Anteile einem Unternehmen gehört, bestimmt sich bei Kapitalgesellschaften nach dem Verhältnis des Gesamtnennbetrags der ihm gehörenden Anteile zum Nennkapital, bei bergrechtlichen Gewerkschaften nach der Zahl der Kuxe. Eigene Anteile sind bei Kapitalgesellschaften vom Nennkapital, bei bergrechtlichen Gewerkschaften von der Zahl der Kuxe abzusetzen. Eigenen Anteilen des Unternehmens stehen Anteile gleich, die einem anderen für Rechnung des Unternehmens gehören.

(3) Welcher Teil der Stimmrechte einem Unternehmen zusteht, bestimmt sich nach dem Verhältnis der Zahl der Stimmrechte, die es aus den ihm gehörenden Anteilen ausüben kann, zur Gesamtzahl aller Stimmrechte. Von der Gesamtzahl aller Stimmrechte sind die Stimmrechte aus eigenen Anteilen sowie aus Anteilen, die nach Absatz 2 Satz 3 eigenen Anteilen gleichstehen, abzusetzen.

(4) Als Anteile, die einem Unternehmen gehören, gelten auch die Anteile, die einem von ihm abhängigen Unternehmen oder einem anderen für Rechnung des Unternehmens oder eines von diesem abhängigen Unternehmens gehören und, wenn der Inhaber des Unternehmens ein Einzelkaufmann ist, auch die Anteile, die sonstiges Vermögen des Inhabers sind.

§ 17 AktG Abhängige und herrschende Unternehmen

(1) Abhängige Unternehmen sind rechtlich selbstständige Unternehmen, auf die ein anderes Unternehmen (herrschendes Unternehmen) unmittelbar oder mittelbar einen beherrschenden Einfluss ausüben kann.

(2) Von einem in Mehrheitsbesitz stehenden Unternehmen wird vermutet, dass es von dem an ihm mit Mehrheit beteiligten Unternehmen abhängig ist.

§ 18 AktG Konzern und Konzernunternehmen

(1) Sind ein herrschendes und ein oder mehrere abhängige Unternehmen unter der einheitlichen Leitung des herrschenden Unternehmens zusammengefasst, so bilden sie einen Konzern; die einzelnen Unternehmen sind Konzernunternehmen. Unternehmen, zwischen denen ein Beherrschungsvertrag (§ 291) besteht oder von denen das eine in das andere eingegliedert ist (§ 319), sind als unter einheitlicher Leitung zusammengefasst anzusehen. Von einem abhängigen Unternehmen wird vermutet, dass es mit dem herrschenden Unternehmen einen Konzern bildet.

(2) Sind rechtlich selbstständige Unternehmen, ohne dass das eine Unternehmen von dem anderen abhängig ist, unter einheitlicher Leitung zusammengefasst, so bilden sie auch einen Konzern; die einzelnen Unternehmen sind Konzernunternehmen.

§ 19 AktG Wechselseitig beteiligte Unternehmen

(1) Wechselseitig beteiligte Unternehmen sind Unternehmen mit Sitz im Inland in der Rechtsform einer Kapitalgesellschaft oder bergrechtlichen Gewerkschaft, die dadurch verbunden sind, dass jedem Unternehmen mehr als der vierte Teil der Anteile des anderen Unternehmens gehört. Für die Feststellung, ob einem Unternehmen mehr als der vierte Teil der Anteile des anderen Unternehmens gehört, gilt § 16 Abs. 2 Satz 1, Abs. 4.

(2) Gehört einem wechselseitig beteiligten Unternehmen an dem anderen Unternehmen eine Mehrheitsbeteiligung oder kann das eine auf das andere Unternehmen unmittelbar oder mittelbar

einen beherrschenden Einfluss ausüben, so ist das eine als herrschendes, das andere als abhängiges Unternehmen anzusehen.
(3) Gehört jedem der wechselseitig beteiligten Unternehmen an dem anderen Unternehmen eine Mehrheitsbeteiligung oder kann jedes auf das andere unmittelbar oder mittelbar einen beherrschenden Einfluss ausüben, so gelten beide Unternehmen als herrschend und als abhängig.
(4) § 328 ist auf Unternehmen, die nach Absatz 2 oder 3 herrschende oder abhängige Unternehmen sind, nicht anzuwenden.

2. Verbundene Unternehmen (§ 15 AktG)

8 § 15 AktG enthält den für das Konzernrecht grundlegenden Begriff der verbundenen UN. Von der engen oder weiten Fassung des UN-Begriffs hängt damit die **Reichweite des Konzernrechts** ab. Überwiegend wird eine **funktionale Betrachtungsweise** vertreten, die den UN-Begriff nach Sinn und Zweck der jeweils anzuwendenden Vorschrift bestimmt.[6] Der UN-Begriff soll u. a. die Unterscheidung zwischen UN und Privatgesellschaften ermöglichen. Die bloße Beteiligung an einer Gesellschaft macht es noch nicht zum UN im Sinne des Konzernrechts. Zusätzlich ist erforderlich, dass der Gesellschafter auch außerhalb des UN unternehmerische Interessen verfolgt, die das UN nachteilig beeinträchtigen könnten.[7]

9 Der *BGH* stellt seit dem »VEBA/Gelsenberg«-Urteil darauf ab, ob sich ein Gesellschafter auch außerhalb der UN betätigt, weil hieraus typischerweise die **Konfliktlagen** resultieren, denen das Konzernrecht begegnen soll. Als UN i. S. d. Konzernrechts gilt danach jeder Gesellschafter ohne Rücksicht auf die **Rechtsform,** bei dem zu seiner Beteiligung an der Gesellschaft wirtschaftliche Interessenbindungen außerhalb der Gesellschaft hinzukommen, die stark genug sind, um die ernste Besorgnis zu begründen, der Gesellschafter könnte um ihretwillen seinen Einfluss zum Nachteil der Gesellschaft geltend machen. Unternehmensqualität besitzt also jeder Gesellschafter, der nicht nur in der Gesellschaft, sondern auch außerhalb der Gesellschaft unternehmerische Interessen verfolgt. Es kann sich um eine **natürliche Person** handeln, die ihre wirtschaftlichen Interessen als Gesellschafter und nicht unbedingt ein eigener UN betreibt.[8] Auch **Kapitalgesellschaften, Einzelkaufleute, Personengesellschaften, Vereine, Stiftungen, Genossenschaften, Einzelpersonen, Gesellschaften** oder **Idealvereine**[9] können Unternehmen i. S. d. Konzernrechts sein.[10] Dies gilt auch für UN ohne AN und Geschäftsbetrieb, deren Gegenstand sich auf die Ausübung der gesellschafterlichen Stimmrechte beschränkt.[11]

10 Die gesellschaftsrechtliche Struktur der **GmbH & Co. KG** steht ihrer **Beherrschung nicht entgegen.** Über die Grundlagen der Abhängigkeit im Sinne des § 17 AktG entscheidet allein die Beteiligung an der Komplementär-GmbH. In einer KG ist die Geschäftsführung allein Angelegenheit der persönlich haftenden Gesellschafter, während die Kommanditisten hiervon gem. § 164 Satz 1 HGB (mit Ausnahme von Widerspruchs- und Kontrollrechten gem. §§ 164, 166 HGB) ausgeschlossen sind. Auf die Kommanditanteile kommt es für die Einflussnahme auf das UN nicht an. Hat ein UN **alle Anteile** an der Komplementär-GmbH, dann wird gem. § 17 Abs. 2 AktG vermutet, dass sie vom UN – unabhängig von Anzahl und Gewicht der Kommanditanteile – abhängig ist. Bei **paritätischer Inhaberschaft** an der Komplementär-GmbH fehlt es an einem Mehrheitsbesitz gem. § 16 AktG und einer Abhängigkeit allein durch Beteiligungsverhältnisse nach § 17 Abs. 2 AktG. Sind jedoch beide Inhaber durch gemeinsame

---

6 *Windbichler*, S. 5 m. w. N.
7 *BGH* 17.3.97, NJW 1997, 1855.
8 *BAG* 16.5.07, AP Nr. 3 zu § 96 a ArbGG 1979; 23.8.06, AP Nr. 12 zu § 54 BetrVG 1972; 13.10.04, NZA 05, 647; 22.11.95, AP Nr. zu § 54 BetrVG 72.
9 Z. B. der ADAC: BGHZ 85, 84 [90 f.]; *OLG Köln* 26.8.96, BB 97, 169.
10 *BAG* 6.10.92, AP Nr. 5 zu § 1 BetrAVG Konzern; 8.3.94, AP Nr. 6 zu § 303 AktG; 1.8.95, DB 96, 1526; 22.11.95, NZA, 96, 706; *BGH* 13.10.77, BGHZ 69, 334 [337 f.] »VEBA/Gelsenberg«; 5.2.79, BGHZ 74, 359 [364 f.] »WAZ«; 16.9.85, BGHZ 95, 330 [337] »Autokran«; 29.3.93, DB 93, 825; 13.12.93, DB 94, 370; 19.9.94, DZWir 95, 69 für freiberufliche Tätigkeit; *BayObLG* 6.3.02, NZA 02, 691 zu einer natürlichen Person an der Konzernspitze; *Fitting*, § 54 Rn. 11; GK-*Kreutz* § 54 Rn. 22.
11 *OLG Stuttgart* 3.5.89, AG 90, 168 für eine Verwaltungs-GmbH, die ihre 100 %ige Betriebsgesellschaft leitet.

Geschäftsführung miteinander verbunden, dann besteht hierdurch gem. § 18 Abs. 1 Satz 1 AktG eine gemeinsame Leitung, die über den Gesetzeswortlaut hinaus auch von mehr als einem herrschenden UN ausgeübt werden kann.[12] Nach Überführung der KG in eine GmbH & Co. KG mit nur einem einzigen Komplementär genügt für die Abhängigkeit die mehrheitliche Beteiligung an der Komplementär-GmbH.[13]

Kein UN ist nach Ansicht des *BAG* die **Innengesellschaft bürgerlichen Rechts,** deren Gesellschafter die UN sind. Auch wenn die Leitung durch eine eigenen Beteiligungsgesellschaft ausgeübt werde, sei sie nicht autonom, sondern nur als Instrument einheitlicher Leitung zur Vermittlung des beherrschenden Einflusses eingesetzt.[14] Diese Auslegung ergebe sich aus dem Wortlaut. Der in § 17 Abs. 1 verwendete Singular dürfe nicht als gesetzliche Problemlösung verstanden werden.[15] Dies überzeugt nicht. Dem Begriff »autonom« ist dem Wortlaut genauso wenig zu entnehmen wie die Annahme, dass ein UN begrifflich kein Instrument in fremden Händen sein dürfe. Der Begriff der »Autonomie« bei der Definition des UN ist falsch, weil gerade nach dem Gesetzeswortlaut der §§ 17, 18 Abs. 1 AktG UN auch abhängig und damit gerade nicht autonom sein können, ohne ihren Status zu verlieren. 11

Das herrschende UN setzt ebenfalls keine Autonomie voraus, denn es ist stets mindestens von seinen Gesellschaftern abhängig. 12

Richtigerweise ist zwischen UN und Privatpersonen zu unterscheiden. Ein Gesellschafter wird dann zum UN, wenn er unternehmerische Interessen verfolgt, die das UN auch nachteilig beeinträchtigen können. 13

Weiterhin kann die UN-Eigenschaft einer koordinierenden BGB-Gesellschaft nicht verneint werden, sondern es stellt sich die Frage, ob das herrschende UN bei Mehrmütterherrschaft darstellt, was i. d. R. von einem selbst beherrschten UN zu verneinen ist.[16] 14

In diesen Fällen ist bei jeden der herrschenden UN ein KBR und bei Vorliegen der Quoren jeweils ein mitbestimmter AR zu bilden. 15

Holding-Gesellschaften, durch die ein oder mehrere Gesellschafter ihren Anteilsbesitz an anderen Gesellschaften verwalten, sind UN i. S. d. Konzernrechts, wenn sie an mehreren anderen Gesellschaften maßgeblich beteiligt sind. Ob und in welchem Umfang sie auf die Beteiligungsgesellschaften tatsächlich Einfluss nehmen, ist hierfür unerheblich.[17] Dies gilt auch dann, wenn sich die Holding auf die **Verwaltung ihrer Beteiligung** an einer einzigen Gesellschaft beschränkt, die ihrerseits verschiedene Tochtergesellschaften leitet.[18] Für das herrschende UN ist es unerheblich, ob es selbst einen Betrieb hat und **überhaupt AN** beschäftigt.[19] 16

Bund, Länder und Gemeinden und andere **öffentlich-rechtliche Körperschaften,** die an zahlreichen UN maßgeblich beteiligt sind, können ebenfalls Unternehmen i. S. d. Konzernrechts sein. Auch für sie ist allein das private Konzernrecht bestimmt und geeignet.[20] Der **Wortlaut des § 130** steht dem nicht entgegen. Die Vorschrift grenzt den Geltungsbereich des BetrVG gegenüber dem Personalvertretungsrecht des Bundes und der Länder ab. Sie regelt den Fall des sog. öffentlich-privatrechtlichen Mischkonzern nicht. Ihrer Bereichsausnahme wird hinreichend Rechnung getragen, wenn das herrschende, öffentlich-rechtlich organisierte und damit dem Personalvertretungsrecht unterfallende UN nicht in die Errichtung des KBR einbezogen wird. Der **systematische Zusammenhang** spricht für die Möglichkeit der Errich- 17

12 *BAG* 30.10.86 – 6 ABR 19/85.
13 *BAG* 15.12.11, NZA 12, 633; 22.11.95, NZA 96, 708.
14 *BAG* 13.10.04, NZA 05, 647.
15 *Hüffer,* § 17 Rn. 13.
16 *Hüffer,* § 17 Rn. 13; *Koppensteiner* in KK-AktG, § 17 Rn. 87, *BGH* 30.9.86, NJW 87, 1639.
17 *Emmerich/Sonnenschein,* § 2 III 2 b.
18 *OLG Stuttgart* 3.5.89, AG 90, 168 mit Hinweis auf die am Schutzzweck orientierte Bestimmung des UN-Begriffs; vgl. auch Rn. 6; einschränkend *Lutter/Hommelhoff,* Anh. § 13 Rn. 4.
19 *Martens,* ZfA 73, 297; *Oetker,* ZfA 86, 177 [195]; *Windbichler,* S. 311.
20 *BGH,* 13.10.77, BGHZ 69, 334 [338 ff.] »VEBA/Gelsenberg«; *BGH* 19.9.88, BGHZ 105, 168 [174 ff.] für das Verhältnis der Stadt Hamburg und der ihr gehörenden Staatsbank zu den Hamburger Stahlwerken; *BGH* 17.3.97, ZIP 97, 887 sowie *OLG Braunschweig* 27.2.96, BB 96, 1321 für das Land Niedersachsen als herrschendes UN gegenüber der Volkswagen AG; *OLG Celle* 12.7.00, ZIP 00, 1981 für Gemeinde, die lediglich ein in privater Rechtsform organisiertes UN betreibt; *Plander,* Mitbestimmung in öffentlich-privatrechtlichen Mischkonzernen, S. 17 und 66; *LAG Hamburg* 21.1.09 –.

tung eines KBR in einem sog. **öffentlich-privatrechtlichen Mischkonzern.** Der rechtsformneutral gebrauchte UN Begriff deutet darauf hin, die Errichtung eines KBR auch dann für zulässig zu halten, wenn das herrschende UN öffentlich-rechtlich organisiert ist. Nach dem **Schutzzweck des § 54** soll eine Beteiligung der AN an den die Einzel-UN bindenden Leitungsentscheidungen des Konzerns im sozialen, personellen und wirtschaftlichen Bereich sichergestellt werden. Mitbestimmung i. S. d. BetrVG soll dort ausgeübt werden, wo unternehmerische Leitungsmacht konkret entfaltet und ausgeübt wird. Mit der möglichen Errichtung eines KBR wollte der Gesetzgeber einer Beeinträchtigung betriebsverfassungsrechtlicher Beteiligungsrechte infolge konzernspezifischer Entscheidungsstrukturen und der dadurch eröffneten faktischen und rechtlichen Einflussmöglichkeiten des herrschenden Konzern-UN entgegenwirken.[21]

3. Mehrheitsbeteiligung (§ 16 AktG)

18 Eine Mehrheitsbeteiligung liegt nach § 16 Abs. 1 AktG vor, wenn einem UN die Mehrheit der Anteile eines rechtlich selbstständigen UN gehört oder wenn ihm die Mehrheit der Stimmrechte zusteht. Die Mehrheit kann also eine **Kapital- oder eine Stimmenmehrheit** sein. Die Berechnung richtet sich nach § 16 Abs. 2 und 3 AktG. Durch die Zurechnungsvorschrift des § 16 Abs. 4 werden Umgehungen verhindert. Mehrheitsbeteiligungen sind auch bei Personengesellschaften, stillen Gesellschaften und wirtschaftlichen Vereinen möglich.[22]

19 Die wichtigste Rechtsfolge ergibt sich aus § 17 Abs. 2 AktG, wonach von einem im Mehrheitsbesitz stehenden Unternehmen widerleglich **vermutet** wird, dass es von dem mit Mehrheit beteiligten Unternehmen **abhängig** ist. Für eine GmbH in der Rolle einer mit Mehrheit beteiligten Gesellschaft gelten kraft Gewohnheitsrechts ähnliche Regeln.[23]

4. Abhängige und herrschende Unternehmen (§ 17 AktG)

a) Abhängigkeit

20 Ein Abhängigkeitsverhältnis liegt vor, wenn das herrschende UN entweder in der Lage ist, dem abhängigen UN **für dessen Geschäftsführung Weisungen** zu erteilen und deren **Befolgung zu erzwingen,** oder zumindest in der Lage ist, auf längere Sicht **Konsequenzen herbeizuführen,** wenn seinem Willen nicht entsprochen wird. Dabei kommt es nicht auf die tatsächlich ausgeübte Beherrschung an, sondern auf die hierfür bestehende **Möglichkeit,** wobei dies aus der Sicht des **abhängigen UN** zu beurteilen ist.[24]

21 Für ein Abhängigkeitsverhältnis genügt z. B. die Möglichkeit, das UN-Organ zu besetzen, welches seinerseits die Geschäftsführung bestellt.[25] Aber auch wenn diese Möglichkeit nicht besteht, kann das herrschende UN **in anderer Weise** die Führung der Geschäfte bestimmen. Die Einflussmöglichkeit muss sich nach allgemeiner Meinung allerdings auf die Geschäftsführung der betreffenden UN im Ganzen oder zumindest auf die **wichtigen Geschäftsbereiche,** wie z. B. Produktion, Einkauf, Organisation, Finanzen, Vertrieb, Forschung und Entwicklung, erstrecken.[26] Der Einfluss auf wesentliche unternehmerische Teilfunktionen reicht aus.[27] In diesem Sinn besteht also Abhängigkeit, wenn das eine UN die **Personalpolitik,** insbes. die

21 *BAG* 27.10.10 NZA 11, 524.

22 KK-*Koppensteiner,* § 16 Rn. 14 f.; *Emmerich/Sonnenschein,* § 3 II.

23 *Scholz/Emmerich,* GmbHG, § 40 Anh. Rn. 41 f.

24 *BGH* DB 74, 767; BGHZ 74, 359 [367]; 16.2.81, DB 81, 931; *BAG* 30.10.86, AG 88, 106; *OLG Düsseldorf* 27.7.93, DB 93, 2222; *ArbG Berlin* 27.2.95, Mitbest 95, 59; *Geßler* in: Geßler/Hefermehl/Eckhardt/Kropff, § 17 Rn. 30; KK-*Koppensteiner,* § 17 Rn. 19; MünchAktG-*Krieger,* § 68 Rn. 37; *Köstler/Kittner/Zachert,* Rn. 168 ff.; *Raiser,* § 5 Rn. 24; *Theis,* S. 132.

25 *BGH,* DB 74, 1107; *OLG Düsseldorf* 22.7.93, DB 93, 2222; *Geßler* in: Geßler/Hefermehl/Eckhardt/Kropff, § 17 AktG Rn. 18 ff.; MünchAktG-*Krieger,* § 68 Rn. 68.

26 *Geßler* in: Geßler/Hefermehl/Eckardt/Kropff, § 16 Rn. 13 ff.; Großkomm. AktG-*Würdinger,* § 17 Rn. 4; a. A. KK-*Koppensteiner,* § 17 Rn. 24 f.

27 *Hüffer,* § 17 Rn. 7.

Auswahl der Geschäftsführer, des anderen bestimmen kann,[28] wenn ein zentralistisches **Berichtswesen** und **Controlling**[29] oder eine **Personalunion** der Führungspersonen in Mutter- und Tochtergesellschaft besteht.[30]

Bei einer **politischen Partei** stellt sich die Frage, inwieweit ein Abhängigkeitsverhältnis mit der demokratischen Grundstruktur nach dem PartG vereinbar ist.[31] Beides kann nicht pauschal als unvereinbar angesehen werden. Demokratische Strukturen schließen Abhängigkeiten nicht generell aus, zumal nach dem weiten Konzernbegriff partielle Abhängigkeit auf bestimmten Gebieten ausreicht. Außerdem ist der Zweck der Errichtung des KBR zu berücksichtigen, wonach durch die Errichtung des KBR **Mitbestimmungslücken geschlossen** werden sollen. Schließlich: Wenn das Demokratieprinzip der Errichtung von BRs und GBRs bei politischen Parteien und anderen demokratisch verfassten Organisationen nicht entgegensteht, dann kann für einen KBR nichts anderes gelten. Der Bildung eines KBR kann auch nicht entgegengehalten werden, dass durch eine mit dem weiten Konzernbegriff verbundene partielle Abhängigkeit der Vorstand nicht alle Entscheidungen verhindern und seine eigenen Vorstellungen nicht durchsetzen kann. Diese Auffassung verkennt die bedeutsame **Koordinations- und Informationsfunktion** des KBR, auf die sich häufig in der Praxis seine Tätigkeit konzentriert. 22

Der beherrschende Einfluss muss auf einer ausreichend **gesicherten Grundlage** bestehen, während nur gelegentliche oder zufällige Einflussmöglichkeiten nicht ausreichen.[32] Die Einflussmöglichkeit soll zudem stets gesellschaftsrechtlich bedingt oder zumindest vermittelt sein, während eine allein auf schuldrechtliche Vertragsgrundlage begründete wirtschaftliche Abhängigkeit nicht genügt.[33] 23

Die **Dauer** der Abhängigkeit ist unerheblich, wenn es sich um eine gesicherte und nicht nur zufällige Einflussmöglichkeit handelt.[34] Weiterhin spielt es keine Rolle, ob die Abhängigkeit **unmittelbar** besteht **oder mittelbar,** z. B. durch die Zwischenschaltung eines selbst abhängigen Unternehmens. 24

Eine Abhängigkeit kann auch durch **mehrere UN** bestehen, z. B. wenn eine Gesellschaft gleichzeitig von einer Unter- und einer Obergesellschaft abhängig ist. Dies ist z. B. bei einem **Gemeinschaftsunternehmen** der Fall, bei dem verschiedene UN eine gemeinsame Tochtergesellschaft haben, die Aufgaben zum gemeinsamen Nutzen der Mütter erfüllt und eine ausreichend sichere, dauerhafte Grundlage für die Ausübung gemeinsamer Herrschaft besteht.[35] Wirken mehrere UN durch Vereinbarung oder in sonstiger Weise so zusammen, dass sie **gemeinsam** einen **beherrschenden Einfluss** auf ein drittes UN ausüben, dann gilt jedes der ersten beiden UN als herrschendes UN.[36] 25

b) Grundlagen der Abhängigkeit

Die Grundlagen der Abhängigkeit können unterschiedlicher Art sein. Aus der **Vermutungsregel** des § 17 Abs. 2 AktG ergibt sich zwar, dass die Beteiligung des herrschenden Unternehmens an der abhängigen Gesellschaft im Vordergrund steht, sie schließt jedoch **andere Herrschaftsgrundlagen** nicht aus, die entweder allein oder zusammen mit anderen die Beherrschung sicherstellen. Ausreichend ist die **bloße Möglichkeit** zur Vernachlässigung ihrer Interessen.[37] Nach der Rspr. ist grundsätzlich der **gesellschaftsrechtliche Begriff** der Abhängigkeit maßgeblich.[38] 26

---

28 *BAG* 30.10.86; *BGH* 12.5.71, NJW 71, 1839; *Emmerich/Sonnenschein,* § 33 III 3 a; *Köstler/Kittner/Zachert,* Rn. 168; *Schmidt,* § 31 II 3 b.
29 *LG München,* AG 96, 186.
30 *LG Hamburg,* AG 96, 89.
31 Zweifelnd *Preis,* FS Däubler S. 261, 271.
32 *BGH,* DB 74, 1107; 16.2.81, DB 81, 931; *Geßler* in: Geßler/Hefermehl/Eckhardt/Kropff, § 17 Rn. 31 ff.; MünchAktG-*Krieger,* § 68 Rn. 39.
33 *BGH* 26.3.84, DB 84, 1188; Großkomm. AktG-*Würdinger,* § 17 Rn. 8; KK-*Koppensteiner,* § 17 Rn. 50.
34 *OLG Köln* 2.5.90, AG 91, 140.
35 BGH 4.3.74, NJW 74, 855.
36 BGH 30.9.86 – KVR 8/85.
37 *OLG Köln* 26.8.96, BB 97, 169.
38 *BAG* 9.2.11; NZA 11, 866, wonach das BetrVG keinen Sparten-KBR kennt.

aa) Beteiligungen

27 Die **Mehrheitsbeteiligung** gemäß § 17 Abs. 2 AktG begründet die gesicherte Möglichkeit zur Besetzung der Organe der abhängigen Gesellschaft mit Personen, die schon um der Wiederwahl willen den Weisungen des herrschenden Unternehmens Folge leisten werden.[39]

28 Aber auch eine **Minderheitsbeteiligung** reicht aus, vor allem, wenn sich die restlichen Anteile im Streubesitz befinden, so dass die Minderheitsbeteiligung eine sichere und dauerhafte Mehrheit auf der Hauptversammlung verschafft. An einer sicheren Hauptversammlungsmehrheit soll es dagegen nach Ansicht des *BGH* fehlen, wenn der Aktionär auf die Mitwirkung Dritter angewiesen ist, auf die er nicht mit Bestimmtheit rechnen kann. Hieraus hat der *BGH* den Schluss gezogen, dass die selbst wiederholte Unterstützung eines Aktionärs durch die Banken mit ihrem Depotstimmrecht noch keine Abhängigkeit begründe.[40] Die Minderheitsbeteiligung kann jedoch beherrschenden Einfluss sichern, wenn eine **beständige Unterstützung** durch andere Gesellschafter **verlässlich gesichert** ist und auf diese Weise die erforderliche **Stimmenmacht** erreicht wird. Dies kann etwa durch Stimmbindungsverträge geschehen,[41] aber auch durch rein tatsächliche Umstände, wenn sie hinreichend verlässlich sind. Dies hat die Rspr. dann angenommen, wenn mehrere UN, die Einfluss ausüben, personell verflochten sind und z. B. die **gleichen Gesellschafter** haben,[42] mehrere **Familienmitglieder,** die für eine Herrschaftsausübung erforderliche Beteiligung halten und stets als geschlossene Einheit aufgetreten sind. Familienverbundenheit allein bildet keine sichere Grundlage dafür, dass stets gleich gerichtete Interessen verfolgt werden.[43] Hat ein anderes UN die Anteilsmehrheit, dann setzt der beherrschende Einfluss eines nur mit einer Minderheit beteiligten UN voraus, dass die Vermutung des § 17 Abs. 2 widerlegt wird, z. B. durch den Nachweis, dass das andere UN durch besondere **Absprachen** keinen beherrschenden Einfluss ausüben kann.[44]

29 Durch besondere **Satzungsbestimmungen** oder sonstige Umstände kann die Position eines Minderheitsaktionärs so sehr verstärkt sein, dass er auf diese Weise beherrschenden Einfluss auf die Gesellschaft auszuüben vermag.[45] Die **Volkswagen AG** ist vom Land Niedersachsen im Hinblick auf dessen wegen § 3 VW-Gesetz verlässliche Hauptversammlungsmehrheit und die Verstärkung seines Einflusses durch Entsenderechte nach § 4 Gesetz »abhängig« i. S. v. § 17 AktG.[46]

bb) Unternehmensverträge, Organschaft

30 Durch Unternehmensverträge gemäß §§ 291, 292 AktG kann eine Abhängigkeit begründet werden. Für den **Beherrschungs- und Gewinnabführungsvertrag** gemäß § 291 AktG steht fest, dass sie zwingend einen Vertragskonzern gemäß § 18 Abs. 1 Satz 2 AktG begründen. Für andere Unternehmensverträge gemäß § 292 AktG (z. B. Teilgewinnabführungs-, Betriebspachtverträge usw.) wird dies verneint.[47] Eine **steuerliche Organschaft** setzt einen Gewinnabführungsvertrag und u. a. voraus, dass die UN gegenüber der Finanzverwaltung darlegten, in keinem der beteiligten UN finde eine vom Organträger abweichende Willensbildung statt. Diese **Erklärung bindet** sie auch vor dem ArbG. Die UN können dann nicht mehr die Voraussetzungen eines Konzerns gem. § 18 Abs. 1 AktG herleiten. Der Begriff der Zusammenfas-

39 Großkomm. AktG-*Würdinger,* § 17 Rn. 6; *Geßler* in: Geßler/Hefermehl/Eckhardt/Kropff, § 17 Rn. 43; KK-*Koppensteiner,* § 17 Rn. 30 ff.; MünchAktG-*Krieger,* § 68 Rn. 41, 44.

40 *BGH* 13.10.77, BGHZ 69, 334 [347] »VEBA/Gelsenberg«; 17.3.03, NJW 97, 1855 »VW« *OLG Karlsruhe* 11.12.03, NZG 04, 334; KK-*Koppensteiner,* § 17 Rn. 41; *Emmerich/Sonnenschein,* § 3 III 4 a.

41 *Geßler* in: Geßler/Hefermehl/Eckhardt/Kropff, § 17 Rn. 47; MünchAktG-*Krieger,* § 68 Rn. 41, 44.

42 *BGH,* DB 74, 767; vgl. auch *BAG* 13.7.73, AP Nr. 1 zu § 242 BGB – Ruhegehalt-Konzerne; *OLG Köln* 26.8.96, BB 97, 169: durch Gesellschafterstellung und Alleingeschäftsführung für beide Gesellschaften organschaftlich bestimmte Handlungsmacht; a. A. KK-*Koppensteiner,* § 17 Rn. 52.

43 *BGH* 16.2.81, DB 81, 931.

44 MünchAktG-*Krieger,* § 68 Rn. 55.

45 *Emmerich/Sonnenschein,* § 3 III 4 a.

46 *OLG Braunschweig,* Vorlagebeschl. 27.2.96, BB 96, 1321; vgl. auch *BGH* 17.3.97, ZIP 97, 887.

47 *Emmerich/Sonnenschein,* § 3 III 4 b; *Köstler/Kittner/Zachert,* Rn. 176.

sung unter **einheitlicher Leitung** des herrschenden UN, § 18 Abs. 1 Satz 1 AktG, **entspricht** der **organisatorischen Eingliederung** i. S. d. Steuerrechts.[48] Ohne Beherrschungsvertrag oder aktienrechtliche Eingliederung erkennen der **BGH** und **BFH** eine organisatorische Eingliederung nur an, wenn in beiden Gesellschaften sichergestellt ist, dass eine vom Willen des Organträgers abweichende Willensbildung bei der Organtochter nicht stattfindet.[49]

cc) Schuldrechtliche Verträge

Der *BGH* hat in seinem »BuM«-Urteil Abhängigkeit auf Grund schuldrechtlicher Beziehungen **31**
verneint. Herrschaft und Abhängigkeit würden grundsätzlich eine qualifizierte Beteiligung des herrschenden Unternehmens an der abhängigen Gesellschaft voraussetzen, die durch sonstige Umstände ggf. verstärkt werden könne.[50] Diese Auffassung verkennt, dass schuldrechtliche Vertragsbeziehungen eine der Mehrheitsbeteiligung vergleichbare Herrschaft begründen können.[51]

dd) Personelle Verflechtungen

Personelle Verflechtungen können Abhängigkeiten begründen, weil herrschende UN i. d. R. **32**
ihren Einfluss in den Organen des anderen UN durch **Personen ihres Vertrauens** oder sogar weisungsgebundene Personen geltend machen.[52] Abhängigkeit kann vorliegen, wenn **leitende Angestellte** des herrschenden UN **Organmitglieder** der abhängigen UN sind.[53]

ee) Satzung

Räumen Satzungsbestimmungen **einem Gesellschafter besonderen Einfluss auf die Ge- 33**
schäftsführung ein, können sie Anhängigkeit begründen.[54]

c) Konzernvermutung

Gem. § 18 Abs. 1 Satz 3 AktG wird von **abhängigen** UN vermutet, dass es mit dem herr- **34**
schenden einen Konzern bildet und von einem im Mehrheitsbesitz stehenden UN wird wiederum gem. § 17 Abs. 2 AktG die Abhängigkeit vermutet.[55]

d) Widerlegliche Vermutung bei Mehrheitsbesitz (§ 17 Abs. 2 AktG)

Der Tatbestand der Abhängigkeit gem. § 17 Abs. 1 AktG wird ergänzt durch § 17 Abs. 2 AktG, **35**
wonach gesetzlich **vermutet** wird, dass bei Bestehen einer Mehrheitsbeteiligung gem. § 16 Abs. 1 AktG das im Mehrheitsbesitz stehende UN abhängig ist. Greift die Vermutung gem. § 17 Abs. 2 AktG ein, so löst sie gleichzeitig die weitere Vermutung nach § 18 Abs. 1 Satz 3 AktG aus, wonach von einem abhängigen UN vermutet wird, dass es mit dem herrschenden UN einen Konzern bildet. Die Abhängigkeitsvermutung gem. § 17 Abs. 2 AktG ist widerlegbar. Sie ist **widerlegt,** wenn Tatsachen behauptet und bewiesen werden, aus denen folgt, dass kein

---

48 *LAG Baden-Württemberg* 6.7.01 – 5 TaBV 2/99; *Growe/Grüninger,* AiB 01, 582.

49 *BGH* 8.1.01, BB 01, 430; *BFG* 28.1.99, BB 99, 670.

50 *BGH* 26.3.84, NJW 84, 1893 [1896 f.]; *OLG Frankfurt* 22.12.03, AG 04, 567; *OLG Karlsruhe* 11.12.03, NZG 04, 335; *Hüffner,* Rn. 8; KK-*Koppensteiner,* Rn. 59; *Emmerich/Sonnenschein,* § 3 III b; *Schmidt,* § 31 II 3 b.

51 *Fitting* Rn. 14; *Köstler/Kittner/Zachert,* Rn. 17 f.; zu logistischen Ketten Rn. 87 ff.; *Däubler,* CR 88, 834; *Nagel,* DB 88, 2291; *ders.,* AuR 90, 245; *Nagel/Riess/Theis,* DB 89, 1505; *Klebe/Roth,* Mitbest 90, 402; *Wagner,* AuR 90, 245.

52 *Säcker,* ZHR 151, 59; Großkomm. AktG-*Windbichler,* Rn. 43 ff.; a. A. *Hüffer,* Rn. 5; *Emmerich/Habersack,* Rn. 6.

53 *OLG Düsseldorf* 22.7.93, ZIP 93, 1791.

54 KK-*Koppensteiner,* Rn. 50.

55 *BAG* 14.2.07, NZA 07, 999.

beherrschender Einfluss aus Rechtsgründen ausgeübt werden kann. Diese Widerlegung erfordert den Nachweis einer satzungsmäßigen oder vertraglichen Grundlage, wonach es ausgeschlossen ist, dass Beherrschungsmittel, insbesondere das von Stimmrechten aus Anteilen, eingreifen können.[56]

36 Denkbar ist auch der Abschluss von **Entherrschungsverträgen.**[57] Sie beseitigen unwiderruflich eine entgegenstehende Konzernvermutung, was auch für eine ausländische Muttergesellschaft gelten soll.[58] Die Konzernabhängigkeitsvermutung des § 17 Abs. 2 AktG ist nicht schon dadurch widerlegt, dass die Konzernmutter vertraglich ihre Stimmrechtsausübung bei der Bestellung des Aufsichtsrates begrenzt. Vielmehr darf auch bei sonstigen Beschlüssen (betr. Geschäftsführermaßnahmen, Satzungsänderungen, Abberufung von Aufsichtsratsmitgliedern und Vorstandsmitgliedern etc.) die Stimmenmehrheit vereinbarungsgemäß nicht zum Tragen kommen.[59] Die Abhängigkeitsvermutung wird nur durch einen schriftlichen Entherrschungsvertrag zwischen den UN widerlegt, der eine ausreichend **lange Laufzeit** hat und somit verhindert, dass die nächste Aufsichtsratswahl dominiert wird. Eine einmalige feste Bindungszeit von fünf Jahren mit anschließender Verlängerung um ein weiteres Jahr, sollte er nicht mit einer Frist von 6 Monaten zum Jahresende gekündigt werden, ist ausreichend, um die Ernsthaftigkeit der Entherrschungsvereinbarung zum Ausdruck zu bringen.[60]

5. Konzern und Konzernunternehmen (§ 18 Abs. 1 AktG)

a) Unterordnungs- und Gleichordnungskonzern

37 § 18 AktG liegt ein **einheitlicher Konzernbegriff** zugrunde, nach dem ein Konzern durch die Zusammenfassung mehrerer rechtlich selbstständiger Unternehmen unter einheitlicher Leitung entsteht. Da § 54 Abs. 1 auf § 18 Abs. 1 AktG verweist, kann ein KBR nur im Unterordnungskonzern gebildet werden, nicht aber im Gleichordnungskonzern. Für die Betriebsverfassung ist deshalb die Unterscheidung zwischen Unterordnungs- und Gleichordnungskonzern von erheblicher Bedeutung. Das maßgebende Unterscheidungskriterium ist nicht das der einheitlichen Leitung, die in beiden Konzernformen gegeben sein muss, sondern das der **Abhängigkeit.** Für die einheitliche Leitung eines Unterordnungskonzern ist typisch, dass sie von einem herrschenden UN gegenüber abhängigen UN ausgeübt wird. Ein Gleichordnungskonzern liegt dagegen vor, wenn die einheitliche Leitung ohne Abhängigkeit der Unternehmen untereinander »demokratisch« erfolgt. § 17 AktG definiert den Begriff des abhängigen UN und erleichtert die Beweisführung durch eine Vermutungsregel.

38 Ein Gleichordnungskonzern ist nach seiner Rechtsnatur eine **Gesellschaft bürgerlichen Rechts (GbR).** Seine bloße Bezeichnung als Gleichordnungskonzern ist für die rechtliche Beurteilung unmaßgeblich. Häufig beruht die einheitliche Leitung auf einem Umfang und Art der Leitung regelnden **Gleichordnungsvertrag,** der allerdings nicht ausschließt, dass es sich in Wahrheit um einen Beherrschungsvertrag handelt.[61] Beruht die Gleichordnung nur auf faktischen Verhältnissen wie z. B. der personellen Verflechtung der Leitungsorgane, kann ein **faktischer Gleichordnungskonzern** vorliegen, wobei vielfach der Abschluss eines konkludenten Gleichordnungsvertrags durch faktisches Verhalten nahe liegt.[62]

---

56 *BayObLG* 24.3.98, NZA 98, 956; *Hüffer,* § 17 Rn. 19; *ArbG Düsseldorf* 8.9.04, AuR 05, 338.
57 *Emmerich/Habersack,* Rn. 42 ff.; Großkomm. AktG-*Windbichler,* Rn. 80 ff.
58 *BAG* 14.2.07, NZA 07, 999.
59 *ArbG Düsseldorf* 8.9.04, AuR 05, 338.
60 *LAG Bremen* 9.8.12, 3 TaBV 19/11.
61 *ArbG Wesel* 5.8.98, AiB 99, 165, wonach für einen Konzern mit Gleichordnungsvertrag ein EBR zu bilden ist; *K. Schmidt,* ZHR 155 (1991), 417, 426 ff.; a. A. *Hüffer,* § 18 Rn. 20.
62 *Hüffer,* § 18 AktG Rn. 21.

b) Einheitliche Leitung

Für die Bildung des KBR, durch die Mitbestimmungslücken auf der Ebene der Konzernspitze geschlossen werden sollen, ist der **weite Konzernbegriff** maßgebend (Rn. 6), der es genügen lässt, dass eine einheitliche Planung in **einem der zentralen UN-Bereiche** gegeben ist. Es ist also nicht entscheidend, ob die Konzernspitze in allen zentralen Bereichen gegenüber den Tochter-UN eine einheitliche Planung durchsetzt (enger Konzernbegriff). Eine umfassende Leitung der abhängigen Gesellschaft ist nicht erforderlich.[63] Die einheitliche Planung in einem der zentralen UN-Bereiche muss nicht zwangsläufig im Finanzwesen, sondern kann auch in anderen UN-Bereichen wie z. B. Finanzen, Einkauf, Organisation, Personalwesen, Vertrieb usw. erfolgen (vgl. Rn. 28). Für die einheitliche Leitung kommt es nicht auf die Möglichkeit hierzu an, sondern darauf, dass die **Leitungsmacht tatsächlich ausgeübt** wird.[64] Eine reine **Personenidentität** der Vorstände der beteiligten UN reicht nicht.[65] Die **Art ihrer Ausübung** ist unerheblich. Sie muss sich nicht durch formelle Weisungen vollziehen, sondern kann sich auch völlig anderer Mittel bedienen. Entscheidend ist, dass auf diese Weise die Geschäftspolitik des abhängigen UN durch die Planung des herrschenden UN gesteuert wird.[66] Dies erfordert keine Steuerung des operativen Geschäfts. Es genügt, wenn das herrschende UN auf die **originären Führungsaufgaben** bei den abhängigen UN einwirkt. Hierzu kann insbesondere zählen die 39

- Festlegung der UN-Ziele,
- Festlegung der Grundzüge der Finanz-, Investitions-, Macht- und Personalpolitik,
- Entscheidung über geschäftliche Maßnahmen von besonderer Bedeutung,
- Koordination von Teilbereichen der UN-Leitung,
- Besetzung von Führungsstellen im UN.

Für die einheitliche Leitung ist **keine konkrete unternehmerische verbundweite Zielsetzung** erforderlich. Ausreichend ist das allgemeine Ziel, durch die UN einen möglichst **hohen Gewinn** zu realisieren. Andernfalls würden sich diversifizierte UN-Gruppen, die sich strukturell für eine umfassende Gesamtplanung unter bestimmten Sachzielen nicht eignen, mangels UN-übergreifender Zielkonzeption dem Konzernbegriff entziehen. Es kommt weiterhin nicht darauf an, ob von den Mitteln zur Ausübung der Leitungsmacht im Rahmen der **gesellschaftsrechtlichen Kompetenzen** Gebrauch gemacht wird. Eine einheitliche Leitung kann deshalb auch dann vorliegen, wenn ein Aktionär die Geschäftspolitik der UN festlegt, obwohl er prinzipiell keinen Einfluss auf die Geschäftsführung des Vorstandes einer AG nehmen kann. Dies gilt insbes. für die GmbH, da hier den Geschäftsführern anders als dem Vorstand einer AG keine unabdingbare Leitungsmacht zusteht.[67] 40

Eine einheitliche Leitung liegt bereits dann vor, wenn das herrschende UN die Leitung auch nur über **einen dieser Entscheidungsbereiche** ausübt.[68] Nach der engeren Auffassung genügt nicht die Unterordnung beliebiger Grund- oder Lenkungsfunktionen, sondern sie setzt zumindest die **einheitliche Finanzplanung** und finanzielle Vorgaben voraus, weil dies die Grundvoraussetzung für die Ertragsoptimierung und Bestandserhaltung sei.[69] Nach überwiegend vertretener und vermittelnder Auffassung reichen Planung und Durchsetzung der Planung in einem zentralen UN-Bereich außerhalb des Finanzwesens aus, wenn die Koordinierung der UN in den betreffenden Bereichen **Ausstrahlungen auf das Gesamt-UN** hat und somit den verbundenen UN eine selbstständige Planung unmöglich gemacht wird.[70] Für den 41

63 *BAG* 25.1.95, AuR 95, 379; *BayObLG* 24.3.98, NZA 98, 956; *OLG Düsseldorf*, DB 79, 699; *LG Stuttgart*, AG 89, 445.

64 KK-*Koppensteiner*, § 18 Rn. 34.

65 *BAG* 16.8.95, DB 96, 335 für den Anwendungsbereich des § 76 Abs. 4 BetrVG.

66 *Geßler* in: Geßler/Hefermehl/Eckhard/Kropff, § 18 Rn. 27; KK-*Koppensteiner*, Rn. 29; *Köstler/Kittner/Zachert*, Rn. 180 ff.

67 *OLG Stuttgart* 3.5.89, AG 90, 168 für die Beherrschung einer 100 %igen Tochter-Betriebsgesellschaft durch eine Verwaltungs-GmbH.

68 *Geßler* in: Geßler/Hefermehl/Eckardt/Kropff, § 18 Rn. 27; *Hanau/Ulmer*, Rn. 22; *Raiser*, § 5 Rn. 12.

69 KK-*Koppensteiner*, Rn. 20; vgl. auch *LG Mainz* 16.10.92, AG 91, 30.

70 *BAG* 13.7.73, AP Nr. 1 zu § 242 BGB – Ruhegeld – Konzern, 8.3.94 – 9 AZR 197/92; *Emmerich/*

Vorstand einer **politischen Partei** kann es ausreichen, dass sich die einheitliche Leitung auf die politische Führung erstreckt. Eine ganz andere Frage ist es, ob ein Parteivorstand als herrschendes UN angesehen werden kann.[71]

c) Widerlegung der Konzernvermutung bei einheitlicher Leitung (§ 18 Abs. 1 Satz 3 AktG)

42 Da der Nachweis der einheitlichen Leitung mehrerer Unternehmen in der Praxis häufig schwierig ist, hat der Gesetzgeber die Konzerndefinition des § 18 Abs. 1 AktG um zwei **Vermutungen** erweitert, nämlich um

- eine **unwiderlegliche,** wenn zwischen den verbundenen Unternehmen ein **Beherrschungsvertrag** besteht oder wenn das eine Unternehmen in das andere **eingegliedert** ist (§ 18 Abs. 1 Satz 2 AktG);
- eine **widerlegliche Vermutung** in allen anderen Fällen der Abhängigkeit (§§ 18 Abs. 1 Satz 3, 17 Abs. 2 AktG).

43 Zur Widerlegung der Konzernvermutung ist der Nachweis erforderlich, dass trotz Abhängigkeit seitens des herrschenden Unternehmens tatsächlich keine einheitliche Leitung praktiziert wird.[72] Für die Betriebsverfassung ist der **weite Konzernbegriff** maßgebend (Rn. 6 und 28), der keine einheitliche Leitung in allen Zentralfunktionen, zu denen stets das Finanzwesen zählt, voraussetzt. Die Widerlegung der Konzernvermutung ist deshalb nicht bereits dann erfolgreich, wenn UN getrennte Kosten haben.[73] Sie ist weiterhin nicht an **Verträge** gebunden, die die einheitliche Leitung ausschließen. Maßgebend ist nämlich nicht eine Vereinbarung, sondern die **tatsächliche Einflussnahme.** Die Vermutung des § 18 Abs. 1 Satz 3 AktG ist unwiderlegbar, wenn eine solche einheitliche Leitung **eingerichtet,** d. h. organisatorisch verfestigt, besteht, wie es z. B. bei einer Managementholding mit Stabseinheiten der Fall ist.[74] Die Konzernvermutung kann allerdings **widerlegt** sein, wenn keine leitende Tätigkeit der Holding feststellbar ist, die Vorstandsmitglieder der Holding nicht im Vorstand oder Aufsichtsrat der beherrschten UN vertreten sind und wenn Gegenstand des herrschenden UN lediglich die Funktion einer **vermögensverwaltenden Holding** ist.[75]

d) Konzernformen

44 Bei Konzernen spielt die **Rechtsform** des herrschenden UN keine Rolle (Rn. 8 ff.), wohl aber die des oder der **abhängigen UN.** So ist beispielsweise die Eingliederung nur bei einer Aktiengesellschaft möglich und die Zulässigkeit eines faktischen Konzerns gegenüber einer Ein-Personen-Gesellschaft problematisch. Die Leitung einer GmbH erfolgt auf andere Weise als die einer Aktiengesellschaft. Anders als für die Aktiengesellschaft gibt es für die GmbH und die Personengesellschaft kein ausformuliertes Konzernrecht. Deshalb sind die Konzernformen jeweils danach zu unterscheiden, ob es sich bei dem abhängigen UN um eine Aktiengesellschaft, eine GmbH oder eine Personengesellschaft handelt.

aa) Aktienkonzern

45 Aktienkonzern heißen UN-Verbindungen, an denen – in erster Linie in der Rolle der abhängigen Gesellschaft – UN in der Rechtsform einer Aktiengesellschaft beteiligt sind. Seine wichtigsten **Formen** sind die der Eingliederung, Vertrags- und faktischen Konzerne. Mit dieser Einteilung überschneidet sich eine andere nach der **Intensität der Abhängigkeit,** bei der man

---

Sonnenschein, § 4 II 1; *K. Schmidt,* § 31 II 3 c; MünchArbR-*Joost,* § 307 Rn. 12 für zentrale Produktherstellung und -planung.

71 Zweifelnd *Preis,* FS Däubler, S. 261, 271.

72 *Emmerich/Sonnenschein,* § 4 VI 2; KK-*Koppensteiner,* § 18 Rn. 34.

73 *ArbG Berlin* 27.2.95, Mitbest 95, 59.

74 *Geßler* in: Geßler/Hefermehl/Eckhardt/Kropff, § 18 Rn. 63; a. A. KK-*Koppensteiner,* § 18 Rn. 34.

75 *BayObLG* 6.3.02, NZA 02, 691 zu § 5 Abs. 3 MitbestG.

zwischen einfachen Abhängigkeitsverhältnissen, einfachen faktischen Konzernen und qualifizierten faktischen Konzernen unterscheidet.

(1) Eingliederung (§§ 319 ff. AktG)

Die Eingliederung besteht darin, dass eine Gesellschaft organisatorisch in die an ihr als Alleinaktionärin oder zumindest mit 95 % des Grundkapitals beteiligte Hauptgesellschaft eingefügt wird. Sie erfolgt gemäß § 319 AktG durch einen **Beschluss der Hauptversammlung** der einzugliedernden Gesellschaft. Es handelt sich also nicht um einen Vertrag, sondern um einen innergesellschaftlichen Vorgang. Wirtschaftlich gesehen kommt die Eingliederung der Verschmelzung nahe, während rechtlich die eingegliederte Gesellschaft als selbstständige juristische Person erhalten bleibt. Sie ist die engste denkbare Verbindung zweier rechtlich selbstständiger Unternehmen.[76] 46

(2) Vertragskonzern (§§ 291 ff. AktG)

Beherrschungs- und Gewinnabführungsverträge werden oft miteinander als **Organ- oder Organschaftsverträge** verbunden. Die gesetzliche Regelung der Gewinnabführungsverträge entspricht weitgehend der der Beherrschungsverträge, da sie dem herrschenden Unternehmen ebenfalls eine nahezu umfassende Leitungsmacht verleihen. 47

(a) Beherrschungsvertrag

Der Beherrschungsvertrag gestaltet die Verfassung der abhängigen Gesellschaft sowie das Rechtsverhältnis zwischen dieser und ihren Gesellschaftern unmittelbar um. Es handelt sich also nicht um einen schuldrechtlichen Austauschvertrag, sondern um einen **Organisationsvertrag**, der die gesellschaftsrechtlichen Beziehungen zwischen den Vertragspartnern und zwischen der abhängigen Gesellschaft und den außenstehenden Gesellschaftern unmittelbar gestaltet.[77] 48

Der Inhalt des Beherrschungsvertrages ergibt sich primär aus § 291 Abs. 1 Satz 1 AktG, wonach durch ihn eine Aktiengesellschaft oder Kommanditgesellschaft auf Aktien die Leitung der Gesellschaft einem anderen Unternehmen unterstellt. Mit der Leitung ist gemäß §§ 76 ff. AktG die **Geschäftsführung** und die **Vertretung** der Gesellschaft durch den Vorstand zu verstehen. Weiterhin folgt aus § 308 AktG, dass das regelmäßige Mittel zur Unterstellung der Gesellschaft unter fremde Leitung das Weisungsrecht des herrschenden Unternehmens gegenüber dem Vorstand der abhängigen Gesellschaft ist. **Nachteilige Weisungen** gegenüber dem abhängigen UN sind zulässig. Zur Wirksamkeit müssen die Hauptversammlungen beider Gesellschaften mit qualifizierter Mehrheit zustimmen (§ 293 Abs. 1 Satz 1, Abs. 2 AktG).[78] 49

Wirtschaftlich entspricht die Wirkung des Beherrschungsvertrages der **Eingliederung** (Rn. 32), weil er ebenso wie die Eingliederung dem herrschenden Unternehmen eine nahezu **umfassende Leitungsmacht** verleiht. Es erhält insbesondere die Möglichkeit zu fast schrankenlosen Dispositionen über das Vermögen der abhängigen Gesellschaft. Nachteilige Weisungen im Konzerninteresse sind allerdings nur zulässig, wenn sie die abhängige Gesellschaft nicht unverhältnismäßig schädigen, nicht gegen zwingende Gesetze gem. §§ 134, 138 BGB verstoßen, den Gesellschaftsvertrag nicht ändern und die Überlebensfähigkeit der abhängigen Gesellschaft nicht in Frage stellt.[79] 50

76 *Emmerich/Sonnenschein*, § 7 IV 1; *K. Schmidt*, § 30 III 2, § 31 II 4; *Köstler/Kittner/Zachert*, Rn. 184.
77 *BGH* 14.12.87, NJW 88, 1326 »Familienheim«; BGHZ 105, 324 [331] »Supermarkt«; *Emmerich/Sonnenschein*, § 8 II 1; *K. Schmidt*, § 31 III 1.
78 Zum grenzüberschreitenden Beherrschungsvertrag *BAG* 14.2.07, NZA 07, 999; Mayer, AuR 06, 303.
79 *Scholz/Emmerich*, I, Konzernrecht, Rn. 183 ff.

(b) Gewinnabführungsvertrag

51 Ein Gewinnabführungsvertrag liegt gemäß § 291 Abs. 1 Satz 1 AktG vor, wenn sich eine Kapitalgesellschaft verpflichtet, ihren **gesamten Gewinn** an ein anderes Unternehmen beliebiger Rechtsform abzuführen. Umgekehrt ist das herrschende Unternehmen zur Übernahme **sämtlicher Verluste** der abhängigen Gesellschaft gemäß § 302 AktG verpflichtet. Der Sache nach handelt es sich also um einen **Ergebnisübernahmevertrag.**

(3) Faktischer Konzern (§§ 311 ff. AktG)

52 §§ 311 bis 317 AktG enthalten ein **Verbot jeder nachteiligen Einflussnahme** des herrschenden Unternehmens ohne Nachteilsausgleich bis spätestens zum Ende des Geschäftsjahres. Bei Verstoß macht sich das herrschende Unternehmen gemäß § 317 Abs. 1 AktG schadensersatzpflichtig.

53 Dieses Haftungssystem ist nur dann praktikabel, wenn sämtliche Formen der Einflussnahme des herrschenden Unternehmens sowie ihre Weisungen so exakt erfasst werden können, dass ein Nachteilsausgleich in Betracht kommt. Bei punktuellen Eingriffen des herrschenden Unternehmens bieten die §§ 311 ff. AktG i. d. R. einen ausreichenden Schutz. Etwas anderes gilt bei einfachen und qualifizierten faktischen Konzernen, wo das **Haftungssystem versagen** muss, weil es nicht mehr um punktuelle Eingriffe, sondern um eine **umfassende Einflussnahme** geht.

(a) Einfacher faktischer Konzern

54 Die Konzernleitungsmacht im einfachen faktischen Konzern ist weniger stark als die im Vertragskonzern, weil der Vorstand des abhängigen Unternehmens nicht alle Weisungen befolgen muss. Er ist lediglich verpflichtet, die **generellen unternehmenspolitischen Weisungen** des Konzerns im Rahmen seiner eigenverantwortlichen Leitungsmacht mit zu berücksichtigen, die sich z. B. beziehen können auf[80]

- Integrationsmaßnahmen innerhalb des Konzerns (Festlegung von Kerngeschäften usw.);
- Öffnung zu neuen Marktsegmenten;
- Neustrukturierung des Konzerns.

(b) Qualifizierter faktischer Konzern

55 Das gesetzliche Haftungssystem für die abhängige Gesellschaft schädigende Maßnahmen versagt spätestens dann, wenn die **Einflussnahme** seitens des herrschenden UN eine solche **Breite und Dichte** annimmt, dass einzelne Weisungen und ihre Auswirkungen nicht mehr isolierbar sind.[81]

56 Der *BGH* hat für den Tatbestand des qualifizierten faktischen Konzerns darauf abgestellt, ob das herrschende UN von seiner **Leitungsmacht »dauernd und umfassend«** Gebrauch gemacht hat, wofür es bereits genügen soll, wenn das herrschende UN im finanziellen Bereich oder in **einem sonstigen zentralen unternehmerischen Bereich** die Leitung vollständig an sich gezogen hat.[82] Hierfür kann es ausreichend sein, wenn dieser Zustand nur **wenige Monate** gedauert hat.[83] Damit deckt sich im Regelfall die Definition des qualifizierten faktischen Konzerns mit der des Konzerns überhaupt, weil nach § 18 Abs. 1 AktG ein Konzern ebenfalls nur vorliegt, wenn wenigstens in **einem** zentralen unternehmerischen Bereich die Leitung auf

80 *Nick,* S. 28; *Scheffler,* AG 90, 173 [177].
81 Grundlegend *BGH* 16.9.85, DB 85, 2341 »Autokran«; *BGH* 20.2.89, DB 89, 816 »Tiefbau«; *BGH* 23.9.91, DB 91, 2176 »Video«; *Schmidt,* § 31 IV 4 a; *Köstler/Kittner/Zachert,* Rn. 185 ff.; *Theis,* S. 137 ff.; *Windbichler,* RdA 99, 151 gegen die Verwendung des Begriffs des »qualifiziert faktischen Konzerns« im Arbeitsrecht.
82 *BGH* 16.9.85, DB 85, 2341 »Autokran«; 20.2.89, DB 89, 816.
83 *OLG Köln* 2.5.90, AG 91, 140.

das herrschende Unternehmen übergeht. Ein qualifizierter faktischer Konzern liegt immer vor, wenn das herrschende UN die abhängige Gesellschaft wie eine völlig **unselbstständige Betriebsabteilung** behandelt hat.[84]

Umstritten ist, ob eine reine **Organverflechtung** zwischen dem herrschenden Unternehmen 57
und der abhängigen Gesellschaft dem Tatbestand eines qualifizierten faktischen Konzerns genügt. Bei Majorisierung des Vorstands der abhängigen Gesellschaft durch Vertreter des herrschenden Unternehmens lassen sich i. d. R. einzelne Weisungen und deren Wirkung nicht mehr isolieren, so dass derartige **Vorstandsdoppelmandate** den Tatbestand eines qualifizierten faktischen Konzerns begründen können.[85]

bb) GmbH-Konzern

GmbH-Konzern heißen UN-Verbindungen, in denen – in erster Linie in der Rolle der abhän- 58
gigen Gesellschaft – UN in der Rechtsform einer GmbH beteiligt sind. Gesetzliche Regeln über das Konzernrecht der GmbH existieren nicht. Eine Analogie des GmbH-Konzernrechts zu dem der Aktiengesellschaft kommt wegen der Strukturunterschiede beider Gesellschaftsformen nur partiell in Betracht. Nicht analogiefähig sollen insbesondere die Vorschriften der §§ 311 bis 318 AktG über faktische Konzerne sowie der §§ 319 bis 327 AktG über die Eingliederung sein. Etwas anderes gilt nur hinsichtlich der Vorschriften des Aktiengesetzes über Unternehmensverträge gemäß §§ 291 bis 310 AktG.[86] Die hierdurch entstandenen Lücken wurden durch die Entwicklung eines eigenständigen **GmbH-Konzernrechts** in der Rechtsprechung geschlossen. Danach muss ebenso wie im Aktienkonzernrecht zwischen Vertragskonzernen und faktischen Konzernen und dort zwischen einfachen und qualifizierten faktischen Konzernen unterschieden werden.

Die GmbH gilt als »ideale Konzerntochter«. Anders als bei der Aktiengesellschaft ist für die 59
GmbH vor allem der Primat der **Gesellschafterversammlung** gegenüber den Geschäftsführern gemäß §§ 37, 45, 46 GmbHG kennzeichnend. Die Gesellschafterversammlung kann den Geschäftsführern also in allen Fragen der Geschäftspolitik unmittelbar **Weisungen** erteilen. Wer in der Gesellschafterversammlung über eine feste Mehrheit verfügt, kann jederzeit die Geschäftsführer gemäß § 46 Nr. 5 GmbHG bestellen und abberufen und ihnen in allen Fragen der Geschäftsführung gemäß §§ 37, 45 GmbHG Weisungen erteilen. Die Vermutung der Abhängigkeit bei Mehrheitsbesitz gemäß § 17 Abs. 2 AktG dürfte deshalb bei der GmbH kaum jemals widerlegbar sein.

Die Abhängigkeit kann auch auf **satzungsmäßigen Sonderrechten** auf Beteiligung an der 60
Geschäftsführung beruhen, die die Satzung gemäß § 45 GmbHG in beliebigem Umfang einführen kann (z. B.: Ernennung zum Geschäftsführer, Bestellung und Abberufung der Geschäftsführer, Besetzung des Aufsichtsrats, wenn diesem die Bestellung der Geschäftsführer obliegt). Die Satzung kann einzelnen Gesellschaftern ein Weisungsrecht gegenüber den Geschäftsführern einräumen. Wenn derartige Sonderrechte einem Gesellschafter maßgebenden Einfluss auf die Geschäftsführung ermöglichen, liegt eine konzernrechtliche Abhängigkeit vor.[87]

Zum Schutz der Minderheitsgesellschafter ist das herrschende UN aufgrund seiner Treue- 61
pflicht gem. § 242 BGB zur **Offenlegung** seiner **Beteiligungsverhältnisse** und Beziehungen zu anderen UN verpflichtet. Dies gilt i. d. R. jedenfalls, wenn ein herrschender Gesellschafter das UN seinen außerhalb des UN liegenden Interessen dienstbar machen will.[88]

---

84 Vgl. *BGH* 5.2.79, AG 80, 47 »Gervais«; *BGH* 16.9.85, DB 85, 2341 »Autokran«.

85 *Ebenroth,* AG 90, 188 [190 f.]; *Säcker,* ZHR 151 [1987], 59; vgl. auch *LAG Düsseldorf* 11.9.87, AuR 88, 92, wonach die einheitliche Leitung gegeben ist, wenn leitende Angestellte des herrschenden UN Organmitglieder des Konzern-UN sind; a. A. *Lutter,* AG 90, 179 [183]; *K. Schmidt,* § 31 IV 4 b; *OLG Hamm* 3.11.86, NJW 87, 1030 mit ablehnender Anm. *Mertens.*

86 *Emmerich/Sonnenschein,* § 23 III 2; *Lutter/Hommelhoff,* Anhang § 13 Rn. 9.

87 *Scholz/Emmerich,* GmbH-Gesetz, § 40 Anhang Rn. 46 f.; KK-*Koppensteiner,* § 17 Rn. 67; *Emmerich/Sonnenschein,* § 3 V b.

88 *Scholz/Emmerich,* Bd. I, Anh. Konzernrecht, Rn. 40 m. w. N.

(1) Faktischer Konzern

62 Ein faktischer GmbH-Konzern liegt vor, wenn eine GmbH sowie ein anderes UN vorhanden sind und die GmbH von dem anderen UN ohne Beherrschungsvertrag abhängig ist.[89] GmbH-Konzerne sind – anders als Aktiengesellschaften – überwiegend faktische Konzerne, weil die Gesellschafter in jeder GmbH über die Gesellschafterversammlung den Geschäftsführern beliebige **Weisungen für die Geschäftsführung** erteilen können, an die die Geschäftsführungen gebunden sind, solange sie nicht geradezu gesetzwidrig sind, so dass in der GmbH die Mehrheitsherrschaft über die Gesellschafterversammlung (nahezu) vollkommen ist.

(a) Einfacher faktischer Konzern

63 Mit dem »ITT-Urteil« hat der *BGH* im Jahre 1975 erstmals Schranken der Mehrheitsherrschaft in faktischen GmbH-Konzernen anerkannt.[90] Danach folgt aus der Möglichkeit der Mehrheit, durch Einflussnahme auf die Geschäftsführung die Interessen der Mitgesellschafter zu beeinträchtigen, deren Pflicht, auf die Interessen der Minderheit Rücksicht zu nehmen. Zudem besteht für die Mehrheit ein umfassendes **Schädigungsverbot,** das seine Grundlage in erster Linie in der Treuepflicht der Mehrheit gegenüber der Gesellschaft und den Mitgesellschaftern findet und bei Verletzung analog § 43 GmbHG eine Schadensersatzpflicht begründen kann. Dabei spielt es keine Rolle, in welcher Form das herrschende UN auf die Geschäftsführung der abhängigen Gesellschaft Einfluss genommen hat.[91]

(b) Qualifizierter faktischer Konzern

64 Ebenso wie beim Aktienkonzern liegt ein qualifizierter faktischer Konzern vor, wenn eine Isolierung durch schädigende Einzeleingriffe des herrschenden Unternehmens sowie durch von ihnen ausgehende nachteilige Wirkungen angesichts der breitflächigen dauernden Einflussnahme des herrschenden Unternehmens nicht mehr möglich ist. Dies ist insbesondere anzunehmen, wenn das herrschende Unternehmen die Geschäftsführung der abhängigen Gesellschaft in einem oder mehreren **zentralen Unternehmensbereichen** dauernd und umfassend an sich gezogen hat, wenn es die abhängige Gesellschaft **wie eine unselbstständige Betriebsabteilung** führt sowie häufig auch wenn es die Geschäftsführung der abhängigen Gesellschaft in Personalunion durch seine eigenen gesetzlichen Vertreter, also durch die so genannte **Organverflechtung,** wahrnehmen lässt.[92]

65 Eine Vermutung für das Vorliegen eines qualifizierten faktischen GmbH-Konzerns in Abhängigkeitsverhältnissen wird überwiegend abgelehnt. Allerdings liegt die Annahme eines qualifizierten faktischen Konzerns in vielen Konstellationen nahe, so dass oft zumindest eine **tatsächliche Vermutung** für das Vorliegen eines derartigen Ein-Mann-Konzerns spricht.[93]

66 Ein qualifizierter faktischer Konzern kann in folgenden Fällen vorliegen:

- **Ein-Mann-Gesellschaften,** die von demselben herrschenden Unternehmer einheitlich gesteuert werden.[94]
- **Cash-Management** mit Entzug oder Einschränkung der Liquidität bei der abhängigen GmbH.[95]
- **Doppelmandate** z. B. bei Identität des leitenden Personals beim herrschenden UN und der

89 *K. Schmidt,* § 39 III 1; vgl. auch *Köstler/Kittner/Zachert,* Rn. 186; *Theis,* S. 137 ff.

90 BGHZ 65, 15.

91 *Emmerich/Sonnenschein,* § 24 II 2 a; *K. Schmidt,* § 39 III 2; *Lutter/Hommelhoff,* Anhang § 13 Rn. 5 ff.

92 *BGH* 16.9.85, DB 85, 2341 »Autokran«; *BGH* 20.2.89, DB 89, 816 »Tiefbau«; *BGH* 5.2.79, AG 80, 47 »Gervais«; *Ebenroth,* AG 90, 188; *Emmerich,* AG 87, 1 [4 f.]; *Emmerich/Sonnenschein,* § 24 III 1 a; *Köstler/Kittner/Zachert,* Rn. 164; *Lutter/Hommelhoff,* Anhang § 13 Rn. 16; *Schmidt* § 39 III 3.

93 *Emmerich,* GmbHR 87, 216; *Emmerich/Sonnenschein,* § 24 III 1; *Geitzhaus,* GmbHR 89, 406; *Köstler/Kittner/Zachert,* Rn. 187; a. A. *Lutter/Hommelhoff,* Anhang § 13 Rn. 18.

94 *BGH* 16.9.85, DB 85, 2341 »Autokran«; *BGH* 20.2.89, DB 89, 816 »Tiefbau«; *BGH* 23.9.91, DB 91, 2176 »Video«; *BGH* 29.3.93, ZIP 93, 589 »TBB«.

95 *Decher,* DB 89, 965; *Lutter/Hommelhoff,* Anhang § 13 Rn. 17.

abhängigen GmbH[96] oder bei Identität von herrschenden UN und Geschäftsführern der abhängigen GmbH.[97]

- **UN-Teilung** durch Verselbstständigung einzelner UN-Funktionen oder Teilung in »reiche« Vermögens- und »arme« Produktionsgesellschaft.[98]
- **Stimmrechte oder Stimmenbindungsverträge.**[99]
- **Schuldrechtliche Verträge.**[100]

(2) Vertragskonzern

Für den Vertragskonzern ist soweit wie möglich auf die entsprechenden **aktienkonzernrechtlichen Vorschriften** der §§ 291 bis 310 AktG zurückzugreifen.[101] Der Abschluss eines Beherrschungsvertrages verändert bei der GmbH die Struktur der Gesellschaft noch stärker als dies bei der Aktiengesellschaft der Fall ist. Es handelt sich auch bei der GmbH nicht um einen schuldrechtlichen Vertrag, sondern um einen **Organisationsvertrag.**[102] 67

cc) Personengesellschaftskonzern

Ein Personengesellschaftskonzern liegt vor, wenn – primär in der Rolle der abhängigen Gesellschaft – Personengesellschaften beteiligt sind. Zur Bildung von Konzernen mit abhängigen Personengesellschaften kann es z. B. bei dem Erwerb von UN in der Rechtsform von Personengesellschaften durch andere UN kommen.[103] Eine **Abhängigkeit** kommt dann in Betracht, wenn der Gesellschaftsvertrag abweichend vom Einstimmigkeitsprinzip gemäß § 305 BGB, § 119 Abs. 1 HGB Mehrheitsbeschlüsse zulässt und außerdem nicht nach Köpfen, sondern nach Kapitalanteilen abgestimmt wird. Auf diese Weise kann eine Minderheitsbeteiligung zur Begründung der Abhängigkeit ausreichen.[104] 68

Ein **faktischer Konzern** entsteht, sobald das herrschende UN die von ihm abhängige Personengesellschaft in seine Planungen einbezieht. Durch die Konzernbildung ändert sich völlig der Zweck der Gesellschaft, so dass ihr stets **alle Gesellschafter zustimmen** müssen (str.).[105] Die wirksame Konzernbildung hat für das herrschende Unternehmen gemäß § 302 AktG analog zur Folge, dass es sämtliche Verluste der abhängigen Gesellschaft zu übernehmen hat. 69

Das Personengesellschaftskonzernrecht lässt den Abschluss von **Beherrschungsverträgen** mit **Zustimmung aller Gesellschafter** zu, wenn das herrschende Unternehmen die Mitgesellschafter im Innenverhältnis von ihrer Haftung für die Gesellschaftsverbindlichkeiten freistellt.[106] 70

6. Wechselseitige Beteiligung (§ 19 AktG)

Nach § 19 Abs. 1 bis 3 AktG handelt es sich um qualifizierte wechselseitige Beteiligungen, wenn Kapitalgesellschaften mit Sitz im Inland handeln, die aneinander mit mindestens 25 % beteiligt sind, wobei gemäß § 16 Abs. 4 Beteiligungen von Ober- und Untergesellschaften 71

96 *Emmerich/Sonnenschein* § 24 III 1 a; *Geitzhaus,* GmbHR 89, 404; *Säcker,* ZHR 87, 59; *Decher,* DB 90, 2010; a. A. *Lutter/Hommelhoff,* Anhang § 13 Rn. 18; *Lutter,* AG 90, 183.
97 *OLG Köln* 2.5.90, ZIP 90, 1078; a. A. *Altmeppen,* ZIP 90, 1079.
98 *Bork,* BB 89, 2186; *Weimar,* ZIP 88, 1529; einschränkend *Lutter/Hommelhoff,* Anhang § 13 Rn. 18.
99 *BAG* 23.8.06, AP Nr. 12 zu § 54 BetrVG 1972.
100 *Fitting,* Rn. 26.
101 *BGH* 24.10.88, NJW 89, 295.
102 Zum Inhalt *K. Schmidt,* § 39 II 2; *Lutter/Hommelhoff,* Anhang § 13 Rn. 43 ff.; *Köstler/Kittner/Zachert,* Rn. 181 ff.
103 *BGH* 5.2.79, NJW 80, 231 »Gervais«.
104 *Emmerich/Sonnenschein,* § 3 III 5 c.
105 *Emmerich/Sonnenschein,* § 27 II 1 a.
106 *Baumgartl,* S. 40 [59 ff.]; *Emmerich/Sonnenschein,* § 27 III 1; zum Betriebsführungsvertrag einer Personengesellschaft mit einem Dritten, *BGH* 5.10.81, NJW 82, 1817; zu Recht einschränkend *Wiedemann,* § 2 I 4: eine natürliche Person kann nur auf der Seite des herrschenden UN einen Beherrschungsvertrag eingehen.

zusammenzurechnen sind. Wechselseitige Beteiligungen sind verbreitet. Vorherrschend sind dabei oft undurchsichtige ringförmige und zirkuläre Beteiligungen, für die die Zwischenschaltung weiterer Gesellschaften typisch ist.[107]

II. Bedeutung von Konzernen

72 Eine Entwicklung, durch die zunehmend bisher selbstständige UN zu **neuen Wirtschaftseinheiten** zusammengeschlossen werden und relativ immer größere UN entstehen bei gleichzeitiger Verringerung der Zahl selbstständiger UN auf einem bestimmten Markt oder in der gesamten Volkswirtschaft, wird als **Unternehmenskonzentration** bezeichnet.

73 **Konzernrelevante Unternehmensverbindungen** entstehen auf unterschiedlichen Wegen, z. B. durch

- **Aufspaltung** eines Unternehmens in mehrere rechtlich selbstständige Unternehmen (z. B. des EDV-Bereichs oder des Service),
- Erwerb von **Mehrheitsbeteiligungen** an anderen Unternehmen,
- **Gründung** von **Tochterunternehmen,**
- **Übernahme** bisher selbstständiger Unternehmen durch ein **anderes Unternehmen.**

74 Die Unternehmensverbindungen sind in **allen Industrienationen** zu beobachten. Ihr Umfang ist erheblich.[108]

75 Die Zahl der in der Bundesrepublik **eingetragenen Aktiengesellschaften** ging bis Anfang der achtziger Jahre laufend zurück und nimmt seit 1984 zunächst allmählich, dann sprunghaft zu:[109]

1950:	2559 Aktiengesellschaften
1983:	2118 Aktiengesellschaften
1984:	2128 Aktiengesellschaften
1987:	2262 Aktiengesellschaften
1992:	3219 Aktiengesellschaften
1998:	5468 Aktiengesellschaften

76 Die Zahl der **börsennotierten Aktiengesellschaften** entwickelte sich vergleichbar:

1965:	626 Aktiengesellschaften
1983:	442 Aktiengesellschaften
1992:	655 Aktiengesellschaften
2001:	1079 Aktiengesellschaften

77 Die Zahl der **GmbHs** erhöhte sich anders als die der Aktiengesellschaften sprunghaft:

1962:	40 000 GmbHs
1992:	500 000 GmbHs

78 Die Aktiengesellschaften sind unverändert die **typische Rechtsform** der Großunternehmen, weil sich ihr Grundkapital im Jahre 1992 auf 17,38 Mrd DM belief, während sich das aller 500 000 GmbHs zusammen auf 231,6 Mrd. DM belief.[110] In der Bundesrepublik bestanden 1991 etwa 2500 Aktiengesellschaften, von denen an deutschen Börsen nur Aktien von 526 Gesellschaften gehandelt wurden.[111]

79 Auch wenn hierüber kein repräsentatives statistisches Material vorliegt, ist davon auszugehen, dass die weit überwiegende Zahl der **Aktiengesellschaften** (nach Schätzungen etwa 75 %) mit mehr als 2000 AN in irgendeiner Weise **konzernverbunden** ist. Dies gilt in gleicher Weise für den überwiegenden Teil des GmbH-Kapitals nach Abzug der Komplementär-GmbHs in GmbH & Co. KGs. Ca. 20 % der GmbHs sind persönlich haftende Gesellschafter in einer GmbH & Co. KG. Von den restlichen haben 80 % mindestens eine oder sind selbst Tochtergesellschaft.[112]

---

107 *Emmerich/Sonnenschein,* § 5 I; *Schmidt,* § 31 II 3 d.

108 Monopolkommission, 6. Hauptgutachten 1984/85, BT-Drucks. 10/5860, S. 347 ff.; *Köstler/Kittner/Zachert,* Rn. 146.

109 *Hoffmann-Becking,* Aktiengesellschaft Bd. 4, § 2 Rn. 1; AG 02, R 76.

110 a. a. O.

111 Statistisches Jahrbuch 90; *Kornblum* u. a., GmbHR 85, 7.

112 *Geßler,* BB 65, 677; *Kornblum u. a.,* GmbHR 85, 44; *Lutter/Hommelhoff,* Anhang § 13 Rn. 1; *Emmerich/*

Die **Kapitalverflechtung** zwischen den 100 größten Industrieunternehmen in der BRD ist besonders hoch. 1984 wurden 88 Fälle von Beteiligungen festgestellt. Außerdem sind die personellen Verflechtungen zwischen ihnen besonders ausgeprägt: 1984 entsandten 50 dieser UN Mitglieder ihrer Geschäftsführung in die Kontrollorgane anderer Unternehmen aus diesem Kreis.[113] 80

Die **Großbanken** nehmen bei der Unternehmenskonzentration eine **Schlüsselstellung** ein. Allein die drei größten verfügen über etwa 5 % des Aktienkapitals, und in ihren Depots ruhten 1983 21 % aller von inländischen Unternehmen ausgegebenen Aktien. Weiterhin muss berücksichtigt werden, dass das Halten von mehr als 25 % der Aktien an einem UN gleichfalls Auswirkungen auf die Töchter hat. Das **Depotstimmrecht** ermöglicht den Banken, bei entsprechender Ermächtigung durch die Bankkunden die Stimmrechte in der Hauptversammlung praktisch nach eigenem Ermessen auszuüben. Hinzu kommt die dichte **personelle Verflechtung** zwischen Banken und UN.[114] 81

III. Formen von Unternehmensverbindungen

UN-Verbindungen unterliegen einem **dynamischen Prozess,** der sich weniger an rechtlichen Vorgaben, als an wirtschaftlichen Bedürfnissen orientiert und eine **rechtstatsächliche Vielfalt** hervorgebracht hat,[115] die einer differenzierten Betrachtung bedarf. Ob die Voraussetzungen des Konzerntatbestandes vorliegen, kann nicht pauschal beantwortet werden. Die Intensität vieler Verbindungen legt jedoch nahe, dass eine konzernrelevante Abhängigkeit gemäß §§ 17, 18 Abs. 1 AktG bestehen kann.[116] 82

1. Komplexe Unternehmensverbindungen

Zu den komplexen Unternehmensverbindungen sollen solche Beziehungen gerechnet werden, die nicht nur **gesellschaftsrechtlich,** z. B. durch Beteiligung oder Beherrschungsvertrag, sondern auch organisatorisch eng verflochten sind. Es handelt sich hierbei regelmäßig um Unterordnungskonzerne gemäß § 18 Abs. 1 AktG. 83

a) Spartenorganisation

Bei einer Spartenorganisation (oder auch: vertikalen bzw. divisionalen Organisation) wird ein Konzern nach bestimmten Geschäftsbereichen gegliedert, die sich i. d. R. nach Produkten, teilweise aber auch nach Absatzmärkten oder Regionen bestimmen. Mindestens ein Geschäfts-, seltener ein Zentralbereich ist rechtlich verselbstständigt. **Organisations- und Rechtsstruktur** sind also **nicht deckungsgleich.**[117] 84

Die jeweilige Sparte ist für ihren Bereich umfassend zuständig. Ihr obliegen Produktion, technische Entwicklung, Verwaltung und Verkauf. Die Spartenleitung trägt gegenüber der Konzernspitze die Verantwortung für Wachstum und Rentabilität und hat im Rahmen der Konzernstrategie Entscheidungsfreiheit. Auf diese Weise kann sie sich weitgehend wie ein **selbstständiges Einzelunternehmen** bewegen. Die Sparten rechnen untereinander nach Markt- oder konzerninternen Verrechnungspreisen ab.[118] 85

In der Konzernzentrale verbleiben die **Schlüsselfunktionen** (z. B. Recht, Revision, Öffentlichkeitsarbeit usw.). Möglich ist aber auch, dass die Aufteilung nach Geschäftsbereichen tiefer 86

Sonnenschein, § 1 III 2 und § 23 I; *Köstler/Kittner/Zachert,* Rn. 149; *Rancke,* S. 40 ff.; *Wiedemann,* § 6 IV 2 a.

113 Monopolkommission, 6. Hauptgutachten, Ziffer 367 ff., 391 f.

114 *Pfeifer,* WSI-Mitt. 86, 473 ff.; *Köstler/Kittner/Zachert,* Rn. 151; vgl. auch Rn. 21.

115 Vgl. *Hoffmann,* S. 2 ff. zu Konzernformen aus betriebswirtschaftlicher Sicht.

116 Vgl. insgesamt *Theisen,* S. 19 ff.; *Theis,* S. 9 ff.; *Windbichler,* S. 5 ff.; *dies.,* ZfA 96, 1 [6]; *Kittner,* AuR 98, 98.

117 Vgl. Tarifvertrag zum KBR in einem Spartenkonzern in DKKWF-*Trittin,* § 54 Rn. 15; *BAG* 9.2.11, NZA 11, 866, wonach das BetrVG keinen Sparten KBR kennt.

118 *Wendeling-Schröder,* S. 9 f.

ansetzt und in der Zentrale weitere Funktionen, wie z. B. Personal- und Rechnungswesen, angesiedelt bleiben.

b) Matrixorganisation

87 Für die Matrixorganisation ist kennzeichnend das **Mehrliniensystem,** bei dem Kompetenzzuordnung und -abgrenzung zwischen den einzelnen Aktivitäten und deren Organisation zentrale Bedeutung haben. Ebenso wie bei der Spartenorganisation sind die **organisatorische und die juristische Struktur nicht deckungsgleich.** Die einheitliche Organisationsstruktur umfasst also unternehmensinterne und -externe Einheiten, bei denen es sich i. d. R. um Tochtergesellschaften handelt.[119] In der Regel entsteht ein einheitliches Konzernarbeitsverhältnis. AN können betriebsverfassungsrechtlich mehreren Betrieben angehören. Es entsteht ein Konzern, in dem ein KBR errichtet werden kann.[120]

c) Holding

88 Die Holding ist ein UN i. S. d. § 15 AktG und dadurch gekennzeichnet, dass ihr **Geschäftszweck** im Halten, Verwalten, Erwerben und Veräußern von Beteiligungen besteht. Holding-Gesellschaften sind, wenn sie unter den Voraussetzungen der §§ 16, 17 AktG an der Konzernspitze stehen, herrschende UN. Nur bei der reinen Vermögens- oder Finanzholding ohne Führungsaufgaben in den Tochterunternehmen, die sich auf die bloße Verwaltung ihrer Beteiligungen beschränkt, kann das Bestehen einer einheitlichen Leitung bezweifelt werden. Die Managementholding (Führungs- oder Mischholding) führt die Tochterunternehmen. Bei ihr liegen die Voraussetzungen einer einheitlichen Leitung i. d. R. vor.[121]

d) Verselbstständigung einzelner Unternehmensfunktionen

89 Unternehmen verselbstständigen einzelne **zentrale Funktionen** (z. B. Datenverarbeitung, Forschung und Entwicklung usw.) zu rechtlich selbstständigen Unternehmen (Outsourcing). Werden die Anteile an der neuen Gesellschaft von dem bisherigen UN gehalten, so besteht eine Vermutung dafür, dass es sich um ein abhängiges Tochter-UN handelt.

e) »Reiche« Vermögens-, »arme« Produktionsgesellschaft

90 Vor allem im Bereich der mittelständischen Wirtschaft wird die Produktion häufig ausgegliedert, während das Anlagevermögen in der alten Gesellschaft verbleibt und sich der Kreis der Gesellschafter sowie ihrer Kapitalanteile nicht verändert. Außerdem bestehen oft zwischen beiden Gesellschaften enge **vertragliche Beziehungen** (Pacht, Miete, Leasing usw.), und der Kreis der Gesellschafter und Organmitglieder der Gesellschaften ist miteinander eng verflochten. Dies ermöglicht eine so starke wirtschaftliche Einflussnahme, dass zumindest ein **faktischer Konzern** vorliegen kann.[122]

2. Unternehmensverbindung durch Beteiligung

91 Die Unternehmensverbindung kann auf der bloßen gesellschaftsrechtlichen Beteiligung beruhen. Sie ist eine der wichtigsten Grundlagen für die Abhängigkeit gemäß § 17 Abs. 2 AktG.

92 Als **einseitiges Beteiligungsverhältnis** gilt jede Form einer **gleich geordneten oder Minderheitsbeteiligung** einer Gesellschaft an einer anderen. Auf die Höhe und ihre rechtlichen Grundlagen kommt es dabei nicht an.

93 Als **gegenseitiges Beteiligungsverhältnis** werden Unternehmensverbindungen bezeichnet, bei denen zumindest auch eine oder **mehrere wechselseitige Beteiligungen** vorhanden sind.

---

119 *Bauer/Herzberg,* NZA 11, 713 ff. zu arbeitsrechtlichen Problemen in Konzernen mit Matrixstrukturen.
120 A. A. *Kort,* NZA 13, 1318; vgl. auch *Meyer,* NZA 13, 1326.
121 *Lutter,* Rn. A 11 ff.; *Hoffmann,* S. 2 [13 ff.].
122 *Blank u. a.,* S. 45 ff., 76; *Birk,* ZGR 84, 42; *Däubler,* Das Arbeitsrecht 1, Rn. 764.

Um ein **Gemeinschaftsunternehmen** (Jointventure) handelt es sich, wenn zwei rechtlich unabhängige Gesellschaften Kapitalanteile (klassische Variante 50 : 50) an einem dritten Unternehmen halten, das sie als Tochterunternehmen **gemeinsam leiten.** 94

3. Personenverbundene Unternehmen

Die in der Praxis häufige personelle Verknüpfung rechtlich selbstständiger Unternehmen ermöglicht ein koordiniertes, planvolles und einheitliches Vorgehen einer UN-Gruppe. In der Bundesrepublik Deutschland liegt eine enge und verbreitete **personelle Verflechtung** vor. Für 1988 hat die Monopolkommission für die 100 größten deutschen Unternehmen 941 Verflechtungen festgestellt und – bezogen auf die theoretisch mögliche vollständige Verflechtung – einen Verflechtungsgrad von 9,5 % über Mandatsträger in Kontrollorganen ermittelt. Personelle Verflechtungen können allein, auf jeden Fall aber zusammen mit anderen Merkmalen zu einer **konzernrelevanten Abhängigkeit** führen. 95

Die **gesellschafterorientierte Verflechtung** ist in verschiedenen Formen denkbar: 96
- Einzelne Gesellschafter stehen miteinander in einem persönlich nahe stehenden **Verhältnis** (Ehe, Familie usw.).
- Einzelne Gesellschafter fungieren in **Organfunktionen** im jeweils anderen Gesellschafterkreis.
- Einzelne Gesellschafter sind in beiden Gesellschafterkreisen **personenidentisch.**
- **Kombinationen** der vorgenannten Formen führen zu weiteren komplexen Verflechtungen.

Eine **aufsichtsratsorientierte Verflechtung** liegt vor, wenn personendifferente Gesellschafterkreise durch Überwachungsfunktionen im Aufsichtsrat, Beirat usw. verbunden sind und damit die Unternehmenspolitik und teilweise sogar das Tagesgeschäft koordinieren können. 97

Eine **geschäftsführungsorientierte Verflechtung** liegt vor, wenn Unternehmensführungsorgane ganz oder teilweise personenidentisch besetzt sind. Hierdurch wird die Grundlage einer koordinierten Unternehmenspolitik geschaffen. 98

4. Unternehmensverbindung durch Austauschbeziehungen

Es ist umstritten, ob reine Austauschbeziehungen bereits einen Konzern konstituieren können. Überwiegend wird zumindest zusätzlich eine **gesellschaftsrechtliche Verbindung** verlangt. Dabei können rein schuldrechtliche Vertragsbeziehungen auch dazu führen, dass rechtlich selbstständige UN wie **unselbstständige Betriebsabteilungen** geführt werden und damit ein entscheidendes Tatbestandsmerkmal für den qualifizierten faktischen Konzern vorliegt. 99

a) Logistische Kette

Unternehmen verlagern zunehmend Produktionsbereiche nach außen, um ihre bisherige Eigenfertigung auf Kernprodukte zu reduzieren (Verringerung der »Fertigungstiefe«). Auf diese Weise kann sich ein Hersteller zunehmend auf die Koordinations- und Vertriebsfunktionen sowie die Montage von Subsystemen konzentrieren.[123] 100

Durch **informationstechnisch-organisatorische Reintegration** der Lieferanten und ihre Kontrolle werden die Risiken der verminderten Fertigungssicherheit teilweise vermindert. Sie kann z. B. beinhalten, dass der Hersteller 101
- die organisatorische **Prozessgestaltung** im Zulieferunternehmen bestimmt;
- die für die Produktion des Zulieferers notwendige **Qualifikation** der Arbeitnehmer im Zulieferbetrieb festlegt;
- den **Fertigungsprozess** beim Zulieferer jederzeit überprüft;
- während des Produktionsprozesses die **Qualität** beim Zulieferer kontrolliert;
- **Werkzeuge** und **Anlagen** für den Fertigungsprozess beim Zulieferer finanziert oder zur

123 *Nagel/Ries/Theiss*, Der Lieferant on-line, S. 13 f.; *Sydow*, S. 20 ff.; *Wellenhofer-Klein*, DB 97, 978.

Verfügung stellt, so dass der Hersteller selbst Eigentümer oder Miteigentümer der Werkzeuge und Anlagen wird.

102 Die Zulieferer sind einerseits als rechtlich selbstständige Unternehmen den Marktrisiken ausgesetzt und werden andererseits wie ausgelagerte **Abteilungen des Herstellerunternehmens** geführt, so dass ein Konzernverhältnis nahe liegt.

b) Franchising

103 Franchising ist eine vertikale Organisation rechtlich selbstständiger Unternehmen auf der Basis vertraglicher **Dauerschuldverhältnisse.** Die Leistung des **Franchise-Gebers** besteht aus einem Beschaffungs-, Absatz- und Organisationskonzept, dem Nutzungsrecht an Schutzrechten, der Ausbildung des Franchise-Nehmers und der Verpflichtung des Franchise-Gebers, den Franchise-Nehmer aktiv und laufend zu unterstützen und das Konzept ständig weiterzuentwickeln.

104 Der **Franchise-Nehmer** ist im eigenen Namen und für eigene Rechnung tätig; er hat das Recht und die Pflicht, das Franchise-Paket gegen Entgelt zu nutzen. Als Leistungsbeitrag liefert er Arbeit, Kapital und Information. Er ist i. d. R. verpflichtet, die Produkte auf dem Markt einheitlich zu präsentieren, z. B. durch standardisierte Gestaltung von Verkaufsräumen oder Restaurants usw. Der Franchise-Geber führt oft die Buchführung der einzelnen Franchise-Nehmer in seiner Zentrale, so dass er ständig eine **weit gehende Kontrolle** ausüben und damit eine konzernrelevante Abhängigkeit vorliegen kann.[124]

105 Franchise-Nehmer können auch **Arbeitnehmer** sein, wenn sich ihre Abhängigkeit auf Zeit, Dauer und Ort der Tätigkeit bezieht und wenn sie von Weisungen abhängig sind. Besteht lediglich eine wirtschaftliche Abhängigkeit, so kann der Franchise-Nehmer als arbeitnehmerähnliche Person behandelt werden, wenn sich das Vertragsverhältnis als Dienst- oder Werkvertrag darstellt.[125]

c) Unternehmensnetzwerke

106 Regional haben sich Unternehmensgeflechte gebildet, die in **Forschungs- und Bildungseinrichtungen** sowie in **staatliche Stellen** einbezogen sind. Alle Unternehmen arbeiten kooperativ zusammen, ohne dass eines das andere dominiert. Einzelne Funktionen administrativer Art sowie Serviceleistungen werden für den gesamten Verband erbracht mit dem Ziel, die Marktanforderungen möglichst schnell zu erfassen und umzusetzen.[126] Die Voraussetzungen für einen Unterordnungskonzern liegen wegen des kooperativen Charakters der Verbindung i. d. R. nicht vor.

d) Strategische Allianzen

107 Unter strategischen Allianzen sind Unternehmensverbindungen zu verstehen, die auf **vertraglichen Vereinbarungen ohne gesellschaftsrechtliche Verknüpfung** beruhen und i. d. R. auf **einzelne Unternehmensfunktionen** beschränkt sind (z. B. Finanzen, Vertrieb, Entwicklung usw.). Ihr Ziel besteht darin, eigene Schwächen durch Vorsprünge des Partners auszugleichen, z. B. einen technologischen Rückstand durch die Kooperation mit dem Technologieführer. Produktionsprogramme können auf diese Weise ergänzt, Entwicklungs- und Forschungsvorhaben gemeinsam betrieben werden. I. d. R. sind die UN nicht voneinander abhängig, so dass kein Unterordnungs-, sondern allenfalls ein **Gleichordnungskonzern** vorliegt, wenn sie überhaupt unter einheitlicher Leitung zusammengefasst sind. Strategische Allianzen

---

124 *Blank u. a.*, S. 30 ff.; *Buschbeck-Bülow*, S. 352; vgl. auch *Tribunal d'instance de Lyon* 1. 7. 93, AuR 94, 277 mit Anm. *Le Friaut* zum Franchising-System bei McDonald's, wonach eine soziale Einheit durch die Einheit der Tätigkeit, der Leitung, der Mittel, der Ziele, Identität der Arbeitsbedingungen, der Personalverwaltung, Austausch der Beschäftigten besteht.

125 *Nagel*, FS Däubler, S. 100.

126 *Sydow*, S. 7 ff. m. w. N.

sind insbesondere wettbewerbsrechtlich von Bedeutung. Bilden sie ein Kartell, so verstößt der Zusammenschluss gegen das GWB.

5. Internationaler Konzern

a) Grundsätze

Als nationaler Konzern gilt eine Unternehmensverbindung, deren Gesellschafter als natürliche oder juristische Person und Beteiligungsgesellschaften in der **Bundesrepublik Deutschland angesiedelt** sind oder deren Geschäftstätigkeit dort schwerpunktmäßig stattfindet. Als internationaler Konzern werden UN- und Konzernverbindungen bezeichnet, die **grenzüberschreitend** mit **Zentral**- und **Tochter**- bzw. **Enkelgesellschaften** operieren. Das multinationale UN verbindet die Vorteile der Einbettung in die Rechtsordnung der verschiedenen Gaststaaten mit zentraler Leitung aus dem Heimatstaat.[127] Als charakteristisch gelten u. a.: 108

- Geschäftstätigkeit in mehreren Ländern,
- Auslandstätigkeit als wesentlicher Teil der Geschäftstätigkeit (also nicht nur hoher Exportanteil),
- globale Konzipierung der Konzernstrategie,
- globale Konzernführung.

Die **Bedeutung internationaler Konzerne** nimmt durch weitere Internationalisierung der Wirtschaft ständig zu.[128] Für den Tatbestand des Unterordnungskonzerns gemäß § 18 Abs. 1 AktG ist es nach überwiegend vertretener Auffassung unerheblich, ob das herrschende oder abhängige Unternehmen im oder außerhalb des Geltungsbereichs des BetrVG angesiedelt ist bzw. geschäftlich operiert. Ob es sich um eine deutsche oder ausländische Gesellschaft handelt, kommt auf ihren Verwaltungssitz und nicht den Gründungsort an.[129] Für den Konzern genügt es, dass die Konzernvoraussetzungen, wenn auch teilweise im Ausland, erfüllt sind.[130] Bei einer von der ausländischen Konzernspitze gesteuerten Befragungsaktion besteht ein Mitbestimmungsrecht des BR gem. § 94 Abs. 1 gegenüber dem inländischen AG, dessen AN hiervon betroffen sind.[131] 109

b) Fallgruppen

In internationalen Konzernen mit ausländischer Konzernspitze ist das – angreifbare – **Territorialitätsprinzip** zu beachten. In diesen grenzüberschreitend operierenden Konzernen wirken einerseits ausländische UN auf die deutschen UN ein und umgekehrt auch deutsche UN auf ausländische UN.[132] Für die Wahrnehmung der Mitbestimmung hat dies unterschiedliche Konsequenzen: 110

§ 80 Auskunftsanspruch:

Die Informationsansprüche enden nicht an nationalen Grenzen.[133] Sie erstrecken sich deshalb nicht nur auf alle ausländischen Aktivitäten der deutschen UN- oder Konzernleitung, sondern auch auf alle Maßnahmen der Konzernmutter in Inland. Der BR hat deshalb z. B. bei zugesagten **Aktienoptionen** Anspruch auf Vorlage einer Liste begünstigter AN, Informationen oder die der Vergabe zugrunde liegenden Vorschläge, Vergabekriterien und die auf die einzel-

---

127 *Wiedemann*, § 14 III.

128 *Gentz*, NZA 00, 3, zum Arbeitsrecht im internationalen Konzern; zu Information und Konsultation *Bobke*, AiB 93, 355 ff.; zum Konzern nach britischem, spanischem, französischem, niederländischem, italienischem Arbeitsrecht ZIAS 95, 479 ff.

129 Sitztheorie und nicht Gründungstheorie; *BGH* 21.3.86, NJW 86, 2194; a. A. *EuGH* 9.3.99, AG 99, 226 »Centros«; *Scholz/Emmerich*, I, Konzernrecht Rn. 76.

130 Vgl. insgesamt zur Information und Mitbestimmung im internationalen Konzern *Nagel u. a.*, S. 1 ff.; *Fischer*, BB 00, 562; *ders.*, AuR 02, 7; restriktiv *Diller/Powietzka*, DB 01, 1034; § 54 Rn. 29.

131 *HessLAG* 5.7.01, DB 01, 2254.

132 Vgl. Einl. Rn. 231 ff., zur Internationalisierung der Wirtschaft und der Betriebsverfassung bei ausländischen UN- oder Konzernspitze Einl. Rn. 234 ff.

133 Einl. Rn. 239.

nen AN entfallenden Stückzahlen durch eine Konzernmutter, die einzelne AN als Optionsempfänger vorgeschlagen hatte. Dieser Anspruch gilt völlig unabhängig davon, ob die Konzernmutter ihren Sitz im In- oder Ausland oder der Vertragsarbeitgeber den Zusagen zustimme.[134]

§ 87 Mitbestimmung in sozialen Angelegenheiten:

Nr. 6: Gem. Abs. 1 Ziffer 6 unterliegt die Erfassung und Verarbeitung von **Arbeitnehmerdaten** durch die Konzernmutter oder ein anderes ausländisches Konzernunternehmen der Mitbestimmung des BR, GBR oder KBR.[135]

Nr. 10, 11: Der wirtschaftliche Wert, den das Arbeitsverhältnis für den einzelnen AN darstellt, ist die Summe der einzelnen Vergütungsbestandteile in ihrer Gesamtheit. Bezugspunkt der mitbestimmungspflichtigen Lohngerechtigkeit ist also diese **Gesamtvergütung.**[136]

Entgeltzahlungen oder -zusagen einer inländischen oder ausländischen Konzernmutter an die AN eines Tochter- oder Enkel-UN und insbesondere Aktien oder Aktienoptionen sind Leistungen aus dem Arbeitsverhältnis. Das Mitbestimmungsrecht gem. Abs. 1 Ziffer 10 besteht deshalb unabhängig davon, ob die Konzernmutter sie im Einverständnis mit den jeweiligen Organen des UN (Vorstände einer AG, Geschäftsführer einer GmbH etc.) erteilte oder ob es sich dabei um Gesellschafter eines in- oder ausländischen UN handelt[137].

Die Mitbestimmungsrechte des BR, GBR und KBR werden nach der Rspr. des BAG ausnahmsweise durch angeblich verbindliche **Vorgaben eines Dritten** eingeschränkt werden, die den Regelungsspielraum des AG beseitigen. Dies ist zwar bei faktischen Zwängen wie z. B. bei Auflagen eines Zuwendungsgebers an den AG als Zuwendungsempfänger, keine höheren Vergütungen als im öffentlichen Dienst zu zahlen, noch nicht der Fall. Anders sei es bei einem entsprechenden gegenüber dem AG ergangenen bestandskräftigen Verwaltungsakt.[138] Die Rspr. überzeugt aus mehreren Gründen nicht. Vor allem hat der Gesetzgeber mit dem Verweis auf geltende Gesetze und Tarifverträge im Eingangssatz von § 87 Abs. 1 BetrVG den entscheidenden Maßstab für die einzigen geltenden Grenzen der Mitbestimmung gezogen, denen die jetzt von der Rspr. des BAG zusätzlich anerkannten »Vorgaben« nicht genügen.[139]

Vorgaben einer Konzernmutter sind selbst nach dieser Rspr. des BAG für den AG allenfalls **faktische Zwänge**, die die Mitbestimmung nicht einschränken. Mit einem bestandskräftigen Verwaltungsakt sind sie aus folgenden Gründen nicht zu vergleichen:

- Bei der Konzernmutter handelt es sich zum einen um **keine** mit **demokratischen Organen** des Staats vergleichbare Instanz. Im Gegenteil sind es gerade auch die Konzernmütter, die diesem Staat unabhängig von ihrer realen ökonomischen Macht formell untergeordnet sind.
- Der Staat hat bei riskanten Technologien zum Schutz der Gesundheit der Bevölkerung Gesetze zu erlassen, auszuführen und ihre Ausführung zu überwachen. Seine in diesem Zusammenhang erlassenen und bestandskräftigen Verwaltungsakte stehen deshalb der vom Gesetzgeber gewollten Einschränkung der Mitbestimmung durch »eine gesetzliche Regelung« näher als dies bei **rein profitorientierten** Vorgaben einer Konzernmutter jemals der Fall sein kann.
- Die Konzernmutter ist kein mit staatlichen Organen vergleichbarer **Dritter.** Sie ist im Gegenteil für Inhalt und Bestand der Arbeitsverhältnisse unmittelbar mitverantwortlich. Je zentraler Entscheidungen getroffen werden, desto eher ist von einem einheitlichen Arbeitsverhältnis mit konzerndimensionaler Schutzwirkung auszugehen.[140] Die Konzernmutter kann deshalb eigene Verpflichtungen des AG begründen, wenn die Arbeitsvertragsparteien die Teilnahme der AN an dem entsprechenden Programm eines anderen Konzern-UN ausdrücklich und konkludent vereinbarten. In diesem Fall kann der AN von seinem AG die

134 *LAG Nürnberg* 22.1.02, NZA-RR 02, 247; Einl. Rn. 246.

135 Einl. Rn. 246.

136 *BAG* 28.8.08, NZA 08, 1426, wonach der AG die BV über die Zahlung einer Weihnachtszuwendung nicht ohne Zustimmung des BR einfach streichen könne; *BAG* 22.6.10, NZA 10, 1243.

137 Vgl. § 87 Rn. 328.

138 *BAG* 9.7.91, DB 92, 143; bestätigt durch BVerfG 22.8.94, NZA 95, 129.

139 Vgl. zur Kritik der Rspr. § 87 Rn. 43 f.

140 Vgl. vor § 54 Rn. 115 f. mit ausführlicher Begründung.

Zuteilung etwa von Aktienoptionen verlangen. Es ist dann Sache des AG, die Erfüllbarkeit der eingegangenen Verpflichtung sicherzustellen.[141] Für die eingegangenen Verpflichtungen haftet die Konzernmutter auch. Nachdem die Muttergesellschaft in Konkurs gefallen war, kann die Vertragsarbeitgeberin aus einer Zusage in Anspruch genommen werden, weil die AG dem klagenden AN als Gegenleistung für die ihr erbrachten Dienste das Versorgungsversprechen vermittelt und »jedenfalls geduldet hat, dass sie dabei maßgeblich mit in Erscheinung trat«. Bei ihm habe dies den Eindruck erwecken müssen, dass seine AG das Versorgungsversprechen der Konzernmutter »mindestens veranlasst hat, wenn sie schon nicht selbst die Verpflichtung daraus übernahm«. Sie habe damit »den Versorgungsgedanken in das Arbeitsverhältnis eingeführt« und beim AN einen »Vertrauenstatbestand geschaffen, den sie nicht ohne Not enttäuschen darf«. Der AN habe deshalb von seiner AG erwarten dürfen, »dass sie für die Erfüllung der von ihr vermittelten und unter ihrer maßgeblichen Mitwirkung abgegebenen Versorgungszusage sorgen werde«.[142] Werden derartige Zusagen der Konzernmutter zum Vertragsbestandteil, für deren Einhaltung sie auch notfalls haftet, dann können die betrieblichen Mitbestimmungsrechte erst recht nicht beschränkt werden. Der Vertrags-AG kann sich auch deshalb nicht mehr darauf berufen, die Vorgaben der Konzernmutter könne sie nicht beeinflussen und sie würde die Mitbestimmungsrechte insoweit entfallen lassen. Die Entscheidung des BAG[143] zur Sicherung der Ansprüche der Arbeitnehmer bei einem Betriebsübergang ändert hieran nichts. Für Ansprüche auf Aktien bzw. Optionen sind ebenso wie die auf Altersversorgung hat das BAG differenziert nach unmittelbar und mittelbar mit dem Arbeitsverhältnis zusammenhängenden Ansprüchen. Eine Einschränkung der Mitbestimmungsrechte rechtfertigt dies schon deshalb nicht, weil sie nicht Gegenstand der Entscheidung waren und ihr Schutzzweck ein völlig anderer ist.[144]

Zur Sicherung des Mitbestimmungsrechts hat der Betriebsrat einen **Anspruch auf Unterlassung** einseitiger Maßnahmen ohne seine Beteiligung.[145]

§ 94 Fragebogen:

Bei einer von der Konzernmutter initiierten **Befragung aller AN** des Konzerns bleibt das Mitbestimmungsrecht gem. § 94 bestehen. Die ESt. hat allenfalls bei einer möglichen Ermessensentscheidung zu berücksichtigen, dass das UN nur einen Teil des Konzerns darstellt.[146]

§ 99 ff. Personelle Einzelmaßnahmen:

Die Mitbestimmungsrechte gem. §§ 99 ff. gelten aufgrund des Prinzips der **Ausstrahlung** nicht nur bei dauerhaftem Einsatz im Ausland, sondern auch bei einmaliger Entsendung der AN.[147]

§§ 106 ff. Wirtschaftsausschuss:

Nach der Rspr. kann der KBR aus eigenem Recht keinen WA errichten.[148] Die Informationsansprüche des WA enden jedoch nicht an nationalen Grenzen. Er hat deshalb einen Informationsdurchgriff auf die ausländische Konzernmutter bzw. jedes andere die inländische AG beherrschendes ausländisches UN.[149]

§ 111 ff. Betriebsänderung:

Zur Beantwortung der Frage nach dem Vorliegen einer Betriebsänderung gem. § 111 sind auch die Auswirkungen auf im Ausland tätige AN des UN bzw. Konzerns mit zu berücksichtigen.[150]

---

141 BAG 16.1.08, AP Nr. 144 zu § 37 BetrVG 1972 für neben das zwischen den Parteien unmittelbar vereinbarte Arbeitsentgelt tretende Leistungen der Muttergesellschaft.

142 *BAG* 13.7.73, AP Nr. 1 zu § 242 BGB Ruhegehalt – Konzern, »Stinnes-Transozean-Urteil«.

143 12.2.03, NZA 03, 487.

144 *Fitting* § 87 Rn. 451; a. A. *Otto* DB 09, 1594; *Buhr/Radke*, DB 01, 82; *Annuß/Lembke*, BB 03, 2230; *Lipinski/Melms*, BB 03, 150; *Lingemann/Diller/Mengel*, NZA 00, 1191.

145 *LAG Köln* 21.4.11, Beck RS 2011, 76828.

146 *HessLAG* 5.7.01, DB 01, 2254; § 94 Rn. 2; Einl. Rn. 239.

147 § 99 Rn. 19; a. A. BAG 21.10.80, AP Nr. 17 Intern. Privatrecht Arbeitsrecht

148 BAG 23.8.89, AP Nr. 7 zu § 106 BetrVG 1972.

149 *LAG Niedersachsen* 3.11.09, NZA-RR 10, 142; *Trittin/Gilles* AiB 10, 263; Einl. Rn. 239; § 106 Rn. 29, 91.

150 § 111 Rn. 134.

6. Öffentliche Hand, Treuhand

111 Von der **öffentlichen Hand,** die auch **herrschendes Unternehmen** i. S. v. § 17 AktG sein kann,[151] werden in privatrechtlicher Form organisierte Beteiligungen gehalten, deren wirtschaftliche Bedeutung erheblich ist. Planungs- und Entscheidungsstrukturen in öffentlichen Konzernunternehmungen können sich aus vielerlei Gründen von rein privatwirtschaftlich organisierten Konzernen unterscheiden. Es handelt sich hierbei um unter einheitlicher Leitung zusammengefasste UN-Verbindungen. Ihnen gehören öffentlich-rechtlich und privatrechtlich verfasste juristische Einheiten an. Sie bilden einen **Unterordnungskonzern,** in dem z. B. Gebietskörperschaften als herrschende Unternehmen die übrigen UN einheitlich leiten. Es kann sich dafür auch einer eigenen Verwaltungs-GmbH bedienen mit den Aufgaben einer »Management-Holding«. Die Tochter-UN sind i. d. R. privatrechtlich verfasst. Ihre Anteile werden zumeist vollständig von der öffentlich-rechtlich organisierten Mutter gehalten.[152] **Vereine einer Kommune (stadtnahe Vereine)** bilden einen Unterordnungskonzern, wenn z. B. der jeweilige Sozialdezernent durch Satzung der Vereine »geborener« Vorstandsvorsitzender bzw. Aufsichtsratsvorsitzender ist, der alle maßgeblichen Entscheidungen trifft, die Stadt Zuschüsse zur Sanierung zur Verfügung stellt und ein Führungskräfteaustausch stattfindet.[153]

112 Mit In-Kraft-Treten des Treuhandgesetzes am 1. 7. 1990 waren die Betriebe und Kombinate der ehemaligen DDR in Aktiengesellschaften oder GmbHs umgewandelt worden. Die damalige Inhaberin, die **Treuhandanstalt,** war eine bundesunmittelbare Anstalt des öffentlichen Rechts, die das Ziel verfolgte, Unternehmen zu privatisieren, bestehende Strukturen zu entflechten und zu wettbewerbsfähigen Wirtschaftseinheiten herauszubilden und schließlich Unternehmen zu sanieren oder hierfür ungeeignete stillzulegen. Zusammen mit den ihr gehörenden Unternehmen bildete die Treuhandanstalt einen Unterordnungskonzern, und zwar einen **qualifizierten faktischen Konzern,**[154] auf den allerdings gemäß § 28 a EG zum AktG die Vorschriften des AktG über herrschende Unternehmen keine Anwendung mehr finden sollten.[155] Die Bildung eines KBR war nicht zulässig, weil das BetrVG gemäß § 130 auf die Verwaltungen und Betriebe des Bundes keine Anwendung findet.

IV. Konzernarbeitsrecht

113 Die mit einer Unternehmenskonzentration verbundenen **Vorteile** können sich auf die Arbeitsverhältnisse positiv auswirken, indem sie **Arbeitsplätze** sichern sowie das **Einkommensniveau** gewährleisten. Allerdings ist der Konzentrationsprozess auch in vielfältiger Weise mit **Risiken** für die Arbeitnehmer verbunden. Auf Grund der neu geschaffenen Unternehmensverbindungen erwachsen für AN erhebliche **konzernspezifische Gefahren,** die vom Leerlaufen der Mitbestimmung, Aushöhlen von TV bis zum Aushöhlen des Kündigungsschutzes reichen.[156] Die **Prozessvertretung** der Konzerntochter für die Mutter kann unwirksam sein.[157]

114 Bislang besteht **kein** differenziertes und ausformuliertes **Konzernarbeitsrecht.** Die Rspr. ist lückenhaft, widersprüchlich und inkonsistent. Nur zu **einzelnen Problembereichen** hat das *BAG* auf Grund einer konzernbezogenen Betrachtungsweise Lösungsansätze entwickeln können. Der Umfang der hiervon berührten Einzelfragen veranschaulicht die Dimension des Problems und die Bedeutung des KBR für die Mitbestimmung.

---

151 *BAG* 27.10.10, NZA 11, 524; *BGH* 13.10.77, BGHZ 69, 334 »VEBA«; vgl. vor § 54 Rn. 17.

152 *Plander,* Öffentlich-privatrechtliche Mischkonzerne, S. 5 und 66; zur Errichtung eines KBR bei der Stadtverwaltung Wuppertal *Bell,* AiB 98, 248.

153 a. A. *ArbG Frankfurt* 18.5.12 – 8 BV 956/11 – nicht rk.

154 *KreisG Erfurt* 29.7.91, LAGE § 111 BetrVG 1972 Nr. 11; *Wolter,* S. 1 ff.; einschränkend *Lutter/Hommelhoff,* Anhang § 13 Rn. 57.

155 Hiergegen Vorlagebeschluss nach Art. 100 GG des *AG Halle-Saalekreis* 10.12.92, ZIP 93, 961 = AiB 93, 735 mit Anm. *Däubler;* vgl. auch *Weimar,* DZWir 93, 441.

156 *Däubler,* Das Arbeitsrecht 2, Rn. 1370 ff.; *Kittner,* FS Kissel, S. 497 ff.; *Theisen,* S. 236; *Windbichler,* S. 42; betriebswirtschaftlich ist der Konzern i. d. R. ein einheitliches UN; vgl. *Windbichler,* RdA 99, 146 Fn. 5; *Konzen,* FS Arbeitsgerichtsbarkeit Rheinland-Pfalz, S. 171 ff.; Kittner/Zwanziger-*Kittner,* § 7 Rn. 56 ff.

157 *Hannawald,* DB 01, 1830.

1. Arbeitgeber, Arbeitnehmer

Grundsätzlich stellt sich die Frage, in welchem Umfang und unter welchen Voraussetzungen der Konzern bzw. die Konzernspitze für Inhalt und Bestand des Arbeitsverhältnisses mitverantwortlich sind, so dass auf **Arbeitgeberseite eine »Verdoppelung«** eintritt. Sie ist grundsätzlich als **zulässig** anzusehen.[158] Je zentraler die Entscheidungen in den die AN betreffenden Angelegenheiten getroffen werden, desto eher ist von einem Vertragsverhältnis mit **konzerndimensionaler Schutzwirkung** auszugehen. Werden die Unternehmen im Konzern in diesem Bereich wie ein einheitliches geführt, dann ergibt sich hieraus ein Konzernbezug des Arbeitsverhältnisses.[159] Diese Rechtsfolge entspricht der Schuldrechtsdogmatik, wonach ein gesteigerter sozialer Kontakt zu vertragsähnlichen Rechten und Pflichten führt. AN können deshalb von der Konzernspitze dasselbe Maß an Rücksicht wie vom eigentlichen AG verlangen. Das *BVerfG* hält trotz des grundgesetzlich geschützten Bereichs natürlicher und juristischer Personen einen **Durchgriff** dann für möglich und geboten, wenn die Geltung von Normen anders nicht bewirkt und durchsetzbar ist.[160] Es liegt nahe, diesen Grundsatz auch dann anzuwenden, wenn der Arbeitnehmerschutz deshalb leer läuft, weil der unmittelbare Vertragspartner konzerngebunden ist. Hierzu ist eine grundsätzlich bestehende **Einstandspflicht** des **Konzerns** erforderlich, deren Intensität sich am Schutzzweck der jeweiligen Norm und an der Leitungsdichte orientiert. Je verworrener sich die Konzernorganisation für AN darstellt und je weniger der BR seinen »richtigen« AG ausfindig machen kann,[161] desto mehr stellt sich das herrschende UN im Zweifel als AG dar. 115

ArbG sind zur Geltendmachung arbeitsvertraglicher Ansprüche gegenüber der Konzernobergesellschaft des AG als Mitschuldner gem. § 3 ArbGG **sachlich zuständig.**[162] Eine Klage hat Erfolg, wenn die Obergesellschaft nach den Grundsätzen der Konzernhaftung haftet und damit i. S. v. § 3 ArbGG Rechtsnachfolgerin ist.[163]

Das BAG gab seine »Zwei-Komponenten-Lehre« auf.[164] LeihAN sind AN des Betriebs, für die grundsätzlich alle Mitbestimmungsrechte des BR gelten. Hierfür maßgebend ist die **tatsächliche Integration in den Betrieb.** Auf den Abschluss eines wirksamen Arbeitsvertrages kommt es ebensowenig an wie darauf, mit welchem AG er besteht. Es kann sich um **jeden Dritten** handeln unabhängig davon, ob er demselben Konzern angehört oder nicht und ob es sich um ein inländisches oder ausländisches UN handelt. 116

2. Arbeitnehmerüberlassung

Der Gesetzgeber hat den praktischen Bedürfnissen von Konzernen nach einem möglichst einfachen **konzerninternen Personaltausch** entsprochen, indem er gemäß § 1 Abs. 3 AÜG dessen Anwendung zwischen Konzernunternehmen i. S. v. § 18 AktG ausschloss, wenn der Arbeitnehmer seine Arbeit vorübergehend nicht bei seinem Arbeitgeber leistet.[165] Der Begriff **»vorübergehend«** i. S. d. § 1 Abs. 3 Nr. 2 AÜG ist weit auszulegen[166] und kann auch einen Zeitraum von bis zu 5 Jahren umfassen. Aber es wird nur die langfristige und nicht die endgültige geplante AN-Überlassung von der Anwendung der AÜG suspendiert.[167] Für eine 117

158 *BAG* 23.7.81, DB 82, 1569; *Blank u. a.*, S. 261 ff.; *Däubler*, Das Arbeitsrecht 2, 10.1.3.1.; *Martens*, ZGR 84, 417 ff.; *Säcker*, S. 147 f.; *Theisen*, S. 236; a. A. *Zöllner/Loritz*, § 27 V 3; *Schaub*, § 17 Rn. 3; *Windbichler*, S. 68 f.; *dies.*, RdA 99, 146.

159 *Theisen*, S. 249; *Windbichler*, S. 155 ff. [261 ff.]; *Henssler*, S. 77 ff., nimmt ein zwischen der Konzernspitze und den AN der Konzern-UN bestehendes »Schutzpflichtverhältnis« an; nach *Bork*, ZGR 94, 237, ist nach dem jeweiligen Zweck der Vorschrift und dem Konzernierungsgrad zu differenzieren, wobei auch einfache Abhängigkeit genügen kann; vgl. auch *Hanau*, ZGR 84, 468 ff.; *Lutter/Timm*, ZGR 83, 269; *Wiedemann*, S. 26 ff., S. 81 ff.

160 *BVerfG* 24.1.62, NJW 62, 435 f.

161 *Wißmann*, NZA 01, 414.

162 *BAG* 13.3.00, DB 00, 1472.

163 A. A. *ArbG Berlin* 13.4.95, BB 96, 275: keine Arbeitsgerichtszuständigkeit im qualifizierten faktischen Konzern wegen fehlender AG-Eigenschaft i. S. d. § 2 Abs. 3 oder 4 ArbGG.

164 *BAG 13.3.13*, NZA 13, 789.

165 *BAG* 3.12.97, DB 98, 1520.

166 *BAG* 21.3.90, DB 91, 282.

»vorübergehende« Überlassung ist zumindest Voraussetzung, dass der AN seine Arbeitsleistung »normalerweise« gegenüber seinem Vertragsarbeitgeber erbringt und lediglich anlassbezogen einer anderen Konzerngesellschaft zur Arbeitsleistung überlassen wird.[168]
Das **Einverständnis** der AN ist gem. § 613 Satz 2 BGB erforderlich. Der Einsatz eines AN der Konzernmutter bei einer Tochtergesellschaft ist keine Arbeitnehmerüberlassung i. S. d. AÜG, wenn die Tochter nicht über eine eigene Betriebsorganisation verfügt oder mit der Mutter einen Gemeinschaftsbetrieb führt.[169] Die Einstellung bei dem bisherigen Verleiher steht der bei einem mit diesem konzernverbundenen Verleiher gleich. Eine GmbH & Co. KG und ihre Komplementär-GmbH bilden einen Konzern.[170]

118 LeihAN sind AN des Betriebs, weil sie in den Betrieb **eingegliedert** sind. Auf das Bestehen eines Arbeitsvertrages mit dem AG kommt es nicht an. Das BAG[171] gab die »Zwei-Komponenten-Lehre«, die zusätzlich zum wirksamen Arbeitsvertrag die Integration in den Betrieb verlangte, mit folgender Begründung auf: »Die Zunahme an BR-Aufgaben, die mit der Beschäftigung von LeihAN verbunden ist, ist so erheblich, dass ihr durch eine entsprechende Betriebsratsgröße Rechnung zu tragen ist. Für den BR ergeben sich durch die im Betrieb beschäftigten LeihAN sowohl in Mitbestimmungsangelegenheiten als auch darüber hinaus in beträchtlichem Umfang Aufgaben und Pflichten. So erstreckt sich die Mitbestimmung in sozialen Angelegenheiten nach § 87 BetrVG in erheblichem Maße auch auf Leiharbeitnehmer. Insoweit kann beispielhaft verwiesen werden auf die Mitbestimmungsrechte zu Fragen der Ordnung des Betriebs[172], zur Lage der Arbeitszeit[173], zur Einführung und Anwendung von Einrichtungen zur Verhaltens- und Leistungskontrolle[174], zu Regelungen zur Verhütung von Arbeitsunfällen und Berufskrankheiten sowie über den Gesundheitsschutz[175] und zu Grundsätzen der Gruppenarbeit[176]. Diese Mitbestimmungsrechte betreffen LeihAN in gleicher oder ähnlicher Weise wie die Stammbelegschaft. Im Rahmen der personellen Mitbestimmung ist der BR bei Einstellungen und Versetzungen von überlassenen AN zu beteiligen.«[177]

119 Bei konzerninterner AN-Überlassung ist von einer **Gewerbsmäßigkeit** i. S. des § 1 Abs. 1 AÜG nicht nur dann auszugehen, wenn das überlassene UN hieraus unmittelbar selbst einen Gewinn erzielen will, sondern auch dann, wenn der angestrebte wirtschaftliche Vorteil bei der Konzernmutter oder bei dem konzernzugehörigen Entleiher eintreten soll.[178] **Gewerbsmäßige AN-Überlassung** liegt also auch innerhalb eines Konzerns vor, wenn der Verbleib auf Dauer auf Gewinnerzielung angelegt ist, wofür das Ziel der Steigerung des Konzernergebnisses ausreicht. Im Rahmen konzerninterner Arbeitnehmerüberlassung darf bei der Prüfung, ob der Verleiher bei der Arbeitnehmerüberlassung mit Gewinnerzielungsabsicht handelt, nicht nur auf den Verleiher abgestellt werden, wenn dieser lediglich als **rechtliche Hülle** existiert und zu eigenen Handlungen am Markt oder auch konzernintern gar nicht in der Lage ist, weil er über keine Betriebsmittel und mit Ausnahme der Leiharbeitnehmer über kein eigenes Personal verfügt.[179] Werden in einem Konzern alle offenen Stellen in tarifgebundenen Konzernunternehmen in eine nicht tarifgebundene Filiale transferiert und alle Einstellungen ohne sie vorgenommen, dann verstößt dies gegen den Grundsatz des »**equal pay**« gem. § 3 Abs. 1 Nr. 3 AÜG, der auch im Konzern zu beachten ist.[180] Die »**Drehtürklausel**« verbietet seine Umge-

---

167 *HessLAG* 26.5.00, DB 00, 1968; vgl. insgesamt zu Arbeitnehmerüberlassung im Konzern *Denzel,* AiB 10, 149 ff.
168 *BAG* 18.7.12, AuR 12, 493.
169 *BAG* 3.12.97, a. a. O.
170 *LAG Köln* 17.4.86, LAGE Nr. 1 zu § 9 Abs. 3 AÜG; vgl. auch zum Fortbestand des Arbeitsverhältnisses mit dem entleihenden Mutter-UN nach mehreren Jahren *ArbG Köln* 9.2.96, BB 96, 800 f. mit Anm. *Liebscher,* 801 f. und *Gaul,* BB 96, 1224.
171 *BAG 13.3.13,* NZA 13, 789.
172 § 87 Abs. 1 Nr. 1 BetrVG
173 § 87 Abs. 1 Nr. 2 BetrVG, dazu *BAG 15.12.1992* – zu B II 2 b der Gründe
174 § 87 Abs. 1 Nr. 6 BetrVG
175 § 87 Abs. 1 Nr. 7 BetrVG
176 § 87 Abs. 1 Nr. 13 BetrVG
177 vgl. dazu BAG 9.3.11, Rn. 26, BAGE 137, 194; 23.01.08, Rn. 22 f.mwN, BAGE 125, 306
178 *BAG* 9.2.11 NZA 11, 791.
179 *LAG Schleswig-Holstein* 2.7.08, NZA-PR 09, 75.
180 *ArbG Düsseldorf* 11.8.04, AiB 04, 766.

hung.[181] Die Einstellung von LeihAN zum Zweck eines **konzerninternen Dauerverleihs** ist typischerweise rechtsmissbräuchlich. Der Verleiher wird in diesem Fall nur dazwischengeschaltet, um die Tarifbedingungen für LeihAN und ihren Bestandsschutz zu verschlechtern. Liegt ein Fall des institutionellen Missbrauchs vor, bleiben die Ansprüche gegen denjenigen bestehen, der rechtsmissbräuchlich vertragliche Beziehungen zu sich verhindert hat: LeihAN haben Ansprüche auf Eingruppierung und Bezahlung der Differenzvergütung gegen den EntleihAG und der BR hat ein entsprechendes Mitbestimmungsrecht.[182]

Personaldienstleistungsgesellschaften im Konzern führen zu einem einheitlichen Leistungsapparat der hierdurch versorgten Konzern-UN und konstituieren damit einen **Gemeinschaftsbetrieb.**[183] Hat ein **konzernangehöriges** UN als Personalführungsgesellschaft ausschließlich die Aufgabe, ihre AN anderen Konzern-UN im In- und Ausland zur Arbeitsleistung ohne eigene Gewinnerzielungsabsicht zu überlassen, bleiben die AN entsprechend § 14 Abs. 1 AÜG betriebsverfassungsrechtlich dem Betrieb dieses Vertragsarbeitgebers zugeordnet und sind dort für den BR wahlberechtigt und wählbar nach §§ 7, 8 Abs. 1 Satz 1.[184] 120

Das Konzernprivileg gem. § 1 Abs. 3 Ziff. 2 AÜG setzt bei **grenzüberschreitender Überlassung** von AN im internationalen Konzern voraus, dass herrschendes und abhängiges KonzernUN ihren Sitz im Inland und eine inländische Rechtformen haben.[185] Es verstößt gegen EU-Gemeinschaftsrecht, das dem nationalen Recht mit dem Inhalt vorgeht, den ihm der EuGH gibt. Nach Art. 1 Abs. 2 der RL finden deren Vorschriften unabhängig von Rechtsformen der UN und Zwecken der Überlassung auf alle UN Anwendung. Jedem Leiharbeitnehmer sind demnach alle in Art. 5 ff. RL LA geregelten Arbeits- und Beschäftigungsbedingungen entsprechend dem **Gleichbehandlungsgrundsatz** zu gewähren. Die beim verleihenden KonzernUN geltenden Bestimmungen zu wesentlichen Arbeitsbedingungen i. S. v. Art. 3 Abs. 1 lit. f) der Richtlinie müssen mindestens dem Niveau entsprechen, das beim Entleiher gilt. Gewährleistet ist das in den Fällen von § 1 Abs. 3 Nr. 2 AÜG jedoch nur, wenn die beim Verleiher und Entleiher geltenden wesentlichen Arbeitsbedingungen i. S. v. Art 3 Abs. 1 lit f) der Richtlinie identisch sind bzw. im Rahmen des Günstigkeitsvergleichs einen gleichen Gesamtschutz gewähren. Bei der Konzernleihe sind Verstöße gegen den Gleichbehandlungsgrundsatz nur ausgeschlossen, wenn für das verleihende und entleihende Konzernunternehmen entweder der **gleiche Flächen- oder Firmentarifvertrag** gilt oder die **wesentlichen Arbeitsbedingungen** nach Art. 3 Abs. 1 lit f der Richtlinie im Verleih- und Entleihbetrieb aus sonstigen Gründen **identisch** sind. Ist dies nicht der Fall, muss auf der Grundlage einer restriktiven richtlinienkonformen Anwendung der Norm der Gleichbehandlungsgrundsatz nach § 9 Nr. 2 AÜG eingehalten werden.[186] Kommt es auf die Auslegung der Richtlinie an, kann jedes Gericht nach Art. 267 Abs. 2 AEUV den EuGH einschalten und um eine authentische Interpretation bitten, wozu letztinstanzliche Gerichte nach § 267 Abs. 3 AEUV sogar verpflichtet sind. Wird eine Richtlinie zwar umgesetzt, bestehen aber Zweifel über den Inhalt des deutschen Rechts, so ist es richtlinienkonform auszulegen (Einl. Rn. 248 f.). 121

3. Aufsichtsrat

a) Grundsätze

Das **Grundgesetz** gewährleistet die paritätische Mitbestimmung im Aufsichtsrat.[187] UN sind als soziale Organisationen Teil des politischen Gesamtsystems. Bedenklich sind die unver- 122

181 *Krieger/Kruchen*, NZA 14, 393.
182 *ArbG Cottbus* 6.2.14, 3 BV 96/13.
183 *BAG* 11.2.04, NZA 04, 618; a. A. *Rieble/Gistel*, NZA 05, 242.
184 *BAG* 20.4.05, NZA 05, 877.
185 A. A. *LAG Saarland* 26.3.14 nrkr, das ohne jeglichen Nachweis unter Berufung auf eine angeblich bestehende h. M. in der Lit., die das Konzernprinzip in internationalen Konzern auf alle Konzernunternehmen im In- oder Ausland und auf die grenzüberschreitende Überlassung vom Ausland und umgekehrt ausdehnen würde.
186 *Ulber*, AÜG, § 1 Rn. 358; *Schüren/Hamann/Hamann*, AÜG, § 1 Rn. 522; *Hirdina*, NZA 2011, S. 325; *Boemke*, Recht der Internationalen Wirtschaft, 2009, S. 178; *Hamann*, EuZA 2009, 300, 3003.
187 BetrVG 1.3.79, BVerfGE 50, 290.

blümt empfohlenen **Strategien zur Umgehung** der zwingenden UN-Mitbestimmung.[188] Sie sind bei einer am Schutzzweck orientierten Rspr. zu Gunsten der UN-Mitbestimmung zu berücksichtigen.

123 Betriebsverfassung und UN-Mitbestimmung sind sich ergänzende Subsysteme der AN-Beteiligung, die die Beteiligung von AN in Entscheidungsprozesse der UN bezwecken. Mitbestimmung ist ein **einheitliches Gesamtkonzept,** die auf mehreren Ebenen stattfindet und das Arbeitsverhältnis von verschiedenen Seiten umfasst.[189]

124 Unter den gleichen Voraussetzungen wie für ein UN ist für den Konzern ein Aufsichtsrat zu bilden. AN der Konzernunternehmen gelten dabei als **AN des herrschenden UN** (§ 5 Abs. 1 MitbestG i. V. m. §§ 17, 18 AktG). **Entsandte AN** sind bei der Berechnung der Zahl der AN gem. § 1 Abs. 1 Nr. 2 MitbestG mit zu berücksichtigen. Nach dem Regelungszweck sind alle diejenigen AN für die Beurteilung des Status zu berücksichtigen, deren Interessen durch unternehmerische Entscheidungen betroffen sein können. Dementsprechend sind AN im Sinne des MitbestG alle nicht nur kurzfristig in das UN eingegliederte, d. h. nach den Weisungen der Unternehmensorgane im Betriebsablauf tätige Personen. Werden AN im Dienste ihres Stamm-UN in ein fremdes UN entsandt, ohne dort eingegliedert zu werden, bleiben sie ausschließlich dem Stamm-UN zugeordnet. AN anderer UN sind jedoch dann mitbestimmungsrechtlich relevant, wenn sie aufgrund der langen Dauer ihrer Beschäftigung wie ein AN eingegliedert sind. Dies ist u. a. der Fall, wenn der überlassene AN die gleiche Arbeit wie die Stamm-AN ausführt oder wie dieser an Weisungen des UN gebunden ist.[190] Es spricht vieles dafür, jedenfalls außerhalb der erlaubten gewerbsmäßigen Arbeitnehmerüberlassung tätige AN anderer UN, insbesondere AN von Konzern-UN den Stamm-AN mitbestimmungsrechtlich gleichzustellen, wenn sie wie diese in UN der Gesellschaft eingegliedert sind und nicht nur vorübergehend etwa zur Überbrückung von Produktionsspitzen oder Ausfällen eingesetzt werden.[191]

b) Zwischengesellschaft und Internationaler Konzern

125 Herrscht ein ausländisches UN über ein **deutsches UN** gem. § 1 MitbestG, das der Konzernleitung am nächsten steht, dann **gilt** es für die Anwendung des MitbestG **als herrschendes UN,** bei dem ein paritätisch besetzter Aufsichtsrat zu bilden ist. Auf eine **tatsächlich bestehende Leitung** des die Beherrschung vermittelnden UN kommt es bei einer Mehrheitsbeteiligung nicht an: »Das Wort über in § 5 Abs. 3 MitbestG lässt offen, wodurch die Beherrschung vermittelt wird. Mithin genügt, dass die nicht mitbestimmte Konzernspitze in irgendeiner Weise über die Zwischengesellschaft auf die nachgeordnete UN einwirken kann. Die Vermittlung der Leistungsmacht kann daher allein auf gesellschaftsrechtlichen Strukturen, namentlich den Kapitalanteilen der Zwischengesellschaft an den Untergesellschaften, beruhen, zumal der wesentliche Grund für die Leistungsbefugnisse einer Konzernspitze ebenfalls in der kapitalmäßigen Abhängigkeit der nachgeordneten Gesellschaften zu suchen ist.«.[192]

126 Auf ein **Mindestmaß** an Leitungsmacht kommt es **nicht an:** »Es mag sein, dass der bei einer Konzernzwischenholding gebildete mitbestimmte Aufsichtsrat aufgrund seiner Position im Gesamtkonzern im Einzelfall hinter den üblichen Einflussmöglichkeiten eines mitbestimmten Aufsichtsrat zurückbleiben muss. Dies ist jedoch kein überzeugender Grund, die Mitbestim-

188 Z. B. *Wisskirchen/Bissels/Dannhorn*, DB 07, 2258; *Götze/Winzer/Arnold*, ZIP 09, 245.
189 *Seyboth*, AuR 2007, 15.
190 vgl. *Ulmer/Habersack/Henssler* MitbestR., § 3 Rn. 33.
191 *LG Köln* 10.1.12 – 91 O 69/11; *Ulmer/Habersack/Henssler* MitbestR, § 3 Rn. 33.
192 *OLG Frankfurt* 21.4.08, AG 08, 502 ff. = AiB 08, 685 m. Anm. *Dammann*; *OLG Düsseldorf* 30.10.06, NZA 07, 707; *OLG Stuttgart* 30.3.95, NJW-RR 95, 1067 ff.; *Lutter* ZGR 1977, 213; *Großfeld/Johannemann*, JZ 95, 795, 899 ff.; MüKo AktG/*Gach* § 5; MitbG Rn. 38; WWKK/*Koberski* § 5 MitbG; Raiser/*Veil*, § 5 MitbG Rn. 41; Mayer, AuR 06, 303; MünchArbR-*Wißmann*, § 279 Rn. 17; a. A. *OLG Celle* 22.3.93, BB 93, 957 für eine arbeitnehmerlose Gesellschaft, bei der es letztlich auf die Leitungsmacht nicht ankam; *Ulmer/Habersack/Henssler*, § 5 MitbestG Rn. 70; ErfK-*Oetker*, § 5 Rn. 21; Henssler, ZfA 05, 289.

mung bei Vorliegen der Voraussetzungen in einer Konzernzwischenholding gänzlich zu versagen. Die Effizienz einer Mitbestimmung hängt ohnehin stets von den konkret handelnden Personen ab. Es trifft auch nicht zu, dass beim Fehlen einer tatsächlichen Leitung durch die Zwischengesellschaft dem dort angesiedelten mitbestimmten Aufsichtsrat der Ansprechpartner fehlen würde. Das Mitbestimmungsrecht wird den AN nicht nur wegen eines eigenständigen Entscheidungsbereichs gewährt.[193] Über den Entscheidungsbereich hinaus können die Aufgaben eines mitbestimmten Aufsichtsrats auch bei einer Konzernzwischengesellschaft vielfältig sein[194] und insbesondere Informationsrechte umfassen sowie die Möglichkeit, präventiv zu agieren im Vorfeld weitreichender Entscheidungen auf die Willensbildung im Konzern Einfluss zu nehmen, und sich notfalls den Weisungen der Konzernspitze zu widersetzen«.[195]

Vielmehr kommt **§ 5 Abs. 3 MitbestG grundsätzliche Bedeutung** zu: **127**

»Ganz allgemein entspricht es der Intention des § 5 MitbestG, die Mitbestimmung überall dorthin in einem Konzern auszudehnen, wo ein Zusammenwirken mit unabhängigen Partnern in irgendeiner Form möglich ist.[196] Letzteres ist auch für die Ebene einer Konzernzwischenholding anzunehmen. Dem *OLG Stuttgart*[197] ist auch darin zuzustimmen, dass es auch Gründen der **Rechtssicherheit** und Rechtsklarheit sowie zur Einschränkung von Umgehungsmöglichkeiten geboten erscheint, nicht weiter danach zu differenzieren, ob der Zwischengesellschaft größere, geringere oder doch wenigstens ganz geringe Mitwirkungsmöglichkeiten im Leistungsstrang verbleiben, oder ob unmittelbare Weisungen der Konzernspitze an die nachgeordneten Unternehmen ganz an ihr vorbeilaufen. Denn dann wäre das Maß der Mitbestimmung weiterhin in das **Belieben der Konzernspitze** gestellt und es würde vielfach von Zufällen und Wertungsbeliebigkeiten anhängen, ob die Mitbestimmung zu gewähren ist. Schließlich ist die Teilkonzernregelung des § 5 Abs. 3 MitbestG dazu bestimmt, die mit der rechtsformspezifischen Regelungstechnik und dem territorial beschränkten Geltungsbereich des Mitbestimmungsgesetzes verbundenen Lücken bei der Konzernmitbestimmung in Grenzen zu halten. Die Vorschrift hat eine Hilfsfunktion im Fall der Undurchführbarkeit der in § 5 Abs. 1 S. 1 MitbestG vorgesehenen Konzernmitbestimmung. Diesem Ersatzcharakter der Norm wird ein **mitbestimmungsfreundliches Grundverständnis** am ehesten gerecht«.[198]

Das *OLG Düsseldorf* legte ebenso wie das *OLG Stuttgart* mit Beschluss vom 30.3.95[199] die **128**
Entscheidung gem. § 28 Abs. 2 FGG nicht dem BGH vor. Der Beschluss des *OLG Celle*[200] hätte zwar § 5 Abs. 3 MitbestG so ausgelegt, dass die gesetzlich fingierte Teilkonzernspitze für die Konzernmutter noch eine Mindestfunktion durch Weiterleitung von Weisungen der Weitergabe von Berichten auf die Konzernspitze hätte haben müssen. Sie habe hierauf jedoch nicht beruht.

c) Arbeitsdirektor

Dem Arbeitsdirektor steht zumindest der Kernbereich der Personal- und Sozialfragen des UN **129**
zu.[201] In diesen Bereich fallen in der Regel jedenfalls die Personalplanung, -entwicklung, -verwaltung, Löhne und Gehälter, Soziales, Gesundheitsvorsorge, Arbeitsschutz, Unfallverhütung, Altersfürsorge, Pensionswesen und berufliche Aus- und Weiterbildung.[202] Der Arbeitsdirektor muss also die sein Amt prägenden Kompetenzen behalten.[203] Er ist **gleichberechtigtes Mitglied des Vorstands,** bzw. der Geschäftsführung nicht nur auf der Ebene eines Einzelunter-

---

193 Vgl. hierzu *OLG Zweibrücken* 9.11.83, AG 84, 80.
194 Vgl. hierzu *Lutter*, AG 06, 517 ff.
195 *OLG Düsseldorf*, 30.10.06, NZA 07, 707; *OLG Frankfurt* 21.4.08, AG 08, 502 ff., wonach die Verfügung einer Holding über einen Geschäftsbetrieb unerheblich ist.
196 *OLG Düsseldorf*, AG 1979, 318, 319.
197 30.3.95, NJW-RR 95, 1067 ff.
198 *OLG Düsseldorf* 30.10.06, NZA 07, 707, a. a. O. [Hervorhebung durch den Verfasser].
199 A. a. O.
200 22.3.93, BB 93, 957.
201 *BVerfG* 1.3.79, BVerfGE 50, 290 (378); *Köstler* u. a., Aufsichtsratspraxis, Rn. 653 ff.; *Raiser*, § 33 Rn. 1.
202 Kataloge *LAG Frankfurt* AG 84, 276; *Raiser*, § 33 Rn. 16.
203 Köstler u. a., Aufsichtsratspraxis, Rn. 624 ff., *Hoffmann/Lehmann/Weinmann*, § 33 Rn. 10.

nehmens, sondern auch auf der Ebene einer Konzernobergesellschaft. So darf etwa den übrigen Vorstandsmitgliedern kein generelles Vetorecht eingeräumt werden, während dem Arbeitsdirektor nur für seine eigenen Angelegenheiten eines zugestanden wird. Unzulässig und rechtswidrig ist es auch, den Arbeitsdirektor in der Geschäftsführung oder bei der Vertretung nach außen schlechter zu stellen und beispielsweise nur bei ihm eine Mitzeichnung durch einen Vorstandkollegen zu verlangen.[204] Dies gilt auch für eine **»Selbstbeschränkung« der Konzernspitze,** da der Entzug von Kompetenzen eine der eben beschriebenen quasi-diskriminierenden Rechtsstellung vergleichbare benachteiligende Wirkung hat oder wenn sich die Aufgabenbereich des Arbeitsdirektors nur noch auf die wenigen bei der Konzernspitze beschäftigten Arbeitnehmer beschränken würde und er bei allen anderen Fragen nur »mitdiskutieren« dürfte.[205]

130 In den Tochtergesellschaften hingegen kann der Arbeitsdirektor seine arbeitnehmerbezogenen Kompetenzen nur nach Maßgabe der jeweils gegebenen Konzernorganisationen ausüben.[206]

131 Ist die Tochtergesellschaft eine **Aktiengesellschaft,** so hat die Obergesellschaft kein Weisungsrecht, denn nach § 76 AktG leitet der Vorstand der Gesellschaft **eigenverantwortlich.**[207] Der Obergesellschaft steht also keine rechtlich abgesicherte Konzernleitungsmacht zu, so dass sie das Konzerninteresse nicht ohne Weiteres gegenüber widerstreitenden Interessen der abhängigen Gesellschaft durchsetzen kann. Das herrschende Konzern-UN kann also nur seine faktisch bestehenden Einflussmöglichkeiten in den Grenzen des § 311 AktG ausschöpfen, die insoweit auch für den Arbeitsdirektor bestehen.

132 Ist die Tochtergesellschaft hingegen eine **GmbH,** bestehen für den Arbeitsdirektor wirkliche, direkte Lenkungsmöglichkeiten. Die Geschäftsführung der GmbH ist gemäß § 37 GmbHG **an Weisungen der Gesellschafter gebunden.** Das herrschende UN kann deshalb anders als bei der Aktiengesellschaft der Geschäftsleitung der abhängigen GmbH auch ohne das Bestehen eines Beherrschungsvertrags Weisungen erteilen, und zwar durch Beschlüsse der Gesellschafterversammlung.[208] Auf diesem Wege kann der Arbeitsdirektor als gleichberechtigtes Mitglied des Vorstands durch Weisungen solche Tochtergesellschaften direkt lenken. Eine Einschränkung gilt jedoch, wenn neben dem herrschenden Konzernunternehmen noch Minderheitsgesellschafter existieren. In diesem Fall ist das herrschende UN nicht schrankenlos zur Konzernleitung berechtigt.[209] Es gilt das **Benachteiligungsverbot** und eine **Treuepflicht** des herrschenden Mehrheitsgesellschafters gegenüber der GmbH und den übrigen Gesellschaftern.[210]

133 In bestimmten UN (insbes. AG, KG a. A. GmbH, VVaG) mit in der Regel mehr als 500 AN haben AN ein MBR im AR. An seiner Wahl im Konzern nehmen die AN des herrschenden und der übrigen UN teil. AN eines Konzern-UN gelten als solche der herrschenden UN, wenn zwischen ihnen ein **Beherrschungsvertrag** besteht oder das abhängige in das herrschende UN **eingegliedert** ist (§ 2 DrittelbG).

134 Allerdings ist kein **hinreichender Grund dafür ersichtlich,** warum es für die Frage der Zurechnung von AN der Tochtergesellschaften nur auf die AN von Konzern-UN, die mit dem herrschenden UN durch einen Beherrschungsvertrag verbunden sind oder in dieses eingegliedert sind, ankommen soll, nicht jedoch auch auf die AN der Tochtergesellschaften, die im Mehrheitsbesitz des herrschenden UN stehen. Die wichtigste Änderung des neuen DrittelbG war, dass AN von Konzern-UN auch bei der Frage, ob über 500 Arbeitnehmer vorhanden sind, mitgezählt werden müssen. Die Verwendung **zweier unterschiedlicher Zurechnungsmethoden** in § 2 DrittelbG schein insoweit **wenig durchdacht.** Hierfür spricht insbesondere § 5 MitbestG, im Rahmen dessen die AN der Konzern-UN, die nur in Mehrheitsbesitz des herrschenden UN stehen, bei der Frage, ob ein mitbestimmter Aufsichtsrat zu bilden ist, zugerechnet werden und kein Grund ersichtlich ist den in § 5 MitbestG enthaltenen mitbestimmungs-

204 *BGH* 14.11.83, BGHZ 89, 48; Raiser, § 33 Rn. 30.
205 *Däubler,* NZG 05, 617 (620).
206 *Däubler,* NZG 05, 617 (620); *Fitting/Wlotzke/Wissmann,* § 33, Rn. 52.
207 *Krieger,* in: Münchener Handbuch des Gesellschaftsrechts, Band 4, § 69 Rn. 20; *Kropff,* in: Geßler/Hefermehl, AktG, § 311 Rn. 281.
208 *Decher,* in: Münchener Handbuch des Gesellschaftsrechts, Band 3, § 68 Rn. 1.
209 *Decher,* a. a. O., § 68 Rn. 17.
210 *BGH* 5.6.75, ITT-Urteil, BGHZ 65, 15 (18 ff.).

rechtlichen Grundgedanken, wonach Mitbestimmung überall dorthin in einem Konzern auszudehnen ist, wo ein Zusammenwirken mit unabhängigen Partnern in irgendeiner Form möglich ist,[211] nicht auch im Rahmen des § 2 DrittelbG anzuwenden.

d) Drittelbeteiligung

Nach dem **Schutzzweck** des § 2 DrittelbG ist die Mitbestimmung der AN auch in einem sog. 135
faktischen Konzern zu gewährleisten und die Verwendung unterschiedlicher Zurechnungsmethoden wird dem nicht gerecht. Nur wenn auch im Rahmen des DrittelbG alle AN eines faktischen Konzerns bei der Bestimmung der maßgeblichen Anzahl mitzählen, ist eine umfassende UN-Mitbestimmung gewährleistet und bleibt die Angleichung zum MitbestG – nur bezogen auf die Bestimmung des Wahlkörpers – nicht auf halber Strecke stehen.[212] Der Wortlaut des § 2 Abs. 2 DrittelbG, der die Zurechnung von AN nur bei Abschluss eines Beherrschungsvertrages oder einer Eingliederung vorsieht, steht dem nicht entgegen.

Bei Zweifeln an der **Verfassungswidrigkeit** wegen willkürlicher Ungleichbehandlung einer 136
Norm ist sie zunächst verfassungskonform auszulegen.[213] § 2 Abs. 2 DrittelbG ist deshalb so auszulegen, dass der Geltungsbereich dieser Norm alle Tatbestände der faktischen Beherrschung erfasst. Es sind keine sachlichen Gründe ersichtlich, die eine unterschiedliche Behandlung eines auf einer Eingliederung und einem Beherrschungsvertrag beruhenden Konzerns einerseits und eines auf anderen Vertragstypen beruhenden Konzerns wie z. B. ein Gewinnabführungs- und Verlustübernahmevertrag oder sogar einem Tarifvertrag rechtfertigen könnten. Auch unter Berücksichtigung der **Entstehungsgeschichte** des § 2 DrittelbG muss der faktische Konzern der drittelparitätischen Mitbestimmung unterliegen. Inwieweit die somit verbleibenden Unterschiede zwischen paritätischer und drittelparitätischer Mitbestimmung im Konzern durch den Gesetzgeber bewusst aufrecht erhalten bleiben soll, ist angesichts der Gesetzesbegründung zu § 2 DrittelbG nämlich äußerst zweifelhaft.[214] Die in § 2 Abs. 1 DrittelbG nachträglich aufgenommene Bezugnahme des gesamten § 18 Abs. 1 AktG wurde durch den Ausschuss für Wirtschaft und Arbeit damit begründet, dass »die Vermutungsregelung des § 18 Abs. 1 S. 3 AktG auch für das DrittelbG gelten … und eine Angleichung an § 5 MitbestG vollzogen werden [solle]«. Da bei dieser Begründung nicht zwischen der Vergrößerung des Wahlkörpers (§ 2 Abs. 1 DrittelbG) und den Voraussetzungen für ein Eingreifen der Unternehmensmitbestimmung (§ 2 Abs. 2 DrittelbG) getrennt wurde, spricht zumindest einiges für ein redaktionelles Versehen.

Für ein **Redaktionsversehen** spricht auch, als bei der Frage, ob eine **ertragssteuerliche Or-** 137
ganschaft gegeben ist, das Vorliegen eines Beherrschungsvertrages oder einer Eingliederung keine Rolle mehr spielt. Bis zur Neufassung des § 14 KStG durch das Steuersenkungsgesetz vom 23.10.2000 war neben der finanziellen auch eine wirtschaftliche und organisatorische Eingliederung der Organgesellschaft in das UN des Organträgers für das Vorliegen einer körperschaftssteuerlichen Organschaft vorausgesetzt, wobei insbesondere ein Beherrschungsvertrag die unwiderlegliche Vermutung für die organisatorische Eingliederung schuf. Seither verlangt § 14 KStG (sowie § 2 Abs. 2 Satz 2 GewStG für das Gewerbesteuerrecht, das insoweit auf § 14 KStG Bezug nimmt) demgegenüber nur noch den Abschluss eines Gewinnabführungsvertrags und die finanzielle Eingliederung. Es ist vor diesem Hintergrund schlechterdings nicht erklärbar, dass der Gesetzgeber des DrittelbG vom 18.5.2004 bei der Frage, ob eine Mitbestimmung auf Konzernebene zu gewährleisten ist, einzig das Vorliegen eines Beherrschungsvertrages oder eine Eingliederung weiterhin zu entscheidenden Voraussetzungen machen wollte und es auf diese Weise ermöglicht werden sollte, vor allem durch den Verzicht auf einen Beherrschungsvertrag bzw. die Beseitigung eines steuerlichen nun nicht mehr notwen-

211 *OLG Düsseldorf* 30.10.06, NZG 07, 77.
212 Vgl. *Trittin/Gilles*, RdA 11, 46; dies. AiB 2008, 621; a. A. *OLG Zweibrücken* 18.10.05, NZG 2006, 31; *Kammergericht* 7.6.07, NZG 07, 913; *OLG Hamburg* 29.10.07, BeckRS 2007, 19416; *LG Düsseldorf* 20.12.07, BeckRS 2007, 65478.
213 BVerfG 12.2.14, NZA 14, 981.
214 So bereits *Boewer/Gaul/Otto*, GmbHR 04, 1065 (1067).

digen Beherrschungsvertrages, quasi nebenbei die Mitbestimmung auf Konzernebene zu verhindern. Mit der überragenden Bedeutung der Mitbestimmung für den sozialen Rechtsstaat der Bundesrepublik Deutschland wäre dies jedenfalls nicht vereinbar. Insoweit kann eine **künstliche Aufspaltung** in ein »kleines Wahlvolk« zur Feststellung der Anwendbarkeitsvoraussetzungen des § 1 DrittelbG und ein »großes Wahlvolk« der Wahlberechtigten sicher nicht beabsichtigt gewesen sein.

138 Zu berücksichtigen ist auch, dass **Schutzzweck** des § 2 DrittelbG zumindest auch die Gewährleistung der Mitbestimmung der AN eines faktischen Konzerns ist. Die Verwendung von zwei unterschiedlichen Zurechnungsmethoden wird dem nicht gerecht. Nur wenn auch im Rahmen des DrittelbG alle AN eines faktischen Konzerns bei der Bestimmung der maßgeblichen Arbeitnehmeranzahl mitzählen, ist eine umfassende Unternehmensmitbestimmung gewährleistet und bleibt die Angleichung zum MitbestG – nur bezogen auf die Bestimmung des Wahlkörpers – nicht auf halber Strecke stehen.

139 Es ist nicht ersichtlich, warum es für die Frage der Zurechnung von AN der Tochtergesellschaften nur auf die AN von Konzernunternehmen, die mit dem herrschenden UN durch einen Beherrschungsvertrag verbunden sind oder in dieses eingegliedert sind, ankommen soll, nicht aber etwa auf die Arbeitnehmer der Tochtergesellschaft, die im Mehrheitsbesitz des herrschenden UN stehen. Eine **sachliche Rechtfertigung**, den AN in einem faktischen Konzern mit 501 bis 2000 AN eine geringere Mitbestimmung zuzugestehen als den AN im Vertragskonzern mit gleicher Mitarbeiterzahl, gibt es auch nicht. Jedenfalls dann nicht, wenn das Vorliegen eines Unterordnungskonzerns nach §§ 17 Abs. 2, 18 Abs. 1 Satz 3 AktG zu vermuten und nicht im Einzelfall festzustellen ist. Auch ein evtl. Einwand mangelnder Rechtsklarheit greift in diesem Fall nämlich nicht.

140 Auch **§ 5 Abs. 1 MitbestG** spricht für dieses Ergebnis. Im Rahmen dieser Norm werden die AN der abhängigen UN dem herrschenden UN zugerechnet. Durch welche Beherrschungsmittel der Abhängigkeitstatbestand ausgefüllt wird, ist dabei unerheblich. Es ist kein Grund ersichtlich den in § 5 MitbestG enthaltenen mitbestimmungsrechtlichen Grundgedanken, wonach Mitbestimmung überall dorthin in einem Konzern auszudehnen ist, wo ein Zusammenwirken mit unabhängigen Partnern in irgendeiner Form möglich ist, nicht auch im Rahmen des § 2 DrittelG zu berücksichtigen.

4. Betriebliche Altersversorgung

141 Im Konzern ist für die Beurteilung der wirtschaftlichen Lage im Rahmen von **Betriebsrenten-Anpassungsentscheidungen** gemäß § 16 BetrAVG unter bestimmten Voraussetzungen auf die wirtschaftliche Lage der **Konzernobergesellschaft** abzustellen. Dies gilt nicht nur nach Abschluss eines Beherrschungs- und Gewinnabführungsvertrages, sondern auch im faktischen Konzern.[215] Auch wenn es sich beim versorgungspflichtigen AG um eine konzernabhängige Tochtergesellschaft handelt, sind grundsätzlich seine eigenen wirtschaftlichen Verhältnisse maßgebend. Die Einbindung in einen Konzern ändert hieran grundsätzlich nichts.

142 Der **Berechnungsdurchgriff** schützt nicht die Konzerne, sondern die Versorgungsberechtigten und eröffnet bei schlechter wirtschaftlicher Lage der Konzernmutter der versorgungspflichtigen Konzerntochter nicht die Möglichkeit, eine nach ihrer eigenen wirtschaftlichen Lage tragbare Anpassung zu verweigern. Vom Berechnungsdurchgriff ist die Frage zu unterscheiden, wie sich finanzielle, technische, organisatorische und sonstige Verflechtungen mit anderen Unternehmen auf die wirtschaftliche Lage des versorgungspflichtigen AG auswirken. Mit und ohne Einbindung in einen Konzern können Abhängigkeiten von anderen UN bestehen und sich dadurch externe Krisen auf die Belastbarkeit des Versorgungsschuldners auswirken. Selbst wenn eine »**Schicksalsgemeinschaft**« zwischen einem Konzern und dem ihm angehörenden vorsorgungspflichtigen AG besteht, rechtfertigt die damit verbundenen abstrakten Gefahren nicht die Ablehnung einer Betriebsrentenanpassung. Auf eine schlechte

---

215 *BAG* 14.2.89, DB 89, 1471; 18.4.89, NZA 89, 845; 28.4.92, DB 92, 2402; 4.10.94, BB 95, 777; 17.4.96, AiB 97, 246 mit Anm. *Däubler;* 23.10.96, EzA § 16 BetrAVG Nr. 31 zur sog. »Rentengesellschaft«; *LAG Köln* 21.5.92, BB 93, 73; *Langohr-Plato*, BB 99, 2134.

wirtschaftliche Lage der Konzernobergesellschaft oder des Gesamtkonzerns kann es nur dann ankommen, wenn am Anpassungsstichtag ausreichend konkrete Anhaltspunkte dafür bestehen, das in den nächsten drei Jahren die im Konzern bestehenden Schwierigkeiten auf das Tochterunternehmen »durchschlagen«.[216]

Umgekehrt kommt es beim Widerruf von Versorgungsnotlagen bei wirtschaftlicher **Notlage im Konzern** nur dann auf die wirtschaftliche Notlage des Konzerns an, wenn durch sie die wirtschaftliche Existenz der Versorgungsschuldnerin nachhaltig gefährdet war.[217] 143

Wird ein zwischen der Konzernmutter und der Versorgungsschuldnerin bestehender Beherrschungs- oder Gewinnabführungsvertrag beendet, so kann der Versorgungsgläubiger von der Konzernmutter nicht nach § 303 AktG Sicherheit für künftige Rentenanpassungen nach § 16 BetrVG verlangen. Zwar ist der Anspruch auf Anpassungsprüfung und -entscheidung sicherungsfähig i. S. d. § 303 AktG, denn er ist regelmäßig werthaltig. Allerdings fehlt es an einem Sicherungsinteresse des Versorgungsgläubigers. Sowohl dann, wenn die Versorgungsschuldnerin zu Recht die Anpassung nach § 16 BetrVG verweigert, als auch dann, wenn ihre wirtschaftliche Lage eine Anpassung nach § 16 BetrVG zulässt, besteht kein Bedürfnis für eine Sicherheitsleistung. Führen gesellschaftsrechtliche Veränderungen dazu, dass die für eine Betriebsrentenanpassung erforderliche wirtschaftliche Leistungsfähigkeit der Versorgungsschuldnerin beeinträchtigt wird oder entfällt, so kommen Schadensersatzansprüche der Versorgungsgläubiger gegenüber der Konzernmutter in Betracht. Der Schutzzweck der §§ 4 und 16 BetrVG erfordert keine erweiternde Auslegung des § 303 AktG (a. a. O.). 144

Für die Anpassung der Betriebsrenten nach § 16 BetrAVG ist zwar grundsätzlich die wirtschaftliche Lage des Versorgungsschuldners maßgeblich. Dies gilt auch dann, wenn dieser in einen Konzern eingebunden ist. Aber es kann ein **Berechnungsdurchgriff** auf die günstige wirtschaftliche Lage eines anderen Konzernunternehmens in Betracht kommen. So verhält es sich, wenn das herrschende UN die Konzernleitungsmacht in einer Weise ausübt, die keine angemessene Rücksicht auf die Belange der abhängigen Gesellschaft nimmt, sondern stattdessen Interessen anderer dem Konzern angehörender UN oder der Konzernobergesellschaft in den Vordergrund stellt und so die mangelnde Leistungsfähigkeit der Versorgungsschuldnerin verursacht hat. In diesem Fall muss das UN, das selbst wirtschaftlich nicht zur Anpassung der Betriebsrenten in der Lage ist, gleichwohl eine Anpassung des Ruhegeldes vornehmen, wenn die wirtschaftliche Lage des anderen Konzernunternehmens dies zulässt. Deshalb setzt der Berechnungsdurchgriff einen Gleichlauf von Zurechnung und Innenhaftung i. S. einer Einstandspflicht/Haftung des anderen Konzernunternehmens gegenüber dem Versorgungsschuldner voraus. Verpflichtet sich die Konzernmutter gegenüber einem Gläubiger des konzernangehörigen Versorgungsschuldners, diesen finanziell so auszustatten, dass sein Geschäftsbetrieb aufrechterhalten werden kann (sog. **konzernexterne harte Patronatserklärung**), begründet dies keinen Berechnungsdurchgriff.[218] Nach dem Berechnungsdurchgriff genügt es nicht, dass eine andere Konzerngesellschaft die Geschäfte des Versorgungsschuldners tatsächlich dauernd und umfassend geführt hat und sich dabei konzerntypische Gefahren verwirklicht haben. Die gegenteilige bisherige Rspr. gibt der Senat auf. Ein Berechnungsdurchgriff, gestützt auf die Rspr. des BGH zur Haftung im **qualifiziert faktischen Konzern** nach den §§ 302, 303 AktG analog, kommt, nachdem der BGH diese Rspr. aufgegeben hat, nicht mehr in Betracht.[219] Weisen die Bilanzen dieses UN mitsamt Gewinn- und Verlustrechnungen seit Jahren positive Geschäftsergebnisse aus und gibt es auch keine Anhaltspunkte dafür, dass sich daran etwas ändern könnte, kann sich das UN nicht auf eine schlechte wirtschaftliche Lage berufen. Dies gilt auch dann, wenn die Bilanzergebnisse (nur) deshalb stets positiv ausfallen, weil die Muttergesellschaft im Konzern, die alle hergestellten Produkte des versorgungspflichtigen UN abnimmt, dessen gesamte Herstellungskosten zuzüglich eines Aufschlags übernimmt.[220] 145

216 *BAG* 10.2.09 AuR 09, 92.
217 *BAG* 28.7.05, AP Nr. 59 zu § 16 BetrAVG.
218 *BAG* 29.9.10, AuR 11, 78
219 *BAG* 15.1.13, NZA 14, 87; *Vogt* NZA 13, 1250.
220 *LAG Baden-Württemberg* 14.10.13, NZA-RR 14, 209.

5. Betriebliche Übung

146 Eine unternehmensüberschreitende »betriebliche Übung« liegt dann vor, wenn die Personalpolitik konzernweit die Begründung eines Vertrauenstatbestandes oder eines entsprechenden **faktischen Verhaltens** zur Folge hat. In diesen Fällen folgt die betriebsverfassungsrechtlich geschützte Intensität der arbeitsrechtlichen Bindung den tatsächlich vorgefundenen konzernorganisatorischen Strukturen.[221] Eine nationale Regelung, die den Eintritt des Erwerbers in die Arbeitsverhältnisse des Veräußerers in einem Fall gestattet, in dem nach dem Übergang des betreffenden Unternehmensteils der Veräußerer eine starke beherrschende Stellung gegenüber dem Erwerber einnimmt, steht der Europäischen Richtlinie nicht entgegen.[222]

6. Betriebsübergang

147 Gehören alter und neuer **Inhaber dem alten Konzern** an, dann finden § 613 a BGB und die EG-Richtlinien Anwendung.[223] Bei einem Übergang i. S. d. (Betriebsübergangs) RL 2001/23/EG vom 12.03.2001 kann als »Veräußerer« i. S. v. Art. 2 Abs. 1 a dieser Richtlinie auch das Konzern-UN, zu dem die AN ständig abgestellt waren, ohne jedoch mit diesem durch einen Arbeitsvertrag verbunden gewesen zu sein, betrachtet werden, obwohl es in diesem Konzern ein UN gibt, an das die betreffenden AN durch einen Arbeitsvertrag gebunden waren.[224] **Konzernbetriebsvereinbarungen** gelten bei einem Inhaberwechsel normativ weiter. Arbeitnehmer sind gem. § 613 a Abs. 5 BGB über die Geltung von Konzern-Betriebsvereinbarungen zu informieren. Bei einem Betriebsübergang zur Tarifflucht besteht im Konzern eine Einwirkungspflicht des herrschenden UN.

7. Betriebsbeauftragte

148 Es gibt eine Vielzahl von Betriebsbeauftragten, die im Betrieb bzw. UN unter bestimmten Voraussetzungen vom AG zu bestellen sind, wie z. B. der Gewässerschutzbeauftragte, Tierschutzbeauftragte, Strahlenschutzbeauftragte, Gefahrgutbeauftragte, Immissionsschutzbeauftragte, Störfallbeauftragte.[225] Für mehrere Konzern-UN kann dies gemeinsam erfolgen (z. B. der Immissionsschutz- und Störfallbeauftragte gemäß § 1 5. BImSchV).[226]

8. Betriebsverfassung

149 Außer durch die mögliche Errichtung eines KBR berücksichtigt das BetrVG den Konzernzusammenhang in vielfacher Weise:

- Auf die sechsmonatige Betriebszugehörigkeit werden gemäß **§ 8** Zeiten angerechnet, die AN in einem anderen Betrieb oder UN desselben Konzerns beschäftigt waren.
- Im Konzern kann gem. **§ 54** Abs. 1 ein KBR errichtet werden, wenn mehrere GBR bestehen. Der WA eines Tochter-UN kann von der Konzernmutter gem. **§ 108** Auskünfte über wirtschaftliche Angelegenheiten verlangen.[227]
- Nicht dem Betrieb, aber einem anderen Betrieb des UNs oder Konzerns angehörige Beisitzer einer ESt. erhalten gem. **§ 76 a Abs 2 Satz 1** ebenfalls keine Vergütung.
- Die Ausnahme von der Sozialplanpflicht von UN gilt gemäß **§ 112 a Abs. 2 Satz 2** nicht für die Umstrukturierung von Konzernen.
- Der Konzernbegriff des **§ 112 a Abs. 2 Satz 2** umfasst neben dem Unterordnungskonzern gem. § 18 Abs. 1 AktG auch den Gleichordnungskonzern.

---

221 *Theisen*, S. 246; *Windbichler*, S. 432.
222 *EuGH* 6.3.14 C-458/12 – Lorenzo Amatori ua/Telecom Italia SpA, Telecom Italia InformationTechnology Srl.
223 *EuGH* 2.12.99, NZA 00, 587.
224 *EuGH* 21.10.10, Rs. C-242/09, Albron Catering BV/FNV Bondgenoten, John Roest, AuR 10, 531.
225 Vgl. *Kittner/Däubler/Zwanziger*, Vorbem. BImSchG Rn. 10 ff.
226 Vgl. *Ehrich*, 93, 1772.
227 *LAG Niedersachsen* 3.11.09, dbr 5/10, S. 37 ff. für die Herausgabe der Bilanz, Gewinn- und Verlustrechnung und Auflistung der Vermögenswerte gegenüber der Holdinggesellschaft.

- Für die Bildung von **EBR** gilt nach dem EBRG eine besondere Definition des herrschenden UN eines Konzerns (vgl. im Anhang B zum EBRG).[228]
- Zusammenlegung der EBR mit dem KBR durch Konzernbetriebsvereinbarung oder TV.

9. Existenzvernichtungshaftung

a) Voraussetzungen

aa) Rechtsprechung des *BGH*

Mit der »Bremer Vulkan«-Entscheidung nahm der BGH **Abschied vom so genannten qualifizierten faktischen GmbH-Konzern.**[229] Außerhalb des Vertragskonzerns sind Eingriffe des Gesellschafters in das Vermögen oder die Geschäftschancen der GmbH nunmehr nach den Rechtsprechungsregeln zur so genannten **Existenzvernichtungshaftung** zu beurteilen. Er hatte zwischenzeitlich wiederholt Gelegenheit, diese Rechtsprechung weiter auszudifferenzieren.[230] Das *BAG* hat die vom BGH entwickelten Grundsätze übernommen.[231] 150

Der *BGH* hält den vom Kapitalerhaltungsrecht vermittelten **Gläubigerschutz** in der GmbH für **unzureichend.** Entziehen die Gesellschafter einer GmbH Vermögen, ohne dadurch unmittelbar eine Unterbilanz i. S. des § 30 GmbHG herbeizuführen oder zu vertiefen, bleibt dieses Handeln nach dem Wortlaut auch dann sanktionslos, wenn der Eingriff gravierende Nachteile für die GmbH mit sich bringt, diese zur Insolvenz der Gesellschaft führen. Aber auch wenn ein Eingriff die Merkmale eines Verstoßes gegen das Auszahlungsverbot des § 30 GmbHG erfüllt, kann die gesetzlich angeordnete Sanktion unzureichend sein. § 31 GmbHG beschränkt die Haftung des Gesellschafters nämlich auf die Rückzahlung des verbotswidrig entzogenen Betrags. Etwaige Folgeschäden werden nicht erfasst und gehen in der Insolvenz der Gesellschaft wirtschaftlich zu Lasten der Gläubiger. Auf Grund dieser Überlegungen hatte der *BGH* zunächst **die Haftungsfigur des qualifizierten faktischen Konzerns** entwickelt (Nachweise noch bis zur 10. Auflage). Da aber die dafür herangezogene **analoge Anwendung der §§ 302 f. AktG** auf die Konstellation einer nicht durch Unternehmensvertrag verbundenen GmbH nicht recht passte und eine Nachteilszufügung durch den Gesellschafter auch außerhalb eines Konzernverbunds denkbar ist, greift der *BGH* mittlerweile nicht mehr auf einen konzernrechtlichen Begründungsansatz zurück. Die dogmatische Rechtfertigung einer persönlichen Gesellschafterhaftung erfolgt nunmehr durch **teleologische Reduktion des § 13 Abs. 2 GmbHG.** 151

Zentrale Tatbestandsmerkmale der **Existenzvernichtungshaftung** sind der Eingriff in die Sphäre der GmbH und das Fehlen der angemessenen Rücksichtnahme auf die Zweckbindung des Gesellschaftsvermögens, das als Haftungsfonds zur Erfüllung ihrer Verbindlichkeiten dient. Ein Eingriff ist dabei der **Entzug von Vermögen oder Geschäftschancen** durch den Gesellschafter. Während ein Vermögensentzug regelmäßig bilanziell feststellbar sein wird, ist das Vorliegen eines Geschäftschancenentzugs schwieriger zu beurteilen. Dieser liegt etwa dann vor, wenn Tätigkeitsfelder oder Kundenstamm der GmbH entzogen und auf den Gesellschafter selbst oder ein anderes, dem Gesellschafter gehörendes UN verlagert werden. Hierzu gehören auch hochriskante Geschäfte, die die GmbH auf Veranlassung ihres Gesellschafters abschließt, und die in ihrem Umfang, d. h. in ihrem Verlustpotenzial, über die Höhe der Eigenkapitalausstattung deutlich hinausgehen. 152

An der erforderlichen **Rücksichtnahme auf die Fähigkeit der Gesellschaft,** ihren Verbindlichkeiten nachzukommen, fehlt es, wenn es sich um einen gezielten, betriebsfremden Zwecken dienenden Eingriff handelt, der für eine Insolvenz der GmbH (mit-)ursächlich ist. Bloße 153

---

228 Vgl. auch zum Auskunftsanspruch des BR zur Struktur einer gemeinschaftsweit tätigen UN-Gruppe *BAG* 30.3.04, NZA 04, 863; 29.6.04, NZA 05, 119.

229 BGH 17.9.01, NJW 01, 3622.

230 *BAG* 28.7.05, NZA 06, 1008; 14.12.04, NZA 05, 818; BGH 25.2.02, NJW 02, 1803; 24.6.02, NJW 02, 3024 (»KBV«); 20.9.04, NJW 05, 145; 13.12.04, NJW-RR 05, 335; 13.12.04, NZG 05, 214; 16.7.07, NJW 07, 2689; *Altmeppen,* NJW 07, 2657.

231 *BAG* 14.12.04, NZA 05/818 zur Haftung in der Insolvenz; *BAG* 28.7.05, AP Nr. 59 zu § 16 BetrAVG für die Betriebsrentenanpassung.

Managementfehler führen nicht zur Existenzvernichtungshaftung. Auch die in einer Einstellung des Geschäftsbetriebs der GmbH liegende Desinvestition kann eine persönliche Haftung nicht begründen, solange sich der Gesellschafter dabei des im Gesetz vorgesehenen Verfahrens bedient. Insbesondere muss das Vermögen der Gesellschaft ordnungsgemäß verwertet und aus dem Erlös die Gläubiger befriedigt bzw. ihre Befriedigung gem. § 73 GmbHG sichergestellt werden. Überträgt der Gesellschafter dagegen Vermögenswerte der GmbH auf sich selbst oder eine andere Gesellschaft, ohne eine marktgerechte Gegenleistung zu erbringen, begründet dies eine Haftung.[232]

154 Inzwischen ist geklärt, ob und inwieweit die **Existenzvernichtungshaftung** von einem Verschulden des Gesellschafters abhängt. Eine vorsätzliche Gläubigerschädigung, wie sie von § 826 BGB vorausgesetzt wird, verlangt der BGH inzwischen.[233] Richtigerweise ist mit diesem Kriterium keine Einschränkung des Anwendungsbereichs der **Existenzvernichtungshaftung** verbunden: Sobald sich der Gesellschafter objektiv missbräuchlich verhält, indem er auf die Zweckbindung des GmbH-Vermögens nicht angemessen Rücksicht nimmt, lässt er zugleich die im Verkehr erforderliche Sorgfalt außer Acht, § 276 II BGB.

155 Bei einer **mehrgliedrigen GmbH** haften auch die Mitgesellschafter, die – ohne selbst etwas empfangen zu haben – durch ihr Einverständnis mit dem Vermögensabzug an der Existenzvernichtung der Gesellschaft mitgewirkt haben.[234] Ebenso haftet derjenige, der zwar nicht unmittelbar an der GmbH beteiligt ist, aber einen **beherrschenden Einfluss auf einen Gesellschafter,** also eine zwischengeschaltete Gesellschaft, ausübt, die ihrerseits den Vermögensentzug bei der GmbH betreibt.[235] Zweifelhaft ist demgegenüber, ob den Gläubigern einer GmbH neben dem Gesellschafter auch eine Schwestergesellschaft haftet. Der BGH tendiert dazu, die **Schwestergesellschaft** auch dann nicht der **Existenzvernichtungshaftung** zu unterwerfen, wenn sie durch den Vermögensentzug begünstigt wird. Denn der gesellschaftsrechtliche Einfluss auf die geschädigte GmbH geht von der Mutter, nicht von der Schwester aus. Allerdings kommt dann eine Haftung (auch) der Schwestergesellschaft wegen planmäßigen Vermögensentzugs nach § 826 BGB in Betracht.[236]

bb) Rechtsprechung des *BAG*

156 Ob und inwieweit die Rechtsprechung des *BAG* zur Durchgriffshaftung im »qualifiziert faktischen Konzern« bei Sozialplänen, nach der ein Berechnungsdurchgriff dann möglich ist, wenn in einem faktischen Konzern das herrschende Unternehmen für die Verbindlichkeiten des beherrschten Unternehmens einzustehen hat, nach Aufgabe dieses Haftungsansatzes durch den *BGH* noch aufrecht erhalten bleibt, ist offen. Das *BAG* wendet die Rechtsfigur weiter an.[237] Im Rahmen der Dotierung eines Sozialplans sind die wirtschaftlichen Verhältnisse des UN dann nicht allein maßgeblich, wenn ein sog. **Berechnungsdurchgriff** auf eine Konzernobergesellschaft geboten ist. Ob dies der Fall ist, haben die Gerichte zu prüfen, wenn das von einer ESt. zu Grunde gelegte Volumen des Sozialplans die wirtschaftliche Vertretbarkeit des UN verletzen oder wenn es mit Rücksicht auf diese Verhältnisse geringer ist als für eine substantielle Milderung der Nachteile der AN nötig. Im entschiedenen Fall kam es hierauf allerdings nicht an, da der von der Einigungsstelle beschlossene Sozialplan die Grenze des § 112 Abs. 1 2 BetrVG nicht unterschritt; die in ihm vorgesehenen Leistungen stellten eine substantielle Milderung der mit der Betriebsänderung verbundenen wirtschaftlichen Nachteile für die AN dar.

232 *BGH* 13.12.04, NJW-RR 05, 335.
233 *BGH* 16.7.07 NJW 07, 2689; *Altmeppen,* NJW 07, 2657.
234 *BGH,* NJW 02, 1803.
235 *BGH,* 13.12.04, NJW-RR 05, 335.
236 *BGH* 20.9.04, NJW 05, 145.
237 *BAG* 28.4.04, NZA 05, 302.

b) Rechtsfolgen

Der Gesellschafter haftet im Falle eines existenzvernichtenden Eingriffs im Wege der **Durchgriffshaftung** den Gläubigern in der Insolvenz der GmbH persönlich für die Schulden der Gesellschaft, soweit nicht der der GmbH insgesamt zugefügte Nachteil bereits nach §§ 30, 31 GmbHG ausgeglichen werden kann. Steht der Umstand eines existenzvernichtenden Eingriffs einmal fest, so muss der Anspruchsteller nicht mehr im Einzelnen darlegen oder gar beweisen, in welcher Höhe sein Forderungsausfall in der Insolvenz der GmbH auf den Eingriff des Gesellschafters zurückzuführen ist. **157**

Allerdings steht dem Gesellschafter zumindest der Nachweis offen, dass der GmbH auch dann ein Nachteil entstanden wäre, wenn er sich **redlich verhalten hätte.** Gelingt ihm dieser Nachweis, so hat er nur denjenigen Nachteil zu ersetzen, der bei redlichem Verhalten nicht eingetreten wäre.[238] In einem solchen Fall reduziert sich die Durchgriffshaftung auf eine Schadensersatzpflicht des Gesellschafters. **158**

Diese Unterscheidung hat auch Bedeutung für die Frage, **wer** die jeweiligen Ansprüche gegen den Gesellschafter **geltend machen kann.** Im Fall des Durchgriffs sind Anspruchsinhaber die Gläubiger der GmbH, die ihre Forderungen, soweit sie von der GmbH keine Befriedigung erlangen, in voller Höhe gegen den Gesellschafter geltend machen können. Im Fall einer höhenmäßig begrenzten Schadensersatzpflicht ist die geschädigte GmbH selbst Anspruchsinhaberin. Diese Unterschiede in der Aktivlegitimation sind allerdings hinfällig, wenn ein Insolvenzverfahren über das Vermögen der GmbH eröffnet ist. Dann nämlich werden die gegen den Gesellschafter gerichteten Ansprüche aus Durchgriff und auf Schadensersatz vom Insolvenzverwalter geltend gemacht. **159**

Die Rspr. des BGH zum Durchgriff wegen existenzgefährdenden Eingriffs verschafft nur zusätzliche Schuldner, aber **kein zusätzliches Vermögen.** Das Kapitalrückzahlungsverbot gem. § 30 GmbHG schützt Gläubiger nach dem UmwG nur bei täglicher Lektüre des Bundesanzeiger und sie den dort zu veröffentlichenden Hinweis finden, wonach sie gem. § 22 UmwG binnen 6 Monaten Sicherheit verlangen können. Bei UN-Verschmelzungen ist nur das Kapital des übernehmenden UN maßgebend. Beträgt es z. B. nur 20000,00 €, dann gilt dies auch, wenn das untergehende UN über ein Stammkapital von 10 Mio. € verfügte, das ihm eine entsprechend höhere Bonität verschaffte, auf die der Gläubiger vertraute.[239] **160**

Die Ausgliederung laufender **Pensionsverpflichtungen** ist unwirksam. Sie darf nicht ins Handelsregister eingetragen werden.[240] **161**

10. Gleichbehandlung

Das Gleichbehandlungsgebot verbietet die **willkürliche Ungleichbehandlung** von Arbeitnehmern, also eine sachlich nicht gerechtfertigte Differenzierung. Nach der Rspr. des *BAG* ist dessen Anwendungsbereich auf den einzelnen Betrieb bzw. das Unternehmen beschränkt.[241] Diesen Entscheidungen liegt noch weit gehend die Vorstellung zugrunde, dass personelle Angelegenheiten – anders als wirtschaftliche Entscheidungsprozesse – betriebs- oder zumindest unternehmensbezogen sind. Diese Grundannahme entfällt jedoch im Konzern, so dass eine **konzerndimensionale Erstreckung des Gleichbehandlungsgrundsatzes** geboten ist, die eine sachlich gerechtfertigte Differenzierung innerhalb des Konzerns nicht ausschließt. Konzerndimensionale Einflüsse dürfen den Kern des Gleichbehandlungsgrundsatzes nicht unterlaufen oder konterkarieren. Das *ArbG Köln* hat dem inzwischen Rechnung getragen. Nimmt z. B. eine Konzernspitze eine Verteilungskompetenz in Anspruch, dann wirkt der arbeitsrechtliche Gleichbehandlungsgrundsatz konzernweit.[242] **162**

238 *BGH* 13.12.04 – II ZR 206/02.

239 *Hirth,* MHR 05, 29, mit anschaulichen Beispielen aus richterlicher Praxis und einem dringenden Appell an Gesetzgeber zum Schließen der selbst aufgerissenen Gesetzeslücken.

240 *LG Hamburg* 8.12.05 – nicht rk –; Vorinstanz *AG Hamburg* 1.7.05, DB 05, 1562; *Hirth,* MHR 2/05, S. 29; a. A. *BAG* 22.2.05, NZA 05, 639.

241 *BAG* 19.6.07, AuR 07, 406 für eine konzernweite Reduzierung des 13. Monatseinkommens; 25.4.95, BB 95, 2170 für Betriebe mit oder ohne BR; 17.11.98, NZA 99, 606; *LAG Schleswig-Holstein* 20.4.04, NZA-RR 05, 93; *BGH* 14.5.90, AG 90, 459 f.; *Wiedemann,* S. 97 f.

11. Kündigungsschutz

a) Unternehmerische Entscheidung, Betriebszugehörigkeit, Anzeigepflicht

163 Unternehmerische Entscheidungen können **rechtsmissbräuchlich** sein. Dies ist z. B. der Fall bei der Gründung einer i. S. von § 2 Abs. 2 Nr. 2 UStG finanziell wirtschaftlich und organisatorisch in das UN der AG eingegliederten Organgesellschaft und die Übertragung der Arbeiten einzelner Abteilungen auf diese Gesellschaft. Kündigungsschutzrechtlich ist diese Umorganisation unbeachtlich, wenn die Wahl der Rechtsform dazu dient, den Arbeitnehmern den Kündigungsschutz zu entziehen und sich von ihnen »frei« zu trennen.[243]

164 Die Geltung des Kündigungsschutzgesetzes setzt eine mindestens sechsmonatige Beschäftigung voraus (§ 1 Abs. 1 KSchG), und die Kündigungsfristen verlängern sich mit der Dauer des Arbeitsverhältnisses (§ 622 BGB). Für die Feststellung der notwendigen AN-Zahl sind die von anderen UN beschäftigten AN grundsätzlich nicht mit zu berücksichtigen. Eine Ausnahme soll nur in **Missbrauchsfällen** und im **gemeinsamen Betrieb** mehrerer UN gelten.[244] Ein gemeinsamer Betrieb liegt nicht bereits dann vor, wenn eine Holdinggesellschaft auf Grund ihrer Leitungsmacht gegenüber dem Vorstand eines Tochter-UN die Miterledigung bestimmter Arbeiten (z. B. Schreibarbeiten) anordnet.[245]

165 Der Arbeitnehmer darf kündigungsschutzrechtlich nicht deshalb benachteiligt werden, weil er nicht in einem Großbetrieb in vielen rechtlich unselbstständigen Zweigstellen, sondern in einem Konzern mit zahlreichen Tochtergesellschaften tätig ist. Die **Berechnung der »Betriebszugehörigkeit** kann deshalb **konzernbezogen** erfolgen.[246]

166 Die Anzeigepflicht des AG gem. § 17 Abs. 1 bis 3 KSchG gilt auch für Entscheidungen, die von einem den AG beherrschenden UN getroffen werden (§ 17 Abs. 3 a KSchG).[247] In einem Konzern ist Art. 2 Abs. 1 der Richtlinien 98/59/EG i. V. m. Art. 2 Abs. 4 dahin auszulegen, dass das **Konsultationsverfahren** von einer durch Massenentlassungen betroffenen Tochtergesellschaft abgeschlossen worden sein muss, bevor sie Verträge der von diesen Massenentlassungen betroffenen AN kündigt.[248]

b) Weiterbeschäftigung bei anderen Konzernunternehmen

167 Nach § 1 Abs. 1 Satz 1 und Abs. 2 Satz 2 Nr. 1 b KSchG besteht ebenso wie bei § 102 Abs. 3 Ziff. 3 BetrVG bei Wegfall eines Arbeitsplatzes eine Weiterbeschäftigungspflicht des AG an einem anderen Arbeitsplatz in demselben Betrieb oder in einem anderen Betrieb des UN. Das *BAG* hat eine **konzerndimensionale Betrachtungsweise** dieser Regelung nach anfänglichem Zögern[249] **abgelehnt.** Danach sei der Bestandsschutz grundsätzlich nicht konzernbezogen und ein unternehmensübergreifender Kündigungsschutz auch nicht bereits dann anzunehmen, wenn Arbeitnehmer in einem Konzernunternehmen, ohne versetzt oder abgeordnet zu werden, bestimmten fachlichen Weisungen durch ein anderes Konzernunternehmen unterstellt werden und dadurch noch kein Vertrauenstatbestand begründet wird, der einem vereinbarten oder in der Vertragsabwicklung konkludent durchgeführten Versetzungsvorbehalt gleichgestellt werden kann.[250]

---

242 *ArbG Köln* 24.6.99, AiB 00, 636 m. Anm. v. *Feldhoff* für konzernweite Urlaubsregelung; *Däubler,* Das Arbeitsrecht 2, Rn. 1384 a; *Henssler,* S. 107 ff.; *Konzen,* S. 577 f., 589 f.; *Martens,* S. 437; *Theisen,* S. 245 f.; einschränkend *Windbichler,* S. 428.

243 *BAG* 26.9.02, NZA 03, 549, vgl. auch *Annuß,* NZA 03, 783, der die Entscheidung als Einstieg in den konzernbezogenen Kündigungsschutz interpretiert.

244 *BAG* 12.11.98, AuR 99, 320 mit Anm. v. *Weigand.*

245 *BAG* 29.4.99, NZA 99, 932.

246 *Däubler,* Das Arbeitsrecht 2, 10.1.4; *Henssler,* S. 122 ff.; *Windbichler,* S. 225; vgl. auch *Ingenfeld,* CR 93, 368 ff. zum Wegfall des Kündigungsschutzes in Betrieben mit weniger als sechs AN gemäß § 23 Abs. 1 Satz 2 KSchG nach UN-Teilungen und Betriebsspaltungen.

247 *Schaub,* ZIP 99, 1949 [1953] insgesamt zum Personalabbau im Konzern.

248 *EuGH* 10.9.09 – C – 44/08, [AEK/Fujitsu Siemens Computers]; NZA 09, 1083 = AiB 10, 198 m. Anm. v. *Rehwald; Schubert AiB 10, 119; Forst, NZA 10, 144.*

249 *BAG* 18.10.76, AP Nr. 3 zu § 1 KSchG 1969 Betriebsbedingte Kündigung.

250 *BAG* 19.7.83, DB 83, 2635; 22.5.86, AP Nr. 4 zu § 1 KSchG 1969 Konzern; *BAG* 27.11.91, BB 92, 1062

Eine konzernbezogene Weiterbeschäftigungs- und Versetzungspflicht bestehe nach Ansicht des *BAG* nur dann, wenn 168

- eine **vertragliche Vereinbarung** über einen konzernweiten Einsatz des Arbeitnehmers bestehe,
- der Arbeitgeber innerhalb des Konzernverbundes einen »**bestimmenden Einfluss**« auf unternehmensübergreifende Versetzungen habe oder
- der Arbeitgeber sich selbst gebunden hätte. Diese **Selbstbindung** könne sich ergeben aus einer formlosen Zusage oder einem vorangegangenen Verhalten.[251] Dies gilt z. B. bei Entscheidungen der Verlagerung von Tätigkeiten auf andere Konzern-UN, Stilllegung eines Konzern-UN mit identischen Zielsetzungen.[252] Ferner ist Voraussetzung, dass der Beschäftigungsbetrieb bzw. das vertragsschließende UN auf die »Versetzung« einen bestimmenden Einfluss hat. Die Versetzungsentscheidung darf grundsätzlich nicht dem zur Übernahme bereiten UN vorbehalten sein.[253]

Der AN hat konkret aufzuzeigen, wie er sich eine **anderweitige Beschäftigung** vorstellt.[254] Dem AG obliegt eine gesteigerte Darlegungslast zu fehlenden Einsatzmöglichkeiten bei anderen, zum Konzern gehörenden UN, bei dem der AN vertragsgemäß beschäftigt werden könnte.[255]

Ein konzernweiter Kündigungsschutz soll auch dann nicht vorliegen, wenn zwei Unternehmen eines Konzerns Betriebe mit identischen Tätigkeitsfeldern betreiben und bei sich verschlechternder Auftragslage einer der beiden Konzernbetriebe stillgelegt wird und in Zukunft nur noch der eine Betrieb ohne nennenswerte Erhöhung der Belegschaftszahl am Markt auftritt.[256] 169

Diese restriktive Rspr. ist nur begrenzt in der Lage, die konzernspezifischen Risiken für die Sicherheit von Arbeitsplätzen zu kompensieren.[257] Deshalb sind weiter gehende Lösungen erforderlich, z. B. die, dass der Arbeitgeber, der sich nicht um einen anderen Arbeitsplatz im Konzern bemüht, seine **Vertragspflicht verletzt** und deshalb keine wirksame Kündigung aussprechen kann.[258] Eine Kündigung ist unwirksam, wenn die Weiterbeschäftigung in einem anderen Konzern-UN möglich ist, es zur Übernahme verpflichtet ist und der bisherige AG im Zusammenwirken mit dem anderen Konzern-UN die Übernahme realisieren kann.[259] Der **Widerspruch des BR** gegen eine ordentliche Kündigung ist darüber hinaus schon dann ausreichend begründet und insoweit ordnungsgemäß i. S. v. § 102 Abs. 5 Satz 1 BetrVG, wenn er in einem Konzernbetrieb unter Hinweis auf eine Stelle bei einem anderen Konzern-UN argumentiert, § 102 Abs. 3 Nr. 3 BetrVG sei entsprechend anzuwenden.[260] Richtigerweise besteht allgemein die Verpflichtung, in einem konzernweiten Arbeitsverhältnis auch die Weiterbeschäftigung konzernweit zu prüfen.[261] 170

c) Sozialplan, Interessenausgleich, Betriebsübergang

Die Betriebsverfassung ist prinzipiell konzernbezogen. Mit der fakultativen Errichtung des KBR ergibt sich die Möglichkeit zu unternehmensübergreifenden Vereinbarungen. Bei **Betriebsänderungen** ist deshalb in mehrfacher Hinsicht eine **konzerndimensionale Betrachtungsweise** geboten, wie z. B.: 171

= AiB 92, 464 mit Anm. *Knauß-Klug;* 20.1.94, DB 94, 1627; 23.3.06, NZA 07, 30; *BAG* 23.4.08, NZA 08, 939; *Bayreuther,* NZA 06, 819.

251 *BAG* 14.10.82, AP Nr. 1 zu § 1 KSchG Konzern mit zustimmender Anm. *Wiedemann*; 22.5.86, DB 86, 2547.

252 *BAG* 18.9.03, AP Nr. 12 KSchG 1969 § 1 Konzern; 26.9.02, NZA 03, 549.

253 *BAG* 23.11.04, NZA 05, 929; 18.10.12, NZA 13, 1008.

254 *BAG* 20.1.94, BB 95, 933.

255 *BAG* 21.1.99, EzA § 1 KSchG Nr. 51; *Lingemann/Steinau-Steinrück,* DB 99, 2161; *Kukat,* BB 00, 1242.

256 Wenig überzeugend *BAG* 18.9.03 – 2 AZR 139/03.

257 *Fiebig,* DB 93, 582.

258 *Windbichler,* RdA 99, 146 [149].

259 *HessLAG* 6.7.00 – 15 Sa 1612/99.

260 *LAG Schleswig-Holstein* 5.3.96, BB 96, 1612.

261 *ArbG Duisburg* 7.7.00, DB 01, 711.

- Ein Sozialplan ist in neu gegründeten UN innerhalb der ersten vier Jahre nicht erzwingbar. Dies gilt allerdings gemäß § 112 a Abs. 2 Satz 2 nicht für Neugründungen im Zusammenhang mit der **rechtlichen Umstrukturierung von UN und Konzernen**.
- Bei der Bemessung des **Sozialplanvolumens** ist auf die finanzielle Leistungsfähigkeit des AG abzustellen. Dies gilt grundsätzlich auch für Sozialpläne konzernangehöriger UN. Ist allerdings ein solches UN durch eine Spaltung i. S. d. UmwG entstanden und sind dabei die zur Führung seines Betriebs wesentlichen Vermögensteile bei dem übertragenden UN als Anlagegesellschaft verblieben und dem später sozialplanpflichtigen UN als Betriebsgesellschaft lediglich zur Nutzung überlassen worden, ist nach § 134 UmwG bei der Bestimmung des Sozialplanvolumens im Wege eines **Bemessungsdurchgriffs** auch die finanzielle Leistungsfähigkeit der Anlagegesellschaft zu berücksichtigen. Der Höhe nach ist er auf das der Betriebsgesellschaft bei der Spaltung entzogene Vermögen begrenzt.[262]

172 **Abfindungsansprüche** aus dem Sozialplan können im Wege der Durchgriffshaftung wie andere vermögensrechtliche Ansprüche gegenüber dem herrschenden Unternehmen geltend gemacht werden.[263] Gemäß § 115 a Abs. 3 Satz 3 AFG gelten UN i. S. d. § 18 AktG als ein AG.

173 Beim Nachteilsausgleich lehnte das *BAG* eine konzerndimensionale Auslegung des Begriffs **Unternehmen** in den §§ 111 bis 113 allerdings ab. Ein Arbeitnehmer könne nicht gemäß § 113 Abs. 3 gegen das herrschende Konzern-UN einen Abfindungsanspruch durchsetzen, wenn ein Konzern-UN keinen Interessenausgleich versucht habe. In einem Konzern werde das herrschende UN nicht zum allgemeinen Konzernunternehmer i. S. d. §§ 111 ff.[264]

174 Bei einem **Betriebsübergang** innerhalb oder außerhalb des Konzerns tritt der neue Inhaber stets in alle Verpflichtungen aus den bestehenden Arbeitsverhältnissen ein (§ 613 a Abs. 1 Satz 1 BGB). Übernahm ein Konzernunternehmen in einem **Aktienoptionsplan** eigenständige Verpflichtungen gegenüber Arbeitnehmern, die in einem anderen zum Konzern gehörenden UN beschäftigt sind, so gehen diese Verpflichtungen nicht auf den Erwerber über, weil sie nicht Gegenstand des Arbeitsverhältnisses waren.[265]

175 Von einem Geschäftsführer einer kleinen GmbH, der infolge der **Eingliederung** der Gesellschaft in einem Konzern durch Geschäftsführertätigkeit noch mehr ausgelastet ist, kann das herrschende Unternehmen die Übernahme sachbearbeitender Tätigkeit neben der bisherigen Tätigkeit verlangen. Weigert er sich, rechtfertigt dies die außerordentliche Kündigung.[266]

d) Steuerliche Behandlung von Abfindungen

176 Nach § 3 Nr. 9 EStG sind Abfindungen, die ein AN anlässlich seines Ausscheidens aus einem Unternehmen erhält, grundsätzlich beim Empfänger steuerfrei. Dies gilt jedoch bei **Versetzungen innerhalb eines Konzerns** dann nicht, wenn trotz Wechsels des AG nach den Verhältnissen im Einzelfall davon ausgegangen werden kann, dass die »Umsetzung als Fortsetzung eines einheitlichen Dienstverhältnisses zu beurteilen ist«. Diese »zweckorientierte« Betrachtungsweise führt weitgehend zu einer konzerndimensionalen, nicht den arbeitsrechtlichen Grenzen folgenden Besteuerung zu Lasten des einzelnen AN.[267]

e) Strafbares Verhalten

177 Ein Freizeitdiebstahl (Wert ca. 35,– €) einer Arbeitnehmerin zu Lasten einer rechtlich selbstständigen Konzernschwester des Beschäftigungsbetriebes kann nach Ansicht des *BAG* eine Kündigung wegen **konkreter Beeinträchtigung** des Arbeitsverhältnisses begründen, auch wenn die Arbeitnehmerin von der Verbindung des AN nichts wusste.[268]

---

262 *BAG* 15.3.11, NZA 11, 1112.
263 *LAG Frankfurt* 11.3.88, NZA 89, 107.
264 *BAG* 15.1.91, ZIP 1991, 884.
265 *BAG* 12.2.03, NZA 03, 487, vgl. auch *HessLAG* 19.11.01, NZA-RR 03, 316.
266 *OLG Nürnberg* 9.6.99, NZA-RR 00, 637.
267 *BFH* 21.6.90, BFHE 161, 74 [372].
268 *BAG* 27.11.91, BB 92, 1061 = AiB 92, 464 mit Anm. *Knauß-Klug*.

12. Personaleinkauf

Sagt der Bodenbetrieb einer Fluggesellschaft seinen Mitarbeitern **Flugvergünstigungen** zu, steht diese Zusage regelmäßig unter dem immanenten Vorbehalt, dass die zum Konzern gehörende Fluggesellschaft noch ein eigenes Flugnetz betreibt und deshalb vergünstigte Flugscheine mit vertretbarem Aufwand zur Verfügung stellen kann. Nach Einstellung des Flugbetriebs und Ausscheiden aus dem Konzern ist diese nicht mehr verpflichtet, Flugscheine anderer Gesellschaften zu erwerben und ihren Mitarbeitern zur Verfügung zu stellen.[269] 178

13. Schadensersatz

Nimmt eine Tochtergesellschaft einen Beschäftigten ihrer Muttergesellschaft, der im Rahmen seines Arbeitsvertrages und der Muttergesellschaft für sie tätig wurde, wegen eines bei ihr verursachten Schadens in Anspruch, ist der Rechtsweg zu den **Arbeitsgerichten** eröffnet.[270] 179

14. Sozialrecht

Nach § 147 a Abs. 5 Satz 1 SGB III richtet sich die **Erstattungspflicht** gegen den letzten AG. Konzern-UN gem. § 18 AktG gelten bei der Ermittlung der Beschäftigungszeit als ein AG. **Förderleistungen** nach dem Altersteilzeitgesetz (AltTZG 1996) kann der AG nur bei Wiederbesetzung der frei werdenden Stelle erlangen. Dies gilt auch dann, wenn mehrere UN einem Konzern angehören.[271] 180

15. Tarifvertrag

Ein spezifischer Konzerntarifvertrag ist zulässig. Dafür muss auf AG-Seite kein AG-Verband bestehen.[272] Das herrschende UN ist tariffähig mit Wirkung für die direkt bei ihr, aber auch für die bei den beherrschten UN beschäftigten AN.[273] Es hat z. B. auf das Tochterunternehmen **einzuwirken,** den TV anzuwenden, wenn die **rechtliche Verselbstständigung** der Tochter nur aus Gründen des internationalen Rechts erfolgt ist und das Tochterunternehmen wie eine unselbstständige Unternehmensabteilung beherrscht wird.[274] Eine Komplementär-GmbH kann für eine GmbH & Co. KG durch ihre Mitgliedschaft im AG-Verband die Tarifbindung für die GmbH & Co. KG begründen, wenn sie die Mitgliedschaft allein im Interesse und mit Billigung der KG erworben hat.[275] Eine wirksame Vertretung bei Abschluss eines Firmentarifvertrages setzt voraus, dass der Vertreter erkennbar im Namen des Vertretenen gehandelt hat. Dies kann sich nach § 164 Abs. 1 Satz 2 BGB zwar aus den Umständen ergeben; diese müssen aber aufgrund des Normcharakters tariflicher Regelungen einen einer ausdrücklichen Nennung als Tarifvertragspartei gleichwertigen Grad an Klarheit und Eindeutigkeit erreichen und in einer § 1 Abs. 2 TVG genügenden Form niedergelegt sein. Diese Grundsätze zum Abschluss eines TV gelten auch im Falle einer rechtsgeschäftlichen Vertretung eines abhängigen UN durch das herrschende innerhalb eines Konzerns. Es bedarf neben der konkreten Bestimmung oder Bestimmbarkeit der abhängigen UN, für die der TV geschlossen werden soll, über die bloße Konzernzugehörigkeit hinaus weiterer Anhaltspunkte, aus denen mit für einen TV hinreichender Bestimmtheit der Wille erkennbar hervorgeht, für eine oder mehrere abhängige UN zu handeln.[276] 181

269 *BAG* 13.12.06, NZA 07, 325.
270 *OLG Düsseldorf* 7.7.04, NZA 05, 103.
271 *BSG* 23.2.11, NZA-RR 11, 492.
272 *Theisen,* S. 254; *Windbichler,* S. 460 ff.; *Däubler,* Das Arbeitsrecht 2, Rn. 1380 ff.; *ders.,* ZIAS 95, 525 ff.
273 *Däubler,* Tarifvertragsrecht, Rn. 79; a. A. *Kempen/Zachert,* § 3 Rn. 8; *Wiedemann,* Rn. 42; *Windbichler,* RdA 99, 146 [151]; vgl. auch *Weisemann,* BB 95, 198, zum Rationalisierungsschutzabkommen für Betriebe der Eisen-, Metall- und Elektroindustrie der BRD.
274 *BAG* 11.9.91, EzA Nr. 1 zu § 1 TVG Durchführungspflicht = BB 91, 2380 [Ls.]; *Riesenhuber,* BB 93, 1001 ff.; *Trittin,* AiB 94, 12.
275 *BAG* 4.5.94, DB 94, 2299; vgl. zur Umstrukturierung der Dtsch. Lufthansa AG *Rüthers/Bakker,* ZfA 90, 245, 248 ff. und der IBM *Zöllner,* FS Tomandl, S. 407 [417].
276 *BAG* v. 18.11.09 – 4 AZR 491/08.

182 **Solidaritätsstreiks** sind im Konzern zulässig,[277] weil den Streikenden auf Arbeitgeberseite eine einheitliche Planungs-, Führungs- und Organisationseinheit gegenübersteht.[278] Den AN steht ein einheitlicher sozialer Gegenspieler gegenüber. Jede andere Betrachtung ist nicht mit Art. 9 Abs. 3 GG und Art. 6 Nr. 4 ESC vereinbar.[279]

16. Tendenzschutz

183 Dass ein reines Druck-UN abhängiges UN in einem sogenannten Tendenzkonzern ist, führt nicht dazu, dass das Druck-UN selbst Tendenzschutz genießt. Für das Druck-UN ist daher ein Wirtschaftsausschuss zu bilden.[280] Die Konzernabhängigkeit rechtfertigt **keine Erstreckung** des Tendenzschutzes gem. § 118 Abs. 1 auf konzernverbundene UN mit Hilfsfunktionen.[281] Auch in einem »**Wissenschaftskonzern**« erstreckt sich ein bei der Konzernmutter geltender Tendenzschutz nicht auf andere abhängige Tochter-UN.

17. Versetzungen, Personalaustausch, Datenschutz

184 Bei Versetzungen oder Personalaustausch zwischen Konzern UN stellt sich die Frage nach den **Informationspflichten gegenüber anderen KonzernUN** durch den AG. Er ist grundsätzlich nicht befugt, dem AN im Zusammenhang mit Bewerbungen Verhaltens- bzw. Mitteilungspflichten aufzuerlegen oder auf Grund des Weisungsrechts einseitig anzuordnen. Eine einseitige Anordnungsbefugnis für Regelungen z. B. in der »Guideline« oder sonstigen Richtlinien kann nur in Betracht kommen, soweit der AG ein einseitiges Leistungsbestimmungsrecht zusteht. Sein Direktionsrecht stellt insoweit keine ausreichende rechtliche Grundlage dar, da vom Weisungsrecht nur Inhalt, Ort und Zeit der Arbeitsleistung erfasst werden (§ 106 Satz 1 GewO). Die Anordnung von Verhaltenspflichten bei Bewerbungen, z. B. eine Mitteilungspflicht konkretisiert die Arbeitsleistungspflicht des AN nicht. Selbst wenn man hierzu eine andere Auffassung vertreten würde, würde dies am Ergebnis nichts ändern, wenn bei Ausübung des Weisungsrechts rechtlich schutzwürdige Belange des AN nicht berücksichtigt werden. Eine einseitige Weisung des AG muss immer die Grenzen billigen Ermessens einhalten (§ 106 Satz 1 GewO). Dies richtet sich insbesondere danach, ob den AN ein eigenverantwortlicher Entscheidungsspielraum eingeräumt wird.[282] Hiervon kann zumindest bei den Mitteilungspflichten, die einen Eingriff in die Freiheit der Berufswahl darstellen, keine Rede sein. Richtlinien können also Verhaltenspflichten wie die Mitteilungspflicht eines Bewerbers nur anordnen, wenn sie arbeitsvertraglich ausdrücklich vereinbart sind oder der AG im Einzelfall freiwillig seine Zustimmung erteilt. Änderungskündigungen zum Zwecke der Anordnung der Mitteilungspflicht verstoßen gegen § 612 a BGB und sind unwirksam.

185 Soweit **Bewerbungen unternehmensübergreifend** erfolgen (d. h. die zu besetzende Stelle befindet sich in einem anderen UN als dem, in dem der Bewerber derzeit arbeitet), ist zu berücksichtigen, dass der AN arbeitsvertraglich nur dem Weisungsrecht des Betriebs unterliegt, für den er eingestellt ist. Verpflichtungen eines Bewerbers, wie die Anordnung der Mitteilungspflicht, können daher vom ausschreibenden UN nicht auf das Weisungsrecht des AG gestützt werden. Dem ausschreibenden UN steht jedoch das Recht zu, die Voraussetzungen einer Bewerbung und damit im Zusammenhang stehende Verhaltenspflichten des AN sowohl für Betriebszugehörige als auch für nicht betriebszugehörige AN festzulegen. Dieses Recht besteht jedoch nicht schrankenlos, sondern steht unter dem Vorbehalt grundrechtlich geschützter Rechtspositionen des AN. Hierzu gehört u. a. das Recht des Bewerbers, dem einstellenden UN zu untersagen, sich beim derzeitigen AG zu erkundigen oder die Bewerbung diesem UN mitzuteilen.[283] Für das ausschreibende UN besteht keine rechtliche Grundlage,

---

277 *BAG* 5.3.85, AP Nr. 85 zu Art. 9 Arbeitskampf; 12.1.88, DB 88, 1271.
278 *Däubler*, CR 88, 834; *Theisen*, 256.
279 Vgl. hierzu *BAG* 10.12.02, BB03, 1125 [1130].
280 *BAG* 30.6.81, AP Nr. 20 zu § 118 BetrVG 72.
281 *LAG Köln* 24.9.98, NZA-RR 99, 194 für die Zustellunternehmen eines Verlags.
282 Vgl. BT – Ds. 14/8796, 24.
283 *Schaub*, § 24 Rn. 7.

eine Mitteilungspflicht des AN gegenüber dem Vorgesetzten des derzeitigen AG anzuordnen. Vielmehr muss im ausschreibenden UN sichergestellt sein, dass das Recht auf Verweigerung der Information des derzeitigen AG gewahrt bleibt. Soweit der AN der Mitteilungspflicht nicht nachkommt und damit zulässigerweise seine Rechte ausübt, darf die Weigerung bei der späteren Bewerberauswahl nach § 612 a BGB nicht berücksichtigt werden. Geschieht dies dennoch, stehen dem AN Schadensersatzansprüche gegen das ausschreibenden UN zu.

Nach dem Willen des Gesetzgebers erfolgt die **Datenverarbeitung grundsätzlich durch den AG** und damit das Konzern-UN, das den AN beschäftigt (§ 50 Rn. 96 ff., § 58 Rn. 48 ff.). **186**

18. Wettbewerbsverbot

Für die Rspr. kommt die Verletzung eines unternehmensbezogenen Wettbewerbsverbots auch schon durch Tätigkeit bei einem Konkurrenzunternehmen schlechthin, also auch **innerhalb eines Konzerns** in Betracht.[284] Ein Verstoß gegen das Wettbewerbsverbot soll vorliegen, wenn **187**

- der AN bei einem anderen Konzern-UN tätig wird, das mindestens teilweise im sachlichen Geltungsbereich selbst aktiv ist;
- er sich auf Grund eines Arbeitsvertrages mit einem nicht konkurrierenden AG zu Arbeiten im verbotenen Bereich bei einem anderen UN entsenden lässt;
- das Arbeitgeberunternehmen wesentliche Funktionen für ein anderes Konzernunternehmen erfüllt, das seinerseits mit dem ehemaligen AG konkurriert.[285]

Das in einem **Aktienoptionsprogramm** eines internationalen Konzerns enthaltene Wettbewerbsverbot unterliegt den Vorschriften des § 74 HGB, die zwingendes Recht i. S. des deutschen internationalen Privatrechts sind.[286] **188**

§ 54 Errichtung des Konzernbetriebsrats

(1) Für einen Konzern (§ 18 Abs. 1 des Aktiengesetzes) kann durch Beschlüsse der einzelnen Gesamtbetriebsräte ein Konzernbetriebsrat errichtet werden. Die Errichtung erfordert die Zustimmung der Gesamtbetriebsräte der Konzernunternehmen, in denen insgesamt mehr als 50 vom Hundert der Arbeitnehmer der Konzernunternehmen beschäftigt sind.

(2) Besteht in einem Konzernunternehmen nur ein Betriebsrat, so nimmt dieser die Aufgaben eines Gesamtbetriebsrats nach den Vorschriften dieses Abschnitts wahr.

Inhaltsübersicht

---

284 *BAG* 16.12.68, AP Nr. 21 zu §§ 133 f. GewO; *LAG Baden-Württemberg* 28.2.86, NZA 86, 641.
285 *Martens,* S. 253; einschränkend *Windbichler,* S. 133 f.
286 *Fischer,* DB 99, 1702.

I. Vorbemerkungen

1 Die Vorschrift nennt als Voraussetzung für die Bildung eines KBR, dass die GBR mit qualifizierter Mehrheit einen entsprechenden Beschluss fassen. Anders als die Errichtung des GBR ist somit die Errichtung des KBR bei Vorliegen der Voraussetzungen **nicht zwingend** vorgeschrieben. Mit ordnungsgemäßer Beschlussfassung und der Erfüllung des Quorums ist der KBR **errichtet.**

Novellierung 2001: Die Errichtung des KBR hängt nicht mehr von der Zustimmung einer qualifizierten Mehrheit von 75 % ab, sondern von einer in Höhe von 50 %.

2 Mit dem BetrVG 1972 ist der KBR als ein seinerzeit neues betriebsverfassungsrechtliches Organ geschaffen worden, weil der GBR nur die Interessen der AN im Bereich des UN vertreten kann, aber in Konzernen zahlreiche, für die Belange der AN wichtige Entscheidungen außerhalb des UN fallen. Der KBR soll eine **Beteiligung der AN im Konzern** an den die Einzel-UN bindenden Leitungsentscheidungen in sozialen, personellen und wirtschaftlichen Angelegenheiten ermöglicht werden.[1] Darüber hinaus muss er die oft divergierenden AN-Interessen koordinieren. Er setzt keinen faktischen Interessengleichlauf voraus.[2]

1 *BAG* 21.10.80, AP Nr. 1 zu § 54 BetrVG 1972; *Fitting,* Rn. 3; HWGNRH-*Glock,*Rn. 2; *GL,* Rn. 12 a; MünchArbR-*Joost,* § 307 Rn. 3.

2 *Windbichler,* S. 303; *Eckardt* zu Einflussfaktoren konzernweiter Interessenvertretung.

Der KBR ist eine **Dauereinrichtung** und hat keine Amtszeit. Verhandlungs- und Vertragspartner ist das herrschende UN für den Konzern AG. Zwischen dem GBR und dem KBR besteht **kein Rangverhältnis.** Der KBR ist dem GBR also nicht übergeordnet, aber auch nicht weisungsgebunden. Er steht vielmehr neben dem GBR der einzelnen Konzern-UN. 3

Ein KBR kann auch dann errichtet werden, wenn ein UN des Konzerns ein **Tendenz-UN** i. S. d. § 118 Abs. 1 darstellt. Er kann durch KBV oder TV mit dem **EBR** zusammengelegt werden, der auf diese Weise wie ein KBR mitbestimmen kann. Der KBR muss als Organ bestehen bleiben. 4

Die Bildung einer Vertretung der **jugendlichen** und zu ihrer **Ausbildung** beschäftigten AN auf Konzernebene ist in § 73 a und § 73 b geregelt. Gem. § 97 Abs. 2 SGB IX ist eine Konzernschwerbehindertenvertretung zu errichten, die gem. § 59 a an den Sitzungen des KBR beratend teilnehmen kann. Damit gibt es eine Vertretung der **Schwerbehinderten** gegenüber der Konzernspitze. Es kann gemäß §§ 21 – 24 SprAuG ein Konzernsprecherausschuss gebildet werden. 5

Neben dem KBR können GBR **Arbeitsgemeinschaften** bilden (§ 3 Abs. 1 Nr. 4). 6

Die **Konzernschwerbehindertenvertretung** nimmt an den Sitzungen des KBR gem. § 59 a beratend teil. Gemäß §§ 21 – 24 SprAuG können leitende Angestellte einen **Konzern-Sprecherausschuss** errichten. 7

II. Errichtung des Konzernbetriebsrats (Abs. 1)

1. Bedeutung des Konzernbetriebsrats

Die wirtschaftliche Bedeutung des Konzerns ist in den letzten Jahren erheblich **gewachsen** (vor § 54 Rn. 57 ff.). Dies gilt auch für die Vertretung der Beschäftigten im Konzern. Ihr Organ ist der KBR, dessen Stellung gestärkt wurde. Seine Errichtung ist zwar nicht obligatorisch, aber durch Absenkung des Quorums auf 50 % seit 2001 erheblich erleichtert worden. 8

§ 54 will eine Beteiligung der AN an den die Einzel-UN bindenden Leitungsentscheidungen des Konzerns in sozialen, personellen und wirtschaftlichen Angelegenheiten sicherstellen. Mitbestimmung ist dort auszuüben, wo unternehmerische Leitungsmacht ausgeübt wird.[3] Der **Schutzzweck** des KBR besteht darin, der vom AN geförderten konzerninternen Konkurrenz unter den Beschäftigten, Betrieben und UN durch seine Informations-, Beratungs- und Mitbestimmungsrechte sowie durch Koordination der Mitbestimmungsgremien entgegen zu wirken, soweit dies zum Schutz der gemeinsamen Interessen der Konzernbelegschaft erforderlich ist. 9

Die Bildung des KBR setzt allerdings **nicht** zwingend **Leitungsmacht des AG im Inland** voraus. Der KBR ist auch dann zu errichten, wenn sie in internationalen Konzernen im Ausland ausgeübt wird (Rn. 29 ff.). 10

2. Grundsätze zur Errichtung des Konzernbetriebsrats

Mit der Errichtung des KBR ist **keine Erweiterung** der Mitbestimmungs- und Beteiligungsrechte verbunden. Es gibt also keine konzernspezifischen Mitwirkungs- und Beteiligungsrechte.[4] Die Zuständigkeit für betriebsratslose Betriebe gem. § 58 Abs. 1 Satz 1 2. Halbsatz erweitert und intensiviert allerdings den **Wirkungsbereich** der Mitbestimmung. Darüber hinaus kann nur der KBR bestimmte Maßnahmen regeln, wie z. B. die unternehmensüberschreitende Versetzung von AN im Konzern. Ist ein **Konzernverhältnis fehlerhaft,** so hindert dies nicht die Bildung eines KBR, der ohne Rücksicht auf gesellschaftsrechtliche Einzelfragen errichtet werden kann. Es kommt nur auf den Begriff gemäß § 18 Abs. 1 AktG an, nicht auf dessen rechtliche Bewertung.[5] 11

Der KBR wird **für** die GBR bzw. BR in dem Konzern-UN, **nicht** jedoch **bei** dem herrschenden UN des Konzerns gebildet. Deshalb ist **seine Identität** nicht an die Existenz dieser herrschen- 12

3 *BAG* 9.2.2011 NZA 11, 866; 27.10.10; 13.10.04
4 *GK-Kreutz*, Rn. 4.
5 *Windbichler*, S. 315.

den Gesellschaft gekoppelt, sondern allein an die von beherrschenden UN im Geltungsbereich des BetrVG.

13 Jeder GBR hat **Anspruch auf Auskunft,** ob die Voraussetzungen für die Bildung eines KBR vorliegen. Er hat ihm also z. B. mitzuteilen,

- ob ein Konzern i. S. d. § 18 Abs. 1 AktG besteht;
- in welcher Weise dies der Fall ist (Beteiligungsverhältnisse, Organigramm etc.);
- welches die Namen und Anschriften der Konzern-UN sind.

Dies gilt in gleicher Weise für **jeden BR,** unabhängig davon, ob die Voraussetzungen des § 54 Abs. 2 vorliegen, weil diese Kenntnis generell für die Erledigung seiner Aufgaben erforderlich ist.

3. Konzern gemäß § 18 Abs. 1 AktG

a) Konzern

14 Durch Zentralisierung und Konzentration ist die wirtschaftliche **Bedeutung des Konzerns** zunehmend gewachsen (Einführung zum KBR, Vor § 54 Rn. 75 ff.). In der Praxis existieren vielfältige Formen von UN-Verbindungen (Einführung zum KBR, Vor § 54 Rn. 82 ff.).

15 Zur rechtlichen Erfassung des Konzerns i. S. v. § 54 Abs. 1 gelten folgende Grundsätze (Einführung Vor § 54 Rn. 1 ff.):

- § 54 Abs. 1 bezieht sich nur auf sog. **Unterordnungskonzerne** gemäß § 18 Abs. 1 AktG, nicht jedoch auf Gleichordnungkonzerne gemäß § 18 Abs. 2 AktG.[6]
- Die **Rechtsform** des herrschenden UN ist unerheblich (Vor § 54 Rn. 9 ff.).
- Die Rechtsform des oder der abhängigen UN ist von Bedeutung dafür, ob es sich um einen **Aktienkonzern** (Vor § 54 Rn. 45 ff.), **GmbH-Konzern** (Vor § 54 Rn. 58 ff.) oder **Personengesellschaftskonzern** (Vor § 54 Rn. 68 ff.) handelt, für die unterschiedliche Rechtsfolgen gelten können.
- Bei den Grundlagen der Leitungsmacht ist zwischen der **Eingliederung** im Aktienkonzern (Vor § 54 Rn. 46), dem **Vertrag** (Vor § 54 Rn. 47) und der **faktischen Beherrschung** (Vor § 54 Rn. 52 ff., 62) zu unterscheiden.
- Zur Bildung eines faktischen Konzerns setzt die Rspr. die **rechtlich verstetigte Möglichkeit** des herrschenden UN voraus, grundsätzlich alle unternehmensrelevanten Entscheidungen zu steuern.[7] **Tarifverträge**, die z. B. die die Errichtung des KBR vorsehen und dazu ein Abhängigkeitsverhältnis regeln, können eine solche verstetigte Möglichkeit ebenso bilden wie gesellschaftsrechtliche Beherrschungs- oder steuerrechtliche **Gewinnabführungsverträge.**

16 Auf die **Mittel zur Beherrschung** (Vor § 54 Rn. 26 ff. zu den Grundlagen der Abhängigkeit) kommt es für die Errichtung des KBR nicht an.[8] Sie sind jedoch für das Vorliegen von Abhängigkeit, einheitlicher Leitung und damit eines Konzerns von entscheidender Bedeutung. Als Herrschaftsmittel kommen vor allem einzeln oder im Zusammenwirken mit anderen Mitteln in Betracht Beherrschungs- und Gewinnabführungsverträge, Eingliederung, schuldrechtliche Verträge, personelle Verflechtungen und Satzungsbestimmungen.[9] Die gem. § 17 Abs. 2 AktG zu vermutende Abhängigkeit ist widerlegbar (Vor § 54 Rn. 32). Außerdem ist zwischen unterschiedlichen Formen von UN-Verbindungen zu unterscheiden, zu denen die **Spartenorganisation** (vor § 54 Rn. 85 f.), **Matrixorganisation** (vor § 54 Rn. 87), **Holding** (vor § 54 Rn. 88), die **Verselbstständigung** einzelner UN-Funktionen (vor § 54 Rn. 89) und die Kombination **»reicher« Vermögens-** mit **»armer« Produktionsgesellschaft** (vor § 54 Rn. 90) gehören.

---

6 *BAG* 9.2.11, NZA 11, 866; vgl. Schaubild eines auf Mehrheitsbeteiligung beruhenden Konzerns in DKKWF-*Trittin*, § 54 Rn. 2.
7 *BAG* 9.2.2011, NZA 11, 1332.
8 *BAG* 13.10.04, NZA 05, 647; *Fitting*, Rn. 14.
9 Offen gelassen *BAG* 9.2.11, NZA 11, 866.

b) Spartenkonzern

17 Nach der Rspr. des BAG soll für einen Konzern nur ein KBR gebildet werden, der beim herrschenden UN angesiedelt ist.[10]

c) Konzern im Konzern

18 Innerhalb eines Konzerns kann richtigerweise ein Unterkonzern, der seinerseits gegenüber abhängigen UN Leitungsbefugnisse ausübt, bestehen, für den ein KBR errichtet werden kann. Voraussetzung ist jedoch, dass diesem **Unterkonzern ein eigener Entscheidungsspielraum** in wirtschaftlichen, sozialen oder personellen Angelegenheiten verbleibt, von dem er auch Gebrauch macht.[11] Zwar kennt das Aktienrecht keinen »Konzern im Konzern«, aber die betriebsverfassungsrechtlichen Beteiligungsrechte müssen dort ausgeübt werden, wo die unternehmerische Leitung konkret entfaltet und verwirklicht wird. Nach der Zielsetzung des Gesetzes dürfen die gegebenen Mitwirkungs- und Mitbestimmungsrechte nicht durch Dezentralisierung von Leitungsaufgaben teilweise ausgeschlossen werden. Dabei ist es unerheblich, ob die Spitze des Oberkonzerns Leitungsmacht unmittelbar ausüben kann. Maßgebend ist, ob der Spitze des **Unterkonzerns ein Entscheidungsspielraum** zusteht, sie also nicht durch konkrete Weisungen des Mutter-UN gebunden ist. Ist dies der Fall, würde ohne ein auf dieser Ebene angesiedeltes Mitbestimmungsgremium die Zuständigkeit des KBR bei der Muttergesellschaft ins Leere laufen.[12]

19 Für die Errichtung des KBR spricht auch, dass die Rspr. für die **UN-Mitbestimmung** nach dem MitbestG den Konzern im Konzern gleichfalls anerkennt.[13] Auszugehen ist vom mitbestimmungsrechtlichen Begriff der einheitlichen Leitung, wonach es nicht auf das Vorhandensein einer wirtschaftlichen UN-Einheit oder die Vereinheitlichung zumindest der Finanz- und Investitionspolitik bei der Konzernspitze ankommt, sondern die Unterstellung einzelner UN-Bereiche (Funktionen oder Sparten) unter die Leitung eines herrschenden UN ausreicht. Daher ist auch eine Aufteilung der einheitlichen Leitung abhängiger Konzern-UN auf zwei oder mehr im Konzernaufbau vorgeordnete UN nicht ausgeschlossen. Gem. § 5 MitbestG ist es nicht veranlasst, die Bejahung einheitlicher Leitung von deren originärer Ausübung bei der Konzernspitze abhängig zu machen, wenn auf der folgenden Stufe Leitungsfunktionen in bestimmten Bereichen nicht etwa nur kraft Weisung, sondern selbstständig gegenüber den nachgeordneten Konzern-UN wahrgenommen werden. Darauf, dass die Konzernspitze die Leitungsmacht im dezentralen Konzern jederzeit an sich ziehe könnte, kommt es nicht an, weil die Konzernmitbestimmung gerade dort stattfinden soll, wo die Leitung tatsächlich ausgeübt wird und nicht wo sie ausgeübt werden könnte. Dem steht nicht § 5 Abs. 3 MitbestG entgegen. Diese Vorschrift begründet für die dort geregelten Fälle die Fiktion einheitlicher Leitung für Konzern-UN 2. Stufe im mehrstufigen Konzern, um auf diesem Weg eine Ersatzlösung für die Undurchführbarkeit der Mitbestimmung bei der Konzernspitze zu schaffen. Ein Umkehrschluss gegen den Konzern im Konzern lässt sich hierauf nicht stützen.[14] Insbesondere auch in dezentralen Konzernen, in denen Tochter-UN einen beträchtlichen Spielraum haben und

---

10 *BAG* 9.2.11 – 7 ABR 11/10 – für einen vereinsmäßig organisierten Konzern, in dem bereits ein KBR auf Bundesebene existiert und sich die Frage stellte, ob ein KBR auch für einen Landesverband – hier Rheinland-Pfalz – gebildet werden kann,.

11 Vgl. Schaubild eines Konzerns im Konzern in DKKWF-*Trittin,* § 54 Rn. 4.

12 *BAG* 16.5.07 AP Nr. 3 zu § 96 a ArbGG 1979; 21.10.80, AP Nr. 1 zu § 54 BetrVG 1972; *Bahnmüller,* RdA 08, 107; *Dütz,* SAE 82, 212; *Fitting,* Rn. 32; GK-*Kreutz,* Rn. 35; HWGNRH-*Glock,* Rn. 17; Hanau, ZGR 84, 478; *Wendeling-Schröder,* S. 140; *Klinkhammer,* S. 133 f.; *Konzen,* S. 36; *Pflüger* NZA 09, 130; a. A. GL, Rn. 12; *Joost,* S. 229 ff.; HWGNRH-*Glock,* Rn. 11; Richardi-*Annuß,* Rn. 10 ff.; *Nick,* S. 130; *Windbichler,* S. 318, wonach der Wortlaut nur die Bildung eines KBR vorsieht und die einheitliche Leitung die Errichtung eines Konzerns im Konzern ausschließt.

13 *OLG Frankfurt* 10.11.86, DB 86, 2658; *OLG Zweibrücken* 9.11.83, ZIP 84, 316; *OLG* Düsseldorf 30.1.79, DB 79, 699; *LG* München I, AG 96, 186; *LG Nürnberg-Fürth* 10.11.83, DB 83, 2675; *Köstler/Kittner/Zachert,* Rn. 188; *Hanau/Ulmer,* § 5 Rn. 35 ff.; ablehnend KK-*Koppensteiner,* § 18 Rn. 22.

14 *Ulmer/Habersack/Henssler-Ulmer/Habersack,* § 5 MitbestG Rn. 40.

ihnen im Rahmen der wirtschaftlichen Einheit »Konzern« eigenständige Leitungsbefugnisse gegenüber nachgeordneten UN belassen sind, ist ein Konzern im Konzern demnach durchaus zu bejahen.[15] Vor allem kommt er bei **Holdings** neuer Art in Betracht, wenn auf der Ebene unterhalb der Konzernspitze Führungsgesellschaften eingezogen werden, bei denen die Holding die Enkelgesellschaften gerade nicht führt.[16] Gerade auch im nach dem Spartenprinzip aufgebauten Konzern kann deshalb ein Konzern im Konzern insoweit anzunehmen sein.[17] Im mehrstufigen Konzern ist es also der **Gesetzeszweck**, Mitbestimmung immer dort anzusiedeln, wo maßgebliche, die AN tangierende Entscheidungen tatsächlich getroffen werden[18] bzw. ein Zusammenwirken mit unabhängigen Partnern möglich ist.[19] Gem. § 5 Abs. 1 MitbestG ist die Mitbestimmung im Konzern nicht zu verlagern, sondern nur zu ergänzen. Dem genügt in der Regel die Mitwirkung in der Konzernspitze und in dem Konzern-UN, wo AN beschäftigt sind. Unvollständig bliebe aber die Mitbestimmung, wenn eine Konzerngestaltung ihr das Zusammenwirken mit unabhängigen Partnern für einen unternehmenspolitischen Grundsatzbereich versperrte. Dabei kommt es nicht auf den Ursprung der Entscheidungsmacht und die Art und Weise der Legitimation an, sondern auf ihren Umfang und Inhalt. Hat ein herrschendes UN einen Teil der Leitungsbefugnis auf ein anderes abhängiges UN übertragen, so ist auch diese Gesellschaft herrschendes UN i. S. d. §§ 5 Abs. 1 MitbestG, 18 Abs. 1 AktG. AN eines an sich abhängigen UN können zu den anderen Konzerngesellschaften gerechnet werden, wenn die Konzernspitze dem abhängigen UN die Leitung anderer Konzerntöchter überlässt. In diesen Fällen ist § 5 Abs. 1 MitbestG anwendbar, um die Mitbestimmung angesichts der vielfältigen Möglichkeiten der Konzernorganisation uneingeschränkt zu gewährleisten.[20] Insbesondere dürfen Konzernüberwachung und Unternehmensüberwachung (Controlling) insoweit nicht als Substitute verstanden werden. Sie sind vielmehr als komplementäre Ereignisse zu begreifen. Die Konzernverantwortung einer Konzernunternehmensführung hat in Abhängigkeit der gewährten Konzernorganisationsform eine unterschiedliche Struktur, die auch die Leitungsbefugnisse der Tochter- und Enkelgesellschaftsführungen (mit-)bestimmt. Dessen ungeachtet sind die originären Führungs- und Leitungskompetenzen der nachgeordneten Konzernstufen zu überprüfen und unter den Gesetzeszweck des § 5 Abs. 1 MitbestG zu würdigen, denn ein Abstellen auf die immer gegebene Konzernbeteiligungsverantwortung der Konzernspitze alleine würde diese ergänzende mitbestimmungsrechtliche Vorschrift obsolet machen.[21]

20 Die »einheitliche Leitung« des Unterkonzerns kann sich auf **unterschiedliche Gegenstandsbereiche** erstrecken, soweit die für das BetrVG maßgeblichen Entscheidungen nicht bei der Konzernspitze getroffen werden (z. B. Koordination und Führung der Personalwirtschaft liegen bei den Unterkonzernen). Dies ist in dezentralisierten Konzernen regelmäßig der Fall. Wird dagegen ein Konzern umfassend einheitlich geführt, scheidet ein Unterordnungskonzern im Konzern aus.[22]

21 Denkbar ist auch, dass die Konzernspitze die Geschäftspolitik **umfassend bestimmt** und z. B. die Produktion sowie Personalentscheidungen einer Unterkonzernspitze überlässt.[23]

22 Auch in einem **faktischen** Konzern ist die Verteilung von Leitungsmacht möglich, weil allein das faktische Verhalten im Rahmen der Rechtsänderung entscheidet. Dies gilt auch für einen Konzernverbund auf der Grundlage von Beherrschungsverträgen, weil das herrschende UN tatsächlich nur Teilbereiche aus der Gesamtbefugnis in Anspruch nehmen kann.[24]

23 In einem inhaltlich umfassenden **Beherrschungsvertrag** kann die Konzernspitze auch einen Teil der Weisungsbefugnis zur selbständigen Ausübung auf eine Unterkonzernspitze über-

---

15 *Köstler/Zachert/Müller*, Aufsichtsratspraxis, Rn. 244.
16 *Hanau/Schweisfurth*, EWiR § 76 BetrVG 1952 1/97, 635; *Köstler/Zachert/Müller*, a. a. O.
17 Vgl. *Ulmer/Habersack/Henssler-Ulmer/Habersack*, § 5 MitbestG Rn. 41.
18 MünchKommAktG-*Gach*, § 5 MitbestG Rn. 25.
19 *OLG Düsseldorf*, DB 1979, 699.
20 *OLG Zweibrücken*, ZIP 1984, 316; *OLG Düsseldorf*, DB 1979, 699.
21 *Hoffmann-Becking*, ZHR 1995; *Theisen*, AG 1998, 153.
22 GK-*Kreutz*, Rn. 36.
23 *Fabricius* Anm. zu *BAG* 21.10.80, AP Nr. 1 zu § 54.
24 *Fabricius*, a. a. O.

tragen. Hiergegen bestehen keine schuldrechtlichen oder organisationsrechtlichen Bedenken und kann zweckmäßig sein.[25]

24 In einem **internationalen Konzern** mit ausländischem Sitz können die inländischen UN einen Konzern im Konzern bilden, wenn der deutschen Obergesellschaft ein Spielraum zur Leitung verbleibt.[26] Doch auch ohne einen verbliebenen Spielraum kann ein KBR errichtet werden, weil es im internationalen Konzern darum geht, nicht eine zweite Vertretung, sondern überhaupt auf Konzernebene ein Organ zu errichten.

25 Der **Nachweis** eines Konzerns im Konzern kann durch Indizien erleichtert sein, wie z. B. die Aufstellung eines gesonderten Konzernabschlusses für die Unterkonzerngruppe. Es soll keine Vermutung einer betriebsverfassungsrechtlich hinreichenden Leitungsmacht bei der Tochtergesellschaft bestehen.[27]

26 In **mehr als zweistufig organisierten Konzernen** können mehrere Unter-KBR gebildet werden. Für ihre Errichtung und Zuständigkeit gelten die Ausführungen entsprechend. Die Bildung eines KBR für den Unterkonzern schließt die Bildung eines weiteren KBR bei der Konzernspitze nicht aus. Für die **Zuständigkeit** sämtlicher KBR zu den GBR bzw. BR gilt § 58. Das Verhältnis der Zuständigkeiten der KBR untereinander folgt der Ausübung der Leitungsmacht.[28]

27 Beruht der Konzern auf der technisch und vertraglich vermittelten Abhängigkeit eines Zulieferer-UN gegenüber dem Hersteller in einer logistischen Kette (Vor § 54 Rn. 100 ff.) und wird auch die Produktion des Lieferanten des Zulieferers in gleicher Weise mitgesteuert, so soll ein **mehrstufiger »technischer Konzern«** vorliegen, der sich in Mutter-, Tochter- und Enkelgesellschaften aufteilt. Auch der BR des Lieferanten kann sich an der Errichtung eines KBR beteiligen, sofern die allgemeinen Voraussetzungen hierfür vorliegen.[29]

28 Der KBR an der Konzernspitze sowie innerhalb des Konzerns wird gemäß Abs. 1 durch die **GBR bzw. die** gemäß Abs. 2 funktionell **zuständigen BR** gebildet. Der im Konzern gebildete KBR errichtet also nicht den an der Konzernspitze angesiedelten KBR.

d) Mehrfache Abhängigkeit (Gemeinschaftsunternehmen)

29 Die Organisationsform von Gemeinschafts-UN ist **weit verbreitet.** Beim Bundeskartellamt waren von 1973 bis 1988 insgesamt 2224 Gemeinschafts-UN nach § 23 GWB angezeigt.[30]

aa) Voraussetzungen

30 Können mehrere UN auf Grund einer Vereinbarung oder auf sonstige Weise **gemeinsam beherrschenden Einfluss** auf ein beteiligtes UN ausüben, so gilt gemäß § 23 Abs. 1 Satz 2 2. Halbs. GWB jedes von ihnen als herrschendes UN.[31] Dementsprechend ist anerkannt, dass ein UN konzernrechtlich in mehrfacher Abhängigkeit zu verschiedenen anderen herrschenden UN stehen kann.[32] Diese **mehrfache Abhängigkeit** eines UN erfüllt dann die Voraussetzungen eines Unterordnungskonzerns gemäß § 17 Abs. 1 AktG, wenn eine ausreichend sichere Grundlage für die Ausübung gemeinsamer Herrschaft vorliegt und die »Mütter« die **einheitliche Leitung** über das Gemeinschafts-UN **tatsächlich** gemeinsam ausüben.

---

25 *Fabricius,* a. a. O.

26 *BAG* 14.2.07, NZA 07, 999; 16.5.07, NZA 08, 320; *Fitting,* Rn. 36; ErfK-*Koch* Rn. 7; HWGNRH-*Glock,* Rn. 19.

27 GK-*Kreutz,* Rn. 36.

28 GK-*Kreutz,* Rn. 37.

29 *Däubler,* CR 88, 834 [839 f.]; *Klebe/Roth,* CR 90, 677 [682]; a. A. *Heilmann,* WSI Mitteilungen 89, 94 ff., wonach eine derartig weite Auslegung de lege lata nicht vertretbar sei; *Wellenhofer-Klein,* DB 97, 978: nicht praktikabel.

30 Hauptgutachten der Monopolkommission 1986/1987, S. 144; Bundeskartellamt, Bericht 1987/1988, BT-Drucks. 11/4611, S. 127; *Nick,* S. 111; zur Kartellproblematik: *Immenga/Mestmäcker,* § 1 Rn. 499 ff.; *Lohse,* S. 1 ff.

31 Vgl. Schaubild in DKKWF-*Trittin,* § 54 Rn. 5.

32 *BGH* NJW 93, 1200 »TBB«; NJW 94, 3288.

31 Die Errichtung von KBR ist zulässig und verfolgt den Zweck, eine Interessenvertretung dort zu bilden, wo die für die AN der abhängigen UN wesentlichen Entscheidungen getroffen werden. **Jedes der herrschenden UN** stellt einen besonderen Konzern dar, in dem ein KBR errichtet werden kann.[33] Die Vermutungsregeln des § 18 Abs. 1 Sätze 2 und 3 AktG finden Anwendung, die jedoch eine ausreichende Sicherung gemeinsamer Herrschaft voraussetzen.

32 Die Einflussmöglichkeiten der verschiedenen Herrschaftsträger müssen koordiniert sein.[34] Sie können sich aus vertraglichen oder organisatorischen Bindungen, aber auch aus rechtlichen und tatsächlichen Umständen sonstiger Art ergeben.[35] Bei gemeinsamer Willensausübung ist dies der Fall.[36] Für die **dauerhafte Sicherung einheitlicher Leitung** reicht stets der Abschluss eines **Konsortial- oder Stimmbindungsvertrages,** der praktisch den Gesamtwillen für die gemeinsame Herrschaft sicherstellt.[37] Übt nur eine Mutter die Leitung aus, dann steht das Gemeinschafts-UN nur zu ihr in einem Konzernverhältnis.[38]

33 Eine **einheitliche Leitung** ist anzunehmen, wenn

- zwei UN jeweils mit **gleichen Anteilen** (50 : 50) beteiligt sind. In diesem Fall wird typischerweise vermutet, dass das beherrschte UN von jedem herrschenden UN einheitlich geleitet wird.[39] Bei einem **Gemeinschaftsunternehmen** in der Hand mehrerer UN reicht es für die Annahme eines Konzernverhältnisses zu einer der Muttergesellschaften aus, wenn das Gemeinschaftsunternehmen durch die Muttergesellschaften gemeinsame beherrscht wird. Eine solche gemeinsame Beherrschung kann auch ohne organisatorische oder vertragliche Grundlage vorliegen, wenn gleichgerichtete Interessen der Mutterunternehmen eine gemeinsame Geschäftspolitik gewährleisten. Als Indiz für das Vorliegen einer gemeinsamen Geschäftspolitik können übereinstimmende Geschäftsfelder der Muttergesellschaften, die Erbringung identischer Dienstleistungen der Tochterunternehmen für die Muttergesellschaften, der Einsatz identischer Softwaresysteme, der Einsatz einer zentralen Buchhaltung für die Tochterunternehmen, die Verpflichtung zur gegenseitigen Unterstützung im Tagesgeschäft, personelle Verflechtungen im Bereich des Führungspersonals sowie eine gleichlautende Außendarstellung der Unternehmen herangezogen werden. Bei der Beurteilung der Frage des Vorliegens eines Konzernverhältnisses ist auch die Zwecksetzung der Bildung eines KBR besonders zu berücksichtigen.[40]
- das beherrschte UN jeweils lediglich mit **Teilbereichen** der herrschenden UN unter einheitliche Leitung gestellt wird. Für die Anwendung konzernrechtlicher Vorschriften reicht dies aus;[41]
- die das Gemeinschafts-UN bildenden Konzerne ihre Leitungsmacht durch eine Beteiligungsgesellschaft – z. B. eine BGB-Gesellschaft – ausüben, weil diese nicht autonom ist.[42] Die Gesellschaft bürgerlichen Rechts selbst ist rechtsfähig.[43] Für die Errichtung eines KBR stellt die Rspr. des *BAG* darauf ab, dass die GbR selbst an Stelle der sie bildenden UN in

---

33 *BAG* 16.5.07, NZA 08, 320; 14.2.07; NZA 07, 999; 13.10.04, NZA 05, 647; 18.6.70, AP Nr. 20 zu § 76 BetrVG m. zust. Anm. *v. Hoyningen-Huene;* 30.10.86, AP Nr. 1 zu § 55 BetrVG 1972; *Fitting*, Rn. 29; HWGNRH-*Glock*, Rn. 15; GK-*Kreutz*, Rn. 40; MünchArbR-*Joost*, § 307 Rn. 27; *Nick*, S. 114 ff.; *Köstler/Kittner/Zachert*, Rn. 193; für das Gesellschaftsrecht KK-*Koppensteiner* § 18 Rn. 25 m. w. N.; *Lutter*, NJW 73, 113; *Emmerich/Sonnenschein*, S. 68; zum MitbestG: *Hanau/Ulmer*, § 5 Rn. 47 ff.; a. M. Richardi-*Annuß*, Rn. 20; *Windbichler*, S. 315 ff.

34 KK-*Koppensteiner*, § 17 Rn. 73.

35 *BAG* 30.10.86, AP Nr. 1 zur § 56 BetrVG 1972.

36 *BAG* 13.10.04 – 7 ABR 56/03, *LAG München*, 27.2.09 – 9 TaBV 86/08 – für den Fall der Parität von zwei herrschenden UN.

37 *Klinkhammer*, S. 72 f.

38 *Nick*, S. 116 f.; *Richardi*, S. 35.

39 *BAG* 30.10.86, AP Nr. 1 zu § 55 BetrVG 1972; 13.10.04 – 7 ABR 56/03; *BGH* 8.5.79, NJW 79, 2401; *LAG Hamm* 16.1.85, DB 85, 871; *Fitting*, Rn. 29; *Henssler*, ZIAS 95, 551 [560]; Richardi-*Annuß*, Rn. 16.

40 *LAG Düsseldorf* 15.10.08, AiB 09, 370.

41 *Geßler*, AktG § 18 Rn. 41; *Fitting*, Rn. 18.

42 GK-*Kreutz*, Rn. 36; MünchArbR-*Joost*, § 307 Rn. 29; Emmerich/Sonnenschein, S. 68; KK-*Koppensteiner*, § 17 Rn. 71; einschränkend *Nick*, S. 119.

43 BGH 29.1.01, NJW 2001, 1056.

Form einer Außengesellschaft die Leitungsmacht ausübt. Eine Innengesellschaft ist deshalb kein herrschendes UN gem. § 18 Abs. 1 AktG, die sich auf die interne Willensbildung und gemeinsame Ausübung der Leitung beschränkt, nicht als Gesellschaft am Rechtsverkehr teilnimmt, bei der keine Vertretungsregelungen im Gesellschaftsvertrag vereinbart wurden und bei der die Gesellschafter auf die Bildung von Gesamthandsvermögen verzichten.[44] Das Gemeinschafts-UN ist durch gemeinschaftliche Ausübung der Leitungsmacht gekennzeichnet. Der KBR ist bei jedem der herrschenden UN zu bilden. Das gemeinsame Leitungsorgan der »Mütter« ist dann nicht Regelungspartner des KBR;[45]

Diese Auffassung entspricht dem **Wortlaut** des § 54 Abs. 1 Satz 1 BetrVG, wonach nur ein KBR für einen Konzern i. S. d. § 18 Abs. 1 AktG errichtet werden kann und damit der Konzernbegriff des § 18 Abs. 1 AktG maßgeblich ist. Das Konzernverhältnis besteht danach zwischen UN, von denen eines oder mehrere beherrschen und von dem oder von denen eines oder mehrere abhängig sind, nicht zwischen abhängigen UN und einer nicht als UN zu qualifizierenden Innengesellschaft des bürgerlichen Rechts, deren Gesellschafter die Unternehmer sind. Die einheitliche, durch eine dafür gebildete Beteiligungsgesellschaft ausgeübte Leitungsmacht wird von den Gesellschafter-UN lediglich als Instrument einheitlicher Leitung zur Vermittlung ihres beherrschenden Einflusses eingesetzt. Die Herrschaftsmacht verbleibt beim Mutter-UN.[46] **34**

Der Schutzzweck des § 54 BetrVG verlangt keine abweichende Beurteilung, weil anderenfalls AN überhaupt keinen KBR errichten können, insbesondere wenn die herrschenden UN nicht mehrere, sondern nur ein Gemeinschafts-UN und/oder weitere allein beherrschte UN leiten. **35**

Wäre nur **ein Gemeinschafts-UN** vorhanden, würde die Errichtung eines KBR am Fehlen einer BGB-Gesellschaft mit AN und daher auch eines BR scheitern. Es fehlten dann im Verhältnis des Gemeinschafts-UN zur BGB-Gesellschaft die zur Bildung eines KBR erforderlichen BR-Vertretungen in mindestens zwei Konzern-UN. Seine Bildung wäre nur möglich, wenn die BGB-Gesellschaft als Leitungsorgan selbst AN beschäftigt und dort ein BR bestände oder mehrere Gemeinschafts-UN abhängig wären.[47] Wäre bei einem oder mehreren Gesellschafter-UN als Konzernspitze im Verhältnis zu den nur von ihm beherrschten UN bereits jeweils ein KBR vorhanden, hätte der BR oder GBR des beherrschten Gemeinschaft-UN auch kein Entsendungsrecht in diesen KBR.[48] Es wäre bei einer dritten Konzernspitze »Gesellschaft bürgerlichen Rechts« ein dritter Konzernbetriebsrat zu bilden. **36**

Die Bildung des KBR bei der GbR hätte zur Folge, dass die Gemeinschaft-UN mit der BGB-Gesellschaft eine **Einheit bildeten,** für die nur der bei der BGB-Gesellschaft zu bildende KBR zuständig wäre. Würde eines der UN der GbR seinerseits noch ein weiteres abhängiges UN allein beherrschen, könnte dieses nicht unter Einbeziehung der Arbeitnehmervertretungen der Gemeinschafts-UN einen KBR bilden, wie sie nur im Verhältnis zur BGB-Gesellschaft einen KBR errichten können. Das weitere, nur von einem Mutter-UN allein beherrschte UN könnte auch keine Vertreter in einen bei der BGB-Gesellschaft errichteten KBR entsenden, obwohl sich für dieses die Entscheidung des herrschenden UN hinsichtlich der abhängigen Gemeinschaft-UN auswirken können.[49] **37**

Die Bildung von jeweils einem KBR bei jedem der herrschenden Gesellschafter sind auch **praktikabel.** Zwar können infolge der Zuständigkeit mehrere KBR für das Gemeinschafts-UN mehrere KBV kollidieren. Das rechtfertigt jedoch nicht die Verkürzung der Schutzfunktion der §§ 54 ff. BetrVG für bestimmte Fälle des Gemeinschafts-UN. Für diesen Fall sind Kollisionsregeln zu vereinbaren oder bei Auseinandersetzungen zu entwickeln.[50] **38**

Keine gemeinsame Leitung soll dagegen vorliegen, wenn jedes dieser »Mutter«-UN seine **39**

---

44 *BAG* 13.10.04, NZA 05, 647; *Hüffer,* § 17 Rn. 14; AktG KK-*Koppensteiner* § 17 Rn. 87; MünchKomm-*Ulmer,* § 705 Rn. 283; MünchArbR-*Joost* § 315 Rn. 29.

45 *BAG* a. a. O.; a. A. *Windbichler,* S. 317; *Klinkhammer,* S. 137; *Hanau,* ZGR 1984, 479, 479 f.

46 *BAG* 13.10.04, NZA 05, 647; *Hüffer,* § 17 Rn. 14; KK-*Koppensteiner,* § 17 Rn. 87; MünchArbR-*Joost,* § 315 Rn. 29; GK-*Kreutz,* § 54 Rn. 41.

47 Richardi-*Annuß,* Rn. 24; *Windbichler,* S. 317.

48 *BAG* 13.10.04, NZA 05, 647; Richardi-*Annuß,* Rn. 20; *Windbichler,* S. 317 f.; *Fuchs,* S. 162 f.

49 *BAG* 13.10.04, NZA 05, 647.

50 *BAG* 13.10.04, NZA 05, 647; 30.10.86, AP Nr. 1 zu § 55 BetrVG 1972.

Gesellschaftsrechte nur nach Maßgabe des Kapitalanteils ausübt, ohne dass eine Koordination stattfindet.[51]

40 Der **BT-Ausschuss** für Arbeit und Sozialordnung hat seiner Beratung des Gesetzes zur Sicherung der Montanmitbestimmung die Rspr. des *BAG* zum Gemeinschafts-UN ausdrücklich **billigend** zugrunde gelegt.[52]

bb) Rechtsfolgen

41 Bei **jedem der herrschenden UN** kann unter Beteiligung des GBR bzw. gemäß § 54 Abs. 2 des BR ein KBR gebildet werden. Soweit dort bereits KBR bestehen, kann das Gemeinschafts-UN in sie jeweils Vertreter entsenden.[53] Abzulehnen ist die Auffassung, wonach der KBR nur bei

- der das Gemeinschafts-UN leitenden Stelle zu bilden ist, weil es keine AN beschäftigt und kein herrschendes UN darstellt;[54]
- einer Obergesellschaft gebildet werden könne.[55]

42 Die Belegschaft ist dann praktisch **zweimal vertreten,** wodurch sich jedoch ihr Mitbestimmungspotential nicht verdoppelt, weil für die einzelnen Probleme der jeweils zuständige KBR tätig wird. Maßgebend ist dafür der Schwerpunkt der geplanten Maßnahme. Die erforderliche Koordinierung der Arbeit beider KBR ist ein internes Problem der AN-Vertreter, das z. B. durch die Bildung von **Arbeitsgemeinschaften** gelöst werden kann.[56]

43 **Konzern-BV,** die bei einer der Obergesellschaften (»Mütter«) abgeschlossen wurden, gelten unmittelbar im Gemeinschafts-UN.[57] **Kollidieren BV** zum gleichen Regelungsgegenstand auf der Konzernebene, dann kommt wegen der demokratischen Legitimation der Vereinbarung verbindliche Wirkung zu, die unter **Beteiligung der AN des UN** zuerst abgeschlossen wurde. Bei Eingliederung von UN und Betrieben in den Geltungsbereich von Konzernvereinbarungen gebührt den unter Beteiligung der AN-Vertreter zustande gekommenen Regelungen vor den im übernehmenden Konzern-UN bestehenden Vereinbarungen Vorrang. Sie werden erst durch die konzerndimensionalen Vereinbarungen abgelöst, die unter Beteiligung des BR oder GBR des Gemeinschafts-UN zustande gekommen sind.[58]

44 Die BR bzw. GBR der Gemeinschafts-UN sind bei der Bildung eines **KBR bei den jeweiligen Muttergesellschaften** zu beteiligen. Soweit sie bereits errichtet sind, schicken sie in ihn ihre Mitglieder.[59]

e) Faktischer Konzern

45 Die vom BGH entwickelten Grundsätze zur **Existenzvernichtungshaftung** finden entsprechende Anwendung auf den Konzern (zum Konzernbegriff Vor § 54 Rn. 14 ff. zum faktischen Konzern Vor § 54 Rn. 52 ff.).[60]

f) Internationale Unternehmensverbindungen

46 UN operieren zunehmend international. Insbes. mit der Verwirklichung des EG-Binnenmarktes verlieren die nationalen Grenzen immer mehr ihre Bedeutung (vgl. Vor § 54 Rn. 108 ff. und Einl. Rn. 198).[61] Damit wird zwar das für die Betriebsverfassung geltende **Territorialitäts-**

51 *Fitting,* Rn. 27; *GK-Kreutz,* Rn. 34; *Fitting/Wlotzke/Wißmann,* § 5 Rn. 39 ff. m. w. N.
52 BR-Drucks. 11/3618, S. 14; *Wißmann* DB 89, 426 f.
53 *BAG* 13.10.04, NZA 05, 647; 30.10.86, EzA § 54 BetrVG 72 Nr. 3; 18.6.70, AP Nr. 20 zu § 76 BetrVG; *LAG Hamm* 16.1.85, DB 85, 871; *LAG München* 27.2.09 – 9 TaBV 86/08; *Fitting,* Rn. 31; GK-*Kreutz,* Rn. 41; HWGNRH-*Glock,* Rn. 15; a. A. Richardi-*Annuß,* Rn. 18 – 24.
54 *Fuchs,* Konzernbetriebsrat, S. 163 ff.; GK-*Kreutz,* Rn. 36; *Klinkhammer,* S. 129 ff.
55 *GL,* Rn. 7 ff.; *Schaub,* § 226, I, 1; *LAG Düsseldorf* 25.11.74, EzA zu § 18 AktG Nr. 1.
56 *Nick,* S. 118.
57 *LAG Hamm* 16.1.85, DB 85, 871; GK-*Kreutz,* Rn. 36.
58 *Weiss/Weyand,* AG 93, 97 ff.
59 GK-*Kreutz,* Rn. 36; a. M. Richardi-*Annuß,* Rn. 18 f.; *LAG Düsseldorf* 25.11.74, BB 77, 795.
60 *BGH* 13.12.04, NZG 05, 214.
61 *Däubler,* AiB 00, 392; *Fischer,* BB 00, 562; *ders.,* AuR 99, 169.

prinzip nicht aufgehoben, wonach deutsche Gesetze auf ausländische Betriebe und UN keine Anwendung finden. Aber bei Konzernen mit UN oder Betrieben außerhalb des Geltungsbereichs der Betriebsverfassung ist dem im internationalen Arbeitsrecht anerkannten Gedanken Rechnung zu tragen, dass die **Mitwirkungs- und Kontrollrechte der AN nicht** durch die internationale UN-Organisation **geschmälert** werden dürfen. Sie haben **zwingenden Charakter** und werden durch keine gegenteiligen Weisungen der ausländischen Konzernmutter berührt.[62]

Haben Teile eines Konzerns ihren Sitz im Ausland (das herrschende UN selbst oder einzelne Tochterunternehmen), so findet das BetrVG nicht auf den gesamten Konzern Anwendung,[63] sondern nur auf den **inländischen Teil.** Die im Ausland errichteten AN-Vertretungen können sich nicht an der Bildung eines KBR in Deutschland beteiligen. **47**

aa) Ausländische Konzernspitze mit Tochterunternehmen im Inland

(1) Rechtsprechung

Nach Auffassung des **7. Senats** des *BAG* kann kein KBR gebildet werden, wenn die inländischen UN von einer ausländischen Konzernspitze beherrscht werden (vgl. zum Aufsichtsrat auch Vor § 54 Rn. 122 ff.).[64] Die Entscheidung vom 14.2.07 erging ohne Berücksichtigung der Besonderheiten des Einzelfalls und ignorierte insbesondere die zuvor dem Gericht mitgeteilte rechtskräftige Entscheidung des *OLG Düsseldorf* vom 30.10.06,[65] die für den betreffenden Konzernteil in Deutschland die Frage nach dem mitbestimmten Aufsichtsrat bejahte und damit die deutsche Konzern-Obergesellschaft zur Einsetzung eines Arbeitsdirektors mit entsprechender Leitungsmacht verpflichtete. Die Entscheidung des OLG *Düsseldorf* entsprach der einhelligen Rspr. aller OLG.[66] Sie verpflichtet das oberste Konzern-UN in Deutschland mit dem zu errichtenden mitbestimmten Aufsichtsrat und dem zu wählenden Arbeitsdirektor zur Schaffung gerade des inländischen Ansprechpartners, dessen Existenz die Rspr. des BAG leugnet: Deutlicher kann das Unverständnis für die Mitbestimmung nicht dokumentiert werden. Inzwischen warf der 7. Senat selbst die Frage auf, ob an der Rspr. »uneingeschränkt festzuhalten ist«, ohne sie schon zu beantworten, da es hierauf im konkreten Fall nicht ankam.[67] Diese vorsichtige Andeutung lässt zumindest auf einen Wandel der Rspr. hoffen.[68] **48**

(2) Literatur

Bei herrschenden UN mit **Sitz im Ausland**[69] kann also beim ausländischen UN unmittelbar kein KBR errichtet werden. Es kann jedoch nach der überwiegend in der **Literatur** vertretenen Meinung **für die im Inland gelegenen Teile des Konzerns,** also **für die abhängigen UN** und ggf. die inländischen Betriebe des herrschenden UN, ein KBR gebildet werden, wenn ein inländisches UN einen Teil der Leitungsmacht ausübt.[70] Dies gilt nicht nur, wenn ein inlän- **49**

62 *ArbG* Wuppertal 15.6.05, NZA-RR 05, 476.
63 *BAG* 9.11.77, 25.4.78, Nrn. 13, 16 zu Internat. Privatrecht, Arbeitsrecht.
64 *BAG* 14.2.07, NZA 07, 999, AuR 07, 93 [LS]; 16.5.07. AP Nr. 3 zu § 96 a ArbGG 1979; NZA 08, 320 und *ArbG Stuttgart* 1.8.03, NZA-RR 04, 138; a.A. *ArbG Hamburg* 19.7.06, dbr 11/06, 38; *OLG Düsseldorf* 30.10.06, NZA 07, 707 für den Aufsichtsrat.
65 NZA 07, 707.
66 *OLG Stuttgart* 30.3.95, NJW-RR95, 1067 ff.; *OLG Frankfurt* 21.4.08, AG 08, 502 ff.
67 *BAG* 27.10.10, NZA 11, 524.
68 *Weischedel*, dbr 11, 36.
69 Vgl. Schaubilder in DKKWF-*Trittin,* § 54 Rn. 6 und 7.
70 *Birk*, FS Schnorr v. Carolsfeld, S. 61 [85]: Zusätzlich ist die Berücksichtigung solcher ausländischer Arbeitnehmervertretungen, bei denen Errichtung und Beteiligungsrechte in etwa dem deutschen System entsprechen, im deutschen KBR möglich; *Grassmann*, ZGR 73, 317, wonach generell Arbeitnehmervertretungen ausländischer Konzern-UN unter dem Dach des KBR zusammengefasst werden könnten; *Dzida/Hohenstatt*, NZA 07, 945; *Däubler*, RabelZ 39, 444; *ders.*, Betriebsverfassung in globalisierter Wirtschaft, S. 57 ff.; MünchArbR-*Joost*, § 307 Rn. 32; *Halberstadt,* Rn. 5; *Hanau*, ZGR 84, 468; *Fitting*, Rn. 34 seit 22. Aufl.; *Gaumann/Liebermann* DB 06, 1157; *Löwisch/Kaiser,* Rn. 7; *Mayer,*

disches UN eine einheitliche Leitungsmacht ausübt. Es handelt sich um eine **betriebsverfassungsrechtliche Teilkonzernspitze,** wenn wichtige Mitbestimmungsfragen und Personalangelegenheiten in einem inländischen UN entschieden werden (zum Konzern im Konzern Rn. 18 ff.).[71]

50 Ein KBR für die inländische Teilkonzernspitze kann auch errichtet werden, wenn es an einer inländischen Leitungsmacht **fehlt.**[72]

(3) Gesetzeswortlaut

51 Die Bildung eines KBR setzt einen **Konzern** voraus. § 54 Abs. 1 Satz 1 verweist auf § 18 Abs. 1 AktG, wonach die Zusammenfassung eines herrschenden und eines oder mehrerer abhängiger UN einen Konzern bildet. Bei einem internationalen Konzern mit ausländischer Konzernspitze und mehreren abhängigen UN in Deutschland liegen diese Voraussetzungen stets vor, so dass ein KBR errichtet werden kann. Auf die konkrete Ausgestaltung der **Konzernstruktur** kommt es nicht an. Die Konzernspitze kann ihre Leitungsmacht über mehrere weitere UN ausüben oder die inländischen UN direkt führen. Unerheblich ist auch, welcher Mittel sich das herrschende UN zur Leitung bedient und ob es z. B. durch Beteiligung oder Beherrschungsverträge führt. Entscheidend ist allein, dass an der Spitze ein herrschendes UN überhaupt existiert. Auf seine Rechtsform kommt es nicht an.

52 Das herrschende UN kann auch nach dem Wortlaut der § 54 i. V. m. § 18 Abs. 1 AktG seinen Sitz im In- oder Ausland haben. Ihm ist **keine Beschränkung auf das Inland** zu entnehmen.[73] Genau diese Einschränkung enthält der Wortlaut aber nicht, sondern der 7. Senat schiebt sie ihm ergebnisorientiert unter. Zumindest überrascht dies doppelt, denn das *BAG* stellte zuvor selbst fest, dass sich unter dem Begriff »herrschendes UN« zwanglos auch UN ausländischer Rechtsform gruppieren lassen und weiterhin der vermeintliche »Wortsinn »Grenze der Auslegung« sei. Durch Aufspaltung der »einheitlichen Leitung« durch Annahme eines Konzerns im Konzern setzte sich das *BAG* bereits über den Wortsinn des § 18 Abs. 1 AktG hinweg. Im Übrigen markiert der Wortsinn die Grenze möglicher Auslegung allenfalls im Strafrecht, nicht aber im Zivilrecht.[74]

53 Würde der 7. Senat in den Wortlaut des § 18 Abs. 1 AktG nicht die Worte »im Inland« hineininterpretieren, dann bestünde die vermeintliche Gesetzeslücke nicht, deren Schließung das Gericht langatmig ablehnt. Hier betätigt sich das Gericht selbst als **Ersatzgesetzgeber,** der die Geltung von Gesetzen durch weitere Voraussetzungen ohne jegliche Begründung einschränkt.

54 Einer **analogen Anwendung** des **§ 5 Abs. 3 MitbG** bedarf es deshalb nicht, weil die gesetzliche Regelung in § 54 Abs. 1 mit Verweis auf § 18 Abs. 1 AktG nicht lückenhaft und ausfüllungs-

---

AuR 06, 303; Richardi-*Annuß,* Rn. 35; *Simitis,* FS Kegel, S. 153; *Trittin,* dbr 4/07, 37; *Trittin/Gilles,* AiB 07, 251; *dies.,* AuR 08, 136; *Windbichler,* S. 323 f.; *Zöllner,* S. 215; a. A. GK-*Kreutz,* Rn. 43, die nach der Lehre vom Konzern im Konzern die Errichtung eines KBR bejahen, wenn die inländische Konzerngruppe unter selbstständiger Leitung einer Unterkonzernspitze mit Sitz im Inland zusammengefasst ist; vgl. auch *ArbG Siegen* 20.10.92 – 1 BV 8/92; *Henssler,* ZfA 05, 293; *Weischedel,* dbr 11/07, 38; ErfK-*Koch,* Rn. 7; HWGNRH-*Glock* Rn. 19; *Röder/Powietzka,* DB 04, 542.

71 *BAG* 21.10.80, AP Nr. 1 zu § 54 BetrVG 1972; HWGNRH-*Glock,* Rn. 18; *Birk,* FS Schnorr v. Carolsfeld, S. 61 [85]; MünchArbR-*Joost,* § 307 Rn. 33.

72 *Bauer/Klebe/Schunder,* NZA 13, 827; *Bachmann,* RdA 08, 108; *Birk,* FS Schnorr v. Carolsfeld, S. 61 [85]; *ders.,* RdA 84, 129 [137]; *Buchner,* FS Birk S. 11 ff.; *Däubler,* Betriebsverfassung in globalisierter Wirtschaft, S. 68; *Fitting,* Rn. 23, *Grassmann,* ZGR 73, 317 [323]; *Gaumann/Liebermann,* DB 06, 1157; *Löwisch/Kaiser* Rn. 7; *Mayer,* AuR 06, 303; MünchArbR-*Joost* § 315 Rn. 31 ff. und § 307 Rn. 36; *Trittin,* dbr 4/07, S. 37; *Trittin/Gilles,* AiB 07, 251; *Siebert,* Rn. 10; *Simitis,* FS Kegel, S. 153 [179]; a. A. ErfK-*Koch,* Rn. 7; *Fuchs,* S. 184; GK-*Kreutz,* Rn. 43; Richardi-*Annuß,* Rn. 35; Düwell-*Tautphäus,* Rn. 15; *Henssler,* ZfA 05, 293; HWGNRH-*Glock,* Rn. 18, 29; *Kort,* NZA 09, 464; *Röder/Powietzka,* DB 04, 542.

73 *Gaumann/Liebermann,* DB 06, 1157; a. A. *BAG* 14.2.07, NZA 07, 999 = AuR 07, 93, wonach gemäß § 18 Abs. 1 AktG die Errichtung eines KBR nur in Betracht kommt, wenn nicht nur die unter einer einheitlichen Leitung zusammengefassten UN, sondern auch eine Konzernobergesellschaft ihren Sitz im Inland hat [S. 22].

74 *Bachmann,* RdA 08, 107 mit dem zutreffenden Hinweis, dass das *BAG* anderenfalls seiner eigenen Rspr. insgesamt den Boden entzöge.

bedürftig ist. Es müssen die gesetzlichen Voraussetzungen **nicht im Inland** vorliegen. Deshalb kann das herrschende UN auch seinen Sitz im Ausland haben, ohne dass sich hierdurch etwas am Vorliegen eines Konzerns im Sinne des § 54 Abs. 1 i. V. m. § 18 Abs. 1 AktG ändert. Jede andere Betrachtung verstrickt sich in **unlösbare Wertungswidersprüche.** Der 7. Senat des *BAG* erkennt grenzüberschreitende Beherrschungsverträge des AG als mit dem Gesetzeswortlauf vereinbar an, dann kann für eine grenzüberschreitende Beherrschung durch Mehrheitsanteile gem. § 17 Abs. 2 AktG nichts anderes gelten.

§ 5 Abs. 3 MitbG **bestätigt** dieses Ergebnis. Die Vorschrift enthält den **allgemeinen Rechtsgedanken,** dass in internationalen Konzernen durch das Territorialitätsprinzip entstehende Lücken bei der Zurechnung von AN durch ein mitbestimmungsfreundliches Grundverständnis zu schließen sind. Dieses Rechtsprinzip verbietet auch bei der Errichtung des KBR für die deutschen UN eines Konzerns mit ausländischer Konzernspitze jede Auslegung, die das Vorliegen aller Voraussetzungen des Konzerns in Deutschland verlangt. 55

Dagegen kann nicht eingewandt werden, dass der Gesetzgeber dies hätte spätestens 2001 eindeutig regeln müssen. Das Gesetz ist nämlich eindeutig, lückenlos und verlangt keine inländische Leitungsmacht. Bei einer lückenlosen Gesetzesregelung zur Errichtung des KBR im internationalen Konzern musste der Gesetzgeber bei der **BetrVG-Novellierung 2001** nicht tätig werden. Seine Untätigkeit bedeutet deshalb, dass seiner Auffassung nach insoweit keine Lücke zu schließen war. Das Recht zur Errichtung des KBR in Deutschland für die inländischen UN des Konzerns mit ausländischer Spitze entsprach der völlig überwiegend vertretenen Auffassung in der Literatur (vgl. Nachw. in 7. Aufl., § 54 Rn. 29). 56

Auch **funktional** bestand für den novellierenden Gesetzgeber 2001 kein Regelungsbedarf. Anders als für die UN-Mitbestimmung bedurfte es keiner Vorschrift, die wie § 5 Abs. 3 MitbestG die Frage beantwortet, ob und wann im Konzern das Quorum von 2000 AN zur Bildung des mitbestimmten AR gem. § 1 Abs. 1 Ziff. 2 MitbG überschritten ist. Die Bildung des KBR hängt nicht von einer Mindestzahl von AN ab. 57

Die Betriebsverfassung bedarf auch keiner Norm, die – anders die UN-Mitbestimmung – den **Sitz des Gremiums** bestimmt. Während der AR nur für ein bestimmtes UN errichtet werden kann, ist dies für den KBR nicht der Fall, der für den inländischen Teilkonzern gebildet wird und keinen bestimmten Sitz hat. 58

Die für den **Konzern im Konzern** geltenden Voraussetzungen finden auf die Errichtung des KBR für die deutschen UN **keine Anwendung.** Während es für die KBR-Bildung im Konzern um ein **zusätzliches** Mitbestimmungsorgan auf Konzernebene geht, kommt es hier darauf an, **überhaupt** ein Gremium zu bilden. Deshalb kann die KBR-Errichtung im Konzern auch von einer gewissen eigenen Leitungsmacht abhängen, während dies für die Errichtung im inländischen Teilkonzern nicht erforderlich ist. Beide Gremien haben deshalb unterschiedliche Voraussetzungen.[75] 59

Soweit zusätzlich zu den in § 18 Abs. 1 AktG genannten Voraussetzungen eine spezifische **Funktionsfähigkeit** verlangt wird, findet diese Vorstellung also weder im Wortlaut noch in der Systematik eine Grundlage. Es besteht insoweit auch keine **Gesetzeslücke,** deren Schließung der Gesetzgeber versäumte. Diese vermeintliche Gesetzeslücke wäre durch die contra legem verlangte zusätzliche Voraussetzung selbst geschaffen worden. Doch selbst wenn man wie ein **Ersatzgesetzgeber** als weitere Voraussetzung die Funktionsfähigkeit verlangen würde, wäre sie uneingeschränkt zu **bejahen.** 60

(4) Schutzzweck, Funktionsfähigkeit

(a) Ansprechpartner

Einem KBR fehlt keineswegs der **Ansprechpartner,** mit dem er mit Aussicht auf Erfolg betriebsverfassungsrechtliche Beteiligungsrechte durchsetzen könnte,[76] denn er kann ohne Weiteres mit den inländischen UN allein verhandeln. Das herrschende UN im Ausland ist nicht zwangsläufig sein Gegenüber.[77] 61

---

75 *Gaumann/Liebermann,* DB 06, 1157.
76 So aber GK-*Kreutz,* Rn. 43.
77 *Fitting,* Rn. 34.

62 Es gilt auch hier das im internationalen Recht anerkannte »**Geiselprinzip**«, wonach nicht zwangsläufig die Konzernspitze, sondern auch ein bestimmtes, zum Konzern gehörendes UN in Anspruch genommen werden kann.[78] Die »**Betriebsübergangsrichtlinie**« **2001/23/EG vom 12.3.2001** wendet diesen Gedanken auf die Durchsetzung der in Kapitel III, Art. 7 enthaltenen Informations- und Konsultationspflicht in der Weise an, dass der Einwand der Unmöglichkeit oder Unzuständigkeit unberücksichtigt bleibt. Wörtlich heißt es:

»4. *Die in diesem Artikel vorgesehenen Verpflichtungen gelten unabhängig davon, ob die zum Übergang führende Entscheidung vom Arbeitgeber oder von einem den Arbeitgeber beherrschenden Unternehmen getroffen wird. Hinsichtlich angeblicher Verstöße gegen die in dieser Richtlinie vorgesehenen Informations- und Konsultationspflichten findet der Einwand, der Verstoß gehe darauf zurück, dass die Information von einem den Arbeitgeber beherrschenden Unternehmen nicht übermittelt worden sei, keine Berücksichtigung.*«

63 Für die Betriebsverfassung kann nichts anderes gelten. Wie beim inländischen Konzern ist also ein derartiger »**Informationsdurchgriff**« möglich.[79]

(b) Koordinationsfunktion

64 Der KBR ist **nicht funktionslos,** da er auf jeden Fall BR und GBR unterrichten und beraten kann.[80] Die Wahrnehmung der **Mitbestimmungsrechte** ist eine zentrale Aufgabe des KBR. Darüber hinaus besteht eine weitere Aufgabe darin, die in Deutschland gebildeten Gremien der Mitbestimmung zu **koordinieren** und insbesondere wechselseitig zu informieren. Bei einer Konzernspitze mit Sitz im Ausland hat der KBR seinen Ansprechpartner auf der Arbeitgeberseite im Ausland. Das Territorialitätsprinzip steht dem Anspruch des KBR nicht entgegen, auch mit dem im Ausland ansässigen UN Gespräche zu führen, Informationen einzuholen und notfalls auch Verhandlungen zu führen. Die deutsche Betriebsverfassung endet insofern nicht an der nationalen Grenze, sondern beinhaltet zwangsläufig zahlreiche internationale Bezüge.[81]

65 Im Übrigen gilt für den KBR nichts anderes als für den **Aufsichtsrat,** weil das Mitbestimmungsrecht nicht nur wegen eines eigenständigen Entscheidungsbereichs gewährt wird, sondern die Aufgaben beider Gremien auch bei einer Konzernobergesellschaft vielfältig sein können und insbesondere Informationsrechte umfassen sowie die Möglichkeit präventiv zu agieren und bereits im Vorfeld weitreichender Entscheidungen auf die Willensbildung Einfluss zu nehmen.[82]

(c) Auftragszuständigkeit

66 Der KBR hat auch ohne inländische Konzernspitze ausreichend **Ansprechpartner** auf der Arbeitgeberseite im Inland. In erster Linie handelt es sich hierbei um die **inländischen UN,** mit denen sich der KBR zur Wahrnehmung seiner Aufgaben in Verbindung setzen kann. Dies gilt nicht nur bei Wahrnehmung seiner originären Mitbestimmungsrechte gem. § 58 Abs. 1 BetrVG, sondern vor allem auch, wenn der KBR im Auftrag von Betriebsräten und Gesamtbetriebsräten gem. § 58 Abs. 2 BetrVG handelt. Bei der Wahrnehmung dieser Auftragszuständigkeit sind die betreffenden inländischen UN naturgemäß Ansprechpartner, die sich mit der jeweiligen Problematik am besten auskennen.

78 *Windbichler,* ZfA 96, 1 [5, 6].

79 *Däubler,* Betriebsverfassung in globalisierter Wirtschaft, S. 70 f. mit Hinweis auf den kartellrechtlichen Auskunftsanspruch zu Vorgängen im Ausland gegenüber einem inländischen Tochterunternehmen; *EuGH* 13.1.04, NZA 04, 160 zur Auskunftspflicht der zentralen UN-Leitung Errichtung des EBR; *Windbichler,* ZfA 96, 1 [6]; vgl. auch § 15 Geldwäschegesetz; zur Inanspruchnahme inländischer Tochtergesellschaften bei Kartellverstößen der ausländischen Mutter vgl. *Immenga/Mestmäcker,* GWB, § 98 Abs. 2 Rn. 255, 260, 278, 293 m. w. N.; a. A. *Diller/Powietzka,* DB 01, 1034.

80 A. A. *BAG,* 14.2.07, AuR 07, 93 *MünchArbR-Joost,* § 307 Rn. 36; a. A. *GK-Kreutz,* Rn. 43.

81 Einl. Rn. 231 ff.

82 *OLG* Düsseldorf 30.10.06, NZA 07, 707 für den Aufsichtsrat.

(5) Mitbestimmungssystem

(a) Schließung von Mitbestimmungslücken

Der KBR hat die zusätzliche Aufgabe, die Wahl von Betriebsräten in bislang noch betriebsratslosen Betrieben zu initiieren und sich dazu zwangsläufig mit dem inländischen Unternehmen in Verbindung zu setzen. Hiermit ist eine Rspr. unvereinbar, die diese Lücken aufreißt. Nach der Rspr. des 7. Senats entfallen ohne KBR keine Mitbestimmungsrechte, sondern können von BR oder GBR wahrgenommen werden.[83] Sie verkennt jedoch, dass seine originäre Zuständigkeit gerade die Unmöglichkeit der Wahrnehmung von Mitbestimmungsrechten voraussetzt, so dass denknotwendig BR und GBR diese originären Mitbestimmungsrechte eines KBR nicht wahrnehmen können. Konzernweite Versetzungen können also z. B. nur vom KBR geregelt werden. Der Wortlaut ist insoweit eindeutig, was gerade der 7. Senat berücksichtigen sollte, der unter Berufung auf den Wortlaut die Errichtung des KBR für den inländischen Teilkonzern ohne Leitungsmacht ablehnt und damit die Mitbestimmungslücke geschaffen hat.[84] Diese offensichtlich widersprüchliche Argumentation mit dem völlig falschen Verweis auf BR und GBR zur Wahrnehmung der fehlenden Mitbestimmungsrechte des KBR offenbart das Unverständnis dieses Senats für die Mitbestimmung. 67

(b) Organ für den Konzern

Der KBR wird **nicht »bei« einem UN,** sondern **für** die UN des Konzerns gebildet. Anders als der Aufsichtsrat setzt der KBR kein inländisches UN voraus, von dessen Existenz er als Organ abhängt. 68

(c) Europäischer Betriebsrat

Es ist die im **EBRG** enthaltene Wertung zu berücksichtigen. Für den Fall, dass die zentrale Leitung gemeinschaftsweit operierender UN und UN-Gruppen nicht in einem der Mitgliedsstaaten ansässig ist, sieht das Gesetz den Übergang der Verantwortung für den EBR auf einen benannten Vertreter in der Gemeinschaft oder die Leitung des Betriebs bzw. des zur UN-Gruppe gehörenden UN mit der höchsten Anzahl von AN in einem Mitgliedsstaat vor. Nicht der Sitz der zentralen Leitung soll also maßgebend sein, sondern die Tatsache, dass ein UN oder eine UN-Gruppe überhaupt gemeinschaftsweit operiert. Dieser Gedanke kann bei dem entsprechenden Problem von Konzernen nicht unberücksichtigt bleiben, die in Deutschland operieren, aber ihren Sitz im Ausland haben. 69

(d) Betriebsrat und Gesamtbetriebsrat

Die Rspr. des *BAG* ist unvereinbar mit dem **betrieblichen Charakter** der Betriebsverfassung und dem System der Mitbestimmung. Wenn mehrere Betriebe mit BR in den Geltungsbereich der BetrVG fallen, dann rechtfertigt dies die Bildung des KBR für diese Betriebe.[85] Die Wahl eines BR in einem Betrieb mit einem ausländischen UN als Inhaber ist unstreitig zulässig. Dies gilt auch für die **Bildung eines GBR** in einem UN mit Sitz im Ausland und mehreren inländischen Betrieben. Dann können an die Errichtung des KBR keine strengeren Anforderungen gestellt werden.[86] 70

(e) Wirtschaftsausschuss

Für die **Bildung eines WA** ist anerkannt, dass sie nicht ausgeschlossen ist, wenn ein ausländisches UN Betriebe im räumlichen Geltungsbereich des BetrVG unterhält (vgl. auch § 106 71

---

83 *BAG* 14.2.07, NZA 07, 999.
84 ErfK-*Koch*, Rn. 2; *Fitting*, Rn. 34; *Dzide* NZA 08, 1625.
85 *Fitting*, Rn. 34.
86 *Fitting*, Rn. 34; *MünchArbR-Joost*, § 307 Rn. 36; *Gaumann/Liebermann*, DB 06, 1157.

Rn. 24).[87] Dann kann für die Errichtung des KBR nicht angenommen werden, der Konzern mit ausländischer Spitze stehe außerhalb der Betriebsverfassung.

(f) Aufsichtsrat

72 Erkennt man im Gesetzeswortlaut eine Lücke, ist die analoge Anwendung des **§ 5 Abs. 3 MitbestG** geboten, der die **Konzernmitbestimmung** auf das dem herrschenden UN am nächsten stehende mitbestimmungspflichtige UN verlagert, um die Mitbestimmungsrechte auch im internationalen Konzern zu erhalten.[88] Es handelt sich hierbei um einen auch auf die Einrichtung des KBR übertragbaren **allgemeinen Rechtsgedanken.**[89]

73 Besteht gem. § 5 Abs. 3 MitbestG ein **mitbestimmter Aufsichtsrat** bzw. müsste er gebildet werden, ist gem. § 33 MitbestG ein Arbeitsdirektor zu bestellen, in dessen Zuständigkeit mindestens der Kernbereich der Personal- und Sozialfragen zu fallen hat. Damit besteht eine gesetzliche Verpflichtung zur inländischen Leitung zumindest in Teilfragen. Steht rechtskräftig fest, dass ein mitbestimmter Aufsichtsrat zu bilden ist und folgt hieraus, dass ein mit Leitungsfunktionen zumindest in Teilfragen betrauter Arbeitsdirektor zu bestellen ist, steht dies einer anderen Bewertung durch die Arbeitsgerichte im Rahmen ihrer Prüfung, ob Leitungsmacht im Inland vorliegt, entgegen. Diese sind dann daran gehindert, ungeachtet dessen, dass nach der hier vertretenen Auffassung Leitungsmacht im Inland für die Bildung eines KBR im internationalen Konzern keine Voraussetzung ist, das Bestehen einer inländischen einheitlichen arbeitsrechtlichen Leitungsmacht zu verneinen. Die Entscheidung des Landgerichts und des Beschwerdegerichts im Statusverfahren gemäß §§ 98 f. AktG **wirkt für und gegen alle** (vgl. § 99 Abs. 5 Satz 2 AktG). Sie bindet nicht nur die Parteien des Verfahrens, sondern auch jedes Gericht[90] und jede Verwaltungsbehörde.[91] Die Entscheidung des Landgerichts bzw. des Beschwerdegerichts muss einer Entscheidung anderer Gerichte daher zugrunde gelegt werden, wenn diese von ihr anhängt.[92]

74 Hierfür spricht insbesondere auch, dass andernfalls das rechtswidrige Verhalten eines UN von Arbeitsgerichten, die die Voraussetzungen für die Bildung eines KBR wegen fehlender inländischer Leitungsmacht verneinen, dergestalt legitimiert würde, dass sich das gegen die Verpflichtung des § 33 MitbestG verstoßende Unternehmen auf das Fehlen der Leitungsmacht und damit die Folgen des **eigenen rechtwidrigen Verhaltens** berufen könnte, um die Bildung eines KBR zu verhindern. Mit dem Grundsatz von **Treu und Glauben** ist dies unvereinbar.[93]

75 Unternehmensmitbestimmung und Betriebsverfassung sind **einander ergänzende Subsysteme der Arbeitnehmerbeteiligung,** die übereinstimmend dem Ausgleich unterschiedlicher Interessen zwischen AG und AN dienen. Es widerspräche dem verfassungsrechtlich gewährleisteten Prinzip der **Einheit der Rechtsordnung,** wenn der KBR anders als der AR eine innerdeutsche Teilkonzernspitze voraussetzen würde und damit ein AR gebildet, aber ein KBR nicht errichtet werden dürfte. Ein solches Ergebnis ist nicht nur rechtssystematisch und verfassungsrechtlich nicht vertretbar, sondern wäre auch **praktisch widersinnig.**

(g) Wertungswidersprüche

76 Der Wegfall des KBR wegen fehlenden Ansprechpartnern ist auch mit dem betriebsverfassungsrechtlichen System unvereinbar. Sowohl BR als auch GBR setzen jeweils mit dem Betrieb und UN Einheiten mit unternehmerischer Leitung voraus:

---

87 *BAG* 1.10.74; 31.10.75, AP Nrn. 1, 2 zu § 106 BetrVG 1972; *Fitting,* § 106 Rn. 14; GK-*Fabricius,* § 106 Rn. 36; *Birk,* FS Schnorr v. Carolsfeld, S. 61; *Simitis,* FS Kegel, S. 153; *Grassmann,* ZGR 73, 317; *GL,* Rn. 11.

88 *Fitting/Wlotzke/Wißmann,* MitbestG, § 5 Rn. 39; *Köstler/Kittner/Zachert,* Rn. 201 ff.

89 *Windbichler,* S. 324; *Richardi-Annuß,* Rn. 35; § 11 Abs. 3 PublG.

90 *OLG Hamm* MDR 70, 1020 zur Bindungswirkung im FGG-Verfahren.

91 *Semler* in MünchKomm AktG, § 99 Rn. 50.

92 *Semler,* a. a. O.

93 Zum Einwand der »**unclean hands**« im angloamerikanischen Rechtskreis, *Palandt,* § 242 Rn. 43 m. w. N.

- Nach der Rspr. liegt ein **Betrieb** nur bei Vorhandensein eines einheitlichen Leitungsapparats vor, mit dem das UN allein oder mit seinen Mitarbeitern mit Hilfe sachlicher und immaterieller Mittel **arbeitstechnische Zwecke verfolgt.**[94]
- Ein **UN** ist durch die Einheit der hinter dem arbeitstechnischen Zweck des Betriebs liegenden Zwecke im Rahmen eines einheitlichen Rechtsträgers bestimmt, in dem ein UN **wirtschaftliche Zwecke verfolgt.**[95]

Dem Begriff des UN sind insofern ebenso wie dem des Betriebs die **Leitungen immanent.** **77**

Weder für den **Betrieb noch das UN** muss die vorausgesetzte Leitung in Deutschland erfolgen. **78**
Würde jedoch nur für den Konzern eine einheitliche Leitung in Deutschland verlangt, dann wäre dies mit der hiervon abweichenden Voraussetzung beim Betrieb und dem UN unvereinbar. BR, GBR und KBR stehen in einem engen systematischen Zusammenhang, der eine einheitliche Behandlung gebietet.

Die Entscheidungen des 7. Senates[96] legt weiterhin bei der Auslegung des AktG zweierlei Maß je **79**
nach den Interessen der AG- oder AN-Seite an und schafft somit unlösbare Wertungswidersprüche, die mit rechtsstaatlichen Grundsätzen und insbesondere dem **Gleichbehandlungsprinzip unvereinbar** sind. Die Wirksamkeit grenzüberschreitender Unternehmensverträge gem. § 291 Abs. 1 AktG, die als »Entherrschungsverträge« dem KBR entziehen, scheitert nach Ansicht des *BAG* nicht an ihrem grenzüberschreitenden Charakter. Das Gericht erkennt damit nicht nur die Existenz der ausländischen Konzerngesellschaft für unsere Rechtsordnung an, sondern auch die Rechtsfolgen der von ihr für Deutschland abgeschlossenen Verträge. Etwas anderes gilt jedoch für die AN und den Fortbestand ihrer Mitbestimmungsgremien. Die für das Vorliegen eines Konzerns erforderliche Konzernspitze müsse zwingend ihren Sitz im Inland haben, damit ein KBR errichtet werden könnten. Erkennt das Gericht jedoch für grenzüberschreitende Verträge des AG die ausländische Konzernspitze an, dann kann für den KBR nichts anderes gelten und die ausländische Konzernspitze muss ebenfalls grenzüberschreitend so anerkannt werden, dass die deutschen Konzern-UN mit ihr einen einheitlichen Konzern gem. §§ 54 Abs. 1 Satz 1 i. V. m. § 18 Abs. 1 AktG bilden. Erlaubt das AktG (§ 291 Abs. 1 AktG) Grenzüberschreitung beim UN-Vertrag, dann kann für die Beherrschung durch Beteiligung an UN aufgrund desselben Gesetzes (§ 18 Abs. 1 Satz 1 AktG) nichts anderes gelten.

(h) Gefährdung aller Mitbestimmungsorgane

Wäre der **Fortbestand von Mitbestimmungsgremien** vom Vorliegen inländischer Leitungs- **80**
macht abhängig, wäre die Mitbestimmung insgesamt in hohem Maße **gefährdet.** Nach dieser Logik wären Aufsichtsräte, Konzernbetriebs-, Gesamtbetriebs- und letztlich auch Betriebsräte in ihrer Existenz bedroht.[97] Sie würden Ansprechpartner benötigen, die gerade in einem international organisierten Konzern nicht immer vorhanden sind. Der AG hätte es jedenfalls stets in der Hand, das Maß inländischer Leitung neu zu bestimmen oder sie ganz zu beseitigen. Wenn überhaupt gäbe es sie nur, wenn ein inländischer Ansprechpartner vorhanden ist. Viele BR in internationalen Konzernen mit ausländischer Konzernspitze vermissen ihn schon heute, auch ihr Fortbestand stünde dann auf dem Spiel.[98]

Der Wegfall der Mitbestimmung und ihrer Organe wäre mit dem **Schutzzweck** der Mitbe- **81**
stimmung unvereinbar. Ein effektiver nationaler Arbeitnehmerschutz wäre nicht mehr gewährleistet. Mit der überragenden Bedeutung der Mitbestimmung für den sozialen Rechtsstaat der Bundesrepublik Deutschland – wie vom Bundesverfassungsgericht in seinem Mitbestimmungsurteil[99] hervorgehoben – wäre dies unvereinbar.

Die Rspr. des 7. Senats bedarf der **Korrektur.** Ein neuer Beschluss sollte den Gesetzeswortlaut **82**
nicht verfälschen, die Dimension der rechtlichen Problematik erkennen, die Intention des

94 *BAG* 29.1.92, NZA 92, 894.
95 *BAG* 23.9.80, AP Nr. 4 zu § 47 BetrVG 1972.
96 *BAG* 14.2.07 AuR 07, 93.
97 *Röder/Powietzka,* DB 04, 542, die für den GBR eine Koordinierungs- und Leitungsfunktion auf AG-Seite und einen funktionalen UN-Begriff voraussetzen.
98 *Fitting,* § 47 Rn. 23.
99 *BVerfG* 1.3.79, E 50, 290.

MitbestG einbeziehen, die Rspr. aller OLG-Entscheidungen zur UN-Mitbestimmung zur Kenntnis nehmen, sie als Teil eines Gesamtsystems der Mitbestimmung berücksichtigen sowie bei der Anwendung derselben Gesetze AG – und AN – Interessen nicht zu offensichtlich mit unterschiedlicher Elle messen.

(6) Internationales Privatrecht

(a) Teleologische Reduktion von Beherrschungsverträgen

83 **Grenzüberschreitende Beherrschungsverträge** können dazu eingesetzt werden, die inländische Obergesellschaft, die die Mehrheitsbeteiligung an den deutschen Töchtern hält, zu »entmachten«, indem diese direkt den ausländischen UN unterstellt werden. Sie werden in der Lit. überwiegend als gesellschaftsrechtlich zulässig angesehen.[100] Entziehen sie der inländischen Mitbestimmung durch Anwendung der Vermutungsregel nach § 18 Abs. 1 Satz 2 AktG die Grundlage, ist eine **geltungserhaltende teleologische Reduktion** erforderlich. Der Beherrschungsvertrag findet seine Grenzen, wenn er Mitbestimmungsrechte verringert, insbesondere kann kein inländischer Teilkonzernverbund durch Beherrschungsverträge aufgelöst werden.[101]

84 **Weder internationale Kollisionsnormen** noch das **EG-Gemeinschaftsrecht** untersagen die teleologische Reduktion. Alle als gesellschaftsrechtlich zu qualifizierenden Rechtsfragen sind unter Anlehnung an das internationale Privatrecht zu lösen. Hier bedroht zwar keine ausländische Rechtsnorm die inländische Mitbestimmung, sondern nur die Auslegung einer inländischen Norm, wie z. B. des § 18 Abs. 1 S. 2 AktG. Sie bewirkt die Verschiebung der bisherigen inländischen Teilkonzernspitze ins Ausland und damit außerhalb der Reichweite der inländischen Mitbestimmungsregelungen.

85 Die Auslegung inländischen Rechts muss den gleichen Maßstäben wie die Anwendung einer ausländischen Rechtsnorm genügen. Gemäß Art. 6 EGBGB findet eine ausländische Rechtsnorm dann keine Anwendung, wenn sie mit **wesentlichen Grundsätzen deutschen Rechts** offensichtlich **unvereinbar** ist. Kennt z. B. das englische Recht keine gesetzlichen Mitbestimmungsrechte, hätten grenzüberschreitende Beherrschungsverträge die Auflösung inländischer Konzernstrukturen zur Folge.

86 Nach **deutschem Recht** liegt ein Konzern vor, wenn ein durch kapitalmäßige Mehrheitsbeteiligung vermitteltes Herrschaftsverhältnis sowie eine einheitliche Leitung vorliegen. Während beim Unterordnungskonzern diese beiden Tatbestandsmerkmale zusammenfallen, können sie beim Vertragskonzern auseinanderfallen. Bleibt ein durch Mehrheitsbeteiligung vermitteltes Herrschaftsverhältnis im Inland bei einer Zwischenholding bestehen und wird die Leitungsmacht vertraglich ins Ausland transferiert, so stellt sich die Frage nach dem Vorrang der Tatbestandsmerkmale im Hinblick auf das Schicksal von Mitbestimmungsrechten. Sie ist durch Begrenzung grenzüberschreitender gesellschaftsrechtlicher Vertragsfreiheit unter dem **Gesichtspunkt des ordre public** zu beantworten, um die institutionelle Mitbestimmung im Inland nicht zu gefährden.[102]

87 Die beiden **konkurrierenden Rechtsprinzipien** – das Prinzip gesellschaftsrechtlicher Vertrags- und Gestaltungsfreiheit einerseits und das Prinzip der institutionellen Teilhabe von AN an unternehmerischen Entscheidungsprozessen andererseits – sind zugunsten der Mitbestimmung wegen ihrer überragenden Bedeutung für das Allgemeinwohl aufzulösen.[103]

88 Das **EU-Recht** verbietet die teleologische Reduktion nicht. Die letzten Entscheidungen des EuGH stellten die deutschen Mitbestimmungsregelungen gerade nicht in Frage, wenn ausländische UN sich in Deutschland niederlassen wollten.[104]

100 MK/*Altmeppen*, Einl. §§ 291 ff. AktG, Rn. 46 f. mit weiteren Nachw.

101 *Hanau/Ulmer*, MitbG, § 5 Rn. 56 zum Recht des herrschenden UN durch doppelte Weisung den Zustimmungsvorbehalt des Aufsichtsrats des abhängigen UN zu umgehen.

102 *Lutter*, Mitbestimmung im Konzern, 1975, S. 52; *Mayer*, AuR 06, 303 [305]; vgl. auch *von Zitzewitz*, AuR 79, 177; *Reich/Lewerenz*, AuR 76, 261; a. A. *Henssler*, ZfA 05, 293.

103 *Mayer*, a. a. O.

104 *EuGH* Centros, AuR 1999, 282; *EuGH* Überseering Slg 2002, I-9919; *EuGH* Inspire Art, NJW 03, 3331; *Oetker*, RdA 05, 337 [340].

Bei der Auslegung des Art. 43 EGV zur **Niederlassungsfreiheit** von UN hat der EuGH keine Aussagen darüber getroffen, inwieweit das Gesellschaftsrecht einzelner Mitgliedsstaaten außerhalb des Rahmens der Niederlassungsfreiheit dem Grundsatz der gegenseitigen Anerkennung unterliegt. Der EuGH erlaubt als Rechtfertigungsgrund für eine einschränkende Handhabung der Grundfreiheiten durch Mitgliedsstaaten stets den Grundsatz des überragenden Allgemeininteresses. Spätestens seit dem Mitbestimmungsurteil des BVerfG[105] ist aber unbestreitbar, dass die Mitbestimmung in Deutschland ein **überragendes Gemeinschaftsgut** darstellt und der Erhalt von Mitbestimmungsregelungen im Allgemeininteresse liegt. Durch teleologische Reduktion von Beherrschungsverträgen verändern diese zwar gesellschaftsrechtliche Leitungswege, lassen jedoch die bisherige inländische Mitbestimmung unberührt.[106] **89**

(b) Strafbare Behinderung der Mitbestimmung

Werden grenzüberschreitende Beherrschungsverträge abgeschlossen, die ausschließlich die Beseitigung von Mitbestimmungsgremien bewirken, dann verstößt dies gegen das Verbot der Behinderung der Arbeit von Mitbestimmungsorganen gem. § 119 Abs. 1 Ziff. 2. **90**

Strafbar handeln alle Personen, die den Beherrschungsvertrag **unterzeichnen** und zu diesem Zweck an ihm **mitwirken.**

(7) Rechtsstaatliche Grundsätze

(a) Verhältnismäßigkeitsprinzip

Nur in einer einzigen Konstellation kann ein fehlender Ansprechpartner die Arbeit des KBR beeinträchtigen. Dieser Einzelfall rechtfertigt es jedoch nicht, seine Errichtung ohne **Verstoß gegen das Übermaßverbot** ganz zu unterbinden. **91**

Bei der **Auftragszuständigkeit** gem. § 58 Abs. 2 BetrVG ist das jeweilige inländische Konzernunternehmen Verhandlungspartner.[107] Bei **originärer Zuständigkeit** gem. § 58 Abs. 1 kann eine unternehmensübergreifende Vereinbarung zustande kommen, weshalb es auch im unternehmerischen Eigeninteresse liegt, mit dem KBR einen unternehmensübergreifenden Verhandlungspartner zu haben. Wird der KBR in nur wenigen UN betreffenden Angelegenheiten initiativ, dann sind die betreffenden inländischen UN Verhandlungspartner. Nur wenn die Angelegenheit alle UN betrifft und ausschließlich einheitlich geregelt werden kann, dann ist das ausländische UN Verhandlungspartner, mit dem die Verhandlungen auf Schwierigkeiten stoßen könnten, wenn es Gespräche verweigert. **92**

Gibt es für den KBR in allen Angelegenheiten, in denen er nach § 58 Abs. 2 BetrVG zuständig ist, in den Angelegenheiten des § 58 Abs. 1, die von der Muttergesellschaft ausgehen, und in den Angelegenheiten des § 58 Abs. 1 BetrVG, die vom KBR ausgehen und in denen die Muttergesellschaft bereit ist, mit ihm zu verhandeln, einen handlungsfähigen Verhandlungspartner, ist es nicht geboten, die Bildung eines KBR für unmöglich zu halten, nur weil dieser in Angelegenheiten, für die er initiativ wird, möglicherweise die Muttergesellschaft nicht zu Gesprächen zwingen kann. Dies wäre eine Rechtsfolge, die den Zweck der Möglichkeit zur Bildung eines Konzernbetriebsrats weit über das ggf. **erforderliche Maß** hinaus einschränkte.[108] **93**

(b) Rechtssicherheit und Rechtsklarheit

Der Umfang der Mitbestimmung darf **nicht in das Belieben** der **Konzernspitze** gestellt werden. Sie entscheidet über die Leitungsstränge. Sie kann hierzu ihre verschiedenen Gesellschaften einsetzen und sich unterschiedlicher Führungsmittel bedienen (z. B. Beherrschungsverträge, Mehrheitsanteile und/oder faktischer Führungsmethoden). **94**

---

105 *BVerfG* 1.3.79, E 50, 290.
106 *Mayer*, AuR 06, 303 [306].
107 *ArbG Hamburg* 19.7.06, dbr 06, 38.
108 *ArbG Hamburg* 19.7.06, dbr 11/06, 38.

95 Insbesondere kann sie das **Maß der Führungsfunktion** einer nationalen Gesellschaft jederzeit verändern und neu dosieren. Rechtssicherheit und Rechtsklarheit sowie die Einschränkung von Umgehungsmöglichkeiten gebieten es, nicht danach zu differenzieren, ob einer nationale Obergesellschaft größere, geringere oder doch wenigstens ganz geringe Mitbestimmungsmöglichkeiten verbleiben oder ob direkte Weisungen der Konzernspitze an nachgeordnete UN ganz an ihr vorbeilaufen.[109]

96 Das Ausmaß und die Delegation von Leitungsmacht an untergeordnete UN sowie nationalen Obergesellschaften folgt oftmals häufig **wechselnden Strategien und Führungskonzepten.** Würde sich auch die Mitbestimmungsstruktur jeweils mit den Strategien ändern bzw. gar entfallen, dann könnte sie umstandslos beseitigt werden. Bei Beherrschungsverträgen kommt hinzu, dass sie konzernweit betrachtet »In-sich-Verträge« darstellen, deren Abschluss leicht und schnell erfolgen kann und damit stark ins Belieben der Konzernspitze gestellt ist. Könnte einem KBR durch einfache Beherrschungsverträge die Grundlage entzogen werden, dann wäre er nicht arbeitsfähig. Ein errichteter KBR könnte jederzeit wieder beseitigt werden.

(c) Einheit der Rechtsordnung

97 Das verfassungsrechtlich gewährleistete Prinzip der Einheit der Rechtsordnung gebietet die Anknüpfung an inländische UN, wenn die ausländische Konzernspitze nicht deutschem Recht unterliegt. **§§ 11 Abs. 3 PublG** und **5 Abs. 3 MitbestG** erkennen die rechtliche Relevanz des inländischen Teilkonzerns an. Diese Vorschriften sind in ihrem Anwendungsbereich Ausprägungen des allgemeinen Rechtsgedankens, wonach in internationalen Konzernen mit ausländischer Spitze an die abhängige inländische Gesellschaft anzuknüpfen ist.[110] Im Übrigen sind die aufgeführten Wertungswidersprüche mit dem Prinzip der Einheit der Rechtsordnung unvereinbar.

(d) Territorialitätsprinzip

98 Der Bildung eines KBR steht nicht entgegen, dass keine Regelungen getroffen werden können, die außerhalb des Gebietes der Bundesrepublik Deutschland bindende Wirkung entfalten können. Dieses Territorialitätsprinzip wird durch die Möglichkeit zur Bildung eines KBR nicht verletzt. Die auch von der Konzernobergesellschaft zu beachtende Rechtsstellung des KBR bedeutet nicht, dass damit die Geltung des BetrVG über die nationalen Grenzen hinaus erstreckt würde. Sie hätte vielmehr diese Rechtsstellung nur dann und insoweit zu berücksichtigen, wie sich ihr Handeln auf die **deutschen Konzern-UN** bezöge und dort mitbestimmungsrelevante Auswirkungen hat.[111]

(8) Koalitionsfreiheit

99 Die Beseitigung errichteter KBR bzw. die Verhinderung seiner Konstituierung bezweckt unverhüllt die **Schwächung der Gewerkschaft** im Betrieb, UN und Konzern.[112] Diese **Zielsetzung ist verfassungswidrig.** Anstatt sie zurückzuweisen, ebnet der 7. Senat[113] trotz umfangreichen Vortrags zur Koalitionsfreiheit den Weg. Gewerkschaften sind auch ein **integraler Bestandteil** der Betriebsverfassung. Die Vorschriften der §§ 51 und 59 BetrVG verweisen z. B. für den GBR bzw. KBR auf § 31 BetrVG, wonach Beauftragte von im Betrieb vertretenen

109 *OLG Düsseldorf* 30.10.06, NZA 07, 707; *OLG Stuttgart* 30.3.95, NJW-RR 95, 1067 für den Aufsichtsrat.

110 *Gaumann/Liebermann*, DB 06, 1157; a. A. *ArbG Stuttgart* 1.8.03, NZA-RR 04, 138 vermisst in § 54 Abs. 1 einen Verweis auf § 5 Abs. 3 MitbG, verkennt jedoch, dass die Vorschrift selbst Ausdruck des allgemeinen Rechtsgedankens ist.

111 *ArbG Hamburg* 19.7.06, dbr 11/06, 38.

112 *Dzida/Hohenstatt*, NZA 07, 945 [948]; wonach seine Existenz unerwünscht sei, »wenn aus Sicht des UN der Eindruck entstehe, dass ein KBR zu gewerkschaftspolitischen Zwecken instrumentalisiert werde«.

113 *BAG* 14.2.07, NZA 07, 999.

Gewerkschaften bei Betriebsratssitzungen beratend hinzuziehen sind. Die Beseitigung eines Mitbestimmungsgremiums z. B. wegen vermeintlicher Funktionslosigkeit würde die Präsenz der Gewerkschaften auf Konzernebene beenden. Dies aber wäre mit der überragenden Bedeutung der Mitbestimmung für den sozialen Rechtsstaat – wie vom Bundesverfassungsgericht in seinem Mitbestimmungsurteil[114] hervorgehoben – unvereinbar. Die Beschränkung des Grundrechtsschutzes auf einen Kernbereich der Koalitionsbetätigung hat das BVerfG aufgegeben.[115] Zum Schutzbereich gehört daher insbesondere auch die Betätigung der Koalition. Denn erst die Vereinigung und das kollektive Verhandeln verleihen AN Verhandlungsmacht und versetzen sie in die Lage, die strukturelle Unterlegenheit des Einzelnen ansatzweise auszugleichen.[116]

(9) Durchführung

Der KBR ist in analoger Anwendung des § 59 Abs. 2 **beim größten inländischen UN** anzusiedeln.[117] Da er nicht »bei« dem herrschenden UN, sondern »für« den Konzern gebildet wird, ist die Feststellung einer Teilkonzernspitze von untergeordneter Bedeutung. **100**

Hat die im Ausland liegende Konzernspitze mehrere inländische, deutlich getrennte und jeweils unter der Leitung einer besonderen Tochtergesellschaft organisierte UN zu einer Gruppe vereinigt, ist von **mehreren Teilkonzernen** auszugehen.[118] **101**

Übt das herrschende UN seine Leitungsmacht vom Ausland durch ein inländisches UN aus, dann bildet die inländische UN-Gruppe einen **Konzern im Konzern,** in dem ganz unstreitig die Voraussetzungen für die Errichtung der KBR vorliegen. Durch Beschluss der GBR der inländischen abhängigen UN kann der KBR bei diesem inländischen UN errichtet werden.[119] **102**

Entfällt ein KBR aufgrund der Rspr. des *BAG* oder kann er erst gar nicht errichtet werden, dann nimmt der GBR bzw. die BRn die eigentlich dem KBR zustehenden Mitbestimmungsrechte wahr. Die **Beteiligungsrechte der AN entfallen somit nicht.** Der AG muss unternehmensübergreifende Regelungen zwingend für den einzelnen GBR bzw. BR treffen.[120] **103**

bb) Inländische Konzernspitze mit abhängigen Unternehmen im Ausland

Hat das herrschende UN seinen Sitz im **Inland,** dann kann für die im Inland gelegenen Teile des Konzerns ein KBR gebildet werden (Einl. Rn. 210).[121] Nach überwiegend vertretener Ansicht sollen die AN der im **Ausland gelegenen Tochter-UN** den KBR nicht mitbilden. Dies ist nicht zwingend. Im Hinblick auf die Schutzfunktion des KBR wurde erwogen, dass sich auch die ausländischen AN-Vertreter hieran beteiligen können, wenn sie demokratisch gewählt wurden.[122] Mit der möglichen Errichtung europäischer BR ist das Bedürfnis gemildert, aber nicht aufgehoben. **104**

Hat ein abhängiges UN mit Sitz im Ausland einen **inländischen Betrieb,** dann nimmt der dort bestehende BR an Bildung des KBR gemäß § 54 Abs. 2 teil.[123] Dies gilt entsprechend für abhängige UN im Ausland, die ihrerseits eine oder mehrere Untergesellschaften im Inland haben. Letztere nehmen an der KBR-Bildung teil. **105**

---

114 *BVerfG* 1.3.79, E 50, 290.
115 *BVerfG* 14.11.95, E 93, 352.
116 *BVerfG*, 26.6.91, E 84, 212.
117 *Dänzer-Vanotti,* Mitb. 83, 454 ff.
118 *Windbichler,* S. 324.
119 *Fitting,* Rn. 36; *GL,* Rn. 13; GK-*Kreutz,* Rn. 37; HWGNRH-*Glock,* Rn. 17; *Schaub,* § 226 I 1; *Dänzer-Vanotti,* Mitb. 83, 454 ff.
120 *BAG* 14.2.07, NZA 07, 999; die *BAG*-Entscheidung vom 14.3.93, AP Nr. 81 zu § 7 BetrVG steht dem nicht entgegen, da bei dem zu entscheidenden Sachverhalt die Errichtung des KBR möglich war; *Fitting,* Rn. 34; a. A. *Dzida/Hohenstatt* NZA 07, 945.
121 *Fitting,* Rn. 37; *Däubler,* RabelsZ 39, 462; *ders.,* Betriebsverfassung in globalisierter Wettbewerb, S. 57 ff.; *Simitis,* FS Kegel, S. 179; *Grasmann,* ZGR 73, 323; *Schnorr v. Carolsfeld,* RdA 84, 137 f.
122 *Fuchs,* Konzernbetriebsrat, S. 180 ff.; *Birk,* FS Schnorr v. Carolsfeld, S. 84; *Däubler,* RabelsZ 39, 462.
123 MünchArbR-*Joost,* § 307 Rn. 39.

4. Qualifizierte Mehrheit der Arbeitnehmer (Abs. 1 Satz 2)

a) Quorum von 50 %

106 Die Errichtung des KBR setzt die Zustimmung von GBR voraus, die zusammen ingesamt mehr als 50 % **der AN der Konzern-UN** repräsentieren. Diese qualifizierte Mehrheit soll dem KBR eine breite Repräsentationsbasis verschaffen, bildet für seine Errichtung jedoch eine nicht geringe Hürde. Ein GBR, der mehr als 50 % der Konzern-AN repräsentiert, kann die Bildung des KBR verhindern. Damit vermag der KBR als Gremium nur in sehr begrenztem Umfang seine Schutzfunktion ausüben, der durch die sich verändernden Konzernstrukturen eine immer größere Bedeutung zukommt.

107 Für die Berechnung ist auf die **tatsächliche Zahl** der AN zum Zeitpunkt der Beschlussfassung abzustellen. Dies bedeutet, dass

- die **leitenden Angestellten** nach § 5 Abs. 3 und 4 nicht mitzählen, sondern nur Arbeitnehmer gemäß § 5 Abs. 1;
- nicht auf den regelmäßigen Stand der AN-Zahl abzustellen ist (wie z. B. bei §§ 1 und 9 für den Betrieb oder die Größe des BR), sondern auf denjenigen **zum Zeitpunkt der Beschlussfassung.** Fasst ein Konzern-UN keinen Beschluss, dann ist der Zeitpunkt der letzten Beschlussfassung eines anderen GBR maßgebend;[124]
- **keine Beschränkung** auf die Zahl der wahlberechtigten und in der Wählerliste eingetragenen AN erfolgt (anders als beim Stimmgewicht der Mitglieder von GBR und KBR gemäß § 47 Abs. 7 und 8 und § 55 Abs. 3). Nur kurzfristig im UN tätige AN können deshalb ebenso mitzählen wie Nicht-Wahlberechtigte. Gem. § 7 Satz 2 wahlberechtigte **LeihAN** gehören zum Betrieb und zählen deshalb mit.[125]

108 **Alle** Arbeitnehmer der Konzernunternehmen zählen mit, auch diejenigen, in deren UN **keine BR oder GBR** gewählt wurden. Sie bilden die Basiszahl von 100 %. Der **Wortlaut** stellt auf die Beschäftigten in den Konzern-UN schlechthin ab.[126] Der Gesetzeszweck, wonach dem KBR durch das hohe Quorum eine breite **Repräsentationsbasis und Legitimation** gesichert werden soll, legt dies jedoch nahe. Hieraus folgt seine umfassende Zuständigkeit auch für BR-lose Betriebe. AN in diesen Betrieben stehen **nicht außerhalb der Betriebsverfassung**.

109 Das **ArbG** prüft von **Amts wegen**, ob das Quorum erreicht wird.[127]

b) Gesamtbetriebsräte

110 Es ist unerheblich, wie viele GBR der Errichtung des KBR zustimmen. Entgegen dem Wortlaut (Mehrzahl!) ist es ausreichend, wenn nur **ein GBR,** der 50 % der AN der Konzern-UN repräsentiert, der Errichtung zustimmt bzw. sie beschließt. Das Gesetz stellt nämlich nicht auf die Zahl der Konzern-UN ab, sondern auf die der AN.[128]

111 Gem. Abs. 2 gilt dies entsprechend für UN, in denen nur **ein BR** besteht, der die Funktion eines GBR ausübt.

5. Mehrere Gesamtbetriebsräte

112 Die Errichtung eines KBR setzt **nicht** voraus, dass in dem Konzern-UN **mehrere GBR** existieren. Besteht nur **ein GBR**, so ist die Errichtung eines KBR also nicht ausgeschlossen. Weder der Wortlaut noch Schutzzweck verlangen mehrere GBR bzw. BR. Besteht nur ein BR in einem Konzern-UN, nimmt dieser gem. § 54 Abs. 2 BetrVG die Aufgaben des GBR wahr mit der Folge, dass auch dann ein KBR errichtet werden kann.
Im Konzern müssen mehr als 50 % der AN in UN beschäftigt sein, in denen ein GBR bzw. BR

124 GK-*Kreutz*, Rn. 52.
125 A. A. GK-*Kreutz*.Rn. 52.
126 *BAG* 11.8.93, NZA 94, 326; *LAG Hamburg* 30.3.92 – 4 TaBV 5/90; *LAG Köln* 26.8.92; LAGE § 54 BetrVG 1972 Nr. 1; *Fitting*, Rn. 46; a. A. *Behrens-Schaude*, DB 91, 278 ff.; *SWS*, Rn. 4.
127 *BAG* 16.5.07 AP Nr. 3 zu § 96 a ArbGG 1979; *Fitting*, Rn. 41.
128 *Fitting*, Rn. 39; *GL*, Rn. 19; GK-*Kreutz*, Rn. 47; Richardi-*Annuß*, Rn. 37.

besteht. Es reicht, dass diese Mehrheit in einem Konzern-UN mit dem **einzigen GBR bzw. BR** vorliegt.[129] Insbesondere steht der **Wortlaut** des § 54 Abs. 1 Satz 1 BetrVG, wonach ein KBR »durch Beschlüsse der einzelnen Gesamtbetriebsräte« errichtet werden kann, diesem Ergebnis nicht entgegen.[130] Der Gesetzgeber musste dies in der Mehrzahl formulieren, da das BetrVG alle GBR und diesen nach § 54 Abs. 2 BetrVG gleichgestellten BR berechtigt, an der Entscheidung teilzuhaben, ob ein KBR verbindlich zu errichten ist. Trotz der Verwendung der Mehrzahl auch in § 54 Abs. 1 Satz 2 BetrVG genügt es nach einhelliger Auffassung schließlich auch, wenn nur ein einziger GBR oder ein einziger diesem nach § 54 Abs. 2 BetrVG gleichgestellter BR, der mehr als 50 % der AN der Konzern-UN repräsentiert, der Errichtung eines KBR zustimmt. Das BetrVG stellt hiernach entscheidend auf die Gesamtzahl der in den Konzern-UN beschäftigten AN ab und nicht etwa auf die Zahl der Konzern-UN. Hinzu kommt die **Systematik des BetrVG.** § 54 Abs. 1 Satz 1 BetrVG ermöglicht den GBR die freiwillige Errichtung des KBR, ohne dies vom Bestehen mehrerer GBR ebenso abhängig zu machen, wie nach dem eindeutigen Wortlaut des § 46 BetrVG das Bestehen mehrerer BR in einem UN Voraussetzung für die Errichtung eines GBR ist.[131] Ein KBR kann auch errichtet werden, wenn im Konzern überhaupt **kein GBR** existiert. Voraussetzung ist, dass in dem Konzern-UN nur jeweils ein Betrieb und ein BR existiert, der gem. § 54 Abs. 2 die Funktion des GBR übernimmt.[132] Der BR muss auch nicht im herrschenden UN bestehen. Es reicht aus, wenn er sich in einem der KonzernUN ordnungsgemäß konstituiert hat.

Haben BR in einem UN keinen GBR gebildet, nehmen sie auch nicht an der Errichtung des **113** KBR teil.[133] Besteht nur ein BR nimmt er jedoch gem. § 54 Abs. 2 die Funktion des GBR ein und damit an der KBR-Bildung teil, weil seine Einbindung in die betriebsverfassungsrechtlichen Strukturen dem **Gesetzeszweck** eher entspricht als seine Ausklammerung.[134] Sein **Stimmgewicht** entspricht der Anzahl der von ihm vertretenen AN.

6. Beschlüsse

a) Initiative

Anders als die Errichtung des GBR (vgl. § 49 Abs. 1) ist **die** des KBR **nicht zwingend** vorge- **114** schrieben und allein vom Willen der GBR abhängig. Sie bedarf der Zustimmung der GBR der Konzern-UN, die mindestens 50 v. H. der AN des Konzerns beschäftigen. Jeder GBR eines zum Konzern gehörenden UN, also nicht nur des herrschenden, sondern auch jedes abhängigen, kann die Initiative zur Errichtung eines KBR ergreifen.[135]

In einem **mehrstufigen Konzern** (**»Konzern im Konzern«**) bleibt der **GBR für die Errich-** **115** **tung eines KBR** sowohl im Tochter- als auch im Mutter-UN zuständig. Der KBR im Mutter-UN wird also nicht durch den KBR des Tochter-UN gebildet.

Der betreffende GBR, der hierzu den ersten Schritt unternimmt, sollte zunächst den **Errich-** **116** **tungsbeschluss** fassen und dann die übrigen GBR auffordern, der Errichtung des KBR zuzustimmen. Macht ein GBR dies nicht und spricht er sich gegen die Errichtung des KBR aus, so handelt er nicht **pflichtwidrig.**[136] Ein GBR-Vorsitzender allerdings, der die Aufforderung dem Gremium überhaupt nicht zur Beschlussfassung vorlegt, verstößt gegen die ihm obliegenden Pflichten.

Die Initiative kann **jederzeit** ergriffen werden.[137] Sie kommt z. B. in Betracht **117**

- zur Anpassung an **veränderte Konzernstrukturen,**

---

129 *Kreutz,* NZA 08, 259; *Däubler, FS Kreutz,* S. 80 ff.; *Trittin/Gilles,* AuR 09, 253; *Fitting,* Rn. 39; Richardi-*Annuß,* Rn. 32, 41; WPK-*Roloff,* Rn. 12; a. A. *Wollwert,* NZA 11, 437.

130 Ausführlich *Trittin/Gilles,* a. a. O.

131 *Trittin/Gilles,* a. a. O.

132 Richardi-*Annuß,* Rn. 32; *SWS* §§ 54 – 59 a, Rn. 5.

133 *Fitting,* Rn 59; *Däubler, FS Kreutz,* S. 69 [79].

134 *Däubler, FS für Kreutz,* S. 69 [79]; vgl. auch *BAG* 17.1.07 NZA 07, 703 [706] Tz 23.

135 *Fitting,* Rn. 40.

136 *Fitting,* Rn. 44; Richardi-*Annuß,* Rn. 42.

137 GK-*Kreutz,* Rn. 57.

- bei **Konzernbildung** durch Unternehmensteilung und Betriebsspaltung (vgl. § 1 Rn. 80 ff.),
- bei veränderten **Beschäftigungsstrukturen** mit Auswirkungen auf das Quorum von Abs. 1 Satz 2,
- bei veränderter **Meinungsbildung** in den GBR bzw. BR.
- Die **Konzernleitung** oder die der **Tochter-UN** hat kein Initiativrecht.[138]

b) Auskunftsanspruch

118 Jeder GBR oder BR kann vom UN gem. § 80 Abs. 1 **Auskunft** über das Vorliegen und die Art eines Konzernverhältnisses verlangen (vgl. zu den Voraussetzungen des Konzerns Vor **§ 54** Rn. 4 ff.). Für die Voraussetzungen und den Inhalt des Informationsanspruchs ist bei Bedarf der Auskunftsanspruch zur Errichtung des EBR gem. § 5 EBRG analog heranzuziehen (vgl. § 5 EBRG Rn. 1 ff.).

c) Beschlussfassung

119 Die GBR fassen ihre Beschlüsse **selbstständig** und voneinander getrennt. Die Beschlussfassung richtet sich nach § 51 Abs. 4, wonach ein Antrag angenommen wurde, wenn er die einfache, nach Stimmengewicht berechnete Mehrheit der anwesenden Mitglieder erhält. Für die Beschlussfassung des einzigen BR eines Konzern-UN gemäß Abs. 2 ist die Mehrheit der Stimmen der anwesenden Mitglieder erforderlich.

120 Zweckmäßigerweise **informieren** die GBR nach der Beschlussfassung über das Ergebnis alle anderen GBR, aber insbes. den GBR, der zur Errichtung des KBR die Initiative ergriffen und dem, der zur konstituierenden Sitzung gem. § 59 Abs. 2 einzuladen hat.

d) Rechtsfolgen

121 Durch die Errichtungsbeschlüsse mit der nach Abs. 1 Satz 2 erforderlichen Mehrheit ist der KBR **errichtet.** Bis zur Konstituierung ist er jedoch noch handlungsunfähig.

122 Die Errichtung begründet für alle GBR unmittelbar **Pflichten,** unabhängig davon, ob sie sich für oder gegen eine Errichtung ausgesprochen haben oder gar pflichtwidrig eine Abstimmung überhaupt nicht vorgenommen haben:

- Der GBR der Hauptverwaltung des Konzerns bzw., sofern ein solcher nicht besteht, der GBR der nach der Zahl der wahlberechtigten AN größten Konzern-UN hat unverzüglich zur **konstituierenden Sitzung** des KBR nach § 59 Abs. 2 einzuladen. Kommt er seiner Pflicht nicht in angemessener Frist nach, hat jeweils der GBR des nach der Zahl der wahlberechtigten AN nächstgrößten UN einzuladen.
- Die GBR sind verpflichtet, aus ihrer Mitte Mitglieder in den KBR zu **entsenden.**

123 Erst mit der **Wahl des Vorsitzenden** und **Stellvertreters** wird der KBR handlungsfähig. Seine Zuständigkeit erstreckt sich auf alle Konzern-UN mit oder ohne BR bzw. GBR sowie auf solche UN, deren GBR

- keine Mitglieder in den KBR entsandt oder
- auf sonstige Weise seine Pflichten bei der Errichtung verletzt hat.[139]

7. Amtsdauer

a) Dauereinrichtung

124 Der KBR hat ebenso wie der GBR **keine feste Amtszeit.** Wird seine Errichtung beschlossen, besteht er **auf Dauer** (*§ 47 Rn. 7 für den GBR*).[140] Es gibt nur eine mittelbare Abhängigkeit von

138 GK-*Kreutz,* Rn. 48.
139 *Fitting,* Rn. 49; a. A. GK-*Kreutz,* Rn. 65.
140 *BAG 23.8.06 AP Nr. 12 zu § 54 BetrVG 1972: 5.6.02, AP Nr. 11 zu § 47 BetrVG 1972.*

der Amtszeit der BR, die nach Ablauf von vier Jahren endet und eine neue Beschlussfassung über die Entsendung in den GBR bzw. KBR erforderlich macht. Durch die Neuentsendungen erfolgt keine Neukonstituierung des KBR. Die Beschlüsse zur Errichtung des KBR haben über einzelne Wahlperioden hinaus Bestand.[141] Konstituiert er sich **irrtümlich** ein weiteres Mal in dem Glauben, seine Voraussetzungen seien entfallen, dann ist dies für seine weitere Arbeit unschädlich, wenn seine Voraussetzungen tatsächlich vorliegen. Im Gegenteil: Seine Arbeit wird damit auf eine sichere Basis gestellt (vgl. § 47 Rn. 7 zum entsprechenden Problem beim GBR). Zur besseren **demokratischen Legitimation** des Gremiums empfiehlt sich für die praktische Arbeit dennoch die Neuwahl des Vorsitzenden und Stellvertreters nach Ablauf der regelmäßigen BR-Neuwahlen gem. § 13 Abs. 1 BetrVG. Sie **bestätigt** lediglich die Position des KBR und bedeutet keine Neukonstituierung des Gremiums.

b) Wegfall der Voraussetzungen

Der KBR kann nur solange bestehen, wie die **Voraussetzungen** zu seiner Errichtung vorliegen, **125**
nämlich ein Konzernverhältnis gemäß § 18 Abs. 1 AktG.[142] Endet es (z. B. durch Verschmelzung, Verkauf usw.), so steht dem KBR ein **Rest-** bzw. **Übergangsmandat** zu. Die Rechtsfolgen sind nicht anders als beim Wegfall der Voraussetzungen zur Errichtung des GBR.[143] Im Übrigen endet seine Amtszeit nicht durch

- **Rücktritt.** Dem KBR fehlt insofern die Organisationszuständigkeit über seinen Bestand.[144] **126**
  Es können allenfalls einzelne Mitglieder des KBR ihr Amt niederlegen. Für sie rücken die Ersatzmitglieder nach.[145]
- **Beschlussfassung** über die **Auflösung** ohne qualifizierte Mehrheit. Ebenso wie für die **127**
  Errichtung ist die Zustimmung der GBR erforderlich, in deren UN insgesamt mehr als 50 % der AN beschäftigt sind.[146] Hierfür spricht neben dem Charakter des KBR als Dauereinrichtung u. a. der **Wortlaut,** der für die Errichtung 50 % vorsieht, und die **Arbeitsfähigkeit** des Gremiums, deren Fortbestand nicht ständig bei kontroversen Sachentscheidungen bedroht sein darf, indem z. B. die unterlegene Minderheit zusammen mit einem GBR vielleicht von Anfang an die Errichtung des KBR abgelehnt hatte, seine Beseitigung beschließen.
- **gerichtliche Auflösung** des KBR. § 56 sieht deshalb nur den Ausschluss von einzelnen **128**
  Mitgliedern des KBR, nicht jedoch dessen Auflösung als Gremium vor.
- **Veränderungen** in der Konzernstruktur, indem z. B. UN aus ihm ausscheiden bzw. hin- **129**
  zukommen (dies hat nur Einfluss auf die Zusammensetzung des KBR) oder indem das herrschende UN unter die einheitliche Leitung einer neuen Konzernobergesellschaft gestellt wird, aber weiterhin als Konzern im Konzern (vgl. Rn. 14 ff.) Leitungsmacht selbstständig gegenüber den von ihm abhängigen UN ausübt.[147] Der GBR des aus dem Konzern ausscheidenden UN verliert sein Entsenderecht in dem KBR dieses Konzerns.[148]

c) Fusion von Konzernen mit Konzernbetriebsräten

Bei der Fusion von Konzernen stellt sich die Frage nach dem **Fortbestand** der bei ihnen **130**
gebildeten KBR. Sie kann auf sehr unterschiedliche Weise erfolgen. Denkbar ist z. B., dass

- die jeweils herrschenden UN miteinander verschmolzen und damit alle abhängigen UN der einheitlichen Leitung des herrschenden UN unterstellt werden, das entweder das andere UN aufnimmt oder durch Verschmelzung neu gegründet wurde,

141 *Fitting*, Rn. 37; *GL*, Rn. 22; HWGNRH-*Glock*, Rn. 29; GK-*Kreutz*, Rn. 61; Richardi-*Annuß*, Rn. 45.
142 *BAG 23.8.06 AP Nr. 12 zu § 54 BetrVG 1972*; 16.3.05, AP Nr. 5 zu § 51 BetrVG 1972 zum GBR.
143 Vgl. Tarifvertrag zum Erhalt des KBR in DKKW-F*Trittin*, § 54 Rn. 21.
144 *Fitting*, Rn. 53; *GL*, Rn. 22; HWGNRH-*Glock*, Rn. 29 a; GK-*Kreutz*, Rn. 63; Richardi-*Annuß*, Rn. 46.
145 HWGNRH-*Glock*, Rn. 29 b.
146 *Fitting*, Rn. 52; GK-*Kreutz*, Rn. 60.
147 *BAG* 23.8.06 AP Nr. 12 zu § 54 BetrVG 1972; *Fitting*, Rn. 51; HWGNRH-*Glock*, Rn. 31; GK-*Kreutz*, Rn. 61.
148 *BAG* 14.2.07 NZA 07, 999.

- alle herrschenden mit abhängigen UN miteinander durch Aufnahme oder Neugründung verschmelzen.

131 Von den gebildeten KBR besteht **nur einer** fort. Da nach der Fusion nur noch ein Konzern besteht, kann auch nur ein KBR weiter amtieren.

132 Es amtiert der KBR weiter, der die meisten **wahlberechtigten AN** repräsentiert. Er wird nicht bei dem herrschenden UN gebildet, sondern für alle dem Konzern angehörenden UN. Damit kommt es für den Fortbestand des KBR nicht darauf an, ob die Identität des herrschenden UN erhalten bleibt und bei welchem der bisher herrschenden UN dies der Fall ist. Entscheidend ist in Analogie zu § 21 a Abs. 2 die Anzahl der vom KBR repäsentierten AN.

133 Dies entspricht eher dem **demokratischen Repräsentationsprinzip,** als ein Wegfall des Gremiums in dem UN, das nach der UN-Verschmelzung durch die Fusion untergeht. Die Entscheidung hierüber folgt häufig aus rein steuerrechtlichen Erwägungen. Es wäre nicht sachgerecht, den Fortbestand des KBR hieran zu koppeln.

134 Der nach der repräsentierten Zahl der Beschäftigten **größere KBR** nimmt also das Mandat gem. § 21 a II UmwG analog wahr und lädt zur Neukonstituierung ein.

III. Konzernunternehmen mit nur einem Betriebsrat (Abs. 2)

135 Die Vorschriften zum KBR gehen vom **Regelfall** aus, dass in mehreren UN des Konzerns jeweils ein GBR gebildet wurde. Dies setzt die Existenz von mehreren betriebsratspflichtigen Betrieben in den Konzern-UN voraus, was in der Praxis jedoch nicht immer der Fall ist. Dem trägt Abs. 2 der Vorschrift dadurch Rechnung, dass sämtliche für den GBR geltende Vorschriften über Rechte, Pflichten und Zuständigkeit in den Fällen auf den BR zur Anwendung kommen, in denen kein GBR existiert, weil ein Konzern-UN nur einen BR hat. Die Benachteiligung dieser Arbeitnehmerrepräsentanz soll vermieden werden, indem er insoweit dem GBR funktionell gleichgestellt wird.

1. Ein Betriebsrat

136 Der Tatbestand, dass in einem Konzern-UN nur ein BR besteht, der die Aufgaben eines GBR wahrzunehmen hat, kann in mehreren Fällen vorliegen:

- In einem Konzern-UN gibt es nur **einen betriebsratsfähigen Betrieb,** so dass nur ein BR bestehen kann.
- Zu einem Konzern-UN gehören zwar mehrere betriebsratsfähige Betriebe, aber nur in **einem Betrieb wurde ein BR gewählt,** so dass kein GBR gebildet werden konnte.

Teilweise wird die Anwendung des Abs. 2 abgelehnt, weil dieser ein einheitlich-zentralistisch organisiertes UN voraussetze, dessen sämtliche AN durch den GBR repräsentiert werden müssten. Damit wären alle BR ausgeschlossen, in deren UN zwar weitere Betriebe, jedoch keine sonstigen BR existieren.

137 Für die Errichtung eines KBR sind **GBR in mehreren** UN des Konzerns **nicht erforderlich.** Gibt es in einem Konzernunternehmen nur einen betriebsratsfähigen Betrieb, so dass nur ein BR bestehen kann, oder gehören zu einem Konzernunternehmen zwar mehrere betriebsratsfähige Betriebe, wurde aber nur in einem Betrieb ein BR gewählt, so dass kein GBR errichtet werden konnte, nimmt dieser BR insoweit die Aufgaben eines GBR iSd. § 54 Abs. 2 wahr. Hiernach können auch die BR zweier Konzern-UN einen KBR errichten, selbst wenn jeweils weitere betriebsratsfähige Betriebe im UN existieren, in denen keine BR gewählt wurden. Die Errichtung eines KBR kommt auch dann in Betracht, wenn im Konzern nur ein GBR oder ein diesem nach § 54 Abs. 2 BetrVG gleichgestellter BR existiert.

138 Der **Wortlaut** des § 54 Abs. 1 BetrVG, wonach ein KBR »durch Beschlüsse der einzelnen GBR« errichtet werden kann, steht dem nicht entgegen. Es war geboten, die gesetzliche Regelung im Plural zu formulieren, da das BetrVG alle GBR und diesen nach § 54 Abs. 2 BetrVG gleichgestellten BR berechtigt, an der Entscheidung teilzuhaben, ob ein KBR verbindlich zu erreichten ist.[149]

---

149 *Trittin/Gilles,* AuR 09, 253; *Fitting,* Rn. 58; *Kreutz,* NZA 08, 259.

Die **Systematik des BetrVG** ermöglicht dem GBR die freiwillige Errichtung eines KBR, ohne dies vom Bestehen mehrerer GBR ebenso abhängig zu machen, wie nach dem Wortlaut des § 47 Abs. 1 das Bestehen mehrerer BR in einem UN Ansatzpunkt und Voraussetzung für die Errichtung eines GBR ist.[150] Die Existenz mehrerer GBR oder diesen nach § 54 Abs. 2 gleichgestellten BR kann deshalb auch gesetzessystematisch nicht Voraussetzung für die Errichtung eines KBR sein. Auch § 55 steht dem nicht entgegen, schreibt lediglich die Entsendungspflicht jedes einzelnen GBR bzw. BR in den KBR fest. Es ist insoweit nicht ersichtlich, wieso deshalb mindestens 2 GBR bzw. BR vorausgesetzt sein sollten.[151] **139**

Nach **Sinn und Zweck** der §§ 54 ff. soll mit einem KBR die Beteiligung der AN des Konzerns an den Entscheidungen der Konzernleitung sichergestellt werden.[152] § 54 Abs. 1 Satz 2 legt insoweit fest, dass die Errichtung eines KBR das Erreichen einer Mehrheit voraussetzt. Errichtungsvoraussetzung eines KBR ist nach einhelliger Auffassung demnach, dass im Konzern mehr als 50 % der AN in Konzernunternehmen beschäftigt sind, in denen ein GBR oder ein diesem gleichgestellter BR nach § 54 Abs. 2 BetrVG bestehen. Ist diese Mehrheit erreicht, macht die Errichtung eines KBR und die Beteiligung der AN des Konzerns an den Entscheidungen der Konzernleitung Sinn und entspricht dem Zweck der gesetzlichen Regelungen. Nach § 58 Abs. 1 Satz 1 Halbsatz 2 erstreckt sich seine **Zuständigkeit** dann auch ausdrücklich auf UN, die einen GBR nicht gebildet haben, sowie auf Betriebe der Konzernunternehmen ohne BR. **140**

Organisatorische Bedenken, wonach wegen fehlender Wählerlisten im betriebsratslosen Betrieb das Stimmengewicht des GBR nicht ermittelt werden könne, sind leicht behebbar. Das UN ist verpflichtet, dem BR und dem GBR **Auskunft** über die Zahl der wahlberechtigten AN in dem betriebsratslosen Betrieb zu geben (§ 80 Abs. 2). **141**

Abs. 2 findet **keine analoge Anwendung** auf den Fall, dass in einem mehrbetrieblichen Konzern-UN mehrere BR existieren, die jedoch **pflichtwidrig keinen GBR** gebildet haben.[153] Diese BR nehmen also nicht die Aufgaben eines GBR entsprechend der Generalklausel wahr und sind nicht befugt, sich an der Errichtung des KBR zu beteiligen. **142**

Auch auf den BR in einem von mehreren UN gebildeten **Gemeinschaftsbetrieb** kann Abs. 2 Anwendung finden. Haben die UN keine anderen Betriebe mit BR, gehören sie jedoch einem Konzern an, in dem ein KBR existiert, dann entsendet der BR des Gemeinschaftsbetriebs seine Vertreter unmittelbar in den KBR.[154] **143**

2. Rechtsfolgen

Der BR hat bei der Bildung des KBR die **Stellung eines GBR.** Er nimmt ebenso wie ein GBR an der **Beschlussfassung** über die Bildung eines KBR oder der Entsendung und Abberufung von Mitgliedern teil. Wenn auf ihn die Voraussetzungen des § 59 Abs. 2 zutreffen (herrschendes oder größtes UN), so hat der BR auch zur **konstituierenden Sitzung** des KBR einzuladen. **144**

Bei der Beschlussfassung hat er so viele Stimmen, wie AN in dem UN beschäftigt sind, dem sein Betrieb angehört. Soweit allerdings Aufgaben nicht den KBR betreffen, so übt der BR in dem Konzern-UN, dem er angehört, auch nicht die Funktion des GBR aus.[155] **145**

---

150 *Trittin/Gilles,* AuR 09, 253; *Kreutz,* NZA 08, 259.

151 *Kreutz,* NZA 08, 259; a. A. *Richardi-Annuß,* Rn 41.

152 *BAG* 14.2.07 AuR 07, 93, 325, 16.5.07, NZA 08, 320; *Trittin/Gilles* AuR 08, 136; *dies.* AuR 09, 253.

153 *Fitting,* Rn. 59; GK-*Kreutz,* Rn. 58; HWGNRH-*Glock,* Rn. 36; Richardi-*Annuß,* Rn. 56.

154 *Däubler,* FS Zeuner, S. 19 [29 f.]; § 1 Rn. 94 a.

155 A. A. *GL,* Rn. 15, 26; *Weiss,* Rn. 5, die die Anwendung des Abs. 2 ablehnen und ihre Anwendung auf UN mit nur einem betriebsratsfähigen Betrieb beschränken wollen; vermittelnd *Fitting,* Rn. 60; GK-*Kreutz,* Rn. 63; HWGNRH-*Glock,* Rn. 35, wonach der BR zwar bei der Bildung und Zusammensetzung des KBR zu beteiligen, aber dessen Stimmengewicht nur auf die in dem betreffenden Betrieb des Konzern-UN beschäftigten AN abzustellen ist.

IV. Streitigkeiten

146 Streitigkeiten wegen der Errichtung des KBR sind vom ArbG im **Beschlussverfahren** gemäß §§ 2 a, 80 f. ArbGG zu entscheiden. Örtlich ist das ArbG zuständig, in dessen Bezirk das herrschende UN seinen Sitz hat (§ 82 Satz 2 ArbGG).[156] Hat es ihn im Ausland, ist der Sitz des Konzern-UN im Inland maßgebend, dem die **Mehrzahl der Arbeitsverhältnisse** zuzuordnen ist.[157]

147 Die internationale Zuständigkeit des angerufenen deutschen Gerichts zur **Vorabentscheidung** über die örtliche Zuständigkeit gemäß §§ 80 Abs. 3, 48 Abs. 1 ArbGG, 17 a Abs. 3 GVG folgt aus der Tatsache, dass ein deutsches BR-Gremium gegenüber im Ausland ansässigen UN Rechte nach der Betriebsverfassung geltend macht.[158]

148 Jeder GBR bzw. der gem. § 54 Abs. 2 funktionell zuständige BR sind bei Streitigkeiten um die Errichtung des KBR antragsberechtigt. Für ein Beschlussverfahren, mit dem die Wirksamkeit der Entsendung von BR-Mitgliedern in KBR geklärt werden soll, steht der **Gewerkschaft** nach der Rspr. des *BAG* kein **Antragsrecht** zu.[159]

149 Der Antrag des AG oder der GBR bzw. BR zur Klärung von Streitigkeiten über das Vorliegen der Voraussetzungen, insbes. eines **Konzerns,** kann darauf gerichtet werden, dass die beteiligten UN

- die Errichtung eines KBR durch die GBR bzw. BR dulden,
- die konstituierende Sitzung des KBR dulden,
- die konkret bezeichnete Amtstätigkeit des konstituierenden KBR dulden oder festzustellen, dass sich ein KBR wirksam konstituiert hat.[160]

150 Ein den primären Feststellungsantrag **spiegelbildlich leugnender Feststellungsantrag** ist unzulässig, wenn er denselben Streitgegenstand betrifft. Dies ist bei einem Streit darüber der Fall, ob die Errichtung des KBR für ein Konzernverhältnis zwischen einem bestimmten herrschenden und abhängigen UN rechtlich zulässig war.[161]

151 Dem bloßen **Feststellungsantrag,** dass der AG einem Konzern angehört und der BR zur Errichtung des KBR mit berechtigt ist, fehlt das **Rechtsschutzinteresse,** solange die BR der betreffenden UN nicht mit der zur Errichtung erforderlichen Quote zustimmten.[162]Dies gilt auch für Feststellungsanträge, die die **Tendenzeigenschaft** eines UN gem. § 118 Abs. 1 Satz 1 und damit eine Vorfrage eines Rechtsverhältnisses i. S. d. § 256 I ZPO betrifft. Hierdurch wird das Bestehen oder Nichtbestehen eines betriebsverfassungsrechtlichen Rechtsverhältnisses nicht abschließend geklärt.[163]

152 Sind zwischen den Betriebsparteien die Voraussetzungen für die Bildung des KBR gem. § 54 Abs. 1 oder seine ordnungsgemäße Konstituierung streitig, dann können sie dies arbeitsgerichtlich klären. Kein AG im Konzern darf den in den KBR entsandten Mitgliedern im Verlauf des Verfahrens Schwierigkeiten bereiten. Dies bedeutet u. a., dass sie die Teilnahme an seinen **Sitzungen**, **Schulungen** und **sonstigen Aktivitäten** nicht beeinträchtigen dürfen. Dies gilt unabhängig vom Grad der Offensichtlichkeit eines möglichen Fehlers. Es kommt also nicht darauf an, ob die Konstituierung rechtswidrig oder nichtig war. Ebenso wie BR und GBR bleibt der KBR nach seiner Konstituierung so lange im Amt, bis über ihre Rechtmäßigkeit rechtskräftig entschieden wurde. Gerade für die Dauer eines entsprechenden Verfahrens muss er arbeitsfähig sein und jederzeit Beschlüsse zum Gang des Verfahrens, z. B. Einlegung eines Rechtsmittels, Beauftragung eines Rechtsanwalts, Zustimmung zu einem Vergleichsvorschlag, führen können. Jede Beeinträchtigung behindert ihn bei der Arbeit und ist deshalb gem. § 119 Ziffer 2 strafbar.

---

156 *Fitting,* Rn. 61; GK-*Kreutz,* Rn. 65; vgl. Musterschriftsätze zum Fortbestand der errichteten KBR in DKKWF-*Trittin,* § 53 Rn. 16 bis 18.
157 *ArbG Bielefeld* 27.3.96 – 4 BV 59/95.
158 *ArbG Bielefeld* a. a. O.; *LAG Rheinland-Pfalz* 15.10.91, NZA 92, 138.
159 *BAG* 29.8.85, NZA 86, 400.
160 *BAG* 13.10.04, NZA 05, 647; *ArbG Siegen* 20.12.92 – 1 BV 8/92.
161 *BAG* 13.10.04, NZA 05, 647.
162 *ArbG Braunschweig* 1.10.98, NZA-RR 99, 88.
163 *BAG* 14.12.10, NZA 11, 473.

Beteiligte i. S. d. § 83 Abs. 3 BetrVG an dem Beschlussverfahren zur Errichtung des KBR und Feststellung des Konzernverhältnisses sind die AG, die die MBR zu beachten, sowie die GBR bzw. BR, die den KBR zu bilden und Mitglieder zu entsenden haben.[164] Im Beschlussverfahren um die Wirksamkeit des Entsendungsbeschlusses sind der KBR und die entsandten Voll- und Ersatzmitglieder zu beteiligen.[165] Für die Beteiligtenstellung kommt es entscheidend darauf an, ob die **betriebsverfassungsrechtliche Position** betroffen ist.[166] Dies ist der Fall, wenn der GBR bzw. BR den KBR errichtet haben oder es durch ihn zu Kompetenzverschiebungen kommen kann.[167] **153**

Die in den Konzern-UN bzw. im Konzern vertretene **Gewerkschaft** ist ebenfalls **Beteiligte** im Beschlussverfahren, weil sie integraler Bestandteil der Betriebsverfassung ist. Ihre Beseitigung auf einer Ebene der Mitbestimmung – hier auf Konzernebene – wäre mit Art. 9 Abs. 3 GG unvereinbar (vgl. § 54 Rn. 29 ff.).[168] **154**

Einem unter Verkennung der Voraussetzung des § 54 errichteten KBR stehen nach der Rspr. **keine betriebsverfassungsrechtlichen Befugnisse** zu. Auf die Unwirksamkeit kann sich nach der Rspr. jedermann und jederzeit mit rechtlichem Interesse berufen, ohne dass die Zweiwochenfrist des § 19 Anwendung finde. Bei offensichtlicher Unwirksamkeit sollen sogar die Kosten des GBR und BR nicht erstattet werden.[169] Die Antragsfrist des § 19 Abs. 2 soll also nach dieser wenig überzeugenden Auffassung **keine analoge Anwendung** auf das Feststellungsverfahren zur Errichtung des KBR finden. Dazu fehle es an einer Regelungslücke und Vergleichbarkeit der beiden Konstellationen, weil es bei § 19 um eine Wahl aus der Mitte der Arbeitnehmerschaft und bei § 54 um eine Entsendung aus bestehenden Gremien handelt.[170] Diese Rspr. verkennt, dass der KBR eine Lücke in der Mitbestimmung schließt. Gäbe es ihn nicht, könnten weder BR noch GBR sie füllen, weil ihre Zuständigkeit an den Grenzen des Betriebs bzw. UN endet. Ihnen ist also jede konzernweite einheitliche Regelung wie z. B. für Versetzungen innerhalb des Konzerns unmöglich. Diese durch kein anderes Gremium wahrzunehmende Funktion im System der Mitbestimmung gebietet die analoge Anwendung des § 19. Etwas anderes gilt für Streitigkeiten über die wirksame Entsendung in den KBR, die zur Rechtssicherheit nur innerhalb der Frist des § 19 geltend zu machen sind. **155**

Nach inzwischen weit verbreiteter Auffassung in der Rspr. wird hinsichtlich der **Wertfestsetzung** für die Wirksamkeit der Errichtung eines KBR eine Vergleichbarkeit mit der Konstellation bei einer Anfechtung einer Betriebsratswahl angenommen, so dass insoweit eine Orientierung an der Staffel des § 9 BetrVG geboten ist.[171] Teilweise wird hier der Gegenstandswert für den einköpfigen BR auf den 1,5fachen Hilfswert des § 23 Abs. 3 Satz 2 RVG festgesetzt und bei einem mehrköpfigen BR dann jeweils ein weiterer einfacher Hilfswert in Höhe von € 4000,00 nach den weiteren Staffeln des § 9 BetrVG hinzugerechnet.[172] Teilweise wird auch nur der Regelwert von € 4 000,00 als Ausgangswert zu Grunde gelegt[173] oder für jedes weitere Mitglied des KBR der Regelwert nur um $^1/_4$ erhöht.[174] Unter Heranziehung der Staffel wird teilweise auf den Regelwert von € 4 000,00 für die erste Staffel abgestellt und hinsichtlich jeder weiteren Staffel um jeweils die Hälfte des Regelwertes erhöht.[175] Auch das *LAG Hamburg*[176] sieht eine Vergleichbarkeit mit der Konstellation bei einer Anfechtung einer Betriebsratswahl gegeben. Der Gegenstandswert für einen Streit um die Rechtmäßigkeit der Errichtung eines **156**

164 *BAG* 13.10.04, NZA 05, 647; 22.11.95 NZA 96, 706.
165 *HessLAG*, 10.7.03, NZA-RR 05, 79 für die Entsendung in den GBR.
166 *BAG* 18.2.03, AP Nr. 11 zu § 77 BetrVG 1972 Betriebsvereinbarung.
167 *BAG* 13.10.04, NZA 05, 647; 22.11.95, AP Nr. 7 zu § 54 BetrVG 1972.
168 *BVerfG* 1.3.79, BVerfGE 50, 290.
169 *BAG* 23.8.06 AP Nr. 12 zu § 54 BetrVG 1972; GK-*Kreutz*, Rn. 11; *Kort*, wonach eine Unwirksamkeit lediglich ex nunc eintritt.
170 *ArbG Berlin* 29.1.03 – 16 BV 19946/02.
171 *LAG Köln* 22.6.05, NZA-RR 2006, 269.
172 *LAG Hamm* 9.3.03, NZA 2002, 350; 28.4.05.
173 *LAG Schleswig-Holstein* 9.7.03, *LAG Rheinland-Pfalz* 5.6.05.
174 *LAG Rheinland-Pfalz* 30.3.92 und 15.6.05, *LAG Schleswig-Holstein* 9.7.03, *LAG München* 13.9.07.
175 *LAG Köln*19.5.04, MDR 2005, 342.
176 *LAG Hamburg* 7.1.09.

KBR sei daher unabhängig von der Größe des KBR grundsätzlich mit dem **dreifachen Ausgangswert des § 23 Abs. 3 Satz 2 Halbs. 2 RVG** zu bewerten. Soweit danach zugleich eine Orientierung an der Staffel des § 9 BetrVG geboten sei, erscheine es angemessen, für jede weitere Staffel des § 9 BetrVG je einen halben Ausgangswert erhöhend zum Ansatz zu bringen.

157 Ohne auf die **Anzahl der Mitglieder** des KBR bzw. die Staffelung gem. § 9 BetrVG abzustellen, wurde bei der Bildung eines KBR auch eine Verdoppelung, Verdreifachung oder Vervierfachung des Regelsatzes angenommen.[177]

§ 55 Zusammensetzung des Konzernbetriebsrats, Stimmengewicht

(1) In den Konzernbetriebsrat entsendet jeder Gesamtbetriebsrat zwei seiner Mitglieder. Die Geschlechter sollen angemessen berücksichtigt werden.
(2) Der Gesamtbetriebsrat hat für jedes Mitglied des Konzernbetriebsrats mindestens ein Ersatzmitglied zu bestellen und die Reihenfolge des Nachrückens festzulegen.
(3) Jedem Mitglied des Konzernbetriebsrats stehen die Stimmen der Mitglieder des entsendenden Gesamtbetriebsrats je zur Hälfte zu.
(4) Durch Tarifvertrag oder Betriebsvereinbarung kann die Mitgliederzahl des Konzernbetriebsrats abweichend von Absatz 1 Satz 1 geregelt werden. § 47 Abs. 5 bis 9 gilt entsprechend.

Inhaltsübersicht

I. Vorbemerkungen

1 **Novellierung 2001:** Das Gruppenprinzip wurde aufgegeben. Die Vertretung von Vertretern gemeinsamer Betriebe kann durch TV oder BV abweichend von der gesetzlichen Regelung gestaltet werden.
Die Vorschrift regelt in Abs. 1 **Zusammensetzung** und **Mitgliederzahl** des KBR in Anlehnung an die für den GBR maßgebende Bestimmung des § 47 Abs. 2. Für die Entsendung der Mitglieder in den KBR (Abs. 1 Satz 3) gelten die Grundsätze, die für die Bildung des Gesamtbetriebsausschusses des GBR maßgebend sind (§ 51 Abs. 2).

2 Die Regelungen über die **Stimmengewichtung** im KBR (Abs. 3 und 4) sowie die Möglichkeit, die Größe des KBR durch TV oder BV abweichend festzulegen (Abs. 5), sind den entsprechenden für den GBR maßgebenden Vorschriften nachgebildet (§ 47 Abs. 4 – 8).

II. Zusammensetzung (Abs. 1)

1. Entsendung von Gesamtbetriebsratsmitgliedern

3 Die GBR (bzw. BR gemäß § 54 Abs. 2) der dem Konzern angehörenden UN entsenden jeweils **zwei Mitglieder** in den KBR. Es handelt sich um **Beschlüsse** des GBR bzw. BR gem. § 54 Abs. 2 als Gremium. Weder eine Wahldelegiertenversammlung noch der Betriebsausschuss können diese Beschlüsse des GBR ersetzen. Insofern gilt nichts anderes, als für die Beschlussfassungen zur Errichtung des GBR selbst gem. § 47 Abs. 2. Die Geschlechter sollen angemessen berücksichtigt werden.[1]

177 *LAG Hamm* 30.11.89, *ArbG Hamburg* 10.12.07.
1 *Wankel*, AiB 01, 501.

Für **privatisierte Post-UN** trifft § 33 PostPersRG teilweise spezielle Regelungen zur Zusammensetzung des KBR. Danach werden zwei Mitglieder entsandt, wenn dem GBR Mitglieder beider Gruppen angehören und ein Mitglied, wenn ihm nur eine Gruppe angehört. Der **besondere Beamtenschutz** gilt nur bei zwei in den KBR zu entsendenden Mitgliedern, von denen eines ein Vertreter der Beamten sein muss. Das Auswahlverfahren entspricht dem Verfahren für die Entsendung in den GBR gem. § 47 Abs. 2.

In den KBR entsandt werden können **nur Mitglieder des GBR** (bzw. BR gemäß § 54 Abs. 2) selbst. Insofern gilt nichts anderes als für die Beschlussfassungen zur Errichtung des GBR selbst (vgl. § 47 Rn. 29). Die **Mitgliedschaft im KBR endet** mit Ablauf der Amtszeit des BR, von dem das Mitglied im GBR oder aber gemäß § 54 Abs. 2 direkt in den KBR entsandt worden ist,[2] wobei im Falle einer anschließenden Wiederwahl als BR-Mitglied selbstverständlich auch die spätere Wiederentsendung in den KBR möglich ist. Der GBR eines **Gemeinschafts-UN** entsendet Vertreter in den KBR der beteiligten Konzerne. 4

2. Entsendungspflicht

Ist der KBR erst einmal gebildet, sind auch die **GBR verpflichtet,** Mitglieder in den KBR zu entsenden, die seiner Errichtung nicht zugestimmt haben.[3] 5

Integriert das herrschende UN weitere UN mit GBR in den Konzern, dann entsenden sie zusätzlich ihre Mitglieder in den KBR, der sich dadurch vergrößert (vgl. auch § 47 Rn. 24 ff. für den GBR).[4] 6

Die Nichtentsendung von Mitgliedern in den KBR durch einen GBR stellt **keine** den Antrag auf gerichtliche Auflösung des GBR rechtfertigende **grobe Pflichtverletzung** nach § 23 Abs. 1 dar. Im Gegensatz zum GBR, dessen Errichtung bei Vorliegen der in § 47 Abs. 1 genannten Voraussetzungen kraft Gesetzes zwingend vorgeschrieben ist, hängt die Errichtung des KBR von einer entsprechenden Willensentscheidung der GBR ab (§ 54 Abs. 1 Satz 2). Im Übrigen kennt das Gesetz die Möglichkeit einer gerichtlichen Auflösung des GBR als Kollektivorgan nicht. 7

3. Wahlverfahren

Die in den KBR zu entsendenden Mitglieder werden vom GBR insgesamt durch **Mehrheitsbeschluss** bestimmt. Wie bei der Bestimmung der Delegierten des GBR gem. § 47 Abs. 2 wird er durch einfache Mehrheit gem. § 33 gefasst. 8

4. Abberufung

Die vorstehenden, für die Entsendung maßgebenden Grundsätze kommen auch für **die Abberufung von Mitgliedern des KBR** zur Anwendung. Die Abberufung ist jederzeit möglich. Des Vorliegens irgendwelcher besonderer Voraussetzungen oder eines bestimmten Anlasses bedarf es hierzu nicht. Es finden die für die Abberufung von GBR-Mitgliedern geltenden Grundsätze Anwendung (§ 47 Rn. 36 f.). Das für das abberufene Mitglied vorhandene Ersatzmitglied rückt gem. §§ 1, 25 Abs. 1 nach, wenn GBR bzw. BR keine anderen Beschlüsse fassen. 9

III. Ersatzmitglieder (Abs. 2)

Mindestens ein Ersatzmitglied ist jeweils für ein bestimmtes Mitglied des KBR zu bestellen (Abs. 2). Sie müssen wie die Mitglieder selbst GBR-Mitglieder sein. Werden für ein KBR-Mitglied mehrere Ersatzmitglieder bestellt, ist gleichzeitig die **Reihenfolge des Nachrückens** festzulegen. Für **jedes** KBR-Mitglied ist mindestens **ein Ersatzmitglied** zu bestellen, um die reibungslose Arbeit von GBR und KBR zu gewährleisten. Die Bestellung erfolgt jeweils indi- 10

2 GK-*Kreutz*, Rn. 10.
3 *Fitting*, Rn. 4; GK-*Kreutz*, Rn. 9; Richardi-*Annuß*, Rn. 8.
4 *BAG* 16.3.05, AP Nr. 5 zu § 51 BetrVG 72; *Fitting*, Rn. 4.

viduell. Werden mehrere bestellt, ist auch die Reihenfolge festzulegen. Die gleichzeitige Benennung eines Mitglieds als Ersatz für mehrere KBR-Mitglieder dient ebenfalls diesem Zweck. Es gibt keinen sachlichen Grund, die wechselseitige Vertretung verschiedener Mitglieder durch eine Person nicht zuzulassen. Unterstellt man den Normalfall der einheitlichen Interessenvertretung eines GBR bzw. BR im KBR, dann liegt es auch von der Sache her nahe, dass ein GBR-Mitglied mal das eine oder andere Mitglied vertritt. Ein Gremium, das dies durch wechselseitige Benennung von Mitgliedern unterstreicht, verstößt nicht gegen seine Pflichten. Gibt es unterschiedliche Präferenzen, dann kann es die Vertretung nur auf eine Person beschränken. Ein Ersatzmitglied kann in der betreffenden Sitzung nur nicht gleichzeitig mehrere Mitglieder vertreten. Mit Wortlaut und Gesetzeszweck wäre dies unvereinbar. Die Bestellung der Ersatzmitglieder erfolgt in derselben Weise wie die der ordentlichen Mitglieder des KBR. Sie müssen **nicht auf Dauer** nachgerückt sein. Das zeitweise nachgerückte GBR-Ersatzmitglied kann auch Mitglied des KBR sein. Wenn es im GBR bzw. BR die Aufgaben erfüllt, dann kann es dies auch im GBR. Eine Differenzierung ist sachlich ungerechtfertigt.

11 Die Ersatzmitglieder treten in den KBR ein, wenn das ordentliche Mitglied, für das sie bestellt wurden, **verhindert** ist oder aus dem KBR **ausscheidet.** Das Gremium, von dem das Ersatzmitglied gewählt wurde, kann jedoch jederzeit eine andere Regelung beschließen. Für eine solche Beschlussfassung gelten dieselben Grundsätze wie für die Entsendung eines KBR-Mitglieds (Abs. 1).

12 Die Regelungen über die Bestimmung der Ersatzmitglieder gelten grundsätzlich auch, wenn es in einem UN des Konzerns **nur einen BR** gibt (§ 54 Abs. 2). Besteht dieser BR jedoch nur aus einer Person, rückt das nach § 14 Abs. 4 im getrennten Wahlgang gewählte Ersatzmitglied zwingend nach oder übernimmt die Stellvertretung.

IV. Stimmengewichtung (Abs. 3)

13 Für die Stimmenzahl eines Mitglieds des KBR kommt es nicht auf die Mitgliederzahl im GBR an, von dem es entsandt wurde. Abzustellen ist vielmehr auf die **Summe aller Stimmen.** AN, die mehreren UN eines Konzerns angehören, zählen dadurch mehrfach (vgl. auch § 47 Rn. 70).[5] Gem. § 47 Abs. 7 hat jedes Mitglied des GBR so viele Stimmen, wie in dem Betrieb wahlberechtigte AN in die Wählerliste eingetragen sind, in dem sie gewählt sind. Leiharbeitnehmer rechnen mit. Dies bedeutet, dass die Stimmen der Beschäftigten **betriebsratsloser Betriebe** im KBR **nicht** mitrechnen.

14 Besteht in einem dem Konzern angehörenden UN **nur ein BR,** so haben die von diesem in den KBR entsandten Mitglieder das sich aus der analogen Anwendung des § 47 Abs. 7 ergebende Stimmengewicht.[6]

15 Die jeweiligen Mitglieder des KBR können die auf sie entfallenden Stimmen **nur einheitlich** abgeben. Ein Aufteilen dieser Stimmen bei einer Beschlussfassung des KBR ist grundsätzlich nicht möglich. Die Mitglieder selbst können jedoch unterschiedlich abstimmen.

16 In ihrer Stimmabgabe sind die Mitglieder des KBR frei und an **keine Aufträge oder Weisungen** des entsendenden GBR oder BR gebunden.[7] Allerdings kann der entsendende GBR oder BR das seine Beschlüsse ignorierende Mitglied jederzeit aus dem KBR **abberufen** und durch ein anderes Mitglied ersetzen.

17 Das Stimmengewicht der in den KBR entsandten Mitglieder des GBR eines **Gemeinschafts-UN** entspricht auch dann der Gesamtzahl der AN des UN, wenn der GBR in beide KBR Delegierte entsendet. Dies ist auch sinnvoll, weil die AN des Gemeinschafts-UN von den Entscheidungen beider Konzerne betroffen sein können.[8]

In den KBR entsendete Vertreter eines **gemeinsamen Betriebs** haben das der gesamten Belegschaft entsprechende Stimmgewicht, das damit auch AN der jeweils anderen AG mit umfasst. Bilden einzelne oder alle BR zusätzlich einen GBR, dann potenziert sich hierdurch ihr Stimm-

5 Vgl. *Windbichler*, S. 269.
6 *Fitting*, Rn. 16; GK-*Kreutz*, Rn. 22.
7 *Fitting*, Rn. 18; GK-*Kreutz*, Rn. 23; Richardi-*Annuß*, Rn. 28; Düwell-*Tautphäus*.
8 *Fitting*, Rn. 30.

gewicht allerdings nicht. Die bisher bestehende Vertretung des gemeinsamen Betriebs entfällt insoweit. Eine doppelte Vertretung des AN des gemeinsamen Betriebs ist mit Sinn und Zweck der gesetzlichen Regelung zum Stimmgewicht unvereinbar.

Durch **TV** oder **BV** gem. § 55 Abs. 4 Satz 2 i. V. m. § 47 Abs. 9 können abweichende Regelungen getroffen werden. Auf diese Weise kann das **Stimmengewicht** der Vertreter der GBR eines Gemeinschafts-UN z. B. auf die Hälfte der Belegschaft beschränkt werden.[9] **18**

V. Abweichende Größe durch Tarifvertrag oder Betriebsvereinbarung (Abs. 4)

Hinsichtlich der nach Abs. 4 gegebenen Möglichkeiten einer Änderung der **Mitgliederzahl** des KBR durch TV oder BV gelten die Regelungen des § 47 Abs. 5 – 9 entsprechend. Hierfür besteht ein Bedürfnis, weil sich die Größe des KBR nach der Zahl der Konzern-UN richtet: **19**

- Bei wenigen Konzern-UN mit einer sehr großen Zahl wahlberechtigter AN kann ein unverhältnismäßig kleiner KBR entstehen.
- Bei zahlreichen Konzern-UN kann u. U. ein unverhältnismäßig großer KBR entstehen.

Der KBR kann von der in Abs. 3 geregelten **Stimmengewicht** der KBR-Mitglieder abweichende Regelungen durch TV oder BV treffen. Dies liegt z. B. dann nahe, wenn ein Konzern-UN einen gemeinsamen Betrieb mit einem anderen, konzernfremden UN hat und ausgeschlossen werden soll, dass das Stimmengewicht der KBR-Mitglieder die Zahl konzernfremder AN des gemeinsamen Betriebs mit umfasst.[10]

Im Falle einer abweichenden Regelung durch **TV** ist dieser mit dem **herrschenden UN** abzuschließen.[11] Die den TV abschließende Gewerkschaft braucht nicht in den Betrieben sämtlicher UN des Konzerns vertreten zu sein.[12] Gibt es in dem Konzern-UN mehrere Gewerkschaften, ist nach dem **Repräsentativ- oder Mehrheitsprinzip** die Gewerkschaft mit den meisten Mitgliedern zuständig. Der TV gem. § 54 Abs. 4 **wirkt nicht nach**. Die Voraussetzung für den mit der Nachwirkung verfolgten Zweck, einen regellosen Zustand zu vermeiden, liegen hier nicht vor, weil anstelle des TV die gesetzliche Regelung des § 55 Abs. 1 wieder gilt.[13] **Arbeitskämpfe** um den TV sind zulässig. **20**

Eine **BV** gemäß Abs. 4 kann nur zwischen dem **herrschenden UN** und dem zunächst nach dem Gesetz (Abs. 1) gebildeten KBR abgeschlossen werden.[14] **21**

Besteht der nach dem Gesetz (Abs. 1) zu bildende KBR aus **mehr als 40 Mitgliedern** und existiert kein TV über eine abweichende Zusammensetzung des KBR, so können das herrschende UN bzw. der KBR den Abschluss einer **BV** über die Größe des KBR verlangen. Im Falle der Nichteinigung entscheidet die ESt. Es gelten für die Gestaltung der BV und das Verfahren auch insoweit dieselben Grundsätze wie im Falle der nach § 47 Abs. 5 vom Gesetz vorgesehenen notwendigen Verkleinerung des GBR. Sind bei der Post Mitglieder im KBR für Angelegenheiten von Beamten zuständig, sind nur die Vertreter der Beamten gem. § 33 Abs. 1 Nr. 2 PostPersG mit dem Stimmgewicht im KBR zur Beschlussfassung berufen. **22**

VI. Streitigkeiten

Über Streitigkeiten, die die Zusammensetzung des KBR betreffen, entscheidet das ArbG im **Beschlussverfahren** (§ 2 a ArbGG). Örtlich **zuständig** ist das Gericht, in dessen Bezirk das herrschende UN des Konzerns seinen Sitz hat.[15] Ist er im Ausland ansässig, dann ist der Sitz der größten inländischen UN maßgebend. **23**

Für Streitigkeiten über die Rechtsungültigkeit der Bildung eines KBR und die Entsendung von KBR-Mitgliedern ist **§ 19** anwendbar. Die **Gewerkschaften** sind als Organ der Betriebsverfas- **24**

---

9 *Fitting*, Rn. 20.
10 BT-Drucks. 14/5741, S. 43 zu Nr. 40 d.
11 *Fitting*, Rn. 20; HWGNRH-*Glock*, Rn. 7; *WW*, Rn. 5; Richardi-*Annuß*, Rn. 16; a. A. GK-*Kreutz*, Rn. 29, wonach der Konzern kein Vertragspartner sein soll.
12 *Fitting*, Rn. 20; *GL*, Rn. 10.
13 GK-*Kreutz*, Rn. 30.
14 *Fitting*, Rn. 21; *GL*, Rn. 11; HWGNRH-*Glock*, Rn. 8; GK-*Kreutz*, Rn. 31; Richardi-*Annuß*, Rn. 16.
15 Richardi-*Annuß*, Rn. 31; GK-*Kreutz*, Rn. 43; HWGNRH-*Glock*, Rn. 22.

sung aktiv legitimiert[16] und beteiligungsbefugt i. S. d. § 83 Abs. 3 ArbGG.[17] Wer über die Einhaltung der Betriebsverfassung zu wachen hat und u. a. den Ausschluss von Mitgliedern des KBR beantragen kann, müssen in allen Fragen der Betriebsverfassung aktiv legitimiert und beteiligungsbefugt sein.

§ 56 Ausschluss von Konzernbetriebsratsmitgliedern

Mindestens ein Viertel der wahlberechtigten Arbeitnehmer der Konzernunternehmen, der Arbeitgeber, der Konzernbetriebsrat oder eine im Konzern vertretene Gewerkschaft können beim Arbeitsgericht den Ausschluss eines Mitglieds aus dem Konzernbetriebsrat wegen grober Verletzung seiner gesetzlichen Pflichten beantragen.

Inhaltsübersicht Rn.

I. Vorbemerkungen

1 Die Bestimmung hinsichtlich des gerichtlichen Ausschlusses von Mitgliedern des KBR wegen **grober Pflichtverletzung** entspricht der für den GBR geltenden Vorschrift (vgl. § 48).

2 Geregelt wird nur der Ausschluss **einzelner Mitglieder** aus dem KBR. Eine **gerichtliche Auflösung** des KBR als Organ wegen grober Pflichtverletzung, wie sie gemäß § 23 Abs. 1 beim BR vorgesehen ist, scheidet aus, da der KBR, wenn er einmal wirksam errichtet wurde, eine **Dauereinrichtung** ist, deren Beendigung nur durch entsprechende Beschlüsse der GBR der dem Konzern angehörenden UN herbeigeführt werden kann.[1]

II. Ausschluss von Mitgliedern

1. Grobe Pflichtverletzung

3 Die **grobe Pflichtverletzung,** wegen der ein Mitglied aus dem KBR ausgeschlossen werden kann, muss sich auf eine Pflicht beziehen, die mit der **Amtstätigkeit im KBR** zusammenhängt. Eine Pflichtverletzung, die jemand in seiner Eigenschaft als Mitglied des BR oder des GBR begeht, reicht allein für einen Ausschluss aus dem KBR nicht aus.[2] Allerdings führt ein Ausschluss aus dem GBR oder dem BR gleichzeitig zum Verlust der Mitgliedschaft im KBR, da die Mitgliedschaft im KBR an die im GBR und diese wiederum an die Mitgliedschaft im BR gebunden ist. Der Ausschluss aus dem KBR führt umgekehrt nicht zwangsläufig auch zum Verlust der Mitgliedschaft im GBR oder BR.[3] Entsprechende Anträge können miteinander verbunden werden.[4]

2. Antragsrecht

4 Soweit ein **Viertel der wahlberechtigten AN** der Konzern-UN berechtigt sind, den Ausschlussantrag zu stellen, muss es sich um AN von Konzernbetrieben handeln, in denen ein **BR**

16 Richardi-*Annuß*, Rn. 33.
17 A. A. *BAG* 29.8.85, AP Nr. 13 zu § 83 ArbGG 79.
1 *Fitting*, Rn. 4; *GL*, Rn. 1; HWGNRH-*Glock*, Rn. 1.
2 *Fitting*, Rn. 5; *GL*, Rn. 3; GK-*Kreutz*, Rn. 11; Richardi-*Annuß*, Rn. 2; *Schwab*, NZA-RR 07, 337; *ders.*, AiB 08, 87.
3 *Fitting*, Rn. 5; Richardi-*Annuß*, Rn. 2.
4 GK-*Kreutz*, Rn. 14.

besteht.[5] Eine **Gewerkschaft** kann den Ausschluss beantragen, wenn sie im Konzern vertreten ist; dies ist der Fall, wenn mindestens ein AN eines Konzern-UN Mitglied der Gewerkschaft ist.[6] Antragsberechtigter AG ist nur die **Konzernleitung,** nicht dagegen die Leitung irgendeines abhängigen Konzern-UN.[7] Dies ergibt sich aus dem Wortlaut (AG im Singular) sowie dem konzerndimensionalen Bezug der anderen Antragsbefugten.[8] **Nicht antragsberechtigt** ist schließlich der GBR eines Konzern-UN; allerdings können seine Vertreter aus dem KBR in derselben Weise wieder **abberufen** werden, in der sie in diesen entsandt worden sind.[9]

3. Gerichtliche Entscheidung

Der Ausschluss eines KBR-Mitglieds setzt eine **gerichtliche Entscheidung** voraus. Diese kann nur auf Antrag eines der Antragsberechtigten ergehen. Er kann auf Ausschluss eines, mehrerer oder aller Mitglieder gerichtet sein und **schriftlich** eingereicht bzw. bei der Geschäftsstelle des ArbG zu Protokoll gegeben werden (vgl. § 81 Abs. 1 ArbGG). Er ist zu begründen. Die Rechtsfolgen entsprechen denen des Ausschlusses eines Mitglieds aus dem GBR. 5

III. Streitigkeiten

Örtlich zuständig für die Entscheidung über einen Ausschlussantrag ist gem. § 82 Abs. 1 S. 2 ArbGG das ArbG, in dessen Bezirk das herrschende UN seinen Sitz hat, und zwar unabhängig davon, wer den Ausschlussantrag gestellt hat.[10] Ist er im Ausland ansässig, dann ist der Sitz des größten inländischen UN maßgebend. 6

§ 57 Erlöschen der Mitgliedschaft

Die Mitgliedschaft im Konzernbetriebsrat endet mit dem Erlöschen der Mitgliedschaft im Gesamtbetriebsrat, durch Amtsniederlegung, durch Ausschluss aus dem Konzernbetriebsrat auf Grund einer gerichtlichen Entscheidung oder Abberufung durch den Gesamtbetriebsrat.

Inhaltsübersicht

I. Vorbemerkungen

Die Vorschrift regelt die Beendigung der Mitgliedschaft der einzelnen Mitglieder, nicht jedoch die Beendigung des KBR als Gremium. Sie entspricht der des § 49 für den GBR. Der Katalog der Beendigungsgründe ist nicht abschließend. 1

II. Beendigung der Mitgliedschaft

1. Konzernbetriebsrat als Dauereinrichtung

Beim KBR handelt es sich um eine **Dauereinrichtung ohne feste Amtszeit** (vgl. auch § 54 2

5 GK-*Kreutz*, Rn. 6; a. A. *Fitting*, Rn. 6; HWGNRH-*Glock*, Rn. 5.
6 *Fitting*, Rn. 7; GK-*Kreutz*, Rn. 10.
7 *Fitting*, Rn. 8; *GL*, Rn. 5; HWGNRH-*Glock*, Rn. 6; GK-*Kreutz*, Rn. 7 f.; *WW*, Rn. 1.
8 So zutreffend GK-*Kreutz*, Rn. 7.
9 *Fitting*, Rn. 9; *GL*, Rn. 6; HWGNRH-*Glock*, Rn. 7; Richardi-*Annuß*, Rn. 5.
10 *Fitting*, Rn. 10.

Rn. 51).[1] Ist der KBR einmal gebildet, bleibt er auch über die Amtszeit der einzelnen BR hinaus so lange bestehen, wie die Voraussetzungen für seine Errichtung (§ 54) vorliegen.

3 Die **Voraussetzungen** für die Errichtung des KBR gemäß § 54 können nachträglich **entfallen,** wenn

- kein **Konzern** gemäß § 18 Abs. 1 AktG mehr besteht;
- die GBR (bzw. **BR** gemäß § 54 Abs. 2) der Konzern-UN die Auflösung des KBR beschließen.

4 Aus dem Charakter des KBR als Dauereinrichtung folgt, dass auch dessen gerichtliche Auflösung nicht möglich ist. Nur die einzelnen Mitglieder können wegen **grober Pflichtverletzung** aus dem KBR ausgeschlossen werden. Ebenso scheidet ein kollektiver Rücktritt des KBR aus.[2]

5 Weiterhin folgt aus dem Charakter des KBR als Dauereinrichtung, dass **Änderungen der Konzernstruktur** seinen Bestand nicht berühren.[3] Diese Änderungen können z. B. darin bestehen, dass

- Konzern-UN aus dem Konzern ausscheiden,
- Konzern-UN in den Konzern vertraglich eingegliedert werden,
- weitere faktische Konzernierungsverhältnisse entstehen.

6 Die **Funktionsunfähigkeit** des KBR berührt seinen rechtlichen Bestand nicht. Entsenden die GBR (bzw. BR gemäß § 54 Abs. 2) keine Mitglieder in den KBR, so bleibt der KBR als Gremium bestehen. Ohne einen neuen Errichtungsbeschluss können sie wieder Mitglieder entsenden.[4] Die Nichtentsendung der Mitglieder durch die GBR ist **pflichtwidrig.**

2. Beendigungstatbestände

7 Der KBR wird ständig dadurch **ergänzt,** dass die GBR bzw. BR aus dem KBR ausgeschiedene Mitglieder durch neu entsandte ersetzen. Die Entsendung der Mitglieder des KBR erfolgt für eine bestimmte Amtszeit. Sie ist oft mit der im GBR identisch. Die Zugehörigkeit zum KBR endet in diesen Fällen mit **Ablauf der Amtszeit** im GBR bzw. im BR, wenn dieser gemäß § 54 Abs. 2 die Entsendung vorgenommen hat.

8 Eine **Abberufung durch das Gremium,** das die Entsendung vorgenommen hat, ist jederzeit und ohne Angabe einer besonderen Begründung möglich. Dasselbe gilt für den Fall, dass das Mitglied sein Amt im KBR von sich aus niederlegt. Die **Amtsniederlegung** kann dem Vorsitzenden des KBR gegenüber erklärt werden, der das Gremium, von dem das Mitglied entsandt wurde, unverzüglich zu unterrichten hat. Die Erklärung, dass es sein Amt niederlege, kann das Mitglied aber auch dem GBR gegenüber abgeben, von dem es entsandt wurde. Dieser hat dann den Vorsitzenden des KBR entsprechend zu informieren.

9 Der Katalog der im Gesetz genannten Beendigungsgründe sollte abschließend sein, der Gesetzgeber hat jedoch einige Tatbestände übersehen, nämlich:

- ein Konzern-UN **scheidet** aus dem Konzern **aus**;[5]
- ein Konzern-UN wird durch ein anderes »geschluckt« (z. B. **Verschmelzung** durch Aufnahme usw.), und der Fortbestand des betreffenden GBR bzw. BR ist nicht gemäß § 325 Abs. 1 UmwG durch TV oder BV gesichert;
- ein Konzern-UN wird so aufgespalten, dass es nicht fortbesteht, und der Fortbestand des betreffenden GBR bzw. BR ist nicht gemäß § 325 Abs. 1 UmwG durch TV oder BV gesichert.

10 Darüber hinaus bestehen keine Beendigungsgründe. Der KBR kann nicht durch **arbeitsgerichtliche Entscheidung** aufgelöst werden. Dies gilt auch für die kollektive Amtsniederlegung aller KBR-Mitglieder und den Rücktrittsbeschluss.[6]

1 *Fitting,* Rn. 4.
2 *Fitting,* Rn. 4; *GL,* Rn. 2; Richardi-*Annuß,* Rn. 2.
3 *BAG* 23.8.06, AP Nr. 12 zu § 54 BetrVG 1972; 16.3.05, AP Nr. 5 zu § 51 BetrVG 1972 für den GBR; *Fitting,* Rn. 7.
4 *Fitting,* Rn. 6; a. A. Richardi-*Annuß,* Rn. 3 und GK-*Kreutz,* Rn. 5, die die Nichtentsendung als Auflösungsbeschluss interpretieren und damit verkennen, dass die Auflösung nicht mittelbar, sondern förmlich und ausdrücklich beschlossen werden muss.
5 *Fitting,* Rn. 13; GK-*Kreutz,* Rn. 4.

3. Rechtsfolgen

Mit dem Ende der Mitgliedschaft im KBR enden **Ämter** und **Funktionen,** z. B. die Mitgliedschaft im KBR-Ausschuss. Für aus dem KBR ausscheidende Mitglieder rücken die gewählten **Ersatzmitglieder** nach. Das für die Entsendung zuständige Gremium kann eine andere Regelung beschließen.[7] 11

III. Streitigkeiten

Bei **gerichtlichen Streitigkeiten** über das Bestehen oder die Beendigung der Mitgliedschaft im KBR entscheidet das ArbG am Sitz des herrschenden UN im **Beschlussverfahren** (§§ 2 a, 82 Abs. 1 Satz 2 ArbGG). Besteht Streit darüber, ob die Mitgliedschaft im entsendenden GBR und damit zugleich auch im KBR beendet ist, entscheidet das für den Sitz des UN des entsendenden GBR örtlich **zuständige** ArbG.[8] 12

§ 58 Zuständigkeit

(1) Der Konzernbetriebsrat ist zuständig für die Behandlung von Angelegenheiten, die den Konzern oder mehrere Konzernunternehmen betreffen und nicht durch die einzelnen Gesamtbetriebsräte innerhalb ihrer Unternehmen geregelt werden können; seine Zuständigkeit erstreckt sich insoweit auch auf Unternehmen, die einen Gesamtbetriebsrat nicht gebildet haben, sowie auf Betriebe der Konzernunternehmen ohne Betriebsrat. Er ist den einzelnen Gesamtbetriebsräten nicht übergeordnet.

(2) Der Gesamtbetriebsrat kann mit der Mehrheit der Stimmen seiner Mitglieder den Konzernbetriebsrat beauftragen, eine Angelegenheit für ihn zu behandeln. Der Gesamtbetriebsrat kann sich dabei die Entscheidungsbefugnis vorbehalten. § 27 Abs. 2 Satz 3 und 4 gilt entsprechend.

Inhaltsübersicht

6 *Fitting,* Rn. 4; *GL,* Rn. 4; HWGNRH-*Glock,* Rn. 1; GK-*Kreutz,* Rn. 10, der dies jedoch als konkludente Auflösung ansieht, die eine Neukonstituierung erfordert.

7 *Fitting,* Rn. 15; *HSWGN,* Rn. 8; GK-*Kreutz,* Rn. 13.

8 *Fitting,* Rn. 16.

I. Vorbemerkungen

1 Die Vorschrift regelt den **Zuständigkeitsbereich** des KBR und grenzt ihn von dem der GBR ab. Dies gilt auch im Verhältnis zu einem BR, der gemäß § 54 Abs. 2 die Aufgaben eines GBR wahrnimmt.

Novellierung 2001: Der KBR ist auch für betriebsratslose Betriebe zuständig. Er ist zudem berechtigt, in UN ohne betriebliche Interessenvertretung, WV einzusetzen.

2 Die Zuständigkeitsabgrenzung zwischen KBR und GBR sind der zwischen BR und GBR nachgebildet (§ 50).[1] Gem. § 51 Abs. 5 gelten die Vorschriften über die Rechte und Pflichten des BR entsprechend.[2]

II. Rechtsstellung des Konzernbetriebsrats (Abs. 1, Satz 2)

3 Das Verhältnis zwischen KBR und den einzelnen GBR ist mit dem zwischen GBR und den einzelnen BR eines UN vergleichbar (§ 50 Rn. 6 f.).[3] Der KBR

- ist ein **selbstständiges Organ**[4] der Betriebsverfassung;
- ist **nicht an Weisungen** und **Richtlinien** des GBR bzw. gemäß § 54 Abs. 2 des BR gebunden;
- ist dem GBR des Konzern-UN nicht übergeordnet und deshalb nicht **weisungsbefugt** (Abs. 1 Satz 2);
- hat sich aber um die **Koordination** der Tätigkeiten des GBR zu bemühen;[5]
- hat gemäß § 59 Abs. 1 i. V. m. § 51 Abs. 6 **dieselben Rechte und Pflichten** wie ein GBR oder ein BR. Dies gilt für den Abschluss von BV und auch für das Initiativrecht.

4 Es ist unerheblich, auf welcher **Entscheidungsebene** die beteiligungspflichtige Maßnahme beschlossen wurde oder werden soll. Die Tätigkeit der KBR ist nicht auf die Mitbestimmung bei der Konzernspitze beschränkt, weil er für die Konzernbelegschaft insgesamt und nicht nur für die Belegschaft des herrschenden UN zuständig ist.[6]

5 Gem. § 58 Abs. 1 Satz 1, 2. Halbsatz ist der KBR auch für Betriebe zuständig, die **nicht betriebsratsfähig** sind oder keinen BR gewählt haben. Dies gilt auch für BR, die pflichtwidrig keinen Vertreter in den GBR entsandt haben. BV zwischen KBR und Konzern gelten auch für die AN dieser Betriebe unmittelbar und zwingend.

6 Maßnahmen **nicht konzernverbundener UN,** die der AG durchführt, unterliegen der Mitbestimmung des KBR ebenso wie autonom getroffene Entscheidungen. Dies ist in der Praxis von großer Bedeutung, weil diesen selbstständigen UN oft erhebliche Spielräume zur Verfügung stehen,[7] z. B. bei der

- Verwaltung von Sozialeinrichtungen,

1 BR-Drucks. 715/70, S. 44.
2 § 51 Rn. 81, 82.
3 *Fitting,* Rn. 5; GK-*Kreutz,* Rn. 7; *Windbichler,* S. 365 f.
4 GK-*Kreutz,* Rn. 6: juristische Teilperson.
5 *Fitting,* Rn. 4; GK-*Kreutz,* Rn. 7.
6 *Windbichler,* S. 335.
7 *Windbichler,* S. 339.

- Lohn- und Gehaltsabrechnung,
- Verarbeitung personen- und leistungsbezogener Daten.

III. Zuständigkeit durch Gesetz (Abs. 1)

1. Originäre Zuständigkeit

a) Grundsätze

Der KBR ist gemäß Abs. 1 **allein zuständig,** wenn es sich um Angelegenheiten handelt, die 7
- den Konzern insgesamt oder mehrere seiner Konzern-UN betreffen und
- nicht durch die einzelnen GBR innerhalb des UN geregelt werden können.

Die Abgrenzung der Zuständigkeiten zwischen KBR und GBR entspricht der zwischen **GBR und BR** gemäß § 50, so dass generell die dort entwickelten Grundsätze entsprechend herangezogen werden können.[8] Für die Wahrnehmung von Mitbestimmungsrechten ist primär der BR zuständig.[9] 8

Allein der **Wunsch des AG** nach einer konzernweiten oder betriebs- bzw. unternehmensübergreifenden Regelung, sein Kosten- und Koordinierungsinteresse sowie reine Zweckmäßigkeitsgesichtspunkte begründen keine Zuständigkeit des KBR.[10] 9

Der AG trägt die Initiativlast für die Ermittlung des richtigen Verhandlungspartners (BR, GBR oder KBR).[11] 10

Die Zuständigkeit des KBR kommt grundsätzlich in **allen betriebsverfassungsrechtlichen Angelegenheiten** in Betracht. Sie muss aber konkret in Bezug auf einzelne Gegenstände unter Berücksichtigung der jeweiligen Umstände geklärt werden, besteht jedoch auch bereits dann, wenn **Informationen** zum Konzernverbund zur Entscheidungsfindung notwendig sind. In diesen Fällen kann nur der KBR das Ausmaß notwendiger Informationen erkennen und sich diese dann auch verschaffen.[12] 11

Generell ist der originäre **Zuständigkeitsrahmen des KBR** kleiner als der des BR, aber auch des GBR.[13] Allerdings wächst seine praktische Bedeutung mit der zunehmenden Zahl verbundener UN. Es können dann die Interessen der AN oft nur noch auf Konzernebene wirksam vertreten werden. Allein der KBR ist oft in der Lage, den Gesamtkonzern auf AN-Seite vollständig zu überblicken.[14] 12

Besteht eine originäre Zuständigkeit des KBR, so schließt dies Regelungen auf niederer Ebene nicht aus. Hat der KBR **ausfüllungsbedürftige Spielräume** belassen (z. B. durch Abschluss einer **Rahmenregelung**) oder seine Zuständigkeit nicht in Anspruch genommen, dann können und müssen auf niederer Ebene Vereinbarungen abgeschlossen werden.[15] 13

Wird der KBR **durch das herrschende UN** in Angelegenheiten, für die ein GBR oder BR zuständig sind, beteiligt, so hat die Konzernleitung oder das betroffene UN zusätzlich die rechtzeitige und umfassende Beteiligung von GBR und BR zu gewährleisten.[16] Der AG hat den **richtigen Verhandlungspartner** zu ermitteln. Zur Klärung von Zweifelsfragen kann er die in Betracht kommenden Gremien auffordern.[17] **Verhandlungspartner** des KBR ist i. d. R. die Konzernleitung. 14

Außerhalb der Betriebsverfassung besteht eine originäre Zuständigkeit des KBR dann, wenn der Konzern seine Pflicht zur Erstellung und Vorlage des Abschlusses oder **Lageberichts** 15

---

8 *BAG* 19.6.07, AuR 07, 406; *BAG* 20.12.95, BB 96, 2686; *Fitting*, Rn. 4.
9 *BAG* 25.9.12, NZA 13, 275.
10 *BAG* 14.11.06 – 1 ABR 4/06 – für Angelegenheiten, die der zwingenden Mitbestimmung des GBR unterliegen.
11 *BAG* 24.1.96, NZA 96, 1107.
12 *Nick*, S. 143 ff.
13 Nach einer Erhebung etwa 10 % Regelungsanteil des KBR, vgl. *Rancke*, S. 352; *Theisen*, S. 270.
14 *Nick*, S. 148.
15 *BAG* 19.3.87, AP Nr. 14 zu § 80 BetrVG 1972; 3.5.84, AP Nr. 5 zu § 95 BetrVG 1972.
16 *Fitting*, Rn. 10.
17 *BAG* 24.1.96, BB 96, 2095 zur Zuständigkeit des GBR bei Verhandlungen über den Abschluss eines Interessenausgleichs.

verletzt hat. Er kann dann beim Registergericht die Festsetzung des Zwangsgeldes beantragen (vgl. Rn. 94 ff. zu den besonderen gesetzlichen Zuständigkeiten).

16 Bestehen in einem **mehrstufigen Konzern** sowohl bei der Konzernspitze als auch bei den Unterordnungskonzernen jeweils KBR (»Konzern im Konzern« § 54 Rn. 14 ff.), folgt das Verhältnis der Zuständigkeiten der Ausübung der Leitungsmacht im Konzern. Für die Zuständigkeitsabgrenzung zwischen den KBR ist entscheidend, **auf welcher Ebene** die für die nachgeordneten UN bindenden Entscheidungen eigenständig getroffen werden. Steht der Unterkonzernspitze in einem mitbestimmungs- oder beteiligungspflichtigen Bereich eine eigene Entscheidungskompetenz zu, von der sie auch tatsächlich Gebrauch macht, ist der KBR des Unterkonzerns zuständig. Liegt die Entscheidungskompetenz dagegen bei der Konzernspitze, ist der dort angesiedelte KBR zuständig. Alle Angelegenheiten, die den gesamten Konzern oder mehrere Konzern-UN betreffen und deshalb nicht durch den nachgeordneten KBR geregelt werden können, gehören in den Zuständigkeitsbereich des bei der Konzernspitze angesiedelten KBR.

17 **Mitbestimmungsrechte** gelten auch dann im **internationalen Konzern uneingeschränkt,** wenn Entscheidungen der im Ausland gelegenen Konzernspitze zentral vorgegeben werden.[18]

18 Bleibt der originär zuständige KBR **untätig**, fällt die Zuständigkeit zurück an den GBR bzw. BR. Die Bildung des KBR soll nach dem Gesetzeszweck Mitbestimmungslücken schließen und nicht neue öffnen.

19 Ist der GBR zur Regelung einer Materie zuständig, fällt ihm ebenso wie dem BR bei einer BV **auch die Kompetenz** zu, bestimmte Gruppen von AN aus dem Geltungsbereich der vereinbarten Regelung herauszunehmen.[19]

b) Angelegenheiten des Konzerns oder mehrerer Konzernunternehmen

20 Der KBR ist nur dann originär zuständig, wenn eine Angelegenheit den **Konzern** oder **mehrere Konzernunternehmen,** nicht jedoch, wenn sie nur ein UN betrifft. Maßgebend ist der persönliche und sachliche Geltungsbereich einer Maßnahme, die entweder von der Konzernleitung oder dem KBR initiiert wird.[20]

c) Nicht-regeln-Können durch die Gesamtbetriebsräte

21 Die maßgebliche Zuständigkeitsverteilung zwischen KBR und GBR erfolgt nach dem Kriterium des **Nicht-regeln-Könnens** durch die einzelnen GBR. Eine Angelegenheit kann von ihnen dann nicht geregelt werden, wenn dies **objektiv** oder **subjektiv** unmöglich ist.

22 **Objektiv** ist eine Regelung unmöglich, wenn sich die Natur einer Angelegenheit auf mehrere Konzern-UN bzw. auf den Gesamtkonzern bezieht und auch gedanklich nicht in Teilakte zerlegt werden kann. Eine objektive Unmöglichkeit durch einzelne BR bzw. GBR setzt der Begriff des Nicht-regeln-Könnens jedoch **nicht** voraus, weil theoretisch jede Angelegenheit durch parallele GBV geregelt werden könne.[21]

23 **Subjektiv** ist dem GBR eine Regelung dann unmöglich, wenn die Konzernleitung in der betreffenden Angelegenheit die Regelungsebene allein bestimmen kann. Im gesamten Bereich der freiwilligen BR kann sie beispielsweise allein festlegen, ob eine Vereinbarung nur für ein Konzern-UN oder für mehrere UN bzw. den gesamten Konzern gelten soll. Bei der Errichtung und der mitbestimmungspflichtigen Form, Ausgestaltung und Verwaltung einer **Sozialeinrichtung** kann der AG z. B. allein festlegen, dass sie für den gesamten Konzern gelten soll und damit der KBR originär zuständig ist.[22]

---

18 *Fischer*, BB 00, 565, der allerdings die ESt berechtigt hält, ihrer Entscheidung das Interesse des AG an einer konzerneinheitlichen Regelung zugrunde zu legen.

19 Hier: Herausnahme der Marktleiter-Assistenten aus dem Geltungsbereich einer GBV zur Einführung der systemgeschützten Personalzeiterfassung: *LAG Rheinland-Pfalz* 25.5.07 – 6 TaBV 7/07.

20 GK-*Kreutz*, Rn. 19; *Windbichler*, S. 365 f.

21 *BAG* 20.12.95, BB 96, 2686; *Fitting*, Rn. 11; *Windbichler*, S. 341.

22 *BAG* 21.6.79, AP Nr. 1 zu § 87 BetrVG 1972 Sozialeinrichtung.

Darüber hinaus soll der KBR zuständig sein, wenn im konkreten Fall ein **zwingendes Erfordernis** für eine konzerneinheitliche bzw. für eine mehrere UN umfassende Regelung besteht.[23] 24

Die originäre Zuständigkeit des KBR ist nur ganz ausnahmsweise gegeben. In erster Linie ist der von den AN unmittelbar durch Wahl legitimierte BR zuständig. Die originäre Zuständigkeit des KBR gem. § 58 Abs. 1 BetrVG ist grundsätzlich nach denselben Kriterien zu bestimmen wie diejenigen des GBR nach § 50 Abs. 1.[24] 25

AG ist grundsätzlich das UN und nicht der Konzern bzw. das herrschende Konzern-UN. 26 Dieses ist deshalb für AN »weit weg« AN oft sogar unbekannt. Die Konzernspitze ist nicht **AG der Vertragsverhältnisse** der AN. Deshalb können die für das Verhältnis zwischen BR und dem GBR entwickelten Grundsätze nur **eingeschränkt** auf das Verhältnis zwischen GBR und KBR übertragen werden. Die originäre Zuständigkeit des KBR beschränkt sich auf wenige Fälle. Sie kommt z. B. überhaupt nicht in Betracht, wenn es um den unveränderten Fortbestand von Arbeitsverhältnissen geht und damit um das »Ob und Wie« einer Betriebsänderung (Interessenausgleich) sowie die Abmilderung der sozialen Folgen durch einen Sozialplan. Die Vereinbarung einer den Kündigungsschutz einzelner AN einschränkenden Namensliste gem. § 1 Abs. 5 Satz 1 KSchG ist z. B. völlig ausgeschlossen. Dem KBR ist es umgekehrt sogar »unmöglich«, derartige Regelungen zu treffen. Im Übrigen sei auf die entsprechenden Einwände verwiesen, die insoweit bereits für die Zuständigkeitsabgrenzung des GBR gelten (§ 50 Rn. 24 ff.).

Es kommt hinzu, dass der KBR ein **fakultatives Gremium** ist. Wird er nicht errichtet, könnte 27 die Mitbestimmung dadurch leer laufen, dass eine Angelegenheit zwingend konzerneinheitlich zu regeln ist. Dies gilt zumindest dann, wenn die Zuständigkeiten von KBR, GBR und BR strikt nach dem »Entweder-Oder-Prinzip« abgegrenzt werden, so dass der GBR auch nicht hilfsweise die Lücke schließen könnte. Aus diesen Gründen sind an eine originäre Zuständigkeit schon bei einem zwingenden Erfordernis sehr **strenge Maßstäbe** anzulegen.[25]

Bloße Gesichtspunkte der **Zweckmäßigkeit,** der **Rentabilität** sowie das **Koordinierungsinteresse** begründen keine Zuständigkeit des KBR.[26] Dies gilt auch dann, wenn die Konzernleitung eine Angelegenheit »an sich« gezogen hat.[27] 28

Es kommt nicht darauf an, auf welcher betriebsverfassungsrechtlichen Ebene der AG eine 29 Regelung treffen möchte. Entscheidend sind vielmehr der **Inhalt** der geplanten Regelung sowie das mit ihr verfolgte Ziel. Lässt es sich nur durch eine einheitliche Regelung auf der Konzernebene erreichen, so ist der KBR zuständig. Ob und wie das vom AG angestrebte Ziel verwirklicht werden soll, ist dann auf der Ebene des KBR zu regeln.[28]

Grundsätzlich ist der von den AN unmittelbar gewählte und deshalb mit der **höchsten demokratischen Legitimation** versehene BR zuständig.[29] Es spricht somit im Umkehrschluss zu den Sonderbestimmungen in §§ 50, 58 BetrVG eine **gesetzliche Vermutung** dafür, dass der BR seine Mitbestimmungsrechte im Einigungsstellenverfahren zu wahren hat und nur im Ausnahmefall eine originäre Zuständigkeit der GBR oder KBR besteht. 30

Im **Bestellungsverfahren nach § 98 ArbGG** bedarf des deshalb der **offensichtlichen Zuständigkeit des GBR oder KBR**, um den ansonsten grundsätzlich zu beteiligenden örtlichen BR zu verdrängen und auf die Betriebsebene zu bildende Einigungsstelle für »offensichtlich unzuständig« zu halten. Ist eine offensichtliche Zuständigkeit eines übergeordneten Betriebsgremiums zu erkennen, ist es erforderlich, den hierzu erheblichen Sachverhalt von Amts wegen zu ermitteln.[30] Das Bestellungsverfahren gem. § 98 ArbGG würde sinnentleert, wenn mit 31

---

23 *BAG* 20.12.95, BB 96, 2686; *GL*, Rn. 5; *Konzen*, RdA 84, 76; *Martens*, ZfA 73, 306 ff.; *Fuchs*, S. 60 ff., 110 ff., GK-*Kreutz*, Rn. 25, der dies – zu Unrecht – als einen Fall der subjektiven Unmöglichkeit ansieht.
24 *BAG* 19.6.07, NZA 07, 1184.
25 *Fitting*, Rn. 9; HWGNRH-*Glock*, Rn. 8; *Konzen*, RdA 84, 76.
26 *BAG* 14.11.06 für den GBR; 20.12.95, BB 96, 2686; *Fitting*, Rn. 9; *Martens*, ZfA 73, 306 ff.; *Fuchs*, S. 64 ff. und S. 110 ff.; *Wetzling*, S. 62 ff.
27 GK-*Kreutz*, Rn. 20; a. A. *Nick*, S. 150.
28 *BAG* 20.12.95, BB 96, 2686 mit Anm. *Feuerborn*.
29 *LAG Köln* 28.1.08, BB 008, 1113 LS.
30 *LAG Niedersachen* 26.8.08 – 1 TaBV 62/08; 8.6.07 – 1 TaBV 27/08; *LAG Köln* 28.1.08, BB 08, 1113 Ls.

unterschiedlichen Betriebsratsgremien mehrere Einigungsstellen den gleichen Regelungsgegenstand zu behandeln hätten. Es will eine schnelle Regelung ermöglichen, die durch parallele Einigungsstellen erschwert würden.[31]

32 Nach der vom *BAG* entwickelten Theorie der **»subjektiven Unmöglichkeit«** können GBR oder KBR auch dann zuständig sein, wenn der AG eine **freiwillige Leistung** nur betriebs- oder unternehmensübergreifend zur Verfügung stellt. In diesem Fall legt er durch die mitbestimmungsfreie Vorgabe des Adressatenkreises zugleich das Mitbestimmungsgremium fest. Die Theorie der »subjektiven Unmöglichkeit« ist jedoch nicht anwendbar, wenn der AG zur Reduzierung einer den AN zustehenden Leistung oder zu einer diese belastenden Regelung der Mitbestimmung des BR bedarf. In diesen Fällen gibt es keine mitbestimmungsfreie Vorgabe des AG, die die Ebene der Mitbestimmung und damit das dafür zuständige Gremium festlegt.[32] In Angelegenheiten der freiwilligen Mitbestimmung ist der KBR nicht originär zuständig für Regelungen, die in Vereinbarungen des BR oder GBR eingreifen und sie sogar **ersetzen.**[33]

d) Einzelfälle

aa) Allgemeine Aufgaben

(1) Durchführung von Betriebsvereinbarungen

(a) Rechtsprechung

33 Nach der Rspr. kann der BR vom AG die Durchführung einer BV nur dann verlangen, wenn er **selbst Partei** der Vereinbarung ist oder sie ihm **eigene betriebsverfassungsrechtliche Rechte** eingeräumt. Dem an einer in originärer Zuständigkeit abgeschlossenen GBV und KBV unbeteiligten BR fehle die Rechtsposition, um vom AG ihre Durchführung verlangen zu können. Er könne die Einhaltung der durch diese Vereinbarungen gestalteten betriebsverfassungsrechtlichen Ordnung nur nach § 23 Abs. 3 erzwingen. Eine KBV könne einem nicht an deren Abschluss beteiligten BR **eigene Rechte einräumen,** der dann die Durchführung der Regelung genauso wie im Fall der **Beauftragung** der Regelungsbefugnis gem. § 58 Abs. 2 verlangen kann.[34] Bei Verletzung seiner Mitbestimmungsrechte aus § 87 steht dem BR ein Anspruch auf Unterlassung mitbestimmungswidriger Maßnahmen zu. Ein solcher Unterlassungsanspruch soll ihm allerdings dann nicht zustehen, wenn der AG Mitbestimmungsrechte des KBR und nicht solche des örtlichen BR verletzt. Kommt es hierbei zu mitbestimmungswidrigen Maßnahmen, soll nur der KBR als originär zuständiges Gremium rechtswirksam tätig werden können und nicht die örtlichen BR bzw. der oder die GBR.[35]

(b) Kritik

34 Die Entscheidungen widersprechen nicht nur dem **Wortlaut**, sondern vor allem dem **Schutzzweck** und der **Systematik** des BetrVG. Sie folgt einer zentralistischen Sichtweise, die die Frage nach der Zuständigkeit der Gremien durch Integration der Mitbestimmung in die hierarchische Organisation des AG als Bestandteil seiner UN- oder Konzernführung beantworten will. Mit dem **demokratischen Charakter** der Betriebsverfassung ist diese Vorstellung jedoch unvereinbar. In ihrem Zentrum steht der direkt von allen AN gewählte BR, der ihnen gegenüber die Geltung aller Vereinbarungen erklären und ihre Einhaltung gewährleisten muss, weil andernfalls die Mitbestimmung ihrer Substanz beraubt würde: AN wählen den BR als ihre Interessenvertretung und nicht als Gremium zur besseren UN-Führung. Ohne eigene Überwachungsrechte bei allen geltenden Vereinbarungen ergeben sich deshalb neue **Schutzlücken**. Die Errichtung des KBR soll nach der gesetzgeberischen Intention jedoch Lücken in der Mitbestimmung schließen und nicht neu schaffen.

---

31 *LAG Niedersachen* 26.8.08 – 1 TaBV 62/08 – für die Unzuständigkeit des KBR.
32 *BAG* 19.6.07, NZA 07, 1184.
33 *LAG Rheinland-Pfalz* 27.2.08 – 8 TaBV 62/07 – für die Unzuständigkeit des GBR.
34 *BAG* 18.5.10, NZA 10, 1433; *Ahrendt*, NZA 2011, 774.
35 *BAG* 17.5.11, AiB 12, 538.

Verstoß gegen Wortlaut

Der KBR ist gem. § 58 Abs. 1 Satz 1 1. Hs. originär nur für Angelegenheiten zuständig, die durch die GBR innerhalb der UN nicht »geregelt« werden können. Der Begriff »Regelung« umfasst nicht die Überwachung, die auch keiner Regelung bedarf, weil nach § 80 Abs. 1 Ziffer 1 »der BR....darüber zu wachen« hat, dass BV durchgeführt werden. Der **Wortlaut** des § 58 Abs. 1 Satz 1 1.Hs unterscheidet also zwischen Regelungs- und Überwachungskompetenz und beschränkt die Zuständigkeit des KBR allein auf den Bereich der Regelungen. 35

Unvereinbarkeit mit Schutzzweck und Systematik:

Nicht wenige Konzerne verwenden **Maßregelungsklauseln,** um Regelungen mit einem originär unzuständigen Gremium gegenüber den übergangenen, eigentlich zuständigen BR bzw. GBR »abzusichern«, indem z. B. alle AN aus einem der KBV nichtzustimmenden Betrieb ihre Rechte verlieren, wenn BR ihre Rechte geltend machen. Ihre Unwirksamkeit wegen Verstoßes gegen das Maßregelungsverbot des § 612 a BGB i. V. m. mit § 2 Abs. 1 (Rn. 134 ff) ändert nichts an ihrer abschreckenden Wirkung in der Praxis. 36

Die Entscheidung leistet dieser rechtswidrigen Praxis Vorschub, indem sie BR auch dann das Überwachungsrecht abspricht, wenn der KBR für die Wahrnehmung des Mitbestimmungsrechts originär unzuständig ist. Unzuständig war der KBR vermutlich auch in dem vom BAG entschiedenen Fall, weil das Gericht im vom Amtsermittlungsprinzip beherrschten Beschlussverfahren ungeprüft das Vorliegen der Voraussetzungen der **originären Zuständigkeit** des KBR für den Abschluss des Sozialplans unterstellt hat und damit nicht der eigenen Rspr. folgt, wonach die originäre Zuständigkeit für einen Sozialplan einer eigenen Prüfung bedarf, weil sie nicht automatisch der für den Interessenausgleich folgt. Hätte es sie geprüft, wäre der KBR wahrscheinlich für den betreffenden **Sozialplan von vornherein unzuständig** und stattdessen GBR oder sogar BR für den Abschluss zuständig gewesen. Das BAG hätte dann im Ergebnis die Missachtung der Mitbestimmungsrechts des BR bzw. GBR nicht nur hingenommen, sondern ihnen auch noch das Recht zur Überwachung der Vereinbarungen entzogen. Dies gilt auch für die Frage nach der Zuständigkeit des KBR durch Beauftragung, zu der sich in der Entscheidung ebenfalls keine Anhaltspunkte finden. Hätten GBR bzw. BR den KBR beauftragt hätten, dann wären sie auch für die Überwachung zuständig gewesen, während das BAG zum gegenteiligen Ergebnis gelangt. 37

Verstöße gegen KBV erfolgen häufig dadurch, dass einzelne UN, Betriebe, Betriebsteile oder auch nur einzelne Vorgesetze sie ignorieren, von denen nur der unmittelbar vor Ort tätige BR erfährt, während der KBR hiervon als Gremium keine Kenntnis erlangt. Der AG unterliegt keiner Berichtspflicht und im KBR sind nicht unbedingt alle BR mit eigenen Delegierten vertreten, die hierüber berichten könnten. Ein von seiner Eigenart her nur **begrenzt informiertes Gremium** kann KBV nicht lückenlos überwachen und darf deshalb hierfür auch nicht ausschließlich zuständig sein, ohne dass zwangsläufig neue Schutzlücken entstehen. Insofern ist umgekehrt dem KBR eine lückenlose Überwachung i. S. d. des § 58 Abs. 1 Satz 1 geradezu »unmöglich«. Einem solchen Gremium darf die Rspr. die Wahrnehmung nicht ausschließlich auferlegen und dem anderen, das sie bewältigen könnte, für unzuständig erklären. 38

Schutzlücken entstehen auch dann, wenn der KBR die Nichtanwendung einer Vereinbarung zwar erfährt, sich aber **mehrheitlich entscheidet**, sie zu akzeptieren, um dadurch z. B. den Konzern zu Lasten kleinerer Betriebe oder UN zu sanieren, andere Zusagen vom AG dafür erhält oder aus sonstigen Gründen das Anliegen des BR nicht unterstützt. BR und GBR haben keinen Anspruch auf Unterstützung durch den KBR bei Nichteinhaltung einer KBV. Eine lückenlose Einhaltung einer normativ wirkenden KBV zugunsten aller AN im Konzern könnte also in diesen Fällen gegenüber dem AG nicht durchgesetzt werden. Er könnte deshalb einzelne BR oder Betriebsteile von Sozialplanleistungen gänzlich ausschließen, ohne dass BR dies geltend machen könnten, was AG von der lückenlosen Durchführung zu »teurer« KBV abhalten dürfte. 39

Der KBR kann durch **Umstrukturierungen**, UN-Verkauf etc. entfallen und die Weitergeltung der abgeschlossenen KBV als GBV oder BV vom AG in Frage gestellt wird. Auch der GBR kann z. B. durch Zusammenlegung von zwei Betrieben untergehen. Für diesen Fall braucht der BR einen eigenen Durchführungsanspruch. 40

Die Rechtsbeziehungen zwischen AG und BR werden durch die Rechte und Pflichten be- 41 stimmt, die die einzelnen Mitwirkungstatbestände normieren und die durch wechselseitige Rücksichtspflichten gem. § 2 ein **Betriebsverhältnis** bilden.[36] Aus dem allgemeinen Gebot der vertrauensvollen Zusammenarbeit folgt die Pflicht, alles zu unterlassen, was der Wahrnehmung des konkreten Mitbestimmungsrechts entgegensteht. Jede Betriebspartei haftet aufgrund des durch die Betriebsverfassung errichteten **gesetzlichen Schuldverhältnisses** gem. § 280 Abs. 1 Satz 1 BGB für jede schuldhafte Pflichtverletzung. Dieses Betriebsverhältnis ist unteilbar und die sich hieraus ergebenden Rechte und Pflichten können nicht auf BR, GBR und KBR aufgeteilt werden. Deshalb kann sich jedes Gremium hierauf unabhängig davon berufen, ob und wie es am Abschluss einer BV, GBV oder KBV beteiligt war.

Öffnungsklauseln als Lösung?

42 Nach der Entscheidung sind **einfache Verstöße durch den KBR und grobe durch den BR** also durch unterschiedliche Gremien zu verfolgen. Sie fügt damit der ohnehin schwierigen Unterscheidung der Aufgaben zwischen BR, GBR und KBR eine weitere Differenzierung hinzu, die jede effektive Wahrnehmung praktisch unmöglich macht. Der BR wäre weiterhin auf eine gleichgerichtete Tätigkeit des KBR angewiesen, weil er grobe Verstöße nicht ohne die vorherige Feststellung einfacher Verstöße sanktionieren kann und so bei Wahrnehmung seiner Aufgaben seiner **Eigenständigkeit beraubt**.

43 Die Rspr. eröffnet AG und KBR die Möglichkeit, in ihren KBV **GBR und BR Überwachungsrechte einzuräumen**.[37] Die Praxis wird hiervon Gebrauch machen.[38] Die darstellten Schutzlücken werden damit jedoch nicht geschlossen, weil AG und KBR aus welchen Gründen auch immer von dieser Möglichkeit keinen Gebrauch machen müssen und BR damit unverändert ihrer Überwachungsrechte beraubt wären.

(2) Beschwerden

44 Für die Behandlung von **Beschwerden** von AN gem. § 85 Abs. 1 ist stets der BR zuständig. Dies gilt auch, wenn der Beschwerdegegenstand mit einer vom KBR abgeschlossenen KBV zusammenhängt (§ 85 Rn. 1 ff.; § 50 Rn. 31 für den GBR). Der GBR ist zuständig für die Errichtung der Beschwerdestellen zur Regelung des Beschwerdeverfahrens gem. § 13 AGG.[39]

(3) Mitarbeiterbefragungen

45 Der örtliche BR und nicht originär der KBR hat grundsätzlich das Recht, eine **Mitarbeiterbefragung** unter AN des Betriebs durchzuführen, soweit sich die Fragen im Rahmen der gesetzlichen Aufgaben des BR halten und der Betriebsablauf und Betriebsfrieden nicht gestört werden. Die gilt besonders, wenn hierbei betriebliche Besonderheiten eine Rolle spielen.[40]

bb) Betriebliche Ordnung und Verhalten der Arbeitnehmer

46 Die Entwicklung eines **Leitbildes des Konzerns** fällt in die Zuständigkeit des KBR.[41]

47 **Ethikregeln** unterliegen der Mitbestimmung. Zuständig kann der KBR sein. Die originäre Zuständigkeit des KBR folgt daraus, dass nach einer vorgesehenen Regelung der Datenzugriff nicht nur betriebs- und unternehmensbezogen erfolgen, sondern konzernweit möglich sein soll. Dies kann sich insbesondere daraus ergeben, dass auch die empfangenen und versandten Daten betroffen sind. Damit bedarf es einer betriebs- und unternehmensübergreifenden Regelung. Andernfalls könnte ein mögliches Verbot, auf bestimmte – versandte – Daten zuzugreifen, nicht effektiv vereinbart werden.[42] Besteht kein KBR, ist der GBR originär zuständig

36 *Sächs. LAG* 24.11.08 – 3 TaBV 11/08 – als Vorinstanz unter Hinweis auf *BAG* 10.6.86, NZA 87, 28
37 *BAG* 18.5.10, NZA 10, 1433.
38 *Schulze*, dbr, Heft 4, S 39.
39 *LAG Hamburg* 17.4.07, NZA-RR 07, 413 = AiB 07, 544 in Anm. *Hjort.*
40 *ArbG Berlin* 24.10.07, AiB 08, 424.
41 *Balkenhol*, AiB 04, 183.
42 *BAG* 17.5.11, AiB 12, 538, *BAG* 22.7.08, NZA 08/1248; *LAG Berlin-Brandenburg* 16.7.09 – 18 TaBV 446/09). *Kort*, FS Buchner S. 477; *ders.* NJW 09, 129.

und die Ethikregeln können nicht mitbestimmungsfrei vom AG eingeführt werden.[43] Der BR hat mitzubestimmen, wenn der AG durch sog. Ethik-Richtlinien (»code of conduct«) das Verhalten der AN und die **betriebliche Ordnung** regeln will. Er hat jedoch gegen den AG einen Anspruch auf Unterlassung der verbindlichen Anwendung der Grundsätze der Unternehmensethik aus § 80 Abs. 1 BetrVG, soweit und solange dem Mitbestimmungsrecht des KBR nicht genüge getan ist.[44]

Kein Mitbestimmungsrecht besteht bei **Vorgaben**, die lediglich die **geschuldete Arbeitsleistung** konkretisieren sollen. **48**

Der Mitbestimmung entzogen sind auch Angelegenheiten, die **gesetzlich abschließend geregelt** sind.

Ist der Einsatz von **Überwachungseinrichtungen** objektiv geeignet, die AN verschiedener Konzern-UN aufzunehmen, ist der KBR zu beteiligen. Können Regelungen für die AN eines UN nicht getroffen werden, ohne dass sich diese zugleich auf die AN eines anderen UN auswirken, besteht ein zwingendes Erfordernis für eine unternehmensübergreifende Regelung unabhängig davon, ob auch unternehmensübergreifende Ziele verfolgt werden sollen.[45] **49**

cc) Arbeitsschutz

Sind mehrere Betriebe und UN eines Konzerns in **einem Gebäude** untergebracht, ergibt sich daraus allein nicht die Notwendigkeit einer einheitlichen Regelung in Bezug auf Arbeitsschutztatbestände.[46] **50**

dd) Sozialeinrichtungen

Ein KBR ist dann gemäß § 87 Abs. 1 Nr. 8 und § 88 Nr. 2 für die Errichtung, Form, Ausgestaltung und Verwaltung von **Sozialeinrichtungen** zuständig, wenn sich deren Wirkungsbereich nicht nur auf ein Konzern-UN beschränkt, sondern entweder eine Gruppe von UN oder den gesamten Konzern erfasst.[47] **51**

Es kann sich im Verhältnis zwischen BR und GBR ein **Interessenkonflikt** ergeben, für dessen Lösung die für den GBR geltenden Grundsätze Anwendung finden (§ 50 Rn. 115 ff.).[48] **52**

Möglich ist ein **Nebeneinander** von Konzern- und Gesamt-BV, wenn nur die AN eines Konzern-UN zusätzliche Versorgungsleistungen erhalten. Die Zuständigkeit des GBR bleibt so lange bestehen, wie keine Seite konzerneinheitliche Regelungen anstrebt.[49] **53**

In Zweifelsfällen können die Betriebsparteien auch **gleichlautende BV, GBV und KBV** abschließen oder den KBR gem. Abs. 2 beauftragen.[50] **54**

Besteht kein KBR, liegt die Zuständigkeit bei den GBR der UN, deren Belegschaften zum Kreis der Leistungsempfänger gehören sollen. Der AG hat keine »freie Hand«, wenn das Mitbestimmungsorgan fehlt. Spätestens mit der gem. §§ 50 Abs. 1, 80 Abs. 1 begründeten Zuständigkeit des GBR bzw. KBR für betriebsratslose Betriebe gilt nicht mehr der Grundsatz, dass bei Fehlen eines Mitbestimmungsorgans auch keine Mitbestimmung stattfindet.[51] Ohne KBR ist eine enge **Koordination** der Arbeit unerlässlich. **55**

Nicht der KBR, sondern der GBR eines UN ist zuständig, wenn die dort beschäftigten AN neben der konzerneinheitlichen Versorgungsordnung zusätzliche Leistungen erhalten.[52] Erhalten die AN **mehrerer Konzern-UN** diese Leistungen, ist wieder der KBR zuständig. Besteht eine Sozialeinrichtung, können auch AN anderer UN beteiligt werden. Dies gilt für AN »be- **56**

43 A. A. *Dzida,* NZA 08, 1265.
44 *LAG Berlin-Brandenburg* 16.7.09 – 18 TaBV 446/09.
45 *LAG Berlin-Brandenburg* 31.7.13.
46 *LAG Köln* 28.1.08.
47 *BAG* 14.12.93, AP Nr. 81 zu § 7 BetrAVG; 21.6.79, AP Nr. 1 zu § 87 BetrVG 1972 Sozialeinrichtung.
48 *LAG Köln* 20.5.99, NZA-RR 00, 140.
49 *BAG* 19.3.81, AP Nr. 14 zu § 80 BetrVG 1972, 17.6.03, AuR 04, 165; *Reinecke,* AuR 04, 335.
50 *Reinecke,* AuR 04, 328 ff.
51 A. A. *BAG* 14.12.93, AP Nr. 81 zu § 7 BetrAVG *Reinecke,* AuR 04, 336.
52 *BAG* 19.3.81, AP Nr. 14 zu § 80 BetrVG 1972.

freundeter« UN, aber auch für Belegschaften anderer Konzern-UN, die an der Ausgestaltung der Einrichtung nicht beteiligt und nicht durch einen BR vertreten sind.[53]

ee) Werkswohnungen

57 Der KBR kann gemäß § 87 Abs. 1 Nr. 9 unter den genannten Voraussetzungen für das **Werkswohnungswesen** zuständig sein.[54]

ff) Informationssysteme

58 Die Einführung konzernweiter Informationssysteme kann in die originäre Zuständigkeit des KBR fallen. Durch eine **Rahmenregelung** kann den Besonderheiten einzelner Konzern-UN Rechnung getragen werden. Eine KBV über den **Austausch und die weitere Übertragung (nicht Erhebung) von AN-Daten** zwischen den Konzern-UN zur Abwicklung von Leistungen, Adressierung von Schreiben an AN, Zugangsregelung, zum Personalaustausch zwischen den UN, zu Leistungsübersichten usw. soll in die Zuständigkeit des KBR fallen, wenn sich der Zweck nur durch eine einheitliche Regelung auf Konzernebene erreichen lässt.[55] Der KBR ist auch für die Mitbestimmung bei der Nutzung einer Personalverwaltungssoftware zuständig, wenn das mit der Personalverwaltung betraute Konzernunternehmen individualisierte oder individualisierbare Verhaltens- oder Leistungsdaten von AN erhebt und verarbeitet, die in anderen Konzernunternehmen beschäftigt werden.[56] **Datenschutzrechtliche Probleme** sind hierbei in besonderem Maße zu beachten.[57]

59 Der KBR ist nur dann originär zuständig, wenn eine Angelegenheit den Konzern oder mehrere Konzern-UN, nicht jedoch, wenn sie nur **ein UN** betrifft. Maßgebend ist in der Regel der persönliche oder sachliche Geltungsbereich einer Maßnahme, die entweder von der Konzernleitung oder dem KBR initiiert wird. Ist der Einsatz von **Überwachungseinrichtungen** objektiv geeignet, die AN verschiedener Konzern-UN aufzunehmen, ist der KBR zuständig. Können Regelungen für die AN eines UN nicht getroffen werden, ohne dass sich diese zugleich auf die AN eines anderen UN auswirken, soll ein zwingendes Erfordernis für eine unternehmensübergreifende Regelung, unabhängig davon bestehen, ob auch unternehmensübergreifende Ziele verfolgt werden sollen.[58] Eine Zuständigkeit des KBR bei Einführung eines **SAP-Systems** für alle UN des Konzerns kann sich über eine rechtliche oder technische Notwendigkeit zu einer betriebsübergreifenden Regelung ergeben. Die Zweckmäßigkeit eines konzernweiten Einsatzes des SAP-Systems führt nicht zur originären Zuständigkeit des KBR, wenn es technisch möglich ist, das SAP-System auf die Belange des einzelnen Konzern-UN anzupassen und der zusätzliche Aufwand finanzieller und personeller Art vom Konzern übernommen wird. Es verbleibt dann bei der Zuständigkeit der örtlichen BR, Regelungen zu § 87 Abs. 1 Nr. 6 zu treffen. Die Entscheidung, ob und in welcher Form ein EDV-System betriebs- oder konzernweit bezogen, eingeführt wird, soll schon aus verfassungsrechtlichen Gründen (Art. 14 GG) in der Hand des AG gehören.[59]

60 Die Mitbestimmung bei der Einführung und Anwendung von technischen Einrichtungen zum konzernweiten Datenaustausch findet nach § 87 Abs. 1 Nr. 6 BetrVG statt, soweit eine gesetzliche oder tarifliche Regelung nicht besteht. Das Mitbestimmungsrecht kann durch das Vorliegen einer **zwingenden gesetzlichen Regelung** entfallen oder beschränkt sein.

61 Im Hinblick auf eine beabsichtigte Erhebung, Verarbeitung und Nutzung von Daten macht das BDSG zwingende Vorgaben: Nach § 2 Abs. 4 Satz 1 BDSG ist jede einzelne natürliche und

53 *Windbichler*, S. 374.
54 *Fitting*, Rn. 12; HWGNRH-*Glock*, Rn. 10.
55 *BAG* 20.12.95, BB 96, 2686, für KBV, die die nach § 4 Abs. 1 BDSG erforderliche Rechtsgrundlage schafft; a. A. *ArbG Stuttgart* 23.10.91 – 3 BV 84/91.
56 *BAG* 25.9.12, NZA 13, 275.
57 *Däubler*, Gläserne Belegschaften?, Rn. 450 ff.; *Däubler* u. a., BDSG, § 11 Rn. 10; *Hummel/Hilbrans*, AuR 05, 207.
58 *LAG Berlin-Brandenburg* 31.7.13, 17 TaBV 222/13.
59 *LAG Niedersachsen* 24.5.11, 1 TaBV 55/09.

juristische Person als Normadressat anzusehen. Damit ist im Arbeitsrecht allein der **Vertragsarbeitgeber** die verantwortliche Stelle gem. § 28 Abs. 1 Satz 1 BDSG. Ein Konzernprivileg ist dem BDSG fremd und der Konzern ist datenschutzrechtlich als **Dritter** anzusehen. Die rein betriebsverfassungsrechtliche Betrachtung des BAG greift zu kurz und ist deshalb abzulehnen.[60]

Die Einführung und Anwendung von technischen Einrichtungen zum konzernweiten Datenaustausch ist damit zwingend als eine Angelegenheit des Vertragsarbeitnehmers, mithin des UN anzusehen. Nach dem BDSG ist das Vorliegen einer Konzern-Angelegenheit ausgeschlossen. Damit ist auch die originäre Zuständigkeit des KBR nach § 58 BetrVG für Regelungen nach § 87 Abs. 1 Nr. 6 ausgeschlossen und nur noch fraglich, ob der **BR oder GBR** zuständig ist.[61] **62**

Etwas anderes gilt nur dann, wenn sich das Arbeitsverhältnis nicht nur auf das Arbeitgeber-UN beschränkt, sondern Rechtsbeziehungen der einzelnen AN zur Konzernspitze herstellt, was ausdrücklich oder dadurch erfolgen kann, dass die Konzernspitze selbst Entscheidungskompetenzen an sich zieht und tatsächlich ausübt, wodurch spezifisch auf den gesamten **Konzern bezogene Schutzpflichten** entstehen. Die Existenz eines solchen Arbeitsvertrages mit mehreren Konzern-UN kann die Datenübermittlung gem. § 32 Abs. 1 Satz 1 BDSG legitimieren, was auch den Kündigungsschutz durch Einbeziehung der anderen Konzern-UN verbessern kann.[62] **63**

gg) Entgelt

Sieht ein **Tarifvertrag** vor, dass ein tarifvertraglicher Anspruch durch eine freiwillige Betriebsvereinbarung gekürzt werden kann und regelt er die Zuständigkeit nicht abweichend vom Betriebsverfassungsgesetz, ist für den Abschluss der BV grundsätzlich der BR zuständig. GBR oder KBR sind nur zuständig, wenn die Voraussetzungen des § 50 bzw. des § 58 BetrVG vorliegen.[63] **64**

Allein der **Wunsch des AG**, die Reduzierung konzerneinheitlich vorzunehmen, begründet weder technisch noch rechtlich ein zwingendes Erfordernis für eine konzerneinheitliche Regelung. Eine rechtliche Notwendigkeit ergibt sich auch nicht etwa aus dem **Gleichbehandlungsgrundsatz**. Jedenfalls gebietet er keine die Unternehmensgrenzen überschreitende konzerneinheitliche Regelung der Reduzierung des tariflichen 13. Monatseinkommens. Der Gleichbehandlungsgrundsatz gilt stets nur für ein und denselben Rechtsträger und Vertragspartner. Mehrere rechtlich selbstständige AG sind nicht verpflichtet, ihre AN ebenso zu behandeln wie die anderen AG. Dies gilt auch in einem Konzernverbund.[64] **65**

Nach der Rspr. des *BAG* ist mit dem Begriff des »Nichtregelnkönnens« i. S. des § 58 Abs. 1 BetrVG nicht nur die objektive, sondern auch die »**subjektive Unmöglichkeit**« gemeint. Eine solche wird dann angenommen, wenn eine auf die einzelnen Betriebe oder UN beschränkte Regelung deshalb nicht möglich ist, weil der AG deren Zweck, dass sie nur betriebs- oder unternehmensübergreifend erfolgen kann. Die Rspr. wurde im Wesentlichen für freiwillige Leistungen des AG entwickelt, bei denen dieser mitbestimmungsfrei darüber entscheiden kann, ob er die Leistung überhaupt gewährt und lediglich deren Verteilung der Mitbestimmung des BR unterfällt. In einem solchen Fall kann der AG, ohne der Zustimmung des BR zu bedürfen, frei darüber befinden, ob überhaupt, in welcher Höhe und an welchen Empfängerkreis er die zusätzlichen Leistungen zu erbringen bereit ist. Damit steht es zugleich in seiner Macht, die Ebene vorzugeben, auf der die Mitbestimmung bei der Verteilung der Leistung zu erfolgen hat. **66**

Ein derartiger Fall der »subjektiven Unmöglichkeit« liegt nicht vor, wenn es nicht um die Verteilung von Leistungen geht, die der AG freiwillig zur Verfügung stellt, sondern wenn dieser

60 *Trittin/Fischer*, NZA 09, 343.
61 *Trittin/Fischer*, NZA 09, 343.
62 *Däubler*, Gläserne Belegschaften? § 8 Rn. 4504.
63 *BAG* 19.6.07, NZA 07, 11845.
64 *BAG 20.8.86*, AP TVG § 1 Tarifverträge: Seniorität Nr. 6.

des Abschlusses einer Betriebsvereinbarung bedarf, um eine von ihm an sich geschuldete **Leistung zu kürzen** oder Regelungen zu treffen, welche die **AN belasten.** Hier kann der AG gerade nicht mitbestimmungsfrei darüber entscheiden, ob und in welcher Höhe er welchem Adressantenkreis gegenüber eine Kürzung der Leistung vornehmen oder andere belastende Regelungen treffen will. Vielmehr bedarf in derartigen Fällen bereits die Maßnahme als solche und nicht erst deren Ausgestaltung der Mitwirkung der BR. Deshalb gibt es in diesen Fällen keine mitbestimmungsfreie Vorgabe des AG, durch welche die Ebene der Mitbestimmung und damit das für diese zuständige Gremium festgelegt würde. Dementsprechend kann der AG seinen Verhandlungspartner nicht »subjektiv« durch einseitige, mitbestimmungsfreie Vorgaben festlegen. Die Zuständigkeit des Mitbestimmungsgremiums richtet sich stattdessen ausschließlich nach den objektiven Umständen. In Fällen, in denen den AN keine zusätzlichen Leistungen gewährt, sondern die ihnen tariflich zustehenden Leistungen mit Zustimmung des BR gekürzt oder ihre Rechte beschränkt werden, besteht auch nach dem Gegenstand der mitbestimmungspflichtigen Angelegenheit kein Anlass, dem AG die Disposition über seine Verhandlungspartner einzuräumen. Sofern der AG also zu einer die AN belastenden Regelung der nicht erzwingbaren Zustimmung des BR bedarf, kann er über das zuständige Gremium nicht disponieren. Die für freiwillige Leistungen entwickelte Theorie der »subjektiven Unmöglichkeit« findet keine Anwendung.[65]

hh) Vorschlagswesen

67 Konzerne können durch ein konzerneinheitliches System eines **Ideenmanagements** ihre Produktivität und Innovationskraft erhöhen, wozu sich der Abschluss einer KBV empfiehlt.[66]

ii) Personalwesen

68 Das **allgemeine Personalwesen** gemäß §§ 92, 94, 95, 96, 98 kann in den Zuständigkeitsbereich des KBR fallen.[67] Eine einheitliche Konzernleitung setzt allerdings **keine einheitliche Personalplanung** voraus. Ob sie konzernweit betrieben wird, muss im Einzelfall geprüft werden. Die Personalwirtschaft ist in der Praxis vielfach unternehmens-, nicht selten konzernweit organisiert.[68] Hierdurch entstehen betriebs- und unternehmensübergreifende Interessen der Belegschaft eines ganzen UN oder des Konzerns, denen auf betrieblicher Ebene nur schwer Rechnung getragen werden kann. Auf diese Weise verursachte »Mitbestimmungslücken« durch die eingeschränkte Reichweite der Mitbestimmung können nur auf überbetrieblicher Ebene geschlossen werden. Eine originäre Zuständigkeit des KBR ist jedoch zurückhaltend zu beurteilen. Es empfiehlt sich eine **informatorische Einschaltung des KBR** oder, der Abschluss von **Konzern-BV zu Auswahlrichtlinien** oder zur Stellenbesetzung mit Regeln zur Ausschreibung, Besetzung von Arbeitsplätzen usw., wenn in Konzernen Personalplanung betrieben wird (§ 99 Rn. 1 ff.; § 50 Rn. 130 ff.; § 94 Rn. 1 ff.).

69 Zur Förderung **behinderter Menschen** durch Herstellung von Chancengleichheit und Verhinderung sozialer Ausgrenzung können **Integrationsvereinbarungen** abgeschlossen werden gem. § 83 SGB IX. In den **privatisierten Postunternehmen** gelten Sonderregelungen im Hinblick auf die Interessenvertretung der **Beamten.** Gemäß § 33 Abs. 2 PostPersRG gilt § 28 PostPersRG, wonach BR auch bei Beamte betreffende personelle Einzelmaßnahmen zu beteiligen sind, für den KBR entsprechend (vgl. im Einzelnen zur Zuständigkeit des GBR § 50 Rn. 142).

70 Eine Vereinbarung zur unternehmensüberschreitenden **Stellenbesetzung** im Konzern kann in die originäre Zuständigkeit des KBR fallen, wenn sie das Verfahren zur Ausschreibung und Besetzung von Arbeitsplätzen bei den inländischen Konzern-UN mit Zugang zum Intranet durch unternehmensübergreifende Rahmenregeln harmonisiert und dadurch einen transpa-

65 *BAG* 19.6.07, NZA 07, 1184.
66 *Wollwert,* NZA 12, 889.
67 *Fitting,* Rn. 13; *GL,* Rn. 4; HWGNRH-*Glock,* Rn. 12 ff.; Richardi-*Annuß,* Rn. 11.
68 Zu einzelnen Fallgestaltungen *BAG* 18.10.88, DB 88, 732.

renten Arbeitsmarkt schafft. Sie erleichtert Personalgewinnung, fördert Personaltransfer und sichert die Beschäftigung.

71 Ein vom KBR abgeschlossener **Interessenausgleich** und **Sozialplan** kann die Übernahme von AN durch andere Konzern-UN vorsehen. Dies würde auch dem Grundgedanken des § 112 Abs. 5 Satz 2 Ziff. 2 entsprechen, wonach die Weiterbeschäftigung im Konzern Vorrang vor der Auszahlung von Abfindungen haben soll. Eine solche Regelung könnte weder vom BR noch vom GBR wegen ihres beschränkten Zuständigkeitsbereichs rechtlich wirksam abgeschlossen werden.[69] Die gegenteilige Auffassung[70] verweist auf das nach wie vor bestehende Mitbestimmungsrecht der BR in den aufnehmenden Betrieben und verkennt dabei, dass der konzerneinheitliche Sozialplan keine verbindlichen Versetzungen im Einzelfall regelt, sondern nur Übernahmeangebote an die AN enthalten kann, bei deren Annahme das Mitbestimmungsrecht der BR gemäß § 99 unberührt bleibt.[71]

72 Bei **personellen Einzelmaßnahmen** betreffend AN, die von einzelnen Konzern-UN beschäftigt werden, ist die originäre Zuständigkeit des KBR ausgeschlossen. Es besteht eine primäre **Zuständigkeit des Einzel-BR.** Individualrechtlich einheitliche Vorgänge werden betriebsverfassungsrechtlich zerlegt in ihre einzelnen Komponenten auf betrieblicher Ebene (§ 99 Rn. 1 ff.).

73 Bei personellen Einzelmaßnahmen im **konzernleitenden Betrieb** der Konzerngesellschaft besteht keine Zuständigkeit des KBR, sondern nur der dortigen Einzel-BR.[72] Wird dieser AN in ein anderes Konzern-UN versetzt, so ist der BR des aufnehmenden Betriebes gemäß § 99 zu beteiligen.[73] Dies gilt auch für die Versetzung von einem Konzern-UN in ein anderes.[74] Die sich hieraus ergebenden Unbequemlichkeiten muss die Obergesellschaft hinnehmen. Sie beruhen auf dem Konzernverhältnis und der **Organisationsstruktur der Betriebsverfassung,** die primär auf den Einzelbetrieb abstellt.

74 Etwas anderes gilt bei AN, deren **AG** nicht mehr nur ein Konzern-UN ist, sondern allein oder zusätzlich **der Konzern selbst.** Dies kann der Fall sein

- auf Grund ausdrücklicher **Vereinbarung;**
- durch **gesteigerten sozialen Kontakt** mit dem Konzern, der zu vertragsähnlichen Rechten und Pflichten führt, so dass die von den konkreten Maßnahmen betroffenen AN von der Konzernspitze dasselbe Maß an Rücksicht wie von ihrem eigentlichen AG verlangen können. Die »Konzernmobilität« eines AN begründet z. B. einen entsprechend konzerndimensional zu interpretierenden Vertrauens- und Bestandsschutz gegenüber dem jeweiligen Konzern-UN und dem Konzern.[75]

75 Der konzernweite Austausch der **Personaldaten** kann die Zuständigkeit des KBR für eine entsprechende Regelung begründen. Der KBR ist stets für den unternehmensübergreifenden **Personalaustausch im Konzern** zuständig. Erfolgt z. B. ein Verleih oder die Entsendung von Beschäftigten von einem Unternehmen zu einer oder mehreren anderen Gesellschaften des Konzerns, dann ist der KBR originär zur Regelung der entsprechenden Bedingungen zuständig.

jj) Allgemeine wirtschaftliche Angelegenheiten

76 Die Erörterung und Beratung **wirtschaftlicher Angelegenheiten** auf Konzernebene ist mindestens ebenso wichtig wie auf der UN-Ebene. Nur weil die §§ 106 ff. auf das UN abstellen, ist die Erörterung derartiger Angelegenheiten auf Konzernebene nicht unzulässig.[76]

77 Die **Bildung eines WA** in entsprechender Anwendung der §§ 106, 107 ist nach Ansicht des *BAG* nicht zulässig, weil keine planwidrige Gesetzeslücke bestehe.[77] Dies überzeugt nicht. Eine

69 *Fitting,* Rn. 16.
70 HWGNRH-*Glock,* Rn. 15.
71 *Fitting,* Rn. 10.
72 *Fitting,* Rn. 14; HWGNRH-*Glock,* Rn. 14; a. A. Richardi-*Annuß,* Rn. 12.
73 *Fitting,* Rn. 14; HWGNRH-*Glock,* Rn. 14.
74 *BAG* 30.4.81, AP Nr. 12 zu § 12 BetrVG 1972.
75 *Däubler* 2, Rn. 1389 ff.; *Heussler,* S. 77 ff.; *Theisen,* S. 249; *Windbichler,* S. 87 f.
76 *Fitting,* Rn. 18; *Weiss,* Rn. 1; *Kunz,* AiB 90, 325 [326]; a. A. *GL,* Rn. 4.
77 *BAG* 23.8.89, DB 90, 1519; *Fitting,* Rn. 15; a. A. Richardi-*Annuß,* Rn. 14; *Wetzling,* S. 182 ff.; *Windbichler,* S. 333.

Funktion des KBR besteht gerade in der Informationsbeschaffung über die Lage und Entwicklung des Konzerns insgesamt. Es wäre widersinnig, wenn er zwar einerseits über die Erstellung eines Konzernabschlusses und -lageberichts durch das Mutter-UN wachen soll und sogar beim Registergericht gemäß § 335 HGB die Festsetzung eines Zwangsgeldes beantragen kann, und ihm andererseits noch nicht einmal die Informationsansprüche eines einzelnen GBR durch den WA zustehen sollen. Es kommt hinzu, dass die Summe der Informationen aller GBR der Konzern-UN nicht vergleichbar ist mit den Informationen über die Lage und Entwicklung des Konzerns insgesamt (§ 59 Rn. 1 ff.; § 106 Rn. 1 ff.). Der KBR ist auf jeden Fall nicht gehindert, einen WA mit Zustimmung der Konzernleitung zu errichten oder einseitig einen gesonderten **Ausschuss für wirtschaftliche Angelegenheiten** zu bilden (der RefE zur BetrVG-Novelle 2001 sah in § 109 a die Bildung eines Konzern-WA vor).

78 Der KBR kann in allen wirtschaftlichen Angelegenheiten, die naturgemäß die Interessen der AN in besonderer Weise berühren, von seinem **allgemeinen Auskunftsanspruch** gem. § 80 Abs. 2 Gebrauch machen. Dazu zählt auch die Vorlage der entsprechenden **Unterlagen.**[78] Schließlich kann er gemäß § 80 Abs. 3 oder § 111 Satz 2 zu seiner Unterstützung einen **Sachverständigen** hinzuziehen (vgl. § 80 Abs. 3). Den Rechten des KBR stehen die des EBR nicht entgegen. Sein Informationsanspruch verdrängt nicht den des KBR.

kk) Betriebsänderung

79 Der KBR kann ausnahmsweise für **Interessenausgleich und Sozialplan** zuständig sein, weil Betriebsänderungen i. d. R. auf Veranlassung oder zumindest mit Zustimmung der Konzernleitung erfolgen und GBR und BR lediglich der UN-Leitung zugeordnet sind. Es ist allerdings zu berücksichtigen, dass bei Betriebsänderungen regelmäßig betriebliche oder unternehmensspezifische Besonderheiten eine maßgebende Rolle spielen. Regelmäßig sind **BR und GBR** originär zuständig.

80 Es ist Sache des AG, das zutreffende Organ der Mitbestimmung zu ermitteln. Er hat die **Initiativlast** beim Interessenausgleich.

81 Neben den herrschenden UN haften die betroffenen Konzern UN **gesamtschuldnerisch.** Sie haften insofern gemeinsam gem. § 113 Abs. 3.[79]

82 Für das Vorliegen der Voraussetzungen einer Betriebsänderung und die Zuständigkeit ist der **Beginn der Planung** maßgebend. Bei einer Betriebsänderung hat der AG schon im Frühstadium seiner Planungen zu informieren. Sinn und Zweck der Mitbestimmung besteht darin, noch auf das Planungsergebnis Einfluss zu nehmen. Dies bedeutet, dass sich im Verlauf der Verhandlungen der Umfang einer ursprünglichen Planung des Arbeitgebers reduzieren kann. Es ist nicht ausgeschlossen, dass sich eine ursprüngliche Planung komplett ändert oder nur noch auf ganz wenige Maßnahmen reduziert. Sie kann zu Beginn z. B. alle Betriebe und UN eines Konzerns erfassen und bezieht sich am Ende nur noch auf einen Betrieb des UN.

83 Auf die Zuständigkeit der Mitbestimmungsgremien im Verlauf dieses Prozesses haben **Veränderungen in der Planung keinen Einfluss,** damit Mitbestimmungsrechte überhaupt sinnvoll ausgeübt werden können. War zu Beginn des Planungsprozesses der KBR für den Interessenausgleich zuständig, dann ist er es auch noch am Ende. Jede andere Annahme würde den Schutzzweck der Mitbestimmungsrechte vereiteln. Plant z. B. ein AG die Stilllegung mehrerer Betriebe, verhandelt der KBR erfolgreich und werden alle Betriebe unverändert fortgeführt, dann wäre er nicht mehr zuständig, gerade weil er erfolgreich verhandelt. Er könnte das gute Ergebnis nicht mehr in einer Vereinbarung festhalten. Die Unterschrift des Vorsitzenden des KBR wäre die eines unzuständigen Gremiums. Und ein anderes Gremium kann nicht zuständig werden, weil es nicht verhandelte: Ein absurdes Ergebnis.

84 Bei Betriebsänderungen kann eine **konzerndimensionale Betrachtungsweise** geboten sein:

- Bestimmte Regelungen können nur konzernweit erfolgen wie z. B. die **Übernahme von AN** eines Konzern-UN durch andere unter bestimmten Voraussetzungen, Stellenausschreibungen in allen Konzern-UN, Versetzungen innerhalb des Konzerns usw.[80]

---

78 *Fitting,* Rn. 20.

79 *Fitting,* Rn. 15; *Schmitt/Rolfs,* FS 50), S. 1081; *Wissmann,* FS 25 Jahre ARGE Arbeitsrecht DAV. S. 1037.

80 Vgl. *SächsLAG* 24. 1. 95 – 13 [6] Sa 95/94 für Übernahmeangebote anderer Konzern-UN.

- Nach einer Umstrukturierung des UN oder Konzerns ist auch in neu gegründeten UN innerhalb der ersten 4 Jahre ein **Sozialplan** erzwingbar.
- Bei der Bemessung des **Sozialplanvolumens** ist auf die wirtschaftliche Lage des UN oder Konzerns im Wege des Berechnungsdurchgriffs abzustellen.
- Abfindungsansprüche können im Wege der **Existenzvernichtungshaftung** gegenüber dem herrschenden UN geltend gemacht werden.[81]

Werden ein Betrieb und ein UN gespalten und hat der BR ein **Übergangsmandat** gem. § 21 a Abs. 1, bleibt der BR für **Interessenausgleich** und **Sozialplan** zuständig. Die Wahrnehmung des Mitbestimmungsrechts auch für die auf ein neues UN übergegangenen AN begründet nicht die Zuständigkeit des KBR. **85**

Der Sozialplan ist im Konzern ein Mittel, um **Konzernleitungsmacht im Interesse der AN zu binden.** Er hat – ähnlich wie gesellschaftsrechtliche Ausgleichsregelungen für außenstehende Gesellschafter/Aktionäre – die Funktion, die Beachtung der Interessen der AN bei der Ausübung von Leitungsmacht zu erreichen.[82] **86**

Durch den Konzernzusammenhang erfährt der Begriff der Betriebsänderung i. S. d. § 111 BetrVG keine unmittelbare Veränderung. Es ist grundsätzlich innerhalb eines Konzerns zulässig, dass ein Interessenausgleich oder Sozialplan auch **nur unmittelbar betroffene UN** einbezieht. **87**

Ist ein Sozialplan zwischen dem KBR und der Konzernspitze abgeschlossen worden, dann soll sich ein BR nur noch **eingeschränkt** auf seine **eigene Zuständigkeit** berufen und eine Einigungsstelle für einen (zweiten) Sozialplan bilden können. Etwas anderes soll nur dann gelten, wenn es sich von vornherein um eine ausfüllungsbedürftige Rahmenvereinbarung gehandelt hat.[83] **88**

2. Betriebsratslose Betriebe (Abs. 1, 2. Halbsatz)

Die **Novellierung 2001** stellt die originäre Zuständigkeit des KBR klar. Betriebe ohne BR stehen nicht außerhalb der Betriebsverfassung. Die Zuständigkeit des KBR auch für AN betriebsratsloser Betriebe ermöglicht die **Gleichbehandlung** aller AN aller Konzern UN. **89**

Die **Voraussetzungen** der originären Zuständigkeit ändern sich durch die weitere Zuständigkeit für betriebsratslose Betriebe nicht. Der KBR darf nicht die Rolle des fehlenden BR übernehmen und sie damit **»ersetzen«**. **90**

Der KBR darf die **Wahl** von BR durch Einsetzung von WV **einleiten**. Dies gilt sowohl für Betriebe in UN mit einem GBR als auch in UN mit Betrieben und BR, die pflichtwidrig keinen GBR errichteten. Das gesetzliche Ziel besteht im **Schließen von Lücken der Mitbestimmung**. Wenn ein bestehender GBR im UN für einen betriebsratslosen Betrieb keine Initiative zur Wahl eines BR durch Bildung eines Wahlvorstandes ergriffen hat, dann kann der KBR tätig werden. Er ist nicht deshalb ausgeschlossen, weil der GBR näher am BR dran wäre.[84] Kleinstbetriebe gem. § 4 Abs. 2 sind zur Schließung von Mitbestimmungslücken auch dann betriebsratslos, wenn der Hauptbetrieb ebenfalls keinen BR hat. Gibt es im UN keinen Hauptbetrieb, dem ein Kleinstbetrieb gem. § 4 Abs. 2 zugeordnet werden könnte, ist der KBR für die betriebsratslosen Betriebe zuständig.[85] Er ist also auch für Betriebe zuständig, die die Voraussetzungen des § 1 Abs. 1 nicht erfüllen.[86] **91**

Der KBR hat einen **Auskunftsanspruch** gegenüber dem Konzern-AG sowie dem betroffenen UN über betriebsratslose Betriebe im UN bzw. Konzern (§ 50 Rn. 94 ff. zum GBR).[87] **92**

Vom KBR für alle Konzern-UN abgeschlossenen **KBV sind normativ** verbindlich (Rn. 14). Sie gelten also auch für AN betriebsratsloser Betriebe. Dies gilt unabhängig davon, ob die KBV vor **93**

81 *LAG Frankfurt* 11.3.88, NZA 89, 107.
82 *Nick*, S. 200 ff.
83 *Windbichler*, S. 408 f.
84 *Fitting*, Rn. 29; a. A. GK-*Kreutz*, Rn. 39.
85 a. A. Fitting, Rn. 29.
86 a. A. *LAG Düsseldorf* 3.11.11; ArbuR 12/23.
87 *LAG Nürnberg* 15.1.07 – 1 TaBV 14/06.

oder nach Inkrafttreten des BetrVG-Reformgesetzes von 2001 abgeschlossen wurden oder ob ihr Geltungsbereich sich auf bestimmte Konzern UN beschränkt. In diesem Fall umfasst ihr Geltungsbereich nur die betriebsratslosen Betriebe dieser UN.

3. Besondere gesetzliche Zuständigkeit

94 Besonders zugewiesen ist dem KBR nach dem **MitbestG** die Mitwirkung bei der
- Bestellung des Haupt-WV für die **Wahl der AR-Mitglieder** der AN des herrschenden UN eines Konzerns nach dem MitbG 1976 gemäß §§ 2 und 4 der 3. WO MitbG;
- Entgegennahme eines Antrags auf **Abberufung eines AR-Mitglieds** der AN gemäß § 108 der 3. WO MitbG und bei der Anfechtung der Wahl von AR-Mitgliedern der AN gemäß § 22 Abs. 2 MitbG.[88]

95 Nach § 1 Abs. 2 MontanMitbG hat die Errichtung eines KBR Auswirkungen auf das **Wahlverfahren** und die **Wählbarkeit** zum AR in einem **Montan-UN**, das, ohne unter das MitbestErgG zu fallen, das herrschende UN eines Konzerns ist. Wurde nämlich ein KBR errichtet, bildet er den Wahlkörper i. S. d. § 6 MontanMitbG für die Vertreter der AN und das der AN-Seite zuzurechnende weitere Mitglied des AR. Ist kein KBR gebildet, verbleibt es bei der grundsätzlichen Regelung, wonach nur die BR des herrschenden UN wahlberechtigt und allein die AN dieses UN wählbar sind. Auch bei der Wahl der AR-Mitglieder der AN wirkt der KBR bei der Bestellung des Haupt-WV mit.[89]

96 Der KBR wirkt an der Wahl der **AR-Mitglieder** der AN nach dem **MitbestErgG** vom 20.12.1988[90] mit
- durch die Bestellung des Haupt-WV;[91]
- durch die Entgegennahme von Anträgen auf Abberufung eines AR-Mitgliedes der AN (§ 10 MitbestErgG i. V. m. § 101 WO zum MitbestErgG);
- durch Einleitung des Abberufungsverfahrens durch Bildung eines Haupt-WV.

97 Bei **grenzüberschreitenden UN-Verschmelzungen** im Verhältnis zu den Mitgliedsstaaten der EU und anderen Vertragsstaaten kann der KBR zuständig werden. Dies kann der Fall sein durch die
- Bildung des Wahlgremiums gem. § 8 Abs. 2 SEBG;
- Bildung des Wahlgremiums gem. § 8 Abs. 2 SCEBG;
- Bildung des Wahlgremiums gem. § 10 Abs. 2 TlgVG.

98 Der KBR kann beim Registergericht die Festsetzung eines **Zwangsgeldes** beantragen, wenn die Mitglieder des vertretungsberechtigten Organs der Konzernspitze ihrer Pflicht zur Aufstellung eines **Konzernabschlusses** und **-lageberichts** nicht nachkommen (vgl. § 335 HGB).

99 Der KBR kann für die Bestellung des inländischen Vertreters des besonderen Verhandlungsgremiums zuständig sein. Bei Untätigkeit des BR oder GBR ist er deshalb auch für die Bildung eines **EBR** zuständig (§§ 18 Abs. 2, 23 Abs. 2, 4 EBRG und § 11 Abs. 2 EBRG).[92]

100 Der KBR kann gem. § 3 Abs. 2 zur **Verbesserung der betrieblichen Interessenvertretung** eine KBV abschließen, wenn in den Fällen des § 3 Abs. 1 Nr. 1, 2, 4 oder 5 keine tarifvertragliche Regelung gilt, die von den gesetzlichen Strukturen der Mitbestimmung abweicht (§ 3 Abs. 2; § 50 Rn. 154).

101 In einem **Betrieb ohne BR** hat der KBR den **WV** gem. § 17 Abs. 1 zu **bestellen.** Dies gilt entsprechend für den Betrieb mit BR, der keinen WV bestellt (§ 16 Abs. 3). I. d. R. ist dies Aufgabe des GBR. Nur wenn er nicht besteht, fallen diese Aufgaben dem KBR zu.[93] Der KBR hat einen **Informationsanspruch** über betriebsratslose Betriebe des Konzerns (§ 50 Rn. 96).[94]

102 Der KBR ist zuständig für die **Zustimmung** zum individuellen **Verzicht** auf Rechte aus KBV gem. § 77 Abs. 4 Satz 1.

---

88 *Fitting,* Rn. 21; HWGNRH-*Glock,* Rn. 18.
89 *Fitting,* Rn. 22; HWGNRH-*Glock,* Rn. 18.
90 BGBl. I S. 2312.
91 § 3 Abs. 4 WO vom 23. 1. 1989 – BGBl. I S. 147.
92 *ArbG Hamburg* 17.4.97, AuR 98, 42.
93 *Fitting,* Rn. 24.
94 *LAG Nürnberg* 25. 1. 07 für den GBR.

Der KBR ist **nicht** primär zuständig für die Informationen nach dem **UmwG.** Der Wortlaut der §§ 5 Abs. 3, 126 Abs. 3 UmwG verlangt die Information des »zuständigen Betriebsrats« und es ist kein Grund ersichtlich, weshalb der BR den Vertrag nicht auch in Empfang nehmen könnte. Außerdem haben gerade BR primär Interesse an der Information über ihren Fortbestand und die Weitergeltung ihrer BV. Dies berührt den **eigenen Informationsanspruch** des KBR nicht. 103

IV. Zuständigkeit kraft Auftrags des Gesamtbetriebsrats (Abs. 2)

Der GBR kann den KBR mit absoluter Mehrheit beauftragen, eine Angelegenheit für ihn zu behandeln und sich hierbei eine abschließende Entscheidungsbefugnis vorbehalten. Diese Regelung ist der für den GBR geltenden Vorschrift des § 50 Abs. 2 nachgebildet, obwohl die zugrunde liegende Rechtslage unterschiedlich ist. Anders als im Verhältnis UN- und Betriebsleitung, in dem Weisungen rechtlich unproblematisch sind, hängt das Weisungsrecht im Verhältnis Konzernspitze und UN-Leitung vom Ausmaß der Leitungsmacht ab. Der Gesetzgeber hat hiernach bewusst nicht differenziert und sieht **im Konzern eine einheitliche, dem UN vergleichbare Organisation.** Betriebsverfassungsrechtlich gibt es nur einen **einheitlichen Konzernbegriff,** der nicht nach dem Ausmaß und der rechtlichen Grundlage der Leitungsmacht differenziert (Vor § 54 Rn. 1 ff.).[95] 104

Die **Beauftragung** des KBR bedarf der **Mehrheit der Mitglieder** des GBR. Die Mehrheit der Anwesenden reicht nicht aus. Die Beschlussfassung erfolgt nicht durch Verhältniswahlprinzip. Der Beschluss selbst ist dem KBR-Vorsitzenden mitzuteilen. Die Erl. zum Verhältnis GBR – BR finden deshalb sinngemäß Anwendung (§ 50 Rn. 169). 105

Eine wirksame Beauftragung setzt voraus, dass der GBR **selbst zuständig** ist. Dabei kommt es nicht darauf an, ob die Zuständigkeit selbst originär gem. § 50 Abs. 1 besteht, oder selbst auf einem Auftrag gem. § 58 Abs. 2 beruht. 106

Die Übertragung einer Aufgabe bedarf ebenso wie der Widerruf der **Schriftform.** Das Schriftlichkeitsgebot des § 58 Abs. 2 Satz 3 i. V. m. § 27 Abs. 2 Nr. 3 wird auch durch die Einhaltung der **Textform des § 126 b BGB** erfüllt. Die Beauftragung des KBR ist nicht nur dann schriftlich, wenn sie von dem oder der Vorsitzenden gem. § 126 BGB eigenhändig mit Namensunterschrift versehen wurde. Schriftlich ist sie auch, wenn sie der Textform des § 126 b BGB genügt. Dafür reicht es aus, dass die Erklärung in dauerhaft lesbarer Weise abgegeben, die Person des Erklärenden genannt und der Abschluss des Textes erkennbar ist (vgl. § 50 Rn. 179 ff.).[96] 107

Eine pauschale Übertragung ist ausgeschlossen. Die Aufgabe kann sich auf **jede Frage** innerhalb des Zuständigkeitsbereichs des GBR beziehen. Der KBR ist verpflichtet, dem Auftrag zu entsprechen. Er kann auch von mehreren GBR gleichzeitig in sich entsprechenden Angelegenheiten beauftragt werden. Wird das UN verkauft und scheidet der GBR aus dem KBR aus, dann entfällt die Geschäftsgrundlage einer Beauftragung des KBR. 108

Ein **BR,** der gemäß § 54 Abs. 2 die Aufgaben eines GBR wahrnimmt, kann wie ein GBR den KBR beauftragen, eine Angelegenheit für ihn zu behandeln. Darüber hinaus können BR den KBR nicht beauftragen. Besteht ein GBR, kann der BR grundsätzlich nicht an ihm vorbei den KBR rechtwirksam beauftragen.[97] Es ist allerdings zulässig, dass ein GBR, der von einem BR gemäß § 50 mit der Erledigung einer Angelegenheit beauftragt wurde, diese mit Zustimmung des BR an den KBR **weiterdelegiert.**[98] 109

Verhandlungs- und Vertragspartner des KBR sind das herrschende oder die abhängigen Konzern-UN. Die Leitung der herrschenden Konzerngesellschaft soll nicht zum Abschluss einer Konzern-BV verpflichtet werden können.[99] Dies erscheint zweifelhaft. Richtigerweise 110

---

95 HWGNRH-*Glock,* Rn. 19.
96 *BAG* 9.12.08 – 1 ABR 79/07 – für § 99 Abs. 3 Satz 1.
97 *BAG* 19.6.2007, NZA 07, 1184.
98 *Fitting,* Rn. 26; a. A. HWGNRH-*Glock,* Rn. 21.
99 *BAG* 12.11.97, NZA 98, 497; HWGNRH-*Glock,* Rn. 22; *Windbichler,* S. 344; *dies.,* RdA 99, 150; a. A. GK-*Kreutz,* Rn. 48, wonach allein die Konzernspitze Verhandlungspartner ist.

wird dem KBR ein **Wahlrecht** eingeräumt werden müssen, ob er die Aufträge durch Verhandlung mit dem herrschenden oder den abhängigen UN erledigen will. Betrifft eine Angelegenheit z. B. alle Konzern-UN in gleicher Weise (z. B. Verteilungsgrundsätze einer konzernweiten Sozialeinrichtung), dann empfiehlt sich die Verhandlung mit der Konzernspitze. Etwas anderes würde für eine Angelegenheit gelten, die nur einzelne bzw. ein UN (z. B. zwei von 100 Konzern-UN) betrifft, weil die Konzernspitze zu weit »entfernt« wäre und nicht kompetent verhandeln könnte.

V. Ausübung der Zuständigkeiten

111 Der Gesetzgeber setzt die Existenz eines **Konzern-AG** als Gegenpol des KBR voraus, mit dem Konzern-BV abzuschließen sind. Die Vielzahl der einzelnen Konzern-UN scheidet hierfür aus. Dies ergibt sich z. B. aus § 76 Abs. 1 (Einigungsstelle zur Beilegung von Meinungsverschiedenheiten zwischen AG und KBR) und § 56 (Antragsrecht des AG zum Ausschluss aus dem KBR). Außerdem würde eine reine Zuständigkeit für die einzelnen Konzern-UN mit der des GBR kollidieren und eine unternehmensübergreifende Regelung verhindern. Die Erledigung seiner Koordinationsaufgaben wäre schriftlich unvereinbar mit seiner gegenüber GBR und BR gleichberechtigten Stellung.[100] In internationalen Konzernen gilt das Mitbestimmungsrecht trotz Geltung des Territorialitätsprinzips uneingeschränkt für die im Inland beschäftigten AN.[101]

112 Konzern-AG ist betriebsverfassungsrechtlich der **Konzern,** der durch das Leitungsorgan des herrschenden Konzern-UN handelt. Seine AG-Stellung entspricht der Zuständigkeit des KBR gemäß § 58.[102]

113 Die betriebsverfassungsrechtliche AG-Stellung des Konzerns korrespondiert mit der bei der Wahrnehmung von **individuellen AN-Rechten**, denen in vielfältiger Weise zunehmend eine **konzernweite Bedeutung** zukommt (vgl. vor § 54 zum Konzernarbeitsrecht), und mit UN-Mitbestimmung gemäß § 5 Abs. 1 MitbestG und § 77 a BetrVG 1952, wonach der Gesetzgeber ebenfalls das Prinzip der rechtlichen Selbstständigkeit einzelner Konzern-UN zum Schutz der AN durchbrochen hat.

114 Die **Entstehungsgeschichte** legt dies nahe, da der Gesetzgeber stets davon ausging, dass ein vom GBR beauftragter KBR die Angelegenheit »mit der Konzernleitung« zu verhandeln und damit auch zu regeln hat.[103] Dabei ist es unerheblich, ob es sich um einen Vertragskonzern oder faktischen Konzern handelt.[104] Es spielt auch keine Rolle, ob es sich um eine sog. horizontale (zwischen AN und ihren Konzern-UN geltend) oder vertikale (zwischen AN und der Konzernspitze sowie den jeweiligen UN) BV handelt.[105]

115 Die Bildung des KBR wäre zudem teilweise **sinnlos,** wenn er nicht Angelegenheiten mit dem herrschenden UN einheitlich für alle verbundenen UN regeln könnte.[106]

116 Auch die **Gesetzessystematik** für das herrschende UN als Ansprechpartner des KBR eine Rolle. § 87 Abs. 1 Nr. 8 und § 88 Nr. 2 setzen bereits vom Wortlaut her die Möglichkeit von für alle Konzern-UN verbindlichen BV voraus.

117 Die Leitung des herrschenden UNs kann also mit dem KBR im Zuständigkeitsbereich des § 58 Abs. 1 Satz 1 verbindliche Normen vereinbaren, die gem. § 77 Abs. 4 für die Arbeitsverhältnisse in den Konzern-UN unmittelbar gelten. In ihrem Anwendungsbereich überlagert also die **Betriebsverfassung das Gesellschaftsrecht.**[107]

---

100 *Monjau,* BB 72, 842; HWGNRH-*Glock,* Rn. 2; GK-*Kreutz,* Rn. 10.

101 Vgl. vor § 54 Rn. 110.

102 *Hanau,* ZGR 84, 468; Richardi-*Annuß,* Rn. 47; *Fuchs,* S. 98 f., 109; *Fitting,* Rn. 6, 34 f.; *Nick,* S. 171: Konzernspitze als Regelungspartner des KBR; *Wlotzke,* Rn. 2 a; a. A. HWGNRH-*Glock,* Rn. 2 a; MünchArbR-*Joost,* § 307 Rn. 74 ff.; *Windbichler,* S. 68, 339, wonach das eine KBV unterzeichnende herrschende UN zu ihrer Umsetzung verpflichtet ist, sie durch die gesellschaftsrechtliche Leitungsmacht gegenüber den betroffenen UN durchzusetzen, was ge- oder misslingen könne, wodurch die Umsetzung der KBV zur Disposition der beteiligten UN gestellt wird; *dies.* RdA 99, 149.

103 BT-Drucks. VI/2729, S. 26.

104 *Fitting,* Rn. 37; HWGNRH-*Glock,* Rn. 22; a. A. *Buchner,* AG 71, 190; Richardi-*Annuß,* Rn. 32 ff.

105 GK-*Kreutz,* Rn. 16; a. A. *Fuchs,* S. 60 ff.; *Konzen,* RdA 77, 77.

106 *Monjau,* BB 72, 839 [842].

107 *Fitting,* Rn. 36.

Wird der KBR gem. § 58 Abs 2 **im Auftrag** mehrerer oder aller GBR bzw. BR tätig, ist der Verhandlungspartner ebenfalls der Konzern AG oder die Leitung der betreffenden UN. Handelt er nur im Auftrag eines BR, hat er nach der Rspr. mit der Leitung dieser betreffenden UN oder Betriebs zu verhandeln.[108] 118

VI. Konzernbetriebsvereinbarungen

1. Normative Wirkung

Konzern-BV gelten deshalb trotz der rechtlichen Selbstständigkeit der abhängigen Konzern-UN auch für diese und für ihre AN **unmittelbar und zwingend.** Der Abschluss gleich lautender BV mit den einzelnen Konzern-UN ist entbehrlich. Die Durchführung einer KBV bedarf auch keiner zusätzlichen Anweisung des herrschenden UN gegenüber den abhängigen UN, weil sie bereits gilt.[109] Teilweise wird die zwingende Wirkung einer Konzern-BV bestritten, weil ein Konzern keine AG-Stellung habe, nicht rechtsfähig sei und deshalb nicht dem Konzern, sondern nur dem herrschenden UN eine begrenzte betriebsverfassungsrechtliche Zuständigkeit für den gesamten Konzern zuerkannt werden könne.[110] 119

Diese Auffassung verkennt, dass die gesellschaftsrechtliche und betriebsverfassungsrechtliche AG-Stellung nicht deckungsgleich sein müssen und der Gesetzgeber dem **Konzern betriebsverfassungsrechtlich die Stellung einer juristischen Person** zuerkannt hat. Ihm sind originäre betriebsverfassungsrechtliche AG-Funktionen zugeordnet, und er ist damit Träger betriebsverfassungsrechtlicher Rechte und Pflichten Das BetrVG hat Vorrang vor dem Gesellschaftsrecht.[111] Die rechtliche Grundlage für die normative Wirkung von Konzern-BV beruht auf dem wirtschaftlichen **Autonomieverlust** der abhängigen Gesellschaft durch die Konzernierung mit den entsprechenden gesellschafts- und arbeitsrechtlichen Strukturveränderungen. Sie ist nur eine notwendige Reaktion auf die Struktur eines Verbandes, der bei Ausübung rechtlich zulässiger Leitungsmacht die rechtliche Vielheit zugunsten einer Einheitsbetrachtung aufgibt. Die normative Wirkung von KBV ist insofern Bestandteil der **Konzernverbandsverfassung.**[112] Gemäß §§ 88 Nr. 2, 77 Abs. 4 ist die BV z. B. für die Errichtung einer Sozialeinrichtung im Konzern ausdrücklich vorgesehen. Schließlich wäre der **KBR praktisch bedeutungslos,** wenn die im Rahmen seiner Beteiligungsrechte getroffenen Absprachen mit der Konzernleitung stets mit den einzelnen Konzern-UN vereinbart werden müssten.[113] 120

Völlig unproblematisch ist die zwingende Wirkung einer BV dann, wenn das die Vereinbarung abschließende UN mit **Vollmacht** aller anderen UN handelt, der Tatbestand einer **Duldungs- und Anscheinsvollmacht** vorliegt oder alle Konzern-UN mitunterzeichnen.[114] 121

2. Verhandlungs- und Vertragspartner

Verhandlungs- und Vertragspartner des KBR ist das **herrschende UN** für den Konzern-AG.[115] Als sein Gegenpol ist er vom Gesetzgeber anerkannt. 122

Verweigert der AG Gespräche und Verhandlungen, verstößt er gegen seine gesetzliche Pflicht zur vertrauensvollen Zusammenarbeit gem. § 2 Abs. 1 BetrVG, § 23 Abs. 3 BetrVG). Dies gilt unabhängig davon, ob die betreffende Angelegenheit alle Konzern-UN betrifft oder einen Teil bzw. nur ein UN. Betrifft eine Angelegenheit nur ein Konzern-UN oder nur einen Teil der Konzern-UN, dann sind sie auch Verhandlungs- und Vertragspartner des KBR. Der AG darf also die Aufnahme von Gesprächen ebenfalls nicht verweigern. 123

108 *BAG* 12.11.97, AP Nr. 2 zu § 58 BetrVG 1972.
109 *BAG* 22.1.02, NZA 2, 1224; *Fitting*, Rn. 37 f.; Erfk-*Koch*, Rn. 11; GK-*Kreutz*, Rn. 56; a. A. *Böhm/Pawlowski*, NZA 05, 1377 ff. für Beschäftigungsgarantien, die nur als Verträge zu Gunsten Dritter gelten sollen; Richardi-*Annuß*, Rn. 35.
110 HWGNRH-*Glock*, Rn. 2 a.
111 *Fitting*, Rn. 36.
112 *Nick*, S. 189.
113 *Sächs. LAG* 24.1.95 – 13 [6] Sa 95/94.
114 *Windbichler*, S. 362; MünchArbR-*Joost*, § 307 Rn. 84.
115 Wissmann, FS 25 Jahre ARGE Arbeitsrecht im DAV, S. 1037; GK-*Kreutz*, Rn. 53.

3. Vereinbarung mit Konzernunternehmen

124 Der KBR schließt keine Konzern-BV mit dem herrschenden Konzernunternehmen ab, wenn ein GBR eine Angelegenheit nach § 58 Abs. 2 dem KBR zur **selbstständigen Erledigung** überträgt. Die Vereinbarung wird dann mit dem jeweiligen Konzernunternehmen verhandelt. Die Leitung der Konzernspitze kann dann nicht zum Abschluss einer Konzern-BV verpflichtet werden.[116] Ist der KBR gem. § 58 Abs. 1 originär zuständig, dann ist die Leitung des herrschenden Konzern-UN Verhandlungspartner.

4. Betriebsratslose Betriebe

125 Betriebsratslose Betriebe stehen nicht außerhalb der Betriebsverfassung und gehören zum Zuständigkeitsbereich des KBR. Eine wirksam abgeschlossene Konzern-BV gilt auch für AN der Betriebe und UN, die nicht betriebsratsfähig sind, keinen BR gewählt oder kein Mitglied in den GBR entsandt haben. Der KBR kann allerdings nur im Rahmen seiner eigenen, **originären Zuständigkeit** gem. Abs. 1 Satz 1 1. Halbsatz, tätig werden und nicht rein betriebsbezogene Dinge regeln, wie z. B. die Ausübung der Mitbestimmungsrechte bei personellen Einzelmaßnahmen gem. §§ 29 ff. oder die vorherige Anhörung bei beabsichtigten Kündigungen gem. § 102.

126 Der KBR ist auch dann für einen betriebsratslosen Betrieb zuständig, wenn in dem betreffenden UN ein **GBR** existiert, der von seinen Rechten im betriebsratslosen Betrieb gem. § 50 Abs. 1 Satz 2 **keinen Gebrauch machte**.

5. Veränderungen der Konzernstruktur

127 Veränderungen der Konzernstruktur beenden nicht die **zwingende Wirkung von KBV**. Es sind die für die BV (§ 77 Rn. 1 ff.) und GBV (§ 47 Rn. 1 ff.; § 50 Rn. 1 ff.) geltenden Grundsätze (§ 77 Rn. 1 ff.) anzuwenden, da es keinen Grund für eine unterschiedliche Behandlung der Vereinbarungen des KBR und BR bzw. GBR gibt. Danach gelten KBV grundsätzlich als GBV oder BV kollektivrechtlich weiter und § 613 a BGB findet nur dann als Auffangnorm Anwendung, wenn die Ansprüche der AN nicht anders gesichert werden können. Entfällt der KBR, kann die KBV gegenüber dem GBR gekündigt werden, weil er keine Auffangposition innehat und den BR nicht übergeordnet ist.[117]

128 Bei Umstrukturierungen im Konzern oder Beendigung des Konzernverhältnisses können sich **Sonderprobleme** ergeben:

129 • **Betriebsübergang im Konzern:**
Wird ein Betrieb innerhalb des Konzerns so übertragen, dass er als Betrieb im Konzernverbund bleibt, dann gilt eine KBV originär als KBV unabhängig davon weiter, ob sie in originärer (Abs. 1) oder in Auftragszuständigkeit (Abs. 2) abgeschlossen wurde.[118]

130 • **Betriebsteilübergang im Konzern:**
Wird nur ein Betriebsteil aus einem Betrieb ausgegliedert und innerhalb des Konzerns veräußert, dann gilt eine KBV ebenfalls kollektivrechtlich unmittelbar und zwingend selbst dann weiter, wenn es sich bei dem neuen Betrieb um einen betriebsratslosen Betrieb handeln sollte.

131 • **Betriebsübergang außerhalb des Konzerns:**
Geht ein Betrieb in das UN eines anderen Konzerns über, dann gilt die KBV normativ als BV weiter. Hierfür kommt es weder auf die Fortexistenz des KBR im bisherigen Konzern noch die Existenz eines KBR im neuen Konzern an. Auch die u. U. veränderte organisatorische Struktur des Betriebs ist unerheblich. Es kommt allein auf den Fortbestand des Betriebs als Bezugspunkt der Mitbestimmung an.[119]

---

116 *BAG* 12.11.97, NZA 98, 497 = AiB 99 m. Anm. *Kunz*; *Fitting*, Rn. 42; HWGNRH-*Glock*, Rn. 22; vgl. Rn. 51.
117 *LAG BaWü* 12.1.07 – 12 Sa 43/06.
118 A. A.: Willemsen/Hohenstatt, E., Rn. 71 f., wonach § 613 a Abs. 1 Satz 2 BGB analog anzuwenden sei.
119 *Salomon*, NZA 09, 471.

- **Verkauf von Anteilen an einem abhängigen UN:** 132
Wird das Konzernverhältnis durch Verkauf der Anteile eines UN beendet, so dass es zu keinem Inhaberwechsel i. S. d. § 613 a BGB kommt, dann gelten KBV als GBV oder BV weiter. § 613 a BGB ist als Auffangnorm hilfsweise analog anzuwenden.
- **Gemeinschaftsunternehmen:** 133
In paritätisch von mehreren Konzernen beherrschten Gemeinschaftsunternehmen (§ 54 Rn. 19 ff.) können die Normen der dort jeweils zum gleichen Regelungsgegenstand abgeschlossenen Konzern-BV **kollidieren.** Nach dem Grundsatz der demokratischen Legitimation entfalten nur die Vereinbarungen eine normative Wirkung, die unter Beteiligung der AN des Gemeinschafts-UN zuerst abgeschlossen wurden. Bei der Eingliederung von UN und Betrieben in Konzerne werden individual- oder kollektivrechtlich fortgeltende Normen erst durch die konzerndimensionalen Vereinbarungen abgelöst, die unter Beteiligung der AN-Repräsentanten des Gemeinschafts-UN zustande kommen).

6. Maßregelungsverbot

Das Maßregelungsverbot bindet nicht nur den AG sondern auch die Betriebsparteien. Diese 134
haben auch bei BV das Maßregelungsverbot des § 612 a BGB und die anderen Benachteiligungsverbote des § 16 AGG, § 5 TzBfG sowie § 78 Satz 2 zu beachten. Die Anwendung des Rechtsgedankens des Maßregelungsverbots kann dann in Betracht kommen, wenn AN deshalb benachteiligt werden, weil der BR sein Mitbestimmungsrecht in zulässiger Weise ausübt. Dies liegt dann nahe, wenn das Versprechen von Vorteilen dazu dient, den BR zu einem rechtswidrigen Verhalten zu bewegen, etwa dazu, eine gesetzes- oder tarifwidrige BV abzuschließen oder auf sein Mitbestimmungsrecht zu verzichten.[120] Eine KBV, die AN aus Betrieben aus dem Geltungsbereich ausnimmt, deren BR oder GBR sein Mitbestimmungsrecht geltend und dazu einen Antrag gem. § 98 ArbGG rechtshängig machte, verstößt gegen das **Maßregelungsverbot** des § 612 a BGB.

Der AG darf gem. § 2 Abs. 1 BetrVG nicht vom BR verlangen, dass er sich der Entscheidung 135
des AG bedingungslos unterwirft und auf sein **Mitgestaltungsrecht verzichtet.**[121] Der BR ist nicht darauf beschränkt, eine vom AG geplante Maßnahme entweder in der von AG beabsichtigten Ausgestaltung zu akzeptieren oder Gefahr zu laufen, dass die damit einhergehenden, vom AG vorgesehenen Leistungen und Rechtspositionen nicht gewährt werden. Dies gilt nicht nur für freiwillige Leistungen des AG,[122] sondern muss auch für Leistungen und Rechtspositionen im Bereich der zwingenden Mitbestimmung, wie z. B. im Zusammenhang mit Betriebsänderungen, gelten.

§ 612 a BGB ist eine reine **Verbotsnorm** ohne Rechtsfolgenanordnung. Der Schutzzweck des 136
§ 612 a BGB erfordert, die Rechtsfolgen entsprechend dem inkriminierten Verhalten des Arbeitgebers bzw. des beteiligten Gremiums zu wählen. Die Herausnahme des BR aus dem Geltungsbereich einer KBV führt zu der Rechtsfolge, dass die Zuständigkeit des BR für die jeweiligen Beteiligungsrechte wie z. B. die aus §§ 111 ff. angenommen werden muss.

Nähme man in solchen Fällen als einzige Rechtsfolge die Nichtigkeit der Vereinbarung aus 137
§ 134 BGB an, bestünde das Risiko für den AG einzig und allein darin, möglicherweise die Ansprüche der AN aus den maßgeregelten Betrieben erfüllen zu müssen. Ob auch ein Risiko dahingehend besteht, dass eine entsprechende Vereinbarung trotz Aufnahme einer salvatorischen Klausel als vollständig unwirksam angesehen würde, kann dahin stehen. Denn es stünde AG und KBR frei, eine **neue Überleitungsvereinbarung** ohne Maßregelungsverbot abzuschließen.

Ein maßregelnder KBR hat seine Zuständigkeit aufgrund der groben Verstöße gegen §§ 612 a, 138
242 BGB **verwirkt.** Entsprechend darf sich der AG nicht länger auf die Zuständigkeit des KBR berufen. Daraus folgt die Anerkennung der Zuständigkeit des GBR bzw. BR, gegen den sich

120 *BAG* 18.9.07 – 3 AZR 639/06; 21.6.05, NZA 06, 104.

121 *BAG* 26.5.98, AP Nr. 98 zu § 87 BetrVG 1972, Lohngestaltung; 23.6.92, AP Nr. 51 zu § 87 BetrVG 1072 Arbeitszeit; *LAG Düsseldorf* 20.3.07, AiB 07, 428 m. Anm. v. *Trittin.*

122 *LAG Frankfurt* 3.10.89, DB 1990, 126 f.

das maßregelnde Verhalten richtete. Denn dies ist die einzige Rechtsfolge, die das inkriminierte Verhalten effektiv sanktioniert. Nur dies verleiht dem Maßregelungsverbot des § 612 a BGB und den Geboten aus § 242 BGB und § 2 Durchsetzungskraft.

VII. Streitigkeiten

139 Über Streitigkeiten wegen der **Zuständigkeit des KBR** entscheiden die ArbG gemäß §§ 2 a, 80 f. ArbGG im Beschlussverfahren. Das ArbG, in dessen Bezirk das herrschende UN seinen Sitz hat, ist hierfür örtlich zuständig. Ist der Sitz im Ausland, dann ist der des größten inländischen UN im Konzern maßgebend. Betrifft der Streit die Wirksamkeit eines Beschlusses des GBR gemäß Abs. 2, so ist das ArbG örtlich **zuständig,** in dessen Bezirk das UN seinen Sitz hat.

140 Sind zwischen BR sowie GBR einerseits und dem KBR andererseits die Zuständigkeitsgrenzen streitig, so können sie hierüber eine gerichtliche Entscheidung herbeiführen. Im Verfahren über die **Wirksamkeit** einer vom KBR abgeschlossenen **Vereinbarung** sind die Konzern-UN sowie die jeweiligen GBR und die BR am Verfahren zu **beteiligen,** weil die KBV ihre Rechtsstellung betrifft. Alle Organe der Mitbestimmung, die als Inhaber des streitigen Rechts ernsthaft in Betracht kommen, sind also am Verfahren zu beteiligen.[123]

141 GBR und BR sind **antragsbefugt.** Hierfür ist nicht nur maßgebend, ob ein Beteiligter eine bestimmte Leistung verlangt, sondern antragsbefugt ist auch derjenige, der die Feststellung eines Rechtsverhältnisses beantragt, an dem er selbst beteiligt ist. GBR bzw. BR können deshalb ein Rechtsverhältnis zwischen dem KBR und einem Dritten zum Gegenstand eines Feststellungsantrags machen.[124] Darüber hinaus kann ein Feststellungsantrag auch **einzelne Beziehungen** oder **Folgen** aus einem Rechtsverhältnis betreffen. Sie können somit geltend machen, der KBR habe eine nicht ihnen, sondern den Antragstellern zustehende Kompetenz ausgeübt.[125] Hieran haben sie ein rechtliches Interesse, weil der BV in den Konzern-UN nach § 77 Abs. 4 Satz 1 normative Wirkung zukommt.[126]

142 **Rügt** ein GBR lediglich die **inhaltliche Regelung** einer KBV, weil sie Einzelzusagen an AN in unzulässiger Weise ablöse und dadurch in individuelle Rechtspositionen eingreife, dann hat der GBR wegen fehlender betriebsverfassungsrechtlicher Betroffenheit **keine Antragsbefugnis,** wenn die Angelegenheit in die Zuständigkeit des KBR fällt.[127] Allerdings könnte die Antragsbefugnis aus prozessökonomischen Gründen gegeben sein, wenn auf einer BV beruhende Rechte der AN geltend gemacht werden.[128]

§ 59 Geschäftsführung

(1) Für den Konzernbetriebsrat gelten § 25 Abs. 1, die §§ 26, 27 Abs. 2 und 3, § 28 Abs. 1 Satz 1 und 3, Abs. 2, die §§ 30, 31, 34, 35, 36, 37 Abs. 1 bis 3 sowie die §§ 40, 41 und 51 Abs. 1 Satz 2 und Abs. 3 bis 5 entsprechend.

(2) Ist ein Konzernbetriebsrat zu errichten, so hat der Gesamtbetriebsrat des herrschenden Unternehmens oder, soweit ein solcher Gesamtbetriebsrat nicht besteht, der Gesamtbetriebsrat des nach der Zahl der wahlberechtigten Arbeitnehmer größten Konzernunternehmens zu der Wahl des Vorsitzenden und des stellvertretenden Vorsitzenden des Konzernbetriebsrats einzuladen. Der Vorsitzende des einladenden Gesamtbetriebsrats hat die Sitzung zu leiten, bis der Konzernbetriebsrat aus seiner Mitte einen Wahlleiter bestellt hat. § 29 Abs. 2 bis 4 gilt entsprechend.

---

123 *BAG* 28.3.06, AP Nr. 128 zu § 87 BetrVG 1972 Lohngestaltung; 31.1.89, AP Nr. 12 zu § 81 ArbGG 1979 zur Beteiligung von BR an einem Verfahren über die Wirksamkeit einer GBV; *GMP,* § 83 Rn. 56.

124 *BAG* 21.12.82, AP Nr. 76 Art. 9 GG Arbeitskampf; 26.7.84 – 2 AZR/83; 5.5.92, NZA 92, 1089.

125 *BAG* 23.6.91, AP Nr. 1 zu § 611 BGB Arbeitszeit; 9.2.93, AP Nr. 17 zu Art. 56 ZA NATO – Truppenstatut.

126 *LAG Baden-Württemberg* 21.11.94 – 15 TaBV 3/92.

127 *LAG Köln* 20.5.99, NZA-RR 00, 140.

128 Offen gelassen von *LAG Köln* a. a. O.

Inhaltsübersicht

I. Vorbemerkungen

Die Vorschrift regelt in Anlehnung an den GBR die Konstituierung, die innere Organisation und die Geschäftsführung[1] der KBR und entspricht weitgehend der des § 51 zum **GBR,** indem 1

- auf dieselben für den BR anzuwendenden Vorschriften verwiesen wird;
- § 51 Abs. 1 Satz 2 und Abs. 2, 4 bis 6 für anwendbar erklärt wird;
- in Abs. 2 eine dem § 51 Abs. 3 entsprechende Regelung zur Konstituierung getroffen wird.

Novellierung 2001: Das Gruppenprinzip wurde aufgegeben.

II. Organisation und Geschäftsführung (Abs. 1)

1. Entsprechend anwendbare Vorschriften

Kraft ausdrücklicher Verweisung geltende folgende Regelungen: 2

- § 25 Abs. 1: Nachrücken der **Ersatzmitglieder;**
- § 26: **Bestellung des Vorsitzenden** des KBR und seines Stellvertreters und Befugnisse des **Vorsitzenden** und seines Stellvertreters;
- § 27 Abs. 2 und 3: **Betriebsausschuss** und Führung der **laufenden Geschäfte** durch den Vorsitzenden oder andere KBR-Mitglieder;
- § 28: Bildung weiterer **Ausschüsse**;
- § 30: **Sitzung** des KBR;
- § 31: **Teilnahme von Gewerkschaftsbeauftragten**;
- § 34: **Sitzungsprotokoll;**
- § 35: **Aussetzung von Beschlüssen;**
- § 36: **Geschäftsordnung;**
- § 37 Abs. 1 – 3; **Freistellung** von der Arbeit sowie den Ausgleich für außerhalb der normalen Arbeitszeit verrichtete Tätigkeiten für den KBR;
- § 40: **Arbeitsmittel und Kostentragungspflicht:** die Kostentragung gem. § 40 setzt einen ordnungsgemäßen Beschluss des KBR voraus, der auch noch im Nachhinein gefasst und das Handeln des KBR-Vorsitzenden genehmigen kann.[2]
- § 41: **Umlageverbot;**
- § 51 Abs. 1 Satz 2: Größe des **KBR-Ausschusses;**
- § 51 Abs. 2: Wahl des **Vorsitzenden** und Zusammensetzung des KBR-Ausschusses;
- § 51 Abs. 3 und 4: **Beschlussfassung**;
- § 51 Abs. 5: **Rechte und Pflichten.**

---

1 Vgl. Muster einer Geschäftsordnung im DKKWF-*Trittin*, § 59 Rn. 1.
2 *BAG* 23.8.06, AP Nr. 12 zu § 54 BetrVG 1972.

2. Vorsitzender und Stellvertreter

3 Die Vorschrift verweist auf § 26 Abs. 1 und § 51 Abs. 2, so dass für die Bestellung des Vorsitzenden des KBR und des Stellvertreters dieselben **Regeln** wie für die des **GBR-Vorsitzenden** und dessen Stellvertreter gelten.

4 **Wählbar** sind nur **Mitglieder des KBR** (§ 26 Abs. 1), nicht jedoch stellvertretende Mitglieder oder sonstige Personen.

5 Entsendet ein GBR oder BR ein anderes Mitglied, obwohl dieses zum Vorsitzenden gewählt wurde, dann muss ein **neuer Vorsitzender gewählt** werden. Er amtiert also nicht weiter, und es erhöht sich hierdurch nicht die Anzahl der Delegierten des GBR bzw. BR.

6 Der KBR ist eine **Dauereinrichtung**, so dass die **Amtszeit des Vorsitzenden** und Stellvertretenden nicht befristet ist. Sie kann deshalb nur aus anderen Gründen enden, z. B. durch

- **Amtsniederlegung;**
- **Absetzung** durch den KBR;
- **Ausscheiden** aus dem KBR. Dies kann z. B. dadurch geschehen, dass der GBR bzw. BR einen anderen Vertreter in den KBR entsendet oder dass der Vorsitzende oder Stellvertreter nach Ablauf der Amtszeit als BR nicht wieder gewählt werden;
- **Neuwahl** des BR bzw. GBR.[3]

7 Die personelle Zusammensetzung des KBR verändert sich i. d. R. mit der Neuwahl der BR und Neuwahlen in den GBR. Die bessere **demokratische Legitimation** gebietet deshalb die turnusgemäße **Neuwahl** des Vorsitzenden und Stellvertreters nach Ablauf der regulären BR-Wahlen. § 57 nennt zwar die Neuwahl des BR oder GBR nicht als einen die Mitgliedschaft im KBR beendenden Tatbestand. Aber die Neukonstituierung des BR oder des GBR beendet sie zumindest für eine **juristische Sekunde**, so dass auch **normativ** Anlass für eine Neuwahl besteht.[4] Für sie gilt unmittelbar keine gesetzlich geregelte Frist. Sie sollte jedoch analog zur dreimonatigen Wahlperiode des BR gem. § 13 Abs. 1 Satz 1 innerhalb von 3 Monaten nach der letzten Konstituierung der GBR stattfinden. Es ist zulässig, den Vorsitz und die Stellvertretung von Mitgliedern jeweils eines anderen UN zu beschließen.

8 Der Vorsitzende **vertritt** gemäß § 26 Abs. 3 **den KBR** im Rahmen der von ihm gefassten Beschlüsse und nimmt die ihm gegenüber abzugebenden Erklärungen entgegen. Im KBR mit weniger als 9 Mitgliedern kann ihm auch gemäß § 59 Abs. 1 i. V. m. § 27 Abs. 4 die Führung der laufenden Geschäfte übertragen werden.

3. Ausschüsse und Arbeitsgemeinschaften

a) Konzernbetriebsausschuss

9 Besteht der KBR aus **neun oder mehr Mitgliedern,** hat er einen Konzernbetriebsausschuss zu bilden, der die laufenden Geschäfte oder besondere Aufgaben zu erledigen hat (§ 59 Abs. 1 i. V. m. §§ 51 Abs. 1 Satz 2 und 27 Abs. 1). Ihre Zahl erhöht sich, wenn neue UN mit BR bzw. GBR hinzukommen.[5] Wird so das Quorum von 9 Mitgliedern überschritten, ist der Ausschuss zu bilden.

10 Der Konzernbetriebsausschuss ist zu errichten. Es besteht eine **Errichtungspflicht,** deren Verletzung einen groben Verstoß gegen die betriebsverfassungsrechtlichen Pflichten darstellen kann.

11 Der **Vorsitzende** und **Stellvertreter** gehören dem Konzernbetriebsausschuss kraft Gesetzes an. Die **weiteren Mitglieder** kommen hinzu. Die Wahl der weiteren Mitglieder erfolgt durch **Verhältniswahl.** Eine geheime Wahl kann wegen der im KBR gebotenen **Stimmengewichtung** nicht erfolgen.

---

3 *BAG* 9.2.11, AiB 11, 696.
4 *BAG* 9.2.11, AiB 11, 696.
5 *BAG* 16.3.05, AP Nr. 5 zu § 51 BetrVG 1972 für den GBR.

Ersatzmitglieder müssen vom Wortlaut nicht gewählt werden. Dies empfiehlt sich jedoch. 12
Bei der Entsendung der Mitglieder sollen die **Geschlechter** angemessen berücksichtigt werden. 13
Über- oder unterschreitet z. B. nach einer Umstrukturierung der Konzern die **Ober- oder Untergrenzen** für den Konzernbetriebsausschuss, dann ist er insgesamt neu zu wählen.[6] 14

b) Weitere Ausschüsse

Wenn im Konzern mehr als 100 AN beschäftigt sind und der KBR aus mindestens 7 Mitgliedern besteht, kann der KBR weitere Ausschüsse bilden (§ 59 Abs. 1 i. V. m. § 28 Abs. 1 Satz 1). Ist ein Konzernbetriebsausschuss gebildet, kann der KBR diesen weiteren Ausschüssen **bestimmte Aufgaben** übertragen (§ 59 Abs. 1 i. V. m. § 28 Abs. 1 Satz 3). Ihre Zusammensetzung und die Wahl der Mitglieder erfolgen nach den Grundsätzen der Mehrheitswahl, da in § 59 Abs. 1 nicht auf § 28 Abs. 1 Satz 2 verwiesen wird. Gemäß § 59 Abs. 1 i. V. m. § 28 Abs. 2 können **gemeinsame Ausschüsse** von KBR und Konzernleitung errichtet werden. 15

c) Wirtschaftsausschuss

Für den KBR ist es von entscheidender Bedeutung, dass er auch umfassende **Informationen** über die **wirtschaftliche Lage** und **Entwicklung** des Konzerns erhält. Er benötigt deshalb wie der GBR einen WA.[7] 16

Nach Ansicht des *BAG* kann der KBR von sich aus keinen WA errichten,[8] weil der **Wortlaut** des § 106 Abs. 1 den WA ausschließlich der UN-Ebene zuordne und eine analoge Anwendung des § 106 Abs. 1 wegen Fehlens einer planwidrigen Gesetzeslücke ausscheide. Außerdem habe der KBR keine konzernspezifischen Mitbestimmungs- und Mitwirkungsrechte. Da in rechtlicher Hinsicht mitbestimmungspflichtige Entscheidungen zumeist auf UN-Ebene getroffen würden, benötige der jeweilige BR der UN-Ebene und nicht der KBR wirtschaftliche Informationen. Die Mitglieder des KBR müssten schließlich wirtschaftliche Daten selbst richtig bewerten können, weil fast nur wirtschaftliche Angelegenheiten in den Zuständigkeitsbereich des KBR fielen. 17

Diese Argumentation des *BAG* verkennt, dass der Anspruch auf wirtschaftliche Informationen nicht konzernspezifische Mitbestimmungs- und Mitwirkungsrechte voraussetzt. Es reicht aus, dass der KBR **überhaupt Aufgaben** hat, deren Erfüllung wirtschaftliche Kenntnisse voraussetzen. Nach einer Erhebung betrug der Regelungsanteil des KBR Ende der 70er Jahre etwa 10 %. Er dürfte wegen der gewachsenen Bedeutung des Konzerns heute wesentlich höher liegen. 18

Wirtschaftliche Informationen der Konzernspitze für den KBR sind von **entscheidender Bedeutung.** Gerade in der Eröffnung eines entsprechenden Informationsflusses liegt seine wesentliche Funktion. Eine Sammlung und Auswertung der Wirtschaftsdaten aus den Einzelunternehmen ist dem KBR unzumutbar und mit einer unmittelbaren Information durch die Konzernleitung nicht vergleichbar. Der Konzernabschluss ist etwas anderes als die bloße Summe der gemäß § 108 Abs. 5 zu erörternden Einzelabschlüsse.[9] Wenn nach Ansicht des *BAG* fast nur wirtschaftliche Angelegenheiten in den Zuständigkeitsbereich der KBR fallen, dann darf er gerade von diesen Informationen nicht abgeschnitten sein. 19

Das BetrVG enthält keine **Wertung,** dass es einen Konzern-WA nicht geben soll. Es will vielmehr die Informationsdichte um die Ebene des Konzerns unter Einschluss des herrschenden UN erweitern. Die Pflicht zur Errichtung von WA bei den einzelnen UN bleibt hiervon unberührt. 20

Der Errichtung des WA gemäß §§ 106 ff. sieht ein **bestimmtes Verfahren** zur Information in wirtschaftlichen Angelegenheiten vor und setzt nicht voraus, dass die Mitglieder des GBR insgesamt überfordert wären, wirtschaftliche Daten richtig zu bewerten. Für den KBR gilt 21

---

6 *BAG* 16.3.05, AP Nr. 5 zu § 51 BetrVG 1972 für den GBR.
7 *Nebendahl,* DB 91, 384 ff.; § 106 Rn. 17 f.
8 23.8.89, DB 90, 1519 f.
9 *Wentzling,* S. 185; *Windbichler,* S. 333.

nichts anderes. Er benötigt ebenso wie der GBR ein bestimmtes Verfahren, um die erforderlichen Informationen zu erlangen. Aufgrund seiner herausragenden Funktion in wirtschaftlichen Angelegenheiten ist er hierauf sogar in besonderer Weise angewiesen.

22 Der KBR kann mit der Konzernspitze eine Vereinbarung treffen, wonach entweder ein WA gebildet wird oder der KBR bzw. der **Konzernbetriebsausschuss** die Aufgaben eines WA in analoger Anwendung des § 106 wahrnimmt. Gegen die Zulässigkeit einer solchen Vereinbarung bestehen keine Bedenken.

d) Arbeitsgemeinschaften

23 Der KBR oder einzelne GBR bzw. BR können innerhalb eines Konzerns **unternehmensübergreifende** Arbeitsgemeinschaften bilden (zu den Voraussetzungen des Konzerns Vor § 54 Rn. 4 ff.). Gem. § 3 Abs. 1 Nr. 4 können **TV** Arbeitsgemeinschaften vorsehen, die der unternehmensübergreifenden Zusammenarbeit von AN-Vertretungen dienen. Sie sind eine Ergänzung, aber **kein Ersatz** vorhandener Gremien. Gilt kein TV zur Bildung einer Arbeitsgemeinschaft, kann eine **BV** abgeschlossen werden (§ 3 Abs. 2).

e) Betriebsratslose Betriebe

24 Der KBR hat in betriebsratslosen Betrieben **Wahlen zu initiieren.** Dazu ist er vom AG über die Wahlberechtigten zu informieren. Der KBR kann gem. § 16 Abs. 3 einen **WV bestellen,** wenn 8 Wochen vor Ablauf der Amtszeit des BR keiner besteht.

4. Sitzungen

25 Nach der Konstituierung des KBR finden gemäß § 59 Abs. 1 i. V. m. § 51 Abs. 5 für die weiteren Sitzungen § 29 Abs. 2 bis 4 Anwendung, wonach

- der **Vorsitzende** unter Mitteilung der Tagesordnung einlädt und die Sitzung leitet (Abs. 2);
- **auf Antrag** eines stimmgewichteten Viertels der Mitglieder des KBR oder des AG eine Sitzung einzuberufen und der beantragte Beratungsgegenstand auf die Tagesordnung zu setzen ist (Abs. 3), AG ist die **Konzernleitung,** der durch die Leitungsorgane der herrschenden UN handelt (§ 58 Rn. 7).
- der **AG** auf Einladung oder bei von ihm beantragten Sitzungen ein Teilnahmerecht hat (Abs. 4).
- Streiten die Beteiligten allein darüber, ob ein KBR gebildet werden konnte, und ist diese Frage umstritten und höchstrichterlich noch nicht entschieden, darf ein Mitglied die **Kosten zur Teilnahme an den Sitzungen des KBR** für erforderlich halten.[10]

26 Die Teilnahme eines Vertreters der **Konzernschwerbehindertenvertretung** ist in § 59 a ausdrücklich vorgeschrieben. Sie beruht außerdem auf dem Verweis des § 59 Abs. 2 Satz 3 auf § 29 Abs. 2. Dieser Verweis berechtigt auch die **KJAV** zur Teilnahme, soweit sie besteht (vgl. §§ 73 a und b).

27 Gemäß § 31 kann auf Antrag von einem Viertel der Mitglieder des KBR ein Beauftragter einer **Gewerkschaft** an den Sitzungen beratend **teilnehmen.** Sie muss zumindest ein Teilnahmerecht an Sitzungen des BR gemäß § 31 BetrVG haben und damit im BR, nicht im KBR vertreten sein.[11]

5. Beschlüsse

28 Für die Beschlussfassung des KBR gilt § 51 Abs. 3 und 4 entsprechend. Danach ist u. a. erforderlich, dass

10 *LAG Hamburg* 5.4.07 – 2 TaBV 12/06.

11 *GL*, Rn. 17; MünchArbR-*Joost*, § 307 Rn. 87; Richardi-*Annuß*, Rn. 23; *Däubler*, Gewerkschaftsrechte, Rn. 149; a. A. *Fitting*, Rn. 19; HWGNRH-*Glock*, Rn. 24; GK-*Kreutz*, Rn. 26, wonach sie im KBR selbst vertreten sein muss.

- Beschlüsse nur in einer **Sitzung,** nicht jedoch im Umlaufverfahren gefasst werden;
- eine ordnungsgemäße Einladung unter Angabe der Tagesordnung erfolgt;[12]
- mindestens die **Hälfte der KBR-Mitglieder** an der Beschlussfassung teilnimmt und diese mindestens die Hälfte des **Gesamtstimmgewichts** im KBR vertritt (§ 59 Abs. 1 i. V. m. § 51 Abs. 3 Satz 3). Die Mitgliederzahl folgt aus § 55 Abs. 1, das Stimmgewicht aus § 55 Abs. 3;
- eine **einfache Mehrheit** des nach § 55 Abs. 3 errechneten Stimmgewichts der anwesenden Mitglieder erzielt wird;
- eine **absolute Mehrheit,** d. h. mehr als die Hälfte des Gesamtstimmvolumens aller KBR-Mitglieder, Beschluss fasst über die **Übertragung von Aufgaben** zur selbstständigen Erledigung auf den Konzernbetriebsausschuss, weitere Ausschüsse oder einzelne Mitglieder (§ 59 Abs. 1 i. V. m. §§ 27 Abs. 3, 28) und die **Geschäftsordnung** (§ 59 Abs. 1 i. V. m. § 36).

Die **Kosten** des KBR trägt der Arbeitgeber. Dies gilt für die Sitzungen, das Büro und Büropersonal. Der KBR hat auch Anspruch auf Zugang zum **Intranet,** in das er auch eigene Informationen stellen kann.[13] **29**

Für die Beschlussfassung im **Konzernbetriebsausschuss** und in weiteren Ausschüssen gilt § 51 Abs. 4 i. V. m. § 33 Abs. 1 und 2, wonach **nach Köpfen** abgestimmt wird und das unterschiedliche Stimmgewicht unberücksichtigt bleibt. **30**

Die **KJAV** und die **Konzernschwerbehindertenvertretung** haben ein Teilnahmerecht an Sitzungen des KBR (§ 73 b Abs. 2, § 59 a). **31**

6. Rechte und Pflichten

Gemäß § 59 Abs. 1 i. V. m. § 51 Abs. 6 gelten die Rechte und Pflichten des BR entsprechend für den KBR, soweit das Gesetz keine besonderen Vorschriften enthält. Dieser Verweis bezieht sich allgemein auf alle **Rechte und Pflichten** des KBR und kann auch den **Katalog** der ausdrücklich aufgezählten, entsprechend anzuwendenden Vorschriften zur Organisation und Geschäftsführung **erweitern,** soweit dies für den KBR überhaupt in Betracht kommen kann und erforderlich ist:[14] **32**

- Die »**Überschrift**« der §§ 59, 51 bezieht sich generell auf die Geschäftsführung, so dass der Verweis in § 59 Abs. 1 auf § 51 Abs. 6 die Geschäftsführung umfassen muss.
- Der **Wortlaut** des § 51 Abs. 6 verweist allgemein auf Rechte des BR und damit auch auf die zur Organisation und Geschäftsführung.
- Der **Gesetzeszweck** rechtfertigt keine Einschränkung der Rechte des KBR gegenüber denen des GBR und BR. Der KBR kann gem. § 58 Ab.s 1 Satz 1 in betriebsratslosen Betrieben mitbestimmen und einen WV bestellen.

Der KBR ist u. a. befugt, in analoger Anwendung von **33**

- § 39 Abs. 1 während der Arbeitszeit **Sprechstunden** einzurichten;[15]
- § 53 **BR-Versammlungen** jährlich einzuberufen.[16] Zweckmäßig kann es sein, sie in unmittelbarem räumlichem und zeitlichem Zusammenhang mit einer BR-Versammlung des GBR gemäß § 53 durchzuführen;
- Informationen gem. § 80 Abs. 1 vom AG zu verlangen;
- § 80 Abs. 3 **Sachverständige** bzw. Berater gem. § 111 Satz 2 hinzuzuziehen.[17]

Der KBR kann auch alle Beschäftigten unmittelbar informieren, z. B. über seine eigene **Konstituierung.**[18]

---

12 *BAG* 23.8.06, AP Nr. 12 zu § 54 BetrVG 1972.
13 Überholt *ArbG Frankfurt* 13.11.01 NZA-RR 02, 252 zum BR.
14 *Fitting,* Rn. 31; GK-*Kreutz,* Rn. 4 mit dem Hinweis darauf, dass sich die Aufzählung auf die §§ 26 bis 41 beziehe.
15 *Fitting,* Rn. 23.
16 *Fitting,* Rn. 23.
17 *BAG* 11.11.09 – 7 ABR 26/08; Fitting, Rn. 24.
18 Vgl. Muster eines Informationsschreibens in DKKWF-*Trittin,* § 54 Rn. 14.

III. Konstituierung (Abs. 2)

1. Errichtung

34 Der KBR wird durch den mit qualifizierter Mehrheit gemäß § 54 Abs. 1 Satz 2 gefassten **Beschluss** des GBR bzw. der nach § 54 Abs. 2 funktionell zuständigen BR errichtet. Mit der Errichtung sind alle GBR bzw. BR **verpflichtet,** gemäß § 55 die zu entsendenden Mitglieder zu bestimmen.

35 Beschließen die BR eines bundesweit operierenden gemeinnützigen UN mehrheitlich, sowohl auf Landesebene als auch auf Bundesebene einen KBR zu bilden, so sind der vor Konstituierung der BR-Wahl gefasste Beschluss eines einzelnen BR, ein BR-Mitglied zu einer **Schulungsveranstaltung** mit dem Titel »Betrieblicher Strukturwandel-Kooperation zwischen BR, GBR und KBR« zu entsenden und die Teilnahme dieses BR-Mitglieds an dieser Veranstaltung vor Bildung eines KBR von § 37 Abs. 6 BetrVG gedeckt. Der AG hat dann die Kosten für die Arbeiterwohlfahrt nach § 40 zu tragen.[19]

36 Der KBR wird erst mit seiner Konstituierung **handlungsfähig.** Dazu ist erforderlich, dass die Mitglieder
- zu einer Sitzung zusammenkommen,
- aus ihrer Mitte den **Vorsitzenden** und Stellvertreter des KBR wählen. Wie beim Vorsitz des BR und GBR erfolgt die Wahl beim KBR **geheim,** was jedoch wegen der stimmengewichteten Abstimmung im Gremium nur eingeschränkt praktiziert werden kann.

Die Gleichsetzung der Begriffe Errichtung mit der Konstituierung im Wortlaut des Abs. 2 beruht auf rein **terminologischer Unsicherheit** des Gesetzgebers ohne inhaltliche Bedeutung.[20]

2. Zuständigkeit für Einladung

37 Durch die seit dem 1.1.1989 geltende Novelle vom 20.12.1988[21] ist rein redaktionell klargestellt, dass primär der GBR des **herrschenden UN** zur Einladung berechtigt und verpflichtet ist.[22]

38 Nach Errichtung des KBR durch die mit qualifizierter Mehrheit gefassten Beschlüsse erfolgt die Einladung zur konstituierenden Sitzung entweder durch
- den **GBR** bzw. den an seiner Stelle gemäß § 54 Abs. 2 funktionell zuständigen BR **des herrschenden UN** oder, wenn ein solcher nicht besteht,
- durch den **GBR** bzw. den an seiner Stelle gemäß § 54 Abs. 2 funktionell zuständigen BR des nach der Zahl der wahlberechtigten AN **größten Konzern-UN.**

39 Zur Ermittlung der maßgeblichen Zahl ist auf die Eintragungen in die **Wählerliste** bei der letzten BR-Wahl abzustellen. Wenn in einem Betrieb kein BR besteht, ist auf die zum Zeitpunkt der Einladung vorhandene Zahl wahlberechtigter AN abzustellen.[23]

40 Hat das herrschende UN seinen **Sitz im Ausland** und keine Zentrale im Inland, erfolgt die Einladung durch das Gremium (GBR oder BR) des nach der Zahl der wahlberechtigten AN **größten Konzern-UN im Inland.** Die Sitzung selbst muss nicht am **Sitz des herrschenden UN** stattfinden.

41 Kommt das zur Einladung verpflichtete Gremium seiner Einladungspflicht nicht nach, so handelt es sich um eine **Pflichtverletzung,** die z. B. Sanktionen gemäß §§ 23 und 59 Abs. 1 i. V. m. § 48 zur Folge haben kann.

---

19 *LAG Bremen* 3.11.00, NZA-RR 01, 310.

20 GK-*Kreutz,* Rn. 5.

21 BGBl. I S. 2312, Art. 7.

22 Vorher: »Hauptverwaltung des Konzerns«; GK-*Kreutz,* Rn. 6; vgl. Checkliste für das Vorliegen eines Konzerns, Auskunftsersuchen der GBR an den AG zur Konzernstruktur, Entsendungsschreiben der GBR, Einladung zur konstituierenden Sitzung, Errichtungsbeschluss und einem Informationsschreiben an die Belegschaft über die Konstituierung in DKKWF-*Trittin,* § 54 Rn. 8 bis 14.

23 *Fitting,* Rn. 14; *GL,* Rn. 11; Richardi-*Annuß,* Rn. 18; a. A. GK-*Kreutz,* Rn. 8; HWGNRH-*Glock,* Rn. 7, wonach diese AN außerhalb der Betriebsverfassung stehen und deshalb nicht mitrechnen.

3. Durchführung

Zur konstituierenden Sitzung sind **alle GBR** bzw. die funktionell gemäß § 54 Abs. 2 zuständigen BR einzuladen, unabhängig davon, ob sie die Errichtung 42
- selbst betrieben haben und initiativ wurden;
- begrüßt und ihr zugestimmt haben;
- abgelehnt haben;
- nur zur Kenntnis nahmen und – pflichtwidrig – keinen Beschluss hierzu fassten.[24]

Die Einladung[25] kann gerichtet werden an 43
- bestimmte **Mitglieder des GBR** bzw. BR, soweit sie dem einladenden Gremium bekannt sind, oder
- an die **zuständigen Gremien** (GBR oder funktionell zuständige BR). Sie enthält dann zugleich die Aufforderung, die Mitglieder des KBR zu bestimmen, soweit dies noch nicht geschehen ist.

Keine Einladung erhält der »Konzern-AG«, d. h. das herrschende UN oder andere Konzern-UN. Auch die Teilnahme der Gewerkschaften ist nicht zwingend vorgesehen, aber zu empfehlen. Sie kommt erst bei den weiteren Sitzungen in Betracht. Eine besondere **Form** ist für die Einladung nicht vorgesehen. Es empfiehlt sich, diese **schriftlich** unter Angabe von Ort, Zeit und Tagesordnung der konstituierenden Sitzung auszusprechen. 44

Die Einladung soll **unverzüglich** nach der Errichtung des KBR, d. h. nach der Beschlussfassung mit der nach § 54 Abs. 1 Satz 2 qualifizierten Mehrheit, erfolgen. Eine bestimmte **Einladungsfrist** besteht nicht;[26] sie sollte jedoch angemessen sein, d. h. im Normalfall eine Woche nicht unter- und vier Wochen nicht überschreiten. 45

Der **Vorsitzende** des einladenden Gremiums leitet die Sitzung bis zur Bestellung eines **Wahlleiters** aus der Mitte der versammelten KBR-Mitglieder. Er hat die Wahl des Vorsitzenden und des Stellvertreters zu leiten. Danach erlischt sein Amt. 46

Für die **weiteren Sitzungen** gelten Abs. 2 Satz 3 i. V. m. § 29 Abs. 2 bis 4. Sie müssen nicht am Sitz des herrschenden UN stattfinden.[27] 47

IV. Streitigkeiten

Über Streitigkeiten wegen der Geschäftsführung entscheiden die ArbG gemäß §§ 2 a, 80 ff. ArbGG im **Beschlussverfahren.** Örtlich zuständig ist das ArbG, in dessen Bezirk das herrschende Konzern-UN seinen Sitz hat. Ist der Sitz im Ausland, dann ist der des größten UN im Konzern maßgebend. 48

Im **Urteilsverfahren** sind Streitigkeiten zu entscheiden, wenn der AG einzelnen KBR-Mitgliedern das Arbeitsentgelt mindert oder vorenthält. Es ist das ArbG zuständig, in dessen Bezirk der Beschäftigungsbetrieb liegt (§ 46 Abs. 2 ArbGG; § 29 ZPO). 49

An dem Verfahren, das die Errichtung eines **WA** des KBR betrifft, sind weder die abhängigen Konzernunternehmen noch die einzelnen GBR bzw. BR zu **beteiligen**, weil ihre betriebsverfassungsrechtliche Position hierdurch nicht berührt wird.[28] 50

§ 59 a Teilnahme der Konzernschwerbehindertenvertretung

Die Konzernschwerbehindertenvertretung (§ 97 Abs. 2 des Neunten Buches Sozialgesetzbuch) kann an allen Sitzungen des Konzernbetriebsrats beratend teilnehmen.

---

24 Richardi-*Annuß, Rn. 18; Fitting*, Rn. 15; GK-*Kreutz* 11; Erfk-*Koch*, Rn. 1; Düwell-*Tautphäus*, Rn. 5.
25 Muster vgl. DKKWF-*Trittin*, § 59 Rn. 12.
26 GK-*Kreutz*, Rn. 11.
27 *BAG* 23.8.06, AP Nr. 12 zu § 54 BetrVG 1972.
28 *BAG* 23.8.89, DB 90, 1519.

Inhaltsübersicht

I. Vorbemerkungen

1 Die Vorschrift entspricht § 32 zum Teilnahmerecht der Schwerbehindertenvertretung an Sitzungen des BR und § 52 zum Teilnahmerecht der Gesamtschwerbehindertenvertretung an Sitzungen des GBR.

2 § 59 a wurde durch die **Novellierung 2001** in das BetrVG eingefügt, um die Vertretung der Schwerbehinderten auch auf der Konzernebene zu ermöglichen.

II. Die Konzernschwerbehindertenvertretung

1. Errichtung

3 § 59 a verweist auf **§ 97 Abs. 2 SGB IX,** der folgendermaßen lautet:[1]

(2) Ist für mehrere Unternehmen ein Konzernbetriebsrat errichtet, wählen die Gesamtschwerbehindertenvertretungen eine Konzernschwerbehindertenvertretung. Besteht ein Konzernunternehmen nur aus einem Betrieb, für den eine Schwerbehindertenvertretung gewählt ist, hat sie das Wahlrecht wie eine Gesamtschwerbehindertenvertretung.

4 Die **Errichtung** der Konzernbehindertenvertretung ist der der Gesamtschwerbehindertenvertretung nachgebildet, die gem. § 97 Abs. 1 SGB IX für mehrere Betriebe eines Arbeitgebers mit einem Gesamtbetriebsrat zu bilden ist.

5 § 97 Abs. 2 SGB IX enthält keine eigene Legaldefinition des Begriffs »Konzern«. Da die Errichtung der Konzernschwerbehindertenvertretung jedoch an die des KBR geknüpft ist, gilt mittelbar die **definitorische Verweisung** in § 54 auf § 18 Abs. 1 AktG.

6 Liegt ein **Konzern im Konzern** vor, für die ein KBR errichtet wurde, können für jeden Konzern Konzernschwerbehindertenvertretungen errichtet werden, für die auch ein KBR besteht.

7 Die Errichtung der Konzernschwerbehindertenvertretung ist **obligatorisch.** Anders als die Errichtung des KBR selbst, ist sie nicht vom Vorliegen einer qualifizierten Mehrheit abhängig.

2. Wahl

8 Die Wahl der Konzernschwerbehindertenvertretungen findet in der Zeit vom **01. 02. bis 31.03.** statt.[2]

3. Rechte und Pflichten

9 Die Konzernschwerbehindertenvertretung ist wie die Gesamtschwerbehindertenvertretung ein **gesetzliches Organ** der Betriebsverfassung mit eigenen Rechten und Pflichten. Die **Gesamtschwerbehindertenvertretung** nimmt gem. § 52 an den Sitzungen des GBR teil. Sie vertritt die Interessen der Schwerbehinderten in Angelegenheiten, die das Gesamtunterneh-

1 BGBl. I 2001, S. 1076.
2 § 97 Abs. 7 SGB IX.

men betreffen und von den Schwerbehindertenvertretungen der einzelnen Betriebe nicht geregelt werden können (§ 97 Abs. 6 SGB IX). Ihre Rechte und Pflichten entsprechen denen der Konzernschwerbehindertenvertretung. Auf die entsprechenden Ausführungen wird verwiesen.

III. Teilnahme an Sitzungen des Konzernbetriebsrats

1. Sitzungen des KBR und seiner Ausschüsse

Das Teilnahmerecht der Konzernschwerbehindertenvertretung erstreckt sich (wie das der Gesamtschwerbehindertenvertretung auf Sitzungen des GBR) auf alle Sitzungen des **KBR** und seiner **Ausschüsse.** Der Begriff »Sitzungen« ist umfassend zu verstehen und schließt die seiner Ausschüsse mit ein. 10

Das Teilnahmerecht besteht unabhängig davon, ob Schwerbehinderte besonders berührende Fragen auf der **Tagesordnung** stehen. Es gilt auch für Sitzungen, auf denen sie nicht ausdrücklich erörtert werden sollen, weil ihre Interessen auch durch andere Tagesordnungspunkte mittelbar berührt werden können. 11

Der Vorsitzende des KBR ist verpflichtet, die Konzernschwerbehindertenvertretung unter Mitteilung der Tagesordnung rechtzeitig **einzuladen.** Ein Verstoß macht die auf der betreffenden Sitzung gefassten Beschlüsse nicht unwirksam. Er ist jedoch spätestens im Wiederholungsfall »grob« im Sinne des § 23 mit den sich hieraus ergebenden Konsequenzen. 12

2. Beratende Teilnahme, Aussetzung von Beschlüssen

Das Teilnahmerecht ist wie das der Gesamtschwerbehindertenvertretung beim GBR **beratender Art.** Die Konzernschwerbehindertenvertretung kann deshalb nicht mitstimmen.[3] Dies gilt auch bei den Tagesordnungspunkten, die die Interessen der Schwerbehinderten unmittelbar berühren. 13

Die Konzernschwerbehindertenvertretung kann ebenso wie die Schwerbehindertenvertretung oder die Gesamtschwerbehindertenvertretung beantragen, dass Angelegenheiten, die einzelne oder alle Schwerbehinderte **besonders betreffen,** auf die Tagesordnung der nächsten Sitzung gesetzt werden. 14

Gem. § 35 i. V. m. § 59 Abs. 1 sind Beschlüsse des KBR **auszusetzen,** wenn die Konzernschwerbehindertenvertretung eine erhebliche Beeinträchtigung wichtiger Interessen der von ihr vertretenen Schwerbehinderten gefährdet sieht. Auf Antrag ist der Beschluss für eine Woche vom Zeitpunkt der Beschlussfassung an auszusetzen, damit in diesem Zeitraum eine Verständigung versucht werden kann. Hierbei können im Betrieb vertretene Gewerkschaften hinzugezogen werden. 15

IV. Streitigkeiten

Streitigkeiten über das Recht der Konzernschwerbehindertenvertretung auf Teilnahme an Sitzungen des KBR und seiner Ausschüsse entscheiden ArbG im **Beschlussverfahren** gem. §§ 2 a, 80 ff. ArbGG.[4] 16

Gem. § 82 Satz 2 ArbGG ist das Gericht **örtlich zuständig,** in dessen Bezirk das herrschende UN seinen Sitz hat. Hat es seinen Sitz im Ausland, ist der Sitz des inländischen Konzern-UN mit den meisten Arbeitsverhältnissen maßgebend. Es gilt insoweit nichts anderes als für Streitigkeiten um die Errichtung des KBR und um seine Rechte. 17

3 *Fitting,* Rn. 2; HWGNRH-*Glock,* Rn. 4.
4 *BAG* 21.9.89, EzA § 14 SchwbG 1986 Nr. 2.

Dritter Teil
Jugend- und Auszubildendenvertretung

Erster Abschnitt
Betriebliche Jugend- und Auszubildendenvertretung

§ 60 Errichtung und Aufgabe

(1) In Betrieben mit in der Regel mindestens fünf Arbeitnehmern, die das 18. Lebensjahr noch nicht vollendet haben (jugendliche Arbeitnehmer) oder die zu ihrer Berufsausbildung beschäftigt sind und das 25. Lebensjahr noch nicht vollendet haben, werden Jugend- und Auszubildendenvertretungen gewählt.
(2) Die Jugend- und Auszubildendenvertretung nimmt nach Maßgabe der folgenden Vorschriften die besonderen Belange der in Absatz 1 genannten Arbeitnehmer wahr.

Inhaltsübersicht Rn.

I. Vorbemerkungen

1. Entwicklung der gesetzlichen Regelung

1 Das BetrVG 1952 enthielt nur wenige im Gesetz verstreute Vorschriften über die besondere Vertretung jugendlicher Arbeitnehmer. **Das BetrVG 1972** fasste sie in einem eigenen Abschnitt zusammen und **stärkte die Stellung** und Rechte der Jugendvertretung, um die jugendlichen Arbeitnehmer leichter in das betriebliche Geschehen einzubeziehen.[1]

2 Gegenüber dem BetrVG 1952 sind folgende Veränderungen von besonderer Bedeutung:
- Zahlenmäßige **Vergrößerung** (§ 62);
- Streichung der **unteren Altersgrenze** für das passive Wahlrecht (§ 61 Abs. 2);
- Recht auf **eigene Sitzungen** (§ 65 Abs. 2);
- Recht auf **Sprechstunden** (§ 69);
- Gesteigertes **Teilnahmerecht** an Betriebsratssitzungen (§ 67 Abs. 1);
- Gesteigertes **Teilnahmerecht** an Besprechungen zwischen AG und BR (§ 68);
- Verstärktes **Stimmrecht** in BR-Sitzungen (§ 67 Abs. 2);
- Aufschiebendes **Vetorecht** gegen BR-Beschlüsse (§§ 66, 35);
- Einführung einer **Gesamt-Jugendvertretung** (§§ 72, 73).

3 Durch das **Gesetz zur Bildung von Jugend- und Auszubildendenvertretungen** in den Betrieben v. 13. Juli 1988[2] sowie das Änderungsgesetz aus dem Jahre 1989[3] wurde die bisherige JV zu einer JAV erweitert. Hierfür waren zwei Gründe maßgebend:

1 BT-Drucks. VI/2729, S. 15/16; BR-Drucks. 715/70, S. 34, 44.
2 BGBl. I, S. 1034.
3 BGBl. 1988 I, S. 2312.

- Jugendliche AN und Auszubildende über 18 Jahre befinden sich durch die in der Regel gemeinsame Berufsausbildung in einer vergleichbaren Situation, so dass eine **einheitliche Interessenvertretung** sachgerecht ist. Die altersmäßige Begrenzung auf Auszubildende unter 25 Jahre soll den Charakter einer Vertretung junger AN wahren.[4]
- Die Gesetzesnovellierung hat die bisherigen JV vor der **Auszehrung** bewahrt, weil die Zahl der Jugendvertreter durch die längeren Schulzeiten, den Ausbau der Vollzeitberufsschulen und des Berufsbildungsjahres stark rückläufig war.[5]

Diese Gesetzesnovellierung, die die **Stellung** des Vertretungsorgans weiter **aufwertete,** beinhaltete im Wesentlichen folgende Rechte: 4

- **Ausbau** der JV zu einer JAV, zu der jugendliche AN und die zu ihrer Berufsausbildung beschäftigten AN unter 25 Jahren wahlberechtigt sind (§ 60);
- **Erweiterung der Zuständigkeit** auf alle zu ihrer Berufsausbildung beschäftigten AN, die das 25. Lebensjahr noch nicht vollendet haben (§ 60);
- **Erhöhung der Altersgrenze für die Wählbarkeit** auch anderer AN des Betriebs zur JAV vom 24. auf das 25. Lebensjahr (§ 61 Abs. 2);
- **Vergrößerung der JAV in Großbetrieben** mit über 600 jugendlichen oder auszubildenden AN von bisher neun auf bis zu 13 Mitglieder (§ 62 Abs. 1);
- **Verlegung** des **Wahlzeitraums** für die regelmäßige Wahl zur JAV vom Frühjahr auf den Herbst (1. Oktober bis 30. November) des jeweils maßgebenden Wahljahres (§ 64 Abs. 1);
- **Einführung** des **Verhältniswahlrechts,** wenn mehrere Wahlvorschläge vorliegen (§ 63 Abs. 2 i. V. m. § 14 Abs. 3);
- Eigenständiges **Vorschlagsrecht** der **Gewerkschaften** zu den Wahlen (§ 63 Abs. 2 i. V. m. § 14 Abs. 5 u. 8);
- **Entsendungsrecht** der **Gewerkschaft** eines nicht stimmberechtigten Mitglieds in den Wahlvorstand (§ 63 Abs. 2 i. V. m. § 16 Abs. 1 Satz 6);
- Die JAV kann die JA-Versammlung auch zeitlich losgelöst von der Betriebsversammlung durchführen (§ 71).

2. Rechtsstellung

Die JAV ist ein **eigenständiges Organ** der Betriebsverfassung mit eigenen Rechten und der Aufgabe, die Belange der jugendlichen und auszubildenden AN wahrzunehmen. Wegen dieser ihr gem. § 60 Abs. 2 obliegenden eigenständigen Aufgabe ist es kein Hilfsorgan des BR und auch nicht vergleichbar mit dem Wirtschaftsausschuss, der nicht die Belange einer bestimmten Personengruppe wahrzunehmen hat.[6] Die Tatsache, dass die JAV nicht gleichberechtigt neben dem BR steht und nur über sehr beschränkte Zuständigkeiten verfügt, ändert nichts daran, dass es sich um ein **eigenständiges Organ der Betriebsverfassung** handelt. 5

Die JAV steht **nicht uneingeschränkt gleichberechtigt** neben dem BR. Sie hat keine Mitbestimmungs- und Mitwirkungsrechte gegenüber dem AG und kann mit ihm auch keine BV abschließen.[7] Etwas anderes gilt jedoch dann, wenn ein BR nicht oder nicht mehr existiert.[8] 6

Die allgemeine Aufgabe der JAV besteht darin, die **speziellen Interessen** der jugendlichen und auszubildenden AN gegenüber dem BR zu vertreten und auf diese Weise dazu beizutragen, dass sie im Rahmen der BR-Arbeit angemessen und sachgerecht berücksichtigt werden.[9] 7

Auf der Ebene des UN kann eine **GJAV gebildet** werden. Die Errichtung einer entsprechenden **Vertretung auf Konzernebene** ist gem. §§ 73 a und 73 b möglich. 8

Die Auszubildenden über 18 Jahre behalten ihr **Wahlrecht zum BR.** Alle volljährigen, zu ihrer Berufsausbildung beschäftigten AN unter 25 Jahren haben das aktive und passive Wahlrecht sowohl zum BR als auch zur JAV. 9

---

4 BT-Drucks. 11/2474, S. 9 ff.; *Brill*, AuR 88, 334; *Engels/Natter*, DB 88, 229; *Schwab*, NZA 88, 687.
5 BT-Drucks. 11/1134, S. 5; BT-Drucks. 11/955, S. 10; *Engels/Natter*, DB 88, 229; *Fitting*, § 60, Rn. 3.
6 *Däubler*, Arbeitsrecht 1, Rn. 1161; a. A. *Fitting*, Rn. 4; *Rotermund*, Diss. 2004.
7 *BAG* 20.11.73, 10.5.74, AP Nrn. 1, 2, 3 zu § 65 BetrVG 1972; 8.2.77, AP Nr. 10 zu § 80 BetrVG 1972; 21.1.82, AP Nr. 1 zu § 70 BetrVG 1972; *Fitting*, Rn. 25; HWGNRH-*Rose*, Rn. 8; 10; GK-*Oetker*, Rn. 45; Richardi-*Annuß*, Rn. 13.
8 Rn. 38.
9 *Malottke*, AiB 04, 524 zu den Gründen einer JAV-Wahl.

10 Die Vorschriften der §§ 60 – 73 sind **zwingendes Recht,** von denen weder durch BV noch TV abgewichen werden kann.[10] Eine Ausnahme gilt nur unter den in § 3 Abs. 1 genannten Voraussetzungen.

11 Für die Mitglieder der JAV gilt der besondere **Kündigungsschutz** nach § 103 und § 15 KSchG. Außerdem haben sie gem. § 78 a Anspruch auf Übernahme in ein unbefristetes Ausbildungsverhältnis, wenn sie während ihrer Amtszeit oder vor Ablauf eines Jahres nach Beendigung der Amtszeit ihr Ausbildungsverhältnis beenden.

II. Errichtung

1. Allgemeines

12 In Abs. 1 werden die **Voraussetzungen** festgelegt, unter denen der BR zur Durchführung der JAV-Wahl gemäß § 80 Abs. 1 Nr. 5 **verpflichtet** ist.[11]

13 Liegen die Voraussetzungen vor, so ist die Bildung der JAV **obligatorisch.** Der BR ist zwingend verpflichtet, die Wahl vorzubereiten und durchzuführen. Gemäß § 80 Abs. 1 Nr. 5 muss er umfassend tätig werden und insbes. gemäß § 63 Abs. 2 Satz 1 den WV bestellen.

2. Betrieb und Betriebsgröße

14 Die Bildung einer JAV setzt zunächst einen »**Betrieb**« voraus. Der Begriff entspricht dem in § 1. Soweit Nebenbetriebe oder Betriebsteile nach § 4 dem Betrieb zuzurechnen sind, gilt dies in gleicher Weise für die Errichtung einer JAV. TV-Regelungen oder BV nach § 3 Abs. 1 Nr. 1 – 3 sind zu beachten.

15 Weiterhin wird eine gewisse **Mindestgröße** vorausgesetzt, nämlich dass in dem Betrieb i. d. R. entweder fünf Arbeitnehmer beschäftigt sind, die das 18. Lebensjahr noch nicht vollendet haben (jugendliche Arbeitnehmer) oder die zu ihrer Berufsausbildung beschäftigt sind und das 25. Lebensjahr noch nicht vollendet haben. Der Arbeitnehmerbegriff ist identisch mit dem in § 5 Abs. 1. Es kommt nicht darauf an, dass diese Zahl gerade am Wahltag oder dem letzten Tag der Stimmabgabe erreicht wird.[12]

3. Ausbildung durch einen Dritten

a) Grundsätze

16 Die Ausbildung findet grundsätzliche im Betrieb statt und dann ist die JAV i. d. R. für diesen Betrieb zu errichten. Sie kann jedoch auch ausnahmsweise **außerbetrieblich** durchgeführt werden. Denkbar ist die Ausbildung in mehreren Betrieben desselben UN, mehrerer UN desselben Konzerns oder in einem UN eines anderes Konzerns. Die Frage nach dem für die JAV zuständigen Betrieb bzw. BR ist deshalb so zu beantworten, dass der BR des Betriebs zuständig ist, dessen Leitung die für die Ausbildung wichtigen mitbestimmungspflichtigen Entscheidungen, z. B. für die personellen Einzelmaßnahmen gem. §§ 99 ff. oder für die Berufsausbildung insgesamt trifft.[13]

b) Reiner Ausbildungsbetrieb

17 Auszubildende in reinen Ausbildungsbetrieben wählen gem. § 51 BBiG eine **besondere Interessenvertretung,** weil sie betriebsverfassungsrechtlich keine AN sind, weil die dann erfor-

---

10 *Fitting,* Rn. 8; GK-*Oetker,* Vor § 60 Rn. 16; HWGNRH-*Rose,* Rn. 1.

11 *Fitting,* Rn. 10; GK-*Oetker,* Rn. 4; Richardi-*Annuß,* Rn. 1; *Rudolph,* AiB 98, 490; *ders.* zur notwendigen Unterstützung durch den BR AiB 09, 105 ff.; vgl. auch *GL,* Rn. 23, die die Pflicht zur Errichtung auf § 63 Abs. 2 stützen.

12 *Fitting,* Rn. 11; Richardi-*Annuß,* Rn. 5.

13 *BAG* 12.5.05, NZA 05, 1358; *Fitting,* Rn. 16.

derliche Eingliederung das Erlassen von Tätigkeiten voraussetzt, die auch zu den beruflichen Aufgaben der AN des Betriebs gehören.[14]

§ 51 BBiG vormals § 18 a BBiG (a. F.) schließt die durch die hierdurch entstandene **Schutzlücke** erstmals. 18

Auszug aus dem BBiG:

§ 51 Interessenvertretung

(1) Auszubildende, deren praktische Berufsbildung in einer sonstigen Berufsbildungseinrichtung außerhalb der schulischen und betrieblichen Berufsbildung (§ 2 Abs. 1 Nr. 3) mit in der Regel mindestens fünf Auszubildenden stattfindet und die nicht wahlberechtigt zum Betriebsrat nach § 7 des Betriebsverfassungsgesetzes, zur Jugend- und Auszubildendenvertretung nach § 60 des Betriebsverfassungsgesetzes oder zur Mitbestimmungsvertretung nach § 36 des Neunten Buches Sozialgesetzbuch sind (außerbetriebliche Auszubildende), wählen eine besondere Interessenvertretung.

(2) Absatz 1 findet keine Anwendung auf Berufsbildungseinrichtungen von Religionsgemeinschaften sowie auf andere Berufsbildungseinrichtungen, soweit sie eigene gleichwertige Regelungen getroffen haben.

Gem. § 52 BBiG kann eine **Rechtsverordnung,** die keiner Zustimmung des Bundesrates bedarf, die besondere Interessenvertretung näher ausgestalten.

Abs. 2 nimmt **Religionsgemeinschaften** und andere bereits errichtete Berufsbildungseinrichtungen **aus.** Hierzu gehören z. B. durch TV gebildete Interessenvertretungen.[15]

§ 51 Abs. 1 BBiG findet entgegen dem Wortlaut aber in Übereinstimmung mit dem Schutzzweck zur Schließung von Lücken nicht nur auf den reinen Ausbildungsbetrieb gem. § 2 Abs 1 Nr. 3 BBiG Anwendung, sondern auch auf Betriebe, deren Betriebszweck **nicht ausschließlich oder überwiegend in der Vermittlung einer Berufsausbildung** besteht. Auch in diesen Betrieben kann deshalb eine besondere Interessenvertretung gebildet werden, wenn die Berufsausbildung selbst Gegenstand des Betriebszwecks ist und mindestens fünf Auszubildende tätig sind.[16] 19

Gem. § 52 BBiG kann eine **Rechtsverordnung** die besondere Interessenvertretung z. B. zur Zusammensetzung, Amtszeit, Wahl, Art und Umfang der Informations- und Beteiligungsrechte näher ausgestalten. Sie erging bislang nicht und ist auch nicht entbehrlich.[17] Nach der Schutzlücke wären somit die besonderen Interessenvertretungen zu errichten. 20

c) Unternehmensübergreifender Ausbildungsverbund

Die **ausbildenden UN** können sich gem. § 10 Abs. 5 BBiG zu einem unternehmensübergreifend ausbildenden Verbund zusammenschließen, der verschiedene Ausbildungsabschnitte in mehreren UN durchführt.[18] Die Auszubildenden sind dann nach der Rspr. dem UN zuzurechnen, das den Berufsausbildungsvertrag abgeschlossen hat.[19] Richtiger erscheint es, die Auszubildenden nicht nur den vertragsschließenden Ausbildungs-UN, sondern auch allen anderen ausbildenden UN zuzuordnen mit der Folge, dass sie **auch dort wahlberechtigt** sind: 21

Die zur Begründung gezogene Parallele zu **Bundesbeamten im Vorbereitungsdienst,** die ebenfalls im Verlauf ihrer Ausbildung versetzt würden, ohne deshalb mehrfach wahlberechtigt zu sein, ist verfehlt, weil sich im Beamtenverhältnis die »AG«-Funktion nicht aufspaltet und 22

14 *BAG* 13.6.07, NZA-RR 08, 19; *BAG* 20.3.96, AP Nr. 10 zu § 5 BetrVG 1972 Ausbildung; *Fitting,* Rn. 17; *Moderegger* ArbRB 02, 339.

15 *BAG* 24.8.04, AP Nr. 12 zu § 98 BetrVG 1972 für das Trainings-Center der Telekom durch TV Nr. 122 vom 12.10.01; *Klinkhammer,* FS 50 Jahre BAG, S. 963 ff.

16 *BAG* 13.6.07, NZA-RR 08, 19.

17 *BAG* 24.8.04, NZA 05, 371.

18 Beschlussempfehlung BT-Drucks. 15/4752 zu § 10 BBiG.

19 *BAG* 13.3.91, NZA 92, 223; *Fitting,* Rn. 19; *Hänlein,* NZA 06, 348; *Taubert,* NZA 05, 503; *Opolony,* BB 05, 1050.

dadurch Mitbestimmung nicht leer läuft. Bei den Beschäftigten des Ausbildungszentrums im Konzern ist dies anders: Ihre Interessen sollen durch die JAV bzw. den BR im Ausbildungszentrum vertreten werden, obwohl diese Gremien bei Konflikten in anderen Konzern-UN gegenüber den dortigen AG keine Mitbestimmungsrechte ausüben können.

23 Das *BAG* vergleicht die Ausbildung in wechselnden Betrieben weiterhin mit der Situation von **Leiharbeitnehmern** und verweist auf § 14 Abs. 1 und 2 AÜG, wonach Leiharbeitnehmer Angehörige des entsendenden Betriebes bleiben. Diese Analogie ist ebenfalls verfehlt, weil Leiharbeitnehmer anders als die AN eines Konzern-UN nicht der einheitlichen Leitung der Konzernspitze unterliegen. Im Übrigen ist gemäß § 1 Abs. 3 Ziff. 2 AÜG das AÜG nicht auf Arbeitnehmerüberlassung zwischen Konzern-UN anwendbar, so dass die Parallele zu § 14 Abs. 1 und 2 fragwürdig ist.

24 Auch und gerade im Konzern gilt, dass ein **Mitbestimmungsrecht** dort bestehen muss, wo die **Entscheidungen** fallen, d. h. wo ein AN in die betriebliche Organisation integriert ist. Eine vom AG gewählte komplizierte Struktur kann nicht die Verminderung von Schutzrechten, d. h. insbesondere der Mitbestimmungsrechte zur Folge haben. Die konzernweite Steuerung des Ausbildungsganges lässt den Schluss zu, dass der Konzern wesentliche AG-Funktionen ausübt und AN in allen Betrieben des Konzerns, in deren Organisation sie eingegliedert werden, aktiv und passiv wahlberechtigt sind.

25 Eine gleichzeitige **Mitgliedschaft** in den **Vertretungsorganen verschiedener Betriebe** ist – anders als eine parallele Mitgliedschaft im JAV und BR desselben Betriebs – weder vom **Wortlaut** noch dem **Gesetzeszweck** ausgeschlossen,[20] weil AN dort eine Interessenvertretung benötigen, wo sie in eine betriebliche Organisation eingegliedert und dem Weisungsrecht eines AG unterworfen sind.

26 Auszubildende oder die zu ihrer Berufsausbildung Beschäftigten sind in entsprechender Anwendung des § 7 Satz 2 in ihren jeweiligen Ausbildungs-UN wahlberechtigt, wenn die Ausbildungsabschnitte **länger als 3 Monate** dauern.[21]

27 Bildet ein **gemeinsamer Betrieb** mit BR aus, ohne ein reiner Ausbildungsbetrieb zu sein, so ist eine JAV zu errichten.[22]

28 Überlässt ein Betriebsinhaber einem Dritten vertraglich die Ausbildung, damit dieser dort mit eigenen Lehrkräften die Berufsausbildung seiner Auszubildenden durchführen kann, ohne dass die Auszubildenden dem Weisungsrecht des Betriebsinhabers unterliegen, so werden die Auszubildenden des Dritten nicht zu **Angehörigen dieses Betriebes.** Damit sind sie auch nicht wahlberechtigt zu dessen JAV. Hieran soll sich auch nichts dadurch ändern, dass die Auszubildenden des Dritten den Frühstücksraum und die Toilettenanlage des Betriebes mitbenutzen dürfen und ihr Arbeitsbereich nicht durch Trennwände oder sonstige Vorrichtungen von denen der Auszubildenden des Betriebsinhabers räumlich abgetrennt ist. Es bestehe keinerlei Weisungsrecht des Betriebsinhabers, weder hinsichtlich der Ausbildung noch sonstiger Verhaltensweisen.[23]

d) Betriebsübergreifende Ausbildung im Unternehmen

29 Die vorübergehende Beschäftigung in einem oder mehreren anderen Betrieben soll **nicht zur Wahl berechtigen,** wenn das UN abschnittsweise in verschiedenen Betrieben des UN ausbildet. Die Auszubildenden gehören dann dem die Ausbildung leitenden Stammbetrieb an und sind dort zum BR und zur JAV wahlberechtigt.[24]

---

20 *BAG* 11.4.58, AP Nr. 1 zu § 6 BetrVG für den Fall einer gleichzeitigen Mitgliedschaft im PR und BR; ebenso *BAG* 28.4.64, SAE 65, 44.
21 *Richardi/Annuß*, Rn. 9; a. A. *Fitting*, Rn. 19; *Opolony*, BB 01, 2055.
22 *Fitting*, Rn. 19; GK-*Oetker*, Rn. 13; *Opolony*, BB 05, 1050.
23 *BAG* 4.4.90, NZA 91, 315.
24 *BAG* 13.3.91, NZA 92, 223; *Fitting*, Rn. 18; *Richardi/Annuß*, Rn. 9.

4. Jugendliche und die zur Berufsausbildung beschäftigten Arbeitnehmer

30 Mindestens fünf wahlberechtigte AN müssen am Wahltag »in der Regel« im Betrieb beschäftigt sein. Hierfür ist immer eine vorausschauende und zurückblickende Betrachtung des Beschäftigungsstandes geboten.[25] Jugendliche AN sind solche AN, die das 18. Lebensjahr noch nicht vollendet haben und deshalb wegen ihres Alters auch nicht wahlberechtigt sind. Für die Berechnung des Alters ist der **Wahltag** bzw. der **letzte Tag der Stimmabgabe** maßgebend. I. d. R. wird es sich bei jugendlichen AN um Auszubildende handeln. Eine Beschäftigung zu Ausbildungszwecken ist jedoch nicht vorausgesetzt.

31 AN sind nach Auffassung des *BAG* nur dann zu ihrer Berufsbildung beschäftigt, wenn sich ihre Berufsausbildung im Rahmen des arbeitstechnischen Zwecks eines **Produktions- oder Dienstleistungsbetriebs** vollzieht und sie deshalb in vergleichbarer Weise wie die sonstigen AN in den Betrieb eingegliedert sind. Findet die Ausbildung dagegen in einem **reinen Ausbildungsbetrieb** statt, so gehören nach Meinung des *BAG* diese Auszubildenden **nicht** zur Belegschaft des Ausbildungsbetriebs.[26] Dies gilt auch für **Auszubildende/Rehabilitanten** in reinen Ausbildungsbetrieben, Berufsbildungswerken bzw. Rehabilitationszentren, weil diesen Beschäftigten die AN-Eigenschaft fehlt.[27]

32 Zu den »zu ihrer Berufsausbildung« beschäftigten AN zählen nicht nur die Auszubildenden i. S. d. § 1 Abs. 2 und 3 BBiG. Der betriebsverfassungsrechtliche Begriff ist umfassender[28] und schließt alle Beziehungen mit ein, die **berufliche Kenntnisse und Fertigkeiten** vermitteln. Auf ihre Dauer kommt es ebenso wenig an wie darauf, ob die Ausbildung dem Betrieb nützt. Die Zahlung eines Entgelts ist kein Tatbestandsmerkmal des Begriffs der »zu ihrer Berufsausbildung Beschäftigten«. Ebenfalls ohne Bedeutung ist, obAuszubildende als Schüler bezeichnet werden.[29] Zu diesem Personenkreis zählen z. B.:

- Die Auszubildenden zur/zum medizinisch technischen Laboratoriumsassistentin/en, medizinisch-technischen Radiologieassistentin/en und zur/zum Physiotherapeutin/en sind beim Krankenhausträger zu ihrer Berufsausbildung Beschäftigte i. S. v. § 5 Abs. 1, wenn der Ausbildungsvertrag mit dem Träger des Krankenhauses, in dem die praktische Ausbildung durchgeführt wird, abgeschlossen wird.[30]
- **Volontäre;**
- **Umschüler** und Teilnehmer an berufsvorbereitenden Maßnahmen für jugendliche Arbeitslose;[31]
- **Praktikanten,** soweit für sie eine Arbeitspflicht besteht;[32]
- **Teilnehmer** an berufsvorbereitenden Maßnahmen für jugendliche Arbeitslose, die in einem Betrieb ausgebildet werden, der von der Arbeitsverwaltung dafür Fördermittel erhält;[33]
- **Studenten** sind zu ihrer Berufsausbildung beschäftigt, wenn sie als Bestandteil ihrer Studiums im Betrieb ein Praktikum absolvieren;[34]

---

25 *BAG* 31.1.91, NZA 91, 562; *Rudolph,* AiB 98, 490.

26 *BAG* 26.1.94, NZA 95, 120; 21.7.93, BB 94, 575; anders noch *BAG* 13.5.92, EzA § 5 BetrVG 72 Nr. 54; a. A. als *BAG* jetzt *LAG Berlin* 15.8.95 – 12 TaBV 2/95.

27 *BAG* 12.9.96, AiB 97, 595; a. A. *Dannenberg,* AiB 97, 565 mit dem Vorschlag, dass Tarifvertragsparteien außerhalb des BetrVG eine betriebliche Interessenvertretung schaffen; *Rudolph,* AiB 98, 490.

28 *BAG* 10.2.81, 24.9.81, AP Nrn. 25, 26 zu § 5 BetrVG 1972; 23.6.84, AP Nr. 10 zu § 78 a BetrVG 1972.

29 *LAG Berlin-Brandenburg* 16.8.11, ZBVR online 12, Nr. 6.

30 *LAG Berlin-Brandenburg* 16.8.11, ZBVR online 12, Nr. 6.

31 *BAG* 26.11.87, BB 88, 972 = AiB 88, 217 für Teilnehmer an einem staatlichen Programm zur Förderung der Berufsausbildung von benachteiligten Jugendlichen; *BAG* 10.2.81, DB 81, 1935; *LAG Bremen* 27.6.91, AiB 92, 451 f. mit Anm. *Dannenberg*; einschränkend HWGNRH-*Rose,* Rn. 4 und 5 a.

32 *BAG* 24.9.81, DB 82, 606; BT-Drucks. 11/2474, S. 11; *Engels/Natter,* BB 88, 1453; *Lunk,* NZA 92, 534 ff.; HWGNRH-*Rose,* Rn. 4.

33 *BAG* 26.11.87, AP Nr. 36 zu § 5 BetrVG 1972; *SWS,* Rn. 7.

34 *Natter,* Sondervertretungen AR Blattei Betriebsverfassungsgesetz XIII B III 2 b; *Engels/Natter,* BB 88, 1455; *Brill,* AuR 88, 335; a. A. GK-*Kraft,* Nachtrag Rn. 4; *Schwab,* NZA 88, 687; *SW* S, Rn. 7; einschränkend *BAG* 19.6.74, DB 74, 1920, 30.10.91, DB 92, 1635, das auf das Vorliegen einer privatrechtlichen Vertragsbeziehung zum Betriebsinhaber abstellt.

- Helfer im **freiwilligen sozialen Jahr** sind keine zu ihrer Berufsausbildung beschäftigten Personen.[35] Dies gilt auch für Helfer im **freiwilligen ökologischen Jahr.**[36]

33 Als »zu ihrer Berufsausbildung« beschäftigt gelten dagegen nicht **Schüler,** wenn sie ein Betriebspraktikum ableisten, weil es nur einen allgemeinen Einblick in die Arbeitswelt ermöglichen will (z. B. in Hessen und NRW). Sie sind nicht zur Arbeitsleistung verpflichtet und werden auch nicht ausgebildet.[37] **Rehabilitanden,** die bei einer Reha-Einrichtung an einer Maßnahme der BA für Arbeit zur beruflichen Ausbildung teilnehmen, sind nach Auffassung des *BAG* keine AN.[38]

5. Altersgrenze von 25 Jahren

34 Das Alter der Mitglieder der JAV darf maximal 25 Jahre betragen. Die Altersbegrenzung beschränkt die Mitgliedschaft auf **junge AN.** Damit rechnen ältere AN in der Umschulung oder sonstigen Weiterbildungsmaßnahmen nicht mit.

35 Für die Errichtung einer JAV wird nach Abs. 1 **nicht zwingend vorausgesetzt,** dass in dem Betrieb ein **BR besteht.** Da § 63 Abs. 2 die Bestimmung der WV durch den BR vorsieht und Abs. 3 nicht auf § 17 Abs. 1 (Wahl des WV auf einer Betriebsversammlung) verweist, bestellt das ArbG in analoger Anwendung des § 63 Abs. 1 i. V. m. § 16 Abs. 2 einen WV.[39]

36 Die ablehnende Auffassung wird zum einen damit begründet, dass die JAV kein eigenständiges, neben dem BR stehendes Organ sei, zum anderen obliege dem BR die Bestellung des WV. Die Auffassung ist nicht überzeugend:

- Sie verkennt, dass die Ausübung der Aufgaben einer JAV ohne BR zwar schwierig, aber nicht unmöglich ist. Der **Schutzzweck** der §§ 60 – 73 gebietet eher, die sich im Rahmen des § 70 bewegenden Forderungen direkt an den AG zu richten, als dass die JAV untätig verharrt oder gar ihre Wahl verhindert wird. Ein mögliches Desinteresse der erwachsenen AN bei der Wahl eines BR kann nicht zur Folge haben, dass damit auch den jugendlichen und auszubildenden AN das ihnen sonst zustehende Recht zur Bildung eines Vertretungsorgans genommen wird.
- Die ablehnende Ansicht ist auch unschlüssig, weil sie die Weiterexistenz der JAV dann annimmt, wenn der BR ersatzlos wegfällt, z. B. durch eine Wahlanfechtung, eine Auflösung des BR nach § 23 u. Ä.[40] Sie räumt damit selbst der JAV in bestimmten Situationen eine eigenständige Funktion ein. In Betrieben, die – wie insbes. überbetriebliche Ausbildungsstätten – fast ausschließlich aus jugendlichen und auszubildenden Personen bestehen, kommt sogar die Wahl einer JAV mit betriebsratsgleichen Rechten in Betracht.[41]

III. Aufgaben und Rechtsstellung der Jugend- und Auszubildendenvertretung

37 Nach Abs. 2 nimmt die JAV nach Maßgabe der weiteren Vorschriften die **besonderen Belange** der Jugendlichen und zu ihrer Berufsausbildung beschäftigten AN unter 25 Jahren wahr. Hierzu zählen insbesondere die in § 70 geregelten allgemeinen Aufgaben, aber auch z. B. Fragen der Berufsausbildung und der Gesetze, die den besonderen Schutz Jugendlicher bezwecken. Sie hat den Kontakt zu den jugendlichen und auszubildenden AN zu pflegen, ohne jedoch den BR hiervon ausschließen zu können.

---

35 *BAG* 12. 2. 92, NZA 93, 334.

36 *Rudolph,* AiB 98, 490.

37 *Engels/Natter,* BB 88, 1455; HWGNRH-*Rose,* Rn. 4.

38 *BAG* 26. 1. 94, NZA 95, 120; a. A. noch *BAG* 13. 5. 92, DB 93, 1244; *LAG Hamburg* 15. 12. 89 – 8 Sa 70/89; nunmehr auch *LAG Berlin* 15. 8. 95 – 12 TaBV 2/95; vgl. auch HWGNRH-*Rose,* Rn. 5 a mit Hinweis auf die für die Ausbildung maßgebende Bedeutung des Leistungsbescheids der Träger an den Rehabilitanden und dessen Vereinbarung mit dem Bildungswerk.

39 *Däubler,* Arbeitsrecht 1, 6. 14. 3; *ders.,* Gewerkschaftsrechte, Rn. 105; a. A. *Fitting,* Rn. 22; GK-*Oetker,* Rn. 38 ff.; HWGNRH-*Rose,* Rn. 6; Richardi-*Annuß,* Rn. 11; Düwell-*Kloppenburg,* Rn. 8; WW, Rn. 3; *Rudolph,* AiB 98, 490.

40 *Fitting,* Rn. 23; HWGNRH-*Rose,* Rn. 7; GK-*Oetker,* Rn. 38 ff.

41 *Däubler,* Arbeitsrecht 1, Rn. 1161.

Die JAV hat keine Mitbestimmungs- und Mitwirkungsrechte gegenüber dem AG und kann mit ihm auch **keine BV** abschließen.[42] Sie haben jedoch ein Teilnahme- und eingeschränktes Stimmrecht auf allen BR-Sitzungen (§ 67 Rn. 2 ff.). 38

Etwas anderes muss dann gelten, wenn ein **BR nicht** oder nicht mehr **existiert.** In diesem Fall wird der JAV wegen des Schutzzwecks das Recht eingeräumt werden müssen, die Interessen der Jugendlichen unmittelbar gegenüber dem AG zu vertreten.[43] 39

Der JAV kommen **Selbstorganisationsrechte** zu, die eine gewisse Eigenständigkeit gewährleisten. Sie ist z. B. nach § 65 Abs. 2 berechtigt, nach Verständigung mit dem BR **Sitzungen** abzuhalten, sich eine **Geschäftsordnung** zu geben, die von ihr vertretenen AN über ihre Aktivitäten mündlich oder schriftlich zu informieren,[44] den **Betrieb** zu **begehen**[45] oder eine **Fragebogenaktion** durchzuführen.[46] 40

Die JAV-Mitglieder sind keine BR-Mitglieder. Die JAV kann jedoch einen **Vertreter** in die **Sitzungen des BR** entsenden. Sie ist in Angelegenheiten, die besonders oder überwiegend jugendliche oder auszubildende AN betreffen, an Beratung und Beschlussfassung zu beteiligen (§ 67 Rn. 2 ff.). 41

JAV-Mitglieder unterliegen dem **besonderen Kündigungsschutz** des § 15 KSchG und § 103. Gemäß § 78 a haben sie Anspruch auf **Übernahme** nach Beendigung der Ausbildungszeit. Sie dürfen bei der Ausübung ihrer Tätigkeit **nicht gestört, behindert** und wegen ihrer Tätigkeit weder **benachteiligt** noch **begünstigt** werden (§ 78). Ein Verstoß unterliegt der Strafandrohung des § 119 Abs. 1 Nrn. 2 und 3. Die Mitglieder der JAV werden durch die Übernahme ihres Amtes nicht in ihrer Freiheit beschränkt, sich gewerkschaftlich zu betätigen (§ 74 Abs. 3). Sie haben auch das **Streikrecht.** 42

Das Amt der JAV **endet,** wenn die Zahl der jugendlichen oder auszubildenden AN auf Dauer unter fünf sinkt, weil damit eine Voraussetzung für ihre Errichtung entfallen ist (vgl. zur Amtszeit § 64 Rn. 8 ff.). 43

IV. Streitigkeiten

Über Streitigkeiten, die die Bildung einer JAV und ihre Zuständigkeit betreffen, entscheiden die ArbG im **Beschlussverfahren** gemäß § 2 a Abs. 1 Nr. 1, Abs. 2, 80 ff. ArbGG. Das gilt auch für Streitigkeiten zwischen BR und JAV. 44

Die JAV ist gem. § 10 Hs. 2 ArbGG **beteiligungsfähig.** Für Streitigkeiten gem. § 51 BBiG ist das ArbG nach § 2 a Abs. 1 Nr. 3 c ArbGG zuständig. Mangels RechtsVO ist die Interessenvertretung im reinen Ausbildungsbetrieb gem. § 51 Abs. 1 BBiG sowie die gem. § 51 Abs. 2 BBiG durch TV errichtete Vertretung nicht beteiligungsfähig.[47] 45

§ 61 Wahlberechtigung und Wählbarkeit

(1) Wahlberechtigt sind alle in § 60 Abs. 1 genannten Arbeitnehmer des Betriebs.
(2) Wählbar sind alle Arbeitnehmer des Betriebs, die das 25. Lebensjahr noch nicht vollendet haben; § 8 Abs. 1 Satz 3 findet Anwendung. Mitglieder des Betriebsrats können nicht zu Jugend- und Auszubildendenvertretern gewählt werden.

---

42 *BAG* 24.8.04, NZA 05, 371; *Fitting,* Rn. 24; 10; GK-*Oetker,* Rn. 60; HWGNRH-*Rose* , Rn. 8; Richardi-*Annuß,* Rn. 13.
43 *Däubler,* Arbeitsrecht 1, 6.14. 3; a. A. *Fitting,* Rn. 22 ff., wonach auch in Ausnahmefällen die JAV nicht an die Stelle des BR treten kann; vgl. auch Rn. 17 ff.
44 A. A. *SWS,* Rn. 15, die die Herausgabe eines Informationsblattes aus Kostengründen pauschal ablehnen und dabei verkennen, dass die Kosten im Einzelfall unter dem Gesichtspunkt der Erforderlichkeit zu beurteilen sind.
45 *BAG* 21.1.82, AP Nr. 1 zu § 70 BetrVG 1972.
46 *BAG* 8.2.77, AP Nr. 10 zu § 80 BetrVG 1972; *Däubler,* Das Arbeitsrecht 1, Rn. 1161.
47 *BAG* 24.8.04, NZA 05, 371; *Fitting,* Rn. 26.

Inhaltsübersicht

I. Vorbemerkungen

1 Abs. 1 der Vorschrift regelt das aktive, Abs. 2 das passive **Wahlrecht zur JAV.** Zur Wahlberechtigung und Wählbarkeit zum BR vgl. §§ 7, 8.

2 Mit der Umwandlung der bisherigen JV zur JAV ist der Kreis der Wahlberechtigten um die zu ihrer Berufsausbildung beschäftigten AN unter 25 Jahren erweitert worden. Das Höchstalter für die **Wählbarkeit** wurde ebenfalls auf 25 Jahre angehoben.

II. Wahlberechtigung (Abs. 1)

3 Wahlberechtigt sind alle AN, die das 18. Lebensjahr noch nicht vollendet haben oder die zu ihrer Berufsausbildung beschäftigt sind und noch nicht das 25. Lebensjahr vollendet haben. Es ist unerheblich, ob die Arbeitsverträge befristet oder unbefristet bzw. über Teilzeit oder Vollzeit angeschlossen sind. Der Betriebsbegriff entspricht dem in § 1. Bildet ein AG in mehreren Betrieben aus, kommt eine **mehrfache Wahlberechtigung** in Betracht (vgl. § 60 Rn. 10 ff.). In einem **reinen Ausbildungsbetrieb** soll die Wahlberechtigung entfallen (§ 7 Rn. 14). Auf die Dauer der Betriebszugehörigkeit kommt es nicht an. Auch AN, deren Arbeitsverhältnis ruht, wie z. B. bei Wehrpflichtigen, Zivildienstleistenden oder AN im Erziehungsurlaub, sind wahlberechtigt.

4 Voraussetzung für die Ausübung des Wahlrechts nach der WO ist gemäß §§ 30, 2 Abs. 3 WO die **Eintragung in die Wählerliste.**

1. Jugendliche Arbeitnehmer

5 **Jugendliche AN** unter dem 18. Lebensjahr sind alle Beschäftigten des Betriebs ohne Wahlrecht zum BR wegen fehlender Volljährigkeit. Jugendliche, die altersbedingt unter Vormundschaft stehen, sind ebenfalls wahlberechtigt. Sie benötigen keine besondere Erlaubnis des Erziehungsberechtigten zur Ausübung des Wahlrechts (zur Wahlberechtigung bei der BR-Wahl vgl. § 7.[1]

6 Maßgebender Zeitpunkt für die Berechnung der Altersgrenze ist das Alter am **Wahltag.** Zieht sich der Wahlakt über mehrere Tage hin, so ist das Alter am letzten Wahltag maßgebend.

2. Auszubildende Arbeitnehmer

7 Neben den jugendlichen AN sind solche Beschäftigte wahlberechtigt, die am Wahltag in der **Berufsausbildung** stehen und noch nicht das 25. Lebensjahr vollendet haben. Zieht sich der Wahlakt über mehrere Tage hin, ist der letzte Wahltag maßgebend. Den auszubildenden Arbeitnehmern steht ein **doppeltes Wahlrecht** zu. Es lässt die Wahlberechtigung zum BR unberührt.[2]

III. Wählbarkeit (Abs. 2)

8 **Alle AN,** die das **25. Lebensjahr** noch nicht vollendet haben, sind generell zur JAV wählbar, soweit sie nicht aus persönlichen Gründen hieran gehindert sind. Eine untere Altersgrenze besteht nicht. Für jugendliche AN, d. h. Beschäftigte, die das 18. Lebensjahr noch nicht vollendet haben, muss der gesetzliche Vertreter der Kandidatur nicht zustimmen. Die Ermächtigung gemäß § 113 BGB umfasst auch die Wählbarkeit für die JAV.[3]

---

1 *Fitting,* Rn. 5; *GL,* Rn. 4; HWGNRH-*Rose,* Rn. 2; GK-*Oetker,* Rn. 5 ff.
2 *Fitting,* Rn. 6.
3 *Fitting,* Rn. 9; HWGNRH-*Rose,* Rn. 3; GK-*Oetker,* Rn. 25.

Wählbar sind auch AN, die für die JAV nicht wahlberechtigt sind. Der Personenkreis der passiv Wahlberechtigten umfasst auch die AN unter 25 Jahren, die im Betrieb nicht zu ihrer Berufsausbildung beschäftigt sind. Damit sind **alle AN zwischen 18 und 25 Jahren** für die JAV wählbar. Allerdings ist eine gleichzeitige Mitgliedschaft sowohl in der JAV als auch im BR ausgeschlossen. Der AN muss dem Betrieb angehören. 9

Keine Voraussetzung für die Wählbarkeit ist eine gewisse **Dauer der Betriebszugehörigkeit.** 10
Anders als bei der Wählbarkeit für den BR kann für die JAV auch dann ein AN unter 25 Jahren gewählt werden, wenn er erst kurze Zeit vorher seine Arbeit oder Ausbildung im Betrieb begonnen hat.

Die **Staatsangehörigkeit** eines AN hat keinen Einfluss auf die Wählbarkeit. Auch ausländische 11
AN sind somit unter den gleichen Voraussetzungen wie deutsche AN wählbar.

Anders als bei der Wahlberechtigung kommt es bei der Höchstaltersgrenze von 25 Jahren nicht 12
auf den Tag der Wahl, sondern auf den **Tag des Beginns der Amtszeit** der JAV an, weil § 64 Abs. 3 auf die Amtszeit der JAV abstellt.[4] Vollendet ein AN nach Beginn der Amtszeit sein 25. Lebensjahr, hat dies keinen Einfluss auf seine Mitgliedschaft in der JAV.

Hat ein AN durch **strafgerichtliche Verurteilung** die Fähigkeit verloren, öffentliche Funkti- 13
onen wahrzunehmen, ist auch seine Wählbarkeit zur JAV ausgeschlossen. Dies gilt auch für einen **entmündigten** AN.

Eine **Doppelmitgliedschaft** in der JAV und BR ist ausgeschlossen. Deshalb ist ein AN zur JAV 14
nicht wählbar, der bereits dem BR angehört. Dies ergibt sich nicht nur aus der besonderen Stellung der JAV gegenüber dem BR, sondern auch daraus, dass die Mitglieder der JAV in BR-Sitzungen gemäß § 67 Abs. 2 in bestimmten Fragen ein eigenes Stimmrecht haben. Bei einer Doppelmitgliedschaft ließe sich das jeweils eigene Stimmrecht nicht praktizieren.[5] Ist dagegen ein AN Mitglied der JAV oder des BR eines anderen Betriebs, steht dies der Mitgliedschaft in der JAV nicht entgegen.

Für die JAV wählbar sind **Ersatzmitglieder** des BR.[6] Dies gilt auch dann, wenn ein Ersatz- 15
mitglied vorübergehend nachgerückt war (vgl. Rn. 15).

Rückt ein Mitglied der JAV, das zugleich Ersatzmitglied des BR ist, auf Dauer in den BR nach, 16
so endet die Mitgliedschaft in der JAV automatisch. Dies gilt entgegen der überwiegend vertretenen Meinung dann nicht, wenn es nur **vorübergehend** für ein zeitweilig verhindertes BR-Mitglied nachrückt. Im Verhältnis zur JAV ist es lediglich zeitweilig verhindert und kann danach wieder in die JAV eintreten.[7] Um auch bei einem vorübergehenden Nachrücken des Ersatzmitglieds in den BR der Beendigung der Mitgliedschaft in der JAV vorzubeugen und unnötige Streitigkeiten zu vermeiden, kann das Mitglied der JAV ein zeitweiliges Nachrücken in den BR ablehnen.[8]

Ein **Mitglied des BR** kann nicht zur JAV kandidieren, weil es für die Wahl der JAV nicht 17
wählbar ist. Eine Ausnahme gilt nur dann, wenn es zuvor das Mandat im BR niederlegt.[9] Eine Mitgliedschaft in der JAV schließt aber umgekehrt eine Kandidatur für den BR nicht aus.[10] Die Mitgliedschaft in der JAV endet, sobald die im BR beginnt.

Nach §§ 30, 2 Abs. 3 WO setzt die Wählbarkeit eine Eintragung in die **Wählerliste** voraus. 18
Dies gilt jedoch nicht für den Personenkreis von AN zwischen 18 und 25 Jahren, die im Betrieb nicht zu ihrer Berufsausbildung beschäftigt und deshalb nicht wahlberechtigt, aber dennoch wählbar sind.[11]

---

4 *Fitting,* Rn. 11; GK-*Oetker,* Rn. 26; HWGNRH-*Rose,* Rn. 4.
5 *Fitting,* Rn. 14.
6 *Fitting,* Rn. 14; HWGNRH-*Rose,* Rn. 7; *Weiss,* Rn. 4.
7 Richardi-*Annuß,* Rn. 11; *Rudolph,* AuA 92, 105; *ders.,* AiB 98, 490; a. A. *BAG* 21.8.79, AP Nr. 6 zu § 78 a BetrVG 1972; *Fitting,* Rn. 14; HWGNRH-*Rose,* Rn. 8.
8 *Fitting,* Rn. 14.
9 *Fitting,* Rn. 15; GK-*Oetker,* Rn. 39.
10 *Fitting,* Rn. 11.
11 *Fitting,* Rn. 16.

IV. Streitigkeiten

19 Im arbeitsgerichtlichen **Beschlussverfahren** ist gemäß §§ 2 a, 80 ff. ArbGG über Wahlberechtigung und Wählbarkeit zu entscheiden, nachdem der WV über Einsprüche gegen die Richtigkeit der Wählerliste einen Beschluss gefasst hat. Der WV ist im Verfahren Beteiligter. Zu den Aufgaben des WV bei Einspruch gegen die Wählerliste vgl. § 5 WO.

§ 62 Zahl der Jugend- und Auszubildendenvertreter, Zusammensetzung der Jugend- und Auszubildendenvertretung

(1) Die Jugend- und Auszubildendenvertretung besteht in Betrieben mit in der Regel
5 bis 20 der in § 60 Abs. 1 genannten Arbeitnehmer aus einer Person,
21 bis 50 der in § 60 Abs. 1 genannten Arbeitnehmer aus 3 Mitgliedern,
51 bis 150 der in § 60 Abs. 1 genannten Arbeitnehmer aus 5 Mitgliedern,
151 bis 300 der in § 60 Abs. 1 genannten Arbeitnehmer aus 7 Mitgliedern,
301 bis 500 der in § 60 Abs. 1 genannten Arbeitnehmer aus 9 Mitgliedern,
501 bis 700 der in § 60 Abs. 1 genannten Arbeitnehmer aus 11 Mitgliedern,
701 bis 1000 der in § 60 Abs. 1 genannten Arbeitnehmer aus 13 Mitgliedern,
mehr als 1000 der in § 60 Abs. 1 genannten Arbeitnehmer aus 15 Mitgliedern.

(2) Die Jugend- und Auszubildendenvertretung soll sich möglichst aus Vertretern der verschiedenen Beschäftigungsarten und Ausbildungsberufe der im Betrieb tätigen in § 60 Abs. 1 genannten Arbeitnehmer zusammensetzen.

(3) Das Geschlecht, das unter den in § 60 Abs. 1 genannten Arbeitnehmern in der Minderheit ist, muss mindestens entsprechend seinem zahlenmäßigen Verhältnis in der Jugend- und Auszubildendenvertretung vertreten sein, wenn diese aus mindestens drei Mitgliedern besteht.

Inhaltsübersicht Rn.

I. Vorbemerkungen

1 § 62 legt die Zahl der JAV-Vertreter sowie die Zusammensetzung des Gremiums fest.

2 Durch das am 20.7.1988 in Kraft getretene JAVG, das die bisherigen JV zu JAV erweiterte, hatte sich damals die Zahl der Vertreter in Großbetrieben (mehr als 601 AN gemäß § 60 Abs. 1) von bisher neun auf bis zu 13 Mitglieder erhöht. Außerdem sieht Abs. 2 nunmehr vor, dass nicht nur Vertreter der verschiedenen Beschäftigungsarten, sondern auch der verschiedenen Ausbildungsberufe in der JAV vertreten sein sollen.

II. Mitgliederzahl der Jugend- und Auszubildendenvertretung

3 Die **Zahl der Mitglieder der JAV** ergibt sich aus der in Abs. 1 enthaltenen Tabelle. Der WV ermittelt die für die Größe der JAV maßgebende Beschäftigtenzahl gemäß § 60 Abs. 1, wonach die Zahl der im Betrieb beschäftigten jugendlichen AN und der zu ihrer Berufsausbildung Beschäftigten unter 25 Jahren zugrunde zu legen ist. Zum Betriebsbegriff und dem maßgebenden Personenkreis vgl. § 60 Rn. 8 ff.

4 Die Zahl der JAV-Mitglieder muss nach der Tabelle **immer ungerade** sein. Wenn sich nicht AN in ausreichender Anzahl zur Übernahme eines Mandats in der JAV bereit erklären, so ist in analoger Anwendung des § 11 die in der Tabelle nächstniedrigere Größe der JAV zugrunde zu legen.[1]

1 *Fitting*, Rn. 5; GK-*Oetker*, Rn. 15; HWGNRH-*Rose*, Rn. 2; Richardi-*Annuß*, Rn. 5.

5 Die für die Größe der JAV maßgebende Zahl der AN muss **»in der Regel«** im Betrieb zum maßgebenden Zeitpunkt beschäftigt sein (vgl. zum Begriff »in der Regel« § 1 Rn. 134; § 9 Rn. 6). Der WV hat sich nicht unmittelbar an der Anzahl der zu einem bestimmten Zeitpunkt tatsächlich im Betrieb beschäftigten AN zu orientieren, sondern die Beschäftigtenzahl unter gewöhnlichen und normalen Umständen zu ermitteln. Ihm steht ein Beurteilungsspielraum zu. Er trifft die Entscheidung nach pflichtgemäßem Ermessen.[2]

6 Der maßgebende Zeitpunkt für die Ermittlung der Größe der JAV ist der **Tag des Erlasses des Wahlausschreibens,** das die Zahl der zu wählenden JAV-Mitglieder nennen muss (§§ 30, 3 Abs. 2 Nr. 4 WO). Steigt oder sinkt die Zahl der in § 60 Abs. 1 genannten AN in dem Zeitraum zwischen Erlass des Wahlausschreibens und dem Wahltag, nehmen die neuen AN an der Wahl teil, während ausgeschiedene AN ihre Wahlberechtigung verlieren. Auf die Größe der JAV hat dies keine Auswirkungen. Für sie ist weiterhin die Anzahl der in der Regel im Betrieb beschäftigten AN zugrunde zu legen.[3]

7 Muss gemäß § 64 Abs. 1 i. V. m. § 13 Abs. 2 Satz 2 eine JAV **vorzeitig neu gewählt** werden, ist der Zeitpunkt des Erlasses des Wahlausschreibens für die Neuwahl entscheidend. Sie richtet sich nicht nach der Zahl der AN, die für die vorausgegangene Wahl zugrunde gelegt wurde, deren Amtszeit vorzeitig endete.[4]

8 Ändert sich die Zahl der Jugendlichen oder der zu ihrer Berufsausbildung beschäftigten AN unter 25 Jahren nach der Wahl, ist dies für den Fortbestand der JAV unerheblich. Es wird selbst dann **keine Neuwahl** durchgeführt, wenn sich die Anzahl erheblich geändert hat. Die in einer entsprechenden Situation für den BR geltende Vorschrift des § 13 Abs. 2 Nr. 1, wonach eine erhebliche Veränderung der Belegschaftsstärke eine Neuwahl des BR zur Folge haben muss, findet auf die JAV keine Anwendung, weil § 64 auf diese Vorschrift nicht verweist.[5] Eine Ausnahme gilt nur dann, wenn die Zahl der für die Bildung einer JAV maßgebenden AN unter fünf sinkt, so dass die Voraussetzung für die Bildung einer JAV entfällt. Eine bestehende Vertretung verliert dann i. d. R. ihr Amt.[6]

III. Zusammensetzung der Jugend- und Auszubildendenvertretung nach Beschäftigungsarten, Ausbildungsberufen und Geschlechtern

9 Die Abs. 2 und 3 lehnen sich an die für BR geltenden Bestimmungen in § 15 Abs. 1 Nr. 2, Abs. 2 an, um die JAV in die Lage zu versetzen, ihre Arbeit möglichst sachkundig unter Berücksichtigung der im Betrieb ausgeübten Beschäftigungsarten und Ausbildungsberufe durchzuführen.

10 Nach Abs. 3 muss das Geschlecht, das in der Minderheit ist, mindestens entsprechend seinem zahlenmäßigen Verhältnis in der JAV vertreten sein, wenn diese aus mindestens drei Mitgliedern besteht. Damit wird dem **Gleichbehandlungsgrundsatz** von Mann und Frau gemäß Art. 3 Abs. 2 GG i. V. m. § 75 Abs. 1 Satz 1 Rechnung getragen. Die Vorschrift entspricht § 15 Abs. 2.

11 Abs. 2 ist eine **Soll-Vorschrift,** deren Nichtbeachtung ohne Folgen bleiben kann. Sie richtet sich an diejenigen, die die Wahlvorschläge einreichen und zielen darauf ab, dass diese ihre Wahlvorschläge entsprechend strukturieren. Der WV hat nach der WO (§§ 30, 3 Abs. 3 WO) hierauf im Wahlausschreiben besonders hinzuweisen. Er kann Wahlvorschläge, die den in Abs. 2 und 3 enthaltenen Grundsätzen nicht entsprechen, aus diesem Grunde zurückweisen. Ein Verstoß gegen Abs. 3 hat keinen Einfluss auf die Gültigkeit der Wahl.[7]

---

2 *Fitting,* Rn. 5.
3 HWGNRH-*Rose,* Rn. 3; *Fitting,* Rn. 6; GK-*Oetker,* Rn. 7.
4 *BAG* 22.11.84, AP Nr. 1 zu § 64 BetrVG 1972.
5 *Fitting,* Rn. 7; HWGNRH-*Rose,* Rn. 3; GK-*Oetker,* Rn. 13.
6 *Fitting,* Rn. 7; HWGNRH-*Rose,* Rn. 3; GK-*Oetker,* Rn. 19; Richardi-*Annuß,* Rn. 7.
7 *Fitting,* Rn. 9; HWGNRH-*Rose,* Rn. 4; GK-*Oetker,* Rn. 27 ff.; Richardi-*Annuß,* Rn. 8 f.

IV. Streitigkeiten

12 Der WV legt die Zahl der zu wählenden JAV fest. Über hierbei auftretende Meinungsverschiedenheiten hat das ArbG im Beschlussverfahren zu entscheiden (§§ 2 a, 80 ff. ArbGG).

13 Hat der WV die Größe der JAV fehlerhaft festgelegt, ist die Wahl **anfechtbar**. Dies gilt sowohl für den Fall, dass eine zu niedrige als auch eine zu hohe Zahl von Mitgliedern der JAV festgelegt worden ist.[8] Die Wahl ist nicht von vornherein unwirksam, weil dies nur in extremen Ausnahmefällen anzunehmen ist.[9]

14 Wenn der WV die Zahl der JAV-Mitglieder falsch bestimmt hat und deshalb in einem Betrieb zu viele oder zu wenige Mitglieder in die JAV gewählt wurden, ohne dass die Wahl ordnungsgemäß angefochten wurde, bleibt es für die Dauer der Wahlperiode bei der Besetzung der JAV.[10]

§ 63 Wahlvorschriften

(1) Die Jugend- und Auszubildendenvertretung wird in geheimer und unmittelbarer Wahl gewählt.
(2) Spätestens acht Wochen vor Ablauf der Amtszeit der Jugend- und Auszubildendenvertretung bestellt der Betriebsrat den Wahlvorstand und seinen Vorsitzenden. Für die Wahl der Jugend- und Auszubildendenvertreter gelten § 14 Abs. 2 bis 5, § 16 Abs. 1 Satz 4 bis 6, § 18 Abs. 1 Satz 1 und Abs. 3 sowie die §§ 19 und 20 entsprechend.
(3) Bestellt der Betriebsrat den Wahlvorstand nicht oder nicht spätestens sechs Wochen vor Ablauf der Amtszeit der Jugend- und Auszubildendenvertretung oder kommt der Wahlvorstand seiner Verpflichtung nach § 18 Abs. 1 Satz 1 nicht nach, so gelten § 16 Abs. 2 Satz 1 und 2, Abs. 3 Satz 1 und § 18 Abs. 1 Satz 2 entsprechend; der Antrag beim Arbeitsgericht kann auch von jugendlichen Arbeitnehmern gestellt werden.
(4) In Betrieben mit in der Regel fünf bis fünfzig der in § 60 Abs. 1 genannten Arbeitnehmer gilt auch § 14 a entsprechend. Die Frist zur Bestellung des Wahlvorstands wird im Falle des Absatzes 2 Satz 1 auf vier Wochen und im Falle des Absatzes 3 Satz 1 auf drei Wochen verkürzt.
(5) In Betrieben mit in der Regel 51 bis 100 der in § 60 Abs. 1 genannten Arbeitnehmer gilt § 14 a Abs. 5 entsprechend.

Inhaltsübersicht

I. Vorbemerkungen

1 **Novellierung 2001:** Durch Aufgabe des Gruppenprinzips ergeben sich redaktionelle Konsequenzen. Der GBR (sonst der KBR) bekommt die Möglichkeit, den Wahlvorstand im Falle des Untätigbleibens des BR bestellen zu können. In Kleinbetrieben wird die Wahl vereinfacht; die Optionsklausel gem. § 14 a Abs. 5 gilt entsprechend.[1]

8 *Fitting*, Rn. 11; a. A. *HSWGN*, Rn. 6, wonach kein Anfechtungsgrund bestehe, wenn die Zahl der JAV-Mitglieder zu niedrig festgesetzt worden sei. In diesem Fall solle die Zahl durch Nachrücken von Ersatzmitgliedern in analoger Anwendung des § 25 auf die vorgeschriebene Größe aufgefüllt werden. Diese Auffassung unterschätzt jedoch die Bedeutung der korrekten Festlegung der Größe der JAV für das Wahlverhalten.

9 Anders *BAG* 22. 11. 84, AP Nr. 1 zu § 64 BetrVG 1972.

10 *BAG* 14. 1. 72, AP Nr. 2 zu § 20 BetrVG Jugendvertretung; *Fitting*, Rn. 11; HWGNRH-*Rose*, Rn. 6; GK-*Oetker*, Rn. 35; Richardi-*Annuß*, Rn. 11.

1 BT-Drucks. 14/5741, S. 44 zu Nr. 44.

Abs. 1 dieser Vorschrift legt die allgemeinen **Wahlgrundsätze** für die Errichtung der JAV fest. Die Abs. 2 und 3 behandeln die Bestellung und die Aufgaben des WV. Sie werden ergänzt durch die §§ 30 und 31 WO. Anders als der BR wird die JAV immer in gemeinsamer Wahl gebildet. Der BR bestellt den WV für die JAV. In Ausnahmefällen kann er auch auf Antrag jugendlicher oder auszubildender AN durch das ArbG bestellt werden.[2]

Der Gesetzgeber hat die Vorschrift in folgenden Punkten durch das JAVG vom 13.7.1988[3] und das Änderungsgesetz vom 20.12.1988[4] geändert: 2

- Einführung des **Verhältniswahlrechts;**
- Herabsetzung des **Unterschriftenquorums** bei Wahlvorschlägen;
- **Wahlvorschlagsrecht** der **Gewerkschaften;**
- **Entsendungsrecht** der **Gewerkschaften** auch beim WV zur Wahl der JAV;
- öffentliche **Stimmauszählung;**
- **Unterrichtungspflicht** der JAV über das Wahlergebnis gegenüber dem AG und den Gewerkschaften.

II. Allgemeine Wahlgrundsätze (Abs. 1)

Die JAV wird in **geheimer, unmittelbarer, allgemeiner, freier und gleicher Wahl** gewählt. 3
Insofern gelten die gleichen Grundsätze wie bei der Wahl des BR.

Gem. § 62 sind die **verschiedenen Beschäftigungsarten** und **Ausbildungsberufe** bei der Auf- 4
stellung der Wahlvorschläge zu berücksichtigen.

Die JAV wird gem. Abs. 2 i. V. m. § 14 Abs. 2 Satz 1 nach den Grundsätzen der **Verhältniswahl** 5
gewählt. Damit ist das Wahlverfahren dem des BR angeglichen (zu den Grundsätzen der Verhältniswahl § 14 Rn. 28 ff.). Das in dem BetrVG 1952 und 1972 stets anzuwendende Mehrheitswahlrecht kann gem. Abs. 2 Satz 2 i. V. m. § 14 Abs. 2 Satz 2 jetzt nur noch zur Anwendung kommen, wenn eine aus einer Person bestehende JAV zu wählen ist oder nur ein Wahlvorschlag vorliegt.

Bei den Grundsätzen der Verhältniswahl gilt u. a. Folgendes: 6

- Jeder Wahlberechtigte kann nur **eine Liste** wählen. Bewerber kann er nicht streichen oder hinzusetzen.
- Die Stimmen werden nach dem **d'Hondtschen Höchstzahlensystem** ermittelt. Entfällt auf den letzten der zu besetzenden Sitze der JAV dieselbe Höchstzahl, entscheidet das Los darüber, welcher Liste der Sitz zufällt. Nach § 31 Abs. 2 WO spielt es keine Rolle, ob die einzelnen Mitglieder der Gruppe der Arbeiter oder Angestellten zuzuordnen sind.
- Eine **Mehrheitswahl** findet dann statt, wenn nur ein Wahlvorschlag eingereicht wurde. Jeder Wahlberechtigte kann dann auf seinem Stimmzettel so viele Kandidaten ankreuzen, wie Mitglieder in die JAV zu wählen sind (vgl. § 31 Abs. 3 WO). Er darf weniger, aber nicht mehr Kandidaten ankreuzen. In letzterem Fall ist seine Stimme ungültig. Entsprechend der erreichten Stimmenzahl nehmen die Wahlbewerber die zu besetzenden Sitze ein. Bei Stimmengleichheit für die letzten zu vergebenden Sitze entscheidet das Los.

Ebenso wie die BR-Wahl erfolgt auch die Wahl der JAV gem. § 39 WO auf Grund von **Wahl-** 7
vorschlägen. Vorschlagsberechtigt ist nur der in § 60 Abs. 1 genannte Personenkreis. Die Wahlvorschläge müssen gem. Abs. 2 i. V. m. § 14 Abs. 4 Sätze 1 und 2 von $^1/_{20}$ der vorschlagsberechtigten AN unterzeichnet sein. Auf jeden Fall genügt die Unterzeichnung durch 50 Vorschlagsberechtigte. Es müssen mindestens drei Vorschlagsberechtigte unterzeichnet haben. Sind in einem Betrieb regelmäßig 20 oder weniger Wahlberechtigte beschäftigt, genügt die Unterzeichnung von nur zwei Vorschlagsberechtigten. Bei der Wahl einer aus einer Personen bestehenden JAV muss deshalb ein Wahlvorschlag nur von zwei Vorschlagsberechtigten unterschrieben sein.[5]

Gem. § 39 Abs. 1 Satz 3, 6 Abs. 3 Satz 1 WO sind in den Vorschlagslisten Familienname, Vor- 8
name, Geburtsdatum, Art der Beschäftigung sowie der Ausbildungszeitraum anzugeben.

2 *Fitting*, Rn. 5; *Heilmann*, AiB 05, 517; *Maschmann*, Personal, 02, 40; *Sieg/Duffing* AuA 02, 394.
3 BGBl. I S. 1304.
4 BGBl. I S. 2312.
5 *Fitting*, Rn. 10; GK-*Oetker*, Rn. 50 ff.

9 Auch eine im Betrieb vertretene **Gewerkschaft** kann nach Bildung eines Wahlvorstandes gemäß Abs. 2, § 14 Abs. 5 und 8 einen Wahlvorschlag einreichen. Er muss von zwei Beauftragten der Gewerkschaft unterzeichnet sein.

10 Die Wahl der JAV kann gemäß § 19 Abs. 2 **angefochten** werden. Es gilt insoweit nichts anderes als für die Anfechtbarkeit der BR-Wahl (§ 19 Rn. 3 ff.). § 19 Abs. 2 Satz 1 stellt nur auf Wahlberechtigte ab, so dass nicht alle AN, sondern nur drei **zur JAV wahlberechtigten AN** anfechtungsberechtigt sind. Anfechtungsberechtigt sind außerdem der AG und die im Betrieb vertretenen **Gewerkschaften.** Der BR ist neben der JAV im Beschlussverfahren über die Anfechtung der JAV-Wahl zu beteiligen, weil die JAV prozessual nicht allein handlungsfähig ist.[6] Ist die Wahlbeteiligung von AN str., sind diese nicht Beteiligte, weil ihre betriebsverfassungsrechtliche Stellung nicht unmittelbar durch die Rechtskraft einer Entscheidung im Anfechtungsverfahren betroffen wird.[7]

11 Auch eine Wahl zur JAV kann **nichtig** sein, wenn gegen elementare Grundsätze einer Wahl in krasser Weise verstoßen wurde.[8]

12 Wahlbewerber sowie die Mitglieder des WV genießen **Kündigungsschutz.** § 103 und § 15 Abs. 2 KSchG gelten nicht nur für die BR-Wahlen, sondern auch für die der JAV (vgl. § 103 Rn. 2).[9] Der Schutz des § 78 a beginnt mit der Feststellung des Wahlergebnisses und nicht mit dem Beginn der Amtszeit.[10]

13 Die Schutzvorschrift des **§ 78 a** findet keine Anwendung für **Wahlbewerber** und **Mitglieder des WV**. Zum Schutz ihrer Tätigkeit können sie sich jedoch ggf. auf § 20 berufen (§ 20 Rn. 8 ff.). Die Übernahme eines Auszubildenden in ein unbefristetes Arbeitsverhältnis kann allerdings nicht über § 20 durchgesetzt werden.[11]

14 Ebenso wie bei der BR-Wahl trägt der AG gemäß § 20 Abs. 3 Satz 2 auch die **Kosten** der Wahl der JAV. Die zur Ausübung des Wahlrechts oder zur Betätigung im Wahlvorstand erforderliche Arbeitszeit rechtfertigt keine Entgeltminderung.

III. Bestellung des Wahlvorstands durch den Betriebsrat oder Gesamtbetriebsrat (Abs. 2)

15 Der **BR bestellt den WV** und seinen Vorsitzenden spätestens acht Wochen vor Ablauf der Amtszeit der JAV. Endet diese vorzeitig, hat er dies unverzüglich zu tun. Der WV kann also weder durch eine noch im Amt befindliche JAV bestimmt noch kann er auf einer Versammlung der Jugendlichen und Auszubildenden gewählt werden. Dies gilt auch dann, wenn im Betrieb keine JAV bestanden hat. In diesem Falle hat der BR einen WV zu bestellen, wenn die Voraussetzungen für die Errichtung einer JAV gegeben sind.[12] Die Bestellung des WV ist nicht in das Ermessen des BR gestellt. Er ist hierzu **verpflichtet.** Kommt er dieser Aufgabe nicht nach, kann dies eine grobe Amtspflichtverletzung gemäß § 23 Abs. 1 darstellen.[13]

16 Gem. § 16 Abs. 3 Satz 1 kann der **GBR** oder, falls ein solcher nicht besteht, der **KBR** den WV bei Untätigkeit des BR bestellen. Durch Verweis gilt diese Vorschrift sinngemäß auch für die Wahl der JAV.

17 Der BR hat mit der Bestellung des Wahlvorstandes auch den Vorsitzenden zu bestimmen. Bestellt der BR zwar einen WV, aber keinen Vorsitzenden, kann der WV **aus seiner Mitte** einen Vorsitzenden mit Stimmenmehrheit wählen.[14]

18 Die genaue **Größe des WV** ist gesetzlich nicht geregelt. Sie ist vom BR nach pflichtgemäßem Ermessen festzulegen. Der WV muss jedoch in jedem Fall aus einer ungeraden Zahl von Mitgliedern, d. h. mindestens aus drei Mitgliedern, bestehen.[15] Eine **Höchstgrenze** besteht

6 *BAG* 20.2.86, AP Nr. 1 zu § 63 BetrVG 1972.
7 *Fitting*, Rn. 15; HWGNRH-*Rose*, Rn. 10; GK-*Oetker*, Rn. 73 ff.; Richardi-*Annuß*, Rn. 31.
8 *BAG* 19.11.03, AP Nr. 55 zu § 19 BetrVG 1972.
9 GK-*Oetker*, Rn. 69 ff.; HWGNRH-*Rose*, Rn. 12; *Fitting*, Rn. 17; Richardi-*Annuß*, Rn. 21.
10 *BAG* 22.9.83, AP Nr. 11 zu § 78 a BetrVG 1972.
11 GK-*Oetker*, Rn. 60.
12 *Fitting*, Rn. 18; GK-*Oetker*, Rn. 8 ff.; Richardi-*Annuß*, Rn. 4.
13 *Fitting*, Rn. 14; HWGNRH-*Rose*, Rn. 13; GK-*Oetker*, Rn. 8 ff.; Richardi-*Annuß*, Rn. 4.
14 *Fitting*, Rn. 22; GK-*Oetker*, Rn. 26; Erfk-*Eisemann* Rn. 6.
15 GK-*Oetker*, Rn. 14 ff.; *Fitting*, Rn. 20; *Schneider*, AiB 82, 18.

nicht. Der BR kann die Zahl der WV-Mitglieder erhöhen, wenn dies zur ordnungsgemäßen Durchführung der Wahl erforderlich ist. Die für den WV einer BR-Wahl geltenden Grundsätze finden entsprechende Anwendung.[16]

Gem. § 38 Satz 2 WO muss mindestens ein Mitglied des WV das **passive Wahlrecht** zum BR haben. Nach § 63 Abs. 2 Satz 2 i. V. m. § 16 Abs. 1 Satz 5 sollen in Betrieben mit weiblichen und männlichen jug. AN oder Auszubildenden dem WV Frauen und Männer angehören. 19

Der BR kann für jedes Mitglied des Wahlvorstandes ein **Ersatzmitglied** gem. § 16 Abs. 1 Satz 4 bestellen, um die Arbeit des WV auch dann zu gewährleisten, wenn ein Mitglied zeitweise verhindert ist. Er ist dazu auch befugt, 20

- für mehrere Mitglieder ein Ersatzmitglied oder
- für jedes Mitglied mehrere Ersatzmitglieder bei Festlegung der Reihenfolge des Nachrückens zu bestellen.

Jede im Betrieb vertretene **Gewerkschaft,** die nicht durch ein ordentliches Mitglied im WV vertreten ist, ist befugt, einen Beauftragten als nicht stimmberechtigtes Mitglied in den WV zu entsenden. Insofern gilt dasselbe wie beim WV für die BR-Wahl. Das Entsendungsrecht setzt nicht voraus, dass die Gewerkschaft gerade unter den Wahlberechtigten zur JAV vertreten ist. Es reicht aus, wenn ein AN des Betriebs Mitglied ist.[17] 21

IV. Bestellung des Wahlvorstands durch das Arbeitsgericht (Abs. 3)

Kommt der BR seiner Verpflichtung nicht nach und bestellt er den WV nicht oder nicht rechtzeitig, so kann er durch **das ArbG** bestellt werden. Hat er sechs Wochen vor Ablauf der Amtszeit der JAV den WV noch nicht bestellt, ist dies in entsprechender Anwendung des § 16 Abs. 2 als nicht rechtzeitig anzusehen. Bei einer vorzeitigen Neuwahl der JAV ist die Bestellung des WV dann nicht rechtzeitig, wenn sie nicht innerhalb von zwei Wochen nach dem die Neuwahl beginnenden Ereignis erfolgt ist.[18] Der BR kann die Bestellung des WV noch so lange nachholen, bis das Gericht tätig geworden ist. 22

Besteht in einem Betrieb **kein BR,** kann in entsprechender Anwendung des § 16 Abs. 2 ein WV durch das ArbG bestellt werden. Die gegenteilige Auffassung[19] verkennt den Schutzzweck der §§ 60 – 73. 23

Für die Einleitung des gerichtlichen Verfahrens sind **antragsberechtigt** 24

- die im Betrieb vertretenen Gewerkschaften,
- mindestens drei zum BR wahlberechtigte AN des Betriebs,
- mindestens drei jugendliche AN des Betriebs.

Mit dem Antrag können **Vorschläge** für die **Zusammensetzung** des WV gemacht werden (§ 16). 25

Verstößt der WV seinerseits gegen die ihm obliegenden Pflichten (vgl. zu seinen Aufgaben § 18 Rn. 2 ff.), dann können die Antragsberechtigten bei Gericht seine **Ersetzung** durch einen neuen beantragen. 26

Die Bestellung des WV durch das ArbG erfolgt in gleicher Weise wie die Bestellung des WV durch das ArbG bei einer BR-Wahl (vgl. hierzu § 16 Rn. 23 ff.). Die Antragsteller können dem ArbG Vorschläge für die Zusammensetzung des WV unterbreiten, die jedoch für das Gericht nicht bindend sind. Das ArbG kann **keine betriebsfremden Personen** berufen, weil gemäß § 63 Abs. 3 die Regelung im § 16 Abs. 2 Satz 3 keine Anwendung findet.[20] 27

Für die Einleitung des gerichtlichen Verfahrens zur Bestellung des WV sind nach dem ausdrücklichen Wortlaut des Abs. 3 auch **jugendliche AN antragsberechtigt.** Neben den Gewerkschaften und drei zur BR-Wahl berechtigten AN können also auch drei zur JAV-Wahl berechtigte AN unter 18 Jahren allein oder zusammen mit anderen AN das arbeitsgerichtliche Bestellungsverfahren einleiten.[21] 28

---

16 *Fitting,* Rn. 20; a. A. HWGNRH-*Rose,* Rn. 14, die drei Mitglieder als Höchstgrenze ansehen.
17 *Fitting,* Rn. 21; GK-*Oetker,* Rn. 24.
18 *Fitting,* Rn. 25.
19 *Fitting,* Rn. 25; Richardi-*Annuß,* Rn. 9; *GL,* Rn. 6.
20 *Fitting,* Rn. 26; GK-*Oetker,* Rn. 23.
21 *Fitting,* Rn. 26; GK-*Oetker,* Rn. 29; HWGNRH-*Rose,* Rn. 17; Richardi-*Annuß,* Rn. 11.

V. Die Aufgaben des Wahlvorstands

29 Der WV hat nach seiner Bestellung gemäß Abs. 2, § 18 Abs. 1 die Wahl der JAV unverzüglich einzuleiten.
Er hat deshalb u. a.
- ein **Wahlschreiben** zu erlassen (§§ 30, 3 WO),
- die **Wählerliste** anzufertigen (§§ 30, 2 Abs. 1 – 4 WO),
- über **Einsprüche** gegen die Richtigkeit der Wählerliste zu entscheiden (§§ 30, 4 WO),
- die **Auszählung** der Stimmen öffentlich durchzuführen,
- eine Abschrift der **Wahlniederschrift** anzufertigen und sie sowohl den im Betrieb vertretenen Gewerkschaften als auch dem AG zu übersenden (Abs. 2 Satz 2, § 18 Abs. 3).

30 Die **Pflichten** des WV einer JAV-Wahl entsprechen denen des WV einer BR-Wahl.

VI. Vereinfachtes Wahlverfahren in Kleinbetrieben (Abs. 4, 5)

31 Gem. § 14 a wird die Wahl des BR in Kleinbetrieben vereinfacht. Dieses verkürzte Wahlverfahren gilt auch für die Wahl der JAV (§ 14 a Rn. 1 ff.). Die **Fristen** zur Bestellung des WV durch den BR werden auf vier und bei Untätigkeit des BR oder des WV auf drei Wochen **verkürzt**.[22]

32 In Betrieben mit in der Regel 51 bis 100 der in § 60 Abs. 1 genannten AN können der Wahlvorstand und der AG die Anwendung des **vereinfachten Wahlverfahrens** für Kleinbetriebe vereinbaren (§ 14 a Abs. 5). Es ist mit neuen Problemen verbunden.[23] Eine schriftliche Vereinbarung über die Anwendung des vereinfachten Wahlverfahrens dient der Rechtssicherheit und -klarheit.[24]

VII. Streitigkeiten

33 Über Streitigkeiten im Zusammenhang mit der Bestellung des WV und seinen Zuständigkeiten entscheiden die ArbG im Beschlussverfahren gemäß §§ 2 a, 80 ff. ArbGG.

§ 64 Zeitpunkt der Wahlen und Amtszeit

(1) Die regelmäßigen Wahlen der Jugend- und Auszubildendenvertretung finden alle zwei Jahre in der Zeit vom 1. Oktober bis 30. November statt. Für die Wahl der Jugend- und Auszubildendenvertretung außerhalb dieser Zeit gilt § 13 Abs. 2 Nr. 2 bis 6 und Abs. 3 entsprechend.
(2) Die regelmäßige Amtszeit der Jugend- und Auszubildendenvertretung beträgt zwei Jahre. Die Amtszeit beginnt mit der Bekanntgabe des Wahlergebnisses oder, wenn zu diesem Zeitpunkt noch eine Jugend- und Auszubildendenvertretung besteht, mit Ablauf von deren Amtszeit. Die Amtszeit endet spätestens am 30. November des Jahres, in dem nach Absatz 1 Satz 1 die regelmäßigen Wahlen stattfinden. In dem Fall des § 13 Abs. 3 Satz 2 endet die Amtszeit spätestens am 30. November des Jahres, in dem die Jugend- und Auszubildendenvertretung neu zu wählen ist. In dem Fall des § 13 Abs. 2 Nr. 2 endet die Amtszeit mit der Bekanntgabe des Wahlergebnisses der neu gewählten Jugend- und Auszubildendenvertretung.
(3) Ein Mitglied der Jugend- und Auszubildendenvertretung, das im Laufe der Amtszeit das 25. Lebensjahr vollendet, bleibt bis zum Ende der Amtszeit Mitglied der Jugend- und Auszubildendenvertretung.

---

22 BT-Drucks. 14/5741, S. 44 zu Nr. 44 d.
23 *Schneider*, AiB 02, 528 zu neuen Fallstricken mit praktischen Empfehlungen.
24 *Fitting*, Rn. 14.

Inhaltsübersicht

I. Vorbemerkung

Die Vorschrift regelt den **Zeitraum für Wahlen** zur JAV sowie ihre **Amtszeit.** Sie legt ferner fest, dass ein Mitglied der JAV auch dann sein Amt fortführt, wenn es das 25. Lebensjahr vollendet hat. 1

II. Regelmäßige Wahlen (Abs. 1 Satz 1)

Die Wahlen zur JAV werden ebenso wie die zum BR in einem **bestimmten Turnus** durchgeführt. Der Wahlzeitraum beträgt zwei Jahre. Da die ersten Wahlen 1972 stattfanden, werden die nächsten 2002, 2004 usw. durchgeführt. 2

Die Vorschrift bestimmt einen **festen Wahlzeitraum,** in dem die Wahlen im Wahljahr durchzuführen sind. Das BetrVG 1972 hatte diesen Zeitraum auf die Spanne vom 1. Mai bis 30. Juni festgelegt. Seit der Wahl 1988 gilt auf Grund des JAVG vom 13.7.1988[1] als neuer Wahlzeitraum die Zeitspanne vom 1. Oktober bis 30. November. Da Schulentlassungen seit mehreren Jahren in den Sommer fallen, soll AN, die danach in den Betrieb eintreten, eine möglichst frühe Teilnahme an den Wahlen zur JAV ermöglicht werden.[2] 3

Der **Wahltag** muss in den Zeitraum vom 1. Oktober bis 30. November fallen. Maßgebend ist der Tag der Stimmabgabe.[3] Der WV sollte schon vor Beginn des gesetzlich festgelegten Zeitraums bestellt werden, um eine vertretungslose Zeit zu vermeiden (vgl. Rn. 9). Die Bestimmungen über den regelmäßigen Wahlzeitraum bei BR-Wahlen gelten auch für die Wahl der JAV. 4

III. Wahlen außerhalb des regelmäßigen Zeitraums (Abs. 1 Satz 2)

Außerhalb des **regelmäßigen Zeitraums** kann nur in den gesetzlich bestimmten Fällen eine JAV gewählt werden. Insofern gilt nichts anderes als bei der Wahl des BR gemäß § 13 Abs. 2. Eine außerhalb des gesetzlichen Turnus durchgeführte **isolierte Wahl** eines **Ersatzmitglieds,** die durch das Nachrücken des einzigen gewählten Ersatzmitglieds in die Stellung des Mitglieds einer einköpfigen JAV veranlasst worden ist, ist nichtig.[4] Lediglich dann, wenn sich die Zahl der im Betrieb beschäftigten Wahlberechtigten wesentlich verändert hat, findet – anders als bei der Wahl des BR – keine Neuwahl statt, weil § 64 Abs. 1 die Regelung im § 13 Abs. 1 Nr. 1 nicht für entsprechend anwendbar erklärt hat. 5

Außerhalb des regelmäßigen Wahlzeitraums wird die JAV demnach neugewählt, wenn 6

- die **Gesamtzahl** der Mitglieder der JAV auch nach Eintreten sämtlicher Ersatzmitglieder unter die gesetzlich vorgeschriebene Zahl gemäß § 62 Abs. 1 sinkt;
- die JAV einstimmig oder mehrheitlich ihren **Rücktritt** beschlossen hat;
- die Wahl der JAV rechtswirksam **angefochten** worden ist;
- die JAV durch das ArbG rechtswirksam **aufgelöst** worden ist oder
- die JAV **erstmals** gewählt wurde und zuvor im Betrieb keine JAV bestanden hat.

Wenn eine JAV außerhalb des regelmäßigen Wahlzeitraums gewählt worden ist, besteht keine zweijährige Amtszeit. Die Neuwahl wird dann **zusammen mit den anderen Wahlen** zur JAV durchgeführt. Dies wird mit der Vorschrift des § 13 Abs. 3 gewährleistet, wonach die Neuwahl der JAV 7

---

1 BGBl. I S. 1034.
2 Vgl. zur Begründung der Gesetzentwürfe BT-Drucks. 11/1134, S. 5 und BT-Drucks. 11/955, S. 11.
3 GK-*Oetker*, Rn. 6 ff.
4 *LAG Hamm* 22.8.90, DB 90, 2531.

- entweder in dem nächstfolgenden einheitlichen Wahlzeitraum stattfindet, wenn die JAV am 1. Oktober des betreffenden Jahres ein Jahr oder länger im Amt war, oder
- im übernächsten regelmäßigen Wahlzeitraum stattfindet, wenn die JAV am 1. Oktober des nächstfolgenden regelmäßigen Wahlzeitraums weniger als 1 Jahr amtiert hat.

Im Übrigen gelten die entsprechenden Bestimmungen für die Wahl des BR auch sinngemäß für die Wiedereingliederung in den regelmäßigen Wahlrhythmus bei JAV-Wahlen.

IV. Amtszeit der Jugend- und Auszubildendenvertretung (Abs. 2)

8 Die **regelmäßige Amtszeit beträgt zwei Jahre.** Mit dieser im Vergleich zur BR-Wahl verkürzten Amtszeit soll jungen AN wenigstens einmal Gelegenheit gegeben werden, an einer JAV-Wahl teilzunehmen.[5] Die Amtszeit endet, wenn die Zahl der maßgebenden AN unter fünf sinkt.

9 Für **Beginn und Ende** der regelmäßigen zweijährigen Amtszeit gelten im Übrigen die für die Amtszeit des BR nach § 21 maßgebenden Grundsätze entsprechend. Um die **vertretungslose Zeit** zu vermeiden, müssen noch vor Ablauf der Amtszeit nicht nur die Stimmabgabe erfolgt, sondern auch die Stimmen ausgezählt und das endgültige Wahlergebnis bekannt gemacht worden sein. Der WV sollte deshalb rechtzeitig, am besten noch vor Beginn des gesetzlich festgelegten Zeitraums, bestellt werden.

10 **Tritt** eine JAV **zurück,** bleibt sie bis zur Bekanntgabe des Wahlergebnisses der neugewählten Vertretung im Amt.[6] Zwar verweist § 64 nicht ausdrücklich auf die für zurückgetretene BR geltende Regelung des § 22, aber dennoch gebietet der **Schutzzweck** ein weiteres Amtieren der JAV. Außerdem lehnt sich die Vorschrift über die Amtszeit der JAV so eng an die des BR an, dass eine unterschiedliche Behandlung dieses Falles nicht zu rechtfertigen wäre.

11 Die JAV hat ein **Übergangsmandat** und **Restmandat** gem. §§ 21 a, 21 b analog. Bei Spaltung oder Verschmelzung des Betriebs, die dem BR ein Übergangsmandat vermittelt, endet die Amtszeit der JAV nicht. Der BR hat das Recht und die Pflicht, rechtzeitig den oder die WV für die Neuwahl der JAV zu bestellen.[7]

V. Vollendung des 25. Lebensjahres (Abs. 3)

12 Die Vorschrift stellt in Abs. 3 klar, dass ein Mitglied der JAV, das während der Amtszeit durch Überschreiten der Altersgrenze die Wählbarkeit verliert, nicht vorzeitig aus der JAV ausscheidet. Damit gewährleistet sie die **Kontinuität der Mitgliedschaft.** Hat ein Mitglied der JAV das 25. Lebensjahr bereits vor Beginn der Amtszeit vollendet, war es nicht wählbar. Eine dennoch erfolgte Wahl wäre anfechtbar.[8] Dementsprechend rückt ein **Ersatzmitglied** nicht nach, das nach der Wahl, aber vor Amtsbeginn das 25. Lebensjahr vollendet hat. Maßgebender Zeitpunkt für die Altersgrenze ist der Tag des Beginns der Amtszeit, nicht der Tag der Wahl.[9] Die in Abs. 3 getroffene Regelung ist analog anzuwenden auf den Fall, dass ein über 18 Jahre altes Mitglied im Laufe der Amtszeit seine Ausbildung beendet, weil andernfalls die angestrebte Kontinuität wieder in Frage gestellt wäre.[10]

VI. Streitigkeiten

13 Streitigkeiten über den Zeitpunkt der Wahlen zur JAV, über vorzeitige Neuwahlen und über die Amtszeit der JAV entscheiden die ArbG im **Beschlussverfahren** gemäß §§ 2 a, 80 ff. ArbGG.

---

5 *Fitting,* Rn. 11.
6 A. A. *Fitting,* Rn. 12.;
7 A. A. GK-*Oetker,* Rn. 27; *Fitting,* Rn. 13; Richardi-*Annuß,* Rn. 25.
8 *Fitting,* Rn. 14.
9 *LAG Düsseldorf* 13. 10. 92, NZA 93, 474.
10 A. A. *Schwab,* NZA 88, 687 [688].

§ 65 Geschäftsführung

(1) Für die Jugend- und Auszubildendenvertretung gelten § 23 Abs. 1, die §§ 24, 25, 26, 28 Abs. 1 Satz 1 und 2, die §§ 30, 31, 33 Abs. 1 und 2 sowie die §§ 34, 36, 37, 40 und 41 entsprechend.
(2) Die Jugend- und Auszubildendenvertretung kann nach Verständigung des Betriebsrats Sitzungen abhalten; § 29 gilt entsprechend. An diesen Sitzungen kann der Betriebsratsvorsitzende oder ein beauftragtes Betriebsratsmitglied teilnehmen.

Inhaltsübersicht

I. Vorbemerkungen

Novellierung 2001: Die JAV kann auch Ausschüsse bilden. 1
Die Geschäftsführung und Organisation der JAV werden in dieser Vorschrift geregelt. Sie erklärt die wesentlichen, jedoch nicht alle Bestimmungen zur Geschäftsführung des BR für anwendbar. Der JAV wird ausdrücklich das Recht eingeräumt, eigene Sitzungen durchzuführen.[1]

II. Entsprechend anwendbare Vorschriften zur Geschäftsführung

Abs. 1 verweist auf zahlreiche Bestimmungen zur Geschäftsführung und Organisation des BR 2
und erklärt sie für **entsprechend anwendbar:**

1. § 23 Abs. 1 – Grobe Pflichtverletzung

Die JAV kann wegen **grober Pflichtverletzung** aufgelöst oder einzelne Mitglieder können aus 3
der JAV ausgeschlossen werden. Antragsberechtigt sind der AG, die im Betrieb vertretene Gewerkschaft sowie ein Viertel der gemäß §§ 60 Abs. 1, 61 Abs. 1 wahlberechtigten AN. Die JAV ist auch berechtigt, den Ausschluss eines ihrer Mitglieder zu beantragen. Der BR ist nicht antragsberechtigt und kann weder die Auflösung der JAV noch den Ausschluss eines ihrer Mitglieder beantragen. Die gegenteilige Auffassung,[2] die darüber hinaus auch sonstige AN für

1 Vgl. Muster einer Geschäftsordnung für die JAV in DKKWF-*Trittin*, § 65 Rn. 3.
2 *Fitting*, Rn. 4; *GL*, Rn. 2 und 4; HWGNRH-*Rose*, Rn. 2; GK-*Oetker*, Rn. 9; Richardi-*Annuß*, Rn. 5.

antragsberechtigt erklärt, ist abzulehnen. Sie erweitert den Kreis der Antragsberechtigten und geht damit über eine reine analoge Anwendung hinaus. Sie verkennt auch die besondere **Schutzfunktion** der JAV für die jugendlichen und die zur Berufsausbildung beschäftigten AN unter 25 Jahren. Gerade die Aufgabe des BR, in Jugend- und Ausbildungsfragen eng mit der JAV zusammenzuarbeiten (vgl. § 67), schließt ein Antragsrecht des BR gemäß § 23 Abs. 1 aus.

4 Nach einer Auflösung der JAV hat der BR einen **WV** zu bestellen. § 23 Abs. 2 ist nicht entsprechend anwendbar, wonach mit der Auflösung des BR auch gleichzeitig vom ArbG ein WV eingesetzt wird.

2. § 24 – Ende der Mitgliedschaft

5 Die Tatbestände, die zu einem Erlöschen der Mitgliedschaft in der JAV führen, entsprechen denen, die auch ein **Ende der Mitgliedschaft** im BR zur Folge haben (vgl. § 24). Danach endet die Mitgliedschaft durch

- Ablauf der Amtszeit,
- Niederlegung des Amtes des JAV-Mitglieds,
- Beendigung des Arbeits- bzw. Ausbildungsverhältnisses,
- Verlust der Wählbarkeit,
- Ausschluss aus der JAV oder Auflösung der JAV auf Grund einer rechtskräftigen gerichtlichen Entscheidung,
- rechtskräftige gerichtliche Entscheidung über die Festlegung der Nichtwählbarkeit.

Im Einzelnen wird auf die Ausführungen zu § 24 verwiesen (vgl. § 24 Rn. 5 ff.). Der **Verlust der Wählbarkeit** beendet allerdings dann nicht die Mitgliedschaft, wenn das Mitglied das 25. Lebensjahr vollendet hat. Auch ein Mitglied der JAV, das Ersatzmitglied des BR ist, scheidet nur dann aus der JAV aus, wenn es auf Dauer, nicht jedoch nur vorübergehend, nachrückt.

3. § 25 – Ersatzmitglied

6 Scheidet ein Mitglied der JAV aus, so rückt ein **Ersatzmitglied** nach (vgl. hierzu § 25 Rn. 13). Ist die Wahl zur JAV nach den Grundsätzen der Verhältniswahl durchgeführt worden, so rücken die nicht gewählten Bewerber aus der Liste nach, der das ausgeschiedene oder verhinderte Mitglied angehört. Bei Mehrheitswahl rückt das Ersatzmitglied nach, das unter den nicht gewählten Bewerbern die höchste Stimmenzahl erreicht hat. Hat das Ersatzmitglied nach der Wahl oder vor Amtsbeginn das 25. Lebensjahr vollendet, so rückt es nach.[3]

4. § 26 – Wahl des Vorsitzenden und Stellvertretenden

7 Die JAV wählt aus ihrer Mitte den **Vorsitzenden und dessen Stellvertreter**. Dabei ist ihre Zugehörigkeit zu der Gruppe der Arbeiter oder Angestellten unerheblich, weil bei der JAV das Gruppenprinzip keine Anwendung findet. Der Vorsitzende bzw. im Verhinderungsfall der Stellvertreter vertreten die JAV im Rahmen der gefassten Beschlüsse. Sie haben insbes.

- Erklärungen, die gegenüber der JAV abgegeben wurden, entgegenzunehmen,
- die Sitzungen der JAV einzuberufen,
- den BR-Vorsitzenden hierüber zu unterrichten,
- die Sitzungen der JAV zu leiten.

5. § 28 Abs. 1 Satz 1 und 2 – Ausschüsse

8 Durch Verweis auf § 28 Abs. 1 Satz 1 und 2 ermöglicht § 65 in Einheiten mit mehr als 100 AN die Bildung von Ausschüssen, um die **Effizienz** der Arbeit der JAV zu erhöhen.[4] Die JAV kann den Ausschüssen nur vorbereitende Aufgaben, nicht jedoch Aufgaben zur selbständigen Erledigung übertragen. Ihre Besetzung erfolgt mit einfacher Mehrheit ohne Rücksicht auf Be-

3 A. A. *LAG Düsseldorf* 13.10.92, BB 93, 141.
4 BT-Drucks. 14/5741, S. 44; *Fitting*, Rn. 7; GK-*Oetker*, Rn. 29.

schäftigungsarten oder Geschlechtszugehörigkeit. Wegen der fehlenden Verweise auf § 27 kann **kein Betriebsausschuss** gebildet werden.

6. § 30 – Sitzungen

Die **Sitzungen der JAV** finden i. d. R. während der Arbeitszeit statt. Bei der Festlegung des Termins hat die JAV auf betriebliche Notwendigkeiten Rücksicht zu nehmen. Vom Zeitpunkt der Sitzung sind BR und AG zu verständigen. Die Sitzungen sind nicht öffentlich. 9

7. § 31 – Teilnahme der Gewerkschaft

Die Frage, ob sich das Teilnahmerecht der Gewerkschaften auf die in der JAV vertretene Gewerkschaft[5] oder auch auf die im BR vertretene Gewerkschaft[6] bezieht, ist differenzierend zu beantworten: 10

- Beantragt die **JAV** mit mindestens einem Viertel ihrer Mitglieder die Teilnahme, beschränkt sich diese auf die in der JAV vertretenen Gewerkschaften.[7] 11
- Ist eine Gewerkschaft nicht in der JAV, dafür aber im BR vertreten, kann der **BR** wegen seiner Beratungsfunktion die Hinzuziehung eines Vertreters der im BR vertretenen Gewerkschaften beschließen. Außerdem spricht dafür das Recht des u. U. an einer Sitzung teilnehmenden AG, einen Vertreter seines AG-Verbandes hinzuzuziehen.[8]

Beantragen nicht nur ein Viertel der Mitglieder der JAV die Hinzuziehung eines Gewerkschaftsbeauftragten, sondern wird ein entsprechender **Beschluss mehrheitlich** gefasst, können ohne weiteres auch solche Gewerkschaftsvertreter hinzugezogen werden, deren Organisation nicht in der JAV, aber im BR vertreten ist.[9] 12

8. § 33 Abs. 1 und 2 – Beschlüsse

Bei Teilnahme eines Gewerkschaftsbeauftragten muss der Vorsitzende der JAV der Gewerkschaft eine Einladung zusenden, aus der sich Ort, Zeitpunkt und Tagesordnung der Sitzung ergeben. 13

Beschlüsse der JAV werden i. d. R. mit der Mehrheit der Stimmen der anwesenden Mitglieder gefasst. Ausnahmen gelten nur in den vom Gesetz ausdrücklich bestimmten Fällen: 14

- Antrag auf Aussetzung eines Beschlusses des BR;
- Verabschiedung einer Geschäftsordnung gemäß § 36;
- Rücktritt der JAV (§ 64 Abs. 1 i. V. m. § 13 Abs. 2 Nr. 3;);
- Beauftragung der GJAV, eine Angelegenheit für sie mit dem GBR zu behandeln (§ 73 Abs. 2 i. V. m. § 50 Abs. 2).

Kein **Stimmrecht** haben die BR-Mitglieder und Gewerkschaftsvertreter, die an der Sitzung der JAV teilnehmen. Dieses liegt ausschließlich bei den Mitgliedern der JAV. Die JAV ist **beschlussfähig,** wenn mehr als die Hälfte ihrer Mitglieder an der Beschlussfassung teilnimmt (vgl. Beschlussfassung § 33 Rn. 1 ff.). 15

9. § 34 – Niederschrift

Die JAV muss über jede Sitzung eine **Niederschrift** anfertigen, die mindestens den Wortlaut der Beschlüsse und die Stimmenmehrheit, mit der sie gefasst sind, enthält. Sie ist von dem Vorsitzenden und einem weiteren Mitglied zu unterschreiben. Ihr ist eine Anwesenheitsliste beizufügen, in die sich jeder Teilnehmer eigenhändig einzutragen hat. Die Mitglieder der JAV sind berechtigt, in die entsprechenden Sitzungsunterlagen Einsicht zu nehmen. 16

---

5 So GK-*Oetker*, Rn. 79; HWGNRH-*Rose*, Rn. 8.
6 *GL*, Rn. 10.
7 *Fitting*, Rn. 9; GK-*Kraft*, Rn. 21.
8 *Fitting*, Rn. 9; HWGNRH-*Rose*, Rn. 8; a. A. GK-*Oetker*, Rn. 78 ff.
9 *Däubler*, Gewerkschaftsrechte, Rn. 159; *Fitting*, Rn. 9.

10. § 36 – Geschäftsordnung

17 Die JAV soll eine **Geschäftsordnung** mit absoluter Mehrheit verabschieden. Durch klare Verfahrensregeln können unnötige Konflikte vermieden und eine durchsichtige Arbeit der JAV gewährleistet werden.

11. § 37 Abs. 1 – Ehrenamt

18 Die Mitglieder der JAV führen ihr Amt unentgeltlich als **Ehrenamt** aus.

12. § 37 Abs. 2 und 3 – Arbeitsbefreiung

19 Mitglieder der JAV haben Anspruch auf eine entsprechende **Arbeitsbefreiung unter Fortzahlung ihrer Vergütung,** soweit sie ihre Amtstätigkeit aus betriebsbedingten Gründen außerhalb der Arbeitszeit durchführen müssen. Die Schutzbestimmungen des JArbSchG finden keine Anwendung, da es sich nicht um eine vom AG bestimmte Tätigkeit i. S. d. Gesetzes handelt. Insbes. bei den AN unter 18 Jahren sollte der Ausgleich zum Schutze ihrer Gesundheit primär in Freizeit erfolgen. Ist dies aus betrieblichen Gründen ausgeschlossen, wird die Mehrarbeit in der üblichen Weise vergütet.[10]

13. § 37 Abs. 4 und 5 – Verdienstsicherung

20 Das **Entgelt** der Mitglieder der JAV darf ein Jahr nach Beendigung der Amtszeit nicht geringer als das vergleichbarer AN sein. Sie dürfen wegen ihrer beruflichen Entwicklung nicht benachteiligt werden.

14. § 37 Abs. 6 und 7 – Schulungs- und Bildungsveranstaltung

21 Ohne Minderung ihres Entgelts haben Mitglieder der JAV Anspruch auf Teilnahme an **Schulungs- und Bildungsveranstaltungen**. Dieser Anspruch gilt nur für die Schulungs- und Bildungsveranstaltungen, die für die Arbeit der JAV erforderliche Kenntnisse vermitteln. Da der Aufgabenbereich der JAV im Vergleich zu dem des BR weniger umfangreich ist, sind nicht alle Schulungs- und Bildungsveranstaltungen für Mitglieder der JAV in gleicher Weise wie für BR-Mitglieder erforderlich. Es ist andererseits zu berücksichtigen, dass JAV-Mitglieder i. d. R. altersbedingt über geringere Erfahrungen und Kenntnisse verfügen, die nur durch **zusätzliche Schulungs- und Bildungsmaßnahmen** nachgeholt werden können. Es ist deshalb verfehlt, an die Erforderlichkeit gerade bei JAV-Mitgliedern einen besonders strengen Maßstab anzulegen.[11]

22 Schulungs- und Bildungsmaßnahmen sind als **erforderlich** i. S. d. § 37 Abs. 6 anzusehen, wenn sie z. B. Kenntnisse zum allgemeinen Arbeitsrecht, zum BetrVG einschließlich der Mitbestimmungsrechte und für die JAV besonders wichtigen Gesetze vermitteln, wie z. B. das JArbSchG und das BBiG.[12] Die gegenteilige Auffassung des *BAG,*[13] die eine Schulung zum JArbSchG, zum BBiG und zur Mitbestimmung für nicht erforderlich erklärt, ist abzulehnen:[14]

- Die im Vergleich zu BR-Mitgliedern **kürzere Amtszeit** rechtfertigt keine inhaltliche Einschränkung des Schulungsanspruchs.
- Mitglieder der JAV haben gerade im Bereich der Berufsausbildung und des Jugendschutzes

---

10 *Fitting,* Rn. 13; Richardi-*Annuß,* Rn. 38; GK-*Oetker,* Rn. 35 f.

11 *Fitting,* Rn. 14; *Däubler,* Schulung Rn. 270; *Rudolph/Dannenberg,* AiB 97, 213; a. A. GK-*Oetker,* Rn. 49 ff.; Richardi-*Annuß,* Rn. 47; HWGNRH-*Rose,* Rn. 15, die auf § 37 Abs. 7 verweisen und dabei verkennen, dass der dort im Vergleich zu anderen Mitgliedern erhöhte Anspruch um eine Woche kaum ausreichen dürfte.

12 *Fitting,* Rn. 14; *Däubler,* Schulung Rn. 275 ff.

13 10.5.74, 6.5.75, AP Nrn. 4, 5 zu § 65 BetrVG 1972; 10.6.75, EzA § 37 BetrVG 1972 Nr. 42.

14 *Fitting,* Rn. 14; *Däubler,* Schulung Rn. 275 ff.; *Rudolph/Dannenberg,* a. a. O.; *Teichmüller,* DB 75, 446; a. A. Richardi-*Annuß,* Rn. 47; HWGNRH-*Rose,* Rn. 15.

besondere Aufgaben, die sie zu Mitträgern der Mitbestimmungs- und Beteiligungsrechte des BR machen.

- Die Erforderlichkeit der Schulung hängt nicht von Dauer und Amtszeit, sondern vom **Wissensdefizit** der Mitglieder der JAV ab.
- Bei neu in das Berufsleben eingetretenen AN ist es besonders notwendig, Umfang und etwaige Grenzen der Mitbestimmungs- und Beteiligungsrechte zu vermitteln.

Entspricht die **Dauer** einer erforderlichen Schulungsveranstaltung nicht mehr dem nach der Rspr. zu beachtenden **Verhältnismäßigkeitsgrundsatz,** so kann der Entgeltfortzahlungsanspruch nach § 37 Abs. 2 dennoch in vollem Umfang gegeben sein. Lässt sich die Schulungsveranstaltung wegen der Themengestaltung oder des Zeitplans nicht in einen erforderlichen und einen nicht erforderlichen Teil aufteilen, kommt es darauf an, ob die erforderlichen Themen überwiegen. Entscheidend ist, ob der Themenkatalog bei schwerpunktmäßiger Betrachtung einen spezifischen Bezug zu den Aufgaben der JAV aufweist. Ob es sich um die Behandlung von Grund- oder Spezialkenntnissen handelt, ist unerheblich.[15] **23**

Ein **Ersatzmitglied** hat einen Anspruch auf Teilnahme an Schulungs- und Bildungsmaßnahmen in dem gleichen Umfang wie ein nachgerücktes BR-Mitglied. Nach der Rspr. des *BAG* soll die Teilnahme des nicht endgültig nachgerückten Ersatzmitglieds einer mehrköpfigen JAV an einer Schulungsveranstaltung im Regelfall nicht erforderlich sein.[16] Etwas anderes gilt dann, wenn ein Ersatzmitglied häufig Vertretungen in der JAV wahrnehmen muss oder für längere Zeit nachrückt.[17] **24**

Der BR und nicht die JAV soll über die **zeitliche Lage** der Schulungsveranstaltung und die an ihr **teilnehmenden Personen** entscheiden, weil die JAV keine unmittelbar gegenüber dem AG wirksamen Beschlüsse fassen kann.[18] Gemäß § 67 Abs. 2 hat der BR die JAV bei seiner Entscheidung mit vollem Stimmrecht zu beteiligen. Soll ein Mitglied der GJAV an einer Schulung teilnehmen, entscheidet ebenfalls der BR unter Hinzuziehung der JAV des Betriebs, dem das zu schulende Mitglied angehört.[19] **25**

Die Mitglieder der JAV haben Anspruch auf Freistellung von drei bzw. vier Wochen gemäß § 37 Abs. 7 für die Teilnahme an den betreffenden Schulungs- und Bildungsveranstaltungen. Ebenso wie bei der Dauer des Anspruchs gemäß § 37 Abs. 6 ist der Freistellungsanspruch nicht deshalb kürzer, weil die regelmäßige Amtszeit eines JAV-Mitglieds im Vergleich zu der eines BR-Mitglieds halb so lang ist.[20] Der Gesetzgeber hat den Schulungsanspruch **nicht von der Dauer der Amtszeit** abhängig gemacht, sondern im Hinblick auf die inhaltlichen Anforderungen der Amtstätigkeit die Dauer festgelegt. Wegen der i. d. R. geringen Erfahrungen von JAV-Mitgliedern wird gerade bei ihnen vielfach ein vierwöchiger Bildungsurlaub in Betracht kommen.[21] **26**

Beschließt der BR entsprechend einem Antrag der JAV, ein Mitglied der JAV zur Teilnahme an einer Schulungs- und Bildungsveranstaltung nach § 37 Abs. 6 von seiner beruflichen Tätigkeit freizustellen, ist ein solcher Beschluss **nicht deshalb rechtsunwirksam,** weil die JAV an ihm nicht gemäß § 67 Abs. 2 mitgewirkt hat. Der BR ist nicht verpflichtet, die Teilnahme des Mitglieds der JAV an der Schulungsmaßnahme bis zu einer im arbeitsgerichtlichen Beschlussverfahren ergangenen rechtskräftigen Entscheidung oder bis zum Erlass einer einstweiligen Verfügung zurückzustellen.[22] **27**

---

15 *BAG* 6.5.75, *BAG* 10.6.75, AP Nrn. 5, 6 zu § 65 BetrVG 1972; GK-*Oetker,* Rn. 49 ff.; *Rudolph/Dannenberg,* a. a. O.
16 *BAG* 10.5.74, AP Nr. 2 zu § 65 BetrVG 1972; 15.5.86, DB 86, 2189.
17 *Rudolph/Dannenberg,* a. a. O.; a. A. *Fitting,* Rn. 16.
18 *BAG* 20.11.73, 10.5.74, AP Nrn. 1, 3 zu § 65 BetrVG 1972; 10.6.75, AP Nr. 1 zu § 73 BetrVG 1972; GK-*Oetker,* Rn. 43; a. A. *Däubler,* Schulung Rn. 272 ff.; *Teichmüller,* DB 75, 446.
19 *BAG* 4.6.75, AP Nr. 1 zu § 73 BetrVG 1972.
20 GK-*Oetker,* Rn. 49 ff.
21 *Fitting,* Rn. 18; Richardi-*Annuß,* Rn. 45.
22 *BAG* 6.5.75, AP Nr. 5 zu § 65 BetrVG 1972.

15. § 40 – Kosten

28 Der AG trägt die durch die Tätigkeit der JAV entstehenden **Kosten** und hat die erforderlichen Mittel zur Verfügung zu stellen. Dazu gehören auch die Kosten eines Rechtsanwalts in einem vom BR eingeleiteten Ausschlussverfahren, die dem betreffenden JAV-Mitglied entstanden sind.[23] Der Beschluss einer JAV zur Beauftragung eines Rechtsanwalts für die Durchführung eines Beschlussverfahrens nach § 78 a Abs. 4 BetrVG löst jedoch noch keine Kostenerstattung und keine Freistellungsansprüche nach § 40 Abs. 1 BetrVG gegen den AG aus. Die JAV ist nicht berechtigt, eigenmächtig kostenauslösende Beschlüsse zu fassen. Insoweit bedarf es der Beschlussfassung des BR.[24]

16. § 41 – Umlageverbot

29 Der AG darf **keine Beiträge** von AN zum Zwecke der JAV erheben. Im Übrigen besteht ein absolutes **Umlageverbot.**

III. Weitere anwendbare Vorschriften

30 Außerhalb der in §§ 60 – 70 genannten Bestimmungen regeln folgende Vorschriften die Geschäftsführung der JAV und den Schutz ihrer Mitglieder:

- § 29 Abs. 2 Satz 4: Ladung der JAV zu BR-Sitzungen;
- § 35: Aussetzung von Beschlüssen des BR;
- § 39 Abs. 2: Teilnahmerecht an den Sprechstunden des BR;
- § 78: allgemeines Begünstigungs- bzw. Benachteiligungsverbot;
- § 78 a BetrVG: Anspruch auf Übernahme in ein Arbeitsverhältnis;
- § 79 Abs. 2: Geheimhaltungspflicht;
- § 80 Abs. 1 Nrn. 3 und 5: Verpflichtung des BR, Anregungen der JAV entgegenzunehmen und mit ihr eng zusammenzuarbeiten und u. U. von ihr Stellungnahmen und Vorschläge anzufordern;
- § 103 BetrVG, § 15 KSchG: Kündigungsschutz von Mitgliedern der JAV, Wahlbewerbern und WV-Mitgliedern.

IV. Vorschriften zur Geschäftsführung, die für die Jugend- und Auszubildendenvertretung keine Anwendung finden

31 **§ 27:** Die JAV kann die Führung der laufenden Geschäfte nicht generell auf ihren Vorsitzenden oder ein anderes Mitglied übertragen, da § 27 Abs. 4 nicht für entsprechend anwendbar erklärt wurde.[25]

32 **§ 32 BetrVG, § 3 Abs. 1 ZDVG: Die Schwerbehindertenvertretung** sowie der Vertrauensmann der **Zivildienstleistenden** können an den Sitzungen der JAV nicht teilnehmen.

33 **§ 35: Eine Aussetzung von Beschlüssen,** soweit es sich um die eigenen Beschlüsse der JAV handelt, ist nicht möglich.

34 **§ 38:** Mitglieder der JAV können nicht generell von der Arbeit **freigestellt** werden. Die Nichtanwendung des § 38 ist nicht unproblematisch, da gerade in Großbetrieben die Anforderungen an die JAV so erheblich sind, dass eine Freistellung geboten wäre. Den Mitgliedern der JAV bleibt deshalb nur die Möglichkeit, sich zur Erledigung der erforderlichen Aufgaben gemäß § 37 Abs. 2 von der Arbeit oder Ausbildung freizustellen. Außerdem können AG und BR vereinbaren, dass eine bestimmte Anzahl von Mitgliedern der JAV ständig von der Arbeit freigestellt wird. Personen, die in der Berufsausbildung stehen, sind hiervon auszunehmen, um das Ausbildungsziel nicht zu gefährden.[26]

---

23 *LAG Hamm* 28.11.78, DB 79, 2043; *BAG* 29.7.82, AuR 82, 258; vgl. *Däubler,* Schulung Rn. 279.
24 *LAG Hamm* 16.1.09 – 10 TaBV 37/08.
25 *Fitting,* Rn. 22.
26 *Fitting,* Rn. 25; Richardi-*Annuß,* Rn. 47.

V. Eigene Sitzungen der Jugend- und Auszubildendenvertretung (Abs. 2)

Abs. 2 räumt der JAV das Recht ein, **eigene Sitzungen** durchzuführen. Für ihre Einberufung gilt die für den BR maßgebende Regelung des § 29 entsprechend mit der Einschränkung, dass die JAV die Sitzungen nach vorheriger Verständigung des BR durchführen soll. Um einen möglichst schnellen Informationsfluss zu erreichen, empfiehlt es sich, den Terminplan des BR zu beachten und die Sitzungen der JAV möglichst direkt nach denen des BR durchzuführen. 35

»Verständigung« bedeutet nur **Information,** nicht dagegen Zustimmung des BR. Die JAV kann somit auch gegen dessen Willen eine Sitzung einberufen. Sie muss ihn hiervon lediglich in Kenntnis setzen. Verstößt die JAV gegen diese Vorschrift, so hat dies keine Auswirkungen auf die Rechtmäßigkeit der anberaumten Sitzungen. Es handelt sich insoweit lediglich um eine **Ordnungsvorschrift,** die die korrekte Information des BR bezweckt, damit das jeweilige BR-Mitglied an den Sitzungen gemäß Abs. 2 Satz 2 teilnehmen kann.[27] 36

Die Sitzungen der JAV werden auf Grund einer **Einladung durch den Vorsitzenden** bzw. im Verhinderungsfall durch seinen Stellvertreter durchgeführt. Sie finden i. d. R. während der Arbeits- bzw. Ausbildungszeit statt. Den genauen Zeitpunkt legt die JAV nach eigenem pflichtgemäßem Ermessen fest. Dabei hat sie auf die betrieblichen Notwendigkeiten Rücksicht zu nehmen und den AG, aber auch den BR, vom Zeitpunkt der Sitzungen der JAV zu verständigen. Es gilt insoweit nichts anderes als für die Sitzung des BR. 37

Für die **Einladungen** zu den Sitzungen der JAV gelten die für den BR zu beachtenden Grundsätze gemäß § 29: 38

- Der WV beruft die konstituierende Sitzung der JAV ein, die bis zur Wahl eines Wahlleiters aus der Mitte der JAV vom Vorsitzenden des WV geleitet wird (§ 29 Abs. 1; vgl. § 29 Rn. 3 ff.).
- Der Vorsitzende der JAV und ggf. sein Stellvertreter beruft die weiteren Sitzungen ein (§ 29 Abs. 2 Satz 1; vgl. Rn. 12 ff.).
- Der Vorsitzende der JAV und ggf. sein Stellvertreter legt die Tagesordnung fest (§ 29 Abs. 2 Satz 2; vgl. § 29 Rn. 14 ff.).
- Die Mitglieder der JAV sind zu den Sitzungen rechtzeitig und unter Mitteilung der Tagesordnung zu laden (§ 29 Abs. 2 Satz 2; § 29 Rn. 16).
- Mitglieder der JAV, die an den Sitzungen nicht teilnehmen können, haben dies dem Vorsitzenden unverzüglich mitzuteilen (§ 29 Abs. 2 Satz 4; vgl. § 29 Rn. 20).
- Der Vorsitzende hat dann die in Betracht kommenden Ersatzmitglieder zu laden (§ 29 Abs. 2 Satz 5; vgl. § 29 Rn. 20).
- Wenn Vertreter der Gewerkschaft hinzugezogen werden sollen, so sind ihr Tagesordnung, Zeitpunkt und Ort der Sitzung mitzuteilen.

Der Vorsitzende der JAV hat eine Sitzung einzuberufen und den Gegenstand, dessen Beratung beantragt ist, auf die Tagesordnung zu setzen, wenn dies ein **Viertel der Mitglieder der JAV** oder der **AG** beantragt hat (§ 29 Abs. 3).[28] Dem Antrag ist nachzukommen, und der Vorsitzende hat den entsprechenden Gegenstand auf die Tagesordnung der Sitzung zu setzen. 39

Der **BR hat kein eigenes Antragsrecht.**[29] Dieses ist auch überflüssig, weil der BR jederzeit eine Angelegenheit der JAV auf die eigene Tagesordnung setzen kann und sie zu der Sitzung hinzuziehen muss. 40

Der **AG** nimmt an den Sitzungen, die auf sein Verlangen anberaumt sind und zu denen er eingeladen wurde, teil. Er kann hierzu auch einen Vertreter des Verbandes, dem er angehört, hinzuziehen (§ 29 Abs. 4; vgl). Nimmt der AG an den Sitzungen nicht teil, verstößt er gegen das Gebot der vertrauensvollen Zusammenarbeit und handelt pflichtwidrig.[30] 41

Gemäß Abs. 2 Satz 2 hat der **BR-Vorsitzende** oder ein beauftragtes BR-Mitglied das Recht, an allen Sitzungen teilzunehmen. Eine Verpflichtung hierzu besteht jedoch nicht. **Das Teilnahmerecht** soll die JAV bei der Erledigung ihrer Aufgaben durch Information und Beratung 42

---

27 Vgl. *Fitting*, Rn. 28; HWGNRH-*Rose*, Rn. 19; GK-*Oetker*, Rn. 70 ff.; Richardi-*Annuß*, Rn. 11.
28 *Fitting*, Rn. 29; HWGNRH-*Rose*, Rn. 22.
29 HWGNRH-*Rose*, Rn. 22; *Fitting*, Rn. 29; Richardi-*Annuß*, Rn. 14.
30 *Fitting*, Rn 8; *Rothermund*, S. 91 ff.; a. A. HWGNRH-*Rose*, Rn. 20.

unterstützen. Ein Stimmrecht hat der BR-Vorsitzende bzw. das beauftragte BR-Mitglied nicht.[31]

43 Die **Beschlussfähigkeit und Beschlussfassung** der JAV entsprechen der des BR (vgl. § 33 Rn. 2 ff.). Stimmberechtigt sind nur die Mitglieder der JAV, nicht jedoch BR-Mitglieder, Vertreter der Gewerkschaft oder der AG. Grundsätzlich genügt für die Beschlussfassung die einfache Mehrheit mit Ausnahme der gesetzlich geregelten Fälle, in denen eine absolute Mehrheit erforderlich ist. Die JAV ist nur beschlussfähig, wenn mindestens die Hälfte ihrer Mitglieder an der Beschlussfassung teilnimmt. Die Beschlüsse selbst sind mit der Mehrheit der Stimmen der anwesenden Mitglieder zu fassen. Bei Stimmengleichheit ist ein Antrag abgelehnt.

VI. Streitigkeiten

44 Über alle Fragen der Organisation, Geschäftsführung und Zuständigkeit – insbes. im Verhältnis zum BR – entscheidet das ArbG im **Beschlussverfahren** gemäß §§ 2 a, 80 ff. ArbGG. Ist die Teilnahme eines JAV-Mitglieds an einer Schulungs- und Bildungsveranstaltung str., so ist die JAV nach der Rspr. nicht zu beteiligen.[32] Wird ein minderjähriges Mitglied der JAV am Verfahren beteiligt, so benötigt es hierzu nicht die Zustimmung seines gesetzlichen Vertreters.[33]

45 Entgeltansprüche der Mitglieder der JAV und Ansprüche auf Freizeitausgleich gemäß § 37 Abs. 3 sind im **Urteilsverfahren** gemäß § 2 Abs. 1 Nr. 3 ArbGG gerichtlich geltend zu machen.

§ 66 Aussetzung von Beschlüssen des Betriebsrats

(1) Erachtet die Mehrheit der Jugend- und Auszubildendenvertreter einen Beschluss des Betriebsrats als eine erhebliche Beeinträchtigung wichtiger Interessen der in § 60 Abs. 1 genannten Arbeitnehmer, so ist auf ihren Antrag der Beschluss auf die Dauer von einer Woche auszusetzen, damit in dieser Frist eine Verständigung, gegebenenfalls mit Hilfe der im Betrieb vertretenen Gewerkschaften, versucht werden kann.
(2) Wird der erste Beschluss bestätigt, so kann der Antrag auf Aussetzung nicht wiederholt werden; dies gilt auch, wenn der erste Beschluss nur unerheblich geändert wird.

Inhaltsübersicht Rn.

I. Vorbemerkungen

1 Die Vorschrift räumt der JAV das Recht ein, Beschlüsse des BR aussetzen zu lassen. Sie entspricht inhaltlich der bereits in § 35 enthaltenen Regelung (Erl. zu § 35) und gilt entsprechend für die GJAV (§ 73 Abs. 2). Einen eigenen Beschluss kann die JAV aufheben, sofern er noch nicht nach außen (d. h. insbes. gegenüber dem BR) wirksam geworden ist.

II. Voraussetzungen für eine wirksame Aussetzung der Beschlüsse des Betriebsrats

2 Über den Antrag auf Aussetzung muss die JAV auf einer ordnungsgemäß einberufenen Sitzung einen **Beschluss** fassen. Es genügt nicht, wenn der JAV-Vorsitzende den Aussetzungsantrag beim BR-Vorsitzenden einbringt.[1]

3 Für den Aussetzungsantrag ist die **absolute Mehrheit** der Mitglieder der JAV erforderlich.[2]

31 *Fitting*, Rn. 30.
32 *BAG* 30.3.94, NZA 95, 283.
33 BAG, DB 74, 2162; *ArbG Bielefeld*, 16.5.73, DB 73, 1754.
1 *Fitting*, Rn. 3; GK-*Oetker*, Rn. 6; *Weiss*, Rn. 1; HWGNRH-*Rose*, Rn. 2; Richardi-*Annuß*, Rn. 3; vgl. Musterschreiben im DKKWF-*Trittin*, § 66 Rn. 1.
2 HWGNRH-*Rose*, Rn. 2; *Fitting*, Rn. 3; GK-*Oetker*, Rn. 6.

Voraussetzung für die Aussetzung von Beschlüssen des BR ist es, dass die Mehrheit der JAV **wichtige Interessen** beeinträchtigt sieht. Eine objektive Beeinträchtigung ist nicht erforderlich. Wie sich aus dem Wort »erachtet« ergibt, genügt es vielmehr, dass nach der subjektiven Annahme der Mehrheit der JAV eine solche Beeinträchtigung vorliegt.[3] Eine gerichtliche Überprüfung danach, ob tatsächlich die Interessen der von der JAV vertretenen AN beeinträchtigt sind, ist ausgeschlossen. **4**

Weitere Voraussetzung ist, dass es sich bei dem Beschluss des BR um eine Angelegenheit handelt, in der die JAV gemäß § 67 Abs. 1 Satz 2 und Abs. 2 ein **Teilnahmerecht** an den Sitzungen oder ein Stimmrecht bei den Beschlüssen des BR hat. Ein Aussetzungsantrag wird dann nicht in Betracht kommen, wenn die JAV bei der Beschlussfassung im BR selbst bereits mehrheitlich für den Beschluss gestimmt hat.[4] **5**

Ein **Aussetzungsantrag** ist regelmäßig dann berechtigt, wenn der BR die JAV nicht zu einer Sitzung eingeladen hat, obwohl auf ihr Angelegenheiten i. S. d. § 67 Abs. 1 Satz 2 und Abs. 2 behandelt wurden. Allein schon der Verstoß gegen diese Vorschriften verletzt die Interessen der von der JAV vertretenen AN in erheblichem Maße. **6**

Die JAV sollte ihren Antrag auf Aussetzung von Beschlüssen **begründen,** damit der BR die eigene Entscheidung besser überprüfen kann.[5] Eine Wirksamkeitsvoraussetzung ist die Begründung des Antrags aber nicht. Auch ein unbegründeter Antrag, der ansonsten die genannten Voraussetzungen erfüllt, hat die Aussetzung der Beschlüsse des BR zur Folge. **7**

Zur Berechnung der **Frist für den Aussetzungsantrag** vgl. § 35 Rn. 12. **8**

III. Erneute Beschlussfassung

Ist ein ordnungsgemäßer Aussetzungsantrag gestellt, muss der Beschluss für die Dauer von einer Woche ausgesetzt werden, um in dieser Frist eine **Verständigung** ggf. mit Hilfe der im Betrieb vertretenen Gewerkschaft zu versuchen. Kommt es zu keiner Verständigung und wird der ausgesetzte Beschluss anschließend in einer erneuten Beschlussfassung des BR bestätigt, kann eine weitere Aussetzung nicht mehr beantragt werden. Dies gilt auch dann, wenn der neue Beschluss von dem ausgesetzten inhaltlich zwar abweicht, aber die Abweichung nur unerheblich ist. **9**

IV. Streitigkeiten

Über Streitigkeiten wegen der Wirkungen und der Voraussetzungen des Aussetzungsantrags entscheidet das ArbG im **Beschlussverfahren** gemäß §§ 2 a, 80 ff. ArbGG. Dabei können die ArbG nicht nachprüfen, ob der entsprechende Beschluss des BR tatsächlich wichtige Interessen der in § 60 Abs. 1 genannten AN erheblich beeinträchtigt hat. Die subjektive Bewertung der Mehrheit der JAV ist der gerichtlichen Nachprüfung entzogen. **10**

§ 67 Teilnahme an Betriebsratssitzungen

(1) Die Jugend- und Auszubildendenvertretung kann zu allen Betriebsratssitzungen einen Vertreter entsenden. Werden Angelegenheiten behandelt, die besonders die in § 60 Abs. 1 genannten Arbeitnehmer betreffen, so hat zu diesen Tagesordnungspunkten die gesamte Jugend- und Auszubildendenvertretung ein Teilnahmerecht.

(2) Die Jugend- und Auszubildendenvertreter haben Stimmrecht, soweit die zu fassenden Beschlüsse des Betriebsrats überwiegend die in § 60 Abs. 1 genannten Arbeitnehmer betreffen.

(3) Die Jugend- und Auszubildendenvertretung kann beim Betriebsrat beantragen, Angelegenheiten, die besonders die in § 60 Abs. 1 genannten Arbeitnehmer betreffen und über die sie beraten hat, auf die nächste Tagesordnung zu setzen. Der Betriebsrat soll Angele-

3 *Fitting*, Rn. 4.
4 *Fitting*, Rn. 4; GK-*Oetker*, Rn. 13; Richardi-*Annuß*, Rn. 5.
5 *Fitting*, Rn. 6.

genheiten, die besonders die in § 60 Abs. 1 genannten Arbeitnehmer betreffen, der Jugend- und Auszubildendenvertretung zur Beratung zuleiten.

Inhaltsübersicht

I. Vorbemerkungen

1 Die Vorschrift bezweckt eine **umfassende Information** der JAV über die allgemeine Tätigkeit des BR und eine besondere Berücksichtigung der spezifischen Interessen der jugendlichen und auszubildenden AN durch den BR. Sie räumt ihr die Möglichkeit ein, in verschiedenen Formen an der Tätigkeit des BR teilzuhaben. Die JAV ist berechtigt, einzeln oder mit allen ihren Mitgliedern an BR-Sitzungen teilzunehmen, besondere Anträge zu stellen, bei Beschlüssen mitzubestimmen – teils mit beratendem, teils mit vollem Stimmrecht – und vom BR bestimmte Informationen zu verlangen.

II. Allgemeines Teilnahmerecht: die Entsendung eines Vertreters der Jugend- und Auszubildendenvertretung (Abs. 1 Satz 1)

2 Die JAV ist **berechtigt,** zu allen BR-Sitzungen einen Vertreter zu entsenden, auch zur konstituierenden Sitzung.[1] Sie ist jedoch nicht zur Teilnahme verpflichtet, vgl. Musterschreiben zur Aufnahme eines Tagesordnungspunktes für die BR-Sitzung im DKKWF-*Trittin,* § 67 Rn. 1.

3 Weder vom Wortlaut noch vom Gesetzeszweck kann eine Ausnahme von diesem Grundsatz für bestimmte Fälle angenommen werden.[2] Die Vorschrift soll die Teilnahme der JAV an allen BR-Sitzungen sicherstellen und einen **ununterbrochenen Informationsfluss** zwischen BR und JAV gewährleisten. Würde jedoch in besonderen Fällen, bei denen es i. d. R. gerade auf schnelle und unmittelbare Information ankommt, eine Ausnahme zugelassen, so wäre dieser Gesetzeszweck vereitelt. Daran ändert sich nichts dadurch, dass der BR im Nachhinein die JAV über das Ergebnis der Beratung zu unterrichten hat.

4 Die JAV entscheidet über die Entsendung eines Vertreters. Es muss sich hierbei um ein **Mitglied** handeln. Auch ein Ersatzmitglied kann entsandt werden, wenn es auf Dauer nachgerückt ist.[3] Die JAV entscheidet über die an der Sitzung des BR teilnehmende Person durch Beschluss.[4] Dafür reicht die relative Stimmenmehrheit aus.

5 Der BR kann die Teilnahme eines bestimmten Mitglieds der JAV an seinen Sitzungen **nicht verweigern** und von der JAV nicht die Teilnahme eines anderen Mitglieds verlangen.

6 Die JAV kann über die Teilnahme eines ihrer Mitglieder jeweils **von Fall zu Fall** entscheiden oder aber im Voraus für alle Sitzungen einer bestimmten Zeitspanne.[5]

7 Das allgemeine Teilnahmerecht bezieht sich nicht nur auf die Plenarsitzungen des BR, sondern auch auf die **Sitzungen seiner Ausschüsse.**[6] Damit wird der Gefahr vorgebeugt, dass der BR Angelegenheiten, von deren Beratung und Beschlussfassung er den Vertreter der JAV ausschließen möchte, in den Betriebsausschuss oder andere Ausschüsse verweist. Es wäre z. B. denkbar, dass ein BR alle Ausbildungsfragen nicht mehr im Plenum, sondern im Berufsbil-

1 Richardi-*Thüsing,* § 29 Rn. 7; HWGNRH-*Rose,* § 29 Rn. 16; *Fitting,* Rn. 5.
2 *Fitting,* Rn. 5; HWGNRH-*Rose,* Rn. 5; Richardi-*Annuß,* Rn. 3; *Hromadka,* DB 71, 1966.
3 Vgl. auch GK-*Oekter,* Rn. 13; *Fitting,* Rn. 7; HWGNRH-*Rose,* Rn. 4.
4 *Fitting,* Rn. 8; GK-*Oetker,* Rn. 16; Richardi-*Annuß,* Rn. 5.
5 *Fitting,* Rn. 8; HWGNRH-*Rose,* Rn. 4; GK-*Oetker,* Rn. 14.
6 GK-*Oetker,* Rn. 7 ff.; Richardi-*Annuß,* Rn. 8; a. A. HWGNRH-*Rose,* Rn. 5; *Fitting,* Rn. 6.

dungsausschuss berät und hierüber beschließt, ohne dass ein Vertreter der JAV hieran teilnehmen könnte.

Teilweise wird nur das allgemeine Teilnahmerecht, nicht jedoch das besondere Teilnahmerecht aller Mitglieder der JAV bezüglich der Sitzungen von Ausschüssen des BR bejaht.[7] Das Recht zur Teilnahme an den Ausschusssitzungen kann jedoch nur **einheitlich** für das allgemeine und besondere Teilnahmerecht beantwortet werden. **8**

Der Vertreter der JAV hat das Recht, in der Sitzung des BR mit **beratender Stimme** zu allen Tagesordnungspunkten wie ein BR-Mitglied Stellung zu nehmen. Das Wort kann ihm vom Vorsitzenden des BR nur unter denselben Voraussetzungen entzogen werden wie einem Mitglied des BR. Ein Stimmrecht hat der Vertreter der JAV nicht, soweit es sich um allgemeine Angelegenheiten des BR und nicht um Beschlüsse gemäß Abs. 2 handelt, die überwiegend die von der JAV vertretenen AN betreffen.[8] **9**

III. Besonderes Teilnahmerecht: Anwesenheit der Mitglieder der gesamten Jugend- und Auszubildendenvertretung (Abs. 1 Satz 2)

Alle Mitglieder der JAV können an den Sitzungen des BR dann teilnehmen, wenn dort Angelegenheiten behandelt werden, die die von der JAV vertretenen AN **besonders** betreffen.[9] **10**

Der Begriff **»besonders«** bedeutet nicht, dass eine Frage ausschließlich die von der JAV vertretenen AN berühren muss. Es kann sich um Angelegenheiten handeln, die für die übrigen AN ebenso von Belang sind. Entscheidend ist, dass eine Frage erörtert werden soll, deren Behandlung **auch für** den Personenkreis gemäß § 60 Abs. 1 von Bedeutung ist.[10] Dies ist insbes. der Fall, wenn bestimmte Angelegenheiten die Berufsausbildung berühren oder Angelegenheiten jugendlicher AN betreffen, wie z. B.: **11**

- Anwendung des JArbSchG im Betrieb;
- Einhaltung der Vorschriften über die Berufsausbildung;
- Essensqualität einer Betriebskantine, die vornehmlich von Auszubildenden besucht wird;
- Berücksichtigung der Berufsschulferien bei der Festlegung des Urlaubsplans;
- Errichtung einer Jugend-Sportabteilung im Betrieb;
- Verhältnis zwischen der JAV und BR.

Der Begriff »besonders« ist **nicht als Gegensatz** zum Begriff »überwiegend« in Abs. 2 zu verstehen. Er ist weit auszulegen und umfasst alle Angelegenheiten, die für jugendliche oder auszubildende AN **qualitativ** oder **quantitativ** von Bedeutung sind.[11] **12**

Der Versuch, den Begriff »besonders« nur qualitativ und den des »überwiegend« quantitativ zu definieren, führt zu **unbefriedigenden Ergebnissen.** So könnte z. B. der JAV ein Stimmrecht bei Angelegenheiten einer Betriebskantine zustehen, die zahlenmäßig überwiegend von Auszubildenden des Betriebs besucht wird, ohne dass es sich dabei zwingend auch qualitativ um eine Angelegenheit handelt, die gerade die von der JAV vertretenen AN betrifft. Dann hätte die JAV gemäß Abs. 2 ein Stimmrecht, aber gemäß Abs. 1 Satz 2 kein Teilnahmerecht. **13**

Diese Unstimmigkeit lässt sich auch nicht durch ein **»abgestuftes Rangverhältnis«** beseitigen, wonach das weitergehende Recht (Stimmrecht) das weniger weitergehende (Teilnahmerecht) voraussetzt, so dass der Begriff »überwiegend« die Voraussetzungen des Begriffs »besonders« mit einschließt.[12] Diese Konstruktion findet keine Stütze im Wortlaut und wirft neue Fragen auf. Die JAV wäre z. B. bei Angelegenheiten, die die von ihr vertretenen AN »überwiegend« betreffen, von der Teilnahme an gemeinsamen Besprechungen gemäß § 68 ausgeschlossen, die nur eine »besondere« Betroffenheit voraussetzen – ein widersinniges Ergebnis.[13] **14**

---

7 Vgl. *Fitting*, Rn. 6 einerseits und Rn. 15 andererseits; vgl. insgesamt GK-*Oetker*, Rn. 30 ff.

8 *Fitting*, Rn. 9; GK-*Kraft*, Rn. 6; Richardi-*Annuß*, Rn. 7.

9 *Kreutzfeld*, DB 95, 975.

10 *Fitting*, Rn. 14.

11 GK-*Oetker*, Rn. 26; a. A. *Fitting*, Rn. 14; Richardi-*Annuß*, Rn. 10; HWGNRH-*Rose*, Rn. 8: »besonders« hat nur qualitative Bedeutung.

12 Vgl. *Fitting*, Rn. 15.

13 *Fitting*, § 68 Rn. 4, wollen – richtigerweise – die JAV auch in den sie »überwiegend« berührenden Angelegenheiten beteiligen, widersprechen damit aber der eigenen Argumentation.

15 Es kommt nicht darauf an, ob die betreffende Angelegenheit kollektiven Charakter hat. Auch **einzelne Anordnungen** des AG, insbes. personelle Einzelmaßnahmen, gehören zu den »besonderen« Angelegenheiten i. S. d. § 67 Abs. 1 Satz 2, wie z. B.

- Kündigung eines Auszubildenden;
- Versetzung eines Ausbilders in einen anderen Bereich der Produktion;
- Neueinstellung eines AN zur Berufsausbildung;
- Versetzung eines zur Berufsausbildung Beschäftigten;
- Neueinstellung von Auszubildenden in den Betrieb.[14]

16 Die korrekte Ladung der Mitglieder der JAV ist **keine Wirksamkeitsvoraussetzung** für die vom BR gefassten Beschlüsse. Gemäß Abs. 1 Satz 2 werden die Mitglieder der JAV nur beratend tätig, ohne dass ihnen ein eigenes Stimmrecht zukommt.[15] Sie haben jedoch das Recht gem. § 66 Abs. 1 einen Aussetzungsantrag zu stellen.

17 Ein Verstoß des BR-Vorsitzenden gegen die ihm obliegende Pflicht zur Einladung der JAV kann einen **groben Verstoß** gemäß § 23 Abs. 1 darstellen. Lehnt ein BR die Hinzuziehung der JAV trotz vorliegender entsprechender Voraussetzungen ab, stellt dies regelmäßig eine grobe Pflichtverletzung dar.[16]

18 Das Teilnahmerecht der JAV bezieht sich nur auf die **speziellen Tagesordnungspunkte,** die besonders die Belange der von der JAV vertretenen jugendlichen oder auszubildenden AN betreffen. Es erlischt, sobald andere Tagesordnungspunkte behandelt werden.[17] Die Mitglieder der JAV können das Wort ergreifen und Stellungnahmen abgeben, nachdem ihnen der die Sitzung leitende Vorsitzende das Wort erteilt hat. Er darf es ihnen nicht willkürlich abschneiden oder entziehen. Es gelten insoweit die für alle BR-Mitglieder anzuwendenden Regeln auch für die Mitglieder der JAV.

19 Ebenso wie einzelne Vertreter der JAV gemäß Abs. 1 Satz 1 haben auch alle Mitglieder der JAV nach Abs. 1 Satz 2 das Recht, sowohl an **Plenarsitzungen** als auch an **Ausschusssitzungen** des BR teilzunehmen. Auch wenn eine ausdrückliche gesetzliche Regelung fehlt, verlangt der Gesetzeszweck, dass das Teilnahmerecht auf Ausschusssitzungen des BR erstreckt wird, wenn hierbei »besonders« die die jugendlichen und auszubildenden AN betreffenden Angelegenheiten erörtert werden.

20 Die **Zahl der teilnehmenden JAV-Mitglieder** hat der Zahl der teilnehmenden BR-Mitglieder zu entsprechen.[18] Das Teilnahmerecht besteht auch dann, wenn ein Ausschuss lediglich bestimmte Angelegenheiten vorberaten soll.[19] Die JAV muss darüber einen Beschluss fassen, welche ihrer Mitglieder an den Ausschusssitzungen teilnehmen. Sie kann auch Ersatzmitglieder für den Fall bestellen, dass ein bestimmtes JAV-Mitglied verhindert sein sollte.

IV. Das Stimmrecht im Betriebsrat (Abs. 2)

21 Die Mitglieder der JAV haben gemäß Abs. 2 dann ein Stimmrecht, wenn Beschlüsse gefasst werden sollen, die **überwiegend** jugendliche AN betreffen. Der Begriff »überwiegend« ist **quantitativ** zu verstehen. Seine Voraussetzungen liegen vor, wenn eine Angelegenheit zahlenmäßig die von der JAV vertretenen AN **mehr berührt als die übrigen AN.**[20] Der Begriff hat zudem **kollektiven Charakter.** Bei **personellen Einzelmaßnahmen** besteht deshalb ein Stimmrecht nur bei kollektivem Bezug, wie es z. B. bei Maßnahmen gegenüber einem Aus-

---

14 *WW*, Rn. 3; *Fitting*, Rn. 14, mit der Einschränkung, dass bei personellen Einzelmaßnahmen gegenüber einem einzelnen Auszubildenden oder Beschäftigten unter 25 Jahren kein Teilnahmerecht besteht; *Kreutzfeld/Kramer* DB 95, 975; a. A. HWGNRH-*Rose*, Rn. 10; GK-*Oetker*, Rn. 27, die generell ein Teilnahmerecht bei personellen Einzelmaßnahmen ausschließen.

15 *BAG* 6.5.75, AP Nr. 5 zu § 65 BetrVG 1972; HWGNRH-*Rose*, Rn. 15; GK-*Oetker*, Rn. 34; *Fitting, Rn. 16; Richardi-Annuß*, Rn. 17.

16 *Fitting*, Rn. 17.

17 *Fitting*, Rn. 15; *GL*, Rn. 4; HWGNRH-*Rose*, Rn. 11; Richardi-*Annuß*, Rn. 15.

18 *Fitting*, Rn. 18; GK-*Oetker*, Rn. 31; *WW*, Rn. 4; restriktiv *HSWGN*, Rn. 13, wonach überhaupt kein Teilnahmerecht von JAV-Mitgliedern an Ausschusssitzungen des BR besteht.

19 *Fitting*, Rn. 18; *Natter*, AR-Blattei, Betriebsverfassungsgesetz XIII, B V 2 b bb); GK-*Oetker*, Rn. 32.

20 *Fitting*, Rn. 20; GK-*Oetker*, Rn. 38; HWGNRH-*Rose*, Rn. 18; Richardi-*Annuß*, Rn. 20.

bilder der Fall ist.[21] Zur Abgrenzung zum Begriff »besonders« in Abs. 1 wird auf die entsprechenden Erl. in Rn. 10 verwiesen.

Betrifft ein Beschluss sowohl Angelegenheiten, die die von der JAV vertretenen AN überwiegend angehen als auch andere Problembereiche, so hat eine **getrennte Beschlussfassung** zu erfolgen.[22] Durch Verquickung verschiedener Angelegenheiten darf das Stimmrecht der JAV nicht beeinträchtigt werden. Nur dann, wenn eine Aufteilung des Beschlusses vom Inhalt und der Sache her unmöglich ist, muss geprüft werden, ob die Angelegenheit insgesamt überwiegend die von der JAV vertretenen AN betrifft oder nicht. 22

Die Stimmen der JAV-Mitglieder sind bei der Beschlussfassung nur bei der **Feststellung der Stimmenmehrheit** zu berücksichtigen. Für die Ermittlung der **Beschlussfähigkeit** des BR gemäß § 33 Abs. 2 werden die Stimmen der JAV dagegen nicht mitgezählt.[23] 23

Verstößt der BR-Vorsitzende gegen seine Pflicht, die JAV-Mitglieder, denen ein volles Stimmrecht nach Abs. 2 zusteht, zu laden, ist der **Beschluss des BR unwirksam.**[24] Eine Ausnahme soll dann gelten, wenn die Beteiligung der JAV auf das Ergebnis rein rechnerisch keinen Einfluss haben kann.[25] Diese Auffassung ist abzulehnen, weil die Beschlussfassung regelmäßig das Ergebnis einer vorangegangenen Beratung darstellt, deren Verlauf nicht prognostiziert werden kann. 24

V. Das Antragsrecht im Betriebsrat (Abs. 3 Satz 1)

Gemäß Abs. 3 kann die JAV beim BR beantragen, dass Angelegenheiten auf die nächste **Tagesordnung** gesetzt werden, die besonders die von ihr vertretenen AN betreffen. Dieses Antragsrecht besteht nicht nur gegenüber dem BR, sondern auch gegenüber seinen Ausschüssen.[26] Ein beim BR eingebrachter Antrag wird an den zuständigen Ausschuss weitergeleitet. 25

Das Antragsrecht setzt voraus, dass die betreffende Angelegenheit **besonders** die von der JAV vertretenen AN betrifft. 26

Weitere Voraussetzung ist, dass die JAV die betreffende **Angelegenheit bereits vorberaten** hat. Dabei muss sie sich noch keine abschließende Meinung gebildet haben.[27] Diese Vorschrift soll sicherstellen, dass die JAV die betreffende Angelegenheit bereits eingehend erörtert hat und sie an der Diskussion im BR sachkundig teilnehmen kann. Zweckmäßigerweise sollte das Ergebnis oder der Verlauf der Erörterung, die in einem Protokoll festzuhalten sind, dem BR zusammen mit dem Antrag mitgeteilt werden.[28] 27

Die vorherige Beratung in der JAV stellt **keine Wirksamkeitsvoraussetzung** für die Beschlussfassung im BR dar.[29] Dennoch handelt ein BR-Vorsitzender, der die sachgemäße Vorberatung in der JAV verhindert, pflichtwidrig, was je nach den Umständen des Einzelfalls eine grobe Pflichtverletzung gemäß § 23 Abs. 1 darstellen kann. 28

Sind die genannten Voraussetzungen gegeben, ist der BR-Vorsitzende verpflichtet, die Angelegenheit auf die Tagesordnung der nächsten BR-Sitzung zu setzen. Kommt er dieser Pflicht nicht nach, verstößt er gegen die ihm obliegenden Pflichten. Dies kann einen **groben Verstoß** i. S. d. § 23 Abs. 1 darstellen.[30] 29

Geht der Antrag beim BR nicht so rechtzeitig ein, dass er noch berücksichtigt werden kann, muss die Angelegenheit auf die Tagesordnung der **nächstfolgenden Sitzung** gesetzt werden.[31] Der BR hat zu dieser Sitzung mit dem betreffenden Tagesordnungspunkt alle Mitglieder ein- 30

21 *Fitting*, Rn. 20.
22 *Fitting*, Rn. 22; GK-*Oetker*, Rn. 42; HWGNRH-*Rose*, Rn. 21; Richardi-*Annuß*, Rn. 20.
23 *Fitting*, Rn. 21; GK-*Oetker*, Rn. 47.
24 *Fitting*, Rn. 25; Richardi-*Annuß*, Rn. 22; *Hromadka*, DB 71, 1966.
25 *BAG* 6.5.75, AP Nr. 5 zu § 65 BetrVG 1972; GK-*Oetker*, Rn. 48; *Fitting*, Rn. 22; Richardi-*Annuß*, Rn. 23.
26 *Fitting*, Rn. 26; GK-*Oetker*, Rn. 63.
27 GK-*Oetker*, Rn. 57; *Fitting*, Rn. 27; HWGNRH-*Rose*, Rn. 25; Richardi-*Annuß*, Rn. 28.
28 *Fitting*, Rn. 27.
29 GK-*Kraft*, Rn. 25; HWGNRH-*Rose*, Rn. 28; *Fitting*, Rn. 30; Richardi-*Annuß*, Rn. 34.
30 *Fitting*, Rn. 28.
31 *Fitting*, Rn. 28; HWGNRH-*Rose*, Rn. 26; GK-*Oetker*, Rn. 59.

zuladen. Die Angelegenheit muss nicht abschließend beraten werden. Sie kann auch vertagt oder einem Ausschuss zur weiteren Behandlung oder selbstständigen Erledigung überwiesen werden.[32]

VI. Die Informationspflicht des Betriebsrats (Abs. 3 Satz 2)

31 Der BR soll die JAV über alle Angelegenheiten **informieren,** die die von ihr vertretenen AN besonders betreffen. Sie soll auf diese Weise in die Lage versetzt werden, sich vor der Sitzung des BR zu informieren und die Angelegenheit in der JAV vorzubereiten.

32 Die Information der JAV erfolgt durch den **BR-Vorsitzenden** bzw. im Verhinderungsfall durch seinen Stellvertreter. Eines besonderen Beschlusses des BR bedarf es hierzu nicht. Ist für eine besonders jugendliche oder auszubildende AN betreffende Angelegenheit ein Ausschuss des BR zuständig, dann hat der Vorsitzende dieses Ausschusses die Zuleitung vorzunehmen.[33]

VII. Streitigkeiten

33 Die ArbG entscheiden im **Beschlussverfahren** gemäß §§ 2 a, 80 ff. ArbGG über alle Streitigkeiten i. V. m. § 67, d. h. insbes. über das Teilnahme-, Stimm- und Antragsrecht und den Informationsanspruch der JAV.

§ 68 Teilnahme an gemeinsamen Besprechungen

Der Betriebsrat hat die Jugend- und Auszubildendenvertretung zu Besprechungen zwischen Arbeitgeber und Betriebsrat beizuziehen, wenn Angelegenheiten behandelt werden, die besonders die in § 60 Abs. 1 genannten Arbeitnehmer betreffen.

Inhaltsübersicht

I. Vorbemerkungen

1 Die Vorschrift ergänzt die Beteiligung der JAV an der Arbeit des BR durch das Recht, auch an Besprechungen zwischen dem BR und dem AG teilnehmen zu können, soweit hierbei Angelegenheiten erörtert werden, die besonders die von der JAV vertretenen AN betreffen.

II. Teilnahmerecht an gemeinsamen Besprechungen

2 Das Teilnahmerecht bezieht sich auf **alle Besprechungen** zwischen BR und dem AG und ist nicht auf die monatlichen Besprechungen gemäß § 74 Abs. 1 beschränkt. Auch gelegentliche Einzelbesprechungen des BR-Vorsitzenden oder eines anderen BR-Mitglieds mit dem AG sind hierbei eingeschlossen, wenn es sich um Angelegenheiten handelt, die die in § 60 genannten AN besonders betreffen.[1]

3 Die Mitglieder der JAV können auch an Besprechungen zwischen AG und dem **Betriebsausschuss oder einem anderen Ausschuss,** dem die Behandlung der betreffenden Angelegenheit zur selbstständigen Erledigung übertragen worden ist, teilnehmen.[2] Dies ergibt sich zwar nicht auf Grund des Wortlauts, wohl aber auf Grund des **Gesetzeszwecks,** durch den die Beteiligung der JAV auch an Gesprächen mit dem AG sichergestellt werden soll. Dieser Zweck würde

32 HWGNRH-*Rose,* Rn. 26.

33 *Fitting,* Rn. 31.

1 GK-*Oetker,* Rn. 4; a. A. *Fitting,* Rn. 5; HWGNRH-*Rose,* Rn. 4; Richardi-*Annuß,* Rn. 4; vgl. Musterschreiben in DKKWF-*Trittin,* § 68 Rn. 1.

2 Richardi-*Annuß,* Rn. 5; einschränkend *WW,* Rn. 2, der eine entsprechend reduzierte Anzahl von JAV-Mitgliedern verlangt.

vereitelt, wenn das Teilnahmerecht dann entfiele, wenn die Gespräche durch einen Ausschuss des BR geführt werden (vgl. auch zum allgemeinen und besonderen Teilnahmerecht der JAV an BR-Sitzungen § 67 Rn. 2 ff.). Es ist nicht erforderlich, dass nur ein Teil der Mitglieder der JAV an dem Gespräch teilnimmt, weil diese Besprechungen keine beratende Funktion haben und auch keine Entscheidungen getroffen werden (anders bei Teilnahme der JAV-Mitglieder an den Sitzungen der BR-Ausschüsse.[3]

Der Begriff »besonders« ist weit auszulegen und umfasst alle Angelegenheiten, die quantitativ oder qualitativ für den Personenkreis gemäß § 60 Abs. 1 von Bedeutung sind. 4

Der BR muss die JAV zu den Besprechungen hinzuziehen. Verstößt er gegen diese Pflicht, kann hierin äußerstenfalls ein **Verstoß gegen § 23 Abs. 1** liegen. 5

Der BR-Vorsitzende hat die **JAV als Organ** zu laden, so dass es ausreichend ist, wenn der Vorsitzende über Ort, Zeitpunkt und Gegenstand der Besprechung gemäß § 65 Abs. 1 i. V. m. § 26 Abs. 3 Satz 2 unterrichtet wird. Es ist dann eine Sache des Vorsitzenden, die Mitglieder der JAV hierüber zu informieren.[4] 6

Neben dem Vorsitzenden oder stellvertretenden Vorsitzenden sind **alle Mitglieder der JAV** an der Besprechung teilnahmeberechtigt.[5] Eine Verpflichtung zur Teilnahme besteht auf der anderen Seite nicht. Lehnt ein Mitglied die Teilnahme ab, ohne hieran »verhindert« zu sein, kann kein Ersatzmitglied zu der Besprechung hinzugezogen werden. 7

Das Recht auf Teilnahme an den Besprechungen bedeutet nicht nur Anwesenheit, sondern berechtigt auch dazu, aktiv in die Besprechung einzugreifen, indem z. B. Fragen gestellt oder Stellungnahmen abgegeben werden.[6] 8

III. Streitigkeiten

Über Streitigkeiten, die das Teilnahmerecht der JAV und die Pflicht zur Beiziehung der JAV betreffen, entscheidet das ArbG im **Beschlussverfahren** gemäß §§ 2 a, 80 ff. ArbGG. Dies gilt auch für **einstweilige Verfügungen** der JAV auf Teilnahme an den gemeinsamen Besprechungen.[7] 9

§ 69 Sprechstunden

In Betrieben, die in der Regel mehr als fünfzig der in § 60 Abs. 1 genannten Arbeitnehmer beschäftigen, kann die Jugend- und Auszubildendenvertretung Sprechstunden während der Arbeitszeit einrichten. Zeit und Ort sind durch Betriebsrat und Arbeitgeber zu vereinbaren. § 39 Abs. 1 Satz 3 und 4 und Abs. 3 gilt entsprechend. An den Sprechstunden der Jugend- und Auszubildendenvertretung kann der Betriebsratsvorsitzende oder ein beauftragtes Betriebsratsmitglied beratend teilnehmen.

Inhaltsübersicht

3 *Fitting*, Rn. 8.
4 *Fitting*, Rn. 7; GK-*Oetker*, Rn. 9; HWGNRH-*Rose*, Rn. 5; Richardi-*Annuß*, Rn. 6.
5 *Fitting*, Rn. 8; GK-*Oetker*, Rn. 9; HWGNRH-*Rose*, Rn. 5; Richardi-*Annuß*, Rn. 5.
6 *Fitting*, Rn. 8.
7 *Fitting*, Rn. 10; GK-*Oetker*, Rn. 18; *HWGNRH-Rose*, Rn. 6; Richardi-*Annuß*, Rn. 10.

I. Vorbemerkungen

1 In Betrieben ab einer bestimmten Größenordnung können JAV eigene Sprechstunden einrichten, an denen ein BR-Mitglied beratend teilnehmen kann. Gibt es diese Einrichtung nicht, so kann ein Mitglied der JAV an der Sprechstunde des BR gemäß § 39 Abs. 2 teilnehmen.

2 Die JAV kann mit Zustimmung des AG und des BR auch in Betrieben mit weniger als 51 der in § 60 Abs. 1 genannten AN Sprechstunden einführen.[1]

II. Sprechstunden der Jugend- und Auszubildendenvertretung

1. Voraussetzungen

3 Zur Einrichtung eigener Sprechstunden müssen im Betrieb i. d. R. **mehr als 50** jugendliche oder zu ihrer Berufsausbildung beschäftigte AN tätig sein. Der Begriff »Betrieb« umfasst auch unselbstständige Betriebsteile und Nebenbetriebe § 4.

4 Mit dem Begriff »in der Regel« stellt die Vorschrift nicht auf die zu einem bestimmten Zeitpunkt tatsächlich im Betrieb vorhandene Anzahl der in § 60 Abs. 1 genannten AN ab, sondern auf die **regelmäßige Anzahl** unter gewöhnlichen Umständen. Sind nach Ende der Ausbildungszeit vorübergehend weniger als 50 von der JAV vertretene AN im Betrieb tätig, so hat dies keinen Einfluss auf eine eingerichtete Sprechstunde. Wenn jedoch auf Dauer weniger als 51 der in § 60 Abs. 1 genannten AN im Betrieb beschäftigt sind, bedarf es zur Fortführung einer bereits eingerichteten Sprechstunde einer gesonderten Vereinbarung zwischen AG, BR und JAV.[2]

5 Die JAV kann, sie muss aber keine Sprechstunden einrichten. Für diese Entscheidung steht ihr ein **Beurteilungsspielraum** zu, der der gerichtlichen Überprüfung entzogen ist.[3]

6 Über die Einführung der Sprechstunden entscheidet die JAV mit einfacher Mehrheit. AG und BR sind **an diesen Beschluss** gebunden, wenn die gesetzlichen Voraussetzungen vorliegen. Der BR kann diesen Beschluss nicht durch eigene Beschlussfassung außer Kraft setzen.[4]

2. Zeit und Ort

7 Wenn die JAV die Einrichtung von Sprechstunden beschlossen hat, legt nicht die JAV, sondern der **BR mit dem AG** Zeit und Ort der Sprechstunden fest.[5] Die zwischen dem BR und dem AG getroffene Vereinbarung über Zeit, Häufigkeit und Ort der Sprechstunden ist für die JAV verbindlich. Die JAV nimmt gemäß §§ 67 Abs. 2, 68 mit eigenem Stimmrecht an der Besprechung sowie der Beschlussfassung über die Festlegung von Zeit und Ort der Sprechstunden teil.[6] BR und AG sind gesetzlich zur Festlegung von Zeit und Ort verpflichtet. Ein Verstoß hiergegen kann eine Pflichtverletzung gemäß § 23 darstellen.

8 Können sich BR und AG nicht einigen, kann jede der beiden Seiten die **ESt.** anrufen, deren Entscheidung die fehlende Einigung ersetzt. Die ESt. ist nicht verpflichtet – aber es dürfte für eine sachgerechte Entscheidung sinnvoll sein – die JAV zuvor anzuhören.[7]

3. Kosten

9 Für die Abhaltung der Sprechstunden hat der AG gemäß § 65 Abs. 1 i. V. m. § 40 die **notwendigen Kosten** zu tragen, zu denen regelmäßig die notwendigen Räume und andere sachliche Mittel zählen.

---

1 *Fitting*, Rn. 2; GK-*Oetker*, Rn. 6.
2 *Fitting*, Rn. 3; *HWGNRH-Rose*, Rn. 1; GK-*Oetker*, Rn. 6.
3 GK-*Oetker*, Rn. 7; *HWGNRH-Rose*, Rn. 2; *Fitting*, Rn. 5; Richardi-*Annuß*, Rn. 7.
4 *Fitting*, Rn. 5; *HWGNRH-Rose*, Rn. 3; GK-*Oetker*, Rn. 9.
5 *Fitting*, Rn. 7; *GL*, Rn. 6.
6 *GL*, Rn. 6; GK-*Oetker*, Rn. 15; *Fitting*, Rn. 7; HWGNRH-*Rose*, Rn. 4.
7 *Fitting*, Rn. 7; a. A. GK-*Oetker*, Rn. 17: Pflicht zur Anhörung.

4. Arbeitsversäumnis

10 Besuchen jugendliche oder zu ihrer Berufsausbildung beschäftigte AN die Sprechstunden der JAV, berechtigt dies den AG nicht zur **Minderung des Arbeitsentgelts.** Insofern gilt nichts anderes als für den Besuch der Sprechstunden des BR.

11 Sind Sprechstunden eingerichtet, gehört ihre Durchführung zu den **Amtspflichten** der JAV. Das Arbeitsentgelt des JAV-Mitglieds, das die Sprechstunden abhält, darf gemäß § 65 Abs. 1 i. V. m. § 37 Abs. 2 nicht gemindert werden. Es hat sich beim Vorgesetzten ab- und wieder anzumelden. Eine Verletzung dieser Pflicht rechtfertigt **keine Abmahnung.**[8]

5. Zuständigkeit

12 Die Sprechstunden der JAV sind nur für jugendliche AN und die zu ihrer Berufsausbildung Beschäftigten unter 25 Jahren vorgesehen. Andere AN sind grundsätzlich auf die Sprechstunden des BR verwiesen. Dies gilt umgekehrt nicht für die von der JAV vertretenen AN, die ihre Anliegen auch in den Sprechstunden des BR vorbringen können. Dieser kann sie nicht unter Hinweis auf die Sprechstunden der JAV abweisen.[9]

III. Teilnahmerecht des Betriebsratsvorsitzenden oder eines beauftragten Betriebsratsmitglieds

13 An den Sprechstunden der JAV kann der BR-Vorsitzende oder ein beauftragtes Mitglied des BR beratend teilnehmen. Damit soll eine möglichst **sachkundige Beratung** gewährleistet und die Möglichkeit eröffnet werden, dass – soweit erforderlich – in der Sprechstunde erörterte Angelegenheiten unmittelbar im BR behandelt werden. Der BR-Vorsitzende ist andererseits nicht verpflichtet, an den Sprechstunden der JAV teilzunehmen.[10] Die JAV hat die Anwesenheit des BR-Vorsitzenden oder eines anderen beauftragten Mitglieds während der Sprechstunden zu **dulden.**

14 Soll anstelle des BR-Vorsitzenden ein **anderes Mitglied** des BR an der Sprechstunde teilnehmen, hat der BR hierüber einen Beschluss mit **einfacher Mehrheit zu fassen.**[11] Bei der Beschlussfassung hat die JAV nicht nur ein Teilnahme-, sondern auch ein Stimmrecht gemäß § 67 Abs. 2, da diese Angelegenheit nicht nur überwiegend, sondern ausschließlich Belange der von der JAV vertretenen AN betrifft.[12]

15 Der BR-Vorsitzende bzw. das von dem BR beauftragte Mitglied kann an der Sprechstunde **beratend** teilnehmen, d. h., das Teilnahmerecht beschränkt sich nicht auf eine bloße Anwesenheit für die Dauer der Sprechstunden. Er kann die die Sprechstunde aufsuchenden AN zusammen mit der JAV in allen Sach- und Rechtsfragen beraten.[13]

IV. Streitigkeiten

16 Streitigkeiten über die grundsätzliche Frage, ob die JAV eigene Sprechstunden durchführen darf, sind im arbeitsgerichtlichen **Beschlussverfahren** gemäß §§ 2 a, 80 ff. ArbGG zu entscheiden. Dies gilt auch für Fragen, die die Inanspruchnahme der Sprechstunden durch jugendliche AN, das Teilnahmerecht des BR-Vorsitzenden oder eines anderen beauftragten Mitglieds des BR an den Sprechstunden betreffen.

17 Machen jugendliche AN das ihnen wegen des Besuchs von Sprechstunden der JAV vorenthaltene Entgelt gerichtlich geltend, so entscheiden hierüber die ArbG im **Urteilsverfahren.**

---

8 A. A. GK-*Oetker*, Rn. 29.
9 *Fitting*, Rn. 6; GK-*Oetker*, Rn. 19; HWGNRH-*Rose*, Rn. 8.
10 *Fitting*, Rn. 12.
11 *Fitting*, Rn. 13; GK-*Oetker*, Rn. 23.
12 A. A. *Fitting*, Rn. 13, die ein Stimmrecht verneinen, weil es sich um eine Organisationsregelung des BR handele.
13 *Fitting*, Rn. 13.

18 Ersetzt die ESt. die fehlende Einigung zwischen AG und BR durch einen Spruch, so kann dieser gerichtlich gemäß § 76 Abs. 5 im **Beschlussverfahren** überprüft werden. Antragsberechtigt hierfür sind AG oder BR, nicht jedoch die JAV.[14]

§ 70 Allgemeine Aufgaben

(1) Die Jugend- und Auszubildendenvertretung hat folgende allgemeine Aufgaben:

1. Maßnahmen, die den in § 60 Abs. 1 genannten Arbeitnehmern dienen, insbesondere in Fragen der Berufsbildung und der Übernahme der zu ihrer Berufsausbildung Beschäftigten in ein Arbeitsverhältnis, beim Betriebsrat zu beantragen;

1 a. Maßnahmen zur Durchsetzung der tatsächlichen Gleichstellung der in § 60 Abs. 1 genannten Arbeitnehmer entsprechend § 80 Abs. 1 Nr. 2 a und 2 b beim Betriebsrat zu beantragen;

2. darüber zu wachen, dass die zugunsten der in § 60 Abs. 1 genannten Arbeitnehmer geltenden Gesetze, Verordnungen, Unfallverhütungsvorschriften, Tarifverträge und Betriebsvereinbarungen durchgeführt werden;

3. Anregungen von in § 60 Abs. 1 genannten Arbeitnehmern, insbesondere in Fragen der Berufsbildung, entgegenzunehmen und, falls sie berechtigt erscheinen, beim Betriebsrat auf eine Erledigung hinzuwirken. Die Jugend- und Auszubildendenvertretung hat die betroffenen in § 60 Abs. 1 genannten Arbeitnehmer über den Stand und das Ergebnis der Verhandlungen zu informieren;

4. die Integration ausländischer, in § 60 Abs. 1 genannter Arbeitnehmer im Betrieb zu fördern und entsprechende Maßnahmen beim Betriebsrat zu beantragen.

(2) Zur Durchführung ihrer Aufgaben ist die Jugend- und Auszubildendenvertretung durch den Betriebsrat rechtzeitig und umfassend zu unterrichten. Die Jugend- und Auszubildendenvertretung kann verlangen, dass ihr der Betriebsrat die zur Durchführung ihrer Aufgaben erforderlichen Unterlagen zur Verfügung stellt.

Inhaltsübersicht

I. Vorbemerkungen

1 **Novellierung 2001:** Der Aufgabenbereich der JAV ist durch die Aufgaben der Übernahme in ein Arbeitsverhältnis und der Förderung der Integration erweitert worden.
Ebenso wie § 80 Abs. 1 für den BR enthält die Vorschrift einen **Katalog allgemeiner Aufgaben** für die JAV und einen umfassenden Informationsanspruch zu ihrer Erfüllung. Die Aufzählung ist nicht abschließend. Der Informationsanspruch bezieht sich nicht nur auf die allgemeinen, sondern auch auf die in Abs. 1 nicht genannten besonderen Aufgaben.[1]

2 Die Vorschrift begründet keinen **eigenen Zuständigkeitsbereich** für die JAV. Soweit Verhandlungen mit dem AG erforderlich werden, sind diese durch den BR zu führen (vgl. § 60 Rn. 19 ff.).

3 Die Vorschrift gilt **analog für die GJAV,** obwohl § 73 Abs. 2 sie nicht ausdrücklich erwähnt.[2]

---

14 *Fitting,* Rn. 14.
1 Vgl. insgesamt *Malottke,* AiB 05, 353.
2 *Fitting,* Rn. 2; HWGNRH-*Rose,* Rn. 2.

II. Allgemeine Aufgaben (Abs. 1)

Nach Abs. 1 hat die JAV 4
- den von ihr vertretenen AN dienende Maßnahmen (inbesondere zur Durchsetzung der tatsächlichen Gleichstellung) zu beantragen (**Antragsrecht**),
- zu kontrollieren, ob Schutzvorschriften aller Art im Betrieb eingehalten werden (**Überwachungsrecht**),
- Anregungen entgegenzunehmen und auf ihre Erledigung hinzuwirken (**Anregungsrecht**),
- Förderung der Integration.

Die allgemeinen Aufgaben umfassen **alle Angelegenheiten sozialer, personeller** oder **wirtschaftlicher** Art, die die von der JAV vertretenen AN direkt oder indirekt berühren. 5

Sie begründen für die JAV einen **eigenen Zuständigkeitsbereich.** Der BR unterstützt sie und vertritt die berechtigten Anliegen der JAV gegenüber dem AG. Der BR darf der JAV keine Vorschriften darüber machen, wie sie die Aufgaben zu erledigen hat. Ebenso wenig hat er sie zu überwachen. Die JAV kann die im Aufgabenkatalog des Abs. 1 genannten allgemeinen Aufgaben **ohne Hinzuziehung des BR** wahrnehmen. Auf Grund deren größerer Erfahrung ist eine vorherige Beratung mit dem BR oft hilfreich. Die JAV muss selbstständig Maßnahmen gemäß Nr. 1 beantragen, Anregungen entgegennehmen, auf Abhilfe hinwirken und ihrer Überwachungspflicht nachkommen. 6

Die **Eigenständigkeit der JAV** im Rahmen ihrer Überwachungspflicht gemäß Nr. 2 folgt bereits daraus, dass der BR in Nr. 2 sowohl im Gegensatz zu den Nrn. 1 und 3 als auch zu Abs. 2 keine Erwähnung findet. Daneben macht aber auch die identische Aufgabenformulierung in § 80 Abs. 1 Nr. 1 und § 70 Abs. 1 Nr. 2 deutlich, dass der Gesetzgeber bei der Überwachungstätigkeit keine Differenzierung zwischen BR und JAV gewollt hat. Wer schon die Ausübung des bloßen Überwachungsrechts durch die JAV an bestimmte Vorbehalte knüpfen will,[3] verlangt letztlich, zugunsten eines etwaigen gesetzesuntreuen AG dessen unrechtmäßiges Verhalten nur unter erschwerten Voraussetzungen zur Kenntnis nehmen zu dürfen. Diese Auffassung ist abzulehnen. 7

Soweit mit dem AG **Verhandlungen** zu führen sind, kann dies nur über den BR geschehen. Hat die JAV z. B. Beschwerden von Auszubildenden entgegengenommen, hierüber beraten, sie für berechtigt angesehen und dies dem BR mitgeteilt, so muss der BR und nicht die JAV beim AG für Abhilfe sorgen. 8

Zur Erfüllung ihrer Aufgaben können BR und JAV gemeinsam die Durchführung einer **Fragebogenaktion** unter den jugendlichen und auszubildenden AN beschließen.[4] Auch Fragen nach den subjektiven Einstellungen der einzelnen AN z. B. zu Ausbildungsbedingungen oder zur JAV sind sachgemäß und zulässig,[5] weil gerade die persönlichen Meinungen für die Interessenvertretung bedeutsam sind. Die JAV ist darüber hinaus berechtigt, **Informationsblätter** herauszugeben.[6] 9

1. Antragsrecht (Nr. 1 und 1 a)

Die JAV kann gemäß Abs. 1 Nr. 1 und 1 a **alle Maßnahmen beantragen,** die den jugendlichen oder zu ihrer Berufsausbildung beschäftigten AN des Betriebs und der Durchsetzung der tatsächlichen Gleichstellung dienen. Anträge sind beim BR, nicht beim AG zu stellen. Es muss sich hierbei um **den Betrieb betreffende Fragen** handeln. Bezieht sich der Antrag auf Probleme ohne jeglichen betrieblichen Bezug, so ist er nicht vom BR zu behandeln, da dies außerhalb seines Zuständigkeitsbereichs liegt.[7] Die beantragte Maßnahme muss nicht der Mitwirkung oder Mitbestimmung des BR unterliegen. Auch sonstige Angelegenheiten kann die JAV anregen, wenn sie für die von ihr vertretenen AN in irgendeiner Weise von Belang sind. 10

3 *Peter*, BlStSozArbR 80, 65 ff.
4 *BAG* 8.2.77, AP Nr. 10 zu § 80 BetrVG 1972; *Fitting*, Rn. 4; Richardi-*Annuß*, Rn. 27.
5 A. A. *Schlüter*, Anm. zu *BAG* 8.2.77, SAE 78, 49.
6 *Däubler*, Arbeitsrecht 1, Rn. 1161.
7 *Fitting*, Rn. 5; GK-*Oetker*, Rn. 11 ff.; HWGNRH-*Rose*, Rn. 5.

11 Als **Beispiele** seien genannt:

- alle Fragen der betrieblichen **Berufsbildung** (Gestaltung des Ausbildungsplans, Erstellung von Beurteilungsbögen, Beschaffung von Ausbildungsmitteln, Kritik an Ausbildern, Verbesserung der Ausbildungsmethoden, Schaffung von Ausbildungsplätzen u. Ä.). Er hat die Qualität der Ausbildung mit dem AG zu sichern.[8] Der BR hat bei der Verkürzung der Ausbildungszeit gem. § 29 BBiG mitzubestimmen;[9]
- **Übernahme der** zu ihrer Berufsbildung **Beschäftigten** in ein Arbeitsverhältnis. Gerade in Zeiten hoher Arbeitslosigkeit und Rationalisierung ist dies von Bedeutung;[10]
- Probleme der **Urlaubsregelung;**
- Kritik an einer von Auszubildenden besuchten **Betriebskantine;**
- Fragen der **Arbeitszeit;**
- Einrichtung von **Aufenthaltsräumen** etc.

12 Maßnahmen zur Durchsetzung der tatsächlichen **Gleichstellung der Geschlechter** sind gerade auch für die Jugendlichen in den Betrieben von besonderer Bedeutung.[11]

13 Der Antrag setzt einen **ordnungsgemäßen Beschluss** der JAV voraus. Sie muss sich also vorher auf einer Sitzung mit der betreffenden Maßnahme befasst haben. Für den Beschluss ist eine einfache Mehrheit ausreichend. Der BR muss sich mit einem von der JAV ordnungsgemäß gestellten Antrag **befassen.** Verstößt er gegen diese ihm gemäß § 80 Abs. 1 Nr. 3 obliegende Pflicht, stellt dies eine Pflichtverletzung dar.

14 Bei der Beratung ist die JAV insgesamt gemäß § 67 Abs. 1 **hinzuzuziehen,** wenn die Maßnahme die von ihr vertretenen AN besonders betrifft. Dabei ist ihr Stimmrecht gemäß § 67 Abs. 2 zu beachten.

15 Bei der Behandlung des Antrags steht dem BR ein der gerichtlichen Nachprüfung entzogener **Beurteilungsspielraum** zu. Seiner Meinung nach unbegründete, unsachliche oder unzweckmäßige Anträge kann er zurückweisen.[12] Die JAV ist über die Behandlung des Antrags zu benachrichtigen, soweit sie an der betreffenden Sitzung nicht teilgenommen hat. Gelangt der BR zu einer anderen Überzeugung, muss er die Angelegenheit **mit dem AG erörtern.** Dabei ist das Teilnahmerecht der JAV gemäß § 68 zu beachten.

2. Überwachungsrecht (Nr. 2)

16 Nach der Regelung der Nr. 2 hat die JAV darüber zu wachen, dass die zugunsten der jugendlichen und zu ihrer Berufsausbildung beschäftigten AN geltenden Gesetze, VO, UVV, TV und BV durchgeführt werden, zu ihnen gehört u. a. das BBiG, die Handwerksordnung, das JugArbSchG. Das Überwachungsrecht beinhaltet **gleichzeitig** eine **Überwachungspflicht.** Erfasst sind dabei **alle Rechtsnormen,** die für diese AN von Bedeutung sind, insbes. das BBiG oder das JArbSchG. Die Überwachungsaufgaben beschränken sich allerdings nicht auf die Rechtsformen, die nur für diesen Personenkreis gelten. Es genügt, dass sich ihr Anwendungsbereich auch auf jugendliche und zu ihrer Berufsausbildung beschäftigte AN erstreckt.[13]

17 Stellt die JAV fest, dass zugunsten der AN gemäß § 60 Abs. 1 geltende Rechtsvorschriften nicht durchgeführt oder beachtet werden, kann sie **nicht selbst und direkt** dem AG gegenüber auf Abhilfe hinwirken. Hierfür ist in erster Linie der BR zuständig, den die JAV zu diesem Zweck einzuschalten hat. Soweit es um die Wahrnehmung der bloßen Überwachungsaufgaben geht, die der JAV nach Nr. 2 des Abs. 1 zugewiesen sind, können sie von der JAV selbstständig **ohne Hinzuziehung des BR** ausgeübt werden.

18 Die JAV kann ohne konkreten Anlass **Stichproben** machen, um die Einhaltung von Schutzvorschriften zu kontrollieren.[14]

---

8 *Schwarzbach,* AiB 08, 520.

9 *BAG* 24.8.04, NZA 05, 371; §§ 96 ff.

10 *Schwarzbach,* AiB 02, 339 mit vielen praktischen Anregungen; *Fitting,* Rn. 6.

11 BT-Drucks. 14/5741, S. 44 zu Nr. 46 b.

12 *Fitting,* Rn. 10; GK-*Oetker,* Rn. 18; HWGNRH-*Rose,* Rn. 9; *Weiss,* Rn. 2; Richardi-*Annuß,* Rn. 5.

13 *Fitting,* Rn. 12; GK-*Oetker,* Rn. 20; Richardi-*Annuß,* Rn. 6; HWGNRH-*Rose,* Rn. 12; *Hromadka,* DB 71, 1965; enger *Brecht,* Anm. 4, der ein Überwachungsrecht nur bejaht, soweit es sich um spezifische Angelegenheiten dieser AN handelt); vgl. Mustervereinbarung eines Ausbildungsvertrags im DKKWF-*Trittin,* § 70 Rn. 2.

14 *BAG* 21.7.82, AP Nr. 1 zu § 70 BetrVG 1972; *Fitting,* Rn. 14; a. A. HWGNRH-*Rose,* Rn. 9.

Zum Zwecke der Ausübung ihrer Überwachungsaufgaben kann die JAV auch eigenständig **Betriebsbegehungen** durchführen.[15] Die der JAV zugewiesene vorbeugende Überwachungstätigkeit lässt sich vielfach nur dann effektiv erfüllen, wenn man der JAV das Recht einräumt, sich vor Ort über die Einhaltung der den Schutz der von ihr vertretenen AN bezweckenden Rechtsnormen zu vergewissern. Gerade jugendliche AN und Auszubildende haben häufig Angst, sich über ihre Arbeits- und Ausbildungsbedingungen zu beschweren. Oft stellt sich erst nach vertraulichen Gesprächen am Arbeitsplatz heraus, dass Verletzungen von Schutznormen vorliegen. Das Recht der JAV, Betriebsbegehungen ggf. auch ohne konkreten Verdacht von Rechtsverstößen durchzuführen, entspricht deshalb der Aufgabenzuweisung nach Abs. 1 Nr. 2 dieser Bestimmung. 19

Die Überwachungspflicht fällt in den eigenständigen Zuständigkeitsbereich der JAV, in dem sie ihre Aufgaben ohne Hinzuziehung des BR wahrnimmt. Lädt der AG alle neu eingestellten Auszubildenden und deren Eltern zu einer Veranstaltung ein, hat die JAV ein eigenes Teilnahmerecht, das sich aus ihrer Überwachungspflicht und aus dem Grundsatz der vertrauensvollen Zusammenarbeit ergibt. Dies gilt auch dann, wenn der BR an der Veranstaltung ebenfalls teilnimmt.[16] 20

Ebenso wenig wie beim BR erstreckt sich die Überwachungspflicht auf die gerichtliche Vertretung von AN. Die **Durchsetzung einzelvertraglicher Ansprüche** oder sonstiger Individualrechte vor Gericht muss durch den betroffenen AN, nicht jedoch durch die JAV geschehen. 21

3. Anregungsrecht (Nr. 3)

Jeder jugendliche oder zu seiner Berufsausbildung beschäftigte AN unter 25 Jahren ist gemäß Abs. 1 Nr. 3 berechtigt, sich mit **Anregungen** an die JAV zu wenden, die sie entgegenzunehmen und ggf. mit dem BR zu bearbeiten hat. Die Vorschrift entspricht der für den BR geltenden Norm des § 80 Abs. 1 Nr. 3 und soll eine möglichst enge Kommunikation sowohl zwischen AN und JAV als auch zwischen JAV und BR gewährleisten. Sie schließt nicht aus, dass Anregungen direkt dem BR gegeben werden. Dies kann dann sinnvoll sein, wenn sie **Aufgaben des BR** betreffen oder wenn es sich um Beschwerden über die Arbeit der JAV handelt.[17] Der Begriff »Anregungen« umfasst **Meinungsäußerungen aller Art,** zu denen auch Beschwerden zählen.[18] 22

Die JAV ist verpflichtet, diese Anregungen entgegenzunehmen. Dies gilt auch für solche Anregungen, die sie für ungerechtfertigt hält oder die nicht in ihren Zuständigkeitsbereich fallen. Sie können **alle betrieblichen Fragen** berühren, auch wenn sie nicht speziell jugendliche oder zu ihrer Berufsausbildung beschäftigte AN unter 25 Jahren betreffen. 23

Auf einer Sitzung muss sich die JAV mit den Anregungen befassen und entscheiden, ob sie berechtigt sind. Dabei steht ihr ein der gerichtlichen Kontrolle entzogener **Beurteilungsspielraum** zu. Fehlt der Anregung jeglicher betrieblicher Bezug, so kann sie ihr nicht entsprechen. Hält die JAV die Anregung für unrealistisch, unzweckmäßig oder aus sonstigen Gründen für unberechtigt, so hat sie hierüber zu beschließen und den betroffenen **AN zu informieren.** Dies gilt auch, wenn sich die JAV wegen fehlender Zuständigkeit mit einer den Betrieb in keiner Weise berührenden Anregung überhaupt nicht befasst hat.[19] 24

Hat die JAV die Anregung als berechtigt angesehen, so muss sie beim BR, nicht jedoch beim **AG auf ihre Erledigung hinwirken.** Sie informiert dazu den BR, der seinerseits die Anregung selbstständig prüft, ohne an die Beschlussfassung der JAV gebunden zu sein.[20] Bei der betreffenden BR-Sitzung ist die JAV teilnahme-, ggf. auch stimmberechtigt, wenn die Anregung besonders bzw. überwiegend Angelegenheiten der von ihr vertretenen AN betrifft (§ 67 Abs. 1 Satz 2 und Abs. 2). 25

---

15 *BAG* 21.1.82, AP Nr. 1 zu § 70 BetrVG 1972, das insoweit allerdings die Einholung der Zustimmung des BR voraussetzen will; vgl. auch GK-*Oetker*, Rn. 30; *Rudolph*, AuA 92, 106; *ders.*, BetrR 98, 88, wonach eine Verständigung des BR erorderlich sei.

16 A. A. *ArbG Darmstadt* 14.9.88, DB 89, 232.

17 *Fitting*, Rn. 15; GK-*Oetker*, Rn. 38; HWGNRH-*Rose*, Rn. 14; Richardi-*Annuß*, Rn. 11.

18 *Fitting*, Rn. 15; *HWGNRH-Rose*, Rn. 11; Richardi-*Annuß*, Rn. 14.

19 Vgl. *Fitting*, Rn. 16.

20 HWGNRH-*Rose*, Rn. 12.

26 Wenn der BR die Anregung für berechtigt hält, so hat er **mit dem AG Verhandlungen** aufzunehmen. In Angelegenheiten, die besonders die von der JAV vertretenen AN betreffen, hat er die JAV gemäß § 68 zu beteiligen.

27 Die JAV muss die AN, die die Anregung eingebracht haben, über das Ergebnis ihrer Bemühungen **unterrichten.** Dazu zählen die Beratungen in der JAV und im BR, wenn sie die Anregung als berechtigt angesehen haben. Sie hat die AN also auch vom Beschluss des BR zu informieren. Zur Unterrichtung gehört schließlich das Ergebnis der Verhandlungen zwischen AG und BR.[21] Will der BR die betroffenen AN ausnahmsweise selbst vom Verhandlungsergebnis unterrichten, so hat er hierbei die JAV zu beteiligen.[22]

4. Förderung der Integration (Nr. 4)

28 Die JAV hat die Aufgabe, die Integration ausländischer AN i. S. des § 60 Abs. 1 zu fördern und entsprechende Maßnahmen beim BR zu beantragen. Die Grundlagen für Toleranz gegenüber Ausländern und ein **friedliches Miteinander** werden in der Jugend geschaffen.[23] Dazu steht ihnen ein Antragsrecht beim BR zu, auf das Nr. 1 Anwendung findet.

III. Unterrichtungsrecht

29 Der BR hat die JAV **rechtzeitig und umfassend** zu unterrichten, damit sie ihre Aufgaben erfüllen kann. Der Umfang der Unterrichtungspflicht ist durch die Aufgaben der JAV vorgegeben. Abs. 2 begrenzt die Informationspflicht nicht auf die in Abs. 1 genannten allgemeinen Aufgaben, sondern schließt sonstige Aufgaben mit ein, die jugendliche oder zu ihrer Berufsausbildung beschäftigte AN unter 25 Jahren betreffen. Die **Form** der Unterrichtung ist nicht geregelt. Sie kann sowohl mündlich als auch schriftlich erfolgen. Die Unterrichtung obliegt **allein dem BR.** Die JAV kann keine Information direkt durch den AG verlangen.[24]

30 Die Unterrichtung muss umfassend sein. Sie beinhaltet alle für die Erledigung der Aufgaben der JAV **wesentlichen Informationen.** Dazu gehören nicht nur Vorgänge und Tatsachen, sondern auch Bewertungen und Auskünfte zu gesetzlichen Vorschriften.[25]

31 Die Unterrichtungspflicht ist nicht auf die Informationen beschränkt, die dem BR selbst bereits vorliegen. Es kann auch erforderlich sein, dass der BR beim AG oder bei sonstigen Stellen weitere **Auskünfte verlangt.**[26]

32 Die JAV kann keine Informationen über **Betriebs- und Geschäftsgeheimnisse** i. S. v. § 79 verlangen. Gemäß § 79 Abs. 1 Satz 4 sind Mitglieder des BR nur zur Offenbarung und Verwertung dieser Geheimnisse gegenüber den im Einzelnen aufgeführten Organen der Betriebsverfassung befugt, ohne dass die JAV oder GJAV hierbei erwähnt wird.[27] Erlangen sie auf andere Weise Kenntnis von Betriebs- oder Geschäftsgeheimnissen, so unterliegen die Mitglieder der JAV gemäß § 79 Abs. 1 i. V. m. Abs. 2 der Schweigepflicht. Allerdings stellen nicht alle vom AG zu Betriebs- und Geschäftsgeheimnissen erklärten Vorgänge tatsächlich solche dar.

33 Beteiligt der BR die Mitglieder der JAV bei Maßnahmen, durch die sie Kenntnis von persönlichen Verhältnissen und Angelegenheiten der AN erhalten, die ihrer Bedeutung oder dem Inhalt nach einer vertraulichen Behandlung bedürfen (etwa bei der Einstellung jugendlicher AN), so unterliegen sie ebenso wie die Mitglieder des BR (§ 99 Abs. 1 Satz 3) der **Schweigepflicht,** obwohl für sie eine entsprechende ausdrückliche Regelung im Gesetz fehlt.[28]

34 Der BR hat die JAV **von sich aus,** und nicht erst auf deren Antrag hin zu unterrichten.[29] Die Unterrichtung muss **rechtzeitig** erfolgen, d. h. zu einem Zeitpunkt, zu dem die JAV die Mit-

21 *Fitting,* Rn. 19; GK-*Oetker,* Rn. 42; HWGNRH-*Rose,* Rn. 13.
22 *Fitting,* Rn. 19.
23 BT-Drucks. 14/5741, S. 44 zu Nr. 46 c.
24 GK-*Oetker,* Rn. 49; *SWS,* §§ 60 – 70 Rn. 16; HWGNRH-*Rose,* Rn. 15; Richardi-*Annuß,* Rn. 18.
25 *Fitting,* Rn. 20; HWGNRH-*Rose,* Rn. 15; Richardi-*Annuß,* Rn. 19.
26 *Fitting,* Rn. 21; GK-*Oetker,* Rn. 55.
27 *Fitting,* Rn. 22; GK-*Oetker,* Rn. 62; HWGNRH-*Rose,* Rn. 21; Richardi-*Annuß,* Rn. 29.
28 *Fitting,* Rn. 22; Richardi-*Annuß,* Rn. 30.
29 *Fitting,* Rn. 11; Richardi-*Annuß,* Rn. 18.

teilungen noch bei der Durchführung ihrer Aufgaben berücksichtigen kann, also vor allem vor ihrer Beschlussfassung.

IV. Vorlage von Unterlagen

Die JAV kann vom BR verlangen, dass ihr die zur Durchführung ihrer **Aufgaben** erforderlichen Unterlagen zur Verfügung gestellt werden. Der Begriff Aufgaben umfasst nicht nur die in Abs. 1 bezeichneten allgemeinen Aufgaben, sondern schließt auch sonstige Aufgaben mit ein, die jugendliche oder andere zu ihrer Berufsausbildung beschäftigte AN betreffen. Die Vorlagepflicht beschränkt sich nicht auf die Unterlagen, die dem BR bereits vorliegen, sondern umfasst auch solche, deren Herausgabe er gemäß § 80 Abs. 2 Satz 2 **vom AG verlangen kann.**[30] Enthalten die Unterlagen Betriebs- oder Geschäftsgeheimnisse, so dürfen sie nicht herausgegeben werden. **35**

Die Unterlagen müssen zur Durchführung der Aufgaben **erforderlich** sein. Dies ist z. B. zu bejahen bei **36**

- Ausbildungsplänen,
- Tarifverträgen,
- Rechtsvorschriften und ggf. Kommentaren,
- Untersuchungen zur Berufsausbildung,
- Berichten der für Berufsausbildung zuständigen Ämter und Behörden.

Kein Anspruch besteht auf Vorlage von **Lohn- und Gehaltslisten,** weil auch der BR dies nicht verlangen, sondern lediglich in sie Einblick nehmen kann (§ 80 Abs. 2 Satz 2; vgl. Die JAV kann allerdings beim BR beantragen, dass dieser in die Bruttolohn- und -gehaltslisten der von der JAV vertretenen AN Einblick nimmt und ihr das Ergebnis mitteilt.[31] **37**

Der Begriff »zur Verfügung stellen« bedeutet, dass der BR die Unterlagen nicht nur vorlegen, sondern der JAV für eine angemessene Zeit auch **überlassen** muss.[32] Der BR muss – anders als bei der Unterrichtungspflicht – nicht von sich aus tätig werden. Er ist erst dann dazu verpflichtet, die Unterlagen zur Verfügung zu stellen, wenn die JAV dies **verlangt.** **38**

V. Streitigkeiten

Über Streitigkeiten wegen des Umfangs der Aufgaben der JAV, des Unterrichtungsrechts und der Herausgabe von Unterlagen entscheidet das ArbG im **Beschlussverfahren** gemäß §§ 2 a, 80 ff. ArbGG. Die JAV ist auch Beteiligte.[33] Eine Verletzung der Unterrichtungs- und Überlassungspflicht kann u. U. einen groben Verstoß gegen die dem BR obliegenden Pflichten gemäß § 23 Abs. 1 darstellen. **39**

§ 71 Jugend- und Auszubildendenversammlung

Die Jugend- und Auszubildendenvertretung kann vor oder nach jeder Betriebsversammlung im Einvernehmen mit dem Betriebsrat eine betriebliche Jugend- und Auszubildendenversammlung einberufen. Im Einvernehmen mit Betriebsrat und Arbeitgeber kann die betriebliche Jugend- und Auszubildendenversammlung auch zu einem anderen Zeitpunkt einberufen werden. § 43 Abs. 2 Satz 1 und 2, die §§ 44 bis 46 und § 65 Abs. 2 Satz 2 gelten entsprechend.

Inhaltsübersicht

30 *Fitting*, Rn. 23; a. A. GK-*Oetker*, Rn. 60: nur Unterlagen, die der BR im Besitz hat.
31 *Fitting*, Rn. 24; Richardi-*Annuß*, Rn. 20; HWGNRH-*Rose*, Rn. 19; GK-*Oetker*, Rn. 61.
32 *Fitting*, Rn. 25; GK-*Oetker*, Rn. 63; HWGNRH-*Rose*, Rn. 20; Richardi-*Annuß*, Rn. 27.
33 *BAG* 8.2.77, AP Nr. 10 zu § 80 BetrVG 1972.

I. Vorbemerkungen

1 Die Vorschrift räumt der JAV das Recht zur Durchführung einer JA-Versammlung ein, um die **Kommunikation** mit den von ihr vertretenen AN zu erleichtern. Die Einberufung ist von der Zustimmung des BR abhängig, ihre Organisation und Durchführung der Betriebsversammlung angeglichen.

II. Voraussetzungen

2 Die Durchführung einer JA-Versammlung setzt zunächst einen entsprechenden **Beschluss der JAV** voraus, der mit einfacher Stimmenmehrheit zu fassen ist.[1] Während der BR Betriebsversammlungen zwingend durchführen muss, **besteht eine entsprechende** Verpflichtung der JAV zur Durchführung von JA-Versammlungen nicht. Es liegt also im **pflichtgemäßen Ermessen** der JAV, sich für die Durchführung zu entscheiden.[2] Auch ein Antragsrecht der Gewerkschaften oder des BR auf Einberufung einer JA-Versammlung besteht nicht. Eine JA-Versammlung sollte durchgeführt werden, wenn genügend Themen zur Diskussion vorliegen, wozu u. a. alle Fragen der Ausbildung zählen.

3 Die JAV kann JA-Versammlungen nicht bereits dann durchführen, wenn sie es für erforderlich hält. Es bedarf dazu vielmehr des **Einvernehmens mit dem BR.** Einvernehmen bedeutet Zustimmung. Der BR darf sein Einvernehmen nicht ohne sachlich gerechtfertigten Grund versagen. Die Entscheidung über die Zustimmung trifft der BR ebenfalls durch **einfachen Mehrheitsbeschluss** nach pflichtgemäßem Ermessen.[3] Die Zustimmung des BR bezieht sich auf die Durchführung, die zeitliche Lage und die Tagesordnung. Will die JAV hiervon nachträglich **abweichen,** muss sie hierzu die Zustimmung des BR einholen. Geringfügige Abweichungen von der Tagesordnung bzw. ihre Ergänzung um sachverwandte Themen sind zulässig.[4]

4 Die jungen AN und Azubis können sowohl an der JA-Versammlung als auch an der Betriebsversammlung teilnehmen. Beide **Teilnahmerechte** schließen sich nicht aus. Beide Versammlungen **ergänzen** einander.

III. Teil- und Abteilungsversammlung

5 Die JA-Versammlung ist grundsätzlich als **einheitliche Versammlung** durchzuführen. Da auf § 42 Abs. 2 und § 43 Abs. 1 Satz 1 nicht Bezug genommen wird, ist eine Aufspaltung in Teil- oder Abteilungsversammlungen nicht direkt vorgesehen. Sinn dieser Regelung ist es, die jugendlichen und die zu ihrer Berufsausbildung beschäftigten AN unter 25 Jahren auf Grund ihrer besonderen Situation in einer Versammlung zusammenzufassen. Wegen der im Verhältnis zu den übrigen AN-Gruppen geringeren Zahl sprechen keine gewichtigen Gründe dagegen, grundsätzlich eine einheitliche Versammlung durchzuführen.[5]

6 Kann eine Versammlung aller jugendlichen und zu ihrer Berufsausbildung beschäftigten AN nicht durchgeführt werden, so ist in analoger Anwendung des § 42 Abs. 1 Satz 2 eine **Teilversammlung** zulässig.[6] Ein vollständiger Verzicht auf eine Versammlung des betroffenen Per-

1 Vgl. Musterschreiben der JAV zur Einladung des BR und der Gewerkschaft in DKKWF-*Trittin,* § 71 Rn. 1 und 2.
2 *Fitting,* Rn. 10; GK-*Oetker,* Rn. 25; HWGNRH-*Rose,* Rn. 6; Richardi-*Annuß,* Rn. 7.
3 *Fitting,* Rn. 11.
4 *Fitting,* Rn. 11 und 17; Richardi-*Annuß,* Rn. 7.
5 GK-*Oetker,* Rn. 15; *Fitting,* Rn. 8.
6 *Fitting,* Rn. 8; Richardi-*Annuß,* Rn. 8; *Lunk,* NZA 92, 534; *Schneider,* AiB 88, 34 f.

sonenkreises wegen der betrieblichen Gegebenheiten entspräche am wenigsten dem Gesetzeszweck.

Auch **Abteilungsversammlungen,** die – ebenso wie die Teilversammlung – nur eine besondere Versammlungsart der Betriebsversammlung sind, können durchgeführt werden. Die Gründe, die zur Errichtung der Abteilungsversammlung geführt haben, müssen auch für die JA-Versammlung gelten.[7] Dies gilt jedenfalls dann, wenn die Betriebsversammlung selbst als Abteilungsversammlung abgehalten wird.[8] Die von § 42 Abs. 2 Satz 1 verlangte organisatorische oder räumliche Abgrenzung ist bei Auszubildenden sowohl in personell-fachlicher Hinsicht (z. B. alle Chemielaboranten eines Betriebs) als auch vom Gegenstand her (Zusammenfassung aller zur Berufsausbildung beschäftigten AN) gegeben.[9] 7

IV. Teilnehmerkreis

An der JA-Versammlung nehmen alle jugendlichen und die zu ihrer Berufsausbildung beschäftigten AN unter 25 Jahren teil sowie die Mitglieder der JAV, auch wenn sie bereits das 25. Lebensjahr überschritten haben. Teilnahmeberechtigt ist daneben der **AG,** der zu den JA-Versammlungen unter Mitteilung der Tagesordnung einzuladen ist. Er hat das Recht, in den Versammlungen zu sprechen. Hinsichtlich der Teilnahme von **Vertretern der Verbände** gelten die für Betriebsversammlungen maßgebenden Grundsätze entsprechend (§§ 45 und 46). 8

Dritte können an der JA-Versammlung teilnehmen, wenn hierfür die entsprechenden Beschlüsse gefasst sind und ein sachlicher Grund vorliegt. Der AG muss dann nicht unterrichtet werden, wenn die eingeladenen Gäste kraft ihres Amtes eine besonders enge sachliche Verbindung zu den jugendlichen und auszubildenden AN besitzen. Ihre Teilnahme verstößt nicht gegen das Prinzip der Nichtöffentlichkeit.[10] Zu diesem Personenkreis zählen – soweit sie nicht dem Betrieb selbst angehören – u. a.: 9

- GBR-Mitglieder,
- KBR-Mitglieder,
- Arbeitnehmervertreter im Aufsichtsrat.[11]

Die Teilnahme anderer Personen bedarf der Unterrichtung des AG.

Auszubildende über 25 Jahre können als Gäste an der JA-Versammlung teilnehmen, wenn AG und BR einverstanden sind. Stimmt der AG nicht zu, so besteht das Risiko einer anteiligen Kürzung der Ausbildungsvergütung. 10

V. Anzahl und zeitliche Lage

Die JA-Versammlung wird in einem **zeitlichen Zusammenhang mit einer Betriebsversammlung** durchgeführt. Das bedeutet nicht, dass sie an demselben Tag wie die Betriebsversammlung stattfinden muss.[12] Der Besuch von zwei Versammlungen an einem Tag ist für die AN jedenfalls dann nicht unzumutbar, wenn zwischen den beiden Versammlungen eine Mittagspause liegt.[13] Als Betriebsversammlungen, in deren zeitlichem Zusammenhang die JA-Versammlung durchgeführt werden soll, gelten auch **die Abteilungsversammlungen** nach § 42 Abs. 2.[14] 11

Da die Regelung, nach der die JA-Versammlung im zeitlichen Zusammenhang mit einer Betriebsversammlung durchgeführt werden soll, dem Zweck dient, Störungen des Betriebsablaufs möglichst zu vermeiden, kann sie im Einvernehmen mit dem AG selbstverständlich auch zu einem **anderen Zeitpunkt** anberaumt werden (vgl. Satz 2 der Vorschrift). Ob die JA-Ver- 12

7 *Schneider,* AiB 88, 34 f.; a. A. *Lunk,* NZA 92, 534.
8 Richardi-*Annuß,* Rn. 8.
9 *Schneider,* a. a. O.
10 *Fitting,* Rn. 5; *Lunk,* NZA 92, 534.
11 *BAG* 13.9.77; 28.11.78 AP Nrn. 1, 2 zu § 42 BetrVG 1972.
12 Zu eng *BAG* 15.8.78, AP Nr. 1 zu § 23 BetrVG 1972, wonach sie möglichst unmittelbar vor oder nach der Betriebsversammlung an demselben Tag stattfinden soll.
13 *LAG Düsseldorf* 3.12.75, DB 76, 539.
14 *Fitting,* Rn. 8; GK-*Oetker,* Rn. 17; HWGNRH-*Rose,* Rn. 9.

sammlung im Übrigen vor oder nach der Betriebsversammlung stattfindet, entscheidet die JAV im Einvernehmen mit dem BR.

13 Aus dem Gesetzeswortlaut ergibt sich, dass grundsätzlich vor oder nach **jeder** Betriebsversammlung auch eine JA-Versammlung durchgeführt werden kann. Dabei ist es unerheblich, ob es sich um eine regelmäßige, zusätzliche oder außerordentliche Betriebsversammlung handelt.[15] In der Praxis wird sich die **Häufigkeit** der JA-Versammlungen allerdings in erster Linie nach dem **Bedürfnis und der Erforderlichkeit** zu richten haben.

14 Wie die Betriebsversammlung findet auch die JA-Versammlung grundsätzlich **während der Arbeitszeit** statt (Satz 2 i. V. m. § 44 Abs. 1 Satz 1). Dies wird von der JAV vor allem bei der Entscheidung über die Frage zu berücksichtigen sein, ob man die JA-Versammlung vor oder nach der Betriebsversammlung anberaumen soll.

VI. Durchführung

15 Die JAV ist an die **Zustimmung des BR** gebunden, der mit seinem Beschluss Zeitpunkt und Tagesordnung für die Versammlung festgelegt hat. Weicht die Tagesordnung nur geringfügig ab und wird sie durch sachverwandte Themen ergänzt, so bedarf es keiner erneuten Zustimmung des BR. Andernfalls muss der BR erneut über die Tagesordnung beraten und Beschluss fassen.[16]

16 Der AG hat die für die Durchführung der JA-Versammlung **erforderlichen Räume und sachlichen Mittel** zur Verfügung zu stellen. Er trägt die Kosten für die Durchführung der JA-Versammlung.

17 Die JA-Versammlung wird vom **Vorsitzenden der JAV** geleitet. Wäre der BR auch leitungsbefugt, hätte es des Verweises auf § 65 Abs. 2 Satz 2 nicht bedurft, weil ihn dann schon auf Grund seiner Leitungsmacht ein Teilnahmerecht zugestanden hätte. Der Vorsitzende der JAV hat die gleichen Rechte und Pflichten wie der Vorsitzende des BR bei der Durchführung von Betriebsversammlungen.[17]

18 Der Vorsitzende der JAV hat als Versammlungsleiter dafür Sorge zu tragen, dass die **Versammlung ordnungsgemäß** abläuft. Hinsichtlich der **zulässigen Themen** gelten die für die Betriebsversammlungen maßgebenden Grundsätze entsprechend. Bei den zu behandelnden Themen ist allerdings darauf abzustellen, dass sie die jugendlichen und die zu ihrer Berufsausbildung beschäftigten AN unmittelbar betreffen. Es ist dabei nicht erforderlich, dass sie besonders oder überwiegend diesen Personenkreis berühren, vielmehr reicht es aus, wenn sie sich auch auf sie beziehen.[18] Der Vorsitzende der JAV übt während des Ablaufs der Versammlung das **Hausrecht** aus. Nur dann, wenn er seinen Verpflichtungen nicht nachkommt, wird der BR-Vorsitzende oder das beauftragte Mitglied des BR als berechtigt und auch als verpflichtet angesehen, auf einen ordnungsgemäßen Ablauf der Versammlung hinzuwirken.[19]

19 Die JA-Versammlung ist **nicht öffentlich.** § 42 Abs. 1 Satz 2 findet analog Anwendung.[20]

VII. Entsprechend anwendbare Vorschriften

20 Satz 3 der Vorschrift erklärt eine Reihe für die Betriebsversammlung geltender Vorschriften für **entsprechend anwendbar**, wodurch Organisation und Durchführung der JA-Versammlung weitgehend der Betriebsversammlung angeglichen werden.

21 **§ 43 Abs. 2 Satz 1:** Die JAV hat den AG zu der JA-Versammlung **einzuladen** und dabei die **Tagesordnung** mitzuteilen. Ist die Tagesordnung zwischenzeitlich geändert worden, so ist der AG auch von diesen Änderungen zu informieren.

---

15 *Fitting*, Rn. 14; GK-*Oetker*, Rn. 34; HWGNRH-*Rose*, Rn. 9.
16 *Fitting*, Rn. 18.
17 *Fitting*, Rn. 18; *Lunk*, NZA 92, 534; a. A. *Hromadka*, DB 71, 1966, nach dessen Auffassung die Versammlung gemeinsam von den Vorsitzenden des BR und der JAV geleitet wird.
18 *Fitting*, Rn. 21; Richardi-*Annuß*, Rn. 20.
19 *Fitting*, Rn. 19.
20 *Fitting*, Rn. 5; GK-*Oetker*, Rn. 45; HWGNRH-*Rose*, Rn. 12; Richardi-*Annuß*, Rn. 19.

§ 43 Abs. 2 Satz 2: Der AG ist berechtigt, auf der JA-Versammlung das **Wort zu ergreifen.**[21] Der AG ist berechtigt, zu allen Tagesordnungspunkten zu sprechen. 22

§ 44 Abs. 1 Satz 1: Die JA-Versammlung findet **während der Arbeitszeit** statt, wenn sie im zeitlichen Zusammenhang mit der Betriebsversammlung gemäß § 43 Abs. 1 durchgeführt wird. Entsprechendes gilt für auf Wunsch des AG einberufene Versammlungen oder dann, wenn der AG sein Einverständnis erklärt hat. 23

§ 44 Abs. 1 Sätze 2 und 3: Die Zeit für die Teilnahme an der JA-Versammlung einschließlich der zusätzlichen Wegezeiten ist den jugendlichen und den zu ihrer Ausbildung beschäftigten AN unter 25 Jahren **wie Arbeitszeit** zu vergüten. Die Tatsache, dass der Vergütungsanspruch für Auszubildende nicht auf § 611 BGB, sondern auf § 10 Abs. 1 BBiG beruht, rechtfertigt keine andere Behandlung als bei anderen AN.[22] Während eines Arbeitskampfes entfällt der Anspruch auf Vergütung nicht.[23] 24

Der Vergütungsanspruch besteht auch für Versammlungen, die ausnahmsweise außerhalb der Arbeitszeit stattfinden. Die u. U. durch die Versammlung entstandenen **Fahrtkosten** sind zu erstatten. Hat sich der AG gemäß Satz 2 damit einverstanden erklärt, die JA-Versammlung zu einem anderen Zeitpunkt als unmittelbar vor oder nach einer Betriebsversammlung durchzuführen, so sind ebenfalls Arbeitsentgelt und Fahrtkosten zu vergüten. 25

Das **Arbeitsentgelt** der jugendlichen und zu ihrer Berufsausbildung beschäftigten AN unter 25 Jahren darf auch dann nicht gemindert werden, wenn die JA-Versammlung mit Zustimmung des AG während der Arbeitszeit zusammen mit einer **außerordentlichen Betriebsversammlung** stattfindet. 26

§ 44 Abs. 2: Andere als die regelmäßigen JA-Versammlungen finden außerhalb der Arbeitszeit statt. Hiervon kann nur abgewichen werden, wenn der AG zustimmt. In diesem Fall ist der AG nicht berechtigt, das Arbeitsentgelt für die Dauer der Versammlung zu mindern. 27

§ 45: Auf der JA-Versammlung können alle Themen erörtert werden, die die jugendlichen AN oder die im Betrieb beschäftigten Auszubildenden unmittelbar betreffen. Hierzu zählen auch **tarifpolitische, sozialpolitische und wirtschaftliche Fragen,** sofern ein Bezug zu den auszubildenden oder den jugendlichen AN besteht. Es können also Auseinandersetzungen um den Abschluss eines neuen TV über Auszubildendenvergütungen genauso erörtert werden wie Fragen der Berufsbildung und der Bereitstellung neuer Ausbildungsplätze im Betrieb. Die Angelegenheit muss nicht besonders oder überwiegend die auszubildenden oder jugendlichen AN betreffen. Es reicht aus, wenn dieser Personenkreis »auch« berührt ist.[24] 28

Gemäß § 45 Satz 2 kann die JA-Versammlung auch **Anträge** an die JAV richten und zu ihren Beschlüssen Stellung nehmen. Alle an der Versammlung teilnahmeberechtigten jugendlichen und zu ihrer Berufsausbildung beschäftigten AN unter 25 Jahren haben hierbei ein **Stimmrecht.** Abstimmungen verschaffen ein Meinungsbild, entfalten jedoch keine bindende Wirkung für die JAV. Alle an der Versammlung Teilnahmeberechtigten haben **Rederecht.** 29

§ 46: An der JA-Versammlung können auch Vertreter der im Betrieb vertretenen **Gewerkschaft** beratend teilnehmen. Der Gewerkschaft sind dazu der Zeitpunkt und die Tagesordnung der Versammlung rechtzeitig mitzuteilen.[25] Es ist unerheblich, ob die Gewerkschaft unter den jugendlichen und zu ihrer Berufsausbildung beschäftigten AN unter 25 Jahren vertreten ist. Maßgebend ist allein, ob sie **im Betrieb** vertreten ist. 30

Nimmt der AG an der JA-Versammlung teil, so kann er einen **Vertreter des AG-Verbandes,** dem er angehört, hinzuziehen. 31

§ 65: Auch der BR-Vorsitzende oder ein von ihm beauftragtes Mitglied kann an der JA-Versammlung teilnehmen. Er ist nicht nur berechtigt, sondern auch verpflichtet, einen ordnungsgemäßen Verlauf der Versammlung dann sicherzustellen, wenn der Vorsitzende der JAV als Versammlungsleiter, dem insoweit auch das Hausrecht zusteht, seinen Verpflichtungen nicht nachkommt. 32

---

21 Einschränkend *WW*, Rn. 4, der nicht bei allen JA-Versammlungen ein Teilnahmerecht anerkennt.
22 *Lunk*, NZA 92, 534.
23 *BAG* 5.5.87, NZA 87, 853; *Colneric* in Däubler, Arbeitskampfrecht, Rn. 570, 570 a, 653 f.
24 *Fitting*, Rn. 21; Richardi-*Annuß*, Rn. 20; HWGNRH-*Rose*, Rn. 20.
25 *Fitting*, Rn. 23; HWGNRH-*Rose*, Rn. 14.

VIII. Streitigkeiten

33 Über Streitigkeiten wegen der Durchführung einer JA-Versammlung entscheiden die ArbG gemäß §§ 2 a, 80 ff. ArbGG im **Beschlussverfahren.** Im **Urteilsverfahren** sind Ansprüche auf Vergütung und Fahrtkostenersatz gemäß § 2 Abs. 1 Nr. 3 ArbGG geltend zu machen.

Zweiter Abschnitt
Gesamt-Jugend- und Auszubildendenvertretung

§ 72 Voraussetzungen der Errichtung, Mitgliederzahl, Stimmengewicht

(1) Bestehen in einem Unternehmen mehrere Jugend- und Auszubildendenvertretungen, so ist eine Gesamt-Jugend- und Auszubildendenvertretung zu errichten.
(2) In die Gesamt-Jugend- und Auszubildendenvertretung entsendet jede Jugend- und Auszubildendenvertretung ein Mitglied.
(3) Die Jugend- und Auszubildendenvertretung hat für das Mitglied der Gesamt-Jugend- und Auszubildendenvertretung mindestens ein Ersatzmitglied zu bestellen und die Reihenfolge des Nachrückens festzulegen.
(4) Durch Tarifvertrag oder Betriebsvereinbarung kann die Mitgliederzahl der Gesamt-Jugend- und Auszubildendenvertretung abweichend von Absatz 2 geregelt werden.
(5) Gehören nach Absatz 2 der Gesamt-Jugend- und Auszubildendenvertretung mehr als zwanzig Mitglieder an und besteht keine tarifliche Regelung nach Absatz 4, so ist zwischen Gesamtbetriebsrat und Arbeitgeber eine Betriebsvereinbarung über die Mitgliederzahl der Gesamt-Jugend- und Auszubildendenvertretung abzuschließen, in der bestimmt wird, dass Jugend- und Auszubildendenvertretungen mehrerer Betriebe eines Unternehmens, die regional oder durch gleichartige Interessen miteinander verbunden sind, gemeinsam Mitglieder in die Gesamt-Jugend- und Auszubildendenvertretung entsenden.
(6) Kommt im Fall des Absatzes 5 eine Einigung nicht zustande, so entscheidet eine für das Gesamtunternehmen zu bildende Einigungsstelle. Der Spruch der Einigungsstelle ersetzt die Einigung zwischen Arbeitgeber und Gesamtbetriebsrat.
(7) Jedes Mitglied der Gesamt-Jugend- und Auszubildendenvertretung hat so viele Stimmen, wie in dem Betrieb, in dem es gewählt wurde, in § 60 Abs. 1 genannte Arbeitnehmer in der Wählerliste eingetragen sind. Ist ein Mitglied der Gesamt-Jugend- und Auszubildendenvertretung für mehrere Betriebe entsandt worden, so hat es so viele Stimmen, wie in den Betrieben, für die es entsandt ist, in § 60 Abs. 1 genannte Arbeitnehmer in den Wählerlisten eingetragen sind. Sind mehrere Mitglieder der Jugend- und Auszubildendenvertretung entsandt worden, so stehen diesen die Stimmen nach Satz 1 anteilig zu.
(8) Für Mitglieder der Gesamt-Jugend- und Auszubildendenvertretung, die aus einem gemeinsamen Betrieb mehrerer Unternehmen entsandt worden sind, können durch Tarifvertrag oder Betriebsvereinbarung von Absatz 7 abweichende Regelungen getroffen werden.

Inhaltsübersicht

I. Vorbemerkungen

Novellierung 2001: Die Vertretung gemeinsamer Betriebe in der GJAV kann durch TV oder BV abweichend von sonstigen Verfahren geregelt werden (Abs. 8). 1
Die Vorschrift regelt die Errichtung der GJAV, durch die auf **UN-Ebene** die speziellen Interessen der auszubildenden und der jugendlichen AN vertreten werden sollen.
Die Errichtung und Geschäftsführung der GJAV lehnen sich eng an die des GBR an. 2

II. Rechtsstellung der Gesamt-Jugend- und Auszubildendenvertretung

Die GJAV hat keine eigenen Mitwirkungs- und Mitbestimmungsrechte und kann deshalb Interessenvertretung gegenüber dem UN nur durch und **über den GBR** erfüllen. Im Rahmen ihrer allgemeinen Aufgaben hat sie jedoch einen **eigenen Zuständigkeitsbereich,** in dem sie auch ohne Hinzuziehung des GBR tätig werden kann. Dazu zählen das Antrags- und Anregungsrecht, aber insbes. auch das Überwachungsrecht (§ 70 Rn. 4). 3
Zwischen der GJAV des UN und den einzelnen JAV der Betriebe besteht **kein Rangverhältnis.** Die GJAV ist den einzelnen JAV gegenüber weder über- noch untergeordnet.[1] Das Verhältnis entspricht dem zwischen BR und GBR eines UN. 4

III. Die Errichtung der Gesamt-Jugend- und Auszubildendenvertretung (Abs. 1 bis 3)

Die Errichtung einer GJAV setzt voraus, dass es in einem UN **mehrere Betriebe** gibt, in denen JAV gebildet worden sind. Insofern gelten entsprechende Voraussetzungen wie für die Errichtung des GBR. 5
Auch wenn dies in der Praxis regelmäßig der Fall sein wird, setzen weder Wortlaut noch Zielsetzung der Vorschrift die **Existenz eines GBR** voraus.[2] Die Gegenmeinung stützt sich darauf, dass nach ihrer Ansicht auch eine JAV nur in Betrieben gebildet werden kann, in denen ein BR besteht. Sie hält deshalb die Errichtung einer GJAV grundsätzlich nur in solchen UN für möglich, in denen auch ein GBR gebildet werden muss, und lässt allenfalls die Errichtung einer GJAV zu, wenn die Konstituierung des GBR entgegen der gesetzlichen Verpflichtung unterbleibt. Hierdurch sei der Aufgabenbereich allerdings weitgehend beschränkt. Da jedoch sowohl vom Wortlaut als auch vom Gesetzeszweck her eine JAV auch in Betrieben ohne BR gebildet werden kann, ist bereits der Ausgangspunkt dieser Überlegungen unzutreffend. 6
Die JAV der Betriebe sind **verpflichtet, eine GJAV auf UN-Ebene zu bilden.** Hierzu ist weder eine Beschlussfassung der einzelnen JAV noch ein Beschluss des GBR erforderlich.[3] Hat eine JAV oder gar der GBR den Beschluss gefasst, keine Vertretung auf UN-Ebene zu errichten, so sind diese Beschlüsse von vornherein rechtsunwirksam. Die JAV wählen lediglich ihre Vertreter in die GJAV. 7
Entsendet eine JAV keinen Vertreter in die GJAV, so bedeutet dies einen **Verstoß** gegen die ihr obliegenden Verpflichtungen. Dies kann u. U. – insbes. bei beharrlicher Weigerung – eine grobe Pflichtverletzung gemäß § 23 Abs. 1 darstellen.[4] 8
Zur **konstituierenden Sitzung** der GJAV lädt die JAV der Hauptverwaltung des UN – bei Nichtbestehen die des nach der Zahl der Wahlberechtigten größten Betriebs des UN – ein (§ 73 Abs. 2 i. V. m. § 51 Abs. 3). Hiervon unterrichtet die JAV den GBR. Der Vorsitzende der einladungsberechtigten JAV leitet die Sitzung so lange, bis die GJAV aus ihrer Mitte einen Wahlleiter gewählt hat, der die Sitzungsleitung übernimmt und die Wahl des Vorsitzenden durchführt. Danach leitet der Vorsitzende die Sitzung und führt die Wahl seines Stellvertreters durch. Mit diesen Wahlgängen ist die konstituierende Sitzung abgeschlossen.[5] 9

---

1 *Fitting,* Rn. 7; GK-*Oetker,* Rn. 6; HWGNRH-*Rose,* Rn. 3.
2 A. A. *Fitting,* Rn. 11; GK-*Oetker,* Rn. 10; HWGNRH-*Rose,* Rn. 4; Richardi-*Annuß,* Rn. 5.
3 *Fitting,* Rn. 12; HWGNRH-*Rose,* Rn. 6; Richardi-*Annuß,* Rn. 6.
4 *Fitting,* Rn. 18; GK-*Oetker,* Rn. 14; Richardi-*Annuß,* Rn. 14; *Rudolph,* AiB 98, 671.
5 HWGNRH-*Rose,* Rn. 8; GK-*Kraft,* Rn. 9 f. vgl. Musterschreiben zur Entsendung von Mitgliedern in

10 Ebenso wie der GBR ist die GJAV eine **Dauereinrichtung ohne feste Amtszeit.** Sie bleibt über die Amtszeit der einzelnen JAV hinaus bestehen und endet nur dann, wenn die Voraussetzungen für ihre Errichtung entfallen. Auflösungsbeschlüsse der einzelnen JAV sind ebenso rechtsunwirksam wie ein Beschluss der GJAV, sich ab sofort aufzulösen.[6] Für den Fortbestand der GJAV ist es ohne Bedeutung, wenn die Mitgliedschaft einzelner Mitglieder endet (vgl. § 49 Rn. 1).

11 Die JAV entsendet **ein Mitglied in den GBR** (vgl. § 47 Abs. 2 zum GBR).

12 Für den Fall, dass das entsandte Mitglied vorübergehend an der Teilnahme gehindert ist, muss die JAV mindestens ein **Ersatzmitglied** bestellen. Es muss ebenfalls Mitglied der JAV sein. Für die Wahl genügt die einfache Mehrheit.[7] Bei einer nur aus einem Mitglied bestehenden JAV ist im Verhinderungsfall das in einem gesonderten Wahlgang gemäß § 14 Abs. 4 gewählte Ersatzmitglied in die GJAV zu entsenden.[8] Sind mehrere Ersatzmitglieder bestellt, so muss die Reihenfolge ihres Nachrückens ebenfalls festgelegt werden.[9]

13 Jede JAV kann durch einfachen **Mehrheitsbeschluss** das von ihr entsandte Mitglied wieder **abberufen.** Einer Begründung bedarf es hierzu nicht.[10] Die JAV hat danach zu entscheiden, welche Person nunmehr in die GJAV entsandt werden soll. Unterlässt sie dies, so rückt das Ersatzmitglied nach (§ 49 zum GBR).

IV. Abweichende Regelung zur Mitgliederzahl (Abs. 4 und 5)

14 In UN mit zahlreichen Betrieben mit jeweils einer JAV ist die Mitgliederzahl in der GJAV höher als in einem UN mit nur wenigen Betrieben, auch wenn in diesem UN wesentlich mehr jugendliche und zu ihrer Berufsausbildung beschäftigte AN tätig sind. Zur Lösung der hiermit verbundenen Probleme räumt die Vorschrift die Möglichkeit ein, dass eine von der gesetzlichen Regelung **abweichende Mitgliederzahl** festgelegt wird. Sie entspricht der für den GBR geltenden Vorschrift des § 47 Abs. 4, bei dessen Errichtung ähnliche Probleme auftreten können.

15 Eine von der gesetzlichen Norm abweichende Regelung kann **durch TV oder BV** erfolgen. Bei Kollision hat der TV Vorrang.[11]

16 Für die Art der abweichenden Regelung in TV oder BV sind keine Regeln vorgegeben, insbes. ist keine obere Begrenzung festgelegt. Für die GJAV kann also in bestimmten Fällen auch eine höhere Mitgliederzahl als 20 gelten.

17 Die BV, in der die abweichende Mitgliederzahl festgelegt wird, ist **zwischen dem GBR und dem AG** abzuschließen. Weder die GJAV noch die einzelnen JAV sind hierzu befugt.[12] Allerdings ist die GJAV bei den Verhandlungen zwischen AG und GBR zu beteiligen (§ 73 Abs. 2 i. V. m. § 67 Abs. 1 und 2 sowie § 68). Es handelt sich um eine überwiegend jugendliche und zu ihrer Berufsausbildung beschäftigte AN betreffende Angelegenheit, so dass die Mitglieder der GJAV volles Stimmrecht haben.

18 Abs. 5 verdeutlicht, dass in die GJAV entsandte Mitglieder nur gemeinsam abberufen und auch neue Ersatzmitglieder nur gemeinsam benannt werden können in den Fällen, in denen die JAVen mehrerer Betriebe eines UN gemeinsam ein Mitglied entsandt haben.[13]

---

die GJAV, Mitteilung an die Belegschaft und Mitteilung der Mitglieder bzw. Ersatzmitglieder in DKKWF-*Trittin*, § 72 Rn. 1 bis 3.

6 *Fitting*, Rn. 13; HWGNRH-*Rose*, Rn. 7.

7 *Fitting*, Rn. 19.

8 *Fitting*, Rn. 20; GK-*Oetker*, Rn. 23; HWGNRH-*Rose*, Rn. 10.

9 *Fitting*, Rn. 23.

10 Vgl. *Fitting*, Rn. 22; GK-*Oetker*, Rn. 25 ff.; HWGNRH-*Rose*, Rn. 9; Richardi-*Annuß*, Rn. 12.

11 *Fitting*, Rn. 34; Richardi-*Annuß*, Rn. 15.

12 *Fitting*, Rn. 35; GK-*Oetker*, Rn. 33 ff.; HWGNRH-*Rose*, Rn. 12; Richardi-*Annuß*, Rn. 16.

13 *Fitting*, Rn. 39; HWGNRH-*Rose*, Rn. 13.

V. Erzwingbare Betriebsvereinbarung zur Mitgliederzahl (Abs. 6)

Die Regelung über den erzwingbaren Abschluss einer BV entspricht der für den GBR geltenden Vorschrift des § 47 Abs. 5. Ebenso wie beim GBR soll auch bei der GJAV die Zahl der zu entsendenden Mitglieder **verringert** werden, indem JAVen mehrerer Betriebe eines UN gemeinsam Mitglieder in die GJAV entsenden, wenn sie regional oder durch gleichartige Interessen miteinander verbunden sind. 19

Die angestrebte Verringerung der Mitgliederzahl erfolgt **nicht automatisch,** sondern auf Grund einer BV, die eine Initiative entweder des GBR oder des UN voraussetzt. Unterbleibt eine solche Initiative, so verändert sich die Mitgliederzahl in der GJAV nicht.[14] 20

Die Vorschrift sieht eine Verringerung der Mitgliederzahl der JAV vor, **ohne eine Höchstgrenze** festzulegen. Es ist demnach ohne weiteres zulässig, dass die Mitgliederzahl durch eine BV zwar heruntergesetzt wird, aber dennoch mehr als 20 beträgt. Einigen sich AG und GBR über die nach Abs. 5 abzuschließende BV nicht, so entscheidet die ESt. verbindlich. Es gelten hierfür die gleichen Grundsätze wie bei der Festlegung der Zahl der Mitglieder des GBR gemäß § 47 Abs. 6. Die ESt. kann nur auf Antrag des GBR oder des AG, nicht jedoch der GJAV gebildet werden. Allerdings sollte sie die GJAV vor ihrer Entscheidung anhören.[15] 21

VI. Stimmengewicht (Abs. 7)

Das Stimmengewicht der Mitglieder der GJAV richtet sich nach der Zahl der jugendlichen und der zu ihrer Berufsausbildung beschäftigten AN, die bei der letzten Wahl **in die Wählerliste** eingetragen waren. Maßgebend für das Stimmengewicht ist also nicht die Zahl der zum Zeitpunkt der Stimmabgabe beschäftigten AN, sondern die bei der letzten Wahl der JAV. 22

Wird durch TV oder BV von der gesetzlichen Mitgliederzahl abgewichen, so ist für das **Stimmengewicht** danach zu differenzieren, ob sich die Zahl erhöht oder vermindert hat. 23

Hat sich die **Zahl vermindert** und wurden durch TV oder BV mehrere JAV zu einer gemeinsamen Entsendung eines Vertreters in die GJAV zusammengefasst, so stehen diesem Mitglied so viele Stimmen zu, wie in allen zusammengefassten Betrieben bei der letzten Wahl Wahlberechtigte in die Wählerlisten eingetragen waren.[16] 24

Hat sich die **Mitgliederzahl vergrößert** und entsenden einzelne JAV nunmehr mehrere Mitglieder in die GJAV, so verteilt sich das Stimmengewicht auf die einzelnen Vertreter zu gleichen Teilen.[17]

Das Mitglied in der GJAV kann die ihm zustehenden Stimmen nur **einheitlich abgeben.** Es ist an **keine Weisungen** gebunden (vgl. § 47 Abs. 7 zum GBR).

VII. Abweichende Regelung für gemeinsamen Betrieb (Abs. 8)

Kommen Mitglieder der GJAV aus einem gemeinsamen Betrieb mehrerer UN (vgl. § 1 Abs. 2), können von Abs. 7 abweichende Regelungen getroffen werden. Dies ist z. B. für den Fall sinnvoll, dass die GJAV eines der an einem gemeinsamen Betrieb beteiligten UN über eine Angelegenheit beraten werden soll, die nur **dieses UN betrifft.** Das Problem stellt sich in gleicher Weise für den GBR. Als Regelungsinstrumente kommen nur **TV** und **BV** in Betracht. Der TV hat Vorrang. 25

VIII. Streitigkeiten

Über alle Streitfragen wegen des Stimmengewichts, der Mitgliedschaft und der Errichtung entscheidet das ArbG im **Beschlussverfahren** gemäß §§ 2 a, 80 ff. ArbGG. Örtlich ist das ArbG zuständig, in dessen Bezirk das UN seinen Sitz hat (§ 82 Satz 2 ArbGG). 26

---

14 *Fitting,* Rn. 40.
15 *Fitting,* Rn. 41.
16 Richardi-*Annuß,* Rn. 22; *Fitting,* Rn. 38; HWGNRH-*Rose,* Rn. 15.
17 *Fitting,* Rn. 37; Richardi-*Annuß,* Rn. 23.

§ 73 Geschäftsführung und Geltung sonstiger Vorschriften

(1) Die Gesamt-Jugend- und Auszubildendenvertretung kann nach Verständigung des Gesamtbetriebsrats Sitzungen abhalten. An den Sitzungen kann der Vorsitzende des Gesamtbetriebsrats oder ein beauftragtes Mitglied des Gesamtbetriebsrats teilnehmen.
(2) Für die Gesamt-Jugend- und Auszubildendenvertretung gelten § 25 Abs. 1, die §§ 26, 28 Abs. 1 Satz 1, die §§ 30, 31, 34, 36, 37 Abs. 1 bis 3, die §§ 40, 41, 48, 49, 50, 51 Abs. 2 bis 5 sowie die §§ 66 bis 68 entsprechend.

Inhaltsübersicht Rn.

I. Vorbemerkungen

1 **Novellierung 2001:** Die GJAV erhält die Möglichkeit, Ausschüsse zu errichten.
In Anlehnung an die entsprechend geltenden Vorschriften für den BR, GBR und die JAV sind Geschäftsführung, Zuständigkeit, Stellung und innere Organisation der GJAV geregelt worden. Danach ist die GJAV den JAV **nicht übergeordnet,** sondern steht auf betrieblicher Ebene neben diesen Organen. Das Verhältnis zwischen GJAV und GBR auf UN-Ebene entspricht dem zwischen JAV und BR.

II. Sitzungen

2 Die GJAV ist berechtigt, **eigene Sitzungen** durchzuführen. Verständigung bedeutet vorherige Unterrichtung und nicht vorherige Genehmigung.

3 Gemäß Abs. 1 Satz 2 kann der Vorsitzende oder ein Beauftragter des GBR **an den Sitzungen der GJAV teilnehmen.** Ein Vertreter der in der GJAV vertretenen Gewerkschaft ist gemäß § 73 Abs. 2 und § 31 teilnahmeberechtigt, wenn die Teilnahme von mindestens einem Viertel der Mitglieder der GJAV beantragt wird. An Sitzungen, die auf Verlangen des AG anberaumt sind, kann er ggf. zusammen mit einem Vertreter seines Verbandes teilnehmen (§§ 73 Abs. 2, 51 Abs. 3, 29 Abs. 4). Kein Teilnahmerecht hat die Gesamtschwerbehindertenvertretung.[1]

4 Der Vorsitzende der GJAV setzt die **Tagesordnung** fest, lädt ein und leitet die Sitzung. Die für den BR geltende Vorschrift des § 29 Abs. 2 findet entsprechende Anwendung (Abs. 2 i. V. m. § 51 Abs. 3 Satz 3). Verlangt der AG oder ein Viertel der Mitglieder der JAV die Einberufung einer Sitzung zu einem bestimmten Tagesordnungspunkt, so muss der Vorsitzende diesem Antrag folgen (Abs. 2 i. V. m. § 52 Abs. 3 Satz 3, § 29 Abs. 3).

1 *Fitting,* Rn. 6.

Die JAV, die bei der Hauptverwaltung des UN errichtet ist, hat zur **konstituierenden Sitzung** des GJAV einzuladen (Abs. 2 i. V. m. § 51 Abs. 3 Satz 1; vgl. Rn. 19). **Beschlüsse** der GJAV werden mit der Mehrheit der anwesenden Mitglieder gefasst, soweit keine andere gesetzliche Regelung getroffen ist (Abs. 2 i. V. m. § 51 Abs. 4).

III. Stellung und Geschäftsführung – entsprechend anwendbare Vorschriften

In Abs. 2 erklärt die Vorschrift eine Reihe von gesetzlichen Regelungen für **entsprechend anwendbar,** die die Rechtsstellung, die innere Organisation und die Geschäftsführung des BR, GBR und der JAV betreffen. Damit gelten für die GJAV weitgehend identische Regelungen wie für die JAV auf betrieblicher Ebene. 5

1. § 25 Abs. 1 – Ersatzmitglied

Scheidet ein Mitglied aus der GJAV aus, so rückt das nach § 72 Abs. 3 bestellte **Ersatzmitglied** nach. Dies gilt auch dann, wenn ein Mitglied der GJAV zeitweilig an der Teilnahme verhindert ist. 6

2. § 26 Abs. 1 Sätze 2 und 3 – Wahl des Vorsitzenden

Die GJAV wählt aus ihrer Mitte den **Vorsitzenden** und den **Stellvertreter.** Der Vorsitzende oder im Verhinderungsfall sein Stellvertreter vertritt die GJAV im Rahmen der von ihr gefassten Beschlüsse und ist zur Entgegennahme von Erklärungen befugt (§ 26 Rn. 27). Das Stimmengewicht der Mitglieder der GJAV ergibt sich aus § 72 Abs. 7. 7

3. § 28 Abs. 1 Satz 1 – Ausschüsse

Durch Verweis auf § 28 Abs. 1 Satz 1 wird der GJAV die Bildung von Ausschüssen ermöglicht. Dies erhöht die Effizienz der Arbeit der GJAV. 8

4. § 30 – Sitzungen

Die Sitzungen finden grundsätzlich **während der Arbeitszeit** statt und sind **nicht öffentlich.** Der Vorsitzende der GJAV ist verpflichtet, eine Sitzung einzuberufen und den Antragsgegenstand auf die Tagesordnung zu setzen, wenn dies ein Viertel der Mitglieder oder der AG beantragen. 9

5. § 31 – Teilnahme der Gewerkschaften

Vertreter der Gewerkschaften können an den Sitzungen der GJAV teilnehmen, wenn ihre Gewerkschaften in diesem Gremium vertreten sind.[2] 10

Bei der Ermittlung der notwendigen Anzahl von einem Viertel der Mitglieder ist nicht nur abzustellen auf die **Personenzahl,** sondern auch auf das ihnen zukommende Stimmengewicht.[3] Unabhängig hiervon kann die GJAV jederzeit mit Stimmenmehrheit einen Beschluss fassen, wonach ein Vertreter der Gewerkschaft hinzugezogen werden soll, wenn sie dies zur Erfüllung ihrer Aufgaben für erforderlich hält. Dafür ist lediglich erforderlich, dass die Gewerkschaft in einem der Betriebe des UN vertreten ist.[4] 11

---

2 *Fitting,* Rn. 12; HWGNRH-*Rose,* Rn. 11; a. A. Richardi-*Annuß,* Rn. 7, für die es ausreichen soll, dass die Gewerkschaften in einem BR des UN vertreten ist.

3 *Fitting,* Rn. 12 und § 51 Rn. 41; HWGNRH-*Rose,* Rn. 4.

4 *Fitting,* Rn. 12 und § 65 Rn. 8.

6. § 34 – Niederschrift

12 Über den Verlauf jeder Sitzung der GJAV ist eine **Niederschrift** anzufertigen, die mindestens den Wortlaut der Beschlüsse und die Stimmenmehrheit, mit der sie gefasst sind, enthält. Jedes Mitglied der GJAV hat das Recht, in die Unterlagen der GJAV Einblick zu nehmen.

7. § 36 – Geschäftsordnung

13 Die GJAV kann sich eine **schriftliche Geschäftsordnung** geben. Hierüber muss sie mit der absoluten Mehrheit ihrer Stimmen beschließen.

8. § 37 Abs. 1 – 3 – Ehrenamt und Arbeitsbefreiung

14 Die Mitglieder der GJAV führen ihr Amt **unentgeltlich als Ehrenamt** aus, sind von der beruflichen Tätigkeit ohne Minderung des Arbeitsentgelts zu befreien und haben Anspruch auf Arbeitsbefreiung unter Fortzahlung des Entgelts, soweit sie ihre Amtstätigkeit außerhalb der Arbeitszeit durchgeführt haben.

15 Eine besondere Bezugnahme auf § 37 Abs. 4 – 7 erübrigt sich, da diese Bestimmungen unmittelbar Anwendung finden. Mitglieder der GJAV haben in ihrer Eigenschaft als JAV-Mitglieder einen **Anspruch auf Freistellung für Schulungs- und Bildungsveranstaltungen,** sofern die dort vermittelten Kenntnisse für die Tätigkeit der Mitglieder der JAV »erforderlich« i. S. v. § 37 Abs. 6 sind. Dies gilt nicht nur für das unmittelbar in die GJAV entsandte Mitglied, sondern auch für das Ersatzmitglied. Nicht die GJAV oder der GBR, sondern allein der BR entscheidet über die Teilnahme eines Mitglieds der JAV an derartigen Schulungsveranstaltungen. Bei der Beschlussfassung ist die JAV mit eigenem Stimmrecht hinzuzuziehen.[5] Zum Recht der Mitglieder der GJAV auf Arbeitsbefreiung und Freizeitausgleich für Tätigkeiten, die sie außerhalb der regulären Arbeitszeit ausgeübt haben, gelten die für Mitglieder des BR entwickelten Grundsätze entsprechend.

9. § 40 – Kosten

16 Der AG hat die durch die Tätigkeit der GJAV und ihrer Mitglieder entstehenden **Kosten** zu tragen und den erforderlichen Sachaufwand zur Verfügung zu stellen.

10. § 41 – Umlageverbot

17 Die Erhebung und Leistung von **Beiträgen** von AN für die GJAV ist unzulässig.

11. § 48 – Ausschluss

18 Mindestens ein Viertel der wahlberechtigten jugendlichen und zu ihrer Berufsausbildung beschäftigten AN des UN, der AG, der GBR, die GJAV oder eine im UN vertretene Gewerkschaft können beim ArbG den **Ausschluss eines Mitglieds aus der GJAV** wegen grober Verletzung seiner gesetzlichen Pflichten beantragen. Bei der Ermittlung des erforderlichen Quorums von einem »Viertel der Mitglieder« ist nicht nur auf die Personenzahl, sondern auch auf das Stimmengewicht abzustellen.

12. § 49 – Ende der Mitgliedschaft

19 Die **Mitgliedschaft** in der GJAV endet

- mit Erlöschen der Mitgliedschaft in der JAV,
- mit der Abberufung durch die JAV,

---

5 *BAG* 10.6.75, AP Nr. 1 zu § 73 BetrVG 1972.

- durch Ausschluss aus der GJAV,
- durch Amtsniederlegung.

13. § 50 – Zuständigkeit

Die GJAV ist den einzelnen JAV nicht **übergeordnet.** Sie ist für die Behandlung von Angelegenheiten zuständig, die das Gesamt-UN oder mehrere Betriebe betreffen und nicht durch die einzelnen JAV innerhalb der Betriebe geregelt werden können. Mit der Mehrheit der Stimmen der Mitglieder der JAV kann die GJAV beauftragt werden, eine Angelegenheit für sie zu behandeln. Da die GJAV ebenso wie die JAV nicht direkt mit dem AG verhandeln kann, dürfte es zweckmäßig sein, dass der BR den GBR deswegen ebenfalls gemäß § 50 Abs. 2 beauftragt.[6] Eine Zuständigkeitsvoraussetzung ist dies jedoch nicht. Die gegenteilige Auffassung, wonach der GBR in dieser Angelegenheit ebenfalls beauftragt sein muss, ist abzulehnen.[7] Ist der GBR gemäß § 50 Abs. 1 originär zuständig, so gilt das Gleiche für die GJAV.[8] 20

14. § 51 Abs. 2 und 3 – Konstituierende Sitzung, Beschlüsse, Rechte und Pflichten

Die am Sitz der Hauptverwaltung des UN errichtete JAV lädt zu der **konstituierenden Sitzung** ein. Besteht dort keine JAV, so muss der nach der Zahl der Wahlberechtigten größte Betrieb des UN zu der Sitzung einladen. Dabei sind nicht die zum jeweiligen Zeitpunkt tatsächlich beschäftigten AN maßgebend, sondern die bei der letzten Wahl der JAV in die Wählerlisten eingetragenen AN. 21

Die **Beschlüsse der GJAV** und seiner Ausschüsse werden mit der Mehrheit der Stimmen der anwesenden Mitglieder gefasst, soweit gesetzlich nichts anderes geregelt ist. Bei Stimmengleichheit ist der Antrag abgelehnt. Nur wenn mindestens die Hälfte der Mitglieder der GJAV an der Beschlussfassung teilnimmt und diese mindestens die Hälfte des Stimmengewichts aller GJAV-Mitglieder auf sich vereinen, ist sie beschlussfähig. Gem. § 51 Abs. 3 Satz 4 i. V. m. § 33 Abs. 3 rechnen die Stimmen der GJAV bei der Feststellung der Stimmenmehrheit mit. 22

In Form einer Generalklausel werden der GJAV die der JAV zustehenden **Rechte und Pflichten** zuerkannt. Dies betrifft zum einen die allgemeinen Grundsätze der Betriebsverfassung, wie z. B. das Gebot zur Beachtung des **Gleichbehandlungsgrundsatzes** (§ 75). Zum anderen folgen hieraus auch konkrete Ansprüche gegenüber dem GBR, wie z. B. der **Anspruch auf Unterrichtung** gemäß § 70 Abs. 2, wonach die GJAV zur Durchführung ihrer Aufgaben rechtzeitig und umfassend zu informieren ist. Die GJAV kann danach weiterhin verlangen, dass ihr zur Durchführung ihrer Aufgaben auch die erforderlichen **Unterlagen** zur Verfügung gestellt werden.

15. § 66 – Aussetzung von Beschlüssen

Die KJAV kann die Aussetzung von Beschlüssen des KBR für die Dauer einer Woche beantragen, wenn er die **Interessen** der von ihm vertretenen Jugendlichen und Auszubildenden **beeinträchtigt** sieht. 23

16. § 67 – Teilnahmerecht an Sitzungen des Konzernbetriebsrats

Die KJAV kann zu allen Sitzungen der KBR **einen Vertreter** entsenden. Werden Jugendliche oder Auszubildende besonders betreffende Angelegenheiten behandelt, können **alle Mitglieder** der KJAV an der Sitzung teilnehmen. 24

---

6 *Fitting*, Rn. 13; HWGNRH-*Rose*, Rn. 7.
7 Richardi-*Annuß*, Rn. 20.
8 *Fitting*, Rn. 13; Richardi-*Annuß*, Rn. 18.

17. § 68 – Besprechungen

25 Der GBR hat die GJAV zu allen **Besprechungen** zwischen AG und GBR beizuziehen, wenn hierbei Angelegenheiten erörtert werden, die besonders die jugendlichen oder die zur Berufsausbildung beschäftigten AN unter 25 Jahren betreffen.

IV. Streitigkeiten

26 Über Streitigkeiten wegen der Anwendung des § 73 entscheidet das ArbG gemäß §§ 2 a, 80 ff. ArbGG im **Beschlussverfahren.** Örtlich zuständig ist das ArbG, in dessen Bezirk das UN seinen Sitz hat (§ 82 Satz 2 ArbGG).

27 Über Streitigkeiten wegen der Minderung des Entgelts oder verweigerten Freizeitausgleichs ist im **Urteilsverfahren** zu entscheiden (vgl. auch § 37 Rn. 125).[9] Anders als beim Beschlussverfahren ist hier nicht auf das UN, sondern auf den Betrieb abzustellen, in dem der AN beschäftigt ist. Örtlich zuständig ist somit das ArbG des Bezirks, in dem der Betrieb seinen Sitz hat (§ 46 Abs. 2 ArbGG i. V. m. § 29 ZPO).

Dritter Abschnitt
Konzern-Jugend- und Auszubildendenvertretung

§ 73 a Voraussetzung der Errichtung, Mitgliederzahl, Stimmengewicht

(1) Bestehen in einem Konzern (§ 18 Abs. 1 des Aktiengesetzes) mehrere Gesamt-Jugend- und Auszubildendenvertretungen, kann durch Beschlüsse der einzelnen Gesamt-Jugend- und Auszubildendenvertretungen eine Konzern-Jugend- und Auszubildendenvertretung errichtet werden. Die Errichtung erfordert die Zustimmung der Gesamt-Jugend- und Auszubildendenvertretungen der Konzernunternehmen, in denen insgesamt mindestens 75 vom Hundert der in § 60 Abs. 1 genannten Arbeitnehmer beschäftigt sind. Besteht in einem Konzernunternehmen nur eine Jugend- und Auszubildendenvertretung, so nimmt diese die Aufgaben einer Gesamt-Jugend- und Auszubildendenvertretung nach den Vorschriften dieses Abschnitts wahr.

(2) In die Konzern-Jugend- und Auszubildendenvertretung entsendet jede Gesamt-Jugend- und Auszubildendenvertretung eines ihrer Mitglieder. Sie hat für jedes Mitglied mindestens ein Ersatzmitglied zu bestellen und die Reihenfolge des Nachrückens festzulegen.

(3) Jedes Mitglied der Konzern-Jugend- und Auszubildendenvertretung hat so viele Stimmen, wie die Mitglieder der entsendenden Gesamt-Jugend- und Auszubildendenvertretung insgesamt Stimmen haben.

(4) § 72 Abs. 4 bis 8 gilt entsprechend.

Inhaltsübersicht Rn.

9 *Fitting,* Rn. 18; GK-*Oetker,* Rn. 57; Richardi-*Annuß,* Rn. 29.

I. Vorbemerkungen

Die durch die **Novellierung 2001** neu aufgenommenen §§ 73 a und 73 b ermöglichen die Bildung eines Vertretungsorgans auf der **Ebene des Konzerns** aus denselben Gründen, die die Errichtung eines KBR gem. § 54 ermöglichen. Die KJAV ist **nicht obligatorisch,** sondern vom Votum einer qualifizierten Mehrheit abhängig. Das Quorum entspricht dem, das bis zum BetrVerf-ReformG zur Errichtung des KBR erforderlich war.[1] 1

II. Rechtsstellung

1. Verhältnis zu anderen Gremien

Die KJAV ist wie die GJAV ein **eigenständiges Organ** der Betriebsverfassung mit eigenen Rechten und Pflichten (vgl. zu den speziellen wahrzunehmenden Interessen, dem Kündigungsschutz der JAV-Mitglieder usw. § 60 Rn. 5 ff. und 28 ff.). Sie kann ihre Aufgaben nur mit dem KBR erfüllen, hat jedoch einen eigenen Aufgabenbereich, in dem sie auch ohne Einschaltung des KBR tätig werden kann (§ 73 b Abs. 2). 2

Zwischen KJAV und GJAV sowie JAV besteht **kein Rangverhältnis.** Die KJAV ist also gegenüber der GJAV oder der JAV nicht weisungsbefugt. Das Verhältnis der drei Vertretungsebenen entspricht insofern dem zwischen BR, GBR und KBR. 3

2. Dauereinrichtung

Die KJAV hat keine feste Amtszeit, sondern ist nach ihrer Konstituierung ein **Dauergremium.** Die Errichtungsbeschlüsse haben über die einzelnen Wahlperioden hinaus Bestand. 4

Die **Amtszeit** der KJAV ist nur mittelbar von der zweijährigen Amtszeit der JAV gem. § 64 Abs. 1 Satz 1 abhängig. Durch die Neuentsendungen der GJAV konstituiert sich die KJAV allerdings nicht neu. Es empfiehlt sich allerdings, den bzw. die Vorsitzenden und die Stellvertretung regelmäßig neu zu wählen und u. U. die turnusmäßige Neuwahl in der Geschäftsordnung zu verankern. 5

1 BT-Drucks. 14/5741, S. 45 zu Nr. 49.

3. Beendigung

6 Die KJAV besteht so lange, wie die Voraussetzungen zu ihrer Errichtung vorliegen. Ihr steht jedoch wie beim KBR ein gewisses **Rest- bzw. Übergangsmandat** zu, auch wenn seine praktische Bedeutung eher gering sein dürfte.

III. Errichtung (Abs. 1)

1. Grundsätze

7 In Abs. 1 werden die Voraussetzungen zur Errichtung einer Konzern-Jugend- und Auszubildendenvertretung (KJAV) festgelegt. Liegen sie vor, kann eine KJAV gebildet werden. Ihre Errichtung ist also nicht obligatorisch, sondern **fakultativ.**[2]

8 Mit der Bildung der KJAV ist **keine Erweiterung** der Mitbestimmungs- oder sonstigen Beteiligungsrechte verbunden (vgl. zum KBR § 54 Rn. 8). Die allgemeinen Aufgaben der KJAV ergeben sich aus § 70.

9 Die Errichtung der KJAV setzt **nicht** die **Existenz eines KBR** voraus. Auch wenn dieser pflichtwidrig nicht gebildet worden ist, kann sich dennoch eine KJAV konstituieren.

2. Voraussetzungen (Satz 1)

a) Konzern gem. § 18 Abs. 1 AktG

10 Die Bildung einer KJAV setzt einen Konzern voraus. Abs. 1 Satz 1 verzichtet ebenso wie § 54 auf eine eigene Begriffsbestimmung und verweist auf die **Legaldefinition in § 18 Abs. 1 AktG.** Auf die entsprechenden Ausführungen zum KBR wird verwiesen.

11 Liegt ein **Konzern im Konzern** vor, können für jeden Konzern KJAV errichtet werden. Für ihre Errichtung bleiben die GJAV zuständig. Die KJAV an der Konzernspitze wird nicht durch die KJAV der in Teilkonzernen errichteten KJAV gebildet.

12 In **Gemeinschaftsunternehmen** kann bei jedem der herrschenden Unternehmen eine KJAV errichtet werden. Soweit dort bereits eine existiert, entsenden die GJAV in sie jeweils Vertreter.

13 Besonderheiten gelten für das **konzerninterne Ausbildungszentrum** und die vollständige Übertragung der **Ausbildung auf Dritte** (§ 60 Rn. 20 f.).

b) Mehrere Gesamt-Jugend- und Auszubildendenvertretungen

14 Die Errichtung der KJAV setzt die Existenz mehrerer GJAV voraus. Besteht nur eine GJAV, dann ist ihre Errichtung ausgeschlossen. Etwas anderes gilt für den Fall, dass in einem Konzern-UN nur eine JAV besteht. Dann nimmt sie die Funktion der GJAV wahr (Abs. 1 Satz 3).

c) Fakultative Errichtung

15 Die GJAV können eine KJAV bilden, müssen es jedoch nicht. Ihre Errichtung hängt damit vom **Willen der GJAV** ab. Jede GJAV kann die Initiative zur Errichtung eines KBR ergreifen.[3]

16 Die **Initiative** kann jederzeit ergriffen werden. Sie kommt z. B. in Betracht
- zur Anpassung an veränderte Konzernstrukturen;
- bei Konzernbildung durch Unternehmensumwandlung oder Umstrukturierung;
- bei veränderten Beschäftigungsstrukturen mit Auswirkungen auf das Quorum;
- bei veränderter Meinungsbildung in den GJAV bzw. JAV.

17 Weder die Leitung des herrschenden noch die der abhängigen UN haben ein Initiativrecht zur Errichtung einer KJAV.

18 Die GJAV, die die Initiative ergreift, sollte zunächst einen **Errichtungsbeschluss** fassen und

2 *Fitting*, Rn. 8; GK-*Oetker*, Rn. 2.
3 *Fitting*, Rn. 8; GK-*Oetker*, Rn. 2, 12.

dann die übrigen GJAV auffordern, der Errichtung der KJAV zuzustimmen. Unterlässt dies eine GJAV oder spricht sie sich sogar dagegen aus, dann handelt sie nicht pflichtwidrig.

3. Mehrheitliche Beschlüsse der Gesamt-Jugend- und Auszubildendenvertretungen (Satz 2)

a) Beschlussfassung

Die GJAV fassen ihre Beschlüsse selbstständig und getrennt voneinander. Die Beschlussfassung richtet sich nach § 51 Abs. 4, wonach ein Antrag angenommen wurde, wenn er die einfache, nach **Stimmengewicht berechnete Mehrheit** der anwesenden Mitglieder erhält. Für die Beschlussfassung der einzigen JAV eines Konzern-UN ist die Mehrheit der Stimmen der anwesenden **Mitglieder erforderlich.** Das Stimmgewicht berechnet sich nach § 72 Abs. 7. 19

Zweckmäßigerweise **teilt** die GJAV das Ergebnis ihrer Beschlussfassung allen anderen GJAV **mit.** Dies gilt insbesondere für die GJAV, die die Initiative zur Errichtung der KJAV ergriffen oder sogar bereits zur konstituierenden Sitzung gem. § 73 b Abs. 2 i. V. m. § 59 Abs. 2 eingeladen hat. 20

b) Qualifizierte Mehrheit

aa) Arbeitnehmer

Die Errichtung der KJAV setzt die Zustimmung der GJAV voraus, die zusammen mindestens 75 % der in § 60 Abs. 1 genannten AN der Konzern-UN repräsentieren. Bei diesen AN handelt es sich um die **Jugendlichen und die zu ihrer Ausbildung beschäftigten AN.** 21

Diese qualifizierte Mehrheit soll dem KBR eine breite Basis verschaffen. Sie bildet für seine Errichtung jedoch eine nicht geringe Hürde. Eine GJAV, die mehr als 25 % der in § 60 Abs. 1 genannten AN repräsentiert, kann die Bildung der KJAV **verhindern.** 22

bb) Gesamt-Jugend- und Auszubildendenvertretungen

Es ist unerheblich, wie viele GJAV der Errichtung der KJAV zustimmen. Entgegen dem Wortlaut in Satz 2 (Mehrzahl!) ist es ausreichend, wenn nur **eine GJAV,** die 75 % der maßgebenden AN der Konzern-UN vertreten, der Errichtung zustimmt und sie beschließt.[4] Das Gesetz stellt nicht auf die Zahl der GJAV, sondern die der AN ab. In Satz 1 ist zutreffend im Singular von Beschlüssen der einzelnen GJAV die Rede. 23

cc) Qualifizierte Mehrheit von 75 %

Für die **Berechnung** der qualifizierten Mehrheit ist auf die tatsächliche Zahl der betreffenden AN zum Zeitpunkt der Beschlussfassung abzustellen. Dies bedeutet, dass 24

- der in § 5 Abs. 2 aufgeführte Personenkreis von Nicht-AN im Sinne des BetrVG nicht mitrechnet;
- die leitenden Angestellten nach § 5 Abs. 3 und 4 nicht mitzählen, sondern nur AN gem. § 5 Abs. 1;
- nicht auf den regelmäßigen Stand der AN-Zahl abzustellen ist, sondern auf denjenigen zum Zeitpunkt der Beschlussfassung. Fasst die GJAV eines Konzern-UNs keinen Beschluss, dann ist auf den Zeitpunkt ihrer letzten Beschlussfassung abzustellen;
- nicht auf die Zahl der wahlberechtigten und in die Wählerliste eingetragenen AN abzustellen ist.

Alle AN gem. § 60 Abs. 1 aller Konzern-UN zählen mit, auch diejenigen, in deren UN **keine BR oder GBR** gewählt worden sind. Sie bilden die Basiszahl 100 %. Die ergibt sich aus dem 25

4 *Fitting*, Rn. 13.

Wortlaut, der auf die Beschäftigten in den Konzern-UN schlechthin abstellt und dem Gesetzeszweck, der eine möglichst breite Repräsentationsbasis sichern soll und davon ausgeht, dass auch Betriebe ohne BR Teil der Betriebsverfassung sind.[5]

26 Spätere **Änderungen der Beschäftigtenzahl** bleiben unberücksichtigt. Die Grundlagen einer einmal errichteten KJAV entfallen also nicht dadurch, dass die GJAV nicht mehr über 75 % der Stimmen verfügen, die der Errichtung zugestimmt hatten.

4. Konstituierung

27 Durch die **Errichtungsbeschlüsse** mit der nach Abs. 1 Satz 2 erforderlichen Mehrheit ist die KJAV errichtet. Sie ist jedoch bis zur Konstituierung handlungsunfähig.

28 Die Errichtung begründet für alle GJAV **unmittelbar Pflichten,** unabhängig davon, ob sie sich für oder gegen eine Errichtung ausgesprochen haben oder gar pflichtwidrig eine Abstimmung überhaupt nicht vornahmen.

29 Die GJAV des herrschenden UN oder, sofern ein solches nicht besteht, die GJAV des nach der Zahl der AN größten Konzern-UN, hat gem. § 59 Abs. 2 unverzüglich zur konstituierenden Sitzung der KJAV **einzuladen.** Kommt sie ihrer Pflicht nicht in angemessener Frist nach, hat jeweils die GJAV des nach der Zahl der wahlberechtigten AN größten UN einzuladen.

30 Die GJAV sind verpflichtet, aus ihrer Mitte Mitglieder in die KJAV zu entsenden. Unterlassen sie dies, so kann dies eine **grobe Pflichtverletzung** gem. § 23 Abs. 1 und 2 darstellen.

31 Erst **mit der Wahl des** oder der **Vorsitzenden** bzw. der Stellvertretung hat sich die KJAV konstituiert und wird **handlungsfähig.**[6] Ihre Zuständigkeit erstreckt sich auf alle Konzern-UN mit oder ohne BR oder GBR bzw. JAV oder GJAV. Dies gilt auch für UN, deren GJAV keine Mitglieder in die KJAV entsandt haben oder auf sonstige Weise ihre Pflichten bei der Errichtung verletzten.

5. Konzernunternehmen mit nur einer JAV (Satz 3)

a) Funktionelle Gleichstellung

32 Die Vorschriften zur KJAV gehen vom Regelfall aus, dass in mehreren UN des Konzerns jeweils eine GJAV gebildet wurde. Dies setzt die Existenz mehrerer UN mit jeweils einer GJAV voraus. Da in manchen UN nur eine JAV existiert, würde sie bei der Errichtung der KJAV nicht berücksichtigt werden können. Dem trägt Satz 3 dadurch Rechnung, dass sämtliche für die GJAV geltenden Vorschriften über Rechte, Pflichten und Zuständigkeit in den Fällen auf die **JAV** zur Anwendung kommen, in denen keine GJAV existiert. In diesen Fällen wird die JAV funktionell der GJAV gleichgestellt.

33 Die JAV nimmt ebenso wie jede GJAV an der **Arbeit der KJAV** teil. Treffen auf die JAV die Voraussetzungen des § 59 Abs. 2 zu (JVA im herrschenden oder größten UN), so hat sie zur konstituierenden Sitzung der KJAV einzuladen.

b) Stimmengewicht

34 Bei den **Beschlussfassungen** (z. B. der Wahl des oder der Vorsitzenden und der Stellvertretung) hat die JAV so viel Stimmen, wie Jugendliche und zur Berufsausbildung beschäftigte AN im Betrieb beschäftigt sind (§ 60 Rn. 22).

35 Besteht ein UN zwar aus mehreren Betrieben, von denen jedoch nur einer eine JAV hat, dann sind die Jugendlichen und die zur Berufsausbildung beschäftigten AN dieser Betriebe **hinzuzählen.** Nach § 58 Abs. 1 Satz 1 erstreckt sich die Zuständigkeit des KBR auch auf Betriebe der Konzernunternehmen ohne BR. Damit ist die alte Streitfrage, ob betriebsratslose Betriebe außerhalb der Betriebsverfassung stehen, entschieden. Deshalb können Betriebe ohne JAV auch bei der Errechnung des Stimmengewichts nicht unberücksichtigt bleiben.

---

5 Im Ergebnis ebenso *BAG* 11.8.93, NZA 94, 326 zur Errichtung des KBR; *Fitting*, Rn. 15.

6 *Fitting*, Rn. 17.

c) Eine JAV im Unternehmen

Der Tatbestand, dass in einem Konzern-UN nur eine JAV besteht, kann häufig vorliegen, z. B.: 36

- In einem Konzern-UN gibt es nur **einen JAV-fähigen Betrieb,** so dass nur eine JAV bestehen kann;
- Zu einem Konzern-UN gehören zwar mehrere JAV-fähige Betriebe, aber nur in einem Betrieb wurde eine JAV **gewählt.** Die Gründe, weshalb es zu dieser Wahl nicht kam, sind unerheblich.

Satz 3 findet keine analoge Anwendung auf den Fall, dass in einem mehrbetrieblichen Konzern-UN mehrere JAV existieren, die jedoch **pflichtwidrig** keine GJAV errichtet haben. Diese JAV nehmen nicht die Aufgaben der GJAV wahr und sind nicht befugt, sich an der Errichtung der KJAV zu beteiligen. 37

Auch auf einen von mehreren UN gebildeten **gemB** gem. § 1 Abs. 1 Satz 2 kann Satz 3 dann Anwendung finden, wenn die UN keine anderen Betriebe mit JAV haben und einem Konzern mit einer KJAV angehören, dann entsendet die JAV des gemB einen Vertreter unmittelbar in die KJAV. 38

IV. Mitgliederzahl (Abs. 2)

1. Entsendung eines Mitglieds (Satz 1)

Die GJAV (bzw. die JAV gem. Abs. 1 Satz 3) der dem Konzern angehörenden UN entsenden **jeweils ein Mitglied** in die KJAV. 39

In die KJAV können nur **Mitglieder der GJAV** (bzw. die JAV gem. Abs. 1 Satz 3) entsandt werden. 40

Die Mitgliedschaft in der KJAV **endet** mit der Amtszeit der jeweiligen JAV, von der das Mitglied in der GJAV oder aber gem. Abs. 1 Satz 3 direkt entsandt worden ist. Bei anschließender Wiederwahl in die JAV ist eine Wiederentsendung selbstverständlich möglich und wegen der bereits gewonnenen Erfahrungen auch sinnvoll. 41

Die GJAV (bzw. die JAV gem. Abs. 1 Satz 3) ist **verpflichtet,** Mitglieder in die KJAV zu entsenden. Dies gilt auch für solche Gremien, die seiner Errichtung nicht zugestimmt haben. Die Nichtentsendung stellt eine grobe Pflichtverletzung gem. § 23 Abs. 1 dar. 42

2. Ersatzmitglieder (Satz 2)

Für **jedes Mitglied** ist mindestens ein Ersatzmitglied zu bestellen. Werden mehrere bestellt, ist gleichzeitig die Reihenfolge des Nachrückens zu bestimmen. 43

Ersatzmitglieder treten in die KJAV ein, wenn das ordentliche Mitglied **verhindert** ist oder **ausscheidet.** 44

Dies gilt gem. Abs. 1 Satz 3 auch dann, wenn es in einem Konzern-UN nur eine JAV gibt. Besteht sie aus nur einer Person, rückt das Ersatzmitglied nach. 45

V. Stimmenzahl (Abs. 3)

1. Berechnung

Die Stimmenzahl der von den GJAV gewählten Vertretern richtet sich nach den Stimmen, die die Mitglieder der entsendenden GJAV insgesamt haben. In Konzern-UN mit nur einer JAV errechnet sich die Stimmenzahl nach den im gesamten Konzern-UN beschäftigten Jugendlichen und zu ihrer Berufsausbildung beschäftigten AN. 46

2. Abstimmung

Ein Mitglied in der KJAV kann seine Stimmen nur **einheitlich** abgeben. Jede Form der Aufspaltung ist ausgeschlossen. 47

48 Bei ihrer Stimmabgabe sind alle Mitglieder **frei** und nicht an Weisungen gebunden. Allerdings kann das entsendende Gremium das Mitglied jederzeit abberufen und durch ein anderes ersetzen.

VI. Abweichende Regelung (Abs. 4 i. V. m. § 72 Abs. 4 bis 8)

1. Abweichende Regelung (Abs. 4 i. V. m. § 72 Abs. 4)

49 § 72 Abs. 4 gilt entsprechend. Danach kann durch TV oder BV die Mitgliederzahl der KJAV abweichend von Abs. 2 geregelt werden, wonach jede GJAV ein Mitglied entsendet (§ 72 Rn. 14 ff.). Diese Regelung entspricht den Vorschriften zum GBR, § 47 Abs. 4.

50 Die Vorschrift räumt die Möglichkeit ein, die Mitgliederzahl abweichend zu regeln und damit die Strukturen den unterschiedlichen Gegebenheiten **flexibel** anzupassen.

51 Die abweichende Regelung kann durch **TV oder BV** erfolgen. Bei Kollision hat der **TV Vorrang.**

52 Ein **TV** ist mit dem herrschenden UN abzuschließen. Die ihn **abschließende Gewerkschaft** muss nicht in allen Betrieben aller Konzern-UN vertreten sein.

53 Die **BV** ist zwischen dem KBR und der Leitung des herrschenden UN abzuschließen. Weder die KJAV, noch einzelne GJAV, sondern allein der KBR sind dafür zuständig.[7] Die KJAV ist bei den Verhandlungen zu beteiligen, weil es sich um eine überwiegend jugendliche und zu ihrer Berufsausbildung beschäftigte AN betreffende Angelegenheit handelt, bei der die Mitglieder der KJAV volles Stimmrecht haben (§ 73 b Abs. 2 i. V. m. § 67 Abs. 1 und 2 und § 68).

54 Die **Art der Abweichung** ist nicht vorgegeben. Sie kann mehr oder weniger als 20 Mitglieder vorsehen.

2. Erzwingbare Betriebsvereinbarung zur Mitgliederzahl (Abs. 4 i. V. m. § 72 Abs. 5)

55 § 72 Abs. 5 gilt entsprechend. Danach kann die Zahl der zu entsendenden Mitglieder **verringert** werden, indem die GJAV mehrerer UN gemeinsam Mitglieder entsenden, wenn sie regional oder durch gleichartige Interessen verbunden sind.

56 Die Verringerung setzt den Abschluss einer BV voraus. Unterbleibt eine Initiative zum Abschluss der BV, verändert sich die Mitgliederzahl nicht.

57 Die Vorschrift sieht durch die notwendige Entsendung gemeinsam bestimmter Mitglieder eine Verringerung vor, **ohne eine Höchstgrenze** des Gremiums festzulegen. Deshalb kann die Mitgliederzahl durch BV zwar heruntergesetzt werden, aber dennoch mehr als 20 betragen.

3. Entscheidung der Einigungsstelle (Abs. 4 i. V. m. § 72 Abs. 6)

58 § 72 Abs. 6 gilt entsprechend. Einigen sich KBR und die Leitung des herrschenden UN nicht, entscheidet die **ESt. verbindlich.** Sie kann nur auf Antrag des KBR oder des UN, nicht jedoch der KJAV gebildet werden. Die KJAV sollte vor einer Entscheidung gehört werden.

4. Stimmengewicht (Abs. 4 i. V. m. § 72 Abs. 7)

59 § 72 Abs. 7 gilt entsprechend. Die Verweisung betrifft nur den Fall der Entsendung aus einem gemeinsamen Betrieb. Das Stimmengewicht der einzelnen Mitglieder richtet sich nach der Zahl der in die **Wählerliste** eingetragenen Jugendlichen und der zu ihrer Berufsbildung beschäftigten AN.

60 Im Übrigen ist das Stimmengewicht der Mitglieder der KJAV in Abs. 3 geregelt. Danach verfügt jedes Mitglied über so viel Stimmen, wie die Mitglieder entsendenden **GJAV insgesamt** Stimmen haben (Rn. 46). Wird die **Größe** der **KJAV verändert,** dann teilen sich die von

---

7 *Fitting*, Rn. 34; GK-*Oetker*, Rn. 30.

mehreren GJAV entsandten Mitglieder bei einer Vergrößerung das Stimmengewicht zu gleichen Teilen. Bei einer Verkleinerung kommen dem gemeinsam entsandten Mitglied so viel Stimmen zu, wie in den zusammengefassten UN bei der letzten JAV-Wahl AN gemäß § 60 in die Wählerlisten eingetragen waren.[8]

5. Vertreter aus einem gemeinsamen Betrieb (Abs. 4 i. V. m. § 72 Abs. 8)

§ 72 Abs. 8 gilt entsprechend. Danach kann durch **TV oder BV** das Stimmengewicht der aus einem gemeinsamen Betrieb mehrerer UN entsandten Mitglieder abweichend von Abs. 7 geregelt werden. Damit besteht die Möglichkeit, dass Vertreter gemeinsamer Betriebe nicht das volle Stimmengewicht aller von ihnen vertretenen AN, sondern nur das Stimmengewicht der einem bestimmten UN angehörenden AN mitbringen. **61**

VII. Streitigkeiten

Streitigkeiten wegen der Errichtung der KJAV sind vom ArbG im Beschlussverfahren gem. §§ 2 a, 80 f. ArbGG zu entscheiden. **Örtlich** ist das ArbG zuständig, in dessen Bezirk das herrschende UN seinen Sitz hat (§ 82 Satz 2 ArbGG). Dies gilt auch für Streitigkeiten zwischen KBR und KJAV. Hat das herrschende UN seinen Sitz im Ausland, dann ist der Sitz des größten inländischen UN maßgebend. **62**

Für Streitigkeiten über die Rechtmäßigkeit der Bildung der KJAV und die Entsendung von GJAV-Mitgliedern ist § 19 anwendbar. **Gewerkschaften** sind als Organ der Betriebsverfassung aktiv legitimiert und beteiligungsbefugt. **63**

§ 73 b Geschäftsführung und Geltung sonstiger Vorschriften

(1) Die Konzern-Jugend- und Auszubildendenvertretung kann nach Verständigung des Konzernbetriebsrats Sitzungen abhalten. An den Sitzungen kann der Vorsitzende oder ein beauftragtes Mitglied des Konzernbetriebsrats teilnehmen.

(2) Für die Konzern-Jugend- und Auszubildendenvertretung gelten § 25 Abs. 1, die §§ 26, 28 Abs. 1 Satz 1, die §§ 30, 31, 34, 36, 37 Abs. 1 bis 3, die §§ 40, 41, 51 Abs. 3 bis 5, die §§ 56, 57, 58, 59 Abs. 2 und die §§ 66 bis 68 entsprechend.

Inhaltsübersicht Rn.

8 *Fitting*, Rn. 35.

I. Vorbemerkungen

1 **Novellierung 2001:** Die KJAV ist den GJAV und JAV **nicht übergeordnet,** sondern steht neben diesen Organen. Das Verhältnis zwischen KJAV und KBR auf Konzern-Ebene entspricht dem zwischen GJAV und GBR auf Unternehmensebene sowie JAV und BR auf Betriebsebene.

II. Sitzungen

2 Die KJAV ist berechtigt, **eigene Sitzungen** durchzuführen. **Verständigung** bedeutet vorherige Unterrichtung und nicht vorherige Genehmigung.[1]

3 Gemäß Abs. 1 Satz 2 kann der Vorsitzende oder ein Beauftragter des KBR **an den Sitzungen der KJAV teilnehmen.** Ein Vertreter der in der KJAV vertretenen **Gewerkschaft** ist gemäß § 73 Abs. 2 und § 31 teilnahmeberechtigt, wenn die Teilnahme von mindestens einem Viertel der Mitglieder der KJAV beantragt wird (Rn. 10). An auf Verlangen des AG anberaumten Sitzungen kann er ggf. zusammen mit einem Vertreter seines Verbandes teilnehmen.

4 Der Vorsitzende der KJAV setzt die **Tagesordnung** fest, lädt ein und leitet die Sitzung. Der für den BR geltende § 29 Abs. 2 findet entsprechende Anwendung (Abs. 2 i. V. m. § 51 Abs. 3 Satz 3). Verlangt der AG oder ein Viertel der Mitglieder der KJAV die Einberufung einer Sitzung zu einem bestimmten Tagesordnungspunkt, muss der Vorsitzende diesem Antrag folgen (Abs. 2 i. V. m. § 52 Abs. 3 Satz 3, § 29 Abs. 3).

5 Die bei der Hauptverwaltung des UN errichtete GJAV lädt zur **konstituierenden Sitzung** des KJAV ein (Abs. 2 i. V. m. § 51 Abs. 3 Satz 1). **Beschlüsse** der KJAV werden mit der Mehrheit der anwesenden Mitglieder gefasst, soweit keine andere gesetzliche Regelung getroffen ist (Abs. 2 i. V. m. § 51 Abs. 4).

III. Stellung und Geschäftsführung – entsprechend anwendbare Vorschriften

6 § 73 b Abs. 2 erklärt eine Reihe von gesetzlichen Regelungen für **entsprechend anwendbar,** die die Rechtsstellung, die innere Organisation und die Geschäftsführung des BR, GBR und der JAV betreffen. Damit gelten für die KJAV weitgehend identische Regelungen wie für GJAV und JAV.

1. § 25 Abs. 1 und 3 – Ersatzmitglied

7 Scheidet ein Mitglied aus der KJAV aus, so rückt das nach § 72 Abs. 3 bestellte **Ersatzmitglied** nach. Dies gilt auch dann, wenn ein Mitglied der KJAV zeitweilig an der Teilnahme verhindert ist.

2. § 26 – Wahl des Vorsitzenden und seine Aufgaben

8 Die KJAV wählt aus ihrer Mitte den **Vorsitzenden** und den **Stellvertreter.** Der Vorsitzende oder im Verhinderungsfall sein Stellvertreter vertritt die KJAV im Rahmen der von ihr gefassten Beschlüsse und ist zur Entgegennahme von Erklärungen befugt (§ 26 Rn. 27). Das Stimmengewicht der Mitglieder der KJAV ergibt sich aus § 72 Abs. 7.

3. § 28 Abs. 1 Satz 1 – Ausschüsse

9 Der Verweis auf § 28 Abs. 1 Satz 1 ermöglicht der KJAV die Bildung von Ausschüssen. Dies erhöht die **Effizienz der Arbeit** der KJAV.

---

1 *Fitting*, Rn. 3; GK-*Oetker*, Rn. 26.

4. § 30 – Sitzungen

Die Sitzungen finden grundsätzlich **während der Arbeitszeit** statt und sind **nicht öffentlich.** Der Vorsitzende der KJAV ist verpflichtet, eine Sitzung einzuberufen und den Antragsgegenstand auf die Tagesordnung zu setzen, wenn ein Viertel der Mitglieder oder der AG dies beantragen. 10

5. § 31 – Teilnahme der Gewerkschaften

Vertreter der Gewerkschaften können an den Sitzungen der KJAV teilnehmen, wenn ihre Gewerkschaften in diesem Gremium **vertreten** sind. 11

Bei der Ermittlung der notwendigen Anzahl von einem Viertel der Mitglieder ist nicht nur abzustellen auf die **Personenzahl,** sondern auch auf das ihnen zukommende **Stimmengewicht.** Unabhängig hiervon kann die KJAV jederzeit mit Stimmenmehrheit einen Beschluss fassen, wonach ein Vertreter der Gewerkschaft hinzugezogen werden soll, wenn sie dies zur Erfüllung ihrer Aufgaben für **erforderlich** hält. Dafür reicht es aus, dass die Gewerkschaft in einem der Betriebe des UN vertreten ist. 12

6. § 34 – Niederschrift

Über den Verlauf jeder Sitzung der KJAV ist eine **Niederschrift** anzufertigen, die mindestens den Wortlaut der Beschlüsse und die Stimmenmehrheit, mit der sie gefasst sind, wiedergibt. Jedes Mitglied der KJAV hat das Recht, in die Unterlagen der KJAV **Einblick** zu nehmen. 13

7. § 36 – Geschäftsordnung

Die KJAV kann sich eine **schriftliche Geschäftsordnung** geben. Hierüber muss sie mit der absoluten Mehrheit ihrer Stimmen beschließen. 14

8. § 37 Abs. 1 – 3 – Ehrenamt und Arbeitsbefreiung

Die Mitglieder der KJAV führen ihr Amt **unentgeltlich als Ehrenamt** aus, sind von der beruflichen Tätigkeit ohne Minderung des Arbeitsentgelts zu **befreien** und haben Anspruch auf Arbeitsbefreiung unter Fortzahlung des Entgelts, soweit sie ihre Amtstätigkeit außerhalb der Arbeitszeit durchgeführt haben. 15
Eine besondere Bezugnahme auf § 37 Abs. 4 – 7 erübrigt sich, da diese Bestimmung unmittelbar Anwendung findet. Mitglieder der KJAV haben in ihrer gleichzeitig vorliegenden Eigenschaft als JAV-Mitglieder einen **Anspruch auf Freistellung für Schulungs- und Bildungsveranstaltungen,** sofern die dort vermittelten Kenntnisse für die Tätigkeit der Mitglieder der JAV »erforderlich« i. S. v. § 37 Abs. 6 sind. Dies gilt nicht nur für das unmittelbar in die KJAV entsandte Mitglied, sondern auch für das **Ersatzmitglied.** Nicht die KJAV oder der KBR, sondern allein der BR entscheidet über die Teilnahme eines Mitglieds der JAV an derartigen Schulungsveranstaltungen. Bei der Beschlussfassung ist die JAV mit eigenem Stimmrecht hinzuzuziehen.[2] Zum Recht der Mitglieder der KJAV auf **Arbeitsbefreiung** und **Freizeitausgleich** für Tätigkeiten, die sie außerhalb der regulären Arbeitszeit ausgeübt haben, gelten die für Mitglieder des BR entwickelten Grundsätze entsprechend.

9. § 40 – Kosten

Der AG hat die durch die Tätigkeit der KJAV und ihrer Mitglieder entstehenden **Kosten** zu tragen und den erforderlichen **Sachaufwand** zur Verfügung zu stellen. 16

2 *BAG* 10.6.75, AP Nr. 1 zu § 73 BetrVG 1972 für die GJAV.

10. § 41 – Umlageverbot

17 Die Erhebung und Leistung von **Beiträgen** von AN für die KJAV ist unzulässig.

11. § 51 Abs. 3 – 5 – Beschlüsse, Rechte und Pflichten

18 Die KJAV und ihre Ausschüsse fassen gem. § 51 Abs. 3 ihre Beschlüsse mit der **Mehrheit der Stimmen** der anwesenden Mitglieder. Bei Stimmengleichheit ist der Antrag abgelehnt. Die KJAV ist nur beschlussfähig, wenn mindestens die **Hälfte der Mitglieder** an der Beschlussfassung teilnimmt, wobei Stellvertretung durch Ersatzmitglieder zulässig ist. Nimmt die KJAV an der Beschlussfassung teil, dann **rechnet** ihre Stimme gem. § 51 Abs. 3 Satz 4 i. V. m. § 33 Abs. 3 bei der Feststellung der Stimmenmehrheit **mit.**

19 Gem. § 73 b Abs. 2 i. V. m. § 51 Abs. 4 findet auf die Beschlussfassung des Ausschusses § 33 Abs. 1 und 2 Anwendung, wonach die Beschlüsse mit der **Mehrheit** der Stimmen der **anwesenden Mitglieder** gefasst werden (§ 33 Abs. 1) und das Gremium nur bei der **Teilnahme** von mindestens der **Hälfte der Mitglieder** beschlussfähig ist (§ 33 Abs. 2).

20 Gem. § 73 b Abs. 2 i. V. m. § 51 Abs. 5 hat die KJAV die allgemeinen Rechte und Pflichten des GBR und des BR. Gemeint sind damit allgemeine Grundsätze der Betriebsverfassung, wie z. B. das Gebot zur Beachtung des **Gleichbehandlungsgrundsatzes** gem. § 75. Außerdem besteht ein Anspruch auf Unterrichtung gem. § 80 Abs. 1 und 2, wonach die KJAV zur Durchführung ihrer Aufgaben auch einen **Anspruch auf Unterrichtung** und die **Herausgabe von Unterlagen** verlangen kann.

12. § 56 – Ausschluss

21 Mindestens ein Viertel der wahlberechtigten jugendlichen und zu ihrer Berufsausbildung beschäftigten AN des UN, der AG, der GBR, die KJAV oder eine im UN vertretene Gewerkschaft können beim ArbG den Ausschluss eines Mitglieds aus der KJAV wegen **grober Verletzung seiner gesetzlichen Pflichten** beantragen. Bei der Ermittlung des erforderlichen Quorums von einem »Viertel der Mitglieder« ist nicht nur auf die Personenzahl, sondern auch auf das **Stimmengewicht** abzustellen.

13. § 57 – Ende der Mitgliedschaft

22 Die Mitgliedschaft in der KJAV endet
- mit **Erlöschen** der Mitgliedschaft in der JAV,
- mit der **Abberufung** durch die JAV,
- durch **Ausschluss** aus der KJAV,
- durch **Amtsniederlegung.**

Die Abberufung kann jederzeit ohne Angabe von Gründen durch einfachen Mehrheitsbeschluss erfolgen.

14. § 58 – Zuständigkeit

23 Die KJAV ist weder den GJAV noch den einzelnen JAV **übergeordnet.** Sie ist für die Behandlung von Angelegenheiten zuständig, die den Konzern oder mehrere UN betreffen und nicht durch die einzelnen GJAV geregelt werden können. Mit der Mehrheit der Stimmen der Mitglieder der GJAV können die GJAV die KJAV beauftragen, eine Angelegenheit für sie zu behandeln. Da die KJAV ebenso wie die GJAV nicht direkt mit dem AG verhandeln kann, dürfte es zweckmäßig sein, dass die KJAV den KBR damit beauftragt. Die KJAV ist gem. § 58 Abs. 1 Satz 1 Halbs. 2 im Rahmen seiner originären Zuständigkeit auch für die Betriebe bzw. UN ohne JAV bzw. GJAV zuständig.

15. § 59 Abs. 2 – Einladung zur konstituierenden Sitzung

Gem. § 73 b Abs. 2 i. V. m. § 59 Abs. 2 hat die GJAV des herrschenden UN zur **Wahl des Vorsitzenden** und Stellvertreters einzuladen. Besteht dort keine GJAV bzw. JAV, dann fällt diese Aufgabe der GJAV des nach der Zahl der jugendlichen bzw. der zu ihrer Berufsausbildung beschäftigten AN größten UN zu. 24

16. § 66 – Aussetzung von Beschlüssen

Die KJAV kann die Aussetzung von Beschlüssen des KBR für die Dauer einer Woche beantragen, wenn er die Interessen der von ihm vertretenen Jugendlichen und Auszubildenden **beeinträchtigt** sieht. 25

17. § 67 – Teilnahmerecht an Sitzungen des Konzernbetriebsrats

Die KJAV kann zu allen Sitzungen des KBR einen Vertreter entsenden. Werden Angelegenheiten behandelt, die die jugendliche und in Auszubildende befindlichen AN besonders betreffende, können **alle Mitglieder** der KJAV an der Sitzung teilnehmen. 26

18. § 68 – Teilnahme an gemeinsamen Besprechungen

Der KBR nimmt den KJAV zu allen **Besprechungen** mit dem AG mit, wenn hierbei Angelegenheiten erörtert werden, die besonders die jugendlichen oder zur Berufsausbildung beschäftigten AN unter 25 Jahren betreffen. 27

IV. Streitigkeiten

Über Streitigkeiten wegen der Anwendung des § 73 b entscheidet das ArbG gemäß §§ 2 a, 80 ff. ArbGG im **Beschlussverfahren.** Örtlich zuständig ist das ArbG, in dessen Bezirk das herrschende UN seinen Sitz hat (§ 82 Satz 2 ArbGG). 28

Über Streitigkeiten wegen der Minderung des Entgelts oder verweigerten Freizeitausgleichs ist im **Urteilsverfahren** zu entscheiden (vgl. auch § 37 Rn. 125).[3] Anders als beim Beschlussverfahren ist hier nicht auf das UN, sondern auf den **Betrieb** abzustellen, in dem der AN beschäftigt ist. Örtlich zuständig ist somit das ArbG des Bezirks, in dem der Betrieb seinen Sitz hat (§ 46 Abs. 2 ArbGG i. V. m. § 29 ZPO). 29

---

3 *Fitting*, Rn. 18; GK-*Oetker*, Rn. 57; *GL*, Rn. 9; *HWGNRH-Rose*, Rn. 28; Richardi-*Annuß*, Rn. 29.

Vierter Teil
Mitwirkung und Mitbestimmung der Arbeitnehmer

Erster Abschnitt
Allgemeines

§ 74 Grundsätze für die Zusammenarbeit

(1) Arbeitgeber und Betriebsrat sollen mindestens einmal im Monat zu einer Besprechung zusammentreten. Sie haben über strittige Fragen mit dem ernsten Willen zur Einigung zu verhandeln und Vorschläge für die Beilegung von Meinungsverschiedenheiten zu machen.
(2) Maßnahmen des Arbeitskampfes zwischen Arbeitgeber und Betriebsrat sind unzulässig; Arbeitskämpfe tariffähiger Parteien werden hierdurch nicht berührt. Arbeitgeber und Betriebsrat haben Betätigungen zu unterlassen, durch die der Arbeitsablauf oder der Frieden des Betriebs beeinträchtigt werden. Sie haben jede parteipolitische Betätigung im Betrieb zu unterlassen; die Behandlung von Angelegenheiten tarifpolitischer, sozialpolitischer, umweltpolitischer und wirtschaftlicher Art, die den Betrieb oder seine Arbeitnehmer unmittelbar betreffen, wird hierdurch nicht berührt.
(3) Arbeitnehmer, die im Rahmen dieses Gesetzes Aufgaben übernehmen, werden hierdurch in der Betätigung für ihre Gewerkschaft auch im Betrieb nicht beschränkt.

Inhaltsübersicht

I. Vorbemerkungen

1 Die Vorschrift enthält Grundsätze über die Zusammenarbeit zwischen AG und BR. Sie ist jedoch nicht erschöpfend; denn auch in anderen Vorschriften des Gesetzes (z. B. §§ 2, 75) wird bestimmt, was **AG und BR im Rahmen ihrer Zusammenarbeit** zu beachten haben. In Abs. 3 wird insbes. klargestellt, dass sowohl die Mitglieder des BR als auch alle anderen AN, die betriebsverfassungsrechtliche Funktionen ausüben, in ihrer **gewerkschaftlichen Betätigung im Betrieb** nicht eingeschränkt sind.

2 Die in dieser Vorschrift enthaltenen **Verbote des Arbeitskampfes** zwischen BR und AG, der **parteipolitischen Betätigung** und der **Beeinträchtigung des Betriebsfriedens** stellen eine problematische Ausprägung des betriebsverfassungsrechtlichen Modells einer ausschließlich **wirtschaftsfriedlichen und kooperativen Austragung betrieblicher Konflikte** dar. Diese Konzeption gerät in der Praxis in Widerspruch zu dem das Arbeitsverhältnis und das betriebliche Geschehen prägenden Interessengegensatz zwischen Kapital und Arbeit und stellt den Schutz eines konfliktfreien betrieblichen Geschehens und ungestörter Arbeitsabläufe zu Lasten einer aktiven Interessenvertretung durch den BR und einer Umsetzung der Betriebsverfassung als Institution des AN-Schutzes einseitig in den Vordergrund.

3 Darüber hinaus hat der Gesetzgeber durch die Verwendung **generalklauselartiger »offener« Begriffe** (insbes. des Begriffs Betriebsfrieden) die Möglichkeit eröffnet, die Verbote dieser

Vorschrift – in der Praxis nahezu ausschließlich zu Lasten des BR – in der Rechtsanwendung mit den unterschiedlichsten Wertvorstellungen aufzuladen und extensiv auszulegen. Das gesetzliche Verbot der parteipolitischen Betätigung begegnet – inbes. auch unter Berücksichtigung seiner erklärtermaßen weiten Auslegung durch das *BAG*[1] (vgl. dazu Rn. 51 ff.) – **grundsätzlichen verfassungsrechtlichen Bedenken** und stellt eine problematische Einschränkung des Grundrechts der Meinungsfreiheit (Art. 5 Abs. 1 GG) und der Betätigungsfreiheit der Parteien (Art. 21 Abs. 1 GG) für den betrieblichen Bereich dar.[2]

II. Monatliche Besprechungen

Die notwendige Zusammenarbeit zwischen AG und BR erfordert regelmäßige Kontakte zueinander. Aus diesem Grunde sollen AG und BR **mindestens einmal im Monat** zusammentreten, um alle anstehenden Fragen miteinander zu besprechen.[3] Obwohl es sich lediglich um eine Sollvorschrift handelt, gehören die vorgesehenen Besprechungen als **betriebsverfassungsrechtliche Pflicht**[4] zu den »Spielregeln« der Zusammenarbeit.[5] 4

Sowohl der BR als auch der AG sind gehalten, für die Durchführung der monatlichen Besprechungen Sorge zu tragen.[6] **Weigert sich eine der Betriebsparteien** mehrfach ohne sachlichen Grund, an den Besprechungen teilzunehmen, kann darin eine **grobe Pflichtverletzung** i. S. d. § 23 Abs. 1 oder 3 gesehen werden. Sind dagegen BR und AG übereinstimmend der Meinung, dass die monatliche Besprechung nicht erforderlich ist, sind keine Sanktionen vorgesehen.[7] Gleiches gilt, wenn eine Zusammenkunft von keiner Seite verlangt wird.[8] 5

An den Besprechungen haben grundsätzlich der AG und der BR teilzunehmen. Der AG kann sich ggf. durch eine kompetente Person vertreten lassen. Der BR braucht jedoch nur solche Personen als **Vertreter des AG** zu akzeptieren, die – fachlich kompetent[9] – für die Betriebsleitung zu sprechen befugt und dazu auch aus eigener Kenntnis der betrieblichen Zusammenhänge in der Lage sind.[10] Der AG ist nicht berechtigt, zu den Besprechungen unmittelbar eine **betriebsratsfremde Person zur Protokollführung** heranzuziehen.[11] 6

Auf der Seite des BR haben regelmäßig **alle BR-Mitglieder** an den Besprechungen teilzunehmen.[12] Der BR kann auch den **Betriebsausschuss** (§ 27) oder einen anderen Ausschuss (§ 28) mit der Durchführung der Besprechungen beauftragen.[13] Die monatlichen Besprechungen zählen nicht zu den »laufenden Geschäften«, die der Betriebsausschuss nach § 27 Abs. 3 Satz 1 zu führen hat.[14] 7

Sollten in einer Besprechung auch Angelegenheiten behandelt werden, die besonders jugendliche AN betreffen, ist nach § 68 die **JAV** (d. h. alle Mitglieder der JAV) hinzuzuziehen. Auch die **Schwerbehindertenvertretung** ist zu den Besprechungen hinzuzuziehen, da sie nach § 95 Abs. 5 SGB IX das Recht zur Teilnahme hat[15] Aus § 95 Abs. 5 SGB IX folgt kein Anspruch der 8

---

1 Vgl. aber die neuere Entscheidung des *BAG* 17.3.10, NZA 10, 1333, 1136 f. = AiB 11, 540, mit Anm. *Kröll*, in der die bisherige Rspr. für Äußerungen »allgemeinpolitischer Art« zurückgenommen wird.
2 Vgl. dazu insgesamt auch *Däubler*, Das Arbeitsrecht 1, Rn. 782; *Derleder*, AuR 88, 17 ff.; ErfK-*Schmidt*, Art. 5 GG Rn. 43; *Kempff*, S. 44 ff., 53 ff.; *Zachert*, S. 73; *ders.*, AuR 84, 289 ff.
3 Vgl. dazu insgesamt *Brill*, BlStSozArbR 85, 85 ff.; *Rädel*, AiB 99, 669.
4 *Fitting*, Rn. 4; ErfK-*Kania*, Rn. 3; GK-*Kreutz*, Rn. 10; Richardi-*Richardi*, Rn. 8; a. A. HWGNRH-*Worzalla*, Rn. 7.
5 GK-*Kreutz*, a. a. O.
6 *Fitting*, Rn. 4; GK-*Kreutz*, Rn. 11.
7 Ebenso im Ergebnis *Fitting*, a. a. O.; Richardi-*Richardi*, Rn. 8.
8 Vgl. auch GK-*Kreutz*, a. a. O.
9 *BAG* 11.12.91, AiB 92, 534.
10 GK-*Kreutz*, Rn. 14.
11 *ArbG Hersfeld* 8.1.87, BB 87, 2452.
12 *ArbG Bielefeld* 11.6.08 – 6 BV 37/08 – juris; GK-*Kreutz*, Rn. 14; Richardi-*Richardi*, Rn. 7.
13 *BAG* 15.8.12, NZA 13, 284, AiB 14, 64 mit Anm. *Rudolph*; ErfK-*Kania*, Rn. 5; *Fitting*, Rn. 5; HWGNRH-*Worzalla*, Rn. 4; a. A. GK-*Kreutz*, a. a. O.; Richardi-*Richardi*, a. a. O.; offen gelassen vom *BAG* 19.1.84, AP Nr. 4 zu § 74 BetrVG 1972.
14 *BAG* 15.8.12, a. a. O.; *ArbG Bielefeld* 11.6.08, a. a. O.; *Fitting*, a. a. O.; GK-*Kreutz*, a. a. O.; Richardi-*Richardi*, a. a. O.
15 A. A. zur alten Rechtslage und insoweit überholt *BAG* 19.1.84, a. a. O.

Schwerbehindertenvertretung, an zusätzlich regelmäßig stattfindenden sonstigen informellen Besprechungen zwischen einzelnen Vertretern des BR und des AG teilzunehmen.[16]

9 Das Gesetz enthält keine ausdrückliche Bestimmung darüber, ob auch **Beauftragte einer im BR vertretenen Gewerkschaft** an den gemeinsamen Besprechungen teilnehmen können. Vorschriften, die § 31 bzw. § 46 Abs. 1 entsprechen, fehlen. Wegen der engeren Zusammenarbeit zwischen dem BR und den im Betrieb vertretenen Gewerkschaften (§ 2 Abs. 1) ist jedoch auch die Hinzuziehung von Gewerkschaftsbeauftragten gerechtfertigt. Diese bedarf keiner Zustimmung des AG,[17] jedenfalls dann nicht, wenn die Teilnahme, z. B. wegen der auf der Tagesordnung stehenden Themen, erforderlich ist und für die Verweigerung der Zustimmung des AG anerkennenswerte Gründe nicht ersichtlich sind.[18] Dies gilt umgekehrt auch für die Hinzuziehung eines Vertreters des AG-Verbandes durch den AG.

10 Für die Durchführung der monatlichen Besprechungen ist **keine besondere Form** vorgeschrieben. Einladen kann somit der AG oder der BR. Über den Zeitpunkt und den Ort sollten sich die Beteiligten einigen. Eine Tagesordnung ist nicht vorgesehen. Beide Seiten sollten Gesprächspunkte benennen, damit sie sich auf die anstehenden Fragen vorbereiten und evtl. die notwendigen Unterlagen bereithalten können.[19]

11 Die monatlichen **Besprechungen sind keine BR-Sitzungen** i. S. d. §§ 29 ff., so dass der BR während einer solchen Beratung auch keine Beschlüsse fassen kann. Im Übrigen werden die monatlichen Besprechungen auch nicht dadurch ersetzt, dass der AG monatlich einmal an einer Sitzung des BR teilnimmt.[20] Dies gilt erst recht für Gespräche »unter vier Augen« zwischen dem AG und dem BR-Vorsitzenden oder bloßes Korrespondieren zwischen AG und BR.[21]

III. Einlassungs- und Erörterungspflicht

12 AG und BR trifft die Verpflichtung, mit dem ernsten Willen zur Einigung zu verhandeln und Vorschläge für die Beilegung von Meinungsverschiedenheiten zu machen. Das gilt aber nicht nur für die monatlichen Besprechungen, sondern auch hinsichtlich der Beilegung aller sonstigen Probleme. Das in § 2 Abs. 1 normierte Zusammenarbeitsgebot erhält hier eine gewisse Konkretisierung.

13 Das Gesetz verlangt nur, dass die Beteiligten miteinander »verhandeln«. Insoweit besteht eine **Einlassungs- und Erörterungspflicht.**[22] Das gilt auch dann, wenn der BR eine Regelung in einer nicht mitbestimmungspflichtigen Angelegenheit anstrebt.[23] AG und BR sind verpflichtet, ihre Standpunkte darzulegen und ggf. in einer Diskussion zu erläutern. Ziel der Verhandlungen soll eine Einigung der Beteiligten sein. Keinesfalls trifft AG und BR aber die Verpflichtung, eine Einigung herbeizuführen. Die Vorschrift ist nicht so zu verstehen, dass ein Zwang zum gegenseitigen Nachgeben besteht. Von einer **»Kompromisspflicht« kann keine Rede sein.**[24] Wenn beispielsweise der BR glaubt, auf seinem Standpunkt beharren zu müssen, weil er seinen Lösungsvorschlag für den besseren hält, ist das sein gutes Recht.[25] Ein solches Verhalten widerspricht nicht der Verhandlungspflicht;[26] insbes. liegt keine grobe Amtspflichtverletzung i. S. d. § 23 Abs. 1 vor.

---

16 *LAG Schleswig-Holstein* 10.9.08, DB 08, 2839.

17 *GL,* Rn. 3; HaKo-BetrVG-*Lorenz,* Rn. 2; a. A. ErfK-*Kania,* Rn. 7; *Fitting,* Rn. 8; GK-*Kreutz,* Rn. 18; HWGNRH-*Worzalla,* Rn. 5; Richardi-*Richardi,* Rn. 11.

18 ErfK-*Kania,* a. a. O.; *Fitting,* a. a. O.; GK-*Kreutz,* a. a. O.; Richardi-*Richardi,* a. a. O.

19 Zum Inhalt einer Regelungsabrede über die monatlichen Besprechungen vgl. DKKWF-*Berg,* § 74 Rn. 6.

20 GK-*Kreutz,* Rn. 23.

21 *Fitting,* Rn. 6; GK-*Kreutz,* Rn. 9.

22 *LAG Sachsen-Anhalt* 17.6.08 – 8 TaBVGa 10/08, juris; *LAG Düsseldorf* 27.9.89 – 11 TaBV 35/89; ErfK-*Kania,* Rn. 8; *Fitting,* Rn. 9; GK-*Kreutz,* Rn. 24; Richardi-*Richardi,* Rn. 12.

23 *BAG* 13.10.87, AP Nr. 24 zu § 87 BetrVG 1972 Arbeitszeit; GK-*Kreutz,* a. a. O.

24 ErfK-*Kania,* a. a. O.; *Fitting,* Rn. 10; *GL,* Rn. 5; GK-*Kreutz,* Rn. 26; HWGNRH-*Worzalla,* Rn. 8; Richardi-*Richardi,* a. a. O.

25 *GL,* Rn. 5.

26 *BAG* 27.11.73, AP Nr. 4 zu § 40 BetrVG 1972.

Ist für die Beilegung einer Streitigkeit zwischen AG und BR letztlich die ESt. zuständig, entbindet das die Beteiligten nicht von ihrer Verpflichtung, vor der Anrufung der ESt. **sich selbst** um eine Einigung zu bemühen.[27] AG und BR haben für die Beilegung von Meinungsverschiedenheiten eine vorrangige Kompetenz. Die **Anrufung der ESt.** setzt allerdings verfahrensmäßig nicht eine bestimmte – gerichtlich überprüfbare – Form oder eine gewisse Intensität von Verhandlungen oder Einigungsversuchen voraus (vgl. dazu auch § 76 Rn. 5, 68 ff.).[28] 14

Ist zur Entscheidung einer Streitigkeit zwischen AG und BR die Zuständigkeit des ArbG gegeben, sind die Betriebsparteien nach Abs. 1 Satz 2 ebenfalls verpflichtet, vor **Anrufung des ArbG** den Versuch einer innerbetriebliche Einigung zu machen (zu den möglichen Auswirkungen eines unterlassenen innerbetrieblichen Einigungsversuchs auf die Erforderlichkeit der durch die Beauftragung eines Verfahrensbevollmächtigten durch den BR entstehenden Kosten vgl. § 40 Rn. 47).[29] 15

IV. Arbeitskampfverbot

1. Maßnahmen des Arbeitskampfes zwischen Arbeitgeber und Betriebsrat

Nach der Konzeption des BetrVG sollen die Meinungsverschiedenheiten zwischen AG und BR nicht im Wege des Arbeitskampfes ausgetragen werden, ggf. ist die gesetzlich vorgesehene ESt. (vgl. § 76) oder das ArbG in Anspruch zu nehmen.[30] Es darf demnach keine Seite Arbeitskampfmaßnahmen durchführen, um den anderen Teil zu einem bestimmten betriebsverfassungsrechtlichen oder sonstigen Verhalten oder zum Abschluss einer BV zu zwingen.[31] 16

Das Arbeitskampfverbot richtet sich gegen den **BR als Institution.**[32] Dieser darf z. B. keinen Streikaufruf erlassen oder in anderer Weise die AN auffordern, Kampfmaßnahmen zu ergreifen. Darüber hinaus dürfen in diesem Zusammenhang aber auch **die einzelnen BR-Mitglieder** – in ihrer Eigenschaft als BR-Mitglieder – keine Arbeitskämpfe organisieren oder gar durchführen.[33] Selbstverständlich können sie sich aber in ihrer Eigenschaft als AN und Gewerkschaftsmitglieder an rechtmäßigen Arbeitskämpfen von Gewerkschaften beteiligen (vgl. im Übrigen Rn. 28). Die **einzelnen AN** werden dagegen durch das Verbot überhaupt nicht erfasst,[34] sind aber unabhängig von Abs. 2 Satz 1 im Hinblick auf die Zulässigkeit ihrer Beteiligung an Arbeitskämpfen den arbeitskampfrechtlichen Grundsätzen der Rspr. des *BAG* unterworfen.[35] 17

Verstöße des BR gegen das Arbeitskampfverbot können zur Auflösung des BR oder zum Ausschluss einzelner Mitglieder führen (§ 23 Abs. 1), vgl. dazu auch Rn. 88 ff. Bei Verstößen des AG kann gegen diesen nach § 23 Abs. 3 und u. U. auch nach § 119 Abs. 1 vorgegangen werden. 18

2. Arbeitskampf tariffähiger Parteien

Durch das zwischen AG und BR bestehende Arbeitskampfverbot werden die Arbeitskämpfe tariffähiger Parteien nicht berührt (Abs. 2, 2. Halbsatz). Aus dem betriebsverfassungsrechtlichen Arbeitskampfverbot lassen sich **keine Einschränkungen der Arbeitskampffreiheit tariffähiger Parteien** ableiten. 19

---

27 *BAG* 18.3.15, juris.

28 *HessLAG* 30.9.14, juris; *LAG Hamm* 14.5.14, juris; *Fitting,* Rn. 9 a; *GL,* Rn. 6; GK-*Kreutz,* Rn. 28; HWGNRH-*Worzalla,* Rn. 10; a. A. wohl Richardi-*Richardi,* Rn. 14 f.

29 *BAG* 29.7.09, NZA 09, 1223; *LAG Hamm* 2.10.09 – 10 TaBV 189/08.

30 *BAG* 17.12.76, AP Nr. 52 zu Art. 9 GG Arbeitskampf.

31 ErfK-*Kania,* Rn. 9; *Fitting,* Rn. 12; Richardi-*Richardi,* Rn. 17.

32 Vgl. GK-*Kreutz,* Rn. 37 ff.

33 *BAG* 5.12.75, AP Nr. 1 zu § 87 BetrVG 1972 Betriebsbuße; 21.2.78, AP Nr. 1 zu § 74 BetrVG 1972.

34 GK-*Kreutz,* Rn. 40; Richardi-*Richardi,* Rn. 19; auch nicht »mittelbar«, so aber *BAG* 17.12.76, AP Nr. 52 zu Art. 9 GG Arbeitskampf; vgl. dazu auch Däubler-*Dette,* Arbeitskampfrecht, § 19 Rn. 125.

35 Vgl. etwa *BAG* 7.6.88, AP Nr. 106 zu Art. 9 GG Arbeitskampf; kritisch dazu *Däubler,* Das Arbeitsrecht 1, Rn. 479 ff., 518 ff. m. w. N.

20 Die Rechtmäßigkeit von **Arbeitskampfmaßnahmen der Tarifvertragsparteien** richtet sich allein nach den allgemeinen arbeitskampfrechtlichen Grundsätzen. Tariffähige Parteien sind auf der einen Seite die Gewerkschaften, auf der anderen einzelne AG oder AG-Verbände (§ 2 Abs. 1 TVG; zu den Einzelheiten vgl. § 2 Rn. 47 ff.; nach § 2 Abs. 2 und 3 TVG können auch Spitzenorganisationen der Gewerkschaften und der AG-Verbände TV-Parteien sein). Das zwischen AG und BR bestehende Kampfverbot wird auch dann nicht berührt, wenn der Arbeitskampf lediglich um den **Abschluss eines Firmen-TV** geführt wird.[36] Der Arbeitskampf von TV-Parteien muss sich nicht unbedingt auf die Verbesserung allgemeiner Arbeitsbedingungen beschränken. Es können auch betriebsverfassungsrechtliche Regelungen angestrebt werden.[37] Auch der Streik einer Gewerkschaft zur Durchsetzung eines Firmen-TV mit dem **Inhalt einer vom BR erfolglos angestrebten BV**, z. B. im Regelungsbereich der erzwingbaren Mitbestimmung gem. § 87 oder § 112 Abs. 4 (sog. Tarifsozialplan, vgl. dazu § 111 Rn. 15 ff.), würde nicht gegen das betriebsverfassungsrechtliche – oder ein sonstiges – Arbeitskampfverbot verstoßen.[38]

3. Betriebsratsamt und -rechte im Arbeitskampf tariffähiger Parteien

21 Das **uneingeschränkte Arbeitskampfverbot** in Abs. 2 Satz 1, 1. Halbsatz untersagt zwischen BR und AG als Organen der Betriebsverfassung jede Art von Arbeitskampfmaßnahmen. Im Hinblick auf die **Doppelstellung[39] von BR-Mitgliedern** (als Amtsträger der Betriebsverfassung und AN) **und AG** (als Organ der Betriebsverfassung und Tarifvertragspartei bzw. Mitglied eines AG-Verbandes) in Arbeitskämpfen tariffähiger Parteien lässt sich auch aus Abs. 2 Satz 1, 2. Halbsatz, nach dem Arbeitskämpfe tariffähiger Parteien vom betriebsverfassungsrechtlichen Arbeitskampfverbot unberührt bleiben, die Zulässigkeit der Beteiligung von BR-Mitgliedern und AG an Tarifarbeitskämpfen ableiten.

22 Während der AG als Tarifvertragspartei (eines Firmen-TV, vgl. § 1 Abs. 2 TVG) oder Mitglied eines AG-Verbandes unmittelbar an Arbeitskämpfen tariffähiger Parteien beteiligt sein kann und einzelne **BR-Mitglieder in ihrer Eigenschaft als AN** bzw. Gewerkschaftsmitglieder das Recht haben, sich an gewerkschaftlich geführten Arbeitskämpfen uneingeschränkt zu beteiligen (zu den Einzelheiten vgl. Rn. 58 f.), ist für den **BR als Organ** eine entsprechende Doppelstellung von vornherein ausgeschlossen. Der BR kann weder TV-Partei noch AN bzw. Mitglied einer Gewerkschaft sein, was bereits zwingend die Konsequenz nach sich zieht, dass er in Arbeitskämpfen tariffähiger Parteien nicht als Beteiligter agieren kann. Insofern gilt das Arbeitskampfverbot des Abs. 2 Satz 1, 1. Halbsatz für den BR als Organ absolut. Seine Stellung im Arbeitskampf tariffähiger Parteien ist ausschließlich betriebsverfassungsrechtlich zu bestimmen. Hinsichtlich seiner Rechte und Pflichten ist der BR allein der Beschränkung unterworfen, dass ihm Arbeitskampfmaßnahmen untersagt sind (Abs. 2 Satz 1, 1. Halbsatz).

23 Weitere Beschränkungen, die sich aus einer völligen oder uneingeschränkten bzw. absoluten **Neutralitätspflicht**[40] des BR ergeben sollen, sind nach hier vertretener Auffassung weder Abs. 2 Satz 1 noch sonstigen Bestimmungen des Gesetzes zu entnehmen. Ebenso wenig ergibt sich aus Abs. 2 Satz 1, 1. Halbsatz ein **Gebot der Zurückhaltung und Distanz** zum tariflichen

---

36 ErfK-*Kania*, Rn. 10; *Fitting*, Rn. 13; *GL*, Rn. 11; GK-*Kreutz*, Rn. 43; Richardi-*Richardi*, Rn. 22.

37 Berg/Kocher/Schumann-*Heilmann/Schoof*, § 1 Rn. 137 ff.; *GL*, Rn. 11; GK-*Kreutz*, a. a. O.; zur Zulässigkeit der Erweiterung der Mitbestimmungsrechte des BR durch TV vgl. *BAG* 18.8.87, AP Nr. 23 zu § 77 BetrVG 1972; 10.2.88, AP Nr. 53 zu § 99 BetrVG 1972; unzutreffend dagegen *BAG* 17.12.76, AP Nr. 52 zu Art. 9 GG Arbeitskampf, soweit es die Auffassung vertritt, Arbeitskämpfe seien »auf dem Gebiet der Betriebsverfassung ohne Rücksicht auf die Frage, wer sie organisiert, rechtswidrig«.

38 Berg/Kocher/Schumann-*Wankel/Schoof*, § 1 Rn. 185 ff.; Berg/Kocher/Schumann-*Wankel/Schoof*, Rn. 31 ff.; *Schumann*, a. a. O., Rn. 184; *Gamillscheg*, Kollektives Arbeitsrecht Bd. I, S. 1124; GK-*Kreutz*, Rn. 43 f.; Richardi-*Richardi*, a. a. O.

39 GK-*Kreutz*, Rn. 62 f.

40 So *BAG* 22.12.80, AP Nr. 71 zu Art. 9 GG Arbeitskampf; ErfK-*Kania*, Rn. 11; *Fitting*, Rn. 14; MünchArbR-*v.Hoyningen-Huene*, § 214 Rn. 17 f.; *Rolf/Bütefisch*, NZA 96, 17, 18 f.; Richardi-*Richardi*, Rn. 24; kritisch dazu *Dette* in Däubler, Arbeitskampfrecht, § 19 Rn. 132 ff.; *Jahn*, S. 196 ff.; GK-*Kreutz*, Rn. 67; *Kissel*, § 36 Rn. 17; *Kempen*, NZA 05, 185, 187 f.; *Weiss*, AuR 82, 270; *WW*, Rn. 9.

Arbeitskampfgeschehen unter dem Gesichtspunkt der negativen Koalitionsfreiheit unorganisierter AN bzw. der positiven Koalitionsfreiheit anders organisierter AN oder der Notwendigkeit, das Verhältnis der Betriebsparteien nicht zu belasten.[41]

Abgesehen davon, dass das Gesetz gerade nicht die strikte Trennung oder Distanz von BR und Gewerkschaft fordert, sondern deren Zusammenarbeit ausdrücklich vorsieht (§ 2 Abs. 1, vgl. dort Rn. 42 ff.), erlaubt es trotz des Verbots in Abs. 2 Satz 1, 1. Halbsatz dem BR die **Behandlung tarifpolitischer Angelegenheiten** (Abs. 2 Satz 3, 2. Halbsatz, § 45 Satz 1) auch im zeitlichen Zusammenhang mit Arbeitskämpfen tariffähiger Parteien.[42] Dies schließt notwendig das Recht der Betriebsparteien ein, **in Tarifauseinandersetzungen Stellung** zu nehmen (vgl. dazu auch § 45 Rn. 12).[43] Der Beschluss des *BVerfG*[44] zur Zulässigkeit gewerkschaftlicher Werbung während der Arbeitszeit (vgl. dazu § 2 Rn. 120) bestätigt dies implizit. Obwohl das in Streit geratene Verteilen gewerkschaftlichen Werbematerials während der Arbeitszeit durch einen freigestellten BR-Vorsitzenden erfolgt war, hat das *BVerfG* keine Veranlassung gesehen – trotz seiner Bezugnahme auf ungestörten Arbeitsablauf und Betriebsfrieden –, aus Abs. 2 Satz 2, sonstigen betriebsverfassungsrechtlichen Bestimmungen oder der negativen Koalitionsfreiheit unorganisierter AN (zur Kritik der Ansiedlung des Rechts, keiner Koalition beizutreten, im Schutzbereich von Art. 9 Abs. 3 GG vgl. § 75 Rn. 37 m. w. N.) Beschränkungen für die gewerkschaftliche Betätigungsfreiheit im Betrieb oder besondere Zurückhaltungs-, Distanz- oder Neutralitätspflichten für Mitglieder des BR abzuleiten.[45] 24

Schließlich ist darauf hinzuweisen, dass der **BR vorrangig Interessenvertretungsorgan** ist (vgl. § 2 Rn. 1 ff.) und im Rahmen seiner Befugnisse und der betriebsverfassungsrechtlichen Verfahrensordnung Konflikte austragen und **Druck auf den AG** ausüben kann.[46] Dies wird von der h. M. bei der Begründung der von ihr vertretenen **arbeitskampfbedingten Einschränkung der Beteiligungsrechte des BR** (vgl. dazu im einzelnen Rn. 20 ff.)[47] nicht berücksichtigt. Es kann nicht ohne weiteres davon ausgegangen werden, dass sich die aus dem betriebsverfassungsrechtlichen Mitbestimmungs- und Konfliktlösungssystem ergebende Druckausübung auf den AG während eines Arbeitskampfes zwangsläufig derartig steigert, dass sich damit die Einschränkung der Beteiligungsrechte des BR rechtfertigen ließe (zumindest wären dazu die tatsächlichen Umstände des Einzelfalls zu beurteilen).[48] 25

Führen tariffähige Verbände einen Arbeitskampf (Streik und/oder Aussperrung), darf sich der **BR als Organ** daran nicht beteiligen.[49] Er darf beispielsweise einen Streik nicht unterstützen, etwa durch den Einsatz von Sachmitteln des BR, aber auch die AN nicht auffordern, sich an einem gewerkschaftlich organisierten Streik nicht zu beteiligen.[50] Für das für den BR geltende Arbeitskampfverbot ist es unbedeutend, ob es sich um einen rechtmäßigen oder um einen rechtswidrigen Arbeitskampf handelt.[51] 26

Keinesfalls ist der BR verpflichtet, auf rechtswidrig streikende AN einzuwirken, um sie zur Wiederaufnahme der Arbeit zu bewegen,[52] da das Gesetz lediglich ein Arbeitskampfverbot 27

---

41 So aber *Rolf/Bütefisch*, a. a. O.

42 *WW*, a. a. O.

43 HaKo-BetrVG-*Lorenz*, Rn. 6; *WW*, a. a. O.

44 14.11.95, NZA 96, 381 = AuR 96, 151.

45 *Heilmann*, AuR 96, 121.

46 *Jahn*, S. 198 f., der von der objektiven Eignung der Mitbestimmungsrechte zur Druckentfaltung auf den AG spricht, S. 199; GK-*Kreutz*, Rn. 76, geht von einem von den Beteiligungsrechten allgemein ausgehenden »Druck« aus.

47 Zuletzt *BAG* 10.12.02, NZA 04, 223.

48 So GK-*Kreutz*, a. a. O.; Fitting, Rn. 22.

49 Zur Rolle des BR im Arbeitskampf eingehend *Blanke*, AiB 93, 220 ff.; *Bobke/Grimberg*, AiB 84, 20 ff.; *Buschmann*, AiB 87, 52 ff.; Däubler-*Dette*, Arbeitskampfrecht, § 19 Rn. 125 ff.; *Herbst*, AiB 87, 4 ff.; *Wiese*, NZA 84, 378 ff.

50 ErfK-*Kania*, Rn. 11; *Fitting*, Rn. 14; *Wiese*, NZA 84, 378 f.; Richardi-*Richardi*, Rn. 24 f.; a. A. GK-*Kreutz*, Rn. 84; kritisch zu dem in diesem Zusammenhang oft verwendeten Begriff der »Neutralitätspflicht des BR« *Buschmann*, AiB 81, 40; *Colneric*, a. a. O., Rn. 673.

51 GK-*Kreutz*, Rn. 56; *Wiese*, a. a. O., S. 379.

52 *BAG* 5.12.78, AiB 11, 471, mit Anm. *Däubler*; *LAG Hamm* 6.11.75, BB 76, 363; *Bieback*, RdA 78, 82, 96; *Bobke/Grimberg*, AiB 84, 20, 21; *Däubler*, Das Arbeitsrecht 1, Rn. 776; ErfK-*Kania*, a. a. O.; *Fitting*,

enthält, nicht aber ein sich an den BR richtendes Handlungsgebot. Der **BR hat keine Garantenstellung für rechtmäßiges Verhalten der AN** im Rahmen eines Arbeitskampfes.[53] Obwohl eine Rechtspflicht dazu nicht besteht, ist es andererseits dem BR aber auch nicht verwehrt, dass er sich der Sache der rechtswidrig streikenden AN annimmt und durch Verhandlungen mit dem AG versucht, in der streitigen Frage eine Einigung herbeizuführen.[54] Dabei darf der BR die sachlichen Interessen der Streikenden vertreten.[55] Ruht in einem Betrieb wegen eines rechtswidrigen Streiks die Arbeit, behalten nach der Auffassung des *BAG*[56] die BR-Mitglieder, die mit den streikenden AN, mit Vertrauensleuten der im Betrieb vertretenen Gewerkschaft oder mit anderen Gewerkschaftsbeauftragten schlichtende Gespräche oder mit dem AG Verhandlungen führen, um eine Wiederaufnahme der Arbeit zu erreichen, den Lohnanspruch, da es sich insoweit um BR-Tätigkeit handelt.

28 Die **einzelnen BR-Mitglieder** können sich **in ihrer Eigenschaft als AN und Gewerkschaftsmitglieder** an einem rechtmäßigen Arbeitskampf aktiv beteiligen.[57] Daran ändert auch nichts, dass BR-Mitglieder regelmäßig über eine besondere Autorität verfügen und das BR-Amt von der AN-Eigenschaft praktisch nicht zu trennen ist. Als AN brauchen die BR-Mitglieder sich **keine Zurückhaltung** aufzuerlegen. Sie können somit in jeder Weise an einem rechtmäßigen Arbeitskampf teilnehmen. Es ist deshalb ohne weiteres zulässig, dass BR-Mitglieder – in ihrer Eigenschaft als Gewerkschaftsmitglieder – einen Streik im Betrieb organisieren, zum Streik aufrufen,[58] den Streik selbst leiten oder maßgebend in der Streikleitung tätig sind.[59]

29 Streikbeteiligte BR-Mitglieder sind nicht verpflichtet, ausdrücklich darauf hinzuweisen, dass sie als AN oder Gewerkschaftsmitglieder und nicht als BR-Mitglieder handeln.[60] Nach überwiegender Ansicht soll es aber unzulässig sein, dass BR-Mitglieder unter **Erwähnung ihrer Funktion als BR-Mitglied** z. B. einen Streikaufruf unterzeichnen.[61] Die bloße Angabe der – in der Regel in der Belegschaft ohnehin bekannten – BR-Mitgliedschaft stellt keine Pflichtverletzung dar.[62] Eine Pflichtverletzung kann dann vorliegen, wenn die Hervorhebung der Mitgliedschaft im BR eine **missbräuchliche Ausnutzung des BR-Amtes**[63] darstellt, etwa wenn ein bestimmtes BR-Verhalten als Reaktion auf ein bestimmtes Streikverhalten der Belegschaft oder einzelner AN in Aussicht gestellt wird.[64] Unbedenklich ist die Hervorhebung des BR-Amtes nach der hier vertretenen Auffassung auch dann, wenn ein BR-Mitglied sich an **Solidaritätsaktionen zugunsten streikender AN** in einem anderen Betrieb beteiligt, z. B. an Geldsammlungen[65] oder Solidaritätsadressen.[66] Zumindest wenn es sich in dem anderen Betrieb um einen rechtmäßigen Arbeitskampf handelt, stellt eine verbale oder sonstige symbolischen Unterstützung der Streikenden durch ein BR-Mitglied keine Pflichtverletzung dar, auch wenn es sich um einen Streik in einem Zuliefererbetrieb handelt, aus dem dem eigenen Betrieb Nach-

---

a. a. O.; *GL*, Rn. 10; GK-*Kreutz*, Rn. 85; *Herbst*, AiB 87, 4; *Kempen*, NZA 05, 185, 189; *Kissel*, § 36 Rn. 32; Richardi-*Richardi*, Rn. 25; Schaub-*Koch*, § 230 Rn. 13; *Wiese*, a. a. O., S. 383.

53 ErfK-*Kania*, a. a. O.

54 *BAG* 5.12.78, a. a. O.

55 *Fitting*, a. a. O.; GK-*Kreutz*, Rn. 86; *GL*, Rn. 10; *Wiese*, NZA 84, 378, 383.

56 5.12.78, a. a. O.; zustimmend *Wiese*, a. a. O., S. 383.

57 *Fitting*, Rn. 16; GK-*Kreutz*, Rn. 65; *Wiese*, NZA 84, 378 [379]; Richardi-*Richardi*, Rn. 26.

58 *LAG Düsseldorf* 5.7.94, AuR 95, 108, bejahend ausdrücklich auch für freigestellte BR-Mitglieder.

59 *Fitting*, a. a. O.; GK-*Kreutz*, a. a. O.; HWGNRH-*Worzalla*, Rn. 26; *SWS*, Rn. 4; Richardi-*Richardi*, a. a. O.; vgl. dazu im Einzelnen auch *Bobke/Grimberg*, AiB 84, 20 ff.; *Herbst*, AiB 87, 4 ff.; einschränkend für Arbeitskämpfe um einen Firmen-TV *GL*, Rn. 12; Richardi-*Richardi*, a. a. O.

60 *LAG Düsseldorf* 5.7.94, AuR 95, 108; *Bieback*, RdA 78, 82, 93; *Bobke/Grimberg*, AiB 84, 20, 21; ErfK-*Kania*, Rn. 12; *Fitting*, Rn. 16; GK-*Kreutz*, Rn. 66; *Wiese*, NZA 84, 378 [380].

61 *Fitting*, Rn. 15; GK-*Kreutz*, a. a. O.; HWGNRH-*Worzalla*, Rn. 26.

62 *BAG* 20.3.79, AiB 12, 604 mit Anm. *Däubler*.

63 So grundsätzlich für die Abgrenzung unzulässiger Aktivitäten *Kissel*, § 36 Rn. 24; ähnlich *Reichold* NZA 04, 247, 249.

64 *Bobke/Grimberg*, a. a. O., S. 22; *Buschmann*, AiB 81, 407; HaKo-BetrVG-*Lorenz*, Rn. 6; *Weiss*, AuR 82, 265, 271.

65 *Bobke/Grimberg*, a. a. O.; *Däubler*, Das Arbeitsrecht 1, Rn. 777; *Germelmann*, S. 107 f.; *Pflug*, AuR 54, 296.

66 *BAG* 20.3.79, AiB 12, 604 mit Anm. *Däubler*; *Bobke/Grimberg*, a. a. O.; *Däubler*, a. a. O.; *Herbst*, AiB 87, 4; *Weiss*, Rn. 7.

teile erwachsen können.[67] Dabei ist zu berücksichtigen, dass in dieser Konstellation unter bestimmten Voraussetzungen sogar die Durchführung eines Solidaritätsstreiks zulässig ist.[68] In der bloßen Erörterung etwaiger – möglicherweise auch unzulässiger – Streikabsichten im Kreis von BR-Mitgliedern liegt keine Verletzung betriebsverfassungsrechtlicher Pflichten.[69]

Das **BR-Amt wird** durch den Arbeitskampf **nicht berührt;** es besteht grundsätzlich mit allen Rechten und Pflichten weiter.[70] Dabei ist es ohne Bedeutung, ob das einzelne BR-Mitglied sich selbst am Arbeitskampf beteiligt. Die Arbeitsverhältnisse der BR-Mitglieder können nur suspendiert werden; eine lösende Aussperrung von BR-Mitgliedern ist nicht möglich.[71] Nach abzulehnender Auffassung des *BAG*[72] sollen BR-Mitglieder für die durch die **Aussperrung** ausgefallene Zeit selbst dann **keinen Entgeltanspruch** haben, wenn sie während der Aussperrung BR-Aufgaben wahrgenommen haben.[73] **30**

Während eines Arbeitskampfes bleibt der BR als Organ **funktionsfähig.**[74] Die Fortsetzung seiner Tätigkeit liegt im allgemeinen Interesse und auch im Interesse des AG. Das **BR-Amt bleibt mit seinen Rechten und Pflichten bestehen.**[75] Deshalb bleiben auch die **Mitbestimmungs- und Mitwirkungsrechte** des BR während des Arbeitskampfes **grundsätzlich wirksam,** gleichgültig, ob die BR-Mitglieder selbst streiken oder ausgesperrt worden sind.[76] Der Gesetzgeber hat insoweit klare Vorstellungen entwickelt. Ihm war der mögliche Konflikt zwischen Arbeitskampf und Mitbestimmung bekannt. Dennoch ist an keiner Stelle des Gesetzes davon die Rede, dass die Mitbestimmungsrechte des BR (z. B. nach § 87 und § 99) während eines Arbeitskampfes ganz oder teilweise suspendiert sein sollen. Das Gesetz **untersagt dem BR** in Abs. 2 Satz 1, 1. Halbsatz **jede Art von Arbeitskampfmaßnahmen**, sieht aber **kein spezifisches Neutralitätsgebot** für die Betriebsparteien vor, aus dem – über den begrenzten Wortlaut und Regelungsgehalt dieser Bestimmung hinaus – die Suspendierung oder Einschränkung von Mitbestimmungs- und Mitwirkungsrechten im Arbeitskampf abgeleitet werden könnte (vgl. dazu grundsätzlich auch Rn. 21 f.). **31**

Entgegen der in der Literatur verbreiteten Auffassung[77] ist auch eine **arbeitskampfkonforme Einschränkung oder Suspendierung** der Beteiligungsrechte bereits aus methodischen Gründen abzulehnen.[78] Aus diesem Grunde ist auch die auf dieser Grundlage teilweise einschränkende Rspr. des *BAG*[79] abzulehnen (vgl. im Einzelnen auch § 87 Rn. 116 ff., § 99 Rn. 24 ff., § 102 Rn. 49).[80] Eine **Ausübungsschranke** besteht für den BR im Arbeitskampf lediglich dann, **32**

---

67 A. A. *BAG* 20.3.79, a. a. O.; *Fitting,* Rn. 14; GK-*Kreutz,* Rn. 68; *Wiese,* a. a. O., S. 379; Richardi-*Richardi,* Rn. 24.

68 Däubler, AiB 12, 604, 605; zur den Voraussetzungen eines rechtmäßigen Solidaritätsstreiks vgl. *BAG* 19.6.07, NZA 07, 1055; TVG-AKR/AKR Rn. 181 ff.

69 *ArbG Hagen* 6.10.11, AuR 12, 180, anhängig *LAG Hamm* – 10 TaBV 107/11.

70 *BAG* 25.10.88, AP Nr. 110 zu Art. 9 GG Arbeitskampf; *Fitting,* Rn. 17; *GL,* Rn. 13; GK-*Kreutz,* Rn. 57; Richardi-*Richardi,* Rn. 23, 28.

71 *BAG [GS]* 21.4.71, AP Nr. 43 zu Art. 9 GG Arbeitskampf; *BVerfG* 19.2.75, AP Nr. 50 zu Art. 9 GG Arbeitskampf.

72 25.10.88, a. a. O., mit krit. Anm. *Brox.*

73 Zustimmend GK-*Kreutz,* Rn. 61.

74 *BAG* 10.12.02, NZA 04, 223, 225.

75 *BAG* 10.12.02, a. a. O.; *Blanke,* AiB 93, 220, 221; *Fitting,* Rn. 16; GK-*Kreutz,* Rn. 57; HWGNRH-*Worzalla,* Rn. 28; *Wiese,* NZA 84, 375; Richardi-*Richardi,* Rn. 23.

76 *Bieback,* RdA 78, 82, 94; *Blanke,* a. a. O.; *Dette* in Däubler, Arbeitskampfrecht, § 19 Rn. 138; *Däubler,* Arbeitsrecht 1, S. 288; HaKo-BetrVG-*Lorenz,* Rn. 11; *Herbst,* AiB 87, 4, 6 ff.; *Jahn; U. Mayer,* BB 90, 2482, 2488; Richardi-*Richardi,* Rn. 33; *Weiss,* AuR 82, 265, 266 ff.; *Wolter,* AuR 79, 333.

77 *GL,* Rn. 13 ff.; HWGNRH-*Worzalla,* Rn. 29; MünchArbR-*v. Hoyningen-Huene,* § 214 Rn. 17 f.; Richardi-*Richardi,* Rn. 33 f.

78 Eingehend dazu GK-*Kreutz,* Rn. 73 ff. m. w. N.; ebenso *Fitting,* Rn. 20 ff.

79 22.10.80, AP Nrn. 70, 71 zu Art. 9 GG Arbeitskampf; 10.2.88, DB 88, 1325; 19.2.91, DB 91, 1627; 30.8.94, NZA 95, 189; 10.12.02, a. a. O.; vgl. auch *Kissel,* NZA 89, 81, 82 f., und *BVerfG* 7.4.97, NZA 97, 773 = AuR 97, 375 mit Anm. *Ratayczak:* Unzulässigkeit der Vorlage des *ArbG Hamburg* 20.5.96, BB 96, 1717, Ls.; für das Fortbestehen der Mitbestimmungsrechte des BR nach § 87 Abs. 1 Nrn. 2, 3 *LAG Bremen* 9.2.89, AiB 89, 316 ff. und nach § 99 *ArbG Frankfurt* 8.10.90, AuR 91, 219; 13.11.85, ArbuR 86, 156; *ArbG Regensburg* 31.7.86, AuR 87, 178.

80 Zur Kritik der teilweise einschränkenden Rspr. des *BAG* vgl. *LAG Bremen* 9.2.89, a. a. O.; *Colneric,* a. a. O., Rn. 664 ff.; GK-*Kreutz,* Rn. 70 ff.; *Herbst,* AiB 87, 4, 6 ff.; eingehend zu den Mitbestimmungs-

wenn er sich einer mitbestimmungspflichtigen Maßnahme des AG mit dem Ziel entgegenstellt, AN, die an einem Arbeitskampf gegen den AG beteiligt sind, Kampfhilfe zu leisten.[81]

33 Stellt die Ausübung der Beteiligungsrechte durch den BR in diesem Sinn einen Verstoß gegen das Arbeitskampfverbot aus Abs. 2 Satz 1, 1. Halbsatz dar, führt auch dies grundsätzlich nicht zu einem Alleinentscheidungsrecht des AG. Es gelten auch hier die Grundsätze, die bei rechtswidriger Ausübung der Beteiligungsrechte außerhalb des Arbeitskampfes maßgeblich sind (vgl. dazu die Erläuterungen bei § 23 und § 2 Rn. 12, § 87 Rn. 30). Das vom Gesetz zur Ersetzung der Zustimmung des BR in beteiligungspflichtigen Angelegenheiten und zur Sanktionierung rechtswidrigen Verhaltens des BR abschließend vorgesehene Instrumentarium gilt auch im Arbeitskampf uneingeschränkt.[82] Nach dem insoweit eindeutigen Inhalt des Gesetzes lassen sich im Wege der Auslegung spezielle auf den Arbeitskampf zugeschnittene Tatbestände des Wegfalls des Zustimmungserfordernisses mit dem Willen des Gesetzgebers nicht vereinbaren. Deshalb ist es auch im Arbeitskampf nicht vertretbar, dem Arbeitgeber zu gestatten, auf ein nicht rechtmäßiges Verhalten des BR dergestalt zu reagieren, dass er seinerseits die von ihm zu beachtenden gesetzlichen Bestimmungen außer Acht lassen darf.[83]

34 Folgt man der hier vertretenen Auffassung **nicht,** ist jedenfalls Voraussetzung für eine Einschränkung von Mitbestimmungsrechten, dass die vom AG beabsichtigen **mitbestimmungspflichtigen Maßnahmen unmittelbar und ausschließlich arbeitskampfbedingt** sind (z. B. Einstellungen, Versetzungen, Anordnung von Überstunden zur Organisation von Streikbrucharbeit). Es reicht nicht aus, dass personelle Einzelmaßnahmen oder mitbestimmungspflichtige soziale Angelegenheiten während der Dauer eines Arbeitskampfes vom AG durchgeführt werden.[84]

35 Eine Einschränkung der Mitbestimmungsrechte des BR setzt weiter voraus, dass sich der **AG selbst im Arbeitskampf** befindet und der Betrieb unmittelbar vom Arbeitskampf betroffen ist.[85] Eine arbeitskampfbedingte Einschränkung der Mitbestimmungsrechte des BR setzt nach der – restriktiven[86] – Abgrenzungsformel der höchstrichterlichen Rspr. voraus, dass deren Beachtung durch den AG »unmittelbar und zwangläufig« die Durchführung von Arbeitskampfmaßnahmen des AG »in ihrem Kernbereich« beeinträchtigen würde,[87] wobei nach neuer Rspr. des *BAG* bereits die »ernsthafte« Gefährdung der Durchführung einer Arbeitskampfmaßnahme durch den AG ausreichen soll.[88] Diese Voraussetzungen liegen für einen **Betrieb,** der **nicht in den Arbeitskampf einbezogen** ist, nicht vor. Wenn ein AG einen anderen Betrieb, der in einen Arbeitskampf einbezogen ist, durch die Versetzung von AN aus einem nicht bestreikten Betrieb – zur Verrichtung von Streikbrecherarbeiten – bei der Bekämpfung des Streiks unterstützen will (Kampfhilfe), kann damit nach hier vertretener Auffassung zumindest nicht der Ausschluss bzw. die Einschränkung der **Mitbestimmungsrechte des BR im abgebenden** (nicht in den Arbeitskampf einbezogenen) **Betrieb** begründet werden (zur grundsätzlichen Kritik vgl. Rn. 31 ff. und § 99 Rn. 24). Das gilt unabhängig davon, ob die beteiligten Betriebe demselben oder **unterschiedlichen UN** angehören oder ob sie vom **Geltungsbereich** desselben oder unterschiedlicher **TV** erfasst werden.[89] Eine Anknüpfung an den

---

rechten und Handlungsmöglichkeiten des BR bei »kalter Aussperrung« *Schwitzer/Unterhinninghofen,* AiB 90, 5 ff.

81 *Colneric,* a. a. O., Rn. 680; GK-*Kreutz,* Rn. 77.

82 Im Ergebnis übereinstimmend HaKo-BetrVG-*Lorenz,* a. a. O.; anders GK-*Kreutz,* Rn. 78; *Fitting,* Rn. 21, nach denen in diesen Fällen, wenn die Zustimmung des BR als Wirksamkeitsvoraussetzung der AG-Maßnahme erforderlich ist, z. B. § 87 Abs. 1, und diese nicht durch Fristablauf fingiert wird, z. B. § 99 Abs. 3, und auch sonst keine speziellen Regelungen für Eilfälle existieren, z. B. § 100, die Zustimmung des BR als erteilt gelten soll.

83 Für den Fall eines Verstoßes gegen § 2 Abs. 1 außerhalb des Arbeitskampfes *LAG Niedersachsen* 26.2.91 – 6 TaBV 70/90.

84 *BAG* 6.3.79, DB 79, 1464; zumindest missverständlich insoweit *BAG* 10.12.02, NZA 04, 223; dazu auch Richardi-*Richardi*, Rn. 38.

85 *BAG* 19.2.91, DB 91, 1627; 10.2.88, DB 88, 1325; 22.12.80, DB 81, 321; WPK-*Preis*, Rn. 17.

86 So GK-*Kreutz*, Rn. 75.

87 *BAG* 19.2.91, a. a. O.; 10.2.88, a. a. O.

88 *BAG* 13.12.11, NZA 12, 571.

89 A. A. *BAG* 13.12.11, a. a. O.

umstrittenen arbeitskampfrechtlichen Überlegungen zu drohenden **Paritätsstörungen** durch die uneingeschränkte Ausübung der Mitbestimmungsrechte des BR im Zusammenhang mit **arbeitskampfbedingten Fernwirkungen** in mittelbar vom Arbeitskampf betroffenen Betrieben[90] (zur Kritik vgl. auch § 87 Rn. 116 ff.) verbietet sich schon deshalb, weil sich die Paritätsrelevanz, insbesondere personeller Einzelmaßnahmen auf einzelbetrieblicher Ebene, nicht feststellen lässt.[91]

Das *BAG*[92] hat demgegenüber in seiner neueren Rspr. die Einschränkung der Beteiligungsrechte des BR weiter verschärft und vertritt die Auffassung, dass allein die **Beteiligung des AG an einem Arbeitskampf** regelmäßig dazu führt, dass er die Versetzung von AN zum Zwecke des Streikbruchs **in einen bestreikten Betrieb seines UN** stets ohne Beteiligung des BR des abgebenden Betriebes durchführen kann, unabhängig davon, ob auch der abgebende Betrieb in den Arbeitskampf einbezogen ist oder nicht[93] und ob der im aufnehmenden Betrieb umkämpfte Tarifvertrag auch die AN des abgebenden Betriebs erfasst.[94] Der BR des abgebenden und nicht in den Arbeitskampf einbezogenen Betriebs ist allerdings zu beteiligen, wenn der nicht am Arbeitskampf unmittelbar beteiligte AG zum Zwecke des Streikbruchs AN **in den bestreikten Betrieb eines anderen AG**, auch in den Betrieb eines Tochterunternehmens, versetzen will.[95] 36

In der Rspr. des *BAG* bleibt unberücksichtigt, dass es gerade bei Versetzungen oder der Anordnung von Überstunden zum Zweck der Verrichtung von **Streikbrecherarbeit** für die Funktion des BR von Bedeutung ist, dass den betroffenen AN etwas Unzumutbares abverlangt wird,[96] und dass sie deshalb das Recht haben, die Ausführung von **Streikbrecherarbeit** zu **verweigern**.[97] Die Ausübung dieses individuellen Leistungsverweigerungsrechts kann für die betroffenen AN in Abhängigkeit von den Umständen des Einzelfalls mit erheblichen Nachteilen und Risiken verbunden sein, so dass insbesondere zur Ermöglichung der tatsächlichen Wahrnehmung dieses Rechts und der Vermeidung von Nachteilen eine Kontrolle der arbeitgeberseitigen Anordnung der Verrichtung von Streikbrecherarbeiten durch den BR unerlässlich ist. 37

Jedenfalls sind die **Beteiligungsrechte des BR**, die sich in einer **Unterrichtung, Anhörung oder Beratung** erschöpfen, auch im Arbeitskampf vom AG **uneingeschränkt zu beachten**.[98] Selbst wenn man davon ausgeht, dass eine personelle Maßnahme, z. B. nach § 99, arbeitskampfbezogen und damit mitbestimmungsfrei ist, muss der AG dem BR dennoch gemäß § 80 Abs. 2 Satz 1 **die erforderlichen Informationen erteilen**.[99] Der BR kann verlangen, dass ihm auch im Arbeitskampf **unter Namensnennung** vom AG **im Voraus** mitgeteilt wird, welche **Überstunden, Schichtverschiebungen, kurzfristigen Versetzungen, Einstellungen** und **Beschäftigung von Mitarbeitern fremder Firmen**[100] anfallen. Der BR muss auch in diesem Fall in die Lage versetzt werden, eigenverantwortlich zu überprüfen, ob die Maßnahme seiner Mitbestimmung unterliegt oder nicht. Kommt der AG dieser Unterrichtungspflicht nicht nach, kann der BR auch während eines Streiks – ggf. im Wege der einstweiligen Verfügung – die Unterlassung der personellen Maßnahme vom AG verlangen, bis er über die Maßnahme ordnungsgemäß informiert wurde.[101] 38

90 Vgl. dazu *Kissel*, NZA 89, 82 f.; TVG-AKR/AKR, Rn. 370 ff.

91 *Brox/Rüthers*, Rn. 445 ff.; *GK-Kraft*, Rn. 75.

92 *BAG* 13.12.11, a. a. O.; zustimmend *Ubber*, BB 12, 51; ablehnend *Berg*, AiB 12, 73.

93 *BAG* 13.12.11, a. a. O.

94 *BAG* 13.12.11, a. a. O.; a. A. insoweit *LAG Köln* 13.8.09 – 7 TaBV 116/08, juris, das in der Vorinstanz darauf abstellte, dass der umkämpfte Tarifvertrag auch die AN des abgebenden Betriebs erfasste.

95 *BAG* 19.2.91, a. a. O.

96 Dazu *Berg*, AiB 12, 73.

97 *BAG* 25.7.57, AuR 58, 125: »Es ist dem Arbeitnehmer nicht zuzumuten, den Streikenden in den Rücken zu fallen.«; bestätigt durch *BAG* 10.9.85, DB 85, 2354; TVG-AKR/AKR, Rn. 506 f.

98 *BAG* 13.12.11, a. a. O.; 10.12.02, NZA 04, 223; *Fitting*, Rn. 21; GK-*Kreutz*, Rn. 76, nach deren Auffassung sich die Ausübung dieser weniger intensiven Beteiligungsrechte »im Allgemeinen« als »arbeitskampfneutral« erweist, im Einzelfall sich aber auch als unzulässige Kampfmaßnahme darstellen kann, so insbesondere *Fitting*, a. a. O.; a. A. *Krummel*, BB 02, 1418; *Reichold*, NZA 04, 247.

99 *BAG* 13.12.11, a. a. O.; 10.12.02, a. a. O.; *LAG Köln* 22.6.92, DB 93, 838; *LAG Frankfurt* 22.2.90, DB 91, 707; *ArbG Frankfurt* 8.10.90 – 15 BV 12/90; ablehnend *Kissel*, § 36 Rn. 85.

100 *BAG* 10.12.02, a. a. O.

38a Die arbeitskampfbedingte Einschränkung der Mitbestimmungsrechte des Betriebsrats in personellen und sozialen Angelegenheiten durch die Rechtsprechung des BAG gilt allerdings **nur während der Dauer des Arbeitskampfes.** Wird z. B. vom Arbeitgeber eine ursprünglich arbeitskampfbedingt durchgeführte **personelle Maßnahme** oder arbeitskampfbedingt angeordnete **Mehrarbeit** über das Ende des Arbeitskampfes hinaus aufrechterhalten, hat er die Beteiligungsrechte des Betriebsrats uneingeschränkt zu beachten bzw. die Beteiligung des Betriebsrats unverzüglich nachzuholen.[102] Will der Arbeitgeber nach der Beendigung oder während einer Unterbrechung des Streiks die **Folgen des Streiks** durch die Anordnung von Mehrarbeit kompensieren, bedarf eine derartige Maßnahme der vorherigen Zustimmung des Betriebsrats.[103] Das gilt auch für die Zahlung von **Streikbruchprämien** (vgl. dazu auch § 75 Rn. 91, § 87 Rn. 328), die der AG vor und während des Arbeitskampfs nicht zugesagt hat und nach Beendigung des Arbeitskampfes zahlt.[104]

39 In Ausübung ihrer BR-Tätigkeit darf den streikenden oder ausgesperrten **BR-Mitgliedern** auch der **Zutritt zum Betrieb** nicht verwehrt werden.[105] Der AG ist auch während eines Arbeitskampfes nicht berechtigt, die Zugangs-Code-Karten sämtlicher BR-Mitglieder (zur Überwindung der Zugangssicherungen) zu sperren, wenn er – berechtigt oder nicht – annimmt, ein BR-Mitglied habe »seine« Karte missbräuchlich verwandt. Darüber hinaus ist es nicht zulässig, wenn der AG während eines Arbeitskampfes BR-Mitglieder während der Ausübung ihrer BR-Tätigkeit fortwährend oder auch nur stichprobenhaft durch ein persönlich anwesendes oder hinzutretendes Mitglied der Personalabteilung kontrollieren lässt.[106]

40 Da auch und gerade **während eines Arbeitskampfes** auf den **BR vielfältige Aufgaben**[107] zukommen können,[108] weil beispielsweise bei den AN erhöhter Beratungsbedarf besteht oder beim Einsatz vom Streikbrechern durch den AG die Einhaltung von Gesetzen, Tarifverträgen, UVV usw. zu überwachen ist,[109] muss der BR auch während des Arbeitskampfes im Betrieb (z. B. BR-Büro, Arbeitsplätze) seine Amtspflichten erfüllen können.[110] Dazu gehört u. a. die

- Abhaltung von BR- oder Ausschusssitzungen,
- Durchführung von Sprechstunden des BR und Betriebs- und Arbeitsplatzbegehungen,
- Abwicklung der laufenden Geschäfte, wie z. B. des Schriftverkehrs,
- Einholung von Auskünften beim AG,
- Behandlung von Anfragen des AG und (nicht arbeitskampfbedingten, vgl. dazu Rn. 32 ff.) Mitbestimmungsangelegenheiten,
- Prüfung der Informationen des AG über die Durchführung arbeitskampfbedingter personeller und sozialer Angelegenheiten (vgl. dazu Rn. 38),
- Entgegennahme und Bearbeitung von Anträgen und Beschwerden der AN und
- Durchführung von Betriebsversammlungen (zur Vergütungspflicht des AG bei Betriebsversammlungen während des Arbeitskampfes vgl. § 44 Rn. 17 f.; zur Durchführung weiterer Betriebsversammlungen vgl. § 43 Rn. 12 ff.; zur Zulässigkeit von vom AG einberufenen »Belegschaftsversammlungen« vgl. § 42 Rn. 50 ff.).

41 Der **BR** sollte im Arbeitskampf regelmäßig dafür sorgen, dass er **für den AG** in betriebsverfassungsrechtlichen Angelegenheiten **ansprechbar** ist.[111]

42 Der **BR** hat das Recht, während eines arbeitskampfbedingten Produktionsstillstandes situati-

---

101 *ArbG Frankfurt* 8.10.90, a. a. O.; *ArbG Frankfurt* 28.12.89 – 15 BVGa 46/89; a. A. *LAG Frankfurt* 22.2.90, a. a. O.

102 *Fittting*, Rn. 23.

103 *ArbG Oldenburg* 21.5.15 – 6 BVGa 2/15; *ArbG Stuttgart* 24.4.15 – 9 BVGa 1/15.

104 *LAG Hamm* 16.9.97, AiB 98, 589 mit Anm. *Kettner*.

105 *LAG Köln* 20.8.92, LAGE Nr. 9 zu § 2 BetrVG 1972; *LAG Frankfurt* 8.2.90, BB 90, 1626; *ArbG Stuttgart* 22.5.84 – 2 BVGa 1/84; 30.5.84 – 18 BVGa 3/84; *Fitting*, Rn. 26; GK-*Kreutz*, Rn. 60; *Herbst*, a. a. O., S. 5; *SWS*, Rn. 5; *Wiese*, NZA 84, 378.

106 *LAG Frankfurt* 8.2.90, a. a. O.

107 Zu den praktischen Fragen eingehend *Blanke*, AiB 93, 220; *Herbst*, AiB 87, 4 und die Musterschreiben bei DKKWF-*Berg*, § 74 Rn. 2 ff.

108 Vgl. *BAG* 25.10.88, AP Nr. 110 zu Art. 9 GG Arbeitskampf.

109 So auch *BAG* 10.12.02, a. a. O.

110 *Blanke*, a. a. O., 222.

111 *Blanke*, a. a. O., 223.

onsbezogene **Informationen an die Privatanschriften der AN** zu versenden, und kann zu diesem Zweck die Herausgabe der Privatanschriften vom AG verlangen.[112]

Es gehört jedoch nicht zu den Aufgaben des BR, während eines Arbeitskampfes mit dem AG auch über die **Durchführung eines Notdienstes**[113] zu verhandeln oder gar entsprechende Vereinbarungen zu treffen. Notdienstvereinbarungen sind allein Sache der streikenden Gewerkschaft und des AG, die eine angemessene Lösung finden müssen.[114] Die zwischen BR und AG insoweit getroffenen Abreden sind unwirksam und die AN daran nicht gebunden.[115] Die streikende Gewerkschaft und der AG können aber vereinbaren, den BR bei der praktischen Durchführung des zwischen ihnen vereinbarten Notdienstes einzubeziehen.[116] 43

V. Beeinträchtigung von Arbeitsablauf oder Frieden des Betriebs

Über das Arbeitskampfverbot hinaus sind AG und BR verpflichtet, alles zu unterlassen, wodurch der Arbeitsablauf oder der Frieden des Betriebs beeinträchtigt wird. Dabei ist von Bedeutung, dass[117] nicht darauf abgestellt werden kann, ob eine Handlung lediglich geeignet ist, den Betriebsfrieden zu gefährden. Es genügt auch nicht, dass durch eine Handlung eine Störung des Betriebsfriedens oder des Arbeitsablaufs mit hoher Wahrscheinlichkeit zu erwarten ist.[118] Die Vorschrift ist vielmehr erst dann verletzt, wenn durch ein bestimmtes Verhalten eine tatsächliche Beeinträchtigung, also eine **konkrete Störung,** eingetreten ist.[119] Eine lediglich abstrakte Gefahr reicht also nicht aus.[120] 44

Nach der Rspr. des *BAG*[121] richtet sich das gesetzliche Verbot gegen den AG, den BR als Organ und gegen die einzelnen BR-Mitglieder (aber nur in ihrer Eigenschaft als BR-Mitglieder), keineswegs aber gegen die **AN des Betriebs.**[122] Letztere sind lediglich auf Grund ihres Arbeitsvertrags verpflichtet, betriebsstörende Aktivitäten zu unterlassen (vgl. dazu auch Rn. 71).[123] Der BR ist auch nicht gehalten, auf die AN einzuwirken, die ihrerseits den Betriebsfrieden beeinträchtigen.[124] Die Verpflichtung des BR besteht lediglich darin, selbst von derartigen Handlungen abzusehen (**Unterlassungspflicht).** 45

Verboten ist zunächst die Störung des **Arbeitsablaufs.** Unter »Arbeitsablauf« ist die organisatorische, räumliche und zeitliche Gestaltung des Arbeitsprozesses im Zusammenwirken von Menschen und Betriebsmitteln zu verstehen. Dazu gehören z. B. Fließband-, Gruppen- oder Einzelarbeit, Arbeit in Räumen oder im Freien, Arbeit im Schichtbetrieb u. Ä. (vgl. dazu § 90 Rn. 12 ff.). Der Arbeitsablauf kann insbesondere durch Unterbrechung der Arbeit beeinträchtigt werden.[125] Das ist der Fall, wenn durch **rechtswidrige** Aktionen des AG oder des BR die Weiterarbeit einzelner AN, bestimmter Betriebsteile oder des ganzen Betriebs im üblichen Rahmen nicht mehr möglich ist. 46

Über die Störung des eigentlichen Arbeitsablaufs hinaus ist auch die Störung des sog. **Friedens** 47

---

112 *LAG Berlin* 28.6.84, DB 84, 1936 ff.

113 Zum Begriff der Notdienstarbeiten vgl. *BAG* 30.3.82, AP Nr. 74 zu Art. 9 GG Arbeitskampf.

114 Vgl. dazu TVG-AKR/AKR, Rn. 491.

115 Vgl. *Bauer/Haußmann,* DB 96, 881; *Däubler,* AuR 81, 257; *Buschmann* AuR 80, 230, 233; *Fitting,* Rn. 24; *GL,* Rn. 13 d; KassArbR-*Etzel,* 7.1., Rn. 350; *Löwisch/Mikosch,* ZFA 78, 153, 175; *G. Müller,* RdA 82, 86, 97; *Kempen,* NZA 05, 185, 189; siehe auch § 8 der Arbeitskampfrichtlinien des DGB, AuR 74, 252 und dazu *Kehrmann/Rose,* AuR 74, 321, 324; *LAG Niedersachsen* 1.2.80, AP Nr. 69 zu Art. 9 GG Arbeitskampf; *LAG Frankfurt* 22.4.69, AP Nr. 40 zu Art. 9 GG Arbeitskampf; a. A. *Brox/Rüthers,* Rn. 467, 293, Fn. 34; GK-*Kreutz,* Rn. 81 ff.; *Wiese,* NZA 84, 378, 382.

116 *Kempen,* a. a. O.; weitergehend *Fitting,* a. a. O.: Übertragung der Regelungsbefugnis auf BR und AG.

117 Wie noch nach dem BetrVG 1952, vgl. dazu *Däubler,* Das Arbeitsrecht 1, Rn. 784.

118 So aber u. a. *Fitting,* Rn. 29; GK-*Kreutz,* Rn. 133, jeweils m. w. N.

119 *Däubler,* a. a. O.; *Otto,* AuR 80, 189, 295; *WW,* Rn. 14 f.

120 GK-*Kreutz,* a. a. O.

121 21.2.78, AP Nr. 1 zu § 74 BetrVG 1972.

122 *Fitting,* Rn. 27; GK-*Kreutz,* Rn. 131; Richardi-*Richardi,* Rn. 51.

123 Kritisch dazu *Kempff,* S. 60 ff.

124 ErfK-*Kania,* Rn. 17; *Fitting,* Rn. 28; GK-*Kreutz,* Rn. 132; *GL,* Rn. 17; Richardi-*Richardi,* Rn. 49; a. A. HWGNRH-*Worzalla,* Rn. 36.

125 GK-*Kreutz,* Rn. 135.

des Betriebs untersagt. Der Betriebsfrieden[126] kann beeinträchtigt werden, wenn AG und BR Auseinandersetzungen führen, die keine Grundlage im betrieblichen Geschehen haben.[127] Insbes. darf keine Seite **in den Zuständigkeitsbereich** der anderen **eingreifen.**[128] Im Interesse der Erhaltung des Betriebsfriedens ist es beispielsweise BR und AG untersagt, jeweils gegen den anderen gerichtete **bewusst wahrheitswidrige Behauptungen** zu verbreiten.

48 Als eine unzulässige Beeinträchtigung des Betriebsfriedens **durch den AG** können beispielweise folgende Verhaltensweisen bewertet werden:

- Es ist unzulässig, wenn der AG ein von ihm verfasstes, polemische Angriffe gegen den BR enthaltendes **Schreiben an AN des Betriebs** in Kopie verschickt.[129]
- Das gilt auch für die Veröffentlichung wahrheitswidrige Informationen über das BR-Verhalten in Verhandlungen am »**Schwarzen Brett**« oder die Bekanntgabe einer einseitigen und willkürlichen Auswahl des Schriftwechsels mit dem BR.[130]
- Eine unzulässige Beeinträchtigung des Betriebsfriedens stellt auch die **Bekanntgabe von AN**, die abgemahnt wurden, am »Schwarzen Brett« durch den AG dar.[131]
- Der AG ist nicht berechtigt, durch BR-Tätigkeit, Krankheit oder sonstige Gründe veranlasste **Fehlzeiten von BR-Mitgliedern** betriebsöffentlich bekannt zu machen.[132]
- Dem AG ist es auch nicht erlaubt, eine **Veröffentlichung des BR** am »Schwarzen Brett« einseitig zu **entfernen**, wenn er mit den darin gemachten Aussagen nicht einverstanden ist.[133]

49 Eine Störung des Betriebsfriedens oder des Arbeitsablaufs liegt regelmäßig nicht vor, wenn der **BR** im Rahmen der ihm **gesetzlich zugewiesenen Aufgaben** handelt.[134] Die **Wahrnehmung der Rechte** des **BR** oder der **AN** stellen für sich allein grundsätzlich keine Störung des Betriebsfriedens dar:[135]

- So kann der BR u. a. die vorgeschriebenen Betriebsversammlungen durchführen, obwohl dadurch der Arbeitsablauf objektiv beeinträchtigt wird, von seinem Kontrollrecht gemäß § 80 von Gebrauch machen oder die ESt. anrufen, auch wenn dies zu Unruhe in der Belegschaft führt oder den AG verärgert.[136]
- Es verstößt nicht gegen Abs. 2 Satz 2, wenn der BR die **Belegschaft über Meinungsverschiedenheiten mit dem AG informiert**, z. B. über die arbeitsgerichtliche Untersagung mitbestimmungswidriger Maßnahmen oder die beabsichtigte Kündigung eines BR-Mitglieds.[137]
- Der BR kann auch mit **kritischen** mündlichen und schriftlichen **Stellungnahmen** dem AG und der Belegschaft gegenüber ablehnend darauf reagieren, dass der AG versucht, eine **Konkurrenzgewerkschaft** und deren Tarifverträge im Betrieb zu etablieren.[138]
- Auch wenn nach einem **kritischen Redebeitrag** eines Mitglieds des BR auf einer Betriebsversammlung einige AN die Betriebsversammlung vorzeitig verlassen, stellt dies keine Störung des Betriebsfriedens dar.[139]

---

126 Zur grundsätzlichen Kritik dieses Begriffs vgl. *Kothe,* AuR 84, 125 ff.; auch *ArbG Düsseldorf* 15.3.95, AuR 95, 424, 425.
127 Richardi-*Richardi,* Rn. 48.
128 *Fitting,* Rn. 31 f.
129 *LAG Köln* 16.11.90, BB 91, 1191.
130 *ArbG Trier* 14.6.89, AiB 89, 353 ff. mit Anm. *Schoof;* zu weitgehend allerdings *LAG Düsseldorf* 25.5.76, BB 77, 294 f., das die Bekanntgabe des vollständigen Schriftwechsels zwischen den Betriebsparteien durch den BR am »Schwarzen Brett« grundsätzlich für unzulässig hält.
131 *ArbG Regensburg* 28.7.89, AiB 89, 354.
132 *LAG Niedersachsen* 9.3.90 – 3 TaBV 38/89; zur Unzulässigkeit der Veröffentlichung der Kosten der BR-Arbeit im Betrieb durch den AG vgl. *BAG* 12.11.97, BB 98, 1006; 19.7.95, BB 96, 328, und § 2 Rn. 6, § 43 Rn. 21; *LAG Düsseldorf* 26.11.93, AuR 94, 275; *ArbG Wesel* 10.4.96 – 3 BVGa 1/96; *ArbG Darmstadt* 20.11.86, AiB 86, 140 f. mit Anm. *Trittin.*
133 *VG Berlin* 9.11.94, PersR 95, 96; *Fitting,* a. a. O.; *GL,* Rn. 15; GK-*Kreutz,* Rn. 136.
134 ErfK-*Kania,* Rn. 20; *Fitting,* Rn. 36.
135 Vgl. auch GK-*Kreutz,* a. a. O.
136 GK-*Kreutz,* Rn. 134.
137 *LAG Schleswig-Holstein* 1.4.09 – 3 TaBVGa 2/09.
138 *LAG Hamm* 20.3.09 – 10 TaBV 149/08 (den DHV betreffend).
139 *LAG Hamm* 20.3.09, a. a. O.

- Der BR darf auch **Fragebogenaktionen** veranstalten, wenn die gestellten Fragen sich inhaltlich mit den Aufgaben des BR befassen.[140]
- Der BR ist jeder Zeit berechtigt, den AG auf rechtswidrige Maßnahmen aufmerksam zu machen, die dieser getroffen hat, z. B. bei der **Verletzung von Mitbestimmungsrechten**, von arbeitsschutzrechtlichen Bestimmungen[141] oder von tariflichen Vorschriften.[142]
- Das gilt z. B. auch für das **Verteilen eines Flugblatts** an die Belegschaft, in dem gegen Überstunden[143] oder von einem einzelnen BR-Mitglied kritisch zu Beschlüssen des BR Stellung genommen wird.[144]
- Der BR ist grundsätzlich berechtigt, insbes. bei Rechtsverstößen des AG, die **Beschäftigten zu mobilisieren** und gemäß der Überzeugung des BR zu beeinflussen.[145]
- Zulässig ist grundsätzlich auch die Darlegung der Meinung des BR in den **Medien** oder die Abgabe von **Presseerklärungen** durch den BR.[146]

VI. Parteipolitische Betätigung

Die Vorschrift bestimmt, dass AG und BR eine parteipolitische Betätigung im Betrieb zu unterlassen haben. Damit wird jedoch nicht jede politische Betätigung untersagt, sondern nur das **bewusste und nachhaltige Eintreten** für oder gegen eine politische Partei. Durch das Verbot der parteipolitischen Betätigung im Betrieb ist das **Grundrecht der freien Meinungsäußerung** eingeschränkt worden, was mit Rücksicht auf Art. 5 GG bedenklich ist.[147] Wegen der völlig ungleichen gesetzlichen Verteilung der Sanktionen im Falle der Zuwiderhandlung zwischen BR und AG und unter dem Gesichtspunkt der Einschränkung der Betätigungsfreiheit der Parteien (vgl. Art. 21 Abs. 1 GG) begegnet die Verbotsnorm **zusätzlichen verfassungsrechtlichen Bedenken**.[148] Sie ist entgegen der h. M. insoweit dahin gehend verfassungskonform auszulegen, dass eine parteipolitische Betätigung nur dann untersagt ist, wenn sie zu einer **konkreten Störung des Betriebsfriedens** führt.[149] 50

Unabhängig davon hat allerdings auch das *BVerfG*[150] **die Einschränkung des Grundrechts** der freien Meinungsäußerung im Betrieb grundsätzlich **nur in engen Grenzen** für zulässig gehalten. Da Abs. 2 Satz 3 der Freiheit der Meinungsäußerung Schranken setzt, muss diese Norm ihrerseits aus der Erkenntnis der wertsetzenden Bedeutung des Grundrechts der freien Meinungsäußerung ausgelegt und so in ihrer das Grundrecht begrenzenden Wirkung selbst wieder eingeschränkt werden.[151] Das führt im Ergebnis zu einer **engen Auslegung der Verbotsnorm** des Abs. 2 Satz 3, insbes. des Begriffs der »Parteipolitik«, mit der Folge, dass eine allgemeinpolitische Betätigung, die weder zu einer konkreten Beeinträchtigung des Betriebsablaufs noch des Betriebsfriedens führt (vgl. dazu Rn. 44 ff.), weder dem AG noch dem BR untersagt ist.[152] 51

---

140 So für die JAV *BAG* 8.2.77, AP Nr. 10 zu § 80 BetrVG 1972.
141 *Fitting*, a. a. O.
142 *ArbG Hamburg* 2.2.94 – 11 GaBV 1/94.
143 *ArbG Stuttgart* 23.1.80, AiB 4/80, S. 14 mit Anm. *Schoof.*
144 *HessLAG* 17.2.97 – 11 Sa 1776/96.
145 *ArbG Hamburg* 2.2.94, a. a. O.
146 Vgl. dazu ErfK-*Dieterich*, Art. 5 GG Rn. 40; *Plander*, AuR 93, 161; *Simitis-Kreuder*, NZA 92, 1009; teilweise einschränkend *BAG* 18.9.91, NZA 92, 315; *Fitting*, Rn. 34; *Müller-Boruttau*, NZA 96, 1071.
147 *Däubler*, Das Arbeitsrecht 1, Rn. 781 ff.; *Zachert*, S. 73; a. A. *BVerfG* 28.4.76, AP Nr. 2 zu § 74 BetrVG 1972; *BAG* 13.9.77, AP Nr. 1 zu § 42 BetrVG 1972; 21.2.78 und 12.6.86, AP Nrn. 1, 5 zu § 74 BetrVG 1972; ErfK-*Kania*, Rn. 21; *Fitting*, Rn. 38; GK-*Kreutz*, Rn. 97; *GL*, Rn. 19; HWGNRH-*Worzalla*, Rn. 40.
148 *Däubler*, a. a. O.
149 *Däubler*, a. a. O.; HaKo-BetrVG-*Lorenz*, Rn. 9; *Zachert*, a. a. O.
150 28.4.76, AP Nr. 2 zu § 74 BetrVG 1972.
151 *BVerfG* 28.4.76, a. a. O.; ErfK-*Schmidt*, Art. 5 GG Rn. 20 f., 43; Schaub-*Koch*, § 230 Rn. 16; zur Abwägung grundrechtlich geschützter Betätigungen und betriebsverfassungsrechtlicher Rechtsgüter vgl. auch *BVerfG* 8.10.96, NJW 97, 386 = AuR 97, 293 mit Anm. *Kittner:* Schutz der Pressefreiheit für Werkszeitungen.
152 *BVerfG* 28.4.76, a. a. O.; so jetzt wohl auch *BAG* 17.3.10, NZA 10, 1133, 1136 f.; = AiB 11, 540 mit Anm. *Kröll; LAG Baden-Württemberg* 24.9.84, DB 85, 46 f. [aufgehoben durch *BAG* 12.6.86, AP Nr. 5 zu § 74 BetrVG 1972]; *LAG Hamburg* 21.4.86, DB 86, 475 ff.; *ArbG Essen* 4.10.83, AiB 83, 162; *ArbG*

52 In diese Richtung tendiert nun auch das *BAG* in seiner neuen Rspr., nach der das **Verbot der parteipolitischen Betätigung** im Betrieb **nicht jede »Äußerung allgemeinpolitischer Art«** erfasst, »die eine politische Partei, Gruppierung oder Richtung weder unterstützen noch sich gegen sie wenden« soll. Ob das Eintreten für oder gegen »eine **politische Richtung** unabhängig von einem konkreten Bezug zu einer politischen Partei« unter das Verbot fällt, hat das BAG allerdings offengelassen.[153]

53 Die vom *BAG*[154] bisher vertretene Auffassung einer ausdrücklich **weiten Auslegung des Begriffs »parteipolitische Betätigung«** i. S. jeder sonstigen »allgemeinpolitischen Betätigung« ist mit dem Wortlaut des Abs. 2 Satz 3 nicht vereinbar. Der Gesetzgeber ist nämlich nicht nur im Rahmen der Betriebsverfassung von einem differenzierten Politikbegriff ausgegangen (vgl. § 75 Abs. 1, § 118 Abs. 1 Nr. 1),[155] sondern auch in anderen gesetzlichen Regelungen.[156] Auch können die mit der Abgrenzung von Partei- und Allgemeinpolitik im Einzelfall möglicherweise verbundenen Schwierigkeiten nicht zur Rechtfertigung der weiten Auslegung des Abs. 2 Satz 3 herangezogen werden. Wenn das *BAG*[157] in diesem Zusammenhang sogar meint, dass »alle politischen Fragen, gleichgültig, ob es sich um solche der Außen- oder Innenpolitik, der äußeren oder inneren Sicherheit, der Kultur, der Arbeit oder der Freizeitgestaltung handelt, in den Bereich parteipolitischer Stellungnahmen fallen« und damit – einschließlich der Fragen der »Arbeit« (!) – verboten sein sollen, wird die Definition des Begriffs »Parteipolitik« unter **Aufgabe jeder rechtsstaatlichen Grundsätzen entsprechenden Rechtssicherheit** faktisch auf die verschwommene und vom Gesetzgeber gerade nicht vorgesehene Grenzziehung zwischen politischen und unpolitischen Fragen verlagert.[158]

54 Auch ist es abzulehnen, wenn in Rspr. und Literatur durch die **Annahme** entstehungsgeschichtlich und systematisch nicht begründbarer **zusätzlicher Verbotszwecke** (z. B. politische Neutralität von AG und BR, Meinungs- und Wahlfreiheit der AN, Missbrauch des Amtsbonus durch den BR) über den **Normzweck des Schutzes des ungestörten Arbeitsablaufs und des Betriebsfriedens** hinaus die weite Auslegung des Verbots der parteipolitischen Betätigung hergeleitet wird.[159]

55 Die Gegenseite verkennt im Übrigen, dass es lebensfremd wäre, die allgemeine Politik aus dem Betrieb verbannen zu wollen. Schließlich ist der **Betrieb innerhalb der Gesellschaft kein isoliertes Gebilde;** denn auch das Geschehen im Betrieb wird von der Politik bestimmt.[160] Immerhin verbringen die AN ein Drittel ihres gesamten Arbeitslebens im Betrieb.[161] Zu Recht

---

München, 29.11.83, DB 84, 512; *ArbG Gelsenkirchen* 14.2.84, AiB 84, 100 f.; *ArbG Köln* 28.3.84, BB 85, 663; *Bäumer,* AuR 60, 225; *Berg/Bobke/Wolter,* BlStSozArbR 83, 353, 355 ff.; *Däubler,* Arbeitsrecht 1, S. 448 f.; *Derleder,* AuR 88, 17, 21 ff.; *Dieckhoff,* AuR 58, 238; ErfK-*Dieterich,* a. a. O., Rn. 43; *Fitting,* Rn. 38; GK-*Kreutz,* Rn. 97, 111; *Gnade,* JbArbR 76, 59, 66; *Hofmann,* S. 58 ff.; *Hoyningen-Huene/Hofmann,* BB 84, 1050, 1051; *Joachim* in Posser/Wassermann (Hrsg.), S. 255, 262; KassArbR-*Etzel,* 9.1., Rn. 426; *Kempff,* AiB 85, 14, 15; *Konzen,* Anm. zu *BAG* 5.12.75, AP Nr. 2 zu § 87 BetrVG 1972 Betriebsbuße; *Lepke,* DB 68, 2039; *Mayer,* AiB 85, 16; *Radke,* BB 57, 1112, 1113; *Rüthers,* BB 58, 778; Schaub-*Koch,* a. a. O.; *Schmittner,* AuR 68, 359; *Wendeling-Schröder,* AiB 87, 183; *Vollmer,* S. 31 ff.; *Zachert,* AuR 84, 289, 294; a. A. *BAG* 21.2.78, 12.6.86, AP Nrn. 1, 5 zu § 74 BetrVG 1972; 12.6.86, NZA 87, 153 f.; *Bauer/Willemsen,* NZA 10, 1089; *GL,* Rn. 21; ErfK-*Kania,* Rn. 25; *Kissel,* NZA 88, 145, 147 f.; *Meisel,* RdA 76, 38, 39; *Reichold,* RdA 11, 58, 59 ff.; Richardi-*Richardi,* Rn. 62; *Wiebauer,* BB 10, 3091 ff.

153 *BAG* 17.3.10, a. a. O., 1136; vgl. dazu *Dohna-Jaeger,* AuR 11, 428.

154 12.6.86, a. a. O.

155 Vgl. dazu *BAG* 21.7.98, BB 99, 1116: Zur Auslegung von § 118 Abs. 1.

156 Vgl. etwa § 35 Abs. 2 BRRG, § 53 BBG, § 15 SoldG; die in diesen Vorschriften enthaltenen Beschränkungen der »politischen« bzw. »allgemeinpolitischen« Betätigung für Beamte und Soldaten, die sich, wenn überhaupt, allein unter Berücksichtigung des vom Gesetzgeber für erforderlich gehaltenen öffentlich-rechtlichen Dienst- und Treueverhältnisses oder des Soldatenverhältnisses verfassungsrechtlich rechtfertigen lassen, können nicht mit dem Vehikel der Auslegung auf das betriebsverfassungsrechtliche Verhältnis zwischen AG und BR übertragen werden (vgl. *Hofmann,* S. 58).

157 12.6.86, AP Nr. 5 zu § 74 BetrVG 1972; 12.6.86, NZA 87, 153 f.

158 GK-*Kreutz,* Rn. 111; *Hofmann,* S. 60 f.

159 Vgl. dazu insbes. *Derleder,* AuR 88, 17, 19 ff.; GK-*Kreutz* Rn. 99 ff.; *Hofmann,* S. 40 ff.

160 *Berg,* FS Gnade, S. 215, 216 f.

161 Vgl. dazu *Osterland u. a.,* S. 61 ff.

wird auch auf den »**Strukturwandel des Politischen**« und die damit verbundene Tendenz hingewiesen, dass die unsere Gesellschaft prägenden politischen Kontroversen einen zunehmend globalen und parteiübergreifenden Charakter annehmen, so dass ihre generelle Verbannung aus der Arbeitswelt zwangsläufig zu einer vom Gesetzgeber nicht gewollten und verfassungsrechtlich unzulässigen Abschottung **des Betriebs** von der übrigen Gesellschaft **als politikfreiem Raum** führen würde.[162] Schließlich wäre es vor allem auch mit der elementaren Bedeutung des Grundrechts aus Art. 5 GG unvereinbar, wenn der Gesetzgeber die Freiheit der politischen Meinungsäußerung dem Bereich der betrieblichen Arbeitswelt, die die Lebensgestaltung zahlreicher Staatsbürger wesentlich bestimmt, schlechthin fern halten wollte.[163]

Ist somit davon auszugehen, dass eine allgemeinpolitische Betätigung für AG und BR im **56** Betrieb nicht untersagt ist, ist es dem BR auch nicht untersagt, für oder gegen bestimmte **allgemeinpolitische Positionen** einzutreten.[164] Das *BAG*[165] geht allerdings davon aus, dass auch das Eintreten für eine »politische Richtung« dem Verbot unterfalle.[166] Diese Aussage ist jedoch viel zu unbestimmt, als dass daraus sichere Rückschlüsse gezogen werden könnten. Der Begriff »politische Richtung« ist nicht justitiabel. Dennoch wird daraus gefolgert, dass auf Grund dieser Rspr. auch das **Eintreten für eine Bürgerinitiative** im Betrieb unzulässig sei.[167] Diese Ansicht ist schon deshalb abzulehnen, weil die verschiedensten – insbes. lokalen – Bürgerinitiativen eine »politische Richtung« im parteipolitischen Sinne regelmäßig nicht verfolgen. Etwas anderes kann ggf. nur dann gelten, wenn eine Bürgerinitiative oder eine sonstige politische Gruppierung offensichtlich auf eine Partei i. S. d. § 2 Abs. 1 ParteiG angelegt ist und sich an Wahlen beteiligt.[168]

Als **zulässige allgemeinpolitische Betätigung** sind daher nach hier vertretener Auffassung **57** Aktivitäten oder Meinungsäußerungen (z. B. Anschlag am »Schwarzen Brett«, Verteilung von Informationsschriften, Tragen von Plaketten) zu den folgenden beispielhaft aufgeführten **Themenbereichen** oder **Bürgerbewegungen** anzusehen:

- **Anti-Atom-Bewegung und Nutzung der Kernenergie**;[169]
- **Friedensbewegung und Abrüstung**;[170] **Aufruf gegen den Irak-Krieg**;[171]
- **Auseinandersetzung mit ausländerfeindlichen oder rechtsradikalen Aktivitäten**;[172]
- **Umweltschutz** und **ökologische Gefährdung** der Lebensgrundlagen, Veränderungen der Arbeit durch **neue Technologien, Arbeitslosigkeit** und **Beschäftigungspolitik** (die Angelegenheiten der **Umweltpolitik,** vgl. § 45 Rn. 11, und des **betrieblichen Umweltschutzes,** vgl. § 89, fallen ausdrücklich in die Kompetenz des BR (Rn. 73).[173]

---

162 *Derleder,* AuR 88, 17, 21 ff.

163 *BVerfG* 15.1.58, BVerfGE 7, 198, 207 f.; 19.1.63, AP Nr. 1 zu Art. 5 Abs. 1 GG Informationsfreiheit.

164 *BAG* 17.3.10 – 7 ABR 95/08.

165 21.2.78, 12.6.86, AP Nrn. 1, 5 zu § 74 BetrVG 1972.

166 Zustimmend im Ergebnis *LAG Schleswig-Holstein* 30.9.08 – 2 TaBV 25/08 – juris; Richardi-*Richardi,* Rn. 61; GK-*Kreutz,* Rn. 109 f.; *GL,* Rn. 20; *Oetker,* BlStSozArbR 83, 321, 325.

167 GK-*Kreutz,* Rn. 110; *Oetker,* a. a. O.; a. A. *Däubler,* Das Arbeitsrecht 1, Rn. 781; ErfK-*Kania,* Rn. 25; *Fitting,* Rn. 48; *Hofmann,* S. 62 f.

168 *Hofmann,* S. 63 f.

169 *ArbG Hamburg* 6.6.79, BB 80, 104; *Derleder,* AuR 88, 17, 24 f.; *Fitting,* Rn. 48; *Hofmann,* S. 78; *v. Hoyningen-Huene/Hofmann,* BB 84, 1050 [1051]; *Zachert,* AuR 84, 289, 292; a. A. GK-*Kreutz,* Rn. 110; HWGNRH-*Worzalla,* Rn. 46; *Mummenhoff,* DB 81, 2539 [2540]; *Oetker,* BlStSozArbR 83, 321, 325.

170 *LAG Baden-Württemberg* 24.9.84, DB 85, 46 f. (aufgehoben durch *BAG* 12.6.86, AP Nr. 5 zu § 74 BetrVG 1972); *LAG Hamburg* 21.4.86, DB 86, 475 ff.; *ArbG Mannheim* 17.1.91, AiB 91, 55; *ArbG Essen* 4.10.83, AiB 83, 162; *ArbG München* 29.11.83, DB 84, 512; *ArbG Köln* 28.3.84, BB 85, 663; *Berg/Bobke/Wolter,* BlStSozArbR 83, 353 (355 ff.); *Däubler,* AiB 83, 27 ff.; *Derleder,* AuR 88, 17 (25); *Fitting,* a. a. O.; *Hofmann,* S. 79; *v. Hoyningen-Huene/Hofmann,* BB 84, 1050 (1051); KassArbR-*Etzel,* 7.1., Rn. 353; *Kempff,* AiB 85, 14 (15); *Mayer,* AiB 85, 16; *Wendeling-Schröder,* AiB 87, 183; *Zachert,* a. a. O., S. 297; a. A. *BAG* 12.6.86, AP Nr. 5 zu § 74 BetrVG 1972; 12.6.86, NZA 87, 153 f.; ErfK-*Kania,* Rn. 25; GK-*Kreutz,* a. a. O.; *Oetker,* BlStSozArbR 83, 321 (325).

171 *LAG Schleswig-Holstein* 30.9.08, a. a. O.

172 *ArbG Gelsenkirchen* 14.2.84, AiB 84, 100 f. mit zustimmender Anm. *Zachert;* a. A. *BAG* 21.2.78, AP Nr. 1 zu § 74 BetrVG 1972; MünchArbR-*v. Hoyingen-Huene,* § 301 Rn. 55; vor dem Hintergrund der ausdrücklichen Zuordnung der Bekämpfung von Fremdenfeindlichkeit und Rechtsextremismus und der Integration ausländischer AN zum Aufgabenkatalog der BR durch das BetrVerf-ReformG im Jahr 2001 dürfte die Gegenmeinung überholt sein.

173 Vgl. *Derleder,* AuR 88, 17 (24 f.).

58 Unabhängig davon erfährt das Verbot der parteipolitischen Betätigung schon dadurch Beschränkungen, als nach Abs. 2 Satz 3, 2. Halbsatz tarifpolitische, sozialpolitische und wirtschaftliche Angelegenheiten mit Bezug zum Betrieb und seinen AN behandelt werden dürfen (vgl. Rn. 69 ff.) und nach Abs. 3 die Betätigung der Gewerkschaften durch die Verbotsnormen des Abs. 2 nicht beschränkt wird (vgl. Rn. 75 ff.). Soweit sich also politische Äußerungen auf **tarifpolitische, sozialpolitische oder wirtschaftliche Angelegenheiten** beziehen oder im **Rahmen der gewerkschaftlichen Betätigung** nach Art. 9 Abs. 3 GG erfolgen, sind sie **ohne weiteres zulässig.**[174]

59 Von einer verbotenen parteipolitischen Betätigung kann somit nach hier vertretener Auffassung nur dann die Rede sein, wenn für oder gegen eine Partei i. S. d. § 2 Abs. 1 ParteiG[175] bewusst und nachhaltig aktiv gearbeitet wird. Nach der **weiter gehenden Rspr. des BAG,**[176] nach der auch Betätigungen für sonstige politische »Gruppierungen« oder »Richtungen« (zur Kritik vgl. Rn. 53 ff.) erfasst werden, gehört zur parteipolitischen Betätigung alles, was die AN zu einer Stellungnahme in parteipolitischen Fragen veranlassen soll, und zwar auch dann, wenn die Maßnahmen ohne Nennung einer Partei deren Interessen dienen können. Das kann z. B. durch persönliche Ansprache geschehen, aber auch durch das Verteilen von parteipolitischen Flugblättern oder Zeitungen. Dazu gehört weiter das Aushängen von Parteiplakaten, das Organisieren von politischen Veranstaltungen im Betrieb, Geld- oder Unterschriftensammlungen für eine politische Partei u. a.[177]

60 Ein **Aufruf des BR** an die Belegschaft zur **Beteiligung an politischen Wahlen oder an einem Volksentscheid** stellt keine parteipolitische Betätigung dar.[178] Die **Verteilung von sachlich abgefassten Handzetteln** einer Gewerkschaft durch ein BR-Mitglied im Betrieb, mit denen unter Nennung der Namen und Parteizugehörigkeit einzelner Kandidaten die AN dazu aufgerufen werden, bei einer **Kommunalwahl** aktive AN und Gewerkschaftsmitglieder zu wählen, stellt keine parteipolitische Betätigung dar, sondern gewerkschaftliche Informationstätigkeit.[179] Entgegen der Auffassung des *BAG*[180] stellt das **Tragen einer gegen einen Politiker gerichteten Plakette** keine parteipolitische Betätigung dar (zur Problematik der Beeinträchtigung des Betriebsfriedens und einer möglichen Verletzung arbeitsvertraglicher Pflichten in diesem Zusammenhang vgl. Rn. 65 ff.).[181] Die Beteiligung von AG oder BR an gelegentlichen **Gesprächen mit parteipolitischem Inhalt** fällt ebenfalls nicht unter das Verbot nach Abs. 2 Satz 3.[182]

61 Nicht unter den Begriff der unzulässigen parteipolitischen Betätigung fällt weiterhin der Besuch von **Spitzenpolitikern im Betrieb,** wenn ein solcher von AG und BR gemeinsam organisiert wird oder mit Billigung der Gegenseite erfolgt. In einem solchen Fall darf der Politiker auch in einer (häufig allein auf Grund des Besuchs) einberufenen Betriebsversammlung das Wort ergreifen und dabei zu parteipolitischen Fragen Stellung nehmen. Ob es sich dabei um Wahlkampfzeiten oder nicht handelt, ist unerheblich. Entscheidend ist, ob zwischen AG und BR darüber eine Verständigung erzielt wird.[183] Zu der Frage, ob der BR **allein** berechtigt ist,

---

174 Z. B. gewerkschaftliche Aktivitäten auf dem Gebiet der Friedenspolitik und Abrüstung, eingehend dazu *Berg/Bobke/Wolter,* BlStSozArbR 83, 353 (355 ff.); vgl. auch *Däubler,* Gewerkschaftsrechte, Rn. 283 ff.; *Derleder,* AuR 88, 17 (21); *Zachert,* AuR 84, 289 (297).

175 Vgl. dazu *Hofmann,* S. 62 ff.

176 21.2.78, 12.6.86, AP Nrn. 1, 5 zu § 74 BetrVG 1972; insoweit zustimmend ErfK-*Kania,* Rn. 25; GK-*Kreutz,* Rn. 110; *GL,* Rn. 20; HWGNRH-*Worzalla,* Rn. 33; Richardi-*Richardi,* Rn. 60 ff.; offen gelassen *BAG* 17.3.11, a. a. O., 1136.

177 Vgl. dazu auch *Fitting,* Rn. 49; GK-*Kreutz,* Rn. 112 f.

178 *BAG* 17.3.10 – 7 ABR 95/08, *BAG*-Pressemitteilung Nr. 21/10.

179 *BVerfG* 28.4.76, AP Nr. 2 zu § 74 BetrVG 1972.

180 9.12.82, AP Nr. 73 zu § 626 BGB = AuR 83, 122 ff. mit kritischer Anm. *Kothe,* offen gelassen vom *BAG* 21.12.83 – 7 AZR 131/82.

181 *Zachert,* AuR 84, 289 (294) m. w. N.

182 *BAG* 18.1.68, AP Nr. 28 zu § 66 BetrVG 1952; *LAG Frankfurt* 21.1.67, DB 67, 430 (431); *Däubler,* Das Arbeitsrecht 1, S. 449 f.; *Fitting,* Rn. 51; GK-*Kreutz,* Rn. 111; *GL,* Rn. 21; zum Sonderproblem der Verteilung von Betriebszeitungen von Parteien und politischen Organisationen im Betrieb unter Berücksichtigung der Pressefreiheit nach Art. 5 Abs. 1 Satz 2 GG vgl. *Däubler,* a. a. O., Rn. 783.

183 Einschränkend GK-*Kreutz,* Rn. 113; *GL,* Rn. 22.

während des Wahlkampfes einen Spitzenpolitiker als Referent einer Betriebsversammlung einzuladen, vgl. § 45 Rn. 20.

Das Verbot erfasst lediglich die parteipolitische **Betätigung im Betrieb,** d. h. auf dem Betriebsgelände. Das *BAG* rechnet dazu aber auch eine Betätigung in **unmittelbarer** Betriebsnähe, z. B. das Verteilen von Flugblättern parteipolitischen Inhalts vor dem Fabriktor, mit der Zielrichtung, in den Betrieb hineinzuwirken.[184] Im Übrigen beschränkt sich das Verbot für die BR-Mitglieder auf den Amtsbereich. GBR- und KBR-Mitglieder sind in allen Betrieben des UN bzw. Konzerns daran gebunden.[185] **62**

Außerhalb des Betriebs besteht keine Einschränkung der parteipolitischen Betätigung. Die BR-Mitglieder brauchen bei einer parteipolitischen Betätigung außerhalb des Betriebs keine Rücksicht auf ihr betriebsverfassungsrechtliches Mandat zu nehmen. Sie sind sogar befugt, in **Parteiversammlungen,** in **Wahlreden, Wahlaufrufen** oder **Wahlwerbeanzeigen** ausdrücklich auf ihre BR-Funktion hinzuweisen.[186] Selbstverständlich kann sich auch der AG außerhalb des Betriebs parteipolitisch betätigen.[187] **63**

Von dem Verbot der parteipolitischen Betätigung sind nach dem Wortlaut der Vorschrift **nur der AG und der BR als Gremium** betroffen. Nach der Rspr. des *BAG*[188] erstreckt sich das Verbot aber auch auf die einzelnen BR-Mitglieder. Die **JAV** und ihre Mitglieder sind dagegen von dem Verbot nicht wie der BR und seine Mitglieder erfasst.[189] Das ergibt sich zunächst daraus, dass die Funktion der JAV nicht mit der des BR ohne weiteres verglichen werden kann. Die Rechte des BR sind eindeutig stärker ausgeprägt. Im Übrigen wird in § 65 auf alle Vorschriften des BetrVG verwiesen, die auf die JAV entsprechend Anwendung finden. Ein Hinweis auf § 74 ist darin nicht enthalten. Lediglich in § 71 wird auf die entsprechende Anwendung der §§ 44 – 46 verwiesen. Daraus ergibt sich, dass die JAV bei der Durchführung von JA-Versammlungen u. a. das Verbot der parteipolitischen Betätigung zu beachten hat. Eine Ausdehnung dieses Verbots auf die sonstige Tätigkeit der JAV sieht das Gesetz nicht vor. Für eine analoge Anwendung des § 74 auf die JAV ist daher kein Raum. **64**

Die **AN des Betriebs** werden von dem betriebsverfassungsrechtlichen Verbot der parteipolitischen Betätigung im Betrieb nicht erfasst (h. M).[190] Dies gilt auch für AN, die Mitglied des BR sind, die aber nicht in dieser Eigenschaft, sondern als AN oder Mitglied des gewerkschaftlichen Vertrauensleutekörpers tätig werden.[191] Soweit Meinungsäußerungen oder sonstige Aktivitäten des einzelnen AN im Rahmen der gewerkschaftlichen Betätigung nicht bereits durch die speziellere Vorschrift des Art. 9 Abs. 3 GG geschützt sind (vgl. Rn. 58), gewährleistet das **Grundrecht der Meinungsfreiheit aus Art. 5 Abs. 1 GG** als unmittelbarer Ausdruck der menschlichen Persönlichkeit, konstituierendes Element einer demokratischen Gesellschaft[192] und Grundvoraussetzung solidarischen Handelns, auch die **politische und parteipolitische Betätigung des AN im Betrieb** im Rahmen der bestehenden arbeitsvertraglichen Pflichten (Art. 5 Abs. 3 GG).[193] **65**

Eine **zu weit gehende Einschränkung** hat das Grundrecht der Meinungsfreiheit im Betrieb **66**

---

184 *BAG* 21.2.78, AP Nr. 1 zu § 74 BetrVG 1972; ähnlich *LAG Niedersachsen* 3.3.70, BB 70, 1480; Richardi-*Richardi,* Rn. 65; GK-*Kreutz,* Rn. 115; *GL,* Rn. 22; HWGNRH-*Worzalla,* Rn. 33.

185 GK-*Kreutz,* Rn. 103; Richardi-*Richardi,* Rn. 65.

186 *LAG Frankfurt* 2.1.67, DB 67, 430 (431); *LAG Hamburg* 17.3.70, BB 70, 1480; *Fitting,* Rn. 53; GK-*Kreutz,* Rn. 117; Richardi-*Richardi,* Rn. 66; a. A. *Meisel,* RdA 76, 38 (42); *Oetker,* BlStSozArbR 83, 321 (323).

187 Ausdrücklich *LAG Hamburg* 17.3.70, a. a. O., unter Hinweis darauf, dass die im Hinblick auf den BR in der Literatur vertretene restriktive Auffassung zwingend auch zu einem entsprechenden Betätigungsverbot für den AG kommen müsste.

188 21.2.78, AP Nr. 1 zu § 74 BetrVG 1972; 12.6.86, NZA 87, 153 (154).

189 *Hofmann,* S. 108 f.; a. A. GK-*Kreutz,* Rn. 103; *GL,* Rn. 23; Richardi-*Richardi,* Rn. 68; offen gelassen vom *BAG* 11.12.75, AP Nr. 1 zu § 15 KSchG.

190 *BVerfG* 28.4.76, AP Nr. 2 zu § 74 BetrVG 1972; *BAG* 12.6.86, AP Nr. 5 zu § 74 BetrVG 1972; 12.6.86, NZA 87, 153 [154]; ErfK-*Kania,* Rn. 22; *Fitting,* Rn. 41; GK-*Kreutz,* Rn. 105; *GL,* Rn. 23 a; HWGNRH-*Worzalla,* Rn. 49; MünchArbR-*v. Hoyningen-Huene,* § 214 Rn. 25; Richardi-*Richardi,* Rn. 69.

191 *BAG* 12.6.86, a. a. O.; *Fitting,* a. a. O.; GK-*Kreutz,* Rn. 102.

192 *BAG* 24.6.04, NZA 05, 158.

193 Vgl. dazu *Däubler,* Das Arbeitsrecht 2, Rn. 535 ff.; *Hofmann,* S. 87 ff. m. w. N.

durch die **Rspr. des** *BAG*[194] erfahren, nach der dieses durch die **»Grundregeln über das Arbeitsverhältnis«** begrenzt werden soll und seine Ausübung nicht zu einer »konkreten Störung oder Beeinträchtigung des Arbeitsverhältnisses im Leistungsbereich, im Bereich der betrieblichen Verbundenheit aller Mitarbeiter (**Betriebsfrieden),** im personalen Vertrauensbereich oder im Unternehmensbereich führen«[195] darf.[196] Eine schwerwiegende Beeinträchtigung des Betriebsfriedens reicht zur Annahme eines verhaltensbedingten Kündigungsgrundes nicht aus, wenn nicht eine konkrete Verletzung arbeitsvertraglicher Pflichten festgestellt werden kann (vgl. auch Rn. 94).[197] Die Offenlegung von Misständen im Unternehmen des AG einschließlich der Erstattung einer Strafanzeige wegen dieser Missstände durch einen AN (»**whistleblowing**«) rechtfertigt grundsätzlich nicht die fristlose Kündigung des Arbeitsverhältnisses wegen erheblicher Verletzung der Loyalitätspflicht und verstößt gegen Art. 10 EMRK (Freiheit der Meinungsäußerung).[198] Auch **kritische und unsachliche Äußerungen** eines AN innerhalb des Betriebs oder in der Öffentlichkeit **über den Arbeitgeber, die Arbeitsbedingungen oder die Personalführung im Betrieb** sind wegen des besonderen Gewichts des Grundrechts der Meinungsfreiheit (Art. 5 Abs. 1 GG) in der Regel nicht geeignet, eine verhaltensbedingte Kündigung des Arbeitsverhältnisses zu rechtfertigen.[199] Die **Wahrnehmung des Beschwerderechts** gem. §§ 82 Abs. 1, 84 Abs. 1 BetrVG in Gestalt der Durchführung einer Unterschriftensammlung im Betrieb mit dem Ziel der Verbesserung der Arbeitsbedingungen stellt keine Beeinträchtigung des Betriebsfriedens oder eine Arbeitsvertragsverletzung dar.[200]

67 Zulässig ist es, wenn während der Arbeitszeit oder in den Pausen von AN Privatgespräche sowohl politischen als auch parteipolitischen Inhalts geführt werden (vgl. Rn. 60). Derartige Meinungsäußerungen sind stets durch Art. 5 Abs. 1 GG gewährleistet. Als zulässig ist auch das **Tragen von gegen Politiker gerichteten Plaketten** im Betrieb anzusehen.[201] Durch das Tragen solcher Plaketten soll zum Ausdruck gebracht werden, dass der AN einen bestimmten Politiker ablehnt, was zum Recht der freien Meinungsäußerung gehört.[202] Das gilt auch für sog. **Anti-Atom-Plaketten** oder **Plaketten der Friedensbewegung.**[203] Zulässig ist auch das **Verteilen von Aufrufen einer betrieblichen Friedensinitiative**[204] oder – insbes. mit Rücksicht auf die **Pressefreiheit** des Art. 5 Abs. 1 Satz 2 GG – von »**Betriebszeitungen**« politischer Parteien, Bür-

---

194 Vgl. etwa 9.12.82, AP Nr. 73 zu § 626 BGB; 12.6.86, NZA 87, 153 [154] und *Kissel,* NZA 88, 146 [149 ff.].

195 *BAG* 12.6.86, a.a.O.

196 Kritisch zur Methode und den Ergebnissen dieser Rspr. des *BAG ArbG Hamburg* 11.9.95, AuR 96, 77 = AiB 95, 774, 780 ff.; *ArbG München* 29.11.83, DB 84, 512; Kittner/Zwanziger-*Becker,* § 53 Rn. 63; *Däubler,* Das Arbeitsrecht 2, a.a.O.; *Deiseroth,* AuR 01, 161 [166 f.]; ErfK-*Schmidt,* Art. 5 GG, Rn. 34; *Hofmann,* S. 87 ff.; *Kempff,* S. 44 ff.; *ders.,* AiB 96, 265; *Kohte,* AuR 84, 125 ff.; *Preis/Stoffels,* RdA 96, 210, 211 f.; *Wolter,* S. 130 ff.; *Zachert,* AuR 84, 289 ff.; zur Bedeutung des Grundrechts der Meinungsfreiheit im Betrieb vgl. auch *BVerfG* 19.5.92, BB 92, 1792, das mit dieser Entscheidung das Urteil des *BAG* 5.4.84, DB 85, 602, aufgehoben hat, und ErfK-*Schmidt,* a.a.O., Rn. 33 ff.; *Kühling,* AuR 94, 126, 130.

197 *BAG* 24.6.04, a.a.O.

198 *EGMR* 21.7.11 – 28274/08, juris; dazu *Ulber,* NZA 11, 962.

199 Vgl. dazu die Fallgestaltungen bei *BAG* 18.12.14, NZA 15, 797 (Äußerungen im Wahlkampf); *LAG Berlin-Brandenburg* 2.10.14, NZA 15, 489 (KZ-Vergleich).

200 *LAG Hamm* 3.9.14, NZA-RR 15, 131.

201 A.A. mit stark auf den Einzelfall bezogenen Wertungen *BAG* 9.12.82, AP Nr. 73 zu § 626 BGB = AuR 84, 122 ff. m. kritischer Anm. *Kothe;* vgl. aber auch *BAG* 21.12.83 – 7 AZR 131/82, wo eine fristlose Kündigung wegen Tragens einer gegen einen Politiker gerichteten Plakette für unwirksam erachtet wird; kritisch zur Rspr. des *BAG* außerdem ErfK-*Schmidt,* Art. 5 GG Rn. 34; *v. Hoyningen-Huene/Hofmann,* BB 84, 1050 (1054 f.); MünchArbR-*Berkowsky,* § 133 Rn. 145 ff.; *Otto,* AuR 84, 289; *Preis/Stoffels,* RdA 96, 210, 214; *Zachert,* AuR 84, 289 ff.

202 So auch *ArbG Aachen* 27.8.80, AuR 81, 218.

203 *ArbG Hamburg* 6.6.79, BB 80, 104; *ArbG Köln* 28.3.84, DB 85, 663; *Buschmann/Grimberg,* AuR 89, 65; ErfK-*Schmidt,* a.a.O., Rn. 43; *v. Hoyningen-Huene/Hofmann,* a.a.O., S. 1052; *Zachert,* a.a.O., S. 291; vgl. dazu aber *BAG* 2.3.82, AP Nr. 8 zu Art. 5 Abs. 1 GG Meinungsfreiheit, das im öffentlichen Dienst angestellten Lehrern das Tragen von Plaketten mit der Aufschrift »Atomkraft – nein danke« während des Dienstes untersagt hat.

204 *LAG München* 4.10.84, DB 85, 1539; *ArbG Hamburg* 10.1.86 – 7 Ca 140/85; KassArbR-*Etzel,* 9.1., Rn. 426.

gerinitiativen oder anderer politischer Organisationen.[205] Schließlich bestehen auch keine Bedenken, wenn am **Heckfenster eines Pkw** die üblichen **»Wahlaufkleber«** oder **sonstigen »Meinungsplaketten«** angebracht werden und der AN sein Fahrzeug während der Arbeitszeit auf dem vom AG zur Verfügung gestellten Parkplatz abstellt.[206] Dagegen kann der AG von einem bei ihm beschäftigten Lkw-Fahrer nicht verlangen, dass dieser mit einem Fahrzeug fährt, an dem Wahlwerbung des AG angebracht ist; denn der Arbeitsvertrag verpflichtet den AN nicht, für den AG Wahlpropaganda zu betreiben. Im Übrigen unterliegt eine solche Maßnahme dem Mitbestimmungsrecht des BR, da es sich um eine Frage der Ordnung des Betriebs (§ 87 Abs. 1 Nr. 1; vgl. § 87 Rn. 67) handelt.

Bei einer parteipolitischen Betätigung von AN im Betrieb sind weder der AG noch der BR zum **68** Einschreiten verpflichtet, da eine derartige Einwirkungspflicht sich aus dem Gesetz nicht ergibt.[207] Auch die bewusste Duldung einer derartigen Tätigkeit kann nicht als eigene parteipolitische Betätigung des AG oder des BR gedeutet werden.[208] Sie dürfen allerdings die parteipolitische Betätigung von AN oder sonstigen Dritten nicht aktiv unterstützen oder eindeutig billigen.[209]

VII. Behandlung tarif-, sozial- und umweltpolitischer sowie wirtschaftlicher Fragen

Die Behandlung von Fragen der **Tarifpolitik,** der **Sozialpolitik,** der **Umweltpolitik** oder von **69** Problemen **wirtschaftlicher** Art wird durch das Verbot der parteipolitischen Betätigung nicht berührt. Voraussetzung ist hier lediglich, dass die zu behandelnden Fragen den Betrieb oder seine AN **unmittelbar** betreffen. An diese Voraussetzung sind jedoch keine strengen Anforderungen zu stellen. Es genügt, wenn die zu behandelnde Angelegenheit für den Betrieb oder die AN eine gewisse Bedeutung erlangen kann. Unbeachtlich ist es, wenn davon **gleichzeitig** auch ein **ganzer Wirtschaftszweig** oder gar die **gesamte Arbeitnehmerschaft** betroffen ist.[210] Maßgebend ist allein, dass **auch** die AN des Betriebs oder der Betrieb selbst betroffen sind. So können z. B. im Bereich der Sozialpolitik Fragen der gesetzlichen Rentenversicherung behandelt werden, obwohl diese eindeutig alle im Bereich der Bundesrepublik beschäftigten AN berühren. Es dürfen alle Regelungen diskutiert werden, die noch nicht konkret für den Betrieb gelten, aber z. B. im Rahmen von TV angestrebt werden (vgl. dazu § 45 Rn. 6).

Unerheblich ist, ob die zu behandelnden Angelegenheiten **gleichzeitig** parteipolitischen Cha- **70** rakter haben. So können auch Äußerungen und Stellungnahmen abgegeben werden, die sich eindeutig mit der Ansicht einer oder mehrerer politischer Parteien decken.[211] Es muss nur sichergestellt sein, dass derartige parteipolitische Äußerungen nicht im Auftrag einer Partei abgegeben werden; das wäre eine unzulässige parteipolitische Betätigung.[212]

Zur **Tarifpolitik** gehören alle Bestrebungen, die den Abschluss, den Inhalt oder die Änderung **71** von TV betreffen. Ob bereits eine tarifliche Regelung für den einzelnen Betrieb besteht, ist unerheblich (vgl. im Übrigen auch § 45 Rn. 8). Zulässig ist insbesondere auch die Information und Unterrichtung der Belegschaft über den Stand von Tarifverhandlungen durch den BR.[213] Dem BR ist es nicht – auch nicht unter dem Gesichtspunkt der gewerkschaftspolitischen Neutralität (vgl. Rn. 75 ff.) – verwehrt, zur **Tarifpolitik konkurrierender Gewerkschaften** und den von diesen abgeschlossen **Tarifverträgen** und ihren Auswirkungen auf die AN des Betriebs wertend Stellung zu nehmen, insbesondere dann, wenn die Gewerkschaftskonkurrenz auf Initiative des AG in den Betrieb getragen wird.[214]

---

205 *Däubler,* Arbeitsrecht 1, Rn. 825 a.
206 *ArbG Hamburg* 6.6.79, BB 80, 104.
207 ErfK-*Kania,* Rn. 24; *Fitting,* Rn. 45; GK-*Kreutz,* Rn. 115; einschränkend Richardi-*Richardi,* Rn. 67; a. A. HWGNRH-*Worzalla,* Rn. 50.
208 GK-*Kreutz,* a. a. O.
209 GK-*Kreutz,* a. a. O.
210 *BAG* 14.2.67, AP Nr. 2 zu § 45 BetrVG 1972.
211 *Fitting,* Rn. 55; GK-*Kreutz,* Rn. 123; Richardi-*Richardi,* Rn. 63.
212 GK-*Kreutz,* a. a. O.
213 *LAG Hamm* 31.5.06 – 10 TaBV 204/05; 12.3.04 – 10 TaBV 161/03.
214 *LAG Hamm* 20.3.09 – 10 TaBV 149/08 (den DHV betreffend).

72 Der Begriff der **Sozialpolitik** ist im weitesten Sinne zu verstehen.[215] Dazu zählen alle Maßnahmen, die der Existenz und der Würde des arbeitenden Menschen und seiner Angehörigen dienen. Auch die Behandlung gewerkschaftlicher Fragen kann darunter fallen. Zum Begriff der Sozialpolitik vgl. im Übrigen § 45 Rn. 7 ff.

73 Die Zulässigkeit der Behandlung von Angelegenheiten **umweltpolitischer Art** wurde durch deren ausdrückliche Aufnahme in Abs. 2 Satz 3 durch den Gesetzgeber klargestellt. Dass die betriebsbezogene Umweltpolitik zu den Aufgaben des BR gehört, war allerdings auch zuvor nicht zweifelhaft.[216] Wie weit das umweltpolitische Mandat des BR reicht, wird an anderer Stelle erörtert (vgl. § 45 Rn. 11, § 80, § 89).[217]

74 Unter Angelegenheiten **wirtschaftlicher Art** sind nicht nur diejenigen zu verstehen, die in § 106 Abs. 3 aufgeführt sind. Es können auch ggf. Fragen der allgemeinen Wirtschaftspolitik darunter verstanden werden (vgl. § 45 Rn. 12).

VIII. Gewerkschaftliche Betätigung und betriebsverfassungsrechtliches Amt

75 Dass der BR zur **Zusammenarbeit mit den im Betrieb vertretenen Gewerkschaften** verpflichtet ist, ergibt sich bereits aus § 2 Abs. 1. Darüber hinaus steht es auch den im Betrieb beschäftigten AN frei, sich als Gewerkschaftsmitglieder koalitionsmäßig zu betätigen.[218] Nach der Rspr. zum BetrVG 1952 war die **koalitionsmäßige Betätigung der BR-Mitglieder** erheblich eingeschränkt. Sie durften insoweit nur aktiv werden, wenn eine deutliche Trennung von ihrem BR-Amt zu erkennen war. Im Zweifel wurde angenommen, dass sie (rechtswidrig) als BR-Mitglieder handelten.[219] Diese **einschränkende Rspr.** hat heute **keinen Bestand mehr.**[220]

76 Nach dem eindeutigen Wortlaut der gesetzlichen Bestimmungen sind alle AN, die betriebsverfassungsrechtliche Funktionen ausüben, in ihrer **koalitionsmäßigen Betätigung** für ihre Gewerkschaft im Betrieb **nicht beschränkt.** Die Vorschrift bezieht sich zwar in erster Linie auf die Tätigkeit der BR-Mitglieder; sie gilt darüber hinaus aber auch für alle AN, die betriebsverfassungsrechtliche Funktionen übernommen haben. Dazu zählen insbes. die JAV, die Mitglieder des WA und des WV.[221] Sind betriebsverfassungsrechtliche Funktionsträger gleichzeitig Mitglieder des AR, werden auch dadurch ihre koalitionsmäßigen Rechte nicht eingeschränkt. Auch die AR-Mitglieder bleiben AN und Gewerkschaftsmitglieder.[222]

77 Die BR-Mitglieder (und alle anderen Träger betriebsverfassungsrechtlicher Ämter) können ihre koalitionsmäßige Betätigung so ausüben wie alle anderen AN des Betriebs auch. Das BR-Amt bedeutet **keine Behinderung.** Sie brauchen sich keine besondere Zurückhaltung aufzuerlegen und vor allem nicht mit »schizophren gespaltenem Bewusstsein« ihr Amt zu verleugnen.[223] Die frühere Rspr. (vgl. Rn. 75), nach der ein BR-Mitglied bei der Werbung für seine Gewerkschaft regelmäßig auch als BR-Mitglied, und nicht nur als AN, tätig wurde, ist damit gegenstandslos.[224]

78 Abzulehnen ist die Auffassung, dass BR-Mitglieder mit **herausgehobenen Funktionen** (BR-Vorsitzender, freigestellte BR-Mitglieder u. Ä.) in ihrer gewerkschaftlichen Betätigung schon von der Sache her eingeschränkt seien und sich nicht wie die anderen BR-Mitglieder oder AN koalitionsmäßig betätigen dürfen.[225] Wäre diese Ansicht zutreffend, würde das zu einer unterschiedlichen Behandlung der einzelnen BR-Mitglieder führen und die Möglichkeit der ge-

215 *BAG* 13.9.77, AP Nr. 1 zu § 42 BetrVG 1972.
216 *Fitting,* § 89 Rn. 3.
217 Siehe auch *Engels/Trebinger/Löhr-Steinhaus,* DB 01, 532 (541).
218 Eingehend dazu *Däubler,* Gewerkschaftsrechte, Rn. 445 ff.
219 So u. a. *BAG* 14.2.67, AP Nr. 10 zu Art. 9 GG; *BVerfG* 26.5.70, AP Nr. 16 zu Art. 9 GG.
220 *BAG* 12.6.86, NZA 87, 153 [154]; GK-*Kreutz,* Rn. 142.
221 *Fitting,* Rn. 64; *GK-Kreutz,* Rn. 143; Richardi-*Richardi,* Rn. 78.
222 *Fitting,* § 76 BetrVG 1952, Rn. 177.
223 Vgl. *Becker/Leimert,* BlStSozArbR 72, 14; *Fitting,* Rn. 65; GK-*Kreutz,* Rn. 151; einschränkend HWGNRH-*Worzalla,* Rn. 58; a. A. Richardi-*Richardi,* Rn. 80.
224 *BAG* 12.6.86, NZA 87, 153 (154).
225 So aber Richardi-*Richardi,* Rn. 79; a. A. *LAG Düsseldorf* 5.7.94, AuR 95, 108; *Däubler,* Gewerkschaftsrechte, Rn. 467 ff.; GK-*Kreutz,* Rn. 151.

werkschaftlichen Betätigung im Betrieb dann weitgehend davon abhängen, dass das BR-Mitglied im BR **keine** besonderen Funktionen ausübt. Das aber wäre eine Einschränkung der koalitionsmäßigen Rechte einiger BR-Mitglieder, die weder im BetrVG noch in anderen Bestimmungen eine Stütze findet und deshalb unzulässig ist. Die Doppelfunktion eines AN in betriebsverfassungsrechtlichen und gewerkschaftlichen Gremien führt auch zu **keiner Beschränkung in der Wahrnehmung der Aufgaben als BR-Mitglied,** etwa bei der Ausübung von Informationsrechten gem. § 80 Abs. 1 oder § 106.[226]

Die BR-Mitglieder sind bei der Ausübung ihrer koalitionsmäßigen Rechte nicht zur **Neutralität** verpflichtet. Sie können deshalb offen für ihre Gewerkschaft agieren und brauchen z. B. auf die Ansichten nichtorganisierter AN keine Rücksicht zu nehmen. Das Verbot der Bevorzugung oder Benachteiligung von AN des Betriebs, das in § 75 seinen besonderen Niederschlag gefunden hat, bezieht sich nur auf das BR-Amt. Ein Verstoß gegen diese Verpflichtung würde lediglich dann vorliegen, wenn das BR-Mitglied bei der eindeutigen **Erfüllung** seiner **Amtsaufgaben** sich gleichzeitig koalitionsmäßig betätigt und dadurch AN zu einem bestimmten Verhalten veranlasst.[227] **79**

Das Recht der koalitionsmäßigen Betätigung der BR-Mitglieder schließt auch das Recht ein, im Betrieb gewerkschaftliche Funktionen auszuüben (vgl. zur Beteiligung an gewerkschaftlichen Streiks Rn. 17). Sie können beispielsweise als **gewerkschaftliche Vertrauensleute** tätig werden. Es sind in keiner Weise Gründe ersichtlich, warum das Amt eines BR-Mitglieds mit dem eines gewerkschaftlichen Vertrauensmannes unvereinbar sein sollte.[228] Bei einigen Gewerkschaften ist es sogar üblich, dass auf Grund innergewerkschaftlicher Richtlinien die organisierten BR-Mitglieder **gleichzeitig** die Funktionen gewerkschaftlicher Vertrauensleute ausüben.[229] **80**

Die koalitionsmäßige Betätigung der BR-Mitglieder erstreckt sich vor allem auf die freie **Informations- und Werbetätigkeit** für ihre Gewerkschaft im Betrieb. Das Recht der Gewerkschaftswerbung im Betrieb ist im BetrVG nicht ausdrücklich geregelt. Sie ist aber ein **notwendiger Ausfluss** des Grundrechts der Koalitionsfreiheit des Art. 9 Abs. 3 GG. Das ist auch durch die Rspr. nicht in Frage gestellt worden.[230] Die BR-Mitglieder durften nach der früheren Rspr.[231] allerdings nur dann werbend tätig werden, wenn eine deutliche Trennung von ihrem BR-Amt zu erkennen war. Diese Trennung ist jetzt nicht mehr erforderlich, da die gesetzliche Regelung nunmehr eindeutig ist (vgl. auch Rn. 76). **81**

Der **AG ist verpflichtet,** die zulässige gewerkschaftliche Information und **Werbung** in seinem Betrieb **zu dulden.** Eigentumsrechte des AG werden dadurch nicht oder doch nur äußerst geringfügig beeinträchtigt. Im Übrigen muss das Eigentum (Art. 14 GG) gegenüber der Befugnis der Gewerkschaften aus Art. 9 Abs. 3 GG zurücktreten, und zwar auf Grund der in Art. 14 Abs. 2 GG normierten Sozialbindung (dazu eingehend § 2 Rn. 98 ff.).[232] **82**

Die gewerkschaftliche Information und Werbung im Betrieb erfolgt anerkanntermaßen vor allem durch das **Verteilen von Informationsmaterial**[233] mit dem Ziel, die noch nicht organisierten AN für die eigene Organisation zu gewinnen und alle anderen AN über die Politik und die Tätigkeit der Gewerkschaft auf dem Laufenden zu halten. Das Verteilen erfolgt zwar üblicherweise während der Pausen und außerhalb der Arbeitszeit; dennoch wäre es nicht gerechtfertigt, Gewerkschaftsmitgliedern grundsätzlich jede **Werbung** für ihre Gewerkschaft **während der Arbeitszeit** zu verbieten. Das würde nämlich die Gewinnung neuer Mitglieder entscheidend erschweren und die Gewerkschaften in ihrem Bestand gefährden[234] (eingehend **83**

---

226 *BAG* 11.7.00, NZA 01, 402 (406).
227 *Fitting,* Rn. 66; vgl. im Einzelnen *Däubler,* Gewerkschaftsrechte, Rn. 471 f.
228 Vgl. dazu *Däubler,* Gewerkschaftsrechte, Rn. 474; GK-*Kreutz,* Rn. 145.
229 Vgl. z. B. die Richtlinien für die Vertrauensleutearbeit der IG Metall oder die Richtlinien der IG Chemie-Papier-Keramik und dazu *Kramer,* BetrR 75, 267; in diesem Zusammenhang ist auch das Übereinkommen der IAO Nr. 135 v. 23.6.1971 – BGBl. II S. 954 – von Bedeutung.
230 Vgl. zuletzt *BAG* 30.8.83, 23.9.86, AP Nrn. 38, 45 zu Art. 9 GG.
231 *BAG* 14.2.67, AP Nr. 10 zu Art. 9 GG.
232 *BAG* 14.2.67, 14.2.78, AP Nrn. 10, 11, 26 zu Art. 9 GG.
233 Vgl. *BAG* 12.6.86, NZA 87, 153 (154).
234 *BVerfG* 26.5.70, AP Nr. 16 zu Art. 9 GG; einschränkend *BAG* 26.1.82, AP Nr. 35 zu Art. 9 GG;

zu der neueren Rspr. des *BVerfG* zur Koalitionsfreiheit und der gewerkschaftlichen Information und Werbung im Betrieb und den sich daraus ergebenden größeren Handlungsspielräumen § 2 Rn. 120; zur gewerkschaftlichen Information und Werbung über die **betrieblichen E-Mail-Adressen** der AN und im **betrieblichen Intranet** siehe § 2 Rn. 125 ff.).

84 Auch das **Verteilen der Gewerkschaftszeitung** ist koalitionsrechtlich geschützt. Es ist auch davon auszugehen, dass der AG das Verteilen nicht deshalb verbieten kann, weil nach seiner Ansicht einzelne Artikel in einer einzelnen Nummer der Zeitung einen unzulässigen politischen oder parteipolitischen Inhalt enthalten.[235] Nach der Auffassung des *BAG* soll das Verteilen der Zeitung im Betrieb jedoch nicht durch Art. 9 Abs. 3 GG geschützt sein, wenn sie ausschließlich für Gewerkschaftsmitglieder bestimmt ist. Diese Rechtsauffassung ist unverständlich und nach der neueren Rspr. des *BVerfG* nicht mehr haltbar (vgl. dazu § 2 Rn. 98 ff., 120); für die tägliche Praxis bleibt sie auch bedeutungslos, da die Gewerkschaftszeitung stets auch vielen Nichtorganisierten im Betrieb zugeht.[236]

85 Zur gewerkschaftlichen Werbung im Betrieb gehört auch die **Plakatwerbung.**[237] Werden zu diesem Zweck der Gewerkschaft oder dem BR **»Schwarze Bretter« oder sonstige Anschlagflächen** zur Verfügung gestellt, können diese zur Plakatwerbung benutzt werden.[238] Fehlt es daran, muss eine Übereinkunft mit dem AG herbeigeführt werden.[239] Hat der AG das Aushängen von Werbeplakaten gestattet, ist es ihm verwehrt, diese einseitig zu entfernen.[240] Das Aufkleben von **Gewerkschaftsemblemen an arbeitgebereigenen Schutzhelmen** soll unzulässig sein, weil dadurch die Eigentumsrechte des AG in unzulässiger Weise beeinträchtigt würden.[241] Mit dieser Entscheidung hat das *BAG* den Begriff und das Recht am Eigentum in einer verfassungsrechtlich bedenklichen Weise interpretiert.[242] Hier hätte der Koalitionsfreiheit eindeutig der Vorrang eingeräumt werden müssen.[243]

86 Das Tragen von **Gewerkschaftsemblemen** oder **gewerkschaftlichen Plaketten** während der Arbeitszeit (z. B. während der Tarifrunde) an der eigenen Kleidung ist jedenfalls zulässig[244] und steht auch nicht unter dem Vorbehalt, dass **Kunden** oder **Geschäftsfreunde** des AG an dieser Art gewerkschaftlicher Information keinen Anstoß nehmen (vgl. dazu auch § 2 Rn. 123).[245] Bei der ggf. erforderlichen Abwägung des Rechts des Plakettenträgers aus Art. 9 Abs. 3 GG (und Art. 5 Abs. 1 GG) gegen das Interesse des AG an einem ungestörten Betriebsablauf und störungsfreien Kundenkontakten (Art. 2 Abs. 1 GG) reicht jedenfalls die abstrakte Gefahr einer Störung der Kundenkontakte für die Zulässigkeit eines präventiven Verbots des Tragens gewerkschaftlicher Plaketten nicht aus.[246]

13.11.91, DB 92, 843; aufgehoben durch *BVerfG* 14.11.95, NZA 96, 381 = AuR 96, 151; *Däubler,* Gewerkschaftsrechte, Rn. 384 ff., 405 f.

235 *BAG* 23.2.79, AP Nr. 29 zu Art. 9 GG.

236 Vgl. auch *Däubler,* Gewerkschaftsrechte, Rn. 357; *Fitting,* Rn. 73.

237 *BAG* 30.8.83, AP Nr. 38 zu Art. 9 GG; *Fitting,* Rn. 71.

238 Eingehend dazu *Däubler,* Gewerkschaftsrechte, Rn. 358 ff.

239 Zur Verpflichtung des AG, der im Betrieb vertretenen Gewerkschaft ein eigenes Informationsbrett zur Verfügung zu stellen, vgl. *ArbG Hamburg* 3.2.82 – 6 Ca 274/81.

240 *LAG Frankfurt* 16.4.71, DB 72, 1027; *ArbG Gelsenkirchen* 15.3.84, AuR 85, 129.

241 *BAG* 23.2.79, AP Nr. 30 zu Art. 9 GG.

242 Ähnlich *Mayer-Maly,* Anm. zu *BAG* 23.2.79, a. a. O.; kritisch auch *Fitting,* a. a. O.

243 *Däubler,* Gewerkschaftsrechte, Rn. 370 f.; *Zachert,* AuR 79, 358 (366); im Ergebnis ebenso *Hanau,* in *Grupp/Weth,* AN-Interessen und Verfassung, S. 79; *Schulte/Westenberg,* NJW 97, 376; a. A. GK-*Kraft,* § 2 Rn. 89; Richardi-*Richardi,* § 2 Rn. 155.

244 Auf diese Möglichkeit verweist auch das *BAG* 23.2.79, a. a. O.

245 *LAG Berlin* 21.12.87, 5 Sa 119/87, juris; *Däubler,* Gewerkschaftsrechte, Rn. 612; *Buschmann/Grimberg,* AuR 89, 65, 75 f.

246 Ähnlich zur Unwirksamkeit der Kündigung einer Verkäuferin durch ein Einzelhandels-UN, weil diese als Muslimin aus religiösen Gründen nicht bereit war, auf das Tragen eines Kopftuches während der Arbeitszeit zu verzichten *BAG* 10.10.02, BB 03, 1283.

IX. Rechtsfolgen bei Verstößen und Streitigkeiten

Der Verhandlungspflicht gemäß Abs. 1 kommt zwar **keine Anspruchsqualität** zu,[247] die wiederholte Verweigerung von Verhandlungen durch den AG kann jedoch einen **groben Verstoß gegen seine betriebsverfassungsrechtlichen Pflichten** darstellen, der nach § 23 Abs. 3 geahndet[248] und im Einzelfall sogar als eine nach § 119 Abs. 1 Nr. 2 **strafbare Behinderung der BR-Tätigkeit** angesehen werden kann.[249] 87

Bei **groben Verstößen des BR** gegen seine nach **Abs. 2** bestehenden Pflichten ist der AG berechtigt, gemäß § 23 Abs. 1 (vgl. dort Rn. 10 ff.) die **Auflösung des BR** zu **beantragen** (oder den Ausschluss einzelner BR-Mitglieder aus dem BR). Bei weniger gravierenden Verstößen, kann der AG **beantragen** (§ 256 Abs. ZPO), dass entsprechenden **Pflichtverletzungen** des BR **gerichtlich festgestellt** werden. Eine derartige gerichtliche Feststellung ist bei wiederholten Pflichtverstößen des BR für die Begründetheit eines Auflösungsantrags des AG entscheidungserheblich. Daneben begründet ein Verstoß des BR gegen Abs. 2 **keinen Unterlassungsanspruch des AG** gegen den BR oder einzelne BR-Mitglieder.[250] 88

Damit hat das *BAG* seine bisherige **Rspr.**[251] **geändert**, nach der der AG die Möglichkeit hatte, bei groben Pflichtverstößen einen Unterlassungsanspruch gegenüber dem BR gerichtlich geltend zu machen (dem folgend auch noch die Vorauflage). Dass Abs. 2 keinen gerichtlich durchsetzbaren Unterlassungsanspruch des AG gegen den BR begründet, ergibt sich aus dem **Wortlaut** und dem **Sinn und Zweck der Vorschrift** sowie dem **gesetzlichen Gesamtzusammenhang**:[252] Abs. 2 Satz 3 normiert seinem Wortlaut nach im Hinblick auf jede parteipolitische Betätigung eine Unterlassungsverpflichtung der Betriebsparteien, regelt aber nicht, wer als Inhaber eines entsprechenden Anspruchs Unterlassung verlangen kann. Der Vorschrift des § 23 ist zudem ein strukturelles Konzept zu entnehmen, nach dem der AG nach § 23 Abs. 1 u. a. die Auflösung des BR beantragen kann, während u. a. der BR gemäß § 23 Abs. 3 einen Unterlassungsanspruch gegen den AG geltend machen und auch vollstrecken lassen kann (vgl. dazu § 23 Rn. 100). Ein entsprechender Unterlassungsanspruch des AG gegen den BR wäre demgegenüber wegen dessen Vermögenslosigkeit nicht vollstreckbar. 89

Die Entscheidung des *BAG*[253] bezieht sich zwar dem zugrunde liegenden Sachverhalt und dem einschlägigen Leitsatz nach nur auf das **Verbot der parteipolitischen Betätigung** gemäß Abs. 2 Satz 3, doch legt die Begründung des *BAG* und insbesondere das Abstellen auf das strukturelle Konzept des § 23 nahe, dass die Ablehnung eines Unterlassungsanspruch des AG für diesen Fall auch auf die sonstigen Fälle des Abs. 2 (**Verbot des Arbeitskampfes** und der **Beeinträchtigung des Arbeitsablaufs** und des **Betriebsfriedens**) und andere Vorschriften des Gesetzes betreffende **Pflichtverstöße des BR** zu übertragen ist.[254] 90

Verstößt der AG grob gegen die ihm obliegenden Verpflichtungen, kann der BR oder eine 91

---

247 GK-*Kreutz*, Rn. 27.

248 *Fitting*, Rn. 4; GK-*Kreutz*, a. a. O.; Richardi-*Richardi*, Rn. 13.

249 GK-*Kreutz*, a. a. O.; HWGNRH-*Worzalla*, Rn. 9; Richardi-*Richardi*, a. a. O.

250 *BAG* 15.10.13, NZA 14, 318 (für einen Verstoß eines BR-Mitglieds gegen Abs. 2 Satz 1 1. Halbsatz; wegen der nach Auffassung des *BAG* mit der Verbreitung eines Streikaufrufs im Intranet verbundenen Beeinträchtigung des Eigentums des AG hat es allerdings einen Unterlassungsanspruch aus § 1004 Abs. 1 Satz 2 BGB bejaht); 17.3.11, NZA 10, 1133 (für einen Verstoß des BR gegen Abs. 2 Satz 3); zustimmend *Fitting*, Rn. 74 a; ablehnend *Bauer/Willemsen*, NZA 10, 1089; *Burger/Rein*, NJW 10, 3613; GK-*Kreutz*, Rn. 127 ff.; HWGNRH-*Worzalla*, Rn. 61; *Reichold*, RdA 11, 58; *Wiebauer*, BB 10, 3091; dem *BAG* grundsätzlich folgend *LAG Berlin-Brandenburg* 8.4.11, 9 TaBV 2765/10, Verfahren beim *BAG* 24.6.11 – 7 ABN 48/11, sonstige Erledigung: Rücknahme (für einen Verstoß des BR gegen § 42 Abs. 1 Satz 3); *LAG Düsseldorf* 14.12.10, AuR 11, 266 = NZA-RR 11, 132, Verfahren beim *BAG* 26.3.12 – 7 ABR 85/10, durch Einstellung erledigt (für einen Verstoß des BR gegen Abs. 2 Satz 2).

251 *BAG* 12.6.86; 22.7.80, AP Nrn. 5, 3 zu § 74 BetrVG 1972 (zu Verstößen gemäß Abs. 2 Satz 3 bzw Satz 2); so auch noch *LAG München* 6.5.10 – 3 TaBVGa 10/10, juris (Verstoß gegen Abs. 2 Satz 1).

252 *BAG* 17.3.11, a. a. O.

253 *BAG* 17.3.11, a. a. O.

254 So jetzt auch *BAG* 25.8.14, NZA 14, 1213; 15.10.13, NZA 14, 319; *LAG Berlin-Brandenburg* 8.4.11, a. a. O. (für einen Verstoß des BR gegen § 42 Abs. 1 Satz 3); *LAG Düsseldorf* 14.12.10, a. a. O. (für einen Verstoß des BR gegen Abs. 2 Satz 2); *Fitting*, Rn. 74 a.

im Betrieb vertretene Gewerkschaft ein Verfahren nach § 23 Abs. 3 anstrengen und dann die allgemeine Zwangsvollstreckung – unter Berücksichtigung der Besonderheiten dieser Vorschrift – betreiben. Da die möglichen Sanktionen gegen den BR sich wesentlich von denen gegen den AG unterscheiden (das BR-Mitglied kann sein Amt verlieren; gegen den AG kann höchstens ein Ordnungsgeld in Höhe von 10000 Euro verhängt werden, und auch dies nur dann, wenn er trotz gegen ihn ergangener Gerichtsentscheidungen einen **erneuten** Verstoß begeht), bestehen gegen diese Regelung im Hinblick auf Art. 3 GG (Gleichheit vor dem Gesetz) verfassungsrechtliche Bedenken.

92 Das AG-Verhalten kann außerdem nach § 119 Abs. 1 Nrn. 2 und 3 wegen **Behinderung oder Störung der BR-Tätigkeit** oder Benachteiligung der BR-Mitglieder **strafbar** sein.[255]

93 Bei groben **Verstößen des AG** gegen das **Verbot der parteipolitischen Betätigung** im Betrieb kann gegen diesen ein Verfahren nach § 23 Abs. 3 eingeleitet werden. **Verstöße des BR** können zu seiner Auflösung oder zum Ausschluss einzelner Mitglieder führen, wenn es sich im Einzelfall um eine grobe Pflichtverletzung handelt. In Anbetracht der – schon aus grundsätzlichen Erwägungen bedenklichen (vgl. Rn. 50) – Einschränkung des Grundrechts der Meinungsfreiheit aus Art. 5 Abs. 1 GG ist der Tatbestand der groben Pflichtverletzung zurückhaltend zu beurteilen.[256]

94 Bei einer **unzulässigen parteipolitischen Betätigung** von **AN im Betrieb** ist von Bedeutung, ob darin ein Verstoß gegen **arbeitsvertragliche Verpflichtungen** zu sehen ist. Trifft das zu, hängt eine mögliche Sanktion von der Schwere des Verstoßes ab. Nur in **besonders schweren Fällen,** z. B. dann, wenn durch den Verstoß der ordnungsgemäße Arbeitsablauf oder der Betriebsfrieden **konkret und nachhaltig** gestört wurde, kann der Verstoß ggf. zur Auflösung des Arbeitsverhältnisses führen[257] (s. auch Rn. 44 ff.).

95 Ggf. bestehende **Unterlassungsansprüche sind** im arbeitsgerichtlichen **Beschlussverfahren** gem. §§ 2 a, 80 ff. ArbGG geltend zu machen. Das gilt auch für Streitigkeiten über die **gewerkschaftliche Betätigung von BR-Mitgliedern.**

96 **Streitigkeiten über die Koalitionsfreiheit** der Gewerkschaften und ihre Informations- und Werbetätigkeit im Betrieb werden nach § 2 Abs. 1 Nr. 2 ArbGG im **Urteilsverfahren** entschieden.[258]

§ 75 Grundsätze für die Behandlung der Betriebsangehörigen

(1) Arbeitgeber und Betriebsrat haben darüber zu wachen, dass alle im Betrieb tätigen Personen nach den Grundsätzen von Recht und Billigkeit behandelt werden, insbesondere, dass jede Benachteiligung von Personen aus Gründen ihrer Rasse oder wegen ihrer ethnischen Herkunft, ihrer Abstammung oder sonstigen Herkunft, ihrer Nationalität, ihrer Religion oder Weltanschauung, ihrer Behinderung, ihres Alters, politischen oder gewerkschaftlichen Betätigung oder Einstellung oder wegen ihres Geschlechts oder ihrer sexuellen Identität unterbleibt.

(2) Arbeitgeber und Betriebsrat haben die freie Entfaltung der Persönlichkeit der im Betrieb beschäftigten Arbeitnehmer zu schützen und zu fördern. Sie haben die Selbstständigkeit und Eigeninitiative der Arbeitnehmer und Arbeitsgruppen zu fördern.

Inhaltsübersicht

255 GK-*Kreutz,* Rn. 91.
256 *BVerfG* 28.4.76, AP Nr. 2 zu § 74 BetrVG 1972; GK-*Kreutz,* Rn. 126.
257 Vgl. auch GK-*Kreutz,* Rn. 95; kritisch zur einschlägigen Rspr. des *BAG Kohte,* AuR 84, 125 ff.; *Zachert,* AuR 84, 289 ff.
258 *BAG* 29.6.65, 14.2.67, AP Nrn. 6, 10 zu Art. 9 GG.

I. Vorbemerkungen

Mit dieser Vorschrift werden **elementare Grundsätze für die Behandlung der Betriebsangehörigen** durch AG und BR und für die Amtsführung des BR normiert. Sie setzt nicht nur dem **Direktionsrecht des AG** Schranken, sondern stellt auch eine **verbindliche Grundlage für die Regelungskompetenz der Betriebsparteien** und die **Ausübung der Mitbestimmung** dar.[1] Die u. a. in Art. 2 Abs. 1, 3 und 9 Abs. 3 GG normierten **Grundrechte werden** durch die Bestimmungen des § 75 näher **konkretisiert.**[2] 1

Im Hinblick auf die darüber hinausgehenden **Diskriminierungsverbote** wurde Abs. 1 im Zusammenhang mit der Verabschiedung und dem Inkrafttretens **AGG**[3] geändert und an das AGG angepasst.[4] 2

In Anlehnung an Art. 9 Abs. 3 GG wird die **Koalitionsfreiheit der AN** besonders geschützt. 3

Die genannten Grundrechtskonkretisierungen und Diskriminierungsverbote sind in der Vorschrift **beispielhaft** (»insbesondere«) aufgeführt; sie stellen insoweit also **keine abschließende Regelung** dar.[5] 4

Nach Abs. 2 haben AG und BR die **freie Entfaltung der Persönlichkeit** der im Betrieb beschäftigten AN zu schützen und zu fördern und die **Selbstständigkeit** und **Eigeninitiative** der **AN** und **Arbeitsgruppen** zu fördern. 5

Die Vorschriften binden nicht nur den **BR,** sondern ebenfalls den **GBR** und **KBR** (vgl. § 51 Abs. 5, § 59 Abs. 1), die nach § 3 gebildeten BR und AN-Vertretungen, den WA, die JAV, die GJAV, die KJAV und die nach § 28 a gebildeten Arbeitsgruppen.[6] Der **AG** ist an sie in wirtschaftlichen Angelegenheiten auch in seiner Eigenschaft als UN gebunden.[7] 6

II. Behandlung der Arbeitnehmer nach Recht und Billigkeit

Dass die AN nach den **Grundsätzen von Recht und Billigkeit** zu behandeln sind, entspricht einem allgemein gültigen arbeitsrechtlichen Prinzip. Dieses Prinzip erfordert ein Verhalten, durch das nicht nur alle sich aus der **gesamten Rechtsordnung** ergebenden Rechtsansprüche der AN anerkannt und erfüllt werden,[8] sondern auch ihre berechtigten sozialen, wirtschaftlichen und persönlichen Interessen im Rahmen des Möglichen Berücksichtigung finden.[9] Das gesamte Verhalten der Betriebsparteien und die Gestaltung der Arbeitsbedingungen und der betrieblichen Ordnung hat sich an den **Grundsätzen des Rechts** zu orientieren und insbesondere auf Grundlage und unter Beachtung der maßgebenden **G, VO, TV und BV** zu erfolgen.[10] Auch die den Gestaltungsspielraum der Betriebsparteien begrenzenden Grundsätze des **Vertrauensschutzes** und der **Verhältnismäßigkeit** folgen aus dieser Vorschrift.[11] Die **Grund-** 7

1 ErfK-*Schmidt*, Einl. GG Rn. 60, *Fitting*, Rn. 1; ErfK-*Kania*, Rn. 1; Richardi-*Richardi*, Rn. 1.
2 GK-*Kreutz*, Rn. 31.
3 v. 14.8.06, jetzt gültig in der am 12.12.06 in Kraft getretenen geänderten Fassung vom 2.12.06, BGBl. I 2006, 2742.
4 Vgl. dazu die 12. Auflage 2010, Rn. 11 f.
5 GK-*Kreutz*, a. a. O.
6 *Fitting*, Rn. 6.
7 *Fitting*, Rn. 9; GK-*Kreutz*, Rn. 5.
8 ErfK-*Kania*, Rn. 5; *Fitting*, Rn. 25; GK-*Kreutz*, Rn. 29; Richardi-*Richardi*, Rn. 11.
9 *Fitting*, Rn. 26.
10 *Fitting*, Rn. 25.
11 *BAG* 13.11.07, DB 08, 994.

sätze der Billigkeit sollen die Einzelfallgerechtigkeit gewährleisten, begrenzen die Wahrnehmung des Direktions- und Weisungsrechts des AG und sonstiger einseitiger Leistungsbestimmungsrechte (vgl. §§ 315 BGB) und den Gestaltungsspielraum der Betriebsparteien,[12] insbesondere auch beim Abschluss von BV (vgl. dazu § 77 Rn. 173 ff.).

8 Die **Verpflichtung zur Überwachung** der in dieser Bestimmung angeführten Grundsätze trifft **sowohl den AG als auch den BR.** Die Überwachungspflicht gilt nicht nur für das Verhältnis zwischen den Betriebsparteien sondern auch für das zwischen ihnen und den AN des Betriebs.[13] Auch das **einzelne BR-Mitglied** muss bei seiner Amtsführung die in § 75 festgelegten Grundsätze beachten.[14] Ein AN, der die in § 75 Abs. 1 enthaltenen Grundsätze grob verletzt und dadurch den Betriebsfrieden wiederholt ernstlich stört, kann einen **Grund zur Kündigung** des Arbeitsverhältnisses geben. Eine solche Kündigung kann auch nach § 104 durch den BR vom AG verlangt werden (vgl. § 104 S. 1, dort Rn. 2 ff.). Somit binden diese Grundsätze letztlich auch die **einzelnen AN** des Betriebs.[15]

9 Die **Überwachungspflicht** von AG und BR erstreckt sich **auf alle im Betrieb tätigen Personen,** unabhängig von ihrem **Rechtsstatus,** der **Dauer ihrer Arbeitszeit** oder des **dauerhaften oder vorübergehenden Charakters der Beschäftigung.** Dieser über den arbeitsrechtlichen AN-Begriff hinausweisende persönliche Schutzbereich der Vorschrift ähnelt dem **erweiterten Beschäftigtenbegriff des AGG,** der neben den in § 6 Abs. 1 AGG genannten **Arbeitnehmern,** zu ihrer **Berufbildung Beschäftigten, arbeitnehmerähnlichen Personen, Bewerber und Bewerberinnen** sowie **Personen, deren Beschäftigungsverhältnis beendet ist,** in § 6 Abs. 3 AGG auch **Selbstständige** und **Organmitglieder** einbezieht, soweit es die Bedingungen für den Zugang zur Erwerbstätigkeit sowie den beruflichen Aufstieg betrifft.[16]

10 Da die Überwachung der Einhaltung der – an das AGG angeglichenen – Diskriminierungsverbote in Abs. 1 allen im Betrieb tätigen Schutzbedürftigen zugute kommen soll,[17] ist es erforderlich, den Kreis der Schutzbedürftigen Personen auch in betriebsverfassungsrechtlichen Kontext entsprechend der Vorgaben von § 6 Abs. 3 AGG abzugrenzen.[18] Das gilt zumindest für die Überwachung der Einhaltung des Diskriminierungsverbots wegen der Merkmale in Abs. 1, die auch in § 1 AGG genannt sind (vgl. Rn. 21). Somit ist es ohne Bedeutung, ob die Schutzbedürftigen das aktive oder passive Wahlrecht zum BR besitzen. Es kommt auch nicht darauf an, ob sie nur vorübergehend z. B. als **befristet Beschäftigte, Leih-AN** (vgl. dazu § 5 Rn. 81 ff. und § 6 Abs. 2 S. 2 AGG) oder als **Teilzeitbeschäftigte** (vgl. § 2 TzBfG)[19] im Betrieb beschäftigt werden. Geschützt werden auch Personen, die zwar tatsächlich im Betrieb tätig sind, aber nicht als AN des Betriebs, sondern z. B. als **Monteure** oder **Bauarbeiter** aus anderen Betrieben entsandt werden, um bestimmte Arbeiten auszuführen.[20]

11 Der Schutz dieser Bestimmung erfasst auch grundsätzlich die in § 5 Abs. 2 angeführten **Nicht-AN.**[21] Allerdings erstreckt sich dieser Schutz auf die in § 5 Abs. 2 Nrn. 1 und 2 aufgeführten Organmitglieder sowie auf die geschäftsführungs- oder vertretungsberechtigten Gesellschafter nur dann, wenn es den Zugang zur Erwerbstätigkeit oder den beruflichen Aufstieg betrifft (vgl. § 6 Abs. 3 AGG). Diese Einschränkung gilt ebenfalls für die gem. § 6 Abs. 3 AGG einzubeziehenden **Selbstständigen.**[22] **Leitende Angestellte** i. S. d. § 5 Abs. 3 und 4 werden wegen der spezielleren, ebenfalls an das AGG angeglichen Vorschrift, des SprAuG (vgl. die dem Inhalt des § 75 entsprechende Vorschrift des § 27 SprAuG) von der Vorschrift nicht erfasst.[23]

---

12 *BAG* 12.4.11, BB 11, 2811; ErfK-*Kania*, Rn. 5; *Fitting*, Rn. 26 f.; GK-*Kreutz*, Rn. 32 ff.
13 *Fitting*, Rn. 18; GK-*Kreutz*, Rn. 9; Richardi-*Richardi*, Rn. 5.
14 ErfK-*Kania*, Rn. 2; *Fitting*, Rn. 11; GK-*Kreutz*, Rn. 10.
15 A. A. *Fitting*, Rn. 9; GK-*Kreutz*, Rn. 12; Richardi-*Richardi*, Rn. 5, 10, die aus der Vorschrift lediglich mittelbare Verpflichtungen für einzelne AN ableiten.
16 Vgl. dazu Däubler/Bertzbach-*Schrader/Schubert*, § 6 Rn. 2 ff.
17 *Fitting*, Rn. 12.
18 Im Ergebnis a. A. für Selbstständige Hako-*Lorenz*, Rn. 2.
19 *BAG* 25.1.89, 29.8.89, AP Nrn. 2, 6 zu § 2 BeschFG 1985; 20.11.90, AP Nr. 8 zu § 1 BetrAVG Gleichberechtigung; 9.10.91, AP Nr. 95 zu § 1 LFG; *EuGH* 13.7.89, NZA 90, 437.
20 ErfK-*Kania*, Rn. 3; *Fitting*, Rn. 14; HWGNRH-*Worzalla*, Rn. 5; a. A. GK-*Kreutz*, Rn. 16.
21 *Fitting*, Rn. 13; Richardi-*Richardi*, Rn. 6; a. A. GK-*Kreutz*, Rn. 13.
22 Vgl. Schieck-*Schmidt*, § 6 Rn. 13; Däubler/Bertzbach-*Däubler*, § 2 Rn. 6 f.
23 *Fitting*, Rn. 15; ErfK-*Kania*, Rn. 3; GK-*Kreutz*, Rn. 14; Richardi-*Richardi*, a. a. O.; so auch schon zur bisherigen Rechtslage *BAG* 19.2.75, AP Nr. 9 zu § 5 BetrVG 1972.

Von den Schutzbestimmungen werden auch **Bewerberinnen** und **Bewerber** für ein Beschäftigungsverhältnis sowie **Personen,** deren **Beschäftigungsverhältnis beendet** ist, erfasst (vgl. § 6 Abs. 1 S. 2 AGG).[24] **12**

Die sich aus Abs. 1 und Abs. 2 ergebenden **Verpflichtungen des AG** bestehen **unabhängig von der Existenz** eines BR. Dies ergibt sich daraus, dass AG und BR nach dieser Vorschrift auch einzeln verpflichtet werden und die universelle Geltung der in Abs. 1 und 2 normierten Grundsätze für alle Arbeits- und Beschäftigungsverhältnisse nicht von der Existenz beider Betriebsparteien abhängig ist.[25] Vergleichbares gilt auch für **andere Vorschriften des Gesetzes,** die darauf gerichtet sind, die **Persönlichkeitsrechte der AN** zu sichern und zur Entfaltung zu bringen (vgl. §§ 81 – 84)[26] und insoweit auch individualvertragliche Relevanz haben (vgl. dazu § 81 Rn. 1 ff.). Konsequenterweise sind daher auch AG in nicht **betriebsratsfähigen Betrieben** aus Abs. 1 und Abs. 2 verpflichtet[27] (streitig, vgl. § 81 Rn. 1 mit Nachweisen zur Gegenmeinung). **13**

Aus der **AG und BR obliegenden Überwachungspflicht** ergibt sich, dass beide für die Einhaltung der Grundsätze von Recht und Billigkeit im Betrieb Sorge zu tragen haben. Sie müssen die **Einhaltung** dieser Grundsätze **beobachten und überprüfen.**[28] Sie haben insbesondere beim **Abschluss von BV** oder sonstiger betrieblicher Abmachungen die Grundsätze dieser Vorschrift zu beachten (vgl. § 77 Rn. 19 ff., 173 ff.).[29] **14**

Aus der **Überwachungspflicht des BR** folgt, dass dieser bei der **Durchführung personeller Maßnahmen** seine Zustimmung gemäß § 99 Abs. 2 zu verweigern hat, wenn die Grundsätze dieser Vorschrift verletzt werden.[30] Die Vorschrift räumt dem **BR** auch ein **Überwachungsrecht** ein.[31] Er kann **unabhängig von konkreten Anlässen oder Beschwerden betroffener AN** die Einhaltung der Grundsätze dieser Vorschrift im Betrieb überwachen, bei Verstößen auf Abhilfe hinwirken und kann bei Verstößen des AG deren Unterlassung arbeitsgerichtlich durchsetzen.[32] **15**

Um die Einhaltung der Grundsätze von Recht und Billigkeit durchzusetzen, gehört es zu den Aufgaben des BR, im Rahmen seiner Einflussmöglichkeiten auf die Belegschaft einzuwirken, sie grundlegend zu informieren und mit den AN den betrieblichen Dialog und Meinungsaustausch über die Einhaltung der Grundsätze dieser Vorschrift zu organisieren,[33] z. B. durch die **Aufklärung in der Betriebsversammlung** oder durch **Anschläge am »Schwarzen Brett«.**[34] **16**

Die Überwachungspflicht von **AG** und **BR** schließt auch deren Pflicht ein, bei ihren **eigenen, gemeinsam** oder **allein zu treffenden Maßnahmen** die Grundsätze des § 75 einzuhalten.[35] Diese ergibt sich für den BR auch aus § 80 Abs. 1 Nr. 1. Danach hat er darüber zu wachen, dass die zugunsten der AN geltenden Rechtsvorschriften auch tatsächlich eingehalten werden.[36] In diesem Rahmen gehört es auch zu den Aufgaben des BR, sein Überwachungsrecht dahin gehend auszuüben, dass die Beweissituation von AN in Individualstreitigkeiten, in denen die Verletzung der Grundsätze des § 75 geltend gemacht wird, verbessert wird, indem der BR beispielsweise seine Unterrichtungsrechte nach § 80 Abs. 2 wahrnimmt.[37] Darüber hinaus hat der BR nach § 85 Beschwerden der AN entgegenzunehmen (vgl. dazu § 85 Rn. 5 ff.). **17**

---

24 Im Ergebnis übereinstimmend *Fitting,* Rn. 16, Hako-BetrVG-*Lorenz,* Rn. 2, Richardi-*Richardi,* Rn. 8.
25 Hako-BetrVG-*Lorenz,* Rn. 2.
26 Hako-BetrVG-*Lorenz,* a. a. O.; *Fitting,* § 81 Rn. 2; WPK-*Preis,* Vorbem. §§ 81 – 86 a, Rn. 3.
27 *Fitting,* a. a. O.; WPK-*Preis,* a. a. O.; jeweils zu §§ 81 ff.
28 *Fitting,* Rn. 17; GK-*Kreutz,* Rn. 18 f.
29 *BAG* 9.11.72, DB 73, 528; 11.11.86 NZA 87, 449; 20.7.93, NZA 94, 125; 23.11.04, NZA 05, 833; 22.3.05, NZA 05, 773; ErfK-*Kania,* Rn. 4; *Fitting,* Rn. 22.
30 *Fitting,* Rn. 23; GK-*Kreutz,* Rn. 21.
31 Vgl. *BAG* 26.1.88, AP Nr. 31 zu § 80 BetrVG 1972; 12.6.75, AP Nr. 3 zu § 87 BetrVG 1972 Altersversorgung; *LAG Baden-Württemberg* 22.11.91, AiB 93, 238 mit Anm. *Stather;* GK-*Kreutz,* Rn. 18, 21.
32 ErfK-*Kania,* Rn. 4; *Fitting,* Rn. 17; Hako-BetrVG-*Lorenz,* Rn. 5, WPK-*Preis,* Rn. 11, 13; vgl. auch Rn. 42.
33 *BAG* 9.6.99, NZA 99, 1292.
34 *Fitting,* Rn. 19.
35 *Fitting,* Rn. 20; GK-*Kreutz,* Rn. 22; HWGNRH-*Worzalla,* Rn. 2; Richardi-*Richardi,* Rn. 4.
36 *BAG* 26.1.88, a. a. O.; *LAG Baden-Württemberg* 22.11.91, a. a. O.
37 *LAG Baden-Württemberg* 22.11.91, a. a. O.

18 Stellen AG oder BR fest, dass Recht und Billigkeit im Betrieb verletzt werden, so haben sie dem **entgegenzutreten** und um **Abhilfe bemüht zu sein.** Diese **Verpflichtung** trifft allerdings **vorrangig den AG,** da dieser als Inhaber der Leitungsgewalt in erster Linie in der Lage ist, entsprechende Verstöße rückgängig zu machen und ggf. weitere Maßnahmen zu ergreifen.[38] Hat sich ein AN beim AG mit der Behauptung beschwert, er werde nicht nach Recht und Billigkeit behandelt, so hat der AG einer solchen **Beschwerde** nachzugehen. Ist sie begründet, ist der AG zur Abhilfe verpflichtet (vgl. § 84 Abs. 2). Hat der AG gegen die Grundsätze verstoßen, kann der BR nach entsprechender Aufklärung des Sachverhalts darüber mit dem AG **verhandeln** (§ 74 Abs. 1 Satz 1, § 85 Abs. 1), **Anträge stellen** (§ 80 Abs. 1 Nr. 2) und **die AN** über ihre Rechte **aufklären.** Lehnt der AG es ab, den Vorstellungen des BR zu entsprechen, kann dieser unter den Voraussetzungen des **§ 85 Abs. 2** die **ESt. anrufen.** Daneben kann die Möglichkeit bestehen, ein **Verfahren nach § 23 Abs. 3** durchzuführen (vgl. dazu § 23 Rn. 246 ff.).

19 Die Vorschrift richtet sich zwar **in erster Linie an AG und BR,** räumt aber darüber hinaus auch **dem einzelnen AN das individuelle Recht** ein, nach den Grundsätzen von Recht und Billigkeit behandelt zu werden.[39] Derartige subjektive Rechte ergeben sich allerdings u. a. auch aus den **arbeitsvertraglichen Nebenpflichten (Schutz- und Rücksichtnahmepflichten) des AG**[40] und dem **arbeitsrechtlichen Gleichbehandlungsgrundsatz,** die inhaltlich von den in § 75 niedergelegten Grundsätzen mitgeprägt werden.[41]

III. Diskriminierungsverbote

20 Das AGG (vgl. Rn. 2) und die in Abs. 1 normierten Grundsätze für die Behandlung der Betriebsangehörigen dienen der Umsetzung[42] **der gemeinschaftsrechtlichen Antidiskriminierungsrichtlinien.** Besondere Bedeutung haben in diesem Zusammenhang die

- EG-Richtlinie »zur Anwendung des Gleichbehandlungsgrundsatzes ohne Unterschied der Rasse oder der ethnischen Herkunft« v. 29.6.00,[43]
- EG-Richtlinie »zur Festlegung eines allgemeinen Rahmens für die Verwirklichung der Gleichbehandlung in Beschäftigung und Beruf« v. 27.11.00,[44]
- EG-Richtlinie »zur Verwirklichung der Gleichbehandlung von Männern und Frauen hinsichtlich des Zugangs zur Beschäftigung, zur Berufsbildung und zum beruflichen Aufstieg sowie in Bezug auf die Arbeitsbedingungen« v. 9.2.76[45] und -Änderungsrichtlinie 2002/73/EG v. 23.9.02.[46]

21 Auf die Anwendung der betriebsverfassungsrechtlichen Vorschriften hat das **Antidiskriminierungsrecht,** u. a. des AGG, auch über die nach Abs. 1 und 2 zu beachtenden Grundsätze für die Behandlung der Betriebsangehörigen hinaus (vgl. dazu § 23 Rn. 367 ff., § 80 Rn. 8 f.) erhebliche Auswirkungen und verpflichtet u. a. insbesondere die **Betriebsparteien,** an der Verwirklichung des Ziels des AGG (vgl. § 1 AGG), der **Verhinderung und Beseitigung von Benachteiligungen** aus Gründen der **Rasse** (Rn. 34) oder wegen der **ethnischen Herkunft** (Rn. 35), des **Geschlechts** (Rn. 96 ff.), der **Religion oder Weltanschauung** (Rn. 45 ff.) einer **Behinderung** (Rn. 52 ff.), des **Alters** (Rn. 55 ff.) oder der **sexuellen Identität** (Rn. 102 ff.), **aktiv mitzuwirken** (§ 17 Abs. 1 AGG).

38 GK-*Kreutz,* Rn. 22.
39 So auch *BAG* 5.4.84, AP Nr. 2 zu § 17 BBiG; offen gelassen von *BAG* 14.1.86, AP Nr. 5 zu § 1 BetrAVG Gleichbehandlung; a. A *BAG* 3.12.85, AP Nr. 2 zu § 74 BAT; ErfK-*Kania,* Rn. 1; *Fitting,* Rn. 24; GK-*Kreutz,* Rn. 23; Richardi-*Richardi,* Rn. 9.
40 Vgl. dazu Kittner/Zwanziger-*Deinert-Becker,* § 54 Rn. 1 ff.
41 *Fitting,* a. a. O.; GK-*Kreutz,* Rn. 25; Richardi-*Richardi,* a. a. O.
42 Kritisch zur Art und Weise der Umsetzung durch das AGG etwa Thüsing, Diskriminierungsschutz, Rn. 19 ff.,21.
43 EG-Richtlinie 2000/43/EG, Amtsbl. EG L 185 v. 19.7.00; Beilage zu NJW Heft 37/2001, 5.
44 EG-Richtlinie 2000/78/EG, Amtsbl. EG L 303/16 v. 2.12.00; Beilage zu NJW Heft 37/2001, 8; vgl. dazu *Waas,* a. a. O.; *Bauer,* NJW 01, 2672; *Leuchten,* a. a. O.
45 EG-Richtlinie 76/207/EWG, Amtsbl. EG L 39, 40.
46 Amtsbl. EG L 269/15; NZA 03, 478.

Dabei steht neben den Schutzwirkungen für die von Diskriminierungen betroffenen Beschäftigten bereits nach dem Wortlaut von § 1 AGG (»verhindern«) auch der mit dem AGG betonte in die Zukunft gerichtete, **präventive Ansatz** im Vordergrund. § 12 AGG legt **Maßnahmen und Pflichten des AG** zum Schutz vor Benachteiligungen fest und schreibt in seinem Abs. 1 S. 2 ausdrücklich auch **vorbeugende Maßnahmen** vor.[47] Mit dem Instrumentarium des Gesetzes soll im Hinblick auf die verpönten Diskriminierungsmerkmale eine größere **Aufmerksamkeit für schutzbedürftige Betroffene,** ein **öffentliches Klima** gegen diskriminierende Ausgrenzungen und Benachteiligungen und dementsprechende nachhaltige Änderungen der **Einstellung** und des **Verhaltens jedes Einzelnen** gefördert werden.[48] **22**

Auch i. d. S. haben die **Betriebs-** (und **TV-**)**parteien** in ihrem Zuständigkeitsbereich – neben den Beschäftigten selbst – für die Beseitigung und Verhinderung von Benachteiligungen eine **besondere »soziale Verantwortung«** (§ 17 Abs. 1 AGG). Während allerdings § 17 Abs. 1 AGG, isoliert betrachtet, auf eine gesetzliche **Handlungsaufforderung bzw. einen Appell,** u. a. an die **Betriebsparteien,** beschränkt ist, statuiert Abs. 1 eine umfassende **betriebsverfassungsrechtliche Handlungspflicht** von BR und AG (vgl. dazu auch Rn. 14 ff.).[49] Für den **BR** ergeben sich aus dem Ineinandergreifen der Bestimmungen des AGG mit denen des BetrVG **zusätzliche Rechte** und **erweiterte Handlungsmöglichkeiten,** um Diskriminierungen von Beschäftigten zu unterbinden und deren Gleichbehandlung durchzusetzen.[50] **23**

Das **zentrale arbeitsrechtliche Benachteiligungsverbot** ist in § 7 Abs. 1 AGG normiert. Danach dürfen Beschäftigte nicht **wegen eines in § 1 AGG genannten Grundes** (siehe Rn. 20) benachteiligt werden. Eine Benachteiligung liegt auch dann vor, wenn neben einem Grund aus § 1 AGG auch andere Beweggründe eine Rolle spielen (»**Motivbündel**«),[51] das der benachteiligenden Person zugeschriebene verpönte Merkmal bei dieser tatsächlich nicht vorliegt oder die Benachteiligung wegen eines verpönten Merkmals erfolgt, das nicht bei der benachteiligten Person, sondern bei einem Dritten (z. B. Behinderung des Kindes eines AN) gegeben ist.[52] Die **öffentliche Äußerung eines AG,** er stelle AN, bei denen ein verpöntes Merkmal nach § 1 AGG vorliegt, nicht ein, begründet auch dann eine unmittelbare Diskriminierung, wenn aktuell eine davon konkret betroffene Person nicht identifiziert werden kann.[53] **24**

Nach § 7 Abs. 2 sind Bestimmungen in **Vereinbarungen unwirksam,** die gegen das Benachteiligungsverbot in § 7 Abs. 1 verstoßen. Diese Rechtsfolge ergibt sich bereits aus § 134 BGB. Der Gesetzgeber wollte jedoch mit dieser Vorschrift die primäre Sanktionierung von Verstößen gegen das gesetzliche Benachteiligungsverbot hervorheben, wobei andere Nichtigkeits- oder Unwirksamkeitsgründe unberührt bleiben (vgl. auch § 32 AGG, der den nicht abschließenden Charakter des Gesetzes festlegt).[54] Zu den in § 7 Abs. 2 AGG genannten **Bestimmungen in Vereinbarungen** gehören alle Klauseln in **individual- und kollektivvertraglichen** Vereinbarungen, d. h. in Arbeits- (bzw. Beschäftigungs-)verträgen, arbeitsvertraglichen Einheitsregelungen (Gesamtzusagen, betriebliche Übung), **Betriebsvereinbarungen**[55] – oder **Regelungsabreden** oder **Einigungsstellensprüchen** – und Tarifverträgen. Für **Betriebsvereinbarungen** (oder **Regelungsabreden** oder **Einigungsstellensprüche**) **gilt daneben Abs. 1** (wie § 7 Abs. 1 AGG ein Verbotsgesetz i. S. v. § 134 BGB,vgl. Rn. 92). Soweit einseitige rechtsgeschäftliche Weisungen oder Maßnahmen des Arbeitgebers vom Wortlaut von § 7 Abs. 2 AGG nicht erfasst werden, sind diese nach § 134 BGB unwirksam.[56] **25**

Neben den mit einer verbotenen Benachteiligung verbundenen **allgemeinen Rechtsfolgen** einer Vertragsverletzung gem. § 7 Abs. 3 AGG sieht das AGG als weitere Rechtsfolgen ver- **27**

47 Hako-BetrVG-*Lorenz*, Rn. 6.
48 BT-Drucks. 16/1780, S. 25, 30.
49 Däubler/Bertzbach-*Buschmann*, § 17 Rn. 4; *Hayen*, AuR 07, 6, 7 f.
50 Vgl. dazu den Überblick bei *Hayen*, AiB 06, 730, *ders.*, AuR 07, 6.
51 Däubler/Bertzbach-*Däubler*, § 1 Rn. 19 m. w. N.
52 *EuGH* 17.7.08 [Coleman], NZA 08, 932; dazu *Bayreuther*, NZA 08, 986.
53 *EuGH* 10.7.08 [Feryn], NZA 08, 929; dazu Bayreuther, NZA 08, 986.
54 BT-Drucks. 16/1780, S. 34; *Nollert-Borasio/Perreng*, § 7 Rn. 32; *Thüsing*, Diskriminierungsschutz, Rn. 493.
55 *BAG* 13.10.09, NZA 10, 327.
56 *Nollert-Borasio/Perreng*, § 7 Rn. 47; Schieck-*Schmidt*, § 7 Rn. 3.

schiedene **Rechte und Ansprüche der betroffenen Beschäftigten** (Beschwerderecht – § 13 AGG, Leistungsverweigerungsrecht – § 14 AGG, Entschädigungs- und Schadenersatzanspruch – § 15 AGG, Maßregelungsverbot – § 16 AGG) und **der Gewerkschaften und des BR** (§ 17 Abs. 2 AGG: **gerichtliche Geltendmachung der Ansprüche gem. § 23** bei einem **Verstoß des AG** gegen Vorschriften des Abschnittes 2 des AGG vgl. § 23 Rn. 367 ff.) vor. Daneben kommen **nach den allgemeinen Regeln Ansprüche betroffener Beschäftigter** gegen den Arbeitgeber (vgl. § 15 Abs. 5 u. 6 AGG)[57] oder Dritte[58] auf Schadenersatz oder Entschädigung wegen Verletzung des allgemeinen Persönlichkeitsrechts aus § 823 Abs. 1 BGB oder § 823 Abs. 2 BGB i. V. m. § 7 Abs. 1 AGG[59] sowie ein Unterlassungsanspruch aus § 1004 BGB[60] zur Abwehr fortdauernder oder konkret drohender Verletzungen des allgemeinen Persönlichkeitsrechts in Betracht.

28 Für die Auslegung des in Abs. 1 in Anlehnung an die Terminologie des AGG nunmehr verwendeten Begriffs der **Benachteiligung** (statt »unterschiedliche Behandlung« wie in der bisherigen Fassung dieser Vorschrift) und der Reichweite der **zulässigen Ausnahmen vom Benachteiligungsverbot** des Abs. 1 sind die entsprechenden **Bestimmungen des AGG** maßgebend.[61] Den Begriffsbestimmungen in § 3 AGG entsprechend ist zwischen einer **unmittelbaren Benachteiligung** (§ 3 Abs. 1 AGG), einer **mittelbaren Benachteiligung** (§ 3 Abs. 2 AGG), einer **Belästigung** (§ 3 Abs. 3 AGG) und einer **sexuellen Belästigung** (§ 3 Abs. 4 AGG) zu unterscheiden.

29 Eine **unmittelbare Benachteiligung** liegt vor, wenn eine Person wegen eines verpönten Merkmals aus Abs. 1 schlechter behandelt wird, als eine andere Person in einer vergleichbaren Situation behandelt wird, wurde oder würde.

30 Eine **mittelbare Benachteiligung** ist gegeben, wenn die unterschiedliche Behandlung nicht an einem der verpönten Merkmale aus Abs. 1 anknüpft, sondern an scheinbar neutralen Kriterien, die tatsächlich mehrheitlich auf bestimmte Merkmalsträger i. S. d. Abs. 1 zu treffen. Mittelbare Benachteiligungen sind **zulässig,** wenn sie sachlich gerechtfertigt und verhältnismäßig sind.

31 Eine **Belästigung** im Zusammenhang mit einem verpönten Merkmal aus Abs. 1 oder eine **sexuelle Belästigung** liegt vor, wenn durch unerwünschte (sexuell bestimmte) Verhaltensweisen die Würde der betreffenden Person verletzt und ein von Einschüchterungen, Anfeindungen, Erniedrigungen, Entwürdigungen oder Beleidigungen gekennzeichnetes Umfeld geschaffen wird.[62]

32 Nach § 3 Abs. 5 AGG gilt auch die **Anweisung zu einer Benachteiligung** tatbestandlich als Benachteiligung i. S. v. § 3 AGG.

33 Vom allgemeinen Benachteiligungsverbot des § 7 Abs. 1 AGG kann ausnahmsweise abgewichen werden in den Fällen der §§ 8 – 10 AGG, in denen die **zulässige unterschiedliche Behandlung** wegen **beruflicher Anforderungen** (§ 8 AGG), der **Religion** oder **Weltanschauung** (§ 9 AGG) oder des **Alters** (§ 10 AGG) geregelt ist. Gem. § 5 AGG ist weiterhin eine unterschiedliche Behandlung zulässig, wenn durch **positive Maßnahmen** bestehende Nachteile wegen eines verpönten Merkmals gem. § 1 AGG verhindert oder ausgeglichen werden sollen.

1. Rasse oder ethnische Herkunft, Abstammung oder sonstige Herkunft und Nationalität

34 Die Aufzählung der Merkmale Rasse, ethnische Herkunft, Abstammung, sonstige Herkunft und Nationalität in Abs. 1 knüpft am Inhalt der **RL 2000/43/EG** (vgl. Rn. 20) an. Der aus § 1 AGG übernommene Begriff der **Rasse** soll nach dem Willen des Gesetzgebers nicht eine

57 *Thüsing,* Diskriminierungsschutz, Rn. 512 ff.
58 *Nollert-Borasio/Perreng,* § 7 Rn. 51; Schieck-*Schmidt,* § 7 Rn. 1.
59 *Nollert-Borasio/Perreng,* a. a. O.; *Schieck/Schmidt,* a. a. O.; a. A. *Bauer/Göpfert/Krieger,* § 7 Rn. 7 f.; *Thüsing,* Diskriminierungsschutz, Rn. 566.
60 *Thüsing,* Diskriminierungsschutz, Rn. 569; *Nollert-Borasio/Perreng,* § 7 Rn. 47.
61 BT-Drucks. 16/1780, S. 56.
62 Zu den Einzelheiten vgl. Däubler/Bertzbach-*Deinert,* § 3 Rn. 12 ff.; *Nollert-Borasio/Perreng,* § 3 Rn. 27 ff.; Schiek-*Schiek,* § 3 Rn. 2 ff.

Anerkennung der Existenz unterschiedlicher menschlicher Rassen dokumentieren, sondern die Ablehnung rassistischer Einstellungen und Verhaltensweisen verdeutlichen.[63] Insoweit ist eine Ungleichbehandlung wegen der Rasse zu verstehen als eine Diskriminierung aufgrund einer rassistischen Einstellung.

Der Begriff der **ethnischen Herkunft** kann in völkerrechtlichem Sinn an historischen, kulturellen, sozialen, sprachlichen, religiösen und/oder regionalen Gemeinsamkeiten einer bestimmten Gruppe definiert werden.[64] Benachteiligungen wegen der Rasse oder ethnischen Herkunft bestehen u. a. auch darin, dass sie wegen z. B. kultureller, sprachlicher oder sozialer Merkmale erfolgen, die der Diskriminierende wegen seiner eigenen ethnischen Herkunft als fremd und bedrohlich empfindet.[65] Dabei ist es unerheblich, ob die benachteiligten Personen tatsächlich eine bestimmte ethnische Herkunft haben oder ob ihnen diese von den diskriminierenden Personen lediglich zugeschrieben wird. Der Begriff der ethnischen Herkunft ist weit auszulegen, so dass es auch eine unzulässige Diskriminierung darstellt, wenn ein Stellenbewerber von einem AG mit dem **Unwerturteil »Ossi«** abgewiesen und damit wegen einer subjektiv angenommenen »ethnischen« Herkunft benachteiligt wird.[66] 35

Die Nichtberücksichtigung eines **nichtdeutschen Stellenbewerbers** oder die personenbedingte Kündigung **eines nichtdeutschen AN** wegen **mangelnder Deutschkenntnisse** bzw. Beherrschung der deutschen Schriftsprache kann eine mittelbare Benachteiligung gem. § 3 Abs. 2 AGG wegen der ethnischen Herkunft darstellen, wenn die vom AG für geforderten Sprachkenntnisse auf dem zu besetzenden Arbeitsplatz sachlich nicht erforderlich sind.[67] Die Ablehnung einer Bewerberin vor der Durchführung von Vorstellungsgesprächen mit der Begründung, sie seine keine **»deutsche Muttersprachlerin«**, stellt auch dann eine Benachteiligung dar, wenn perfekte Deutschkenntnisse in Wort und Schrift Voraussetzung für die Besetzung der Stelle sind.[68] Die Aufforderung des AG, ein ausländischer AN solle einen **Deutschkurs besuchen**, kann eine mittelbare Diskriminierung darstellen. Dies gilt allerdings nicht, wenn die Forderung nach besseren Deutschkenntnissen aufgrund der zulässigerweise angeordneten Tätigkeiten sachlich gerechtfertigt ist.[69] Wird das Arbeitsverhältnis eines AN gekündigt, weil er einen **»russischen Akzent«** hat und dies nach Auffassung des AG die **Kunden abschreckt** (die Kunden würden nach Auffassung des AG denken: »Was für ein Scheiß-Laden, in welchem nur Ausländer beschäftigt werden«), liegt eine **diskriminierende Kündigung** wegen der ethnischen Herkunft vor, die einen Entschädigungsanspruch nach § 15 abs. AGG auslöst.[70] Die **öffentliche Äußerung eines AG**, er stelle AN einer bestimmten ethnischen Herkunft nicht ein, begründet auch dann eine unmittelbare Diskriminierung, wenn aktuell eine davon konkret betroffene Person nicht identifiziert werden kann, da dennoch potentielle Interessenten von der Bewerbung abgehalten werden können.[71] Beschäftigt ein AG in mehreren der Betriebe seines UN AN aus insgesamt 13 Nationen, so stellt es kein aussagekräftiges Indiz für eine Diskriminierung nichtdeutscher AN dar, wenn in einem der Betriebe des UN **nur deutsche AN beschäftigt** werden.[72] 36

Der Begriff der **Abstammung** umfasst sowohl die Rasse als auch die Volkszugehörigkeit.[73] Dieses Differenzierungsverbot entspricht der **EG-Richtlinie 2000/43/EG** (vgl. Rn. 20).[74] Unzulässig ist beispielsweise die ungleiche Behandlung wegen der Zugehörigkeit zu einer bestimmten Familie, ethnischen Minderheit oder wegen der Hautfarbe.[75] 37

---

63 BT-Drucks. 16/1780, S. 30.
64 *LAG Hamm* 4.2.14, NZA-RR 14, 412.
65 Vgl. Däubler/Bertzbach-*Däubler,* § 1 Rn. 26 ff.
66 *Greiner,* DB 10, 1940; a. A. *ArbG Stuttgart* 15.4.10, NZA-RR 10, 322, juris.
67 *BAG* 28.1.10, NZA 10, 625; *LAG Hamm* 4.2.14, Juris; in den entschiedenen Fällen Benachteiligung verneint; a. A. *ArbG Berlin* 26.9.07, AuR 08, 112, mit ablehnender Anm. *Maier.*
68 *ArbG Berlin* 11.2.09, AuR 09, 279.
69 *BAG* 22.6.11, DB 11, 2438.
70 *LAG Bremen* 29.6.10, AuR 10, 523.
71 *EuGH* 10.7.08 (Feryn), NZA 08, 929; dazu Bayreuther, NZA 08, 986.
72 *BAG* 21.6.12, DB 12, 2579.
73 *Fitting,* Rn. 65.
74 GK-*Kreutz,* Rn. 57.
75 Zur Rechtfertigung der Kündigung des Arbeitsverhältnisses eines Lehrers, der während des Unter-

38 Die **sonstige Herkunft** erstreckt sich sowohl auf den örtlichen oder regionalen Bereich als auch auf die soziale Herkunft. Eine unterschiedliche Behandlung darf z. B. nicht allein deshalb erfolgen, weil ein AN **Flüchtling, Heimatvertriebener** oder **Umsiedler** ist oder einer **bestimmten gesellschaftlichen** oder **sozialen Schicht** entstammt. Dies gilt z. B. auch für die Anwendung niedrigerer Vergütungen oder schlechterer Arbeitsbedingungen für **AN aus den neuen Bundesländern,** die in Betrieben in den alten Bundesländern beschäftigt werden.[76] Die Ablehnung eines Stellenbewerbers mit dem **Unwerturteil »Ossi«** stellt eine Benachteiligung wegen des Merkmals »sonstige Herkunft« in Abs. 1 dar (vgl. dazu auch Rn. 36 m. w. N.).

39 Unter **Nationalität** ist die Staatsangehörigkeit zu verstehen. **Ausländische oder staatenlose AN** dürfen im Betrieb nicht anders behandelt werden als deutsche AN. Dabei ist es gleichgültig, ob es sich um AN aus Staaten der EG oder aus anderen Staaten handelt. Der AG hat jedoch die Vorschriften des Ausländergesetzes, insbesondere die Bestimmungen über die Aufenthaltserlaubnis für längeren Aufenthalt zwecks Erwerbstätigkeit, zu beachten, soweit es sich um AN aus dem Raum außerhalb der EG handelt. **Diskriminierungsverbote wegen der Staatsangehörigkeit** sind auch in einigen **internationalen Verträgen** enthalten.[77] Einschlägig ist auch die **EG-Richtlinie 2000/43/EG** (vgl. Rn. 20), wenn man den Begriff der Rasse und ethnischen Herkunft im Sinne der Richtlinie nicht biologistisch verkürzt.[78]

40 Hinsichtlich des **aktiven und passiven Wahlrechts der ausländischen AN** zum BR enthalten die §§ 7, 8 keine Einschränkungen (vgl. § 7 Rn. 19 und § 8 Rn. 21).

41 Vor dem Hintergrund **verbreiteter Ausländerfeindlichkeit in unserer Gesellschaft,** die von verbaler Diskriminierung über soziale Ausgrenzung bis zu Tätlichkeiten, Brandstiftung und Mord reicht, haben AG und BR eine besondere Verantwortung für die Auseinandersetzung mit allen Formen der Ausländerfeindlichkeit und des Rassismus im Betrieb. Erforderlich ist sowohl die **geistige Auseinandersetzung mit fremdenfeindlichen Vorurteilen,**[79] z. B. auf Betriebsversammlungen, in Werkszeitungen oder auf betrieblich organisierten Seminaren, und das eindeutige, **betriebsöffentliche Auftreten gegen ausländerfeindliche Verhaltensweisen** wie das Erzählen von »Ausländerwitzen« (vgl. auch Rn. 37), das Beschmieren von Wänden (z. B. in Sanitärräumen und Toiletten) mit ausländerfeindlichen Parolen oder das persönlich beleidigende und diskriminierende Verhalten gegenüber ausländischen AN.[80] Die **Duldung** des Anbringens ausländerfeindlicher Parolen an betrieblichen Toilettenwänden kann eine Verletzung der Würde ausländischer AN und die Schaffung eines »feindlichen Umfelds« bewirken, d. h. als Belästigung gem. § 3 Abs. 3 AGG (vgl. dazu auch Rn. 28 ff.) zu qualifizieren ist und damit einen Entschädigungsanspruch gem. § 15 Abs. 2 Satz 1 AGG begründen.[81]

---

richts einen menschenverachtenden »Witz« (»Juden-Witz«) erzählt, vgl. *BAG* 5.11.92, AuR 93, 124; zur Kündigung wegen antisemitischer Äußerungen vgl. auch *ArbG Hamburg* 19.12.06, AuR 07, 183; *ArbG Bremen* 26.9.94, BB 94, 1568.

76 *BAG* 15.5.01, DB 02, 273; 30.7.92, DB 93, 332, zur Unanwendbarkeit eines TV aus den neuen Bundesländern trotz dortiger Begründung des Arbeitsverhältnisses bei späterer dauerhafter Beschäftigung in den alten Bundesländern; *LAG Berlin* 30.8.00, ZTR 01, 191; vgl. auch eingehend *Däubler*, ZTR 92, 145, 148 f.

77 Vgl. dazu die weiteren Nachweise bei *Fitting*, Rn. 67 und GK-*Kreutz*, Rn. 61.

78 Vgl. dazu *Schieck*, AuR 03, 44, 45 f.

79 S. die Handreichung für Betriebsräte und Gewerkschaften »Strategien gegen rassistisches Mobbing und Diskriminierung im Betrieb« der Antidiskriminierungsstelle des Bundes aus dem Jahr 2015: *http://www.antidiskriminierungsstelle.de/SharedDocs/Aktuelles/DE/2015/20150729_Handreichung_Betriebsraete.htm*; vgl. auch auch den Beitrag von *Öztürk*, AiB 93, 73.

80 Vgl. dazu *Däubler*, NJW 00, 3691; *von Seggern*, AiB 93, 66; zu den arbeitsrechtlichen Reaktionsmöglichkeiten auf ausländerfeindliches Verhalten *BAG* 1.7.99, DB 99, 2216 = AuR 00, 72 mit Anm. *Korinth;* 14.2.96, NZA 96, 873 = AiB 97, 302; 9.3.95, NZA 96, 875; *LAG Rheinland-Pfalz* 10.6.97, BB 98, 163; *LAG Hamm* 11.11.94, BB 95, 678 = AuR 95, 422; 12.4.94, BB 94, 1288 mit zu Recht krit. Anm. *Stückemann;* 27.5.93, AiB 94, 54 mit Anm. *Oztürk; LAG Köln* 17.12.93, AuR 94, 315; *ArbG Mannheim* 26.1.95, BB 95, 985; *ArbG Bremen* 29.6.94, BB 94, 1568; *ArbG Siegburg* 4.11.93, NZA 94, 698; *ArbG Hannover* 22.4.93, BB 93, 1218, mit zu Recht krit. Anm. *Däubler;* zur neueren Instanzrechtsprechung vgl. auch *Däubler*, Das Arbeitsrecht 2, Rn. 579 f.; *Korinth*, AuR 93, 105; *Krummel/Küttner*, NZA 96, 67; *Lauswicker/Schwirtzek*, DB 01, 865; *Preis/Stoffels*, RdA 96, 210, 214 f.

81 Vgl. dazu *BAG* 24.9.09, DB 10, 618.

Ausländerfeindliche (oder gegen eine bestimmte Abstammung oder Religion gerichtete) **Äußerungen** im Betrieb zielen auf die Herabwürdigung und Ausgrenzung anderer Personen oder Personengruppen ab und sind durch das **Recht auf freie Meinungsäußerung** nicht gedeckt,[82] sondern stellen einen **groben Verstoß gegen Abs. 1** dar.[83] 42

BR und **AG** sind darüber hinaus **selbst** verpflichtet, z. B. bei **personellen Maßnahmen** wie Einstellungen, Eingruppierungen oder Entlassungen, jede Form der Diskriminierung ausländischer AN zu unterlassen.[84] 43

Bei **sprachlich bedingten Verständigungsschwierigkeiten** stellt es im Rahmen der Betriebsverfassung einen wichtigen Beitrag zur Integration ausländischer AN dar, **BV oder Tätigkeitsberichte auf Betriebsversammlungen zu übersetzen** oder **Dolmetscher** zu Betriebsversammlungen einzuladen (vgl. dazu § 43 Rn. 10 f.; zur Pflicht des BR gemäß § 80 Abs. 1 Nr. 7, die **Integration ausländischer AN im Betrieb** zu fördern, vgl. § 80 Rn. 63 f.).[85] 44

2. Religion, Weltanschauung

Das Diskriminierungsverbot wegen der Religion stimmt mit der **EG-Richtlinie 2000/78/EG** (vgl. Rn. 20) überein.[86] Während sich mit dem Begriff der **Religion** der Glaube an eine transzendentale übermenschliche Wirklichkeit verbindet,[87] wird unter **Weltanschauung** eine »nur mit der Person des Menschen verbundene Gewissheit über bestimmte Aussagen zum Weltganzen sowie zur Herkunft und zum Ziel des menschlichen Lebens«[88] verstanden. 45

Unter Einbeziehung des Verständnisses der gemeinschaftsrechtlichen Richtlinie ist allerdings davon auszugehen, dass auch **Überzeugungen** geschützt sind, die sich lediglich auf Teilbereiche des Lebens bzw. der Welt beschränken.[89] Allerdings sind **persönliche Einstellungen, Werthaltungen** oder **Sympathien sowie wertorientierte Verhaltensweisen** für sich genommen kein Ausdruck einer Weltanschauung. So kann allein aufgrund der »Sympathie für die Volksrepublik China« oder einer »regierungsfreundlichen« Haltung eines Journalisten gegenüber der Volksrepublik China[90] oder aufgrund des aktiven und konfliktträchtigen Engagements eines AN als BR-Mitglied[91] nicht vom Vorliegen einer diskriminierungsrelevanten Weltanschauung ausgegangen werden. 46

Das Verbot unterschiedlicher Behandlung wird nicht verletzt, wenn z. B. einzelnen Personen mit Rücksicht auf ihre religiöse Überzeugung die **Möglichkeit zum Kirchgang** an hohen Feiertagen gegeben wird.[92] 47

Es ist i. d. R. (d. h. ohne Darlegung konkreter betrieblicher Störungen oder wirtschaftlicher Einbußen) nicht durch betriebliche Belange gerechtfertigt, einer AN **muslimischen Glaubens** zu untersagen, aus religiösen Gründen während der Arbeitszeit ein **Kopftuch** zu tragen[93] In 48

---

82 *BAG* 1.7.99, a. a. O.

83 *ArbG Bremen* 29.6.94, a. a. O.; *Däubler*, a. a. O., Rn. 579; zum Recht von Postzustellern, aus Gewissensgründen die Verteilung ausländerfeindlicher Postwurfsendungen zu verweigern, vgl. *ArbG Frankfurt* 15.12.93, AuR 94, 314.

84 Vgl. etwa das Fallbeispiel bei *Däubler*, AiB 05, 201.

85 *Helm*, AiB 93, 70; ; zur Situation ausländischer AN im Betrieb und zu den Aufgaben des BR in diesem Zusammenhang vgl. außerdem *Blank*, AiB 82, 87 ff.; *ders.*, AuR 94, 286 ff.; *Däubler*, Arbeitsrecht 2, S. 789 ff.; *Dohse*, AiB 82, 116 ff.; *Kiausch/Oberzig*, AiB 89, 298 ff.; *Klevemann*, AiB 93, 590 ff.; *von Seggern*, AiB 82, 85 ff.; *ders.*, AiB 89, 301 ff.; zu einem BV-Vorschlag *Campos*, AiB 98, 14; *Zimmer*, AiB 01, 256; Muster-BV abrufbar auch unter www.igmetall.de.

86 GK-*Kreutz*, Rn. 62.

87 *Annuß*, BB 06, 1629, 1631.

88 *BAG* 22.3.95, NZA 95, 822, 827.

89 Däubler/Bertzbach-*Däubler*, § 1 Rn. 61 ff.; a. A. Fitting, Rn. 71.

90 *BAG* 20.6.13, NZA 14, 21.

91 *ArbG Wuppertal* 1.3.12 – 6 Ca 338/11, juris, anhängig *LAG Düsseldorf* 13 Sa 676/12.

92 Zur Problematik der Wahrnehmung von Gebetspausen während der Arbeitszeit durch gläubige (hier muslimische) AN während der Arbeitszeit *LAG Hamm* 26.2.02, AuR 09, 72 mit Anm. *Rehwald;* v. 18.1.02, NZA 02, 675.

93 *BAG* 10.10.02, NZA 03, 483 – Verkäuferin in Kaufhaus –; bestätigt durch *BVerfG* 30.7.03, NZA 03, 959; dazu *Hoevels*, NZA 03, 701; *Preis/Greiner*, RdA 03, 244; *Thüsing*, NJW 03, 405.

derartigen Fällen wird ein Kopftuchverbot in der Regel auch nicht durch eine **berufliche Anforderung gemäß § 8 Abs. 1 AGG** bzw. entsprechende – möglicherweise ebenfalls diskriminierende – **Kundenerwartungen** zu rechtfertigen sein.[94] Wird eine AN aus einem **Bewerbungsverfahren** ausgeschlossen, weil sie auf Nachfragen des AG angibt, das Kopftuch aus religiösen Gründen auch während der Arbeitszeit nicht ablegen zu wollen, stellt dies eine Diskriminierung wegen der muslimischen Religionszugehörigkeit dar.[95] Diese für die Privatwirtschaft geltenden Grundsätze erfahren ihre Bestätigung auch durch die neuere Rspr. des *BVerfG*: auch das **Tragen eines Kopftuchs** durch **Lehrkräfte** und **Sozialpädagogen muslimischen Glaubens im öffentlichen Schuldienst** fällt unter den Schutz der durch Art. 4 Abs. 1, 2 GG verbürgten Glaubensfreiheit.[96] Ein allgemeines gesetzliches Verbot religiöser Bekundungen durch das Erscheinungsbild von Lehrkräften (vgl. § 57 Abs. 4 NRWSchulG), etwa durch das Tragen eines muslimischen Kopftuchs, lässt sich auch nicht durch eine **abstrakte Gefährdung widerstreitender Verfassungsgüter** wie dem elterlichen Erziehungsrecht gem. Art. 6 Abs. 2 GG, der negativen Glaubensfreiheit der Schüler gem. Art. 4 Abs. 1 GG oder der Pflicht des Staates zu weltanschaulich-religiöser Neutralität im Rahmen seines staatlichen Erziehungsauftrags gem. Art. 7 Abs. 1 GG rechtfertigen.[97] Die Zulässigkeit eines Kopftuchverbots für Lehrkräfte und Sozialpädagogen im öffentlichen Schuldienst setzt voraus, dass deren äußeres Erscheinungsbild zu einer **hinreichend konkreten Gefährdung** oder **Störung des Schulfriedens** oder der **staatlichen Neutralität** führt.[98] Mit seiner jüngsten Entscheidung[99] ist das *BVerfG* von seiner bisherigen Rspr.,[100] nach der bei einer entsprechenden gesetzlichen Grundlage bereits die abstrakte Gefährdung des Schulfriedens oder der staatlichen Neutralität ein Kopftuchverbot rechtfertigte, abgerückt.[101] Die auf dieser Grundlage in der Vergangenheit ergangenen Entscheidungen des *BVerwG*[102] und des *BAG*[103], die von der Zulässigkeit entsprechender allgemeiner landesgesetzlicher Kopftuchverbote ausgingen, sind insoweit nicht mehr maßgeblich. Zur Zulässigkeit betrieblicher »Kleiderordnungen« siehe Rn. 126 ff.

49 Weigert sich ein als Ladenhilfe in einem **Einzelhandelsmarkt** beschäftigter **gläubiger Moslem** aus religiösen Gründen, im **Getränkebereich mit Alkoholika** zu arbeiten, kann dies die Kündigung des Arbeitsverhältnisses rechtfertigen, wenn der AG im Rahmen seiner betrieblichen Organisation keine Möglichkeit hat, den AN unter Berücksichtigung seiner religionsbedingt beschränkten Einsatzfähigkeit vertragsgemäß zu beschäftigen.[104]

50 Gem. § 9 Abs. 1 AGG ist eine unterschiedliche Behandlung wegen der Religion oder Weltan-

---

94 Hako-AR-*Berg*, AGG § 8 Rn. Rn. 6 m. w. N.; für den Fall einer Krankenschwester in einem Krankenhaus vgl. *ArbG Köln* 6.3.08, PflR 08, 438, mit Anm. *Roßbruch*; für eine Verkäuferin und Kassiererin in einem Supermarkt vgl. auch *ArbG Frankfurt* 24.6.92, AiB 93, 472 mit Anm. *Hartwig/Laux;* zustimmend *Kraushaar,* a. a. O., 211; für einen AN, der der Religionsgemeinschaft der Sikhs angehört, zu verbieten, während der Arbeitszeit in einem Restaurationsbetrieb statt der vorgeschriebenen Arbeitskleidung einen Turban zu tragen und Bart- und Kopfhaar frei wachsen zu lassen, *ArbG Hamburg* 3.1.96, AuR 96, 243; *Kraushaar,* a. a. O.

95 *ArbG Berlin* 28.3.12, NZA-RR 12, 627.

96 Hierzu und zum Folgenden *BVerfG* 27.1.15, NJW 15, 1359 (Rn. 83 ff.), und 24.9.03, a. a. O. (zu B II 4–6).

97 BVerfG 27.1.15, a. a. O., (Rn. 98 ff.).

98 BVerfG 27.1.15, a. a. O., (Rn. 112 ff.).

99 BVerfG 27.1.15, a. a. O.

100 *BVerfG* 24.9.03, a. a. O.

101 Vgl. dazu auch *Basslsperger*, PersR 5/15, 35, 37; *Traub*, NJW 15, 1338.

102 24.6.04, NJW 04, 3581; ähnlich *BVerwG* 16.12.08, NJW 09, 1289: Tragen einer »die Haare verdeckenden Kopfbedeckung« durch einen im Beamtenverhältnis auf Lebenszeit stehenden Grund- und Hauptschullehrer als unzulässige äußere religiöse Bekundung in Baden-Württemberg.

103 BAG 20.8.09, AP Nr. 6 zu Art. 4 GG (Abmahnung): ähnlich BAG 10.12.09, AP Nr. 7 zu Art. 4 GG (Verstoß gegen das Verbot des Tragens eines »Kopftuchs nach islamischem Religionsbrauch« durch eine Lehrerin an einer Schule in NRW, die muttersprachlichen Unterricht in türkischer Sprache erteilt: sozial gerechtfertigte verhaltensbedingte ordentliche Kündigung); beide Urteile wurden aufgrund der Verfassungsbeschwerden der betroffenen Lehrkraft bzw. Sozialpädagogin durch das *BVerfG* aufgehoben: *BVerfG* 27.1.15, a. a. O.

104 *BAG* 24.2.11, DB 11, 2094; dazu und grundsätzlich zur Arbeitsverweigerung aus Glaubensgründen *Hunold*, DB 11, 1580.

schauung ausnahmsweise für **religiöse oder weltanschauliche AG** zulässig, wenn eine bestimmte Religion oder Weltanschauung unter Beachtung des **Selbstverständnisses dieser AG** und im Hinblick auf ihr **Selbstbestimmungsrecht** oder nach der Art der Tätigkeit eine gerechtfertigte berufliche Anforderung darstellt. Vom Benachteiligungsverbot wegen der Religion oder Weltanschauung ist gem. § 9 Abs. 2 AGG auch nicht das Recht religiöser oder weltanschaulicher AG berührt, **von ihren Beschäftigten** ein **loyales** und **aufrichtiges Verhalten** im Sinne ihres jeweiligen **Selbstverständnisses** verlangen zu können.

Demnach kann nach § 9 Abs. 1 AGG z. B. die **Zugehörigkeit zur Kirche** zur Voraussetzung für **51**
die **Begründung** und den **Fortbestand von Beschäftigungsverhältnissen** gemacht werden, wenn dies durch eine **wesentliche** und **rechtmäßige berufliche Anforderung** gerechtfertigt ist, die in **Bezug auf die Tätigkeit** des Beschäftigten **verhältnismäßig** ist.[105] Diese **enge europarechtskonforme Auslegung** ist auch bezgl. der **Verhaltensanforderungen** gem. § 9 Abs. 2 AGG geboten.[106]

Im Ergebnis bedeutet dies, dass nach hier vertretener Auffassung eine unterschiedliche Be- **52**
handlung wegen der Religion oder Weltanschauung im sog. **verkündungsnahen Bereich** (z. B. Tätigkeit als Pfarrer oder Rabbi) regelmäßig zu bejahen sein wird, während im sog. **verkündungsfernen Bereich** (z. B. Tätigkeit als Hausmeister, Köchin, Finanzbuchhalter) die rechtlichen Privilegierungen nur eingeschränkt greifen können.[107] Nach Auffassung des *BAG*[108] ist ein **Sozialpädagoge** in einer **Kindertagesstätte** der Caritas im verkündungsnahen Bereich der Kirche tätig, so dass sein Austritt aus der katholischen Kirche die – ggf. außerordentliche – Kündigung des Arbeitsverhältnisses rechtfertigen kann. Die **Zugehörigkeit zur christlichen Kirche** stellt für die Stelle einer **Sozialpädagogin** in einem Integrationsprojekt des Diakonischen Werkes[109] oder einer Referentin für zum Thema Antirassismus in einer Einrichtung der Evangelischen Kirche[110] keine gerechtfertigte berufliche Anforderung gem. § 9 Abs. 1 AGG dar.[111] Das gilt auch für einen **konfessionslosen Krankenpfleger**, dessen Bewerbung für eine Stelle in einem Krankenhauses in kirchlicher Trägerschaft abgelehnt wird, weil er nicht Mitglied in einer Religionsgemeinschaft ist, obwohl diese formelle Mitgliedschaft nach den Regeln der Kirche nicht zwingend vorausgesetzt wird.[112] Das Verbot des Tragens eines **muslimischen Kopftuchs** für eine **Krankenschwester** in einem als **evangelische Einrichtung** geführten **Krankenhaus** ist nach Auffassung des *BAG* gerechtfertigt.[113] Die Wiederverheiratung eines **Chefarztes in einem katholischen Krankenhaus** ist – so das BAG – jedenfalls wegen dessen Funktion als Führungskraft, Vorgesetzter und Repräsentant des AG grundsätzlich geeignet, eine Kündigung des Arbeitsverhältnisses wegen des damit verbundenen Verstoßes gegen seine Loyalitätspflichten gemäß § 9 Abs. 2 AGG zu rechtfertigen.[114] Die erforderliche Interessenabwägung zwischen den Belangen des AG und dem Recht des AN auf Achtung seines Privat- und Familienlebens kann im Einzelfall dennoch zu dem Ergebnis führen, dass die Kündigung unwirksam ist (z. B. weil der AG nicht ausnahmslos und konsequent auf der Einhaltung der Grundsätze der katholischen Glaubens- und Sittenlehre besteht).[115] Das *BVerfG*[116] hat diese

105 Däubler/Bertzbach-*Wedde*, § 9 Rn. 7.
106 Däubler/Bertzbach-*Wedde*, § 9 Rn. 63 ff.
107 Offen gelassen von *BAG* 25.4.13, DB 13, 2274; wie hier *ArbG Hamburg* 4.12.07, AuR 08, 109 = AiB 08, 296 mit Anm. *Busch*; aufgehoben durch *LAG Hamburg* 29.10.08, AuR 09, 97, mit krit. Anm. *Kocher*, 78; *BAG* 19.8.10, DB 11, 359: Klageabweisung wegen fehlender objektiver Eignung der Bewerberin; Däubler/Bertzbach-*Wedde*, § 9 Rn. 52 ff. m. w. N., 63 ff.; a. A. *Thüsing*, Diskriminierungsschutz, Rn. 480; zu aktuellen Rspr. des *EGMR* zur Vereinbarkeit der Kündigung kirchlicher Beschäftigter mit Art. 8 EMRK vgl. *Hammer*, AuR 11, 278.
108 *BAG* 25.4.13, aa.aO.
109 *ArbG Hamburg* 4.12.07, a. a. O.; vgl. dazu Fn. 96.
110 *ArbG Berlin* 18.12.13, AuR 14, 80, juris, Klage abgewiesen durch *LAG Berlin-Brandenburg* 28.5.14, AuR 14, 294 = juris; anhängig *BAG* – 8 AZR 501/14.
111 Zum Stellenwert der Konfessionszugehörigkeit bei Stellenausschreibungen kirchlicher AG vgl. *Hempel/Moß*, WSI-Mitt. 14, 478.
112 *ArbG Aachen* 13.12.12, BB 13, 52 Ls., juris.
113 *BAG* 24.9.14, NZA 14, 1407; a. A. *ArbG Köln* 6.3.08, PflR 08, 438, mit Anm. *Roßbruch*.
114 *BAG* 8.9.11, DB 12, 690; vgl. dazu auch *Fischermeier*, RdA 14, 257.
115 *BAG* 8.9.11, a. a. O.
116 *BVerfG* 22.10.14, NZA 14, 1387; vgl. dazu *Edenharter*, NZA 14, 1378.

Entscheidung des *BAG* auf die Verfassungsbeschwerde des katholischen Krankenhauses aufgehoben und die Sache an das *BAG* zurückverwiesen, weil die Entscheidung des *BAG* dem in Art. 137 Abs. 3 WRV gewährleisteten Selbstbestimmungsrecht der Kirche nicht im gebotenen Maße Rechnung trägt. Der **Austritt** eines – in einer vom katholischen Caritasverband getragenen **Kinderbetreuungsstätte** beschäftigten – **Sozialpädagogen aus der katholischen Kirche**, u.a wegen der zahlreichen Missbrauchsfälle in katholischen Einrichtungen und den Vorgängen um die »Piusbruderschaft«, rechtfertigt nach Auffassung des *BAG*[117] die **Kündigung des Arbeitsverhältnisses** durch den katholischen AG wegen des mit dem Kirchenaustritt verbundenen Verstoßes gegen die arbeitsvertraglichen Loyalitätspflichten.

3. Behinderung

53 Mit der Aufnahme des Merkmals der Behinderung in Abs. 1 wurde Art. 1, 3 der **RL 2000/78/EG** (vgl. Rn. 20) umgesetzt. Der Begriff hat eine **weitere Bedeutung** als derjenige der **Schwerbehinderung** gem. § 2 Abs. 2 SGB IX.[118] Das Merkmal Behinderung ist i. S. v. § 2 Abs. 1 S. 1 SGB IX auszulegen.[119] Nach dieser Vorschrift sind Menschen behindert, wenn ihre körperliche Funktion, geistige Fähigkeit oder seelische Gesundheit mit hoher Wahrscheinlichkeit länger als sechs Monate von dem für das Lebensalter typischen Zustand abweichen und daher ihre Teilhabe am Leben in der Gesellschaft beeinträchtigt ist.[120] So hat etwa bereits eine **symptomlose HIV-Infektion** gegenwärtig einer Behinderung zur Folge,[121] weil die Teilhabe betroffener Personen durch das auf eine derartige Infektion zurückzuführende soziale Vermeidungsverhalten und die darauf beruhende Stigmatisierung beeinträchtigt ist (s. dazu unter Gesichtspunkt des Verbots der Diskriminierung wegen der sexuellen Identität Rn. 104). Auch **Adipositas** bzw. Fettleibigkeit kann im Einzelfall vom Begriff der Behinderung erfasst werden, wenn sie mit bestimmten Einschränkungen verbunden ist, die die betroffene Person an der vollen, wirksamen und gleichberechtigten Teilhabe am Berufsleben hindert.[122] Das Diskriminierungsverbot wegen des Merkmals der Behinderung schützt nicht nur behinderte Menschen selbst, sondern auch **Personen, die einen behinderten Angehörigen pflegen.**[123]

54 Fordert der AG einen **Bewerber** auf, sich vor der Einstellung im Hinblick auf etwaige Vorerkrankungen **ärztlich untersuchen zu lassen**, kann dies als Indiz für eine Diskriminierung wegen einer **angenommenen** (vgl. dazu Rn. 24 ff.) Behinderung gewertet werden.[124] Der Ausspruch einer unwirksamen (oder nach Erhebung einer Kündigungsschutzklage vom AG zurückgenommenen) **krankheitsbedingten Kündigung** allein rechtfertigt es nicht, eine Diskriminierung wegen einer Behinderung anzunehmen.[125] **Verstößt der AG** im Zusammenhang mit der Besetzung von Arbeitsplätzen gegen seine **Verpflichtungen aus § 81 SGB IX**, begründet das die Vermutung, dass eine Benachteiligung eines schwerbehinderten Bewerbers im Einstellungsverfahren vorliegt.[126] Die unterbliebene unverzügliche Unterrichtung der Beteiligten über die Gründe der Auswahlentscheidung bei Bewerbungen (§ 81 Abs. 1 Satz 9 SGB IX) löst die Indizwirkung für das Vorliegen einer Diskriminierung nicht aus, wenn der AG die Beschäftigungsquote gem. § 71 Abs. 1 SGB IX erfüllt.[127] Das gilt ebenfalls, wenn der schwerbehinderte Bewerber offensichtlich für eine ausgeschriebene Stelle **fachlich nicht geeignet**

---

117 *BAG* 25.4.13, DB 13, 2274.
118 *LAG Berlin-Brandenburg* 31.1.08 – 5 Sa 1766/07.
119 *BAG* 16.2.12 – 8 AZR 697/10; 13.10.11, BB 12, 1024 Ls., juris; Däubler/Bertzbach-*Däubler*, § 1 Rn. 73; *Fitting*, Rn. 72; Schieck-*Welti*, § 1 Rn. 36.
120 Eingehend zum Behindertenbegriff *BAG* 19.12.13, NZA 14, 372; s. zum Behindertenbegriff im Sinne der Richtlinie 2000/78/EG auch *EuGH* 11.4.13, NZA 13, 553; s. dazu die Anm. *Heuschmid*, AuR 13, 410.
121 *BAG* 19.12.13, a. a. O.
122 *EuGH* 18.12.14, NZA 15, 33; s. dazu *Busch*, AiB 5/15, 59; *Lingscheid*, NZA 15, 147.
123 *EuGH* 17.7.08 (Coleman), NZA 08, 932.
124 *BAG* 17.12.09, AiB 10, 697, mit Anm. *Busch*.
125 *BAG* 28.4.11 – 8 AZR 515/10, juris 22.10.09, NZA 10, 280.
126 *BAG* 21.2.13, DB 13, 1670; 13.10.11, a. a. O.; 17.8.10, AiB 11, 131, mit Anm. Busch; *VGH Mannheim* 10913, NZA-RR 14, 159.
127 *BAG* 21.2.13, a. a. O.

ist.[128]. Ist dem AG die Behinderung eines Bewerbers nicht bekannt und informiert dieser den AG nicht an hervorgehobener Stelle in seinen Bewerbungsunterlagen über die Behinderteneigenschaft, scheidet eine Benachteiligung wegen der Behinderung im Bewerbungsverfahren aus.[129] Verletzung der **Verpflichtung des AG** zur Durchführung eines betrieblichen Eingliederungsmanagement (**BEM**), begründet **keine Vermutung für die Benachteiligung** eines AN wegen einer Behinderung.[130] Da die **§§ 81 ff. SGB IX nur für Schwerbehinderte** und diesen gleichgestellte behinderte Personen, nicht aber für einfach Behinderte gelten, kann sich ein **einfach behinderter Bewerber** nicht auf Verstöße des AG gegen die §§ 81 ff. SGB IX für das Vorliegen von Indizien für eine Benachteiligung berufen, sondern muss Vermutungstatsachen i. S. des § 22 AGG vortragen.[131] Die **Frage des AG nach der Schwerbehinderung** eines AN im Vorfeld der Durchführung von Kündigungen ist im bestehenden Arbeitsverhältnis nach Ablauf von sechs Monaten zulässig und stellt keine Diskriminierung dar.[132] Dies begegnet Bedenken: die vom AG im Zusammenhang mit der Beschäftigung von Schwerbehinderten zu erfüllenden Verpflichtungen rechtfertigen es nicht, im Zusammenhang mit beabsichtigten Kündigungen die Offenbarungspflichten des schwerbehinderten AN zu verschärfen bzw. zeitlich vorzuverlegen (zum eingeschränkten Fragerecht des AG nach der Schwerbehinderung in anderen Fällen siehe § 94 Rn. 13). Ob die Ablehnung der Einstellung oder Fortsetzung der Beschäftigung eines Arbeitnehmers durch den Arbeitgeber wegen dessen Behinderung unter Berufung auf § 8 Abs. 1 AGG gerechtfertigt ist, hängt u. a. auch davon ab, ob der Arbeitgeber zur Beseitigung entsprechender Barrieren **angemessene Vorkehrungen zur Ermöglichung der Berufsausübung** ergreifen kann, die für ihn keine unverhältnismäßige und unbillige Belastung darstellen.[133] Verkürzt sich aufgrund einer **Altersteilzeit-Regelung** die Freistellungsphase eines schwerbehinderten AN gegenüber der bereits zurückgelegten Arbeitsphase, weil Schwerbehinderte zu einem früheren Zeitpunkt als nicht schwerbehinderte AN eine abschlagsfreie Rente wegen Alters beanspruchen können, stellt dies eine unzulässige Ungleichbehandlung dar, mit der Folge, dass der Schwerbehinderte vom AG die Fortsetzung des Altersteilzeitarbeitsverhältnisses verlangen kann.[134] Eine Regelung, die AN bei betriebsbedingtem Verlust ihres Arbeitsplatzes ein **Überbrückungsgeld** bis zum Zeitpunkt des Bestehens eines Anspruchs auf eine Rente aus der gesetzlichen Rentenversicherung gewährt, diskriminiert behinderte AN, die eine **vorgezogene gesetzliche Altersrente** in Anspruch nehmen können weder wegen ihrer Behinderung noch wegen ihres Alters.[135] Die **Kündigung** des **Arbeitsverhältnisses eines HIV-infizierten AN** (s. auch Rn. 53) in der Probezeit, der in einem infektionssensiblen Bereich eines pharmazeutischen UN zur Herstellung von Arzneimitteln zur Krebsbehandlung beschäftigt wird, ist nur dann wirksam, wenn der AG darlegen kann, dass ein auf die HIV-Infektion zurückzuführendes Beschäftigungshindernis besteht, dass von ihm nicht durch angemessene Vorkehrungen beseitigt werden kann.[136] Die beim AG geltenden Sicherheitsstandards zum Ausschluss der gesundheitlichen Schädigung der Patienten stellen eine berufliche Anforderung gemäß § 8 Abs. 1 AGG dar (zur Frage des Diskriminierung HIV-infizierter AN wegen der sexuellen Identität vgl. Rn. 104).

4. Alter

Das Merkmal **Alter** entspricht dem entsprechenden Begriff in § 1 AGG und knüpft an der **EG-Richtlinie 2000/78/EG** (vgl. Rn. 20) an. 55

Die Vorschrift verpflichtet AG und BR, darauf zu achten, dass AN nicht deshalb benachteiligt werden, weil sie ein bestimmtes **Alter** haben. Ergänzend dazu ist der BR aber auch nach § 80 56

128 *BAG* 7.4.11 – 8 AZR 679/09 –, juris.
129 *BAG* 26.9.13, NZA 14, 258.
130 *BAG* 28.4.11, a. a. O., juris
131 *BAG* 27.1.11, NZA 11, 737.
132 *BAG* 16.2.12, DB 12, 1042.
133 *BAG* 22.5.14, NZA 14, 924
134 *BAG* 12.11.13, ZTR 14, 279.
135 *BAG* 6.10.11, NZA 11, 1431.
136 *BAG* 19.12.13, NZA 14, 372.

Abs. 1 Nr. 6 verpflichtet, die **Beschäftigung älterer AN im Betrieb zu fördern,** vgl. § 80 Rn. 61 f.; nach § 96 Abs. 2 haben AG und BR bei Maßnahmen der Berufsbildung auch die **Belange älterer AN** zu berücksichtigen (vgl. § 96 Rn. 29).

57 Der Begriff Alter ist i. S. v. Lebensalter zu verstehen. Eine unterschiedliche Behandlung ist daher wegen jeden Alters unzulässig und nicht etwa nur wegen des hohen Alters älterer AN. Auch Jugendliche bzw. jüngere AN sind in den Schutz vor Benachteiligung einbezogen. Ein **bestimmtes Lebensalter** ist für sich allein kein rechtfertigender **Grund,** um einen **AN schlechter zu stellen** als andere.[137] So darf z. B. die **Einstellung, Versetzung** oder **»Beförderung« eines AN** nicht davon abhängig gemacht werden, dass dieser ein bestimmtes Alter hat.[138]

58 Die Bestimmung erlangt eine besondere Bedeutung bei der **Aufstellung von Auswahlrichtlinien** (§ 95) über die personelle Auswahl bei Einstellungen, Versetzungen, Umgruppierungen und Kündigungen (§ 95, Rn. 22 ff.), der Vereinbarungen von **Altersgrenzen in BV** (vgl. Rn. 75 ff.) und **Abfindungen** und vergleichbaren Leistungen in **Sozialplänen** gem. §§ 112, 112 a (vgl. dort Rn. 96 ff.).

59 **Ausnahmen** vom **Verbot der Benachteiligung wegen des Alters** ergeben sich (unabhängig von den außerdem in Frage kommenden Rechtfertigungsgründen aus § 3 Abs. 2, § 5 und § 8 AGG) aus der Vorschrift des **§ 10 AGG.** Mit dieser Regelung hat der Gesetzgeber die sich aus Art. 6 RL 2000/78/EG ergebende Möglichkeit in Anspruch genommen, **Ausnahmen vom Verbot der Altersdiskriminierung** vorzusehen. Nach § 10 S. 1 und 2 AGG ist eine **unterschiedliche Behandlung** wegen des Alters zulässig, wenn sie **objektiv** und **angemessen** und durch ein **legitimes Ziel** gerechtfertigt ist (S. 1) und die Mittel zur Erreichung dieses Ziels **angemessen** und **erforderlich** sind (S. 2).

60 Eine unterschiedliche Behandlung wegen des Alters ist **objektiv,** wenn sie wegen eines **sachlichen Differenzierungsgrundes** erfolgt, der vom Merkmal Alter unterscheidbar bzw. mit diesem nicht identisch ist.[139] Eine Ungleichbehandlung wegen des Alters kann nicht allein mit dem Alter selbst gerechtfertigt werden.[140] Die **Angemessenheit** der unterschiedlichen Behandlung ist gegeben, wenn der Differenzierungsgrund zumindest ebenso gewichtig ist, wie der vom Gesetz beabsichtigte Schutz vor Diskriminierung.[141]

61 Schließlich muss die unterschiedliche Behandlung nach § 10 S. 1 AGG durch ein **legitimes Ziel** gerechtfertigt sein. Der deutsche Gesetzgeber hat die in Art. 6 Abs. 1 RL 2000/78/EG beispielhaft genannten rechtmäßigen Ziele aus den Bereichen **Beschäftigungspolitik, Arbeitsmarkt** und **berufliche Bildung** in § 10 S. 1 AGG nicht übernommen, sondern sich auf eine Generalklausel beschränkt, aber auch deutlich gemacht, dass neben derartigen **im Allgemeininteresse liegenden Zielen** auch Ziele verfolgt werden können, die sich unter Berücksichtigung fachlich-beruflicher Zusammenhänge aus **einzelwirtschaftlichen** oder **branchenbezogenen Interessen,** etwa des **Arbeitgebers** oder der **Tarifvertragsparteien,** ergeben.[142] In der Literatur wird **kontrovers** die Frage erörtert, ob dies gemeinschaftsrechtlich zulässig ist.[143]

62 Nach § 10 S. 2 AGG müssen die Mittel zur Erreichung eines zulässigen Ziels **angemessen** und **erforderlich** sein. Dies erforderte eine **Verhältnismäßigkeitsprüfung.**[144] Das Mittel zur Erreichung des legitimen Ziels muss **geeignet** sein, es darf kein **milderes Mittel** zur Verfügung stehen und die Rechte der benachteiligten Beschäftigtengruppe dürfen **nicht unverhältnismäßig** beeinträchtigt werden. Auch wenn z. B. die **berufliche Eingliederung älterer arbeitsloser Arbeitnehmer** zweifellos ein legitimes Ziel darstellt (vgl. § 10 S. 3 Nr. 1 AGG), ist es

137 Richardi-*Richardi,* Rn. 40.
138 Eingehend zum Verbot der Altersdiskriminierung im Arbeitsrecht, auch unter Berücksichtigung der Anforderungen der EG-Richtlinie 2000/78/EG, vgl. Rn. 12, *Bertelsmann,* ZESAR 05, 236; *Linsenmaier,* RdA 03, Sonderbeilage zu Heft 5, 22.
139 Däubler/Bertzbach-*Brors,* § 10 Rn. 21.
140 Schieck-*Schmidt,* § 10 Rn. 5.
141 *Däubler/Bertzbach-Brors,* § 10 Rn. 33.
142 BT-Drucks. 16/1780, S. 36.
143 Im Ergebnis die Zulässigkeit bejahend *Fitting,* Rn. 76 f.; *Kamanabrou,* RdA 06, 321, 329; *Linsenmaier,* RdA 03, Sonderbeilage Heft 5, 22, 26; *Nollert/Borasio-Perreng,* § 10 Rn. 7; Schieck-*Schmidt,* § 10 Rn. 6; *Thüsing,* Diskriminierungsschutz, Rn. 419; a. A. Däubler/Bertzbach-*Brors,* § 10 Rn. 21.
144 *Fitting,* Rn. 78.

dennoch nicht gerechtfertigt, für alle Arbeitnehmer, die das 52. Lebensjahr vollendet haben, den Abschluss befristeter Arbeitsverträge zu erleichtern. Da sich die Regelung nicht auf Arbeitnehmer jenseits der Altersgrenze beschränkt, die tatsächlich für eine bestimmte Zeit arbeitslos waren, ist sie schon wegen ihrer überschießenden Ausschlusswirkung im Hinblick auf gesicherte Normalarbeitsverhältnisse für alle älteren Arbeitnehmer zur Erreichung des Ziels nicht erforderlich.[145]

In § 10 S. 3 AGG sind **sechs nicht abschließende Beispiele** für eine zulässige unterschiedliche Behandlung wegen des Alters aufgeführt:[146] **63**

- besondere **Zugangs-, Arbeits- und Beendigungsbedingungen** (Nr. 1; vgl. dazu § 93 Rn. 13 ff.; § 95 Rn. 22 ff.),
- Mindestanforderungen an Alter, Berufserfahrung oder Dienstalter (Nr. 2),
- Höchstalter für die Einstellung (Nr. 3),
- Festsetzung von Altersgrenzen bei den betrieblichen Systemen der sozialen Sicherheit (Nr. 4; vgl. dazu Rn. 74 a),
- **Befristung** des Beschäftigungsverhältnisses auf den Zeitpunkt des Bezugs der gesetzlichen **Regelaltersgrenze** (Nr. 5; vgl. dazu Rn. 75 ff.) und
- **Abfindungen** und sonstige Leistungen **aus Sozialplänen** (Nr. 6; vgl. dazu §§ 112, 112 a, Rn. 96 a ff.).

Die im Beispielkatalog aufgeführten Ziele und Maßnahmen **indizieren** zwar **die Zulässigkeit** deswegen erfolgter **unterschiedlicher Behandlungen wegen des Alters,** es muss aber dennoch stets geprüft werden, ob diese tatsächlich i. S. v. § 10 S. 1 AGG durch ein entsprechendes **Ziel legitimiert** und gem. § 10 S. 2 AGG **verhältnismäßig** sind.[147] **64**

So ist die **Verschlechterung** bestimmter **Arbeitsbedingungen** zur (vermeintlichen) **Förderung der beruflichen Integration** jugendlicher oder älterer AN als mehrfach belastende Maßnahme problematisch. Die geförderten Beschäftigten werden durch verschlechterte Arbeitsbedingungen benachteiligt und die sonstigen Beschäftigten durch die Verschlechterung ihrer Arbeitsmarktchancen bzw. verschärfte Konkurrenzbedingungen.[148] Betrieblichen (oder tarifvertraglichen) **Quotierungsregelungen,** z. B. zu Gunsten arbeitsloser jugendlicher oder älterer Beschäftigter, begegnen demgegenüber keine durchgreifenden Bedenken (vgl. dazu § 95 Rn. 32). **65**

Zum Schutz älterer Beschäftigter kann die Festlegung **besonderer Arbeits-, Entgelt- und Beendigungsbedingungen** gerechtfertigt sein. Darunter fallen die weit verbreiteten **tarifvertraglichen Regelungen** zur **Verkürzung der wöchentlichen Arbeitszeit mit Lohnausgleich** oder **Gewährung zusätzlicher Urlaubstage** (vgl. dazu aber auch Rn. 70) für ältere Beschäftigte. Derartige Regelungsgegenstände können in den Grenzen von § 77 Abs. 3 (vgl. § 77 Rn. 126 ff.) grundsätzlich auch in **BV** vereinbart werden. **66**

Obwohl sie zu einer **unmittelbaren Benachteiligung jüngerer Beschäftigter** führen, sind sie zum Schutz älterer Arbeitnehmer wegen derer höherer Erholungsbedürftigkeit grundsätzlich zulässig.[149] Im Rahmen des auch hier zu beachtenden **Verhältnismäßigkeitsgrundsatzes** wird allerdings im Einzelfall zu prüfen sein, ob die konkrete Altersgrenze und der Umfang der Besserstellung ggf. unter Berücksichtigung der branchen-, berufs- oder tätigkeitsbezogenen Belastungen, bei typisierender Betrachtungsweise angemessen und erforderlich sind.[150] So stellt es eine unzulässige Ungleichbehandlung jüngerer Flugbegleiter dar, wenn für Flugbegleiter ab Vollendung des 43. Lebensjahres und Absolvierung von mindestens 15 Dienstjahren **67**

---

145 *EuGH* 22.11.05, Rs C-144/04-*Mangold,* NZA 05, 1345, zu § 14 Abs. 3 TzBfG a. F.; vgl. auch *BAG,* 26.4.06, DB 06, 1734.

146 Vgl. dazu eingehend Däubler/Bertzbach-*Brors,* § 10 Rn. 41 ff.; *Fitting,* Rn. 79 ff.; Schieck-*Schmidt,* § 10, Rn. 11 ff.

147 *Bauer/Göpfert/Krieger,* § 10 Rn. 25; *Fitting,* Rn. 78; Schieck-*Schmidt,* § 10 Rn. 11.

148 ErfK-*Schlachter,* § 10 Rn. 5; kritisch auch *Linsenmaier,* RdA 03, Sonderbeilage Heft 5, 22, 30.

149 *Bauer/Göpfert/Krieger,* § 10 Rn. 28; ErfK-*Schlachter,* § 10 Rn. 6; *Fitting,* Rn. 81; *Linsenmaier,* RdA 03, Sonderbeilage Heft 5, 22, 29; *Kamanabrou,* RdA 06, 321, 330; *Rieble/Zedler,* ZFA 06, 273, 296 f.; a. A. Däubler/Bertzbach-*Brors,* § 10 Rn. 49 ff., 59, die allerdings bezüglich des Erholungsurlaubs eine Rechtfertigung über § 5 AGG für möglich hält.

150 *Fitting,* a. a. O.

wegen deren größerer »Eingewöhnungsprobleme« nach einer Änderung des Personaleinsatzsystems für Kurz- und Langstreckenflüge in einer BV belastungsmindernde bzw. besserstellende Einsatzmodalitäten festgelegt werden.[151]

68 Es ist grundsätzlich auch zulässig, mit einer BV das Ziel zu verfolgen, ältere AN im Zusammenhang mit altersbedingt steigenden Belastungen **vor Versetzungen zu schützen**.[152] Dabei ist allerdings zu berücksichtigen, welche Art von Mehrbelastungen mit den entsprechenden Personalmaßnahmen verbunden sind. Während es auch in der Rspr. allgemein anerkannt ist, dass die **physische Belastbarkeit** mit zunehmendem Alter abnimmt, ist dies für die **psychische Belastbarkeit**, z. B. durch höhere **Anforderungen an Flexibilität und Anpassungsfähigkeit**, eher zweifelhaft.[153]

69 Mit dem **Schutz jüngerer Beschäftigter** dürfte eine **BV** nicht zu rechtfertigen sein, mit der für **ältere Beschäftigte** die **wöchentliche Arbeitszeit ohne Lohnausgleich** mit der Begründung verkürzt wird, diese würden dadurch gesundheitlich weniger belastet und könnten wegen eines geringeren Bedarfs Einkommenseinbußen leichter verkraften.[154] Die **Beschränkung des Bewerberkreises** bei einer (innerbetrieblichen) Stellenausschreibung auf AN im **ersten Berufs- bzw. Tätigkeitsjahrs** kann eine mittelbare Diskriminierung wegen des Alters darstellen, weil dadurch typischerweise ältere AN von der Bewerbung auf die ausgeschriebene Stelle ausgeschlossen werden.[155] Es verstößt in der Regel gegen das Benachteiligungsverbot wegen des Alters, wenn in einer **Stellenbeschreibung »junge« Bewerber** oder **»Berufsanfänger«** für ein Traineeprogramm »Hochschulabsolventen/Young Professionals«[156] gesucht werden, nicht aber, wenn ein »sicherer Job in einem **dynamischen** Team« in Aussicht gestellt wird[157]. Wenn kein Rechtfertigungsgrund i. S. des § 10 AGG vorliegt, sind Stellen grundsätzlich **»altersneutral«** auszuschreiben.[158] Eine unzulässige Diskriminierung stellt auch die Festlegung des **Höchstalters für die Einstellung** von Piloten auf 32 Jahre dar.[159] Unzulässig ist in der Regel auch eine Vorschrift, die z. B. für die Gewährung von betrieblichen Sozialleistungen oder das Wirksamwerden von besserstellenden Schutzbestimmungen am Lebensalter anknüpft und dabei **Zeiten vor Vollendung eines bestimmten Lebensjahres** unberücksichtigt lässt.[160]

70 Allein vom ansteigenden **Lebensalter abhängige Entgelterhöhungen** in BV oder TV lassen sich nicht rechtfertigen (z. B. Erhöhung der Vergütung im zwei-Jahres-Rhythmus gemäß § 27 A Abs. 1 BAT[161] oder nach dem Vergütungssystem des BAT-O[162]) Es ist schon nicht ersichtlich, dass derartige Regelungen dem Schutz älterer Beschäftigter dienen. Allerdings ist die **Überleitung in das diskriminierungsfreie Entgeltsystem** der Nachfolgeregelungen des BAT (z. B. TVöD i. V. m. TVÜ-Bund) nach Maßgabe bestehender Besitzstände aus den diskriminierenden Entgeltregelungen des BAT zulässig.[163] Keine durchgreifenden Bedenken bestehen gegen die sachlich gerechtfertigte Honorierung der **Berufserfahrung** durch die Orientierung der **Höhe des Entgelts** (bzw. bestimmter Entgeltbestandteile) oder der **Höhergruppierung** am Umfang der absolvierten **Berufsjahre** bzw. **Betriebszugehörigkeit**.[164] Zulässig sind **Verdienst-**

---

151 *BAG* 14.5.13, NZA 13, 1160.
152 *BAG* 13.10.09, NZA 10, 208.
153 *BAG* 13.10.09, a. a. O.
154 *Linsenmaier*, a. a. O.; a. A. noch *BAG* 18.8.87, NZA 87, 779.
155 *BAG* 18.8.09, NZA 10, 222.
156 *BAG* 24.1.13, NZA 13, 498.
157 *LAG Hamm* 4.2.14, NZA-RR 14, 412.
158 *BAG* 19.8.10, NZA 10, 1412 = AiB 11, 274, mit Anm. *Busch*.
159 *BAG* 8.12.10, ZTR 11, 409.
160 *BAG* 29.9.11, DB 12, 807; 9.9.10, NZA 11, 343; *EuGH* 19.1.10 (Kücükdeveci), AuR 10, 264, mit Anm. *Laskawy/Rehfeld* = AiB 10, 265, mit Anm. *Meyer/Kaspers*: Europarechtswidrigkeit von § 622 Abs. 2 Satz 2 BGB.
161 *EuGH* 8.9.11, C-297/10 (Rs. Hennings), C-298/10 (Rs. Mai), NZA 2011, 1100; *BAG* 10.11.11, NZA 12, 161; Däubler/Bertzbach-*Brors*, § 10 Rn. 56; *Fitting*, Rn. 86; *Kamanabrou*, NZA 06, Beilage 3, 138, 141; *Klimpe-Auerbach*, PR 12, 156.
162 *LAG Berlin Brandenburg* 4.12.13, – 4.12.13 15 Sa 1555/13, juris; anhängig *BAG* 6 AZR 100/14.
163 *EuGH* 8.9.11, a. a. O.; *BAG* 8.12.11, NZA 12, 275.
164 *BAG* 27.1.11, ZTR 11, 365 (tarifliche Regelung einer Stufenlaufzeit nach Höhergruppierung); s. auch zu einer ähnlichen Problematik *BAG* 13.10.10, ZTR 11, 94; *EuGH* 3.10.06, NJW 07, 47; *LAG Baden-Württemberg* 23.4.07, NZA-RR 07, 630; *ArbG Heilbronn* 3.4.07, AuR 07, 391.

sicherungsklauseln, die älteren Beschäftigten zum Schutz vor alters- bzw. gesundheitsbedingten Leistungsminderungen oder betrieblich verursachten Verdiensteinbußen (z. B. durch Abgruppierung) das bisherige Effektiventgelt garantieren.[165] Wird in einem TV als Anspruchsvoraussetzung für eine **jährliche Sonderzahlung** das Bestehen des Arbeitsverhältnisses an einem bestimmten Stichtag im Kalenderjahr festgelegt, wirkt sich dies nicht altersdiskriminierend für AN aus, die vor diesem Stichtag wegen Erreichens der tariflichen Altersgrenze aus dem Arbeitsverhältnis ausscheiden.[166]

Eine **Erhöhung der tariflichen Urlaubstage** ab dem 30. und 40. Lebensjahrs (vgl. etwa § 26 TVöD-VKA) kann nicht damit gerechtfertigt werden, dass sie das legitime Ziel verfolgt, dem gesteigerten Erholungsbedürfnis älterer AN Rechnung zu tragen.[167] Eine bereits bei jüngeren AN (ab dem 20. Lebensjahr) einsetzende und beim Erreichen des 30. Lebensjahres endende **schrittweise Erhöhung der Anzahl der Urlaubstage** allein nach dem **ansteigenden Lebensalter** (so eine entsprechende Tarifregelung in § 15 MTV Einzelhandel NRW), stellt für einen bestimmten Zeitraum eine unzulässige Benachteiligung jüngerer AN dar, die sich nicht durch ein legitimes Ziel i. S. des § 10 AGG, auch nicht durch das Ziel der besseren Vereinbarkeit von Familie und Beruf, rechtfertigen lässt.[168] Die Gewährung von **zwei zusätzlichen Urlaubstagen ab Vollendung des 58. Lebensjahres** kann unter dem Gesichtspunkt des Schutzes älterer Arbeitnehmer wegen deren gesteigerten Erholungsbedarfs gem. § 10 Satz 3 Nr. 1 AGG gerechtfertigt sein.[169] Das gilt auch für die Gewährung von **drei zusätzlichen Urlaubstagen ab Vollendung des 50. Lebensjahres.**[170] 71

Die Beschränkung von **Versorgungsansprüchen aus einer betrieblichen Altersversorgung** durch die Festlegung von **Altersgrenzen** ist nach § 10 Satz 3 Nr. 4 AGG grundsätzlich zulässig.[171] So kann für die **Aufnahme in eine Versorgungsregelung** eine Höchstalter von 50 Jahren vorgesehen werden.[172] Die Regelung einer **Mindestbetriebszugehörigkeit** von 15 Jahren bis zum Erreichen der Regelaltersgrenze in einer **betrieblichen Versorgungsordnung** ist angemessen i. S. v. § 10 Satz 2 AGG und stellt keine Diskriminierung wegen des Alters dar.[173] Zulässig kann auch eine Regelung sein, die AN von der **Überleitung in ein geändertes System der betrieblichen Altersversorgung** ausschließt, die das 63. Lebensjahr vollendet haben.[174] Es stellt keine Diskriminierung wegen des Alters dar, wenn ein Anspruch auf **Witwen-/Witwerversorgung** davon abhängig gemacht wird, dass die Ehe vor dem Ausscheiden aus dem Arbeitsverhältnis geschlossen wurde[175] (s. auch unter dem Gesichtspunkt der Diskriminierung wegen des Geschlechts Rn. 100). Das gilt auch für eine Mindestaltersgrenze von 50 Jahren als Voraussetzung für einen Anspruch auf **Invaliditätsversorgung.**[176] Mit dem Verbot der Diskriminierung wegen des Alters ist eine Regelung nicht vereinbar, die den Anspruch auf eine betriebliche Altersrente davon abhängig macht, dass ein AN die **Wartezeit** von zehn Jahren mit Vollendung des 55. Lebensjahres erfüllt.[177] 71a

Wegen der besonders hohen Gefährdung älterer AN bei der betriebsbedingten Kündigung des Arbeitsverhältnisses (Langzeitarbeitslosigkeit wegen schlechter Arbeitsmarktchancen und abnehmender Mobilität) sind **zum Schutz älterer AN** grundsätzlich auch **besondere Entlassungsbedingungen** gerechtfertigt. Deren Rechtfertigung ist allerdings – trotz der europarechtswidrigen Bereichsausnahme für Kündigungen in § 2 Abs. 4 KSchG[178] – am Maßstab des 72

165 *Fitting,* Rn. 87; Linsenmaier, a. a. O.; Schieck-*Schmidt,* § 10 Rn. 16; a. A. Däubler/Bertzbach-*Brors,* § 10 Rn. 61.
166 *BAG* 12.12.12, NZA 13, 577.
167 *BAG* 20.3.12, DB 12, 1814.
168 *LAG Düsseldorf* 18.1.11, BB 11, 308, Ls., juris, rechtskräftig; vgl. dazu *Bonnani,* DB 11, M 1.; die Zulässigkeit derartiger Regelungen früher bejahend *BAG* 19.11.96, BB 97, 948 Ls., juris.
169 *BAG* 21.10.2014, DB 15, 748.
170 *Hessisches LAG* 17.1.14, ZTR 14, 547.
171 *BAG* 18.3.14, NZA 14, 606; 12.11.13, BB14, 1406; 17.9.13, NZA 14, 33; 12.2.13, NZA 13, 733
172 *BAG* 12.11.13, a. a. O.
173 *BAG* 12.2.13, DB 13, 1245.
174 *BAG* 19.9.13, a. a. O.
175 *BAG* 15.10.13, NZA 14, 308.
176 *BAG* 10.12.13, BB 14, 1012 Ls., juris.
177 *BAG* 18.3.14, a. a. O.
178 Vgl. dazu *Däubler,* AiB 06, 738.

AGG zu prüfen.[179] Bei der **Berechnung** der verlängerten **Kündigungsfristen** nach § 622 BGB dürfen vor Vollendung des 25. Lebensjahres liegende Beschäftigungszeiten nicht unberücksichtigt bleiben.[180] Die **Verlängerung der Kündigungsfristen** gem. § 622 Abs. 2 Satz 1 BGB selbst stellt keine mittelbare Altersdiskriminierung dar, da mit einer solchen Regelung das legitime Ziel verfolgt wird, länger beschäftigten und damit typischerweise älteren (und schutzbedürftigeren) Arbeitnehmern einen verbesserten Kündigungsschutz zu verschaffen.[181] Insbesondere im Hinblick auf die **Durchführung der Sozialauswahl** nach dem KSchG, ihre Ausgestaltung in betrieblichen **Auswahlrichtlinien** oder die individual- oder kollektivvertragliche **Vereinbarung von Kündigungserschwerungen,** etwa durch die Unkündbarkeit älterer AN, wird es für die Zulässigkeit derartiger Maßnahmen unter dem Gesichtspunkt der **Verhältnismäßigkeit** darauf ankommen, sich nicht (mehr) auf abstrakte Begründungen und schematische Differenzierungen zu beschränken. Erforderlich ist es dagegen, die sachliche Rechtfertigung der jeweils in Anspruch genommenen altersabhängigen Schutzbedürftigkeit, zumindest auf Grundlage einer typisierenden Betrachtungsweise, und des jeweiligen Ausmaßes der Besserstellung gegenüber jüngeren AN nachvollziehbar darzulegen (zu den rechtlichen **Grenzen der Regelungsbefugnis in Auswahlrichtlinien** in diesem Zusammenhang vgl. § 95 Rn. 22 ff.).[182] Der **Ausschluss ordentlicher Kündigungen** des Arbeitsverhältnisses älterer AN (z. B. ab dem 53. Lebensjahr) stellt außerhalb einer Sozialauswahl in der Regel keine unzulässige Benachteiligung jüngerer AN dar. Dies gilt auch innerhalb einer Sozialauswahl, wenn der Ausschluss ordentlicher Kündigungen nicht zu einem gemäß § 1 Abs. 3 KSchG grob fehlerhaften Auswahlergebnis führt.[183]

73 Werden ältere AN von einer **Personalabbaumaßnahme völlig ausgenommen**, werden diese auch dann nicht gegenüber den jüngeren AN unmittelbar diskriminiert, wenn der Personalabbau im Wege einvernehmlicher Aufhebungsverträge bei **Zahlung attraktiver Abfindungen** erfolgt.[184] Die **Berücksichtigung der Rentennähe** älterer Beschäftigter zu deren Lasten im Rahmen von Entlassungsbedingungen ist unzulässig (zur Zulässigkeit der Minderung oder des Ausschlusses von Sozialplanabfindungen für rentennahe Jahrgänge vgl. §§ 112, 112 a Rn. 101). Die **Schlechterstellung älterer Beschäftigter** zur **Sicherung einer ausgewogenen Altersstruktur** (§ 1 Abs. 3 S. 2 KSchG) bedarf einer sachlich nachvollziehbaren Darlegung des für dieses Ziel streitenden berechtigten betrieblichen Interesses,[185] wobei vom Vorliegen legitimer Ziele für eine **Altersgruppenbildung** bei Massenkündigungen auf Grund einer **Betriebsänderung** regelmäßig auszugehen ist.[186] Die Betriebsparteien können das **Lebensalter** bei der Vergabe von Sozialpunkten allerdings auch **»linear« berücksichtigen.**[187] Die Altersgruppenbildung ist zur Erhaltung der Altersstruktur nur geeignet, wenn sie daraufhin angelegt ist, die bestehende Struktur zu wahren.[188]

74 Die **Erreichung einer bestimmten Altersgrenze** rechtfertigt die Kündigung des Arbeitsverhältnisses durch den AG nicht.[189] Das gilt auch, wenn ein **Anspruch auf eine Altersrente** besteht (§ 41 Abs. 1 Satz 1 SGB VI). Will der AG das Arbeitsverhältnis beenden, muss die Kündigung sozial gerechtfertigt i. S. d. § 1 KSchG sein. In **Einzelarbeitsverträgen** kann nach

---

179 *BAG* 20.6.13, NZA 14, 208.
180 *EuGH* 19.1.10, NZA 10, 85; *BAG* 9.9.10, NZA 11, 343.
181 *BAG* 18.9.14, NZA 14, 1400.
182 Vgl. dazu *Däubler/Bertzbach-Brors,* § 10 Rn. 99 ff.
183 *BAG* 20.6.13, a. a. O.; s. dazu *Soost,* AuR 14, 127.
184 *BAG* 25.2.10, AuR 10, 267 mit krit. Anm. *Bieder.*
185 *LAG Niedersachsen* 13.7.07, AuR 07, 388 mit Anm. *Wendeling-Schröder; Thüsing,* Diskriminierungsschutz, Rn. 459; *Bauer/Göpfert/Krieger,* § 10 Rn. 5, 45 m; *Fitting,* Rn. 80; Däubler/Bertzbach-*Däubler,* § 7 Rn. 255; *Thüsing,* Diskriminierungsschutz, Rn. 413 ff., 436: enger Däubler/Bertzbach-*Brors,* § 10, Rn. 109 ff. und *ArbG Osnabrück,* 5.2.07, AiB 07, 304, m. Anm. *Busch* (aufgehoben durch *LAG Niedersachsen* 18.7.07 – 16 Sa 278/07): zulässig nur wegen der Verwirklichung des beschäftigungspolitischen Ziels der beruflichen Eingliederung jüngerer Beschäftigter oder wegen eines tätigkeitsbezogenen Bedarfs an einer ausgewogenen Altersstruktur; a. A. *Bertelsmann,* AuR 07, 369.
186 *BAG* 6.11.08, NZA 09, 351, 366; bestätigt durch *BAG* 12.3.09, DB 09, 1932; 5.11.09, NZA 10, 457.
187 *BAG* 5.11.09, a. a. O.
188 *BAG* 19.7.12, NZA 13, 86.
189 *BAG* 28.9.61, AP Nr. 1 zu § 1 KSchG Personenbedingte Kündigung.

§ 41 Abs. 1 Satz 2 SGB VI die Beendigung des Arbeitsverhältnisses ohne Kündigung zu einem Zeitpunkt, zu dem der AN vor Erreichen der Regelaltersgrenze eine Altersrente beantragen kann, wirksam nur vereinbart werden, wenn die Vereinbarung innerhalb der letzten drei Jahre vor diesem Zeitpunkt abgeschlossen oder von dem AN bestätigt wird. Andernfalls gilt die Vereinbarung dem AN gegenüber als auf die Vollendung des 65. Lebensjahres abgeschlossen. Das Arbeitsverhältnis wird in einem solchen Fall beendet, ohne dass es einer Kündigung bedarf. Das KSchG findet dann keine Anwendung. Auch eine Anhörung des BR entfällt.

Gem. § 10 S. 3 Nr. 5 AGG kann die **Vereinbarung von Altersgrenzen** zum Zeitpunkt der möglichen **Beantragung der Regelaltersrente** gerechtfertigt sein. Ob und unter welchen Voraussetzungen dies im Rahmen von **BV** (oder TV und einzelvertraglich) zulässig ist, war bereits vor Inkrafttreten des AGG umstritten und ist es trotz der rechtfertigenden Vorschrift des § 10 S. 3 Nr. 5 AGG und der dazu zwischenzeitlich ergangenen Rspr. nach wie vor.[190] **75**

Nach der Rspr. des *BAG* zur Rechtslage vor dem 1.1.1992 konnte ein **TV** bestimmen, dass die Arbeitsverhältnisse auf das 65. Lebensjahr befristet werden.[191] Eine solche Regelung ist nach der Auffassung des *BAG* aus Gründen der Fürsorge für den AN eher zu vertreten, als dass im Kündigungsschutzprozess der Nachweis geführt werden muss, dass ein AN aus altersbedingten Gründen nicht mehr in der Lage ist, seinen vertraglichen Verpflichtungen nachzukommen.[192] **76**

Auch BR und AG konnten nach der Rechtslage vor dem 1.1.1992 in **BV** unter Berücksichtigung der Grenzen von Recht und Billigkeit (Abs. 1 Satz 1) und der Altersgrenzenregelung in Abs. 1 Satz 2 a. F. Regelungen über das Ausscheiden von AN aus dem Arbeitsverhältnis bei Erreichen einer bestimmten Altersgrenze treffen.[193] Das *BAG* hielt es für zulässig, dass in einer BV die Altersgrenze für das Ausscheiden der AN auf das 65. Lebensjahr festgesetzt wird. Allerdings muss dann eine auf dieses Alter abgestellte Versorgungsregelung bestehen.[194] **77**

Die **Zulässigkeit von Altersgrenzen in TV oder BV** war nach In-Kraft-Treten des § 41 Abs. 4 Satz 3 SGB VI a. F. am 1.1.1992 vom BAG verneint worden.[195] Mit der ab 1.8.1994 geltenden **Neufassung des § 41 Abs. 4 Satz 3 SGB VI**,[196] gegen die durchgreifende verfassungsrechtliche Bedenken nicht bestehen,[197] waren **Altersgrenzen in BV,** die auf das Erreichen des 65. Lebensjahres und den Anspruch auf das gesetzliche Altersruhegeld abstellen, nach der Rechtsprechung wieder zulässig.[198] **78**

Die Regelung zur Rechtfertigung von Altersgrenzenvereinbarungen in § 10 S. 3 Nr. 5 AGG, die nach dem Willen des Gesetzgebers der Rechtssicherheit dienen soll,[199] knüpft an der bisherigen **höchstrichterlichen Rspr.** an, nach der Altersgrenzen in Individual- und Kollektivverträgen idR zulässig sind, wenn sie auf den Zeitpunkt des Bezugs einer wirtschaftlich absichernden Altersrente abstellen.[200] Das **Bestandsschutzinteresse** des Beschäftigten tritt danach in Ab- **79**

---

190 S. etwa *Preis*, NZA 10, 1323, *Berg F./Natzel*, BB 10, 2885, jeweils zu *EuGH* 12.10.10 (Rosenbladt), NZA 10, 1167, = AiB 11, 270, mit Anm. *Rehwald.*

191 *BAG* 21.4.77, AP Nr. 1 zu § 60 BAT.

192 *BAG* 21.4.77, a. a. O.; zur Zulässigkeit einer tariflichen Altersgrenze von 60 Jahren für das Cockpitpersonal *BVerfG* 25.11.04, BB 05, 1231; *BAG* 21.7.04, NZA 04, 1352; 27.11.02, NZA 03, 812; 12.2.92, DB 93, 443.

193 *BAG* 7.11.89, DB 90, 1724.

194 *BAG* 25.3.71, AP Nr. 5 zu § 57 BetrVG; einschränkend aber *BAG* 20.11.87, AP Nr. 2 zu § 620 BGB Altersgrenze, nach dem ein Anspruch auf gesetzliches Altersruhegeld ausreichen soll; kritisch dazu *Däubler*, Tarifvertragsrecht, Rn. 786; GK-*Kreutz*, § 77 Rn. 367, und *Stahlhacke*, DB 89, 2329 [2332].

195 20.10.93, BB 94, 66; 1.12.93, NZA 94, 369; dazu *Hamer*, PersR 94, 265; *Moll*, NJW 94, 499.

196 BGBl. I S. 1797.

197 *BVerfG* 30.3.99, AuR 99, 283.

198 *BAG* 11.6.97, DB 97, 2280; 14.10.97, BB 98, 321; 25.2.98, BB 98, 2165; 27.11.02, DB 03, 1000; zur Unwirksamkeit einer Altersgrenze von 55 Jahren [Bordpersonal]) 31.7.02, NZA 02, 1155; zur Auseinandersetzung mit dieser Rspr. vgl. *Feudner*, BB 99, 314; *Marschner*, AuA 98, 18. Zur verfassungsrechtlichen Problematik und die Regelungskompetenz der Betriebsparteien einschränkend *Bieback*, AuR 99, 41, 46; *Däubler*, Tarifvertragsrecht, Rn. 787 ff.; *GK-Kreutz*, § 77 Rn. 367; Richardi-*Richardi*, § 77 Rn. 107 ff.; *Simitis*, NJW 94, 1453; *Waltermann*, NZA 94, 822.

199 BT-Drucks. 16/1780 S. 36.

200 *BAG*, 27.7.05, NZA 06, 37; 19.11.03, DB 04, 1045.

wägung mit den für die Zulässigkeit der Vereinbarung von Altersgrenzen streitenden Gesichtspunkten einer **ausgewogenen betrieblichen Altersstruktur,** einer **berechenbaren Personalplanung** des Arbeitgebers, des **Überforderungsschutzes** für den älteren AN und der arbeitsmarktpolitisch erwünschten Förderung der **beruflichen Eingliederung jüngerer Beschäftigter** zurück.

80 Ob es sich dabei um legitime Ziele i. S. v. § 10 S. 1 AGG zur Rechtfertigung derartiger Altersgrenzen handelt und ob § 10 S. 3 Nr. 5 AGG als eine richtlinienkonforme Umsetzungsregelung qualifiziert werden kann, war in der Literatur äußerst umstritten.[201] Pauschale Altersgrenzen, die branchen- und berufsunspezifisch mit der Unterstellung eines **allgemeinen Leistungsabfalls** bzw. einer **generellen Ungeeignetheit** älterer AN begründet werden, lassen sich als **altersdiskriminierende Maßnahme** nicht aus § 10 S. 3 Nr. 5 AGG rechtfertigen.

81 Über einen derartigen untauglichen Rechtfertigungsversuch geht die Anerkennung der Vereinbarung der üblichen Regelaltersgrenze durch das **BAG** allerdings hinaus und knüpft mit den Gesichtspunkten von frei werdenden **Arbeitsplätzen für jüngere AN,** eines **sachgerechten Altersaufbaus der Belegschaften** und einer **berechenbaren Personalplanung** an **legitimen Zielen** i. S. v. § 10 S. 3 Nr. 3 AGG i. V. m. § 10 S. 1 und 2 AGG an.[202] Im Rahmen der erforderlichen **Verhältnismäßigkeitsprüfung** ist weiter zu berücksichtigen, dass die Zulässigkeit der Vereinbarung der Regelaltersgrenze die wirtschaftliche Absicherung des AN durch eine Altersrente voraussetzt, und das ältere Beschäftigte im Allgemeinen und sog. rentennahe Jahrgänge im besonderen vor betriebsbedingten Kündigung und vor Vereinbarungen über die Beendigung des Arbeitsverhältnisses wegen des Bezugs einer Altersrente vor Vollendung des 65. Lebensjahres (vgl. § 41 S. 1 und 2 SGB VI) relativ stark durch entsprechende gesetzliche Regelungen geschützt sind. Altersgrenzen können bei verhältnismäßiger Ausgestaltung auch nach der neueren **Rspr. des** *EuGH* grundsätzlich im Rahmen des nationalen Rechts durch im Allgemeininteresse liegende beschäftigungspolitische Ziele gerechtfertigt sein.[203] Entsprechende **tarifvertragliche Altersgrenzen**, die die automatische Beendigung des Arbeitsverhältnisse bei Erreichen der gesetzlichen Regelaltersgrenze vorsehen (etwa in § 33 Abs. 1 a TVöD oder § 19 Nr. 8 RTV Gebäudereinigung), sind zulässig.[204] Auch diesen Anforderungen entsprechende Altersgrenzen in **kirchlichen Arbeitsvertragsregelungen**[205] und **BV**[206] sind zulässig (zur Regelungskompetenz der Betriebsparteien vgl. § 88 Rn. 1 ff., 11 f.). Die **Betriebsparteien** werden vom EuGH[207] als Sozialpartner anerkannt, die durch Regelungen in BV sozial- und beschäftigungspolitische Ziele i. S. d. Art. 6 Abs. Unterabsatz 2 RL 2000/78EG verfolgen können.[208]

82 Wenn man auch bei Anerkennung der Legitimität der o. g. Ziele die Verhältnismäßigkeit einer generellen Altersgrenze für zweifelhaft hält, könnte man dem durch eine stärker nach Branchen oder Unternehmen **differenzierte Ausgestaltung der Altersgrenze** oder ihre **Flexibilisierung** in Gestalt eines inhaltlich gebundenen und vor Ablauf einer bestimmten Frist geltend zu machenden **Weiterbeschäftigungsanspruchs** betroffener AN Rechnung tragen.

83 **Niedrigere Altersgrenzen** oder solche, die unabhängig vom möglichen Bezug der **gesetzlichen Regelaltersrente** festgesetzt werden, können aus § 10 S. 3 Nr. 5 AGG nicht gerechtfertigt

---

201 Zu Recht grundsätzlich bejahend *Bauer/Göpfert/Krieger,* § 10 Rn. 39; *Fitting* Rn. 93; *Linsenmaier,* RdA 03, Sonderbeilage Heft 5, 22, 30 f.; *Thüsing,* Diskriminierungsschutz, Rn. 438 ff.; a. A. ErfK-*Schlachter,* § 10 Rn. 6 f.; Däubler/Bertzbach-*Brors,* § 10 Rn. 83 ff.; *Kamanabrou,* RdA 06, 321, 331; *KR-Pfeiffer,* AGG, Rn. 124; Schieck-*Schmidt,* § 10 Rn. 28 ff.

202 *BAG* 18.6.08, NZA 08, 1302; Schieck-*Schmidt,* § 10 Rn. 29.

203 *EuGH* 12.10.10 (Rosenbladt), NZA 10, 1167: Zulässigkeit der Altersgrenzenregelung in § 19 Nr. 8 RTV Gebäudereinigung; dazu Bayreuther, NJW 11, 19; Preis NZA 10, 1323; *EuGH* 16.10.07 (Palacios), NZA 07, 1219; dazu *Bayreuther,* DB 07, 2425; *Bertelsmann,* AiB 07, 689; *Thüsing,* RdA 08, 51; *Wendeling-Schröder,* NZA 07, 1399.

204 *EuGH* 12.10.10 (Rosenbladt), a. a. O.; *BAG* 21.9.11, NZA 12, 271; 8.12.10, NZA 11, 586 (TVöD); zur Zulässigkeit entsprechender beamtengesetzlicher Altersgrenzen siehe *EuGH* 21.7.11 (Rs. Fuchs/Köhler), ZTR 11, 700.

205 *BAG* 12.6.13, NZA 13, 1428.

206 *BAG* 5.3.13, NZA 13, 916.

207 *EuGH* 9.12.04, *Hlozek,* BB 05, 273.

208 *EuGH* 5.12.12, *Odar,* NZA 12, 1435; *BAG* 5.3.13, a. a. O.

werden, sondern nur aus § 8 Abs. 1 AGG. Dies betrifft vor allem Berufe und Tätigkeiten, deren Ausübung unmittelbare Auswirkungen auf die **Sicherheit,** das **Leben** und die **Gesundheit** Dritter oder des AN selbst hat. Sind Beschäftigte bei typisierender Betrachtungsweise ab einem bestimmten Alter für die Ausübung solcher Tätigkeiten nicht mehr ausreichend geeignet, ist die Festsetzung einer entsprechenden Höchstaltersgrenze durch eine **berufliche Anforderung i. S. v. § 8 Abs. 1 AGG** gerechtfertigt.

Insoweit wurde die zur bisherigen Rechtslage ergangene höchstrichterliche Rspr. zur Zulässigkeit von tarifvertraglichen Altersgrenzen (60 Jahre) für **Piloten, Flugzeugingenieure oder Mitglieder von Cockpit-Besatzungen**[209] auch nach Inkrafttreten des AGG bzw. europarechtlich zunächst nicht durchgreifend beanstandet. Nach der neueren Rspr.[210] des *EuGH*[211] und des *BAG*[212] verletzt allerdings eine tarifvertragliche **Altersgrenzen von 60 Jahren für Piloten** das Diskriminierungsverbot wegen des Alters gemäß § 7 Abs. 1 i. V. m. § 1 AGG und ist **gemäß § 7 Abs. 2 AGG unwirksam.** Sie sind nicht gemäß § 8 Abs. 1 oder 10 Satz 1 und 2 AGG gerechtfertigt. Das ergibt sich zunächst daraus, dass es nach den internationalen und nationalen Lizenzregelungen für Piloten zulässig ist, dass Piloten bis zum 65. Lebensjahr ihre Tätigkeit in einem doppelt besetzten (Co-)Pilotencockpit ausüben können, wenn der Besatzung ein (Co-)Pilot angehört, der das 60. Lebensjahr noch nicht vollendet hat. Es liegen keine belastbaren Erkenntnisse darüber vor, dass die Sicherheit des Flugverkehrs und/oder der Gesundheitsschutz für die Piloten selbst eine absolute Altersgrenze von 60 Jahren i. S. v. § 8 Abs. 1 AGG sachlich rechtfertigen. Schließlich ist die Flugsicherheit kein legitimes Ziel i. S. v. § 10 Satz 1 AGG, da sie nicht zu den sozialpolitischen Zielen aus den Bereichen z. B. der Beschäftigungs- oder Arbeitsmarktpolitik gehört.[213] Eine Altersgrenze für das **Kabinenpersonal in der Luftfahrt** von 55 oder 60 Jahren ist ebenfalls **nicht zulässig.**[214] Dies gilt auch für eine Altersgrenze für die **Fluglotsen** in der Deutschen Flugsicherung von 55 Jahren.[215] **84**

Eine Altersgrenze von 68 Jahren für **flugmedizinische Sachverständige** wird gemäß § 10 S. 1 AGG für gerechtfertigt gehalten, da die Sicherheit des Luftverkehrs auch von der zuverlässigen und fehlerhaften Tauglichkeitsüberprüfung des Luftpersonals selbst abhängt.[216] **85**

Unter dem Gesichtspunkt der **Verhältnismäßigkeit** derartiger Altersgrenzen wird allerdings erwogen, ob nicht differenzierter, ggf. durch wissenschaftliche Gutachten, überprüft werden muss, ob das festgesetzte Lebensalter sachlich erforderlich ist und ob zumindest bei einer relativ niedrigen Altersgrenze nicht die Möglichkeit des individuellen Nachweises der weiteren Tauglichkeit eröffnet werden muss. Bei der Beurteilung niedrigerer Altersgrenzen sollte weiterhin berücksichtigt werden, ob regelmäßige Tauglichkeitsnachweise vom Arbeitgeber auch vor Erreichen der Höchstaltersgrenze bzw. bei jüngeren Beschäftigten vorgesehen sind.[217] **86**

Unwirksam sind **unterschiedliche Altersgrenzen für Männer und Frauen** wegen Verstoßes gegen Art. 3 GG,[218] gegen Art. 119 EGV[219]) und § 7 Abs. 1 i. V. m. § 1 AGG. Von einer besonderen Regelaltersgrenze für Frauen von 60 Jahren kann auf der Grundlage des SGB VI ohnehin nicht mehr ausgegangen werden.[220] Auch eine BV, die bereits auf die **Erreichung des 63.** **87**

---

209 *BVerfG*, 26.01.07, AuR 07, 92; *BAG*, 21.07.04, ZTR 05, 255; *Bauer/Göpfert/Krieger*, § 10 Rn. 40; *Fitting*, Rn. 94; *Linsenmaier*, RdA 03, Sonderheft 5, 22, 31; a. A. Däubler/Bertzbach-*Brors*, § 10 Rn. 88 ff.

210 S. dazu *Thüsing*, Diskriminierungsschutz, Rn. 440 ff.

211 *EuGH* 13.9.11 (Rs. Prigge u. a.), NZA 11, 1038.

212 *BAG* 18.1.12, NZA 12, 575; 15.2.12, DB 12, 1276 Ls., juris.

213 *EuGH* 13.9.11, a. a. O.; *BAG* 18.1.12, a. a. O.

214 *BAG* 19.10.11 – 7 AZR 253/07, juris; 23.6.10, NZA 10, 1248; 16.10.08, DB 09, 850; 31.7.02, AP Nr. 14 zu § 1 TVG Tarifverträge: Luftfahrt; *LAG Berlin-Brandenburg* 4.9.07 – 19 Sa 906/07.

215 *LAG Düsseldorf*, ZTR 11, 414.

216 *Niedersächsisches OVG*, 13.9.06, 12 NE 275/06; siehe aber auch *BVerfG* 24.10.11, NZA 12, 202, *BVerwG* 1.2.12, DB 12, 806 Ls.: Altersgrenze 68/71 Jahre zur Gewährleistung eines geordneten Rechtsverkehrs für öffentlich bestellte und vereidigte Sachverständige für das Sachgebiet EDV unzulässig (a. A. noch BVerwG 26.1.11, NZA-RR 11, 233).

217 Vgl. zum Ganzen Däubler/Bertzbach-*Brors*, § 10 Rn. 89; Schieck-*Schmidt*, § 10 Rn. 37.

218 *LAG Berlin* 26.7.93, AuR 93, 334 zu § 60 BAT-O; a. A. noch *BVerfG*, AP Nr. 3 zu § 25 AVG.

219 *EuGH*, EuZW 90, 283.

220 *BAG* 12.10.94, AuR 94, 423.

Lebensjahres (bei Frauen des 60. Lebensjahres) abstellt, weil dem AN dann der Anspruch auf das vorgezogene Altersruhegeld aus der gesetzlichen Rentenversicherung zusteht, ist grundsätzlich unzulässig (eine derartige BV gilt zumindest nur als auf die Vollendung des 65. Lebensjahres bzw. der Erreichens der Regelaltersgrenze abgeschlossen). Es muss nämlich dem einzelnen AN überlassen bleiben, ob er von der Möglichkeit des Ausscheidens mit dem 63. Lebensjahr Gebrauch machen will oder nicht. Unzulässig ist auch die Festlegung der Beendigung des Arbeitsverhältnisses durch BV auf den Zeitpunkt des »**Eintritts der Erwerbsunfähigkeit**«.[221] Schließlich kann auch durch eine BV eine bestimmte Altersgrenze, bei der der AN ohne weitere Kündigung aus dem Arbeitsverhältnis ausscheiden soll (z. B. bei Erreichung des 55. oder 60. Lebensjahres), nicht festgelegt werden. Zur Beteiligung des BR nach § 99 bei einer Weiterbeschäftigung über die einzelvertragliche oder kollektivvertragliche Altersgrenze hinaus vgl. § 99 Rn. 47.

5. Politische Betätigung und Einstellung

88 Das Verbot der Ungleichbehandlung wegen der **politischen Betätigung oder Einstellung** i. S. dieser Vorschrift gilt für das **politische Verhalten der AN sowohl innerhalb als auch außerhalb des Betriebs** (zur politischen Betätigung im Betrieb vgl. § 74 Rn. 65 ff.).[222] Welche politischen Äußerungen ein AN im täglichen Leben abgibt, welcher Partei er angehört oder ob er sich sonst politisch betätigt, darf für seine Behandlung im Betrieb keine Rolle spielen. Dabei kommt es nicht darauf an, ob die Betätigung rechtlich erlaubt ist oder nicht, z. B. die Betätigung für eine verfassungsfeindliche Partei.[223]

89 Aus dem **politischen Verhalten des AN** können grundsätzlich erst dann arbeitsrechtliche Konsequenzen gezogen werden, wenn die Betätigung **in Ausübung der beruflichen Tätigkeit und innerhalb des Betriebs** erfolgt und damit gleichzeitig eine **Verletzung arbeitsvertraglicher Pflichten** verbunden ist (vgl. dazu § 74 Rn. 65 ff.).

6. Gewerkschaftliche Betätigung und Einstellung

90 Die **gewerkschaftliche Einstellung und Betätigung** wird bereits durch Art. 9 Abs. 3 Satz 2 GG geschützt.[224] Schon deshalb ist dem AG eine unterschiedliche Behandlung der AN aus diesen Gründen untersagt.[225] Nach Abs. 1 gehört es zu den **tragenden betriebsverfassungsrechtlichen Grundsätzen** für die Behandlung der Betriebsangehörigen, dass sich AN **ohne Furcht vor Repressalien** des AG **gewerkschaftlich betätigen** können.[226]

91 So ist es beispielsweise unzulässig, einem AN Nachteile zuzufügen oder anzudrohen, weil dieser **Gewerkschaftszeitungen oder Werbematerial** – ohne nachhaltige Störungen der Arbeitsabläufe zu verursachen – verteilt. Generell ist die Androhung des Vollzugs oder der Unterlassung **personeller Maßnahmen** wegen der **Gewerkschaftszugehörigkeit** eines AN unzulässig.[227] Es ist dem AG beispielsweise auch untersagt, die **Einstellung eines AN** von dessen **Austritt aus der Gewerkschaft** abhängig zu machen.[228] Rechtswidrig handelt der AG auch dann, wenn er beispielsweise nur gewerkschaftlich organisierte AN **aussperrt**,[229] an Arbeitswillige während oder nach einem Streik »**Streikbruchprämien**« zahlt,[230] mit der Rücksicht auf die Streikteilnahme AN eine Jahresprämie kürzt[231] oder wegen der Beteiligung an

221 *BAG* 27.10.88, AP Nr. 16 zu § 620 BGB Bedingung.
222 GK-*Kreutz* Rn. 76.
223 *Fitting*, Rn. 97; GK-*Kreutz*, a. a. O.
224 Vgl. dazu im Einzelnen *Däubler*, Gewerkschaftsrechte, Rn. 445 ff., 550 ff.
225 Vgl. u. a. GK-*Kreutz*, Rn. 77.
226 *BAG* 25.3.92, DB 93, 95 = AuR 93, 88.
227 ErfK-*Kania*, Rn. 6; GK-*Kreutz*, a. a. O., Rn. 80.
228 *BAG* 28.3.00, NZA 00, 1294; 2.6.87, AP Nr. 49 zu Art. 9 GG.
229 *BAG* 10.6.80, AP Nr. 66 zu Art. 9 GG Arbeitskampf; TVG-AKR/AKR, Rn. 337.
230 *BAG* 4.8.87, AP Nr. 88 zu Art. 9 GG Arbeitskampf; 17.9.91, DB 92, 326; 28.7.92, DB 93, 232; 11.8.92, DB 93, 234; *BPSU-AKR*, Rn. 301; demgegenüber einschränkend *BAG* 13.7.93, AuR 93, 252, und *LAG Köln* 4.10.90, DB 91, 555; *Belling/von Steinau-Steinrück*, DB 93, 534.
231 *BAG* 4.8.87, AP Nr. 89 zu Art. 9 GG Arbeitskampf; vgl. auch Däubler-*Wolter*, Arbeitskampfrecht, § 16 Rn. 53 ff.; *BVerfG* 11.4.88, NZA 88, 473.

einer **gewerkschaftlichen Protestveranstaltung** während der Arbeitszeit eine übertarifliche Zulage streicht.[232]

Keine unzulässige unterschiedliche Behandlung liegt dagegen vor, wenn der AG **Gewerkschaftsmitgliedern auf Grund eines TV höhere Leistungen** gewährt als den nicht- oder andersorganisierten AN. Die Zulässigkeit zu einer derartigen Handlungsweise ergibt sich unmittelbar aus der Wirkung des TV, der auf dem Prinzip der Tarifgebundenheit beruht.[233] Anderenfalls käme man zu einer Art Allgemeinverbindlichkeit des TV für den Betrieb, was mit den Rechtsnormen des TV nicht zu vereinbaren wäre[234] und auch durch § 77 Abs. 3 (vgl. § 77 Rn. 126 ff.) ausdrücklich verhindert werden soll. 92

Abs. 1 verpflichtet neben dem AG und den gemeinsam handelnden Betriebsparteien auch den **BR und die BR-Mitglieder**, darüber zu wachen, dass weder die Mitglieder der Gewerkschaft noch die nicht in einer Gewerkschaft organisierten AN wegen ihrer entsprechenden Einstellung oder Betätigung benachteiligt werden, und bei der **Ausübung der Amtstätigkeit** nicht nach der gewerkschaftlichen Einstellung oder Mitgliedschaft der betroffenen AN zu differenzieren.[235] So ist es etwa unzulässig, bei betriebsbedingten Kündigungen AN wegen deren Mitgliedschaft in der Gewerkschaft von Kündigungen auszunehmen[236] oder die Art und Weise der Wahrnehmung der Belange einzelner AN von deren Gewerkschaftsmitgliedschaft abhängig zu machen.[237] 93

Daraus folgt nicht, dass der BR bzw. seine Mitglieder zu »**gewerkschaftspolitischer Neutralität**« verpflichtet sind (vgl. dazu auch § 74 Rn. 21 f., 69 ff.).[238] Sie können beispielsweise wertend über die betriebliche und überbetriebliche Arbeit der Gewerkschaften und ihre Tarifpolitik informieren und die Unterstützung gewerkschaftlicher Anliegen oder die Mitgliedschaft in den Gewerkschaften empfehlen.[239] Schließlich sind die Mitglieder des BR in ihrer Eigenschaft als Gewerkschaftsmitglieder gemäß § 74 Abs. 3 in ihrer Betätigung für die Gewerkschaft nicht beschränkt (vgl. dazu § 74 Rn. 75 ff.). 94

Unabhängig von dem sich unmittelbar aus Abs. 1 ergebenden Benachteiligungsverbot unterliegt die – auch im vorliegenden Zusammenhang bemühte – **sog. negative Koalitionsfreiheit** (das Recht, keiner Gewerkschaft beizutreten) entgegen der h. M. keinem besonderen Schutz nach Art. 9 Abs. 3 GG.[240] Durch Art. 9 Abs. 3 GG nur die **positive Koalitionsfreiheit** geschützt, also die Freiheit, einer Koalition beizutreten und für diese tätig zu werden, nicht aber der Schutz vor der Koalition.[241] Selbstverständlich ist es jedem AN überlassen, einer Gewerkschaft fernzubleiben. Nur unterliegt eine solche Handlungsweise nicht dem Schutz des Art. 9 Abs. 3 GG. Sie ergibt sich allenfalls aus der allgemeinen Handlungsfreiheit nach Art. 2 Abs. 1 GG.[242] Aus dem Wort »Einstellung« in § 75 Abs. 1 lässt sich nicht ableiten, dass die sog. negative Koalitionsfreiheit durch das BetrVG einen besonderen Schutz erfahren hat.[243] 95

---

232 *LAG Rheinland-Pfalz* 10.4.87, DB 87, 1543; a. A. für die Verweigerung einer freiwillig gewährten Anwesenheitsprämie aus Anlass der Streikteilnahme *LAG Köln* 18.12.86, NZA 87, 746 f.

233 *BAG* 20.7.60, AP Nr. 7 zu § 4 TVG; 21.1.87, AP Nrn. 46, 47 zu Art. 9 GG; *Fitting*, Rn. 102; *Gamillscheg*, Arbeitsrecht II, S. 719; GK-*Kreutz*, Rn. 82.

234 *Fitting*, a. a. O.

235 *Fitting*, Rn. 103.

236 *LAG Köln* 29.7.04, AiB 04, 709 = LAGE AP Nr. 45 a zu § 1 KSchG Soziale Auswahl.

237 *LAG Köln* 15.12.00, NZA-RR 01, 371.

238 Hako-BetrVG-*Lorenz*, Rn. 27.

239 Hako-BetrVG-Lorenz, a. a. O.

240 AK-GG-*Kittner/Schieck*, Art. 9 Abs. 3 Rn. 108; *Däubler*, Das Arbeitsrecht 1, Rn. 137 ff.; *Gamillscheg*, Arbeitsrecht I, *S. 383 ff.*; ders., BB 88, 556 f.; HK-ArbR-*Hensche*, GG Art. 9, Rn. 42 ff.; *Hueck/Nipperdey*, Bd. II/I, S. 154 ff.; Kempen/Zachert-*Kempen*, Grundlagen Rn. 218; *Söllner*, Arbeitsrecht, S. 59 f.; *Zachert*, DB 95, 323 f.; a. A. die h. M., z. B. *BVerfG* 17.2.81, AP Nr. 9 zu Art. 140 GG; *BAG* 29.11.67, AP Nr. 13 zu Art. 9 GG; ErfK-*Dieterich/Linsenmaier*, Art. 9 GG Rn. 32 ff. m. w. N.; *Fitting*, Rn. 99; GK-*Kreutz*, Rn. 77.

241 *Hueck/Nipperdey*, a. a. O., S. 156 m. w. N.

242 AK-GG-*Kittner/Schieck*, a. a. O.; Zuordnung zu Art. 9 Abs. 1 GG bei *Däubler*, Das Arbeitsrecht 1, Rn. 137.

243 *Däubler*, Gewerkschaftsrechte, Rn. 458 ff.; *WW*, Rn. 5; a. A. *Fitting*, a. a.O; GK-*Kreutz*, Rn. 77 f.; HWGNRH-*Worzalla*, Rn. 26; Richardi-*Richardi*, Rn. 29.

7. Geschlecht

96 Das Merkmal **Geschlecht** in Abs. 1 definiert die **biologische Zuordnung** der Menschen zur Gruppe der **Frauen, Männer** oder **Trans- und Intersexuellen**[244]. Mit diesem Merkmal ist nicht die **sexuelle Ausrichtung** angesprochen. Diese wird in Abs. 1 und in § 1 AGG durch das eigenständige Merkmal **sexuelle Identität** gesondert berücksichtigt (vgl. dazu Rn. 102). Das Benachteiligungsverbot wegen des Geschlechts hat insbesondere zur Folge, dass eine **Frau wegen ihres Geschlechts** nicht diskriminiert werden darf.[245] Das Diskriminierungsverbot wegen des Geschlechts erstreckt sich auch auf **transsexuelle Personen.**[246] Daneben gelten über Abs. 1 der **Gleichberechtigungsgrundsatz** des Art. 3 Abs. 2 GG und das **Diskriminierungsverbot** des Art. 3 Abs. 3 GG im Betrieb unmittelbar. Für den AG gilt diese Verpflichtung auch bei der Setzung allgemeiner Arbeitsbedingungen und bei arbeitsvertraglichen Einheitsregelungen.

97 AG und BR haben die Einhaltung des Benachteiligungsverbot (vgl. § 3 Abs. 4 AGG) zu überwachen und dürfen die Diskriminierung wegen des Geschlechts im Betrieb durch andere AN nicht zulassen, so z. B. auch nicht durch die **sexuelle Belästigung** von Frauen durch männliche Betriebsangehörige.[247] Dem **Schutz der Beschäftigten** vor **sexueller Belästigung am Arbeitsplatz** dienen die folgenden **Vorschriften des AGG:** § 3 Abs. 4 (Definition der sexuellen Belästigung), § 12 Abs. 1 (vorbeugende Maßnahmen des AG), § 13 Abs. 1 (Beschwerderecht) und § 14 (Leistungsverweigerungsrecht).[248]

98 Unzulässig ist nicht nur die **unmittelbare Diskriminierung,** bei der das Geschlecht selbst als Kriterium der Ungleichbehandlung herangezogen wird, sondern auch die **mittelbare Diskriminierung,** bei der Männer und Frauen von bestimmten Regelungen oder Maßnahmen ungleich betroffen sind, obwohl das Geschlecht nicht der unmittelbare Anknüpfungspunkt für die Ungleichbehandlung ist.[249]

99 Nach dem Grundsatz der **Lohngleichheit für Männer und Frauen**[250] ist den Frauen der gleiche Lohn wie vergleichbaren männlichen AN zu zahlen (Art. 141 EG, §§ 7, 8 Abs. 2 AGG). Dabei kommt es nicht darauf an, ob Grundlage der Vergütung eine **einzelvertragliche Abrede,** eine **BV** oder ein **TV** ist[251] oder in der **betrieblichen Altersversorgung.**[252] Werden Frauen bei

---

244 Vgl. dazu *Mallmann,* PR 11, 20.

245 Eingehend dazu *Däubler,* Das Arbeitsrecht 2, Rn. 1518 ff.; Kittner/Zwanziger/*Deinert-Zwanziger,* § 111 Rn. 43 ff.; zu den Handlungsmöglichkeiten des BR *Horst-Kötter,* AiB 02, 34 ff.; vgl. auch die Rechtsprechungsübersicht bei *Degen,* AiB 91, 104 ff.

246 *EuGH* 30.4.96, NJW 96, 2421; *Fitting,* Rn. 109.

247 Fitting, Rn. 115; GK-*Kreutz,* Rn. 88; vgl. dazu eingehend auch *Bertelsmann,* AiB 87, 123 ff.; *Degen,* PersR 88, 174 ff.; *Linde,* BB 94, 2412 ff.; *Mästle,* BB 02, 250 ff.; *Pfarr/Bertelsmann,* Diskriminierung, S. 421 ff.; *Zabel,* AiB 88, 299 f.; vgl. auch den bei *Plogstedt/Degen,* S. 112 ff. abgedruckten Entwurf einer BV und die Rspr.-Übersicht, S. 95 ff. und *LAG Hamm* 22.10.96, DB 97, 482.

248 Vgl. dazu Schieck-*Schieck,* § 3, Rn. 61 ff.

249 Zum Ausschluss teilzeitbeschäftigter Frauen aus der betrieblichen Altersversorgung vgl. *EuGH* 13.5.86, NZA 86, 599; *BAG* 14.10.86, AP Nr. 11 zu Art. 119 EWG-Vertrag; 14.3.89, DB 89, 2336; zum Anspruch von teilzeitbeschäftigten weiblichen BR-Mitgliedern auf entsprechende Arbeitsbefreiung unter Entgeltfortzahlung gemäß § 37 Abs. 3 aus Anlass des Besuchs ganztägiger Schulungsveranstaltungen vgl. *EuGH* 4.6.92, NZA 92, 687; *BAG* 5.3.97, AP Nr. 123 zu § 37 BetrVG 1972; 20.10.93, DB 94, 334; *LAG Berlin* 5.8.92 – 8 Sa 64/90; 30.1.90, NZA 90, 578 und § 37 Rn. 137). Zur Diskriminierung von Teilzeitbeschäftigten durch Ausschluss aus dem Geltungsbereich eines TV vgl. *BAG* 15.10.03, NZA 04, 351, oder durch Verlängerung tariflicher Bewährungszeiten vgl. *BAG* 2.12.92, PersR 93, 416 mit Anm. *Degen,* PersR 93, 393; zur tariflichen Vergütung von Überstunden für Teilzeitbeschäftigte *EuGH* 6.12.07, AuR 08, 107; 15.12.94, DB 95, 49; *LAG Hamm* 22.10.92, AiB 93, 126 mit Anm. *Engel; Däubler,* Das Arbeitsrecht 2, Rn. 1936 ff.

250 Vgl. dazu *BAG* 23.8.95, DB 96, 889.

251 Vgl. dazu insgesamt *Bertelsmann/Pfarr,* AuR 82, 86 ff.; *Däubler,* AuR 81, 193 ff.; *Schieck,* § 612 Rn. 1 ff.; *Wolter,* AuR, 81, 129 ff.; *ders.,* AiB 82, 68 ff.; zu den Anforderungen an diskriminierungsfreie Entgeltregelungen in TV und BV *Tondorf,* AiB 02, 755 ff.; zum einzelfallbezogenen Nachweis der Entgeltdiskriminierung, *dies.,* AiB 03, 78; zur Geschlechtsdiskriminierung bei übertariflicher Entlohnung vgl. *BAG* 23.9.92, DB 93, 737, und bei Altersteilzeit-, Übergangsgeld- oder Vorruhestandsregelungen vgl. *EuGH* 20.3.03, NZA 03, 506; *BAG* 20.8.02, DB 04, 710 = AiB 04, 702 mit Anm. *Goergens; LAG Düsseldorf* 3.9.02, BB 03, 683; *HessLAG* 22.1.02 – 15 Sa 853/01.

252 Vgl. *BAG* 11.12.07, NZA 08, 532, auch zur Geltung des AGG für die betriebliche Altersversorgung; 7.9.04, DB 05, 507.

gleicher Tätigkeit durch den AG geringer vergütet als Männer, steht den Frauen wegen Verstoßes gegen das Diskriminierungsverbot (§ 7 Abs. 1 i. V. m. § 1 AGG) neben dem vertraglichen **Anspruch auf Nachzahlung** der Vergütungsdifferenz auch ein Anspruch auf eine **Entschädigung** gem. § 15 Abs. 2 AGG zu.[253] In der betrieblichen Praxis ist der Grundsatz der Lohngleichheit **zu Lasten der Frauen** nach wie vor **nur ungenügend realisiert.**[254] Bei der Verbesserung dieser Situation kann dem **BR** eine **wichtige Rolle** zu kommen. Die **Durchsetzung der tatsächlichen Gleichstellung** von Frauen und Männern gehört zu den ausdrücklich im Gesetz genannten Aufgaben des BR (vgl. § 80 Abs. 1 Nr. 2 a Rn. 37 ff.). Die Beseitigung möglicher Entgeltdiskriminierungen setzt eine **genaue Kenntnis** der **vollständigen betrieblichen Entgeltstruktur** durch den BR voraus.[255] BR und AG haben in Anwendung des Gleichbehandlungsgrundsatzes auch dafür Sorge zu tragen, dass die im Betrieb tätigen Frauen gleichberechtigt an **Fortbildungsmaßnahmen** (§§ 96 – 98) und am **beruflichen Aufstieg** teilnehmen[256] (vgl. § 80 Rn. 37 ff.). Die unbefriedigende Situation hinsichtlich der gleichberechtigten Teilhabe von Frauen am beruflichen Aufstieg ist Gegenstand des **neuen Gesetzes** »für die **gleichberechtigte Teilhabe von Frauen und Männern an Führungspositionen** in der Privatwirtschaft und im öffentlichen Dienst v. 24.4.15.[257] Neben der Einführung einer **Geschlechterquote** (30 Prozent) für den Aufsichtsrat regelt das Gesetz für börsennotierte oder einem Mitbestimmungsgesetz unterliegende Unternehmen die verpflichtende Festlegung von **Zielgrößen für den Frauenanteil** im **Vorstand/der Geschäftsführung**, im **Aufsichtsrat** und den **obersten Führungsebenen** der Unternehmen. Über die Zielgrößen und die Zielerreichung müssen die Unternehmen, überwiegend im Lagebericht, Bericht erstatten und bei Nichterreichung der Zielgröße dafür die Gründe darlegen. Die Umsetzung des Gesetzes sollte in die Arbeit des BR einbezogen werden und zum Anlass genommen werden, die gleichberechtigte Teilhabe von Frauen am beruflichen Aufstieg im Betrieb auch **unterhalb der obersten Führungsebenen** durch die Vereinbarung vergleichbarer Maßnahmen mit dem AG zu fördern.[258]

Das **Diskriminierungsverbot wegen des Geschlechts** ergibt sich aus § 7 Abs. 1 i. V. m. § 1 **100**
AGG, die **Rechtfertigung einer unterschiedlichen Behandlung** wegen des Geschlechts als unverzichtbare Eigenschaft aus § 8 AGG die Regelung der **Beweislast** aus § 22 AGG, die **Schadenersatzansprüche** wegen geschlechtsbezogener Diskriminierung aus § 15 AGG und

---

253 *LAG Rheinland-Pfalz* 14.8.14, NZA-RR 15, 14; *LAG Rheinland-Pfalz* 13.8.14, NZA-RR 15, 236; zur Entgeltdiskriminierung durch unterschiedliche Eingruppierung s. *LAG Baden-Württemberg* 21.10.13, ZTR 14, 613 (geschlechtsbedingte Entgeltdiskriminierung verneint), mit krit. Anm. von *v. Roetteken*, ZTR 14, 585 (insbesondere auch zur Darlegungs- und Beweislast bei der gerichtlichen Durchsetzung von Nachzahlungs- und Entschädigungsansprüchen wegen Entgeltdiskriminierungen bei Frauen).

254 Sachverständigenkommission zur Erstellung des Ersten Gleichstellungsberichts der Bundesregierung (2011), S. 117 ff.

255 S. dazu die instruktive Handlungsanleitung von *Tondorf*, AiB 11, 25; s. dazu auch *Maschke*, AiB 13, 444.

256 Zur betrieblichen Durchsetzung der Gleichberechtigung von Frauen im Betrieb vgl. *Feldhoff*, AiB 96, 445 und von Frauenförderplänen vgl. *Schieck*, AiB 97, 441 ff.; *dies.*, WSI-Mitt. 96, 341 ff.; *Degen*, AiB 86, 218 ff.; *Compensis*, BB 91, 2153, mit Vorschlägen für tarifliche und betriebliche Vereinbarungen zur Frauen- und Familienförderung und zur Teilzeitarbeit; *Fisahn*, WSI-Mitt. 95, 22; *Pfarr/Bertelsmann*, Diskriminierung, S. 468 ff.; zum Prinzip des Gender Mainstreaming *Färber*, AiB 04, 660; *Martini*, AiB 03, 149; zu Quotierungsregelungen *dies.*, a. a. O., S. 89 ff.; *dies.*, NZA 95, 809; *Goergens*, AiB 98, 124 ff.; vgl. auch *BAG* 22.6.93, DB 94, 429; *LAG Hamm* 15.7.93, BB 93, 1811; *ArbG Dortmund* 1.12.92, PersR 93, 282 = AuR 93, 184; *Düwell*, PersR 93, 251; differenzierend GK-*Kreutz*, Rn. 98; zum Verhältnis von Frauenquoten und EG-Recht *EuGH* 11.11.97, NZA 97, 1337; 17.10.95, DB 95, 2172; *BAG* 5.3.96, AP Nr. 226 zu Art. 3 GG und *Goergens*, a. a. O.; *Compensis*, BB 98, 2470; *Colneric*, BB 96, 265; *Schiek*, PersR 95, 512; zur Bevorzugung von Frauen bei der Vergabe betrieblicher Kinderbetreuungsplätze *EuGH* 19.3.02, DB 02, 1450 mit Anm. *Thüsing*.

257 BGBl. I, 642.; zum Inhalt dieses Gesetzes vgl. die gemeinsame Darstellung des Bundesministeriums für Familie, Senioren, Frauen und Jugend und des Bundesministeriums der Justiz und für Verbraucherschutz: *http://www.bmfsfj.de/RedaktionBMFSFJ/Abteilung4/Pdf-Anlagen/FAQ-gesetz-frauenquote,property=pdf,bereich=bmfsfj,sprache=de,rwb=true.pdf.*

258 S. dazu Praxisbeispiele, Handlungsanleitungen und Hintergrundmaterial unter http://www.boeckler.de/31613.htm#cont_31617.

das **Verbot der geschlechtsspezifischen Stellenausschreibung** aus § 11 AGG.[259] Da sich diesbezüglich gegenüber der bis zum Inkrafttreten des AGG maßgeblichen Rechtslage nur geringfügige Abweichungen ergeben, kann an die dazu ergangene Rspr. weitgehend angeknüpft werden.[260] Danach darf der AG einen AN bei Vereinbarungen oder Maßnahmen nicht wegen seines Geschlechts benachteiligen, es sei denn, dass ein bestimmtes Geschlecht unverzichtbare Voraussetzung für eine bestimmte Tätigkeit ist.[261] Im Einzelnen gilt beispielsweise folgendes:

- Es ist unzulässig, für Frauen und Männer **unterschiedliche Einstellungsvoraussetzungen** festzulegen oder Frauen mit Rücksicht auf ihr Geschlecht im Bewerbungsverfahren,[262] bei sonstigen Auswahlentscheidungen oder Erbringung freiwilliger Leistungen auszuschließen bzw. nicht zu berücksichtigen.[263]
- Wird die **Stelle einer kommunalen Gleichstellungsbeauftragten** für eine Frau ausgeschrieben, weil für einen wesentlichen Teil deren Tätigkeit das weibliche Geschlecht eine unverzichtbare Voraussetzung ist (Integrationsarbeit mit zugewanderten muslimischen Frauen), wird ein nicht berücksichtigter männlicher Bewerber nicht unzulässig benachteiligt.[264]
- Die geschlechtsspezifische Ausschreibung einer Stelle für einen **Amtsvormund** ist gerechtfertigt, wenn nur so den Mündeln die Möglichkeit eingeräumt werden kann, zwischen einem männlichen und einem weiblichen Vormund auszuwählen.[265]
- In einer Versorgungszusage kann der **Anspruch auf eine Witwen-/Witwerversorgung** davon abhängig gemacht werden, dass die Ehe vor dem Ausscheiden aus dem Arbeitsverhältnis geschlossen wird.[266]
- Wird der Anspruch auf eine **Vorruhestandsleistung** auf den Zeitpunkt des frühestmöglichen Renteneintritts festgelegt, stellt dies wegen des gegenüber den Männern früheren Renteneintritts von Frauen bestimmter Jahrgänge deren unzulässige Benachteiligung wegen des Geschlechts dar.[267] Eine unzulässige Benachteiligung liegt nicht vor, wenn die durch eine derartige Regelung für die Frauen entstehenden finanziellen Nachteile durch einen »Rentenverlustausgleich« ausgeglichen werden.[268]
- Bei Versorgungsregelungen, bei denen für die Anwartschaftssteigerung die tatsächlich erbrachte Arbeitsleistung maßgeblich ist, ist die nicht **Nichtberücksichtigung von Kindererziehungszeiten** zulässig.[269]
- Die **Nichtberücksichtigung der gesetzlichen Mutterschutzzeiten** bei der betrieblichen Zusatzversorgung der Versorgungsanstalt des Bundes und der Länder (VBL) ist verfassungswidrig (Verstoß gegen das Verbot der geschlechtsbezogenen Diskriminierung aus Art. 3 Abs. 3 Satz 1 GG).[270]
- Der Ausschluss der **Anrechnung der Elternzeit** auf für Höhergruppierungen maßgebliche

---

259 Die §§ 611 a, 611 b, 612 Abs. 3 BGB, mit denen bis zum Inkrafttreten des AGG die Gleichbehandlung von Frauen und Männern im Arbeitsleben geregelt wurde (vgl. dazu 10. Auflage 2006, Rn. 22 ff.), wurden durch die für alle Diskriminierungstatbestände des AGG geltenden Vorschriften des AGG ersetzt, gl. *Schiek-Kocher,* Art. 3 Abs. 11 – 15 Rn. 3 ff.

260 ErfK-*Schlachter,* § 1 AGG, Rn. 6.

261 Z. B. Mannequin für die Vorführung von Damenoberbekleidung; für den Anwendungsfall eines Tischlers/einer Tischlerin vgl. *LAG Hamburg* 18.8.99, AiB 00, 443 mit Anm. *Goergens*; Beschränkung der Bewerbungen für eine kommunalen Gleichstellungsbeauftragte auf Frauen: *BAG* 18.3.10 – 8 AZR 77/09.

262 *BVerfG* 16.11.93, DB 94, 1292; *BAG* 5.2.04, NZA 04, 540; *LAG Frankfurt* 11.3.88, DB 88, 1754; *ArbG Hameln* 11.1.93, BB 94, 2144; *LAG Schleswig-Holstein* 17.4.90, LAGE Nr. 7 zu § 611 a BGB; zur geschlechtsspezifischen Benachteiligung durch Nichtberücksichtigung einer schwangeren Stellenbewerberin vgl. *BAG* 24.4.08, AuR 08, 181.

263 *BAG* 14.8.07, NZA 08, 99.

264 *BAG* 18.3.10, DB 10, 1534.

265 *LAG Niedersachsen* 19.4.12 – 4 SaGa 132/11, juris.

266 *BAG* 15.10.13, NZA 14, 308; 20.4.10, DB 10, 2000.

267 *BAG* 15.2.11, NZA 11, 740.

268 *BAG* 15.2.11, ZTR 11, 557.

269 *BAG* 20.4.10, DB 10, 2734.

270 *BVerfG* 28.4.11, ZTR 11, 434.

Stufenlaufzeiten ist zulässig und führt u. a. nicht zu einer unzulässigen Benachteiligung wegen des Geschlechts.[271]

- Die Regelung in einem TV, nach der die Aufnahme in eine **Pilotenausbildung** eine **Körpergröße** der Bewerber und Bewerberinnen **von mindestens 165 cm** bis 198 cm voraussetzt, stellt eine unzulässige mittelbare Diskriminierung wegen der Geschlechts dar.[272]
- Bewirbt sich eine AN, deren **Schwangerschaft** dem AG bekannt ist, um einen Arbeitsplatz und besetzt der AG diesen Arbeitsplatz mit einem männlichen Mitbewerber, so muss die AN zur Glaubhaftmachung einer geschlechtsspezifischen Benachteiligung zwar weitere Tatsachen vortragen, doch sind an diesen Vortrag keine strengen Anforderungen zu stellen.[273][274]
- Die **Kündigung** des Arbeitsverhältnisses **einer schwangeren Frau** unter Verstoß gegen § 9 MuschG stellt in der Regel eine unzulässige Diskriminierung wegen des Geschlechts dar. Das gilt nicht, wenn die Kündigung vom AG in Unkenntnis der Schwangerschaft ausgesprochen wird.[275]
- Die in einer BV »**Dienstbekleidung**« einer Verkehrsfluggesellschaft festgeschriebene Verpflichtung, dass Piloten in dem der Öffentlichkeit zugänglichen Bereich der Flughäfen eine **Pilotenmütze** zu tragen haben, während eine solche Verpflichtung für Pilotinnen nicht besteht, stellt – so das LAG Köln[276] – keine Diskriminierung der Piloten wegen des Geschlechts dar, ist aber jedenfalls wegen Verletzung des Gleichbehandlungsgrundsatzes rechtswidrig.[277]

Unzulässig ist die **Frage nach einer** bestehenden oder möglichen **Schwangerschaft** bei Bewerberinnen um einen Arbeitsplatz.[278] Wird eine **Schwangere** auf eine unbefristete Stelle **nicht eingestellt,** weil sie auf Grund eines für Schwangere geltenden gesetzlichen Beschäftigungsverbots auf dieser Stelle nicht von Anfang an beschäftigt werden kann, ist dies wegen Diskriminierung unzulässig.[279] Aus diesem Grund stellt die Frage nach der Schwangerschaft bei der Einstellung auch in dieser Fallkonstellation eine unzulässige Diskriminierung dar.[280] Will eine AN mit Zustimmung des AG vorzeitig aus dem Erziehungsurlaub (jetzt Elternzeit) zurückkehren, ist sie zur Angabe einer Schwangerschaft nicht verpflichtet.[281] **101**

8. Sexuelle Identität

Das Merkmal der **sexuellen Identität** in Abs. 1 knüpft an die **EG-Richtlinie 2000/78/EG** (vgl. Rn. 20) an, nach der die unmittelbare und mittelbare Diskriminierung wegen der **sexuellen Ausrichtung** in Beschäftigung und Beruf untersagt ist. **102**

Die **Selbstbestimmung im Bereich der Sexualität** ist Bestandteil des allg. Persönlichkeitsrechts.[282] Bis zur Grenze **sexueller Belästigung** i. S. v. § 3 Abs. 4 AGG[283] bzw. strafrechtlich relevanter Verhaltensweisen gehört das Sexualleben zur unantastbaren Intimsphäre des AN,[284] **103**

---

271 *BAG* 27.1.11, ZTR 11, 357.
272 *ArbG Köln* 28.11.13, BB 13, 3124, juris; bestätigt durch *LAG Köln* 25.6.14, PM 9/14 v. 25.6.14.
273 *BAG* 27.1.11, NZA 11, 689.
274 *BAG* 12.12.13, AiB 14, 6, juris.
275 *BAG* 17.10.13, NZA 14, 303.
276 *LAG Köln* 29.10.12, BB 13, 256 Ls., juris (s. aber nachfolgend *BAG* 30.9.14, DB 15, 323..
277 *BAG* 30.9.14, a. a. O. (Verstoß gegen das Diskriminierungsverbot (§ 7 Abs. 1 i. V. m. § 1 AGG) offen gelassen.
278 *BAG* 15.10.92, DB 93, 435; 1.7.93, DB 93, 1978; *ArbG Frankfurt* 5.8.82, KJ 82, 419 f.; *ArbG München* 6.9.84, DB 84, 2519; *LAG Hamburg* 10.4.85, ARSt. 86, 15; *Colneric,* BB 86, 1573; *Degen,* AiB 93, 503; GK-*Kreutz,* Rn. 91; *Schatzschneider,* NJW 93, 1115; a. A. *LAG Berlin* 25.11.82, ARSt. 83, 129 f.; differenzierend *BAG* 20.2.86, AP Nr. 31 zu § 123 BGB mit krit. Anm. *Coester* = AiB 87, 188 ff. mit krit. Anm. *Heilmann* [überholt durch *BAG* 15.10.92, a. a. O.]; vgl. auch § 94 Rn. 14.
279 *EuGH* 3.2.00, DB 00, 380 = AiB 01, 490 mit Anm. *Graue.*
280 *BAG* 6.2.03, AuR 04, 65 = NZA 03, 848; vgl. dazu *Koppenfels-Spies,* AuR 04, 43.
281 *EuGH* 27.2.03, BB 03, 686.
282 ErfK-*Schmidt,* Art. 2 GG Rn. 41, 81.
283 S. zur sexuellen Belästigung am Arbeitsplatz *Martini,* AiB 13, 224.
284 ErfK-*Schmidt,* a. a. O., Rn. 81.

so dass jede Form der an der sexuellen Identität anknüpfenden Benachteiligung im Arbeitsverhältnis bzw. im Betrieb durch Abs. 1 untersagt ist.[285]

104 Unzulässig ist insbesondere die Diskriminierung von **Lesben** und **Schwulen.**[286] Auch Personen, die an **HIV/AIDS** erkrankt sind, werden u.a durch das Diskriminierungsverbot wegen der sexuellen Identität geschützt[287] (s. dazu unter Gesichtspunkt des Verbots der Diskriminierung wegen einer Behinderung Rn. 53).

105 Insbesondere unter Berücksichtigung der Tatsache, dass der Gesetzgeber mit dem Gesetz zur Beendigung der Diskriminierung **gleichgeschlechtlicher Lebenspartnerschaften**[288] diese ausdrücklich anerkannt hat, müssen gleichgeschlechtliche Lebenspartnerschaften zur Vermeidung von Benachteiligungen wegen der sexuellen Orientierung[289] auch **arbeitsrechtlich gleichgestellt** werden. Soweit z. B. BV für die Gewährung betrieblicher Sozialleistungen am Ehestand und/oder am tatsächlichen Zusammenleben von Mann und Frau in einem gemeinsamen Haushalt anknüpfen, haben grundsätzlich auch gleichgeschlechtliche Lebenspartnerschaften entsprechende Ansprüche.[290]

IV. Gleichbehandlungsgebot

106 Soweit eine **unterschiedliche Behandlung von AN** nicht an den in Abs. 1 bzw. § 1 AGG aufgeführten verpönten Merkmalen anknüpft, kann sie dennoch wegen Verletzung des **arbeitsrechtlichen Gleichbehandlungsgrundsatzes** unzulässig sein. Dieser ist auch nach Inkrafttreten des AGG zu beachten.[291] Dies ergibt sich bereits aus § 2 Abs. 3 S. 1 AGG und Zweck und Entstehungsgeschichte des AGG. Der arbeitsrechtliche Gleichbehandlungsgrundsatz verlangt, dass nicht willkürlich, sondern nur in vernünftiger, sachgerechter Weise unter Beachtung der vom Arbeitsrecht anerkannten Wertungen differenziert werden darf.[292] Danach ist der AG verpflichtet, AN oder Gruppen von AN, die sich in einer vergleichbaren Lage befinden, bei der Anwendung einer selbst gesetzten Regel gleich zu behandeln.[293]

107 Auf Grundlage des arbeitsrechtlichen Gleichbehandlungsgrundsatzes ergibt sich für vom AG vorgenommene Differenzierungen beispielsweise folgendes:

- Allein der **Statusunterschied** zwischen **gewerblichen AN und Angestellten** rechtfertigt keine Ungleichbehandlung.[294] Dies gilt nicht, wenn die unterschiedliche Behandlungsich ihrem Zweck nach nicht auf den Statusunterschied, sondern auf einen anderen Lebenssachverhalt bezieht (Vermeidung einer zukünftigen Ungleichbehandlung bei einer Gesamtversorgung).[295]
- Will der AG **einzelne AN** aus einer grundsätzlich von ihm durch freiwillige soziale Leistungen begünstigten AN-Gruppe **ausnehmen**, so muss er in einer allgemeinen Ordnung nach objektiven und sachgerechten Kriterien die Voraussetzungen dafür festlegen.[296]
- Der AG ist verpflichtet, einen einzelnen AN **höherzugruppieren,** wenn alle anderen AN in vergleichbarer Lage höhergruppiert worden sind.[297]

---

285 Vgl. auch Kittner/Zwanziger/*Deinert/Zwanziger,* § 111 Rn. 42; zur Unzulässigkeit der Kündigung in der Probezeit wegen Homosexualität vgl. *BAG* 23.6.94, NZA 94, 1080.

286 *EuGH* 25.4.13, NZA 13, 891.

287 Vgl. dazu *Mallmann,* PersR 08, 396.

288 v. 16.2.01, BGBl. I 266.

289 Vgl. dazu *EuGH* 12.12.13, NZA 14, 153; 10.5.11 (Römer), DB 11, 1169 (Anspruch Zusatzversorgung); *BVerfG* 7.5.13 – 2 BvR 909/06 (Ehegattensplitting); 19.6.12, ZTR 12, 667 (Familienzuschlag für Beamte); 21.7.10 NJW 10, 2783 (Erbschaftssteuer).

290 *BAG* 11.12.12, NZA-RR 13, 308; 18.3.10, DB 10, 1295; 18.3.10, DB 10, 1296; 14.1.09, DB 09, 1545; GK-*Kreutz,* Rn. 100; vgl. dazu *Bauer,* NJW 01, 2672 [2674].

291 Däubler/Bertzbach-*Hinrichs,* § 2 Rn. 168, 197 ff.; *Hinrichs/Zwanziger,* DB 07, 547.

292 Vgl. dazu *BAG* 11.9.74, AP Nr. 39 zu § 242 BGB Gleichbehandlung; GK-*Kreutz,* Rn. 38 ff. m. w. N.; vgl. auch die umfangreichen Rspr.-Nachweise bei *Fitting,* Rn. 44 ff.

293 *BAG* 3.9.14, NZA 15, 222.

294 *BAG* 17.6.14, ZTR 14, 671.

295 *BAG* 17.6.14, a. a. O.

296 *BAG* 19.8.09, NZA 09, 196.

297 *BAG* 10.4.73, AP Nr. 38 zu § 242 BGB Gleichbehandlung.

- Gleiches gilt, wenn ein AN eine **freiwillige Zulage** nicht erhält, obwohl sie allen anderen AN im Betrieb gewährt wird.[298]
- Gewährt der AG zu bestimmten Anlässen bzw. mit einer bestimmten Zwecksetzung **freiwillige Sonderzahlungen** und nimmt er einzelne AN oder eine bestimmte Gruppe von AN von dieser Leistung aus, muss dies durch sachliche Kriterien gerechtfertigt bzw. vom Zweck der Leistung gedeckt sein. Diese Voraussetzung ist nicht gegeben, wenn von der Gewährung der mit einer anderen Zwecksetzung verbundenen Sonderzahlung AN ausgenommen werden, die zuvor einer **Entgeltkürzung und Arbeitszeitverlängerung** nicht zugestimmt haben.[299]
- Zahlt der AG alljährlich eine **Weihnachtsgratifikation,** so rechtfertigt deren Zweck in der Regel nicht, hinsichtlich der Höhe zwischen **Arbeitern und Angestellten zu differenzieren.**[300]
- Die Höhe der **Gratifikation** kann allerdings dann unterschiedlich sein, wenn der AG auf Grund der **Arbeitsmarktsituation** Angehörige einer Gruppe durch besondere freiwillige Leistungen an den Betrieb binden oder besondere Belastungen ausgleichen will[301] oder die Mittel für die Zahlung der Weihnachtsgratifikation an die begünstigten AN fremdfinanziert werden.[302]
- Der AG hat derartige Differenzierungen jedoch zu begründen und in geeigneter Weise bekannt zu geben.[303]
- Soll mit einem **Urlaubs- und Weihnachtsgeld** der erhöhte finanzielle Bedarf der begünstigten AN zur Urlaubs- und Weihnachtszeit abgegolten werden, lässt sich der völlige Ausschluss einer bestimmten AN-Gruppe, z. B. geringer Qualifizierter, i. d. R. nicht sachlich begründen.[304]
- Werden die **betrieblichen Gehälter** generell **erhöht,**[305] ist es eine unzulässige Differenzierung, wenn die **AT-Angestellten** von der Erhöhung völlig ausgeschlossen werden. Das gilt jedenfalls dann, wenn die Erhöhung auch den Ausgleich der Verteuerung der Lebenshaltungskosten bezweckt.[306]
- Eine differenzierte Behandlung von AN-Gruppen nach **Stichtagsregelungen** ist nur zulässig, wenn derartige Regelungen durch sachliche Gründe gerechtfertigt sind.[307]
- Werden **Entgelte individuell vereinbart** und nur **einzelne AN** (bis 5 % aller AN) besser gestellt, kommt der Gleichbehandlungsgrundsatz für nicht begünstigte AN nicht zur Anwendung.[308]
- Es verstößt nicht gegen den arbeitsrechtlichen Gleichbehandlungsgrundsatz, wenn der AG nur einer Gruppe von AN eine Sonderzahlung gewährt, die Nachteile ausgleichen soll, die diesen AN infolge der Vereinbarung ungünstigerer Arbeitsbedingungen mit dem AG entstanden sind.[309]
- Eine Ungleichbehandlung bei der freiwilligen Erhöhung der Entgelte kann sachlich gerechtfertigt sein, wenn dadurch ein **Ausgleich unterschiedlicher Arbeitsbedingungen** zwischen unterschiedlichen AN-Gruppen herbeigeführt werden soll, solange dadurch keine **Überkompensation** stattfindet.[310]

---

298 *BAG* 11.9.74, AP Nr. 39 zu § 242 BGB Gleichbehandlung.
299 *BAG* 30.7.08, NZA 08, 1412; 26.9.07, DB 07, 277.
300 Das gilt auch für die betriebliche Altersversorgung *BAG* 16.2.10, AuR 10, 135; 10.12.02, DB 03, 2018.
301 *BAG* 19.3.03, BB 03, 1508.
302 *BAG* 21.5.03, BB 03, 2014.
303 *BAG* 5.3.80, AP Nr. 44 zu § 242 BGB Gleichbehandlung; vgl. auch *BAG* 30.3.94, BB 94, 1219; zur Anwendung des arbeitsrechtlichen Gleichbehandlungsgrundsatzes bei der Kürzung des 13. Monatseinkommens wegen krankheitsbedingter Fehlzeiten *BVerfG* 1.9.97, BB 97, 2330: in der Regel lässt sich die Schlechterstellung gewerblicher AN nicht mit deren im Vergleich zu den Angestellten höheren Krankenstand rechtfertigen.
304 *BAG* 27.10.98, DB 99, 1118.
305 Vgl. dazu *BAG* 6.12.95, DB 96, 2342; 19.4.95, DB 95, 1966; 15.11.94, BB 95, 409.
306 *BAG* 17.5.78, AP Nr. 42 zu § 242 BGB Gleichbehandlung.
307 *BAG* 22.3.05, NZA 05, 773; 23.11.04, NZA 05, 833; 25.6.03 AuR 04, 78.
308 *BAG* 29.9.04, NZA 05, 183; 25.5.04 – 3 AZR 15/03; 24.3.02, NZA 03, 15. 0
309 *BAG* 13.4.11, NZA 11, 1047.
310 *BAG* 3.9.14, a. a. O., (auch zu dem für die Feststellung einer Überkompensation anzustellenden Gesamtvergleich).

- Differenziert der AG im Rahmen zeitlich aufeinanderfolgender **Versorgungssysteme** hinsichtlich des Umfangs der Versorgungsleistungen zwischen Alt- und Neubeschäftigten muss er das Verbot einer sachfremden Gruppenbildung beachten.[311]
- Bezüglich des Umfangs der **Leistungen aus einer betrieblichen Altersversorgung** kann die unterschiedliche Behandlung von AN in den **neuen und alten Bundesländern** wegen der weiterhin noch bestehenden unterschiedlichen wirtschaftlichen Verhältnisse auch nach dem Jahr 2006 noch sachlich gerechtfertigt sein.
- Bei der Gewährung betrieblicher Leistungen ist es in der Regel unzulässig, zwischen **Betriebsrentnern und aktiven AN** nur deshalb zu differenzieren, weil die Betriebsrentner gegenüber den aktiven AN steuer- und sozialversicherungsrechtliche Vorteile haben.[312]
- Bestehen aus sachlichen Gründen **mehrere Vergütungssysteme in einem Betrieb,** ist die weitere Entwicklung dieser Systeme im Verhältnis zueinander nicht nach den Maßstäben innerbetrieblicher Entgeltgerechtigkeit zu überprüfen.[313]
- Beabsichtigt ein AG (Erwerber) nach einem **Betriebsübergang** die als Folge des § 613 a BGB entstandenen Entgeltdifferenzen in der Belegschaft (höheres Entgelt der aufgenommenen AN) durch ausschließlich an die Altbelegschaft des aufnehmenden Betriebes gewährte Entgelterhöhungen auszugleichen, stellt dies keine Verletzung des Gleichbehandlungsgrundsatzes dar.[314]
- Dies gilt auch für den Fall, dass nach einem **Betriebsübergang** die AN, deren Arbeitsverhältnis auf das UN des Betriebserwerbers übergegangen sind, von einer im aufnehmenden Betrieb bestehenden **Versorgungsordnung** ausgenommen werden, neu eintretende AN jedoch nicht.[315]
- Hält der AG an den bei einer **Fusion** vorgefundenen unterschiedlichen Vergütungssystemen fest **ohne neue Vergütungsstrukturen** zu schaffen, soll dies bereits mangels einer **verteilenden Entscheidung des AG** keine Verletzung des Gleichbehandlungsgrundsatzes darstellen.[316]
- An einer verteilenden Entscheidung des AG fehlt es auch, wenn er Vergütungsbestandteile an bestimmten AN-Gruppen nur in **Erfüllung normativer oder vertraglicher Verpflichtungen** leistet.[317]
- Die Anwendung des Gleichbehandlungsgrundsatzes ist im Verhältnis von **Gewerkschaftsmitgliedern** und **un- oder andersorganisierten AN** ausgeschlossen, wenn der AG aufgrund einer entsprechenden mit einer Gewerkschaft vereinbarten kollektivvertraglichen Regelung den Gewerkschaftsmitgliedern Zusatzleistungen gewährt.[318]
- Bringt der AG z. B. die Normen eines TV zur Anwendung, ohne dazu durch Tarifbindung, vertragliche Bezugnahme oder einen anderen Rechtsgrund verpflichtet zu sein (vermeintlicher Normenvollzug),ist die Anwendung des Gleichbehandlungsgrundsatz allerdings eröffnet.[319]

108 Der arbeitsrechtliche Gleichbehandlungsgrundsatz ist zwischen **GBR** und **UN** auch **auf der UN-Ebene** zu beachten. Das bedeutet z. B., dass in einer GBV keine unterschiedlichen Regelungen für die einzelnen Betriebe des UN ohne sachlichen Grund getroffen werden dürfen.[320] Nach Auffassung des *BAG*[321] ist die überbetriebliche Gleichbehandlung von AN in Betrieben mit gewähltem BR und in betriebsratslosen Betrieben rechtlich nicht geboten. Nach neuerer Rspr. des *BAG* ist der Anwendungsbereich des Gleichbehandlungsgrundsatzes grundsätzlich **betriebsübergreifend auf das ganze UN** zu erstrecken.[322] Eine **Differenzierung zwischen den**

311 *BAG* 28.6.11 – 3 AZR 448/09, juris; *BAG* 12.11.13, ZTR 14, 273.
312 *BAG* 10.2.09, NZA 09, 796.
313 *BAG* 14.8.01, NZA 02, 276.
314 *BAG* 14.3.07, NZA 07, 862.
315 *BAG* 19.1.10, DB 10, 1131.
316 *BAG* 21.1.10, DB 10, 1131.
317 *BAG* 21.9.11, NZA 12, 31.
318 *BAG* 21.5.14, NZA 15, 135; *LAG München* 17.12.13 – 6 Sa 586/13, juris; anhängig *BAG* 4 AZR 80/14.
319 *BAG* 6.7.11, NZA 11, 1426.
320 Vgl. bereits *BAG* 29.3.77, AP Nr. 1 zu § 87 BetrVG 1972 Provisionen; *Fitting*, Rn. 40 f.
321 25.4.95, DB 96, 278.
322 *BAG* 2.12.08, NZA 09, 367; 17.11.98, RdA 00, 94 mit Anm. *Wiedemann* = AiB 00, 114 mit Anm. *Feldhoff*.

Betrieben des Unternehmens erfordert **sachliche Gründe**, die sich aus den Besonderheiten des UN und der Betriebe ergeben.[323]

109 Demgegenüber ist der Gleichbehandlungsgrundsatz nach der Rspr. des BAG regelmäßig **nicht konzernbezogen.**[324] Nimmt eine Konzernleitung für eine **konzernweit geltende Gratifikationsregelung** allerdings die Verteilungskompetenz in Anspruch, wirkt der Gleichbehandlungsgrundsatz konzernweit.[325]

110 Wird die Gewährung einer **Prämie für unfallfreies Fahren** in einer BV davon abhängig gemacht, dass der anspruchsberechtigte AN sein Arbeitsverhältnis im Bezugszeitraum nicht durch **Eigenkündigung** beendet, stellt dies keinen Verstoß gegen die Grundsätze von Recht und Billigkeit dar.[326] Dies gilt gleichermaßen, wenn in einer BV der Anspruch auf Gewährung einer **Jahressonderzahlung** für den Fall ausgeschlossen wird, dass ein AN zum Zeitpunkt eines bestimmten Stichtages auf Grund **betriebsbedingter Kündigung** in einem gekündigten Arbeitsverhältnis steht.[327]

111 Das *BAG* hält auch eine BV mit **Anwesenheitsprämien** für zulässig, die für jeden Fehltag nach Abschluss und Bekanntwerden der BV (auch bei krankheitsbedingter Arbeitsunfähigkeit) die Kürzung einer Sondervergütung um $^1/_{30}$ vorsieht.[328]

112 Nicht vereinbar mit Abs. 1 Satz 1 ist eine **Vertragsstrafen** begründende BV, wenn in dieser bestimmt wird, dass einzelvertragliche Abmachungen über Vertragsstrafen der BV auch vorgehen, wenn sie für den AN ungünstiger sind.[329]

113 Zur Vereinbarkeit von **Sozialplanregelungen** mit dem arbeitsrechtlichen Gleichbehandlungsgrundsatz vgl. §§ 112, 112 a Rn. 94 ff.

V. Freie Entfaltung der Persönlichkeit

114 Bereits nach Art. 2 Abs. 1 GG hat jeder das Recht auf die freie Entfaltung seiner Persönlichkeit. Dieser Grundsatz wird durch Abs. 2 Satz 1 ausdrücklich auf den Betrieb übertragen und weiter konkretisiert. Er verpflichtet die Betriebsparteien zur **Wahrung der grundrechtlich geschützten Freiheitsrechte.**[330] AG und BR trifft nicht nur die Verpflichtung, die freie Entfaltung der Persönlichkeit der im Betrieb beschäftigten AN **zu schützen,** sondern diese auch **zu fördern.**[331] Diese Verpflichtung setzt der **Regelungsbefugnis der Betriebsparteien** Schranken und stellt eine verständliche Vorgabe für den **Inhalt betrieblicher Regelungen** dar.[332] Die freie Entfaltung der Persönlichkeit der AN ist in besonderem Maße durch die fortschreitende Technisierung und Rationalisierung gefährdet. Der BR sollte deshalb darauf hinwirken, dass auch unter derartigen Umständen Arbeitsplätze und Arbeitsabläufe geschaffen werden, die es dem AN ermöglichen, eine Tätigkeit auszuüben, die seinen Fähigkeiten und Kenntnissen entspricht.

115 Durch die Vorschrift sollen in erster Linie die **Persönlichkeitsrechte der AN** geschützt werden. Dabei handelt es sich vor allem um Abwehrrechte gegen rechtswidrige Eingriffe in die Persönlichkeitssphäre.[333] Unzulässig ist beispielsweise die Bekanntgabe von **Abmahnungen am »Schwarzen Brett«**[334] oder die Versendung von Abmahnungen bzw. **»Krankenbriefen«** durch den AG an arbeitsunfähig erkrankte AN.[335] Eine allgemeine Einschränkung der Persönlichkeitssphäre des AN aus betrieblichen Gründen ist unzulässig. Eingriffe in einzelne Persön-

323 *BAG* 2.12.08, a. a. O.
324 *BAG* 22.8.06, NZA 07, 1187; *Fitting*, Rn. 42.
325 *LAG Köln* 24.6.99, AiB 00, 636 mit Anm. *Feldhoff; Fitting*, a. a. O.; zur Geltung des Gleichbehandlungsgrundsatzes in UN und Konzern eingehend *Bepler*, NZA 04, Sonderbeilage zu Heft 18, 3.
326 *BAG* 10.1.91, BB 91, 1045.
327 *BAG* 25.4.91, BB 91, 911; 19.11.92, DB 93, 688.
328 26.10.94, NZA 95, 266.
329 *BAG* 6.8.91, DB 92, 146.
330 *BAG* 19.1.99, NZA 99, 546, 548.
331 *BAG* 29.6.04, NZA 04, 1278; ErfK-*Kania*, Rn. 9; *Fitting*, Rn. 136.
332 *BAG* 29.6.04, a. a. O.
333 GK-*Kreutz*, Rn. 106 m. w. N.
334 *ArbG Regensburg* 28.7.89, AiB 89, 354 f.
335 *LAG Bremen* 19.11.81, AiB 87, 191 f.; *LAG Köln* 19.2.88, AiB 89, 163 f.

lichkeitsrechte des AN können lediglich dann zulässig sein, wenn diese sich im konkreten Fall bei objektiver Würdigung auf Grund überwiegender betrieblicher Belange als zwingend erforderlich erweisen. Aber auch dann ist der Eingriff nur gerechtfertigt, wenn er nach Inhalt, Form und Begleitumständen das schonendste Mittel zu Erreichung eines rechtlich gebilligten Zwecks ist.[336]

116 **Rechtswidrige Eingriffe** in die Persönlichkeitssphäre können insbesondere bei der Durchführung von **betrieblichen Kontrollmaßnahmen** erfolgen. Wenn auch die Kontrolle der AN nach § 87 Abs. 1 Nrn. 1 und 6 der Mitbestimmung des BR unterliegt (vgl. § 87 Rn. 57 ff., 166 ff.), so sind dennoch im Hinblick auf die Persönlichkeitsrechte der AN **bestimmte Kontrollmaßnahmen absolut unzulässig.** Die Zulässigkeit von Eingriffen in die Persönlichkeitsrechte der AN wird durch die Existenz von Mitbestimmungsrechten des BR nicht etwa erweitert, sondern deren Ausübung kann gerade nur unter Beachtung der Schutzpflicht gemäß § 75 Abs. 2 erfolgen (vgl. dazu auch § 87 Rn. 166).[337]

117 So ist beispielsweise die Durchführung von **Taschen-, Fahrzeug- oder Personenkontrollen** nur unter Berücksichtigung der persönlichen Freiheit und Würde der betroffenen AN zulässig.[338] Besonders problematisch ist die Durchführung derartiger Kontrollen **ohne Anlass** bzw. **Verdacht einer Straftat** (z. B. Zufallskontrollen mit Hilfe eines Generators), die in jüngster Zeit vom BAG im Hinblick auf –Torkontrollen für rechtlich unbedenklich erklärt wurden.[339]

118 Mit den am 1.2.2010 in Kraft getretenen arbeitsrechtlichen Bestimmungen (§§ 19 – 22 GenDG) des **Gesetzes über genetische Untersuchungen bei Menschen** (Gendiagnostikgesetz – GenDG v. 31.7.2009) gilt nunmehr ein **generelles Verbot genetischer Untersuchungen** und der Verwertung der Ergebnisse derartiger Untersuchungen und Analysen bei der Begründung, Durchführung und Beendigung des Arbeitsverhältnisses sowie ein spezielles **»genetisches« Diskriminierungsverbot**.[340]

119 Die Anbringung von sog. **Einwegscheiben** (Glasscheiben, die nur einen Durchblick von außen gestatten) ist rechtswidrig,[341] weil der AN nicht feststellen kann, ob er beobachtet wird. Dabei handelt es sich deshalb um einen Eingriff in die Persönlichkeitssphäre, weil die Art und Weise einer derartigen Beobachtung als unwürdig anzusehen ist.[342] Werden selbst unter Berücksichtigung der Mitbestimmung des BR (vgl. § 87 Rn. 201) Kontrollen der AN mit Hilfe von **Fernsehanlagen** o. Ä. durchgeführt, ist es erforderlich, dass der einzelne AN vorab über die Maßnahme unterrichtet wird.[343]

120 Die **Videoüberwachung am Arbeitsplatz** stellt einen schwerwiegenden Eingriff in das Persönlichkeitsrecht der AN dar. Sie ist nur bei Vorliegen schutzwürdiger Interessen des AG und auf Grundlage einer umfassenden Güterabwägung und unter Berücksichtigung der Umstände des Einzelfalls zulässig. Die Anforderungen an die Zulässigkeit der Videoüberwachung steigen mit der Intensität des grundrechtsbeschränkenden Eingriffs.[344] Eine **verdeckte Videoüberwachung** von AN (und die prozessuale Verwertung von Videoaufzeichnungen zu Lasten von AN) ist nur zulässig, wenn ein konkreter Verdacht einer strafbaren Handlung oder einer anderen schweren Verfehlung zu Lasten des AG besteht, es keine milderen Mittel zur Aufklärung gibt und die Art und Weise der Durchführung der Videoüberwachung verhältnis-

---

336 *Wiese,* ZfA 71, 283.

337 *Fitting,* Rn. 142; GK-*Kreutz,* Rn. 106.

338 *BAG* 15.4.14, BB 14, 1267; 9.7.13, NZA 13, 1433 (zur Zulässigkeit von Tor- und Taschenkontrollen), Vgl. auch *Seefried,* AiB 99, 428; zur Problematik von sog. Suchtkontrollen, z. B. Drogen-Screening, *DGB,* Glutest und Drogenscreening; *Diller/Povietzka,* NZA 01, 1227; *Heilmann/Wienemann/Thelen,* AiB 01, 465 und *LAG Baden-Württemberg* 13.12.02, AuR 03, 138; DNA-Analysen *VGH Baden-Württemberg* 28.11.00, AuR 01, 469 mit Anm. *Roos;* biometrischen Zugangskontrollsystemen, *Hornung/Steidle,* AuR 05, 201; Aufenthaltskontrollen und Bewegungsprofilen, *Däubler,* CF 05, 42; Zuverlässigkeitstests *Maschmann,* NZA 02, 13.

339 BAG 15.4.14, a. a. O.; zur Kritik s. *Ruhland,* CuA 15, 19; *Eder,* AiB 10/14, 14.

340 Vgl. dazu im einzelnen *Genenger,* AuR 09, 285.

341 *Fitting,* Rn. 149; GK-*Kreutz,* Rn. 119.

342 *Wiese,* ZfA 71, 285.

343 *Fitting,* a. a. O.

344 *BAG* 26.8.09, NZA 08, 1187 = AiB 09, 108, mit Anm. *Schulze*; 29.6.04, NZA 04, 1278; vgl. dazu *Wilke,* AiB 05, 225; *Wedde,* AiB 04, 764 – Anm. zu *BAG* 27.3.03 AiB 04, 761.

mäßig ist.[345] Zur **Krankenkontrolle** ist die Videoüberwachung eines AN nur dann zulässig, wenn es tatsächliche Anhaltspunkte im Sinne eines begründeten Anfangsverdachts dafür gibt, dass in strafrechtlich relevanter Art und Weise eine krankheitsbedingte Arbeitsunfähigkeit vorgetäuscht wird.[346]

Die heimliche oder offene akustische Überwachung der AN durch **Abhörgeräte** (sog. Wanzen) **121**
oder andere **Tonaufnahmen** ist ebenso ein unzulässiger Eingriff in die Persönlichkeitsrechte wie das **heimliche Ab- oder Mithören von Telefongesprächen.**[347] Dabei ist es gleichgültig, ob es sich um private oder dienstliche Telefongespräche handelt.[348]

Mit dem Persönlichkeitsrecht des AN ist es unvereinbar, wenn der AG ohne Einwilligung des **122**
AN ein **graphologisches Gutachten** einholen lässt, um auf diesem Wege ein (vermeintlich) näheres Bild über die Persönlichkeit des AN zu erhalten (vgl. auch § 94 Rn. 8).[349] Dabei ist es bedeutungslos, ob der AN bereits im Betrieb tätig ist oder erst eingestellt werden soll. Im letzteren Fall berechtigt auch die Einreichung eines handgeschriebenen Lebenslaufs den AG nicht, diesen ohne Zustimmung des AN durch einen Graphologen auswerten zu lassen.

Die Persönlichkeitsrechte der AN werden in einem besonderen Maße durch die Anwendung **123**
der elektronischen Datenverarbeitung (EDV) gefährdet. Computergesteuerte Informationssysteme ermöglichen die nahezu totale Überwachung aller betrieblichen Vorgänge und damit regelmäßig auch eine lückenlose **Verhaltens- und Leistungskontrolle der AN.**[350]

Moderne **Personalinformationssysteme** können die gespeicherten Daten der AN automa- **124**
tisch unter verschiedensten Gesichtspunkten auszuwerten, so dass über jeden AN ein umfassendes Persönlichkeitsbild erstellt werden kann. Die dadurch erlangten Kenntnisse sind für die Durchführung des Arbeitsverhältnisses nicht erforderlich[351] (vgl. § 94 Rn. 7). Darüber hinaus eröffnen derartige Systeme dem AG eine kontinuierliche totale Kontrolle und Überwachung der Arbeitsleistung und des persönlichen Verhaltens der einzelnen AN. Der einzelne AN hat in der Regel weder einen Überblick über die gespeicherten Daten noch weiß er von den Auswertungsmöglichkeiten und den tatsächlich durchgeführten Auswertungen.[352]

Es obliegt AG und BR, dafür Sorge zu tragen, dass unter Berücksichtigung des **BDSG**[353] (zu **125**
den Rechten der AN nach dem BDSG vgl. § 83 Rn. 29 ff.) und unter Nutzung der **Mitbestimmungsrechte des BR**[354] (vgl. § 87 Rn. 166 ff.) alles unterbleibt, was die Persönlichkeitsrechte der AN beeinträchtigen könnte.[355]

Eine **»betriebsbedingte Kleiderordnung«** kann ebenfalls die Persönlichkeitsrechte der AN **126**

---

345 *BAG* 21.6.12 – 2 AZR 153/11, PM *BAG* Nr. 49/12.
346 *LAG Hamm* 11.7.13, AuR 14, 118, juris; anhängig BAG – 8 AZR 1007/13.
347 *BAG* 23.4.09 – 6 AZR 189/09; 29.10.97, DB 98, 371 = AuR 98, 130, mit Anm. *Linnenkohl; ArbG Berlin* 23.11.88, DB 89, 885.
348 *BVerfG* 19.12.91, NZA 92, 307 = AiB 92, 349; *BAG* 1.3.73, AP Nr. 1 zu § 611 Persönlichkeitsrechte; *LAG Berlin* 19.2.74, DB 74, 1243; *Fitting*, Rn. 147; GK-*Kreutz*, Rn. 111; HWGNRH-*Worzalla*, Rn. 34; *Mengel*, BB 04, 1445, 1449; a. A. *LAG Baden-Württemberg* 29.4.76, DB 77, 776; vgl. auch *BAG* 30.8.95, DB 96, 333 = AuR 96, 66, das das Mithören externer Telefongespräche durch den AG zu Ausbildungszwecken für zulässig hält; zur Zulässigkeit der Erfassung von Telefonaten vgl. *BAG* 27.5.86, AP Nr. 16 zu § 87 BetrVG 1972 und § 87 Rn. 166; umfassend zum Fernsprechgeheimnis des AN *Däubler*, CR 94, 754.
349 GK-*Kreutz*, Rn. 114; a. A. *BAG* 16.9.82, EzA § 123 BGB Nr. 22 mit krit. Anm. *Wohlgemuth*.
350 Vgl. dazu eingehend *Däubler*, Gläserne Belegschaften?, Rn. 19 ff.; *Wedde*, AiB 03, 727; *Wohlgemuth*, Datenschutz, Rn. 6 ff.
351 Vgl. auch *Fitting*, Rn. 154.
352 *Däubler*, a. a. O., Rn. 28 ff.; *Wiese*, ZfA 71, 309 f.
353 Vgl. *Däubler*, a. a. O., Rn. 103 ff.; *Wohlgemuth*, a. a. O., Rn. 46 ff.; zu den Auswirkungen der am 23.5.01 in Kraft getretenen Änderungen des BDSG (BGBl. I 904) auf das Arbeitsrecht *Däubler*, NZA 01, 874; *Wedde*, AiB 03, 285.
354 Vgl. *Däubler*, a. a. O., Rn. 382 ff.; *Wohlgemuth*, a. a. O., Rn. 676 ff.
355 *Wedde*, AiB extra 3/15, 22; Zu den Grenzen einer umfassenden EDV-gestützten Katalogisierung und Registrierung des Menschen und dem daraus resultierenden informationellen Selbstbestimmungsrecht vgl. *BVerfG* 15.12.83, NJW 84, 419 ff. sowie *Däubler*, a. a. O., Rn. 45 ff.; zur Gefährdung der Persönlichkeits- und Datenschutzrechte von in Tele-Arbeit beschäftigten AN vgl. *Wedde*, FS Däubler, S. 703; *ders.*, WSI-Mitt. 97, 206; zum AN-Datenschutz im Konzernverbund vgl. *Hummel/Hilbrans*, AuR 05, 207.

unverhältnismäßig beeinträchtigen.[356] Das Verlangen des AG nach dem Tragen einer bestimmten **Arbeitskleidung** (oder einer bestimmten Frisur) kann in der Regel nur dann gerechtfertigt sein, wenn die konkreten betrieblichen Verhältnisse eine solche Maßnahme erfordern, z. B. aus zwingenden **hygienischen** oder **sicherheitstechnischen Gründen** (etwa zur Unfallverhütung).[357] Ist die Verpflichtung zum Tragen von Dienstkleidung sachlich gerechtfertigt, müssen den AN im Betrieb **angemessene Umkleidemöglichkeiten** zur Verfügung stehen. Der Verweis auf die Benutzung vorhandener Toilettenräume oder die Möglichkeit, sich vor und nach der Arbeitsschicht zu Hause umzuziehen, ist nicht angemessen bzw. greift unzulässig in die private Lebensführung ein.[358]

127 In **Kaufhäusern** und Einkaufsmärkten kann es aus sachlichen Gründen gerechtfertigt sein, dass das **Verkaufspersonal** eine **einheitliche Kleidung** trägt. Dadurch wird einerseits ein **einheitliches »Erscheinungsbild« des Verkaufspersonals** gesichert, andererseits kann der Kunde ohne Schwierigkeiten erkennen, wer als Verkäufer tätig ist;[359] vom *BAG*[360] ist dies auch für ein **Spielcasino** bejaht worden. Ähnliches kann z. B. auch für sonstige **Dienstleistungsunternehmen** mit **regelmäßigem Kundenkontakt** oder für **Sicherheitsdienste** gelten (zum Mitbestimmungsrecht des BR vgl. § 87 Rn. 62).

128 Liegen keine sachlichen betrieblichen Gründe vor, die das Tragen einer bestimmten oder einheitlichen (Arbeits-) Kleidung rechtfertigen, ist es **grundsätzlich den AN selbst überlassen,** welche Kleidung sie am Arbeitsplatz tragen (zur Problematik des Tragens eines Kopftuchs oder einer sonstigen Kopfbedeckung aus religiösen Gründen am Arbeitsplatz vgl. Rn. 48).

129 **Abs. 2** wird verletzt, wenn AN durch eine BV dazu verpflichtet werden, die Kosten für das Essen in einer **betrieblichen Kantine** zu tragen, wenn sie es selbst nicht in Anspruch nehmen.[361] Das gilt auch für die Begründung eines Anspruchs des AG auf Erstattung der mit **Lohn- und Gehaltspfändungen** verbundenen Kosten durch die AN.[362]

130 Ob Nichtraucher unter Berufung auf ihr Persönlichkeitsrecht ein **allgemeines Rauchverbot** in ihrem Arbeitsbereich erwirken können, war früher umstritten.[363] AN hatten nach § 618 Abs. 1 BGB einen **arbeitsvertraglichen Anspruch** auf einen **tabakrauchfreien Arbeitsplatz** nur dann, wenn das für sie aus gesundheitlichen Gründen, z. B. wegen einer chronischen Atemwegserkrankung, geboten war.[364] Gem. § 5 ArbStättV ist der AG allerdings grundsätzlich öffentlich-rechtlich verpflichtet, die erforderlichen Maßnahmen zu treffen, damit die nicht rauchenden Beschäftigten in Arbeitsstätten wirksam vor den Gesundheitsgefahren durch Tabakrauch geschützt werden.[365] Wenn der AG nicht in der Lage war, den Interessen der Raucher und Nichtraucher z. B. durch getrennte Arbeitsräume oder andere Maßnahmen gerecht zu werden, so war schon nach früherer Rechtslage ein **Rauchverbot in allen geschlossenen Räumen des Betriebs** in der Regel auch unter Berücksichtigung des Persönlichkeitsrechts der Raucher zulässig.[366]

131 Aufgrund der mit Art. 2 des **PassivrauchschutzG**[367] in die ArbStättV eingefügten Bestimmung des § 5 Abs. 1 S. 2 ArbStättV ist der AG im Sinne einer **Verstärkung des gesetzlichen Nichtraucherschutzes** nunmehr ausdrücklich **verpflichtet**, ein allgemeines oder auf einzelne Bereiche des Betriebes beschränktes **Rauchverbot zu erlassen**, soweit dies erforderlich ist.[368]

356 *BAG* 1.12.92, DB 93, 990.
357 *Fitting*, Rn. 160; *LAG Köln* 8.6.88, DB 89, 684; *ArbG Frankfurt* 24.6.92, AiB 93, 472; *ArbG Düsseldorf* 27.10.89 – 8 Ca 3230/89; zur Unzulässigkeit von Vorschriften für die Haartracht von Polizisten BVerwG 2.3.06, AuR 06, 327 mit Anm. *Walter*.
358 *BAG* 17.1.12, BB 12, 1280 Ls., juris.
359 Zur Mitbestimmung des BR vgl. *BAG* 11.6.02, AiB 03, 629 mit Anm. *Mletzko* 1.12.92, a. a. O.; 15.12.61, AP Nr. 3 zu § 56 BetrVG Ordnung des Betriebs.
360 13.2.07, AuR 07, 93.
361 *BAG* 11.2.00, NZA 01, 462.
362 *BAG* 18.7.06, NZA 07, 462.
363 Vgl. dazu *Schillo/Behling*, DB 97, 2022; *Strehmel*, AuA 98, 133 und § 87 Rn. 50, 204, jeweils m. w. N.
364 *BAG* 17.2.98, DB 98, 2068.
365 *Uhl/Polloczek*, BB 08, 1114; *Düwell*, AiB 02, 400; *Lorenz*, DB 03, 721; *Wellenhofer-Klein*, RdA 03, 155.
366 *BAG* 19.1.99, NZA 99, 546; zustimmend *Künzl*, BB 99, 2187; kritisch *Heilmann*, AiB 99, 406; vgl. auch *Ahrens*, NZA 99, 686; *Dübbers*, AuR 99, 115.
367 v. 20.7.07, BGBl. 2007 I S. 1595 ff.
368 *BAG* 19.5.09, AuR 09, 318, mit Anm. *Raif/Böttcher*; vgl. auch *Uhl/Polloczek*, a. a. O.

Aus §§ 618 BGB, 62 HGB i. V. m. § 5 ArbStättV ergibt sich schließlich für Nichtraucher ein einklagbarer **Anspruch auf einen tabakrauchfreien Arbeitsplatz.**[369] **132**

Der BR hat bei der Umsetzung der erforderlichen Maßnahmen durch den AG ein Mitbestimmungsrecht (vgl. § 87 Rn. 62).[370] **133**

Der mit einem **absolutem Alkoholverbot** bezweckte Schutz von Leben und Gesundheit von Personen und von Sachgütern mit erheblichem Wert kann den damit verbundenen Eingriff in das Persönlichkeitsrecht der betroffenen AN rechtfertigen[371] (zum Mitbestimmungsrecht des BR vgl. § 87 Rn. 62). **134**

Das gilt etwa für ein Alkoholverbot **für eine Schiffsbesatzung** während der Dienstzeit und die Gebote, bei Dienstantritt nicht unter dem Einfluss alkoholischer Getränke zu stehen und während der Freizeit an Bord den Alkoholkonsum so zu gestalten, dass die auch während der Freizeit arbeitsvertraglich geschuldeten Aufgaben bei Bedarf jederzeit wahrgenommen werden können. Derartige Anordnungen stellen keine unangemessene Verletzung der allgemeine Handlungsfreiheit der Besatzungsmitglieder eines Schiffes dar. **135**

Da **AG** und **BR** nicht nur verpflichtet sind, die **freie Entfaltung** der Persönlichkeit der AN zu schützen, sondern diese auch **zu fördern,** haben sie alles zu unterlassen, was die **Persönlichkeitsrechte eines AN beeinträchtigt.**[372] **136**

Sie dürfen auch nicht dulden, dass **von anderen Beschäftigten in die Persönlichkeitsrechte von AN eingegriffen** und ihre Handlungsfreiheit eingeschränkt wird.[373] Der AG ist insbesondere gemäß § 12 Abs. 3 AGG bei Verstößen gegen das **Benachteiligungsverbot gemäß § 7 Abs. 1 AGG**, wie **Belästigungen** und **sexuellen Belästigungen**, verpflichtet, geeignete, erforderliche und angemessene Maßnahmen zur zukünftigen Unterbindung weiterer Benachteiligungen wie Abmahnungen, Umsetzungen, Versetzungen oder Kündigungen zu ergreifen.[374] **137**

Darüber hinaus erstreckt sich die Pflicht zur Förderung und zum Schutz der freien Entfaltung der Persönlichkeit der AN auf die **gesamten betriebsverfassungsrechtlichen Rechte und Pflichten** sowohl des AG als auch des BR. **138**

Gemäß **Abs. 2 Satz 2** werden die Betriebsparteien zusätzlich verpflichtet, die **Selbstständigkeit** und **Eigeninitiative** der **AN** und **Arbeitsgruppen** zu fördern. **139**

Bezüglich des einzelnen AN soll damit ein Beitrag zur Verwirklichung des Leitbildes des **mündigen** und **eigenverantwortlich handelnden AN** geleistet werden. **140**

Mit der Einbeziehung von Arbeitsgruppen in diese Verpflichtung wird dem Bedürfnis der Praxis nach **dezentraleren Entscheidungs-** und **Verantwortungsstrukturen** Rechnung getragen (zum Begriff der Arbeitsgruppe vgl. § 28 a Rn. 14 ff.).[375] **141**

VI. Rechtsfolgen bei Verstößen und Streitigkeiten

Verstößt eine Vereinbarung zwischen AG und BR gegen die Bestimmungen des § 75, so ist sie nichtig;[376] ebenso sind Anordnungen des AG rechtsunwirksam, die gegen diese Vorschriften verstoßen. Sie brauchen deshalb nicht befolgt zu werden; ggf. hat der AN auch ein **Leistungsverweigerungsrecht.**[377] **142**

---

369 *BAG* 19.5.09, a. a.O

370 Vgl. auch *Heilmann*, Rauchen, S. 16 f. mit Muster-BV; *Hornauer*, PersV 05, 171; *Schulze/Sticher*, AiB 12, 381; weitere BV-Vorschläge AuR 97, 358; AuA 98, 132.

371 *LAG Schleswig-Holstein* 20.11.07, DB 08, 248.

372 Zu Belästigungen und Beleidigungen durch Vorgesetzte vgl. *v. Hoyningen-Huene*, BB 91, 2215.

373 Zu den verschiedenen Erscheinungsformen des »Mobbing«, wie Schikanen, Belästigungen, Psychoterror, vgl. *HessLAG* 25.10.11 – 12 Sa 527/10, juris; *ThürLAG* 10.4.01, AuR 01, 274 mit Anm. *Kerst-Würkner* = DB 01, 1783; *ArbG Dresden* 7.7.03, AuR 04, 114; *Schrader*, AiB 3/15, 14; *ders.*, AiB 6/15; 36; *Wolmerath*, PersR 08, 310; *Beermann*, PersR 93, 385; *Esser/Wolmerath*, PersR 97, 151 mit Muster-BV, 154 f.; *Färber*, Mitb 93, 55; *Hage/Heilmann*, BB 98, 742; *Leymann;* zu den arbeitsrechtlichen Aspekten *Däubler*, BB 95, 1347 ff.; *Bieler/Heilmann*, AuR 96, 430; *Wickler*, AuR 04, 87; Rspr.-Übersichten bei *Wagner/Bergmann*, AiB 04, 103; *Wolmerath*, PR 04, 327.

374 *BAG* 9.6.11, NZA 12, 407 (sexuelle Belästigung); *BAG* 19.4.12 – 2 AZR 258/11 (»Stalking«); s. zur sexuellen Belästigung am Arbeitsplatz *Martini*, AiB 13, 224

375 Eingehend m. w. N. auch *Fitting* Rn. 172 ff.; GK-*Kreutz*, Rn. 144 ff.

376 *BAG* 8.6.99, DB 99, 2218, 2219; *GL*, Rn. 37; GK-*Kreutz*, Rn. 139.

377 ErfK-*Kania*, Rn. 11; *Fitting*, Rn. 177; *GL*, Rn. 37; Richardi-*Richardi*, Rn. 41; a. A. GK-*Kreutz*, Rn. 150.

143 Bei Verstößen des AG gegen die Grundsätze des Abs. 1 und 2 können vom BR im **arbeitsgerichtlichen Beschlussverfahren** Feststellungs- oder Unterlassungsansprüche,[378] auch im Wege der **einstweiligen Verfügung,**[379] geltend gemacht werden (§§ 2 a Abs. 1 Nr. 1 und Abs. 2, 80 ff. ArbGG). Antragsberechtigt ist ausschließlich der BR, nicht jedoch der einzelne AN.[380]

144 Der BR oder die im Betrieb vertretene Gewerkschaft kann bei **groben Verstößen des AG** gegen Abs. 1 und Abs. 2 gegen den AG ein Verfahren nach § 23 Abs. 3 anstrengen.[381] Diese Möglichkeit besteht auch bei **groben Verstößen des AG** gegen die Vorschriften zum Schutz der Beschäftigten vor Benachteiligung (§§ 6 – 18 AGG) gemäß § 17 Abs. 2 AGG (vgl. dazu § 23 Rn. 367 ff.).

145 Verstöße gegen die Grundsätze des Abs. 1 und 2 können auch zum Gegenstand einer **Beschwerde gemäß § 85** gemacht werden; zur **Zuständigkeit der ESt.** nach § 85 Abs. 2[382] vgl. § 85 Rn. 7 ff.

146 Verstößt der **BR** in **grober Weise** gegen seine Pflichten aus Abs. 1 und Abs. 2, kann er nach § 23 Abs. 1 auf Antrag aufgelöst werden. Ist der Verstoß durch ein einzelnes BR-Mitglied erfolgt, kann es unter den Voraussetzungen des § 23 Abs. 1 aus dem BR ausgeschlossen werden.

147 Da Abs. 1 ein Schutzgesetz zugunsten der AN ist, können Verstöße des AG auch **Schadenersatzansprüche** auslösen.[383]

§ 76 Einigungsstelle

(1) Zur Beilegung von Meinungsverschiedenheiten zwischen Arbeitgeber und Betriebsrat, Gesamtbetriebsrat oder Konzernbetriebsrat ist bei Bedarf eine Einigungsstelle zu bilden. Durch Betriebsvereinbarung kann eine ständige Einigungsstelle errichtet werden.

(2) Die Einigungsstelle besteht aus einer gleichen Anzahl von Beisitzern, die vom Arbeitgeber und Betriebsrat bestellt werden, und einem unparteiischen Vorsitzenden, auf dessen Person sich beide Seiten einigen müssen. Kommt eine Einigung über die Person des Vorsitzenden nicht zustande, so bestellt ihn das Arbeitsgericht. Dieses entscheidet auch, wenn kein Einverständnis über die Zahl der Beisitzer erzielt wird.

(3) Die Einigungsstelle hat unverzüglich tätig zu werden. Sie fasst ihre Beschlüsse nach mündlicher Beratung mit Stimmenmehrheit. Bei der Beschlussfassung hat sich der Vorsitzende zunächst der Stimme zu enthalten; kommt eine Stimmenmehrheit nicht zustande, so nimmt der Vorsitzende nach weiterer Beratung an der erneuten Beschlussfassung teil. Die Beschlüsse der Einigungsstelle sind schriftlich niederzulegen, vom Vorsitzenden zu unterschreiben und Arbeitgeber und Betriebsrat zuzuleiten.

(4) Durch Betriebsvereinbarung können weitere Einzelheiten des Verfahrens vor der Einigungsstelle geregelt werden.

(5) In den Fällen, in denen der Spruch der Einigungsstelle die Einigung zwischen Arbeitgeber und Betriebsrat ersetzt, wird die Einigungsstelle auf Antrag einer Seite tätig. Benennt eine Seite keine Mitglieder oder bleiben die von einer Seite genannten Mitglieder trotz rechtzeitiger Einladung der Sitzung fern, so entscheiden der Vorsitzende und die erschienenen Mitglieder nach Maßgabe des Absatzes 3 allein. Die Einigungsstelle fasst ihre Beschlüsse unter angemessener Berücksichtigung der Belange des Betriebs und der betroffenen Arbeitnehmer nach billigem Ermessen. Die Überschreitung der Grenzen des Ermessens kann durch den Arbeitgeber oder den Betriebsrat nur binnen einer Frist von zwei Wochen, vom Tage der Zuleitung des Beschlusses an gerechnet, beim Arbeitsgericht geltend gemacht werden.

---

378 Vgl. *LAG Bremen* 19.11.91, AiB 86, 191 f.; *LAG Köln* 19.12.88 AiB 89, 163 f.; ErfK-*Kania*, a. a. O.; *Fitting*, Rn. 178; a. A. GK-*Kreutz*, Rn. 149; ablehnend auf der Grundlage von Abs. 2 *BAG* 28.5.02, NZA 03, 166.

379 Vgl. *ArbG Regensburg* 28.7.89, AiB 89, 354 f.

380 *Fitting*, a. a. O.

381 *Fitting*, a. a. O.

382 Vgl. *LAG Frankfurt* 15.9.92, DB 93, 1248.

383 *BAG* 5.4.84, AP Nr. 2 zu § 17 BBiG; *Fitting*, Rn. 177; a. A. GK-*Kreutz*, Rn. 151; Richardi-*Richardi*, Rn. 53.

(6) Im Übrigen wird die Einigungsstelle nur tätig, wenn beide Seiten es beantragen oder mit ihrem Tätigwerden einverstanden sind. In diesen Fällen ersetzt ihr Spruch die Einigung zwischen Arbeitgeber und Betriebsrat nur, wenn beide Seiten sich dem Spruch im Voraus unterworfen oder ihn nachträglich angenommen haben.
(7) Soweit nach anderen Vorschriften der Rechtsweg gegeben ist, wird er durch den Spruch der Einigungsstelle nicht ausgeschlossen.
(8) Durch Tarifvertrag kann bestimmt werden, dass an die Stelle der in Absatz 1 bezeichneten Einigungsstelle eine tarifliche Schlichtungsstelle tritt.

Inhaltsübersicht

I. Vorbemerkungen

1 Sinn und Zweck der betriebsverfassungsrechtlichen ESt. ist es, Meinungsverschiedenheiten zwischen dem AG einerseits und dem BR sowie dem GBR oder KBR andererseits beizulegen. Mit der Einrichtung der ESt. hat der Gesetzgeber das der Betriebsverfassung zugrunde liegende **Modell der Konfliktaustragung,** das auf die Zusammenarbeit und die Beilegung von Streitigkeiten ausschließlich im Verhandlungsweg (§§ 2 Abs. 1, 74 Abs. 1) und die Vermeidung von Arbeitskämpfen (§ 74 Abs. 1 Satz 1) zwischen AG und BR abzielt, **institutionalisiert.**[1] Wegen ihrer Schlichtungsfunktion im erzwingbaren ESt.-Verfahren, insbes. in den Mitbestimmungsangelegenheiten, die dem Direktions- und Alleinentscheidungsrecht des AG entzogen sind, kommt der ESt. im Rahmen der Betriebsverfassung eine **besondere Bedeutung** zu.[2] Mit der primär auf eine **freiwillige Einigung der Betriebsparteien** abzielenden Konzeption des ESt.-Verfahrens und der sich daraus ableitenden Verantwortung des ESt.-Vorsitzenden zur Herbeiführung von für beide Betriebsparteien akzeptablen Konfliktlösungen (vgl. dazu auch Rn. 20, 115) ist das ESt.-Verfahren auch durch Elemente der **Mediation** geprägt.[3] Insofern stellt das am 26.7.2012 in Kraft getretene – und auch für das Arbeitsrecht und das arbeitsgerichtliche Verfahren geltende – **Mediationsgesetz**[4] (s. dazu auch Einl. Rn. 213) keine neuen

---

1 *Fitting,* Rn. 1; GK-*Kreutz/Jacobs,* Rn. 1; zur betriebsverfassungsrechtlichen und betriebspolitischen Funktion der ESt. vgl. näher *Göritz u. a.,* S. 155 ff.; *Zachert,* MitbGespr 75, 187 ff.; Überlegungen zu weiter gehenden Formen innerbetrieblicher Streitschlichtung bei *Bieler/Hage/Heilmann,* AiB 98, 677; *Sieg,* FS 50 Jahre *Bundesarbeitsgericht,* S. 1329, 1348 ff.; zur Rolle der Wirtschaftsmediation in betrieblichen Konflikten vgl. *Eyer,* AiB 03, 98 ff.; *Kramer,* NZA 05, 135 ff.

2 GK-*Kreutz/Jacobs,* Rn. 3; Richardi-*Richardi,* Rn. 3.; zur Praxis des ESt.-Verfahrens und den bisherigen Erfahrungen vgl. *Göritz u. a.,* S. 64, 167 ff.; *Heller,* MitbGespr 81, 283 ff.; *Knuth,* BABl. 83, 8; *Lübben,* MitbGespr 81, 301 ff.; *Raane,* MitbGespr 81, 286 f.; *Rupp,* AiB 02, 247 ff.; *Schank,* AiB 81, 117 ff.; vgl. auch die Rspr.-Übersicht bei *Göritz u. a.,* S. 221 ff.; Formulare, Checklisten und Handlungshilfen zum ESt.-Verfahren bei DKKWF-*Berg,* § 76 Rn. 1 ff. und *Wenning-Morgenthaler,* S. 363 ff.

3 Vgl. dazu *U. Fischer,* DB 00, 217, 220.

4 BGBl. I 2012, 1577 ff.; siehe dazu *Düwell,* BB12, 1921; *Francken,* NZA12, 836; *Stiel/Stoppkotte,* AiB 12, 631.

und effektiveren Instrumente zur Beilegung von Konflikten der Betriebsparteien zur Verfügung.[5] Dies gilt auch unter Berücksichtigung der Tatsache, dass ein ESt.-Verfahren, wenn eine Einigung nicht zustande kommt, auch mit der Stimme des Vorsitzenden durch mehrheitlichen Spruch entschieden werden kann (vgl. § 76 Abs. 3 Satz 2, 3 und Rn. 8 f., 117 ff.). Abgesehen davon, dass die ganz überwiegende Anzahl der ESt.-Verfahren erfahrungsgemäß nicht mit einer streitigen Entscheidung enden,[6] kann nicht davon ausgegangen werden, dass eine einvernehmlichen Lösung von Meinungsverschiedenheiten der Betriebsparteien (ohne die Möglichkeit der streitigen Entscheidung) stets zu besseren Ergebnissen und einer nachhaltigeren Befriedung bestehender Konflikte führen würde.[7] Die Einleitung eines Mediationsverfahrens kann bei dessen Scheitern und der (zulässigen) anschließenden Anrufung der ESt. sogar zu einer deutlichen Verlängerung des gesamten Prozesses der Konfliktlösung führen.

2 Die ESt. ist weder ein Gericht noch eine Verwaltungsbehörde, sondern ein **Organ der Betriebsverfassung,** das von AG und BR gemeinsam gebildet wird. Als **innerbetriebliche** (h. M.),[8] **privatrechtliche Schlichtungsstelle** übernimmt sie ersatzweise die Aufgaben der Betriebsparteien gemäß § 74 Abs. 1. Soweit ihre Entscheidungen die Einigung zwischen AG und BR ersetzen, haben diese keinen von den sonstigen Vereinbarungen der Betriebsparteien abweichenden Rechtscharakter (im Ergebnis h. M.).[9]

3 Gegen die Schlichtungsfunktion der ESt. im erzwingbaren ESt.-Verfahren und ihre Entscheidungskompetenz bestehen **keine verfassungsrechtlichen Bedenken.**[10] Das Verfahren vor der ESt. verstößt auch nicht gegen das Rechtsstaatsprinzip.[11]

3a Nach Abs. 8 kann durch Tarifvertrag geregelt werden, dass die ESt. durch eine **tarifliche Schlichtungsstelle** ersetzt wird (zu den Einzelheiten s. Rn. 156 ff.) Die Vereinbarungskompetenz der Betriebsparteien erstreckt sich demgegenüber nicht darauf, durch Vereinbarung einer **betrieblichen Kommission oder Schlichtungsstelle** die in Abs. 1 vorgesehene Est. zu verdrängen[12] (zur Zulässigkeit der Ersetzung der ESt. durch eine betrieblichen Beschwerdestelle gemäß § 86 Abs. 2 vgl. § 86 Rn. 4). Durch BV können jedoch gem. Abs. 4 gesetzlich nicht geregelte **Einzelheiten des ESt.-Verfahrens** geregelt werden (s. dazu Rn. 136). Die Regelung des freiwilligen ESt.-Verfahrens gem. Abs. 6 (vgl. Rn. 10 ff.) ermöglicht den Betriebsparteien, zur **Klärung streitiger Rechtsfragen**, z. B. zur Auslegung einer BV, ein – dem Arbeitsgerichtsverfahren vorgelagertes – **verbindliches innerbetriebliches Schlichtungsverfahren** zu vereinbaren[13] (s. dazu Rn. 12).

II. Aufgabe und Zuständigkeit der Einigungsstelle

1. Allgemeines

4 Die ESt. ist **zuständig** zur **Beilegung von Meinungsverschiedenheiten** zwischen AG und BR. Sofern ein GBR (§§ 47 ff.) oder ein KBR (§§ 54 ff.) besteht und dessen Zuständigkeit (§§ 50, 51 Abs. 6, 58, 59 Abs. 1) gegeben ist, kann die ESt. auch für Streitigkeiten zwischen diesen Organen und dem Unternehmen bzw. Konzern gebildet werden (§ 76 Abs. 1 Satz 1). Keine

5 Im Ergebnis ebenso *Stiel/Stoppkotte*, a. a. O., 634 f.; anders *Lehmann*. BB 13, 1014, 1015 f., der zu Unrecht davon ausgeht, dass die Anrufung der ESt. für die Wahrung des Grundsatzes der vertrauensvollen Zusammenarbeit (§ 2 Abs. 1 BetrVG) »abträglich« sein könne (dabei wird verkennt, dass das ESt.-Verfahren gerade das diesem Grundsatz adäquate Konfliktlösungsinstrument ist).

6 *U. Fischer*, a. a. O.

7 *Stiel/Stoppkotte*, a. a. O., 635.

8 Vgl. *Fitting*, Rn. 4; WPK-*Preis*, Rn. 1; a. A. Richardi-*Richardi*, Rn. 6: betriebsfremdes Entscheidungsorgan.

9 Vgl. *BAG* 22.1.80, AP Nr. 7 zu § 111 BetrVG 1972; *GL*, Rn. 3; GK-*Kreutz/Jacobs*, Rn. 136 ff.; Richardi-*Richardi*, Rn. 30.

10 *BVerfG* 18.12.85, AP Nr. 15 zu § 87 BetrVG 1972 Arbeitszeit; 13.3.73, AP Nr. 1 zu § 87 BetrVG 1972 Werkmietwohnungen; 16.12.86, AP Nr. 8 zu § 87 BetrVG 1972 Prämie.

11 *BVerfG* 18.10.86, EzA § 76 BetrVG 1972 Nr. 38; zur verfassungsrechtlichen Unbedenklichkeit der ESt. insgesamt vgl. näher *Fitting*, Rn. 2 und GK-*Kreutz/Jacobs*, Rn. 7, jeweils m. w. N.

12 *HessLAG* 15.11.12, juris; *Richardi*, Rn. 75.

13 *BAG* 11.2.14, NZA-RR 15, 26; 16.8.11, NZA 12, 342; 20.11.90, NZA 91, 473.

unmittelbare Anwendung findet die Vorschrift des § 76 auf die JAV (§§ 60 ff.), die GJAV (§§ 72 f.) und die KJAV (§§ 73 a f.), da diese Organe nicht eigenständige Träger von Beteiligungsrechten gegenüber dem AG sind (vgl. § 60 Rn. 19). Die ESt. ist **nicht zuständig** für Streitigkeiten zwischen dem AG und AN oder Dritten, zwischen dem BR und AN oder unter BR-Mitgliedern oder AN. Der BR hat allerdings die Aufgabe (vgl. §§ 80 Abs. 1, 85 Abs. 1), auch die Interessen und Probleme **einzelner AN** aufzugreifen, und kann diese im Rahmen des § 85 Abs. 2 zum Gegenstand eines ESt.-Verfahrens machen. Da das Gesetz die Zuständigkeit des BR nicht von vornherein auf kollektive Angelegenheiten beschränkt,[14] ist die ESt. auch für die Regelung von **Einzelfällen,** über die zwischen AG und BR Streit besteht, zuständig (vgl. z. B. §§ 85 Abs. 2, 87 Abs. 1 Nrn. 5, 9, 98 Abs. 4, 102 Abs. 6).

Gemäß Abs. 1 Satz 1 ist die **ESt.** zur Beilegung von Meinungsverschiedenheiten zwischen dem AG und dem BR bzw. dem GBR oder dem KBR **bei Bedarf zu bilden**. Das ist dann der Fall, wenn die **Betriebsparteien** im Rahmen ihrer gemäß § 74 Abs. 1 Satz 2 gegebenen vorrangigen Kompetenz (vgl. dazu § 74 Rn. 12 ff.) trotz Ausschöpfung aller Verhandlungsmöglichkeiten zwischen ihnen bestehende **Streitigkeiten nicht beilegen können**. Für das erzwingbare ESt.-Verfahren (vgl. dazu Rn. 8 f.) bedeutet dies in der betrieblichen Praxis regelmäßig, dass zwischen den Betriebsparteien Verhandlungen über eine in die Zuständigkeit der ESt. (vgl. dazu Rn. 8) fallende Angelegenheit erfolglos geführt wurden oder dass eine der Betriebsparteien derartige Verhandlungen von vornherein ablehnt.[15] Ein bestimmter **formaler Ablauf der Verhandlungen**, deren **förmliches Scheitern** oder eine gewisse **Intensität der Einigungsbemühungen** sind allerdings **keine Verfahrensvoraussetzungen** für die Anrufung der ESt. (vgl. dazu Rn. 47 ff.) durch AG oder BR.[16] Zur Frage der Zuständigkeit der ESt. in diesem Zusammenhang vgl. Rn. 65 f.; für Verhandlungen über Interessenausgleich und Sozialplan vgl. §§ 112, 112 a Rn. 13.[17] 5

2. Ständige Einigungsstelle

Mit der Bestimmung in Abs. 1 Satz 1, nach der die ESt. »bei Bedarf« zu bilden ist, geht das Gesetz vom **Regelfall der nicht ständigen ESt.** aus. Die ESt. ist also von Fall zu Fall neu zu errichten. Ist ihre Aufgabe erfüllt, hört sie auf zu bestehen (vgl. Rn. 115 ff.).Gemäß Abs. 1 Satz 2 ist es allerdings auch moglich, eine **ständige ESt.** zu errichten. Dies kann jedoch nur durch den Abschluss einer den Anforderungen des § 77 Abs. 2 (vgl. § 77 Rn. 54 ff.) entsprechenden **freiwilligen BV** geschehen, nicht aber durch einen Spruch der Einigungsstelle.[18] 6

In der Praxis haben **ständige ESt.** gemäß Abs. 1 Satz 2 eine eher **geringe Bedeutung**.[19] Von besonderen betrieblichen Umständen abgesehen, ist von der Vereinbarung ständiger ESt. abzuraten.[20] Eine derartige Einrichtung bringt die Gefahr mit sich, dass das ESt.-Verfahren von den Betriebsparteien nicht als Ausnahme zur Konfliktlösung betrachtet wird, sondern dass die Beilegung bestehender Streitigkeiten ohne Ausschöpfung aller Verhandlungsmöglichkeiten auf die ständige ESt. abgewälzt wird. Hinzu kommt, dass eine dauerhafte Festlegung in der Frage der personellen Zusammensetzung der ESt. (vgl. Rn. 16 ff.) die am Inhalt und der Bedeutung der jeweiligen Streitigkeiten orientierte Auswahl des Vorsitzenden und der Beisitzer, z. B. unter fachlichen Gesichtspunkten, erschwert. Sinnvoll kann die Einrichtung einer ständigen ESt. allenfalls für die Beilegung inhaltlich präzise abgegrenzter Streitgegenstände 7

---

14 Vgl. GK-*Kreutz/Jacobs*, Rn. 10 ff.
15 *BAG* 18.3.15, juris.
16 *LAG Rheinland-Pfalz* 5.1.06, AuR 06, 333 f.; *LAG Hamm* 9.8.04, AuR 04, 398; *LAG Niedersachsen* 25.10.05, AuR 06, 132; 7.12.98, AiB 99, 647 mit Anm. *Rosendahl; LAG Düsseldorf* 27.9.89 – 11 TaBV 85/89; *LAG Berlin* 25.2.87, AuR 88, 221; *Fitting*, § 74 Rn. 9; *GL*, § 74 Rn. 6; GK-*Kreutz/Jacobs*, § 74 Rn. 28; Hako-BetrVG-*Krasshöfer*, Rn. 5; weitergehend wohl *Tschöpe*, NZA 04, 945, 946; einschränkend *LAG Baden-Württemberg* 4.10.84, NZA 85, 163; *ArbG Elmshorn* 16.5.90 – 3 b BV 23/90; HWK-*Kliemt*, Rn. 15; Richardi-*Richardi*, § 74 Rn. 14 f.
17 S. dazu auch *Göpfert/Krieger*, NZA 05, 254, 257.
18 *LAG Berlin-Brandenburg* 23.6.08 – 10 TaBV 303/08; *Fitting*, Rn. 10.
19 *Göritz u. a.*, S. 66 f.; *Wenning-Morgenthaler*, Rn. 25.
20 *Göritz* u. a., a. a. O.; *HBR*, Rn. 19.

sein, die etwa über einen längeren Zeitraum wiederholt auftreten oder sich auf besonders komplizierte und umstrittene Regelungsfragen erstrecken (z. B. Einführung und Anwendung von EDV-Systemen, EDV-gestützte Erfassung und Auswertung personenbezogener Daten, Auslegungsstreitigkeiten aus abgeschlossenen Rahmen-BV oder Sozialplänen).[21]

3. Erzwingbares Einigungsstellenverfahren

8 Grundsätzlich zu unterscheiden sind das erzwingbare (Abs. 5) und das freiwillige (Abs. 6) ESt.-Verfahren. Im **erzwingbaren ESt.-Verfahren** ist die ESt. in den im Gesetz ausdrücklich bezeichneten Fällen **zuständig:**[22]

§ 37 Abs. 6 und 7 Schulungs- und Bildungsveranstaltungen für BR-Mitglieder;
§ 38 Abs. 2 Freistellung von BR-Mitgliedern;
§ 39 Abs. 1 Zeit und Ort der Sprechstunden des BR;
§ 47 Abs. 6 Herabsetzung der Zahl der GBR-Mitglieder;
§ 55 Abs. 4 Herabsetzung der Zahl der KBR-Mitglieder;
§ 65 Abs. 1 Schulungs- und Bildungsveranstaltungen für JAV;
§ 69 Zeit und Ort der Sprechstunden der JAV;
§ 72 Abs. 6 Herabsetzung der Zahl der GJAV;
§ 85 Abs. 2 Berechtigung der Beschwerde eines AN;
§ 87 Abs. 2 Mitbestimmung in sozialen Angelegenheiten;
§ 91 Maßnahmen bei Änderungen von Arbeitsablauf und Arbeitsumgebung;
§ 94 Abs. 1 und 2 Personalfragebogen, persönliche Angaben in Arbeitsverträgen und Aufstellung allgemeiner Beurteilungsgrundsätze;
§ 95 Abs. 1 und 2 Ausführung von Auswahlrichtlinien und deren Inhalt;
§ 97 Abs. 2 Einführung von Maßnahmen betrieblicher Berufsbildung bei Tätigkeits- und Anforderungsänderungen;
§ 98 Abs. 4 Durchführung von betrieblichen Bildungsmaßnahmen;
§ 109 Auskunftserteilung in wirtschaftlichen Angelegenheiten;
§ 112 Abs. 4 Aufstellung eines Sozialplans;
§ 116 Abs. 3 Nrn. 2, 4 und 8 Fragen, die den See-BR betreffen.

Wird die ESt. in diesen Fällen tätig, ersetzt ihr Spruch die Einigung zwischen AG und BR **verbindlich.** Durch **TV** kann die vom Gesetz vorgesehene **Zuständigkeit der ESt.** zu verbindlichen Entscheidungen von Meinungsverschiedenheiten zwischen AG und BR **erweitert,** also auch auf nach dem Gesetz nicht mitbestimmungspflichtige Angelegenheiten erstreckt werden.[23] Zur Erweiterung der Zuständigkeit der ESt. durch **BV** vgl. Rn. 13.

9 Im **erzwingbaren ESt.-Verfahren** wird die ESt. bereits **auf Antrag einer Seite (AG oder BR)** errichtet (zum alleinigen Anrufungsrecht des AG bzw. des BR vgl. Rn. 41). Benennt eine Seite anlässlich der Errichtung (vgl. Rn. 51) der ESt. keine Mitglieder (Beisitzer) oder bleiben die von einer Seite genannten Mitglieder trotz rechtzeitiger Einladung durch den Vorsitzenden der Sitzung fern, findet die Sitzung der ESt. dennoch statt. In diesem Fall werden die notwendigen Entscheidungen vom Vorsitzenden und den erschienenen Mitgliedern allein getroffen (Abs. 5 Satz 3; vgl. auch Rn 121 ff.). Insofern besteht für die Betriebsparteien im erzwingbaren ESt.-Verfahren ein **mittelbarer Einlassungszwang.**[24] In der betrieblichen Praxis werden nahezu alle ESt.-Verfahren im erzwingbaren Verfahren durchgeführt. Davon entfallen die meisten auf Streitigkeiten aus dem Bereich der Mitbestimmungsangelegenheiten gemäß § 87 und auf den Bereich Interessenausgleich und Sozialplan (§§ 112, 112 a).[25]

---

21 Vgl. zum Ganzen auch *Göritz u. a.,* S. 66 f.; zu positiven Erfahrungen mit ständigen ESt. vgl. auch *Bösche/Grimberg,* AiB 92, 302.

22 Vgl. auch die Übersicht bei *Rupp,* AiB 02, 247, 250.

23 *BAG* 9.5.95, NZA 96, 156; 18.8.87, AP Nr. 23 zu § 77 BetrVG 1972; 10.2.88, AP Nr. 53 zu § 99 BetrVG 1972; *Fitting,* Rn. 99; GK-*Kreutz/Jacobs,* Rn. 17.

24 *Fitting,* Rn. 102.

25 Zur Häufigkeit von ESt.-Verfahren vgl. auch *Göritz u. a.,* S. 165 f.

4. Freiwilliges Einigungsstellenverfahren

10 Im Unterschied zum erzwingbaren ESt.-Verfahren wird die ESt. im **freiwilligen ESt.-Verfahren** nur tätig, wenn AG und BR dies einvernehmlich beantragen und mit dem Tätigwerden der ESt. einverstanden sind (Abs. 6 Satz 1). Das Tätigwerden der ESt. setzt also entweder einen gemeinsamen Antrag von AG und BR oder – wenn auf Initiative der einen Seite die ESt. bereits gebildet ist – die nachträgliche Zustimmung der anderen Seite voraus. Lassen sich beide Seiten auf die Verhandlung vor der ESt. ein, gilt ihr Einverständnis als erteilt.[26] Das Einverständnis mit dem Tätigwerden der ESt. kann von beiden Seiten mit der Konsequenz der Beendigung des ESt.-Verfahrens jederzeit widerrufen werden.[27] Gegen den Willen einer der Betriebsparteien kann somit das freiwillige ESt.-Verfahren nicht durchgeführt werden.

11 Einen Sonderfall stellt in diesem Zusammenhang die Regelung des § 112 Abs. 2 Satz 2 dar, nach der zur **Erzielung eines Interessenausgleichs** (vgl. § 112 Rn. 3 ff.) zwar allein von einer Seite in Anwendung von Abs. 1 bis 3 und Abs. 5 Satz 2 die ESt. mit der zwingenden Folge ihres Tätigwerdens angerufen werden kann, ihr Spruch aber nach h. M. dennoch nur die Wirkung des Abs. 6 Satz 2 (vgl. Rn. 13, 141) haben soll (zur Gegenmeinung vgl. § 112 Rn. 29 f.).

12 Im Fall des § 102 Abs. 6 hat der Gesetzgeber die Möglichkeit der Vereinbarung des freiwilligen ESt.-Verfahrens zwischen AG und BR ausdrücklich vorgesehen (vgl. dazu § 102 Rn. 338 ff.). Darüber hinaus kann das freiwillige ESt.-Verfahren im Rahmen der Zuständigkeit des BR für **alle Meinungsverschiedenheiten** zwischen AG und BR durchgeführt werden, sofern der Gegenstand der jeweiligen Streitigkeit der Dispositionsbefugnis der Betriebsparteien unterliegt.[28] So kann die Zuständigkeit einer freiwilligen ESt. auch für zwischen den Betriebsparteien streitige **Rechtsfragen** vereinbart werden.[29] Allerdings darf die Anrufung des ArbG zur Überprüfung der Entscheidung der ESt. nicht durch Vereinbarung ausgeschlossen werden, weil dies die unzulässige Vereinbarung eines Schiedsgerichts gemäß § 4 ArbGG darstellen würde.[30]

13 Gemäß Abs. 6 Satz 2 ersetzt der **Spruch der ESt. im freiwilligen ESt.-Verfahren** die Einigung zwischen AG und BR nur dann, wenn sich beide Seiten der Entscheidung **im Voraus unterworfen** haben oder sie **nachträglich annehmen.** Das Einverständnis mit dem Tätigwerden der ESt. bzw. die Tatsache, dass sich beide Seiten auf die Verhandlungen vor der ESt. einlassen, kann für sich allein nicht als **Unterwerfung unter den Spruch** bzw. als seine **Annahme** angesehen werden.[31] Hinzu kommen muss stets die Unterwerfungserklärung (bzw. nachträgliche Annahmeerklärung) durch beide Seiten. Diese kann **formlos**[32] und **mündlich** oder durch BV erfolgen (vgl. § 102 Abs. 6 und § 102 Rn. 347; zur gerichtlichen Überprüfung von Entscheidungen der ESt. im freiwilligen ESt.-Verfahren vgl. Rn. 90 ff.).[33] In der betrieblichen Praxis spielen freiwillige ESt.-Verfahren keine nennenswerte Rolle,[34] da seitens der AG kaum Bereitschaft besteht, dem BR über den gesetzlichen Rahmen hinaus zusätzliche Mitbestimmungsmöglichkeiten einzuräumen.

5. Regelungs- und Rechtsstreitigkeiten

14 Die ESt. ist im Rahmen ihrer Aufgabenstellung sowohl für die Entscheidung vpn **Regelungsstreitigkeiten- als auch von Rechtsfragen zuständig** (h. M.).[35] Zwar stehen Regelungsstreitigkeiten, wie z. B. über die zukünftige Ausgestaltung eines mitbestimmungspflichtigen Ge-

---

26 *Fitting,* Rn. 107.
27 Richardi-*Richardi,* Rn. 39; *Fitting,* a. a. O.; GK-*Kreutz/Jacobs,* Rn. 33.
28 *Fitting,* Rn. 108;; HWGNRH-*Worzalla,* Rn. 14; a. A. GK-*Kreutz/Jacobs,* Rn. 22.
29 *BAG* 11.2.14, NZA-RR 15, 26; 16.8.11, NZA 12, 342; 20.11.90, NZA 91, 473; *LAG Köln* 22.4.94, NZA 95, 445.
30 *BAG* 20.11.90, DB 91, 1025.
31 *BAG* 27.10.92, AP Nr. 29 zu § 95 BetrVG 1972; 6.12.88, AP Nr. 26 zu § 111 BetrVG 1972.
32 *BAG* 26.8.97, DB 98, 265, 266: Annahme kann formlos und konkludent erfolgen.
33 *Fitting,* Rn. 132; GK-*Kreutz/Jacobs,* Rn. 133 ff.; Richardi-*Richardi,* Rn. 40
34 Vgl. Göritz *u. a.,* S. 63 f.; *Wenning-Morgenthaler,* Rn. 423.
35 ErfK-*Kania,* Rn. 2; *Fitting,* Rn. 112; *GL,* Rn. 2; GK-*Kreutz/Jacobs,* Rn. 9, 13; HWGNRH-*Worzalla,* Rn. 6; Richardi-*Richardi,* Rn. 26.

genstandes, etwa eines Leistungslohnsystems, regelmäßig im Mittelpunkt des ESt.-Verfahrens. Doch hat die ESt. allein oder im Zusammenhang mit Regelungsfragen auch Rechtsfragen zu entscheiden. Dies ist beispielsweise bei Streitigkeiten im Bereich der §§ 37 Abs. 6 und 7, 38 Abs. 2, 87 Abs. 1 Nr. 5 oder 109 der Fall. Darüber hinaus ist die präzise Abgrenzung von Regelungs- und Rechtsstreitigkeiten im ESt.-Verfahren schon deshalb nicht möglich, weil die ESt. auch dann, wenn im Mittelpunkt des Verfahrens Regelungsfragen stehen, als Vorfrage stets über ihre Zuständigkeit entscheiden muss (vgl. dazu Rn. 112). Im Übrigen ist sie verpflichtet, bei ihren Entscheidungen die ihr im Gesetz gezogenen Grenzen (vgl. etwa § 76 Abs. 5 Satz 3, § 112 Abs. 5), die allgemeinen betriebsverfassungsrechtlichen Grundsätze oder sonstiges zwingendes Gesetzesrecht zu beachten.[36] Die Unterscheidung von Regelungs- und Rechtsfragen ist allerdings im Hinblick auf die **arbeitsgerichtliche Überprüfung der Entscheidungen der ESt.** von erheblicher Bedeutung (vgl. dazu Rn. 139).

III. Zusammensetzung und Anrufung der Einigungsstelle

15 Das Gesetz schreibt vor, dass die ESt. aus einer gleichen Anzahl von Beisitzern und einem unparteiischen Vorsitzenden besteht. AG und BR müssen sich sowohl auf die Person des Vorsitzenden als auch auf die Anzahl der Beisitzer einigen (§ 76 Abs. 2 Satz 1, 3).

1. Der Vorsitzende

16 Aus dem Wortlaut des Gesetzes ist nicht ersichtlich, welche Aufgaben dem Vorsitzenden der ESt. im Einzelnen obliegen. Da er jedoch die Verhandlungen der ESt. zu leiten hat und das Ergebnis der Beratungen mit seiner Stimme entscheidend beeinflussen kann, nimmt er im Rahmen des Verfahrens eine **Schlüsselposition** ein.[37]

17 Über die an die Person des Vorsitzenden zu stellenden Anforderungen bestimmt das Gesetz lediglich, dass dieser **»unparteiisch«** sein muss, ohne diesen Begriff zu definieren. Im Hinblick auf die vom Gesetz geforderte Unparteilichkeit wird Unabhängigkeit bei der Ausübung seines Amtes vorausgesetzt. »Unparteilichkeit« in diesem Sinn schließt allerdings nicht, wie von AG oder AG-Verbänden mitunter geltend gemacht wird, ein partei- oder gesellschaftspolitisches Engagement des ESt. Vorsitzenden aus.[38]

18 Die Funktion des Vorsitzenden wird damit deutlich von derjenigen der Beisitzer abgegrenzt. Die Beisitzer sind zwar an Aufträge oder Weisungen der Betriebsparteien nicht gebunden, sie üben ihre Tätigkeit jedoch – als vom AG oder BR jeweils autonom bestellte Mitglieder der ESt. (vgl. dazu Rn. 29, 38 f.) – praktisch als deren Interessenvertreter aus.[39] Die vom Gesetz geforderte Unparteilichkeit des Vorsitzenden entspricht der Funktion der ESt. als Konfliktlösungsorgan. Die Entscheidung der ESt. soll die Interessen beider Seiten angemessen berücksichtigen und möglichst zu einem Ausgleich dieser Interessen führen.

19 Es sollten daher als Vorsitzende Personen bestellt werden, die von den Betriebsparteien unabhängig handeln können und vom Ausgang des ESt.-Verfahren weder mittelbar noch unmittelbar betroffen sind. Die Bestellung von **Angehörigen des Betriebs** ist deshalb in der Regel nicht zweckmäßig.[40] Können sich die Betriebsparteien auf die Person des Vorsitzenden einigen, kann dessen Unparteilichkeit regelmäßig unterstellt werden.[41] AG und BR sind in ihrer Entscheidung über den Vorsitzenden frei, so dass sie letztlich auch nicht daran gehindert sind, einen betriebsangehörigen Vorsitzenden zu bestellen.[42]

---

36 *Fitting,* Rn. 117; GK-*Kreutz/Jacobs,* Rn. 127.

37 Ähnlich GK-*Kreutz/Jacobs,* Rn. 52; eingehend zur Person des ESt.-Vorsitzenden *U. Fischer,* DB 00, 217 ff.; *Wenning-Morgenthaler,* Rn. 86 ff.; *Schönfeld,* DB 88, 1996 ff.

38 Vgl. dazu *Schönfeld,* DB 88, 1998 m. w. N.; *Heilmann,* AiB 89, 68; *ArbG Wiesbaden* 12.2.74, AuR 74, 249.

39 So auch GK-*Kreutz/Jacobs,* Rn. 46 f.; *LAG Düsseldorf* 3.4.81, BB 81, 733.

40 *Fitting,* Rn. 23; HWGNRH-*Worzalla,* Rn. 53; *Wenning-Morgenthaler,* Rn. 87.

41 *Fitting,* a. a. O.; *GL,* Rn. 10; *HSWG,* a. a. O.; WPK-*Preis,* Rn. 15; einschränkend GK-*Kreutz/Jacobs,* Rn. 51; Richardi-*Richardi,* Rn. 52.

42 ErfK-*Kania,* Rn. 6; *Fitting,* a. a. O.; Richardi-*Richardi,* a. a. O.; a. A. *Schaub-Koch,* Arbeitsrechts-Handbuch, § 232 Rn. 11.

20 Von der Unparteilichkeit abgesehen, sollte der Vorsitzende konkrete **Kenntnisse über die Arbeitswelt,** insbes. über betriebliche Abläufe und Interessenlagen, haben. Darüber hinaus muss er über die **Fähigkeit** verfügen, die streitigen betrieblichen Probleme zu analysieren, die Gesprächs- und Verhandlungsbereitschaft der Betriebsparteien zu fördern und sachlich kompetente und kompromissfähige Lösungsvorschläge zu entwickeln.[43] Die dazu erforderlichen Fachkenntnisse liegen vor allem auf dem arbeits- und verfahrensrechtlichen, insbes. betriebsverfassungsrechtlichen Gebiet,[44] sie können sich – je nach Streitgegenstand – aber z. B. auch auf den Bereich der Betriebswirtschaft, der Arbeitsstudien oder der Datenverarbeitung erstrecken.[45]

21 Die Betriebsparteien einigen sich bei der Auswahl der Person des ESt.-Vorsitzenden ganz überwiegend auf **Berufsrichter der Arbeitsgerichtsbarkeit,**[46] was sich allerdings aus der insoweit offenen gesetzlichen Regelung nicht zwingend ergibt.

22 Gemäß § 100 Abs. 1 Satz 5 ArbGG[47] darf ein Richter nur dann zum ESt.-Vorsitzenden bestellt werden, wenn auf Grund der **Geschäftsverteilung ausgeschlossen** ist, dass er mit der Überprüfung, der Auslegung oder der Anwendung des Spruchs der ESt. befasst wird. Die »Überprüfung, Auslegung und Anwendung« des Spruchs einer ESt. kann auch Streitgegenstand in Individualverfahren zwischen AN und AG sein. Wegen der z. Z. bei den meisten ArbG bestehenden Geschäftsverteilung[48] dürften die **Richter aus dem Bezirk des ArbG bzw. LAG,** in dem der Betrieb liegt, für den die ESt. gebildet werden soll, und zumindest auch **Richter bestimmter Senate des** *BAG* – wegen der in diesen Fällen zu versagenden Nebentätigkeitsgenehmigung – als ESt.-Vorsitzenden in der Regel nicht in Frage kommen.[49]

23 Für die von den Betriebsparteien ausgewählte Person besteht **keine Verpflichtung zur Übernahme des Amtes** des ESt.-Vorsitzenden.[50] Der von den Betriebsparteien gemeinsam – oder durch das ArbG bestellte – ESt.-Vorsitzende kann von diesen einvernehmlich jederzeit abberufen werden.[51] Zum Bestellungsverfahren gem. § 100 ArbGG vgl. Rn. 55 ff.

2. Die Beisitzer

24 AG und BR müssen sich über die Anzahl der Beisitzer der ESt. einigen. Da das Gesetz auch insoweit nähere Einzelheiten nicht enthält, insbes. auch keine Höchstzahl festschreibt,[52] sind die Beteiligten deshalb **frei zu bestimmen, wie viele Beisitzer** jede Seite zu benennen hat. Zwingend ist lediglich, dass für **beide Seiten** die **gleiche Anzahl** bestimmt wird (vgl. Abs. 2 Satz 1). Davon kann auch nicht durch Vereinbarung der Betriebsparteien abgewichen werden, die bei einer ungleichen Anzahl der Beisitzer für AG und BR eine kompensierende unterschiedliche Gewichtung der Stimmen der Beisitzer vorsieht. Eine derartige Vereinbarung verstößt gegen Abs. 2 Satz 1, verletzt elementare Verfahrensgrundsätze (vgl. Rn. 89 f.) und ist nichtig (vgl. dazu auch Rn. 121 ff.).[53]

25 Die Anzahl der Beisitzer sollte sowohl unter Berücksichtigung des Streitstoffes als auch der personellen, räumlichen und sachlichen Auswirkungen des ESt.-Verfahrens festgelegt werden.[54] Maßgebend für die **Anzahl der Beisitzer** sind zunächst die **Schwierigkeit des Streit-**

---

43 Ausführlich zu den Anforderungen an die Person des ESt.-Vorsitzenden unter besonderer Berücksichtigung der Fähigkeit zur Kommunikation und Mediation *U. Fischer,* DB 00, 217, 219 ff.
44 GK-*Kreutz/Jacobs,* Rn. 60; *Wenning-Morgenthaler,* Rn. 95.
45 Ähnlich GK-*Kreutz/Jacobs,* a. a. O.
46 GK-*Kreutz/Jacobs,* Rn. 61; *Göritz u. a.,* S. 83.
47 Vgl. dazu *U. Fischer,* DB 00, 217 (218); *Goergens,* AiB 98, 481; *Hümmerich,* DB 98, 1133; *Treber,* NZA 98, 856.
48 Vgl. *Goergens,* a. a. O., 483.
49 GK-*Kreutz/Jacobs,* Rn. 62; ErfK-Koch, § 98 ArbGG Rn. 4; GMPM-*Matthes/Schlewing,* ArbGG § 98 Rn. 27 und Richardi-*Richardi,* Rn. 54, die es für möglich halten, dass sich die Betriebsparteien außerhalb des Bestellungsverfahrens auf einen gem. § 98 Abs. 1 Satz 5 ArbGG ausgeschlossenen Richter einigen.
50 ErfK-*Kania,* Rn. 11; *Fitting,* Rn. 47.
51 *Schaub,* NZA 00, 1087.
52 Richardi-*Richardi,* Rn. 44.
53 *LAG Berlin-Brandenburg* 18.3.09 – 5 TaBV 2416/08, anhängig *BAG* – 1 ABR 87/09.
54 *Fitting,* Rn. 12 f.; *GL,* Rn. 8; GK-*Kreutz/Jacobs,* Rn. 38; HWGNRH-*Worzalla,* Rn. 44.

gegenstandes und die zur Beilegung der Streitigkeit notwendigen **Fachkenntnisse** und **betriebspraktischen Erfahrungen.** Die erforderliche Anzahl der Beisitzer hängt auch davon ab, ob das ESt.-Verfahren mehrere AN-Gruppen, Abteilungen oder Betriebe oder nur einen sehr begrenzten personellen oder betrieblichen Bereich betrifft.[55]

26 **In der Praxis** einigen sich die Betriebsparteien – nach den besonderen Umständen des Einzelfalls – ganz überwiegend auf **zwei, drei oder vier Beisitzer** für jede Seite.[56] Die Tatsache, dass auch für ein ESt.-Verfahren mit Streitigkeiten von durchschnittlichem Umfang und Schwierigkeitsgrad regelmäßig sowohl betriebsbezogener Sachverstand als auch rechtliche oder sonstige Fachkenntnisse (z. B. Betriebswirtschaft, Arbeitswissenschaft, Datenverarbeitung) erforderlich sind, spricht in derartigen Fällen für die Besetzung der ESt. mit je drei Beisitzern.[57] Neben einem **betrieblichen Beisitzer von jeder Seite** hat sich die Benennung eines Verbandsvertreters (**hauptamtlicher Gewerkschaftssekretär, Vertreter des AG-Verbandes**) und jeweils eines weiteren **Fachexperten** als zweckmäßig erwiesen.

27 Abzulehnen ist die in der Rspr.[58] und Literatur[59] vertretene Auffassung, es sei von einer **Regelbesetzung der ESt. mit je zwei Beisitzern** für jede Seite[60] auszugehen,[61] von der allerdings bei besonders einfachen Regelungen nach unten und bei besonders schwierigen und komplexen Regelungs- und Rechtsfragen nach oben abgewichen werden könne.[62]

28 Abgesehen davon, dass der **Gesetzgeber** eine **Regelbesetzung der ESt.** in Abs. 2 gerade **nicht vorgesehen**,[63] sondern die Frage der Anzahl der Mitglieder der ESt. offen gehalten hat, überzeugt auch das für die Regelbesetzung mit je zwei Beisitzern in erster Linie vorgetragene Argument der Gefährdung der Funktionsfähigkeit der ESt. durch eine zu große Anzahl von Mitgliedern[64] nicht.[65] Anhaltspunkte dafür, dass eine Besetzung der ESt. mit mehr als zwei Beisitzern, etwa drei oder vier, im Hinblick auf die Bildung, die Terminierung oder die Verhandlungs- und Beschlussfähigkeit dieses Gremiums zu größeren praktischen Schwierigkeiten führen könnte, sind weder ersichtlich noch konkret dargelegt. Dagegen spricht auch die gesetzlich geregelte Besetzung von mit der ESt. vergleichbaren Organen mit jeweils drei (§ 71 BPersVG, § 4 HAG) bzw. fünf (§ 5 MindArBG) Beisitzern für jede Seite. Eine Anlehnung an diese gesetzlichen Bestimmungen im Sinne einer Höchstzahl der für die ESt. erforderlichen Beisitzer[66] ist allerdings ebenso abzulehnen wie die Auffassung, in der Regel seien mehr als drei Beisitzer unter dem Gesichtspunkt der Kosten und der Arbeitsfähigkeit der ESt. nicht vertretbar.[67]

---

55 Wie hier *LAG Hamburg* 13.1.99, AiB 99, 221 mit Anm. *Hjort.*

56 Vgl. *U. Fischer,* AuR 05, 1; *Göritz* u. a., S. 88; *Wenning-Morgenthaler,* Rn. 127: oft je zwei oder drei Beisitzer.

57 *LAG Bremen* 8.9.83, AuR 84, 91; *LAG Baden-Württemberg* 20.10.84, AiB 85, 157: im Regelfall je drei Beisitzer für eine ESt. zum Abschluss eines Sozialplans gemäß § 112; ähnlich *HBR,* Rn. 283; *Kraushaar,* AiB 96, 113, 117; a. A. *Hennige,* S. 113; je vier Beisitzer für ein ESt.-Verfahren über den Wechsel des Entlohnungsgrundsatzes von Akkord- auf Zeitlohn, *ArbG Osnabrück* 23.8.90 – 2 BV 14/90; oder für die Einführung und Anwendung eines EDV-gestützten Redaktionssystems *LAG Hamburg* 13.1.99, a. a. O.; ErfK-*Koch,* § 98 ArbGG Rn. 6: bei umfangreichen Sozialplänen und komplexen EDV- und Entlohnungsfragen mehr als zwei Beisitzer gerechtfertigt.

58 *LAG Hamm* 10.12.07 – 13 TaBV 118/07; *LAG Niedersachsen* 7.8.07, LAGE Nr. 49 a zu § 98 ArbGG 1979; *LAG Hamm* 20.6.75, BB 75, 880; 8.4.87, DB 87, 1441; *LAG Rheinland-Pfalz* 23.6.83, DB 84, 56; *LAG Bremen* 2.7.82, AuR 83, 28; *LAG München* 15.7.91, DB 91, 267 8; 15.7.75, DB 75, 2452.

59 ErfK-*Koch,* § 98 ArbGG Rn. 6; *Fitting,* Rn. 20; *GL,* Rn. 8; GK-*Kreutz/Jacobs,* Rn. 39; GMPM-*Matthes/Schlewing,* ArbGG § 98 Rn. 29; HWGNRH-*Worzalla,* Rn. 45; *Tschöpe,* NZA 04, 945, 947 f.

60 Gegen die vom LAG Schleswig-Holstein – 4. Kammer – 28.9.83, DB 84, 1530; 13.9.90 – 4 TaBV 19/90, vertretene Regelbesetzung mit je einem Beisitzer mit überzeugenden Argumenten schon *LAG Hamm* 8.4.87, a. a. O.; dagegen auch LAG Schleswig-Holstein – 5. Kammer – 4.2.97, DB 97, 832 = AuR 97, 176 mit Anm. *Hjort* = AiB 98, 528: Besetzung »in keinem Fall« mit weniger als zwei Beisitzern pro Seite.

61 Ebenfalls ablehnend *LAG Hamburg* 13.1.99, AiB 99, 221 mit Anm. *Hjort; HBR,* Rn. 283; *Kraushaar,* AiB 96, 113, 117.

62 *LAG Schleswig-Holstein* 15.8.06 – 1 TaBV 43/06; *LAG Niedersachsen* 13.12.05, AuR 06, 214; *LAG München* 15.7.91, LAGE § 76 BetrVG 1972 Nr. 38; *LAG Hamm* 8.4.87, DB 87, 1441.

63 Zustimmend Hako-*Krasshöfer,* Rn. 9; *Wenning-Morgenthaler,* Rn. 127.

64 So bereits *LAG Hamm* 1.3.72, BB 72, 539.

65 *LAG Hamburg* 13.1.99, a. a. O.

66 So wohl GK-*Kreutz/Jacobs,* Rn. 37.

Persönliche und sachliche Voraussetzungen der Beisitzer werden durch das Gesetz nicht aufgestellt. Wer als Beisitzer der ESt. bestellt wird, bestimmen die Beteiligten jeweils allein. Es ist weder die Zustimmung der anderen Seite zur Auswahl der Personen erforderlich, noch kann eine Seite die von der anderen Seite benannten Beisitzer ablehnen (vgl. Rn. 33). Die **Betriebsparteien sind in ihrer Auswahl frei** und grundsätzlich nicht auf einen bestimmten Personenkreis beschränkt.[68] 29

Eine Begrenzung der für die Auswahl in Frage kommenden Personen kann in der Regel nicht den Grundsätzen der §§ 2 Abs. 1, 74 Abs. 2 Satz 1 entnommen werden. Unter Berücksichtigung der Funktion des ESt.-Verfahrens als zentrales betriebsverfassungsrechtliches Schlichtungs- und Konfliktlösungsinstrument (vgl. Rn. 1, 4 f.) ergibt sich aus dem Gebot der vertrauensvollen Zusammenarbeit sich allenfalls eine Verpflichtung der Betriebsparteien, keinen Beisitzer zu bestellen, der aufgrund **mangelnder Kenntnisse, Erfahrungen** oder **Eignung** für die Wahrnehmung dieser Aufgabe **offensichtlich ungeeignet** ist.[69] Dabei ist ein strenger Maßstab anzulegen. Der Ausschluss von der Tätigkeit als Beisitzer der BR-Seite kann vom AG jedoch nicht i. S. einer Sanktion für unerwünschte Verhaltensweisen oder arbeitsvertragliche Verfehlungen in der Vergangenheit verlangt werden.[70]

Dies gilt auch, wenn eine Seite die Auffassung vertritt, mit der **Auswahl des Beisitzers** durch die andere Seite würden ihre berechtigten Interessen verletzt oder der benannte Beisitzer sei »**unzumutbar**«.[71] Auch die Bestellung eines ehemaligen Mitglieds des BR zum außerbetrieblichen Mitglied einer ESt., dessen Arbeitsverhältnis aus Anlass persönlichkeits- und ehrverletzender Äußerungen gegenüber Führungskräften des AG (durch gerichtlichen Vergleich) beendet wurde, ist – auch nach dem Grundsatz der vertrauensvollen Zusammenarbeit – nicht zu beanstanden.[72] Bei der Auswahl der Beisitzer kann sich der BR allein davon leiten lassen, **Personen seines Vertrauens** zu benennen, die geeignet sind, den bestehenden Konflikt mit dem AG beizulegen und die Interessen der vom BR vertretenen Belegschaft zu wahren.[73]

Die Beisitzer müssen **nicht Angehörige des Betriebs** sein. Es können z. B. **Verbandsvertreter**[74] ebenso wie **gänzlich Außenstehende** bestellt werden.[75] Wird eine ESt. in einem Betrieb eines UN, einer UN-Gruppe oder eines Konzerns tätig, können auch **AN oder BR-/GBR- oder KBR-Mitglieder aus einem anderen Betrieb** als außerbetriebliche Beisitzer bestellt werden (zum Vergütungsanspruch s. § 76 a Rn. 20). Zulässig ist es auch, wenn keiner der Beisitzer dem Betrieb angehört,[76] wenn also beispielsweise von einer oder beiden Seiten zwei Verbandsvertreter oder ein Verbandsvertreter und ein Rechtsanwalt benannt werden. Für die **ausschließliche Auswahl externer Beisitzer** muss auch nicht die Erforderlichkeit oder ein besonderer Schwierigkeitsgrad der ESt. dargelegt werden (zum **Honoraranspruch** externer Beisitzer vgl. § 76 a Rn. 21 f.).[77] 30

AG und BR-Mitglieder können selbst als Beisitzer tätig sein[78] oder sonstige **Betriebsangehörige** benennen. Der AG ist nicht gehindert, einen leitenden Angestellten zu bestellen.[79] 31

Auch der **Insolvenzverwalter** kann als Beisitzer tätig werden. Wird in der Insolvenz des AG 32

---

67 So aber *LAG München* 31.1.89, NZA 89, 525; WPK-*Preis*, Rn. 14; wie hier *LAG Hamburg* 13.1.99, a. a. O.

68 *BAG* 24.4.96, BB 96, 1991; 14.12.88, AP Nr. 30 zu § 76 BetrVG 1972.

69 *BAG* 20.8.14, NZA 14, 1349 (R. 23); 28.5.14, NZA 14, 1213 (Rn. 35 f.); 24.4.96, a. a. O.

70 *BAG* 28.5.14, a. a. O. (Rn. 36).

71 Wie hier *LAG Baden-Württemberg* 4.9.01, AuR 02, 151; *Fitting*, Rn. 16; GK-*Kreutz/Jacobs*, Rn. 47, 48; a. A. *GL*, Rn. 8; HWGNRH-*Worzalla*, Rn. 50; wohl auch Richardi-*Richardi*, Rn. 49.

72 *BAG* 20.8.14, a. a. O.; 28.5.14, a. a. O., (Rn. 36 f.).

73 *BAG* 28,5,14, a. a. O. (Rn. 32); 24.4.96, a. a. O.

74 Hauptamtliche Gewerkschaftssekretäre, Vertreter der AG-Verbände: BAG in ständiger Rspr., vgl. 14.12.88, AP Nr. 30 zu § 76 BetrVG 1972; *Fitting*, Rn. 10; *GL*, Rn. 8 a; GK-*Kreutz/Jacobs*, Rn. 48; HWGNRH-*Worzalla*, Rn. 48; Richardi-*Richardi*, Rn. 45.

75 GK-*Kreutz/Jacobs*, a. a. O.

76 *BAG* 24.4.96, BB 96, 1991; 14.12.88, a. a. O. (im entschiedenen Fall zwei Beisitzer).

77 *BAG* 10.10.07, DB 08, 478; 24.4.96, a. a. O.; *HessLAG* 4.9.08 – 9 TaBV 71/08; juris; *Wenning-Morgenthaler*, Rn. 112, 129.

78 *BAG* 6.5.86, AP Nr. 8 zu § 128 HGB.

79 GK-*Kreutz/Jacobs*, Rn. 48.

aus Anlass einer Betriebsstilllegung ein Sozialplan aufgestellt, brauchen zu Mitgliedern der ESt. Vertreter der **Gläubiger** nicht bestellt zu werden.[80]

33 Die **Ablehnung** der von einer Seite benannten Beisitzer durch die andere Seite, etwa **wegen Befangenheit,** ist unzulässig,[81] weil dies der Funktion der Beisitzer als vom Vertrauen der sie bestellenden Betriebsparteien getragene Interessenvertreter widersprechen würde. Das gilt auch, wenn vom Ergebnis des ESt.-Verfahrens **persönliche Interessen eines Beisitzers** berührt werden,[82] was sich u. a. schon daraus ergibt, dass der AG selbst oder seine vertretungsberechtigten Personen als Beisitzer tätig sein können (vgl. Rn. 31).

34 Die Bestellung von **Ersatzbeisitzern** ist zulässig.[83] Sie kann vorsorglich bereits anlässlich der Errichtung der ESt. oder durch Neubenennung für einen konkret ausgefallenen Beisitzer geschehen. Bestellte Beisitzer können auch jederzeit von AG oder BR abberufen und durch eine andere Person ersetzt werden.[84] **Scheidet ein betriebsangehöriger Beisitzer** während des laufenden ESt.-Verfahrens **aus dem Betrieb aus,** führt dies nicht automatisch zur Beendigung seiner Tätigkeit in der ESt. Ist ein Beisitzer in den Streitgegenstand gut eingearbeitet oder hat er bereits an einer Verhandlung der ESt. teilgenommen, ist der BR nicht verpflichtet, ihn abzuberufen, sondern kann ihn als externen Beisitzer im Amt belassen (zu den Kosten vgl. § 76 a Rn. 16).[85]

35 Die **Benennung** der vom **BR** zu bestellenden Beisitzer erfolgt durch **BR-Beschluss,** wobei die Voraussetzungen des § 33 zu beachten sind.[86] Erfolgt die Bestellung auf Grundlage einer **fehlerhaften Beschlussfassung** des BR oder einer vom BR-Vorsitzenden **ohne Rechtsgrundlage** im Namen des BR getroffenen Vereinbarung, kann der BR die Bestellung durch eine **nachträgliche Beschlussfassung** genehmigen (vgl. dazu auch § 26 Rn. 22).[87] Da die Beschlussfassung über die Bestellung eines Beisitzers nicht fristgebunden ist, kann sie auch noch **nach Beendigung des ESt.-Verfahrens** erfolgen. Die sich aus einer nachträglichen Genehmigung ergebenden Rechtsfolgen (insbesondere der gesetzliche **Vergütungsanspruch** externer Beisitzer gem. § 76 a Abs. 3, vgl. dort Rn. 21 f.) werden nicht durch einen zugunsten des AG bestehenden Vertrauensschutz eingeschränkt.[88] Bestreitet der AG die Wirksamkeit des Bestellungsbeschlusses erstmals in einem Rechtstreit um die Beisitzervergütung, nachdem ein Beisitzer des BR über einen Zeitraum von neun Monaten an elf Sitzungen einer ESt. unbeanstandet teilgenommen hat, ist dies rechtsmissbräuchlich und unbeachtlich.[89]

36 Der **AG** bestellt seine **Beisitzer** durch einfache Benennung.

3. Die Rechtsstellung der Mitglieder

37 Die Mitglieder der ESt. üben **keine richterliche Funktion** aus.[90] Das gilt sowohl für den Vorsitzenden (auch wenn dieser Richter ist) als auch für die Beisitzer. Ihre Mitwirkung ist freiwilliger Art. Deshalb sind sie auch berechtigt, **das Amt** jederzeit **abzulehnen**[91] oder niederzulegen.[92]

---

80 *BAG* 6.5.86, AP Nr. 8 zu § 128 HGB.
81 *LAG Baden-Württemberg* 4.9.01, AuR 02, 151; *LAG Düsseldorf* 3.4.81, BB 81, 733; *Fitting,* Rn. 16; GK-*Kreutz/Jacobs,* Rn. 49; Richardi-*Richardi,* Rn. 49.
82 LAG-Düsseldorf 3.4.81, a. a. O.; *Fitting,* Rn. 16; ErfK-*Kania,* Rn. 10; GK-*Kreutz/Jacobs,* Rn. 49; Richardi-*Richardi,* Rn. 49; a. A.: *U. Fischer,* AuR 05, 1, 2; *Wenning-Morgenthaler,* Rn. 113; *Schmitt,* NZA 87, 78 (82 f.).
83 *Fitting,* Rn. 22; GK-*Kreutz/Jacobs,* Rn. 50.
84 ErfK-*Kania,* Rn. 10; *Fitting,* Rn. 17; *GL,* Rn. 8 b; GK-*Kreutz/Jacobs,* a. a. O.; *Wenning-Morgenthaler,* Rn. 119; a. A. *Tschöpe,* NZA 04, 945, 948.
85 *ArbG Düsseldorf* 24.6.92, AiB 93, 49.
86 *BAG* 10.10.07, DB 08, 478.
87 *BAG* 10.10.07, a. a. O.; *HessLAG* 4.9.08 – 9 TaBV 71/08; juris.
88 *BAG* 10.10.07, a. a. O.
89 *HessLAG* 11.12.08 – 9 TaBV 196/08 – juris.
90 Vgl. zur Rechtsstellung der Beisitzer auch *U. Fischer,* AuR 05, 1, 2 ff.
91 *Fitting,* Rn. 47; GK-*Kreutz/Jacobs,* Rn. 86; *Wenning-Morgenthaler,* Rn. 132; Richardi-*Richardi,* Rn. 141.
92 Fitting, a. a. O.; ErfK-*Kania,* Rn. 11; GK-*Kreutz/Jacobs,* Rn. 93; HWK-*Kliemt,* Rn. 26; *Wenning-Morgenthaler,* Rn. 135, und *Schönfeld,* DB 88, 1996 [2001 f.]: ausdrücklich auch für den Vorsitzenden.

Trotz der vom Gesetz gewollten Nähe der **Beisitzer** zu der sie bestellenden Betriebspartei sollen sie nach Auffassung des *BAG* mit einer gewissen inneren Unabhängigkeit ihre **Schlichtungs- und Konfliktlösungsfähigkeit** in das ESt.-Verfahren einbringen.[93] Insoweit sind die Beisitzer auch nicht als **Vertreter** oder **Verfahrensbevollmächtigte** der Betriebsparteien anzusehen[94] und sind auch **an Aufträge und Weisungen nicht gebunden;** ihre Entscheidungen haben sie nach bestem Wissen und Gewissen zu treffen.[95] **38**

Während der Vorsitzende wegen der in Abs. 2 Satz 1 geforderten Unparteilichkeit strikte Neutralität zu wahren hat (vgl. Rn. 17 f.), ist es den **Beisitzern allerdings unbenommen,** bei ihrer Stellungnahme die **Interessen zu berücksichtigen,** denen sie sich verbunden fühlen.[96] Da es sich bei der ESt. nicht um ein Gericht, sondern um ein Organ der Betriebsverfassung handelt, in dem gegensätzliche Interessen zum Ausgleich gebracht werden sollen, hat der Gesetzgeber den Betriebsparteien die Möglichkeit eingeräumt, auf der Grundlage ihrer autonomen Entscheidung **Personen ihres Vertrauens** als Beisitzer in die ESt. zu entsenden.[97] Insofern setzt das Gesetz die **Interessengebundenheit** der von AG und BR benannten Beisitzer von vornherein voraus.[98] **39**

Eine **Ablehnung** der von einer Seite benannten Beisitzer durch die jeweils andere Seite ist unzulässig (vgl. dazu Rn. 33; zur Ablehnung des Vorsitzenden wegen Befangenheit vgl. Rn. 102 ff.). **40**

Die **Annahme des Amtes** als Mitglied der ESt. erfolgt durch Erklärung (auch formlos oder durch schlüssiges Handeln) gegenüber der bestellenden Betriebspartei. Mit der Annahme kommt zwischen dem AG und dem Mitglied der ESt. regelmäßig ein Vertragsverhältnis zustande. Je nachdem, ob ein gesetzlicher Vergütungsanspruch besteht (vgl. dazu § 76 a Rn. 21 ff.) oder nicht, handelt es sich um ein entgeltliches Geschäftsbesorgungsverhältnis (§§ 675, 611 BGB) oder es kommt Auftragsrecht (§§ 662 ff. BGB) zur Anwendung.[99] **41**

In der **Ausübung ihrer Funktion** dürfen die Mitglieder der ESt. **nicht gestört oder behindert** und wegen ihrer Tätigkeit **nicht benachteiligt oder begünstigt** werden. Das gilt auch im Hinblick auf die berufliche Entwicklung betrieblicher Beisitzer (§ 78; vgl. im Übrigen § 119 Rn. 14 ff.). Die **Androhung einer Kündigung** des Arbeitsverhältnisses eines Beisitzers (oder Einleitung eines Verfahrens nach § 103 BetrVG) wegen dessen Verhalten oder dessen Äußerungen in einer Sitzung der ESt. kann eine unzulässige Behinderung gem. § 78 und eine Verletzung eigener Rechte des BR aus § 76 darstellen.[100] **42**

Da die **Geheimhaltungspflicht** des § 79 sich auch auf die Mitglieder der ESt. erstreckt (§ 79 Abs. 2), sind diese verpflichtet, Betriebs- und Geschäftsgeheimnisse (vgl. § 79 Rn. 3 ff.), die ihnen wegen ihrer Zugehörigkeit zur ESt. bekannt geworden und vom AG ausdrücklich als geheimhaltungsbedürftig bezeichnet worden sind, nicht zu offenbaren und nicht zu verwerten. **43**

Soweit es sich bei den Mitgliedern der ESt. um Betriebsangehörige handelt, können diese den besonderen Kündigungsschutz des § 15 KSchG nicht für sich in Anspruch nehmen, wenn sie nicht gleichzeitig Mitglieder des BR sind. Für diesen Personenkreis besteht jedoch auf Grund des Benachteiligungsverbots des § 78 ein sog. **relativer Kündigungsschutz.** Danach ist eine Kündigung, die der AG wegen der Tätigkeit in der ESt. ausspricht, wegen Verstoßes gegen ein gesetzliches Verbot (§ 134 BGB) nichtig.[101] **44**

Eine **Haftung** von Mitgliedern der ESt. (etwa wegen Verletzung der Geheimhaltungspflicht) ist **45**

---

93 *BAG* 29.1.02, DB 02, 1948; 27.6.95, NZA 96, 161: kein »verlängerter Arm« der Betriebspartei; zustimmend GK-*Kreutz/Jacobs*, Rn. 92.

94 *BAG* 29.1.02, a. a. O.; 27.6.95, a. a. O.

95 Vgl. u. a. *Fitting*, Rn. 51; GK-*Kreutz/Jacobs*, a. a. O.

96 *BAG* 28.5.14, NZA 14, 1213 (Rn. 30 ff.); *Fitting*, a. a. O.; GK-*Kreutz/Jacobs*, a. a. O., *Wenning-Morgenthaler*, Rn. 139.

97 *BAG* 28.5.14, a. a. O.

98 GK-*Kreutz/Jacobs*, a. a. O.; *Wenning-Morgenthaler*, a. a. O.; vgl. auch *LAG Düsseldorf* 3.4.81, BB 81, 733.

99 Vgl. GK-*Kreutz/Jacobs*, Rn. 87; *Schönfeld*, DB 88, 1996 (2000).

100 *LAG Niedersachsen* 27.5.14, juris.

101 ErfK-*Kania*, Rn. 13; *Fitting*, Rn. 54; GK-*Kreutz/Jacobs*, Rn. 90; Richardi-*Richardi*, Rn. 145.

grundsätzlich nicht ausgeschlossen.[102] Sie ist aber wegen der Funktion der ESt. als betrieblichem Schlichtungsorgan auf **grobe Fahrlässigkeit** und **Vorsatz** beschränkt und setzt voraus, dass die Benachteiligten nicht die arbeitsgerichtliche Überprüfung des Spruchs der ESt. herbeiführen konnten (vgl. § 254 Abs. 2 Satz 1 BGB).

46 Zu den **Kosten des ESt.-Verfahrens,** insbes. auch der Vergütung für ihre Mitglieder, vgl. § 76 a Rn. 9 ff. (Verfahrenskosten) und Rn. 21 ff. (Vergütung).

4. Anrufung der Einigungsstelle und arbeitsgerichtliche Entscheidung über die Besetzung der Einigungsstelle

47 Die ESt. wird im **erzwingbaren ESt.-Verfahren** (vgl. Rn. 8 f.) nur tätig, wenn sie in einer in die Zuständigkeit der ESt. (vgl. Rn. 8) fallenden Streitigkeit, die zwischen den Betriebsparteien nicht beigelegt werden kann (vgl. Rn. 5), von einer dazu befugten Seite, also AG oder BR, angerufen wird (zum **freiwilligen ESt.-Verfahren** vgl. Rn. 88). Regelmäßig sind beide Seiten zur Anrufung befugt, es sei denn, dass ein Tatbestand des § 37 Abs. 6 und 7, des § 38 Abs. 2 Satz 5 oder des § 95 Abs. 1 (vgl. dazu aber auch § 95 Rn. 15) vorliegt. Dann ist allein der AG zur Anrufung berechtigt. Im Falle des § 85 Abs. 2 steht dieses Recht nur dem BR zu. Der WA, die JAV oder einzelne AN sind zur Anrufung der ESt. nicht berechtigt (vgl. dazu auch Rn. 4).

48 Die **Anrufung** der ESt. ist grundsätzlich an **keine Frist** gebunden. Eine **Ausnahme** enthält lediglich § 38 Abs. 2. Danach muss der AG die ESt. innerhalb einer Frist von zwei Wochen anrufen, wenn er den Beschluss des BR hinsichtlich der Freistellung von BR-Mitgliedern für sachlich nicht begründet hält.

49 Hat der BR die Teilnahme von BR-Mitgliedern an Schulungs- und Bildungsveranstaltungen (§ 37 Abs. 6 und 7) beschlossen und dem AG die zeitliche Lage rechtzeitig mitgeteilt, muss dieser die ESt. **unverzüglich** anrufen, wenn er der Meinung ist, dass der BR bei seiner Beschlussfassung die betrieblichen Notwendigkeiten nicht ausreichend berücksichtigt hat. Ruft der AG die ESt. nicht innerhalb einer Frist von zwei Wochen nach der Mitteilung des BR an, können die dazu bestimmten BR-Mitglieder an der Schulungsveranstaltung teilnehmen (vgl. § 37 Rn. 159 f.).

50 **Formvorschriften** für die Anrufung der ESt. bestehen nicht. Sie gilt im zwingenden ESt.-Verfahren (Rn. 8) als angerufen, wenn der **Gegenseite eine entsprechende Erklärung** zugegangen ist. Im Interesse des Antragstellers ist es jedoch zweckmäßig, bei der Abgabe der Erklärung die **Schriftform** zu wählen.[103] Ruft der BR die ESt. an, muss ein entsprechender Beschluss (§ 33) vorausgegangen sein.

51 In der Erklärung, mit der die ESt. angerufen wird, sollte genau angegeben sein, in welcher Angelegenheit bzw. zu welchem **Streitgegenstand** eine Entscheidung begehrt wird. Es ist dagegen weder erforderlich noch sinnvoll, darzulegen, welcher konkrete Regelungsvorschlag mit Hilfe der ESt. durchgesetzt werden soll (vgl. Rn. 58). Um eine beschleunigte Durchführung des Verfahrens zu ermöglichen, sollten weiterhin gleichzeitig **Vorschläge** über die **Person des Vorsitzenden** und über **die Anzahl der Beisitzer** unterbreitet werden.

52 Ruft der AG die ESt. nach **§ 38 Abs. 2** an, sind an den Antrag **strengere Anforderungen** zu stellen, da dieser an die gesetzlich vorgeschriebene **zweiwöchige Frist** gebunden ist. Der AG muss dann innerhalb der Frist gegenüber dem BR eindeutig erklären, dass er die ESt. anruft. Gleichzeitig muss er mitteilen, welche Person er als Vorsitzenden vorschlägt und wie viele Beisitzer jede Seite benennen soll. Nur durch derartige strenge Anforderungen wird der AG von vornherein daran gehindert, das Verfahren zu verschleppen. Der BR kann hinsichtlich einer Beschleunigung hier kaum tätig werden, da er im Rahmen des § 38 Abs. 2 nicht zur Anrufung der ESt. befugt ist. Andererseits wird im Falle des § 38 Abs. 2 der Beschluss des BR erst wirksam, wenn die ESt. ihre Entscheidung getroffen hat.

53 Können sich die Betriebsparteien über die **Person des Vorsitzenden** und/oder die **Anzahl der Beisitzer** nicht einigen, kann von beiden Seiten die von ihnen gewünschte Besetzung der ESt. beim **ArbG** beantragt werden (Abs. 2 Satz 2 und 3 i. V. m. § 100 Abs. 1 Satz 1 ArbGG). Die

---

102 Vgl. im Einzelnen *Fitting,* Rn. 52; *Wenning-Morgenthaler,* Rn. 141 ff.

103 Zu den praktischen Fragen vgl. DKKWF-*Berg,* § 76 Rn. 1 ff. und *Bösche/Grimberg,* AiB 91, 69.

Festlegung der Besetzung einer ESt. durch den **Spruch einer ESt.** verstößt gegen diese zwingenden gesetzlichen Vorschriften und ist unwirksam.[104] Das **Bestellungsverfahren** ist auf 2 Instanzen beschränkt. Sowohl beim ArbG als auch beim LAG entscheidet der Vorsitzende allein. Die Einlassungs- und Ladungsfristen betragen 48 Stunden. Der erstinstanzliche Beschluss ist spätestens innerhalb von vier Wochen nach Eingang des Antrags zuzustellen.Diese speziellen Vorschriften sollen der **Verfahrensbeschleunigung** dienen.

In vielen Fällen wird in diesem **gerichtlichen Bestellungsverfahren**[105] nur vordergründig über **54** die **personelle Besetzung der ESt.** gestritten, während es im Kern eigentlich um einen Streit der Betriebsparteien über die Mitbestimmungspflichtigkeit eines betrieblichen Regelungsgegenstandes – und damit über die **Zuständigkeit der ESt.** – geht oder um die **zeitliche Verzögerung** der mitbestimmten Regelung einer mitbestimmungspflichtigen Angelegenheit (z. B. durch den AG, wenn der BR von seinem Initiativrecht [vgl. § 87 Rn. 25 ff.] Gebrauch macht). Hat der **AG eine mitbestimmungspflichtige Angelegenheit einseitig geregelt** und ist für den BR die Aussicht auf Durchsetzung einer einstweiligen Verfügung (vgl. Einl. Rn. 226 f.; § 23 Rn. 279, 331) eher gering, bietet die Durchführung des Bestellungsverfahrens gem. § 100 ArbGG eine geeignete Möglichkeit, die gesetzlich vorgesehene Mitbestimmung des BR im Rahmen eines ESt.-Verfahrens zumindest nachträglich durchzusetzen.[106] Die ESt. ist im Rahmen ihrer **vorläufigen Regelungskompetenz** (vgl. Rn. 118 f.) grundsätzlich befugt, mitbestimmungswidrige Maßnahmen des AG bis zum Abschluss des ESt.-Verfahrens ganz oder teilweise zu untersagen bzw. nur in modifizierter Form zu erlauben.

Ist eine Einigung über die **Person des Vorsitzenden der ESt.** nicht zu erzielen, so erfolgt die **55** **Bestellung** durch das **örtlich zuständige ArbG.** Antragsberechtigt ist sowohl derjenige, der das ESt.-Verfahren betreibt, als auch die Gegenseite, sofern auch ihr ein Anrufungsrecht zusteht. Der Antragsteller ist nicht verpflichtet, dem Gericht konkrete Vorschläge zu unterbreiten, obwohl das im Interesse einer Beschleunigung des Bestellungsverfahrens dienlich ist.[107]

Das Gericht ist **an** derartige **Vorschläge** jedoch **nicht gebunden,**[108] sollte die vom Antragsteller **56** vorgeschlagene Person jedoch immer dann bestellen, wenn im Hinblick auf die Unparteilichkeit oder die erforderlichen Fachkenntnisse keine durch Tatsachen begründeten Bedenken bestehen.[109] Wenn die Ablehnung der vorgeschlagenen Person durch eine der Betriebsparteien nicht mit derartigen Tatsachen nachvollziehbar begründet wird, ist durch das Gericht keine andere Person als Vorsitzender zu bestimmen.[110] Allerdings ist zu berücksichtigen, dass der vom Gericht zu bestellende Vorsitzende, um seine Funktion effektiv wahrnehmen zu können, das **Vertrauen** möglichst **beider Betriebsparteien** genießen sollte,[111] so dass insoweit die durch eine der Betriebsparteien vorgebrachten subjektiven **Einwände gegen die Person eines vorgeschlagenen ESt.-Vorsitzenden** nicht ohne weiteres übergangen werden dürfen. Andererseits können Bedenken gegen die Eignung einer vorgeschlagenen Person nur dann Beachtung finden, wenn diese zumindest **nachvollziehbar** und **schlüssig** vorgetragen werden[112] und durch das Erheben von Einwänden und Bedenken das ESt.-Verfahren nicht behindert oder verzögert wird.[113] Werden begründete Einwände erhoben und ist es in Abweichung vom Vorschlag des Antragstellers ohne Schwierigkeiten möglich, eine Person als Vorsitzenden zu bestellen, gegen die von beiden Seiten keine Einwände vorgebracht werden, ist dieser Lösung der Vorzug zu geben.[114]

---

104 *BAG* 9.7.13, NZA 14, 99.
105 Zu den Einzelheiten vgl. ErfK-*Koch*, ArbGG § 98 Rn. 4 ff.; GMPM-*Matthes/Schlewing*, ArbGG § 98 Rn. 16 ff.; *HBR*, Rn. 273 ff.
106 Vgl. dazu *HBR*, Rn. 21.
107 Vgl. Muster einer Antragsschrift in DKKWF-*Berg*, § 76 Rn. 13.
108 *Fitting*, Rn. 38; GK-*Kreutz/Jacobs*, Rn. 60; Hako-*Krasshöfer*, Rn. 12; *LAG Schleswig-Holstein* 4.9.02, LAGE § 98 ArbGG 1979 Nr. 39; *LAG Frankfurt* 6.4.76, AuR 77, 62; *LAG Hamm* 16.8.76, DB 76, 2069.
109 *LAG Berlin-Brandenburg* 10.9.14, juris; 22.1.10 – 10 TaBV 2829/09; 7.8.08 – 14 TaBV 1212/08 – juris; *LAG Bremen* 1.7.88, AiB 88, 315 mit zustimmender Anm. *Trittin*.
110 A. A. *LAG Düsseldorf* 25.8.14, NZA-RR 16, 647; *LAG Berlin-Brandenburg* 4.6.10, DB 10, 1891.
111 *LAG Frankfurt* 23.6.88, BB 88, 2173.
112 Hako-*Krasshöfer*, a. a. O.; *LAG Baden-Württemberg* 12.1.87 – 6 [11] TaBV 16/86; *LAG Frankfurt* 23.6.88, a. a. O.; *LAG Berlin* 19.8.88 – 2 TaBV 5/88.
113 Vgl. auch *Heilmann*, AiB 89, 68 ff. m. w. N.
114 Ähnlich *HessLAG* 20.5.08, AuR 08, 406; 18.12.07, AuR 07, 277; *Fitting*, a. a. O.; GK-*Kreutz/Jacobs*,

57 Aufgrund der Regelung des **§ 100 Abs. 1 Satz 5 ArbGG** (vgl. dazu Rn. 21 f.) darf ein Arbeitsrichter nur dann zum ESt.-Vorsitzenden bestellt werden, wenn auf Grund der Geschäftsverteilung ausgeschlossen ist, dass er mit der Überprüfung, der Auslegung oder der Anwendung des Spruchs der ESt. befasst wird (näheres dazu Rn. 21 f.). Zu den sonstigen an die Person des ESt.-Vorsitzenden zu stellenden Anforderungen, die auch und gerade im arbeitsgerichtlichen Bestellungsverfahren zu beachten sind, vgl. Rn. 16 ff. Durch das ArbG können wegen des **Gebots der Unparteilichkeit** insbes. Mitglieder des BR, Vertreter oder nahe Verwandte des AG, sonstige Betriebsangehörige oder Verbandsvertreter (Gewerkschaftssekretäre, Vertreter der AG-Verbände) nicht bestellt werden.[115]

58 Für die Bestellung des Vorsitzenden der ESt. ist das ArbG zuständig, in dessen **Bezirk der Betrieb** liegt (§ 82 ArbGG). Der **Antrag** kann bei dem Gericht schriftlich eingereicht oder auch zu Protokoll der Geschäftsstelle erklärt werden (§ 81 Abs. 1 ArbGG). Der Antrag ist zu begründen und muss erkennen lassen, dass es an einer Einigung der Betriebsparteien über einen **bestimmten**, vor der ESt. zu verhandelnden **Regelungsgegenstand** mangelt,[116] da im Bestellungsverfahren nach § 98 ArbGG nicht nur die Person des Vorsitzenden und ggf. die Anzahl der Beisitzer festgelegt wird, sondern auch die sich aus der Konkretisierung des Regelungsgegenstandes ergebende **Regelungskompetenz der ESt** (vgl. dazu auch Rn. 73 ff., 111).[117]

59 Die Entscheidung trifft das ArbG durch den **Vorsitzenden** (der nach dem Geschäftsverteilungsplan zuständigen Kammer) **allein** (§ 100 Abs. 1 Satz 1 ArbGG, vgl. dazu auch Rn. 53 f.). Trotz der mit § 100 ArbGG beabsichtigten Verfahrensbeschleunigung ist das Gericht verpflichtet, die Beteiligten vor der Bestellung **mündlich zu hören** (§ 100 Abs. 1 Satz 3 i. V. m. § 83 Abs. 3 ArbGG).[118] Im Einverständnis der Beteiligten ist eine Bestellung ohne mündliche Verhandlung zulässig (§ 83 Abs. 4 Satz 3 ArbGG). Bestellt der Vorsitzende des ArbG die ESt. **ohne mündliche Verhandlung,** ist wegen § 100 Abs. 2 i. V. m. § 91 Abs. 1 ArbGG eine **Zurückverweisung** des Rechtsstreits durch das LAG an das ArbG nicht zulässig. Derartige Verfahrensverstöße führen auch nicht zur Nichtigkeit der Bestellung.[119] Bestellt das Gericht in Abweichung von den Vorschlägen der Beteiligten einen Vorsitzenden, ohne ihnen hierzu vorher eine Möglichkeit zur Stellungnahme einzuräumen, verstößt dies gegen den Grundsatz des rechtlichen Gehörs.[120]

60 Während des Bestellungsverfahrens ist es dem **ArbG verwehrt,** gleichzeitig **über die sachliche Zuständigkeit** der ESt. **zu entscheiden** und aus diesem Grunde ggf. die Bestellung des Vorsitzenden abzulehnen. Ob ihre **Zuständigkeit** im konkreten Einzelfall gegeben ist, **entscheidet die ESt. selbst** (vgl. Rn. 112 ff.). Im Rahmen des Bestellungsverfahrens kann auch nicht das Begehren verfolgt werden, für eine bereits bestellte ESt. durch Beschluss des ArbG den **Regelungsgegenstand der Est. ändern** zu lassen. Streitfragen bzgl. des Regelungsgegenstands der ESt. sind im ESt-Verfahren selbst zu klären.[121]

61 Das ArbG kann den Antrag auf Bestellung eines Vorsitzenden der ESt. nur dann zurückweisen, wenn die ESt. **offensichtlich unzuständig** ist (§ 100 Abs. 1 Satz 1 ArbGG).[122] Diese Voraussetzung ist nur dann gegeben, wenn die Zuständigkeit der ESt. bei fachkundiger Beurteilung auf den ersten Blick **unter keinem denkbaren rechtlichen Gesichtspunkt** als möglich erscheint[123] bzw. wenn sich die Streitigkeit sofort erkennbar nicht unter einen mitbestimmungspflichtigen Tatbestand des BetrVG subsumieren lässt.[124]

---

a. a. O.; *Tschöpe,* NZA 04, 945, 947; WPK-*Preis,* Rn. 15, die allerdings auch unbegründete Einwände gelten lassen wollen.

115 ErfK-*Kania,* Rn. 6; GK-*Kreutz/Jacobs,* Rn. 60; Richardi-*Richardi,* Rn. 52.

116 ErfK-*Koch,* § 98 ArbGG Rn. 2; GK-*Kreutz/Jacobs,* Rn. 59; *HBR,* Rn. 277 ff.; *LAG Hamburg* 10.4.91, DB 91, 2195; *LAG Düsseldorf* 21.8.87, NZA 88, 211 (212).

117 *LAG Hamburg* 1.2.07, MDR 07, 1082; *HessLAG* 31.1.06 – 4 TaBV 208/05 – juris.

118 ErfK-*Koch,* ArbGG § 98, Rn. 4; GK-*Kreutz/Jacobs,* Rn. 41; GMPM-*Matthes/Schlewing,* ArbGG § 98 Rn. 21; *Grunsky,* § 98 ArbGG Rn. 1; Richardi-*Richardi,* Rn. 63.

119 *LAG Köln* 1.3.01, AuR 01, 238.

120 *LAG München* 31.1.89, NZA 89, 525; WP-*Preis,* Rn. 15.

121 *Hessisches LAG* 3.6.14, juris.

122 An Regelungsgegenständen orientierter Nachweis zahlreicher Bsp. aus der Rspr. für offensichtliche/nicht offensichtliche Unzuständigkeiten der ESt. bei GK-*Kreutz/Jacobs,* Rn. 71, *HBR,* Rn. 274, *Wenning-Morgenthaler,* Rn. 70 f.

123 Vgl. etwa *LAG München* 13.3.86, LAGE § 98 ArbGG 1979 Nr. 10; *Fitting,* Rn. 31; *Wenning-Morgen-*

Die offensichtliche Unzuständigkeit der ESt. liegt dann nicht vor, wenn das Bestehen eines Mitbestimmungsrechts **höchstrichterlich noch nicht entschieden** und in Literatur und Instanzrechtsprechung **umstritten** ist.[125] Das gilt auch, wenn das *BAG* zwar entschieden hat, dass der für die Regelung durch die ESt. vorgesehene Fragenkomplex nicht der Mitbestimmung des BR unterliege oder nicht in die Zuständigkeit der ESt. falle, diese Ansicht aber **auf beachtliche Kritik gestoßen** ist.[126] **62**

Dies gilt ebenfalls, wenn zu einer umstrittenen Frage von verschiedenen LAG **unterschiedliche Auffassungen** vertreten werden[127] oder die **Auslegung** einer neuen gesetzlichen Regelung durch die Rspr. nicht geklärt und in der Fachliteratur **umstritten** ist.[128] **63**

Das Beschwerdegericht kann einen Antrag auf Bestellung des Vorsitzenden der ESt. nicht mehr wegen offensichtlicher Unzuständigkeit zurückweisen, wenn das **ArbG** in einem gleichzeitig anhängigen Beschlussverfahren in einer noch nicht rechtskräftigen Entscheidung das **Mitbestimmungsrecht**, um das BR und AG streiten, **bejaht** hat.[129] **64**

Der **Maßstab der »offensichtlichen Unzuständigkeit«** und damit eine eingeschränkte Prüfungskompetenz des ArbG im Bestellungsverfahren gilt **nicht nur für die Frage der Zuständigkeit der ESt.** im engeren Sinn, sondern auch für **alle sonstigen** im Zusammenhang mit der Entscheidung über den Antrag ggf. **zu prüfenden rechtlichen Vorfragen.**[130] Auch bei zwischen BR und AG bestehenden Streitigkeiten, die sich im Zusammenhang mit der Bildung einer ESt. nicht unmittelbar auf das Vorliegen, den Inhalt und die Reichweite eines Mitbestimmungsrechtes, beziehen, sondern beispielsweise auf die Frage **65**

- der Wirksamkeit einer BR-Wahl,[131]
- des Versuchs einer gütlichen Einigung[132] bzw. Scheiterns der Verhandlungen (vgl. dazu Rn.68),
- ob der antragstellende BR nach einer UN-Aufspaltung noch im Amt ist,[133] oder
- der Zuständigkeitsabgrenzung von BR und GBR,[134]

kann ein Antrag auf Bestellung eines Vorsitzenden der ESt. nur dann zurückgewiesen werden, wenn die Zuständigkeit der ESt. bei fachkundiger Beurteilung auf den ersten Blick unter keinem denkbaren rechtlichen Gesichtspunkt als möglich erscheint. Allein diese Auffassung wird der mit § 98 ArbGG verbundenen Absicht der Verfahrensbeschleunigung und der Ausgestaltung des Bestellungsverfahrens als summarischem Eilverfahren gerecht.[135]

Wird in einem – möglicherweise **von mehreren AG – gemeinsam geführten Betrieb** eine Betriebsänderung (§ 111) mit der Folge durchgeführt, dass alle beteiligten AG gemeinsam verpflichtet sind, Verhandlungen über Interessenausgleich und Sozialplan zu führen, sind im Verfahren nach § 100 ArbGG alle AG zu beteiligen, die möglicherweise in ihrer betriebsverfassungsrechtlichen Stellung materiell betroffen sind, und ist ebenfalls in diesem Verfahren über die Person des Vorsitzenden und ggf. die Anzahl der Beisitzer zu entscheiden. Es bleibt **66**

---

thaler, Rn. 68.

124 Vgl. *LAG Köln* 5.12.01, AuR 02, 278; *LAG Berlin* 18.2.80, AP Nr. 1 zu § 98 ArbGG; HWGNRH-*Worzalla,* Rn. 18; Richardi-*Richardi,* Rn. 64; vgl. auch GK-*Kreutz/Jacobs,* Rn. 67 f., mit umfangreichen Hinweisen zur Rspr.

125 *LAG Hamm* 26.5.08 – 10 TaBV 51/08 – juris; *LAG Schleswig-Holstein* 19.12.06, AuR 07, 183.

126 *LAG Saarland* 14.5.03, AuR 03, 279; *LAG Baden-Württemberg* 16.10.91, NZA 92, 186; a. A. *LAG Baden-Württemberg* 4.10.84, NZA 85, 163.

127 *LAG Nürnberg* 21.9.92, NZA 93, 281.

128 *LAG Köln* 13.1.98, NZA 98, 1018 = AiB 98, 593 mit Anm. *Ratayczak.*

129 *LAG Köln* 11.2.92, NZA 92, 1103.

130 *LAG Köln* 1.3.01, AuR 01, 238; 24.10.96, AuR 97, 168.

131 *LAG Köln* 24.10.96, a. a. O.

132 Vgl. dazu *BAG* 18.3.15, juris.

133 Vgl. dazu *LAG Hamburg* 2.11.88, BB 89, 916.

134 Vgl. dazu *LAG Berlin-Brandenburg* 22.1.10 – 10 TaBV 2829/09; *LAG Düsseldorf* 20.3.07 – 8 TaBV 15/07; 3.7.02, DB 02, 1784; *LAG Nürnberg* 21.9.92, NZA 93, 281; *LAG Hamburg* 10.4.91, DB 91, 2195; *LAG Düsseldorf* 21.8.87, NZA 88, 211.

135 So auch im Ergebnis *LAG Hamburg* 2.11.88, a. a. O.; *LAG Frankfurt* 15.6.84, NZA 85, 33; *Fitting,* Rn. 35; GK-*Kreutz/Jacobs,* Rn. 65; HWGNRH-*Worzalla,* Rn. 19; a. A. *LAG Düsseldorf* 21.8.87, NZA 88, 211; *Göpfert/Krieger,* NZA 05, 254, 257; Richardi-*Richardi,* Rn. 65; *Tschöpe,* NZA 04, 945, 946.

den beteiligten AG – und ggf. einem eigenen Verfahren – überlassen und ist nicht im Verfahren nach § 100 ArbGG zu klären, welcher AG (wie viele) Beisitzer in die ESt. entsendet und verpflichtet ist, Interessenausgleichsverhandlungen zu führen und Sozialplanansprüche zu erfüllen.[136]

67 Das Bestellungsverfahren ist zwar grundsätzlich der **Sachverhaltsaufklärung durch Beweisaufnahme** zugänglich, was sich u. a. auch aus dem Verweis in § 100 Abs. 1 Satz 3 ArbGG auf die §§ 80 – 84 ArbGG ergibt,[137] und die Prüfung der tatsächlichen Voraussetzungen der Zuständigkeit der ESt. darf mit Rücksicht auf den maßgeblichen Untersuchungsgrundsatz nicht ausschließlich auf Grund der Tatsachenbehauptungen des Antragstellers erfolgen,[138] doch ist die Sachverhaltsaufklärung durch den Prüfungsmaßstab der »offensichtlichen Unzuständigkeit« beschränkt. Die **Durchführung einer Beweisaufnahme** kommt daher nur dann in Frage, wenn ein eindeutiges, jeden Zweifel ausschließendes Ergebnis erwartet werden kann (wie z. B. beim Urkundenbeweis oder der Einholung amtlicher Auskünfte). Die Zeugenvernehmung oder die Einholung eines Sachverständigengutachtens kommt nicht in Betracht, weil die Bewertung des Ergebnisses der Beweisaufnahme in diesen Fällen i. d. R. nicht jeden vernünftigen Zweifel ausschließt. Schließlich steht einer derartigen Beweisaufnahme auch der Grundsatz der Verfahrensbeschleunigung entgegen.[139]

68 Ob die **Verhandlungen** zwischen BR und AG als **gescheitert** zu betrachten sind (vgl. Abs. 1 Satz 1 i. V. m. § 74 Abs. 1 Satz 2, dazu auch Rn. 5), steht grundsätzlich im **subjektiven Ermessen der beteiligten Betriebsparteien.**[140] Wird die Annahme des Scheiterns der Verhandlungen nicht ohne jeden Anlass behauptet, kann von der offensichtlichen Unzuständigkeit der ESt. nicht ausgegangen werden.[141]

69 Das gilt auch, wenn **Verhandlungen** stattgefunden haben, die eine Seite **für noch nicht beendet betrachtet**[142] oder wenn bezüglich des Regelungsgegenstandes unabhängig von der Intensität konkreter Verhandlungen zwischen den Betriebsparteien ein Dauerstreit besteht.[143]

70 Hat ein ernsthafter Verhandlungsversuch des AG stattgefunden, ergibt sich die offensichtliche Unzuständigkeit der ESt. nicht daraus, dass der AG nach Auffassung des BR im Hinblick auf den streitgegenständlichen Regelungsgegenstand seine **gesetzlichen Informationspflichten** noch nicht erfüllt hat.[144]

71 Lässt sich eine der beiden Seiten auf Verhandlungen überhaupt nicht ein, sind ebenfalls die verfahrensmäßigen Voraussetzungen für die Bestellung des Vorsitzenden der ESt. regelmäßig gegeben.[145] Dies gilt auch dann, wenn von der sich zunächst verweigernden Betriebspartei **nachträglich** während des gerichtlichen Bestellungsverfahrens **Verhandlungsbereitschaft** signalisiert wird.[146]

72 Hält eine der Betriebsparteien die Aufnahme förmlicher **Verhandlungen** zu einem den beiden Betriebsparteien bekannten Regelungsgegenstand aufgrund des bisherigen Verhaltens der Gegenseite für **aussichtslos**, ist die Einigungsstelle nicht wegen eines Verstoßes gegen § 74 Abs. 1 Satz 2 offensichtlich unzuständig.[147]

---

136 *LAG Nürnberg* 22.3.95, DB 95, 1972.
137 *BVerfG* 24.9.86 – 1 BvR 1481/83.
138 *LAG München* 14.3.89, LAGE § 98 ArbGG 1979 Nr. 18.
139 Im Ergebnis ebenso *LAG Köln* 5.12.01, AuR 02, 278; 10.6.96 – 11 TaBV 23/96; *LAG Berlin* 27.1.93 – 1 TaBV 5/92; *LAG Frankfurt* 15.9.92, DB 93, 1248; *LAG München* 14.3.89, a. a. O.; weitergehend eine Beweisaufnahme grundsätzlich ablehnend: *HessLAG* 15.7.08, AuR 09, 61; a. A. *LAG Düsseldorf* 21.8.87, a. a. O.; *GMPM*, § 98 Rn. 21.
140 *LAG Rheinland-Pfalz* 5.1.06, AuR 06, 333; *LAG Niedersachsen* 25.10.05, AuR 06, 132; *ArbG Kaiserlautern* 26.10.07, AuR 08, 162.
141 *HessLAG* 30.9.14, juris; *LAG Hamm* 14.5.14, juris; *LAG Niedersachsen* 7.12.98, AiB 99, 647; *HessLAG* 22.11.94, NZA 95, 1118; *LAG Frankfurt* 12.11.91, AuR 92, 250; *ArbG Elmshorn* 22.12.95, AiB 96, 191.
142 *LAG Hamm* 29.2.08 – 13 TaBV 6/08.
143 *LAG Hamm* 11.2.08 – 10 TaBV 141/07.
144 *HessLAG* 17.4.07, AuR 08, 77.
145 *LAG Baden-Württemberg* 16.10.91, NZA 92, 186; a. A. *LAG Schleswig-Holstein* 17.11.88, LAGE § 98 ArbGG 1979 Nr. 13; *LAG Baden-Württemberg* 4.10.84, NZA 85, 163.
146 *LAG Baden-Württemberg* 16.10.91, a. a. O.
147 *LAG Hamm* 29.2.08 – 13 TaBV 6/08 – juris; 11.2.08 – 10 TaBV 141/07 – juris.

Lehnt der BR die Regelungsvorschläge des AG zur Veränderung eines der Mitbestimmung gemäß § 87 Abs. 1 Ziff. 10, 11 unterfallenden **Prämiensystems** ab und betreibt deshalb das Bestellungsverfahren zur Einrichtung der ESt., kann der AG die offensichtliche Unzuständigkeit der ESt. nicht durch seine Erklärung herbeiführen, wegen der Ablehnung seiner Vorschläge durch den BR sei er zur Prämiengewährung ab sofort nicht mehr bereit.[148] 73

Haben die Betriebsparteien gemäß Abs. 6 vereinbart, dass für Meinungsverschiedenheiten über die **Auslegung einer abgeschlossenen BV** die Zuständigkeit der ESt. gegeben ist, so kann die offensichtliche Unzuständigkeit der ESt. nicht damit begründet werden, die von der anderen Betriebspartei vertretene Meinung zur Auslegung der BV sei völlig abwegig bzw. nicht vertretbar.[149] 74

Die **Nichtbeachtung** eines von den Betriebsparteien verbindlich vereinbarten **betrieblichen Vorverfahrens** (z. B. Behandlung eines Prämienstreites in einer betrieblichen Kommission) führt nur dann zur offensichtlichen Unzuständigkeit der ESt., wenn das tatsächliche Tätigwerden der betrieblichen Kommission durch entsprechende Vorkehrungen in der vereinbarten Verfahrensordnung sichergestellt ist.[150] 75

Ergibt sich aus dem Antrag auf Bestellung eines Vorsitzenden der ESt., dass für die zwischen AG und BR bestehende Meinungsverschiedenheit ein Mitbestimmungsrecht nicht offensichtlich ausscheidet, setzt die antragsgemäße Bestellung des Vorsitzenden nicht voraus, dass der **Antragsteller darlegt, welche konkrete Regelung mit Hilfe der ESt. getroffen werden soll,**[151] oder dass er einen Regelungsvorschlag unterbreitet hat, der betrieblich umsetzbar ist.[152] 76

Die ESt. ist nicht offensichtlich unzuständig, wenn der AG wegen behaupteten **Wegfalls der Geschäftsgrundlage einer Gesamtzusage** eine verschlechternde Neuregelung schaffen will, die z. B. gem. § 87 Abs. 1 Nr. 10 mitbestimmungspflichtig ist, und AG und BR sich nicht einigen können. Der BR kann seine Mitwirkung an der Neuregelung nicht verweigern.[153] 77

Die Auslegung einer (noch geltenden) BV, die lediglich Beginn und Ende der täglichen Arbeitszeit und der Pausen und die Verteilung der Arbeitszeit auf die Wochentage regelt, kann ergeben, dass sie **keine abschließende Regelung** der Arbeitszeit darstellt, mit der Folge, dass die ESt. für den Regelungsgegenstand Flexibilisierung der Arbeitszeit bzw. Arbeitszeitkonten nicht offensichtlich unzuständig ist.[154] 78

Lässt der Antragsteller sein Regelungs**begehren im Unklaren,** kann die Feststellung, die ESt. sei nicht offensichtlich unzuständig, nicht getroffen werden (vgl. dazu auch Rn. 111, 120).[155] 79

Die offensichtliche Unzuständigkeit der ESt. kann sich daraus ergeben, dass zu dem Regelungsgegenstand bereits eine **abschließende tarifliche Regelung** gemäß § 87 Abs. 1 Eingangssatz vorliegt.[156] 80

Der Umstand, dass zu einem Regelungsgegenstand bereits eine **ungekündigte und nicht unwirksame BV** mit einer **abschließenden Regelung** besteht, begründet die offensichtliche Unzuständigkeit einer ESt. **zu demselben Regelungsgegenstand.**[157] 81

Dem **ArbG** ist es **verwehrt,** das **Bestellungsverfahren** gemäß § 148 ZPO **auszusetzen,** wenn gleichzeitig ein (anderes) Beschlussverfahren (vgl. dazu Rn. 162) anhängig ist, mit dem eine Entscheidung über die Frage des Bestehens eines Mitbestimmungsrechts herbeigeführt werden soll (h. M.).[158] Das gilt auch, wenn das ArbG die ESt. für offensichtlich unzuständig hält.[159] In diesem Fall kommt nur die Zurückweisung des Bestellungsantrags in Frage.[160] 82

---

148 *LAG Köln* 11.11.92 – 8 TaBV 56/92.
149 *LAG Köln* 22.4.94, NZA 95, 445.
150 *LAG Düsseldorf* 22.2.85, DB 85, 764.
151 *HessLAG* 31.1.06, AuR 06, 214; *LAG Baden-Württemberg* 1.7.87 – 10 TaBV 2/87.
152 *LAG Köln* 9.11.94, BB 95, 1244.
153 *BAG* 23.9.97, DB 98, 779.
154 *LAG Hamm* 10.9.07, BB 08, 340 mit Anm. *Mohnke*; ähnliche Fallgestaltungen bei *LAG Hamm* 26.5.08 – 10 TaBV 51/08 – juris; 24.9.07, AuR 08, 121.
155 *HessLAG* 31.1.06, a. a. O.; *LAG Köln* 18 2. 98, 378.
156 *LAG Köln* 17.8.00, BB 01, 831.
157 *LAG Köln* 5.3.09 – 13 TaBV 97/08; *LAG Baden-Württemberg* 18.11.08 – 9 TaBV 6/08 – juris; *LAG Niedersachsen* 29.7.08, LAGE Nr. 51 zu § 98 ArbGG 1979; *HessLAG* 20.5.08, AuR 09, 61; vgl. aber auch *LAG Köln* 23.1.07 – 9 TaBV 66/06; 6.9.05 – 4 TaBV 4105, das in einem solchen Fall – nach hier vertretener Ansicht, zu Unrecht – die offensichtliche Unzuständigkeit verneint hat.
158 *BAG* 24.11.81, AP Nr. 11 zu § 76 BetrVG 1972; *LAG Hamm* 16.6.08 – 10 TaBV 59/08 – juris; *Fitting*,

83 Das **Bestellungsverfahren** ist erst **abgeschlossen**, wenn die zum Vorsitzenden der ESt. bestellte Person das Amt angenommen hat (vgl. dazu Rn. 41). Lehnt sie ab, ist das Gericht verpflichtet, einen anderen zu bestellen.[161] Die Beteiligten haben es allerdings sowohl während des Bestellungsverfahrens als auch nach erfolgter Bestellung des Vorsitzenden der ESt. in der Hand, sich auf einen (anderen) Vorsitzenden zu einigen. Geschieht das, ist ein bereits anhängiges Bestellungsverfahren durch das Gericht einzustellen. Ist die gerichtliche Bestellung schon erfolgt, wird diese hinfällig.[162]

84 Kann über die **Anzahl der Beisitzer** zwischen AG und BR eine **Einigung nicht erzielt** werden, entscheidet auch insoweit das ArbG (vgl. Rn. 58 ff.). Sie ist vom ArbG unter Berücksichtigung der Schwierigkeit des Streitgegenstandes und der absehbaren personellen, räumlichen und sachlichen Auswirkungen des ESt.-Verfahrens festzulegen (vgl. dazu Rn. 25 f.). Im Zusammenhang mit der abzulehnenden Auffassung der Regelbesetzung der ESt. mit zwei Beisitzern (vgl. Rn. 27 f.) wird von der Rspr. verlangt, dass ein von BR oder AG gestellter Antrag, der auf eine von der Regelbesetzung nach oben abweichende Zusammensetzung der ESt. abzielt, unter Darlegung nachprüfbarer Tatsachen zur Betriebsgröße, zum Schwierigkeitsgrad und zur Anzahl der betroffenen AN begründet werden muss.[163]

85 Eine Kompetenz hinsichtlich der **Auswahl der Beisitzer** steht dem Gericht nicht zu. Diese liegt allein in der jeweils autonomen Entscheidung von AG und BR (vgl. auch Rn. 29, 33).[164]

86 Hat das Gericht die Anzahl der Beisitzer bestimmt, steht es den Beteiligten dennoch frei, sich nachträglich auf eine andere Anzahl zu einigen.[165] Die **nachträgliche Einigung** hat den Vorrang vor der gerichtlichen Bestimmung.

87 Gegen die Entscheidung des ArbG im Bestellungsverfahren findet nur die **Beschwerde an das LAG** statt (§ 100 Abs. 2 Satz 4 ArbGG). Zu den Auswirkungen auf den Zeitpunkt der Einleitung des ESt.-Verfahrens vgl. Rn. 98 ff.

88 Im **freiwilligen ESt.-Verfahren** (vgl. Rn. 10 ff.) kann die ESt. von AG und BR nur einvernehmlich, also durch einen gemeinsamen Antrag, angerufen werden. Soweit die Vereinbarung des freiwilligen ESt.-Verfahrens nicht in einer nur gemäß § 77 Abs. 5 kündbaren BV getroffen wurde, ist die Zustimmung zur Durchführung des freiwilligen ESt.-Verfahrens jederzeit widerruflich.[166] Auch die gerichtliche Bestellung des Vorsitzenden oder die gerichtliche Festlegung der Anzahl der Beisitzer kann nur von AG und BR gemeinsam beantragt werden.[167] Einen Sonderfall stellt insoweit das gerichtliche Bestellungsverfahren für eine **ESt. zur Erzielung eines Interessenausgleichs** (§ 112 Abs. 2 Satz 2) dar. Zwar kann die ESt. in diesem Fall eine verbindliche Entscheidung nicht treffen, doch ist es dem AG oder dem BR auch ohne Einverständnis der Gegenseite möglich, die ESt. anzurufen.[168]

IV. Das Verfahren vor der Einigungsstelle

89 Umfassende **Vorschriften über das Verfahren** vor der ESt. sind im Gesetz nicht enthalten. Abs. 3 regelt im wesentlichen Abstimmung und Beschlussfassung bei Abschluss des Verfahrens: die mündliche Beratung, die Abstimmung durch den Spruchkörper, den Abstimmungs-

---

Rn. 36; *GL*, Rn. 25; GK-*Kreutz/Jacobs*, Rn. 73; HWGNRH-*Worzalla*, Rn. 25; Richardi-*Richardi*, Rn. 71.

159 GK-*Kreutz/Jacobs*, a. a. O.

160 WPK-*Preis*, Rn. 44.

161 GK-*Kreutz/Jacobs*, Rn. 76; a. A. GMPM-*Matthes-Schlewing*, ArbGG § 98 Rn. 28, die die Einleitung eines neuen Bestellungsverfahrens für erforderlich halten.

162 *Fitting*, Rn. 40; *GL*, Rn. 15; GK-*Kreutz/Jacobs*, Rn. 74; Richardi-*Richardi*, Rn. 70.

163 *LAG Niedersachsen* 7.8.07, LAGE Nr. 49 a zu 3 98 ArbGG 1979; *LAG Rheinland-Pfalz* 23.6.83, DB 84, 56.

164 *Fitting*, Rn. 21; *GL*, Rn. 16; GK-*Kreutz/Jacobs*, Rn. 46; HWGNRH-*Worzalla*, Rn. 47; *LAG Düsseldorf* 3.4.81, BB 81, 733; *LAG Hamm* 8.4.87, DB 87, 1441.

165 *Fitting*, Rn. a. a. o.; GK-*Kreutz/Jacobs*, Rn. 45.

166 *Fitting*, Rn. 107; GK-*Kreutz/Jacobs*, Rn. 34.

167 GK-*Kreutz/Jacobs*, Rn. 34; Richardi-*Richardi*, Rn. 38; a. A. *Fitting*, Rn. 106, für die Bestellung des Vorsitzenden.

168 Richardi-*Richardi* § 112 Rn. 229; *LAG Berlin* 3.6.94, DB 94, 2035; *LAG Bremen* 8.9.83, AuR 84, 90; vgl. auch §§ 112, 112 a Rn. 5 ff.; a. A. *LAG Berlin* 4.10.82, DB 83, 888.

modus, die schriftliche Niederlegung und Zuleitung der Beschlüsse.[169] Diese Vorschriften sind **zwingender Natur.**[170] Weitere Einzelheiten des Verfahrens können allerdings durch BV geregelt werden (Abs. 4; vgl. dazu Rn. 136). Im Übrigen obliegt die **Gestaltung des Verfahrensablaufs** dem **pflichtgemäßen Ermessen** der ESt.,[171] wobei elementare **rechtsstaatliche Grundsätze** (Art. 20 Abs. 1, 3, Art. 28 Abs. 1 GG) und die **Funktion der ESt. als normsetzendes Organ** zu beachten sind.[172] Zu den nach der Rspr. des *BAG*[173] zu beachtenden **elementaren Verfahrensgrundsätzen** gehören die rechtzeitige und **ordnungsgemäße Einladung** der ESt.-Mitglieder zu den Sitzungen,[174] die **Gewährung rechtlichen Gehörs,**[175] die **Beschlussfassung** auf Grund nichtöffentlicher mündlicher Beratung[176] und die **Bescheidung** eines gestellten **Befangenheitsantrages.**[177] Deren Einhaltung ist u. a. auch deshalb von Bedeutung, weil die Rechtmäßigkeit der Entscheidung der ESt. auch im Hinblick auf schwerwiegende Verfahrensverstöße der arbeitsgerichtlichen Überprüfung unterliegt.[178]

Die ESt. wird grundsätzlich nur **auf Antrag** tätig (vgl. Abs. 5 Satz 1, Abs. 6 Satz 1 und Rn. 51), **91**
nicht von Amts wegen.[179] **Antragsberechtigt und Beteiligte des Verfahrens** vor der ESt. sind auf der AG-Seite der AG und auf der AN-Seite der BR. Anstelle des BR kann jedoch der GBR oder auch der KBR am Verfahren beteiligt sein, wenn die Voraussetzungen des § 47 Abs. 5 bzw. § 55 Abs. 4 vorliegen. Weitere Beteiligte kommen nicht in Betracht. Insbesondere können sich einzelne AN des Betriebs nicht am Verfahren beteiligen, selbst wenn sie von der Entscheidung unmittelbar betroffen werden.[180] Unabhängig davon kann die ESt. allerdings einzelne AN etwa als Zeugen, betriebliche Sachverständige oder Betroffene zur ESt.-Sitzung laden und anhören.

Im ESt.-Verfahren ist der rechtsstaatliche **Grundsatz des rechtlichen Gehörs** (Art. 103 Abs. 1 **92**
GG) zu beachten.[181] Aus diesem Grund ist den Betriebsparteien in jedem Fall Gelegenheit zu geben, sich ausführlich vor der ESt. zur Sache zu äußern.[182] Obwohl das Gesetz (§ 76 Abs. 3 Satz 1) die mündliche Verhandlung unter Beteiligung der Betriebsparteien ausdrücklich nicht vorschreibt, sondern lediglich die Vorbereitung der Beschlussfassung durch die »mündliche Beratung« der ESt. selbst verlangt, ist unter Berücksichtigung der Funktion des ESt.-Verfahrens als betrieblichem Schlichtungsorgan zur Beilegung von Meinungsverschiedenheiten der Betriebsparteien dennoch vom **zwingenden Erfordernis der mündlichen Verhandlung** auszugehen.[183]

Eine nur **schriftliche Anhörung der Betriebsparteien** verstößt demnach gegen das zu be- **93**
achtende Gebot der Mündlichkeit. In jedem Fall unzulässig ist die Entscheidung der ESt. ohne mündliche Beratung derselben, etwa nach Lage der Akten, durch schriftliches Votum oder im Umlaufverfahren.[184] Einigkeit besteht allerdings im Hinblick auf die Schlichtungsfunktion der ESt., dass eine **mündliche Verhandlung** unter **Einbeziehung der Betriebsparteien** in der Regel **sinnvoll und geboten** ist.[185]

---

169 Vgl. *BAG* 29.1.02, DB 02, 1948.
170 ErfK-*Kania,* Rn. 14; *Fitting,* Rn. 56; GK-*Kreutz/Jacobs,* Rn. 100; *Wenning-Morgenthaler,* Rn. 149.
171 Vgl. dazu auch DKKWF-*Berg,* § 76 Rn. 7, 11, 12.
172 *BAG* 29.1.02, a. a. O.; 27.6.95, NZA 96, 161; 18.1.94, DB 94, 838; 18.4.89, DB 89, 1926 = AiB 89, 361 mit Anm. *Schoof;* eingehend zur Verfahrensgestaltung *Hennige,* S. 123 ff.; *Wenning-Morgenthaler, Rn. 146, 150 ff.*; *Schönfeld,* NZA-Beilage 4/88, S. 3 ff.
173 Vgl. zusammenfassend: 29.1.02, a. a. O.
174 27.6.95, a. a. O.
175 11.2.92, NZA 92, 1730.
176 18.1.94, a. a. O.
177 11.9.01, NZA 02, 572.
178 *BAG* 29.1.02, a. a. O.; vgl. dazu im Einzelnen *Schönfeld,* a. a. O., S. 3 ff. und Rn. 93, 102.
179 *Fitting,* Rn. 59; GK-*Kreutz/Jacobs,* Rn. 95; *Schönfeld,* NZA-Beilage 4/88, S. 3 [8].
180 *Fitting,* Rn. 69; GK-*Kreutz/Jacobs,* Rn. 101.
181 *BAG* 11.2.92, NZA 92, 1730.
182 A. A. *BAG* 11.2.92, a. a. O., das die Gewährung rechtlichen Gehörs für die Mitglieder der ESt. für ausreichend hält; ihm folgend ErfK-*Kania,* Rn. 18; wie hier *Fitting,* Rn. 69; GK-*Kreutz/Jacobs,* Rn. 100; KassArbR-*Etzel,* 9.1., Rn. 1336 f.; Richardi-*Richardi,* Rn. 87.
183 Wie hier HWK-*Kliemt,* Rn. 43; *Schönfeld,* NZA-Beilage 4/88, S. 3 (9); a. A. *Däubler,* Das Arbeitsrecht 1, Rn. 948; ErfK-*Kania,* a. a. O.; *Fitting,* Rn. 71; GK-*Kreutz/Jacobs,* Rn. 102; HWGNRH-*Worzalla,* Rn. 64; Richardi-*Richardi,* Rn. 86; WPK-*Preis,* Rn. 25.
184 *BAG* 29.1.02, DB 02, 1948; 11.2.92, a. a. O.; *GL,* Rn. 32; GK-*Kreutz/Jacobs,* Rn. 107.
185 *Däubler,* a. a. O.; ErfK-*Kania,* a. a. O.; *Fitting,* a. a. O.; Richardi-*Richardi,* a. a. O.; WPK-*Preis,* a. a. O.; in Abhängigkeit vom Stand der betrieblichen Verhandlungen: *Wenning-Morgenthaler,* Rn. 163.

94 Die Beteiligten können ihren Standpunkt vor der ESt. selbst vortragen. Sie können sich grundsätzlich aber auch durch **sachkundige Bevollmächtigte**, z. B. durch **Verbandsvertreter** oder **Rechtsanwälte,** vertreten lassen.[186] Auch die Vertretung durch mehrere Verfahrensbevollmächtigte ist zulässig.[187] Einer Zulassung der Bevollmächtigten durch die ESt. bedarf es nicht.[188] Bei Vorlage einer entsprechenden Vollmacht sind sie berechtigt, im gleichen Umfang wie die von ihnen vertretene Betriebspartei an der Sitzung der ESt. teilzunehmen.[189] Die ESt. hat nicht das Recht, die von den Beteiligten präsentierten Bevollmächtigten zurückzuweisen.[190] Zur der – vom Teilnahmerecht zu unterscheidenden – Frage der **Kostentragungspflicht des AG** für Bevollmächtigte des BR vgl. § 76 a Rn. 12 f.

95 Während in der Literatur ohne nähere Begründung überwiegend die Auffassung vertreten wird, das Verfahren vor der ESt. sei **nicht öffentlich,**[191] ist die Anwesenheit dritter Personen – über die unmittelbar Verfahrensbeteiligten hinaus – schon wegen der verfahrensrechtlichen Offenheit der gesetzlichen Regelung des ESt.-Verfahrens nicht von vornherein ausgeschlossen. Gegen die Zulassung betroffener AN als Zuhörer sind grundsätzlich rechtserhebliche Einwände nicht ersichtlich, jedenfalls dann nicht, wenn der Streitgegenstand weder Betriebs- und Geschäftsgeheimnisse noch die persönlichen Verhältnisse einzelner AN berührt.[192]

96 Dies gilt erst recht für die **parteiöffentliche Durchführung[193] des ESt.-Verfahrens,** etwa für die Anwesenheit von Ersatzbeisitzern oder weiteren, – nicht als Beisitzer in der ESt. vertretenen – BR-Mitgliedern oder innerbetrieblichen Vertretern des Arbeitgebers. Über die Erforderlichkeit der Teilnahme zumindest an der mündlichen Verhandlung (zum zwingenden Erfordernis der mündlichen Verhandlung vgl. Rn. 92, zur Beratung und Beschlussfassung vgl. Rn. 97) entscheidet jede Betriebspartei für sich allein. Die Teilnahme kann etwa erforderlich sein, um bei komplexen Regelungsgegenständen zusätzlichen Sachverstand in das Verfahren einzubeziehen oder dem BR eine breitere unmittelbare Beteiligung seiner Mitglieder am Verfahren zu ermöglichen. Zumindest dann, wenn eine entsprechende Entscheidung der ESt. vorliegt[194] oder die Betriebsparteien dies im Rahmen einer Verfahrensregelung gemäß Abs. 4 (vgl. auch Rn. 136)[195] vereinbart haben, ist die parteiöffentliche Durchführung der mündlichen Verhandlung stets zulässig. Um eine breitere Beteiligung des gesamten BR-Gremiums zu gewährleisten besteht darüber hinaus die Möglichkeit (zur Festlegung des Zeitpunktes und der Häufigkeit von BR-Sitzungen nach pflichtgemäßem Ermessen vgl. § 29 Rn. 16), dass parallel zur Sitzung der ESt. eine BR-Sitzung stattfindet (was auch sinnvoll sein kann, um bei entsprechendem Bedarf – vgl. dazu Rn. 116 – die für den Abschluss von BV im Rahmen des Einigungsstellenverfahrens erforderlichen Beschlüsse des BR herbeizuführen bzw. bereits gefasste Beschlüsse zu modifizieren).

97 Für die **abschließende mündliche Beratung und Beschlussfassung** der ESt. gehört es nach Auffassung des *BAG* allerdings zu den elementaren Verfahrensgrundsätzen des ESt.-Verfahrens, dass diese **in Abwesenheit der Betriebsparteien** und **sonstiger Verfahrensbeteiligter** erfolgt, sofern diese nicht Beisitzer der ESt. sind (vgl. auch Rn. 115 ff.),[196] wobei die Anwesenheit eines Protokollführers für unschädlich gehalten wird.[197]

---

186 *BAG* 5.11.81, AP Nr. 9 zu § 76 BetrVG 1972, 21.6.89, DB 89, 2436; *Fitting,* Rn. 72; *GL,* Rn. 26; GK-*Kreutz/Jacobs,* Rn. 103; HWGNRH-*Worzalla,* Rn. 64; *Wenning-Morgenthaler,* Rn. 166; Richardi-*Richardi,* Rn. 87

187 A. A. *SWS,* Rn. 4; *Tschöpe,* NZA 04, 945, 948.

188 GK-*Kreutz/Jacobs,* a. a. O.

189 *Wenning-Morgenthaler,* a. a. O.

190 *Fitting,* a. a. O.

191 ErfK-*Kania,* Rn. 18; *Fitting,* Rn. 73; GK-*Kreutz/Jacobs,* Rn. 107; Richardi-*Richardi,* Rn. 88.

192 *Däubler,* Das Arbeitsrecht 1, Rn. 948; zulässig zumindest im Einvernehmen der Mitglieder der ESt.: Hako-*Krasshöfer,* Rn. 19; HWK-*Kliemt,* Rn. 38; WPK-*Preis,* Rn. 22.

193 Bejahend ErfK-*Kania,* a. a. O.; *Fitting,* a. a. O.; *Hennige,* S. 193; HWGNRH-*Worzalla,* Rn. 65; HWK-*Kliemt,* a. a. O.; *Wenning-Morgenthaler,* Rn. 165; *Schönfeld,* NZA-Beilage 4/88, 3 [9]; WPK-*Preis,* a. a. O.; bejahend bei Durchführung einer mündlichen Verhandlung – vgl. Rn. 62 – GK-*Kreutz/Jacobs,* a. a. O.

194 Bei Einverständnis aller Mitglieder der ESt. bejahend ErfK-*Kania,* a. a. O.; *Kraushaar,* AiB 96, 113, 118; *Wenning-Morgenthaler,* Rn. 167 f.

195 *Däubler,* a. a. O.; ErfK-*Kania,* a. a. O.

196 *BAG* 18.1.94, BB 94, 1214.

197 *Fitting,* Rn. 74; GK-*Kreutz/Jacobs,* a. a. O.

Der **Vorsitzende** hat **unverzüglich** (vgl. Abs. 3 Satz 1) die **Einladung zur Sitzung der ESt.** zu besorgen[198] und ihre **Konstituierung** durchzuführen. Nehmen nicht alle Beisitzer an einer ESt.-Sitzung teil, weil sie **nicht rechtzeitig** und **ordnungsgemäß geladen** wurden, und ergeht dennoch ein ESt.-Spruch, so ist dieser unwirksam.[199] **98**

Wurde der Vorsitzende durch das ArbG gemäß Abs. 2 Satz 2 i. V. m. § 98 ArbGG bestellt, kann er unter dem Gesichtspunkt der **Verfahrensbeschleunigung** – sobald die Bestellungsentscheidung des ArbG ergangen ist – **durch die sofortige Terminierung und Einladung das ESt.-Verfahren einleiten,** ohne den Ablauf der Beschwerdefrist gemäß § 98 Abs. 2 Satz 2 ArbGG abwarten zu müssen.[200] Wird die erstinstanzliche Entscheidung allerdings mit der **Beschwerde gemäß § 98 Abs. 2 Satz 1 ArbGG** angefochten, ist der vom ArbG bestellte Vorsitzende an der Einleitung des ESt.-Verfahrens gehindert bzw. darf ein bereits eingeleitetes ESt.-Verfahren nicht fortführen, da § 98 Abs. 2 Satz 3 ArbGG mit seiner Verweisung auf § 87 Abs. 3 ArbGG die aufschiebende Wirkung der Einlegung der Beschwerde anordnet.[201] **99**

Soweit sich die Betriebsparteien auf den **Tagungsort** der ESt. nicht geeinigt haben, entscheidet der Vorsitzende im Rahmen der von ihm zu besorgenden Einladung über den Tagungsort.[202] Die Sitzung der ESt. kann sowohl in Räumen des Betriebs (oder UN) als auch in einer »neutralen« Tagungsstätte (z. B. Hotel) stattfinden. Unter Berücksichtigung der Kostentragungspflicht des AG (vgl. dazu § 76 a Rn. 10) wird der ESt.-Vorsitzende seine Entscheidung über den Tagungsort u. a. davon abhängig machen müssen, ob der AG im Betrieb geeignete Räume zur Verfügung stellt. **100**

Der **Vorsitzende leitet die Sitzung,** erteilt das Wort und trifft auch die darüber hinaus erforderlichen **verfahrensleitenden Maßnahmen.**[203] Werden zum Ablauf der Verhandlung und der **Ausgestaltung des Verfahrens** von den Beisitzern Gegenvorstellungen erhoben, **entscheidet** der Vorsitzende allerdings nicht allein, sondern **die ESt. gemeinsam als Kollegialorgan**[204] durch Beschluss. Derartige **verfahrensbegleitende Zwischenbeschlüsse** der ESt. sind **nicht isoliert gerichtlich anfechtbar,**[205] da sich die Möglichkeit der gerichtlichen Anfechtung des das ESt.-Verfahren beendenden ESt.-Spruchs gemäß Abs. 4 auch auf Verfahrensfehler erstreckt.[206] Zur Frage der Anfechtbarkeit von **Zwischenbeschlüssen zur Zuständigkeit der Est.** vgl. Rn. 113 f. **101**

Eine **Ablehnung des Vorsitzenden wegen Befangenheit** ist in entsprechender Anwendung von §§ 1036, 1037 ZPO durch die Beteiligten **in jedem Zeitpunkt** des ESt.-Verfahrens möglich.[207] Aufgrund der neueren Rspr. des *BAG*[208] in Anwendung der geänderten schiedsverfahrensrechtlichen Rechtslage ist höchstrichterlich geklärt, dass sich bei Ablehnung eines ESt.-Vorsitzenden durch eine Betriebspartei wegen Besorgnis der Befangenheit das weitere Verfahren entsprechend den **Vorschriften der ZPO (§§ 1036, 1037)** über die **Ablehnung von Schiedsrichtern** im schiedsgerichtlichen Verfahren bestimmt,[209] wenn nicht zwingende Grundsätze des ESt.-Verfahrens dem entgegenstehen und das Verfahren nicht in einer BV nach Abs. 4 geregelt ist. **102**

Hält eine Betriebspartei den **Vorsitzenden nicht für unparteiisch** (vgl. Abs. 2 Satz 1) kann sie ihn jederzeit wegen der Besorgnis der Befangenheit ablehnen. Der **Befangenheitsantrag** kann nicht von den Beisitzern, sondern muss von den **Betriebsparteien** selbst gestellt werden und **103**

198 *BAG* 27.6.95, DB 95, 2219.
199 *BAG* 29.1.02, DB 02, 1948; 27.6.95, a. a. O.
200 HWK-*Kliemt*, Rn. 55.
201 Ebenso GK-*Kreutz/Jacobs*, Rn. 77.
202 *Wenning-Morgenthaler*, Rn. 197.
203 *Fitting*, Rn. 57; GK-*Kreutz/Jacobs*, Rn. 100.
204 *LAG Hamburg* 14.11.07 – 5 TaBV 9/07 – juris; *LAG Düsseldorf* 21.10.86, DB 87, 1255; ErfK-*Kania*, Rn. 16; *Fitting*, Rn. 58; GK-*Kreutz/Jacobs*, a. a. O.; *Schönfeld*, NZA-Beilage 4/88, S. 3 [7].
205 *BAG* 22.1.02, DB 02, 1839.
206 *LAG Hamburg* 14.11.07, a. a. O.
207 *BAG* 17.11.10, AuR 11, 268, juris; 29.1.02, DB 02, 1948; 11.9.01, NZA 02, 572; 9.5.95, NZA 96, 156, 159, noch zum alten Schiedsverfahrensrecht, § 1032 ZPO a. F.
208 Zu deren kritischer Bewertung vgl. *Bertelsmann*, FS Wißmann, S. 230 ff.; *Deeg*, RdA 11, 221.
209 Vgl. dazu *Caspers*, BB 02, 578; GK-*Kreutz/Jacobs*, Rn. 53 ff.

schriftlich erfolgen (§ 1037 Abs. 2 Satz 1 ZPO). Die schriftliche Darlegung der Ablehnungsgründe muss innerhalb einer **Frist von zwei Wochen** ab Kenntnis der maßgeblichen Umstände erfolgen. Legt der Vorsitzende aufgrund eines Befangenheitsantrags sein Amt nicht von sich aus nieder, hat die Est. über den Antrag zu entscheiden. Über den Ablehnungsantrag findet unter Ausschluss des Vorsitzenden nur eine **einmalige Abstimmung** der **Beisitzer der ESt.** statt.

104 Lehnt die ESt. den Antrag ab, was auch bei Stimmengleichheit der Fall ist, kann die unterlegene Betriebspartei unter Beachtung der **Monatsfrist** des § 1037 Abs. 3 Satz 1 ZPO eine **gerichtliche Entscheidung** beim **ArbG**[210] beantragen. Der neueren Rspr. des *BAG*[211] folgend ist nicht im Beschlussverfahren gemäß § 98 ArbGG zu entscheiden,[212] sondern analog zu §§ 1036 ff. ZPO. Demnach ist das **ArbG in erster und letzter Instanz** entsprechend § 1037 Abs. 3 Satz 1 Nr. 1 2. Alternative, § 1065 Abs. Satz 2 ZPO in der **vollen Kammerbesetzung** für die Entscheidung über den Anlehnungsantrag zuständig.[213] Für diese Lösung spricht, dass über den Befangenheitsantrag das ArbG ebenso in voller Kammerbesetzung zu entscheiden ist wie im Beschlussverfahren über die Anfechtung des ESt.-Spruchs. Die **Unanfechtbarkeit der Entscheidung des ArbG** über den Befangenheitsantrag entspricht dem Beschleunigungsgrundsatz, der das ESt.-Verfahren prägen soll.

105 Wurde der Ablehnungsantrag durch die ESt. abgelehnt (vgl. Rn. 103), entscheidet über die **Fortsetzung des ESt.-Verfahrens** die ESt. unter Beteiligung des für befangen gehaltenden Vorsitzenden **nach freiem Ermessen** (§ 1037 Abs. 3 Satz 1 und 2 ZPO). Sie kann das **Verfahren** bis zur Entscheidung des ArbG **aussetzen** oder trotz gerichtlicher Anhängigkeit des Ablehnungsantrags das Verfahren **fortsetzen** und durch einen **Spruch beenden.**[214] Ist die gerichtliche Überprüfung des Ablehnungsantrages wegen vorhergehender Beendigung des ESt.-Verfahrens nicht mehr möglich, kann ausnahmsweise über das Vorliegen von Befangenheitsgründen im Verfahren über die **Anfechtung des ESt.-Spruchs** entschieden werden.[215]

106 Eine **Ablehnung der Beisitzer** wegen Befangenheit ist nicht zulässig (vgl. Rn. 33 m. w. N.).

107 Die ESt. kann von den Betriebsparteien die **Vorlage der** für die Entscheidungsfindung **notwendigen Unterlagen, Daten oder Statistiken** verlangen. Sie kann darüber hinaus selbst Ermittlungen anstellen, Ortsbesichtigungen vornehmen oder Zeugen und Sachverständige hören.[216] Die **Mitwirkungspflicht der Betriebsparteien,** insbes. des AG, ergibt sich aus den allgemeinen betriebsverfassungsrechtlichen Grundsätzen (§ 2 Abs. 1, § 74 Abs. 1 Satz 2).

108 Die **Mitwirkung des AG** oder **von Zeugen** kann die ESt. allerdings **nicht durch Zwangsmittel** durchsetzen.[217] Die ESt. kann die Verweigerung der Mitwirkung, beispielsweise des AG, im Rahmen ihrer freien Beweiswürdigung (§ 286 ZPO) jedoch berücksichtigen.[218] Darüber hinaus hat der BR, auch bereits im Vorfeld des ESt.-Verfahrens, die Möglichkeit, die Vorlage von Unterlagen gemäß § 80 Abs. 2 vom AG zu verlangen (vgl. § 80 Rn. 64 ff.) und diese ggf. an die ESt. weiterzugeben.[219] Zu diesem Zweck kann der BR auch ein entsprechendes arbeitsgerichtliches Beschlussverfahren durchführen und die Erteilung der Auskünfte direkt an die ESt. verlangen.[220]

109 Die ESt. ist weiterhin nach pflichtgemäßem Ermessen befugt, durch die **Einholung von Sachverständigengutachten** selbstständig Beweis zu erheben[221] und ist im Hinblick auf die Ver-

---

210 *BAG* 17.11.10, a. a. O.
211 *BAG* 17.11.10, a. a. O.
212 Anders noch die in der 12. Aufl. 2010 (dort Rn. 66) vertretene Auffassung.
213 *BAG* 17.11.10, a. a. O.
214 *Bertelsmann,* a. a. O., S. 238 f.; *Fitting,* Rn. 44 f.; HWK-*Kliemt,* Rn. 68; WPK-*Preis,* Rn. 16.
215 *BAG* 11.9.01, a. a. O.; *LAG Köln* 11.7.01, a. a. O.
216 *Fitting,* Rn. 65 f.; *GL,* Rn. 28; GK-*Kreutz/Jacobs,* Rn. 104; *Wenning-Morgenthaler,* Rn. 199 ff.; Richardi-*Richardi,* Rn. 90 f.
217 *Fitting,* Rn. 67; *GL,* a. a. O.; GK-*Kreutz/Jacobs,* Rn. 105; *Wenning-Morgenthaler,* Rn. 259; Richardi-*Richardi,* a. a. O.
218 *Däubler,* Das Arbeitsrecht 1, Rn. 948; *Wenning-Morgenthaler,* a. a. O.
219 *Fitting,* Rn. 68; *Wenning-Morgenthaler,* Rn. 260.
220 *ArbG Berlin* 2.7.99, AiB 00, 436 mit Anm. *Kuster.*
221 *BAG* 4.7.89, BB 90, 918.

pflichtung des AG zur Kostentragung[222] nicht darauf verwiesen, mit dem AG gemäß § 80 Abs. 3 zuvor eine Vereinbarung zu treffen.[223] Soweit die ESt. entschieden hat, **AN als Zeugen** zu vernehmen, sind diese vom AG, ggf. unter Fortzahlung des Entgelts, für diesen Zweck von der Arbeit freizustellen.[224]

Im ESt.-Verfahren gilt grundsätzlich die **Dispositionsmaxime,** d. h., die Betriebsparteien bestimmen durch den Inhalt der von ihnen zu stellenden Anträge (vgl. Rn. 45, 61) den Streitgegenstand des ESt.-Verfahrens selbst. Im Rahmen der in die Zuständigkeit der ESt. fallenden Regelungs- und Rechtsfragen entscheiden die Betriebsparteien daher sowohl über das »Ob« des Tätigwerdens der ESt. wie auch über das »Wie«, also über den Umfang der Regelungsbefugnis der ESt.[225] Im Rahmen dieses von den Betriebsparteien eingegrenzten Verfahrensgegenstandes ist es allerdings auf der Grundlage der für das ESt.-Verfahren zur Anwendung kommenden **Offizialmaxime** Aufgabe der ESt., **von Amts wegen die Sachaufklärung** in einem für die zu treffende Sachentscheidung erforderlichen Umfang durchzuführen.[226] **110**

Die den **Regelungsgegenstand** eingrenzenden **Anträge der Betriebsparteien** (deren Inhalt und Reichweite bei gerichtlicher Anrufung der ESt. in der Regel bereits dem gerichtlichen Beschluss zu entnehmen ist, vgl. Rn. 58) müssen erkennen lassen, zu welcher Meinungsverschiedenheit eine Entscheidung der ESt. ergehen soll. Dies bedeutet allerdings nicht, dass das ESt.-Verfahren zwingend durch im Einzelnen bestimmte Anträge vorbereitet werden muss und dass etwaige Anträge im Laufe des Verfahrens nicht geändert werden könnten (zur Regelungskompetenz der ESt. im Zusammenhang mit den von den Betriebsparteien gestellten Anträgen vgl. Rn. 120).[227] Der durch den Inhalt des Antrags bzw. der Anträge **vorgegebene Regelungsgegenstand** kann durch die ESt. selbst nicht erweitert werden. Die **Betriebsparteien** (bzw. deren Vertreter in der ESt. im Rahmen ihrer Vertretungsmacht) können allerdings aufgrund der im EST-.Verfahren geltenden Dispositionsmaxime (vgl. Rn. 110) den Regelungsgegenstand **einvernehmlich ändern oder erweitern**[228] und die Zuständigkeit der ESt. auf **weitere mitbestimmungspflichtige Angelegenheiten** erstrecken, in denen Meinungsverschiedenheiten zwischen den Betriebsparteien bestehen.[229] **111**

Da die ESt. nur im Rahmen ihrer **Zuständigkeit** (vgl. Rn. 8) entscheiden kann, muss sie zunächst, zumindest dann, wenn das ESt.-Verfahren mit einem ESt.-Spruch (vgl. Rn. 141) beendet wird und nicht durch eine – jederzeit mögliche – Einigung der Betriebsparteien oder durch Antragsrücknahme,[230] die Frage ihrer **Zuständigkeit als Vorfrage selbst prüfen** und über sie befinden (»**Vorfragenkompetenz**« der ESt.).[231] Die ESt. ist allerdings nicht verpflichtet, ihre Zuständigkeit **förmlich,** etwa **durch einen Zwischenbeschluss, festzustellen,** sondern kann diese auch inzidenter durch den – in der Regel das ESt.-Verfahren beendenden – **ESt.-Spruch in der Sache** zum Ausdruck bringen. Ein Zwischenbeschluss ist auch bei Vorliegen eines entsprechenden **Antrags einer Betriebspartei** nicht zwingend von der ESt. vorzunehmen.[232] **112**

---

222 Vgl. *BAG* 13.11.91, NZA 92, 459 und § 76 a Rn. 8 ff., 11.
223 *LAG Hamm* 22.2.08 – 10 TaBVGa 3/08 – juris; *LAG Rheinland-Pfalz* 91.4.05 – 5 TaBV 18/05; *LAG Niedersachsen* 4.3.88, AiB 88, 311 mit zustimmender Anm. *Schwitzer;* ErfK-*Kania,* Rn. 17; *Fitting,* Rn. 66; GK-*Kreutz/Jacobs,* Rn. 14 zu § 76 a; Hako-BetrVG/*Krasshöfer,* Rn. 19; *Löwisch,* DB 89, 123; WP-*Preis,* Rn. 26; a. A. MünchArbR-*Joost,* § 232 Rn. 42.
224 *Fitting,* Rn. 67; *Wenning-Morgenthaler,* Rn. 275.
225 *Schönfeld,* NZA-Beilage 4/88, S. 3 [9].
226 ErfK-*Kania,* Rn. 17; *Fitting,* Rn. 65; HWK-*Kliemt,* Rn. 48; *Wenning-Morgenthaler,* Rn. 151; *Schönfeld,* a. a. O.; einschränkend GK-*Kreutz/Jacobs,* Rn. 104; ablehnend MünchArbR-*Joost,* § 232 Rn. 41; Richardi-*Richardi,* Rn. 92.
227 *BAG* 28.7.81, AP Nr. 2 zu § 87 BetrVG 1972 Urlaub; 30.1.90, DB 90, 1090; *Wenning-Morgenthaler,* Rn. 177.
228 *BAG* 27.10.92, AP Nr. 29 zu § 95 BetrVG 1972; *LAG Frankfurt* 13.11.84, DB 85, 1535; *LAG Schleswig-Holstein* 28.9.83, DB 84, 1530; *Hennige,* S. 153 ff.; *Fitting,* Rn. 88.
229 *Wenning-Morgenthaler,* Rn. 178.
230 Vgl. dazu *Wenning-Morgenthaler,* Rn. 179.
231 Vgl. *BAG* 22.10.81, 24.11.81, AP Nrn. 10, 11 zu § 76 BetrVG 1972; 8.3.83, AP Nr. 14 zu § 87 BetrVG 1972 Lohngestaltung; ErfK-*Kania,* Rn. 35; *Fitting,* Rn. 113; *GL,* Rn. 25; GK-*Kreutz/Jacobs,* Rn. 123; HWGNRH-*Worzalla,* Rn. 24; Richardi-*Richardi,* Rn. 105.
232 *BAG* 28.5.02, NZA 03, 171.

113 Kommt die ESt. zu dem Ergebnis, dass sie im konkreten Fall **unzuständig** ist, hat sie entsprechend zu beschließen und das **Verfahren einzustellen.** Das ESt.-Verfahren ist damit erledigt. Dieser Beschluss kann allerdings **von jedem Beteiligten beim ArbG**, als Entscheidung über Rechtsfragen auch nach Ablauf der Frist des Abs. 5, **angefochten** werden. Bejaht das ArbG die Zuständigkeit, ist das ESt.-Verfahren im Hinblick auf die Unwirksamkeit des Einstellungsbeschlusses fortzusetzen (vgl. dazu auch Rn. 151 ff.).[233] Die einseitige Beendigung des ESt.-Verfahrens, Abberufung des Vorsitzenden oder Neuanrufung einer ESt. durch eine der Betriebsparteien ist nicht möglich. Eine derartige Verfahrensweise setzt Einvernehmen der Betriebsparteien voraus.

114 **Bejaht** die ESt. durch **Zwischenbeschluss ihre Zuständigkeit** und wird die Rechtmäßigkeit dieser Entscheidung von einer Seite nach wie vor bestritten oder ist parallel zum ESt.-Verfahren ein **arbeitsgerichtliches Beschlussverfahren** (vgl. Rn. 162) zur Frage der Zuständigkeit der ESt. oder der streitigen Frage des Bestehens oder Nichtbestehens eines Mitbestimmungsrechts des BR anhängig bzw. wird von einer der Betriebsparteien ein solches anhängig gemacht, ist das ESt.-Verfahren unabhängig davon fortzuführen. Eine **Aussetzung des ESt.-Verfahrens** in entsprechender Anwendung des § 148 ZPO bis zur rechtskräftigen Entscheidung im arbeitsgerichtlichen Beschlussverfahren ist nicht zulässig,[234] es sei denn, es liegt das Einverständnis aller Beteiligten vor.[235] Ein **Zwischenbeschluss über die Zuständigkeit der ESt.** stellt als Entscheidung über eine Rechtsfrage keine die Einigung der Betriebsparteien ersetzende und diese bindende Regelung dar. Er kann deshalb **nicht isoliert angefochten** werden, sondern unterliegt im Rahmen einer späteren gerichtlichen Anfechtung des die ESt. beendenden ESt.-Spruchs in vollem Umfang der gerichtlichen Rechtskontrolle.[236]

115 **Geht die ESt.** in Wahrnehmung ihrer Vorfragenkompetenz **von ihrer Zuständigkeit** aus, kann sie nach mündlicher oder schriftlicher **Anhörung der Beteiligten** und **ggf. weiterer Sachaufklärung** einen **Einigungsversuch** unternehmen. Dem Zweck des ESt.-Verfahrens entsprechend sind alle Möglichkeiten einer freiwilligen **Einigung der Betriebsparteien** vor der ESt. bzw. eines **einstimmigen Beschlusses der ESt.** auszuschöpfen. Hier liegt die besondere Verantwortung des Vorsitzenden. In der Praxis endet die weit überwiegende Mehrzahl der ESt.-Verfahren ohne streitige zweite Abstimmung (zum Abstimmungsverfahren vgl. Rn. 124 ff.).[237]

116 Vor Unterzeichnung einer BV im Rahmen einer **Einigung der Betriebsparteien** muss die ESt.-Sitzung zur vorhergehenden **Beschlussfassung im BR** nicht unterbrochen werden, wenn der BR-Vorsitzende beim Abschluss der BV im Rahmen der vom BR gefassten Beschlüsse (§ 26 Abs. 3 Satz 1) handelt.[238]

117 Gelingt ein solcher Versuch nicht, hat sie **nach mündlicher Beratung** eine Entscheidung, den **Spruch der ESt.** zu fällen (zum Entscheidungsspielraum der ESt. vgl. Rn. 138 ff.). Die der Beschlussfassung unmittelbar vorausgehende **mündliche (Schluss-)Beratung** und die **Beschlussfassung** selbst haben **allein durch den ESt.-Vorsitzenden und die Beisitzer** in Abwesenheit der Betriebsparteien, ihrer Vertreter oder sonstiger Verfahrensbeteiligter oder Zuhörer zu erfolgen. Ein Verstoß gegen diesen Verfahrensgrundsatz führt zur Unwirksamkeit des ESt.-Spruchs.[239]

118 Ist abzusehen, dass die **Durchführung des ESt.-Verfahrens** wegen eines umfangreichen oder rechtlich und sachlich anspruchsvollen Streitgegenstandes oder weil eine umfangreiche Sachaufklärung erforderlich ist, einen **längeren Zeitraum in Anspruch nehmen** wird, kann die

---

233 ErfK-*Kania*, Rn. 22; *Fitting*, Rn. 114; GK-*Kreutz/Jacobs*, Rn. 125.

234 ErfK-*Kania*, Rn. 22; *Fitting*, Rn. 115; *Hennige*, S. 222 f.; MünchArbR-*Joost*, § 232 Rn. 128; a. A. *LAG Düsseldorf* 21.2.79, EzA § 76 BetrVG 1972 Nr. 29; Richardi-*Richardi*, Rn. 106; *GL*, Rn. 25; GK-*Kreutz/Jacobs*, Rn. 126; HWGNRH-*Worzalla*, Rn. 25, die die Aussetzung durch Mehrheitsbeschluss der ESt. für zulässig erachten.

235 *Fitting*, a. a. O.; a. A. ErfK-*Kania*, a. a. O.

236 *BAG* 23.2.10 – 1 ABR 65/08; 22.11.05, NZA 06, 803; 10.12.02, ZTR 03, 584; *LAG Hamburg* 7.2.12 – 4 TaBV 12/11, juris; offen lassen 22.1.02, DB 02, 1839; *Fitting*, Rn. 116; *GK-Kreutz/Jacobs*, Rn. 125; a. A. HWK-*Kliemt*, Rn. 62.

237 *U. Fischer*, DB 00, 217, 220.

238 *BAG* 24.2.00, NZA 00, 785 = AiB 00, 699 mit Anm. *Schmitz*.

239 *BAG* 18.1.94, BB 94, 1214.

ESt. durch einvernehmliche Regelung oder – **in Eilfällen** – durch Spruch auch **vorläufige Regelungen** treffen.[240] Dies kann beispielsweise erforderlich sein, um **einseitige mitbestimmungswidrige Maßnahmen des AG** bis zur endgültigen Entscheidung der ESt. zu unterbinden bzw. zu beenden. Unter Berücksichtigung ihrer Funktion als betriebliches Schlichtungsorgan und des ihr eingeräumten weiten Ermessensspielraumes (vgl. dazu Rn. 139 f.) ist die Kompetenz der ESt., bei Vorliegen eines **eilbedürftigen Sicherungsbedürfnisses**, vorläufige Regelungen zu treffen, nicht nur grundsätzlich zu bejahen, sondern dürfte rechtlich auch geboten sein.[241]

Ergehen derartige **vorläufige Regelungen** durch Spruch der ESt., unterliegen sie der **uneingeschränkten gerichtlichen Kontrolle** (vgl. Rn. 142 ff.), ihr **Vollzug** kann ggf. im Wege der einstweiligen Verfügung durchgesetzt bzw. ihre Durchführung – bei offensichtlicher Rechtswidrigkeit – unterbunden werden (vgl. Rn. 167). Vorläufige Regelungen allein durch den Vorsitzenden der ESt. sind grundsätzlich nicht zulässig.[242] **119**

Für die **Beschlussfassung** ist die **einfache Stimmenmehrheit** der anwesenden Mitglieder erforderlich.[243] Dabei ist die ESt. **nicht an die Anträge der Betriebsparteien gebunden**, sondern kann im vorgegebenen Entscheidungsrahmen (Streitgegenstand) durchaus abweichende Lösungsvorschläge zur Beilegung der Meinungsverschiedenheit zur Abstimmung stellen.[244] **120**

Benennt eine Seite im erzwingbaren ESt.-Verfahren (vgl. Rn. 8 f.) **keine Beisitzer** für die ESt., bleiben benannte Beisitzer trotz rechtzeitiger Einladung ohne Rechtfertigung der ESt.-Sitzung fern (§ 76 Abs. 5 Satz 2) oder verlassen Beisitzer diese vor deren Abschluss ohne Rechtfertigungsgrund, **entscheiden** die **anwesenden Beisitzer** und der **Vorsitzende allein** (vgl. auch Rn. 9).[245] Wird in einem derartigen Fall das ESt.-Verfahren ohne die abwesenden Beisitzer durch Spruch beendet, liegt kein Verstoß gegen deren Anspruch auf rechtliches Gehör vor.[246] **121**

Um dies zu vermeiden, können die Betriebsparteien auch noch während des ESt.-Verfahrens **vereinbaren**, dass die ursprünglich einvernehmlich zwischen ihnen oder durch das ArbG festgelegte **Anzahl der Beisitzer** so **verringert** wird, dass an der Beschlussfassung der ESt. eine gleiche Anzahl von Beisitzern der AN- und der AG-Seite beteiligt ist. Die aufgrund einer solchen Vereinbarung von der Beschlussfassung ausgeschlossenen Beisitzer dürfen dann allerdings bei der (Schluss-)Beratung und Beschlussfassung der ESt. nicht anwesend sein, weil sonst die Nichtöffentlichkeit der Beschlussfassung als elementarer Verfahrensgrundsatz verletzt ist (vgl. dazu Rn. 89 f., 115 ff.). **122**

Liegen Anhaltspunkte vor, dass die von einer der Betriebsparteien benannten **Beisitzer** durch **Nichterscheinen** das **Verfahren verzögern** wollen, empfiehlt es sich, dass der Vorsitzende die Ladungen per Einschreiben mit Rückschein vornimmt. Durch das **kurzfristige Auswechseln von Beisitzern** einer Seite ist die **Aufhebung eines bereits anberaumten Termins** der ESt. nur statthaft, wenn für das Auswechseln erhebliche Rechtfertigungsgründe (wie z. B. Erkrankung) vorliegen und der Gegenstand und der Verfahrensstand die erforderliche Vorbereitung des neuen Beisitzers bis zum anberaumten Verhandlungstermin nicht zumutbar erscheinen lassen. **123**

Das Gesetz schreibt in Abs. 3 Satz 2 ausdrücklich vor, dass bei der **Beschlussfassung** der **Vorsitzende** sich zunächst der **Stimme zu enthalten** hat. In dieser **ersten Abstimmung** muss **124**

---

240 *HessLAG* 25 6. 09 – 5 TaBVGa 52/09; *Bengelsdorf*, BB 91, 613; *Fitting*, Rn. 90; GK-*Kreutz/Jacobs*, Rn. 116; *Heinze*, RdA 90, 262; MünchArbR-*Joost*, § 232 Rn. 71; *Olderog*, NZA 85, 753; Richardi-*Richardi*, Rn. 33.

241 *HessLAG* 25.6.09, a. a. O.

242 GK-*Wiese*, § 87 Rn. 144; HWGNRH-*Worzalla*, Rn. 51 b; Richardi-*Richardi*, a. a. O.

243 *BAG* 17.9.91, AuR 92, 223; *Fitting*, Rn. 80; MünchArbR-*Joost*, § 320 Rn. 49; a. A. GK-*Kreutz/Jacobs*, Rn. 110, HWGNRH-*Worzalla*, Rn. 67; Richardi-*Richardi*, Rn. 99.

244 *BAG* 17.9.13, DB 13, 2806; 27.10.92, AP Nr. 29 zu § 95 BetrVG 1972; 30.1.90, DB 90, 1090 [1091]; Richardi-*Richardi*, Rn. 104; *Dörner/Wildschütz*, AiB 95, 256, 272; GK-*Kreutz/Jacobs*, Rn. 114; *Wenning-Morgenthaler*, Rn. 318; krit. zur Entscheidung des *BAG* 30.1.90, a. a. O., *Behrens*, NZA-Beilage 2/91, S. 23, 26, der allerdings übersieht, dass das *BAG* die Bindung der ESt. an den von den Betriebsparteien bestimmten Streitgegenstand bejaht.

245 *Fitting*, Rn. 102; HWGNRH-*Worzalla*, Rn. 68.

246 *ArbG Mannheim* 2.7.87, NZA 87, 682; zur Unwirksamkeit eines ESt.-Spruchs, der in Abwesenheit eines nicht ordnungsgemäß geladenen Beisitzers ergeht, *BAG* 27.6.95, DB 95, 2219.

der Beschlussvorschlag mit Stimmenmehrheit angenommen werden. Werden von den Betriebsparteien alternative Beschlussvorschläge zur Abstimmung gestellt und stimmen die Beisitzer jeweils geschlossen für den Vorschlag ihrer Seite, hat keiner der beiden Vorschläge die erforderliche Stimmenmehrheit erzielt. Es stellt keinen Verfahrensfehler dar, wenn der Vorsitzende nicht ausdrücklich nach »Nein-Stimmen« gefragt hat. Mit der positiven Stimmabgabe für den Vorschlag ihrer Seite haben die Beisitzer den Vorschlag der anderen Seite jeweils konkludent abgelehnt.[247]

125 Wird bei der ersten Abstimmung eine Mehrheit nicht erzielt, muss eine **erneute mündliche Beratung** stattfinden. Das Unterlassen der erneuten Beratung führt als Verfahrensfehler zur Unwirksamkeit des ESt.-Spruchs,[248] es sei denn, alle Mitglieder der ESt. verzichten auf die erneute Beratung.[249]

126 Erst dann darf unter Beteiligung des Vorsitzenden die **zweite Abstimmung** stattfinden In dieser Abstimmung gibt der Vorsitzende mit seiner Stimme regelmäßig den Ausschlag. Der **Vorsitzende darf sich** deshalb **nicht** der Stimme **enthalten.**[250]

127 Wird aufgrund der erneuten Beratung der **Regelungsvorschlag**, der in der ersten Abstimmung zur Entscheidung stand, **geändert**, muss ein **neues**, mit der ersten Abstimmung beginnendes, **Abstimmungsverfahren** durchgeführt. werden. Wird in der zweiten Abstimmung über einen gegenüber der ersten Abstimmung geänderten Regelungsvorschlag abgestimmt, stellt dies einen wesentlichen Verfahrensfehler dar, der zur **Unwirksamkeit des Spruchs** der ESt. führt.[251]

128 Die **Beisitzer können sich** der Stimme **enthalten.**[252] Gegenteiliges ist der Vorschrift nicht zu entnehmen. Abs. 5 Satz 2 sieht sogar für den Fall der Abwesenheit von Beisitzern die Möglichkeit der Beschlussfassung in der ESt. vor. Die zulässige Stimmenthaltung von Beisitzern hat notwendigerweise zur Konsequenz, dass die **Stimmenthaltung** eines Beisitzers nicht als Nein-Stimme, sondern **als nicht abgegebene Stimme gewertet** wird. Der Spruch der ESt. ist daher – auch bereits im ersten Abstimmungsgang – mit Stimmenmehrheit beschlossen, wenn die Zahl der Ja-Stimmen größer ist als die der Nein-Stimmen.[253] Diese Auffassung findet auch im Wortlaut der Vorschrift ihre Bestätigung: Nach Abs. 3 Satz 1 fasst die ESt. ihre Beschlüsse »mit Stimmenmehrheit«, während in anderen Vorschriften demgegenüber auf die »Mehrheit der Stimmen der Mitglieder des Organs« (§ 27 Abs. 3) oder auf die »Mehrheit der Stimmen der anwesenden Mitglieder« (§ 33 Abs. 1) abgestellt wird.[254]

129 Wird der den Spruch darstellende Regelungsvorschlag in **einzelnen Abschnitten zur Abstimmung gestellt**, muss gewährleistet sein, dass der Spruch der ESt. im Ergebnis **in seiner Gesamtheit von der Mehrheit der Mitglieder der ESt. getragen wird.**[255] Im Zweifel empfiehlt sich daher bei einem derartigen Abstimmungsverfahren eine förmliche Schlussabstimmung über den gesamten Regelungsvorschlag. Dass der Spruch der ESt. in seiner Gesamtheit von der Mehrheit der Mitglieder der ESt. getragen wird, kann sich im Einzelfall allerdings auch aus anderen Umständen ergeben.[256] Dies ist z. B. der Fall, wenn über die Einzelabschnitte des Regelungsvorschlags nicht mit wechselnden Mehrheiten abgestimmt wurde.[257]

130 Im Übrigen gilt das Abstimmungsverfahren gemäß Abs. 3 nur für die **Entscheidungen sachlich-inhaltlicher Art** und nicht für solche über Verfahrensfragen. Letztere können in einem

---

247 *BAG* 11.11.98, NZA 99, 947.

248 *BAG* 30.1.90, NZA 90, 571; *LAG Hamburg* 5.5.00, AiB 01, 50 mit Anm. *Bertelsmann; ArbG München* 19.6.91, CR 92, 219.

249 *LAG Hamburg* 5.5.00, a. a. O.; *Fitting*, Rn. 83.

250 *Fitting*, Rn. 86; GK-*Kreutz/Jacobs*, Rn. 114; HWGNRH-*Worzalla*, Rn. 71.

251 *BAG* 5.10.10, NZA 11, 420; *Fitting*, Rn. 84.

252 *Fitting*, a. a. O.; Hako-*Krasshöfer*, Rn. 23; HWGNRH-*Worzalla*, Rn. 67; HWK-*Kliemt*, Rn. 78; WPK-*Preis*, Rn. 29; a. A. *GL*, Rn. 32; *Wenning-Morgenthaler*, Rn. 322; Richardi-*Richardi*, Rn. 103.

253 *BAG* 17.9.91, AuR 92, 223; *LAG Baden-Württemberg* 7.11.89, DB 90, 546; *LAG Frankfurt* 25.9.90, DB 91, 1288; *Fitting*, a. a. O.; *Wenning-Morgenthaler*, a. a. O.; a. A. GK-*Kreutz/Jacobs*, Rn. 111; Richardi-*Richardi*, a. a. O.

254 *BAG* 17.9.91, a. a. O.

255 *BAG* 18.4.89, DB 89, 1926.

256 *BAG* 18.4.89, a. a. O.

257 *BAG* 6.11.90, AP Nr. 94 zu § 1 TVG TV Metallindustrie.

Abstimmungsgang unter sofortiger Beteiligung des Vorsitzenden mit einfacher Stimmenmehrheit gefasst werden.[258]

131 Auch wenn über die Regelung des Streitgegenstandes **zwischen den Betriebsparteien Einvernehmen** hergestellt werden kann, kommt es in diesen Fällen in der Praxis nicht nur zum Abschluss von BV zwischen den Betriebsparteien, sondern auch zu einem **»einvernehmlichen« Spruch bzw. einer einstimmigen Annahme des** zur Abstimmung gestellten **Regelungsvorschlags.** Dies kann sich daraus ergeben, dass die Unterschriftsbefugnis aller anwesenden Beteiligten nicht vorliegt, oder dass sich die Betriebsparteien durch einen ESt.-Spruch eine höhere Akzeptanz bei der Belegschaft bzw. bei der Unternehmens- oder Konzernleitung oder den Anteilseignern versprechen.[259]

132 Hat die ESt. einen **Beschluss (Spruch)** gefasst, ist dieser **schriftlich niederzulegen** und **vom Vorsitzenden zu unterschreiben.** Die Formvorschrift des Abs. 3 Satz 4 ist ausreichend beachtet, wenn der Vorsitzende den Spruch am Ende des sich ihm unmittelbar anschließenden Begründungstextes unterzeichnet.[260] Die zusätzliche **Unterschrift der Beisitzer** ist nicht vorgeschrieben, berührt aber die Wirksamkeit des ESt.-Spruchs nicht und kann insbesondere bei einem einstimmigen Spruch (vgl. Rn. 80 a) unter dem Gesichtspunkt der Umsetzung in die betriebliche Praxis sinnvoll sein.[261]

133 Einer **schriftlichen Begründung** bedarf der **Spruch** der ESt. nicht (vgl. § 76 Abs. 3 Satz 3; h. M.).[262] Sie ist auch verfassungsrechtlich nicht geboten.[263] Dennoch wird sich eine solche in der Regel als **zweckmäßig** erweisen, insbes. dann, wenn der Spruch für die zukünftige Betriebspraxis von weittragender Bedeutung ist. Gleiches gilt, wenn der Spruch nicht einstimmig gefasst wurde und mit einer gerichtlichen Überprüfung zu rechnen ist.[264]

134 Der vom Vorsitzenden **unterzeichnete Spruch** ist dem **AG und dem BR zuzuleiten** (Abs. 3 Satz 4). Ein **Verstoß** gegen diese **Formvorschrift** führt zur Unwirksamkeit des Spruchs der ESt.[265] Das Erfordernis der Zuleitung des vom Vorsitzenden unterzeichneten Spruchs dient der **Rechtsklarheit** und **dokumentiert** rechtsicher den **Willen der ESt.-Mitglieder** gegenüber den normunterworfenen AN. Dies ist erforderlich, weil der Spruch die fehlende Einigung zwischen BR und AG ersetzt und ihm die normative Wirkung einer BV gemäß § 77 Abs. 4 Satz 1 zukommt.[266] Die Unterzeichnung des Spruchs durch den Vorsitzenden kann nicht durch die **elektronische Form** (§ 126 a BGB, vgl dazu auch Einl. Rn. 185 ff.) oder **Textform** (126 b BGB) ersetzt werden.[267] Auch die Zuleitung des **ESt.-Spruchs mit Unterschrift des Vorsitzenden** in Form einer **pdf-Datei als Anlage zu einer Email** führt nicht zur Wirksamkeit des ESt.-Spruchs.[268] Eine **nachträgliche, rückwirkende Heilung** der Verletzung des Unterschrifts- oder Zuleitungserfordernisses ist grundsätzlich nicht möglich.[269] Erfolgt die den Formerfordernissen entsprechende Zuleitung des Einigungsstellenspruchs im engen zeitlichen Zusammenhang mit seiner vorhergehenden Übersendung als Textdatei per Email, führt dies nicht zu seiner Unwirksamkeit.[270] Die Formunwirksamkeit eines ESt.-Spruchs kann vom Vorsitzenden der

258 *Fitting,* Rn. 87; GK-*Kreutz/Jacobs,* Rn. 113; *Hennige,* S. 168; Richardi-*Richardi,* Rn. 101; eingehend *Schönfeld,* NZA-Beilage 4/88, S. 3, 9 f.
259 *Wenning-Morgenthaler,* Rn. 312 f.
260 *BAG* 29.1.02, DB 02, 1948.
261 ErfK-*Kania,* Rn. 21; *Wenning-Morgenthaler,* Rn. 328; vgl. ein entsprechendes Muster bei DKKWF-*Berg,* § 76 Rn. 12.
262 Vgl. GK-*Kreutz/Jacobs,* Rn. 118 m. w. N.
263 *BVerfG* 18.10.86, NZA 88, 25.
264 ErfK-*Kania,* Rn. 21; *Fitting,* Rn. 131; *Wenning-Morgenthaler,* Rn. 330; zur Zweckmäßigkeit einer – gesetzlich nicht vorgeschriebenen (*Fitting,* Rn. 65) – Protokollierung des Ablaufs der ESt.-Sitzung vgl. *Kraushaar,* AiB 96, 113, 119; *Wenning-Morgenthaler,* Rn. 223 ff.; vgl. dazu das Muster bei DKKWF-*Berg,* § 76 Rn. 11.
265 *BAG* 10.12.13, DB 14, 1027; 13.3.12, DB 13, 1001; 5.10.10, NZA 11, 420 = AiB 11, 466 mit Anm. *Weinbrenner;* 14.9.10, AuR 11, 38, juris; *LAG Berlin-Brandenburg* 16.11.11, NZA-RR 12, 134; kritisch *Tschöpe/Geißler,* NZA 11, 545.
266 *BAG* 10.12.13, a. a. O.; 5.10.10, a. a. O.
267 *BAG* 13.3.12, a. a. O.; 5.10.10, a. a. O.; *LAG Niedersachsen* 1.8.12, NZA-RR 13, 23.
268 *BAG* 10.12.13, a. a. O.; 13.3.12, a. a. O.
269 *BAG* 10.12.13, a. a. O.; 5.10.10, a. a. O.
270 *Weinbrenner,* AiB 11, 467, 468; offen gelassen von *BAG* 5.10.10, a. a. O.

ESt. nicht dadurch beseitigt werden, dass er eine von ihm **inhaltlich geänderte Fassung des Spruchs** den Betriebsparteien unter Beachtung der Formerfordernisse zuleitet.[271]Wird in einem ESt.-Spruch auf umfangreiche **Anlagen** verwiesen, die mit dem Spruch nicht körperlich verbunden (vgl. dazu § 77 Rn. 61) und auch nicht unterzeichnet oder paraphiert sind, und enthalten die Anlagen selbst keinen rückbeziehbaren Verweis auf den ESt.-Spruch, ist das der Rechtsklarheit dienende Schriftformerfordernis ebenfalls nicht erfüllt, so dass der ESt.-Spruch unwirksam ist.[272]

135 Für die **Zuleitung** selbst sind keine besonderen Erfordernisse vorgeschrieben. Es muss lediglich sichergestellt werden, dass der Spruch den Betriebsparteien **nachweislich zur Kenntnis** gelangt ist. Wie das geschieht, ist Sache der ESt. Der Spruch kann z. B. unmittelbar nach Schluss der Sitzung übergeben, auf dem Postweg übersandt oder durch Boten überbracht werden. Der **Zeitpunkt der Zuleitung** ist wegen der **Anfechtungsfrist** des Abs. 5 Satz 4 u. U. von entscheidender Bedeutung. Diese Frist wird vom Tage der Zuleitung an in Lauf gesetzt (vgl. Rn. 142).

136 Da die **verfahrensrechtlichen Bestimmungen** des Abs. 3 lediglich Regelungen über die Abstimmung bzw. Beschlussfassung der ESt. enthalten, sieht das Gesetz in Abs. 4 vor, dass **weitere Einzelheiten** des Verfahrens **durch BV** geregelt werden können. Wenn das Gesetz von »weiteren Einzelheiten des Verfahrens« spricht, ergibt sich daraus, dass durch eine BV von den – wenn auch nur wenigen – gesetzlichen Verfahrensvorschriften **nicht abgewichen** werden darf[273] (und dass auch eine Ersetzung des ESt.Verfahrens durch eine betriebliche Schlichtungsstelle durch die Betriebsparteien nicht zulässig ist, vgl. dazu Rn. 3 a). So kann z. B. der in Abs. 3 vorgeschriebene Abstimmungsmodus auf keinen Fall abgeändert werden. Durch BV kann u. a. festgelegt werden, welche Ladungs- und Einlassungsfristen zu beachten sind. Sie kann auch Vorschriften über die Protokollführung enthalten. Weiterhin kann bestimmt werden, wann Zeugen und Sachverständige zu hören sind, ob der Spruch schriftlich zu begründen ist und wie die Zuleitung des Spruchs an die Beteiligten zu erfolgen hat. Wird eine BV über »weitere Einzelheiten« des Verfahrens vor der ESt. nicht abgeschlossen, bestimmt diese unter Berücksichtigung der gesetzlichen Vorschriften selbst über das von ihr einzuhaltende Verfahren (vgl. Rn. 98 ff.).

137 Das ESt.-Verfahren wird durch die **Eröffnung des Insolvenzverfahrens** weder unterbrochen noch beendet, sondern fortgeführt (zur Besetzung der ESt. in diesem Fall vgl. Rn. 32).[274]

V. Die Entscheidung der Einigungsstelle und ihre arbeitsgerichtliche Überprüfung

138 Die ESt. hat bei ihren Entscheidungen grundsätzlich **zwingendes vorrangiges Recht** zu beachten. Dazu gehören neben den **Grundrechten**[275] beispielsweise die **gesetzlichen AN-Schutzbestimmungen** (z. B. ArbZG, SchwbG, MuSchG), aber auch die im Betrieb geltenden **TV** und **BV** sowie auch innerstaatlich noch nicht umgesetzte **EG-Richtlinien,** vgl. § 87 Rn. 85). Von der Bindung an die, auch von AG und BR bei Abschluss einer BV stets einzuhaltenden, **betriebsverfassungsrechtlichen Grundsätze** (vgl. § 2 Abs. 1, § 75) abgesehen, hat die ESt. ihre Beschlüsse unter **angemessener Berücksichtigung der Belange des Betriebs und der AN nach billigem Ermessen** zu fassen (vgl. Abs. 5 Satz 3). Im Fall der Entscheidung über einen Sozialplan (§ 112 Abs. 5), wo bei der Entscheidung der ESt. die sozialen Belange der AN und die wirtschaftliche Vertretbarkeit für das UN zu beachten sind, hat der Gesetzgeber die Grenzen des Ermessens für die ESt. durch die Festlegung weiterer Leitlinien zusätzlich konkretisiert (vgl. § 112 Rn. 121 ff.).

139 Während die ESt. bei der **Entscheidung in Rechtsfragen** den Bindungen an zwingendes Recht uneingeschränkt unterliegt und lediglich bei der Auslegung unbestimmter Rechtsbegriffe über

---

271 *BAG* 10.12.13, a. a. O.
272 *LAG Niedersachsen* 1.8.12, a. a. O.
273 ErfK-*Kania,* Rn. 14; *Fitting,* Rn. 56; GK-*Kreutz/Jacobs,* Rn. 120.
274 *BAG* 27.3.79, AP Nr. 7 zu § 76 BetrVG 1972.
275 Vgl. dazu ErfK-*Schmidt,* GG, Einl., Rn. 59 ff.

einen **begrenzten Beurteilungsspielraum** verfügt,[276] räumt das Gesetz für die **Entscheidung in Regelungsfragen** der ESt. einen **Ermessensspielraum** ein, der lediglich durch den unbestimmten Rechtsbegriff der Billigkeit eingeschränkt wird (h. M.).[277]

Innerhalb dieses Ermessensspielraums hat die ESt. ihre Entscheidung zu treffen. Sie hat also so zu entscheiden, wie AG und BR sich vernünftigerweise hätten einigen können, aber nicht geeinigt haben. Dabei hat sie die Belange des Betriebs und der betroffenen AN angemessen zu berücksichtigen. Insoweit muss die ESt. eine **Interessenabwägung** vornehmen. Sie kann sich sowohl der Auffassung des AG als auch der des BR anschließen; sie kann aber auch von beiden Ansichten abweichen. Welche Wertung sie letztlich vornimmt, unterliegt ihrer eigenverantwortlichen Ermessensausübung, die auch nur beschränkter gerichtlicher Kontrolle unterliegt (vgl. dazu Rn. 144 ff.). **140**

Der **Spruch der ESt.** legt die Meinungsverschiedenheit zwischen AG und BR bei. Er hat die Wirkung, die auch eine Einigung zwischen AG und BR gehabt hätte. Das bedeutet, dass die Entscheidung der ESt. die **Wirkung einer BV** in den Fällen hat, in denen es zur Durchführung einer Maßnahme des Abschlusses einer BV zwischen AG und BR bedurfte.[278] Der Spruch hat insoweit **verbindlichen Charakter,** begründet Rechte und Pflichten für AG und BR, wirkt normativ auf die Arbeitsverhältnisse ein (vgl. dazu § 77 Rn. 98) und unterliegt auch ansonsten dem Recht der BV.[279] So kann ein Spruch der ESt. mit Rückwirkung versehen sein[280] oder hinsichtlich seiner Beendigung eine Kündigungsfrist enthalten,[281] deren Länge sich nicht im Rahmen von § 77 Abs. 5 halten muss.[282] Aus dem Spruch der ESt. kann allerdings nicht unmittelbar die Zwangsvollstreckung betrieben werden (zur Durchsetzung des Durchführungsanspruchs des BR im arbeitsgerichtlichen Beschlussverfahren vgl. § 77 Rn. 11 ff.). Im freiwilligen ESt.-Verfahren (vgl. dazu auch Rn. 10 ff.) wird die Entscheidung der ESt., auch bei BV gemäß § 88, dann verbindlich, wenn sich die Betriebsparteien ihr im Voraus unterworfen haben oder sie nachträglich annehmen (Abs. 6 Satz 2). **141**

AG oder BR können das ArbG anrufen, wenn sie der Meinung sind, die ESt. habe in ihrem Spruch die Grenzen des ihr eingeräumten Ermessens überschritten. Der entsprechende **Antrag** muss jedoch binnen einer **Frist von zwei Wochen,** vom Tage der Zuleitung des Spruchs (vgl. Rn134 f.) an gerechnet, **beim ArbG** gestellt werden (vgl. Abs. 5 Satz 4); vgl. das Muster einer Antragsschrift bei DKKWF-*Berg,* § 76 Rn. 14. Die **zweiwöchige Frist** ist **zwingend,** eine Fristverlängerung oder Wiedereinsetzung in den vorigen Stand ausgeschlossen.[283] Sie endet zwei Wochen später mit Ablauf des Tages, der seiner Benennung nach dem Tag entspricht, an dem der Spruch der ESt. der das Gericht anrufenden Partei zugeleitet worden ist (vgl. dazu aber auch § 193 BGB). **142**

Die Frist des Abs. 5 Satz 4 wird nicht durch einen **Antrag** gewahrt, mit dem **ohne jede Begründung** die Feststellung der Unwirksamkeit eines Sozialplans oder einer BV begehrt wird. Auch eine nach Ablauf der Frist nachgeschobene Begründung kann diesen Mangel nicht heilen.[284] Ob bei der gerichtlichen Entscheidung über die Anfechtung eines ESt.-Spruchs grundsätzlich nur die Tatsachen berücksichtigt werden können, die im Rahmen der zweiwöchigen Frist vorgetragen werden, hat das BAG offen gelassen,[285] so dass sich insofern stets die eingehende Begründung innerhalb der Frist des Abs. 5 Satz 4 empfiehlt. Der **Antrag** ist auf die **Feststellung der Unwirksamkeit des ESt.-Spruchs** zu richten und nicht auf seine Aufhebung, da eine gerichtliche Entscheidung nach Abs. 5 **feststellende** und **nicht rechtsgestaltende Wir-** **143**

---

276 Vgl. dazu am Beispiel eines ESt.-Spruchs nach § 109 *BAG* 11.7.00, NZA 01, 402 und § 109 Rn. 14.
277 *BAG* 31.8.82, 28.10.86, AP Nrn. 8, 20 zu § 87 BetrVG 1972 Arbeitszeit; 11.3.86, AP Nr. 14 zu § 87 BetrVG 1972 Überwachung; 28.9.88, DB 89, 48; *Fitting,* Rn. 121; GK-*Kreutz/Jacobs,* Rn. 131; *GL,* Rn. 31; HWGNRH-*Worzalla,* Rn. 73; Richardi-*Richardi,* Rn. 107.
278 ErfK-*Kania,* Rn. 27; *Fitting,* Rn. 134; *GL,* Rn. 36; GK-*Kreutz/Jacobs,* Rn. 137.
279 GK-*Kreutz/Jacobs,* a. a. O.
280 *BAG* 19.9.95, NZA 96, 386; 8.3.77, BB 77, 1199.
281 *BAG* 28.7.81, BB 82, 616.
282 *BAG* 29.1.02, DB 02, 1948.
283 *BAG* 26.5.88, AP Nr. 26 zu § 76 BetrVG 1972; *Fitting,* Rn. 157; GK-*Kreutz/Jacobs,* Rn. 159.
284 *BAG* 26.5.88, AP Nr. 26 zu § 76 BetrVG 1972.
285 14.5.85, AP Nr. 16 zu § 76 BetrVG 1972; vgl. dazu auch *Fitting,* Rn. 158 f.; GK-*Kreutz/Jacobs,* Rn. 161.

kung hat.[286] Grundsätzlich kann auch die Feststellung der Unwirksamkeit einer **eigenständigen Teilregelung** des ESt.-Spruchs beantragt werden (vgl. dazu auch Rn. 151 ff.).[287] Wurde die Zwei-Wochen-Frist für die Anfechtung nicht eingehalten (oder das ArbG zwecks Überprüfung des Spruchs nicht angerufen), obwohl die ESt. mit ihrem Spruch ihr Ermessen überschritten hat, ist der **Spruch wirksam**. Die Ermessensüberschreitung kann später nicht mehr geltend gemacht werden. Der AG ist in diesem Fall zu seiner **Durchführung** berechtigt und gegenüber dem BR verpflichtet und der BR kann seine Durchführung verlangen.[288]

144 Die **gerichtliche Feststellung der Unwirksamkeit des Spruchs** der ESt. kann nicht bereits deshalb erfolgen, weil er von einem der Beteiligten als unbillig empfunden wird. Entscheidend ist vielmehr, dass die ESt. ihren Spruch **außerhalb des** ihr eingeräumten **Gestaltungs- und Ermessensspielraums** gefällt hat. Ein solcher Fall liegt dann vor, wenn die Entscheidung eindeutig erkennbar keine sachgerechte Interessenabwägung enthält oder beispielsweise die Belange der betroffenen AN oder des Betriebs überhaupt nicht berücksichtigt.[289]

145 Dies kann beispielsweise dann der Fall sein, wenn die ESt. dem AG in einer mitbestimmungspflichtigen Angelegenheit eine Gestaltungsfreiheit einräumt, die einem **»mitbestimmungsfreien« Zustand** gleichkommt.[290]

146 Dies kann ebenfalls gelten, wenn die ESt. sich damit begnügt, den Antrag einer Seite zurückzuweisen, **ohne die streitige Angelegenheit** im Rahmen eines bestehenden Mitbestimmungsrechts **selbst zu regeln.**[291] Unwirksam ist der Spruch einer ESt. auch dann, wenn er die streitige Angelegenheit **nicht vollständig regelt**[292], bzw. den Betriebsparteien aufgibt, sich auf der Grundlage bestimmter Vorgaben zu einigen.[293]

147 Reine Zweckmäßigkeitserwägungen der ESt. unterliegen keinesfalls einer gerichtlichen Kontrolle, das Gericht darf nicht sein Ermessen an das der ESt. setzen. Der gerichtlichen Kontrolle unterliegt **nur** die **Entscheidung der ESt. selbst,** also das Ergebnis ihrer Tätigkeit, **nicht** etwa die **von der ESt. angestellten Überlegungen und Erwägungen**.[294]

148 Ansonsten ist der Spruch der ESt. nur gerichtlich nachprüfbar, soweit er **gegen zwingende Rechtsvorschriften** verstößt. Das wäre z. B. der Fall, wenn der Spruch eine Arbeitszeitregelung beinhaltet, die nach den Bestimmungen des ArbZG unzulässig ist, gegen die Grundsätze des § 75 Abs. 1 verstößt, die Mitbestimmungsrechte des BR erweitert,[295] die Regelung einer mitbestimmungspflichtigen Angelegenheit auf den AG überträgt,[296] oder wenn die Zuständigkeit der ESt.[297] nicht gegeben ist.[298] Die gerichtliche Geltendmachung von Rechtsverstößen kann auch noch nach Ablauf der Zweiwochenfrist (vgl. Rn. 142) erfolgen.[299]

149 Ein **verfahrensbegleitender Zwischenbeschluss** der ESt. ist **nicht isoliert gerichtlich anfechtbar,**[300] da sich die Möglichkeit der gerichtlichen Anfechtung des das ESt.-Verfahren be-

286 *BAG* 23.2.10 – 1 ABR 65/08; 15.3.06, NZA 06, 1422; 6.5.03, NZA 04, 108, 110; 22.7.03 NZA 04, 507, 508; 19.2.02, NZA 03, 1159, 1161.
287 *BAG* 24.1.06, DB 06, 1161.
288 *BAG* 25.2.15, juris.
289 *BAG* 22.1.13, DB 13, 1182; 15.3.11, DB 11, 1698; *Fitting,* Rn. 155; GK-*Kreutz/Jacobs,* Rn. 163; HWGNRH-*Worzalla,* Rn. 84.
290 *BAG* 28.10.86, AP Nr. 20 zu § 87 BetrVG 1972 Arbeitszeit; 17.10.89, NZA 90, 399 [401 f.]; 22.1.02, DB 02, 1839; 8.6.04, NZA 05, 227, 231; *LAG Niedersachsen* 20.2.12 – 9 TaBV 66/11, juris, anhängig *BAG* – 1 ABR 19/12.
291 *BAG* 30.1.90, DB 90, 1090 ff.; vgl. zu einem Fall der Ermessensunterlassung auch *LAG Hamm* 16.1.90, NZA 90, 500 f.
292 *BAG* 11.2.14, NZA 14, 989; 11.1.11, NZA 11,114; *LAG Hamm* 25.11.14, juris.
293 *LAG Rheinland-Pfalz* 9.2.11 – 8 TaBV 7/10, juris.; *LAG Bremen* 26.10.98, AiB 99, 161 mit Anm. *Roos.*
294 *BAG* 22.1.13, DB 13, 1182; 15.3.11, DB 11, 1698; 24.8.04, NZA 05, 303, 304; 6.5.03, NZA 04, 108, 110; 25.1.00, BB 00, 2261 [2262]; 31.8.82, AP Nr. 8 zu § 87 BetrVG 1972 Arbeitszeit; vgl. auch GK-*Kreutz/Jacobs,* Rn. 164 m. w. N. zur Gegenmeinung.
295 *LAG Düsseldorf* 23.5.12, LAGE Nr. 5 zu 76 BetrVG 2001, anhängig *BAG* 1 ABR 49/12.
296 *BAG* 9.7.13, NZA 14, 99.
297 Vgl. dazu *BAG* 20.7.99, NZA 00, 495 = AiB 00, 439 mit Anm. *Hjort;* 4.7.89, DB 90, 127, 128 und Rn. 108.
298 Zur gerichtlichen Rechtskontrolle wegen Verfahrensverstößen vgl. eingehend *Schönfeld,* NZA-Beilage 4/88, S. 3 ff.
299 *BAG* 15.3.06, NZA 06, 1422; 11.7.00, AP Nr. 2 zu § 109 BetrVG 1972.
300 *BAG* 22.1.02, DB 02, 1839.

endenden ESt.-Spruchs gemäß Abs. 4 auch auf Verfahrensfehler erstreckt.[301] Das gilt auch für einen **(Zwischen)-Beschluss,** mit dem **die Zuständigkeit der ESt.** bejaht oder verneint wird. Er stellt als Entscheidung über eine Rechtsfrage keine die Einigung der Betriebsparteien ersetzende und diese bindende Regelung dar. Er kann deshalb **nicht isoliert angefochten** werden, sondern unterliegt im Rahmen einer späteren gerichtlichen Anfechtung des die ESt. beendenden ESt.-Spruchs in vollem Umfang der gerichtlichen Rechtskontrolle.[302]

Die **Anrufung des ArbG** durch den AG oder den BR lässt die **rechtliche Wirksamkeit des Spruchs** der ESt. zunächst unberührt. Dieser ist auch während des gerichtlichen Verfahrens auszuführen.[303] Der BR kann den Vollzug ggf. durch eine einstweilige Verfügung durchsetzen.[304] Der Spruch wird nicht etwa suspendiert, vielmehr sind beide Seiten daran gebunden;[305] vgl. aber auch Rn. 167. **150**

Kommt das ArbG zu dem Ergebnis, dass die ESt. die Grenzen ihres Ermessens überschritten hat oder der Spruch gegen zwingende Rechtsvorschriften verstößt, so hat es die **Unwirksamkeit der Entscheidung** festzustellen.[306] Der Spruch der ESt. kann nicht durch eine eigene Sachentscheidung des Gerichts ersetzt werden.[307] **151**

Fehlt es auf Grund der Rechtsunwirksamkeit des Spruchs der ESt. an einer wirksamen Beendigung des ESt.-Verfahrens – weil die Zuständigkeit der ESt. gegeben ist –, ist die nach wie vor bestehende ESt. unter Fortsetzung des Verfahrens verpflichtet, die zwischen den Betriebsparteien streitige Frage zu regeln.[308] **152**

Die **Teilunwirksamkeit eines eine BV ersetzenden ESt.-Spruchs** führt nicht zur Unwirksamkeit des gesamten Spruchs, wenn der wirksame Teil des Spruchs für sich allein eine sinnvolle und in sich geschlossene Regelung enthält[309] (§ 139 BGB). Ist dies nicht der Fall, führt dies zur **Unwirksamkeit** des gesamten Est.-Spruchs.[310] **153**

VI. Garantie des Rechtswegs

Wenn auch der Spruch der ESt. lediglich vom AG oder BR beim ArbG angegriffen werden kann, so ist es dem **einzelnen AN** dennoch unbenommen, seinerseits **individualrechtliche Ansprüche** geltend zu machen und deshalb das ArbG anzurufen. Er ist dabei an keine Frist gebunden. Diese Folge entspricht rechtsstaatlichen Grundsätzen.[311] Da die ESt. kein Gericht ist, muss der AN jederzeit die Möglichkeit besitzen, trotz des Spruchs der ESt. den Rechtsweg zu beschreiten. **154**

Die Auslegung von Meinungsverschiedenheiten zwischen dem AG und einzelnen AN aus einer BV bzw. einem Sozialplan kann nicht der ESt. oder einem Mitglied derselben zur verbindlichen Entscheidung übertragen werden, da es sich dabei um eine unzulässige Schiedsabrede gemäß §§ 4, 101 ArbGG handelt.[312] **155**

---

301 *LAG Hamburg* 14.11.07 – 5 TaBV 9/07 – juris.

302 *BAG* 17.9.13, DB 13, 2806; 17.9.13 – 1 ABR 21/12, juris; 22.11.05, NZA 06, 803; 10.12.02, ZTR 03, 584; *LAG Hamburg* 7.2.12 – 4 TaBV 12/11, juris; offen lassen 22.1.02, DB 02, 1839; *Fitting*, Rn. 139; *GK-Kreutz/Jacobs*, Rn. 125; a. A. HWK-*Kliemt*, Rn. 105.

303 *Fitting*, Rn. 164 f.; Hako-BetrVG/*Krasshöfer*, Rn. 31; a. A. wohl GK-*Kreutz/Jacobs*, Rn. 178.

304 *LAG Köln* 20.4.99, NZA-RR 00, 311; *LAG Berlin* 8.11.90, DB 91, 1288 = AiB 91, 110 mit Anm. *Grimberg*; 6.12.84, BB 85, 1199.

305 *ArbG Frankfurt* 3.8.82 – 13 BVGa 5/82; *LAG Berlin* 6.12.84, a. a. O.; *Fitting*, Rn. 164; *GL*, Rn. 37; GK-*Kreutz/Jacobs*, Rn. 177.

306 *BAG* 30.10.79, AP Nr. 9 zu § 112 BetrVG 1972; 27.5.86, AP Nr. 15 zu § 87 BetrVG 1972 Überwachung.

307 *LAG Düsseldorf* 24.1.78, EzA § 87 BetrVG 1972 Vorschlagswesen Nr. 1; *Fitting*, Rn. 161; GK-*Kreutz/Jacobs*, Rn. 174; Richardi-*Richardi*, Rn. 135.

308 *BAG* 30.1.90, DB 90, 1090 [1091]; *Fitting*, Rn. 162; GK-*Kreutz/Jacobs*, Rn. 175; a. A. *GL*, Rn. 46; Richardi-*Richardi*, Rn. 138.

309 *BAG* 9.11.10, BB 11, 819, Ls., juris; 20.7.99, NZA 00, 495, 498; 18.12.90, DB 91, 1076, 1078; *Fitting*, Rn. 160; GK-*Kreutz/Jacobs*, Rn. 175; gegen eine Teilunwirksamkeit *Fischer*, NZA 97, 1017 ff.

310 *BAG* 11.1.11, DB 11, 1111.

311 Vgl. *Fitting*, Rn. 167.

312 *BAG* 8.11.88, AP Nr. 48 zu § 112 BetrVG 1972; 27.10.87, AP Nr. 22 zu § 76 BetrVG 1972.

VII. Tarifliche Schlichtungsstelle

156 Die TV-Parteien haben die Möglichkeit, eine **tarifliche Schlichtungsstelle** zu errichten, die dann die **Befugnisse der betriebsverfassungsrechtlichen ESt.** übernimmt (Abs. 8; zur Zulässigkeit der tarifvertraglichen Erweiterung der Zuständigkeit der betriebsverfassungsrechtlichen ESt. selbst vgl. Rn. 8). Wird ein solcher TV abgeschlossen, muss es den TV-Parteien auch überlassen bleiben, wie sie das Verfahren der tariflichen Schlichtungsstelle regeln. Sie können dabei auch von den **gesetzlichen Verfahrensgrundsätzen abweichen,** wenn das Verfahren im Übrigen rechtsstaatlichen Prinzipien entspricht.[313] Damit wird auch dem Vorrang der Tarifautonomie gebührend Rechnung getragen. Sieht der TV keine besonderen Verfahrensregelungen vor, so ist auch die tarifliche Schlichtungsstelle an das **gesetzlich vorgeschriebene Verfahren** gebunden.[314] Enthalten die tarifvertraglichen Verfahrensgrundsätze eine **unbewusste Regelungslücke,** ist diese in der Regel durch Anwendung der gesetzlichen Verfahrensgrundsätze zu schließen.[315]

157 Die TV-Parteien können auch bestimmen, ob sich die Zuständigkeit der tariflichen Schlichtungsstelle auf alle Aufgaben der ESt. oder nur auf einen Teil erstrecken soll.[316]

158 Die **Sprüche** der tariflichen Schlichtungsstellen in Betriebsverfassungsfragen können **gerichtlich überprüft** werden wie Sprüche der ESt.[317] Nehmen sie auf Grund des TV andere Aufgaben wahr, haben sie jedoch die **Vermutung der Richtigkeit** für sich, so dass eine Nachprüfung nur auf **offensichtliche Unbilligkeit** hin gegeben sein dürfte (§ 319 Abs. 1 BGB).[318]

159 Der TV, der die ESt. durch eine tarifliche Schlichtungsstelle ersetzt, findet bereits dann Anwendung, wenn nur der AG tarifgebunden ist, da es sich um die Regelung betriebsverfassungsrechtlicher Fragen handelt (§ 3 Abs. 2 TVG).[319]

VIII. Streitigkeiten

160 Für Streitigkeiten über die **Zuständigkeit,** die **Besetzung** oder das **Verfahren** der ESt. ist das ArbG im **Beschlussverfahren** zuständig (Abs. 2 Satz 2 und 3 i. V. m. §§ 2 a, 80 ff., 100 ArbGG). Dies gilt auch für die **Anfechtung von Entscheidungen** der ESt. wegen Rechtsverstößen, der Überschreitung des Ermessensspielraums oder Verfahrensfehlern (Abs. 5 Satz 4 i. V. m. §§ 2 a, 80 ff. ArbGG).[320]

161 **Antragsberechtigt** sind in diesen Fällen in der Regel **nur der AG oder der BR,**[321] nicht jedoch einzelne AN (zur Antragsberechtigung der TV-Parteien im Zusammenhang mit der gerichtlichen Kontrolle von ESt.-Sprüchen vgl. § 77 Rn. 137).[322] Die ESt. ist grundsätzlich weder antragsberechtigt noch Beteiligte,[323] da sie lediglich in einer Ersatzfunktion für die Betriebsparteien tätig wird (vgl. dazu Rn. 2).[324]

162 Obwohl dies einer Entwertung des ESt.-Verfahrens gleichkommt und die schnelle Beilegung von Meinungsverschiedenheiten zwischen AG und BR eher behindert, kann nach h. M. vor der Errichtung einer ESt., während des Bestellungsverfahrens gemäß Abs. 2 Satz 2 und 3 i. V. m. § 98 ArbGG oder während eines laufenden ESt.-Verfahrens beim ArbG ein sog. **Vorabentscheidungsverfahren zur Frage der Zuständigkeit der ESt.** bzw. des Bestehens oder

---

313 A. A. *Fitting,* Rn. 176; GK-*Kreutz/Jacobs,* Rn. 183; offen gelassen *BAG* 14.9.10, AuR 11, 38 Ls., juris.
314 Grundsätzlich für Bindung an die gesetzlichen Form- und Verfahrensvorschriften wohl *BAG* 14.9.10, a. a. O.
315 *BAG* 16.8.11, NZA 12, 873.
316 *BAG* 18.8.87, AP Nr. 23 zu § 77 BetrVG 1972; GK-*Kreutz/Jacobs,* Rn. 181.
317 *BAG* 22.10.81, AP Nr. 10 zu § 76 BetrVG 1972; 18.8.87, AP Nr. 23 zu § 77 BetrVG 1972.
318 *Fitting,* Rn. 180; a. A. GK-*Kreutz/Jacobs,* Rn. 187.
319 *BAG* 14.9.10, a. a. O.
320 Vgl. dazu die Muster entsprechender Antragsschriften bei DKKWF-*Berg,* § 76 Rn. 13, 14.
321 ErfK-*Kania,* Rn. 29; *Fitting,* Rn. 181; GK-*Kreutz/Jacobs,* Rn. 158; HWGNRH-*Worzalla,* Rn. 81; Richardi-*Richardi,* Rn. 156.
322 Zu den Ausnahmen vgl. GK-*Kreutz/Jacobs,* Rn. 118.
323 *BAG* 28.4.81, AP Nr. 1 zu § 87 BetrVG 1972 Vorschlagswesen.
324 Zur zulässigen Anhörung von Mitgliedern der ESt. als Zeugen vgl. *BAG* 28.4.81, a. a. O.

Nichtbestehens eines Mitbestimmungsrechts des BR durchgeführt werden.[325] Es ist allerdings nicht zulässig, das Bestellungsverfahren gemäß Abs. 2 Satz 2 und 3 i. V. m. § 100 ArbGG (vgl. Rn. 82) oder das ESt.-Verfahren selbst wegen der Anhängigkeit eines derartigen Vorabentscheidungsverfahrens auszusetzen (str., vgl. Rn. 114).

Weiterhin soll das **Rechtsschutzinteresse für ein allgemeines Beschlussverfahren** über das Bestehen oder Nichtbestehen eines Mitbestimmungsrechts des BR auch dann gegeben sein, wenn ein zum Streitgegenstand ergangener Spruch einer ESt. bereits im Beschlussverfahren angefochten wird[326] oder im Bestellungsverfahren gemäß Abs. 2 Satz 2 und 3 i. V. m. § 100 ArbGG die Bestellung eines Vorsitzenden rechtskräftig abgelehnt wurde.[327] **163**

Werden in einem ESt.-Spruch bestimmte **Regelungsvorstellungen des BR nicht berücksichtigt**, fehlt es i. d. R. an einem **Rechtsschutzinteresse** für einen Antrag auf Feststellung, dass dem BR hinsichtlich der nicht berücksichtigten Regelungsvorstellungen kein Mitbestimmungsrecht zusteht.[328] Wenn ein ergangener ESt.-Spruch nicht angefochten wurde und im Betrieb angewandt wird, fehlt ebenfalls das Rechtsschutzinteresse für einen Antrag auf Feststellung, dass dem BR hinsichtlich der getroffenen Regelung ein Mitbestimmungsrecht nicht zusteht.[329] **164**

Unzulässig ist es, die **Rechtsunwirksamkeit eines ESt.-Spruchs** einerseits und die Anfechtung wegen eines **Ermessensfehlers** gemäß Abs. 5 Satz 4 andererseits **in zwei getrennten Beschlussverfahren** geltend zu machen. Dem steht die anderweitige Rechtshängigkeit einer Sache gemäß § 261 Abs. 3 Nr. 1 ZPO entgegen.[330] **165**

Eine **einstweilige Verfügung im Bestellungsverfahren** gemäß Abs. 2 Satz 2 i. V. m. § 100 ArbGG ist nach überwiegender Auffassung ausgeschlossen, obwohl in Eilfällen eine rechtzeitige Regelung von Mitbestimmungsangelegenheiten nicht in allen Fällen gewährleistet ist.[331] Das ArbG kann von den Betriebsparteien in dringenden Eilfällen auch nicht mit dem Ziel angerufen werden, **vorläufige Regelungen in Mitbestimmungsangelegenheiten** bis zur Entscheidung der ESt. zu treffen (vgl. auch § 87 Rn. 29 m. w. N.).[332] Zu den Möglichkeiten der **Verfahrensbeschleunigung in Eilfällen durch die ESt.** selbst vgl. Rn. 98 ff., 118 f. **166**

Wird ein **ESt.-Spruch** im Beschlussverfahren angefochten, hat dies keine Auswirkungen auf seine (vorläufige) Wirksamkeit, so dass seine **Durchführung**, ggf. mit Hilfe einer **einstweiligen Verfügung**, im Beschlussverfahren durchgesetzt werden kann.[333] Bei offensichtlicher Rechtswidrigkeit des Spruchs – kann seine Durchführung unterbunden werden.[334] Anders hat dies nunmehr das BAG[335] entschieden und festgestellt, dass jedenfalls im Falle der Anfechtung eines ESt.-Spruchs über einen Sozialplan durch den AG der BR die Durchführung des Est.-Spruchs erst nach rechtskräftiger Abweisung des auf die Unwirksamkeit des ESt.-Spruchs gerichteten Antrags des AG verlangen kann.[336] Dem kann nicht gefolgt werden, weil ansonsten **167**

325 *BAG* 22.10.81, 24.11.81, AP Nrn. 10, 11 zu § 76 BetrVG 1972; 25.4.89, DB 89, 1928; *Fitting*, Rn. 183; *GL*, Rn. 25; GK-*Kreutz/Jacobs*, Rn. 125; Richardi-*Richardi*, Rn. 106; a. A. *ArbG Wetzlar* 24.1.86, AuR 81, 181; *Rossmanith*, AuR 82, 339.

326 *BAG* 20.4.82, DB 82, 1674.

327 *BAG* 25.4.89, DB 89, 1928.

328 *BAG* 13.10.87, NZA 88, 249.

329 *BAG* 13.10.87, a. a. O.

330 *BAG* 16.7.96, NZA 97, 337.

331 *LAG Niedersachsen* 29.9.88, AuR 89, 290; *LAG Baden-Württemberg* 8.4.87 – 7 TaBV 2/87; *ArbG Ludwigshafen* 20.11.96, NZA 97, 172; *ArbG Düsseldorf* 24.6.92, NZA 92, 907 = AiB 92, 538, *ArbG Stuttgart* 9.2.84 – 15 BVGa 1/84; 23.7.91 – 11 BVGa 13/91; *Bengelsdorf*, BB 91, 613, 614 ff.; *Dütz*, ZfA 72, 247 [255]; *Fitting*, Rn. 42; *HBR*, Rn. 367; *Olderog*, NZA 85, 753 [757]; a. A. *LAG Düsseldorf* 7.2.91, LAGE § 98 ArbGG 1979 Nr. 19; *ArbG München* 11.3.83 – 17 BVGa 158/83; *Bauer*, NZA 92, 433 [436]; KassArbR-*Etzel*, 9.1., Rn. 1317.

332 *Fitting*, Rn. 186.

333 *LAG Köln* 20.4.99, NZA-RR 00, 311; LAG *Berlin* 6.12.84, BB 85, 1199; 8.11.90, DB 91, 1288 = AiB 91, 110 mit Anm. *Grimberg; Fitting*, Rn. 164; *Wenning-Morgenthaler*, Rn. 413.

334 *LAG Hamburg* 5.5.00, AiB 01, 50 mit Anm. *Bertelsmann; LAG Köln* 30.7.99, NZA 00, 334; *LAG Frankfurt* 24.9.87, LAGE § 85 ArbGG 1979 Nr. 2.

335 22.1.13, DB 13, 1184 = juris.

336 *BAG* 22.1.13, a. a. O.

durch die Anfechtung eines ESt.-Spruchs eine der Betriebsparteien die Durchführung eines ESt.-Spruchs für erhebliche Zeit hinauszögern könnte. Im Fall der erstmaligen Regelung eines mitbestimmungspflichtigen Regelungsgegenstands könnte dies dazu führen, dass (zumindest vorläufig) keine mitbestimmte Regelung besteht und der AG seine bisher mitbestimmungsfrei durchgeführten Maßnahmen fortsetzen könnte.

168 Der **Beweisbeschluss einer ESt.** bzw. einer tariflichen Schlichtungsstelle gemäß Abs. 8 kann ebenso wenig selbstständig angefochten werden wie der eines Gerichts.[337] Anfechtbar ist grundsätzlich nur der ESt.-Spruch als materielle Endentscheidung (vgl. dazu Rn. 149).

§ 76 a Kosten der Einigungsstelle

(1) Die Kosten der Einigungsstelle trägt der Arbeitgeber.

(2) Die Beisitzer der Einigungsstelle, die dem Betrieb angehören, erhalten für ihre Tätigkeit keine Vergütung; § 37 Abs. 2 und 3 gilt entsprechend. Ist die Einigungsstelle zur Beilegung von Meinungsverschiedenheiten zwischen Arbeitgeber und Gesamtbetriebsrat oder Konzernbetriebsrat zu bilden, so gilt Satz 1 für die einem Betrieb des Unternehmens oder eines Konzernunternehmens angehörenden Beisitzer entsprechend.

(3) Der Vorsitzende und die Beisitzer der Einigungsstelle, die nicht zu den in Absatz 2 genannten Personen zählen, haben gegenüber dem Arbeitgeber Anspruch auf Vergütung ihrer Tätigkeit. Die Höhe der Vergütung richtet sich nach den Grundsätzen des Absatzes 4 Satz 3 bis 5.

(4) Das Bundesministerium für Arbeit und Soziales kann durch Rechtsverordnung die Vergütung nach Absatz 3 regeln. In der Vergütungsordnung sind Höchstsätze festzusetzen. Dabei sind insbesondere der erforderliche Zeitaufwand, die Schwierigkeit der Streitigkeit sowie ein Verdienstausfall zu berücksichtigen. Die Vergütung der Beisitzer ist niedriger zu bemessen als die des Vorsitzenden. Bei der Festsetzung der Höchstsätze ist den berechtigten Interessen der Mitglieder der Einigungsstelle und des Arbeitgebers Rechnung zu tragen.

(5) Von Absatz 3 und einer Vergütungsordnung nach Absatz 4 kann durch Tarifvertrag oder in einer Betriebsvereinbarung, wenn ein Tarifvertrag dies zulässt oder eine tarifliche Regelung nicht besteht, abgewichen werden.

Inhaltsübersicht

I. Vorbemerkungen

1 Die Vorschrift hat die Regelung der **Kosten der ESt.** zum Gegenstand.[1] Sie begründet in Abs. 1 eine **umfassende Kostentragungspflicht des AG.**

2 Neben den **Sach- und Verfahrenskosten** im engeren Sinne (z. B. Tagungsräume, sonstiger Sachaufwand wie Büromaterial, Personal) hat der AG auch die **Vergütung** des Vorsitzenden und der außerbetrieblichen Beisitzer – den Regelungen des Abs. 3 entsprechend – zu tragen. Für die dem Betrieb angehörenden Beisitzer schließt Abs. 2 einen Vergütungsanspruch aus.

3 Von der Ermächtigung zur Regelung der Vergütung gemäß Abs. 3 in einer **Rechts-VO** (Abs. 4) wurde bisher kein Gebrauch gemacht.

4 Nach Maßgabe des Abs. 5 kann durch **TV** oder **BV** von Abs. 3 oder einer Vergütungsordnung gemäß Abs. 4 (vgl. Rn. 3) abgewichen werden. Dies ist ebenfalls durch eine **Vereinbarung**

---

337 *BAG* 4.7.89, BB 90, 918.

1 Zur Entstehungsgeschichte der am 1.1.89 in Kraft getretenen gesetzlichen Regelung der Kosten der ESt. in § 76 a vgl. die Vorauflage (12. Aufl. 2010), § 76 a Rn. 1 ff.

zwischen dem AG und den Mitgliedern des ESt. mit Vergütungsanspruch zulässig (vgl. dazu Rn. 49).

Die mit den Kosten der ESt. belastete **AG-Seite** kritisierte in der Vergangenheit die Vergütungspraxis im ESt.-Verfahren wiederholt durch das Hochspielen von Einzelfällen, in denen AG offensichtlich bereit waren, erheblich **überhöhte Honorare an ESt.-Vorsitzende** zu zahlen, und lehnte vor allem den von der Rspr. anerkannten **Vergütungsanspruch von Beisitzern des BR,** die **hauptamtlich bei den Gewerkschaften beschäftigt** sind, ab.[2] Problematisiert wurde auch, ob nicht die Vereinbarung großzügiger Pauschalhonorare Zweifel an der Unabhängigkeit eines Vorsitzenden der ESt. wecken könnte.[3] Durch die Fixierung der Diskussion über die Höhe der Honorare der ESt.-Mitglieder auf vereinzelt bekannt gewordene Fälle tatsächlich überhöhter Vergütungen ging der Streit nicht unerheblich an der sich wesentlich **differenzierter darstellenden Praxis des ESt.-Verfahrens** vorbei. Das vor allem von der AG-Seite immer wieder vorgebrachte Argument angeblich regelmäßig überhöhter ESt.-Kosten findet in der Praxis keine Bestätigung.[4] Wenn auch die ESt.-Kosten für Klein- und Mittelbetriebe im Einzelfall durchaus eine nicht unbeachtliche Kostenbelastung darstellen können, bleibt doch zu berücksichtigen, dass ESt.-Verfahren nach den vorliegenden Untersuchungen insgesamt in nur 5 v. H.[5] bzw. 18 v. H.[6] der befragten UN überhaupt durchgeführt wurden und dass gerade in **Klein- und Mittelbetrieben** die Anrufung der **ESt. besonders selten** erfolgt.[7] 5

Abgesehen davon ist gerade für Klein- und Mittelbetriebe eine Sichtweise verkürzt, die die Beilegung von Meinungsverschiedenheiten im ESt.-Verfahren nur unter dem Gesichtspunkt der Kostenbelastung der AG diskutiert. Die durch die Tätigkeit der Mitglieder der ESt. hervorgebrachten Regelungen stellen nicht selten auch den AG willkommene Lösungen betrieblicher Probleme dar, die seitens der UN-Leitung allein nicht bewältigt werden konnten (z. B. Einführung neuer EDV-, Leistungslohn- oder Arbeitszeitsysteme, Aus- und Umgestaltung der betrieblichen Altersversorgung). Insoweit beschränkt sich die Funktion der ESt. in der Praxis nicht allein auf die einer **sozialen Schlichtung,**[8] sondern weist durchaus auch Elemente einer **unternehmensberatenden Tätigkeit** auf.[9] 6

Unter Berücksichtigung der **an die Person des Vorsitzenden zu stellenden Anforderungen** (vgl. § 76 Rn. 20) besteht bei einer zu niedrigen Bemessung der Vergütung im Übrigen die Gefahr, dass ausreichend erfahrene und qualifizierte Personen sich gerade kurzfristig nicht ohne weiteres zur Verfügung stellen.[10] Dies gilt im besonderen Maße auch für die **Beisitzer des BR,** der schon aus Paritätsgründen in die Lage versetzt werden muss, fachlich versierte und erfahrene Personen als Beisitzer benennen zu können. 7

Schließlich ist auch nicht zu verkennen, dass der »Kostenfaktor ESt.-Verfahren« in gewisser Hinsicht für den BR eine **mitbestimmungssichernde Funktion** haben und mit dazu beitragen kann, dass die **Betriebsparteien von ihrer** vom Gesetz gewollten **vorrangigen Kompetenz** zur Beilegung von Meinungsverschiedenheiten (vgl. § 74 Abs. 1 Satz 2) tatsächlich »mit dem ernsten Willen zur Einigung« **Gebrauch machen** und nicht voreilig die Lösung bestehender Streitigkeiten auf die ESt. abwälzen. 8

II. Die Verfahrenskosten der Einigungsstelle

Abs. 1 begründet die **Kostentragungspflicht des AG** für die Kosten des ESt.-Verfahrens. Die Kostentragungspflicht des AG ist **umfassend**[11] und wird lediglich durch den **Grundsatz der Erforderlichkeit** der Kosten begrenzt (vgl. dazu auch § 40 Rn. 5).[12] 9

---

2 Exemplarisch dafür die Darstellung bei *Bengelsdorf,* NZA 89, 489 ff.
3 Vgl. etwa *Däubler,* DB 73, 233 ff.; *ders.,* Das Arbeitsrecht 1, Rn. 953.
4 Vgl. *Hase u. a.,* S. 131.
5 *Hase u. a.,* S. 147.
6 *Däubler,* Das Arbeitsrecht 1, Rn. 953, Fn. 652.
7 *Göritz u. a.,* a. a. O.; *Wassermann,* S. 77.
8 Vgl. *Wlotzke,* DB 89, 111, 117.
9 *Wenning-Morgenthaler,* Rn. 438.
10 *Wenning-Morgenthaler,* Rn. 438.
11 GK-*Kreutz/Jacobs,* Rn. 6.
12 GK-*Kreutz/Jacobs,* Rn. 9 f.

10 Zu den vom AG zu tragenden Kosten gehört der **Sachaufwand** (z. B. Anmietung von Räumen, Schreibmaterial, Schreibkräfte), der durch die Durchführung des ESt.-Verfahrens entsteht.[13]

11 Weiterhin sind vom AG die Kosten der **persönlichen Aufwendungen der Mitglieder der ESt.** (z. B. Reise-, Übernachtungs-, Verpflegungs-, Telefon-, Porto- und Fotokopierkosten) gemäß §§ 675, 670 BGB zu übernehmen.[14] Sofern mit dem AG eine Pauschalierung des Aufwendungsersatzes nicht vereinbart wurde, sind die Kosten im Einzelnen aufgeschlüsselt abzurechnen.[15]

12 Zieht die ESt. nach eigenem pflichtgemäßem Ermessen einen **Sachverständigen** hinzu (vgl. § 76 Rn. 102 ff.), hat der AG ebenfalls die dadurch entstehenden Kosten im erforderlichen Umfang (vgl. § 40 Rn. 5) zu tragen.[16] Die Kostentragungspflicht setzt – anders als bei der Hinzuziehung eines Sachverständigen durch den BR (vgl. § 80 Abs. 3) – **keine Vereinbarung zwischen AG und ESt.** voraus.[17]

13 Lässt sich der BR vor der ESt. durch einen **Rechtsanwalt als Bevollmächtigten** vertreten (vgl. § 76 Rn. 94), ist der AG grundsätzlich ebenfalls verpflichtet, die dadurch entstehenden Kosten zu übernehmen. Dabei handelt es sich allerdings nicht unmittelbar um Kosten der ESt., so dass nicht § 76 a Abs. 1, sondern **§ 40 Abs. 1 als Anspruchsgrundlage** in Betracht kommt.[18]

14 Insoweit gelten im Zusammenhang mit der Kostentragungspflicht des AG für das Tätigwerden eines Rechtsanwalts für den BR vor der ESt. **die gleichen Grundsätze wie bei der Vertretung des BR** durch einen Rechtsanwalt **beim ArbG** (vgl. zu diesen Grundsätzen § 40 Rn. 16 ff.).[19] Die Kostentragungspflicht des AG setzt nach Auffassung des *BAG* voraus, dass der Regelungsgegenstand der ESt. **schwierige und zwischen den Betriebsparteien umstrittene Rechtsfragen** aufwirft.[20] **Schwierigkeiten in tatsächlicher Hinsicht oder die wirtschaftliche Bedeutung des Streitgegenstandes** hält das *BAG* in dieser Hinsicht nicht für aussagekräftig.[21]

15 Wenn dies für BR mit mehreren freigestellten BR-Mitgliedern und hohem Professionalisierungsgrad im Einzelfall auch zutreffend sein mag, verkennt das *BAG* allerdings die typische **Handlungssituation des BR in Klein- und Mittelbetrieben,**[22] wenn es für die Erforderlichkeit der Heranziehung eines Rechtsanwalts durch den BR darüber hinaus nicht mehr die Tatsache für beachtlich hält, dass der Vorsitzende der ESt. die **schriftliche Vorbereitung und Darlegung der Standpunkte der Beteiligten** verlangt hat.[23] Auch wenn der Regelungsgegenstand im Wesentlichen allein in tatsächlicher Hinsicht Schwierigkeiten aufwirft, ist zumindest der **BR in Klein- und Mittelbetrieben** bei der Wahrnehmung seiner ihm durch die Betriebsverfassung zuerkannten Rechte vor der ESt. aus Paritätsgründen (Grundsatz der »Waffengleichheit«) darauf angewiesen, sich durch einen versierten Bevollmächtigten, ggf. durch einen Rechtsanwalt, vertreten zu lassen.[24]

16 Dies muss jedenfalls dann – auch unabhängig von der Schwierigkeit des Regelungsgegenstandes in rechtlicher Hinsicht – gelten, wenn **sich der AG vor der ESt. selbst durch einen**

13 ErfK-*Kania,* Rn. 2; *Fitting,* Rn. 6; GK-*Kreutz/Jacobs,* Rn. 12; *Löwisch,* DB 89, 223; *Wenning-Morgenthaler,* Rn. 511 ff.

14 *BAG* 14.2.96, DB 96, 2233, 2234; *LAG Schleswig-Holstein* 11.5.95, DB 95, 1282, 1283; 12.8.86, DB 87, 104; ErfK-*Kania,* Rn. 2; *Fitting,* Rn. 9; GK-*Kreutz/Jacobs,* Rn. 11; *Löwisch,* DB 89, 223; *Wenning-Morgenthaler,* Rn. 447, 466 ff.

15 GK-*Kreutz/Jacobs,* a. a. O.; *Wenning-Morgenthaler,* a. a. O.

16 *BAG* 13.11.91, NZA 92, 459; ErfK-*Kania,* Rn. 2; *Fitting,* Rn. 7; GK-*Kreutz/Jacobs,* Rn. 14; *Löwisch,* DB 89, 223; *Wenning-Morgenthaler,* Rn. 513.

17 *LAG Niedersachsen* 4.3.88, AiB 88, 311 f. mit zustimmender Anm. *Schwitzer; Fitting,* a. a. O.

18 *BAG* 5.11.81, AP Nr. 9 zu § 76 BetrVG 1972; 21.6.89, DB 89, 2436; 14.2.96, DB 96, 2187; GK-*Kreutz/Jacobs,* Rn. 16 ff.; *Kamphausen,* NZA 94, 49, 51; *Ziege,* NZA 90, 922 [929].

19 GK-*Kreutz/Jacobs,* a. a. O.

20 21.6.89, a. a. O.; *Fitting,* § 40 Rn. 37; GK-*Kreutz/Jacobs,* a. a. O.; *Kamphausen,* a. a. O., 52, der allerdings unter dem Gesichtspunkt der »Waffengleichheit« – wenn auch nur im engen Rahmen – Ausnahmen zulassen will.

21 14.2.96, a. a. O.

22 Vgl. *Wassermann,* S. 68 ff., 140 ff.

23 21.6.89, DB 89, 2436, 2437 (insoweit unter Aufgabe des *BAG* 5.11.81, AP Nr. 9 zu § 76 BetrVG 1972), zustimmend *Wenning-Morgenthaler,* Rn. 506.

24 Zustimmend *Fitting,* a. a. O.; *Wenning-Morgenthaler,* Rn. 507.

Rechtsanwalt vertreten lässt.[25] Die Vertretung des AG durch einen Rechtsanwalt ist zumindest ein gewichtiges Indiz dafür, dass der Regelungsgegenstand der ESt. rechtlich schwierig ist und auch eine Vertretung des BR durch einen Rechtsanwalt erforderlich macht.[26] Ist ein Rechtsanwalt bereits als Beisitzer durch den BR benannt, ist ein Rechtsanwalt als Verfahrensbevollmächtigter i. d. R. nicht zusätzlich erforderlich.[27]

Der BR kann einem Rechtsanwalt für die Vertretung vor der ESt. ein **Honorar in Höhe der Vergütung eines außerbetrieblichen Beisitzers** zusagen, wenn der vom BR beauftragte Rechtsanwalt nur gegen Zahlung eines derartigen Honorars zur Mandatsübernahme bereit ist und im Übrigen der Gegenstandswert der anwaltlichen Tätigkeit ohnehin nach billigem Ermessen festzulegen wäre.[28] Andererseits sind die Kosten anwaltlicher Vertretung nicht grundsätzlich auf die Höhe des Honoraranspruchs eines außerbetrieblichen Beisitzers nach Abs. 3 beschränkt.[29] Ist zwischen den Betriebsparteien das Volumen eines Sozialplans umstritten und ist dies ausschließlicher Streitgegenstand der ESt., errechnet sich der Gegenstandswert nach *BAG* gemäß § 8 Abs. 2 Satz 2 BRAGO aus der Differenz des jeweils vorgeschlagenen Sozialplanvolumens.[30] 17

III. Der Freistellungs- und Entgeltfortzahlungsanspruch betriebsangehöriger Beisitzer

Betriebsangehörige Beisitzer haben in nach Abs. 2 **keinen Anspruch auf eine Vergütung,** da sie als Beisitzer in der ESt. ein **unentgeltliches Ehrenamt** entsprechend § 37 Abs. 1 ausüben.[31] Diese Vorschrift gilt unabhängig davon, ob es sich bei diesen Beisitzern um solche der AG- oder BR-Seite oder um Mitglieder des BR oder sonstige betriebsangehörige AN handelt,[32] und ist zwingend.[33] 18

Betriebsangehörige Beisitzer sind jedoch gemäß § 37 Abs. 2 von ihrer beruflichen Tätigkeit **ohne Minderung des Arbeitsentgelts freizustellen** und haben ggf. einen **Anspruch auf Freizeitausgleich bzw. Mehrarbeitsvergütung** gemäß § 37 Abs. 3 (s. Abs. 2 Satz 1 2. Halbsatz; zu den Einzelheiten vgl. § 37 Rn. 62 ff.). Wird ein BR-Mitglied zum Beisitzer einer ESt. bestellt, folgt allein aus dieser Aufgabenwahrnehmung nicht die Erforderlichkeit einer **Schulung gem. 37 Abs. 6** zum Gegenstand des ESt.-Verfahrens.[34] 19

Diese Grundsätze gelten auch für **unternehmens- bzw. konzernangehörige Beisitzer in ESt.,** die für Streitigkeiten **zwischen AG und GBR bzw. KBR** gebildet werden. Wird allerdings eine ESt. für einen bestimmten BR eines UN bzw. Konzerns gebildet und gehört der Beisitzer einem anderen Betrieb des UN bzw. des Konzerns an, fällt er als **betriebsfremder Beisitzer** nicht unter die Vorschrift des Abs. 2, sondern hat einen Vergütungsanspruch gemäß Abs. 3.[35] Schei- 20

25 *Fitting,* a. a. O.; *GL,* § 40 Rn. 16; GK-*Kreutz/Jacobs,* a. a. O.; *Kamphausen,* a. a. O.; *Wenning-Morgenthaler,* Rn. 508; a. A. *BAG* 5.11.81, a. a. O.; 21.6.89, a. a. O.

26 *BAG* 14.2.96, a. a. O.

27 *LAG Hamm* 11.12.90, LAGE § 76 a BetrVG Nr. 2; *Fitting,* Rn. 38; *Kamphausen,* a. a. O., 55, 61; a. A. *BAG* 14.2.96, a. a. O., unter Hinweis auf die unterschiedliche Funktion von Beisitzer und anwaltlichem Verfahrensbevollmächtigten, mit der Folge, dass in ESt. mit schwierigen Rechtsfragen ein anwaltlicher Verfahrensbevollmächtigter auch erforderlich ist, wenn bereits als Beisitzer ein Rechtsanwalt bestellt ist; eingehend zur Vergütung von Rechtsanwälten sowohl als Beisitzer in wie auch als Verfahrensbevollmächtigte vor der ESt. *Kamphausen,* a. a. O., 49 ff.

28 *BAG* 21.6.89, DB 89, 2436 [2437]; 20.10.99, DB 00, 524; a. A. *Kamphausen,* NZA 92, 55, 61 f.; *Ziege,* NZA 90, 922 [929].

29 *BAG* 14.2.96, DB 96, 2187, 2188.

30 14.2.96, a. a. O.

31 Vgl. *BAG* 11.5.76, AP Nr. 2 zu § 76 BetrVG 1972; GK-*Kreutz/Jacobs,* Rn. 22 m. w. N.

32 *Fitting,* Rn. 11.

33 GK-*Kreutz/Jacobs,* a. a. O.

34 *BAG* 20.8.14, NZA 14, 1349.

35 *HessLAG* 28.8.03, AuR 04, 477; *Bauer/Röder,* DB 89, 224, 225; *Engels/Natter,* BB-Beilage 8/89, S. 1 [26]; ErfK-*Kania,* Rn. 3; *Fitting,* Rn. 13; GK-*Kreutz/Jacobs,* Rn. 26; ebenfalls wie hier, allerdings zur bisherigen Rechtslage *BAG* 21.6.89, DB 89, 2438; *LAG Baden-Württemberg* 30.12.88, DB 89, 736; a. A. *LAG Niedersachsen* 18.8.87, NZA 88, 290.

det ein betriebsangehöriger Beisitzer während des noch laufenden ESt.-Verfahrens aus dem Betrieb aus, ohne dass der BR verpflichtet ist, diesen von seinem Amt abzuberufen (vgl. § 76 Rn. 34), nimmt er ab diesem Zeitpunkt die Stellung eines außerbetrieblichen Beisitzers mit der Folge des Vergütungsanspruchs gemäß Abs. 3 ein.[36]

IV. Der Vergütungsanspruch des Vorsitzenden und der außerbetrieblichen Beisitzer

21 Aus der **Begründung eines gesetzlichen Vergütungsanspruchs**[37] unmittelbar gegen den AG in Abs. 3 Satz 1 ergibt sich der Grundsatz, dass die Tätigkeit in der ESt. für den Vorsitzenden und die außerbetrieblichen Beisitzer **kein unentgeltliches Ehrenamt** ist.

22 Der Vergütungsanspruch der Mitglieder der ESt. setzt allerdings ihre **rechtswirksame Bestellung** voraus. Dies erfordert bei einem vom BR bestellten Beisitzer einen wirksamen **BR-Beschluss** (vgl. dazu näher § 76 Rn. 36 ff.).[38]

23 Regelungen zu der der **vertretbaren Anzahl der Beisitzer** (vgl. dazu § 76 Rn. 25 ff.) und der **Zulässigkeit der Bestellung außerbetrieblicher Beisitzer,** wie z. B. von Verbandsvertretern (Vertreter der AG-Verbände, hauptamtliche Gewerkschaftssekretäre), Rechtsanwälten oder sonstigen Fachexperten (vgl. § 76 Rn. 30), lassen sich den Abs. 2 und 3 nicht entnehmen. Insbesondere enthält Abs. 2 **keine Beschränkung** dahin gehend, dass **nur ein außerbetrieblicher Beisitzer** bestellt werden darf oder dass die Bestellung **ausschließlich außerbetrieblicher Beisitzer** unzulässig ist.[39]

24 Auch ein **hauptamtlicher Gewerkschaftssekretär,** der verpflichtet ist, sein Honorar ganz oder teilweise an die ihn beschäftigende Gewerkschaft oder an eine gewerkschaftsnahe Stiftung abzuführen, hat als Beisitzer einer ESt. einen Honoraranspruch gegenüber dem AG, da eine derartige **Abführungspflicht** nicht gegen das koalitionsrechtliche Prinzip der **Gegnerunabhängigkeit** verstößt.[40]

25 Hat der AG die Anzahl der Beisitzer nicht durch die Einleitung eines arbeitsgerichtlichen Bestellungsverfahrens gemäß § 100 ArbGG festlegen lassen, kann er sich nach Konstituierung der ESt. bzw. nach Abschluss des ESt.-Verfahrens im Zusammenhang mit den Vergütungsforderungen der Beisitzer nicht darauf berufen, die Benennung der Beisitzer durch den BR sei nicht erforderlich gewesen.[41]

26 Zur **ordnungsgemäßen Beschlussfassung des BR** über die Benennung der vom ihm zu bestellenden Beisitzer vgl. § 76 Rn. 36 ff.

27 Den Kern der Vorschrift stellt die **Normierung der** bei der Festlegung der Höhe der Vergütung zu beachtenden **Bemessungskriterien** in Abs. 4 dar.[42]

28 Solange eine entsprechende Rechts-VO nicht erlassen wird, sind die in Abs. 4 Satz 3 genannten Bemessungskriterien des **erforderlichen Zeitaufwands,** der **Schwierigkeit der Streitigkeit** sowie eines **etwaigen Verdienstausfalls** zu berücksichtigen.[43] Bis zum Erlass einer Rechts-VO ist es der Arbeitsgerichtsbarkeit wegen Fehlens einer planwidrigen Gesetzeslücke verwehrt, Höchstbeträge für das Honorar von ESt.-Mitgliedern festzusetzen.[44] Eine **Heranziehung des RVG** und des damit verbundenen Gegenstandswerts der Streitigkeit als Bemessungskriterium für die Vergütung ist **nicht mehr zulässig** (h. M.).[45] Dies gilt auch für **Rechtsanwälte,** die als außerbetriebliche Beisitzer der ESt. tätig werden.[46]

---

36 *ArbG Stuttgart* 4.5.01 – 3 BV 2/01; *ArbG Düsseldorf* 24.6.92, AiB 93, 49.

37 *LAG Hamm* 10.2.12 – 10 TaBV 61/11, juris.

38 *BAG* 10.10.07, DB 08, 478; 19.8.92, a. a. O.; *LAG Hamm* 10.2.12, a. a. O.; *HessLAG* 1.6.06 – 9 TaBV 164/05.

39 *BAG* 10.10.07, a. a. O.; 24.4.96, DB 96, 2232, 2233; *LAG Hamm* 10.2.12, a. a. O.

40 *BAG* in ständiger Rspr., zuletzt *BAG* 14.12.88, AP Nr. 30 zu § 76 BetrVG 1972; *Fitting,* Rn. 16; GK-*Kreutz/Jacobs,* Rn. 34; Richardi-*Richardi,* Rn. 16.

41 *LAG Hamm* 10.2.12 – 10 TaBV 61/11, juris; *LAG Rheinland-Pfalz* 24.5.91, DB 91, 1992; *Kamphausen,* NZA 92, 55, 61.

42 *Engels/Natter,* BB-Beilage 8/89, S. 1, 26.

43 A. A. *LAG Düsseldorf* 15.3.90, NZA 90, 946.

44 *BAG* 28.8.96, DB 97, 283.

45 *Däubler,* Das Arbeitsrecht 1, Rn. 952; *Engels/Natter,* BB-Beilage 8/89, S. 1 [26]; *Fitting,* Rn. 19; GK-*Kreutz/Jacobs,* Rn. 36; *Kamphausen,* NZA 92, 55, 57; *Wlotzke,* DB 89, 111, 118; einschränkend *Bauer/*

Unter Berücksichtigung der Systematik der vom Gesetzgeber ausgewählten Bemessungskriterien ist es – in Übereinstimmung mit einer in der Praxis bisher durchaus schon verbreiteten Übung[47] – nahe liegend, die **Vergütung** auf der Grundlage der Neuregelung **nach Stundensätzen**[48] oder **Tagessätzen**[49] abzurechnen. **29**

Für die Festlegung der **Höhe der Stunden- oder Tagessätze** sind zunächst die an die Mitglieder der ESt. zu stellenden **persönlichen Anforderungen** (vgl. § 76 Rn. 20, 25 f.) in Rechnung zu stellen. Darüber hinaus ist **die zentrale Bedeutung der ESt.** für die praktische Umsetzung des Konfliktlösungsmodells der Betriebsverfassung (vgl. § 76 Rn. 1)[50] und die in der Praxis äußerst **komplexe Funktion der ESt. als soziale Schlichtung und Institution, die unternehmensberatende Elemente aufweist** (vgl. Rn. 5 f.),[51] zu berücksichtigen. **30**

Vor diesem Hintergrund ist ein – je nach Schwierigkeit der Streitigkeit und der sonstigen Umstände im einzelnen Fall differenziert anzuwendender – **Vergütungsrahmen bei Stundensätzen von 100 bis 300 Euro pro Stunde** für den Vorsitzenden der ESt.[52] durchaus angemessen. Daraus ergibt sich für eine Streitigkeit vor der ESt. mit durchschnittlichem Schwierigkeitsgrad und Umfang ein **mittlerer Stundensatz in Höhe von 200 Euro.**[53] Dieser Vergütungsrahmen ist nicht nur für den **Zeitaufwand der Sitzung** der ESt. selbst in Ansatz zu bringen, sondern auch für den **Zeitaufwand für die erforderliche Vor- und Nachbereitung** der Sitzungen der ESt.[54] **31**

Abzulehnen sind die Vorschläge, die **Stundensätze** (65 – 100 Euro) **des JVEG** (durch das das **ZSEG** mit Stundensätzen von 25 – 52 Euro, höchstens 78 Euro, abgelöst wurde) heranzuziehen[55] oder die Mindest- oder Höchstsätze des Vergütungsrahmens zumindest faktisch an dessen Vorgaben zu orientieren.[56] Der Honoraranspruch ist auch nicht durch eine Höchstgrenze beschränkt, die in Orientierung an § 3 ZSEG zu ermitteln ist.[57] Die **Tätigkeit als Vorsitzender oder Beisitzer** der ESt. ist mit der eines **Sachverständigen i. S. d. ZSEG nicht vergleichbar,**[58] da es im ESt.-Verfahren nicht um die sachverständige Beantwortung bzw. Begutachtung einer konkreten Fragestellung geht, sondern um die Beilegung von Meinungsverschiedenheiten der Betriebsparteien, die Gestaltung der innerbetrieblichen Beziehungen und – nicht selten – die Erarbeitung komplexer Lösungen für bestehende Probleme der UN-Leitung und Personalführung (vgl. dazu auch Rn. 5 f.).[59] Insofern **gleicht die Tätigkeit in der ESt.** eher derjenigen eines **UN-Beraters** – mit üblicherweise wesentlich höheren Stunden- bzw. Tagessätzen – als derjenigen eines Sachverständigen i. S. d. ZSEG,[60] so dass auch aus **32**

Röder, DB 89, 224, 225; *Tschöpe*, NZA 04, 945, 949.

46 *LAG Hamm* 20.1.06, NZA-RR 06, 323; zur Vergütung von in ESt.-Verfahren tätigen Rechtsanwälten eingehend *Kamphausen*, NZA 94, 49 ff.

47 *Göritz u. a.*, S. 153; vgl. auch *BAG* 27.3.79, AP Nr. 7 zu § 76 BetrVG 1972.

48 *Bauer/Röder*, DB 89, 224, 225; *Däubler*, Das Arbeitsrecht 1, Rn. 952 f.; *Engels/Natter*, BB-Beilage 8/89, S. 1 [26]; *Fitting*, Rn. 24; GK-*Kreutz/Jacobs*, Rn. 46 ff.; *Löwisch*, DB 89, 223, 224; *Wenning-Morgenthaler*, Rn. 483 ff.

49 Vgl. auch *Kamphausen*, NZA 92, 55, 59, der neben Stunden- und Tagessätzen auch einmalige Pauschalhonorare für gesetzeskonform hält.

50 Und *Kamphausen*, NZA 92, 55, 59.

51 Zustimmend *Fitting*, Rn. 24.

52 So der Vorschlag von *Wenning-Morgenthaler*, a. a. O., Rn. 489.

53 Im Ergebnis ähnlich *Fitting*, a. a. O.; *Kraushaar*, AiB 96, 282; wohl auch *BAG*, das im Jahr 1996 **bei einer Streitigkeit mittlerer Schwierigkeit** über den Abschluss eines Sozialplans einen **Stundensatz von 300 DM** (ca. 153 Euro) für gerechtfertigt hielt (28.8.96, DB 97, 283, 284).

54 *Bauer/Röder*, DB 89, 224, 225 f.; *Engels/Natter*, BB-Beilage 8/89, S. 1 [26]; GK-*Kreutz/Jacobs*, Rn. 45; *Löwisch*, DB 89, 223, 224.

55 Wie hier *LAG Frankfurt* 26.9.91, NZA 92, 469; *LAG München* 11.1.91, LAGE § 76 a BetrVG Nr. 1; *ArbG Bielefeld* 21.6.90 – 6 BV 6/90; *Bauer/Röder*, DB 89, 224, 225 f.; *Däubler*, Das Arbeitsrecht 1, Rn. 952; *Fitting*, Rn. 24; *Kamphausen*, NZA 92, 55, 59; *Kraushaar*, AiB 96, 282; *Wenning-Morgenthaler*, Rn. 484; jetzt wohl zustimmend GK-*Kreutz/Jacobs*, Rn. 46; dagegen bejahend HWGNRH-*Worzalla*, Rn. 33; *Löwisch*, DB 89, 223, 224; *Lunk/Nebendahl*, NZA 90, 921, 925.

56 So etwa GK-*Kreutz/Jacobs*, a. a. O., m. w. N.; *Bobke*, S. 112.

57 *BAG* 28.8.96, DB 97, 283, 284.

58 *Bauer/Röder*, a. a. O., 226; *Däubler*, a. a. O.

59 Ähnlich *Däubler*, a. a. O.

60 *Däubler*, a. a. O.

diesem Grund der oben genannte Vergütungsrahmen von 100 – 300 Euro sachgerecht ist. Abzulehnen ist ebenfalls die Orientierung der Beisitzervergütung an der Entschädigung ehrenamtlicher Richter.[61]

33 Bei der **Anwendung des Vergütungsrahmens auf den Einzelfall** sind die Schwierigkeiten der Streitigkeit in tatsächlicher und rechtlicher Hinsicht, der Umfang des ESt.-Verfahrens, die wirtschaftliche Lage des UN, die wirtschaftliche Bedeutung des Streitgegenstandes und ein etwaiger Verdienstausfall zu berücksichtigen.

34 Für die **Vergütung der Beisitzer** schreibt Abs. 4 Satz 4 als Besonderheit ausschließlich vor, dass diese **niedriger** anzusetzen ist **als diejenige des Vorsitzenden** (vgl. dazu aber auch Rn. 35 ff.).[62] Insoweit entspricht die eine Honorarabstufung vorsehende gesetzliche Regelung im Grundsatz der ständ. Rspr.,[63] nach der ein Beisitzerhonorar in Höhe von 70 v. H. des Honorars des Vorsitzenden der ESt. als vernünftig und angemessen und grundsätzlich als billigem Ermessen entsprechend angesehen wurde.[64] Zwar sagt das Gesetz zum Umfang der Abstufung zwischen dem Honorar des Vorsitzenden und demjenigen der Beisitzer nichts aus,[65] doch besteht **keine Veranlassung, von dem nach der Rspr. geltenden Grundsatz der Abstufung von 70 v. H. abzugehen.**[66] Dies gilt zumindest immer dann, wenn die Vergütung des Vorsitzenden den Grundsätzen des Abs. 4 Sätze 3 – 5 entspricht und im Rahmen billigen Ermessens keine besonderen individuellen Umstände (vgl. Rn. 26) zu berücksichtigen sind.[67] Dieser entspricht dem Grundsatz der Verhältnismäßigkeit. Außerdem muss durch eine **angemessene Vergütung der Beisitzer** sichergestellt werden, dass erfahrene und qualifizierte Personen als Beisitzer in ausreichender Anzahl zur Verfügung stehen. Darauf ist wegen der erforderlichen **qualitativen Parität in der ESt.**[68] insbes. der BR angewiesen.

35 Grundsätzlich unzulässig ist die **Gewährung unterschiedlich hoher Vergütungen** für die Beisitzer der AG- und der BR-Seite,[69] da dies mit der gleichen Aufgabe und Rechtsstellung der Beisitzer und dem Paritätsgrundsatz nicht vereinbar wäre und im Übrigen einen Verstoß gegen § 78 Satz 2 darstellen könnte.[70]

36 Vereinbart der AG mit einzelnen Beisitzern eine Vergütung, die die **Vorsitzendenvergütung** oder den Betrag von **70 Prozent der Vorsitzendenvergütung übersteigt,**[71] haben die anderen Beisitzer der ESt. daher in der Regel einen Vergütungsanspruch in entsprechender Höhe.

37 Sachlich begründete **Differenzierungen zwischen den Beisitzern** und **Abweichungen von der Abstufung von 70 v. H.** zwischen dem Honorar des Vorsitzenden und demjenigen der Beisitzer können sich ausnahmsweise dann ergeben, wenn bei der Anwendung des Vergü-

---

61 Gesetz über die Entschädigung der ehrenamtlichen Richter vom 1.10.69, BGBl. I S. 1753; wie hier *LAG Frankfurt* 26.9.91, a. a. O.; *Kamphausen,* a. a. O.; bejahend dagegen *Bengelsdorf,* NZA 89, 489, 495; *Lunk/Nebendahl,* a. a. O.

62 Für die Zulässigkeit höherer, die Vorsitzendenvergütung übersteigender Besitzervergütungen im Wege der Vereinbarung mit dem AG: *LAG Hamm* 20.1.06, NZA-RR 06, 323; ebenso *Wenning-Morgenthaler,* Rn. 503.

63 Vgl. etwa *BAG* 14.12.88, AP Nr. 30 zu § 76 BetrVG 1972.

64 Grundsätzlich auch für Rechtsanwälte als Beisitzer: *BAG* 20.2.91, BB 91, 1190.

65 *Engels/Natter,* BB-Beilage 8/89, S. 1, 26.

66 *BAG* 14.2.96, DB 96, 2233, 2234; 20.2.91, DB 91, 1939; *HessLAG* 11.6.12 – 16 TaBV 203/11, juris; *LAG Hamm* 10.2.12, a. a. O.; *LAG Frankfurt* 26.9.91, NZA 92, 469; *LAG Rheinland-Pfalz* 24.5.91, DB 91, 1992; *LAG Hamm* 15.1.91, AuR 91, 220; *LAG München* 11.1.91, BB 91, 551; 26.11.98, AiB 99, 359 mit Anm. *Manske; LAG Düsseldorf* 15.3.90, NZA 90, 946; *LAG Frankfurt* 15.6.89, BB 89, 2251; *ArbG Wesel* 1.3.90 – 2 BV 3/90; *ArbG Bielefeld* 21.6.90 – 6 BV 6/90; *Däubler,* Das Arbeitsrecht 1, Rn. 952; ErfK-*Kania,* Rn. 6; *Fitting,* Rn. 25; KassArbR-*Etzel,* 7.1., Rn. 1250; Richardi-*Richardi,* Rn. 22; a. A. *LAG Schleswig-Holstein* 11.5.95, DB 95, 1282; *Bauer/Röder,* DB 89, 224, 226; GK-*Kreutz/Jacobs,* Rn. 49; *Lunk/Nebendahl,* NZA 90, 921, 922; einschränkend HWGNRH-*Worzalla,* Rn. 38.

67 *BAG* 14.2.96, a. a. O.; 12.2.92, DB 93, 743; *HessLAG* 11.6.12, a. a. O.

68 Vgl. dazu auch *Kamphausen,* NZA 92, 55, 59 f.

69 *LAG Rheinland-Pfalz* 24.5.91, DB 91, 1992; *Fitting,* Rn. 26; *Löwisch,* DB 89, 223 [224]; *Wenning-Morgenthaler,* Rn. 502; a. A. *Bauer/Röder,* DB 89, 224 [226]; GK-*Kreutz/Jacobs,* Rn. 51; HWGNRH-*Worzalla,* Rn. 38; *Lunk/Nebendahl,* NZA 90, 921, 925.

70 *LAG München* 11.9.91, BB 91, 551; *Kamphausen,* NZA 92, 55, 60 f.

71 Für die Zulässigkeit derartiger Vereinbarungen *LAG Hamm* 20.1.06, NZA-RR 06, 323; *Wenning-Morgenthaler,* Rn. 503.

tungsrahmens bei einzelnen Mitgliedern der ESt. ein **Verdienstausfall** zu berücksichtigen ist.[72] Dies kann der Fall sein, wenn die Höhe des Honorars des Vorsitzenden unter Berücksichtigung von Verdienstausfall ermittelt wurde, bei den Beisitzern Verdienstausfall jedoch nicht eingetreten ist. Liegt bei allen ESt.-Mitgliedern kein Verdienstausfall vor, kann dies kein Anlass sein, von der »70 v. H.«-Praxis abzuweichen.[73] Bereits nach dem Wortlaut von Abs. 4 Satz 3 ist nur ein (eingetretener) Verdienstausfall zu berücksichtigen, nicht aber dessen Nichteintritt. Nach dem Gesetzeszweck soll ein Nachteil, der durch die Tätigkeit in der ESt. ggf. entsteht, ausgeglichen werden, es sollen aber nicht anderweitige Vorteile abgeschöpft werden.[74] **Unterschiede im Zeit- und Vor- und Nachbereitungsaufwand** zwischen Vorsitzendem und Beisitzer sind in der Regel bei der pauschalierten Abstufung in Höhe von 70 v. H. ausreichend berücksichtigt.[75]

Wird ein Teil der an den Vorsitzenden zu entrichtenden Vergütung als **»pauschaler Auslagenersatz«** ausgewiesen und liegt die Größenordnung dieses Vergütungsanteils deutlich über den entstandenen Auslagen des Vorsitzenden, ist unter Berücksichtigung des Paritätsgrundsatzes als Berechnungsgrundlage für die Beisitzervergütung die »Gesamthonorierung« des Vorsitzenden zugrunde zu legen.[76] **38**

Die Gewährung extrem unterschiedlicher Vergütungen für den Vorsitzenden und die Beisitzer (z. B. Beisitzervergütung in Höhe von 30 v. H. der Vorsitzendenvergütung), kann einen Verstoß gegen § 78 darstellen.[77] **39**

Da die Gewährung unterschiedlich hoher Vergütungen nur im Ausnahmefall und bei Vorliegen sachlicher Gründe zulässig ist, haben die Beisitzer und der BR gegen den AG und den Vorsitzenden der ESt. einen **Auskunftsanspruch** hinsichtlich der an die Beisitzer und den Vorsitzenden gewährten Vergütungen.[78] **40**

Soweit eine Vergütungsverordnung nach Abs. 4 Satz 1 nicht vorliegt und eine vertragliche Vergütungsvereinbarung mit dem AG nicht zustande kommt, ist die **Höhe der Vergütung** unter Berücksichtigung der Bemessungskriterien des Abs. 4 Sätze 3 – 5 und – nach der hier vertretenen Auffassung – in Anwendung des oben genannten Vergütungsrahmens (vgl. Rn. 28, 30 f.) **von den anspruchsberechtigten Mitgliedern der ESt. gemäß §§ 315, 316 BGB zu bestimmen.**[79] Für eine **gerichtliche Festsetzung der Höhe der Vergütung** ist nur Raum (§ 315 Abs. 3 Satz 2 BGB), wenn die vom Mitglied der ESt. getroffene Bestimmung nicht billigem Ermessen entspricht.[80] **41**

Haben der AG und der Vorsitzende der ESt. eine **Vergütungsvereinbarung** getroffen oder hat der AG die vom Vorsitzenden der ESt. gemäß § 315 Abs. 1 BGB bestimmte Vergütungshöhe nicht als unbillig beanstandet, entspricht diese i. d. R. billigem Ermessen.[81] **42**

Da der Vergütungsanspruch der Beisitzer im Verhältnis zum Vergütungsanspruch des Vorsitzenden **nicht akzessorisch** ist, können die Beisitzer **im Fall eines Verzichts oder Teilverzichts des Vorsitzenden auf seine Vergütung** auf der Grundlage der fiktiv zu ermittelnden Vergütung des Vorsitzenden ihren eigenen Vergütungsanspruch dennoch geltend machen.[82] **43**

Die Erstattung der **Mehrwertsteuer** bedarf nach Abs. 3 und 4 keiner vorherigen Vereinbarung **44**

---

72 *BAG* 28.8.96, DB 97, 283, 284; 14.2.96, DB 96, 2233, 2234; *LAG Hamm* 15.1.91, AuR 91, 220; *ArbG Wesel* 1.3.90 – 2 BV 3/90; *ArbG Hamburg* 3.8.90 – 22 BV 6/90; *Fitting*, a. a. O.; *Schäfer*, NZA 91, 836, 839; differenzierend *Kamphausen*, a. a. O., 62 f.; abwegig ist die vom *LAG Schleswig-Holstein* 11.5.95, DB 95, 1282, befürwortete Honorarkürzung für gewerkschaftliche Beisitzer auf der Basis spekulativer Annahmen über deren spezifisch verdienstunschädliche Tätigkeit während ihrer Arbeitszeit in der ESt.; eine ähnliche Entscheidung des *ArbG Regensburg* 10.2.97, NZA-RR 97, 256, wurde vom *LAG München* 26.11.98, AiB 99, 359, mit Anm. *Manske* aufgehoben.

73 *BAG* 28.8.96, a. a. O.; 14.2.96, a. a. O.

74 *BAG* 28.8.96, a. a. O.

75 *BAG* 14.2.96, a. a. O.; *LAG Hamm* 10.2.12, a. a. O.

76 *ArbG Koblenz* 5.5.94 – 8 BV 18/93.

77 *LAG München* 11.1.91, BB 91, 551.

78 So auch *Wenning-Morgenthaler*, Rn. 502.

79 *BAG* 12.2.92, DB 93, 743; *LAG Frankfurt* 26.9.91, NZA 92, 469; *Fitting*, Rn. 28; GK-*Kreutz/Jacobs*, Rn. 55; *Löwisch*, DB 89, 223, 224.

80 *BAG* 12.2.92, a. a. O.

81 *BAG* 12.2.92, a. a. O.

82 *Schäfer*, NZA 91, 836, 839.

mit dem AG.[83] Wird dem ESt.-Vorsitzenden auf seine Honorarforderung Mehrwertsteuer gezahlt, entspricht eine entsprechende Leistungsbestimmung durch einen Beisitzer billigem Ermessens.[84]

45 Bei den **Honorardurchsetzungskosten** eines Mitglieds der ESt., die etwa durch die Beauftragung eines Rechtsanwalts mit der Prozessvertretung entstehen, handelt es sich um unter die Kostentragungspflicht des AG fallende Kosten der ESt.[85] Dies gilt auch für die Kosten der Prozessvertretung, die dadurch entstehen, dass ein als ESt.-Beisitzer tätig gewesener Rechtsanwalt das Beschlussverfahren selbst führt.[86]

46 Hat der als Beisitzer in der ESt. tätige **Rechtsanwalt** eine **Vergütung** nach Abs. 3 Satz 1 erhalten, ist damit nicht gleichzeitig die spätere **Prozessvertretung** abgegolten, die der Rechtsanwalt im Auftrag des BR zur Anfechtung des Spruchs der ESt. übernommen hat. Es handelt sich um eine neue Angelegenheit i. S. d. § 13 Abs. 1 BRAGO.[87]

47 Vergütungsansprüche (und andere Kosten) der ESt. sind im **Insolvenzverfahren** nicht nur dann **Masseverbindlichkeiten** gemäß § 55 InsO, wenn die ESt. erst nach Insolvenzeröffnung gebildet wurde, sondern auch dann, wenn das ESt.-Verfahren zwar vor der Insolvenzeröffnung begonnen, aber erst nach diesem Zeitpunkt durch einen Spruch abgeschlossen wurde.[88] War das ESt.-Verfahren bereits vor Insolvenzeröffnung abgeschlossen, handelt es sich um einfache Insolvenzforderungen gemäß § 38 InsO.[89]

V. Abweichende Regelungen durch Tarifvertrag oder Betriebsvereinbarung

48 Von Abs. 3 und einer Vergütungsordnung nach Abs. 4 kann durch TV – und bei Beachtung des Tarifvorrangs – durch eine BV abgewichen werden. Entsprechende Regelungen können **sowohl zugunsten wie auch zuungunsten der vergütungsberechtigten ESt.-Mitglieder** ausgestaltet werden.[90]

49 Abweichungen von der gesetzlichen Vergütungsregelung sind darüber hinaus auch durch **individuelle Vereinbarungen zwischen dem AG und den vergütungsberechtigten ESt.-Mitgliedern** zulässig,[91] wenn dabei die **Gleichbehandlung** aller Beisitzer gewährleistet ist[92] (vgl. dazu Rn. 35 ff.).

---

83 *BAG* 14.2.96, DB 96, 2233, 2234; *LAG Hamm* 20.1.06, NZA-RR 06, 323; a. A. *LAG Schleswig-Holstein* 11.5.95, DB 95, 1282, 1283; *LAG München* 11.1.91, BB 91, 551; vgl. auch *LAG Frankfurt* a. a. O., 471, das meint, dass der i. d. R. vorsteuerabzugsberechtigte AG bei einem in der ESt. tätigen Rechtsanwalt die Mehrwertsteuer als Teil des Vergütungsanspruchs nach Abs. 3 Satz 1 einkalkulieren muss; so auch *ArbG Koblenz* 5.5.94, a. a. O., das dies allerdings für den als Beisitzer tätigen Gewerkschaftssekretär ablehnt, wenn dieser bei fehlender Vereinbarung mit dem AG nicht darlegt, ungeachtet des § 19 Abs. 1 Satz 1 UStG zur Abführung von Umsatzsteuer verpflichtet zu sein.

84 *BAG* 14.2.96, a. a. O.

85 So im Ergebnis auch *BAG* 27.7.94, BB 95, 104, das die Honorardurchsetzungskosten als einen nach § 286 Abs. 1 BGB zu ersetzenden Verzugsschaden qualifiziert; *LAG Hamm* 10.2.12 –10 TaBV 61/11 und 10 TaBV 67/11, juris; *LAG Bremen* 5.2.92, AiB 92, 647 mit Anm. *Richter; ArbG Regensburg* 23.9.99, AiB 00, 690 mit Anm. *Manske; ArbG Offenbach* 4.2.87 – 3 BV 85/87; a. A. *LAG Frankfurt* 17.3.88, LAGE § 76 BetrVG 1972 Nr. 30; differenzierend für die Erforderlichkeit der Zuziehung eines Rechtsanwalts *LAG Frankfurt* 3.9.92, DB 93, 1096.

86 *BAG* 27.7.94, a. a. O.; *LAG Hamm* 10.2.12, a. a. O.

87 *LAG Rheinland-Pfalz* 6.8.92, NZA 93, 93.

88 Zum früheren Konkursrecht *BAG* 27.3.79, AP Nr. 7 zu § 76 BetrVG 1972.

89 Zum früheren Konkursrecht *LAG Niedersachsen* 21.10.81, ZIP 82, 488; GK-*Kreutz/Jacobs*, Rn. 39 m. w. N.

90 *Fitting*, Rn. 31; GK-*Kreutz/Jacobs*, Rn. 59.

91 *LAG Rheinland-Pfalz* 24.5.91, DB 91, 1992; *Bauer/Röder*, DB 89, 225 [226]; *Fitting*, Rn. 32; GK-*Kreutz/Jacobs*, Rn. 60; *Löwisch*, DB 89, 223, 224; *Lunk/Nebendahl*, NZA 90, 221, 225.

92 *Fitting*, a. a. O.; *Löwisch*, a. a. O.

VI. Streitigkeiten

Da sich die Kostenerstattungs- und Vergütungsansprüche gemäß Abs. 1 ausschließlich und unmittelbar gegen den AG richten, sind die ArbG für alle entsprechenden Streitigkeiten zwischen Mitgliedern der ESt. und dem AG **zuständig** (§ 2 a Abs. 1 Nr. 1 ArbGG)[93] und die **Mitglieder der ESt. uneingeschränkt antragsberechtigt.**[94] **50**

Die Streitigkeiten über die **Kosten der ESt.** werden vom ArbG im **Beschlussverfahren**[95] entschieden (§§ 2 a, 80 ff. ArbGG). Da sich der Vergütungsanspruch der Mitglieder der ESt. unmittelbar aus dem Gesetz ergibt (vgl. Rn. 17), ist der BR im Beschlussverfahren über die Vergütungshöhe des von ihm bestellten Beisitzers nicht mehr zu beteiligen.[96] **51**

Über **Ansprüche betriebsangehöriger Beisitzer** gemäß Abs. 2 Satz 1 i. V. m. § 37 Abs. 2 und 3 entscheidet das ArbG im **Urteilsverfahren** (§§ 2 Abs. 1 Nrn. 3 a und 5, 46 ff. ArbGG). **52**

§ 77 Durchführung gemeinsamer Beschlüsse, Betriebsvereinbarungen

(1) Vereinbarungen zwischen Betriebsrat und Arbeitgeber, auch soweit sie auf einem Spruch der Einigungsstelle beruhen, führt der Arbeitgeber durch, es sei denn, dass im Einzelfall etwas anderes vereinbart ist. Der Betriebsrat darf nicht durch einseitige Handlungen in die Leitung des Betriebs eingreifen.

(2) Betriebsvereinbarungen sind von Betriebsrat und Arbeitgeber gemeinsam zu beschließen und schriftlich niederzulegen. Sie sind von beiden Seiten zu unterzeichnen; dies gilt nicht, soweit Betriebsvereinbarungen auf einem Spruch der Einigungsstelle beruhen. Der Arbeitgeber hat die Betriebsvereinbarungen an geeigneter Stelle im Betrieb auszulegen.

(3) Arbeitsentgelte und sonstige Arbeitsbedingungen, die durch Tarifvertrag geregelt sind oder üblicherweise geregelt werden, können nicht Gegenstand einer Betriebsvereinbarung sein. Dies gilt nicht, wenn ein Tarifvertrag den Abschluss ergänzender Betriebsvereinbarungen ausdrücklich zulässt.

(4) Betriebsvereinbarungen gelten unmittelbar und zwingend. Werden Arbeitnehmern durch die Betriebsvereinbarung Rechte eingeräumt, so ist ein Verzicht auf sie nur mit Zustimmung des Betriebsrats zulässig. Die Verwirkung dieser Rechte ist ausgeschlossen. Ausschlussfristen für ihre Geltendmachung sind nur insoweit zulässig, als sie in einem Tarifvertrag oder einer Betriebsvereinbarung vereinbart werden; dasselbe gilt für die Abkürzung der Verjährungsfristen.

(5) Betriebsvereinbarungen können, soweit nichts anderes vereinbart ist, mit einer Frist von drei Monaten gekündigt werden.

(6) Nach Ablauf einer Betriebsvereinbarung gelten ihre Regelungen in Angelegenheiten, in denen ein Spruch der Einigungsstelle die Einigung zwischen Arbeitgeber und Betriebsrat ersetzen kann, weiter, bis sie durch eine andere Abmachung ersetzt werden.

Inhaltsübersicht

93 Das gilt auch für nach erfolgter Anfechtung gegebene Rückzahlungsansprüche des Konkursverwalters gegen ein Mitglied der ESt. (*LAG Frankfurt* 25.6.93, NZA 94, 96).

94 *BAG* 27.7.94, BB 95, 104; 26.7.89, DB 91, 184.

95 *BAG* 27.7.94, BB 95, 104; 26.7.89, a. a. O.

96 *BAG* 12.2.92, DB 93, 743; zur alten Rechtslage vgl. *BAG* 15.12.78, AP Nr. 5 zu § 76 BetrVG 1972.

I. Vorbemerkungen

1 In Abs. 1 ist die grundsätzliche **Alleinzuständigkeit des AG** für die Durchführung der zwischen AG und BR getroffenen Vereinbarungen festgelegt und klargestellt, dass der AG trotz des Abschlusses von Vereinbarungen mit dem BR alleiniger Inhaber der **Leitungsmacht im Betrieb** ist.

2 Ansonsten regelt die Vorschrift in den Abs. 2 – 6 im Wesentlichen die Einzelheiten des **Zustandekommens**, des **Inhalts**, der **Rechtswirkungen** und der **Beendigung von BV** (Abs. 2 – 6). Diese Regelungen gelten auch für Vereinbarungen, die der AG mit den GBR und KBR abschließt, insbesondere für die **GBV** und **KBV**.

3 Der Abschluss einer BV stellt die **wichtigste Form der Ausübung** der **Mitbestimmungsrechte** des BR dar[1] und bietet diesem die Möglichkeit, im Rahmen seiner **Zuständigkeit** und unter Beachtung des **Vorrangs des TV** gemäß Abs. 3 (vgl. Rn. 126 ff.) auf betrieblicher Ebene die **Arbeitsbedingungen der AN** in deren Interesse **kollektiv zu gestalten** und **zum Schutz der AN Einfluss auf die betriebliche Organisation und Ordnung** zu nehmen.[2] Insoweit und – in ihren Rechtswirkungen – **dem TV vergleichbar,** kommt in dem Abschluss von BV als »**gesellschaftlicher Rechtsquelle**« ein in anderen Rechtsgebieten unbekanntes **demokratisches Element** zum Ausdruck: Die AN sind als unmittelbar Betroffene über ihre Interessenvertretung, den BR, am Zustandekommen der kollektiven betrieblichen Rechtsnormen beteiligt.[3]

4 Insbesondere durch BV, aber auch durch andere von den Betriebsparteien abgeschlossene Vereinbarungen und betriebliche Regelungen, darf nach der Konzeption des Gesetzgebers nicht in die **kollektivvertragliche Vorrangkompetenz der TV-Parteien** eingegriffen werden. Die Errichtung einer **betrieblichen Konkurrenzordnung** zum tarifvertraglichen Regelungs-

1 *Däubler,* Das Arbeitsrecht 1, Rn. 927; *Fitting,* Rn. 11 f.; GK-*Kreutz,* Rn. 7, 33; *HWK/Gaul,* Rn. 1; WPK-*Preis,* Rn. 1; *WW,* Rn. 2.

2 Überblick zum Aufbau und zum Abschluss einer BV bei DKKWF-*Berg,* § 77 Rn. 3 ff.; *Bachner/Heilmann,* S. 73 ff.; zum Inhalt von BV vgl. *Zachert,* S. 43 ff., und die Untersuchungsergebnisse bei *Knuth,* Mitb 82, 204 [205 ff.]; *ders.,* BABl. 9/83, S. 8, 9 f.

3 *Däubler,* a. a. O., Rn. 16.

system ist unzulässig. Dies findet vor allem seinen Ausdruck in der **gesetzlichen Regelung** des **Tarifvorbehalts** (Abs. 3) und des **Tarifvorrangs** (§ 87 Abs. 1 Eingangssatz). Zu den gesetzlich vorgegebenen Grundsätzen der Zusammenarbeit von BR und AG gehört auch das **Zusammenwirken** mit den im Betrieb vertretenen **Gewerkschaften und Arbeitgebervereinigungen** und die **Beachtung der geltenden Tarifverträge** (vgl. § 2 Abs. 1). Durch diese Vorschriften soll die Normsetzungsprärogative bzw. kollektivvertragliche Vorrangkompetenz der TV-Parteien gesichert und die ausgeübte und aktualisierte **Tarifautonomie geschützt** werden (zu den Einzelheiten vgl. Rn. 126 ff.). Handeln die Betriebsparteien tarifwidrig oder bewegen sie sich beim Abschluss von BV oder anderen Vereinbarungen im Zuständigkeitsbereich der TV-Parteien, begründet dies für die TV-Parteien im allgemeinen und die tarifschließende **Gewerkschaft** im besonderen **Unterlassungsansprüche** und **gerichtlichen Rechtsschutz** (zu den – in vieler Hinsicht noch streitigen – Einzelheiten vgl. Rn. 197 ff.).

Die im Betrieb **durch BV geschaffene Regelungsdichte,** vor allem in den in § 87 genannten 5
Mitbestimmungsangelegenheiten, ist ein wesentlicher **Gradmesser für die Ausschöpfung der Mitbestimmungsrechte** durch den BR und das **»Funktionieren« der Betriebsverfassung.**[4] Die BV ist ein wichtiges Instrument zur Verwirklichung der Betriebsverfassung **als Einrichtung des AN-Schutzes** (vgl. Einl. Rn. 131).[5] Soweit Untersuchungen zum **rechtstatsächlichen Befund** überhaupt vorliegen,[6] ist diesen zu entnehmen, dass in Betrieben mit mehr als 200 Beschäftigten in 80 bis 90 v. H.[7] und in Klein- und Mittelbetrieben mit 5 bis 300 Beschäftigten lediglich in 45 bis 55 v. H.[8] der Betriebe BV abgeschlossen werden. Eine sehr umfangreiche **Dokumentation von ca. 10 000 BV und Dienstvereinbarungen** ist durch das **»Archiv Betriebliche Vereinbarungen«** der *Hans-Böckler-Stiftung* erfolgt, die regelmäßig durch systematische **Auswertungen** zu zahlreichen Regelungsbereichen und **Handlungsanleitungen** für die inhaltliche Konzipierung und den Abschluss von BV ergänzt und aktualisiert wird.[9] Die *Hans-Böckler-Stiftung* bietet weiterhin eine **Handlungshilfe** an, die BR dabei unterstützen soll, den Prozess der Entwicklung und Vereinbarung einer BV als strukturierten Projektablauf zu planen und durchzuführen.[10]

II. Durchführung von Vereinbarungen

Erzwingbare und freiwillige BV und alle sonstigen **Vereinbarungen** (zum Begriff vgl. Rn. 14), 6
die vom AG und BR abgeschlossen werden, **führt der AG durch.** Das gilt auch für Vereinbarungen, die durch einen Spruch der ESt. zustande gekommen sind (vgl. § 76). Die betriebliche Leitungsmacht liegt auch in mitbestimmungspflichtigen Angelegenheiten bzw. allen durch Vereinbarungen geregelten Gegenständen allein beim AG.[11]

Die **dem BR** vom Gesetz z. B. im Rahmen des § 37 Abs. 6, § 38 Abs. 2, § 39 Abs. 1 oder § 44 7
Abs. 2 **eingeräumten Vollzugsrechte** werden von Abs. 1 ebenso wenig eingeschränkt wie die **alleinige Zuständigkeit des BR** für die **Ausführung der** im Rahmen seiner Zuständigkeit gefassten **Beschlüsse** (§ 33). Dies gilt etwa für Beschlüsse zur Bestellung eines WV (§ 16), zur Einberufung von BR-Sitzungen (§ 29) oder Betriebsversammlungen (§ 43),[12] zur Überwachung der Durchführung der zugunsten der AN geltenden Vorschriften (§ 80 Abs. 1 Nr. 1) und zur Information der Belegschaft durch Anschläge am »Schwarzen Brett«[13] oder durch die

4 *Kittner*, Arbeits- und Sozialordnung, S. 509; *Knuth*, Mitb 82, 204, 205, 207 f., der u. a. darauf hinweist, dass der Abschluss von BV ganz überwiegend auf die Initiative des BR zurückgeht.
5 *Fitting*, § 1 Rn. 266; zum Schutzzweck der BV, die Überlegenheit des AG bei der Arbeitsvertragsgestaltung und der Ausübung des Direktionsrechts im Betrieb zu kompensieren, vgl. *Kreutz*, S. 154 ff., 246 ff.; GK-*Kreutz*, Rn. 340.
6 Vgl. auch *Däubler*, a. a. O., Rn. 17.
7 *Knuth*, BABl. 83, 8 f.
8 *Wassermann*, S. 69 f.
9 Vgl. *Maschke*, AiB 08, 655; www.boeckler.de/index_betriebsvereinbarung.htm.
10 *Demuth/Böker*, CuA 12, 9; www.boeckler.de/pdf/mbf_bvd_hintergrund_bv_projekt.pdf.
11 *Fitting*, Rn. 4; GK-*Kreutz*, Rn. 23; *GL*, Rn. 1; HWGNRH-*Worzalla*, Rn. 206; Richardi-*Richardi*, Rn. 8.
12 *Fitting*, Rn. 6, 9; GK-*Kreutz*, Rn. 29; Richardi-*Richardi*, Rn. 7.
13 *Fitting*, Rn. 9; HWGNRH-*Worzalla*, Rn. 201; Richardi-*Richardi*, a. a. O.

Verteilung von Informationsblättern (vgl. dazu § 40 Rn. 12). Die **Ausübung der Rechte des BR** und die **Wahrnehmung der Interessen der AN** stellt grundsätzlich **keinen unzulässigen Eingriff** des BR in die **betriebliche Leitungsmacht des AG** dar, auch wenn dadurch die Interessen des AG und der Betriebsablauf berührt werden.[14]

8 Die dem AG nach Abs. 1 vorbehaltene alleinige Durchführung der Vereinbarungen bedeutet u. a., dass der **AG** auch die **Verantwortung für die Umsetzung und Einhaltung** der vereinbarten Regelungen und Maßnahmen im Betrieb trägt und auch dafür zu sorgen hat, dass sich die AN an die Vereinbarungen halten[15] (z. B. Einhaltung der Arbeitszeit oder eines Alkoholverbots). Außerdem haftet er ggf. auch für **Schadensersatzansprüche.** Eine Haftung des BR kommt daneben unter keinem Gesichtspunkt in Betracht.[16]

9 Die Vorschrift zur Zuständigkeit für die Durchführung der Vereinbarungen ist dispositiv, so dass **abweichende Absprachen zulässig** sind. BR und AG können vereinbaren, dass bestimmte in BV vereinbarte Regelungen und Maßnahmen allein vom BR oder gemeinsam vom AG und BR durchgeführt werden, z. B. die Verwaltung einer Sozialeinrichtung.[17] Der AG kann allerdings vom BR die Durchführung von Vereinbarungen nicht verlangen.[18]

10 Dem **AG** ist nicht nur zur alleinigen Durchführung der Vereinbarungen **berechtigt**, sondern gleichzeitig auch zu ihrer Durchführung **verpflichtet.** Es besteht sowohl ein **Durchführungsanspruch des BR** als auch ein **Anspruch auf Unterlassung**[19] **vereinbarungswidriger Handlungen** gegenüber dem AG.[20] Diese Ansprüche des BR können im **arbeitsgerichtlichen Beschlussverfahren** auf Antrag des BR verfolgt werden, bei Vorliegen der entsprechenden Voraussetzungen auch im Wege der **einstweiligen Verfügung**[21] (zu den Einzelheiten der gerichtlichen Durchsetzung des Durchführungs- und Unterlassungsanspruchs des BR vgl. Rn. 168 ff.). Das gilt bis zur rechtskräftigen gerichtlichen Feststellung der **Unwirksamkeit einer BV** auch für die Dauer eines entsprechenden anhängigen Beschlussverfahrens (zur Anfechtung eines ESt.-Spruchs vgl. in diesem Zusammenhang § 76 Rn. 143, 150 f.). Wurde ein ESt.-Spruch nicht angefochten (vgl. dazu § 76 Rn. 142 ff.), obwohl mit ihm das Ermessen der ESt. überschritten wurde, ist es dennoch wirksam und berechtigt den AG (und verpflichtet ihn gegenüber dem BR), den ESt.-Spruch durchzuführen. Der Durchführung des ESt-Spruchs kann in diesem Fall nicht die unangemessene Behandlung der Belange des Betriebs oder der betroffenen AN entgegengehalten werden.[22] Nach der Rspr. des *BAG*[23] hat der BR nur dann einen Durchführungsanspruch gegenüber dem AG, wenn er selbst **Partei der Vereinbarung** ist oder ihm durch die Vereinbarung eigene betriebsverfassungsrechtliche Rechte eingeräumt werden. Schließen KBR oder GBR in originärer Zuständigkeit gemäß §§ 50 Abs. 1, 58 Abs. 1 **GBV bzw. KBV** ab, soll der örtliche BR danach keinen Anspruch auf Durchführung der GBV bzw. KBV haben. Dies überzeugt nicht und führt zu einer Schutzlücke in den Betrieben, in

---

14 GK-*Kreutz*, a. a. O.

15 *BAG* 29.4.04, NZA 04, 670, 671; *HessLAG* 19.4.12 – 5 TaBV 192/11, juris; *LAG Hamm* 10.2.12 – 10 TaBV 59/11, juris; *ArbG Berlin* 22.3.12 – 54 BV 7072/11, juris.

16 *Fitting*, a. a. O.; *WW*, Rn. 2; Richardi-*Richardi*, a. a. O.

17 *Fitting*, Rn. 5; GK-*Kreutz*, Rn. 28; Richardi-*Richardi*, Rn. 6; beispielsweise Kantine: vgl. *BAG* 24.4.86, AP Nr. 7 zu § 87 BetrVG 1972 Sozialeinrichtung; vgl. § 87 Rn. 222.

18 GK-*Kreutz*, Rn. 31; HWGNRH-*Worzalla*, Rn. 211.

19 *BAG* 16.11.11, NZA-RR 12, 579; 18.1.05, NZA 06, 167; 29.4.04, NZA 04, 670, 671; *LAG Hamm* 10.2.12 – 10 TaBV 59/11, juris; *LAG Baden-Württemberg* 25.2.11 – 18 TaBV 2/10, juris, anhängig *BAG* 1 ABR 25/11.

20 *BAG* 16.11.11, a. a. O.; 16.12.08, NJW 09, 1527; 18.1.05, NZA 06, 167; 21.1.03, NZA 03, 1097; 29.4.04, NZA 04, 670, 671; 24.2.87, 10.11.87, AP Nrn. 21, 24 zu § 77 BetrVG 1972; 13.10.87, AP Nr. 2 zu § 77 BetrVG 1972 Auslegung; 28.9.88, AP Nr. 29 zu § 87 BetrVG 1972 Arbeitszeit; 17.10.89, BB 90, 489 f. = AiB 90, 311 ff. mit Anm. *Kempff;* 23.6.92, DB 92, 2450; *LAG Köln* 8.2.10 – 5 TaBV 28/09; *LAG München* 12.12.90, AiB 91, 269 mit Anm. *Schindele; ArbG Hamburg* 7.12.99, AiB 01, 360 mit Anm. *Wulff; ArbG Köln* 10.12.91, AiB 92, 650; *Fitting*, Rn. 7; GK-*Kreutz*, Rn. 24 ff.; *GL*, Rn. 1; der Anspruch kann vom BR auch im Wege der einstweiligen Verfügung geltend gemacht werden, vgl. dazu Rn. 83 m. w. N.

21 *LAG Köln* 12.6.12 – 12 Ta 95/12, juris.

22 *BAG* 25.2.15, juris.

23 *BAG* 18.5.10, NZA 10, 1433; *LAG Baden-Württemberg* 25.2.11, a. a. O.; vgl. dazu auch *Ahrendt*, NZA 11, 774.

denen der AG GBV bzw. KBV nicht oder vereinbarungswidrig durchführt (zur Kritik vgl. im einzelnen § 58 Rn. 33 ff.). Stellt dieses Verhalten des AG eine **grobe Verletzung** seiner **betriebsverfassungsrechtlichen Pflichten** dar, kann der örtliche BR allerdings unabhängig von seiner Beteiligung an den GBV bzw. KBV gemäß § 23 Abs. 3 gegen den AG vorgehen.[24] Liegt im Zusammenhang mit der Verletzung der Durchführungspflicht ein **grober Verstoß** des AG i. S. des **§ 23 Abs. 3** vor, kann auch eine **im Betrieb vertretene Gewerkschaft** den AG auf die Einhaltung von BV in Anspruch nehmen (vgl. § 23 Rn. 217, 271 ff.).[25]

Auch Streitigkeiten zwischen AG und BR z. B. über das **Bestehen oder Nichtbestehen** einer **11**
BV, ihre **Nachwirkung**, die **Vereinbarkeit** ihrer Regelungen mit höherrangigem Recht oder ihre **Auslegung** werden auf Antrag einer der Betriebsparteien im Beschlussverfahren vom ArbG entschieden (vgl. dazu Rn. 167 ff.).

Bleiben Verhandlungen zwischen AG und BR über einen noch **nicht in einer BV** geregelten **12**
mitbestimmungspflichtigen Gegenstand erfolglos und lässt sich keine Einigung erzielen, ist für die Beilegung dieser Streitigkeit nicht das ArbG, sondern die **ESt. zuständig** (vgl. § 76).

Die sich aus einer BV ergebenden individualrechtlichen **Ansprüche einzelner AN** kann der **13**
BR dem AG gegenüber arbeitsgerichtlich **nicht durchsetzen**. Derartige Ansprüche sind von den **AN** selbst im arbeitsgerichtlichen **Urteilsverfahren** geltend zu machen.[26]

III. Betriebsvereinbarung

1. Begriff und Rechtsnatur

Das Gesetz unterscheidet in dieser Vorschrift die Begriffe **»Vereinbarungen«** (Abs. 1) und **14**
»Betriebsvereinbarungen« (Abs. 2 – 6). Darüber hinaus werden an anderen Stellen des Gesetzes Absprachen zwischen AG und BR z. B. mit »Einigung« (z. B. § 39 Abs. 1, § 74 Abs. 1, § 87 Abs. 2, § 94 Abs. 1), »Einvernehmen« (§ 44 Abs. 2 Satz 2) oder »Einverständnis« (§ 76 Abs. 2) bezeichnet. Der in Abs. 1 verwendete **Begriff »Vereinbarung« ist** als **Oberbegriff** anzusehen.[27] Er umfasst die im Gesetz ausdrücklich aufgeführten Absprachen, alle sonstigen **formlosen Regelungsabreden** (vgl. dazu Rn. 79 ff.) und die mit **besonderen Formvorschriften und Rechtswirkungen versehene BV** (Abs. 2 – 6). Die BV ist in ihren Rechtswirkungen **dem TV vergleichbar.**[28] Sie ist das **häufigste und wichtigste Instrument der Ausübung der Mitbestimmungsrechte des BR.**[29] Es wird zwischen **erzwingbaren** und **freiwilligen** BV unterschieden.[30]

Der Begriff der »BV« ist vom Gesetz nicht näher definiert; ihre **Rechtsnatur** ist streitig (Ver- **15**
trags-, Satzungs- oder Vereinbarungstheorie),[31] wobei die h. M. die BV als **privatrechtlichen**[32] **Normenvertrag** ansieht[33] und die praktischen Auswirkungen des Meinungsstreits für gering hält.[34]

---

24 *BAG* 18.5.10, a. a. O.
25 *BAG* 29.4.04, NZA 04, 670, 671.
26 *BAG* 18.1.05, NZA 06, 167; 17.10.89, BB 90, 489 f. = AiB 90, 311 ff. mit Anm. *Kempff.*
27 GK-*Kreutz,* Rn. 6; Schaub-*Koch,* § 231 Rn. 1.
28 *Däubler,* Das Arbeitsrecht 1, Rn. 928; *Fitting,* Rn. 13; vgl. § 4 TVG, dazu TVG-AKR/TVG, § 4 Rn. 1 ff.; *Däubler-Deinert,* TVG, § 4 Rn. 1 ff.
29 *Däubler,* a. a. O., Rn. 927; GK-*Kreutz,* Rn. 7; *WW,* Rn. 2.
30 Vgl. dazu GK-*Kreutz,* Rn. 34 und § 76 Rn. 8 ff.
31 Vgl. dazu eingehend *Kreutz,* S. 51 ff., sowie auch GK-*Kreutz,* Rn. 33 ff. m. w. N.; HWGNRH-*Worzalla,* Rn. 4 ff.
32 *BVerfG* 23.4.86, AP Nr. 28 zu Art. 2 GG.
33 *BAG* 18.2.03, NZA 04, 337, 339; *Fitting,* Rn. 13; GK-*Kreutz,* Rn. 35 f.; *GL,* Rn. 7; Richardi-*Richardi,* Rn. 24; Schaub-*Koch,* a. a. O., Rn. 4.
34 *Däubler,* Das Arbeitsrecht 1, Rn. 928; *Fitting,* Rn. 14; *GL,* a. a. O.

2. Verhältnis zu anderen Normen

a) Grundrechte

16 Die Regelungsbefugnis der Betriebsparteien beim Abschluss von BV findet ihre Grenzen in den Normen des höherrangigen zwingenden staatlichen Rechts, zu dem neben Gesetzen, Verordnungen und UVV auch die Grundrechte gehören.

17 Die **Grundrechtsbindung der Betriebsparteien**[35] und die nähere Bestimmung ihres Umfanges lassen sich – wie auch diejenigen der TV-Parteien[36] – nicht überzeugend allein formalbegrifflich mit dem **Rechtsnormcharakter der Regelungen der BV** begründen, sondern in erster Linie mit der **Schutzfunktion der Grundrechte**,[37] nämlich **den Einzelnen** nicht nur gegenüber staatlicher, sondern auch **gegenüber sozialer Gewalt zu schützen** und seine Freiheit zu gewährleisten.[38] Die beim Abschluss einer BV **gemeinsam handelnden Betriebsparteien treten dem einzelnen AN** – unabhängig davon, in welchem Umfang durch Beteiligung an der BR-Wahl oder sonstige Formen der Kommunikation mit dem BR auf dessen Handeln tatsächlich Einfluss genommen werden kann – grundsätzlich **als soziale Gewalt gegenüber.** Den – auf gesetzlicher Grundlage legitimierten – Normen einer BV[39] ist der AN allein auf Grund seiner Zugehörigkeit zum Betrieb automatisch unterworfen[40] und kann sich ihnen – außer durch Beendigung des Arbeitsverhältnisses – praktisch nicht entziehen.[41]

18 Unabhängig davon, ob wie hier – wenn auch mit anderer Begründung – die **unmittelbare**[42] oder der heute h. M. entsprechend die **mittelbare Grundrechtsbindung**[43] der BV bejaht wird,[44] besteht im Ergebnis Einigkeit darüber, dass über die dem Grundrechtsschutz der AN dienenden **Grundsätze für die Behandlung der Betriebsangehörigen nach § 75** (vgl. § 75 Rn. 1 ff.) der **Eingriff in den geschützten Grundrechtsbereich der AN durch BV unzulässig ist.**[45] Letzlich ist damit ein umfassender Grundrechtsschutz gewährleistet. Die Regelungskompetenz der Betriebsparteien geht im Ergebnis nicht weiter wie bei unmittelbarer Grundrechtsbindung.[46]

b) Gesetz

19 BV dürfen grundsätzlich nicht gegen **höherrangiges, zwingendes staatliches Recht,** wie Gesetze, Verordnungen, UVV, verstoßen. Dies gilt im Besonderen für die **§§ 134, 138 BGB** und die in **§§ 2 Abs. 1, 75 normierten Grundsätze** i. V. m. **den Diskriminierungsverboten** aus § 7 Abs. 1 AGG.

20 Soweit in sozialen Angelegenheiten durch den **Gesetzesvorrang gemäß § 87 Abs. 1** im Rah-

35 Vgl. dazu ErfK-*Schmidt,* GG Einl. Rn. 24, 59 ff. m. w. N.

36 Vgl. dazu *Däubler,* Tarifvertragsrecht, Rn. 411 ff.; Kempen/Zachert-*Kempen,* Grundlagen, Rn. 292 ff.

37 ErfK-*Dieterich,* a. a. O., Rn. 59; Richardi-*Richardi,* Rn. 100.

38 *Berg/Wendeling-Schröder/Wolter,* RdA 80, 299, 310; *Däubler,* a. a. O., jeweils m. w. N.

39 Zur Kontroverse über die Legitimationsgrundlagen betrieblicher Rechtsetzung vgl. den Überblick bei *Hänlein,* RdA 03, 26 ff.

40 So im Ergebnis auch Richardi-*Richardi,* Rn. 65, 101, der daraus eine besonders enge Grundrechtsbindung ableitet; im Ergebnis ebenso Kittner/Zwanziger/Deinert-*Deinert,* § 10 Rn. 43.

41 *Däubler,* Gläserne Belegschaften?, Rn. 82; *Hänlein,* a. a. O., 31.

42 *BAG* 28.3.58. AP Nr. 28 zu Art. 3 GG; 28.11.58, AP Nr. 39 zu Art. 3 GG; 7.12.62, AP Nr. 28 zu Art. 12 GG; 24.3.81, 12.2.84, AP Nrn. 12, 21 zu § 112 BetrVG 1972; 20.11.87, DB 88, 1501; *Däubler,* a. a. O., Rn. 82, 474; *Jobs,* AuR 86, 147, 148; *Travlos-Tzanetatos,* S. 75 ff.

43 *BVerfG* 23.4.86, AP Nr. 28 zu Art. 2 GG, für die Prüfung der Wahrung von AG-Grundrechten durch die Normen eines Sozialplanes; *BAG* 27.5.86, AP Nr. 15 zu § 87 BetrVG 1972 Überwachung, für den Spruch einer ESt.; ErfK-*Schmidt,* a. a. O., Rn. 24; GK-*Kreutz,* Rn. 314 f.; MünchArbR-*Richardi,* § 10 Rn. 34 ff.

44 Zur Problematik der unmittelbaren oder mittelbaren Grundrechtsbindung im Arbeitsrecht vgl. *Däubler,* a. a. O., Rn. 85 ff.; ErfK-*Schmidt,* a. a. O. Rn. 15 ff.; *Kempff,* S. 17 ff.; MünchArbR-*Richardi,* § 10 Rn. 6 ff., jeweils m. w. N.

45 *BVerfG* 1.9.97, NZA 97, 1339; *BAG* 19.1.99, NZA 99, 546; 7.11.89, AP Nr. 46 zu § 77 BetrVG 1972; ErfK-*Schmidt,* a. a. O., Rn. 60; GK-*Kreutz,* Rn. 315 ff.; *GL,* Rn. 57; HWGNRH-*Worzalla,* Rn. 62 ff.; Kittner/Zwanziger/Deinert-*Deinert,* a. a. O., Rn. 7; MünchArbR-*Richardi,* a. a. O., Rn. 36.

46 ErfK-*Schmidt,* a. a. O.

men der Ausübung der Mitbestimmungsrechte die Regelungsbefugnis des BR eingeschränkt ist (vgl. dazu § 87 Rn. 32), kann in **freiwilligen BV** (vgl. dazu § 88 Rn. 3 f.) von einseitig zwingendem Gesetzesrecht, vor allem im Bereich des individuellen AN-Schutzrechts, zugunsten der AN abgewichen werden.[47] Insofern gilt **im Verhältnis zwischen Gesetz und BV das Günstigkeitsprinzip.** Dies bedeutet, dass grundsätzlich die für den AN günstigere BV Anwendung findet, auch wenn das Gesetz etwas Schlechteres vorsieht.

Im umgekehrten Verhältnis ist zu unterscheiden, ob es sich um eine zwingende oder dispositive Gesetzesnorm handelt und ob von einer **dispositiven Rechtsvorschrift** nur **zugunsten** oder auch **zuungunsten des AN** abgewichen werden kann. Nur wenn Letzteres der Fall ist, kann eine BV ausnahmsweise auch eine ungünstigere Regelung für den AN treffen, als sie nach dem Gesetz vorgesehen ist (vgl. auch § 87 Rn. 32 ff.). Eine arbeitsvertragliche Bezugnahme auf eine BV mit dem Regelungsgegenstand Teilzeitarbeit ist unwirksam, soweit in der BV zuungunsten des AN vom TzBfG abgewichen wird.[48] Auch soweit das **gesetzliche AN-Schutzrecht tarifdispositiv** ausgestaltet ist, also von ihm durch TV auch zuungunsten der AN abgewichen werden kann (vgl. z. B. §§ 616 Abs. 2 BGB, 622 Abs. 4 BGB, 7, 12 ArbZG, 13 Abs. 1 BUrlG, 4 Abs. 4 EFZG, 13 Abs. 4 TzBfG), ist dies durch eine BV ausnahmslos unzulässig; der Gesetzgeber hat **betriebsvereinbarungsdispositives Gesetzesrecht** nicht vorgesehen.[49] Den Betriebsparteien steht auch nicht die Befugnis zu, von **tarifdispositivem Richterrecht** zuungunsten der AN durch BV abzuweichen.[50] 21

c) Tarifvertrag

Das Gesetz schließt grundsätzlich eine **Konkurrenz** von **TV** und **BV** – und damit auch die generelle Geltung des **Günstigkeitsprinzips im Verhältnis zwischen TV und BV** – aus, soweit diese die TV-Parteien nicht selbst durch entsprechende **Öffnungsklauseln** zulassen (vgl. im Übrigen Rn. 73 ff. und § 87 Rn. 96 ff.). Im Rahmen einer tariflichen Öffnungsklausel kann durch BV grundsätzlich nur eine im Vergleich zum TV für die AN günstigere Regelung getroffen werden, es sei denn, aus dem TV ergibt sich, dass die TV-Parteien den Abschluss einer für die AN ungünstigeren BV ausdrücklich zulassen wollten. Eine **vortarifliche BV** wird durch In-Kraft-Treten eines TV auch dann ersetzt, wenn die BV für AN günstigere Regelungen enthält (vgl. Rn. 68). Etwas anderes gilt aber, wenn der TV eine Öffnungsklausel enthält und sich die BV im Rahmen der Öffnungsklausel bewegt (vgl. Rn. 150 ff.). 22

d) Andere Betriebs-, Gesamtbetriebs- oder Konzernbetriebsvereinbarung

Eine **neue BV** löst **die Normen einer alten BV** nach der **Zeitkollisionsregel** grundsätzlich ab.[51] Im Verhältnis **gleichrangiger Rechtsnormen** zweier aufeinanderfolgender BV, die **denselben Regelungsgegenstand** und **Adressatenkreis** betreffen, **gilt das Günstigkeitsprinzip nicht.**[52] Die jüngere Norm einer BV löst unter den genannten Voraussetzungen die ältere Norm unabhängig davon ab, welche Regelung für die betroffenen AN die günstigere ist.[53] Die Betriebsparteien sind bei der einvernehmlichen Ablösung zwischen ihnen abgeschlossener BV 23

47 GK-*Kreutz,* Rn. 313; HWGNRH-*Worzalla,* Rn. 60; *Wlotzke,* S. 215, 257 f.

48 *BAG* 20.1.15, NZA 15, 816.

49 GK-*Kreutz,* Rn. 320; *GL,* Rn. 56; Richardi-*Richardi,* Rn. 91.

50 *BAG* 16.11.67, AP Nr. 63 zu § 611 BGB Gratifikation; GK-*Kreutz,* Rn. 321; *GL,* a. a. O.; Richardi-*Richardi,* Rn. 92.

51 *BAG* 15.1.13, NZA 13, 1028; 15.1.13, NZA-RR 13, 376; 15.8.12, NZA-RR 12, 433; 15.4.08, NZA-RR, 580; 23.1.08, NZA 08, 709; 2.10.07, ZIP 08, 570; 13.3.07 – NZA-RR, 411; 28.6.05, AiB 07, 192; 18.11.03, NZA 04, 803; 29.10.02, NZA 03, 393; 6.8.02, NZA 03, 386; 15.11.00, DB 00, 2383; 16.7.96, DB 97, 631; 21.1.92, BB 92, 860; 3.9.91, DB 92, 994; ErfK-*Kania,* Rn. 75; *Fitting,* Rn. 192; GK-*Kreutz,* Rn. 381; Richardi-*Richardi,* Rn. 174.

52 *BAG* 15.1.13, a. a. O.; 15.8.12, a. a. O.; 26.8.08, DB 09, 461; 13.3.07, a. a. O.; 28.6.05, a. a. O.; 18.11.03, a. a. O.; 10.8.94, DB 95, 480; 16.9.86, AP Nr. 17 zu § 77 BetrVG 1972; *LAG Köln* 16.7.03, AvR 04, 166; *Fitting,* a. a. O.

53 *BAG* 23.1.08. a. a. O.; 13.3.07, DB 07, 2604.

nicht gehalten, etwaige **Mindestlaufzeiten** der abgelösten BV oder die nur für einseitige Kündigungen von BV geltende gesetzliche **Kündigungsfrist** (vgl. Abs. 5) einzuhalten.[54]

24 Die ablösende BV darf aber nur in den **Grenzen von Recht und Billigkeit** in die **Besitzstände der AN** eingreifen. Die Ablösung einer älteren BV durch eine neue zeitlich nachfolgende BV muss im Hinblick auf mit ihr verbundene Eingriffe in Besitzstände der betroffenen AN – insbesondere **Versorgungszusagen – die Grundsätze der Verhältnismäßigkeit und des Vertrauensschutzes**[55] wahren. Die Eingriffe müssen – am Zweck der Maßnahme gemessen – geeignet, erforderlich und proportional sein.[56] Eine ablösende BV, die eine Regelung zur **Entgeltfortzahlung im Krankheitsfall** verschlechtert, greift nicht in eigentumsähnliche Besitzstände der AN ein.[57] Die für die Ablösung von BV über Versorgungszusagen geltenden Grundsätze lassen sich auch auf BV über **Jahressonderzahlungen**[58] oder ein **Sterbegeld**[59] nicht übertragen.

25 Die Zeitkollisionsregel unter Ausschluss des Günstigkeitsprinzips gilt auch bei der Ablösung von Normen einer BV, die nach einem **Betriebsübergang gemäß § 613 a BGB** beim Betriebserwerber lediglich individualrechtlich weitergelten und dann durch eine BV ersetzt werden (vgl. dazu Rn. 101 ff.).

26 Besteht eine im Rahmen der **originären Zuständigkeit des GBR** nach § 50 Abs. 1 (vgl. § 50 Rn. 26 ff.) abgeschlossene **GBV,** kann diese mit einer bereits auf betrieblicher Ebene existierenden oder später neu abgeschlossenen, sich auf den gleichen Regelungsgegenstand beziehenden **BV** kollidieren, wenn die GBV abschließenden Charakter hat. Unter Berücksichtigung der vom Gesetz vorgesehenen **Zuständigkeitsverteilung zwischen BR und GBR** (vgl. dazu § 50 Rn. 26 ff.) **verdrängt** in diesem Fall **die GBV die BV.**[60] Etwas anderes kann gelten, wenn die GBV keine abschließende Regelung oder eine Öffnungsklausel für Ergänzungen durch BV enthält.[61]

27 Durch eine **freiwillige GBV** kann eine freiwillige – oder auf Grund gesetzlicher Zuständigkeit des BR abgeschlossene[62] – **BV** nicht verschlechternd abgelöst werden.[63] Eine auf Grund **gesetzlicher Zuständigkeit des GBR** abgeschlossene GBV löst freiwillige **BV** ab,[64] vgl. dazu auch § 50 Rn. 24.

28 Diese Grundsätze gelten entsprechend, **wenn eine** im Rahmen der originären Zuständigkeit des KBR nach § 58 Abs. 1 (vgl. dazu § 58 Rn. 16 ff.) abgeschlossene **KBV mit einer GBV oder BV zusammentrifft.**

29 Eine im originären Zuständigkeitsbereich des GBR abgeschlossene GBV gilt auch für **Betriebe, die** durch das UN nach Abschluss der GBV **neu errichtet oder eingegliedert werden.**[65] Für den eingegliederten Betrieb bestehende BV werden ggf. durch die GBV verdrängt.[66] Entsprechendes gilt für KBV und das Schicksal konkurrierender BV bzw. GBV bei einer **Eingliederung in einen Konzern.**[67]

---

54 *BAG* 26.8.08, a. a. O.

55 *BAG* 15.1.13, a. a. O.; 15.8.12, a. a. O.; 2.10.07, a. a. O.; 13.3.07, a. a. O.; 28.6.05, a. a. O.; 16.7.96, a. a. O.; 21.1.92, a. a. O.; 3.9.91, a. a. O.; zu ablösenden BV im Bereich der betrieblichen Altersversorgung vgl. *BAG* 11.5.99, NZA 00, 322; ErfK-*Kania*, Rn. 76; *Heither*, BB 92, 145, 147 ff.; Kittner/Zwanziger/Deinert-*Winkelmann*, § 63 Rn. 60 ff.; *Reinecke*, DB 02, 2717, 2719; *Schoden*, Betriebliche Altersversorgung, S. 76 ff.

56 *BAG* 18.9.01, NZA 02, 1164; 16.9.86, AP Nr. 17 zu § 77 BetrVG 1972; 17.3.87, a. a. O.; 3.11.87, AP Nr. 25 zu § 77 BetrVG 1972 = AiB 88, 191 f. mit kritischer Anm. *Trittin*.

57 *BAG* 15.11.00, a. a. O.

58 *BAG* 29.10.02, a. a. O.

59 *BAG* 19.9.06, AP Nr. 29 zu § 77 BetrVG 1972 Betriebsvereinbarung.

60 *Fitting*, § 50 Rn. 74 f.; HWGNRH-*Glock*, § 50 Rn. 58; Richardi-*Annuß*, § 50 Rn. 71.

61 Vgl. dazu *BAG* 3.5.84, AP Nr. 5 zu § 95 BetrVG 1972.

62 *BAG* 15.1.02, NZA 02, 988.

63 *BAG* 11.12.01, NZA 02, 688.

64 *BAG* 21.1.03, DB 03, 2131; 11.12.01, a. a. O.

65 *LAG München* 8.11.88, DB 89, 1880, unter der Voraussetzung, dass im neuen Betrieb ein BR gewählt wird; diese Einschränkung ist durch die geänderte Fassung von § 50 Abs. 1 Satz 1 überholt, da sich nunmehr die originäre Zuständigkeit des GBR ausdrücklich auch auf Betriebe ohne BR erstreckt; § 50 Rn. 19; a. A. *Sowka/Weiss*, DB 91, 1518.

66 *BAG* 27.6.85, AP Nr. 14 zu § 77 BetrVG.

67 Kittner/Zwanziger/Deinert-*Deinert*, § 10 Rn. 284.

Bei der **Ablösung einer BV oder GBV durch eine GBV oder KBV** (oder einer **KBV durch eine KBV**) sind die in Rn. 23 ff. dargelegten Grundsätze (Zeitkollisionsregel, Rechtskontrolle bei Eingriff in Besitzstände der AN) zu beachten. **30**

Ein Sonderfall betriebsverfassungsrechtlicher Normenkollision liegt im **paritätisch von mehreren Konzernen beherrschten Gemeinschafts-UN** (vgl. § 54 Rn. 29 ff.) vor, wenn mehrere jeweils für die Konzerne geltende KBV zum gleichen Regelungsgegenstand nebeneinander bestehen. Da die gesetzlichen Vorgaben zur Zuständigkeitsabgrenzung von BR, GBR und KBR in diesem Fall als Kollisionsregel nicht anwendbar sind, scheint es sachgerecht, die für das Gemeinschafts-UN geltende KBV nach dem **Grundsatz der demokratischen Legitimation** des die AN vertretenden BR-Gremiums zu bestimmen.[68] Danach gilt für **Gemeinschafts-UN** die **KBV,** die **zuerst** von einem die **AN des Gemeinschafts-UN repräsentierenden KBR** abgeschlossen wurde. Soweit in den Träger-UN eines **Gemeinschaftsbetriebs** (vgl. dazu auch § 1 Rn. 88 ff.) von den GBR dieser Träger-UN zum gleichen Regelungsgegenstand abgeschlossene **GBV** bestehen, gilt für den Gemeinschaftsbetrieb die GBV des Träger-UN, das für die **größte Zahl der im Gemeinschaftsbetrieb beschäftigten AN** Vertrags-AG ist.[69] Die Ablösung der Normen der für ein Gemeinschafts-UN geltenden KBV ist – unter Berücksichtigung der unter Rn. 23 ff. dargelegten Grundsätze – nur durch eine vom gleichen KBR abgeschlossene neue KBV möglich. Dies gilt für **GBV im Gemeinschaftsbetrieb** entsprechend. **31**

Auf die **Eingliederung von UN oder Betrieben in einen derartigen Konzernverbund** mit auf mehreren Ebenen konkurrierenden betriebsverfassungsrechtlichen Normen können die für herkömmliche Eingliederungsfälle geltenden Grundsätze (vgl. dazu Rn. 101 ff.) mangels vollständiger Integration der einzugliedernden Einheiten nicht zur Anwendung kommen. Die – demokratisch legitimierten – **BV der eingegliederten Einheiten gelten** kollektivrechtlich oder arbeitsvertraglich (vgl. dazu Rn. 101 ff.) **weiter,** bis sie – unter Berücksichtigung der unter Rn. 12 dargelegten Grundsätze – durch KBV abgelöst werden, die unter Beteiligung des die AN des Gemeinschafts-UN vertretenden BR-Gremiums zustande gekommen sind.[70] **32**

e) Arbeitsvertrag

Die **unmittelbare Wirkung** (Abs. 4 Satz 1, vgl. dazu Rn. 92) der **Normen einer BV** hat zur Folge, dass diese – neben den sonstigen auf das Arbeitsverhältnis einwirkenden Normen – **den Inhalt des Arbeitsverhältnisses automatisch gestalten.** Die Kenntnis oder Billigung der BV durch die Parteien des Arbeitsvertrages ist dafür nicht erforderlich. Aus der **zwingenden Wirkung** (Abs. 4 Satz 1, vgl. Rn. 88) der **Normen einer BV** ergibt sich, dass die **Parteien des Arbeitsvertrags nichts vereinbaren können, was gegen eine BV verstößt.**[71] Daraus ergibt sich auch, dass eine **dynamische Verweisung** im Arbeitsvertrag auf die im Betrieb geltenden BV in der Regel nur deklaratorische Bedeutung hat und ggf. zur Betriebsvereinbarungsoffenheit (vgl. dazu Rn. 42) des Arbeitsvertrages insgesamt oder einzelner seiner Regelungen führen kann.[72] Allerdings ist Abs. 4 Satz 1 für das Verhältnis von BV und Arbeitsvertrag durch die **Kollisionsregel des Günstigkeitsprinzips** eingeschränkt,[73] dem als Schutzprinzip und als Ausdruck der Privatautonomie bzw. allgemeinen Handlungsfreiheit aus Art. 2 Abs. 1 GG[74] für die gesamte Arbeitsrechtsordnung besondere Bedeutung zukommt, im Wege verfassungskonformer Interpretation einzuschränken. **33**

Im Verhältnis **zwischen BV und Einzelarbeitsvertrag** gilt daher, soweit in ihnen die gleichen Gegenstände unterschiedlich geregelt, grundsätzlich das **Günstigkeitsprinzip.**[75] **Günstigere** **34**

68 *Weiss/Weyand,* Die Aktiengesellschaft, 97, 100 ff.

69 So auch *Däubler,* FS Zeuner, S. 19, 29, der vorrangig allerdings das Günstigkeitsprinzip zur Lösung der Kollision heranziehen will.

70 *Weiss/Weyand,* Die Aktiengesellschaft, 97, 104 ff.; vgl. dazu auch Kittner/Zwanziger/Deinert-*Deinert,* a. a. O., Rn. 285.

71 *BAG* 16.9.86, AP Nr. 17 zu § 77 BetrVG 1972; 21.9.89, NZA 90, 351 [354].

72 *Fitting,* Rn. 196;*Schaub-Linck,* § 35 Rn. 47 c.

73 Grundlegend *BAG* 19.9.86, a. a. O. (Rn. 61 ff.); 5.3.13, NZA 13, 211, 213; 14.1.14, NZA 14, 922 (Rn. 21); 16.11.11, NZA 12, 349 (Rn.16); *Fitting,* Rn. 196; *Linsenmaier,* RdA 14, 336, 340 f.

74 Vgl. dazu *Däubler,* Tarifvertragsrecht, Rn. 196 ff.; GK-*Kreutz,* Rn. 257 m. w. N.

75 *BAG* 16.9.86, a. a. O.; 21.9.89, a. a. O.; 7.11.89, BB 90, 1840, 1841; 20.1.00, DB 00, 1666, 1667;

einzelarbeitsvertragliche Regelungen gehen der BV stets **vor,** auch wenn sie bereits **vor In-Kraft-Treten der BV** begründet wurden (vgl. dazu weiter auch Rn. 42).[76] Entgegenstehende **schlechtere Bedingungen des Einzelarbeitsvertrages treten** gegenüber den Normen einer BV **zurück.** Für AN **günstigere Einzelvereinbarungen** können auch **nach Abschluss der BV** jederzeit vereinbart werden. Durch eine BV kann der Inhalt eines Arbeitsvertrages jedoch nicht verändert werden; **die BV ersetzt ungünstigere einzelvertragliche Regelungen nicht mit ablösender Wirkung,** sondern verdrängt sie lediglich für die Dauer ihrer Wirkung[77] einschließlich des Nachwirkungszeitraums gemäß Abs. 6.[78]

35 Zur Feststellung der günstigeren Regelung ist nach dem **Sachgruppenprinzip** anhand eines **objektiven Beurteilungsmaßstabes** ein **individueller Günstigkeitsvergleich** anzustellen.[79] Im Rahmen des Sachgruppenvergleichs können nur Leistungen miteinander verglichen werden, die **funktional äquivalent** sind. Sind die zu vergleichenden Leistungen mit unterschiedlichen Gegenleistungen verbunden, scheidet ein Günstigkeitsvergleich regelmäßig aus. Ist nicht zweifelsfrei feststellbar, dass die arbeitsvertragliche Abweichung für den AN günstiger ist, bleibt es bei der zwingenden Geltung der BV.[80] Mit einer BV können arbeitsvertraglich vereinbarte **Entgeltbestandteile** auch dann nicht **abgesenkt** werden, wenn in der BV gleichzeitig eine »**Standortsicherung**« bzw. eine »**Arbeitsplatzgarantie**« zugesagt wird. Eine derartige inhaltliche Ausweitung des Sachgruppenvergleichs ist mit den von der Rspr. entwickelten Grundsätzen nicht vereinbar.[81]

36 Fraglich ist es, wie sich die **Anwendung des Günstigkeitsprinzips in Mitbestimmungsangelegenheiten nach § 87** auswirkt[82] – über die unmittelbare und zwingende Wirkung der BV nach Abs. 4 Satz 1 ohne Rücksicht auf den Willen der AN[83] eine **Änderung der Arbeitsverträge** erfolgt. Sind die **Arbeitsverträge nicht »betriebsvereinbarungsoffen«** ausgestaltet (vgl. dazu Rn. 42, 51) oder enthalten diese – oder die **arbeitsvertraglich in Bezug genommenen oder gemäß § 3 Abs. 1 TVG geltenden TV** – **keine** sich beispielsweise auf die Leistung von **Mehrarbeit** oder die Einführung von **Kurzarbeit** beziehenden **Vorbehalt** (vgl. dazu Rn. 42, 51), muss unter Anwendung der Kollisionsregel des Günstigkeitsprinzips festgestellt werden, ob die entsprechende Regelung der BV oder diejenige des Arbeitsvertrages den Vorrang hat.[84] Kann sich die BV bei Anwendung des Günstigkeitsprinzips über Abs. 4 Satz 1 (unmittelbare und zwingende Wirkung) dem Arbeitsvertrag gegenüber nicht durchsetzen, ist der AG darauf verwiesen, den Inhalt der BV im Rahmen des ihm zur Verfügung stehenden individualrechtlichen Instrumentariums (Änderungsvereinbarung oder -kündigung) **auf einzelarbeitsvertraglicher Ebene umzusetzen.**[85]

37 Demgegenüber leitet **die h. M.** – im hier erörterten Zusammenhang im Ergebnis übereinstimmend – den **Vorrang der BV im Verhältnis zum Arbeitsvertrag** aus der uneingeschränkten

---

22.4.09, DB 09, 1602, 1603; *Belling,* DB 82, 2513; *Fitting,* Rn. 196; GK-*Kreutz,* Rn. 251 f.; *GL,* Rn. 94; HWGNRH-*Worzalla,* Rn. 161 ff.; Richardi-*Richardi,* Rn. 144 f.

76 *BAG* 16.9.86, a. a. O.; *LAG Hamm* 6.2.01, NZA 02, 283; *Däubler,* AuR 87, 349, 351.

77 *BAG* 28.3.00, NZA 01, 49; 21.9.89, a. a. O.; vgl. dazu Richardi-*Richardi,* NZA 90, 331 ff.; *Fitting,* Rn. 197; Richardi-*Richardi,* Rn. 159; a. A. GK-*Kreutz,* Rn. 248.

78 Vgl. für nachwirkende TV *BAG* 14.2.91, DB 91, 2088.

79 *BAG* 27.1.04, NZA 04, 667; zu den Einzelheiten vgl. TVG-AKR/TVG § 4 Rn. 154 ff.; *Däubler,* Tarifvertragsrecht, Rn. 201 ff.; GK-*Kreutz,* Rn. 260 ff.; Kittner/Zwanziger/Deinert-*Deinert,* § 8 Rn. 62 ff.

80 *BAG* 27.1.04, a. a. O.

81 *ArbG Bielefeld* 15.6.99, AiB 00, 104 mit Anm. *Röder;* vgl. auch *BAG* 20.4.99, NZA 99, 887, 893; TVG-AKR/TVG § 4 Rn. 79 f.; *Fitting,* Rn. 201.

82 Vgl. dazu auch Kittner/Zwanziger/Deinert-*Deinert,* § 10 Rn. 216 ff.; etwa wenn in einer BV nach § 87 Abs. 1 Nr. 3 die Einführung von Kurzarbeit oder die Ableistung von Mehrarbeit vereinbart wird und damit in den nicht dem allgemeinen Direktionsrecht des AG unterliegenden Kernbereich des Arbeitsverhältnisses eingegriffen wird, vgl. dazu *BAG* 12.12.84, NZA 85, 321 (Umfang der Arbeitszeit).

83 So für die Einführung von Kurzarbeit durch BV *BAG* 14.2.91, NZA 91, 607; *LAG Hamm* 19.11.14, NZA-RR 15, 194; für die Ableistung von Mehrarbeit *BAG* 3.6.03, NZA 03, 1155, 1159.

84 *BAG* 14.1.14, NZA 14, 922 (Rn. 21); Richardi-*Richardi,* ZfA 92, 307, 314.

85 *Brosette,* ZfA 92, 379, 411 ff.; *Buschmann/Ulber,* S. 214; *Däubler,* Das Arbeitsrecht 2, Rn. 909; *Kohte,* AuA 91, 168, 169 f.; im Ergebnis auch *Hamm,* AiB 05, 52 ff.; *Reuter,* RdA 91, 193, 198; *Waltermann,* NZA 93, 679, 684.

Geltung von Abs. 4 Satz 1 (unmittelbare und zwingende Wirkung), der aus § 87 folgenden umfassenden Regelungskompetenz der Betriebsparteien, dem lediglich vorübergehenden Charakter der Einführung von Kurz- und Mehrarbeit, allgemeinen Ordnungsvorstellungen und/oder Praktikabilitätserwägungen ab.[86] Eine **individualrechtliche Wirkungsgrenze** für die Einführung von Kurz- oder Mehrarbeit liegt zunächst immer dann vor, wenn die Anordnung von Kurz- oder Mehrarbeit **arbeitsvertraglich** ausgeschlossen ist. Die Befugnis zur Anordnung von Kurz- oder Mehrarbeit ergibt sich nicht aus dem Direktionsrechts des AG.[87]

Der bei der Anwendung des Günstigkeitsprinzips durchzuführende **individuelle Günstigkeitsvergleich** (zu den Einzelheiten vgl. Rn. 33 ff.; zum **»kollektiven Günstigkeitsprinzip«**, das **ausschließlich** für – auf einer betrieblichen Einheitsregelung, einer Gesamtzusage oder einer betrieblichen Übung beruhende – **arbeitsvertragliche Ansprüche auf betriebliche Sozialleistungen** gilt, vgl. Rn. 46 ff.) wird bei der Einführung von Kurzarbeit in der Regel ohnehin dann zum **Vorrang der BV** führen, wenn die Alternative zur Einführung der Kurzarbeit in einer betriebsbedingten Beendigungskündigung besteht.[88] Enthält der Arbeitsvertrag keine Regelung zur Kurzarbeit, ist durch Auslegung zu ermitteln, ob er insoweit als betriebsvereinbarungsoffen angesehen werden kann (vgl. dazu Rn. 42).[89] **38**

Wird den Betriebsparteien durch TV die Kompetenz übertragen, die **Dauer der individuellen regelmäßigen wöchentlichen Arbeitszeit** festzulegen, **gehen günstigere arbeitsvertragliche Vereinbarungen** den Regelungen in entsprechenden BV **vor.**[90] Dies gilt auch bei **BV nach § 87 Abs. 1 Nr. 2** zur Lage der Arbeitszeit, mit denen etwa die **Einführung von Schicht-, Nacht- oder Wochenendarbeit** vereinbart wird und die auf entgegenstehende günstigere arbeitsvertragliche Abmachungen treffen. Die arbeitsvertraglichen Abmachungen gehen vor und können vom AG nur durch Änderungsvereinbarung oder -kündigung angepasst werden.[91] Dies setzt allerdings voraus, dass tatsächlich arbeitsvertragliche Vereinbarungen mit **eigenständigem materiellem Regelungsgehalt** konstitutiver Art – und nicht lediglich deklaratorischen Charakters – vorliegen.[92] **39**

Ist dieses Ergebnis bei günstigeren Individualvereinbarungen **jenseits betrieblicher Veranlassung bzw. ohne kollektiven Bezug,** die nur durch die **individuellen Umstände des einzelnen AN** bzw. Arbeitsverhältnisses veranlasst sind (vgl. dazu § 87 Rn. 23), weitgehend unproblematisch,[93] kann es unter dem **Gesichtspunkt des Gleichbehandlungsgrundsatzes** (§ 75 Abs. 1 **40**

---

86 *BAG* 1.2.57, AP Nr. 1 zu § 32 SchwBSchG; 15.12.61, AP Nr. 1 zu § 615 BGB Kurzarbeit; 29.11.78, AP Nr. 18 zu § 611 BGB Bergbau; 14.2.91, a. a. O.; 3.6.03, a. a. O.; GK-*Wiese,* § 87 Rn. 393 f.; GK-*Kreutz,* § 77 Rn. 349; HWGNRH-*Worzalla,* § 87 Rn. 184; *Leinemann,* DB 90, 732, 737; *Otto,* NZA 92, 97, 106; Richardi-*Richardi,* § 87 Rn. 396 f.; *Säcker/Oetker,* ZFA 91, 131, 177; *Wlotzke,* S. 265.

87 *BAG* 3.6.03, a. a. O. = AiB 05, 48 mit kritischer Anm. *Hamm; HessLAG* 27.9.12 – 16 Sa 1741/11, juris; *LAG Hamm* 1.8.12, NZA-RR 13, 244; *ArbG Hagen* 9.10.12 – 1 Ca 1420/12, juris; *Fitting,* Rn. 203.

88 Im Ergebnis übereinstimmend KDZ-*Zwanziger,* § 2 KSchG Rn. 86, die es unter dem Gesichtspunkt der Solidarität für gerechtfertigt halten, das mit der vorübergehenden Absenkung der Arbeitszeit verbundene Lohnrisiko im Interesse des Erhalts der Arbeitsplätze durch kollektivvertragliche Regelung bei den AN insgesamt anzusiedeln und von einem fehlenden Annahmeverzug des AG bei der mitbestimmten Absenkung der Arbeitszeit ausgehen; ähnlich Richardi-*Richardi,* § 87 Rn. 335.

89 Auch *BAG* 16.9.86, AP Nr. 17 zu § 77 BetrVG 1972; ErfK-*Kania,* § 87 Rn. 36; *Fitting,* Rn. 203.

90 *BAG* 18.8.87, AP Nr. 23 zu § 77 BetrVG 1972; zum individuellen Günstigkeitsvergleich bei der Festlegung der Dauer der Arbeitszeit vgl. *Däubler,* Tarifvertragsrecht, Rn. 217 ff. m w. N.; *Fitting,* Rn. 202; *Linnenkohl/Rauschenberg/Reh,* BB 90, 628; *Zachert,* DB 90, 986; *ders.,* AuR 95, 1, 9 ff.

91 Vgl. zum Fall der Einführung von Schichtarbeit *LAG Düsseldorf* 22.5.91, DB 91, 2247 = AiB 91, 433 mit Anm. *Schoof; LAG Frankfurt* 27.11.86, DB 87, 1844; *LAG Berlin* 19.12.77, AuR 78, 283; *Buschmann/Ulber,* S. 230 f.; Kittner/Zwanziger/Deinert-*Deinert,* § 10 Rn. 218; Richardi-*Richardi,* § 87 Rn. 310; *Heilmann u. a.,* BetrR 83, 262 f.; *Wlotzke,* S. 264.

92 Zu den Anforderungen an – das Direktionsrecht des AG ausschließende bzw. einschränkende – arbeitsvertragliche Vereinbarungen zur Lage der Arbeitszeit vgl. *BAG* 29.9.04, AP Nr. 111 zu § 87 BetrVG 1972 Arbeitszeit; 23.6.92, NZA 93, 89; *LAG Hamburg* 22.6.04 – 1 Sa S 2/03; *LAG Rheinland-Pfalz* 13.9.04, AuR 05, 237; *HessLAG* 28.8.03 – 5 SaGa 1623/02; *LAG Düsseldorf* 23.10.91, BB 92, 997; *LAG Berlin* 29.4.91, DB 91, 2193; *ArbG Freiburg* 15.9.87, DB 88, 184; *Bauer/Diller,* NZA 94, 353, 354; ErfK-*Kania,* Rn. 98 ff.; *Leßmann,* DB 92, 1137, 1138; *Richter,* DB 89, 2378, 2380 ff., oder an eine entsprechende betriebliche Übung vgl. *BAG* 21.1.97, NZA 97, 1009.

93 Vgl. auch Kittner/Zwanziger/Deinert-*Deinert,* § 10 Rn. 217 ff.; MünchArbR-*Matthes,* § 238 Rn. 78.

Satz 1) geboten sein, den Vorrang günstigerer einzelvertraglicher Vereinbarungen mit kollektivem Bezug einzuschränken, wenn dieser zu einer Privilegierung eines Teils der AN gegenüber einer BV ohne sachlichen Grund führen würde.[94] Auf arbeitsvertraglicher Ebene kann bei der Regelung betrieblicher Gegenstände mit kollektivem Bezug den **Belangen der AN insgesamt** dem AG gegenüber nicht angemessen zur Geltung verholfen werden, insbes. ist der erforderliche **Ausgleich der teilweise unterschiedlichen AN-Interessen** nicht zu verwirklichen. Gerade diesem Ziel dient aber u. a. die an inhaltliche Vorgaben (z. B. § 75) gebundene Regelungskompetenz der Betriebsparteien (§ 87 Rn. 107 f.).[95]

41 Auch ist zu berücksichtigen, dass das Günstigkeitsprinzip vor allem als Ausdruck der Privatautonomie bzw. der allgemeinen Handlungsfreiheit aus Art. 2 Abs. 1 GG zu einer Einschränkung von Abs. 4 Satz 1 führt. Es kann daher zugunsten arbeitsvertraglicher Vereinbarungen gegenüber einer BV allein dann Geltung beanspruchen, wenn der fragliche Inhalt des Arbeitsvertrages **Ergebnis der privatautonomen Ausübung der Arbeitsvertragsgestaltung durch den AN** und nicht der **Fremdbestimmung durch den AG** ist.[96] Die u. a. dem AN-Schutz und der Kompensation der sozialen Übermacht des AG dienenden Mitbestimmungsrechte gemäß § 87 sollen gerade die Ausübung der Privatautonomie durch den AG zum Schutz der AN einschränken und dürfen nicht durch den Abschluss von vom AG aus betrieblichem Anlass initiierten und maßgeblich ausgestalteten Individualabreden – die den im Arbeitsverhältnis strukturell unterlegenen AN möglicherweise aufgedrängt wurden – unterlaufen werden (vgl. dazu auch § 87 Rn. 7; zur Ausübung des Mitbestimmungsrechts als Wirksamkeitsvoraussetzung mitbestimmungspflichtiger Maßnahmen des AG vgl. § 87 Rn. 5 f.).[97]

42 Die Veränderung **einzelvertraglicher Vereinbarungen** durch nachfolgende ungünstigere BV kann zulässig sein, wenn diese **»betriebsvereinbarungsoffen«** begründet[98] oder in ihnen ausdrücklich **auf die jeweils geltenden BV Bezug genommen wurde.**[99] Ein Arbeitsvertrag ist »betriebsvereinbarungsoffen« gestaltet, wenn er – was durch Auslegung zu ermitteln ist[100] – unter dem **Vorbehalt einer ablösenden BV** steht.[101] Der Vorbehalt kann auch stillschweigend erfolgt sein (zur Einführung von Kurz- oder Mehrarbeit vgl. Rn. 36 ff.),[102] muss aber dem **Transparenzgebot** des § 307 Abs. Satz 2 BGB genügen[103] (zur Betriebsvereinbarungsoffenheit betrieblicher Einheitsregelungen vgl. Rn. 51). Findet ein bestimmter Gegenstand im **Arbeitsvertrag keine Erwähnung**, kann er auf individualvertraglicher Ebene grundsätzlich als nicht geregelt angesehen werden und ist einer Regelung durch eine BV zugänglich.[104] Wird arbeitsvertraglich eine Versorgungszusage nach den »beim AG geltenden Bestimmungen« vereinbart, sind im Zweifel die jeweils geltenden BV in Bezug genommen. Ist eine **statische Verweisung** gewollt, muss dies deutlich zum Ausdruck gebracht werden.[105] Eine Verweisung in einem Arbeitsvertrag auf die beim AG geltenden BV hat in der Regel **deklaratorischen Charakter.**[106]

---

94 *GL*, Rn. 96; Kittner/Zwanziger-*Kittner*, § 10 Rn. 218; *Otto*, NZA 92, 97, 106.

95 Zum Verhältnis mitbestimmter Arbeitszeit- oder Teilzeitregelungen und individueller Interessenlagen betroffener AN vgl. *LAG Köln* 19.12.01 AuR 02, 192; *LAG Berlin* 18.1.02, AuR 02, 190 mit Anm. *Buschmann*.

96 Vgl. auch MünchArbR-*Matthes*, a. a. O., Rn. 77.

97 *WW*, Rn. 15, vertreten die Auffassung, dass mitbestimmungspflichtige Angelegenheiten überhaupt erst dann wirksam zum Gegenstand einer arbeitsvertraglichen Regelung gemacht werden können, wenn es zuvor zu einer Ausübung des Mitbestimmungsrechts gekommen ist. Vorher sei der Gegenstandsbereich arbeitsvertraglichen Vereinbarungen schlechthin verschlossen, ähnlich Kittner/Zwanziger-*Kittner*, § 10 Rn. 217 ff.

98 *BAG* 12.8.82, 3.11.87, AP Nrn. 4, 25 zu § 77 BetrVG 1972.

99 *BAG* 5.3.13, NZA 13, 916; 20.11.87, AP Nr. 2 zu § 620 BGB Altersgrenze: *Fitting*, Rn. 198; Richardi-*Richardi*, Rn. 158.

100 Vgl. dazu näher *Linsenmaier*, RdA 14, 336, 342.

101 *BAG* 16.11.11, DB 12, 237; 5.8.09, NZA 09, 1105; 22.4.09, DB 09, 1602, 1603.

102 *BAG* 5.3.13, a. a. O.; kritisch zu dieser Rspr. *Preis/Ulber*, NZA 14, 6; dies., RdA 13, 211, 216; Säcker, BB 13, 2677; zustimmend; *Fitting*, a. a. O.; *Hromadka*, NZA 13, 1061; *Meinel/Kiehn*, NZA 14, 509; s. auch ErfK-*Kania*, Rn. 79 ff.; GK-*Kreutz*, Rn. 285.

103 *BAG* 5.8.09, a. a. O.

104 *LAG Hamm* 14.1.15, juris, anhängig *BAG* 1 AZR 292/15; *Linsenmaier*, RdA 14, 336, 339.

105 *BAG* 23.9.97, PersR 98, 122 = BB 98, 849.

106 *BAG* 13.3.12, NZA 12, 990; 7.6.11, NZA 11, 1234.

Soll durch die Bezugnahme auf die gemäß Abs. 4 Satz 1 ohnehin unmittelbar und zwingend geltenden BV eine **konstitutive individualvertragliche Geltung** der BV begründet werden, muss dies ausdrücklich vereinbart sein oder es müssen sich aus sonstigen Umständen Anhaltspunkte für eine entsprechende Auslegung ergeben.

f) Betriebliche Einheitsregelung

Vertragliche Ansprüche der AN können auch durch **betriebliche Einheitsregelungen, Gesamtzusagen oder auf Grund betrieblicher Übung** begründet werden: 43

- Bei einer **betrieblichen Einheitsregelung** unterbreitet der AG den AN ein Angebot, etwa in Form der Zusage einer freiwilligen sozialen Leistung, das von diesen ausdrücklich angenommen wird.
- Bei der **Gesamtzusage** wird das Angebot in allgemeiner Form, etwa am »Schwarzen Brett«, bekannt gemacht, ohne dass eine ausdrückliche Annahmeerklärung der AN erwartet wird.[107]
- Für die **betriebliche Übung**[108] wird vom Zustandekommen eines stillschweigenden Vertrages oder einer Vertrauenshaftung des AG ausgegangen.[109]

Diese Besonderheiten bei der Begründung der vertraglichen Ansprüche der AN haben keinen Einfluss auf deren Rechtsnatur, insbes. kann in betrieblichen Einheitsregelungen, Gesamtzusagen oder der betrieblichen Übung **keine selbstständige, die BV ergänzende kollektivrechtliche Gestaltungsmöglichkeit** auf betrieblicher Ebene gesehen werden. Insoweit gilt auch im Verhältnis von **betrieblichen Einheitsregelungen, Gesamtzusagen** oder der **betrieblichen Übung** zu den Normen einer BV das Günstigkeitsprinzip,[110] so dass die Möglichkeiten des **»betrieblichen Sozialabbaus« durch BV** eingeschränkt sind.[111] 44

Die Ablösung einzelvertraglicher Ansprüche in Gestalt betrieblichen Einheitsregelungen, Gesamtzusagen oder aufgrund betrieblicher Übung durch eine BV setzt einen entsprechenden wirksamen **Ablösungsvorbehalt** (vgl. Rn. 51) oder die Beschränkung auf eine lediglich **umstrukturierende BV** unter Beachtung des **kollektiven Günstigkeitsprinzips** (vgl. Rn. 45 ff.) voraus. Die wirksame Ablösung setzt voraus, dass das Regelungsziel der Ablösung einzelvertraglicher Ansprüche in der ablösenden BV selbst geregelt ist. Dieses Regelungsziel kann sich bereits mittelbar daraus ergeben, dass die BV den Leistungszweck der betrieblichen Sozialleistung beibehält. Soll die bisherige betriebliche Sozialleistung demgegenüber durch die ablösende BV durch eine Sozialleistung mit einem anderen Leistungsweck ersetzt werden, muss dieser Regelungswillen in einer eindeutigen Regelung in der BV zum Ausdruck kommen.[112] 44a

Das **Günstigkeitsprinzip** ist nach Auffassung des *BAG*[113] allerdings modifiziert anzuwenden. **Durch »umstrukturierende BV«,** mit denen etwa für bestimmte soziale Zwecke zur Verfügung gestellte Mittel anders auf die begünstigten AN verteilt werden, soll der Eingriff in vertragliche Ansprüche zulässig sein, sofern einzelne AN dabei nicht unbillig behandelt werden und die **Neuregelung bei kollektiver Betrachtungsweise insgesamt nicht ungünstiger** ist.[114] Ein **Verstoß gegen das Günstigkeitsprinzip** liegt jedenfalls immer dann vor, wenn durch die nachfolgende BV eine betriebliche Einheitsregelung insgesamt verschlechtert wird, der **AG** also **seine Aufwendungen** für die zugesagten **Sozialleistungen reduzieren** will. In diesem Fall kann die BV die vertraglichen Ansprüche der AN nicht verdrängen. 45

Dies ist etwa der Fall, wenn eine überwiegend arbeitgeberfinanzierte **betriebliche Altersversorgung** durch ein arbeitnehmerfinanziertes System der **Entgeltumwandlung** mit Arbeitge- 46

107 Vgl. dazu *BAG* 28.6.06, NZA 06, 1174; 10.12.02, NZA 04, 271.
108 *BAG* 28.6.06, a. a. O.; eingehende Rspr.-Übersicht bei *Bepler,* RdA 04, 226.
109 Zur Bedeutung derartiger vertraglicher Anspruchsgrundlagen für die BR-Arbeit vgl. *Thannheiser,* AiB 01, 529 ff.
110 *BAG* 5.8.09, NZA 09, 1105; 11.12.07, DB 08, 1215; 17.6.03, NZA 04, 1110 = RdA 04, 304 mit Anm. *Däubler;* 16.9.86, AP Nr. 17 zu § 77 BetrVG 1972 = AiB 87, 114 ff. mit kritischer Anm. *Stevens-Bartol.*
111 *Däubler,* Das Arbeitsrecht 1, Rn. 928; *ders.,* AuR 87, 349 ff.; *Schoden,* AiB 87, 109 ff.
112 *BAG* 16.11.11, DB 12, 237 = BB 12, 456 mit Anm. *Diepold.*
113 16.9.86, AP Nr. 17 zu § 77 BetrVG 1972.
114 *BAG* 16.9.86, a. a. O.; *BAG* 3.11.87, AP Nr. 25 zu § 77 BetrVG 1972; kritisch zum »kollektiven Günstigkeitsprinzip« des *BAG* u. a. *Belling,* DB 87, 1888 ff.; *Blomeyer,* DB 87, 634 ff.; *Däubler,* AuR 87, 349 ff.; GK-*Kreutz,* Rn. 271 ff.; *Hayen,* BetrR 87, 152 ff.; Richardi-*Richardi,* NZA 87, 185 ff.

berzuschüssen abgelöst werden soll und die vom AG ursprünglich aufgebrachten Versorgungsleistungen durch die **Einsparung der anteiligen Arbeitgeberbeiträge zur Sozialversicherung** nicht nur umverteilt, sondern auch reduziert werden.[115] Durch BV nicht ablösbare vertragliche Ansprüche der AN können allerdings vom AG ggf. im Wege der individualrechtlichen Änderungskündigung, der Ausübung eines vorbehaltenen Widerrufsrechts oder der Anpassung wegen Wegfalls der Geschäftsgrundlage[116] und unter Beachtung der Mitbestimmungsrechte des BR gemäß § 87 Abs. 1 Nr. 10 BetrVG 1972 eingeschränkt werden.[117] Entfällt nachträglich die Geschäftsgrundlage einer Gesamtzusage, sind die Ansprüche der AN kraft Gesetzes anzupassen, was dann auch durch ablösende BV geschehen kann.[118]

47 Ist die Ablösung einer betrieblichen Einheitsregelung oder einer Gesamtzusage unter Beachtung des »**kollektiven Günstigkeitsprinzips**« (Rn. 22) oder auf Grund eines entsprechenden **Änderungsvorbehalts** (Rn. 43 f.) durch BV grundsätzlich möglich, ist in einem weiteren Schritt stets zu prüfen, ob die beabsichtigte Ablösung unter Beachtung der **Grundsätze der Verhältnismäßigkeit und des Vertrauensschutzes** zulässig ist.[119] Die Betriebsparteien sind so gestellt, als veränderten sie mit der ablösenden BV eine andere BV (vgl. dazu Rn. 23 ff. m. w. N.).

48 Die vom *BAG*[120] aufgestellten Grundsätze zur Ablösung allgemeiner Arbeitsbedingungen durch »umstrukturierende BV« gelten allerdings **ausschließlich** für arbeitsvertragliche Ansprüche auf **betriebliche Sozialleistungen,** die auf einer betrieblichen Einheitsregelung, einer Gesamtzusage oder einer betrieblichen Übung beruhen. Außerhalb dieser Fallgestaltung, z. B. bei **Altersgrenzen für das Ausscheiden eines AN,**[121] über das eigentliche **Arbeitsentgelt als Gegenleistung für die geschuldete Arbeitsleistung**[122] oder über **Bezahlung von Mehrarbeit, Nachtarbeit** oder **Feiertagsarbeit, Urlaub** und **Urlaubsvergütung, Entgeltfortzahlung** bei Arbeitsverhinderung, die Dauer der **Arbeitszeit** oder die **Kündigungsfristen**[123] kommt **weder die ablösende Wirkung einer BV** gegenüber derartigen arbeitsvertraglichen Ansprüchen in Betracht **noch ein kollektiver Günstigkeitsvergleich.**[124] Werden derartige auf betrieblicher Einheitsregelung beruhende **Arbeitsbedingungen gemeinsam mit vertraglichen Sozialleistungen** durch eine BV insgesamt neu geregelt, kommt dieser BV ebenfalls keine ablösende Wirkung zu.[125] Die gegenüber der arbeitsvertraglichen Regelung nicht ungünstigeren Normen der BV können allenfalls für die Dauer des Bestandes der BV die individualrechtlichen Vereinbarungen verdrängen.

49 Wird eine z. B. auf Grund einer Gesamtzusage gewährte **betriebliche Sozialleistung,** die freiwillig, jedoch ohne Vorbehalt, zugesagt war, zulässigerweise durch eine nachfolgende **umstrukturierende BV** abgelöst, so kann diese vom AG später **nicht einseitig ersatzlos gekündigt** oder **insgesamt verschlechtert werden.** Wenn es den Betriebsparteien nach der Rspr. des *BAG*[126] bereits verwehrt ist, eine betriebliche Einheitsregelung durch eine BV gemeinsam abzulösen, die bei kollektiver Betrachtungsweise insgesamt ungünstiger ist, kann der AG erst recht nicht über den Umweg der späteren Kündigung einer ablösenden BV einseitig eine Verschlechterung durchsetzen.[127] Deshalb leben die durch eine umstrukturierende BV abgelösten vertraglichen Regelungen nach Beendigung der ablösenden BV wieder auf.[128]

---

115 *BAG* 23.10.01, DB 02, 1383; *Reinecke,* DB 02, 2717, 2720; vgl. auch die Fallgestaltung bei *BAG* 17.6.03, NZA 04, 1110 = RdA 04, 304 mit Anm. *Däubler* und *Rengier,* BB 04, 2185.
116 Vgl. *BAG* 9.7.85, AP Nr. 6 zu § 1 BetrAVG Ablösung.
117 *BAG* 16.9.86, a. a. O.; *Fitting,* Rn. 213.
118 *BAG* 23.9.97, DB 98, 779; dazu *Heither,* BB 98, 1155.
119 *BAG* 24.1.06, DB 07, 471; 17.6.03, NZA 04, 1110; 10.12.02, NZA 04, 271; 23.10.01, DB 02, 1383; 16.7.96, DB 97, 631.
120 16.9.86, AP Nr. 17 zu § 77 BetrVG 1972.
121 *BAG* 7.11.89, DB 90, 1724 ff.
122 *BAG* 28.3.00, NZA 01, 49, 51; 21.9.89, DB 90, 692 ff.
123 *BAG* 28.3.00, a. a. O.
124 *BAG* 21.9.89, 7.11.89, a. a. O.; *B. Gaul,* DB 94, 1137, 1142; vgl. dazu auch Richardi-*Richardi,* NZA 90, 331 ff.
125 *BAG* 28.3.00, a. a. O.
126 16.9.86, AP Nr. 17 zu § 77 BetrVG 1972.
127 *ArbG Frankfurt* 5.9.89 – 11 Ca 26/89; vgl. zu dieser Problematik auch *Däubler,* AuR 87, 349, 357 f.
128 ErfK-*Kania,* BetrVG Rn. 78; offen gelassen *BAG* 15.2.11 – 3 AZR 196/09, juris.

Die vom *BAG*[129] aufgestellten Grundsätze zum Verhältnis von betrieblichen Einheitsregelungen und nachfolgenden BV sind rückwirkend **seit Bekanntwerden der Entscheidung des BAG vom 12.8.82**[130] anzuwenden, da ab diesem Zeitpunkt für die Beteiligten unklar war, ob eine verschlechternde BV überhaupt noch ihr Ziel erreichen konnte. Insoweit bestand **ab Januar 1983**[131] **für einen Vertrauensschutz keine ausreichende Grundlage mehr.**[132] **50**

Die Ablösung betrieblicher Einheitsregelungen oder Gesamtzusagen kann allerdings **ohne Beachtung des Günstigkeitsprinzips** zulässig sein, wenn diese **betriebsvereinbarungsoffen** ausgestaltet sind bzw. **ausdrücklich** oder **stillschweigend** einen entsprechenden **Vorbehalt** enthalten,[133] der dem Transparenzgebot des § 307 Abs. 1 Satz BGB genügt.[134] Im Einzelfall kann sich auch aus dem **verallgemeinerndem Charakter** betrieblicher Einheitsregelungen, dem Regelungsgegenstand, der Existenz eines BR und sonstiger Umstände deren Betriebsvereinbarungsoffenheit ergeben. Bei entsprechenden vom AG gestellten Arbeitsbedingungen, kann es für den AN in der Regel nicht unklar sein, dass die Arbeitsbedingungen grundsätzlich durch eine BV geändert – und insbesondere auch verschlechtert – werden können.[135] Auch in diesem Fall hat die ablösende BV – wie bei der Ablösung einer BV (vgl. Rn. 23 ff.) – die grundrechtlich geschützten Freiheitsrechte wie die durch Art. 14 Abs. 1 GG geschützte Eigentumsgarantie, die in Art. 2 Abs. 1 GG geschützte allgemeine Handlungsfreiheit und die aus § 75 folgenden Grundsätze des Vertrauensschutzes und der Verhältnismäßigkeit einzuhalten.[136] Wird eine betriebsvereinbarungsoffene betriebliche Einheitsregelung oder Gesamtzusage durch eine inhaltsgleiche BV dauerhaft abgelöst, **lebt** die betriebliche Einheitsregelung oder Gesamtzusage nach Beendigung der ablösenden BV **nicht wieder auf.**[137] **51**

3. Auslegung

Die **Auslegung der BV** als **privatrechtlicher Normenvertrag** (vgl. dazu Rn. 15) folgt den für die **Auslegung von TV** geltenden Grundsätzen.[138] Für die Auslegung der Normen einer BV gilt daher nach ganz überwiegender Auffassung grundsätzlich dasselbe wie für die **Auslegung von Gesetzesnormen.**[139] Daher ist zunächst vom **Wortlaut** der Regelungen der BV auszugehen. Vermittelt dieser keinen eindeutigen Sinn, ist auf den **Zweck** der Regelung und den **wirklichen Willen** der Betriebsparteien abzustellen, wenn dieser im Text seinen Niederschlag gefunden hat. Weiter können zur Auslegung der **Gesamtzusammenhang** und die **Systematik** der Regelungen sowie die **Handhabung** der BV durch die Betriebsparteien herangezogen werden.[140] **52**

---

129 16.9.86, AP Nr. 17 zu § 77 BetrVG 1972.

130 AP Nr. 4 zu § 77 BetrVG 1972.

131 Vgl. dazu auch *Heither,* BB 92, 145, 149.

132 *BAG* 18.9.01, AiB 03, 637 mit Anm. *Furier;* 20.11.90, DB 91, 915; *Däubler,* AuR 87, 349, 358; *Fitting,* Rn. 215 m. w. N.; a. A. *LAG Köln* 9.5.90, DB 90, 1523; *LAG Hamm* 10.7.90, DB 90, 2330: für Bindungswirkung des Beschlusses des *Großen Senats des BAG* 16.9.86, a. a. O., erst ab dem Zeitpunkt seines Erlasses.

133 *BAG* 17.7.12, NZA 13, 338; 15.2.11 – 3 AZR 196/09, juris; 15.2.11, BB 11, 3068 mit Anm. *Schnitker/Sittard;* 5.8.09, a. a. O.; 17.6.03, a. a. O.; 10.12.02, a. a. O.; 23.10.01, DB 02, 1382 = AiB 03, 493 mit Anm. *Steininger;* 16.9.86, a. a. O.; dazu *Reinecke,* DB 02, 2717, 2720; *HessLAG* 27.6.01, BB 02, 1321.

134 *BAG* 5.8.09, a. a. O.; s. dazu näher *Linsenmaier,* RdA 14, 336, 342 f.

135 *BAG* 5.3.13, a. a. O. (Rn.60), für den Gegenstand der Regelaltersgrenze (s. dazu auch LAG Hamm 14.1.15, juris, anhängig *BAG* 1 AZR 292/15; *Linsenmaier,* a. a. O., 343 f.; zur Kritik dieser Rspr. s. die Nachweise in Rn. 100; enger wohl *BAG* 5.8.09, NZA 09, 1105, für den Gegenstand einer in der Vergangenheit wiederholt gewährten Sonderzahlung.

136 *BAG* 17.7.12, a. a. O.; 13.11.07, DB 08, 994.

137 *BAG* 15.2.11, a. a. O.

138 *BAG* 19.10.05, NZA 06, 393; 21.8.01, NZA 02, 394; 9.12.97, NZA 98, 609, 611; vgl. dazu *Däubler,* Tarifvertragsrecht, Rn. 129 ff.; ErfK-*Kania,* Rn. 3.

139 *BAG* 11.6.75, AP Nr. 1 zu § 77 BetrVG 1972 Auslegung; 4.3.82, AP Nr. 3 zu § 77 BetrVG 1972; 8.11.88, AP Nr. 48 zu § 112 BetrVG 1972; 18.1.90 – 6 AZR 485/88; 21.1.03, NZA 03, 810; 14.3.12, NZA 12, Ls. = juris; 9.10.12, DB 13, 942; *Fitting,* Rn. 15; GK-*Kreutz,* Rn. 69; *GL,* Rn. 20; HWGNRH-*Worzalla,* Rn. 21; Richardi-*Richardi,* Rn. 115.

140 *BAG* 14.3.12, NZA 12, Ls. = juris; 9.10.12, DB 13, 942; 18.10.11, AuR 12, 140 Ls., juris; 19.4.11 – 3 AZR 272/09, juris; 27.7.10, DB 10, 2455; zu den Einzelheiten vgl. eingehend auch GK-*Kreutz,* Rn. 71 ff. m. w. N.

Bleiben Zweifel, ist das Auslegungsergebnis vorzuziehen, das zu einer sachgerechten, zweckorientierten, praktizierbaren und gesetzeskonformen Anwendung der BV führt.[141] Unter Berücksichtigung des **betrieblichen Aushandlungsprozesses von BV,** insbesondere seiner Nachvollziehbarkeit und Überschaubarkeit, und des Zustandekommens von BV als **privatrechtlicher Vertrag,** kann bei dieser Auslegungsmethode der **subjektive Wille der Betriebsparteien** zu sehr in den Hintergrund treten.[142] Die an den Grundsätzen der Gesetzesauslegung orientierte Auslegung der BV schließt allerdings die Berücksichtigung der in **§§ 133, 157 BGB** zum Ausdruck kommenden Gesichtspunkte nicht aus.[143]

53 Der wirkliche **Wille der Betriebsparteien** beim Abschluss der BV ist jedenfalls zu berücksichtigen, wenn dieser im **Wortlaut der Regelungen der BV** seinen Ausdruck gefunden hat.[144] Der **subjektive Wille** bzw. die **Vollzugspraxis des normsetzenden AG,** der bzw. die ihn belastet und die AN begünstigt, ist auch dann zu berücksichtigen, wenn dieser Wille in der BV nur unzureichend zum Ausdruck gebracht wurde,[145] zumindest dann, wenn sich nach Wortlaut und Systematik kein eindeutiges Auslegungsergebnis ergibt.[146] Die Vollzugspraxis eines einzelnen, beherrschten UN in einem **Konzern** lässt keine ausreichenden Rückschlüsse auf den mit einer KBV verbundenen Regelungswillen des Norm setzenden, herrschenden UN zu.[147] Übernehmen die Betriebsparteien den **Inhalt einer gesetzlichen Vorschrift** ganz oder teilweise, ist in der Regel davon auszugehen, dass sie deren Bedeutung auch zum Inhalt der BV machen wollten.[148] Das gilt beispielsweise auch für die Übernahme eines im **Sozialversicherungsrecht gebräuchlichen Rechtsbegriffs.**[149] Gebrauchen die Betriebsparteien in einer BV einen Begriff, der in den **angewendeten TV** unstrittig in einer bestimmten Bedeutung ausgelegt wird, so ist grundsätzlich davon auszugehen, dass sie ihn dementsprechend verwenden wollten.[150] Verweist eine BV nicht ausdrücklich auf eine bestimmte Fassung einer gesetzlichen Vorschrift, ist in der Regel von einer **dynamischen Verweisung** auszugehen. Ist ausnahmsweise eine **statische Verweisung** und damit die Festschreibung eines bestimmten Regelungsinhaltes gewollt, muss dies in der BV deutlich zum Ausdruck kommen.[151]

53a Die Regelung des freiwilligen ESt.-Verfahrens gem. Abs. 6 (vgl. § 76 Rn. 10 ff.) ermöglicht den Betriebsparteien, zur **Klärung streitiger Rechtsfragen**, z. B. zur **Auslegung einer BV**, ein – dem Arbeitsgerichtsverfahren vorgelagertes – **verbindliches innerbetriebliches Schlichtungsverfahren** zu vereinbaren[152] (s. dazu § 76 Rn. 12).

4. Zustandekommen

54 Die Gesetzesformulierung, dass BV von BR und AG **gemeinsam** zu beschließen sind, bedeutet nicht, dass dies in einer gemeinsamen Sitzung zu erfolgen hat, denn einen Beschluss, den AG und BR fassen, indem sie gemeinsam über die betreffende Angelegenheit abstimmen, gibt es nicht.[153]

55 Die BV kommt grundsätzlich wie ein **privatrechtlicher Vertrag** durch Angebot und Annahme, also durch **übereinstimmende Willenserklärung** des AG und BR zustande.[154] Auf AN-Seite kommt als Partei ggf. auch der GBR bzw. der KBR im Rahmen des § 50 bzw. § 58 (Zuständigkeit) in Betracht.[155] Die JAV, GJAV, der WA und die Betriebsversammlung sind

141 *BAG* 14.3.12, NZA 12, Ls. = juris; 9.10.12, DB 13, 942; 18.10.11, a. a. O.; 19.4.11, a. a. O.
142 *Däubler,* Arbeitsrecht 1, Rn. 928; *Bartholomä,* BB 05, 100.
143 *BAG* 24.6.92 – 5 AZR 468/91; GK-*Kreutz,* Rn. 69.
144 *BAG* 16.6.75, a. a. O.; 9.2.84, AP Nr. 9 zu § 77 BetrVG 1972; 18.1.90 – 6 AZR 485/88; 13.3.07, AP Nr. 183 zu § 112 BetrVG 1972; 11.12.07 – 1 AZR 824/06.
145 *BAG* 22.1.02, NZA 02, 1224.
146 *BAG* 21.8.01, NZA 02, 394.
147 *BAG* 22.1.02, a. a. O.
148 *BAG* 27.7.10, a. a. O.
149 *BAG* 14.12.10, BB 11, 947 Ls., juris.
150 *BAG* 27.3.07, DB 08, 536.
151 *BAG* 19.4.11., a. a. O.
152 *BAG* 11.2.14, NZA-RR 15, 26; 16.8.11, NZA 12, 342; 20.11.90, NZA 91, 473.
153 GK-*Kreutz,* Rn. 43; Richardi-*Richardi,* Rn. 30.
154 GK-*Kreutz,* Rn. 38; HWGNRH-*Worzalla,* Rn. 6; WPK-*Preis,* Rn. 7.
155 Vgl. *BAG* 24.5.06, NZA 06, 1364.

dagegen ebenso wenig zum Abschluss einer BV befugt wie Ausschüsse des BR (vgl. § 27 Abs. 3 Satz 2, § 28 Abs. 1 Satz 2). Besteht in einem Betrieb kein BR, kann auch keine BV abgeschlossen werden.

Bei **Vereinbarungen und Richtlinien, die ein SpA** nach § 28 SprAuG mit dem AG **abschließt,** handelt es sich nicht um BV,[156] sondern um schuldrechtliche Verträge.[157] Nach § 28 Abs. 2 SprAuG kann jedoch die unmittelbare und zwingende Wirkung dieser Verträge vereinbart werden; außerdem ist das Günstigkeitsprinzip in dieser Vorschrift normiert. Im Übrigen ist der AG nach § 2 Abs. 1 Satz 2 SprAuG verpflichtet, den SpA rechtzeitig anzuhören, bevor er mit dem BR BV oder sonstige Vereinbarungen abschließt, die die rechtlichen Interessen der leitenden Angestellten berühren. Die Anhörung ist für die BV allerdings keine Wirksamkeitsvoraussetzung.[158] Diese Anhörungspflicht des AG besteht unter dem Gesichtspunkt der vertrauensvollen Zusammenarbeit (§ 2 Abs. 1) auch gegenüber dem BR, wenn der AG Vereinbarungen oder Richtlinien mit dem SpA abschließt.[159] 56

Voraussetzung für den wirksamen Abschluss einer BV ist, dass der BR (GBR/KBR) einen **ordnungsgemäßen Beschluss gemäß § 33** gefasst hat.[160] Unter dieser Voraussetzung kann der Vorsitzende des BR im Rahmen des vom BR vorab gefassten Beschlusses (§ 26 Abs. 3 Satz 1) während eines ESt.-Verfahrens eine BV unterzeichnen, ohne eine erneute Beschlussfassung mit den nicht anwesenden BR-Mitgliedern herbeizuführen.[161] Eine BV, die durch einen in unzulässiger Weise im **Umlaufverfahren** erfolgten BR-Beschluss zustande gekommen ist, ist unwirksam.[162] Eine durch den BR-Vorsitzenden oder ein anderes Mitglied des BR im Namen des BR ohne Vertretungsmacht unterschriebene BV ist schwebend unwirksam und kann durch **nachträglichen Genehmigungsbeschluss** des BR (§ 33) gem. § 184 Abs. 1 BGB **rückwirkend voll wirksam** werden (vgl. auch § 26 Rn. 22).[163] Hat beim Abschluss einer BV auf Seiten des **AG** ein **vollmachtloser Vertreter** gehandelt, begründet dies für AN keine **Erfüllungs- oder Schadenersatzansprüche** aus § 179 Abs. 1 BGB. Die AN sind als Normadressaten nicht der »andere Teil« i. S. d. § 179 Abs. 1 BGB.[164] Soweit im Falle der Nichteinigung zwischen BR und AG in mitbestimmungspflichtigen Angelegenheiten eine **verbindliche Entscheidung der ESt.** getroffen worden ist, hat diese die Wirkung einer BV (vgl. dazu § 76 Rn. 141). 57

Zwingende **Wirksamkeitsvoraussetzung für das Zustandekommen einer BV** ist die **schriftliche Niederlegung** und die **Unterzeichnung** (Schriftform).[165] Das Schriftformerfordernis in Abs. 2 S. 1 und 2 dient der **Rechtssicherheit** und **Zurechenbarkeit** bzw. der **Rechtsquellenklarheit**.[166] Um der Schriftform zu genügen, müssen die **eigenhändigen Unterschriften von AG und BR** bzw. ihrer Vertreter (Vorsitzender des BR) auf derselben Urkunde geleistet sein (§ 126 Abs. 2 Satz 1 BGB).[167] Die **zusätzliche Unterzeichnung einer BV durch Dritte**, etwa durch die Gewerkschaft und/oder den AG-Verband, ist unschädlich, wenn sich die Vereinbarung ohne weiteres zweifelsfrei als BV qualifizieren lässt (vgl. dazu auch Rn. 69).[168] 58

Der **Austausch gleich lautender Urkunden,** die jeweils **nur von einer Seite unterschrieben** sind (§ 126 Abs. 2 Satz 2 BGB), ist ebenso unzureichend wie allein der **Abdruck der Stempel der Parteien** auf der Urkunde.[169] 59

---

156 GK-*Kreutz*, Rn. 42.
157 *Fitting*, Rn. 27.
158 *Fitting*, Rn. 28; GK-*Kreutz*, Rn. 58; Richardi-*Richardi*, Rn. 44; *Wlotzke*, DB 89, 173, 174.
159 *Fitting*, a. a. O.; *Wlotzke*, a. a. O., S. 175.
160 *BAG* 9.12.14, NZA 15, 368 = AiB 1/15, 61, mit Anm. *Kröll*; *Fitting*, Rn. 18; GK-*Kreutz*, Rn. 43; *GL*, Rn. 9; Richardi-*Richardi*, Rn. 32.
161 *BAG* 24.2.00, NZA 00, 785, 787.
162 *ArbG Heilbronn* 13.6.89, AiB 89, 351 ff. mit Anm. *Schoof*.
163 *BAG* 9.12.14, a. a. O.; 10.10.07, DB 08, 478; GK-*Kreutz*, Rn. 49; Richardi-*Richardi*, Rn. 32.
164 *BAG* 11.12.07 – 1 AZR 824/06.
165 Vgl. dazu für das Arbeitsrecht Kittner/Zwanziger/Deinert-*Deinert*, § 8 Rn. 41 ff.
166 *BAG* 15.4.08, AuR 08, 322.
167 *BAG* 14.2.78, AP Nr. 60 zu Art. 9 GG Arbeitskampf; 11.11.86, AP Nr. 18 zu § 77 BetrVG 1972; *Fitting*, Rn. 21; GK-*Kreutz*, Rn. 44; Richardi-*Richardi*, Rn. 38; grundsätzlich zum Schriftformerfordernis im BetrVG vgl. *Fischer*, AiB 99, 390, 393.
168 *BAG* 15.4.08, a. a. O.
169 *BAG* 14.2.78, a. a. O.

60 Durch das FormVAnpG v. 13.7.01[170] wurden die §§ 126 ff. BGB dahin gehend modifiziert, dass die gesetzlich vorgeschriebene Schriftform auch durch die **elektronische Form** (§ 126 a BGB) verwirklicht werden kann. Gemäß § 126 Abs. 3 BGB ist dies grundsätzlich auch für BV möglich,[171] setzt allerdings voraus, dass AG und BR entsprechend den Anforderungen einer qualifizierten elektronischen Signatur (§ 126 a Abs. 1, 2 BGB) technisch ausgestattet sind und das bezüglich der Nutzung der elektronischen Form zwischen BR und AG Einvernehmen besteht (zu den Einzelheiten vgl. Einl. Rn. 185 ff. m. w. N.).

61 Besteht die **BV aus mehreren Seiten** oder ist ihr eine **Anlage beigefügt,** die auf Grund einer Bezugnahme in der BV eindeutig deren Bestandteil sein soll, müssen nicht alle Seiten und die Anlage gesondert unterzeichnet werden, wenn sie äußerlich erkennbar eine Einheit bilden, weil sie beispielsweise durch eine **Heftklammer miteinander verbunden** sind[172] und die **Unterschriften unterhalb des abgeschlossenen Textes** der BV stehen. Wenn sich die Einheitlichkeit der Urkunde zweifelsfrei aus Merkmalen wie fortlaufenden Seitenzahlen, Gliederung bzw. Nummerierung der Textpassagen oder inhaltlicher Zusammenhang des Textes erkennen lässt, ist die körperliche Verbindung einer aus mehreren Blättern bestehenden BV nicht zwingend erforderlich.[173]

62 Ein gemeinsames von AG und BR unterzeichnetes **Rundschreiben,**[174] ein **Aushang** am »Schwarzen Brett« oder ein **Sitzungsprotokoll**[175] können nur dann als BV angesehen werden, wenn der beiderseitige Wille erkennbar ist, eine förmliche BV abzuschließen.[176] Unterzeichnet der AG die **Fotokopie eines** auf den Entwurf einer BV verweisenden **Beschlusses des BR,** der im Original von sämtlichen BR-Mitgliedern unterschrieben ist, kommt dadurch wegen Verstoßes gegen das Schriftformerfordernis des Abs. 2 Satz 1 keine wirksame BV zustande.[177]

63 **Verstöße gegen die Formvorschriften** machen die BV **nichtig.**[178] Sie kann im Einzelfall allerdings als **Regelungsabrede** (vgl. Rn. 161 ff.) angesehen werden (§ 140 BGB),[179] wenn nach den Grundsätzen der normativen Auslegung festgestellt werden kann, dass die Betriebsparteien keine unmittelbar und zwingend wirkende Regelung treffen wollten.[180] Unter bestimmten Voraussetzungen (vgl. dazu Rn. 131) kann eine wegen Verstoßes gegen Abs. 2 Satz 1 und 2 unwirksame BV – wie im Fall einer wegen Verstoßes gegen Abs. 3 unwirksamen BV – in entsprechender Anwendung von § 140 BGB in eine **einzelvertragliche Zusage umgedeutet** werden.[181]

64 Dies kommt nicht in Frage, wenn der AG einen vom BR vorgelegten BV-Entwurf unterzeichnet, der BR anschließend den Inhalt der BV nicht akzeptiert und die BV seinerseits nicht unterzeichnet.[182]

65 Bei BV, die auf einem **Spruch der ESt.** beruhen, ist die Unterschrift durch AG und BR nicht erforderlich; hier genügt die Unterschrift des Vorsitzenden der ESt. gemäß § 76 Abs. 3 Satz 3 (vgl. § 76 Rn. 132).

66 BV sind grundsätzlich **in deutscher Sprache** abzufassen. Dies ergibt sich aus dem normativen Charakter der BV (Abs. 4) und ihrer unmittelbaren und zwingenden Wirkung für die Arbeitsverhältnisse.[183] Beherrschen Teile der von einer BV erfassten AN die deutsche Sprache nicht ausreichend, sind BV in deren **Muttersprache zu übersetzen.**

67 Aus der **Beschlussfassung des BR** über die Zustimmung zu einem BV-Entwurf des AG ergibt

---

170 BGBl. I S. 1542.
171 ErfK-*Kania,* Rn. 19; GK-*Kreutz,* Rn. 47; *LK,* Rn. 7; WPK-*Preis,* Rn. 8 a. A. Richardi-*Richardi,* Rn. 33.
172 *BAG* 11.11.86, a. a. O.
173 *BAG* 7.5.98, NZA 98, 1110, 1111; BGH 24.9.97
174 *LAG Düsseldorf* 3.2.77, DB 77, 1954.
175 *BAG* 20.12.61, AP Nr. 7 zu § 59 BetrVG 1972.
176 *Fitting,* a. a. O.
177 *LAG Berlin* 6.9.91, DB 91, 2593.
178 *Fitting,* Rn. 30; *GL,* Rn. 10; GK-*Kreutz,* Rn. 61; Richardi-*Richardi,* Rn. 46.
179 *BAG* 16.12.08, NJW 09, 1527; ErfK-*Kania,* Rn. 29, 45; Richardi-*Richardi,* Rn. 46; a. A. GK-*Kreutz,* Rn. 62, 138.
180 *BAG* 16.12.08, a. a. O.
181 *HessLAG* 1.8.11 – 7 Sa 1878/10, juris.
182 *ArbG Dortmund* 28.4.01, AiB 02, 312 mit Anm. *Teuber/Stichner.*
183 A. A. *Diller/Powietzka,* DB 00, 718, 722; HWK/*Gaul,* Rn. 18.

sich kein **Anspruch des AG auf Unterzeichnung der BV** durch den BR. Ein Beschluss des BR über die Zustimmung zu einer BV kann bis zu dem Zeitpunkt wieder aufgehoben werden, in dem der Beschluss im Rahmen des Abs. 2 Satz 1 und unter Beachtung der Formvorschriften gefasst damit bindend wird.[184]

Das Ziel der Schriftform – die Klarstellung des Inhalts[185] – wird auch gewahrt, **wenn in einer BV auf einen bestimmten TV,** was wegen der Sperrvorschrift des Abs. 3 aber nur in Ausnahmefällen zulässig ist (vgl. im Übrigen Rn. 92 ff.), oder **auf eine BV** verwiesen und diese Rechtsvorschrift nicht wörtlich wiedergegeben wird oder als Anlage beigefügt ist.[186] Das gilt auch für den Verweis auf eine schriftliche und dem AN bekannt gemachte **Gesamtzusage.**[187] Voraussetzung ist allerdings, dass die in Bezug genommene Regelung anderweitig schriftlich abgefasst ist und in der verweisenden BV so genau bezeichnet wird, dass Irrtümer über Art und Ausmaß der in Bezug genommenen Regelung ausgeschlossen sind.[188] Diese Voraussetzung ist bei einem Verweis auf BV eines anderen UN, die die »betriebsspezifischen Belange des eigenen Betriebs ausreichend berücksichtigen«, nicht erfüllt.[189] Unzulässig sind **sog. Blankett-Verweisungen,** durch die z. B. auf einen **TV** in der jeweils geltenden Fassung[190] oder auf die jeweils gültigen **BV** in einem anderen (Konzern-)UN verwiesen wird.[191] Die **Unwirksamkeit der sog. Blankett-Verweisung** auf den »jeweils geltenden TV« (oder BV) führt allerdings nicht zur Unwirksamkeit der mit ihr gleichzeitig erfolgten Verweisung auf den TV, der zum Zeitpunkt des Abschlusses der BV gültig ist.[192] 68

Die **Qualifizierung einer Vereinbarung der Betriebsparteien** als BV hängt nicht entscheidend von ihrer Bezeichnung als »Betriebsvereinbarung« ab, sondern von deren Normsetzungswillen.[193] Ein von den Betriebsparteien gemeinsam unterzeichnetes Informationsschreiben über die im Einvernehmen der Betriebsparteien bevorstehende Abänderung einer Gesamtzusage lässt keinen Rückschluss darauf zu, dass mit der Zustimmung des BR der Abschluss einer BV mit normativer Wirkung verbunden war.[194] Die Bezeichnung einer Vereinbarung z. B. als Übereinkunft, Gemeinsame Erklärung, Gesprächsprotokoll, Aktenvermerk oder Protokollnotiz steht der Einordnung als BV nicht entgegen, wenn der Normsetzungswille der Betriebsparteien in der Vereinbarung zum Ausdruck kommt.[195] Ob die **Protokollnotiz** zu einer BV normative Geltung hat bzw. selbst eine BV darstellt, ist durch Auslegung der BV und der Protokollnotiz zu ermitteln.[196] 69

Problematisch kann die rechtliche Qualifizierung **gemischter, von AG, der Gewerkschaft und dem BR gemeinsam unterzeichneter** Vereinbarungen (z. B. von **Standortsicherungsverträgen**, vgl. dazu eingehend §§ 112, 112 a Rn. 24 ff.) sein. Lässt sich aus den Bestimmungen einer derartigen Vereinbarung selbst nicht zweifelsfrei ableiten, wer der Urheber der Normen ist und ist eine eindeutige rechtliche Qualifizierung als BV (und/oder als TV) nicht möglich, können die Bestimmungen derartiger Vereinbarungen **unwirksam** sein.[197] Dies folgt – so das *BAG* – 70

---

184 *LAG Berlin* 6.9.91, DB 91, 2593.
185 Vgl. dazu *BAG* 3.6.97, NZA 98, 382, 384.
186 *BAG* 8.10.59, AP Nr. 14 zu § 56 BetrVG; 27.3.63, AP Nr. 9 zu § 59 BetrVG; 9.7.80, AP Nr. 7 zu § 1 TVG Form; 18.3.14, NZA 14, 736;*Fitting,* Rn. 23; GK-*Kreutz,* Rn. 51; *GL,* Rn. 11; Richardi-*Richardi,* Rn. 34.
187 *BAG* 3.6.97, a. a. O.
188 *BAG* 18.3.14, a. a. O.; 14.11.06, DB 07, 173; 9.7.80, a. a. O.
189 *BAG* 22.8.06, NZA 07, 1187.
190 *BAG* 27.7.56, AP Nr. 3 zu § 4 TVG Geltungsbereich; 16.2.62, AP Nr. 12 zu § 3 TVG Verbandszugehörigkeit; 23.6.92, BB 93, 289; *Fitting,* Rn. 24; GK-*Kreutz,* Rn. 51; *GL,* a. a. O.; Richardi-*Richardi,* Rn. 35; a. A. *BAG* 22.8.79, AP Nr. 3 zu § 611 BGB Deputat; 9.7.80, 10.11.82, AP Nrn. 7, 8 zu § 1 TVG Form; a. A. HWGNRH-*Worzalla,* Rn. 14.
191 *BAG* 28.3.07, NZA 07, 1066; 22.8.06, a. a. O.;a. A. HWGNRH-*Worzalla,* Rn. 14 ; Richardi-*Richardi,* a. a. O.
192 *BAG* 28.3.07, a. a. O.; 23.6.92, a. a. O.
193 *BAG* 17.4.12, BB 13, 57; 11.12.07, DB 08, 1215.
194 *BAG* 11.12.07, a. a. O.
195 *BAG* 17.4.12, a. a. O.; 2.10.07, ZIP 08, 570; 20.2.01, NZA 01, 903.
196 *BAG* 2.10.07, a. a. O.; 9.12.97, NZA 98, 609.
197 *BAG* 15.4.08, AuR 08, 322.

aus dem **Gebot der Rechtsquellenklarheit**, dass dem **Schriftformerfordernis** des Abs. 1 S. 1 und 2 zugrunde liegt (vgl. dazu auch Rn. 30).[198] Obwohl es sich sowohl bei **TV** als auch bei **BV** um Normenverträge handelt, bestehen nach Auffassung des *BAG* zwischen ihnen so **erhebliche Unterschiede** (insbesondere hinsichtlich ihres Zustandekommens, ihrer Geltungserstreckung nur auf tarifgebundene oder alle AN eines Betriebes, der unterschiedlichen Maßstäbe bei der Überprüfung der Vereinbarkeit mit höherrangigem Recht, den Möglichkeiten und der Folgen ihrer Beendigung und ihres Schicksals bei Unternehmens- und Betriebsumstrukturierungen), dass es erforderlich sein soll, zweifelsfrei die **Normurheberschaft**, den **Rechtscharakter** und die **Rechtswirkungen eines Kollektivvertrages** bestimmen zu können. Dies sei zum einen im Interesse der **Rechtssicherheit** und **Rechtsklarheit für die** den kollektiven Normen unterworfenen **AN** und zum anderen zur Sicherung der verfassungsrechtlich verbürgten **Normsetzungsprärogative** bzw. **Vorrangkompetenz der TV-Parteien** gegenüber den Betriebsparteien (Tarifvorbehalt gemäß Abs. 3, vgl. Rn. 126 ff.) unverzichtbar.

71 In der Vergangenheit wurde allerdings durchaus anerkannt, dass auch ein als BV bezeichneter. **Konsolidierungsvertrag** zwischen AG einerseits und **BR und Gewerkschaft** andererseits als wirksamer FirmenTV[199] oder eine Vereinbarung des AG mit BR und Gewerkschaft **zugleich** als **Sozialplan und Firmen-TV** angesehen werden kann.[200] Zu den mit Rücksicht auf die neue Rspr. des *BAG* für die Praxis von Konsolidierungs- und Standortsicherungsverträgen unter Beteiligung von BR und Gewerkschaft zu ziehenden Konsequenzen vgl. §§ 112, 112 a Rn. 69.

72 Der **AG** hat **die BV an geeigneter Stelle im Betrieb auszulegen** (Abs. 2 Satz 3). Diese Verpflichtung trägt u. a. den Rechtswirkungen der BV (Abs. 4) und ihrer damit verbundenen Bedeutung für die Arbeitsbedingungen der AN und ihrer Zusammenarbeit im Betrieb Rechnung. Eine BV (bzw. deren Inhalt) ist deshalb grundsätzlich kein **Betriebs- und Geschäftsgeheimnis** (vgl. § 79 Abs. 1), so dass ihre Bekanntmachung außerhalb des Betriebs durch ein BR-Mitglied, z. B. gegenüber BR anderer Betriebe oder UN, keine Pflichtverletzung darstellt.[201] Sie ist so auszulegen (oder auszuhängen), dass sämtliche AN in der Lage sind, sich ohne besondere Umstände mit dem Inhalt vertraut zu machen.[202] In Betracht kommen kann ein **Aushang am »Schwarzen Brett«** oder die Bekanntmachung im **Intranet** bzw. **Internet,** wenn dies für alle AN zugänglich ist.[203] Bei umfangreichen BV dürfte es auch genügen, durch Aushang am »Schwarzen Brett« auf die BV hinzuweisen und anzugeben, wo sie eingesehen werden kann.[204] In Frage kommen das **BR-Büro,** die **BR-Mitglieder** und die **gewerkschaftlichen Vertrauensleute,** da die AN auch Gelegenheit haben müssen, ohne Einschaltung des AG Kenntnis von der BV zu nehmen. Auf Anforderung eines AN, ist der AG verpflichtet, eine nicht ausgelegte BV dem AN zugänglich zu machen.[205] Die Vorschrift gilt auch für BV, die auf einem **Spruch der ESt.** beruhen.[206]

73 Kommt der AG seiner Pflicht zur Bekanntgabe der BV nicht oder ungenügend nach, kann der **BR,** der dazu nach **§ 80 Abs. 1 Nr. 1** ohnehin berechtigt und verpflichtet ist,[207] die BV selbst durch **Aushang am »Schwarzen Brett«** oder **Verteilung eines Informationsblatts** bekannt geben.

74 Die Bekanntmachung ist jedoch keine Wirksamkeitsvoraussetzung. Bei der Bestimmung handelt es sich lediglich um eine **Ordnungsvorschrift.**[208] Der **AG** macht sich aber u. U. **schadensersatzpflichtig,** wenn einem AN wegen der Nichtveröffentlichung Schaden entsteht.[209] Da-

198 *BAG* 15.4.08 a. a. O.
199 *BAG* 7.11.00, DB 01, 1151.
200 *BAG* 24.11.93, DB 92, 2436.
201 *LAG Hamm* 30.9.11 – 10 Sa 471/11, juris.
202 *Fitting,* Rn. 25; GK-*Kreutz,* Rn. 54.
203 HaKo-*Lorenz,* Rn. 14; *WPK-Preis,* Rn. 11.
204 Fitting, a. a. O.; Richardi-*Richardi,* Rn. 41.
205 *LAG Nürnberg* 9.12.04, AuR 05, 164.
206 HWGNRH-*Worzalla,* Rn. 18.
207 GK-*Kreutz,* Rn. 50.
208 *BAG* 17.4.12, BB 13, 57; *Fitting,* Rn. 25; GK-*Kreutz,* Rn. 53; *GL,* Rn. 13; Richardi-*Richardi,* Rn. 40; a. A. *Fischer,* BB 00, 354, 1143; *Heinze,* NZA 94, 582.
209 *Fitting,* Rn. 26; *GL,* a. a. O.; a. A. GK-*Kreutz,* Rn. 55; Richardi-*Richardi,* Rn. 41; WPK-*Preis,* a. a. O.

neben kann sich noch ein Schadenersatzanspruch des AN wegen der Verletzung der Informationspflicht des AG auf geltende BV gem. **§ 2 Abs. 1 Nr. NachwG** ergeben.[210]

5. Geltungsbereich

Der **räumliche Geltungsbereich** der BV erstreckt sich auf den Betrieb, dessen BR die BV abgeschlossen hat. Schließt der GBR im Auftrag des BR (§ 50 Abs. 2) eine BV ab, gilt die BV räumlich nur für den Betrieb des auftraggebenden BR. Entsprechendes gilt für den KBR. Eine aus originärer Zuständigkeit des GBR (§ 50 Abs. 1) oder des KBR (§ 58 Abs. 2) abgeschlossene GBV bzw. KBV gilt für alle Betriebe des UN bzw. Konzerns soweit der räumliche Geltungsbereich insoweit nicht beschränkt wurde. Auch ein **Betrieb ohne BR** bzw. ein **UN ohne GBR** wird von einer vom GBR bzw. KBR in originärer Zuständigkeit abgeschlossenen **GBV bzw. KBV** erfasst, wobei es dabei nicht auf die BR-Fähigkeit ankommt.[211] (vgl. dazu auch Rn. 29 und § 50 Rn. 211, § 58 Rn. 125 f.). Werden verschiedene Betriebe gemäß § 3 Abs. 1 Nr. 1 b) durch einen TV zu einem fingierten Einheitsbetrieb zusammengefasst und bleibt dabei die betriebsverfassungsrechtliche Identität unberührt, weil insbesondere die Organisation der Arbeitsabläufe, der Betriebszweck und die Leitungsstruktur der (oder einiger der) beteiligten Betriebe unverändert bleiben, gelten die ursprünglich in den Betrieben abgeschlossenen BV in den entsprechenden Betriebsteilen des Einheitsbetriebs weiter (vgl. dazu § 3 Rn. 208).[212] **75**

Der Geltungsbereich einer BV kann von BR und AG nicht auf **andere Betriebe** oder **Betriebsteile gemäß § 4 Abs. 1 Satz 1** erstreckt werden, auch wenn in diesen kein BR gewählt ist. Die Regelungskompetenz ist auf die Organisationseinheit beschränkt, für die der BR gewählt ist, und kann auch nicht durch eine freiwillige Vereinbarung mit dem AG auf andere Organisationseinheiten erstreckt werden (zur Auslegung einer solchen BV als Vertrag zugunsten Dritter vgl. Rn. 88).[213] Eine von einem – unzulässigerweise (vgl. dazu § 47 Rn. 18, 21 ff.) – **unternehmensübergreifend gebildeten GBR** (oder **BR**) abgeschlossene GBV bzw. BV ist unwirksam,[214] da derartige betriebsverfassungsrechtliche Organe rechtlich nicht existent sind.[215] **76**

In einem **Konzern** können mehrere Konzern-UN bzw. -AG mit den in ihren Betrieben gebildeten BR gleichlautende in einer einheitlichen Urkunde zusammengefasste von den Vertretern der einzelnen BR unterzeichnete BV abschließen (»**BV-Bündel**«), die dann normativ für die AN derjenigen Betriebe im Konzern gelten, deren Betriebsparteien die Urkunde unterzeichnet haben.[216] Eine derartige Urkunde kann auf AG-Seite von Organmitgliedern der Konzernobergesellschaft für diese und zugleich in Vollmacht für die Tochtergesellschaften abgeschlossen werden.[217] **77**

Der **persönliche Geltungsbereich** der BV erstreckt sich grundsätzlich auf **alle AN** (§ 5 Abs. 1, § 6) **des Betriebs** – unabhängig von ihrer gewerkschaftlichen Zugehörigkeit – einschließlich der in Heimarbeit Beschäftigten, die in der Hauptsache für den Betrieb arbeiten. Sie gilt auch für AN, die erst **nach Abschluss der BV** in den Betrieb eintreten.[218] **Der Geltungsbereich** kann auch auf **bestimmte AN-Gruppen** oder **Betriebsabteilungen beschränkt werden.**[219] BV gelten **nicht für den in § 5 Abs. 2 und 3 genannten Personenkreis.**[220] **78**

---

210 *BAG* 17.4.02, NZA 02, 1096; *Fitting*, a. a. O.; *GK-Kreutz*, Rn. 56; Richardi-*Richardi*, Rn. 42; WPK-*Preis*, a. a. O.; vgl. auch *ArbG Frankfurt* 25.8.99, DB 99, 2316.

211 *Fitting*, Rn. 34; GK-*Kreutz*, Rn. 204; vgl. § 50 Abs. 1 Satz 1 bzw. § 58 Abs. 1 Satz 1, in denen im Rahmen des BetrVerf-ReformG 2001 ausdrücklich geregelt wurde, dass der GBR bzw. der KBR auch für betriebsratslose Betriebe bzw. UN ohne GBR seine originäre Zuständigkeit wahrnimmt; zur früheren Rechtslage ablehnend *BAG* 16.8.83, AP Nr. 5 zu § 50 BetrVG 1972; HWGNRH-*Worzalla*, Rn. 28.

212 *BAG* 7.6.11, DB 11, 2498; 18.3.08, NZA 08, 1259.

213 *BAG* 11.12.07 – 1 AZR 824/06; 26.9.02, NZA 02, 1300; 19.2.02, AiB 03, 692 mit Anm. *Kraus;* 1.8.01, NZA 02, 41; *LAG München* 19.7.07 – 3 Sa 729/06.

214 *BAG* 17.4.12, BB 13, 57.

215 *BAG* 17.3.10, DB 10, 2812.

216 *LAG München* 19.7.07, a. a. O.

217 *LAG München* 19.7.07, a. a. O.

218 *BAG* 5.9.60, AP Nr. 4 zu § 399 BGB; *Fitting*, Rn. 35; *GL*, Rn. 22; HWGNRH-*Worzalla*, Rn. 29.

219 *BAG* 1.2.57, AP Nr. 1 zu § 32 SchwbeschG; *Fitting*, a. a. O.; *GL*, Rn. 34; HWGNRH-*Worzalla*, Rn. 34.

220 *BAG* 31.1.79, AP Nr. 8 zu § 112 BetrVG 1972; *Fitting*, Rn. 36; GK-*Kreutz*, Rn. 186; Richardi-*Richardi*, Rn. 73; zu Vereinbarungen zwischen AG und Sprecherausschuss vgl. *Kramer*, DB 96, 1082.

79 BV gelten grundsätzlich nicht für zum Zeitpunkt ihres Abschlusses aus dem Betrieb **ausgeschiedene AN.** Es sind jedoch Ausnahmen denkbar, wenn in BV Arbeitsbedingungen geregelt werden, die einen Bezug zu früheren Arbeitsverhältnissen haben und für ausgeschiedene AN fortwirken,[221] z. B. bei **Sozialplanregelungen**[222] oder Bestimmungen für **Werkswohnungen**[223] für ausgeschiedene AN. In einer BV zwischen einem **Betriebsveräußerer** und dem bei ihm existierenden BR können aus Anlass eines bevorstehenden **Teilbetriebsübergangs** Ansprüche der auf den Betriebserwerber übergehenden AN gegen den Betriebsveräußerer geregelt werden (z. B. Wiedereinstellungsanspruch, Ausgleich von Entgeltdifferenzen zur Sicherung des Besitzstandes).[224] Wenn eine derartige BV vor dem Teilbetriebsübergang abgeschlossen wird, also zu einem Zeitpunkt, zu dem der BR beim Betriebsveräußerer die auf den Betriebserwerber übergehenden AN noch repräsentiert, und ausschließlich Ansprüche dieser AN gegen den Betriebsveräußerer regelt, handelt der BR beim Betriebsveräußerer im Rahmen seiner sachlich-funktionellen Zuständigkeit.[225] Dies gilt auch, wenn die Erfüllung der Anspruchsvoraussetzungen, z. B. für die Wiedereinstellung beim Betriebsveräußerer, von zukünftigen und im Verantwortungsbereich des Betriebserwerbers liegenden Ereignissen (z. B. Wegfall der Weiterbeschäftigungsmöglichkeit aus betriebsbedingten Gründen) abhängt.

80 Nach der bisherigen Ansicht des *BAG* gelten BV nicht für **Pensionäre.**[226] Da Pensionäre mit Anspruch auf betriebliche Ruhegeldleistungen Teil einer in der Regel die **aktiven und ausgeschiedenen AN erfassenden kollektiven Ordnung** sind,[227] ist es nicht überzeugend, den Betriebsparteien als Gestalter dieser kollektiven Ordnung eine Regelungszuständigkeit für Pensionäre generell abzusprechen. Eine Verbesserung der Rechtspositionen der Pensionäre durch BV ist jedenfalls zulässig.[228] Eine Verschlechterung entstandener Ansprüche durch BV scheitert demnach nicht schon an der fehlenden Zuständigkeit der Betriebsparteien, sondern ist in der Regel durch die Grundsätze der **Verhältnismäßigkeit** und des **Vertrauensschutzes** weitgehend eingeschränkt.[229] Ist ausnahmsweise die Kürzung oder Streichung von Ruhegeldansprüchen wegen wirtschaftlicher Notlage des Betriebs den noch Beschäftigten gegenüber zulässig[230] und besteht auch den Pensionären gegenüber eine volle oder teilweise Zahlungsunfähigkeit, sind diese gemäß § 7 Abs. 1 BetrAVG vor Einbußen geschützt.

6. Gegenstand und Regelungsbefugnis

81 Die Betriebsparteien verfügen über eine umfassende Befugnis zur Regelung von materiellen und formellen Arbeitsbedingungen.[231] Die im Gesetz angelegte Konzeption einer **umfassenden Regelungskompetenz** ergibt sich aus einer Zusammenschau der Regelungen in Abs. 3 Satz 1, 2 und § 88: nehmen die TV-Parteien ihre Regelungsbefugnis nicht wahr oder lassen sie den Abschluss ergänzender BV zu, geht der Gesetzgeber von einer entsprechenden Regelungsbefugnis der Betriebsparteien aus. § 88 beschränkt schließlich die Zulässigkeit freiwilliger BV nicht auf die in dieser Vorschrift genannten Gegenstände (s. § 88 Rn. 2).[232] In diesem Rahmen kann der BR mit dem AG BV abschließen, durch die unmittelbar der **Inhalt,** der **Abschluss**

---

221 Eingehend *Kreutz,* ZFA 03, 361 ff.; *Fitting,* Rn. 39.
222 Vgl. dazu *Fitting,* Rn. 37; GK-*Kreutz,* Rn. 190, 192.
223 *Fitting,* Rn. 39; GK-*Kreutz,* Rn. 197.
224 *BAG* 14.3.12, AuR 12, 414 Ls. = juris.
225 *BAG* 14.3.12, a. a. O.
226 *BAG* 30.1.70, 17.1.80, AP Nrn. 142, 185 zu § 242 BGB Ruhegehalt; 25.10.88, AP Nr. 1 zu § 1 BetrAVG Betriebsvereinbarung; ausdrücklich offen gelassen jetzt von *BAG* 12.10.04, DB 05, 783; 28.7.98, DB 99, 750; Richardi-*Richardi,* Rn. 76 f.
227 *Fitting,* a. a. O.
228 Im Ergebnis auch *Fitting,* Rn. 39; GK-*Kreutz,* Rn. 197.
229 Vgl. *BAG* 12.10.04, a. a. O.; zur Wirksamkeit entsprechender BV unter sonstigen Gesichtspunkten vgl. *Reinecke,* AuR 04, 328, 331 f.; vgl. für eine ablösende BV mit Jeweiligkeitsklausel *BAG* 13.5.97, BB 97, 2328.
230 Vgl. u. a. *BAG* 18.5.77, 24.11.77, 17.1.80, AP Nrn. 175, 177, 185 zu § 242 BGB Ruhegeld m. w. N.
231 *BAG* 5.3.13, NZA 13, 916, 918: *BAG* 7.11.89 GS, NZA 90, 816; *Fitting,* Rn. 45; ErfK-*Kania,* Rn. 36; GK-*Kreutz,* Rn. 89; a. A. Richardi-*Richardi,* Rn. 67.
232 *BAG* 5.3.13, a. a. O.; kritisch zu dieser Rspr. *Preis/Ulber,* RdA 13, 211, 214 ff.

oder die **Beendigung von Arbeitsverhältnissen** umfassend[233] bzw. **betriebliche oder betriebsverfassungsrechtliche Fragen** geregelt werden (zu freiwilligen BV vgl. § 88 Rn. 1 ff.),[234] soweit nicht der **Vorrang gesetzlicher oder tariflicher Regelungen** gegeben ist (vgl. Rn. 126 ff. und § 87 Rn. 32 ff.). Dabei können die Betriebsparteien Rechte und Pflichten nur im Verhältnis zueinander und normative Ansprüche von AN nur gegenüber dem an der BV beteiligten AG begründen, **nicht jedoch zu Lasten Dritter.**[235]

BV können auch **einzelne konkrete Arbeitsverhältnisse** betreffen[236] und sind nicht auf kollektive bzw. gruppenbezogene Regelungen beschränkt. Durch BV kann aber insbesondere nicht in den **durch § 75 Abs. 1, Abs. 2 Satz 1, besonders geschützten Persönlichkeitsbereich** und die **allgemeine Handlungsfreiheit** (Art. 2 Abs. 1 GG) der einzelnen AN eingegriffen werden.[237] So sind beispielsweise Regelungen unzulässig über: 82

- die Verwendung des verdienten Arbeitsentgelts,[238]
- Lohnabtretungsverbote,[239]
- die **Gestaltung der arbeitsfreien Zeit,**[240]
- die **Verpflichtung zur Teilnahme an Betriebsfeiern oder -ausflügen,** auch während der Arbeitszeit;[241]
- **Nebenbeschäftigungsverbote,**[242]
- einen **Impfzwang.**[243]

Die **Rückwirkung normativer Regelungen** einer BV ist nur unter Beachtung der Grundsätze des **Vertrauensschutzes** und der **Verhältnismäßigkeit** zulässig.[244] Eine BV kann nicht in bereits **fällige Einzelansprüche** der AN eingreifen.[245] So ist die **Stundung oder der Erlass des bereits verdienten Lohnes** selbst bei notleidendem Betrieb nicht möglich.[246] Unzulässig ist es wegen Verstoßes gegen § 75 Abs. 1 Abs. 2 Satz 1 und Art. 12 Abs. 1 GG auch, den durch BV begründeten Anspruch auf eine variable Erfolgsvergütung vom **Bestehen eines ungekündigten Arbeitsverhältnisses** am Auszahlungstag abhängig zu machen.[247] **Individualrechtliche Versorgungszusagen** können nicht geschmälert[248] bzw. **Versorgungsanwartschaften** nicht ohne Grund gekürzt werden.[249] Als zulässig werden jedoch Vereinbarungen über ein **Lohnabtretungsverbot** angesehen.[250] Dieses Lohnabtretungsverbot ist jedoch bei Nichtzahlung des Lohnes dann unwirksam, wenn ein Dritter dem AN die zur Erhaltung seiner Existenz erforderlichen Mittel vorgestreckt hat.[251] Eine unverhältnismäßige und damit unwirksame Belastung des AN stellt auch die Regelung dar, die den AN verpflichtet, bereits während eines laufenden Kündigungsschutzprozesses Annahmeverzugsansprüche geltend zu machen, die vom Ausgang dieses Rechtsstreits abhängen.[252] 83

---

233 *BAG* 18.8.87, AP Nr. 23 zu § 77 BetrVG; 7.11.89, DB 90, 1724; 9.4.91, DB 91, 1629; 6.8.91, DB 92, 146; 19.10.05, NZA 06, 393; 12.12.06, NZA 07, 453; *Fitting*, Rn. 45 ff.

234 *Fitting*, Rn. 48; GK-*Kreutz*, Rn. 225; *WW*, Rn. 2.

235 *BAG* 11.1.11, DB 11, 1171.

236 GK-*Kreutz*, Rn. 335 ff.; Richardi-*Richardi*, Rn. 95 f.; a. A. HWGNRH-*Worzalla*, Rn. 42.

237 *BAG* 12.12.06, NZA 07, 453.

238 *BAG* 1.12.92, DB 93, 990; 20.12.57, AP Nr. 1 zu § 399 BGB; vgl. auch *LAG Düsseldorf* 12.5.99, DB 99, 2219.

239 *ArbG Hamburg* 31.8.10, AuR 10, 527.

240 *Fitting*, Rn. 56; GK-*Kreutz*, Rn. 356, 334; *Travlos-Tsanetatos*, S. 143.

241 *BAG* 4.12.70, AP Nr. 5 zu § 7 BUrlG; *Fitting*, a. a. O.; GK-*Kreutz*, Rn. 362; HWGNRH-*Worzalla*, Rn. 68.

242 *Fitting*, a. a. O.; GK-*Kreutz*, Rn. 360; MünchArbR-*Matthes*, § 327 Rn. 56; a. A. HWGNRH-*Worzalla*, Rn. 69; für die Zulässigkeit unter Beachtung der für arbeitsvertragliche Nebentätigkeitsverbote geltenden Maßstäbe *Wertheimer/Krug*, BB 00, 1462 [1466].

243 HWGNRH-*Worzalla*, Rn. 71.

244 *BAG* 23.1.08, NZA 08, 709; 2.10.07, ZIP 08, 570.

245 *Fitting*, Rn. 59; Richardi-*Richardi*, Rn. 121.

246 *LAG Baden-Württemberg* 27.4.77, BB 77, 996.

247 *BAG* 7.6.11, NZA 11, 1234; 12.4.11, BB 11, 2811.

248 *BAG* 24.11.77, AP Nr. 177 zu § 242 BGB Ruhegehalt.

249 *BAG* 17.1.80, AP Nr. 185 zu § 242 BGB Ruhegehalt.

250 *Fitting*, Rn. 58; HWGNRH-*Worzalla*, Rn. 63; Richardi-*Richardi*, Rn. 105; a. A. GK-*Kreutz*, Rn. 358.

251 *BAG* 2.6.66, AP Nr. 8 zu § 399 BGB.

252 *BAG* 12.12.06, NZA 07, 453.

84 In BV können in bestimmten Grenzen auch **Regelungen zuungunsten der AN** (vgl. Rn. 13 ff., 29 f.) enthalten sein und diesen **unter Wahrung ihrer Persönlichkeitsrechte** auch bestimmte **Pflichten** auferlegt werden, so beispielsweise im Bereich der Ordnung im Betrieb durch **Rauchverbote** oder **Torkontrollen** (vgl. § 75 Rn. 88 f., § 87 Rn. 62). Möglich ist auch in den Grenzen von § 10 S. 3 Nr. 5 AGG die Vereinbarung des **Ausscheidens der AN** zum Zeitpunkt des möglichen Bezugs der gesetzlichen Altersrente (vgl. dazu im Einzelnen § 75 Rn. 75 ff.). Vom Ausscheiden im Zusammenhang mit dem Bezug von Altersruhegeld abgesehen, ist die **Auflösung von Arbeitsverhältnissen durch BV** grundsätzlich nicht zulässig.[253] Auch kann das zwingende Kündigungsschutzrecht nicht durch BV eingeschränkt werden.[254] Unzulässig sind grundsätzlich BV, die **ausschließlich eine Belastung der AN** bewirken.[255] Unzulässig ist auch eine BV, die den AN die eigentlich den AG treffende **Kostentragung für Arbeits- und Schutzkleidung**[256] oder Bearbeitungskosten für Lohn- und Gehaltspfändungen[257] auferlegt. Dies gilt auch für eine **Vertragsstrafen** begründende BV, die vorsieht, dass einzelvertragliche Abmachungen über Vertragsstrafen, die für die AN ungünstiger sind, der BV vorgehen.[258] Die Regelung in einer BV, nach der **Arbeitszeitguthaben** zu bestimmten Stichtagen ohne Berücksichtigung der Gründe für den unterbliebenen Abbau des Arbeitszeitguthabens und ohne Gegenleistung des AG **verfallen**, verstößt gegen § 75 Abs. 1.[259] Die Verpflichtung des AG zur Erbringung der geschuldeten Gegenleistung für die vom vorleistungspflichtigen AN erbrachten Arbeitsleistung kann grundsätzlich nicht durch BV aufgehoben werden.[260] Zur **gerichtlichen Billigkeitskontrolle** gegenüber BV vgl. Rn. 173 ff.

85 Im Rahmen **betriebsverfassungsrechtlicher Fragen** kann generell die **Stellung und die Beziehung der Organe der Betriebsverfassung zueinander** geregelt werden. Entsprechende BV können z. B. die in den einzelnen Vorschriften des Gesetzes angelegten Möglichkeiten aufgreifen (z. B. Einrichtung einer ständigen ESt. gem. § 76 Abs. 1, 4, abweichende Mitgliederzahl des GBR gem. § 47 Abs. 4, 5) oder zusätzliche Ausschüsse, Projekte o. Ä. zur Behandlung bestimmter Fragen einrichten. Durch das **BetrVerf-ReformG 2001** wurde nach § 3 Abs. 2 die Möglichkeit eröffnet, in den Fällen des § 3 Abs. 1 Nrn. 1, 2, 4 oder 5 **andere AN-Vertretungen** und **zusätzliche** betriebsverfassungsrechtliche **Gremien bzw. Vertretungen** durch BV festzulegen, wenn keine tarifliche Regelung und kein anderer TV gelten (vgl. § 3 Rn. 158 ff.). **Veränderungen des zwingenden Organisationsrechts** sind aber ebenso unzulässig[261] wie die Abbedingung der in § 50 Abs. 1 geregelten Zuständigkeitsverteilung zwischen GBR und BR[262] und der Verzicht auf die bzw. die **Aufhebung der gesetzlich eingeräumten Mitbestimmungsrechte** (zu den Einzelheiten vgl. § 87 Rn. 49). Eine **Erweiterung der Mitbestimmung des BR** durch BV ist möglich (vgl. auch Einl. Rn. 84, § 87 Rn. 45 ff. m. w. N.).[263]

7. In-Kraft-Treten

86 Der **Zeitpunkt des In-Kraft-Treten** einer BV wird von den Betriebsparteien festgelegt. Fehlt eine solche Festlegung, tritt sie am Tag des Abschlusses in Kraft.[264] Gegen den Abschluss einer

253 *BAG* 2.10.74, AP Nr. 1 zu § 613 a BGB; *LAG Hamm* 6.11.84, DB 85, 442.
254 *LAG Berlin-Brandenburg* 19.12.11, NZA-RR 12, 131.
255 *BAG* 1.12.92, DB 93, 990; so auch *BAG* 5.3.59, AP Nr. 26 zu § 611 BGB Fürsorgepflicht zum generellen Haftungsausschluss des AG bei der Gestellung von Parkplätzen; *Fitting*, Rn. 66;; HWGNRH-*Worzalla*, Rn. 82; Richardi-*Richardi*, Rn. 111; differenzierend GK-*Kreutz*, Rn. 343; kritisch zum Ergebnis der Entscheidung des *BAG* 5.3.59, a. a. O.: *Fitting*, a. a. O.; GK-*Kreutz*, Rn. 343; HWGNRH-*Worzalla*, a. a. O.
256 *BAG* 10.3.76, 18.8.82, 21.8.85, AP Nrn. 17, 18, 19 zu § 618 BGB; 1.12.92, a. a. O.; *LAG Düsseldorf* 24.4.01, AuR 02, 274.
257 *BAG* 18.7.06, NZA 07, 462.
258 *BAG* 6.8.91, DB 92, 146.
259 A. A. *LAG München*, AiB 13, 460, mit krit. Anm. *Heinlein*.
260 Vgl. dazu *BAG* 12.4.11, NZA 11, 989; 4.5.94, NZA 94, 1035.
261 *Fitting*, Rn. 48; GK-*Kreutz*, Rn. 225.
262 *BAG* 21.1.03, DB 03, 2131.
263 *BAG* 13.7.62, AP Nr. 3 zu § 57 BetrVG; *LAG Hamm* 21.9.00 – 3 Sa 758/00.
264 *Fitting*, Rn. 40.

BV unter einer **aufschiebenden Bedingung** bestehen keine Bedenken, wenn der Eintritt der Bedingung insbesondere für die normunterworfenen AN ohne weiteres feststellbar ist.[265]

Der **zeitliche Geltungsbereich** einer BV kann auch so festgelegt werden, dass ihre Regelungen **rückwirkend in Kraft** treten.[266] Rückwirkungsvereinbarungen sind grundsätzlich nur zulässig, wenn sie **für AN ausschließlich günstigere Regelungen** enthalten.[267] Etwas anderes kann allenfalls in engen Grenzen, insbesondere unter Berücksichtigung des **Grundsatzes des Vertrauensschutzes,** dann gelten, wenn die AN schon während des Rückwirkungszeitraums mit einer geänderten Regelung rechnen mussten und sich hierauf einstellen konnten.[268] Eine **Rückwirkung zu Lasten des AG** ist jedoch im Rahmen der Vertragsfreiheit zulässig,[269] wobei sich die zulässige Dauer der Rückwirkung nach den jeweiligen Umständen des Einzelfalls richten kann.[270] 87

8. Rechtswirkungen

Die Normen der BV gelten nach Abs. 4 Satz 1 ebenso wie Tarifnormen (§ 4 Abs. 1 TVG) **unmittelbar und zwingend** zugunsten der Arbeitsverhältnisse der AN des Betriebs. Sie sind **unabdingbar,** d. h., sie können nicht zuungunsten der AN durch Einzelabmachungen geändert werden (vgl. dazu auch Rn. 19 f.),[271] es sei denn, es handelt sich ausnahmsweise um **nachgiebige Normen,** die arbeitsvertragliche Abweichungen zulassen.[272] Unter Berücksichtigung des Schutzzwecks der BV (vgl. Rn. 3), u. a. auch die auf Ebene der Arbeitsvertragsparteien zuungunsten der AN bestehende Störung der Vertragsparität zu kompensieren, ist es zu weitgehend, die Unabdingbarkeit der Normen der BV durch analoge Anwendung des § 4 Abs. 3 1. Alternative TVG uneingeschränkt zur Disposition der Betriebsparteien zu stellen und die Regelungen einer BV allgemein für verschlechternde arbeitsvertragliche Regelungen zu öffnen.[273] BV im Sinne von Abs. 2 Satz 1 (oder § 88) sollen in der Regel **Ansprüche für AN normativ** und nicht schuldrechtlich erzeugen. Für die Qualifizierung einer BV als **schuldrechtlicher Vertrag zugunsten Dritter** (etwa AN eines anderen Betriebes, vgl. dazu Rn. 75 ff.) muss es daher nach Form und Inhalt der BV und den Umständen ihres Abschlusses besondere Anhaltspunkte geben.[274] 88

Ein **Verzicht auf Rechte,** die den AN durch die BV eingeräumt worden sind, ist gem. Abs. 4 Satz 2 nur mit **Zustimmung des BR** zulässig.[275] Dies gilt nicht nur während der Dauer des Arbeitsverhältnisses, sondern auch nach dessen Beendigung. Deshalb ist eine vom AN unterzeichnete **Ausgleichsquittung,** in der auf entsprechende Rechte aus der BV verzichtet wird, unwirksam.[276] Auch in einem **Vergleich** kann nicht auf Ansprüche aus BV verzichtet werden; dabei ist es gleichgültig, ob es sich um einen gerichtlichen oder um einen außergerichtlichen Vergleich handelt.[277] Etwas anderes kann bei einem sog. Tatsachenvergleich gelten, wenn über die tatsächlichen Voraussetzungen eines Anspruchs aus einer BV gestritten und dieser Streit 89

265 *BAG* 15.1.02, NZA 02, 1112.
266 *Fitting,* Rn. 41 ff.; Richardi-*Richardi,* Rn. 128 ff.
267 *BAG* 6.3.84, DB 84, 2516.
268 Vgl. *BAG* 17.7.12, NZA 13, 338; 18.9.01, NZA 02, 1164, 1167; 19.9.95, DB 96, 1576 für die Rückwirkung einer BV über die Anrechnung übertariflicher Zulagen auf den Zeitpunkt einer Tariferhöhung; für den TV 23.11.94, DB 95, 778; 17.5.00, DB 00, 2481; 14.11.01, NZA 02, 1056; *Fitting,* Rn. 44; GK-*Kreutz,* Rn. 211; Richardi-*Richardi,* Rn. 130.
269 *Fitting,* Rn. 43; GK-*Kreutz,* Rn. 200; Richardi-*Richardi,* Rn. 131.
270 Vgl. auch *BAG* 8.3.77, AP Nr. 1 zu § 87 BetrVG 1972 Auszahlung.
271 *GL,* Rn. 38; *Fitting,* Rn. 124 ff.; GK-*Kreutz,* Rn. 245 ff.
272 *Fitting,* Rn. 126.
273 Deshalb zu Recht einschränkend unter Hinweis auf die mit dem Schutzzweck der BV nicht zu vereinbarende Öffnung für individualvertragliche Verschlechterungen Kittner/Zwanziger/Deinert-*Deinert,* § 10 Rn. 230.
274 *BAG* 11.12.07 – 1 AZR 824/06.
275 Vgl. dazu *LAG Frankfurt* 18.2.91, NZA 92, 799; zur entsprechenden Auslegung einer Sozialplanregelung vgl. *LAG Chemnitz* 24.11.93, DB 94, 588.
276 *Fitting,* Rn. 133; GK-*Kreutz,* Rn. 297.
277 *Fitting,* Rn. 135; Richardi-*Richardi,* Rn. 277 f.

durch Abschluss eines Vergleichs beigelegt wird.[278] Ein **Verzicht des AG** auf Rechte aus der BV ist jedoch möglich.[279]

90 Für die erforderliche Zustimmungserklärung des BR bestehen **keine Formvorschriften**. Eine formlose Erklärung gegenüber dem AG oder AN reicht daher aus, das **Einverständnis** mit dem Verzicht muss allerdings **unmissverständlich** zum Ausdruck kommen. Der BR kann vorher einwilligen (§ 183 BGB) oder den Verzicht nachträglich (§ 184 BGB) genehmigen.[280] Die Erklärung des BR kann nicht allgemein, sondern nur konkret für den **Einzelfall** erfolgen[281] und erfordert einen **wirksamen BR-Beschluss** (§ 33).[282] Dies setzt u. a. die vorherige ordnungsgemäße Unterrichtung des BR über alle für den Verzicht bedeutsamen Begleitumstände und insbesondere auch über den konkreten Umfang des individuellen Verzichts voraus.[283] Für das Vorliegen eines Verzichts des AN auf Ansprüche aus einer BV und der Zustimmung des BR ist der **AG beweispflichtig.**[284] **Gemeinsam** können die **Betriebsparteien** – auch in einer später ergänzend abgeschlossenen BV – **nicht einzelfallbezogene Regelungen** vereinbaren, nach denen AN unter bestimmten Voraussetzungen auf einzelne Ansprüche aus einer BV wirksam verzichten können.[285]

91 Die **Verwirkung** der sich aus der BV ergebenden Rechte ist ausgeschlossen. Dies gilt allerdings nicht für Ansprüche des AG.[286] Die AN erleiden somit durch längerfristige Nichtgeltendmachung von Rechten für die Zukunft keine Nachteile.[287] Allerdings kann – was in der Praxis häufig geschieht – der Zeitraum möglicher Geltendmachung solcher Rechte dadurch eingeschränkt werden, dass die TV-Parteien im TV oder AG und BR in der BV **Ausschlussfristen** und **kürzere** als die gesetzlich vorgesehenen **Verjährungsfristen** vereinbaren (Abs. 4 Satz 3).[288] Unter Ausschlussfristen versteht man Fristen, deren Ablauf einen Rechtsanspruch zum Erlöschen bringt.[289]

9. Beendigung

92 Eine BV endet mit **Ablauf der Zeit** oder **Erreichung des Zwecks,** für die sie abgeschlossen wurde, z. B. Vereinbarung einer Arbeitszeitverkürzung oder Arbeitszeitverlängerung, Verlegung der Arbeitszeit im Zusammenhang mit Feiertagen, Vereinbarung von Betriebsurlaub.[290] Zweckerreichung liegt auch vor, wenn ein TV endet, zu dem eine BV zugelassene ergänzende Regelungen getroffen hat (vgl. Rn. 93).

93 AG und BR können eine BV auch jederzeit durch Abschluss einer nachfolgenden BV **ablösen** (vgl. Rn. 23 ff.) oder durch **Vertrag aufheben.** Dieser **Aufhebungsvertrag** bedarf jedoch der Schriftform gemäß Abs. 2.[291] Die Aufhebung einer BV kann auch durch eine neue BV, die denselben Gegenstand regelt, erfolgen, ohne dass die Aufhebung der älteren BV ausdrücklich erklärt sein muss.[292] Die Ablösung oder Beendigung einer BV durch eine formlose **Regelungsabrede** (Rn. 161 ff.) ist nicht möglich.[293]

---

278 *BAG* 31.7.96, DB 97, 882; 5.11.97, AP Nr. 17 zu § 4 TVG mit krit. Anm. *Zachert* wegen der Gefahr der »Aushöhlung« des Prinzips der Unabdingbarkeit durch die Rspr. zum Tatsachenvergleich.
279 GK-*Kreutz,* Rn. 280.
280 *BAG* 3.6.97, NZA 98, 383, 384.
281 *BAG* 15.10.13, NZA 14, 217; 27.1.04, NZA 04, 667, 668; *Fitting,* Rn. 132; GK-*Kreutz,* Rn. 294; HWGNRH-*Worzalla,* Rn. 192; Richardi-*Richardi,* Rn. 181.
282 *BAG* 15.10.13, a. a. O.; 27.1.04, a. a. O.; *Fitting,* a. a. O.; GK-*Kreutz,* a. a. O.; a. A. ErfK-*Kania,* Rn. 88.
283 *BAG* 15.10.13, a. a. O.
284 *LAG Rheinland-Pfalz* 10.2.11 – 11 Sa 263/10, juris.
285 *BAG* 11.11.07 – 1 AZR 824/06; 27.1.04, a. a. O.; a. A. HWGNRH-*Worzalla,* Rn. 192.
286 *Fitting,* Rn. 137; GK-*Kreutz,* Rn. 302; HWGNRH-*Worzalla,* Rn. 196.
287 *WW,* Rn. 21.
288 *Fitting,* Rn. 138 f.; *WW,* a. a. O.
289 Zu den Einzelheiten vgl. GK-*Kreutz,* Rn. 305 ff.
290 *BAG* 20.12.61, 14.12.66, AP Nrn. 7, 27 zu § 59 BetrVG.
291 *Fitting,* Rn. 143; GK-*Kreutz,* Rn. 380; HWGNRH-*Worzalla,* Rn. 236; Richardi-*Richardi,* Rn. 194; a. A. *GL,* Rn. 68 a; *Schaub,* BB 95, 1639; offen gelassen *BAG* 20.11.90, BB 91, 835.
292 *BAG* 10.8.94, DB 95, 480; MünchArbR-*Matthes,* § 239 Rn. 36; Rn. 37.
293 *BAG* 20.11.90, a. a. O.; 27.6.83, AP Nr. 14 zu § 77 BetrVG 1972; *Fitting,* a. a. O.; GK-*Kreutz,* a. a. O.;

Die BV endet mit der endgültigen **Stilllegung des Betriebs,** mit Ausnahme des Sozialplans und sonstiger BV, die im Zusammenhang mit der Betriebsstilllegung abgeschlossen wurden[294] oder unabhängig vom Untergang des Betriebs die Arbeitsbedingungen gestalten sollen (z. B. betriebliche Altersversorgung). 94

Werden **Betriebe** gemäß § 3 Abs. 1 Nr. b) durch TV oder BV **zu neuen Organisationseinheiten zusammengefasst** (vgl. dazu § 3 Rn. 45 ff.) und bleibt die Betriebsidentität der zusammengefassten Betriebe unverändert, gelten die von den BR der zusammengefassten Betriebe abgeschlossenen BV – auf ihren bisherigen Geltungsbereich beschränkt – im fingierten Einheitsbetrieb weiter[295] (vgl. dazu auch § 3 Rn. 209). Das gilt nach neuerer Rspr. des *BAG* nicht, wenn die die Betriebsidentität prägenden Eigenschaften der zusammengefassten Betriebe (insbesondere Organisation der Arbeitsabläufe, Betriebszweck, Leitungsstruktur) nach der Zusammenfassung so geändert werden, so dass sie nicht mehr als betriebsverfassungsrechtlicher Bezugspunkt fortbestehen.[296] 94a

Bei der **Umstrukturierung von UN** (vgl. § 1 Rn. 91, § 21 Rn. 34 ff.)[297] sind hinsichtlich deren Folgen für den Bestand von BV zahlreiche Fallgestaltungen zu unterscheiden. Während für UN-Umstrukturierungen, die von einem **rechtsgeschäftlichen Betriebsinhaberwechsel** (vgl. § 1 Rn. 145 ff., 234 ff., § 21 Rn. 40)[298] und/oder von **gesellschaftsrechtlichen Umwandlungsvorgängen** nach dem Umwandlungsgesetz (vgl. § 21 a Rn. 21 ff.)[299] begleitet sind, die Folgen für den Bestand von BV zumindest teilweise gesetzlich geregelt sind, ist das Schicksal von BV bei **unternehmensinternen betrieblichen Umstrukturierungen** rechtlich abschließend noch nicht geklärt.[300] 95

Die **prinzipielle kollektivrechtliche Fortgeltung der BV** in den aus der UN-Umstrukturierung hervorgehenden Betrieben wird uneingeschränkt einerseits mit dem von der UN-Umstrukturierung nicht tangierten Grundsatz der **Amtskontinuität des bzw. der gewählten BR,** der durch die **Verankerung des Übergangsmandats** gemäß § 21 a Abs. 1 und 2 durch das BetrVerf-ReformG 2001 gesetzgeberisch seine Bestätigung gefunden hat,[301] und andererseits mit der Notwendigkeit des **Schutzes der AN vor den nicht kontrollierbaren Organisationsentscheidungen des AG**[302] begründet, wobei die Fortgeltung der BV durch die rechtliche oder tatsächliche Unmöglichkeit ihrer Durchführung[303] dennoch begrenzt sein kann.[304] Dem ist jedenfalls im Ergebnis zu folgen. Das *BAG* hat es zumindest für richtig gehalten, dass der für AN eines stillgelegten Betriebes abgeschlossene Sozialplan in dem diese AN aufnehmenden Betrieb kollektivrechtlich fortgilt und eine normative Teilordnung des aufnehmenden Betriebs darstellt.[305] Im Einzelnen gilt Folgendes: 96

Bei der **Eingliederung eines Betriebs** als unselbstständiger Betriebsteil **in einen anderen Betrieb** oder wenn ein als selbstständiger Betrieb geltender Betriebsteil (§ 4 Abs. 1 Satz 1) seine betriebsverfassungsrechtliche Selbstständigkeit verliert, gelten die BV des aufnehmenden Betriebs für diesen unter Einschluss der AN des eingegliederten Betriebs weiter.[306] Die BV des eingegliederten Betriebs enden zum Zeitpunkt der Eingliederung. Dies gilt nicht für BV, die im Hinblick auf die Eingliederung abgeschlossen wurden (z. B. Sozialplan) oder die Regelungs- 97

HWGNRH-*Worzalla*, 235; Richardi-*Richardi*, a. a. O.; a. A. *GL*, a. a. O.; differenzierend nach normativer und schuldrechtlicher Wirkung der BV ErfK-*Kania*, Rn. 113 ff.

294 *BAG* 24.3.81, AP Nr. 12 zu § 112 BetrVG 1972; *Fitting*, Rn. 160; *GL*, Rn. 66; GK-*Kreutz*, Rn. 401 ff.

295 *BAG* 18.3.08, NZA 08, 1259; Fitting, Rn. 164.

296 *BAG* 7.6.11, NZA 12, 110; nachgehend *LAG München* 25.7.12 – 5 TaBV 77/11, juris; vorgehend a. A. *LAG München* 11.3.09 – 5 TaBV 6/08, juris.

297 Kittner/Zwanziger/Deinert-*Bachner*, § 97 Rn. 1 ff.

298 Kittner/Zwanziger/Deinert-*Bachner*, a. a. O., Rn. 2 ff.

299 *Bachner*, AiB 03, 408; Kittner/Zwanziger/Deinert-*Bachner*, a. a. O., Rn. 3 ff.

300 Vgl. dazu eingehend *Bachner*, NZA 97, 79; *Bachner/Köstler/Matthießen/Trittin*, § 4 Rn. 151 ff.

301 So GK-*Kreutz*, Rn. 404; vgl. dazu auch *ders.*, FS Sonnenschein, 829 ff. und *BAG* 18.9.02, DB 03, 1281, 1284.

302 So *Bachner*, a. a. O., S. 81.

303 Beispiele bei *Bachner*, a. a. O.

304 Ähnlich *Fitting*, Rn. 161 f.

305 24.3.81, DB 81, 2178.

306 *Fitting*, Rn. 163; GK-*Kreutz*, Rn. 406; HWGNRH-*Worzalla*, Rn. 244; Richardi-*Richardi*, Rn. 216.

gegenstände betreffen, für die es im aufnehmenden Betrieb keine BV gibt.[307] Die in diesen Fällen fortgeltenden BV des eingegliederten Betriebs sind in ihrer Wirkung auf ihren ursprünglichen räumlichen oder organisatorischen, ggf. den persönlichen Geltungsbereich beschränkt.[308]

98 Bei der **Zusammenlegung mehrerer Betriebe** zu einem neuen Betrieb gelten die BV der verschmolzenen Betriebe im Rahmen ihres ursprünglichen räumlichen, organisatorischen oder persönlichen Geltungsbereichs weiter, bis sie durch Abschluss neuer BV abgelöst werden.[309] Auch in diesem Fall gelten BV, die im Hinblick auf die Betriebszusammenlegung abgeschlossen wurden, in jedem Fall weiter.[310]

99 Bei einer **Betriebsspaltung** gelten in den aus der Spaltung hervorgegangenen Betrieben die BV des gespaltenen Betriebes weiter, bis sie durch den Abschluss neuer BV abgelöst werden.[311] Bei Abspaltung eines Betriebsteils von einem ansonsten fortbestehenden Betrieb gelten die BV in dem fortbestehenden Betrieb fort.[312] Für den abgespaltenen Betriebsteil gelten die oben dargestellten Grundsätze (Rn. 48 ff.) in Abhängigkeit von der Frage, ob dieser als selbstständiger Betrieb fortbesteht, in einen anderen Betrieb eingegliedert oder mit einem oder mehreren anderen Betrieben zusammengelegt wird.[313]

100 Beim **rechtsgeschäftlichen oder umwandlungsbedingten Betriebsinhaberwechsel** (vgl. dazu Rn. 95 f. m. w. N.), der nicht mit einer Änderung der **bisherigen Betriebsidentität** (vgl. dazu § 1 Rn. 234 ff.) verbunden ist, gelten die BV uneingeschränkt fort.[314] Zum **Schicksal von GBV und KBV** im Zusammenhang mit UN-Umstrukturierungen vgl. § 50 Rn. 211 ff., § 58 Rn. 127 ff.

101 Bleibt die bisherige **Betriebsidentität** demgegenüber **nicht erhalten,** ist folgendermaßen zu differenzieren:

- Bei einem **Betriebsteilübergang** gelten die **BV** im verbleibenden Restbetrieb, wenn dessen Identität erhalten bleibt, unverändert weiter.[315]

102
- Wird der übergegangene Betriebsteil als neu entstandener Betrieb oder als – **als selbstständiger Betrieb** geltender – Betriebsteil (§ 4 Abs. 1 Satz 1) fortgeführt, gelten die BV des übergegangenen Betriebs weiter, bis sie durch Abschluss neuer BV abgelöst werden.[316]

103
- Verliert der übergegangene **Betrieb** oder **Betriebsteil** seine Selbstständigkeit dadurch, dass er **in einen bereits bestehenden Betrieb eingegliedert** oder **mit einem anderen Betrieb oder Betriebsteil** zu einem **neuen Betrieb verschmolzen** wird, **gelten die BV** dem Übergangsmandat des BR **des ursprünglichen Betriebes** folgend zumindest im Rahmen ihres ursprünglichen räumlichen oder organisatorischen, ggf. persönlichen Geltungsbereichs **kollektivrechtlich fort.** Soweit **im neuen Betrieb** bereits ein BR besteht und **BV mit gleichem Regelungsgegenstand abgeschlossen wurden,** werden die BV des ursprünglichen Betriebs unmittelbar durch diese BV abgelöst (§ 613 a Abs. 1 Satz 3 BGB).[317] Ansonsten erfolgt in jedem Fall die **Transformation der Rechtsnormen der BV** des übergegangenen Betriebs **in die Arbeitsverhältnisse** mit einjähriger Veränderungssperre (§ 613 a

307 *Fitting,* a. a. O.; GK-*Kreutz,* a. a. O.

308 *Fitting,* a. a. O.; GK-*Kreutz,* a. a. O.; a. A. Richardi-*Richardi,* a. a. O., der in diesen Fällen lediglich die »Nachwirkung« der BV befürwortet.

309 *Fitting,* Rn. 164; *GL,* Rn. 67; GK-*Kreutz,* Rn. 405; a. A. HWGNRH-*Worzalla,* Rn. 244, die die BV der verschmolzenen Betriebe automatisch für beendet halten; Richardi-*Richardi,* Rn. 215: »Nachwirkung« der BV.

310 *Fitting,* a. a. O.; GK-*Kreutz,* a. a. O.

311 *Fitting,* Rn. 165; GK-*Kreutz,* Rn. 405; Richardi-*Richardi,* Rn. 217.

312 *Fitting,* Rn. 166.

313 *Fitting,* a. a. O.; GK-*Kreutz,* Rn. 406.

314 *BAG* 14.8.13, DB 14, 308; 18.9.02, DB 03, 1281; 5.6.02, DB 03, 512; 14.8.01, DB 02, 380; 27.7.94, AuR 95, 105; 5.2.91, DB 91, 1937; *Bachner/Köstler/Matthießen/Trittin,* § 4 Rn. 101 ff.; ErfK-*Preis,* § 613 a BGB Rn. 109; *Fitting,* Rn. 168; GK-*Kreutz,* Rn. 417 ff.; *Henssler,* NZA 94, 294, 299; HWGNRH-*Worzalla,* Rn. 226; *Schiefer,* NJW 98, 1817, 1819; *Sowka,* DB 88, 1318.

315 *Fitting,* Rn. 172; a. A. *Sowka,* DB 88, 1318 [1321]; *Gaul,* NZA 86, 628 [631].

316 *BAG* 14.8.13, a. a. O.; 18.9.02, DB 03, 1281, 1284 = AiB 04, 41 mit Anm. *Trittin; ArbG Frankfurt* 12.9.96, AiB 97, 481 mit Anm. *Weicker; Fitting,* Rn. 172; GK-*Kreutz,* Rn. 394.

317 Vgl. dazu *BAG* 27.5.85, AP Nr. 14 zu § 77 BetrVG 1972.

Abs. 1 Satz 2 BGB, vgl. dazu Rn. 105).[318] Die Ersetzung der BV des Ursprungsbetriebs durch BV beim Erwerber gemäß § 613 a Abs. 1 Satz 3 BGB setzt allerdings voraus, dass die ersetzende BV **denselben Gegenstand** regelt und nach ihrem Geltungsbereich und der **Regelungskompetenz der abschließenden Betriebsparteien** den übergegangenen Betrieb oder Betriebsteil erfasst (vgl. auch Rn. 75 ff.).[319] Für den Fall der Ersetzung der BV des Ursprungsbetriebs durch eine BV beim Erwerber gilt das **Ablösungsprinzip,** d. h., die ersetzende BV kommt auch zur Anwendung, wenn ihre Regelungen für die AN ungünstiger sind (vgl. Rn. 23 ff.). Bei der Ersetzung von **BV über Leistungen der betrieblichen Altersversorgung** durch eine beim Erwerber geltende BV nach § 613 a Abs. 1 Satz 3 BGB ist allerdings der bis zum Zeitpunkt des Betriebsübergangs erdiente Versorgungsbesitzstand aufrechtzuerhalten.[320] **Einschränkungen** des grundsätzlich geltenden **Ablösungsprinzips** könnten sich bei Fallgestaltungen ergeben, in denen ein Betriebsübergang und die Vereinbarung einer BV beim Betriebserwerber gezielt (und damit rechtsmissbräuchlich) als Instrument zu einer **erheblichen Absenkung der Besitzstände** der auf den Betriebserwerber übergehenden AN eingesetzt wird.[321]

- Wegen des insoweit nicht eindeutigen Wortlauts von § 613 a Abs. 1 Satz 3 BGB ist die Frage umstritten, inwieweit nach dieser Vorschrift auch eine sog. **»Über-Kreuz-Ablösung«**[322] zulässig ist, dass nämlich eine im Ursprungsbetrieb geltende BV durch einen beim Erwerber geltenden TV[323] abgelöst wird und umgekehrt. Sind die in einer beim Betriebserwerber fortgeltenden BV (s. dazu auch Rn. 100) geregelten Gegenstände in einem TV geregelt oder üblicherweise geregelt, unter dessen Geltungsbereich der Betrieb des Betriebserwerbers fällt und/oder ist der Betriebserwerber an einen TV gebunden, der im Bereich der erzwingbaren Mitbestimmung nach § 87 Abs. 1 den Gegenstand der BV abschließend geregelt hat, verdrängt der TV die BV wegen des Tarifvorrangs aus Abs. 3 (vgl. Rn. 126) und § 87 Abs. 1 Eingangssatz (vgl. § 87 Rn. 36 ff.).[324] Soweit **tarifliche Ansprüche arbeitsvertraglich in Bezug genommen** sind und nach einem Betriebsübergang gem. § 613 a Abs. 1 Satz 1 BGB vertraglich weitergelten, können sie durch eine beim Erwerber geltende **BV nicht abgelöst** werden.[325] Das gilt auch für **tarifliche Ansprüche**, die gem. § 613 a Abs. 1 Satz 2 BGB Inhalt des Arbeitsverhältnisses mit dem Erwerber werden. Eine sog. **Über-Kreuz-Ablösung** durch eine beim Erwerber geltende BV ist – jedenfalls außerhalb des Bereichs der erzwingbaren Mitbestimmung des BR – **unzulässig.**[326] Das gilt auch dann, wenn nicht schon Abs. 3 Satz 1 – mangels Sperrwirkung eines TV – einer ablösenden BV entgegensteht (vgl. auch Rn. 136).[327] **104**
- Kommt es mangels Ersetzung der BV des Ursprungsbetriebs durch BV oder TV beim Erwerber zur **Transformation der Rechtsnormen dieser BV in die Arbeitsverhältnisse** (§ 613 a Abs. 1 Satz 2 BGB), ist deren **Ablösung** gemäß § 613 a Abs. 1 Satz 3 BGB **durch BV jederzeit möglich.** Die in die Arbeitsverhältnisse transformierten Rechtsnormen der BV sind nicht stärker geschützt als bei Fortbestehen der Betriebsidentität und kollektivrechtlicher Weitergeltung der BV.[328] Das **Günstigkeitsprinzip** (vgl. Rn. 23 ff.) kommt **nicht zur Anwendung** und es ist zulässig, dass die ablösende BV vom Erwerber und dem bei ihm gewählten BR erst **nach dem Betriebsübergang** abgeschlossen wird.[329] **105**

---

318 *Fitting,* Rn. 171; GK-*Kreutz,* Rn. 421; dazu eingehend *Bachner/Köstler/Matthießen/Trittin,* § 4 Rn. 132 ff.

319 *BAG* 1.8.02, NZA 02, 41, 43.

320 *BAG* 24.7.01, NZA 02, 520 = AiB 03, 119 mit Anm. *Silberberger.*

321 Vgl. dazu *EuGH* 6.9.11 – *Scattalon,* NZA 11, 1077, und *Winter,* RdA 13, 36; ablehnend *Sittard/Flockenhaus,* NZA 13, 652, 657.

322 *Meyer,* NZA 01, 751.

323 Zu den Voraussetzungen vgl. Kittner/Zwanziger/Deinert-*Bachner,* § 97 Rn. 26 ff.; KDZ-*Zwanziger,* § 613 a BGB Rn. 65 ff.

324 *BAG* 13.3.12, NZA 12, 990; KDZ-*Zwanziger,* § 613 a BGB Rn. 78.

325 *BAG* 13.11.07, NZA 08, 600.

326 *BAG* 3.7.13, NZA-RR 14, 80; 21.4.10, BB 10, 2965; 13.11.07, a. a. O.; 6.11.07, NZA 08, 542; vgl. dazu auch *Bachner/Köstler/Matthießen/Trittin,* § 5 Rn. 188 f.; *Bepler,* RdA 09, 65, 71 f.

327 *BAG* 6.11.07, a. a. O.

328 *BAG* 13.3.12, NZA 12, 990; 28.6.05, AiB 07, 192; 18.11.03, DB 04, 1508; 14.8.01, NZA 02, 276 = AiB 02, 438 mit Anm. *Bachner; Fitting,* Rn. 171.

329 *BAG* 14.8.01, a. a. O.; GK-*Kreutz,* a. a. O.

106 In allen Fällen der UN-Umstrukturierung, in denen BV kollektivrechtlich und damit normativ (Abs. 4 Satz 1) fortgelten, können diese vom (neuen) AG **gemäß Abs. 5** jederzeit **gekündigt** oder durch eine neu abgeschlossene BV **abgelöst** werden (Zeitkollisionsregel, vgl. Rn. 23 ff.). Das Günstigkeitsprinzip und die Jahresfrist gemäß § 613 a Abs. 1 Satz 3 BGB kommen nicht zur Anwendung.[330]

107 Die BV endet nicht beim **Tod des Betriebsinhabers.**[331] Auch durch das **Ende der Amtszeit** bzw. die **Neuwahl eines BR** werden bestehende BV nicht berührt.[332] Die BV endet auch nicht bei endgültigem und dauerndem **Fortfall des BR,** z. B. wegen Absinkens der Zahl der ständig wahlberechtigten AN unter fünf; allerdings wird man den AG für berechtigt ansehen müssen, die BV durch Erklärungen **gegenüber den AN zu kündigen.**[333]

108 Der Hauptfall des Ablaufs einer BV ist deren **Kündigung.** Enthält die BV selbst keine Vorschriften über **Kündigungsfristen,** kann jede Seite die BV mit einer Frist von drei Monaten kündigen (Abs. 5). Als einseitige empfangsbedürftige Willenserklärung muss die Kündigung im Interesse der Rechtssicherheit **eindeutig** und **unmissverständlich** erfolgen.[334]

109 In der **Insolvenz** ist eine in **§ 120 InsO** enthaltene Spezialnorm zu Abs. 5 zu beachten. Soweit in BV **Leistungen** enthalten sind, die die Konkursmasse belasten, sollen der BR und der Konkursverwalter über eine einvernehmliche Herabsetzung dieser Leistungen beraten (§ 120 Abs. 1 InsO). Als Leistungen. die die Konkursmasse belasten, können nur solche gelten, die sich auf **Entgeltbestandteile, Sozialleistungen, geldwerte Vorteile** usw. beziehen. Arbeitszeit- oder EDV-Regelungen beispielsweise gehören nicht zu den BV, bezüglich deren eine Beratungspflicht besteht.[335] Soweit in einer BV auf **tarifliche Regelungen** Bezug genommen oder soweit in einer BV ein TV auf Grund einer entsprechenden Öffnungsklausel ergänzt oder konkretisiert wird, besteht bezüglich des **tariflichen Mindeststandards,** dessen Herabsetzung rechtlich ohnehin nicht zulässig ist, keine Beratungspflicht. § 120 Abs. 1 Satz 1 InsO begründet für den BR lediglich eine **Beratungspflicht,** keineswegs jedoch eine Einigungspflicht.

110 Es bestehen gegenüber dem Konkursverwalter diesbezüglich keine gesteigerten Verhaltenspflichten des BR. Gemäß § 120 Abs. 1 Satz 2 InsO können die in Satz 1 genannten BV grundsätzlich mit einer **Frist von drei Monaten** gekündigt werden, auch dann, wenn in der BV eine längere **Kündigungsfrist** vereinbart ist. Diese erleichterte Kündigungsmöglichkeit ist zwar anwendbar auf **ordentlich kündbare BV,** nicht aber auf BV, die auf Grund Befristung oder sonstiger Umstände ordentlich überhaupt nicht kündbar sind (vgl. dazu Rn. 113).[336] Wortlaut und Regelungsgehalt der Bestimmung sind insoweit eindeutig. § 120 Abs. 2 InsO stellt lediglich einen klarstellenden Hinweis auf die ohnehin bestehende Möglichkeit der **fristlosen Kündigung von BV** dar (vgl. dazu Rn. 112). Bezüglich der **Nachwirkung von BV** (vgl. Rn. 58 f.) gelten für die gemäß § 120 Abs. 1 Satz 2 InsO gekündigte BV keine Besonderheiten.

111 Abs. 5 räumt den Betriebsparteien, falls etwas anderes in der BV ausdrücklich nicht vereinbart wurde, grundsätzlich ein **freies Kündigungsrecht** ein. Es gelten weder Kündigungsschutzbestimmungen noch bedarf die Kündigung einer BV eines sachlichen Grundes, der von den ArbG überprüfbar wäre.[337] Bei Kündigungen von **BV über betriebliche Altersversorgung** ist

---

330 Kittner/Zwanziger-/Deinert-*Bachner*, § 97 Rn. 27; *Meyer*, DB 00, 1174, 1177; *Silberberger*, S. 63; zur Fortgeltung und Ablösung freiwilliger BV vgl. *Bauer/v. Steinau-Steinrück*, NZA 00, 505.

331 GK-*Kreutz*, Rn. 408.

332 *BAG* 28.7.81, AP Nr. 2 zu § 87 BetrVG 1972 Urlaub.

333 *BAG* 18.9.02, DB 03, 1281, 1283; *Fitting*, Rn. 175; *GL*, Rn. 62; GK-*Kreutz*, Rn. 410; a. A. *Gaul*, NZA 86, 628 [631].

334 *BAG* 19.2.08 – 1 AZR 114/07; 6.11.07, NZA 08, 542.

335 *Bichlmeier/Oberhofer*, AiB 97, 161, 163; *Fitting*, Rn. 154; einschränkend auch *Zwanziger*, § 120 Rn. 2 f.

336 *Fitting*, Rn. 156; *Bichlmeier/Oberhofer*, a. a. O.; a. A. GK-*Kreutz*, Rn. 389; *Lakies*, RdA 97, 145, 147; *Schrader*, NZA 97, 70, 79; *Zwanziger*, § 120 Rn. 3.

337 BAG 17.8.04, NZA 05, 128; 18.9.01, NZA 02, 1164; 21.8.01, NZA 02, 575; 17.8.99, NZA 00, 498 = AiB 00, 509 mit Anm. *Schoden;* 11.5.99, NZA 00, 322 = AuR 00, 386 mit Anm. *Herbst/Matthes* = AiB 00, 512 mit Anm. *Schoden;* vgl. auch *Langohr/Plato*, BB 00, 1885; 26.10.93, BB 94, 1072; 10.3.92, DB 92, 1735; 26.4.90, 1871 [1872] m. w. N.; *Heither*, BB 92, 145, 148; *Molkenbur/Rossmanith*, AuR 90, 333 [338]; für einen begrenzten Kündigungsschutz bei freiwilligen BV über betriebliche Sozialleistungen *Schaub*, BB 90, 289 ff.; dagegen *BAG* 26.4.90, a. a. O.; vgl. auch *Hilger/Stumpf*, BB 90, 929 ff., und *Hanau/Preis*, NZA 91, 81.

deren Wirkung durch die **Grundsätze des Vertrauensschutzes und der Verhältnismäßigkeit** begrenzt. Das vom *BAG* für die Überprüfung ablösender BV entwickelte Prüfungsschema (vgl. Rn. 23 ff. und zu den Einzelheiten *Langohr-Plato,* a. a. O., 1886 ff.) ist entsprechend heranzuziehen, um die Wirkung der Kündigung ggf. zu beschränken.[338] Soweit die Wirkung der Kündigung begrenzt ist, bleibt die BV als Rechtsgrundlage erhalten und schützt die verbleibenden Rechtspositionen der AN gemäß Abs. 4.[339] Die Betriebsparteien können in einem arbeitsgerichtlichen Beschlussverfahren die Wirkungen der Kündigung der BV und den Umfang ihres Fortbestehens feststellen lassen.[340] Unabhängig davon, dass das *BAG* zu einer Befürwortung der Bindungswirkung der Entscheidung über einen entsprechenden Feststellungsantrag des BR im Verhältnis von AG und betroffenen AN zueinander neigt, ist eine konkrete Billigkeitskontrolle in einem Individualverfahren hierdurch nicht ausgeschlossen.[341] Der **Ausschluss der Kündbarkeit** kann gemäß Abs. 5 vereinbart werden (zum Sozialplan vgl. §§ 112, 112 a Rn. 203).[342] Es kann einen Missbrauch betriebsverfassungsrechtlicher Gestaltungsmöglichkeiten in diesem Zusammenhang darstellen, wenn Betriebsparteien im zeitlichen Zusammenhang mit einer bevorstehenden BR-Wahl nach den Modalitäten von Abs. 5 kündbare BV ausschließlich dahingehend einvernehmlich abändern, dass die BV frühestens zu einem Zeitpunkt in drei Jahren gekündigt werden können. Dies kann als Änderungs- und Beendigungssperre zu Lasten des zukünftig zuständigen BR auch eine Behinderung der BR-Tätigkeit darstellen.[343]

Eine BV kann auch **fristlos aus wichtigem Grund** gekündigt werden, wenn Tatsachen vorliegen, auf Grund deren dem Kündigenden die **Bindung an die BV** selbst bis zum Ablauf der Kündigungsfrist **nicht zugemutet werden kann.**[344] Derjenige, der vom Recht der fristlosen Kündigung Gebrauch machen will, muss **nachprüfbare Tatsachen** vortragen, aus denen sich ergibt, dass wichtige Gründe für die vorzeitige Beendigung der BV vorliegen, und kann sich nicht auf **pauschale Begründungen** (»untragbare wirtschaftliche Belastung«, »Erschöpfung finanzieller Mittel«) beschränken.[345] Eine wegen des Normcharakters der BV grundsätzlich nicht mögliche rückwirkende **Anfechtung** der BV wegen Willensmängeln beim Abschluss[346] kann ggf. als für die Zukunft wirkende fristlose Kündigung angesehen werden. **112**

Auch BV, die auf einem **Spruch der ESt.** beruhen, können gekündigt werden, sofern sie **keine feste Laufzeit** haben.[347] Dies gilt im Regelfall jedoch nicht für einen **Sozialplan** (vgl. dazu §§ 112, 112 a Rn. 203 ff.).[348] Eine Kündigung scheidet dagegen regelmäßig aus, wenn es sich um die **Regelung eines einmaligen Tatbestandes** handelt, z. B. bei einer BV über die Arbeitszeit zwischen Weihnachten und Neujahr oder über Betriebsferien.[349] Doch kann möglicherweise unter dem **Gesichtspunkt des Wegfalls der Geschäftsgrundlage** eine Lossagung in Betracht kommen.[350] Dies führt allerdings nicht zur Unwirksamkeit der BV, sondern lässt diese – wenn auch mit einem, ggf. durch Anrufung der ESt., anzupassenden Inhalt – fortbestehen.[351] Die Kündigung lediglich **eines Teils der BV** ist nur möglich, wenn dies **vereinbart** **113**

---

338 *BAG* 18.9.01, a. a. O.; 21.8.01, a. a. O.
339 *BAG* 11.5.99, a. a. O.; 17.8.99, a. a. O.
340 *BAG* 21.8.01, a. a. O.
341 *BAG* 17.8.99, a. a. O.
342 *BAG* 21.8.01, a. a. O.; 10.3.92, a. a. O., bedarf allerdings bei stillschweigender Vereinbarung in den Regelungen der BV selbst hinreichender Anhaltspunkte; zu den Möglichkeiten, dass sich Einschränkungen der Kündbarkeit ohne ausdrückliche Vereinbarung aus dem Inhalt der BV selbst ergeben vgl. *Hanau/Preis,* a. a. O., 86 f.
343 *HessLAG* 3.3.11 – 9 TaBV 168/10, juris.
344 *BAG* 28.4.92, AuR 92, 313; 19.7.57, AP Nr. 1 zu § 52 BetrVG; *Fitting,* Rn. 151; *GL,* Rn. 63; GK-*Kreutz,* Rn. 393; HWGNRH-*Worzalla,* Rn. 225; Richardi-*Richardi,* Rn. 201.
345 *BAG* 10.8.94, DB 95, 480, 481 f.; 28.4.92, a. a. O.
346 *BAG* 15.12.61, AP Nr. 1 zu § 615 BGB Kurzarbeit; *Fitting,* Rn. 33; *GL,* Rn. 16; HWGNRH-*Worzalla,* Rn. 237; Richardi-*Richardi,* Rn. 49.
347 *Fitting,* Rn. 152; *GL,* Rn. 61; GK-*Kreutz,* Rn. 385; Richardi-*Richardi,* Rn. 208.
348 *Fitting,* Rn. 145.
349 *BAG* 26.4.90, DB 90, 1871 [1872]; 22.6.62, AP Nr. 2 zu § 52 BetrVG; *Fitting,* Rn. 145.
350 *BAG* 29.5.64, AP Nr. 24 zu § 59 BetrVG; 5.3.64, AP Nr. 2 zu § 607 BGB; *Fitting,* Rn. 152; HWGNRH-*Worzalla,* Rn. 239; Richardi-*Richardi,* Rn. 199.
351 *BAG* 10.8.94, DB 95, 480, 482.

ist[352] oder wenn sich die Kündigung auf einen **selbstständigen Teilkomplex** der BV bezieht.[353] Die Zulassung der Teilkündigung einer BV ist allerdings dann abzulehnen, wenn verschiedene Regelungskomplexe einer BV im Rahmen eines **Verhandlungskompromisses der Betriebsparteien** trotz ihrer »technischen« Teilbarkeit als Geschäftsgrundlage der BV inhaltlich untrennbar miteinander verknüpft sind. Das BAG verlangt aber nunmehr auch in diesen Fällen, dass die Betriebsparteien den Ausschluss der Teilkündigung vereinbaren, oder dass der Ausschluss der Teilkündigung in der BV zumindest deutlich zum Ausdruck kommt.[354] Aus diesem Grund sollten bei entsprechenden Fallgestaltungen zum Ausschluss oder zur Zulassung einer Teilkündigung einer BV durch die Betriebsparteien klarstellende Regelungen in eine BV aufgenommen werden.

114 Die Kündigung durch den BR setzt eine **Beschlussfassung nach § 33** voraus.[355] **Im Kündigungszeitraum kann** bereits über eine neue BV **verhandelt** und ggf. **die ESt. angerufen werden.** Die neue Regelung gilt aber erst nach Ablauf des Geltungszeitraums der alten BV, sofern die Parteien nicht etwas anderes vereinbaren.[356]

115 Eine BV kann **nichtig** sein, beispielsweise weil die **Schriftform gemäß Abs. 2** nicht eingehalten wurde, ein **Verstoß gegen Abs. 3** oder höherrangiges Recht vorliegt (zur Möglichkeit der Umdeutung einer nichtigen BV in ein gebündeltes Vertragsangebot an die AN vgl. Rn. 131). Sind lediglich **einzelne Bestimmungen** einer BV – oder eines ESt.-Spruchs[357] – **nichtig,** ist zu entscheiden, ob die ganze Vereinbarung unwirksam ist oder nur Teilnichtigkeit vorliegt,[358] wobei von **Teilnichtigkeit** wegen des Rechtsnormcharakters der Regelungen einer BV in der Regel dann auszugehen ist, wenn der wirksame Teil der BV auch ohne die nichtigen Regelungen eine sinnvolle und in sich geschlossene Regelung enthält.[359] Im Zweifel ist lediglich Teilnichtigkeit anzunehmen. Die Nichtigkeit der gesamten BV kann sich allerdings auch bei Vorliegen in sich geschlossener und sinnvoller Teilregelungen daraus ergeben, dass durch die Nichtigkeit einzelner Regelung der BV dem in ihr zum Ausdruck kommende Verhandlungsergebnis zu Lasten einer Betriebspartei die Grundlage entzogen wird.[360]

10. Nachwirkung

116 Regelungen einer BV, die durch den Spruch der ESt. erzwungen werden können, gelten nach Ablauf weiter, bis sie durch eine **andere Abmachung ersetzt** werden. Die Vorschrift stellt somit sicher, dass in mitbestimmungspflichtigen Angelegenheiten auch nach Kündigung einer vorher bestandenen BV und nach Ablauf der Kündigungsfrist Regelungen nur gemeinsam zwischen AG und BR – bzw. durch Spruch der ESt. – getroffen werden können. Auch bei Vorliegen einer wirksamen **außerordentlichen Kündigung** einer BV (vgl. Rn. 113) kommt die Nachwirkung uneingeschränkt zur Anwendung.[361] Die Nachwirkung erstreckt sich auf alle Normen der BV.[362]

117 Die Bestimmung gilt nicht für **freiwillige BV** (vgl. dazu auch § 88 Rn. 5 ff.).[363]

---

352 *BAG* 19.3.57, AP Nr. 1 zu § 16 AOGö; 17.4.59, AP Nr. 1 zu § 4 TVG Günstigkeitsprinzip; *Fitting,* Rn. 153; GK-*Kreutz,* Rn. 390; HWGNRH-*Worzalla,* Rn. 230; Richardi-*Richardi,* Rn. 206.

353 *BAG* 6.11.07, NZA 08, 1218; 29.5.64, AP Nr. 24 zu § 59 BetrVG 1952; *Fitting,* a. a. O.; GK-*Kreutz,* a. a. O.; HWGNRH-*Worzalla,* a. a. O.; Richardi-*Richardi,* a. a. O.

354 *BAG* 6.11.07, a. a. O.

355 GK-*Kreutz,* Rn. 394.

356 *Fitting,* Rn. 158.

357 *BAG* 20.7.99, NZA 00, 495; 25.1.00, BB 00, 2261.

358 *BAG* 23.6.92, BB 93, 289; 15.5.57, AP Nr. 5 zu § 56 BetrVG; vgl. auch *BAG* 10.3.92, DB 92, 1735.

359 *BAG* 14.3.12, NZA 12, 1183; 19.2.08, NZA 08, 719; 8.6.04, NZA 05, 227; 29.4.04, NZA 04, 670; 25.1.00, a. a. O.; 20.7.99, a. a. O.; 18.12.90, DB 91, 1076; *Fitting,* Rn. 32.

360 *BAG* 21.1.03, NZA 03, 1097.

361 *BAG* 10.8.94, DB 95, 480, 481; MünchArbR-*Matthes,* § 239 Rn. 58; a. A. *Fitting,* Rn. 179; GK-*Kreutz,* Rn. 427; wohl auch ErfK-*Kania,* Rn. 102.

362 *Fitting,* Rn. 178; GK-*Kreutz,* Rn. 430.

363 *BAG* 12.8.82, 9.2.89, AP Nrn. 5, 35 zu § 77 BetrVG 1972; 18.4.89, DB 89, 2232; 26.4.90, DB 90, 1871; 21.8.90, BB 90, 2406 = AiB 91, 87; 21.8.01, NZA 02, 575; 18.11.03, NZA 04, 803; 19.9.06, AP Nr. 29 zu § 77 BetrVG 1972 Betriebsvereinbarung; *Fitting,* Rn. 178; GK-*Kreutz,* Rn. 431; *Heither,* BB 92, 145,

Versorgungsbesitzstände von AN aus einer BV über eine **betriebliche Altersversorgung** sind nach deren Kündigung allerdings unabhängig von der Frage der Nachwirkung der BV kraft Gesetzes unter dem Gesichtspunkt der Verhältnismäßigkeit und des Vertrauensschutzes geschützt.[364] **118**

Auch wenn in einer BV **erzwingbare und freiwillige Regelungstatbestände** gleichzeitig enthalten sind, soll sich nach Auffassung des *BAG* – zumindest bei freiwilligen betrieblichen Sozialleistungen – im Fall der Kündigung einer solchen BV die Nachwirkung nicht auf die freiwilligen Regelungstatbestände beziehen,[365] allerdings nur, wenn der AG die **vollständige Beseitigung der freiwilligen** Leistung beabsichtigt.[366] Allerdings kann sich aus dem inneren Zusammenhang und dem Aushandlungsprozess solcher »kombinierter« BV eine **untrennbare Verknüpfung der erzwingbaren und freiwilligen Elemente** ergeben, die es erforderlich macht, dass die BV insgesamt nachwirkt.[367] Das ist etwa dann der Fall, wenn eine BV über eine erzwingbare Schichtplanregelung als Ausgleich für die Erschwernisse der Schichtarbeit die Zahlung einer freiwilligen bzw. nur teilmitbestimmten Schichtzulage vorsieht, so dass sich bei einer Kündigung der BV die Nachwirkung der Schichtplanregelung auch auf die Zulagenregelung erstreckt.[368] **119**

Dies muss auch bei freiwilligen Leistungen zumindest dann gelten, wenn der AG mit der Kündigung nicht deren ersatzlose Streichung, sondern deren Neustrukturierung oder Umverteilung anstrebt.[369] Das wird vom *BAG (1. Senat)*[370] für sog. **teilmitbestimmte BV** über freiwillige Leistungen bejaht, wenn der AG mit der Kündigung beabsichtigt, das zur Verfügung gestellte **Volumen** lediglich **zu reduzieren** und den **Verteilungsschlüssel zu ändern.** In diesem Fall wirkt die teilmitbestimmte BV insgesamt nach.[371] Dies führt bei einem nicht tarifgebundenen AG, der die gesamte Vergütung der AN in mitbestimmungsrechtlicher Hinsicht »freiwillig« leistet, dazu, dass eine gekündigte BV über die Vergütung in der Regel insgesamt nachwirkt.[372] Erklärt der AG im Zusammenhang mit der Beendigung einer BV (vgl. Rn. 92 ff.), dass er die freiwillige Leistung aus der BV **zukünftig nicht mehr gewährt** und die finanziellen Mittel für deren Zweck **vollständig und ersatzlos** streicht, wirkt die BV grundsätzlich **nicht** nach.[373] Aus Gründen der Rechtsklarheit und Rechtssicherheit gilt dies allerdings solange nicht, bis dem BR eine entsprechende Erklärung des AG zugeht.[374] **120**

Nach der Rspr. des *3. Senats* wirken **BV über Leistungen der betrieblichen Altersversorgung** »grundsätzlich« nicht nach,[375] wobei offen bleibt, ob die Rspr. des *1. Senats* zur Nachwirkung teilmitbestimmter BV überhaupt auf den Bereich der betrieblichen Altersversorgung übertragen werden kann.[376] In Betracht kann das kommen, wenn in engem zeitlichem Zusammenhang mit dem Auslaufen der Kündigungsfrist eine vergleichbare neue BV angestrebt wird[377] und wenn innerhalb des mitbestimmungsfrei reduzierten Dotierungsrahmens überhaupt noch Raum für eine Neuverteilung bleibt.[378] **121**

148; HWGNRH-*Worzalla*, Rn. 255; *Leinemann*, BB 89, 1908 f.; Richardi-*Richardi*, Rn. 168 f.; a. A. *ArbG Hamburg*, 16.10.91, DB 92, 436 (aufgehoben durch *LAG Hamburg* 17.8.92, NZA 93, 283); *ArbG Frankfurt* 5.9.89 – 11 Ca 26/89; *Schwerdtner*, ZfA 85, 192; kritisch zur Rspr. des *BAG Schirge*, DB 91, 441.

364 *BAG* 21.8.01, a. a. O.; 18.9.01, NZA 02, 1164; 10.3.92, DB 92, 1735; 21.8.90, a. a. O., S. 2408; 18.4.89, a. a. O., S. 2233; vgl. dazu auch Rn. 53 b und *Heither*, a. a. O.; *Molkenbur/Rossmanith*, AuR 90, 333 ff.; *Reinecke*, DB 02, 2717 ff.

365 21.8.90, a. a. O.; a. A. *Blomeyer*, DB 90, 173 ff.

366 *BAG* 10.12.13, 1 ABR 39/12, juris; 6.10.93, BB 94, 1072.

367 *ArbG Aachen* 6.9.94 – 4 BV 45/93; *LAG Köln* 27.4.95, AiB 96, 250 mit Anm. *Petri.*

368 *BAG* 9.7.13, NZA 13, 1438.

369 *Fitting*, Rn. 162; *Hanau*, NZA-Beilage 2/85, S. 10.

370 26.10.93, a. a. O.

371 *BAG* 10.11.09, NZA 11, 475; 26.8.08, NZA 08, 1426; 18.11.03, a. a. O.; 26.10.93, a. a. O.; *Fitting*, Rn. 191; GK-*Kreutz*, Rn. 444; Richardi-*Richardi*, Rn. 171; a. A. HWGNRH-*Worzalla*, Rn. 255.

372 *BAG* 26.8.08, a. a. O.; vgl. dazu auch *BAG* 22.6.10, NZA 10, 1243.

373 BAG 10.12.13, NZA 14, 1040.

374 *BAG* 5.10.10, NZA 11, 598.

375 *BAG* 18.9.01, a. a. O.

376 *BAG* 18.9.01, a. a. O.; 17.8.99, NZA 00, 498.

377 *BAG* 18.9.01, a. a. O.

378 *BAG* 21.8.01, a. a. O.

122 Der AG kann die Nachwirkung der teilmitbestimmten BV nicht durch die nachträglich erklärte Änderung seiner Absichten (vollständige Streichung statt Umstrukturierung) mit sofortiger Wirkung, sondern frühestens nach Ablauf von drei Monaten beseitigen (§ 77 Abs. 5).[379] Im Einzelfall wird eine solche BV auch dahin gehend auszulegen sein, dass sie eine **Abrede über eine ihren gesamten Regelungsinhalt umfassende Nachwirkung** enthält (was aber deutliche Anhaltspunkte in den Regelungen der BV selbst erfordert).[380] Bei BV, die erzwingbare und freiwillige Regelungstatbestände gleichzeitig enthalten, wirken die **erzwingbare Regelungen enthaltenden Normen** jedenfalls dann allein nach, wenn sie einen **geschlossenen** und **für sich sinnvoll handhabbaren Komplex** darstellen.[381]

123 Bei **freiwilligen BV** kann die **Nachwirkung vereinbart werden.**[382] Wird eine entsprechende Vereinbarung getroffen, ohne gleichzeitig Regelungen über eine Begrenzung der Nachwirkung vorzusehen (z. B. Befristung oder gesonderte Kündigungsmöglichkeit der Nachwirkung), steht den Betriebsparteien nach Kündigung der BV zu deren Ersetzung durch eine andere Abmachung der Weg zur ESt. offen, die in diesem Fall dann nach § 76 Abs. 5 entscheidet. In der Regel ist davon auszugehen, dass die Betriebsparteien die in einer solchen BV geregelten Gegenstände als Angelegenheit der erzwingbaren Mitbestimmung gemäß § 87 behandeln wollten bzw. sich im Sinne von § 76 Abs. 6 der verbindlichen Entscheidung der ESt. vorab unterworfen haben.[383] Wollen sich die Betriebsparteien zwecks zeitlicher Befristung der Nachwirkung der Entscheidung einer ESt. nicht unterwerfen, müssen sie dies zum Ausdruck bringen.[384] Eine fristlose Kündigung »der Nachwirkung« der zuvor fristgemäß gekündigten freiwilligen BV ist demgegenüber nicht zulässig.[385] Auch fristlos gekündigte BV wirken nach (vgl. Rn. 116 f. m. w. N.).

124 Nach Auffassung des *BAG* soll es zulässig sein, die **Nachwirkung durch BV auszuschließen.**[386] Der **Ausschluss der Nachwirkung** kann sich bei einer **zeitlich begrenzten Regelung** aus der Natur der Sache ergeben,[387] z. B. bei **Sozialplan, Betriebsurlaub für ein Kalenderjahr, Mehrarbeit für eine Zusatzschicht.**[388] Endet die BV durch **Aufhebungsvereinbarung,** ist durch Auslegung der Vereinbarung zu ermitteln, ob sie nachwirkt. Eine **befristete BV** wirkt i. d. R. nach, es sei denn, der Ausschluss der Nachwirkung ergibt sich aus besonderen Anhaltspunkten in der BV selbst. Die Befristungsabrede für sich allein rechtfertigt die Annahme des Ausschlusses der Nachwirkung nicht.[389]

125 Die erzwingbare **BV wirkt** nach ihrer Beendigung so lange **fort, bis eine andere Abmachung vorliegt.** Soweit Rechtsansprüche für die AN begründet werden, gelten diese nicht nur für die bisher schon bestehenden Arbeitsverhältnisse weiter, sondern auch für AN, die erst im **Nachwirkungszeitraum** in den Betrieb eintreten, sofern nicht ausdrücklich etwas anderes vereinbart wird.[390] Eine **andere Abmachung** ist nicht nur ein **TV** oder eine neue **BV,** sondern ggf. auch ein **Einzelarbeitsvertrag,** wobei allerdings das Mitbestimmungsrecht des BR nicht durch

---

379 So auch *ArbG Hameln* 13.7.94 – 2 BV 19/93.

380 So *BAG* 21.8.01, a. a. O.; vgl. dazu *BAG* 18.4.89, a. a. O.; *Hanau,* a. a. O.

381 *BAG* 9.7.13, a. a. O.; 23.6.92, BB 93, 289; 28.4.92, AuR 92, 313.

382 *BAG* 21.8.01, a. a. O.; 28.4.98, DB 98, 2423 = AiB 99, 223 mit Anm. *Roos; HessLAG* 5.5.94, 22.3.94, LAGE Nr. 18, 17 zu § 77 BetrVG 1972, 19.8.93 – 12 TaBV 9/93; *LAG Düsseldorf* 23.2.88, NZA 88, 813; ErfK-*Kania,* Rn. 122; *Boemke/Kursawe,* DB 00, 1405; *Fitting,* Rn. 187; *GL,* Rn. 42; GK-*Kreutz,* Rn. 447; Richardi-*Richardi,* Rn. 172; a. A. *v. Hoyningen-Huene,* BB 97, 1998; *Jacobs,* NZA 00, 69.

383 *BAG* 28.4.98, a. a. O., 2424; *HessLAG* 5.5.94, a. a. O., 22.3.94 a. a. O.; *LAG Sachsen-Anhalt* 19.1.96, NZA-RR 97, 213; *LAG Düsseldorf* 23.2.88, a. a. O.; einschränkend *Kort,* NZA 01, 477, für den speziellen Fall einer freiwilligen BV, die mit einem Freiwilligkeitsvorbehalt durch eine Öffnungsklausel gemäß Abs. 3 Satz 2 legitimiert ist; a. A. *v. Hoyningen-Huene,* a. a. O.; *Loritz,* DB 97, 2074.

384 *BAG* 28.4.98, a. a. O.

385 So aber wohl *Boemke/Kursawe,* a. a. O., 1409 f.; *Jacobs,* a. a. O., 73.

386 *BAG* 9.2.84, AP Nr. 9 zu § 77 BetrVG 1972; *Fitting,* Rn. 180; *GL,* Rn. 45; GK-*Kreutz,* Rn. 452; HWGNRH-*Worzalla,* Rn. 254.

387 *Fitting,* Rn. 180.

388 Vgl. dazu *BAG* 17.1.95, DB 95, 1918.

389 *Fitting,* a. a. O.; GK-*Kreutz,* a. a. O.; für eine BV zur Umsetzung der Arbeitszeitverkürzung vgl. *BAG* 19.2.91, DB 91, 2043.

390 *LAG Düsseldorf* 4.6.08, ZTR 09, 43; *Fitting,* Rn. 182; GK-*Kreutz,* Rn. 450; a. A. *GL,* Rn. 43.

den Abschluss gebündelter, gleich oder ähnlich lautender Einzelarbeitsverträge umgangen werden darf.[391] Werden durch die neue Abmachung nur einzelne Bestimmungen ersetzt, gelten die übrigen Bestimmungen der BV weiter.

IV. Tarifautonomie und Betriebsvereinbarung

1. Sinn und Zweck der Vorschrift

Die Vorschrift des Abs. 3 trägt dem **durch Art. 9 Abs. 3 GG verfassungsrechtlich garantierten Schutz der Gewerkschaften und der Tarifautonomie** Rechnung.[392] Sie soll sicherstellen, dass die **Tarifautonomie durch kollektive betriebliche Regelungen** nicht **beeinträchtigt** oder gar **ausgehöhlt** wird. Ungeachtet der anhaltenden rechtsdogmatischen und -politischen Diskussion über die Reichweite und die Zweckmäßigkeit dieser Vorschrift (vgl. dazu Rn. 155 f.) ist die Regelungssperre des Abs. 3 von den Betriebsparteien uneingeschränkt zu beachten[393] und ist der höchstrichterlichen Rspr. wiederholt bestätigt.[394] Im Zusammenhang mit den von marktradikalen Ökonomen und konservativen Politikern verstärkt vorgetragenen **Angriffen auf die Tarifautonomie** (»freier« Arbeitsmarkt versus »Tarifdiktat«)[395] nehmen **Tendenzen der schrittweisen Erosion der Tarifverträge** durch die auf verschiedenen Wegen[396] vorangetriebene Etablierung **konkurrierender Regelungssysteme auf betrieblicher Ebene** zu. Während in der rechtspolitischen und tarifrechtlichen Debatte die **Uminterpretation des Günstigkeitsprinzips**[397] und der Ruf nach der den Tarifvorrang beseitigenden **Öffnungsklausel** (vgl. dazu Rn. 150 ff.) im Vordergrund stehen, verstärken sich **auf betrieblicher Ebene** die Versuche der AG-Seite, durch tarifwidrige BV, unternehmens- und konzernweite »Verträge« der Betriebsparteien,[398] Regelungsabreden (vgl. Rn. 158 ff.), informelle Absprachen der Betriebsparteien und den Einsatz verschiedener individualrechtlicher Instrumentarien[399] (vgl. Rn. 158 ff.) bestehende **Tarifverträge zu unterlaufen.** 126

Die historisch gewachsene und mit Art. 9 Abs. 3 GG verbundene Privilegierung der Koalitionen und ihrer Tätigkeit garantiert diesen grundsätzlich eine **vorrangige kollektivvertragliche Regelungskompetenz** auf dem Gebiet der Arbeits- und Wirtschaftsbedingungen. Die gesetzliche Regelung der Betriebsverfassung und die damit verbundene Schaffung einer konkurrierenden Normsetzungsbefugnis auf betrieblicher Ebene macht daher schon aus verfassungsrechtlichen Gründen die **Absicherung der Normsetzungsprärogative bzw. Vorrangkompetenz der Tarifvertragsparteien** erforderlich.[400] Insoweit trägt Abs. 3 der **qualitativ höheren Gewichtung** der **Tarifautonomie** gegenüber der **Betriebsautonomie** Rechnung.[401] Es geht also nicht nur um den Vorrang der Tarifnorm »als der stärkeren Norm«, sondern vor allem um die **Gewährleistung eines leistungsfähigen und attraktiven tarifautonomen Handlungssystems**[402] im Allgemeinen und die **Sicherung der ausgeübten und aktualisierten Tarifautonomie**[403] im Besonderen. 127

391 Vgl. *BAG* 19.4.63, AP Nr. 2 zu § 56 BetrVG Entlohnung; *Fitting,* Rn. 183; *GL,* Rn. 42; Richardi-*Richardi,* Rn. 167; § 87 Rn. 5.
392 Vgl. dazu Kempen/Zachert-*Wendeling-Schröder,* Grundlagen, Rn. 425 ff.
393 *Buchner,* DB 97, 573.
394 *BVerfG* 24.4.96, BB 96, 1835; *BAG BAG* 14.3.12, AuR 12, 414 Ls., juris; 13.3.12, NZA 12, 990; 16.11.11, NZA-RR 12, 579; 23.3.11, NZA 12, 231 Ls., juris; 20.11.01, NZA 02, 872 = EzA § 77 BetrVG 1972 Nr. 70; 5.3.97, NZA 97, 951; 24.1.96, BB 96, 1717; 5.3.97, AuR 97, 336.
395 Vgl. dazu den Überblick bei *Däubler,* Tarifvertragsrecht, S. 58 ff.; *Kittner,* AiB 95, 158; *Zachert,* GMH 94, 168.
396 Vgl. *Linnenkohl,* BB 94, 2077, 2078 ff. mit Hinweisen zur Situation in den neuen Bundesländern, 2080 ff.
397 Dazu *Däubler,* a. a. O., S. 62 f., 148 ff.; *Dieterich,* RdA 02, 1, 12, 14.
398 Dazu *Linnenkohl,* a. a. O., 2080; *Nagel,* BetrR 94, 53, 56.
399 Beispiele bei *Linnenkohl,* a. a. O., 2078 ff. und *ArbG Regensburg* 23.3.95 – 5 BVGa 1/95 N.
400 AK-GG-*Kittner/Schieck,* Art. 9 Abs. 3 Rn. 68; *Halblitzel,* DB 71, 2158; *Heinze,* NZA 89, 41; *Kissel,* NZA 86, 73 79; Kempen/Zachert- *Wendeling-Schröder,* a. a. O., Rn. 426 ff., die in diesem Zusammenhang zusätzlich die besondere demokratische Legitimation der Normen eines TV im Unterschied zu den Normen einer BV betont; Wiedemann-*Wank,* Tarifvertragsgesetz, § 4 Rn. 555.
401 *WW,* Rn. 9.
402 *Weyand,* AuR 89, 193 [194].

128 Den Gewerkschaften und AG-Verbänden wurde daher bezüglich der Gestaltung der Arbeitsentgelte und Arbeitsbedingungen eine weitgehende **Monopolstellung** eingeräumt.[404] Die **BV** soll **nicht als** ein **»Ersatz-TV«** für nicht organisierte AN **oder als »Zusatz-TV«** für übertarifliche Leistungen wirken können, weil dadurch die Stellung der Koalitionen und ihre Funktionsfähigkeit entscheidend getroffen würde.[405] Daher **gilt im Verhältnis zwischen TV und BV** auch **nicht das sog. Günstigkeitsprinzip** (vgl. auch Rn. 29), soweit nicht der TV selbst eine entsprechende **Öffnungsklausel** (vgl. Rn. 92) enthält. **Weitere,** in der Literatur teilweise vertretene **Normzwecke,** wie etwa der **Schutz der überbetrieblichen Ordnung,** des **Betriebsfriedens** oder der **Gleichheit der Wettbewerbsbedingungen**[406] können der Vorschrift nicht entnommen werden und würden sich bereits mit der vom Gesetzgeber in Abs. 3 Satz 2 vorgesehenen tarifvertraglichen Öffnungsklausel nicht vereinbaren lassen.[407]

2. Arbeitsentgelte und Arbeitsbedingungen

129 Die Sperrvorschrift des Abs. 3 erstreckt sich auf **Arbeitsentgelte** und sonstige **Arbeitsbedingungen,** die durch TV geregelt sind oder üblicherweise geregelt werden. Unter Arbeitsentgelt ist jede in Geld zahlbare Vergütung und Sachleistung des AG zu verstehen, wie Lohn einschließlich Zulagen und Prämien, Gratifikationen, Deputate oder Gewinnbeteiligungen. Unter sonstigen Arbeitsbedingungen sind **alle Arbeitsbedingungen** zu verstehen, die **Gegenstand tariflicher Inhaltsnormen** (vgl. § 1 Abs. 1, § 4 Abs. 1 TVG) sein können. Auf die – ohnehin fragwürdige – **Unterscheidung zwischen materiellen und formellen Arbeitsbedingungen** (vgl. dazu § 87 Rn. 24) kann bei der Bestimmung des Umfangs der Sperrwirkung nicht abgestellt werden.[408] Eine Einschränkung des Umfangs der Sperrwirkung der Vorschrift lässt sich weder mit dem Wortlaut von Abs. 3 noch mit seinem Normzweck rechtfertigen. Schon der Begriff Arbeitsentgelt schließt Fragen der Lohnfindung und -technik und damit den formellen Arbeitsbedingungen zuzurechnende Gegenstände ein.[409] Auch dem an den Begriff Arbeitsentgelt anschließenden Text »und sonstige Arbeitsbedingungen« lässt sich eine Beschränkung auf materielle Arbeitsbedingungen nicht entnehmen.[410] Vor allem aber der Normzweck der Vorschrift, die Sicherung der Tarifautonomie und der Funktionsfähigkeit der Koalition (vgl. Rn. 78), spricht für die Einbeziehung aller Arbeitsbedingungen in die Sperrwirkung.[411]

130 Sind Arbeitsentgelte und sonstige Arbeitsbedingungen durch TV geregelt bzw. üblicherweise geregelt (vgl. dazu Rn. 68 ff.), sind insoweit also die Voraussetzungen der Sperrwirkung grundsätzlich gegeben, ist **bei der Beurteilung des Umfangs der Sperrwirkung** eine **enge Auslegung des TV** geboten:[412]

- So gilt die Sperrwirkung nicht für Arbeitsbedingungen, die die TV-Parteien im TV nicht regeln wollten[413] oder – etwa mangels Einigung – nicht regeln konnten.[414]
- Etwas anderes kann gelten, wenn sich der Wille der TV-Parteien zu einer Negativregelung unmittelbar aus einer positiven Sachregelung im TV ergibt.[415]

403 *BAG* 13.3.12, NZA 12, 990; 24.1.96, BB 96, 1717; 3.12.91, BB 92, 1418; *Fitting,* Rn. 67; GK-*Kreutz,* Rn. 84; *Haug,* BB 86, 1921 [1922]; *v. Hoyningen-Huene/Meier-Krenz,* NZA 87, 793 [794]; *Moll,* S. 37; Richardi-*Richardi,* Rn. 244; Schaub-*Koch,* § 231 Rn. 22.

404 HWGNRH-*Worzalla,* Rn. 100.

405 So auch GK-*Kreutz,* Rn. 76, 78; ähnlich ErfK-*Kania,* Rn. 43.

406 Vgl. z. B. *GL,* Rn. 73; HWGNRH-*Worzalla,* Rn. 105.

407 GK-*Kreutz,* Rn. 84; *Haug,* a. a. O.; Wiedemann-*Wank,* a. a. O., Rn. 550.

408 Im Ergebnis ebenso *BAG* 9.4.91, DB 91, 1629; 3.12.91, BB 92, 1418, 1422; *Fitting,* Rn. 71; GK-*Kreutz,* Rn. 89; *Haug,* BB 86, 1921 [1928 f.]; *v. Hoyningen-Huene/Meier-Krenz,* NZA 87, 793 [794 f.]; *Moll,* S. 44 ff.; *WW,* Rn. 11; a. A. Richardi-*Richardi,* Rn. 255; *GL,* Rn. 75.

409 *Haug,* a. a. O., 1928.

410 GK-*Kreutz,* Rn. 89; *v. Hoyningen-Huene/Meier-Krenz,* a. a. O., 794.

411 GK-*Kreutz,* Rn. 90; *Haug,* a. a. O.; *v. Hoyningen-Huene/Meier-Krenz,* a. a. O., 795; *Moll,* S. 49.

412 Kittner/Zwanziger/Deinert-*Deinert,* § 10 Rn. 108.

413 *BAG* 1.12.92, NZA 93, 613; 22.1.80, AP Nr. 3 zu § 87 BetrVG 1972 Lohngestaltung; *GL,* Rn. 83 g; GK-*Kreutz,* Rn. 118; *Moll,* S. 75; Richardi-*Richardi,* Rn. 280 ff.

414 GK-*Kreutz,* Rn. 119.

415 Vgl. dazu GK-*Kreutz,* Rn. 120 f.

- Da die Regelungskompetenz der Betriebsparteien nicht zur Disposition der TV-Parteien steht, tritt die Sperrwirkung auch nicht bei Tarifregelungen ein, die dem AG das Recht einräumen, nach dem BetrVG mitbestimmungspflichtige Angelegenheiten einseitig zu regeln.[416]
- Auch lückenhafte TV oder ergänzungsbedürftige tarifliche Rahmenregelungen stehen der Ausfüllung durch BV offen.[417]
- Eine BV, in der die **Arbeitsentgelte** ganz oder teilweise auch der **Höhe** nach geregelt werden, verstößt gegen Abs. 3.[418]
- Die Tatsache, dass das **Arbeitsentgelt tarifvertraglich** (oder üblicherweise tariflich) **geregelt** ist, bedeutet nicht, dass sich die Sperrwirkung schon deshalb auf **Prämien** und **Zulagen** für zusätzliche Leistungen oder für **Leistungen mit anderen tatbestandlichen Voraussetzungen,** z. B. auf Schmutz- und Erschwerniszulagen, Funktionszulagen, Gratifikationen aus besonderem Anlass oder Zusatzurlaub bei längerer Betriebszugehörigkeit erstreckt.[419]
- Beschränkt sich der **TV** auf **Zeitlohn,** erfasst die Sperrwirkung nicht die Regelung von **Akkord- und Prämienlohn.**[420]
- Unterliegen bestimmte AN-Gruppen, z. B. **AT-Angestellte,** nicht dem persönlichen Geltungsbereich eines TV, sind BV zur Regelung der Arbeitsbedingungen dieser AN-Gruppen zulässig (vgl. auch § 87 Rn. 51, 338).[421]
- Die tarifliche Regelung von **Nachtarbeitszuschlägen** führt nicht zur Unzulässigkeit einer BV über **Wechselschichtzulagen,** da mit den Zulagen unterschiedliche Erschwernisse honoriert werden sollen.[422]
- Handelt es sich jedoch bei der betrieblichen Regelung um **allgemeine,** nicht an besondere Voraussetzungen gebundene **Zulagen** oder um **offene** oder z. B. als Anwesenheits- und Pünktlichkeitsprämie, **versteckte Zuschläge auf das Tarifentgelt,** verstößt diese gegen die Sperrvorschrift.[423]
- Das gilt auch für Regelungen über **Ausgleichszahlungen für Arbeitszeit** in Eil- und Notfällen[424] und für vom TV abweichende Regelungen über die Vorlage von **Arbeitsunfähigkeitsbescheinigungen.**[425]
- Unzulässig ist beispielsweise auch eine BV über die **betriebliche Vorwegnahme, Art und Weise der Weitergabe** oder Fälligkeit **von Tariflohnerhöhungen**[426] oder die **Erhöhung der bisherigen Vergütung** und **Weihnachtsgratifikation,** wenn entsprechende tarifliche Regelungen bestehen oder üblich sind.[427]
- Eine BV, die einen tarifvertraglich abschließend geregelten **Stücklohn** durch Gegenrechnungen auf dem **Arbeitszeitkonto** ergänzt, verstößt gegen Abs. 3.[428]
- Mit Abs. 3 vereinbar ist allerdings eine Regelung über das ob und wie der **Anrechnung von Tariferhöhungen** auf **übertarifliche Zulagen.**[429]
- Bei der betrieblichen **Umsetzung der ERA-TV** in der Metall- und Elektroindustrie müssen die Betriebsparteienbei Abschluss entsprechender BV unter dem Gesichtspunkt des Abs. 3 die tarifvertraglichen Vorgaben beachten.[430] Enthält ein TV (wie § 7 Nrn. 2 und 9 ERA-TV)

---

416 *BAG* 1.12.92, a. a. O.; *Fitting,* Rn. 85; Richardi-*Richardi,* Rn. 266.
417 GK-*Kreutz,* a. a. O.
418 *BAG* 18.2.15, juris.
419 *BAG* 14.11.74, AP Nr. 1 zu § 87 BetrVG 1972; 17.12.85, AP Nr. 5 zu § 87 BetrVG 1972 Tarifvorrang; *LAG Hamm* 8.8.79, DB 79, 2236; *Fitting,* Rn. 88; *GL,* Rn. 77; GK-*Kreutz,* Rn. 121; Richardi-*Richardi,* Rn. 266, 271.
420 *BAG* 18.3.64, AP Nr. 4 zu § 56 BetrVG Entlohnung.
421 *BAG* 22.1.80, a. a. O., mit zustimmender Anm. *Moll.*
422 *BAG* 23.10.85, AP Nr. 33 zu § 1 TVG Tarifverträge: Metallindustrie.
423 *BAG* 3.5.06, NZA 06, 1170.
424 *BAG* 21.1.03, NZA 03, 1097.
425 *BAG* 26.2.03, DB 03, 1395.
426 *BAG* 10.10.06, AiB 07, 418 mit Anm. *Rehwald*; 3.5.06, a. a. O.; 7.12.62, AP Nr. 28 zu Art. 12 GG.
427 *BAG* 14.3.07, NZA 07, 862; 24.1.96, BB 96, 1717 = AiB 97, 110 mit Anm. *Thannheiser.*
428 *BAG* 17.1.12, ZTR 12, 345 Ls.,juris.
429 *BAG* 3.5.06, a. a. O.
430 *BAG* 16.11.11, NZA-RR 12, 579; 16.8.11, DB 12, 468 Ls., juris.

lediglich eine Regelung der Zeiträume, innerhalb derer eine Leistungsbeurteilung zu erfolgen hat, verstößt es nicht gegen Abs. 3 Satz 1, wenn in einer BV innerhalb der tarifvertraglich festgelegten Beurteilungszeiträume der konkrete Zeitpunkt der Leistungsbeurteilung festgelegt wird.[431]

- Ist in einem TV für – aus betriebsbedingten Gründen – gekündigte AN unter bestimmten Voraussetzungen ein **Anspruch auf Wiedereinstellung** bei ihrem ehemaligen AG geregelt, ist es zulässig, in einer BV für den Fall einer bevorstehenden **Teilbetriebsübergangs** ein Anspruch auf Wiedereinstellung der übergegangenen AN gegen den Betriebsveräußerer für den Fall zu vereinbaren, dass beim Betriebserwerber aus betriebsbedingten Gründen keine Weiterbeschäftigung mehr möglich ist.[432]

131 **Verstößt eine BV gegen die Sperrvorschrift** des Abs. 3 Satz 1, ist sie **unwirksam.**[433] Aus einer wegen Verletzung der Sperrvorschrift unwirksamen BV[434] können für die AN Ansprüche erwachsen, wenn die **begünstigende BV** in ein gebündeltes Vertragsangebot an die AN gemäß § 140 BGB analog **umgedeutet** werden kann[435] oder wenn eine **Gesamtzusage des AG** oder **betriebliche Übung** vorliegt.[436] Dies muss zumindest dann gelten, wenn der AG in Kenntnis der Nichtigkeit der BV Leistungen gewährt und damit seinen **unbedingten Bindungswillen** zum Ausdruck gebracht hat.[437] Die tatsächliche Gewährung von Leistungen ist dafür nicht ausreichend, wenn sie erkennbar zur Erfüllung vermeintlicher Verpflichtungen aus einer unwirksamen BV erfolgt.[438] Ergibt sich **aus der BV selbst** oder aus den **Umständen ihres Abschlusses,** dass sich der AG freiwillig unbedingt und unwiderruflich binden wollte, reicht dies für die Umdeutung aus.[439] Ist die nichtige **BV unter Druck oder kraft eines ungültigen Spruchs im erzwingbaren ESt.-Verfahren** zustande gekommen, kann der Umdeutungswille des AG regelmäßig nicht unterstellt werden.[440] Eine Umdeutung ist auch in den Fällen ausgeschlossen, in denen die Regelungen der nichtigen BV auch **als arbeitsvertragliche Regelung rechtswidrig** wären, z. B. bei Verstoß gegen § 4 Abs. 3 TVG oder sonstige gesetzliche AN-Schutzbestimmungen.[441]

3. Verhältnis der Vorschrift zu § 87

132 Von der Sperrwirkung des Abs. 3 **nicht erfasst werden BV, die im Rahmen der zwingenden Mitbestimmung gemäß § 87 abgeschlossen werden.**[442] Da § 87 Abs. 1 u. a. den Zweck hat, das **Direktionsrecht** des AG einzuschränken und über die Mitbestimmung des BR eine **gleichberechtigte Beteiligung der AN** an der Ausgestaltung der betrieblichen Arbeitsbedingungen zu sichern,[443] gilt für BV im Rahmen der zwingenden Mitbestimmung, wenn ein gültiger TV besteht, allein der Tarifvorrang gem. § 87 Abs. 1 (vgl. dazu auch § 87 Rn. 41), der als Spezial-

431 *BAG* 16.11.11, a. a. O.
432 *BAG* 14.3.12, AuR 12, 414 Ls., juris.
433 *BAG* 14.3.12, a. a. O.; 12.3.12, NZA 12, 990; 16.11.11, a. a. O.
434 *BAG* 13.8.80, AP Nr. 2 zu § 77 BetrVG 1972; *Fitting,* Rn. 97; GK-*Kreutz,* Rn. 133; HWGNRH-*Worzalla,* Rn. 143; Richardi-*Richardi,* Rn. 310.
435 *BAG* 29.1.02, NZA 09, 393; 24.1.96, BB 96, 1717 = AiB 97, 110 mit Anm. *Thannheiser;* 23.8.89, BetrR 90, 164 = BB 89, 2330; *Braun,* DB 86, 1428 [1433]; *Fitting,* Rn. 104 ff.
436 Vgl. dazu die Einwände bei *Veit/Waas,* BB 91, 1329.
437 *BAG* 23.8.89, a. a. O.; 13.8.80, a. a. O.; 26.4.90, DB 90, 1871, 1873; *Fitting,* Rn. 105; GK-*Kreutz,* Rn. 137; *v. Hoyningen-Huene,* DB-Beilage 1/84, S. 1 [8 f.]; enger HWGNRH-*Worzalla,* Rn. 146.
438 *BAG* 28.6.05, AiB 07, 192.
439 *BAG* 24.1.96, a. a. O.; 23.8.89, a. a. O.
440 *Braun,* a. a. O.; *Fitting,* a. a. O.
441 *Fitting,* a. a. O.
442 *BAG* 24.2.87, AP Nr. 21 zu § 77 BetrVG 1972; 24.11.87, AP Nr. 6 zu § 87 BetrVG 1972 Auszahlung; 10.2.88, AP Nr. 33 zu § 87 BetrVG 1972 Lohngestaltung; 3.12.91, BB 92, 1418, 1422; *Däubler,* Arbeitsrecht 1, S. 473; *Fitting,* Rn. 111 ff.; *Gast,* BB 87, 1249; *Heinze,* NZA 89, 41, 47; *v. Hoyningen-Huene/Meier-Krenz,* NZA 87, 794 [797 ff.]; *Säcker,* ZfA-Sonderheft 72, 41 [64 ff.]; Kempen/Zachert-*Wendeling-Schröder,* Grundlagen, Rn. 464 f; *Weiss/Weyand,* AuR 89, 193, 195; WPK-*Preis,* Rn. 62; a. A. *GL,* Rn. 76; GK-*Kreutz,* Rn. 151 ff.; HWGNRH-*Worzalla,* Rn. 157 f.; *Hromadka,* DB 87, 1991; *Moll,* S. 34 ff.; Richardi-*Richardi,* Rn. 249.
443 Vgl. *BAG* 24.2.87, a. a. O.; Kempen/Zachert-*Wendeling-Schröder* a. a. O.

vorschrift dem Tarifvorbehalt des Abs. 3 vorgeht.[444] Der Tarifvorrang sichert außerdem die verfassungsrechtlich verbürgte **Tarifautonomie** und die **Vorrangkompetenz der Tarifvertragsparteien** (vgl. dazu auch Rn. 192 ff., 194) und soll verhindern, dass im Wege der betrieblichen Mitbestimmung eine betriebliche Konkurrenzordnung zum Tarifvertrag errichtet wird.[445]

Lediglich üblicherweise tariflich geregelte Arbeitsbedingungen können somit im Rahmen der Mitbestimmungsangelegenheiten gemäß § 87 Abs. 1 die betriebsverfassungsrechtliche Regelungskompetenz grundsätzlich nicht verdrängen. **133**

Gemäß § 112 Abs. 1 Satz 4 werden auch **Sozialpläne** von der Sperrwirkung des Abs. 3 nicht erfasst (vgl. im Einzelnen § 112 Rn. 108 f.). **134**

Freiwillige BV oder ein **Interessenausgleich** gem. § 122 Abs. 1 Satz 1 in Form einer freiwilligen BV unterliegen allerdings der Regelungssperre nach Abs. 3 (§ 88 Rn. 3 f.),[446] da § 88 im Gegensatz zu § 87 Abs. 1 keine im Vergleich zu Abs. 3 speziellere Regelung enthält. **135**

4. Tarifvertragsübernehmende oder -ersetzende Betriebsvereinbarung

Die vollständige oder teilweise inhaltliche **Übernahme eines für den Betrieb geltenden TV** – auch eines **Firmen-TV**[447] – durch BV mit der Folge, dass der TV auch auf nicht organisierte oder anders organisierte AN eines Betriebs ausgedehnt wird, ist unzulässig. Damit wird verhindert, dass der persönliche Geltungsbereich von TV auf einem anderen als dem hierfür vorgesehenen Weg der Allgemeinverbindlichkeit (§ 5 TVG) ausgedehnt wird.[448] Unzulässig ist auch die **Ersetzung tariflicher Bestimmungen,** die bei einem Betriebsveräußerer galten, **durch** bei einem Betriebserwerber geltende **BV im Rahmen von § 613 a Abs. 1 Satz 3 BGB** anlässlich eines Betriebsübergangs (sog. Über-Kreuz-Ablösung; vgl. auch Rn. 104 ff.). § 613 a Abs. 1 Satz 3 BGB liegt die gesetzgeberische Wertung zugrunde, dass sich nur einander gleichwertige Kollektivverträge ablösen können. Genau diese Gleichwertigkeit besteht zwischen TV und BV nicht, was auch durch den Tarifvorrang aus Abs. 3 seinen gesetzgeberischen Ausdruck gefunden hat.[449] **136**

5. Tarifregelung und Tarifüblichkeit

Die Sperrwirkung von Abs. 3 wird ausgelöst, wenn Arbeitsentgelte und sonstige Arbeitsbedingungen **durch TV geregelt** sind oder **üblicherweise durch TV geregelt werden** (dazu Rn. 147 f.). Dies setzt **nicht** voraus, dass der **AG**[450] **oder** ein oder mehrere **AN tarifgebunden** sind (s. auch Rn. 140). Eine Regelung durch TV liegt im Sinne des Abs. 3 vor, wenn ein TV abgeschlossen ist und aktuell besteht, d. h. während des Zeitraums vom **In-Kraft-Treten bis zum Ablauf eines TV** (für das sich an den Zeitpunkt des Ablaufs anschließende Stadium der **137**

---

444 *BAG* 24.2.87, a. a. O.

445 *BAG* 27.1.10, NZA 10, 645 (Rn. 98); *BAG* 31.1.84, NZA 84, 47; in diese Richtung wohl auch *BVerfG* 29.6.93, NZA 94, 34; s. aber auch den Beschluss des *BAG* 20.8.91, NZA 92, 317, der Gegenstand des Nichtannahmebeschlusses des *BVerfG* 29.6.93, a. a. O., war); Kempen/Zachert-*Wendeling-Schröder*, Grundlagen Rn. 462; Richardi-*Richardi*, BetrVG, § 87 Rn. 143; HSWGNR-*Worzalla* § 87 Rn. 46, *Moll*, s. S. 18 ff.: Wiedemann-*Wank* § 4 Rn. 551 ff.; a. A. GK-*Wiese* § 87 Rn. 55.

446 *LAG Baden-Württemberg* 13.1.99, AuR 99, 156.

447 *ArbG Hamburg* 24.10.94 – 21 Ca 202/94; 31.1.95 – 25 Ca 239/94; a. A. *v. Hoyningen-Huene*, DB 94, 2026.

448 *BAG* 20.11.01, NZA 02, 872 = EzA § 77 BetrVG 1972 Nr. 70; 22.3.94, EzA TVG § 4 Geltungsbereich Nr. 10; 3.12.91, BB 92, 1418, 1423; *LAG Hamburg* 7.6.95, AuR 96, 66; *ArbG Mainz* 27.7.95, AuR 96, 240 = DB 96, 2500; *Fitting*, Rn. 98; *GL*, Rn. 85; GK-*Kreutz*, Rn. 143; *Linnenkohl*, BB 94, 2077, 2079; MünchArbR-*Matthes*, § 238 Rn. 61; Richardi-*Richardi*, Rn. 288 ff.; *Vetter*, DB 91, 1833; *WW*, Rn. 33; a. A. wohl HWGNRH-*Worzalla*, Rn. 120 ff.

449 KDZ-*Zwanziger*, § 613 a BGB Rn. 66; *Willemsen/Hohenstatt*, Umstrukturierung, E Rn. 169; *Silberberger*, Veränderungsprozesse, S. 70 f.; *BAG* 13.11.07, NZA 08, 600; 6.11.07, NZA 08, 542; offen gelassen noch von *BAG* 1.8.01, NZA 02, 41; a. A. ErfK-*Kania*, Rn. 68 ff.; ErfK-*Preis*, § 613 a BGB Rn. 122 m. w. N.; *Meyer*, NZA 01, 751.

450 *BAG* 13.3.12, NZA 12, 990; 21.1.03, NZA 03, 1097.

Nachwirkung des TV vgl. Rn. 146). Die Sperrwirkung greift auch dann ein, wenn der TV zeitlich erst **nach Zustandekommen der BV** in Kraft tritt[451] oder z. B. aufgrund einer Änderung des **Betriebszwecks**, eines **Branchenwechsels** oder eines **Betriebsübergangs** erstmals Geltung erlangt. In derartigen Fällen **verdrängt der TV** die zuvor geltende **BV**.[452] Die Regelungssperre des Abs. 3 Satz 1 stellt **keinen Eingriff in die Koalitionsfreiheit** nicht tarifgebundener AN[453] und AG dar. Sie ist geeignet und erforderlich, um die verfassungsrechtlich garantierte **Vorrangkompetenz der Tarifvertragsparteien** zu sichern (Vgl. dazu Rn. 126 f.). Der **erstmalige Abschluss** eines TV ist ausreichend.[454] Der TV muss für die Branche oder bezüglich der von seinem Geltungsbereich erfassten AN und AG nicht **repräsentativ** sein.[455] Auch kommt es nicht auf die **»Bedeutung« des TV** oder die **»Größe« der tarifschließenden Gewerkschaft** an. Das Gesetz stellt auf die Existenz einer Tarifregelung ab und nicht auf das Ausmaß ihrer Anwendung und zielt von seinem Schutzzweck her gerade auch darauf ab, die Ausübung der Tarifautonomie und Verhinderung einer betrieblichen Konkurrenzordnung in (z. B. neuen) Branchen ohne traditionell starke Tarifvertragsparteien zu sichern.[456]

138 Es werden nur solche Betriebe von der Sperrwirkung erfasst, die unter den **räumlichen, betrieblichen und fachlichen Geltungsbereich des TV** fallen.[457] Der räumliche Geltungsbereich der Sperrwirkung eines TV bezieht nicht den gesamten Wirtschafts- und Gewerbezweig auf dem Gebiet der Bundesrepublik ein, sondern beschränkt sich auf den **geographischen Raum,** für den der TV abgeschlossen ist.[458] Es genügt auch das Bestehen eines **Firmen-TV** für diesen Betrieb.[459] Wird mit AN eines Betriebs die **Anwendung eines TV einzelvertraglich vereinbart** und fällt dieser Betrieb nicht unter den Geltungsbereich dieses TV, greift die Sperrwirkung nicht ein.[460]

139 Die Feststellung, welche Betriebe – im Sinne von Abs. 3 – vom Geltungsbereich einer tariflichen Regelung erfasst werden, wirft besondere Probleme auf, wenn die für bestimmte Branchen tarifzuständigen TV-Parteien den **räumlichen und/oder fachlichen bzw. betrieblichen Geltungsbereich** des TV nicht – ausdrücklich – im Rahmen ihrer Tarifzuständigkeit inhaltlich definieren, sondern ausschließlich auf die **Mitgliedschaft im AG-Verband** bzw. in den tarifschließenden Parteien abstellen. Da die Voraussetzungen der Mitgliedschaft im AG-Verband notwendig mit dessen Tarifzuständigkeit korrespondieren, erfasst die Sperrwirkung des Abs. 3 neben den Betrieben der Mitglieder des AG-Verbandes auch die Betriebe derjenigen AG, die nach der Satzung des AG-Verbandes die Mitgliedschaft erwerben können und für die die Tarifzuständigkeit der tarifschließenden Gewerkschaft gegeben ist.[461] Unabhängig davon, dass es für die Geltung des Tarifvorrangs auf die Tarifbindung und damit auch auf die Mitgliedschaft im AG-Verband nicht ankommt (vgl. Rn. 140), grenzt die Mitgliedschaft im AG-Verband als Kriterium für die Erfassung durch den TV nicht den fachlichen bzw. betrieblichen Geltungsbereich des TV ab, sondern stellt die schlichte Bestätigung der ohnehin gegebenen Rechtslage dar. Ergeben sich aus dem TV keine weiteren Auslegungsgesichtspunkte, wird in

---

451 *BAG* 13.3.12, a. a. O.; 21.1.03,a. a. O.; *Fitting,* Rn. 99; *GK-Kreutz,* Rn. 132.
452 *BAG* 13.3.12, a. a. O.
453 *BAG* 13.3.12, a. a. O.
454 *Fitting,* Rn. 75; GK-*Kreutz,* Rn. 105; Richardi-*Richardi,* Rn. 257.
455 *BAG* 20.11.01, NZA 02, 872 = EzA § 77 BetrVG 1972 Nr. 70; 13.11.80, EzA § 77 BetrVG Nr. 8; *Fitting,* Rn. 79; GK-*Kreutz,* Rn. 112; Richardi-*Richardi,* Rn. 262.
456 Kittner/Zwanziger/Deinert-*Deinert,* § 10 Rn. 100; Wiedemann-*Wank,* Tarifvertragsgesetz, § 4 Rn. 565; im Ergebnis wie hier *Fitting,* a. a. O.; a. A. ErfK-*Kania,* Rn. 51; ebenso wohl MünchArbR-*Matthes,* § 238 Rn. 64.
457 *BAG* 21.12.83, DB 83, 996; 27.1.87, AP Nr. 42 zu § 99 BetrVG 1972; *Fitting,* Rn. 75; GK-*Kreutz,* Rn. 97 ff.; Richardi-*Richardi,* Rn. 264 f.
458 *BAG* 29.5.64, 21.2.67, AP Nrn. 24, 26 zu § 59 BetrVG; HWGNRH-*Worzalla,* Rn. 123.
459 *BAG* 21.1.03, NZA 03, 1097; *Fitting,* Rn. 80; GK-*Kreutz,* Rn. 113; MünchArbR-*Matthes,* § 238 Rn. 64; Richardi-*Richardi,* Rn. 258; *WW,* Rn. 31; jetzt auch HWGNRH-*Worzalla,* Rn. 132, a. A. *v. Hoyningen-Huene,* DB 94, 2026.
460 *BAG* 27.1.87, AP Nr. 42 zu § 99 BetrVG 1972.
461 Kittner/Zwanziger/Deinert-*Deinert,* § 10 Rn. 114; im Ergebnis übereinstimmend *BAG* 23.3.11, NZA 12, 231 Ls., juris; 22.3.05, AP Nr. 26 zu § 4 TVG Geltungsbereich; *LK,* Rn. 63; MünchArbR-*Matthes,* § 238 Rn. 64.

derartigen Fällen der Geltungsbereich des TV jedenfalls durch die Tarifzuständigkeit der beteiligten TV-Parteien umrissen. Die Gegenmeinung, nach der die Sperrwirkung die Betriebe der unorganisierten AG im durch Auslegung (Tarifzuständigkeit der TV-Parteien) zu ermittelnden Geltungsbereich des TV nicht erfassen soll,[462] verkennt, dass der Schutzzweck des Tarifvorbehalts leer laufen würde, wenn allein die fehlende Mitgliedschaft im AG-Verband die Errichtung einer betrieblichen Konkurrenzordnung ermöglichen würde.

Voraussetzung für das Eingreifen der Sperrwirkung ist **weder die Tarifbindung eines oder mehrerer AN[463] noch des AG.**[464] Dies hat zur Konsequenz, dass der Nichteintritt in den oder der **Austritt aus dem AG-Verband** oder die **Ausgliederung von Betrieben** auf nicht tarifgebundene Rechtsträger nicht die **Errichtung einer betrieblichen Konkurrenzordnung** durch Abschluss entsprechender BV zulässt. Dies entspricht dem Normzweck von Abs. 3 und verweist auf den **Firmen-TV** als systemadäquate Alternative zur Bindung an den Verbands-TV.[465] Nicht gesperrt sind allerdings **BV im Rahmen der zwingenden Mitbestimmung** gemäß § 87 (vgl. dazu Rn. 132 ff., § 87 Rn. 41). **140**

Besondere Probleme werfen neuere Strategien der »Flucht aus dem TV« auf, wie bestimmte Formen der **»organisierten Tarifunwilligkeit« auf AG-Seite.** Ändern AG-Verbände die Satzung dahin gehend, dass neben der herkömmlichen »Vollmitgliedschaft« eine Mitgliedschaft ohne Tarifbindung (sog. **OT-Mitgliedschaft**) vorgesehen ist, stellt sich die Frage, ob für AG im Status der OT-Mitgliedschaft die Sperrwirkung nach Abs. 3 greift. Wenn die Satzung des AG-Verbandes, wie üblich, den Wechsel von der Voll- in die OT-Mitgliedschaft (und umgekehrt) durch schriftliche Erklärung und ohne Einhaltung von Fristen vorsieht, ist dieser Sachverhalt nicht anders zu bewerten wie der Ein- und Austritt aus dem AG-Verband. Letztlich geht es auch hier um die Frage der Tarifbindung des AG und nicht um eine Begrenzung der Tarifzuständigkeit, wie das *BAG*[466] im Anschluss an *Buchner*[467] entschieden hat.[468] Für den AG im Status der OT-Mitgliedschaft im AG-Verband gilt daher Abs. 3 in gleicher Weise wie für den AG, der den AG-Verband durch Austritt verlassen hat.[469] **141**

Bei **Auflösung des AG-Verbandes** oder gewillkürter Tarifunfähigkeit durch entsprechende **Satzungsänderung des AG-Verbandes (OT-Verband)** kann die Fortgeltung der Sperrwirkung fraglich werden, wenn die TV-Partei auf AG-Seite wegfällt und der TV endet. Das Fehlen der TV-Partei auf AG-Seite steht einem Neuabschluss möglicherweise langfristig entgegen, so dass die **Tarifüblichkeit** entfallen könnte (vgl. Rn. 72). Das gilt nicht, solange der TV nachwirkt und die Gewerkschaft mit den bisher verbandsgebundenen AG Firmen-TV ernsthaft anstrebt. Die Tarifüblichkeit würde dann – für alle Betriebe im Geltungsbereich des abgelaufenen und nachwirkenden TV – erst wegfallen, wenn die Gewerkschaft erklären würde, sie strebe keine Firmen-TV mehr an, oder wenn sie nach mehreren Jahren keinen Tarifabschluss realisiert hätte.[470] **142**

Werden die Arbeitsverhältnisse in einem Betrieb vom **Geltungsbereich mehrerer TV** unterschiedlicher Gewerkschaften erfasst, wurde die Sperrwirkung des Abs. 3 auf Grundlage des richterrechtlich entwickelten – für den Fall der **Tarifpluralität** stets umstrittenen[471] – **Grund-** **143**

---

462 *LAG Köln* 16.3.99, ZTR 99, 431; *Buchner,* DB 97, 573, 577; *Fitting,* Rn. 76; GK-*Kreutz,* Rn. 108; ErfK-*Kania,* Rn. 46; *Kania,* BB 01, 1091.

463 MünchArbR-*Matthes,* § 238 Rn. 64; Richardi-*Richardi,* Rn. 261; Wiedemann-*Wank,* Tarifvertragsgesetz, § 4 Rn. 562).

464 *BAG* 13.3.12, NZA 12, 990; 21.1.03, NZA 03, 1097; 20.11.01, NZA 02, 872 = EzA § 77 BetrVG 1972 Nr. 70; 24.1.96, NZA 96, 948; 5.3.97, NZA 97, 951; 9.12.97, NZA 98, 661; ErfK-*Kania,* Rn. 46; *Fitting,* Rn. 78; *GL,* Rn. 81; HWGNRH-*Worzalla,* Rn. 124; MünchArbR-*Matthes,* a. a. O.; Schaub-*Koch,* § 231 Rn. 25; Wiedemann-*Wank,* a. a. O.; a. A. GK-*Kreutz,* Rn. 109 f.; Richardi-*Richardi,* Rn. 260.

465 *BAG* 20.11.01, a. a. O.; 24.1.96, a. a. O.

466 23.10.96, DB 97, 582.

467 NZA 94, 2.

468 A. A. *Kania,* BB 01, 1091, 1092.

469 s. dazu näher *Berg,* AuR 01, 393, 396; *Fitting,* Rn. 78; Kittner/Zwanziger/Deinert-*Deinert,* § 10 Rn. 118 f.

470 *BAG* 16.9.60, AP Nr. 1 zu § 2 ArbGG BV; *Fitting,* Rn. 94; Kittner/Zwanziger/Deinert-*Deinert,* a. a. O.; a. A. GK-*Kreutz,* Rn. 117.

471 S. dazu Berg/Kocher/Schumann-*Berg,* TVG § 4 Rn.96.

satzes der Tarifeinheit nur von dem TV ausgelöst, der nach dem **Prinzip der Sachnähe bzw. Spezialität** den oder die anderen (konkurrierenden) Tarifverträge verdrängt.[472] Nachdem das *BAG* diese **Rspr. geändert** und den Grundsatz der Tarifeinheit für die **Inhaltsnormen von Tarifverträgen** konkurrierender Gewerkschaften aufgegeben hatte,[473] galten die Inhaltsnormen der von konkurrierenden Gewerkschaften abgeschlossenen TV für die jeweils der tarifschließenden Gewerkschaft angehörenden AN im Betrieb und kamen nebeneinander zur Anwendung (zur **neuen Rechtslage** nach Inkrafttreten des **Tarifeinheitsgesetzes**[474] am 10.7.2015 vgl. Rn. 145 a).

144 Im Rahmen der Betriebsverfassung konnten sich daraus verschiedene Folgeprobleme[475] ergeben, etwa der parallelen Geltung nicht aufeinander abgestimmter tarifvertraglicher Öffnungsklauseln und der konkurrierenden Auslösung des Tarifvorbehalts nach Abs. 3 und des Tarifvorrangs nach § 87 Abs. 1 Eingangssatz (vgl. § 87 Rn. 36 ff.). Soweit es sich bei den tarifvertraglichen Öffnungsklauseln um **betriebliche oder betriebsverfassungsrechtliche Normen** handelt, für deren – nur betriebseinheitlich sinnvolle – Anwendung § 3 Abs. 2 TVG die Tarifbindung des AG ausreichen lässt, handelt es sich um einen Fall der Tarifkonkurrenz (und nicht der Tarifpluralität), die nach dem **Mehrheitsprinzip** aufzulösen ist.[476] Der Gesichtspunkt der stärkeren Legitimation des Mehrheits-TV spricht dafür, in diesem Fall nicht auf das vom *BAG*[477] grundsätzlich herangezogene Spezialitätsprinzip abzustellen.[478] Dies gilt entsprechend auch für sonstige betriebliche Normen.

145 Unter Berücksichtigung des **Schutzzwecks der Sperrwirkung** des Abs. 3 löste ansonsten **jeder einschlägige TV die Sperrwirkung aus.**[479] Durch Abs. 3 Satz 1 soll die Tarifautonomie durch die Vorrangkompetenz der Tarifvertragsparteien vor Beeinträchtigungen durch konkurrierende betriebliche Regelungen geschützt werden (s. dazu Rn. 126 ff.). Dieser Schutz erstreckt sich nach den Konzeption des Gesetzgebers grundsätzlich auf jeden existierenden, wirksamen und einschlägigen TV, unabhängig vom Ausmaß seiner Anwendung oder Bedeutung (s. dazu Rn. 137). Dabei ist allerdings zu berücksichtigen, dass bei nebeneinander geltenden TV mit sich nur **teilweise überschneidenden Geltungsbereichen** (wenn z. B. einer der TV nur eine begrenzte Berufsgruppe im Betrieb erfasst) die Sperrwirkung auf die vom Geltungsbereich der TV erfassten Arbeitsverhältnisse beschränkt ist.

145a Nach **neuer Rechtslage** und gesetzlicher Regelung des **Grundsatzes der Tarifeinheit in § 4 a TVG** durch das Tarifeinheitsgesetz[480] (s. zu Entstehungsgeschichte, Inhalt und Vereinbarkeit des Tarifeinheitsgesetzmit Art. 9 Abs. 3 GG § 2 Rn. 73 a f.) wird die Sperrwirkung **nur** vom ausschließlich anwendbaren **Mehrheitstarifvertrag** ausgelöst (dies gilt gem. § 13 Abs. 3 TVG im Sinne eines Bestandsschutzes allerdings nicht für kollidierende Tarifverträge, die bereits am 10.07.2015 galten[481]). Der **verdrängte Minderheitstarifvertrag** kann grundsätzlich keinen Schutz vor einer Beeinträchtigung durch eine BV beanspruchen. Dabei ist allerdings zu berücksichtigen, dass die Rechtsnormen des **Minderheitstarifvertrages** im Fall einer Tarifkollision i. S. d. § 4 a TVG nicht unwirksam werden, sondern für die Dauer der normativen Geltung des Mehrheitstarifvertrages lediglich verdrängt werden.[482] Endet der verdrängende

---

472 *BAG* 4.12.02, DB 03, 1067; 20.3.91, DB 91, 1779; 26.1.94, AuR 94, 389; vgl. dazu TVG-AKR/TVG, § 4 Rn. 91 ff.

473 *BAG* 27.1.10, DB 10, 1184; 23.6.10 – 10 AS 2/10; dazu Berg/Kocher/Schumann-*Berg*, TVG § 4 Rn. 98 ff.; eingehend zur aktuellen tarifrechtlichen und rechtspolitischen Kontroverse um die Zukunft des Grundsatzes der Tarifeinheit Berg/Kocher/Schumann-*Berg*, TVG § 4 Rn. 98 a f., TVG-AKR, Teil 1, Grundlagen Rn. 240, jeweils m. w. N.

474 BGBl. I, S. 1130.

475 Dazu eingehend *Schmidt B.*, S. 414 ff.

476 Berg/Kocher/Schumann-*Berg*, TVG Rn. 67 ff.; zu den praktischen und rechtlichen Problemen der Ermittlung des sich nach dem Mehrheitsprinzip durchsetzenden TV vgl. Berg/Kocher/Schumann-*Berg*, TVG § 4 Rn. 68 a ff.

477 *BAG* 20.3.91, AP Nr. 20 zu § 4 TVG Tarifkonkurrenz.

478 Kittner/Zwanziger/Deinert-*Deinert*, § 8 Rn. 285 m. w. N.

479 *Brecht-Heitzmann*, GS Zachert, S. 502, 561 ff.; *Fitting*, Rn. 81; *Schmidt, B.*, S. 469 ff., 508; Berg/Kocher/Schumann-*Berg*, TVG § 4 Rn. 108; a. A. Kittner/Zwanziger/Deinert-*Deinert*, § 10 Rn. 101, 115.

480 BGBl. I, S. 1130.

481 Vgl. dazu Berg/Kocher/Schumann-*Berg*, TVG § 4 a Rn. 22.

482 Berg/Kocher/Schumann-*Berg*, a. a. O., Rn. 46.

Mehrheitstarifvertrag und befindet sich (lediglich) in der **Nachwirkung** gem. § 4 Abs. 5 TVG – was an der von ihm ausgelösten Sperrwirkung unter dem Gesichtspunkt der Tarifüblichkeit (vgl. Rn. 137 ff., 146) in der Regel allerdings nichts ändert – kann der **Minderheitstarifvertrag** (wieder) **normative Geltung** beanspruchen und kommt zur Anwendung.[483] Fraglich ist deshalb, ob während der **Nachwirkung des Mehrheitstarifvertrages** nunmehr auch der (wieder) normativ geltende Minderheitstarifvertrag die Sperrwirkung auslöst. Wenn man dies bejaht, könnte es naheliegen, dem Minderheitstarifvertrag während des Zeitraums seiner Verdrängung die Eigenschaft einer üblichen tarifvertraglichen Regelung (vgl. dazu Rn. 147) beizumessen. Zumindest wenn aufgrund der einschlägigen Tarifpraxis[484] davon auszugehen ist, dass der Mehrheitstarifvertrag nach seiner Beendigung neu verhandelt und abgeschlossen werden wird, und zum Zeitpunkt seines Neuabschlusses – und der dann neu eintretenden Tarifkollision[485] – seine Eigenschaft als Mehrheitstarifvertrag nicht verlieren wird, kann der Minderheitstarifvertrag bezüglich der von ihm geregelten Materien weder unter dem Gesichtspunkt des **Bestehens einer tariflichen Regelung** noch dem der **Tarifüblichkeit** die Sperrwirkung auslösen.[486] Soweit vertreten wird, dass in Abweichung von § 4 a Abs. 2 Satz 2 TVG von den beteiligten Tarifvertragsparteien eine Tarifkollision einvernehmlich herbeigeführt bzw. hingenommen und praktiziert werden kann[487] oder die Tarifverträge unterschiedlicher Tarifvertragsparteien mit unterschiedlichen Regelungsgegenständen nebeneinander im Betrieb zur Anwendung kommen,[488] sind die zur bisherigen Rechtslage geltenden Grundsätze anzuwenden (was nach hier vertretener Auffassung bedeutet, dass im Ergebnis alle zur Anwendung kommenden Tarifverträge die Sperrwirkung auslösen).

Gilt der TV nur noch kraft **Nachwirkung** (§ 4 Abs. 5 TVG), besteht im Sinne von Abs. 3 keine tarifliche Regelung mehr. Der TV kann grundsätzlich **jederzeit** durch eine andere Abmachung, also auch **durch BV, ersetzt werden,**[489] **sofern nicht Tarifüblichkeit** (vgl. auch Rn. 89 f.)[490] **besteht,** was typischerweise der Fall ist und aus diesem Grund zur Fortsetzung der Sperrwirkung führt.[491] BV im Rahmen der **zwingenden Mitbestimmung gemäß § 87** sind allerdings zulässig (vgl. Rn. 132 ff., § 87 Rn. 41).[492] **146**

Wenn keine tarifliche Regelung besteht (vgl. Rn. 137), kann von einer – die Sperrwirkung des Abs. 3 ebenfalls auslösenden – **Tarifüblichkeit** gesprochen werden, wenn überhaupt für den **räumlichen**, **betrieblichen** und **fachlichen Tätigkeitsbereich des Betriebs** TV über die jeweiligen Arbeitsbedingungen abgeschlossen zu werden pflegen. Die Tarifüblichkeit kann sich auch auf bestimmte AN-Gruppen (z. B. Arbeiter) beschränken. Der **Begriff der Tarifüblichkeit** i. S. dieser Bestimmung ist **weit** auszulegen.[493] Nach älterer Rspr. des *BAG* muss der **TV für die Branche repräsentativ** sein, d. h., die in tarifgebundenen Betrieben beschäftigten AN müssen zahlenmäßig überwiegen.[494] Diese Auffassung ist abzulehnen, weil hier die Üblichkeit der Regelung mit der Üblichkeit der Anwendung, worauf es gerade nicht ankommt, verwechselt wird. Maßgebend ist demnach, ob der Betrieb üblicherweise in den Geltungsbereich des TV fallen würde.[495] Die Sperrwirkung gilt auch für Tendenzbetriebe.[496] **147**

Besteht ein **Firmen-TV,** ist auch darauf abzustellen, ob der Betrieb vom räumlichen, betrieblichen und fachlichen Geltungsbereich eines Verbands-TV erfasst wird. Während dies bei sog. Anerkennungs-TV mit identischem Regelungsumfang ohnehin unproblematisch ist, muss **148**

483 Berg/Kocher/Schumann-*Berg*, a. a. O.
484 *BAG* 26.8.08, AP Nr. 15 zu § 87 BetrVG 1972 (zu I 1 a).
485 Vgl. dazu Berg/Kocher/Schumann-*Berg*, TVG § 4 a Rn. 44.
486 Im Ergebnis ebenso *Däubler/Bepler*, F. I.3.
487 Berg/Kocher/Schumann-*Berg*, a. a. O., Rn. 38.
488 Berg/Kocher/Schumann-*Berg*, a. a. O., Rn. 29 f.
489 *BAG* 15.12.61, AP Nr. 1 zu § 615 BGB Kurzarbeit; 17.12.68, AP Nr. 27 zu § 56 BetrVG; 31.1.69, AP Nr. 5 zu § 56 BetrVG Entlohnung; *LAG Berlin* 15.6.77, EzA § 87 BetrVG 1972 Nr. 6.
490 *LAG Nürnberg* 20.9.01, AiB 03, 44 mit Anm. *Rehwald; LAG Berlin* 5.11.80, DB 81, 1730.
491 *Fitting*, Rn. 83; GK-*Kreutz*, Rn. 115.
492 *LAG Nürnberg* 6.11.01, AuR 02, 158.
493 *BAG* 16.9.60, AP Nr. 1 zu § 2 ArbGG 1953 Betriebsvereinbarung.
494 *BAG* 6.12.63, AP Nr. 23 zu § 59 BetrVG; *GL*, Rn. 82; Richardi-*Richardi*, Rn. 271.
495 *Fitting*, Rn. 79; GK-*Kreutz*, Rn. 125; HWGNRH-*Worzalla*, Rn. 138.
496 *BAG* 8.12.70, AP Nr. 28 zu § 59 BetrVG.

dies auch bei Firmen-TV gelten, deren Regelungsumfang sich vom einschlägigen Verbands-TV unterscheidet. Vom Zweck des Abs. 3 her ist es sachgerecht, wie bei nicht tarifgebundenen Betrieben bei der Prüfung der Tarifüblichkeit auf den Inhalt des einschlägigen Verbands-TV abzustellen.[497] Die Existenz einer Vielzahl von Firmen-TV für fachlich vergleichbare Betriebe begründet für die von diesen TV nicht erfassten Betriebe keine Tarifüblichkeit.[498]

149 Um eine Tarifüblichkeit auszulösen, muss der Betrieb zunächst vom räumlichen, betrieblichen und fachlichen Geltungsbereich des TV erfasst werden (s. Rn. 147). In diesem Fall liegt eine Tarifüblichkeit jedenfalls dann vor, wenn in **ununterbrochener zeitlicher Reihenfolge mehrere TV** abgeschlossen wurden. Zeitliche Unterbrechungen zwischen der Beendigung und dem Neuabschluss der Tarifverträge beseitigen die Tarifüblichkeit nicht.[499] Von einer Tarifüblichkeit ist auch auszugehen, wenn in der Vergangenheit **ein** einschlägiger **TV erstmals abgeschlossen** wurde und nach seinem Ablauf über den Neuabschluss des TV verhandelt wird.[500] Die Tarifüblichkeit ist nicht bereits gegeben, wenn es in der Vergangenheit noch keinen einschlägigen TV gab und die TV-Parteien **Verhandlungen** ankündigen oder bereits (erstmals) über den Abschluss eines TV verhandelt haben.[501] Gleiches gilt, wenn der fragliche Regelungsgegenstand im einschlägigen TV nicht geregelt ist.[502] Die **Beendigung der Tarifüblichkeit** tritt nicht ein, wenn angenommen werden kann, dass nach Ablauf eines einschlägigen TV – auch nach einem längeren Nachwirkungszeitraum – von den TV-Parteien ein Neuabschluss des TV angestrebt wird[503] (s. auch Rn. 142). Das gilt auch bei Firmen-TV.

6. Tarifliche Öffnungsklausel

150 Nach Abs. 3 Satz 2 gilt die Sperrwirkung dann nicht, wenn **der TV den Abschluss ergänzender BV ausdrücklich zulässt.** Nach der Rspr. des *BAG* ist die Sperrwirkung weit (vgl. Rn. 89 f.), die ausdrückliche Zulassung ergänzender BV dagegen eng auszulegen.[504] Die Zulässigkeit der BV muss klar zum Ausdruck gebracht werden, ohne dass der Begriff »Betriebsvereinbarung« unbedingt verwendet werden muss.[505] Hat die Öffnungsklausel im schriftlichen TV keinen Niederschlag gefunden, ist ein Rückgriff auf eine ergänzende Vertragsauslegung ausgeschlossen.[506] Eine etwaige Öffnungsklausel gilt auch für nicht tarifgebundene Betriebe und AN.[507] Der Abschluss einer BV auf Grundlage einer Öffnungsklausel kann im TV auch von der einzelfallbezogenen **Zustimmung der TV-Parteien** abhängig gemacht werden.[508] Nach Auffassung des *BAG*[509] kann von den TV-Parteien eine BV durch eine Tariföffnungsklausel auch **nachträglich genehmigt** und in den Grenzen des Vertrauensschutzes mit **Rückwirkung** versehen werden. Sieht eine Öffnungsklausel vor, dass bei Vorliegen bestimmter Voraussetzungen die TV-Parteien einer vom TV abweichenden BV zustimmen »sollen«, kann eine der TV-Parteien – bei Vorliegen dieser Voraussetzungen – die andere TV-Partei auf Abgabe einer entsprechenden Willenserklärung gerichtlich in Anspruch nehmen.[510]

151 Die Zulassung den TV ergänzender BV durch eine Öffnungsklausel[511] ist i. V. m. einer präzisen

497 Anders allerdings *BAG* 21.12.82, DB 83, 996, für den Fall eines Firmen-TV mit vom Verbands-TV abweichenden Regelungsumfang.
498 *BAG* 27.1.87, AP Nr. 42 zu § 99 BetrVG 1972.
499 *BAG* 5.3.13, NZA 13, 916, 917.
500 BAG 5.3.13, a. a. O.; Richardi-*Richardi,* Rn. 273; *Fitting,* Rn. 90; HWGNRH-*Worzalla,* Rn. 136.
501 *BAG* 5.3.13, a. a. O.; 22.5.79, AP Nr. 13 zu § 118 BetrVG 1972; 23.10.85, AP Nr. 33 zu § 1 TVG Tarifverträge: Metallindustrie.
502 *BAG* 21.2.67, AP Nr. 25 zu § 59 BetrVG.
503 *BAG* 24.2.87, AP Nr. 21 zu § 77 BetrVG 1972; *LAG Berlin* 5.11.80, DB 81, 1731; *Neudel,* AiB 81, 62.
504 6.3.58, 6.12.63, 21.2.67, AP Nrn. 1, 23, 26 zu § 59 BetrVG; *GL,* Rn. 86; GK-*Kreutz,* Rn. 162 ff.; HWGNRH-*Worzalla,* Rn. 151; Richardi-*Richardi,* Rn. 302.
505 *BAG* 20.12.61, AP Nr. 7 zu § 59 BetrVG.
506 *Fitting,* Rn. 117; GK-*Kreutz,* Rn. 162.
507 *Braun,* BB 86, 1428, 1434; *Fitting,* Rn. 120.
508 *BAG* 5.7.11, DB 11, 2668 Ls., juris.
509 *BAG* 22.5.12, NZA 12, 1110; 29.1.02, NZA 02, 927; 24.9.99, BB 99, 1976.
510 *BAG* 20.10.10, NZA 11, 468.
511 Zur Diskussion über die Öffnung des Flächentarifvertrages durch Öffnungsklauseln vgl. WSI-Tarif-

Grenzziehung für den Umfang der zulässigen Ergänzung auch zulässig für die **Übertragung** der Ausgestaltung von Arbeitsbedingungen, z. B. der Dauer der individuellen wöchentlichen Arbeitszeit (»Leber-Kompromiss«), **auf die Betriebsparteien.** Sofern die TV-Parteien einen **ausreichenden tariflichen Regelungsrahmen** vorgeben, bestehen auch gegenüber derartigen Öffnungsklauseln unter dem Gesichtspunkt einer **Verlagerung der** verfassungsrechtlich privilegierten **Normsetzungsbefugnis der Koalitionen auf die Betriebsparteien** keine durchgreifenden Bedenken.[512] Derartige Öffnungsklauseln haben in den **TV nahezu aller Branchen** inzwischen eine **große Verbreitung** und reichen von beschäftigungssichernden Bausteinen, flexiblen Rahmenregelungen für betriebsnahe Lösungen sogar bis zu Öffnungen für konditionierte und befristete Unterschreitungen der tariflichen Standards.[513]

Entgegen verbreiteter Ansicht kann allerdings Abs. 3 Satz 2 über seinen Wortlaut hinaus (… **152**
»Abschluss **ergänzender** BV« …) bei richtig verstandener Bestimmung des Normzwecks dieser Vorschrift und aus systematischen Gründen nicht weit ausgelegt werden.[514] Zwar hat das *BAG* anerkannt, dass die TV-Parteien selbst darüber bestimmen können, in welchem Umfang sie die Ausgestaltung der Arbeitsverhältnisse selbst vornehmen oder deren Regelung durch eine entsprechende Öffnungsklausel auf die Betriebsparteien übertragen;[515] es hat jedoch gleichzeitig darauf hingewiesen, dass durch einen Verzicht der TV-Parteien auf die eigenverantwortliche Ausgestaltung der Arbeitsverhältnisse die der Tarifautonomie immanenten Grenzen der Regelbefugnis überschritten werden können. Zunächst erfordert das Verbot der Schaffung bzw. Begünstigung einer beitragslosen Ersatzgewerkschaft bzw. Zwangsgewerkschaft auf betrieblicher Ebene (Art. 9 Abs. 3 GG, Art. 5 ILO-Abkommen Nr. 135) zwingend, dass die TV-Parteien die Ausgestaltung der Arbeitsverhältnisse zumindest in einem Kernbereich vornehmen und diese Aufgabe nicht ohne Bindung und Begrenzung auf die Betriebsparteien übertragen. Dies ergibt sich auch aus der unterschiedlichen demokratischen Legitimation der Normsetzungsbefugnis auf tariflicher und betrieblicher Ebene.

Die Rechtsnormqualität des TV legt es nahe, eine Parallele zum Problem der Verordnungser- **153**
mächtigung des Parlaments an die Exekutive zu ziehen. Die TV-Parteien müssen, wie das Parlament als Normgeber, als primäre Rechtssetzungsinstanz ihre verfassungsrechtliche Verantwortung für die Regelung der Arbeits- und Wirtschaftsbedingungen dadurch wahrnehmen, dass sie Inhalt, Zweck und Ausmaß der betrieblichen Öffnungsklausel selbst regeln (vgl. Art. 80 Abs. 1 Satz 2 GG). Dieser Ansatz rechtfertigt sich daraus, das Art. 80 Abs. 1 Satz 2 GG Ausdruck des Gedankens der Rechtsklarheit und Rechtssicherheit als Element des Rechtsstaatsgrundsatzes ist.[516] Die Grenzen für die Übertragung der Regelungskompetenz der TV-Parteien auf die betriebliche Ebene ist erreicht, wenn inhaltliche Minimalerfordernisse (»Selbstentscheidungserfordernis«) und Rahmen- und Strukturvorgaben (»Programmvorgabeerfordernis«) fehlen.

Dies wäre z. B. der Fall, wenn die TV-Parteien auf die Festlegung der Hauptleistungspflichten **154**
aus dem Arbeitsvertrag völlig verrichten würden. Je präziser die tariflichen Vorgaben an die Betriebsparteien sind, umso vorhersehbarer ist die auf betrieblicher Ebene zu treffende ergänzende Regelung für die Normunterworfenen und umso mehr können Bedenken wegen der Verletzung der Gebote der Rechtsklarheit und Rechtssicherheit zurücktreten. Die Zulässigkeit

---

handbuch 1997, S. 60 ff.; eingehend Kittner/Zwanziger/Deinert-*Deinert,* § 10 Rn. 125 ff.; *ders.,* FS Schaub, 389 ff.

512 *BAG* 18.8.87, AP Nr. 23 zu § 77 BetrVG 1972; vgl. zu dieser Problematik insgesamt auch Berg/Kocher/Schumann-*Berg,* Grundlagen Rn. 205 ff., TVG § 4 Rn. 122 ff.; *Däubler,* Das Arbeitsrecht 1, Rn. 225; *Heinze,* NZA 89, 41; *Linnenkohl,* BB 88, 1489; *Meier-Krenz,* DB 88, 2149; *Kissel,* NZA 86, 70; *Weyand,* AuR 89, 193.

513 Vgl. dazu die Übersicht mit entsprechenden Beispielen bei Berg/Kocher/Schumann-*Berg,* TVG § 4 Rn. 130; zur gewerkschafts- und tarifpolitischen Kontroverse über Flexibilisierung und Dezentralisierung der Tarifpolitik vgl. Berg/Kocher/Schumann-*Berg,* Grundlagen Rn. 205 ff.

514 So aber ErfK-*Kania,* Rn. 74; *Fitting,* Rn. 121; GK-*Kreutz,* Rn. 164; HWGNRH-*Worzalla,* Rn. 152; *Waltermann,* RdA 96, 129, 135 f.; *WW,* Rn. 37; wie hier *Heinze,* NZA 95, 5, 7; *Kittner,* FS Schaub, 389 ff.; *Zachert,* RdA 96, 140, 143.

515 *BAG* 18.8.87, a. a. O.

516 Dazu eingehend *Däubler,* Tarifvertragsrecht, Rn. 243; Kempen/Zachert-*Kempen,* Grundlagen, Rn. 266; *Zachert,* RdA 96, 140, 142; vgl. auch *BAG* 28.11.84, DB 85, 183; 9.5.95, DB 95, 2610.

weitgehend ungeregelter »Optionsklauseln« oder von »Korridor«- bzw. »Bandbreiten«-Regelungen ist unter Berücksichtigung dieser Kriterien äußerst fraglich, während geregelte »Optionsklauseln«, nach denen die Betriebsparteien zwischen auf tariflicher Ebene weitgehend abschließend gestalteten Regelungsalternativen wählen können, den Anforderungen in der Regel entsprechen.[517]

155 Wenn es auch durchaus anzuerkennen ist, dass die TV-Parteien im Rahmen moderner Konzepte betrieblicher Gestaltungspolitik einer gewissen **Dezentralisierung der Verhandlungssysteme** Rechnung tragen müssen,[518] darf nicht verkannt werden, dass eine zu weitgehende oder unpräzise konturierte Verlagerung der Kompetenzen von den TV- auf die Betriebsparteien mit erheblichen **Gefahren für die verfassungsrechtlich gewährleistete Tarifautonomie** verbunden[519] und im Übrigen auch **verfassungsrechtlichen Bedenken** ausgesetzt ist.[520] Von der rechtlichen Problematik eines solchen Regelungsverzichts abgesehen würde zusätzlich die Gefahr eines schleichenden und möglicherweise nicht mehr rückholbaren **Verlustes an Gestaltungsmacht und Regelungskompetenz auf überbetrieblicher Ebene** und eines damit verbundenen **Autoritätsverlustes[521] der TV-Parteien** bestehen.[522] Insbesondere für Klein- und Mittelbetriebe haben Untersuchungen zur betrieblichen Gestaltung von Arbeitszeitsystemen die begrenzte Verhandlungsmacht und Gestaltungsfähigkeit von BR bestätigt und unterstrichen, dass eine große Regelungsdichte durch präzise und überschaubare Tarifbestimmungen für die Realisierung eines effektiven AN-Schutzes unverzichtbar ist.[523]

156 Die Realisierung der in der politischen und wissenschaftlichen Auseinandersetzung wiederholt öffentlich zur Diskussion gestellten[524] und auf einen Vorschlag der sog. Deregulierungskommission zurückgehenden[525] Absicht, durch entsprechende Änderungen von Abs. 3 und § 4 Abs. 3 TVG eine **gesetzliche Grundlage für vom TV abweichende BV zuungunsten der AN** in **wirtschaftlichen Notlagen** einzelner UN zu schaffen, wäre mit dem **Grundrecht der Koalitionsfreiheit aus Art. 9 Abs. 3 GG** nicht vereinbar. Eine derartige **gesetzliche Öffnungsklausel** würde die zum **unantastbaren Kernbereich der Tarifautonomie** gehörende **Unabdingbarkeit des TV** aufheben.[526] Die damit verbundene Übertragung von – den TV-Parteien vorbehaltenen – Befugnissen auf den hier beschränkt durchsetzungsfähigen und im Hinblick auf das Zustandekommen von Tarifnormen demokratisch nicht legitimierten BR würde das **Verhältnis von TV und BV umkehren** und tief greifend in die bestehende Arbeitsrechtsordnung eingreifen.[527]

157 Die auf Grund tarifvertraglicher Zulassung abgeschlossene BV ist in ihrer **Laufzeit grundsätzlich auf die Dauer des TV** beschränkt.[528] Sie gilt jedoch fort und kann ggf. geändert werden, solange der TV kraft Nachwirkung weitergilt.[529]

---

517 Vgl. dazu eingehend Kittner/Zwanziger/Deinert-*Deinert*, § 10 Rn. 138; *Kittner*, FS Schaub, S. 389 ff.

518 Vgl. dazu *Bösche/Grimberg*, Mitb 91, 614; *Bosch u. a.*, S. 285 ff.; *Däubler*, a. a. O.; *Lang u. a.*, S. 53; *Weyand*, a. a. O., 194.

519 *BAG* 18.8.87, a. a. O.

520 *Kissel*, a. a. O., 78 f.; *Weyand*, a. a. O., 196.

521 *Kissel*, a. a. O., 78.

522 *Lang u. a.*, S. 54.

523 *Bosch u. a.*, S. 172 f.

524 Vgl. dazu auch die Diskussion auf dem 61. Deutschen Juristentag 1996: Gutachten von Richardi-*Richardi*, »Empfiehlt es sich, die Regelungsbefugnisse der Tarifparteien im Verhältnis zu den Betriebsparteien zu ordnen?«, Gutachten B zum 61. DJT; Beschlussfassung des 61. DJT, Abteilung Arbeitsrecht, DB 96, 2030, dazu *Buchner*, DB 97, 573; *Zachert*, AuR 97, 11, 12; *ders.*, RdA 96, 140; *Rieble*, RdA 96, 151; *Waltermann*, RdA 96, 129.

525 Vgl. Marktöffnung und Wettbewerb, Bericht der von der Bundesregierung eingesetzten unabhängigen Expertenkommission zum Abbau marktwidriger Regelungen [1991], S. 149.

526 *BVerfG* 18.11.54, BVerfGE 4, 96; 24.5.77, BVerfGE 44, 322, 340 f.; *Däubler*, Tarifvertragsrecht, Rn. 352 f.; *Dieterich*, DB 01, 2398; *ders.*, RdA 02, 1; *Hanau*, RdA 93, 1, 4 ff.; *Heinze*, NZA 95, 5, 6; *Herschel*, AuR 81, 226; *Müller*, AuR 92, 258; *Zachert*, DB 91, 225.

527 Vgl. dazu im Einzelnen *Dieterich*, a. a. O.; *Hanau*, a. a. O.; *Müller*, a. a. O.; *Tyska*, AuR 85, 276; *Wiedemann*, Tarifvertragsgesetz, § 4 Rn. 598; a. A. *Wagner*, DB 92, 2550.

528 *BAG* 25.8.83, AP Nr. 7 zu § 77 BetrVG 1972.

529 *Fitting*, Rn. 123; *GL*, Rn. 88; GK-*Kreutz*, Rn. 175; HWGNRH-*Worzalla*, Rn. 153.

7. Sperrwirkung gegenüber Regelungsabreden und allgemeinen Arbeitsbedingungen

Unter Berücksichtigung des Normzwecks von Abs. 3, nämlich die **Normsetzungsprärogative der TV-Parteien** zu sichern und **eine betriebliche Konkurrenzordnung zum Tarifvertragssystem auszuschließen,** gilt die Sperrwirkung **nicht nur für förmliche BV,** sondern **auch für formlose Regelungsabreden.**[530] Vom Normzweck der Sperrwirkung ausgehend kann es nicht darauf ankommen, in welcher Form bzw. mit welcher rechtlichen Konstruktion die betriebliche Konkurrenzordnung errichtet wird. Immerhin verpflichtet die Regelungsabrede den AG gegenüber dem BR, den mit dem Inhalt eines TV konkurrierenden zwischen den Betriebsparteien vereinbarten Regelungskomplex im Verhältnis zu den AN arbeitsvertraglich umzusetzen. Geschieht dies in Form eines gemeinsamen »empfehlenden Angebots« (vgl. dazu die Hinweise auf Fallbeispiele in Rn. 126 ff.) der Betriebsparteien an die AN oder durch sonstige Formen der betriebseinheitlichen (und faktisch einseitigen) Umsetzung durch den AG, ist der AN dem in vergleichbarer Weise unterworfen wie den Normen einer BV. Dass der Inhalt der Regelungsabrede als »Angebot« des AG in die Arbeitsverträge übernommen wird, entspricht im Ergebnis der verbreiteten Praxis, in förmliche BV Freiwilligkeitsvorbehalte aufzunehmen oder in anderer Art und Weise ihre normative Wirkung einzuschränken. 158

Insoweit kann die **Regelungsabrede als funktionales Äquivalent zur BV** bezeichnet werden. Die Erstreckung der Sperrwirkung auf Regelungsabreden scheitert auch nicht am **Wortlaut von Abs. 3** (»…, können nicht Gegenstand einer **BV** sein.«), da die Regelungsabrede vom Gesetzgeber an keiner Stelle des Gesetzes ausdrücklich erwähnt wird. Der Wortlaut von Abs. 5 und Abs. 6 hat auch das *BAG* (vgl. die Nachweise in Rn. 165) nicht daran gehindert, die gesetzliche Regelung über die Kündigung und Nachwirkung einer BV auf Regelungsabreden anzuwenden. Die durch diese Rechtsprechungsentwicklung erfolgte **Aufwertung und Annäherung der Regelungsabrede an die BV** spricht ebenfalls für die hier vertretene Auffassung. 159

Unter Berücksichtigung der **aktuellen Gefährdung der Tarifautonomie** (vgl. Rn. 126 ff.) gebietet schließlich auch Art. 5 des IAO-Abkommens Nr. 135 vom 23.6.1971[531] mit seinem Verbot der Untergrabung der Stellung der Gewerkschaften durch das Vorhandensein gewählter betrieblicher Interessenvertreter eine weite Auslegung des Abs. 3. Aus diesem Grund erstreckt sich die Sperrwirkung des Abs. 3 auch auf **betriebliche Einheitsregelungen** oder **allgemeine Arbeitsbedingungen, bei deren Aufstellung der BR mitgewirkt hat.**[532] Die Mitwirkung des BR am Zustandekommen tarifwidriger vertraglicher Einheitsregelungen durch Abschluss einer Regelungsabrede oder ausdrücklicher Befürwortung bzw. Billigung des tarifwidrigen Handelns des AG verleiht diesem durch den zielgerichteten Einsatz der sich aus der Existenz der Betriebsverfassung ergebenden Möglichkeiten ein besonderes Gefährdungspotential im Hinblick auf die durch Abs. 3 geschützte Tarifautonomie: Die betriebliche Konkurrenzordnung soll unter Umgehung von Abs. 3 mit Hilfe des BR gezielt errichtet und kann in der Regel auch nur mit dessen Unterstützung im Betrieb realisiert werden. Unberührt von Abs. 3 bleiben arbeitsvertragliche Vereinbarungen, die der AG mit den AN abschließt. Solche Vereinbarungen sind allerdings nur bei Berücksichtigung von § 4 Abs. 3 TVG zulässig.[533] 160

---

530 Im Ergebnis wie hier *Däubler,* Tarifvertragsrecht, Rn. 249; Däubler-*Zwanziger,* § 4 Rn. 986; *GL,* Rn. 91; *Gamillscheg,* FS Stahlhacke, S. 129; *ders.,* Kollektives Arbeitsrecht, Bd. I, S. 328; *Halser,* S. 186 f.; *Hanau,* BB 77, 350; *Krauss,* DB 95, 1562, 1564, Fn. 33; MünchArbR-*Matthes,* § 238Rn. 69; *Rost,* in DAI (Hrsg.), Brennpunkt des Arbeitsrechts 1998, S. 190; Richardi-*Richardi,* Rn. 277; *WW,* Rn. 36; *Zachert,* RdA 96, 140, 145; a. A. *BAG* 21.1.03, NZA 03, 1097; 20.4.99, DB 99, 1555, 1557; *LAG Köln* 31.1.12 – 11 TaBV 73/11; ErfK-*Kania,* Rn. 71; *Fitting,* Rn. 102; GK-*Kreutz,* Rn. 147; Kempen/Zachert-*Wendeling-Schröder,* Grundlagen, Rn. 453; s. zum Ganzen auch *Berg,* FS *Kehrmann,* S. 271 ff.

531 BGBl. 1973 II S. 953.

532 A. A. *BAG* 20.4.99, a. a. O., 1557; *Fitting,* Rn. 101.

533 *Däubler,* a. a. O.; MünchArbR-*Matthes,* a. a. O.

V. Regelungsabrede (Betriebsabsprache, betriebliche Einigung)

161 Schon aus dem Wortlaut des Gesetzes (vgl. Abs. 1 und 2) ergibt sich, dass die BV nicht die einzige Möglichkeit ist, Vereinbarungen zwischen AG und BR abzuschließen. Neben der **formbedürftigen BV** (vgl. dazu Rn. 49 ff.) gibt es die formlose Einigung, die als Regelungsabrede, aber auch als Regelungsabsprache, Betriebsabrede, Betriebsabsprache oder betriebliche Einigung bezeichnet wird. Auch in **Ausübung des Mitbestimmungsrechts** gemäß § 87 Abs. 1 in sozialen Angelegenheiten können grundsätzlich formlose Regelungsabreden abgeschlossen werden (vgl. dazu aber auch Rn. 163 f.).[534] Im Gegensatz zur BV entfaltet die Regelungsabrede keine normative, die einzelnen Arbeitsverhältnisse unmittelbar gestaltende Rechtswirkung.[535] Sie kann nur mittelbar auf die Rechtsstellung der AN einwirken, z. B. wenn der BR bei Einstellungen, Versetzungen, Ein- und Umgruppierungen seine Zustimmung erteilt.

162 Die Regelungsabrede begründet üblicherweise nur **schuldrechtliche Beziehungen** zwischen AG und BR. Sie wird als ein geeignetes Instrument angesehen, um bestimmte strittige Fragen zwischen AG und BR einer Regelung zuzuführen. So kann sich der AG beispielsweise gegenüber dem BR verpflichten, Kosten oder Sachaufwand über das in § 40 festgelegte Maß hinaus zu tragen, nach § 80 Abs. 1 Nrn. 2 bis 4, 6, 7 beantragte oder angeregte Maßnahmen zu ergreifen, einer Beschwerde nach §§ 84, 85 abzuhelfen, eine geplante personelle Maßnahme (§ 99) nicht oder anders als vorgesehen durchzuführen, dem WA eine Auskunft zu geben, auf die dieser keinen oder nur einen zweifelhaften Anspruch hat.[536] Die **Einhaltung der getroffenen Regelungsabrede** kann der BR in einem arbeitsgerichtlichen Beschlussverfahren durchsetzen (vgl. dazu auch Rn. 11 ff.).[537]

163 Darüber hinaus erfüllt die Regelungsabrede eine **wichtige Funktion im Rahmen der Mitwirkungs- und Mitbestimmungsbefugnisse des BR,**[538] z. B. im Bereich der **personellen Einzelmaßnahmen** (§§ 99, 102) und der **Freistellung von BR-Mitgliedern** (§ 38 Abs. 2; zur Zulässigkeit einer Regelungsabrede über abweichende Vereinbarungen gemäß § 38 Abs. 1 Satz 5 siehe § 38 Rn. 27) oder der **Teilnahme an Schulungsveranstaltungen** (§ 37 Abs. 6 oder 7) erfolgt sie grundsätzlich nicht durch BV, sondern durch eine formlose Einigung. Auch bei den **sozialen Angelegenheiten (§ 87)** sind Regelungsabreden möglich, beispielsweise bei **echten Einzelmaßnahmen,** wie zeitliche Festlegung des Urlaubs für einen einzelnen AN bzw. Zuweisung oder Kündigung einer Werksmietwohnung, ober bei generellen Maßnahmen, z. B. Verlegung oder Verlängerung der Arbeitszeit an einzelnen Tagen. Diese formlose Einigung kann insbesondere in **Eilfällen** zweckmäßig sein.

164 Sie darf aber **nicht zu einer Aushöhlung des Anwendungsbereichs der BV** führen,[539] da **nur eine BV** eine normative Wirkung auf die Einzelarbeitsverhältnisse hat und damit die erforderliche **Rechtssicherheit für die AN** erzeugt.[540] Mit der Regelungsabrede ist außerdem die Gefahr verbunden, dass sie **als Instrument missbraucht** wird, z. B. um die (in Wahrheit ggf. nicht vorliegende) Zustimmung des BR zu Vorhaben des AG durch »schlüssiges Verhalten« zu konstruieren (vgl. dazu auch Rn. 165). Im Streitfall kann es für den BR auch schwierig sein, einen aus seiner Sicht günstigen Inhalt einer Regelungsabrede zu beweisen. Im Zweifel sollte daher dem **Abschluss förmlicher BV der Vorzug gegeben werden.** Obwohl die Regelungsabrede nicht der Schriftform bedarf, kann eine (u. U. nachträgliche) schriftliche Niederlegung aus Beweisgründen zweckmäßig sein.[541]

165 Die Regelungsabrede **kommt** durch übereinstimmende **Willenserklärung von AG und BR zustande.**[542] Der Abschluss einer entsprechenden Vereinbarung setzt einen **ordnungsgemäß**

---

534 *BAG* 16.9.86, AP Nr. 17 zu § 77 BetrVG 1972; 14.2.91, NZA 91, 607; 10.3.92, NZA 92, 952 = AiB 92, 583 mit Anm. *Neuhaus.*

535 *BAG* 14.2.91, a. a. O.; GK-*Kreutz,* Rn. 20; *GL,* Rn. 101.

536 GK-*Kreutz,* Rn. 14.

537 *BAG* 23.6.92, NZA 92, 1098; GK-*Kreutz,* Rn. 19; *GL,* Rn. 102.

538 *WW,* Rn. 22.

539 *Däubler,* Das Arbeitsrecht 1, Rn. 940.

540 Vgl. *BAG* 14.2.78, AP Nr. 60 zu Art. 9 GG Arbeitskampf; 24.2.87, AP Nr. 21 zu § 77 BetrVG 1972; 8.8.89, DB 90, 281, 282; 3.12.91, BB 92, 1418, 1424.

541 *Fitting,* Rn. 218.

542 Zur Qualifizierung der Regelung einer mitbestimmungspflichtigen Angelegenheit im Rahmen eines gerichtlichen Vergleichs im Beschlussverfahren als Regelungsabrede vgl. *BAG* 23.6.92, NZA 92, 1098.

zustande gekommenen Beschluss des BR (vgl. § 33 Rn. 9 ff.) voraus.[543] Aus diesem Grund ist die erforderliche Zustimmung des BR zu einer Regelungsabrede durch »stillschweigendes« Einverständnis oder »widerspruchslose Hinnahme« des BR grundsätzlich nicht möglich (Rn. 57, § 87 Rn. 19).[544] Wird die »Duldung« oder »Hinnahme« einer mitbestimmungspflichtigen Maßnahme des AG allerdings durch den BR ordnungsgemäß beschlossen, liegt die Zustimmung des BR vor. Fehlt es an einem ordnungsgemäßen BR-Beschluss und kommt deshalb **keine wirksame Regelungsabrede** zustande, ist es dem AG in mitbestimmungspflichtigen Angelegenheiten verwehrt, den Inhalt der Regelungsabrede individualrechtlich umzusetzen. Die Zustimmung des BR zu einer mitbestimmungspflichtigen Angelegenheit ist auch für Maßnahmen des AG zur individualrechtlichen Umsetzung einer Regelungsabrede Wirksamkeitsvoraussetzung (s. dazu auch § 87 Rn. 20). Der BR und die AN sind jederzeit berechtigt, sich auf die Unwirksamkeit derartiger mitbestimmungswidriger Maßnahmen des AG zu berufen. Auch wenn der BR seine Mitbestimmungsrechte jahrelang nicht wahrnimmt, unterliegen diese nicht der Verwirkung und es bleibt bei der Unwirksamkeit der mitbestimmungswidrigen Maßnahmen des AG (s. dazu Einl. Rn. 99 und § 87 Rn. 5).

Die **Regelungsabrede endet** – wie die BV – mit Ablauf der Zeit, für die sie eingegangen ist, **166**
durch Zweckerreichung, durch Aufhebungsvertrag oder durch Wegfall der Geschäftsgrundlage.[545] Auch eine **Kündigung,** ggf. eine außerordentliche aus wichtigem Grund, kann in analoger Anwendung von Abs. 5 in Betracht kommen,[546] insbesondere bei auf Dauer angelegten Vereinbarungen.[547] Wenn nichts anderes vereinbart ist, muss bei der ordentlichen Kündigung eine **Frist von drei Monaten** eingehalten werden.[548] Gekündigte Regelungsabreden in mitbestimmungspflichtigen Angelegenheiten **wirken** in analoger Anwendung von Abs. 6 **nach,** da sie für das Verhältnis zwischen BR und AG die gleiche Rechtswirkung entfalten wie eine BV (zur Nachwirkung von BV vgl. Rn. 116 ff.).[549] Eine Regelungsabrede kann jederzeit **durch eine BV abgelöst werden,** nicht jedoch eine BV als höherrangiges Recht durch eine Regelungsabrede (zur Beendigung einer BV durch Aufhebungsvertrag vgl. Rn. 93).[550] Besteht in einer **mitbestimmungspflichtigen Angelegenheit** lediglich eine Regelungsabrede, kann der BR **jederzeit** über den Gegenstand und Inhalt dieser Regelungsabrede den **Abschluss einer BV** verlangen.[551]

VI. Streitigkeiten

1. Grundsätze

Das ArbG entscheidet auf Antrag einer der Betriebsparteien im Beschlussverfahren (§§ 2 a, **167**
80 ff. ArbGG) insbesondere über folgende Streitigkeiten im Zusammenhang mit BV (oder sonstigen Vereinbarungen, z. B. Regelungsabreden) zwischen AG und BR:

- **Durchführung** einer BV durch den AG (zu weiteren Einzelheiten vgl. Rn. 168 ff.);[552]
- **Bestehen** oder **Nichtbestehen** einer BV (z. B. Wirksamkeit einer Kündigung oder Befristung, kollektivrechtliche Weitergeltung nach Unternehmens- oder Betriebsumstrukturierung),[553]

543 *LAG Frankfurt* 17.3.83, DB 84, 882.
544 *LAG Frankfurt* 17.3.84, a. a. O.; *Fitting,* Rn. 219; GK-*Kreutz,* Rn. 11; *GL,* Rn. 103; Richardi-*Richardi,* Rn. 227; vgl. auch *BAG* 10.11.92, DB 93, 439, 441.
545 Richardi-*Richardi,* Rn. 233.
546 *Fitting,* Rn. 225; GK-*Kreutz,* Rn. 21; *GL,* Rn. 104.
547 *BAG* 20.11.90, BB 91, 835; 10.3.92, NZA 92, 952 = AiB 92, 583 mit Anm. *Neuhaus;* 23.6.92, NZA 92, 1098.
548 *BAG* 10.3.92, a. a. O.; 23.6.92, a. a. O.
549 *BAG* 23.6.92, a. a. O.; a. A. 3.12.91, BB 92, 1418 [1424]; *Heinze,* NZA 94, 580, 584.
550 *BAG* 27.6.85, AP Nr. 14 zu § 77 BetrVG 1972; 20.11.90, BB 91, 835; *Fitting,* Rn. 192.
551 *BAG* 8.8.89, DB 90, 281, 282.
552 *BAG* 24.2.87, 10.11.87, AP Nrn. 21, 24 zu § 77 BetrVG 1972; 13.10.87, AP Nr. 2 zu § 77 BetrVG 1972 Auslegung; 28.9.88, AP Nr. 29 zu § 87 BetrVG 1972 Arbeitszeit; auch im Wege der einstweiligen Verfügung *LAG Frankfurt* 24.11.87, BB 88, 1461; 12.7.88, AiB 88, 288; *ArbG München* 10.5.01, AiB 02, 308 mit Anm. *Abel; ArbG Darmstadt* 22.9.97 – 1 BVG a 13/97.
553 *BAG* 21.2.67, 8.12.70, AP Nrn. 25, 26 zu § 59 BetrVG.

- **Nachwirkung** einer BV,[554]
- **Auslegung** einer BV bzw. einzelner Vorschriften einer BV,[555]
- **Unwirksamkeit** bzw. Teilunwirksamkeit einer BV,
- **Zulässigkeit des Abschlusses** einer BV,
- Gegenstand und Umfang der **Mitbestimmungsrechte** des **BR**.

Der BR ist nicht befugt, eine **von einer anderen AN-Interessenvertretung** (etwa einem GBR oder KBR) abgeschlossene Vereinbarung auf ihre **Wirksamkeit hin gerichtlich überprüfen** zu lassen. Das gilt nicht, wenn die Vereinbarung in die Regelungsbefugnisse des BR selbst eingreift.[556]

2. Durchführungs- und Unterlassungsanspruch des BR

168 Für den **Durchführungsanspruch** und den **Anspruch auf Unterlassung vereinbarungswidriger Handlungen** des BR gegenüber dem AG[557] und seine arbeitsgerichtliche Durchsetzung gilt im einzelnen folgendes:

- Der Anspruch des BR auf Unterlassung vereinbarungswidriger Maßnahmen des AG setzt nicht das Vorliegen eines **groben Verstoßes i. S. d. § 23 Abs. 3** durch den AG voraus.[558]
- Der Durchführungs- und Unterlassungsanspruch kann auch im Hinblick auf die **Einhaltung von Regelungsabreden** (zur Regelungsabrede vgl. Rn. 161 ff., 162)[559] oder **freiwilligen BV** geltend gemacht werden (vgl. dazu § 88 Rn. 7).
- Der Durchführungs- und Unterlassungsanspruch des BR setzt voraus, dass die fragliche **BV wirksam** ist (und z. B. nicht wegen eines tarifvertraglichen Inhalts gegen Abs. 3 verstößt).[560]
- Nach der Rspr. des *BAG*[561] kann der BR bezüglich einer vom GBR/KBR in originärer Zuständigkeit abgeschlossenen **GBV/KBV keinen** Durchführungsanspruch geltend machen (vgl. dazu näher und zur Kritik Rn. 10 und § 58 Rn. 33 ff.).
- Sichert der AG nach Bekanntwerden seines vereinbarungswidrigen Verhaltens dem BR zu, er werde zukünftig nicht mehr gegen die Vereinbarung verstoßen, lässt dies allein die **Wiederholungsgefahr** nicht entfallen.[562]
- Duldet der AG die Leistung von Arbeiten, die den Arbeitszeitrahmen einer BV überschreiten, kann er gegen den Unterlassungsanspruch des BR nicht erfolgreich einwenden, er genüge seiner Durchführungspflicht dadurch, dass er die **betriebsvereinbarungswidrig geleistete Arbeit nicht vergütet.**
- Der **AG ist verpflichtet,** die betrieblichen Abläufe auf Übereinstimmung mit den Normen einer BV zu überprüfen und ggfs. **korrigierend einzugreifen**[563] und dafür zu sorgen, dass sich auch die AN an die Regelungen einer BV halten.[564]
- **Hat sich der AG** in einer BV dem BR gegenüber **zu einer bestimmten Art und Weise der Durchführung einer getroffenen Regelung verpflichtet,** z. B. der Kontrolle der Einhaltung eines Alkoholverbots oder der Durchführung von Inventurarbeiten in Filialbetrieben,

---

554 *BAG* 21.8.90, BB 90, 2406.

555 *BAG* 18.1.05, NZA 06, 167.

556 *BAG* 5.3.13, DB 13, 1423.

557 *BAG* 16.12.08, NJW 09, 1527; 18.1.05, NZA 06, 167; 21.1.03, NZA 03, 1097; 29.4.04, NZA 04, 670, 671; 24.2.87, 10.11.87, AP Nrn. 21, 24 zu § 77 BetrVG 1972; 13.10.87, AP Nr. 2 zu § 77 BetrVG 1972 Auslegung; 28.9.88, AP Nr. 29 zu § 87 BetrVG 1972 Arbeitszeit; 17.10.89, BB 90, 489 f. = AiB 90, 311 ff. mit Anm. *Kempff;* 23.6.92, DB 92, 2450; *LAG Köln* 8.2.10 – 5 TaBV 28/09; *LAG München* 12.12.90, AiB 91, 269 mit Anm. *Schindele; ArbG Hamburg* 7.12.99, AiB 01, 360 mit Anm. *Wulff; ArbG Köln* 10.12.91, AiB 92, 650; *Fitting,* Rn. 7; GK-*Kreutz,* Rn. 24; *GL,* Rn. 1.

558 *BAG* 16.11.11, NZA-RR 12, 579; 29.4.04, a. a. O.; 23.6.92, a. a. O.; 10.11.87, a. a. O.; *LAG München* 12.12.90, a. a. O.; *ArbG Köln* 10.12.91, a. a. O.

559 *BAG* 16.12.08, a. a. O.; 21.1.03, AP Nr. 1 zu § 21 a BetrVG 1972; 23.6.92, NZA 92, 1098; GK-*Kreutz,* Rn. 15.

560 Vgl. dazu *BAG* 29.4.04, a. a. O.

561 *BAG* 18.5.10, NZA 10, 1433.

562 *BAG* 23.6.92, a. a. O.

563 *BAG* 29.4.04, a. a. O.

564 *HessLAG* 19.4.12 – 5 TaBV 192/11, juris; *LAG Hamm* 10.2.12, juris; *ArbG Berlin* 22.3.12, juris.

darf er bei der Durchführung dieser BV nicht einseitig von der mit dem BR vereinbarten Art und Weise der Durchführung abweichen.[565]

- Auch ein **BR, der es für einen längeren Zeitraum hingenommen hat,** dass der AG gegen eine BV verstößt, kann die Unterlassung des betriebsvereinbarungswidrigen Verhaltens des AG arbeitsgerichtlich durchsetzen.[566]
- Wurde die **Wahl** eines BR durch den AG **angefochten** – aber noch nicht rechtskräftig für unwirksam erklärt –, ist der AG dennoch verpflichtet, die mit dem BR abgeschlossene BV durchzuführen.[567]

Bei Vorliegen der entsprechenden Voraussetzungen kann der Durchführungs- und Unterlassungsanspruchs des BR auch **im Wege der einstweiligen Verfügung** verfolgt werden.[568] **169**

Liegt ein **grober Verstoß** des AG i. S. des **§ 23 Abs. 3** vor, kann auch eine **im Betrieb vertretene Gewerkschaft** den AG auf die Einhaltung einer BV in Anspruch nehmen (vgl. § 23 Rn. 271).[569] **170**

Die sich aus einer BV ergebenden individualrechtlichen **Ansprüche einzelner AN** kann der **BR** dem AG gegenüber arbeitsgerichtlich **nicht durchsetzen.** Derartige Ansprüche sind von den **AN** selbst im arbeitsgerichtlichen **Urteilsverfahren** geltend zu machen.[570] In einem derartigen **Urteilsverfahren** wird allerdings in vielen Fällen z. B. die **Wirksamkeit, der Inhalt** oder die **Auslegung** einer **BV** vom ArbG als **Vorfrage** geprüft werden müssen. Ist in einem **Rechtsstreit zwischen den Betriebsparteien** z. B. über den Inhalt einer BV eine **rechtskräftige Entscheidung** ergangen, wirkt diese Entscheidung **auch gegenüber einzelnen AN,** die Ansprüche aus der BV geltend machen.[571] **171**

Bleiben Verhandlungen zwischen AG und BR über einen noch **nicht in einer BV** geregelten **mitbestimmungspflichtigen Gegenstand** erfolglos und lässt sich keine Einigung erzielen, ist für die Beilegung dieser Streitigkeit nicht das ArbG, sondern die **ESt. zuständig** (vgl. § 76). **172**

3. Auslegung der Vereinbarungen, Rechts- und Billigkeitskontrolle

Die Regelungen der BV unterliegen wegen ihres Rechtsnormcharakters uneingeschränkt der **Auslegung** (vgl. dazu auch Rn. 52 f.) **durch die Gerichte.** BV unterliegen nach § 310 Abs. 4 Satz 1 BGB **keiner Inhaltskontrolle** gemäß **§§ 305 ff BGB.**[572] Das gilt auch, wenn eine betriebsvereinbarungsoffene vertragliche Einheitsregelung durch eine verschlechternde BV abgelöst wird.[573] Der Inhalt der BV kann auch im Hinblick auf seine **Zweckmäßigkeit** gerichtlich nicht überprüft werden, ist aber wegen Verstößen gegen **zwingendes Recht** zu überprüfen und unterliegt darüber hinaus – weiter gehend als ein TV – der gerichtlichen **Billigkeitskontrolle.**[574] **173**

Die Billigkeitskontrolle ist erforderlich, weil der BR – im Vergleich zur tarifschließenden Gewerkschaft – nur begrenzte Rechtsmittel zur Durchsetzung der Interessen der AN zur Verfügung hat und in nicht unerheblichem Maß vom AG abhängig ist.[575] Die Ausnahme von BV aus der AGB-Kontrolle durch § 310 Abs. 4 Satz 1 BGB[576] ändert an der Zulässigkeit der von der Rechtsprechung bis zum Zeitpunkt des Inkrafttretens der Ausnahme von der AGB-Kon- **174**

565 *BAG* 10.11.87, AP Nr. 24 zu § 77 BetrVG 1972; *ArbG Lingen* 15.1.88, AiB 88, 43 f.
566 *LAG Frankfurt* 12.7.88, AiB 88, 288.
567 *LAG Frankfurt* 24.11.87, BB 88, 1461.
568 *LAG Köln* 12.6.12, juris.
569 *BAG* 29.4.04, a. a. O.
570 *BAG* 18.1.05, NZA 06, 167; 17.10.89, BB 90, 489 f. = AiB 90, 311 ff. mit Anm. *Kempff.*
571 *BAG* 10.11.87, AP Nr. 15 zu § 113 BetrVG 1972; 17.2.92, BB 92, 2083 = AiB 92, 651 mit Anm. *Neuhaus;* vgl. dazu auch *Dütz,* FS Gnade, S. 487, 496 f.
572 *BAG* 17.7.12, NZA 13, 338; 1.2.06, NZA 06, 563.
573 *BAG* 17.7.12,a. a. O.
574 *BAG* 11.6.75, AP Nr. 1 zu § 77 BetrVG 1972 Auslegung; 12.8.82, AP Nr. 4 zu § 77 BetrVG 1972; 26.7.88, AP Nr. 45 zu § 112 BetrVG 1972; *GL,* Rn. 54 f.; Bedenken äußern *Fitting,* Rn. 231 f.; krit. zur Billigkeitskontrolle GK-*Kreutz,* Rn. 323 ff.; HWGNRH-*Worzalla,* Rn. 95 f.; *v. Hoyningen-Huene,* BB 92, 1640; *Jobs,* AuR 86, 147; Richardi-*Richardi,* Rn. 117 ff.
575 Vgl. dazu auch *Däubler,* Das Arbeitsrecht 1, Rn. 804; *Travlos-Tzanetatos,* S. 74.
576 DBD-*Däubler,* § 310 BGB Rn. 32 ff.

trolle praktizierten inhaltlichen Überprüfung von BV nichts.[577] Die Neuregelung der AGB-Kontrolle hatte nicht den Zweck, bereits bestehende Möglichkeiten der Korrektur unangemessener Benachteiligungen der schwächeren Seite abzubauen.[578]

175 Uneingeschränkt bleibt jedenfalls die Überprüfung von BV am Maßstab des § 75 Abs. 1.[579]

4. Antragsrechte der TV-Parteien bei Verstößen gegen Tarifvorrang und -vorbehalt

a) Grundsätze

176 **Betriebliche Abmachungen** (BV, Regelungsabreden, vertragliche Einheitsregelungen usw.), die gegen den Tarifvorbehalt des Abs. 3 (vgl. Rn. 126 ff.) oder den Tarifvorrang des § 87 Abs. 1 Eingangssatz (vgl. § 87 Rn. 32 ff.) verstoßen und oder für die AN vom TV abweichende ungünstigere Regelungen (vgl. § 4 Abs. 3 TVG) enthalten lösen **Antragsrechte** der davon betroffenen **TV-Parteien** aus.

177 Diese sind wegen der **individualrechtlichen Durchsetzungsschwäche des Tarifrechts** zum **Schutz der Tarifautonomie** und eines **funktionierenden Tarifvertragssystem** erforderlich. Tarifwidrige betriebliche Abmachungen sind zwar unwirksam (vgl. zu Verstößen gegen Abs. 3 Rn. 131) und können die gem. § 4 Abs. 1 TVG unmittelbar und zwingend geltenden Tarifnormen nicht verdrängen, so dass die einzelnen Arbeitnehmer sich auf **die Nichtigkeit der abweichenden Abmachung** berufen und die tariflichen Ansprüche geltend machen und einklagen können. Doch ist die **individuelle Rechtsdurchsetzung** über die Arbeitsgerichte zumindest für Arbeitnehmer in Klein- und Mittelbetrieben in der Privatwirtschaft – wegen der damit verbundenen Risiken offener oder verdeckter Nachteile oder Maßregelungen mit **erheblichen Funktionsdefiziten** belastet:[580] 80 Prozent aller arbeitsgerichtlichen Klagen werden erst nach Beendigung des Arbeitsverhältnisses von Arbeitnehmern erhoben.[581]

178 Darüber hinaus geht von **betrieblichen Absenkungsregelungen** mit kollektivem bzw. belegschaftsweitem Geltungsanspruch, die oft mit der Drohung des Arbeitsplatzverlustes oder der Standortverlagerung erzwungen werden, ein zusätzlicher **Anpassungsdruck auf die betroffenen Arbeitnehmer** aus,[582] insbesondere wenn der Betriebsrat eine tarifwidrige Betriebsvereinbarung abgeschlossen hat oder am Zustandekommen einer sonstigen betrieblichen Abmachung mittelbar oder unmittelbar beteiligt war.[583] Die daraus resultierende **faktische Durchsetzungsschwäche des Tarifrechts** macht zum Schutz der tarifgebundenen Arbeitnehmer und zur Abwehr der mit derartigen tarifwidrigen betrieblichen Abmachungen verbundenen Eingriffe in die kollektive Koalitionsfreiheit der Tarifvertragsparteien die **Bereitstellung effektiver Rechtsbehelfe** insbesondere der Gewerkschaften (aber auch der Arbeitgeberverbände, vgl. Rn. 215) gegen tarifwidrige betriebliche Regelungen erforderlich.

179 Wenig effektiv ist die **Einwirkungsklage der Gewerkschaft** gegen den Arbeitgeberverband. Die Einwirkungspflicht eines Arbeitgeberverbandes auf seine Mitglieder, tarifwidrige Regelungen in BV zu unterlassen, wird vom *BAG*[584] nur für den Fall bejaht, dass die Auslegung des Tarifvertrages ergibt, dass die Regelung einer BV gegen den Tarifvertrag verstößt, ein ent-

---

577 *Däubler*, NZA 01, 1329, 1334; DBD-*Däubler*, a. a. O., Rn. 33; *Thüsing*, BB 02, 2666, 2669.

578 *Thüsing*, a. a. O.

579 *Annuß*, BB 02, 459; Richardi-*Richardi*, NZA 02, 1039; ablehnend gegenüber einer Billigkeitskontrolle insbesondere auch unter dem Gesichtspunkt der Ausnahme von BV aus § 310 Abs. 4 Satz 1 BGB ErfK-*Preis*, §§ 305 – 310, Rn. 12; Kittner/Zwanziger/Deinert-*Deinert*, § 10 Rn. 60; WPK-*Preis*, Rn. 33.

580 Vgl. dazu Kittner/Zwanziger/Deinert-*Zwanziger*, § 140 Rn. 9 ff.

581 *Grothmann-Höfling*, AuR 97, 268, 270.

582 Vgl. die Fallbeispiele *BAG* 12.6.02, NZA 02, 1389 = AiB 03, 761 mit Anm. *Kraus*, *LAG Berlin* 26.9.96, LAGE Nr. 26 zu § 611.

583 Vgl. die Fallbeispiele *BAG* 7.11.02, RdA 03, 368 m. Anm. *Franzen*, *ArbG Freiburg* 15.7.97, AiB 98, 402 m. Anm. *Gnann*; *ArbG Marburg* 7.8.96, NZA 96, 1331.

584 29.4.92, NZA 92, 846; in einer neueren Entscheidung lässt es das *BAG* allerdings zu, dass die streitige Auslegungsfrage gemeinsam mit der Einwirkungspflicht zum Streitgegenstand eines Rechtsstreits gemacht wird: 10.6.09, ZTR 10, 73; dazu auch TVG-AKR/TVG, § 1 Rn. 409.

sprechendes rechtskräftiges Urteil bzw. eine verbindliche Entscheidung einer tariflichen Schlichtungsstelle vorliegt oder der Arbeitgeberverband selbst von der Tarifwidrigkeit der Regelung in der BV ausgeht. Die »**Schwäche des Einwirkungsanspruchs**«[585] ergibt sich insbesondere auch daraus, dass er sich nicht unmittelbar gegen den tarifwidrig handelnden Arbeitgeber richtet, sondern allenfalls auf Umwege und im Rahmen von vom Arbeitgeberverband vorgegebenen verbandsrechtlichen Sanktionsmitteln zum Ziel führt.

Die Möglichkeit der Gewerkschaft auf Grundlage des **betriebsverfassungsrechtlichen** (vgl. **180** Rn. 184 ff.) oder **koalitionsrechtlichen Unterlassungsanspruchs** (vgl. Rn. 197 ff.) direkt gegen den Arbeitgeber vorzugehen, eröffnen den Zugriff auf effektivere rechtliche Instrumente, die Einhaltung zwingenden Tarifrechts im Betrieb durchzusetzen und haben in erster Linie eine (unerlässliche) **präventive Funktion.** Da die tarifschließende Gewerkschaft in derartigen Verfahren nicht selten in eine **politische Konfrontationsstellung zum beteiligten Betriebsrat** gerät und nicht ohne Rücksicht auf die **wirtschaftliche Situation betroffener Unternehmen** und die **Meinungsbildung innerhalb der Belegschaft** handeln kann und wird, konzentriert sich die Beschreitung des Rechtswegs in der gewerkschaftlichen Praxis in der Regel auf **krasse Fälle des Tarifbruchs.**[586]

Zu **unterscheiden** sind zunächst die **betriebsverfassungsrechtlichen** und **koalitionsrechtli- 181 chen Rechtsbehelfe** der Tarifvertragsparteien, da sie unterschiedliche Voraussetzungen haben, in ihrer Reichweite nicht identisch und von der höchstrichterlichen Rechtsprechung nur teilweise anerkannt sind:

- Der **betriebsverfassungsrechtliche Unterlassungsanspruch** (vgl. Rn. 184 ff.) wird von der **182** aktuellen höchstrichterlichen Rechtsprechung nur partiell anerkannt. Während er sich nach hier vertretener Auffassung (vgl. Rn. 184 ff.) unmittelbar aus **Abs. 3** (und auch aus § 87 Abs. 1 Eingangssatz, vgl. dazu § 87 Rn. 32 ff.) ergibt, wird dies **vom BAG abgelehnt** (vgl. Rn. 189 ff.). Von der höchstrichterlichen Rechtsprechung befürwortet wird der Unterlassungsanspruch aus dem Betriebsverfassungsgesetz lediglich unter der Voraussetzung, dass sich ein Verstoß gegen Abs. 3 (**nicht** gegen § 87 Abs. 1 Eingangssatz) als **grober Verstoß gegen die betriebsverfassungsrechtlichen Pflichten der Betriebsparteien gem. § 23 Abs. 3 BetrVG** darstellt (vgl. Rn. 189). Unter diesen Voraussetzungen kann unter dem Gesichtspunkt der **Tarifüblichkeit** wegen Verstoßes gegen Abs. 3 auch die Unterlassung tarifabweichender Betriebsvereinbarungen im **Nachwirkungszeitraum** eines Tarifvertrages verlangt werden (vgl. Rn. 146 ff.). Nach Auffassung des BAG können mit dem betriebsverfassungsrechtlichen die Unterlassungsanspruch lediglich **tarifwidrige BV** angegriffen werden, nicht aber **Regelungsabreden** und **betriebliche Einheitsregelungen** (vgl. Rn. 158 ff.). Es kommt nicht darauf an, **wie viele** und **welche Arbeitnehmer Mitglied** der im Betrieb vertretenen **tarifschließenden Gewerkschaft** sind. Der betriebsverfassungsrechtliche Unterlassungsanspruch ist regelmäßig im **Beschlussverfahren** geltend zu machen (vgl. Rn. 166).
- Der **koalitionsrechtliche Unterlassungsanspruch** wegen Verletzung des Art. 9 Abs. 3 GG **183** ist **vom BAG grundsätzlich anerkannt** (vgl. Rn. 197 ff.). Mit diesem Rechtsbehelf können in einem **tarifgebundenen Unternehmen** von der **im Betrieb vertretenen tarifschließenden Gewerkschaft** (vgl. Rn. 202) und bei Vorliegen der sonstigen Voraussetzungen grundsätzlich **alle** in der betrieblichen Praxis vorkommenden **Varianten tarifwidriger betrieblicher Regelungen** angegriffen werden, wenn sie **einheitlich** wirken sollen (vgl. Rn. 212). Dies gilt allerdings nicht bei lediglich **nachwirkenden** Tarifverträgen (vgl. Rn. 210). Erfasst werden unter dieser Voraussetzung **BV, Regelungsabreden** und **betriebliche Einheitsregelungen.** Umstritten ist die Frage, ob und unter welchen Voraussetzungen die antragsberechtigte **Gewerkschaft** im Rechtsstreit vortragen muss, **wie viele Mitglieder** sie im Betrieb organisiert hat und ob sie darüber hinaus deren **Namen nennen** muss (vgl. Rn. 207 ff.). Bei **Beteiligung des Betriebsrats** am Zustandekommen einer tarifwidrigen betrieblichen Regelung ist auch der koalitionsrechtliche Unterlassungsanspruch im **Beschlussverfahren** geltend zu machen, ansonsten im **Urteilsverfahren** (vgl. Rn. 214).

---

585 *BAG* 20.4.99, DB 99, 1555, 1559.
586 Vgl. dazu auch *Berg/Platow*, DB 99, 2362, 2368; *Däubler-Reim*, § 1 Rn. 1095.

b) Betriebsverfassungsrechtlicher Unterlassungsanspruch

184 Bei Abschluss **tarifwidriger BV** – und nach hier vertretener Auffassung auch **tarifwidriger Regelungsabreden** (vgl. Rn. 158 ff.) –, die den Tarifvorbehalt des Abs. 3 verletzen (vgl. Rn. 126 ff.), kommt für einen **betriebsverfassungsrechtlichen Rechtsbehelf** der Gewerkschaft **Abs. 3** selbst (ergänzend auch § 2 Abs. 1) als Anspruchsgrundlage in Frage. Aus dem Schutzzweck dieser Vorschrift folgt ein **eigenständiger Unterlassungsanspruch der Gewerkschaft.**[587]

185 Abs. 3 trägt dem durch Art. 9 Abs. 3 GG verfassungsrechtlich garantierten Schutz der Gewerkschaften und der Tarifautonomie Rechnung. Das *BVerfG*[588] qualifiziert Abs. 3 als **aus Art. 9 Abs. 3 GG abgeleitetes Recht,** das den Schutzbereich von Art. 9 Abs. 3 GG selbst anhand der Sperrwirkung für die Betriebsparteien **markiert.**[589] Die Vorschrift soll sicherstellen, dass die Tarifautonomie durch kollektive betriebliche Regelungen nicht beeinträchtigt oder gar ausgehöhlt wird. Die historisch gewachsene mit Art. 9 Abs. 3 GG verbundene **Privilegierung der Koalitionen** und ihrer Tätigkeit garantiert diesen grundsätzlich eine **vorrangige kollektivvertragliche Regelungskompetenz auf dem Gebiet der Arbeits- und Wirtschaftsbedingungen.**

186 Die gesetzliche Regelung der Betriebsverfassung und die damit verbundene Schaffung einer **konkurrierenden Normsetzungsbefugnis auf betrieblicher Ebene** macht daher schon aus verfassungsrechtlichen Gründen die Absicherung der Normsetzungsprärogative bzw. Vorrangkompetenz der Tarifparteien erforderlich. Insoweit trägt **Abs. 3 der qualitativ höheren Gewichtung der Tarifautonomie gegenüber der Betriebsautonomie** Rechnung. Es geht also nicht nur um den Vorrang der Tarifautonomie »als der stärkeren Norm«, sondern vor allem um die Gewährleistung eines **leistungsfähigen** und **attraktiven tarifautonomen Handlungssystems** im Allgemeinen und die Sicherung der **ausgeübten und aktualisierten Tarifautonomie** im Besonderen. Den Gewerkschaften und Arbeitgeberverbänden wurde daher bezüglich der Gestaltung der Arbeitsentgelte und Arbeitsbedingungen eine weitgehende Monopolstellung eingeräumt. Die **BV soll nicht als ein »Ersatztarifvertrag«** für nicht organisierte AN oder als **»Zusatztarifvertrag« für über- oder untertarifliche Leistungen** wirken können, weil dadurch die Stellung der Koalitionen und ihre Funktionsfähigkeit entscheidend getroffen würde.

187 Durch den Abschluss einer gegen Abs. 3 verstoßenden BV greifen die Betriebsparteien in eine auch **durch das BetrVG geschützte Rechtsposition der Gewerkschaft als TV-Partei** ein. Hieraus erwächst der Gewerkschaft ein **betriebsverfassungsrechtlicher Unterlassungs- und Beseitigungsanspruch**, der auch mit Hilfe eines Feststellungsantrages gerichtlich verfolgt werden kann.

188 Dies gilt nach hier vertretener Auffassung entsprechend, wenn eine BV oder Regelungsabrede (zur Regelungsabrede Rn. 161 ff.) im Rahmen des § 87 gegen zwingende tarifliche Vorgaben verstößt und damit den **Tarifvorrang des § 87 Abs. 1 Eingangssatz** verletzt (vgl. dazu Rn. 191 ff.).

189 Das **BAG** hatte zunächst die Antragsberechtigung der Gewerkschaft zur Feststellung der Unwirksamkeit einer BV wegen Verstoßes gegen Abs. 3 in Übereinstimmung mit zahlreichen Stimmen in der Literatur befürwortet,[590] diese Rechtsprechung dann aufgegeben[591] und später ein Antragsrecht der Gewerkschaft auf Nichtanwendung einer tarifwidrigen BV anerkannt, soweit sich eine **Verletzung des Abs. 3** (»Grundnorm der betriebsverfassungsrechtlichen Ordnung«) als **grober Verstoß gegen die betriebsverfassungsrechtlichen Pflichten** von Betriebsrat und Arbeitgeber gem. **§ 23 Abs. 1, 3** darstellt.[592]

587 *Fitting,* Rn. 235; a. A. wohl *Schmidt, K.;* RdA 04, 152, 160.

588 24.4.96, BB 96, 1835.

589 So *Zachert,* AuR 97, 11, 12.

590 *BAG* 16.9.60, AP Nr. 1 zu § 2 ArbGG Betriebsvereinbarung; 1.2.63, 21.2.67, 8.12.70, AP Nrn. 8, 25, 26, 28 zu § 59 BetrVG; *LAG Schleswig-Holstein* 27.8.86, DB 86, 2438; *Däubler,* Arbeitsrecht 1, S. 474 ff.; *ders.,* BB 90, 2256 ff.; *Fitting,* § 77 Rn. 235; *Grunsky,* § 80 Rn. 29 c; *ders.,* DB 90, 526; HWGNRH-*Worzalla,* Rn. 260; *Kempen,* AuR 89, 261; *Kempff,* AiB 89, 66; *Matthießen,* DB 88, 285; *Otto,* RdA 89, 257; *Weyand,* AuR 89, 193; Wiedemann-*Wiedemann,* § 1 Rn. 728 ff.

591 *BAG* 18.8.87, 23.2.88, AP Nrn. 6, 9 zu § 81 ArbGG 1979; zustimmend: GK-*Kreutz,* Rn. 458; Richardi-*Richardi,* § 77, Rn. 314, zur Kritik vgl. die oben genannte Literatur.

Tarifwidrige **Regelungsabreden** können nach Auffassung des *BAG* mangels Verstoß gegen Abs. 3 nicht Gegenstand eines betriebsverfassungsrechtlichen Unterlassungsanspruchs sein (vgl. dazu und zur hier vertretenen Gegenauffassung auch Rn. 158 ff.).[593] **190**

Während das *BAG*[594] insoweit einen **auf die Nichtanwendung einer Betriebsvereinbarung gerichteten Antrag** der Gewerkschaft nach § 23 Abs. 3 bei einem Verstoß gegen Abs. 3 für zulässig hält,[595] lehnt es einen Unterlassungsanspruch der Gewerkschaft ab, wenn eine nach **§ 87 Abs. 1** grundsätzlich zulässige **BV gegen zwingende tarifliche Vorgaben verstößt.**[596] **191**

Wenig überzeugend ist die **unterschiedliche Gewichtung** des *BAG* **von Verstößen** tarifwidriger BV **gegen Abs. 3 einerseits und § 87 Abs. 1 Eingangssatz andererseits.** Für die Qualifizierung des – in der betrieblichen Praxis oft vorsätzlichen – Abschlusses und der Durchführung tarifwidriger BV als groben Verstoß gegen die betriebsverfassungsrechtliche Ordnung gemäß § 23 Abs. 3 BetrVG kann es nicht darauf ankommen, ob sich die Betriebsparteien, wie im Fall des Abs. 3 von vornherein **außerhalb ihrer Zuständigkeit** bewegen oder ob sie **im Rahmen ihrer Zuständigkeit,** wie im Fall des § 87 Abs. 1 Eingangssatz, **tarifwidrige** BV abschließen, die gegen durch Art. 9 Abs. 3 GG geschütztes höherrangiges Recht verstoßen.[597] **192**

Man kann ohnehin in Zweifel ziehen, ob sich die **Betriebsparteien** im Fall des **Abschlusses tarifwidriger BV** in mitbestimmungspflichtigen Angelegenheiten überhaupt noch im Rahmen ihrer **Zuständigkeit** bewegen: Soweit eine tarifliche Regelung besteht, ist das Mitbestimmungsrecht ausgeschlossen. Selbst bei lückenhaften und ausfüllungsbedürftigen Tarifregelungen ist die Ausübung des Mitbestimmungsrechts beschränkt auf den offen gelassenen Regelungsspielraum und erstreckt sich nicht auf die zwingend vorgegebenen tariflichen Eckdaten bzw. Rahmenregelungen. Freiwillige günstigere BV scheiden aus, weil diese durch Abs. 3 ausgeschlossen sind. **193**

Abzulehnen ist auch die Auffassung des *BAG*, im Gegensatz zum Tarifvorrang gemäß Abs. 3 handele es sich bei § 87 Abs. 1 Eingangssatz nicht um eine **»Fundamentalnorm« der Betriebsverfassung.** Auch § 87 Abs. 1 Eingangssatz stellt eine durch Art. 9 Abs. 3 GG fundierte unverzichtbare Norm zum Schutz der Koalitionsfreiheit dar, der mindestens das gleiche Gewicht wie Abs. 3 zukommt.[598] Soweit das *BAG*[599] generell Schutzansprüche der Gewerkschaft gegen tarifwidrige BV über mitbestimmungspflichtige Angelegenheiten im Sinne von § 87 Abs. 1 verneint hat, hat das *BVerfG*[600] festgestellt, dies sei nicht unproblematisch, um Zweifel angemeldet, ob die Auffassung des *BAG* in ihrer vollen Tragweite mit dem rechtlichen Schutz vereinbar ist, der Tarifverträgen zum Schutz der Koalitionsfreiheit von Verfassungs wegen zu gewähren ist. **194**

Der vom *BAG* somit nach jüngster Rechtsprechung nur **in engen Grenzen anerkannte betriebsverfassungsrechtliche Unterlassungsanspruch** besteht neben dem **koalitionsrechtlichen Unterlassungsanspruch** aus Art. 9 Abs. 3 GG (vgl. dazu Rn. 197 ff.) und verdrängt diesen nicht.[601] **195**

Soweit **§ 23 Abs. 1** der Gewerkschaft rechtlich die Möglichkeit bietet, entsprechende Verfahren unmittelbar gegen den am Abschluss einer tarifwidrigen BV beteiligten Betriebsrat mit dem Ziel der **Auflösung des Betriebsrats** bzw. **Amtsenthebung einzelner Mitglieder des Betriebs-** **196**

---

592 *BAG* 20.8.91, NZA 92, 317; *LAG Hamm* 29.7.11, AuR 11, 504 Ls., juris; *LAG Baden-Württemberg* 7.12.07, AuR 08, 185, mit Anm. *Drohsel*; zwischenzeitlich durch das *BAG*, 20.4.99, DB 99, 1555, 1556 f. mit der Erwägung in Frage gestellt, dass die durch den Tarifvorbehalt des Abs. 3 geschützte Tarifautonomie nicht zum Schutzgegenstand des § 23 gehört, im Ergebnis aber offen gelassen; vgl. dazu auch *BAG* 13.3.01, AP Nr. 17 zu § 2 a ArbGG 1979.

593 *BAG* 20.4.99, a. a. O., 1557.

594 20.8.91, a. a. O.

595 Zu den Anforderungen an das Vorliegen einer groben Verletzung der gesetzlichen Pflichten des Betriebsrats i. S. v. § 23 Abs. 1 in diesem Zusammenhang, z. B. bei Vorliegen einer unübersichtlichen Tarifregelung, vgl. *BAG* 22.6.93, NZA 94, 184.

596 *BAG* 20.8.91, a. a. O.

597 *Kittner*, FS Stahlhacke, S. 247, 254.

598 *Kittner*, a. a. O., 255.

599 20.8.91, a. a. O.

600 26.6.93, AP Nr. 2 a zu § 77 BetrVG 1972 Tarifvorbehalt.

601 *BAG* 20.4.99, DB 99, 1555, 1557; *Berg/Platow*, DB 99, 2362, 2366.

rats zu richten, gilt die oben (vgl. Rn. 87) angesprochene politische Problematik einer Konfrontationsstellung zwischen Gewerkschaft und Betriebsrat in besonderem Maße. Zu derartigen Rechtsstreitigkeiten kommt es daher in der Regel nur in **extremen Einzelfällen.**[602]

c) Koalitionsrechtlicher Unterlassungsanspruch

197 Die Gewerkschaft kann gegen den tarifbrüchigen Arbeitgeber zusätzlich auf Grundlage eines **koalitionsrechtlichen Unterlassungsanspruchs**[603] wegen **Verletzung des Art. 9 Abs. 3 GG aus eigenem Recht** direkt gegen den AG vorgehen.[604] Dies ergibt sich aus **§ 1004 BGB i. V. m. § 823 Abs. 1 BGB und Art. 9 Abs. 3 GG.**

198 Nach Art. 9 Abs. 3 Satz 1 GG hat jedermann das Recht, zur Wahrung und Förderung der Arbeits- und Wirtschaftsbedingungen Vereinigungen zu bilden. Die zu diesem Zweck gebildeten Vereinigungen sind Koalitionen. Art. 9 Abs. 3 GG enthält das Grundrecht der Koalitionsfreiheit. Auf dieses Grundrecht können sich auch die Koalitionen selbst berufen. Verfassungsrechtlich geschützt sind ihre Existenz- und Funktionsfähigkeit. Es wird ihnen ein Mindestmaß an spezifisch koalitionsmäßiger Betätigung gewährleistet. Zum **verfassungsrechtlich geschützten Bereich der koalitionsmäßigen Betätigung** gehört insbesondere der **Abschluss von Tarifverträgen,** durch die die Koalitionen ihre Lohn- und sonstigen Arbeitsbedingungen in eigener Verantwortung und im Wesentlichen ohne staatliche Einflussnahme ordnen. Der **verfassungsrechtliche Schutz des Art. 9 Abs. 3 GG** richtet sich nicht nur gegen Beeinträchtigungen der Koalitionen durch den Staat, sondern sichert die Koalitionen und ihre Betätigung – wie sich u. a. aus Art. 9 Abs. 3 Satz 2 GG ergibt – auch **gegen private Macht,** insbesondere konkurrierende Koalitionen und den **sozialen Gegenspieler in Gestalt des Arbeitgeberverbandes oder einzelner Arbeitgeber.**

199 Das durch Art. 9 Abs. 3 GG geschützte Betätigungsrecht der Gewerkschaft[605] ist vom *BAG* als absolutes Recht i. S. d. §§ 823 Abs. 1, 1004 BGB qualifiziert worden. **Unterlassungs- und Schadensersatzansprüche der Gewerkschaft** werden von der höchstrichterlichen Rspr. grundsätzlich bejaht:

- So hat das *BAG*[606] einer Gewerkschaft einen Unterlassungsanspruch aus § 1004 BGB i. V. m. Art. 9 Abs. 3 GG gegen eine andere Gewerkschaft zuerkannt und zur Begründung ausgeführt, diese habe in das Recht zur koalitionsmäßigen Betätigung rechtswidrig eingegriffen.
- Ebenso hat der *BGH* der vorbeugenden Unterlassungsklage einer Gewerkschaft mit der Begründung stattgegeben, das Verfahrensrecht müsse den Gewerkschaften die Möglichkeit eröffnen, die Gerichte zum Schutz gegen zivilrechtliche unerlaubte Störungen ihrer Organisation und ihrer Tätigkeit anzurufen.[607]

---

602 Vgl. die Beispiele bei *BAG* 22.6.93, NZA 94, 184; *ArbG Freiburg* 15.10.97, AiB 98, 402 mit Anm. *Gnann; ArbG Marburg* 7.8.96, NZA 96, 1331.

603 Dazu eingehend *Berg,* FS Däubler, S. 492 ff.; *Dieterich;* AuR 05, 121, ders., FS *Wißmann,* S. 114 ff.; *Däubler,* AuR 95, 305, 308 f.

604 *BAG* 17.5.11, AuR 11, 498 mit Anm. *Voigt;* 20.4.99, DB 99, 1555; *LAG Hamm* 29.7.11 – 10 TaBV 91/10, AuR 11, 504 Ls., juris; *LAG Baden-Württemberg* 7.12.07, AuR 08, 185, mit zust. Anm. Drohsel; *LAG Mecklenburg-Vorpommern* 10.2.05 – 1 TaBV 18/04; *Sächsisches LAG* 13.11.01, AuR 02, 310, mit zust. Anm. *Jacobs* (aufgehoben durch *BAG* 19.3.03, AuR 04, 155, mit abl. Anm. *Kocher*); *LAG Sachsen-Anhalt* 8.5.01, AuR 02, 308, mit zust. Anm. *Jacobs; ArbG Freiburg* 1.2.12 – 6 BV 10/12; *ArbG Stuttgart* 15.3.12 – 27 Ca 207/11, dazu jeweils *Petri,* AiB13, 352; ArbG Marburg 3.1.06, AuR 06, 133; *ArbG Dresden* 5.12.00, AiB 01, 554, mit zust. Anm. *Unterhinninghofen;* dem *BAG* zustimmend *Berg,* AiB 99, 304; *Berg/Platow,* DB 99, 2362; *Däubler,* AiB 99, 481; *Däubler-Reim,* § 1 Rn. 1091 ff.; *Fitting,* § 77, Rn. 236; *Kocher,* AuR 99, 382; Kittner/Zwanziger/Deinert-*Deinert,* § 10 Rn. 173 ff.; *Schmidt K.,* RdA 04, 152; *Wohlfahrt,* NZA 99, 962, Kempen/Zachert-*Stein,* § 4 Rn. 249 ff.; kritisch *Bauer,* NZA 99, 957; *Buchner,* NZA 99, 897; *Löwisch,* BB 99, 2080; Richardi-*Richardi,* § 77, Rn. 296; *ders.,* DB 00, 42; *Rieble,* ZTR 99, 483; *Thüsing,* DB 99, 1552; im Ergebnis mit dem *BAG* übereinstimmend GK-*Kreutz,* § 77 Rn. 463; Wiedemann-*Wiedemann,* § 1 Rn. 728.

605 *BVerfG* 4.7.95, DB 95, 1464 linke Spalte.

606 11.11.68, AP Nr. 14 zu Art. 9 GG.

607 6.10.64, AP Nr. 6 zu § 54 BGB.

- Weiter hat das *BAG* einer Gewerkschaft das Recht eingeräumt, einen einzelnen Arbeitgeber auf Unterlassung in Anspruch zu nehmen, der die Einstellung einer Bewerberin von ihrem vorherigen Gewerkschaftsaustritt abhängig gemacht hatte.[608]
- Schließlich hat das *BAG* einen eigenen Anspruch der Gewerkschaft gegen den sozialen Gegenspieler anerkannt, rechtswidrige Arbeitskampfmaßnahmen zu unterlassen.[609]

Das muss auch gelten, wenn ein tarifgebundener Arbeitgeber einen TV nicht nur nicht einhält, **200** sondern durch eine offen tarifwidrige Betriebsvereinbarung oder sonstige betriebliche Abmachung bewusst unterläuft. Wenn das *BAG* noch in seiner Entscheidung v. 20.8.91[610] davon ausgegangen ist, durch tarifwidrige Betriebsvereinbarung würden die durch Art. 9 Abs. 3 GG geschützten Rechte der Gewerkschaft jedenfalls nicht in ihrem Kernbereich verletzt, hat das *BVerfG* zwischenzeitlich[611] klargestellt, dass sich der Schutz des Art. 9 Abs. 3 GG nicht auf diejenigen Tätigkeiten, die für die Erhaltung und die Sicherung des Bestandes der Koalition unerlässlich sind (Kernbereich), beschränkt, sondern alle **koalitionsspezifischen Verhaltensweisen** erfasst. Das *BVerfG* hat weiter festgestellt, dass Art. 9 Abs. 3 GG den Koalitionen einen spezifischen Wirkungsbereich für den Abschluss von TV gewährleistet und dass die **Aushandlung von TV zu den wesentlichen Zwecken der Koalitionen.**[612]

Soweit das *BAG*[613] den **koalitionsrechtlichen Unterlassungsanspruch** grundsätzlich aner- **201** kannt hat, hängt seine gerichtliche Durchsetzung allerdings vom Vorliegen verschiedener **Voraussetzungen** ab:

- Das *BAG*[614] geht von einem dem Unterlassungsanspruch auslösenden **Eingriff in die Ta- 202** **rifautonomie** nur aus, wenn die abweichende betriebliche Regelung »eine **Tarifnorm als kollektive Ordnung** verdrängt«. Daraus wird in der Literatur verbreitet die Schlussfolgerung gezogen, es müsse – neben der **Tarifgebundenheit des Arbeitgebers** – ein gewisser **Mindestanteil tarifgebundener Arbeitnehmer an der Gesamtbelegschaft** existieren, weil nur unter dieser Voraussetzung die Tarifnorm als »kollektive Ordnung« gelte.[615] Dies ist nach hier vertretener Auffassung nicht zutreffend und lässt sich auch nicht zwingend aus der Entscheidung des BAG ableiten.[616]
- Die **Geltung einer Tarifnorm als kollektive Ordnung** setzt nicht die Erreichung eines **203** bestimmten zahlenmäßigen Schwellenwertes tarifgebundener Arbeitnehmer voraus, sondern ergibt sich bereits aus dem **Charakter des Tarifvertrages als Kollektivvertrag** und aus der **unmittelbaren und zwingenden Wirkung seiner Tarifnormen** für die bereits organisierten Arbeitnehmer und der mit ihr verbundenen Chance für die unorganisierten Arbeitnehmer, durch Vollzug des Gewerkschaftsbeitritts für sich die Tarifbindung jederzeit herbeiführen zu können. Jedenfalls für den tarifgebundenen Arbeitgeber und die bei ihm beschäftigten tarifgebundenen Arbeitnehmer gilt der Tarifvertrag **unabhängig von der Anzahl der tarifgebundenen Arbeitnehmer** als kollektive Ordnung der Entgelt- und sonstigen Arbeitsbedingungen im Betrieb. Selbst wenn der wenig realitätsnahe Fall unterstellt wird, dass der Arbeitgeber mit den (möglicherweise die Mehrheit der Belegschaft stellenden) unorganisierten Arbeitnehmern untertarifliche Arbeitsbedingungen vereinbart hat, ändert dies nichts daran, dass jedenfalls für die organisierten Arbeitnehmer die Tarifnormen als **kollektive tarifliche (Teil-)Ordnung** gelten (und für die unorganisierten Arbeitnehmer zulässigerweise eine vom Tarifvertrag abweichende **kollektive betriebliche (Teil-)Ordnung**). Sollen die, auch nur für eine geringe Anzahl tarifgebundene Arbeitnehmer, als kollektive Ordnung geltenden Tarifnormen durch eine betriebseinheitlich wirkende und **alle tarifgebundenen Arbeitnehmer erfassende** tarifwidrige Abmachung verdrängt werden, kann die tarifschließende Gewerkschaft insoweit Unterlassung verlangen.

---

608 2.6.87, DB 87, 2312.
609 26.4.88, AP Nr. 101 zu Art. 9 GG Arbeitskampf.
610 NZA 92, 317, 320.
611 14.11.95, BB 96, 590.
612 24.4.96, BB 96, 1835.
613 17.5.11, AuR 11, 498 mit Anm. *Voigt*; 20.4.99, DB 99, 1555.
614 20.4.99, a. a. O., 1558.
615 Aus der neueren Literatur etwa *Kocher*, AuR 04, 155, 159; *Schmidt, K.*, RdA 04, 152, 158.
616 Vgl. dazu auch *Dieterich*, AuR 05, 121 ff.

204 • Dies muss erst Recht gelten, wenn der Tarifvertrag **für alle Arbeitnehmer** – unabhängig von der Tarifbindung – zur Anwendung kommt und für alle Arbeitnehmer durch eine tarifwidrigen betriebliche Regelung verdrängt werden soll. Wendet der tarifgebundene Arbeitgeber den Tarifvertrag, was der Regelfall ist, auf Grundlage von **Gleichstellungsabreden betriebseinheitlich** für organisierte und unorganisierte Arbeitnehmer an, existiert im Betrieb – unabhängig vom quantitativen Anteil der Gewerkschaftsmitglieder an der Gesamtbelegschaft – für alle Arbeitnehmer eine tarifliche, zumindest aber eine im Kern **tarifvertraglich geprägte kollektive Ordnung.** Durch eine tarifwidrige betriebliche Regelung wird diese verdrängt und damit der durch Art. 9 Abs. 3 GG geschütze und von der **kollektiven Koalitionsfreiheit** umfasste **Geltungsanspruch des Tarifvertrages** durch **Errichtung einer betrieblichen Konkurrenzordnung** ausgehebelt. Diese Folge tritt unabhängig von der Anzahl der betroffenen Gewerkschaftsmitglieder ein.

205 • Auch aus diesem Grund setzt der Unterlassungsanspruch **keinen Mindestanteil von Gewerkschaftsmitgliedern** (»kritische Masse«)[617] an der Gesamtzahl der vom Geltungsbereich einer tarifwidrigen betrieblichen Regelung erfassten Arbeitnehmer voraus.[618] Zumindest bei der typischen Konstellation der betriebseinheitlichen Anwendung des Tarifvertrages durch den Arbeitgeber ist es ausreichend, wenn der **Arbeitgeber tarifgebunden** und die als **Tarifvertragspartei auftretende** (und den Unterlassungsanspruch verfolgende) **Gewerkschaft im Betrieb vertreten** (zum Nachweis des Vertretenseins siehe unten) ist (was gleichbedeutend ist mit der Tarifbindung zumindest einzelner Arbeitnehmer und der normativen Geltung des Tarifvertrages für diese Arbeitnehmer).

206 • Folgt man dem nicht, wird man bei der von der Gegenauffassung geforderten **quantitativen Betrachtung** neben den Gewerkschaftsmitgliedern jedenfalls die **Arbeitnehmer mit** arbeitsvertraglichen **Gleichstellungsabreden einbeziehen** müssen.[619] Selbst wenn man es mit der Gegenauffassung für die **Begründetheit des Unterlassungsanspruchs** für erforderlich hält, dass die Gewerkschaft einen gewissen Mindestanteil an tarifgebundenen Arbeitnehmern darlegt (und im Falle des Bestreitens) beweist, geht es dabei, zumindest im Erkenntnisverfahren,[620] **nicht um die namentliche Benennung der Gewerkschaftsmitglieder,**[621] bzw. um deren Individualisierung oder konkreten Arbeitsverhältnisse, sondern allein um die Tatsache, dass die **Gewerkschaft** mit einem **zahlenmäßig zu benennenden Mindestanteil an Gewerkschaftsmitgliedern im Betrieb vertreten** ist.[622] Der **Nachweis** kann ohne Nennung von Namen mittelbar geführt werden, etwa durch **notarielle Erklärung** oder **Vernehmung bzw. eidesstattliche Versicherung eines Gewerkschaftssekretärs** (§ 2 Rn. 80 f. mit weiterführenden Nachweisen).[623]

207 • Unabhängig von der Frage, ob ein gewisser Anteil tarifgebundener Arbeitnehmer an der Gesamtbelegschaft Tatbestandsvoraussetzung des Unterlassungsanspruchs ist (was nach hier vertretener Auffassung verneint wird, vgl. Rn. 202 ff.), hat der 4. Senat des *BAG*[624] die Auffassung vertreten, der Antrag einer Gewerkschaft zur gerichtlichen Durchsetzung ihres koalitionsrechtlichen Unterlassungsanspruchs sei **ohne namentliche Benennung der Gewerkschaftsmitglieder** im Antrag **nicht hinreichend bestimmt** und hat die Klage einer antragstellenden Gewerkschaft deshalb als unzulässig abgewiesen. Diese gelte zumindest immer dann, wenn der **Unterlassungsantrag** der Gewerkschaft **auf die tarifgebundenen Arbeitnehmer beschränkt** sei.[625]

208 • Wenn der 4. Senat in dieser Entscheidung gleichzeitig Spekulationen darüber anstellt, dass

617 Vgl. *Kocher,* AuR 04, 156, 159.
618 A. A. *Kocher,* a. a. O.; *Rieble,* ZTR 99, 483, 485; *Schmidt, K.,* RdA 04, 152, 158, die als Mindestvoraussetzung auf die Vorgaben aus § 17 KSchG zurückgreifen wollen.
619 *Kocher,* a. a. O.; eine entsprechende Erwägung auch bei *Wiedemann,* RdA 00, 169, 172.
620 Vgl. *BAG* 20.4.99, a. a. O., 1560.
621 Zur gegenteiligen Auffassung des 4. Senats des *BAG* 19.3.03, AuR 04, 155, vgl. Rn. 207 ff.
622 *Kocher,* AuR 04, 156, 159.
623 *Dieterich,* AuR 05, 121, 126; HaKo-BetrVG-*Krasshöfer,* Rn. 127; vgl. zu der vergleichbaren Problematik im Rahmen von § 2 BetrVG: *BAG* 25.3.92, AP Nr. 4 zu § 2 BetrVG 1972.
624 19.3.03, AuR 04, 155 mit kritischer Anm. *Kocher; dies.,* NZA 05, 140; *Dieterich,* FS *Wißmann,* S 114 ff.
625 *BAG* 19.3.03, a. a. O., 156.

die Gewerkschaft aus rechtlichen und praktischen Gründen in der Regel nicht in der Lage sei, die Namen der Gewerkschaftsmitglieder zu nennen, und dass es wenig wahrscheinlich sei, dass die Mitglieder ihre Gewerkschaft bei der Durchsetzung des Unterlassungsanspruchs überhaupt unterstützen würden,[626] drängt sich der Eindruck auf, dass es im Ergebnis auch darum ging, der den Unterlassungsanspruch grundsätzlich anerkennenden Entscheidung des 1. Senats des *BAG*[627] zumindest partiell den Boden zu entziehen. Die Entscheidung kann ihre Sympathie für die den Anlass des Rechtsstreits darstellenden tarifwidrigen arbeitsvertraglichen Abreden und deren – vom Arbeitgeber erzwungene – Akzeptanz durch die betroffenen Arbeitnehmer kaum verbergen, was zu Recht zu der Bewertung Anlass gibt, dass es bemerkenswert ist, »dass ein oberstes Bundesgericht eine rechtswidrige Maßnahme als akzeptables »Sanierungskonzept« adelt …«.[628]

- Der 4. Senat hat im Ergebnis verkannt, dass die Durchsetzung der **individuellen Ansprüche der Gewerkschaftsmitglieder** weder Inhalt noch Gegenstand des Unterlassungsantrags sind, sondern dass es beim koalitionsrechtlichen Unterlassungsanspruch um die Durchsetzung **eigener Rechte der Gewerkschaft** geht.[629] Abgesehen davon sprechen gute Gründe dafür, dass bei einer **Beschränkung des Unterlassungsanspruchs auf die Gewerkschaftsmitglieder** ihre **namentliche Benennung** erst im **Vollstreckungsverfahren** erforderlich ist,[630] und dass dies auch unter dem Gesichtspunkt der **erforderlichen Bestimmtheit eines Unterlassungsantrags** im **Erkenntnisverfahren** ausreichend.[631] Beabsichtigt der tarifwidrig handelnde Arbeitgeber, die abweichende Abmachung **unabhängig von deren Tarifgebundenheit auf alle Arbeitnehmer** zu erstrecken, was typischerweise der Fall ist (vgl. Rn. 202 ff.)[632] – muss der Unterlassungsantrag nicht auf die tarifgebundenen Arbeitnehmer beschränkt werden[633] und eine **namentliche Benennung** ist erst Recht **entbehrlich,**[634] denn der Arbeitgeber weiß, welche Arbeitnehmer bei ihm beschäftigt sind.[635] 209
- Der Tarifvertrag im Anwendungsbereich der tarifwidrigen betrieblichen Regelung muss **normativ** gelten.[636] Dies setzt **Tarifbindung gem § 3 Abs. 1 oder Abs. 3 TVG** voraus[637] und gilt mit der Folge der Anwendbarkeit des Unterlassungsanspruchs auch für den Fall der **Allgemeinverbindlichkeit eines Tarifvertrages.**[638] Befindet sich der Tarifvertrag nach seiner Beendigung gem. § 4 Abs. 5 TVG lediglich in der **Nachwirkung,** ist für die Durchsetzung des **koalitionsrechtlichen** Unterlassungsanspruchs kein Raum mehr. Die nachwirkenden Tarifnormen können prinzipiell abgelöst werden. Dies kann allerdings wegen des Tarifvorbehalts gem. Abs. 3 unter dem Gesichtspunkt der **Tarifüblichkeit** (vgl. Rn. 137 ff.), **nicht durch Abschluss einer BV** erreicht werden. Erfolgt die Ablösung dennoch – unter Verstoß gegen Abs. 3 – durch BV (oder nach hier vertretener Auffassung durch eine Regelungsabrede, vgl. Rn. 158 ff.), steht den Tarifvertragsparteien der **betriebsverfassungsrechtliche** Unterlassungsanspruch (vgl. Rn. 184 ff.) zur Seite. 210

---

626 *BAG* 19.3.03, a. a. O.
627 20.4.99, a. a. O.
628 So *Kocher*, a. a. O., 158.
629 *Kocher*, a. a. O., 156.
630 *BAG* 20.4.99, a. a. O., 1560.
631 *Schmidt, K.*, RdA 04, 152, 157.
632 So auch *ArbG Marburg* 3.1.06, AuR 06, 133; *Schmidt, K.*, a. a. O., 157.
633 *BAG* 20.4.99, a. a. O.; *LAG Baden-Württemberg* 7.12.07, AuR 08, 185, mit Anm. *Drohsel; Schmidt, K.*, a. a. O., 158.
634 *BAG* 17.5.11, AuR 11, 498 mit Anm. *Voigt*; *LAG Hamm* 29.7.11, AuR 11, 504 Ls., juris; *LAG Hamburg* 18.6.09 – 2 Sa 176/08, juris; *LAG Baden-Württemberg* 7.12.07, a. a. O.; *Kocher*, a. a. O.; *Schmidt, K.*, a. a. O.
635 So auch der 4. Senat des *BAG*, 19.3.03, a. a. O., 156, der im Ergebnis aber unter Hinweis auf *Löwisch*, BB 99, 2080 und *Rieble*, ZTR 99, 483, 486 die Frage aufwirft und unbeantwortet lässt, ob nicht zumindest doch einzelne oder ein Mitglied der klagenden Gewerkschaft im Erkenntnisverfahren genannt werden müsse.
636 *BAG* 20.4.99, a. a. O., 1558 f.; dazu eingehend *Schmidt, K.*, RdA 04, 152, 154 f.
637 *Däubler*, AiB 99, 481; *Schmidt, K.*, a. a. O., 158 f.
638 *LAG Hamm* 29.7.11, a. a. O.; *Bepler*, AuA 99, 558; *Berg/Platow*, DB 99, 2362, 2365; *Däubler*, a. a. O., 484; a. A. *Kocher*, AuR 99, 382, 384; *Rieble*, ZTR 99, 483, 486; *Schmidt, K.*, a. a. O., 154 f.

211 • Es ist unerheblich, welche **Rechtsqualität** die tarifwidrige betriebliche Regelung hat. Der Unterlassungsanspruch kann nicht nur auf die Nichtanwendung von **BV,** sondern auch von **Regelungsabreden** (vgl. Rn. 79 ff.) oder **betrieblichen Einheitsregelungen**[639] abzielen.[640]

212 • Das BAG verlangt für die Begründetheit des Unterlassungsanspruchs das **Vorliegen einer »betrieblichen Regelung«,** die **»einheitlich« wirken** soll.[641] Tarifwidrige Bestimmungen in **einzelnen Arbeitsverträgen** oder **fehlerhafte Anschlussregelungen** sollen danach mit dem Unterlassungsanspruch nicht angegriffen werden können, obwohl auch Tarifrechtsverstöße in einzelnen Arbeitsverträgen prinzipiell geeignet sind, den Geltungsanspruch der entsprechenden Tarifnormen zumindest indirekt in Frage zu stellen.[642] Kollektive Interessen können auch berührt sein, wenn nur (bzw. zunächst) wenige bzw. einzelne Arbeitnehmer von einer tarifwidrigen Regelung betroffen sind, insbesondere dann, wenn in der tarifwidrigen Behandlung einzelner Arbeitnehmer die Absicht zum Ausdruck kommt, rechtswidrige Abweichungen vom Tarifvertrag als allgemeine Verfahrensweise zu etablieren.[643] Von einer **einheitlichen Regelung** wird jedenfalls immer dann auszugehen sein, wenn sie für den gesamten Betrieb, bestimmte Teile eines Betriebs, etwa eine Abteilung oder für bestimmte Gruppen von Arbeitnehmern (z. B. gewerbliche Arbeitnehmer, Kraftfahrer, Schichtarbeiter) gelten soll. Liegen diese Voraussetzungen vor, kommt es für die Bejahung des Unterlassungsanspruchs auf das Verhalten des BR im Einzelnen nicht an. Kommt die tarifwidrige Regelung mit ausdrücklicher oder stillschweigender **Unterstützung des BR** zustande, liegt ihr kollektiver Charakter allerdings auf der Hand und es ist im Zweifel vom Vorliegen einer einheitlichen Regelung auszugehen.[644]

213 • Ein **Verschulden des AG** oder eine besondere **Schwere des Tarifverstoßes** sind für die Begründetheit des Unterlassungsanspruchs keine Voraussetzung.[645] Die Zielrichtung des Arbeitgebers, Tarifnormen durch tarifwidrige Regelungen zu ersetzen bzw. zu verdrängen, so eine betriebliche Konkurrenzordnung zu errichten und die tarifliche Ordnungsfunktion leer laufen zu lassen, ist für das Vorliegen eines relevanten Verstoßes ausreichend. Auf den **Anlass,** die **Motivationslage** und die sonst vom Arbeitgeber verfolgten **Ziele** kommt es ebenso wenig an wie auf die **Intensität der Verletzung des Tarifvertrages.** Es stellt daher kein entscheidungserhebliches Kriterium dar, in welchem **Umfang** vom Tarifvertrag abgewichen wird, oder welche **materiellen Auswirkungen** die Abweichung für die Tarifunterworfenen hat.

214 • Ist der **BR** am Zustandekommen der tarifwidrigen betrieblichen Regelung **beteiligt,** ist der gewerkschaftliche Unterlassungsanspruch im **Beschlussverfahren** geltend zu machen,[646] ansonsten im **Urteilsverfahren.** Bei Vorliegen der üblichen Voraussetzungen kann der Unterlassungsanspruch auch durch **Einstweilige Verfügung** verfolgt werden[647] (vgl. dazu auch das Muster einer Antragsschrift bei DKKWF-*Berg,* § 77 Rn. 6).

215 Prinzipiell hat auch der **Arbeitgeberverband** als Tarifvertragspartei die Möglichkeit, im Wege **verbandsrechtlicher Sanktionen** oder des **betriebsverfassungs- oder koalitionsrechtlichen Unterlassungsanspruchs** gegen tarifwidrig handelnde Arbeitgeber vorzugehen. Dies spielt zwar praktisch keine Rolle, kann aber im Hinblick auf die **Wettbewerbsinteressen tariftreuer Verbandsmitglieder,** zumindest präventiv, dennoch von Bedeutung sein.[648]

---

639 Zum Begriff vgl. Kittner/Zwanziger/Deinert-*Deinert,* § 1 Rn. 114 ff.
640 *BAG* 20.4.99, a. a. O., 1548.
641 *BAG* 20.4.99, a. a. O., 1555, 1558.
642 *Kocher,* AuR 99, 382, 383.
643 Ähnlich *Thüsing,* DB 99, 1552, 1554.
644 *BAG* 20.4.99, a. a. O., 1555.
645 *LAG Baden-Württemberg* 7.12.07, AuR 08, 185, mit Anm. *Drohsel.*
646 *BAG* 17.5.11, AuR 11, 498 mit Anm. *Voigt;* 13.3.01, AP Nr. 17 zu § 2 a ArbGG 1979; 20.4.99, a. a. O., 1556; *LAG Baden-Württemberg* 7.12.07; *Berg/Platow,* a. a. O., 2367; a. A. *Bauer,* NZA 99, 957, 958; *Rieble,* a. a. O., 486.
647 *BAG* 17.5.11, a. a. O.; *Berg/Platow,* a. a. O., 2368; *Schmidt, K.,* a. a. O., 160; a. A. *Bauer,* a. a. O., 961;
648 Vgl. Kittner/Zwanziger/Deinert-*Deinert,* § 10 Rn. 118; *Rieble,* NZA 00, 225, 228 f. unter Bezugnahme auf den Fall Holzmann.

Die von der tarifschließenden Gewerkschaft gerichtlich durchsetzbare **Einwirkungspflicht eines AG-Verbandes** auf seine Mitglieder, **tarifwidrige Regelungen in BV** zu unterlassen, wurde ursprünglich vom *BAG*[649] nur für den Fall bejaht, dass die Auslegung des TV ergibt, dass die Regelung in der BV gegen den TV verstößt, ein entsprechendes rechtskräftiges Urteil bzw. eine verbindliche Entscheidung einer tariflichen Schlichtungsstelle vorliegt oder der AG-Verband selbst von der Tarifwidrigkeit der Regelung in der BV ausgeht. Für den Fall, dass der in Anspruch genommene AG-Verband die Rechtsauffassung der Gewerkschaft zur Auslegung des TV ablehnt, ist nunmehr anerkannt, dass eine **kombinierte Feststellungs- und Leistungsklage** gegen den AG-Verband anhängig gemacht werden kann. Dabei richtet sich der Feststellungsantrag gemäß § 9 TVG auf die Auslegung des TV und der Leistungsantrag auf die Verurteilung zur Einwirkung im Sinne des begehrten Feststellungsantrags.[650] 216

d) Beseitigungsanspruch

Im Zusammenhang mit dem vorstehend erläuterten Unterlassungsanspruch der Gewerkschaft stellt sich weitergehend die Frage, ob sie zusätzlich die **Beseitigung der Folgen des Verstoßes gegen den Tarifvertrag** gerichtlich durchsetzen kann (§§ 1004, 823 BGB i. V. m. Art. 9 Abs. 3 GG). § 1004 BGB billigt dem Anspruchsinhaber grundsätzlich nicht nur einen Unterlassungsanpruch zur Abwehr zukünftiger Beeinträchtigungen zu, sondern gewährt auch einen **Beseitigungsanspruch**, der auf die Beseitigung der rechtswidrigen Beeinträchtigung gerichtet ist.[651] Bei Verstößen gegen das Mitbestimmungsrecht des BR ist dies ebenfalls anerkannt. Hat der AG z. B. unter Verletzung der Mitbestimmungsrecht des BR Anweisungen in ein von den AN zu beachtendes Handbuch aufgenommen, kann der BR die Beseitigung dieses betriebsverfassungswidrigen Zustands durch Herausnahme der Anweisungen aus dem Handbuch verlangen.[652] Der Beseitigungsanspruch der Gewerkschaft richtet sich im Fall des Verstoßes gegen den Tarifvertrag auf die **Beseitigung des tarifwidrigen** bzw. **Wiederherstellung des tarifkonformen Zustandes**, d. h. nach hier vertretener – allerdings **vom BAG[653] inzwischen abgelehnter** – Auffassung z. B. auf die Aufhebung der – auf Grundlage einer entsprechenden Betriebsvereinbarung oder Regelungsabrede abgeschlossenen – tarifwidrigen **Individualverträge** und die **Nachzahlung** der vorenthaltenen tariflichen Leistungen bzw. Gewährung von Ansprüchen auf Freizeitausgleich.[654] Die Beseitigung der Beeinträchtigung kann jedenfalls von der Gewerkschaft dadurch verlangt werden, dass die (zukünftige) **Anwendung** der **tarifwidrigen betrieblichen Regelung unterbleibt** und der AG eine darauf gerichtete ausdrückliche **Erklärung gegenüber den AN** abgibt.[655] Dieser Anspruch der Gewerkschaft ist im Beschlussverfahren geltend zu machen und kann im Wege der einstweiligen Verfügung verfolgt werden.[656] 217

§ 78 Schutzbestimmungen

Die Mitglieder des Betriebsrats, des Gesamtbetriebsrats, des Konzernbetriebsrats, der Jugend- und Auszubildendenvertretung, der Gesamt-Jugend- und Auszubildendenvertretung, der Konzern-Jugend- und Auszubildendenvertretung, des Wirtschaftsausschusses, der Bordvertretung, des Seebetriebsrats, der in § 3 Abs. 1 genannten Vertretungen der Arbeitnehmer, der Einigungsstelle, einer tariflichen Schlichtungsstelle (§ 76 Abs. 8) und einer betrieblichen Beschwerdestelle (§ 86) sowie Auskunftspersonen (§ 80 Abs. 2 Satz 3) dürfen in der Ausübung ihrer Tätigkeit nicht gestört oder behindert werden. Sie dürfen wegen ihrer Tätigkeit nicht benachteiligt oder begünstigt werden; dies gilt auch für ihre berufliche Entwicklung.

---

649 *BAG* 29.4.92, NZA 92, 846.
650 *BAG* 10.6.09, ZTR 10, 73; *BKPSS*, § 1 Rn. 412.
651 *BAG* 17.5.11, a. a. O.; Palandt-*Bassenge*, § 1004, Rn. 28.
652 *BAG* 16.6.98, NZA 99, 49; vgl. auch Richardi-*Thüsing*, § 23 Rn. 80 ff.
653 BAG 17.5.11, a. a. O.
654 Berg/Kocher/Schumann-*Berg*, § 4 Rn. 240; *Däubler*, AiB 99, 481, 483.
655 *BAG* 17.5.11, a. a. O.
656 *BAG* 17.5.11, a. a. O.

Inhaltsübersicht

I. Vorbemerkungen

1 Zweck der Vorschrift ist es, den Betriebsverfassungsorganen und ihren Mitgliedern eine **ungestörte und unbeeinflusste Amtsausübung** zu gewährleisten und die Mitglieder in ihrer persönlichen Stellung, vor allem als AN des Betriebs, vor Nachteilen wegen ihrer Amtsstellung zu bewahren.[1] Die Vorschrift besteht nicht nur im Interesse des Funktionsträgers, sondern im öff. Interesse an der Funktionsfähigkeit der BR. Sie ist nicht Privileg, sondern Ausdruck und Reaktion auf typische Gefährdungssituationen, die sich aus der betriebsverfassungsrechtlichen Interessenvertretung ergeben können, ohne im Einzelnen nachgewiesen werden zu müssen.[2] Damit geht sie über das allgemeine Maßregelungsverbot des § 612 a BGB, das auch BR-Mitglieder schützt, hinaus. Sie ist zwingend. Auf die Einhaltung der Verbote kann kein Geschützter wirksam verzichten. Auch eine Abbedingung durch TV oder BV ist nicht wirksam.[3] Die Vorschrift bildet ein Auslegungskriterium bei der Anwendung der anderen Bestimmungen dieses Gesetzes, etwa des § 37 (vgl. § 37 Rn. 1).

2 Seit 2001 sind die KJAV, alle in § 3 Abs. 1 aufgeführten Arbeitnehmervertretungen, weiterhin die in § 80 Abs. 2 Satz 3 genannten Auskunftspersonen in den Schutzbereich einbezogen. Dagegen hat das **AGG** die Vorschrift unverändert gelassen. Ebenso wenig wurde die Benachteiligung wegen Mitgliedschaft im BR in die nach §§ 1, 7 AGG verpönten Merkmale einbezogen. Inwieweit die Benachteiligung von Mitgliedern der Betriebsverfassungsorgane eine nach § 3 Abs. 2 AGG unzulässige mittelbare Benachteiligung wegen der nach § 1 AGG verpönten Merkmale, etwa wegen des Geschlechts oder der Weltanschauung[4] darstellen könnte, ist noch ungeklärt.

3 Die Bestimmung konkretisiert die **verfassungsrechtliche Fundierung der Betriebsverfassung** aus Art. 12 und 20 GG bzw. das Benachteiligungsverbot aus Art. 3 und 5 GG, indem sie betriebsverfassungsrechtliche Funktionsträger in ihrer Betätigung und in ihrer arbeitsrechtlichen Stellung als AN besonders schützt.

4 Bei der Auslegung und Anwendung der Vorschrift ist das von Deutschland ratifizierte **IAO-Übereinkommen Nr. 135** über Schutz und Erleichterungen für Arbeitnehmervertreter im Betrieb v. 23.6.1971[5] zu berücksichtigen. Nach Art. 1 des Übereinkommens sind Arbeitnehmervertreter im Betrieb gegen jede Benachteiligung, einschließlich Kündigung, die auf Grund ihrer Stellung oder Betätigung als Arbeitnehmervertreter oder auf Grund ihrer Zugehörigkeit zu einer Gewerkschaft oder ihrer gewerkschaftlichen Betätigung erfolgt, wirksam zu schützen, sofern sie im Einklang mit bestehenden Gesetzen oder Gesamtarbeitsverträgen oder anderen gemeinsam vereinbarten Regelungen handeln. Nach Art. 2 Abs. 1 sind Arbeitnehmervertretern im Betrieb Erleichterungen zu gewähren, die geeignet sind, ihnen die rasche und wirk-

1 Vgl. GK-*Kreutz*, Rn. 2; Richardi-*Thüsing*, Rn. 2; *BAG* 21.1.90, AP Nr. 28 zu § 103 BetrVG 1972; 28.6.95, DB 96, 226; 12.11.97, EzA § 23 BetrVG 1972 Nr. 38.

2 *HessLAG* 10.4.08 – 9 TaBV 236/07, AuR 09, 222.

3 *HessLAG* a.a.O.; *Fitting*, Rn. 4; GK-*Kreutz*, Rn. 20; zu Art. 7 der RL 2002/14/EG *EuGH* 11.2.10 – Rs. C-405/08, *Holst*, AuR 10, 273.

4 Zu letzterer Däubler/Bertzbach-*Däubler*, § 1 AGG, Rn. 58 ff., 69.

5 Abgedruckt bei *DKL*, Nr. 212 mit Einleitung von *Bobke/Lörcher*.

same Durchführung ihrer Aufgaben zu ermöglichen. Arbeitnehmervertreter i. S. d. Übereinkommens sind Gewerkschaftsvertreter und im Betrieb von Arbeitnehmern gewählte Vertreter.[6] Nach Auffassung des *BAG*[7] begründet das Übereinkommen Nr. 135 keine unmittelbaren Rechtsansprüche. Zur Umsetzung seien nur die staatlichen Gesetzgebungsorgane und die Tarifvertragsparteien berufen. Das Übereinkommen sei durch die Bestimmungen des BetrVG und der Personalvertretungsgesetze verwirklicht. Dieser letzte Satz kann nur richtig sein, wenn in der Auslegung und Anwendung dieser Bestimmungen die Vorgaben des Übereinkommens beachtet werden. Somit sind nicht nur die in der Vorschrift ausdrücklich genannten Mitglieder, sondern auch gewerkschaftliche Arbeitnehmervertreter im Betrieb grundsätzlich gegen Benachteiligungen auf Grund ihrer gewerkschaftlichen Stellung, Betätigung oder Zugehörigkeit wirksam zu schützen (vgl. Rn. 8).

In der **Revidierten Europäischen Sozialcharta** (RESC)[8] i. d. F. v. 3.5.1996, **Teil I Nr. 28** (von Deutschland am 29.6.07 unterzeichnet, noch nicht ratifiziert) heißt es: »Die Arbeitnehmervertreter im Betrieb haben das Recht auf Schutz gegen Benachteiligungen und müssen geeignete Erleichterungen erhalten, um ihre Aufgaben wahrzunehmen.« Dementsprechend statuiert Art. 28 RESC »das Recht der Arbeitnehmervertreter auf Schutz im Betrieb und Erleichterungen, die ihnen zu gewähren sind« mit folgendem Inhalt: 5

»Um die wirksame Ausübung des Rechts der Arbeitnehmervertreter zu gewährleisten, ihre Aufgaben wahrzunehmen, verpflichten sich die Vertragsparteien sicherzustellen, dass

a) die Arbeitnehmervertreter im Betrieb gegen Benachteiligungen, einschließlich der Kündigung, die auf Grund ihrer Eigenschaft oder Betätigung als Arbeitnehmervertreter im Betrieb erfolgen, wirksam geschützt werden;
b) den Arbeitnehmervertretern im Betrieb Erleichterungen gewährt werden, die geeignet sind, ihnen die rasche und wirksame Wahrnehmung ihrer Aufgaben zu ermöglichen, wobei das in dem betreffenden Land zu beachtende System der Arbeitsbeziehungen sowie die Erfordernisse, Größe und Leistungsfähigkeit des jeweiligen Betriebs berücksichtigt werden.«

Für den Begriff der »Arbeitnehmervertreter« verweist der Anhang II zu Art. 28 auf die innerstaatlichen Rechtsvorschriften und Gepflogenheiten.

Art. 27 der Europäischen **Grundrechtecharta** statuiert ein besonderes Recht auf Unterrichtung und Anhörung der AN im Unternehmen: »Für die AN oder ihre Vertreter muss auf den geeigneten Ebenen eine rechtzeitige Unterrichtung und Anhörung in den Fällen und unter den Voraussetzungen gewährleistet sein, die nach dem Unionsrecht und den einzelstaatlichen Rechtsvorschriften und Gepflogenheiten vorgesehen sind.« Dazu bestimmt Art. 7 der **(Unterrichtungs- und Anhörungs-) RL** 2002/14/EG v. 11.3.02:[9] »Die Mitgliedstaaten tragen dafür Sorge, dass die Arbeitnehmervertreter bei der Ausübung ihrer Funktion einen ausreichenden Schutz und ausreichende Sicherheiten genießen, die es ihnen ermöglichen, die ihnen übertragenen Aufgaben in angemessener Weise wahrzunehmen«. Vor diesem Hintergrund ist zu klären, unter welchen besonderen Voraussetzungen Befristungen der Arbeitsverhältnisse von BR-Mitgliedern bzw. die Berufung auf deren Ablauf zulässig sind (ausführlich Rn. 28 m. w. N.). Nach *EuGH*[10] verlangt Art. 7 RL allein zwar noch nicht einen verstärkten Kündigungsschutz für AN-Vertreter. Unvereinbar mit dieser Vorschrift ist danach aber eine Kündigung, die mit der Eigenschaft oder den Funktionen eines AN-Vertreters begründet wird bzw. damit in einem Zusammenhang steht. Besondere Schutzvorschriften für AN-Vertreter finden sich auch in Einzel-Rl, so in Art. 10 der EBR-RL 2009/38/EG v. 6.5.2009, Art. 7 der Gleichbehandlungs-RL 2002/73/EG im Zusammenhang mit der Behandlung von Beschwerden (s. auch § 85). 6

Neben den im Gesetzestext ausdrücklich aufgezählten geschützten Organen und Personen 7

6 *BAG* 7.5.86, DB 86, 1883.
7 *BAG* 22.6.10 – 1 AZR 179/09, AuR 11, 361, mit krit. Anm. *Däubler.*
8 Die RESC wird in den amtlichen Erläuterungen zu Art. 30 EU-GrCh, Grundrecht auf Schutz bei ungerechtfertigter Entlassung (2007/C 303/02), ABlEU C 303/17 v. 14.12.2007, ausdrücklich in Bezug genommen.
9 ABlEG L 080/30 v. 23.3.2002; zur RL 2002/14/EG vgl. *Giesen*, RdA 2000, 298, 302; *Bonin*, AuR 04, 321.
10 *EuGH* 11.2.10 – Rs. C-405/08, Holst, AuR 10, 273.

erstreckt sich der Schutzbereich auf **AN-Vertreter im AR** nach § 9 Drittelbeteiligungsgesetz v. 18.5.04[11] und **Ersatzmitglieder,** soweit sie im BR oder in anderen Institutionen für ein verhindertes Mitglied vorübergehend tätig werden oder endgültig nachrücken.[12] Für **AN-Vertreter im AR nach dem MitbestG** gilt § 26 MitbestG.[13] Für **Mitglieder des WV** und für **Wahlbewerber** gilt § 20 Abs. 1 und 2. Der Schutz erstreckt sich auch auf Betriebsfremde, wie sich aus der Nennung bspw. der **Mitglieder der ESt.** ergibt. Geschützt sind damit auch der/die Vorsitzende[14] und die vom AG benannten Mitglieder der ESt. (vgl. Rn. 18). In dieser Vorschrift nicht ausdrücklich angesprochen sind Mitglieder einer **Arbeitsgruppe** nach § 28 a. Deren Behinderung stellt indes regelmäßig eine Maßregelung i. S. d. § 612 a BGB sowie eine Behinderung des BR als Organ dar, da sie vom BR übertragene Aufgaben wahrnehmen.[15] Nach § 40 EBRG i. V. m. Art. 10 der EBR-RL (vgl. Kommentierung zu § 40 EBRG) genießen die Mitglieder des besonderen Verhandlungsgremiums, des **EBR** und die AN-Vertreter, die bei dem Unterrichtungs- und Anhörungsverfahren mitwirken, den gleichen Schutz wie innerstaatliche AN-Vertreter. Zum PR §§ 8, 107 BPersVG, zum Sprecherausschuss § 2 Abs. 3 SprAuG.

8 Nach Richardi-*Thüsing* ist der Schutz dieser Vorschrift auf **Gewerkschaftsbeauftragte,** die Aufgaben oder Befugnisse nach diesem Gesetz wahrnehmen, entsprechend anzuwenden.[16] Zwar ist § 78 enger gefasst als etwa §§ 8, 107 BPersVG: »Personen, die Aufgaben oder Befugnisse nach diesem Gesetz /dem Personalvertretungsrecht wahrnehmen«. Allerdings geht das BetrVG (vgl. nur §§ 2, 31, 46) davon aus, dass sich die gesetzlich gewollte und geschützte Vertretung der AN in enger Zusammenarbeit von BR und Gewerkschaft vollzieht. Deshalb stellt die Behinderung der betriebsverfassungsrechtlichen Betätigung der Gewerkschaft bzw. ihrer Beauftragten, etwa die Zutrittsverweigerung, zugleich eine Behinderung der nach dieser Vorschrift geschützten Amtsführung des BR dar, die bei Vorsatz sogar den Straftatbestand des § 119 erfüllen kann. Dabei kommt es nicht darauf an, ob sich die betriebsverfassungsrechtliche Tätigkeit der Gewerkschaft im Einzelfall im Einvernehmen mit dem BR vollzieht oder nicht. Auch Art. 3 des IAO-Übereinkommens Nr. 135 schützt Gewerkschaftsvertreter in gleicher Weise wie BR-Mitglieder (vgl. Rn. 4).

9 Für die **Schwerbehindertenvertretung und Gesamtschwerbehindertenvertretung** enthalten §§ 96 Abs. 2 bis 6, 97 Abs. 7 SGB IX entspr. Vorschriften, in § 96 Abs. 3 SGB IX darüber hinaus eine generelle Verweisung auf die Rechtsstellung der Mitglieder des BR, damit auch § 78. Zu **Immissionsschutz- und Störfallbeauftragten** vgl. §§ 58, 58 d BImSchG[17]. Nach *BAG* 22.7.92[18] besteht der nachwirkende Kündigungsschutz des Immissionsschutzbeauftragten nur bei Abberufung durch den AG, nicht bei einseitiger Amtsniederlegung durch den AN. Zu weiteren Schutzregelungen bzw. Diskriminierungsverboten vgl. § 8 ASiG (Betriebsärzte und Fachkräfte für Arbeitssicherheit), §§ 4 f. Abs. 3 BDSG (Datenschutzbeauftragter),[19] § 4 Abs. 2 GbV (Gefahrgutbeauftragter), § 19 GenTSV (Beauftragter für biologische Sicherheit/Gentechnik), § 22 Abs. 3 SGB VII (Sicherheitsbeauftragter), § 30 Abs. 4 StrlSchVO sowie § 14 RöV (Strahlenschutzverantwortlicher und Strahlenschutzbeauftragter), §§ 21 f. Abs. 1 WHG (Gewässerschutzbeauftragter), § 55 Abs. 3 KrW-/AbfG i. V. m. § 58 BImSchG (Abfallbeauftragter).[20]

10 Satz 2 gilt für die **gesamte Amtszeit** der Mitglieder des BR bzw. der sonstigen Institutionen; sie kann **Vor- und Nachwirkungen** entfalten, wenn die Benachteiligung oder Begünstigung im Hinblick auf die zukünftige oder bereits beendete Tätigkeit erfolgt (ausführlich Rn. 29, § 25

11 BGBl. I S. 974; vgl. auch *BAG* 4.4.74, AP Nr. 1 zu § 626 BGB Arbeitnehmervertreter im Aufsichtsrat.
12 Richardi-*Thüsing,* Rn. 4 ff.; *Fitting,* Rn. 2; GK-*Kreutz,* Rn. 11.
13 Vgl. im Übrigen *Fitting/Wlotzke/Wißmann,* § 26 Rn. 3.
14 GK-*Kreutz,* Rn. 14.
15 Vgl. § 28 a, Rn. 7, 83; für eine entspr. Anwendung auf Arbeitsgruppenmitglieder *Fitting,* § 28 a Rn. 39, § 78, Rn. 1.
16 Richardi-*Thüsing,* Rn. 10; a. A. GK-*Kreutz,* Rn. 15, unter gleichzeitiger Hervorhebung des Schutzes gewerkschaftlicher Vertrauensleute gegen unterschiedliche Behandlung nach § 75 Abs. 1.
17 dazu *Schaub,* DB 93, 481; *Fischer,* AuR 96, 481.
18 *BAG* 22.7.92, DB 93, 1192
19 Dazu *BAG* 29.9.10 – 10 AZR 588/10, AuR 10, 487.
20 Vgl. auch *Fischer,* AuR 96, 474; *Pulte,* Betriebsbeauftragte, m. w. N.

Rn. 40).[21] Für den Fall, dass die reguläre Amtszeit des BR auf Grund eines Betriebsübergangs endet, etwa bei Eingliederung in einen aufnehmenden Betrieb oder Zusammenlegung mit einem größeren Betrieb mit BR, ergibt sich dieser besondere nachwirkende Schutz auch aus Art. 6 Abs. 2 der Europäischen Betriebsübergangs-RL 2001/23/EG v. 12.3.01 (vgl. § 21 a, Rn. 22).

Die in dieser Bestimmung enthaltenen Verbote richten sich zwar in erster Linie, aber nicht nur gegen den AG, sondern **gegen jedermann,** z. B. auch gegen AN incl. BR-Mitglieder (zur Behandlung von Beschwerden über andere AN vgl. § 84 Rn. 22), Lt. Angestellte (§ 5 Abs. 3) und Außenstehende (h. M.).[22] Adressaten sind auch die AG eines **gemeinsamen Betriebs** sowie Vertreter von **anderen** konzernierten oder »befreundeten« **UN** sowie von Eigentümer-/Vermietergesellschaften, die auf diese Weise gehalten sind, die Praktizierung betriebsverfassungsrechtlicher Befugnisse, insbes. den Zugang von BR-Beauftragten zu dulden.[23] Unzulässig ist es insbes., wenn nach Betriebs-/Unternehmensteilung oder Aufspaltung in eine Betriebs- und eine Besitzgesellschaft Mitglieder betriebsverfassungsrechtlicher Organe durch nunmehr betriebsfremde Gesellschaften unter formaler Berufung auf Eigentum gestört oder behindert werden. Nach Auffassung des *BAG* ist allerdings der Entleiher-AG nicht verpflichtet, den Mitgliedern des Verleihers-BR jederzeit und unabhängig von einem konkreten Anlass Zutritt zum Betrieb zu gewähren.[24] Das Zutrittsrecht aus konkretem Anlass bzw. zu BR-losen Entleiher-Betrieben blieb ausdrücklich offen. 11

Die **innergewerkschaftliche Meinungsbildung** wird hierdurch nicht berührt. In seiner Eigenschaft als Gewerkschaftsmitglied unterliegt auch das BR-Mitglied den verbandsinternen Richtlinien und Beschlüssen. So kann eine Gewerkschaft ein konkretes BR-Verhalten, das Gewerkschaftsbeschlüssen zuwiderläuft, zum Anlass für innergewerkschaftliche Reaktionen und Sanktionen nehmen. Sie kann z. B. ihren Mitgliedern unter Ausschlussdrohung untersagen, auf nichtgewerkschaftlichen Listen zu kandidieren[25] oder tarifwidrige Regelungen zu unterstützen. Die Zulässigkeit der im Einzelfall ausgesprochenen Sanktion richtet sich allein nach Verbands-, nicht nach Betriebsverfassungsrecht.[26] Auch die Bildung eines betrieblichen Gremiums gewerkschaftlicher Vertrauensleute fällt nicht unter den Verbotstatbestand,[27] sondern legitimiert sich eigenständig aus Art. 9 Abs. 3 GG. 12

Spezialvorschriften mit konkreter Sanktionsanordnung sind **§§ 119 und 121**, während sich § 78 auf den Ausspruch des Verbots beschränkt. Nach Vorkommnissen bei Siemens und anderorts hat bei Begünstigungshandlungen (»Kauf« von BR-Mitgliedern) eine Strafverfolgung der auf Arbeitgeberseite handelnden Personen nach **§ 266 StGB (Untreue)** größere Relevanz erhalten, wenn etwa besondere arbeitsvertraglich nicht legitimierbare Zuwendungen eines UN an einzelne Mitglieder eines BR oder einer sich an BR wendenden Organisation nachgewiesen sind, um damit ein arbeitgeberfreundliches Verhalten zu erreichen. Strafrechtlich kommt es dann darauf an, ob die dafür erwarteten oder eingetretenen Gegenleistungen offengelegt werden (Schadensausgleich; vgl. auch § 119 Rn. 19). Diese Form der strafrechtlichen Entlastung wäre zugleich Nachweis des Verstoßes gegen §§ 78, 119. Nach der Rspr. der Strafgerichte sind rechtswidrige erwartete Vorteile grundsätzlich nicht zu berücksichtigen. Nach § 266 StGB strafbar ist insbes. die Förderung einer antigewerkschaftlichen Arbeitsgemeinschaft »Unabhängiger« BR (AUB) durch leitende Angestellte bzw. Vorstandsmitglieder eines UN[28] aus geheimen Unternehmenskassen (ebenfalls Siemens). Die Rspr. des *BGH* ist widersprüchlich.[29] 13

21 Ebenso *Fitting*, Rn. 16; *GL*, Rn. 4; enger GK-*Kreutz*, Rn. 47, der Vorwirkungen ablehnt.

22 Vgl. Richardi-*Thüsing*, Rn. 11; *Fitting*, Rn. 7; GK-*Kreutz*, Rn. 19; zur Verteilung finanzieller Lasten und Sanktionen bei »nützlichen« Rechtsverstößen im UN: *Krause*, BB Spezial 8/07, 2 ff.

23 Zur Grundrechtsbindung von Dritteigentümern *BVerfG* 22.1.2011 – 1 BvR 699/06, AuR 11, 132, Versammlungsfreiheit im Frankfurter Flughafen; zum Zugangsrecht zu einem anderen Konzernbetrieb *LAG Bremen* 30.5.12 – 2 TaBV 36/11, AuR 13, 178 f. (Anm. *Lange*); zur Normbindung der Polizei *Zabel*, AuR 92, 335.

24 *BAG* 15.10.14 – 7 ABR 74/12, DB 15, 870; weiter gehend Vorinstanz *LAG Bremen* aaO.

25 *GL*, Rn. 5.

26 *BVerfG* 24.2.99, AuR 99, 406 mit Anm. *Sachse*.

27 GK-*Kreutz*, Rn. 27; Richardi-*Thüsing*, Rn. 14.

28 LG *Nürnberg* 24.11.08 – 3KLs501 Js 77/08, Siemens, AuR 10, 35, mit Besprechungsaufsatz *Fischer*.

29 Einerseits *BGH* 29.8.08, Siemens, NJW 09, 89; andererseits *BGH* 13.9.10 – 1 StR 220/09, AuR 10, 490, Revision zu LG *Nürnberg* aaO.

Einerseits führt danach schon das Entziehen und Vorenthalten erheblicher Vermögenswerte unter Einrichtung verdeckter Kassen zu einem endgültigen Nachteil i. S. d. § 266 StGB. Andererseits erkennt er Untreue i. S. d. § 266 StGB nur, wenn die verletzte Rechtsnorm wenigstens auch vermögensschützende Wirkung für das zu betreuende Vermögen hat. Dies sei bei § 119 Abs. 1 Nr. 1 BetrVG nicht der Fall. Zusätzlich zur Untreue ist in solchen Fällen typischerweise der Tatbestand der **Steuerhinterziehung** nach § 370 AO verwirklicht.[30] Dies ergibt sich schon aus dem Betriebsausgabenabzugsverbot des § 4 Abs. 5 Nr. 10 EStG in Bezug auf »die Zuwendung von Vorteilen sowie damit zusammenhängende Aufwendungen, wenn die Zuwendung der Vorteile eine rechtswidrige Handlung darstellt, die den Tatbestand eines Strafgesetzes oder eines Gesetzes verwirklicht, das die Ahndung mit einer Geldbuße zulässt.«. Eine teleologische Reduktion ist nicht möglich.[31] Für die betr. BR-Mitglieder kommen ggf. Beihilfedelikte in Frage.[32] Steuerhinterziehung liegt auch vor, wenn unter Verstoß gegen §§ 78, 119 Ausgaben zur Behinderung der Arbeit des BR getroffen und anschließend steuermindernd abgesetzt werden. Die Strafrechtsvorschriften der §§ 119, 120 BetrVG gehören zum Grundlagenwissen für BR. Deshalb kann eine Schulung über »Strafrechtliche Risiken der Betriebsratstätigkeit« als erforderlich i. S. d. § 37 Abs. 6 angesehen werden (vgl. auch § 37 Rn. 131 sowie §§ 119 f.).[33] Für das allgemeine Störungs-, Behinderungs-, Benachteiligungs- und Begünstigungsverbot gilt dies erst recht.

14 **Sonderregelungen zum Schutz von Organmitgliedern** sind §§ 37 – 41, 51, 59, 65, 73, 78 a, 103 BetrVG, 15 KSchG. Daneben hat § 78 die Funktion eines Auffangtatbestandes sowie eines Schutzgesetzes i. S. d. § 823 Abs. 2 BGB[34] und kann u. U. Schadensersatz- bzw. Unterlassungsansprüche auslösen (vgl. auch Rn. 36, 39). Satz 2 räumt dem BR-Mitglied schließlich einen unmittelbaren Anspruch gegen den AG auf eine berufliche Entwicklung ein, wie er sie ohne das BR-Amt genommen hätte.[35]

II. Verbot der Störung und Behinderung der Arbeit der Betriebsverfassungsorgane

1. Grundsatz

15 Der Schutz erstreckt sich sowohl auf die Tätigkeit der betriebsverfassungsrechtlichen Organe als auch auf die ihrer einzelnen Mitglieder. Bitten Beschäftige einzelne BR-Mitglieder um Unterstützung bei der Wahrnehmung ihrer Rechte, gehört das »Kümmern um diese Angelegenheit« unabhängig von etwaigen BR-Beschlüssen zu den geschützten, originären Aufgaben des BR-Mitglieds.[36] Der Begriff der **Behinderung nach Satz 1** ist umfassend zu verstehen. Er umfasst jede unzulässige Erschwerung, Störung oder gar Verhinderung der Betriebsratsarbeit.[37] Eine verbotene Behinderung oder Störung der Tätigkeit kann **jedes positive Tun** und, soweit eine Mitwirkungs- oder Mitbestimmungspflicht besteht, auch ein **Unterlassen** sein (h. M.).[38] Eine »Begünstigung« der Mitglieder der genannten Betriebsverfassungsorgane *in der Ausübung ihrer Tätigkeit* ist im Gegensatz zu Satz 2 (persönliche Rechtsstellung) nicht verboten.

16 Geschützt ist jede **legale,** sich im Rahmen der gesetzlichen und tariflichen Vorschriften bewegende **Tätigkeit** der genannten Organe und Stellen, nicht jedoch ein dagegen verstoßendes Verhalten.[39]

---

30 So auch LG *Nürnberg* a. a. O.; insofern bestätigt durch *BGH* 13.9.10 a. a.O; *Dzida/Mehrens,* NZA 13, 757.

31 Ebenso *Rieble,* BB 09, 1021.

32 *BGH* 17.9.09 – 5 StR 521/08, NJW 10, 92.

33 *LAG Köln* 21.1.08 – 14 TaBV 44/07, AuR 08, 277.

34 Nach GK-*Kreutz,* Rn. 23 f. nur das Benachteiligungs-, nicht das Begünstigungsverbot nach Satz 2, mit dem zutr. Hinweis, dass nicht Vermögensinteressen Dritter geschützt werden sollen.

35 *BAG* 15.1.92, AuR 92, 379.

36 *LAG Berlin-Brandenburg* 20.10.11 – 10 TaBV 567/11, juris.

37 *BAG* 19.7.95, DB 96, 226; 12.11.97, EzA § 23 BetrVG 1972 Nr. 38; 20.10.99 – 7 ABR 37/98, DB 00, 524.

38 Vgl. Richardi-*Thüsing,* Rn. 15; *Fitting,* Rn. 9; GK-*Kreutz,* Rn. 25.

39 Vgl. *Fitting,* Rn. 8; GK-*Kreutz,* Rn. 26; Richardi-*Thüsing,* Rn. 13; *BAG* 20.10.99 a. a. O.

2. Einzelfälle

17 Die aus aktuellen Ereignissen entstandene Rechtsprechung dokumentiert ein eigenartiges Bild betrieblicher Umgangsformen. Eine Störung oder Behinderung der Tätigkeit des BR bzw. der Organmitglieder kann z. B. vorliegen[40] bei: **[Rechtsprechung]**

- Abhören von Sitzungen des BR ohne dessen Willen durch Tonbandgerät;
- Ablehnung der erforderlichen Räume und sachlichen Mittel nach § 40 Abs. 2;[41]
- Ablehnung der Zusammenarbeit nach § 2 Abs. 1;
- Abmahnung eines BR-Mitglieds wegen Flugblattverteilung an Belegschaft in mitbestimmungspflichtiger Angelegenheit;[42]
- Absage einer Weihnachtsfeier und Zurückstellung einer Sonderzahlung wegen eines laufenden Rechtsverfahrens, Ankündigung der Verweigerung einer Lohn- und Gehaltserhöhung, bis der BR der vorgeschlagenen Lage des Sommerurlaubs zustimmt, wiederholtes Bedrängen des BR, dass BR-Sitzungen am Ende der Arbeitszeit stattfinden;[43]
- Anbrüllen und körperliche Gewalt gegen BR-Mitglieder;[44]
- Androhung durch Aushang am »Schwarzen Brett«, der Betrieb müsse geschlossen und die Produktion ins Ausland verlagert werden, wenn der Betrieb die Kosten für einen BR tragen müsse;[45]
- Ankündigung der Anrechnung übertariflicher Zulagen, Streichung von Freizeit und Wäldchestag sowie Verbot, während der Arbeitszeit Radio zu hören, weil der BR bei der Einstellung von Aushilfskräften auf seinem Recht auf vorherige Anhörung und Mitbestimmung bestehe;[46]
- Anordnung einer persönlichen An- und Abmeldung der BR-Mitglieder für BR-Tätigkeit in einem bestimmten Verfahren zur Buchung in einem Zeiterfassungssystem;[47] zur An- und Abmeldung ausführlich § 37 Rn. 44 ff.;
  Anordnung schriftlicher Ab- und Rückmeldung bei BR-Tätigkeit nicht freigestellter BR-Mitglieder und deren schriftlicher Bestätigung durch Vorgesetzte;[48]
- Anordnung, jedes Ortsgespräch bei der Telefonvermittlung anzumelden;[49]
- Anordnung des AG, dass Anfragen des BR an Mitarbeiter und Vorgesetzte, Antworten von Mitarbeitern und Vorgesetzten, Vorgaben des BR bei Anfragen an Mitarbeiter und Vorgesetzte schriftlich formuliert und in Kopie bzw. cc der Bereichsleitung zur Kenntnis übermittelt werden müssen;[50]
- Befragung der einzelnen AN im Vorfeld einer Betriebsversammlung, ob sie daran teilnehmen wollen oder nicht;[51]
- bewusste und wiederholte Missachtung der Beteiligungsrechte des BR;[52]
- Einrichtung von Konkurrenzorganen zum BR wie betriebliche Vertrauensleute, zusätzliche oder andere Vertretungen i. S. d. § 3 ohne entsprechende Legitimierung durch TV;
- Einschränkung oder Streichung von Sozialleistungen unter Hinweis auf Kosten der BR-Arbeit oder auf Grund der Wahrnehmung von BR-Rechten;[53] monatliche Bekanntgabe der

---

40 Vgl. hierzu auch *Fitting*, Rn. 9; GK-*Kreutz*, Rn. 30 ff.; *GL*, Rn. 7 f.; HaKo-*Lorenz*, Rn. 6; *HWGNRH*, Rn. 6; *Polzer/Helm*, AiB 00, 133 ff. m. w. N.
41 *SWS*, a. a. O.
42 *HessLAG* 17.2.97 – 11 Sa 1776/96.
43 *AG Kempten* 6.12.99, AuR 00, 361 = AiB 01, 182 (Anm. *Growe*), Strafsache!
44 *ArbG Frankfurt/M.* 14.1.99, AuR 00, 115.
45 *ArbG Leipzig* 5.9.02 – 7 BVGa 54/02, NZA-RR 03, 142; dazu *Däubler*, NJW 05, 30.
46 *ArbG Darmstadt* 24.3.94 – 2 BV Ga 2/94, AuR 94, 381; Beschwerde 12 TaBVGA 68/94 zurückgenommen.
47 *LAG Hamm* 26.11.13 – 7 TaBV 74/13, NZB 7 ABN 26/14 zurückgenommen; praktische Tipps zur Abmeldung bei *Schulze*, AiB 1/15, 33.
48 *ArbG Oberhausen* 7.12.84, 7.2.85, AiB 85, 47.
49 *Fitting*, a. a. O.
50 *HessLAG* 26.9.11 – 16 TaBV 105/11, NZA-RR 12, 85, Rechtsbeschwerde 7 ABR 88/11.
51 *ArbG Bremen* 7.12.05, AiB 06, 756 (Anm. *Nacken*).
52 Vgl. auch *Derleder*, AuR 83, 289 [300]; a. A. *Dütz*, DB 84, 115 [118 f.].
53 *ArbG Rosenheim* 22.6.88, AiB 89, 83.

BR-Kosten auf Lohn- und Gehaltsabrechnungen der AN;[54] wiederholte betriebsöffentliche Bekanntgabe von BR-Kosten nebst Aufschlüsselung von Fehlzeiten der BR-Mitglieder mit dem Ziel, das Ansehen des BR herabzusetzen;[55] Belegschaftsinformation zu BR-Kosten auf Betriebsversammlung, bei der die Kostenverursachung durch die Wahrnehmung betriebsverfassungsrechtlicher Aufgaben gezielt herausgestellt und als Gefährdung der Sicherheit der Arbeitsplätze[56] bzw. als nachteilig für das wirtschaftliche Ergebnis hervorgehoben wird;[57] Bekanntgabe von BR-Kosten auf Gruppenleiterbesprechung als Ursache mangelnder finanzieller Mittel für Fortbildungsmaßnahmen;[58] Aushang dieser Kosten verbunden mit der Ankündigung, bei einer Senkung das Weihnachtsgeld zu erhöhen;[59]

- Einstellung der Vergütungszahlung an BR-Mitglied während des laufenden Zustimmungsersetzungsverfahrens nach § 103 BetrVG;[60]
- Entfernen von BR-Informationen und -Anschlägen vom »Schwarzen Brett«;[61]
- ernsthaftes Verhandeln mit Willen zur Einigung nur in sog. internen Verhandlungen, d. h. in Abwesenheit von Gewerkschaftsbeauftragten nach § 31;
- Kontrolle der Telefondaten eines BR-Vorsitzenden ohne besondere Anhaltspunkte und außerhalb einer Stichprobenregelung;[62] u. a. mit dieser Begründung hat das LAG einen Zustimmungsersetzungsantrag des AG nach § 103 im Ergebnis zurückgewiesen;
- leichtfertige Anträge nach § 23 Abs. 1 auf Auflösung des BR oder Ausschluss einzelner BR-Mitglieder durch AG; noch bedenklicher ist die Aufstachelung und Unterstützung einzelner AN durch den AG zur Einleitung derartiger Verfahren, etwa indem der AG deren Kosten der Prozessvertretung übernimmt;
- Maßnahmen, durch welche die Ausübung der Überwachungspflicht nach §§ 80 Abs. 1, 89 Abs. 2 bis 5, 96 beeinträchtigt wird;
- Missachtung der (bekannten) Geschäftsordnung des BR, wenn Informationen und Erklärungen mehrfach an nicht empfangszuständige BR-Mitglieder gegeben werden;
- öffentlicher Aushang mit der Empfehlung, eine Betriebsversammlung nicht zu besuchen;[63]
- Öffnung bzw. Nichtweiterleitung der an den BR gerichteten Post, auch dann, wenn sich diese Adressierung erst aus der zweiten oder dritten Zeile des Adressenfeldes ergibt;[64]
- Speicherung der Zielnummer aller Telefongespräche eines BR-Mitglieds;[65]
- Sperrung der passwortgeschützten Zugänge (»Accounts«) des BR-PC, auf dem sich die für die BR-Arbeit notwendigen Daten befinden;[66]
- ständige Unterlassung der Mitteilungs- und Auskunftspflicht nach §§ 99 Abs. 1, 102 Abs. 1, 105;[67]
- Störung des Besitzrechts durch Entfernung von Mobiliar aus BR-Büro;[68]

---

54 *ArbG Darmstadt* 20.11.86, AiB 87, 140, mit Anm. *Trittin.*
55 *ArbG Verden* 25.4.90, AuR 90, 389; Musterschreiben des BR in DKKWF-*Buschmann,* § 78 Rn. 4.
56 *LAG Düsseldorf* 26.11.93 – 17 TaBV 71/93, AuR 94, 275.
57 *BAG* 19.7.95 – 7 ABR 60/94, EzA § 43 Nr. 3 mit krit. Anm. *Bengelsdorf; ders.,* FS Hanau, S. 359, der die Meinungsfreiheit des AG hervorhebt und lediglich gegen den BR gerichtete *Schmähkritik* wie im Falle des *LAG Düsseldorf,* a. a. O., für unzulässig hält. Diese Position entwertet allerdings die handlungsbegrenzende Bedeutung der Vorschrift bei Äußerungstatbeständen, da sich diese Rechtsfolge schon aus §§ 185, 186 StGB, § 612 a BGB, § 2 BetrVG ergibt; das Plädoyer für die Meinungsfreiheit des AG überzeugt weniger, wenn zugleich die Meinungsfreiheit des AN unter Berufung auf *BAG* 3.12.54, AP Nr. 2 zu § 13 KSchG, durch ungeschriebene *Grundregeln des Arbeitsverhältnisses* begrenzt und auf *wahre Tatsachenbehauptungen, gestützt auf seriöse Veröffentlichungen,* reduziert wird; für eine Bewertung der Bekanntgabe der legal entstandenen BR-Kosten als Behinderung i. S. d. § 78 *Wiedenfels,* AuA 99, 220; vgl. auch *Preis/Stoffels,* RdA 96, 210, 213.
58 *BAG* 12.11.97 – 7 ABR 14/97, EzA § 23 BetrVG 1972 Nr. 38.
59 *ArbG Wesel* 10.4.96 – 3 BVGa 1/96, AiB 97, 52 (Anm. *Grimberg*).
60 *HessLAG* 14.3.07 – 9 TaBVGa 72/07, AE 07, 331.
61 *GL,* Rn. 8.
62 *LAG Sachsen-Anhalt* 23.11.99 – 8 TaBV 6/99, NZA-RR 00, 476 = AuR 00, 359.
63 *OLG Stuttgart* 9.9.88, BB 88, 2245 = AuR 89, 157; *SWS,* Rn. 2.
64 *ArbG Stuttgart* 22.12.87, BetrR 3/88, S. 17; *ArbG Elmshorn* 27.3.91, AiB 91, 269.
65 *LAG Hamburg* 1.9.88 – 2 Sa 94/86.
66 *ArbG Düsseldorf* 8.9.99, AiB 99, 648 mit Anm. *Malottke.*
67 Vgl. auch *SWS,* a. a. O.
68 *ArbG Duisburg* 24.12.93, AuR 94, 381.

- Streichung von kostenlosem Firmenkaffee und -tee, weil der BR ein arbeitsgerichtliches Beschlussverfahren nicht aufgebe;[69]
- Umgehung der Mitwirkungsrechte des BR durch wiederholtes Aussprechen außerordentlicher anstelle von ordentlichen Kündigungen, um das Widerspruchsrecht nach § 102 Abs. 3 zu unterlaufen;[70]
- Unterlaufen der Mitbestimmung durch Einzelverträge, wenn gleichzeitig dem BR keine oder schlechtere Leistungen angeboten werden als sonst freiwillig gewährt;
- unterschiedliche Behandlung der einzelnen BR-Mitglieder, z. B. wenn ein BR-Mitglied gegenüber seinen Kollegen weiter gehenden Abmeldepflichten unterworfen wird;[71]
- Verhinderung bzw. Behinderung von BR-Sitzungen oder Betriebs- bzw. Abteilungsversammlungen.[72] Gleiches gilt, wenn der AG einzelnen Funktionsträgern ohne sachliche Notwendigkeit die Beteiligung an BR-Sitzungen, Sprechstunden u. Ä. dadurch unmöglich macht, dass er sie mit »dringenden Arbeiten« beschäftigt oder eine Dienstreise anordnet (z. B. auswärtige Montagearbeiten);
- Verknüpfung einer Prämienzahlung durch den AG gegen Zustimmung des Betriebsrat zu einer unbefristeten BV zu längeren Ladenöffnungszeiten;[73]
- Verpflichtung der AN zum Schweigen gegenüber dem BR;
- Versetzung eines BR-Mitglieds ohne Einholung der Zustimmung des abgebenden BR;[74]
- Versprechen des AG, bei Nichtteilnahme an Betriebsversammlung einen halben Tag Zusatzurlaub zu gewähren;[75]
- Verweigerung der Arbeitsbefreiung nach § 37 Abs. 2[76] bzw. der Freistellung nach § 38;
- Verweigerung des Zugangs zu einzelnen Arbeitsplätzen in einem anderen Konzernbetrieb;[77]
- Verweigerung des Zutritts eines BR-Mitglieds zum Betrieb, dessen Kündigung beabsichtigt bzw. durch Zustimmungsersetzungsverfahren nach § 103 Abs. 2 betrieben wird[78] oder schon ausgesprochen, aber noch nicht rechtskräftig ist,[79] es sei denn, es liegt mit an Sicherheit grenzender Wahrscheinlichkeit eine strafbare Handlung (z. B. Betrug, Untreue) zu Lasten des AG vor;[80]
- Verweigerung des Zutritts eines vom BR zur Besprechung betriebsverfassungsrechtlicher Aufgaben eingeladenen Rechtsanwalts (oder Rechtssekretärs) zur BR-Sitzung;[81]
- Verweigerung des Zutritts von Gewerkschaftsbeauftragten zum Betrieb ohne Vorliegen eines der Ausnahmetatbestände nach § 2 Abs. 2 (vgl. auch Rn. 8);[82]
- Verweigerung eines innerbetrieblichen Kommunikationsmittels (Telefon), das der AG für sich in Anspruch nimmt;[83]

---

69 *ArbG Darmstadt*, a. a. O.

70 *WW*, Rn. 2.

71 *Däubler*, Arbeitsrecht 1, Rn. 883.

72 Vgl. *ArbG München* 16.4.91 – 15 GaBV 59/91; *ArbG Frankfurt* 2.3.88, AiB 89, 78, das jedes BR-Mitglied zutreffend für berechtigt hält, an jeder BR-Sitzung teilzunehmen, sofern es nicht aus rechtlichen oder tatsächlichen Gründen an der Teilnahme gehindert ist.

73 *LAG Hamburg* 20.12.10 – 7 TaBV 4/10, LAGE § 78 BetrVG 2001 Nr. 6.

74 *BAG* 26.1.93 – 1 AZR 303/92, AuR 93, 84.

75 *LAG Baden-Württemberg* 30.4.87 – 13 [7] TaBV 15/86; *SWS*, a. a. O.

76 *Dütz*, S. 20; vgl. auch *Bopp*, S. 10, der zutreffend darauf verweist, dass das Gesetz der Erfüllung der BR-Aufgaben Vorrang einräumt.

77 *LAG Bremen* 30.5.12 – 2 TaBV 36/11, AuR 13, 178 f. (Anm. *Lange*); aufgehoben aus anderen Gründen durch *BAG* 15.10.14 – 7 ABR 74/12, DB 15, 870: kein Zutritt für Verleiher-BR jederzeit und ohne konkreten Anlass zum Entleiher-Betrieb;

78 Vgl. *LAG Berlin* 14.8.87 – 13 TaBV 5/87; *ArbG Berlin* 2.8.13 – 28 BVGa 10241/13, BB 13, 2547; *LAG Hamm* 23.6.14 – 13 TaBVGa 20/14 (offensichtlich unwirksame a. o. Kündigung); 27.4.72, 24.10.74, EzA § 103 BetrVG 1972 Nrn. 1, 5; *LAG München* 28.9.05 – 9 TaBV 58/05, AuR 06, 213; dazu Kohte/Schulze-Doll, jurisPR-ArbR 7/2006 Anm. 4; ArbG München 16.4.91 – 15 GaBV 59/61; LAG Düsseldorf 22.2.77, DB 77, 1053.

79 *ArbG Hamburg* 16.6.97 – 21 GaBV 1/97; *ArbG Elmshorn*, AiB 97, 173 (Anm. *Zabel*).

80 *LAG Berlin*, a. a. O.; Musterschreiben des BR in DKKWF-*Buschmann*, § 78 Rn. 2; Musterantrag auf einstweilige Verfügung a. a. O., Rn. 3.

81 *BAG* 20.10.99 7 ABR 37/98, DB 00, 524.

82 Ausführlich *Zabel*, AuR 92, 335.

83 *BAG* 9.6.99 – 7 ABR 66/97, NZA 99, 1292.

- Verweigerung des Bezugs einer arbeitsrechtlichen Fachzeitschrift wie AuR oder AiB;[84]
- Weiterleitung eines von ihm an den BR gerichteten aggressiven Schreibens durch den AG an die AN;[85] Veröffentlichung anonymer Briefe in einer Werkszeitung, in denen gegen den BR polemisiert wird.[86] Bei Äußerungstatbeständen sind die Grundrechte des AG auf Meinungsfreiheit[87] bzw. bei der Werkszeitung auf Pressefreiheit nach Art. 5 Abs. 1 Satz 1 und 2 GG zu beachten.[88] Das *BVerfG* hat deshalb o. g. Entscheidung des LAG *Baden-Württemberg*, das die Grundrechte nicht geprüft hatte, aufgehoben. Die verfassungsrechtliche Prüfung unter Berücksichtigung der Schrankensetzung nach Art. 5 Abs. 2 GG durch die »allgemeinen Gesetze«, wozu auch § 78 gehört,[89] legt aber dem AG/Verleger einer Betriebszeitung gegenüber dem BR eine wesentlich größere Rücksichtnahme auf als einem unbestimmten Publikum auf dem offenen Markt, zumal wenn diese Äußerungen mit der Autorität des AG und nicht zuletzt dem wirtschaftlichen Machtmittel[90] einer kostenlosen Werkszeitung an die Adressaten gebracht werden. Im Ergebnis treffen somit o. g. fachgerichtliche Entscheidungen auch bei verfassungsrechtlicher Prüfung zu;
- Zustimmungsersetzungsantrag nach § 103, wenn außerordentliche Kündigung unter keinem rechtlichen Gesichtspunkt denkbar ist.[91]

18 Benennt der AG **keine Mitglieder für die ESt.**, liegt darin noch keine Störung i. S. d. Vorschrift, da die ESt. auch ohne Beisitzer des AG tätig werden kann (vgl. § 76 Abs. 5). Wird jedoch die Tätigkeit der gebildeten ESt. durch andere Maßnahmen beeinträchtigt, gilt diese Bestimmung.[92] Dies ist z. B. der Fall, wenn dem Vorsitzenden und dem außerbetrieblichen Beisitzer der ESt. extrem unterschiedliche Vergütungen gewährt werden.[93] Eine unzulässige Behinderung i. S. d. Satzes 1 liegt vor; wenn der AG einem vom BR benannten (unternehmensangehörigen, außerbetrieblichen) Beisitzer wegen dessen Auftreten und Äußerungen in der ESt. eine Kündigung androht oder ein Verfahren nach § 103 BetrVG einleitet. In einem solchen Fall ist auch der BR in eigenen Rechten aus § 76 BetrVG verletzt.[94]

19 Mit dem Verbot der Störung oder Behinderung wäre es unvereinbar, würde eine über das Gesetz hinausgehende Regelung der AN-Beteiligung durch Gesellschaftsvertrag oder Satzung festlegen, dass der AN-Repräsentant nicht zugleich Mitglied des BR sein kann. Eine solche **Inkompatibilität** wäre auch nicht durch Satzungsautonomie gerechtfertigt, da sie AN davon abhalten könnte, sich betriebsverfassungsrechtlich zu engagieren.[95]

20 Eine Störung oder Behinderung kann bereits bei einem Verstoß gegen das Recht auf informationelle Selbstbestimmungsrecht vorliegen, wenn etwa Informationen über BR-Mitglieder gesammelt, sie bespitzelt oder Detektive auf sie angesetzt werden, was die Amtsausübung des Organs beeinträchtigen könnte.

21 Eine Störung oder Behinderung liegt auch bei einer unbeabsichtigten, aber **objektiv feststellbaren Beeinträchtigung** vor. Im Gegensatz zu dem Straftatbestand des § 119 kommt es nicht auf Verschulden oder eine Behinderungsabsicht des Störers an.[96] Auch ein sog. »unverschuldeter Rechtsirrtum« ist deshalb unbeachtlich.

---

84 *BAG* 19.3.14 – 7 ABN 91/13, AuR 14, 391.
85 *LAG Köln* 16.11.90, AuR 91, 121.
86 *LAG Baden-Württemberg* 21.12.89 – 13 TaBV 18/89; bestätigt durch *BAG* 21.8.90 – 1 ABN 20/90.
87 *Bengelsdorf*, a. a. O.
88 *BVerfG* 8.10.96, AuR 97, 293 mit zustimmender Anm. *Kittner*.
89 Wechselwirkung, vgl. *BVerfG* 15.1.58, BVerfGE 7, 198; 28.4.76, AP Nr. 2 zu § 74 BetrVG 1972.
90 BVerfGE 25, 264.
91 Vgl. *ArbG Ludwigshafen* 21.5.92 – 4 BV 8/92, BetrR 92, 140 mit zustimmender Anm. *Growe*.
92 *Fitting*, Rn. 9.
93 *LAG München* 11.1.91 – 2 TaBV 57/90, AuR 91, 382, bestätigt durch *BAG* 12.2.92 – 7 ABR 991/91: Vergütung eines Beisitzers unter $^1/_3$ des Vorsitzendenhonorars.
94 *LAG* Niedersachsen 27.5.14 – 11 TaBV 104/13, ArbR 14, 598, – Rechtsbeschwerde *BAG* – 7 ABR 41/14; unvertretbar a. A. LAG Rheinland-Pfalz 20.3.14 – 2 TaBV 18/13 (Zustimmungsersetzung), aufgehoben durch BAG 13.5.15 – 2 ABR 38/14.
95 A. A. Richardi-*Thüsing*, Rn. 24.
96 *BAG* 12.11.97 – 7 ABR 14/97, EzA § 23 BetrVG 1972 Nr. 38; 20.10.99 – 7 ABR 37/98; ErfK-*Kania*, Rn. 4; Richardi-*Thüsing*, Rn. 16; *Fitting*, Rn. 10; GK-*Kreutz*, Rn. 29; *GL*, Rn. 10; a. A. *HWGNRH*, Rn. 10, die Vorsatz verlangen.

3. Rechtsfolgen

Anweisungen des AG, die dem Verbot widersprechen, sind **unwirksam** (§ 134 BGB) und für das BR-Mitglied unbeachtlich.[97] Das BR-Mitglied macht sich keiner Verletzung seiner arbeitsvertraglichen Pflichten schuldig, wenn es entspr. Anweisungen nicht Folge leistet. Die Verbotsnorm führt dazu, dass der Störer gegenüber dem unmittelbar behinderten Funktionsträger, z. B. dem BR-Mitglied, oder seiner Institution, BR, zur Unterlassung verpflichtet ist, diese also einen entspr. durchsetzbaren Unterlassungsanspruch haben. Insofern stellt die Vorschrift auch eine eigenständige Anspruchsgrundlage dar.[98] 22

III. Verbot der Benachteiligung und Begünstigung von Mitgliedern der Betriebsverfassungsorgane

1. Grundsatz

Es soll die innere und äußere **Unabhängigkeit** der Mitglieder betriebsverfassungsrechtlicher Organe geschützt werden. Jedes BR-Mitglied soll ohne Furcht vor Maßregelungen und Sanktionen des AG sein Amt ausüben können.[99] Untersagt ist jede **Handlung, durch die der geschützte Personenkreis ausschließlich oder überwiegend wegen seiner ehrenamtlichen Tätigkeit im Rahmen der Betriebsverfassung benachteiligt oder begünstigt wird.**[100] Durch die Erfüllung seiner betriebsverfassungsrechtlichen Aufgaben dürfen dem einzelnen BR-Mitglied keine wirtschaftlichen oder sonstigen Nachteile entstehen.[101] Hinsichtlich der **Vergütung** wird das allgemeine Benachteiligungsverbot durch § 37 Abs. 2 BetrVG (ausführliche Kommentierung dort) konkretisiert, der bestimmt, dass die mit der Durchführung erforderlicher BR-Aufgaben verbundene Versäumung von Arbeitszeit nicht zu einer Minderung des Arbeitsentgelts führen darf.[102] Die Benachteiligung oder Begünstigung muss anders als nach Satz 1 nicht in der betriebsverfassungsrechtlichen Tätigkeit liegen. Es reicht jede Auswirkung in der Person, innerhalb und außerhalb des Arbeitsverhältnisses, z. B. als Mieter oder Kunde. Ein subjektives Element, insbes. **Benachteiligungs- oder Begünstigungsabsicht bzw. Verschulden, ist nicht erforderlich.**[103] Ist Benachteiligungsabsicht belegbar, wird der Tatbestand der Verbotsnorm bestätigt und in seinem Gewicht verstärkt. Es genügt, dass ein Mitglied eines Betriebsverfassungsorgans bei einem Vergleich mit anderen AN objektiv besser oder schlechter gestellt ist,[104] soweit dies nicht aus sachlichen oder in der Person des Betroffenen liegenden Gründen bedingt ist.[105] Die Mitgliedschaft im Betriebsverfassungsorgan stellt diesen Grund nicht dar. Versuche eines AG, UN oder Konzerns, BR-Mitglieder unter dem Stichwort »**Compliance**« besonderen Pflichten zu unterwerfen,[106] sind deswegen unzulässig (und unwirksam) und verstoßen ihrerseits gegen die Vorschrift. »Anderer AN« in diesem Sinn kann auch ein 23

97 *Fitting*, Rn. 12; GK-*Kreutz*, Rn. 40; *HWGNRH*, Rn. 13.

98 Vgl. GK-*Kreutz*, Rn. 38 f. m. w. N.; *BAG* 15.10.14 – 7 ABR 74/12, DB 15, 870; nach *BAG* 4.12.13 – 7 ABR 7/12, AuR 14, 205, kann der Antrag auf Entfernung einer Abmahnung aus der PA nur vom betr. BR-Mitglied selbst gestellt werden, nicht vom Gremium, s. auch Rn. 39.

99 *BAG* 20.1.10 – 7 ABR 68/08, AuR 10, 346.

100 *Fitting*, Rn. 14.

101 *BAG* 23.6.10 – 7 ABR 103/08, AuR 10, 484: Übernahme von Kinderbetreuungskosten eines alleinerziehenden BR-Mitglieds.

102 *BAG* 5.4.00 – 7 AZR 213/99, AuR 00, 361; LAG Köln 19.12.13 – 12 Sa 682/13, AuR 14, 121, zu Nachtzuschlägen, die das Mitglied ohne Übernahme der BR-Tätigkeit verdient hätte; Revision BAG 7 AZR 401/14.

103 *BAG* 16.2.05 – 7 AZR 95/04, AuR 05, 386; 20.1.10, a. a. O.; *BVerwG* 1.2.10 – 6 P 36.09, PersR 10, 167, zu § 8 SaPersVG; ErfK/*Kania* § 78 Rn. 6; GK-*Kreutz*, Rn. 46.

104 *BAG* 29.1.74, AP Nr. 8 zu § 37 BetrVG 1972; 31.1.90 – 7 ABR 39/89, AP Nr. 28 zu § 103 BetrVG 1972; 20.1.10 – 7 ABR 68/08, a. a. O.; *GL*, Rn. 13; vgl. auch *Hennecke*, RdA 86, 241 ff.; *ders.*, BB 86, 936 ff.

105 *Fitting*, Rn. 17.

106 So etwa Ziff. 6.2. der Konzernrichtlinie über Annahme von Geschenken und Einladungen der Deutschen Bank, wonach die Annahme einer Einladung, die ein Mitglied eines DB-BR betrifft, einer zusätzlichen vorherigen Genehmigung durch die Abteilung »Compliance« bedarf.

anderes – besser gestelltes – Mitglied des(selben) Betriebsverfassungsorgans sein. Es reicht aus, wenn zwischen Benachteiligung oder Begünstigung und Amtstätigkeit des Betroffenen ein objektiver Kausalzusammenhang besteht.[107] Dieser liegt auch vor, wenn die Benachteiligung nur einzelne, nicht alle Organmitglieder trifft.

24 Eine unzulässige Benachteiligung eines BR-Mitglieds kann darin liegen, dass es aufgrund seiner Amtsstellung mit Vermögensaufwendungen belastet wird, die bei vergleichbaren AN im Ergebnis den AG treffen würden. Dem Benachteiligungsverbot ist dadurch Rechnung zu tragen, dass dem BR-Mitglied unter denselben Voraussetzungen und in demselben Umfang ein Erstattungsanspruch gegen seinen AG gewährt wird.[108]

25 Erst recht liegt eine Benachteiligung/Begünstigung vor, wenn einzelne Funktionsträger oder eine Gruppe von ihnen nicht nur im Hinblick auf ihr Amt, sondern im Hinblick auf die konkrete Amtsausübung Nachteile/Vorteile erfahren und/oder sich diese Benachteiligung/Bevorzugung nicht nur im Vergleich zu vergleichbaren AN, sondern im Vergleich zu anderen Funktionsträgern auswirkt. Auch wenn sich das Verbot an jedermann richtet, kann in der Praxis eine solche Benachteiligung/Begünstigung vor allem vom AG ausgehen, da dieser die Möglichkeit hat, a) einzelnen BR-Mitgliedern Nachteile zuzufügen/Vorteile zu gewähren, b) aus einer konkreten Ausrichtung der Tätigkeit einzelner Funktionsträger Nutzen zu ziehen, c) auf diese Weise das Verhalten von Funktionsträgern in Ausübung ihres betriebsverfassungsrechtlichen Amtes eigennützig, d. h. funktionswidrig zu beeinflussen. Das Benachteiligungs-/ Begünstigungsverbot trägt dem gesetzlich und verfassungsrechtlich vorausgesetzten Gegensatz zwischen der Berufsfreiheit des AG und der u. a. vom BR zu sichernden Berufsfreiheit der AN[109] Rechnung und soll insbes. Funktionsträger davon abhalten, diese notwendige Austragung gegensätzlicher Interessen durch kollektive Interessenvertretung zur Vermeidung persönlicher Nachteile bzw. zu Gunsten persönlicher Vorteile zu vernachlässigen. Es soll verhindert werden, dass die konkrete Amtsausübung der einzelnen Mitglieder des BR oder anderer betriebsverfassungsrechtlicher Funktionsträger, die den Beschäftigten dienen soll, durch die Erfahrung oder Erwartung besonderer persönlicher Nach-/Vorteile der Mitglieder zum Nutzen des AG oder Dritter beeinflusst wird. In diesem Sinne verbietet die Vorschrift z. B. auch ein Verhalten, das gewerkschaftlich organisierte oder (in welcher Weise auch immer) kritisch eingestellte BR-Mitglieder gegenüber anderen BR-Mitgliedern benachteiligt, auch wenn diese Differenzierung formal nicht an die Mitgliedschaft in dem betriebsverfassungsrechtlichen Organ, sondern an die dort vorhandenen Verhaltensoptionen anknüpft (vgl. Rn. 33).

2. Benachteiligung

26 Eine unzulässige Benachteiligung i. S. d. Satzes 2 liegt z. B. vor bei: [**Rechtsprechung**]

- Angabe der BR-Tätigkeit in Regelbeurteilung[110] oder im **Zeugnis** gegen den Willen des AN;[111]
- Aushang von »Fehlzeiten« des BR-Mitglieds, die durch Krankheit, BR-Tätigkeit oder Lehrgänge verursacht sind, am »Schwarzen Brett« oder durch Herausgabe schriftlicher Informationsmitteilungen;[112]
- **Ausschluss** der BR-Mitglieder von Aktienoptionen, die vergleichbaren AN gewährt werden;[113]
- Ausschluss vom beruflichen Aufstieg;[114]
- Ausschluss von besonderen Zuwendungen oder Vergünstigungen; wenn z. B. das BR-

107 *BVerwG* 1.2.10 – 6 P 36.09, a. a. O.; GK-*Kreutz*, Rn. 44; *WW*, Rn. 3.
108 *BAG* 31.1.90, BAGE 65, 28; 20.1.10, a. a. O.
109 Vgl. *BVerfG* 18.12.85, AP BetrVG 1972 § 87 Nr. 15.
110 *BAG* 19.8.92 – 7 AZR 262/91, AuR 93, 27.
111 *LAG Hamm* 6.3.91, DB 91, 1527; *LAG Frankfurt* 2.12.83, AuR 84, 287; *ArbG Ludwigshafen* 13.8.87, DB 87, 1364; *Brill*, BB 81, 616; GK-*Kreutz*, Rn. 55.
112 *ArbG Verden* 14.4.89, BB 89, 1405, Ls.
113 *BAG* 16.1.08 – 7 AZR 887/06, AuR 2008, 55.
114 Vgl. *BAG* 15.5.68, AP Nr. 1 zu § 23 a BAT; vgl. auch 26.9.90, NZA 91, 694; 15.1.92 – 7 AZR 194/91, AuR 92, 379; *Hennecke*, RdA 86, 241 ff.; *ders.*, BB 86, 936 ff.

Mitglied wegen seiner Amtsausübung die Beförderungsmöglichkeit mit einem Werkbus nicht in Anspruch nehmen kann, ist dieser Nachteil auszugleichen;[115]
- Forderung, als Bedingung für eine Stelle das Amt als BR-Vorsitzende aufzugeben;[116]
- **Honorierung eines Mitglieds der ESt.** mit weniger als $^1/_3$ der Vergütung des Vorsitzenden;[117]
- **Kündigung** des BR-Mitgliedes wegen der BR-Tätigkeit. Ein solcher Zusammenhang ist zu vermuten, wenn einem BR-Mitglied als einzigem von vielen Streikteilnehmern gekündigt wird, so dass die Kündigung unabhängig vom besonderen Kündigungsschutz des BR-Mitgliedes wegen Verstoßes gegen § 134 BGB nichtig ist;[118]
- Lohneinbehalt bzw. Abmahnung für Abwesenheit infolge von BR-Tätigkeit;[119]
- Nichtanwendung einer betrieblichen Vereinbarung auf BR-Mitglieder, wonach über 55 Jahre alte AN aus dem Betrieb gegen Abfindung ausscheiden können;[120]
- Nichtgewährung der Freistellung von der Nachtschicht wegen Teilnahme an einer ganztägigen BR-Sitzung und Verweis darauf, das erarbeitete Freizeitkonto für die ausfallenden Nachtschichten zu verwenden, wenn die übrigen AN hierüber frei verfügen können;[121]
- Nichtgewährung eines Reisekostenvorschusses für voraussichtliche Aufwendungen anlässlich der Teilnahme an einer auswärtigen GBR-Sitzung[122] oder Schulungsmaßnahme;
- Versagung eines Zusatzurlaubs für freigestelltes BR-Mitglied, weil berufliche Tätigkeit nicht ausgeübt wird[123] bzw. weil es wegen seiner Freistellung nicht in Wechselschicht eingesetzt wird;[124]
- **Versetzung** auf geringer bezahlten Arbeitsplatz,[125] z. B. bei Prämien- oder Akkordarbeit;
- Versetzung als Reaktion auf betriebsverfassungsrechtliche Aktivitäten des BR-Mitglieds;[126] zur Versetzung von BR-Mitgliedern ferner Rn. 17, 32; § 99 Rn. 128, 226, 254; § 103 Abs. 3;
- Widerruf der vorübergehenden Übertragung einer tariflich höherwertigen Tätigkeit wegen Freistellung eines BR-Mitglieds;[127]
- Zuweisung einer anderen, härteren, unangenehmeren, zeitlich oder örtlich ungünstiger liegenden Arbeit;[128]
- Zuweisung eines räumlich ungünstigeren Büros (Großraumbüro statt Arbeitszimmer mit 2 Arbeitsplätzen) aus Anlass der Wahl in den BR.[129]

Das Benachteiligungsverbot gebietet es, dass der AG dem BR-Mitglied die **Anwaltskosten** in einem Zustimmungsersetzungsverfahren erstattet. Dies gilt jedenfalls, wenn der diesbezügliche Antrag des AG auf Beschwerde des BR-Mitglieds vom LAG rechtskräftig abgewiesen wird.[130] Das *BAG* begrenzte hier die Kostentragung des AG für die anwaltliche Vertretung des Mitglieds auf den Fall, dass dieses allein wegen seiner Amtsstellung mit Vermögensaufwendungen belastet wird, die bei einem sonstigen AN ohne betriebsverfassungsrechtliches Amt nicht den AN, sondern den AG treffen würden. Für das Zustimmungsersetzungsverfahren wurde diese Voraussetzung auf Grund der präjudiziellen Wirkung des Beschlussverfahrens für 27

115 So auch *LAG Düsseldorf* 28.10.68, BB 69, 1086.
116 *LAG Baden-Württemberg* 30.12.11 – 14 Sa 103/11.
117 *LAG München* 11.1.91, AuR 91, 382, bestätigt durch *BAG* 12.2.92 – 7 ABR 991/91: anwaltlicher Beisitzer.
118 *LAG Hamm* 10.4.96 – 3 TaBV 96/95, AiB 96, 736.
119 *HessLAG* 10.4.08 – 9 TaBV 236/07, AuR 09, 222.
120 Vgl. *SG Mannheim* 30.3.90, BB 90, 2496, das in dieser Vereinbarung einen wichtigen Grund i. S. v. § 119 AFG für die vertragliche Beendigung der Arbeitsverhältnisse sieht.
121 *BAG* 7.6.89, AP Nr. 72 zu § 37 BetrVG 1972.
122 *ArbG Darmstadt* 5.7.88, AiB 88, 285.
123 *BAG* 8.10.81, AP Nr. 2 zu § 49 BAT.
124 *BAG* 7.11.07 – 7 AZR 820/06 – zum freigestellten PR-Mitglied unter Bezug auf 29.9.99 – 7 AZR 378/98 – Zusatzurlaub für Schichtarbeit für BR-Mitglieder.
125 Vgl. *BAG* 9.6.82, AP Nr. 1 zu § 107 BPersVG.
126 *ArbG Trier* 12.8.92, AiB 93, 241 mit Anm. *Grimberg*.
127 *BAG* 13.1.81, AP Nr. 2 zu § 46 BPersVG.
128 *LAG Bremen* 12.8.82, AP Nr. 15 zu § 99 BetrVG 1972; *LAG Frankfurt* 14.8.86, BB 86, 2199.
129 *LAG Köln* 26.7.10 – 5 SaGa 10/10, AuR 10. 528
130 *BAG* 31.1.90, BAGE 65, 28; 5.4.00, NZA 00, 1178.

ein etwaiges nachfolgendes Kündigungsschutzverfahren des BR-Mitglieds bejaht, für das Verfahren um die Übernahme nach § 78 a, das durch Beschwerderücknahme des Jugendvertreters geendet hatte, dagegen verneint. Die Belastung einzelner BR-Mitglieder mit den Kosten vom AG gegen sie anhängig gemachter individualrechtlicher Klageverfahren wegen vom BR als Organ abgegebener Äußerungen stellt eine unzulässige Erschwerung der Betriebsratsarbeit i. S. d. Vorschrift dar.[131] Eine zwischen einem BR-Mitglied und dem AG vereinbarte Regelung der Kosten aus einem Urteilsverfahren über individualrechtliche, im Zusammenhang mit der BR-Tätigkeit stehende Ansprüche stellt nach Ansicht des *BAG* keine unzulässige Benachteiligung oder Bevorzugung des BR-Mitglieds dar.[132]

28 Durch den Schutzzweck der Norm sind auch Maßnahmen des AG in das Benachteiligungsverbot einbezogen, die einem BR-Mitglied eine konkrete Chance in der **beruflichen Entwicklung** vereiteln, die sich dem AN ohne die Maßregelung geboten hätte.[133] Die Weigerung des AG, ein BR- oder JAV-Mitglied nach Beendigung der Berufsausbildung in ein Arbeitsverhältnis zu übernehmen, wenn andere Ausgebildete übernommen werden und für die **Nichtübernahme keine sachlichen Gründe** angeführt werden können, stellt einen Verstoß gegen die Schutzvorschriften dar.[134] Nach Auffassung des *BAG* gebieten Art 7 und Art 8 der RL 2000/14/EG i. V. m. Art 27, 28 und 30 EU-GRC zwar keine generelle Einschränkung des § 14 Abs. 2 TzBfG bei **befristeten Arbeitsverträgen von BR-Mitgliedern**, wohl aber deren Schutz vor einer im Zusammenhang mit der Befristung stehenden Benachteiligung. Dem ist durch Satz 2 Rechnung zu tragen. Einerseits sieht das *BAG* die »Sicherung der personellen Kontinuität der BR-Arbeit« als Sachgrund für die Befristung eines BR-Mitglieds.[135] Andererseits stellt die Nichtübernahme in ein unbefristetes oder ein weiteres befristetes Arbeitsverhältnis eine unzulässige Benachteiligung dar, wenn sie wegen der BR-Tätigkeit erfolgt. Ist ein AN bereits bei Abschluss der Befristungsabrede BR-Mitglied, ist in diesem Fall die Befristung als solche unwirksam. Wäre ohne die gegen § 78 Satz 2 BetrVG verstoßende Benachteiligung ein Folgevertrag mit dem BR-Mitglied abgeschlossen worden, kann dieses als Schadensersatz den Abschluss eben eines solchen Vertrags verlangen. § 15 Abs. 6 AGG, der eine Wiedereinstellung ausschließt, ist mangels vergleichbarer Interessenlage nicht analog anzuwenden.[136] Nach der ratio der Norm kommt es auf die Motivation nicht an. Es reicht eine objektive Schlechterstellung gegenüber anderen vergleichbaren Beschäftigten. Im Übrigen führt der von Art. 7 der RL 2002/14/EG geforderte effektive Mindestschutz zu einer abgestuften Darlegungs- und Beweislast. Danach darf der kl. AN trotz fehlender genauer Kenntnis ohne Verstoß gegen seine zivilprozessuale Wahrheitspflicht vortragen, ihm sei gerade wegen seiner BR-Tätigkeit der Abschluss eines Folgevertrags verweigert worden. Der bekl. AG muss sich zu der Behauptung wahrheitsgemäß erklären. Bestreitet er diese nicht ausdrücklich, gilt sie nach Maßgabe des § 138 Abs. 3 ZPO als zugestanden. Eine Erklärung mit Nichtwissen ist, nachdem dem AG seine eigenen Motive bekannt sind, nicht zulässig.[137] Das Gleiche gilt für die (Nicht)Übernahme eines Teilzeitbeschäftigten in ein Vollzeitarbeitsverhältnis.[138] Macht ein freigestelltes teilzeitbeschäftigtes BR-Mitglied eine Verlängerung seiner persönlichen Arbeitszeit nach § 9 TzBfG geltend und kommen für den zu besetzenden Arbeitsplatz mehrere AN in Betracht, so dürfen bei der Auswahlentscheidung Unterschiede in den Eignungs-, Befähigungs- und Leistungsbildern der Bewerber nur berücksichtigt werden, soweit sie nicht durch die BR-Tätigkeit, insbes. die Freistellung entstanden sind. Hat sich das Mitglied wegen der Freistellung nicht in neue Produktionsstrukturen einarbeiten können, kann daraus eine geringere Eignung für die Aufgabenerledigung nicht abgeleitet werden.[139]

---

131 *LAG Baden-Württemberg* 4.7.12 – 13 TaBV 4/12, juris.
132 *BAG* 20.1.10– 7 ABR 68/08, AuR 10, 346.
133 *BAG* 12.2.75, AP Nr. 1 zu § 78 BetrVG 1972; 15.1.92, AuR 92, 379.
134 So *BAG* a. a. O. vor In-Kraft-Treten des § 78 a.
135 *BAG* 23.1.02 – 7 AZR 611/00, AuR 03, 389, mit Anm. *Pauli.*
136 *BAG* 5.12.12 – 7 AZR 698/11, BB 13, 819; 25.6.14 – 7 AZR 847/12, DB 14, 2416; dazu *Pallasch*, RdA 15, 108 ff.; für die generelle Unzulässigkeit der sachgrundlosen Befristung bei BR-Mitgliedern ArbG *München* 8.10.10 – 24 Ca 861/10, AuR 11, 313, unter Berufung auf Art. 27, 30 EU-GRC i. V. m. Art. 7 der RL 2002/14/EG; zust. *Helm/Bell/Windirsch*, AuR 12, 293 ff.; *Huber/Schubert/Ögüt*, AuR 12, 429 ff.
137 *BAG* 25.6.14 – 7 AZR 847/12, DB 14, 2416; *Pallasch*, RdA 15, 108 ff.
138 GK-*Kreutz*, Rn. 56; *GL*, Rn. 16.
139 *LAG Düsseldorf* 3.8.07, AuR 08, 120.

Den Mitgliedern von Betriebsverfassungsorganen, für die nicht der besondere Kündigungsschutz nach § 15 KSchG und § 103 gilt, gewährt das Benachteiligungsverbot einen **relativen Kündigungsschutz,** d. h., eine Kündigung ist unwirksam, wenn sie wegen betriebsverfassungsrechtlicher Betätigung erfolgt.[140] Diese Rechtsfolge ergibt sich wegen Verstoßes gegen das gesetzliche Verbot des Satzes 2 aus § 134 BGB. Geschützt sind damit auch Mitglieder der ESt, einer tariflichen Schlichtungsstelle nach § 76 Abs. 8, des Wirtschaftsausschusses, Ersatzmitglieder des BR vor einem Nachrücken oder einer Stellvertretung.[141] Darüber hinaus kann sich dieser Schutzzweck bei der Prüfung des wichtigen Grundes des § 626 BGB auswirken. Eine Benachteiligung wegen BR-Tätigkeit ist bspw. auch gegeben, wenn eine Gruppe von AN einen wichtigen Grund zur fristlosen Kündigung gegeben hat und der AG nur den BR-Mitgliedern dieser Gruppe kündigen will.[142] Desgleichen würde es dem Schutzzweck der Norm widersprechen, würde ein Organmitglied wegen eines Verhaltens gekündigt, das es nur im Rahmen der Amtstätigkeit an den Tag gelegt hat und legen konnte.[143] Verboten ist auch die **mittelbare Diskriminierung** betriebsverfassungsrechtlicher Funktionsträger, d. h. dem Anschein nach neutrale Vorschriften, Kriterien oder Verfahren stellen Verbote, Bedingungen oder Anforderungen auf, die ohne unmittelbare Anknüpfung an das Mandat formuliert sind und von allen AN erfüllt werden können, in wesentlich höherem Maße aber betriebsverfassungsrechtliche Funktionsträger nachteilig betreffen; zur RESC sowie der RL 2002/14/EG vgl. Rn. 5. 29

Die Vorschrift gebietet, dass im Rahmen der Überprüfung außerordentlicher Kündigungen bzw. der Ersetzung der Zustimmung hierzu bei der Beurteilung der Zumutbarkeit einer Weiterbeschäftigung nicht auf den frühestmöglichen Kündigungszeitpunkt nach Ablauf der Amtszeit des BR-Mitglieds nach § 15 Abs. 1 Satz 2 KSchG, sondern auf die mangels ordentlicher Kündbarkeit konkret nicht einschlägige und daher »fiktive« Kündigungsfrist abgestellt wird. Dies bedeutet, dass einem BR-Mitglied nach §§ 15 KSchG, 626 BGB nur gekündigt werden kann, wenn dem AG bei einem vergleichbaren Nicht-Betriebsratsmitglied dessen Weiterbeschäftigung bis zum Ablauf der einschlägigen ordentlichen Kündigungsfrist unzumutbar wäre.[144] Dagegen führt der Ausschluss der ordentlichen Kündigung für BR-Mitglieder nicht wegen der langen Bindungsdauer zu einer Erleichterung der außerordentlichen Kündigung, da hierdurch das BR-Mitglied allein wegen seines Amtes einen gravierenden Rechtsnachteil erleiden würde.[145] 30

Mitglieder von Betriebsverfassungsorganen müssen grundsätzlich eine **Schlechterstellung** in Kauf nehmen, wenn diese für alle AN des Betriebs, der Betriebsabteilung oder der Beschäftigungsgruppe gilt (h. M.),[146] etwa Kurzarbeit, Herabsetzung übertariflicher Löhne, soweit dies ohne Änderungskündigung möglich ist, Änderung der betrieblichen Altersversorgung,[147] Ausscheiden mit vollendetem 65. Lebensjahr kraft BV.[148] Vor **individuellen oder Massenänderungskündigungen** ist das Mitglied des BR durch § 15 KSchG geschützt.[149] Dieser besondere Kündigungsschutz ist auch nicht bei Massenänderungskündigungen unter Hinweis auf § 78 Satz 2 einzuschränken.[150] Allerdings sieht das *BAG*[151] den AG nicht verpflichtet, dem BR-Mitglied bei Stilllegung einer Betriebsabteilung einen höherwertigen Arbeitsplatz anzubieten. Das nach § 15 KSchG nicht kündbare BR-Mitglied behält nach § 615 BGB auch seinen Lohnanspruch für die Zeit des witterungsbedingten Arbeitsausfalls, selbst wenn seine Kollegen 31

140 *BAG* 6.7.55, AP Nr. 1 zu § 20 BetrVG Jugendvertreter; *GL*, Rn. 18.
141 *Brill*, BlStSozArbR 83, 177; KR-*Friedrich*, § 13 KSchG Rn. 221.
142 *BAG* 22.2.79, BB 79, 1347; vgl. auch *LAG Hamm* 10.4.96, AiB 96, 736.
143 KR-*Friedrich*, § 13 KSchG, Rn. 220.
144 *BAG* 17.1.08 – 2 AZR 821/06, AuR 08, 276.
145 *BAG* 10.2.99 – 2 ABR 31/98, DB 99, 1121; 27.9.01 – 2 AZR 487/00, AuR 01, 468; *ArbG Berlin* 7.2.14 – 28 BV 16501/13, m. w. N., BB 14, 1843.
146 Vgl. *Fitting*, Rn. 20; *GK-Kreutz*, Rn. 57.
147 *BAG* 30.1.70, AP Nr. 142 zu § 242 BGB Ruhegehalt.
148 *BAG* 25.3.71, AP Nr. 5 zu § 57 BetrVG; vgl. auch 7.11.89, BB 90, 1840, wonach im konkreten Einzelfall ein Günstigkeitsvergleich, z. B. zwischen Arbeitsvertrag und BV, entscheidet.
149 *BAG* 29.1.81, AP Nr. 10 zu § 15 KSchG 1969; 7.10.04 – 2 AZR 81/04, AuR 04, 426 zur Massenänderungskündigung.
150 *LAG Hamm* 28.11.09 – 13 Sa 1161/09, juris; ausführlich § 103. Rn. 7, m. w. N.
151 *BAG* 23.2.10 – 2 AZR 656/08, BB 10, 1980.

wegen kurzfristiger witterungsbedingter Entlassung ihren Lohnanspruch verlieren.[152] Zur Situation während der Kurzarbeit vgl. § 37 Rn. 3 ff.

32 **Eine unzulässige Benachteiligung liegt nach der Rspr. nicht vor:**

- Anerkennung der BR-Tätigkeit teilzeitbeschäftigter BR-Mitglieder über vertragliche Arbeitszeit hinaus nur bei Beleg der Erforderlichkeit;[153]
- automatische Erfassung von Telefondaten für BR-Ferngespräche, wodurch der BR gezwungen werden kann, die Erforderlichkeit der Gespräche nachzuweisen.[154] Dagegen wird es schon nach Satz 1 unzulässig sein, vom BR Detailangaben zu verlangen, wen er angerufen hat;
- Nichtberücksichtigung von Trinkgeldern bei der Vergütung für BR-Tätigkeit nach § 37 Abs. 2, solange dasselbe auch für die Arbeitsverhinderung anderer AN, etwa wegen Urlaubs oder Krankheit, gilt;[155]
- Reduzierung freiwillig gewährter Anwesenheitsprämien, die durch die Teilnahme eines BR-Mitglieds an einer nicht für die BR-Arbeit erforderlichen Schulungsmaßnahme (§ 37 Abs. 6) als anspruchsmindernde Fehlzeiten entstanden ist;[156]
- steuer- und sozialabgabenfreie Zuschläge zum Lohn werden nach Freistellung des BR-Mitglieds nicht mehr unversteuert und sozialabgabenfrei ausgezahlt;[157] andererseits ist der AG nicht gehindert, BR-Mitgliedern, die bisher steuerfreie Zuschläge erhalten haben, diese in der Weise weiterzuzahlen, dass er die Differenz zum bisherigen Nettolohn zahlt und den Bruttolohn entsprechend aufstockt;[158] eine Benachteiligung liegt vor, wenn die für die Teilnahme an nächtlicher BR-Sitzung erhaltenen Nachtschichtzulagen im Unterschied zu anderen AN versteuert werden;[159]
- Verlängerung des Weges vom BR-Büro zur Damentoilette aufgrund von Baumaßnahmen;[160]
- Versetzung mit einen Teil der Arbeitszeit in einen anderen Betrieb des UN, sofern sie nicht auf Grund der BR-Funktion ausgesprochen und der Kontakt zum Mandatsbetrieb weiterhin gewährleistet wird;[161] zur Versetzung von BR-Mitgliedern ferner Rn. 17, 26; § 99 Rn. 128, 226, 254; § 103 Abs. 3;
- Verweigerung der Nutzung des für Kundenbesuche überlassenen Dienstfahrzeugs für Fahrten zwischen Wohnung und Betrieb zur Wahrnehmung von BR-Aufgaben, wenn eine entspr. Nutzungsmöglichkeit auch für nicht dem BR angehörige AN nicht besteht.[162]

3. Begünstigung

33 Begünstigung ist die Bevorzugung, d. h. Gewährung eines Sondervorteils, die wegen der Tätigkeit als Mitglied eines Betriebsverfassungsorgans und nicht aus sachlichen Erwägungen erfolgt.[163] Nicht jede Gewährung von Leistungen an BR-Mitglieder, auf die diese keinen durchsetzbaren Anspruch haben, ist zugleich eine unzulässige Bevorzugung.[164] Eine solche liegt objektiv nur vor, wenn dem BR-Mitglied durch den AG ein ungerechtfertigter Vorteil im Vergleich zu vergleichbaren AN (§ 37 Abs. 4) gewährt wird. Dies ist nicht der Fall bei Leistungen, die effektiv entstandene Aufwendungen oder Mehrarbeit realitätsgerecht typisieren und ausgleichen.[165] Dieser Vorteil muss dem AN **persönlich**, also nicht nur dem betriebsverfas-

152 *BAG* 18.5.99 – 9 AZR 14/98.
153 *LAG Berlin* 14.7.00, AuR 00, 478 zu § 37 a. F.
154 *BAG* 25.5.86, AP Nr. 15 zu § 87 BetrVG 1972 Überwachung; *LAG Hamburg* 17.3.86, DB 86, 1473.
155 *BAG* 28.6.95 – 7 AZR 1001/94, AuR 96, 65.
156 *LAG Hamm* 20.4.88, DB 88, 2058.
157 *BAG* 29.7.80, 22.8.85, AP Nrn. 37, 50 zu § 37 BetrVG 1972.
158 Vgl. auch *Fitting*, Rn. 20.
159 *HessLAG* 10.3.14 – 16 TaBV 197/13, AuR 14, 441; Rechtsbeschw. 7 ABR 23/14,
160 *HessLAG* 3.3.14 – 16 TaBVGa 214/13.
161 *LAG Köln* 22.10.13 – 12 TaBV 64/13, LAGE § 78 BetrVG 2001 Nr. 7 a.
162 *BAG* 25.2.09 – 7 AZR 954/07, AP Nr. 146 zu § 37 BetrVG 1972.
163 WPK-*Preis*, Rn. 17.
164 So aber Richardi-*Thüsing*, Rn. 26.
165 ArbG *Stuttgart* 13.12.12 – 24 Ca 5430/12, AuR 13, 136 (Anm. *Mittag*); vgl. auch Richardi-*Thüsing*, Rn. 31; *Waas*, Betriebsrat und Arbeitszeit, HSI-Schriftenreihe Bd. 4, 2011.

sungsrechtlichen Gremium zu Gute kommen und **ursächlich** auf seine Tätigkeit als Mitglied eines Betriebsverfassungsorgans zurück zu führen sein. Auch der subjektive Tatbestand bezieht sich auf vorstehende Merkmale. Obwohl der Wortlaut ausdrücklich auf »Tätigkeit«, nicht auf »Mitgliedschaft« abstellt, wird allgemein eine Bevorzugung schon angenommen, wenn Funktionsträger allein wegen dieser Eigenschaft Sondervorteile erhalten, die vergleichbaren AN nicht gewährt werden,[166] was mit der gesetzlichen Gestaltung als Ehrenamt begründet wird. Es soll das Vertrauen der vom BR vertretenen AN stärken, dass die Wahrnehmung der Mitbestimmungsrechte durch den BR nicht durch Gewährung oder Entzug materieller Vorteile für BR-Mitglieder beeinflussbar ist.[167] Das *BAG* hält es insb. für nicht vereinbar mit dem Ehrenamtsprinzip, dass BR-Mitglieder durch ihre BR-Tätigkeit zusätzliche Vergütungsansprüche erwerben.[168] Dies gilt erst recht, wenn die Vorteilsgewährung nicht formal an das Amt, sondern an die konkrete Art der Ausübung der Amtstätigkeit anknüpft und ggf. zwischen den Mitgliedern differenziert.

Unzulässige Begünstigungen können z. B. sein:[169] **[Rechtsprechung]** **34**

- Beförderung ausschließlich, weil das freigestellte BR-Mitglied schneller abkömmlich ist;[170]
- Ermäßigung der Haftungsquote bei schuldhaft verursachten Verkehrsunfällen auf Grund der Eigenschaft als BR-Vorsitzender;[171]
- Erstattung von Rechtsanwaltskosten des BR-Mitglieds aus gerichtlicher Durchsetzung seines Lohnanspruchs wegen BR-Tätigkeit (str.);[172]
- Förderung der sog. AUB durch finanzielle Unterstützung, Freistellung für BR-Wahlkampf, Unterstützung von Seminaren und Publikationen durch Siemens;
- Gewährung besonderer Zuwendungen oder Zahlung überhöhter Entschädigungen für Auslagen oder Reisekosten;[173]
- pauschale Heraufsetzung der Arbeitszeit von 19, 25 auf 30 Std. während der Freistellung aus »Abrechnungsgründen«;[174]
- pauschale Aufwandsentschädigungen oder Mehrarbeitspauschalen, die generell, unabhängig von den betrieblichen Verhältnissen gezahlt werden und keine realitätsgerechte Typisierung für entstandene Aufwendungen oder Mehrarbeit darstellen;[175]
- Unentgeltliche Ferienreisen oder Bordellbesuche;[176]
- zusätzliche Sozialplanleistungen für BR-Mitglieder.[177]

Keine Begünstigung ist der **gesetzliche Kündigungsschutz** für Mitglieder der Betriebsverfassungsorgane nach § 15 KSchG, § 103 BetrVG. BR-Mitglieder sind deshalb von (Änderungs-)Kündigungen ohne Verstoß gegen diese Vorschrift auszunehmen.[178] Zulässig sind auch Maßnahmen, durch die die Arbeitsleistung oder die soziale Lage des BR-Mitglieds in betriebsüblicher Weise berücksichtigt wird.[179] Das Begünstigungsverbot rechtfertigt weder den Ausschluss eines BR-Mitglieds von Vergünstigungen, die nur Mitgliedern eines bestimmten Kreises vergleichbarer AN zugänglich sind, noch verbietet es die Annahme von Vorteilen nur **35**

---

166 Vgl. nur *BAG* 16.2.05 – 7 AZR 95/04, AuR 05, 386; *Fitting*, Rn. 22.
167 *BAG* 18.2.14 – 3 AZR 568/12, AE 14, 245;
168 *BAG* 18.2.14 a. a. O.; 5.5.10 – 7 AZR 728/08, BAGE 134, 233.
169 Vgl. auch *Schweibert/Buse*, NZA 07, 1086; GK-*Kreutz*, Rn. 62 ff.; HaKo-*Lorenz*, Rn. 20.
170 *BAG* 31.10.85, AuR 86, 158.
171 *LAG Bremen* 26.7.99, NZA-RR 00, 126.
172 *BAG* 14.10.82, AP Nr. 19 zu § 40 BetrVG 1972 mit abl. Anm. *Otto*, der zu Recht darauf hinweist, dass das Prozessrisiko des BR-Mitglieds allein auf sein BR-Amt zurückzuführen ist; a. A. im Ergebnis auch *BAG* 20.1.10 7 ABR 68/08, AuR 10, 346, für eine vergleichsweise Kostenregelung.
173 *BAG* 29.1.74, AP Nr. 8 zu § 37 BetrVG 1972, 23.6.75, AP Nr. 10 zu § 40 BetrVG 1972.
174 *BAG* 16.2.05 – 7 AZR 95/04, AuR 05, 386, zu § 8 BPersVG; *Fitting*, Rn. 22.
175 ArbG *Stuttgart* 13.12.12 – 24 Ca 5430/12, AuR 13, 136 (Anm. *Mittag*); vgl. auch *BAG* 18.2.14 – 3 AZR 568/12, AE 14, 245: unzulässige Berücksichtigung eines einem freigestellten BR-Mitglied gezahlten Vergütungsausgleichs für hypothetische Mehrarbeit bei der Berechnung von Frühpensionsleistungen; Richardi-*Thüsing*, Rn. 31; *Waas*, Betriebsrat und Arbeitszeit, HSI-Schriftenreihe Bd. 4, 2011.
176 *BGH* 17.9.09 – 5 Str 521/08, AuR 09, 357.
177 *LAG Düsseldorf* 13.9.01, AuR 02, 35; *Fitting*, Rn. 22.
178 *LAG Düsseldorf* 15.8.12 – 7 Sa 165/12, ZTR 13, 101.
179 *Fitting*, Rn. 22.

deswegen, weil sie nicht allen oder nicht allen vergleichbaren AN zugänglich sind.[180] Eine unzulässige Begünstigung liegt auch nicht vor, wenn ein BR-Mitglied während eines **Arbeitskampfes** BR-Tätigkeit ausübt und für diese Zeit Lohnzahlung beansprucht.[181]

4. Rechtsfolgen

36 Rechtsgeschäftliche Handlungen unter Verstoß gegen das Benachteiligungs- und Begünstigungsverbot sind gemäß § 134 BGB **nichtig.**[182] Soweit aus einer Benachteiligung ein **materieller Schaden** entsteht, kann der Betreffende Schadensersatz verlangen, da § 78 ein Schutzgesetz i. S. d. § 823 Abs. 2 BGB darstellt.[183] Die im Rahmen einer rechtswidrigen Begünstigung versprochene Leistung kann nicht mit Erfolg eingeklagt werden.[184] Eine gewährte Vergünstigung kann dagegen grundsätzlich nicht zurückverlangt werden (§ 817 Satz 2 BGB).[185]

IV. Streitigkeiten

37 Die **Beweislast** trägt grundsätzlich derjenige, der die unzulässige Benachteiligung oder Begünstigung behauptet, jedoch sind die Regeln des **Beweises des ersten Anscheins** (Prima-facie-Beweis) anzuwenden.[186] Wird ein BR-Mitglied während seiner Amtstätigkeit schlechter gestellt als ein vergleichbarer AN, spricht der Beweis des ersten Anscheins für den genannten Ursachenzusammenhang. Der AG muss diesen Anschein im Streitfall erschüttern, d. h. plausible Anhaltspunkte für einen anderen Geschehensablauf darlegen.[187]

38 Die vorsätzliche Verletzung der Verbotsvorschriften ist gemäß § 119 Abs. 1 Nrn. 2 und 3 **strafbar.** Antragsberechtigt sind der BR oder die im Betrieb vertretene Gewerkschaft.

39 Der Anspruch auf Unterlassung einer Störung oder Behinderung der BR-Tätigkeit kann gegenüber dem AG im arbeitsgerichtlichen **Beschlussverfahren** durchgesetzt werden. In Betracht kommt auch eine **einstweilige Verfügung** (§§ 2 a, 80 ff. ArbGG).[188] Nicht nur das einzelne unmittelbar betroffene BR-Mitglied,[189] sondern auch der BR können beim ArbG den Antrag stellen, die Rechtswidrigkeit der Behinderungsmaßnahmen festzustellen oder weitere Behinderungen zu **unterlassen.**[190] Dies gilt nicht nur bei groben Verstößen gemäß § 23 Abs. 3, da »**grob**« **kein Tatbestandsmerkmal des § 78** ist.[191] Behinderungsabsicht oder Verschulden des Störers sind nicht erforderlich.[192] Anderenfalls stünde ein objektiv normwidriges, verbotenes Verhalten ohne verfahrensrechtliche Sanktion dar.[193] Der Antrag muss auf ein konkretes

---

180 *LAG München* 15.11.77, BB 79, 732.

181 *ArbG Düsseldorf* 10.10.84 – 10 CA 4116/84; a. A. bei einer Aussperrung *BAG* 25.10.88, AP Nr. 110 zur Art. 9 GG Arbeitskampf.

182 *BAG* 20.1.10, AuR 10, 346; Richardi-*Thüsing,* Rn. 35; *Fitting,* Rn. 21; GK-*Kreutz,* Rn. 73.

183 *HessLAG* 10.4.08, AuR 09, 222 mwN. zur Rspr.; *BAG* 12.2.75, AP Nr. 1 zu § 78 BetrVG 1972; 9.6.82, AP Nr. 1 zu § 107 BPersVG; 311085, AP Nr. 5 zu § 46 BPersVG; *Palandt,* § 823 BGB Rn. 9 f.

184 *Fitting,* Rn. 23.

185 *Fitting,* a. a. O.; *GL,* Rn. 28; *HWGNRH,* Rn. 25; a. A. *Dzida/Mehrens,* NZA 13, 757; GK-*Kreutz,* Rn. 73 i. V. m. § 37 Rn. 14, Richardi-*Thüsing,* a. a. O., wonach der Zweck des Begünstigungsverbots § 817 Satz 2 BGB entgegenstünde. Dem ist entgegenzuhalten, dass die Amtsführung des begünstigten BR-Mitglieds durch Rückforderungsansprüche nach §§ 812 ff. BGB erst recht beeinflusst werden könnte, im Übrigen, dass jedenfalls § 812 BGB i. d. R. auch an § 814 BGB [Kenntnis der Nichtschuld] scheitern wird). Im Extremfall der vorsätzlich sittenwidrigen Begünstigung der sog. AUB durch Siemens gab das LG *Nürnberg* am 1.9.10 – 12 O 11145/08 – einer Rückzahlungsklage des UN gegen den früheren AUB-Vorsitzenden *Schelsky* in Höhe von 3,2 Mio € statt.

186 So auch *BAG* 12.2.75, AP Nr. 1 zu § 78 BetrVG 1972.

187 *WW,* Rn. 5; WPK-*Preis,* Rn. 12.

188 *ArbG Darmstadt* 24.3.94 – 2 BV Ga 2/94; *ArbG Stuttgart* 22.12.87, BetrR 3/88, S. 17; ferner ErfK-*Kania,* Rn. 5; GK-*Kreutz,* Rn. 39.

189 Dazu *LAG Berlin-Brandenburg* 20.10.11 – 10 TaBV 567/11, juris.

190 *LAG Baden-Württemberg* 4.7.12 – 13 TaBV 4/12, m. w. N., juris.; *HessLAG* 26.9.11 – 16 TaBV 105/11, NZA-RR 12, 85;; vgl. auch Richardi-*Thüsing,* Rn. 37, 39; *Fitting,* Rn. 25; GK-*Kreutz,* Rn. 38; Musterantrag auf e. V. in DKKWF-*Buschmann,* § 78 Rn. 3.

191 Ebenso *BAG* 12.11.97, EzA § 23 BetrVG 1972 Nr. 38; 20.10.99, DB 00, 524.

192 *ArbG Köln* 17.3.08, AuR 08, 362.

193 Zum allgemeinen Unterlassungsantrag wegen Verstößen gegen Mitbestimmungsrechte ebenso *BAG* 3.5.94, AuR 95, 67 mit Anm. *Derleder;* 23.7.96, AuR 97, 171 mit Anm. *Buschmann.*

Verhalten gerichtet sein, nicht allgemein auf Unterlassung jeder Störung oder Behinderung der BR-Arbeit. Gegen den Ausspruch von Abmahnungen wegen angeblicher Verletzung von Amtspflichten sollte sowohl dem BR-Mitglied als auch dem Gremium ein Unterlassungsanspruch zustehen, da diese sowohl das Mitglied als auch den gesamten BR in seiner Tätigkeit behindern und/oder stören können.[194] Angesichts der Bedenken des *BAG* hinsichtlich der Antragstellung des BR als Gremium sollte der Unterlassungsantrag die konkrete Störung bzw. Behinderung in den Vordergrund stellen, nicht die Abmahnung. Die individualrechtliche Klage auf Beseitigung einer Abmahnung oder Rückgängigmachung von Lohneinbehalt ist im Urteilsverfahren anhängig zu machen.[195] Ist die kollektiv-rechtliche Rechtsposition des BR-Mitglieds betroffen, ist auch das Beschlussverfahren zulässig. Danach handelt es sich um Anspruchskonkurrenz.[196] Nach allgemeinen Grundsätzen negatorischen Rechtsschutzes kann auch ein Beseitigungsanspruch gegen den Störer geltend gemacht werden.[197] In Frage kommt auch ein Einwirkungsantrag gegen den AG, seine Mitarbeiter zu veranlassen, im Einzelnen bezeichnete Behinderungen des BR und seiner Mitglieder zu unterlassen.[198] Erfolgt der Verstoß durch ein Mitglied eines Betriebsverfassungsorgans, können die Voraussetzungen für ein Amtsenthebungsverfahren nach § 23 Abs. 1 BetrVG gegeben sein.[199] Eine Kündigung oder eine Abmahnung kommt nur bei Vertragspflichtverletzungen, nicht aber bei Verletzung betriebsverfassungsrechtlicher Pflichten in Betracht.[200] Dies ergibt sich auch aus der RESC sowie der RL 2002/14/EG (vgl. Rn. 5). Gegen Benachteiligungen i. S. d. Satzes 2 können betr. BR-Mitglieder im Wege der Unterlassungs- oder Schadensersatzklage vorgehen. Für ein individuelles Verfahren gegen die angebliche Begünstigung anderer BR-Mitglieder in Vergütungsfragen fehlt die eigene unmittelbare Betroffenheit und damit Antragsbefugnis,[201] soweit damit keine individuelle Benachteiligung verbunden isr.

§ 78 a Schutz Auszubildender in besonderen Fällen

(1) Beabsichtigt der Arbeitgeber, einen Auszubildenden, der Mitglied der Jugend- und Auszubildendenvertretung, des Betriebsrats, der Bordvertretung oder des Seebetriebsrats ist, nach Beendigung des Berufsausbildungsverhältnisses nicht in ein Arbeitsverhältnis auf unbestimmte Zeit zu übernehmen, so hat er dies drei Monate vor Beendigung des Berufsausbildungsverhältnisses dem Auszubildenden schriftlich mitzuteilen.

(2) Verlangt ein in Absatz 1 genannter Auszubildender innerhalb der letzten drei Monate vor Beendigung des Berufsausbildungsverhältnisses schriftlich vom Arbeitgeber die Weiterbeschäftigung, so gilt zwischen Auszubildendem und Arbeitgeber im Anschluss an das Berufsausbildungsverhältnis ein Arbeitsverhältnis auf unbestimmte Zeit als begründet. Auf dieses Arbeitsverhältnis ist insbesondere § 37 Abs. 4 und 5 entsprechend anzuwenden.

(3) Die Absätze 1 und 2 gelten auch, wenn das Berufsausbildungsverhältnis vor Ablauf eines Jahres nach Beendigung der Amtszeit der Jugend- und Auszubildendenvertretung, des Betriebsrats, der Bordvertretung oder des Seebetriebsrats endet.

(4) Der Arbeitgeber kann spätestens bis zum Ablauf von zwei Wochen nach Beendigung des Berufsausbildungsverhältnisses beim Arbeitsgericht beantragen,

1. **festzustellen, dass ein Arbeitsverhältnis nach Absatz 2 oder 3 nicht begründet wird, oder**
2. **das bereits nach Absatz 2 oder 3 begründete Arbeitsverhältnis aufzulösen,**

---

194 Nach *BAG* 4.12.13 – 7 ABR 7/12, AuR 14, 205, kann der Antrag auf Entfernung einer Abmahnung aus der PA nur vom betr. BR-Mitglied selbst gestellt werden, nicht vom Gremium; wie hier aber *LAG Düsseldorf* 23.2.93 – 8 TaBV 245/92, AiB 93, 569.

195 *LAG Berlin-Brandenburg* 2.1.12 – 10 Ta1993/11, EzA-SD 12; Nr: 2, 21; *Fitting*, Rn. 25.

196 *BAG* 4.12.13 – 7 ABR 7/12, AuR 14, 205 ; *HessLAG* 9.7.09 – 9/10 Ta 25/09, juris.

197 GK-*Kreutz*, Rn. 39; *ArbG Rosenheim*, BB 89, 147; *Dütz*, DB 84, 121.

198 *ArbG Frankfurt/M.* 14.1.99, AuR 00, 115 zu »Anbrüllen, Freiheitsberaubung, körperliche Gewalt« gegen BR-Mitglieder seitens eines Personalleiters.

199 Richardi-*Thüsing*, Rn. 36; *LAG München* 15.11.77, BB 79, 732.

200 *BAG* 12.5.10 – 2 AZR 587/08, DB 11, 478.

201 *LAG BaWü* 13.2.14 – 3 TaBV 7/13, ArbRB 14, 65.

wenn Tatsachen vorliegen, auf Grund derer dem Arbeitgeber unter Berücksichtigung aller Umstände die Weiterbeschäftigung nicht zugemutet werden kann. In dem Verfahren vor dem Arbeitsgericht sind der Betriebsrat, die Bordvertretung, der Seebetriebsrat, bei Mitgliedern der Jugend- und Auszubildendenvertretung auch diese Beteiligte.
(5) Die Absätze 2 bis 4 finden unabhängig davon Anwendung, ob der Arbeitgeber seiner Mitteilungspflicht nach Absatz 1 nachgekommen ist.

Inhaltsübersicht Rn.

I. Vorbemerkungen

1 Die 1974 in das Gesetz aufgenommene Vorschrift hat eine bis dahin bestehende Lücke geschlossen. Auszubildende, die einem betriebsverfassungsrechtlichen Organ angehören oder zur Wahl kandidieren, haben zwar während der Ausbildungszeit ebenfalls den besonderen Kündigungsschutz nach § 15 KSchG und § 103. Die **ordentliche Kündigung** ist ihnen gegenüber somit grundsätzlich unzulässig; die **außerordentliche Kündigung** bedarf der Zustimmung des BR.[1] Der besondere Kündigungsschutz versagt jedoch bei der Beendigung des **befristeten Ausbildungsvertrages.** Es endet mit Ablauf der vereinbarten Zeit, ohne dass es hierzu einer Kündigungserklärung bedarf.

2 Der **Schutzzweck des § 78 a** geht somit dahin, zu verhindern, dass ein Auszubildender nach Beendigung des Ausbildungsverhältnisses wegen seiner betriebsverfassungsrechtlichen Betätigung nicht in ein anschließendes Arbeitsverhältnis übernommen wird. Den Mitgliedern betriebsverfassungsrechtlicher Organe soll, auch wenn sie in der Ausbildung stehen, eine Ausübung des Amtes **ohne Furcht vor Nachteilen** für ihre zukünftige berufliche Entwicklung ermöglicht werden. Es soll durch die in dieser Vorschrift vorgesehene Übernahme in ein unbefristetes Arbeitsverhältnis eine vergleichbare **Unabhängigkeit in der Amtsführung** gesichert werden, wie sie die Mitglieder von Betriebsverfassungsorganen haben, deren Arbeitsverhältnis in seinem Bestand durch den besonderen Kündigungsschutz (§ 15 KSchG, § 103 BetrVG) gewährleistet ist.[2] Damit ist § 78 a zugleich eine **spezielle Ausformung** des allgemeinen Benachteiligungsverbots des § 78. Der in § 78 enthaltene Schutz der unmittelbaren Organträger wird durch § 78 a verstärkt.[3] Darüber hinaus dient § 78 a einer **Kontinuität der Tätigkeit betriebsverfassungsrechtlicher Organe.** Daher besteht der Anspruch auf Übernahme grds. in den Betrieb, für den der Auszubildende in das betriebsverfassungsrechtliche Organ gewählt wurde (vgl. Rn. 31 ff.).

3 Die durch den Schutz der Vorschrift eintretende **Beschränkung der Vertragsfreiheit** des AG verstößt ebenso wenig wie § 103 gegen Verfassungsrecht. Der sich durch die Vorschrift ergebende Schutz ist gleichermaßen wie bei § 103 durch das **Sozialstaatsprinzip** gerechtfertigt.[4]

II. Geschützter Personenkreis

4 Der Schutzzweck der Vorschrift erstreckt sich **nicht nur** auf die nach dem BBiG staatlich **anerkannten Ausbildungsberufe,** sondern nach der Rspr. des *BAG* auch auf Ausbildungsverhältnisse, die tariflichen Regelungen entsprechen und eine geordnete Ausbildung von mindestens zwei Jahren Dauer vorsehen.[5] § 78 a ist weit auszulegen da durch die Bestimmung eine

1 Vgl. § 103 und die dortigen Erl. sowie die Übersicht zu § 78 a in DKKWF-Bachner, § 78 a Rn. 2.
2 KDZ-*Deinert*, § 78 a, Rn. 1.
3 *Fitting*, Rn. 1.
4 *Fitting*, Rn. 2; GK-*Oetker*, Rn. 23 ff.
5 *BAG* 23.6.83, AP Nr. 10 zu § 78 a BetrVG 1972; *LAG Nürnberg* 13.2.04, FA 04, 280.

Lücke im betriebsverfassungsrechtlichen Schutzsystem geschlossen wird. Voraussetzungen des Übernahmeanspruchs ist aber, dass ein Ausbildungsvertrag abgeschlossen wurde, der den Voraussetzungen der §§ 3, 4 oder 19 BBiG entspricht. Auszubildender ist demnach auch, wer sich in einem **Umschulungsverhältnis** für einen anerkannten Ausbildungsberuf befindet.[6] Entscheidend für die Frage, ob ein Ausbildungsverhältnis i. S. der Bestimmung vorliegt, ist darauf abzustellen, ob **nach dem Schwerpunkt des Vertrages** die Leistung von Arbeit nach den Weisungen des Arbeitgebers oder aber der Lernzweck im Vordergrund steht.[7] Deshalb können auch (Redaktions-)**Volontäre und Praktikanten** vom Schutzzweck der Norm erfasst sein.[8] Nicht ausreichend ist aber, wenn im Rahmen eines Arbeitsverhältnisses auch eine berufliche Fortbildung durchlaufen wird.[9] Ebenfalls keinen Anspruch auf Übernahme in ein Arbeitsverhältnis hat derjenige, der in seinem praktischen Ausbildungsbetrieb als Jugendvertretung amtiert hat, wenn der eigentliche Ausbildungsvertrag mit dem Träger der überbetrieblichen Ausbildung abgeschlossen und lediglich die Ausbildung als Praktikant im Ausbildungsbetrieb absolviert wurde. Die neben dem Ausbildungsvertrag geschlossene Vereinbarung zur Durchführung eines Praktikums in einem Ausbildungsbetrieb ist kein anderer Vertrag i. S. von § 19 BBiG.[10] Etwas anderes kann aber dann gelten, wenn ein dreiseitiger Praktikumsvertrag geschlossen wurde.[11]

Auf das Alter des Auszubildenden kommt es ebenso wenig an wie auf die Dauer des Ausbil- **5**
dungsverhältnisses. Die Vorschrift erfasst daher ohne **Rücksicht auf das Alter** die amtierenden Mitglieder der JAV, der GJAV, des BR, der Bordvertretung und des See-BR. Für WV-Mitglieder und nicht gewählte Wahlbewerber gilt sie nicht.[12]

Der Schutz beginnt mit dem Zeitpunkt, zu dem das **Wahlergebnis feststeht,** ohne Rücksicht **6**
darauf, ob das Ergebnis schon bekannt wurde oder die JAV bzw. die anderen betriebsverfassungsrechtlichen Organe bereits Amtsbefugnisse ausüben können.[13] Auf die **Dauer der Zugehörigkeit** zu einem der genannten Betriebsverfassungsorgane kommt es **nicht an.** Es ist auch nicht entscheidend, dass die Mitgliedschaft zu dem betreffenden Betriebsverfassungsorgan im Zeitpunkt der **Beendigung des Ausbildungsverhältnisses** noch besteht. Auch ein Auszubildender, der schon vorher aus der JAV bzw. dem betreffenden Betriebsverfassungsorgan ausgeschieden ist, fällt nach Abs. 3 unter die Vorschrift, wenn der Zeitpunkt des Ausscheidens bei Beendigung des Berufsausbildungsverhältnisses noch nicht ein Jahr zurückliegt und das Ausscheiden nicht auf einem gerichtlichen Ausschluss oder der Feststellung der Nichtwählbarkeit oder einer gerichtlichen Auflösung der JAV bzw. des betreffenden Betriebsverfassungsorgans beruht.[14] Es gilt nichts anderes als für vorzeitig ausscheidende BR-Mitglieder hinsichtlich des nachwirkenden Kündigungsschutzes (vgl. auch § 103 Rn. 46 f.).

Auch **Ersatzmitglieder** fallen, soweit sie nicht ohnehin endgültig nachrücken, unter die Vor- **7**
schrift, wenn sie vertretungsweise für ein ordentliches Mitglied der geschützten Betriebsverfassungsorgane tätig werden.[15] Ein anderes Ergebnis wäre nicht sachgerecht, da das Ersatzmitglied für den Vertretungszeitraum die Rechtsstellung eines ordentlichen Mitglieds innehat.[16] Es kommt dabei nicht darauf an, ob während der **Vertretungszeit tatsächlich Aufgaben** angefallen sind und wie lange die Vertretung gedauert hat.[17] Auch das Ersatzmitglied bedarf des Schutzes von § 78 a BetrVG, damit es sein Amt ohne Furcht vor beruflichen Nachteilen

---

6 APS-*Künzl*, Rn. 12.
7 *LAG Nürnberg* 13.2.04, FA 04, 280.
8 Vgl. *BAG* 1.12.04; NZA 05, 779; *LAG Nürnberg* 13.02.04, FA 04, 280; a. A. *LAG Köln* 23.2.00, AiB 01, 53; GK-*Oetker*, Rn. 18 ff.; HSWGN-*Nicolai*, Rn. 7; differenzierend *Fitting*, Rn. 6 ff., und APS-*Künzl*, Rn. 20 f.: Ja bei Volontariat mit festgelegtem Verfahren und einer Ausbildungsdauer von 2 Jahren, z. B. Redaktionsvolontäre bei Tageszeitungen.
9 *BAG* 15.12.02, DB 2004, 141.
10 *LAG Brandenburg* 24.8.04 – 2 Sa 233/04.
11 *Fitting*, Rn. 6 b; *Malottke*, AIB 06, Rn. 493.
12 *Fitting*, Rn. 7.
13 *BAG* 22.9.83, AP Nr. 11 zu § 78 a BetrVG 1972; APS-*Künzl*, Rn. 24.
14 *BAG* 21.8.79, AP Nr. 6 zu § 78 a BetrVG 1972; *Fitting*, Rn. 10.
15 *Fitting*, Rn. 11; GK-*Oetker*, Rn. 44 ff. m. w. N.
16 Vgl. *BAG* 15.1.80, AP Nr. 8 zu § 78 a BetrVG 1972.
17 Vgl. *BAG* 15.1.80, AP Nr. 8 zu § 78 a BetrVG 1972; GK-*Oetker*, Rn. 47; a. A. APS-*Künzl*, Rn. 42.

antreten und ausüben kann. Im Übrigen kann auch eine kurzfristige Vertretung zu Repressalien führen.[18] Das Ersatzmitglied hat daher auch einen **nachwirkenden Schutz** nach Abs. 3, wenn im Zeitpunkt des Ablaufs des Ausbildungsverhältnisses das Ende der (letzten) Vertretungszeit **noch nicht ein Jahr** zurückliegt und der Auszubildende innerhalb von drei Monaten vor der Beendigung des Ausbildungsverhältnisses seine Weiterbeschäftigung verlangt.[19]

8 Ein Auszubildender, der bei der Wahl des Ersatzmitglieds der aus **einer Person** bestehenden JAV nicht mit der höchsten Stimmenzahl gewählt wurde, kann im Falle eines späteren Ausscheidens des einzigen Mitglieds der JAV und des mit der höchsten Stimmenzahl gewählten Ersatzmitglieds nicht im Wege des Nachrückverfahrens Mitglied der JAV werden.[20] Nimmt er aber in der Annahme, er sei rechtswirksam nachgerückt, über einen längeren Zeitraum hinweg faktisch Aufgaben der JAV wahr, ohne dass der AG dagegen Bedenken erhebt, so fällt dieser Auszubildende gleichwohl unter den Schutz des § 78 a.[21]

9 Die Vorschrift des § 78 a BetrVG gilt nach der Rspr. des *BAG*[22] nicht, auch nicht über § 3 Abs. 5 Satz 2 BetrVG, wenn eine Auszubildendenvertretung durch **Tarifvertrag für einen reinen Ausbildungsbetrieb** eingeführt wurde.[23] Es handele sich dann nicht um eine andere Vertretung i. S. von § Abs. 1 Nr. 3, sondern um eine zusätzliche Vertretung nach § 3 Abs. 1 Nr. 5. Allerdings kann durch TV § 78 a für eine auf der Grundlage eines TV errichtete Auszubildendenvertretung entsprechend anwendbar erklärt werden.[24]

10 Mit Beginn des unbefristeten Arbeitsverhältnisses erlangt der AN, der der JAV bzw. einem anderen in Abs. 1 genannten Betriebsverfassungsorgan angehört, den besonderen Kündigungsschutz nach § 103 dieses Gesetzes und § 15 KSchG (vgl. dazu § 103 und die dortigen Erl.).

III. Mitteilungspflicht des Arbeitgebers

11 Der AG ist verpflichtet, dem Auszubildenden, der Mitglied einer JAV oder eines anderen in dieser Vorschrift genannten betriebsverfassungsrechtlichen Organs ist, **spätestens drei Monate** vor der Beendigung des Ausbildungsverhältnisses (§ 14 BBiG) schriftlich Mitteilung zu machen, wenn er ihn nach erfolgreicher Beendigung des Berufsausbildungsverhältnisses nicht in ein unbefristetes Arbeitsverhältnis übernehmen will.[25] Die Mitteilung des AG muss sich auf ein Arbeitsverhältnis auf **unbestimmte Zeit** beziehen. Die Fristberechnung erfolgt nach den §§ 187, 188 BGB. Die Mitteilung hat der gesetzlichen Schriftform des § 126 BGB zu genügen; Textform ist nicht ausreichend.[26]

12 **Bei vorgezogener Abschlussprüfung** ist deren Tag maßgebend, falls dies bereits drei Monate vorher bekannt ist.[27] Die Abschlussprüfung ist bestanden, wenn das Prüfungsverfahren abgeschlossen und das Ergebnis der Prüfung mitgeteilt ist. Wird die Abschlussprüfung **nicht bestanden,** endet das Ausbildungsverhältnis mit der Ablegung der nächstmöglichen Wiederholungsprüfung, wenn der Auszubildende die Verlängerung des Ausbildungsverhältnisses verlangt.[28]

13 Der AG genügt seiner **Weiterbeschäftigungspflicht** nur dann, wenn er dem Auszubildenden eine auf Dauer angelegte – also unbefristete – Beschäftigung ermöglicht, die dessen Ausbil-

---

18 Zum Fall eines faktischen Vertreters ohne formelles Nachrücken *ArbG Mannheim* 20.1.82, BB 82, 1665; HSWGN-*Nicolai*, Rn. 8 a.

19 *BAG* 13.3.86, AP Nr. 3 zu § 9 BPersVG; *Fitting*, Rn. 11; HWGNRH-*Nicolai*, Rn. 10.

20 GK-*Oetker*, Rn. 48.

21 *ArbG Mannheim* 20.1.82, BB 82, 1665; *Fitting*, Rn. 12; GK-*Oetker*, Rn. 48; APS-*Künzl*, Rn. 41.

22 13.8.08 – 7 AZR 450/07, juris.

23 A. A. *LAG München* 6.9.06, LAGE § 78 a BetrVG 2001 Nr. 3.

24 *Fitting*, Rn. 12 a.

25 Vgl. DKKWF-*Bachner*, § 78 a Rn. 3, KDZ-*Deinert*, § 78 a Rn. 9.

26 A. A. Richardi-*Thüsing*, Rn. 15; KDZ-*Deinert*, § 78 a Rn. 9.

27 *BAG* 31.10.85, 13.11.87, AP Nrn. 15, 18 zu § 78 a BetrVG 1972; *Fitting*, Rn. 14; APS-*Künzl*, Rn. 48; GK-*Oetker*, Rn. 60, 62 ; zu abweichender Festsetzung des Prüfungstermins gem. § 41 BBiG vgl. *BAG* 16.2.94, AP Nr. 6 zu § 14 BBiG; zu einer zweiten Wiederholungsprüfung *BAG* 15.3.00, AP Nr. 10 zu § 14 BBiG.

28 GK-*Oetker*, Rn. 63.

dung entspricht und ihn sowohl hinsichtlich der rechtlichen Ausgestaltung des Arbeitsverhältnisses als auch der Bezahlung und der beruflichen Entwicklungsmöglichkeiten einem Beschäftigten gleichstellt, der vom AG für eine vergleichbare Tätigkeit ausgewählt und eingestellt worden ist (vgl. auch Rn. 20 ff.).[29]

Nimmt der AG die nach Abs. 1 vorgeschriebene Mitteilung **nicht** vor, hat der Auszubildende **gleichwohl** seine Weiterbeschäftigung zu verlangen (vgl. Rn. 14 ff.).[30] Die Nichtmitteilung durch den AG kann im Übrigen **Schadensersatzansprüche** des Auszubildenden auslösen, z. B. dann, wenn dieser deswegen das Angebot zur Eingehung eines anderen Arbeitsverhältnisses ausgeschlagen hat (h. M.).[31] **14**

Die Mitteilung des AG nach Abs. 1, er werde den Auszubildenden nicht übernehmen, steht einer **nachfolgenden Wahl** des Auszubildenden in den BR oder die JAV nicht im Wege. Die Wählbarkeit wird dadurch nicht beeinträchtigt.[32] **15**

Erfolgt die Mitteilung nicht wenigstens bis zum Ablauf des Ausbildungsverhältnisses, ergibt sich bereits aus § 17 BBiG, dass ein Arbeitsverhältnis als **begründet** gilt, wenn der Auszubildende **tatsächlich weiterbeschäftigt** wird. Dieses kann dann nur im Wege einer Kündigung beendet werden; für die Anwendung von § 78 a ist dann kein Raum mehr. **16**

IV. Verlangen auf Weiterbeschäftigung

Der Auszubildende, der Mitglied einer JAV oder eines anderen in dieser Vorschrift genannten Betriebsverfassungsorgans ist, kann vom AG **schriftlich** die Weiterbeschäftigung in einem **unbefristeten Arbeitsverhältnis** verlangen.[33] Das hat innerhalb der **letzten drei Monate** vor der Beendigung des Berufsausbildungsverhältnisses zu geschehen (zur Berechnung der Dreimonatsfrist vgl. Rn. 9). Ein vorfristiges (vor Beginn der Drei-Monatsfrist gestelltes) Weitbeschäftigungsverlangen ist nach der Rspr. des *BAG* unwirksam; die Sechsmonatsfrist des § 12 Abs. 1 Satz 2 BBiG ist nicht entsprechend anzuwenden.[34] Ein solches Verlangen muss daher innerhalb der drei Monate wiederholt werden. Der AG ist nicht verpflichtet, den Auszubildenden auf die rechtliche Unbeachtlichkeit des verfrühten Weiterbeschäftigungsverlangens hinzuweisen, wenn dieser sachkundig vertreten ist (durch einen Rechtsanwalt oder eine Gewerkschaft)[35]. Ein Weiterbeschäftigungsverlangen, das erst nach Beendigung des Berufsausbildungsverhältnisses gestellt wird, ist ebenfalls unwirksam. Das Weiterbeschäftigungsverlangen muss nicht begründet werden, allerdings muss der Weiterbeschäftigungswillen erkennbar sein. Ein Auszubildender, der bei Fehlen einer ausbildungsadäquaten Weiterbeschäftigungsmöglichkeit auch zu anderen Arbeitsbedingungen in ein Arbeitsverhältnis im Ausbildungsbetrieb übernommen werden möchte, muss dem Arbeitgeber unverzüglich nach dessen Nichtübernahmeerklärung seine Bereitschaft zu einer Weiterbeschäftigung zu geänderten Vertragsbedingungen mitteilen[36]. Eine Einverständniserklärung im gerichtlichen Verfahren über den Auflösungsantrag genügt nicht[37] (vgl. Rn. 25). **17**

Es findet § 113 BGB Anwendung, so dass bei Minderjährigen eine Genehmigung des gesetzlichen Vertreters zur Antragstellung nicht erforderlich ist.[38] Wird das Verlangen nicht gestellt, scheidet der Auszubildende mit Ablauf des Ausbildungsverhältnisses aus, es sei denn, dass er **18**

29 *Fitting*, Rn. 15; APS-*Künzl*, Rn. 50.
30 *Fitting*, Rn. 16; *BAG* 15.1.80, AP Nr. 7 zu § 78 a BetrVG 1972, das davon ausgeht, die Nichtmitteilung durch den AG habe ohne das ausdrückliche Weiterbeschäftigungsverlangen des Auszubildenden nicht das Zustandekommen eines Arbeitsverhältnisses zur Folge.
31 Vgl. etwa *BAG* 31.10.85, AP Nr. 15 zu § 78 a BetrVG 1972; *Fitting*, Rn. 16; GK-*Oetker*, Rn. 66.
32 *LAG Baden-Württemberg* 13.10.77, AP Nr. 4 zu § 78 a BetrVG 1972; GK-*Oetker*, Rn. 67.
33 Vgl. DKKWF-*Bachner*, § 78 a Rn. 4.
34 Vgl. *BAG* 15.12.11 – 7 ABR 40/10 juris; 5.12.12; *LAG Hamm* 1.4.11 – 10 TaBV 109/10 – juris, a. A. *LAG Düsseldorf* 19.5.10 – 2 TaBV 23/10 – juris.
35 Vgl. *BAG* 5.12.12.
36 GK-*Oetker*, Rn. 83.
37 Vgl. *BAG* 8.9.10 – 7 ABR 33/09 – juris
38 *Fitting*, Rn. 26; KR-*Weigand*, Rn. 29; *Moritz*, DB 74, 1016; a. A. Richardi-*Thüsing*, Rn. 24; GK-*Oetker*, Rn. 78 f. ; HWGNRH-*Nicolai*, Rn. 21; APS-*Künzl*, Rn. 64.

anschließend weiterbeschäftigt wird (vgl. Rn. 13). Der Auszubildende übt mit dem Weiterbeschäftigungsverlangen ein **gesetzliches Gestaltungsrecht** aus, mit dem auch gegen den Willen des AG ein Arbeitsverhältnis begründet wird.[39]

19 Auf den Schutz nach § 78 a kann weder durch einen **vor Beginn** der Dreimonatsfrist abgeschlossenen Aufhebungsvertrag noch durch eine einseitige Erklärung des Auszubildenden verzichtet werden.[40] Der Schutz, den der Auszubildende nach der Vorschrift hat, ist im Voraus **nicht abdingbar.**[41] Das Weiterbeschäftigungsverlangen wird auch durch eine Verletzung der Mitteilungspflicht des AG nach Abs. 1 nicht entbehrlich (vgl. Rn. 11).

20 Die Schriftform nach § 126 Abs. 1 BGB ist **zwingend.**[42] Eine E-Mail ist nach der Rspr. des BAG nicht ausreichend, da ein Gestaltungsrecht geltend macht wird.[43] Verlangt allerdings der Auszubildende innerhalb der Dreimonatsfrist die Weiterbeschäftigung nur **mündlich,** hat ihn der **AG** auf Grund der ihm obliegenden vertraglichen Nebenpflichten darauf **aufmerksam zu machen,** dass das Gesetz die Schriftform verlangt.[44] Unterlässt der AG einen solchen Hinweis, kann er aus seiner Pflichtwidrigkeit **keinen Rechtsvorteil herleiten.** Er würde gegen Treu und Glauben verstoßen, wenn er die Übernahme in ein Arbeitsverhältnis verweigerte.

21 Das schriftliche Verlangen auf Weiterbeschäftigung ist nach § 130 Abs. 1 Satz 1 BGB dem AG dann zugegangen, wenn die Erklärung in **verkehrsüblicher Weise,** etwa auf postalischem Wege oder durch Übergabe in der Personalabteilung, in seine **tatsächliche Verfügungsgewalt** oder die eines **empfangsberechtigten Dritten** gelangt ist und der Empfänger unter gewöhnlichen Umständen davon Kenntnis nehmen konnte.[45]

22 Dem Verlangen auf Weiterbeschäftigung und der damit verbundenen Begründung eines unbefristeten Arbeitsverhältnisses steht es nicht entgegen, wenn die **Abschlussprüfung** erst nach dem **Ende der Ausbildungszeit** abgelegt wird.[46]

23 Bis zum Beginn des Arbeitsverhältnisses kann das Verlangen auf Weiterbeschäftigung **widerrufen** werden.[47]

V. Inhalt des Weiterbeschäftigungsanspruchs

24 Der Auszubildende hat keinen Anspruch auf einen **bestimmten Arbeitsplatz,** aber einen Anspruch auf Weiterbeschäftigung in dem Betrieb, für den er als Mitglied der JAV bzw. des betreffenden Betriebsverfassungsorgans gewählt worden ist, weil er sonst sein Amt verlieren würde.[48] Die Arbeitsbedingungen in dem sich anschließenden unbefristeten Arbeitsverhältnis haben denen vergleichbarer AN mit betriebsüblicher beruflicher Entwicklung zu entsprechen. Die Weiterbeschäftigung hat **grundsätzlich im erlernten Beruf** zu erfolgen. Das nach § 78 a geschützte Mitglied einer JAV oder eines anderen Betriebsverfassungsorgans darf nicht auf eine ausbildungsfremde, insbesondere nicht auf eine geringerwertige Beschäftigung verwiesen werden, wenn es ausbildungsgerecht beschäftigt werden könnte.[49]

25 Aus dem Schutzzweck des § 78 a BetrVG folgt allerdings die Verpflichtung des Arbeitgebers zur **Weiterbeschäftigung des Auszubildenden zu anderen** als den sich aus § 78 a BetrVG ergebenden **Arbeitsbedingungen**, wenn sich der Auszubildende zumindest hilfsweise mit einer Beschäftigung zu geänderten Vertragsbedingungen bereiterklärt hat.[50] Hat der Auszubildende seine Bereitschaft zu einer anderweitigen Beschäftigung im Ausbildungsbetrieb erklärt,

39 *Fitting,* Rn. 29.
40 *LAG Frankfurt* 9.8.74, BB 75, 1205; *Fitting,* Rn. 27.
41 APS-*Künzl,* Rn. 73.
42 GK-*Oetker,* Rn. 72 m. w. N.; für das Schriftformerfordernis als Ordnungsvorschrift Richardi-*Thüsing,* Rn. 17, Rn. 15.
43 *BAG* 15.12.11 – 7 ABR 40/10 juris; a. A. *LAG Düsseldorf* 19.5.10 – 2 TaBV 23/10 – juris.
44 Ähnlich *Fitting,* Rn. 21.
45 *BAG* 31.10.85, AP Nr. 15 zu § 78 a BetrVG 1972.
46 *LAG Baden-Württemberg* 13.10.77, AP Nr. 4 zu § 78 a BetrVG 1972.
47 GK-*Oetker,* Rn. 100.
48 *LAG Berlin* 16.12.74, BB 75, 837.
49 *BVerwG* 15.10.85, PersR 86, 173.
50 Vgl. *BAG* 8.9.10 – 7 ABR 33/09 – juris; KDZ-*Deinert,* § 78 a Rn. 22.

muss der Arbeitgeber prüfen, ob ihm diese möglich und zumutbar ist.[51] Dabei kommt, soweit in dem entsprechenden Ausbildungsberuf kein Arbeitsplatz frei ist, eine Weiterbeschäftigung auch auf einem minder qualifizierten Arbeitsplatz oder in Teilzeit in Betracht.[52] Sind mehrere (vermeintliche) Teilzeitarbeitsplätze vorhanden, so ist der Auszubildende in Vollzeit weiterzubeschäftigen, wenn für die Aufteilung in mehrere Teilzeitarbeitsverhältnisse kein nachvollziehbares Organisationskonzept erkennbar ist.[53] Die Bereitschaft zu nicht ausbildungsadäquater Weiterbeschäftigung muss dem Arbeitgeber unverzüglich nach dessen Nichtübernahmemitteilung erklärt werden. Dabei muss der Auszubildende konkret angeben, zu welchen Bedingungen er sich die Weiterarbeit vorstellt.[54] Eine Einverständniserklärung im gerichtlichen Verfahren genügt i. d. R. nicht, da dem Arbeitgeber ausreichend Zeit für die Prüfung der Bereitschaftserklärung und ggf. für die Durchführung eines Beteiligungsverfahrens nach § 99 Abs. 1 BetrVG verbleiben muss.

26 Die Vorschriften des **§ 37 Abs. 4 und 5** finden auf die Weiterbeschäftigung entsprechende Anwendung (Abs. 2 Satz 2). Das bedeutet, dass das **Arbeitsentgelt** des Ausgebildeten einschließlich eines Zeitraums von einem Jahr nach Beendigung der Amtszeit in dem betreffenden Betriebsverfassungsorgan **nicht geringer bemessen** werden darf als das Arbeitsentgelt vergleichbarer AN mit betriebsüblicher beruflicher Entwicklung. Das gilt auch für allgemeine Zuwendungen des AG (vgl. auch § 37 Rn. 75 f.). Auch die Tätigkeit selbst muss grundsätzlich den Tätigkeiten entsprechen, die AN mit betriebsüblicher beruflicher Entwicklung ausüben (vgl. auch § 37 Rn. 80 ff.). Nach Ablauf des in § 37 Abs. 4 und 5 genannten Jahreszeitraums endet der Entgelt- und Tätigkeitsschutz jedoch nicht zwangsläufig. Eine Verschlechterung der Arbeitsbedingungen kann seitens des AG anschließend vielmehr nur im Wege einer Änderungskündigung herbeigeführt werden, deren soziale Rechtfertigung gerichtlich nachprüfbar ist.

27 Der Weiterbeschäftigungsanspruch richtet sich auf ein **unbefristetes Arbeitsverhältnis.**[55] Schließt der AG mit dem nach § 78 a geschützten Auszubildenden gleichwohl einen befristeten Vertrag ab, ist die Befristung **sachwidrig** und damit **unwirksam.** Es ist dann ein unbefristetes Arbeitsverhältnis zustande gekommen (zur Rechtslage, falls nur ein befristeter Vertrag möglich ist, s. Rn. 38).[56]

28 Der Weiterbeschäftigungsanspruch erstreckt sich nicht nur auf ein unbefristetes Arbeitsverhältnis, sondern auch auf die Übernahme in ein **Vollzeitarbeitsverhältnis,** da das Ausbildungsziel regelmäßig darin liegt, in dem erlernten Beruf ohne Hinzutreten weiterer Einkünfte eine ausreichende, dem jeweiligen Berufsbild entsprechende wirtschaftliche Lebensgrundlage zu finden (zur Rechtslage, falls nur ein Teilzeitarbeitsverhältnis möglich ist, s. Rn. 38).[57]

29 Das Zustandekommen des unbefristeten Arbeitsverhältnisses ist **kein beteiligungspflichtiger Vorgang** für den BR.[58] Es handelt sich – vergleichbar der sich aus § 613 a BGB ergebenden Rechtsfolge – um eine Gesetzesfolge, die nicht von einem Willensentschluss des AG abhängt, sondern vom Gestaltungsrecht des Auszubildenden. Das Zustandekommen des unbefristeten Arbeitsverhältnisses ist folglich keine Einstellung. Der BR hat jedoch hinsichtlich der **Eingruppierung** und einer möglichen **Versetzung** das Beteiligungsrecht nach § 99.[59] Eine Versetzung darf grundsätzlich nicht zu einem Amtsverlust führen.[60] Auch aus diesem Grunde ist der (frühere) Auszubildende grundsätzlich in **demselben Betrieb** weiterzubeschäftigen (vgl. auch Rn. 2 und 31 ff.). § 103 BetrVG findet Anwendung.

---

51 *BAG,* 6.11.96 – AP BetrVG 1972 § 78 a Nr. 26; *BAG,* Beschluss vom 15.11.06 – AP BetrVG 1972 § 78 a Nr. 38.
52 *Fitting,* § 78 a Rn. 57.
53 *LAG Köln,* 15.12.08, – 2 TaBV 13/08, juris; KDZ-*Deinert,* § 78 a Rn. 22.
54 *BAG* 17.2.10 – 7 ABR 89/08 juris; Beschluss vom 15.11.06 – a. a. O.
55 *BAG* 13.11.87, AP Nr. 18 zu § 78 a BetrVG; 25.5.88, AuR 88, 217.
56 *LAG Hamm* 5.2.86, PersR 87, 111.
57 *BAG* 13.11.87, AP Nr. 18 zu § 78 a BetrVG; 25.5.88, AuR 88, 217; vgl. APS-*Künzl,* Rn. 78 m. w. N.
58 *Fitting,* Rn. 29; GK-*Oetker,* Rn. 97.
59 *Fitting,* Rn. 29; GK-*Oetker,* Rn. 98.
60 *LAG Berlin* 16.12.74, BB 75, 837.

VI. Entbindung von der Übernahme in ein Arbeitsverhältnis

30 Der AG kann, sofern das Weiterbeschäftigungsverlangen gestellt worden ist, den Übergang des Ausbildungsverhältnisses in ein Arbeitsverhältnis nur durch die **Anrufung des ArbG** im Wege des Beschlussverfahrens.[61] Der AG wird also auf die »Klägerrolle« verwiesen. In ihrer inneren Struktur entspricht die Bestimmung den Regelungen zur Abwehr des Weiterbeschäftigungsanspruchs nach § 102 Abs. 5. Die Anrufung des ArbG durch den AG muss spätestens **innerhalb von zwei Wochen** nach Beendigung des Ausbildungsverhältnisses erfolgen (zum Zeitpunkt der Beendigung des Ausbildungsverhältnisses vgl. Rn. 9, 9 a).

31 Im Falle eines Gemeinschaftsbetriebes soll AG i. S. der Bestimmung nur der jeweilige Vertragsarbeitgeber sein, also diejenige Partei, die den Ausbildungsvertrag abgeschlossen hat, nicht die jeweils anderen an dem **Gemeinschaftsbetrieb** beteiligten Unternehmen; diese sind jedoch Beteiligte i. S. von § 83 Abs. 3, weil von dem Ausgang des Verfahrens auch die personelle Zusammensetzung der JAV abhängt.[62] Dieses Ergebnis erscheint jedoch zweifelhaft. Immerhin haben sich die Unternehmen im Gemeinschaftsbetrieb zu gemeinsamer Führung in personellen und sozialen Angelegenheiten verbunden. Damit treten die Unternehmen nach außen als einheitlicher Arbeitgeber auf. Auch die Ausbildung wird jedenfalls i. d. R. im gesamten Betrieb ausgeführt. Schließlich kommt es für das Angebot anderweitiger Arbeitsplätze auch kündigungsschutzrechtlich auf den gesamten Betrieb an (vgl. § 102 Rn. 217).

32 Die Vorschrift des Abs. 4 sieht zwei Arten von möglichen Anträgen des AG vor: einen **Feststellungsantrag** (Abs. 4 Nr. 1) und einen **Auflösungsantrag** (Abs. 4 Nr. 2). Beide Anträge sind im Wege des Beschlussverfahrens zu stellen (vgl. Rn. 41). Der Antrag auf Feststellung, dass ein Arbeitsverhältnis nicht begründet wird, soll das Zustandekommen eines Arbeitsverhältnisses verhindern, während der Antrag, das bereits begründete Arbeitsverhältnis aufzulösen, auf das rechtsgestaltende Eingreifen des ArbG in das bestehende Arbeitsverhältnis abzielt.

33 **Vor Beendigung des Ausbildungsverhältnisses** kommt nur der Feststellungsantrag nach Abs. 4 Nr. 1 in Betracht. Voraussetzung dafür ist, dass das geschützte Organmitglied, das zur Erhebung des Weiterbeschäftigungsverlangens berechtigt ist, dieses Verlangen bereits gestellt hat. Ein zuvor gestellter arbeitgeberseitiger Feststellungsantrag ist unzulässig.[63]

34 Auch ein vom AG rechtzeitig eingeleitetes Feststellungsverfahren nach Abs. 4 Nr. 1 verhindert nicht den Eintritt der gesetzlichen Fiktion, dass ein Arbeitsverhältnis begründet wird. Wie auch der Auflösungsantrag nach Abs. 4 Nr. 2 zielt der Feststellungsantrag auf eine rechtsgestaltende gerichtliche Entscheidung, die ihre Wirkung erst mit ihrer Rechtskraft für die **Zukunft entfaltet.**[64] Ist im Zeitpunkt der Beendigung des Berufsausbildungsverhältnisses über den Feststellungsantrag des AG **noch nicht rechtskräftig** entschieden, wandelt er sich in einen Antrag nach Abs. 4 Nr. 2 auf **Auflösung** des nunmehr begründeten Arbeitsverhältnisses um, ohne dass es einer förmlichen Antragsänderung bedarf.[65] Die Entscheidung darüber, ob ein Anspruch auf vorläufige Weiterbeschäftigung besteht oder nicht, ist nicht davon abhängig sein, zu welchem Zeitpunkt der AG den Antrag nach Abs. 4 Nr. 1 stellt. Der Auszubildende kann die Weiterbeschäftigung schon damit erreichen, dass er sie erst am letzten Tag der Ausbildung verlangt und damit verhindert, dass der AG noch vor dem Ausbildungsende den Feststellungsantrag stellt.

35 Nach **Beendigung der Ausbildungszeit** kommt grundsätzlich nur noch der **Auflösungsantrag** nach Abs. 4 Nr. 2 in Betracht, der darauf gerichtet ist, das bereits begründete Arbeitsverhältnis wieder aufzulösen.[66] Nach Auffassung des *BAG*[67] kann der AG neben dem auf rechtsgestaltende Veränderung der Rechtslage abzielenden Antrag nach Abs. 4 Nr. 2 zugleich feststellen lassen, ob die Voraussetzungen der Abs. 2 oder 3 erfüllt sind (vgl. auch Rn. 37).

---

61 Vgl. *BAG* 5.4.84, AP Nr. 13 zu § 78 a BetrVG 1972.

62 *BAG* 25.2.09, DB 09, 1473, juris.

63 *Fitting,* Rn. 35; a. A. GK-*Oetker,* Rn. 168.

64 *BAG* 29.11.89, AP Nr. 20 zu § 78 a BetrVG 1972 mit krit. Anm. *Berger-Delhey.*

65 Inzwischen ständ. Rspr., *BAG* 29.11.89, BB 91, 65; 11.1.95, AP Nr. 24 zu § 78 a BetrVG 1972; *Fitting,* Rn. 41; GK-*Oetker,* Rn. 179, 180, jeweils m. w. N.

66 *BAG* 16.1.79, AP Nr. 5 zu § 78 a BetrVG 1972; 29.11.89, BB 91, 65; zu der entsprechenden Vorschrift des § 9 BPersVG vgl. *BVerwG* 26.6.81, PersV 83, 14.

67 29.11.89, a. a. O.

Der **Feststellungsantrag** ist begründet, wenn Tatsachen vorliegen, auf Grund derer dem AG unter Berücksichtigung aller Umstände die Weiterbeschäftigung **nicht zugemutet** werden kann. Das Gesetz knüpft hier in seiner Formulierung an § 626 Abs. 1 BGB an, ohne ihm jedoch voll zu entsprechen.[68] Bezogen auf den Schutzzweck der Vorschrift ist die Nichtübernahme des Auszubildenden nur ausnahmsweise in schwer wiegenden Fällen denkbar.[69] In dieser Hinsicht ist es deshalb nicht zulässig, geringere Anforderungen als an eine Entlassung z. B. im Rahmen des § 15 KSchG deswegen zu stellen, weil sie schwerer wiege als die Nichtübernahme eines Auszubildenden.[70] Das Gesetz will nämlich gerade die Kontinuität der Amtsführung sichern.[71] Deshalb ist es auch problematisch, für die Frage der Zumutbarkeit allein darauf abzustellen, ob im Zeitpunkt der Beendigung des Berufsausbildungsverhältnisses im Ausbildungsbetrieb ein freier Arbeitsplatz vorhanden ist, auf dem der Auszubildende in seiner durch die Ausbildung erworbenen Qualifikation beschäftigt werden kann (vgl. a. Rn. 32 a, 36).[72] 36

Die Unzumutbarkeit der Übernahme kann sich sowohl aus Gründen in der Person des AN (Rn. 34) als auch aus betrieblichen Gründen ergeben (Rn. 36). Dabei ist in jedem Falle eine **umfassende Interessenabwägung** vorzunehmen.[73] In sie sind gegenüber den Interessen des AG nicht nur diejenigen des betroffenen Mandatsträgers, sondern auch des gesamten Betriebsverfassungsorgans, dem er angehört, und diejenigen der gesamten Belegschaft einzubeziehen. 37

Die Zumutbarkeitsprüfung bezieht sich nach der hier vertretenen Ansicht auf den **Betrieb**,[74] in dem der Auszubildende tätig ist. Sie erstreckt sich aber auch auf alle Arbeitsplätze im **Unternehmen**.[75] Zwar ist zur Sicherung der Amtskontinuität vorrangig eine Beschäftigung in dem Betrieb anzustreben, in dem das betriebsverfassungsrechtliche Amt besteht. Gegenüber der Alternative des völligen Ausscheidens ist jedoch eine Beschäftigung in einem anderen Betrieb vorzuziehen. Dies ist jedenfalls ein Beitrag zum Zweck der Regelung, eine Amtsführung zu ermöglichen, die nicht von Wohlverhaltenserwartungen im Verhältnis zum AG beeinflusst ist.[76] Außerdem entspricht allein die **Erstreckung des Übernahmeanspruchs auf alle Betriebe des Unternehmens** den Wertungen der §§ 1 Abs. 2 Nr. 1 b, 15 Abs. 4 KSchG.[77] Erforderlich ist in einem solchen Fall aber die Mitteilung des Auszubildenden, dass er notfalls mit der Beschäftigung in einem anderen Betrieb einverstanden ist.[78] Ein **konzernweiter Weiterbeschäftigungsanspruch** besteht jedenfalls dann, wenn die Ausbildung zwar durch einen eigenständigen Betrieb im Konzern durchgeführt wurde, jedoch der Auszubildende zu $^{2}/_{3}$ seiner Ausbildungszeit in den Konzernunternehmen eingesetzt war, um berufspraktische Erfahrung zu erlangen und entsprechende Unterweisung zu erhalten.[79] 38

Wird nur **ein Teil der Auszubildenden** eines Jahrgangs übernommen, muss sich der durch § 78 a geschützte Amtsträger jedenfalls darunter befinden (h. M.).[80] 39

Grundsätzlich können nur **schwer wiegende Gründe persönlicher Art** geeignet sein, die Nichtbegründung eines Arbeitsverhältnisses bzw. die Auflösung eines schon begründeten Ar- 40

68 *BAG* 16.1.79, AP Nr. 5 zu § 78 a BetrVG 1972.
69 Vgl. *Fitting*, Rn. 46.
70 Vgl. *BAG* 16.1.79, a. a. O.; GK-*Oetker*, Rn. 107 ff; vgl. aber APS-*Künzl*, Rn. 95.
71 *BAG* 16.1.79, a. a. O.
72 So aber *BAG* 12.11.97, AP § 87 a BetrVG 1972 Nr. 31, bestätigt durch *BAG* 8.8.07, 7 ABR 43/06 juris und *BAG* 5.12.07, 7 ABR 65/06 juris.
73 *BAG* 15.12.83, EzA § 78 a BetrVG 1972 Nr. 13.
74 Auch einen Gemeinschaftsbetrieb, vgl. *ArbG Bayreuth/Hof* 21.2.02.
75 *LAG Niedersachsen* 10.4.97, LAGE § 78 a BetrVG 1972 Nr. 5; 26.4.96, NZA-RR 97, 14; a. A. *LAG Köln* 4.9.96, NZA-RR 97, 435; *LAG Köln* 18.3.04, DB 04, 1374; offen gelassen bei *BAG* 6.11.96, NZA 97, 783; dagegen jetzt *BAG* 15.11.06, AP Nr. 38 zu § 78 a BetrVG 1972; 8.8.07 – 7 ABR 43/06, juris;
76 Vgl. die Rechtslage bei Kündigung eines Amtsträgers wegen Betriebsstilllegung, *KDZ*, § 15 KSchG Rn. 67.
77 *LAG München* 12.10.05, juris *LAG Bremen* 1.2.06, juris, wohl auch *LAG Brandenburg* 24.11.05 – 9 TaBV 7/05, juris; a. A. *BAG* 15.11.06, DB 2007, 1646; *LAG Köln* 18.3.04, DB 04, 1374.
78 *BAG* 6.11.96, a. a. O.
79 *LAG Bremen* 1.2.06, juris; *LAG Bremen* 12.10.06, juris; *LAG Köln* 24.1.06, ArbuR 06, 294; *LAG München* 12.10.05 – 9 TaBV 30/05 juris.; a. A. *BAG* 15.11.06, DB 07, 1646, 8.8.07 – 7 ABR 43/06, juris; vgl auch schon *BAG* 17.8.05, NZA 06, 624.
80 *LAG Düsseldorf* 12.6.75, DB 75, 1995;

beitsverhältnisses zu rechtfertigen.[81] Vorwürfe aus der Amtsführung können dazu nicht herangezogen werden (h. M.). Soweit der Amtsträger zugleich gegen Amts- und Arbeitspflichten verstoßen hat, ist wie bei § 15 KSchG ein besonders strenger Maßstab anzulegen. Soweit es sich um vorwerfbares Fehlverhalten handelt, muss es unter zukunftsbezogenen Aspekten geeignet sein, eine Kündigung gemäß § 626 BGB zu rechtfertigen.[82] Entscheidend ist die konkrete Befürchtung, der Auszubildende werde auch in seinem Arbeitsverhältnis in grober Weise entsprechend gegen seine Pflichten aus dem Arbeitsvertrag verstoßen.[83] In der Vergangenheit liegende Gründe sind umso weniger gewichtig, je länger sie zurückliegen. Deshalb rechtfertigt z. B. die Tatsche einer während der Ausbildungszeit begangenen Straftat für sich allein ohne Zukunftsprognose keine Negativ-Entscheidung.[84]

41 Ein allgemeiner **Qualifikationsvergleich** zwischen dem geschützten Amtsträger und anderen Bewerbern um den Arbeitsplatz ist unzulässig (h. M.).[85] Insbesondere machen **schlechtere Prüfungsnoten** allein die Weiterbeschäftigung nicht unzumutbar.[86] Erst das wiederholte **Nichtbestehen der Abschlussprüfung** kann die Übernahme für den AG unzumutbar machen.[87] Allerdings hat der Auszubildende trotz fehlender Abschlussprüfung dann einen Anspruch auf Übernahme, wenn freie Arbeitsplätze für an- oder ungelernte AN existieren (h. M.).[88] Erfordert ein freier Arbeitsplatz eine **höhere Qualifikation,** kann der Auszubildende an sich nicht darauf verweisen.[89] Er hat jedoch Anspruch auf entsprechende Qualifizierungsmaßnahmen, wobei als Untergrenze des dem AG Zumutbaren die vergleichbaren Maßstäbe des § 102 Abs. 3 Nr. 4 (§ 102 Rn. 207 ff.) herangezogen werden können. Dem Auszubildenden ist jedenfalls eine betriebsübliche Zeit des Qualifikationserwerbs zuzubilligen, wobei eine positive Prognose hinsichtlich des Schulungserfolgs erforderlich ist (hierzu auch Rn. 21).[90]

42 Ausnahmsweise können auch **dringende betriebliche Gründe** im Rahmen der Unzumutbarkeit des § 78 a Berücksichtigung finden.[91] An die »Unzumutbarkeit« der Übernahme sind nach Wortlaut und Sinn des Gesetzes strengere Anforderungen zu stellen als an »dringende betriebliche Erfordernisse« i. S. d. § 1 Abs. 2 KSchG.[92] Das *BAG* geht dabei davon aus, dass § 78 a nicht dazu verpflichten solle, ohne jede Rücksicht auf Planungen und Bedarfslage neue Arbeitsplätze zu schaffen. Demgemäß wird eine Übernahmeverpflichtung nur für den Fall bejaht, dass zum Zeitpunkt der Beendigung des Ausbildungsverhältnisses ein **Arbeitsplatz frei** ist (ständige Rspr.).[93] Ist im Zeitpunkt der Beendigung des Ausbildungsverhältnisses ein freier Arbeitsplatz vorhanden, hat bei der Prüfung der Unzumutbarkeit einer Weiterbeschäftigung ein **künftiger Wegfall von Arbeitsplätzen** unberücksichtigt zu bleiben.[94] Die Prüfung der Weiterbeschäftigungsmöglichkeit bezieht sich grundsätzlich auf solche freien Arbeitsplätze, auf denen der Auszubildende mit seiner durch die Ausbildung erworbenen Qualifikation dauerhaft beschäftigt werden kann. Erklärt sich der Auszubildende zuvor rechtzeitig mit einer anderweitigen unbefristeten Beschäftigungsmöglichkeit einverstanden, so gilt dies auch für solche Arbeitsplätze.[95] Der AG ist, soweit es um die Frage verfügbarer freier Arbeitsplätze geht, an einen

81 *BAG* 16.1.79, AP Nr. 5 zu § 78 a BetrVG 1972.
82 GK-*Oetker*, Rn. 129; APS-*Künzl*, Rn. 122.
83 Vgl. APS-*Künzl*, Rn. 98.
84 *BAG* 15.12.83, a. a. O.
85 GK-*Oetker*, Rn. 134; APS-*Künzl*, Rn. 126, jeweils m. w. N.
86 *LAG Hamm* 21.10.92, BB 93, 294; *LAG Berlin* 18.7.95, LAGE § 78 a BetrVG 1972 Nr. 8.
87 *LAG Düsseldorf* 12.6.75, DB 75, 1995; *LAG Niedersachsen* 8.4.75, DB 75, 1224.
88 Vgl. *LAG Baden-Württemberg* 13.10.77, AP Nr. 4 zu § 78 a BetrVG 1972; *LAG Niedersachsen* 8.4.75, a. a. O.; GK-*Oetker*, Rn. 137 ; Richardi-*Thüsing*, Rn. 41.
89 GK-*Oetker*, Rn. 134 ff.
90 Vgl. *Fitting*, Rn. 51; Richardi-*Thüsing*, Rn. 37.
91 *BAG* 16.1.79, AP Nr. 5 zu § 78 a BetrVG; vgl. APS-*Künzl*, Rn. 101 m. w. N.
92 *LAG Schleswig-Holstein* 21.3.06, NZA- RR, 469.
93 *BAG* 6.11.96, BB 96, 1793; *LAG Köln* 25.11.87, DB 88, 1327: keine Verpflichtung zur Neueinrichtung einer Springerstelle; *LAG Hamm* 14.1.11 – 10 TaBV 58/10 – juris; 15.2.10 – 113 TaBV 82/09, juris: kein freier Arbeitsplatz nach § 78 a bei anderweitiger Zweckgebundenheit eines freien befristeten Arbeitsplatzes.
94 *BAG* 16.8.95, BB 96, 537.
95 *BAG* 15.11.06, Pressemitteilung.

mit dem BR vereinbarten Stellenplan gebunden.[96] Kann ein an sich freier Arbeitsplatz wegen des Bestehens eines Beschäftigungsverbots nicht eingenommen werden, hält ist der AG verpflichtet, durch zumutbare organisatorische Maßnahmen (z. B. Änderung der Schichtpläne mit der Notwendigkeit des Einverständnisses der betroffenen AN und des BR) einen Arbeitsplatz neu zu schaffen, um die Weiterbeschäftigung zu gewährleisten.[97]

Andere AN müssen **nicht gekündigt** werden, um einen Arbeitsplatz für ein Mitglied der JAV frei zu machen (h. M.).[98] Das gilt jedenfalls für AN, für die das KSchG gilt. Der Hinweis auf laufende **Kurzarbeit** reicht nicht aus, wenn der zu Übernehmende den Arbeitsplatz eines ausgeschiedenen kurzarbeitenden AN übernehmen kann.[99] Auch der bloße Hinweis auf einen **Einstellungsstopp** reicht jedenfalls dann nicht aus, wenn durch Eigenkündigung eines anderen AN ein Arbeitsplatz frei wird.[100] Das *BAG* hält den Arbeitgeber nicht für verpflichtet, eine Arbeitsmöglichkeit durch den Abbau von **Überstunden** zu schaffen[101], was jedenfalls dann zweifelhaft ist, wenn in dem jeweiligen Betrieb dauerhaft Mehrarbeit aufgebaut wird. Demgegenüber ist das *BAG* zurecht der Auffassung, dass die vom Arbeitgeber getroffene Entscheidung, kein neues Personal mehr einzustellen, sondern entstehenden Beschäftigungsbedarf durch den Einsatz von Leiharbeitnehmern zu decken, nicht zum Wegfall von Arbeitsplätzen und damit zur Unzumutbarkeit der Weiterbeschäftigung führt,[102] da der Beschäftigungsbedarf nach wie vor dauernd vorhanden ist. Beschäftigt der Arbeitgeber bereits Leiharbeitnehmer auf dauerhaft eingerichteten Arbeitsplätzen, so kann es ihm nach den Umständen des Einzelfalls auch zumutbar sein, einen solchen Arbeitsplatz für das zu übernehmende Mitglied der JAV freizumachen.[103] Zumutbar ist auch die Umverteilung von Aufgaben im Rahmen des Direktionsrechtes.[104] Liegen tatsächliche Beschäftigungsmöglichkeiten vor, kann sich der AG nicht auf Stellenpläne berufen, die nicht das gesamte Arbeitsvolumen abdecken.[105] Muss ein zu übernehmender Auszubildender kurz nach Abschluss der Ausbildung seinen **Wehrdienst** ableisten, kommt es auf eine tatsächliche Beschäftigungsmöglichkeit während dieser Zeit nicht an; nach Rückkehr vom Wehrdienst sind dem AG Überbrückungsmaßnahmen von einigen Wochen zuzumuten.[106] 43

Vom AG muss erwartet werden, dass er sich **auf ein Übernahmeverlangen einrichtet**.[107] Von ihm ist zu verlangen, dass er entsprechende **Dispositionen** trifft.[108] Dazu gehört, dass der AG ab dem Zeitpunkt, zu dem ein Übernahmeverlangen absehbar ist, jedenfalls ab den in Abs. 2 Satz 1 vorgesehenen drei Monaten vor Beendigung des Ausbildungsverhältnisses, einen entsprechenden Arbeitsplatz **freihält**.[109] Der AG kann sich nicht darauf berufen, dass alle Arbeitsplätze besetzt sind, wenn er diesbezügliche Einstellungen in Kenntnis ob bei Kennenmüssen eines bevorstehenden Übernahmeverlangens getätigt hat.[110] Besetzt ein AG in den **letzten drei Monaten** vor dem Ausbildungsende eines Jugendvertreters einen in Frage kommenden Weiterbeschäftigungsarbeitsplatz, so ist die Weiterbeschäftigung nicht unzumutbar, auch wenn beim Ausbildungsende kein freier Arbeitsplatz vorhanden ist.[111] Allerdings ist eine Übernahme solcher Auszubildender unschädlich, die ihre Ausbildung vorzeitig – **fünf Monate** vor dem nach § 78 a anstehenden Übernahmetermin – abgeschlossen haben.[112] 44

96 *LAG Schleswig-Holstein* 21.3.06, NZA-RR 2007, 469.
97 *BAG* 15.1.80, DB 80, 1647.
98 *BAG* 16.1.79, a. a. O.; GK-*Oetker*, Rn. 164.
99 *ArbG Hameln* 18.4.84, AiB 84, 127; a. A. GK-*Oetker*, Rn. 155.
100 *LAG Hamm* 22.8.78, BB 78, 912.
101 *BAG* 12.11.97, NZA-RR 98, 1057; 19.9.96, BB 97, 1793 mit Anm. *Kukat*; a. A. *Fitting*, Rn. 56; differenzierend GK-*Oetker*, Rn. 154 ff, 158 m. w. N.
102 *BAG* 25.2.09, DB 09, 1473 – 7 ABR 61/07, juris; so schon *LAG Nürnberg* 22.12.06 – 5 Ta BV 61/05 juris.
103 *BAG* 17.2.10 – 7 ABR 89/08, juris.
104 GK-*Oetker*, Rn. 154 ff. ; KR-*Weigand*, Rn. 43.
105 *LAG Schleswig-Holstein* 11.4.85 – 2 TaBV 78/84 *BAG* 16.8.95 – 7 ABR 52/94.
106 *LAG Schleswig-Holstein* 18.1.93, AuR 93, 305.
107 *LAG Baden-Württemberg* 23.9.76, BB 77, 1601.
108 Vgl. APS-*Künzl*, Rn. 108 m. w. N.
109 *BAG* 12.11.97, NZA 98, 1057.
110 *ArbG Kassel* 12.6.75, BB 75, 1018; GK-*Oetker*, Rn. 161; KR-*Weigand*, Rn. 44; APS-*Künzl*, Rn. 131.
111 *BAG* 12.11.97, NZA 98, 1056; 16.7.08 – 7 ABR 13/07, juris; *LAG Hamm* 26.6.96, BB 96, 2307;
112 *BAG* 12.11.97, NZA 98, 1057.

45 Der AG muss den Auszubildenden in ein **unbefristetes Vollzeitarbeitsverhältnis** übernehmen.[113] Damit soll ein Abdrängen der Mandatsträger auf nicht vollwertige Arbeitsverhältnisse verhindert werden. Steht jedoch **kein unbefristeter oder voller Arbeitsplatz zur Verfügung,** wohl aber ein befristeter bzw. Teilzeitarbeitsplatz, lehnt das *BAG* die Übernahme ab; ein anderes als das vom Gesetz gewollte unbefristete Vollzeitarbeitsverhältnis komme nur nach dem **Konsensprinzip,** aber nicht über § 78 a zustande.[114] Diese Rspr. ist bedenklich. Unter Berücksichtigung des Verhältnismäßigkeitsgrundsatzes und unter Einbeziehung der Wertung des § 102 Abs. 3 Nr. 5 muss insbesondere zur Verwirklichung des Schutzzwecks des § 78 a beim Fehlen eines unbefristeten Vollzeitarbeitsplatzes wenigstens ein befristeter bzw. Teilzeitarbeitsplatz zustande kommen.[115] Ist ein Auszubildender gemäß § 78 a nur in ein befristetes oder Teilzeitarbeitsverhältnis übernommen worden, hat er beim Freiwerden eines unbefristeten bzw. Vollzeitarbeitsplatzes bevorrechtigten Anspruch auf diesen Arbeitsplatz.

46 Das *BAG* beurteilt die Frage der Zumutbarkeit der Weiterbeschäftigung danach, ob zum **Zeitpunkt der Beendigung des Berufsausbildungsverhältnisses** ein freier Arbeitsplatz vorhanden ist.[116] Dem kann nur gefolgt werden, solange der AG einen Feststellungsantrag gemäß Abs. 4 Nr. 1 verfolgt.[117] Stellt er einen Auflösungsantrag bzw. geht der Feststellungsantrag in einen solchen über (Rn. 29), müssen alle bis zum Zeitpunkt der letzten mündlichen Verhandlung in der Tatsacheninstanz sich ergebenden Umstände berücksichtigt werden.[118] Dem Abstellen auf den Zeitpunkt der Beendigung des Berufsausbildungsverhältnisses liegt eine unzulässige Gleichstellung mit den Beurteilungskriterien der Berechtigung einer Kündigung zugrunde.[119]

VII. Streitigkeiten

47 Bei einer rechtskräftigen Entscheidung des ArbG treten **unterschiedliche Wirkungen** danach ein, ob im Anschluss an das Berufsausbildungsverhältnis das gesetzliche Arbeitsverhältnis bereits begründet worden ist oder nicht. Hat das ArbG auf Grund des Feststellungsantrags des AG vor Beendigung des Berufsausbildungsverhältnisses dem Antrag rechtskräftig stattgegeben, enden die rechtlichen Beziehungen mit dem **Ende des Ausbildungsverhältnisses.** Ist der Feststellungsantrag des AG rechtskräftig abgelehnt worden, wird im Anschluss an das Berufsausbildungsverhältnis das Arbeitsverhältnis begründet. Ist ein Arbeitsverhältnis nach Abs. 2 oder 3, was in der Praxis regelmäßig der Fall sein wird, vor der Rechtskraft der arbeitsgerichtlichen Entscheidung begründet worden, **beendet** der dem Auflösungsantrag des AG stattgebende rechtskräftige Beschluss des ArbG mit gestaltender Wirkung das **bereits begründete Arbeitsverhältnis.** Die gerichtliche Entscheidung auf Auflösung daher nicht auf den Zeitpunkt der Begründung des Arbeitsverhältnisses und auch nicht auf den Zeitpunkt der Einreichung des Auflösungsantrags bei Gericht zurück. Sie hat nur Wirkung für die Zukunft.[120] Bis zur Rechtskraft der die Auflösung aussprechenden gerichtlichen Entscheidung ist das geschützte Organmitglied somit grundsätzlich entsprechend der Ausbildung im Betrieb zu beschäftigen.[121] Rechtskraft tritt im Falle der Nichtzulassung der Rechtsbeschwerde bei Auflösung des Arbeitsverhältnisses durch das LAG erst mit Zustellung des die Nichtzulassungsbeschwerde ablehnenden Beschlusses des LAG ein, denn die Einlegung der Beschwerde hat aufschiebende Wirkung (§ 72 a Abs. 4 Satz 1 ArbGG).[122] Entscheidet das ArbG rechtskräftig **zugunsten des geschützten Organmitglieds,** wird das **bereits entstandene Arbeitsverhältnis fortgesetzt.**

---

113 *BAG* 24.7.91, 13.11.87, DB 92, 483; AP Nr. 18 zu § 78 a BetrVG 1972.
114 *BAG* 24.7.91, 13.11.87, a. a. O.; ebenso *LAG Bremen* 23.1.96 – 1 TaBV 7/95.
115 Wie hier *LAG Frankfurt* 6.1.87, NZA 87, 532; *ArbG Hannover* 16.10.86, DB 87, 179; *Fitting*, Rn. 57 f.; APS-*Künzl*, Rn. 119.
116 *BAG* 29.11.89, DB 90, 234
117 GK-*Oetker*, Rn. 210.
118 *LAG Hamm* 30.3.88, DB 88, 2057; *Fitting*, Rn. 44; a. A. jetzt GK-*Oetker*, Rn. 210; APS-*Künzl*, Rn. 155.
119 Vgl. *KDZ*, § 1 KSchG Rn. 37.
120 *BAG* 29.11.89, DB 91, 66.
121 Vgl. *BAG* 15.1.80, AP Nr. 9 zu § 78 a BetrVG 1972.
122 Vgl. *LAG Niedersachsen* 22.1.10, 10 Sa 424/09 juris

Der **Antrag des AG** nach Abs. 4 Nr. 1 oder 2, der auf die **Nichtbegründung** oder **Auflösung** eines Arbeitsverhältnisses gerichtet ist, ist im **Beschlussverfahren** (DKKWF-*Bachner*, § 78 a Rn. 5, 6) zu verfolgen (§§ 2 a, 80 ff. ArbGG).[123] **48**

Ein **Feststellungsantrag des AG,** mit dem dieser die gerichtliche Entscheidung begehrt, dass zwischen ihm und dem Auszubildenden ein Arbeitsverhältnis nicht zustande gekommen ist, weil die Voraussetzungen nach Abs. 2 oder 3 nicht vorliegen, bezieht sich auf ein individualrechtliches Rechtsverhältnis und ist deshalb im arbeitsgerichtlichen **Urteilsverfahren** zu verfolgen.[124] Das *BAG*[125] erwägt inzwischen ein einheitliches Beschlussverfahren. **49**

Nach Auffassung des *BAG* können **beide Verfahren** (Feststellungsverfahren, dass die Voraussetzungen des Abs. 2 oder 3 nicht vorliegen, und Verfahren nach Abs. 4 Nr. 1 oder 2) **unabhängig voneinander betrieben** und einer Entscheidung zugeführt werden.[126] Wird somit nach einer dem Antrag des AG nach Abs. 4 Nr. 1 oder 2 rechtskräftig stattgebenden gerichtlichen Entscheidung festgestellt, dass ein Arbeitsverhältnis nach Abs. 2 oder 3 nicht begründet worden ist, weil nach rechtskräftiger Entscheidung des ArbG die Voraussetzungen des Abs. 2 oder 3 nicht vorliegen, steht fest, dass die das Arbeitsverhältnis auflösende Entscheidung gegenstandslos ist. Wird dagegen im Urteilsverfahren festgestellt, dass wegen Vorliegen der Voraussetzungen nach Abs. 2 oder 3 ein Arbeitsverhältnis begründet worden ist, so wird dieses Arbeitsverhältnis mit Rechtskraft der Auflösungsentscheidung im Beschlussverfahren nach Abs. 4 Nr. 2 wieder beendet. **50**

Leitet der AG ein **Verfahren nach Abs. 4** beim ArbG **nicht ein,** weil er das Bestehen eines Arbeitsverhältnisses oder die Mitgliedschaft in dem Betriebsverfassungsorgan leugnet, liegt es am Auszubildenden, seine Rechte gerichtlich geltend zu machen. Der Auszubildende kann seinen Anspruch auf **Feststellung des Bestehens eines Arbeitsverhältnisses** und dessen Inhalt im Urteilsverfahren verfolgen, da es sich um eine bürgerliche Rechtsstreitigkeit zwischen dem AN und dem AG über den Bestand oder den Inhalt eines Arbeitsverhältnisses handelt.[127] **51**

Der Anspruch auf Weiterbeschäftigung in dem Betrieb, in dem der Auszubildende in das Betriebsverfassungsorgan gewählt wurde, kann auch im Wege einer **einstweiligen Verfügung** durchgesetzt werden.[128] Der Weiterbeschäftigungsanspruch auch im Wege der einstweiligen Verfügung ergibt sich bereits daraus, dass sowohl das betreffende Betriebsverfassungsorgan, dem das geschützte Mitglied angehört, als auch der Auszubildende selbst ein Recht darauf haben, dass die Organtätigkeit ungestört ausgeübt werden kann. So muss etwa der geschützte Auszubildende, der einer JAV angehört, stets Gelegenheit haben, in Kontakt zu den jugendlichen Arbeitskolleginnen und Arbeitskollegen zu treten. Das geschützte Organmitglied kann seine Tätigkeit nur dann voll und ungestört ausüben, wenn es in den Betrieb integriert ist. Einen sich aus einer solchen Organstellung ergebenden Verfügungsgrund hat der AG dagegen nicht. **52**

Eine **Entbindung des AG** von der **Weiterbeschäftigungspflicht** im Rahmen eines **Einstweiligen-Verfügungs-Verfahrens** ist nicht möglich,[129] ebenso wenig eine **einstweilige Verfügung auf Auflösung** des gesetzlich begründeten Arbeitsverhältnisses.[130] Bei einem Vergleich mit § 102 Abs. 5 ist überdies festzustellen, dass in dieser Vorschrift die Zulässigkeit einer vom AG zu betreibenden einstweiligen Verfügung ausdrücklich aufgeführt worden ist. Bei der Weiter- **53**

---

123 Vgl. (*BAG* 11.1.95, EzA § 78 a BetrVG 1972 Nr. 22; 5.4.84, AP Nr. 13 zu § 78 a BetrVG 1972; 29.11.89, DB 91, 65; *LAG Düsseldorf* 12.6.75, DB 75, 1995; GK-*Oetker,* Rn. 206 ff m. w. N.

124 *BAG* 29.11.89, DB 91, 234; vgl. APS-*Künzl,* Rn. 146.

125 11.1.95, DB 95, 1418.

126 *BAG* 29.11.89, DB 90, 234.

127 *BAG* 23.6.83, 22.9.83, 13.11.87, AP Nrn. 10, 11, 18 zu § 78 a BetrVG 1972.

128 *LAG Sachsen* 2.11.05 – 2 Sa 731/05 juris; *Fitting,* Rn. 64; vgl. auch *LAG Schleswig-Holstein* 25.3.85, DB 85, 2412, das eine einstweilige Verfügung auf Weiterbeschäftigung dann bejaht, wenn der Auszubildende rechtzeitig den Antrag nach § 78 a Abs. 2 gestellt hat, dem Begehren aber lediglich der Auflösungsantrag des AG nach § 78 a Abs. 4 Nr. 2 entgegensteht und das Beschäftigungsinteresse des Ausgebildeten die Kontinuität der Beschäftigung dringend erfordert.

129 A. A. *LAG Köln* 31.3.05 – 5 TA 52/05; *Fitting,* Rn. 45; GK-*Oetker,* Rn. 214 ff; HWGNRH-*Nicolai,* Rn. 44; APS-*Künzl,* Rn. 159.

130 *ArbG Wiesbaden* 11.1.78, DB 78, 797; *Fitting,* a. a. O.

beschäftigung nach § 78 a hat der Gesetzgeber jedoch, obwohl diese Vorschrift zeitlich später entstanden ist, von einer Entbindung des AG durch einstweilige Verfügung abgesehen. Damit hat der Gesetzgeber zuungunsten des AG bewusst eine negative Entscheidung getroffen.

54 Zumindest bei einem Verfahren, mit dem der Arbeitgeber nach § 78 a Abs. 4 Nr. 2 BetrVG die Auflösung eines bereits begründeten Arbeitsverhältnisses beantragt, ist der volle Streitwertrahmen des § 42 Abs. 4 Satz 1 GKG auszuschöpfen, da mit dem Antrag die Auflösung eines bereits kraft gesetzlicher Fiktion begründeten unbefristeten Arbeitsverhältnisses begehrt wird, so dass das Verfahren in seiner Bedeutung für die Beteiligten nicht hinter der eines Kündigungsrechtsstreits zurücktritt.[131] Demgegenüber soll in einem Feststellungsverfahren nach § 78 a Abs. 4 Nr. 1 BetrVG ein Gegenstandswert von zwei Bruttomonatsvergütungen ausreichend sein.[132]

55 Der BR darf in einem Verfahren nach § 78 a Abs. 4 S 1 BetrVG neben der **Mandatierung eines** ihn, den BR, vertretenden **Rechtsanwalts** regelmäßig nicht die weitere Beauftragung eines Rechtsanwalts zur gesonderten Vertretung der Jugend- und Auszubildendenvertretung für erforderlich halten. Dies ist nach der Rspr. des BAG nur in absoluten Ausnahmesituation denkbar.[133]

§ 79 Geheimhaltungspflicht

(1) Die Mitglieder und Ersatzmitglieder des Betriebsrats sind verpflichtet, Betriebs- oder Geschäftsgeheimnisse, die ihnen wegen ihrer Zugehörigkeit zum Betriebsrat bekannt geworden und vom Arbeitgeber ausdrücklich als geheimhaltungsbedürftig bezeichnet worden sind, nicht zu offenbaren und nicht zu verwerten. Dies gilt auch nach dem Ausscheiden aus dem Betriebsrat. Die Verpflichtung gilt nicht gegenüber Mitgliedern des Betriebsrats. Sie gilt ferner nicht gegenüber dem Gesamtbetriebsrat, dem Konzernbetriebsrat, der Bordvertretung, dem Seebetriebsrat und den Arbeitnehmervertretern im Aufsichtsrat sowie im Verfahren vor der Einigungsstelle, der tariflichen Schlichtungsstelle (§ 76 Abs. 8) oder einer betrieblichen Beschwerdestelle (§ 86).

(2) Absatz 1 gilt sinngemäß für die Mitglieder und Ersatzmitglieder des Gesamtbetriebsrats, des Konzernbetriebsrats, der Jugend- und Auszubildendenvertretung, der Gesamt-Jugend- und Auszubildendenvertretung, der Konzern-Jugend- und Auszubildendenvertretung, des Wirtschaftsausschusses, der Bordvertretung, des Seebetriebsrats, der gemäß § 3 Abs. 1 gebildeten Vertretungen der Arbeitnehmer, der Einigungsstelle, der tariflichen Schlichtungsstelle (§ 76 Abs. 8) und einer betrieblichen Beschwerdestelle (§ 86) sowie für die Vertreter von Gewerkschaften oder von Arbeitgebervereinigungen.

Inhaltsübersicht

131 *LAG Hamburg* 26.10.06, NZA-RR 2007, 154.
132 *LAG Köln* 20.2.06, NZA-RR 2006, 434.
133 *BAG* 18.1.12, 7 ABR 83/10 juris.

I. Vorbemerkungen

Der BR ist nicht auf Kommunikation mit dem AG beschränkt. Erforderlich ist vor allem interne Kommunikation mit den AN; darüber hinaus kann externe Kommunikation mit Dritten erforderlich sein.[1] Eine Einschränkung dieser Kommunikationsformen ist nur als rechtlicher Ausnahmetatbestand zulässig, der einer ausdrücklichen Rechtsgrundlage bedarf. Die in dieser Vorschrift begründete Schweigepflicht des BR gegenüber dem AG (zum Begriff Rn. 4) ist **Pendant und Sicherungsmittel zu den gesetzlichen Informationsrechten** des BR und anderer betriebsverfassungsrechtlicher Organe.[2] Ein AG soll nicht Informationen zurückhalten, weil er befürchten muss, dass deren Weitergabe etwa an Kunden oder Konkurrenten geschäftliche Nachteile gegenüber Dritten nach sich zieht. Die Bestimmung verdeutlicht, dass der BR im Rahmen seiner gesetzlichen Unterrichtungsansprüche ggf. auch Anspruch auf Information über Betriebs- oder Geschäftsgeheimnisse hat und Kenntnis davon erhalten soll, bzw. dass der AG nicht eine Auskunft, zu deren Erteilung er gegenüber dem BR verpflichtet ist, deshalb verweigern darf, weil es sich um ein Betriebs- oder Geschäftsgeheimnis handelt.[3] § 80 Abs. 2 kennt keinen Vorbehalt wie etwa § 43 Abs. 2 Satz 3 gegenüber der Betriebsversammlung oder § 106 Abs. 2 gegenüber dem WA (vgl. § 80 Rn. 84; § 106 Rn. 59 ff.).[4] Für die Information des BR, etwa nach § 80 Abs. 2 oder § 111, gilt diese Einschränkung ebenso wenig wie der Geheimnisschutz nach § 93 Abs. 1 Satz 2 AktG oder das Verbot der Weitergabe von sog. Insider-Informationen nach § 14 Abs. 1 Nr. 2 WpHG (vgl. auch § 106 Rn. 59).[5] Etwas anderes konnte nach einer älteren Entscheidung des *BAG* gelten, wenn der BR Betriebs- und Geschäftsgeheimnisse offenbart hatte. In diesem nach Auffassung des *BAG* besonders krassen Einzelfall durfte der AG geheimhaltungsbedürftige Informationen so lange zurückhalten, bis der BR eindeutig erklärte, die Verschwiegenheitspflicht zu beachten.[6] 1

Die Schweigepflicht nach dieser Vorschrift dient dem **Schutz des AG als UN im Markt**.[7] Sie schützt das UN bei seiner Teilnahme am Wirtschaftsverkehr, nicht in seiner Rolle als (Mitglied einer) Tarifpartei[8] oder als AG gegenüber den AN. Objektiv besteht die Gefahr, dass sich eine Geheimhaltungspflicht des BR bei seinen Wählern als Kommunikations- und Vertrauensstörung zwischen diesen auswirkt, den **für demokratische Interessenvertretung notwendigen Austausch zwischen Mitbestimmungsorgan und Betroffenen**[9] behindert und den BR in Interessenkonflikte zu seinen Amtspflichten gegenüber den AN bringt. Der BR muss mit der Belegschaft einen offenen oder vertraulichen[10] innerbetrieblichen Dialog führen können.[11] Diese besondere Funktionsbeziehung (Informationssicherung) sowie das Spannungsverhältnis zwischen Schweigepflicht und kommunikativ ausgeübter Interessenvertretung sowie dem Grundrecht auf freie Meinungsäußerung nach Art. 5 GG erfordern eine **restriktive Auslegung** der Schweigepflicht bei der Weitergabe arbeitnehmerrelevanter Daten und Informationen an die Beschäftigten (vgl. Rn. 24 ff.).[12] 2

Die Bestimmung regelt (für Betriebs- und Geschäftsgeheimnisse abschließend) einen **tatbe-** 3

1 *BAG* 14.7.10 – 7 ABR 80/08, AuR 10, 397; *Neufeld/Elking*, NZA 13, 1170.
2 Ebenso *Leuze*, ZTR 09, 7.
3 Richardi-*Thüsing*, Rn. 16.
4 *Fitting*, Rn. 1; *WW*, Rn. 1; *BAG* 31.1.89, AP § 80 BetrVG 1972 Nr. 33; 15.12.98 – 1 ABR 9/98, AuR 99, 242 mit Anm. *Buschmann;* 13.2.07 – 1 ABR 14/06, AuR 07, 326, zum Einblick in Gagenlisten.
5 HaKo-*Lorenz*, Rn. 14; *Oetker*, FS Wißmann, S. 404.
6 *BAG* 14.5.87 – 6 ABR 39/84, DB 88, 2569.
7 WPK-*Preis*, Rn. 13.
8 *BAG* 11.7.00 – 1 ABR 43/99, DB 01, 598; *LAG Köln* 13.7.99 – 13 (10) TaBV 5/99, AuR 00, 151 mit Anm. *Däubler.*
9 Vgl. *BAG* 31.8.82, bestätigt durch *BVerfG* 18.12.85, AP Nrn. 8, 15 zu § 87 BetrVG 1972 Arbeitszeit.
10 *HessLAG* 26.9.11 – 16 TaBV 105/11, NZA-RR 12, 85, Rechtsbeschw. 7 ABR 88/11, eingestellt.
11 *BAG* 9.6.99 – 7 ABR 66/97, NZA 99, 1292; 8.3.00 – 7 ABR 73/98, AuR 00, 142.
12 HaKo-*Lorenz*, Rn. 12, *LAG Schleswig-Holstein* 20.5.15 – 3 TaBV 35/14, AuR 15, 368; dazu *Buschmann*, ebd., 355.

standlich begrenzten Ausschnitt der im Betriebsablauf entstehenden Schweigepflichten. Daneben können betriebsverfassungsrechtliche, arbeitsvertragliche, wettbewerbsrechtliche (§ 17 UWG) und personaldatenschutzrechtliche (hier auch Geheimhaltung, vgl. Rn. 4) Pflichten treten (§§ 82 Abs. 2 Satz 3, 83 Abs. 1 Satz 2, 99 Abs. 1 Satz 3, 102 Abs. 2 Satz 5, 120 Abs. 2 BetrVG, 5 BDSG). Sie richten sich teilweise an denselben Personenkreis, teilweise an andere (AG, Beschäftigte der Personalabteilung, dritte Personen). Im Einzelnen ist zu unterscheiden, wer gegenüber wem zum Schweigen bzw. zur Vertraulichkeit verpflichtet ist, welches und wessen legitimes Interesse dadurch geschützt werden soll, wer berechtigt ist, die Schweigepflicht einzufordern. Unzutreffend wäre die undifferenzierte Vorstellung, dass jede Schweigepflicht des BR oder eines BR-Mitglieds zugleich eine Verpflichtung gegenüber dem AG darstellt, die dieser einfordern könnte. Denkbar sind Schweigepflichten des BR bzw. seiner Mitglieder nur zum Schutze einzelner betr. AN oder auch die Verpflichtung, Betriebsratsinterna oder bestimmte, einzelne AN betreffende persönliche Informationen nicht an den AG gelangen zu lassen. Zur vertraulichen Behandlung von Arbeitnehmerdaten, etwa aus der Personalakte, durch den AG vgl. § 83.

4 Der Begriff »**Geheimhaltungspflicht**« ist insofern nicht korrekt, als er über den tatbestandlichen Normbefehl des Abs. 1 Satz 1 hinausgeht, der ausdrücklich nur ein Offenbarungs- und Verwertungsverbot, also eine Unterlassungspflicht, beinhaltet. Eine positive Verpflichtung, für die Geheimhaltung von Geheimnissen einzutreten, ergibt sich auch nicht aus § 2 Abs. 1, da § 79 eine abschließende Sonderregelung darstellt. Treffender ist die Bezeichnung »**Schweige- bzw. Verschwiegenheitspflicht**«.

5 **Die Prüfung des Abs. 1** (sinngemäß Abs. 2) erfolgt in mehreren Stufen:

- materielles Betriebs- oder Geschäftsgeheimnis,
- das dem BR-Mitglied wegen seiner BR-Zugehörigkeit bekannt geworden ist,
- das vom AG ausdrücklich als geheimhaltungsbedürftig bezeichnet worden ist,
- keine besondere Offenbarungspflicht/besonderes Offenbarungsrecht gegenüber der Allgemeinheit bzw. besonderen Personen oder Funktionsträgern,
- Aktivlegitimation des AG,
- Passivlegitimation der Mitglieder/Ersatzmitglieder des BR bzw. der in Abs. 2 genannten Organe,
- Rechtsfolge: Verbot der Offenbarung und Verwertung.

6 Spezialvorschrift mit einer konkreten Sanktionsanordnung ist § 120. Entsprechende Vorschriften: § 10 BPersVG; § 203 Abs. 2 Nr. 3 StGB; § 29 SprAuG; § 39 Abs. 2 EBRG.

II. Gegenstand und Umfang der Schweigepflicht

1. Materielles Geheimnis

7 Der Schweigepflicht unterliegen nur objektive Betriebs- und Geschäftsgeheimnisse. Hierunter sind Tatsachen zu verstehen, die im Zusammenhang mit dem technischen Betrieb oder der wirtschaftlichen Betätigung des UN stehen, nur einem **begrenzten betrieblichen Personenkreis bekannt,** also nicht offenkundig sind, nach dem bekundeten Willen des AG (UN) geheim gehalten werden sollen und deren Geheimhaltung – insbesondere vor Konkurrenten – für den Betrieb oder das UN wichtig ist.[13] Der notwendige Unternehmensbezug fehlt bei Geheimnissen priv. Personen oder anderer UN, selbst bei Konzernbezug.[14] Ein Betriebs- oder Geschäftsgeheimnis liegt nicht vor, wenn der AG kein berechtigtes, wirtschaftliches, objektives Geheimhaltungsinteresse (materielles Geheimnis) hat, auch wenn er eine bestimmte Angelegenheit dazu erklärt.[15] Arbeitsvertragliche Definitionen und Fiktionen, insbes. Erweiterungen, sind deshalb rechtlich unverbindlich.[16] Auch eine Vereinbarung mit dem BR bzw. seinem Vorsitzenden erweitert den gesetzlichen Geheimnisbegriff nicht.[17]

13 *BAG* 26.2.87, AP Nr. 2 zu § 79 BetrVG 1972; 13.2.07 – 1 ABR 14/06, AuR 07, 326; *BGH* 15.5.55, AP Nr. 1 zu § 17 UWG; 5.6.75, BGHZ 64, 325; *Preis/Reinfeld*, AuR 89, 363; Richardi-*Thüsing*, Rn. 4; GK-*Oetker*, Rn. 10; *ders.*, FS Wißmann, 398; *GL*, Rn. 6; *HWGNRH*, Rn. 3.

14 *Müller*, BB 13, 2293.

15 Vgl. Richardi-*Thüsing*, Rn. 5; GK-*Oetker*, Rn. 13; *GL*, Rn. 9; vgl. ferner Rn. 17.

16 Vgl. *Preis/Reinfeld*, AuR 89, 363.

17 *LAG Hamm* 22.7.11 – 10 Sa 381/11, AE 2011, 244.

Das Geheimhaltungsinteresse muss **legal und legitim** sein. Nicht jeder durch Offenbarung entstehende Nachteil begründet ein geschütztes Geheimhaltungsinteresse. Auch das *BAG*[18] lässt nicht jede wirtschaftlich vorteilhafte Geheimhaltung von Daten ausreichen, sondern nur diejenige, deren Verletzung die Wettbewerbsfähigkeit der Konkurrenz steigern könnte. Dies ist z. B. nicht der Fall, wenn eine solche Konkurrenzsituation nicht oder nicht mehr besteht, wenn das UN oder der Konkurrent beschließt, aus dem Markt auszutreten und den Betrieb zu schließen.[19] Bei dieser Wertungsfrage sind die berechtigten Belegschaftsinteressen zu berücksichtigen. Ist etwa der quantitative oder qualitative Bestand der Arbeitsplätze gefährdet, haben z. B. die betr. AN ein berechtigtes Interesse, dies frühzeitig zu erfahren.[20] Gegenüber den AN besteht kein Konkurrenz- oder Wettbewerbsverhältnis. Eine Geheimhaltung gegenüber den eigenen AN ist also erst legitim, wenn die Gefahr besteht, dass die Informationen an die Konkurrenz durchsickern, und weiterhin diese spezifischen Geheimhaltungsinteressen die Informationsinteressen der AN überwiegen. **8**

Das Geheimhaltungsinteresse ist nicht gegeben bei Informationen, an denen seitens der Straf- **9**
verfolgungs- oder Ordnungsbehörden **öffentliches Ermittlungsinteresse** besteht.[21] Illegale Geheimnisse, d. h. gesetz- oder tarifwidrige Vorgänge wie Steuerdelikte oder Vorenthalten und Veruntreuen von Arbeitsentgelt (§ 266 a StGB) genießen keinen Geheimnisschutz.[22] § 79 begründet kein strafprozessuales Zeugnisverweigerungsrecht. Eine Offenbarungspflicht besteht im Rahmen des § 138 StGB, nicht also bei Steuerdelikten. Es steht im Ermessen des BR, ob er sie offenbart. Entschließt er sich, hierüber zu schweigen, drohen ihm keine Sanktionen. Unzulässig ist allerdings jede Form der Beihilfe oder Begünstigung.

Der Bezug des Geheimnisses auf »Betrieb« oder »Geschäft« kennzeichnet zum einen den **10**
Gegenstand des Geheimnisses, zum anderen den **begrenzten Personenkreis der Geheimnisträger.** Diese müssen entweder dem Betrieb/Geschäft oder dem BR bzw. den in Abs. 2 bezeichneten Organen angehören. Zu Ersteren gehören der AG selbst, seine Organvertreter, Vorstandsmitglieder, AR, Rechtsberater (des AG-Verbandes oder Anwälte), ggf. verantwortliche Beschäftigte der zust. Abteilung. Eine quantitative Ausweitung (etwa alle Beschäftigten) hebt den Geheimnischarakter auf. Offenkundigkeit liegt vor, wenn die Tatsache für jedermann ohne größere Schwierigkeit in Erfahrung gebracht werden kann, z. B. nach Veröffentlichung in einer Fachzeitschrift.[23] Andererseits sind auch bei einer geringen Anzahl von »Geheimnisträgern« Informationen, die die Sphäre des Betriebs/Geschäfts verlassen haben, etwa an Vertreter anderer UN, Journalisten, AG, Politiker oder Gewerkschafter gelangt sind, keine Geheimnisse des Betriebs/Geschäfts mehr, soweit diese nicht ihrerseits durch Abs. 2 gebunden sind.

Betriebsgeheimnisse liegen i. d. R. auf technischem Gebiet. Hierunter können z. B. fallen: **11**
Diensterfindungen, Herstellungsverfahren, Konstruktionszeichnungen, Unterlagen über neue technische Verfahren, Modelle, Versuchsprotokolle, chemische Formeln, Rezepturen u. Ä., ggf. auch die Tatsache, dass ein bekanntes Verfahren im Betrieb angewendet wird.[24]

---

18 Vgl. *BAG* 26.2.87, a. a. O., »berechtigtes wirtschaftliches Interesse«.

19 Zum Fall Nokia vgl. *Leuze*, ZTR 09, 7: »drastische Darstellung in der Öffentlichkeit nicht nur erlaubt, sondern sogar geboten.«

20 *LAG Schleswig-Holstein* 20.5.15 – 3 TaBV 35/14, AuR 15, 368; zust. *Buschmann*, ebd., 355; *Däubler*, Arbeitsrecht 1, Rn. 789 a; *Kittner*, ZHR 136 [1972], 208 ff.; *Zachert*, Betriebliche Mitbestimmung, 132; enger: Ausnahmefälle, GK-*Oetker*, Rn. 14.

21 *BVerfG* 2.7.01 – 1 BvR 2049/00, AuR 02, 187 mit Anm. *Deiseroth*, 161; zur strafrechtlichen Verantwortlichkeit der AN vgl. *Deinert*, AuR 03, 104, 135.

22 *LAG Köln* 21.01.08 – 14 TaBV 44/07, AuR 08, 277; *Däubler*, Arbeitsrecht 1, S. 507; ErfK-*Kania*, Rn. 6; *Fitting*, Rn. 3; Siebert/Becker-*Seebacher*, Rn. 3; WPK-*Preis*, Rn. 4; *Preis/Reinfeld*, AuR 89, 363; *Müller*, BB 13, 2294; ebenso Art. 4 Abs. 1 c), Abs. 2 b) und c) des Entwurfs der Eur. Kommission v. 28.11.13 über den Schutz vertraulichen Know-Hows und vertraulicher Geschäftsinformationen i. d. F. d. Ratsvorschlags v. 26.5.13 – COM/2013/0813 final – 2013/0402 (COD); wegen unklarer Begriffe und unzureichendem Whistleblowerschutz im Entwurf insg. krit. Stellungnahme von DGB, DJU, FFII, Lobby Cobtrol, Netzwerk Recherche, Correctiv v. 8.6.15, www.dgb.de/-/909; *Witt/Freudenberg*, WRP 14, 375.

23 So *Preis/Reinfeld*, AuR 89, 362 m. w. N.

24 *BAG* 16.3.82, AP Nr. 1 zu § 611 BGB Betriebsgeheimnis; *BGH* 15.5.55, AP Nr. 1 zu § 17 UWG; *LAG Schleswig-Holstein* 20.5.15 – 3 TaBV 35/14, AuR 15, 368; *Buschmann*, ebd. 355.

12 **Geschäftsgeheimnisse** betreffen Tatsachen und Erkenntnisse von wirtschaftlicher und kaufmännischer Bedeutung. Beispiele: Kalkulationsunterlagen, Kundenlisten und -karteien, Planungen, Bezugsquellen, Liquidität des UN, getätigte oder beabsichtigte Vertragsabschlüsse.[25] **Betriebsvereinbarungen**, auch wenn ein AG sie nicht nach außen bekannt werden lassen möchte, können niemals Betriebs- oder Geschäftsgeheimnisse darstellen. Hier besteht vielmehr eine Bekanntmachungspflicht.[26]

13 **Lohn- und Gehaltsdaten** sind im Allgemeinen keine Betriebs- und Geschäftsgeheimnisse. Dies gilt schon für das einzelne Arbeitsverhältnis. Eine Klausel, die den AN verpflichtet, über seine Arbeitsvergütung auch gegenüber Arbeitskollegen Verschwiegenheit zu bewahren, ist unwirksam, da sie den AN daran hindert, Verstöße gegen den Gleichbehandlungsgrundsatz gegenüber dem AG erfolgreich geltend zu machen. Darüber hinaus verstößt sie gegen Art. 9 Abs. 3 GG.[27] Dies gilt dann ebenso für die Daten mehrerer AN. Das *BAG* hatte den Charakter eines Betriebsgeheimnisses für den Fall bejaht, dass die Gehaltsdaten weitgehend mit den Produktionskosten identisch und wesentlicher Kalkulationsfaktor der Gesamtkosten sind.[28] Diese Entscheidungen werden zu Unrecht für eine generelle Unterstellung von Lohn- und Gehaltsdaten unter die Schweigepflicht in Anspruch genommen. Nach Auffassung des *BAG* lässt sich diese Frage nicht generell, sondern nur unter Berücksichtigung der Besonderheiten des betr. Unternehmensbereichs beantworten. Zwar seien Lohn- und Gehaltsdaten stets Teil der betriebswirtschaftlichen Kalkulation über Umsätze und Gewinnmöglichkeiten. Um sie aber als Geschäftsgeheimnisse zu bezeichnen, müsse die »Geheimhaltung der Daten gerade dieses Betriebs bzw. eines Teils eines Betriebs oder einer bestimmten Arbeitnehmergruppe für den wirtschaftlichen Erfolg des Betriebs insofern von Vorteil sein, als die Konkurrenz mit deren Kenntnis ihre eigene Wettbewerbsfähigkeit steigern könnte. Sind hingegen die zu den Kalkulationsgrundlagen hinzuzurechnenden Bruttogehaltsdaten für die Reaktion der Konkurrenz auf dem Markt unergiebig, so besteht kein objektiv berechtigtes wirtschaftliches Interesse an der Geheimhaltung. Ein dennoch geäußerter Wille des UN ist sowohl für die Schaffung des Straftatbestandes in § 17 UWG als auch für die Begründung einer besonderen Schweigepflicht des BR unerheblich.«[29] So anerkennt auch das *BAG* die Information einzelner AN über festgestellte Ungleichbehandlungen in abstrakter Form. Das gleiche gilt, wenn der AG seinerseits in eigenen Veröffentlichungen Personalangelegenheiten und -daten bekanntgibt.[30] Keine Betriebs- und Geschäftsgeheimnisse sind **anonymisierte Daten** über bezahlte durchschnittliche Bruttolöhne und -gehälter, übertarifliche Zulagen und Spannen der übertariflichen Zulagen, die der BR nach erfolgter Einblicknahme in die Listen über Bruttolöhne und -gehälter selbst erstellt.[31] Die wesentlichen Arbeitsbedingungen einschließlich des Arbeitsentgelts können schon deshalb kein Geschäftsgeheimnis darstellen, weil der AG selbst hierzu gem. § 13 AÜG zur Auskunft verpflichtet ist, die dieser dann gegenüber dem Verleiher verwerten kann. Kontrolllisten, die der AG führt, um die Einsatztage und Einsatzzeiten einzelner AN von Fremdfirmen festzustellen, unterliegen ebenfalls nicht der Verschwiegenheitspflicht i. S. d. Vorschrift (zum Datenschutz vgl. Rn. 44).[32]

---

25 Zu Übernahmeplänen (tender offer) hinsichtlich eines an der Nasdaq gelisteten US-amerikanischen Konkurrenten im Volumen von ca 800 Mio € *BAG* 23.10.08 – 2 AZR 59/07, DB 09, 1131.

26 *LAG Hamm* 30.9.11 – 10 Sa 471/11, juris; *LAG Düsseldorf* 30.1.14 – 15 TaBV 100/13, AuR 14, 124.

27 *LAG MV* 21.10.09 – 2 Sa 183/09, AuR 10, 343.

28 *BAG* 26.2.87, AP Nr. 2 zu § 79 BetrVG 1972; zust. *Fitting*, Rn. 4; 14.5.87 – 6 ABR 39/84, DB 88, 2569.

29 *BAG* a. a. O.; ebenso *ArbG Mannheim* 6.2.07 – 7 BvGA 1/07, AuR 07, 284 = AiB 07, 542, mit zust. Anm. *Stather*; *Müller*, AiB 09, 577 f.

30 Vgl. hierzu *LAG Hamburg* 24.5.88, CR 89, 409.

31 Vgl. *v. Friesen*, AuR 82, 246 und dort Fn. 10; *Hjort*, AiB 88, 44 unter Bezug auf *ArbG Hamburg* 13.9.89 – 16 BV 17/88; *LAG Köln* 18.12.92 – 14 Sa 977/91, AiB 93, 334; *LAG Schleswig-Holstein* 4.3.15 – 3 Sa 400/14, BB 15, 1012.

32 *BAG* 31.1.89, AP Nr. 33 zu § 80 BetrVG 1972 = BetrR 89, 128 mit Anm. *Rosendahl*.

2. Formelles Geheimnis

14 Liegt ein Betriebs- oder Geschäftsgeheimnis vor, hängt die Schweigepflicht davon ab, ob der AG die zugrunde liegenden Tatsachen **ausdrücklich als geheimhaltungspflichtig** bezeichnet (**formelles Geheimnis;** h. M.).[33] Die Erklärung des AG muss hinsichtlich des Gegenstandes und des Umfanges der Geheimhaltung **klar und eindeutig** sein.[34] Es genügt nicht, wenn sich das Geheimhaltungsbedürfnis aus den Umständen ergibt.[35] Eine Begründung ist nicht zwingend erforderlich. Die Erklärung des AG bedarf zwar keiner Form; Schriftform ist aber sinnvoll.[36] Die Erklärung muss nicht vom AG selbst ausgehen; es reicht, wenn sie ein Repräsentant des AG, etwa ein Lt. Angestellter, abgibt. Die Kennzeichnung als »Persönlich/Vertraulich« in einem Schreiben einer Wirtschaftsprüfungsgesellschaft stellt eine solche ausdrückliche Erklärung des AG noch nicht dar.[37] Der AG braucht eine entspr. Erklärung nicht gegenüber jedem von der Schweigepflicht Betroffenen abzugeben.[38] Gegenüber dem gesamten BR wird sie jedoch nur wirksam, wenn sie einem nach § 26 Abs. 3 Satz 2 empfangszuständigen Mitglied zugeht. Andernfalls trägt der AG das Übermittlungsrisiko. Andere BR-Mitglieder sind insofern nur Erklärungsboten.[39] Der BR (bzw. ein anderes Organ) hat Sorge dafür zu tragen, dass ggf. BR-Mitglieder, die bei der Erklärung nicht anwesend waren, hiervon in Kenntnis gesetzt werden. An die Schweigepflicht ist nur gebunden, wer – auf welchem Wege auch immer – Kenntnis erhält, dass eine Tatsache vom AG als geheimhaltungsbedürftig bezeichnet wurde.[40]

15 Der Schweigepflicht nach dieser Vorschrift unterliegen nur Betriebs- und Geschäftsgeheimnisse, die einem Mitglied eines in Abs. 1 und 2 genannten Organe in dieser Eigenschaft **von AG-Seite und nicht von Dritten** bekannt geworden sind.[41] Hierzu gehört die Kenntniserlangung über Repräsentanten des AG, etwa Lt. Angestellte, desgleichen über Auskunftspersonen nach § 80 Abs. 2 Satz 3, Sachverständige oder Wirtschaftsprüfer, vorausgesetzt, sie erfolgt nur auf Grund der besonderen Aufgabenstellung des BR. Haben BR, BR-Mitglieder u. a. wegen ihrer Organzugehörigkeit Kenntnis vom geheimhaltungsbedürftigen Gegenstand durch Dritte erhalten, unterliegt dieser der Schweigepflicht erst, wenn der AG die Geheimhaltung ausdrücklich verlangt.[42] Betriebs- und Geschäftsgeheimnisse, die den Angehörigen betriebsverfassungsrechtlicher Organe nicht in ihrer Eigenschaft als Mandatsträger, sondern auf andere Weise rechtmäßig bekannt werden, begründen keine Verschwiegenheitspflicht nach dieser Vorschrift (eine solche kann sich aber aus § 17 UWG oder aus dem Arbeitsvertrag ergeben.[43]

16 Die einmal entstandene Schweigepflicht kann entfallen, wenn der BR nachträglich dieselbe Information von dritter Seite, d. h. nicht »wegen der Zugehörigkeit zum BR« erfährt, wodurch ein anspruchsbegründendes Merkmal entfallen ist.[44]

3. Negative Abgrenzung

17 Bloße **vertrauliche Angaben** des AG unterliegen nicht der betriebsverfassungsrechtlichen Schweigepflicht.[45] Eine solche ergibt sich auch nicht aus § 2 Abs. 1 bzw. aus dem Arbeitsvertrag.[46] Aus dem **Charakter einer speziellen Verbots- bzw. Unterlassungsnorm** ergibt sich,

33 Vgl. *BAG* 13.2.07 – 1 ABR 14/06, AuR 07, 326; Richardi-*Thüsing*, Rn. 6; *Fitting*, Rn. 5; GK-*Oetker*, Rn. 21.
34 *Simitis/Kreuder*, NZA 92, 1012; enger Richardi-*Thüsing*, Rn. 7; GK-*Oetker*, *HWGNRH*, Rn. 6; *Müller*, BB 13, 2295.
35 ErfK-*Kania*, Rn. 7.
36 Muster in DKKF-*Buschmann*, § 79 Rn. 2; Antwort des BR a. a. O., Rn. 3.
37 *LAG Hamm* 22.7.11 – 10 Sa 381/11, AE 2011, 244.
38 Richardi-*Thüsing*, a. a. O.
39 Vgl. *BAG* 27.6.85, AuR 85, 59.
40 *WW*, Rn. 7.
41 Ebenso *Fitting*, Rn. 7.
42 Richardi-*Thüsing*, Rn. 7; *Fitting*, Rn. 5; GK-*Oetker*, Rn. 29; *GL*, Rn. 10; *HWGNRH*, Rn. 7.
43 *Fitting*, Rn. 7; GK-*Oetker*, Rn. 37; Richardi-*Thüsing*, Rn. 8; *WW*, Rn. 8; Müller, BB 13, 2295.
44 A. A. GK-*Oetker*, Rn. 36, wonach in diesem Fall aber der Geheimnischarakter entfallen kann.
45 Richardi-*Thüsing*, Rn. 9; *Fitting*, Rn. 3; GK-*Oetker*, Rn. 2, 19; *HWGNRH*, Rn. 8 *SWS*, Rn. 5.
46 A. A. zur vertrauensvollen Zusammenarbeit Richardi-*Thüsing*, *GL*, *HWGNRH*, *Wochner*, a. a. O.; unklar *BAG* 3.6.03 – 1 ABR 19/02, EzA BetrVG 2001 § 89 Nr. 1, in einem verunglückten obiter dictum.

dass ihre **tatbestandliche Begrenzung auch die Grenzen der Schweigepflicht setzt,** zumal der Gesetzgeber an anderer Stelle deutlich macht, wann vertrauliche Angaben (§ 395 Abs. 2 AktG) oder sonstige Angelegenheiten (§§ 93 ff., 353 b ff. StGB, 18 BNotO) wie Betriebs- oder Geschäftsgeheimnisse behandelt werden.[47] Die tatbestandliche Begrenzung der für die Informationsweitergabe geltenden Spezialnorm wäre verkannt, könnte man über den Grundsatz der vertrauensvollen Zusammenarbeit dem BR oder seinen Mitgliedern weitergehende betriebsverfassungsrechtliche Verschwiegenheitspflichten in Angelegenheiten auferlegen, in denen § 79 nicht greift. Die Weitergabe von vertraulichen Angaben unterliegt auch nicht der Strafandrohung des § 120[48] und stellt keine Amtspflichtverletzung i. S. d. § 23 Abs. 1 dar.

18 **Persönliche Angelegenheiten der AN** des Betriebs begründen keine Schweigepflicht nach § 79, da es sich insoweit nicht um Betriebs- oder Geschäftsgeheimnisse handelt (zur Verschwiegenheit auf Grund anderer Rechtsgrundlagen vgl. Rn. 40 ff.).[49]

19 Die **Schweigepflicht beginnt** mit dem Amtsantritt.[50] Sie **endet** weder mit Ausscheiden aus dem BR noch mit Beendigung des Arbeitsverhältnisses, sondern erst, wenn die Tatsache entweder kein Betriebs- oder Geschäftsgeheimnis mehr ist oder ihre Geheimhaltungsbedürftigkeit vom AG aufgehoben wird.[51] Nach *BGH* 20. 1. 81[52] verringert sich das Gewicht der schutzwürdigen Interessen des AG in der nachvertraglichen Phase.[53] Entsprechendes gilt für Organisationsvertreter, auch wenn sie es nicht mehr sind, sowie für Sachverständige gem. § 80 Abs. 3 nach Beendigung ihrer Sachverständigentätigkeit.[54] Eine Erweiterung des Verschwiegenheitsgebots über § 79 hinaus ist unzulässig.[55]

4. Relative Verpflichtung gegenüber dem Arbeitgeber

20 Bei der Schweigepflicht aus dieser Vorschrift handelt sich um eine **relative Verpflichtung gegenüber dem AG** als rechtmäßigem Inhaber von Betriebs- und Geschäftsgeheimnissen, der durch seine Erklärung den formellen Geheimnischarakter herstellen oder beseitigen kann. Dagegen können Dritte hieraus keine Rechte gegenüber dem verpflichteten Personenkreis ableiten.[56] Umgekehrt stellen Schweigepflichten aus anderen Gründen wie Persönlichkeits-/ Datenschutz gegenüber den Beschäftigten nicht eo ipso auch Verpflichtungen gegenüber dem AG dar (vgl. auch Rn. 40).

21 Die Verschwiegenheitspflicht richtet sich an den **BR als Organ,** an seine **Mitglieder** und **Ersatzmitglieder,** da auch diese in Betriebs- oder Geschäftsgeheimnisse eingeweiht werden können.[57] Darüber hinaus gilt die Verschwiegenheitspflicht *sinngemäß* für **betriebliche und**

---

47 Ebenso *Simitis/Kreuder,* NZA 92, 1012; *Däubler,* Arbeitsrecht 1, S. 508.

48 Richardi-*Thüsing,* a. a. O.; *HWGNRH,* Rn. 9.

49 ErfK-*Kania,* Rn. 6; GK-*Oetker,* Rn. 88; *ArbG Bamberg* 12.6.73 – BV 3/73 C; *LAG Hamburg* 24.5.88, CR 89, 409, wonach der BR berechtigt ist, Informationen über Einstellungen, Versetzungen, Kündigungen u. Ä. in einem BR-Info zu veröffentlichen, wenn der AG selbst in eigenen Veröffentlichungen diese Personalangelegenheiten bekannt macht.

50 GK-*Oetker,* Rn. 50.

51 H. M.; vgl. *BAG* 15.12.87, DB 88, 1020; Richardi-*Thüsing,* Rn. 30; *Fitting,* Rn. 17; GK-*Oetker,* Rn. 51; *WW,* Rn. 10.

52 *BGH* 20.1.81 – VI ZR 162/79, NJW 81, 1089, im Wesentlichen bestätigt durch *BVerfG* 25.1.84 – 1 BvR 272/81, NJW 84, 1741, Wallraff: »Ein AN ist durch seine Verpflichtung zur Verschwiegenheit dann nicht gehindert, nach seinem Ausscheiden aus dem Anstellungsverhältnis Betriebsinterna zu offenbaren, wenn er damit gewichtige innerbetriebliche Missstände aufdeckt, durch die die Öffentlichkeit betroffen ist und denen durch betriebsinternes Vorstelligwerden nicht erfolgreich begegnet werden kann.«

53 Restriktiv zu nachvertraglichen Schweigepflichten des AN *Fezer,* Anm. zu *BGH* 4.2.93, JZ 93, 956 m. w. N. zur Rspr. von *RG, BGH* und *BAG.*

54 *HWGNRH,* Rn. 13.

55 *LAG Schleswig-Holstein* 20.5.15 – 3 TaBV 35/14 m. w. N.; *BGH* 5.6.75, DB 75, 1308.

56 Vgl. auch *Wendeling-Schröder,* Autonomie im Arbeitsrecht, Nr. 2.1.2.3 zur Relativität des Geheimnisschutzes, 82; *v. Hoyningen-Huene,* RdA 92, 359 zur grundsätzlichen Relativität des Verhältnisses AG-BR; zu Außenbeziehungen des BR vgl. *Plander,* AuR 93, 161; *Simitis/Kreuder,* NZA 92, 1009; Einl. Rn. 118 ff.; zur Erforderlichkeit der externen Kommunikation des BR mit Dritten vgl. *BAG* 14.7.10 – 7 ABR 80/08, AuR 10, 397.

57 *Fitting,* Rn. 10.

außerbetriebliche Mitglieder und Ersatzmitglieder der in Abs. *2* aufgeführten Betriebsverfassungsorgane sowie für die **Vertreter der Gewerkschaften** und **AG-Vereinigungen.** Nach §§ 80 Abs. 4, 107 Abs. 3 werden auch Auskunftspersonen, **Sachverständige und WA-Mitglieder** einbezogen. Für die **Schwerbehindertenvertretung** gilt nach § 96 Abs. 7 SGB IX inhaltlich die gleiche Schweigepflicht. Für die **AN-Vertreter im AR** gilt nicht § 79, sondern §§ 116, 93 Abs. 1 S. 3 AktG, nach § 25 Abs. 1 Nr. 2 MitbestG und § 1 Abs. 1 Nr. 3 Drittelbeteiligungsgesetz auch für die AR von GmbHs.[58] Zur Schweigepflicht bei sog. Insider-Geschäften § 14 Abs. 1 Nr. 2 WpHG; vgl. auch § 106 Rn. 59.

Nicht in dieser Vorschrift (auch nicht in § 120) genannt sind Mitglieder einer **Arbeitsgruppe** nach § 28 a. Eine Schweigepflicht für sie kann sich im Einzelfall aus der Rahmenvereinbarung oder dem Arbeitsvertrag ergeben.[59] Zum EBR § 39 EBRG; zum PR § 10 BPersVG; zum Sprecherausschuss § 29 SprAuG; zum Vertrauensmann der Zivildienstleistenden § 28 ZDG.

5. Offenbarungs- und Verwertungsverbot

Als konkrete Rechtsfolge der Norm ist eine **Offenbarung und Verwertung** unzulässig. **Offenbarung** bedeutet Weitergabe an unberechtigte Dritte, Verwertung die Ausnutzung dieser Kenntnisse zur Erzielung persönlicher, wirtschaftlicher Vorteile.[60] Offenbarung/Verwertung verstehen sich wie in § 120 BetrVG und §§ 203, 204 StGB.[61] Die strafrechtliche Tathandlung des **Verwertens** i. S. d. § 204 StGB besteht in der eigenen wirtschaftlichen Nutzung des in dem Geheimnis verkörperten Wertes zum Zwecke der Gewinnerzielung. Kein Verwerten ist das nicht wirtschaftliche Ausnutzen des Geheimnisses. Der Tatbestand ist erst erfüllt, wenn der Täter die den Gegenstand des Geheimnisses bildenden wirtschaftlichen Nutzungsmöglichkeiten selbst in der Absicht realisiert, daraus unmittelbar und auf Kosten des dadurch entsprechend entreicherten (Vermögensverschiebung) Geheimnisträgers Gewinn zu ziehen.[62] 22

Untersagt ist die Offenbarung und Verwertung der geheimhaltungsbedürftigen Tatsachen selbst. Der BR ist nicht gehindert, seine Schlussfolgerungen und Bewertungen zu veröffentlichen. Auch das Verwertungsverbot ist eine besondere Form des Konkurrenzschutzes. BR sollen nicht Informationen, über die sie als Interessenvertreter verfügen, als sog. »Insider« zur eigenen wirtschaftlichen Betätigung nutzen. Die Auswertung von Geheimnissen im Rahmen der Aufgabenerfüllung des BR wird hierdurch nicht beeinträchtigt. 23

III. Einschränkungen der Schweigepflicht

1. Kommunikation mit Arbeitnehmervertretern

Die Schweigepflicht besteht weder gegenüber Mitgliedern des eigenen Betriebsverfassungsorgans noch gegenüber Mitgliedern der anderen in Abs. 1 Sätze 3 und 4 genannten Organe und Institutionen. Diese Vorschriften gelten entsprechend auch bzgl. der Schweigepflichten zu persönlichen Verhältnissen und Angelegenheiten der AN, etwa nach §§ 99 Abs. 1 Satz 3, 102 Abs. 2 Satz 5.[63] Insoweit ist ein uneingeschränkter **Informationsaustausch** möglich.[64] Etw. Aufforderungen seitens des AG an den Vorsitzenden oder an Ausschusssprecher, den übrigen Mitgliedern des Gremiums (zunächst) noch nichts zu offenbaren, sind unverbindlich.[65] Innerhalb eines Organs besteht sogar eine Verpflichtung zum Informationsaustausch, da BR-Mitglieder grundsätzlich über den gleichen Informationsstand verfügen müssen. So ist bspw. 24

58 Ausführlich *Köstler/Kittner/Zachert/Müller*, Aufsichtsratspraxis, B 2 I 4.
59 Ebenso HaKo-*Lorenz*, Rn. 1; *Müller*, AiB 09, 577, 582; a. A. *Fitting*, Rn. 1 sowie § 28 a Rn. 39: analoge Anwendung; ErfK-*Koch*, § 28 a, Rn. 3; GK-*Oetker*, Rn. 40, jeweils ohne weitere Begründung.
60 H. M.; vgl. *Fitting*, Rn. 16; GK-*Oetker*, Rn. 40.
61 Dazu Schönke/Schröder-*Lenckner*, §§ 203 Rn. 19, 204 Rn. 5.
62 Vgl. Schönke/Schröder-*Lencker*, § 204 Rn. 5 m. w. N.
63 *BAG* 12.8.09 – 7 ABR 15/08, AuR 10, 14.
64 *WW*, Rn. 3; *Fitting*, Rn. 18 ff.; GK-*Oetker*, Rn. 52; vgl. auch *BAG* 26.2.87, AP Nr. 2 zu § 79 BetrVG 1972.
65 *Staack/Sparchholz*, AiB 11/14, 43.

ein BR-Mitglied verpflichtet, auch geheimhaltungsbedürftige Informationen dem BR mitzuteilen, damit dieser sie ggf. bei seinen Entscheidungen verwerten kann.[66] Dieser freie Informationsaustausch erfolgt auch innerhalb des BR eines **gemeinsamen Betriebs mehrerer UN,** was im Einzelfall bedeuten kann, dass Informationen an Beschäftigte anderer UN gelangen.

25 Nach *BAG* 23.10.08[67] soll die Schweigepflicht eines Arbeitnehmervertreters im AR, der zugleich BR-Mitglied ist, grundsätzlich auch gegenüber den anderen BR-Mitgliedern gelten. Die Entscheidung betraf einen nicht gerade häufigen Fall hochvertraulicher Insider-Informationen über ein Übernahmeangebot mit einem Volumen von ca 800 Mio € an der amerikanischen Börse Nasdaq und lässt sich nicht nahtlos auf jede im AR erlangte Information übertragen. Eine Informationssperre innerhalb des BR würde allerdings zu einem unterschiedlichen Informationsstand innerhalb des BR führen und dem Grundsatz des gleichen Mandats widersprechen. Sie ist jedenfalls dort nicht nachvollziehbar, wo der BR bzw. der WA als Organ der Betriebsverfassung diesbezüglich selbst ein berechtigtes Informationsinteresse hat. Soweit das Informationsinteresse nach §§ 80, 106 reicht, kann deshalb weder gesetzlich noch arbeitsvertraglich eine Schweigepflicht zu Lasten dieser Organe begründet werden. Ob die Schweigepflicht gilt, wenn der AG gegenüber dem BR seine Informationspflichten rechtswidrig und nachhaltig verletzt, ließ das *BAG* auch offen. Abs. 1 S. 3 und 4 nennt nicht die Mitglieder einer **Arbeitsgruppe** i. S. d. § 28 a, die auch nicht Adressat der Vorschrift sind. Der Rahmen ihrer Schweigepflicht ergibt sich aus der abzuschließenden Rahmenvereinbarung.

26 Umstritten ist, ob **geheimhaltungsbedürftige Informationen auch an die Mitglieder der nur in Abs. 2, nicht in Abs. 1 S. 4 aufgeführten Organe und Institutionen** weitergegeben werden dürfen. Dies ist nach h. M.[68] nicht der Fall. Über die in Abs. 1 Sätze 3 und 4 genannten Personen und Organe hinaus nennt Abs. 2 zusätzlich die (Gesamt-/Konzern-) JAV, den WA, generell Ersatzmitglieder, die gemäß § 3 Abs. 1 Nr. 1 und 2 gebildeten Vertretungen sowie Vertreter von Gewerkschaften und Arbeitgeberverbänden. Die in dieser Systematik angelegte **informationelle »Einbahnstraße«** wäre schwer verständlich.[69] Bei isolierter Gegenüberstellung nur von Abs. 1 und 2 wären etwa WA, Jugend-, Auszubildenden- oder Verbandsvertreter grundsätzlich zum Schweigen verpflichtet, ohne informationsberechtigt zu sein. Andererseits geht Abs. 2 davon aus, dass die dort zum Schweigen verpflichteten Personen die geheimhaltungsbedürftigen Informationen berechtigt erfahren haben. Eine Weitergabe von Geheimnissen an diesen Personenkreis ist demnach zwar nicht generell zulässig, wohl aber in Einzelfällen, z. B.

- an Ersatzmitglieder, wenn sie an einer Organsitzung oder sonstigen Tätigkeit des Organs teilnehmen und insofern als Organmitglied zu betrachten sind;
- an (Ersatz-)Mitglieder der (Gesamt-/Konzern-)JAV, soweit ihnen ein Teilnahmerecht gem. §§ 67, 68 zusteht;
- an den WA anlässlich Sitzungen gemäß § 108;
- über den GBR/KBR an Einzel-BR, die dort vertreten sind;
- an die Arbeitnehmervertreter i. S. d. § 3 Abs. 1.[70]

27 Abs. 1 gilt für den erweiterten Verpflichtetenkreis nur »sinngemäß«. Abs. 1 statuiert den **Grundsatz, dass Informationen zulässig an andere Mitglieder des gleichen Betriebsverfassungsorgans bzw. von Betriebs- an Unternehmens-/Konzernorgane gelangen und umgekehrt.** Entsprechendes gilt für die Informationen zwischen Betriebs- und Gesamtjugendvertretung sowie innerhalb dieser Gremien.

28 Informationsweitergabe an **Gewerkschaftsvertreter** ist zulässig im Rahmen der gewerkschaftlichen Zugangs- und Beratungsrechte (z. B. nach §§ 2, 31). »Beratung« ist nur möglich, wenn Berater über einen vollständigen Informationshorizont verfügen. Es ist der Betriebsverfassung

66 *LAG Hamm* 22.7.11 – 10 Sa 381/11, AE 2011, 244.; *Nikisch*, III, S. 169; Richardi-*Thüsing*, Rn. 13; vgl. GK-*Oetker*, Rn. 64: grundsätzlich pflichtgemäßes Ermessen; Verpflichtung zur Weitergabe nur, soweit Kenntnis für sachgerechte Entschließung und ordnungsgemäße Durchführung von Maßnahmen unerlässlich; *Müller*, BB 13, 2296.

67 *BAG* 23.10.08, DB 09, 1131.

68 Vgl. GK-*Oetker*, Rn. 59; kritisch HaKo-*Lorenz*, Rn. 18; Siebert/Becker-*Seebacher*, Rn. 3.

69 Ebenso *Fitting*, Rn. 25; *Staack/Sparchholz*, AiB 11/14, 43.

70 *Fitting*, Rn. 25; GK-*Oetker*, Rn. 60; a. A. ErfK-*Kania*, Rn. 13; *HWGNRH*, Rn. 11.

systemimmanent, dass gewerkschaftliche Funktionsträger oder Beauftragte Kenntnisse über Betriebs- oder Geschäftsgeheimnisse erhalten,[71] selbst wenn sie diese Kenntnisse im Rahmen von Tarifauseinandersetzungen verwerten können.[72] Auch einzelne BR-Mitglieder handeln in Wahrnehmung berechtigter Interessen, wenn sie sich in Auseinandersetzungen hilfesuchend an die zust. Gewerkschaft wenden.[73]

Soweit **Gewerkschafts-** bzw. **Rechtssekretäre als Prozessvertreter** auftreten, haben sie die gleiche Stellung wie **Rechtsanwälte**, denen gegenüber in Mandatsangelegenheiten auch keine Schweigepflicht besteht (vgl. auch § 203 Abs. 1 Nr. 3 StGB). Anderenfalls wäre die in § 11 ArbGG vorgesehene ordnungsgemäße Prozessvertretung nicht mehr möglich.[74] Sie unterliegen ihrerseits der Schweigepflicht nach Abs. 2. So wäre es unzulässig, Betriebs- oder Geschäftsgeheimnisse aus einem gerichtlichen Verfahren durch Rundschreiben zu verbreiten. Sie sind aber durch die Vorschrift nicht an dem von ihnen für notwendig erachteten gerichtlichen Tatsachenvortrag gehindert. Nach § 52 Satz 2 ArbGG, § 171 b GVG kann die **Öffentlichkeit ausgeschlossen** werden, weil Betriebs- oder Geschäftsgeheimnisse oder Umstände aus dem persönlichen Lebensbereich eines Prozessbeteiligten zum Gegenstand der Verhandlung oder Beweisaufnahme gemacht werden. Nach § 174 GVG kann das Gericht den Anwesenden ein ausdrückliches Schweigegebot auferlegen. **29**

Die Vorschrift enthält keine Regelung zur Kommunikation zwischen BR und **Sachverständigen** bzw. **Auskunftspersonen.** Allerdings verweist § 80 Abs. 4 für beide auf § 79, d. h. nicht nur auf Abs. 1, sondern auf die gesamte Vorschrift. Das bedeutet, dass beide Personengruppen in ihrer Funktion legitim Kenntnisse über Betriebs- und/oder Geschäftsgeheimnisse erlangen können, insofern aber einer Schweigepflicht unterliegen, die nach § 120 Abs. 1 Nrn. 2 und 3 b auch strafrechtlich sanktioniert ist. Die Schweigepflicht von Auskunftspersonen über Betriebs- und Geschäftsgeheimnisse besteht grundsätzlich nicht gegenüber dem BR, da sie gerade die Aufgabe haben, dem BR ihr besonderes Wissen zur Verfügung zu stellen.[75] Andererseits muss es dem BR möglich sein, diesen Personen auch Geheimnisse mitzuteilen, deren Kenntnis sie für die Erfüllung ihrer Aufgaben benötigen. **30**

Nicht eigenständig geregelt ist der Informationsaustausch im Rahmen transnationaler UN/Konzerne bzw. ihrer Interessenvertretungen. Allgemein gilt der **Grundsatz, dass die Mitwirkungs- und Kontrollrechte der AN nicht durch die internationale Organisation der UN geschmälert werden dürfen** (vgl. Einl. Rn. 231 ff.). Innerhalb eines inländischen GBR bzw. KBR[76] ist eine Informationsweitergabe unter direkter Anwendung des § 79 Abs. 1 Satz 3 zulässig. Fraglich ist nur, welche Betriebe (im In-/Ausland) in dem Gremium vertreten sind. Hinsichtlich der Schweigepflicht bestehen dann keine weiteren Schranken. Nach h. M. ist es nicht möglich, dass ausländische AN-Vertretungen Delegierte in einen dt. GBR/KBR entsenden.[77] Soweit eine unmittelbare Beteiligung im Ausland gelegener Betriebsstätten am GBR/KBR etwa wegen des Territorialprinzips verneint wird, liegt eine echte Regelungslücke vor,[78] zumal die Problematik im Wesentlichen erst nach In-Kraft-Treten des BetrVG 1972 gesehen wurde. **31**

Nach der EBR-RL 2009/38/EG v. 6.5.09[79] sind in gemeinschaftsweit operierenden UN und -gruppen **EBR** einzusetzen. Die RL ist durch das **Europäische Betriebsräte**-Gesetz, Neufassung 07.12.11 umgesetzt worden. Nach Art. 8 RL und § 35 Abs. 2 EBRG unterliegen EBR-Mitglieder einer besonderen Schweigepflicht gegenüber Dritten. Diese besteht nach § 35 Abs. 2 Sätze 3 und 4 sowie Abs. 4 EBRG nicht gegenüber dem EBR und den nationalen AN- **32**

71 *BAG* 11.7.00 – 1 ABR 43/99, AuR 01, 157, zur Information des WA.
72 *BAG*, a. a. O.
73 *HessLAG* 7.3.13 – 9 TaBV 197/12, AiB 14, Nr 3, 68, mit Anm. Trittin.
74 Zustimmend *Fitting*, Rn. 27; Siebert/Becker-*Seebacher*, Rn. 13.
75 A. A. *Hanau*, RdA 01, 71, zu Informationen, die die Auskunftspersonen vor und unabhängig von ihrer Zusammenarbeit mit dem BR kannten und die der AG nicht freigibt.
76 Zu dessen Voraussetzungen vgl. *BAG* 14.2.07 – 7 ABR 26/06, AuR 07, 93; Einl. Rn. 124 ff., § 47 Rn. 33 ff., § 54 Rn. 46 ff. jeweils m. w. N. zu a. A.
77 A. A. *Däubler*, Betriebsverfassung in globalisierter Wirtschaft, S. 57 f. und dort Fn. 2 m. w. N.
78 A. A. GK-*Oetker*, Rn. 53.
79 ABlEU 2009 Nr. L 122, S. 28.

Vertretern, da Letztere nach Abs. 3 Nr. 4 wiederum der gleichen Schweigepflicht unterliegen. Diese Regelung entspricht § 79 Abs. 1 Sätze 3 und 4 sowie Abs. 2. Demnach ist eine wechselseitige Information der Mitglieder des EBR über Betriebs- oder Geschäftsgeheimnisse i. S. d. § 35 Abs. 2 EBRG ausdrücklich zulässig. Darüber hinaus verlangt Erwägung 12 der RL 2009/38/EG, dass die AN »angemessen informiert und konsultiert werden, wenn Entscheidungen, die sich auf sie auswirken, außerhalb des Mitgliedstaats getroffen werden, in dem sie beschäftigt sind« (vgl. § 80 Rn. 81 f.). Bei derartigen Entscheidungen würde es der RL widersprechen, verlangte man von den EBR-Mitgliedern, entsprechende Informationen gegenüber ausländischen EBR-Mitgliedern nur deshalb geheim zu halten, weil sie sie nicht wegen ihrer Zugehörigkeit zum EBR, sondern zum BR/GBR/KBR usw. erhalten haben.

33 Daneben sind **transnationale AN-Vertretungen** in einheitlich geführten UN/Konzernen denkbar, die weder der Richtlinie noch dem nationalen Ausführungsgesetz unterliegen.[80] Insoweit kann eine eigenständige Regelung der Schweigepflicht durch Kollektivvereinbarung getroffen werden. Ist dies nicht ausdrücklich der Fall, kommt eine Analogie zu Art. 8 RL bzw. dem nationalen Ausführungsgesetz in Frage.[81] Voraussetzung für eine Weitergabe auch von geheimhaltungsbedürftigen Informationen in einem transnationalen Konzern ist die Errichtung eines gemeinsamen Vertretungsorgans bzw. eines konzernbezogenen Informations- und Austauschverfahrens sowie eine eindeutige Rechtsgrundlage hierfür (z. B. durch Kollektivvertrag), schließlich die Gewährleistung der weiteren Verschwiegenheit der Adressaten nach jeweiligem nationalen Recht oder Vereinbarung.

34 Nach dem Grundsatz der wechselseitigen Anerkennung und Nichtdiskriminierung ist die **Legitimation** der nationalen Interessenvertreter **nach den im jeweiligen Land geltenden Regeln** und Traditionen anzuerkennen, ohne dass diese jeweils der WO zum BetrVG entsprechen müssen (was generell auch nicht der Fall ist; vgl. Art. 2 Abs. 1 d RL). Eine Verschwiegenheit in Bezug auf Betriebs- oder Geschäftsgeheimnisse lässt sich ggf. in der dem transnationalen Gremium zugrunde liegenden Rechtsgrundlage mit vereinbaren.[82]

35 Bei der **Weitergabe von Betriebs- und Geschäftsgeheimnissen** hat das betr. Organ bzw. Organmitglied auf die Geheimhaltungsbedürftigkeit und die entspr. Erklärung des AG hinzuweisen (h. M.).[83]

2. Offenbarungspflichten und -rechte

36 Die Schweigepflicht entfällt nach Art. 2 GG i. V. m. dem Rechtsstaatsprinzip (Art. 20 GG), soweit eine **Pflicht zum Reden** besteht, z. B. als Zeuge,[84] aber auch, wenn eine Pflicht zur Erstattung einer Anzeige zur Verhütung einer strafbaren Handlung gegeben ist, oder im Rahmen der Mitwirkung des BR bei der Bekämpfung von Unfall- und Gesundheitsgefahren (vgl. § 138 StGB sowie § 89 Rn. 25).[85] § 53 Abs. 1 StPO räumt den BR-Mitgliedern kein auf ihr Amt bezogenes Zeugnisverweigerungsrecht im Strafprozess ein.[86] Etwas anderes kann für einen Zivilprozess gelten, da nach § 383 Abs. 1 Nr. 6 ZPO Personen, denen kraft Amtes, Standes oder Gewerbes Tatsachen anvertraut sind, deren Geheimhaltung durch ihre Natur oder durch gesetzliche Vorschrift geboten ist, in Betreff der Tatsachen, auf welche die Verpflichtung zur Verschwiegenheit sich bezieht, zur Zeugnisverweigerung berechtigt sind. Die Auskunftspflicht gegenüber den Trägern der gesetzlichen Unfallversicherung und Behörden gem. §§ 22, 23 ArbSchG betrifft verantwortliche Personen i. S. d. § 13 ArbSchG, wozu der BR nicht gehört.

37 Nach § 89 Abs. 1 Satz 2 hat der BR bei der Bekämpfung von Unfall- und Gesundheitsgefahren

80 *Seifert,* Die Schaffung transnationaler Arbeitnehmervertretungen in weltweit tätigen UN, ZIAS 06, 205 ff. m. w. N.

81 A. A. GK-*Oetker,* Rn. 53.

82 Ebenso *Däubler,* Betriebsverfassung in globalisierter Wirtschaft S. 81; *ders.,* Einl. Rn. 243; *Klebe,* FS Gnade, S. 671.

83 Vgl. Richardi-*Thüsing,* Rn. 13; *Fitting,* Rn. 31; GK-*Oetker,* Rn. 63; *GL,* Rn. 18.

84 *BVerfG* 2.7.01, AuR 02, 187 mit Anm. *Deiseroth,* 161; *LAG Rheinland-Pfalz* 13.12.02, bestätigt durch *BAG* 28.8.03, AuR 04, 430 mit Anm. *Buschmann.*

85 Vgl. § 89 Rn. 24 ff; Richardi-*Thüsing,* Rn. 14; *Fitting,* Rn. 30; *GL,* Rn. 19.

86 *BVerfG* 19.1.79, NJW 79, 1286; *Fitting,* a. a. O.

die für den Arbeitsschutz zuständigen Behörden und Institutionen u. a. durch Anregung, Beratung und Auskunft zu unterstützen. Hierzu kann es erforderlich sein, den Aufsichtsbehörden nähere innerbetriebliche Informationen zu geben, damit sie auf **Verletzungen von Arbeitsschutzbestimmungen** reagieren können.[87] Nach § 37 Abs. 2 Nr. 3 Beamtenstatusgesetz v. 17.6.08[88] gilt für Länderbeamte deren Verschwiegenheitspflicht nicht, »soweit gegenüber der zust. obersten Dienstbehörde, einer Strafverfolgungsbehörde oder einer durch Landesrecht bestimmten weiteren Behörde oder außerdienstlichen Stelle ein durch Tatsachen begründeter Verdacht einer Korruptionsstraftat nach den §§ 331 – 337 StGB angezeigt wird. Im Übrigen bleiben die gesetzlich begründeten Pflichten, geplante Straftaten anzuzeigen und für die Erhaltung der freiheitlich demokratischen Grundordnung einzutreten, von Abs. 1 [Verschwiegenheitspflicht] unberührt«. Damit sollte das von der Bundesrepublik unterzeichnete Zivilrechtsübereinkommen über Korruption des Europarats v. 4.11.99 umgesetzt werden.[89] Art. 9 dieses Übereinkommens fordert, dass Beschäftigte, die den zust. Personen oder Behörden in redlicher Absicht einen begründeten Korruptionsverdacht mitteilen, angemessen vor ungerechtfertigten Nachteilen geschützt werden. Nach Anhang II 3 c zu Art. 24 der (von Deutschland noch nicht ratifizierten) Rev. Eur. Sozialcharta (RESC) gilt die Tatsache, dass jemand wegen einer behaupteten Verletzung von Rechtsvorschriften eine Klage gegen den AG einreicht, an einem Verfahren gegen ihn beteiligt ist oder die zust. Verwaltungsbehörden anruft, nicht als triftiger Grund für eine Kündigung.

Die Schweigepflicht tritt grundsätzlich zurück, soweit ein **Anzeige- bzw. Antragsrecht** gem. §§ 158 StPO, 46 OWiG besteht. Gegenüber einem staatlichen Ermittlungsanspruch besteht kein geschütztes Geheimhaltungsinteresse. Das Gleiche gilt gegenüber den atom-, umweltschutz- sowie gewerberechtlich zuständigen Aufsichtsbehörden und Kommissionen (z. B. Landesenergieministerien, Gewerbeaufsichtsämtern usw.).[90] Stellt der BR bei der Überprüfung der Einhaltung des gesetzlichen **Mindestlohns** fest, dass dieser nicht eingehalten wird oder dass die tatsächliche Arbeitszeit nur gekürzt in die Lohnabrechnung einfließt oder unzulässige Verrechnungen vorgenommen werden, kann er die Informationen an die **Finanzkontrolle Schwarzarbeit** (FKS) weitergeben. Nach § 5 Abs. 1 SchwArbG (in Bezug genommen in § 17 AEntG und § 15 MiLoG) haben auch AN, die bei einer Prüfung nach § 2 Abs. 1 SchwArbG (u. a. über die Arbeitsbedingungen nach Maßgabe des MiLoG, des AEntG und des § 10 Abs. 5 AÜG) angetroffen werden, die Prüfung zu dulden und dabei mitzuwirken, insbes. für die Prüfung erhebliche Auskünfte zu erteilen und Unterlagen vorzulegen. Derartige Informationen sind weder Betriebs-/Geschäftsgeheimnisse noch Gegenstand besonderer Vertraulichkeitspflichten. Auch BR-Mitglieder sind AN i. S. d. Vorschrift. Sie können auch die betr. AN unterrichten, damit diese ihre Ansprüche einklagen können.[91] **38**

In Einzelfällen kann die Schweigepflicht aus dem Gesichtspunkt des **übergesetzlichen Notstandes** (§ 34 StGB) zurücktreten, wenn der gesetzliche Interessenvertretungsauftrag eine Information der betroffenen AN (z. B. bei Planungen des AG zu Betriebsänderungen, vgl. auch Rn. 2) erfordert. Eine Offenbarung im »Notstand« kommt in Frage, wenn sie zum Schutz bedrohter, vom Recht anerkannter Interessen erforderlich ist und diese bei einer Gesamtabwägung gegenüber dem Geheimhaltungsinteresse überwiegen.[92] Dies wäre etwa der Fall, wenn **39**

87 So zutr. *BAG* 3.6.03 – 1 ABR 19/02, EzA BetrVG 2001 § 89 Nr. 1, das aber in einem unklaren obiter dictum Einschränkungen dieser gesetzlichen Informationsweitergabe aus dem Grundsatz der vertrauensvollen Zusammenarbeit erwog; ausführlich§ 89 Rn. 24 ff.

88 BGBl. I 1010.

89 BT-Drucks. 16/5375, Nr. 174. Vgl. auch Empfehlung CM/Rec(2014)7 des Ministerkomitees des Europarats an die Mitgliedstaaten über den Schutz von Whistleblowern v. 30.4.2014, AuR 15, S. 16 ff.

90 Vgl. auch *BGH* 20.1.81 – VI ZR 162/79, NJW 81, 1089, im Wesentlichen bestätigt durch *BVerfG* 25.1.84 – 1 BvR 272/81, NJW 84, 1741, Wallraff; *BVerfG* 2.7.01, a. a. O.; zu Art. 10 EMRK Meinungsfreiheit bei whistleblowern *EGMR* 21.7.11 – Nr. 28274/08, AuR 11, 355; zu restriktiv *BAG* 3.7.03 – 2 AZR 235/02, AuR 04, 427 mit krit. Anm. *Peter/Rohde-Liebenau;* noch enger Richardi-*Thüsing*, Rn. 14, der ungeachtet der Rspr. des *BVerfG* von einem grundsätzlichen Verbot des whistleblowing ausgeht.

91 So ausdrücklich *Düwell*, AiB 2/15, 35;

92 Schönke/Schröder-*Lenckner*, § 203 Rn. 30; zum Wertpapierhandelsgesetz *Assmann/Schneider*, § 14 Rn. 7, 178 m. w. N.; ähnlich *LAG Schleswig-Holstein* 20.5.15 – 3 TaBV 35/14, AuR 15, 368.

anderenfalls der AG möglicherweise Arbeitsleistungen der AN entgegennehmen und verwerten könnte, ohne dafür (z. B. im Insolvenzfall) die entsprechende Gegenleistung zu erbringen. Das Gleiche gilt, wenn der AG mit (teilweise) unrichtigen Informationen die AN zu einem Verhalten veranlasst, auf das er keinen Anspruch hat (z. B. Abschluss neuer Arbeitsverträge zu geänderten Bedingungen nach einem Betriebsübergang).

IV. Verschwiegenheit aus anderen Rechtsgründen

1. Persönlichkeitsrecht und Datenschutz

a) Persönlichkeitsrechte einzelner Arbeitnehmer

40 Verschwiegenheitspflichten zu Gunsten von AN, über die der BR bei seiner Tätigkeit Informationen erlangt, sind von dieser Norm nicht erfasst.[93] Sie ergeben sich aus §§ 82 Abs. 2 Satz 3, 83 Abs. 1 Satz 3, 99 Abs. 1 Satz 3[94] und 102 Abs. 2 Satz 5.[95] Insoweit unterliegen Verletzungen der Verschwiegenheitspflicht auch der Strafandrohung nach § 120 Abs. 2. Da AG und BR nach § 75 Abs. 2 die **freie Entfaltung der Persönlichkeit** der AN zu schützen und zu fördern haben, dürfen sie vertrauliche Angaben über persönliche Angelegenheiten nicht ohne Zustimmung des Betroffenen weitergeben.[96] Hierfür bedarf es keiner Erklärung des AG über die Geheimhaltungsbedürftigkeit.[97] So wäre es bspw. unzulässig, in betriebsöffentlich ausgehängten Protokollabschriften der BR-Sitzung die Vergütungs- nebst Fallgruppen oder die Gehalts- bzw. Lohnhöhe der von einer persönlichen Maßnahme betroffenen AN aufzuführen, da diese Daten grundsätzlich der Allgemeinheit nicht ohne deren Zustimmung zugänglich gemacht werden dürfen.[98] Der AG ist aber nicht arbeitsvertraglich verpflichtet, die Höhe gezahlter Löhne und übertariflicher Zulagen gegenüber dem BR geheim zu halten, da die Vertragsfreiheit nicht dazu dienen kann, betriebsverfassungsrechtliche Pflichten zu negieren (vgl. auch § 80 Rn. 84).[99] Nach *LAG Köln*[100] kann ein Geheimhaltungsinteresse des AG bezüglich der Gehaltsstruktur im AT-Bereich gegenüber einem einzelnen AN, der sich auf Gleichbehandlung beruft, dadurch berücksichtigt werden, dass in anonymisierter Form sowohl die absoluten Beträge der Erhöhungen als auch Prozentsätze mitgeteilt werden. Da es sich hier um **relative Verpflichtungen gegenüber den geschützten AN** handelt, sind im Grundsatz nur diese berechtigt, die Geheimhaltung einzufordern. Sie können den BR oder ein BR-Mitglied auch von seiner Schweigepflicht entbinden, was in § 82 Abs. 2 Satz 3 und § 83 Abs. 1 Satz 3 ausdrücklich klargestellt wird und bestätigt, dass die betr. Beschäftigten selbst insofern einer Verschwiegenheitspflicht weder unterliegen noch dazu (arbeitsvertraglich) verpflichtet werden können.[101] Der AG ist im Übrigen weder Vertreter noch Prozessstandschafter seiner Beschäftigten.[102] Dies hat das *BAG* ausdrücklich bestätigt: »Der AG ist nicht befugt, sich gegenüber dem Anspruch des BR aus § 80 Abs. 2 Satz 2 Halbs. 2 BetrVG auf Grundrechte von AN zu berufen.«[103] Um eine Pflichtverletzung gegenüber dem AG handelt es sich nur, wenn es sich zugleich um ein Betriebs- oder Geschäftsgeheimnis i. S. dieser Vorschrift handelt.

41 Unabhängig von o. g. Vorschriften und Anlässen ist der BR aus dem Gesichtspunkt des Persönlichkeitsschutzes[104] verpflichtet, **vertrauliche Angaben über AN,** die er von diesen im

---

93 GK-*Oetker*, Rn. 74.
94 Vgl. § 99 Rn. 169; zum Ausschluss nach § 23 wegen Verletzung dieser Schweigepflicht *LAG Düsseldorf* 9.1.13 – 12 TaBV 93/12, RDV 13, 203.
95 Richardi-*Thüsing*, Rn. 32; *Fitting*, Rn. 32 f.; GK-*Oetker*, Rn. 74 ff.; *Müller*, BB 13, 2293.
96 Richardi-*Thüsing*, Rn. 31; *GL*, Rn. 13.
97 *Fitting*, Rn. 32.
98 *LAG Berlin* 26.6.86, RDV 87, 252; GK-*Oetker*, Rn. 74; vgl. aber *LAG Hamburg*, a. a. O.
99 *BAG* 20.9.90, PersR 91, 182; *LAG Frankfurt* 27.6.89, BB 90, 282.
100 LAG *Köln* 18.12.92, AiB 93, 334.
101 *LAG MV* 21.10.09 – 2 Sa 183/09, AuR 10, 343.
102 Zutreffend *BAG* 20.1.09 – 1 AZR 515/08, AuR 09, 281.
103 *BAG* 14.1.14 – 1 ABR 54/12, EzA-SD 2014, Nr 11, 15.
104 Grundrecht auf informationelle Selbstbestimmung nach Art. 1 GG, vgl. auch *BVerfG* 15.12.83, DB 84, 36, sog. Volkszählungsurteil.

Rahmen seiner BR-Tätigkeit erhalten hat, geheim zu halten, solange er nicht im Einzelfall von dieser Pflicht entbunden worden ist. Abs. 1 Satz 2 – 4 gilt dann entsprechend.[105] **Unzulässig ist insbes. die Informationsweitergabe an den AG,** Vorgesetzte oder Mitarbeiter (vgl. auch § 75 Abs. 2). Zulässig sind Veröffentlichungen aus allgemeinen Umfragen, die der BR durchgeführt hat.

Die Informationsweitergabe innerhalb der in § 79 Abs. 1 Satz 2 und 3 genannten Gremien ist ebenso zulässig wie bei Betriebs- und Geschäftsgeheimnissen.[106] **42**

b) Interna des Betriebsrats

Es besteht keine generelle Pflicht, Stillschweigen über den **Inhalt von BR-Sitzungen** zu bewahren.[107] Eine **Pflicht, Betriebsratsinterna nicht an den AG weiter zu geben,** kann sich aber aus der Aufgabenstellung des BR ergeben, z. B. bei vertraulichen oder internen Überlegungen hinsichtlich eines Vorgehens des BR gegenüber dem AG, weil hierdurch die Funktionsfähigkeit des BR ernstlich beeinträchtigt wird.[108] »Die sachgerechte Wahrnehmung der jeweils vom AG und BR vertretenen Interessen setzt voraus, dass sich deren Meinungsbildung unabhängig voneinander vollzieht. Das Gebot der Nichtöffentlichkeit von BR-Sitzungen gem. § 30 Satz 4 soll den anwesenden BR-Mitgliedern eine Willensbildung frei von Einflüssen Dritter ermöglichen. Zu den ausgeschlossenen Personen gehört der AG. Der AG hat nur ein Teilnahmerecht an Sitzungen, die auf sein Verlangen anberaumt sind, und solchen, zu denen er ausdrücklich eingeladen ist (§ 29 Abs. 4 Satz 1). Dieses erstreckt sich nicht auf eine etwaige, der Beschlussfassung vorangehende Aussprache unter den BR-Mitgliedern und die Beschlussfassung des Gremiums. Zwischen den Betriebspartnern bestehen gerade keine wechselseitigen Unterrichtungsansprüche über den Kenntnisstand der jeweils anderen Seite.«[109] Um seine Aufgaben ungestört erfüllen zu können, muss der BR gegenüber dem AG und der Belegschaft Informationen zurückhalten dürfen. Andernfalls erhielte der AG eine ihm nicht zustehende »Kenntnis, welches Wissen aus Sicht des BR erforderlich ist, um sachgerecht über eine mögliche Aufgabenwahrnehmung zu befinden.«[110] Unzulässig wäre es insbes., eigenmächtig dem AG Auskunft über BR-Interna, etwa Abstimmungsverhalten einzelner Mitglieder, Besprechungen mit Gewerkschaft oder Prozessvertreter, Ablauf interner Beratungen oder geplante BR-Initiativen zu geben oder BR-Protokolle weiterzuleiten. Hierzu kann auch kein BR-Mitglied verpflichtet werden. Art und Umfang der gegenüber dem AG geheim zu haltenden sowie auch der ihm zuzuleitenden Informationen können durch BR-Beschluss oder durch Geschäftsordnung näher präzisiert werden.[111] Eine Erweiterung des Normbefehls dieser Vorschrift ist damit nicht verbunden. Generell dürfen **vertrauliche Angaben über persönliche Angelegenheiten von AN** nicht ohne Zustimmung des Betroffenen an den AG weitergegeben werden.[112] Ein Verstoß gegen diese Verpflichtungen kann die Rechtsfolgen des **§ 23 Abs. 1** auslösen. (ausführlich auch **§ 30 Rn. 14 ff.**) **43**

105 GK-*Oetker*, Rn. 74; Richardi-*Thüsing*, Rn. 32: Analogie zu §§ 82, 83, 99, 102.

106 *BAG* 12.8.09 – 7 ABR 15/08, AuR 10, 14.

107 *BAG* 5.9.67 – 1 ABR 1/67, AP Nr. 8 zu § 37 BetrVG;; *LAG München* 15.11.77, DB 78, 894; *HessLAG* 16.12.10 – 9 TaBV 55/10: »Der BR ist kein geheimer Zirkel, der die Aufgabe hat, die AN durch die Geheimhaltung von Informationen über unternehmerische Planungen und Entscheidungen vor unnötiger Aufregung und Unruhe zu bewahren.« Vgl. auch § 30, Rn. 14.

108 *BAG, LAG München, HessLAG* 16.12.10 a. a. O.; *HessLAG* 26.9.11 – 16 TaBV 105/11, NZA-RR 12, 85*Fitting*, Rn. 40.

109 So wörtlich *BAG* 20.1.15 – 1 ABR 25/13.

110 *BAG* aaO.; GK-*Oetker*, Rn. 77; *Fitting*, Rn. 40; Richardi-*Thüsing*, Rn. 10.

111 HaKo-*Lorenz*, Rn. 23.

112 *HessLAG* 26.9.11 – 16 TaBV 105/11, NZA-RR 12, 85: »Die Kommunikation zwischen dem BR und der Belegschaft, zu der auch Vorgesetzte gehören, ist in Bezug auf Vertraulichkeit gegenüber dem AG absolut zu schützen. Ansonsten ist die Interessenwahrnehmung durch den BR in ihrem Kern verletzt.«

c) Datengeheimnis

44 Für BR-Mitglieder gilt ebenso wie für den AG § 5 BDSG über das **Datengeheimnis.**[113] § 5 ist nicht gemäß § 1 Abs. 3 BDSG durch die besonderen Verschwiegenheitsvorschriften des BetrVG verdrängt, da die geschützten Personen, Gegenstand und konkreter Normbefehl (erheben, verarbeiten, bekannt geben, zugänglich machen, sonst nutzen) unterschiedlich sind.[114] Die Nutzung personenbezogener AN-Daten zu betriebsverfassungsrechtlichen Zwecken (»rechtmäßige Aufgabenerfüllung«) ist zulässig.[115] **Der BR ist nicht Dritter, sondern i. S. d. § 3 Abs. 7 BDSG Teil der verantwortlichen Stelle.**[116] Daraus folgt, dass der »Datenfluss« zwischen AG und BR durch das BDSG nicht eingeschränkt wird (vgl. zum Datenschutz § 80 Rn. 14 ff., 116 f.; § 83 Rn. 29 ff.; § 94 Rn. 49 ff.).[117] Dem BR ist zwar nach § 5 BDSG eine unbefugte Erhebung, Verarbeitung oder Nutzung von personenbezogenen Daten untersagt. Die Nutzung zur Erfüllung und im Rahmen der BR-Aufgaben ist aber nicht unbefugt. Allerdings hat der BR nach Auffassung des *BAG* 3.6.03 a. a. O. nicht generell und einschränkungslos die Befugnis, arbeitnehmerbezogene Aufzeichnungen elektronisch erfasster Arbeitszeiten an die Aufsichtsbehörden zu übermitteln. Eine solche Befugnis ergebe sich weder aus § 89 Abs. 1 Satz 2 noch aus § 28 Abs. 1 Satz 1 Nr. 2 BDSG. Es komme vielmehr darauf an, ob die Datenübermittlung im Einzelfall zur Wahrung der berechtigten Interessen des BR oder der Aufsichtsbehörde erforderlich ist und schutzwürdige Interessen der betr. AN nicht entgegenstehen (ausführlich § 89 Rn. 25 m. w. N. auch zur Kritik). Die in § 5 BDSG vorgesehene Verpflichtung auf das Datengeheimnis durch den AG findet auf BR-Mitglieder keine Anwendung, da dem die organisatorische Unabhängigkeit des BR vom AG entgegensteht.[118]

2. Arbeitsvertragliche Schweigepflichten

45 Diese Pflichten (vgl. auch § 17 UWG) gelten für BR-Mitglieder grundsätzlich im gleichen Umfang wie für alle AN. Allerdings sind sie dem Arbeitsverhältnis nicht immanent. Vielmehr bedarf es hierfür einer ausdrücklichen vertraglichen Bestimmung, die an §§ 138, 307 BGB zu messen ist. Auch die vertragliche Verschwiegenheitsvereinbarung kann nur insoweit zulässig sein, als die Geheimhaltung durch berechtigte, betriebliche Interessen gedeckt ist.[119] Häufig enthalten vorformulierte Arbeitsverträge überschießende Schweigepflichten, die AN unangemessen benachteiligen oder aus sonstigen Gründen rechtswidrig sind. Sie sind dann auch für BR-Mitglieder unwirksam. Eine geltungserhaltende Reduktion scheidet aus. Nicht selten sind etwa Klauseln, die es den AN z. B. untersagen, mit anderen AN über ihr Effektivgehalt zu sprechen bzw. dieses zu offenbaren.[120] Eine derartige Klausel ist wegen Verstoßes gegen vorrangiges Recht, u. a. Art. 9 III GG, unwirksam.[121]

46 Für seinen Geltungsbereich stellt § 79 eine abschließende Sonderregelung dar.[122] Nach älterer umstr. Rspr. sollte durch die sog. »Treuepflicht« das Anzeigerecht des AN bei Verstößen gegen Arbeitsschutz-, Wettbewerbs-, Sozialversicherungs-, Steuergesetze Beschränkungen erfahren.[123] Diese Rspr. ist nach den Entscheidungen des *BVerfG* und des *EGMR*[124] überholt, die aus

---

113 *BAG* 3.6.03, EzA BetrVG 2001 § 89 Nr. 1; Richardi-*Thüsing*, Rn. 33; GK-*Oetker*, Rn. 89; zur Novellierung des BDSG vgl. *Däubler*, NZA 01, 874.

114 Vgl. auch *Simitis*, Kommentar, § 5 BDSG Rn. 19; *Fitting*, Rn. 36.

115 *Däubler*, Gläserne Belegschaften?, Rn. 636.

116 Ebenso *BAG* 12.8.09 – 7 ABR 15/08, AuR 10, 14.

117 *BAG* 14.1.14 – 1 ABR 54/12, EzA-SD 2014, Nr 11; 3.6.03, a. a. O.; *Fitting*, Rn. 35 ff.; *Simitis*, a. a. O., § 28 BDSG Rn. 53; a. A. *GL*, Rn. 13 a.

118 *Fitting*, Rn. 38.

119 Verneint in Bezug auf die Formulierung »betriebsinterne Vorgänge« bzw. »Betriebsinterna« durch *LAG Rheinland-Pfalz* 21.2.13 – 2 Sa 386/12, BB 13, 1844, unter Bezug auf *LAG Hamm* 5.10.88 – 15 Sa 1403/88, DB 89, 783 sowie weit Nachw.

120 Vgl. *Preis*, Grundfragen, Schlussthesen, S. 581 ff.; *ders.*, AuR 94, 139.

121 So ausdrücklich *LAG Mecklenburg-Vorpommern* 21.10.09 – 2 Sa 183/09, AuR 10, 343.

122 Ebenso Siebert/Becker-*Seebacher*, Rn. 18.

123 Abwegig *LAG Baden-Württemberg* 20.10.76, EzA § 1 KSchG Verhaltensbedingte Kündigung Nr. 8 mit krit. Anm. *Weiss*, bekannt als »Schandurteil«; ausführlich dazu § 84 Rn. 4 ff., § 119 Rn. 32; *Plander*,

rechtsstaatlichen Gründen der Wahrnehmung staatsbürgerlicher Rechte und Pflichten im Strafverfahren, hier Aussagen gegenüber der Staatsanwaltschaft, den Vorrang vor dem Interesse des AG eingeräumt haben.[125]

Maßstab ist Art. 5 GG i. V. m. Art. 10 EMRK. Deswegen ist ein AN auch durch Verschwiegenheitspflichten nicht gehindert, Betriebsinterna zu offenbaren, wenn er damit **gewichtige innerbetriebliche Missstände** aufdeckt, durch die die Öffentlichkeit betroffen ist und denen durch betriebsinternes Vorstelligwerden nicht erfolgreich begegnet werden kann.[126] **47**

Das Verlangen des AG nach Abgabe inhaltlich standardisierter Erklärungen, in denen sich AN zum Stillschweigen über bestimmte betriebliche Vorgänge verpflichten, unterliegt der **Mitbestimmung des BR** nach § 87 Abs. 1 Nr. 1, wenn sich die Verschwiegenheitspflicht auf das sog. Ordnungsverhalten (d. h. nicht das sog. Arbeitsverhalten) der AN bezieht und nicht schon gesetzlich geregelt ist.[127] **48**

3. Geheimhaltungsinteressen dritter Stellen

Denkbar ist, dass ein dritter AG oder eine Behörde dem AG Informationen und Unterlagen unter dem ausdrücklichen Vorbehalt zugeleitet hat, sie nicht an andere, auch nicht den BR, weiterzugeben, obwohl dies von ihrem Inhalt her geboten wäre. **Private Vorbehalte** können aber die gesetzliche Informationspflicht des AG nicht ausschließen. Der AG kann sich nicht durch Verträge oder Zusammenarbeit mit anderen AG der Betriebsverfassung entziehen. Allerdings können derartige Informationen, sollten sie nicht offenbar sein, den Charakter eines Betriebs- oder Geschäftsgeheimnisses annehmen, das der Schweigepflicht nach § 79 unterliegt, wenn bei einer Offenbarung schwere Schäden (das UN macht sich möglicherweise schadensersatzpflichtig und erhält künftig keine weiteren Informationen) drohen. **49**

Nicht grundsätzlich anders gestaltet sich der **Umgang mit Behörden.** Die §§ 79, 80 stehen anders als die Mitbestimmung nach § 87 Abs. 1 Eingangssatz nicht unter einem allgemeinen Gesetzes- oder Tarifvorbehalt. Wenn z. B. die Rspr. eine Mitbestimmung in Risikotechnologien wie z. B. Atomkraftwerken ausschließt, wenn und soweit der AG auf Grund verbindlicher Vorgaben keinen Regelungsspielraum hat (vgl. § 87 Rn. 42),[128] so gilt diese Eingrenzung nicht für die Information des BR. Der Informationsanspruch beruht auf einer gesetzlichen Grundlage und kann demnach nur auf Grund einer spezialgesetzlichen Vorschrift ausdrücklich eingeschränkt werden. Es bestehen keine speziellen öffentlich-rechtlichen Geheimhaltungsvorschriften, die den Informationsweg zwischen AG und BR unterbrechen. Gesetzlich geregelt ist die **Beschränkung der Akteneinsicht** auf Grund der sog. »Staatswohlklausel« im Verwaltungsverfahren (§ 29 VwVfG) oder im Prozess (§§ 99 VwGO, 96 StPO, 86 FGO, 119 SGG). Nach § 172 Nr. 1 GVG kann u. U. die Öffentlichkeit ausgeschlossen werden. Die Sperrerklärung zur Verweigerung der Akteneinsicht ist ein VA, der nur von der obersten Verwaltungsbehörde erklärt und selbstständig nach § 40 VwGO im verwaltungsgerichtlichen Verfahren angefochten werden kann.[129] Er setzt voraus, dass das Bekanntwerden der Urkunden, Akten oder Auskünfte dem Wohl des Bundes oder eines deutschen Landes Nachteile bereiten würde oder diese nach einem Gesetz oder ihrem Wesen nach geheim gehalten werden müssen. **Verfassungs-** **50**

AuR 93, 161; *Preis/Reinfeld*, AuR 89, 361 m. w. N.; vgl. auch *Großbach/Born*, AuR 89, 374; krit. zur »Treuepflicht« *Leinemann*, DB 71, 3309; *Kempff*, DB 79, 790 ff.; *ders.*, Grundrechte im Arbeitsverhältnis, S. 57; *Stevens-Bartol*, AuR 92, 262.

124 *BVerfG* 2.7.01 – 1 BvR 2049/00, AuR 02, 187 mit Anm. *Deiseroth*, 161; ebenso *EGMR* 21.7.11, Nr. 28274/08, AuR 11, 355, zu Art. 10 EMRK.

125 Zu restriktiv *BAG* 3.7.03, AuR 04, 427 mit Anm. *Peter/Rohde-Liebenau;* Die abschließende arbeitsgerichtliche Umsetzung der Verfassungsrechtsprechung steht noch aus (informativ zu den kontroversen Positionen *Binkert* einerseits, *Deiseroth* andererseits, AuR 07, 195 ff. FORUM.

126 So schon *BGH* 20.1.81 – VI ZR 162/79, NJW 81, 1089; *BVerfG* 25.1.84 – 1 BvR 272/81, NJW 84, 1741, Fall *Wallraff.*

127 *BAG* 10.3.09 – 1 ABR 87/07, AuR 09, 131.

128 *BAG* 26.5.88, AuR 89, 95 mit Anm. *Beck/Trümner.*

129 BVerfGE 57, 288; BGHSt. 29, 112; 32, 125; *BVerwG* 19.8.86, *BVerwGE* 75, 1 ff. [14] = NJW 87, 202; zur Prozessfähigkeit des BR in verwaltungsgerichtlichen Verfahren vgl. *Plander*, AuR 93, 165.

schutzakten sind nicht ihrem Wesen nach geheimhaltungsbedürftig.[130] Der AG kann also im Rahmen eines Anhörungsverfahrens zur Einstellung oder Kündigung in sicherheitsrelevanten Bereichen Informationen des Verfassungsschutzes nicht mit dem Argument verschweigen oder zurückhalten, sie seien ihrem Wesen nach geheim. Im Übrigen regeln o. g. Sperrerklärungen nicht den Informationsfluss von AG zu BR; sie schützen vielmehr Geheimnisse von einer solchen Bedeutung, dass auch der AG sie nicht zu erfahren hat. Steht das »Wohl des Bundes oder eines Landes« der Information des AG nicht entgegen, besteht keine rechtliche Grundlage, sie dem BR vorzuenthalten. Es gibt **keinen Erfahrungssatz, dass das Staatswohl durch Kenntnisse eines BR mehr gefährdet würde als durch Kenntnisse eines AG.**

51 Bei **Staatsgeheimnissen,** die von einer amtlichen Stelle oder auf deren Veranlassung geheim gehalten werden, treffen §§ 97 ff. StGB (Preisgabe von Staatsgeheimnissen), bei sonstigen Geheimnissen, zu deren Geheimhaltung der AG auf Grund des Beschlusses eines Gesetzgebungsorgans des Bundes oder eines Landes oder eines seiner Ausschüsse oder von einer anderen amtlichen Stelle unter Hinweis auf die Strafbarkeit der Verletzung der Geheimhaltungspflicht förmlich verpflichtet worden ist, § 353 b StGB eine abschließende Regelung. Der BR ist nicht »unbefugt«, soweit die Informationen oder Unterlagen nach § 80 Abs. 2 an ihn zu geben sind. Sodann unterliegt der BR der strafrechtlichen Geheimhaltungspflicht.

52 Andere geheimnisschützende Vorschriften beziehen sich auf **Persönlichkeitsrechte** einzelner Personen sowie Betriebs- oder Geschäftsgeheimnisse (§§ 29, 30 VwVfG, 3 Abs. 2 Satz 1 Atomrechtliche Verfahrensordnung). Diese Vorschriften hindern nicht die Information des BR, führen aber zu einer entsprechenden Schweigepflicht.

53 Nach § 6 des **Informationsfreiheitsgesetzes** des Bundes darf der Zugang zu Betriebs- oder Geschäftsgeheimnissen (an Jedermann) nur gewährt werden, soweit der Betroffene eingewilligt hat.

V. Rechtsfolgen und Streitigkeiten

54 Eine grobe Verletzung der Verschwiegenheitspflicht kann zum **Ausschluss** eines BR-Mitglieds aus dem BR gemäß § 23 Abs. 1 führen. Dies gilt jedoch nur für Amtspflichtverletzungen in derselben Amtsperiode.[131] Indes kann sich auch ein einmal ausgeschlossener Bewerber in einem nächsten Wahlgang wieder zur Wahl stellen. Ein Ausschluss in der/den nächsten Amtsperiode/n, d. h. nach Wiederwahl, käme einem Verlust der Wählbarkeit gleich, den das Gesetz aber ausdrücklich nicht angeordnet hat. Da die Verschwiegenheitspflicht die Pflicht des einzelnen Funktionsträgers ist, schließt dies die gerichtliche Auflösung des BR mit der Folge von Neuwahlen (vgl. § 13 Abs. 2 Nr. 5) regelmäßig aus.[132] Die gerichtliche Auflösung des BR nach § 23 Abs. 1 kann nach Ansicht des *BAG* ausnahmsweise in Betracht kommen, wenn der Verstoß dem BR als Kollegialorgan zuzuordnen ist.[133] Ein Ausschlussverfahren nach § 23 Abs. 1 kommt auch in Frage, wenn ein BR-Mitglied pflichtwidrig Betriebsratsinterna oder bestimmte, einzelne AN betreffende persönliche Informationen an den AG weiterleitet (vgl. Rn. 3, 41 ff.).[134]

55 Eine **außerordentliche Kündigung** wegen Verletzung der Schweigepflicht kann im Einzelfall nur dann in Betracht kommen, wenn zugleich eine Verletzung einer arbeitsvertraglichen Verschwiegenheitspflicht vorliegt, die eine Fortsetzung des Arbeitsverhältnisses unzumutbar macht.[135] Das *BAG* ließ diese Frage dahinstehen und verneinte im Einzelfall den wichtigen

130 *BVerwG*, a. a. O.

131 Ausführlich § 23, Rn. 27-29, m. w. N.; diesen Zusammenhang verkennt *LAG Düsseldorf* 23. 1. 15 – 6 TaBV 48/14, NZA-RR 15, 299; Rechtsbeschw. 7 ABR 14/15.

132 ErfK-*Kania*, Rn. 19; a. A. *Fitting*, Rn. 41.

133 Vgl. *BAG* 26. 2. 87, AP Nr. 2 zu § 79 BetrVG 1972, 14. 5. 87, DB 88, 2569; Richardi-*Thüsing*, Rn. 36; GK-*Oetker*, Rn. 65; *GL*, Rn. 21; *HWGNRH*, Rn. 15; a. A. *Brecht*, Rn. 8.

134 HaKo-*Lorenz*, Rn. 23.

135 *BAG* 23. 10. 08 – 2AZR 59/07, DB 09, 1131; einschränkend GK-*Oetker*, Rn. 71: nur für den Fall der eigennützigen Verwertung bzw. unter den besonderen Voraussetzungen des § 120 Abs. 3; *Fitting*, Rn. 41: nur bei einem schweren Verstoß gegen Arbeitsvertragspflichten, wenn andererseits Amts-

Grund i. S. d. § 626 BGB. Besondere Bedeutung hat in diesem Zusammenhang Art. 7 der europäischen (Unterrrichtungs-) RL 2002/14/EG (vgl. § 78 Rn. 6). Nach *EuGH*[136] ist eine Kündigung, die mit der Eigenschaft oder den Funktionen eines AN-Vertreters begründet wird bzw. damit in einem Zusammenhang steht, mit dieser Vorschrift unvereinbar.

Eine Verletzung der Schweigepflicht aus § 79 kann **Schadensersatzansprüche** des AG gemäß § 823 Abs. 2 BGB auslösen, da § 79 ein Schutzgesetz i. S. d. Vorschrift ist (h. M.).[137] Schadensersatzansprüche können AN (nicht der AG) geltend machen,[138] soweit ihnen gegenüber eine Schweigepflicht (etwa aus § 82 Abs. 2 Satz 3, § 83 Abs. 1 Satz 2 usw., nicht also § 79) verletzt worden ist. **56**

Die vorsätzliche Verletzung der betriebsverfassungsrechtlichen Schweigepflicht ist gemäß § 120 strafbar. Die **Strafverfolgung** setzt gemäß § 120 Abs. 5 einen Antrag des Verletzten voraus. Daneben kommt eine Bestrafung nach §§ 17, 18, 20 UWG in Betracht. Zu Verstößen gegen das Datengeheimnis vgl. § 43 BDSG. **57**

Streitigkeiten über Bestehen und Umfang der Schweigepflicht (Vorliegen eines Betriebs- oder Geschäftsgeheimnisses oder der ausdrücklichen Geheimhaltungserklärung durch den AG) entscheidet das ArbG gemäß §§ 2 a, 80 ff. ArbGG im **Beschlussverfahren.** Erklärt ein AG bestimmte Tatsachen, etwa eine geplante Betriebsänderung, zu einem Betriebs- oder Geschäftsgeheimnis und verlangt vertrauliche Behandlung, ist auch der negative Feststellungsantrag zulässig, dass diese Tatsachen zum Zeitpunkt der Mitteilung bzw. des Schlusses der mündlichen Verhandlung kein Betriebs- oder Geschäftsgeheimnis i. S. d. Vorschrift waren bzw. sind.[139] Dies ergibt sich auch aus Art. 6 Abs. 3 der Informations- und Konsultations-RL 2002/14 EG, der ein Rechtsbehelfsverfahren auf dem Verwaltungsweg oder vor Gericht vorsieht, falls ein AG in Bezug auf mitgeteilte Informationen Vertraulichkeit verlangt. Über die Unterrichtungspflicht gegenüber dem WA bei Weigerung des AG unter Berufung auf ein Betriebs- oder Geschäftsgeheimnis (§ 106 Abs. 2) entscheidet gemäß § 109 die **ESt.** **58**

Zur **Durchsetzung der Verschwiegenheitspflicht** aus dieser Vorschrift hat der AG nach früherer Auffassung des *BAG* einen Unterlassungsanspruch.[140] An dieser Rspr. kann nicht mehr festgehalten werden, nachdem das *BAG* Unterlassungsansprüche des AG gegen den BR als Gremium zutreffend generell verneint hat.[141] **59**

§ 80 Allgemeine Aufgaben

(1) Der Betriebsrat hat folgende allgemeine Aufgaben:

1. **darüber zu wachen, dass die zugunsten der Arbeitnehmer geltenden Gesetze, Verordnungen, Unfallverhütungsvorschriften, Tarifverträge und Betriebsvereinbarungen durchgeführt werden;**
2. **Maßnahmen, die dem Betrieb und der Belegschaft dienen, beim Arbeitgeber zu beantragen;**

2 a. **die Durchsetzung der tatsächlichen Gleichstellung von Frauen und Männern, insbesondere bei der Einstellung, Beschäftigung, Aus-, Fort- und Weiterbildung und dem beruflichen Aufstieg, zu fördern;**

2 b. **die Vereinbarkeit von Familie und Erwerbstätigkeit zu fördern;**

3. **Anregungen von Arbeitnehmern und der Jugend- und Auszubildendenvertretung entgegenzunehmen und, falls sie berechtigt erscheinen, durch Verhandlungen mit dem Arbeitgeber auf eine Erledigung hinzuwirken; er hat die betreffenden Arbeitnehmer über den Stand und das Ergebnis der Verhandlungen zu unterrichten;**

---

pflichten überhaupt nicht berührt werden; a. A. Richardi-*Thüsing*, Rn. 37; *GL*, Rn. 22; *HWGNRH*, Rn. 16, die in der unerlaubten Weitergabe bzw. Verwertung von Betriebs- und Geschäftsgeheimnissen zugleich einen groben Verstoß gegen die Pflichten aus dem Arbeitsvertrag sehen.

136 *EuGH* 11.2.10 – Rs. C-405/08, AuR 10, 273.

137 Vgl. Richardi-*Thüsing*, Rn. 38 m. w. N.

138 *Fitting*, Rn. 43.

139 *LAG Schleswig-Holstein* 20.5.15 – 3 TaBV 35/14.

140 *BAG* 26.2.87, AP Nr. 2 zu § 79 BetrVG 1972 mit zust. Anm. *Teplitzky; Fitting*, Rn. 42; *LK*, Rn. 10.

141 *BAG* 17.3.10 – 7 ABR 95/08, AuR 10, 181, 393.

4. die Eingliederung Schwerbehinderter und sonstiger besonders schutzbedürftiger Personen zu fördern;
5. die Wahl einer Jugend- und Auszubildendenvertretung vorzubereiten und durchzuführen und mit dieser zur Förderung der Belange der in § 60 Abs. 1 genannten Arbeitnehmer eng zusammenzuarbeiten; er kann von der Jugend- und Auszubildendenvertretung Vorschläge und Stellungnahmen anfordern;
6. die Beschäftigung älterer Arbeitnehmer im Betrieb zu fördern;
7. die Integration ausländischer Arbeitnehmer im Betrieb und das Verständnis zwischen ihnen und den deutschen Arbeitnehmern zu fördern, sowie Maßnahmen zur Bekämpfung von Rassismus und Fremdenfeindlichkeit im Betrieb zu beantragen;
8. die Beschäftigung im Betrieb zu fördern und zu sichern;
9. Maßnahmen des Arbeitsschutzes und des betrieblichen Umweltschutzes zu fördern.

(2) Zur Durchführung seiner Aufgaben nach diesem Gesetz ist der Betriebsrat rechtzeitig und umfassend vom Arbeitgeber zu unterrichten; die Unterrichtung erstreckt sich auch auf die Beschäftigung von Personen, die nicht in einem Arbeitsverhältnis zum Arbeitgeber stehen. Dem Betriebsrat sind auf Verlangen jederzeit die zur Durchführung seiner Aufgaben erforderlichen Unterlagen zur Verfügung zu stellen; in diesem Rahmen ist der Betriebsausschuss oder ein nach § 28 gebildeter Ausschuss berechtigt, in die Listen über die Bruttolöhne und -gehälter Einblick zu nehmen. Soweit es zur ordnungsgemäßen Erfüllung der Aufgaben des Betriebsrats erforderlich ist, hat der Arbeitgeber ihm sachkundige Arbeitnehmer als Auskunftspersonen zur Verfügung zu stellen; er hat hierbei die Vorschläge des Betriebsrats zu berücksichtigen, soweit betriebliche Notwendigkeiten nicht entgegenstehen.

(3) Der Betriebsrat kann bei der Durchführung seiner Aufgaben nach näherer Vereinbarung mit dem Arbeitgeber Sachverständige hinzuziehen, soweit dies zur ordnungsgemäßen Erfüllung seiner Aufgaben erforderlich ist.

(4) Für die Geheimhaltungspflicht der Auskunftspersonen und der Sachverständigen gilt § 79 entsprechend.

Inhaltsübersicht

I. Vorbemerkungen

Das BetrVG enthält Mindestbestimmungen über die Beteiligungsrechte des BR.[1] In diesem Rahmen regelt die Vorschrift dessen allgemeine Aufgaben (Abs. 1) und Informationsrechte (Abs. 2), schließlich das Recht zur Hinzuziehung von Sachverständigen (Abs. 3). Die **allgemeinen Aufgaben und Rechte** nach Abs. 1 gehen über die speziellen Mitwirkungs- oder Mitbestimmungsbefugnisse der §§ 87 – 113 hinaus. Sie stehen einerseits neben den sich aus den **sozialen, personellen und wirtschaftlichen Angelegenheiten** ergebenden Befugnissen, sind andererseits Grundlage für deren Ausübung.[2] **1**

Es ist nicht in das Belieben des BR gestellt, ob er von seinen ihm hier übertragenen Kompetenzen Gebrauch machen will oder nicht. Deren Wahrnehmung gehört zu seinen Amtspflichten.[3] Deswegen kann er nicht wirksam auf sie verzichten. Zwar können einzelne Rechte des BR durch TV erweitert werden. Die Überwachungspflichten und das ihnen korrespondierende Überwachungsrecht des BR Abs. 1 Nr. 1 können aber (auch mittels TV) nicht beseitigt oder eingeschränkt werden, wenn nicht das BetrVG selbst eine solche Möglichkeit, etwa nach § 87 Abs. 1 Einleitungssatz, vorsieht. Dies gilt auch dann, wenn der TV selbst ein überwachungsfähiges Recht erst schafft.[4] Diese zu Abs. 1 Nr. 1 getroffenen Feststellungen des *BAG* gelten ebenso für die weiteren Regelungen dieser Vorschrift. **2**

Abs. 1 bestimmt (weder systematisch noch abschließend) **Zielvorgaben und Arbeitsfelder** des BR und der Betriebsverfassung überhaupt. Er steht insofern im Zusammenhang mit § 75. Obwohl der AG in § 80 anders als in § 75 nicht ausdrücklich genannt ist, ist er ebenso gehalten, diese Ziele zu verwirklichen. **3**

Abs. 1 Nrn. 2, 3, 5 enthält **Verfahrenselemente zu einzelnen Aufgabenschwerpunkten,** ohne damit die Aktionsmöglichkeiten des BR abschließend zu beschreiben. Insbes. zu Abs. 1 Nr. 1 wird nicht vorgegeben, auf welche Weise der BR die Durchführung der zugunsten der AN geltenden Rechtsnormen überwachen kann. Abschließende Verfahrensregelungen bestehen (positiv) in Form ausdrücklicher Mitbestimmungsrechte des BR sowie (negativ) als Verbot einseitiger Regelungen (§ 77 Abs. 1 Satz 2) sowie von Arbeitskampfmaßnahmen (§ 74 Abs. 2). Im Übrigen hat sich der Gesetzgeber bei der Festlegung der Mittel, mit denen der BR die in der Vorschrift genannten Ziele anstrebt, zurückgehalten. Angesichts der der **Betriebsverfassung vorgegebenen und von ihr bejahten Interessenspannungen und -konflikte**[5] wird der BR **4**

1 *BAG* 21.10.03 – 1 ABR 39/02, AuR 04, 78, m. w. N.
2 *BAG* 21.10.03, a. a. O.
3 *So* auch GK-*Weber,* Rn. 24.
4 *BAG* 21.10.03, a. a. O.
5 Vgl. *G. Müller,* AuR 92, 257; *HessLAG* 26.9.11 – 16 TaBV 105/11, NZA-RR 12, 85.

primär betriebsbezogene Tatsachen und Meinungen aufnehmen und kommunikativ derart vermitteln, dass ein entsprechender Druck auf den AG entsteht, der eine Verhaltensänderung möglich macht. Sieht man den BR als Grundrechtsträger an (vgl. § 1 Rn. 5 ff.),[6] kann sich dieser, andernfalls jedenfalls seine Mitglieder, bei der Aufnahme (Informationsfreiheit) und Weitergabe (Meinungsäußerungsfreiheit) von Informationen und Meinungen auf **Art. 5 GG** berufen. Seine Kommunikationspartner (etwa BR, AN, AG, Gewerkschaft, Behörden, Parlamente, Öffentlichkeit, Presse) werden nicht abschließend festgelegt und ergeben sich aus funktionalen Überlegungen des BR, ohne dass es im Einzelnen einer Rechtsgrundlage hierfür bedarf.[7] Insbes. die dem BR aufgegebenen Verpflichtungen zum betrieblichen Umweltschutz (vgl. Abs. 1 Nr. 9 sowie § 89) machen deutlich, dass der BR auch **mit außerbetrieblichen Stellen kommunizieren** kann und soll. Die in Abs. 2 und an anderer Stelle geregelte Unterrichtung durch den AG ist für den BR zwar eine wichtige, nicht aber die einzige Informationsquelle (aus dieser Quelle ließen sich Daten über betriebliche Missstände, Gefährdungen und Unzufriedenheit schwerlich ermitteln). Umgekehrt ist der AG nicht alleiniger Adressat des BR. Dessen Außenkontakte sind allerdings durch § 79 (Betriebs- und Geschäftsgeheimnisse) beschränkt.

5 Abs. 1 Nrn. 2 a, 2 b, 4, 6, 7, 8, 9 legt dem BR **Förderungspflichten** auf. Ein Mitbestimmungsrecht außerhalb der in diesem und anderen Gesetzen festgelegten Mitbestimmungstatbestände ergibt sich daraus nicht eo ipso. Allen Förderungspflichten gemeinsam ist ein verbindlicher gesetzlicher Handlungsauftrag an den BR und zugleich an den AG. Daraus ergibt sich zugleich, dass die Verfolgung dieser Ziele seitens des BR weder den Betriebsfrieden stört noch eine parteipolitische Betätigung i. S. d. § 74 Abs. 2 Satz 3 darstellt, selbst wenn sich politische Parteien diese Ziele zu eigen machen. Schließlich stellt die Vorschrift klar, dass die Befassung mit den hier besonders hervorgehobenen Förderungsaufträgen für den BR erforderlich ist, so dass sie grundsätzlich § 37 Abs. 2 und 6 sowie § 40 unterfällt.

6 Die Vorschrift gilt auch für **GBR** und **KBR** im Rahmen ihrer Zuständigkeiten. Nach *BAG*[8] ist der GBR nicht zuständig für die betriebliche Überwachung von BV, auch wenn er sie selbst abgeschlossen hat, vgl. auch Rn. 18. Für die **JAV** gilt § 70, für **die Schwerbehindertenvertretung** § 95 SGB IX. Deren Aufgaben und Zuständigkeiten schließen jedoch die des BR nicht aus.[9] Die in der Vorschrift genannten Befugnisse des BR erstrecken sich auf AN i. S. d. § 5 Abs. 1, grundsätzlich jedoch nicht auf leitende Angestellte i. S. d. § 5 Abs. 3. Soweit Informationsansprüche wie nach Abs. 2 Satz 1 oder Schutzvorschriften wie etwa § 2 Abs. 2 Nr. 3 ArbSchG oder §§ 6, 17 AGG nicht an den AN-Status, sondern an einen weiteren »Beschäftigten«-Begriff anknüpfen, gestaltet sich auch deren Überwachung durch den BR umfassend (vgl. Rn. 85 ff.).

II. Allgemeine Aufgaben des Betriebsrats (Abs. 1)

1. Überwachung von Rechtsnormen

a) Zugunsten der Arbeitnehmer geltende Rechtsnormen

aa) Übersicht

7 Der Vorschrift liegen mehrere Gedanken zugrunde: Einmal soll die Einhaltung und Anwendung der AN-schützenden Vorschriften sichergestellt werden. Die Wahrnehmung dieser Überwachungsaufgabe hängt weder vom Bestehen besonderer Mitwirkungs- oder Mitbestimmungsrechte,[10] noch von einer dem BR bekannt gewordenen Regelverletzung des AG ab. Der

6 *Plander*, AuR 93, 165.
7 Vgl. *Plander*, AuR 93, 166; *Simitis/Kreuder*, NZA 92, 1009 ff.; *Buschmann*, AiB 87, 53; zum Fall Nokia vgl. *Leuze*, ZTR 09, 7: »drastische Darstellung in der Öffentlichkeit nicht nur erlaubt, sondern sogar geboten«; *HessLAG* 26.9.11 – 16 TaBV 105/11, NZA-RR 12, 85; einschränkend *BAG* 18.9.91 – 7 ABR 63/90, NZA 92, 315.
8 *BAG* 16.8.11 – 1 ABR 22/10, AuR 12, 83.
9 Ebenso *Fitting*, Rn. 2.
10 *BAG* 19.10.99 – 1 ABR 75/98, AuR 00, 268 mit Anm. *Buschmann, Fitting*, Rn. 5:

BR darf auch vorbeugend tätig werden.[11] Zum anderen soll der BR einzelnen AN bei der Durchsetzung ihrer Rechte gegenüber dem AG helfen.[12] Schließlich dient das betriebsverfassungsrechtliche Beteiligungsverfahren der Umsetzung betrieblicher Handlungs- und Organisationspflichten des AG.[13] Daraus folgt, dass der Begriff der **zugunsten** der AN geltenden Gesetze und Verordnungen weit auszulegen ist[14] und auch Richterrecht einbezieht.[15] Im Widerspruch dazu steht eine überschießende Argumentationslinie in einer Entscheidung des *7. Senats* des *BAG*, die anlässlich der Befristungsregelungen des TzBfG nur solche gesetzliche Bestimmungen erfassen wollte, die ausdrücklich **Verbote oder Verbote** enthalten, nicht aber solche, die gesetzliche Rechtsfolgen (hier: Unwirksamkeit der Befristung) anordnen, was verkürzt aus dem Wort »durchgeführt« abgeleitet wird.[16] Gerade die Unzulässigkeit einer bestimmten Befristung, d. h. Weiterbeschäftigung ergibt sich nicht von selbst, da der AG sich zunächst auf die Befristung berufen wird. Sie bedarf also eines Verfahrens, um diese Rechtsfolge durchzusetzen. Nichts anderes ist Durchführung. Auch § 7 Abs. 3 der RL 1999/70/EG über befristete Arbeitsverträge kennt diese Unterscheidung nicht. Die Überwachungspflicht erstreckt sich deshalb auf alle – arbeitsrechtlichen und sonstigen – **Rechtsvorschriften, die sich zugunsten der im Betrieb tätigen AN auswirken**. Hierunter fallen u. a.:

- **Grundrechte** der AN aus dem GG, der EMRK und der EU-Grundrechte-Charta.
- **Europarechtliche Vorschriften,** insbes. die Art. **151 ff.** AEUV sowie die dazu ergangenen Richtlinien, die bei der Auslegung nationalen Rechts (richtlinienkonform) sowie bei der Ermessensausübung nach § 76 Abs. 5 (Spruch der ESt.) zu berücksichtigen sind.[17]
- Gesetze und VO zum **Arbeitsschutz,** z. B. ArbSchG, ArbZG, BetrSichV, LSchlG (des Bundes bzw. der Länder), MuSchG, JArbSchG, HAG, Arbeitsmedizinischen Vorsorge-Verordnung (ArbMedVV) sowie die **UVV/BGV** der Berufsgenossenschaften gem. § 15 SGB VII (vgl. §§ 87 Abs. 1 Nr. 7 und 89).
- **Umweltschutzvorschriften,** die auch AN-schützenden Charakter haben, z. B. ImmissionsschutzG, ChemikalienG, AtomG, StrahlenschutzVO, StörfallVO, GefStoffVO, Umwelt-Audit-VO; Umweltauditgesetz (UAG); vgl. auch § 89.
- Bei Auslandseinsätzen zwingende ausländische Arbeits- und Umweltschutzbestimmungen.
- **Sonstige** zugunsten der AN geltende **Gesetze und Vorschriften des Arbeitsrechts** (z. B. NachweisG, KSchG, Urlaubs- und Feiertagsgesetze, EFZG, MitarbeiterkapitalbeteiligungsG, BetrVG sowie die arbeitsrechtlichen Vorschriften in BGB (insbes. der §§ 305 ff. BGB zum AGB-Recht), HGB, GewO, BEEG, Pflegezeitgesetz (Freistellungsanspruch nach § 3), einschließlich der arbeitsrechtlichen Grundsätze, wie z. B. **Gleichbehandlungsgrundsatz,** Grundsatz von **Recht und Billigkeit**[18] und **Betriebsübung**. Hinzu kommen die gesetzlichen Bestimmungen über Teilzeitarbeit und befristete Arbeitsverhältnisse[19] nach dem TzBfG, arbeitsrechtliche Aushang- und Bekanntmachungspflichten.[20] Ein spezifischer Schutz der AN von Baubetrieben bei Insolvenz ergibt sich aus dem Bauforderungssicherungsgesetz.[21] Zum Gendiagnostikgesetz vgl. unter BDSG.

---

11 *BAG* 19.2.08 – 1 ABR 84/06, AuR 08, 321; *Fitting*, Rn. 5; Richardi-*Thüsing*, Rn. 66.
12 *GL*, Rn. 6; vgl. auch *Fitting*, Rn. 5.
13 *Kohte*, FS Wißmann, 331.
14 Vgl. Richardi-*Thüsing*, Rn. 6 ff.; *Fitting*, Rn. 6; *GL*, Rn. 6 f.; *HWGNRH*, Rn. 13.
15 Richardi-*Thüsing*, Rn. 7.
16 *BAG* 27.10.10 – 7 ABR 86/09, AuR 11, 222; in der Entscheidung v. 6.4.11 – 7 AZR 716/09, AuR 11, 409, VB anhängig 1 BvR 1375/14, zur sachgrundlosen Befristung nimmt der *Senat* an dem gesetzlichen Normbefehl des § 14 Abs. 2 Satz 2 TzBfG, den er als sog. »Vorbeschäftigungsverbot« verkennt, selbst Anstoß. Ein solches Verbot enthält die Vorschrift nicht.
17 *EuGH* 10.4.84 – Rs. C-1419/83, DB 84, 1297 mit Anm. *Bertelsmann/Pfarr*; *BAG* 2.12.92 – 4 AZR 152/92, AuR 93, 225 mit Anm. *Richter;* 18.2.03 – 1 ABR 2/02, AuR 03, 298 mit Anm. *Linnenkohl; Ende*, AuR 97, 137, zur Europarechtswidrigkeit des ArbZG.
18 St. Rspr., s. nur *BAG* 21.10.03 – 1 ABR 39/02, AP Nrn. 8, 12, 13, 27 zu § 80 BetrVG 1972; vgl. auch *Fitting*, Rn. 6; GK-*Weber*, Rn. 16.
19 Hier will aber der *7. Senat* des *BAG* nur die §§ 4 – 8, 10, 18 – 20 TzBfG einbeziehen, *BAG* 27.10.10 – 7 ABR 86/09 a. a. O.
20 Übersicht bei *Pulte*, BB 08, 2569 ff.
21 Vgl. *Opolony*, AuR 01, 206 ff.

- Für **Leih-AN** von besonderer Bedeutung sind das Verbot der gewerbsmäßigen AN-Überlassung im Baugewerbe und der Schwarzarbeit (vgl. §§ 1, 1 b, 9, 14 AÜG; §§ 1 ff. SchwArbG), der Grundsatz der Gleichbehandlung (equal treatment, equal pay) der Leih-AN mit den vergleichbaren AN des Entleiherbetriebs nach § 10 Abs. 4 i. V. m. § 9 Abs. 2 AÜG, die Einhaltung der VO über eine Lohnuntergrenze (§ 3 a AüG) sowie das für den Entleiherbetrieb geltende öffentlich-rechtliche Arbeitsschutzrecht (§ 11 Abs. 6 AÜG). Nach § 1 Abs. 1 Satz 2 AÜG erfolgt die Überlassung von AN nur »vorübergehend«. Die Bestimmung enthält nicht lediglich einen unverbindlichen Programmsatz, sondern untersagt die nicht nur vorübergehende Arbeitnehmerüberlassung. Sie dient zum einen dem Schutz der Leiharbeiter. Zum andern soll sie die dauerhafte Aufspaltung der Belegschaft des Entleiherbetriebs in eine Stammbelegschaft und eine entliehene Belegschaft verhindern.[22]

bb) Allgemeines Gleichbehandlungsgesetz

8 Besondere Überwachungs- und Handlungspflichten ergeben sich für den BR aus dem Allgemeinen Gleichbehandlungsgesetz (AGG). Dieses Gesetz **verbietet Benachteiligungen** aus Gründen der Rasse oder wegen der ethnischen Herkunft, des Geschlechts, der Religion oder Weltanschauung, einer Behinderung, des Alters oder der sexuellen Identität und enthält besondere Rechtsbehelfe, u. a. für den BR, mit dem Ziel ihrer Beseitigung. Das Benachteiligungsverbot dient der Umsetzung von 4 GleichbehandlungsRL. Das AGG ist im Lichte dieser RL sowie des Art. 21 EU-GrCh zu interpretieren. Darüber hinaus versteht der *EuGH* den Grundsatz der Gleichbehandlung in Beschäftigung und Beruf als allgemeinen Grundsatz des (primären) Unionsrechts, der unabhängig von seiner nationalen Umsetzung unmittelbar anzuwenden ist, was zur Folge haben kann, dass entgegenstehende nationale Vorschriften zurücktreten.

9 Das AGG verpflichtet unmittelbar den AG, enthält in § 17 aber auch die **Aufforderung an die Tarifparteien, Beschäftigte und deren Vertretung, an der Verwirklichung der Gesetzesziele mitzuwirken.** Die »Soziale Verantwortung« nach § 17 Abs. 1 AGG reicht insoweit weiter als nach diesem Gesetz, als sie sich auf »Beschäftigte« i. S. d. § 6 AGG bezieht. Dazu gehören neben AN u. a. auch Bewerber und ausgeschiedene sowie arbeitnehmerähnliche Personen, hinsichtlich der Bedingungen für den Zugang zur Erwerbstätigkeit sowie den beruflichen Aufstieg sogar Selbstständige. Bestimmungen in BV, die gegen das Benachteiligungsverbot verstoßen, sind nach § 7 Abs. 2 AGG unwirksam. Bei einem Verstoß des AG gegen Vorschriften aus dem Abschnitt 2 AGG (Schutz der Beschäftigten vor Benachteiligung) kann der BR nach § 17 Abs. 2 AGG unter den Voraussetzungen des § 23 Abs. 3 (vgl. dort, Rn. 367 ff.) die dort genannten Recht gerichtlich gegen den AG geltend machen. Zu praktischen Auswirkungen und zur Rspr. *Nollert-Borasio*, AuR 08, 332. Ein vergleichbares Benachteiligungsverbot regeln auch §§ 4, 21 GenDG (s. u. unter BDSG). Für die Rechtsfolgen verweist das GenDG auf §§ 15, 22 AGG.

cc) Entsende- und Mindestlohngesetz

10 Ziel des **Entsendegesetzes** ist die Schaffung und Durchsetzung angemessener Mindestarbeitsbedingungen für aus- und inländische AN (§ 1 AEntG). Dies erfolgt durch Allgemeinverbindlichkeitserklärung oder Rechtsverordnung (§ 3 AEntG), nach der die Bestimmungen u. a. folgender TV zwingend Anwendung finden: Baugewerbe, Gebäudereinigung, Briefdienstleistungen, Sicherheitsdienstleistungen, Bergbauspezialarbeiten auf Steinkohlebergwerken, Wäschereidienstleistungen im Objektkundengeschäft, Abfallwirtschaft einschl. Straßenreinigung und Winterdienst, Aus- und Weiterbildung nach den SGB II und III, Schlachten und Fleischverarbeitung (§ 4 AEntG). Mit dem **Tarifautonomiestärkungsgesetz** v. 11.8.2014 (BGBl. I, 1348 ff.) wurde diese Möglichkeit auf alle anderen Branchen erweitert, um die Gesetzesziele zu erreichen und dabei insbes. einem Verdrängungswettbewerb über die Lohnkosten entgegen zu

22 *BAG* 10.7.13 – 7 ABR 91/11, AuR 9/13, mit der Folge eines Widerspruchsrecht des BR nach § 99 Abs. 2 Nr. 1.

wirken. Bei mehreren in Frage kommenden TV in einer Branche ist die *Repräsentativität* der TV zu berücksichtigen, welche sich nach der Zahl der (§ 7 Abs. 2 Nr. 1 AEntG) von den tarifgebundenen AG beschäftigten AN sowie der (§ 5 Abs. 2 Nr. 2 AEntG) Mitglieder der tarifschließenden Gewerkschaft, jeweils im Geltungsbereich des TV, bemisst. Letztere Regelung soll verhindern, dass durchsetzungsunfähige Organisationen Dumping-TV abschließen und anschließend deren Allgemeinverbindlichkeit beantragen. Die Verordnungsermächtigung verstößt weder gegen Verfassungs-[23] noch gegen Europarecht.[24] Auch die Allgemeinverbindlicherklärung ist zulässig.[25] Für die im Geltungsbereich eines für allgemeinverbindlich erklärten TV oder einer entspr. Rechtsverordnung nach dem AEntG Beschäftigten inkl. Leiharbeiter hat der AG Beginn. Ende und Dauer der tägl. Arbeitszeit aufzuzeichnen und diese Aufzeichnungen mind. 2 Jahre lang aufzubewahren (§ 19 Abs. 1 AEntG). Der BR hat die Einhaltung dieser Dokumentationspflicht und damit des tariflichen Mindestlohns sowie die tatsächlichen Arbeitszeiten zu überwachen. Für die Zahlung des tariflichen Mindestlohns haftet nicht nur der eigentliche AG, sondern auch dessen Auftraggeber wie ein Bürge, der auf die Einrede der Vorausklage verzichtet hat (§§ 14, 8 AEntG).

Nach § 1 **Mindestlohngesetz** (Art. 1 des Tarifautonomiestärkungsgesetzes 2014) beträgt die Höhe des gesetzlichen Mindestlohns ab 1.1.2015 8,50 € je »Zeitstunde«. Der Begriff der Zeitstunde entspricht § 2 ArbZG bzw. Art. 2 Abs. 1 der RL 2003/88/EG, d. h. die Zeit, die ein AN arbeitet bzw. dem AG zur Arbeitsaufnahme zur Verfügung steht.[26] Dazu gehören auch Arbeitsbereitschaft und Bereitschaftsdienst,[27] angeordnete Umkleide- und innerbetriebliche Wegezeiten, Rüst-, Vor- und Nachbereitungsarbeiten. Ausnahmen vom Mindestlohn (Praktikanten, Jugendliche ohne abgeschlossene Berufsausbildung, Auszubildende) ergeben sich aus § 22 MiLoG, eine Übergangsregelung für abweichende TV sowie Zeitungszusteller bis zum 31.12.2016 aus § 24. Von besonderer praktischer Bedeutung für den BR sind wie beim Entsendegesetz die dem AG obliegenden Dokumentationspflichten in Bezug auf Beginn, Ende und Dauer der täglichen Arbeitszeit nach § 17 MiLoG. Sie betreffen generell Geringfügig Beschäftigte i. S. d. § § 8 Abs. 1 SGB IV sowie die in den Branchen des § 2 a SchwArbG Beschäftigten: Bau, Gaststätten und Beherbergung, Personenbeförderung, Spedition, Transport und damit verbundene Logistik, Schausteller, Forstwirtschaft, Gebäudereinigung, Beteiligung am Auf- und Abbau von Messen und Ausstellungen, Fleischwirtschaft, jeweils incl. Leiharbeiter. Für diese und alle anderen Beschäftigten gelten überdies die Dokumentations- und Nachweispflichten des § 16 Abs. 2 ArbZG. Der AG kann sich von seinen öffentlich-rechtlichen Dokumentationspflichten nicht durch einfache Übertragung auf die AN entlasten.[28] Sog. Vertrauensarbeitszeit ist damit unvereinbar.[29] Der BR kann die **Vorlage dieser Dokumentationen** (z. B. nach den Musterformularen des BMAS) anfordern und damit zugleich die ordnungsgemäße Arbeitszeit und Vergütung überprüfen.[30] Für die Zahlung des Mindestlohns haftet nicht nur der eigentliche AG, sondern (über §§ 13 MiLoG, 14, 8 AEntG) auch dessen Auftraggeber wie ein Bürge, der auf die Einrede der Vorausklage verzichtet hat. Hier sollten die BR von Auftraggeber und –nehmer zusammenarbeiten.

dd) Sozialversicherungsrecht

Es gehört zu den Aufgaben des BR, die vom AG zu erfüllenden Pflichten aus den **Sozialversicherungsgesetzen** zu überwachen[31] und sich um die richtige Anwendung und Ausnutzung **11**

---

23 *BVerfG* 18.7.00 – 1 BvR 948/00, AuR 00, 353; *BAG* 12.1.05 – 5 AZR 617/01, AuR 05, 72 zur Haftung des Generalunternehmers.
24 *EuGH* 23.11.99 – Rs. C-369/96, AuR 00, 32; 12.10.04 – Rs. C-60/03, *BAG* 12.1.05 a. a. O.
25 *OVG Berlin* 10.3.04 – 1 B 2.02, AuR 04, 351, mit Anm. *Bordt.*
26 Im Einzelnen *Kocher*, AuR 15, 173 ff.; *Buschmann/Ulber*, ArbZG, Arbeitszeitgesetz, § 2 ArbZG, Rn. 2 Rn. 5 ff.; Art. 2 RL 2003/88/EG, Rn. 64 ff.
27 *BAG* 19.11.14 – 5 AZR 1101/12, AuR 14, 484, 488, zum Mindestentgelt in der Pflege.
28 *Buschmann/Ulber*, § 16 ArbZG, Rn. 16, m. w. N. auch zu a. A.; zur Mitbestimmung ebd. Rn. 24; **§ 87, Rn. 62.**
29 *Schrader/Novak*, NJW 15, 1783 ff.
30 *Düwell*, AiB 15, 37 ff.
31 *GL*, Rn. 7; *Fitting*, Rn. 9; Hako-*Kohte/Schulze-Doll*, Rn. 14.

der Möglichkeiten des SGB III zu kümmern. Dabei geht es vorwiegend um die Vorschriften über Kurzarbeitergeld, Möglichkeiten der Arbeits- und Winterbauförderung, Umschulungsmaßnahmen usw.[32] Nach *BAG*[33] soll zwar die Beratung der AN in sozialversicherungsrechtlichen Fragen nicht zu den Aufgaben des BR gehören. Dort erkennt das *BAG* aber an, dass die vom AG zu beachtenden **Abführungs- und Meldepflichten** zu den zu Gunsten der AN geltenden Gesetzen iSd. Vorschrift gehören, deren Einhaltung vom BR zu überwachen ist. Zu diesen Gesetzen gehören der elektronische Entgeltnachweis nach dem sog. ELENA-Verfahrensgesetz bzw. Nachfolgeregelung sowie die Regelung des § 2 Abs. 2 Nr. 3 SGB III, nach der der AG den AN über seine Pflicht zur **frühzeitigen Arbeitssuchendmeldung** bei der Agentur für Arbeit zu informieren, ihn hierfür freizustellen und ihm die Teilnahme an erforderlichen Qualifizierungsmaßnahmen zu ermöglichen hat.[34] Sozialversicherungsrechtliche Vorschriften können arbeitsrechtliche Ansprüche begründen, z. B. den Freistellungsanspruch nach § 3 Pflegezeitgesetz. Schließlich können sie auf §§ 242, 618 BGB beruhende Nebenpflichten des AG begründen, die dann durch Regelungen des SGB ausgestaltet werden.[35]

ee) Steuerrecht

12 Den AG trifft aus dem Arbeitsverhältnis die Nebenpflicht, die Steuern der AN richtig zu berechnen und abzurechnen.[36] Daher erstreckt sich das Überwachungsrecht des BR auf die Feststellung, ob der AG Lohnsteuer und Sozialversicherungsbeiträge generell richtig berechnet und abgeführt hat.[37] Nach Auffassung des *BAG* gehört es weder zu den Aufgaben des BR, darüber zu wachen, dass der AG bei der Berechnung des Lohnes die Vorschriften des **Lohnsteuerrechts** und die hierzu ergangenen Richtlinien beachtet, noch einzelne AN in steuerrechtlichen Fragen zu beraten.[38] Nach *LAG Köln*[39] (zu einer Schulungsmaßnahme nach § 37 Abs. 6) gehört die Beratung von AN in steuer- und sozialversicherungsrechtlichen Fragen so lange nicht zu den Aufgaben des BR, als diese Fragen nur einen mittelbaren Bezug zum Arbeitsverhältnis haben. Dieser Bezug ist aber vorhanden, wenn die Arbeitsvertragsparteien etwa bei **geringfügiger Beschäftigung** ihre arbeitsrechtlichen Vereinbarungen an den steuer- und sozialversicherungsrechtlichen Regelungen orientiert haben. Hier kann der BR die AN generell darüber beraten, ob der AG die Bestimmungen des § 40 a EStG eingehalten hat und welche sinnvollen Konsequenzen sich für die AN daraus ergeben. Nach der Rspr.[40] hat zwar auch bei geringfügiger Beschäftigung grundsätzlich der AN die pauschale Lohnsteuer im Innenverhältnis zu tragen, wenn nicht deren Übernahme durch den AG vereinbart ist. Unzulässig wäre es aber, ohne ausdrückliche Vereinbarung aus Anlass gesetzlicher Neuregelungen bisher pauschal übernommene Steuern oder die Arbeitgeberbeiträge zur Sozialversicherung auf die AN zu überwälzen.[41] Auch Nettolohnvereinbarungen rechtfertigen nicht die Benachteiligung von (geringfügig) Teilzeitbeschäftigten in der Bruttovergütung.

ff) Arbeitsstrafrecht

13 Zwar gehört die Durchsetzung des staatlichen Strafanspruchs nicht zu den originären Aufgaben des BR. Den über mehrere Gesetze verstreuten Vorschriften des **Arbeitsstrafrechts** liegen aber jeweils zivil- oder öffentlich-rechtliche Verpflichtungen des AG mit arbeitnehmer-

---

32 GK-*Weber*, Rn. 13.
33 *BAG* 4.6.03 – 7 ABR 42/02, AuR 03, 436.
34 Zur Meldepflicht des AN und zur Informationspflicht des AG vgl. *BSG* 25.5.05 – B 11a/11 AL 81/04 R, AuR 05, 270; *BAG* 29.9.05 – 8 AZR 571/04, AuR 06, 72; *Gabke*, AuR 05, 160, 270.
35 *BAG* 5.10.05 – 5 AZB 27/05, EzA ArbGG 1979 § 2 Nr. 63; vgl. auch *Nebe*, DB 2008, 1801.
36 Vgl. *BAG* 17.3.60, AP Nr. 8 zu § 670 BGB.
37 GK-*Weber*, Rn. 16; Richardi-*Thüsing*, Rn. 9; *GL*, Rn. 7; *HWGNRH*, Rn. 13; Hako-*Kohte/Schulze-Doll*, Rn. 15.
38 *BAG* 11.12.73, AP Nr. 5 zu § 80 BetrVG 1972.
39 *LAG Köln* 30.6.00 – 11 (12) TaBV 18/00, NZA-RR 2001, 255.
40 *BAG* 1.2.06 – 5 AZR 628/04, AuR 06, 118.
41 *LAG Köln* 25.1.01 – 10 Sa 1040/00, AuR 01, 352; TZA-*Buschmann*, § 4 TzBfG Rn. 33.

schützendem Charakter zu Grunde, deren Verletzung u. U. zur Nichtigkeit nach § 134 BGB oder zu Schadensersatzansprüchen nach § 823 Abs. 2 BGB führen kann.[42] § 130 OWiG unterstreicht die Organisations- und Aufsichtsverpflichtung des Inhabers eines Betriebs oder UN (vgl. § 121). Neben den Ordnungswidrigkeiten- und Straftatbeständen des Arbeitsschutzrechts (insbes. § 25 f. ArbSchG, § 209 SGB VII) bzw. nach §§ 119 ff. dieses Gesetzes (vgl. Kommentierung dort) besonders hervorzuheben sind:

- **Lohnwucher** nach (§ 291 StGB);[43]
- Beschäftigung von Ausländern ohne Genehmigung oder ohne Aufenthaltstitel und zu **ungünstigen Arbeitsbedingungen** (§ 10 Schwarzarbeitsbekämpfungsgesetz);
- **Betrug** (§ 263 StGB) durch Vorspiegelung einer tariflichen Bezahlung, die aber tatsächlich nicht erfolgt; dazu Strafbefehl des AG *Stuttgart*;[44]
- **Vorenthalten und Veruntreuen von Arbeitsentgelt** (§ 266 a StGB). Dieser ursprünglich nur auf das Vorenthalten von Arbeitnehmerbeiträgen zur Sozialversicherung bezogene Straftatbestand (Abs. 1) erstreckt sich auch auf sonstige »an einen anderen zu zahlende Teile des Arbeitsentgelts« (Abs. 3) sowie auf die Verletzung von Meldepflichten gegenüber der Einzugsstelle (Abs. 2). Mindestens § 266 a Abs. 2 StGB (vom *BAG* offen gelassen zu Abs. 1) ist ein Schutzgesetz zu Gunsten des AN[45] woraus sich i. V. m. § 823 Abs. 2 BGB u. U. eine zivilrechtliche Haftung des Geschäftsführers ergeben kann.[46] Der Tatbestand des Vorenthaltens ist gegeben, wenn der Lohn und die daran anknüpfenden Sozialversicherungsbeiträge nicht oder nicht in geschuldeter Höhe (z. B. untertariflich bei anzuwendendem TV) gezahlt werden, was der Gesetzgeber durch die Formulierung »*unabhängig davon, ob Arbeitsentgelt gezahlt wird*« in Abs. 1 klargestellt hat.[47] Dies ist auch der Fall, wenn (etwa im Reinigungsgewerbe) Anwesenheitszeiten am Arbeitsplatz nicht vollständig als Arbeitszeit angerechnet und dann nicht nach dem gesetzlichen Mindestlohn oder dem verbindlichen Mindestlohn-TV vergütet werden.[48] Dem entspricht die Rspr. des *BSG*,[49] nach der für die Frage, ob die sozialversicherungsrechtliche Geringfügigkeitsgrenze überschritten wird und somit eine Versicherungs- und Beitragspflicht eintritt, auch bei untertariflicher Bezahlung das tariflich geschuldete Arbeitsentgelt maßgeblich ist, nicht hingegen das tatsächlich gezahlte (untertarifliche) Entgelt. Zu einer solchen rechtlichen Überschreitung der Geringfügigkeitsgrenze kommt es oft, bezieht man tariflich geschuldete, jedoch tatsächlich nicht gezahlte Sonder- oder Nebenleistungen wie Weihnachts-, Urlaubsgelt, Sparförderung u. ä. mit ein. Mithin beinhalten rechtswidrig untertarifliche Bezahlung bzw. unzulässige geringfügige Beschäftigung überwiegend auch strafbares Vorenthalten von Arbeitsentgelt bzw. Sozialversicherungsbeiträgen i. S. d. Strafvorschrift. Dasselbe gilt bei illegalen Beschäftigungsverhältnissen i. S. d. § 14 Abs. 2 SGB IV wie der Beschäftigung von Paketfah-

42 Übersicht bei *Reinecke*, Die Rolle des Strafrechts bei der Durchsetzung des Arbeitsrechts, AuR 97, 139; *Le Friant*, Die straf- und verwaltungsrechtliche Verantwortung des Arbeitgebers, S. 22 ff.; *Schorn*, Die straf- und ordnungswidrigkeitenrechtliche Verantwortung im Arbeitsschutzrecht und deren Abwälzung, BB 10, 1345 ff.; *Metz*, Strafbarkeit bei untertariflicher Bezahlung, NZA 11, 782; *Buschmann*, Perspektivenwechsel im Arbeitsstrafrecht, FS Ostendorf, 2015, S. 141 ff.

43 *BGH* 22.4.97 – 1 StR 701/96, AuR 97, 453, mit Anm. *Reinecke* zu § 302 a StGB a. F.; strafrechtliche Parallele zu § 138 BGB.

44 AG *Stuttgart*, B 17 Cs 182(164) Js 1885/95, AuR 98, 238, Schlecker; vgl. auch *Metz*, NZA 11, 782.

45 *BAG* 18.8.05 – 8 AZR 542/04, DB 05, 2414 LAG *Hamm* 18.7.14 – 10 Sa 1492/13, AuR 15, 286; zu Beiträgen für private und betriebliche Altersversorgung; NZB 8 AZN 815/14 verworfen.

46 *BGH* 18.4.05 – II ZR 61/03, NJW 05, 2546; OLG *Düsseldorf* 16.9.14- – I-21 U 38/14, 21 U 38/14; vgl. auch *Schneider/Brouwer*, ZIP 07, 1033.

47 *Brüssow/Petri*, Arbeitsstrafrecht, 2008, C II; *BGH* 16.5.00 – VI ZR 90/99, EzA StGB § 266 a Nr. 1; 28.5.02 – 5 StR 16/02, AuR 02, 319. LG *Magdeburg* 29.6.10 – 21 Ns 17/09, AuR 10, 396; *OLG Naumburg* 1.12.10 – 2 Ss 141/10, AuR 11, 37; Metz, NZA 11, 782 ff.; *Buschmann*, FS Ostendorf, 2015, S. 141 ff.

48 Exemplarisch *BGH* 12.9.12 – 5 StR 363/12, AuR 13, 88 ff., mit Anm. *Buschmann*: Geringfügig bezahlte de facto Vollzeitbeschäftigte im Reinigungsgewerbe; ausführlich auch HK-ArbR/*Ernst*, Anhang zu § 3 ArbZG.

49 *BSG* 14.7.04 – B 12 KR 1/04 R, AuR 05, 167; 27.7.05 – B 12 KR 75/04 B; bestätigt durch *BVerfG* 11.9.08 – 1 BvR 200 7/05, NJW 08, 3698, zu geringfügig beschäftigten Aushilfen im Supermarkt.

rern als »Subunternehmer«.[50] Mit Wirksamwerden des gesetzlichen Mindestlohns hat die Bedeutung der Vorschrift erheblich zugenommen.[51]

- Einsatz illegaler ausländischer Leiharbeitnehmer zu **Arbeitsbedingungen, die in einem auffälligen Missverhältnis zu den Arbeitsbedingungen vergleichbarer deutscher Leiharbeitnehmer** stehen, nach § 15 a AÜG.
- Zu Untreue und korrespondierenden Steuerdelikten vgl. § 78 Rn. 13.

gg) Datenschutz

14 Das **BDSG** ist ein zugunsten der AN geltendes Gesetz iSd. Vorschrift, soweit seine Bestimmungen auf die AN des Betriebs Anwendung finden.[52] Die Vorschriften des BetrVG haben Vorrang vor dem BDSG (vgl. § 1 Abs. 3 Satz 1, 32 Abs. 3 BDSG).[53] Zum Datenschutz gehört auch der Schutz der AN vor **Videoüberwachung** bzw. Verarbeitung hierdurch erhobener Daten (zur elektronischen Personalakte § 83; besondere Straftatbestände zur Verletzung des persönlichen Lebens- und Geheimbereichs in §§ 201 ff. StGB).[54] Ein besonderes Gefährdungspotential besteht bei sog. **Due Diligence** (Übermittlung persönl. Daten der AN an einen möglichen Investor vor einem Unternehmenskauf, vgl. § 83, Rn. 11). Für den Arbeitnehmerdatenschutz ist insbes. § 32 Abs. 1 BDSG relevant. Dessen Regelungen sind nach Abs. 2 auch anzuwenden, wenn personenbezogene Daten erhoben, verarbeitet oder genutzt werden, ohne dass sie automatisiert verarbeitet oder in oder aus einer nicht automatisierten Datei verarbeitet, genutzt oder für die Verarbeitung oder Nutzung in einer solchen Datei erhoben werden.[55]

15 Die Überwachungspflicht des BR wird nicht dadurch berührt, dass dem vom AG zu bestellenden **Datenschutzbeauftragten** (§ 4 f, g BDSG) die Sicherstellung der Vorschriften über den Datenschutz obliegt.[56] BR und Datenschutzbeauftragter sollen zur Sicherstellung des Datenschutzes im Betrieb, soweit AN-Interessen berührt sind, möglichst eng zusammenarbeiten, auch wenn dies nicht ausdrücklich gesetzlich festgelegt ist.[57] Das Überwachungsrecht des BR erstreckt sich auch darauf, ob der Datenschutzbeauftragte die nach dem BDSG erforderliche Fachkunde und Zuverlässigkeit hat[58] und ob er seine Tätigkeit ordnungsgemäß und weisungsfrei (§ 4 f Abs. 3 BDSG) ausübt. Erkenntnisse über Verstöße gegen datenschutzrechtliche Bestimmungen kann der BR sowohl beim AG als auch beim Datenschutzbeauftragten oder bei der Aufsichtsbehörde (§ 38 BDSG) vorbringen.

16 Das BDSG gilt auch für die **Datenverarbeitung durch BR**. Deshalb schließt die Rspr. aus § 34 Abs. 3 BDSG ein unabdingbares Recht jedes BR-Mitglieds ein, auf Datenträgern gespeicherte Dateien und e-mails des BR elektronisch zu lesen.[59] Die vom BetrVG geforderte Unabhängigkeit des BR schließt jedoch eine Kontrolle des BR durch den Datenschutzbeauftragten aus, da der betriebliche Datenschutzbeauftragte keine neutrale Stellung zwischen AG und BR einnimmt, sondern Aufgaben des AG erfüllt und von diesem abhängig ist.[60] Daran haben diverse Novellierungen des BDSG nichts geändert.[61] Allerdings kann auch ein BR-Mitglied Daten-

---

50 *BGH* 16.4.14 – 1 StR 516/13. AuR 15, 115.

51 Zu Beitragsrisiken für AG *Barkow von Creytz/Rittweger/Zieglmeier*, DStR 15, Beil. zu Nr. 17, 75-77.

52 *BAG* 17.3.87, AP Nr. 29 zu § 80 BetrVG 1972 = AuR 88, 92 mit Anm. *Linnenkohl;* Däubler/Klebe/Wedde/Weichert-*Wedde*, § 9 Rn. 104 ff.

53 Richardi-*Thüsing*, Rn. 57; *HWGNRH*, Rn. 2 ff.; *Wohlgemuth*, Rn. 639; vgl. *BAG* 17.3.83, AP Nr. 18 zu § 80 BetrVG 1972.

54 Vgl. § 6 b BDSG sowie *BVerfG* 11.3.08 – 1 BvR 2074/05, NJW 08, 1505: Verstoß gegen Grundrecht auf informationelle Selbstbestimmung durch automatisierte KFZ-Kennzeichenerfassung; zur Persönlichkeitsrechtsverletzung durch Observation durch einen Detektiv mit heimlichen Videoaufnahmen *BAG* 19.2.15 – 8 AZR 1007/13, AuR 15, 157.

55 *BAG* 16.11.10 – 9 AZR 573/09, AuR 11, 222; ausführlich § 83, Rn. 13.

56 Richardi-*Thüsing*, Rn. 8, 57; *Fitting*, Rn. 7; *GL*, Rn. 7 a; *Wohlgemuth*, AuR 81, 273.

57 *Fitting*, a. a. O.; vgl. auch *Wohlgemuth*, Rn. 749.

58 *BAG* 22.3.94 – 1 ABR 51/93, DB 94, 1678 = AuR 94, 347.

59 *BAG* 12.8.09 – 7 ABR 15/08, DB 09, 2439.

60 *BAG* 11.11.97 – 1 ABR 21/97, NJW 98, 2466; dazu *Simitis*, NJW 98, 2395; *Tinnefeld*, ZRP 99, 197; a. A. *Leuze*, ZTR 03, 167; vgl. auch *Däubler*, Gläserne Belegschaften?, Rn. 686; Richardi-*Thüsing*, Rn. 8; *Däubler/Klebe/Wedde/Weichert*, § 9 Rn. 15.

61 Vgl. *BAG* 29.9.10 – 10 AZR 588/09, AuR 10, 487; *Däubler*, NZA 01, 874 [880]; Hako-*Kohte/Schulze-*

schutzbeauftragter sein.[62] Datenschutzrechtliche Bedenken stehen der Unterrichtung des BR nach dieser und anderen Vorschriften über personenbezogene Daten nicht entgegen. Der BR ist nicht Dritter, sondern i. S. d. § 3 Abs. 7 BDSG Teil der verantwortlichen Stelle.[63] Zum Datenschutz im weiteren Sinne gehört das **Gendiagnostikgesetz** (GenDG). Nach §§ 19, 20 GenDG sind genetische Untersuchungen oder Analysen von AN vor und nach Begründung des Beschäftigungsverhältnisses grundsätzlich unzulässig.[64] Vergleichbar dem AGG regelt § 21 GenDG das arbeitsrechtliche Benachteiligungsverbot.

hh) Tarifverträge

Die Überwachungspflicht bezüglich der **Einhaltung von TV** erstreckt sich auf **Inhaltsnormen** i. S. d. § 4 Abs. 1 Satz 1 TVG zugunsten der AN, auf **betriebliche und betriebsverfassungsrechtliche Normen** i. S. d. § 4 Abs. 1 Satz 2 TVG,[65] schließlich auch auf **obligatorische Bestimmungen** eines TV, die sich zugunsten der AN auswirken.[66] Das Überwachungsrecht hinsichtlich der TV setzt voraus, dass diese kraft Mitgliedschaft des AG im tarifschließenden AG-Verband bzw. auf Grund Allgemeinverbindlichkeit bzw. Rechtsverordnung für den betr. Betrieb gelten. Liegt keine Allgemeinverbindlicherklärung bzw. VO vor, ist, sofern es um Rechte einzelner AN geht, außerdem erforderlich, dass der AN Mitglied der tarifschließenden Gewerkschaft ist bzw. die Anwendung des TV einzelvertraglich vereinbart wurde[67] und dass der TV kraft seines persönlichen und fachlichen Geltungsbereichs für den AN gilt. Daraus schloss der 7. *Senat* des *BAG* die Unbegründetheit diesbezüglicher Unterrichtungsanträge der BR, die nicht zwischen tarif- und nicht tarifgebundenen AN differenzieren (Globalantrag).[68] Bei **Tarifpluralität** betrifft diese Überwachungspflicht ggf. mehrere TV. Eine Verdrängung des TV einer Minderheitsgewerkschaft über § 4 a Abs. 2 TVG wäre unvereinbar mit Art. 9 Abs. 3 GG sowie Art. 11 EMRK. Dem TV stehen die bindenden Festsetzungen der Arbeitsbedingungen nach §§ 19, 22 HAG gleich.[69] Der BR hat sich darum zu bemühen, dass diese Vorschriften realisiert werden. Schließlich hat er zu überwachen, dass die für den Betrieb maßgeblichen[70] TV im Betrieb ausgelegt werden und die Arbeitsverträge bzw. Nachweise einen Hinweis nach § 2 Abs. 1 Nr. 10 NachwG auf die auf das Arbeitsverhältnis anzuwendenden TV enthalten. 17

ii) Betriebliche Regelungen

Der BR überwacht die **Einhaltung von BV und Regelungsabreden**,[71] deren Durchführung zu den Aufgaben des AG gehört (§ 77 Abs. 1). Entsprechendes gilt für die sich aus **betrieblichen Einheitsregelungen** bzw. gleich lautend abgeschlossenen Arbeitsverträgen[72] ergebenden allgemeinen Arbeitsbedingungen, z. B. auch hinsichtlich der Frage, ob diese dem **Gleichbehandlungsgrundsatz** und den Grundsätzen von **Recht und Billigkeit** (§ 75) entsprechen.[73] Der 18

Doll, Rn. 22; *Gola/Klug*, NJW 07, 118; zu den datenschutzrechtlichen Aufgaben des BR aus dem AGG *Gola/Jaspers*, RDV 07, 111.

62 BAG 23 .3. 11 – 10 AZR 562/09, AuR 12, 133.

63 *BAG* 14.1.14 – 1 ABR 54/12, EzA-SD 2014, Nr 11, 15; 3.6.03 – 1 ABR 19/02, EzA BetrVG 2001 § 89 Nr. 1; *Fitting*, Rn. 58; *Kort*, NZA 10, 1272; a. A. Richardi-*Thüsing*, Rn. 8, nach denen das BDSG zwar grundsätzlich anwendbar ist, aber den Informationsanspruch des BR nicht einschränkt; zum Datengeheimnis ferner § 79 Rn. 44;§ 94 Rn. 49 ff.; zur PA § 83 Rn. 18.

64 Dazu und zu Ausnahmemöglichkeiten *Genenger*, AuR 09, 285 ff.; , FA 09, 168 ff.

65 *HWGNRH*, Rn. 19.

66 *BAG* 11.7.72, AP Nr. 1 zu § 80 BetrVG 1972; Richardi-*Thüsing*, Rn. 13; *Fitting*, Rn. 11; GK-*Weber*, Rn. 20; *HWGNRH*, Rn. 21 .

67 *BAG* 18.9.73, AP Nr. 3 zu § 80 BetrVG 1972; Richardi-*Thüsing*, Rn. 12.

68 *BAG* 27.10.10 – 7 ABR 36/09, ZTR 11, 322. Prozessual ergibt sich die Notwendigkeit differenzierter Hilfsanträge.

69 *Fitting*, a. a. O.; zu Mindestlohn-TV nach dem EntsendeG siehe Rn. 10.

70 Tarifbindung des AG reicht aus, vgl. Kempen/Zachert-*Zeibig*, § 8 TVG, Rn. 8.

71 *BAG* 19.2.08 – 1 ABR 84/06, AuR 08, 321.

72 *Fitting*, Rn. 12; so etwa im ö. D., vgl. Arbeits- und Ausbildungsvertragsmuster des Bundes, GMBl. 2015, 366 ff.

73 GK-*Weber*, Rn. 18.

örtliche BR ist auch dann originär zuständig, wenn es um eine BV geht, die der GBR oder KBR abgeschlossen hat.[74] Nach Auffassung des *BAG* hat jedoch der örtliche BR grundsätzlich keinen Anspruch auf Durchführung einer GBV oder KBV, die der GBR/KBR in originärer Zuständigkeit (§§ 50 Abs. 1, 58 Abs. 1) abgeschlossen hat, es sei denn, ihm seien dadurch eigene betriebsverfassungsrechtliche Rechte eingeräumt worden.[75] Schließlich kann sich der BR für die Einhaltung AN-schützender Vorschriften der in verschiedenen UN und Konzernen vereinbarten Unternehmensgrundsätze (sog. »**Code of conduct**«) einsetzen.

b) Arbeitsverträge

19 Ein eigenständiges Überwachungsrecht des BR bezogen auf die **Einhaltung individueller Arbeitsvertragsbestimmungen** besteht nicht.[76] Individuell ausgehandelte Vertragsansprüche sollen vom AN selbst überwacht und ggf. durchgesetzt werden. Die fehlende Erwähnung des Arbeitsvertrages in Nr. 1 beinhaltet keine Negativregelung derart, dass die kollektiven Überwachungsbefugnisse zurücktreten, soweit sie die Gestaltung der Einzelverträge berühren.[77] Z. B. muss der BR überprüfen können, ob Einzelverträge Gesetzen, TV, BV usw. entsprechen oder dagegen verstoßen. Andernfalls besteht die Gefahr, dass staatliche oder kollektiv gesetzte Schutz- oder Anspruchsnormen sich nicht durchsetzen und die Praxis sich nach der – möglicherweise rechtswidrigen – Arbeitsvertragsgestaltung richtet. In der Praxis ist die Formulierung der Individualverträge nach wie vor die Domaine von Kautelarjuristen auf Arbeitgeberseite, deren »Kreativität« das Arbeitsleben erheblich belastet und die Rspr. zur Überprüfung immer neuer »innovativer« Vertragsklauseln zwingt. Empirische Untersuchungen belegen,[78] dass zahlreiche der formularmäßig verwandten **Arbeitsverträge in einer Vielzahl von Einzelbestimmungen rechtswidrig** sind bzw. der gerichtlichen Vertragskontrolle nach §§ 305 ff. BGB nicht standhalten. Typisch hierfür sind einseitige Gestaltungsbefugnisse des AG zur Lage und Dauer der Arbeitszeit, einseitige Versetzungsrechte auch »nach unten«, unzulässige Abtretungsverbote, übermäßige Vertragsstrafen,[79] unzulässige Befristungen, Erweiterungen außerordentlicher Kündigungsgründe, Verzicht auf Betriebszugehörigkeit, vor allem nach Betriebsübernahmen, nicht gerechtfertigte Schweigepflichten, z. B. über Lohn und Gehalt[80] usw. Zunehmend geraten sittenwidrige (§ 138 BGB) bzw. wucherische (§ 291 StGB) arbeitsvertragliche Lohnvereinbarungen ins Blickfeld, häufig in Kombination mit formularmäßigen Verweisungen auf Vereinbarungen von Organisationen, deren Gewerkschaftseigenschaft wegen ihrer Mitglieder- bzw. Durchsetzungsschwäche sowie dubioser Geldquellen in Frage steht. Der individuelle Rechtsschutz ist defizitär. Deswegen sind die betrieblichen Interessenvertreter in besonderer Weise gefordert.

20 Der BR ist ggf. über einzelne Vereinbarungen in den individuellen Arbeitsverträgen der AN zu unterrichten.[81] Gerichtliche Aussagen zur Nichtvorlage von Arbeitsverträgen bei der Einstellung nach § 99 lassen sich nicht auf die allgemeine Überwachungspflicht nach § 80 übertragen. In diesem Rahmen hat der BR zwar nicht zu überprüfen, ob individuell ausgehandelte Vertragsbestimmungen im Vollzug des Arbeitsverhältnisses eingehalten werden, wohl aber, ob diese Bestimmungen gegen arbeitnehmerschützende Normen verstoßen. So sind Vereinbarungen, die den Anspruch auf **Mindestlohn** unterschreiten oder seine Geltendmachung be-

---

74 *BAG* 20.12.88, AP Nr. 5 zu § 92 ArbGG 1979; 16.8.11 – 1 ABR 22/10, AuR 12, 83.
75 *BAG* 18.5.10 – 1 ABR 6/09, DB 10, 2175.
76 Richardi-*Thüsing*, Rn. 14; *Fitting*, Rn. 12; GK-*Weber*, Rn. 19; *GL*, Rn. 11.
77 GK-*Weber*, Rn. 19.
78 *Preis*, Grundfragen, Schlussthesen, S. 581 ff.; *ders.*, AuR 94, 139.
79 Vgl. *BAG* 18.8.05 – 8 AZR 65/05, AuR 06, 37.
80 *LAG MV* 21.10.09 – 2 Sa 183/09, AuR 10, 343.
81 So ausdrücklich *BAG* 18.10.88, AP Nr. 57 zu § 99 BetrVG 1972; für die Unterrichtung nach § 80 bei gleichzeitiger Ablehnung der Vorlage des Arbeitsvertrages bei der Einstellung nach § 99 vgl. *BAG* 15.12.98 – 1 ABR 9/98, AuR 99, 242 mit Anm. *Buschmann*, das die Verpflichtung des AG zur **Unterrichtung des BR über Aufgaben, Arbeitsplatz, Arbeitszeiten, Vergütung sog. freier Mitarbeiter unter Vorlage von Unterlagen** anerkannt hat; einschränkend *BAG* 27.10.10 – 7 ABR 36/09, DB 11, 713.

schränken oder ausschließen, insoweit unwirksam (§ 3 S. 1 MiLoG). Dazu gehört die Verpflichtung des AG zur schriftlichen Niederlegung der in § 2 **NachweisG** geforderten wesentlichen (Mindest)Vertragsbedingungen. Hierfür hat ihm der AG insbes. die im Betrieb verwandten **(Formular-)Arbeitsverträge** vorzulegen.[82] Das *BAG* verneinte lediglich eine generelle Vorlagepflicht in Bezug auf die ausgefüllten Arbeitsverträge, wenn der Inhalt der Formulararbeitsverträge mit dem BR abgestimmt ist und diese alle nach dem NachwG erforderlichen Angaben vorsehen. Im Beschluss v. 16.11.05[83] hat das *BAG* diese Überwachungspflicht auch bezüglich der Vereinbarkeit der Arbeitsverträge mit den **AGB-Bestimmungen der §§ 305 ff. BGB** anerkannt. Angesichts der Regelung des § 310 Abs. 3 Nr. 2 BGB, nach der Kontrolle vorformulierter Vertragsbedingungen auch dann stattfindet, wenn diese nur zur einmaligen Verwendung bestimmt sind,[84] wird die Begrenzung auf allgemein verwendete Formularverträge nicht aufrechtzuerhalten sein. Der BR hat die Arbeitsverträge weiterhin daraufhin zu überprüfen, inwieweit sie den in Nr. 1 genannten Rechtsnormen entsprechen, sowie darauf zu achten, dass sie sämtliche Vorschriften einschließlich der allgemeinen arbeitsrechtlichen Grundsätze (wie AGG, Gleichbehandlungsgrundsatz, Grundsatz von Recht und Billigkeit), die zugunsten der AN wirken, einhalten.[85]

Dies gilt auch für die Arbeitsbedingungen der sog. **AT-Angestellten**[86] und der **übertariflich bezahlten AN.**[87] So erstreckt sich z. B. die Einsichtnahme in die Ergebnisse einer Leistungsbeurteilungsaktion auch auf die AT-Angestellten, da hierdurch dem BR die Möglichkeit eröffnet wird, zu prüfen, ob die z. B. in einer BV niedergelegte Entgeltregelung in der Praxis richtig angewandt und der Gleichbehandlungsgrundsatz beachtet wird.[88] **21**

Erst recht bezieht sich die Überwachungspflicht des BR auf den Inhalt von Rahmenvereinbarungen, mit denen allein zwar noch kein Arbeitsverhältnis begründet werden soll, die jedoch bei kurzzeitigen Einsätzen oder bei sog. »absprachegebundener Arbeitszeit« zu Grunde gelegt werden. **22**

c) Zugang zu den Arbeitsplätzen

Die Kommunikation zwischen BR und Beschäftigten ist in diesem Gesetz nicht enumerativ und abschließend geregelt.[89] Im Rahmen seiner Aufgabenstellung haben der BR bzw. seine Mitglieder ein eigenes, von der Zustimmung des AG unabhängiges **Zugangsrecht zu allen Räumen, Betriebsteilen und Arbeitsplätzen der AN,**[90] um sich über deren Arbeitsbedingungen zu informieren, und zwar ohne Hinzuziehung des AG bzw. Begleitung durch die Geschäftsleitung.[91] Es ergibt sich sowohl aus Abs. 1 Nr. 1 Überwachungspflicht) als auch aus Abs. 2 Satz 1 (Informationsrecht des BR).[92] Dem AG steht kein Prüfungsrecht zu, ob das Betreten dieser Räume im Einzelfall notwendig ist. Der BR kann zur Erfüllung seiner betriebsverfassungsrechtlichen Aufgaben regelmäßig, ggf. nach einem Arbeitsplan, von sich aus und ohne konkreten Verdacht der Nichtbeachtung von Vorschriften **Betriebsbegehungen** durchführen und ohne Anlass **Stichproben** machen.[93] **23**

---

82 *BAG* 19.10.99 – 1 ABR 75/98, AuR 00, 268 mit Anm. *Buschmann;* Mustergesuch des BR auf Vorlage in DKKWF-*Buschmann,* § 80 Rn. 4.

83 *BAG* 16.11.05 – 7 ABR 11/05, EzA BetrVG 2001 § 80 Nr. 4.

84 Dazu ErfK-*Preis,* §§ 305 – 310 BGB, Rn. 26.

85 Vgl. Richardi-*Thüsing,* Rn. 15; *GL,* a. a. O.; *ArbG Bremen* 13.10.83, AiB 84, 95 mit Anm. *Richter.*

86 *BAG* 30.6.81, AP Nr. 15 zu § 80 BetrVG 1972; 20.12.88, DB 89, 1032; differenzierend GK-*Weber,* Rn. 21; *HWGNRH,* Rn. 15 f.

87 *BAG* 18.9.73, 28.5.74, AP Nrn. 3, 7 zu § 80 BetrVG 1972; krit. noch GK-*Kraft,* 7. Aufl., Rn. 21: nur bei vertragseinheitlichen oder sonstigen kollektiven Regelungen; diese enge Auffassung macht jedoch ein mögliches Ergebnis der Überprüfung zu ihrer Voraussetzung.

88 Vgl. *BAG* 20.12.88, a. a. O.

89 *Neufeld/Elking,* NZA 13, 1170.

90 *BAG* 15.10.14 – 7 ABR 74/12, DB 15, 870; *BAG* 21.1.82, AP Nr. 1 zu § 70 BetrVG 1972; 17.1.89 – 1 AZR 805/87; 13.6.89 – 1 ABR 4/88, AP Nr. 36 zu § 80 BetrVG; a. A. *BVerwG* 9.3.90, ZTR 90, 254 für den Zugang von PR-Mitgliedern zu den Arbeitsplätzen in einem Klinikum, wenn der Dienststellenleiter triftige Gründe dagegen geltend macht; kritisch *Lemcke,* PersR 90, 171 ff.

91 *BAG* 20.1.15 – 1 ABR 25/13, DB 15, 1112; *LAG München* 28.9.05 – 9 TaBV 58/05.

92 *BAG* 15.10.14 – 7 ABR 74/12, DB 15, 870.

93 *BAG* a. a. O.; *ArbG Stuttgart* 19.2.02, NZA-RR 02, 365; GK-*Weber,* Rn. 27.

24 Dies gilt auch während eines **Arbeitskampfes** jedenfalls dann, wenn im Betrieb AN arbeiten.[94] Auch während des Arbeitskampfes bleiben das BR-Amt und die damit verbundenen Rechte und Pflichten bestehen.[95] Der AG ist auch im Arbeitskampf nicht berechtigt, die Zugangs-Code-Karten sämtlicher BR-Mitglieder zu sperren, selbst wenn er annimmt, ein BR-Mitglied habe seine Karte missbräuchlich verwandt. Ebenso wenig ist er in Arbeitskampfsituationen berechtigt, BR-Mitglieder während der Ausübung von BR-Tätigkeit fortwährend oder auch nur stichprobenhaft, z. B. durch ein Mitglied der Personalabteilung, kontrollieren zu lassen.[96]

25 Auch die **JAV** kann – jedenfalls mit Zustimmung des BR – zur Erfüllung ihrer Überwachungsaufgaben Arbeitsplätze der in § 60 Abs. 1 genannten AN aufsuchen.[97] Auf Ersuchen des BR kann ein Beauftragter der im Betrieb vertretenen **Gewerkschaft** an der Besichtigung der Arbeitsplätze teilnehmen, z. B. zur Überprüfung der Eingruppierung.[98] Das Zutrittsrecht des BR erstreckt sich auch auf Räume, deren Betreten nur bestimmten Beschäftigten erlaubt, allen anderen »Unbefugten« jedoch verboten ist.[99] Dies gilt jedenfalls nach vorheriger Anmeldung bei der zust. aufsichtsführenden Person.[100] Außerhalb dieser besonderen Sicherheitsbereiche besteht keine Anmeldepflicht.[101]

26 Der BR kann auch **Arbeitsplätze** von AN aufsuchen, die in einem **gemeinsamen Betrieb** mehrerer Unternehmen liegen; Arbeitsplätze, für die der BR ein **Übergangsmandat** wahrnimmt;[102] Arbeitsplätze auf **fremdem Betriebsgelände** (z. B. Personal eines Bewachungs-UN in bewachten Gebäuden oder auf bewachten Grundstücken; sog. Werkvertragsbeschäftigte auf Betriebsgelände des Auftraggebers).[103] **Die Übertragung eigener Aufgaben des AG auf Dritte verändert grundsätzlich nicht die Beteiligungsrechte des BR.**[104] Über Rechte des BR können AG und Auftraggeber nicht durch Vertrag disponieren.[105] Ein Verbot des Auftraggebers hatte der BR nach älterer Auffassung des *BAG* zu beachten. Er musste ggf. eine Genehmigung des Auftraggebers erwirken,[106] wobei ihn der AG zu unterstützen hatte.[107] Im Falle der Verweigerung müsste der BR durch arbeitsgerichtliches Beschlussverfahren durchsetzen, dass der AG nur mit solchen Auftraggebern Verträge abschließt, bei denen die Erfüllung von Gesetzen möglich ist. Maßgeblich ist, dass sich das **Behinderungsverbot des § 78** nicht nur gegen den AG, sondern **gegen jedermann richtet.** Adressaten sind auch AG eines **gemeinsamen Betriebs** sowie Vertreter anderer konzernierter oder »befreundeter« UN, die in einem engen funktionalen Zusammenhang stehen, sowie von Eigentümer-/Vermietergesellschaften. Auch sie haben die Praktizierung betriebsverfassungsrechtlicher Befugnisse, insbes. den Zugang von BR-Beauftragten zu dulden.[108] Unzulässig ist es insbes., wenn nach Betriebs-/Unternehmensteilung oder Aufspaltung in eine Betriebs- und eine Besitzgesellschaft Mitglieder betriebsverfassungsrechtlicher Organe durch nunmehr betriebsfremde Gesellschaften unter formaler Berufung auf Eigentum gestört oder behindert werden. Lediglich das Zutrittsrecht des Verleiher-BR zum Entleiherbetrieb hat das *BAG*[109] auf dessen Überwachungsbefugnisse beschränkt,

94 *LAG Düsseldorf* 5.7.94 – 8 TaBV 57/94, AuR 95, 107; *ArbG Frankfurt/M.* 19.3.99 – 2 BvGa 13/99, AiB 99, 648; ErfK-*Kania*, Rn. 6; vgl. § 78 Rn. 17.

95 *BAG* 10.12.02 – 1 ABR 7/02, AuR 03, 30.

96 *LAG Frankfurt* 8.2.90 – 12 TaBVGa 13/90, BB 90, 1626.

97 *BAG* 21.1.82, a. a. O.

98 Vgl. *BAG* 17.1.89, a. a. O.

99 *ArbG Frankfurt* 30.10.86 – 13 BV 10/86; *ArbG Hamburg* 6.5.97 – 25 GaBV 4/97, AuR 97, 374, Ls.

100 Vgl. *LAG Frankfurt* 4.2.72, DB 72, 2214.

101 *Koll*, AiB 5/15, 40 ff., auch zu weiteren Fragen des Zugangsrechts.

102 *ArbG Duisburg* 3.9.96, AuR 96, 506.

103 Vgl. *BAG* 13.6.89, AP Nr. 36 zu § 80 BetrVG 1972.

104 *v. Hoyningen-Huene*, RdA 92, 365.

105 *BAG*, a. a. O.

106 *BAG*, a. a. O.

107 *LAG Düsseldorf* 13.11.87 – 2 TaBV 141/86; offen gelassen *BAG*, a. a. O.

108 Zur Grundrechtsbindung von Dritteigentümern *BVerfG* 22.1.11, 1 BvR 699/06, AuR 11, 132, Versammlungsfreiheit im Frankfurter Flughafen.

109 *BAG* 15.10.14 – 7 ABR 74/12, DB 15, 870: keine Verpflichtung des Entleihers, den Mitgliedern des Verleiher-BR jederzeit und unabhängig von einem konkreten Anlass Zutritt zu seinem Betrieb zu gewähren; kritisch dazu *Hamann*, jurisPR-ArbR 16/2015 Anm. 1; weiter gehend Vorinstanz *LAG Bremen* 30.5.12 – 2 TaBV 36/11, AuR 13, 178 f. (Anm. *Lange*).

d. h. Mitwirkung an Entscheidungen des Verleihers in den die Leiharbeiter betreffenden sozialen, personellen und wirtschaftlichen Angelegenheiten. Für die Einhaltung arbeitsplatzbezogener Schutzvorschriften und Mitbestimmung bzgl. der im Entleiherbetrieb beschäftigten AN sei der Entleiher-BR zuständig. Ausdrücklich offen gelassen wurde, ob und wie die Schutzlücke für Leiharbeiter in einem BR-losen Einsatzbetrieb zu schließen wäre; ferner, ob die Besichtigung von Arbeitsplätzen im Einsatzbetrieb aus konkretem Anlass zur Wahrnehmung betriebsverfassungsrechtlicher Aufgaben oder Mitbestimmungsrechte durch den Verleiher-BR erforderlich werden könnte, bspw. im Rahmen der personellen Mitbestimmung nach § 99 Abs. 1 bei der Eingruppierung oder zur sachgerechten Behandlung einer Beschwerde nach § 84 Abs. 1 Satz 1, und ob der Entleiher in einem solchen Fall den Zutritt des BR zum Betrieb dulden muss. Nach vorstehenden Grundsätzen sind diese Fragen aber zu bejahen.

d) Überwachungsmaßnahmen

Der AG hat alle **Maßnahmen des BR** oder seiner Ausschüsse bzw. Mitglieder zu dulden, die der Wahrnehmung der Überwachungsaufgabe dienen. Die Befugnisse des BR finden ihre **Schranken** zum einen in dem Verbot, durch einseitige Handlungen in die Leitung des Betriebs einzugreifen (§ 77 Abs. 1), zum anderen in dem AG wie BR treffenden Verbot des Rechtsmissbrauchs,[110] insbes. dem Übermaßverbot.[111] **Rechtsmissbrauch** als Sonderfall einer unzulässigen Rechtsausübung i. S. d. § 242 BGB liegt noch nicht vor, wenn der AG keinen Anlass für das Vorgehen des BR sieht, sondern allenfalls, wenn die Ausübung eines Rechts Vorwand für die Erreichung vertragsfremder oder unlauterer Zwecke ist oder Schikanecharakter i. S. d. § 226 BGB hat. Dies ist der Fall, wenn die Ausübung des Rechts keinen anderen Zweck hat, als dem anderen Schaden zuzufügen.[112] Ob und wann der BR von seiner Überwachungspflicht Gebrauch macht, bestimmt er selbst nach pflichtgemäßer Abwägung seiner Amtspflichten. Wenn ihm bekannt gewordene Hinweise und Verdachtsmomente die Möglichkeit eines Rechtsverstoßes nahe legen, muss er diesen nachgehen.[113] Der Vorwurf des Rechtsmissbrauchs ist deshalb gegenüber dem Antrag des BR auf Feststellung der Unwirksamkeit einer Betriebsvereinbarung keine beachtliche Einwendung.[114] **27**

Die allgemeine Überwachungspflicht dient der **Rechtskontrolle.** Sie gibt dem BR nach Auffassung des *BAG* keinen Anspruch, die zutr. Durchführung arbeitsrechtlicher Vorschriften, insbes. die Erfüllung individueller Leistungsansprüche durch den AG, in einem Namen im **Beschlussverfahren** durchzusetzen.[115] Danach ist auch die Auslegung gesetzlicher Vorschriften und TV keine betriebsverfassungsrechtliche Angelegenheit.[116] **28**

Soweit AN-Schutzbestimmungen als Bestimmungen einer BV formuliert sind, kann der BR deren Einhaltung aus eigenem Recht gerichtlich durchsetzen. De lege lata hat der BR einen im Beschlussverfahren durchsetzbaren **Erfüllungsanspruch aus abgeschlossenen BV** oder Spruch einer ESt.,[117] der nach der Rspr.[118] aber nicht die Geltendmachung der durch BV begründeten individuellen Ansprüche betrifft. Gegen die Verletzung seiner Mitbestimmungsrechte aus § 87 hat er einen allgemeinen Unterlassungsanspruch.[119] Zulässig ist auch der Feststellungsantrag bezüglich der Unwirksamkeit[120] bzw. Wirksamkeit und Fortgeltung von BV **29**

110 Vgl. dazu *BAG* 11.7.72, AP Nr. 1 zu § 80 BetrVG 1972.
111 Vgl. GK-*Weber*, Rn. 25.
112 Vgl. auch *Palandt-Heinrichs*, § 242 Rn. 49 ff.
113 Vgl. auch GK-*Weber*, Rn. 28.
114 *BAG* 18.2.03 – 1 ABR 17/02, EzA BetrVG 2001 § 77 Nr. 4.
115 *BAG* 10.6.86, 24.2.87, AP Nrn. 26, 28 zu § 80 BetrVG 1972; 28.5.02, AuR 03, 76; 18.2.03 a. a. O.; 18.1.05, AuR 05, 72, 465; 20.5.08, DB 08, 2490; a. A. noch *BAG* 29.4.82, AP Nr. 4 zu § 15 BAT; *ArbG Braunschweig* 24.10.85 – 1 BV Ga 15/85; vgl. auch *Däubler*, AuR 95, 310; *Gamillscheg*, AuR 96, 354; allgemein zur Mitbestimmung bei Formulararbeitsverträgen *Bachner*, NZA 07, 536.
116 *BAG* 18.1.05, AuR 05, 72, 465.
117 *BAG* 28.9.88, AP Nr. 26 zu § 87 BetrVG 1972 Arbeitszeit.
118 *BAG* 18.1.05, a. a. O.
119 *BAG* 3.5.94, AuR 95, 67; dazu *Derleder*, AuR 95, 13, auch zur Übertragung dieser Rspr. auf andere Mitbestimmungstatbestände wie §§ 99, 111.
120 *BAG* 18.2.03, a. a. O.

einschließlich ihrer Auslegung.[121] Bei einer von einer anderen AN-Vertretung (GBR) abgeschlossenen BV verlangt das *BAG*, dass der BR einen Eingriff in eine eigene betriebsverfassungsrechtliche Rechtsposition geltend macht.[122]

30 Schließlich kommt ein Verfahren nach § 23 Abs. 3 i. V. m. § 75 in Betracht, wenn der AG gegen die Grundsätze für die Behandlung der Betriebsangehörigen verstößt.[123] Das *BAG*[124] anerkennt jedenfalls, wenn dieses Gesetz Rechte einzelner AN mit kollektivem Bezug begründet (z. B. Anspruch auf Beiziehung eines BR-Mitglieds), eine **gesetzliche Prozessstandschaft** des BR und der im Betrieb vertretenen Gewerkschaft unabhängig von deren materiellrechtlichen Positionen. Noch weiter reicht das Recht des BR aus § 17 Abs. 2 AGG. Damit hat der BR die Möglichkeit, die unter Verstoß gegen § 1 AGG erfolgte Diskriminierung einzelner AN zum Anlass für die Einleitung entsprechender arbeitsgerichtlicher Leistungs-, Duldungs- oder Unterlassungsverfahren zu nehmen.[125]

31 Dem BR steht das Recht zu, AN über **bestehende Tarifbestimmungen zu informieren,** die AN zu beraten,[126] eine andere Rechtsauffassung als der AG zu vertreten und Reaktionsmöglichkeiten zu erläutern[127] sowie **Fremdfirmen**- bzw. **Leih-AN** über die Einhaltung von Sicherheits- und UVV zu belehren.[128] Es gehört zu seinen Pflichten, AN auf festgestellte Missstände aufmerksam zu machen und darüber aufzuklären, welche Rechte sie haben (zur Unterstützung von AN, die dem Entsendegesetz unterliegen, sowie zum Mindestlohn vgl. Rn. 10).[129]

32 Stellt der BR Rechtsverstöße fest, hat er den AG darauf hinzuweisen und auf **Abhilfe** zu drängen.[130] In diesem Rahmen kann er gegenüber dem AG, Führungskräften oder AN Abmahnungen aussprechen.[131] Bei Verletzung von Arbeitsschutznormen bzw. UVV oder bei sonstigen Verstößen gegen AN-Schutzgesetze und TV kann er die **Gewerbeaufsicht,** die **Berufsgenossenschaft** oder die **Gewerkschaft**, bei Nichteinhaltung des gesetzlichen oder tariflichen Mindestlohns auch die **Finanzkontrolle Schwarzarbeit** einschalten.[132] Unterlässt der AG die Anzeige an die **Agentur für Arbeit** gemäß § 17 KSchG, kann der BR diese unterrichten.[133] Um die Überwachungstätigkeit ausüben zu können, hat der BR umfassende **Informationsrechte** nach Abs. 2.

33 Für die Geltendmachung und ggf. gerichtliche Durchsetzung individualvertraglicher Ansprüche ist in erster Linie der einzelne AN zuständig. Es gehört nicht zu den Aufgaben des BR (als Gremium), allgemein die **Prozessstandschaft**[134] oder **-vertretung** für Individualansprüche von AN außerhalb dieses Gesetzes vor dem ArbG zu übernehmen.[135] Ebenso wenig ist der AG Vertreter bzw. Prozessstandschafter der Beschäftigten.[136] Kraft besonderen Auftrags (Vollmacht) kann ein BR-Mitglied einen AN außergerichtlich vertreten. Allerdings setzt eine ordnungsgemäße **Geltendmachung von AN-Ansprüchen** gegenüber dem AG zur Wahrung von

121 *BAG* 18.1.05 – 3 ABR 21/04, a. a. O.
122 BAG 5.3.13 – 1 ABR 75/11, DB 13, 1423.
123 So *LAG Bremen* 19.11.81, AiB 86, 199 mit Anm. *Grimberg; LAG Köln* 19.2.88, AiB 89, 163 mit Anm. *Trittin*, jeweils zu Abmahnungsschreiben an Kranke; *ArbG Regensburg* 28.7.89, AiB 89, 354 zum Aushang von Abmahnungen am »Schwarzen Brett«.
124 BAG 16.11.04 – 1 ABR 53/03, AuR 05, 163.
125 Däubler/Bertzbach-*Buschmann*, § 17 AGG, Rn. 10 ff.
126 *BAG* 17.2.10 – 7 ABR 81/09, DB 10, 2676.
127 *ArbG Detmold* 18.6.86, AuR 86, 369; *GL*, Rn. 13; vgl. auch *Mache*, AiB 87, 200.
128 *ArbG Hagen* 1.7.87 – 3 Ca 143/87; im Ergebnis bestätigt durch *LAG Hamm* 17.2.88 – 3 Sa 1575/87.
129 *GL*, a. a. O.; zur Mitbestimmung *Kreuder*, AuR 93, 316.
130 Vgl. *BAG* 10.6.86, 24.2.87, AP Nrn. 26, 28 zu § 80 BetrVG 1972, 28.5.02 – 1 ABR 32/01, AuR 03, 76; *Fitting*, Rn. 15; GK-*Weber*, Rn. 28; *V. Schmidt*, AuR 88, 26; *HWGNRH*, Rn. 20; Musterbeschluss des BR in DKKWF-*Buschmann*, § 80 Rn. 2; Rüge a. a. O., Rn. 3.
131 *Wetzling/Habel*, BB 11, 1082.
132 Vgl. *Fitting*, Rn. 16; GK-*Weber*, Rn. 28; WPK-*Preis*, Rn. 6.
133 *Bieback*, AuR 86, 164 [174]; *Fitting*, a. a. O.
134 *BAG* 5.5.92 – 1 ABR 69/91, AuR 92, 181.
135 *BAG* 19.5.83, AP Nr. 44 zu § 37 BetrVG 1972; Richardi-*Thüsing*, Rn. 18; *Fitting*, Rn. 13; GK-*Weber*, Rn. 29; *HWGNRH*, Rn. 25; *V. Schmidt*, AuR 88, 26; zusammenfassend zur kollektiven Durchsetzung individueller Rechte *Däubler*, AuR 95, 305.
136 *BAG* 20.1.09 – 1 AZR 515/08, AuR 09, 281.

tariflichen Ausschlussfristen durch den BR eine Bevollmächtigung durch den AN voraus.[137] Nach älterer Rspr.[138] kann die Geltendmachung »für alle Frauen im Betrieb« durch den BR ausreichen, wenn der AG ohnehin die Erfüllung des Anspruchs ausdrücklich abgelehnt hat. Im Übrigen muss der AG, will er die Vollmacht des BR rügen, sie entspr. § 174 BGB unverzüglich zurückweisen. Die Beratung und Erörterung von Rechtsfragen, die AN betreffen, ist dem BR auch unter Beachtung des Rechtsdienstleistungsgesetzes erlaubt.[139] Der BR sollte in der Erteilung von **Rechtsauskünften** zu individualrechtlichen Fragen Zurückhaltung üben und die AN grundsätzlich an die im Betrieb vertretene Gewerkschaft verweisen.[140]

2. Antragsrecht gegenüber dem Arbeitgeber

Der BR soll nicht lediglich auf Initiativen des AG reagieren, sondern **von sich aus initiativ** 34
werden.[141] Das Antragsrecht des BR ist **nicht an irgendein Mitwirkungs- oder Mitbestimmungsrecht** gebunden.[142] Es bezieht sich auf alle **Maßnahmen auf sozialem, personellem** oder **wirtschaftlichem Gebiet**, die dem Betrieb und der Belegschaft (bzw. einem Teil oder einer Gruppe) dienen. Das Antragsrecht kann sich auch auf **rein individuelle Belange** einzelner AN, z. B. in sozialen oder personellen Angelegenheiten, beziehen.[143] Den Anträgen muss ein konkreter Bezug zum Betrieb und seinen AN zugrunde liegen. Dazu gehören auch außerbetriebliche Maßnahmen, die sich auf den Betrieb auswirken, z. B. Fragen der Verkehrsverbindung oder des betrieblichen Umweltschutzes (vgl. Nr. 9 sowie § 89). In diesen Fällen kann die Anregung an den AG dahin gehen, dass dieser gegenüber außerbetrieblichen Stellen tätig werden soll. Die Vorschrift ist weit auszulegen.[144] Nach Auffassung des *BAG* gibt sie aber dem BR keinen Anspruch auf weitere Informationen, z. B. über Revisions- und Fachinspektionsberichte der zentralen Revisionsabteilung (vgl. auch Rn. 98 ff.).[145]

Auf **sozialem Gebiet** kann der BR z. B. Anregungen zur Zahlung von Gratifikationen, Aus- 35
gleichszahlungen und außertariflichen Lohnerhöhungen[146] geben. Sie werden durch § 77 Abs. 3 nicht ausgeschlossen.[147] Der BR kann wegen Gewährung von Vorschüssen oder Zusatzurlaub für einzelne oder bestimmte AN vorstellig werden. Auf **personellem Gebiet** kann er, bspw. im Hinblick auf Nrn. 4 und 5 dieser Vorschrift, von sich aus Anträge auf Einstellungen, Versetzungen und Umgruppierungen an den AG stellen. Über die §§ 90, 91 hinaus kann er Anregungen für eine **humanere Gestaltung der Arbeit** geben sowie **Verbesserungen der Arbeitsmethoden** und die **Beseitigung vermeidbarer Arbeitserschwernisse** beantragen. Das Antragsrecht erstreckt sich auch auf unternehmerische Entscheidungen, z. B. Investitionen und Rationalisierungsmaßnahmen,[148] was auch in Nr. 8 sowie § 92 a zum Ausdruck kommt.

Der AG ist verpflichtet, sich mit den Anträgen und Vorschlägen des BR ernsthaft zu befassen.[149] 36
Die Vorschrift definiert nicht die Mittel, mit denen der BR die Zustimmung des AG zu seinen Anträgen herstellen kann, so dass die allgemeinen **Grundsätze des gegenseitigen Gebens und Nehmens** Anwendung finden. Eine gerichtliche Durchsetzung seiner Anträge erfolgt nur in den im Gesetz genannten Fällen, so in den Fällen der §§ 85 Abs. 2, 87, 91, 93, 95 Abs. 2, 97 Abs. 2, 98 Abs. 2 und 5, 103 Abs. 1, 104, 109, 112 Abs. 4, 112 a.

137 *LAG Berlin* 5.10.87, NZA 88, 442.
138 *BAG* 7.12.62, AP Nr. 23 zu § 1 HausarbTG NRW = AuR 62, 221; offen gelassen in *BAG* 5.4.95, EzA § 4 TVG, Ausschlussfristen Nr. 111; a. A. *Rieble*, Anm. zu *BAG* aaO.
139 *Düwell*, dbr 7/2008, 17.
140 *Fitting*, Rn. 13; vgl. auch *LAG Hamburg* 10.4.87, DB 87, 1744; *BVerwG* 18.8.03 – 6 P 6/03, PersR 03, 498, zum PR; dazu *Düwell*, PersR 08, 306.
141 *HWGNRH*, Rn. 26; *WW*, Rn. 6; vgl. auch Richardi-*Thüsing*, Rn. 20 ff.; *Fitting*, Rn. 18.
142 Vgl. auch *BAG* 27.6.89, AP Nr. 37 zu § 80 BetrVG 1972; Richardi-*Thüsing*, Rn. 21; *Fitting*, a. a. O.
143 So auch *Fitting*, Rn. 20; a. A. Richardi-*Thüsing*, Rn. 23; GK-*Weber*, Rn. 33.
144 GK-*Weber*, a. a. O.
145 *BAG*, a. a. O.
146 Vgl. auch *BAG* 26.1.62, AP Nr. 8 zu § 626 BGB Druckkündigung; *Fitting*, Rn. 20; *GL*, Rn. 15.
147 GK-*Weber*, Rn. 32.
148 *Fitting*, a. a. O.
149 *Fitting*, Rn. 18; vgl. auch Richardi-*Thüsing*, Rn. 25; GK-*Weber*, Rn. 31; *GL*, Rn. 16; *WW*, Rn. 7.

3. Durchsetzung der tatsächlichen Gleichstellung von Frauen und Männern

37 Die Vorschrift ist im Lichte **des Art. 3 Abs. 2 Satz 2 GG** zu verstehen: »Der Staat fördert die tatsächliche Durchsetzung der Gleichberechtigung von Männern und Frauen und wirkt auf die Beseitigung bestehender Nachteile hin.« Die Gleichberechtigung der Geschlechter ist ein verbindliches Staatsziel.[150] Das *BVerfG*[151] hatte bereits die bis 1994 geltende Fassung des Art. 3 Abs. 2 GG als Gleichberechtigungsgebot interpretiert, das auf die Angleichung der Lebensverhältnisse zielt.

38 In der gerichtlichen Praxis spielen eine große Rolle der **europarechtliche Gleichheitsgrundsatz** (Art. 23 Gr-Ch, Art. 157 AEUV), die dem AGG zu Grunde liegenden Gleichbehandlungsrichtlinien sowie das AGG selbst, schließlich das Diskriminierungsverbot in § 75 Abs. 1 (ausführlich § 75 Rn. 20 ff.). Darauf können sich Männer wie Frauen gleichermaßen berufen. **Frauenförderpläne** oder Gleichstellungsgesetze, die der Frau bei Einstellungen oder Beförderungen absoluten und unbedingten Vorrang einräumen, verstoßen nach der Rspr. des *EuGH*[152] gegen die GleichbehandlungsRL 76/207/EWG, es sei denn, diese Regelung garantiert männlichen Bewerbern, die die gleiche Qualifikation wie die weiblichen Bewerber besitzen, in jedem Einzelfall, dass die Bewerbungen Gegenstand einer objektiven Beurteilung sind, bei der alle die Person der Bewerber betreffenden Kriterien berücksichtigt werden, und dass der den weiblichen Bewerbern eingeräumte Vorrang entfällt, wenn eines oder mehrere dieser Kriterien zugunsten des männlichen Bewerbers überwiegen.

39 Der Gesetzestext gibt dem BR eine **umfassende Förderungspflicht,** wenn auch kein besonderes Mitbestimmungsrecht. Hierfür kann der BR alle Aktivitäten unternehmen, die ihm zur Erreichung dieses Ziels sinnvoll erscheinen. Die Betonung der »tatsächlichen« Gleichstellung verdeutlicht, dass eine rein juristische Gleichstellung nicht ausreicht. Vielmehr geht es darum, die tatsächlichen Bedingungen hierfür herzustellen. Der Wortlaut spricht neutral von der **Gleichstellung beider Geschlechter, nicht nur von Frauen.** Der Gesetzeszweck geht also über bloße Frauenförderung hinaus, welche im Einzelfall sogar dem Gleichstellungsziel entgegenstehen könnte.

40 **Tatsächliche Gründe für mangelnde Gleichstellung am Arbeitsplatz** liegen u. a. in einer unterschiedlichen Rollenverteilung in der Familie, einer nicht verwirklichten Vereinbarkeit von Familie und Beruf (§ 8 SGB III) und einer auf Sondervorteile abzielenden Personalpolitik. Eine solche liegt auch vor, wenn Geschlechtsdiskriminierung nicht beabsichtigt ist, sondern sich schlicht aus der Möglichkeit ergibt, Arbeitskraft billiger einzukaufen, etwa bei »geringfügigen Beschäftigungsverhältnissen« nach § 8 SGB IV, Aushilfen, KAPOVAZ-Beschäftigten.[153] Von da aus beinhaltet betriebliche Gleichstellung der Geschlechter in erster Linie die Beseitigung ungeschützter Beschäftigung, das Diskriminierungsverbot von Teilzeitbeschäftigten nach § 4 TzBfG, die Begrenzung von KAPOVAZ und Leiharbeit, die Herstellung der Bedingungen der Vereinbarkeit von Familie und Erwerbstätigkeit, die in Nr. 2 b eigenständig als Aufgabe des BR hervorgehoben wird. Dagegen würde ein davon abstrahierender allgemeiner Vorrang, etwa bei Beförderungen, der nicht an diese besonderen Bedingungen anknüpft, sondern nur an das Geschlecht, und keine Einzelfallbeurteilung zulässt, nicht die Gleichstellung fördern, sondern nur Diskriminierung des anderen Geschlechts.[154]

41 Soweit **tarifliche Sonderregelungen** bestehen, die der geschlechtsspezifischen Spaltung des Arbeitsmarktes entgegenwirken, z. B. indem sie zur Verhinderung sozialversicherungsloser ungeschützter Beschäftigung eine bestimmte Mindeststundenzahl festsetzen,[155] sind sie für AG

---

150 Zur Verfassungsreform und zu den Arbeiten der gemeinsamen Verfassungskommission vgl. *Holtschneider,* AuR 93, 350 ff.; *Berlit,* AuR 95, 19; allgemein zur Rolle der BR als Akteure der Geschlechtergerechtigkeit *Zimmer,* AuR 14, 88 ff.

151 *BVerfG* 16.11.93 – 1 BvR 258/86, AuR 94, 110.

152 *EuGH* 17.10.95, Kalanke, AuR 95, 474, dem folgend *BAG* 5.3.96, AuR 96, 279; weiterhin *EuGH* 11.11.97 – Rs. C-409/95, Marschall, AuR 96, 40 mit Anm. *Pape.*

153 Vgl. *LAG Köln* 28.1.94 – 4(2) Sa 970/93, AuR 95, 158; TZA-*Buschmann,* zu § 12 TzBfG; zur Neuregelung der geringfügigen Beschäftigung 2013 vgl. *Griese/Preis/Kruchen,* NZA online 1/2013, 1 ff.

154 *EuGH* 11.11.97 a. a. O.

155 Nachw. bei TZA – *Buschmann,* zu § 22 TzBfG Rn. 5 ff.

und BR verbindlich und sowohl generell als auch bei den einzelnen Mitbestimmungstatbeständen zu beachten.[156]

Eine besondere Pflicht des AG zum Schutz der Beschäftigten vor **sexueller Belästigung** ergibt sich aus § 12 i. V. m. § 3 Abs. 4 AGG. Täter und Opfer können beiden, ggf. auch dem gleichen Geschlecht angehören. Untersagt ist nach § 3 Abs. 4 AGG ein unerwünschtes, sexuell bestimmtes Verhalten, das die Würde der Beschäftigten verletzt. **Zur Würde des Menschen i. S. d. Art. 1 GG gehört die Sexualität selbst.** Sexuelle Selbstbestimmung hat Grundrechtscharakter[157] und ist nach § 1 AGG (sexuelle Identität) besonders geschützt. Auch das Verhalten, das die selbstbestimmte Entfaltung der Sexualität beeinträchtigt, insbes. das Verbot jeder oder bestimmter Formen von Sexualität, ist sexuell bestimmt i. S. v. § 3 Abs. 4 AGG[158] und unzulässig. Ebenso wenig darf den Beschäftigten eine bestimmte Sexualmoral verordnet werden. Das Gesetz kann nicht dazu herangezogen werden, Sexualität als solche, sexuelle Beziehungen, Kontakte, Annäherungen zwischen AN zu diskreditieren. Regelungen in sog. **Ethik-Richtlinien,** die das Sexualverhalten und Liebesbeziehungen der Beschäftigten untereinander reglementieren, insbes. einschränken, sind wegen Verstoßes gegen Art. 1 GG unwirksam.[159] 42

4. Förderung der Vereinbarkeit von Familie und Erwerbstätigkeit

Diese besondere Förderungspflicht basiert auf Art. 6 Abs. 1 GG /Art. 33 EU-Gr-Ch. Sie verwirklicht einen **eigenständigen Schutzzweck** (unabhängig von dem in Nr. 2 a ausgesprochenen Gleichstellungsauftrag für Frauen und Männer), wie ihn das *BVerfG* in seinem Abtreibungsurteil v. 28.5.93[160] verfassungsrechtlich begründet hat: Danach sind Staat und Gesetzgeber verpflichtet, »*die Grundlagen dafür zu schaffen, dass Familientätigkeit und Erwerbstätigkeit aufeinander abgestimmt werden können und die Wahrnehmung der familiären Erziehungsaufgabe nicht zu beruflichen Nachteilen führt. Dazu zählen auch rechtliche und tatsächliche Maßnahmen, die ein Nebeneinander von Erziehungs- und Erwerbstätigkeit für beide Elternteile ebenso wie eine Rückkehr in eine Berufstätigkeit und einen beruflichen Aufstieg auch nach Zeiten der Kindererziehung ermöglichen*«. 43

Nach dem gemeinsamen Wort der beiden großen Kirchen v. 21.3.07 sind nicht die Familien an die Arbeitswelt anzupassen, sondern Wirtschaft und Arbeitswelt familienfreundlich zu gestalten. Es geht nicht darum, die Erfüllung familiärer Pflichten und Bedürfnisse, z. B. die Kinderbetreuung, zu reduzieren bzw. auf andere zu verlagern, so dass AN sich besser an die Arbeitserfordernisse anpassen können (hier hätten AG und BR auch keine Kompetenz), sondern darum, den AN im Arbeitsverhältnis größeren Freiraum einzuräumen, damit sie familiären Bedürfnissen nachkommen können, ohne das Arbeitsverhältnis zu gefährden oder sogar aufzugeben. Ebenso wenig reduziert sich die Förderungspflicht auf den Elternteil, der seiner Unterhaltspflicht vornehmlich durch Haushaltsführung (§ 1360 Satz 2 BGB) und Kinderbetreuung nachkommt. Vielmehr haben auch in Vollzeit beschäftigte AN bzw. sog. »Hauptenährer« **Anspruch auf aktive Teilnahme am Familienleben.** Gerade die an Vollzeitbeschäftigte gerichteten Leistungs- und Flexibilisierungserwartungen in Bezug auf Arbeitseinsatz, Arbeitsort und Verfügbarkeit stehen dieser verfassungsrechtlichen Zielvorstellung häufig entgegen. Ein maßgeblicher, wenn auch nicht der einzige Faktor zur Verwirklichung dieser Ziele für beide Partner ist die Gestaltung der Arbeitszeit in Bezug auf Lage und Dauer. Hierbei kann der BR die AN unterstützen, die ihre Arbeitszeit, gestützt auf § 8 TzBfG oder § 15 Abs. 5 BEEG, 44

156 *BAG* 28.1.92 – 1 ABR 45/91, AuR 92, 251 mit Anm. *Kleveman* zum Widerspruch des BR nach § 99 wegen Unterschreitung der tariflichen Mindest-Soll-Arbeitszeit.

157 Vgl. auch *Hohmann*, ZRP 95, 167, 169.

158 Zum Verbot von Homosexualität § 1 AGG; vgl. schon *ArbG Lörrach*, AuR 93, 151; bestätigt durch *LAG Baden-Württemberg* 24.6.93 – 11 Sa 39/93, AuR 93, 221; *BAG* 23.6.94 – 2 AZR 617/93, AuR 95, 198 mit Anm. *Geck/Schimmel* zur Kündigung wegen Homosexualität während der Probezeit.

159 *BAG* 22.7.08 – 1 ABR 40/07, AuR 08, 310, 406: Mitbestimmung bei Ethik-RL; *LAG Düsseldorf* 14.11.05, AuR 2005, 452, dazu *Deinert/Kolle*, AuR 06, 177: Liebe ist Privatsache.

160 *BVerfG* 28.5.93 – 2 BvF 2/90 u. a., BVerfGE 88, 203, 258 ff., dazu *Sommer*, AuR 94, 241; zu betriebsverfassungsrechtlichen Handlungsmöglichkeiten *Zimmer*, AuR 14, 88 ff.

aus familiären Gründen reduzieren wollen. Ebenso lassen sich – freiwillige – Betriebsvereinbarungen abschließen über die Einrichtung von Betriebskindergärten, von (Tele-)Heimarbeitsplätzen auch in qualifizierten Berufen, familienbedingte Freistellungen, Sabbaticals, verlängerte Eltern(teil)zeiten, Zusatzleistungen zum Elterngeld, um damit auch »Haupternährern« einen Anreiz zur Wahrnehmung der Elternzeit nach §§ 15 f. BEEG zu geben.[161] Die Beschränkung vom AG zu gewährender Leistungen bei Elternzeit auf Frauen bzw. zusätzliche Bedingungen für Väter in Elternzeit würden eine nach Art. 3 Abs. 2 GG, Art. 141 EG **unzulässige Diskriminierung von Männern** darstellen.[162] Im Übrigen sind betriebliche wie tarifliche Normen unwirksam, wenn sie zu einer Gruppenbildung führen, die die durch Art. 6 GG geschützten Belange der Familie gleichheits- oder sachwidrig außer Betracht lässt.[163]

45 Familie i. S. d. Art. 6 GG ist die »umfassende Gemeinschaft zwischen Eltern und Kindern«.[164] Zentrales Kriterium ist das Vorhandensein von Kindern. Als Familie verstehen sich nicht nur **eheliche Lebensgemeinschaften** i. S. d. §§ 1353 ff. BGB mit Kindern, sondern auch Lebenspartnerschaften (mit Kindern), wie sie der Gesetzgeber mit dem Gesetz zur Beendigung der Diskriminierung **gleichgeschlechtlicher Lebenspartnerschaften** v. 16.2.2001[165] ausdrücklich anerkannt hat.[166] Lebenspartner sind im übrigen Angehörige i. S. d. § 11 Abs. 1 Nr. 1 StGB und enge Verwandte i. S. d. § 5 Abs. 2 Nr. 5 BetrVG. Der verfassungsrechtliche Schutz insbes. des Kindes verlangt, dass **Eltern-Kind-Beziehungen** jeder Art Förderungsanspruch haben, unabhängig davon, ob eine Ehe besteht oder ob dem AN im Einzelfall das Sorgerecht zusteht.[167] Auch der **nichteheliche Vater** mit seinem Kind bilden eine Gemeinschaft, die den Schutz des Art. 6 GG genießt,[168] ebenso die Stief- oder Pflegefamilie.[169] Der Bestand einer Familie ist nicht auf bestimmte Lebensabschnitte oder Altersgruppen beschränkt und kann auch in der Gemeinschaft lebende (Groß)Eltern mit umfassen. Besondere Rücksicht ist auf evtl. Pflegebedürfnisse im Zusammenleben mehrerer Generationen zu nehmen.

46 Ein Verständnis des Arbeitslebens, das keine Rücksicht auf familiäre Bindungen, vor allem auf Personensorge für Kinder, nimmt, führt im Ergebnis zwangsläufig zu einer **Pflichtenkollision zwischen Arbeits- und Betreuungspflicht** und damit zu einer **Diskriminierung betreuungspflichtiger Eltern.**[170] In der Betriebspraxis besteht die Gefahr, dass diese besondere Pflichtenkollision, z. B. Einschränkung von Mobilität und zeitlicher Verfügbarkeit, von Seiten des AG oder von Vorgesetzten ausgenutzt wird, um AN besonders unter Druck zu setzen oder sogar zu Aufhebungsverträgen zu veranlassen. Daraus ergeben sich **Rücksichtnahmepflichten etwa bei der Gestaltung der Arbeitszeit**[171] oder des **Arbeitsorts,** etwa eine Beschränkung von Versetzungen, die die Betreuung minderjähriger Kinder erschweren.[172] Versetzungen, die zu Wochenendfamilien oder zu täglichem Pendeln über lange Distanzen führen, sind familienfeindlich. Der 60. Dt. Juristentag hat dazu Vorschläge unterbreitet[173] wie außerbetriebliche

---

161 *Engels/Trebinger/Löhr-Steinhaus,* DB 01, 532; *Fitting,* Rn. 40.
162 *HessLAG* 26.11.99 – 7 Sa 557/99, AuR 00, 118, zu §§ 13 Ziff. 9 Abs. 3 Satz 3, 3 Ziff. 3 MTV Versicherung.
163 *BAG* 18.12.08 – 6 AZR 287/07, AuR 09, 145.
164 BVerfGE 10, 59 [66]; 80, 81 [90] = NJW 89, 2195.
165 BGBl. I S. 266 ff.
166 Dazu *Beck,* NJW 01, 1894.
167 BVerfGE 18, 97 [105]; 45, 104 [123]; 92, 158 [162] = NJW 64, 1563; 78, 33; 95, 2155; *Beck,* a. a. O., 1898.
168 *BAG* 18.1.01 – 6 AZR 492/99, AuR 01, 68.
169 *Beck,* a. a. O., Fn. 56.
170 Dies übersah *BAG* 21.5.92 – 2 AZR 10/92, AuR 93, 153 mit krit. Anm. *Martina Trümner,* das die Kündigung einer AN, die keine Betreuungsmöglichkeit für ihr Kind gefunden hatte und deshalb der Arbeit fernbleiben musste, aus verhaltensbedingten Gründen gebilligt hatte, indem es schon den Tatbestand der unverschuldeten Zwangslage verneinte; wie hier aber *BAG* 23.6.10 – 7 ABR 103/08, AuR 10, 349: Kinderbetreuungskosten eines BR-Mitglieds.
171 *BAG* 23.9.04 – 6 AZR 567/03, AuR 05, 115; *LAG MV* 26.11.08 – 2 Sa 217/08, jurisPR-ArbR36/2998, Anm. *Nebe*; *ArbG Hamburg* 4.12.95, AuR 98, 297, 19.8.03, AuR 04, 434.
172 *ArbG Hannover* 24.5.07 – 10 Ca 384/06, AuR 07, 280.
173 AuR 94, 418 mit Anm. *Sommer;* vgl. auch *Colneric,* RdA 94, 65; *Pfarr,* ZRP 94, 309; pauschal dagegen 65 DJT, AuR 04, 417.

Betreuungseinrichtungen, Erziehungsurlaub, Rückkehrrecht in den Beruf, Recht auf gleichberechtigte Teilzeit, Beseitigung der Sozialversicherungsfreiheit geringfügiger Beschäftigung und Abbau der noch bestehenden arbeits- und sozialversicherungsrechtlichen Nachteile der Teilzeitarbeit. Unter Letzterem sind vor allem KAPOVAZ, Arbeit nach Anfall bzw. auf Abruf zu verstehen, bei denen ausdrücklich nicht der Beruf an die Familie, sondern die Familie an den Beruf angepasst wird.[174] AG und BR können bei der Regelung der betrieblichen Arbeitszeit dieses Arbeitszeitsystem durch erzwingbare BV ausschließen und stattdessen etwa feste Arbeits-/Freizeiten oder Gleitzeit vorsehen.[175]

5. Entgegennahme von Anregungen und deren Behandlung

Die Vorschrift ergänzt Nr. 2. Sie unterstreicht zusammen mit dem in § 86 a herausgehobenen Vorschlagsrecht der AN für Beratungsthemen des BR die gesetzlich gewollte wechselseitige Kommunikation zwischen AN und BR. Der BR ist **Anlaufstelle für Anregungen der AN** des Betriebs **und der JAV.** AN sind wie in § 86 a alle betriebsangehörigen Arbeiter und Angestellten einschl. der zu ihrer Berufsausbildung Beschäftigten (§ 5 Abs. 1) unabhängig davon, welchem VertragsAG sie zugeordnet sind, d. h. auch Leiharbeiter; bei gemeinsamen Betrieben (vgl. § 1 Abs. 1 Satz 2, Abs. 2) alle AN, die unabhängig von ihrer Unternehmenszugehörigkeit dem gemeinsamen Betrieb angehören. Anregungen werden auch von **Beschäftigten** i. S. d. § 2 Abs. 2 ArbSchG bzw. des § 6 ArbSchG entgegengenommen. So können diese etwa die dem AG zu machenden Vorschläge zu allen Fragen der Sicherheit und des Gesundheitsschutzes bei der Arbeit nach § 17 ArbSchG auch an den BR richten. Für Beschäftigte i. S. d. AGG ergibt sich dieser besondere Zugang aus der Sozialen Verantwortung des BR nach § 17 Abs. 1 und 2 AGG. Der AG darf diese Kommunikation nicht unterbinden. **47**

»Anregungen« ist der Sammelbegriff für Beanstandungen und Vorschläge.[176] Auch **Beschwerden** können unter diese Bestimmung fallen.[177] Diese behandelt der BR zweckmäßigerweise nach § 85, da dort unter bestimmten Voraussetzungen die Möglichkeit besteht, eine verbindliche Entscheidung der ESt. herbeizuführen. Zulässig ist auch, dass sich ein AN, z. B. ein gewerkschaftlicher Vertrauensmann, beschwerdeführend für einen anderen AN an den BR wendet.[178] **48**

Der BR ist verpflichtet, sich mit den ihm vorgetragenen Anregungen – gleich welcher Art – zu befassen.[179] Er hat sie zu untersuchen und zu prüfen[180] und ggf. darüber zu beschließen. Nach § 86 a Satz 2 hat der BR einen Vorschlag für ein Beratungsthema, der von mindestens 5 % der AN des Betriebs unterstützt wird, innerhalb von zwei Monaten auf die Tagesordnung einer BR-Sitzung zu setzen (vgl. § 86 a Rn. 14 ff.). Die Behandlung von Anregungen gehört zu den **Pflichtaufgaben des BR;**[181] es darf daher keine unerledigt bleiben.[182] Hält der BR (bzw. ein Ausschuss nach §§ 27, 28 oder eine Arbeitsgruppe nach § 28 a die Anregung im Interesse des Betriebs, der Belegschaft oder auch einzelner AN für berechtigt, hat er in Verhandlungen mit dem AG auf Erledigung hinzuwirken.[183] **49**

Der BR ist verpflichtet, die Betroffenen über den Stand und das Ergebnis der Verhandlungen zu unterrichten und ggf. einen Zwischenbescheid zu erteilen, wenn sich die Verhandlungen **50**

174 Ausführlich *Hohmann-Dennhardt*, Familie und Arbeitsleben – unvereinbar?, AuR 10, 52 ff.; *Nebe*, Vereinbarkeit von Familie und Beruf – ein Thema für Tarifvertrags- und Betriebsparteien?, FS Bepler, 2012, 439 ff., 451; *Buschmann*, Geschlechtergerechtigkeit, Emanzipation, Beruf und Familie, FS Pfarr, 2010, 442 ff.; TZA-*Buschmann*, § 12 TzBfG Rn. 1 ff.

175 *BAG* 13.10.87, 28.9.88, AP Nrn. 24, 29 zu § 87 BetrVG 1972 Arbeitszeit; zu Musterregelungen zur Frauen- und Familienförderung des Dt. Juristinnenbundes vgl. *v. Friesen*, AuR 94, 405 ff.; vgl. auch *Düwell/Göhle-Sander/Kohte* (Hrsg.), Juris-Praxiskommentar Vereinbarkeit von Familie und Beruf.

176 Vgl. Richardi-*Thüsing*, Rn. 32; *Fitting*, Rn. 24; *WW*, Rn. 8.

177 *Richardi*, *Fitting*, a. a. O.; vgl. auch GK-*Weber*, Rn. 37.

178 *Richardi*, GK *Weber*, a. a. O.

179 *Fitting*, Rn. 25; GK-*Weber*, Rn. 38; vgl. auch Richardi-*Thüsing*, Rn. 33.

180 *HWGNRH*, Rn. 32.

181 Richardi-*Thüsing*, Rn. 34.

182 GK-*Weber*, a. a. O.

183 *Fitting*, GK-*Weber*, *Richardi*, a. a. O.; *GL*, Rn. 18.

länger hinziehen.[184] Eine **Unterrichtungspflicht** besteht auch dann, wenn der BR bei seiner Prüfung zu dem Ergebnis kommt, dass die Anregung nicht berechtigt ist.[185] Kann die Streitfrage durch Verhandlungen zwischen BR und AG nicht beigelegt werden, kann der BR den AN auf die Möglichkeiten einer Klage oder einer förmlichen Beschwerde nach §§ 84, 85 hinweisen.[186]

51 Die JAV hat nicht das Recht, sich unmittelbar und unter Umgehung des BR an den AG zu wenden.[187] Sie muss ihre Anregungen und Vorschläge über den BR an den AG herantragen.[188] Im Übrigen gilt das gleiche Verfahren wie bei Anregungen von AN, allerdings mit der Maßgabe, dass die **JAV bei den Verhandlungen mit dem AG hinzuzuziehen ist.**[189]

6. Eingliederung schwerbehinderter und sonstiger besonders schutzbedürftiger Personen

52 Der BR hat die Aufgabe, die Eingliederung schutzbedürftiger Personen zu fördern, z. B. **Programme und Maßnahmen** anzuregen, die geeignet sind, spezifische **Eingliederungsbarrieren** der jeweiligen Gruppen abzubauen[190] und/oder der **Integration der betreffenden AN** in die Belegschaft zu dienen.[191] Dabei geht es vor allem darum, beim AG und bei den übrigen AN das notwendige Verständnis zu wecken.[192] Er hat sich dafür einzusetzen, dass besonders schutzbedürftige Personen eingestellt werden und dass nicht Einstellungskriterien aufgestellt werden, die diese ausschließen.[193]

53 Art. 1 der UN-Behindertenrechtskonvention (UN-BRK), die in Deutschland Gesetzeskraft hat,[194] verfolgt den Zweck, den vollen und gleichberechtigten Genuss aller Menschenrechte und Grundfreiheiten durch alle Menschen mit Behinderungen zu fördern, zu schützen und zu gewährleisten und die Achtung der ihnen innewohnenden Würde zu fördern. Zu den Menschen mit Behinderungen zählen Menschen, die langfristige körperliche, seelische, geistige oder Sinnesbeeinträchtigungen haben, welche sie in Wechselwirkung mit verschiedenen Barrieren an der vollen, wirksamen und gleichberechtigten Teilhabe an der Gesellschaft hindern können. In Art. 5 anerkennen die Vertragsstaaten, dass alle Menschen vor dem Gesetz gleich sind, vom Gesetz gleich zu behandeln sind und ohne Diskriminierung Anspruch auf gleichen Schutz durch das Gesetz und gleiche Vorteile durch das Gesetz haben. Sie verbieten jede Diskriminierung aufgrund von Behinderung und garantieren Menschen mit Behinderungen gleichen und wirksamen rechtlichen Schutz vor Diskriminierung, gleichviel aus welchen Gründen. Zur Förderung der Gleichberechtigung und zur Beseitigung von Diskriminierung unternehmen sie alle geeigneten Schritte, um die Bereitstellung angemessener Vorkehrungen zu gewährleisten.

§ 7 i. V. m. § 1 AGG verbietet die **Benachteiligung aus Gründen einer Behinderung.** Die Vorschrift dient der Umsetzung der Art. 1, 3 der Europäischen RahmenRL 2000/78/EG v. 27. 11. 2000. Sie bezieht sich auf **jede Form einer Behinderung, nicht nur Schwerbehinderung** i. S. d. § 2 SGB IX, und reicht damit weiter. Nach der Rspr. des *EuGH*[195] ist das Diskriminierungsverbot nicht auf Personen beschränkt, die selbst behindert sind, sondern erfasst auch die Benachteiligung eines AN wegen Behinderung seines Kindes. Eine unter-

184 Richardi-*Thüsing*, Rn. 35; *Fitting*, Rn. 25; GK-*Weber*, Rn. 38; *GL*, Rn. 18; *HWGNRH*, Rn. 32.
185 *HWGNRH*, a. a. O.; *WW*, Rn. 8.
186 *Fitting*, a. a. O.
187 *HWGNRH*, Rn. 34.
188 Vgl. *BAG* 21. 1. 82, AP Nr. 1 zu § 70 BetrVG 1972; *Fitting*, Rn. 26; *GL*, Rn. 20.
189 *Fitting*, a. a. O.
190 *WW*, Rn. 10.
191 *GL*, Rn. 21; *Nebe*, AuR 14, 51 ff., 53.
192 *Fitting*, Rn. 28; *GL* a. a. O.
193 Nur zugunsten der Schwerbehinderten GK-*Weber*, Rn. 38; *GL*, Rn. 22.
194 Gesetz zu dem Übereinkommen der Vereinten Nationen v. 13. 12. 2006 über die Rechte von Menschen mit Behinderungen sowie zu dem Fakultativprotokoll v. 13. 12. 2006 zum Übereinkommen v. 21. 12. 2008, BGBl. II S. 1419.
195 *EuGH* 17. 7. 08 – Rs. C-303/06, Coleman, AuR 08, 318.

schiedliche Behandlung ist nur zulässig, wenn sie aus arbeitsplatzbezogenen, behinderungsunabhängigen, sachlichen Gründen gerechtfertigt ist.[196] Sehr problematisch ist deshalb die Rspr. des *BAG*, die den AG für berechtigt hält, den AN im bestehenden Arbeitsverhältnis nach einer Schwerbehinderteneigenschaft zu befragen, mit der Folge, dass sich der Schwerbehinderte, der diese Frage verneint hat, in einem Kündigungsschutzverfahren nach § 242 BGB auf den besonderen Kündigungsschutz nicht mehr berufen können soll.[197]
§ 12 AGG gibt dem AG eine umfassende **Organisationspflicht zum Schutz vor Benachteiligungen wegen Behinderung.** Nach § 17 Abs. 2 AGG hat der BR das Recht zur gerichtlichen Geltendmachung der Rechte aus § 23 dieses Gesetzes auch bei Verstoß des AG gegen das Diskriminierungsverbot. Für den Fall, dass der AG die Schwerbehindertenvertretung in einem Bewerbungsverfahren nicht beteiligt, hatte die Rspr. bereits vor Inkrafttreten des AGG eine Benachteiligung wegen der Behinderteneigenschaft vermutet,[198] ebenso, wenn ein AG des ÖD seine Pflichten nach § 81 Abs. 1 Satz 1 und § 82 SGB IX verletzt, frei werdende Stellen frühzeitig zu melden und mit der Agentur für Arbeit Verbindung aufzunehmen sowie die schwerbehinderten Bewerber zu einem Vorstellungsgespräch zu laden.[199] Dies gilt auch nach Maßgabe des AGG. § 21 GenDG enthält ein besonderes Verbot der Benachteiligung wegen genetischer Eigenschaften und verweist bezüglich der Rechtsfolgen auf das AGG.

Das Gesetz hebt die **Eingliederung der Schwerbehinderten** hervor. Diese Förderungspflicht **54**
ergibt sich für den BR auch aus § 93 SGB IX, für die Schwerbehindertenvertretung aus § 95 SGB IX. Beide haben über die Einhaltung der zu Gunsten der Schwerbehinderten geltenden Normen zu wachen. Der BR hat auf die Erfüllung der Beschäftigungspflicht des AG nach §§ 71, 81 SGB IX zu achten und darauf zu drängen,[200] dass das UN sich nicht durch Zahlung einer Ausgleichsabgabe i. S. d. § 77 SGB IX von dieser Pflicht entbindet. Hierzu muss der BR ggf. auf Arbeitsplätze aufmerksam machen, die evtl. durch entsprechende Hilfsmittel auf der Grundlage des SGB III für Schwerbehinderte geeignet gemacht werden, und darauf hinwirken, dass auch auf weiteren Arbeitsplätzen Schwerbehinderte beschäftigt werden.[201] Der AG hat dem BR alle frei gewordenen für Schwerbehinderte geeigneten Arbeitsplätze aufzulisten.[202] So verstößt bspw. die Einstellung eines nicht schwerbehinderten AN gegen eine gesetzliche Vorschrift i. S. v. § 99 Abs. 2 Nr. 1, wenn der AG vor der Einstellung nicht gemäß § 81 Abs. 1 Satz 1 SGB IX geprüft hat, ob der freie Arbeitsplatz mit einem schwerbehinderten AN besetzt werden kann (ausführlich unter **§ 99 Rn. 197**). Der Förderungsauftrag entspricht der Pflicht des AG, die Schwerbehinderten so zu beschäftigen, dass diese ihre Fähigkeiten und Kenntnisse möglichst voll verwerten und weiterentwickeln können (§ 81 Abs. 4 Nr. 1 SGB IX). Daraus ergibt sich ein einklagbarer Anspruch des Schwerbehinderten auf Beschäftigung zur stufenweisen Wiedereingliederung[203] bzw. auf **behindertengerechte Gestaltung der Arbeitszeit,** etwa die 5-Tage-Woche oder die Befreiung von Nachtarbeit.[204] Nach § 124 SGB IX werden schwerbehinderte Menschen auf ihr Verlangen von Mehrarbeit freigestellt. Mehrarbeit ist unabhängig vom TV jede über 8 Std. werktäglich hinausgehende Arbeitszeit.[205] Schließlich muss der AG die betriebsverfassungsrechtlichen Voraussetzungen für einen behindertengerechten Einsatz schaffen. Soweit dafür eine Versetzung erforderlich ist, hat der schwerbehinderte Mensch einen Anspruch darauf, dass der AG die Zustimmung nach § 99 beim BR einholt und ggf. ein Zustimmungsersetzungsverfahren einleitet. Der BR hat mit der Schwerbehindertenvertretung (§ 94 SGB IX) eng zusammenzuarbeiten (vgl. auch § 32). Im Übrigen werden die Mitbestimmungsrechte des BR nach § 99 durch den Beschäftigungsanspruch der Schwerbehinderten nach § 81 SGB IX nicht berührt.[206]

196 *LAG Sachsen-Anhalt* 19.9.07, AuR 08, 403.
197 *BAG* 16.2.12 – 6 AZR 553/10, AuR 12, 141; ausführlich dazu § 94 Rn. 13.
198 *BAG* 15.2.05 – 9 AZR 635/03, AuR 05, 344.
199 *BAG* 12.9.06 – 9 AZR 807/05, PersR 07, 198; *Welti*, AuR 06, 247, zu *LAG Schleswig-Holstein* 8.11.05 ebd.
200 Vgl. Richardi-*Thüsing*, Rn. 37; *Fitting*, Rn. 29; GK-*Weber*, Rn. 39 ff.
201 Vgl. auch Richardi-*Thüsing*, Rn. 37; *HWGNRH*, Rn. 36.
202 *BAG* 10.11.92 – 1 ABR 21/92, NZA 93, 377.
203 *BAG* 13.6.06 – 9 AZR 229/05, EzA § 81 SGB IX Nr. 13.
204 *BAG* 3.12.02 – 9 AZR 462/01, AuR 03, 29, 318.
205 *BAG* a. a. O.
206 *BAG* 3.12.02 – 9 AZR 481/01, AuR 03, 236.

55 Nach § 83 SGB IX treffen die AG mit der Schwerbehindertenvertretung und dem BR in Zusammenarbeit mit dem Beauftragten des AG (§ 98 SGB IX) eine verbindliche **Integrationsvereinbarung.** Diese enthält nach § 83 Abs. 2 SGB IX Regelungen im Zusammenhang mit der Eingliederung schwerbehinderter Menschen, insbes. zur Personalplanung, Arbeitsplatzgestaltung, Gestaltung des Arbeitsumfelds, Arbeitsorganisation, Arbeitszeit sowie Regelungen über die Durchführung. Bei der Personalplanung sind besondere Regelungen zur Beschäftigung eines angemessenen Anteils von schwerbehinderten Frauen vorzusehen. AG oder Schwerbehindertenvertretung können das Integrationsamt einladen, sich an den Verhandlungen hierüber zu beteiligen. Nach § 83 Abs. 1 Satz 3 SGB IX wird in Betrieben ohne Schwerbehindertenvertretung die Integrationsvereinbarung auf Antrag des BR getroffen, während nach Satz 2 dieser Vorschrift allgemein die Schwerbehindertenvertretung die Initiative dazu ergreift. Tut sie dies nicht, ergibt sich aus der allgemeinen Förderungspflicht des BR, dass er hierzu initiativ wird.[207] Nach § 84 SGB IX ist der AG gehalten, bei personen-, verhaltens- oder betriebsbedingten Schwierigkeiten im Arbeitsverhältnis, die zur Gefährdung des Arbeitsverhältnisses führen können, möglichst frühzeitig die Schwerbehindertenvertretung und den BR einzuschalten, um mit ihnen alle Möglichkeiten und alle zur Verfügung stehenden Hilfen und mögliche finanzielle Leistungen zu erörtern, mit denen die Schwierigkeiten beseitigt werden können und das Arbeitsverhältnis möglichst dauerhaft fortgesetzt werden kann. Nach § 84 Abs. 2 Satz 7 SGB IX hat der BR darüber zu wachen, dass der AG die ihm nach dieser Vorschrift obliegenden Verpflichtungen erfüllt. Dies betrifft vor allem das vom AG einzuleitende **Betriebliche Eingliederungsmanagement** (BEM). Anders als die Durchführung des BEM selbst ist die Wahrnehmung dieser Überwachungsaufgabe nicht von der Zustimmung der betr. AN abhängig. Deshalb sind dem BR u. a. sämtliche AN anzugeben, die für die Durchführung des BEM in Frage kommen, auch wenn diese der Weitergabe nicht zugestimmt haben.[208] Die Aufstellung eines formalisierten Verfahrens für das BEM unterliegt der Mitbestimmung nach § 87 Abs. 1 Nrn. 1, 7 BetrVG.[209] Nach § 98 SGB IX hat der AG einen verantwortlichen **Schwerbehindertenbeauftragten** zu bestellen.

56 Entsprechende Aufgaben hat der BR gegenüber allen sonstigen **schutzbedürftigen Personen** und Personengruppen.[210] Hierunter fallen erkrankte AN im Rahmen einer stufenweise Wiedereingliederung iSd. §§ 28 SGB IX, 74 SGB V,[211] körperlich, geistig oder seelisch Behinderte (§ 19 SGB III), auch soweit das SGB IX keine bzw. nur eingeschränkte Anwendung findet, (Aids-)Kranke, aber auch Alkohol- oder Drogenabhängige, ehemalige Strafgefangene und langfristig Arbeitslose.[212] Nicht zuletzt mit Blick auf die Problematik der Jugendarbeitslosigkeit hat der BR darauf hinzuwirken, dass genügend Ausbildungsplätze im Betrieb zur Verfügung gestellt werden. In den letzten Jahrzehnten hat sich eine dramatische Spaltung nicht nur der außerbetrieblichen, sondern auch der innerbetrieblichen Arbeitsmärkte durch das **Vordringen prekärer Arbeitsverhältnisse** ergeben. Dazu gehören **befristete Arbeitsverhältnisse, Aushilfen, geringfügig Beschäftigte, Leiharbeitnehmer,** Ein-€-Jobber nach § 16 Abs. 3 SGB II. Der für diese Beschäftigungsverhältnisse typische geminderte Bestandsschutz und die damit verbundenen Hemmnisse bei der Durchsetzung allgemeiner AN-Rechte geben dem BR eine besondere Pflicht, sich für die innerbetriebliche Integration einzusetzen, insbes. den Übergang in ein Normalarbeitsverhältnis zu unterstützen. Eine Benachteiligung der Teilzeitbeschäftigten und der befristet Beschäftigten bei den allgemeinen Arbeitsbedingungen verstößt gegen die Diskriminierungsverbote des § 4 der Europäischen RL 1997/81/EG über Teilzeitarbeit bzw. des § 4 TzBfG, des Art. 3 GG sowie des § 4 der RL 1999/70/EG über befristete Arbeitsverträge; vgl. auch das Benachteiligungsverbot bei der Arbeitssicherheit und dem Gesundheitsschutz in der RL 91/383/EWG über atypische Arbeit sowie die GleichbehandlungsRL 2000/43/EG, 2000/78/EG, 2002/73/EG, 2006/54/EG, 2004/113/EG.

---

207 Vgl. auch *Feldes*, Handbuch Integrationsvereinbarung, 2003.

208 *BAG* 7.2.12 – 1 ABR 46/10, AuR 12, 141.

209 *BAG* 13.3.12 – 1 ABR 78/10, NJW 12, 2830; *LAG Düsseldorf* 4.2.13 – 9 TaBV 129/12, juris; LAG *Schleswig-Holstein* 19.12.06 – 6 TaBV 14/06, AiB 07, 425, m. w. N.

210 *HWGNRH*, Rn. 37.

211 *Nebe*, DB 08, 1801.

212 *Fitting*, Rn. 30; Hako-BetrVG-*Kohte/Schulze-Doll*, Rn. 37.

Im Übrigen ist »**besondere Schutzbedürftigkeit**« nicht justitiabel und Veränderungen unterworfen. Sie kann aus einer außerbetrieblichen Lebenssituation oder politischen Veränderungen entstehen (z. B. Aussiedler, allein erziehende Eltern). Insgesamt enthält die Vorschrift den Auftrag, einerseits die Interessen sog. »**Randgruppen**« zu fördern und zu vertreten, andererseits jeder Diskriminierung entgegenzutreten. Dazu gehört auch Diskriminierung auf Grund sexueller Identität.[213] Mit dem Gesetz zur Bekämpfung der Diskriminierung gleichgeschlechtlicher Lebenspartnerschaften sowie mit der Aufnahme der »sexuellen Identität« in das Benachteiligungsverbot des § 75 Abs. 1 Satz 1 und der §§ 1, 7 AGG hat der Gesetzgeber diesen Schutzzweck aufgenommen und ausgestaltet. **Der BR ist von Gesetzes wegen nicht Vertreter der »normalen« oder »privilegierten«, sondern aller AN.** 57

6. Zusammenarbeit mit der Jugend- und Auszubildendenvertretung

Nr. 5 verpflichtet den BR in Ergänzung des § 63 Abs. 2, die **Wahl einer JAV** vorzubereiten und durchzuführen. Da die Durchführung der Wahl Aufgabe des WV ist, kann nur die allgemeine Vorbereitung der Wahl gemeint sein,[214] d. h. Bestellung der WV, Information der Betroffenen, Vermittlung von Kenntnissen und Erfahrungen, Bereitstellung der sächlichen Mittel u. Ä. Die Bestimmung verpflichtet den BR, bezüglich der Wahl aktiv zu werden und diese nach Kräften zu unterstützen. 58

Zur **Förderung der Belange der in § 60** Abs. 1 **genannten AN** (Jugendliche und Auszubildende bis zu 25 Jahren) hat der BR mit der JAV eng zusammenzuarbeiten. Daraus folgt, dass der BR sie betreffende Maßnahmen nicht im Alleingang, sondern in Zusammenarbeit mit der JAV vornehmen soll. Die Durchführung einer **Fragebogenaktion** unter den in § 60 Abs. 1 genannten AN durch die JAV ist in Zusammenarbeit mit dem BR zulässig.[215] Der BR hat die JAV in allen Angelegenheiten der in § 60 Abs. 1 genannten AN zu beraten und die zur sachgerechten Wahrnehmung ihrer Aufgaben notwendigen Hinweise zu geben.[216] Der BR hat die von der JAV gem. § 70 Abs. 1 Nr. 1 beantragten Maßnahmen zu behandeln (vgl. § 70) und kann von ihr Vorschläge und Stellungnahmen anfordern.[217] Die verantwortliche Vertretung der Interessen der in § 60 Abs. 1 genannten AN gegenüber dem AG nimmt der BR als Vertreter aller AN im Betrieb wahr, der hierbei die **JAV zu beteiligen** hat.[218] Organisatorische Grundlage für die Zusammenarbeit ist das Teilnahmerecht der JAV an den BR-Sitzungen (vgl. § 67).[219] 59

Bei seiner **Zusammenarbeit mit der JAV** hat der BR mit dieser darauf zu achten, dass die Ausbildungsplätze gut ausgestaltet sind, ein Werkunterricht in ausreichendem Maße angeboten wird, die Aus- und Fortbildung der Ausbilder gesichert ist, ein angemessenes Verhältnis der Ausbilder zur Zahl der Auszubildenden besteht, moderne Ausbildungsmittel verwandt werden und eine planmäßige Ausbildung stattfindet. Das Verbot der Altersdiskriminierung beinhaltet auch das Verbot der Diskriminierung wegen Jugend. 60

8. Förderung der Beschäftigung älterer Arbeitnehmer

Die Bestimmung ergänzt § 75 Abs. 1, wonach AN nicht wegen ihres **Alter** benachteiligt werden dürfen, und § 96 Abs. 2, wonach die Belange älterer AN bei Maßnahmen der **Berufsbildung** zu berücksichtigen sind. Nr. 6 verpflichtet den BR, soweit er Einfluss auf die Personalpolitik hat, dafür zu sorgen, dass auch ältere AN eingestellt werden. Die Aufgabe des BR bezieht sich deshalb nicht nur auf die bereits im Betrieb tätigen AN; er hat auch darauf hinzuwirken, dass 61

213 Zur Unvereinbarkeit des Verbots homosexueller Betätigung in der katholischen Morallehre mit dem »ordre public« nach Art. 6 EGBGB schon *ArbG Lörrach*, AuR 93, 151, bestätigt durch *LAG Baden-Württemberg* 24.6.93, AuR 93, 221; zur Unzulässigkeit der Kündigung wegen Homosexualität während der Probezeit vgl. *BAG* 23.6.94, AuR 95, 198 mit Anm. *Schimmel/Geck*; heute §§ 1 ff. AGG.

214 GK-*Weber*, Rn. 45.

215 *BAG* 8.2.77, AP Nr. 10 zu § 80 BetrVG 1972.

216 *BAG* 10.5.74, AP Nr. 2 zu § 65 BetrVG 1972.

217 Richardi-*Thüsing*, Rn. 41; *HWGNRH*, Rn. 39.

218 *HWGNRH*, a. a. O.

219 Vgl. GK-*Weber*, Rn. 47.

für ältere AN geeignete, frei werdende Arbeitsplätze mit solchen besetzt werden.[220] Schließlich haben BR und AG dafür einzutreten, älteren AN ihren Arbeitsplatz möglichst zu erhalten. Eine Personalpolitik, nach der ältere AN generell oder bei Betriebsänderungen vorrangig ihren Arbeitsplatz für andere AN »frei machen«, widerspricht dieser Zielsetzung. Im Übrigen verbietet § 7 i. V. m. § 1 AGG jede **Benachteiligung wegen des Alters** und lässt davon Ausnahmen nur unter besonderen in § 10 AGG im Einzelnen bestimmten Voraussetzungen zu. Das Verbot der Altersdiskriminierung hat europäischen Grundrechtscharakter. Zu Grunde liegen Art. 21 der Grundrechte-Charta sowie Artt. 1, 3 der Europäischen GleichbehandlungsRL 2000/78/EG. Schon vor Inkrafttreten der Grundrechtecharta verstand der *EuGH*[221] den Grundsatz der Gleichbehandlung in Beschäftigung und Beruf als allgemeinen Grundsatz des (primären) Gemeinschaftsrechts, der unabhängig von seiner nationalen Umsetzung unmittelbar anzuwenden ist, was zur Folge hat, dass entgegenstehende nationale Vorschriften zurücktreten. Mit der Mangold-Entscheidung wurde die Europarechtswidrigkeit und damit Unzulässigkeit der in § 14 Abs. 3 TzBfG a. F. zugelassenen unbegrenzten Altersbefristung ab dem 52. Lebensjahr festgestellt. Dieselbe Kritik ist auch an die aktuelle Fassung der Vorschrift[222] zu richten.[223] Tarifliche Befristungen auf das Erreichen des Rentenalters sind nach Maßgabe des § 41 SGB VI zulässig und werden auch europarechtlich gebilligt.[224] Unter diesen Voraussetzungen billigt das *BAG* auch Altersgrenzen in Betriebsvereinbarungen, was problematisch ist, da das Gesetz den Betriebsparteien eine Kompetenz für solch belastende Regelungen nicht gegeben hat.[225] Deswegen ist auch bei Altersgruppenbildungen in Interessenausgleichen Vorsicht geboten. Altersgrenzen vor dem Rentenalter sind nur bei Gefährdung wichtiger Rechtsgüter sachlich gerechtfertigt.[226] § 12 AGG gibt dem AG eine umfassende Organisationspflicht zum Schutz vor Benachteiligungen wegen des Alters. Nach § 17 Abs. 2 AGG hat der BR das Recht zur gerichtlichen Geltendmachung der Rechte aus § 23 dieses Gesetzes auch bei einem Verstoß des AG gegen das Verbot der Altersdiskriminierung.[227]

62 **Die Nichtberücksichtigung älterer Bewerber**, etwa in Anwendung von Höchstaltersgrenzen, kann ein Zustimmungsverweigerungsgrund für den BR nach § 99 Abs. 2 Nr. 1 sein (**vgl. § 99 Rn. 197**). Von Bedeutung sind die gesetzlichen Vorschriften über die berufliche Eingliederung bzw. Schaffung von Arbeitsplätzen für ältere AN nach §§ 223, 421 f SGB III sowie über die Förderung der beruflichen Fortbildung und Umschulung.[228] Bei den übrigen AN hat der BR Verständnis für die besonderen Probleme dieses Personenkreises zu wecken.[229]

9. Integration ausländischer Arbeitnehmer und Bekämpfung von Rassismus und Fremdenfeindlichkeit

63 Mit der **Novellierung 2001** hat der Gesetzgeber die Aufgabenbestimmung sprachlich neu gefasst (»Integration« statt »Eingliederung«, so aber weiterhin die Formulierung in Nr. 4) und das Antragsrecht des BR in Bezug auf Maßnahmen zur Bekämpfung von Rassismus und

220 *Fitting*, Rn. 31; *HWGNRH*, Rn. 41.
221 St. Rspr. des *EuGH*: 22.11.05 – Rs. C-144/04, Mangold, AuR 06, 167, mit Anm. *Schiek;* 19.1.2010 – Rs. C-555/07, Kücükdeveci, AuR 10, 264; 10.3.11 – C-109/09, Kumpan, AuR 11, 225; dem folgend *BVerfG* 6.7.10 – 2 BvR 2661/06, AuR 10, 397 (Honeywell); *BAG* 26.4.06 – 7 AZR 500/04, AuR 06, 167, 330; 25.2.10 – 6 AZR 911/08, AuR 10, 267.
222 Gesetz v. 19.4.07, BGBl. I 538.
223 Vgl. nur Kohte, AuR 07, 168; kritisch selbst BAG 28.5.14 – 7 AZR 360/12, DB 14, 275: erhebliche Bedenken an der Vereinbarkeit mit RL 2000/78/EG gegenüber der wiederholten Anwendung von § 14 Abs. 3 S. 1 und 2 TzBfG zwischen denselben Arbeitsvertragsparteien.
224 *EuGH* 12.10.10 – C-45/09, AuR 10, 488, 524, Rosenbladt; kritisch zur Befristung von Arbeitsverhältnissen auf das Renteneintrittsalter *Dickerhof-Borello*, AuR 09, 251; *Adam*, AuR 14, 140 ff.; weit. Nachw. bei Kempen/Zachert-*Buschmann*, § 1 TVG, Rn. 645 ff.
225 *BAG* 5.3.13 – 1 AZR 417/12, AuR 13, 186.
226 *BAG* 19.10.11 – 7 AZR 253/07, AuR 11, 462; 12, 264, zur Unzulässigkeit einer Grenze von 60 Jahren für Stewardessen.
227 Ausführlich § 23 Rn. 367 ff.; Däubler/Bertzbach-*Buschmann*, § 17 AGG, Rn. 10.
228 GK-*Weber*, Rn. 48.
229 *Fitting*, Rn. 31.

Fremdenfeindlichkeit im Betrieb hervorgehoben. Die betriebliche Integration ausländischer AN und die Bekämpfung fremdenfeindlicher Betätigung im Betrieb sollen durch ein Bündel weiterer betriebsverfassungsrechtlicher Vorschriften unterstützt werden:

- Die Berichte des AG auf der Betriebsversammlung sowie des UN auf der Betriebsräteversammlung über das Personal- und Sozialwesen beziehen sich auch auf die Integration der im Betrieb beschäftigten ausländischen AN (§§ 43 Abs. 2 Satz 3, 53 Abs. 2 Nr. 2).
- Diese ist auch Thema der Betriebs- und Abteilungsversammlungen (§ 45 Satz 1).
- Die Förderung der Integration ausländischer Jugendlicher und Auszubildender im Betrieb gehört zu den allgemeinen Aufgaben der JAV (§ 70 Abs. 1 Nr. 4).
- Freiwillige BV können abgeschlossen werden über Maßnahmen zur Integration ausländischer AN sowie zur Bekämpfung von Rassismus und Fremdenfeindlichkeit im Betrieb (§ 88 Nr. 4).
- Die durch Tatsachen begründete Besorgnis, dass der Bewerber oder AN den Betriebsfrieden durch rassistische oder fremdenfeindliche Betätigung stören werde, berechtigt den BR zum Widerspruch gegen personelle Maßnahmen (§ 99 Abs. 2 Nr. 6).
- Hat ein AN den Betriebsfrieden durch rassistische oder fremdenfeindliche Betätigung wiederholt ernsthaft gestört, kann der BR die Entlassung oder Versetzung verlangen (§ 104 Satz 1).

Das Gesetz geht davon aus, dass die Integration ausländischer AN trotz rechtlicher Gleich- **64** stellung **unbefriedigend** ist. Zugleich drückt sich Besorgnis über **rechtsextremistische, fremdenfeindliche oder antisemitische Straftaten** aus.[230] Die Betriebsverfassung soll ihren gesellschaftlichen Beitrag dazu leisten, die Integration von ausländischen Mitbürgern zu fördern und zugleich Sanktionen gegen Rassismus und Fremdenfeindlichkeit im Betrieb zu erleichtern.[231] Diese Zweckbestimmung entspricht der dem AGG zugrunde liegenden europäischen RL 2000/43/EG v. 29.6.00.[232] § 10 **Schwarzarbeitsbekämpfungsgesetz** enthält den besonderen Straftatbestand der Beschäftigung von Ausländern ohne Genehmigung und zu **ungünstigen Arbeitsbedingungen.**

Der BR hat die Aufgabe, sich aktiv für die **Integration** der ausländischen AN im Betrieb **65** einzusetzen.[233] Er hat darauf hinzuwirken, dass sie wie deutsche AN behandelt werden.[234] Damit hat er eine besondere Verpflichtung, für die Ziele des § 75 sowie des Art. 21 EU-Grundrechte-Charta (Nichtdiskriminierung) einzutreten.[235] Er soll auf ein besseres Verständnis zwischen deutschen und ausländischen AN und auf den Abbau ungerechtfertigter Vorurteile hinwirken.[236] Er hat sich auch darum zu bemühen, dass ausländische AN die Gelegenheit erhalten, die deutsche Sprache zu erlernen.[237] So kann er z. B. den AG dazu bringen, einen Deutschkurs während der Arbeitszeit durchzuführen. Nach § 11 AÜG ist der AG verpflichtet, dem AN eine Vertragsurkunde über den wesentlichen Inhalt seines Arbeitsverhältnisses in seiner Muttersprache auszuhändigen (vgl. auch § 81 Rn. 7). Ggf. kann der BR dafür sorgen, dass z. B. zu Betriebsversammlungen sein Tätigkeitsbericht übersetzt wird bzw. Dolmetscher hinzugezogen werden; dies gilt auch für BR-Sitzungen und Sprechstunden (vgl. **§ 40 Rn. 16**).

AG und BR haben die besondere Aufgabe, gegen betriebliche Erscheinungsformen von **Aus- 66 länderfeindlichkeit** vorzugehen. Im Vordergrund wird betriebliche Überzeugungsarbeit stehen. Bei Straftatbeständen wie §§ 130, 131, 185, 223, 240 StGB oder konkreter Störung des Betriebsfriedens durch fremdenfeindliches Verhalten kommt auch eine (außerordentliche) Kündigung in Frage.[238] Nach *BVerfG*[239] ist es einem Ausbildungsverein nicht zuzumuten,

230 BT-Drucks., 14/5741, S. 25 Nr. 11.
231 BT-Drucks., a. a. O.
232 ABl. EG Nr. L 180/22 v. 19.7.00.
233 Ausführlich *Blank*, AuR 94, 286 m. w. N.; *Kleveman*, AiB 93, 529; *Pakirnus*, PersR 95, 193; *Fitting*, Rn. 32.
234 Richardi-*Thüsing*, Rn. 43; *Fitting*, a. a. O.
235 Vgl. auch IAO-Übereinkommen 111 v. 25.6.1958, Art. 1 Abs. 1 a, *DKL* Nr. 217.
236 *Richardi*, a. a. O.; *Fitting*, a. a. O.
237 *Richardi*, a. a. O.
238 *Korinth*, AuR 93, 105; *Lansnicker/Schwirtzek*, DB 01, 865; *BAG* 14.2.96, DB 96, 480 (Volksverhetzung); 1.7.99, AuR 00, 72 mit Anm. *Korinth* (Kündigung eines Auszubildenden); 5.11.92, AuR 93,

einen AN zu beschäftigen, der ausländerfeindliche Tendenzen offen zur Schau trägt. Der in Nr. 7 geforderte Einsatz für Integration und Verständnis beinhaltet die Verpflichtung, sich schützend vor Ausländer zu stellen, wenn sie zu Opfern betrieblicher Erscheinungsformen von Ausländerfeindlichkeit werden. Der BR sollte solche AN zur Rede stellen, die sich weigern, mit ausländischen AN zusammenzuarbeiten.[240]

67 Der **zweite Halbsatz** der Vorschrift verstärkt diese besondere Aufgabe des BR. Das Antragsrecht entspricht Abs. 1 Nr. 2. Es bezieht sich wie die anderen unter Rn. 63 aufgeführten Vorschriften über die Bekämpfung von Ausländerfeindlichkeit hinaus auf Maßnahmen zur Bekämpfung von **Rassismus und Fremdenfeindlichkeit** im Betrieb. Die durch Rechtsextremismus, Rassismus, Fremdenfeindlichkeit und Antisemitismus konkret gefährdeten Personen sollen unabhängig von ihrer Nationalität nicht befürchten müssen, im Arbeitsleben beleidigt, belästigt, in ihrer körperlichen Integrität beeinträchtigt oder Opfer von Mobbing zu werden. Über den Opferschutz hinaus verdeutlicht der Gesetzgeber, dass diese Tendenzen das gesellschaftliche Zusammenleben und den Betriebsfrieden gefährden und weder in der Öffentlichkeit noch im Betrieb toleriert werden können. Dies gilt auch, wenn der AG an derartigen Erscheinungsformen keinen Anstoß nehmen sollte. Vielmehr trifft die Verpflichtung zur Bekämpfung von Rassismus und Fremdenfeindlichkeit den AG ebenso wie den BR. Dies gilt auch im Tendenzbetrieb. Tendenzen eines AG, die Elemente von Rassismus und Fremdenfeindlichkeit enthalten, können dafür keinen Tendenzschutz in Anspruch nehmen.

68 § 7 i. V. m. § 1 AGG verbietet jede **Benachteiligung aus Gründen der Rasse oder wegen der ethnischen Herkunft** und lässt davon im Unterschied zu anderen Diskriminierungstatbeständen keine Ausnahmen zu. Damit werden Art. 1, 2 der RL 2000/43/EG umgesetzt. § 12 AGG gibt dem AG eine umfassende Organisationspflicht zum Schutz vor Benachteiligungen i. S. d. § 1 AGG. Diese Pflicht hat präventiven Charakter und geht über einen reinen Unterlassungsbefehl hinaus.[241] Sie besteht unabhängig vom Antrag des BR, wird durch ihn aber konkretisiert. Vor diesem Hintergrund macht das Gesetz das Antragsrecht des BR auch nicht von einem besonderen betrieblichen Anlass anhängig.[242] Nach § 17 Abs. 2 AGG hat der BR das Recht zur gerichtlichen Geltendmachung der Rechte aus § 23 dieses Gesetzes auch bei einem Verstoß des AG gegen Vorschriften des Abschnitts 2 des AGG.[243] Fremdenfeindlichkeit ist keine »Weltanschauung« i. S. d. § 1 AGG.

10. Förderung und Sicherung der Beschäftigung im Betrieb

69 Der BR soll sich dafür einsetzen, dass die AN nicht ihren Arbeitsplatz und damit ihre Lebensgrundlage verlieren.[244] Gefährdungen für die Beschäftigungssicherung sieht der Gesetzgeber vor allem im Hinblick auf **Umstrukturierungen und Fusionen** sowie den damit regelmäßig verbundenen Personalabbau. Die Vorschrift nennt Beschäftigungsförderung und -sicherung gleichrangig. In der Praxis wird es um den Schutz der bestehenden Belegschaft und der dort beschäftigten AN (einschließlich der befristet Beschäftigten), also Beschäftigungssicherung, gehen, während bei der Beschäftigungsförderung tarifliche Regelungen im Vordergrund stehen.[245]

70 Zur Erfüllung dieser Aufgabe werden an verschiedenen Stellen im BetrVG hierauf bezogene **Handlungsmöglichkeiten der BR** besonders hervorgehoben:

- Vorschläge zur Beschäftigungssicherung (§ 92 a);
- Ermittlung des Berufsbildungsbedarfs (§ 96 Abs. 1 Satz 2);

---

124 (Kündigung wegen eines sog. »Juden-Witzes« mit menschenverachtendem Charakter).
239 *BVerfG* 2.2.95, AuR 95, 152.
240 *Schaub,* Der Betriebsrat, § 38 S. 293.
241 Däubler/Bertzbach-*Buschmann,* § 12 AGG, Rn. 6.
242 A. A. *Fitting,* Rn. 23; tendenziell enger auch Richardi-*Thüsing,* Rn. 24.
243 Däubler/Bertzbach-*Buschmann,* § 17 AGG, Rn. 10 ff.; ausführlich zu Handlungsmöglichkeiten des BR gegen Fremdenfeindlichkeit im Betrieb *Wenckebach,* AiB 09, 274 m. w. N.
244 BT-Drucks. 14/5741, S. 46 zu Nr. 54 a; zur wirtschaftlichen Krisenbewältigung *Nebe,* AuR 14, 51 ff., 54 f.
245 *Konzen,* RdA 01, 91.

- begrenztes Initiativrecht bei der Einführung von Maßnahmen der betr. Berufsbildung (§ 97 Abs. 2);
- Beteiligungsrechte des BR bei Betriebsänderungen (§ 111 Satz 1);
- Sollregelung zur Berücksichtigung der im SGB III vorgesehenen Förderungsmöglichkeiten zur Vermeidung von Arbeitslosigkeit bei der Gestaltung von Sozialplänen (§ 112 Abs. 5 Nr. 2 a).

Diese Spezialvorschriften schließen darüber hinausgehende Aktivitäten des BR zur Beschäf- **71** tigungssicherung nicht aus (vgl. § 92 a Abs. 1 Satz 2 »insbesondere«). Welche Aktivitäten der BR für angemessen erachtet, steht in seinem Ermessen. Eine besondere Rolle kommt dem BR bei der **Umsetzung der jeweiligen tariflichen Bestimmungen zur Arbeitszeitverkürzung und Beschäftigungssicherung** zu, die den BR häufig besonders einbeziehen. Der BR kann in Wahrnehmung seiner Mitbestimmungsrechte nach § 87 Abs. 1 Nrn. 2 und 3 **Überstunden begrenzen,** er kann Anträge auf **Arbeitszeitverkürzung** nach § 8 TzBfG unterstützen, um damit die arbeitsmarktpolitische Zielsetzung des Gesetzes betrieblich umzusetzen. Er kann auch die Ausübung sonstiger Mitbestimmungsrechte davon anhängig machen, dass beschäftigungspolitische Ziele gefördert werden, die für sich allein ggf. nicht durchsetzbar sind (sog. Koppelungsgeschäfte).[246] Typisches Arbeitsfeld ist die Übernahme von befristet Beschäftigten (vgl. § 99 Abs. 2 Nr. 3) und von Auszubildenden nach Beendigung ihrer Ausbildung in ein unbefristetes Arbeitsverhältnis. Die in der Begründung[247] erwähnte Gefährdung durch Umstrukturierungen und Fusionen kann den BR veranlassen, **Aktivitäten gegen Outsourcing** zu unternehmen, die Beschäftigten über Gefährdungen aufzuklären,[248] vor allem Stilllegungsabsichten, die zum Verlust von Arbeitsplätzen führen, zu bekämpfen und dabei die Beteiligungsrechte nach §§ 111 ff. auszuschöpfen. Die Verfolgung dieser besonderen Aufgabenstellung schließt den Einwand der Störung des Betriebsfriedens bzw. des Rechtsmissbrauchs aus.

Durch die allgemeine Aufgabe der Beschäftigungsförderung und -sicherung werden die kon- **72** kreten **Mitbestimmungsrechte des BR weder erweitert noch begrenzt.** Der rechtliche Rahmen der hierfür getroffenen Maßnahmen bestimmt sich nach den für den Betrieb geltenden TV sowie nach §§ 77 Abs. 3, 87 Abs. 1 (Eingangssatz) BetrVG, § 4 Abs. 3 TVG. Auch das Ziel der Beschäftigungsförderung und -sicherung gibt keine Handhabe für Eingriffe in TV bzw. tarifliche Leistungen durch Betriebsvereinbarung, Regelungsabrede oder sonstiges abgestimmtes Verhalten.

11. Förderung des Arbeitsschutzes und des betrieblichen Umweltschutzes

Mit dem BetrVerf-ReformG 2001 aufgenommen wurde die allgemeine Aufgabe des BR, Maß- **73** nahmen des Arbeitsschutzes und des betrieblichen Umweltschutzes zu fördern. **Arbeitsschutz** und Unterstützung der für den Arbeitsschutz zuständigen Behörden gehören allerdings schon seit dem Betriebsrätegesetz v. 4.2.1920 zu den zentralen Aufgaben des BR (§ 66 Nr. 8 BRG). Seine Befugnisse werden durch § 89 und § 87 Abs. 1 Nr. 7 näher ausgestaltet. § 89 Abs. 1 Satz 1 verpflichtet den BR generell, sich dafür einzusetzen, dass die Vorschriften über Arbeitsschutz und Unfallverhütung im Betrieb durchgeführt werden. Indes geht die Förderungspflicht nach dieser Vorschrift über die bloße Rechtskontrolle hinaus, die sich schon aus Nr. 1 ergibt. Nach § 87 Abs. 1 Nr. 7 hat der BR mitzubestimmen über Regelungen über die Verhütung von Arbeitsunfällen und Berufskrankheiten sowie über den Gesundheitsschutz im Rahmen der gesetzlichen Vorschriften oder der Unfallverhütungsvorschriften.

Mit der Hervorhebung des betrieblichen Umweltschutzes als allgemeine Betriebsratsaufgabe **74** macht der Gesetzgeber deutlich, dass **betrieblicher Umweltschutz** auch **unabhängig vom Arbeitsschutz** ein **zentrales Element in der Betriebsverfassung** darstellt und dass der BR hierfür zuständig ist.[249] Dies gilt nicht nur für BR und deren Mitglieder, sondern auch für die Beschäftigten selbst und die innerbetriebliche Kommunikation.[250]

---

246 Dazu *Schoof,* AuR 07, 289, m. w. N.

247 BT-Drucks., a. a. O.; vgl. auch *BVerfG* 25.1.11 – 1 BvR 1741/09, Gesetzlicher Arbeitgeberwechsel zwecks Privatisierung, AuR 11, 132.

248 Zur Zulässigkeit öffentlicher Boykottaufrufe gegen Tarifflucht aus altruistischer Sicht *LG Düsseldorf* 14.6.00 – 12 O 556/99, AuR 01, 194 mit Anm. *Binkert.*

249 *Däubler,* AuR 01, 1; *Engels/Trebinger/Löhr-Steinhaus,* DB 01, 532; *Fitting,* Rn. 45.

250 Ausführlich *Buschmann,* Umweltschutz als Aufgabe des Betriebsrats, FS Heilmann, S. 87.

75 **Umweltschutz** wird **in zahlreichen Bestimmungen dieses Gesetzes** erwähnt:

- Nach dieser Vorschrift hat der BR die Aufgabe, *Maßnahmen des Arbeitsschutzes und des betrieblichen Umweltschutzes zu fördern.*
- Daran hindert ihn nicht das Verbot parteipolitischer Betätigung. Nach § 74 Abs. 2 Satz 3, Halbsatz 2 wird die *Behandlung von Angelegenheiten umweltpolischer Art,* die den Betrieb oder seine AN unmittelbar betreffen, hierdurch nicht berührt.
- § 89 BetrVG wird neben dem Arbeitsschutz auf den *betrieblichen Umweltschutz* bezogen (Definition in Abs. 3).
- Zu den wirtschaftlichen Angelegenheiten des UN, über die der WA zu unterrichten ist, gehören nach § 106 Abs. 3 Nr. 5 a auch *Fragen des betrieblichen Umweltschutzes.*
- Nach § 53 Abs. 2 Nr. 2 hat der UN in der Betriebsräteversammlung einen *Bericht u. a. über Fragen des Umweltschutzes im Unternehmen zu erstatten.*
- In § 88 Nr. 1 a wird klargestellt, dass *Maßnahmen des betrieblichen Umweltschutzes* durch Betriebsvereinbarungen geregelt werden.
- Nach § 43 Abs. 2 Satz 3 hat der AG oder sein Vertreter auf der Betriebsversammlung *über den betrieblichen Umweltschutz zu berichten.*
- Entsprechend können Betriebs- oder Abteilungsversammlungen nach § 45 *Angelegenheiten umweltpolitischer Art behandeln,* die den Betrieb oder seine Arbeitnehmer unmittelbar betreffen.

76 **Umweltschutz** ist europa- (Art. 37 EU-GRC) wie verfassungsrechtlich (Art. 20 a GG) als **besonderes Staatsziel** anerkannt.[251] Vor diesem Hintergrund hat der Gesetzgeber AG und BR eine **umweltbezogene Schutzpflicht** auferlegt. Es steht nicht im Belieben von AG und BR, ob sie sich mit diesem Thema befassen. Sie sind dazu gesetzlich ausdrücklich angehalten. Zugleich soll das betriebliche Wissen der AN nutzbar gemacht werden, um Umweltbelastungen zu vermeiden.[252] Zum Anspruch des BR auf freien Zugang zu Informationen über die Umwelt vgl. Rn. 124. Ein gegen den Willen des AG durchsetzbares Mitbestimmungsrecht ist damit nicht verbunden. Jedoch ist die Befassung mit dem Umweltschutz erforderlich i. S. d.§§ 37 Abs. 6, 40.[253] Zugleich ergibt sich aus diesem gesetzlichen Arbeitsauftrag, dass innerbetriebliche Aktivitäten des BR oder der AN für die Verstärkung des betrieblichen Umweltschutzes nicht als Störung des Betriebsfriedens, Verletzung von Treuepflichten, von Geboten zu politischer Mäßigung oder von ungeschriebenen Grundregeln des Arbeitsverhältnisses gewertet werden dürfen. Maßregelungen sind nach § 612 a BGB unzulässig.[254]

12. Allgemeine Aufgaben aus anderen Gesetzen

77 Seit den 90er Jahren ist eine **Fortentwicklung des Betriebsverfassungsrechts außerhalb dieses Gesetzes** zu beobachten. Relevante Gesetzesauszüge sind deshalb in diesem Band im Anschluss an den Text des BetrVG abgedruckt. Hintergrund sind zumeist **europäische Vorgaben**, insbes. Richtlinien, die Annexregelungen über die Beteiligung der Arbeitnehmervertretungen enthalten und mit diesen in spezielle nationale Gesetze umgesetzt wurden. Besondere Schwerpunkte sind Bildung und Zuständigkeiten transnationaler Interessenvertretungen nach dem Europäische-Betriebsräte-Gesetz (EBRG), dem SE-Beteiligungsgesetz (SEBG), dem SCE-Beteiligungsgesetz (SCEBG), dem Umwandlungsgesetz (UmwG), dem Gesetz über die Mitbestimmung der AN bei einer grenzüberschreitenden Verschmelzung (MgVG), dem Wertpapier- und Übernahmegesetz. Eine Reihe von Vorschriften (Arbeitsschutzgesetz, Arbeitszeitgesetz, Arbeitssicherheitsgesetz, Arbeitsstättenverordnung, Gefahrstoffverordnung) begreifen

---

251 **Art. 37 EU-GRC Umweltschutz:** Ein hohes Umweltschutzniveau und die Verbesserung der Umweltqualität müssen in die Politiken der Union einbezogen und nach dem Grundsatz der nachhaltigen Entwicklung sichergestellt werden. /**Art. 20 a GG:** Der Staat schützt auch in Verantwortung für die künftigen Generationen die natürlichen Lebensgrundlagen und die Tiere im Rahmen der verfassungsmäßigen Ordnung durch die Gesetzgebung und nach Maßgabe von Gesetz und Recht durch die vollziehende Gewalt und die Rspr.

252 BT-Drucks. 14/5741, S. 26 Nr. 9.

253 Ebenso Hako-*Kohte/Schulze-Doll*, § 89 Rn. 5.

254 Im Einzelnen *Buschmann*, FS Heilmann, S. 87.

den BR als **Mitgestalter des Arbeitsschutzes** im Betrieb.[255] Die diversen Hartz-Gesetze geben dem BR Beteiligungs- und Kontrollrechte im Rahmen **arbeitsmarktpolitischer Maßnahmen**. Die Privatisierung vormals öffentlicher UN führt zu erweiterten Zuständigkeiten des BR für die dort beschäftigten **Beamten**.[256] Schwer in die Systematik dieses Gesetzes integrierbar sind die Tendenzen eines tarif- bzw. **betriebsvereinbarungsdispositiven Gesetzesrechts** (abweichende Regelung durch BV auf Grund eines TV), wie sie sich etwa in § 21 a JArbSchG und § 7 ArbZG finden.[257] § 17 AGG spricht eine **soziale Verantwortung und auch Klagerechte der BR in Bezug auf die Verwirklichung der Ziele des AGG** aus. Diese Zuständigkeit überschreitet den Arbeitnehmerbegriff des BetrVG, indem sie Beschäftigte iSd. § 6 AGG, d. h. auch arbeitnehmerähnliche Personen, Heimarbeiter, Bewerber und ausgeschiedene AN sowie hinsichtlich der Bedingungen für den Zugang zur Erwerbstätigkeit und den beruflichen Aufstieg auch Selbstständige erfasst. Zu Informationsrechten aus anderen Gesetzen Rn. 111.

III. Informationspflichten des Arbeitgebers (Abs. 2 Satz 1)

1. Generalvorschrift und Auffangtatbestand

Voraussetzung für eine sachgerechte und wirksame Wahrnehmung der gesetzlichen Aufgaben ist, dass der BR über alle damit im Zusammenhang stehenden Vorgänge und Planungen des AG (UN) informiert ist. **Abs. 2** ist **Generalvorschrift und Auffangtatbestand** neben speziellen Informationspflichten des AG aus diesem (§§ 43, 53, 89, 90, 92, 96, 97, 99,[258] 100, 102, 106, 111, 115) und anderen Gesetzen (z. B. §§ 5, 12 Satz 2, 24 Satz 2, 29, 30, 36 EBRG, § 17 Abs. 2, 3 KSchG, § 14 Abs. 3 AÜG, §§ 8 Abs. 3 S. 3, 9 Abs. 2 ASiG, §§ 5 Abs. 3, 17 Abs. 1, 126 Abs. 3, 194 Abs. 2 UmwG, §§ 7 Abs. 3, 20 TzBfG, §§ 10, 14, 27, 35 WpÜG). Die Verpflichtung des AG zur Unterrichtung des BR bezieht sich im Allgemeinen auf den Betrieb, kann aber auch darüber hinausgehen und das UN erfassen, wie etwa nach §§ 7 Abs. 3, 20 TzBfG. 78

Der allgemeine Unterrichtungsanspruch nach Abs. 2 **Satz 1** und der Anspruch auf zur Verfügung Stellung der erforderlichen Unterlagen nach Abs. 2 **Satz 2** stehen nebeneinander, d. h. nicht im Verhältnis der Spezialität zueinander; sie ergänzen sich, verdrängen sich aber nicht.[259] Aus dieser **Systematik** ergeben sich konkrete Rechtsfolgen: Der Auskunftsanspruch nach Abs. 2 Satz 1 wird umfassend anerkannt, um einen gleichen Informationsstand herzustellen. Demgegenüber hat die Rspr. bezüglich der Zur Verfügung Stellung von Unterlagen wesentliche Einschränkungen getroffen (vorhandene oder herstellbare Unterlagen, Rn. 113 – keine Aushändigung von Bruttolohn- und Gehaltslisten, Rn. 133), worin sich nicht einfach nachvollziehbare unterschiedliche Wertungen ausdrücken. Um systematische Brüche zu vermeiden, greift die jüngste Rspr. des *BAG*[260] zum Mittel der *teleologischen Reduktion* des allgemeinen Auskunftsanspruchs, »wenn die geforderte schriftliche Auskunft im Bereich der Löhne und Gehälter inhaltlich einer Bruttolohn- und -gehaltsliste gleichkommt« (vgl. Rn. 133). Mit dieser Konstruktion gibt das *BAG* in diesem Bereich Abs. 2 Satz 2 Halbs. 2 den überraschenden und wenig überzeugenden Sinn, dem BR nicht eine Informationsquelle zu schaffen, sondern vorhandene Informationsmöglichkeiten nach Abs. 2 Satz 1 der Vorschrift einzuschränken. 79

Der Auskunftsanspruch nach Satz 1 ist auf Abgabe einer Wissenserklärung durch den AG gerichtet. Er setzt nicht notwendig voraus, dass der AG über die begehrten Informationen in übermittlungsfähiger Form bereits verfügt, sondern besteht auch dann, wenn der AG zur Vorhaltung der Informationen verpflichtet ist.[261] In diesem Fall hat der AG die benötigten Informationen zu beschaffen bzw. zu erstellen. 80

255 Zum SGB IX vgl. Rn. 52 ff.
256 Umfassende Übersicht bei *Engels*, Fortentwicklung des Betriebsverfassungsrechts außerhalb des BetrVG, Teil I und II, AuR 08, 10 ff.; 65 ff. m. w. N.
257 *Buschmann*, FS Richardi, 2007, S. 93 ff.; *D. Ulber*, Tarifdispositives Arbeitsrecht, 2010.
258 *BAG* 27.10.10 – 7 ABR 36/09, ZTR 11, 322: allgemeiner Auskunftsanspruch des Abs. 2 Satz 1 Hs. 1 auch bei Einstellungen nicht durch Unterrichtungsanspruch nach § 99 Abs. 1 gesperrt.
259 *BAG* 10.10.06 – 1 ABR 68/05, RdA 08, 38 mit Anm. *Buschmann*; ebenso 30.9.08 – 1 ABR 54/07, AuR 09, 105.
260 *BAG* 30.9.08 – 1 ABR 54/07, AuR 09, 105.
261 *BAG* 6.5.03 – 1 ABR 13/02, AuR 04, 70, mit Anm. *Krabbe-Rachut*; 10.10.06 – 1 ABR 68/05; ebenso 30.9.08 – 1 ABR 54/07 a. a. O.

81 Art. 27 der EU-Grundrechtecharta garantiert das Recht der AN und ihrer Vertreter auf **Unterrichtung und Anhörung im UN als europäisches Grundrecht**. Besondere Informationspflichten des AG gegenüber dem BR ergeben sich aus **europäischen Richtlinien,** in deren Lichte die nationalen Vorschriften auszulegen sind, etwa Art. 2 der MassenentlassungsRL 98/59/EG,[262] Art. 6 der BetriebsübergangsRL 2001/23/EG,[263] Art. 11 der RahmenRL Gesundheitsschutz 89/391/EWG,[264] Art. 5 e der TeilzeitRL 97/81 EWG,[265] § 7 Abs. 3 der RL 1999/70/EG über befristete Arbeitsverträge.[266] Vgl. ferner Art. 21 der Rev. Europäischen Sozialcharta (RESC) sowie Art. 17, 18 der Gemeinschaftscharta der sozialen Grundrechte der AN.[267]

82 Eine umfassende europarechtliche Grundlage für die Beteiligung der AN-Vertreter unabhängig von o. g. speziellen RL ergibt sich aus der **RL 2002/14/EG 2**[268] zur Festlegung eines allgemeinen Rahmens für die **Unterrichtung und Anhörung der AN** in der EG, abgedruckt im **Anhang C**.[269] Nach Art. 4 RL umfassen Unterrichtung und Anhörung

a) die Unterrichtung über die jüngste Entwicklung und die wahrscheinliche Weiterentwicklung der Tätigkeit und der wirtschaftlichen Situation des UN oder des Betriebs;
b) die Unterrichtung und Anhörung zu Beschäftigungssituation, Beschäftigungsstruktur und wahrscheinlicher Beschäftigungsentwicklung im UN oder Betrieb sowie zu ggf. geplanten antizipativen Maßnahmen, insbes. bei einer Bedrohung für die Beschäftigung;
c) die Unterrichtung und Anhörung zu Entscheidungen, die wesentliche Veränderungen der Arbeitsorganisation oder der Arbeitsverträge mit sich bringen können, einschließlich solcher, die Gegenstand der in Art. 9 Abs. 1 genannten Gemeinschaftsbestimmungen sind.

Die RL trifft Bestimmungen zu Zeitpunkt, Art und Weise der Unterrichtung und Anhörung (Art. 4, 5; dazu Rn. 105), vertraulichen Informationen, die auch an Sachverständige der AN-Vertretung gegeben werden können (Art. 6), Schutz der AN-Vertreter (Art. 7), Durchsetzung der Rechte (Art. 8). Sie ist bei der Auslegung dieser Vorschrift bindend zu berücksichtigen, was z. B. bedeutet, dass die Information der AN-Vertreter nicht nur auf den Betrieb, sondern auch auf das UN zu beziehen ist und grundsätzlich auch wirtschaftliche Angelegenheiten wie den Betriebsübergang erfasst. Sie stellt in Begründungserwägung 16 klar, dass Bestimmungen über eine direkte Mitwirkung der AN nur soweit unberührt bleiben, solange diese sich in jedem Fall dafür entscheiden können, das Recht auf Unterrichtung und Anhörung über ihre Vertreter wahrzunehmen.[270] Zusätzlich zur Unterrichtung verlangt die RL (Art. 4 Abs. 4 d) die **Anhörung der Arbeitnehmervertreter**: »mit dem AG zusammenzukommen und eine mit Gründen versehene Antwort auf ihre etwaige Stellungnahme zu erhalten«.[271] Art. 6 Abs. 3 RL sieht ein besonderes Rechtsbehelfsverfahren auf dem Verwaltungsweg oder vor Gericht vor, falls ein AG Vertraulichkeit verlangt oder die Informationen verweigert. Da der Gesetzgeber keine spezifischen Vorschriften zur Umsetzung der RL erlassen hat, sind die vorhandenen, damit auch diese Vorschrift europarechtskonform zu interpretieren, um die Ziele der RL zu verwirklichen.

83 Der AG hat **unaufgefordert** und von sich aus dem BR **jederzeit und umfassend** alle Informationen zukommen zu lassen, die dieser zur Wahrnehmung seiner Aufgaben benötigt.[272] Dieser Verpflichtung korrespondiert ein entspr. Anspruch des BR.[273] Dies gilt nicht erst dann und nur insoweit, als Beteiligungsrechte des BR aktuell sind,[274] bzw. wenn feststeht, dass

262 ABlEG L 225/16 v. 12.8.98.
263 ABlEG L 82/16 v. 22.3.01.
264 ABlEG L 183/1.
265 ABlEG L 14 v. 20.1.98.
266 ABlEG L 175 v. 10.7.99.
267 *DKL*, Nr. 409 S. 932. Letztere hat zwar keine unmittelbar normative Wirkung, ist aber bei der Auslegung zu berücksichtigen; vgl. *EuGH* 13.12.89, NZA 91, 283; *BAG* 12.2.92, AP Nr. 5 zu § 620 BGB Altersgrenze, wonach sogar eine (nach Art. 189 Abs. 5 EGV an sich unverbindliche) Empfehlung zu berücksichtigen ist.
268 ABlEG L 080/30 v. 23.3.2002.
269 Dazu *Düwell*, FA 6/2002, 174; *v. Roetteken*, Personalrat 03, 181; *Bonin*, AuR 04, 321; *Karthaus*, AuR 07, 114; *Zwanziger*, AuR 2010.
270 Vgl. auch *Düwell*, a. a. O.
271 Dazu *Zwanziger*, AuR 2010, 459.
272 Vgl. Richardi-*Thüsing*, Rn. 47 ff.; GK-*Weber*, Rn. 51 ff.
273 *BAG* 21.10.03, EzA BetrVG 2001 § 80 Nr. 3 m. w. N.
274 *BAG* 15.12.98, AuR 99, 242 zur Unterrichtung über freie Mitarbeiter; 8.6.99, AuR 00, 267, Mitar-

Aufgaben des BR betroffen sind, sondern bereits **zum Zwecke der Feststellung, ob sich möglicherweise Aufgaben ergeben können.**[275] Deshalb geht in Mitbestimmungstatbeständen die Informationspflicht über die einzelnen mitbestimmungspflichtigen Regelungsfragen hinaus. Sie bezieht sich auf den **für AN relevanten Sozialzusammenhang** einschließlich der Fragen, die auf der Ebene von TV, Arbeitsvertrag oder UN-Entscheidung zu regeln sind. Das Zusammenarbeitsgebot des § 2 bedingt ein **hohes Maß an Offenheit.**[276] Die Grenzen des Auskunftsanspruchs liegen dort, wo ein Beteiligungsrecht offensichtlich nicht in Betracht kommt.[277] Vielmehr genügt »eine gewisse Wahrscheinlichkeit für das Bestehen von Aufgaben des BR«.[278] Bei der Beurteilung dieser Wahrscheinlichkeit geht das *BAG* vom jeweiligen Kenntnisstand des BR aus. Ein Auskunftsanspruch besteht nicht, soweit der BR bereits über zuverlässige Informationen verfügt. (st. Rspr.).[279] Diese Grundsätze gelten auch für die Überlassung erforderlicher Unterlagen.[280] Das Informationsrecht des BR wird auch nicht durch etwaigen **Tendenzschutz**[281] eingeschränkt. Nach diesen Grundsätzen vollzieht das *BAG* eine zweistufige Prüfung darauf hin, ob überhaupt eine Aufgabe des BR gegeben, sodann ob im Einzelfall die begehrte Information zur Aufgabenwahrnehmung erforderlich ist.

Nach dem Gesetzeswortlaut erstreckt sich die Informationspflicht des AG (UN) nicht nur auf **84**
die Durchführung der dem BR gemäß Abs. 1 obliegenden **allgemeinen Aufgaben,** sondern auf alle ihm gesetzlich zugewiesenen Aufgaben sowie **Mitwirkungs- und Mitbestimmungsrechte.**[282] Dies gilt insbes., wenn dem BR die sachgemäße Ausübung seiner Mitwirkungs- und Mitbestimmungsrechte erst durch Unterrichtung ermöglicht wird.[283] Anders als bei der Berichterstattung in der Betriebsversammlung (§ 43 Abs. 2 Satz 3) oder BR-Versammlung (§ 53 Abs. 2 Nr. 2) sowie der Auskunftserteilung gegenüber dem WA (§ 106 Abs. 2) ist der AG nach dieser Vorschrift ggf. auch verpflichtet, dem BR **Betriebs- und Geschäftsgeheimnisse** mitzuteilen,[284] die er ggf. unter die Verschwiegenheitspflicht des § 79 stellen kann. Soweit der AG nach einzelnen Mitwirkungs- und Mitbestimmungsrechten dieses Gesetzes den BR zu informieren hat, gilt die Generalklausel des Abs. 2 als übergreifende Norm.[285] Der allgemeine Unterrichtungsanspruch nach Abs. 2 Satz 1 wird auch für den Bereich der Vergütung nicht verdrängt durch das in Abs. 2 Satz 2 (Halbsatz 2) geregelte Recht auf Einsicht in die Bruttolohn- und Gehaltslisten.[286]

2. Beschäftigte Personen

Zur Durchführung der Aufgaben des BR nach diesem Gesetz, d. h. nicht nur bei personellen **85**
Einzelmaßnahmen nach § 99 Abs. 1, ist der AG verpflichtet, den BR über die im Betrieb Beschäftigten zu unterrichten. Der Beschäftigtenbegriff der Vorschrift erfasst zunächst alle AN iSd. § 5, Vollzeit wie Teilzeit. Altersteilzeit ist – auch in der Freistellungsphase – nach dem ATG eine Form der Teilzeit. Auch wenn ihr aktives und passives Wahlrecht bestritten wird (Nachw. bei § 8 Rn. 22), sind sie AN i. S. d. allgemeinen Arbeitsrechts,[287] so dass die Unter-

---

beiterbefragung; 19.10.99 – 1 ABR 75/98, AuR 00, 268, zur Vorlage von Arbeitsverträgen jeweils mit Anm. *Buschmann.*

275 *BAG* 15.12.98; 8.6.99; 19.10.99; 21.10.03, a. a. O.; 24.1.06, EzA BetrVG 2001 § 80 Nr. 5; 10.10.06 – 1 ABR 68/05, RdA 08, 38 mit Anm. *Buschmann*; 23.3.10 – 1 ABR 81/08, BB 10, 1787.

276 Vgl. auch Richardi-*Thüsing,* Rn. 51; *HWGNRH,* Rn. 49 ff.

277 *BAG* 23.3.10 – 1 ABR 81/08 a. a. O.

278 *BAG* 10.10.06, a. a. O.

279 Nachw. bei *BAG* 15.12.98; 8.6.99; 19.10.99; 21.10.03; 24.1.06, a. a. O.

280 *BAG* 19.10.99, a. a. O.

281 *BAG* 15.12.98, a. a. O.; 13.2.07, AuR 07, 326; *Fitting,* Rn. 60.

282 Richardi-*Thüsing,* Rn. 50; *Fitting,* Rn. 48; *Boemke/Ankersen,* BB 00, 2255.

283 St. Rspr., *BAG* 15.12.98; 21.10.03, a. a. O.; *Fitting,* Rn. 48; *GL,* Rn. 26; *v. Hoyningen-Huene,* Anm. zu AP Nr. 19 zu § 80 BetrVG 1972.

284 *BAG* 15.12.98, a. a. O.; 13.2.07, AuR 07, 326, zu Tendenzträgern; Richardi-*Thüsing,* Rn. 58; *Fitting,* Rn. 60; *SWS,* Rn. 9 c; *WW,* Rn. 15.

285 Vgl. *Mayer,* AuR 91, 14 [19]; Richardi-*Thüsing,* Rn. 50; *Fitting,* Rn. 51; a. A. GK-*Weber,* Rn. 54, der die besonderen Informationsvorschriften als abschließend und speziell versteht.

286 *BAG* 10.10.06, a. a. O.; ebenso 30.9.08 – 1 ABR 54/07, AuR 09, 105, vgl. aber Rn. 126 ff.

287 *BAG* 31.1.08 – 8 AZR 27/07, AuR 08, 274.

richtungspflicht des AG auch sie erfasst. Ebenso erfasst sind sog. AT-Angestellte.[288] Der AG hat dem BR mitzuteilen, welche Angestellte er als »Leitende« ansieht. Das *BAG* hatte bereits 1998[289] entschieden, dass sich diese Unterrichtungspflicht auch auf **freie Mitarbeiter** erstreckt, damit der BR beurteilen kann, ob und inwieweit Mitbestimmungsrechte in Frage kommen.[290] Seit der Reform 2001 stellt Satz 1 (2. Halbsatz) klar, dass sich die Unterrichtung auch auf die **Beschäftigung von Personen erstreckt, die nicht in einem Arbeitsverhältnis zum AG stehen.**

86 Die Vorschrift soll dazu beitragen, dass Streitigkeiten der Betriebsparteien über eine Unterrichtungspflicht des AG und eventuelle Verfahren vermieden werden.[291] Dies erfolgt in der Weise, dass für die Unterrichtungspflicht des AG die Feststellung eines arbeitsrechtlichen Verhältnisses der betr. Personen zum AG bzw. deren Arbeitnehmerstatus nicht erforderlich ist. Voraussetzung ist allein, dass diese »**beschäftigt**« werden. Die Begründung aaO. nennt beispielhaft Leiharbeitnehmer oder AN, die auf Grund von Dienst- oder Werkverträgen des Betriebsinhabers mit Dritten als deren Erfüllungsgehilfen im Einsatzbetrieb tätig werden, schließlich freie Mitarbeiter im Rahmen eines Dienstvertrages mit dem Betriebsinhaber.[292] Dies soll nur dann nicht der Fall sein, wenn Personen kurzfristig im Betrieb eingesetzt werden, wie Elektriker, die eine defekte Stromleitung reparieren. Die allgemeine Begründung weist auf die Realität einer Randbelegschaft mit Arbeitsverträgen zu Dritten hin.

87 Bereits der **Arbeitnehmerbegriff des § 5** Abs. 1 bezieht ABM-Beschäftigte,[293] Telearbeiter und Heimarbeiter ein, ohne dass es auf deren individualrechtlichen Arbeitnehmerstatus ankommt. Mit erfasst sind **zugewiesene Beamte** und sog DLÜ-Mitarbeiter[294] im privatrechtlich organisierten UN (vgl. Kommentierung zu § 5). Nach § 7 Satz 2 sind **Leiharbeitnehmer** wahlberechtigt, wenn sie länger als 3 Monate im Betrieb eingesetzt werden. Für die Unterrichtungspflicht kommt es auf diese zeitliche Grenze nicht an, weil § 80 Abs. 2 Satz 1 diese Begrenzung nicht wiederholt und auch für kürzer Beschäftigte Mitbestimmungsrechte bestehen können.[295] Der **Beschäftigtenbegriff des § 7 SGB IV** erfasst jede unselbstständige Arbeit, auch unabhängig von einem Arbeitsverhältnis. Nach Abs. 2 jener Vorschrift gilt auch der Erwerb beruflicher Kenntnisse, Fertigkeiten oder Erfahrungen im Rahmen betrieblicher Berufsbildung als Beschäftigung. Der Beschäftigtenbegriff des § 1 SGB VI umfasst u. a. Behinderte in anerkannten Werkstätten, Mitglieder geistlicher Genossenschaften und ähnlicher Gemeinschaften. Allerdings kommt es auf die sozialversicherungsrechtliche Qualifizierung nicht maßgeblich an. Beschäftigt i. S. d. § 94 Abs. 2 SGB IX (Wahlberechtigung zur Schwerbehindertenvertretung) sind auch Rehabilitanden, die nicht AN i. S. d. BetrVG sind.[296] »Beschäftigt« i. S. d. Vorschrift können auch sog. »**Ich-AGs**« sein.[297] Die sozialversicherungsrechtliche Vermutung des § 7 Abs. 4 SGB IV steht dem nicht entgegen, da das Arbeitsrecht eigenen Grundsätzen folgt. Beschäftigt i. S. d. Vorschrift sind auch Personen, die auf Grund eines Werkvertrages, Sub-UN-Vertrages, Miet-/Pachtvertrages (»shop in shop«) oder eines Arbeitsvertrages mit einem Dritten auf Dauer im Betrieb tätig werden (wie Propagandisten oder sog. »Service-Kräfte«), schließlich auch Beschäftigte im Rahmen einer Arbeitsgelegenheit nach § 16 Abs. 3 SGB II, d. h. Ein-€-Jobber.[298]

---

288 *BAG* 24.1.06 – 1 ABR 60/04, EzA BetrVG 2001 § 80 Nr. 5.

289 *BAG* 15.12.98, AuR 99, 242 mit Anm. *Buschmann.*

290 Zu Zivildienstleistenden vgl. *BAG* 19.6.01, AuR 01, 271; Mustergesuch des BR auf Information in DKKWF-*Buschmann,* § 80 Rn. 5 ff.

291 BT-Drucks. 14/5741, S. 59.

292 So schon *BAG* 15.12.98, AuR 99, 242; zu Informations- und Beteiligungsrechten im Zusammenhang mit sog. Crowdsourcing *Klebe/Neugebauer,* AuR 14, 4 ff.

293 *BAG* 13.10.04, AuR 2005, 198.

294 AN des öD., die auf Grundlage eines Dienstleistungsüberlassungsvertrages in privaten Einsatzbetrieben tätig sind, *BAG* 5.12.12 – 7 ABR 17/11, AuR 13, 183.

295 Vgl. auch Hako-*Kohte/Schulze-Doll,* Rn. 16.

296 *BAG* 16.4.03 – 7 ABR 27/02, AuR 03, 358.

297 Vgl. *Greiner,* DB 03, 1058.

298 zum Beschäftigtenbegriff des § 6 AGG [AN, Azubis, AN-ähnliche Personen, Bewerber und ausgeschiedene Personen, u. U. auch Selbstständige] vgl. § 93 Rn. 17; zum Beschäftigtenbegriff im Arbeitsschutz vgl. § 89 Rn, 3, 14; vgl. auch HaKo-*Kohte/Schulze-Doll,* Rn. 5, *BVerwG* 21.3.07 – 6 P 4/06 u. – 6 P 8/06, AuR 07, 135.

Soweit der BR die Unterrichtung über Personen verlangt, die i. S. vorstehend dargestellter und anderer Vorschriften »**beschäftigt**« werden, fingiert die Vorschrift, dass die **Unterrichtung zur Erfüllung der Aufgaben des BR notwendig** ist und ohne besondere Darlegung der Notwendigkeit und Aufforderung seitens des BR rechtzeitig und umfassend zu erfolgen hat.[299] Daneben steht der gestufte Informationsanspruch des BR an den AG bezüglich aller Personen, die im oder für den Betrieb tätig werden, um zu überprüfen, ob diesbezüglich Mitbestimmungsrechte bestehen.[300] Dieser Informationsanspruch geht über den Beschäftigtenbegriff hinaus, da er die Darlegung eines besonderen Rechtsverhältnisses zum AG nicht verlangt (dies zu überprüfen ist gerade Gegenstand des Informationsbegehrens). Nach dem *BAG* aaO. besteht dieser Anspruch i. S. eines umfassenden Globalantrags indes nur, wenn der AG bisher hierzu noch keine oder nur unzureichende Auskunft gegeben hat. Hat der AG dagegen bereits Auskunft i. S. einer Gesamtübersicht gegeben, so ist es dem BR danach zuzumuten, seinen Informationsanspruch bezüglich künftig beschäftigter (freier) Mitarbeiter zu präzisieren. 88

Der AG kann den Auskunftsanspruch des BR nicht unter Verweis auf **Persönlichkeits**- oder **Datenschutzrechte der AN** zurückweisen. Die gesetzlichen Überwachungsrechte und -pflichten bestehen unabhängig von dahingehenden individuellen Wünschen bzw. Zustimmungen.[301] Zu informieren ist auch bei **Schwangerschaft** von AN selbst dann, wenn sie den AG auffordern, diese Mitteilung nicht weiterzugeben.[302] Aus Gründen des Persönlichkeitsschutzes ist der BR jedoch wie der AG zur vertraulichen Behandlung verpflichtet (vgl. **§ 79 Rn. 40 ff.**; zum Datenschutz Rn. 14 ff). 88a

3. Gegenstand der Information

a) Arbeitsverträge

Der BR hat u. a. die Einhaltung des Nachweisgesetzes zu überwachen. Daraus ergibt sich grundsätzlich die Verpflichtung des AG, dem BR die ausgefüllten **Arbeitsverträge** bzw. die (in der Praxis seltenen) besonderen Niederschriften nach § 2 Abs. 1 Satz 1 NachwG vorzulegen.[303] Hat der BR hierzu gar keine Informationen, wird er die Vorlage der Verträge aller AN oder der betr. Gruppe fordern können. Danach kann eine engere Bestimmung von ihm verlangt werden.[304] Der Nachweis nach diesem Gesetz muss vollständig[305] und wahrheitsgemäß erfolgen. Dazu gehören auch arbeitsvertragliche Überstundenverpflichtungen, unabhängig von ihrer rechtlichen Zulässigkeit.[306] Das Nachweisgesetz verlangt zwar nicht generell, dass die wesentlichen Arbeitsbedingungen schriftlich zu vereinbaren sind, wohl aber die vollständige und zutreffende Niederschrift über die getroffenen Vereinbarungen. Damit der BR die Vollständigkeit und Richtigkeit der nachgewiesenen Vertragsbedingungen überprüfen kann, ist er demgemäß auch über **mündlich vereinbarte wesentliche Vertragsbedingungen** zu informieren. Das Gleiche gilt für den Inhalt von Rahmenvereinbarungen, mit denen allein zwar noch kein Arbeitsverhältnis begründet werden soll, die jedoch bei kurzzeitigen Einsätzen oder bei sog. »absprachegebundener Arbeitszeit« jeweils zu Grunde gelegt werden. Ist der BR über Vertragsinhalte zu unterrichten, gilt dies auch für Vertragsänderungen und -aufhebungen. Für den ö. D. bestehen Vertragsmuster.[307] Ein besonderer Unterrichtungsanspruch über Aufhebungsverträge, insbes. auf Veranlassung des AG, kann sich aus § 111 ergeben.[308] 89

299 *Engels/Trebinger/Löhr-Steinhaus,* DB 01, 536.
300 Vgl. *BAG* 15.12.98, AuR 99, 242.
301 *BAG* 7.2.12 – 1 ABR 46/10, AuR 12, 141, zum BEM.
302 *BAG* 27.2.68, AP Nr. 1 zu § 58 BetrVG; *Fitting, Rn. 61* GK-*Kraft/Weber,* Rn. 78.; a. A., sofern die Schwangere widerspricht, Richardi-*Thüsing,* Rn. 58 a.
303 *BAG* 19.10.99 – 1 ABR 75/98, AuR 00, 268 mit Anm. *Buschmann;* zur Unterrichtung über Einzelvereinbarungen in Arbeitsverträgen bereits *BAG* 18.10.88, AP Nr. 57 zu § 99 BetrVG 1972 unter B I 1 d.
304 *BAG* 19.10.99, a. a. O.
305 ErfK-*Preis,* § 2 NachwG Rn. 8.
306 *EuGH* 8.2.01, Lange, AuR 01, 108 mit Anm. *Buschmann.*
307 Vgl. Arbeits- und Ausbildungsvertragsmuster des Bundes, GMBl. 2015, 366 ff.
308 Vgl. § 111, Rn. 77; für eine Verpflichtung zur unverzüglichen Unterrichtung, aber nicht zur generellen

b) Wirtschaftliche Fragen

90 In einem UN, in dem **kein WA** nach §§ 106 f. gebildet werden kann, kann sich der Anspruch des BR/GBR auf **Informationen zu wirtschaftlichen Fragen** unmittelbar nach Abs. 2 richten, da sich aus § 106 Abs. 2 insoweit keinerlei Beschränkung ergibt (vgl. § 106).[309] Die Informationsansprüche der §§ 106 Abs. 2 und 80 Abs. 2 stehen nebeneinander und nicht in einem Konkurrenzverhältnis.[310] Der Anspruch aus § 106 steht nur dem WA, nicht – selbst wenn kein WA gebildet oder zu bilden ist – dem BR/GBR zu. Der BR soll nach § 80 Abs. 2 hinsichtlich der in § 106 Abs. 3 genannten wirtschaftlichen Angelegenheiten nur bei einer konkreten Aufgabenstellung unterrichtet werden. Mit dieser Begründung wurde der Antrag des BR abgelehnt, ihm jeweils die Wirtschaftsprüfungsberichte zu den Jahresabschlüssen vorzulegen. Diese Rspr. wird unter Berücksichtigung der (Unterrichtungs-)RL 2002/14/EG[311] zu überprüfen sein.[312]

91 Hinsichtlich der Information über **Vergütung der AN** und ihre Bestandteile ist der BR nicht auf sein Einblicksrecht in die Bruttolohn- und Gehaltslisten zu verweisen. Er kann also spezifische schriftliche Auskunft anfordern,[313] z. B. um »den gebotenen Abgleich von geschuldetem und tatsächlich gezahltem Gehalt« vorzunehmen.[314] Der AG ist verpflichtet, den BR darüber zu unterrichten, nach welchen Gesichtspunkten allgemein geregelte **Zulagen,** insbes. Funktionszulagen[315] oder auch zusätzliche **Einmalzahlungen** (z. B. im Zusammenhang mit einem Arbeitskampf), gewährt werden, und anzugeben, aus welchen Motiven eine Zulage gewährt oder verweigert wurde,[316] damit er ggf. überprüfen kann, ob der Gleichbehandlungsgrundsatz (§ 75 Abs. 1) beachtet worden ist[317] oder seine Mitbestimmungsrechte nach § 87 Abs. 1 Nr. 10[318] berührt werden.[319] Bei **Zielvereinbarungen** hat der BR Anspruch auf Mitteilung, mit welchen AN und mit welchen Inhalten, insbes. »vorstellbaren Ertragszielen«, solche Vereinbarungen abgeschlossen wurden,[320] welche Umsatzziele bzw. Planumsätze sowie Tätigkeiten der AG mit jedem einzelnen AN individuell vereinbart hat, welchen Grad der Zielerfüllung diese erreicht hat und in welchem Umfang Ausfalltage auf die Zielerfüllung angerechnet worden sind.[321] Werden besondere Zahlungen für die Aufdeckung von Diebstählen (Fangprämien) oder für besonderen Einsatz bei krankheitsbedingten Ausfällen von Kollegen erbracht, kann der BR jeweils Auskunft über die Höhe und den Grund der Zahlungen verlangen.[322] Der BR ist zu informieren, welche Leistungen auf den **gesetzlichen oder tariflichen Mindestlohn angerechnet** werden, weiterhin ob eine zusätzliche Leistung mit **Widerrufsvorbehalt** oder **Rückzahlungsklausel** verbunden sein soll, zudem diese Frage der Mitbestimmung unterliegt. Wird an weibliche AN für gleiche Arbeit geringerer Lohn gezahlt als

---

Anhörung der Schwerbehindertenvertretung vor Aufhebungsverträgen mit schwbh. Menschen *BAG* 14.3.12 – 7 ABR 67/10, EzA § 95 SGB IX Nr. 4; dazu krit. Anm. *von Roetteken,* jurisPR-ArbR 29/2012 Anm. 2.

309 *Bösche-Moderegger/Grimberg,* AuR 90, 298 ff. m. w. N.; *LAG Düsseldorf* 14.2.90, DB 90, 2479 (Vorinstanz zu *BAG* 5.2.91); *LAG Berlin* 6.8.97, AuR 99, 71; *ArbG Bochum* 4.3.86 – 2 BV 15/85, das eine Regelungslücke feststellt, die es durch eine analoge Anwendung des § 106 auffüllt; *Wendeling-Schröder,* AiB 86, 226 ff.; im Ergebnis auch *Oetker/Lunk,* DB 90, 2320 [2324], soweit nicht Betriebs- und Geschäftsgeheimnisse gefährdet sind; a. A. Richardi-*Thüsing,* Rn. 48; *HWGNRH,* Rn. 55.

310 *BAG* 5.2.91, DB 91, 1382; vgl. auch *BAG* 17.10.89, BB 90, 632, das den **UN in Kleinbetrieben** nicht für verpflichtet hält, den BR bei Betriebsänderungen nach § 111 zu unterrichten.

311 RL 2002/14/EG zur Festlegung eines allgemeinen Rahmens für die Unterrichtung und Anhörung der AN in der EG, ABLEG L 080/30 v. 23.3.2002.

312 Dazu *Düwell,* FA 6/2002, 174.

313 *BAG* 10.10.06 – 1 ABR 68/05, RdA 08, 38 mit Anm. *Buschmann.*

314 *BAG* 30.9.08 – 1 ABR 54/07, AuR 09, 105.

315 *LAG München* 20.10.80 – 9 TaBV 8/79.

316 *LAG Frankfurt* 28.2.78 – 5 TaBV 86/77.

317 *BAG* 30.9.08 – 1 ABR 54/07, AuR 09, 105.

318 *BAG [GS]* 3.12.91, AuR 93, 28 mit Anm. *Weyand.*

319 *BAG* 30.6.81, 10.2.87, 26.1.88, AP Nrn. 15, 27, 31 zu § 80 BetrVG 1972; Mustergesuch des BR in DKKWF-*Buschmann,* § 80 Rn. 9.

320 *LAG Hamm* 9.3.12 – 13 TaBV 100/10, AiB 2012, 683.; NZB 1 ABN 53/12 zurückgenommen.

321 *BAG* 21.10.03 – 1 ABR 39/02, EzA BetrVG 2001 § 80 Nr. 3.

322 *HessLAG* 17.10.11 – 16 TaBV 133/11.

an männliche AN, hat der AG darzulegen und zu beweisen, dass die von den Männern geleistete Arbeit anders zu bewerten ist.[323] Die Differenzierungsgründe sind für jede einzelne Zulage offen zu legen; dies gilt auch für eine sog. Arbeitsmarktzulage.[324] Im Hinblick auf die Überprüfung der Einhaltung des AGG kann der BR beantragen, daß der AG ihm die **Bruttoentgelte aufgeschlüsselt nach möglichen objektiven Benachteiligungsmerkmalen des § 1 AGG aufbereitet.**[325] Dies ist dem AG regelmäßig möglich hinsichtlich solcher Merkmale wie des Alters oder des Geschlechts, ggf. auch hinsichtlich der Religion oder Behinderung, soweit ihm diese Informationen (etwa aus Anzeigen des An oder der Steuerkarte) vorliegen. Dagegen verpflichten weder das AGG noch der Auskunftsanspruch des BR den AG zu Ermittlungen bzw. zur Klassifizierung der Beschäftigten nach Maßgabe der nach § 1 AGG verpönten weiteren Merkmale wie Rasse, ethnische Herkunft, Weltanschauung, sexuelle Identität. Ob ein Beschäftigter objektiv Träger eines bestimmten Merkmals ist, ist für den Diskriminierungsschutz des AGG nicht maßgeblich.[326]

c) Arbeitszeit

Eine besondere Informationspflicht besteht hinsichtlich der **Arbeitszeit der Beschäftigten.** Sie ergibt sich zum einen im Zusammenhang mit der sozialen Mitbestimmung nach § 87 Abs. 1 Nrn. 2 und 3, zum anderen der Überwachung der Einhaltung der Schutzbestimmungen des Arbeitszeitgesetzes, insbes. Höchstarbeitszeiten und Mindestruhezeiten, sowie der Einhaltung der tariflichen Arbeitszeitbestimmungen.[327] Darüber hinaus erfordert die Überprüfung der Einhaltung des gesetzlichen /tariflichen Mindestlohns die Dokumentation und Mitteilung der vereinbarten sowie der tatsächlichen Arbeitszeiten. Datenschutzgesichtspunkte stehen dem nicht entgegen; der BR ist berechtigt, die dadurch gewonnenen Daten – auch über das einzelne Arbeitsverhältnis – zu verwerten.[328] Da der AG zur Verwaltung dieser Informationen verpflichtet ist, muss er sie notfalls selbst erstellen bzw. beschaffen.[329] Für die Informationsverpflichtung ist unmaßgeblich, ob es sich um die Erfüllung von Haupt- oder Nebenleistungspflichten handelt oder ob bzw. wie die Arbeitszeit vergütet wird.[330] Darzulegen sind damit auch etwaige nicht oder anders vergütete Arbeitszeiten wie Bereitschafts-, Umkleide-, Wege-, Vor- und Nachbereitungszeiten. Die Unterrichtungspflicht des AG umfasst u. a. **92**

- monatliche Auskunft über Beginn und Ende der täglichen Arbeitszeit, Über- und Unterschreitungen der regelmäßigen wöchentlichen Arbeitszeit i. S. d. § 3 Abs. 1 ArbZG, Vorlage der Aufzeichnungen nach § 16 Abs. 2 ArbZG sowie der **Mindestlohndokumentationen** nach §§ 19 AEntG und 17 MiLoG. Verfügt der AG über diese Information nicht, hat er sie zu beschaffen. Dies gilt auch und gerade bei sog. **Vertrauensarbeitszeit**, wenn versucht wird, die nach § 16 Abs. 2 ArbZG dem AG obliegende Aufzeichnungspflicht arbeitsvertraglich auf die betr. AN zu übertragen;[331]
- Aufschlüsselung der Arbeitszeiten in sog. Vollarbeit, Arbeitsbereitschaft, Bereitschaftsdienst sowie Rufbereitschaft;
- Auskunft über die in der Vergangenheit geleisteten Überstunden, da diese Kenntnis regel-

323 *BAG* 9.9.81, AP Nr. 117 zu Art. 3 GG; 25.8.82, AP Nr. 53 zu § 242 BGB Gleichbehandlung; vgl. auch *Bertelsmann/Pfarr*, AuR 82, 86 ff.; *Jochmann-Döll*, AuR 92, 360; *EuGH* 27.10.93, AuR 93, 409, Enderby.

324 *BAG* 25.8.82, a. a. O.

325 *Hayen*, AiB 06, 730, 733; ErfK-*Kania*, Rn. 27 hinsichtlich des Geschlechts; a. A. *Kleinebrink*, FA 06, 295, 297.

326 Däubler/Bertzbach-*Däubler*, § 1 AGG Rn. 96.

327 Hier unterscheidet *BAG* 27.10.10 – 7 ABR 36/09, ZTR 11, 322, je nach Tarifgebundenheit, so dass ggf. differenzierte Hilfsanträge zu stellen sind.

328 *LAG Köln* 28.6.11 – 12 TaBV 1/11, RDV 12, 37 = AiB 13, 263 (zust. Anm. *Kiesche*).

329 *BAG* 6.5.03, a. a. O.; ausführlich *Kohte*, FS Wißmann, 331, 342; Musterbeschluss des BR in DKKWF-*Buschmann*, § 80 Rn. 2; Gesuch auf Information a. a. O., Rn. 11; Antrag auf **Gefährdungsbeurteilung,** a. a. O., § 89 Rn. 4.

330 *BAG* 15.4.08 – 1 ABR 44/07, DB 09, 520; wie hier auch *Kleinebrink*, DB 15, 377.

331 *BAG* 6.5.03, AuR 04, 70, mit Anm. *Krabbe-Rachut*; dem folgend *LAG Niedersachsen* 8.11.04 – 5 TaBV 36/04, auch für Teilzeitbeschäftigte; *Buschmann/Ulber*, ArbZG, § 3 Rn. 19 f.; § 16 Rn. 6.

mäßig geeignet ist, als Grundlage für künftiges Verhalten und Vorgehen des BR zu dienen;[332]
- Erfüllung der Meldepflicht des AG gegenüber der Einzugsstelle nach § 28 a Abs. 3 Satz 2 Nr. 4 SGB IV (bei Flexiblen Arbeitszeitregelungen i. S. d. SGB IV);
- Studien, die der AG über die Einführung der gleitenden Arbeitszeit durchgeführt hat, so dass der BR Klarheit darüber gewinnen kann, ob er diese nach § 87 Abs. 1 Nr. 2 verlangen soll;[333] angesichts des Initiativrechts des BR in Arbeitszeitfragen nach § 87 Abs. 1 Nr. 2 und der Konkretheit der vorliegenden Information kommt es nicht darauf an, ob der AG die Einführung der Gleitzeit plant oder nicht.[334]
- Verzeichnis der AN, die in eine Verlängerung der Arbeitszeit gem. § 7 Abs. 7 ArbZG (Überschreitung der 48-Std.-Woche bei Arbeitsbereitschaft oder Bereitschaftsdienst) eingewilligt haben, gem. § 16 Abs. 2 ArbZG sowie Vorlage der schriftlichen Einwilligungserklärungen der AN einschließlich Widerruf gem. § 7 Abs. 7 ArbZG;

d) Übersicht

93 Weiterhin muss der AG den BR z. B. unterrichten über [**Rechtsprechung**]
- Angebote (öffentliche) zum Erwerb von Wertpapieren nach dem Wertpapiererwerbs- und Übernahmegesetz;[335]
- Befragung der AN über das Verhalten ihrer Vorgesetzten: Ergebnis;[336]
- Beschäftigung sog. **Fremdfirmenmitarbeiter**, d. h. Personen, die nicht in einem Arbeitsverhältnis zum AG stehen, sondern Erfüllungsgehilfen Dritter sind, die für den AG auf Grund eines Werk- oder Dienstvertrages tätig werden. Auf eine Eingliederung der Fremdfirmenmitarbeiter in den Betrieb des oder die Ausübung eines Weisungsrechts durch den AG kommt es nicht an, wenn ihre Tätigkeit der Verfolgung des arbeitstechnischen Zwecks des Betriebs des AG dient;[337] bei Werkverträgen ist dem BR Folgendes darzulegen: Begründung für den Fremdfirmeneinsatz anhand eines Personalkonzepts, Auswirkungen auf die Stammbelegschaft ebenso wie auf die Kernkompetenzen, Inhalt des Werkvertrages (Firma, Laufzeit, Einsatzdauer, -bereich, Aufgabe/Werk), Zahl der Beschäftigten, Durchführung vorbezeichneter Inhalte.[338]
- Beteiligungen an ausländischen UN, um die Voraussetzungen für die Bildung eines EBR prüfen zu können;[339]
- Betriebsbußen und **Abmahnungen mit kollektivem Bezug**; das *BAG* hat allerdings einen sog. Globalantrag eines BR auf Auskunft über alle erteilten Abmahnungen zurückgewiesen. Es seien keine betriebsverfassungsrechtlichen Aufgaben des BR aufgezeigt worden, die dies erforderlich machen.[340]
- **Betriebsübergang** oder vollständigen Gesellschafterwechsel,[341] um überprüfen zu können, ob ein Betriebsübergang nach § 613 a BGB vorliegt bzw. Beteiligungsrechte nach §§ 111 ff.

332 *LAG Frankfurt* 7.3.89 – 4 TaBV 134/88; restriktiver *BVerwG* 19.3.14 – 6 P 1/13, AuR 14, 165: zunächst nur anonymisierte Arbeitszeitlisten.
333 *GL*, Rn. 26.
334 A. A. GK-*Kraft*, 7. Aufl., Rn. 67, wie hier GK-*Weber*, seit 8. Aufl., Rn. 72,
335 Dazu *Seibt*, DB 02, 529.
336 *LAG Frankfurt* 28.6.77, DB 77, 2053; *SWS*, Rn. 9.
337 *HessLAG* 5.7.07, AuR 07, 446.
338 *Karthaus/Klebe*, Betriebsratsrechte bei Werkverträgen, NZA 12, 417 ff., 419; zu *Dohna-Jaeger*, AuR 13, 242; *Ulber*, AiB 1/14, 15 sowie 7-8/15, 18.
339 *ArbG Wesel* 5.8.98, AuR 99, 72.
340 *BAG* 17.9.13 – 1 ABR 26/12, AuR 14, 121, weiter gehend Vorinstanz *LAG Hamm* 17.02.12 – 10 TaBV 63/11, BB 12, 2124;; differenzierend GK-*Weber* Rn. 66. Die Unterstellung einer Rechtmäßigkeit des Handelns des AG kann dessen Informationsverpflichtungen nicht begrenzen. Im Übrigen gilt die Abmahnung als Vorstufe zur verhaltensbedingten Kündigung, bei der der BR ohnehin nach § 102 BetrVG über etwaige Abmahnungen und Gegendarstellungen zu informieren ist, *BAG* 31.8.89, DB 90, 1928. Eine frühere Information kann dazu beitragen, dieses Verfahren zu vermeiden.
341 *BAG* 22.1.91, AP Nr. 9 zu § 106 BetrVG 1972 zum WA; *LAG Berlin* 6.8.97, AuR 99, 71 zur Vorlage von Veräußerungsverträgen an den BR.

in Frage kommen. Diese Informationspflicht ist unter Berücksichtigung des Art. 6 der Betriebsübergangsrichtlinie (vgl. Rn. 81) sowie der RahmenRL Unterrichtung und Anhörung (Rn. 82)[342] weit auszulegen;[343] Erfüllung der Unterrichtungspflicht nach § 613 a Abs. 5 BGB sowie eingelegter Widersprüche nach Abs. 6 bei Betriebsübergang;[344]

- Betriebsübernahme: bei einer geplanten – (durch ein 3. UN), ob und welche Personaldaten im Rahmen von sog. »due diligence« an Dritte weiter gegeben worden sind oder werden sollen (vgl. § 83 Rn. 11);
- **EDV-Systeme**: Einführung und Änderung von –[345]
- **Freie Mitarbeiter**: Gesamtübersicht über alle für den Betrieb eingesetzten – unter Angabe von Personalien, Aufgabengebiet, Arbeitsplatz, festgelegte Arbeitszeiten und Art der Entlohnung, z. B. Pauschalvergütung, bei Journalisten Zeilenhonorar, Stundensatz, Tariflohn/-gehalt;[346]
- Geschäftsverteilung und Kompetenzen nach innen und außen (Zuständigkeiten, Vollmachten, Vertretungsbefugnisse auf AG-Seite, um Klarheit über die rechtliche Bewertung von Willenserklärungen oder Gestaltungsakten zu erhalten);
- **Mitarbeiterbefragung**: Auswertungen einer vom AG durchgeführten –, wenn hinreichende Wahrscheinlichkeit besteht, dass die dabei gewonnenen Erkenntnisse Aufgaben des BR betreffen;[347]
- Nebentätigkeiten: angemeldete – der einzelnen AN incl. Namen, Umfang und Art;[348]
- Personenbezogene Daten, mit denen der BR überprüfen kann, ob der AG eine zugunsten der AN geltende BV richtig durchführt. Die Darlegung konkreter Anhaltspunkte für einen Regelverstoß ist dafür nicht erforderlich;[349]
- Veranstaltungen, die er bspw. für führende Mitarbeiter durchführt, auch wenn es sich dabei nicht um eine betriebliche Bildungsmaßnahme i. S. v. § 98 Abs. 1 oder 6 handelt;[350]
- Versorgungszusagen: individuelle – an AT-Angestellte, die über eine bestehende generelle Versorgungsordnung hinausgehen;[351]
- Verträge, die der Beschäftigung von AN aus **Fremdfirmen** zugrunde liegen.[352] Nach BAG[353] ist der AG nicht verpflichtet, von sich aus dem BR diese Unterlagen zu überlassen, was bedeutet, dass der BR ständig nachfragen muss.[354] Nach § 5 TV-Mindestlohn im Baugewerbe hat der AG den BR unaufgefordert über den Abschluss von »Nachunternehmer«-Verträgen und den Beginn der Ausführung zu unterrichten.

e) AN, die besonderen Schutzgesetzen unterliegen

Der AG hat die Namen derjenigen AN, die **besonderen Schutzgesetzen** unterliegen (wie z. B. Schwangere, (schwer)behinderte Menschen, Kranke iSd. § 84 SGB IX, Jugendliche, ältere AN, Ausländer), und den Grund ihrer Schutzbedürftigkeit sowie deren Arbeitsplätze unaufgefor- **94**

342 Dazu *Karthaus*, AuR 07, 107.
343 Weit. Nachw. zur Rspr. bei *Müller-Knapp*, AiB 07, 162 ff.
344 Vgl. *Jaeger*, ZIP 04, 433.
345 Vgl. *BAG* 17.3.87, AP Nr. 29 zu § 80 BetrVG 1972; *Kort*, CR 88, 220 ff.; *Däubler*, Gläserne Belegschaften?, Rn. 633 ff.
346 *BAG* 15.12.98, AuR 99, 242 m. w. N.
347 *BAG* 8.6.99, AuR 00, 267 mit Anm. *Buschmann*.
348 *LAG Baden-Württemberg* 22.11.91, AiB 93, 238 mit Anm. *Stather*; a. A. *LAG Köln* 11.1.95, NZA 95, 443.
349 *BAG* 19.2.08 – 1 ABR 84/06, AuR 08, 321.
350 *BAG* 17.5.83, AP Nr. 19 zu § 80 BetrVG 1972.
351 *BAG* 19.3.81, AP Nr. 14 zu § 80 BetrVG 1972; *SWS*, Rn. 9 a.
352 *HessLAG* 5.7.07 – 9 TaBV 216/06, AuR 07, 446: Aushändigung von Originalen oder Kopien von sog. Servicepartnerverträgen; *LAG Köln* 21.7.10 – 9 TaBV 6/10, juris; vgl. auch *LAG Hamm* 22.7.87, DB 87, 2575; *BAG* 31.1.89 – 1 ABR 72/87, AP Nr. 33 zu § 80 BetrVG 1972; bestätigt durch *BAG* 15.12.98, a. a. O.; *ArbG Bochum* 30.3.93, AuR 93, 338 mit Anm. *Kreuder*; *Plander*, AiB 90, 19 [23]; zu *Dohna-Jaeger*, AuR 13, 242; *Gola*, RDV 13, 74; *Franzen*, RdA 15, 147.
353 *BAG* 9.7.91, NZA 92, 275.
354 Muster in DKKWF-*Buschmann*, § 80 Rn. 8.

dert und unverzüglich nach Kenntnis mitzuteilen.[355] Da der BR nach § 84 Abs. 2 Satz 7 SGB IX darüber zu wachen hat, dass der AG seinen Verpflichtungen zum **Betrieblichen Eingliederungsmanagement** (BEM). nachkommt, sind ihm u. a. sämtliche AN anzugeben, die für die Durchführung des BEM in Frage kommen. Anders als die Durchführung des BEM selbst ist die Wahrnehmung dieser Überwachungsaufgabe nicht von der Zustimmung der betr. AN abhängig.[356] Zu informieren ist auch bei **Schwangerschaft** von AN selbst dann, wenn sie den AG auffordern, diese Mitteilung nicht weiterzugeben.[357] Gemäß § 75 Abs. 2 ist der BR jedoch zur Verschwiegenheit verpflichtet (vgl. § 79 Rn. 40 ff.).

95 Nach § 7 Abs. 3 Satz 1 TzBfG hat der AG den BR über **Teilzeitarbeit** im Betrieb und UN zu informieren, insbes. über vorhandene oder geplante Arbeitsplätze und über die Umwandlung von Teilzeitarbeitsplätzen in Vollzeitarbeitsplätze oder umgekehrt. Damit wird § 5 Abs. 3 e der europäischen TeilzeitRL umgesetzt. Die Unterrichtungspflicht bezieht sich gleichermaßen auf Lage und Dauer der Arbeitszeit und ist nicht von einem besonderen Anlass abhängig.[358]

4. Zeitpunkt der Information

96 Wie sich auch aus Abs. 2 Satz 2 ergibt, kann der BR von sich aus **jederzeit ohne konkreten Anlass** oder unter Angabe des Grundes vom AG Informationen in dem Umfang verlangen, wie er Unterlagen anfordern kann,[359] sofern er sie für die Durchführung seiner Aufgaben benötigt.[360] In diesem Fall ist der AG verpflichtet, die verlangten Informationen unverzüglich zu geben.[361] Eine Schranke besteht lediglich insoweit, als das Verlangen des BR nicht **rechtsmissbräuchlich** sein darf (zum Rechtsmissbrauch vgl. Rn. 27).[362] Für ein rechtsmissbräuchliches Verlangen bedarf es aber konkreter Anhaltspunkte. Der Umstand etwa, dass sich hinsichtlich der Durchführung einer BV, auf die sich ein Informationsverlangen richtet, kein betroffener AN beschwert hat, besagt insoweit nichts. Er bedeutet nicht, dass ein Verstoß gegen die Regelungen der BV objektiv nicht vorliegt und eine Unterrichtung des BR deshalb Durchführungsmängel nicht zu Tage fördern könnte.[363]

97 Der AG hat den BR **unaufgefordert, rechtzeitig,** d. h. **so früh wie möglich,** und **umfassend,** also vollständig, zu unterrichten.[364] Die Unterrichtung muss nicht nur den Umfang und die zu erwartenden Auswirkungen der Maßnahmen, sondern auch deren Gründe erkennen lassen. Sie muss **vor endgültigen Entscheidungen,** und zwar **im Planungsstadium,** erfolgen, damit der BR ggf. durch die Ausschöpfung seiner Mitwirkungs- und Mitbestimmungsrechte die **Möglichkeit der Einwirkung** hat, Vorschläge und Bedenken äußern, nach Abs. 2 Satz 3 Auskunftspersonen in Anspruch nehmen[365] und **Alternativvorschläge** einbringen kann, die noch zu einer Änderung von Entscheidungen oder Verhalten des AG führen können (vgl. auch §§ 90, 92, 106, 111).[366] Soweit Planung dynamisch und kontinuierlich erfolgt, ist eine **laufende**

355 *Etzel,* Rn. 450; *Fitting,* Rn. 61; *WW,* Rn. 13; vgl. auch GK-*Weber,* Rn. 64; *GL,* Rn. 27; a. A. *HWGNRH,* Rn. 56.

356 *BAG* 7.2.12 – 1 ABR 46/10, AuR 12, 141.

357 *BAG* 27.2.68, AP Nr. 1 zu § 58 BetrVG; *Etzel, Fitting,* GK-*Kraft/Weber,* a. a. O.; a. A., sofern die Schwangere widerspricht, Richardi-*Thüsing,* Rn. 58 a; *GL, WW,* a. a. O.

358 Im Einzelnen TZA-*Buschmann,* § 7 TzBfG, Rn. 33 ff.; Mustergesuch des BR in DKKWF-*Buschmann,* § 80 Rn. 10.

359 *WW,* Rn. 14.

360 Vgl. *BAG* seit 11.7.72, 26.1.88, AP Nrn. 1, 3, 7, 12, 15, 27, 31 zu § 80 BetrVG 1972; Richardi-*Thüsing,* Rn. 65; *Fitting,* Rn. 56; einschränkender GK-*Kraft,* 7. Aufl., Rn. 72, wie hier GK-*Weber,* Rn. 61.

361 *Fitting,* Rn. 54.

362 *BAG* 11.7.72, 10.6.74, AP Nrn. 1, 8 zu § 80 BetrVG 1972.

363 *BAG* 19.2.08 – 1 ABR 84/06, AuR 08, 321.

364 Vgl. *BAG* 17.5.83, AP Nr. 19 zu § 80 BetrVG 1972; Richardi-*Thüsing,* Rn. 55 f.; *Etzel,* Rn. 448; *Fitting,* Rn. 54; GK-*Weber,* Rn. 70; Art. 4 (3) der RL 2002/14/EG: Die Unterrichtung erfolgt zu einem Zeitpunkt, in einer Weise und in einer inhaltlichen Ausgestaltung, die dem Zweck angemessen sind und es insbes. den Arbeitnehmervertretern ermöglichen, die Informationen angemessen zu prüfen und ggf. die Anhörung vorzubereiten.

365 *Zwanziger,* AuR 2010, 459.

366 *BAG* 15.12.98, AuR 99, 242 mit Anm. *Buschmann; HessLAG* 10.3.11 – 9 TaBV 173/10, NZB verworfen, juris; *HansOLG Hamburg* 4.6.85, Der Gewerkschafter 4/86, S. 39; *Etzel,* a. a. O; *Boemke/Ankersen,* BB 00, 2256.

bzw. mehrmalige Unterrichtung erforderlich. Dies gilt entsprechend bei der Planung von Veränderungen, z. B. bestehender EDV-Systeme, und auch, wenn zunächst nur sog. Probeläufe beabsichtigt sind. Ist die Unterrichtung von einem bestimmten Berichtszeitraum abhängig (z. B. § 110), hat sie der AG (UN) unverzüglich danach zu geben.

Nach der Rspr.[367] besteht eine Informationspflicht des AG (UN), im Unterschied zu den allgemeinen Aufgaben des BR, bei Beteiligungsrechten, die erst durch ein spezielles Tätigwerden des AG, wie bei §§ 90, 99, ausgelöst werden, erst dann, wenn der AG dazu übergeht, diese Maßnahmen einzuleiten, auch wenn diese Maßnahmen bereits im Revisionsbericht angeregt werden. Entsprechendes soll gelten beim theoretischen Durchspielen von Alternativen, bei der Erstellung von sog. **Schubladenentwürfen durch Planungsstäbe** im Vorfeld noch nicht getroffener unternehmerischer Entscheidungen sowie bei Zeitstudien, die die Willensbildung des AG über Entlohnungsgrundsätze und -methoden, Akkord- und Prämiensätze erst vorbereiten sollen.[368] Nach *LAG Schleswig-Holstein*[369] ist der BR bereits über Arbeitsblätter, die eine UN-Beratungsfirma für den AG erstellt hat, zu informieren. 98

Die Unterrichtung muss so vollständig sein, dass der BR die notwendigen Kenntnisse erlangt, um seine Aufgaben nach diesem Gesetz durchführen zu können.[370] In beteiligungspflichtigen Angelegenheiten ist dies erst bei **gleichem Informationsstand** mit dem AG der Fall. Grob unbillig wäre es, wollte man dem BR die Informationen vorenthalten, die üblicherweise Hausbanken oder andere größere Kreditgeber erhalten[371] oder die bei einer geplanten Betriebsübernahme (durch ein drittes UN) im Rahmen von sog. »due diligence« an Dritte weiter gegeben worden sind oder werden sollen (vgl. § 83 Rn. 8, 34). 99

Eine **verspätete Unterrichtung** widerspricht (wie sich auch aus § 121 sowie aus dem wiederholten Begriff »rechtzeitig« ergibt) dem Gesetz. Sie erschwert die zügige Einführung und Durchführung von Projekten und kann wegen verspäteter Beteiligung des BR zu Verzögerungen führen. Förmliche, an eine ordnungsgemäße Unterrichtung geknüpfte Fristen (etwa die Wochenfrist des § 99) werden nicht in Kraft gesetzt. Die Verpflichtung zur Unterrichtung des BR oder zur Vorlage von Unterlagen an den BR gewährt diesem einen **Anspruch auf Erfüllung** dieser Verpflichtung. Die Durchsetzung dieses Anspruchs ist nicht durch § 23 Abs. 3 auf den Fall beschränkt, dass die Nichterfüllung einen groben Pflichtenverstoß des AG darstellt.[372] Zur Sicherung des Unterrichtungsanspruchs kann dem AG im Einzelfall die Durchführung informations- und beratungspflichtiger Maßnahmen untersagt werden, bis der AG seinen Beteiligungspflichten nachgekommen ist.[373] 100

5. Verpflichteter Arbeitgeber

Zur Information nach Abs. 2 Satz 1 **verpflichtet ist der AG,** mit dem die Arbeitsverträge bestehen **und der juristischer Inhaber des Betriebs** ist, für den der BR besteht.[374] Diese Funktionen können auseinander fallen. Bei einem **gemeinsamen Betrieb** i. S. d. § 1 Abs. 1 Satz 1 sind grundsätzlich alle beteiligten AG zur Information verpflichtet. Betrifft die Unterrichtung ein konkretes Arbeitsverhältnis, hat sie der jeweilige AG zu geben. Betrifft die Unterrichtung ein Arbeitsverhältnis zu einem dritten AG (vgl. Abs. 2 Satz 1, 2. Halbsatz), bleibt der Betriebsinhaber verpflichtet. Notfalls hat er sich die erforderlichen Informationen zu beschaffen. Das Gleiche gilt, wenn die maßgeblichen Entscheidungen nicht vom AG, sondern einem den AG beherrschenden (auch ausländischen) UN getroffen wurden bzw. wenn der AG, eine Tochtergesellschaft, über die erforderlichen Informationen gar nicht verfügt, sondern eine Muttergesellschaft (so Art. 2 Abs. 4 der MassenentlassungsRL 98/59/EG).[375] Die fehlende 101

---

367 *BAG* 27.6.89, AP Nr. 37 zu § 80 BetrVG 1972, 9.7.91, NZA 92, 275.
368 *BAG* 11.8.93, AuR 93, 374.
369 *LAG Schleswig-Holstein* 14.12.93, AuR 94, 202, Ls.
370 Richardi-*Thüsing*, Rn. 54.
371 Vgl. auch *Däubler*, Arbeitsrecht 1, S. 434.
372 *BAG* 17.5.83, AP Nr. 19 zu § 80 BetrVG 1972; *HWGNRH*, Rn. 51, 58; *SWS*, Rn. 10 b.
373 *ArbG Frankfurt* 11.11.93, AuR 94, 201.
374 *BAG* 15.1.91, DB 91, 1472; vgl. auch GK-*Weber*, Rn. 56.
375 *LAG Nürnberg* 27.2.02, AuR 02, 151, Rechtsbeschw. kurzfristig zurückgenommen, AuR 03, 266 zur Vergabe von Aktienoptionen/»stock-options«.

Information der Tochtergesellschaft seitens der Muttergesellschaft befreit diese nicht von ihrer Informationspflicht gegenüber dem BR.[376] Unter den Voraussetzungen der §§ 58, 59 kann sich der KBR direkt an die Konzernspitze wenden.

102 Dies gilt grundsätzlich auch in **transnationalen Gesellschaften.** Hat der AG zwar seinen Sitz im Ausland, im Inland aber eine Niederlassung, ist die ausländische Unternehmensspitze unmittelbar zur Auskunftserteilung verpflichtet.[377] Ein Beschlussverfahren kann am Ort der Niederlassung eingeleitet und dort auch vollstreckt werden. In einem internationalen Konzern, in dem die Konzernspitze ihren Sitz im Ausland hat (anschaulich der Fall der von der Londoner Zentrale beschlossenen Schließung der auf dem europäischen Festland betriebenen Filialen von Marks & Spencer),[378] ist bei Informationsbedarf nach dieser Vorschrift der AG/UN verpflichtet, sich diese Informationen notfalls bei seiner ausländischen Muttergesellschaft zu beschaffen.[379] Bleibt dies erfolglos, ist in gleicher Weise wie bei einem inländischen Konzern ein sog. »Informationsdurchgriff« möglich.[380] Für diese Auffassung spricht ferner die Rspr. des *EuGH* zum Auskunftsanspruch nach § 5 EBRG (vgl. Kommentierung dort).[381] Danach ist ein UN einer europäischen Unternehmensgruppe nach Art. 11 Abs. 1 und 2 der EBR-RL 94/45/EG, geändert 2009/38/EG verpflichtet, die zur Aufnahme von Verhandlungen zur Einrichtung eines EBR unerlässlichen Daten, soweit es über sie verfügt oder sich beschaffen kann, der inländischen AN-Vertretung auf Antrag zur Verfügung zu stellen. Es kann sich dabei nicht auf Unmöglichkeit i. S. d. § 275 BGB berufen.[382] Liegt die Rechtsgrundlage der Informationsverpflichtung im Europarecht, müssen die Mitgliedstaaten das in ihrem Hoheitsgebiet ansässige Mutter-UN einer gemeinschaftsweit operierenden UN-Gruppe verpflichten, einem in einem anderen Mitgliedstaat ansässigen anderen UN derselben UN-Gruppe die Auskünfte zu erteilen, die dessen AN-Vertreter von ihm verlangt haben.[383] Ein inländisches UN kann sich seiner Informationspflicht nicht mit dem Vortrag entziehen, die Buchführung sei ins Ausland verlagert worden. Insofern bestimmt § 146 Abs. 2 Satz 1 Abgabenordnung (AO): »Bücher und die sonst erforderlichen Aufzeichnungen sind im Geltungsbereich dieses Gesetzes zu führen und aufzubewahren [Ausnahmen]«.[384]

103 **Anspruchsberechtigt** ist der BR als Gremium.[385] Sind dem Betriebsausschuss nach § 27 oder einem Ausschuss nach § 28 Aufgaben zur selbstständigen Erledigung übertragen worden, kann er die Information an sich selbstständig einfordern.[386]

104 Die Informationspflicht des AG über alle Formen der Verarbeitung personenbezogener Daten der AN entfällt nicht dadurch, dass die Datenverarbeitung nicht im Betrieb selbst, sondern bei einem anderen UN, ggf. einer UN-Gruppe, erfolgt.[387] **Die Übertragung eigener Aufgaben des AG auf Dritte verändert grundsätzlich nicht die Beteiligungsrechte des BR.**[388] Durch die Vorschriften des BDSG wird die Informationspflicht des AG (UN) gegenüber dem BR nicht eingeschränkt (§ 1 Abs. 3 Satz 1 BDSG).[389]

---

376 *Fitting*, Rn. 59.

377 *Buchner*, Anm. zu *BAG* EzA § 106 BetrVG 1972, Nr. 1, S. 14; *Junker*, Internationales Arbeitsrecht im Konzern, S. 403; *Däubler*, Betriebsverfassung in globalisierter Wirtschaft, S. 69; Mustergesuch auf Info in engl. Sprache in DKKWF-*Buschmann*, § 80 Rn. 12.

378 Dazu *Tribunal de Grande Instance de Paris* 9.4.01 – RG 01/54016, AuR 01, 222.

379 Ebenso *Fitting*, Rn. 57.

380 Nachw. bei *Däubler*, a. a. O., S. 70 f.; a. A. *Diller/Powietzka*, DB 01, 1034, die eine Auskunftspflicht einer inländischen wie ausländischen Konzernobergesellschaft grundsätzlich verneinen und den BR stattdessen darauf verweisen, mitbestimmungspflichtige Maßnahmen nach §§ 87, 99 zu blockieren.

381 *EuGH* 29.3.01 – Rs. C-62/99, bofrost, AuR 02, 28 mit Anm. *Coen;* 13.1.04, AuR 04, 63, 117 – Rs. C-440/00; ebenso *BAG* 29.6.04 – 1 ABR 32/99, AuR 04, 307, Kühne & Nagel.

382 *BAG*, a. a. O.

383 *EuGH* 15.7.04 – Rs. C-349/01, AuR 05, 38, Anker, zur Errichtung des EBR.

384 Hierzu *Däubler*, AiB 03, 14 ff.; vgl. auch *EuGH* 17.10.02 – Rs. C-79/01, Payroll.

385 GK-*Weber*, Rn. 58.

386 GK-*Weber*, a. a. O.

387 *BAG* 17.3.87, AP Nr. 29 zu § 80 BetrVG 1972; vgl. auch *Etzel*, Rn. 459 zur Vergabe der Lohn- und Gehaltsabrechnungen an andere UN.

388 *v. Hoyningen-Huene*, RdA 92, 365.

389 Vgl. *BAG*, a. a. O.; *LAG Bremen* 1.9.78, DB 78, 2488; *LAG Hamburg* 20.6.85, AuR 86, 29; *ArbG Düsseldorf* 4.2.92, AiB 92, 654; *LAG Baden-Württemberg* 22.11.91, AiB 93, 238; *Fitting*, Rn. 59; vgl.

6. Form der Information

Die Unterrichtungspflicht des AG ist nicht an eine Form gebunden. Um jedoch Missverständnissen vorzubeugen, ist der AG insbes. bei umfangreichen, komplexen Informationen regelmäßig verpflichtet, dem BR die Auskunft **schriftlich** zu erteilen.[390] Sie kann als Bericht, Auskunft, Beantwortung einzelner Fragen des BR[391] oder Überreichung fotokopierter Unterlagen erfolgen. Die Informationen müssen aus sich selbst verständlich sein (vgl. § 146 Abs. 3 AO; anregend § 31 StVollzG). Aufwendiges eigenes Zutun kann vom BR nicht verlangt werden.[392] Das *BAG* verweist auf die Umstände des Einzelfalls. Insbes. bei laufend fortgeschriebenen Dateien und Listen würde ein schriftlicher Ausdruck nur den Zustand zu einem (Bilanz)Stichtag wiedergeben und damit Fehleinschätzungen ermöglichen (vgl. nur das aus Steuergründen bekannte sog. Dividendenstripping). Von da aus erscheint es einfacher und sinnvoll, dem BR die Auskunft im Rahmen seiner Befugnisse derart zu gewähren, dass ihm der elektronische Zugang zu der jeweiligen Datei ermöglicht wird. Einen originären dahingehenden Anspruch des BR hat das *BAG* aber mit der schwachen Begründung verneint, dies nehme dem AG das »Wahlrecht«, den Unterrichtungsanspruch durch Ausdruck des vorlagepflichtigen Dateiinhalts, sprich: Ausübung eines Vorprüfungsrechts zu erfüllen.[393] Dies kann schon deshalb nicht überzeugen, weil dem AG hinsichtlich der vorlagepflichtigen Unterlagen kein »Wahlrecht«, sondern allenfalls ein Überprüfungsrecht zusteht, das seinerseits der gerichtlichen Überprüfung unterliegt. Über die Einzelheiten können BV geschlossen werden, die aber die Substanz des Informationsrechts nicht beeinträchtigen dürfen. Art. 4 Abs. 3 der **Unterrichtungs- und AnhörungsRL 2002/14/EG** verlangt für die Unterrichtung eine: »Weise und inhaltliche Ausgestaltung, die dem Zweck angemessen sind und es insbesondere den Arbeitnehmervertretern ermöglichen, die Informationen angemessen zu prüfen und ggf. die Anhörung vorzubereiten«, was sich als allgemeiner Grundsatz des Unterrichtungsrechts begreifen lässt. Hinsichtlich der betrieblichen Lohngestaltung i. S. d. § 87 I Nr. 10 bedeutet dies konkret, dass der AG verpflichtet ist, dem BR eine schriftliche Aufstellung gewährter außertariflicher Leistungen (hier: Zulagen) und deren Veränderung vorzulegen und ggf. zu erstellen, deren Richtigkeit der BR dann mit Hilfe seines Einblicksrechts in die Bruttolohn- und Gehaltslisten überprüfen kann.[394] 105

Die Unterrichtung darf sich nicht darauf beschränken, den BR mit Material »zuzuschütten«, innerhalb dessen die für AN wichtigen Fragen schwer erkennbar oder verborgen bleiben.[395] Der AG muss den BR so unterrichten, dass dieser die Informationen verstehen kann. Diese Verpflichtung besteht auch, wenn Unterlagen durch EDV erstellt werden; ggf. sind die Computerausdrucke zusätzlich zu erläutern.[396] Das bedeutet, dass nicht der BR das »Fachchinesisch« der EDV-Experten erlernen, sondern der AG dieses wie fremdsprachliche Texte[397] in **verständliches Deutsch** übersetzen muss.[398] Die Unterrichtung in einer **fremden Sprache** setzt das Einverständnis aller BR-Mitglieder voraus.[399] Nach *Diller*[400] reicht die Unterrichtung des BR in einer Fremdsprache, wenn »im BR« ausreichende Fremdsprachenkenntnisse vorhanden sind. Die übrigen Mitglieder müssten sich dann auf betriebsratsinterne Übersetzungen einlassen. Diese Auffassung verkennt den Grundsatz des gleichen Mandats und stellt Anfor- 106

---

auch *BAG* 17.3.83, AP Nr. 18 zu § 80 BetrVG 1972 zum Einblicksrecht des BR in die Bruttolohn- und -gehaltslisten.

390 *BAG* 10.10.06, a. a. O.; ebenso 30.9.08 – 1 ABR 54/07, AuR 09, 105.

391 *SWS*, Rn. 9.

392 *BAG* 21.10.03, a. a. O.

393 *BAG* 16.8.11 – 1 ABR 22/10, AuR 12, 45.

394 *BAG* 10.10.06, a. a. O.

395 *Fitting*, Rn. 42.

396 *SWS*, Rn. 12 a.

397 *HessLAG* 19.8.93, AuR 94, 107 = NZA 96, 285.

398 Ausführlich *Gutmann*, Sprachlosigkeit als Rechtsproblem, AuR 08, 83; *Herbert/Oberrath*, NZA 12, 1260, jeweils m. w. N. zur Rspr.

399 *HessLAG*, a. a. O.

400 *Diller*, DB 00, 718.

derungen an die BR-Mitglieder, die im Gesetz keine Stütze finden. Ein AG, der diese Verpflichtungen nicht erfüllt, schadet sich selbst, da er ggf. zusätzliche Sachverständigenkosten übernehmen muss. Dabei ist auch aufzuzeigen, welche Auswirkungen die vorgesehene Maßnahme auf die Beschäftigungslage, die Arbeitsbedingungen, die Arbeitsumstände u. Ä. haben wird oder haben kann. Der Gegenstand der dem BR zu gebenden Informationen lässt sich nicht abschließend bestimmen. Bei **EDV-Systemen** gehören jedenfalls dazu: die Art der gespeicherten Daten, der Zweck, den der AG damit verfolgt, die Datenverarbeitungsprogramme, aus denen sich die Auswertungsmöglichkeiten ergeben, etwaige Vernetzungen mit anderen Dateien, Datenflussplan, Pflichtenkatalog, Organisationsschema des Online-Systems u. a.[401]

107 Es kann sinnvoll sein, über die Form der Unterrichtung eine **BV abzuschließen,** u. a. mit Regelungen über Formulare, Schlichtungsstellen, Vertragsstrafen für den Fall unzureichender Information.[402]

7. Besonderheiten bei Arbeitnehmerüberlassung

108 Soweit der **BR des Entleiherbetriebs** bei Leih-AN zu beteiligen ist,[403] hat dieser AG seinem BR gegenüber die Informationspflichten zu erfüllen. Dies betrifft zunächst die Gewähr, dass Leiharbeiter iSv. § 1 Abs. 1 Satz 2 AÜG nur »vorübergehend«, also nicht dauerhaft eingesetzt werden. Die Bestimmung enthält nicht lediglich einen unverbindlichen Programmsatz, sondern untersagt die nicht nur vorübergehende Arbeitnehmerüberlassung.[404] Auch bei vorübergehender Überlassung ist der BR zu informieren über Dauer und Lage der Arbeitszeit, Arbeits- und Umweltschutz sowie Einstellung und evtl. Versetzung im Einsatzbetrieb. Vorzulegen sind ihm insbes. die Erklärung bzw. Unterrichtung über Erteilung und/oder Wegfall der Erlaubnis nach § 1 AÜG, der schriftliche Vertrag zwischen Verleiher und Entleiher sowie die Mitteilungen nach § 12 AÜG (§ 14 Abs. 3 AÜG). Datenschutzrechtliche Bedenken stehen diesen Informationen nicht entgegen.[405] In der Metall- und Elektroindustrie kann der BR nach Nr. 5.1. TV L/ZA in regelmäßigen Abständen verlangen, über den Umfang und die Einsatzbereiche von Leiharbeit im Betrieb informiert zu werden. Nach Nr. 5.4. TV L/ZA hat der AG dem BR Einblick in die Verträge mit dem Verleih-UN zu gewähren.[406] Die BR der Verleiher- und Entleiherbetriebe sind berechtigt, ihre personenbezogenen Informationen auszutauschen. Geheimhaltungs- und Datenschutzvorschriften stehen dem nicht entgegen.[407] Im Übrigen sind AG nicht als Vertreter von Datenschutzinteressen der Leiharbeiter legitimiert. Die Verpflichtung des Entleihers zur Mitteilung der bei ihm geltenden wesentlichen Arbeitsbedingungen an den Leiharbeiter nach § 13 AÜG entfällt nicht dadurch, dass der Arbeitsvertrag des Leiharbeiters auf einen von der CGZP abgeschlossenen TV mit abweichenden Arbeitsbedingungen verweist(§ 13 letzter Satz i. V. m. § 9 Nr. 2 letzter Satz AÜG). Diese sind nach st. Rspr. unwirksam, da CGZP keine tariffähige und tarifzuständige Gewerkschaft war und ist.[408] Dies hat zur Folge, dass für sie der Grundsatz des equal treatment bzw. equal pay zur Anwendung kommt.[409] Der Leiharbeiter kann beim BR des Entleiherbetriebs nachfragen, ob die ihm gem. § 13 AÜG gegebenen Informationen über die dort geltenden wesentlichen Arbeitsbedingungen zutreffen und ausreichen. Im Übrigen kommt es darauf an, *welche* Arbeitsbedingungen in dem verwiesenen TV zur Arbeitnehmerüberlassung ausdrücklich geregelt sind. Wo das nicht der Fall ist, kommen die Gleichbehandlungsgrundsätze des § 9 Abs. 2 AÜG uneingeschränkt zur Anwendung.[410] Nach § 14 Abs. 3 AÜG sind dem Entleiher-BR die schriftliche Erklärung

---

401 Vgl. *Däubler*, Gläserne Belegschaften?, Rn. 339 f.

402 Beispiel einer nach arbeitsgerichtlichem Verfahren zustande gekommenen Vereinbarung in AiB 89, 203 mit Anm. *Trittin.*

403 Vgl. *Hamann*, NZA 03, 526; *ders.*, AuR 02, 322.

404 *BAG* 10.7.13 – 7 ABR 91/11, AuR 9/13, mit der Folge des Widerspruchsrecht nach § 99 Abs. 2 Nr. 1.

405 Vgl. auch *Kort*, DB 10, 1291; *Fitting*, Rn, 53.

406 Dazu *D. Ulber*, AuR 13, 118.

407 A.A: *Kort* a. a. O.

408 *BAG* 14.12.10 – 1 ABR 19/10, AuR 11, 40; *BAG* 22.5.12 – 1 ABN 27/12; v. 23.5.12 – 1 AZB 58/12 und 1 AZB 67/12, AuR 12, 270.

409 *BAG* 13.3.13 – 5 AZR 242/12 u. a., AuR 13, 187.

410 *Ulber*, NZA 09, 323.

des Verleihers nach § 12 Abs. 1 Satz 2 sowie dessen Mitteilungen nach § 12 Abs. 2 AÜG unverzüglich bekanntzugeben. Hinzukommt die Unterrichtungspflicht nach § 99 bei der Übernahme von Leiharbeitern.[411] Wegen der Auswirkungen auf die AN des Entleiherbetriebs ist dessen BR auch über die Erfüllung der Hinweispflicht nach § 11 Abs. 5 Satz 2 AÜG (Arbeitsverweigerungsrecht bei einem durch einen Arbeitskampf betroffenen Entleiher) zu unterrichten.

Der Verleiher-AG hat seinen BR hinsichtlich Einstellung, Eingruppierung und Versetzung zu **109** beteiligen und entsprechend zu informieren. Dazu gehört die Vorlage des Überlassungsvertrages.[412] Hinsichtlich der Beteiligung bei einer Eingruppierungsentscheidung auf Grund des Gleichbehandlungsgrundsatzes nach §§ 3 Abs. 1 Nr. 3, 9 Nr. 2, 10 Abs. 4 AÜG hat ihn der Verleiher über die beim Entleiher geltenden Eingruppierungsgrundlagen (TV/BV), den konkreten Arbeitseinsatz des Leih-AN sowie vergleichbare AN im Entleiherbetrieb zu informieren und ihm ggf. nach Abs. 2 Satz 3 eine Auskunftsperson oder nach Abs. 3 einen Sachverständigen zur Verfügung zu stellen.[413] In der Metall- und Elektroindustrie wird dieser Anspruch durch Nr. 6 TV L/ZA abgesichert.[414] Mustergesuch des BR auf konkrete Information in DKKWF-*Buschmann*, § 80 Rn. 9.

8. Arbeitskampf

Die Unterrichtungsansprüche des BR bestehen grundsätzlich auch während der Dauer von **110** **Arbeitskampfmaßnahmen** im Betrieb.[415] So ist der AG verpflichtet, dem BR für den Zeitraum von Arbeitskampfmaßnahmen im Betrieb unter Namensnennung im Voraus mitzuteilen, welche Überstunden, Schichtverschiebungen, kurzfristigen Versetzungen, Einstellungen und Beschäftigung von Mitarbeitern von fremden Firmen beabsichtigt sind. Auch ev. Streikbrecher/arbeitswillige AN haben keinen Anspruch darauf, dass ihre Arbeitsbereitschaft dem BR unbekannt bleibt.[416]

9. Informationspflichten aus anderen Gesetzen

Spezielle Informationspflichten des AG gegenüber dem BR ergeben sich auch aus anderen **111** Gesetzen, etwa §§ 5, 12 Satz 2; 24 Satz 2; 29, 30, 36EBRG; § 17 Abs. 2, 3 KSchG; § 14 Abs. 3 AÜG, §§ 8 Abs. 3, 9 ASiG, §§ 5 Abs. 3, 17 Abs. 1, 126 Abs. 3, 194 Abs. 2 UmwG, §§ 7 Abs. 3, 20 TzBfG, §§ 10, 14, 27, 35 WpÜG.[417] Sie haben ihren Ausgangspunkt überwiegend in der Umsetzung europäischer Richtlinien, die regelmäßig eine besondere Unterrichtung der betrieblichen Arbeitnehmervertretung vorsehen, welche die Information nach dieser Vorschrift erweitert. Zu allgemeinen Aufgaben der BR nach anderen Gesetzen Rn. 77.

IV. Vorlage von Unterlagen (Abs. 2 Satz 2)

Wie bei den Informationspflichten des AG aus Abs. 2 Satz 1 beschränkt sich auch dieses Recht **112** aus Abs. 2 Satz 2 Halbs. 1 nicht auf die allgemeinen Aufgaben nach Abs. 1. Der BR soll in die Lage versetzt werden, die Entscheidung des AG nachvollziehen zu können.[418] Auf die (Papier-)Form kommt es nicht an. »Unterlage« sind **sämtliche in stofflicher Form verkörperte oder abrufbare Informationsmaterialien gleich welcher Zusammensetzung** wie Schriftstücke, Listen, Urkunden, sonstige Aufzeichnungen, Gutachten, z. B. über die Gestaltung der

411 Ausführlich *Ulber*, § 14 AÜG, Rn. 200 ff.
412 *Hamann*, a. a. O.
413 Vgl. *Hamann*, a. a. O.
414 Dazu *D. Ulber*, AuR 13, 118 f.
415 Fitting, Rn. 50; *LAG Rheinland-Pfalz* 21.3.13 – 10 TaBV 41/12, EzA-SD 13, 10, 15.
416 *BAG* 10.12.02 – 1 ABR 7/02, AuR 03, 30, 318; 13.12.11 – 1 ABR 2/10, NZA 12, 571; *LAG Rheinland-Pfalz* 21.3.13 – 10 TaBV 41/12, a. a. O.
417 Umfassende Übersicht bei *Engels*, Fortentwicklung des Betriebsverfassungsrechts außerhalb des BetrVG, Teil I und II, AuR 08, 10 ff.; 65 ff. m. w. N.
418 *Fitting*, Rn. 62; *BAG* 7.8.86, AP Nr. 25 zu § 80 BetrVG 1972.

Arbeitsplätze,[419] Texte von Vorschriften und Literatur, soweit diese nicht bereits nach § 40 Abs. 2 dem BR zur Verfügung zu stellen sind,[420] aber auch Daten in einem Daten- oder Tonträger, Fotos sowie ggf. Beweisstücke und Teile der Produktion (z. B. Ausschuss bei Prämienarbeit).[421] Dabei kann es sich auch um Unterlagen Dritter handeln, über die der AG verfügen darf[422] oder die er erstellen lässt (z. B. Gutachten, von Messgeräten produzierte Ergebnisse, Arbeitsblätter einer UN-Beratungsfirma).[423]

113 Nach der Rspr. des *BAG*[424] soll der BR vom AG lediglich die **Überlassung** schriftlich oder in einem Datenspeicher **vorhandener** (oder erstellbarer) **Unterlagen** (wie z. B. Aufstellungen, Listen, Abrechnungen, Auszüge aus Akten) verlangen können.[425] Zur Herstellung noch nicht vorhandener Unterlagen sei er nicht verpflichtet. Diese Rspr. überzeugt nicht, da die Vorschrift das anspruchsbegründende Merkmal »**vorhanden**« nicht kennt und allein auf die Erforderlichkeit abstellt. Für den Auskunftsanspruch des Abs. 2 Satz 1 lehnt selbst das *BAG* (vgl. Rn. 79)[426] diese Einschränkung ausdrücklich ab, soweit eine Vorhaltepflicht des AG besteht. Ist es erforderlich, z. B. aus Gründen der Arbeitssicherheit oder Ergonomie bestimmte Messungen vorzunehmen, sind dem BR die Ergebnisse zuzuleiten. Außerdem wird der BR so gezwungen, die Arbeitsschutzbehörden einzuschalten, statt sich selbst ein vollständiges Bild zu machen und den Konflikt innerbetrieblich zu regeln.[427] Jedenfalls ist der AG verpflichtet, die vom BR geforderten erforderlichen Unterlagen zu erstellen und dem BR zur Verfügung zu stellen, wenn diese aus an verschiedenen Stellen des Betriebs (UN) vorhandenen Daten, Schriftstücken, Tabellen u. Ä. zu einer bestimmten Unterlage zusammengestellt werden können. Der BR kann ggf. verlangen, dass der AG ein EDV-Programm erarbeitet bzw. erwirbt, mit dessen Hilfe dann – ggf. durch Datenverknüpfung – die für die BR-Arbeit erforderlichen Unterlagen vorgelegt werden können.[428] Soweit sich dieser Anspruch nicht unmittelbar aus Abs. 2 ergibt, müsste jeweils im Einzelfall geprüft werden, ob die Erstellung von Unterlagen/Daten erforderlich i. S. d. § 40 ist. Abs. 2 Satz 2 enthält eine weitere Anspruchsgrundlage, nicht jedoch eine Obergrenze der dem BR zur Verfügung zu stellenden Informationen und Unterlagen.

114 Auf Verlangen des BR hat der AG bspw. vorzulegen:

- Arbeitsverträge (vgl. Rn. 19 ff., 89);
- BV/GBV sowie sonstige Vereinbarungen, die für den Betrieb abgeschlossen und in den BR-Akten möglicherweise nicht vollständig dokumentiert sind (vgl. auch § 810 BGB);
- Freie Mitarbeiter: Gesamtübersicht über alle für den Betrieb eingesetzten – unter Angabe von Personalien, Aufgabengebiet, Arbeitsplatz, festgelegten Arbeitszeiten, Art der Entlohnung (z. B. Pauschalvergütung, bei Journalisten Zeilenhonorar, Stundensatz, Tariflohn/-gehalt), was sich konkret nur durch Vorlage der entspr. Verträge bewerkstelligen lässt;[429]
- Gutachten bzw. Stellungnahmen (vom AG eingeholt), z. B. über Gestaltung der Arbeitsplätze; Auswirkungen auf Arbeitsplätze und AN bei der Planung von Umbauten, technischen Anlagen, neuen Arbeitsverfahren und -abläufen;[430]
- Jahresbilanzen (Steuerbilanz, Gewinn- und Verlustrechnung, Wirtschaftsprüferbericht) an den BR eines Klein-UN (ohne WA) jedenfalls dann, wenn deren Kenntnis für die Erfüllung der BR-Aufgaben nicht nur nützlich, sondern notwendig ist;[431]

---

419 *LK*, Rn. 27.
420 GK-*Weber*, Rn. 88.
421 BAG, a. a. O.; 17.3.83, AP Nr. 18 zu § 80 BetrVG 1972; 12.8.09 – 7 ABR 15/08, DB 09, 2439 *GL*, Rn. 30.
422 *Etzel*, Rn. 451.
423 *LAG Schleswig-Holstein* 14.12.93, AuR 94, 202.
424 Zuletzt *BAG* 30.9.08 – 1 ABR 54/07, AuR 09, 105.
425 Vgl. GK-*Weber*, Rn. 90.
426 *BAG* 10.10.06 – 1 ABR 68/05 RdA 08, 38 mit Anm. *Buschmann*; ebenso 30.9.08 a. a. O.
427 Kritisch auch *Däubler*, Arbeitsrecht 1, 418, 444; Hako-*Kohte/Schulze-Doll*, Rn. 53.
428 A. A. GK-*Weber*, Rn. 90 nur für ein vorhandenes Programm.
429 *BAG* 15.12.98, AuR 99, 242 m. w. N.
430 Vgl. auch *LK*, Rn. 27.
431 Vgl. *BAG* 5.2.91, BB 91, 345, zur Vorlage des Wirtschaftsprüferberichts, wenn und soweit der BR diesen zur Wahrnehmung konkreter Aufgaben benötigt.

- Kontrolllisten, aus denen sich Einsatztage und Einsatzzeiten der einzelnen AN von Fremdfirmen ergeben, sowie die zu Grunde liegenden Verträge mit Fremdfirmen;[432]
- Listen aller im Betrieb beschäftigten AN incl. Lt. Angestellten mit folgenden Daten, soweit bekannt: Name, Vorname, Geburtsdatum, Eintrittsdatum, evtl. bestehende Schwerbehinderteneigenschaft, Familienstand, Unterhaltspflichten.[433] Dies gilt bei Sozialplanverhandlungen.
- Verfahren und Liste der Mitarbeiter (Ausnahme: Lt. Angestellte), denen Aktienoptionen (»stock-options«) zugeteilt wurden, auch wenn die Entscheidung von einer ausländischen Muttergesellschaft getroffen wird;[434]
- Listen mit Namen und Privatanschriften der beschäftigten AN während eines arbeitskampfbedingten Produktionsstillstandes, um den AN situationsbezogene Informationen zusenden zu können;[435]
- Listen über die tarifliche Eingruppierung der AN bzw. über im Betrieb beschäftigte AN, z. B. Zeitungszusteller;[436]
- Nachweise über Durchführung gesetzlicher Vorschriften, z. B. Nachweisgesetz, Gewährung von Stillzeit nach dem MuSchG, Urlaubslisten nach BUrlG, Zahl der beschäftigten Schwerbehinderten nach SGB IX; Mehrarbeitsaufstellung nach TV;
- Stellenbesetzungsplan (monatlich) mit personellen Zielvorstellungen des AG sowie Ist-Personalbestand;[437] Auflistung aller frei gewordenen für Schwerbehinderte geeigneten Arbeitsplätze;[438]
- Unterlagen (Informationen) über Formen und Inhalte der Verarbeitung personenbezogener Daten der AN, auch wenn Datenverarbeitung nicht im Betrieb selbst, sondern bei einem anderen UN erfolgt;[439]
- Unterlagen über die Kriterien über- bzw. außertariflicher Lohnzahlungen, Leistungszulagen bzw. Einmalzulagen, wie z. B. Streikbrecherprämien;[440] dies gilt auch bei AT-Angestellten,[441] damit der BR sein Mitbestimmungsrecht nach § 87 Abs. 1 Nr. 10 prüfen kann;
- Unterlagen über die von einem UN-Beratungsbüro durchgeführten Untersuchungen zur Gemeinkostensenkung, z. B. Arbeitsblätter über Rationalisierungspotential und Maßnahmeplan;[442]
- Unterlagen, woraus der BR entnehmen kann, an welchen Arbeitsplätzen welche AN wann und wie viele Überstunden geleistet haben;
- Versorgungszusage (individuelle an AT-Angestellte): Unterlagen (Auskünfte) über die bei Erteilung angewandten Grundsätze[443] sowie jeweils ein Exemplar der einem ausgeschiedenen AN erteilten Versorgungsauskunft;[444]
- Verträge mit Fremdfirmen, die Grundlage der Beschäftigung von AN im Betrieb sind (dazu auch Rn. 85 ff., 93).[445] Nach *BAG* aaO. ist der AG nicht von sich aus dazu verpflichtet. Dieser Automatismus ergibt sich im Baugewerbe aus § 5 TV-Mindestlohn;[446]
- Verträge über Betriebsübergang bzw. Veräußerung von Betriebsteilen mit materiellen und immateriellen Werten an Dritte;[447]

---

432 *BAG* 31.1.89 – 1 ABR 72/87, AP Nr. 33 zu § 80 BetrVG 1972.
433 *LAG Niedersachsen* 29.9.88 – 15 TaBV 74/88.
434 *LAG Nürnberg* 22.1.02 – 6 TaBV 19/01, AuR 02, 151, Rechtsbeschw. kurzfristig zurückgenommen, AuR 03, 266; *LAG BaWü* 9.4.14 – 19 TaBV 7/13, Rechtsbeschw. 1 ABR 26/14.
435 *LAG Berlin* 28.6.84, DB 84, 1936; vgl. auch *Etzel*, Rn. 458.
436 *ArbG Mannheim* 18.3.91 – 10 BV 36/90 H.
437 *LAG Bremen* 18.3.92, AuR 93, 374.
438 *BAG* 10.11.92, NZA 93, 377.
439 Vgl. *BAG* 17.3.87, AP Nr. 29 zu § 80 BetrVG 1972.
440 Vgl. *BAG* 20.12.88, AP Nr. 5 zu § 92 ArbGG 1979; 26.1.88, AP Nr. 31 zu § 80 BetrVG 1972; vgl. auch *Etzel*, Rn. 454.
441 Vgl. *BAG* 22.12.81, AP Nr. 7 zu § 87 BetrVG 1972 Lohngestaltung.
442 *LAG Schleswig-Holstein* 14.12.93, AuR 94, 202, Ls.
443 *BAG* 19.3.81, AP Nr. 14 zu § 80 BetrVG 1972; *Etzel*, Rn. 457.
444 *LAG Baden-Württemberg* 23.1.91, AiB 91, 271.
445 *BAG* 31.1.89 – 1 ABR 72/87, AP Nr. 33 zu § 80 BetrVG 1972; 9.7.91, NZA 92, 275; *Kreuder*, AuR 93, 316; *Ulber*, AiB 7-8/15, 19.
446 Vgl. *Koberski/Sahl/Hold*, § 1 Rn. 133 ff.
447 *LAG Berlin* 6.8.97, AuR 99, 71 m. w. N.

- Zeiterfassungskarten (Stechkarten), Ausdrucke von elektronischen Zeiterfassungsgeräten;[448] monatliche Aufstellungen über erfasste Anwesenheits- und bezahlte Arbeitszeiten;[449] Aufzeichnungen nach § 16 Abs. 2 ArbZG sowie Mindestlohndokumentationen nach §§ 19 AEntG und 17 MiLoG.

115 Eine weiter gehende Vorlagepflicht ergibt sich aus § 7 Abs. 3 Satz 2 TzBfG. Danach sind dem BR auf Verlangen die erforderlichen Unterlagen zur Verfügung zu stellen. Der Begriff »erforderlich« bezieht sich auf den Informationsgegenstand, d. h. die **Teilzeitarbeit im Betrieb und Unternehmen.** Es kommt nicht darauf an, ob dem BR diesbezüglich besondere Befugnisse zustehen. Einen besonderen Bezug (»zur Durchführung seiner Aufgaben erforderlich«) wie in § 80 Abs. 2 Satz 2 enthält die Vorschrift nicht.[450]

116 Aus der Vorschrift ergibt sich kein genereller Anspruch des BR auf Überlassung der **Personalakten** (PA) einzelner AN (h. M.), es sei denn, der betr. AN ist damit einverstanden (vgl. § 83 Rn. 18).[451] Allerdings hat der Gesetzgeber des BetrVG 1972[452] einen Antrag der damaligen Opposition, Informationen aus der PA und deren Vorlage von der vorherigen schriftlichen Zustimmung des AN abhängig zu machen, ausdrücklich abgelehnt, »da nach ihrer (der Ausschussmehrheit) Ansicht eine wirksame Vertretung[453] der gesamten Belegschaft beeinträchtigt werden könnte«. Der BR kann damit stets aus den PA konkrete Informationen verlangen, sofern dies für seine Arbeit erforderlich ist,[454] etwa zwecks Überwachung der Durchführung der zugunsten der AN geltenden Vorschriften nach Abs. 1 Nr. 1. Beispielhaft zu nennen ist das AGG, das durch Aufnahme »verpönter« Merkmale wie Rasse, ethnische Herkunft, Weltanschauung, sexuelle Identität in die PA verletzt sein könnte; zum Einblicksrecht des einzelnen AN vgl. § 83 Rn. 12. Aus der Verneinung eines generellen Überlassungsanspruchs des BR bezogen auf die PA ergibt sich kein Umkehrschluss, dass die Weitergabe personenbezogener Informationen bzw. Daten aus der PA an den BR stets unzulässig wäre.[455] Insofern gelten die gleichen Grundsätze wie im Datenschutz, wo der BR nicht als Dritter, sondern i. S. d. § 3 Abs. 7 BDSG als Teil der verantwortlichen Stelle angesehen wird. Somit wird der »Datenfluss« zwischen AG und BR durch das BDSG nicht eingeschränkt.[456] Die im Rahmen der Betriebsrat-Aufgaben angeforderte Information und deren Auswertung und Verarbeitung innerhalb des Betriebsrat bedarf keiner Einwilligung der AN.[457] Hat der BR die Erteilung bestimmter Auskünfte **unter Vorlage von Unterlagen an den WA** verlangt, kann er, im Falle einer Weigerung des AG, nicht die Vorlage an sich selbst verlangen, da die Spezialnorm des § 109 die Anrufung der ESt. vorsieht.[458]

117 Der BR hat die Verpflichtung, darüber zu wachen, dass die datenschutzrechtlichen Bestimmungen im Betrieb eingehalten werden.[459] Ihm sind deshalb die erforderlichen Unterlagen der Verarbeitungsprogramme bestehender Personaldatenbanken, auch soweit eine Verknüpfung der Personaldatenbank mit anderen Datenbanken möglich ist, einschließlich Projekt-, Programm- und Benutzerhandbuch des Software-Lieferanten vorzulegen und zu erläutern.[460] Er kann auch ohne tatsächliche Anhaltspunkte für eine Nichtanwendung bei der Überwachung der Personalinformationssystem-BV Stichproben machen und Ausdrucke und Abbildungen von Programmen und Datenläufen verlangen.[461]

---

448 *ArbG Detmold* 14.9.89 – 3 BV 21/89 bezüglich der Herausgabe der durch die elektronische Zeiterfassung erstellten Kontenblätter für jeden einzelnen AN an den BR.
449 *LAG Baden-Württemberg* 21.2.94, LAGE § 80 BetrVG 1972 Nr. 13 = AuR 94, 311, Ls.
450 TZA-*Buschmann,* § 7 TzBfG, Rn. 33 ff.
451 A. A. GK-*Weber,* Rn. 91.
452 Vgl. Ausschussprotokoll BT-Drucks. VI/2729.
453 *Kort,* NZA 10, 1272.
454 *BAG* 20.12.88, AP Nr. 5 zu § 92 ArbGG 1979; *Brill,* AuR 76, 41; *Fitting,* Rn. 66; *Föhr,* DB 76; 1379; GK-*Weber,* a. a. O.; *GL,* Rn. 31.
455 So aber unzutreffend *LAG Niedersachsen* 22.1.07, AuR 07, 358, mit abl. Anm. *Buschmann.*
456 *BAG* 14.1.14 – 1 ABR 54/12, EzA-SD 2014, Nr 11, 15; 3.6.03, EzA BetrVG 2001 § 89 Nr. 1; *Kort,* NZA 10, 1272; vgl. § 1 Abs. 3 Satz 1 BDSG; ausführlich § 79 Rn. 44; zur PA § 83 Rn. 18).
457 *Kort,* NZA 10, 1272
458 *LAG Frankfurt* 1.9.88, AuR 89, 106, Ls.
459 Richardi-*Thüsing,* Rn. 68; *Fitting,* Rn. 7, 67; *SWS,* Rn. 2 a, 12 a.
460 Vgl. *BAG* 17.3.87, AP Nr. 29 zu § 80 BetrVG 1972; *Fitting,* Rn. 67; *SWS,* Rn. 12 a.
461 *HessLAG* 18.3.93, LAGE § 80 BetrVG 1972 Nr. 9.

Vorzulegen sind die Unterlagen im **sachlich erforderlichen Umfang.** Die Erforderlichkeit kann ggf. verneint werden, wenn der AG (UN) dem WA bereits die Unterlagen zur Verfügung gestellt hat (vgl. auch § 108 Abs. 4). Nach *BAG*[462] ist der AG nicht verpflichtet, dem BR im Rahmen der Kündigungsanhörung nach § 102 Beweismaterial (Detektivbericht mit Fotomappe) zur Verfügung zu stellen. Soweit ihre Kenntnis für die Erfüllung der BR-Aufgaben erforderlich ist, sind dem BR auch Unterlagen über Betriebs- und Geschäftsgeheimnisse vorzulegen, da § 80 Abs. 2 nicht eine einschränkende Vorschrift wie § 106 Abs. 2 enthält. Dies gilt z. B., wenn der BR geheimhaltungsbedürftige Unterlagen benötigt, um angemessene Vorschläge zur Aufstellung eines Sozialplans machen zu können (vgl. auch § 79 Rn. 1).[463] **118**

Das »**Zur Verfügung stellen**« umfasst die Pflicht des AG, dem BR die Unterlagen jedenfalls in Kopie zu überlassen und diesem ohne Beisein des AG eine Auswertung zu ermöglichen.[464] Der BR ist berechtigt, sich selbst Auszüge oder **Abschriften bzw. Fotokopien** der Unterlagen, die ihm der AG zur Verfügung zu stellen hat, anzufertigen.[465] Dies gilt insbes. für auf Zeit überlassene Unterlagen.[466] **119**

Die Unterlagen sind dem BR **unverzüglich nach Verlangen**[467] und jederzeit zur Verfügung zu stellen, **ohne** dass er hierfür einen **konkreten Anlass** angeben oder bestimmte **Verdachtsmomente** äußern muss.[468] Er kann ohne besonderen Anlass in regelmäßigen Abständen verlangen, dass ihm zur Durchführung seiner Aufgaben erforderliche Unterlagen zur Verfügung gestellt werden wie Statistiken über Arbeitsunfälle, Mehr- und Nachtarbeit, Teilzeitbeschäftigte, ausländische AN, Schwangere, Schwerbehinderte, Jugendliche.[469] Dabei steht ihm ein Beurteilungsspielraum zu. Nur das rechtsmissbräuchliche Verlangen schließt die Vorlagepflicht aus (zum Rechtsmissbrauch vgl. Rn. 27).[470] **120**

Auch eine **Einigungsstelle** kann besondere Unterlagen des AG zur Aufklärung eines Sachverhalts benötigen. Sie verfügt allerdings nicht über eigene Zwangsmittel Wenn aber der ESt.-Vorsitzende dem AG aufgegeben hat, der ESt. entspr. Unterlagen auszuhändigen und Auskünfte zu geben, und der AG dieser Aufforderung nicht nachkommt, hat der BR einen Anspruch gegen den AG auf Unterrichtung und Herausgabe von Unterlagen an sich zwecks Weiterleitung an die ESt.[471] oder direkt an die ESt.[472] Im Übrigen kann er sich direkt an die AN wenden, um von ihnen ggf. weiterführende Informationen für die ESt. zu gewinnen und diese AN der ESt. als Auskunftspersonen (Zeugen) zu benennen. **121**

V. Selbstständige Informationsgewinnung des Betriebsrats

Der BR ist für seine Informationsgewinnung nicht auf die Unterrichtung durch den AG beschränkt. Erforderlich ist vor allem interne Kommunikation mit den AN; darüber hinaus kann externe Kommunikation mit Dritten erforderlich sein.[473] BR können mit den einzelnen für ihre Arbeit nützlichen Informationen nur sinnvoll umgehen, wenn diese in einen Zusammenhang gestellt werden. Dies gilt schon für die ggf. zu unterschiedlichen Zeiten und Anlässen erfolgten Verlautbarungen des AG z. B. zu technischen Anlagen, Bilanz, Personalplanung, **122**

---

462 *BAG* 26.1.95, AuR 95, 196; a. A. *LAG Hamm* 6.1.94, AiB 95, 66 als Vorinstanz.
463 *ArbG Bad Hersfeld* 27.4.81, ZIP 81, 775; *Etzel*, a. a. O.
464 *BAG* 20.1.15 – 1 ABR 25/13, DB 15, 1112.
465 So ausdrücklich *BAG* 20.11.84, AP Nr. 3 zu § 106 BetrVG 1972,; Richardi-*Thüsing*, Rn. 67; *Jedzig*, DB 89, 978 [979]; *LK*, Rn. 29; einschränkend *GL*, Rn. 33, die es als unzulässig ansehen, dass sich der BR eine Dokumentation der betrieblichen Akten aufbaut.
466 Vgl. *BAG* 20.11.84, a. a. O., das zwischen BR und WA unterscheidet und nur Letzterem das Kopieren wegen der besonderen Vertraulichkeit untersagt.
467 *HWGNRH*, Rn. 62.
468 *BAG* 20.9.90, PersR 91, 182; *Fitting*, Rn. 68; *GL*, Rn. 34; Richardi-*Thüsing*, Rn. 65; kritisch GK-*Kraft*, 7. Aufl., Rn. 79; wie hier GK-*Weber*, Rn. 86.
469 *Fitting*, Rn. 63; ErfK-*Kania*, Rn. 24.
470 *BAG* 11.7.72, 18.9.73, 10.6.74, AP Nrn. 1, 3, 8 zu § 80 BetrVG 1972; Richardi-*Thüsing*, Rn. 55; GK-*Weber*, Rn. 87.
471 *Fitting*, § 76 Rn. 45.
472 So *ArbG Berlin* 2.7.99, AiB 00, 436.
473 *BAG* 14.7.10 – 7 ABR 80/08, m. w. N., AuR 10, 397; *Neufeld/Elking*, NZA 13, 1170.

personellen Einzelmaßnahmen, Mitteilungen auf BV und BR-Versammlungen und arbeitsgerichtlichen Vortrag. Es ist deshalb angebracht, sie jeweils abzugleichen und wechselseitig zu überprüfen. Die Unterrichtungspflichten des AG hindern den BR nicht daran, sich selbst Informationen auf andere Weise zu verschaffen.[474] Er ist zwar nicht darauf verwiesen, sich die benötigten Informationen selbst zu beschaffen,[475] kann aber jede ihm **zugängliche Informationsquelle** nutzen, z. B. Gespräche mit AN am Arbeitsplatz[476], Betriebsbegehungen,[477] Betriebs- und Abteilungsversammlungen sowie Fragebogenaktionen.[478] Im Beschluss v. 24.1.06[479] hat das *BAG* den BR sogar auf eigene Datenermittlung aus vorhandenen Unterlagen verwiesen, was nichts anderes bedeutet, als dass der BR die bei ihm aus verschiedenen Anlässen eingehenden Informationen sammeln, verknüpfen und auswerten soll. Der BR hat gegen den AG den Anspruch auf Duldung der Selbstbeschaffung von Informationen, umgekehrt auf Unterlassung von Behinderungen, und zwar jederzeit.[480]

123 Weitere Informationsquellen können sein: Internetzugang, Berichte von BR aus anderen UN (z. B. bei Betriebsübergang oder Fremdfirmeneinsatz), aus gewerkschaftlichen Fachgruppen, Wirtschaftszeitungen, juristischer Fachliteratur. Die BR-Mitglieder können als natürliche Personen Aktien erwerben und an der Hauptversammlung teilnehmen, dort eine Abschrift der Vorlagen über Jahresabschluss, Lagebericht, Bericht des Aufsichtsrats und Vorschlag des Vorstands für die Verwendung des Bilanzgewinns verlangen (§ 175 Abs. 2 AktG) sowie weitere Aktionärsrechte geltend machen. Nach Auffassung des *BAG*[481] ist die auf Dauer angelegte Mitgliedschaft in einem Mieterbund nicht das adäquate Mittel für einen BR, die für die sachgerechte Durchführung seiner gesetzlichen Aufgaben in Mietangelegenheiten erforderlichen Kenntnisse zu erlangen. Nach § 13 UnternehmensregisterVO ist die Einsichtnahme unter »www.unternehmensregister.de« (z. B. Handelsregistereintragungen, Jahresabschlüsse, gesellschaftsrechtliche Bekanntmachungen) möglich.[482] Das Gleiche gilt nach § 12 GBO bei Darlegung eines berechtigten Interesses für die Einsichtnahme in und Auszüge aus dem **Grundbuch.** Ein »rechtliches« Interesse ist nicht erforderlich. Es genügt »jedes verständige, durch die Sachlage gerechtfertigte Interesse«.[483] Ausreichend ist ein wirtschaftliches oder familiäres, u. U. sogar ein allgemeines öffentliches Interesse.[484] Es muss nicht bewiesen werden; es reicht aus, dass es dargelegt wird.[485] Möglich ist eine Negativabgrenzung, dass die Offenlegung des Grundbuchs nicht zur Befriedigung der Neugierde oder zu unlauteren, unbefugten Zwecken missbraucht werden darf.[486] Nach § 43 Abs. 2 GBVfg. entfällt die Darlegung des berechtigten Interesses bei Notaren und Rechtsanwälten im nachgewiesenen Auftrag eines Notars. Wird die Einsicht durch den Urkundsbeamten der Geschäftsstelle verweigert, kann dagegen richterliche Entscheidung beantragt und dagegen sodann Beschwerde an das LG eingelegt werden (§ 71 GBO).

124 Nach § 4 **Umweltinformationsgesetz** haben der BR (jeder) oder seine Mitglieder u. a. auch Anspruch auf freien Zugang zu Informationen, die bei einer Behörde oder natürlichen oder juristischen Personen des Privatrechts, die öffentlich-rechtliche Aufgaben im Bereich des Umweltschutzes wahrnehmen, über die Umwelt vorhanden sind. Dazu gehört u. a. die Einsicht-

---

474 *HessLAG* 26.9.11 – 16 TaBV 105/11, NZA-RR 12, 85; *LAG München* 28.9.05 – 9 TaBV 58/05, AuR 06, 213; *BAG* AP Nr. 36 zu § 80 BetrVG 1972; *Fitting,* Rn. 79.

475 *BAG* 21.10.03 – 1 ABR 39/02; 10.10.06 – 1 ABR 68/05, 19.2.08 – 1 ABR 84/06, AuR 08, 321; 15.4.08 – 1 ABR 44/07, DB 09, 520.

476 *HessLAG* 26.9.11 – 16 TaBV 105/11, NZA-RR 12, 85.

477 *BAG* 17.1.89, AP Nr. 1 zu § 2 LPVG NW; 13.6.89, AP Nr. 36 zu § 80 BetrVG 1972.

478 *BAG* 8.2.77, AP Nr. 10 zu § 80 BetrVG 1972; vgl. auch *Däubler,* Gläserne Belegschaften?, Rn. 637; Richardi-*Thüsing,* Rn. 60; *Fitting,* Rn. 80; *GL,* Rn. 29 ff.; GK-*Weber,* Rn. 76 f.; *HWGNRH,* Rn. 60; *Neufeld/Elking,* NZA 13, 1169 ff.; *SWS,* Rn. 9 d.

479 *BAG* 24.1.06 – 1 ABR 60/04, DB 06, 1908.

480 *Neufeld/Elking,* NZA 13, 1172.

481 27.9.74, EzA BetrVG 1972 § 80 Nr. 12.

482 Dazu *Liebscher/Scharff,* NJW 06, 3745.

483 Bejaht bei einem Sachverständigen nach Abs. 3, *LG Tübingen* 28.5.84, NZA 85, 99.

484 Vgl. auch *Baur/Stürner,* § 15 V 4 b, S. 139 m. w. N.

485 *BayObLG,* Rechtspfleger 83, 272.

486 *OLG Hamm* 14.5.88, NJW 88, 2482 m. w. N.

nahme in Akten über die **staatliche finanzielle Förderung** eines umweltverbessernden Produktionsverfahrens.[487] Beantragt der Bürger ausdrücklich einen bestimmten Informationszugang (z. B. Kopien von Analyseergebnissen), darf dies nur abgelehnt werden, wenn hierfür gewichtige, von der Behörde darzulegende Gründe bestehen.[488] Nach § 4 Nr. 2 des Gesetzes richtet sich der Informationsanspruch auch gegen Privatrechtssubjekte, die öffentlich-rechtliche Aufgaben im Bereich des Umweltschutzes wahrnehmen. Der Anspruch umfasst auch die Einsicht in der Behörde überlassene Datenbanken privater UN.[489] Ein Anspruch auf Zugang zu allen amtlichen Informationen ergibt sich aus den **Informationsfreiheitsgesetzen** des Bundes und der Länder.

Entsprechend dem technischen Stand des AG ist dem BR die Möglichkeit zu geben, die anfallenden Informationen auf EDV zu verarbeiten, etwa auf einem hierfür bereitgestellten PC. § 40 Abs. 2 stellt dies klar, wodurch die frühere restriktive Rspr. weitgehend gegenstandslos geworden ist. **125**

VI. Einblick in Bruttolohn- und -gehaltslisten

Das Einblicksrecht in die Listen über Bruttolöhne und -gehälter steht grundsätzlich dem **Betriebsausschuss** (§ 27) oder einem anderen nach § 28 gebildeten Ausschuss des BR und nicht dem gesamten BR zu (h. M.).[490] In **kleineren Betrieben,** die nicht über einen Betriebsausschuss nach § 27 BetrVG verfügen können, hat gemäß § 27 Abs. 3 anstelle des Betriebsausschusses der die laufenden Geschäfte führende **BR-Vorsitzende** (im Verhinderungsfall sein Stellvertreter) **oder ein anderes beauftragtes BR-Mitglied,** dem nicht die Führung der laufenden Geschäfte übertragen sein muss, das Einblicksrecht.[491] Besteht keine Regelung nach § 27 Abs. 3, hat jedenfalls der BR-Vorsitzende das Einblicksrecht.[492] In Kleinstbetrieben, in denen nur ein BR-Mitglied zu wählen ist, hat dieser das Recht.[493] Die Anfechtung der BR-Wahl nach § 19 beeinträchtigt das Einblicksrecht nicht.[494] Musterantrag des BR in DKKWF-*Buschmann,* § 80 Rn. 13 f. **126**

Das Einblicksrecht dient insbes. der Prüfung, ob die **kollektiven Entgeltregelungen in TV und BV** eingehalten werden, das **MiLoG** sowie das AGG, weitere arbeitnehmerschützende Normen wie § 4 TzBfG und die sich aus § 75 Abs. 1 ergebenden Grundsätze **von Recht und Billigkeit** sowie der **Gleichbehandlungsgrundsatz gewahrt werden,**[495] z. B. im Hinblick auf **übertarifliche Bezahlung** sowie **Gleichbehandlung**. Das Einblicksrecht dient einerseits der **Lohngerechtigkeit,** andererseits der Prüfung, ob **Mitbestimmungsrechte nach § 87 Abs. 1 Nrn. 10 und 11** berührt werden.[496] Es ist auch gegeben, wenn unterschiedliche Entgelt-TV konkurrierender Gewerkschaften im Betrieb angewendet werden[497] bzw. wenn der AG nicht tarifgebunden ist, da auch in diesem Fall eine Mitbestimmung des BR nach § 87 Abs. 1 Nrn. 10 und 11 in Betracht kommen kann.[498] **127**

---

487 *BVerwG* 25.3.99 – 7 C 21.98.
488 *BVerwG* 6.12.96 – 7 C 64.95, AuR 97, 295; für eine teleologische Erweiterung auf alle Betriebe mit umweltrelevanten Tätigkeiten *Heilmann/Bieler*, Anm. zu *BVerwG* a. a. O.
489 *BVerwG* 21.2.08 – 4 C 13.07 zum Flughafenausbau Frankfurt.
490 *BAG* 16.8.95, AP Nr. 53 zu § 80 BetrVG 1972.
491 *BAG* 14.1.14 – 1 ABR 54/12, EzA-SD 2014, Nr 11, 15, 16.8.95 a. a. O.; *LAG Niedersachsen* 17.8.01 – 16 TaBV 101/00, AuR 01, 516; Richardi-*Thüsing,* Rn. 73 f.; *Fitting,* Rn. 71 f.; *Schneider,* AiB 87, 209; GK-*Weber,* Rn. 103; a. A. *HWGNRH,* Rn. 74, die ein Einsichtsrecht in kleinen Betrieben verneinen; nach *von Friesen,* AuR 82, 245, ist der ganze BR legitimiert.
492 Richardi-*Thüsing,* Rn. 74; GK-*Weber,* Rn. 103; *GL,* Rn. 37; *Hanau,* Anm. zu AP Nr. 2 zu § 80 BetrVG 1972; *Richardi,* Anm. zu AP Nrn. 3, 4 zu § 80 BetrVG 1972.
493 GK-*Weber,* Rn. 104; *GL,* a. a. O.
494 *LAG Düsseldorf* 26.2.91 – 6 Ta BV 133/90; ebenso *LAG Baden-Württemberg* 28.10.99 – 21 TaBV 3/99, AiB Telegramm 2000, 19, für den Fall, dass die BR-Wahl zwar erfolgreich angefochten wurde, der BR aber NZB eingelegt hat.
495 *BAG* 12.2.80, AP Nr. 12 zu § 80 BetrVG 1972; *Fitting,* Rn. 70; kritisch GK-*Kraft,* 7. Aufl., Rn. 88; *ders.,* Anm. zu AP Nr. 27 zu § 80 BetrVG 1972; wie hier GK-*Weber,* Rn. 95.
496 *BAG* 30.6.81, 10.2.87, AP Nrn. 15, 27 zu § 80 BetrVG 1972; *Etzel,* Rn. 464; *Schneider,* AiB 87, 209.
497 *LAG Niedersachsen* 17.8.01, AuR 01, 517.
498 *BAG* 30.4.81, AP Nr. 13 zu § 80 BetrVG 1972; *Etzel,* Rn. 465.

128 Das Einblicksrecht besteht nur hinsichtlich der **Brutto**- und nicht hinsichtlich der **Nettoentgelte.** Dadurch erhält der BR keinen Einblick in die persönlichen Verhältnisse der einzelnen AN (h. M.).[499]

129 Unter »Bruttolöhne und -gehälter« ist der **Effektivverdienst einschließlich übertariflicher Zulagen,**[500] **freiwilliger Prämien,**[501] Sonderzahlungen, Gratifikationen, »stock-options« und Prämien aus besonderem Anlass (Einmalzahlungen), die **individuell** ausgehandelt und gewährt werden, zu verstehen.[502] Dies gilt auch, wenn sich durch die übertariflichen Zulagen erkennen lässt, für welche AN welcher TV Anwendung findet und wer welcher Gewerkschaft beigetreten ist.[503] Damit der BR in der Lage ist, Vergleiche anzustellen, ist der AG verpflichtet, die Bruttoentgelte nach ihren einzelnen Bestandteilen, z. B. Überstunden, Schichtarbeit, Gratifikationen oder Prämien **aufzuschlüsseln,**[504] insbes. wenn die Lohn- und Gehaltslisten unter Benutzung von **Datenverarbeitungsanlagen** erstellt worden und aus sich heraus nicht verständlich sind.[505] Die Aufschlüsselung sämtlicher Entgeltbestandteile ist schon deshalb erforderlich, damit der BR überprüfen kann, welche auf den gesetzlichen oder tariflichen Mindestlohn angerechnet werden können.[506] Der Begriff »Liste« bezieht sich auch auf in EDV-Anlagen gespeicherte Lohn- und Gehaltsdaten.[507]

130 Das Einblicksrecht ist nicht davon abhängig, dass über- bzw. außertarifliche Lohnbestandteile einen **kollektiven oder kollektivähnlichen Bezug** haben.[508] Es soll dem BR gerade die Prüfung ermöglichen, ob solche Zusammenhänge bestehen, ob innerbetriebliche Lohngerechtigkeit erreicht ist oder durch eine andere betriebliche Lohngestaltung erreicht werden kann.[509] Da der BR seine Aufgaben im Rahmen seiner Zuständigkeit selbstständig erfüllt, braucht er nicht darzulegen, für welche Zwecke er seine Informationen benötigt.[510] Das Verlangen auf Einblick steht daher **jederzeit in einem Bezug zu den Aufgaben des BR**; es ist nicht davon abhängig, dass ein Überwachungsbedürfnis dargelegt wird. Das *BAG* sieht Grenzen des Einsichtsrechts allenfalls dort, wo ein Beteiligungsrecht oder eine sonstige Aufgabe des BR offensichtlich nicht in Betracht kommt.[511] Der Aufgabenbezug ergibt sich aber regelmäßig schon aus dem Zweck der Überprüfung der Einhaltung des gesetzlichen Mindestlohns.[512]

131 § 118 Abs. 1 (Tendenzträgereigenschaft) steht dem Einblicksrecht (hier: in die Liste von Künstlergagen) nicht entgegen.[513] Auch für den Einblick in die Bruttogehaltslisten der **AT-Angestellten** bedarf es keiner Darlegung eines besonderen Interesses.[514] Mehrfach hat das *BAG*[515] darauf hingewiesen, dass dem BetrVG die Unterscheidung zwischen Tarif- und AT-AN unbekannt ist und dass dem BR hinsichtlich dieser AN-Gruppen keine unterschiedlichen Aufgaben zugewiesen worden sind.

132 Ein Einblicksrecht in die Bruttogehälter der **Lt. Angestellten** i. S. d. § 5 Abs. 3 besteht nicht (h. M.).[516]

---

499 Vgl. nur *BAG* 18.9.73, AP Nr. 3 zu § 80 BetrVG 1972; Richardi-*Thüsing*, Rn. 78; GK-*Weber*, Rn. 107.

500 *BAG* 18.9.73, 12.2.80, AP Nrn. 3, 12 zu § 80 BetrVG 1972.

501 *BAG* 17.3.83, AP Nr. 18 zu § 80 BetrVG 1972.

502 *BAG* 30.6.81, 10.2.87, AP Nrn. 15, 27 zu § 80 BetrVG 1972; *LAG Baden-Württemberg* 28.10.99 – 21 TaBV 3/99, AiB-Telegramm 2000, 19; Richardi-*Thüsing*, Rn. 79; *Etzel*, Rn. 468; kritisch insbes. bezüglich der Einbeziehung individuell vereinbarter Zulagen GK-*Weber*, Rn. 95, 97.

503 *BAG* 14.1.14 – 1 ABR 54/12, EzA-SD 2014, Nr 11, 15.

504 *Blanke*, AiB 81, 162 [163]; *Fitting*, Rn. 73; *v. Friesen*, AuR 82, 252; *Vogt*, BB 73, 481.

505 *Fitting*, Rn. 72.

506 So auch *Kleinebrink*, DB 15, 377.

507 *BAG* 17.3.83, a. a. O.; *Fitting*, a. a. O.; GK-*Weber*, Rn. 108; *Kroll*, DB 79, 1182.

508 *BAG* 12.2.80, 30.6.81, 10.2.87, AP Nrn. 12, 15, 27 zu § 80 BetrVG 1972; *Fitting*, Rn. 73; vgl. auch *GL*, Rn. 36; a. A. GK-*Weber*, Rn. 95; *HWGNRH*, Rn. 76.

509 St. Rspr., *BAG* 14.1.14 – 1 ABR 54/12, EzA-SD 2014, Nr 11, 15 sowie vorst. Fn.; *Fitting*, a. a. O.

510 *BAG* 18.9.73, 28.5.74, 12.2.80, 10.2.87, AP Nrn. 4, 7, 12, 27 zu § 80 BetrVG 1972.

511 *BAG* 14.1.14 – 1 ABR 54/12, EzA-SD 2014, Nr 11, 15.

512 So auch *Kleinebrink*, DB 15, 376.

513 *BAG* 13.2.07, AuR 07, 326.

514 *BAG* 19.3.81, 30.6.81, 3.12.81, 10.2.87, AP Nrn. 14, 15, 16, 27 zu § 80 BetrVG 1972; *Etzel*, Rn. 464; *Fitting*, Rn. 74; *Schneider*, AiB 87, 209; Richardi-*Thüsing*, Rn. 80; a. A. für individuell vereinbarte Entgeltbestandteile GK-*Kraft*, 7. Aufl., Rn. 88, 98; wie hier GK-*Weber*, a. a. O.

515 30.6.81, 3.12.81, AP Nrn. 15, 17 zu § 80 BetrVG 1972.

516 *BAG* 10.6.74, AP Nr. 8 zu § 80 BetrVG 1972; nach *BAG* 14.1.14 – 1 ABR 54/12, EzA-SD 2014, Nr 11, 15, verfassungsrechtlich nicht zu beanstanden; GK-*Weber*, Rn. 89.

Nach Auffassung des *BAG* hat der BR weder Anspruch, ihm eine **Fotokopie** der Listen über die Bruttoentgelte zu überlassen, noch diese **vollständig abzuschreiben**.[517] Akzeptiert wurde das Recht, sich – offenbar unvollständige – Notizen zu machen.[518] Begründet wurde dies mit dem Wortlaut »Einblick«, wobei Kopieren und Abschreiben dem »Zur-Verfügung-Stellen«, worauf der BR keinen Anspruch habe, gleichgesetzt und dem BR gleichermaßen verweigert wurden. Diese Begründung ist nicht schlüssig. Kopieren und Abschreiben steht vom Wortlaut her dem »Zur-Verfügung-Stellen« nicht näher als dem »Einblick«. Der AG bleibt sogar weiter Besitzer der Originallisten. Versteht man, wie auch das *BAG*, das Einblicksrecht als Unterfall des Abs. 2 Satz 2, 1. Halbsatz (in diesem Rahmen), so ist auch die Aushändigung gerechtfertigt, wie sie bei Prozessakten nach § 299 ZPO erfolgt. Auch nach § 7 Abs. 4 des **Informationsfreiheitsgesetzes** des Bundes kann sich der Antragssteller »im Fall der Einsichtnahme Notizen machen oder Ablichtungen und Ausdrucke fertigen lassen.« Ähnlich versteht § 4 Umweltinformationsgesetz (vgl. Rn. 124) Akteneinsicht als Unterfall der »Zur-Verfügungs-Stellung«. Dies darf eine Behörde nur ablehnen,[519] wenn hierfür gewichtige, von ihr darzulegende Gründe sprechen. Solche Gründe sind bei dem Umgang von BR mit Bruttolohn- und -gehaltslisten nicht ersichtlich. Kopierkosten, die zur Zeit der o. g. Entscheidungen des *BAG* noch erheblich waren (bei Gerichten bestanden Dienstanweisungen, zur Vermeidung von Kopierkosten Akten lieber abzuschreiben), sind dies nicht mehr in EDV-Zeiten, wenn es nur noch darum geht, dem BR einen aktuellen EDV-Ausdruck zuzuleiten bzw. ihm direkt Zugriff auf die entsprechende Datei zu ermöglichen. Auch das **Misstrauen gegenüber BR** im Umgang mit den ihnen anvertrauten Daten ist weder vom Normzweck noch empirisch gerechtfertigt. **133**

Zwar verdrängt das Einblicksrecht nicht weitergehende Unterrichtungsansprüche des BR nach Abs. 2 Satz 1 in Bezug auf die Bruttovergütung.[520] Verdrängt wird nach Auffassung des *BAG* aaO. der Anspruch aus Abs. 2 Satz 2 (Halbs. 1) auf Aushändigung von Unterlagen, der ohne die spezielle Regelung auch diese Listen erfassen würde. Mit dieser Auslegung gibt das *BAG* Abs. 2 Satz 2 Halbs. 2 den überraschenden Sinn, dem BR nicht eine Informationsquelle zu schaffen, sondern vorhandene Informationsmöglichkeiten einzuschränken. Für den BR ergibt sich daraus die Notwendigkeit, die **Flüchtigkeit des Einblicks** durch die Anforderung schriftlicher Auskünfte im Bereich der Löhne und Gehälter, gestützt auf Abs. 2 Satz 1, auszugleichen. Im Beschluss v. 30.9.08 hält das *BAG* eine teleologische Reduktion dieses Anspruchs für geboten, »wenn die geforderte schriftliche Auskunft im Bereich der Löhne und Gehälter inhaltlich einer Bruttolohn- und -gehaltsliste gleichkommt.« Dies überzeugt systematisch wenig und ist allein dem Dogma geschuldet, dem BR die Listen nicht auszuhändigen. In der Praxis bleibt offen, wann eine schriftliche Auskunft inhaltlich einer Bruttolohn- und -gehaltsliste gleichkommt. **134**

Jedenfalls sind dem Einblick nehmenden Mitglied oder Ausschuss des BR die Listen mit der Möglichkeit vorzulegen, sich **Auszüge/Abschriften oder Notizen** für den Gebrauch im BR zu machen.[521] Für eine Begrenzung auf stichwortartige Notizen fehlt die rechtliche Grundlage. Es muss schon dem BR überlassen bleiben, wie er die nach dem Gesetzeswortlaut visuell zugängliche Information aufnimmt und speichert. **Ein Rechtssatz, dass die Information des BR über Bruttolohn- und -gehaltslisten flüchtig und punktuell sei, existiert nicht.** Vielmehr gelten insofern die gleichen Grundsätze wie zu Abs. 2 Satz 1, Halbsatz 1.[522] Niemand wird **135**

---

517 *BAG* 15.6.76, 3.12.81, AP Nrn. 9, 17 zu § 80 BetrVG 1972; im Ergebnis bestätigt 10.10.06, RdA 08, 38 mit Anm. *Buschmann*; ebenso 30.9.08 – 1 ABR 54/07, AuR 09, 105; *Fitting*, Rn. 76; GK-*Weber*, Rn. 110.

518 *BAG* 15.6.76, a. a. O.

519 6.12.96, AuR 97, 295 mit zust. Anm. *Heilmann/Bieber*.

520 *BAG* 10.10.06, RdA 08, 38 mit Anm. *Buschmann*; ebenso 30.9.08 – 1 ABR 54/07, AuR 09, 105.

521 *LAG Frankfurt/M* 19.10.89, DB 90, 2376; *LAG Hamburg* 7.8.96, AuR 97, 39 zur Ergänzung vollständiger vorgefertigter EDV-Listen; *ArbG Frankfurt/M* 29.2.00, AiB 00, 573, mit Anm. *Wedde*, das zwar eine vollständige Abschrift verneint, Notizen auf vorgefertigten Unterlagen aber zulässt, so dass sich der BR »auf diese Weise letztlich eine vollständige Liste verschaffen kann«; *LAG Hamm* 11.12.01, AiB 03, 40, mit zust. Anm. *Teuber*, zur Ausfüllung einer vorbereiteten Liste mit dem Namen aller AN; ebenso *Müller*, AiB 05, 479; Muster in DKKWF-*Buschmann*, § 80 Rn. 14.

522 *LAG Hamburg*, a. a. O.

intellektuell in der Lage sein, das zur Beratung des BR benötigte Zahlenwerk im Gedächtnis zu behalten.[523] Die Qualität der BR-Information kann nicht von dem unterschiedlich ausgeprägten Zahlengedächtnis einzelner Mitglieder abhängen. Wenn das Einblicksrecht die vom BR mit zu gewährleistende, innerbetriebliche Lohngerechtigkeit befördern soll,[524] sind gerade Veränderungen des Gehaltsgefüges von Bedeutung. Um die in den Gehältern zum Ausdruck kommende Dynamik nach oben oder unten bzw. Verschiebung von Bewertungen zu erfassen, ist es geradezu unumgänglich, den Informationsstand zu einem Stichtag in Kopie oder Aufzeichnung festzuhalten, um ihn später mit neuen Informationen abzugleichen, ein Verfahren, das auch auf Seiten des AG selbstverständlich ist (intellektuelle Waffengleichheit). Weiterhin ist nur auf diese Weise der gleiche Informationsstand der einzelnen BR-Mitglieder gewährleistet.

136 Werden die Listen nicht ausgehändigt, sondern in Räumen des AG ausgelegt, besteht **während des Einblicks kein Anwesenheitsrecht des AG.**[525] Nach *BAG*[526] dürfen nur üblicherweise in dem Raum tätige AN während des Einblicks dort bleiben. Der AG darf sie oder andere AN aber nicht damit beauftragen, den BR dabei offen oder versteckt zu überwachen, da dies die Einblicknahme behindern könnte.[527]

137 Das Einblicksrecht besteht unabhängig vom Willen **einzelner AN,** ggf. selbst **gegen deren Willen.** Abs. 2 Satz 2 enthält anders als §§ 81 Abs. 3 Satz 3, 82 Abs. 2 Satz 2, 83 Abs. 1 Satz 2 keinen (einschränkenden) Hinweis auf den evtl. entgegenstehenden Willen des Einzelnen. Andernfalls wäre der BR nicht in der Lage zu überprüfen, ob Mitbestimmungsrechte bestehen (§ 87 Abs. 1 Nr. 10), der Gleichbehandlungsgrundsatz verletzt ist oder Lohngerechtigkeit vorliegt.[528] In der Einblicknahme liegt **keine Verletzung** des Rechts auf **informationelle Selbstbestimmung** oder des **Datenschutzes,** da eine klare Rechtsgrundlage vorhanden ist und der BR nur Informationen erlangt, die in der Personalabteilung des AG ohnehin vorhanden sind. Das Recht des Einzelnen auf Schutz seiner Individualsphäre nach Art. 2 GG tritt gegenüber der dem BR obliegenden sozialen Schutzfunktion zugunsten der AN als dem vorrangigen Recht zurück.[529] Die europäische DatenschutzRL 95/46/EG bzw. das **BDSG** schränken das Recht auf Einsichtnahme nicht ein, auch wenn ihr ein Teil der AN widersprochen hat.[530] Der BR ist kein Dritter, sondern Teil der verarbeitenden Stelle iSd. RL bzw. des BDSG. Zudem ist der AG nicht Sachwalter von Grundrechten der AN, die ihm selbst keine geschützte Rechtsposition vermitteln.[531] Der BR ist berechtigt, nach Einsicht bei Wahrung des BDSG ihm zur Kenntnis gelangte personenbeziehbare Daten zu speichern und zu verarbeiten.[532] Die Datenverarbeitung außerhalb des Betriebs beseitigt nicht die Informationspflicht des AG.[533]

138 Das **konkrete Entgelt** einzelner AN unterliegt nach § 75 Abs. 2 der **Verschwiegenheitspflicht**[534] gegenüber den AN. Zulässig sollte die **Bekanntgabe** (z. B. in einer Betriebsversammlung) oder die **Veröffentlichung** (z. B. Aushang am »Schwarzen Brett«) einer vom BR nach erfolgter Einblicknahme angefertigten Auswertung anonymisierter Lohn- und Gehaltsdaten sein.[535] Dies gilt insbes. bei Unterschreitung des tariflichen oder gesetzlichen Mindestlohns.

---

523 *Schneider,* a. a. O.
524 *LAG Frankfurt/M, LAG Hamburg,* a. a. O.
525 *LAG Frankfurt* 4.12.84, BetrR 85, 386; *ArbG Düsseldorf* 19.3.91 – 5 BV 27/91, uv.; *LAG Köln* 12.5.92, LAGE § 80 BetrVG 1972 Nr. 8; *ArbG Hamburg* 15.9.93, AiB 94, 308; a. A. *Leßmann,* NZA 92, 832; *LAG Bremen* 25.10.94, LAGE § 80 BetrVG 1972 Nr. 14.
526 *BAG* 16.8.95, AuR 95, 367.
527 Ebenso *BAG* 13.2.07 a. a. O.; Fitting, Rn. 76.
528 *BAG* 20.12.88, AP Nr. 5 zu § 92 ArbGG 1979; *Etzel,* Rn. 467; *Fitting,* Rn. 77; GK-*Weber,* Rn. 100.
529 Hierzu und zu Folgendem *BAG* 14.1.14 – 1 ABR 54/12, EzA-SD 2014, Nr 11, 15; *BVerfG* 20.8.82, AuR 83, 155; *von Friesen,* AuR 82, 245; GK-*Weber,* a. a. O.
530 *LAG Niedersachsen* 18.4.12 – 16 TaBV 39/11, RDV 12, 309 f.; bestätigt durch *BAG* 14.1.14, a. a. O.; GK-*Weber,* a. a. O.
531 BAG 14.1.14 a. a. O.; a. A. zum PR *BVerwG* 19.3.14 – 6 P 1/13, AuR 14, 165.
532 *ArbG Frankfurt/M* 29.2.00, AiB 00, 573 mit Anm. *Wedde.*
533 *BAG* 17.3.87, AP Nr. 29 zu § 80 BetrVG 1972.
534 GK-*Weber,* Rn. 111.
535 Vgl. *Schneider,* AiB 87, 209; ausführlich **§ 79 Rn. 13**; a. A. *BAG* 26.2.87, AP Nr. 2 zu § 79 BetrVG 1972 zu einem Sonderfall, in dem die Lohnkosten auf Grund der Betriebsstruktur [Verlag] weitgehend mit den Produktionskosten identisch und von daher wesentlicher Kostenfaktor der Gesamtkosten waren.

Der BR ist berechtigt, einzelne AN jedenfalls in abstrakter Form über seinen Kenntnisstand, insbes. ihre ungleiche Behandlung in der Vergütung, zu unterrichten.[536] Auch die wechselseitige Verständigung der AN über ihre Gehaltsdaten bleibt unberührt.[537]

Die Einblick nehmenden BR-Mitglieder sind verpflichtet, die übrigen **BR-Mitglieder über die bekannt gewordenen Daten zu informieren,** da der BR die Mitbestimmungsrechte nach § 87 Abs. 1 Nr. 10 bzw. die Überwachungsrechte nach Abs. 1 dieser Vorschrift insgesamt wahrzunehmen hat.[538] Der BR oder einzelne BR-Mitglieder sind berechtigt, die Daten an den GBR und die in § 79 Abs. 1 genannten Gremien und Stellen weiterzugeben.[539] Hat der BR entgegen dem ausdrücklichen Hinweis des AG auf Geheimhaltungsbedürftigkeit Lohn- und Gehaltsdaten nach Einsichtnahme veröffentlicht und sich dann geweigert, eine Zusage zu geben, dies künftig zu unterlassen, steht nach Auffassung des *BAG* einem erneuten Einblicksverlangen des BR der Einwand der **unzulässigen Rechtsausübung** entgegen.[540] Dieser Einwand greift indes nur in besonders krassen Fällen durch.[541] **139**

VII. Auskunftspersonen für den Betriebsrat (Abs. 2 Satz 3)

Nach Abs. 2 Satz 3 hat der AG dem BR zur ordnungsgemäßen Erfüllung seiner Aufgaben sachkundige AN als **Auskunftspersonen** zur Verfügung zu stellen. Die Rspr. des *BAG* hatte – ohne Rechtsgrundlage – eine Obliegenheit des BR eingeführt, vor der Hinzuziehung externer Sachverständiger anlässlich der Einführung oder Änderung EDV-gestützter technischer Einrichtungen sachkundige Betriebs- oder Unternehmensangehörige in Anspruch zu nehmen.[542] Seit 2001 hat der BR einen förmlichen Anspruch auf deren Unterstützung.[543] Musterantrag des BR in DKKWF-*Buschmann,* § 80 Rn. 15. **140**

Voraussetzung ist, dass die Hinzuziehung des sachkundigen AN zur ordnungsgemäßen Erfüllung der Aufgaben des BR erforderlich ist. Die **Erforderlichkeit** ist gegeben, wenn die benötigte Unterrichtung im Rahmen der Aufgaben des BR liegt, und entspricht § 37 Abs. 2.[544] Dagegen ist ein konkreter Anlass nicht gefordert.[545] **141**

Sinn und Zweck der Vorschrift ist es, dass der BR die Möglichkeit erhält, vor dem Hintergrund des technischen und wirtschaftlichen Wandels den internen **Sachverstand der AN zu nutzen und bei der Suche nach Problemlösungen einzubeziehen.**[546] Zugleich soll die **interne Kommunikation zwischen BR und AN** gefördert werden, damit der einzelne AN seine Vorstellungen stärker in die Arbeit des BR einbringen kann.[547] Die Begründung nennt die Hinzuziehung im Rahmen einer Einzelfalllösung oder im Rahmen von Arbeitskreisen sachkundiger AN zusammen mit BR-Mitgliedern. Typisches Beispiel sind betriebliche Umweltschutz-,[548] Immissionsschutz-, Störfall-, Abfall-, Gefahrgut-, Tierschutzbeauftragte.[549] Weitere Beauftragte sind Sicherheitsbeauftragte, Betriebsärzte und Fachkräfte für Arbeitssicherheit, Datenschutz- und Frauenbeauftragte.[550] **142**

Das *BAG* erkannte darin ein Betriebs- oder Geschäftsgeheimnis i. S. d. § 79, machte aber zugleich deutlich, dass dies nicht der Fall sei, wenn die Bruttoentgeltsdaten für die Reaktion der Konkurrenten auf dem Markt unergiebig seien.

536 *BAG,* a. a. O.; vgl. auch *v. Hoyningen-Huene,* Anm. zu EzA § 79 BetrVG 1972 Nr. 1.
537 *BAG,* a. a. O.; *LAG MV* 21.10.09 – 2 Sa 183/09, AuR 10, 343; ausführlich **§ 79 Rn. 13.**
538 Ebenso Hako-*Kohte/Schulze-Doll,* Rn. 58.
539 *BAG,* a. a. O.
540 *BAG* 14.5.87, DB 88, 2569.
541 *BAG,* a. a. O.; *LAG Niedersachsen* 17.8.01 – 16 TaBV 101/00, AuR 01, 517.
542 *BAG* 26.2.92, AuR 93, 95.
543 Vgl. *Natzel,* NZA 01, 872.
544 *Fitting,* Rn. 82.
545 A. A. *Oetker,* NZA 03, 1236.
546 BT-Drucks. 14/5741, S. 59.
547 A. a. O. S. 30; *Oetker,* NZA 03, 1234.
548 *Konzen,* RdA 91, 89.
549 Vgl. *Pulte,* Betriebsbeauftragte in der gewerblichen Wirtschaft; zur Zusammenarbeit betrieblicher Beauftragter mit dem BR vgl. *Fischer,* AuR 96, 474.
550 Übersicht bei Kittner/Zwanziger-*Litzig,* § 135.

143 Die **Aufgabe des sachkundigen AN** besteht darin, dem BR als Auskunftsperson in Angelegenheiten, in denen er über besondere Kenntnisse oder Fähigkeiten verfügt, zur Verfügung zu stehen und dem BR diese Kenntnisse und Fähigkeiten zu vermitteln. Es ist nicht seine Aufgabe, dem BR in betriebsverfassungsrechtlichen Angelegenheiten die Position des AG mitzuteilen. Dies kann der AG selbst oder durch seine Vertreter ausüben.

144 § 78 stellt klar, dass der sachkundige AN in der Ausübung seiner Tätigkeit nicht gestört oder behindert werden darf. Dieses Verbot richtet sich vor allem an den AG und sollte dem sachkundigen AN diesem und seinen Vorgesetzten gegenüber somit eine gewisse Unabhängigkeit geben. Nach Auffassung des *BAG* kann zwar der AG bei der Übertragung einer solchen Tätigkeit Gegenstand und Umfang der zu erteilenden Auskünfte bestimmen.[551] Nach Sinn und Zweck der Vorschrift ist der sachkundige AN jedenfalls verpflichtet, den BR nach bestem Wissen und Gewissen zu beraten, um diesen bei der Suche nach Problemlösungen zu unterstützen. Darin darf ihn auch der AG nicht behindern. Deshalb kann der BR verlangen, die ihm zur Verfügung gestellten sachkundigen AN in Abwesenheit des AG oder von ihm bestimmter Personen zu befragen. Andernfalls erhielte der AG eine ihm nicht zustehende Kenntnis, welches Wissen aus Sicht des BR erforderlich ist, um sachgerecht über eine mögliche Aufgabenwahrnehmung zu befinden. Daneben wäre auch der unbefangene Meinungsaustausch unter den BR-Mitgliedern bei der Befragung der sachkundigen AN beeinträchtigt.[552]

145 Als Auskunftspersonen in Frage kommen **alle AN** einschließlich sog. AT-Angestellter und leitender Angestellter.[553] Es besteht keine Unvereinbarkeit zwischen den Funktionen als Auskunftsperson und als **gewerkschaftlicher Vertrauensmann.**[554] Die Vorschrift verlangt lediglich, dass es sich um AN des AG handelt, nicht jedoch, dass sie dem vom BR vertretenen Betrieb angehören.[555] Die betriebsbezogene Aufgabenstellung des BR schließt nicht aus, dass unternehmensangehörige AN seinen Informationsstand heben können.

146 Der BR ist nicht verpflichtet, Auskunftspersonen, erst recht nicht die vom AG freiwillig angebotenen Auskunftspersonen, in Anspruch zu nehmen. Es obliegt seinem **Ermessen, ob** er auf AN als Auskunftspersonen zurückgreifen will und **welche Personen** er für geeignet hält.[556] Das Gesetz statuiert entgegen h.Rspr. keine Obliegenheit, vor der Hinzuziehung von Sachverständigen zunächst interne betriebliche Fachkräfte heranzuziehen (ausführlich **Rn. 159 ff.**).[557]

147 Die Auswahl erfolgt in der Weise, dass der BR sich die AN aussucht, die ihm die vom AG geschuldeten Informationen geben sollen.[558] Das Merkmal **»sachkundig«** ergibt sich aus der Interessenlage des BR, stellt aber keine besondere gesetzliche Begrenzung im Vergleich zu dem in §§ 108 Abs. 2 Satz 2 und 111 Abs. 1 Satz 2 erwähnten Berater auf. Dieser Begriff ist nicht justitiabel. Demzufolge ist der AG nicht berechtigt, einen vom BR vorgeschlagenen Berater mangels Sachkunde abzulehnen.[559] Ihm steht hierzu kein Ermessen zu. Er kann den Vorschlag des BR nur ablehnen, wenn **betriebliche Notwendigkeiten** entgegenstehen. Die betriebliche Notwendigkeit als Ablehnungsgrund bezieht sich nur auf die Auswahl, etwa weil der AG den angeforderten AN bzw. dessen Arbeitszeit wegen eines besonderen termingebundenen Projekts nicht entbehren kann und nicht einmal die Zeit für eine Beratung des BR zur Verfügung steht. Nicht von Belang ist dagegen der Wunsch oder das Interesse des AG, die Kommuni-

---

551 *BAG* 20.1.15 – 1 ABR 25/13, DB 15, 1112; GK-*Weber*, Rn. 124: Erfüllungsgehilfe; *Fitting*, Rn. 84, ohne Berücksichtigung des § 78.

552 Insofern zutreffend *BAG* 20.1.15 – 1 ABR 25/13 aaO.

553 Ebenso *Klebe/Ratayczak/Heilmann/Spoo*, Rn. 21; Richardi-*Thüsing*, Rn. 86; zu leitenden Ang. a. A. *Hanau*, RdA 01, 72; *Oetker*, NZA 03, 1235; *Fitting*, Rn. 85, mit dem Hinweis, dass diese der Betriebsverfassung grundsätzlich nicht unterliegen und im Unterschied zu § 108 Abs. 2 in dieser Vorschrift nicht ausdrücklich erwähnt seien: Diese Einschränkung überzeugt nicht, da konkret nicht die leitenden Angestellten, sondern der AG verpflichtet wird. Auch leitende Angestellte sind AN, und nicht jede Nichterwähnung beinhaltet einen Ausschluss.

554 Misstrauisch Richardi-*Thüsing*, Rn. 90.

555 *Klebe/Ratayczak/Heilmann/Spoo*, Rn. 22; Richardi-*Thüsing*, Rn. 86; ErfK-*Kania*, Rn. 30 a; a. A. *Oetker*, NZA 03, 1234 f. m. w. N.

556 *Engels/Trebinger/Löhr-Steinhaus*, DB 01, 538.

557 A. A. *BAG* 26.2.92, AuR 93, 95 mit abl. Anm. *Wagner*.

558 *Hanau*, RdA 01, 71 f.; *Fitting*, Rn. 83: Vorschlag; a. A. *Natzel*, NZA 01, 872 [873].

559 Ebenso *Fitting*, Rn. 83; a. A. *Oetker*, NZA 03, 1235.

kation zwischen einem bestimmten AN und dem BR oder den Gegenstand der Unterrichtung zu beschränken.

148 Im Unterschied zum Sachverständigen setzt die Hinzuziehung eines sachkundigen AN als Auskunftsperson **keine nähere Vereinbarung mit dem AG** voraus. Vielmehr ist der AG unmittelbar zur Zurverfügungstellung des AN verpflichtet, falls nicht betriebliche Notwendigkeiten entgegenstehen. Dieser Anspruch ist für den BR direkt einklagbar, bei Dringlichkeit über eine einstweilige Verfügung.[560]

149 Der Antrag des BR **begründet noch nicht unmittelbar die Verpflichtung** des sachkundigen AN, ihm als Auskunftsperson zur Verfügung zu stehen. Dessen Verpflichtung hierzu kann sich erst aus dem Arbeitsvertrag i. V. m. dem Weisungsrecht des AG nach § 106 GewO ergeben, was nach apodiktischer Aussage des BAG regelmäßig der Fall ist.[561] Unabhängig davon besteht die Möglichkeit des AN, dem BR **freiwillig als Auskunftsperson** zur Verfügung zu stehen. Diese Möglichkeit besteht selbst im Fall entgegenstehender betrieblicher Notwendigkeiten, z. B. außerhalb der Arbeitszeit.

150 Soweit keine betrieblichen Notwendigkeiten entgegenstehen, erfolgt die Beratung **während der Arbeitszeit.** Sie ist sowohl für den BR als auch für den sachkundigen AN Arbeitszeit und ggf. als Mehrarbeit zu vergüten.[562] Der sachkundige AN ist hierfür freizustellen und von seinem sonstigen Arbeitspensum entsprechend zu entlasten. In diesem Rahmen kann der BR mit einer oder mehreren (die Vorschrift verwendet den Plural) Auskunftspersonen auch **Arbeitskreise** bilden.[563]

151 Wird die Auskunftsperson im Rahmen dieser Vorschrift tätig, hat sie dem BR die von ihm geforderten Auskünfte einschließlich sog. Betriebs- oder Geschäftsgeheimnisse zu geben. Es besteht **keine Schweigepflicht von Auskunftspersonen über Betriebs- und Geschäftsgeheimnisse gegenüber dem BR,** da sie gerade die Aufgabe haben, dem BR ihr besonderes Wissen zur Verfügung zu stellen.

VIII. Hinzuziehung von Sachverständigen (Abs. 3)

152 Zur Sicherung der ordnungsgemäßen Erfüllung seiner Aufgaben kann der BR **Sachverständige** (SV) hinzuziehen. Bei Erforderlichkeit hat er einen Rechtsanspruch darauf.[564] Über **Modalitäten** – insbes. **Thema** (Untersuchungsgegenstand), **Person** des SV und (voraussichtliche) **Kosten** – hat zunächst der BR zu beschließen;[565] sodann ist eine »nähere Vereinbarung« mit dem AG herbeizuführen, da ansonsten die Kostentragungspflicht des AG entfällt.[566] Der BR entscheidet wie bei der Auswahl von Rechtsanwälten, Schulungsmaßnahmen oder Literatur grundsätzlich selbst, welcher Person er als SV das nötige Vertrauen entgegenbringt.[567] Verliert der SV das Vertrauen des BR, kann er durch einen anderen ersetzt werden.[568] Musterantrag des BR in DKKWF-*Buschmann*, § 80 Rn. 16.

153 Bei Betriebsänderungen in UN mit mehr als 300 AN besteht nach § 111 Abs. 1 Satz 2 ein spezieller Anspruch des BR auf Hinzuziehung eines Beraters. Dort ist eine Vereinbarung mit dem AG nicht gefordert, was das *BAG*[569] als gesetzlichen Ausnahmetatbestand versteht. Für die Beratung des WV wendet das *BAG* a. a. O. Abs. 3 analog an.

154 Die nähere **Vereinbarung** erfolgt durch **BV** oder **Regelungsabrede.**[570] Ihr Zustandekommen

560 *LAG Hamm* 2.10.01 – 13 TaBV 106/01, AuR 02, 278.
561 *BAG* 20.1.15 – 1 ABR 25/13, DB 15, 1112; *Fitting*, Rn. 85; a. A. Hako-*Kohte/Schulze-Doll*, Rn. 60: außerhalb des Direktionsrechts.
562 *Fitting*, Rn. 85; *Löwisch*, BB 01, 1790; *Oetker*, NZA 03, 1238.
563 BT-Drucks. 14/5741 Nr. 54 b) cc; *Oetker*, NZA 03, 1235; enger Richardi-*Thüsing*, Rn. 90.
564 Zur Personalvertretung *Schierbaum*, PersR 03, 177.
565 *LAG Köln* 2.2.07 – 4 TaBV 61/06.
566 *BAG* 19.4.89, AP Nr. 35 zu § 80 BetrVG 1972; 11.11.09, AuR 10, 177; *Fitting*, Rn. 90; GK-*Weber*, Rn. 134.
567 *BAG* 19.4.89, a. a. O; *LAG Baden-Württemberg* 22.11.85, AiB 86, 261; *Däubler*, Gläserne Belegschaften?, Rn. 647; *Jobs*, RDV 87, 125 [127 f.].
568 *LAG Baden-Württemberg*, a. a. O.; *Däubler*, a. a. O., Rn. 348.
569 *BAG* 11.11.09 – 1 ABR 26/08, AuR 10, 177.
570 Richardi-*Thüsing*, Rn. 89; *Fitting*, Rn. 90; *Pflüger*, NZA 88, 45 [48].

kann nicht durch Anrufung der ESt. nach § 76 Abs. 5 erzwungen werden; die ESt. kann nur nach § 76 Abs. 6 tätig werden.[571] Kommt keine Einigung mit dem AG über die Zuziehung eines SV oder über einzelne Modalitäten zustande, kann der BR die Zustimmung des AG über das ArbG ersetzen lassen. In dem Beschluss werden Person des SV, Gegenstand der Begutachtung sowie Honorar des SV festgelegt.[572]

155 Nach h. M. benötigt der BR die **vorherige »Zustimmung«** des AG[573] Nach zutr. Ansicht kann das verweigerte Einverständnis auch **nachträglich gerichtlich ersetzt** werden.[574] Die Präposition »nach« hat verknüpfende, nicht zeitliche Bedeutung.[575] Der AG hat keinen Ermessensspielraum. Die Kostenerstattung richtet sich als Rechtsvollzug nach der Erforderlichkeit, unabhängig davon, ob die Vereinbarung im Voraus getroffen oder gerichtlich ersetzt wird. Die Ersetzung der Zustimmung hat **Rückwirkung** auf den Zeitpunkt des Antragseingangs beim ArbG, weil sonst der AG entgegen dem Behinderungsverbot (§ 78) und dem Zusammenarbeitsgebot (§ 2 Abs. 1) den BR durch Verweigerung der erforderlichen Beiziehung des SV in seiner Handlungs- und Funktionsfähigkeit beeinträchtigen könnte. Der BR braucht i. d. R. die **Unterstützung durch einen SV sofort**, um eine annähernd gleichgewichtige Verhandlungsposition gegenüber dem AG zu erreichen. Bei Erforderlichkeit ist die Zustimmung des AG zu ersetzen und die im Verfahren eingetretene Verzögerung rechtswidrig. Andernfalls kann der AG die Kostenübernahme verweigern, so dass das Kostenrisiko zu Lasten des BR geht. Dies ist aber riskant, da der *BGH*[576] u. U. eine Haftung der BR-Vertreter nach § 179 BGB (vollmachtloser Vertreter) anerkennt. Will der BR dieses Risiko vermeiden und ist er auf schnelle Entscheidung angewiesen, kann er vor dem Auftrag an den SV die Vereinbarung mit dem AG durch **einstweilige Verfügung** des ArbG ersetzen lassen.[577] Zudem kann er gegenüber dem Berater ausdrücklich auf die Risiken hinweisen und eine persönliche Haftung vertraglich ausschließen, Aus **Rechtssicherheitsgründen** ist die **vorherige Vereinbarung** mit dem AG vorzuziehen.

156 Die **Erforderlichkeit** ist gegeben, wenn der BR angesichts der Schwierigkeit der Materie eine in seine Zuständigkeit fallende Aufgabe ohne einen solchen fachlichen Rat nicht ordnungsgemäß wahrnehmen kann.[578] Nach Auffassung des *BAG* handelt es sich bei der Erforderlichkeit **um eine Rechtsfrage,** die der gerichtlichen Prüfung unterliegt.[579] Der BR hat jedoch einen Beurteilungsspielraum.[580] Da der Wissensstand der einzelnen BR-Mitglieder unterschiedlich ist, sollte besser auf die konkreten Bedürfnisse des jeweiligen »vernünftigen BR« abgestellt[581] und der Erforderlichkeitsbegriff angesichts der weitgehend identischen Formulierungen in § 37 Abs. 2 und § 80 Abs. 3 gleich ausgelegt werden.[582]

157 Nach Auffassung des *BAG* ist es erforderlich, dass der SV konkrete aktuelle Fragen beantwortet.[583] Seine Aufgabe bestehe nicht darin, fehlende Kenntnisse generell oder auf Vorrat zu vermitteln. Die Tätigkeit des SV ist allerdings nicht auf **Einzelfragen** beschränkt, sondern kann sich z. B. **bei Projekten,** wie der Einführung neuer Technologien, auf eine längerfristige Beratung beziehen.[584] Sie kommt nicht nur in Betracht, wenn ein Mitbestimmungsrecht des

---

571 *Fitting,* a. a. O.
572 *BAG* 19.4.89, 11.11.09, a. a. O.; Muster in DKKWF-*Buschmann,* § 80 Rn. 17.
573 So *BAG* 26.2.92, AuR 93, 93 mit abl. Anm. *Wagner;* 11.11.09, AuR 10, 177; Richardi-*Thüsing,* Rn. 89; *GL,* Rn. 40; *HWGNRH,* Rn. 100; GK-*Weber,* Rn. 135.
574 *LAG Frankfurt* 11.11.86, BB 87, 614; vgl. auch 31.5.90, AuR 91, 93 zu einem »fachkundigen Berater«.
575 Vgl. *Klebe,* EWiR, § 80 BetrVG 1/87, S. 433 f.; *Knauber-Bergs,* AiB 87, 160; *Pflüger,* NZA 88, 45 [48]; *Trittin,* AiB 90, 36 f. *Matthiessen,* CR 88, 478.
576 *BGH* 25.10.12 – III ZR 266/11; dazu Einleitung, Rn. 150; *Dzida,* NJW 13, 433; *Schulze,* AiB 13, 7.
577 *Stumper/Lystander* S. 89; *Boewer,* RDV 85, 22 [26]; *Knauber-Bergs, Trittin,* a. a. O.; *LAG Hamm* 15.3.94, LAGE § 80 BetrVG 1972 Nr. 12; a. A. *LAG Köln* 5.3.86, LAGE § 80 BetrVG 1972 Nr. 5, sofern dem im Hauptverfahren zu verfolgenden Anspruch endgültig vorgegriffen wird.
578 *BAG* 26.2.92, AuR 93, 93.
579 *BAG* 18.7.78, a. a. O.; Richardi-*Thüsing,* Rn. 87; GK-*Weber,* a. a. O.
580 *BAG, Richardi,* GK-*Weber, Pflüger,* a. a. O.; *Matthiessen,* CR 88, 478 [479].
581 *Pflüger,* NZA 88, 45; vgl. auch *Etzel,* Rn. 474; *Matthiessen, WW,* a. a. O.; weiterhin *LAG Frankfurt* 26.2.85, AuR 86, 124; *LAG Hamburg* 20.6.85, AiB 86, 23.
582 *Matthiessen,* a. a. O.
583 *BAG* 11.11.09 – 7 ABR 26/08, AuR 10, 177.
584 *LAG Hamburg* 20.6.85, AiB 86, 23; *Däubler,* Gläserne Belegschaften?, Rn. 346; *Trittin,* AiB 85, 90; a. A. *LAG Frankfurt* 26.2.85, AuR 86, 124, Ls.; *Etzel,* Rn. 473; *GL,* Rn. 44.

BR besteht, sondern auch zur Prüfung, ob es vorliegt.[585] Die Zuziehung eines SV kann, soweit dem BR entsprechende Kenntnisse fehlen, bspw. in folgenden Fällen in Betracht kommen:

- Analyse des Geschäftsberichts und sonstige bilanztechnische Probleme;
- betrieblicher Umweltschutz;
- EDV-spezifische Fragen[586] sowie Fragen im Zusammenhang mit einer Organisations- und EDV-Umstellung;[587]
- Einführung einer neuen Entlohnungsmethode, ohne dass der BR sein Tätigwerden mit einem konkreten Anlass oder mit konkreten Vorstellungen begründen muss.[588]
- Entwicklung alternativer Produktionsformen zu Sicherung von Arbeitsplätzen, z. B. durch Umstellung von Kriegs- auf Friedensprodukte (Rüstungskonversion);
- Fragen der Arbeitswissenschaft zur menschengerechten Gestaltung der Arbeit;
- versicherungsmathematische Fragen einer betrieblichen Altersversorgung;
- Vorbereitung für einen Interessenausgleich und Sozialplan[589] sowie Verhandlungen über eine Betriebsänderung,[590] vgl. § 111 Satz 2.

Dagegen soll der BR nicht verlangen können, dass ihm die Neubewertung des Anlagevermögens und die Aufnahme eines neuen Gesellschafters durch den AG im Hinblick auf mögliche Auswirkungen auf die Produktions- und Personalplanung durch einen SV erläutert werden, solange sich daraus keine konkreten Aufgaben für den BR ableiten lassen.[591] **158**

Nach umstr. **Rspr. des** *BAG*[592] kann die Zuziehung eines SV (zu Fragen der Datenverarbeitung) erst als erforderlich angesehen werden, wenn folgende Stufen durchlaufen sind: **159**

- Rechtzeitige und umfassende Information des BR durch den AG über den zur Entscheidung stehenden Sachverhalt nach Abs. 2 Satz 1 dieser Vorschrift.
- Sind die Informationen unvollständig oder unverständlich, muss der BR beim AG weitere Einzelauskünfte verlangen. Er hat alle zur Verfügung stehenden betriebsinternen Informationsquellen auszuschöpfen und darf auch eine angebotene Unterrichtung durch Fachkräfte der betrieblichen EDV-Abteilung nicht ablehnen.[593]
- Nach bisheriger Rspr. sollten es das Zusammenarbeitsgebot und der Grundsatz der Verhältnismäßigkeit gebieten, dass sich der BR den notwendigen Sachverstand selbst aneignet, bevor er einen externen SV hinzuzieht, was durch Schulungsmaßnahmen nach § 37 Abs. 6 oder 7, Selbststudium oder Hinzuziehung eines sachkundigen Gewerkschaftsvertreters geschehen kann. Dies hat das *BAG* inzwischen eingeschränkt. Danach ist der BR vor Abschluss der Vereinbarung nach Abs. 3 nicht grundsätzlich auf Schulungen nach § 37 Abs. 6 BetrVG zu verweisen. Dies widerspräche den unterschiedlichen Funktionen der beiden Regelungen. Anders als SV-Gutachten, die zu einem bestimmten Problem erstellt werden, haben Schulungsveranstaltungen typischerweise keine konkrete betriebliche Aufgabenstellung des BR zum Gegenstand. Zwar kann die Einholung eines SV-Gutachtens im Einzelfall entbehrlich sein, wenn BR-Mitglieder durch den in Schulungen erworbenen Sachverstand in der Lage sind, ihre Aufgaben in gebotener Weise wahrzunehmen. Daraus folgt

585 *Trittin*, AiB 85, 90 [92]; vgl. auch *BAG* 6.12.83, AP Nr. 7 zu § 87 BetrVG 1972 Überwachung.

586 *BAG* 6.12.83, DB 84, 775; *LAG Hamburg* 20.6.85; AiB 86, 23; *ArbG Solingen* 16.1.86 – 1 BV 5/85; *ArbG Berlin* 7.5.87 – 4 BV 8/87.

587 Vgl. *LAG Frankfurt* 31.5.90, AuR 91, 93.

588 *LAG Berlin* 2.3.89 – 14 TaBV 5/88.

589 *BAG* 5.11.81, AP Nr. 9 zu § 76 BetrVG 1972.

590 Vgl. *ArbG Stuttgart* 19.11.90 – 19 BVGa 15/90.

591 *BAG* 25.7.89, AP Nr. 38 zu § 80 BetrVG 1972.

592 *BAG* 26.2.92, AuR 93, 93; 16.11.05 – 7 ABR 12/05, AuR 06, 172; zur Kritik ausführlich 12. Aufl.; weiter HaKo-*Kohte/Schulze-Doll*, Rn. 65 f.; *Däubler*, Gläserne Belegschaften?, Rn. 344 ff.; *Linnenkohl*, AuR 88, 95 – Anm. zu *BAG* 17.3.87; *ders.*, BB 88, 766 – Anm. zu *BAG* 4.6.87; *Matthiessen*, CR 88, 478; *Pflüger*, NZA 88, 45; *Trittin*, AuR 88, 290 = Anm. zu *BAG* 4.6.87; *Weckbach*, NZA 88, 305; *Wohlgemuth*, Rn. 672 f.; *Wolter*, BetrR 87, 649; *Knauber-Bergs*, AiB 87, 160; *Wagner*, AuR 93, 70; *Schneider*, AiB 00, 608; i.S d. Rspr.: GK-*Weber*, Rn. 130.

593 A. A. *LAG Frankfurt* 31.5.90, AuR 91, 93, AuR 91, 93, das die Zuziehung eines »Beraters« zur Klärung u. a. der Frage, welche Informationen der BR noch benötigt, um sämtliche Möglichkeiten der Verhaltens- und Leistungskontrolle durch eine EDV-Umstellung abschätzen zu können, als erforderlich ansah.

aber nicht, dass der BR stets seine Mitglieder auf Schulungen schicken müsste, bevor er die Zuziehung eines SV verlangen kann.[594]

160 Dieser Hürdenlauf widerspräche Wortlaut und Normzweck. Die Vorschrift formuliert ebenso wie das EBRG keine Subsidiarität der Hinzuziehung von SV, Vielfach verfügen BR-Mitglieder nicht über spezielle Fachkenntnisse, die zur Aufgabenwahrnehmung erforderlich sind.[595] Dagegen verfügt der AG regelmäßig über Fachleute oder Experten, z. B. der Lieferfirma oder externer Beratungsfirmen, so dass sich ungleiche Parteien gegenüberstehen.

161 Abs. 2 und 3 haben einen **unterschiedlichen Inhalt.** Abs. 2 normiert die Informationspflicht des AG, Abs. 3 zusätzlich die Durchführung der Aufgaben des BR. Die Übermittlung von Tatsachen, Informationen und Unterlagen ist zu trennen von der Art und Weise, wie der BR diese verarbeitet.[596] Der BR benötigt u. U. bereits zur Beschaffung von Informationen das Fachwissen eines SV, sofern die nicht sachverständigen BR-Mitglieder nicht erkennen können, ob Informationen zutreffend, vollständig, umfassend und abschließend sind.[597] Eine Subsidiarität der Hinzuziehung von SV verwandelt die Informationspflicht des AG aus Abs. 2 in eine Pflicht des BR, sich die vollständigen Informationen selbst zu beschaffen, d. h. die »Bringschuld« des AG in eine »Holschuld« des BR.[598]

162 Ein mit den Grundsätzen der vertrauensvollen Zusammenarbeit und der Verhältnismäßigkeit begründeter Vorrang innerbetrieblicher Fachkräfte führt weniger zu einer Kostenbegrenzung als zu einer **Zensur der personellen Auswahl**. Obwohl das *BAG*[599] anerkennt, dass der SV dem BR seine Sachkunde nicht neutral, sondern an den Interessen des BR ausgerichtet zur Verfügung stellen soll, soll der BR die vom AG angebotenen sachkundigen AN des Betriebs oder UN nicht mit der Begründung ablehnen dürfen, diese Personen besäßen nicht sein Vertrauen. Ein solcher Vorrang wäre geeignet, dem BR einen Berater seines Misstrauens aufzuzwingen. Er rechtfertigt sich auch aus Kostengründen nicht, da Fachkräfte des Betriebs oder Systemherstellers/-verkäufers[600] nicht kostenlos arbeiten und in ihrer normalen bezahlten Arbeitszeit entweder ausfallen oder ihre Kosten gesondert in Rechnung stellen.[601]

163 SV sind Personen, die dem BR (oder WA nach § 108 Abs. 2) die ihm fehlenden fachlichen oder rechtlichen Kenntnisse vermitteln oder aus einem feststehenden Sachverhalt Schlussfolgerungen ziehen, damit der BR ihm konkret obliegende betriebsverfassungsrechtliche Aufgaben sachgerecht erfüllen kann.[602] SV kann **jede Person** sein, die über die im Rahmen der BR-Tätigkeit erforderlichen Kenntnisse verfügt, z. B. Informatiker, Arbeitswissenschaftler, Bilanzsachverständige,[603] Rechtsprofessoren und –dozenten, Rechtsanwälte,[604] Gewerkschaftsbeauftragte (so ausdrücklich § 39 Abs. 2 Satz 2 EBRG).[605] Nach der Rspr. kann der BR die Zuziehung eines RA als SV nicht in Fällen beanspruchen, in denen zwischen den Betriebsparteien konkreter Streit über Bestehen und Umfang von Mitbestimmungsrechten hinsichtlich eines bestimmten Regelungsgegenstands besteht. Vorgesehen ist in einer solchen Situation die durch § 40 Abs. 1 BetrVG eröffnete Beauftragung eines RA, der im Rahmen seines Mandats zunächst Bestehen und Umfang des in Betracht kommenden Mitbestimmungsrechts prüft.[606] Kein SV

594 *BAG* 25.6.14 – 7 ABR 70/12, AuR 15, 70.
595 *LAG Frankfurt*, a. a. O.
596 *Linnenkohl*, BB 88, 766 [767]; *Trittin*, AuR 88, 290.
597 *Trittin, Linnenkohl*, a. a. O.; *Wolter*, BetrR 87, 649 [652].
598 *Linnenkohl, Trittin*, a. a. O.
599 *BAG* 16.11.05 – 7 ABR 12/05, AuR 06, 172.
600 Zu Zweifeln an deren Objektivität *Däubler*, Gläserne Belegschaften?, Rn. 345.
601 Krit. *Wagner*, AuR 93, 75; *HessLAG* 17.6.93, LAGE § 80 BetrVG 1972 Nr. 10, das die Begründungen des *7. Senats* des *BAG* als »defizitär« und »Verwirrung« bezeichnet.
602 *BAG* 13.9.77, AP Nr. 1 zu § 42 BetrVG 1972; 25.4.78, 19.4.89, AP Nrn. 11, 35 zu § 80 BetrVG 1972; 18.7.78, AP Nr. 1 zu § 108 BetrVG 1972; Richardi-*Thüsing*, Rn. 85; *Fitting*, Rn. 87; GK-*Weber*, Rn. 138; *Pflüger*, NZA 88, 45.
603 *Trittin*, AuR 88, 290, m. w. N.; *ders.*, AiB 85, 90.
604 *BAG* 16.11.05 – 7 ABR 12/05, AuR 06, 172; 11.11.09 – 7 ABR 26/08, AuR 10, 177; Richardi-*Thüsing*, Rn. 85; *Fitting*, Rn. 87; GK-*Weber*, Rn. 138.
605 *BAG* 18.7.78, a. a. O.; *LAG Berlin* 2.3.89 – 14 TaBV 5/88; Richardi-*Thüsing*, Rn. 85; *Fitting*, Rn. 87; a. A. *GL*, Rn. 43.
606 *BAG* 25.6.14 – 7 ABR 70/12, AuR 15, 70.

ist ein RA, der den BR in einem gerichtlichen Verfahren vertritt oder über Einleitung eines Beschlussverfahrens berät[607] bzw. anlässlich einer Betriebsänderung konkrete Verhandlungen über den Abschluss eines Interessenausgleichs und Sozialplans führt.[608] Entsprechendes gilt, wenn in einer Betriebsversammlung zu einem Sachthema ein allgemeines Referat gehalten wird,[609] es sei denn, dass es sich um ein spezielles Fachreferat über ein für die konkrete BR-Arbeit erforderliches Thema handelt und die Zuziehung als SV in der Betriebsversammlung mit dem AG vereinbart worden ist.[610] In diesen Fällen bedarf es keiner weiteren Vereinbarung mit dem AG nach dieser Vorschrift.[611]

Aus Abs. 2 Satz 3 ergibt sich lediglich eine Verpflichtung des AG, dem BR sachkundige AN als **164** **Auskunftspersonen** zur Verfügung zu stellen. Es steht im Ermessen des BR, davon Gebrauch zu machen. Für den Zugang zu SV nach Abs. 3 ergibt sich daraus keine weitere Hürde.

Keine SV i. S. dieser Vorschrift sind Betriebsangehörige sowie Auskunftspersonen, die im **165** Rahmen ihrer normalen beruflichen Tätigkeit dem BR Auskünfte erteilen, z. B. örtliche gewerkschaftliche Betreuungssekretäre, Dolmetscher, sog. Betriebsbeauftragte, Angehörige der Krankenkasse, Werksärzte, technische Aufsichtsbeamte der Berufsgenossenschaft, Beamte der Gewerbeaufsicht, aber auch Mitglieder des AR, GBR, KBR und WA bzw. BR-Mitglieder desselben UN.

Für die Zuziehung von SV durch **WV, GBR, KBR** und **WA** (zu letzterem ausdrückliche Ver- **166** weisung in § 108 Abs. 2) gelten die gleichen Grundsätze wie für den BR.[612] Da nach § 107 Abs. 1 Satz 3 die Mitglieder des WA die zur Erfüllung ihrer Aufgaben erforderliche fachliche und persönliche Eignung besitzen sollen, geht die h. M. davon aus, dass eine Zuziehung von SV durch den WA nicht in Frage kommt, wenn der BR/GBR nicht genügend sachkundige Mitglieder in den WA entsandt hat, obwohl ihm das möglich gewesen wäre, sofern sich die Erforderlichkeit nicht aus besonderen Gründen im Einzelfall ergibt.[613] SV können auch durch die ESt. hinzugezogen werden. Sofern dies zur ordnungsgemäßen Erfüllung ihrer Aufgaben erforderlich ist, kann die **ESt.** einen SV ohne vorherige Zustimmung des AG hinzuziehen.[614] Seine nach § 76 a vom AG zu tragenden Kosten bemessen sich nach § 40, d. h., sie müssen erforderlich und verhältnismäßig sein.[615] Zum Berater nach § 111 Satz 2 sowie zum SV des EBR bzw. des besonderen Verhandlungsgremiums s. dort.

Zur ordnungsgemäßen Aufgabenerfüllung des BR kann es erforderlich sein, dem SV **Zutritt** **167** **zu den Produktionsräumen** des AG zu gewähren, um die Arbeitsabläufe beobachtend untersuchen zu können.[616] Ggf. kann ein SV vom Grundbuchamt auch die Erteilung von **Grundbuchauszügen** bezüglich der Geschäftsgrundstücke, auf denen sich der in Frage stehende Betrieb des AG befindet, verlangen.[617] SV unterliegen der **Verschwiegenheitspflicht** nach § 79, auf die sie der BR ggf. hinzuweisen hat. Die Teilnahme von SV oder Auskunftspersonen an BR-Sitzungen oder Betriebs- bzw. Abteilungsversammlungen stellt **keinen Verstoß gegen den Grundsatz der Nichtöffentlichkeit** dar.[618] Auch der BR ist berechtigt, ihnen die Betriebs- und Geschäftsgeheimnisse mitzuteilen, die sie zur Erfüllung ihrer Aufgaben benötigen.

Für die Tätigkeit als SV ist nicht erforderlich, dass ein **schriftliches Gutachten** erstattet wird; **168** es genügt eine **mündliche Beratung,** sofern dem BR so die fehlenden Kenntnisse vermittelt

---

607 In diesem Sinne auch *BAG* 25.4.78, GK-*Weber*, Rn. 138; *Pflüger*, NZA 88, 45.
608 *BAG* 13.5.98 – 7 ABR 65/96.
609 Vgl. *BAG* 13.9.77, 19.4.89, a. a. O.
610 *BAG* 19.4.89, a. a. O.
611 *Fitting*, Rn. 87; GK-*Weber*, Rn. 140.
612 *BAG* 11.11.09 – 7 ABR 26/08, AuR 10, 177: entsprechende Anwendung.
613 *BAG* 18.7.78, AP Nr. 1 zu § 108 BetrVG 1972 mit zust. Anm. *Boldt; GL*, § 108 Rn. 13; vgl. auch *Däubler*, Gläserne Belegschaften?, Rn. 345; GK-*Oetker*, § 108 Rn. 31; kritisch *WW*, Rn. 8, der zutreffend darauf hinweist, dass Wunschvorstellung des Gesetzgebers und Realität kaum jemals in Einklang zu bringen sein werden.
614 *BAG* 4.7.89, AiB 90, 75 mit Anm. *Schoof* = EzA § 87 BetrVG 1972 Betriebliche Lohngestaltung Nr. 24; 13.11.91, BB 92, 855; *LAG Niedersachsen* 4.3.88 – 15 TaBV 61/87.
615 *BAG*, a. a. O.
616 *LAG Berlin* 2.3.89 – 14 TaBV 5/88.
617 *LG Tübingen* 28.5.84, NZA 85, 99.
618 *BAG* 13.9.77, AP Nr. 1 zu § 42 BetrVG 1972; *ArbG Frankfurt* 16.9.88, AiB 89, 14.

werden können.[619] Wie der BR damit umgeht, liegt in seinem Ermessen. Der Inhalt der Beratung sowie das Gutachten des SV müssen dem AG nicht eröffnet werden.[620]

169 Die **Kosten** für die Zuziehung von SV trägt der AG.[621] Auch unter Berücksichtigung des Verhältnismäßigkeitsgrundsatzes ist der BR nicht verpflichtet, bei der Zuziehung von SV auf die billigste Lösung zurückzugreifen.[622] Auch ein von der Gewerkschaft gestellter SV (zu Betreuungssekretären vgl. aber Rn. 165) hat unter Berücksichtigung des in der Bundesrepublik bestehenden Dualismus zwischen BR und Gewerkschaften Anspruch auf ein marktgerechtes Honorar.[623] Die Gewerkschaft ist auf Grund ihrer betriebsverfassungsrechtlichen Unterstützungsfunktion nicht verpflichtet, entsprechenden Sachverstand (Personal) für Beratungen i. S. d. Vorschrift vorzuhalten.[624] Ist ein Rechtsanwalt als SV des BR anlässlich einer Betriebsstillegung tätig geworden, so beschränkt sich die Kostenerstattung nach dem *BAG*[625] auf die Beratung, so dass ihm wegen einer nachfolgenden Mitwirkung bei der Verhandlung und dem Abschluss eines Sozialplans keine Vergleichsgebühr i. S. d. § 23 BRAGO zustehen soll. Das *BAG*[626] deutet an, dass diese Kosten zu tragen seien, wenn der AG bei einer einverständlichen Hinzuziehung des SV die Überschreitung des Sachverständigenamtes duldet bzw. sich auf Verhandlungen mit ihm einlässt. Der BR ist von den Kosten des SV freizustellen. Den Freistellungsanspruch kann er an einen Dritten, z. B. den SV, abtreten. Der Freistellungsanspruch wandelt sich dann in einen Zahlungsanspruch um.[627] Nimmt der AG die Tätigkeit eines SV für den BR widerspruchslos hin, kann er sich nicht darauf berufen, zur Kostenübernahme nicht verpflichtet zu sein, weil eine entsprechende Vereinbarung nicht zustande gekommen ist.[628]

IX. Streitigkeiten

170 Streitigkeiten zwischen AG und BR über den Umfang der allgemeinen Aufgaben des BR, über die **Unterrichtung** des BR durch den AG, über die **Zurverfügungstellung von Unterlagen** und über das **Einblicksrecht** in die Bruttolohn- und -gehaltslisten entscheidet das ArbG im **Beschlussverfahren** (§§ 2 a, 80 ff. ArbGG).[629] Für die gerichtliche Durchsetzung des Anspruchs auf Unterrichtung und Vorlage von Unterlagen ist es nicht erforderlich, dass der AG iSd. § 23 Abs. 3 grob gegen seine gesetzlichen Pflichten verstoßen hat.[630] Der Antrag muss so bestimmt sein, dass der in Anspruch Genommene erkennen kann, was von ihm verlangt wird.[631] Neuerdings erstreckt der 7. *Senat* des *BAG* die Rspr. zu sog. Globalanträgen (aus teilweiser Unbegründetheit folgt Unbegründetheit insg.) auch auf Unterrichtungsanträge des BR.[632] Ggf. kann Vorlage von Unterlagen durch **einstweilige Verfügung** durchgesetzt (vgl. Art. 8 RL 2002/14/EG: geeignete Verwaltungs- und Gerichtsverfahren ... angemessene Sanktionen) werden. Die **Zwangsvollstreckung,** z. B. zur Einblicknahme in die Listen über Bruttoentgelte, kann nach § 888 ZPO betrieben werden.[633]

171 Im **Beschlussverfahren** (§§ 2 a, 80 ff. ArbGG) ist zu entscheiden, wenn sich BR und AG nicht über die Zuziehung einer **Auskunftsperson**[634] bzw. eines **SV** einigen können. Dies gilt sowohl

619 *BAG* 25.4.78, AP Nr. 11 zu § 80 BetrVG 1972; *Däubler,* Gläserne Belegschaften?, Rn. 346; *Pflüger,* NZA 88, 45 [46]; *Trittin,* AiB 85, 90 [91].
620 *BAG* 20.1.15 – 1 ABR 25/13, DB 15, 1112.
621 *Knauber-Bergs,* AiB 87, 160; *Pflüger,* NZA 88, 45 [48].
622 *LAG Baden-Württemberg* 22.11.85, AiB 86, 261 mit Anm. *Trittin; Däubler,* Gläserne Belegschaften?, Rn. 347; *Pflüger,* a. a. O.
623 *Pflüger,* a. a. O.
624 *Pflüger,* a. a. O., vgl. aber auch *BAG* 4.6.87, AP Nr. 30 zu § 80 BetrVG 1972.
625 *BAG* 13.5.98, BB 99, 426,
626 A. a. O.
627 *BAG* 13.5.98, a. a. O.
628 *ArbG Köln* 5.7.88, AuR 89, 150.
629 *BAG* 27.6.89, AP Nr. 37 zu § 80 BetrVG 1972.
630 *BAG* 17.5.83, AP Nr. 19 zu § 80 BetrVG 1972; *Etzel,* Rn. 460.
631 *BAG* 27.6.10 – 1 ABR 74/09, DB 10, 2624: Prozessuale Konsequenz: Hilfsanträge!
632 *BAG* 27.10.10 – 7 ABR 37/09, ZTR 11, 322. Prozessuale Konsequenz: differenzierte Hilfsanträge, z. B. bzgl. der Anwendung von TV.
633 *LAG Hamm* 21.8.73, DB 73, 1951; *Fitting,* Rn. 92; *SWS,* Rn. 22.
634 *LAG Hamm* 2.10.01 – 13 TaBV 106/01, AuR 02, 278.

hinsichtlich der Erforderlichkeit als auch der Modalitäten.[635] Der SV kann im Wege einer einstweiligen Verfügung nach § 85 Abs. 2 ArbGG bestellt werden, wenn sonst der AG vollendete Tatsachen schaffen und die Vorschrift des Abs. 3 unterlaufen könnte.[636] Der SV ist nicht Beteiligter in dem Beschlussverfahren.[637]

Verstöße des AG gegen die Verpflichtung, den BR zu unterrichten, ihm Unterlagen zur Verfügung zu stellen oder Einblick in die Listen über Bruttolöhne und -gehälter zu gewähren, können zusätzlich nach § 23 Abs. 3 BetrVG geahndet werden. Wird durch das Verhalten des AG die Tätigkeit des BR vorsätzlich behindert oder gestört, kommt eine Bestrafung nach § 119 Abs. 1 Nr. 2 in Betracht. Bei speziellen Aufklärungs- oder Auskunftspflichten, nicht also der allgemeinen nach Abs. 2, kommt eine Ahndung nach § 121 (Ordnungswidrigkeit) in Betracht. Erteilt ein örtlicher AG keine ausreichenden Auskünfte, etwa weil ihm die (ausländische) Konzernobergesellschaft die entsprechenden Informationen nicht zugeleitet hat, kann der BR mitbestimmungspflichtige Maßnahmen (z. B. nach §§ 87, 99) blockieren, bis die Unterrichtung erfolgt.[638] § 63 SGB IX regelt für behinderte Menschen die Möglichkeit einer **Verbandsklage** von Behindertenverbänden an Stelle und mit Einverständnis des Behinderten. 172

Zweiter Abschnitt
Mitwirkungs- und Beschwerderecht des Arbeitnehmers

§ 81 Unterrichtungs- und Erörterungspflicht des Arbeitgebers

(1) Der Arbeitgeber hat den Arbeitnehmer über dessen Aufgabe und Verantwortung sowie über die Art seiner Tätigkeit und ihre Einordnung in den Arbeitsablauf des Betriebs zu unterrichten. Er hat den Arbeitnehmer vor Beginn der Beschäftigung über die Unfall- und Gesundheitsgefahren, denen dieser bei der Beschäftigung ausgesetzt ist, sowie über die Maßnahmen und Einrichtungen zur Abwendung dieser Gefahren und die nach § 10 Abs. 2 des Arbeitsschutzgesetzes getroffenen Maßnahmen zu belehren.

(2) Über Veränderungen in seinem Arbeitsbereich ist der Arbeitnehmer rechtzeitig zu unterrichten. Absatz 1 gilt entsprechend.

(3) In Betrieben, in denen kein Betriebsrat besteht, hat der Arbeitgeber die Arbeitnehmer zu allen Maßnahmen zu hören, die Auswirkungen auf Sicherheit und Gesundheit der Arbeitnehmer haben können.

(4) Der Arbeitgeber hat den Arbeitnehmer über die auf Grund einer Planung von technischen Anlagen, von Arbeitsverfahren und Arbeitsabläufen oder der Arbeitsplätze vorgesehenen Maßnahmen und ihre Auswirkungen auf seinen Arbeitsplatz, die Arbeitsumgebung sowie auf Inhalt und Art seiner Tätigkeit zu unterrichten. Sobald feststeht, dass sich die Tätigkeit des Arbeitnehmers ändern wird und seine beruflichen Kenntnisse und Fähigkeiten zur Erfüllung seiner Aufgaben nicht ausreichen, hat der Arbeitgeber mit dem Arbeitnehmer zu erörtern, wie dessen berufliche Kenntnisse und Fähigkeiten im Rahmen der betrieblichen Möglichkeiten den künftigen Anforderungen angepasst werden können. Der Arbeitnehmer kann bei der Erörterung ein Mitglied des Betriebsrats hinzuziehen.

---

635 *BAG* 27.9.74, AP Nr. 8 zu § 40 BetrVG 1972; 18.7.78, AP Nr. 1 zu § 108 BetrVG 1972; 25.4.78, 17.3.87, 4.6.87, 19.4.89, AP Nrn. 11, 29, 30, 35 zu § 80 BetrVG 1972; *Fitting*, Rn. 93, m. w. N.

636 *Boewer*, RDV 85, 22 [26]; *Däubler*, Gläserne Belegschaften?, Rn. 651; *Knauber-Bergs*, AiB 87, 160; *Pflüger*, NZA 88, 45 [49]; *Trittin*, AiB 90, 36, mwN.; *LAG Baden-Württemberg* 22.11.85, AiB 86, 261 mit Anm. *Trittin*;; *LAG Hamm* 2.10.01 – 13 TaBV 106/01, AuR 02, 278; 15.3.94, LAGE § 80 BetrVG 1972 Nr. 12.

637 *BAG* 25.4.78, a. a. O.

638 *Diller/Powietzka*, DB 01, 1038.

Inhaltsübersicht

I. Vorbemerkungen

1 Die in §§ 81 – 86 a festgelegten Einzelrechte der AN stehen im Zusammenhang mit dem Schutz des Persönlichkeitsbereichs, wie er in § 75 Abs. 2 angesprochen ist,[1] und enthalten Elemente einer individuellen Mitbestimmung am Arbeitsplatz. Die Einzelrechte ergeben sich bereits aus **Nebenpflichten** des AG aus dem Arbeitsverhältnis.[2] Deswegen bestehen sie auch in **betriebsratslosen**[3] und **nicht betriebsratsfähigen Betrieben.**[4] Das Gleiche gilt für die Rechte auf Unterweisung, Unterrichtung, Anhörung, Vorschläge und Beschwerden nach §§ 12, 14, 17 ArbSchG. Soweit jedoch Rechte oder Aufgaben des BR bzw. von BR-Mitgliedern angesprochen werden (vgl. § 81 Abs. 4 S. 3, § 82 Abs. 2 S. 2 und 3, § 83 Abs. 1 S. 2 und 3, § 84 Abs. 1 S. 2, § 85 Abs. 1), haben diese ihren Rechtsgrund nicht im Arbeitsvertrags-, sondern im Betriebsverfassungsrecht.[5] Die Wahrnehmung der in §§ 81 – 86 a (hier Abs. 4 Satz 3) beschriebenen Kommunikationsrechte und Pflichten erfolgt während der Arbeitszeit (vgl. § 12 Abs. 1 Satz 1 ArbSchG) und wird auf diese angerechnet. Weder besteht eine Verpflichtung, die dadurch angefallene Zeit nachzuarbeiten, noch mindert sich das Arbeitsentgelt. Zur Inanspruchnahme des BR vgl. § 39 Abs. 3. Damit handelt es sich um **Arbeitszeit** i. S. d. § 2 Abs. 1 ArbZG, nicht dagegen um Ruhepausen, die durch freie Verfügung und den Erholungszweck gekennzeichnet sind.[6]

2 Art. 27 der EU-Grundrechtecharta garantiert das Recht der AN auf **Unterrichtung und Anhörung im UN als europäisches Grundrecht**. Nach Art. 3 der **EG-Nachweisrichtlinie** 91/533/EWG ist der AG verpflichtet, die AN schriftlich über die wesentlichen Punkte des Arbeitsvertrags bzw. Arbeitsverhältnisses in Kenntnis zu setzen. Verlangt wird vor allem die Bezeichnung der »Art der Kategorie« der Stelle oder die »kurze Charakterisierung oder Beschreibung der Arbeit« (Buchst. c). Die Richtlinie ist durch das **Nachweisgesetz** in nationales Recht umgesetzt worden. § 2 Abs. 1 Nr. 5 NachwG verlangt die Niederschrift der Bezeichnung oder allgemeinen Beschreibung der vom AN zu leistenden Tätigkeit; noch konkreter sind die Nachweispflichten bei Leih-AN nach § 11 AÜG.[7] § 81 ist richtlinienkonform auszulegen.[8] Soweit sich § 81 und das NachwG überlappen, können AN eine schriftliche Information verlangen. Neben der NachweisRL sehen weitere europäische Vorschriften Informationspflichten des AG an die AN vor, so Art. 7 Abs. 6 der BetriebsübergangsRL 2001/23/EG, umgesetzt durch § 613 a Abs. 5 BGB, sowie Art. 4 der (Unterrichtungs)RL 2002/14/EG.[9]

3 Die §§ 81 ff. beeinträchtigen oder verdrängen nicht Rechte des BR, sofern es zu Überschnei-

1 *Fitting*, Rn. 1; GK-*Franzen*, vor § 81 Rn. 3; *GL*, Rn. 1; *Zimmermann*, Zur Bedeutung des arbeitsplatzbezogenen Unterrichtungs-, Anhörungs- und Erörterungsanspruchs des einzelnen AN gem. § 81 BetrVG, AuR 14, 262.

2 GK-*Franzen*, vor § 81 Rn. 12 ff., 18; vgl. Richardi-*Thüsing*, Rn. 1; *Fitting*, Rn. 2 f.

3 *Fitting*; GK-*Franzen*; *WW*; a. a. O.; *SWS*, Rn. 3.

4 Str., vgl. nur *WW*, a. a. O.; HaKo-*Lakies*, Rn. 16; *HWGNRH*, § 83 Rn. 1; a. A. Richardi-*Thüsing*, vor § 81 Rn. 5; GK-*Franzen*, vor § 81 Rn. 21 ff., der allerdings aus der »Treuepflicht des AG« auch für alle nicht unter das BetrVG fallenden AN zu entsprechenden Ansprüchen kommt.

5 *BAG* 16.11.04 – 1 ABR 53/03, AuR 05, 163.

6 OVG *Münster* 10.5.11 – 4 a 1403/08, AuR 11, 311, zur Teilnahme an BV; *Buschmann/Ulber*, § 2 ArbZG Rn. 38 ff.

7 Muster in DKKWF-*Buschmann*, § 81 Rn. 3; Musterunterrichtung a. a. O., Rn. 4.

8 *Lörcher*, AuR 94, 451.

9 Dazu *Düwell*, FA 02, 172. Übersicht über weitere Informationspflichten bei *Mitsch*, Gesetzliche Informationspflichten des AG als Konkretisierung seiner allgemeinen Fürsorgepflicht, 2008; Checkliste in DKKWF, § 81 Rn. 2.

dungen kommen sollte. So kann der AG Rechte des BR im Rahmen der Berufsbildung nach §§ 96 ff. nicht mit der Begründung abwehren, es handele sich um Unterrichtungen nach § 81 Abs. 1. Nach Ansicht des *BAG*[10] setzt Unterrichtung voraus, dass der AN die für den Arbeitsplatz erforderlichen Kenntnisse und Erfahrungen schon besitzt. Fragwürdig ist die Meinung des *BAG*[11], die Einweisung beziehe sich auf eine konkret auszuübende Tätigkeit, während Berufsbildungsmaßnahmen gezielt Kenntnisse und Erfahrungen vermittelten, die zur Ausübung der Tätigkeiten erst befähigten.[12] Auch § 12 Abs. 2 AGG vollzieht diese Unterscheidung nicht und verbindet die dort geregelte Hinweispflicht mit der beruflichen Aus- und Fortbildung, worunter allgemein entsprechende Schulungen verstanden werden (vgl. Rn. 22). Der BR ist **unabhängig** von der Unterrichtung der AN bei Veränderungen in ihrem Arbeitsbereich über die Planung von betrieblichen Bauten, technischen Anlagen, Arbeitsverfahren, Arbeitsabläufen und Arbeitsplätzen (§ 90) zu unterrichten. Andererseits gehören die §§ 81 ff. zu den gesetzlichen Vorschriften, über deren Einhaltung der BR nach § 80 Abs. 1 Nr. 1 zu wachen hat.

Die Einzelrechte nach diesem Gesetz gelten auch für **Auszubildende,** nicht allerdings für **Lt. Angestellte.** Diese Beschränkung ergibt sich aus der Entstehungsgeschichte. Der Bundesrat hatte erfolglos eine entspr. Anwendung vorgeschlagen.[13] Auf **Leih-AN** nach dem AÜG finden sie im Verleiherbetrieb uneingeschränkt Anwendung, im **Entleiherbetrieb** gelten § 81, § 82 Abs. 1 und §§ 84 bis 86 (§ 14 Abs. 2 Satz 3 AÜG; zur Informationsverpflichtung hinsichtlich der Arbeitsbedingungen im Entleiherbetrieb vgl. Rn. 6). Sie gelten weiterhin für alle Personen, die mit ihrem Einverständnis faktisch für eine bestimmte Zeit **in den Betrieb eingegliedert** sind und genauso arbeiten wie AN des Betriebes, ohne selbst AN zu sein, z. B. Ein-€-Jobber (vgl. zur Parallelsituation personeller Einzelmaßnahmen § 99). Auch das ArbSchG (§§ 2, 8) geht von einem Beschäftigtenbegriff aus, der weiter ist als AN und nicht verlangt, dass das Beschäftigungsverhältnis mit dem AG selbst besteht. 4

§§ 81 – 86 a sind **zwingend.**[14] Die Einzelrechte des AN aus diesen Vorschriften sind für diesen **unverzichtbar** und auch nicht durch TV/BV abdingbar.[15] Er hat daraus einen Erfüllungsanspruch. Verpflichtungen des AN ergeben sich daraus nur insoweit, als er die jeweilige Unterrichtung, Belehrung oder Erörterung entgegenzunehmen hat. 5

II. Unterrichtung im Rahmen der Arbeitsfunktion

Die Unterrichtung des AN hat ohne besondere Aufforderung[16] **vor** der Arbeitsaufnahme (auch bei Versetzungen) zu erfolgen. Das Gesetz sieht das ausdrücklich für den Bereich der **Unfall- und Gesundheitsgefahren** vor. Sinn und Zweck der sonstigen Unterrichtung erfordern aber, dass diese auch im Rahmen des Satzes 1 vor Arbeitsaufnahme vorgenommen wird. Der AN soll sich mit seiner Arbeit rechtzeitig vertraut machen und hierauf einstellen können.[17] Für AN sind Unterrichtung und Belehrung Arbeitszeit. Soweit durch Unterrichtung und Belehrung Kosten entstehen, sind diese vom AG zu tragen. Auch Rückzahlungsklauseln sind insoweit unzulässig.[18] Weitere Unterrichtungs- bzw. Nachweispflichten ergeben sich aus §§ 11 – 13 AÜG (nach § 12 Abs. 1 Satz 3 hat der Leih-AN gegen den Verleiher und nach § 13 gegen den Entleiher einen qualifizierten Auskunftsanspruch hinsichtlich der wesentlichen Arbeitsbedingungen im Betrieb des Entleihers einschließlich des Entgelts), § 2 NachwG, § 4 BBiG (Vertragsniederschrift), § 12 ArbSchG (Unterweisung über Sicherheit und Gesundheits- 6

10 Zur Abgrenzung der §§ 81 ff. von §§ 96 ff. *BAG* 5.11.85, AP Nr. 2 zu § 98 BetrVG 1972; 23.4.91 – 1 ABR 49/90, BB 91, 1794.
11 *BAG* 28.1.92 – 1 ABR 41/91, AuR 92, 352.
12 Gegen diese schwer nachvollziehbare Abgrenzung und die Vorstellung einer Dichotomie zwischen Einweisung und Berufsbildung *Hamm,* AuR 92, 326.
13 BT-Drucks. VI/1786, S. 64 und S. 2; vgl. im Übrigen § 26 SprAuG; zur entspr. Herleitung aus Nebenpflichten Rn. 1.
14 *Fitting,* Rn. 2.
15 GK-*Franzen,* vor § 81 Rn. 34; *Zimmermann,* AuR 14, 262.
16 GK-*Franzen,* Rn. 7; *Zimmermann,* AuR 14, 262.
17 Richardi-*Thüsing,* Rn. 1; *Fitting,* Rn. 7; für einen späteren Zeitpunkt *GL,* Rn. 3; *SWS,* Rn. 6.
18 *BAG* 16.3.94 – 5 AZR 339/92, NZA 94, 937, 940.

schutz), §§ 5 Abs. 4 b und 29 JASchG (Unterweisung über Gefahren), § 21 GefStoffVO, § 7 a HAG sowie aus TV.

7 Das Gesetz sieht keine bestimmte Form der Unterrichtung vor. Eine schriftliche Unterrichtung ist aber nach der EG-Nachweisrichtlinie, dem NachweisG sowie nach Einzelgesetzen und TV geboten (vgl. auch Rn. 2). Sie soll die mündliche Unterrichtung ergänzen, aber nicht ersetzen. Die Unterrichtung muss **präzise** und **individuell** auf den einzelnen AN und seinen Arbeitsplatz abgestellt sein.[19] Pauschale und allgemeine Hinweise genügen daher nicht; ebenso wenig genügt eine allgemeine Beschreibung im Rahmen eines Vorstellungsgesprächs. **Ausländische AN** sind erforderlichenfalls in ihrer Heimatsprache zu unterrichten.[20]

8 Der AG muss – was vor allem für größere Betriebe bedeutsam ist – die Unterrichtung nicht selbst vornehmen, sondern kann diese Aufgabe den nach der Organisation des Betriebs **zuständigen Personen** (z. B. Meister, Abteilungsleiter) übertragen. Er ist aber dafür verantwortlich, dass die Unterrichtung ordnungsgemäß erfolgt. Er hat dafür Sorge zu tragen, dass die Einweisung des AN durch eine Person (Vorgesetzter) erfolgt, die entsprechend sachkundig ist. Sind im Betrieb **Betriebsärzte** und **Fachkräfte für Arbeitssicherheit** bestellt, haben sie den AG zu unterstützen und auf die Durchführung der Belehrung nach Abs. 1 Satz 2 hinzuwirken (§ 3 Abs. 1 Nr. 4 und § 6 Nr. 4 ASiG).

9 Die Vorschrift sieht zunächst eine Unterrichtung über die **Arbeitsaufgabe,** die sich daraus ergebende **Verantwortung** sowie über die **Art der Tätigkeit** und deren **Einordnung** in den betrieblichen Arbeitsablauf vor. Dazu gehören Hinweise auf Gestaltung und Beschaffenheit des **Arbeitsplatzes,** der **Arbeitsgeräte** (z. B. Funktionsweise, Bedienung und Wartung von Maschinen und sonstigen technischen Anlagen), des Materials sowie den Zusammenhang zwischen der Arbeitstätigkeit des AN mit dem betrieblichen Endprodukt und die Einordnung der Arbeitsfunktion in die Arbeitsorganisation des betr. Bereichs (Arbeitsgruppe, Abteilung) und des Betriebs. Die Unterrichtung über die Einordnung in den Arbeitsablauf entspricht der Betonung des Persönlichkeitsrechts des AN. Sie geht über die von ihm zu verrichtenden Einzeltätigkeiten hinaus und soll Zusammenhänge vermitteln, die eine bewusste Auseinandersetzung mit der eigenen Aufgabe und den einzelnen Tätigkeiten zulassen.[21] Hinzukommen müssen die erforderlichen allgemeinen Informationen z. B. über Kantine, BR-Büro, Waschräume, Toiletten, Personalabteilung, Betriebskrankenkasse, Arbeitskleidung, Sprechstunden des BR, Parkplatzregelungen u. Ä.[22]

10 Die Vorschrift bezieht sich nicht nur auf technische Vorgänge. Je nach Tätigkeit kann der AG verpflichtet sein, den AN detailliert über die zu beachtenden **gesetzlichen Bestimmungen** zu belehren.[23] Bei kaufmännischen Tätigkeiten können sich bindende Vorgaben aus europarechtlichen,[24] bundesgesetzlichen (Kriegswaffenkontrollgesetz, Außenwirtschaftsgesetz, Außenwirtschaftsverordnung nebst Länder- und Warenlisten über genehmigungspflichtige Ausfuhr) oder untergesetzlichen Bestimmungen (der IHK, Zollbehörden oder des Bundesausfuhramtes) ergeben, über die Sachbearbeiter schon zur Vermeidung eigener straf- oder ordnungsrechtlicher Risiken informiert sein müssen.[25] Unterbleibt dies, kann der Angestellte seine Arbeitskraft nach § 273 BGB zurückhalten, z. B. indem er sich weigert, Ware zu versenden bzw. eine Ausfuhranmeldung zu unterschreiben.[26] Auch die Darlegung von Über- und Unterstellungsverhältnissen ist notwendig. Bei Leitungsaufgaben ist dem Betreffenden die Verantwortung gegenüber anderen AN darzulegen.[27]

---

19 H. M.; vgl. *Fitting,* Rn. 3; GK-*Franzen,* Rn. 5; *HWGNRH,* Rn. 1 und 4; *Zimmermann,* AuR 14, 262.

20 *LAG Baden-Württemberg* 1.12.89, AiB 90, 313 f.; *Gutmann,* AuR 08, 83; GK-*Franzen,* Rn. 10; *LK,* Rn. 1; vgl. auch Richardi-*Thüsing,* Rn. 16.

21 *Fitting,* Rn. 3.

22 Vgl. auch Richardi-*Thüsing,* Rn. 4; *SWS,* Rn. 5; *Zimmermann,* AuR 14, 262.

23 Ebenso GK-*Franzen,* Rn. 5.

24 Art. 215 AEUV; VO [EG] Nr. 2465/96 v. 17.12.96 zum Irak-Embargo; vgl. auch *BGH* 27.1.94, NJW 94, 858.

25 Ausführlich *Deinert,* AuR 03, 56, 104, 135, 169, 205; vgl. auch *BGH* 20.8.92, NJW 92, 3114, wonach der Straftatbestand der ungenehmigten Ausfuhr auch von Angestellten begangen werden kann; *Buschmann* AiB 91, 44.

26 *Deinert,* a. a. O., 205.

27 Muster in DKKWF-*Buschmann,* § 81 Rn. 5.

Bei Arbeiten mit ökologischem Bezug hat der AG den AN über dessen Verantwortung für den betrieblichen und allgemeinen **Umweltschutz** zu unterrichten.[28] Der Begriff des betrieblichen Umweltschutzes ist umfassend i. S. d. § 89 Abs. 3 zu verstehen[29] (vgl. § 80 Rn. 73 ff.; § 89 Rn. 59 ff.). Dies ist insbes. der Fall, wenn das UN am Öko-Audit-System teilnimmt oder über ein Umwelt-Management-System verfügt.[30] 11

III. Belehrung über Unfall- und Gesundheitsgefahren

Besonderen Wert legt das Gesetz darauf, dass der AN vor Beginn der Beschäftigung über **Unfall- und Gesundheitsgefahren** belehrt wird. Die Belehrung ist eine besonders **intensive Form** der Unterrichtung.[31] Dem AN ist im Einzelnen darzulegen, welche konkreten Unfall- und Gesundheitsgefahren bei seiner Beschäftigung bestehen. Umfang und Bedeutung von Schutzmaßnahmen sind im Einzelnen zu erläutern. Das gilt vor allem für Sicherheitseinrichtungen an gefährlichen Maschinen und Schutzausrüstungen (z. B. Helm, Brille, Handschuhe, Staubmaske), die der AN bei seiner Tätigkeit tragen muss. Erforderlichenfalls ist das Funktionieren der Sicherheitseinrichtungen und das sinnvolle Tragen der Schutzausrüstung zu demonstrieren. Warnsignale müssen erläutert, Informationen z. B. auch zu Unfallhilfsstellen, Notausgängen, Alkohol- und Rauchverboten gegeben werden. Eine besondere Belehrung ist erforderlich vor einem Einsatz in gesundheitsgefährdenden Arbeitszeitsystemen wie Nachtarbeit,[32] die für einzelne Gruppen von AN (§ 8 MuSchG, § 14 JASchG) verboten ist.[33] Ebenso problematisch sind Schichtarbeit, sog. Vertrauensarbeitszeit[34] und KAPOVAZ. Teilweise wird die Belehrungspflicht durch Arbeitsschutzvorschriften konkretisiert und ergänzt (z. B. § 12 ArbSchG: Unterweisung, § 29 JArbSchG: Unterweisung über Gefahren, § 7 a HAG: Unterrichtungspflicht, § 14 GefStoffV: Unterrichtung und Unterweisung der Beschäftigten, § 11 StörfallVO: Informationen über Sicherheitsmaßnahmen). Die Unterweisung nach § 12 ArbSchG umfasst Anweisungen und Erläuterungen, die eigens auf den Arbeitsplatz oder den Aufgabenbereich der Beschäftigten ausgerichtet sind. Bei Arbeitnehmerüberlassung hat der Entleiher diese Unterweisung vorzunehmen (§ 12 Abs. 2 ArbSchG). Diese Pflicht wird in besonderen Verordnungen, so § 3 PSA-BV, § 4 LasthandhabV[35] konkretisiert. Die Belehrung ersetzt nicht die öffentlich- und vertragsrechtlichen Arbeits- und Umweltschutzpflichten des AG, z. B. aus §§ 618 BGB, 62 HGB.[36] 12

Mit Gesetz zur Umsetzung der EG-RahmenRL Arbeitsschutz und weiterer ArbeitsschutzRL (EASUG) v. 7.8.96[37] wurde in Art. 3 die Belehrungspflicht aus Abs. 1 Satz 2 auf die nach § 10 Abs. 2 ArbSchG getroffenen Maßnahmen erstreckt. Der Verweis ist missverständlich. Formal regelt § 10 Abs. 2 ArbSchG nur die »Benennung« von Beschäftigten, die Aufgaben übernehmen. Die »Maßnahmen«, nämlich solche, die zur ersten Hilfe, Brandbekämpfung und Evakuierung erforderlich sind, Einrichtung der Verbindungen zu außerbetrieblichen Stellen, ergeben sich aus § 10 Abs. 1, auf den sich Abs. 2 inhaltlich bezieht. Sie sind den AN ebenso mitzuteilen wie die damit beauftragten Personen. Die Belehrungspflicht wird für Beschäftigte des ö. D. durch die Unterrichtungspflicht nach § 14 Abs. 1 ArbSchG ergänzt. Bevor Beschäftigte Arbeitsmittel erstmalig verwenden, hat der AG ihnen nach § 12 Abs. 2 BetriebssicherheitsVO (BetrSichV) grundsätzlich eine schriftliche Betriebsanweisung hierfür zur Verfügung zu stellen (Ausnahmen für einfache Arbeitsmittel). Die Betriebsanweisung oder Gebrauchsanleitung muss in einer für die Beschäftigten verständlichen Form und Sprache abgefasst sein und den Beschäftigten an geeigneter Stelle zur Verfügung stehen. Sie ist auch bei der regel- 13

28 *Fitting*, Rn. 6; *Schmitt-Schönenberg*, AuR 94, 281.
29 *Buschmann*, FS Heilmann, S. 87 ff.; *Froschauer*, Arbeitsrecht und Umweltschutz.
30 *Fitting*, a. a. O.; *Kohte*, Umweltauditrecht, Rn. 178, 181.
31 Vgl. z. B. *HWGNRH*, Rn. 10; *SWS*, Rn. 7.
32 Vgl. *BVerfG* 28.1.92, AuR 92, 187 ff. [189] unter III 3.
33 Zur Schutzpflicht bei Nachtarbeit vgl. *Buschmann/Ulber*, Arbeitszeitgesetz, § 6 Rn. 1.
34 Dazu *Märkle/Petri*, AuR 00, 443.
35 Dazu *Kollmer*, NZA 97, 138; *Pieper*, AuR 97, 21; *Wlotzke*, NJW 97, 1469.
36 Vgl. *Stevens-Bartol*, AuR 92, 262.
37 BGBl. I S. 1246.

mäßig wiederkehrenden Unterweisung nach § 12 ArbSchG in Bezug zu nehmen. Die Betriebsanweisungen müssen bei sicherheitsrelevanten Änderungen der Arbeitsbedingungen aktualisiert werden. An Hand der Betriebsanweisung erfolgt die Unterweisung nach § 12 Abs. 1 BetrSichV. Der AG hat den Beschäftigten ausreichende und angemessene Informationen anhand der Gefährdungsbeurteilung in einer für sie verständlichen Form und Sprache zur Verfügung zu stellen. Vor Aufnahme der Verwendung von Arbeitsmitteln hat er sie tätigkeitsbezogen anhand vorst. Informationen zu unterweisen. Danach hat er in regelmäßigen Abständen, mind. einmal jährlich, weitere Unterweisungen durchzuführen. Das Datum einer jeden Unterweisung und die Namen der Unterwiesenen hat er schriftlich festzuhalten.[38]

14 Nach dem ebenfalls mit dem EASUG eingefügten **Abs. 3** (ebenso für Betriebe des ö. D. § 14 Abs. 2 ArbSchG) hat der AG die AN in **Betrieben ohne BR** zu allen Maßnahmen zu hören, die Auswirkungen auf Sicherheit und Gesundheit der AN haben können. Damit wird Art. 11 Abs. 1 und 2 der RL 89/391/EWG umgesetzt. »Hören« beinhaltet das Recht der AN, Vorschläge zu unterbreiten (Art. 11 Abs. 1, 2. Spiegelstrich RL). Die Vorschrift unterstreicht den **individuellen Rechtscharakter der §§ 81 – 84**, die nicht die Existenz eines BR voraussetzen (vgl. Rn. 1). Daneben steht in Betrieben mit oder ohne BR das Vorschlagsrecht der Beschäftigten zu Fragen der Sicherheit und des Gesundheitsschutzes bei der Arbeit nach § 17 Abs. 1 ArbSchG. Die Anhörungspflicht besteht unabhängig davon, ob die in Aussicht genommene Maßnahme des AG einen konkreten Bezug zu bestimmten Arbeitsplätzen aufweist.[39]

15 Die Festlegung der Art der o. g. Belehrung unterliegt der Mitbestimmung des BR nach § 87 Abs. 1 Nr. 7. Dabei sind die Erkenntnisse einer Gefährdungsbeurteilung (§ 5 ArbSchG) zu berücksichtigen und die konkrete arbeitsplatz- oder aufgabenbezogene Unterweisung daran auszurichten. Auch die ESt. kann sich nicht darauf beschränken, allgemeine Bestimmungen über die Unterweisung zu Gefahren am Arbeitsplatz aufzustellen.[40]

IV. Unterrichtung bei Veränderungen im Arbeitsbereich

16 Der AN ist **während** seiner Tätigkeit im Betrieb zu unterrichten, wenn sich **Veränderungen** in seinem Arbeitsbereich ergeben (ebenso § 12 Abs. 1 Satz 1 ArbSchG). Arbeitsbereich ist der Arbeitsplatz und seine Beziehung zur betrieblichen Umgebung in räumlicher, technischer und organisatorischer Hinsicht. Der Veränderungsbegriff ist weiter als die **Versetzung i. S. d. § 95 Abs. 3.** Veränderungen im Arbeitsbereich können auch dann gegeben sein, wenn sich ohne eine unmittelbare Veränderung des Arbeitsplatzes die **technischen Gegebenheiten** seiner näheren Umgebung verändern.[41] Änderungen ohne Auswirkungen auf den AN bleiben außer Betracht. Die Änderung braucht nicht »wesentlich« zu sein. Das Ausmaß der Veränderung bestimmt den Umfang der Unterrichtung.[42] Solche Veränderungen bei gleich bleibendem Arbeitsplatz können z. B. sein: Einführung neuer Maschinen, Arbeitsstoffe und Arbeitsgeräte, Veränderung der Arbeitsumgebung, der Arbeitsorganisation (z. B. Einführung von Gruppenarbeit, Neustrukturierung von Abteilungen, neue Vorgesetzte) oder des innerbetrieblichen Transportwesens. Bei kaufmännischen Tätigkeiten können geänderte Vorschriften andere Arbeitsabläufe erfordern (vgl. Rn. 10). Die Veränderung kann einen, mehrere oder alle AN des Betriebs betreffen. Die Unterrichtungspflicht betrifft auch die **vorübergehende** Zuweisung einer anderen Arbeit[43] und Veränderungen, die sich auf den Bestand des Arbeitsverhältnisses selbst beziehen, wie (Änderungs-)Kündigungen;[44] zum Betriebsübergang vgl. § 613 a Abs. 5 BGB.

17 Die Unterrichtung hat **rechtzeitig** zu erfolgen. Der AN muss Gelegenheit haben, sich mit den Veränderungen vertraut zu machen; er muss sich rechtzeitig auf sie einstellen können.[45] Art

38 Zur BetrSichV ausführlich *Pieper*, Basiskommentar, 2005; *Wilrich*, DB 15, 981 ff.; § 89 Rn. 33.
39 *Fitting*, Rn. 21; *Zimmermann*, AuR 14, 262.
40 *BAG* 11.1.11 – 1 ABR 104/09, AuR 11, 81, 267.
41 *HWGNRH*, Rn. 14; *Zimmermann*, AuR 14, 262.
42 Zutreffend GK-*Franzen*, Rn. 8.
43 *Fitting*, Rn. 17.
44 *ArbG Gelsenkirchen* 21.10.82 – 3 Ca 1768/82; zur Anhörung vor Ausspruch einer Kündigung vgl. § 82, Rn. 5.
45 GK-*Franzen*, Rn. 7.

und Umfang der Unterrichtung ergeben sich im Einzelnen aus Abs. 1 (vgl. Rn. 6 ff.). Sie muss vollständig und wahrheitsgetreu sein.

V. Unterrichtung und Erörterung bei Planung von Maßnahmen und deren Auswirkungen auf Arbeitsplätze, Arbeitsumgebung und Tätigkeit

Die Unterrichtungs- und Erörterungspflicht ist insbes. im Hinblick auf **neue Technologien** eingeführt worden,[46] geht aber inhaltlich darüber hinaus. Sie betrifft die Planung von technischen Anlagen, von Arbeitsverfahren und Arbeitsabläufen sowie von Arbeitsplätzen (vgl. § 90). Der AN muss über die Planung und ihre sozialen, wirtschaftlichen und persönlichen Auswirkungen unterrichtet werden, sobald sich **konkrete Maßnahmen** abzeichnen, die ihn in den vom Gesetz genannten Bereichen betreffen.[47] Dabei müssen alle Gesichtspunkte erfasst werden, die für den einzelnen AN Bedeutung haben können.[48] **18**

Sobald feststeht, dass sich die Tätigkeit des AN verändern wird und er zusätzliche berufliche Kenntnisse und Fähigkeiten benötigt, muss der AG im zweiten Schritt mit ihm erörtern, welche **Qualifizierungsmaßnahmen** ergriffen werden können. In Betracht kommen z. B. Umschulungen und betriebliche oder außerbetriebliche Fortbildungsmaßnahmen. Die Erörterungspflicht ist **umfassend.** Dies ergibt sich bereits aus arbeitsvertraglichen Nebenpflichten.[49] Darüber hinaus konkretisiert die Vorschrift die besondere Verantwortung des AG für die Beschäftigung nach § 2 Abs. 2 SGB III.[50] **19**

Besondere Informations- und Erörterungspflichten bzw. -rechte ergeben sich aus dem **Teilzeit- und Befristungsgesetz** v. 21.12.00.[51] Nach § 7 Abs. 2 TzBfG hat der AG den AN, der ihm den Wunsch nach einer Veränderung von Dauer und Lage seiner vertraglich vereinbarten Arbeitszeit angezeigt hat, über entspr. Arbeitsplätze zu informieren, die im Betrieb oder UN besetzt werden sollen. Eine entspr. Verpflichtung ergibt sich für den AG – allerdings ohne besondere Anzeige – aus § 18 TzBfG gegenüber den befristet beschäftigten AN in Bezug auf entspr. unbefristete Arbeitsplätze, die besetzt werden sollen. Die Information kann durch allgemeine Bekanntgabe an geeigneter, den AN zugänglicher Stelle im Betrieb und UN erfolgen. Diese besonderen Informationspflichten beziehen sich wie andere Informationspflichten nach dem TzBfG (etwa § 7 Abs. 3, § 20)[52] nicht nur auf den Betrieb, sondern auch auf das UN. § 8 Abs. 3 TzBfG statuiert eine Erörterungspflicht des AG gegenüber dem AN, der ihm den Wunsch nach Arbeitszeitverringerung angezeigt hat, was u. a. eine Begründung beinhaltet, warum etwa der konkrete Wunsch des AN auf Arbeitszeitverringerung nicht realisiert werden kann bzw. in welcher Form dies doch erfolgen könnte.[53] Aus § 9 TzBfG ergibt sich die Verpflichtung zur bevorzugten Berücksichtigung teilzeitbeschäftigter AN bei der Besetzung von Arbeitsplätzen mit längerer Arbeitszeit, was eine entspr. Information einschließt.[54] **20**

Auch § 7 Abs. 2 TzBfG ist gesetzlicher Ausdruck von **Nebenpflichten des AG** aus dem Arbeitsverhältnis. So kann der AG auch zur Information verpflichtet sein, ohne dass die konkreten Voraussetzungen dieser Vorschrift vorliegen, etwa wenn der AN seinen Veränderungswunsch nicht förmlich angezeigt hat, der AG ihn aber ohnehin kennt.[55] Wenn der AN sein Interesse für einen anderen Arbeitsplatz mit veränderter Arbeitszeitdauer oder -lage anzeigen kann und hierüber informiert werden muss, so wird dies erst recht gelten, wenn sich die Arbeitszeit gar nicht, sondern lediglich die Arbeitsinhalte ändern. **21**

Nach § 12 Abs. 2 AGG soll der AG die Beschäftigten (erweiterter Beschäftigtenbegriff nach § 6 AGG) in geeigneter Weise, insbes. im Rahmen der beruflichen Aus- und Fortbildung, auf die **22**

---

46 Vgl. BT-Drucks. 11/2503, S. 35.
47 BT-Drucks. 11/2503, S. 35; *SWS*, Rn. 10 a; *Wlotzke*, DB 89, 115 [116].
48 *Fitting*, Rn. 24.
49 GK-*Franzen*, Rn. 21.
50 *Bepler*, AuR 99, 222.
51 BGBl. I S. 1966; ausführlich *Buschmann/Dieball/Stevens-Bartol*, TZA, § 1 TzBfG Rn. 1 ff.
52 Vgl. TZA, a. a. O.
53 Zu Einzelheiten TZA, § 8 TzBfG Rn. 39 ff.
54 Musteranzeige und Information in DKKWF-*Buschmann*, § 81 Rn. 7 f.
55 *BAG* 13.11.84 – 3 AZR 255/84, AuR 85, 397; GK-TZA-*Mikosch*, § 3 BeschFG Rn. 29.

Unzulässigkeit von Benachteiligungen i. S. d. § 1 AGG hinweisen und darauf hinwirken, dass diese unterbleiben.[56]

23 Ebenso wie nach § 82 Abs. 2 und § 83 Abs. 1 Satz 2 kann der AN ein **BR-Mitglied seines Vertrauens** zur Erörterung hinzuziehen (ausführlich § 82 Rn. 13 ff., auch zu der Konstellation, dass der AG oder der AN die Anwesenheit eines BR-Mitglieds bei Personalgesprächen nicht wünscht). Der AN hat ein Wahlrecht.[57] Das BR-Mitglied kann nicht nur an der Besprechung teilnehmen, sondern sich hieran auch aktiv beteiligen, Fragen stellen und die Probleme diskutieren.[58] Dies gilt auch, wenn der AG in einer Mitarbeiter- oder Arbeitsgruppenbesprechung Fragen des Abs. 3 Satz 2 anspricht (vgl. auch § 82). Erörtert der AG Maßnahmen mit einer Mehrzahl von AN oder einer Arbeitsgruppe, muss er ggf. die Teilnahme mehrerer BR-Mitglieder dulden, da den AN ein individuelles Recht auf Hinzuziehung zusteht und sie nicht verpflichtet sind, sich auf ein gemeinsames BR-Mitglied zu einigen.[59] Anders als in § 82 Abs. 2 Satz 3 und § 83 Abs. 1 Satz 3 ist **keine Schweigepflicht** vom Gesetzgeber für das BR-Mitglied angeordnet worden. Deshalb kommt eine Bestrafung nach § 120 Abs. 2 nicht in Betracht. Es kann allerdings eine Verletzung des **Persönlichkeitsrechts** des AN mit entspr. zivilrechtlichen Konsequenzen vorliegen.[60]

VI. Streitigkeiten

24 Erfüllt der AG seine Pflichten nach dieser Vorschrift nicht oder nicht ordnungsgemäß, kann der AN ein **arbeitsgerichtliches Verfahren** auf Durchführung der Unterrichtung bzw. Erörterung einleiten. Zur Anwendung kommt das Urteilsverfahren.[61] **Einstweilige Verfügungen** sind zulässig.[62] Der AN kann ggf. **Schadensersatzansprüche** aus § 280 BGB, § 823 Abs. 2 BGB[63] sowie bei durch unterlassener Belehrung eingetretener Verletzung von Körper, Gesundheit oder Eigentum aus § 823 Abs. 1 BGB geltend machen. Für seine Erfüllungsgehilfen haftet der AG vertraglich nach § 278 BGB, für Verrichtungsgehilfen im Rahmen der unerlaubten Handlung nach § 831 BGB, wenn nicht sogar eigenes Organisationsverschulden vorliegt. Verursacht der AN infolge der unterlassenen Unterrichtung einen Schaden, der sonst nicht entstanden wäre, so haftet allein der AG. Der AN kann auch ein **Leistungsverweigerungsrecht** gemäß § 273 BGB ausüben.[64] Er behält bis zur Erfüllung der den AG treffenden Pflichten seinen Lohnanspruch (§§ 298, 615 BGB). Das Zurückbehaltungsrecht kann auch von mehreren AN gleichzeitig, ausgeübt werden.[65] Nach *BAG*[66] kommt ein Leistungsverweigerungsrecht der AN bei einer Verletzung betriebsverfassungsrechtlicher Vorschriften durch den AG wegen seiner individualrechtlichen Natur nur in Betracht, wenn dadurch das Einzelarbeitsverhältnis unmittelbar betroffen ist. Dies ist bei den Pflichten aus § 81 ff. der Fall.[67] Verletzt der AG seine Erörterungspflicht nach Abs. 4, ist dem AN ein längerer Zeitraum für die Qualifizierung einzuräumen und eine etwaige personenbedingte Kündigung insoweit unwirksam[68] (vgl. auch § 102 Abs. 3 Nr. 4).

25 Unabhängig von den rechtlichen Möglichkeiten des einzelnen AN kann der BR bei groben Verstößen des AG ein **Beschlussverfahren nach § 23 Abs. 3** einleiten. Nach § 80 Abs. 1 Nr. 1 hat er die Erfüllung der Informations- und Erörterungspflichten des AG gegenüber dem AN zu überwachen.[69] Er kann allerdings nicht die Rechte des AN, wie z. B. den Informationsan-

---

56 Ausführlich Däubler/Bertzbach-*Buschmann*, § 12 AGG, Rn. 18 ff.
57 GK-*Franzen*, Rn. 23.
58 GK-*Franzen*, Rn. 24.
59 Ebenso WPK-*Preis*, Rn. 19.
60 Vgl. GK-*Franzen*, Rn. 25; Musteranzeige des BR in DKKWF-*Buschmann*, § 81 Rn. 8.
61 Richardi-*Thüsing*, Rn. 26; *Fitting*, Rn. 28; GK-*Franzen*, vor § 81 Rn. 41.
62 *Fitting*, Rn. 28.
63 GK-*Franzen*, vor § 81 Rn. 37; *Deinert*, AuR 03, 208.
64 Vgl. *Fitting*, Rn. 28; GK-*Franzen*, vor § 81 Rn. 37.
65 Vgl. *LAG Hamm* 19.5.83 – 8 Sa 18/83.
66 *BAG* 14.2.78, AP Nr. 58 zu Art. 9 GG Arbeitskampf.
67 Zur Rspr. zum Zurückbehaltungsrecht der AN vgl. auch *Däubler*, Arbeitsrecht 1, Rn. 436 ff.; 923 ff.
68 Vgl. *Fitting*, Rn. 25; *Löwisch*, BB 88, 1953 [1954]; *Bepler*, AuR 99, 222; *Zimmermann*, AuR 14, 262.
69 Richardi-*Thüsing*, Rn. 24; GK-*Franzen*, vor § 81 Rn. 31 m. w. N.

spruch, gegen den AG geltend machen.[70] Das **Recht auf Hinzuziehung eines BR-Mitglieds** nach Abs. 4 Satz 3 hat kollektiven Bezug. Wird dies seitens des AG verweigert, kann es im Rahmen einer sich aus § 23 Abs. 3 Satz 1 ergebenden gesetzlichen Prozessstandschaft sowohl seitens des BR als auch der im Betrieb vertretenen Gewerkschaft durch Beschlussverfahren geltend gemacht werden.[71] Bei Streitigkeiten zwischen AG und AN über die Hinzuziehung des BR-Mitglieds findet das Urteilsverfahren Anwendung (im Einzelnen § 82 Rn. 18).[72]

§ 82 Anhörungs- und Erörterungsrecht des Arbeitnehmers

(1) Der Arbeitnehmer hat das Recht, in betrieblichen Angelegenheiten, die seine Person betreffen, von den nach Maßgabe des organisatorischen Aufbaus des Betriebs hierfür zuständigen Personen gehört zu werden. Er ist berechtigt, zu Maßnahmen des Arbeitgebers, die ihn betreffen, Stellung zu nehmen sowie Vorschläge für die Gestaltung des Arbeitsplatzes und des Arbeitsablaufs zu machen.

(2) Der Arbeitnehmer kann verlangen, dass ihm die Berechnung und Zusammensetzung seines Arbeitsentgelts erläutert und dass mit ihm die Beurteilung seiner Leistungen sowie die Möglichkeiten seiner beruflichen Entwicklung im Betrieb erörtert werden. Er kann ein Mitglied des Betriebsrats hinzuziehen. Das Mitglied des Betriebsrats hat über den Inhalt dieser Verhandlungen Stillschweigen zu bewahren, soweit es vom Arbeitnehmer im Einzelfall nicht von dieser Verpflichtung entbunden wird.

Inhaltsübersicht Rn.

I. Vorbemerkungen

1 Die Vorschrift ergänzt § 81 und gibt dem AN das Recht, selbst die Initiative zu ergreifen, um für ihn wichtige Auskünfte einzuholen oder eigene Positionen in betrieblichen Angelegenheiten zu artikulieren. Sie regelt wie § 81 arbeitsvertragliche Nebenpflichten des AG im Rahmen der zweiseitigen Rechtsbeziehung zwischen AG und AN,[1] die – bis auf die Hinzuziehung eines BR-Mitglieds – auch in einem betriebsratslosen Betrieb gelten.[2] Die Ansprüche aus dieser Vorschrift stehen – mit Ausnahme der allein vertragsbezogenen Rechte – auch einem Leiharbeiter gegenüber dem Entleiher zu.[3] Die Norm begründet **keine Pflicht des AN auf Teilnahme** an vom AG gewünschten Erörterungen. Eine solche Pflicht könnte sich, beschränkt auf »Inhalt, Ort und Zeit der Arbeitsleistung« sowie auf »Ordnung und Verhalten im Betrieb«, nur aus § 106 Satz 1, 2 GewO ergeben, erfasst also nicht Gespräche, die der AG (auch) mit dem Ziel führt, das Arbeitsverhältnis zu beenden oder den Arbeitsvertrag zu ändern.[4] Deshalb hat der AG den AN vorab den Gesprächsgegenstand »Beendigung des Arbeitsverhältnisses« oder »Änderung des Arbeitsvertrages« mitzuteilen. Die Verletzung dieser Nebenpflicht aus dem Arbeitsverhältnis verstößt gegen das Gebot fairen Verhandelns.[5] Die individuelle Mitwirkung am Arbeitsplatz kann den betrieblichen Interaktionsprozess fördern, zu mehr Transparenz im Verhältnis AG-AN und damit zur Lösung von Konflikten beitragen. Die in der Hervorhebung eigener Rechte zum Ausdruck kommende Subjektstellung des AN i. V. m. der fakultativen Hinzuziehung eines BR-Mitglieds betont den Schutz seines Persönlichkeitsrechts.

70 Vgl. *ArbG Aachen* 11.8.75, BB 76, 1511; GK-*Franzen*, Rn. 26.
71 *BAG* 16.11.04 – 1 ABR 53/03, AuR 05, 163; 20.4.10 – 1 ABR 85/08, AuR 10, 393, zu § 82.
72 A. A. GK-*Franzen*, Rn. 26.
1 GK-*Wiese/Franzen*, Rn. 1.
2 *LAG Köln* 31.5.07 – 9 Ta 27/07, AuR 07, 405.
3 *Düwell*, NZA-RR 11, 1; *Fitting*, Rn. 1.
4 *BAG* 23.6.09 – 2 AZR 606/08, AuR 09, 267; *Reinecke*, AuR 11, 234; *St. Müller*, FA 10, 294.
5 *Reinecke* a. a. O.

II. Recht des Arbeitnehmers auf Anhörung und Stellungnahme

2 Der AN ist berechtigt, in bestimmten Angelegenheiten an die nach Maßgabe des organisatorischen Aufbaues des Betriebs **zust. Personen** heranzutreten und von ihnen gehört zu werden. Sachlich zuständige Personen sind etwa Meister, Abteilungs- oder Gruppen- und Betriebsleiter. Die betr. Personen haben die Pflicht, den AN anzuhören und auf seine Fragen, Stellungnahmen oder Vorschläge einzugehen, soweit sich diese auf Angelegenheiten beziehen, die in dieser Vorschrift genannt werden. Der AG ist verpflichtet, z. B. in Filialbetrieben oder im Außendienst, durch entspr. Organisation verantwortliche Adressaten zu benennen (vgl. auch Rn. 10). Obwohl die Vorschrift anders als etwa § 83 Abs. 3 kein ausdrückliches Diskriminierungsverbot ausspricht, darf der AN wegen der Ausübung seiner hier geregelten Rechte nicht benachteiligt werden (§ 612 a BGB). Er kann das Anhörungs- und Erörterungsrecht grundsätzlich **während der Arbeitszeit** ausüben.[6] Das Arbeitsentgelt ist weiterzuzahlen,[7] was sich aus einer Rechtsanalogie zu §§ 20 Abs. 3 Satz 2, 39 Abs. 3, § 44 Abs. 1 Satz 2[8] oder dem Verständnis der Anhörung/Erörterung als Konkretisierung der arbeitsvertraglichen Rechtsstellung[9] ableiten lässt. Sollen Einzelheiten über die Anhörung und Erörterung festgelegt werden, was vor allem in größeren Betrieben zweckmäßig sein kann, besteht ein Mitbestimmungsrecht des BR nach § 87 Abs. 1 Nr. 1.[10] Es können z. B. **Zeit** und **Ort** der Anhörung und Erörterung geregelt werden, ohne jedoch in das Individualrecht einzugreifen.

3 Soweit das Gesetz von betrieblichen Angelegenheiten spricht, die sich auf die Person des betreffenden AN (zum AN-Begriff vgl. § 81 Rn. 4) beziehen, wird nicht vorausgesetzt, dass sie **allein** diesen AN berühren. Es kann sich auch um Angelegenheiten handeln, die eine AN-Gruppe (z. B. Abteilung oder Mitglieder eines sog. Assessment Centers) betreffen, sofern sie auch Bezug zu dem AN haben, der im Rahmen des § 82 tätig wird. Dies bedeutet, dass mehrere AN auch ohne Einschaltung des BR bzw. der gewerkschaftlichen Gremien gemeinschaftlich an den AG herantreten können, etwa im Wege einer Unterschriftenaktion zur Wiedereinführung der 35-Std.-Woche.[11] Das ergibt sich schon daraus, dass die in §§ 81 – 84 BetrVG eingeräumten Individualrechte nicht das Bestehen eines BR voraussetzen. Sie gelten auch für AN in BR-losen Betrieben und können auch kollektiv ausgeübt werden. Gespräche der AN untereinander über eine solche Unterschriftenaktion stellen weder eine Vertragspflichtverletzung noch eine Störung des Betriebsfriedens dar. Aus welchen Gründen einzelne AN für oder gegen dieses Ziel sein mögen, ist irrelevant.[12] Die Rechte des BR, etwa aus § 80 Abs. 1 Nrn. 2 und 3, werden dadurch nicht beeinträchtigt (vgl. auch § 81 Rn. 3).

4 Das Anhörungsrecht erstreckt sich auf alle Angelegenheiten, die mit der **Stellung des AN** im Betrieb und seiner **Tätigkeit** (auch nur mittelbar) zusammenhängen.[13] »Betriebliche« Angelegenheiten stehen im Gegensatz zu privaten Angelegenheiten, die keinen Bezug zum dienstlichen Bereich des AN haben. Das Wort »betrieblich« bezweckt jedoch keine **räumliche Begrenzung.**[14] Miterfasst werden Angelegenheiten des betrieblichen Umweltschutzes,[15] z. B. wenn der AN in seinem Umfeld problematische Umwelt- oder Exportpraktiken (vgl. § 81 Rn. 11) wahrnimmt. Vom AN können deshalb auch solche Angelegenheiten vorgebracht werden, die sich aus einer Tätigkeit außerhalb des Betriebs ergeben, sofern sie mit der Stellung und Arbeitsfunktion des AN zusammenhängen.[16] Das Anhörungsrecht nach Satz 1 setzt nicht vor-

---

6 Richardi-*Thüsing*, Rn. 3.
7 OVG *Münster* 10.5.11 – 4 a 1403/08, AuR 11, 311, zur Teilnahme an Betriebsversammlungen; *Buschmann/Ulber*, § 2 ArbZG Rn. 12; *Fitting*, Rn. 2; *HWGNRH*, Rn. 56; *WW*, Rn. 4.
8 So GK-*Wiese/Franzen*, Rn. 3.
9 HaKo-*Lakies*, Rn. 2; *GL*, Rn. 14.
10 *Fitting*, Rn. 2; GK-*Wiese/Franzen*, Rn. 17.
11 *LAG Hamm* 3.9.14 – 4 Sa 235/14, NZA-RR 15, 131-137; *Mittag*, jurisPR-ArbR 4/15 Anm. 3.
12 *LAG Hamm* und *Mittag* a. a. O.
13 *Fitting*, Rn. 4.
14 GK-*Wiese/Franzen*, Rn. 6.
15 *Froschauer*, Arbeitsrecht und Umweltschutz, 112 ff.; *Schmitt-Schönenberg*, AuR 94, 281 ff.; *Fitting*, Rn. 5; WPK-*Preis*, Rn. 7; *Buschmann*, FS Heilmann, S. 100.
16 GK-*Wiese/Franzen*, Rn. 6.

aus, dass sich der AN beeinträchtigt fühlt.[17] Beschwerden kann der AN im Rahmen des § 84 (oder § 85) vorbringen. Die Anhörung kann in eine **Beschwerde** nach §§ 84 ff. übergehen.[18]

Betriebliche Angelegenheiten, die die Person des AN betreffen, sind auch vom AG vorgesehene personelle Maßnahmen wie Umsetzungen, Versetzungen oder Abmahnungen. Dann spricht viel dafür, hierzu auch die viel weiter gehende Maßnahme der **Kündigung** zu rechnen.[19] Noch ungeklärt ist, ob sich daraus eine Verpflichtung oder Obliegenheit des AG ergibt, den AN vor Ausspruch einer (auch ordentlichen) Kündigung hierzu anzuhören, sowie welche Rechtsfolgen bei fehlender Anhörung eintreten. Dies gilt insbes. in betriebsratslosen bzw. nicht dem BetrVG /KSchG unterliegenden Betrieben. Nach *ArbG Gelsenkirchen,*[20] unter Bezug auf § 82, ist der **Ausspruch einer Kündigung ohne vorhergehende Anhörung des AN aus formellen Gründen unwirksam.** Dies entspricht Art. 7 des IAO-Übereinkommens Nr. 158.[21] 5

Der AN ist berechtigt, zu AG-Maßnahmen, von denen er betroffen wird, **Stellung zu nehmen** und **Vorschläge** für die **Gestaltung des Arbeitsplatzes** und des Arbeitsablaufs zu machen. Die Vorschläge können sich auf alle Aspekte der Arbeitsplatzgestaltung und des Arbeitsablaufs beziehen, bspw. auf Fragen der Arbeitszeit, auf Fragen des Arbeits-, Gesundheits- und Umweltschutzes, auf die Herbeiführung einer menschengerechten Arbeitsgestaltung und eine Verbesserung des Betriebsablaufs. Letzteres kann gleichzeitig auch das betriebliche Vorschlagswesen betreffen (§ 87 Abs. 1 Nr. 12). Nach § 17 Abs. 1 ArbSchG sind die Beschäftigten berechtigt, dem AG Vorschläge zu allen Fragen der Sicherheit und des Gesundheitsschutzes bei der Arbeit zu machen. Ein vernünftiger AG sollte die Vorschläge ernst nehmen und seine Management-Konzeption darauf abstellen, dass »nicht alle Weisheit von oben kommt«. Ferner hat der AN das Recht, unabhängig von diesen Anhörungs- und Erörterungsrechten, beim BR Maßnahmen zur Gestaltung des Arbeitsplatzes und Arbeitsablaufs anzuregen bzw. diesem Beratungsthemen vorzuschlagen (§ 86 a) sowie zu allen ihn betreffenden AG-Maßnahmen Stellung zu beziehen. Hierdurch kann die Arbeit des BR gestärkt werden. Gerade in größeren Betrieben sollte dieser deshalb darauf hinwirken, dass ihm möglichst viele AN ihre Kenntnisse und ihr Fachwissen zugänglich machen und sich an der Arbeit des BR beteiligen.[22] 6

III. Erläuterung des Arbeitsentgelts und der beruflichen Entwicklungsmöglichkeiten

Der AN kann eine **detaillierte Darstellung** der Berechnung und Zusammensetzung seines Arbeitsentgelts verlangen. Die Vorschrift ergänzt die Abrechnungsverpflichtung nach § 108 GewO. Der Begriff »Arbeitsentgelt« umfasst alle dem AN zustehenden Bezüge bspw. Lohn, Gehalt, Zulagen, Prämien, Provisionen, Auslösungen, Gratifikationen, Betriebsrenten,[23] Gewinnbeteiligung, sog. »stock-options« usw. Der Erläuterungsanspruch erstreckt sich sowohl auf die **Zusammensetzung** des Arbeitsentgelts (z. B. Verhältnis des Grundgehalts zu Zulagen oder Prämien) als auch auf dessen **Höhe** (Brutto- und Nettobezüge einschließlich der Aufgliederung der verschiedenen Abzüge). Damit kann u. a. die Einhaltung des Mindestlohns überprüft werden. Der Anspruch kann jederzeit, also auch ohne konkreten Anlass, geltend gemacht werden[24] und ist unabhängig vom Zeitpunkt der Auszahlung des Arbeitsentgelts und der Aushändigung entsprechender Belege.[25] 7

17 GK-*Wiese/Franzen,* Rn. 10; ErfK-*Kania,* Rn. 5.
18 Vgl. *GL,* Rn. 5.
19 Ausführlich dazu KDZ-*Däubler,* Einl. Rn. 184 ff.
20 *ArbG Gelsenkirchen* 17.3.10 – 2 Ca 319/10, AuR 10, 439, mit Anm. *Däubler;* so schon 26.6.98 – 3 Ca 3473/97, AuR 98, 460; ebenso *ArbG Dortmund* 30.10.08 – 2 Ca 2492/08; a. A. *BAG* 21.2.01 – 2 AZR 579/99, BAGE 97, 141-150.
21 Art. 7 des Übereinkommens Nr. 158 über die Beendigung des Arbeitsverhältnisses durch den AG, 1982; von Deutschland noch nicht ratifiziert: »Das Arbeitsverhältnis eines AN darf nicht aus Gründen, die mit seinem Verhalten oder seinen Leistungen zusammenhängen, beendigt werden, wenn ihm nicht vorher Gelegenheit gegeben worden ist, sich gegen die vorgebrachten Behauptungen zur Wehr zu setzen, es sei denn, dass es für den AG unzumutbar wäre, eine solche Gelegenheit zu geben.«
22 Mustervorschlag in DKKWF-*Buschmann,* § 82 Rn. 2.
23 Vgl. GK-*Wiese/Franzen,* Rn. 12.
24 GK-*Wiese/Franzen,* Rn. 12.
25 *LAG Köln* 31.5.07 – 9 Ta 27/07, AuR 07, 405; Muster in DKKWF-*Buschmann,* § 82 Rn. 3.

8 Der Anspruch des AN auf Erläuterung der Berechnung und Zusammensetzung seines Arbeitsentgelts erhält angesichts der Verwendung von **EDV** für die Entgeltberechnung immer größere Bedeutung. Es muss dem AN ermöglicht werden, die auf Lohn- oder Gehaltsstreifen gemachten Angaben zu entschlüsseln bzw. zu verstehen.[26]

9 Der Anspruch des AN auf Erörterung der Berechnung und Zusammensetzung seines Arbeitsentgelts lässt das Recht des BR, nach Maßgabe des § 80 Abs. 2 in die Listen der Bruttolöhne und -gehälter Einblick zu nehmen, **unberührt.**[27]

10 Der AN kann verlangen, dass seine Leistungen beurteilt und mit ihm die Möglichkeiten seiner **beruflichen Entwicklung** im Betrieb erörtert werden. Zu Letzterer gehören auch die Möglichkeiten einer Arbeitszeitverringerung bzw. -verlängerung nach §§ 8, 9 TzBfG (vgl. § 81 Rn. 20 m. w. N.). Der AN hat Anspruch darauf, dass die Erörterung mit einer **kompetenten Person** des Betriebs erfolgt, die nach dem betrieblichen organisatorischen Aufbau hierfür zuständig ist. Der unmittelbare Vorgesetzte wird vielfach nicht in der Lage sein, mit dem AN umfassend die Möglichkeiten der beruflichen Entwicklung im Betrieb zu erörtern. Das gilt umso mehr, als es bei dem Gespräch nicht nur um die persönliche Qualifikation des AN zu gehen hat, sondern auch um die betriebliche Situation, zu erwartende Veränderungen und sich daraus ergebende Entwicklungschancen.[28]

11 Im Rahmen der Erörterungen ist dem AN Kenntnis von seinen **Beurteilungen** zu geben.[29] Das gilt vor allem, wenn im Betrieb ein formelles Beurteilungssystem besteht. Dieses unterliegt der Mitbestimmung gem. **§ 94 Abs. 2.** Im Übrigen kann der AN schriftliche Beurteilungen nach § 83 einsehen, schriftlich dazu Stellung nehmen[30] und unter Berücksichtigung eines dem AG eingeräumten Beurteilungsspielraum gerichtlich überprüfen lassen (vgl. § 83 Rn. 25). Fühlt er sich durch seine Beurteilung beeinträchtigt, kann er nach §§ 84, 85 Beschwerde einlegen.[31]

12 In dem Gespräch sind dem AN die Beurteilung angemessen zu **erläutern und seine** Fragen zu beantworten. Ein genereller Anspruch auf Aushändigung einer schriftlichen Leistungsbeurteilung[32] bzw. auf **verbindliche Zusagen** hinsichtlich einer beruflichen Förderung ergibt sich daraus noch nicht. Werden Zusagen gemacht, so können sie **Rechtswirkungen** nach sich ziehen und etwa dem BR einen Zustimmungsverweigerungsgrund nach § 99 Abs. 2 Nr. 3 geben.

IV. Hinzuziehung eines Betriebsratsmitglieds

13 Bei der Behandlung der Angelegenheiten nach § 82 kann der AN verlangen, dass ein **BR-Mitglied** hinzugezogen wird.[33] Das sollte gleichermaßen gelten für Gespräche auf Initiative des AG wie des AN[34] und nach Sinn und Zweck der Norm sowohl für Erörterungen nach Abs. 1 als auch nach Abs. 2.[35] Der Wortlaut steht diesem Verständnis nicht entgegen, allenfalls die systematische Einordnung in Abs. 2. Daraus ergibt sich jedoch keine Negativregelung für andere Angelegenheiten. Abs. 2 Satz 2 ist lediglich Ausdruck eines **allgemeinen betriebsverfassungsrechtlichen Grundsatzes, wonach AN in Angelegenheiten ihres Arbeitsrechtsverhältnisses gegenüber dem AG sich den Beistand des BR zunutze machen können.** Der BR kann dazu beitragen, eine intellektuelle Überlegenheit des AG auszugleichen, oder als Zeuge des AN fungieren.[36] Dies gilt auch und gerade in Gesprächen, die möglicherweise zu einer Arbeitszeitveränderung (Lage oder Dauer) oder sogar zum Abschluss eines Aufhebungsvertrages

---

26 *Fitting*, Rn. 9; *GL*, Rn. 8.
27 Vgl. *BAG* 18.9.73, AP Nr. 3 zu § 80 BetrVG 1972; GK-*Wiese/Franzen*, Rn. 14.
28 Vgl. auch *HWGNRH*, Rn. 9 ff.
29 GK-*Wiese/Franzen*, Rn. 16; vgl. auch *Jedzig*, DB 91, 859 [860].
30 GK-*Wiese/Franzen*, Rn. 16; *Fitting*, Rn. 10.
31 Gesuch des AN auf Info in DKKWF-*Buschmann*, § 82 Rn. 4.
32 GK-*Wiese/Franzen*, Rn. 16; zum Zeugnisanspruch bei Beendigung der Beschäftigung vgl. §§ 109 GewO, 630 BGB; zum Zwischenzeugnis Kittner/Zwanziger-*Appel*, § 106 Rn. 7.
33 Muster in DKKWF-*Buschmann*, § 82 Rn. 4.
34 *BAG* 24.4.79 – 6 AZR 69/77, AP § 82 BetrVG Nr. 1.
35 A. A. *Fitting*, Rn. 12; GK-*Wiese/Franzen*, Rn. 20, *HWGNRH*, Rn. 33; nur Abs. 2.
36 *BAG* 23.2.84, EZA § 82 BetrVG 1972 Nr. 2; 16.11.04, AuR 05, 163.

führen können. Eine generelle Beteiligung des BR vor jedem Aufhebungsvertrag kann auch in einem Interessenausgleich/Sozialplan vereinbart werden.[37] Bei Verstoß kann dem AG gerichtlich untersagt werden, Aufhebungsverträge ohne vorherige Beteiligung des BR zu schließen. Die Führung formalisierter Krankenrückkehrergespräche ist gem. § 87 Abs 1 Satz 1 mitbestimmungspflichtig.[38]

Zwar hat das *BAG*[39] einen generellen Anspruch des AN, bei jedem mit dem AG geführten Gespräch ein BR-Mitglied hinzuziehen, verneint. Dieser bestehe nur in den besonderen Tatbeständen der §§ 81 Abs. 4 Satz 3, 82 Abs. 2 Satz 2, 83 Abs. 1 Satz 2 und 84 Abs. 1 Satz 2. So seien bei einer Betriebsstillegung Gespräche über einen Aufhebungsvertrag denkbar, in denen nicht mehr sinnvoll über Leistungsbeurteilung oder berufliche Entwicklung gesprochen werden könne. Andererseits genüge es, wenn Gesprächsgegenstände zumindest teilweise identisch mit den in der Vorschrift genannten Themen sind. Sie brauchten sich nicht ausschließlich darauf zu beziehen. Es komme nicht darauf an, wer den Anlass zu dem Gespräch gegeben oder dieses verlangt habe. In der Praxis wird auch nach dieser Rspr. – von wenigen Ausnahmefällen abgesehen – regelmäßig ein BR-Mitglied hinzugezogen werden können.[40] Die Eingrenzung überzeugt gleichwohl systematisch nicht. Die genannten Vorschriften haben nicht die Funktion, die Unterstützung des einzelnen AN durch ein BR-Mitglied zu begrenzen, sondern für die individuellen Mitwirkungs- und Beschwerderechte der §§ 81 ff. festzuschreiben. 14

In arbeitsvertraglichen Gesprächen ist die Unterstützung durch ein BR-Mitglied noch notwendiger. Dies gilt gerade für den Fall des **Aufhebungsvertrags,** dessen Verhandlung das *BAG* nicht unter Abs. 2 subsumiert. In der Praxis kann sich der AN einer Ladung zu einem Personalgespräch über den Fortbestand des Arbeitsverhältnisses nur schwer entziehen.[41] Indes ist **kein AN verpflichtet, einer Vorladung zu mündlichen Arbeitsvertragsverhandlungen zu folgen bzw. sich auf solche Verhandlungen einzulassen.**[42] Zur Vertragsfreiheit gehört die freie Entscheidung, ob man Verhandlungen über eine Vertragsänderung führen will. Das Direktionsrecht nach § 106 GewO erfasst nur die Konkretisierung der Arbeitsleistung, nicht aber die Vertragsgestaltung selbst.[43] Wenn der AN aber zu einem derartigen Gespräch nicht verpflichtet ist, kann er es auch von der Teilnahme des von ihm bestimmten BR-Mitglieds abhängig machen. Häufig weiß der AN nicht im Voraus, welche Themen der AG im Personalgespräch anschneidet. Gerade in den Räumen der Personalabteilung ist auch nach Auffassung des *BAG* damit zu rechnen, dass der AG (oder ein Vorgesetzter) mit dem AN Fragen und Probleme seines Arbeitsverhältnisses bespricht und ggf. rechtsgeschäftlich regeln will.[44] Folgt man dieser Auffassung nicht, hätte es der AG in der Hand, den AN durch geschickte Themenstellung in eine hierarchische Gesprächssituation ohne betriebsverfassungsrechtlichen Schutz zu zwingen. Eine ad hoc-Beiziehung des BR-Mitglieds während des Gesprächs würde dann regelmäßig aus praktischen Gründen (Verfügbarkeit) ausscheiden. Diese in der Praxis nicht seltene Überrumpelung des AN ohne Beistand des BR wäre ein Verstoß gegen das vom *BAG* anerkannte »Gebot fairen Verhandelns«.[45] Aus diesem Grunde kann der AN die Anwesenheit eines Rechtsbeistands auf jeden Fall verlangen, wenn der AG eine betriebsfremde Person zu dem Personalgespräch hinzuzieht.[46] Im Übrigen gehört es entgegen *BAG* a. a. O. zu 15

37 *ArbG Darmstadt* 7.12.93, AuR 94, 202; zustimmend auch Richardi-*Thüsing*, Rn. 14.

38 *BAG* 8.11.94 – 1 ABR 22/94, AuR 95, 279.

39 *BAG* 16.11.04 – 1 ABR 53/03, AuR 05, 163; 20.4.10 – 1 ABR 85/08, AuR 10, 393.

40 So auch *BAG* 20.4.10 – 1 ABR 85/08, a. a. O.; Vorinstanz *LAG Köln* 11.6.08 – 3 TaBV 16/08, AuR 09, 52 zu einem Gespräch über eine Tätigkeitsbeschreibung als Grundlage der Neueingruppierung in den TV ERA; zust. *Lerch*, AiB 09, 279.

41 *Schleusener*, NZA 2002, 949, 951.

42 *BAG* 23.6.09 – 2 AZR 606/08, AuR 09, 267; ebenso Vorinstanz *LAG Niedersachsen* 3.6.08 – 3 Sa 1041/07, AuR 09, 53: Keine Verpflichtung zur Führung eines Personalgesprächs mit dem Ziel einer Vertragsänderung, Entfernung einer Abmahnung; *Reinecke*, AuR 11, 234.

43 *BAG* und *LAG Niedersachsen* a. a. O.; so selbst *Stück*, DB 07, 1138; allgemein zu Personalgesprächen *Schäfer/Staack*, AiB 7/8/14, 42 ff.

44 *BAG* 27.11.03 – 2 AZR 177/03, AuR 04, 25, 273.

45 *BAG* 27.11.03 – 2 AZR 177/03, a. a. O.; *Däubler*, AR Rn. 1233; *Lerch*, AiB 09, 279; *Reinecke*, AuR 11, 234.

46 *St. Müller*, FA 10, 294.

den »Möglichkeiten der beruflichen Entwicklung im Betrieb« i. S. d. Vorschrift, wenn der AN diese fortsetzen will, der AG nicht. Beschränkt man dagegen die Möglichkeit der Hinzuziehung eines BR-Mitglieds funktionswidrig, wäre der AN, der sich des Beistands des BR versichern möchte, gehalten, einen förmlichen Antrag nach Abs. 2 zu stellen oder Beschwerde einzulegen, was im Ergebnis zu unnötigen Auseinandersetzungen führen und den AG mehr belasten würde. Das Beschwerdeverfahren kann sich aber durch frühzeitige Beteiligung eines BR-Mitglieds erledigen. Nach § 80 hat der BR die Einhaltung der sich aus dieser Vorschrift ergebenden Verpflichtungen des AG zu überwachen.

16 Der AN kann ein von ihm **bestimmtes Mitglied** des BR zu seiner Unterstützung hinzuziehen. Er hat jedoch nur Anspruch auf ein Tätigwerden dieses BR-Mitglieds, nicht dagegen auf ein bestimmtes Verhalten.[47] Bei den Erörterungen kann das betreffende BR-Mitglied selbst Fragen stellen und Vorschläge machen.[48] Über den Inhalt des Erörterungsgesprächs hat es **Stillschweigen** zu bewahren, soweit es vom AN nicht im Einzelfall von dieser Verpflichtung entbunden wird. Die mögliche Entbindung durch den AN macht deutlich, dass es sich um eine relative, d. h. nur gegenüber dem AN wirkende Verpflichtung handelt, die z. B. der AG nicht für sich einfordern kann. Schutzgut sind allein Persönlichkeitsrechte des AN. Eine Verletzung dieser Schweigepflicht kann u. U. die Bestrafung nach § 120 Abs. 2 nach sich ziehen, vor allem, wenn das BR-Mitglied unbefugt ein zum persönlichen Lebensbereich des AN gehörendes Geheimnis offenbart. Die Schweigepflicht gilt grundsätzlich auch gegenüber **anderen BR-Mitgliedern,** es sei denn, dass der AN das BR-Mitglied von der Schweigepflicht befreit.[49]

17 Wünschen AN die Hinzuziehung best. BR-Mitglieder zu sog. **Beratungs-** und **Förderungsgesprächen**, kann der AG deren Anwesenheit nicht deshalb ablehnen, weil in diesen Gesprächen noch weitere Gegenstände erörtert werden.[50] Es kommt nicht darauf an, auf wessen Initiative diese Gespräche stattfinden.[51] Der durch Hinzuziehung des BR-Mitglieds gegebene Schutz ist erst recht erforderlich, wenn die Initiative vom AG ausgeht, da der AN hier noch weniger in der Lage ist, sich auf das Gespräch vorzubereiten und darauf einzustellen.[52] Auch eine mehrheitliche Willensbildung oder gar Abstimmung gegen die Anwesenheit eines BR-Mitglieds ist unbeachtlich, da sie das individuelle hierauf gerichtete Recht nicht beseitigen kann. Unabhängig von der Vorschrift kann sich aus dem allgemeinen Persönlichkeitsrecht (Art. 2 Abs. 1 i. V. m. Art. 1 Abs. 1 GG) das Recht des AN auf Zulassung eines Rechtsbeistandes ergeben, wenn ein dienstliches Gespräch über seinen Gesundheitszustand geführt wird.[53] Die Einberufung sog. Mitarbeiterversammlungen kann eine unzulässige Form der Behinderung von Betriebsversammlungen darstellen (vgl. § 42 Rn. 50 ff.).[54] Ein individueller Anspruch eines einzelnen AN gegen den AG auf Nichtbeteiligung von BR-Mitgliedern bei Personalgesprächen ist auch außerhalb mitbestimmungspflichtiger Angelegenheiten regelmäßig nicht begründbar.[55]

V. Streitigkeiten

18 Der AN kann ggf. die Erfüllung der ihm nach § 82 gegen den AG zustehenden Ansprüche **gerichtlich geltend machen.** Maßgebend ist das Urteilsverfahren.[56] Es ist auch anzuwenden in einem Rechtsstreit zwischen AN und AG über die Hinzuziehung eines BR-Mitglied.[57] Der BR

47 *Fitting,* Rn. 12.
48 Richardi-*Thüsing,* Rn. 14; GK-*Wiese/Franzen,* Rn. 21; *SWS,* Rn. 5.
49 GK-*Wiese/Franzen,* Rn. 23 m. w. N.
50 *BAG* 24.4.79, AP Nr. 1 zu § 82 BetrVG 1972; vgl. auch *Fitting,* Rn. 13; GK-*Wiese/Franzen,* Rn. 20; *SWS,* Rn. 6; *HWGNRH,* Rn. 34.
51 Vgl. ebd.
52 So zutreffend *ArbG Hamm* 10.1.79, BB 80, 42 f.
53 Vgl. *ArbG Münster* 6.7.88, BB 88, 1964, Ls.
54 *BAG* 27.6.89, DB 89, 2543.
55 Unklar *LAG Niedersachsen* 22.1.07 – 11 Sa 614/06, AuR 07, 358, mit krit. Anm. *Buschmann.*
56 H. M.; vgl. Richardi-*Thüsing,* Rn. 18; *Fitting,* Rn. 14; GK-*Wiese/Franzen,* Rn. 24.
57 *BAG* 24.4.79, AP Nr. 1 zu § 82 BetrVG 1972; *Fitting,* Rn. 15; Richardi-*Thüsing,* Rn. 19; a. A. GK-*Wiese/Franzen,* Rn. 25: Beschlussverfahren.

bzw. die im Betrieb vertretene Gewerkschaft können dieses Recht im Rahmen einer sich aus § 23 Abs. 3 Satz 1 ergebenden gesetzlichen Prozessstandschaft durch Beschlussverfahren feststellen lassen.[58] Weigert sich ein BR-Mitglied ohne Grund, an dem Gespräch teilzunehmen, kann dies eine grobe Pflichtverletzung i. S. v. § 23 Abs. 1 sein. Der AN hat allerdings keinen durchsetzbaren Anspruch auf Teilnahme gegen ein bestimmtes BR-Mitglied.[59] Nach einer älteren Entscheidung des *BAG*[60] hat das einzelne BR-Mitglied keinen selbstständig geltend zu machenden Anspruch gegen den AG auf Teilnahme.

§ 83 Einsicht in die Personalakten

(1) Der Arbeitnehmer hat das Recht, in die über ihn geführten Personalakten Einsicht zu nehmen. Er kann hierzu ein Mitglied des Betriebsrats hinzuziehen. Das Mitglied des Betriebsrats hat über den Inhalt der Personalakte Stillschweigen zu bewahren, soweit es vom Arbeitnehmer im Einzelfall nicht von dieser Verpflichtung entbunden wird.
(2) Erklärungen des Arbeitnehmers zum Inhalt der Personalakte sind dieser auf sein Verlangen beizufügen.

Inhaltsübersicht

I. Vorbemerkungen

1 Ein privater AG ist nicht verpflichtet, Personalakten (PA) anzulegen,[1] wird sie aber regelmäßig im eigenen Interesse führen. Besondere Aufbewahrungspflichten können sich aus steuer-, sozialversicherungsrechtlichen oder tariflichen Bestimmungen ergeben. Diese Vorschrift bestimmt nicht das Maß, in dem ein AG berechtigt ist, Daten und Aufzeichnungen mit persönlichen Angaben über die bei ihm beschäftigten AN zu sammeln. Diese Befugnis und ihre Begrenzung ergeben sich aus der Zweckbestimmung des Arbeitsverhältnisses unter Berücksichtigung des Grundrechts auf informationelle Selbstbestimmung[2] und dem BDSG. Ausdrücklich genannt werden die Rechte des einzelnen AN auf Einsichtnahme, auf Beiziehung eines BR-Mitglieds, auf Beifügung von Erklärungen zur PA. Im Übrigen enthält die Vorschrift keine abschließende Regelung der AN-Rechte in Bezug auf die über ihn geführten Akten. Gleiche oder weiter gehende Rechte lassen sich tariflich vereinbaren.[3]

2 Wie die in §§ 81 und 82 geregelten AN-Rechte haben auch die Rechte auf Einsicht und Abgabe von Erklärungen zur PA ausschließlich individualrechtlichen Charakter. Sie gelten auch in betriebsratlosen[4] oder nicht einmal **betriebsratsfähigen** Betrieben.[5] Auf Personen, die nicht unter das BetrVG fallen, finden sie keine direkte Anwendung.[6] Hier ergibt sich der Anspruch aus vertraglichen Nebenpflichten, so dass die Beschränkung der Vorschrift ohne größere Bedeutung ist.[7] Für leitende Angestellte vgl. § 26 Abs. 2 SprAuG.

---

58 *BAG* 16.11.04 – 1 ABR 53/03, AuR 05, 163; 20.4.10 – 1 ABR 85/08, AuR 10, 393.
59 *Fitting*, Rn. 15; *GL*, Rn. 15; a. A. GK-*Wiese/Franzen*, Rn. 25.
60 *BAG* 23.2.84 – 6 ABR 22/81, EZA § 82 BetrVG 1972 Nr. 2.
1 GK-*Franzen*, Rn. 13.
2 *BVerfG* 15.12.83 – 1 BvR 209/83, NJW 84, 419 ff., Volkszählung.
3 Vgl.; § 6 EKT [Ersatzkassen].
4 Vgl. Richardi-*Thüsing*, Rn. 2; *Fitting*, Rn. 1; *HWGNRH*, Rn. 2; *SWS*, Rn. 1.
5 Richardi-*Thüsing*, Rn. 2; *Fitting*, Rn. 1; *HWGNRH*, Rn. 2; *Linnenkohl/Töfflinger*, AuR 86, 199 [201]; *Kammerer*, Rn. 229; a. A. GK-*Wiese/Franzen*, vor § 81 Rn. 21; *SWS*, Rn. 1.
6 *BAG* 16.11.10 – 9 AZR 573/09, AuR 11, 222
7 GK-*Wiese/Franzen*, vor § 81 Rn. 22.

II. Einsichtsrecht in die Personalakte

1. Personalakte

3 PA i. S. d. Vorschrift ist **jede Sammlung von** Urkunden und Vorgängen, die die persönlichen und dienstlichen Verhältnisse des Bediensteten betreffen und in einem inneren Zusammenhang mit dem Dienstverhältnis stehen. Auf eine äußere Zuordnung kommt es nicht an, **materieller Personalaktenbegriff**[8] (zur Legaldefinition vgl. auch §§ 106 BBG, 50 BeamtStG). Auch in **elektronischen Datenbanken** gespeicherte Personaldaten fallen unter diese Bestimmung.[9] **Sonder- und Nebenakten,** wie Aufzeichnungen des Werkschutzes oder von Vorgesetzten,[10] ebenso disziplinarische Vorermittlungsakten[11] sind Bestandteile der PA und unterliegen dem Einsichtsrecht, nicht jedoch Prozessakten des Prozessvertreters in einem Rechtsstreit zwischen AG und AN.[12] Bestehen Sonder- oder Nebenakten, hat der AN einen Anspruch darauf, dass in der Hauptpersonalakte ein entsprechender Hinweis angebracht wird.[13] Die Führung von **Geheimakten** ist unzulässig. Der materielle Personalaktenbegriff gilt auch im ö. D.[14] Unterlagen und Akten des BR mit personenbezogenen Informationen sind keine PA i. S. d. Vorschrift.[15]

4 PA dürfen nur Informationen enthalten, die der AG (unter Berücksichtigung des § 94) **rechtmäßig erworben hat und für die ein sachliches Interesse des AG besteht.**[16] Das *BAG* hatte diese Begrenzung aus der Fürsorgepflicht des AG bzw. aus dem Persönlichkeitsschutz des AN[17] abgeleitet. Aus dem Grundrecht auf informationelle Selbstbestimmung i. V. m. datenschutzrechtlichen Erkenntnissen folgte schon vor Novellierung des BDSG 2009, dass ungeachtet des § 27 Abs. 2 BDSG auch die nicht automatisierte Sammlung von Informationen über AN grundsätzlich einer Legitimation bedarf, die in der Zweckbestimmung des Arbeitsverhältnisses gesehen wurde.[18] Seit 2009 trifft § 32 Abs. 2 BDSG eine förmliche Bereichsausnahme von § 27 Abs. 2, so dass auch die ausschließlich **manuelle Erhebung, Verarbeitung oder Nutzung von Beschäftigtendaten nur bei Erforderlichkeit** i. S. d. § 32 Abs. 1 BDSG zulässig ist. Die zuvor in der Rspr. formulierten Anforderungen an den Inhalt von PA wurden damit nicht gegenstandslos, aber verschärft. Die PA darf nur Angaben enthalten, die eine unmittelbare Beziehung zur ausgeübten Tätigkeit haben und an denen der AG ein berechtigtes sachliches Interesse hat.[19] Sie darf keine Daten enthalten, deren Erfassung einen **Verstoß gegen § 1 AGG** darstellen könnte, wie Rasse, ethnische Herkunft, Weltanschauung, sexuelle Identität. Nach dem **Gleichbehandlungsgrundsatz** dürfen nicht Beschäftigte ohne Sachgrund benachteiligt werden, etwa indem über sie deutlich umfangreichere Akten geführt werden als über andere Beschäftigte.[20] Sehr weit ging die Entscheidung des *BAG,*[21] die den Schutz sensibler Informationen nicht durch Begrenzung der Datenerhebung und -sammlung, sondern durch besondere Aufbewahrungspflichten des AG vollzog (vgl. Rn. 7). Angesichts des Grundsatzes der Datensparsamkeit (§ 3 a BDSG) ist ein Vollständigkeitsanspruch nicht anzuerkennen,[22] sondern nur in der Form, dass die gesamten über den AN gesammelten bzw. vorhandenen Daten zur PA gehören. Schließlich betont das *BAG* die aus § 241 Abs. 2 BGB abgeleitete Verpflich-

---

8 *BAG* 16.11.10 – 9 AZR 573/09, AuR 11, 222, LAG *Baden-Württemberg* (Mannheim) 2.8.00 – 12 Sa 7/00, AuR 01, 192 (Kosovo-Krieg); *Deiseroth,* AuR 01, 163; *Kammerer,* Rn. 188.
9 Richardi-*Thüsing,* Rn. 5
10 *LAG Bremen* 4.3.77, BB 77, 648; Richardi-*Thüsing,* Rn. 10; *GL,* Rn. 6; *Fitting,* Rn. 5.
11 *HessVGH* 13.12.89, AuR 91, 60; *Dütz,* a. a. O., S. 31.
12 *BAG* 8.4.92, RDV 93, 171; *Fitting,* Rn. 6; ErfK-*Kania,* Rn. 2; GK-*Franzen,* Rn. 8.
13 Vgl. *LAG Bremen,* a. a. O.; *Fitting,* Rn. 5; a. A. GK-*Franzen,* Rn. 7; vgl. auch *BAG* 7.5.80, AuR 81, 124 ff.
14 *Kammerer* a. a. O.; dort Fn. 4 gegen *BAG* 21.5.92, BB 92, 2079.
15 GK-*Franzen,* Rn. 9.
16 *BAG* 13.4.88, EzA § 13 BAT Nr. 10; *Fitting,* Rn. 4.
17 *BAG* 15.7.87, AuR 88, 54, im Anschluss an *BVerwG* 28.8.86 – 2 C 51. 84.
18 Vgl. *Kammerer,* AuR 07, 189 ff. m. w. N.
19 *LAG Niedersachsen* 10.7.80, AP Nr. 85 zu § 611 BGB Fürsorgepflicht.
20 *Herfs-Röttgen,* NZA 13, 480; *Gola/Wronka,* Hdb. zum Arbeitnehmerdatenschutz, 5. Aufl. 2010, Rn. 131.
21 *BAG* 12.9.06 – 9 AZR 271/06, AuR 07, 213 mit krit. Anm. *Kammerer.*
22 GK-*Franzen,* Rn. 16; Richardi-*Thüsing,* Rn. 13.

tung des AG zur Rücksichtnahme auf die Interessen des AN. Dazu gehört, keine Unterlagen über den AN zu sammeln, die dessen Einblick entzogen sind und deren Richtigkeit der AN nicht überprüfen kann.[23]

Zum typischen Inhalt von PA zählen Angaben zur Person des AN wie zum Personenstand, zur beruflichen Entwicklung, zu Fähigkeiten, Leistungen, Arbeitsunfällen, Abmahnungen, Darlehen, Pfändungen oder Lohn- und Gehaltsänderungen. Weiterhin gehören hierzu Bewerbungsunterlagen, Testergebnisse, Beurteilungen, der Arbeitsvertrag, Zeugnisse, Personalfragebögen nach sowie der im Rahmen des Arbeitsverhältnisses zwischen AN und AG geführte Schriftverkehr,[24] auch Unterlagen, die der AG von Dritten erhalten hat.[25] Keine Rolle spielt, ob die personenbezogenen Daten vor oder während des Arbeitsverhältnisses gesammelt worden waren.[26] Zu den PA gehören nicht Unterlagen des Betriebsarztes, die als »Befundbogen« im Hinblick auf die ärztliche Schweigepflicht nach § 8 Abs. 1 Satz 3 ASiG und § 203 StGB dem AG nicht zugänglich sind.[27] Das Einsichtsrecht des AN in diese Unterlagen ergibt sich nicht aus § 83, sondern aus § 3 Abs. 2 ASiG, § 34 BDSG sowie dem allgemeinen Persönlichkeitsrecht.[28] Unzulässig ist die Anfertigung oder Aufbewahrung graphologischer Gutachten, deren Anfertigung der AN nicht ausdrücklich zugestimmt hat. Auch die Einreichung eines handschriftlichen Lebenslaufes bei der Bewerbung enthält diese Zustimmung nicht.[29] Sind bestimmte ärztliche Unterlagen mit Einverständnis des AN Gegenstand einer beim AG geführten Sammlung geworden, gehören sie ebenfalls zur PA, auf die sich das Einsichtsrecht gemäß § 83 Abs. 1 bezieht,[30] dergleichen Beihilfeakten.[31] Nicht zur PA zählen statistische Zusammenstellungen von Personaldaten, die keine Rückwirkung auf die persönliche Rechtsstellung haben. 5

Auch Unterlagen, die außerhalb des Betriebs, etwa auf **Ebene des UN oder Konzerns,** über den AN geführt werden, sind PA, die nach Abs. 1 durch den AN eingesehen werden dürfen. Das gilt selbst dann, wenn die Unterlagen bei einem **Dritten,** wie z. B. einem außen stehenden Rechenzentrum, geführt werden.[32] Auch dann bleibt der AG für die Verarbeitung verantwortlich.[33] Auftragsdatenverarbeitung ist nur nach Maßgabe des § 11 BDSG zulässig. 6

Aufgrund des verfassungsrechtlich gewährleisteten Persönlichkeitsschutzes ist der AG verpflichtet, die PA des AN **sorgfältig** zu verwahren und für vertrauliche Behandlung durch die Sachbearbeiter Sorge zu tragen.[34] Von da aus empfehlen sich Schutzmaßnahmen wie die Anlage besonderer Akten, Aufbewahrung in gesicherten Schränken oder Begründung besonderer Behandlungspflichten, etwa in der Weise, dass Einsichtnahme jeweils zu vermerken ist.[35] Für zweckmäßig erachtet das *BAG*[36] die Aufnahme von Seitenzahlen (Paginierung) in die PA, verneint aber einen dahingehenden Anspruch des AN mangels Anspruchsgrundlage. Der AG muss den Kreis der mit PA befassten AN **möglichst eng** halten.[37] Besonderes Schutzbedürfnis besteht z. B. bei **sensiblen Gesundheitsdaten.** Deren ungeschützte Aufbewahrung in der PA verletzt das Persönlichkeitsrecht. Wie der AG deren Schutz gewährleistet, bleibt ihm grundsätzlich selbst überlassen. Unterbleibt diese Bestimmung, geht sie auf den AN über (Rechtsgedanke aus §§ 316, 264 Abs. 2 Satz 2 BGB), der eine gesonderte Aufbewahrung in einem verschlossenen Umschlag in der PA nebst beschränktem Einsichtsrecht durch Personalleiter oder Stellvertreter bei berechtigtem Interesse verlangen kann.[38] Nach *BAG*[39] soll es nicht gegen 7

23 *BAG* 16.10.07 – 9 AZR 110/07, AuR 08, 161.
24 Vgl. *Fitting,* Rn. 4; GK-*Franzen,* Rn. 12 ff.
25 *Dütz,* FS Wlotzke, S. 30.
26 Richardi-*Thüsing,* Rn. 7; GK-*Franzen,* Rn. 6.
27 *Kammerer,* Rn. 189.
28 Vgl. *BGH,* JZ 85, 286 ff. zum Einblick in ärztliche Krankenunterlagen; *Gola,* RDV 13, 73.
29 Vgl. *BAG* 16.9.82, AP Nr. 24 zu § 123 BGB.
30 *Fitting,* Rn. 4; GK-*Franzen,* Rn. 11 m. w. N.
31 *OVG NRW* 21.4.05 – 1 A 265/04, AuR 06, 252.
32 *Fitting,* Rn. 10, 38.
33 *BAG* 17.3.87, AP Nr. 29 zu § 80 BetrVG 1972; *Fitting,* Rn. 40.
34 *Löw,* AuR 09, 193.
35 *Kammerer,* Rn. 191.
36 *BAG* 16.10.07 – 9 AZR 110/07, AuR 08, 161.
37 *BVerwG* 28.8.86 – 2 C 51.84, ZTR 87, 152; *BAG* 15.7.87, AP Nr. 14 zu § 611 BGB Persönlichkeitsrecht; *Fitting,* Rn. 9; *SWS,* Rn. 13; *Kammerer,* Rn. 191.
38 *BAG* 12.9.06 – 9 AZR 271/06, AuR 07, 213, mit Anm. *Kammerer.*
39 *BAG* 4.4.90, NZA 90, 933 = AuR 90, 294.

das Persönlichkeitsrecht von AN einer Sparkasse verstoßen, wenn zur Verschwiegenheit verpflichtete Mitarbeiter der Sparkassenrevision im Einzelfall zur Überprüfung der Personalausgaben des AG Einsicht in PA nehmen.

8 **Ohne Einverständnis** des AN ist es unzulässig, PA an Betriebsfremde weiterzugeben, z. B. an einen AG, bei dem sich der AN bewerben will,[40] oder an potentielle Übernehmer des UN, etwa im Rahmen der sog. »due diligence«, vgl. Rn. 11. Die Zustimmung der betr. AN ist auch erforderlich, wenn die Akten bei einer Muttergesellschaft oder einem außen stehenden Rechenzentrum geführt werden sollen.[41] Eine in der früheren DDR bekannte Praxis, dass sog. »Kaderakten« von AG zu AG weitergereicht werden, ist ausgeschlossen.

9 Im Falle einer **Gesamtrechtsnachfolge,** vor allem Spaltung/Verschmelzung nach dem Umwandlungsgesetz, geht die PA nebst Verwahrungspflichten in das Eigentum des Rechtsnachfolgers über. Dies gilt grundsätzlich auch im Falle der **Einzelrechtsnachfolge** (Betriebsübergang nach § 613 a BGB, etwa bei Outsourcing) frühestens mit Wirksamwerden der Übereignung[42] und Ablauf der Widerspruchsfrist nach § 613 a Abs. 6 BGB. Hier trifft das übertragende UN die arbeitsvertragliche Nebenpflicht, dem neuen AG mit der PA nicht Informationen aus der Vorbeschäftigungszeit des AN zu liefern, die sich für den AN bei dem früheren AG als Vertragserfüllung darstellten, bei dem neuen AG dagegen nachteilig auswirken können (etwa bei scharfer Konkurrenz).[43] Für den AN empfiehlt sich deshalb gerade bei bevorstehendem Betriebsübergang rechtzeitige Akteneinsicht beim bisherigen, nach Betriebsübergang beim neuen AG.

10 Nach Beendigung des Arbeitsverhältnisses ist der AG verpflichtet, die Arbeitspapiere an den AN herauszugeben. Bewerberunterlagen dürfen bis zur Einstellungsentscheidung aufbewahrt werden. Im Hinblick auf die Klagefrist des § 15 Abs. 4 AGG rechtfertigt sich eine weitere Aufbewahrung für einen Zeitraum von 2 Monaten nach Ablehnung.[44]

11 Der Begriff der **elektronischen Personalakte**[45] hat keinen gesetzlich definierten Inhalt (weitere Begriffe: digitalisierte/virtuelle PA). In unterschiedlicher Form versteht man darunter die Übernahme der in konventionellen Papierakten vorhandenen Daten in Datenbanken, wobei offen bleiben kann, ob die entspr. Papiere anschließend vernichtet werden oder – zumindest partiell – erhalten bleiben. Der Begriff gibt keine Klarheit über »Aktenführung«, Zugriffsberechtigung und -protokollierung, Verbindung und Möglichkeiten des Abgleichs mit anderen personenbeziehbaren Daten in- und außerhalb des UN. Generell gelten alle Anforderungen aus dieser und anderen Vorschriften sowie dem Grundrecht auf informationelle Selbstbestimmung für konventionelle PA auch und erst recht für elektronische PA.[46] Bspw. kann sich ein AG den Rechten auf Akteneinsicht, Gegendarstellung und Abmahnungsbeseitigung, aber auch den Grundsätzen zur besonderen Vertraulichkeit im Umgang mit sensiblen Daten nicht mit Hinweis auf die elektronische Form entziehen. Bei elektronischen PA besteht sogar ein **erhöhtes Gefährdungspotential** in Bezug auf die jederzeitige und sofortige Möglichkeit des Zugriffs, der Verarbeitung, Nutzung und Übermittlung der Daten, aber auch des Abgleichs mit anderen personenbeziehbaren Daten in- und außerhalb des UN. Regelmäßig ist die elektronische PA in ein betriebliches oder unternehmensweites **elektronisches Personalinformationssystem** eingebunden. Aus unternehmerischer Sicht werden die Übermittlung vollständiger Personaldatensätze einschließlich solcher Daten wie Gewerkschaftsmitgliedschaft bei »due diligence« (Durchleuchtung der Ressourcen eines ggf. zu erwerbenden Zielunternehmens) an Dritte, potentielle Erwerber und Interessenten erwogen und Konzepte präsentiert, um rechtliche und tatsächliche Hindernisse zu überwinden.[47] Grundsätzlich gelten hierfür **zwei**

40 Vgl. *BAG* 18.12.84, AP Nr. 8 zu § 611 BGB Persönlichkeitsrecht; *Fitting,* Rn. 9; Richardi-*Thüsing,* Rn. 14.
41 *Kammerer,* AuR 07, 192 f.; *Hummel/Hilbrans,* AuR 06, 207 ff., zur Datenübermittlung im Konzern.
42 Für einen Herausgabeanspruch nach §§ 402, 412 BGB *OLG Thüringen* 2.5.12 – 7 U 971/11.
43 Vgl. *Däubler,* Gläserne Belegschaften?, Rn. 489 c, zur Übermittlung von AN-Daten.
44 *Löw,* AuR 09, 195.
45 Dazu *Kiesche/Wilke, Däubler, Böker, Meier,* in Computer und Arbeit, Schwerpunktheft 6/10, 5 ff.; *Greis,* RdV 08, 64.
46 *Löw,* AuR 09, 192.
47 *Braun/Wybitul,* BB 08, 782.

Schranken, nämlich die betriebsverfassungsrechtliche und datenschutzrechtliche Zulässigkeit. Betriebsverfassungsrechtlich setzt die Einführung der elektronischen PA die **vorherige Zustimmung des BR** gem. § 87 Abs. 1 Nr. 6 voraus.[48]. Die Gegenansicht[49] räumt zwar ein, dass auch die elektronische PA eine technische Einrichtung ist, meint aber, dass der Überwachungsvorgang nicht anders erfolge, als wenn die PA in Papierform geführt würde. Das trifft schon empirisch nicht zu und leugnet nur den besonderen Gefährdungscharakter, der die Mitbestimmung nach § 87 Abs. 1 Nr. 6 erforderlich macht. Der AG hat insofern keinen eigenen Regelungsspielraum. Daraus ergibt sich zugleich, dass die **Zustimmung des BR nicht erzwingbar** ist und nur freiwillig gegeben werden kann.[50] Datenschutzrechtlich ist insbes. die auf freier Entscheidung beruhende, schriftliche Einwilligung der Betroffenen erforderlich (§§ 4, 4 a BDSG).

2. Einsicht durch Arbeitnehmer

Das Einsichtsrecht des AN besteht hinsichtlich aller Aufzeichnungen, die in der PA bzw. in Sonder- oder Nebenakten über ihn geführt werden. Es bezieht sich somit auch auf Aufzeichnungen, die »außerhalb von Akten« gemacht wurden, die vom AG als »vertraulich« gekennzeichnet sind,[51] schließlich auf betriebliche **Ermittlungsakten,** selbst wenn die Ermittlungen dadurch gefährdet werden.[52] Die Verweigerungsgründe des § 34 Abs. 1 Satz 4 bzw. Abs. 7 BDSG sind nicht anwendbar. Auch die Existenz eines Betriebs- oder Geschäftsgeheimnisses steht der Einsicht nicht entgegen; ggf. ist der AN insoweit zur Verschwiegenheit verpflichtet.[53] Das Einsichtsrecht beinhaltet das Recht zur Anfertigung von Notizen und Kopien auf eigene Kosten.[54] Elektronisch gespeicherte Daten sind auszudrucken. Die datenschutzrechtliche Auskunft ist unentgeltlich.[55] Ein Einsichtsrecht in Akten des BR besteht nicht, da diese nicht zu den PA gehören. **12**

Der Auskunftsanspruch über erhobene, gespeicherte oder veränderte Daten nach § 34 Abs. 4 BDSG besteht auch nach Beendigung des Arbeitsverhältnisses. Nach Auffassung des *BAG* ergibt sich das Einsichtsrecht für PA, die in Papierform geführt werden, nach Beendigung des Arbeitsverhältnisses weder aus § 83 bzw. § 26 Abs. 2 Satz 1 SprAuG, noch aus § 34 BDSG. Auf personenbezogene Daten, die nicht »in oder aus einer nicht automatisierten Datei verarbeitet, genutzt oder für die Verarbeitung oder Nutzung in einer solchen Datei erhoben werden« sei nach § 32 Abs. 2 BDSG nur § 32 Abs. 1 BDSG anzuwenden, nicht aber der gesamte 3. Abschnitt des BDSG. Jedoch ergebe sich der Anspruch des AN nach Beendigung des Arbeitsverhältnisses auf Einsicht in seine vom ehemaligen AG weiter aufbewahrte PA aus der nachwirkenden arbeitgeberseitigen Schutz- und Rücksichtnahmepflicht gem. § 241 Abs. 2 BGB i. V. m. Art. 2 Abs. 1, Art. 1 Abs. 1 GG (Grundrecht auf informationelle Selbstbestimmung). Er setzt nicht voraus, dass der AN ein konkretes berechtigtes Interesse darlegt.[56] Für einen Anspruch auf Herausgabe der gesamten Akte (statt Einsicht) sieht das *BAG* a. a. O. keine Anspruchsgrundlage. Arbeitspapiere sind aber mit Vertragsbeendigung auszuhändigen.[57] **13**

Eine Benachteiligung wegen der Ausübung der hier geregelten AN-Rechte ist verboten (vgl. § 82 Rn. 2 sowie § 612 a BGB, § 16 AGG). Die Einsichtnahme erfolgt während der **Arbeitszeit**[58] und ist damit Arbeitszeit i. S. d. ArbZG. Ein Entgeltausfall bzw. eine Kostenbelastung des AN **14**

48 GK-*Wiese*, § 87 Rn. 541 ff.; *Gola*, RDV 08, 142; *Trittin*, NZA 09, 343; *Kiesche/Wilke*, Computer und Arbeit 6/10, 5 ff., auch zu Inhalten; Auswertung zu Inhalten bei *Böker*, HBS 2010.
49 *Diller/Schuster*, DB 08, 928; *Göpfert/Meyer*, NZA 11, 486.
50 Vgl. *Hummel/Hilbrans*, AuR 05, 209.
51 GK-*Franzen*, Rn. 23; Richardi-*Thüsing*, Rn. 9.
52 *Dütz*, FS Wlotzke, S. 31; *Fitting*, Rn. 6; vgl. auch *HessVGH* 13.12.89, AuR 91, 60; a. A. *GL*, Rn. 14.
53 DKWW-*Däubler*, § 34 BDSG, Rn. 55.
54 Richardi-*Thüsing*, Rn. 17; *Fitting*, Rn. 11; GK-*Franzen*, Rn. 24; *HWGNRH*, Rn. 36.
55 Vgl. *R. Franz*, PersR 11, 193, m. w. N. zur elektronischen PA, vor allem im ö. D.
56 *BAG* 16.11.10 – 9 AZR 573/09, AuR 11, 222.
57 *Herfs-Röttgen*, NZA 13, 480.
58 ErfK-*Kania*, Rn. 4; *Fitting*, Rn. 12; GK-*Franzen*, Rn. 22; *HWGNRH*, Rn. 43; Richardi-*Thüsing*, Rn. 22; a. A. *SWS*, Rn. 16.

darf dadurch **nicht eintreten.** Der AN hat Anspruch auf Ausdruck aller über ihn gespeicherten Daten in einer entschlüsselten und verständlichen Form.

15 Das Gesetz regelt keine Einzelheiten des Einsichtsrechts, wie Häufigkeit und Ort der Einsichtnahme. Diese Fragen unterliegen der **Mitbestimmung des BR** nach § 87 Abs. 1 Nr. 1 und können im Wege einer erzwingbaren BV geregelt werden, sofern der Rechtsanspruch des AN unangetastet bleibt.[59] Durch BV lässt sich festlegen, dass die einzelnen Seiten nummeriert werden, wo die Akten aufbewahrt werden, wer zu welchen Zwecken Zugang zu ihnen hat, wie bei einer zentralen Verwahrung (etwa bei UN mit verschiedenen Filialen/Zweigstellen) Einsicht genommen wird (z. B. nach Aktenversendung oder Dienstreise zur Hauptverwaltung), mit welchen Löschungsfristen bestimmte Vorgänge wieder zu entfernen sind[60]. Besteht keine BV, kann das Einsichtsrecht grundsätzlich **jederzeit,**[61] auch ohne besonderen Anlass[62] und **besondere Begründung** ausgeübt werden. Rechtsmissbrauch liegt nicht vor, wenn mehrere AN gleichzeitig oder während betrieblicher oder tariflicher Auseinandersetzungen Einsicht nehmen. Die Darlegung eines besonderen Anlasses oder Interesses kann nicht verlangt werden.[63]

16 Die Einsicht ist grundsätzlich durch den AN persönlich auszuüben. Er kann auch einen **Bevollmächtigten,** z. B. BR-Mitglied, entsenden.[64] Abs. 1 Satz 2 steht dem nicht entgegen. Die Einsichtnahme ist für den AN auch dann **kostenlos,** wenn sie Kosten verursachen sollte.[65] Nach § 3 Abs. 5 TVöD, § 3 Abs. 6 TV-L kann das Einsichtsrecht durch einen schriftlich Bevollmächtigten ausgeübt werden. Bei der Einsichtnahme dürfen keine Personen anwesend sein, die den AN überwachen oder mit seiner Überwachung beauftragt sind[66] (vgl. § 80 Rn. 136 zur Einsicht des BR in Bruttolohn- und Gehaltslisten; zum Auskunftsanspruch nach § 34 BDSG vgl. Rn. 36).

3. Hinzuziehung eines Betriebsratsmitglieds

17 Der AN kann ein **BR-Mitglied** seiner Wahl zur Einsichtnahme in die PA hinzuziehen (grundsätzlich zur BR-Unterstützung in Fragen des Arbeitsverhältnisses § 82 Rn. 13). Eines der Einsichtnahme vorausgehenden Beschlusses des BR bedarf es nicht. Das BR-Mitglied kann sich dieser Unterstützungsfunktion nur entziehen, wenn es wichtige Gründe geltend machen kann.[67]

18 Das BR-Mitglied hat das Recht, **Einsicht in demselben Umfang** zu nehmen, wie es auch dem betr. AN möglich ist.[68] Es ist berechtigt, nicht nur in die sog. Hauptpersonalakte Einblick zu nehmen, sondern auch in alle Sonder- oder Nebenakten und Aufzeichnungen, die über den AN geführt werden. Mit Vollmacht des AN kann das BR-Mitglied für ihn auch allein Einsicht nehmen.[69] Im Übrigen hat der BR kein allgemeines Personalakteneinsichtsrecht. Das LAG *Berlin* hat sogar den mehrfachen (253 Fälle) unberechtigten Zugriff auf elektronische PA zum Anlass des Ausschlusses eines BR-Vorsitzenden nach § 23 genommen, den Antrag auf Zustim-

---

59 *LAG Saarbrücken* 30.1.74, AuR 74, 217; *Fitting,* Rn. 13; GK-*Franzen,* Rn. 22; HaKo-*Lakies,* Rn. 43; *Kammerer,* AuR 07, 191 f.; Richardi-*Thüsing,* Rn. 24; *Kiesche/Wilke,* Computer und Arbeit 6/10, 5 ff., auch zu Inhalten; a. A. ErfK-*Kania*: nur freiwillig.

60 Muster in DKKWF-*Buschmann,* § 3 Rn. 5. vgl. einvernehmliche Regelung nach einem ESt.-Verfahren bei Horten, Bremerhaven.

61 Richardi-*Thüsing,* Rn. 21; GK-*Franzen,* Rn. 36.

62 *Richardi,* a. a. O.

63 Mustergesuch des AN auf Einsicht in DKKWF-*Buschmann,* § 83 Rn. 2 ff.

64 *Fitting,* Rn. 12; *GL,* Rn. 13; *Kammerer,* Rn. 235; a. A. *HWGNRH,* Rn. 45; Richardi-*Thüsing,* Rn. 27; GK-*Franzen,* Rn. 26: nur aus besonderen Gründen wie Krankheit; generell gegen eine Bevollmächtigung *LAG Schleswig-Holstein* 17.4.14 – 5 Sa 385/13, NZA 14, 1276; dem folgend *LAG Nürnberg* 10.10.14 – 8 Sa 138/14, Rev. 9 AZR 791/14: höchstpersönliches Recht als Umkehrschluss aus der Gesetzesformulierung. Spätestens im gerichtlichen Verfahren versagt diese Argumentation.

65 Richardi-*Thüsing,* Rn. 32; *Fitting,* Rn. 12.

66 *Löw,* AuR 09, 194; Richardi-*Thüsing,* Rn. 23; aA. GK-Franzen, Rn. 23.

67 ErfK-*Kania,* Rn. 7.

68 *Fitting,* Rn. 41.

69 *ArbG Reutlingen* 8.5.81, BB 81, 1092; a. A. GK-*Franzen,* Rn. 28.

mung zur ao Kündigung aber zurückgewiesen.[70] Der BR hat die Einhaltung der sich aus dieser Vorschrift ergebenden Verpflichtungen des AG nach § 80 zu überwachen. In diesem Rahmen kann er, soweit im Einzelfall für seine Aufgabenerfüllung erforderlich, eine konkrete Information aus der PA anfordern.[71] Dies gilt auch, um zu prüfen, ob Inhalte der PA gegen Rechtsvorschriften wie das AGG verstoßen (vgl. Rn. 4). Gem. § 80 Abs. 2 hat er einen allgemeinen Auskunftsanspruch zur Prüfung seiner Mitbestimmungsrechte auch im Zusammenhang mit Abmahnungen. Das *BAG* hat allerdings einen sog. Globalantrag eines BR auf Auskunft über alle erteilten Abmahnungen zurückgewiesen.[72] Systematisch nicht überzeugen kann die Entscheidung des *LAG Niedersachsen,*[73] die einem AN einen individuellen Anspruch gegen den AG gibt, es zu unterlassen, außerhalb mitbestimmungspflichtiger Vorgänge dem BR seine vollständige PA ohne seine Genehmigung zur Verfügung zu stellen. Soweit die gesetzlichen Informationsansprüche des BR gegen den AG reichen, greifen sie schon nicht in das Persönlichkeitsrecht ein. Gewährt der AG dem BR ohne rechtliche Verpflichtung darüber hinaus gehende Einsicht, ergibt sich daraus noch kein Umkehrschluss auf eine rechtswidrige Persönlichkeitsrechtsverletzung. Auch Datenschutzgesichtspunkte stehen einer derartigen Information des BR nicht entgegen. Der BR ist nicht Dritter, sondern i. S. d. § 3 Abs. 7 BDSG Teil der verantwortlichen Stelle.[74]

Über den Inhalt der PA hat das BR-Mitglied **Stillschweigen zu bewahren,** auch vor anderen **19** BR-Mitgliedern.[75] Diese Pflicht besteht nicht zu Gunsten des AG, sondern des betr. AN, gilt also nicht, wenn das BR-Mitglied vom AN von der Verschwiegenheitspflicht, ggf. teilweise, entbunden wird (zur Relativität der Schweigepflicht vgl. §§ 82 Rn. 16 und 79 Rn. 20). Das Einsichtsrecht selbst wird dadurch nicht eingeschränkt.[76] Bei einem groben Verstoß gegen die Schweigepflicht kommt ein Amtsenthebungsverfahren nach § 23 Abs. 1 in Betracht. Die Verletzung der Schweigepflicht ist unter den Voraussetzungen des § 120 Abs. 2 strafbar. Schwerbehinderte AN sind berechtigt, die Schwerbehindertenvertretung hinzuzuziehen (§ 95 Abs. 3 S. 1 SGB IX). Diese unterliegt ebenfalls der Schweigepflicht.

III. Erklärungen und Abmahnungsbeseitigungsklage

Der AN hat nach Abs. 2 das Recht, **Erklärungen zum Inhalt der PA** abzugeben.[77] Das kann **20** von Bedeutung sein, wenn in der PA Beurteilungen oder Rügen des AG (Verwarnungen, Abmahnungen usw.) enthalten sind. Die Gegendarstellung kann das sich daraus ergebende negative Bild korrigieren. Den schriftlichen Erklärungen des AN zur PA können auch die dazu erforderlichen Unterlagen beigelegt werden, wie z. B. Erklärungen anderer AN zu einem bestimmten Vorgang. Der AN kann auch sonstige **Unterlagen beifügen,** wie Bescheinigungen über während des Arbeitsverhältnisses erworbene Qualifikationen, um so den Inhalt der PA zu ergänzen.[78] Die Erklärungen des AN und die Unterlagen sind auch dann der PA beizufügen, wenn sie der AG für unzutreffend oder nicht in die PA gehörend ansieht.[79] Grenzen werden durch Rechtsmissbrauch und Unzumutbarkeit bestimmt. Auch nach Abweisung einer arbeitsgerichtlichen Abmahnungsbeseitigungsklage hat der AN die Möglichkeit, der PA eine **Gegendarstellung** unter Bezugnahme und Hinzufügung der abschließenden (im Ausgangsfall verfassungsgerichtlichen) Entscheidung beizufügen. Das *BVerfG* hatte in dieser Entscheidung eine

---

70 *LAG Berlin* 12.11.12 – 17 TaBV 1318/12, AuR 13, 56.
71 *BAG* 20.12.88, AP Nr. 5 zu § 99 ArbGG; ausführlich § 80 Rn. 116; zum Datenschutz § 79 Rn. 40, jeweils m. w. N.
72 *BAG* 17.9.13 – 1 ABR 26/12, AuR 14, 121; weit. Nachw. bei § 80, Rn. 93.
73 *LAG Niedersachsen* 22.01.07 – 11 Sa 614/06, AuR 07, 358, mit krit. Anm. *Buschmann.*
74 *BAG* 14.1.14 – 1 ABR 54/12, EzA-SD 2014, Nr 11, 15; 12.8.09 – 7 ABR 15/08, AuR 10, 14; *Fitting,* Rn. 23; ausführlich § 79 Rn. 44.
75 Richardi-*Thüsing,* Rn. 34 f.; GK-*Franzen,* Rn. 46.
76 GK-*Franzen,* Rn. 29.
77 GK-*Franzen,* Rn. 31 ff.
78 Vgl. z. B. GK-*Franzen,* Rn. 33; *Kort,* RdA 92, 378.
79 *Kammerer,* Rn. 237; ErfK-*Kania,* Rn. 6; *Fitting,* Rn. 14; *Linnenkohl/Töfflinger,* AuR 86, 199 [205]; a. A. GK-*Franzen,* Rn. 34 für ein formelles Prüfungsrecht, wofür aber die gesetzliche Grundlage fehlt.

VB zwar formal abgewiesen, in den Gründen aber verfassungsrechtliche Bedenken gegen die angegriffene arbeitsgerichtliche Entscheidung aufgezeigt.[80]

21 Letztlich aus dem Grundrecht auf informationelle Selbstbestimmung folgt die grundsätzliche Pflicht des AG, keine unrichtigen Daten über den AN aufzubewahren.[81] Unabhängig von der Einsichtnahme hat der AN entspr. §§ 242, 1004 BGB Anspruch auf Rücknahme und **Entfernung** einer zu Unrecht erteilten **Abmahnung** aus der PA. Das gleiche gilt (auch ohne Abmahnungscharakter) für **unrichtige Angaben und missbilligende Äußerungen** in der PA, wenn diese **unzutreffende Tatsachenbehauptungen** enthalten, die den AN in seiner Rechtsstellung und in seinem beruflichen Fortkommen beeinträchtigen können;[82] ebenso zu **pauschalen Vorwürfen** statt eines konkret bezeichneten Fehlverhaltens.[83] Entsprechendes gilt bei **formellen Fehlern**, z. B. wenn der AN vor Aufnahme der Abmahnung in die PA nicht gehört worden ist,[84] bei unbegründetem Vorwurf der Verletzung arbeitsvertraglicher Pflichten,[85] bei unzutreffenden, rechtlichen Bewertungen,[86] überschießenden strafrechtlichen Vorwürfen,[87] allgemein Unwerturteilen, die über das mit einem Tadel notwendig verbundene Maß hinausgehen[88] oder wenn (z. B. bei Verteilung politischer Flugblätter während der Mittagspause in der Kantine) die **Abmahnung unverhältnismäßig** ist.[89] Zudem dürfen Abmahnungen nicht gegen das **AGG** oder den **Gleichbehandlungsgrundsatz**[90] verstoßen.

22 Bei teilweise unzutreffenden Angaben ist die **vollständige Abmahnung,** nicht nur der unzutreffende Bestandteil, zu entfernen.[91] Unzulässig und entspr. § 1004 BGB zu entfernen und zu vernichten sind Rügen und Abmahnungen, die der AG im Zusammenhang mit einem rechtmäßigen **Streik** erteilt hat,[92] desgleichen Vorwürfe oder Feststellungen, die zwar inhaltlich zutreffen, an deren Aufbewahrung aber **kein rechtlich geschütztes Interesse** besteht, etwa bei einem Schreiben, mit dem der AG über eine Gehaltskürzung infolge einer Teilnahme an einem Warnstreik informiert,[93] schließlich Vorgänge, die in keinem Zusammenhang mit dem Arbeitsverhältnis stehen und deshalb nicht in die PA gehören.

23 Aus dem materiellen Begriff der PA ergibt sich, dass dieser Beseitigungsanspruch auch dann besteht, wenn die missbilligenden Erklärungen des AG nicht in eine förmliche PA eingeheftet, sondern nur nach bestimmten Ordnungsprinzipien verwaltet und abgelegt werden.[94]

24 Im Streit hat der AG die Richtigkeit der Gründe für die Abmahnung zu **beweisen.**[95] Die rechtswidrige Abmahnung hat regelmäßig keine Warnfunktion.[96] Das *BAG*[97] macht davon eine Ausnahme für den Fall der lediglich fehlerhaften Abmahnung nach § 13 BAT (Nichtanhörung des AN vor Ausspruch), da auch eine mündliche Abmahnung wirksam gewesen wäre.

---

80 *BVerfG* 16.10.98, AuR 99, 36.

81 *BAG* 16.11.10 – 9 AZR 573/09, AuR 11, 222.

82 St. Rspr., *BAG* 27.11.85, AP Nr. 93 zu § 611 BGB Fürsorgepflicht.

83 *BAG* 27.11.08 – 2 AZR 675/07, AuR 09, 224; zu »unklaren und unrichtigen« Tatsachenangaben in einer Abmahnung *LAG Köln* 19.6.06 – 9 (4) Sa 173/06, AuR 07, 142; zu **missbilligenden Erklärungen** außerhalb der PA *LAG Baden-Württemberg* 2.8.00 – 12 Sa 7/00, AuR 01, 192, (Meinungsfreiheit von Redakteuren); dazu *Deiseroth,* AuR 01, 163.

84 *BAG* 21.5.92, AuR 92, 349; 27.11.08, a. a. O.; *Kammerer,* Rn. 232.

85 St. Rspr., vgl. nur *Quecke,* Die Abmahnung, S. 38, m. w. N.; *BVerfG* 14.11.95 – 1 BvR 601/92, AuR 96, 151 mit Anm. *Heilmann,* zur **gewerkschaftlichen Betätigung im Betrieb;** *BAG* 5.8.92, AiB 93, 57.

86 *BAG* 27.11.08, a. a. O.

87 *ArbG Berlin* 4.11.11 – 28 Ca 11553/11, LAGE § 611 BGB 2002 Abmahnung Nr. 8.

88 *LAG Köln* 12.5.95 – 13 Sa 137/95.

89 *BAG* 20.1.15 – 9 AZR 860/13; 12.6.86, NZA 87, 153; *Adam,* AuR 01, 42.

90 *Herfs-Röttgen,* NZA 13, 480; *Gola/Wronka,* Hdb. zum Arbeitnehmerdatenschutz, 5. Aufl. 2010, Rn. 131.

91 *BAG* 13.3.91, NZA 91, 768; *LAG Hamm* 23.4.94 – 4 Sa 1811/91; *ArbG München* 16.11.04 – 21 Ca 22397/03, AuR 05, 195.

92 *LAG Rheinland-Pfalz* 20.3.81 – 6 Sa 815/80, LAGE § 611 BGB Fürsorgepflicht Nr 2: Streik in einer Ersatzkasse; *HWGNRH,* Rn. 56.

93 *BAG* 13.4.88, DB 88, 1702.

94 *LAG Baden-Württemberg* 2.8.00, a. a. O.

95 *Fitting,* Rn. 15; *LAG Bremen* 6.3.92, BB 92, 998.

96 *Bahntje,* AuR 96, 250 m. w. N.

97 *BAG* 21.5.92, AuR 92, 349.

Dann beruht aber die Warnfunktion gerade nicht auf der formell zur PA genommenen Abmahnung. Auch nach Entfernung einer Abmahnung aus der PA besteht[98] ein Widerrufsanspruch, vorausgesetzt, dass die Rechtsbeeinträchtigungen andauern und durch den begehrten Widerruf auch beseitigt werden können. Das ist regelmäßig der Fall, wenn die Abmahnung allein aus formellen Gründen zu beseitigen ist.[99]

Bei der Beurteilung von Eignung, Befähigung und fachlichen Leistungen der AN hat der AG einen nur eingeschränkt überprüfbaren **Beurteilungsspielraum**. Beurteilungen können darauf kontrolliert werden, ob der Beurteiler allgemeine Beurteilungsmaßstäbe beachtet, alle wesentlichen Umstände berücksichtigt und ein fehlerfreies Verfahren eingehalten hat.[100] Ein beachtlicher Verfahrensfehler, der sich auf das Beurteilungsergebnis auswirken konnte, führt zu einem Entfernungsanspruch des AN.[101] Im Übrigen richtet sich die gerichtliche Kontrolle danach, wie die Beurteilung begründet wird. Wird die Beurteilung auf allgemein gehaltene Tatsachenbehauptungen gestützt, hat der AG sie auf Verlangen des AN zu konkretisieren. Das Gericht hat uneingeschränkt zu überprüfen, ob der AG von einem zutreffenden Sachverhalt ausgegangen ist.[102] Im Rahmen der Erörterungen nach § 82 ist dem AN jede über ihn bestehende Beurteilung zur Kenntnis zu geben und angemessen zu erläutern. Nach §§ 84, 85 kann der AN förmlich Beschwerde einlegen, wenn er sich durch eine Beurteilung beeinträchtigt fühlt. 25

Den AN trifft **weder Pflicht noch Obliegenheit, gegen Abmahnungen oder Angaben in den PA klageweise vorzugehen.** Dies ist vielfach auch nicht sinnvoll. Mit Ausspruch der Abmahnung verzichtet der AG i. d. R. zugleich auf das Recht zur Kündigung aus den Gründen, wegen derer die Abmahnung erfolgt ist.[103] Im Übrigen liefert die PA Beweis, dass bestimmte Unterlagen existieren bzw. bestimmte Erklärungen eines Ausstellers abgegeben worden sind, nicht dass sie inhaltlich zutreffen. Der AN kann statt Klage auch **Beschwerde einlegen,**[104] eine **Gegendarstellung einreichen oder gar nichts veranlassen** und ggf. in einem späteren Verfahren die in dem Schreiben enthaltenen Tatsachen bestreiten. In dem Kündigungsrechtsstreit wird dann die Rechtfertigung der im Abmahnungsschreiben enthaltenen Vorwürfe überprüft.[105] Der Anspruch auf Entfernung einer Abmahnung unterfällt ebenso wie das Recht, eine Abmahnung auszusprechen und zur PA zu nehmen, keiner tariflichen Ausschlussfrist.[106] Regelmäßig besteht er jedoch nicht mehr nach Beendigung des Arbeitsverhältnisses, es sei denn, objektive Anhaltspunkte sprechen dafür, dass die Abmahnung dem AN noch schaden kann.[107] Für eine großzügigere Betrachtung spricht, dass § 6 AGG ausgeschiedene Beschäftigte in den Schutz des AGG einbezieht.[108] 26

Nach *BAG*[109] bestehen keine festen **Fristen,** innerhalb deren die ursprünglich berechtigte Abmahnung wirkungslos würde. Maßgeblich für den **Zeitablauf** seien die Umstände des Einzelfalls.[110] Der Beseitigungsanspruch besteht, wenn selbst bei einer zu Recht erteilten Abmahnung kein schutzwürdiges Interesse des AG mehr an deren Verbleib in der PA besteht.[111] Nach *BVerfG*[112] ist eine Abmahnung jedenfalls 6 Jahre nach dem beanstandeten Verhalten 27

98 *BAG* 15.4.99, AuR 99, 352.
99 *LAG Sachsen-Anhalt* 19.12.01 – 3 Sa 479/01.
100 *BAG* 18.8.09 – 9 AZR 617/08, AuR 10, 83.
101 *BAG* 18.11.08 – 9 AZR 865/07, AuR 09, 105.
102 *BAG* 18.8.09 – 9 AZR 617/08, AuR 10, 83.
103 *BAG* 13.12.07 – 6 AZR 145/07, AuR 08, 53, 160.
104 Richardi-*Thüsing*, Rn. 44; zur ESt. § 85 Rn. 11.
105 St. Rspr., vgl. nur *BAG* 3.2.93, AuR 93, 184; *Kammerer*, Rn. 532 [Fn. 10]; *Pflaum*, § 10 Rn. 295 ff. [303 ff.] jeweils m. w. N.
106 *BAG* 14.12.94, AuR 95, 147, zu § 70 BAT unter ausdrücklicher Aufgabe der früheren gegenteiligen Rspr.; *Kammerer*, Rn. 258.
107 *BAG* 14.9.94 – 5 AZR 632/93, AuR 95, 29.
108 *Löw*, AuR 09, 195.
109 *BAG* 18.11.86, AP Nr. 17 zu § 1 KSchG 1969 Verhaltensbedingte Kündigung; 21.5.87 – 2 AZR 313/86; 27.1.88, ZTR 88, 309.
110 A. A. *LAG Hamm* 14.5.86 – 2 Sa 320/86, jedoch aufgehoben durch *BAG* 21.5.87, a. a. O.
111 *Adam*, AuR 01, 41; *Deiseroth*, AuR 01, 164 m. w. N.; *BAG* 20.1.15 – 9 AZR 860/13; 19.7.12 – 2 AZR 782/11, DB 12, 2939.
112 *BVerfG* 16.10.98, AuR 99, 36.

durch Zeitablauf wirkungslos geworden. An diesen Grundsätzen hat sich in der Rspr. auch nach der sog. Emmely-Entscheidung[113] des *BAG* zu Bagatellvorgängen nichts geändert. Inbes. hat die Abmahnung nicht die Funktion, einen sog. »Vertrauensvorrat« positiv oder negativ zu bestimmen. Zur Abgrenzung zwischen individual-rechtlichen Abmahnungen und mitbestimmungspflichtigen Betriebsbußen vgl. § 87 Abs. 1 Nr. 1.[114]

28 **Schadensersatzansprüche** der AN kommen in Frage, wenn etwa ein AN auf Grund eines unrichtigen Personalaktenvermerks nicht befördert wurde; ferner, wenn der AG gegen das Gebot der Vertraulichkeit verstößt, indem er die PA einem dritten UN überlässt.[115] Einen Schmerzensgeldanspruch lehnte das *BAG* für den Fall ab, dass die Rechtsverletzung keine Nachteile verursacht hat und aus Sicht des AG auch den Interessen des AN dienen sollte.

IV. § 83 und das Bundesdatenschutzgesetz

29 Das BDSG findet nach § 1 Abs. 2 Nr. 3 BDSG u. a. Anwendung auf die Erhebung, Verarbeitung oder Nutzung personenbezogener Daten durch nichtöffentliche Stellen, wenn dabei Datenverarbeitungsanlagen eingesetzt oder die Daten in oder aus nicht automatisierten Dateien verarbeitet, genutzt oder dafür erhoben werden. Automatisierte Verarbeitung ist die Erhebung, Verarbeitung oder Nutzung personenbezogener Daten unter Einsatz von Datenverarbeitungsanlagen. Eine nicht automatisierte Datei ist jede nicht automatisierte Sammlung personenbezogener Daten, die gleichartig aufgebaut ist und nach bestimmten Merkmalen zugänglich ist und ausgewertet werden kann (§ 3 Abs. 2 BDSG). Bei Akten kommt es daher darauf an, ob sie in dieser Weise (z. B. durch Verwendung einheitlicher Formulare) strukturiert sind oder nicht.[116] Auf **traditionelle Personalakten** fand das BDSG früher nach h. M. keine Anwendung. Etwas anderes galt nur, wenn die personenbezogenen Daten offensichtlich aus einer automatisierten Verarbeitung entnommen worden waren (§ 27 Abs. 2 BDSG), erst recht, wenn die PA als **elektronische PA** geführt wurde. Seit 2009 trifft § 32 Abs. 2 BDSG eine förmliche Bereichsausnahme von § 27 Abs. 2, so dass auch die ausschließlich manuelle Erhebung, Verarbeitung oder Nutzung von Beschäftigtendaten nur unter den Voraussetzungen des § 32 Abs. 1 BDSG zulässig ist. Dies gilt dann auch für traditionelle PA.[117] Dies entspricht der europäischen DatenschutzRL 95/46/EG, Begründungserwägung Nr. 27 sowie Art. 3.19. Nach Auffassung des *BAG* enthält § 32 Abs. 2 BDSG nur eine begrenzte Ausnahmeregelung zu § 32 Abs. 1 BDSG und kann nicht verallgemeinernd auf den gesamten 3. Abschnitt des BDSG, so auch nicht auf die §§ 33 – 35 BDSG, bezogen werden. Die Vorschrift beziehe sich ausschließlich auf die Anwendung des § 32 Abs. 1 BDSG. § 32 Abs. 1 BDSG ist danach allein materielle Rechtfertigungsnorm der Datenverwendung für Zwecke des Beschäftigungsverhältnisses.[118]

30 Durch das BDSG wird der Betroffene vor Gefahren bei der **Erhebung, Verarbeitung und Nutzung personenbezogener Daten** geschützt. Nach § 28 Abs. 1 Satz 2 sind bei der Erhebung personenbezogener Daten die Zwecke, für die die Daten verarbeitet oder genutzt werden sollen, konkret festzulegen. Die Erhebung, Verarbeitung und Nutzung personenbezogener Daten ist nach § 4 Abs. 1 BDSG nur zulässig, wenn

- das BDSG oder
- eine andere, u. U. auch gemäß § 1 Abs. 3 BDSG vorrangige Rechtsvorschrift dies erlaubt oder
- der Betroffene in freier Entscheidung (§ 4 a BDSG) schriftlich eingewilligt hat.

31 Für Gestaltung und Auswahl von Datenverarbeitungssystemen gilt der **Grundsatz der Datenvermeidung und Datensparsamkeit,** d. h. das Ziel, keine oder so wenig personenbezogene Daten wie möglich zu erheben, zu verarbeiten oder zu nutzen (§ 3 a BDSG). Nach § 32 Abs. 1

---

113 *BAG* 10.6.10 – 2 AZR 541/09, AuR 11, 69, zum Vorwurf der Ansichnahme von Pfandbons über 1,30 €.
114 Muster einer Abmahnungsbeseitigungsklage in DKKWF-*Buschmann,* § 83 Rn. 6.
115 *BAG* 18.12.84, AP Nr. 8 zu § 611 BGB Persönlichkeitsrecht: Verletzung des allgemeinen Persönlichkeitsrechts.
116 BT-Drucks. 14/4329, 32; zu dem Ganzen *Däubler,* NZA 01, 874; *Wedde,* AiB 01, 373 ff.
117 Däubler/Klebe/Wedde/Weichert-*Däubler,* § 32 BDSG, Rn. 5; GK-*Franzen,* Rn. 45; *Herfs-Röttgen,* NZA 13, 479; einschränkend Richardi-*Thüsing,* Rn. 5; WPK-Preis, Rn. 12.
118 *BAG* 16.11.10 – 9 AZR 573/09, AuR 11, 222; a:A: *Riesenhuber,* NZA 14, 753 ff., 755.

BDSG ist die Erhebung, Verarbeitung oder Nutzung personenbezogener Daten eines Beschäftigten nur zulässig, wenn dies für die Entscheidung über die Begründung eines Beschäftigungsverhältnisses oder nach Begründung für dessen Durchführung oder Beendigung **erforderlich** ist. Der in § 28 BDSG n. F. wie § 32 BDSG n. F. verwendete Begriff der **Erforderlichkeit** geht über die bisher anzuwendende Rechtsgrundlage des § 28 Abs. 1 Nr. 1 a. F. BDSG (der Zweckbestimmung … dient) hinaus, räumt dem AG insoweit keinen Beurteilungsspielraum ein und ist gerichtlich voll überprüfbar.[119] Die Voraussetzungen für Erhebung, Verarbeitung und Nutzung personenbezogener Daten sind im Hinblick auf das **Grundrecht auf informationelle Selbstbestimmung.**[120] restriktiv zu interpretieren.

Verantwortliche Stelle im Rahmen des 3. Abschnitts (§§ 27 ff. BDSG) ist das UN, das die Daten verarbeitet. Somit ist ein Datenfluss von einem Konzern-UN zu einem anderen UN des Konzerns oder zur Konzernmutter eine *Datenübermittlung an Dritte* i. S. d. § 3 Abs. 4 Nr. 3 BDSG.[121] Verantwortlich für die Einhaltung des Datenschutzes bleibt der AG.[122] **32**

Besondere Anforderungen gelten bei sog. **Sensitiven Daten** i. S. d. §§ 3 Abs. 9 i. V. 4 a Abs. 3, 28 Abs. 6 und 35 Abs. 2 Nr. 2 BDSG (rassische und ethnische Herkunft, politische Meinungen, religiöse oder philosophische Überzeugungen, Gewerkschaftszugehörigkeit, Gesundheit oder Sexualleben). Dies entspricht Art. 8 Abs. 1 der DatenschutzRL 95/46/EG: »Die Mitgliedstaaten untersagen die Verarbeitung personenbezogener Daten, aus denen die rassische und ethnische Herkunft, politische Meinungen, religiöse oder philosophische Überzeugungen oder die Gewerkschaftszugehörigkeit hervorgehen, sowie von Daten über Gesundheit oder Sexualleben …[Ausnahmen].« Derartige Informationen sind deshalb grundsätzlich nicht Gegenstand einer PA (vgl. § 35 Abs. 2 Nr. 2 BDSG: Löschung). **33**

Die Verarbeitung und Nutzung einschließlich der Übermittlung von Daten bedarf einer Rechtsgrundlage. Sie ist zulässig, wenn sie eine **andere Rechtsvorschrift** (also außerhalb des BDSG) erlaubt (§ 4 Abs. 1 BDSG). In dieser Hinsicht ist auf die gesetzlichen Auskunfts- und Meldepflichten des AG hinzuweisen, wie etwa gegenüber Gewerbeaufsichtsamt, Sozialversicherungsträgern, Berufsgenossenschaft, Agentur für Arbeit oder anderen Behörden. Die Zulässigkeit der Übermittlung (etwa an dritte AG/UN einschließlich Konzernmutter) ergibt sich nicht aus § 32 Abs. 1, sondern allenfalls aus § 27 BDSG, wenn man diese Vorschrift neben § 32 für anwendbar hält. Sie könnte nach str. Auffassung des *BAG* durch BV/KBV als andere Rechtsvorschrift legitimiert werden.[123] Hierdurch können z. B. die unbestimmten Rechtsbegriffe des BDSG konkretisiert werden, etwa in der Hinsicht, dass Daten nur zu einem bestimmten Zweck verwendet werden dürfen oder nach einer gewissen Zeit zu löschen sind.[124] Die Vereinbarung dahingehender BV wird aus unternehmerischer Sicht propagiert, um damit die datenschutzrechtlich notwendige Zustimmung der AN zu ersetzen[125] oder sogar eine Weitergabe der Daten an Dritte (potentielle Erwerber)[126] möglich zu machen. Da dies im Allgemeinen nicht im Interesse der AN liegt, sollen drohende Entlassungsszenarien aufgebaut werden. Da insofern ohne BV/KBV kein Regelungsspielraum des AG besteht, ist diese **BV gegen den Willen des BR nicht erzwingbar.**[127] Zwar sollte es nach umstr. älterer Rspr. des *BAG*[128] möglich sein, durch TV oder BV den Datenschutz der AN auch zu verschlechtern; jedoch räumte das *BAG* ein, dass datenschutzrechtliche Regelungen in TV oder BV keinen beliebigen Inhalt haben können, sondern sich im Rahmen ihrer Regelungsautonomie halten und die für diese Autonomie geltenden, sich aus grundgesetzlichen Wertungen, zwingendem Gesetzesrecht und allgemeinen Grundsätzen des Arbeitsrechts ergebenden Beschränkungen beachten müssen. Sie dürfen deshalb die durch das BDSG gewährleisteten gesetzlichen Schranken der **34**

---

119 Vgl. Däubler/Klebe/Wedde/Weichert-*Däubler*, § 32 BDSG, Rn. 13.

120 *BVerfG* 15.12.83, NJW 84, 419, Volkszählungsurteil; dazu *Däubler/Klebe/Wedde/Weichert*, Einl. Rn. 26 ff.; *Simitis*, Einl. Rn. 27 ff.

121 *Fitting*, Rn. 24; *Simitis*, § 2 Rn. 142; *Trittin*, NZA 09, 343 m. w. N.

122 *Fitting*, Rn. 40

123 *BAG* 20.12.95, DB 96, 48, 9.7.13 – 1 ABR 2/13 (A), DB 14, 724; 25.9.13 – 10 AZR 270/12, AuR 14, 80; *Körner*, AuR 15, 392; a. A. *Trittin* a. a. O.

124 *Fitting*, Rn. 32

125 *Diller/Schuster*, DB 08, 928.

126 Dazu *Braun/Wybitul*, BB 08, 782.

127 *Hummel/Hilbrans*, AuR 05, 209.

128 *BAG* 27.5.86, AP Nr. 15 zu § 87 BetrVG 1972 Überwachung.

Datenverarbeitung nicht bloß herabsetzen oder gar beseitigen, sondern müssen an eigenen sachlichen Gesichtspunkten (allgemeine Grundsätze des Datenschutzrechts, Grundsätze des Volkszählungsurteils) orientierte Zulässigkeitsvoraussetzungen aufstellen.[129] Die vom *BVerfG* entwickelten Grundsätze gelten zumindest gemäß § 75 Abs. 2 in der Betriebsverfassung, so dass das **Schutzniveau des BDSG auch durch die Kollektivregelung nicht unterschritten** werden darf.[130] Besondere Grenzen für die Übermittlung personenbezogener Daten ins Ausland ergeben sich aus §§ 4 b und 4 c BDSG. Unabhängig davon ist der Daten- oder Aktentransfer auch an eine ausländische Muttergesellschaft nur zulässig, wenn am Verwaltungssitz ein ähnliches Datenschutzniveau vorhanden ist wie in Deutschland.[131]

35 Schließlich kann die Verarbeitung und Nutzung von AN-Daten erfolgen, wenn der **Betroffene ausdrücklich einwilligt.** Die Einwilligung ist nur wirksam, wenn sie auf der freien Entscheidung des Betroffenen beruht. Sie bedarf der **Schriftform** (§ 4 a Abs. 1 Satz 3 BDSG). Wird die Einwilligung zusammen mit anderen Erklärungen schriftlich erteilt, ist sie nur wirksam, wenn sie im äußeren Erscheinungsbild der Erklärung hervorgehoben worden ist (§ 4 a Abs. 1 Satz 4 BDSG). Die Einwilligung muss nach **umfassender Aufklärung** durch den AG,[132] vor Durchführung der Daten verarbeitenden Maßnahme erklärt worden (§ 183 BGB) und ohne jeden Zweifel sein (Art. 7 Nr. a RL 95/46/EG). Sie kann auch beschränkt werden, etwa auf einzelne Verarbeitungsverfahren oder bestimmte Empfänger von Daten.[133] Die Einwilligung eines AN zur Verarbeitung seiner personenbezogenen Daten ist aber nur dann rechtlich verbindlich ist, wenn diese für die Begründung oder Durchführung des Beschäftigungsverhältnisses erforderlich ist.

36 Das BDSG gibt dem **einzelnen AN** in §§ 33 ff. im Hinblick auf Erhebung, Speicherung, Übermittlung, Veränderung und Löschung von Daten **bestimmte Rechte,** die gemäß § 1 Abs. 3 BDSG nur insoweit z. B. hinter § 83 BetrVG zurücktreten, als sich der Regelungsgegenstand deckt.

- Das Gebot der **Benachrichtigung** von der erstmaligen Speicherung und der Art der Daten (§ 33 Abs. 1, **Ausnahmen** nach Abs. 2). Die Verletzung der Benachrichtigungspflicht ist eine Ordnungswidrigkeit nach § 43 Abs. 1 Nr. 3. Die Benachrichtigungspflicht steht neben § 83 BetrVG und wird durch diesen nicht ausgeschlossen.[134]
- Das Recht auf **Auskunft** über die zu seiner Person gespeicherten Daten, Empfänger oder Kategorien von Empfängern der Daten und den Zweck der Speicherung (§ 34 Abs. 1). Diese Auskunft wird grundsätzlich nur auf Verlangen erteilt (§ 34 Abs. 1 Satz 1) und ist grundsätzlich [Ausnahmen] **unentgeltlich** (§ 34 Abs. 8). Der Antrag bedarf weder einer besonderen Form noch Konkretisierung oder Begründung, soll nach Abs. 1 Satz 2 lediglich die Art der personenbezogenen Daten näher bezeichnen. Diesem Auskunftsanspruch geht das Einsichtsrecht des § 83 BetrVG grundsätzlich vor.[135] Dies ist wesentlich, weil die Ausnahmeregelungen der §§ 34 Abs. 1 Satz 4 bzw. Abs. 7, 33 Abs. 2 bei § 83 BetrVG keine Anwendung finden und das hier geregelte Einsichtsrecht i. d. R. weiter geht als der Auskunftsanspruch nach dem BDSG.[136] Freie Mitarbeiter und abgewiesene Bewerber können nur auf § 34 BDSG zurückgreifen. Dieser Auskunftsanspruch über erhobene, gespeicherte oder veränderte Daten besteht auch nach Beendigung des Arbeitsverhältnisses. Hierfür ist der Arbeitsrechtsweg gegeben.[137]

---

129 *Trittin* a. a. O.: Auslegung und Konkretisierung des BDSG.

130 Vgl. *Fitting,* Rn. 3 m. w. N.; *Däubler,* Gläserne Belegschaften?, Rn. 479 ff.; *Simitis,* RDV 89, 49 [59]; *Wohlgemuth,* Rn. 213 ff.

131 *Löw,* AuR 09, 193; *Wedde,* AiB 07, 80 ff., auch zu den EU-Standardklauseln.

132 Vgl. § 4 Abs. 3 BDSG; *Däubler/Klebe/Wedde/Weichert,* § 4 BDSG Rn. 11 ff.

133 *Fitting,* Rn. 27.

134 Vgl. Richardi-*Thüsing,* Rn. 41; *Fitting,* Rn. 32; *GL,* Rn. 16 a; *Wohlgemuth,* Rn. 546, 552 ff.; GK-*Franzen,* Rn. 67.

135 *ArbG Berlin* 24.9.87, BB 88, 70; Richardi-*Thüsing,* Rn. 42; *Fitting,* Rn. 33; GK-*Franzen,* Rn. 68; *Däubler,* CR 91, 475 [478].

136 Zu Einzelfällen, in denen der Anspruch nach dem BDSG weiter reicht, vgl. GK-*Franzen,* Rn. 68, insbes. zur Verpflichtung des AG, Herkunft und Empfänger der Daten nach § 34 Abs. 1 Nr. 1 anzugeben; für einen allgemeinen Vorrang der datenschutzrechtlichen Vorschriften *Riesenhuber,* NZA 14, 753 ff.

137 *BAG* 3.2.14 – 10 AZB 77/13, AuR 14, 207.

- Das Recht auf **Berichtigung** seiner personenbezogenen Daten (§ 35 Abs. 1). Dieser Anspruch besteht unabhängig von dem Recht des AN, nach § 83 Abs. 2 BetrVG Erklärungen zum Inhalt der PA abzugeben. Der AN kann somit eine Berichtigung der falschen Angaben verlangen, er kann sich aber auch mit einer Erklärung nach § 83 BetrVG begnügen.[138] Der Anspruch besteht auch, wenn richtige Daten auf Grund eines verzerrenden Zusammenhangs ein »schiefes Bild« der Realität abgeben, z. B. die Aufzeichnung von Fehlzeiten ohne Angabe von Gründen.
- Personenbezogene Daten sind zu **löschen**, wenn ihre Speicherung unzulässig ist (§ 35 Abs. 2 Nr. 1).[139] Die Löschung ist ferner vorzunehmen, sobald die Kenntnis für die Erfüllung des Zwecks der Speicherung nicht mehr erforderlich ist (vgl. § 35 Abs. 2 Nr. 3 und für geschäftsmäßige Datenspeicherung die Überprüfungsfrist von 3 bzw. 4 Jahren in Nr. 4) sowie bei einer Reihe von besonders sensiblen Daten sowie bei Straftaten und Ordnungswidrigkeiten, wenn ihre Richtigkeit vom AG nicht bewiesen werden kann (§ 35 Abs. 2 Nr. 2). Auch hier hat der AN das Wahlrecht, ob er Löschung verlangen oder nach § 83 Abs. 2 BetrVG eine Erklärung abgeben will.[140] Löschung bedeutet, dass die Daten für den AG und jeden Dritten unkenntlich gemacht werden, also nicht mehr verwendbar sind (§ 3 Abs. 4 Nr. 5). Die Löschung ist insbes. vorzunehmen bei Daten von ausgeschiedenen AN sowie von Bewerbern, bei denen es nicht zur Anstellung gekommen ist (vgl. auch § 3 Abs. 11 Nr. 7 BDSG).[141]
- Das Recht auf **Sperrung** seiner Daten, wenn die nach § 35 Abs. 2 erforderliche Löschung wegen der in Abs. 3 genannten Ausnahmen nicht in Frage kommt oder sich weder Richtigkeit noch Unrichtigkeit der personenbezogenen Daten feststellen lässt (§ 35 Abs. 4). Das Recht auf Sperrung wird ebenso wenig wie das auf Löschung von § 83 Abs. 2 BetrVG (Recht auf Gegendarstellung) verdrängt.[142]

Besondere datenschutzrechtliche Probleme wirft der AG-Wechsel infolge von **Umstrukturierungen von UN** auf. Die Verfügung von Daten im Rahmen einer Gesamtrechtsnachfolge beinhaltet weder eine Übermittlung noch eine sonstige im BDSG geregelte Form des Datenumgangs.[143] Dagegen lässt sich die Übermittlung von Daten bei einem **Betriebsübergang** nach § 613 a BGB (etwa im Falle von Outsourcing) nur nach § 32 Abs. 1 BGSG (Erforderlichkeit) rechtfertigen, was im Einzelfall geprüft werden muss und nicht notwendig die Übermittlung sämtlicher beim übertragenden AG vorhandener personenbezogener Daten zur Folge hat. In Fällen des Betriebsübergangs hat der AN den Auskunftsanspruch nach § 34 BDSG gegen den alten wie den neuen AG.[144] 37

V. Streitigkeiten

Besteht zwischen AG und AN Streit über die Ausübung des Einsichtsrechts in die PA und die Befugnis des AN, eine Stellungnahme zu der PA abzugeben, ist das **arbeitsgerichtliche Urteilsverfahren** maßgebend.[145] Es findet auch statt, wenn es um Rechte des AN gegenüber dem AG aus dem BDSG geht, z. B. um die Sperrung, Löschung oder Berichtigung von Daten, die in Personaldateien gespeichert sind.[146] Ebenso ist das Urteilsverfahren einschlägig, wenn der AN nach allgemeinen arbeitsrechtlichen Grundsätzen die Entfernung unrichtiger Angaben aus der PA verlangt.[147] Die Einsichtnahme der formell bezeichneten, äußerlich erkennbaren PA ist wie Einsichtnahme in Urkunden im Allgemeinen vollstreckbar (§ 810 BGB).[148] 38

---

138 Vgl. *Fitting,* Rn. 34; *GL,* Rn. 18; *Däubler,* Gläserne Belegschaften?, Rn. 303; GK-*Franzen,* Rn. 69.
139 Beispiele bei *Däubler,* CR 91, 475 [480].
140 Vgl. allgemein zur Löschung *BAG* 22.10.86, AP Nr. 2 zu § 23 BDSG mit Anm. *Däubler; Wohlgemuth,* Rn. 587; *Blomeyer,* Rn. 48 ff.; GK-*Franzen,* Rn. 71.
141 Vgl. *Moos/Bandehzadeh/Bodenstedt,* DB 07, 1194.
142 Däubler/Klebe/Wedde/Weichert-*Däubler,* § 35 BDSG Rn. 40 ff.; ebenso für Sperrung bei Zweckerfüllung Richardi-*Thüsing,* Rn. 41; *Fitting,* Rn. 34; *GL,* Rn. 18; **a. A.** allerdings bei Sperrung wegen umstr. Richtigkeit Richardi-*Thüsing,* Rn. 42; *Fitting,* Rn. 35; *GL,* Rn. 17 a.
143 *Simitis,* Kommentar, § 3 BDSG Rn. 150.
144 Vgl. auch *Simitis,* § 34 BDSG Rn. 80, *Kammerer,* AuR 07, 192.
145 Vgl. z. B. *SWS,* Rn. 25.
146 Vgl. *Fitting,* Rn. 42.
147 Vgl. GK-*Franzen,* Rn. 76; Muster in DKKWF-*Buschmann,* § 83 Rn. 6.

39 Dagegen ist das **Beschlussverfahren** maßgebend, wenn zwischen BR und AG durch eine BV Einzelheiten über das Einsichtsrecht nach § 83 geregelt werden sollen und darüber Streit entsteht. Streiten AN und AG über die Teilnahme eines BR-Mitglieds, findet das Urteilsverfahren statt.[149] Weigert sich ein BR-Mitglied unberechtigt, dem Wunsch des AN auf Hinzuziehung bei der Akteneinsicht nachzukommen, kann darin eine grobe Pflichtverletzung i. S. v. § 23 Abs. 1 liegen.[150] Ein gerichtlich durchsetzbarer Anspruch auf Teilnahme gegen das BR-Mitglied besteht aber nicht. Gegen den Ausspruch von Abmahnungen wegen angeblicher Verletzung von Amtspflichten sollte sowohl dem BR-Mitglied als auch dem Gremium (im Beschlussverfahren) ein Unterlassungsanspruch zustehen, da diese sowohl das Mitglied als auch den gesamten BR in seiner Tätigkeit behindern und/oder stören können.[151] Nach *BAG* kann der Antrag auf Entfernung einer Abmahnung aus der PA nur vom betr. Mitglied gestellt werden, nicht vom BR.[152] Angesichts dieser Bedenken sollte der Unterlassungsantrag des BR die konkrete Störung bzw. Behinderung in den Vordergrund stellen, nicht die Abmahnung. Soweit Inhalte der PA in grober Weise gegen das AGG verstoßen (vgl. Rn. 4), können der BR und/oder eine im Betrieb vertretene Gewerkschaft dagegen ein Verfahren nach § 17 Abs. 2 AGG anhängig machen.

§ 84 Beschwerderecht

(1) Jeder Arbeitnehmer hat das Recht, sich bei den zuständigen Stellen des Betriebs zu beschweren, wenn er sich vom Arbeitgeber oder von Arbeitnehmern des Betriebs benachteiligt oder ungerecht behandelt oder in sonstiger Weise beeinträchtigt fühlt. Er kann ein Mitglied des Betriebsrats zur Unterstützung oder Vermittlung hinzuziehen.
(2) Der Arbeitgeber hat den Arbeitnehmer über die Behandlung der Beschwerde zu bescheiden und, soweit er die Beschwerde für berechtigt erachtet, ihr abzuhelfen.
(3) Wegen der Erhebung einer Beschwerde dürfen dem Arbeitnehmer keine Nachteile entstehen.

Inhaltsübersicht Rn.

I. Vorbemerkungen

1. Konkretisierung individualrechtlicher Nebenpflichten

1 Das Recht des AN, sich zu beschweren, war schon in §§ 66 Nr. 7, 76, 78 Abs. 4 BRG, § 54 Abs. 1 c BetrVG 1952 normiert. Unabhängig davon wurde es aus Nebenpflichten bzw. der »Treue/Fürsorgepflicht« des AG abgeleitet.[1] Weitere Rechtsgrundlagen neben den §§ 84 – 86 a

148 *BAG* 16.11.10 – 9 AZR 573/09, AuR 11, 222.
149 *Fitting,* Rn. 42; *HWGNRH,* Rn. 70; a. A. GK-*Franzen,* Rn. 77;.
150 *Fitting,* Rn. 43; *GL,* Rn. 19.
151 Wie hier *LAG Düsseldorf* 23.2.93 – 8 TaBV 245/92, AiB 93, 569; vgl. auch *HessLAG* 9.7.09 – 9/10 Ta 25/09, juris: Beschlussverfahren; weiter § 78, Rn. 39.
152 *BAG* 4.12.13 – 7 ABR 7/12, AuR 14, 205.
1 GK-*Franzen,* Rn. 4, *ders.* vor § 81 Rn. 11 ff., 18; *Wiese.,* FS Otto, 621 ff.

finden sich in **Einzelvorschriften** (z. B. § 13 AGG, §§ 127 f. SeeArbG; § 17 Abs. 2 ArbSchG i. V. m. Art. 11 Abs. 6 der RL 89/391/EWG); TV (z. B. § 11 Abs. 3 MTV Druckindustrie bei arbeitsbedingten Gesundheitsgefahren).[2]

Das Beschwerderecht des AN ist rein **individualrechtlichen Charakters,** selbst wenn es von mehreren AN gleichzeitig wahrgenommen wird. Es gilt auch für betriebsratslose und nicht betriebsratsfähige Betriebe.[3] Einen betriebsverfassungsrechtlichen Bezug erhält es durch das gemäß §§ 85, 86 institutionalisierte Verfahren unter Beteiligung des BR.[4] Auch ein BR-Mitglied kann Beschwerdeführer (BF) sein. 2

Gesetzliche Fristen werden durch eine Beschwerde nicht gehemmt. Verlangt ein TV allerdings die bloße Geltendmachung eines Anspruchs, kann die Beschwerde ggf. **Ausschlussfristen** wahren.[5] Die Beschwerde hat aber nicht die Funktion eines außergerichtlichen Vorverfahrens; der BF muss nicht vor Klageerhebung vor dem ArbG das Beschwerdeverfahren nach dieser Vorschrift durchgeführt haben.[6] 3

2. Beschwerde nach »außen«

Der AN hat die Wahl, ob er nach dieser Vorschrift oder nach **§ 85** vorgeht. Er kann sich je nach Einzelfall auch an **außerbetriebliche Stellen** wenden.[7] Dies sind in der Praxis vor allem Aufsichtsrat, Gewerkschaften, Anwälte, Aufsichtsämter, Staatsanwaltschaften, die Antidiskriminierungsstelle des Bundes nach § 27 AGG, ggf. auch Kirchen oder Journalisten. In der Lit. wurde früher überwiegend gefordert, dass zuvor die betrieblichen Beschwerdemöglichkeiten erschöpft worden sind.[8] Die undifferenzierte Gleichsetzung verschiedener Institutionen als »extern« verkennt deren unterschiedliche Stellung und Funktion. Aufsichtsrat, Arbeitskollegen, Gewerkschaften, gewerkschaftliche Rechtsschutzsekretäre und Anwälte sind keine Öffentlichkeit, sondern Teil des betrieblichen Kommunikationsprozesses bzw. arbeitsrechtlichen Korrekturverfahrens,[9] so dass die Kommunikation mit ihnen nicht eingeschränkt werden kann.[10] Wenden diese sich an die Öffentlichkeit, ist dies dem AN nur zuzurechnen, wenn dies ausdrücklich namens und in Vollmacht des AN geschieht. Die Einschaltung von Staatsanwaltschaften, Aufsichtsbehörden und der Antidiskriminierungsstelle ist gesetzlich vorgesehen und staatsbürgerliches Recht i. S. d. Art. 20 GG, u. U. sogar Pflicht. Religions- und Pressefreiheit werden durch Art. 4 und 5 GG gewährleistet. Die erfordert eine differenzierte Beurteilung.[11] Dass die Kommunikation der AN untereinander in diesem Zusammenhang überhaupt diskutiert werden muss, folgt schon daraus, dass zahlreiche Formulararbeitsverträge weitgehende Klauseln enthalten, nach denen es den AN z. B. untersagt sein soll, mit anderen AN über ihr Effektivgehalt zu sprechen bzw. dieses zu offenbaren.[12] Eine derartige Klausel ist wegen Verstoßes gegen vorrangiges Recht, u. a. Art. 5 und Art. 9 III GG, unwirksam.[13] 4

Eine gesetzliche Grundlage für einen **Vorrang des innerbetrieblichen Verfahrens** findet sich in §§ 17 ArbSchG (21 Abs. 6 GefStoffV a. F. wurde 2004 aufgehoben). Sie legt aber keine Sanktionen gegen den AN fest, der dieses Verfahren nicht ausschöpft. Art. 11 Abs. 6 der RahmenRL 89/392/EWG, die dem ArbSchG zugrunde liegt, enthält diese Einschränkung nicht. 5

2 Zur verfassungsrechtlichen Fundierung vgl. Rn. 7; zu weiteren nationalen und internationalen Rechtsgrundlagen sowie zu Funktion und Anwendungsbereich des Beschwerdeverfahrens vgl. *Buschmann*, Die betriebsverfassungsrechtliche Beschwerde, FS Däubler, 1999, S. 31 ff.

3 Richardi-*Thüsing*, Rn. 2; *Ohm*, AiB 00, 659; a. A. *Worzalla*, NZA 94, 1019; zum Geltungsbereich vgl. § 81 Rn. 4.

4 Musterbeschwerden in DKKWF-*Buschmann*, § 84, Rn. 2 ff.

5 Vgl. *Fitting*, Rn. 1; GK-*Wiese/Franzen*, Rn. 19; *GL*, Rn. 8.

6 Richardi-*Thüsing*, Rn. 16.

7 *Hinrichs*, JArbR, Bd. 18 [1980], S. 35 [45 ff.].

8 *Fitting*, Rn. 1; GK-*Wiese/Franzen*, Rn. 9; *Wiese*, FS Otto, 621 ff.; a. A. HaKo-*Lakies*, Rn. 4.

9 ErfK-*Dieterich*, Art 5 GG Rn. 37; zum Aufsichtsrat *LAG BaWü* 3.8.11 – 13 Sa 16/11, AuR 11, 503.

10 *Preis/Reinfeld*, AuR 89, 361 ff.

11 Vgl. *Wiese*, FS Otto, 644, der aber auch die Anrufung der Antidiskriminierungsstelle unter »Öffentlichkeit« subsumiert, damit unter den Vorbehalt von Rücksichtnahme- bzw. Treuepflichten stellt.

12 Vgl. *Preis*, Grundfragen, Schlussthesen, S. 581 ff.; *ders.*, AuR 94, 139.

13 So ausdrücklich *LAG Mecklenburg-Vorpommern* 21.10.09 – 2 Sa 183/09, AuR 10, 343.

Für eine europarechts- und verfassungskonforme Interpretation muss es genügen, wenn der AN dem AG die von ihm wahrgenommenen Gefahren anzeigt, wozu er nach § 16 ArbSchG auch verpflichtet ist. Dies kann auch der BR wahrnehmen. Damit hat der AG die Möglichkeit der Abhilfe. Wie lange der BF verpflichtet ist, die Reaktion des AG abzuwarten, richtet sich nach der Zumutbarkeit im Einzelfall. Nach *Söllner*[14] dürfen als Voraussetzung für das Anrufen externer Stellen nur zumutbare Anforderungen gestellt werden. Insbes. könne man eine Leistungsverweigerung (Zurückbehaltung der Arbeitsleistung) ebenso wenig verlangen wie die vorrangige Durchführung des Verfahrens nach §§ 84, 85. Eine vorherige Beschwerde beim AG ist insbes. nicht erforderlich, wenn dem AG bzw. seinen Vertretern die Nichteinhaltung von Schutzvorschriften bekannt war und er nichts dagegen unternommen hat,[15] bei vorsätzlichen Straftaten des AG bzw. seiner Vertreter zu Lasten der AN oder der Umwelt,[16] bei Gefahr im Verzuge.[17]

6 Abgesehen von diesen gesetzlichen Sonderbestimmungen unterliegen die AN keinen weiteren kommunikationsbeschränkenden Pflichten. Dies gilt auch für die in diesem Zusammenhang herangezogene »**Treuepflicht**«, deren Rechtsgrundlage in § 2 Abs. 2 AOG [1934] 1945 entfallen und gesetzlich nur noch in §§ 1 Abs. 1 Satz 2, 7, 9 SoldatenG zu finden ist – für das Arbeitsrecht keine analogiefähigen Vorschriften.[18] §§ 84 ff. treffen selbst keine Regelung zur Kommunikation zwischen AN und außerbetrieblichen Stellen. Sie ist deshalb prinzipiell offen, soweit nicht im Einzelfall (etwa bei Betriebs- oder Geschäftsgeheimnissen) besondere Vertraulichkeit geboten ist. Vor allem die Erstattung von Straf- oder Ordnungswidrigkeitenanzeigen gegen den rechtswidrig handelnden AG oder die Übergabe belastender Unterlagen an die Staatsanwaltschaft dürfen nicht zu arbeitsrechtlichen Maßnahmen, insbes. Kündigungen, gegen den Anzeigeerstatter führen, soweit nicht wissentlich unwahre oder leichtfertig falsche Angaben gemacht werden. Eine arbeitsgerichtliche Entscheidung, die dies verkennt, verletzt den AN in seinem Grundrecht aus Art. 2 Abs. 1 GG i. V. m. dem Rechtsstaatsprinzip.[19] Dem folgte das *BAG*[20] nur scheinbar, indem es auch eine Strafanzeige einer Verhältnismäßigkeitsprüfung unterwarf und im Ergebnis das Regel-Ausnahme-Verhältnis umkehrte.[21] Nach der Rspr. des *EGMR*[22] ist diese Position nicht mehr haltbar. Im Fall *Heinisch* hatte der *EGMR* der auf Art. 10 EMRK gestützten Beschwerde einer Berliner Altenpflegerin, die wegen Erstattung einer Strafanzeige bei der Staatsanwaltschaft gekündigt worden war, stattgegeben, da diese Kündigung einen Eingriff in ihr Recht auf Meinungsfreiheit darstellte, der »nicht in einer demokratischen Gesellschaft notwendig war.« Nach Feststellung des EGMR hatten die innerstaatlichen Gerichte keinen angemessenen Ausgleich vorgenommen zwischen der Notwendigkeit, den wirtschaftlichen Ruf und die Rechte des AG zu schützen, und der Notwendigkeit, das Recht der AN auf freie Meinungsäußerung zu schützen.

7 Verfassungsrechtlicher Maßstab ist **Art. 5 GG,** der die **Meinungs- und Meinungsäußerungsfreiheit** garantiert und (völkerrechtsfreundlich) im Lichte der Art. 10 (Freiheit der Meinungsäußerung) und Art. 13 (Recht auf wirksame Beschwerde) EMRK zu interpretieren ist. Eine Klarstellung wie in Art. 118 Satz 2 WRV v. 11. 8. 1919 (»An diesem Rechte darf ihn kein Arbeits- oder Anstellungsverhältnis hindern, und niemand darf ihn benachteiligen, wenn er von diesem Rechte Gebrauch macht«; ebenso zahlreiche Landesverfassungen, so Art. 110 Satz 2 Bay-

14 *Söllner*, FS Herschel, S. 389, 404.

15 *LAG Baden-Württemberg* 3. 2. 87 – 7 (13) Sa 95/86, NZA 87, 756; a. A. noch 20. 10. 76 – 6 Sa 51/76, EzA § 1 KSchG Verhaltensbedingte Kündigung Nr. 8, mit abl. Anm. *Weiss*, = KJ 79, 323, mit abl. Anm *Janzen*, bekannt als »Schandurteil«, abl. auch *Wiese*, FS Otto, S. 640, dort Fn. 78.

16 §§ 324 ff. StGB.

17 Ausführlich *Kittner/Pieper*, Arbeitsschutzgesetz, § 17 Rn. 5 ff.

18 Vgl. auch *Weiss*, a. a. O.

19 *BVerfG* 2. 7. 01 – 1 BvR 2049/00, AuR 02, 187 mit Anm. *Deiseroth*, vgl. auch *Deinert*, AuR 03, 205 ff.; zustimmend auch *Wiese* a. a. O., 636.

20 *BAG* 3. 7. 03 – 2 AZR 235/02, AuR 04, 427, mit Anm. *Peter/Rohde-Liebenau*.

21 Ebenso *LAG Berlin* 28. 3. 06, AuR 07, 51 mit kontroversen Stellungnahmen von *Deiseroth*, AuR 07, 34, 198 und *Binkert*, 195.

22 *EGMR* 21. 7. 11 – Nr. 28274/08, Heinisch, AuR 11, 355, mwN. zur Spruchpraxis internationaler Entscheidungsgremien und Gerichte; dem *EGMR* ausdrücklich folgend *LAG BaWü* 3. 8. 11– 13 Sa 16/11, AuR 11, 503; differenzierend HaKo-*Lakies*, Rn. 4.

ern v. 2.12.46; Art. 15 Abs. 1 Satz 2 Bremen v. 21.10.47; Art. 11 Satz 2 Hessen v. 1.12.46) ist zwar im GG nicht enthalten. Eine inhaltliche Einschränkung ist damit aber nicht verbunden.[23] Selbst das *BAG*[24] hat anerkannt, dass nicht anonyme AN-Anzeigen dem Schutzbereich des Art. 5 GG unterfallen.[25] Art. 5 GG steht nach Abs. 2 allerdings unter einem Gesetzesvorbehalt. Geschützt sind etwa das Datengeheimnis (§ 5 BDSG), das Betriebs- oder Geschäftsgeheimnis (§ 79, § 17 UWG), ebenso die persönliche Ehre (§§ 185, 186 StGB).

Nach **Art. 17 GG** hat jedermann das Recht, sich einzeln oder in Gemeinschaft mit anderen **8**
schriftlich mit Bitten oder Beschwerden an die zuständigen Stellen und an die Volksvertretung zu wenden. Die ausdrückliche Erwähnung der »zuständigen Stellen« neben der Volksvertretung zeigt, dass jedenfalls Behörden, ggf. sogar ausländische und internationale Stellen,[26] mit umfasst sind. Die verfassungsrechtlich hervorgehobenen »Bitten und Beschwerden» sind nicht nur in Bezug auf hoheitliches Handeln geschützt. Sie entfalten vielmehr eine Ausstrahlungswirkung auch auf das Privatrecht, damit Grundrechtsträger von der Wahrnehmung ihrer Grundrechte nicht aus Angst vor arbeitsrechtlichen Sanktionen abgehalten werden.[27]

Als Reaktion auf Lebensmittelskandale (»Gammelfleisch«), die durch sog. Whistleblower[28] **9**
aufgedeckt wurden, hatte ein Gesetzentwurf v. 30.4.08 vorgesehen, den Informantenschutz für AN im Rahmen der Reform des Lebensmittel- und Futtermittelrechts in einem geänderten § 612 a BGB gesetzlich zu verankern. Die Gesetzesvorlage mit einem umfangreichen Ausnahmekatalog von der Regel, dass einer Anzeige stets ein innerbetrieblicher Abhilfeversuch vorangehen müsse, ist nicht zur Verabschiedung gekommen.[29] Nach **§ 37 Abs. 2 Nr. 3 Beamtenstatusgesetz** gilt für Länderbeamte deren Verschwiegenheitspflicht nicht, »soweit gegenüber einer Strafverfolgungsbehörde oder einer durch Landesrecht bestimmten weiteren Behörde oder außerdienstlichen Stelle ein durch Tatsachen begründeter Verdacht einer Korruptionsstraftat nach den §§ 331 – 337 StGB angezeigt wird. Im Übrigen bleiben die gesetzlich begründeten Pflichten, geplante Straftaten anzuzeigen und für die Erhaltung der freiheitlich demokratischen Grundordnung einzutreten, von Abs. 1 [Verschwiegenheitspflicht] unberührt«. Damit sollte das von der Bundesrepublik unterzeichnete Zivilrechtsübereinkommen über Korruption des Europarats v. 4.11.99 umgesetzt werden.[30] Art. 9 dieses Übereinkommens fordert, dass Beschäftigte, die den zust. Personen oder Behörden in redlicher Absicht einen begründeten Korruptionsverdacht mitteilen, angemessen vor ungerechtfertigten Nachteilen geschützt werden. Nach Art. 5 c des IAO-Übereinkommens Nr. 158 über die Beendigung des Arbeitsverhältnisses durch den AG, 1982, sowie Anhang II 3 c zu Art. 24 der Revidierten Europäischen Sozialcharta (RESC, 1996)[31] gilt die Tatsache, dass jemand wegen einer behaupteten Verletzung von Rechtsvorschriften eine Klage gegen den AG einreicht, an einem Verfahren gegen ihn beteiligt ist oder die zust. Verwaltungsbehörden anruft, nicht als triftiger Grund für eine Kündigung. In dieser Rechtssetzung drückt sich die Erkenntnis aus, dass die Anzeige von Missständen als Frühwarnsystem dient, das größeren Schaden vermeiden kann. Zu Recht verweist *Wiese*[32] auf das Fährunglück der »Herald of Free Enterprise«, die trotz geäußerter Bedenken von AN mit offenen Bugklappen fuhr und sank. Der noch in § 113 SeemG formulierte Vorrang der Anzeige beim Kapitän vor Einschaltung des Seemannsamtes ist in § 128 SeeArbG (2013) ausdrücklich nicht mehr enthalten. Vielmehr hat nach Abs. 4 »das

---

23 BVerfGE 42, 139 f.; 86, 122.

24 *BAG* 3.7.03, a. a. O.

25 Ebenso *Wiese*, FS Otto, 622.

26 *Maunz/Dürig/Herzog/Scholz*, Art. 17 GG Rn. 55.

27 *Deiseroth*, AuR 02, 166; *Wiese*, FS Otto, S. 625, 634, jeweils m. w. N. auch zu a. A.; zur Rspr. *Wendeling-Schröder*, Arbeit-Umwelt, FS Heilmann, S. 10; offen gelassen durch *BAG* 3.7.03, a. a. O.

28 Gegen die Tauglichkeit dieses Begriffs *Wiese* a. a. O., 634.

29 Dazu *Deiseroth/Derleder*, ZRP 08, 248; *Döse*, AuR 09, 189.

30 BT-Drucks. 16/5375, Nr. 174. Darauf berief sich auch der *EGMR* im Urteil Heinisch; vgl. auch Empfehlung CM/Rec(2014)7 des Ministerkomitees des Europarats über den Schutz von Whistleblowern, AuR 15, 16.

31 Beide Abkommen von Deutschland noch nicht ratifiziert, die RESC immerhin am 29.6.2007 unterzeichnet.

32 *Wiese*, a. a. O., 644.

Besatzungsmitglied das Recht, sich jederzeit unmittelbar … bei allen geeigneten externen Stellen zu beschweren.« Die Regelung setzt gleichlautende Vorgaben der Guideline B 5.1.5 g) des IAO-Seearbeitsübereinkommens 2006 und Norm A 5.1.5 (Beschwerdeverfahren an Bord) Abs. 2 Satz 2 der RL 2009/13/EG v. 16.2.2009 um.

10 Die vom *BAG* früher herangezogenen »**Grundregeln des Arbeitsverhältnisses**«[33] haben keine Gesetzesqualität, sondern beruhen auf freier richterlicher Rechtsschöpfung. Diese versteckt sich hinter einer angeblichen Normqualität und suggeriert die Anwendung von Regeln, die das Gericht zu diesem Zweck selbst aufgestellt hat und die über die besondere Funktion der Begrenzung der Meinungsfreiheit hinaus arbeitsrechtlich unbekannt sind.[34] *BGH* und *BVerfG* geben der Meinungsfreiheit größeres Gewicht als die ältere Rspr. des *BAG*. So ist ein Beschäftigter nicht gehindert, auch gewichtige innerbetriebliche Missstände zu veröffentlichen, durch die die Öffentlichkeit betroffen ist und denen durch betriebsinternes Vorstelligwerden nicht erfolgreich begegnet werden kann.[35] Auch ausländische Rechtsordnungen zeigen größere Sensibilität in Fragen des Arbeits- und Umweltschutzes.[36]

3. Beschwerde nach § 13 AGG

11 Neben der betriebsverfassungsrechtlichen Beschwerde steht nach § 13 AGG das Recht »der Beschäftigten« (vgl. § 6 AGG), sich bei den zust. Stellen des Betriebs, des UN oder der Dienststelle zu beschweren, wenn sie sich im Zusammenhang mit ihrem Beschäftigungsverhältnis vom AG, von Vorgesetzten, anderen Beschäftigten oder Dritten wegen eines in § 1 AGG genannten Grundes (Rasse, ethnische Herkunft, Geschlecht, Religion oder Weltanschauung, Alter oder sexuelle Identität) benachteiligt fühlen. Die Beschwerde ist zu prüfen und das Ergebnis der oder dem Beschäftigten mitzuteilen. Mit dieser Bestimmung wurde die frühere nur auf sexuelle Belästigung bezogene Vorschrift des § 3 Abs. 2 BeschSchG (vgl. 10. Aufl.) abgelöst und auf alle **Diskriminierungstatbestände des AGG** übertragen. Die Möglichkeiten der betriebsverfassungsrechtlichen Beschwerde und des BR, insbes. nach § 85, bleiben unberührt (§ 13 Abs. 2 AGG). Wer sich wegen eines in § 1 AGG genannten Grundes benachteiligt fühlt, kann sich auch an die Antidiskriminierungsstelle des Bundes wenden (§ 27 AGG).

12 Die Beschwerdemöglichkeiten nach beiden Gesetzen überschneiden und ergänzen sich, sind aber nicht deckungsgleich. Abgesehen von der Beschwerde gegen das Verhalten Dritter sind die Beschwerdegegenstände des AGG in den §§ 84, 85 enthalten. **Sexuelle Belästigung** war bereits früher typischer Beschwerdegegenstand nach §§ 84, 85 (vgl. 10. Aufl.). Die in § 13 i. V. m. § 1 AGG aufgeführten Diskriminierungstatbestände sind auch nach dem BetrVG beschwerdefähig, was sich aus § 84 Abs. 1 direkt ableiten lässt. Das BetrVG reicht teilweise weiter, etwa durch die Möglichkeit, nach § 84 Abs. 1 Satz 2 ein Mitglied des BR zur Unterstützung oder Vermittlung hinzuzuziehen oder sich nach § 85 direkt beim BR zu beschweren. Vor allem eröffnet die betriebsverfassungsrechtliche Beschwerde den Weg über die ESt. Dieser wird grundsätzlich auch durch Rechtsbehelfe des AGG nicht gehindert, wie § 13 Abs. 2 AGG zeigt.

13 Das AGG hebt unabhängig von der Beschwerde weitere Rechte der Beschäftigten hervor, etwa das Leistungsverweigerungsrecht bei (sex.) Belästigung am Arbeitsplatz nach § 14 AGG oder den Anspruch auf Entschädigung und Schadensersatz nach § 15 AGG in allen Fällen der Verletzung des Benachteiligungsverbotes, nicht nur bei (sex.) Belästigung. Art. 7 Abs. 1 der RL 2000/43/EG Rasse/Herkunft sowie Art 9 Abs. 1 der GleichbehandlungsrahmenRL 2000/78/EG verlangen die Möglichkeit der Geltendmachung der Verletzung des Gleichbehandlungsgrundsatzes in Schlichtungsverfahren, selbst wenn das Verhältnis, während dessen die Diskriminierung vorgekommen sein soll, bereits beendet ist. Das AGG reicht insofern weiter als das

---

33 *BAG* 28.9.72, AP Nr. 2 zu § 134 BGB, sog. »Maulkorburteil«.

34 Abl. auch *Wendeling-Schröder*, Autonomie im Arbeitsrecht, 160 ff. m. w. N.; ErfK-*Dieterich*, Art 5 GG Rn. 32.

35 *BGH* 20.1.81 – VI ZR 162/79, NJW 81, 1089; *BVerfG* 25.1.84 – 1 BvR 272/81, NJW 84, 1741, Fall Wallraff; kritisch zur Rspr. des *BAG* auch *ArbG Hamburg*, 11.9.95 – 21 BV 6/95, AuR 95, 468; bestätigt durch *LAG Hamburg* 4.11.96 – 4 TaBV 10/05, AuR 97, 301.

36 Vgl. nur *Deiseroth*, a. a. O.; *Rützel*, Umweltschutz durch Arbeitsrecht, 1996; *Großbach/Born*, AuR 89, 379 zur Whistleblower-Gesetzgebung in den USA.

BetrVG, als es sich entspr. den vorrangigen Richtlinien auf einen erweiterten **Beschäftigtenbegriff** (§ 6) bezieht. Schon der Arbeitnehmerbegriff des AGG ist weiter als der des BetrVG, da er die Einschränkungen des § 5 Abs. 3 BetrVG nicht kennt, somit auch »Leitende Angestellte« erfasst.[37] Namentlich hervorgehoben werden neben den AN die zu ihrer Berufsbildung Beschäftigten, arbeitnehmerähnliche Personen einschließlich Heimarbeiter und Gleichgestellte, Bewerber für ein Beschäftigungsverhältnis und ausgeschiedene Beschäftigte. § 6 Abs. 3 AGG erfasst hinsichtlich der Bedingungen für den Zugang zur Erwerbstätigkeit sowie den beruflichen Aufstieg auch Selbständige wie sog. Freie Mitarbeiter und Franchise-Nehmer und entspricht damit den RL 2000/43/EG und 2000/78/EG, die jeweils in Art. 3 Abs. 1 a zwischen unselbständiger und selbständiger Erwerbstätigkeit nicht differenzieren. Nach *Oetker*[38] scheiden Bewerber, ausgeschiedene Personen, Selbständige und Organmitglieder aus dem Kreis der nach § 13 AGG beschwerdeberechtigten Personen aus, da für sie der in dieser Norm vorausgesetzte »Zusammenhang mit ihrem Beschäftigungsverhältnis« nicht erkennbar sei. Diese Reduktion überzeugt nicht, da der Begriff des »Beschäftigungsverhältnisses« eben i. S. d. § 6 AGG zu verstehen ist und die zu Grunde liegenden Richtlinien für das Beschwerdeverfahren den erweiterten Beschäftigtenbegriff zugrunde legen.[39] Beschäftigte, die nicht AN i. S. d. BetrVG sind, können demnach ggf. nach dem AGG, nicht nach dem BetrVG vorgehen.

4. Praktische Bedeutung

Lange Zeit waren förmliche Beschwerden und erst recht Einigungsstellen im Vergleich zu anderen Ländern[40] eher selten. Der Grund lag wesentlich in dem ausgebauten Rechtsschutz vor den Arbeitsgerichten, der Selbstständigkeit der Arbeitsgerichtsbarkeit und dem Ausschluss der verbindlichen Entscheidung der ESt. über Rechtsansprüche nach § 85 Abs. 2 Satz 3.[41] Seit Jahren ist aber eine Zunahme dieser besonderen Form einer Konfliktlösung festzustellen, woraus sich eine Entlastung der Arbeitsgerichtsbarkeit ergeben könnte. 14

II. Beschwerdegegenstand

Gegenstand einer Beschwerde können sein individuelle Benachteiligung, ungerechte Behandlung oder sonstige Beeinträchtigungen des einzelnen AN. Die gerügte Beeinträchtigung kann sich auf Zustände in der Vergangenheit, Gegenwart oder Zukunft beziehen.[42] Unerheblich ist, ob der Beschwerdegrund vom AG selbst oder von einem anderen AN des Betriebs ausgeht. Ziel ist die Abstellung negativ bewerteter Zustände, wozu auch das Ausbleiben von Vorteilen gehören kann.[43] 15

Der Kreis der beschwerdefähigen Angelegenheiten ist **umfassend,**[44] wie aus der Formulierung »oder in sonstiger Weise beeinträchtigt fühlt« deutlich wird. Es kann sich um **tatsächliche** wie **rechtliche Beeinträchtigungen** des AN handeln.[45]. Das Beschwerderecht besteht auch bei der Nichterfüllung von Rechtsansprüchen, die der AN im Klageweg gerichtlich durchsetzen könnte,[46] wobei es nicht darauf ankommt, ob sich die Beschwerde auf Haupt- oder Nebenleistungsansprüche bezieht.[47] Auch eine Maßnahme, die dem Beteiligungsrecht des BR unterliegt, kann 16

37 *Oetker*, NZA 08, 264.
38 *Oetker*, a. a. O., 265.
39 Ausführlich *Däubler/Bertzbach-Buschmann*, § 13 AGG Rn. 3, 13.
40 Vgl. nur *Breisig*, 1996; *Buschmann*, FS Däubler, S. 315 ff.; *Gamillscheg*, Kollektives Arbeitsrecht, 457, zu »grievance resolution systems« einschließlich einer privaten Streiterledigung [»arbitration«] auf tarifvertraglicher Grundlage in den USA.
41 Musterbeschwerde in DKKWF-*Buschmann*, § 84, Rn. 4.
42 *BAG* 22.11.05 – 1 ABR 50/04, AP § 85 BetrVG 1972 Nr. 2= AuR 06, 253; zur Anrufung der ESt. vgl. aber § 85 Rn. 7.
43 ErfK-*Kania*, Rn. 5: nur, wenn auf diese ein Rechtsanspruch besteht.
44 Richardi-*Thüsing*, Rn. 6.
45 *BAG* 22.11.05 – 1 ABR 50/04 a. a. O.; Richardi-*Thüsing*, Rn. 6 f.; GK-*Wiese/Franzen*, Rn. 7; *Mache*, AiB 85, 60
46 Richardi-*Thüsing*, Rn. 8; *Fitting*, Rn. 1; *Schaub*, Der Betriebsrat, S. 483.
47 *HessLAG* 3.3.09 – 4 TaBV 14/09, AuR 09, 181.

Gegenstand einer Beschwerde des AN sein.[48] Umgekehrt muss das gerügte Verhalten nicht rechtswidrig (ungerecht) sein, da nach Abs. 1 Satz 1 auch sonstige Beeinträchtigungen ausreichen. Gegen rechtswidrige Beeinträchtigungen wird i. d. R. ein individualrechtlicher Abwehranspruch (Rechtsanspruch) bestehen, der nach § 85 Abs. 2 Satz 3 jedenfalls nicht über die ESt. durchgesetzt werden soll. Typischer Beschwerdegegenstand ist die an sich legale Ausübung von Befugnissen des AG, etwa bei der Beurteilung des AN, oder des **Direktionsrechts,** etwa bei Zuweisung von Arbeiten oder der Arbeitszeiteinteilung/-lage, z. B. dem Abruf nach § 12 TzBfG (vgl. auch § 85 Rn. 16),[49] ebenso, wenn der AG nach einer Arbeitszeitverringerung nach § 8 Abs. 5 Satz 4 TzBfG die Arbeitszeitverteilung wieder ändert.

17 Bei **Arbeitnehmerüberlassung** kann sich die Beschwerde des Leih-AN auch gegen die Entscheidung des Verleihers über die konkrete Überlassung an einen einzelnen Entleiher richten, wenn der AN sich durch die dort geltenden Arbeitsbedingungen, die nach § 10 Abs. 4 i. V. m. § 9 Nr. 2 AÜG auch für ihn gelten, beeinträchtigt fühlt. Dies kommt insbes. dann in Frage, wenn dadurch eine Verschlechterung gegenüber den bisherigen Arbeitsbedingungen bei einem früheren Entleiher eintritt und der AG keinen sachlichen Grund für die getroffene Entscheidung darlegt.[50] Darüber hinaus ist die Beschwerde auch im Entleiherbetrieb zulässig (§ 14 Abs. 2 S. 3 AÜG).

18 Die Beschwerde kann sich sowohl auf die Überschreitung als auch auf die Ausschöpfung des Ermessensspielraums nach § 315 BGB beziehen (zur ESt. vgl. § 85 Rn. 16 ff., 23). Beschwerdefähig sind auch einzelne Arbeitsbedingungen, die sich auf die Qualität der zu leistenden Arbeit auswirken können, wie z. B. Arbeitsüberlastung,[51] die (Nicht-)Bestellung von Fachliteratur oder einer wissenschaftlichen Fachzeitschrift, Entzug von Büropersonal, Nichtberücksichtigung besonderer Belastungen/Verpflichtungen wie BR-Tätigkeit bei der Umsetzung von Zielvereinbarungen, Verweigerung einer Dienstreisegenehmigung zu einer wissenschaftlichen Konferenz u. s. w. bei qualifizierten Sachbearbeitern. Erforderlich ist ein betrieblicher Bezug, ein Zusammenhang mit dem Arbeitsverhältnis.[52]

19 Voraussetzung für das Beschwerderecht nach dieser Bestimmung ist, dass der BF eine Beeinträchtigung seiner persönlichen Position empfindet.[53] Es reicht nicht aus, wenn er meint, ein Arbeitskollege werde ungerecht behandelt. Zwar ist es ihm nicht untersagt, in diesen Fällen eine Beschwerde anzubringen. Eine **Popularbeschwerde,** auch über allgemeine Missstände, löst jedoch nicht das in den §§ 84 – 86 geregelte besondere Beschwerdeverfahren aus.[54] Mit allgemeinen Beschwerden kann sich der AN auch an den BR wenden (§ 80 Abs. 1 Nr. 3; § 86 a).

20 Beschwerden über **allgemeine Missstände** im Betrieb fallen unter diese Bestimmung, wenn sich der BF durch sie betroffen fühlt, z. B. bei schlechtem Kantinenessen,[55] unhygienischen Verhältnissen, unzureichendem **betrieblichen Umweltschutz,** wenn ihm selbst umweltrechtswidrige oder problematische Tätigkeiten zugewiesen werden,[56] aber auch, wenn er derartige Praktiken in seinem betrieblichen Umfeld feststellt,[57] Schadstoffbelastung der Arbeitsräume, Rauchen am Arbeitsplatz,[58] unerträglichem Führungsverhalten oder Vetternwirtschaft. Das Gleiche gilt, wenn von den AN erwartet wird, an einer Produktion oder Arbeitsvorgängen mitzuwirken, deren Inhalt sie mit ihren Überzeugungen nicht vereinbaren können (z. B.

48 Vgl. *Fitting,* Rn. 5.
49 *Buschmann,* FS Däubler, S. 325; TZA-*Buschmann,* § 12 TzBfG Rn. 92.
50 Muster in DKKWF-*Buschmann,* § 84, Rn. 4.
51 Insbes. infolge von Personalknappheit *BAG* 22.11.05 – 1 ABR 50/04, a. a. O.; *LAG Düsseldorf* 21.12.93 – 8(5) TaBV 92/93, NZA 94, 767, zur Beschw. eines DGB-Rechtssekretärs; *LAG Baden-Württemberg* 13.3.00, AiB 00, 760 mit Anm. *Klar.*
52 Vgl. *LAG Frankfurt* 3.3.09 – 4 TaBV 14/09, a. a. O.; Richardi-*Thüsing,* Rn. 6; GK-*Wiese/Franzen,* Rn. 12.
53 *BAG* 22.11.05 a. a. O.
54 Vgl. z. B. *LAG Schleswig-Holstein* 21.12.89, NZA 90, 703 f.; Richardi-*Thüsing,* Rn. 4; *Fitting,* Rn. 4; GK-*Wiese/Franzen,* Rn. 11; *HWGNRH,* Rn. 16.
55 *Schaub,* Der Betriebsrat, S. 483.
56 Mit dieser Einschränkung GK-*Wiese/Franzen,* Rn. 10.
57 *Fitting,* Rn. 6; *Schmitt-Schönenberg,* AuR 94, 281; *Froschauer,* Arbeitsrecht und Umweltschutz, S. 116.
58 Dazu *BAG* 8.5.96, AuR 96, 228; *Leßmann,* AuR 95, 241; *Heilmann,* AuR 97, 145, jeweils m. w. N.

Kriegswaffenherstellung und/oder -export, Unterstützung militärischer Einsätze oder Werbung, Beeinträchtigung der Umwelt, Versendung ausländerfeindlicher Postwurfsendungen usw.).[59] Es gibt keinen vernünftigen Grund, einem AN das Beschwerderecht deshalb zu versagen, weil außer ihm gleichzeitig auch andere Beschäftigte des Betriebs beeinträchtigt werden. Das **gleichzeitige Vortragen einer Beschwerde** durch mehrere beschwerte AN ist keine Popularbeschwerde, sondern eine Bündelung zulässiger Individualbeschwerden.[60] Deshalb können sich auch mehrere BF zum selben Gegenstand beschweren.[61] Sie können z. B. mit einer **Unterschriftenaktion zur Wiedereinführung der 35-Std.-Woche** gemeinschaftlich an den AG herantreten. Gespräche der AN untereinander über eine solche Aktion stellen weder eine Vertragspflichtverletzung noch eine Störung des Betriebsfriedens dar.[62] Ebenso kann ein AN die Beschwerde eines oder mehrerer anderer BF dem AG gegenüber vorbringen, wenn er von diesen hierzu beauftragt ist. Sinnvoller ist aber der Weg über den BR (vgl. auch **§ 82 Rn. 3, 85 Rn. 2**).

Eine Beeinträchtigung kann immer nur von **konkreten Personen** ausgehen. AG i. S. d. Vorschrift sind Personen, zu denen entweder das Arbeitsverhältnis besteht oder die konkret die AG-Befugnisse ausüben, d. h. Vorgesetzte mit Direktionsbefugnis. Ihr Verhalten ist dem AG zuzurechnen. Zulässig ist auch die **Beschwerde über das Verhalten anderer AN** mit oder ohne Vorgesetztenfunktion (vgl. § 13 Abs. 1 AGG). Im Unterschied zu »normalen« kontradiktorischen Verfahren zwischen AG und AN thematisieren diese Beschwerden das Verhalten von Personen, die am Beschwerdeverfahren selbst nicht beteiligt, allenfalls anzuhören sind. Die Unterscheidung zwischen »AG und AN des Betriebs« ist auch im Rahmen des Abhilfeanspruchs nach Abs. 2 insofern von Belang, als der AG eigenes bzw. ein ihm zurechenbares Verhalten selbst unterlassen, während er auf das Verhalten anderer AN nur einwirken kann bzw. u. U. muss. 21

In einem Arbeitsverhältnis als gegenseitigem Leistungsverhältnis zwischen AN und AG[63] ist Letzterer für das **Verhalten anderer AN** nur ausnahmsweise, Ersterer gar nicht verantwortlich. Die Beschwerde über von AN des Betriebes ausgehende Beeinträchtigungen konkretisiert eine Verantwortung des AG in Angelegenheiten, die ihren Ausgangspunkt primär im Verhältnis zwischen einzelnen AN finden. Beschwerdefähig ist auch sog. **Mobbing.**[64] Wegen der Unbestimmtheit dieses Begriffs ist es allerdings angebracht darzulegen, welche Umstände der Arbeit und welche Handlungen oder Äußerungen von Vorgesetzten oder Arbeitskollegen als »Mobbing« betrachtet werden.[65] 22

Eine Beschwerde über die **Amtstätigkeit des BR** oder seine Mitglieder kommt nicht in Betracht. Dagegen spricht bereits der Wortlaut, der AG und AN nennt. Zudem hätte der AG insoweit keine Einwirkungs-, also auch keine Abhilfemöglichkeit.[66] Diese Überlegungen gelten gleichermaßen für die Beschwerde nach § 13 AGG.[67] Somit kommt nur ein Vorgehen nach § 23 Abs. 1 in Frage.[68] 23

---

59 Dazu *Deinert*, AuR 03, 205.

60 ErfK-*Kania*, Rn. 4; *Fitting*, Rn. 4; *Nebendahl/Lunk*, NZA 90, 676 [677].

61 *BAG* 22.11.05 – 1 ABR 50/04, a. a. O..

62 *LAG Hamm* 3.9.14 – 4 Sa 235/14, NZA-RR 15, 131-137; *Mittag*, jurisPR-ArbR 4/15 Anm. 3.

63 Zur sog. »Relativität« vgl. auch *Kohte*, AuR 84, 128; krit. *Korinth*, AuR 93, 108.

64 *BAG* 15.1.97, EzA § 37 BetrVG 1972 Nr. 133 *HessLAG* 6.9.05 – 4 TaBV 107/05, AuR 06, 173; *LAG Hamm* 5.10.09 – 10 TaBV 63/09, AuR 10, 394; *LAG Thüringen* 10.4.01 – 5 Sa 403/00, AuR 01, 274 mit Anm. *Kerst-Würkner;* 15.2.01 – 5 Sa 102/2000, AuR 02, 226 mit Anm. *Etzel; LAG Rheinland-Pfalz* 16.8.01 – 6 Sa 415/01, AuR 02, 224, Mobbing in der Bank; *Ruberg*, AuR 02, 201; *ders.*, Schikanöse Weisungen, 2004.

65 *BAG* 23.01.07 – 9 AZR 557/06, AP Nr. 4 zu § 611 BGB Mobbing; *LAG Rheinland-Pfalz* 11.8.11 – 10 TaBV25/11, jurisPR-ArbR 47/2011.

66 *Ohm*, AiB 00, 660; *Oetker*, NZA 08, 266; *Uhl/Polloczek*, BB 08, 1733.

67 *Oetker* a. a. O.

68 Richardi-*Thüsing*, Rn. 10; *Fitting*, Rn. 12; *GL*, Rn. 3 b; HaKo-*Lakies*, Rn. 12; *Nebendahl/Lunk*, NZA 90, 676 [679]; a. A. *SWS*, Rn. 4; GK-*Wiese/Franzen*, Rn. 14.

III. Beschwerdeverfahren

1. Einlegung der Beschwerde

24 Der BF hat die Beschwerde den zuständigen Stellen des Betriebs gegenüber vorzubringen. Die **Zuständigkeit** ergibt sich aus dem organisatorischen Aufbau des Betriebs.[69] Der AG kann unter Berücksichtigung etwaiger TV/BV generell festlegen, wer für die Entgegennahme von Beschwerden zuständig ist, dabei allerdings nicht willkürlich eine Zuständigkeit begründen,[70] die die tatsächliche Ausübung des Beschwerderechts erschweren könnte. Nach § 12 Abs. 5 AGG hat der AG Informationen über die für die Behandlung von Beschwerden nach § 13 AGG zuständigen Stellen im Betrieb bekannt zu machen. Aus dieser Bekanntmachungsverpflichtung[71] ergibt sich weder die Notwendigkeit der Einrichtung einer besonderen unabhängigen Beschwerdestelle[72] noch ein eigenständiger Mitbestimmungstatbestand (zur Mitbestimmung hinsichtlich der personellen Besetzung der Beschwerdestelle sowie der Festlegung eines besonderen Beschwerdeverfahrens vgl. Rn. 27). Es ist nicht unzulässig, eine Beschwerdestelle nach diesem Gesetz mit einer solchen nach dem AGG zusammen zu legen.[73] Die an falscher Stelle eingelegte Beschwerde ist nicht unwirksam, sondern an die zuständige Stelle weiterzuleiten.[74]

25 Die Beschwerde ist an keine besondere **Form** oder **Frist** gebunden.[75] Der BF kann damit einen konkreten Antrag auf Abhilfemaßnahmen verbinden (zur Spruchfähigkeit der ESt. vgl. aber § 85 Rn. 23).[76] Ihre Einlegung erfolgt wie die Wahrnehmung der weiteren Kommunikationsrechte nach §§ 81 ff. **während der Arbeitszeit** und ist damit Arbeitszeit iSd. ArbZG (vgl. § 81 Rn. 1; § 82 Rn. 2; § 83 Rn. 14).[77] Der AG ist – abgesehen von § 86 – nicht berechtigt, ihre weitere Behandlung von besonderen Formvorschriften, Fristen oder weiteren Voraussetzungen abhängig zu machen. Sie hat keine aufschiebende Wirkung. Auch der Fristablauf wird nicht gehemmt. Im Einzelfall kann aber wegen einer konkreten nicht verhältnismäßig geringfügigen Beeinträchtigung ein Zurückbehaltungs-/Leistungsverweigerungsrecht aus § 273 BGB[78] oder aus § 14 AGG bestehen.[79] Bei Arbeit in schadstoffbelasteten Räumen leitete das *BAG* das Zurückbehaltungsrecht zunächst aus § 21 Abs. 6 Satz 2 GefStoffV,[80] später aus §§ 273, 618 BGB[81] ab.

2. Beteiligung des Betriebsrats

26 Im Rahmen der Einbringung der Beschwerde nach diesem Gesetz wie nach § 13 AGG,[82] aber auch des anschließenden, die Prüfung und weitere Behandlung der Beschwerde betreffenden Verfahrens kann der BF ein Mitglied des BR **zur Unterstützung oder Vermittlung** hinzuziehen. Es liegt allein bei dem BF, welches Mitglied des BR er hinzuzieht. Der BR kann nicht von sich aus durch Beschluss festlegen, welches seiner Mitglieder diese Aufgabe übernehmen soll.[83] Eine besondere Schweigepflicht für das bet. BR-Mitglied sieht das Gesetz in diesem Fall (anders als etwa in § 82 Abs. 2 oder § 83 Abs. 1) nicht ausdrücklich vor. Gleichwohl darf das BR-Mitglied, ebenso wie der AG, das allgemeine Persönlichkeitsrecht des BF nicht verletzen und ihm bekannt werdende, den persönlichen Lebensbereich des AN berührende Fakten, die nicht allgemein bekannt sind, nicht an andere, insbes. den AG, weitergeben.[84]

69 Richardi-*Thüsing*, Rn. 11; *Fitting*, Rn. 13.
70 Richardi-*Thüsing*, Rn. 12.
71 Dazu *Gach/Julis*, BB 07, 773.
72 *Oetker*, NZA 08, 266.
73 So auch *Fitting*, Rn. 19; WPK-*Preis*, Rn. 2.
74 GK-*Wiese/Franzen*, Rn. 17.
75 GK-*Wiese/Franzen*, Rn. 21; Richardi-*Thüsing*, Rn. 13.
76 *BAG* 22.11.05 – 1 ABR 50/04, AP § 85 BetrVG 1972 Nr. 2 = AuR 06, 253.
77 GK-*Wiese/Franzen*, Rn. 20; Richardi-*Thüsing*, Rn. 119.
78 *BAG* 9.5.96, AuR 97, 36.
79 Vgl. auch *Fitting*, Rn. 15; GK-*Wiese/Franzen*, Rn. 18.
80 *BAG* 2.2.94, BAGE 75, 332; vgl. auch *Möx*, AuR 92, 235.
81 *BAG* 8.5.96, AuR 96, 506; 19.2.97, AuR 97, 120.
82 Ähnlich *Oetker*, NZA 08, 267: Analogie.
83 Richardi-*Thüsing*, Rn. 14; *Ohm*, AiB 00, 660.
84 *Fitting*, Rn. 14; GK-*Wiese/Franzen*, Rn. 23; Richardi-*Thüsing*, Rn. 15.

Nach § 86 können die Einzelheiten des Beschwerdeverfahrens durch TV /BV festgelegt sowie eine betriebliche Beschwerdestelle anstelle der ESt. eingerichtet werden. Jene Vorschrift regelt nur rudimentär den Regelungsspielraum, nicht die Mitbestimmung, für die § 87 maßgeblich ist. Regelungen über ein besonderes Ermittlungsverfahren in der betrieblichen Bearbeitung eingelegter Beschwerden einschließlich Befragung und Verhör von BF durch dafür eingesetzte Ermittler unterliegen der **Mitbestimmung** des BR nach § 87 Abs. 1 Nr. 1. Dies gilt auch bei der Umsetzung des Befragungsersuchens US-amerikanischer sog. EEO-investigators/Ermittler, die im Rahmen eines dort gesetzlich geregelten Beschwerdeverfahrens gegen Diskriminierungen tätig werden, in der Dienststelle bzw. im Betrieb.[85] Mitbestimmungspflichtig sind Einführung und Ausgestaltung bestimmter Melde- und Beschwerdeverfahren[86] sowie des Verfahrens einer Beschwerdestelle. Das Mitbestimmungsrecht umfasst ein entsprechendes Initiativrecht.[87] Nach *BAG*[88] hat der BR kein Mitbestimmungsrecht bei der Frage, wo der AG die Beschwerdestelle errichtet und wie er diese personell besetzt. Ob der BR unter diesen Umständen nach § 17 Abs. 2 AGG die Einrichtung einer besonderen Beschwerdestelle iSd. § 13 AGG beantragt, steht in seinem Ermessen. Schließlich ist auch die mitbestimmte Regelung insoweit begrenzt, als dadurch das individualrechtliche Beschwerderecht nicht beeinträchtigt werden darf. Auch die Zuständigkeit der ESt. darf nicht eingeschränkt werden. Regelungen in BV, nach denen an die Stelle der ESt eine paritätisch besetzte Kommission tritt, sind unwirksam.[89] 27

IV. Überprüfung der Beschwerde

Der AG hat zu prüfen, ob die Beschwerde berechtigt ist. Er muss dem BF das Ergebnis seiner Prüfung **mitteilen.** Der AN hat einen **rechtlichen Anspruch** auf einen solchen Bescheid, mit dem ihm zur Kenntnis gegeben wird, ob der AG die Beschwerde für berechtigt hält oder nicht. Bedarf es hierzu einer längeren Untersuchung, so muss der AG innerhalb einer angemessenen Frist einen Zwischenbescheid erteilen.[90] 28

Für den Bescheid über die Behandlung der Beschwerde schreibt das Gesetz **keine besondere Form** vor. Die Mitteilung kann also schriftlich oder mündlich erfolgen. Sie muss jedoch eindeutig sein, da sie u. U. zu Rechtsfolgen führt. Wird die Beschwerde abgelehnt, bedarf es einer Begründung;[91] für eine generelle Begründungspflicht GK-*Wiese/Franzen.*[92] 29

V. Abhilfeverpflichtung

Erachtet der AG die Beschwerde für berechtigt, hat er ihr abzuhelfen. Maßgeblich ist nicht die innere Einstellung des AG, sondern die Erklärung, mit der er die Beschwerde bescheidet. Dies kann die förmliche Anerkennung eines Rechtsanspruchs sein. Notwendig ist dies aber nicht, insbes. bei Beschwerden gegen »sonstige Beeinträchtigungen« für deren Einlegung ein **nachvollziehbares, individuelles Interesse** ausreicht. Die Anerkennung führt zu einer vertraglichen Selbstbindung des AG,[93] aus der sich i. V. m. Abs. 2 ein eigenständiger Rechtsgrund für einen individuellen Abhilfeanspruch des BF ergibt. Wurde eine Beeinträchtigung in sonstiger Weise gerügt, wird mit der Anerkennung der Abhilfeanspruch konstitutiv begründet.[94] Wurde mit der Beschwerde ein Rechtsanspruch des AN geltend gemacht, beinhaltet ihre Anerkennung ein Schuldanerkenntnis. Die maßgebliche Rechtsgrundlage des Abhilfeanspruchs ergibt sich aber auch in diesem Fall aus Abs. 2, was z. B. bedeutet, dass Verjährungsfristen neu in Gang gesetzt werden. 30

85 *BAG* 27.9.05 – 1 ABR 32/04, AuR 06, 173.
86 *BAG* 22.7.08 – 1 ABR 40/07, AuR 08, 310, 406, sog. Ethik-Richtlinie.
87 *BAG* 21.7.09 – 1 ABR 42/08, AuR 09, 310; *Nollert-Borasio,* AuR 08, 335.
88 *BAG* a. a. O.
89 *HessLAG* 15.11.12 – 5 TaBVGa 257/12, juris.
90 Richardi-*Thüsing,* Rn. 21; GK-*Wiese/Franzen,* Rn. 27; *HWGNRH,* Rn. 41; Muster in DKKWF-*Buschmann,* § 84, Rn. 9.
91 Richardi-*Thüsing,* Rn. 21; *Fitting,* Rn. 16; *SWS,* §§ 84 – 86, Rn. 16.
92 GK-*Wiese/Franzen,* Rn. 27.
93 Richardi-*Thüsing,* Rn. 23; *Fitting,* Rn. 18, ähnlich GK-*Wiese/Franzen,* Rn. 26.
94 Richardi-*Thüsing,* Rn. 24 f. m. w. N.

31 Die konkrete Abhilfemaßnahme richtet sich nach der Anerkennungserklärung durch den AG. Wird die Beschwerde allgemein als berechtigt anerkannt, ergibt sie sich aus dem in der Beschwerde bezeichneten Gegenstand. Dies kann ein Unterlassen oder positives Handeln sein. Bei Letzterem steht dem AG unter verschiedenen möglichen Abhilfeformen ein **Ermessensspielraum** zu, falls sich dieser nicht **auf Null reduziert,** weil die Anerkenntniserklärung bzw. der Einzelfall nur eine konkrete Abhilfemaßnahme zulässt.

32 Abhilfemaßnahmen auf Beschwerden gegen das Verhalten anderer AN des Betriebs richten sich typischerweise gegen diese. Abs. 2 begründet keine direkten Ansprüche des AN gegen die Störer (diese sind ggf. nach §§ 823, 1004 BGB analog durchsetzbar), sondern verweist ihn an den AG. Zwar erweitert die Beschwerde nicht den rechtlichen Rahmen für Maßnahmen des AG gegen Dritte, z. B. Gebote, Verbote, Abmahnungen oder Kündigungen, sondern setzt ihn (ähnlich wie § 104) voraus. Allerdings konkretisieren sich durch die anerkannte Beschwerde individualvertragliche Gestaltungsrechte des AG zu Gestaltungspflichten gegenüber dem BF, was insbes. bei sexueller Belästigung von Bedeutung ist.

33 **§ 12 Abs. 1 AGG** verpflichtet den AG, die erforderlichen Maßnahmen zum Schutze vor Benachteiligungen wegen eines in § 1 AGG genannten Grundes zu treffen. Dieser Schutz umfasst auch vorbeugende Maßnahmen. § 12 Abs. 3 AGG verpflichtet den AG bei Verstößen von Beschäftigten gegen das Benachteiligungsverbot zu geeigneten, erforderlichen und angemessenen Maßnahmen und nennt dabei ausdrücklich Abmahnung, Umsetzung, Versetzung oder Kündigung. § 7 Abs. 3 AGG stellt klar, dass eine Benachteiligung i. S. d. Gesetzes eine Verletzung von Vertragspflichten ist. Damit ist der AG nicht frei zu entscheiden, ob er diese Verstöße zum Anlass für juristische Maßnahmen nimmt oder nicht. Sein Ermessen wird insofern eingeschränkt. Spielraum besteht nur noch bei der Auswahl zwischen mehreren gleichermaßen geeigneten Gegenmaßnahmen. Ob die vorgesehene Maßnahme des AG rechtlich zulässig und individuell durchsetzbar ist, richtet sich nach allgemeinem Arbeits- bzw. Vertragsrecht. Die Voraussetzungen für den Ausspruch der in diesem Absatz bezeichneten Maßnahmen werden hierdurch nicht erweitert. So hatte das *BAG*[95] schon zum BeschSchG festgestellt, daß die vom AG zu treffenden Schutzmaßnahmen gegen sexuelle Belästigung am Arbeitsplatz ihn nicht berechtigen, einen der sexuellen Belästigung beschuldigten AN zu entlassen, wenn diesem die Tat nicht nachgewiesen werden kann. Die Beweislastregelung des 22 AGG ist im Verhältnis zwischen AG und einem der Benachteiligung beschuldigten Beschäftigten nicht einschlägig. Somit hat der AG die rechtlichen Voraussetzungen der von ihm gegen einzelne Beschäftigte veranlassten vertragsrechtlichen Maßnahmen, insbes. Kündigungen, nach allgemeinen Grundsätzen darzulegen und ggf. nachzuweisen. Nach *BAG*[96] kann die sexuelle Belästigung einer AN durch ihren Vorgesetzten je nach Intensität einen wichtigen Grund zu einer ao. Kündigung darstellen, wenn das sexuelle Verhalten von der Betroffenen erkennbar abgelehnt wurde, was nach außen in Erscheinung treten muss. Eine erkennbare Ablehnung kann sich aus den Umständen ergeben, die dann vom AG zu belegen sind. Schließlich ist nach allgemeinen Maßstäben des Kündigungsrechts im Rahmen der Verhältnismäßigkeit zu prüfen, ob nicht eine Versetzung als milderes Mittel in Frage kommt. § 12 Abs. 3 AGG schränkt das Auswahlermessen insoweit ein, als der AG die Benachteiligung zu »unterbinden« hat. Geeignet i. S. d. Verhältnismäßigkeit sind nur solche Maßnahmen, von denen der AG annehmen darf, dass sie die Benachteiligung für die Zukunft abstellen, d. h. eine Wiederholung ausschließen.[97] Dass der Gesetzgeber die Kündigungsmöglichkeiten des AG nicht erweitert hat, ergibt sich (ungeachtet der Europarechtswidrigkeit der Norm) auch aus § 2 Abs. 4 AGG, nach dem für Kündigungen ausschließlich die Bestimmungen zum allgemeinen und besonderen Kündigungsschutz gelten sollen.

95 *BAG* 8.6.00 – 2 ABR 1/00, AuR 2001, 271, mit Anm. *Linde.*
96 *BAG* 25.3.04 – 2 AZR 341/03, EzA BAT § 54 Nr. 86.
97 BAG 20.11.14 – 2 AZR 651/13, AuR 15, 111.

VI. Benachteiligungsverbot

Dass einem BF durch Erhebung einer Beschwerde **keine Nachteile** entstehen dürfen, entspricht allgemeinen arbeitsrechtlichen Grundsätzen (§§ 226, 612 a BGB, § 16 AGG) und ist auch europarechtlich geboten, etwa durch Art. 9 der GleichbehandlungsRL Rasse/Herkunft 2000/43/EG, Art. 11 der GleichbehandlungsRahmenRL 2000/78/EG oder Art. 7 der RL 2002/73/EG Gleichbehandlung Männer und Frauen i. V. m. Art. 27 EU-GrCh. Einen besonderen Maßregelungsschutz verlangt auch der europäische Ausschuss für soziale Rechte in Bezug auf Art. 4 Nr. 3 ESC und sieht diesen in st. Rspr. in Deutschland durch die Möglichkeit einer gerichtlichen Auflösung des Arbeitsverhältnisses mit gedeckelter Abfindung nach §§ 9, 10 KSchG als nicht ausreichend gewährleistet an.[98] Die Hervorhebung in Abs. 3 hat nur klarstellende Funktion. § 16 AGG konkretisiert das Maßregelungsverbot u. a. auf die Beschwerde nach § 13 AGG und bezieht damit ausdrücklich Beschäftigte iSd. § 6 AGG sowie Personen, die den BF unterstützen, in den Schutz mit ein. Das Benachteiligungsverbot gilt für die Beschwerde beim AG ebenso wie für die Beschwerde beim BR nach § 85 (vgl. § 85 Rn. 28). Maßnahmen des AG, die dagegen verstoßen, etwa Versetzungen, sind **unwirksam**[99] und können **Schadensersatzansprüche** auslösen. Abs. 3 ist Schutzgesetz i. S. d. § 823 Abs. 2 BGB.[100] **Kündigungen,** die wegen einer Beschwerde ausgesprochen werden, sind auch dann unwirksam, wenn der AN noch keinen Kündigungsschutz hat,[101] ebenso Abmahnungen, selbst wenn sich die Beschwerde als unbegründet herausstellt.[102] Ausnahmen sind nur im Hinblick auf Begleitumstände und Inhalt der Beschwerde denkbar, z. B. völlig haltlose schwere Anschuldigungen in beleidigendem Ton.[103] 34

Nachteil ist auch die Kürzung des Lohns/Gehalts für den für die Einlegung der Beschwerde aufgewandten Zeitraum. Der AG darf BF nicht auf Pausen bzw. Zeiten außerhalb der individuellen Arbeitszeit verweisen.[104] 35

Das **Benachteiligungsverbot** gilt auch dann, wenn sich herausstellen sollte, dass die objektiven Voraussetzungen für eine Beschwerde nach dieser Vorschrift entgegen der Annahme des BF tatsächlich nicht vorlagen oder die Beschwerde sich als unbegründet erweist.[105] 36

Werden im Zusammenhang mit der Behandlung einer Beschwerde Unregelmäßigkeiten oder Vertragsverletzungen des BF bekannt und werden deswegen vom AG Maßnahmen ergriffen, so steht diese Bestimmung dem nicht entgegen. Der **AG** hat jedoch die **Beweislast** dafür, dass in diesem Fall nicht die Erhebung der Beschwerde, sondern ein anderer Grund Ursache der Maßnahme ist.[106] 37

Das Benachteiligungsverbot wirkt nicht nur gegenüber dem AG, sondern auch gegenüber Dritten,[107] z. B. gegenüber anderen AN, über die Beschwerde geführt wird.[108] Werden vom BF Anschuldigungen gegen einen anderen AN erhoben, ist regelmäßig ist von einer Wahrnehmung berechtigter Interessen auszugehen.[109] Es besteht dann weder Anspruch gegen den BF auf **Unterlassung der Behauptungen**, die Gegenstand des Beschwerdeverfahrens sind,[110] noch auf **Schmerzensgeld**.[111] Das *HessLAG* macht davon eine Ausnahme, wenn die Behauptungen 38

98 European Committee of Social Rights, Conclusions XVIII-2 (2007), Germany, wiederholt in Conclusions XIX-3 (2010), Germany, AuR 2011, 107 ff, 110.
99 *Schaub,* Der Betriebsrat, S. 484.
100 *Fitting,* Rn. 21; GK-*Wiese/Franzen,* Rn. 35.
101 Vgl. GK-*Wiese/Franzen,* Rn. 35; *Mache,* AiB 85, 60 f.
102 *LAG Hamm* 11.2.04 – 18 Sa 1847/03, AuR 05, 36.
103 Ebenso *LAG Köln* 20.1.99, LAGE § 626 BGB Nr. 128; *HessLAG* 12.5.11 – 5 Sa 1863/10, AA 12, 5: hasserfüllte, feindselige oder bösartige Motive.
104 Vgl. *Buschmann,* AiB 87, 52; im Ergebnis ebenso, jedoch ohne Bezug auf das Benachteiligungsverbot GK-*Wiese/Franzen,* Rn. 20; vgl. auch Rn. 25.
105 *LAG Köln,* a. a. O.
106 Vgl. GK-*Wiese/Franzen,* Rn. 34 m. w. N.
107 GK-*Wiese/Franzen,* Rn. 33; *GL,* Rn. 9.
108 *LK,* Rn. 6.
109 Vgl. *HessLAG* 9.5.12 – 18 Sa 1596/11, juris; *Palandt,* § 823 BGB, Rn. 37.
110 *HessLAG* 28.6.00 – 8 Sa 195/99, AuR 01, 272 mit Anm. *Linde.*
111 *HessLAG* 18.12.13 – 18 Sa 769/13, NZB verworfen, juris.

bewusst unwahr oder leichtfertig aufgestellt wurden.[112] Wird nach Beendigung eines erfolglosen Beschwerdeverfahrens ein entsprechendes Unterlassungsbegehren gegen den BF auf eine Verletzung des Persönlichkeitsrechts des anderen AN gestützt, so indiziert dessen Beeinträchtigung nicht die Rechtswidrigkeit des Beschwerdevorbringens.[113]

VII. Streitigkeiten

39 Die Entgegennahme und Entscheidung einer Beschwerde kann vom BF dem AG gegenüber im **Urteilsverfahren** gerichtlich durchgesetzt werden. Eine bestimmte konkrete gerichtliche Entscheidung über den Beschwerdegegenstand selbst kann der AN jedoch nur beantragen, wenn dieser einen **Rechtsanspruch** betrifft. Um einen solchen handelt es sich auch dann, wenn der AG die Berechtigung der Beschwerde zwar anerkannt, dieser anschließend aber **nicht abgeholfen** hat. Richtet sich die Beschwerde gegen ein fortdauerndes oder künftiges dem AG zuzurechnendes Verhalten, ist ihm aufzugeben, dieses zu unterlassen (Vollstreckung nach § 890 ZPO). Wird positives Handeln, etwa eine Einwirkung auf Dritte, verlangt und stehen dem AG tatsächlich oder rechtlich mehrere, auch durch die Beschwerde oder die Anerkenntniserklärung nicht konkretisierte Abhilfemöglichkeiten zur Verfügung, muss es zulässig sein, die Abhilfeverpflichtung allgemein zu tenorieren und die fraglichen Alternativen in den Gründen zu nennen. Eine Überprüfung erfolgt dann im Rahmen des Vollstreckungsverfahrens nach § 888 ZPO durch das ArbG. Das Urteilsverfahren kommt auch dann zur Anwendung, wenn der BF Ansprüche wegen einer Verletzung des Benachteiligungsverbots nach Abs. 3 gegen den AG geltend macht (zum Rechtsweg bei Streitigkeiten wegen der Hinzuziehung des BR-Mitglieds vgl. Erl. zu §§ 81, 82).

§ 85 Behandlung von Beschwerden durch den Betriebsrat

(1) Der Betriebsrat hat Beschwerden von Arbeitnehmern entgegenzunehmen und, falls er sie für berechtigt erachtet, beim Arbeitgeber auf Abhilfe hinzuwirken.
(2) Bestehen zwischen Betriebsrat und Arbeitgeber Meinungsverschiedenheiten über die Berechtigung der Beschwerde, so kann der Betriebsrat die Einigungsstelle anrufen. Der Spruch der Einigungsstelle ersetzt die Einigung zwischen Arbeitgeber und Betriebsrat. Dies gilt nicht, soweit Gegenstand der Beschwerde ein Rechtsanspruch ist.
(3) Der Arbeitgeber hat den Betriebsrat über die Behandlung der Beschwerde zu unterrichten. § 84 Abs. 2 bleibt unberührt.

Inhaltsübersicht

112 Kritisch dazu *Linde*, a. a. O.

113 Vgl. auch *BAG* 4.6.98 – 8 AZR 786/96, EzA § 823 BGB Nr. 9 zu einem Entlassungsverlangen nach § 104.

I. Vorbemerkungen

Der BR bestimmt mit bei der Behandlung von Beschwerden der AN (Beschwerdeführer, BF). Voraussetzung ist, dass der BF den BR wegen seiner Beschwerde einschaltet. Dies kann er unabhängig von der nach § 84 Abs. 1 gegebenen Möglichkeit, eine Beschwerde dem AG gegenüber direkt vorzubringen. Es liegt beim AN, ob er seine Beschwerde beim BR sofort oder erst nach einem erfolglosen Beschwerdeverfahren gemäß § 84 Abs. 1 einlegen will. Der BF kann auch gleichzeitig beide Wege beschreiten.[1] Auch ein BR-Mitglied kann BF sein. 1

II. Beschwerdegegenstand

Anders als § 84 Abs. 1 erwähnt § 85 Abs. 1 nicht ausdrücklich, was im Einzelnen Gegenstand einer Beschwerde i. S. d. Vorschrift sein kann. Es gibt insoweit jedoch **keinerlei Einschränkungen.** Der Beschwerdegegenstand ist in beiden Normen identisch.[2] Voraussetzung ist, dass der BF sich in seiner individuellen Position durch ein Handeln oder Unterlassen des AG oder anderer AN des Betriebs beeinträchtigt fühlt. Gegenstand einer Beschwerde können also auch Rechtsansprüche, ggf. auf Erfüllung von Hauptleistungspflichten aus dem Arbeitsverhältnis sein.[3] Abs. 2 Satz 3 steht dem nicht entgegen.[4] Eine gesetzlich besonders hervorgehobene Beschwerde ist der Kündigungseinspruch nach § 3 KSchG,[5] der ebenfalls durch die Möglichkeit der arbeitsgerichtlichen Überprüfung (Kündigungsschutzklage) nicht ausgeschlossen wird. Beschwerden, die vom AG nach § 84 bereits abschlägig beschieden worden sind, können über den BR weiterverfolgt werden. Es können sich auch **mehrere AN gleichzeitig** beschweren. Ebenso kann ein AN die Beschwerde eines oder mehrerer anderer BF dem BR gegenüber vorbringen, wenn er von diesen hierzu beauftragt ist (vgl. **§ 84 Rn. 20**). 2

Beschwerdegegenstand kann auch eine Angelegenheit sein, in der dem BR ein Beteiligungsrecht nach anderen Vorschriften zusteht (vgl. § 84 Rn. 16 m. w. N.).[6] Nach einer geläufigen, in ihrer Tragweite allerdings unklaren und umstr. Formel sollen **Mitbestimmungsrechte des BR** über das Beschwerdeverfahren nicht erweitert werden können.[7] Die Formel hilft nicht weiter, da sich die Beschwerdemöglichkeiten und die ESt. allein aus dieser Vorschrift und weder positiv noch negativ aus anderen Mitbestimmungstatbeständen definieren (dazu Rn. 14, 15). 3

III. Beschwerdeverfahren

Die Einbringung der Beschwerde beim BR erfolgt wie nach § 84 während der Arbeitszeit (vgl. § 84 Rn. 25 m. w. N.). Für sie ist keine besondere **Form** vorgesehen. Nach dem Gesetzeswortlaut **hat** der BR Beschwerden von AN entgegenzunehmen, ist hierzu also **verpflichtet.**[8] Allerdings kann der BF nicht gerichtlich erzwingen, dass der BR sich mit der Beschwerde befasst. Geschieht dies nicht, liegt ggf. eine grobe Amtspflichtverletzung nach § 23 Abs. 1 vor.[9] Verfolgt der BR eine Beschwerde nicht weiter, weil er sie für unberechtigt hält, hat er den BF mit Begründung entsprechend zu unterrichten. Das Beschwerdeverfahren ist damit erledigt. War Gegenstand der Beschwerde ein Rechtsanspruch, kann der BF das ArbG anrufen. Der AG hat zunächst keinen Anspruch, den Namen des BF zu erfahren. 4

Der BR hat sich mit der Beschwerde als **Organ** zu befassen. Unter den Voraussetzungen des § 28 kann er die Behandlung der Beschwerde einem Ausschuss übertragen.[10] Nach Auffassung 5

1 Vgl. *BAG* 11.3.82 – 2 AZR 798/79; GK-*Wiese/Franzen*, Rn. 1; § 84 Rn. 4.
2 *BAG* 22.11.05 – 1 ABR 50/04, AP § 85 BetrVG 1972 Nr. 2; Richardi-*Thüsing*, Rn. 3; GK-*Wiese/Franzen*, Rn. 4; *GL*, Rn. 1; *HWGNRH*, Rn. 4.
3 *HessLAG* 3.3.09 – 4 TaBV 14/09, AuR 09, 181.
4 Vgl. Richardi-*Thüsing*, Rn. 4.
5 *v. Hoyningen-Huene*, Betriebsverfassungsrecht, S. 298.
6 Richardi-*Thüsing*, Rn. 5.
7 *LAG Schleswig-Holstein* 21.2.89, NZA 90, 703 [704]; Richardi-*Thüsing*, Rn. 5; *Fitting*, Rn. 12; GK-*Wiese/Franzen*, Rn. 18 ff.; *GL*, Rn. 10.
8 S. auch *GL*, Rn. 3.
9 Richardi-*Thüsing*, Rn. 12; *GL*, Rn. 5; *HWGNRH*, Rn. 18.
10 Vgl. *Fitting*, Rn. 3; *HWGNRH*, Rn. 11.

des *LAG Nürnberg*[11] ist ein BR-Mitglied, der selbst Beschwerde eingelegt hat, bei der Beschlussfassung des BR sowohl hinsichtlich der Berechtigung der Beschwerde als auch hinsichtlich der Anrufung einer Einigungsstelle) gemäß § 25 Abs. 1 Satz 2 ausgeschlossen. Dies kann richtigerweise nur für die von ihm selbst erhobene individuelle Beschwerde gelten, nicht aber bei einer gleichlautenden Gruppenbeschwerde mehrerer AN. Über das Ergebnis der Beschwerde ist ein **Beschluss** zu fassen. Hält der BR die Beschwerde für berechtigt (Begriff wie in § 84 Rn. 30), hat er beim AG auf Abhilfe hinzuwirken.[12] Die Beachtung einer besonderen **Form** oder **Frist** sieht das Gesetz nicht vor. BR und AG haben über die Erledigung zu verhandeln. Dabei kann es zweckmäßig sein, den BF, ggf. auch andere Beschäftigte oder Dritte, über die Beschwerde geführt wird (vgl. § 13 AGG) **persönlich** zu hören. Der BR hat aber, vor allem, wenn er den BF schützen will bzw. dieser darum bittet, auch die Möglichkeit, den Beschwerdegegenstand als objektiven Missstand zu begreifen und dann aus eigenem Recht nach der allgemeinen Aufgabenzuweisung des § 80 oder nach speziellen Mitbestimmungstatbeständen vorzugehen, so dass der BF nicht genannt werden muss.[13] In letzterem Fall kommt es nicht zur ESt. nach *dieser* Vorschrift.[14]

6 Der AG ist verpflichtet, sich mit der ihm vom BR vorgelegten Beschwerde zu befassen. Erkennt er sie für berechtigt, muss er ihr **abhelfen.**[15] Diese Verpflichtung ergibt sich aus § 84 Abs. 2, der entsprechend im Rahmen des kollektivrechtlichen Beschwerdeverfahrens Anwendung findet, da der Versuch des BR, beim AG auf Abhilfe hinzuwirken, diesen über die Beschwerde ebenso in Kenntnis setzt wie der Weg über § 84. Gründe für eine schwächere Ausgestaltung des einen oder anderen Verfahrens sind nicht ersichtlich. Im Übrigen wird der Abhilfeanspruch durch Abs. 3 Satz 2 auch in diesem Verfahren ausdrücklich anerkannt. Erachtet der AG die Beschwerde für nicht berechtigt, hat er dies dem BR und dem BF zu begründen.[16]

IV. Anrufung der Einigungsstelle

7 Bei Meinungsverschiedenheiten über die Berechtigung der ESt. kann der BR (nicht der AG) nach pflichtgemäßem Ermessen die **ESt. anrufen.** Hierfür bedarf es nicht der Zustimmung des BF. Dieser kann seine Beschwerde jedoch jederzeit zurücknehmen und damit dem weiteren Verfahren die Grundlage entziehen. Der BF kann die ESt. nicht anrufen.[17]

8 Nach *BAG*[18] setzt die Anrufung der ESt. einen vorhandenen betrieblichen Regelungskonflikt voraus, um auf diese Weise den AG für die Zukunft zu konkreten Abhilfemaßnahmen, d. h. zu einer Änderung tatsächlicher, betrieblicher Umstände, zu verpflichten. Dies wird – ungeachtet ihrer individualrechtlichen Zulässigkeit – verneint bei einer ausschließlich vergangenheitsbezogenen Beschwerde des AN.[19] Mit dieser Konzeption erkennt das *BAG* die Funktion dieser ESt. an, den AG auch gegen dessen Willen zu Abhilfemaßnahmen zu veranlassen, die sich über individualrechtliche Klagen von AN oder die Ausübung von Mitbestimmungsrechten des BR nicht durchsetzen ließen. Zu weit geht die Aussage des Gerichts, über die ESt. könne keine nachträgliche Kompensation zum Ausgleich für vergangene Beeinträchtigungen begründet werden. Ausgleichsmaßnahmen können durchaus (einvernehmliches) Ergebnis der ESt. sein. Insofern bedarf es keiner teleologischen Reduktion schon des Bestellungsverfahrens. Allerdings könnte das Rechtsschutzbedürfnis hierfür entfallen, etwa wenn nach beidseitiger Auffassung der Regelungskonflikt erledigt ist, eine zwischenzeitlich getroffene Abhilfemaßnahme

11 *LAG Nürnberg* 16.10.12 – 7 TaBV 28/12, NZA-RR 13, 23; krit. Anm. *Wolmerath*, jurisPR-ArbR 11/2013, Anm. 3.
12 Richardi-*Thüsing*, Rn. 8; GK-*Wiese/Franzen*, Rn. 7; *Hallmen*, S. 88.
13 Siebert/Becker-*Stevens-Bartol*, Rn. 5.
14 Muster in DKKWF-*Buschmann*, § 84, Rn. 6.
15 Richardi-*Thüsing*, Rn. 11.
16 *Fitting*, Rn. 3; GK-*Wiese/Franzen*, Rn. 28; a. A. hinsichtlich des AN Richardi-*Thüsing*, Rn. 34; *GL*, Rn. 4: nur, wenn dieser gleichzeitig das Verfahren nach § 84 betreibt.
17 *BAG* 28.6.84, AP Nr. 1 zu § 85 BetrVG 1972; Richardi-*Thüsing*, Rn. 14; *Fitting*, Rn. 4; GK-*Wiese/Franzen*, Rn. 9; Muster in DKKWF-*Buschmann*, § 84 Rn. 11.
18 *BAG* 22.11.05 – 1 ABR 50/04, AP § 85 BetrVG 1972 Nr. 2.
19 *BAG* a. a. O.: teleologische Reduktion.

als ausreichend bewertet und nur noch über frühere Rechtspositionen gestritten wird. Dagegen bleibt das Verfahren auch nach Auffassung des *BAG* zulässig, wenn sich BF und BR gegen eine befürchtete Wiederholung oder gar Regelhaftigkeit des kritisierten Zustands wehren.[20]

Das gerichtliche Bestellungsverfahren nach § 98 ArbGG kann nur durch den BR, nicht durch den BF oder AG, eingeleitet werden. Dies ist dann möglich, wenn der BR aufgrund des bisherigen Verhaltens des AG weitere Verhandlungen für aussichtslos hält, erst recht, wenn der AG sich von vornherein verhandlungsunwillig zeigt und die Verhandlungsbemühungen des BR boykottiert.[21] Die ESt. ist auch zu bestellen, wenn dem AN zum gleichen Gegenstand möglicherweise **Rechtsansprüche** zustehen (vgl. aber Rn. 16 ff.). Nach der Auffassung, wonach ein Rechtsanspruch nur die verbindliche Entscheidung der ESt., nicht aber deren generelle Zuständigkeit ausschließt, ergibt sich dies von selbst. Jedoch auch nach der gegenteiligen Auffassung könnte eine Zuständigkeit eröffnet sein, wenn im Einzelfall ein Rechtsanspruch des AN nicht besteht. Dieser wird nämlich im Regelfall vom AG verneint werden, da ansonsten die Beschwerde sinnlos wäre. Offensichtliche Unzuständigkeit i. S. d. § 98 ArbGG liegt dagegen vor, wenn der AG den Rechtsanspruch zwar anerkennt, aber nicht erfüllt. Hierfür ist das Klageverfahren vorrangig. 9

Die ESt. kann nur bestellt werden, wenn die tatsächlichen Gründe, die sie veranlassenden Vorgänge oder Verhältnisse, in einem Mindestmaß konkret angegeben sind.[22] Eine derartige Konkretisierung der Antragstellung entspricht der Rspr. des *BAG*,[23] nach der auch der Spruch der ESt. die konkreten Umstände benennen muss, die sie als zu vermeidende Beeinträchtigung des AN ansieht. So ist es etwa wegen der Unbestimmtheit des Begriffs »Mobbing« angebracht darzulegen, welche Umstände und welche Handlungen oder Äußerungen von Vorgesetzten oder Arbeitskollegen als »Mobbing« betrachtet werden.[24] Dagegen wird in dem Bestellungsverfahren nicht geprüft, ob sie auch wirklich vorliegen bzw. ob der AG ihnen abgeholfen hat.[25] 10

V. Verfahren der Einigungsstelle

1. Keine Entscheidung anstelle des Arbeitsgerichts

Das Beschwerdeverfahren nach dieser Vorschrift legitimiert grundsätzlich die ESt. auch zu einem str. Spruch, ohne dass zusätzlich die Voraussetzungen einer erzwingbaren Mitbestimmung nach einer anderen Vorschrift vorliegen müssen. Die ESt. entscheidet nur dann nicht verbindlich über die Berechtigung einer Beschwerde, wenn diese einen **Rechtsanspruch**[26] zum Gegenstand hat. Umfasst sie einen Lebenssachverhalt, bei dem nur ein **Teilaspekt** einen Rechtsanspruch betrifft, so betrifft die Einschränkung nur diesen Bereich.[27] Ein Rechtsanspruch ist z. B. Beschwerdegegenstand, wenn der AN sich beschwert, weil der AG den geschuldeten Lohn nicht zahlt, die Kündigung erklärt oder tariflichen Urlaub nicht gewährt. Das Gleiche gilt für Ansprüche von BR-Mitgliedern auf Arbeitsbefreiung zur Durchführung ihrer Aufgaben und auf betriebsübliche Vergütung i. S. v. § 37 Abs. 2 – 4 dieses Gesetzes.[28] Über die Berechtigung solcher individueller Rechtsansprüche entscheidet letztlich allein das ArbG. Der Abhilfeanspruch nach § 84 Abs. 2 schließt die Zuständigkeit ebenso wenig aus wie die Billigkeitsüberprüfung nach § 315 BGB. Er ist die gesetzlich angeordnete Rechtsfolge des zulässigen Spruchs der ESt., beseitigt also nicht seine Voraussetzungen. Abs. 2 Satz 3 schließt den verbindlichen Spruch nur aus, wenn ohne diesen Spruch bereits ein rechtlich konkretisierter Leis- 11

20 *BAG* 22.11.05 a. a. O.
21 *LAG Berlin-Br.* 9.4.14 – 4 TaBV 638/14, BB 14, 2035; zust. *Bertzbach*, PR-ArbR 41/2014 Anm. 5.
22 *LAG Frankfurt* 15.9.92, 8.12.92, LAGE § 98 ArbGG 1979 Nrn. 26, 25.
23 *BAG* 22.11.05 a. a. O.
24 *LAG Rheinland-Pfalz* 11.8.11 – 10 TaBV 25/11, jurisPR-ArbR 47/2011, unter Bezug auf *BAG* 23.1.07 – 9 AZR 557/06, AP Nr. 4 zu § 611 BGB Mobbing.
25 *LAG Düsseldorf* 21.12.93, NZA 94, 767.
26 Vgl. hierzu *Buschmann*, FS Däubler, S. 320 ff.; GK-*Wiese/Franzen*, Rn. 10 ff.; *Fitting*, Rn. 6, jeweils m. w. N.; zu weitgehend *LAG Schleswig-Holstein* 21.12.89, NZA 90, 703 f.
27 Vgl. *ArbG Hannover* 29.3.89, AiB 89, 313 f. mit Anm. *Knauß-Klug; Dedert*, BB 86, 320 [321].
28 *HessLAG* 3.4.07 – 4 TaBV 39/07, AuR 08, 77.

tungsanspruch zum selben Gegenstand besteht. **Der gesetzliche Abhilfeanspruch stellt nicht den »Rechtsanspruch« i. S. d. Vorschrift dar.**[29]

12 Nach h. M. schließt Abs. 2 Satz 3 von vornherein das ESt.-Verfahren aus.[30] Bei einer Beschwerde, die einen Rechtsanspruch gleich welcher Art betreffe, komme nur das freiwillige ESt.-Verfahren nach § 76 Abs. 6 in Betracht. Diese Auffassung übersieht, dass der Gesetzgeber hier andere Regelungen über das ESt.-Verfahren getroffen hat als in § 76 Abs. 6. Dies wäre nicht notwendig gewesen, wäre nach seiner Vorstellung lediglich die allgemeine Bestimmung des § 76 anzuwenden. Die Ausnahme des Abs. 2 Satz 3 bezieht sich dem Wortlaut nach **ausschließlich** auf den vorangehenden Satz 2, die Ersetzung der Einigung zwischen AG und BR, nicht dagegen auch auf Abs. 2 Satz 1, die Anrufung der ESt. durch den BR. Hieraus folgt, dass trotz des möglicherweise unverbindlichen Spruchs der ESt. deren **Tätigwerden** vom BR **auf jeden Fall** beantragt werden kann.[31] Die Rechtssituation ist ähnlich wie bei der Herbeiführung eines Interessenausgleichs im Rahmen des § 112; auch dort ist das Tätigwerden der ESt. vorgeschrieben, obwohl sie keinen mehrheitlichen Spruch trifft.[32] Die ESt. kann dann hinsichtlich der Rechtsfrage keine str. verbindliche Entscheidung treffen. Ihre Begründung kann gleichwohl auf das weitere Verhalten des AG und die Behandlung der Beschwerde durch diesen Einfluss haben.[33] Diese Auslegung entspricht der Entstehungsgeschichte der Vorschrift.[34] Durch Satz 3 sollte klargestellt werden, dass Rechtsstreitigkeiten zwischen AN und AG aus rechtsstaatlichen Gründen von Gerichten zu entscheiden sind und in diesen Fällen »das in § 76 Abs. 5 geregelte Verfahren vor der Einigungsstelle nicht Platz greift«.[35] Begründung und Beratungen zeigen, dass bei einem Rechtsanspruch (die Entwurfsfassung hatte noch gelautet »Rechtsansprüche des AN geltend gemacht werden«) BF und AG nicht der Rechtsweg abgeschnitten werden sollte.[36] Letztendlich entscheidet die ESt. nicht anstelle des ArbG; § 76 Abs. 5 findet also keine Anwendung.

2. Beschwerde anlässlich einer Abmahnung

13 Nach st. Rspr. kann der AN gegen **unberechtigte Abmahnungen** im Wege der individuellen Abmahnungsbeseitigungsklage vorgehen (vgl. § 83 Rn. 20). Daneben kann er unabhängig von dem Beseitigungsanspruch auch Beschwerde einlegen.[37] Nach wohl h. M.[38] ist eine Zuständigkeit der ESt. von vornherein ausgeschlossen. In jedem Fall ersetzt der Spruch der ESt. nicht die Einigung über die Wirksamkeit der Abmahnung selbst. Im Ergebnis kommt es darauf an, wie die Beschwerde formuliert ist bzw. wie sich der BR ihrer annimmt,[39] wenn er die ESt. anruft. Auch nach der Auffassung, die eine ESt. über die Abmahnung selbst nicht zulässt, wird es zulässig sein, sich etwa über deren Begleitumstände wie das **Verhalten des AG oder dessen Verhaltenserwartungen an den AN**, die der Abmahnung zu Grunde liegen, zu beschweren.[40]

---

29 Ebenso Richardi-*Thüsing*, Rn. 20; *Uhl/Polloczek*, BB 08, 1733; vgl. auch Rn. 18; unzutreffend (Zirkelschluss) *LAG Düsseldorf* 12.12.93, NZA 94, 767.

30 *BAG* 28.6.84, AP Nr. 1 zu § 85 BetrVG 1972; Richardi-*Thüsing*, Rn. 18; *Fitting*, Rn. 7; GK-*Wiese/Franzen*, Rn. 10 ff.; *GL*, Rn. 8; ErfK-*Kania*, Rn. 4; vgl. auch *ArbG Marburg* 30.10.98, AuR 99, 365, das die Bestellung der ESt. nach § 98 ArbGG abgelehnt und in seinen Gründen einen Rechtsbruch zu Lasten des BF festgestellt hat.

31 Wie hier zum Wortlaut und zu Sinn und Zweck des Verfahrens Siebert/Becker-*Stevens-Bartol*, Rn. 10 ff.

32 Ebenso *Ohm*, AiB 00, 661.

33 Ebenso *Linde*, AuR 95, 398; vgl. auch *Rose*, BetrR 87, 228 [229] und *ArbG Hamburg* 23.6.83, AiB 83, 189 f.

34 A. A. *LAG Düsseldorf* 6.2.91 – 12 TaBV 138/90.

35 Vgl. BT-Drucks. VI/1786, S. 48 und BT-Drucks. VI/2729, S. 29.

36 Nachw. bei *Buschmann*, FS Däubler, S. 318 ff.; a. A. GK-*Wiese/Franzen*, Rn. 10 ff.; *GL*, Rn. 7.

37 GK-*Wiese/Franzen*, § 84 Rn. 8; Richardi-*Thüsing*, § 83 Rn. 44.

38 Vgl. nur *LAG Rheinland-Pfalz* 17.1.85, NZA 85, 190; *LAG Berlin* 19.8.88, BB 88, 2040; *Dedert* BB 86, 320 f.; a. A. *LAG Köln* 16.11.84 – 7 TaBV 40/84, BB 85, 524; *LAG Hamburg* 10.7.85 – 8 TaBV 11/85, BB 85, 1729.

39 *Knauß-Klug*, AiB 89, 315 m. w. N.; *LAG Hamburg*, a. a. O.

40 *HessLAG* 12.3.02 – 4 TaBV 75/01, AuR 03, 437; ebenso 3.11.09 – 4 TaBV 185/09, NZA 10, 359: Vorgehen von Vorgesetzten im Zusammenhang mit der Tatsachenfeststellung im Vorfeld der Abmahnungen.

In diesem Fall bestehen nach beiden Ausgangspositionen keine prinzipiellen Einwendungen gegen die Zuständigkeit der ESt.. Zwar wird die ESt. im Spruch nicht die Rücknahme und Beseitigung der Abmahnung verfügen können. Eine solche Rechtsfolge kann sich jedoch als Abhilfeanspruch auf Grundlage eines durchgeführten ESt-Verfahrens unter Zugrundelegung der von der ESt. getroffenen tatsächlichen Feststellungen und Wertungen ergeben.

3. Beschwerdeverfahren und Mitbestimmungstatbestände

Soweit Gegenstand der Beschwerde eine kollektive Angelegenheit ist, die dem Beteiligungsrecht des BR unterliegt, sollen dessen Mitwirkungs- oder Mitbestimmungsrechte nach einer älteren Formel nicht erweitert werden. Was diese verkürzte Aussage bedeutet, blieb unklar.[41] Eine Erweiterung von Mitbestimmungsrechten ist weder Inhalt noch Ziel dieser ESt, die ihren Ausgangspunkt in einer individuellen Beeinträchtigung hat. Wäre sie auf Regelungsinhalte beschränkt, die der BR aus anderen kollektiven Mitbestimmungstatbeständen durchsetzen könnte, wäre sie funktionslos. Nach *HessLAG*[42] bezieht sich diese ESt. gerade nicht auf kollektive Mitbestimmungstatbestände. Nachdem auch das *BAG* in seiner jüngeren Rspr.[43] auf diesen Gesichtspunkt nicht mehr eingegangen ist, ist davon auszugehen, dass sich der Anwendungsbereich dieses Verfahrens allein aus seiner gesetzlichen Grundlage und weder positiv noch negativ aus anderen Mitbestimmungstatbeständen bestimmt.[44] 14

Nicht jedes Tätigwerden der ESt. in einem Bereich, für den kein Mitbestimmungsrecht besteht, bedeutet eine **Ausweitung der Mitbestimmungsrechte**. Das Beschwerdeverfahren hat eine andere Funktion und Wirkungsweise als die Ausübung der Mitbestimmungsrechte. Es soll den BF unterstützen und ist von diesem abhängig: Der BF muss sich mit einer Beschwerde an den BR wenden und diese aufrechterhalten. Nur dann kann die ESt. tätig werden. Eine Entscheidung der ESt. lässt dem AG eine Reihe von Reaktionsmöglichkeiten, während die kollektive Mitbestimmung regelmäßig zu betrieblichen Vorgaben führt. Die ESt. kann somit auch **Einzelfälle** entscheiden, in denen kein allgemeines Mitbestimmungsrecht besteht.[45] 15

4. Abgrenzung Regelungsentscheidung – Rechtsanspruch

Das Verhältnis zwischen AG und AN ist rechtlich durchstrukturiert. Bei rechtswidrigen Beeinträchtigungen stehen dem AN Abwehransprüche zu, über die kein str. verbindlicher Spruch getroffen werden kann. Lehnte man die Zuständigkeit der ESt. gleichermaßen in den Fällen ab, in denen kein Rechtsanspruch besteht, sondern als Abhilfeanspruch durch die ESt. erst geschaffen wird, nähme man dem gesetzlich vorgesehenen Verfahren jeglichen Anwendungsbereich.[46] Dies widerspräche dem Normzweck. Die Entscheidung über die »Berechtigung« der Beschwerde ist danach kein Rechtsvollzug, sondern eine Regelung im individuellen Verhältnis zwischen AG und BF.[47] Sie enthält die tatsächliche Überprüfung und ggf. Ersetzung von **Regelungsentscheidungen des AG gegenüber dem BF im Rahmen seines Direktionsrechts** (§ 106 GewO).[48] Die ESt. ist insofern nicht auf die Überprüfung von Ermessensfehlern i. S. d. § 315 Abs. 3 BGB beschränkt. Typische Anwendungsfälle sind etwa die Zuweisung von Aufgaben, die Gestaltung des einzelnen Arbeitsplatzes,[49] die Ausübung eines vertraglich vorbehaltenen einseitigen Versetzungsrechts, die Konkretisierung von im Arbeitsvertrag nur pau- 16

41 Vgl. nur *LAG Hamburg* 18.7.06 – 3 TaBV 7/06, AuR 07, 219, mit ausführlicher Anm. *Beth*.
42 *HessLAG* 8.4.08 – 4 TaBV 15/08, AuR 08, 406.
43 *BAG* 22.11.05 – 1 ABR 50/04 a. a. O.
44 Vgl. *LAG Hamburg* und *Beth* a. a. O.; ähnlich ; Richardi-*Thüsing*, Rn. 5.
45 Vgl. auch GK-*Wiese/Franzen*, Rn. 20; *Knauß-Klug*, AiB 89, 314; ebenso wohl auch *Fitting*, Rn. 7.
46 *HessLAG* 3.3.09 – 4 TaBV 14/09, AuR 09, 181 = AiB 09, 341, mit Anm. *Bachner*.
47 *Uhl/Polloczek*, BB 08, 1733.
48 Vgl. auch *LAG Frankfurt* 8.12.92, LAGE § 98 ArbGG 1979 Nr. 25; ebenso 6.9.05 – 4 TaBV 107/05, AuR 06, 173; 3.3.09, a. a. O.; zu restriktiv LAG Hamm 6.1.15 – 7 TaBV 61/14, EzA-SD 2015, Nr 8, 13: Rechtsanspruch, wenn BV dem AG bei »freiwilligen« Leistungen ein nach § 315 BGB überprüfbares einseitiges Bestimmungsrecht i. S. d. einräumt. Mit dieser Begründung bleibt wenig Spielraum übrig.
49 *LAG Hamburg* 18.3.85 – 7 TaBV 1/85.

schal beschriebenen Arbeitsverpflichtungen des einzelnen AN, etwa die Zuweisung schmutziger oder unangenehmer Arbeiten, die subjektiv empfundene Unwürdigkeit von Arbeiten, Arbeitsüberlastung[50] oder personelle Unterbesetzung.[51] Mittelbar kann ein BF eine Veränderung der Lage seiner persönlichen Arbeitszeit oder seines Urlaubs[52] erreichen, soweit kollektive Vereinbarungen nicht entgegenstehen, desgleichen die Bewilligung unbezahlten Urlaubs, den der AG anderen Beschäftigten einräumt.[53] Mit einer einigungsstellenfähigen Beschwerde kann ein BF auch reagieren, wenn der AG nach einer Arbeitszeitverringerung nach § 8 TzBfG gestützt auf Abs. 5 Satz 4 dieser Vorschrift die Arbeitszeitverteilung wieder ändert.[54] Soweit diese Fragen im Arbeitsvertrag geregelt sind, ist ein verbindlicher Spruch der ESt. hierüber ausgeschlossen. Eine Vertragsänderung kann durch Spruch nicht erreicht werden.

17 Bei **Arbeitnehmerüberlassung** kann die ESt. über die Beschwerde eines Leih-AN gegen die Entscheidung des Verleiher-AG über die konkrete Überlassung an einen einzelnen Entleiher entscheiden (vgl. § 84 Rn. 17). Ausgangspunkt ist die dem AG durch § 10 Abs. 4 i. V. m. § 9 Nr. 2 AÜG eingeräumte Rechtsmacht, durch Zuweisung des BF an unterschiedliche Entleiher-AG einseitig die wechselnde Höhe der Vergütung und die sonstigen wesentlichen Arbeitsbedingungen und damit die Hauptbedingungen des arbeitsvertraglichen Austauschverhältnisses zu bestimmen. Eine Beeinträchtigung könnte etwa darin liegen, dass ein Verleiher-AG dem AN ohne sachlichen Grund durch Zuweisung an einen anderen Entleiher die Vergütung reduziert oder in sonstiger Weise Arbeitsbedingungen mindert.

18 Nach *LAG Frankfurt*[55] kann die ESt. entscheiden über **aus Fürsorgepflichten sowie den Grundsätzen von Recht und Billigkeit oder der Gleichberechtigung ableitbare Nebenansprüche, die nicht klar gegeben, nicht allgemein anerkannt und nicht oder nur schwer konkretisierbar sind.**[56] Hintergrund ist die Überlegung, dass über die Generalklausel der Fürsorgepflicht, verstanden als Rechtsanspruch, § 85 praktisch leerlaufen könnte. Nach *Denck*[57] stellt die Vorschrift selbst eine Konkretisierung der Fürsorgepflicht dar, steht also dem Beschwerdeverfahren nicht entgegen. Die Kontroverse zeigt die Begründungsschwäche der überholten Auffassung, die in einem rechtlich durchstrukturierten Vertragsverhältnis jeden anzuwendenden Rechtssatz zum negativen Tatbestandsmerkmal der Einigungsstelle erhob und damit einer Gesetzesnorm zwangsläufig den Anwendungsbereich entzog.

19 Jedenfalls im **Einigungsstellenbestellungsverfahren** nach § 98 ArbGG darf die Möglichkeit von Fürsorgepflichten nicht zu Lasten des BF gehen. Die ESt. ist nur offensichtlich unzuständig i. S. d. § 98 ArbGG, wenn ihre Zuständigkeit unter keinem rechtlichen Gesichtspunkt als möglich erscheint.[58] Soweit etwa die Rspr. umstr. ist, kann von offensichtlicher Unzuständigkeit i. S. d. § 98 ArbGG nicht ausgegangen werden.[59] Dies ist insbes. der Fall, wenn zu einer für die Zuständigkeit relevanten Rechtsfrage von unterschiedlichen *LAG* unterschiedliche Auffassungen vertreten werden.[60] Bei Fürsorgepflichten wie bei der Anwendung des Gleichheitsgrundsatzes ist in Bezug auf Begründung und Reichweite von Ansprüchen so gut wie alles str. Das Verfahren nach § 98 ArbGG ist nicht geeignet, hier eine endgültige Klärung herbeizuführen. Zutreffend *LAG Hamm*[61] zu einer Beschwerde wegen Mobbings: »Im Übrigen ist eine Einigungsstelle nach § 98 Abs. 1 ArbGG jedenfalls dann zu bilden, wenn zweifelhaft ist, ob der

50 ErfK-*Kania*, Rn. 5; zur Arbeitsüberlastung *BAG* 22.11.05 – 1 ABR 50/04 a. a. O.; *LAG Baden-Württemberg* 13.3.00, AiB 00, 760 mit Anm. *Klar.*
51 HaKo-*Lakies*, Rn. 9; *LAG Hamm* 21.8.01, NZA-RR 02, 139.
52 Ebenso Richardi-*Thüsing*, Rn. 23.
53 *LAG Hamburg* und *Beth*, Rn. 12.
54 Im einzelnen TZA-*Buschmann*, § 8 TzBfG Rn. 42.
55 *LAG Frankfurt* 15.9.92, LAGE § 98 ArbGG 1979 Nr. 26, ebenso Nr. 25, a. a. O.; ebenso 12.3.02, AuR 03, 437; 3.3.09 – 4 TaBV 14/09, AuR 09, 181.
56 Vgl. auch *Fitting*, Rn. 6; *Hinrichs* [1981], S. 48 f.; ErfK-*Kania*, Rn. 5; a. A. *Nebendahl/Lunck*, NZA 90, 678, die darauf hinweisen, dass der AN auch aus Fürsorgepflicht resultierende Ansprüche im Urteilsverfahren durchsetzen kann.
57 *Denk* DB 80, 2132 ff.
58 *Hauck*, Arbeitsgerichtsgesetz, § 98 Rn. 4 m. w. N.
59 *Grunsky*, Arbeitsgerichtsgesetz, § 98 Rn. 1.
60 LAG *Nürnberg*, NZA 93, 281; *HessLAG* 3.11.09 – 4 TaBV 185/09, NZA 10, 359.
61 *LAG Hamm* 5.10.09 – 10 TaBV 63/09, AuR 10, 394.

vom AN vorgetragene Beschwerdegrund rechtlicher oder tatsächlicher Art ist.[62] Das Einigungsstellenverfahren kommt auch dann in Betracht, wenn zwar ein individueller Rechtsanspruch des AN als möglich erscheint, der AG jedoch über einen Handlungsspielraum verfügt, der nicht lediglich im Verzicht auf seine Rechtsposition besteht.«[63]

Die Entscheidung der ESt ist nicht durch die **Möglichkeit von Entschädigungs- und/oder Schadensersatzansprüchen** nach § 81 Abs. 2 Nr. 2 SGB IX oder §§ 12, 15 AGG[64] ausgeschlossen. Jene Vorschriften regeln nur in einem begrenzten Bereich bestimmte einzelne Rechtsfolgen einer unzulässigen Diskriminierung, während die Beschwerde und die ESt die Diskriminierung selbst zum Gegenstand haben. 20

Der verbindliche Einigungsstellenspruch ist somit **nicht schon ausgeschlossen, wenn nur Rechtsfragen im Raume stehen, sondern erst, wenn als Beschwerdegegenstand ein Rechtsanspruch geltend gemacht wird.**[65] »Anspruch« definiert sich als Recht, von einem anderen ein Tun oder Unterlassen zu verlangen (§§ 194, 218 BGB), was mit einer Leistungsklage gerichtlich geltend zu machen ist. Ein bloßes Rechtsverhältnis, selbst, wenn es ein Feststellungsinteresse für ein Feststellungsurteil begründet, steht der Einigungsstelle also nicht entgegen.[66] Gelangt die ESt. nach Überprüfung zu dem Ergebnis, dass dem AN zum Beschwerdegegenstand ein Rechtsanspruch in diesem Sinne zusteht, stellt sie fest, dass die Voraussetzungen des Abs. 2 Satz 3 vorliegen, sie mithin keinen die Einigung zwischen AG und AN ersetzenden Spruch i. S. d. Abs. 2 Satz 2 treffen kann. Diese Entscheidung ist, auch wenn sie einvernehmlich erfolgt, zu begründen, da sie für den BF bedeutet, dass seine Beschwerde keine Abhilfeverpflichtung nach sich zieht.[67] 21

5. Entscheidungsspielraum der Einigungsstelle

Der Entscheidungsspielraum der ESt. ist insofern begrenzt, als er einen Regelungsspielraum des AG voraussetzt, damit dieser der Beschwerde abhelfen kann. Nach *LAG Köln*[68] ist das nicht der Fall, wenn dadurch gegen eine bestehende BV (hier: über Arbeitszeit) verstoßen oder diese geändert würde. Für die Änderung der mitbestimmten Arbeitszeit sei nicht die nach § 85 gebildete ESt., sondern eine möglicherweise anders besetzte nach § 87 Abs. 2 gebildete ESt. zuständig.[69] Nicht zu folgen ist dem LAG insofern, als es mit dieser Begründung bereits die Zuständigkeit der ESt. ablehnt. Die ESt. hat ihren Regelungsspielraum selbst zu prüfen. Dass Abhilfemaßnahmen des AG ihrerseits Beteiligungsrechte des BR aufwerfen können bzw. das bestehende betriebliche Normengefüge berücksichtigen müssen, entspricht dem System der Betriebsverfassung und beseitigt nicht die Voraussetzungen der ESt. 22

Der Entscheidungsspielraum der ESt. ist insofern begrenzt, als sie ihre Ermessensentscheidung nur über die »Berechtigung« der Beschwerde, nicht aber über die Einzelabhilfemaßnahme ausübt. Sie kann damit Entscheidungen des AG negativ belegen bzw. einen nicht hinzunehmenden Zustand feststellen, nicht jedoch bestimmte Abhilfemaßnahmen anordnen.[70] Da die Entscheidung u. U. individuelle Rechtsfolgen im Rahmen des Abhilfeverfahrens begründet, muss sie deutlich aussprechen, worin genau die Berechtigung der Beschwerde gesehen wird. Die einfache Feststellung, die Beschwerde sei berechtigt, ist nur ausreichend, wenn diese wiederum so eindeutig formuliert ist, dass damit eine Grundlage für ein individualrechtliches Abhilfeverfahren gegeben ist. Die ESt. muss den **anerkannten Beschwerdegegenstand** des- 23

---

62 Verweis auf *HessLAG* 15.9.92: *LAG Baden-Württemberg* 13.3.00; *LAG Rheinland-Pfalz* 16.1.08 – 7 TaBV 60/07; zur Lit. u. a. auf diese Rn.
63 *LAG Sachsen* 6.2.04 – 3 TaBV 33/03.
64 Däubler/Bertzbach-*Buschmann,* § 13 AGG Rn. 47 ff.
65 Ähnlich Richardi-*Thüsing,* Rn. 22.
66 Im Einzelnen *Buschmann,* FS Däubler, S. 324.
67 Vgl. auch *ArbG Marburg* 30.10.98, AuR 99, 365, das entgegen der hier vertretenen Auffassung, allerdings mit einer ausführlichen Begründung unter Feststellung von Rechtsansprüchen einen Bestellungsantrag nach § 98 ArbGG zurückgewiesen hat.
68 *LAG Köln* 17.9.07 – 2 TaBV 42/07, AuR 6/08.
69 Ähnlich *HessLAG* 8.4.08, AuR 08, 406.
70 *BAG* 22.11.05, a. a. O

halb so **präzisieren,** dass hieraus auch der AG ableiten kann, welche tatsächlichen Umstände die ESt. als zu vermeidende Beeinträchtigung der AN angesehen hat bzw. mit welchen legitimen Mitteln er auf das von der ESt. missbilligte Verhalten oder den missbilligten Zustand reagieren kann.[71] Umgekehrt kann der AG der ESt. nicht durch einfache Erklärung den Boden entziehen, er erkenne die Beschwerde als berechtigt an.[72] Da das ESt-Verfahren eröffnet ist, hat die ESt. in diesem Fall konkret festzustellen, worin die Berechtigung der Beschwerde liegt.[73]

24 In dem ESt-Verfahren selbst ist der BF nicht Beteiligter. Er kann aber die Beschwerde bis zum Spruch zurücknehmen und damit dem Verfahren die Grundlage entziehen. Kurzfristige Rücksprachen zwischen den vom BR benannten Mitgliedern der ESt. und dem BF sind jederzeit möglich. Die ESt. hat den Sachverhalt zu ermitteln und dazu den BF zu hören.[74] Sie kann in diesem Rahmen auch andere Beschäftigte oder Dritte, über die Beschwerde geführt wird (vgl. § 13 AGG) befragen. Im Übrigen richtet sich auch dieses Verfahren grundsätzlich nach § 76.

VI. Abhilfeverfahren

25 Die Beschwerde erledigt sich erst mit ihrer Abhilfe, nicht bereits mit der Anerkennung ihrer Berechtigung.[75] Bejaht die ESt. die Berechtigung der Beschwerde, **muss** der AG ihr nach § 84 Abs. 2 abhelfen.[76] Es kommt dann nicht mehr darauf an, dass e sie für nicht berechtigt gehalten hatte.[77] Der Abhilfeanspruch ist **Rechtsfolge** und somit kein Rechtsanspruch, der die verbindliche Entscheidung der ESt. ausschließt.

26 Die Abhilfe der Beschwerde kann, nachdem die ESt. sie durch Spruch als berechtigt anerkannt hat, durch den BF wie im Falle der Anerkennung nach § 84 **im Klageweg** durchgesetzt werden;[78] daneben kann der BR im arbeitsgerichtlichen Beschlussverfahren die Durchführung des ESt-Spruchs[79] erzwingen, sofern dieser eine Leistungs- oder Unterlassungsverpflichtung ausspricht. Nach GK-*Wiese*[80] ist eine Verpflichtung des AG gegenüber dem BR zur Abhilfe nicht anzuerkennen, da der Spruch der ESt. nicht weitergehen könne als eine gütliche Einigung [zwischen AG und BF]. Dagegen steht die Formulierung des Abs. 2 Satz 2, wonach der Spruch die Einigung zwischen AG und BR ersetzt.

27 Für das Abhilfeverfahren sind die **Feststellungen der ESt.** wie in anderen Regelungsverfahren **verbindlich** zugrunde zu legen. Das ArbG kann deshalb das Abhilfebegehren nicht mit dem Argument zurückweisen, die Beschwerde sei nicht berechtigt. Da der (mehrheitliche) Spruch der ESt. die Einigung zwischen AG und BR ersetzt, kann eine Ermessensüberschreitung durch AG und BR gemäß § 76 Abs. 5 Satz 4 angefochten werden. Der AG kann auch außerhalb der Zweiwochenfrist die Unwirksamkeit des Spruchs durch Beschlussverfahren geltend machen, wenn die ESt. über einen Rechtsanspruch entschieden hat. Der BR kann sie geltend machen, wenn sie ihre Zuständigkeit verkannt und/oder unzulässig über die Berechtigung der Beschwerde nicht entschieden hat.

VII. Benachteiligungsverbot

28 Auch wenn das **Benachteiligungsverbot** in dieser Vorschrift nicht besonders hervorgehoben wird, gilt es für die Beschwerde beim BR gleichermaßen wie für die Beschwerde beim AG. § 84 Abs. 3 hat insofern nur klarstellende Bedeutung.[81]

29 Für den BR, der eine Beschwerde aufgreift und an den AG heranträgt, gilt das **Benachteili-**

---

71 So auch *BAG* 22.11.05 – 1 ABR 50/04, AuR 05, 451.
72 *LAG Hamm* 5.10.88 – 12 TaBV 46/88.
73 Muster in DKKWF-*Buschmann*, §§ 84 – 86 Rn. 12.
74 *BAG* 28.6.84, AP § 85 BetrVG Nr. 1; Richardi-*Thüsing*, Rn. 32.
75 *Fitting*, Rn. 9; *HWGNRH*, Rn. 26.
76 *LAG München* 27.11.90, NZA 91, 521, Ls.
77 Richardi-*Thüsing*, Rn. 36; GK-*Wiese/Franzen*, Rn. 27.
78 Richardi-*Thüsing*, Rn. 12, 40; ErfK-*Kania*, Rn. 6; *Fitting*, Rn. 9.
79 A. A. *Fitting*, Rn. 14.
80 GK-*Wiese*, Rn. 24.
81 GK-*Wiese/Franzen*, Rn. 30; *Fitting*, Rn. 11; Richardi-*Thüsing*, Rn. 37.

gungsverbot des § 78 gegenüber dem AG und gegenüber dritten Personen. Dies gilt auch im Falle einer Beschwerde über das Verhalten anderer AN des Betriebs. Diese können deshalb nicht im Wege einer Unterlassungs- oder Schadensersatzklage gegen den BR oder seine Mitglieder vorgehen. Insbes. obliegt dem BR ihnen gegenüber nicht die Beweislast für die Richtigkeit der Tatsachen.[82] Das Benachteiligungsverbot der AN-Vertreter im Zusammenhang mit Beschwerden ist auch europarechtlich geboten (Art. 7 der GleichbehandlungsRL 2002/73/EG Männer und Frauen; § 16 AGG).[83]

§ 86 Ergänzende Vereinbarungen

Durch Tarifvertrag oder Betriebsvereinbarung können die Einzelheiten des Beschwerdeverfahrens geregelt werden. Hierbei kann bestimmt werden, dass in den Fällen des § 85 Abs. 2 an die Stelle der Einigungsstelle eine betriebliche Beschwerdestelle tritt.

Soweit nach dieser Bestimmung nähere Einzelheiten des **Beschwerdeverfahrens** durch TV 1
und BV geregelt werden können, gilt dies sowohl für die individualrechtliche Beschwerde (§ 84; § 13 AGG) als auch für das in § 85 vorgesehene kollektivrechtliche Beschwerdeverfahren.[1] Derartige Regelungen können bspw. besondere Formen oder Fristen für die Behandlung vorschreiben, die zust. Stelle bestimmen, der gegenüber eine Beschwerde nach § 84 Abs. 1 vorzubringen ist, oder auch einen betrieblichen Instanzenzug für die Behandlung von Beschwerden festlegen.[2]. Sie dürfen nicht zu einer materiellen Beschränkung der Beschwerderechte nach diesem Gesetz oder dem AGG führen.[3] Insbes. dürfen sie nicht den AN ausschließlich oder vorrangig auf einen der in §§ 84, 85 vorgesehen Wege verweisen[4] und erst recht keine Beschwerdeobliegenheit vor Anrufung des ArbG einführen.[5] Mit dem Hinweis auf die Regelungsinstrumente des TV bzw. der BV macht die Vorschrift deutlich, daß Regelungen, sofern sie über die bloße Mitteilung einer Empfangszuständigkeit auf Seiten des AG für die Entgegennahme von Beschwerden hinausgehen, nicht einseitig vom AG getroffen werden dürfen. Im Übrigen beschreibt sie nur rudimentär den Regelungsspielraum, nicht die Mitbestimmung, für die im wesentlichen § 87 Abs. 1 Nr. 1 maßgeblich ist (vgl. § 84 Rn. 27).[6]

Die Disposition der Kollektivparteien erstreckt sich nicht auf die Beschwerde des Einzelnen bei 2
außerbetrieblichen Stellen. Sie kann deshalb durch TV/BV nicht beschränkt werden. Eine Erweiterung bzw. Absicherung ist dagegen zulässig.[7] TV/BV können nicht zwingend festlegen, der AN müsse vor Anrufung des ArbG den betrieblichen Beschwerdeweg ausschöpfen.[8]

Der TV nach dieser Vorschrift ist eine Betriebsnorm i. S. d. § 3 Abs. 2 TVG, so dass er bei 3
Tarifbindung des AG zur Anwendung kommt. Ein **bestehender** TV hat stets Vorrang vor einer BV. Bloße Tarifüblichkeit schließt die BV dagegen nicht aus.[9] Eine BV kann deshalb auch dann abgeschlossen werden, wenn der TV lediglich nachwirkt. Eine BV nach dieser Bestimmung unterliegt nicht dem erzwingbaren Initiativrecht des AG oder BR; sie kann nur im Rahmen einer **freiwilligen Einigung** zwischen AG und BR zustande kommen.[10]

Zur Behandlung von Beschwerden kann durch TV /BV eine **betriebliche Beschwerdestelle** 4

82 Anschaulich zum Vorwurf ausländerfeindlichen Verhaltens *ArbG Offenbach* 23.10.01, AuR 02, 272 mit Anm. *Buschmann:* Wahrnehmung berechtigter Interessen des BR; vgl. auch *BAG* 4.6.98, EzA § 823 BGB Nr. 9 zu einem Entlassungsverlangen nach § 104.

83 Zum Maßregelungsverbot bei Beschwerden nach dem AGG vgl. Däubler/Bertzbach-*Buschmann*, § 13 AGG Rn. 34 ff.

1 *Fitting*, Rn. 1.

2 *Fitting*, Rn. 3

3 GK-*Wiese/Franzen*, Rn. 6.

4 WPK-*Preis*, Rn. 1.

5 *Fitting*, Rn. 2.

6 Muster in DKKWF-*Buschmann*, § 84 Rn. 13.

7 Vgl. MTV Druckindustrie § 2 a bei arbeitsbedingten Gesundheitsgefahren; vgl. hierzu *Pickshaus*, AiB 92, 672.

8 *Fitting*, Rn. 2. Richardi-*Thüsing*, Rn. 4; *Fitting*, Rn. 2.

9 Richardi-*Thüsing*, Rn. 4; *Fitting*, Rn. 2.

10 GK-*Wiese/Franzen*, Rn. 1; *Ohm*, AiB 00, 662.

errichtet werden, die die Aufgaben der gesetzlich vorgeschriebenen ESt. (§ 85 Abs. 2) übernimmt. Dabei können gleichzeitig Regelungen für das Verfahren getroffen werden.[11] Unabhängig davon kann ein TV auch eine **tarifliche Schlichtungsstelle** (§ 76 Abs. 8) für die Verhandlung von Beschwerden als zuständig erklären.[12] Satz 2 schafft nur eine zusätzliche (dritte) Möglichkeit für die Entscheidung über die Beschwerde.[13] Die Zuständigkeit gemäß § 85 Abs. 2 kann nach h. M. durch eine Regelung nach § 86 nicht verändert werden.[14] Auch durch TV oder BV nach Satz 2 dürfen für die betriebliche Beschwerdestelle keine zusätzlichen Voraussetzungen aufgestellt werden, die die ESt. nach diesem Gesetz nicht kennt. Schließlich sind Regelungen in Betriebsvereinbarungen unwirksam, nach denen an die Stelle der ESt eine paritätisch besetzte Kommission tritt.[15]

5 Die Mitglieder einer betrieblichen Beschwerdestelle genießen ebenso wie die Mitglieder der ESt. oder einer tariflichen Schlichtungsstelle nach § 76 Abs. 8 hinsichtlich ihrer Tätigkeit **den Schutz nach § 78.** Die Behinderung oder Störung der Tätigkeit ist ebenso wie eine Benachteiligung wegen der Tätigkeit Straftatbestand i. S. d. § 119. Nach § 79 unterliegen die Mitglieder der betrieblichen Beschwerdestelle der dort geregelten **Verschwiegenheitspflicht.**[16]

§ 86 a Vorschlagsrecht der Arbeitnehmer

Jeder Arbeitnehmer hat das Recht, dem Betriebsrat Themen zur Beratung vorzuschlagen. Wird ein Vorschlag von mindestens 5 vom Hundert der Arbeitnehmer des Betriebs unterstützt, hat der Betriebsrat diesen innerhalb von zwei Monaten auf die Tagesordnung einer Betriebsratssitzung zu setzen.

Inhaltsübersicht

I. Vorbemerkungen

1 Die Vorschrift wurde durch Art. 1 Nr. 55 BetrVerf-ReformG v. 23.7.01[1] in das BetrVG aufgenommen. Sie entspricht der zuvor schon geltenden Regelung des § 80 Abs. 1 Nr. 3, wonach der BR Anregungen von AN entgegenzunehmen hat (zur Aufnahme in die Tagesordnung vgl. Rn. 14).

2 Ziel der Vorschrift ist es, den einzelnen AN stärker in die Betriebsverfassung einzubeziehen und sein demokratisches Engagement zu stärken. Vom Fachwissen jedes Einzelnen soll der BR stärker profitieren; Ideen, Vorschläge und Bedürfnisse des einzelnen AN sollen in die Arbeit des BR einfließen,[2] ohne dass dadurch die Funktion des BR als einheitliche Interessenvertretung aller AN beeinträchtigt wird.[3] Das Vorschlagsrecht des einzelnen AN dient im Unterschied etwa zur Beschwerde primär nicht der Durchsetzung individueller Interessen (auch wenn dies im Einzelfall durchaus nicht ausgeschlossen ist), sondern der Stärkung der betriebsverfassungsrechtlichen Struktur. Die Vorschrift bringt zum Ausdruck, dass eine intensive wechselseitige **Kommunikation zwischen** BR und Belegschaft unverzichtbares Element einer demokratischen Betriebsverfassung[4] ist. Sie beinhaltet eine gesetzliche Aufforderung an die AN, sich aktiv in den betriebsverfassungsrechtlichen Prozess einzuschalten.

---

11 Vgl. GK-*Wiese/Franzen*, Rn. 7 f.
12 *Fitting*, Rn. 5; *GL*, Rn. 5; **a. A.** Richardi-*Thüsing*, Rn. 9; GK-*Wiese/Franzen*, Rn. 7; *HWGNRH*, Rn. 8.
13 *GL*, Rn. 5.
14 Vgl. *Fitting*, Rn. 5; *GL*, Rn. 3.
15 *HessLAG* 15.11.12 – 5 TaBVGa 257/12, juris.
16 *Fitting*, Rn. 6.
1 BGBl. I S. 1852.
2 BT-Drucks. 14/5741, S. 26 Nr. 7.
3 BT-Drucks. 14/5741, S. 29 Nr. 6.
4 Vgl. BT-Drucks. 14/5741, S. 47 zu Nr. 55.

Angesichts ihrer grundsätzlichen Zielrichtung ist die Vorschrift systematisch im Rahmen der Mitwirkungs- und Beschwerderechte des AN angesiedelt. Inhaltlich enthält sie ein **Vorschlagsrecht** an den BR zu dessen Beratungsthemen und mittelbar zur Anberaumung von BR-Sitzungen. Insofern ergänzt sie § 29 Abs. 3. Sie regelt in Form eines Arbeitnehmerrechts und einer daran anknüpfenden Betriebsratspflicht nebst Duldungspflicht des AG nur einen Ausschnitt der Kommunikation zwischen Belegschaft und BR und hat damit weder personell noch inhaltlich abschließenden Charakter. 3

II. Vorschlagsrecht von Beratungsthemen (Satz 1)

Nach **Satz 1** hat jeder AN das Recht, dem BR Themen zur Beratung vorzuschlagen. **AN i. S. d. Vorschrift** sind zunächst alle betriebsangehörigen Arbeiter und Angestellten einschließlich der zu ihrer Berufsausbildung Beschäftigten (§ 5 Abs. 1) unabhängig davon, welchem VertragsAG sie zugeordnet sind,[5] d. h. auch Leiharbeiter. Nicht erfasst sind Nicht-AN i. S. d. § 5 Abs. 2 sowie leitende Angestellte nach § 5 Abs. 3. Dies bedeutet allerdings nicht, dass es unzulässig wäre, wenn diese Personen entsprechende Vorschläge an den BR richteten. Selbst der AG ist hierzu befugt (§ 29 Abs. 3). § 5 Abs. 1 Satz 2 bestimmt, dass auch Heimarbeiter, die in der Hauptsache für den Betrieb arbeiten, als AN gelten. Voraussetzung für das Vorschlagsrecht nach dieser Vorschrift ist, dass der AN dem Betrieb, für den der BR zuständig ist, angehört. Bei **gemeinsamen Betrieben** (vgl. § 1 Abs. 1 Satz 2, Abs. 2) sind alle AN vorschlagsberechtigt, die unabhängig von ihrer Unternehmenszugehörigkeit dem gemeinsamen Betrieb angehören. Es kommt nicht darauf an, ob sie an der letzten BR-Wahl teilgenommen haben. 4

Unabhängig von Satz 1 sind auch **Beschäftigte** i. S. d. § 2 Abs. 2 ArbSchG bzw. des § 6 AGG berechtigt, dem BR Vorschläge zur Beratung zu unterbreiten. So können die Beschäftigten etwa die dem AG zu machenden Vorschläge zu allen Fragen der Sicherheit und des Gesundheitsschutzes bei der Arbeit nach § 17 ArbSchG auch an den BR richten. Für Beschäftigte i. S. d. AGG ergibt sich das entsprechende Vorschlagsrecht aus der Sozialen Verantwortung des BR nach § 17 Abs. 1 und 2 AGG. Der ebenfalls in § 17 Abs. 1 AGG genannte AG darf diese Kommunikation nicht unterbinden. Satz 2 knüpft allerdings an den Arbeitnehmerbegriff an. 5

Die Hervorhebung des Vorschlagsrechts in Satz 1 hat in erster Linie klarstellende Funktion. Seit jeher haben AN das Recht, die Einberufung von BR-Sitzungen anzuregen (vgl. §§ 29, 80 Abs. 1 Nr. 3). 6

Der Antrag ist an den BR-Vorsitzenden zu richten, bei Verhinderung an seinen Stellvertreter.[6] Eine **besondere Form oder Frist** ist nicht vorgeschrieben;[7] daher reicht mündliches Vorbringen, ggf. telefonisch.[8] Schriftform ist aber sinnvoll, vor allem wegen der Rechtsfolgen des Satzes 2. Der Antrag muss angeben, über welche Fragen verhandelt werden soll. Der AN kann dem BR einen förmlichen Beschlussvorschlag vorlegen. Erforderlich ist dies aber ebenso wenig wie eine förmliche Begründung.[9] 7

Die Wahrnehmung des Vorschlagsrechts erfolgt während der **Arbeitszeit;**[10] angesichts des Normzwecks zu Unrecht einschränkend GK-*Wiese/Franzen:*[11] Verweisung auf Pausen nach § 242 BGB. Pausen dienen nach § 4 ArbZG der Erholung des AN. Dieser ist weder auf seine Pausen zu verweisen, noch ist er gehalten, die ausgefallene Zeit nachzuarbeiten. Der einzelne AN soll die gewünschte Initiative nach der Gesetzesbegründung[12] auch außerhalb von Betriebsversammlungen und Sprechstunden ergreifen können. Der AG kann somit das Gespräch zwischen AN und Mitgliedern des BR nicht auf dessen Sprechstunden beschränken bzw. außerhalb von Sprechstunden verbieten.[13] Wie Satz 2 deutlich macht, können auch mehrere 8

5 *Fitting*, Rn. 4.
6 *Wiese*, BB 01, 2267.
7 GK-*Franzen*, Rn. 11.
8 *BAG* 9.6.99, AP Nr. 66 zu § 40 BetrVG 1972; 8.3.00, AuR 00, 142.
9 Muster in DKKWF-*Buschmann*, § 86 a Rn. 2.
10 Ebenso *Annuß*, NZA 01, 367; *Fitting*, Rn. 5; vgl. § 81 Rn. 1.
11 GK-*Franzen* Rn. 8.
12 BT-Drucks. 14/5741, S. 47 Nr. 55.
13 *LAG Berlin* 3.11.80, EzA § 39 BetrVG 1972 Nr. 1; ebenso *BAG* 9.6.99, 8.3.00, a. a. O.

AN zeitgleich den BR aufsuchen, um dort identische oder ggf. modifizierte Vorschläge zu unterbreiten. Für den AN handelt es sich wie bei den anderen Formen der Wahrnehmung individueller Mitwirkungsrechte um Arbeitszeit i. S. d. § 2 ArbZG.[14]

9 Der AG hat keinen Anspruch zu erfahren, welcher AN welches Thema zur Beratung vorgeschlagen hat. Aus der Aufgabenstellung des BR kann sich eine besondere **Schweigepflicht des BR** gegenüber dem AG ergeben (vgl. § 79 Rn. 43). Das ist insbes. der Fall, wenn der AN den BR ausdrücklich darum bittet.[15] Ähnlich wie bei der Erhebung einer Beschwerde (vgl. § 84 Abs. 3) dürfen dem AN auch wegen seines Vorschlags an den BR keine Nachteile entstehen (§ 612 a BGB).[16]

10 Das Vorschlagsrecht ist nicht auf bestimmte Themen begrenzt. Einzige Voraussetzung ist, dass der Gegenstand des Themas in die Zuständigkeit des BR fällt.[17] Ein konkretes Mitbestimmungs- oder Mitwirkungsrecht ist nicht erforderlich. Es reicht aus, wenn der Gegenstand in den **allgemeinen Aufgabenbereich** der §§ 75, 80 oder nach anderen Vorschriften wie § 17 AGG fällt, in dem der BR entweder ohnehin tätig werden muss oder aus eigenem Ermessen tätig werden kann. Typischer Gegenstand für Arbeitnehmervorschläge nach der Betriebsverfassungsreform des Jahres 2001 ist der **betriebliche Umweltschutz.**

11 Im Unterschied zum Beschwerderecht kommt es auf eine individuelle Beschwer[18] oder **persönliche Betroffenheit der AN nicht an.** Der AN kann auch Gegenstände vorbringen, die allgemeiner Natur sind oder nur einen Betriebsteil betreffen, in dem er nicht arbeitet.[19] Andererseits schließt ein besonderes eigenes Interesse des AN das Vorschlagsrecht auch nicht aus.

12 Der BR (-Vorsitzende oder im Verhinderungsfall Stellvertreter) hat den Vorschlag des AN entgegenzunehmen. Hierüber ist der BR als Gremium zu unterrichten. Schon aus § 80 Abs. 1 Nr. 3 ergibt sich, dass der BR sich mit den ihm vorgetragenen Anregungen befassen und ggf. darüber beschließen muss. Diese Verpflichtung wollte der Gesetzgeber nicht beschränken, sondern verstärken. Form und Zeitpunkt der Beratung stehen dem BR allerdings frei. Der BR-Vorsitzende hat nach pflichtgemäßem Ermessen zu entscheiden, ob und in welcher Form der beantragte Gegenstand auf die Tagesordnung von BR-Sitzungen gesetzt oder in anderer Form weiter behandelt wird. Sinnvoll kann es sein, den **AN zu seinem Vorschlag im Einzelnen zu hören,** um dadurch zusätzliche Informationen für den BR zu gewinnen. Verpflichtet ist der BR dazu allerdings nicht.[20] Im Übrigen richtet sich die Einberufung der nächsten BR-Sitzungen grundsätzlich nach § 29 Abs. 2 – 4. Eine generelle Verpflichtung zur Aufnahme des konkret vorgeschlagenen Beratungsgegenstands als Tagesordnungspunkt besteht nicht, sondern nur unter den Voraussetzungen des Satzes 2. Kommt der BR-Vorsitzende dem Vorschlag des AN nicht nach, sollte er ihn darüber in Kenntnis setzen.[21]

13 Wenn dem BR die Anregung des AN berechtigt erscheint, ist es seine Aufgabe (§ 80 Abs. 1 Nr. 3), durch Verhandlungen mit dem AG **auf eine Erledigung hinzuwirken.** Er hat dabei den AN über den Stand und das Ergebnis der Verhandlungen zu unterrichten (im Einzelnen vgl. § 80 Rn. 50).

III. Verpflichtung zur Aufnahme in die Tagesordnung (Satz 2)

14 **Satz 2** begründet eine Verpflichtung des BR, den Gegenstand des Vorschlags binnen zwei Monaten auf die Tagesordnung einer BR-Sitzung zu setzen. Voraussetzung ist, dass der Vorschlag von 5 % der AN unterstützt wird. Dem steht gleich, wenn der Vorschlag von 5 % der AN eingebracht wird. Für die Unterstützung eines Vorschlags nach Satz 2 gelten ebenso wie für den Vorschlag nach Satz 1 selbst (vgl. Rn. 7) **keine besonderen Formvorschriften.** Wegen der Rechtsfolge, der zwingenden Behandlung auf einer BR-Sitzung, kann Schriftform sinnvoll sein, etwa in Form einer Unterschriftenliste unter einen vorgedruckten Text.

14 Vgl. auch *Buschmann/Ulber,* Arbeitszeitgesetz, § 2 Rn. 12.
15 GK-*Franzen,* Rn. 19.
16 Ebenso *Fitting,* Rn. 10; GK-*Franzen,* a. a. O.
17 BT-Drucks. 14/5741, S. 47 zu Nr. 55.
18 *Fitting,* Rn. 6.
19 Zur Vermeidung von Außenwirtschaftsverstößen vgl. *Deinert,* AuR 03, 205.
20 *Fitting,* Rn. 9.
21 Muster in DKKWF-*Buschmann,* § 86 a Rn. 3.

Die Verpflichtung nach Satz 2 steht neben entsprechenden **Verpflichtungen aus anderen Rechtsgründen.** Nach § 29 Abs. 3 hat der Vorsitzende auf Antrag von einem Viertel der Mitglieder des BR oder des AG eine Sitzung einzuberufen und den beantragten Gegenstand auf die Tagesordnung zu setzen. Nach § 45 Satz 2 können auch Betriebs- und Abteilungsversammlungen dem BR Anträge unterbreiten. Dieser ist indes daran nicht gebunden (vgl. § 45). Die JAV hat ein besonderes Antragsrecht in Angelegenheiten der Jugendlichen und Auszubildenden nach § 67 Abs. 3, die Schwerbehindertenvertretung in Angelegenheiten, die einzelne Schwerbehinderte oder die Schwerbehinderten als Gruppe besonders betreffen, nach § 95 Abs. 4 SGB IX. Für die AN besteht ein Wahlrecht, auf welchem Wege sie versuchen, den BR zur Befassung mit einer von ihnen als wesentlich betrachteten Problematik zu veranlassen. **15**

Die Verpflichtung nach Satz 2 beinhaltet, dass innerhalb der nächsten zwei Monate eine **BR-Sitzung** stattfinden muss; d. h., die Befassung mit dem vorgeschlagenen Thema kann nicht mit der Begründung zurückgewiesen werden, es finde keine BR-Sitzung statt. Der Vorschlag ist in unveränderter Form auf die Tagesordnung zu setzen. Allerdings ist der BR-Vorsitzende berechtigt, weitere Punkte auf die Tagesordnung zu nehmen (vgl. § 29). Der Grundsatz der **Nichtöffentlichkeit** von BR-Sitzungen nach § 30 S. 4 wird auch für diesen Tagesordnungspunkt nicht durchbrochen, so dass die Vorschrift dem Antragssteller kein Teilnahmerecht verleiht.[22] **16**

An die inhaltliche **Zulässigkeit** der Tagesordnungspunkte sollten keine überhöhten Anforderungen gestellt werden (vgl. Rn. 10, § 29, Rn. 25). Fällt ein Vorschlag nicht in die Zuständigkeit des BR, mag er ihn deshalb ablehnen. Eine Verlagerung mitbestimmungsrechtlicher Fragen bereits in die Zulässigkeitsprüfung von Tagesordnungspunkten[23] widerspricht aber der Gesetzessystematik. In seiner inhaltlichen Befassung mit dem vorgeschlagenen Beratungsgegenstand ist der BR frei.[24] Er ist seiner rechtlichen Verpflichtung nach Satz 2 auch nachgekommen, wenn der vorgeschlagene Beratungsgegenstand auf der BR-Sitzung behandelt, dort aber abgelehnt worden ist. Rechtsmittel dagegen stehen den Antragstellern nicht zu. Allerdings ist der BR gut beraten, derartige Anregungen ernst zu nehmen, da insgesamt der BR und das demokratische Engagement der AN hiervon nur profitieren können. **17**

Kommt der BR-Vorsitzende seiner Verpflichtung nach Satz 2 nicht nach, handelt er pflichtwidrig. Allerdings eröffnet die Vorschrift kein besonderes Verfahren, um ihn dazu anzuhalten. Der BR kann den Pflichtverstoß zum Anlass nehmen, den BR-Vorsitzenden abzuwählen. Weiterhin könnten die in § 23 Abs. 1 bezeichneten Antragsteller den Ausschluss des BR-Vorsitzenden aus dem BR betreiben (vgl. § 29). Ob dieses Verfahren Erfolg hat, richtet sich nach den Umständen des Einzelfalles. **18**

Dritter Abschnitt
Soziale Angelegenheiten

§ 87 Mitbestimmungsrechte

(1) Der Betriebsrat hat, soweit eine gesetzliche oder tarifliche Regelung nicht besteht, in folgenden Angelegenheiten mitzubestimmen:

1. **Fragen der Ordnung des Betriebs und des Verhaltens der Arbeitnehmer im Betrieb;**
2. **Beginn und Ende der täglichen Arbeitszeit einschließlich der Pausen sowie Verteilung der Arbeitszeit auf die einzelnen Wochentage;**
3. **vorübergehende Verkürzung oder Verlängerung der betriebsüblichen Arbeitszeit;**
4. **Zeit, Ort und Art der Auszahlung der Arbeitsentgelte;**
5. **Aufstellung allgemeiner Urlaubsgrundsätze und des Urlaubsplans sowie die Festsetzung der zeitlichen Lage des Urlaubs für einzelne Arbeitnehmer, wenn zwischen dem Arbeitgeber und den beteiligten Arbeitnehmern kein Einverständnis erzielt wird;**

22 *Fitting*, Rn. 9.
23 So aber Richardi-*Thüsing*, Rn. 5, 8.
24 Richardi-*Thüsing*, Rn. 9.

6. Einführung und Anwendung von technischen Einrichtungen, die dazu bestimmt sind, das Verhalten oder die Leistung der Arbeitnehmer zu überwachen;
7. Regelungen über die Verhütung von Arbeitsunfällen und Berufskrankheiten sowie über den Gesundheitsschutz im Rahmen der gesetzlichen Vorschriften oder der Unfallverhütungsvorschriften;
8. Form, Ausgestaltung und Verwaltung von Sozialeinrichtungen, deren Wirkungsbereich auf den Betrieb, das Unternehmen oder den Konzern beschränkt ist;
9. Zuweisung und Kündigung von Wohnräumen, die den Arbeitnehmern mit Rücksicht auf das Bestehen eines Arbeitsverhältnisses vermietet werden, sowie die allgemeine Festlegung der Nutzungsbedingungen;
10. Fragen der betrieblichen Lohngestaltung, insbesondere die Aufstellung von Entlohnungsgrundsätzen und die Einführung und Anwendung von neuen Entlohnungsmethoden sowie deren Änderung;
11. Festsetzung der Akkord- und Prämiensätze und vergleichbarer leistungsbezogener Entgelte, einschließlich der Geldfaktoren;
12. Grundsätze über das betriebliche Vorschlagswesen;
13. Grundsätze über die Durchführung von Gruppenarbeit; Gruppenarbeit im Sinne dieser Vorschrift liegt vor, wenn im Rahmen des betrieblichen Arbeitsablaufs eine Gruppe von Arbeitnehmern eine ihr übertragene Gesamtaufgabe im Wesentlichen eigenverantwortlich erledigt.

(2) Kommt eine Einigung über eine Angelegenheit nach Absatz 1 nicht zustande, so entscheidet die Einigungsstelle. Der Spruch der Einigungsstelle ersetzt die Einigung zwischen Arbeitgeber und Betriebsrat.

Inhaltsübersicht Rn.

I. Vorbemerkungen

1 § 87 Abs. 1 regelt die **Mitbestimmungsrechte** des BR und ist damit eine Kernvorschrift der Betriebsverfassung. Die Vorschrift gilt für **alle Betriebe,** in denen ein BR besteht, und zwar unabhängig von der Zahl der BR-Mitglieder. Deshalb stehen diese Rechte in einem **Kleinbetrieb** auch dem nur aus einer Person bestehenden BR zu. Hat der BR nach § 27 Abs. 1 einen Betriebsausschuss zu bilden, kann er diesem Mitbestimmungsrechte zur selbstständigen Er-

ledigung übertragen, soweit es nicht mit dem Abschluss von BV verbunden ist (vgl. § 27 Abs. 2). Entsprechendes gilt für Ausschüsse (§ 28 Abs. 1 Satz 2, 3). Zudem besteht für den BR die Möglichkeit, nach Abschluss einer RahmenBV mit dem AG bestimmte Aufgaben auf **Arbeitsgruppen von AN** zu übertragen (vgl. § 28 a).

Ist die **Zuständigkeit** des GBR gegeben (§ 50), übt dieser die Mitbestimmung aus. Gleiches gilt für den KBR (§ 58). Von der zwingenden gesetzlichen Zuständigkeitsverteilung kann im Rahmen der Vorschrift weder durch BV noch TV abgewichen werden.[1] Mitbestimmungsrechte können nicht von der JAV (§§ 60 ff.) oder der Schwerbehindertenvertretung (§ 94 SGB IX) wahrgenommen werden, da das Gesetz ihnen eine derartige Kompetenz nicht eingeräumt hat. Die entsprechende **Übertragung von Mitbestimmungsrechten** durch den BR ist unzulässig. Das gilt auch für GJAV (§§ 72 f.), KJAV (§§ 73 a f.) und Gesamt-/Konzernschwerbehindertenvertretung (§ 97 SGB IX). 2

Die **Aufzählung der Mitbestimmungsrechte** in § 87 ist **abschließend**.[2] Der BR kann allerdings die Angelegenheiten mitregeln, die mit dem Mitbestimmungsrecht unmittelbar zusammenhängen und ohne die es nicht sinnvoll ausgeübt werden kann, »**Annex-Kompetenz**«.[3] So erstreckt sich z. B. das Mitbestimmungsrecht in Zusammenhang mit der Einführung der bargeldlosen Entgeltzahlung auch auf zwangsläufig anfallende Kontoführungsgebühren (Rn. 139), bei der Einführung von Kurzarbeit auch auf die Milderung der finanziellen Folgen für die AN (Rn. 129; **str.**) und bei technischen Kontrolleinrichtungen auf eine vom BAG so bezeichnete »**Vollzugs- und Kontrollordnung**« (Rn. 192 f.; **str.**). Weitere Beispiele sind **Informations- und Kontrollrechte, Ankündigungsfristen** und andere prozedurale Regelungen, die insbes. bei **Rahmenregelungen** (z. B. Rufbereitschaft, Überstunden, Rn. 127) vereinbart werden können.[4] 3

Die Mitbestimmungsrechte bleiben auch während eines **Arbeitskampfes** grundsätzlich erhalten und werden nicht suspendiert (vgl. zu den Einzelheiten § 74 Rn. 30 ff., sowie § 87 Rn. 116 ff.). 4

II. Umfang der Mitbestimmungsrechte

1. Mitbestimmung als Wirksamkeitsvoraussetzung

Will der AG eine mitbestimmungspflichtige Maßnahme durchführen, bedarf es dazu der Einigung mit dem BR oder einer Entscheidung der ESt. Deshalb ist eine Maßnahme des AG, die der Mitbestimmung des BR unterliegt, rechtswidrig und somit unwirksam, wenn er sie einseitig durchführt. Die Zustimmung des BR ist also **Wirksamkeitsvoraussetzung** für alle mitbestimmungspflichtigen Maßnahmen.[5] Unwirksamkeit liegt auch dann vor, wenn der AG den Betrieb so organisiert, dass er immer damit rechnen muss, dass mitbestimmungspflichtige Tatbestände, wie z. B. Überstunden, anfallen, gleich ob er im konkreten Fall hiervon erfährt oder nicht. Diese Duldung ist einer entsprechenden Anordnung ebenso gleichzustellen[6] wie eine »Empfehlung« des AG, die von den AN als Anordnung aufzufassen ist.[7] Der AG muss also die Übereinstimmung der betrieblichen Abläufe mit den Vorgaben der von ihm geschlossenen 5

1 *BAG* 9.12.03, NZA 05, 234 (236 f.).
2 Vgl. z. B. Richardi-*Richardi*, Rn. 10; Schaub-*Koch*, § 235 Rn. 2.
3 Vgl. z. B. *BAG* 8.3.77, AP Nr. 1 zu § 87 BetrVG 1972 Auszahlung; 13.2.07, NZA 07, 640 (642); *Fitting*, Rn. 26, 61; *Hanau/Reitze*, FS Wiese, S. 149 ff.; a. A. GK-*Wiese*, Rn. 41 f.; WPK-*Bender*, Rn. 12.
4 Vgl. z. B. *BAG* 3.6.03, NZA 03, 1155 (1156, 1159) m. w. N.
5 Ständige Rspr.: vgl. z. B. *BAG* 22.12.80, AP Nr. 70 zu Art. 9 GG Arbeitskampf; *BAG* (GS) 3.12.91, DB 92, 1579 (1588); 15.4.08, NZA 08, 888 (892); 25.2.15, NZA 15, 442 (445); *Fitting*, Rn. 599 ff.; GK-*Wiese*, Rn. 98 ff.; a. A. HWGNRH-*Worzalla*, Rn. 106 ff.; Richardi-*Richardi*, Rn. 104 ff.; abzulehnen ist daher die Auffassung des *BAG* (2.12.99, BB 00, 1092, 1093 f.), dass der AG bei wahrheitswidriger Beantwortung individualrechtlich zulässiger Fragen zur Anfechtung des Arbeitsvertrages auch dann berechtigt ist, wenn das Mitbestimmungsrecht gem. § 94 Abs. 1 verletzt ist (im Einzelnen § 94 Rn. 25 m. w. N.); vgl. auch Wolter, RdA 06, 137 ff.)
6 *BAG* 27.11.90, BB 91, 548 f.; 24.4.07, DB 07, 1475 (1476); 7.2.12, NZA-RR 12, 359 (360)= AiB 13, 128 ff. mit Anm. v. *Baumgarten*; *Fitting*, Rn. 119.
7 *ArbG Frankfurt* 30.8.90, AiB 91, 109.

BV überprüfen und ggf. korrigierend so eingreifen, dass die Inhalte der BV eingehalten werden. Dies gilt selbstverständlich auch für die Duldung von Freizeitarbeit (Schreiben von E-Mails, Telefonate o. Ä.) mit Hilfe mobiler Arbeitsmittel, wie z. B. Smartphones.[8] Er kann sich keinesfalls der **Verantwortung für die Führung des Betriebs** entziehen.[9] Die AN sind nicht verpflichtet, **Anweisungen des AG** zu befolgen, die dieser **unter Missachtung** des Mitbestimmungsrechts des BR erteilt. Wird z. B. Mehrarbeit angeordnet, obwohl weder eine Übereinstimmung mit dem BR noch ein Spruch der ESt. herbeigeführt worden ist, sind die AN **nicht** zur Leistung der verlangten Mehrarbeit verpflichtet.[10] Andererseits bleibt der AG jedoch **zur Lohnzahlung verpflichtet,** wenn AN Mehrarbeit leisten, obwohl diese Mehrarbeit rechtswidrig (ohne Mitbestimmung des BR) angeordnet wurde. Dem AG ist es dann verwehrt, sich auf die Rechtswidrigkeit seiner eigenen Maßnahmen zu berufen.[11] Der AN behält auch seinen bisherigen Lohnzahlungsanspruch (insbes. Zuschläge), wenn ihn der AG unter Verletzung des Mitbestimmungsrechts von der Wechsel- in die Normalschicht abordnet.[12] Allein **aus der Verletzung des Mitbestimmungsrechts** kann sich aber nach Auffassung des *BAG*[13] **kein individualrechtlicher Anspruch** ergeben, der zuvor noch nicht bestanden hat.

6 **Mitbestimmungswidrig** vom AG erlangte Informationen unterliegen einem **Beweisverwertungsverbot.** Etwas anderes gilt nur, wenn die betroffenen AN sie zu ihrer Entlastung nützen.[14] Deshalb ist die Auffassung des *BAG*[15] abzulehnen, eine unter Verletzung des Mitbestimmungsrechts erlangte Videoaufnahme könne in einem Kündigungsschutzprozess verwertet werden, wenn der BR der Kündigung in Kenntnis des durch die Überwachung gewonnenen Beweismittels zugestimmt habe. Da auch die Datenverwendung mitbestimmungspflichtig ist (vgl. Rn. 190), müsste auch hierzu ein Beschluss des BR vorgelegen haben, der jedenfalls nicht erkennbar war und auch vom Gericht nicht geprüft worden ist. Mitbestimmungswidrige Maßnahmen können zudem nicht nachträglich genehmigt werden (vgl. Rn. 20).[16] Das *BAG,* das letztlich die Frage des Verwertungsverbots mitbestimmungswidrig erlangter Beweismittel offenlässt, meint trotzdem die Verletzung des Mitbestimmungsrechts übergehen zu können, wenn diese (hier nach § 87 Abs. 1 Nr. 6) keinen **eigenen individualrechtlichen** (hier auf das Persönlichkeitsrecht bezogenen) **Unrechtsgehalt** hat.[17] Mitbestimmungswidrige Maßnahmen sind allerdings, dies verkennt das *BAG* erneut, auch dann **unwirksam** und sollen **keine Wirkungen** entfalten, wenn sie individualrechtlich zulässig sind.[18] In diesem Sinne hat das *BAG* in

---

8 Vgl. *ArbG Berlin* 22.3.12 – 54 BV 7072/11; *Baunack,* AiB 12, 500 ff.; vgl. auch *Buschmann,* AiB 13, 514 ff. zu den Grenzen der vom AN geschuldeten Erreichbarkeit; *Buschmann/Ulber,* ArbZG, § 2 Rn. 23 ff.; Seebacher, AiB 11/14, S. 19 ff. mit Regelungsbeispielen; Kittner/Zwanziger/Deinert-Schoof/Heuschmid, § 26 Rn. 33 f.

9 *BAG,* 29.4.04, NZA 04, 670 (678); *LAG Köln* 8.2.10, NZA 10, 303 (304 f.).

10 *LAG Berlin* 30.6.82, BetrR 82, 418 ff.; *Fitting,* Rn. 605; GK-*Wiese,* Rn. 122; *GL,* Rn. 19; *Däubler,* Das Arbeitsrecht 1, Rn. 901; *v. Hoyningen-Huene,* RdA 92, 355 (359); *WEH,* H Rn. 35.

11 *BAG* 5.7.76, AP Nr. 10 zu § 12 AZO; 22.6.10, DB 10, 2807 (2808 f.);*Fitting,* Rn. 604; GK-*Wiese,* Rn. 125; *v. Hoyningen-Huene,* a. a. O.; *WEH,* H Rn. 36; vgl. aber auch *Gutzeit,* NZA 08, 255 (258 f.), der dies damit begründet, dass die Vergütungsfrage dem Mitbestimmungsrecht nicht unterliege.

12 *BAG* 18.9.02, BB 03, 740 (741 f.); *LAG Baden-Württemberg* 27.10.94, AiB 95, 291 ff.; *LAG Niedersachsen* 29.4.05, NZA-RR 05, 589 (590).

13 Vgl. z. B. 20.8.91, DB 92, 687; 2.3.04, NZA 04, 852 (856); 25.2.15, NZA 15, 442 (445); 15.5.15, NZA 15, 1207 (1211); vgl. auch *Fitting,* Rn. 601; GK-*Wiese,* Rn. 128.

14 *LAG Bremen* 28.7.05, RDV 06, 24; *LAG Hamm* 25.1.08, RDV 08, 211 f.; *Däubler,* Gläserne Belegschaften, Rn. 838 d ff.; *Fischer;* BB 99, 154 ff.; HaKo-BetrVG/*Kohte,* Rn. 33; Kittner/Zwanziger/Deinert-*Deinert,* § 11 Rn. 246; demgegenüber differenzierend *Rhotert,* BB 99, 1378 f.; **a. A.** *LAG Niedersachsen* 20.3.09, LAGE § 626 BGB 2002 Verdacht strafbarer Handlung Nr. 6, S. 7; *Fitting,* Rn. 607; HWGNRH-*Worzalla,* Rn. 116; *Lunk,* NZA 09, 457 (463 f.); *Alter,* NJW 15, 2375 (2376); **vgl. auch** *Grunsky,* § 58 Rn. 3; *LAG Baden-Württemberg* 6.5.99, BB 99, 1439 (Ls. 2) = RDV 00, 27 ff.; *LAG Köln,* NZA-RR 06, 302 (303); *ArbG Frankfurt a. M.* 25.1.06, RDV 06, 214 (215) und § 94 Rn. 22, 25.

15 27.3.03, DB 03, 2230 (2232).

16 So allerdings auch *BAG* 27.3.03, a. a. O.

17 So auch *BAG* 13.12.07, NJW 08, 2732 (2735) mit zustimmender Anm. v. *Grobys*: Verwertungsverbot **allenfalls** dann, wenn durch die Maßnahme selbst z. B. Persönlichkeitsrechte erheblich verletzt würden; *Dzida/Grau,* NZA 10, 1201 (1204 f.)

18 Vgl. *Bayreuther,* NZA 05, 1038 (1042 f.), *Wolter,* RdA 06, 137 (142 f.); *Wedde,* AiB 04, 761 (765 f.)) und *Lerch/Weinbrenner,* AuR 08, 400 (401), Anm. zu *BAG* 13.12.07, a. a.O; offengelassen von *ArbG Hamburg* 20.2.04, NZA-RR 05, 520 (521).

einer früheren Entscheidung[19] dem AG die Verwertung von AN-Daten untersagt, wenn die entsprechende Verwendung dem Mitbestimmungsrecht unterliegt und der BR nicht zugestimmt hat. Daher ist auch die Entscheidung des *BAG* v. 13.12.07,[20] die ein Verwertungsverbot allein wegen der Verletzung eines Mitbestimmungsrechts oder der Nichteinhaltung einer BV verneint, abzulehnen. Schließlich ist eine Maßnahme des AG, die darauf beruht, dass Beschäftigtendaten entgegen einer BV verwendet werden, jedenfalls dann unwirksam, wenn diese Rechtsfolge in der BV hierfür angeordnet wird.[21]

Gelingt es dem AG nicht, mit dem BR über eine mitbestimmungspflichtige Maßnahme 7
Übereinstimmung zu erzielen, ist es ihm auch **versagt, die Maßnahme mittels Änderung der einzelnen Arbeitsverträge,** gleichgültig ob durch Änderungskündigung oder auf andere Weise, **durchzusetzen.**[22] Ebensowenig kann der Entleiher das Mitbestimmungsrecht des BR im Einsatzbetrieb nach Nr. 2 dadurch beseitigen, dass er mit dem Verleiher bestimmte Arbeitszeiten für die Leiharbeitnehmer vereinbart.[23] Beides würde eine Umgehung des Mitbestimmungsrechts darstellen und ist deshalb rechtswidrig. Die gewählte Form ist dabei gleichgültig; entscheidend ist der generelle Charakter solcher Maßnahmen.[24] So kann der AG beispielsweise die bargeldlose Lohnzahlung nicht dadurch einführen, dass er sich von den AN entsprechende Erklärungen unterzeichnen lässt, weil es ihm nicht gelang, mit dem BR eine Einigung darüber herbeizuführen.[25] Ebenso ist es ihm verwehrt, durch entspr. Klauseln in **Formulararbeitsverträgen** Regelungen in mitbestimmungspflichtigen Angelegenheiten ohne den BR zu treffen.[26]

Abzulehnen ist die Entscheidung des *BAG,*[27] die den Ausspruch von **Änderungskündigungen** 8
bereits vor Durchführung eines für die entsprechende Modifizierung der Arbeitsbedingungen ebenfalls erforderlichen Mitbestimmungsverfahrens unter dem Vorbehalt einer späteren mitbestimmten Regelung für wirksam hält. Diese Ansicht verstößt gegen die Grundsätze der Wirksamkeitsvoraussetzung, da es hiermit dem AG umfassend verwehrt werden soll, im Bereich der Vorschrift individualrechtlich (auch vorläufige) Fakten zu schaffen.[28]

Die Mitbestimmung kann sich auch auf **Leih-AN** erstrecken; eine **Mustervereinbarung** für 9
Leih- und Fremdfirmenarbeit findet sich bei DKKWF-*Klebe/Heilmann,* § 87 Rn. 3.[29] Für Leih-AN, die länger als 3 Monate im Betrieb eingesetzt werden, wird dies durch § 7 Satz 2 klargestellt, der mit der Zubilligung des aktiven Wahlrechts ihre Zugehörigkeit zum Einsatzbetrieb anerkennt.[30] Da die Vorschrift nur das Wahlrecht, nicht aber den Umfang der Mitbestimmungsrechte regelt, ist das Mitbestimmungsrecht darüber hinaus, unabhängig von der Einsatzdauer, immer dann gegeben, wenn der Normzweck und das dem Entleiher zustehende Direktionsrecht eine betriebsverfassungsrechtliche Zuordnung der Leih-AN auch zum Entleiherbetrieb erforderlich machen, weil sonst die Schutzfunktion des BetrVG außer Kraft gesetzt würde.[31] Hiermit wird gleichzeitig der Umfang der Mitbestimmungsrechte bei allen Formen

19 12.1.88, DB 88, 1552 (1553).
20 *BAG* 13.12.07, NJW 08, 2732 (2734).
21 *LAG Berlin-Brandenburg* 9.12.09NZA-RR 10, 347 (349 f.).
22 Vgl. z. B. *BAG* 31.1.84, AP Nr. 15 zu § 87 BetrVG 1972 Lohngestaltung;; 29.1.08, NZA-RR 08, 469 (471); 15.4.08, NZA 08, 888 (892); *WW,* Rn. 4.
23 *HessLAG* 1.9.11, juris=AuR 12, 225 (Ls.).
24 *Fitting,* Rn. 19, 595; GK-*Wiese,* Rn. 119 ff.
25 So schon zum früheren Recht zuletzt *BAG* 31.1.69, AP Nr. 5 zu § 56 BetrVG 1952 Entlohnung.
26 Vgl. im Einzelnen *Bachner,* NZA 07, 536 ff.
27 17.6.98, DB 98, 2170 (2172).
28 Vgl. *Fitting,* Rn. 599; Kittner/Zwanziger/Deinert-*Deinert,* § 11 Rn. 246; *KDZ,* § 2 KSchG Rn. 209; *Wolter,* RdA 06, 137 (140 ff.); kritisch auch *H. Hanau,* Anm. zu AP Nr. 49 zu § 2 KSchG 1969, der allerdings diesen Gesichtspunkt ebenfalls nicht ausreichend berücksichtigt; dem *BAG* zustimmend GK-*Wiese,* Rn. 121.
29 Vgl. auch *Zumbeck,* S. 18 ff. und *Hamm,* Leiharbeit, S. 16 ff., jeweils mit diversen Regelungsbeispielen in BV.
30 BT-Drucks. 14/5741, S. 36.
31 So *BAG* 15.12.92, DB 93, 888 (889) m. w. N.; 19.6.01, BB 01, 2582 (2583); 15.10.14, NZA 15, 560 (563); *HessLAG* 1.9.11, juris = AuR 12, 225 (Ls.); *LAG München* 5.12.00, AiB 02, 432 f.; ErfK-*Kania,* Rn. 5; *Fitting,* Rn. 11 und § 5 Rn. 267 f.; GK-*Wiese,* Rn. 290; Richardi-*Richardi,* Rn. 14; *Bayreuther,* BB 14, 1973 (1975); *Hamann,* NZA 03, 526 (530) und oben § 5 Rn. 72 ff.; *Däubler,* FS Buchner, S. 163 (170 ff.) spricht von einem partiellen Arbeitsverhältnis; vgl. auch *LAG Köln* 21.10.94, BB 95, 368, Ls.;

von Leiharbeit definiert. Daher bestehen **Mitbestimmungsrechte nach Abs. 1 Nrn. 1, 2,**[32] 6, 7, 12 und nach Nr. 13, ggfs. auch bei der Nutzung von Sozialeinrichtungen nach Nr. 8 (vgl. auch § 13 b AÜG) und auch nach Nr. 9.[33] Bei **Nr. 3** ist der BR des Verleiherbetriebs zuständig, falls der dortige AG AN in Betriebe entsendet, in denen die Arbeitszeit länger als in seinem Betrieb ist. In diesen Fällen ordnet er selbst bereits mit Abschluss des AN-Überlassungsvertrages die Leistung von Überstunden an. Werden Überstunden demgegenüber erst auf Grund einer späteren Entscheidung des Entleihers geleistet, so übt dessen BR das Mitbestimmungsrecht aus.[34] Eine solche Gleichstellung von Stammbeschäftigten und Leih-AN hat das BAG auch in anderen Bereichen wie für § 23 Abs. 1 Satz 3 KSchG und § 9 vollzogen. Auf der anderen Seite stehen z. B. alle Mitbestimmungsrechte im **Zusammenhang mit der Entlohnung** ausschließlich dem BR des Verleiherbetriebs zu (vgl. § 5 Rn. 81 ff. m. w. N.)[35] Allerdings können auch in diesem Bereich BV im Entleiherbetrieb und damit die Mitbestimmungsrechte des dortigen BR Auswirkungen für die Leih-AN haben. Diese sind gem. §§ 3 Abs. 1 Nr. 3, 9 Nr. 2 AÜG z. B. beim **Entgelt** mit der Stammbelegschaft gleichzustellen, sofern nicht ein **TV abweichende Regelungen** zulässt. Ist dies nicht der Fall, können also auch Entlohnungsvorschriften, wie z. B. zu übertariflichen Zulagen oder Gewinnbeteiligungen, **mittelbar** für Leih-AN gelten.[36]

10 Bei **sonstigem Fremdfirmeneinsatz** (vgl. hierzu auch § 5 Rn. 61 ff.; § 99 Rn. 81 ff.), wie z. B. im Rahmen von **Werkverträgen**[37], können die gleichen allgemeinen Grundsätze gelten, wenn das Direktionsrecht trotz formaler Zuordnung zum vertraglichen AG (teilweise) tatsächlich vom AG des Beschäftigungsbetriebs ausgeübt wird. Man kommt hier auch zu dem gleichen Ergebnis,nämlich der Annahme von Mitbestimmungsrechten des BR des Einsatzbetriebs, wenn ein **Umgehungstatbestand** vorliegt.[38] Eine **Umgehung des Mitbestimmungsrechts** liegt z. B. vor, wenn der AG nach Ablehnung von Überstunden die betreffenden AN, die daraufhin von einer Drittfirma befristet als Teilzeitbeschäftigte unter Vertrag genommen werden, im Rahmen eines Werkvertrages beschäftigen will. Besonders deutlich wird die Umgehung, wenn es sich bei dem Werkunternehmer um einen **Strohmann** handelt, der nicht nur die entsprechenden Arbeiten auf den Maschinen des AG mit dessen AN durchführt, sondern auch selbst keinen eigenen Betrieb hat.[39] Wegen der sonst entstehenden Schutzlücke bestehen

---

für die Anwendung von Mitbestimmungsrechten des Entleiher-BR auf Leih-AN spricht auch deren gesetzliche **Gleichstellung mit der Stammbelegschaft** bei den wesentlichen Arbeitsbedingungen vgl. §§ 3 Abs. 1 Nr. 3, 9 Nr. 2 AÜG; vgl. auch *BAG* 4.11.15 – 7 ABR 42/13 zu § 9 MitbestG.

32 Hierzu *BAG* 15.12.92 a. a. O.; *LAG Berlin-Brandenburg* 9.8.12 – 5 TaBV 770/12, juris (**BV gelten auch für LeihAN, sofern sie nicht ausdrücklich v. Geltungsbereich ausgenommen sind**); *LAG Hamm* 26.8.05 – 13 TaBV 147/04.

33 Vgl. **vor allem** *BAG* **13.3.13**,, NZA 13, 789 (792), das beispielhaft auf Nr. 1, 2, 6, 7 und 13 verweist; 15.10.14, NZA 15, 560 (563); *Fitting*, § 5 Rn. 268; § 87 Rn. 264; HaKo-BetrVG/*Kohte*, Rn. 5; *Linsenmaier/Kiel*, RdA 14, 135 (149 ff.), leider mit kompletter Ignorierung des betriebsverfassungsrechtlichen Schrifttums; *Bayreuther*, BB 14, 1973 (1975) mit vergleichbarer Ausblendung; *Rost*, NZA 99, 113 (118 f.); *Ulber*, § 14 AÜG Rn. 148 ff.; *Körner*, NZA 06, 573 (577 zu Nrn. 1, 6, 7); HWGNRH-*Worzalla*, Rn. 10; 122 (Nr. 1); 242 (Nr. 3), Rn. 342 (Nr. 6), Rn. 394 (Nr. 7), 708 (Nr. 13); *LAG Hamburg* 7.6.12, AiB 13, 137 f. mit Anm. v. *Schuster* (zu Nr. 8 im Verfahren gem. § 100 ArbGG) und 9.4.14 – 5 TaBV 15/13 (zu Nr. 7); *Rieble/Gistel*, DB 05, 1382 (1383 (Nr. 12); *Julius*, S. 144 f. zu Nr. 6 und ErfK-*Kania*, Rn. 20 zu Nr. 1 und Rn. 50 zu Nr. 6; allgemein zur Abgrenzung auch *LAG Niedersachsen* 23.10.09, NZA-RR 10, 144 (145); vgl. auch *BAG* **24.8.11**, DB 12, 1158 (1159): Die Erörterung z. B. von Fragen der Nrn. 1, 2, 3, 6, und 7 sei für die Leiharbeitnehmer von Bedeutung, daher ihre Berechtigung nach § 14 Abs. 2 AÜG an Betriebsversammlungen teilzunehmen.

34 *BAG* 19.6.01, BB 01, 2582 (2584); *LAG Baden-Württemberg* 5.8.05, AiB 06, 381 ff. mit Anm. v. *Klar; Ulber*, § 14 AÜG Rn. 156 ff.; *Hamann*, AuR 02, 322 (326 ff.).

35 *BAG*, a. a. O.; *Hamann*, NZA 03, 526 (530).

36 Vgl. auch *Däubler*, DB 08, 1914 (1917); *Ulber*, NZA 09, 232 (235).

37 Hierzu ausführlich *Karthaus/Klebe*, NZA 12, 417 ff.; *dies.*, FS Kempen, S. 299 ff.; *Klebe*, FS Kezuka, S. 147 (157).

38 *LAG Frankfurt* 19.4.88, DB 89, 128 f.; 20.2.90, DB 91, 396, Ls.; *LAG Baden-Württemberg* 11.5.88, AiB 88, 314; *LAG Düsseldorf*, 5.11.01, NZA-RR 02, 361 (362); *ArbG Offenbach* 24.7.89 – 3 BVGa 40/89; *ArbG Wiesbaden* 23.7.93, NZA-RR 98, 165 (168); *Däubler*, Das Arbeitsrecht 1, Rn. 968, 970; *Leisten*, BB 92, 266 (269 f.); a. A. *ArbG Passau* 8.5.90, BB 90, 2335; vgl. auch *LAG Düsseldorf* 17.3.88 – 5 (2) TaBV 1/88.

39 *BAG* 22.10.91, DB 92, 686 f.; *LAG Köln* 30.3.11, AiB 12, 472 f. mit Anm. v. *Vormbaum-Heinemann*;

die Mitbestimmungsrechte des Verleiher-BR auch im Entleiherbetrieb, wenn dieser AN- oder BR-los ist.[40]

Das Mitbestimmungsrecht für **Fremdfirmenbeschäftigte**[41] kann allerdings auch unabhängig von einer Umgehung des Gesetzes oder der Ausübung des Direktionsrechts durch den AG des Einsatzbetriebes bestehen.[42] Dies ist einmal der Fall, wenn die Fremdfirmenbeschäftigten so in den Betrieb eingegliedert sind, dass sich hieraus **Auswirkungen** für die Belegschaft des Beschäftigungs-/Stammbetriebs bzw. ein **Koordinierungsbedarf** ergeben.[43] Anerkannt ist dies z. B. für die Zuweisung einer **Werkmietwohnung** aus einem einheitlichen im Übrigen für alle AN offenen Bestand an einen Dritten (vgl. die Nachweise in Rn. 289; zur ähnlichen Situation bei Berufsbildungsmaßnahmen: § 98 Rn. 31) oder für das Mitbestimmungsrecht gemäß Nr. 8, das sich bei entsprechender Öffnung der **Sozialeinrichtung** auch auf Externe erstreckt (Rn. 265). Vergleichbar ist zudem der Fall, dass die Arbeitszeit der Fremdfirmenbeschäftigten Einfluss auf die der Stammbelegschaft hat und hier eine Abstimmung erforderlich ist.[44] Auch Regelungen gemäß Nrn. 1, 6 und 7 lassen sich kaum isoliert für die Stammbelegschaft treffen: Arbeiten z. B. der Stammbeschäftigte und der Fremdfirmen-AN nebeneinander, kommt nur ein **einheitlicher Arbeits- und Gesundheitsschutz** in Frage, wie im Übrigen auch § 2 Abs. 2 Nr. 3, § 8 ArbSchG anerkennen (hierzu Rn. 231).[45] Diese Überlegung gilt ebenso für Nr. 1 (z. B. bei betrieblichem Rauchverbot) und Nr. 6 (z. B. bei technischen Kontrollsystemen, die personenbeziehbare Daten der Passierenden erfassen),[46] zumal **§ 75** AG und BR zum Schutz aller im Betrieb tätigen Personen verpflichtet (hierzu § 75 Rn. 9 ff.).[47] Somit kann sich das Mitbestimmungsrecht wegen eines entsprechenden **Koordinierungsbedarfs** und/oder aus der Überlegung, dass andernfalls die **Interessen der Stammbelegschaft nicht wirksam wahrgenommen werden können,** auch auf Fremdfirmenbeschäftigte erstrecken (zur Frage, ob es sich in den hier geschilderten Fällen betriebsverfassungsrechtlich bei den Fremdfirmenbeschäftigten um externe AN handelt, vgl. § 5 Rn. 81 ff.). 11

Darüber hinaus kann sich die vom *BAG* für Leih-AN angesprochene **Schutzlücke** ergeben, und zwar unabhängig davon, ob der AG des Stammbetriebs das Direktionsrecht gegenüber den externen AN ausübt. Denn das Mitbestimmungsrecht gem. § 87 geht **über eine Begrenzung des Direktionsrechts hinaus,** wie insbes. Nrn. 1, 6 und 7, ebenso wie die Möglichkeit des BR, ein Initiativrecht auszuüben, verdeutlichen. Die Norm will vielmehr den AN über den BR eine Teilhabe an den sie betreffenden Fragen im Arbeitsprozess, eine Beteiligung an der Gestaltung der wichtigsten Arbeitsbedingungen ermöglichen.[48] Vor allem bei Sachverhalten, die den genannten Nrn. unterliegen, ist es denkbar, dass der BR des Entsendungsbetriebs seine 12

GK-*Wiese*, Rn. 291; *Halberstadt*, Rn. 6; Richardi-*Richardi*, Rn. 342; vgl. auch *BAG* 25.2.97, NZA 97, 955 (956).

40 A. A. *Fitting*, § 5 Rn. 268; *Stückmann*, DB 99, 1902 (1904 ff.); offengelassen von *BAG* 15.10.14, NZA 15, 560 (563).

41 Vgl. DKKWF-*Klebe/Heilmann*, § 87 Rn. 3: Mustervereinbarung für Leih- und Fremdfirmenarbeit.

42 Vgl. auch *Kittner*, AuR 98, 98 (102 ff.), *Karthaus/Klebe*, NZA 12, 417 (423 ff.); *Deinert*, RdA 14, 65 (74) und *Däubler*, FS Buchner, S. 163 (173 f.), der von einem partiellen Arbeitsverhältnis spricht und ein Mitbestimmungsrecht jedenfalls für Nr. 1 und 8 anerkennt; a. A. *Fitting*, Rn. 10; vgl. zu Matrixstrukturen im Konzern *Kort*, NZA 13, 1318 (1325).

43 Vgl. ausführlich *Karthaus/Klebe*, NZA 12, 417 (424); *Plander*, AiB 90, 19 ff. (27 ff.); *Becker*, AuR 82, 369 (380); GK-*Wiese*, Rn. 291; *Ulber*, Einleitung C Rn. 163 f.; *zu Dohna-Jaeger*, AuR 13, 238 (242); *Däubler/Schiek*, Anm. zu AP Nrn. 7 u. 8 zu § 87 BetrVG 1972 Werkmietwohnungen, Bl. 1239 R; *Eichhorn*, AiB 96, 647 (649 ff.) mit dem Entwurf einer BV.

44 *LAG Frankfurt* 24.10.89, DB 90, 2126 (2127); GK-*Wiese*, Rn. 291.; vgl. auch *Plander*, DB 99, 330 (333) für arbeitnehmerähnliche Personen.

45 *EuGH* 12.12.96, NZA 97, 307 ff., der Art. 4 und 5 der europäischen Bildschirmrichtlinie vom 29.5.90 (AmtsBlEG 1990, Nr. L 156/14) auf alle Arbeitsplätze anwendet, es also offenbar für unerheblich hält, wer an ihnen beschäftigt wird; vgl. auch *Fitting*, Rn. 264; a. A. *Wiebauer*, ZfA 14, 29 (79 f.); zum faktisch ohne Mitbestimmung des BR des Einsatzbetriebs deutlich reduzierten Schutzniveau für Werkvertrags-AN vgl. *Becker/Engel*, WSI-Mitt. 15, 178 ff.

46 **A. A.** *BAG* 27.1.04, NZA 04, 556 (558); vgl. im Einzelnen Rn. 12.

47 Vgl. insoweit auch *Walle*, NZA 99, 518 (520).

48 Vgl. auch *Fitting*, Rn. 3; *GK-Wiese*, Rn. 95 und vor § 87 Rn. 5 f.; *Schlewing*, NZA 04, 1071 (1074) zu Nr. 6.

Mitbestimmungsrechte nicht ausüben und daher z. B. das Persönlichkeitsrecht dieser AN nicht schützen kann. Um die **Schutzfunktion des BetrVG** nicht außer Kraft zu setzen, kann daher auch hier der BR des Tätigkeitsbetriebes das Mitbestimmungsrecht für die Fremdfirmenbeschäftigten ausüben.[49] Diese Auffassung lässt sich zudem durch § 75 stützen (vgl. oben). Das *BAG*[50] geht demgegenüber davon aus, dass **nur der BR des Entsendebetriebs** Mitbestimmungsrechte ausüben kann. Der BR des Einsatzbetriebs habe **kein Mandat** für die Fremdfirmenbeschäftigten und könne mit deren AG nicht verhandeln. Darüber hinaus hätten die Fremdfirmenbeschäftigten auch keine Möglichkeit, im Einsatzbetrieb die **Errichtung eines bisher fehlenden BR** herbeizuführen. Der Vertrags-AG müsse daher in den Verhandlungen mit dem Kunden eine Vertragsgestaltung durchsetzen, die den Vereinbarungen mit »seinem« BR entspreche (vgl. auch Rn. 21). Ob dies allerdings immer realistisch ist, erscheint fraglich. Anders als in den Fällen, in denen er die Erledigung des der Mitbestimmung unterliegenden Geschäfts einem Dritten überlässt und von vorneherein die Ausübung der Mitbestimmungsrechte in den entsprechenden Verträgen sicherstellen kann (z. B. Personaldatenverarbeitung bei einem selbstständigen Dienstleister), wird der AG hier je nach **Marktmacht** auf Grenzen stoßen. Teilweise werden Sonderlösungen, wie z. B. beim Arbeits- und Gesundheitsschutz gem. Nr. 7, nicht praktikabel sein. Insofern kann dann auch in diesen Fällen eine Schutzlücke entstehen. Für ein **Mitbestimmungsrecht des BR des Einsatzbetriebs** kann zudem, wie oben ausgeführt, sprechen, dass ein Koordinierungsbedarf zwischen Stammbelegschaft und Fremdfirmenbeschäftigten besteht und ohne entsprechende Anwendung des Mitbestimmungsrechts die Interessen der Stammbelegschaft nicht wirksam wahrgenommen werden können. Insofern dient die Erstreckung des Mitbestimmungsrechts auf die Fremdfirmenbeschäftigten dem BR des Einsatzbetriebs auch dazu, die **Schutzfunktion für die Stammbelegschaft** wirksam wahrzunehmen. Zusammengefasst lässt sich also feststellen, dass Mitbestimmungsrechte des BR des Einsatzbetriebs nach § 87 Abs. 1 Nrn. 1, 6, 7, 8 und 9 auch im Hinblick auf Werkvertragsarbeitnehmer bestehen. Demzufolge kann sich jedenfalls im Prinzip eine Doppelzuständigkeit ergeben, wenn in beiden Betrieben ein BR gewählt worden ist. Die vom BR des Einsatzbetriebs getroffene Vereinbarung könnte dann vom BR des Entsendebetriebs für dessen Beschäftigte modifiziert werden (vgl. auch Rn. 267). Dies wird aber wohl nur eine theoretische Möglichkeit sein, da die im Einsatzbetrieb getroffene Regelung für das Mitbestimmungsverfahren des Entsendebetriebs zu berücksichtigende betriebliche Belange (»einheitliche Regelung«) darstellt und AG und BR des Entsendebetriebs nicht die erforderliche Durchsetzungsfähigkeit haben (»Schutzlücke«). Besteht demgegenüber nur in einem der Betriebe ein BR, ist die mit ihm getroffene Regelung anzuwenden. Diese Grundsätze zur Fremdfirmenarbeit lassen sich auch auf im **Crowdsourcing**[51] Beschäftigte anwenden. Dabei stellen Auftraggeber bestimmte Aufgaben auf eine Internetplattform, um sie von einer unbestimmten Menge von Menschen, der Crowd, bearbeiten zu lassen.[52] Darüber hinaus stellt sich die Frage, ob diese Crowdworker nicht als Heimarbeiter anzusehen sind. Ist dies der Fall und arbeiten sie in der Hauptsache für den Betrieb, sind sie gem. § 5 Abs. 1 dessen Arbeitnehmer und Arbeitnehmerinnen und die Mitbestimmungsrechte des BR finden insgesamt auf sie Anwendung.

13 Sog. »**Ein-Euro-Jobs**« begründen kein Arbeitsverhältnis (§ 16 d Abs. 7 SGB II),[53] sondern beruhen auf einem **öffentlich-rechtlichen Vertrag** zwischen dem Leistungsempfänger/Beschäftigten und dem Dritten, bei dem der Einsatz stattfindet.[54] Der Gesetzgeber hat allerdings angeordnet, dass das **BUrlG** entsprechend anzuwenden ist. Die dort vorgesehene Freistellung

49 Vgl. auch *Becker*, AuR 82, 369 (380); *Karthaus/Klebe*, NZA 12, 417 (424); *Deinert*, RdA 14, 65 (74) und *Kittner*, AuR 98, 98 (102 ff.), der an Rechtsfiguren aus dem allgemeinen Zivilrecht wie Drittschadensliquidation und Vertrag mit Schutzwirkung zugunsten Dritter anknüpft.

50 27.1.04, a. a. O.

51 Vgl. *Klebe/Neugebauer*, AuR 14, 4; § 111 Rn. 111 a; *Däubler/Klebe*, NZA 15, 1032 ff. und Benner-*Klebe*, S. 277 (281 f.).

52 Hierzu Benner-*Leimeister/Zogaj/Blohm*, S. 9 ff. und Benner-*Strube*, S. 75 ff., sowie auch weitere Beiträge bei Benner.

53 *BAG* 26.9.07, NZA 07, 1422 (1423); 19.3.08, NZA 08, 760 f.; vgl. zur **Zuständigkeit der Sozialgerichte** für Rechtsstreitigkeiten *BAG* 8.11.06, NZA 07, 53 (54).

54 *Zwanziger*, AuR 05, 8 (10).

ist beim Dritten zu beantragen und von diesem zu gewähren.[55] Damit kann das Mitbestimmungsrecht gem. Nr. 5 ebenso eingreifen wie beim **Arbeitsschutz,** der ebenfalls entsprechend anwendbar ist gem. Nr. 7.[56] Darüber hinaus lassen sich die vorstehenden Überlegungen zu Fremdfirmenbeschäftigten (Rn. 11 f.), mit denen ebenfalls kein Arbeitsverhältnis vorliegt, **insb.** im Hinblick auf **Nrn. 1 und 6** übertragen.[57] Es ist nicht ersichtlich, dass der öffentlich-rechtliche Vertrag als Basis des Arbeitseinsatzes eine Unterscheidung rechtfertigen würde. Ein Euro-Jobber werden wie AN eingesetzt (vgl. auch § 94 Rn. 32, § 95 Rn. 32).[58] Die vorstehenden Grundsätze lassen sich auch auf im **Bundesfreiwilligendienst** Tätige, auf deren Einsatz nach § 13 BFDG die Arbeits-und Jugendarbeitsschutzbestimmungen, sowie das BUrlG Anwendung findet,[59] übertragen.

Der BR kann die **Unterlassung von Maßnahmen** des AG, die seine Mitbestimmungsrechte verletzen, gerichtlich – bei entsprechender Eilbedürftigkeit auch im Wege der **einstweiligen Verfügung** – durchsetzen. Entfaltet die mitbestimmungswidrige Maßnahme des AG fortdauernde Wirkungen, kann der BR verlangen, dass sie rückgängig gemacht wird (vgl. Rn. 392 und § 23 Rn. 195 ff., 326 ff.). 14

Solange **kein BR gewählt** ist, kann der AG der Mitbestimmung unterliegende **Maßnahmen einseitig** treffen, sofern dies der Arbeitsvertrag zulässt[60] und **keine** Zuständigkeit des GBR gemäß § 50 Abs. 1 vorliegt. Eine so getroffene Regelung bleibt zunächst bis zur anderweitigen Einigung zwischen dem später gewählten BR und dem AG oder dem sie ersetzenden Spruch der ESt. in Kraft.[61] Der AG muss allerdings nach der Wahl des BR unverzüglich die Initiative ergreifen, um dessen Zustimmung zu erhalten (vgl. auch § 94 Rn. 6).[62] Zudem darf die Weitergeltung eine Übergangsfrist,[63] die maximal ein Jahr beträgt,[64] nicht überschreiten.[65] 15

2. Ausübung der Mitbestimmungsrechte – Gestaltungsformen

Die Ausübung der Mitbestimmungsrechte des BR erfolgt regelmäßig durch den Abschluss von **BV.** Darüber hinaus sind jedoch auch **formlose Absprachen** (Betriebsabsprachen oder Regelungsabreden) zulässig[66] (vgl. auch § 77 Rn. 161 ff.). Entscheidend ist allein, dass die **Mitbestimmung** des BR **tatsächlich verwirklicht** und ein mitbestimmungspflichtiger Tatbestand nicht ohne vorherige Zustimmung des BR durch den AG geregelt wird.[67] Eine formlose Absprache kann allerdings nur die betriebsverfassungsrechtliche Beschränkung der Arbeitgeberrechte aufheben, anders als eine BV jedoch **nicht die Arbeitsverträge** z. B. hinsichtlich Arbeitszeit und Lohnzahlungspflicht **abändern.** Trotz der Regelungsabrede über Kurzarbeit 16

55 *Zwanziger,* a. a. O., 11.

56 Vgl. auch §§ 1 Abs. 1, 2 Abs. 2 ArbSchG; *BVerwG* 21.3.07, NZA-RR 07, 499 (500).

57 Vgl. auch Richardi-*Richardi,* Rn. 14; *Fitting,* Rn. 13; zum Anspruch der Leistungsempfänger auf Nutzung betrieblicher Einrichtungen, wie z. B. einer Kantine, vgl. *Zwanziger,* a. a. O., S. 12;.

58 So die Formulierung von *Engels,* NZA 07, 8 ff., der zu Recht auch die **Nrn. 2, 3 und 13** für anwendbar hält; vgl. auch *Däubler,* FS Buchner, S. 163 f., 174 f., der von einem partiellen Arbeitsverhältnis spricht und ein Mitbestimmungsrecht jedenfalls für Nr. 5 und 7 anerkennt; *Fitting,* Rn. 13 (nur die entgeltbezogenen Mitbestimmungsrechte aus Nrn. 4, 10 und 11, sowie aus faktischen Gründen Nrn. 9 und 13 sollen keine Anwendung finden); GK-*Wiese,* vor § 87 Rn. 12 (entsprechende Anwendung des § 87); WPK-*Bender,* Rn. 8 (Anwendung des § 87 außer auf die auf Entgelt bezogenen Mitbestimmungsrechte gemäß Nrn. 4, 10, 11) und den BV-Entwurf bei *Stähle,* AiB 06, 727 ff; *BAG* 2.10.07, NZA 08, 244 (245 f.) sowie § 99 Rn. 13 zur Anwendung von § 99 Abs. 1 bei der Einstellung.

59 Vgl. z. B. *Fitting,* Rn. 13; *Klenter,* AiB 11, 656 (659 ff.).

60 *BAG* 25.11.81, AP Nr. 2 zu § 9 TVAL II; vgl. auch *BAG* 23.8.84, AP Nr. 36 zu § 102 BetrVG 1972.

61 Vgl. *LAG Berlin* 9.1.84, DB 84, 2098; GK-*Wiese,* Rn. 85; offen gelassen von *BAG* 25.11.81, AP Nr. 2 zu § 9 TVAL II.

62 Anders wahrscheinlich *BAG* 22.10.86, AP Nr. 2 zu § 23 BDSG, das wohl auch hier eine Initiative des BR verlangen wird; ebenso GK-*Wiese,* Rn. 85 m. w. N.; HWK-*Clemenz,* Rn. 40.

63 Vgl. *BAG* 22.10.86, a. a. O.

64 Vgl. *LAG Frankfurt* 6.3.90, DB 91, 1027; *Däubler,* Anm. *BAG* 22.10.86, a. a. O.

65 A. A. HWK-*Clemenz,* a. a. O.

66 Z. B. *BAG (GS)* 3.12.91, DB 92, 1579 (1582 f.); 11.12.07, DB 08, 1215 (1216); 18.8.09, NZA 09, 1207 (1211).

67 GK-*Wiese,* Rn. 86 m. w. N.

kann demzufolge der volle Lohnanspruch erhalten bleiben.[68] Die Ausübung der Mitbestimmungsrechte und deren Sicherung stehen **nicht unter dem Vorbehalt der Erforderlichkeit.**[69] Die Zustimmungsverweigerung des BR ist zudem im Rahmen von § 87 **nicht an bestimmte Gründe gebunden.**[70] Es gibt daher auch kein Verbot sog. **»Koppelungsgeschäfte«,** bei denen der BR seine Zustimmung zu einer Maßnahme von Zusagen des AG abhängig macht, die mit dem Inhalt des Mitbestimmungsrechts nichts zu tun haben. Die Zustimmung des BR gilt in diesen Fällen ebenso wenig wegen **Rechtsmissbrauchs** als erteilt, wie dies umgekehrt bei einer entsprechenden Ablehnung seiner Vorschläge durch den AG der Fall wäre. Eine Zustimmungsverweigerung ist daher auch dann nicht unbeachtlich, wenn der BR z. B. seine Einwilligung zu Überstunden von zusätzlichen Leistungen an die betroffenen AN, wie der Zahlung einer Lärmzulage, abhängig macht[71] oder nach unbegründeter Ablehnung eines vom Arbeitgeber vorgeschlagenen Vorsitzenden für die ESt. selbst zwei als nicht neutral anzusehende hauptamtliche Gewerkschaftssekretäre für das Amt benennt.[72]

17 Dem **Abschluss von BV** ist grundsätzlich der **Vorzug** zu geben. Das gilt insbes. dann, wenn **Dauerregelungen** angestrebt werden, z. B. bei der Aufstellung allgemeiner Urlaubsgrundsätze, allgemeiner Regelungen über die Verhütung von Arbeitsunfällen und Berufskrankheiten, von Grundsätzen für die Verwaltung von Sozialeinrichtungen sowie für das betriebliche Vorschlagswesen.[73] Da die BV der Schriftform bedarf (§ 77 Abs. 2), dient sie auch der Rechtssicherheit und der Vermeidung von unnötigen Streitigkeiten. Nur sie hat zudem normative Wirkungen, d. h., sie gilt unmittelbar und zwingend zugunsten der Arbeitsverhältnisse (zur rechtlichen Wirkung einer BV vgl. § 77 Rn. 88 ff.).

18 Der zulässigen **formlosen Absprache** zwischen BR und AG kann dann Bedeutung zukommen, wenn z. B. ein mitbestimmungspflichtiger Tatbestand im **Einzelfall** zu regeln ist. Auch bei der **Regelung von Eilfällen** kann eine formlose Absprache angebracht sein.

19 Bei der formlosen Absprache muss ebenfalls ein **ordnungsgemäßer Beschluss des BR** herbeigeführt werden. Ist ein **Betriebsausschuss** gebildet und sind diesem Mitbestimmungsrechte zur selbstständigen Erledigung übertragen worden (vgl. § 27 Rn. 35 ff.), genügt die **Beschlussfassung dieses Ausschusses,** soweit es sich nicht um den Abschluss von BV handelt. Gleiches gilt bei Zuständigkeit eines Ausschusses nach § 28. Der BR muss sich **eindeutig erklären.** Ein »stillschweigendes« Einverständnis ist ebenso wenig ausreichend[74] wie eine »widerspruchslose Hinnahme« (vgl. auch § 33 Rn. 14, § 77 Rn. 165).[75]

20 Führt der AG eine mitbestimmungspflichtige Maßnahme durch, ohne mit dem BR eine BV abgeschlossen oder eine formlose Absprache getroffen zu haben, ist die Maßnahme **unwirksam** (vgl. Rn. 5). Eine nachträgliche Zustimmung des BR kann diesen Mangel nicht heilen. Mitbestimmung bedeutet **Mitentscheidung des BR.** Diesem Grundsatz würde eine **Geneh-**

---

68 *BAG* 14.2.91, NZA 91, 607.

69 Vgl. *BAG* 24.4.96, DB 96, 1991 (1992).

70 Vgl. demgegenüber z. B. §§ 99 Abs. 2, 102 Abs. 3; so auch *BAG* 9.7.13, NZA 14, 99 (102); *LAG Düsseldorf* 12.12.07, AuR 08, 270 mit Anm. v. *Schoof.*

71 *LAG Nürnberg* 6.11.90 – 4 TaBV 13/90, DB 91, 707, Ls.; *LAG Hamm* 9.2.07 AuR 07, 316 (318); *LAG Düsseldorf* 12.12.07, AuR 08, 270 f. mit Anm. v. *Schoof; ArbG Hamburg* 6.4.93, AiB 94, 120 f.; *ArbG Berlin* 21.11.08, dbr 5/09, S. 40; *Fitting,* Rn. 27; MünchArbR-*Matthes,* § 243 Rn. 42 ff.; Richardi-*Richardi,* Rn. 39; *Däubler,* Das Arbeitsrecht 2, Rn. 217; *Fischer,* FS Bauer, S. 315 (320 ff.); *Schoof,* AiB 08, 322 (323 f.); *ders.,* AuR 07, 289 ff. *Bachner,* AiB 08, 210 (212) mit Hinweis auf *BAG* 18.9.07, NZA 08, 56 ff. (Höhere betriebliche Altersversorgungszusage des AG gegen höhere Flexibilität des Arbeitseinsatzes der AN); ähnlich *HessLAG* 13.10.05, AuR 07, 315 f. (Zustimmung zu Überstunden kann BR von der Verlängerung befristeter Arbeitsverträge abhängig machen); a. A. GK-*Wiese,* Rn. 361; HWGNRH-*Worzalla,* Rn. 45; *LK,* Rn. 22; *Hanau/Reitze,* FS Wiese, S. 149 (154 ff.); *Sieweke,* NZA 12, 426 ff.; vgl. auch *BAG* 26.5.98, DB 98, 2119 (2120) und Rn. 315.

72 *LAG Niedersachsen* 26.2.91 – 6 TaBV 70/90.

73 Vgl. dazu GK-*Wiese,* Rn. 87; Richardi-*Richardi,* Rn. 75 ff.

74 Vgl. dazu *BAG* 21.1.03, NZA 04, 331 (333); 29.1.08, NZA-RR 08, 469 (472); *LAG Baden-Württemberg* 5.8.05, AiB 06, 381 ff.; *LAG Köln* 9.10.13-5 Sa 202/13=juris; GK-*Wiese,* Rn. 91; Richardi-*Richardi,* Rn. 80; *Adam,* AuR 08, 169 (172).

75 *BAG* 10.11.92, DB 93, 439 (441); 21.1.03, a. a. O.; *Fitting,* § 77 Rn. 219; GK-*Wiese,* Rn. 91 und GK-*Kreutz,* § 77 Rn. 11 m. w. N.

migung vom AG bereits getroffener Entscheidungen nicht gerecht; das Mitbestimmungsrecht würde ausgehöhlt und käme einem bloßen Kontrollrecht gleich.[76]

3. Faktische Schranken der Mitbestimmung?

Das Mitbestimmungsrecht des BR wird nicht dadurch eingeschränkt oder ausgeschlossen, dass der AG die Erledigung des der Mitbestimmung unterliegenden Geschäfts vertraglich einem **Dritten überlässt (Auftragsdatenverarbeitung)**,also beispielsweise Personaldaten in einem rechtlich selbstständigen Rechenzentrum verarbeitet oder dadurch, dass er die Beschäftigten bei einem Kunden in dessen Betrieb tätig werden lässt und dabei mitbestimmungspflichtige Tatbestände entstehen (hier kommt auch ein **Mitbestimmungsrecht des Betriebsrats des Einsatzbetriebs** in Betracht, vgl. Rn. 11 f.). Der AG hat vielmehr in den entsprechenden **Verträgen sicherzustellen,** dass das Mitbestimmungsrecht gewährleistet bleibt.[77] Dies gilt ebenso bei einer **Aufgabenerledigung im Ausland** (hierzu Rn. 196). Die Mitbestimmungsrechte sind auch einzuhalten, falls ausländische Vorschriften z. B. für börsennotierte UN, die Einführung von **Ethik-Richtlinien** vorsehen[78] oder der nationale AG keinen eigenen Entscheidungsspielraum hat, weil die maßgeblichen Entscheidungen bei einer **Konzernzentrale im Ausland** fallen, wie z. B. bei der Durchführung einer weltweiten, den ganzen Konzern erfassenden Fragebogenaktion oder eines entsprechenden Aktienoptionsprogramms. Auch in diesen Fällen liegen die Voraussetzungen des Eingangssatzes nicht vor. Der Umstand, dass das deutsche UN Teil eines internationalen Konzerns ist bzw. ausländische Vorschriften, wie z. B. die Regeln der SEC, zu berücksichtigen hat, ist dann von der ESt bei ihrer Ermessensentscheidung als betriebliche Belange mit zu prüfen.[79] Praktische Probleme können auch dadurch entstehen, dass der AG vertragliche Verpflichtungen, wie z. B. entsprechend den AGB eines Einkaufscenters für bestimmte Öffnungszeiten, eingehen muss, anderenfalls er keinen Ladenvertrag erhält, dieser von der Centerleitung gekündigt wird oder er eine ggf. vorgesehene Vertragsstrafe zahlen muss. Faktisch wird eine von dieser Regelung abweichende Ausübung des Mitbestimmungsrechts für den BR sehr schwierig sein. Andererseits entsteht für den AG möglicherweise eine Zwangslage. Diese kann eine unangemessene Benachteiligung des AG gem. § 307 Abs. 1 BGB darstellen, sodass die Vertragsklausel unwirksam ist.[80] 21

4. Kollektive Regelung und Einzelfall

In der arbeitsrechtlichen Literatur wird im Anschluss an die Rspr. des BAG zum BetrVG 1952 teilweise noch die Ansicht vertreten, dass das Mitbestimmungsrecht des BR in sozialen Angelegenheiten sich lediglich auf sog. **kollektive Maßnahmen** erstrecke. Danach soll das Mitbestimmungsrecht nur dann bestehen, wenn von der beabsichtigten Regelung die gesamte oder doch jedenfalls **abgrenzbare Teile der Belegschaft** (Betriebsabteilung, Akkord-, Zeitlohn- 22

76 *BAG* 22.4.86, AP Nr. 13 zu § 87 BetrVG 1972 Altersversorgung; 18.4.00, DB 00, 2227; 27.1.04, NZA 04, 556 (558); ErfK-*Kania,* Rn. 59; *Fitting,* Rn. 250; HWGNRH-*Worzalla,* Rn. 347; *Däubler,* Gläserne Belegschaften?, Rn. 771; zum Unterrichtungsrecht *BAG* 17.3.87, AP Nr. 29 zu § 80 BetrVG 1972; vgl. auch *Wiese,* NZA 03, 1113 ff.: Pflicht des AG zu einer Vertragsgestaltung, die die Wahrnehmung der Mitbestimmungsrechte gewährleistet, wenn er betriebsverfassungsrechtlich verantwortlich bleibt.

77 Vgl. z. B. *BAG* 30.9.14, NZA 15, 314 (315) m. w. N.

78 *BAG* 22.7.08, NZA 08, 1248 (1254): Ausländische Bestimmungen sind jedenfalls dann keine gesetzlichen Regelungen i. S. d. Eingangssatzes dieser Vorschrift, wenn es an einer wirksamen **völkerrechtlichen Transformation** in das deutsche Arbeitsrecht fehlt. Es gilt das **Territorialprinzip**; zustimmend *Kort,* NJW 09, 129 und FS Buchner, S. 477 (478); GK-*Wiese,* Rn. 58; Richardi-*Richardi,* Rn. 147; so auch *Klebe/Wroblewski,* GS Zachert, S. 314 (322).

79 *BAG* 9.2.93, NZA 93, 906 (909); 11.12.07, NZA-RR 08, 333 (335): Beide für Mitbestimmungsrechte der Personalvertretung bei von einer Dienststelle in den USA für Dienststellen in Deutschland getroffenen Entscheidungen; *HessLAG* 5.7.01, DB 01, 2254 f.; *LAG Nürnberg* 22.1.02, NZA-RR 02, 247 (248); *LAG Düsseldorf* 14.11.05, NZA-RR 06, 81 (83); *Fitting,* Rn. 32, 71; *Fischer,* BB 00, 562 (563 f.); *ders.,* AuR 02, 7 (11 f.); vgl. auch *BAG* 1.10.74, DB 75, 453; *Schumacher,* NZA 15, 587 ff. und Einleitung Rn. 234 ff., Rn. 239 f.; Rn. 328 und § 94 Rn. 2, jeweils m. w. N.

80 Vgl. DBD-*Däubler,* Anhang zu § 307 BGB Rn. 10 b; vgl. auch *BGH* 23.3.06, NZA 06, 551 (552).

oder Schichtarbeiter, Frauen, Jugendliche usw.) erfasst werden.[81] Entfallen soll das Mitbestimmungsrecht nach dieser Meinung, wenn durch die Regelung nur einzelne AN, die kein Kollektiv bilden, betroffen sind.

23 Die Auffassung, dass das Mitbestimmungsrecht des BR nur für den Bereich der **so** verstandenen kollektiven Maßnahmen gelte und sich nicht auf Einzelfälle beziehe, lässt sich nach der Neufassung der Mitbestimmungstatbestände in § 87 nicht mehr aufrechterhalten. Dem Wortlaut ist bereits zu entnehmen, dass nach Nrn. 5 und 9 die Mitbestimmung auch im Einzelfall eingreift. Nach Nr. 5 bestimmt der BR mit, wenn bei der Festsetzung der zeitlichen Lage des Urlaubs für **einzelne** AN zwischen dem AG und den einzelnen AN keine Übereinstimmung erzielt wird. In Nr. 9 ist festgelegt, dass das Mitbestimmungsrecht des BR sich auch auf die Zuweisung und Kündigung von Wohnräumen (Werkwohnungen) bezieht. Davon sind jeweils **einzelne** AN erfasst. Das Gesetz bringt also selbst zum Ausdruck, dass auch Einzelmaßnahmen dem Mitbestimmungsrecht unterliegen können. Das bedeutet: Das Mitbestimmungsrecht des BR besteht unabhängig davon, ob die Maßnahme alle AN des Betriebs, eine Gruppe, einzelne oder nur einen einzelnen AN betrifft. Die Maßnahme braucht auch nicht auf Dauer angelegt zu sein. Es kann sich um **einmalige Tatbestände** handeln, um Regelungen, die sich auf mehrere oder auch nur einen bestimmten Arbeitsplatz beziehen.[82] **Grenzen des Mitbestimmungsrechts** sind Maßnahmen, die im Hinblick auf Regelungsanlass und -inhalt nur durch die **individuellen** Umstände des einzelnen AN/Arbeitsverhältnisses veranlasst worden sind, keine allgemeinen Interessen der AN berühren und in diesem Sinne keinen kollektiven Bezug haben.[83] So unterliegt z. B. eine Regelung nicht der Mitbestimmung, mit der die Arbeitszeit eines einzelnen AN seinen berechtigten persönlichen Bedürfnissen angepasst wird (Zugverbindung, Abholen eines Kindes vom Kindergarten o. Ä.). Als Kontrolle bietet sich die Frage an, ob sich etwas am Regelungsbedürfnis und -inhalt ändert, wenn man die Person des betroffenen AN austauschen würde. Ist dies nicht der Fall, besteht das Mitbestimmungsrecht.[84]

5. Formelle und materielle Arbeitsbedingungen

24 Die schon immer zweifelhafte Unterscheidung zwischen formellen und materiellen Arbeitsbedingungen[85] ist mit der **Neufassung des § 87 BetrVG** im Jahre 1972 endgültig hinfällig geworden.[86] Die Reichweite der Mitbestimmungsrechte ist für jedes gesondert zu klären; eine **übergeordnete Auslegungsregelung** ist nicht erkennbar.[87] Es gibt also weder eine Begrenzung des Mitbestimmungsrechts auf die Regelung formeller Arbeitsbedingungen noch, wie teilweise vertreten, einen generellen Grundsatz für das BetrVG, nach dem nicht in **unternehmerische Entscheidungen** eingegriffen werden dürfte.[88]

6. Initiativrecht des Betriebsrats

25 Die **Mitbestimmung** erfordert es schon begrifflich, dass **beiden Teilen gleiche Rechte** eingeräumt werden.[89] Aus diesem Grunde steht auch dem BR ein sog. Initiativrecht zu, d. h., der BR kann an den AG herantreten und von ihm verlangen, dass dieser eine Maßnahme, die nach

81 Vgl. dazu GK-*Wiese* Rn. 15 ff. und Richardi-*Richardi*, Rn. 15 ff., jeweils m. w. N. zu Literatur und Rspr.
82 Vgl. z. B. *Fitting*, Rn. 17; *GL*, Rn. 7.
83 Vgl. *BAG (GS)* 3.12.91, DB 92, 1579 (1585 f.); 16.3.04, NZA 04, 1047 (1052); 24.4.07, DB 07, 1475 (1476); *LAG Hamm* 22.6.12, juris; *Fitting*, Rn. 16; Richardi-*Richardi*, Rn. 25; *WW*, Rn. 4; vgl. auch HWGNRH-*Worzalla*, Rn. 19 ff.: Gesonderte Feststellung für jeden Tatbestand, ob kollektive und Individualfragen vom Mitbestimmungsrecht erfasst werden.
84 So noch *Raab*, NZA 93, 193 (196), später *ders.*, ZfA 01, 31 ff. allerdings krit. zur h. M.; vgl. auch Richardi-*Richardi*, Rn. 29.
85 Dazu vor allem *Herschel*, AuR 68, 129 ff.
86 Vgl. z. B. *Fitting*, Rn. 20; *GL*, Rn. 2; HWGNRHHWGNRH-*Worzalla*, Rn. 14.
87 Vgl. *BAG* 13.3.73, AP Nr. 1 zu § 87 BetrVG 1972 Werkmietwohnungen; 29.3.77, AP Nr. 1 zu § 87 BetrVG 1972 Provision; *Fitting*, Rn. 20 f. m. w. N.
88 So aber HWGNRH-*Worzalla*, Rn. 81 ff.; *SWS*, Rn. 14 a, 20 ff.; vgl. demgegenüber z. B. *BAG* 31.8.82, AP Nr. 8 zu § 87 BetrVG 1972 Arbeitszeit; 16.7.91, DB 91, 2677 und Rn. 20 m. w. N.
89 *BAG* 14.11.74, AP Nr. 1 zu § 87 BetrVG 1972.

dem Katalog des § 87 der Mitbestimmung unterliegt, durchführt. Wird eine Übereinstimmung nicht erzielt, kann die ESt. eine **verbindliche Entscheidung** treffen.[90]

26 Das **Initiativrecht** ist dem BR **in allen mitbestimmungspflichtigen Angelegenheiten** eingeräumt. Die im damaligen CDU/CSU-Entwurf[91] in §§ 29 und 30 vorgesehene Unterscheidung zwischen Rechten des BR mit und Rechten ohne Initiativrecht wurde im Gesetzgebungsverfahren abgelehnt.[92] Zudem zeigen auch die Unterscheidung im BPersVG (§ 70 Abs. 1 mit Initiativrecht im Gegensatz zu Abs. 2) und die in anderen Vorschriften normierten bloßen Zustimmungsverweigerungsrechte (vgl. §§ 94 Abs. 1 und 2, 95 Abs. 1), dass im Rahmen von § 87 ein **uneingeschränktes Initiativrecht** für alle Mitbestimmungsrechte entsprechend deren Inhalt, Sinn und Zweck besteht.[93] So kann der BR z. B. die Einführung der gleitenden Arbeitszeit oder der bargeldlosen Lohnzahlung, die **Reduzierung von Schichtarbeit,** die Einführung eines neuen **Entlohnungssystems** oder eine Regelung über die **Vergabe von Werkwohnungen** ebenso fordern wie, dass eine betriebliche Praxis in einer mitbestimmungspflichtigen Angelegenheit zum Inhalt einer BV wird.[94] In einigen Fällen wird das Initiativrecht des BR selten praktisch werden. So dürfte ein BR nicht häufig verlangen, dass die AN des Betriebs mit Hilfe technischer Kontrolleinrichtungen überwacht werden (vgl. Rn. 166).

27 Die überholte Unterscheidung zwischen formellen und materiellen Arbeitsbedingungen (vgl. Rn. 24) ist ohne Einfluss auf das Initiativrecht des BR.[95] Ebenso wenig wird das Mitbestimmungsrecht dadurch beschränkt, dass nicht in den **unternehmerisch-wirtschaftlichen Bereich** eingegriffen werden dürfte.[96] Die Mitbestimmungstatbestände sind vielmehr hinsichtlich ihres Umfanges aus sich selbst heraus zu interpretieren und **keinem besonderen Schrankenvorbehalt unterworfen.** Im Gegenteil: Es ist gerade das Ziel der Mitbestimmungsrechte, die unternehmerische Freiheit zu beschränken und den **Sozialstaatsgrundsatz** zur Geltung zu bringen.[97]

7. Eilfälle, Notfälle, probeweise Maßnahmen

a) Eilfälle

28 Das Mitbestimmungsrecht des BR besteht auch in **Eilfällen.**[98] Darunter sind die Fälle zu verstehen, in denen eine baldige Regelung erfolgen muss, der BR aber seine Zustimmung noch nicht erteilt hat oder eine alsbaldige Übereinstimmung nicht zu erzielen ist.[99] Könnte der

90 Vgl. auch *BAG* 28.4.81, AP Nr. 1 zu § 87 BetrVG 1972 Vorschlagswesen; 4.3.86, AP Nr. 3 zu § 87 BetrVG 1972 Kurzarbeit; 8.8.89, DB 90, 281 (282); Richardi-*Richardi,* Rn. 68.

91 BT-Drucks. VI/1806, S. 6 f.

92 Vgl. BT-Drucks. zu VI/2729, S. 4.

93 *BAG* 4.3.86, AP Nr. 3 zu § 87 BetrVG 1972 Kurzarbeit; 30.1.90, DB 90, 1090; 26.10.04, NZA 05, 538 (541); *GL,* Rn. 27.

94 *BAG* 8.8.89, DB 90, 281 (282).

95 Vgl. *Fitting,* Rn. 585; Richardi-*Richardi,* Rn. 69, jeweils m. w. N.

96 Für eine Beschränkung vor allem *Rüthers,* ZfA 73, 411 ff., der die Wertentscheidungen des BetrVG meint so interpretieren zu können, dass Mitbestimmungsrechte keinen Einfluss auf den Umfang der Produktion, der Lagerhaltung oder die Verkaufspolitik haben könnten; vgl. auch GK-*Wiese,* Rn. 141 ff.; HWGNRH-*Worzalla,* Rn. 81 ff.; *SWS,* Rn. 20 ff.

97 Vgl. *BAG* 31.8.82, AP Nr. 8 zu § 87 BetrVG 1972 Arbeitszeit; *BVerfG* 18.12.85, AP Nr. 15 zu § 87 BetrVG 1972 Arbeitszeit (Bestätigung der Entscheidung des *BAG* 31.8.82, a. a. O.); *BAG* 4.3.86, AP Nr. 3 zu § 87 BetrVG 1972 Kurzarbeit; 16.7.91, DB 91, 2677; *Fitting,* Rn. 586; HWK-*Clemenz,* Rn. 34; Richardi-*Richardi,* Rn. 71; *Blanke,* AiB 00, 491 (493 ff.); vgl. auch ausführlich und m. w. N. insbes. zur Rechtsprechung des BVerfG *Däubler,* Unternehmerische Entscheidungsfreiheit und Betriebsverfassung, in: *Blank* (Hrsg.), Reform der Betriebsverfassung und Unternehmerfreiheit, Schriftenreihe der Otto Brenner Stiftung Nr. 78, 2001, S. 11 (13 ff., 27 ff.): Es gibt keine spezifische verfassungsrechtliche Garantie der unternehmerischen Freiheit. Diese wird nur im Rahmen von Art. 12 Abs. 1 GG gewährleistet.

98 Vgl. *BAG* 19.2.91, NZA 91, 609 (611); 17.11.98, NZA 99, 662 (663); 19.6.01, BB 01, 2582 (2585); *BAG* 9.7.13, NZA 14, 99 (101 f.); *Fitting,* Rn. 23 (einschränkend aber bei Nr. 7; vgl. Rn. 289 m. w. N.; zu Recht a. A. GK-*Wiese,* Rn. 641); GK-*Wiese,* Rn. 155 ff.

99 Ähnlich *GL,* Rn. 22.

Arbeitgeber die fehlende Übereinstimmung mit dem BR in solchen Fällen durch seine alleinige Entscheidung ersetzen, wäre die Mitbestimmung weitgehend ausschaltbar. **Eilfälle** sind nämlich regelmäßig **das Ergebnis einer mangelnden betrieblichen Organisation** des Arbeitgebers, der es unterlässt, die gesetzlichen Mitbestimmungsregelungen bei seinen Dispositionen von vornherein angemessen zu berücksichtigen.[100]

29 Der AG hat es in der Hand, für etwaige Eilfälle Vorsorge zu treffen und dabei die Mitbestimmung des BR zu berücksichtigen. Insbesondere in größeren Betrieben kann z. B. für Eilfälle eine **ständige ESt.** eingerichtet werden, BR und Arbeitgeber können auch die Initiative ergreifen, um vorsorgliche Regelungen zu treffen.[101] Zudem spricht vor allen Dingen ein systematisches Argument gegen ein einseitiges Regelungsrecht des Arbeitgebers. Diese Möglichkeit wird ihm vom Gesetz lediglich in §§ 100 und 115 Abs. 7 Nr. 4 eingeräumt, also in ausdrücklich aufgeführten Ausnahmefällen. Aus diesen Regelungen folgt weiter, dass auch **vorläufige Anordnungen** des Arbeitgebers unzulässig sind.[102] Das ArbG ist nicht befugt, im Wege der **einstweiligen Verfügung** eine vorläufige Regelung zu treffen. **Regelungsstreitigkeiten** fallen in die ausschließliche Kompetenz der ESt.[103]

b) Notfälle

30 Im Gegensatz zu den Eilfällen wird das Mitbestimmungsrecht des BR bei sog. **Notfällen** häufig verneint.[104] Ein Notfall soll dann vorliegen, wenn eine plötzliche, nicht vorhersehbare Situation eintritt, die zur Verhinderung nicht wieder gutzumachender Schäden zu unaufschiebbaren Maßnahmen zwingt.[105] Als Beispiele werden häufig angeführt: Ausbruch eines Brandes oder Auftreten von Überschwemmungen, Explosionsgefahr und Auslieferung verderblicher Ware kurz vor Arbeitsschluss.[106] Dabei dürfte die Auslieferung verderblicher Ware als Notfall regelmäßig ausscheiden, da dieser mit betriebs-organisatorischen Mitteln begegnet werden kann; sie rechnet ggf. zu den Eilfällen. Auch in den anderen Beispielen ergibt sich eine **einseitige Anordnungsbefugnis** des AG nicht bereits aus dem »Wesen des Mitbestimmungsrechts«.[107] Die Möglichkeit, einseitige Regelungen zu treffen, ist jeweils ausdrücklich im Gesetz für den AG vorgesehen. Für eine darüber hinausgehende **generelle** Einschränkung des Mitbestimmungsrechts besteht zudem praktisch kein Anlass. Auch in Notfällen wird sich teilweise eine vorausgreifende Regelung finden lassen. Eine vorübergehende Beschränkung in der Ausübung der Mitbestimmungsrechte und damit für den AG das Recht, eine vorläufige einseitige Regelung zu treffen, kann sich aber aus allgemeinen Grundsätzen ergeben, wie z. B. aus dem Gesichtspunkt der **Unzumutbarkeit** oder des **Rechtsmissbrauchs,** also aus dem Grundgedanken der §§ 242 BGB und 2 Abs. 1.[108] Dies setzt jedoch eine Prüfung im Einzelfall voraus.

---

100 *Fitting,* Rn. 24; *Simitis/Weiss,* DB 73, 1243; vgl. auch *SWS,* Rn. 8.

101 *BAG* 2.3.82, AP Nr. 6 zu § 87 BetrVG 1972 Arbeitszeit; 28.5.02, DB 02, 2385 (2386).

102 *Fitting,* Rn. 24; GK-*Wiese,* Rn. 157, 161; *GL,* Rn. 23; *WW,* Rn. 7; MünchArbR-*Matthes,* § 242 Rn. 28; a. A. *SWS,* Rn. 9; zu Unzumutbarkeit und Rechtsmissbrauch vgl. *Worzalla,* S. 46 ff., 114 ff. und HWGNRH-*Worzalla,* Rn. 39 ff.

103 *ArbG Siegburg* 3.3.75, DB 75, 555; *ArbG Stuttgart* 15.6.01 – 24 BVGa 9/01; ArbGV-*Krönig,* § 85 Rn. 24; *Fitting,* Rn. 24; GK-*Wiese,* Rn. 161; HWGNRH-*Worzalla,* Rn. 48; *LK,* Rn. 20; *v. Hoyningen-Huene,* S. 266; **a. A.** Richardi-*Richardi,* Rn. 61; *Henssler,* FS Hanau, S. 413 (429 ff.); *Worzalla,* S. 62 ff.; zu vorläufigen Regelungen der ESt. vgl. § 76 Rn. 118 f.

104 Vgl. u. a. *LAG Hamm* 23.4.75, DB 75, 1515; ErfK-*Kania,* Rn. 8; GK-*Wiese,* Rn. 162 f.; HWGNRH-*Worzalla,* Rn. 39 ff.; *LK,* Rn. 21; Richardi-*Richardi,* Rn. 62; *Henssler,* FS Hanau, S. 413 (422 f.); *Raab,* ZfA 97, 183 (218 f.); offen gelassen vom *BAG,* vgl. z. B. 17.11.98, NZA 99, 662 (663); 19.1.10, DB 11, 120 (121).

105 *BAG,* 3.5.94, DB 94, 2450 (2451 f.).

106 *BAG,* a. a. O.; *HessLAG* 1.9.11, juris.

107 GK-*Wiese,* Rn. 163; *LAG Niedersachsen* 26.2.91 – 6 TaBV 70/90; *ArbG Siegburg* 3.3.75, DB 75, 555; *Fitting,* Rn. 25 (Verweis auf § 2 Abs. 1); *Gnade,* FS Kehrmann, S. 227 (238); wohl auch *Halberstadt,* Rn. 13.

108 Ausführlich *Worzalla,* S. 46 ff., 114 ff.; GK-*Wiese,* Rn. 162 f.; *Fitting,* Rn. 25; *Gnade,* a. a. O.; vgl. auch *BAG* 19.2.91, NZA 91, 609 (611).

c) Probemaßnahmen

Das Mitbestimmungsrecht des BR besteht auch dann, wenn der AG mitbestimmungspflichtige Maßnahmen **probeweise** oder **vorläufig durchführen** (Pilot-, Testbetrieb) will.[109] Für das Mitbestimmungsrecht ist es gleichgültig, ob die Maßnahme kurzfristig oder auf Dauer angelegt ist. Im Übrigen wäre es ansonsten auch von der Definition durch den AG abhängig(vgl. auch DKKWF-*Klebe/Heilmann,* § 87 Rn. 2 mit der Mustervereinbarung für einen Testbetrieb). **31**

8. Gesetzes- und Tarifvorrang

a) Vorrang von Gesetzen

Das Mitbestimmungsrecht entfällt, wenn eine **zwingende gesetzliche Regelung** vorliegt. In diesem Falle unterstellt der Gesetzgeber, dass ein **ausreichender Schutz der AN** gegenüber individualrechtlichen Maßnahmen des AG bereits besteht.[110] So kann der BR z. B. keine Arbeitszeitregelung mit dem AG vereinbaren, die gegen die zwingenden Vorschriften des **ArbZG** bzw. zuvor der AZO verstößt.[111] Gleiches gilt für das **BDSG**[112] oder die GewO.[113] Eine zwingende Gesetzesvorschrift, die sich auch aus **internationalem Recht,** wie dem Europarecht, ergeben kann, wenn es zwischen AG und AN anzuwenden ist,[114] ist dann anzunehmen, wenn sie eine **abgeschlossene,** aus sich heraus handhabbare, materielle **Regelung** beinhaltet.[115] Bei **nachgiebigem Recht**[116] oder, falls die Regelung **mehrere Entscheidungen** des AG zulässt, um dem Gesetz zu entsprechen,[117] bleibt das Mitbestimmungsrecht bestehen. Dies ist z. B. der Fall, falls die Sondervorschriften über **Sonntagsarbeit**[118] eingreifen (vgl. Rn. 85), oder bei **§ 5 Abs. 1 Satz 3 EFZG:** Der AG hat das Recht, nicht aber die Verpflichtung, die frühere Vorlage der ärztlichen Bescheinigung zu verlangen. Zudem werden auch die entsprechenden Modalitäten nicht vorgegeben. Daher hat der BR ein Mitbestimmungsrecht beim »Ob und Wie« der Regelung.[119] **§ 8 TzBfG,**[120] **§ 3 Abs. 4 PflegeZG** und **§ 15 BEEG** enthalten für ihre Regelungsbereiche ebensowenig abschließende gesetzliche Regelungen,[121] wie die Vorschriften des **FPfZG**[122] oder des **BDSG** zum Umgang mit AN-Daten.[123] Nach richtiger Auffassung kann **32**

109 *BAG* 9.7.13, NZA 14, 99 (102); *LAG Berlin* 12.8.86, CR 87, 26 ff.; *LAG Rheinland-Pfalz* 19.8.11 – 9 TaBVGa 1/11, brwo; *ArbG Hamburg* 19.9.95, CR 96, 742 (743); *ArbG Frankfurt* 20.1.04 AiB 06, 113 mit Anm. v. *Wedde*; ErfK-*Kania,* Rn. 58; *Fitting,* Rn. 248; HWGNRH-*Worzalla,* Rn. 348.

110 Vgl. z. B. *BAG* 24.2.87, AP Nr. 21 zu § 77 BetrVG 1972; 10.3.09, NZA 10, 180 (182); GK-*Wiese,* Rn. 56; Richardi-*Richardi,* Rn. 146, jeweils m. w. N.

111 *BAG* 28.7.81, AP Nr. 4 zu § 87 BetrVG 1972 Arbeitszeit; umfassend *Buschmann,* FS Wißmann, S. 251 (259 ff.).

112 A. A. allerdings *BAG* 27.5.86, AP Nr. 15 zu § 87 BetrVG 1972 Überwachung: Abweichung auch zuungunsten der AN möglich; vgl. Rn. 195 f.

113 Vgl. z. B. *BAG* 23.4.85, AP Nr. 12 zu § 87 BetrVG 1972 Überwachung; *LAG Frankfurt* 2.6.92, NZA 93, 279 ff.

114 *BAG* 22.7.08, NZA 08, 1248 (1254); *Buschmann,* FS Wißmann, S. 251 (256 f.).

115 *BAG* 17.12.85, AP Nr. 5 zu § 87 BetrVG 1972 Tarifvorrang; 26.5.88, AP Nr. 14 zu § 87 BetrVG 1972 Ordnung des Betriebes.

116 *BAG* 13.3.73, AP Nr. 1 zu § 87 BetrVG 1972 Werkmietwohnungen; 29.3.77, AP Nr. 1 zu § 87 BetrVG 1972 Provision; *Fitting,* Rn. 32.

117 *BAG* 23.4.85, AP Nr. 12 zu § 87 BetrVG 1972 Überwachung; 12.1.88, AP Nr. 23 zu § 75 BPersVG; 26.5.88, a. a. O.

118 Vgl. auch *ArbG Offenbach* 1.8.13, AiB 2/14, S. 72 f. mit Anm. v. *Zabel.*

119 *BAG* 25.1.00, DB 00, 1128 (1129 f.); *LAG Berlin-Brandenburg* 19.6.12, RDV 12, 254 (256); *LAG Bremen* 29.11.12, AiB 2/14, S. 70 f.(auch während eines Arbeitskampfes) mit Anm. v. *Hayen*; *Fitting,* Rn. 32; *Kunz/Wedde,* § 5 EFZG Rn. 37; a. A. HWGNRH-*Worzalla,* Rn. 65; *Worzalla,* Anm. in AP Nr. 34 zu § 87 BetrVG 1972, Ordnung des Betriebes; vgl. Rn. 67).

120 *BAG* 18.2.03, AuR 04, 66 ff. mit Anm. v. *Buschmann*; 16.3.04, NZA 04, 1047 (1051); 18.8.09, NZA 09, 1208 (1210); *Buschmann,* FS Wißmann, S. 251 (269 ff.); *Engels,* AuR 09, 65 (68).

121 Vgl. HaKo-BetrVG-*Kothe,* Rn. 10.

122 Hierzu *Sasse,* DB 11, 2660 ff.; *Klenter,* AiB 12, 31 ff. und zu den weiteren Änderungen des PflegeZG und FPfZG ab 1.1.15 *Thüsing/Pötters,* BB 15, 181 ff.; *Sasse,* DB 15, 310 ff.; *Winkel/Nakielski,* AuR 15, 18 f.

123 *BAG* 22.7.08, NZA 08, 1248 (1256).

allerdings mit einer BV nicht zuungunsten der Beschäftigten von seinen Regelungen abgewichen werden (a. A. aber das *BAG*; vgl. zu dieser Rspr. und den Gegenargumenten Rn. 195 f.). Demgegenüber sind die **§§ 1, 3, 7** und **12 AGG** für ihren Anwendungsbereich zwingend und können weder abgemildert noch relativiert werden. Ein Mitbestimmungsrecht scheidet insoweit aus.[124] Eine zwingende Regelung liegt nach Auffassung des *BAG*[125] auch vor, wenn von einer gesetzlichen Vorschrift nur nicht zuungunsten der AN abgewichen werden kann, wie dies **§ 8 AWbG NW** vorsieht. Dies erscheint wenig überzeugend, da hiermit eine abschließende Regelung nur in eine Richtung vorliegt, der Eingangssatz also nicht erfüllt ist: Der AG behält Handlungsspielraum.

33 Das sog. gesetzesvertretende **Richterrecht** ist **nicht** einer zwingenden **gesetzlichen Regelung** i. S. d. § 87 **gleichzusetzen.**[126] Der Richter ist grundsätzlich nicht befugt, das von ihm geschaffene Recht über das förmliche Gesetz zu stellen oder es auch nur mit gleichem Rang auszustatten.[127] Ein **Ausschluss des Mitbestimmungsrechts** ist zudem deshalb nicht gerechtfertigt, weil die Rspr. nicht in gleicher Weise durch ein förmliches Verfahren gegen Veränderungen abgesichert ist (Rechtssicherheit).

34 **Verordnungen** erfüllen als Gesetz im materiellen Sinne die Voraussetzungen des Eingangssatzes und schließen das Mitbestimmungsrecht aus.[128] Dies gilt nicht für **autonomes Satzungsrecht** öffentlich-rechtlicher Körperschaften, wie z. B. Universitäten, Gemeinden oder Sozialversicherungsträger. I. d. R. wird es keine Überschneidungen geben, da öffentlich-rechtliche Körperschaften, von Ausnahmefällen abgesehen (s. u.), keine Kompetenz haben, die Arbeitsbedingungen der bei ihnen Beschäftigten zu regeln. Tritt eine Kollision auf,[129] hat die **Betriebsverfassung Vorrang.** Ansonsten könnte der AG über die Geltung des BetrVG verfügen.[130] Wird demgegenüber durch Gesetz der öffentlich-rechtlichen Körperschaft das Recht eingeräumt, die Beschäftigungsbedingungen ihrer AN durch Dienstordnung abschließend zu regeln (vgl. insoweit § 144 SGB VII für die Berufsgenossenschaften und auch § 52 Abs. 2 ALG), so ist in der Dienstordnung eine Vorschrift i. S. d. Eingangssatzes zu sehen.[131]

35 **VA** und auf Grund gesetzlicher Vorschriften oder Ermächtigungen ergangene **Anordnungen** stehen in ihrer Wirkung einer gesetzlichen Regelung letztlich zwar gleich, sie sind **entgegen der Auffassung des BAG**[132] aber **keine gesetzliche Regelung,** d. h. eine »die sachliche Substanz selbst regelnde … Norm«.[133] Mit dem VA wird inhaltlich und zeitlich eine gesetzliche Regelung erst konkretisiert. Die Gesetzesnorm selbst beinhaltet also noch keine abgeschlossene, zwingende Regelung, gewährleistet also noch nicht den durch § 87 angestrebten Schutz der AN. Dass dieser in dem behördlichen Verfahren, das zum Erlass des VA führt, in gleicher Weise wie bei der Entstehung eines Gesetzes oder TV Berücksichtigung findet, lässt sich nicht unterstellen. Deshalb kann ein VA wegen des Wortlauts und auch des Sinns des Eingangssatzes einem Gesetz nicht gleichgestellt werden (vgl. aber Rn. 42 ff.).

---

124 *BAG* 22.7.08, NZA 08, 1248 (1256).

125 28.5.02, NZA 03, 171 (175); 22.7.14, NZA 14, 1151 (1152).

126 So auch ErfK-*Kania,* Rn. 11; *Fitting,* Rn. 33; WPK-*Bender,* Rn. 20; Schaub-*Koch,* § 235 Rn. 5; *Buschmann,* FS Wißmann, S. 251 (255); **a. A.** GK-*Wiese,* Rn. 58; HWK-*Clemenz,* Rn. 8; HWGNRH-*Worzalla,* Rn. 61; Richardi-*Richardi,* Rn. 145.

127 *Wolter,* AuR 79, 333 (336); *Bobke,* BlStSozArbR 80, 129 (132).

128 Vgl. *BAG* 25.5.82, AP Nr. 53 zu § 611 BGB Dienstordnungsangestellte; 22.7.14, NZA 14, 1151 (1152); HWGNRH-*Worzalla,* Rn. 61; Richardi-*Richardi,* Rn. 145; *Gnade,* FS Kehrmann, S. 227 (229).

129 Vgl. das Beispiel von *Löwisch/Rieble,* § 1 Rn. 546 Anordnung einer Zutrittskontrolle für alle Universitätsangehörigen.

130 Bei dem vergleichbaren Problem im Tarifrecht für einen Vorrang des TV: *Däubler,* Tarifvertragsrecht, Rn. 391; *Löwisch/Rieble,* § 1 Rn. 546.

131 *BAG* 25.5.82, AP Nr. 53 zu § 611 BGB Dienstordnungsangestellte; *Fitting,* Rn. 32; Kittner/Zwanziger/Deinert-*Deinert,* § 10 Rn. 76.

132 11.12.12, NZA 13, 913 (914 f.).

133 Vgl. *LAG Baden-Württemberg* 24.11.86, NZA 87, 251; *Beck/Trümner,* AuR 89, 77 (78); *Beck/Wendeling-Schröder,* WSI-Mitt. 85, 754 (762); *Buschmann,* FS Wißmann, S. 251 (255); *Däubler,* AiB 86, 173 f. und AiB 89, 16; MünchArbR-*Matthes,* § 242 Rn. 14; *Dörner/Wildschütz,* AiB 95, 257 (281 f.); **a. A.** *Fitting,* Rn. 34; GK-*Wiese,* Rn. 61; HWGNRH-*Worzalla,* Rn. 63; *Ziegler,* NZA 87, 224 ff.; offen gelassen vom *BAG* 26.5.88, AP Nr. 14 zu § 87 BetrVG 1972 Ordnung des Betriebes.

b) Vorrang von Tarifverträgen

Ein Mitbestimmungsrecht des BR besteht auch dann nicht, wenn ein an sich mitbestimmungspflichtiger Tatbestand eine **tarifliche Regelung** erfahren hat. Gemäß § 19 Abs. 3 HAG steht ihr eine bindende Festsetzung des Heimarbeitsausschusses gleich.[134] Ebenso wie bei einer gesetzlichen Regelung unterstellt der Gesetzgeber, dass mit dem TV ein **ausreichender Schutz der AN** bereits besteht. Beim Vorliegen einer tariflichen Regelung kommt ein Ausschluss der Mitbestimmung nur dann in Betracht, wenn der TV eine **abschließende und zwingende Regelung** enthält, die für eine Ergänzung keinen Raum mehr lässt. Sie muss zudem dem Schutzzweck des sonst gegebenen Mitbestimmungsrechts Genüge tun.[135] Der TV selbst muss also eine **ausreichende materielle Regelung** enthalten. Das Mitbestimmungsrecht entfällt deshalb nicht, falls er nur ein einseitiges Bestimmungsrecht des AG vorsieht.[136] Dies gilt grundsätzlich auch für Eilfälle.[137] Ein einseitiges Anordnungsrecht des AG kann daher nur in Ausnahmefällen als **Teil des Mitbestimmungsverfahrens** für **außergewöhnliche eng umgrenzte Fallgestaltungen** im TV vorgesehen werden, wenn es erkennbar eine mitbestimmte Entscheidung nicht ersetzen, sondern nur mit Rücksicht auf besondere Umstände eine **vorläufige** und kurzfristige Übergangslösung schaffen soll, die die **abschließende Klärung** aber so weit als möglich offen hält.[138] So muss sich z. B. für Überstunden die Notwendigkeit zwingend, unerwartet und kurzfristig ergeben und eine mitbestimmte Regelung aus Zeitgründen nicht erreichbar sein. Es darf sich jedenfalls nicht um Überstunden handeln, die vorhersehbar waren oder mit gewisser Regelmäßigkeit auftreten. **36**

Das Mitbestimmungsrecht wird durch TV nur ausgeschlossen, wenn dieser für den Betrieb gilt. Er muss zunächst räumlich und sachlich anwendbar sein. Darüber hinaus muss der TV gemäß **§ 5 TVG** allgemeinverbindlich oder der **AG tarifgebunden** sein.[139] Die den TV abschließende Gewerkschaft muss für alle im Betrieb beschäftigten AN tarifzuständig sein.[140] Ist der AG tarifgebunden, greift die Sperrwirkung eines TV über betriebliche und betriebsverfassungsrechtliche Fragen bereits gemäß **§ 3 Abs. 2** TVG ein. Aber auch TV über Inhalts-, Abschluss- und Beendigungsnormen schließen die Mitbestimmungsrechte aus, da sich, so die frühere Begründung des *BAG*,[141] jeder AN durch den Beitritt zur tarifvertragschließenden Gewerkschaft den unabdingbaren Schutz der tariflichen Regelung verschaffen könne, die insoweit für nicht tarifgebundene AN bestehende **Schutzlücke** also hinnehmbar sei. Hiervon ist das Gericht inzwischen abgerückt. Es schließt diese Schutzlücke im Bereich der betrieblichen Lohngestaltung dadurch, dass das tarifliche Entlohnungssystem auch bei Nichtorganisierten angewendet wird, soweit dessen Gegenstände der erzwingbaren Mitbestimmung unterliegen, also bei den Entlohnungsgrundsätzen, aber nicht bei der Entgelthöhe (vgl. insoweit auch Rn. 311 und 329).[142] Damit werde dem Zweck des Eingangssatzes entsprochen. Dem hat Deinert[143] mit überzeugenden Argumenten widersprochen. Die Schutzlücke folge nicht dar- **37**

134 Vgl. *BAG* 13.9.83, DB 84, 2047 (2048).

135 Vgl. *BAG (GS)* 3.12.91, DB 92, 1579 (1583); 9.12.03, NZA 04, 746 (749); 9.11.10, NZA-RR 11, 354 (356); 18.10.11, NZA 12, 392 (394); *Fitting*, Rn. 48 f.; GK-*Wiese*, Rn. 58, 78 f.; Richardi-*Richardi*, Rn. 151, 161; vgl. auch *ArbG Elmshorn* 11.1.10, AuR 11, 263 mit Anm. v. *Zabel.*

136 Vgl. *BAG* 18.3.76, AP Nr. 4 zu § 87 BetrVG 1972 Altersversorgung; 18.4.89, AP Nr. 18 zu § 87 BetrVG 1972 Tarifvorrang; GK-*Wiese*, Rn. 79 m. w. N.; Richardi-*Richardi*, Rn. 164; vgl. auch unten Rn. 48.

137 GK-*Wiese*, Rn. 81.

138 So *BAG* 17.11.98, NZA 99, 662 (664); zustimmend *Veit*, RdA 99, 346 ff.; vgl. auch *BAG* 3.5.06, DB 07, 60 (61 f.); *Fitting*, Rn. 48; HWK-*Clemenz*, Rn. 13; Richardi-*Richardi*, Rn. 164.

139 *BAG* 24.2.87, AP Nr. 21 zu § 77 BetrVG 1972; 29.10.02, DB 03, 2014 (2016); 18.10.11, NZA 12, 392 (394 f.); *Fitting*, Rn. 44; Richardi-*Richardi*, Rn. 154 f.; Kittner/Zwanziger/Deinert-*Deinert*, § 10 Rn. 153; *SWS*, Rn. 33; *GL*, Rn. 56 fordern darüber hinaus, dass mindestens ein AN tarifgebunden sein muss, GK-*Wiese*, Rn. 67 f. fordert dies für alle Beschäftigten.

140 *BAG* 14.1.14, NZA 14, 910 (914).

141 24.2.87, a. a. O.

142 *BAG* 18.10.11, NZA 12, 392 (395 f.); zustimmend HaKo-BetrVG/*Kohte*, Rn. 13; Kempen/Zachert-*Wendeling-Schröder*, Grundlagen,Rn. 471 f.; Richardi-*Richardi*, Rn. 767; *Roloff*, RdA 14, 228 (230) und ErfK-*Kania*, Rn. 15, 100; kritisch hierzu *Salamon*, NZA 12, 899 ff.

143 Kittner/Zwanziger/Deinert-*Deinert*, § 10 Rn. 153.

aus, dass die nicht Tarfgebundenen nicht den Schutz der Betriebsverfassung hätten. Diesen hätten auch die Gewerkschaftsmitglieder nicht. Die Benachteiligung folge vielmehr aus der Nichtanwendung des TV, sei also logische Folge der negativen Koalitionsfreiheit. Daher ist der früheren Rspr. des BAG zu folgen. Die Anwendung des Eingangssatzes erfordert allerdings eine Einschränkung: Die tarifvertragschließende Gewerkschaft muss eine **Mindestrepräsentativität** für den Betrieb haben, der AG kann nicht **willkürlich** eine Gewerkschaft als Partner für einen **Haus-TV** wählen, um so die Mitbestimmungsrechte zu verdrängen.[144] Dies wäre z. B. der Fall, wenn der AG den TV mit einer Gewerkschaft abschließt, die kein einziges Mitglied im Betrieb hat, während eine andere 10 % oder mehr der Beschäftigten organisiert.[145]

38 Sofern **TV**, von denen auch nur einer betriebsverfassungsrechtliche Normen beinhaltet, sich zeitlich, räumlich, fachlich und personell überschneiden, eine sachliche Überschneidung ist erstaunlicherweise nicht erforderlich[146]**, regelt jetzt § 4 a Abs. 2 Satz 2 TVG**, welcher Vorrang hat und ggf. die Mitbestimmungsrechte des BR ausschließt. Dies ist der TV, der mit der Gewerkschaft abgeschlossen worden ist, die die **meisten Mitglieder im Betrieb** hat und damit das betriebliche Geschehen stärker beeinflusst.[147] Dies gilt allerdings nicht für TV, die bereits am 10.7.15 galten. Sie haben gem. § 13 Abs. 3 TVG Bestandsschutz. Von dieser Ausnahme abgesehen: Enthält nur der Minderheits-TV eine Mitbestimmungsrechte sperrende Regelung ist dies also ohne Bedeutung. Der Minderheits-TV ist, wie § 4 a Abs. 1 Satz 2 TVG zeigt, nicht unwirksam, er ist lediglich nicht anwendbar, er wird verdrängt. Endet der Mehrheits-TV kommt in dessen Nachwirkung daher der Minderheits-TV zur Anwendung. Soweit man der Auffassung folgt, dass die Tarifvertragsparteien eine Tarifkollision einvernehmlich praktizieren können,[148] sind die bisher geltenden Grundsätze anzuwenden, also ebenfalls das Mehrheitsprinzip.

39 Ein abschließender und zwingender TV schließt nicht nur die Mitbestimmungsrechte, sondern auch **günstigere freiwillige BV** in diesem Bereich aus. Nach h. M. soll dies allerdings nicht generell der Fall sein. Dies wird vor allem von *Wiese*[149] ausführlich begründet, der sich auf den Wortlaut des Abs. 1 (im Gegensatz zum § 77 Abs. 3), die systematische Stellung des Eingangssatzes als Bestandteil der Mitbestimmungsregelung, die umfassende funktionelle Zuständigkeit des BR in sozialen Angelegenheiten sowie schließlich auf das Wesen von Tarifnormen beruft, nur einen Mindestschutz zu gewährleisten.[150] Für diese freiwillige BV soll allerdings § 77 Abs. 3 gelten.[151] Richtig ist zunächst, dass § 87 Abs. 1 Eingangssatz das Mitbestimmungsrecht, nicht aber freiwillige Vereinbarungen im Bereich der Norm ausschließt. Für diese muss dann allerdings § 77 Abs. 3 eingreifen, wie die h. M. zu Recht vertritt.[152] Denn die Beschränkung des Tarifvorbehaltes in § 87 Abs. 1 auf im Betrieb geltende abschließende und zwingende Regelungen soll vermeiden, dass eine **Schutzlücke für die Arbeitnehmer** entsteht.[153] Darüber hinaus soll der Vorrang nicht außer Kraft gesetzt werden.[154] Damit scheiden auch freiwillige BV aus, wenn der TV Arbeitsentgelte oder sonstige Arbeitsbedingungen regelt, es sei denn, er enthält die Zuweisung einer entsprechenden Regelungskompetenz an die Be-

---

144 Vgl. auch Richardi-*Richardi*, Rn. 156; Kempen/Zachert-*Wendeling-Schröder*, Grundlagen, Rn. 466 ff. (insbes.469); *Gamillscheg*, Kollektives Arbeitsrecht, Bd. II, S. 871; HaKo-BetrVG/*Kohte*, Rn. 14; *Fischer*, NZA 15, 662 (664).

145 Vgl. auch *BAG* 27.6.06, NZA 06, 1285 (1286), das bei einem arbeitsvertraglichen Verweis auf Tarifverträge nur den auf solche für rechtlich unbedenklich hält, die geeignet sind, für die Belegschaft eine repräsentative Regelung herbeizuführen; *Reinecke*, BB 06, 2637 (2642 ff.).

146 Zur verfassungsrechtlichen Debatte über das Tarifeinheitsgesetz vgl. § 2 Rn. 73 b.

147 Vgl. für die Zeit vor dieser Ergänzung des TVG so bei sachlicher Überschneidung Kittner/Zwanziger/Deinert-*Deinert*, § 8 Rn. 285 m. w. N; Däubler-*Zwanziger*, TVG, § 4 Rn. 935, ebenfalls m. w. N.; *Krebber*, RdA 11, 23 (26 f.); GK-*Wiese*, Rn. 68.

148 Vgl. hierzu TVG-AKR-*Berg*, § 4 a Rn. 38

149 GK, Rn. 65 f. m. w. N. zum Meinungsstand.

150 Vgl. z. B. auch *Fitting*, Rn. 42; MünchArbR-*Matthes*, § 242 Rn. 21 ff.; Richardi-*Richardi*, Rn. 169 f.

151 *Fitting*, a. a. O.; GK-*Wiese*, Rn. 66; *GL*, Rn. 44; KassArbR-*Etzel*, 9.1, Rn. 485; MünchArbR-*Matthes*, § 242 Rn. 22; Richardi-*Richardi*, Rn. 168.

152 Vgl. auch *LAG Baden-Württemberg* 13.1.99, AuR 99, 156 (157).

153 Vgl. *BAG (GS)* 3.12.91, DB 92, 1579 (1582 f.); vgl. auch Rn. 32.

154 Vgl. *Däubler*, Tarifvertragsrecht, Rn. 239.

triebsparteien. Der Begriff der **Arbeitsbedingungen** ist jedoch nicht auf materielle Regelungen beschränkt. Er greift vielmehr auch bei solchen TV ein, die die Art und Weise der Arbeitsleistung regeln (§ 77 Rn. 129 m. w. N.).[155] Hierfür spricht neben dem Wortlaut vor allem der Zweck der Norm, die ausgeübte Tarifautonomie und die **Funktionsfähigkeit der Koalition** zu schützen (§ 77 Rn. 129 m. w. N.). Bei diesem Wirkungsbereich des § 77 Abs. 3 ist nicht erkennbar, welche Freiräume für freiwillige Vereinbarungen im Rahmen von § 87 noch bestehen könnten, wenn eine abschließende und zwingende tarifvertragliche Regelung vorliegt. Die umfassende funktionelle Zuständigkeit des BR in sozialen Angelegenheiten besteht eben nur im Rahmen des Betriebsverfassungsrechts.[156]

Machen die TV-Parteien von ihrer Regelungsbefugnis keinen Gebrauch oder weisen sie, wie dies in jüngeren TV häufiger der Fall ist, **Regelungszuständigkeiten den Betriebsparteien** zu, so bestehen selbstverständlich die Mitbestimmungsrechte. Auch ein lediglich **nachwirkender TV** schließt Mitbestimmungsrechte nicht aus.[157] Gemäß **§ 4 Abs. 5 TVG** hat er **keine zwingende Wirkung** und kann durch andere Abmachungen ersetzt werden. Demzufolge kann er den AN nicht einen vergleichbaren Schutz wie Mitbestimmungsrechte geben. Verweist ein TV auf Bestimmungen eines anderen lediglich nachwirkenden TV, scheiden Mitbestimmungsrechte auch hinsichtlich der in Bezug genommenen Regelungen aus, da diese unmittelbar und zwingend als tarifliches Recht gelten.[158] **40**

Die **Tarifüblichkeit** schließt – anders als bei § 77 Abs. 3 – BV im Rahmen der Mitbestimmung nach § 87 nicht aus.[159] Eine tarifliche Regelung, die lediglich üblich ist, für den Betrieb jedoch keine Bindung erzeugt, kann den ansonsten durch Mitbestimmungsrechte gewährleisteten **Schutz für die AN** nicht garantieren.[160] Die Mitbestimmungsrechte würden insbes. im Bereich materieller Arbeitsbedingungen weitgehend leer laufen, ohne dass der Zweck des § 77 Abs. 3, die **Funktionsfähigkeit der Tarifautonomie** zu gewährleisten, im Bereich des § 87 Abs. 1 damit erreicht würde.[161] Der Vorschlag des Bundesrats, in § 87 nach Abs. 1 die Anwendung von § 77 Abs. 3 vorzusehen,[162] ist zudem im Gesetzgebungsverfahren abgelehnt worden.[163] Neben Normzweck und Entstehungsgeschichte sprechen auch Wortlaut und Stellung im Gesetz, wie das *BAG* zu Recht festgestellt hat,[164] gegen einen Ausschluss der Mitbestimmungsrechte bei Tarifüblichkeit. Es ist vielmehr davon auszugehen, dass **§ 87 Abs. 1 Eingangssatz als speziellere Norm** – ebenso wie § 112 Abs. 1 Satz 4 – § 77 Abs. 3 vorgeht.[165] **41**

Nach Auffassung des *BAG*[166] soll das Mitbestimmungsrecht auch dann ausscheiden, wenn der AG **auf Grund verbindlicher Vorgaben keinen Regelungsspielraum** mehr hat. Zwar sollen **faktische Zwänge,** wie z. B. die Auflage eines Zuwendungsgebers an den Zuwendungsempfänger (AG), keine höhere Vergütung zu zahlen als im öffentlichen Dienst, das Mitbestimmungsrecht nicht beschränken können.[167] Bei dem bestandskräftig gewordenen, gegenüber **42**

---

155 vgl. z. B. *BAG* 9.4.91, DB 91, 1629; 3.12.91, BB 92, 1418 (1422); *Fitting,* § 77 Rn. 71; GK-*Kreutz,* § 77 Rn. 89 f.; *WW,* § 77 Rn. 30; *Däubler,* Tarifvertragsrecht, Rn. 230; a. A. *GL,* § 77 Rn. 75; Richardi-*Richardi,* § 77 Rn. 255 f.

156 Vgl. auch Kittner/Zwanziger/Deinert-*Deinert,* § 10 Rn. 166.

157 *BAG* 13.7.77, AP Nr. 2 zu § 87 BetrVG 1972 Kurzarbeit; 27.11.02, AP Nr. 34 zu § 87 BetrVG 1972 Tarifvorrang; *Fitting,* Rn. 46; GK-*Wiese,* Rn. 64; HWGNRH-*Worzalla,* Rn. 67; Richardi-*Richardi,* Rn. 152.

158 *BAG* 30.1.90, DB 90, 2023.

159 *BAG* 24.2.87, AP Nr. 21 zu § 77 BetrVG 1972; BAG(GS) 3.12.91, DB 92, 1579 (1582 f.); 26.4.05, NZA 05, 884 (886); *v. Hoyningen-Huene,* S. 257 f.; *Kempen,* RdA 94, 140 (151); *Reuter,* RdA 94, 152 (166).

160 Vgl. auch *BAG (GS)* 3.12.91, a. a. O.

161 *BAG (GS)* 3.12.91, a. a. O.

162 BT-Drucks. VI/1786, S. 64.

163 Vgl. BT-Drucks. zu VI/1786, S. 2, Nr. 6.

164 Vgl. insbes. 24.2.87, AP Nr. 21 zu § 77 BetrVG 1972.

165 Vgl. insbesondere *BAG,* a. a. O.; 13.3.12, NZA 12, 990 (991); Kempen/Zachert-*Wendeling-Schröder,* Grundlagen, Rn. 464 f. und zur Gegenmeinung GK-*Wiese,* Rn. 48 ff.; HWGNRH-*Worzalla,* Rn. 78 f. jeweils m. w. N. und auch § 77 Rn. 132.

166 26.5.88, AP Nr. 14 zu § 87 BetrVG 1972 Ordnung des Betriebes; 9.7.91, DB 92, 143 (bestätigt durch *BVerfG* 22.8.94, NZA 95, 129); 30.9.14, NZA 15, 314 (316); so auch *Fitting,* Rn. 35; HWGNRH-*Worzalla,* Rn. 63; GK-*Wiese,* Rn. 61 m. w. N.; Richardi-*Richardi,* Rn. 149.

167 *BAG* 24.11.87, AP Nr. 6 zu § 87 BetrVG 1972 Auszahlung; 8.8.89, DB 90, 281; *LAG München,*

dem AG ergangenen **Verwaltungsakt**[168] soll allerdings das Mitbestimmungsrecht wegen des fehlenden Regelungsspielraums entfallen.

43 Diese Rspr. ist nicht überzeugend. So bleibt beispielsweise unklar, da ja rein faktische Zwänge nicht ausreichen, welche rechtliche Qualität das *BAG* bei der »**Vorgabe**« als Einschränkung der Mitbestimmungsrechte ausreichen lassen will. Zudem ist auch zu berücksichtigen, dass der Gesetzgeber mit dem Eingangssatz eine Regelung getroffen hat. Danach soll das Mitbestimmungsrecht eben nur bei Vorliegen einer abschließenden und zwingenden tarifvertraglichen oder gesetzlichen Regelung ausscheiden. Alle anderen Beschränkungen des AG-Handelns sind unbeachtlich. So könnte sich nach der Rspr. des *BAG* (vgl. oben Rn. 21) der AG auch nicht auf rechtliche Bindungen durch einen Vertrag berufen, wenn er der Mitbestimmung unterliegende Maßnahmen durch einen Dritten ausführen ließe. Selbstverständlich kann es nicht darum gehen, die bei **riskanten Technologien** erforderlichen Sicherungsmaßnahmen allein der Regelung durch die Betriebsparteien zu überlassen. Werden sie durch gesetzliche Vorschriften getroffen, entspricht dies dem Eingangssatz von § 87. VA können jedoch nach Wortlaut und Sinn des Eingangssatzes von Abs. 1 nicht gleichgestellt werden (Rn. 35). Das Mitbestimmungsrecht wird nicht ausgeschlossen. Zur Lösung denkbarer Widersprüche zwischen den Vorgaben des VA und der Ausübung des Mitbestimmungsrechts hält *Däubler*[169] die Aufsichtsbehörde für verpflichtet, die durch das BetrVG »geteilte Handlungskompetenz« zu berücksichtigen. Der AG könne nicht allein handeln. Ignoriere die Behörde diese Tatsache, so verlange sie von ihm Unmögliches und handele mangelhaft. Sie müsse demzufolge entweder zunächst die betriebliche Einigung abwarten oder aber, wie *Däubler*[170] vorgeschlagen hat, eine **gleichartige Verfügung gegenüber dem BR** erlassen, gegen die der BR Widerspruch einlegen bzw. Anfechtungsklage erheben könne.[171]

44 Nach anderer Auffassung soll eine Lösung des Konflikts im BetrVG selbst zu suchen sein: Die Vorgaben der Aufsichtsbehörde müssten, so *Beck/Trümner*,[172] bei der zunächst betrieblichen Lösung als zu berücksichtigende **betriebliche Belange** i. S. d. § 76 Abs. 5 Satz 3 Eingang finden.[173] Zudem sei der AG gemäß § 2 Abs. 1 verpflichtet, Widerspruch und Anfechtungsklage gegen den Verwaltungsakt jedenfalls dann zu erheben, wenn es Anhaltspunkte für seine Rechtswidrigkeit gebe.[174] Ein Ausschluss des Mitbestimmungsrechts durch untergesetzliche »Vorgaben« ist also abzulehnen.[175] Schließlich würde eine solche Betrachtungsweise auch dem Umstand nicht gerecht, dass die **Betriebsverfassung grundrechtlich fundiert** ist.[176] Behördliche Anordnungen kommen häufig auch so zustande, dass der AG um Vorschläge gebeten wird. In solchen Fällen muss der BR vom AG an der Ausfüllung der betrieblichen Spielräume in Ausübung seines Mitbestimmungsrechts gleichberechtigt beteiligt werden.[177]

11.10.07, LAGE § 87 BetrVG 2001 Betriebliche Lohngestaltung Nr. 2; *Fitting*, Rn. 37; vgl. auch GK-*Wiese*, Rn. 61; HWGNRH-*Worzalla*, Rn. 64.

168 Vgl. auch *BAG* 11.12.12, NZA 13, 913 (914 f. m. w. N.).

169 AiB 89, 16 und SR 12, 61; in diesem Aufsatz stellt *Däubler* auch weitergehend die deutlichen Einschränkungen des Arbeitsrechts durch öffentlich-rechtliche Vorgaben insbes. bei gefährlichen Technologien, für sicherheitsrelevante Bereiche und die Vorgaben für Finanzdienstleistungen in Reaktion auf die Finanzkrise (vgl. z. B. **§ 34 d WpHG** und die in der WpHGMaAnzV [BGBl. I Nr. 72 v. 30.12.11, S. 3116 ff.] festgelegten persönlichen Voraussetzungen z. B. für Mitarbeiter in der Anlageberatung oder Vertriebsbeauftragte) dar; zum WpHG und den verbleibenden durch Mitbestimmungsrechte regelbaren Spielräumen,*Tannheiser*, CuA 3/12, S. 20 ff.

170 A. a. O.

171 A. A. *Dörner/Wildschütz*, AiB 95, 257 (265 ffr. m w. N.).

172 AuR 89, 77 (83 f.).

173 Vgl. auch *Dörner/Wildschütz*, a. a. O., 284 m. w. N.

174 Dörner/Wildschütz, a. a. O., 285.

175 *Däubler*, AiB 89, 16; *ders.*, SR 12, 12; *Beck/Trümner*, a. a. O.

176 Vgl. z. B. *Kempen*, AuR 86, 129 (134 ff.) und AuR 88, 271 (278); *Blanke*, AiB 00, 491 (494 ff.).

177 *Däubler*, AiB 89, 16 f.

9. Erweiterung und Einschränkung der Mitbestimmungsrechte durch Tarifvertrag oder Betriebsvereinbarung

Der in dieser Vorschrift enthaltene Katalog mitbestimmungspflichtiger Angelegenheiten kann sowohl durch **BV** als auch durch **TV** erweitert werden (Einl. Rn. 87 ff., 94 ff. m. w. N. auch zur Rspr.),[178] nicht aber einzelvertraglich.[179] Eine solche Erweiterung der Mitbestimmungsrechte, die im Konfliktfall auch zu einem **verbindlichen Spruch der Est.** führen kann, ist von gesetzlichen Regelungen, wie z. B. § 7 ArbZG, zu unterscheiden, die eine Abweichung von ihren Inhalten durch TV bzw. BV zulassen, aber damit die Mitbestimmung nicht erweitern. Bei der Dauer der Arbeitszeit kann der so geschaffene Spielraum daher nach h. M. (vgl. Rn. 72 ff.) nur durch **freiwillige BV** ausgeschöpft werden. 45

Die Möglichkeit der **Erweiterung der Mitbestimmung** des BR **durch BV** und **Regelungsabrede** ergibt sich u. a. aus der Tatsache, dass die **funktionelle Zuständigkeit des BR** in sozialen Angelegenheiten unbeschränkt ist (vgl. Einl. Rn. 94 ff.).[180] Dem Abschluss von freiwilligen BV steht § 88 nicht entgegen, da dort nur beispielhaft aufgeführt ist, welche Regelungen (»insbesondere«) durch den Abschluss einer freiwilligen BV getroffen werden können.[181] 46

Die Mitbestimmung in sozialen Angelegenheiten kann auch durch einen **TV** erweitert werden (vgl. hierzu vor allem Einl. Rn. 87 ff.). Die in den §§ 1 Abs. 1 und 3 Abs. 2 TVG anerkannte Rechtsetzungsbefugnis der Tarifparteien für betriebsverfassungsrechtliche Fragen wird insoweit durch das BetrVG nicht eingeschränkt.[182] Der **TV** kann ggf. mit einem **Streik erzwungen** werden.[183] In ihm kann auch festgelegt werden, dass Maßnahmen, wie z. B. die Anordnung von Samstagsarbeit, nur mit Zustimmung des BR getroffen werden dürfen, ohne dass die Möglichkeit besteht, die Zustimmung durch die ESt. zu ersetzen.[184] Die TV-Parteien könnten nämlich (z. B.) die Samstagsarbeit auch gänzlich ausschließen. 47

Unzulässig ist es, das **Mitbestimmungsrecht** des BR durch TV oder BV prinzipiell **aufzuheben oder einzuschränken.**[185] Enthält der TV in einer mitbestimmungspflichtigen Angelegenheit eine eigenständige und abschließende Regelung, entfällt die Mitbestimmung also nicht, falls lediglich das einseitige Bestimmungsrecht des AG wiederhergestellt wird.[186] **Zulässig** ist es, durch TV oder BV den Inhalt der **Mitbestimmung** näher **zu konkretisieren.** Aber auch hier darf die Mitbestimmung nicht in ihrer Substanz beeinträchtigt werden. 48

Der BR kann auch nicht auf die ihm gesetzlich eingeräumten, pflichtgebundenen[187] Mitbestimmungsrechte, die ihm nicht um seiner selbst, sondern für die AN zugewiesen werden, **verzichten,** z. B. durch Abrede mit dem AG oder Untätigbleiben[188] oder sie verwirken.[189] Nach 49

---

178 Vgl. *Fitting,* Rn. 6; GK-*Wiese,* Rn. 9 ff.; HWK-*Clemenz,* Rn. 26 f.; *Lerch/Weinbrenner,* NZA 11, 664 (665 ff.); **a. A.** HWGNRH-*Worzalla,* Rn. 51, 53; Richardi-*Richardi,* Vorbem. vor § 87 Rn. 12 f.

179 *BAG* 23.4.09, NZA 09, 915 (916) zu § 102 Abs. 6; *Lerch/Weinbrenner,* NZA 11, 664 (667).

180 So u. a. auch GK-*Wiese,* Rn. 9 und *Fitting,* Rn. 6; vgl. auch *BAG* 10.12.13, NZA 14, 1040 (1043).

181 *BAG* 18.8.87, AP Nr. 23 zu § 77 BetrVG 1972; 18.8.09, BB 10, 124 (126); zu **Regelungsabreden** vgl. *BAG* 14.8.01, NZA 02, 342 (344).

182 Vgl. *BAG* 18.8.87, AP Nr. 23 zu § 77 BetrVG 1972; 10.2.88, AP Nr. 53 zu § 99 BetrVG 1972; 9.5.95, DB 95, 2610; ErfK-*Kania,* Rn. 139 f.; *Krause,* S. 87 f.

183 *Bunge,* S. 344 ff.; *Lerch/Weinbrenner,* NZA 11, 664 (665); a. A. *Säcker,* ZfA 72 (Sonderheft), S. 41 (47 ff.).

184 Vgl. auch GK-*Wiese,* Rn. 59 m. w. N.; a. A. *LK,* Rn. 35.

185 **H. M.**; vgl. *Fitting,* Rn. 5; GK-*Wiese,* Rn. 5, 78 f.; HWGNRH-*Worzalla,* Rn. 50; Richardi-*Richardi,* Vorbem. vor § 87 Rn. 12 f.; vgl. auch Einl. Rn. 75.

186 *BAG* 18.4.89, AP Nr. 18 zu § 87 BetrVG 1972 Tarifvorrang; 17.11.98, NZA 99, 662 (664); 3.6.03, NZA 03, 1155 (1158); 25.2.15, NZA 15, 442 (444); HWGNRH-*Worzalla,* Rn. 74; KassArbR-*Etzel,* 9.1, Rn. 484; vgl. auch Rn. 36; zu weitgehend *Säcker/Oetker,* RdA, 92, 16 ff., die eine Ermächtigung des AG zu einseitigen Maßnahmen schon für zulässig halten, wenn es nur um die Ausgestaltung einer tariflich vorstrukturierten Ordnung gehe.

187 *Wiese,* RdA 68, 455 (457).

188 *BAG* 29.11.83, AP Nr. 10 zu § 113 BetrVG 1972; 21.10.03, NZA 04, 936 (939); 28.8.07, NZA 08, 188 (189); 29.1.08, NZA-RR 08, 469 (472); GK-*Wiese,* Rn. 5, 84; HWK-*Clemenz,* Rn. 28; *Trümner,* FS Arbeitsgerichtsbarkeit Rheinland-Pfalz, S. 395 (402 ff.); vgl. auch *Joussen,* RdA 05, 31 ff.;.

189 *BAG* 28.8.07, a. a. O.; *LAG Schleswig-Holstein* 4.3.08, NZA-RR 08, 414 (415); *Adam,* AuR 08, 169 (172 f.); *Fitting,* Rn. 578; GK-*Wiese,* Rn. 5.

der zu weitgehenden Auffassung des *BAG*[190] sollen allerdings **BV** oder der **Spruch der ESt.** dem AG eine Freiheit (z. B. bei zukünftigen Überstunden in Eilfällen) einräumen können, die einem mitbestimmungsfreien Zustand nahe kommt. Später hat das *BAG* diese Auffassung allerdings richtigerweise wieder modifiziert, wenn es feststellt, das **Mitbestimmungsrecht** könne durch eine BV **nicht aufgehoben** oder **eingeschränkt** werden.[191] Eine Übertragung von Befugnissen auf den AG oder eine paritätische Kommission dürfe das Mitbestimmungsrecht nicht in seiner **Substanz** beeinträchtigen.[192] Auch der Verweis in einer BV auf den jeweils geltenden TV (dynamische Blankettverweisung) sei i. d. R. ein unzulässiger Verzicht auf Mitbestimmungsrechte und daher unwirksam.[193] Insbes. bei **Dauerregelungen** taucht die Frage auf, inwieweit durch BV oder Spruch der ESt. dem AG einseitige Gestaltungsbefugnisse übertragen werden können.[194] Vor allem für Eil- und Notfälle, aber auch aus Gründen der Arbeitserleichterung können die Betriebsparteien hieran ein Interesse haben (vgl. z. B. Rn. 29 f., 127). Dabei darf allerdings das Mitbestimmungsrecht **nicht in seiner Substanz beeinträchtigt** werden. Der BR muss seine Befugnisse eigenverantwortlich wahrnehmen. Auch ein **Teilverzicht auf pflichtgebundene Rechte,** d. h. Rechte, die dem BR nicht um seiner selbst zugewiesen sind, kommt nicht in Betracht.[195] Deshalb ist z. B. in einer Dauerregelung für Überstunden oder Kurzarbeit abschließend zu klären, in welchen Fällen eine Verlängerung/Verkürzung der betriebsüblichen Arbeitszeit in Betracht kommt, bis zu welcher Höchstgrenze in welchem Zeitraum die Arbeitszeit verändert werden kann, welche Bereiche des Betriebs betroffen sein und in welcher Reihenfolge bis zu welcher Höchstgrenze die AN in Anspruch genommen werden können. Schließlich müssen auch Ankündigungsfristen (die allerdings in Not- und Eilfällen auf null reduziert werden können) und prozedurale Regelungen festgelegt sein, die dem BR eine Kontrolle anhand der erforderlichen Informationen ermöglichen und ggf. auch ein Vorgehen gegen betriebsvereinbarungswidrige Einzelmaßnahmen des AG,[196] da die Schutzfunktion des Mitbestimmungsrechts sowohl bei der Festlegung allgemeiner Voraussetzungen wie auch bei deren Vollzug eingreift. Der Zeitpunkt der Überstunden/Kurzarbeit, die genaue Dauer innerhalb der Höchstgrenzen und die konkrete Anordnung der Arbeitszeitverkürzung, also der **Vollzug** der zuvor abschließend getroffenen Regelung, können demgegenüber zulässigerweise dem AG allein übertragen werden.[197]

50 Sinngemäß müssen diese Grundsätze auch gelten, wenn bei **Gruppenarbeit** (vgl. hierzu Rn. 374 ff.; zur Übertragung von Aufgaben auf Arbeitsgruppen s. § 28 a) Fragen, die der **Mitbestimmung** unterliegen (wie z. B. Pausen, Qualifikations- und Urlaubsplanung), von der Gruppe **selbstständig entschieden** werden sollen. Zwar überträgt eine entsprechende Regelung (BV/TV) die Rechte nicht auf den AG, sondern auf AN. Trotzdem gilt auch hier der Grundsatz, dass das Mitbestimmungsrecht in seiner Substanz nicht beeinträchtigt werden darf und der BR seine Befugnisse **eigenverantwortlich** wahrnehmen muss.[198] Auch hier muss der BR sein Mitbestimmungsrecht so ausüben, dass lediglich der **Vollzug** der von ihm abgeschlossenen Vereinbarung aussteht und den AN der Gruppe überlassen bleibt. Unbedenklich

---

190 12.1.88, AP Nr. 8 zu § 81 ArbGG 1979 m. w. N.

191 Vgl. *LAG Niedersachsen* 20.2.12, juris und auch *HessLAG* 3.11.11, juris, das zu Recht annimmt, dass eine BV, die vorsieht, dass die Rechte nach § 99 bei der Einstellung von Leiharbeitnehmern erst dann eingreifen, wenn mehr als 30 % Leiharbeitnehmer gegenüber der Stammbelegschaft beschäftigt werden, das Mitbestimmungsrecht nicht entsprechend einschränken kann.

192 *BAG* 26.7.88, AP Nr. 6 zu § 87 BetrVG 1972 Provision; vgl. auch *BAG* 8.8.89, DB 90, 1191 (1192); 8.6.04, NZA 05, 227 (231 f.).

193 *BAG* 23.6.92, DB 93, 441 ff.

194 Vgl. *BAG* 2.3.82, 18.4.89, AP Nrn. 6, 34 zu § 87 BetrVG 1972 Arbeitszeit; 17.11.98, NZA 99, 662 (664); 3.6.03, a. a. O. sowie die weiteren Nachweise bei *Säcker/Oetker*, RdA 92, 16 (20 f.) und *Henssler*, FS Hanau, S. 413 (432 ff.).

195 *Weyand*, AuR 93, 1 (9 m. w. N.).

196 Vgl. auch *BAG* 3.6.03, a. a. O.; 1.7.03, EZA § 87 BetrVG 2001 Arbeitszeit Nr. 2 und *Säcker/Oetker*, RdA 92, 16 (24, 26).

197 *BAG* 3.6.03, a. a. O.; 1.7.03 a. a. O.; vgl. auch *Säcker/Oetker*, RdA 92, 16 (20 ff.) und ihnen folgend *LAG Berlin* 29.10.98 – 10 Sa 95/98, die allerdings den Rahmen weiter spannen; ebenfalls zu weitgehend *Henssler*, FS Hanau, S. 413 (435 ff.); zu Nr. 10 vgl. auch *BAG (GS)* 3.12.91, DB 92, 1579 (1586).

198 Vgl. auch *Trümner*, FS Arbeitsgerichtsbarkeit Rheinland-Pfalz, S. 395 (402).

ist jedenfalls eine solche Vereinbarung, wenn der BR auch über diesen Vollzug vorab zu informieren ist und er erst im Konfliktfall sein Mitbestimmungsrecht ausübt.[199] Die so vorgenommene Abgrenzung zwischen zulässiger Ausübung der Mitbestimmungsrechte und unzulässigem Verzicht gilt für Betriebe bis zu 100 AN. Nur für größere Betriebe wird in § 28 a durch die entsprechende Delegationsmöglichkeit eine Sonderregelung getroffen (vgl. dort insbes. Rn. 21 ff.).

10. Mitbestimmung und außertarifliche Angestellte

Das Mitbestimmungsrecht des BR erstreckt sich auf **alle AN,** die unter den Geltungsbereich des BetrVG fallen (§§ 5 Abs. 1, 7; vgl. auch Rn. 8 ff.). Dazu gehören auch die außertariflichen (AT-)Angestellten.[200] Eine Einschränkung der Mitbestimmungsrechte hinsichtlich dieser AN findet im Gesetz keine Stütze.[201] Nur die **leitenden Angestellten** (§ 5 Abs. 3) werden nicht erfasst.[202] 51

III. Die mitbestimmungspflichtigen Angelegenheiten

1. Fragen der Ordnung des Betriebs und des Verhaltens der Arbeitnehmer im Betrieb (Nr. 1)

a) Vorbemerkungen

Mit der Vorschrift hat der Gesetzgeber § 56 Abs. 1 Buchstabe f wörtlich aus dem BetrVG 1952 übernommen. Wegen ihrer von ihm so eingeschätzten **grundlegenden Bedeutung** wurde die Norm an die Spitze des Katalogs des § 87 gestellt.[203] 52

b) Voraussetzungen des Mitbestimmungsrechts

Die ständige Rspr. des BAG[204] lässt sich wie folgt zusammenfassen: Das Mitbestimmungsrecht betreffe einerseits die **Gestaltung der Ordnung des Betriebs** durch die Schaffung allgemeingültiger, **verbindlicher Verhaltensregeln** und andererseits alle (auch nicht verbindliche) **Maßnahmen,** durch die das Verhalten der AN in Bezug auf die betriebliche Ordnung **beeinflusst** werden solle, die darauf gerichtet seien, die vorgegebene Ordnung des Betriebs zu gewährleisten oder aufrechtzuerhalten. Mit der Ordnung des Betriebs sei die Sicherung eines **ungestörten Arbeitsablaufs** und des **reibungslosen Zusammenlebens/Zusammenwirkens** der AN im Betrieb gemeint. Sieht man einmal davon ab, dass das *BAG* bei der zweiten Alternative (Verhalten der AN im Betrieb) auch Maßnahmen subsumiert, die nichtverbindliche Anordnungen des AG enthalten,[205] verschmelzen die Alternativen praktisch zu einem Tatbestand.[206] Dieser liegt vor, wenn, so das *BAG* weiter, Maßnahmen des AG auf das **Ordnungsverhalten der AN** zielen. Maßnahmen, die das **Arbeitsverhalten** betreffen, sollen dem Mitbestimmungsrecht demgegenüber nicht unterliegen.[207] 53

---

199 Vgl. *Kreßel*, RdA 94, 23 (30) und auch *Herlitzius*, S. 66.

200 Zum Begriff des AT-Angestellten ausführlich *von Friesen*, DB-Beilage Nr. 1/80.

201 Vgl. *BAG* 11.2.92, DB 92, 1730 ff.;24.1.06, NZA 06, 1050 (1051); *Fitting*, Rn. 45; Blanke-*Wohlgemuth*, Rn. 774 f.; *Müller*, AiB 09, 292 ff. und *Breisig*, AT-Angestellte (zu Regelungsinhalten von BV).

202 *BAG* 10.6.86, AP Nr. 18 zu § 87 BetrVG 1972 Arbeitszeit.

203 BT-Drucks. VI/1786, S. 48.

204 Vgl. z. B. 24.3.81, AP Nr. 2 zu § 87 BetrVG 1972 Arbeitssicherheit; 8.8.89, DB 90, 893 f.; 13.5.97, NZA 97, 1062 (1063); 22.7.08, NZA 08, 1248 (1254); 10.3.09, NZA 10, 180 (182).

205 Vgl. z. B. 11.6.02, NZA 02, 1299 m. w. N.; 22.7.08, NZA 08, 1248 (1254); 21.7.09, DB 09, 1993 (1995); 7.2.12, juris= NZA 12, 685 (686); so auch GK-*Wiese*, Rn. 178; HWGNRH-*Worzalla*, Rn. 124 f.; Richardi-*Richardi*, Rn. 177; a. A. *SWS*, Rn. 44.

206 So auch GK-*Wiese*, Rn. 171; HWGNRH-*Worzalla*, Rn. 123; KassArbR-*Etzel*, 9.1, Rn. 499.

207 Vgl. auch ErfK-*Kania*, Rn. 18; HWGNRH-*Worzalla*, Rn. 131 f.; *v. Hoyningen-Huene*, S. 270; teilweise wird danach abgegrenzt, ob die Maßnahme ausschließlich und unmittelbar die Arbeitsleistung betrifft oder ihr nur mittelbar dient: GK-*Wiese*, Rn. 199; *GL*, Rn. 61.; *BroseGreiner/Preis*, NZA 11, 369 (372) schließen Maßnahmen/Regelungen von der Mitbestimmung aus, die den Inhalt der Arbeitsleistung

54 Nach dieser Rspr. ist es **nicht mitbestimmungspflichtig**, wenn der AG in Ausübung seiner Organisations- und Leitungsmacht bestimmt, welche Arbeiten in welcher Art und Weise zu verrichten sind. Mitbestimmungsfrei sind Maßnahmen, mit denen lediglich die **Arbeitspflicht unmittelbar konkretisiert** wird.[208] Alle anderen Anordnungen unterliegen der **Mitbestimmung**. In die gleiche Richtung weisen Beschlüsse des *BAG*,[209] die vom Mitbestimmungstatbestand nur noch das »**reine**« **Arbeitsverhalten** ausnehmen. Dieses betreffe alle Regelungen und Weisungen, die bei der **unmittelbaren** Erbringung der Arbeitsleistung selbst zu beachten sind. Wirkt sich eine Maßnahme sowohl auf das Ordnungs- als auch das Arbeitsverhalten aus, soll es nach Auffassung des *BAG*[210] allerdings darauf ankommen, welcher Regelungszweck überwiegt (vgl. hierzu aber Rn. 55 a. E.).

55 Auch wenn man in den Beschlüssen, wie z. B. v. 8.11.94,[211] eine richtige Klarstellung und Weiterentwicklung der Rspr. sehen kann,[212] verengt das *BAG* den Mitbestimmungstatbestand selbst im Vergleich zu seiner früheren Rspr. zu § 56 Abs. 1 Buchstabe f BetrVG 1952 noch immer. Zum damaligen Tatbestand hatte das Gericht die Mitbestimmung des BR nur für den Fall ausgeschlossen, dass es sich um eine sog. **arbeitsnotwendige Maßnahme** handelte, die nur dann vorliegen sollte, wenn ohne Beachtung der entsprechenden Anordnung des AG der einzelne AN seine Arbeitspflicht nicht ordnungsgemäß erbringen konnte.[213] Die jetzige Rspr. des *BAG* ist auch keineswegs in sich widerspruchsfrei und überzeugend.[214] So ist es z. B. kaum verständlich, wieso ein Sicherheitswettbewerb[215] oder die Anordnung einer Meldepflicht bei Verspätung[216] das »**Ordnungsverhalten**« betreffen sollen, während demgegenüber arbeitsbegleitende Papiere, die mehr Transparenz in Arbeitsabläufe bringen und dem »reibungslosen Zusammenwirken« der AN dienen,[217] dem »**Arbeitsverhalten**« zugerechnet werden. Letztlich ist jedenfalls in der Langzeitbetrachtung eine klare Linie in der Rspr. des *BAG* nicht erkennbar, obgleich die durchgehende Verwendung der Abgrenzungskriterien »Ordnungs-« und »Arbeitsverhalten« dies suggeriert. Wenn man dem *BAG* mit seiner jüngeren Rspr. folgte, bliebe also festzuhalten, dass dann eine Reihe der **früheren Entscheidungen korrekturbedürftig** sind, wie z. B. die zu arbeitsbegleitenden Papieren, Überstundennachweisen oder der Dienstreiseordnung. Darüber hinaus ist das Mitbestimmungsrecht auch bei Maßnahmen, die Arbeits- **und** Ordnungsverhalten betreffen, zu bejahen, ohne dass es, wie das *BAG*[218] in einer ersten Entscheidung 2002 und dann wieder später annimmt, auf den überwiegenden Regelungszweck ankommt. In diesem Fall wird eben nicht **allein** die Arbeitspflicht konkretisiert.[219] Hierfür lassen sich im Übrigen auch spätere Entscheidungen des Gerichts anführen, wenn dort u. a. formuliert wird, dass Anordnungen mitbestimmungsfrei sind, die **lediglich** die Arbeitspflicht konkretisieren.[220] Das BAG sollte in diesem Sinne seine Rspr. bereits an dieser Stelle klarstellen und harmonisieren.

---

betreffen, der sich aus der arbeitsvertraglich geschuldeten Leistung (Arbeitsvertrag/Tätigkeitsbeschreibung) und dem entsprechenden Direktionsrecht ergibt.

208 Vgl. z. B. *BAG* 27.1.04, NZA 04, 556 (557) m. w. N.; 10.3.09, NZA 10, 180 (182); 17.3.15, NZA 15, 885 (887); anders aber *BAG* 1.12.92, DB 93, 990, wonach die Festlegung des AG mitbestimmungspflichtig ist, welche Arbeiten in welcher Weise zu verrichten sind.

209 8.11.94, BB 95, 1188; 23.7.96, DB 97, 380; 13.5.97, a. a. O.

210 11.6.02, NZA 02, 1299 f.; 13.2.07, NZA 07, 640 (641); zustimmend HWGNRH-*Worzalla*, Rn. 134.

211 BB 95, 1188.

212 Vgl. auch *Fitting*, Rn. 66; HaKo-BetrVG/*Kohte*, Rn. 31.

213 *BAG* 27.5.60, 15.12.61, AP Nrn. 1, 3 zu § 56 BetrVG Ordnung des Betriebes; hieran erinnert auch die Lösung einiger Fallalternativen bei *Brose/Greiner/Preis*, NZA 11, 369 (373 f.).

214 Vgl. *WW*, Rn. 19; *Däubler*, Das Arbeitsrecht 1, Rn. 957 f.; *Rosendahl*, BetrR 93, 1 (5); *Heese*, Anm. zu *BAG* 11.6.02, AuR 03, 234.

215 *BAG* 24.3.81, AP Nr. 2 zu § 87 BetrVG 1972 Arbeitssicherheit.

216 *BAG* 18.7.78, AuR 78, 278 f.

217 *BAG* 24.11.81, AP Nr. 3 zu § 87 BetrVG 1972 Ordnung des Betriebes; vgl. auch v. 13.5.97, NZA 97, 1062 (1064).

218 11.6.02, NZA 02, 1299 f.; 17.1.12, brwo = NZA 12, 687 (689); 17.3.15, NZA 15, 885 (887); ebenso *Linck/Koch*, FS Bepler, S. 357 (360).

219 Vgl. auch *Fitting*, Rn. 66; Richardi-*Richardi*, Rn. 180.

220 *BAG* 10.3.09, NZA 10, 180 (182).

Gegen die Rspr. des *BAG* lässt sich ansonsten bei grundsätzlicher Betrachtung bereits der **Wortlaut** anführen: Das »Verhalten der AN im Betrieb« steht selbstständig neben »Fragen der Ordnung des Betriebs«.[221] Gerade diese Gegenüberstellung spricht gegen eine Gleichsetzung bzw. Beziehung des Verhaltens lediglich auf die Ordnung des Betriebes. Zudem legt der Begriff »Verhalten« ebenso wenig wie »im Betrieb« eine Beschränkung auf die betriebliche Organisation und Ordnung nahe. Verhalten kann genauso gut als »Verhalten bei der Arbeit« im Gegensatz zu privatem Verhalten interpretiert werden.[222] Gegen die einengende Interpretation des *BAG* spricht im Übrigen auch, dass § 87 unter **»soziale Angelegenheiten«** steht. Dies sind Arbeitsbedingungen im weitesten Sinne.[223] Insofern ist es gleichgültig, ob die Arbeitsbedingungen in erster Linie den Inhalt des Arbeitsverhältnisses oder aber die Ordnung des Betriebs betreffen. Hiergegen hat das *BAG*[224] zunächst vor allem **historisch** argumentiert und angeführt, dass der Tatbestand gegenüber dem BetrVG 1952 unverändert geblieben und die frühere Rspr. zur »arbeitsnotwendigen Maßnahme« dem Gesetzgeber bekannt gewesen sei. Diese Begründung überzeugt jedoch nicht. Die Interpretation einer Gesetzesvorschrift kann nicht Jahrzehnte, wenn nicht ein Jahrhundert[225] zurückliegende Motive zum entscheidenden Kriterium machen; sie hat vielmehr auch aus der Gegenwart heraus zu erfolgen.[226] Mit der Schaffung des BetrVG 1972 war eine erhebliche Veränderung beabsichtigt. Die jetzige **Nr. 1** sollte dabei in ihrer **grundlegenden Bedeutung** besonders gewürdigt werden, indem sie an die Spitze des zentralen Mitbestimmungskatalogs des § 87 gestellt wurde (vgl. Rn. 52). Hiermit ist die stark einengende Ausdeutung durch das *BAG* nicht vereinbar.[227] 56

Auch **systematische Gründe** und der **Zweck des Mitbestimmungsrechts**[228] lassen sich hierfür nicht anführen. § 87 soll u. a. das Direktionsrecht des AG beschränken und den AN im Hinblick auf die gestörte Vertragsparität schützen.[229] Wo sonst der AG jedenfalls faktisch allein entscheidet, sollen durch die Mitbestimmung die AN-Interessen besser gewahrt werden. *Pfarr*[230] hat zu Recht darauf hingewiesen, dass es bei dieser Zielrichtung wenig plausibel ist, das Mitbestimmungsrecht nicht im Verhältnis zum AG, sondern erst dann eingreifen zu lassen, wenn Maßnahmen die AN untereinander betreffen.[231] Berücksichtigt man weiter, dass sich der **Schutz des Persönlichkeitsrechts der AN** wie ein roter Faden durch die gesamte Betriebsverfassung zieht,[232] so wird gerade die vom *BAG* vorgenommene Ausgrenzung von Kontrollmaßnahmen, die nicht technischer Art sind, fragwürdig. Das Gericht hat hiergegen argumentiert,[233] die Nr. 6 der Vorschrift werde überflüssig, wenn jede Kontrolle bereits durch Nr. 1 erfasst werde. Auch weitere Tatbestände, die das AN-Verhalten beträfen, seien dann ohne Berechtigung. Hiergegen lässt sich allerdings anführen, dass in der Tat Nr. 1 das Merkmal der Überwachung im Gegensatz zu Nr. 6 nicht im Tatbestand hat, dieser insofern also weiter gehend ist. **Nr. 6** lässt sich somit als **Spezialvorschrift zu Nr. 1** verstehen, die bei technischer Überwachung jeden Einzelfall erfasst, ohne dass eine Reglementierung des Verhaltens erfor- 57

221 A. A. GK-*Wiese*, Rn. 171.

222 So vor allem *Pfarr*, Anm. zu AP Nr. 2 zu § 87 BetrVG 1972 Ordnung des Betriebes; vgl. auch *Wolter*, S. 110; HWGNRH-*Worzalla*, Rn. 122 weisen darauf hin, dass der Tatbestand auf den ersten Blick sehr weit formuliert sei; vgl. vor allem auch *BAG* 11.6.02, NZA 02, 1299: »Seinem Wortlaut nach ... jedes Verhalten der Arbeitnehmer im Betrieb ...«; 10.3.09, NZA 10, 180 (182); 7.2.12, juris = NZA 12, 685 (686); *Linck/Koch*, FS Bepler, S. 357 (359) und auch WPK-*Bender*, Rn. 34.

223 Vgl. *Pfarr*, a. a. O.

224 23.10.84, AP Nr. 8 zu § 87 BetrVG 1972 Ordnung des Betriebes.

225 Vgl. *Weiss*, Anm. zu EzA § 87 BetrVG 1972 Betriebliche Ordnung Nr. 7.

226 Vgl. auch *BAG* 14.9.84, AP Nr. 9 zu § 87 BetrVG 1972 Überwachung; *Raab*, NZA 93, 193 (199).

227 Vgl. auch *Däubler*, Das Arbeitsrecht 1, Rn. 959.

228 Vgl. z. B. *BAG* 11.6.02, NZA 02, 1299, das eine teleologische Reduktion vornimmt, und auch 10.3.09, NZA 10, 180 (182).

229 Vgl. z. B. *BAG* 24.2.87, AP Nr. 21 zu § 77 BetrVG 1972.

230 A. a. O.

231 A. A. *Raab*, NZA 93, 193 (200).

232 Vgl. *Däubler*, Das Arbeitsrecht 1, Rn. 959; *Weiss*, Anm. zu EzA;§ 87 BetrVG 1972 Betriebliche Ordnung Nr. 7; *WW*, Rn. 19; *Heese*, Anm. zu *BAG* 11.6.02, AuR 03, 234.

233 23.10.84, AP Nr. 8 zu § 87 BetrVG 1972 Ordnung des Betriebes; vgl. vor allem auch *Raab*, NZA 93, 193 (199 f.).

derlich wäre.[234] Schließlich betreffen auch eine Reihe von Tatbeständen des § 87 weder das Arbeits- noch das Ordnungsverhalten der AN, wie z. B. Nr. 4, 8 oder 9.[235]

58 Zusammenfassend lässt sich also feststellen, dass **alle Anordnungen** des AG hinsichtlich der Arbeitsleistung **mitbestimmungspflichtig** sind, wenn mittelbar oder direkt eine **Reglementierung des AN-Verhaltens** bzw. **ein einheitliches Verhalten der AN** erreicht werden soll.[236] Hierunter fällt auch jede abstrakt-generelle Regelung, die die Kontrolle der AN beinhaltet und damit auf ihr Verhalten einwirkt.[237]

59 Das Mitbestimmungsrecht des BR besteht unabhängig von der Frage, wie viele AN betroffen sind.[238] Ebenso ist es ohne Einfluss, wie der AG seine Maßnahme trifft, ob er z. B. eine **förmliche Betriebsordnung** anstrebt, eine **einheitliche Anweisung** erteilt oder einen **Zusatz zum Arbeitsvertrag** wünscht.[239] Eine Einschränkung des Mitbestimmungsrechts folgt auch nicht daraus, dass der AG Maßnahmen zum Schutz seines Eigentums trifft.[240] **Nicht der Mitbestimmung** unterliegen die auf die arbeitsvertragliche Tätigkeit des AN bezogenen **Einzelanweisungen** des AG, durch die der AN z. B. aufgefordert wird, seine sich aus dem Arbeitsvertrag ergebenden individualrechtlichen Pflichten zu erfüllen.[241] Auch das **außerbetriebliche Verhalten** der AN, ihre **private Lebensführung,** wird vom Mitbestimmungsrecht nicht erfasst. Dabei ist der Begriff des Betriebs funktional, nicht räumlich i. S. d. Betriebsstätte, zu verstehen. Das betriebliche Verhalten ist also auch dann betroffen, wenn AN, wie z. B. Außendienstmitarbeiter oder Kraftfahrer, ihre arbeitsvertragliche Tätigkeit außerhalb »ihres« Betriebs verrichten.[242] Will der AG Anordnungen treffen, die z. B. wegen **Verletzung des Persönlichkeitsrechts** der AN unzulässig sind, so sind diese zu Recht nach Auffassung des *BAG*[243] nicht mitbestimmungsfrei. Die Unzulässigkeit einer konkret vom AG geplanten Regelung schließt die Mitbestimmung des BR am Regelungsgegenstand nicht aus, auch, um ggf. den **tatsächlichen Eingriff** zu verhindern.

c) Inhalt des Mitbestimmungsrechts

60 Der BR hat ein **Initiativrecht**, mit dem er unabhängig von den Vorstellungen des AG Regelungen anstreben kann.[244] Diese können sich z. B. auch auf Maßnahmen der **Suchtprävention** und eine adäquate Behandlung Suchtkranker im Betrieb beziehen.[245] Besteht eine gesetzliche Regelung, kann das Mitbestimmungsrecht bei der Ausgestaltung/Durchführung der Maßnahme des AG in Betracht kommen.

61 AG und BR haben bei Vereinbarungen das **Persönlichkeitsrecht der AN** zu beachten.[246] Deshalb können z. B. den AN lediglich dann Vorschriften für ihr Äußeres gemacht werden, wenn spezifische betriebliche Belange dies zwingend erfordern.[247]

---

234 Vgl. *Pfarr*, Anm. zu AP Nr. 2 zu § 87 BetrVG 1972 Betriebliche Ordnung; *Weiss*, a. a. O.; *Wohlgemuth*, AuR 82, 40; *Kreuder*, BetrR 93, 75 (76); *Fitting*, Rn. 69; vgl. auch *Heese*, Anm. zu *BAG* 11.6.02, AuR 03, 234; a. A. *Raab*, NZA 93, 193 (199).

235 Vgl. auch *Wolter*, S. 103.

236 Vgl. *Pfarr*,. a. a. O.

237 *Pfarr*, a. a. O.; *Weiss*, Anm. zu EzA § 87 BetrVG 1972 Betriebliche Ordnung Nr. 7.

238 Vgl. z. B. *Däubler*, Arbeitsrecht 1, Rn. 962.

239 Vgl. auch *Fitting*, Rn. 68.

240 *GL*, Rn. 59 a; Richardi-*Richardi*, Rn. 202; a. A. GK-*Wiese*, Rn. 185 f.; HWGNRH-*Worzalla*, Rn. 130.

241 Vgl. *Fitting*, Rn. 67; GK-*Wiese*, Rn. 198; *Däubler*, Das Arbeitsrecht 1, Rn. 959 a.

242 *BAG* 27.1.04, NZA 04, 556 (557 f.)); 22.7.08, NZA 08, 1248 (1254); GK-*Wiese*, Rn. 170; *Klebe/Wroblewski*, GS Zachert, S. 314 (323).

243 22.7.08, NZA 08, 1248 (1255); so auch *Brose/Greiner/Preis*, NZA 11, 369 (371); a. A. ErfK-*Kania*, Rn. 21 a; *Kort*, FS Buchner, S. 477 (480, 486).

244 *BAG* 18.7.78 – 1 ABR 80/75; 21.7.09, DB 09, 1993 (1995); GK-*Wiese*, Rn. 233; Richardi-*Richardi*, Rn. 201; vgl. auch Rn. 18 ff.

245 Vgl. *RRWZ* mit BV-Entwurf (S. 227 ff.); *Hoch/Ohm*, AiB 98, 436 ff.; Handlungsempfehlungen und Regelungsvorschläge bei *Braun/Eggerdinger*.

246 Vgl. z. B. *BAG* 11.7.00, BB 01, 471 (472); *Fitting*, Rn. 63; HaKo-BetrVG/*Kohte*, Rn. 38; HWGNRH-*Worzalla*, Rn. 146.

247 Vgl. z. B. *Fitting*, Rn. 63; *WW*, Rn. 18.

d) Einzelfälle

Unter Berücksichtigung der oben geschilderten Voraussetzungen des Mitbestimmungsrechts ergeben sich folgende Konsequenzen: 62

Das Mitbestimmungsrecht besteht

- bei Regelungen zur **Abfallvermeidung**,[248]
- bei der Festlegung und Überwachung von **Alkohol**- (vgl. hierzu DKKWF-*Klebe/Heilmann*, § 87 Rn. 6: Mustervereinbarung Alkohol- und Drogenverbot)[249] und auch von **Rauchverboten** (Rn. 253 sowie § 75 Rn. 130 ff.)[250], einschließlich von Regelungen zu **elektrischen Zigaretten**, da § 5 ArbStättV keine abschließende Regelung enthält,[251]
- bei **Anwesenheitskontrollen** und An- und Abmeldeverfahren,[252]
- bei der Durchführung eines **Wissensmanagements** (vgl. auch Rn. 202 und § 94 Rn. 10),[253] wie z. B. dem Aufbau einer sog. **Debriefing-Datenbank**, die auf Anordnung des AG durch von den AN formularmäßig erfasste Erfahrungen und Ereignisse (»Lessons Learned«) gespeist wird,
- entgegen der BAG-Rspr. beim Einsatz sog. **arbeitsbegleitender Papiere** (»Tätigkeitsberichte«, »Tagesnotizen«, »Arbeitsberichte«, handschriftliche Erfassung von Bewegungsdaten/Aufenthaltsorten o. Ä.; vgl. auch Rn. 197 a. E., 202), sofern dieser überhaupt im Hinblick auf das Persönlichkeitsrecht zulässig ist,[254]
- bei Fragen der **Arbeitskleidung** (optische Gestaltung, Farben, Umkleidemöglichkeiten o. Ä.)[255] genauso wie bei der Anordnung, Kunden immer mit den gleichen **Sprachwendungen**, z. B. im Einzelhandel an der Kasse, anzusprechen. In beiden Fällen geht es um ein einheitliches Erscheinungsbild des UN nach außen und nicht um das reine Arbeitsverhalten der Beschäftigten, nicht um die unmittelbare Erbringung der Arbeitsleistung, die auch

---

248 *Fitting*, Rn. 71.

249 *BAG* 23.9.86, AP Nr. 20 zu § 75 BPersVG; 10.11.87, DB 88, 611; 13.2.90 – 1 ABR 11/89 = AiB 91, 272 f. mit Anm. *Hinrichs*; *LAG Schleswig Holstein* 20.11.07, NZA-RR 08, 184 (185); *Fitting*, Rn. 71; GK-*Wiese*, Rn. 216.

250 *BAG* 19.1.99, DB 99, 958 ff. (auch zum Umfang der Regelungskompetenz der Betriebsparteien; hierzu auch *Künzl*, BB 99, 2187 ff.); GK-*Wiese*, Rn. 214 f.; Richardi-*Richardi*, Rn. 190; zum individualrechtlichen Nichtraucherschutz am Arbeitsplatz: *BAG* 19.5.09, NZA 09, 775 ff.; *Däubler*, Das Arbeitsrecht 2, Rn. 376 ff. m. w. N.; *Schulze/Sticher*, AiB 12, 381 ff.

251 A. A. *Uhl/Polloczek*, BB 08, 1114 (1115).

252 *BAG* 18.7.78, AuR 78, 278 f.; *LAG Nürnberg* 26.1.90 – 6 TaBV 17/89; *Fitting*, Rn. 71; GK-*Wiese*, Rn. 213; HWGNRH-*Worzalla*, Rn. 136.

253 Hierzu *Gerber/Trojan*, AuA 02, 340 ff.; *Höfers*, AiB 03, 721 ff.; *Brandl*, CF 7 – 8/04, S. 44 ff.; *Däubler*, Das Arbeitsrecht 1, Rn. 960 c; *Hinrichs/Schierbaum*, CF 7 – 8/04 S. 38 ff.

254 Ebenso *ArbG Wiesbaden* 23.11.04 – 8 BV 6/04 (Formular für einen einheitlichen Nachweis der Arbeitsleistung); *LAG Schleswig-Holstein* 18.5.11, brwo (standardisierte Laufzettel zur Erfassung empfangener Arbeitsmittel und Berechtigungen); *Fitting*, Rn. 72; *Pfarr*, Anm. zu AP Nr. 2 zu § 87 BetrVG 1972 Ordnung des Betriebes; Schaub-*Koch*, § 235, Rn. 30; *Weiss*, Anm. zu EzA § 87 BetrVG 1972 Betriebliche Ordnung Nr. 7; *ArbG Frankfurt* 4.7.79, BB 79, 1768; **a. A.** *BAG* 23.1.79, DB 81, 1144; 24.11.81, AP Nr. 3 zu § 87 BetrVG 1972 Ordnung des Betriebes; 4.8.81, AP Nr. 1 zu § 87 BetrVG 1972 Tarifvorrang; *ArbG Ulm* 8.2.07 – 1 BV 7/06 = EzA Schnelldienst Nr. 14/2007, S. 14, Ls.; GK-*Wiese*, Rn. 205; *LK*, Rn. 52.

255 *BAG* 8.8.89, DB 90, 893 f.; 1.12.93, DB 93, 990 f.; 13.2.07, NZA 07, 640 (641 f.: Sofern nicht die Kleidung zur ordnungsgemäßen Erfüllung der Arbeitspflicht erforderlich ist); 17.1.12, brwo = NZA 12, 687 (689); 30.9.14, NZA 15,121 (122) = AP Nr. 46 zu § 87 BetrVG 1972 Ordnung des Betriebes mit Anm. v. *Otto*, auch zum Gleichbehandlungsgrundsatz; *Brose/Greiner/Preis*, NZA 11, 369 (371 ff.), insbes. auch ausführlich zu verfassungsrechtlichen Fragen (374 ff.); *LAG Köln* 18.8.10, NZA-RR 11, 85 (87 ff.[allerdings zu restriktiv] zum Persönlichkeitsrecht der AN; zu Recht kritisch hierzu *Fitting*, Rn. 70; *Brose/Greiner/Preis*, NZA 11, 369 [378 f.]); a. A. *Kaiser*, FS Kreutz, S. 183 (186 ff.), die ein Mitbestimmungsrecht beim »ob«, also der Anordnung/Einführung, der Kleidung ausschließt und es nur eingeschränkt beim »wie«, also ihrer konkreten Gestaltung, zulassen will; dagegen zu Recht *Brose/Greiner/Preis*, NZA 11, 369 (373). Das Mitbestimmungsrecht beinhaltet auch die Festlegung, wer die Kleidung zu beschaffen hat (*BAG* 13.2.07, a. a. O., 642), allerdings keine Kompetenz zur Kostenbeteiligung der AN; *BAG* 19.5.98, BB 98, 2527; 13.2.07, a. a. O., 642; vgl. auch *BAG* 17.2.09, DB 09, 1542 (1543) zu einer entsprechenden arbeitsvertraglichen Vereinbarung, die gegen § 394 BGB verstößt; *Fitting*, Rn. 70; GK-*Wiese*, Rn. 211; *Linsenmaier*, RdA 08, 1 (10); *Fischer*, NZA-RR 15, 169 ff.

ohne einheitliche Kleidung oder Verwendung solcher Sprachformeln erbracht werden könnte,[256]

- bei der Anordnung, **Namensschilder** an der Dienstkleidung zu tragen (vgl. auch DKKWF-*Klebe/Heilmann,* § 87 Rn. 5: Mustervereinbarung Dienstkleidung/Namensschilder),[257]
- bei Regeln über die **Ordnung am Arbeitsplatz**, für die Ausgabe und Verwendung vom AG ausgegebenen **Werkzeugs**[258] und – **entgegen** *BAG*[259]– bei Verwendung von **Laufzetteln**, auf denen der Erhalt von Arbeitsmitteln und Zutrittsberechtigungen einschließlich erforderlicher Belehrungen vermerkt/quittiert wird.[260] Die Mitteilung/Quittierung der Zutrittsberechtigungen und Belehrungen wird man auf der Basis der BAG-Rspr. eher dem Arbeitsverhalten zurechnen können. Die Quittierung der erhaltenen Arbeitsmittel konkretisiert demgegenüber aber nicht unmittelbar die Ausführung der sich erst anschließenden Arbeit, legt nicht fest, welche Arbeit auf welche Art und Weise auszuführen ist. Der AG regelt hiermit vielmehr die Organisation des Betriebes. Er verlangt den Nachweis/die Quittierung einheitlich in einer bestimmten Form von allen AN unabhängig von ihrer konkreten Arbeitspflicht.[261] Mit dieser Regel stellt er sicher, dass der Verbleib der Arbeitsmittel jederzeit für ihn transparent bleibt bis zur Rückgabe beim jeweiligen Beschäftigungsende;
- bei Regeln für die Benutzung von **Wasch-** und **Umkleideräumen,**[262]
- bei Anweisungen, dass sich die Beschäftigten sowohl bei An- als auch bei Abwesenheit von Kunden stehend im Geschäftslokal aufhalten sollen,[263]
- bei der Mitnahme von **Arbeitsunterlagen nach Hause** (vgl. auch Rn. 109),[264]
- bei **Arbeitsordnungen**, wobei diese i. d. R. sowohl mitbestimmungspflichtige als auch mitbestimmungsfreie Tatbestände enthalten (vgl. auch die Mustervereinbarung bei DKKWF-*Klebe/Heilmann,* § 87 Rn. 4).[265]
- Dies gilt auch für **Formulararbeitsverträge**[266] und
- bei sog. **»Compliance-Regeln«** oder **»Ethik-Richtlinien«**,[267] die ebenfalls neben mitbestimmungsfreien Vorschriften mitbestimmungspflichtige Anforderungen an das Geschäftsverhalten und die Integrität der Beschäftigten formulieren, wie z. B. das Verbot, Geschenke anzunehmen (vgl. auch Rn. 68) und zu machen, **Insidergeschäfte** zu tätigen oder eine Mitteilung der AN an den Vorgesetzten verlangen von allen Verstößen gegen die Richtlinie und falls ein Familienangehöriger eine Tätigkeit aufnimmt, die in Konkurrenz zum UN stehen könnte.[268] Das *BAG*[269] hat ebenfalls diese differenzierende Sicht. Danach sind in

256 *Däubler,* AiB 09, 350 (352 f.).
257 *BAG* 11.6.02, NZA 02, 1299 (1300): Jedenfalls, wenn dies für die geschuldete Arbeitsleistung nur untergeordnete Bedeutung hat; *Fitting,* Rn. 71; GK-*Wiese,* Rn. 210; HWGNRH-*Worzalla,* Rn. 139; vgl. auch *SWS,* Rn. 44 b; a. A. *Kaiser,* FS Kreutz, S. 183 (189).
258 *LAG Schleswig-Holstein* 18.5.11, brwo=juris (aufgehoben v. *BAG* 25.9.12, NZA 13, 467 f., allerdings nicht im Hinblick auf diese Aussage); *Fitting,* Rn. 71; Richardi-*Richardi,* Rn. 187; a. A. GK-*Wiese,* Rn. 202; HWGNRH-*Worzalla,* Rn. 140.
259 *BAG* 25.9.12, NZA 13, 467 (468); zustimmend *Fitting,* Rn. 73.
260 So auch die Vorinstanz *LAG Schleswig-Holstein* 18.5.11 – 6 TaBV 11/11-, brwo= juris; *Matthes,* jurisPR-ArbR 41/2011 Anm. 6.
261 So auch *BAG* 25.9.12, NZA 13, 467 (468), das allerdings dann zu Unrecht andere Schlussfolgerungen zieht.
262 *Fitting,* Rn. 71.
263 *ArbG Köln* 13.7.89, AiB 90, 73; *Fitting,* Rn. 71; GK-*Wiese,* Rn. 227; HWGNRH-*Worzalla,* Rn. 139.
264 *ArbG Hamburg* 24.8.76, MitbGespr 77, 66; *Fitting,* Rn. 71; GK-*Wiese,* Rn. 227, a. A. HWGNRH-*Worzalla,* Rn. 141; MünchArbR-*Matthes,* § 243 Rn. 14.
265 Vgl. *Rosendahl,* BetrR 93, 1 ff.
266 Hierzu *Bachner,* NZA 07, 536 ff.
267 Vgl. *Deinert,* AuR 08, 90.
268 Offengelassen von *BAG* 28.5.02, NZA 03, 166 ff.; wie hier *LAG Düsseldorf* 14.11.05, NZA-RR 06, 81 ff.; *Fitting,* Rn. 71; *Däubler,* Das Arbeitsrecht 1, Rn. 960 c; HaKo-BetrVG/*Kohte,* Rn. 32, 35 f.; *Klebe/Wroblewski,* GS Zachert, S. 314 (324 f.); *Schuster/Darsow,* NZA 05, 273 (274); *Bachner/Lerch,* AiB 05, 229 (232); *Kolle/Deinert,* AuR 06, 177 ff.; Pütz/Maschke-*Priebe,* S. 56 ff.;*Junker,* BB 05, 602 (604): Die Mitbestimmung für die beiden letztgenannten Beispiele bejahend; *Wisskirchen/Jordan/Bissels,* DB 05, 2190 ff.; a. A. HWGNRH-*Worzalla,* Rn. 140 (aber andererseits Rn. 139); vgl. auch *Schlachter,* FS Richardi, S. 1067 ff. und *Waitschieß/Wolters,* AiB 08, 644 ff.
269 22.7.08, NZA 08, 1248 ff.

solchen Ethik–Richtlinien Regelungen mitbestimmungsfrei, die lediglich die »**UN-Philosophie**«, allgemeine Programmsätze und Selbstverpflichtungen des UN wiedergeben, Gesetze wiederholen oder konkrete Regeln enthalten, die ausschließlich das Arbeitsverhalten betreffen.[270] Bei Bestimmungen zum allgemeinen Ordnungsverhalten, wie z. B. bei der Verpflichtung der AN, »**ungebührliche Vorgesetztenverhältnisse**« zu vermeiden, d. h., eine direkte/indirekte Über-/Unterordnung bei Personen, mit denen familiäre oder enge persönliche Verbindungen bestehen, oder bei **Regeln gegen sexuelle Belästigung**, wie z. B. bei dem Verbot des »Zeigens oder Verbreitens von Bildern, Karikaturen oder Witzen sexueller Natur«, besteht das Mitbestimmungsrecht;[271] das **AGG** regelt letzteren Sachverhalt nicht abschließend. Hotlines für sog. **Whistleblower**,[272] Telefonleitungen, auf denen Beschäftigte Verstöße von Kollegen gegen Gesetze oder interne Richtlinien **persönlich oder anonym** melden können/sollen/müssen, sind, **sofern überhaupt zulässig**,[273] ebenfalls mitbestimmungspflichtig.[274] Dabei wird teilweise vertreten, dass Meldepflichten, wenn sie sich auf den gesamten Verhaltenskodex beziehen, diesen durch ihre verknüpfende Wirkung insgesamt mitbestimmungspflichtig machen.[275] Die Meldepflichten könnten nicht losgelöst von dem, was gemeldet werden soll, betrachtet werden. Dies ist nicht zwingend. Eine Trennung in Verhaltenspflichten und die Meldepflicht bei Verstößen ist durchaus möglich, es besteht **kein unauflösbarer Gesamtzusammenhang**.[276] Das Mitbestimmungsrecht bei der Meldepflicht begründet kein Mitbestimmungsrecht bei den zu meldenden Tatbeständen. Auch eine **Annexkompetenz** kommt nicht in Betracht, weil die Verhaltenspflichten nicht notwendig und zwingend mit der Meldepflicht zusammenhängen, das Mitbestimmungsrecht bei Meldepflichten nicht notwendigerweise alle Verhaltenspflichten mitregeln muss und ansonsten nicht sinnvoll ausgeübt werden könnte.[277] Bei »Compliance-Richtlinien« ist der **Schutz der Privatsphäre** und der **Persönlichkeitsrechte der Beschäftigten** besonders wichtig. Zudem darf bei entsprechenden Regeln der Grundsatz nicht mißachtet werden, dass die Strafvermeidung, -aufklärung und -verfolgung Aufgabe des Staates ist. Der AG ist kein Hilfsorgan der Polizei oder Staatsanwaltschaft. Diese Grenze darf nicht verwischt werden. Dies gilt auch bei der Einschaltung eines **externen, privaten Ermittlers/Investigators** und der AG-Anweisung an die Beschäftigten, sich dessen Befragung zur Aufklärung von Pflichtverletzungen/strafbaren Handlungen zu unterziehen. Einschaltung und Vorgehensweise unterliegen ebenso wie bei interner Ermittlung durch Mitarbeiterbefragungen der Mitbestimmung.[278] Im Übrigen gilt auch hier, dass die allgemeinen Schutzrechte, wie z. B. das Zeugnisverweigerungsrecht, nicht durch arbeitsvertragliche Regelungen außer Kraft gesetzt werden können und dürfen. Bei den Pflichten sollte in einer Richtlinie auch die **Einhaltung von BV und TV** ausdrücklich genannt werden. Bei elek-

270 *BAG*, a. a. O., 1253; *Fitting*, Rn. 71.

271 *BAG*, a. a. O., 1254 (1256).

272 Zu gesetzlichen Regelungen vgl. *Döse*, AuR 09, 189 ff.; *Forst*, RDV 13, 122 ff. und die Empfehlung des Ministerkomitees des Europarats, AuR 15, 16 ff.; zum Schutz von Whistleblowern durch Art. 10 EMRK (Freiheit der Meinungsäußerung) vgl. *EGMR* 21.7.11, AuR 11, 355 ff.= NJW 11, 1269 ff.; hierzu *D. Ulber*, NZA 11, 962 ff.; *Perreng*, AiB 11, 639 ff.; *Schlachter*, RdA 12, 108 ff.

273 Ausführlich zur sehr begrenzten Zulässigkeit solcher Regelungen *Klebe/Wroblewski*, GS Zachert, S. 314 (318 ff. m. w. N.); HK-ArbR/*Kreuder*, § 611 BGB Rn. 495; *Deinert*, AuR 08, 90 (91) und *Deinert/Brummer*, Anm. zu *BAG* 22.7.08, AiB 08, 669 (672); vgl auch *Kort*, FS Kreutz, S. 247 ff.

274 Vgl. *BAG* 22.7.08, a. a. O., 1253, 1255; *LAG Düsseldorf* 14.11.05, NZA-RR 06, 81 (87 ff.); *Fitting*, Rn. 71; Richardi-*Richardi*, Rn. 196; *Deinert*, AuR 08, 90 (91); *Klebe/Wroblewski*, GS Zachert, S. 314 (324); *Scheicht/Loy*, DB 15, 803 (806); *Lewek* in Anm. zu *HessLAG* 18.1.07, AiB 07, 663 (667); *Lassmann*, AiB 10, 447 ff. auch zu Regelungsfragen.

275 *HessLAG* 18.1.07, AuR 07, 394 (395); Deinert, a. a. O.; Lewek, a. a. O.; vgl. hierzu auch *Mahnhold*, NZA 08, 737 ff.; *Kramer/Gliss/Hermann*, AiB 06, 24 ff.; *Wisskirchen/Körber/Bissels*, BB 06, 1567 ff.

276 Vgl. auch *Fitting*, Rn. 71.

277 Vgl. im Einzelnen *Klebe/Wroblewski*, GS Zachert, S. 314 (324 f.) und zur Annexkompetenz auch Rn. 3.

278 Vgl. hierzu auch *BAGE*, 116, 36 (41 ff.) = AuR 06, 173 (Ls.); § 84 Rn. 14 a; *Wybitul/Böhm*, RdA 11, 362 (364 f.), falls nicht nur Auskünfte über den Stand der eigenen Arbeit und Ereignisse, die damit in direktem Zusammenhang stehen, verlangt werden; a. A. *Grimm/Freh*, KSzW 12, 88 (95), die allerdings ein Mitbestimmungsrecht nach § 94 bejahen.

tronischer Auswertung kommt auch ein Mitbestimmungsrecht nach Nr. 6 in Betracht (Rn. 201 und auch § 94 Rn. 3 ff., 10).

63 Das Mitbestimmungsrecht besteht zudem

- bei der Umstellung des dienstlichen Umgangs der AN untereinander vom AG auf die **Anrede** mit Vornamen und »Du«,[279] sofern man nicht bereits einen Verstoß gegen § 75 Abs. 2 annimmt;[280]
- bei generellen Regelungen (z. B. Erlaubnis- oder Dokumentationspflichten) für **Nebentätigkeiten**, also auch für die Fälle, in denen die Interessen des AG nicht beeinträchtigt sind.[281]
- Bei der bloßen Benennung und Bekanntgabe (§ 12 Abs. 5 AGG) des Ortes und der personellen Besetzung der **Beschwerdestelle nach § 13 AGG** soll der BR kein Mitbestimmungsrecht haben, da es sich um mitbestimmungsfreie organisatorische Entscheidungen[282] bzw. lediglich um einen Gesetzesvollzug handele.[283] Der AG sei eben gesetzlich zur Errichtung der Beschwerdestelle und deren Bekanntmachung verpflichtet. Wenn er diese Pflicht erfülle, sei kein Raum für ein Mitbestimmungsrecht des BR. Dies erscheint nicht richtig, weil der AG Gestaltungsspielraum hat und eine **Auswahlentscheidung** trifft, die die Effektivität des Verfahrens maßgeblich beeinflussen kann.[284] Ihm ist nämlich keineswegs vom Gesetz vorgegeben, ob die Beschwerdestelle im Betrieb oder/und auf UN-Ebene errichtet wird (vgl. § 13 Abs. 1), welche Stelle dies konkret ist (zusätzliche Aufgabe für vorhandene Stelle oder Schaffung einer neuen) und welche Person sie besetzt. Deshalb erscheint z. B. die **Parallele zum ASiG** naheliegend, wo der BR bei der Auswahl unter den drei Gestaltungsformen für die Bestellung von Betriebsärzten und Fachkräften für Arbeitssicherheit mitbestimmt (vgl. Rn. 232). Dies ist ebenfalls eine organisatorische Entscheidung, wie es im Übrigen bei den Mitbestimmungsfällen der Nr. 1 häufiger der Fall ist. Dem *BAG* kann daher insoweit **nicht gefolgt werden.** Ein Mitbestimmungsrecht besteht jedenfalls dann, wenn **Verfahrensregeln,** wie i. d. R. erforderlich,[285] für die Behandlung der Beschwerden aufgestellt werden.[286] Hierfür hat der BR auch ein Initiativrecht.[287] Auch die **personelle Besetzung** der Beschwerdestelle ist mitbestimmungspflichtig.[288]

64 Der Mitbestimmung unterliegen weiterhin:

- die Einführung, Ausgestaltung und Nutzung von **Betriebsausweisen und Passierscheinen,**[289]
- die Einrichtung von **Sperrzonen** aus Sicherheitsgründen,[290]

---

279 Vgl. *LAG Hamm* 29.7.98, NZA-RR 98, 481 (482); HWGNRH-*Worzalla*, Rn. 139.

280 So GK-*Wiese*, Rn. 232.

281 Vgl auch *Kort*, FS Buchner, S. 477 (490).

282 *BAG* 21.7.09, DB 09, 1993 (1994); *Nollert-Borasio/Perreng*, § 13 Rn. 3.

283 Vgl. *LAG Rheinland-Pfalz* 17.4.08, DB 08, 1636 (Ls.) = LAGE § 13 AGG Nr. 2; Däubler/Bertzbach-*Buschmann*, § 13 Rn. 18 a; *Ehrich/Frieters*, DB 07, 1026; *Oetker*, NZA 08, 264 (270, allerdings wegen des verbleibenden Gestaltungsspielraums des AG diese Argumentation ablehnend; die Entscheidungsautonomie des AG bei der Betriebsorganisation soll aber das Mitbestimmungsrecht ausschließen); *Bissels/Lützeler*, BB 08, 666 (670 f.).

284 Vgl. insoweit *BAG* 21.7.09, DB 09, 1993 (1994) und auch *LAG Hamburg* 17.4.07, DB 07, 1417 f.; *HessLAG* 8.5.07, NZA-RR 07, 637 f.; *LAG Saarbrücken* 6.6.07, AiB 07, 660 (661 f.) m. w. N. zur Rspr., alle im Verfahren nach § 100 ArbGG; *Schneider*, AiB 07, 626 ff. mit Vorschlägen für eine BV; *Hjort*, AiB 07, 548 (549 f.) in Anm. zu LAG Hamburg, a. a. O.

285 Vgl. zu Regelungspunkten *Biere*, AiB 10, 84 ff.

286 **H. M.;** *BAG* 21.7.09, a. a. O., 1995; *Fitting*, Rn. 75; GK-*Wiese*, Rn. 227; HaKo-BetrVG/*Kohte*, Rn. 34; *LK*, Rn. 42 und auch die Zitatstellen, die ein Mitbestimmungsrecht bei der bloßen Benennung ablehnen; differenzierend *Oetker*, NZA 08, 264 (269); a. A. *Westhäuser/Sediq*, NZA 08, 78 ff., die insgesamt eine Mitbestimmung ablehnen.

287 *BAG* 21.7.09, a. a. O., 1995; *Fitting*, Rn. 75; GK-*Wiese*, Rn. 227; a. A. *LAG Rheinland-Pfalz* 17.4.08, LAGE § 13 AGG Nr. 2.

288 Str.; vgl. *Ehrich/Frieters*, DB 07, 1026 (1027 m. w. N. auch zur Gegenmeinung) mit dem Entwurf einer BV; *Hjort*, a. a. O.; **a. A.** z. B. GK-*Wiese*, Rn. 227 m. w. N.; *Nollert-Borasio/Perreng*, § 13 Rn. 3.

289 *BAG* 16.12.86, AP Nr. 13 zu § 87 BetrVG 1972 Ordnung des Betriebes; *Fitting*, Rn. 71; GK-*Wiese*, Rn. 213.

290 KassArbR-*Etzel*, 9.1, Rn. 502.

- **entgegen** *BAG* der **Detektiveinsatz** z. B. zur Überprüfung der Einhaltung betrieblicher Verbote,[291]
- die Einführung einer **Fahrtenoptimierung** (z. B. »Map and Guide«; vgl. auch Rn. 203) und, **entgegen** *BAG*, einer **Dienstreiseordnung,**[292] nicht allerdings von **pauschalen Spesensätzen** im Rahmen des Aufwendungsersatzes,[293]
- Regelungen, mit denen das **Eigentum des AN** gesichert werden soll,[294]
- **Führungsrichtlinien**[295] (vgl. auch § 94 Rn. 44),
- die Einrichtung von **Gebetsräumen**[296]
- die Abgabe inhaltlich standardisierter **Verschwiegenheitserklärungen.** Das *BAG* [297] **differenziert** hier: Das Mitbestimmungsrecht soll nur bestehen, wenn sich die **Erklärung auf das Ordnungsverhalten** bezieht und sich die betreffende Schweigepflicht nicht aus Gesetz oder TV ergibt. Dies erscheint zu eng, da nicht nur die bloße Anordnung/Bestätigung der Schweigepflicht, sondern auch die Anordnung, eine entsprechende Erklärung nach vorgegebenem Muster abzugeben, zu bewerten ist. Diese **formularmäßig** eingeholte Verschwiegenheitserklärung selbst betrifft jedoch das Ordnungsverhalten und ist als solche und in bestimmter Form i. d. R. auch nicht in Gesetz und TV vorgeschrieben. Mit der Anordnung erreicht der AG, dass sich die AN entsprechend gleich verhalten, nämlich die Erklärung in der standardisierten Form (nachweisbar) zur Kenntnis nehmen und unterschreiben.[298] Daher unterliegt die Anordnung ebenso der Mitbestimmung[299] wie eine **Unterschriftenaktion,** bei der die AN die Einhaltung einer **Geheimhaltungspflicht** versichern sollen;[300]

Die Mitbestimmung gilt auch **65**

- für das **betriebliche Eingliederungsmanagement** gem. **§ 84 Abs. 2 SGB IX,**[301] das sich nach richtiger Auffassung auf **alle Beschäftigten,** nicht nur auf schwerbehinderte Menschen, erstreckt, die innerhalb eines Jahres länger als 6 Wochen arbeitsunfähig sind,[302] hinsichtlich der erforderlichen **organisatorischen Gestaltung.**[303] Dies gilt für Standards bei der Einleitung des Verfahrens, für die Bestimmung von **Ansprechpartnern**, für **Verfahrensrechte** der Betroffenen oder die Rolle von **Werk- oder Betriebsärzten** (vgl. den Ver-

---

291 Ebenso *Däubler*, Das Arbeitsrecht 1, Rn. 960 b und auch AiB 09, 350 (353 f.) zum Persönlichkeitsschutz des beobachteten AN; **a. A.** allerdings *BAG* 26.3.91, DB 91, 1834 f. (mit dem Hinweis, dass aber ein Verstoß gegen § 75 Abs. 2 in Betracht kommt) und 18.11.99, DB 00, 726 (728) zu »Ehrlichkeitskontrollen« durch Mitarbeiter des AG; dem *BAG* zustimmend ErfK-*Kania*, Rn. 21; GK-*Wiese*, Rn. 194; KassArbR-*Etzel*, 9.1, Rn. 504; offen gelassen von *BAG* 10.11.87, AP Nr. 24 zu § 77 BetrVG 1972.

292 **A. A.** *BAG* 8.12.81, AP Nr. 6 zu § 87 BetrVG 1972 Lohngestaltung; *Fitting*, Rn. 73; GK-*Wiese*, Rn. 206; Richardi-*Richardi*, Rn. 196.

293 *BAG* 27.10.98, NZA 99, 381 (383); vgl. auch Rn. 331.

294 *BAG* 1.7.65, AP Nr. 75 zu § 611 BGB Fürsorgepflicht; HWGNRH-*Worzalla*, Rn. 139.

295 **A. A.** *BAG* 23.10.84, AP Nr. 8 zu § 87 BetrVG 1972 Ordnung des Betriebes, GK-*Wiese*, Rn. 201; HWGNRH-*Worzalla*, Rn. 140; wie hier *Bieding*, AiB 83, 12 (14).

296 Enger GK-*Wiese*, Rn. 227: mitbestimmungspflichtig nur Vorschriften zum Aufsuchen der Räume.

297 10.3.09, NZA 10, 180 (182 f.); ebenso *Fitting*, Rn. 73; GK-*Wiese*, Rn. 227; ErfK-*Kania*, Rn. 21 a.

298 Vgl. auch *BAG* 28.5.02, NZA 03, 166 ff. und 21.1.97, NZA 97, 785 ff.

299 **A. A.** *BAG* 10.3.09, NZA 10, 180 (182 f.); HWGNRH-*Worzalla*, Rn. 140.

300 *LAG Hamm* 17.12.80, DB 81, 1336 ff.; *GL*, Rn. 63; HWGNRH-*Worzalla*, Rn. 139, anders aber in Rn. 133.

301 Vgl. hierzu auch *Oppolzer*, AiB 07, 37 ff.; *Kohte*, WSI-Mitt. 10, 374 ff.; *Nickel*, AiB 09, 423 ff.; zum **Überwachungsrecht des BR** vgl. *BAG* 7.2.12, NZA 12, 744 ff. und hierzu *Kort*, DB 12, 688 f.

302 *BAG* 12.7.07, NZA 08, 173 (175); 24.3.11, DB 11, 1343; 7.2.12, NZA 12, 744; *Gundermann/Oberberg*, AuR 07, 19 m. w. N.; dies., RDV 07, 103 (104); *Kohte*, ZSR-Sonderheft 2005, 7 (16 m. w. N.); *Nassibi*, NZA 12, 720 (721); a. A. *Namendorf/Natzel*, DB 05, 1794 f. m. w. N. zur Gegenmeinung in Fn. 11.

303 *BAG* 13.3.12, NZA 12, 748 (749) = AP Nr. 18 zu § 87 BetrVG 1972 mit zustimmender Anm. v. *Giesen*; *LAG Nürnberg* 16.1.13 – 2 TaBV 6/12; ErfK-*Kania*, Rn. 21 a; HaKo-BetrVG/*Kohte*, Rn. 91 Fn. 367; *Britschgi*, S. 44 ff.; *Gundermann/Oberberg*, AuR 07, 19 (24 f.); dies., RDV 07, 103 (109 f.) mit Regelungsvorschlägen; *Müller*, AuR 09, 29 (30); *Deinert*, NZA 10, 969 (972); *Nassibi*, NZA 12, 720 (722); *Kempter/Steinat*, NZA 15, 840 (845); *BAG* 8.11.94, BB 95, 1188 f. zu formalisierten Krankheits-/Rückkehrgesprächen (auch Rn. 67); ähnlich GK-*Wiese*, Rn. 227; HWGNRH-*Worzalla*, Rn. 139 f. (Mitbestimmungsrecht bei Verfahrensfragen); a. A. *Fitting*, Rn. 73; WPK-*Bender*, Rn. 42 (Mitbestimmungsrecht nur nach Nr. 7).

einbarungsentwurf bei DKKWF-*Klebe/Heilmann*, § 87 Rn. 40 a).[304] Will der AG keine organisatorischen Festlegungen ausdrücklich treffen, werden sich diese de facto aus seiner Praxis ergeben. Zudem kann der BR von seinem **Initiativrecht** Gebrauch machen. Eine abschließende Regelung beinhaltet § 84 Abs. 2 SGB IX schon deshalb nicht, weil es bei der Klärung mit dem BR um die von Maßnahmen, Leistungen und Hilfen im Einzelfall geht,[305] nicht aber um die weiteren oben angeführten organisatorischen Konkretisierungen (vgl. auch Rn. 198 und 259).

66 Nicht der Mitbestimmung unterliegen nach Auffassung des *BAG*
- Anweisungen des AG an Sachbearbeiter, auch ihren **Vornamen** in **Geschäftsbriefen** anzugeben[306]
- **anonym durchgeführte Tests** zur Überprüfung der Beratungsqualität z. B. in einer Bank, wenn es hierbei nur um eine Bestandsaufnahme geht, die **nicht** einzelnen oder Gruppen von AN zugeordnet werden kann.[307] Dem ist zuzustimmen;[308]
- Regelungen, dass der AN die dem AG durch **Entgeltpfändung entstehenen Kosten** zu tragen hat. Diese betreffen das außerbetriebliche Verhalten, die private Lebensführung des AN, und können auch nicht durch freiwillige BV angeordnet werden[309] (vgl auch Rn. 70).

67 Der BR hat Mitbestimmungsrechte
- bei einer Regelung der **Kantinenbenutzung**[310] (vgl auch Rn. 272 f., 281),
- bei **Kundenbefragungen**, die Aufschluss über das AN-Verhalten geben sollen[311] (vgl. auch § 94, Rn. 5),
- bei der **privaten Nutzung firmeneigener Kfz,** sofern diese grundsätzlich vom AG erlaubt ist[312] (vgl. auch Rn. 331 m. w. N), und auch bei der rein dienstlichen, wenn der AG Verhaltensregeln für die Nutzung aufstellt (z. B. zur Mitnahme von Personen),[313]
- bei genereller Versendung von **Abmahnungsschreiben wegen Krankheit**,[314]
- bei der Festlegung von **Krankenkontrollen**[315] und **Regeln für Krankheits-/Rückkehrgespräche und Krankheitsnachforschungen**[316] (vgl. auch § 94 Rn. 9),
- bei der Verwendung von **Formularen zum Arztbesuch**,[317] der formularmäßigen Anforderung ärztlicher Bescheinigungen darüber, ob eine **Fortsetzungserkrankung** vorliegt,[318]

---

304 Vgl. im Einzelnen *Gagel*, NZA 04, 1359 (1360); *Deinert*, NZA 10, 969 (972); *Düwell*, FS Buschmann, S. 29 (32); zu Regelungsinhalten vgl. auch *Romahn*, S. 18 ff. und *Habib*, S. 16 ff., auch mit vielen praktischen Hinweisen.

305 A. A. *Namendorf/Natzel*, DB 05, 1794 (1795).

306 8.6.99, DB 99, 2218; zustimmend ErfK-*Kania*, Rn. 21; *Fitting*, Rn. 73.

307 18.4.00, DB 00, 2227.

308 So auch ErfK-*Kania*, Rn. 21; *Fitting*, Rn. 73.

309 *BAG* 18.7.06, DB 07, 227 (228); *Fitting*, Rn. 70; *Linsenmaier*, RdA 08, 1 (9 f).

310 *BAG* 11.7.00, DB 01, 471; dabei können allerdings AN, die das Essen nicht in Anspruch nehmen, nicht zur Kostentragung verpflichtet werden; zustimmend *Fitting*, Rn. 70.

311 Vgl. *Däubler*, AiB 01, 208 (220, 223: Zur Einführung des Konzepts »**Balanced Scorecard**«); *GL*, Rn. 59 b; **a. A.** GK-*Wiese*, Rn. 227; *BAG* 28.1.92, DB 92, 1634 (1635) prüft diese Vorschrift nicht, hält aber ein Mitbestimmungsrecht nach Nr. 6 für möglich.

312 *ArbG Hamburg* 7.7.94, AiB 94, 760 f. mit Anm. *Grimberg*; *Fitting*, Rn. 71; *Grobys/v. Steinau-Steinrück*, NJW-Spezial 09, 514 f.; *Yakhloufi/Klingenberg*, BB 13, 2102 (2106); einschränkend GK-*Wiese*, Rn. 190, 227: Mitbestimmung bei der Festlegung von Ordnungsvorschriften; ebenso *Moll/Roebers*, DB 10, 2672; vgl. zu vertraglichen Gestaltungsfragen *Keilich*, AuA 09, 264 ff.

313 *Yakhloufi/Klingenberg*, BB 13, 2102 (2103).

314 *ArbG Köln* 1.9.77 – 13 BV 55/77.

315 *Kohte*, AiB 83, 19 (22).

316 Vgl. *BAG* 8.11.94, BB 95, 1188 f. (jedenfalls wegen der Regelung des Verhaltens der AN bei den Gesprächen); *LAG Hamburg* 10.7.91, LAGE § 87 BetrVG 1972 Betriebliche Ordnung Nr. 8; *LAG Hamm* 3.6.97 – 13 TaBV 51/97; *LAG München* 13.2.14, LAGE § 87 Betriebliche Ordnung Nr. 12; *Fitting*, Rn. 71; *Däubler*, Das Arbeitsrecht 1, Rn. 959; *Kreuder*, AiB 95, 654 ff.; vgl. auch *Fischer/Kiesche*, AiB 97, 639 ff. mit einem BV-Entwurf; **a. A.** *LAG Baden-Württemberg* 5.3.91, NZA 92, 184 f.; *LAG Frankfurt* 24.3.92, NZA 93, 237; GK-*Wiese*, Rn. 225; *Raab*, NZA 93, 193 ff.; Richardi-*Richardi*, Rn. 192.

317 *BAG* 21.1.97; NZA 97, 785 ff. = EzA § 87 BetrVG 1972 Betriebliche Ordnung Nr. 22 mit Anm. Kittner; Richardi-*Richardi*, Rn. 193; *Fitting*, Rn. 71; GK-*Wiese*, Rn. 224; a. A. HWGNRH-*Worzalla*, Rn. 140.

318 HessLAG 6.9.01, LAGE § 87 BetrVG 1972 Betriebliche Ordnung Nr. 13.

der Regelung der **Anzeige-** und **Nachweispflicht für Erkrankungen**[319] wie auch der **Verkürzung des Vorlagezeitraums für ärztliche Bescheinigungen** gemäß § 5 Abs. 1 Satz 3 EFZG[320] (vgl. auch Rn. 32) und bei der Anordnung genereller **ärztlicher Eignungsuntersuchungen**[321] (vgl. auch Rn. 236, § 94 Rn. 11, 45; § 95 Rn. 10) bzw. der Untersuchung durch den **Vertrauensarzt,**[322]

- bei Regelungen zur **Pandemievorsorge** und **-bekämpfung** (z. B. Hygienevorschriften, Torkontrollen; vgl. auch Rn. 256 und den Vereinbarungsentwurf bei DKKWF-*Klebe/Heilmann,* § 87 Rn. 40 b),[323]
- bei der **Veröffentlichung** von individuellen krankheitsbedingten **Fehlzeiten** im Betrieb, sofern sie überhaupt zulässig sein kann,[324]
- bei der Verwendung eines **Formblatts,** mit dem Redakteure einer Wirtschaftszeitung ihren **Aktienbesitz offen legen müssen,**[325]
- bei der Einführung und zum Ablauf von formularisierten **Mitarbeitergesprächen mit Zielvereinbarung**[326], aber auch ohne[327] (vgl. auch Rn. 203, 337, 351; § 94 Rn. 9 und 44 sowie DKKWF-*Klebe/Heilmann,* § 87 Rn. 10: Mustervereinbarung zu Zielvereinbarungen),
- bei Regelungen gegen **Mobbing/Stalking**[328] (DKKWF-*Klebe/Heilmann,* § 87 Rn. 7: Mustervereinbarung Mobbing),
- bei der Verwaltung und Sicherung von betrieblichen **Park- und Abstellmöglichkeiten,**[329] nicht aber für die Einrichtung neuer Parkplätze,[330]

---

319 *BAG* 27.6.90, EzA § 3 LFZG Nr. 12; 5.5.92, EzA § 87 BetrVG 1972 Betriebliche Ordnung Nr. 19; vgl. auch *LAG Frankfurt* 30.10.90, DB 91, 920; *LAG Hamm* 19.9.95, NZA 95, 335.

320 *BAG* 25.1.00, DB 00, 1128; *LAG Berlin-Brandenburg* 19.6.12, RDV 12, 254 (255 f.); *LAG Bremen* 29.11.12, AiB 2/14, S. 70 ff. (auch während eines Arbeitskampfes) mit Anm. v. *Hayen*; ErfK-*Kania,* Rn. 21 a; *Kunz/Wedde,* § 5 EFZG Rn. 37; a. A. HWGNRH-*Worzalla,* Rn. 140.

321 *ArbG München* 3.12.80, AuR 81, 284; *ArbG Offenbach* 20.6.90, DB 91, 554: Mitbestimmung bei formalisierter Aufforderung an kranke AN, sich zur Klärung zukünftiger Einsatzmöglichkeiten durch einen von drei vom AG vorgeschlagenen Ärzten untersuchen zu lassen.

322 *ArbG Frankfurt* 28.6.88, AiB 89, 17 f.

323 *Schmidt/Novara,* DB 09, 1817 (1821) mit weiteren Beispielen; *Kiesche/Rudolph,* AiB 10, 26 ff.; *Maschke,* AiB 10, 34 ff. und *Schrader,* AiB 10, 37 ff., beide zu Inhalten einer BV.

324 *ArbG Würzburg* 14.11.95, AiB 96, 560.

325 *BAG* 28.5.02, NZA 03, 166 (170 f.) ErfK-*Kania,* Rn. 19; a. A. HWGNRH-*Worzalla,* Rn. 140; vgl. auch Rn. 62 zu sog. »Ethik-Richtlinien«.

326 *VG Karlsruhe* 7.3.98, RDV 98, 31; *VGH Mannheim* 9.5.2000, RDV 00, 225; ErfK-*Kania,* Rn. 21 a; *LK,* Rn. 42; HWGNRH-*Worzalla,* Rn. 139; *Annuß,* NZA 07, 290 (295 f.); s. auch *BAG* 8.11.94, BB 95, 1188 f. zu formalisierten Kranken-gesprächen; *Siegel/Hochgesand,* Zielvereinbarungen (IG Metall, 2000): insbes. im Rahmen von TV; *Bauer/Diller/Göpfert,* BB 02, 882 (886); *Däubler,* NZA 05, 793 (794); *ders.,* ZIP 04, 2209 ff. zu Zielvereinbarungen und AGB-Kontrolle; hierzu auch *Horcher,* BB 07, 2065 ff.; *Linck/Koch,* FS Bepler, S. 357 (360: Regelungen zum »wer, wann, wie, mit wem«, aber nicht zum Gesprächsinhalt); *Trittin/Fischer,* AuR 06, 261 (262); *Breisig,* Zielvereinbarungen, S. 82, 95 ff. (Eckpunkte und Regelungsbeispiele); *ders.,* Zielvereinbarungen im Fokus, S. 114, 129 ff., 164 ff., 190 ff.; zum Einsichtsrecht des BR in alle Zielvereinbarungen *ArbG München* 10.11.10, AuR 11, 79 (Ls.).

327 *HessLAG* 6.2.12, juris.

328 *LAG Düsseldorf* 22.7.04, AiB 05, 122 f.; *ArbG Köln* 21.10.00, AiB 02, 374 f. m. Anm. *Wolmerath; Däubler,* Das Arbeitsrecht 1, Rn. 960 c, HaKo-BetrVG/*Kohte,* Rn. 34; *Esser/Wolmerath,* AiB 00, 388 ff.; *Schrader,* AiB 13, 44 ff.; *LAG Hamburg* 15.7.98, NZA 98, 1245 sieht zu Unrecht in §§ 82 ff. eine abschließende gesetzliche Regelung. Die Einzelheiten des Beschwerdeverfahrens bzw. von Konfliktlösungen werden gerade nicht geregelt, wie auch § 86 zeigt (vgl. *Wolmerath,* AiB 99, 102; *Benecke,* NZA-RR 03, 225, 232); zum Anspruch auf **Schmerzensgeld** vgl. z. B. *BAG* 16.5.07, NZA 07, 1154 ff.; 25.10.07, NZA 08, 223 ff. sowie § 253 Abs. 2 BGB; vgl. auch *Reim,* AiB 06, 16 ff. zu individuellen Handlungsmöglichkeiten bei Stalking und *Göpfert/Siegrist,* NZA 07, 473 ff. zu Pflichten des AG.

329 *BAG* 5.3.59, AP Nr. 26 zu § 611 BGB Fürsorgepflicht; 7.2.12, juris = NZA 12, 685 (686); *LAG Hamm* 11.6.86, NZA 87, 35; ErfK-*Kania,* Rn. 19; *Fitting,* Rn. 71; GK-*Wiese,* Rn. 219 ff.; HWGNRH-*Worzalla,* Rn. 139; vgl. auch *LAG Köln* 12.5.10, NZA-RR 11, 26 (28), wonach die individuelle Zuweisung von Parkplätzen an Beschäftigte aus einem zuvor abstrakt als berechtigt festgelegtem Personenkreis der Mitbestimmung unterliegt.

330 *LAG Baden-Württemberg* 4.11.86, NZA 87, 428; *LAG Köln* 12.5.10, NZA-RR 11, 26 (27); *Fitting,* Rn. 71; zur Frage des Abschleppens ordnungswidrig abgestellter Fahrzeuge vgl. *LAG Frankfurt* 15.1.79, DB 79, 1851; *LAG Düsseldorf* 25.1.89, DB 89, 1878 f.; GK-*Wiese,* Rn. 223.

- beim Verbot, im Betrieb bestimmte **Plaketten** zu tragen, unabhängig von seiner sonstigen Zulässigkeit,[331]
- bei der Festlegung der Modalitäten für die **Einsichtnahme in die Personalakte**[332] (vgl. auch § 83 Rn. 15 m. w. N.),
- bei Regelungen des AG im Rahmen eines Polizeieinsatzes im Betrieb,[333]
- bei Regelungen zum **Mitbringen von Haustieren** an den Arbeitsplatz,
- bei Regelungen zum **Radiohören** im Betrieb,[334]
- bei einem **generellen Verbot, TV-, Video- und DVD-Geräte** im Betrieb einschließlich der Sozialräume zu nutzen,[335]
- bei der Einführung von **Stechuhren**,[336]
- bei der Einführung eines **Sicherheitswettbewerbs**,[337]
- bei einem **Singverbot** im Betrieb,[338]
- bei der Anordnung von **Sicherheitsüberprüfungen**, sofern keine abschließende Regelung i. S. v. verbindlichen Vorgaben ohne Regelungsspielraum vorliegt[339] (vgl. aber auch Rn. 42 ff.; § 94 Rn. 10; § 95 Rn. 9) und;der Anweisung des AG an bestimmte AN, sich für Sicherheitsüberprüfungen Fingerabdrücke nehmen zu lassen,[340]
- bei Regelungen zur **Nutzung der Telefonanlage/betrieblicher Mobiltelefone/Smartphones**,[341]
- bei Regelungen zur Nutzung von **PC mit Internetzugang** und von Cloud Computing – Anwendungen (z. B. zur Passwort-Verwendung)[342] bzw. allgemein zur Nutzung der **elektronischen Kommunikationsmittel** für grundsätzlich vom AG gestattete private Zwecke,[343] wie auch bei Richtlinien, soweit individualrechtlich zulässig, für den Umgang mit den **sozialen Medien** (Facebook, Myspace, Twitter u. a.), auch **firmeninternen sozialen Netzwerken**, die teilweise auch, nicht nur, als Arbeitsmittel eingesetzt werden,[344] **Internet-Foren** und **Blogs** (vgl. auch Rn. 201),[345]
- bei Richtlinien für die dienstliche Nutzung privater Geräte wie Smartphones, Tablet-PCs oder Notebooks (»**Bring your own device**«, **BYOD**, hierzu die Checkliste bei DKKWF-*Klebe/Heilmann*, § 87 Rn. 39),[346]

---

331 *LAG Berlin* 21.12.87 – 5 Sa 119/87; *Buschmann/Grimberg*, AuR 89, 65 (77); HWGNRH-*Worzalla*, Rn. 139.

332 *LAG Saarland* 30.1.74, AuR 74, 217 (Ls.); GK-*Wiese*, Rn. 227; *SWS*, Rn. 44 b. und auch § 83 Rn. 7 m. w. N.

333 Vgl. auch *BAG* 17.8.82, AP Nr. 5 zu § 87 BetrVG 1972 Ordnung des Betriebes; HWGNRH-*Worzalla*, Rn. 139.

334 *BAG* 14.1.86, AP Nr. 10 zu § 87 BetrVG 1972 Ordnung des Betriebes; GK-*Wiese*, Rn. 218; Richardi-*Richardi*, Rn. 189; a. A. HWGNRH-*Worzalla*, Rn. 140.

335 *LAG Köln* 12.4.06, NZA-RR 07, 80 f.; 18.8.2010, NZA-RR 11, 85 (87 zu MP 3-Playern); *Fitting*, Rn. 91; a. A. HWGNRH-*Worzalla*, Rn. 140.

336 Richardi-*Richardi*, Rn. 184.

337 *BAG*, 24.3.81, AP Nr. 2 zu § 87 BetrVG 1972 Arbeitssicherheit; *GL*, Rn. 59 b; HWGNRH-*Worzalla*, Rn. 125.

338 *Däubler*, Das Arbeitsrecht 1, Rn. 960 a; *GL*, Rn. 59 a; HWGNRH-*Worzalla*, Rn. 139.

339 Vgl. *BAG* 9.7.91, DB 92, 143.

340 *LAG Rheinland-Pfalz* 8.3.91, PersR 91, 383 f.; HWGNRH-*Worzalla*, Rn. 139.

341 Vgl. *Fischer*, FS Bartenbach, S. 543 (554 f.): Mitbestimmung bei Regelungen und auch generellen Verboten; *Göpfert/Wilke*, NZA 12, 765 (770); *ArbG Kaiserslautern* 11.10.07 – 8 BV 52/07 – (im Verfahren gemäß § 100 ArbGG); a. A. *LAG Rheinland-Pfalz*, RDV, 10, 235 (Handyverbot im Altenpflegeheim); *ArbG Celle* 11.12.02, LAGE § 87 BetrVG 2001 Nr. 1; HWGNRH-*Worzalla*, Rn. 141;.

342 Hilber-*Hexel*, Teil 5 Rn..84.

343 *LAG Hamm* 7.4.06, NZA-RR 07, 20 (210) (nicht aber bei der Untersagung privater Nutzung); Däubler, Das Arbeitsrecht 1, Rn. 960 c; ErfK-*Kania*, Rn. 19; HWK-*Clemenz*, Rn. 63; *Buschbaum/Rosak*, DB 14, 2530 (2533); GK-*Wiese*, Rn. 189 f. (mit Einschränkungen: Mitbestimmung bei der Festlegung von Ordnungsvorschriften); Richardi-*Richardi*, Rn. 186; vgl. auch *LAG Nürnberg* 29.1.87, NZA 87, 572 und *Wedde*, CR 95, 41 ff.

344 *Däubler*, Gläserne belegschaften, Rn. 836 a; Wedde, CuA 4/15, S. 4 (7).

345 *Fitting*, Rn. 71; GK-*Wiese*, Rn. 227; ErfK-*Kania*, Rn. 19; *Hinrichs/Schiebaum*, CuA 10/12, S. 5 ff. (insbes. S. 10); *Beauregard/Gleich*, DB 12, 2044 (2047); *Ruhland*, CuA 1/12, S. 12 ff.; *Borsutsky*, NZA 13, 647 (649 f.); *Leist/Koschker*, BB 13, 2229 ff.

346 *Däubler*, Internet, Rn. 210 i; *Fitting*, Rn. 71; *Franck*, RDV 13, 185 (188); *Arning/Moos*, DB 13, 2607 ff.;

- bei **IT-Sicherheitsrichtlinien**, da diese i. d. R., wie z. B. bei der Verpflichtung, das **Passwort geheimzuhalten**, nicht unmittelbar die Arbeitspflicht konkretisieren,
- beim Einsatz von sog. **Testkäufern,** die im Betrieb anonym Käufe tätigen, um dann dem AG Bericht über das Verhalten des Verkaufspersonals zu erstatten,[347]
- bei der Einführung von **Tor-/Taschenkontrollen**[348] (DKKWF-*Klebe/Heilmann,* § 87 Rn. 8: Mustervereinbarung Tor-, Taschen- und Schrankkontrollen, sowie auch Rn. 9 »Zeiterfassung und Zugangskontrolle«),
- beim Anbringen einer Kameraattrappe,[349] jedenfalls wenn für die Beschäftigten die Einrichtung nicht als Attrappe erkennbar ist, weil sie auch dann vergleichbar einer nicht erkennbar ausgeschalteten Kamera das Verhalten steuern kann und soll
- und bei **Regelungen über das Betreten und Verlassen des Betriebs.**[350] Das *BAG*[351] lehnt zu Unrecht das Mitbestimmungsrecht für den Sonderfall eines **Zugangssicherungssystems** mit codierten Ausweiskarten nach dem »Schlüsselprinzip« ab, obwohl auch hier das Verhalten der AN im Betrieb geregelt wird. Es wird z. B. geregelt, dass sie die Karte ständig bei sich zu tragen und sorgfältig aufzubewahren haben.[352]

Mitbestimmungspflichtig ist auch 68

- die Anordnung, **Privatgeld,** private Taschen und Privatportemonnaies nicht mit an den Arbeitsplatz zu nehmen und **Trinkgelder** separat aufzubewahren,[353]
- die arbeitgeberseitige Einführung eines **Überstundennachweises für die AN**, und zwar unabhängig davon, ob die AN ausdrücklich verpflichtet werden, das Formular zu benutzen;[354] für das Mitbestimmungsrecht muss es gleichgültig sein, ob, wie in den Sachverhalten, die den Entscheidungen des *BAG* zugrunde lagen, die Anwendung des Formulars faktisch oder auch rechtlich verbindlich ist;[355]
- die Festlegung der **Umgangssprache** auf Deutsch oder Englisch im Betrieb,[356]
- die **Regelung des Warenhandels im Betrieb,**[357]
- die Herausgabe von **Werbegeschenken,**[358]

Pollert, NZA- Beilage 4/14, 152 (154); zu anderen rechtlichen Fragen wie Datenschutz und Haftung insbes. *Däubler,* Internet, Rn. 210 ff.; *Thannheiser,* AiB 3/14, S. 19 ff.; *Giese,* AiB 3/14, S. 30 ff.; *Franck,* RDV 13, 185 ff.; *Kripko,* AuA 12, 660 ff. und *Söbbing,* RDV13, 77 ff.; vgl. auch **Rn. 201** und **§ 90 Rn. 9.**

347 A A. GK-*Wiese,* Rn. 227; *Deckers/Deckers,* NZA 04, 139 ff.; ebenso. *BAG* 13.3.01, EzA § 99 BetrVG 1972 Einstellung Nr. 8, allerdings zu **§ 99**; *LAG Nürnberg* 10.10.06, NZA-RR 07, 136 (140).

348 *BAG* 26.5.88, AP Nr. 14 zu § 87 BetrVG 1972 Ordnung des Betriebes; 12.8.99, DB 00, 48 (49); 27.1.04, NZA 04, 556 (557 f. für ein **biometisches Zugangskontrollsystem**); 13.12.07, NJW 08, 2732 (2733); *BAG* 9.7.13, NZA 13, 1433 (1435 f.) und *BAG* 15.4.14, NZA 14, 551 (555 ff.), die beiden letzteren insbes. zur Einhaltung der Persönlichkeitsrechte gem. § 75 Abs. 2; *HessLAG* 10.8.11, juris; GK-*Wiese,* Rn. 213; zu Regelungen und Zulässigkeitsgrenzen *Seefried,* AiB 99, 428 ff.; vgl. auch *Joussen,* NZA 10, 254 ff. zur Vereinbarkeit von vorbeugenden Torkontrollen mit dem BDSG.

349 A. A. zu Unrecht *LAG Mecklenburg-Vorpommern* 12.11.14, NZA-RR 15, 196 (197), das keine konkrete Mitgestaltungsmöglichkeiten für den BR sieht und auch deshalb annimmt, das das Mitbestimmungsrecht sofort erkennbar ausscheidet. Diese Annahme ist schon deshalb unrichtig, weil sich der BR gegen die Anbringung aussprechen könnte; dem *LAG* zustimmend *Lang/Lachenmann,* NZA 15, 591 (592, 594).

350 *BAG* 27.1.04, NZA 04, 556 (557).

351 10.4.84, AP Nr. 7 zu § 87 BetrVG 1972 Ordnung des Betriebes; zustimmend *Fitting,* Rn. 71 und GK-*Wiese,* Rn. 174.

352 *GL,* Rn. 65 a; *LK,* Rn. 43; *Schneider,* AiB 84, 142 (143); vgl. auch *LAG Baden-Württemberg* 16.10.91, NZA 92, 186 (187 f.), das in einem vergleichbaren Fall keine offensichtliche Unzuständigkeit der ESt. annimmt.

353 *HessLAG* 15.1.04, NZA-RR 04, 411 f.

354 *Pfarr,* Anm. zu AP Nr. 2 zu § 87 BetrVG 1972 Ordnung des Betriebes; *Fitting,* Rn. 72; *Wohlgemuth,* AuR 82, 40; **a. A.** *BAG* 9.12.80, AP Nr. 2 zu § 87 BetrVG 1972 Ordnung des Betriebes; 4.8.81, AP Nr. 1 zu § 87 BetrVG 1972 Tarifvorrang.

355 Vgl. im Übrigen auch *BAG* 24.3.81, AP Nr. 2 zu § 87 BetrVG 1972 Arbeitssicherheit.

356 *LAG Köln,* 9.3.09 – 5 TaBV 114/08 (im Verfahren gem. § 100 ArbGG); *LAG Frankfurt* 22.10.91 – 4 TaBV 92/91 und die Vorinstanz *ArbG Marburg* 3.6.91, AiB 92, 48; ErfK-*Kania,* Rn. 18; *Diller/Powietzka,* DB 00, 718 (721); *LK,* Rn. 50.

357 *Fitting,* Rn. 71; GK-*Wiese,* Rn. 227.

358 *LAG Köln* 20.6.84, DB 84, 2202, *LAG Düsseldorf* 14.11.05, NZA-RR 06, 81 (85 f.); HWK-*Clemenz,* Rn. 63; *Kort,*FS Buchner, S. 477 (488); a. A. GK-*Wiese,* Rn. 227; HWGNRH-*Worzalla,* Rn. 140.

- die Gründung wie auch Tätigkeit des **Werkschutzes,** wenn dieser, wie üblich, auch das Verhalten der AN/die Ordnung des Betriebes kontrolliert,[359]
- die Einführung von **Zeitstemplern** i. V. m. Arbeitskarten, um die Abweichung von Vorgabezeiten festzustellen,[360]
- die Eintragung von Vorgabezeiten in Zeitlohnkarten,[361]
- jede Regelung über den **Aufenthalt im Betrieb** außerhalb der Arbeitszeit,[362]
- der **Aushang eines sog. »Personalplaners«,** aus dem für eine Gruppe von AN für ein Jahr festgestellt werden kann, wer wann anwesend, beurlaubt, krank oder in Freischicht ist.[363]

e) Betriebsbußen

69 Obwohl Betriebsbußen **nicht ausdrücklich gesetzlich geregelt** sind, werden sie unter bestimmten Voraussetzungen als zulässig angesehen.[364] Hiergegen bestehen jedoch erhebliche Bedenken, da eine **ausreichende Rechtsgrundlage nicht ersichtlich** ist.[365]

70 Als Bußen können, hält man sie für zulässig, **Verwarnungen, Verweise** oder **Missbilligungen** in Betracht kommen. Auch der **Entzug von Vergünstigungen** (z. B. ermäßigte Flugscheine) kann eine Betriebsbuße sein, wenn es sich um eine Reaktion auf Verstöße gegen die betriebliche Ordnung oder gegen nach Nr. 1 begründete Verhaltenspflichten handelt.[366] Eine **Bearbeitungsgebühr** für **Entgeltpfändungen** stellt keine Betriebsbuße, sondern eine Kostenerstattung dar[367] (vgl. auch Rn. 66). Die **Entlassung** eines AN ist **keine zulässige Betriebsbuße.** Auch **Rückgruppierung** oder **Versetzung** scheiden wegen des zwingenden Kündigungsschutzrechts aus.[368] Soweit **Geldbußen** als zulässig angesehen werden, dürfen diese einen **Tagesverdienst** nicht überschreiten.[369] Den Geldbetrag kann nicht der AG für sich beanspruchen. Er muss entweder einer betrieblichen Sozialeinrichtung zukommen oder sonstigen sozialen Zwecken zugeführt werden.[370] Eine **Anprangerung** des AN – gleich welcher Art die Buße auch sein mag – z. B. durch Namensnennung am **»schwarzen Brett«** oder auf sonstige Weise ist unzulässig.[371]

71 Betriebsbußen dürfen nur verhängt werden, wenn durch eine Vereinbarung zwischen AG und BR zuvor eine **Betriebs-Bußordnung** im Rahmen einer BV geschaffen worden ist.[372] Die Betriebs-Bußordnung muss den formellen Voraussetzungen des § 77 Abs. 2 entsprechen und im Betrieb bekannt gemacht worden sein. Es genügt der Aushang am »schwarzen Brett«.

72 In der Betriebs-Bußordnung müssen im Einzelnen die **Tatbestände eindeutig** aufgeführt sein, die zur Verhängung einer Buße berechtigen. Darüber hinaus müssen die zulässigen **Bußen**

359 *Fitting,* Rn. 74; MünchArbR-*Matthes,* § 243 Rn. 8 m. w. N.; a. A. GK-*Wiese,* Rn. 191 (vgl. aber auch Rn. 192: Mitbestimmungsrecht hinsichtlich Duldungs- und Mitwirkungspflichten); HWGNRH-*Worzalla,* Rn. 141.

360 *LAG Düsseldorf* 21.11.78, DB 79, 459.

361 *LAG Düsseldorf* 21.8.80 – 25/19 TaBV 6/79, AuR 81, 322, Ls.

362 GK-*Wiese,* Rn. 227.

363 *ArbG Wetzlar* 4.3.88 – 1 BV 12/87.

364 *BAG* 12.9.67, AP Nr. 1 zu § 56 BetrVG Betriebsbuße; 30.1.79, AP Nr. 2 zu § 87 BetrVG 1972 Betriebsbuße; 17.10.89, DB 90, 483 (484); *Fitting,* Rn. 77 ff. m. w. N.; *Rescher,* Das Personalbüro, Betriebskriminalität, Gruppe 22, S. 45 ff. mit einem Überblick zur Art der Verstöße und der Betriebsbußen.

365 Vgl. *LAG Niedersachsen* 13.3.81, DB 81, 1985 f.; HaKo-BetrVG/*Kohte,* Rn. 39; Richardi-*Richardi,* Rn. 215 ff.; WPK-*Bender,* Rn. 45; *Michaelis/Oberhofer/Rose,* JbArbR Bd. 19 (1981), S. 19 ff.; *Preis,* DB 90, 685 (686); krit. zur h. M. auch *Walker,* FS Kissel, S. 1205 ff., der jedenfalls eine einzelvertragliche Unterwerfung der AN **und,** falls ein BR existiert, eine entsprechende BV als Voraussetzung fordert; zweifelnd auch *BAG* 22.10.85, AP Nr. 18 zu § 87 BetrVG 1972 Lohngestaltung; 5.2.86, DB 86, 1979.

366 *BAG* 22.10.85, AP Nr. 18 zu § 87 BetrVG 1972 Lohngestaltung; *Fitting,* Rn. 88; a. A. GK-*Wiese,* Rn. 258; HWGNRH-*Worzalla,* Rn. 158.

367 *BAG* 18.7.06, DB 07, 227 (228).

368 *BAG* 28.4.82, AP Nr. 3 zu § 87 BetrVG 1972 Betriebsbuße; *Fitting,* Rn. 89; GK-*Wiese,* Rn. 256 ff.; Richardi-*Richardi,* Rn. 247 ff.

369 *Fitting,* Rn. 88.

370 GK-*Wiese,* Rn. 261; a. A. Richardi-*Richardi,* Rn. 240 m. w. N.

371 Vgl. GK-*Wiese,* Rn. 260; Richardi-*Richardi,* Rn. 253.

372 H. M., vgl. z. B. *Fitting,* Rn. 81 m. w. N.

selbst **bestimmt** sein.[373] Sind auch Geldbußen vorgesehen, ist die Höhe zu bestimmen sowie der Verwendungszweck.

Das zur Verhängung einer Betriebsbuße führende **Verfahren** muss **rechtsstaatlichen Grundsätzen** entsprechen und in der Betriebs-Bußordnung selbst geregelt sein. Aus Zweckmäßigkeit dürfte es angebracht sein, das Verfahren vor einem **Ausschuss** durchzuführen, der **paritätisch** aus Vertretern des AG und des BR zusammengesetzt ist.[374] Es sollte auch von vornherein bestimmt werden, dass die Entscheidung schriftlich abzufassen ist,[375] um eine evtl. Nachprüfung durch das ArbG nicht unnötig zu erschweren. **73**

Im durchzuführenden Bußverfahren muss dem betroffenen AN **rechtliches Gehör** gewährt werden. Weiterhin ist eine **Vertretung** zuzulassen. Wer als Vertreter in Frage kommt, ist dem AN zu überlassen. Er kann dazu einen AN des Betriebs, ein BR-Mitglied, aber auch einen Gewerkschaftsvertreter oder einen Rechtsanwalt bestimmen.[376] **74**

Es muss sichergestellt sein, dass der BR bei der Verhängung einer **jeden einzelnen Buße** mitbestimmt.[377] **75**

Die ArbG sind befugt, alle mit der Verhängung einer Betriebsbuße zusammenhängenden Fragen in vollem Umfang nachzuprüfen.[378] Das **Nachprüfungsrecht** bezieht sich insbesondere auch auf das **durchgeführte Verfahren** und darauf, ob die im Einzelfall verhängte **Buße angemessen** ist.[379] **76**

Fehlt es an einer Betriebs-Bußordnung, ist es dem **AG nicht gestattet, einseitig Betriebsbußen zu verhängen.** Das gilt selbst dann, wenn ein BR besteht und dieser der Buße zustimmt. Voraussetzung ist in jedem Fall das Bestehen einer Bußordnung und der Ablauf des darin vorgesehenen rechtsstaatlichen Verfahrens.[380] **77**

Die Betriebsbuße ist eine Sanktion bei **Verstößen** des AN gegen die **kollektive betriebliche Ordnung.** Sie soll aber auch dann verhängt werden können, wenn der Verstoß gegen die betriebliche Ordnung gleichzeitig einen strafrechtlichen Tatbestand erfüllt. Die Betriebsbuße schließe die staatliche Strafe nicht aus, da es sich hier um unterschiedliche Ebenen handele.[381] **78**

Nicht als Betriebsbußen sind die vom AG einseitig ausgesprochenen **Verweise, Ermahnungen** oder **Abmahnungen** anzusehen, die allein deshalb erfolgen, weil der AN gegen seine **arbeitsvertraglichen Verpflichtungen** verstoßen hat, ohne dass Auswirkungen auf die kollektive betriebliche Ordnung ersichtlich sind.[382] Eine Betriebsbuße (Verwarnung/Verweis) setzt nach der Rspr. des *BAG*[383] einen **Verstoß gegen die betriebliche Ordnung (kollektiver Bezug)** und das Verfolgen eines über die Warnung (vor der Kündigung) hinausgehenden **Sanktionszwecks** voraus. Dieser ist jedenfalls gegeben, wenn eine Rüge faktisch zu **einer Beförderungssperre** führt.[384] In der Praxis treten immer wieder Schwierigkeiten auf, weil im Einzelfall häufig nicht eindeutig festgestellt werden kann, ob es sich um eine mitbestimmungspflichtige Betriebsbuße handelt oder um eine mitbestimmungsfreie Abmahnung. Ist in dem zu tadelnden Verhalten des AN sowohl eine Verletzung seiner arbeitsvertraglichen Pflichten als auch ein Verstoß gegen die betriebliche Ordnung zu sehen, ist die beabsichtigte Maßnahme des AG **entgegen** *BAG* **und h.M.** stets mitbestimmungspflichtig.[385] Der AG kann sich dann nicht darauf berufen, **79**

---

373 Geldbuße, Verweis u. Ä.; vgl. z. B. *BAG* 17.10.89, DB 90, 483 (484).
374 *Fitting*, Rn. 93.
375 Vgl. *Fitting*, Rn. 93.
376 Vgl. auch *Däubler*, Das Arbeitsrecht 2, Rn. 706.
377 *BAG* 5.12.75, AP Nr. 1 zu § 87 BetrVG 1972 Betriebsbuße; 17.10.89, DB 90, 483 f.; *Fitting*, Rn. 83; *GL*, Rn. 229; **a. A.** HWGNRH-*Worzalla*, Rn. 173; vgl. zum Verfahren insgesamt *BAG* 12.9.67, AP Nr. 1 zu § 56 BetrVG Betriebsbuße; GK-*Wiese*, Rn. 254 ff. m. w. N.; Richardi-*Richardi*, Rn. 223 ff., 241 f.
378 Vgl. GK-*Wiese*, Rn. 266; Richardi-*Richardi*, Rn. 246.
379 *BAG* 12.9.67, AP Nr. 1 zu § 56 BetrVG Betriebsbuße.
380 Vgl. *BAG* 17.10.89, DB 90, 483 f.
381 *Fitting*, Rn. 86 m. w. N.; zu Recht zweifelnd *WW*, Rn. 24.
382 *BAG* 5.12.75, AP Nr. 1 zu § 87 BetrVG 1972 Betriebsbuße; 17.3.88, NZA 89, 261 (264); vgl. dazu auch *Walker*, NZA 95, 601 ff.; *Schaub*, NZA 97, 1185 ff.
383 30.1.79, 7.11.79, 19.7.83, AP Nrn. 2, 3, 5 zu § 87 BetrVG 1972 Betriebsbuße.
384 *BAG* 17.10.89, DB 90, 483 ff.
385 *WW*, Rn. 25; **a. A.** *BAG* 30.1.79, 7.11.79, 19.7.83, AP Nrn. 2, 3, 5 zu § 87 BetrVG 1972 Betriebsbuße; 15.7.92, DB 93, 438: Der AG hat ein Wahlrecht, ob er eine Abmahnung oder Betriebsbuße aussprechen will; vgl. auch *Raab*, NZA 93, 193 (202) einerseits, aber a. a. O., 203 andererseits.

lediglich die Verletzung arbeitsvertraglicher Pflichten des AN rügen zu wollen. Seine Erklärung ist vielmehr auszulegen. Dabei ist nicht die gewählte Bezeichnung,[386] sondern der **objektive Erklärungswert** entscheidend. Dieser muss anhand der **Gesamtumstände** ermittelt werden. Hierzu zählt auch der konkrete Anlass der Rüge. Erhält also z. B. ein AN eine Rüge wegen »Versäumung der Arbeitszeit«, so kann der AG den durch die Ursache hierfür (z. B. Radiohören) gegebenen kollektiven Bezug nicht dadurch beseitigen, dass er sich auf die Verletzung des Arbeitsvertrages beschränkt.[387] Er spricht vielmehr, sofern dies überhaupt zulässig (vgl. Rn. 67) ist, eine Verwarnung (Betriebsbuße) aus.

80 Verletzt ein **BR-Mitglied** lediglich seine **betriebsverfassungsrechtlichen Pflichten**, so ist das der Verletzung **arbeitsvertraglicher Pflichten** nicht gleichzusetzen. Dem AG ist es deshalb verwehrt, dem BR-Mitglied einen Verweis zu erteilen oder eine Betriebsbuße auszusprechen. Er kann nur nach **§ 23 Abs. 1** vorgehen.[388] Ist das Verhalten des BR-Mitglieds auch als ein Verstoß gegen die kollektive Ordnung des Betriebs zu werten, soll ein Verweis erteilt werden können, wenn eine Betriebs-Bußordnung vorliegt und der BR der Erteilung ausdrücklich zustimmt.[389] Dabei sieht das *BAG*[390] z. B. die Teilnahme an einer nicht erforderlichen Schulung gemäß § 37 Abs. 6 oder die fehlende Abmeldung zur BR-Tätigkeit auch als arbeitsvertragliche Pflichtverletzung an. Es definiert damit den Begriff der **ausschließlichen Amtspflichtverletzung** zu eng. In diesem Sinne wird jede Amtspflichtverletzung auch eine Verletzung des Arbeitsvertrags sein, was umgekehrt aber nicht der Fall ist. Das *BAG* verkennt, dass sich beide Vorwürfe auf Pflichtverletzungen beziehen, die nur ein BR-Mitglied begehen kann.[391] Darüber hinaus wird es der Situation von BR-Mitgliedern nicht gerecht, die in besonderer Weise exponiert sind.[392] Hiermit ist es nicht vereinbar, dass so gut wie jede Amtshandlung als Verletzung des Arbeitsvertrags abmahnungsfähig/verweisfähig ist und das BR-Mitglied mit dem Risiko der Fehleinschätzung belastet wird. Eine solche Benachteiligung wegen der BR-Tätigkeit verstößt gegen **§ 78 Satz 2.**[393] Zudem bietet § 23 Abs. 1 dem AG ausreichenden Schutz. Folgt man der hier vertretenen Auffassung nicht, so wird man § 23 Abs. 1 als ausschließliche Reaktion sehen müssen, wenn der Vorwurf **auch** eine Amtspflichtverletzung betrifft, zumindest aber, wenn diese gegenüber der Arbeitsvertragsverletzung im Vordergrund steht (vgl. auch § 23 Rn. 101 ff.).

2. Beginn und Ende der täglichen Arbeitszeit, Verteilung der Arbeitszeit auf die Wochentage, Pausen (Nr. 2)

a) Voraussetzungen des Mitbestimmungsrechts

aa) Arbeitszeit und gesetzliche/tarifliche Regelungen

81 Gem. § 2 Abs. 1 ArbZG ist **Arbeitszeit** die Zeit vom Beginn bis zum Ende der Arbeit ohne die Ruhepausen. Dies ist nicht nur die Zeit, die von der Arbeitsleistung ausgefüllt wird, sondern vielmehr diejenige, in der der AN dem AG seine Arbeitskraft zur Verfügung stellt.[394] Sie beinhaltet auch Zeiten der **Arbeitsbereitschaft** und **Bereitschaftsdienste.**[395] Der Begriff der

---

386 *Fitting,* Rn. 83; GK-*Wiese,* Rn. 247.

387 Vgl. *Fischer/Klebe,* BlStSozArbR 78, 212, (215); *Däubler,* Das Arbeitsrecht 2, Rn. 710 ff.; vgl. auch *LAG Hamm* 17.2.12, BB 12, 2124 mit Anm. v. *Weller;* **a. A.** *BAG* 6.8.81, AP Nrn. 39, 40 zu § 37 BetrVG 1972; 15.7.92, DB 93, 438; GK-*Wiese,* Rn. 249.

388 *BAG* 15.7.92, DB 93, 438 f.; 31.8.94, NZA 95, 225 (227); *Fitting,* Rn. 84; HWGNRH-*Worzalla,* Rn. 154 und *Schleusener,* NZA 01, 640 ff. zu betriebsverfassungsrechtlichen Abmahnungen.

389 *BAG* 5.12.75, AP Nr. 1 zu § 87 BetrVG 1972 Betriebsbuße; vgl. auch *BAG* 6.8.81, BB 82, 675.

390 A. a. O.

391 Vgl. *Kittner,* Anm. zu *BAG* 15.7.92, EzA § 611 BGB Abmahnung Nr. 26, S. 8; so für die Abmeldung zur BR-Arbeit ohne Begründung *LAG Bremen* 6.1.95, NZA 95, 964 ff.

392 Vgl. auch *Grimberg,* AiB 94, 503.

393 *Däubler,* Anm. zu *BAG* 31.8.94, AiB 95, 294 f.; *Kittner,* a. a. O.

394 Vgl. auch Schaub-*Linck,* § 45 Rn. 53 ff.; Kittner/Zwanziger/Deinert-*Schoof/Heuschmid,* § 26 Rn. 27 ff.; *Buschmann/Ulber,* ArbZG, § 2 Rn. 5 f.; zum Begriff der Arbeitszeit m. w. N. *BAG* 29.4.82, AP Nr. 4 zu § 15 BAT und insbes. auch *Buschmann,* FS Hanau, S. 197 ff.

395 Vgl. § 7 Abs. 1 Nr. 1 a ArbZG; *EuGH* 3.10.2000, AuR 00, 465 (466) mit Anm. *Ohnesorg;* 1.12.05, NZA

Arbeitszeit i. S. v. Nr. 2 und 3 umfasst diese Definition, geht aber bei der Rufbereitschaft (vgl. auch Rn. 103),[396] die arbeitszeitrechtlich keine Arbeitszeit ist, wegen des **Zwecks des Mitbestimmungsrechts** weiter.[397] Dieser besteht darin, die Interessen der AN vor allem an der Lage ihrer Arbeitszeit und damit zugleich der Freizeit für die **Gestaltung ihres Privatlebens** zur Geltung zu bringen.[398] Hinzu kommt nach der hier vertretenen Auffassung der Schutz vor psychischen und physischen Belastungen bei dauerhafter Arbeitszeitverlängerung (vgl. auch Rn. 90), aber auch besonders belastender Lage der Arbeitszeit (z. B. Schicht- und Nachtarbeit). Dagegen erfasst das Mitbestimmungsrecht nicht die Zuweisung der innerhalb der maßgeblichen Arbeitszeit von den AN **zu erbringenden Arbeiten.**[399]

Wegezeiten für die Fahrt von der Betriebsstätte zu einer außerhalb gelegenen Arbeitsstätte, **82**
z. B. Fahrten eines Service-Technikers oder Vertriebsbeauftragten zum Kunden, und zurück oder **zwischen** den **externen Arbeitsstätten** werden als vergütungspflichtige Arbeitszeiten und auch als Arbeitszeit i. S. d. Arbeitsschutzes gesehen und unterliegen bereits aus diesem Grunde der Vorschrift.[400] Dies gilt auch bei Fahrten vom Wohnort zum Kunden für die Zeit, die über die Fahrtzeit von der Wohnung zur Arbeitsstätte hinausgeht.[401] Wegezeiten zwischen **Wohnort und Arbeitsstätte** sind demgegenüber auch mitbestimmungsrechtlich keine Arbeitszeit.[402]

Dienstreisezeiten werden ebenfalls von Nr. 2 erfasst. Sie wurden nach früherer Auffassung des **83**
BAG zwar vor allem arbeitsschutzrechtlich nur dann als Arbeitszeit behandelt, wenn der AN während der Fahrt eine **Arbeitsaufgabe** zu erfüllen hatte (Besprechung, Aktenstudium) oder jedenfalls zu einer **belastenden Tätigkeit** (z. B. Fahren des PKW) verpflichtet war.[403] Für die **betriebsverfassungsrechtliche Einordnung** konnte dies jedoch richtigerweise keine Bedeutung haben,[404] da Begriffe aus dem jeweiligen Sachzusammenhang und insbes. auch unter Berücksichtigung des Zwecks der Norm auszulegen sind.[405] Deshalb konnte auch dem *BAG*[406] nicht gefolgt werden, wenn es einen, jedenfalls gemessen am betriebsverfassungsrechtlichen Sachzusammenhang, zu sehr **verengten Begriff der Arbeitszeit** verwendete. Arbeitszeit sei betriebsverfassungsrechtlich nur die Zeit, in welcher der AN verpflichtet bzw. berechtigt sei, seine **vertraglich geschuldete Arbeit** zu leisten. Durch das bloße Reisen erbringe er jedoch keine Arbeitsleistung, weil Reisen regelmäßig nicht zu den vertraglichen Hauptleistungspflichten gehöre,[407] hiermit keine Tätigkeiten verbunden seien, die im Interesse des AG ausgeübt würden. Diese Argumentation überzeugt nicht. Auch bei der Dienstreise innerhalb der festgelegten täglichen Arbeitszeit leistet der AN geschuldete Arbeit. Er tut das, was der AG von ihm verlangt. Insofern erbringt er die vom AG gewünschte Leistung, handelt im von diesem so definierten Interesse des AG. Dass er keine Hauptleistungspflicht erfüllt ist, demgegenüber ohne Bedeutung.[408] Das *BAG*[409] hat seine Auffassung, auch arbeitsschutzrechtlich,[410] mittler-

---

06, 89 (90 f.): Jedenfalls bei Anwesenheitspflicht im Betrieb; *BAG* 16.3.04, DB 04, 1733; 23.6.10, DB 10, 2109; vgl. auch *Buschmann*, AuR 03, 1 ff.; zur Definition *BAG* 29.6.00, NZA 01, 165 (166); *Buschmann/Ulber*, ArbZG, § 2 Rn. 16 f.

396 *BAG* 29.2.00, DB 00, 1971 (aus seiner damaligen Sicht auch bei Bereitschaftsdienst); *Buschmann/Ulber*, ArbZG, § 2 Rn. 20.

397 *BAG* 23.7.96, DB 97, 380 (381).

398 *BAG* 23.7.96, DB 97, 380 (381); 14.11.06, NZA 07, 458 (460); *BAG* 14.1.14; NZA 14, 910 (913); 25.2.15, NZA 15, 442 (443); *Fitting*, Rn. 101.

399 *BAG* 29.9.04, NZA 05, 313 (315).

400 Vgl. hierzu *BAG* 23.7.96, DB 97, 380 m. w. N.; *Buschmann/Ulber*, ArbZG, § 2 Rn. 28; vgl. auch EuGH 10.9.15, NZA 15, 1177 (1178 ff.): Fahrzeit zu allen Kunden als Arbeitszeit i. S. d. RL 2003/88/EG, wenn kein fester oder gewöhnlicher Arbeitsort.

401 Buschmann/Ulber, ArbZG, § 2 Rn. 28.

402 Vgl. Schaub-*Linck*, § 45 Rn. 54.

403 *BAG* 23.7.96, a. a. O.; 11.7.06, NZA 07, 155 (158); Schaub-*Linck*, § 45 Rn. 55.

404 A. A. *Fitting*, Rn. 96.

405 vgl. z. B. auch *BAG* 23.7.96, DB 97, 380 (381); *Klebe*, DB 86, 380 f. und *Fitting*, Rn. 222, beide zum Verhaltensbegriff in § 87 Nr. 6.

406 14.11.06, NZA 07, 458 (460).

407 Zustimmend *Fitting*, Rn. 96.

408 Vgl. auch *Buschmann/Ulber*, ArbZG, § 2 Rn. 5 f. m. w. N.; Schaub-*Linck*, § 45 Rn. 55; *Wulff*, AiB 07, 402 (403 f.); Rn. 68; *Staack/Sparchholz*, AiB 13, 99 (101) und auch *BAG* 10.11.09, DB 10, 454 f.

weile korrigiert. Ob es sich um eine Hauptleistungspflicht oder eine sonstige vom AG verlangte Leistung handele, sei solange ohne Bedeutung wie die sonstige Leistung in der Erbringung von »Arbeit« bestehe. »Arbeit« sei als Tätigkeit zu verstehen, die als solche der Befriedigung eines fremden Bedürfnisses diene. Es mag dahingestellt bleiben, ob dies eine geglückte Definition ist, im Ergebnis entspricht sie der hier vertretenen Auffassung. Darüber hinaus spricht der **Schutzzweck** der Norm dafür, dass Reisezeit (innerhalb und außerhalb der üblichen Arbeitszeit) auch ohne besondere Belastung Arbeitszeit ist: Das Interesse an planbarer Freizeit ist in gleicher Weise betroffen, auch wenn der AN keine Hauptpflicht erfüllt. Reisezeit für den AG hat eben mit Freizeit und Gestaltung des Privatlebens nichts zu tun (zu Dienstreisezeiten als Überstunden Rn. 123 f).[411] Hierfür spricht zudem, dass Reisezeiten während der üblichen Arbeitszeit i. d. R. **vergütet** werden.[412]

84 Zur Arbeitszeit zählt auch die **freiwillige** Teilnahme von AN an Veranstaltungen des AG, in denen sie außerhalb des Betriebs (z. B. in einer Gaststätte) in ein neues Projekt eingewiesen werden[413] oder an **Dienstbesprechungen,** die fachliche Kenntnisse aktualisieren (**Qualifizierungsmaßnahmen),** auch wenn sie in einem »lockeren Beisammensein« ausklingen,[414] wenn die AN hierzu vom AG kraft des Direktionsrechts verpflichtet werden könnten oder eine anderweitige Verpflichtung der AN, wie z. B. eine Selbstverpflichtung gegenüber dem AG, besteht.[415] Besteht im Hinblick auf vom AG angeordnete Schulungs- und Fortbildungsmaßnahmen, die als Arbeitszeit dem Mitbestimmungsrecht unterliegen,[416] ein Mitbestimmungsrecht gem. § 98, sind beide Vorschriften nebeneinander anwendbar (§ 98 Rn. 5).[417] Arbeitszeit ist auch die Teilnahme an einem vom AG für bestimmte AN veranlassten **Mediationsverfahren**[418] oder an einem **Betriebsausflug** während der regelmäßigen Arbeitszeit, den der AG ohne Einschränkung gestattet[419] (vgl. auch Rn. 328). Das *BAG*[420] schließt das Mitbestimmungsrecht allerdings zu Recht hinsichtlich der Vor- und Nacharbeit eines AN aus, mit der er nach individueller Entscheidung einen etwaigen Arbeitsausfall (z. B. der AG gibt für den Betriebsausflug nur eine Zeitgutschrift von einem halben Tag) ausgleicht.

85 Das Mitbestimmungsrecht, das natürlich auch ein **Initiativrecht** des BR umfasst,[421] besteht nur **im Rahmen der zwingenden Vorschriften des Arbeitszeitrechts** wie insbesondere des ArbZG.[422] Hierin wird die regelmäßige werktägliche Arbeitszeit auf 8 Stunden festgelegt (§ 3 Satz 1). Es werden die mindestens zu gewährenden Ruhepausen und Ruhezeiten (§§ 4, 5) behandelt sowie die **Ausnahmen** von der **werktäglichen Höchstarbeitszeit.** So kann z. B. die Arbeitszeit auf 10 Stunden ausgedehnt werden, wenn innerhalb von sechs Kalendermonaten oder innerhalb von 24 Wochen im Durchschnitt 8 Stunden werktäglich nicht überschritten werden.[423] Weitere Verlängerungen über die in § 3 ArbZG vorgesehene Flexibilisierung hinaus

---

(Rn. 95) zur Umkleidezeit als Arbeitszeit.

409 15.4.08, NZA-RR 09, 98 (101).

410 *BAG* 12.12.12, NZA 13, 1158 (1159) m. w. N.; 19.3.14 – 5 AZR 554/12, DB 14, 1687 (Ls.); Schaub-*Linck*, § 45 Rn. 55.

411 Vgl. auch *BAG* 23.7.96, a. a. O., S. 381; *Buschmann*, FS Hanau, S. 197 (208 f.); *Däubler*, Das Arbeitsrecht 1, Rn. 965; vgl. auch *Loritz*, NZA 97, 1188 (1192 ff.).

412 *Buschmann/Ulber*, § 2 Rn. 30 m. w. N.

413 *ArbG Gießen* 9.10.92, AiB 93, 50 f.

414 Vgl. *ArbG Nürnberg* 31.10.95, AiB 97, 176 f. mit Anm. *Manske*; ebenso zu Recht *ArbG Münster* 17.12.96, AiB 98, 168 f. für die freiwillige Teilnahme von AN an einer UN-internen Fernsehsendung (**Kommunikationsfernsehen/Business-TV**).

415 *BAG* 13.3.01, NZA 01, 976.

416 *BAG* 15.4.08, NZA-RR 09, 98 (101).

417 *LAG Hamburg*, 10.1.07, AuR 08, 155 (156 f.).

418 A. A. zu Unrecht *LAG Nürnberg* 27.8.13 – 5 TaBV 22/12, juris = BB 13, 2739 (Ls.).

419 *LAG München* 20.3.97, LAGE § 87 BetrVG 1972 Arbeitszeit Nr. 25.

420 27.1.98, BB 98, 1419.

421 Vgl. z. B. *BAG* 26.10.04, NZA 05, 538 (541) und Rn. 25 ff.

422 Vgl. z. B. *LAG Frankfurt* 2.6.92, NZA 93, 279 ff.

423 § 3 ArbZG; vgl. hierzu allerdings *Buschmann/Ulber*, ArbZG, § 3 Rn. 16 f., 12; *Buschmann*, FS Wißmann, S. 251 (257); *Ende*, AuR 97, 137 ff.; *Ohnesorg*, AuR 00, 467: Die Vorschrift verstößt gegen Art. 16 b) der EG-Arbeitszeitrichtlinie Nr. 93/104 EWG vom 23.11.93 (ABlEG 1993, Nr. L 307/18) und ist daher **gemeinschaftswidrig** (vgl. auch den entsprechenden Bericht der Europäischen Kom-

erlauben z. B. § 7 Abs. 1, 2 a,[424] § 14 und § 15 ArbZG (Bewilligung durch Aufsichtsbehörde). Greifen die Ausnahmeregeln z. B. für **Sonntagsarbeit**[425] ein, bedeutet dies allerdings nicht, dass nun das Mitbestimmungsrecht wegen der Einführung entfiele und sich nur noch auf die Durchführung erstreckte.[426] Das Vorliegen der Sondertatbestände zwingt den AG nicht zur Durchführung z. B. der Sonntagsarbeit; es liegt insofern **keine abschließende gesetzliche Regelung** i. S. d. Eingangssatzes vor, wie dies beim Verbot der Sonntagsarbeit der Fall ist.[427] Die angeführten Ausnahmen zeigen, dass das gesetzliche Arbeitszeitrecht nicht einmal im Hinblick auf die **wöchentliche Höchstarbeitszeit** von 48 Stunden einen zwingenden Schutz des AN vor zeitlicher Überforderung und eine entsprechende Argumentationshilfe für den BR bietet.[428] Daneben finden sich weitere gesetzliche Regelungen zur Arbeitszeit z. B. in §§ 5 Abs. 3, 8 Abs. 1, 11 JArbSchG und § 8 MuSchG und Aushang- bzw. Bekanntmachungspflichten des AG in § 16 ArbZG und § 48 JArbSchG.

Regelmäßig enthalten die **TV** Vorschriften zur **wöchentlichen Arbeitszeit,** teilweise auch zur Zulässigkeit von Überstunden oder Regelungen zur Teilzeitarbeit. Bei **zwingender Regelung** scheidet das Mitbestimmungsrecht aus. Darüber hinaus sind keine Beschränkungen, wie z. B. die unternehmerische Entscheidungsfreiheit, anzuerkennen (vgl. Rn. 27). **86**

bb) Dauer der Arbeitszeit

Die **Dauer der täglichen Arbeitszeit** bestimmt sich zwangsläufig durch deren Beginn und Ende. Dauer sowie Beginn und Ende lassen sich nicht trennen. Mit der Mitbestimmung über Beginn und Ende der Arbeitszeit erhält daher der BR auch ein Mitbestimmungsrecht über ihre tägliche Dauer.[429] **87**

Nach ganz h. M. soll demgegenüber die **Dauer der wöchentlichen Arbeitszeit** nicht dem Mitbestimmungsrecht unterliegen.[430] **88**

Für ein **Mitbestimmungsrecht des BR** auch hinsichtlich der Dauer der wöchentlichen Arbeitszeit lassen sich gute Gründe anführen, im Ergebnis ist aber der hM. zu folgen. **89**

Aus Wortlaut, Entstehungsgeschichte und systematischem Zusammenhang ergeben sich keine zwingenden Argumente in der einen oder anderen Richtung.[431] Der **Schutzzweck** der Nr. 3 ist nach Ansicht des *BAG*[432], die AN bei einer Verkürzung der Arbeitszeit vor der entsprechenden Entgeltminderung, bei einer Verlängerung vor den **physischen und psychischen Belastungen** schützen. Dieses Schutzbedürfnis gilt bei einer dauerhaften Veränderung der betrieblichen Arbeitszeit erst recht.[433] Zwar ist es richtig, dass die Dauer der Arbeitszeit **üblicherweise in TV** **90**

---

mission über die Umsetzung der Arbeitszeitrichtlinie AuR 11, 105 ff.). Dies ist jedenfalls bei Entscheidungen der ESt. zu berücksichtigen (*Kohte*, FS Wißmann, S. 331, 336); vgl. auch zur Europarechtswidrigkeit anderer Vorschriften des ArbZG wie z. B. §§ 7 und 25 *D. Ulber*, ZTR 05, 70 ff.; *Matthiesen/Shea*, DB 05, 106 ff.

424 Durch TV oder auf Grund eines TV durch (**freiwillige**) BV, vgl. *LAG Hamburg* 17.12.08, AuR 10, 339 mit Anm. v. *Buschmann*; *ders.*, FS Wißmann, S. 251 (266 f.).

425 § 10 ArbZG und hierzu *Buschmann/Ulber*, ArbZG § 10 Rn. 5 ff.; *BVerwG* 19.9.00, AuR 00, 468 ff. mit Anm. *Ulber; Strohbach*, AiB 00, 275 ff.; vgl. auch *Richardi*, AuR 06, 379 ff.; zur **Klagebefugnis einer Gewerkschaft** gegen die Gestattung der Ladenöffnung am Sonntag *BVerwG* 26.11.13, juris und *BayVGH* 6.12.13, AuR 14, 250, sowie zur Sonntagsarbeit allgemein *BVerfG* 1.12.09, AuR 10, 167 ff.; *BVerwG* 26.11.14, AiB 10/15, 63 (64) mit Anm. v. *Reim*; *Rozek*, AuR 10, 148 ff.; *Kühn*, AuR 10, 299 ff.

426 *BAG* 25.2.97, NZA 97, 955 (957); *ArbG Offenbach* 1.8.13, AiB 2/14, S. 72 f. mit Anm. v. *Zabel*; *Fitting*, Rn. 111; HWGNRH-*Worzalla*, Rn. 212; a. A. zu Unrecht *Kappus*, DB 90, 478 (479 f.).

427 Zur AZO und zum Ladenschlussgesetz *BAG* 31.8.82, AP Nr. 8 zu § 87 BetrVG 1972 Arbeitszeit.

428 Vgl. auch *Bobke*, S. 176 f.

429 Vgl. *BAG* 13.10.87, 28.9.88, AP Nrn. 24, 29 zu § 87 BetrVG 1972 Arbeitszeit; GK-*Wiese*, Rn. 295; *GL*, Rn. 85; *Plander*, AuR 87, 281 (287).

430 Ständige Rspr. des *BAG:* vgl. z. B. 21.11.78, AP Nr. 2 zu § 87 BetrVG 1972 Arbeitszeit; 22.7.03, NZA 04, 507 (508); 15.5.07, NZA 07, 1240 (1243); *Fitting*, Rn. 104 f.; GK-*Wiese*, Rn. 277 ff.; Kittner/Zwanziger/Deinert-*Schoof/Heuschmid*, § 25 Rn. 34; Richardi-*Richardi*, Rn. 262 ff.; **a. A.** *WW*, Rn. 28 f.; *Farthmann*, RdA 74, 66 f.; *Gnade*, FS Kehrmann, S. 227 (231); *Kleveman*, AiB 84, 90 (91); *Plander*, AuR 87, 281 (288); *Compensis*, NJW 07, 3089 (3092 f.).

431 Vgl. hierzu die ausführliche Darstellung in der 12. Aufl. bei § 87 Rn. 73.

432 21.11.78, AP Nr. 2 zu § 87 BetrVG 1972 Arbeitszeit.

433 Vgl. auch *Kleveman*, AiB 84, 90 (91).

geregelt wird. Für diesen Fall scheidet das Mitbestimmungsrecht nach dem Eingangssatz der Vorschrift aus. Greift jedoch keine tarifvertragliche Regelung ein, so ist jedenfalls unter dem Gesichtspunkt des **Art. 3 Abs. 1 GG** kein Sachgrund erkennbar, den anderen kollektiven Schutz durch den BR und eine BV, der idR. wirkungsvoller als einzelvertragliche Absprachen sein wird, zu versagen[434]. Zumindest könnte man eine klare Formulierung des Gesetzgebers erwarten, aus der sich der Ausschluss des Mitbestimmungsrechts ergibt.[435]

91 Gegen eine solche Lösung sind allerdings systematische Einwände denkbar. Die **Dauer der Arbeitszeit** gehört nämlich ebenso wie die Höhe des Entgelts zum tarifpolitischen **Kerngeschäft einer Gewerkschaft**, in dem sie ihre **Schutz- und Gestaltungsfunktion** für die Beschäftigten ausübt. Für die Entgelthöhe lässt sich dies auch ausdrücklich durch § 77 Abs. 3 (»Arbeitsentgelte«) stützen. Die Dauer der Arbeitszeit hängt hiermit eng zusammen und ist der zweite Kernbereich der Arbeitsbedingungen. Ohne ihn würde § 77 Abs. 3, der den Schutz der Gewerkschaften und der Tarifautonomie bezweckt, deutlich Substanz genommen. Deshalb müssen beide Bereiche den Gewerkschaften vorbehalten bleiben. Ob man zu dem Ergebnis durch diese systematische Argumentation kommt oder schlicht der hM. folgt ist für die betriebliche Praxis dann gleich.

92 Auch wenn man der h. M. folgt, ist die Dauer der wöchentlichen Arbeitszeit mitbestimmungspflichtig, wenn, wie dies teilweise in TV der Fall ist, eine bestimmte **Wochenarbeitszeit** nur **im Durchschnitt** eines längeren Zeitraums (z. B. ein Jahr) eingehalten werden muss. Der vom AN geschuldete Arbeitszeitumfang wird dann nicht mehr durch die Wochenarbeitszeit festgelegt, diese wird vielmehr zur bloßen Rechengröße.[436] Die Verteilung der Arbeitszeit ist jedoch mitbestimmungspflichtig. Dies gilt auch für die Wahl und Änderung des **Ausgleichszeitraums nach § 3 ArbZG.**[437]

cc) Lage der täglichen Arbeitszeit

93 Das Mitbestimmungsrecht des BR (vgl. auch die **Checkliste** zur Arbeitszeit bei DKKWF-*Klebe/Heilmann,* § 87 Rn. 12) besteht nicht nur bei Dauerregelungen, sondern auch dann, wenn lediglich **vorübergehend** die Lage der Arbeitszeit geändert wird.[438] Auch wenn **lediglich ein Tag** betroffen ist, weil z. B. wegen eines Feiertages, Volksfestes o. Ä. die am vorhergehenden oder folgenden Tag ausfallende Arbeitszeit/Schicht auf andere Arbeitstage verteilt werden soll, greift das Mitbestimmungsrecht ein.[439] Es besteht somit ebenfalls, wenn gem. § 11 Abs. 3 ArbZG der **Ersatzruhetag für Sonntagsarbeit** festgelegt wird.[440]

94 Beginn und Ende der täglichen Arbeitszeit sowie die Pausen müssen nicht für alle AN des Betriebs in gleicher Weise festgesetzt werden. Es ist vielmehr üblich, dass **verschiedene Regelungen** für einzelne Betriebsabteilungen oder **bestimmte AN-Gruppen** (Produktionsarbeiter, Ingenieure, Jugendliche) erfolgen.[441] Die jeweilige Änderung unterliegt dem Mitbestimmungsrecht.[442]

95 Der BR hat auch ein Mitbestimmungsrecht und damit **Initiativrecht** bei der Frage, ob die **Arbeitszeit bereits am Werkstor** oder erst am Arbeitsplatz beginnt bzw. ob **Waschen** und **Umkleiden** (vgl. auch DKKWF-*Klebe/Heilmann,* § 87 Rn. 15 a: Checkliste zu Umkleidezeiten) zur Arbeitszeit zählen.[443] Nach neueren Entscheidungen des *BAG*[444] gehört die Umkleidezeit

---

434 Vgl. *Plander,* AuR 87, 281 (288).
435 A. A. *Fitting,* Rn. 105.
436 Vgl. GK-*Wiese,* Rn. 296; Richardi-*Richardi,* Rn. 269, 283; vgl. auch zu **Arbeitszeitkonten** *Lehndorff,* BR-Info 96, 166 ff.; *Reichold,* NZA 98, 393 ff. und Rn. 99.
437 *Vgl. Buschmann/Ulber,* ArbZG, § 3 Rn. 15; *Wirges,* DB 97, 2488 (2490); *Zmarzlik,* DB 94, 1082 (1083).
438 HWGNRH-*Worzalla,* Rn. 190; Richardi-*Richardi,* Rn. 306.
439 *BAG* 13.7.77, AP Nr. 2 zu § 87 BetrVG 1972 Kurzarbeit; 25.2.97, NZA 97, 955 (957); 26.10.04, NZA 05, 538 (541); *Fitting,* Rn. 121; GK-*Wiese,* Rn. 287 f. m. w. N.
440 *LAG Köln* 24.9.98, AiB 99, 467 f. mit Anm. *Abel; Fitting,* Rn. 111; *Buschmann/Ulber,* ArbZG, § 11 Rn. 6.
441 GK-*Wiese,* Rn. 308.
442 Zur Arbeitszeit bei Außendiensttätigkeit vgl. *Bösche/Grimberg,* FS Gnade, S. 377 (383 ff., 388) und *Hunold,* NZA 93, 10 ff.
443 Vgl. *BAG* 17.3.88 – 2 AZR 576/87; *LAG Baden-Württemberg* 12.2.87, AiB 87, 246 ff. mit Anm. *Degen;*

jedenfalls dann zur Arbeitszeit, wenn das Tragen der vorgeschriebenen Dienstkleidung **lediglich im Interesse des AG** liegt. Das Mitbestimmungsrecht besteht ebenso, wenn auch ohne ausdrückliche Anweisung des AG (vgl. Rn. 5) erwartet wird, dass die AN bereits vor Arbeitsbeginn am Arbeitsplatz sind, z. B., um den Kassencomputer hochzufahren.

dd) Verteilung der wöchentlichen Arbeitszeit

Dem Mitbestimmungsrecht unterliegt die Verteilung der Arbeitszeit auf die einzelnen Wochentage. Damit besteht z. B. ein Mitbestimmungsrecht beim **Wechsel von der 6- zur 5-Tage-Woche** oder der 5- zur 4-Tage-Woche und umgekehrt.[445] Das Mitbestimmungsrecht besteht auch dann, wenn der AG eine Neuverteilung wegen einer **tariflichen Verkürzung** der Wochenarbeitszeit vornehmen will. Dies gilt nach Auffassung des *BAG*[446] jedenfalls, solange die bisherige Verteilung der Arbeitszeit nach dem neuen TV beibehalten werden kann. Der BR kann nach dieser Vorschrift selbstverständlich auch beeinflussen, an welchen Tagen länger und an welchen kürzer gearbeitet wird.[447] **96**

ee) Pausen

Die Mitbestimmung umfasst innerhalb der gesetzlichen Vorschriften auch die Lage und Dauer der Pausen. Dies sind im Voraus festgelegte Unterbrechungen der Arbeitszeit, in denen der AN weder Arbeit zu leisten noch sich dafür bereitzuhalten hat, sondern frei darüber entscheiden kann, wo und wie er diese Zeit verbringen will.[448] Nach h. M. sollten bisher hierunter in Nr. 2 allerdings lediglich **unbezahlte Pausen** zu verstehen sein.[449] Nicht gemeint sein sollten jedwede **bezahlte Unterbrechungen,** wie z. B. aus **produktionstechnischen Gründen**[450] oder aus Gründen des **AN-Schutzes.**[451] So unterliegen nach der Rspr. des *BAG* weder **Lärmpausen**[452] noch **Arbeitsunterbrechungen bei der Bildschirmarbeit**[453] dem Mitbestimmungsrecht. Dies folgt aber nicht aus dem Wortlaut der Vorschrift und dem Umstand der Bezahlung – auch vergütete Unterbrechungen ohne Arbeitspflicht sind Pausen –,[454] sondern vielmehr aus der Freistellung von jeder Arbeitsverpflichtung, auch der, sich zur Arbeit bereitzuhalten. Sieht man mit der h. M. die Dauer der Arbeitszeit als nicht gem. Nr. 2 mitbestimmungspflichtig an, ist es folgerichtig, die Mitbestimmung bei **vergütungspflichtigen Pausen** ebenfalls auf die **97**

ArbG Frankfurt 27.7.04, AuR 04, 478, Ls. = AiB 05, 313 ff. mit Anm. *Niechoj; Däubler,* Das Arbeitsrecht 1, Rn. 965; Kittner/Zwanziger/Deinert-*Schoof/Heuschmid,* § 26 Rn. 39; vgl. auch *LAG Nürnberg* 21.5.90, LAGE § 87 BetrVG 1972 Arbeitszeit Nr. 20 und *LAG Hamm* 24.9.07, AuR 08, 121 Ls., beide im Verfahren nach § 100 ArbGG; GK-*Wiese,* Rn. 301 (Mitbestimmungspflicht bei der Frage, wie der Zeitpunkt des Beginns/Endes der Arbeitszeit zu bestimmen ist, ggf. bei der Festlegung des maßgeblichen Ortes); KassArbR-*Etzel,* 9.1, Rn. 514; **a. A.** *LK,* Rn. 66 f.; MünchArbR-*Matthes,* § 244 Rn. 18; Richardi-*Richardi,* Rn. 275; **zur Vergütungspflicht** vgl. z. B. *BAG* 22.3.95, AP Nr. 8 zu § 611 BGB Arbeitszeit; 19.9.12, NZA-RR 13, 63 ff.; Kittner/Zwanziger/Deinert-*Schoof/Heuschmid,* § 26 Rn. 34 f.

444 10.11.09, DB 10, 454 f.; *BAG* 12.11.13, NZA 14, 557 (559); zustimmend ErfK-*Kania,* Rn. 25; Richardi-*Richardi,* Rn. 257; *Buschmann/Ulber,* ArbZG, Einleitung Rn. 38; hierzu auch *Springer/Wrieske,* AuR 10, 303 ff. und *Thannheiser,* AiB 11, 7 ff.

445 Richardi-*Richardi,* Rn. 283.

446 19.2.91, NZA 91, 609 ff.

447 Zum Mitbestimmungsrecht bei der Arbeitszeit von Redakteuren im Hinblick auf den Tendenzschutz vgl. *BAG* 30.1.90, NZA 90, 693 ff.; 11.2.92, BB 92, 993 ff.; *Weller,* FS Gnade, S. 235 ff.; *Weiss/Weyand,* AuR 90, 33 ff.

448 Ständige Rspr.; vgl. z. B. *BAG* 23.9.92, DB 93, 1194; 29.10.02, DB 03, 2014 beide m. w. N.; 25.2.15, NZA 15, 442 (443); vgl. auch § 4 ArbZG und hierzu *Dobberahn,* Rn. 50 ff.

449 *BAG* 28.7.81, AP Nr. 3 zu § 87 BetrVG 1972 Arbeitssicherheit; *Fitting,* Rn. 118 allerdings widersprüchlich.

450 *GL,* Rn. 90 a; Richardi-*Richardi,* Rn. 277.

451 *GL,* Rn. 90 a m. w. N.; Richardi-*Richardi,* Rn. 277.

452 28.7.81, AP Nr. 3 zu § 87 BetrVG 1972 Arbeitssicherheit.

453 6.12.83, AP Nr. 7 zu § 87 BetrVG 1972 Überwachung.

454 So jetzt auch *BAG* 1.7.03, NZA 04, 620 (622); vgl. auch GK-*Wiese,* Rn. 344; Richardi-*Richardi,* Rn. 278; *Kohte,* FS Wißmann, S. 331 (339 f.).

Festlegung der zeitlichen Lage zu beschränken und die Dauer hiervon auszunehmen.[455] Diese kann nur bei **unbezahlten Pausen** mitbestimmt werden. Bei bezahlten Unterbrechungen, die dem **Gesundheitsschutz** der AN dienen, kommt ein Mitbestimmungsrecht nach § 87 Abs. 1 Nr. 7 (vgl. Rn. 243, 246) und § 91 (vgl. Rn. 12) in Betracht.

b) Anwendungsfälle

98 Neben der Dauer wird in **TV** auch häufig die **Verteilung der Arbeitszeit** geregelt. Diese Normen definieren i. d. R. allerdings nur einen Rahmen oder eine Auffangregelung für den Fall, dass keine BV geschlossen wird. Soweit keine abschließende Regelung getroffen ist, kann also der BR sein Mitbestimmungsrecht ausüben.[456]

aa) Gleitende Arbeitszeit/Arbeitszeitkonten

99 Die Einführung von **gleitender Arbeitszeit/Arbeitszeitkonten** (Mustervereinbarungen bei DKKWF-*Klebe/Heilmann,* § 87 Rn. 13 und 14),[457] ihre Ausgestaltung und Änderung sind mitbestimmungspflichtig.[458] Der BR wird in einer entsprechenden BV darauf zu achten haben, dass die **Interessen der AN** an verlässlichen Arbeitszeiten, an der Planbarkeit der Freizeit und besseren Anpassung an die individuellen Bedürfnisse beachtet werden. In einer BV müssen daher die **tägliche Höchstarbeitszeit,** die **Kernzeit** (das ist die Zeit, in der alle AN im Betrieb anwesend sein müssen) und die Zeitspanne vor und nach der Kernzeit, in der die AN selbst Beginn und Ende ihrer Arbeitszeit bestimmen können **(Gleitzeit),** geregelt werden. Es muss gewährleistet sein, dass die AN außerhalb der Kernarbeitszeit Beginn und Ende ihrer Arbeitszeit tatsächlich ohne Einschränkungen selbst bestimmen können. Für die **Gleitzeitguthaben** bzw. die **Gleitzeitsalden** muss verbindlich eine Höchstgrenze festgelegt werden und auch, wie der Ausgleich zu erfolgen hat. Gleitzeitguthaben dürfen nicht verfallen[459] und sollten auch nicht im Nachhinein ausgezahlt werden. Die Frage der **Überstunden** (hierzu auch Rn. 112)[460] muss im Verhältnis zur Gleitzeit klar geregelt werden. Gleitzeitregelungen dürfen nicht die Bestimmungen über zustimmungs- und zuschlagspflichtige Überstunden außer Kraft setzen. Schließlich sollte der BR je nach betrieblicher Situation entscheiden, ob eine **automatisierte Zeiterfassung** erforderlich ist. Dies kann durchaus der Fall sein, um die Einhaltung der BV und der tariflichen/gesetzlichen Arbeitszeitvorschriften zu kontrollieren und sicherzustellen.[461]

---

455 *BAG* 1.7.03, a. a. O.; *Kohte,* a. a. O.

456 Vgl. die Auswertung von BV zu flexibler Arbeitszeit bei *Klein-Schneider,* S. 13 ff.

457 Vgl. zu Regelungsinhalten und Gestaltungshinweisen auch *Hamm,* Flexible Arbeitszeiten, S. 12 ff., 136 ff.; *Meine/Wagner,* AiB11/14, S. 10 (13 f.); Meine/Wagner-*Wagner/Wick,* Kapitel 5.1 ff. mit vielen praktischen, auch tariflichen Beispielen zu Konten, zur Zeiterfassung und insbes. 5.3 zur Gleitzeit; hinsichtlich des **Mindestlohns** bei Arbeitszeitkonten vgl. § 2 Abs. 2 MiLoG und hierzu Kittner/Zwanziger/Deinert-*Schoof/Heuschmid,* § 27 Rn. 37 a.

458 Vgl. *BAG* 18.4.89, AP Nr. 33 zu § 87 BetrVG 1972 Arbeitszeit; 22.7.03, NZA 04, 507 (510); *LAG Hamm* 10.9.07; BB 08, 340 und *LAG Hamm* 22.5.13, LAGE § 87 BetrVG 2001 Arbeitszeit Nr. 7; *ArbG Kiel* 21.6.07, AuR 07, 406, Ls.; *Fitting,* Rn. 115; GK-*Wiese,* Rn. 334; HWGNRH-*Worzalla,* Rn. 204; Richardi-*Richardi,* Rn. 279; *Hamm,* AiB 05, 343 ff.; *Böker,* Langzeitkonten, S. 15 ff. und *Gellrich/Förg* AiB 07, 212 ff. zu **Regelungspunkten** bei Arbeitszeitkonten; vgl. auch *BAG* 13.12.00, BB 01, 1584 (1585), das bei der Ermöglichung negativer Zeitguthaben Nr. 3 anwenden will; zur Mitnahme angesparter Arbeitszeitkonten bei einem AG-Wechsel des AN vgl. *Wellisch/Moog,* BB 05, 1790 ff.; ein Überblick zu den Rahmenbedingungen bei *Höfer/Greiwe,* BB 06, 2242 ff. und *Klemm,* NZA 06, 946 ff.; *ders.,* AuA 06, 256 ff.

459 Da die Arbeitsleistung vergütungspflichtig erbracht worden ist dürfte ein Verfall auch schon im Hinblick auf **Art. 14 GG** nicht zulässig sein; *BAG* 29.4.04, NZA 04, 670 (677) lässt die Frage offen; a A. *LAG München* 27.3.12, AiB 13, 460 ff. mit Anm. v. *Heinlein;* vgl. aber *BAG* 10.12.13, NZA 14, 675 (676 f.), das in der Rechtsbeschwerde diese Frage nicht zu entscheiden brauchte, da in der fraglichen BV nur die Arbeitszeit, aber nicht die Vergütung geregelt werde und zudem ein Verfall nach dem einschlägigen TV unzulässig war) und hierzu *Karthaus,* AuR 15, 346 ff.; zustimmend ErfK-*Kania,* Rn. 29; vgl. auch HWGNRH-*Worzalla,* Rn. 204.

460 Vgl. auch *HessLAG* 9.10.97, NZA-RR 99, 88 (Ls.) zur Auslegung einer BV mit entsprechenden Höchstgrenzen für Über- und Unterschreitung der Sollzeit.

461 Vgl. insgesamt Kittner/Zwanziger/Deinert-*Schoof/Heuschmid,* § 27 Rn. 55; *Schüren,* AuR 96, 381 ff.;

In der BV kann auch bestimmt werden, dass Zeiten der **Teilnahme an einem Arbeitskampf** nicht zur Kürzung des Entgelts, sondern zur Belastung des Gleitzeitkontos führen. Eine solche Regelung verletzt nicht die Chancengleichheit im Arbeitskampf.[462] Werden Regelungen vereinbart, die maximal übertragbare Gleitzeitguthaben definieren oder festlegen, dass am Ende eines Ausgleichszeitraums bestimmte Höchstwerte nicht überschritten werden dürfen, so begründet dies entsprechende **Durchführungspflichten des AG,** die der BR, ggf. auch die Gewerkschaft gem. § 23 Abs. 3, mit dem Unterlassungsanspruch durchsetzen kann.[463]

bb) Vertrauensarbeitszeit

Besondere Probleme wirft die sog. »**Vertrauensarbeitszeit**« (vgl. auch die Arbeitshilfe bei DKKWF-*Klebe/Heilmann*, § 87 Rn. 20) auf. Hierbei gibt der AG einen Zeitrahmen vor, in dem bestimmte Arbeitsziele zu erreichen sind, eine Anwesenheitspflicht im Betrieb oder Arbeitspflicht für definierte Zeiten bzw. Kernarbeitszeit und eine (elektronische) Zeiterfassung existieren nicht. Der AN selbst hat die Verantwortung für die Erreichung der Ziele, faktisch gleich, wie und mit welchem Zeitaufwand. Bei der Vertrauensarbeitszeit, die Elemente der Abrufarbeit und von Außendienstarbeit hat, handelt es sich also i. d. R. um eine schlichte **Verlagerung des Betriebsrisikos vom AG auf den AN.**[464] Der BR wird entsprechenden Plänen daher sehr kritisch gegenüberstehen müssen. Sollte sich die Einführung von Vertrauensarbeitszeit nicht vermeiden lassen, muss er seinen Mitbestimmungsrechten nach Nr. 2 und 3[465] adäquate Regelungen zum Schutz der AN anstreben, ein Verzicht auf seine Rechte, ihre Nichtausübung, wäre auch hier unzulässig (Rn. 39);[466] eine entsprechende Anordnung durch Entscheidung der ESt. ist im Übrigen nicht möglich. Regelungen in einer **(freiwilligen) BV** müssen daher z. B. die Einhaltung der gesetzlichen und tariflichen Vorschriften beachten und die Beschäftigten in die Lage versetzen, wirklich **mehr Autonomie** zu erlangen und sich, ggfs. mit einem spezifischen Reklamationsverfahren unter Einschaltung des BR, wirksam gegen Überlastung zu wehren. Sie müssen gewährleisten, dass die tatsächliche Arbeitszeit betrieblich erfasst wird (vgl. auch die **Dokumentationspflicht in § 16 Abs. 2 ArbZG** bei einer werktäglichen Arbeitszeit, die 8 Stunden überschreitet)[467] und vor allem realistische/erreichbare Ziele in einem nachvollziehbaren (vom BR mitbestimmten) Verfahren mit individuellen **Beschwerde und Eskalationsrechten** der AN definiert werden. Zudem muss sichergestellt werden, dass Zeitguthaben durch Freizeit ausgeglichen werden können, die Arbeit, z. B. in **Projekten, unterbrechbar** wird. Der BR hat auch hier nach § 80 Abs. 2 Satz 1 einen **Auskunftsanspruch** hinsichtlich der tatsächlich geleisteten Arbeitszeiten, z. B. um die Einhaltung von Ruhezeit und Ruhepausen zu überprüfen. Der AG muss gewährleisten, dass der BR diese Kontrollaufgaben wahrnehmen kann.[468] Bei dem Thema der Vertrauensarbeitszeit ist es, wie die betriebliche Erfahrung zeigt, besonders wichtig, Lösungen zusammen mit den Beschäftigten zu entwickeln.[469] 100

---

zur **Überwachung** der Gleitzeitkonten durch den BR *LAG Baden-Württemberg* 21.2.94, BB 94, 1352 f. und auch *LAG Köln* 28.6.11, RDV 12, 37 (38 f.); zur **Insolvenzsicherung** von Arbeitszeitkonten *Hamm,* AiB 05, 92 ff.; *BAG* 24.9.03, DB 04, 191 f.; zur ab 1.1.09 geänderten Rechtslage durch das Gesetz zur Verbesserung der Rahmenbedingungen für die Absicherung flexibler Arbeitszeitregelungen und zur Änderung anderer Gesetze (BT-Drucks. 16/10289 und BR-Drucks. 892/08) *Wellisch/Lenz,* DB 08, 2762 ff.; *Haßlöcher,* BB 09, 440 ff. und *Ulbrich/Rihn,* DB 09, 1466 ff.

462 *BAG* 30.8.94, NZA 95, 183 (184 f.).

463 *BAG* 29.4.04, NZA 04, 670 (677 f.); *LAG Köln* 7.5.08, AuR 08, 456(Ls.); Kittner/Zwanziger/Deinert-*Schoof/Heuschmid,* § 27 Rn. 58; vgl. auch *Herbst,* AuA 01, 555 ff.

464 Ausführlich hierzu *Hamm,* AiB 00, 152 ff.; *Thannheiser,* CF 4/00, S. 18 ff.; Kittner/Zwanziger/Deinert-*SchoofHeuschmid,* § 27 Rn. 103 ff.; Meine/Wagner-*Wagner/Wick,* Kapitel 5.6; vgl. auch *Compensis,* NJW 07, 3089 ff.

465 *LAG Niedersachsen* 22.10.13, LAGE § 98 ArbGG 1979 Nr. 68 = juris.

466 Vgl. auch *Däubler,* Internet, Rn. 171; Richardi-*Richardi,* Rn. 280.

467 Vgl. auch *LAG Niedersachsen* 22.10.13, LAGE § 98 ArbGG 1979 Nr. 68 = juris.

468 Vgl. *BAG* 6.5.03, DB 03, 2445 ff.; *LAG Niedersachsen* 8.11.04, NZA-RR 05, 424 ff. und *LAG Köln* 6.9.10, AuR 11, 266 (Ls.); Richardi-*Richardi,* Rn. 280.

469 Vgl. auch Däubler-*Hensche/Heuschmid,* TVG, § 1 Rn. 676 ff.; *Fitting,* Rn. 116; *Hamm,* AiB 00, 152 (158 ff.); *Schoof,* AiB 03, 199 (205); *Reichold,* FS Wiese, S. 407 ff. (insbes. S. 422 ff.); *Klein-Schneider,* Vertrauensarbeitszeit, S. 14 ff.

cc) Jobsharing und KAPOVAZ

101 Die Mitbestimmung besteht hinsichtlich der Einführung und Ausgestaltung der kapazitätsorientierten variablen Arbeitszeit/**KAPOVAZ** (DKKWF-*Klebe/Heilmann,* Mustervereinbarung Kapovaz, § 87 Rn. 15).[470] und des **Jobsharing-Systems.**[471] Bei BV sollte der BR die allgemein für Teilzeitarbeit geltenden Regelungspunkte beachten (vgl. Rn. 108) und vor allem auch, dass die Einrichtung dieser Arbeitsplätze nur auf Wunsch der AN erfolgt. Bei Jobsharing sollte er darüber hinaus vereinbaren, dass die AN den Arbeitsplan selbstständig aufstellen, Vertretungen des Partners freiwillig und auf vorhersehbare Fälle beschränkt sind und bei dessen etwaigem Ausfall auf Dauer ein Anspruch auf Vollzeitbeschäftigung besteht.[472]

dd) Ladenöffnungszeiten

102 Der BR hat auch insoweit ein Mitbestimmungsrecht, als durch die zeitliche Lage der Arbeitszeit die **Ladenöffnungszeiten** in Geschäften mitgeregelt werden. Die Lage der Arbeitszeit muss nicht den gesetzlich zugelassenen Ladenöffnungszeiten entsprechen. Das Mitbestimmungsrecht unterliegt nicht dem Vorbehalt, in den **unternehmerisch-wirtschaftlichen Bereich** nicht eingreifen zu dürfen[473] (vgl. oben Rn. 27). **Veränderungen des gesetzlichen Ladenschlusses** haben dementsprechend keinen unmittelbaren Einfluss auf Arbeitszeitregelungen z. B. in BV, sie stellen auch keinen Grund für deren außerordentliche Kündigung dar.[474] Dies gilt auch nach Übergang der Gesetzgebungskompetenz vom Bund auf die Länder,[475] wenn deren Ladenschluss-/Ladenöffnungsgesetze längere Öffnungszeiten möglich machen.[476]

ee) Rufbereitschaft

103 Der BR hat auch ein Mitbestimmungsrecht bei der Einführung und Festlegung der Modalitäten von **Rufbereitschaft** (vgl. den Regelungsvorschlag bei DKKWF-*Klebe/Heilmann,* § 87 Rn. 16 und zu Überstunden Rn. 125).[477] Rufbereitschaft ist zwar die Zeit, in der der AN verpflichtet ist, sich an einem selbst bestimmten Arbeitsort, den er dem AG angeben muss, oder per Funktelefon[478] auf Abruf bereitzuhalten, es ist also keine Arbeitszeit. Auf der anderen Seite soll das Mitbestimmungsrecht sicherstellen, dass die **private Lebensgestaltung** des AN nicht allein dem Weisungsrecht des AG überlassen bleibt.[479] Dies rechtfertigt eine Gleichstellung der Rufbereitschaft. **Bereitschaftsdienst** (vgl. die Mustervereinbarung bei DKKWF-*Klebe/Heilmann,* § 87 Rn. 17) ist ebenso wie **Arbeitsbereitschaft**[480] als Arbeitszeit auch arbeits-

---

470 Vgl. § 12 TzBfG, der eine Festlegung der täglichen und wöchentlichen Arbeitszeit im Arbeitsvertrag verlangt; hierzu auch *Däubler,* ZIP 01, 217 (222).

471 Vgl. § 13 TzBfG; *BAG* 13.10.87, 28.9.88 AP Nrn. 24, 29 zu § 87 BetrVG 1972 Arbeitszeit; ErfK-*Kania,* Rn. 29 (zu Kapovaz); *Fitting,* Rn. 125 f.; *Buschmann/Dieball/Stevens-Bartol,* Rn. 13; *Gnade,* FS Kehrmann, S. 227 (234 f.); MünchArbR-*Matthes,* § 244 Rn. 34 f f., 56; vgl. zu Jobsharing weiter *Franke,* DB 85, 1635 ff.; einschränkend HWGNRH-*Worzalla,* Rn. 206; zu KAPOVAZ: HWGNRH-*Worzalla,* Rn. 203; *Kleveman,* AiB 86, 103 ff. (156 ff.); *Plander,* AuR 87, 281 ff.; insgesamt enger GK-*Wiese,* Rn. 316 ff.

472 Vgl. auch die **Regelungspunkte** bei *Bobke,* S. 190 zu KAPOVAZ und S. 191 zu Jobsharing.

473 *BAG* 31.8.82, AP Nr. 8 zu § 87 BetrVG 1972 Arbeitszeit; bestätigt durch *BVerfG* 18.12.85, AP Nr. 15 zu § 87 BetrVG 1972 Arbeitszeit; *BAG* 26.10.04, NZA 05, 538 (541); *Fitting,* Rn. 117; a. A. HWGNRH-*Worzalla,* Rn. 216; Richardi-*Richardi,* Rn. 315.

474 Vgl. *Buschmann/Ulber,* ArbZG, Anhang E, § 3 Rn. 9 m. w. N., *Buschmann* AiB 07, 197 (203).

475 Hierzu *Buschmann/Ulber,* ArbZG, Anhang E, Einleitung Rn. 11 und Kittner/Zwanziger/Deinert-*Schoof/Heuschmid,* § 26 Rn. 350 ff.

476 *Buschmann/Ulber,* ArbZG, Anhang E, § 3 Rn. 9.

477 *BAG* 21.12.82, AP Nr. 9 zu § 87 BetrVG 1972 Arbeitszeit; 23.7.96, DB 97, 380 (381); 23.1.01, DB 01, 1371 (1372); ErfK-*Kania,* Rn. 29; *Fitting,* Rn. 127; enger GK-*Wiese,* Rn. 339 f. und Richardi-*Richardi,* Rn. 303: Mitbestimmung nach Nr. 2 nur bei der Lage, nicht hinsichtlich Einführung und Umfang, insoweit aber ggf. nach Nr. 3; a. A. HWGNRH-*Worzalla,* Rn. 207; *SWS,* Rn. 64; zu **Regelungsbereichen einer BV** vgl. *Bösche/Grimberg,* AiB 94, 199 ff.

478 *BAG* 29.6.00, NZA 01, 165 (166 f.).

479 Vgl. z. B. *BAG* 21.12.82, AP Nr. 9 zu § 87 BetrVG 1972 Arbeitszeit; 15.12.92, DB 93, 888.

480 Zu den Begriffen vgl. auch *BAG* 29.10.02, DB 03, 2014 (2015).

zeitrechtlich anzusehen,[481] sodass Einführung und zeitliche Lage mitbestimmungspflichtig sind.[482]

ff) Schicht- und Nachtarbeit

Der Mitbestimmung unterliegen die **Einführung,** der **Abbau** sowie die konkreten **Modalitäten** von **Schichtarbeit** (vgl. die **Vereinbarungsentwürfe zu Schicht- und Nachtarbeit** bei DKKWF-*Klebe/Heilmann,* § 87 Rn. 18 und 21),[483] wie z. B. die Zahl und zeitliche Lage der einzelnen Schichten, die Abgrenzung des Personenkreises, der Schichtarbeit zu leisten hat, und der **Schichtplan**, dessen Ausgestaltung auch die Zuordnung der AN zu den Schichten umfasst[484] sowie die Änderung bereits festgelegter Pläne.[485] Das Mitbestimmungsrecht besteht bereits dann, wenn nur **eine Schicht** ausfallen oder verlegt werden soll,[486] und zwar hinsichtlich der Absage und beim Nachholen.[487] Es erfasst die **Umstellung von drei auf zwei Schichten,** den Wegfall der **Nachtschicht,** die Ausgestaltung eines gem. § 6 Abs. 5 ArbZG zu gewährenden **Freizeitausgleichs für Nachtarbeit,**[488] die Regelung über **Sonn-, Feiertags-, Nacht- und Wechselschichten** sowie die Frage, welche AN in welcher Schicht eingesetzt werden sollen. Auch der **Schichtwechsel einzelner AN** unterliegt dem Mitbestimmungsrecht, wenn der AG in einer Vielzahl von Situationen, die sich mit betriebsbedingter Notwendigkeit immer wieder ergeben, veranlasst ist, für einen oder mehrere AN einen Wechsel durchzuführen.[489] Die **erstmalige Zuordnung** eines **neu eingestellten Beschäftigten,** hier eines LeihAN, ist demgegenüber nach Auffassung des *LAG Nürnberg* wegen fehlenden kollektiven Bezugs vom Mitbestimmungsrecht nicht erfasst.[490] Sie soll nur unter § 99 fallen. Dem kann nicht gefolgt werden. Die erstmalige Zuordnung unterscheidet sich nicht prinzipiell von einem Schichtwechsel einzelner AN. Auch hier kommt eine Auswahlentscheidung bei der konkreten Zuordnung in Betracht und kann die Maßnahme Auswirkungen auf die anderen in Schichtarbeit Beschäftigten haben. Das Mitbestimmungsrecht greift ein, wenn die wöchentliche Arbeitszeit von **38,5 Stunden auf sechs Arbeitstage** in der Woche verteilt werden muss. Es besteht dann bei den Fragen, ob in einem sog. Rolliersystem oder einem Schichtdienst anderer Art gearbeitet werden soll, ob freie Tage jeweils auf den gleichen Wochentag fallen sollen, wie viele rollierende Gruppen gebildet und welche AN diesen zugeordnet werden sollen, schließlich auch bei der Frage, ob freie Tage auf einen Feiertag fallen können.[491] Das Mitbestimmungsrecht erfasst dagegen nicht die Zuweisung der innerhalb der maßgeblichen Schicht von den AN zu **erbringenden Arbeit.**[492] **104**

Die Folgen der Schicht-, insbes. der Nachtarbeit für die betroffenen AN sind oft gravierend. Familienleben und Teilnahme am kulturellen und politischen Leben werden stark reduziert; die Gesundheitsrisiken nehmen zu. Deshalb sollte der BR soweit möglich die **Einführung von** **105**

---

481 Vgl. § 7 Abs. 1 Nr. 1 a ArbZG, Rn. 68 und *EuGH* 3.10.00, AuR 00, 465 (466); 9.9.03, DB 03, 2066 (2067 f.); 5.10.04, BB 04, 2353 (2357) zur Arbeitsbereitschaft; 1.12.05, NZA 06, 89 (90 f.); *BAG* 16.3.04, DB 04, 1732; 28.1.04, BB 04, 1796 zur Vergütung; Kittner/Zwanziger/Deinert-*Schoof/Heuschmid,* § 26 Rn. 31 f.

482 *BAG* 22.7.03, NZA 04, 507 (510).

483 *Fergen/Schweflinghaus,* AiB 06, 672 ff.

484 *BAG* 26.3.91, DB 91, 1734;; 1.7.03, NZA 03, 1209 (1211); 19.6.12, NZA 12, 1237 (1238); 9.7.13, NZA 13, 1438 (1440); vgl. auch *LAG Köln* 17.9.07, AuR 08, 230, Ls.; *Fitting,* Rn. 120 ff.; MünchArbR-*Matthes,* § 244 Rn. 55 f.; Richardi-*Richardi,* Rn. 288 f.; enger HWGNRH-*Worzalla,* Rn. 199 f.

485 *BAG* 9.7.13, NZA 14, 99 (100).

486 *BAG* 13.7.77, AP Nr. 2 zu § 87 BetrVG 1972 Kurzarbeit.

487 *ArbG Aachen* 7.6.89, AiB 89, 289 f.

488 *BAG* 26.4.05, NZA 05, 884 (887).

489 *BAG* 27.6.89, AP Nr. 35 zu § 87 BetrVG 1972 Arbeitszeit; 18.9.02, BB 03, 740 (741); 3.5.06, DB 07, 60 (61); GK-*Wiese,* Rn. 327; Richardi-*Richardi,* Rn. 290.

490 21.12.11, LAGE § 87 BetrVG 2001 Arbeitszeit Nr. 5 (Ls.); die Nichtzulassungsbeschwerde wurde vom *BAG* 22.5.12 – 1 ABN 16/12 zurückgewiesen.

491 *BAG* 31.1.89, AP Nr. 31 zu § 87 BetrVG 1972 Arbeitszeit; 31.1.89, AP Nr. 15 zu § 87 BetrVG 1972 Tarifvorrang; 25.7.89, NZA 89, 979 ff.; GK-*Wiese,* Rn. 329 f.

492 *BAG* 29.9.04, NZA 05, 313 (315).

Schicht- und Nachtarbeit verhindern bzw. diese reduzieren. In BV ist bei den Modalitäten der Schicht- und Nachtarbeit zudem an die **Einführung von Freischichten** (als zusätzliches Kontingent an Nichtarbeit; vgl. auch § 6 Abs. 5 ArbZG) zum Ausgleich für die besonderen Belastungen, an eine über das Gesetz (vgl. § 6 Abs. 3 ArbZG) hinausgehende besondere **arbeitsmedizinische Betreuung,** bezahlte Essenspausen, den Ausschluss von Akkord- und Wochenendarbeit, eine **Mindestbesetzung** für Maschinen, Vorschriften zum erleichterten Rechtsanspruch auf Wechsel in normale Tagesarbeitszeit (vgl. auch § 6 Abs. 4 ArbZG), besondere Qualifizierungs- und Weiterbildungsmaßnahmen, **Freiwilligkeit** der Schicht- und der Nachtarbeit u. Ä. zu denken.[493]

106 Der BR kann das Mitbestimmungsrecht auch durch eine **Rahmenvereinbarung** ausüben,[494] die sich auf die Grundsätze der Schichtplanerstellung beschränkt und es dem AG gestattet, auf dieser Basis die Einzelschichtpläne festzulegen. Dabei sind jeweils abstrakte und verbindliche Bestimmungen für die Regelung der einzelnen Schichten und die Zuordnung der AN zu vereinbaren.[495] Darüber hinaus können sich die Betriebsparteien nach *BAG*[496] auch auf die Vereinbarung von Verfahrensregelungen beschränken, die für die Vorlage des Schichtplans gelten, dem der BR zustimmen muss. Bei all diesen Vereinbarungen muss jeweils im Einzelfall geprüft werden, ob es sich nicht um einen unzulässigen **Verzicht** des BR auf Mitbestimmungsrechte handelt (vgl. Rn. 49, 127).

gg) Teilzeitarbeit

107 Der BR kann bei **Teilzeitarbeit** nach h. M. (vgl. Rn. 87 ff.) über die Dauer der wöchentlichen Arbeitszeit nicht mitbestimmen.[497] Der BR bestimmt mit über die **Einführung** (er hat auch hier ein Initiativrecht),[498] eine **tägliche Mindestarbeitszeit,** eine **Höchstzahl von Arbeitstagen** pro Woche und einen **zeitlichen Rahmen,** innerhalb dessen Teilzeit-AN an den einzelnen Tagen zu beschäftigen sind. Dies gilt auch für Regelungen, die die **Lage der Pausen** und deren Dauer betreffen und somit die tägliche Schichtzeit der Teilzeit-AN berühren.[499] Die Teilzeitregelungen im **TzBfG,** BEEG, FPfZG und PflegeZG haben an dieser Rechtslage nichts geändert. Nach § 8 Abs. 4 TzBfG[500] hat ein AN Anspruch auf Verringerung seiner Arbeitszeit und eine seinen Wünschen entsprechende Verteilung, soweit keine betrieblichen Gründe entgegenstehen.[501] Die Lage der Arbeitszeit wird dabei durch eine Vereinbarung mit dem AG (Abs. 3), Fiktion (Abs. 5) oder eine die Zustimmung des AG ersetzende Gerichtsentscheidung geändert, also nicht durch eine zwingende gesetzliche Regelung i. S. d. Eingangssatzes.[502] Darüber hinaus hat die Festlegung in aller Regel Einfluss auf die Arbeit und die **Arbeitszeiten anderer AN** (z. B. **Arbeitsverdichtung,** Mehrarbeit, ungünstigere Arbeitszeiten) und damit **kollektiven Bezug.**[503] Sie kann daher ebenso wie eine spätere vom AG betriebene Änderung (Abs. 5 Satz 4) nur unter Beachtung des Mitbestimmungsrechts erfolgen.[504] Dabei sind die

493 Vgl. *Colneric,* NZA 92, 393 ff.; *Elsner,* AiB 90, 53 ff.; *Schoof,* AiB 92, 265 ff.; Meine/Wagner-*Fergen/Schulte-Meine/Vetter,* Kapitel 6; *Engelhardt,* AiB 08, 316 ff. mit Regelungspunkten für eine BV; vgl. auch *Grzech-Sukalo/Hänicke,* S. 21 ff. zu diskontinuierlichen Schichtsystemen und zu kontinuierlichen Schichtsystemen *Hänecke/Grzech-Sukalo,* S. 18 ff.

494 *BAG* 28.5.02, DB 02, 2385 (2386).

495 *BAG* 9.7.13, NZA 14, 99 (100); vgl. auch *LAG Baden-Württemberg* 7.11.13, NZA-RR 14, 133 (136).

496 *BAG* 9.7.13, NZA 14, 99 (100); vgl. auch *LAG Baden-Württemberg* 7.11.13, NZA-RR 14, 133 (136).

497 Vgl. aber auch *Buschmann/Dieball/Stevens-Bartol,* § 87 Rn. 9, die zu Recht hinsichtlich der wöchentlichen Mindestarbeitszeit ein Mitbestimmungsrecht annehmen.

498 vgl. *Gnade,* FS Kehrmann, S. 227 (233 m. w. N.).

499 Vgl. *BAG* 13.10.87, AP Nr. 24 zu § 87 BetrVG 1972 Arbeitszeit; *LAG Köln* 18.4.12 – 3 TaBV 92/11; *Fitting,* Rn. 124; Richardi-*Richardi,* Rn. 295 f.; *Buschmann/Ulber,* S. 148 ff.; enger *SWS,* Rn. 70 ff.

500 Vgl. auch § 3 Abs. 4 PflegeZG und hierzu *Nielebock,* AiB 08, 363 (367); *Preis/Nehring,* NZA 08, 729 ff.; *Freihube/Sasse,* DB 08, 1320 [1322]).

501 Hierzu *BAG* 18.2.02, DB 03, 1682 f.; *Buschmann/Dieball/Stevens-Bartol,* § 8 TzBfG Rn. 30 ff.

502 *BAG* 18.2.03, DB 03, 2442 (2444); 18.8.09, NZA 09, 1207 (1210); *Fitting,* Rn. 106; Richardi-*Richardi,* Rn. 299; *Engels,* AuR 09, 65(68).

503 Vgl. z. B. *BAG* 16.12.08, NZA 09, 565 (568 f.).

504 BT-Drucks. 14/4625, S. 24; *Buschmann/Dieball/Stevens-Bartol,* § 8 TzBfG Rn. 36, 42; *Fitting,* Rn. 106;

durch Mitbestimmungsrecht und Teilzeit-BV geschaffenen Rahmenbedingungen **betriebliche Gründe i. S. d. § 8 TzBfG;**[505] der Anspruch auf Verteilung der Arbeitszeit muss sich also in diesem Rahmen halten.[506]

In einer BV kann sich der AG zudem verpflichten, Teilzeit-AN nur zu den im Arbeitsvertrag festgelegten festen Arbeitszeiten zu beschäftigen und Arbeitsverträge nur mit festen Arbeitszeiten unter Verzicht auf Abrufmöglichkeiten entsprechend dem Arbeitsanfall zu vereinbaren.[507] Das Mitbestimmungsrecht umfasst auch eine Regelung, nach der im Arbeitsvertrag Art und Umfang der Tätigkeit, Einsatzort, die Dauer der Arbeitszeit und die Arbeitszeitregelung pro Tag und Woche niederzulegen sind.[508] Darüber hinaus können ggf. freiwillig in einer Teilzeit-BV zudem eine wöchentliche **Mindestarbeitsdauer,** konkrete **Gleichbehandlungsvorschriften** mit Vollzeitbeschäftigten (z. B. für die Weiterbildung, vgl. §§ 4, 10 TzBfG), die Zahlung eines Überstundenzuschlages bereits bei Überschreitung der festgelegten Teilzeitdauer festgelegt werden[509] und ebenso schon bei entsprechender persönlicher Eignung der **Vorrang der Teilzeitbeschäftigten** bei der Besetzung von Vollzeitarbeitsplätzen (vgl. auch § 9 TzBfG), also auch über das TzBfG hinausgehende erleichterte Voraussetzungen für den Wechsel von Vollzeit in Teilzeitarbeit und umgekehrt (zu Regelungspunkten einer BV DKKWF-*Klebe/Heilmann,* § 87 Rn. 19).[510] Bei der Frage, ob **Altersteilzeit** im Blockmodell, Teilzeitmodell oder wahlweise in beiden Modellen durchgeführt werden soll, besteht ebenfalls ein Mitbestimmungsrecht, falls keine abschließende tarifliche Regelung vorliegt. **§ 2 Abs. 2 ATG** ist **nicht abschließend.**[511] 108

hh) Überstunden und Kurzarbeit

Bei der Festlegung von **Überstunden** und **Kurzarbeit** geht es auch um die Frage, wie die Arbeitszeit verteilt werden soll, wie also Beginn und Ende festgelegt werden. Demzufolge besteht ein Mitbestimmungsrecht nach Nr. 2 neben dem nach Nr. 3.[512] Schließlich greift die Vorschrift und ggf. auch Nr. 3 ein, wenn Beschäftigte **Arbeit mit nach Hause nehmen** (Rn. 62 zum Mitbestimmungsrecht nach Nr. 1).[513] 109

3. Vorübergehende Verkürzung/Verlängerung der Arbeitszeit (Nr. 3)

a) Voraussetzungen des Mitbestimmungsrechts

aa) Verkürzung/Verlängerung der Arbeitszeit

Schutzzweck der Nr. 3 ist, die AN bei einer Verkürzung der Arbeitszeit vor einer entsprechenden **Entgeltminderung,** bei einer Verlängerung vor den physischen und psychischen 110

GK-*Wiese,* Rn. 313; Engels, AuR 09, 65(68); a. A. *Gaul/Wisskirchen,* BB 00, 2466 (2468) für § 15 BErzGG, der allerdings keinen Anspruch auf eine bestimmte Ausgestaltung der verkürzten Arbeitszeit gibt.

505 *BAG* 18.2.03, a. a. O.; 24.6.08, NZA 08, 1309 (1312); 18.8.09, a. a. O.; *Fitting,* Rn. 125; HWK-*Clemenz,* Rn. 72; *LK,* Rn. 62; Richardi-*Richardi,* Rn. 299; WPK-*Bender,* Rn. 60.

506 Vgl. auch *LAG Schleswig-Holstein* 4.10.07, NZA-RR 08, 301 (303 ff.), das eine entgegenstehende BV als betrieblichen Ablehnungsgrund anerkennt, bei einer vom BR verweigerten Zustimmung diese allerdings im Lichte von § 8 Abs. 4 Satz 2 TzBfG überprüfen will. Dies ist widersprüchlich. BV und Zustimmungsverweigerung sind gleich zu behandeln und beide als betriebliche Gründe anzusehen.

507 *BAG* 13.10.87, AP Nr. 2 zu § 77 BetrVG 1972 Auslegung; vgl. auch *BAG* 28.9.88, AP Nr. 29 zu § 87 BetrVG 1972 Arbeitszeit; MünchArbR-*Matthes,* § 244 Rn. 55.

508 *HessLAG* 4.12.03, AuR 04, 232.

509 Zur individualrechtlichen Seite *Däubler,* Das Arbeitsrecht 2, Rn. 1933 ff. m. w. N.

510 Vgl. auch *Buschmann/Ulber,* S. 137 ff.; *Büntgen,* S. 17 ff.

511 Vgl. *LAG Köln* 16.12.05, AuR 06, 214(Ls.) und 12.12.05 – 12 TaBV 49/05 –, beide im Verfahren zur Bestellung einer ESt., *Fitting,* Rn. 126; ErfK-*Rolfs,* ATG, § 8 Rn. 23; GK-*Wiese,* Rn. 313; Kittner/Zwanziger/Deinert-*Bantle,* § 111 Rn. 180 m. w. N.; Richardi-*Richardi,* Rn. 298; zur **Insolvenzsicherung** vgl. DKKWF-*Klebe/Heilmann,* Rn. 22; *Hanau,* NZA 09, 225 ff.

512 *BAG* 3.5.06, DB 07, 60 (61); GK-*Wiese,* Rn. 300; Richardi-*Richardi,* Rn. 304 f.

513 *ArbG Hamburg* 24.8.76, MitbGespr 77, 66; GK-*Wiese,* Rn. 333.

Belastungen zu schützen[514] und ihnen eine sinnvolle **Arbeits- und Freizeiteinteilung** sowie Freizeitgestaltung zu ermöglichen.[515] Dabei soll nach Klärung der Frage, ob die Arbeitszeit überhaupt zu verändern ist, auch eine **gerechte Verteilung** der hiermit verbundenen Belastungen und Vorteile erreicht werden.[516] Das Mitbestimmungsrecht des BR besteht, wenn die **betriebliche Arbeitszeit** verkürzt oder verlängert werden soll. Unter der betriebsüblichen Arbeitszeit ist die regelmäßige betriebliche Arbeitszeit zu verstehen.[517] Dies sind alle Arbeitszeiten, die die AN, ein Teil von ihnen oder auch ein einzelner jeweils individualrechtlich dem AG schulden. Die betriebsübliche Arbeitszeit kann daher für bestimmte Arbeitsplätze oder für einzelne Abteilungen durchaus unterschiedlich sein.[518]

111 Es muss sich um eine **vorübergehende Verkürzung oder Verlängerung** handeln. Eine vorübergehende Veränderung der Arbeitszeit liegt vor, wenn diese lediglich einen überschaubaren Zeitraum betrifft und **nicht auf Dauer** erfolgen soll.[519] Der Endzeitpunkt muss nicht feststehen, es reicht die Absicht, nach Fortfall des Anlasses der Verkürzung oder Verlängerung der betrieblichen Arbeitszeit (z. B. Auftragsmangel oder Reparaturen) zur bisherigen Arbeitszeit zurückzukehren.[520] Eine vorübergehende Verlängerung der Arbeitszeit soll nach einer früheren Entscheidung des BAG auch vorliegen, wenn eine BV dem AG die begrenzte **Möglichkeit** gibt, über einen längeren Zeitraum **zusätzliche Schichten** zur tariflich vereinbarten regelmäßigen Arbeitszeit abzurufen, wie dies, so das *BAG*[521], bei 3 Sonderschichten und bis zu 10 Sonntagsschichten pro AN im Jahr noch der Fall sein soll.[522] Dies war schon im Hinblick auf den damaligen Sachverhalt, die BV war zeitlich und auch vom Zweck her unbefristet und auf mindestens 5 Jahre, voraussichtlich aber 9 oder mehr angelegt, nicht nachvollziehbar.[523] Die Grenze zu einer **dauerhaften Verlängerung** der Arbeitszeit ist bei einer solcher Regelung überschritten und § 77 Abs. 3 zu beachten. Zudem kommt die Regelung einem unzulässigen Verzicht auf Mitbestimmungsrechte zumindest sehr nahe (zum Verzicht bei Dauerregelungen Rn. 48 f.). Das *BAG*[524] hat zu Recht in einer jüngeren Entscheidung seine Auffassung geändert. In einer ebenfalls unbefristeten BV sollten die Beschäftigten verpflichtet werden, »bei entsprechendem Arbeitsanfall durchschnittlich fünf Stunden pro Woche Mehrarbeit zu leisten«. Dies sei, so das BAG, keine vorübergehende Regelung.[525] Vorübergehend sei nur eine Verlängerung, wenn für einen überschaubaren Zeitraum vom üblichen Arbeitszeitvolumen abgewichen werde, um anschließend zum bisherigen zurückzukehren. Maßgeblich sei die zum Zeitpunkt der Änderung bestehende AG-Planung. Danach wird der vorübergehende Charakter der Arbeitszeitverlängerung insbes. dadurch deutlich, dass die Maßnahme zeitlich oder durch die Erreichung eines bestimmten Zwecks befristet wird. Durch das Mitbestimmungsrecht wird **jede Form vorübergehender** Verkürzung/Verlängerung erfasst, also beispielsweise auch, unabhängig davon, ob z. B. die Verkürzung **Auswirkungen auf die Vergütung** hat,[526] die Einlegung/Absage einer einzigen Sonder- oder Feierschicht,[527] die vorübergehende unbezahlte

---

514 *BAG* 21.11.78, AP Nr. 2 zu § 87 BetrVG 1972 Arbeitszeit.

515 So jetzt auch *BAG* 13.3.01, NZA 01, 976 in Erweiterung seines bisherigen Ansatzes (vgl. hierzu Rn. 98 a); ähnlich *BAG* 19.6.01, BB 01, 2582 (2584); *Fitting*, Rn. 131 f.; Richardi-*Richardi*, Rn. 335; WPK-*Bender*, Rn. 67; *Hamann*, AuR 02, 322 (324).

516 So *BAG* 23.7.96, DB 97, 380 (381); 25.2.97, NZA 97, 955 (956); 19.6.01, BB 01, 2582 (2584) und 25.9.12, NZA 13, 159 (160) zu Überstunden; 3.5.06, DB 07, 60 (61) zu vorübergehender Verkürzung der Arbeitszeit.

517 *BAG* 21.11.78, AP Nr. 2 zu § 87 BetrVG 1972 Arbeitszeit; 3.6.03, NZA 03, 1155 (1157); 26.10.04, NZA 05, 538 (540 f.); *BAG* 9.7.13, NZA 14, 99 (101); Richardi-*Richardi*, Rn. 337.

518 Vgl. z. B. *BAG* 16.7.91, DB 91, 2492 f. mit Anm. *Trümner*; 3.6.03, a. a. O. m. w. N.; 24.4.07, DB 07, 1475 (1476), hierzu *Clemenz*, RdA 08, 112 (113 f.); GK-*Wiese*, Rn. 381.

519 *BAG* 21.11.78, AP Nr. 2 zu § 87 BetrVG 1972 Arbeitszeit; 3.6.03, NZA 03, 1155 (1157); 15.5.07, NZA 07, 1240 (1243) GK-*Wiese*, Rn. 384.

520 *BAG* 9.7.13, NZA 14, 99 (101); GK-*Wiese*, Rn. 384.

521 3.6.03, NZA 03, 1155 (1157 f.).

522 Zustimmend ErfK-*Kania*, Rn. 33; GK-*Wiese*, Rn. 384.

523 Vgl. auch *Buschmann/Ulber*, ArbZG, Einleitung Rn. 41; *Hamm*, AiB 05, 48 (53).

524 17.5.11, NZA 11, 1169 (1170).

525 Vgl. auch *BAG* 9.7.13, NZA 14, 99 (101).

526 *BAG* 1.7.03, a. a. O.; 3.5.06, DB 07, 60 (61).

527 *BAG* 13.7.77, AP Nr. 2 zu § 87 BetrVG 1972 Arbeitszeit; 14.2.91, NZA 91, 607; *Fitting*, Rn. 133, 150;

Freistellung von AN durch einen Konkursverwalter[528] und die Verkürzung der Arbeitszeit während der **Elternzeit** (§ 15 BErzGG). Die entsprechende Vereinbarung, auf die nur ein Anspruch besteht, sofern keine dringenden betrieblichen Gründe entgegenstehen, stellt ebenso wenig wie die gerichtliche Ersetzung der Zustimmung eine **abschließende gesetzliche Regelung** i. S. d. Eingangssatzes dar (vgl. auch Rn. 32, 107).[529] Wenn die Maßnahme, was i. d. R. der Fall sein wird, kollektiven Bezug hat (vgl. die entsprechende Argumentation zu § 8 TzBfG in Rn. 85), kann sie nur unter Beachtung des Mitbestimmungsrechts erfolgen. Werden in einer BV generelle Grundsätze aufgestellt, sind diese Teil der **dringenden betrieblichen Gründe.**[530]

Bei **Gleitzeitregelungen** besteht das Mitbestimmungsrecht, wenn die Höchstgrenzen für eine Über- und Unterschreitung der Sollzeit nicht eingehalten werden. Dies würde auch dann gelten, wenn die die Höchstgrenzen überschreitenden Arbeitszeiten verfallen (vgl. hierzu aber Rn. 99), soweit sie nicht als Überstunden genehmigt sind. Der AG hat, wie auch ansonsten, dann entweder die Zustimmung des BR einzuholen oder den Anfall der Überstunden zu verhindern.[531] Bei **Arbeitszeitkonten** werden von der Vorschrift auch Regelungen erfasst, wonach Plusstunden, die am Ausgleichsstichtag bestehen als **vergütungspflichtige Überstunden** gewertet werden und unverschuldete **Minusstunden verfallen.**[532] Das Mitbestimmungsrecht greift ebenso ein, wenn von der in den **Mantel-TV der Metallindustrie** von 1990 eingeräumten Möglichkeit Gebrauch gemacht wird, die Arbeitszeit für höchstens 13 bzw. 18 % der Beschäftigten des Betriebs übertariflich bis auf 40 Wochenstunden zu verlängern. Angesichts des Rückkehrrechts der einzelnen AN zur tariflichen Normalarbeitszeit wird man eine vorübergehende Verlängerung annehmen müssen.[533] Auch bei der Einführung der früheren **Struktur-Kurzarbeit** gem. § 175 SGB III[534] bzw. jetzt der **Transfer-Kurzarbeit** (§§ 111, 104 ff. SGB III; §§ 112, 112 a, Rn. 251 ff.) ist letztlich von einer **vorübergehenden** Veränderung der Arbeitszeit auszugehen,[535] wenngleich der Wortlaut der Vorschriften, der von »Fällen eines nicht nur vorübergehenden Arbeitsausfalls« spricht bzw. davon, dass »die Beschäftigungsmöglichkeiten für die AN nicht nur vorübergehend entfallen«, dem entgegenzustehen scheint. Auch in diesen Fällen kann durchaus eine wesentliche Veränderung der wirtschaftlichen Verhältnisse eintreten und damit eine dauerhafte Rückkehr zur bisherigen Arbeitszeit möglich sein, obwohl zunächst das Ende der Kurzarbeit nicht absehbar ist. Darüber hinaus kann für die AN gem. § 111 Abs. 7 SGB III die Verpflichtung bestehen, an Qualifizierungsmaßnahmen (ggf. auch bei einem anderen AG) während der Arbeitszeit teilzunehmen, also in diesem Sinne zu arbeiten (vgl. auch Rn. 132). Durch Nr. 3 wird die **Verlängerung der regelmäßigen Arbeitszeit** nicht erfasst (s. o. Rn. 111).[536] 112

Richardi-*Richardi,* Rn. 353; vgl. zum Mitbestimmungsrecht bei einer Anordnung des AG, entgegen einer betrieblichen Übung am Rosenmontag/Fastnachtsdienstag durchzuarbeiten, HessLAG 20.7.93, BB 94, 430; für den Fall eines wirksamen Widerrufs der betrieblichen Übung verneint *BAG* 12.1.94, DB 94, 2034 ein Mitbestimmungsrecht.

528 *ArbG Berlin* 9.5.96 – 6 BVGa 14940/96.

529 GK-*Wiese,* Rn. 382; a. A. *Gaul/Wisskirchen,* BB 00, 2466 (2468); HWGNRH-*Worzalla,* Rn. 229; *LK,* Rn. 86.

530 Vgl. *Preis/Gotthardt,* DB 01, 145 (149); Richardi-Richardi, rn. und *Straub,* NZA 01, 919 (924) zu § 8 TzBfG.

531 HessLAG 9.10.97, NZA-RR 99, 88 (Ls.); *Schoof,* AiB 03, 199 (208); *Karthaus,* AuR 15, 346 (348).

532 *BAG* 22.7.03, NZA 04, 507 (510).

533 Vgl. GK-*Wiese,* Rn. 384; *Däubler,* Tarifvertragsrecht, Rn. 709; *ders.* Das Arbeitsrecht 1, Rn. 970.

534 Vgl. hierzu *Ulber/Unterhinninghofen,* JbArbR Bd. 35 (1998), S. 71 ff. (81 ff.).

535 Ebenso HaKo-BetrVG/*Kohte,* Rn. 51; *Schoof,* AiB 03, 199 (211); LMS-*Ulber,* vor § 169 Rn. 5; *ders.,* AiB 07, 5 (10 f.); a. A. *Fitting,* Rn. 152; GK-*Wiese,* Rn. 392; *LK,* Rn. 101; *Bachner/Schindele,* NZA 99, 130 (133); *Schütte,* FS Bauer, S. 989 (995); zur Transfer-Kurzarbeit nach Inkrafttreten des Beschäftigungschancengesetzes vom 27.10.10 vgl. *Homburg,* AiB 11, 11 f. und *Böhnke/Kreuziger,* AuA 11, 14 f.

536 *BAG* 12.2.86, DB 87, 995 f.

bb) Initiativrecht

113 Der BR kann sowohl zur **vorübergehenden Einführung von Überstunden** als auch **Kurzarbeit** die Initiative ergreifen.[537] Selbst in dem Gesetzentwurf der CDU/CSU, der nur für einen Teil der Mitbestimmungsrechte ein Initiativrecht beabsichtigte, war dieses für die »Festsetzung von Kurz-, Mehr- und Schichtarbeit« in § 29 Abs. 1 c vorgesehen.[538] Darüber hinaus ist diese Differenzierung dann von der Bundestagsmehrheit abgelehnt worden, woraus sich folgern lässt, dass **für alle Mitbestimmungsrechte ein Initiativrecht** besteht (vgl. Rn. 19). Aus Wortlaut und Systematik lässt sich ebenfalls keine Beschränkung entnehmen.[539] Insbesondere stehen Mitbestimmungsrechte nicht unter dem Vorbehalt, nicht in die unternehmerische Entscheidungsfreiheit eingreifen zu dürfen (vgl. Rn. 27). Das Initiativrecht kann auch zur **Beendigung** der Überstunden und der Kurzarbeit geltend gemacht werden.[540]

cc) Rückkehr zur Normalarbeitszeit

114 Nach Auffassung des *BAG* unterliegt es weder der Mitbestimmung, wenn der Betrieb nach über längere Zeit geleisteten Überstunden wieder **auf die betriebsübliche Arbeitszeit zurückgehen** will, noch, wenn die mit dem BR vereinbarte Kurzarbeit wegen einer veränderten Auftragslage früher als zunächst vorgesehen aufgehoben wird.[541] Zum einen handele es sich um eine dauerhafte und keine vorübergehende Verkürzung oder Verlängerung der Arbeitszeit, zum anderen werde die **betriebsübliche Arbeitszeit** nicht verändert, sondern **wiederhergestellt.** Schließlich sei auch der Schutzzweck der Nr. 3, nämlich die Entgeltansprüche der AN bei Kurzarbeit abzusichern bzw. bei Verlängerung der Arbeitszeit Schutz vor außerordentlichen Belastungen zu geben, nicht betroffen.

115 Diese Rspr. zu Nr. 3 ist selbst bei **vollständiger Rückkehr zur früheren Arbeitszeit** nicht überzeugend. Ist die Einführung von Überstunden und Kurzarbeit mitbestimmungspflichtig, so ist dies auch deren Beendigung.[542] Zudem kann und sollte die jeweilige Beendigung der Arbeitszeitveränderung bereits bei deren Einführung festgelegt werden, so dass der AG nicht durch einseitige Erklärung hiervon abweichen kann.[543] Ist diese Regelung durch das Mitbestimmungsrecht abgedeckt, so ist nicht nachvollziehbar, warum für die Beendigung einer durch einen Anlass befristeten, zeitlich unbefristeten Arbeitszeitveränderung etwas anderes gelten soll.[544] Darüber hinaus ändert sich beim Abbau von Überstunden bzw. Kurzarbeit **Beginn und Ende der täglichen Arbeitszeit,** so dass das Mitbestimmungsrecht nach **Nr. 2** eingreift.[545] Erfolgt nur ein **teilweiser Abbau** der Überstunden/Kurzarbeit, so ist das Mitbestimmungsrecht des BR unabhängig von den vorstehenden Überlegungen auch nach Nr. 3 zu bejahen.[546] In diesem Fall liegt eine weitere, sich allerdings vom Umfang her unterscheidende Änderung der betriebsüblichen Arbeitszeit vor. Der BR übt hier seine **Schutzfunktion** (vgl.

---

537 *Fitting,* Rn. 159; HaKo-BetrVG/*Kohte,* Rn. 55; zur Kurzarbeit *BAG* 4.3.86, AP Nr. 3 zu § 87 BetrVG 1972 Kurzarbeit; *Denck,* ZfA 85, 249 (263); *Gäbert,* NZA 86, 412 ff.; differenzierend Richardi-*Richardi,* Rn. 365 ff.; a. A. GK-*Wiese,* Rn. 367 ff.; *Bischof,* NZA 95, 1021 (1024 f.).

538 BT-Drucks. VI/1806, S. 6.

539 *BAG* 4.3.86, AP Nr. 3 zu § 87 BetrVG 1972 Kurzarbeit.

540 GK-*Wiese,* Rn. 372, WPK-*Bender,* Rn. 75, 81.

541 25.10.77, 21.11.78, AP Nrn. 1, 2 zu § 87 BetrVG 1972 Arbeitszeit; 11.7.90, NZA 91, 67 f.; vgl. auch 18.9.02, BB 03, 740 (741); *LK,* Rn. 97, 101; Richardi-*Richardi,* Rn. 347 f.

542 WPK-*Bender,* Rn. 75, 81.

543 Vgl. auch *LAG Nürnberg* 7.4.92 – 6 TaBV 10/91; GK-*Wiese,* Rn. 387 f.; LMS-*Ulber,* vor § 169 Rn. 6; *Schütte,* FS Bauer, S. 989 (990) und *Otto,* NZA 92, 97 (100); a. A. HWGNRH-*Worzalla,* Rn. 234.

544 So vor allem GK-*Wiese,* Rn. 387 f. und WPK-*Bender,* Rn. 75, 81; *Buschmann/Ulber,* S. 209 f., 219; HaKo-BetrVG/*Kohte,* Rn. 55 ; *Schoof,* AiB 03, 199 (206, 210); *WW,* Rn. 36; vgl. auch ErfK-*Kania,* Rn. 35: Mitbestimmung bei der Beendigung der Kurzarbeit; ebenso Kittner/Zwanziger/Deinert-*Schoof/Heuschmid,* § 27 Rn. 155; vgl. auch *Fitting,* Rn. 149, 151: Kein Mitbestimmungsrecht beim Abbau von Überstunden, Mitbestimmungsrecht allerdings bei vorzeitiger Beendigung vereinbarter Sonderschichten und von Kurzarbeit.

545 *BAG* 21.11.78, AP Nr. 2 zu § 87 BetrVG 1972 Arbeitszeit.

546 Vgl. *LAG Nürnberg,* a. a. O.; *LK,* Rn. 97; *Gnade,* FS Kehrmann, S. 227 (237).

Rn. 110) z. B. aus, wenn neu festzulegen ist, welche AN in welchem Umfang von den Veränderungen der Arbeitszeit betroffen sind, wie die verbleibenden Überstunden bzw. die Kurzarbeit möglichst gerecht zu verteilen sind.[547]

dd) Veränderung der Arbeitszeit und Arbeitskampf

Nach der Auffassung des *BAG* soll das Mitbestimmungsrecht des BR entfallen, wenn **während eines Streiks** im Betrieb des AG dieser die betriebsübliche Arbeitszeit der arbeitswilligen AN aus streikbedingten Gründen vorübergehend verlängern will.[548] Im Hinblick auf eine angebliche »**Überforderung**« **des BR** und **Paritätsüberlegungen** soll ebenso wie die Anordnung von Überstunden auch die von Kurzarbeit in unmittelbar bestreikten Betrieben mitbestimmungsfrei sein.[549] Dies ist bereits deshalb abzulehnen, weil der Gesetzgeber den vom *BAG* in den Vordergrund gestellten Konflikt zwischen Arbeitskampf und Mitbestimmung kannte. Trotzdem hat er lediglich für bestimmte eilbedürftige Maßnahmen (§§ 100, 115; vgl. Rn. 29) Sonderregelungen getroffen (§ 74 Rn. 31 f.).[550] 116

Darüber hinaus vertritt das *BAG*[551] die Auffassung, dass das Mitbestimmungsrecht des BR bei Kurzarbeit, die auf **arbeitskampfbedingte Fernwirkungen** (Beeinträchtigung von Zulieferung und Absatz) zurückzuführen ist, zum Teil eingeschränkt sei. Dies sei der Fall, wenn die Fernwirkungen auf Drittbetriebe das **Kräfteverhältnis der Parteien**, die im Arbeitskampf stehen, beeinflussten. Hiervon sei auszugehen, wenn Betriebe derselben Branche, für die dieselben Verbände zuständig seien, bzw. Betriebe, die sich untereinander in enger wirtschaftlicher Verflechtung befinden, betroffen seien. Bei arbeitskampfbedingter Kurzarbeit sei dann die Frage, ob diese überhaupt einzuführen sei, mitbestimmungsfrei, der BR könne nur bei den Modalitäten, also beim **»Wie«**, nicht beim **»Ob« der Kurzarbeit,** mitbestimmen, sofern hierbei noch etwas zu regeln sei (Einführung der Kurzarbeit ab wann? Für welche AN? usw.). 117

Diese Rspr. des *BAG,* die das Gericht offenbar später selbst in Zweifel gezogen hat,[552] ist abzulehnen. Es ist kein Grund ersichtlich, das sonst vom AG zu tragende Betriebs- und Wirtschaftsrisiko den AN aufzubürden. Dem Gesetz lässt sich **keine Beschränkung des Mitbestimmungsrechts** entnehmen. Darüber hinaus sind die Paritätsüberlegungen bereits vor, erst recht aber seit der **Änderung des** früheren **§ 146, jetzt § 160 SGB III,** zu Lasten der AN[553] alles andere als zwingend, zumal bei der zunehmenden insbes. technologisch vermittelten Verflechtung innerhalb der Wirtschaft **Drittwirkungen nicht vermeidbar** sind. Eine Untersuchung der IG Metall nach Abschluss des Arbeitskampfes 1984 hat im Übrigen gezeigt, dass die AG weit überwiegend die Arbeit **nicht** nach **technisch-wirtschaftlichen Zwangsläufigkeiten** einstellten, sondern um Druck auszuüben. In ca. 75 v. H. aller Fälle wurde die beabsichtigte kalte Aussperrung auf Betreiben der BR (trotz eingeschränkten Mitbestimmungsrechts) ganz verhindert, in der Dauer beschränkt oder auf weniger AN erstreckt.[554] Dies zeigt, dass nicht BR mit der Ausübung der Mitbestimmungsrechte überfordert sind oder diese paritätsverletzend einsetzen, sondern vielmehr die AG die Möglichkeit nutzen, um im Arbeitskampf den internen Druck der Mitglieder auf ihre Gewerkschaft zu steigern. Zudem werden die Paritätsüberlegungen des *BAG* auch in keiner Weise der mit der Änderung des § 160 (vorher 146) SGB III 118

---

547 Vgl. auch Spruch einer ESt. 7.4.92, NZA 92, 1021 f. und *BAG* 25.2.97 – 1 AZR 642/96, S. 11, das in diesem Fall ein Mitbestimmungsrecht in Erwägung zieht.

548 24.4.79, AP Nr. 63 zu Art. 9 GG Arbeitskampf; vgl. auch *BAG* 30.8.94, NZA 95, 183 (184); 10.12.02, BB 03, 1900 (1901 f.); *Fitting,* Rn. 166, 168.; GK-*Wiese,* Rn. 406.

549 *BAG* 22.12.80, AP Nr. 70, 71 zu Art. 9 GG Arbeitskampf.

550 Vgl. *Colneric* in Däubler, Arbeitskampfrecht, 2. Aufl., Rn. 664 ff. m. w. N.; *Dette* in Däubler, Arbeitskampfrecht, 3. Aufl., § 19 Rn. 132 ff.; *Jahn,* S. 66 ff.; *Wolter,* AuR 79, 333 ff.; *WW,* Rn. 34; *BKPSS,* AKR Rn. 350 ff.

551 22.12.80, a. a. O.; vgl. auch *BSG* 5.6.91, NZA 91, 982 (985) und die umfassende Darstellung von GK-*Wiese,* Rn. 407 ff. m. w. N.

552 Vgl. *Kissel,* NZA 89, 81 (82 f.).

553 *DE,* Rn. 89 ff.; *Kittner,* FS Gnade, S. 415 ff.; LMS-*Ulber,* vor § 169 Rn. 6; *BKPSS,* AKR Rn. 370 ff.; vgl. auch *BVerfG* 4.7.95, DB 95, 1464 (1465 f.) und hierzu *Heilmann/Menke,* AuR 96, 11 ff.; *Rüfner,* RdA 97, 130 ff.

554 Kittner/Unterhinninghofen, AuR 86, 1 (6).

und zunehmendem **Technologieeinsatz** wachsenden Überlegenheit der AG (Ausweichen auf andere Lieferanten/Verlagerung von Produktion) gerecht.[555] Die Unterscheidung zwischen dem »Ob« der Einführung von Kurzarbeit und dem »Wie« ist **praktisch kaum durchführbar.**[556] Schließlich verkennt die Rspr. des *BAG* auch, dass den BR eine gesetzliche Neutralitätspflicht nach § 74 Abs. 2 trifft, er also, selbst wenn man den Drittbetrieb mit in den Arbeitskampf gedanklich einbezöge, nicht »Kampfgegner« des AG wäre. Er ist auch nicht der »verlängerte Arm«[557] der Gewerkschaft.[558] Die BR-Mitglieder müssen nicht einmal Gewerkschaftsmitglieder sein.[559] Auch nach der *BAG*-Rspr. besteht jedenfalls ein uneingeschränktes Mitbestimmungsrecht bei Kurzarbeit infolge **ausländischer Streiks**[560] oder Arbeitskämpfen in anderen Branchen.

119 Nach der abzulehnenden Auffassung des *BAG* kann der AG allein befinden, ob Kurzarbeit eingeführt werden soll. Er hat allerdings dem BR im Einzelnen **darzulegen,** aus welchen Gründen die AN während der betriebsüblichen Arbeitszeit nicht mehr weiterbeschäftigt werden können, warum also die **Einführung von Kurzarbeit unvermeidlich** ist. Dabei sind dem BR auch die entsprechenden **Unterlagen** vorzulegen (vgl. insbes. § 100 Abs. 2 SGB III). Von der Unvermeidbarkeit des Arbeitsausfalls kann nur dann die Rede sein, wenn AG und BR vergeblich versucht haben, die Kurzarbeit abzuwenden oder jedenfalls einzuschränken. So ist es dem AG vor Einführung regelmäßig zuzumuten, u. a. die Arbeit zu strecken, die **Lagerbestände aufzufüllen,** die für Kurzarbeit vorgesehenen AN in andere Betriebsabteilungen umzusetzen bzw. **Aufräumungs-, Instandsetzungs-** oder **vergleichbare Arbeiten** ausführen bzw. vorziehen zu lassen. Sowohl für den Fall, dass die Kurzarbeit nicht Folge eines Arbeitskampfes ist, als auch bei Nichtbeteiligung bei der Regelung der Modalitäten kann der BR durch **einstweilige Verfügung** die Kurzarbeit untersagen lassen.[561] Wird hinsichtlich der Frage, ob Kurzarbeit eingeführt werden soll, keine Übereinstimmung zwischen AG und BR erzielt, müssen beide Seiten dennoch darüber verhandeln, wie die beabsichtigte Verkürzung der Arbeitszeit durchzuführen ist. Ggf. muss die ESt. angerufen werden, die dann z. B. über die Festlegung von **Beginn und Ende der Kurzarbeit, Lage und Verteilung** der neu zu vereinbarenden Arbeitszeit, Festlegung der einzelnen Tage, an denen die Arbeit ganz ausfallen soll, sowie über die **personelle Auswahl** der von der Kurzarbeit betroffenen AN entscheiden muss (vgl. auch Rn. 128 ff.). Vor der Entscheidung der ESt. kann der AG **keine einseitigen Anordnungen** treffen. Von den hier diskutierten Fragen ist die nach der Zahlung von Kurzarbeitergeld durch die Agentur für Arbeit zu trennen.[562]

120 **Tarifvertragliche Ankündigungsfristen** für Kurzarbeit gelten auch bei arbeitskampfbedingten Drittwirkungen.[563]

---

555 Vgl. *Klebe/Roth,* S. 7 ff.; *dies.,* HB 13.1.86 und 17.3.86.

556 *LAG Bremen* 9.2.89, AiB 89, 316 f.; *Fitting,* Rn. 176; *Trittin,* DB 90, 322 (323).

557 So noch in der 26. Aufl. *Fitting,* Rn. 175.

558 *Jahn,* S. 131 ff.

559 Vgl. im Einzelnen *LAG Bremen* 9.2.89, a. a. O.; *Fitting,* Rn. 174 ff.; *BKPSS,* AKR Rn. 354 ff., 379 ff.; *Colneric* in Däubler, Arbeitskampfrecht, 2. Aufl., Rn. 717 ff. m. w. N.; *Dette* in Däubler, Arbeitskampfrecht, 3. Aufl., § 19 Rn. 143 ff.; *Jahn,* S. 145 ff.; *Linnenkohl/Rauschenberg,* AuR 90, 137 ff.; *Mayer,* BB 90, 2482 ff.; *Schwitzer/Unterhinninghofen,* AiB 90, 5 ff.; *Trittin,* DB 90, 322 ff.; *Weiss,* AuR 82, 265 ff.; vgl. zur a. A. HWGNRH-*Worzalla,* Rn. 263 ff., 280 ff. m. w. N.

560 Vgl. *Unterhinninghofen,* AuR 96, 21 ff. *Dette,* a. a. O. § 19 Rn. 144.

561 *BAG* 22.12.80, AP Nr. 70 zu Art. 9 GG Arbeitskampf; *LAG Bremen* 15.6.84, DB 84, 1935 f.; *LAG Frankfurt* 29.5.84 – 5 TaGaBV 50/84; *ArbG München* 24.5.84 – 28 b GaBV 9/84 W; *Fitting,* Rn. 175; *Dette* in Däubler, Arbeitskampfrecht, 3. Aufl., § 19 Rn. 145.

562 Vgl. hierzu *BSG* 5.6.91, NZA 91, 982 ff.; *Fitting,* Rn. 162 ; *Bieback,* AuR 86, 161 ff.; *Schwitzer/Unterhinninghofen,* AiB 90, 5 ff.

563 *LAG Baden-Württemberg* 8.2.80 – 7 TaBV 4/79; *ArbG Nienburg* 25.6.85 – 2 Ca 624/84; *BPSU,* Teil 2, Rn. 197; *Colneric* in Däubler, Arbeitskampfrecht, 2. Aufl., Rn. 646 ff.; *Kittner,* AuR 81, 289 (302); *Schwitzer/Unterhinninghofen,* AiB 90, 5 (8); a. A. *LAG Niedersachsen* 14.8.87, NZA 88, 408 ff.; *Säcker/Oetker,* ZfA 91, 131 (149 ff.) m. w. N.

b) Überstunden

Das Mitbestimmungsrecht hinsichtlich der Anordnung der Überstunden und ihrer Modalitäten[564] besteht immer dann, wenn ein **kollektiver Tatbestand** gegeben ist, d. h., wenn die Überstunden aus betrieblichen Gründen erforderlich werden und Regelungsfragen auftreten, die die **kollektiven Interessen der AN** betreffen (zum Günstigkeitsprinzip vgl. § 77 Rn. 36 ff.). Das Mitbestimmungsrecht scheidet nur aus, wenn es lediglich um **individuelle Besonderheiten** und **Wünsche einzelner AN** geht. Insofern ist es auch gleichgültig, ob alle Beschäftigten des Betriebs, einige Abteilungen oder lediglich ein einzelner AN Überstunden leisten. Selbst wenn nur ein einzelner AN betroffen ist, können sich kollektive Fragen stellen bzw. kollektive Interessen der AN berührt sein. So kann zu klären sein, wie viele Überstunden zu leisten sind, ob nicht **Neueinstellungen** möglich, wann und von wem die Überstunden zu leisten sind (vgl. allgemein oben Rn. 22 f.).[565] 121

Ebenso ist es ohne Bedeutung, ob die Überstunden von den betroffenen AN **freiwillig** geleistet werden[566] und ob der AG sie **anordnet** oder lediglich **duldet**,[567] wie z. B., wenn mit seiner Kenntnis AN außerhalb ihrer Arbeitszeit mit mobilen Arbeitsmitteln (Smartphones, Tablet-PCs o. Ä.), auch nur sehr kurz,[568] tätig werden (vgl. auch DKKWF-*Klebe/Heilmann*, § 87 Rn. 20 a: Checkliste zur Begrenzung des Einsatzes von mobilen Arbeitsmitteln).[569] Hat der AN auf berufliche Mails oder Telefonanrufe direkt zu reagieren, handelt es sich um Bereitschaftsdienst, weil der für die Rufbereitschaft typische Zeitkorridor, um die Arbeit aufzunehmen, nicht besteht.[570] Der Mitbestimmung unterliegen auch **freiwillige Dienstbesprechungen** außerhalb von Arbeitszeit und Betrieb (z. B. in einer Gaststätte), erst recht, wenn die AN vom AG zur Teilnahme verpflichtet werden könnten oder eine anderweitige Verpflichtung, wie z. B. eine Selbstverpflichtung gegenüber dem AG besteht. Dies gilt ebenso für ein vom AG für bestimmte AN veranlasstes **Mediationsverfahren** (vgl. Rn. 84). Besteht dabei im Hinblick auf vom AG angeordnete Schulungs- und Fortbildungsmaßnahmen ein Mitbestimmungsrecht gem. § 98, sind beide Vorschriften nebeneinander anwendbar[571](vgl. auch § 98 Rn. 5). Fallen regelmäßig Überstunden wegen der entsprechenden Betriebsorganisation an, so besteht das Mitbestimmungsrecht selbst dann, wenn dem AG im Einzelfall die Arbeitszeitverlängerung verborgen bleibt.[572]. Auch die Anordnung von **zusätzlicher Arbeit für Teilzeitbeschäftigte**, die die betriebsübliche Arbeitszeit für Vollzeitbeschäftigte nicht überschreitet, unterliegt der Mitbestimmung.[573] Dies ist ebenso bei Übergangsregelungen, die anlässlich der Einführung oder des Endes der **Sommerzeit** erforderlich werden, der Fall.[574] Das Mitbestimmungsrecht kann auch nicht vom AG durch die Zwischenschaltung eines Strohmanns,[575] den Einsatz von 122

---

564 Vgl. hierzu auch *BAG* 25.2.97, NZA 97, 955 (956); 17.11.98, NZA 99, 662 (664).

565 Vgl. die ständige Rspr. des *BAG* 18.11.80, 8.6.82, AP Nrn. 3, 7 zu § 87 BetrVG 1972 Arbeitszeit; 16.7.91, DB 91, 2492 (2493); *Fitting*, Rn. 134; Richardi-*Richardi*, Rn. 340.

566 *BAG* 21.12.82, 11.11.86, AP Nrn. 9, 21 zu § 87 BetrVG 1972 Arbeitszeit; vgl. Rn. 84 zur Mitbestimmung bei **freiwilliger Teilnahme an Dienstbesprechungen,** die fachliche Kenntnisse aktualisieren (**Qualifizierungsmaßnahmen**) und in einem »lockeren Beisammensein« ausklingen, und an **Business-TV**- Sendungen des AG; s. auch *BAG* 13.3.01, NZA 01, 976; *ArbG Oldenburg* 17.3.04, AiB 05, 315 ff. mit Anm. *Nacken; Fitting*, Rn. 133; GK-*Wiese*, Rn. 399.

567 Vgl. Rn. 5 und *BAG* 27.11.90, BB 91, 548; *Fitting*, Rn. 144; GK-*Wiese*, Rn. 401.

568 *Buschmann/Ulber*, ArbZG, § 2 Rn. 23.

569 *ArbG Berlin* 22.3.12 – 54 BV 7072/11 und *Baunack*, AiB 12, 500 ff.; ders., CuA 2/14, S. 8 ff.; *Buschmann/Ulber*, ArbZG, § 2 Rn. 23 f. mit dem Hinweis auf die Entscheidung des Französischen Kassationsgerichtshofs (Cour de Cassation) v. 2.10.01, der ein »Recht auf Abschaltung« annimmt; *Däubler*, SR 14, 45 (64); Thannheiser, CuA 2/14, S. 4 ff.; *Seebacher*, AiB 11/14, S. 19 ff.

570 *Buschmann/Ulber*, ArbZG, § 2 Rn. 26; Kittner/Zwanziger/Deinert-*Schoof/Heuschmid*, § 26 Rn. 33 f; a. A. *Wisskirchen/Schiller*, DB 15, 1163 (1167).

571 *LAG Hamburg* 10.1.07, AuR 08, 155 (156 f.); *BAG* 15.4.08, NZA-RR 09, 98 ff. bejaht das Mitbestimmungsrecht nach Nr. 3 ohne auf § 98 einzugehen.

572 *LAG Frankfurt* 1.12.87 – 5 TaBV 98/87; vgl. auch Rn. 5.

573 *BAG* 16.7.91, DB 91, 2492 f.; 23.7.96, DB 97, 378; 24.4.07, DB 07, 1475 f., hierzu *Clemenz*, RdA 08, 112 ff.; *Fitting*, Rn. 143; GK-*Wiese*, Rn. 382, 400; HWGNRH-*Worzalla*, Rn. 234.

574 *BAG* 11.9.85, AP Nr. 38 zu § 611 BGB; HWGNRH-*Worzalla*, Rn. 232.

575 *BAG* 22.10.91, DB 92, 686 f.

Leih-AN oder den Abschluss von Werkverträgen umgangen werden.[576] Bei einer **Gleitzeitvereinbarung** fallen Überstunden an, wenn das maximal zulässige Zeitguthaben überschritten wird (vgl. auch Rn. 99, 112).[577]

123 Werden **Wegezeiten** für die Fahrt von der Betriebsstätte zu einer außerhalb gelegenen Arbeitsstätte und **Dienstreisezeiten**,[578] jedenfalls wenn der AN eine Arbeitsaufgabe zu erfüllen hat oder zu einer belastenden Tätigkeit verpflichtet ist (vgl. die Definitionen in Rn. 82 f), außerhalb der normalen Arbeitszeit zurückgelegt, handelte es sich schon nach der früheren Rechtsprechung des *BAG*[579] auch **arbeitsschutzrechtlich** um Arbeitszeit, also um Überstunden.[580] In nur gelegentlich angeordneten Dienstreisezeiten ohne zusätzliche Arbeitsleistungen des AN sieht das *BAG*[581] demgegenüber keine Verlängerung der Arbeitszeit gemäß Nr. 3.[582] Zwar werde durch die Dienstreise die Freizeitgestaltung des AN eingeschränkt, damit sei der Schutzzweck (vgl. hierzu Rn. 110) aber nicht betroffen: Weder seien Dienstreisen mit Arbeitsspitzen vergleichbar, noch ginge es um die Frage, Belastungen und Vorteile des vorübergehenden zusätzlichen Arbeitsbedarfs gerecht zu verteilen. Diese Argumentation überzeugt weder arbeitsschutz- noch betriebsverfassungsrechtlich.[583] Die Dienstreise erfolgt im Interesse und auf Anordnung des AG[584] und bedeutet eine **Belastung** für den betroffenen AN und eine **Beschränkung seines Privatlebens**[585] Sie betrifft darüber hinaus Fragen der **Verteilungsgerechtigkeit,** wenn entschieden wird, wer von mehreren in Frage kommenden AN die mit der Dienstreise verbundenen Belastungen zu tragen hat. Es geht aber auch nicht nur um die Verteilung der bei Überstunden anfallenden **Belastungen und Vorteile**. Ansonsten könnte ein Spezialist, der im Betrieb für seine Arbeit keinen Vertreter hat, keine Überstunden leisten, obwohl eine vorübergehende Verlängerung der Arbeitszeit für ihn sicherlich kollektiven Bezug hätte (Rn. 23). Es geht vielmehr auch um die Frage, wie **Arbeitsspitzen** aufgefangen werden: Überstunden sind dabei nur eine Möglichkeit. Genauso gut könnte die Anreise innerhalb der normalen Arbeitszeit stattfinden.

124 Das weitere Argument des *BAG*, bei Einordnung von Reisezeit als Überstunden müsse Gleiches auch z. B. für **Übernachtungen am auswärtigen Dienstort** gelten, überzeugt ebenfalls nicht. Auch die Rufbereitschaft wird durch Schlafen beim Warten auf Einsätze nicht unterbrochen, da der AN sich jederzeit auf die Arbeitserfordernisse einzustellen hat und über die Zeit der Rufbereitschaft nur in diesem Rahmen privat verfügen kann. Ähnlich verhält es sich bei der Dienstreise selbst und den damit verbundenen **Einschränkungen**, während die Übernachtung an einem auswärtigen Ort über die reine Abwesenheit hinaus keine vergleichbare Belastung mit sich bringt. Schließlich ist die Übernachtung deshalb nicht als Überstunde anzusehen, weil der AN aller Voraussicht nach auch zu Hause schlafen würde. Insofern ist die Situation vergleichbar mit einem Beschäftigten, der bei Fahrten von zu Hause zu einem **Kunden** sich ebenfalls die Zeit anrechnen lassen müsste, die er dadurch erspart, dass er nicht zum Betrieb fahren muss.[586]

---

576 Str., vgl. Rn. 6 mit den entsprechenden Fallschilderungen und m. w. N. sowie auch *Leisten*, BB 92, 266 (269 f.) und kritisch hierzu *Dauner-Lieb*, NZA 92, 817 (825).

577 *HessLAG* 9.10.97, NZA-RR 99, 88, Ls.

578 Zur **Bezahlung** vgl. *BAG* 3.9.97, BB 98, 52 f. = AP Nr. 1 zu § 611 BGB Dienstreise mit Anm. *Hager; Loritz*, NZA 97, 1188 (1192 ff.).

579 Schaub-*Linck*, § 45 Rn. 55 m. w. N.; vgl. aber jetzt *BAG* 12.12.12, NZA 13, 1158 (1159).

580 Vgl. auch *Buschmann/Ulber*, ArbZG, § 2 Rn. 29 ff.; *Buschmann*, FS Hanau, S. 197 (208 f.) und für Wegezeiten auch *ArbG Berlin* 22.10.96, AuR 97, 212, Ls.; GK-*Wiese*, Rn. 399 und HWGNRH-*Worzalla*, Rn. 236.

581 23.7.96, DB 97, 380 (381); zustimmend *Fitting*, Rn. 140; HWGNRH-*Worzalla*, Rn. 236; MünchArbR-*Matthes*, § 245 Rn. 11; *WEH*, H Rn. 82.

582 In der Entscheidung v. 14.11.06, NZA 07, 458 (460) argumentiert das *BAG* nur begrifflich; vgl. hierzu Rn. 68 a.

583 Vgl. auch *Buschmann/Ulber*, ArbZG, § 2 Rn.2 9 ff.; *Mostert*, BetrR 97, 68 f.; Kittner/Zwanziger/Deinert-*Schoof/Heuschmid*, § 26 Rn. 37; *Schoof.*, AiB 03, 199 (208)); *Staack/Sparchholz*, AiB 13, 99 (101).

584 Vgl. *BAG* 12.12.12, NZA 13, 1158 (1159); 19.3.14 – 5 AZR 954/12, DB 14, 1687 (Ls.) zur Abholung von Dienstkleidung und 10.11.09, DB 10, 454 f. (Rn. 95) zur Umkleidezeit als Arbeitszeit.

585 so zum Schutzzweck auch *BAG* 13.3.01, NZA 01, 976.

586 Schaub-*Linck*, § 45 Rn. 54.

Die Entscheidung über die Einführung und nähere Ausgestaltung von **Arbeitsbereitschaft, Bereitschaftsdienst** und **Rufbereitschaft**[587] außerhalb der regelmäßigen Arbeitszeit wird ebenfalls von der Vorschrift erfasst. Arbeitsbereitschaft und Bereitschaftsdienst sind schon **arbeitszeitrechtlich** als Arbeitszeit anzusehen (Rn. 81).[588] Für Rufbereitschaft gilt dies jedenfalls bei Erbringung der Arbeitsleistung. Ansonsten ist die Vereinbarung von Rufbereitschaft als vorsorgliche Regelung der Leistung von Überstunden anzusehen (Rn. 127, 81, 103).[589] **125**

Von den Überstunden, der Arbeitszeit, die über die regelmäßige betriebsübliche Arbeitszeit hinaus anfällt, ist **Mehrarbeit** zu unterscheiden, die dann vorliegt, wenn die gesetzlich vorgeschriebene Höchstarbeitszeit z. B. nach **§ 7 ArbZG überschritten** wird. Die Mitbestimmung des BR erstreckt sich allerdings schlechthin auf die Leistung von Überstunden, ohne Rücksicht darauf, ob es sich gleichzeitig um Mehrarbeit handelt. Andererseits ist durch die arbeitszeitrechtliche Zulässigkeit von Mehrarbeit die Mitbestimmung des BR nicht ausgeschlossen. Auch bei **pauschaler Vergütung** bleibt das Mitbestimmungsrecht selbstverständlich erhalten, da es sich bei der Arbeitszeit unverändert um Überstunden handelt. Die Frage der Vergütung ist für die Vorschrift unbeachtlich.[590] **126**

Der BR kann auch Höchstgrenzen[591] und **vorausgreifende Rahmenvereinbarungen** für Überstunden auf Grund seines Mitbestimmungsrechts erzwingen[592] (vgl. auch Rn. 49). Der BR hat sowohl im Hinblick auf die **Belastung des einzelnen AN** durch Überstunden als auch wegen der ansonsten möglichen **Neueinstellung von Arbeitslosen** die Notwendigkeit von Überstunden sehr sorgfältig zu prüfen.[593] Sind die Überstunden nach Auffassung des BR nicht vermeidbar, sollte er in einer entsprechenden BV eine Begrenzung bei gleichzeitiger Durchführung von Neueinstellungen anstreben (oben Rn. 121 m. w. N.).[594] Auch ist es denkbar, dass ein Ausgleich der Überstunden durch Freizeit wegen der **Annex-Kompetenz** des BR durchgesetzt[595] oder die Zustimmung von einer bestimmten Entgeltregelung abhängig gemacht wird (Rn. 16, 129).[596] Bei der Anordnung der Überstunden muss sichergestellt werden, dass die Auswahl der AN nach vernünftigen Kriterien erfolgt, z. B. dem der **Freiwilligkeit,** und auch ein entsprechender zeitlicher Vorlauf da ist, der den AN eine vorausschauende **Freizeitplanung** ermöglicht (vgl. zu Regelungspunkten einer BV DKKWF-*Klebe/Heilmann*, § 87 Rn. 24). Schließlich sind die durch das ArbZG gezogenen Grenzen zu beachten (vgl. Rn. 32 und 85 m. w. N.). **127**

c) Kurzarbeit

Von Kurzarbeit i. S. d. Vorschrift ist auszugehen, wenn die betriebsübliche Arbeitszeit herabgesetzt wird, gleichgültig, ob es sich hierbei um den Ausfall von Stunden, bestimmten Wochentagen oder ganzen Wochen handelt (vgl. Rn. 111). Das Mitbestimmungsrecht erstreckt sich sowohl auf die Frage, **ob** überhaupt und **in welchem Rahmen Kurzarbeit** eingeführt wird, als auch darauf, wie die **Verteilung der geänderten Arbeitszeit** auf die einzelnen Wochentage zu erfolgen hat.[597] Die Vorschrift greift auch bei **Insolvenz** ein.[598] **128**

587 Vgl. zu den Begriffen auch *BAG* 29.10.02, DB 03, 2014 (2015).
588 Vgl. auch *BAG* 22.7.03, NZA 04, 507 (510).
589 Vgl. *BAG* 29.2.00, DB 00, 1971; 23.1.01, DB 01, 1371 (1372).
590 Vgl. auch *BAG* 23.7.96, NZA 97, 274 (275); 3.5.06, DB 07, 60 (61).
591 Vgl. *BAG* 13.6.89, AP Nr. 36 zu § 87 BetrVG 1972 Arbeitszeit.
592 Vgl. z. B. *BAG* 29.2.00, DB 00, 1971 (1972); 17.11.98, NZA 99, 662 (663 m. w. N.); 10.3.92, DB 92, 1734 und auch 2.3.82, AP Nr. 6 zu § 87 BetrVG 1972 Arbeitszeit (für vorausgreifende Regelungen im Rahmen einer Rufbereitschaft); *Fitting,* Rn. 147; *GK-Wiese,* Rn. 404; *Klebe/Roth,* DB 89, 1518 (1519 f.).
593 Vgl. im Einzelnen auch *Bobke,* S. 181 und *Adams,* AiB 94, 518.
594 Vgl. auch *BAG* 16.7.91, DB 91, 2492 (2593); *Fitting,* Rn. 147.
595 A A. *LAG Hamm* 22.1.86, DB 86, 806 f.; *Brossette,* ZfA 92, 379 (425 ff.).
596 *LAG Nürnberg* 6.11.90, DB 91, 707; *ArbG Hamburg* 6.4.93, AiB 94, 120 f. und **Rn. 16, 129 f**; a. A. GK-*Wiese,* Rn. 360 f.; HWGNRH-*Worzalla,* Rn. 237 m. w. N.
597 Vgl. *Blanke,* S. 15 ff.; *Buschmann/Ulber,* S. 211 ff.; *Bichlmeier,* AiB 93, 713 ff.; *Fitting,* Rn. 150; *Ulber,* AiB 07, 5 ff.; a. A. GK-*Wiese,* Rn. 419 m. w. N.; *GL,* Rn. 86 a; zum **Günstigkeitsprinzip** vgl. in diesem Zusammenhang § 77 Rn. 36 ff.; zur Sozialversicherung bei Kurzarbeit *Winkel,* AiB 09, 411 ff.
598 *ArbG Berlin* 9.5.96 – 6 BVGa 14940/96; offen gelassen von *LAG Hamm* 27.9.00, LAGE § 55 InsO Nr. 3; vgl. auch *LAG Hamm,* 20.9.02 NZA-RR 03, 422 (423).

129 Weiter erfasst das Mitbestimmungsrecht auch die **finanzielle Milderung** der Folgen der Kurzarbeit, wie z. B. die Aufstockung des Kurzarbeitergeldes durch den AG.[599] Das *BAG*[600] hat das Mitbestimmungsrecht ohne weitere Begründung und Auseinandersetzung mit der Gegenmeinung **abgelehnt.** Es hat allerdings den Schutzzweck der Vorschrift andererseits weit gefasst, wenn es ausführt, Ziff. 3 erfasse die Verkürzung der betriebsüblichen Arbeitszeit »insbesondere mit ihrer Entgeltminderung«.[601] Wortlaut und Entstehungsgeschichte erscheinen nicht eindeutig. Jedenfalls wird das Mitbestimmungsrecht hinsichtlich der finanziellen Folgen von Kurzarbeit nicht ausgeschlossen. Deshalb wird hiergegen vor allem die **Gesetzessystematik** angeführt. Die Mitbestimmung beim Arbeitsentgelt sei in den **Nrn. 10 und 11** geregelt.[602] Auch diese Überlegung erscheint jedoch nicht zwingend. Beim finanziellen Ausgleich der Folgen von Kurzarbeit geht es nicht isoliert um Entgeltfragen, sondern vielmehr nur um solche, die ausschließliche **Folge der Arbeitszeitverkürzung** sind. Der Entgeltverlust durch die Kurzarbeit stellt die Obergrenze für Ausgleichsforderungen dar. Insofern erscheint eher die Parallele zur Nr. 4 mit der Annex-Kompetenz des Betriebsrats zur Regelung auch der Übernahme von Kontoführungsgebühren angebracht (vgl. Rn. 139). Man wird entscheidend auf den **Normzweck** abstellen müssen. Durch die Vorschrift soll neben drohenden Entlassungen[603] verhindert werden, dass der AG einseitig Arbeitszeit und damit auch Entgelt reduziert. Dabei konzentriert sich das Interesse der AN in allererster Linie auf die finanziellen Folgen, wie auch das *BAG*[604] anerkennt.[605] Der Schutzzweck der Vorschrift ist also gerade die **Entgeltsicherung.** Wollte man sie nun ausklammern, bestünde die Gefahr, dass das Mitbestimmungsrecht zu einem Instrument des AG wird und seinen Schutzcharakter zugunsten der AN verliert. Denn ohne das Mitbestimmungsrecht müsste der AG den steinigen Weg von individuellen Vertragsänderungen gehen, um Arbeitszeit und Entlohnung herabzusetzen.[606] Wird ihm dies nun durch Nr. 3 erleichtert, kann die Entgeltseite nicht ausgeklammert werden. Auch das *LAG Köln*[607] erkennt die (notwendige) **Verbindung zwischen Arbeitszeitverkürzung und Entgelt** an, wenn es dem BR das Recht zubilligt, eine BV über Kurzarbeit immer dann abzulehnen, wenn er der Meinung ist, die mit der Arbeitszeitverkürzung verbundene Entgeltkürzung stelle für die AN ein unangemessenes Sonderopfer dar. Ist ein Zuschuss zum Kurzarbeitergeld bereits **tariflich** festgelegt, scheidet das Mitbestimmungsrecht aus.

130 Neben der **Aufstockung** des Kurzarbeitergeldes kann der BR in der BV auch durchsetzen, dass der AG den AN einen **Vorschuss** in Höhe und in Anrechnung auf das Kurzarbeitergeld zahlt. Hierbei handelt es sich letztlich um eine **Regelung gemäß Nr. 4** über den Zahlungszeitpunkt, da der AN entweder den Lohnersatz vom Arbeitsamt oder eine Vergütung des AG in Höhe des Kurzarbeitergeldes erhält.[608] Das Kurzarbeitergeld stellt lediglich eine Hilfe zur Verringerung des wirtschaftlichen Risikos für den AG dar. Wird es nicht gezahlt (z. B. auch, weil weniger AN, vgl. Rn. 133, als in § 96 Abs. 1 Nr. 4 SGB III vorausgesetzt, betroffen sind) oder widerrufen, bleibt das **wirtschaftliche Risiko des AG** erhalten. Insofern sollte mindestens in der BV klargestellt werden, dass der AG das Entgelt jedenfalls in Höhe des Kurzarbeitergeldes zahlt, falls das Arbeitsamt hierfür nicht eintritt. Zudem müssen die Voraussetzungen für die Zahlung von Kurzarbeitergeld gemäß **§§ 95 ff. SGB III** beim Abschluss von BV berücksichtigt werden (vgl. auch Rn. 133).

---

599 Str.; wie hier MünchArbR-*Matthes,* § 245 Rn. 36; Kittner/Zwanziger/Deinert-*Schoof/Heuschmid,* § 27 Rn. 156; *Gnade,* FS Kehrmann, S. 227 (239); *GL,* Rn. 111 a; *Henkel/Hagemeier,* BB 76, 1420 (1423); *Schoof,* AiB 08, 322 (326 f.); *Schütte,* FS Bauer, S. 989 (992 ff.); *Trittin,* AiB 91, 94 f.; vgl. auch Schaub-*Koch,* § 235 Rn. 48; **a. A.** *Säcker/Oetker,* ZfA 91, 131 (170 ff. m. w. N.); *LAG Nürnberg* 22.7.76 – 1 TaBV 7/76; *LAG Köln* 14.6.89, NZA 89, 939 f.; ErfK-*Kania,* Rn. 37; *Fitting,* Rn. 153, 160; GK-*Wiese,* Rn. 360 f., 394; HWGNRH-*Worzalla,* Rn. 246; WPK-*Bender,* Rn. 74.

600 21.1.03, NZA 03, 1097 (1100).

601 21.11.78, AP Nr. 2 zu § 87 BetrVG 1972 Arbeitszeit.

602 Vgl. *Säcker/Oetker,* a. a. O., S. 171 m. w. N. und *Brossette,* ZfA 92, 379 (423 f.).

603 *BAG* 4.3.86, AP Nr. 3 zu § 87 BetrVG 1972 Kurzarbeit.

604 A. a. O.

605 Vgl. auch *Jahn,* S. 94 f. und *Schütte,* FS Bauer, S. 989 (995).

606 Vgl. hierzu *LAG Rheinland-Pfalz* 7.10.96, BB 97, 419 f., Ls. und *LAG Berlin-Brandenburg* 7.10.10, NZA-RR 11, 65 (66 f.) zur Inhaltskontrolle von arbeitsvertraglichen Kurzarbeitsklauseln.

607 14.6.89, NZA 89, 939 (940).

608 *BAG* 11.7.90, DB 91, 392.

Das Mitbestimmungsrecht wird nicht dadurch ausgeschlossen, dass der AG bei einer beabsichtigten **Massenentlassung** durch die BA nach **§ 19 KSchG** ermächtigt wird, Kurzarbeit einzuführen.[609] Mit der Zulassung durch die BA liegt noch keine Regelung vor, sondern lediglich ein Gestaltungsrecht des AG. Dieses lässt jedoch das Mitbestimmungsrecht unberührt, insbesondere wird hiermit nicht im Einzelnen bereits die erforderliche Regelung getroffen.[610] Wird die Arbeitszeit vorübergehend wegen **Smog** verkürzt, besteht auch insofern ein Mitbestimmungsrecht des BR, da jedenfalls ein Regelungsspielraum für den AG im Hinblick auf die einzelnen Abteilungen und die betroffenen AN bestehen wird. Können die AN wegen eines Fahrverbots den Arbeitsplatz nicht erreichen, so entfällt nach der Rspr. des *BAG*[611] der Lohnanspruch. Dieser bleibt erhalten, wenn sie den Arbeitsplatz erreichen, aber die Arbeit nicht aufnehmen können, da der AG das **Betriebsrisiko** trägt.[612] Wird das Mitbestimmungsrecht bei Kurzarbeit durch eine **Regelungsabrede** ausgeübt, bleibt gemäß § 615 BGB der **volle Lohnanspruch** erhalten. Eine entsprechende Änderung der Arbeitsverträge kann kollektivrechtlich, wenn überhaupt, nur durch eine BV erfolgen.[613] 131

Will der AG Kurzarbeit einführen, muss der BR sorgfältig etwaige Alternativen, wie z. B. den **Abbau von Überstunden,** die Abwicklung von **Resturlaub** (vgl. Rn. 141 ff.), **Arbeit auf Lager** oder **Aufräumungs-** und **Instandsetzungsarbeiten** prüfen. Erscheint ihm die Einführung von Kurzarbeit unvermeidlich, so hat er in einer BV Beginn und Dauer der Kurzarbeit, die Lage und Verteilung der Arbeitszeit, die Auswahl der von der Kurzarbeit betroffenen AN (keine Einbeziehung von Auszubildenden und Ausbildern) oder Abteilungen sowie auch die einzelnen Tage, an denen die Arbeit ganz ausfallen soll, festzulegen. **Tarifliche Ankündigungs-/ Ansagefristen** sind einzuhalten. Anderenfalls ist eine BV insoweit unwirksam.[614] Darüber hinaus sollte daran gedacht werden, ein prinzipielles **Verbot von Überstunden** (ggf. mit eng definierten Ausnahmen), ein Verbot von betriebsbedingten Kündigungen im Zusammenhang mit der Kurzarbeit, **Qualifizierungsmaßnahmen**[615] und **finanzielle Ausgleichszahlungen des AG** (z. B. Aufstockung des Kurzarbeitergeldes, vgl. Rn. 129), die teilweise auch in TV vorgesehen sind, zu vereinbaren (zu Inhalten einer BV DKKWF-*Klebe/Heilmann,* § 87 Rn. 23).[616] Der Arbeitsausfall sollte gleichmäßig, zeitlich wie auch im Hinblick auf die betroffenen AN, verteilt werden. Der BR muss sich dabei am Gleichbehandlungsgrundsatz orientieren und die Lasten möglichst gleich verteilen. Dabei entspricht es durchaus **§§ 75, 76 Abs. 5,** wenn AN, deren regelmäßige tarifliche Arbeitszeit länger als der Durchschnitt ist, verstärkt in die Kurzarbeit einbezogen werden und ihre Arbeitszeit z. B. auf den Durchschnitt reduziert wird. In diesem Falle erhalten sie wegen des Kurzarbeitergeldes trotzdem weiter ein höheres Entgelt. Durch die BV sollten auch sonstige finanzielle Nachteile ausgeschlossen sein, wie eine Kürzung der Feiertagsbezahlung oder des **Urlaubsentgelts.** Weiter sollte zur Klarstellung anfallende **BR-Arbeit** ausdrücklich von der Kurzarbeit ausgenommen sein (vgl. auch § 37 Rn. 53). Die Praxis von **multinationalen UN,** in anderen Ländern voll zu arbeiten und nur in der Bundesrepublik Kurzarbeit einzuführen, weil sie hier deutlich besser bezuschusst wird, ist von der ESt. bei ihrer Entscheidung zugunsten des BR und der AN zu berücksichtigen. 132

Zudem müssen die Voraussetzungen für die Zahlung von Kurzarbeitergeld gemäß **§§ 95 ff.** 133

---

609 *Fitting,* Rn. 155; GK-*Wiese,* Rn. 393; *GL,* Rn. 114; Richardi-*Richardi,* Rn. 376; a. A. HWGNRH-*Worzalla,* Rn. 245.

610 GK-*Wiese,* Rn. 393.

611 8.9.82, DB 83, 397; 8.12.82, DB 83, 395.

612 *BAG* 9.3.83, DB 83, 1496; allgemein zum Arbeitsausfall bei Smog *Ehmann,* NJW 87, 401 ff.; *Richardi,* NJW 87, 1231 ff.; *Rosendahl,* BetrR 87, 98 ff.

613 *BAG* 14.2.91, NZA 91, 607; *Fitting,* Rn. 158; kritisch zur entsprechenden Entscheidung der Vorinstanz (*LAG Köln* 6.6.90) *Gamillscheg* LAGE § 87 BetrVG 1972 Kurzarbeit Nr. 2.

614 *BAG* 12.10.94, DB 95, 734; *Fitting,* Rn. 157.

615 Vgl. auch § 216 b Abs. 6 SGB III und hierzu Rn. 112; §§ 112, 112 a, Rn. 251 ff. sowie LMS-*Ulber,* § 175 Rn. 2 ff.; *Hammer/Weiland,* BB 97, 2582 (2586).

616 Vgl. auch *DE,* Rn. 102 ff. *Ulber,* AiB 07, 5 (8, 11 f.) sowie HessLAG, NZA-RR 97, 479 (480); *LAG Berlin* 29.10.98 – 10 Sa 95/98; *LAG Hamm* 1.8.12, NZA-RR 13, 244 (246) und 19.11.14, NZA-RR 15, 194 (195), beide m. w. N. zu den **inhaltlichen Anforderungen (Bestimmtheitsgrundsatz) an eine BV,** die Arbeits- und Vergütungspflicht suspendiert: Beginn und Dauer der Kurzarbeit, Lage und Verteilung der Arbeitszeit, Auswahl der betroffenen AN und Zeitraum, in dem die Arbeit ganz ausfallen soll.

SGB III berücksichtigt werden.[617] Diese waren vor dem Hintergrund der **Finanz- und Wirtschaftskrise** teilweise befristet ergänzt und modifiziert worden.[618] Die Änderungen sind aber spätestens Ende 2012 ausgelaufen. Es muss u. a. ein **erheblicher Arbeitsausfall** mit Entgeltverlust vorliegen (§ 95). Dieser Ausfall muss **vorübergehend** sein und auf **wirtschaftlichen Gründen** oder einem **unabwendbaren Ereignis** beruhen (§ 96 Abs. 1 Nr. 1 und 2). Im jeweiligen Kalendermonat muss mindestens **ein Drittel** der im Betrieb Beschäftigten einen Ausfall von jeweils mehr als 10 % des monatlichen Bruttoentgelts haben (§ 96 Abs. 1 Nr. 4). Zudem darf der Arbeitsausfall nicht vermeidbar sein (§ 96 Abs. 1 Nr. 4), d. h., die im Betrieb zulässigen Arbeitszeitschwankungen wie **Gleitzeitsalden** oder Urlaub müssen zuvor genutzt worden sein. Die vorherige Anwendung der **Beschäftigungssicherungs-TV** z. B. in der Metall- und Elektroindustrie ist allerdings nicht erforderlich.[619] Ebensowenig ist es nach der Geschäftsanweisung der BA[620] erforderlich, dass in dem betroffenen Betrieb zunächst die Leiharbeit beendet wird bzw. befristete Arbeitsverhältnisse auslaufen. Die Bezugsdauer ist durch VO[621] auf Grund des § 109 Abs. 1 Nr. 2 a SGB III von 6 auf **12 Monate** für Beschäftigte verlängert worden, deren Anspruch auf Kurzarbeitergeld bis zum 31. 12. 2015 entstanden ist. Nach 3 Monaten voller Arbeit oder Urlaub, jedenfalls 3 Monate nach dem letzten Monat, für den Kurzarbeitergeld gezahlt worden ist, beginnt gemäß § 104 Abs. 3 SGB III eine neue Bezugsdauer.

134 Das **Initiativrecht** hat für den BR insbesondere bei anstehenden Kündigungen oder gar einer Standortschließung große Bedeutung, um Zeit zu gewinnen und damit nach seiner Einschätzung vorübergehende Engpässe zu überwinden.[622] Beantragt der BR so die Einsetzung einer ESt. zur Durchführung von Kurzarbeit, hat er nach richtiger Auffassung einen ggf. auch mit **e. V.** durchsetzbaren **Unterlassungsanspruch** gegen den AG: Dieser darf danach keine Kündigungen aussprechen bis die Einsetzung der ESt. entweder rechtskräftig abgelehnt worden ist oder die ESt. abschließend über den Antrag des BR entschieden hat.[623] Wichtig ist darüber hinaus auch das Zusammenspiel des Mitbestimmungsrechts mit **§§ 111 ff. und § 102 Abs. 3.** Ist der Arbeitsmangel wahrscheinlich vorübergehend, wird die ESt. den Einwand des AG, Kurzarbeit sei zu teuer, nicht berücksichtigen können, abgesehen davon, dass dies in aller Regel auch ohne die aktuellen zusätzlichen Zuschüsse wegen der bei Personalabbau und Schließung entstehenden Kosten ganzheitlich betrachtet für das UN nicht stimmen wird.

4. Auszahlung des Arbeitsentgelts (Nr. 4)

a) Arbeitsentgelt

135 Das Mitbestimmungsrecht erstreckt sich auf alle mit der **Auszahlung** des Arbeitsentgelts im Zusammenhang stehenden Fragen. Unter **Arbeitsentgelt** sind die vom AG zu erbringenden Vergütungsleistungen zu verstehen; auf die genaue Bezeichnung kommt es nicht an. Zum Arbeitsentgelt zählen daher neben **Lohn** oder **Gehalt** im engeren Sinne auch **Zulagen** aller Art, **Gratifikationen, Provisionen,** Gewinnbeteiligungen, zusätzliches **Urlaubsentgelt,**[624] **vermögenswirksame Leistungen**[625] sowie **Auslösungen, Sachleistungen** (Unterkunft, Kost o. Ä.),

---

617 Vgl. Z. B. *Köhler,* DB 13, 232 ff.; zum Transferkurzarbeitergeld nach Inkrafttreten des **Beschäftigungschancengesetz** v. 27. 10. 10 vgl. *Homburg,* AiB 11, 11 f. und *Böhnke/Kreuziger,* AuA 11, 14 f.

618 Hierzu die 13. Auflage § 87 Rn. 133.

619 *Ulber/Unterhinninghofen,* JbArbR 98, 71 (77 ff.); LMS-*Ulber,* § 170 Rn. 10; *ders.,* AiB 07, 5 ff.

620 Geschäftsanweisung Kurzarbeitergeld, Stand April 2012, § 96 SGB III, 2.7 Abs. 2.

621 V. 13. 11. 2014, BGBl. I Nr. 53 v. 25. 11. 14, S. 1749.

622 Vgl. auch *Ulber,* AiB 07, 5 (13); skeptisch demgegenüber *Bichlmeier,* AiB 93, 713 (728); zu Kurzarbeit bei Outsourcing *Kreuder,* BB 97, 94 ff.

623 *ArbG Bremerhaven* 25. 11. 09 – 12 BVGa 1204/09; *Schoof,* AiB 09, 610 (613); ebenso *LAG Hamburg* 24. 6. 97 – 3 TaBV 4/97 zur vergleichbaren Situation der Absenkung der Arbeitszeit nach dem BeschäftigungssicherungsTV in der Metall- und Elektroindustrie zur Vermeidung von Kündigungen.

624 Vgl. *BAG* 25. 4. 89, AP Nr. 3 zu § 98 ArbGG 1979 und auch die Vorinstanz *LAG Baden-Württemberg* 10. 11. 87, NZA 88, 325 ff.

625 vgl. auch § 11 Abs. 4 des 5. VermBG; HWGNRH-*Worzalla,* Rn. 292.

Reisekosten, Wegegelder und **Spesen.**[626] Nicht dem Mitbestimmungsrecht nach dieser Vorschrift unterliegen die Höhe der jeweils zu zahlenden Vergütung und die Voraussetzungen, unter denen ein Entgeltanspruch untergeht.[627] Ansonsten werden sämtliche generellen Regelungen wie auch Sonderfälle, z. B. die Verschiebung der Zahlung wegen eines Feiertages, erfasst.

b) Zeit der Auszahlung

Unter **Zeit der Auszahlung** des Arbeitsentgelts ist die Festlegung der **Entgeltzahlungszeiträume** zu verstehen (z. B. monatliche, halbmonatliche oder wöchentliche Lohnzahlung). **136**
Auch die Bestimmung des Tages oder der Stunde, an dem der Lohn jeweils auszuzahlen ist, gehört dazu.[628] Wenn nach § 614 BGB Lohn nachträglich zu zahlen ist, so ist jedoch davon auszugehen, dass es sich um eine abdingbare Vorschrift handelt und somit auch eine andere Vereinbarung durch BR und AG getroffen werden kann. Insbes. können auch **Abschlagszahlungen** vereinbart werden.[629] Schließlich unterfällt jede **Änderung des Lohnzahlungszeitraumes** oder der Auszahlung des Arbeitsentgelts – selbst wenn es sich z. B. wegen der besonderen Lage eines Feiertags um einen einmaligen Fall handelt[630] – der Mitbestimmung. So betrifft auch die Festlegung, dass ein über die regelmäßige tarifliche Wochenarbeitszeit hinausgehendes Zeitguthaben erst am Ende eines einjährigen **Verteilungszeitraums** vergütet wird, also in ein **Arbeitszeitkonto** eingeht, die Zeit der Auszahlung.[631] Nach § 11 Abs. 4 des 5. VermBG vom 19. 1. 1989 hat der BR bei der Festlegung des Termins mitzubestimmen, zu dem die AN des Betriebs während eines Kalenderjahres Teile ihres Arbeitslohns vermögenswirksam anlegen können. Wird die Auszahlung von **Provisionen** vom Zeitpunkt der Vermittlung des Auftrags auf den der Ausführung umgestellt, besteht ein Mitbestimmungsrecht sowohl nach dieser Vorschrift[632] als auch nach § 87 Abs. 1 Nr. 10 oder 11.[633] Bei der **Umwandlung von Entgelt in Versorgungszusagen** gem. § 1 a BetrAVG wird ebenfalls die Zeit der Auszahlung verändert. Daher besteht auch nach dieser Vorschrift ein Mitbestimmungsrecht (vgl. auch Rn. 281, 326 f.).[634]

c) Ort der Auszahlung

Der **Ort der Auszahlung** des Arbeitsentgelts ist regelmäßig der **Betrieb des AG;** etwas anderes **137**
kann jedoch gelten, wenn AN an einem auswärtigen Ort beschäftigt sind. Dann kann die **Arbeitsstätte** Ort der Lohnzahlung sein.[635] AG und BR können aber auch eine anderweitige Regelung treffen und beispielsweise die Auszahlung in einer näher bestimmten Zahlstelle außerhalb des Betriebs oder der auswärtigen Arbeitsstätte vereinbaren. Dabei ist allerdings § 35 Abs. 2 SeemG zu beachten, der bestimmt, dass Auszahlungen des Entgelts nicht in Gast- oder Schankwirtschaften vorgenommen werden dürfen. Es sind auch Vereinbarungen zuläs-

626 Vgl. *Fitting,* Rn. 180; GK-*Wiese,* Rn. 425; Richardi-*Richardi,* Rn. 413; a. A. HWGNRH-*Worzalla,* Rn. 292; die Voraussetzungen, unter denen der Entgeltanspruch untergeht unterliegen nicht dem Mitbestimmungsrecht (vgl. hierzu *BAG* 12.4.11– 1 AZR 698/09 = EzA-Schnelldienst 17/2011, S. 12 f [Ls.]).
627 *BAG* 7.6.11, NZA 11, 1234 (1237).
628 Vgl. *BAG* 22.7.14, NZA 14, 1151 (1152); *LAG Baden-Württemberg* 10.11.87, NZA 88, 325 f.; *Fitting,* Rn. 182; GK-*Wiese,* Rn. 427.
629 Vgl. auch *Fitting,* Rn. 181; GK-*Wiese,* Rn. 427; *Däubler,* Das Arbeitsrecht 1, Rn. 973; a. A. Richardi-*Richardi,* Rn. 415.
630 Vgl. z. B. HWGNRH-*Worzalla,* Rn. 294.
631 *BAG* 15.1.02, NZA 02, 1112, Ls. = EZA § 614 BGB Nr. 1; HaKo-BetrVG/*Kohte,* Rn. 59; vgl. aber auch *BAG* 13.12.00, BB 01, 1584 (1585), das bei der Ermöglichung negativer Zeitguthaben § 87 Abs. 1 Nr. 3 anwenden will.
632 *LAG München* 27.11.73, AuR 74, 217, Ls.; *SWS,* Rn. 88.
633 Nur Letzteres bejahen GK-*Wiese,* Rn. 428; Richardi-*Richardi,* Rn. 414.
634 *Fitting,* Rn. 469; a. A. GK-*Wiese,* Rn. 426, 823; HWGNRH-*Worzalla,* Rn. 292; Richardi-*Richardi,* Rn. 415, 424.
635 GK-*Wiese,* Rn. 429; Richardi-*Richardi,* Rn. 417.

sig, aus denen sich ergibt, auf welchem Wege dem AN die **Vergütung im Krankheitsfall** zukommen soll.[636] Bei **Deputaten** kann geregelt werden, ob der AG sie anzuliefern hat oder die AN sie an einen bestimmten Ort abzuholen haben.[637]

d) Art der Auszahlung

138 Unter der **Art der Auszahlung** des Arbeitsentgelts ist sowohl die Barzahlung als auch die Zahlung per Scheck und die **bargeldlose Überweisung** auf ein Bankkonto zu verstehen. Der Übergang von der Barzahlung zur bargeldlosen Lohnzahlung unterliegt dem Mitbestimmungsrecht des BR.[638] Die Mitbestimmung darf auch hier nicht dadurch umgangen werden, dass der AG mit einzelnen AN individualrechtliche Abreden über die Einführung der bargeldlosen Lohnzahlung trifft.[639]

139 Im Zusammenhang mit der Einführung der bargeldlosen Lohnzahlung erstreckt sich das Mitbestimmungsrecht auch auf die anfallenden **Kontogebühren,** soweit diese zwangsläufig mit der bargeldlosen Auszahlung des Arbeitsentgelts entstehen.[640] Zwischen der Frage der Art der Auszahlung des Arbeitsentgelts und den dann ggf. anfallenden Gebühren besteht ein notwendiger Zusammenhang. Beide Fragen lassen sich nicht voneinander trennen, so dass aus diesem Grunde das Mitbestimmungsrecht auch hinsichtlich der Kontogebühren zu bejahen ist (»**Annex-Kompetenz**«). Der BR braucht deshalb einer Regelung über die bargeldlose Lohnzahlung nicht zuzustimmen, ohne dass gleichzeitig die Frage der Kontogebühren geklärt wird. Die Mitbestimmung erstreckt sich auf die Gebühren, die durch die Überweisung des Entgelts zwangsläufig und für den AN unvermeidlich anfallen. Dabei ist mindestens von einer Gebühr für die Errichtung und Unterhaltung des Kontos, einer für die Überweisung des Arbeitsentgelts und einer weiteren für die Abhebung auszugehen. Alle weiteren Buchungsvorgänge stehen regelmäßig nicht mehr im Zusammenhang mit der bargeldlosen Lohnzahlung und beziehen sich auf die private Lebensführung des AN. Im Ergebnis muss jedenfalls sichergestellt sein, dass der AN auch bei der bargeldlosen Lohnzahlung sein **Arbeitsentgelt ungeschmälert** erhält.[641] Das Mitbestimmungsrecht umfasst daher auch die **Freistellung** für den notwendigen **Bankbesuch**[642] und zusätzliche **Wegekosten,**[643] wenn ein notwendiger Zusammenhang mit der bargeldlosen Entgeltzahlung besteht (Regelungspunkte einer BV bei DKKWF-*Klebe/Heilmann*, § 87 Rn. 25).[644]

140 Für den Fall, dass durch TV die Einführung der bargeldlosen Lohnzahlung geregelt, nicht aber ausdrücklich bestimmt ist, wer die Kontogebühren zu tragen hat, sollen die AN selbst verpflichtet sein.[645] Das Mitbestimmungsrecht des BR soll – nach dieser abzulehnenden Rspr. – dann nicht mehr bestehen. Die Kontogebühren können auch in Form einer **Pauschale** (z. B. in Höhe des monatlich als Auslagenersatz bis zur Steuerreform 1990 steuerfreien Betrags von 2,50 DM (ab 2002: 1,37 Euro) bzw. nach der Steuerreform und wegen der inzwischen erhöhten Kontoführungskosten in Höhe von 2 bis 3 Euro, ohne Wegezeitvergütung und Wegekosten) erstattet werden.[646] Dabei ist es bedeutungslos, ob die Bank im Einzelfall überhaupt

636 GK-*Wiese*, Rn. 429.
637 GK-*Wiese*, Rn. 429.
638 Vgl. z. B. *BAG* 8.3.77, AP Nr. 1 zu § 87 BetrVG 1972 Auszahlung und 5.3.91, NZA 91, 611 (612).
639 *BAG* 31.1.69, AP Nr. 5 zu § 56 BetrVG Entlohnung.
640 *BAG* 8.3.77, AP Nr. 1 zu § 87 BetrVG 1972 Auszahlung; 15.1.02, DB 02, 1564; *Fitting*, Rn. 186; *GL*, Rn. 123; Richardi-*Richardi*, Rn. 427; vgl. auch *BVerfG* 18.10.87, DB 87, 2361, das die *BAG*-Rspr. für verfassungskonform erklärt hat; a. A. GK-*Wiese*, Rn. 435 f.; HWGNRH-*Worzalla*, Rn. 302.
641 *BAG* 8.3.77, a. a. O.; Richardi-*Richardi*, Rn. 421.
642 *BAG* 20.12.88, DB 89, 1340; 15.1.02, DB 02, 1564; *Fitting*, Rn. 186; KassArbR-*Etzel*, 9.1, Rn. 543; *Klebe/Schlockermann*, BetrR 81, 7 (35 f.); MünchArbR-*Matthes*, § 246 Rn. 8; wohl auch *GL*, Rn. 123; a. A. HWGNRH-*Worzalla*, Rn. 303; Richardi-*Richardi*, Rn. 430.
643 *LAG Düsseldorf* 20.8.73, BB 74, 556; *Fitting*, Rn. 186; *GL*, Rn. 123; *Halberstadt*, Rn. 61; MünchArbR-*Matthes*, § 336 Rn. 8; *Klebe/Schlockermann*, a. a. O.; a. A. HWGNRH-*Worzalla*, Rn. 303.; Richardi-*Richardi*, Rn. 430.
644 Vgl. auch *Bösche/Grimberg*, AiB 91, 2 f.
645 *BAG* 31.8.82, AP Nr. 2 zu § 87 BetrVG 1972 Auszahlung.
646 *BAG* 8.3.77, AP Nr. 1 zu § 87 BetrVG Auszahlung; 5.3.91, NZA 91, 611 (612); *Fitting*, Rn. 187.

Kontogebühren erhebt und wie hoch diese sind. Eine Erstattung scheidet allerdings aus, falls der AG durch Vereinbarung mit den Banken sicherstellt, dass keine Gebühren anfallen.[647]

5. Urlaub (Nr. 5)

a) Begriff des Urlaubs

Die Mitbestimmung bezieht sich nicht nur auf den jährlichen Erholungsurlaub, sondern ganz allgemein auf **jede Form des Urlaubs.** Dazu gehört der **Bildungs-**[648] und **Sonderurlaub** (DKKWF-*Klebe/Heilmann,* § 87 Rn. 28),[649] der **Zusatzurlaub für schwerbehinderte Menschen** (§ 125 SGB IX).[650] sowie jede andere Form bezahlter oder unbezahlter **Freistellung,** bei der gegensätzliche individuelle oder betriebliche Interessen auszugleichen sind,[651] wie z. B. auch sog. **Sabbaticals** und **Familienpausen** (DKKWF-*Klebe/Heilmann,* § 87 Rn. 28),[652] nicht aber sog. **Insichbeurlaubungen** als Voraussetzung des Statuswechsels von Beamten ins Angestelltenverhältnis;.[653] Das Mitbestimmungsrecht begründet zwar keinen Anspruch, z. B. auf unbezahlte Freistellung von einer bestimmten Dauer.[654] Werden jedoch Freistellungen gewährt, kann der BR mit Hilfe seines Initiativrechts eine generelle Regelung zu den Anspruchsvoraussetzungen und der zeitlichen Lage der Freistellung erzwingen.[655] Das Mitbestimmungsrecht scheidet i. d. R. aus, falls alle AN des Betriebes wegen dessen **Stilllegung** für die Dauer der Kündigungsfrist unwiderruflich von der Arbeitsleistung unter Anrechnung des Urlaubs freigestellt werden,[656] weil in diesen Fällen Interessenkonflikte zwischen den AN nicht entstehen. Interessenkonflikte zwischen dem AG und AN sind allerdings nicht völlig ausgeschlossen, da Konstellationen denkbar sind, in denen der AN sich gegen eine solche Festlegung zu Recht wehrt.[657] In diesen Fällen besteht das Mitbestimmungsrecht.[658] 141

Die von *Worzalla*[659] vertretene Auffassung, unter Urlaub i. S. d. Vorschrift seien allein Erholungsurlaub und Zusatzurlaub für Schwerbehinderte zu verstehen, ist abzulehnen. Falls kein Rechtsanspruch besteht, kann zwar die vom Gesetz vorausgesetzte Interessenabwägung zwischen dem einzelnen AN und dem AG nicht stattfinden; es verbleibt jedoch bei dem weiteren Grund für das Mitbestimmungsrecht: Hiermit soll der BR in die Lage versetzt werden, die **Interessen innerhalb der Belegschaft,** also zwischen den einzelnen AN, die betroffen sind, auszugleichen.[660] So kann z. B. Streit bestehen, welcher von zwei AN, die beide unbezahlte Freistellung wünschen, diese in Anspruch nehmen kann, wenn einer im Betrieb verbleiben muss.[661] Darüber hinaus kann ein Anspruch des einzelnen AN durch die betriebliche Praxis, z. B. auf Grund des **Gleichbehandlungsgrundsatzes,** entstehen. 142

647 *BAG* 21.12.82, DB 83, 996 f.
648 *BAG* 28.5.02, NZA 03, 171 (173 f.); *ArbG Frankfurt* 28.4.88, AiB 88, 288; *Fitting,* Rn. 193; GK-*Wiese,* Rn. 444; Richardi-*Richardi,* Rn. 441; a. A. HWGNRH-*Worzalla,* Rn. 317 m. w. N.
649 *BAG* 18.6.74, AP Nr. 1 zu § 87 BetrVG 1972 Urlaub; 17.11.77, AP Nr. 8 zu § 9 BUrlG.
650 *LAG Frankfurt* 16.2.87, BB 87, 1461; *SWS,* Rn. 98 c.
651 *BAG* 10.12.02, EZA § 99 BetrVG 2001 Umgruppierung Nr. 1 m. w. N.; GK-*Wiese,* Rn. 444.
652 Vgl. hierzu auch den Entwurf einer BV bei *Schirge,* AiB 94, 2 ff.
653 *BAG* 10.12.02, a. a. O.
654 Vgl. *Fitting,* Rn. 193; GK-*Wiese,* Rn. 447.
655 *LAG Baden-Württemberg* 8.7.83 – 5 Ta BV 3/83.
656 *LAG Köln* 16.3.00, AiB 00, 761 mit Anm. *Furier; LAG Hamm* 20.9.02, NZA-RR 03, 422 (423); GK-*Wiese,* Rn. 444.
657 Vgl. *BAG* 10.1.74, EzA § 7 BUrlG Nr. 16; ErfK-*Dörner/Gallner,* BUrlG, § 7 Rn. 15; KassArbR-*Schütz,* 2.4, Rn. 547 m. w. N.
658 Vgl. auch GK-*Wiese,* Rn. 444.
659 HWGNRH-*Worzalla,* Rn. 312 ff.
660 Vgl. hierzu *BAG* 18.6.74, AP Nr. 1 zu § 87 BetrVG 1972 Urlaub; 10.12.02, a. a. O.
661 Vgl. auch *GL,* Rn. 128.

b) Aufstellung allgemeiner Grundsätze

143 Zunächst besteht das Mitbestimmungsrecht bei der **Aufstellung und späteren Änderung »allgemeiner Urlaubsgrundsätze«** (vgl. den Entwurf einer Vereinbarung bei DKKWF-*Klebe/Heilmann,* § 87 Rn. 26). Darunter sind betriebliche Richtlinien zu verstehen, nach denen dem einzelnen AN vom AG im Einzelfall Urlaub zu gewähren ist oder aber nicht gewährt werden darf oder soll.[662] Insbes. geht es dabei um die Frage, ob die AN befugt sind, den Erholungsurlaub während des ganzen laufenden Urlaubsjahres zu nehmen, oder ob der Urlaub im Rahmen sog. **Betriebsferien** zu nehmen ist (vgl. auch die Vereinbarung zu Betriebsurlaub bei DKKWF-*Klebe/Heilmann,* § 87 Rn. 27).[663] Während der Betriebsferien wird der Betrieb geschlossen. Eine entsprechende Vereinbarung über die Einführung von Betriebsferien kann, obwohl der Urlaub an das Urlaubsjahr gebunden ist und durch eine BV nicht im Vorgriff gewährt werden kann,[664] nicht nur für ein Jahr, sondern auch für **mehrere aufeinander folgende Urlaubsjahre** getroffen werden.[665] Für den Normalfall, dass AN einen längeren Jahresurlaub beanspruchen können, als die Betriebsferien zeitlich ausmachen, ist eine Regelung erforderlich, wie der Mehrurlaub über die Betriebsferien hinaus zu gewähren ist. Haben AN zum Zeitpunkt der Betriebsferien noch keinen Urlaubsanspruch erworben und können diese während der Betriebsferien nicht im Betrieb beschäftigt werden, bleibt ihr **voller Lohnanspruch** dennoch erhalten.[666]

144 Werden keine Betriebsferien vereinbart, kann im Rahmen der **»allgemeinen Urlaubsgrundsätze«** bestimmt werden, wie der Urlaub innerhalb des Kalenderjahres zu verteilen ist. Weiter kann festgelegt werden, ob alle AN des Betriebs bzw. die AN bestimmter Abteilungen oder Gruppen den Urlaub zusammenhängend (§ 7 Abs. 2; 13 Abs. 1 Satz 3 BUrlG) zu nehmen haben oder wie dieser aufzuteilen ist.[667] Darüber hinaus können Regelungen zum **Bewilligungsverfahren** vereinbart werden, wie z. B., dass Auslegung der **Urlaubsliste** und Eintragung bis zu einem bestimmten Zeitpunkt erfolgen. Das Mitbestimmungsrecht erfasst zudem, welche Vertretungsgrundsätze gelten,[668] inwieweit die persönlichen Umstände der einzelnen AN bei der Urlaubsgewährung Berücksichtigung zu finden haben und nach welchen Gesichtspunkten bei gleich gelagerten Urlaubswünschen mehrerer AN zu verfahren ist (Prioritätskriterien; § 7 Abs. 1 BUrlG). So wird **AN mit schulpflichtigen Kindern** der Urlaub üblicherweise während der Schulferien zu gewähren sein. Auch das **Lebensalter** oder der **Familienstand** können bei der Urlaubsgewährung eine Rolle spielen, so dass entsprechende Regelungen getroffen werden können.[669] Zu den Urlaubsgrundsätzen gehört auch die Einführung einer sog. **Urlaubssperre** wegen erhöhten Arbeitsanfalls, z. B. wegen einer Inventur.[670] Demgegenüber erfasst z. B. das Mitbestimmungsrecht beim Bildungsurlaub NRW – unabhängig von den gesetzlichen Vorschriften (vgl. Rn. 32 a. E.) – **nicht** jedoch Regelungen zu den Voraussetzungen, dem Umfang und den Berechtigten des Anspruchs. Auch die Verpflichtung zur Erörterung und Dokumentation der in Zusammenhang mit dem Bildungsanspruch stehenden Fragen soll nicht unter die Vorschrift fallen.[671] Aufgestellt sind Urlaubsgrundsätze bereits, wenn Richtlinien entwickelt wurden und deren Einhaltung vorgegeben wurde. Die Richtlinien müssen noch nicht allen AN mitgeteilt worden sein. Es ist ausreichend, wenn z. B. personalverantwortliche Bereichsleiter informiert sind.[672]

---

662 *BAG* 18.6.74, AP Nr. 1 zu § 87 BetrVG 1972 Urlaub.
663 Vgl. dazu *BAG* 28.7.81, AP Nr. 2 zu § 87 BetrVG 1972 Urlaub; 9.5.84, AP Nr. 58 zu § 1 LohnFG; 31.5.88, AP Nr. 57 zu § 1 FeiertagslohnzahlungsG; *LAG Nürnberg* 21.2.14 – 6 Sa 588/13, juris; GK-*Wiese,* Rn. 449.
664 *BAG* 17.1.74, AP Nr. 3 zu § 1 BurlG.
665 *BAG* 28.7.81, AP Nr. 2 zu § 87 BetrVG 1972 Urlaub; *Fitting,* Rn. 196.
666 *BAG* 2.10.74, 30.6.76, AP Nrn. 2, 3 zu § 7 BUrlG Betriebsferien; HWGNRH-*Worzalla,* Rn. 331 m. w. N.
667 Vgl. auch *Fitting,* Rn. 199; *Däubler,* Das Arbeitsrecht 2, Rn. 299 f.; Schaub-*Linck,* § 104 Rn. 101.
668 *Fitting,* Rn. 199; GK-*Wiese,* Rn. 461 m. w. N.; Richardi-*Richardi,* Rn. 445; a. A. HWGNRH-*Worzalla,* Rn. 320.
669 Vgl. u. a. *Fitting,* Rn. 199; GK-*Wiese,* Rn. 453 und die BV in AiB 91, 219.
670 Vgl. insgesamt *BAG* 28.5.02, NZA 03, 171 (175); GK-*Wiese,* Rn. 453 f.
671 *BAG* 28.5.02, a. a. O.; zu Annexregelungen vgl. Rn. 3, 139, 192 f.
672 *LAG Rheinland-Pfalz* 19.2.09 – 11 TaBV 29/08.

Das Mitbestimmungsrecht hinsichtlich der **Betriebsferien** beinhaltet für den BR ein entsprechendes **Initiativrecht** im Hinblick auf die Schließung des Betriebs und die Dauer. Es bestehen hier keine Besonderheiten gegenüber den allgemeinen Grundsätzen (vgl. Rn. 25 ff.).[673] **145**

c) Aufstellung des Urlaubsplans

Über die »allgemeinen Urlaubsgrundsätze« hinaus besteht das Mitbestimmungsrecht auch bei der **Aufstellung des eigentlichen Urlaubsplans.** Unter dem Begriff des Urlaubsplans ist die genaue **Festlegung des Urlaubs** der einzelnen AN im Urlaubsjahr und die Regelung der **Urlaubsvertretung** zu verstehen,[674] nicht lediglich ein vorläufiges Urlaubsprogramm, das vom AG durch Festlegung des Urlaubs für den einzelnen AN konkretisiert wird.[675] Ist der Urlaubsplan vereinbart, steht somit fest, zu welchem Zeitpunkt der einzelne AN seinen Urlaub antreten kann. Einer besonderen Urlaubsgewährung durch den AG bedarf es dann nicht mehr; der AN braucht sich lediglich noch abzumelden.[676] **146**

Von dem Urlaubsplan zu unterscheiden ist die sog. **Urlaubsliste.** Diese wird üblicherweise vor Beginn des Urlaubsjahres im Betrieb ausgelegt, damit jeder AN seine Wünsche hinsichtlich der zeitlichen Lage des Urlaubs eintragen kann. Sie ist somit regelmäßig die Grundlage des Urlaubsplans. Stimmt der AG den in der Urlaubsliste geäußerten Wünschen der AN in vollem Umfang zu, wird die **Urlaubsliste zum Urlaubsplan.** Die endgültige Festlegung der einzelnen Urlaube, nämlich dieser Urlaubsplan, unterliegt der Vereinbarung zwischen BR und AG. Der Urlaub ist dann entsprechend zu gewähren.[677] Wird kein Urlaubsplan aufgestellt, kann durch die Eintragung in die Urlaubsliste der Urlaub als festgelegt angesehen werden, wenn der BR zustimmt und der AG nicht innerhalb einer angemessenen Frist widerspricht.[678] **147**

Soll ein bereits beschlossener Urlaubsplan **abgeändert** werden, bedarf auch dies der Mitbestimmung des BR,[679] der hier zudem ebenfalls ein Initiativrecht hat.[680] Ist eine BV über den Urlaubsplan abgeschlossen, kann der BR die **Veröffentlichung** ggf. auch mit einer einstweiligen Verfügung erzwingen (vgl. § 77 Abs. 2).[681] **148**

d) Festsetzung der Lage für einzelne Arbeitnehmer

Ist der einzelne AN mit der **zeitlichen Festlegung** seines Urlaubs nicht einverstanden – das gilt ohne Rücksicht darauf, ob ein Urlaubsplan besteht oder nicht –, hat der BR auch im **Einzelfall ein Mitbestimmungsrecht,** wenn eine Übereinstimmung zwischen dem einzelnen AN und dem AG nicht erzielt wird[682] und auch, falls nur zwischen AN Streit besteht, ohne dass der AG beteiligt wäre.[683] In einem solchen Fall haben AG und BR unter Berücksichtigung der Grundsätze des § 7 Abs. 1 BUrlG den Urlaub festzulegen. Es müssen also die Urlaubswünsche des AN **149**

---

673 So auch *ArbG Hamm* 22.7.80, AiB 6/80, S. 15; *ArbG Osnabrück* 1.2.84 – 2 BV 14/83; *LAG Niedersachsen* 26.2.85, AuR 99, 319, Ls. (vorrangig zur Dauer der Betriebsferien); ErfK-*Kania*, Rn. 44; *Fitting*, Rn. 198; HaKo-BetrVG/*Kohte*, Rn. 63; KassArbR-*Etzel*, 9.1, Rn. 545; MünchArbR-*Matthes*, § 247 Rn. 16; Schaub-*Koch*, § 235 Rn. 62; a. A. GK-*Wiese*, Rn. 457 m. w. N.; *Gamillscheg*, Kollektives Arbeitsrecht Bd. II, S. 904; *LK*, Rn. 121; Richardi-*Richardi*, Rn. 454; WPK-*Bender*, Rn. 95.

674 GK-*Wiese*, Rn. 460 f.; KassArbR-*Etzel*, 9.1, Rn. 547; a. A. MünchArbR-*Matthes*, § 247 Rn. 4.

675 So aber *GL*, Rn. 131; HWGNRH-*Worzalla*, Rn. 324; *WW*, Rn. 41.

676 *Fitting*, Rn. 201; GK-*Wiese*, Rn. 464 ff. m. w. N.

677 *Fitting*, Rn. 202.

678 *LAG Düsseldorf* 8.5.70, DB 70, 1136.

679 H. M.; vgl. *LAG München* 14.1.09 – 11 TaBV 58/08; *Fitting*, Rn. 203; GK-*Wiese*, Rn. 467; HWGNRH-*Worzalla*, Rn. 325; für den Widerruf erteilten Urlaubs ebenso *LAG München* 23.3.88, BB 88, 2175, Ls.; *SWS*, Rn. 103.

680 Vgl. z. B. GK-*Wiese*, Rn. 467.

681 *ArbG Lingen (Ems)* 21.11.87 – 2 BVGa 8/87.

682 Vgl. *Fitting*, Rn. 206; HWGNRH-*Worzalla*, Rn. 333; HWK-*Clemenz*, Rn. 109; Richardi-*Richardi*, Rn. 467; *WW*, Rn. 42; *Zimmermann*, AuR 12, 243 (244); a. A. GK-*Wiese*, Rn. 472; MünchArbR-*Matthes*, § 247 Rn. 14, WPK-*Bender*, Rn. 101, die mindestens zwei betroffene AN verlangen.

683 *ArbG Frankfurt* 28.4.88, AiB 88, 288, Ls.

gegenüber den berechtigten Interessen anderer AN bzw. des Betriebs nach **billigem Ermessen** abgewogen werden.[684] Kommt eine Einigung zwischen BR und AG nicht zustande, entscheidet die ESt. **Tarifliche Regelungen** können das Bestimmungsrecht einschränken und gehen vor.

150 Der AN ist nicht verpflichtet, sich mit der zwischen AG und BR erzielten Einigung oder dem Spruch der ESt. zufrieden zu geben.[685] Er hat nämlich – unabhängig von der Einschaltung des BR – die Möglichkeit, **Klage beim ArbG** zu erheben (§ 76 Abs. 7), um auf diesem Wege die zeitliche Festsetzung des Urlaubs zu erwirken. Wenn der AN sich auch üblicherweise auf ein Verfahren beschränken wird (entweder das **Mitbestimmungsverfahren** unter Einschaltung des BR oder das gerichtliche Urteilsverfahren), so ist doch nicht ausgeschlossen, dass beide Verfahren gleichzeitig betrieben werden.[686] Greifen AG oder BR nach § 76 Abs. 5 Satz 4 den Spruch der ESt. an, ist es möglich, dass das ArbG über die gleiche Streitsache einmal im Beschlussverfahren (Überprüfung des Spruchs der ESt.) und zum anderen im Urteilsverfahren (Festsetzung des Urlaubs auf Antrag des AN) entscheidet. Das Gesetz schließt diese Konstellation jedenfalls nicht aus.

e) Urlaubsdauer und Bezahlung

151 Das Mitbestimmungsrecht bezieht sich nicht auf die Urlaubsdauer.[687] Hierfür können die Vorschriften des BUrlG (§ 3), des JArbSchG (§ 19) oder SGB IX (§ 125) maßgebend sein. Regelmäßig ist die Dauer des Urlaubs zudem in den entsprechenden TV geregelt, so dass auch aus diesem Grunde das Mitbestimmungsrecht des BR nicht eingreift (vgl. Rn. 36). Allerdings ist es den **Arbeitsvertragsparteien** unbenommen, **günstigere Vereinbarungen** zu treffen.

152 Das **Urlaubsentgelt,** das während des Urlaubs fortzuzahlen ist, berechnet sich nach dem durchschnittlichen Arbeitsverdienst, das der AN in den letzten 13 Wochen vor Beginn des Urlaubs erhalten hat, mit Ausnahme des zusätzlich für Überstunden gezahlten Arbeitsverdienstes (§ 11 BUrlG). Im Allgemeinen ist aber davon auszugehen, dass auch die Höhe des Urlaubsentgelts tariflich geregelt ist.

153 Vom Urlaubsentgelt zu unterscheiden ist das **zusätzliche Urlaubsgeld,** das den AN aus Anlass des Urlaubs gewährt wird. Eine gesetzliche Regelung besteht insoweit nicht. Der Anspruch resultiert regelmäßig aus einem TV oder aus einzelvertraglichen Abreden.

6. Technische Überwachungseinrichtungen (Nr. 6)

a) Handlungsprobleme des Betriebsrats bei neuen Technologien

aa) Vorbemerkungen

154 Im BetrVG ist **kein umfassendes Mitbestimmungsrecht** für neue Technologien oder auch einzelne konkrete Anwendungsfälle, wie Personalinformations- oder Betriebsdatenerfassungssysteme, vorgesehen. Es gibt allerdings Normen, die sich direkt auf Technik und deren Einsatz beziehen, wie z. B. § 87 Abs. 1 Nr. 6, § 90 Abs. 1 Nr. 2 oder auch § 111 Nr. 4. Diese und eine Reihe weiterer allgemein formulierter Rechte können vom BR bei technologischen Veränderungen im Betrieb eingesetzt werden. So kann der BR z. B. seine **Informations- und Beratungsrechte** neben § 90 auch je nach Sachlage auf §§ 92, 106, 111 oder auf §§ 80 Abs. 2, 3, 111 Satz 2 stützen, wenn er sachkundige AN oder einen Sachverständigen einschalten will. **Mitbestimmungsrechte** können sich nicht nur aus § 87 Abs. 1 Nr. 6 oder § 112 ergeben, sondern ebenso aus § 87 Abs. 1 Nrn. 1, 7 und Nr. 13, §§ 91, 94, 95 oder aber auch aus § 87 Abs. 1 Nrn. 2, 3 oder Nrn. 10 bis 12. Es ist für den BR von großer Bedeutung, diese Vorschriften nicht isoliert zu sehen, sondern je nach Sachlage zu kombinieren, um den AN im Betrieb den erforderlichen Schutz zu geben und die **Arbeitsbedingungen sozial** zu **gestalten.** Eine solche Sichtweise ist vor dem Hintergrund der gravierenden strukturellen Veränderungen in Betrieb und Unter-

684 *BAG* 4.12.70, AP Nr. 5 zu § 7 BurlG; vgl. auch *Zimmermann*, AuR 12, 243 (244).
685 Kritisch *Gamillscheg*, Kollektives Arbeitsrecht Bd.II, S. 905.
686 Vgl. GK-*Wiese*, Rn. 476; Richardi-*Richardi*, Rn. 473.
687 *LAG Hamm* 12.12.11, juris; Richardi-*Richardi*, Rn. 456.

nehmen, die vor allem auf der Basis der Computertechnologien durchgeführt wurden und werden, unverzichtbar.

bb) Strukturelle Veränderungen in Betrieb und Unternehmen

Die neuen Technologien greifen massiv in die bestehenden Betriebs-, Wirtschafts- und Gesellschaftsstrukturen ein und verändern sie. Dabei ist die **Computertechnologie** die entscheidende Voraussetzung für die Durchsetzung betrieblicher, zwischenbetrieblicher oder auch globaler **UN-Strategien.** Mit der breiten Anwendung und Durchsetzung der Computertechnologien ist ein grundlegend neuer **Rationalisierungstyp** entstanden. Nicht mehr die Steigerung der Leistungsfähigkeit einzelner begrenzter Teilprozesse, sondern die **Optimierung der Gesamtabläufe** im Betrieb bis hin zur Einbeziehung außerbetrieblicher Produktions-, Liefer- und Verteilungsbereiche kennzeichnen diesen Rationalisierungstyp. Zeitlich versetzt erfolgte Maßnahmen wachsen zusammen, bisher getrennte Arbeitsaufgaben und Arbeitsprozesse werden miteinander verknüpft. Das Zusammenspiel der bisherigen Teillösungen, die **Optimierung des »betrieblichen Systems«** (Systemische Rationalisierung) und der unternehmensübergreifenden Kooperation, wird angestrebt.[688] 155

Die Wirkungen dieses Typs von Rationalisierung sind sachlich, personell und räumlich übergreifend. Viele Beschäftigungsgruppen werden gleichzeitig erfasst, wenngleich die Betroffenheit sehr unterschiedlich ist. Die Wirkungen gehen über Betriebs- und UN-Grenzen hinweg. Deutlich wird dies u. a. bei der engen **datentechnischen Vernetzung** von vor- und nachgelagerten Bereichen, von Zulieferfirmen und Händlern mit den Herstellerfirmen z. B. in der Automobilindustrie.[689] **Just-in-time-Anlieferung,** Logistiksysteme, **Datenfernübertragung,** Eingriffe direkt in die Fertigungsplanung sind hier die Stichwörter. Damit verändern sich die Formen zwischenbetrieblicher Arbeitsteilung und die Struktur der Beziehung zwischen Betrieben und UN.[690] Mit der Entwicklung und Anwendung von Computertechnologien werden zudem weltweit operierende UN flexibler in der Wahl und in der Umsetzung ihrer Strategien, z. B. bei der Standortwahl.[691] Heute sind computergestützte Arbeitssysteme häufig auf der Basis einer **Intranet-** oder **Client/Server**-Architektur organisiert.[692] Jeder Client-Platz ist ein eigenständiger Rechner, der Dienstleistungen von den Servern in Anspruch nehmen kann. Die Server können ebenfalls Arbeitsplatzrechner sein, die Teile des lokalen Netzes sind. Ebenso gut können sie aber auch UN-weit zur Verfügung stehen oder z. B. mit **Internet**-Zugang weltweit. Als technische Einrichtung (vgl. Rn. 169, 191) lässt sich dann nur noch das gesamte Netzwerk begreifen, also der UN-interne Verbund von Rechnern und Programmen einschließlich des Zugangs/der Verbindung zu externen Netzen.[693] 156

Diese Entwicklung erhält aktuell einen weiteren enormen Schub, der mit den Stichwörtern Industrie und Dienstleistung 4.0 und Plattformökonomie beschrieben werden kann. ITK– und Produktionstechnologien werden durch cyberphysische Systeme verbunden. So digital vernetzte Maschinen sollen direkt miteinander und mit Werkstücken »kommunizieren«, sich über die Dateninfrastrukturen »Anweisungen« geben, »Entscheidungen treffen« und sich eigenständig steuern. Der Mensch soll nur noch an Schnittstellen in die Prozesse eingreifen. Dabei soll mit der Verarbeitung riesiger Datenmengen (»Big Data«), die häufig auf Beschäftige zurückzuführen sind, und deren »lernender« Aufbereitung präventives Handeln, zum Beispiel bei der Wartung und Instandhaltung der Maschinen, aber auch die zeitnahe Anpassung an Auftragslage und Kundenwünsche ermöglicht werden. Im Unternehmen selbst wird ein durchgängiger Datenfluss von der Produktentwicklung bis hin zu Vertrieb und Service angestrebt (»vertikale Vernetzung«), zudem der Datenfluss über die UN-Grenzen hinaus in der 156a

688 Vgl. *Altmann/Düll*, WSI-Mitt. 87, 261.
689 Vgl. *Klebe/Roth*, CR 90, 677 ff.
690 Vgl. hierzu die Beiträge in *Mendius/Wendeling-Schröder, Wellenhofer-Klein*, DB 97, 978 ff. und *Müller*, AiB 97, 191 ff.
691 Ausführlich *Klebe/Roth*, S. 7 ff.
692 Vgl. *Schmitz*, Computernetze, S. 66 ff., 73 ff.; *Müller*, AiB 97, 191 ff.
693 Vgl. *Schmitz*, a. a. O., S. 33.

gesamten Wertschöpfungskette (»horizontale Vernetzung«). Digitalisierung und Globalisierung beschleunigen sich dabei wechselseitig. In den Dienstleistungsbereichen lassen sich ähnliche Entwicklungen feststellen. Die Digitalisierung kann dabei zu einer mehrfach entgrenzten Arbeitswelt führen: Räumlich stellt sich vor dem Hintergrund mobilen Arbeitens die Frage nach dem Betrieb und seinen Grenzen, zeitlich verwischen sich die Grenzen zwischen Arbeit und Privatleben, funktional werden die Übergänge zwischen Produktion und Dienstleistung fließend. Auch hier werden neue Bereiche erschlossen bzw. optimiert: Elektronische Übersetzungen und Vertragsentwürfe sowie die Kategorisierung von Emails, ihre computerisierte Bearbeitung mit Antwortvorschlägen und »lernende« Einarbeitung von Sachbearbeiteranmerkungen (Robotic Process Automation) werden Realität. Schließlich führt die Digitalisierung insbesondere mit der Plattformökonomie zu neuen disruptiven Geschäftsmodellen. Internetplattformen bieten Leistungen vom Transport über Haushaltsarbeiten, juristische und medizinische Beratung hin bis zu Crowdworkarbeiten an. Das Geschäftsmodell basiert dabei im Wesentlichen darauf, dass alle über die Plattform Beschäftigten angeblich Selbstständige sind. Die Plattformen vermeiden damit als »AG« z. B. sämtliche AN-Schutzrechte, Sozialversicherungen und Haftungsrisiken. Zudem sind Bezahlung und Beschäftigungsbedingungen oft grob unfair. Die Kategorisierung als Selbstständige lässt sich mit guten Gründen in Zweifel ziehen. Teilweise ist dies auch schon Anlass für gerichtliche Auseinandersetzungen. Sehr substantiell stellen sich bei diesen Entwicklungen Fragen wie die, wer wie das Beschäftigungsverhältnis der Zukunft definiert.[694] Trotz aller Mitbestimmungsdefizite (vgl. auch Rn. 165) ist für den Betriebsrat eine aktive Wahrnehmung seiner Rechte unverzichtbar, wenn er diese Entwicklung sozial gestalten will. Eine aktive Wahrnehmung seiner Informations- und Beratungsrechte nach §§ 90, 92, 92a, 80, 106 und 111 BetrVG ist ebenso unverzichtbar wie die seiner Mitwirkungs- und Mitbestimmungsrechte nach §§ 111, 112, 96 ff., 87 Abs. 1 Nr 6, 7, 2 und 3 BetrVG.

157 Ursache und Wirkung fallen in der Regel zeitlich auseinander. BR sehen zwar, wie **neue Systeme der Organisation von Arbeit** entstehen, sie sehen, dass fast alle AN betroffen sind, können jedoch Auswirkungen, zunächst jedenfalls, nur in begrenzten Bereichen feststellen. Die Anwendungsmöglichkeiten des hochflexiblen EDV-Einsatzes lassen sich zudem nicht abschließend benennen: Sie sind prinzipiell »offen«. Mit diesen Veränderungen werden erhebliche **Produktivitätseffekte** erreicht. Es liegt auf der Hand, dass dies auch zu **Beschäftigungsrisiken** führt.

cc) Die neue Beweglichkeit der Unternehmer

158 Die bis heute aufgebauten und zukünftig zu erwartenden **DV-Netzwerke** verändern massiv das zwischen UN und BR bestehende Kräfteverhältnis. Überall dort, wo es um eine Verarbeitung von Informationen, die entsprechende Steuerung von Betriebsabläufen und deren Kontrolle geht, erlangen die UN eine **neue Beweglichkeit.** Standort- wie auch Entscheidungen über eine kurzfristige oder dauerhafte **Verlagerung von UN-Funktionen** können flexibel getroffen werden. Auch die Möglichkeiten arbeitsteiligen Vorgehens nehmen zu. **Internationale virtuelle UN** entstehen, projektbezogene, zeitlich begrenzte Kooperationen rechtlich unabhängiger UN oder UN-Bereiche, um bestimmte Produkte und Dienstleistungen zu erstellen. Reale Ressourcen werden so problembezogen in flexiblen UN-Netzwerken verknüpft. Nach Aufgabenerfüllung wird die Zusammenarbeit beendet und ggf. ein Netzwerk mit anderen Partnern aufgebaut. Ein UN mit festem Standort, genau definierten rechtlichen Grenzen, festen Organisationsstrukturen und einer eher dauerhaften Ressourcenzuordnung, um langfristig bestimmte Produkte und Dienstleistungen zu erstellen, also die vom BetrVG vorausgesetzte **stabile Organisationsgrundlage** für BR-Arbeit, ist dann nicht mehr erkennbar.[695]

159 Die UN erschließen sich erhebliche Rationalisierungspotenziale. Nicht nur die Kosten der

694 Vgl. zu Vorstehendem z . *Däubler/Klebe*, NZA 15, 1032 ff.; *Konrad-Klein/Steinberger*, RDV 15, 243 ff., jeweils mit w. N.

695 Vgl. z. B. *Lange*, BB 98, 1165 ff.; *Klebe/Wedde*, DB 99, 1954 und *Wolmerath*, FS Däubler, S. 717 ff. jeweils m. w. N.

Informationsverarbeitung werden geringer. Diese selbst ermöglicht **weltweite Produktivitäts- und Kostenvergleiche** und damit ggf. – je nach Bedarf und strategischer Entscheidung – den **Wegfall von Doppelarbeiten** und der hierdurch entstehenden Kosten. Die UN erlangen hierdurch ein erhebliches **Druckpotenzial** gegenüber AN, BR und Gewerkschaften. Dies wird noch dadurch gesteigert, dass enorm verdichtete, zeitnahe Informationen zu einer beschleunigten Umsetzungsgeschwindigkeit von Managemententscheidungen führen.[696]

DV-Netzwerke mit ihren Informations-, Steuerungs- und Kontrollmöglichkeiten geben den UN auch **neue organisatorische Möglichkeiten,** die traditionelle Interessenvertretung nach der Betriebsverfassung zu unterlaufen. So lassen sich beispielsweise Funktionen ohne weiteres auf **formal selbstständige UN** übertragen, die tatsächlich jedoch wie bisher als Betriebsabteilungen in das UN integriert bleiben. Genauso gut können, wie es insbesondere das Verhältnis der Zulieferer und Händler zu den Herstellerunternehmen in der Automobilindustrie zeigt, DV-Netzwerke neue **Formen der Beherrschung** ermöglichen. Diese basieren zwar wie bisher auf ökonomischer Macht, werden jedoch nicht durch Vertrag oder Mehrheitsbeteiligung gestützt und abgesichert, sondern durch Informationen und direkten Zugriff auf sensibelste Daten der Dritt-UN. Die Dritt-UN geraten dadurch in extreme Abhängigkeit; die dortigen BR sind kaum in der Lage, ihre Rechte zu nutzen.[697] Das bisherige »**Normalunternehmen**« wird zunehmend aufgelöst.[698] 160

dd) Gefahren und Chancen für die Arbeitnehmer

Die hier beschriebenen Entwicklungen führen nicht nur zu einer erheblichen Machtverschiebung zugunsten der UN und zur Schwächung der BR sowie erheblichen **Beschäftigungsrisiken** für die AN, mit ihnen sind weitere Probleme verbunden. So kann der Einsatz neuer Technologien zu Gefährdungen des **Persönlichkeitsrechts**[699] (vgl. auch Rn. 195 f. und § 94 Rn. 30) führen. Ebenso können für den Beschäftigten **Gesundheitsgefahren** auftreten, wie dies für Bildschirmarbeitsplätze exemplarisch diskutiert wurde. Der Einsatz neuer Technologien kann auch zu einer Entgrenzung der Arbeit (»permanente Verfügbarkeit«), einer Entwertung der bei den AN vorhandenen **Qualifikationen** und einer zunehmenden **Taylorisierung** der Arbeitsorganisation führen. Diese Entwicklungen sind jedoch keineswegs zwangsläufig, sondern **sozial gestaltbar.** Ebenso ist es nämlich denkbar, dass physische und psychische Belastungen, z. B. durch verstellbare Montageeinrichtungen und individuelle kontextbasierte Anweisungen, reduziert und individuelle, an den Interessen der Beschäftigten orientierte, Arbeitszeitmodelle ermöglicht werden. Denkbar ist weiter, dass BR eine vorausschauende Personal- und Qualifikationsplanung im Interesse der Beschäftigten durchsetzen (vgl. **§§ 92, 92 a, 97**) und humanere Formen der Arbeitsorganisation, die den Beschäftigten mehr Kommunikation, interessantere Tätigkeiten, mehr Selbstständigkeit und Gelegenheiten verschaffen, entsprechend ihrer Qualifikation zu arbeiten (vgl.insbes. Nr. 13 [Rn. 374 ff.]).[700] Auch neue Berufsbilder werden hierbei erforderlich werden. 161

ee) Der Betriebsrat: neue Anforderungen – neue Denkweisen

Bereits diese kurze Aufzählung von Problembereichen und Schilderung der betrieblichen Veränderungen zeigen, welche enormen Anforderungen an BR-Handeln gestellt werden. Technik lässt sich nur dann wirksam im Interesse der Beschäftigten beeinflussen, wenn bereits im 162

696 Vgl. *Klebe*, FS Gnade, S. 661 ff.

697 Vgl. auch *Wellenhofer-Klein*, DB 97, 978 f.; zur Mitbestimmung bei internationalen Konzernvorgaben *Fischer*, BB 00, 562 ff.; Rn. 21.

698 Vgl. *Däubler* in Staehle/Sydow, S. 4 ff.; *Nagel/Riess/Theis*, S. 321 ff. und *Wendeling-Schröder*, S. 332, beide in Mendius/Wendeling-Schröder; *Klebe/Roth* in Apitzsch/Klebe/Schumann, BetrVG '90, S. 177 ff.

699 Zu grenzüberschreitender Personaldatenverarbeitung vgl. *DKWW*, § 4 b Rn. 9 ff.; *Barthel*, CF 8 – 9/00, 42 ff.; *Däubler*, AiB 97, 258 ff.; *Wohlgemuth*, BB 91, 340 ff.

700 Vgl. die Auswertung von BV bei *Kamp*, S. 11 ff. und die Praxisberichte zur **Gruppenarbeit** bei *Bahnmüller/Salm* und *Roth/Kohl*.

Planungsstadium Beteiligung möglich wird. Eine Einflussnahme auf die grundsätzliche Gestaltung von Arbeitssystemen und Arbeitsbedingungen ist erforderlich, da die Folgewirkungen des Einsatzes von Computersystemen durch die totale Veränderung des **Mensch-Maschine-Systems,** vor allem aber wegen ihrer abteilungs- und sogar unternehmensübergreifenden Wirkungen sich im Nachhinein nur schwer korrigieren lassen. Reaktive Schutzstrategien, d. h. der Versuch, die Folgen nachträglich zu regeln oder abzumildern, sind hier erst recht unzulänglich. Dies verlangt vom BR, dass er systematisch und koordiniert vorgeht, d. h. einen **Arbeitsplan** und ein **inhaltliches Zielkonzept** entwickelt sowie eine **aktive Informationspolitik** betreibt. Es reicht nicht aus, Informationen lediglich beim AG abzufragen, vielmehr müssen auch eigene Möglichkeiten (Vertrauensleute, sachkundige AN, informelle Quellen im Management usw.) genutzt werden. Nur wenn der BR bereits die Pläne der UN-Leitung gut kennt, kann er Alternativen im Interesse der Beschäftigten entwickeln. Daher gewinnen Informations- und Beratungsrechte bei neuen Technologien erheblich an Gewicht.

163 Weiter ist es für den BR von großer Bedeutung, gerade den **abteilungs-, betriebs- und sogar unternehmensübergreifenden Charakter** des DV-Einsatzes zu erkennen, bevor bislang isoliert erscheinende Maßnahmen zur vernetzten Gesamtlösung zusammengeführt werden. Zumeist werden die gravierenden Auswirkungen auf Beschäftigte erst sichtbar, wenn eine wirksame Einflussnahme von Seiten des BR kaum mehr möglich ist. Häufig sehen die einzelnen BR-Mitglieder nur die Auswirkungen in ihrem eigenen Bereich, der BR als Gremium jedoch nicht die des Gesamtsystems. Diesen Defiziten muss der BR systematisch entgegenwirken. Die Abschätzung der übergreifenden langfristigen Wirkung des DV-Einsatzes ist nämlich sowohl im Hinblick auf Betrieb und UN als auch unternehmensübergreifend (z. B. Maßnahmen beim Hersteller-UN haben Wirkungen beim Zulieferer) von großer Bedeutung. Daneben müssen vorhandene Rechte und bestehende gewerkschaftliche Strukturen genutzt werden, um **unternehmensübergreifende Handlungsperspektiven** zu entwickeln.[701]

164 Schließlich ist es wichtig, dass sich BR auf die sprunghaft gestiegenen qualitativen und quantitativen Anforderungen im Betrieb einstellen. Gerade bei neuen Technologien ergibt sich eine Fülle von **regelungsbedürftigen Fragen.** Will die Interessenvertretung ihre Schutz- und Gestaltungsfunktionen wahrnehmen, muss sie zu den unternehmerischen Konzepten, die von Zehntausenden von Fachleuten und in steigendem Maße auch externen Beratungsfirmen (nach Angaben des Bundesverbandes Deutscher UN-Berater [BDU] auf seiner Homepage »bdu.de« stieg der Umsatz der Branche von umgerechnet 9,6 Mrd. Euro im Jahre 1998 auf 18,2 Mrd. Euro in 2008 und betrug selbst im Krisenjahr 2009 17,6 Mrd. Euro; in 2014 waren es 25,2 Mrd. Euro mit weiter steigender Tendenz) erarbeitet werden, Alternativen aufzeigen. Letztlich wird dies nur möglich sein, wenn gezielt der **Sachverstand der Beschäftigten** in die BR-Arbeit einfließt, wie dies durch § 80 Abs. 2 für die Einschaltung sachkundiger AN erleichtert wird.

ff) Recht mit Grenzen?

165 Es ist eine Binsenweisheit, wenn man an dieser Stelle darauf hinweist, welche Bedeutung juristische Vorschriften und ihre Interpretation durch die Rspr. für den BR haben. Eine **Novellierung der Betriebsverfassung** war insofern seit langem überfällig.[702] Die **2001** durchgeführte Modernisierung wird diesen Anforderungen nur teilweise mit der Verbesserung der Arbeitsbedingungen der BR (vgl. §§ 28 a, 38, 40 Abs. 2, 80 Abs. 2, 111 Satz 2), flexibleren BR-Strukturen (§ 3), dem Mitbestimmungsrecht bei der Durchführung von Gruppenarbeit (§ 87 Abs. 1 Nr. 13) und dem Initiativrecht in der betrieblichen Berufsbildung (§ 97 Abs. 2) gerecht. Die Novellierung steht damit weiter auf der Tagesordnung und bedarf eines zweiten Reformschritts.[703] Dabei geht es zum einen unverändert um die Schaffung neuer Mitbestimmungs-

701 Vgl. *Klebe/Roth,* S. 7 (36 ff.); *dies.,* in Apitzsch/Klebe/Schumann, S. 177 ff. (187 ff.).

702 Vgl. hierzu z. B. den DGB-Gesetzesvorschlag zur Änderung des Betriebsverfassungsrechts (hrsg. vom DGB-Bundesvorstand, 1998).

703 Vgl. zu den weiter gehenden Modernisierungsnotwendigkeiten z. B. *Benz-Overhage/Klebe,* AiB 00, 24 ff.; *Däubler,* AuR 01, 1 ff.

rechte (z. B. bei der Arbeitsorganisation und der Beschäftigungssicherung), zum anderen um die Aktualisierung bestehender. Durch den weiteren Fortgang technischer Entwicklung werden auch vorhandene **Rechte,** die zudem ein überholtes Technikverständnis widerspiegeln, **zunehmend entwertet:** Mit einer Gesetzesvorschrift, die unter »technischen Einrichtungen« ursprünglich nur Produktographen und Multimomentkameras verstand und mit der der Gesetzgeber 1972 auf die **damals** erkennbaren Gefahren für die Persönlichkeitssphäre des AN reagieren wollte,[704] kann den umfassenden Herausforderungen des technischen Wandels heute immer weniger wirksam begegnet werden. Trotzdem ist eine gewissenhafte und phantasievolle Nutzung der vorhandenen Möglichkeiten für die BR unverzichtbar. Hierbei spielt auch die Rspr. eine wichtige Rolle, wenn sie die tatsächlichen Sachverhalte in den Betrieben berücksichtigt. Dies hat das *BAG*[705] anerkannt, wenn es auch technische Einrichtungen dem Mitbestimmungsrecht des § 87 Abs. 1 Nr. 6 unterstellt hat, an die der Gesetzgeber bei Erlass des Gesetzes mutmaßlich nicht einmal gedacht hat. Neben diesem gibt es eine Reihe weiterer Beispiele, die verdeutlichen, wie wichtig es ist, dass die Rspr. die Gesetzmäßigkeiten neuer Technologien zur Kenntnis nimmt. Wenn neue Technologien sich nur dann gestalten lassen, wenn sie im Planungsstadium beeinflusst werden, so ist es von größter Bedeutung, dass der BR bereits zu diesem Zeitpunkt seine **Informations- und Beratungsrechte** wahrnehmen und ggf. auch gegen den gesetzwidrig handelnden AG wirksam durchsetzen kann. **Einstweilige Verfügung** und **Unterlassungsanspruch** bei Verletzung von Informations- und Beratungsrechten sind hier als geeignete Mittel zu nennen, die die Rspr. allerdings noch nicht im erforderlichen Umfang anerkannt hat (vgl. z. B. § 23 Rn. 326 ff., 347 ff. und § 90 Rn. 38). Braucht der BR zur Einschätzung neuer Technologien einen **Sachverständigen,** so kann ihm dieser nicht mehr nach Ablauf eines entsprechenden Beschlussverfahrens von ca. 3 Jahren helfen; der BR benötigt ihn sofort. Dies muss, § 111 S. 2 berücksichtigt es bereits, Einfluss auf die Interpretation von § 80 Abs. 3 haben (vgl. z. B. § 80 Rn. 155). Schließlich müssen die durch neue Technologien geförderten **UN-Teilungen** wie auch **faktischen Angliederungen** berücksichtigt werden. § 1 und § 54 sind hier neben § 111 als die Vorschriften zu nennen, die eine technikadäquate Interpretation benötigen.

b) Das Mitbestimmungsrecht

aa) Vorbemerkungen

Das Mitbestimmungsrecht wurde geschaffen, da technische Kontrolleinrichtungen stark in den persönlichen Bereich der AN eingreifen (vgl. BT-Drucks. VI/1786, S. 49). Es dient dem **Persönlichkeitsschutz** der AN[706] und konkretisiert den in § 75 Abs. 2 enthaltenen Grundsatz.[707] Der BR soll mit Hilfe des Mitbestimmungsrechts zugunsten der potentiell in ihrer Persönlichkeitssphäre betroffenen AN eine **präventive Schutzfunktion** wahrnehmen.[708] Unter Berücksichtigung dieses Zwecks sind die Voraussetzungen und der Umfang des Mitbestimmungsrechts zu interpretieren, d. h., im Zweifel ist diejenige Auslegung zu wählen, die den Persönlichkeitsschutz am ehesten realisiert.[709] Nach Meinung des *BAG* folgt aus dem Sinn des Mitbestimmungsrechts weiter, dass der BR nicht zur Einführung von Überwachungstechnik **initiativ** werden kann[710] und dass auch deren Abschaffung nicht seiner Zustimmung bedarf. Die Auffassung des *BAG* ist **abzulehnen.** Die Einführung oder Beibehaltung technischer Einrichtungen kann durchaus im Interesse der AN liegen und auch vom Schutzzweck umfasst **166**

704 BT-Drucks. VI/1786, S. 49.
705 14.9.84, AP Nr. 9 zu § 87 BetrVG 1972 Überwachung.
706 Hierzu auch *Wiese*, ZfA 06, 631 ff.
707 Vgl. z. B. *BAG* 14.5.74, 9.9.75, AP Nrn. 1, 2 zu § 87 BetrVG 1972 Überwachung; 15.12.92, CR 94, 111 (114); 29.6.04, NZA 04, 1278 (1281); 22.7.08, NZA 08, 1248 (1256); Richardi-*Richardi*, Rn. 480.
708 *Fitting*, Rn. 216; GK-*Wiese*, Rn. 484; WPK-*Bender*, Rn. 108; *Däubler*, Gläserne Belegschaften?, Rn. 689.
709 *Fitting*, Rn. 216; Richardi-*Richardi*, Rn. 481; *Däubler*, Das Arbeitsrecht 1, Rn. 977 und Gläserne Belegschaften?, Rn. 696; *Franz*, S. 89; *Wohlgemuth*, AuR 84, 257 (260); a. A. offenbar GK-*Wiese*, Rn. 485.
710 *BAG* 28.11.89, DB 90, 743 f.; vgl. auch GK-*Wiese*, Rn. 571 f.; *LK*, Rn. 130; Richardi-*Richardi*, Rn. 518; ebenso BVerwG 29.9.04, RDV 05, 26 (27).

werden, wie bei der zum Nachweis der eigenen Arbeitsleistung erforderlichen **Zeiterfassung** (vgl. auch Rn. 100) oder in den von *Däubler*[711] angeführten Beispielen für **Gesundheitsschutz** und ärztliche Untersuchungen.[712] Der BR sollte auch nicht bevormundet werden.[713] Dann besteht auch ein **Initiativrecht** des BR zur Einführung. In jedem Fall umfasst das Initiativrecht die Änderung und Abschaffung der technischen Einrichtung.[714] Bei einem Verstoß gegen das Mitbestimmungsrecht haben die von der unzulässigen Überwachung betroffenen AN ein **Zurückbehaltungsrecht,** gleich ob es sich um die Einführung oder die Anwendung der technischen Einrichtung handelt.[715]

167 Im Blickpunkt standen bei dieser Vorschrift zunächst Geräte wie Multimomentkameras, Produktographen, Fahrtenschreiber oder Filmkameras, also gewissermaßen die **erste Generation von Kontrolleinrichtungen.** Diese hatte der Gesetzgeber auch ursprünglich im Auge. Inzwischen stehen jedoch in erster Linie **DV-gestützte Anwendungen** im Mittelpunkt. Dabei geht es vor allem um **Personaldatenverarbeitung** jeder Art, gleich wie das System benannt ist (Betriebsdatenerfassung, Personalinformationssystem, Telefondatenerfassung, biometrische Zugangskontrolle usw.), und die damit zusammenhängenden besonderen Probleme. Dabei wird das Mitbestimmungsrecht nicht dadurch eingeschränkt oder ausgeschlossen, dass der AG die Erledigung des der Mitbestimmung unterliegenden Geschäfts einem Dritten überlässt, also z. B. Personaldaten in einem **rechtlich selbstständigen Rechenzentrum** verarbeiten lässt. Der AG muss vielmehr in den entsprechenden Verträgen die Ausübung des Mitbestimmungsrechts sicherstellen (vgl. im Einzelnen Rn. 21).

bb) Voraussetzungen des Mitbestimmungsrechts

(1) Technische Einrichtung

168 Die Überwachung muss durch eine **technische Einrichtung** erfolgen, d. h., die Überwachung nur durch einen Menschen ist nicht erfasst. Es unterliegt daher nicht der Mitbestimmung nach dieser Vorschrift, wenn ein Vorgesetzter oder der Werkschutz Kontrollen durchführt.[716] Darüber hinaus wird bereits bei der Definition der technischen Einrichtung gefordert, dass diese in ihrem Kern selbst eine Überwachung bewirken, eine **eigenständige Kontrollwirkung** haben müsste.[717] Demzufolge sollen z. B. Uhr, Lupe, Brille, Fernglas, Taschenrechner oder Schreibgeräte[718] keine technischen Einrichtungen sein.[719] Richtiger erscheint es, den Begriff der technischen Einrichtung weit zu fassen und hierunter alle **optischen, akustischen, mechanischen** und auch **elektronischen** Geräte zu verstehen.[720] Eine Begrenzung kann sachgerecht eher über das Merkmal »zur Überwachung bestimmt« erfolgen.[721]

169 Bei **DV-Anlagen** hat das *BAG* ohne weitere Untersuchung das Vorliegen einer technischen Einrichtung in den Entscheidungen zum Technikerberichtssystem, dem rechnergesteuerten Textsystem und dem Personalinformationssystem PAISY bejaht.[722] Es hat dabei allerdings

---

711 Gläserne Belegschaften?, Rn. 815.

712 *LAG Berlin-Brandenburg* 22.1.15 – 10 TaBV 1812/14, juris (im Verfahren nach § 100 ArbGG) = AiB 10/15, S. 59 f. mit Anm. v. D. *Schumann*; *ArbG Berlin* 20.3.13 – 28 BV 2178/13, juris; *ArbG Offenbach* 14.9.15 - 2 BV 13/15; *Fitting*, Rn. 251; HaKo-BetrVG/*Kohte*, Rn. 20, 72; Kittner/Zwanziger/Deinert-*Schoof/Heuschmid*, § 27 Rn. 39; *Schlömp-Röder*, CR 90, 477 ff.; *Byers*, RdA 14, 37 ff.; vgl. auch *LAG Nds.* 22.10.13, LAGE § 98 ArbGG 1979 Nr. 68, juris, das zwar dem BAG folgend ebenfalls ein Initiativrecht ablehnt, aber als Annexkompetenz ein Initiativrecht des BR bei der Art der Zeiterfassung als Kontrolle der BV zur Vertrauensarbeitszeit bejaht.

713 Vgl. auch *ArbG Berlin* 20.3.13 – 28 BV 2178/13, juris; HaKo-BetrVG/*Kohte*, Rn. 20.

714 Vgl. z. B. GK-*Wiese*, Rn. 574; Richardi-*Richardi*, Rn. 519 und auch BVerwG 29.9.04, RDV 05, 26 (27).

715 Vgl. *Däubler*, Gläserne Belegschaften?, Rn. 822; *Fitting*, Rn. 256; GK-*Wiese*, Rn. 580.

716 Vgl. z. B. *BAG* 23.10.84, AP Nr. 8 zu § 87 BetrVG 1972; 26.3.91, AP Nr. 21 zu § 87 BetrVG 1972 Überwachung; *Fitting*, Rn. 224; GK-*Wiese*, Rn. 504.

717 *BAG* 9.9.75, AP Nr. 2 zu § 87 BetrVG 1972 Überwachung; *Fitting*, Rn. 227 m. w. N.

718 Hierzu *BAG* 24.11.81, AP Nr. 3 zu § 87 BetrVG 1972 Ordnung des Betriebes.

719 *Fitting*, Rn. 227 m. w. N.

720 *Klebe/Schumann*, AuR 83, 40 (44); *Wiese*, Anm. zu AP Nr. 1 zu § 87 BetrVG 1972 Überwachung.

721 So auch *BAG* 8.11.94, DB 95, 783; *Däubler*, Gläserne Belegschaften?, Rn. 711.

722 14.9.84, 23.4.85, 11.3.86, AP Nrn. 9, 12, 14 zu § 87 BetrVG 1972 Überwachung; vgl. auch für ein sog. Arbeitswirtschaftsinformationssystem (ARWIS) *BAG* 26.7.94, NZA 95, 185 (186).

keine Aussage zum Umfang der technischen Einrichtung bei Computersystemen gemacht. Nach richtiger Auffassung ist die **Einheit von Rechner und Programm** die technische Einrichtung (vgl. Rn. 189 und 191),[723] d. h. ggf. auch das gesamte Netzwerk von Rechnern (vgl. Rn. 156).

(2) Einführung und Anwendung der Einrichtung

Einführung der technischen Einrichtung ist die Entscheidung, **ob,** für welchen **Zeitraum,** an welchem Ort, mit welcher Zweckbestimmung und **Wirkungsweise** sie, ggf. auch zunächst nur **probeweise** (vgl. Rn. 31),[724] betrieben werden soll.[725] Gemeint ist also die **Gesamtheit aller Maßnahmen** zur Vorbereitung der Anwendung. Hierzu zählt z. B. auch die Änderung der Arbeitsorganisation.[726] **170**

Die Einführung beginnt mit der **Entscheidung des AG**(»ob«), eine bestimmte technische Einrichtung anzuwenden.[727] Das Mitbestimmungsrecht bezieht sich bereits auf ihre **Auswahl,**[728] wie im Übrigen auch auf alle späteren **Änderungen** (vgl. Rn. 188), also bei Computersystemen auf die Frage, welche Software auf welchem Rechner gefahren wird (Rn. 169). Bereits hieraus oder wegen der geplanten Änderung (Rn. 188) ergibt ein Mitbestimmungsrecht bei der Einführung von Cloud Computing-Anwendungen,der Nutzung von IT-Leistungen über Datennetze anstatt auf lokalen Rechnern (vgl. auch Rn. 201). Es greift selbstverständlich auch ein, wenn der Auswahlentscheidung folgend **konkrete Vorbereitungsmaßnahmen** zur Anwendung der technischen Einrichtung ergriffen werden,[729] wenn die Entscheidung umgesetzt wird. Der AG hat also das Mitbestimmungsrecht zu beachten, wenn die AN, die an den neuen Maschinen arbeiten sollen, eingewiesen werden,[730] wenn ihnen z. B. erklärt wird, wann sie welche Tasten an einem Produktographen zu bedienen haben. Das Mitbestimmungsrecht greift auch ein, wenn eine Kamera installiert wird, und nicht erst dann, wenn die entsprechende Software eingelegt oder abgespielt wird.[731] Auf Computer bezogen bedeutet dies, dass die Erprobung **von Programmen mit fiktiven Daten,** die entweder Teil der Auswahlentscheidung ist oder ihr folgt, der Mitbestimmung unterliegt.[732] **171**

Auch die **manuelle Erfassung von AN-Daten** unterliegt der Mitbestimmung, falls diese in den Computer eingespeichert werden sollen und eine Verarbeitung zulassen, die eine Kontrolle von Verhalten und Leistung ermöglicht.[733] Neben dem Wortlaut spricht insbesondere der Schutzzweck der Vorschrift dafür, bereits in diesem Zeitpunkt von einer Einführung der technischen Einrichtung zu sprechen. Nur so kann der BR der ihm zugewiesenen **»präventiven Schutzfunktion«** (vgl. oben Rn. 166)[734] entsprechen. Datenverarbeitung vollzieht sich für den BR anders als beispielsweise die Durchführung von Überstunden nicht sichtbar, so dass er letztlich nur schwer in der Lage sein wird festzustellen, ob bereits »Kontrollläufe« stattfinden. Zudem ergibt sich aus der Installation der technischen Einrichtung ein ökonomischer Zwang zur Anwendung, der das Mitbestimmungsrecht leer laufen lassen könnte. Teilweise wird zur Einführung auch eine **wesentliche Änderung** der technischen Einrichtung gerechnet.[735] Die Übergänge sind hier fließend.[736] Letztlich ist es jedoch unerheblich, ob Änderungen dem **172**

723 Vgl. z. B. *BAG* 26.7.94, NZA 95, 185 (186); *Apitzsch/Schmitz*, DB 84, 983 und AiB 85, 165 (170); *Klebe/Schumann*, AuR 83, 40 (44); Roßnagel-*Wedde*, 6.3 Rn. 44; *Schwarz*, S. 90.
724 Vgl. auch *LAG Rheinland-Pfalz* 19.8.11, brwo; *Fitting*, Rn. 248; HWGNRH-*Worzalla*, Rn. 348; Roßnagel-*Wedde*, 6.3 Rn. 45.
725 So vor allem GK-*Wiese*, Rn. 568; HWGNRH-*Worzalla*, Rn. 348.
726 Vgl. z. B. *Fitting*, Rn. 248; *Wohlgemuth*, Rn. 704.
727 Vgl. z. B. *Däubler*, Gläserne Belegschaften?, Rn. 768 m. w. N.
728 Vgl. *Bachner*, DB 06, 2518 f.; a. A. *Beckschulze*, DB 07, 1526 (1534).
729 Vgl. *ArbG Hamburg* 19.9.95, CR 96, 742 (743); *Fitting*, Rn. 248.
730 Vgl. z. B. *Däubler*, a. a. O., Rn. 768.
731 Vgl. auch *LAG Thüringen* 14.6.12 – 3 TaBV 1/12, AuR 12, 414 (Ls.) im Verfahren zu Errichtung einer ESt. (§ 100 ArbGG).
732 *ArbG Hamburg*, a. a. O.; *Däubler*, a. a. O., Rn. 768; *Halberstadt*, Rn. 76.
733 *ArbG Offenbach* 29.1.85 – 3 BVGa 1/85.
734 Vgl. auch *Klebe/Schumann*, AuR 83, 40 (46 f.)
735 *GL*, Rn. 148.
736 *Schwarz*, S. 125.

Bereich der Einführung oder der Anwendung der technischen Einrichtung zugeordnet werden.

173 Unter **Anwendung der technischen Einrichtung** ist ihre allgemeine Handhabung einschließlich der Art und Weise, wie sie tatsächlich zur Kontrolle verwendet wird, zu verstehen.[737] Auch technische Einrichtungen, die ohne Mitbestimmung des BR eingeführt worden sind, gleich ob dieser seine Rechte nicht ausgeübt hat oder noch nicht existierte, unterliegen in ihrer weiteren Anwendung der Mitbestimmung[738] (vgl. auch Rn. 15 und § 94 Rn. 6). Auf Computer bezogen bedeutet »Anwendung«: **Welche Daten** werden wie verarbeitet, wer hat **Zugriff** auf diese Daten, wie werden sie geschützt, wann erfolgt eine **Löschung** u. Ä. (Rn. 188 ff., 194). Änderungen der bisherigen Datenverarbeitung (Rn. 188 f.), sei es, dass bereits **vorhandene Programme** betroffen sind oder **Rechner untereinander** zusätzlich **betrieblich/überbetrieblich** oder auch **UN-/konzernübergreifend vernetzt** werden, sind entweder vom Begriff der Einführung oder dem der Anwendung erfasst.[739]

(3) Überwachung

174 Unter Überwachung hat das *BAG* zunächst einen Vorgang verstanden, durch **den Informationen über das Verhalten oder die Leistung** der AN **erhoben** und in aller Regel irgendwie **aufgezeichnet** werden, damit diese auch der menschlichen Wahrnehmung zugänglich gemacht werden.[740] Diese Definition hat einhellige Zustimmung gefunden.[741] In seinen späteren Entscheidungen[742] hat das Gericht unter dem Begriff der Überwachung nicht nur die technische Sammlung und Speicherung von Daten verstanden, sondern auch die **»bloße« technische Auswertung** von manuell, also nicht durch die technische Einrichtung selbst erhobenen Informationen. Diese Interpretation des Überwachungsbegriffes ist überzeugend und hat trotz einiger kritischer Stimmen in der Literatur in der gerichtlichen wie auch betrieblichen Praxis Anerkennung gefunden.[743]

175 Zunächst lässt sich für die Interpretation des *BAG* die sprachliche Bedeutung des Wortes »überwachen« anführen. Überwachen ist sowohl das **Sammeln von Informationen** als auch das **Auswerten.** Auch derjenige, der die Basisinformationen von anderen ermittelt bekommt, überwacht, wenn er sie im Hinblick z. B. auf bestimmte Anforderungen auswertet. Neben dem Element der Wahrnehmung (Sammeln von Informationen) und dem der Auswertung (Weiterverarbeitung der beobachteten Vorgänge) lässt sich zudem das der Speicherung (Erinnerbarkeit vorausgegangener Ereignisse) dem Begriff zuordnen.[744] Auch die Verwendung des Begriffs in anderen gesetzlichen Vorschriften unterstützt die Auffassung des *BAG. Apitzsch/Schmitz*[745] haben dies mit überzeugenden Beispielen anhand des **§ 93 Bundesnotarordnung, § 111 AktG** sowie des **§ 453 b StPO** belegt. Wenn der **Aufsichtsrat** nach § 111 Abs. 1 AktG die

---

737 Vgl. *BAG* 22.7.08, NZA 08, 1248 (1257); *GL*, Rn. 148; HWGNRH-*Worzalla*, Rn. 349; Richardi-*Richardi*, Rn. 514.

738 Z. B. *BAG* 18.2.86, AP Nr. 13 zu § 87 BetrVG 1972 Überwachung.

739 Vgl. *ArbG Berlin* 22.3.89 – 35 BVGa 1/89 = CR 90, 482, Ls.; *Apitzsch/Schmitz*, AiB 85, 165 (170); *Däubler*, Gläserne Belegschaften?, Rn. 830 f.; *Wohlgemuth*, Rn. 704; *Fitting*, Rn. 249; vgl. zur überbetrieblichen Vernetzung *Klebe/Roth*, S. 7 ff.

740 So *BAG* 6.12.83, AP Nr. 7 zu § 87 BetrVG 1972 Überwachung; vgl. auch *BAG* 27.1.04, NZA 04, 556 (558): Dieser Beschluss ist etwas irritierend, weil er die technische **Auswertung** nicht als Form der Überwachung erwähnt (s. hierzu die im Folgenden aufgeführte Rspr. des BAG). Dies mag damit zusammenhängen, dass es im entschiedenen Fall (biometrische Zugangskontrolle) nur um die Erhebung von Daten ging.

741 Vgl. zum Meinungsstand *Däubler*, Gläserne Belegschaften?, Rn. 715 ff. und GK-*Wiese*, Rn. 521 ff.

742 14.9.84, 23.4.85, 11.3.86, AP Nrn. 9, 12, 14 zu § 87 BetrVG 1972 Überwachung; 26.7.94, NZA 95, 185 (186); 14.11.06, NZA 07, 399 (402); 22.7.08, NZA 08, 1248 (1256 f.); 25.9.12, NZA 13, 275 (276 f.).

743 Vgl. statt vieler ErfK-*Kania*, Rn. 49; *Fitting*, Rn. 238 ff. m. w. N.; GK-*Wiese*, Rn. 527 ff.; Richardi-*Richardi*, Rn. 491; *Däubler*, a. a. O., Rn. 715 ff.; *Simitis*, RDV 89, 49 ff.; *Klebe*, DB 86, 380, Fn. 2; a. A. HWGNRH-*Worzalla*, Rn. 371 f. m. w. N.; *Kraft*, ZfA 85, 141 ff.

744 Vgl. insbes. *Schwarz*, BB 83, 203; *ders.*, 17 ff., 73 ff.; *Klebe*, NZA 85, 44 (45); *Matthes*, RDV 85, 16 (19).

745 AiB 85, 165 (166).

Geschäftsführung zu überwachen hat, so bedeutet dies keineswegs, dass er die hierfür erforderlichen Informationen selbst erheben müsste, um seiner Verpflichtung zu genügen. Im Gegenteil: Das Gesetz sieht eine Fülle von Verpflichtungen des Vorstands selbst vor, den Aufsichtsrat mit den nötigen Informationen zu versehen. Überwachung bedeutet hier also nur, dass anhand verschiedener Informationen der Aufsichtsrat prüft, ob der Vorstand seinen Verpflichtungen nachgekommen ist. Ebenso verhält es sich bei den anderen genannten Vorschriften. Der **Notarprüfer** z. B. ist bei den Amtsgeschäften des Notars nicht zugegen, er wertet vielmehr Bücher und Urkunden aus und beurteilt auf dieser Grundlage die Amtsführung.[746] Für die Auslegung des *BAG* lässt sich auch das **BDSG** anführen, bei dem der Gesetzgeber den Regelungsschwerpunkt zunächst auf die Speicherung, Übermittlung und Veränderung personenbeziehbarer Daten gelegt hatte, während die Erhebung (allerdings zu Unrecht) vernachlässigt wurde.[747]

Vor allem spricht auch der **Schutzzweck** der Vorschrift für eine Einbeziehung technischer Verarbeitung von Daten. In seiner Entscheidung vom 14. 9. 84[748] hat das *BAG* im Anschluss an das Volkszählungsurteil des *BVerfG*[749] sehr anschaulich und realitätsnah die mit modernen Informationstechnologien **verbundenen Gefahren für das Persönlichkeitsrecht** der AN beschrieben. Es hat dabei entscheidend auf die notwendige **Selektion der Daten,** den damit verbundenen **Kontextverlust** (Erhebungs- und Verwendungszusammenhang fallen auseinander) sowie die nahezu unbegrenzten **Verarbeitungsmöglichkeiten** abgehoben. Diese erfassen auch Informationen, die weit zurückliegen, die eigentlich vergessen wären; sie ermöglichen Erkenntnisse über Leistung und Verhalten, die nicht auf einer persönlichen Beurteilung beruhen. Dies ist überzeugend. Inhalt und Tragweite der Verwendung von AN-Daten werden durch die automatisierte Verarbeitung von Grund auf modifiziert. Die moderne Informationstechnologie stellt Überwachungsmöglichkeiten einer neuen Quantität und vor allem neuen Qualität zur Verfügung, mit der Tendenz, den AN in eine **Objektstellung** zu drängen, ihn damit in der freien Entfaltung seiner Persönlichkeit zu beeinträchtigen.[750] Gerade hiervor soll die Vorschrift schützen. Wenn teilweise noch heute der Einwand vorgebracht wird, die Verarbeitung in einem Rechner unterscheide sich nicht prinzipiell von manueller Verarbeitung,[751] die Speicherung im Computer sei der in Zettelkästen vergleichbar, so werden hiermit Grundeigenschaften von Computersystemen ignoriert. Kennzeichnend für diese ist eben gerade die Fähigkeit, **riesige Datenmengen** zu verarbeiten, ohne spürbaren Zeitverlust (»**Realzeitverarbeitung**«) und lückenlos bei beliebiger **Verknüpfbarkeit der Daten.** Hinzu kommt eine **hohe Flexibilität** der Rechner und schließlich auch ihre Fähigkeit, Raumgrenzen aufzuheben. Mit anderen Worten: Der Einsatz von Computern stellt eine andere Qualität der Verarbeitung von Informationen über AN dar. Insofern wäre es auch ein nicht zu erklärender **Wertungswiderspruch,** wollte man nur die erste Generation technischer Kontrolleinrichtungen, wie vergleichsweise harmlose Produktographen oder Fahrtenschreiber, als Überwachungseinrichtung ansehen, nicht jedoch die Systeme, die in der Lage sind, durch nahezu unbegrenzte Verknüpfungsmöglichkeiten auch neue Daten zu ermitteln und auf diese Weise Eigenarten, Fähigkeiten und Verhaltensweisen von Menschen zu beschreiben und zu vergleichen.[752] 176

Nicht erforderlich ist, dass die Überwachung über einen längeren Zeitraum erfolgt.[753] Unbe- 177

746 Vgl. auch *Däubler,* Gläserne Belegschaften?, Rn. 718.
747 *Fitting,* Rn. 240; *Däubler,* a. a. O., Rn. 721; *Schwarz,* S. 227; vgl. §§ 4 Abs. 1, 32 Abs. 1 Satz 1 BDSG.
748 AP Nr. 9 zu § 87 BetrVG 1972 Überwachung.
749 15.12.83, DB 84, 36 ff.; vgl. auch später *BVerfG* 27.2.08, NZA 08, 822 ff. (Grundrecht auf Gewährleistung der Vertraulichkeit und Integrität informationstechnischer Systeme) und 11.3.08, NZA 08, 1505 ff.
750 Vgl. z. B. auch *Däubler,* Gläserne Belegschaften?, Rn. 718 ff.; *Klebe,* NZA 85, 44 (45); *HSA,* S. 13 ff.
751 So allen Ernstes *Diller,* BB 09, 438 (439), wenn er den Abgleich von über 170000 Kontonummern von AN der Deutschen Bahn mit Kontonummern von Lieferanten und Dienstleistern für nicht mitbestimmungspflichtig und mit dem BDSG vereinbar hält. Damit verkennt er nicht nur die Reichweite der Mitbestimmung gemäß Nr. 6 (personenbezogene Daten werden hier explizit zur Verhaltenskontrolle durch eine technische Einrichtung ausgewertet), sondern auch die des BDSG schon vor der Novellierung zum 1.9.2009 (vgl. jetzt § 32 Abs. 1 Satz 2); vgl. hierzu *Ehleben/Schirge/Seipel,* AiB 09, 196 (194) und auch *Steinkühler,* BB 09, 1294 f.
752 Vgl. *Klebe,* NZA 85, 44 (45).
753 *BAG* 10.7.79, AP Nr. 4 zu § 87 BetrVG 1972 Überwachung; GK-*Wiese,* Rn. 502; HWGNRH-*Worzalla,* Rn. 349.

achtlich ist schließlich für den Begriff der Überwachung auch, ob der AN die **technische Einrichtung ausschalten** kann. Dies würde ebenfalls eine Information über das AN-Verhalten ergeben.[754]

(4) Verhalten oder Leistung der Arbeitnehmer

178 Gegenstand der Überwachung muss **Verhalten** oder **Leistung** der AN sein. Demzufolge wird eine technische Einrichtung, die ausschließlich Daten über den Lauf oder die Nutzung von Maschinen sammelt, nicht erfasst.[755] Solche technischen Einrichtungen, die keine Informationen über AN geben bzw. keine Rückschlüsse auf deren Leistung oder Verhalten erlauben, sind z. B. Warnlampen oder Druckmesser. Ausreichend ist allerdings, wenn die von der technischen Einrichtung erfassten oder verarbeiteten Daten mit Hilfe von **zusätzlichen Informationen** auf AN bezogen werden können.[756] Ist z. B. an einer Maschine ein Produktograph angebracht, so sind die von diesem erfassten Daten zunächst welche über den Maschinenlauf. Nimmt man allerdings die Aufteilung der Arbeitsgebiete, Schicht- und Urlaubspläne hinzu, so weiß man sehr genau, welcher AN z. B. für die Maschine verantwortlich war, als diese einen längeren Stillstand hatte. Je nach Organisation werden auch die entsprechenden Ursachen dann feststellbar sein. Von daher handelt es sich bei den vom Produktographen erfassten Daten um AN-beziehbare. Ähnlich verhält es sich, wenn in einem Büro die Beschäftigten zwar mit dem gleichen **Passwort** Zugang zum Rechner finden, über die unterschiedlichen Arbeitsgebiete allerdings ein **individueller Personenbezug** herstellbar ist. In diesen Fällen liegen AN-Daten vor. Sind diese auf einzelne Beschäftigte individualisierbar, ist das Mitbestimmungsrecht insoweit unbestritten.[757]

179 Das Mitbestimmungsrecht scheidet nicht bereits deshalb aus, weil lediglich auf eine **Gruppe von AN** bezogene Daten erhoben oder verarbeitet werden, also keine auf den einzelnen Beschäftigten rückführbare Informationen. Das *BAG* hat das Mitbestimmungsrecht dann bejaht, wenn die AN in einer **überschaubaren Gruppe** (z. B. 6 bis 8 Mitglieder) im **Gruppenakkord** arbeiten, weil der von der technischen Einrichtung ausgehende **Überwachungsdruck** auf die Gruppe auf den einzelnen AN durchschlägt.[758] Dies sei auch bei **leistungsunabhängigem Entgelt** der Fall, wenn die Gruppe in ihrer Gesamtheit für ihr Arbeitsergebnis verantwortlich gemacht wird und schlechte Leistungen Einzelner für die übrigen Gruppenmitglieder bestimmbar bleiben.[759] Im Ergebnis ist der Rspr. des *BAG* zuzustimmen. Die in ihr geschilderten Gefahren für das Persönlichkeitsrecht sind allerdings nicht auf kleine Gruppen beschränkt.[760] Bei ihnen spricht eine **Vermutung** für auf den einzelnen AN **durchschlagenden Überwachungsdruck.**[761] Überwachungsdruck kann jedoch je nach Arbeitsorganisation auch in größeren Gruppen entstehen, die für ein abgrenzbares, z. B. mit anderen Gruppen vergleichbares Ergebnis verantwortlich sind und bei denen der Beitrag des Einzelnen für die anderen Gruppenmitglieder erkennbar bleibt. Neben diesen den Schutzzweck der Vorschrift betonenden Überlegungen spricht hierfür auch der Wortlaut: Der Gesetzestext verwendet die Pluralform »der Arbeitnehmer«.[762] Darüber hinaus handelt es sich in dem oben genannten Beispiel eines **gruppenbezogenen Passworts** um eine **Regelungsfrage** für eine spätere BV. Die einseitige

---

754 *BAG* 14.5.74, AP Nr. 1 zu § 87 BetrVG 1972 Überwachung; *Fitting*, Rn. 219; GK-*Wiese*, Rn. 514.
755 GK-*Wiese*, Rn. 545, 550.
756 Vgl. *BAG* 9.9.75, 18.2.86, AP Nrn. 2, 13 zu § 87 BetrVG 1972 Überwachung; 15.12.92, CR 94, 111 (114); vgl. auch *BAG* 18.4.00, DB 00, 2227 (2228); *Fitting*, Rn. 219; HWGNRH-*Worzalla*, Rn. 365.
757 Vgl. z. B. *BAG* 6.12.83, 14.9.84, AP Nrn. 7, 9 zu § 87 BetrVG 1972 Überwachung; GK-*Wiese*, Rn. 546.
758 18.2.86, AP Nr. 13 zu § 87 BetrVG Überwachung.
759 *BAG* 26.7.94, NZA 95, 185 (187 f.); *ArbG Bielefeld* 23.3.95, AiB 95, 600 mit Anm. *Wagner; Fitting*, Rn. 220; GK-*Wiese*, Rn. 549 m. w. N. zum Meinungsstreit; Richardi-*Richardi*, Rn. 500; *Elert*, S. 219 ff.; MünchArbR-*Matthes*, § 248 Rn. 25; *Wedde*, Rn. 963, sowie die im Folgenden über die *BAG*-Rspr. hinausgehenden Autoren; a. A. ErfK-*Kania*, Rn. 54 m. w. N.; HWGNRH-*Worzalla*, Rn. 364 m. w. N.
760 Vgl. auch *Däubler*, Gläserne Belegschaften?, Rn. 751; *Hinrichs*, AuR 86, 285 (286); *Simitis*, RDV 89, 49 (56); vgl. auch *Gola*, AuR 88, 105 (111), der ebenfalls auf die Umstände des Einzelfalles abstellt; offen gelassen von *BAG* 26.7.94, NZA 95, 185 (188).
761 Vgl. auch *ArbG Berlin* 22.3.89, CR 90, 482, Ls. und die Anm. *Redeker*, CR 90, 482.
762 *Hinrichs*, a. a. O.; *Jobs*, DB 83, 2307 (2310); *Wagner*, S. 102 f.

Praxis oder eine entsprechende Zusage des AG, nur einen Gruppencode zu verwenden, kann insofern nicht das Regelungsbedürfnis beseitigen.[763]

Das Verhalten oder die Leistung der AN muss **Gegenstand der Überwachung** sein. Unter **Leistung** versteht das *BAG*[764] die vom AN in Erfüllung seiner vertraglichen Pflicht geleistete Arbeit, **nicht »im naturwissenschaftlich-technischen Sinne«** die Arbeit pro Zeiteinheit. Danach ist bereits die Anzahl der gefertigten Stücke eine Information über die Leistung des AN, ohne dass ein Bezug zur verbrauchten Zeit hergestellt werden müsste.[765] Die Leistung kann auch in einem Unterlassen bestehen. Demzufolge sind Daten über Krankheitszeiten der AN ebenfalls Leistungsdaten.[766] **180**

Unter **Verhalten** wird ein individuell steuerbares Tun verstanden.[767] Darüber hinaus wird teilweise verlangt, das Handeln müsse sich auf die **Erbringung der Arbeitsleistung** beziehen, es müsse im Arbeitsverhältnis und bei der Arbeit erfolgen, **außerbetriebliches Tun** sei nicht gemeint.[768] Für diese Einschränkung gibt es jedoch keine überzeugende Begründung. Hiergegen spricht bereits der Wortlaut, der im Gegensatz zu Nr. 1 nicht das Verhalten der AN im Betrieb anspricht. Gegen eine Begrenzung lässt sich auch die vom *BAG* so vorgenommene Auslegung des Begriffs »Leistung« anführen, da hierdurch bereits die Erfüllung der Arbeitspflicht erfasst wird. Die Begrenzung auf arbeitsbezogenes Verhalten wird zudem mit der **Parallele zum KSchG** begründet. Unter Verhalten i. S. d. Vorschrift sollen die Tatbestände zu verstehen sein, die Anlass für eine verhaltensbedingte Kündigung sein könnten. Diese Parallele ist bereits wegen des **anderen Normzwecks** der Vorschrift (Persönlichkeitsschutz des AN) gegenüber dem KSchG (Bestandsschutz des Arbeitsverhältnisses) abzulehnen. Darüber hinaus werden außerbetriebliche Ereignisse dadurch, dass der AG sie als Daten erfasst und verarbeitet, zu betrieblich relevanten. Schließlich lässt auch der **Schutzzweck** keine Begrenzung des Verhaltensbegriffs zu.[769] **181**

Umstritten ist ebenso, ob sog. **Statusdaten** wie Vor- und Zuname, Anschrift, Ausbildung, beruflicher Werdegang oder Familienstand die Voraussetzungen der Vorschrift erfüllen. Dies wird teilweise verneint, weil sie nicht auf willentliches Tun zurückzuführen seien.[770] Es gibt jedoch keinen Anlass, Statusdaten allgemein von der Geltung der Norm auszunehmen. Statusdaten enthalten **Informationen über Verhalten.** Teilweise sind sie das zusammengefasste Ergebnis eines bestimmten gesteuerten Handelns, wie z. B. die Angaben über den beruflichen Werdegang, den akademischen Titel oder die Abschlüsse. Dann kann es keinen Unterschied machen, ob die Information das Verhalten zusammengefasst darstellt oder in den einzelnen Schritten, also im Ablauf oder als Ergebnis. Auch die anderen Statusdaten beinhalten Informationen über das Verhalten, da sie immer in Verbindung mit den sonstigen Informationen, als **Informationseinheit**, zu sehen sind (vgl. Rn. 183). Nimmt man z. B. den Geburtstag, den beruflichen Werdegang oder den akademischen Titel und vergleicht diese mit der aktuellen Funktion im Unternehmen, der Gehaltsgruppe oder ähnlichen Angaben, dann lassen sich durchaus weitere Aussagen über das Verhalten des AN gewinnen, nämlich z. B., ob die Funktion der Ausbildung entspricht oder wie die berufliche Entwicklung im Hinblick auf die Ausbildung verlaufen ist. Ebenso lässt sich aus reinen Statusdaten, wie Familienstand und Kinder, vermögenswirksame Leistungen, Pfändungen, Sparverträge oder Darlehen, feststellen, **182**

763 *LAG Düsseldorf* 3.8.83 – 6 Ta BV 44/83; *ArbG Stuttgart* 25.1.83 – 18 BV 1/82; *ArbG Hamburg* 3.5.82 – 7 BV 13/81; HaKo-BetrVG/*Kohte*, Rn. 70; *Klebe/Roth*, AiB 84, 70 (75).

764 23.4.85, 18.2.86, AP Nrn. 12, 13 zu § 87 BetrVG 1972 Überwachung; 15.12.92, CR 94, 111 (114); 26.7.94, NZA 95, 185 (186).

765 So auch *Fitting*, Rn. 221; GK-*Wiese*, Rn. 538; HWGNRH-*Worzalla*, Rn. 362; *Gola*, RDV 86, 131 (133); *Klebe*, DB 86, 380; a. A. *Ehmann*, ZfA 86, 357 (368); *Müllner*, DB 84, 1677 (1679 f.).

766 So zu Recht *Hinrichs*, AuR 86, 285 (287).

767 Vgl. *BAG* 11.3.86, AP Nr. 14 zu § 87 BetrVG 1972 Überwachung; *Müllner*, DB 84, 1677; *Matthes*, RDV 85, 16 (21).

768 Vgl. z. B. *Müllner*, a. a. O.

769 Vgl. ErfK-*Kania*, Rn. 50; *Fitting*, Rn. 221 f.; GK-*Wiese*, Rn. 537, 540; HWGNRH-*Worzalla*, Rn. 360; *Klebe*, DB 86, 380 f.; *Simitis*, RDV 89, 49 (54).

770 Vgl. z. B. HWGNRH-*Worzalla*, Rn. 357 f.; Richardi-*Richardi*, Rn. 495; *Diller/Schuster*, DB 08, 928 f. sowie die Nachweise bei *Fitting*, Rn. 222, 236 und GK-*Wiese*, Rn. 537.

wie der AN mit Geld umgeht, wie zuverlässig und geeignet er beispielsweise für eine im Umgang mit Geld verantwortungsvolle Stelle ist.[771] Die Informationen über **krankheitsbedingte Fehlzeiten** schließlich hat das *BAG*[772] zu Recht als Aussage über das Verhalten des AN verstanden.[773]

183 Letztlich erscheint die Unterscheidung zwischen Leistungs-/Verhaltensdaten und anderen Daten für EDV-Systeme revisionsbedürftig. Diese kennen keine entsprechenden Daten, sondern können lediglich **Aussagen über Leistung und Verhalten** produzieren. Die Aussagen entstehen erst durch **Verknüpfung einzelner Daten,** wie z. B. Verknüpfung einer Verhaltensart (krank), einer Quantitätsangabe (5 Tage) und einer Personenzuordnung (Name oder Personalnummer). Um die **Überwachungseignung eines EDV-Systems** zu beurteilen, genügt daher nicht das Betrachten einzelner Datenelemente, vielmehr muss die **Verknüpfbarkeit** dieser Elemente untereinander zu möglichen Aussagen über Leistung und Verhalten von AN beurteilt werden. Dies deckt sich auch mit den Ausführungen des **BVerfG** in der Volkszählungsentscheidung,[774] in der das Gericht darauf hingewiesen hat, dass es unter den Bedingungen moderner Datenverarbeitung **keine harmlosen Daten** mehr gibt.[775] Jedes Datum kann in seinem **konkreten Verwendungszusammenhang** das Persönlichkeitsrecht beeinträchtigen. Hiermit erkennt das Gericht an, dass eine Aufspaltung der einzelnen Daten, in solche, die Aussagen über das Verhalten erlauben, und andere, die es nicht tun, dem Stand der Technik nicht mehr gerecht wird. **Datenbanken** stellen zudem die Informationen über AN generell zur Verfügung, eine Abspeicherung erfolgt nur einmalig und nicht für den jeweiligen Verwendungszusammenhang. Darüber hinaus ermöglichen Programme, wie **Abfragesprachen** (zur Unzulässigkeit von Abfragesprachen bei der Verarbeitung personenbezogener Daten vgl. Rn. 197), ohne zusätzliche Arbeiten eine beliebige Verknüpfung der vorhandenen Daten. Die mit der Abfragesprache erreichbaren Datenfelder bilden also bereits eine Informationseinheit; eine isolierte Betrachtung verbietet sich dementsprechend.[776] Demnach kommt es für das Mitbestimmungsrecht nur darauf an, dass überhaupt personenbezogene Daten im Rechner verarbeitet werden, wenn diese zumindest in der Zusammenschau zu Aussagen über das Verhalten und die Leistung der AN tauglich sind.[777]

184 Das Mitbestimmungsrecht scheidet nicht deshalb aus, weil der AG die entsprechenden Informationen über AN nicht auf Grund des **Arbeitsvertrages** erlangt. Auch AN-Informationen, die die AOK über bei ihr Beschäftigte auf Grund des **Versicherungsverhältnisses** erhält, unterliegen der Mitbestimmung.[778]

(5) Bestimmung zur Überwachung

185 Die technische Einrichtung **selbst** muss die Überwachung bewirken.[779] Dies ist z. B. bei einer Stoppuhr, mit der die für bestimmte Arbeitsvorgänge verbrauchten Zeiten erfasst werden, nicht der Fall.[780] Es ist nicht erforderlich, dass die technische Einrichtung ausschließlich oder auch nur in erster Linie die Überwachung der AN zum Ziel hat. Insbes. ist es gleichgültig, ob

---

771 Vgl. *Klebe*, DB 86, 380 (382); *Fitting*, Rn. 236; *WW*, Rn. 49) (vgl. auch *Däubler*, Gläserne Belegschaften?, Rn. 739 und GK-*Wiese*, Rn. 543.

772 11.3.86, AP Nr. 14 zu § 87 BetrVG 1972 Überwachung; 13.3.12, NZA 12, 748 (749); ebenso *Fitting*, Rn. 223; HWGNRH-*Worzalla*, Rn. 358; Richardi-*Richardi*, Rn. 512; *Ehmann*, ZfA 86, 357 (370); *Klebe*, DB 86, 380 (382); a. A. z. B. *Färber*, FS Gaul, S. 57 (72)

773 Vgl. auch *Däubler*, Gläserne Belegschaften?, Rn. 739 und GK-*Wiese*, Rn. 543.

774 15.12.83, DB 84, 36 (37).

775 Vgl. auch *BAG* 25.9.13, NZA 14, 41 (44).

776 Vgl. vor allem *Apitzsch/Schmitz*, AiB 85, 165 (166, 169); *Gola*, RDV 86, 131 (134).

777 **Umstritten**; vgl. z. B. die Nachweise bei HWGNRH-*Worzalla*, Rn. 356 ff., 359 und *Fitting*, Rn. 236, 242; wie hier: HaKo-BetrVG/*Kohte*, Rn. 69; *WW*, Rn. 49; *Apitzsch/Schmitz*, AiB 85, 165 (170); *Gola*, NJW 85, 1196 (1200); *Klebe*, DB 86, 380 (381); *Schapper/Waniorek*, AuR 85, 246 (249); *Simitis*, NJW 85, 401 (406) und RDV 89, 49 (54); *Wohlgemuth*, Rn. 703; *Däubler*, Gläserne Belegschaften?, Rn. 743 f. m. w. N.; vgl. auch *ArbG Hanau* 15.12.88; AuR 89, 150.

778 *HessVGH* 9.11.88, AiB 89, 126 f.

779 Vgl. z. B. *BAG* 8.11.94, DB 95, 783 m. w. N.

780 *BAG*, a. a. O.; *Fitting*, Rn. 227.

der AG eine Beurteilung von Verhalten oder Leistung überhaupt **beabsichtigt** und entsprechend vornimmt.[781]

Eine technische Einrichtung ist dann zur **Überwachung bestimmt,** wenn sie **objektiv geeignet** ist, Verhalten und Leistung der AN zu überwachen.[782] Bis zur Bildschirmentscheidung v. 6.12.83[783] verlangte das *BAG* zudem, dass die technische Einrichtung **unmittelbar** »schon selbst die Überwachung bewerkstelligte«.[784] Später taucht dieses Kriterium in der Rspr. nicht mehr auf.[785] Die objektive Eignung zur Überwachung der AN wird dann bejaht, wenn auf Grund des **verwendeten Programms** Verhaltens- und Leistungsdaten **erfasst und aufgezeichnet** werden,[786] wenn auf Grund des verwendeten Programms Verhaltens- und Leistungsdaten **ausgewertet** werden[787] oder durch **Verarbeitung** gleich welcher Daten Aussagen über Verhalten und Leistung der AN gewonnen werden.[788] 186

Wie bereits oben (Rn. 183) dargelegt, wird die Realität moderner Datenverarbeitung vom *BAG* insbes. im Hinblick auf Datenbanken und Abfragesprachen nicht ausreichend gewürdigt. Ein Rechner ist bereits dann zur Überwachung bestimmt mit der Folge, dass das Mitbestimmungsrecht eingreift, wenn **personenbezogene Daten verarbeitet** werden und diese zu Aussagen über das Verhalten oder die Leistung der AN zumindest in entsprechender Verknüpfung geeignet sind. Nach richtiger Auffassung setzt schließlich die Überwachung von Leistung und Verhalten nicht voraus, dass eine **vernünftige/sachgerechte Beurteilung** möglich ist.[789] 187

cc) Umfang des Mitbestimmungsrechts

(1) Veränderungen der technischen Einrichtung

Jede Änderung der technischen Einrichtung ist **mitbestimmungspflichtig.**[790] Es kommt nicht darauf an, ob durch die Veränderung eine Eignung zu mehr Überwachung entsteht.[791] Nach dem Gesetzestext unterliegt die Anwendung der technischen Einrichtung der Mitbestimmung. Auch bei anderen Mitbestimmungstatbeständen werden keine zusätzlichen Anforderungen an die **Intensität** der AG-Maßnahme gestellt. So ist es z. B. mitbestimmungspflichtig, wenn nunmehr vier andere AN als zuvor in einer Abteilung Überstunden leisten. Nicht dem Mitbestimmungsrecht soll nach Auffassung des *BAG,* die in dieser Allgemeinheit abzulehnen ist, die **Abschaffung von Überwachungstechnik** unterliegen (vgl. auch Rn. 166).[792] 188

Mitbestimmungspflichtig sind daher Änderungen, die die **verarbeiteten Daten,** die **Programmläufe,** den **Zugriffsschutz** oder die **Zugriffsberechtigung** betreffen. Dies gilt auch für die Installation von **Bug-Fixings,** die der Fehlerbehebung dienen, insbes. wenn damit neue Schnittstellen und Funktionalitäten entstehen. Auch die **Einführung von Abfragesprachen** (zu Zulässigkeitsgrenzen vgl. Rn. 197) ist mitbestimmungspflichtig. Dies gilt ebenso, wenn **Rechner miteinander vernetzt** werden.[793] Da zur technischen Einrichtung auch der Rechner 189

781 *BAG* 9.9.75, 14.9.84, AP Nrn. 2, 9 zu § 87 BetrVG 1972 Überwachung; 27.1.04, NZA 04, 556 (558); HWGNRH-*Worzalla,* Rn. 351 m. w. N.

782 *BAG* 14.5.74, 9.9.75, 10.7.79, 6.12.83, AP Nrn. 1, 2, 3, 7 zu BetrVG 1972 Überwachung; 27.1.04, NZA 04, 556 (558); vgl. auch *Fitting,* Rn. 226 m. w. N.

783 AP Nr. 7 zu § 87 BetrVG 1972 Überwachung.

784 Z. B. *BAG* 9.9.75, AP Nr. 2 zu § 87 BetrVG 1972 Überwachung; vgl. auch Richardi-*Richardi,* Rn. 503.

785 vgl. *Däubler,* Gläserne Belegschaften?, Rn. 757; *Klebe,* NZA 85, 44 (45); *Fitting,* Rn. 226; GK-*Wiese,* Rn. 511.

786 *BAG* 6.12.83, AP Nr. 7 zu § 87 BetrVG 1972 Überwachung.

787 14.9.84, AP Nr. 9 zu § 87 BetrVG 1972 Überwachung; 15.12.92, CR 94, 111 (115); 26.7.94, NZA 95, 185 (186).

788 *BAG* 11.3.86; AP Nr. 14 zu § 87 BetrVG 1972 Überwachung; zu dieser Entscheidung setzt sich der *5. Senat* des *BAG* 22.10.86, AP Nr. 2 zu § 23 BDSG – wohl ohne es zu erkennen – in Widerspruch.

789 Vgl. z. B. *BAG* 6.12.83, 14.9.84, 11.3.86, AP Nrn. 7, 9, 14 zu § 87 BetrVG 1972 Überwachung; *Fitting,* Rn. 235 m. w. N.; GK-*Wiese,* Rn. 519 m. w. N.

790 Vgl. auch HaKo-BetrVG/*Kohte,* Rn. 72; *Halberstadt,* Rn. 78; *Hexel,* S. 149; *Schwarz,* S. 125.

791 GK-*Wiese,* Rn. 570; a. A. *Däubler,* Gläserne Belegschaften?, Rn. 772; ErfK-*Kania,* Rn. 59; HWK-*Clemenz,* Rn. 125.

792 *BAG* 28.11.89, DB 90, 743 f.

793 Vgl. *ArbG Berlin* 22.3.89, CR 90, 482, Ls.; *Fitting,* Rn. 249; *Däubler,* Gläserne Belegschaften?, Rn. 830 ff. m. w. N.; KassArbR-*Lorenz,* 2.10, Rn. 638; *Wohlgemuth,* Rn. 704.

selbst, also die Hardware, gehört (vgl. Rn. 169 m. w. N.), ist unabhängig von den Eigenschaften des neuen Computers der Austausch des Rechners mitbestimmungspflichtig.[794]

(2) Datenerhebung und -verwendung

190 Das Mitbestimmungsrecht erfasst zunächst, **welche Daten** überhaupt im Rechner gespeichert werden. Dies ist im Hinblick auf den Schutz der Persönlichkeitsrechte der AN eine wichtige Mitentscheidungskompetenz des BR. Darüber hinaus bestimmt der BR mit, wie die Daten **verwendet** werden. Er kann also mitentscheiden, welche Daten wie verknüpft und wie im Einzelnen ausgewertet werden.[795] Entscheidend für das Persönlichkeitsrecht ist letztlich immer die **konkrete Verwendung einer Information,** ganz abgesehen davon, dass durch Verknüpfung vorhandener auch neue entstehen. Von daher ist es zwingend, den BR über die Datenverarbeitung mitbestimmen zu lassen, zumal dies dem Wortlaut der Norm entspricht.[796] Nach § 28 Abs. 1 Satz 2 BDSG, der durch § 32 nicht ausgeschlossen wird,[797] sind bei der Datenerhebung die vom AG verfolgten Zwecke »konkret festzulegen«. Es reicht also nicht, auf das Arbeitsverhältnis zu verweisen. Hieraus folgt auch, dass z. B. Daten der Zugangskontrolle nicht für eine Pünktlichkeitskontrolle verwendet werden dürfen.[798]

(3) Mitbestimmung hinsichtlich des EDV-Systems

191 Die teilweise vertretene Auffassung,[799] das Mitbestimmungsrecht könne bei einer technischen Einrichtung nur hinsichtlich der verhaltens- und leistungsbezogenen Anwendungskomponenten eingreifen und scheide im Übrigen aus, ist abzulehnen.[800] In der Regel werden die einzelnen **Programmfunktionen nicht aufteilbar** sein, sondern eine Gesamtheit bilden. Darüber hinaus betrifft das Mitbestimmungsrecht die **Anwendung der technischen Einrichtung** (vgl. hierzu auch Rn. 156, 169) **insgesamt** und nicht lediglich bestimmter Programme oder Programmfunktionen. Wäre dies vom Gesetzgeber beabsichtigt gewesen, hätte es nahe gelegen, den Tatbestand anders zu fassen.[801]

(4) Vollzugs- und Kontrollordnung

192 Es ist zweifelhaft, ob mit Hilfe des Mitbestimmungsrechts auch **Durchführungsvorschriften,** die gesonderte Informations-[802] und Kontrollrechte des BR festhalten, erzwungen werden können. Das **BAG** hat in seiner **Bildschirmentscheidung**[803] die von ihm so bezeichnete **»Vollzugs- und Kontrollordnung**« nur auf freiwilliger Basis für möglich gehalten. In der **PAISY-**

---

794 Ein Mitbestimmungsrecht bei der Hardware lehnen z. B. HWGNRH-*Worzalla*, Rn. 373, *Färber/Theilenberg*, S. 19 m. w. N. ab.

795 *BAG* 12.1.88, DB 88, 1552 (1553); *Fitting*, Rn. 249 m. w. N.; GK-*Wiese*, Rn. 535; *Däubler*, Gläserne Belegschaften?, Rn. 770; *Schwarz*, S. 127 und DB 83, 226 (228); *Wohlgemuth*, Rn. 707; *Klebe/Schumann*, AuR 83, 40 (47); a. A. *Ehmann*, NZA-Beilage 1/85, S. 9; *WW*, Rn. 50.

796 *Klebe/Schumann*, AuR 83, 40 (47); vgl. auch die **besondere Betonung des Verwendungszwecks** in §§ 4 Abs. 3 Nr. 2, 4 a Abs. 1, 4 c Abs. 1 Satz 2, 28 Abs. 1 Satz 2 **BDSG**.

797 vgl. *Däubler*, Gläserne Belegschaften?, Rn. 186; *Thüsing*, NZA 09, 865 (869); *Weichert*, AuR 10, 100 (101); a. A. Taeger/Gabel-*Zöll*, § 32 Rn. 10; Wolff/Brink-*Riesenhuber*, § 32 Rn. 29; *Schmidt*, RDV 09, 193 (195).

798 vgl. *Däubler*, NZA 01, 874 (876).

799 Vgl. GK-*Wiese*, Rn. 531; HWGNRH-*Worzalla*, Rn. 373 m. w. N.; *Kilian*, BB 85, 403 (404).

800 Vgl. auch *BAG* 14.9.84, AP Nr. 9 zu § 87 BetrVG 1972 Überwachung, das nur auf der Regelungsebene differenziert; *Apitzsch/Schmitz*, DB 84, 983; *Däubler*, Gläserne Belegschaften?, Rn. 765 m. w. N. auch zur Rspr.; *Küpferle/Wohlgemuth*, Rn. 228; *Simitis*, NJW 85, 401 (406); *Schapper/Waniorek*, AuR 85, 246 (249); *Schmitz*, Computernetze, S. 31 f.; *Fitting*, Rn. 242 (für eine Mitbestimmungspflichtigkeit des Gesamtsystems, falls eine Auftrennung nicht möglich ist).

801 Z. B. wie folgt: »...von technischen Einrichtungen, **soweit** sie dazu bestimmt sind ...«, vgl. *Wohlgemuth*, Rn. 705.

802 Hierfür *Hanau/Reitze*, FS Wiese, S. 149 (150).

803 6.12.83, AP Nr. 7 zu § 87 BetrVG 1972 Überwachung; ebenso GK-Wiese, Rn. 570; Richardi-*Richardi*, Rn. 38; *Färber*, FS Gaul, S. 57 (80).

Entscheidung[804] geht das Gericht dann allerdings davon aus, dass Verfahrensregelungen dieser Art dem Mitbestimmungsrecht unterliegen. Die vom GBR angegriffene und vom *BAG* im Hinblick auf Mitbestimmungsrechte überprüfte Regelung IV 3. 2. 1. bis 3.4. des Spruchs der ESt. enthält Vorschriften über Gespräche mit den AN, Stellungnahmen der Vorgesetzten, einsetzbare Rechner, eine Protokollierungspflicht sowie ein Einsichtsrecht des BR/GBR in die Protokolle der Datenläufe. Ähnlich entscheidet das *BAG* später bei der Überprüfung eines ESt.-Spruchs »**Telefonanlage**«[805]: Regelungen über die Information des BR bei Änderungen, bei Mitarbeitergesprächen und über Kontrollrechte des BR hinsichtlich der Nutzung des Systems sieht das Gericht »in so engem Zusammenhang« mit der Anwendung der Telefonanlage, dass sie (wohl als Annex) vom Mitbestimmungsrecht gedeckt sind. In anderen Entscheidungen[806] bestätigt das *BAG* demgegenüber lapidar die Bildschirmentscheidung, ohne allerdings die zwischenzeitlich ergangene Rspr. zu erwähnen.

Das *BAG* sollte seine Rspr. harmonisieren und anerkennen, dass Informations- und Kontroll- **193**
rechte mit Hilfe des Mitbestimmungsrechts durchgesetzt werden können. Insbesondere die Einführung und Anwendung von Computern ist i. S. d. Persönlichkeitsschutzes der AN nur vernünftig regelbar, wenn auch technische Vorschriften für die Durchführung einer BV vereinbart werden. So ist z. B. die **Protokollierung der einzelnen Rechneraktivitäten,** die das *BAG* in der PAISY-Entscheidung zu Recht als mitbestimmungspflichtig ansieht, unverzichtbare Voraussetzung, um überhaupt halbwegs verlässlich festzustellen, ob eine abgeschlossene BV eingehalten wird. Die Protokollierung der konkreten Form der Datenverarbeitung ist daher zumindest als **notwendiger Annex des Mitbestimmungsrechts** anzusehen.[807] Bei ihr handelt es sich jedoch um nichts anderes als um eine Ausgestaltung des Informationsrechts, um eine Erleichterung der Informationserlangung und Kontrolle der BV bzw. des Spruchs der ESt. für den BR. Datenverarbeitung vollzieht sich nämlich für den BR, anders als z. B. anhand der jeweiligen Personen sichtbare Überstunden, zunächst **nicht sichtbar.** Ebenso wie durch den Abschluss einer BV wird daher das Mitbestimmungsrecht durch deren Durchführung/Einhaltung realisiert. Dort, wo eine wirksame Kontrolle ohne **Konkretisierung der BR-Rechte** nicht möglich ist, muss diese als Annex vom Mitbestimmungsrecht miterfasst werden: Das Gesetz sieht Mitbestimmungsrechte nicht nur formal vor, sondern will sie auch faktisch zur Geltung bringen.[808]

dd) Inhalt von Betriebsvereinbarungen

(1) Grundsätze für Personaldatenverarbeitung

Der BR[809] sollte mit der Ausübung seines Mitbestimmungsrechts eine **abschließende positive** **194**
Regelung der Personaldatenverarbeitung anstreben, d. h. eine Regelung, die abschließend festlegt, welche Daten[810] wie zu welchen Zwecken[811] vom AG verarbeitet werden dürfen.[812] Bei

804 11.3.86, AP Nr. 14 zu § 87 BetrVG 1972 Überwachung.
805 30.8.95, NZA 96, 218 (220).
806 20.12.88, DB 89, 1032 f.; 2.4.96, DB 96, 1725 (1729).
807 Vgl. zu dieser Konstruktion *BAG* 8.3.77, AP Nr. 1 zu § 87 BetrVG 1972 Auszahlung und weitere Beispiele zu anderen Mitbestimmungsrechten in Rn. 3.
808 Vgl. *Klebe/Roth,* DB 89, 1518 (1520).
809 Zur Abgrenzung der Zuständigkeit zu GBR und KBR vgl. *BAG* 20.12.95, NZA 96, 945 ff.; 14.11.06, NZA 07, 399 ff.; 22.7.08, NZA 08, 1248 (1257); 25.9.12, NZA 13, 275 (277); *LAG Berlin-Brandenburg* 31.7.13 – 17 TaBV 222/13, juris; *Trittin/Fischer,* NZA, 09, 343 (345 f.: Auch bei einheitlicher konzernweiter Datenverarbeitung jedenfalls wegen § 2 Abs. 4 BDSG keine Zuständigkeit des KBR, sondern der/des GBR/BR) und § 50 Rn. 107 ff.; § 58 Rn. 58 ff.
810 Vgl. hierzu § 3 a BDSG: Möglichst weitgehende **Datenvermeidung, Anonymisierung** und **Pseudonymisierung** (hierzu *Hammerschmidt,* CuA 1/08, S. 15 ff.; *Härting,* NJW 13, 2065 ff.) insbes. bei sensitiven Daten (§ 3 Abs. 9 BDSG).
811 vgl. auch §§ 28 Abs. 1 Satz 2, der durch § 32 BDSG nicht ausgeschlossen wird (*Däubler,* Gläserne Belegschaften?, Rn. 186; *DKWW,* § 32 Rn. 9; *Thüsing,* NZA 09, 865, 869; *Weichert,* AuR 10, 100, 101; a. A. Taeger/Gabel-*Zöll,* § 32 Rn. 10; Wolff/Brink-*Riesenhuber,* § 32 Rn. 29), 4 Abs. 3 Nr. 2, 4 a Abs. 1 BDSG.
812 Umfassend zum Datenschutz und zu Regelungen, auch technischen, in BV *Maas/Schmitz/Wedde,* insbes. 114 ff.

BV, die bestimmte Verbote für den AG enthalten, ist nämlich davon auszugehen, dass alle nicht untersagten Anwendungen mitbestimmungsrechtlich (vgl. auch Rn. 195) zulässig sind.[813] Für jede BV (Nachweise für einzelne **Regelungsbereiche** in Rn. 198 ff.), die Personaldatenverarbeitung betrifft, sollten folgende Punkte geregelt werden (vgl. auch Rn. 195): Geltungsbereich, Ziele und Zwecke des EDV-Systems, **Datenverarbeitung und -verwendung**[814], ein Verbot automatisierter Entscheidungen (§ 6 a BDSG), eine **kurze Speicherdauer** und Aggregierung personenbeziehbarer Daten, ggf. Verbindungsmöglichkeiten über die UN-Grenzen hinweg,[815] der Vorrang dezentraler **Client/Server-** oder Intranet-Architekturen mit Datenspeicherung vor Ort,[816] **Zugriffsberechtigung und -sicherung**, **Protokollierung** der Bearbeitung und **Kontrollrechte für den BR**,[817] Beteiligung und Rechte der einzelnen AN, Verfahren für Änderungen der BV (ggf. auch nach vereinfachten Grundsätzen) und Regelungen für Streitigkeiten.[818] Je nach System kommen **weitere Regelungsnotwendigkeiten** wie z. B. die Sicherung der Qualifikation der AN und ihrer Arbeitsplätze, die Gestaltung der Arbeitsorganisation[819] und der Schutz der Gesundheit[820] in Betracht. Dabei ist eine Ermächtigung des AG zu einseitigen Maßnahmen weder durch BV noch durch Spruch der ESt. zulässig (vgl. Rn. 49). In der Regel werden sich im Hinblick auf die Vielzahl der in den Betrieben eingeführten DV-Systeme **Rahmen-BV** anbieten (vgl. z. B. DKKWF-*Klebe/Heilmann*, § 87 Rn. 29).[821] Mit ihrer Hilfe können allgemeine für den DV-Einsatz geltende Grundregeln vereinbart werden, die dann nicht bei jeder BV für das einzelne System wiederholt werden müssen.[822]

(2) Grenzen für Personaldatenverarbeitung

195 BV haben das **Persönlichkeitsrecht der AN**[823] und **zwingende gesetzliche Vorschriften** zu beachten.[824] Rechtlich unzulässige Maßnahmen werden auch mit Zustimmung des BR nicht

813 Kritisch zu diesem Ansatz *Stein*, CF 11/95, S. 13 ff.

814 Geräte, Erfassung (**Direkterhebung** beim Betroffenen, § 4 Abs. 2 BDSG; vgl. auch *Weichert*, AuR 10, 100 ff.) und Eingabe von Daten, Verarbeitung und Auswertung.

815 Z. B. der Zugang zum **Internet;** zu BV-Inhalten vgl. auch *Böker/Kamp*, Betriebliche Nutzung von Internet, Intranet und E-Mail (2003).

816 Vgl. *Schmitz*, Computernetze, S. 75 ff., 230 ff.

817 Vgl. hierzu insbes. *Barthel u. a.*, WSI-Mitt. 91, 240 ff. und *Schmitz*, Computernetze, S. 184 ff. zum sog. Bibliotheks- und zum Poolmodell.

818 Vgl. im Einzelnen *Bergmeier/Hoppe*, S. 13 ff.; *Klebe/Roth*, Personalinformationssysteme, S. 55; *Richenhagen*, AiB 93, 204 ff.; *Gebhardt/Umnuß*, NZA 95, 103 ff. (insbes. zum Versuch der Anonymisierung von AN-Daten); *Schmitz*, Datenschutztechniken (zu Möglichkeiten technischer wie organisatorischer Art, Daten zu schützen); zum Datenschutz bei Arbeitsplatzcomputern vgl. *Klotz*, CR 93, 180 ff. und bei Zeiterfassungssystemen *Zilkens*, RDV 05, 50 ff.

819 Vgl. auch *Schmitz*, Computernetze, S. 124 ff.

820 Z. B. zur Software-Ergonomie: *Schmitz*, Computernetze, S. 87 ff.

821 Zum Inhalt auch *Fricke*, CF 6 – 7/98, 7 ff., 9 ff., 17 ff., *Ebinger*, AiB 13, 113 ff. und *Böker/Demuth*, S. 16 ff., 129 ff.

822 Bei Rahmen-BV besteht kein Mitbestimmungsrecht: *LAG Düsseldorf* 4.11.88, NZA 89, 146 ff.; *Däubler*, Gläserne Belegschaften?, Rn. 817; *Fitting*, Rn. 251 und *Färber*, FS Gaul, S. 57 (80).

823 Vgl. z. B. *BAG* 26.8.08, NZA 08, 1187 (1189); 14.11.12, DB 13, 700 (701); 20.6.13, NZA 14, 143 (145 ff.); 25.9.13, NZA 14, 41 (44 f.); 21.11.13, NZA 14, 243 (247 ff.); 15.4.14, NZA 14, 551 (555 ff.); zum Persönlichkeitsrecht vor allem auch *BVerfG* 27.2.08, NZA 08, 822 ff. (Grundrecht auf Gewährleistung der Vertraulichkeit und Integrität informationstechnischer Systeme; hierzu *Wedde*, AuR 09, 373 ff.) und 11.3.08, NZA 08, 1505 ff.

824 Vgl. *BAG* 11.3.86, AP Nr. 14 zu § 87 BetrVG 1972 Überwachung und z. B. auch *Wohlgemuth*, BB 90, 340 (341) m. w. N. für das BDSG; vgl. demgegenüber *BAG* 27.5.86, AP Nr. 15 zu § 87 BetrVG 1972 Überwachung; zum Persönlichkeitsrecht vgl. *BAG* 7.10.87, AP Nr. 15 zu § 611 BGB Persönlichkeitsrecht; 29.6.04, NZA 04, 556 ff. (hierzu *Richardi/Kortstock*, RdA 05, 381 ff.); 14.12.04, NZA 05, 839, Ls. = RDV 05, 216, 218 ff.; 26.8.08, NZA 08, 1187 (1189 ff.), die drei letztgenannten Entscheidungen zur **Wirksamkeit** von **ESt.-Sprüchen bei Videoüberwachung** (Überwachung muss als Eingriff in das allgemeine Persönlichkeitsrecht der überwachten AN verhältnismäßig, d. h., geeignet, erforderlich und unter Berücksichtigung der gewährleisteten Freiheitsrechte der AN angemessen sein; dies ist z. B. bei einer **dauerhaften verdachtsunabhängigen Kontrolle** nicht der Fall; vgl. § 32 Abs. 1 Satz 2 BDSG und auch *Fitting*, Rn. 253; *Kiesche/Wilke*, CuA 12/07, S. 7 ff.; *Brandt*, CuA 12/07, S. 13 ff.); *BVerfG* 19.12.91, DB 92, 786 f.; 31.7.01, NZA 02, 284 (heimliche Tonbandaufnahmen); *BAG* 30.8.95, DB 96,

rechtmäßig.[825] Durch eine BV kann **entgegen** der inzwischen überholten Entscheidung des *BAG* vom 27.5.86 **nicht zuungunsten der Beschäftigten vom BDSG abgewichen** werden,[826] Es kommt nur eine Konkretisierung der Vorschriften in Frage. Eine BV ist zwar eine Erlaubnisnorm i. S. d. § 4 Abs. 1 BDSG,[827] hat aber als untergesetzliche Norm dessen Vorschriften als **Mindeststandard** zu beachten.[828]

Das BDSG räumt dem Einzelnen Individualansprüche als Ausfluss des Persönlichkeitsrechts bzw. des Rechts auf informationelle Selbstbestimmung ein. AG und BR haben diese Rechte aktiv zu schützen und zu fördern (**§ 75 Abs. 2**). Darüberhinaus ist auch der aus dem Europarecht folgende Schutzstandard zu berücksichtigen. Hiermit und auch mit dem Schutzzweck von BV[829] wäre eine Herabsetzung des durch das BDSG eingeräumten Schutzes nicht vereinbar.[830] Deshalb ergeben sich z. B. gesetzliche Schranken für die Gestaltung und Auswahl von Datenverarbeitungssystemen aus §§ 3 a (Grundsatz der Datenvermeidung, Anonymisierung und Pseudonymisierung),[831] 4 Abs. 2 (Grundsatz der **Direkterhebung** der Daten beim Betroffenen, 4 d Abs. 5 (Vorabkontrolle durch den Datenschutzbeauftragten wegen der regelmäßig betroffenen sensiblen Daten), 6 a Abs. 1, 2 (Einschränkung automatisierter Einzelentscheidungen, die für den Betroffenen eine rechtliche Folge nach sich ziehen oder ihn erheblich beeinträchtigen),[832] 6 b (Videoüberwachung öffentlich zugänglicher Räume),[833] 6 c (Verwendung mobiler Medien) und auch aus §§ 4 b, 4 c BDSG im Hinblick auf eine **grenzüberschreitende Datenverarbeitung** in **Ländern außerhalb der EU** (vgl. auch § 94 Rn. 30).[834] Diese **Auftragsdatenverarbeitung** kann unabhängig von den sonstigen allgemeinen Zulässigkeitsvoraussetzungen nur erfolgen, wenn die einschlägigen ausländischen Regelungen ein angemessenes Schutzniveau[835] gewährleisten oder dieses durch die BV und die weiteren der Datenverarbeitung zugrunde liegenden Verträge sichergestellt ist.[836] 196

334; 29.10.97, AuR 98, 130 ff. mit Anm. *Linnenkohl*; 23.4.09, DB 09, 1936 f. (alle zum Mithören von Telefonaten; vgl. hierzu auch *Linnenkohl*, RDV 92, 205 ff.); zum **EDV-Einsatz** im **BR-Büro** vgl. § 40 Rn. 97 ff. und § 94 Rn. 39 ff.

825 Vgl. z. B. *BAG* 15.5.91, CR 93, 230 (232) mit Anm. *Wedde; Däubler*, Gläserne Belegschaften?, Rn. 781 ff.; *Fitting*, Rn. 253; GK-*Wiese*, Rn. 487 ff.; HWGNRH-*Worzalla*, Rn. 381; zum **EDV-Einsatz** im **BR-Büro** vgl. § 40 Rn. 158 ff. und § 94 Rn. 49 ff.

826 **A. A.** *BAG* 27.5.86, AP Nr. 15 zu § 87 BetrVG Überwachung; ErfK-*Kania*, Rn. 61; MünchArbR-*Matthes*, § 248 Rn. 42; *Erfurth*, DB 11, 1275 (1276 f.) m. w. N.; unklar *BAG* 15.4.14, NZA 14, 551 (555 ff.).

827 Vgl. z. B. *BAG* 20.12.95, NZA 96, 945 (947 m. w. N.), *DKWW*, § 4 Rn. 2.

828 *BAG* 26.8.08, NZA 08, 1187 (1191 ff. Rn. 35, 40, 53, 54); *Kühling*, Verfassungsrechtliche Zulässigkeit der Unterschreitung des datenschutzrechtlichen Standards im Rahmen von Einwilligung und Betriebsvereinbarung, Hans-Böckler-Stiftung, November 2011, S. 12 ff.; *Gola/Wronka*, Rn. 1882 ff.; *Trittin/Fischer*, NZA 09, 343 (344 f.); *Kiesche/Wilke*, CuA 4/11, S. 14 (17); vgl. auch *Kock/Francke*, NZA 09, 646 (647), die es für kaum denkbar halten, dass eine nach dem BDSG unzulässige Datenverarbeitung durch BV trotz § 75 Abs. 2 ermöglicht wird; hierzu auch *Wybitul*, NZA 14, 225 ff.

829 Vgl. *Däubler*, Das Arbeitsrecht 1, Rn. 935 f.; *Wohlgemuth*, Rn. 215 und § 77 Rn. 40; *Kühling*, a. a. O.

830 Vgl. *DKWW*, § 4 Rn. 2; Simitis-*Scholz/Sokol*, § 4 Rn. 17; *Wohlgemuth*, Rn. 213 ff. m. w. N.; *Kort*, RdA 92, 378 (385); *ders.*, NZA 10, 1267 (1269); *Hummel/Hilbrans*, AuR 05, 207 (208); *Alter*, NJW 15, 2375 (2376); vgl. auch HaKo-BetrVG/*Kohte*, Rn. 73 mit dem zutreffenden Hinweis auf das europarechtlich durch die **EG-Datenschutzrichtlinie** vorgegebene Niveau und hierzu insbes. *EuGH* 24.11.11, NZA 11, 1409 (1410); 13.5.14, AuR 14, 250 f. und *BAG* 7.2.12, NZA 12, 744 (746).

831 Hierzu *Wilke/Kiesche*, CuA 11/09, 6 ff.; vgl. auch § 3 Abs. 4 TDSV.

832 *Däubler*, Gläserne Belegschaften?, Rn. 431 f.; *Gola*, CF 7 – 8/02, S. 44 ff.

833 Hierzu *BAG* 26.8.08 NZA 08, 1187 (1191, 1193); *OVG Niedersachsen* 29.9.14, CR 15, 39 ff. und *Bayreuther*, NZA 05, 1038 ff.; vgl. auch *EuGH* 11.12.14 – C-212/13, juris.

834 Vgl. *Schierbaum*, CF 2/02, S. 23 ff., 3/02, S. 19 ff.; Michalke, CuA 9/10, S. 8 ff.

835 Vgl. auch *Simitis*, CR 00, 472 ff. und *DKWW*, § 4 b Rn. 10 ff. mit der Internetadresse in Rn. 13 für die jeweils aktuelle Liste: Für Andorra, Argentinien, Australien, die Faröer Inseln, Israel, Kanada, Neuseeland, die Schweiz, Uruguay, Jersey, Guernsey und die Isle of Man hat die EU-Kommission ein angemessenes Schutzniveau bestätigt.

836 *Däubler*, AiB 97, 258 ff. mit einem Vertragsbeispiel; *ders.*, Gläserne Belegschaften?, Rn. 490 ff.; *Hoeren*, RDV 12, 271 ff.; vgl. auch die **Standardvertragsklauseln** der Europäischen Kommission (*DKKW*, Anhang D – 6 und hierzu *Wedde*, AiB 07, 80 ff.: Die Anwendung der Standardvertragsklauseln **schränkt die Mitbestimmungsrechte nicht ein**), zuletzt vom 5.2.10 mit Wirkung zum 15.5.10 insbes. zum Problem der Unterauftragnahme ergänzt (vgl. Michalke, CuA 9/10, S. 8 [10]), und die sog. **»Safe-Harbor«-Lösungen** (*Klug*, RDV 00, 212 ff.; *Leingang*, CR 00, 637 f.; *Greer*, RDV 11, 267 ff.

197 Weder das BDSG noch die **EG-AntiterrorVO**[837], bieten eine Rechtsgrundlage, Mitarbeiterdaten flächendeckend und systematisch mit Listen verdächtiger Personen nach den VO, z. B. zur Bewilligung des **AEO-Zertifikats** (Authorized Economic Operator= zugelassenener Wirtschaftsbeteiligter; das Zertifikat bietet Firmen einige zollrechtliche Vereinfachungen), abzugleichen. Auch weniger einschneidende, das Persönlichkeitsrecht weniger beeinträchtigende Maßnahmen, können »angemessene Sicherheitsstandards« gewährleisten.[838] Der *BFH*[839] sieht demgegenüber in § 32 Abs. 1 Satz 1 BDSG eine Rechtsgrundlage und bejaht dessen Voraussetzungen generell. Auch wenn man ihm folgte, wäre jedenfalls ein **Mitbestimmungsrecht** des BR **z. B.** hinsichtlich der abzugleichenden Daten, der Festlegung sicherheitsrelevanter Bereiche im Betrieb und, dass nur die dort Beschäftigten in eine Überprüfung einbezogen werden, im Hinblick auf Fristen für die Löschung der Daten und auch die Überprüfungsfrequenz gegeben[840] Bei **privater Nutzung von Telefon und Internet** im Betrieb findet **Telekommunikationsrecht,** wie z. B. §§ 88 ff. TKG und §§ 11 ff. TMG, Anwendung.[841] Diese Regelungen, die in ihrem Anwendungsbereich dem BDSG vorgehen, sind jedenfalls zwingend. Sie enthalten keine Öffnungsklauseln für die Betriebsparteien.[842] Fraglich ist, was daraus für den Zugriff des AG auf dienstliche Mails der Beschäftigten folgt. Hier lassen sich technische Regelungen treffen[843], die mit dem **Fernmeldegeheimnis** des § 88 TKG vereinbar sind. Nach der Rspr. des BVerfG endet der Schutz des Fernmeldegeheimnisses nämlich in dem Moment, in dem die

---

und zum Datenschutz in den USA *Determann/Sprague*, RDV 11, 274 [276 ff.]; *Lejeune*, CR 13, 755 ff. und *Weichert*, RDV 12, 113 ff., auch zum Konflikt zwischen den USA und Europa) und hierzu die entsprechende UN-Liste www.export.gov/safeharbor; zum Datenschutz bei **Cloud-Computing** – Anwendungen vgl. *Gaul/Koehler*, BB 11, 2229 (2230 ff.); *Pötters*, NZA 13, 1055 ff.; besondere Probleme entstehen dabei durch den **US-Patriot-Act.** Danach hat das FBI selbst ohne Gerichtsbeschluss bei der Terrorbekämpfung und Spionageabwehr schon mit einem sog. National Security Letter Zugriff auf Daten in einer Cloud, wenn die Konzernmutter des diese betreibenden UN ihren Sitz in den USA hat oder eine irgendwie geartete andere Konzernbeziehung in die USA besteht (vgl. z. B. *Hackmann*, Computerwoche 25.7.12; *Lejeune*, CR 13, 755 ff.).

837 Verordnung (EG) Nr. 2580/2001 des Rates v. 27.12.2001 (ABlEG 2001 Nr. L 344, S. 70) und Nr. 881/2002 des Rates v. 27.5.02 (ABlEG 2002 Nr. L 139, S. 9), zuletzt geändert durch Verordnung (EG) Nr. 639/2007 der Kommission v. 8.6.2007 (ABlEG 2007 Nr. L 148, S. 5).

838 Vgl. auch *Däubler-Gmelin*, DuD 11, 455 (458); dbr 10/11, S. 28 ff.; CuA 4/14, S. 13 ff. und CuA 2/15, S. 14 ff.; *Ruppert*, CuA 7 – 8/12, S. 42 ff.; *Schulze/Sticher*, AiB 12, 574 ff.;Taeger/Gabel-*Zöll*, § 32 Rn. 35; Schreiben des *Bundesbeauftragten für den Datenschutz und die Informationsfreiheit* v. 2.11.2009 an den Verband der Chemischen Industrie; *Landesbeauftragter für den Datenschutz Baden-Württemberg*, 30. Tätigkeitsbericht 2010/2011, S. 146.

839 19.6.12, RDV 12, 303 ff; **zu Recht kritisch hierzu** *Homburg*, AuR 13, 137 f. m. w. N. zur Rspr. des EuGH; *Roeder/Buhr*, BB 11, 1333 (1336) und BB 12, 193 (195 ff.) und *Gleick*, DB 13, 1967 (1969 f.) sehen eine Rechtsgrundlage in § 28 Abs. 1 Nr. 2 BDSG; ebenso *FG Düsseldorf* 1.6.11, RDV 12, 92 (93 f.); vgl. auch *Otto/Lampe*, NZA 11, 1134 (1137) und *Gola/Wronka*, Rn. 1211 ff.

840 Vgl. auch *Däubler-Gmelin*, DuD 11, 455 (458 ff.);dbr 10/11, S. 28 (30 ff.) und CuA 4/14, S. 13 (15 f.), jeweils mit Eckpunkten für eine BV; *Däubler*, SR 12, 75; *Homburg*, AuR 13, 137 (138); *Schulze/Sticher*, AiB 12, 574 (576); zu Unrecht a. A. *Roeder/Buhr*, BB 11, 1333 (1338) und *Fitting*, Rn. 223; differenzierend *Otto/Lampe*, NZA 11, 1134 (1138), die ein Mitbestimmungsrecht verneinen, wenn nur Statusdaten verarbeitet werden. Das ist schon deshalb abzulehnen, weil auch die Verarbeitung von Statusdaten, und gerade bei dieser Überprüfung, Informationen über das Verhalten gibt und ja auch geben soll (auch Rn. 182); vgl. auch die durchaus datenschutzrechtlich problematische Regelung in **§ 25 c Abs. 2 KWG** (hierzu auch *Löw*, BB 11, 2227), wonach Kreditinstitute DV-Systeme betreiben müssen, mit denen sie die Strafbarkeit bestimmter Transaktionen prüfen können. Hierfür wird die Erhebung, Verarbeitung und Nutzung personenbezogener Daten soweit erforderlich ausdrücklich gestattet. Bei den einzelnen Regelungen hat der BR natürlich gleichwohl ein Mitbestimmungsrecht.

841 *Däubler*, Gläserne Belegschaften?, Rn. 336 ff. m. w. N.; *ders.*, CuA 11/14, S. 4 (10 f.); *Behling*, BB 10, 892 (893); *Kiesche/Wilke*, CuR 4/11, S. 14(15); *dies.*, AiB 12, 92 ff.; *Schierbaum*, CuA 3/12, S. 5 ff.); *Wedde*, CuA 3/07, S. 9 (14); demgegenüber wegen § 3 Nr. 10 TKG zu Unrecht a. A. *LAG Niedersachsen* 31.5.10, NZA-RR 10, 406 (408); *LAG Berlin-Brandenburg* 16.2.11, NZA-RR 11, 342 (343); *VG Karlsruhe* 27.5.13, NVwZ-RR 13, 797 (801), bestätigt v. *VGH Baden-Württemberg* 30.7.14 – 1 S 1352/13, juris mit Anm. v. Glaser, DB 14, 2415 f.; *Buschbaum/Rosak*, DB 14, 2530 f.; *Wybitul*, NJW 14, 3605 (3607 ff. m. w. N.).

842 Vgl. hierzu *Däubler*, Internet, Rn. 234 ff., 301 m. w. N.; *Beckschulze/Henkel*, DB 01, 1491 (1495 f.); *Mengel*, BB 04, 1445 (1452 f.); *Wedde*, CuA 3/07, S. 9 ff. mit Regelungsvorschlägen.

843 *Wedde*, CuA 3/07, S. 9 (13).

Nachricht beim Empfänger angekommen und der Übertragungsvorgang beendet ist. Der Empfänger könne jetzt eigene Schutzvorkehrungen gegen den ungewollten Datenzugriff treffen.[844]Auch die freie Verarbeitung personenbezogener Echtdaten mit **Abfragesprachen** ist unzulässig. Sie ist mit dem Recht auf informationelle Selbstbestimmung nicht vereinbar, da sie die Zweckbindung der AN-Daten und die Datentransparenz für die Beschäftigten aufhebt. **Biometrische Identifikationsverfahren,** die nicht nur die Identität überprüfen, sondern zudem Aussagen z. B. zum Gemüts- und Gesundheitszustand oder zum Charakter erlauben, sind ebenfalls unzulässig, da sie den Einzelnen zum bloßen Objekt eines Verfahrens machen und ihm seine Intimsphäre nehmen (vgl. auch Rn. 201, § 94 Rn. 39, 48 m. w. N.).[845] **Ortungssysteme,** die personenbeziehbare Bewegungsdaten z. B. über **GPS-gestützte Navigationssysteme, RFID-Technik** oder Mobiltelefone erfassen, sind im Hinblick auf das Persönlichkeitsrecht nur ausnahmsweise zulässig (z. B. für Personen, die Gefahrenbereiche betreten und verlassen, nie aber z. B. im privaten Bereich). Hier müssen die gleichen Grundsätze wie bei einer Videoüberwachung gelten.[846] Dabei sind lückenlose Bewegungsprofile unzulässig. Auch die Verarbeitung von **Gesundheitsdaten** der AN (Krankheiten, ihre Ursachen, körperliche und geistige Verfassung o. ä.), wie sie z. B. auch durch **Fitness-Tracker** oder **Fitness- oder Stress-Apps** auf Smartphones erfolgt, ist unzulässig. Sie ist zur Durchführung des Arbeitsverhältnisses nicht erforderlich. Die erforderlichen Informationen, z. B. zur Eignung für einen Arbeitsplatz, kann der AG unter Beachtung der ärztlichen Schweigepflicht vom Betriebsarzt erhalten.

ee) Einzelfälle

Mitbestimmungspflichtig sind 198

- **betriebsärztliche Informationssysteme** (vgl. auch § 94 Rn. 11),[847] die Verarbeitung und Nutzung von Gesundheitsdaten im Rahmen des **betrieblichen Eingliederungsmanagements** (vgl. auch Rn. 65 und 259),[848]
- Systeme zur **Fehlzeitenüberwachung,**[849]
- zur Personaleinsatzplanung,[850]
- zur **Betriebsdatenerfassung**[851] und Produktionsplanung und -steuerung (PPS), auch als Teil einer CIM-Gesamtkonzeption.[852]
- Findet eine betriebsübergreifende **Vernetzung von Rechnern** statt, so unterliegt dies ebenfalls der Vorschrift (vgl. Rn. 189). Hiermit entstehen auch neue Kontrollmöglichkeiten durch Fernüberwachung und -wartung.

Weiterhin greift das Mitbestimmungsrecht ein bei 199

- **Bildschirmarbeitsplätzen,**[853]
- **Bürokommunikations-**[854] bzw. elektronischen Postsystemen mit Mailbox (vgl. DKKWF-

---

844 *BVerfG* 2.3.06, NJW 06, 976 (978 f.).

845 Vgl. auch *BAG* 27.1.04, NZA 04, 556 ff.; *Hornung/Steidle,* AuR 05, 201 (205 ff.) und *OHG* 20.12.06, AuR 07, 398 ff. mit Anm. v. *Hornung.*

846 *Däubler,* CF 7 – 8/05, S. 42 ff. (»Aufenthaltsgeheimnis«); *ders.,* Gläserne Belegschaften, Rn.324 a ff., 324 d; *Gola,* CuA 6/07, S. 23 (25 f.); *ders.,* NZA 07, 1139 ff.; vgl. die Informationspflichten gem § 6 c BDSG und Rn. 50, 166.

847 A. A. GK-*Wiese,* Rn. 499.

848 *BAG* 13.3.12, NZA 12, 748 (749); *Britschgi,* S. 47 ff.; *Düwell,* FS Buschmann, S. 29 (32); *Nassibi,* NZA 12, 720 (723); *Kempter/Steinat,* NZA 15, 840 (845); zu Regelungsinhalten und mit vielen praktischen Hinweisen *Habib,* S. 16 ff.

849 *LAG Nürnberg* 3.5.02, NZA-RR 03, 21.

850 PEP; vgl. *Böker,* CuA 6/07, S. 31 ff. und CuA 10/07, S. 31 ff. mit Regelungspunkten für eine BV.

851 BDE, wie z. B. Triton, Piuss, SAP- oder CRM-Systeme (vgl. *ArbG Hamburg* 19.9.95, CR 96, 742, 743 und die BV bei *Däubler,* AiB 97, 258 ff. zu SAP R/3, sowie *Brandt/Siebert,* CF 6/96, S. 8 ff.); *Blume,* Projektkompass SAP (1997).

852 Vgl. *BAG* 14.9.84, AP Nr. 9 zu § 87 BetrVG 1972 Überwachung; *ArbG Bielefeld,* 23.3.95, AiB 95, 600; *Däubler,* BetrR 87, 458 (467 ff.); *Fitting,* Rn. 236; zu **Öko-Audit** und PPS *Ott,* CF 1/97, S. 22 f.

853 *BAG* 6.12.83, AP Nr. 7 zu § 87 BetrVG 1972 Überwachung; *Fitting,* Rn. 246; GK-*Wiese,* Rn. 553; vgl. auch BildscharbV Anhang Nr. 22 (keine Verwendung einer Kontrolleinrichtung ohne Wissen der Benutzer) und im Hinblick auf § 111 *BAG* 26.10.82, AP Nr. 10 zu § 111 BetrVG 1972.

854 Wie z. B. Lotus Notes (vgl. hierzu *Sinn/Sinn,* CF 6/99, 12 ff.), Lotus Sametime (hierzu *Michalke,* CF11/

Klebe/Heilmann, § 87 Rn. 30 [Checkliste] und 31 [Vereinbarungsentwurf]),[855] die häufig auch mit sonstigen Telekommunikationsleistungen, integriert sind,

- bei **CAD/CAM-Systemen** (DKKWF-*Klebe/Heilmann,* § 87 Rn. 33 Vereinbarungsentwurf).[856] Bei diesen Systemen sind nicht nur Kontrollfragen zu regeln, sondern auch Probleme der Qualifikation, Arbeitsplatzsicherheit und vor allem Arbeitsorganisation.[857]

200 **Das Mitbestimmungsrecht besteht auch bei**

- **Offshoring**-Konzepten, die auf IT-Systemen aufsetzen:[858] Beim Offshoring,[859] der Verlagerung von Produktion, aber auch von Verwaltungsprozessen mit Personaldatenverarbeitung/Auftragsdatenverarbeitung, wie z. B. Gehaltsabrechnung, Buchhaltung oder Reisekostenabrechnung, ins weiter entfernte Ausland (z. B. Indien und China; **Nearshoring** meint denselben Vorgang, nur in nährere Standorte in Osteuropa, was aber für die BR-Rechte keinen Unterschied macht), werden die Arbeitsabläufe häufig über die Grenzen hinweg zwischen den Standorten verknüpft, wird wechselseitig auf Personaldaten zugegriffen. Der BR kann daher über sein Mitbestimmungsrecht die für eine Datenverarbeitung außerhalb der EU erforderlichen Schutzstandards durchsetzen[860] (vgl. Rn. 196). Darüber hinaus sind die abgeschlossenen BV zur Personaldatenverarbeitung auch im Ausland zu beachten und umzusetzen. Dies ist eine den AG treffende Verpflichtung. Der AG hat sicherzustellen, dass die **Einhaltung** für den BR kontrollierbar und sein **Mitbestimmungsrecht** gewährleistet bleibt.[861] Daneben kommt das Mitbestimmungsrecht nach Nr. 7 z. B. im Hinblick auf die Softwareergonomie der vernetzten Arbeitsplätze im Inland in Betracht (vgl. auch Rn. 21; § 90 Rn. 13 und § 111 Rn. 92).[862]

201 **Das Mitbestimmungsrecht besteht auch**

- bei der Einführung und Anwendung von **CNC-Maschinen** ein,[863]
- bei **Fahrtenschreibern,** sofern keine abschließende gesetzliche Regelung vorliegt,[864]
- Bei **Fernseh-, Film-** und **Videoanlagen** (DKKWF-*Klebe/Heilmann,* § 87 Rn. 32 Entwurf einer Vereinbarung),[865]
- bei der Einführung und Anwendung von **Firewall**- Systemen,[866]

06, S. 12 ff.), Linkworks, MS-Outlook Express, Groupwise oder Notes; *Fitting,* Rn. 246; zur **Textverarbeitung** vgl. *ArbG Berlin* 22.3.89 – 35 BVGa 1/89 = CR 90, 482, Ls. mit Anm. *Redeker;* GK-*Wiese,* Rn. 551.

855 Wie z. B. MS-Mail, cc-mail; vgl. *ArbG Mainz* 19.10.95 – 8 BVGa 2776/95; *Fitting,* Rn. 245; HWGNRH-*Worzalla,* Rn. 366; *Däubler,* Internet, Rn. 293; *Müller,* RDV 98, 205 ff. (insbes. zum Datenschutz); *Barton,* CR 03, 839 ff. (zu strafrechtlichen Folgen); *Schierbaum,* dbr 2/05, S. 14 ff. (mit Eckpunkten für eine BV); zur Archivierung von E-Mails vgl. Michalke, CuA 12/10, S. 14 ff.

856 *LAG Hamburg* 3.3.86 – 2 TaBV 3/85; *LAG Baden-Württemberg* 23.10.84 – 4 TaBV 1/84 (zu § 111); *Latendorf,* CR 88, 662 ff., 851 ff.; *Wellenhofer-Klein,* DB 97, 978 f.; *Fitting,* Rn. 246; vgl. z. B. Bentley Microstation, Autocad, Unigraph oder MEDUSA.

857 Vgl. *Klebe/Roth,* AiB 84, 70 ff.

858 Vgl. auch Boes/Schwemmle-*Wedde,* S. 118 ff.

859 Vgl. hierzu auch *Müller,* CuA 2/07, S. 26 ff.; *Eisbach/Rothkegel,* AiB 12, 746 ff.

860 Boes/Schwemmle-*Wedde,* S. 129 f.

861 Vgl. auch *Wedde,* AiB 08, 13 (16).

862 Boes/Schwemmle-*Wedde,*, S. 130 f.; *Schwarzbach,* CF 6/06, 26 (28).

863 *Fitting,* Rn. 246.

864 *BAG* 10.7.79, AP Nr. 3 zu § 87 BetrVG 1972 Überwachung.

865 Vgl. *BAG* 10.7.79, AP Nr. 4 zu § 87 BetrVG 1972 Überwachung (Filmkamera); 29.6.04, NZA 04, 1278 (1279); 26.8.08, NZA 08, 1187 (1189); 11.12.12, NZA 13, 913 (914) zu Videokameras; *BVerwG* 31.8.88, NJW 89, 848 ff. und PersR 88, 271 (Fernsehanlage); GK-*Wiese,* Rn. 551; HWGNRH-*Worzalla,* Rn. 366; *Böker,* CuR 10, 13 ff.; zum **Persönlichkeitsrecht der AN** und der **Verwertung heimlicher Videoaufnahmen** *BAG* 16.12.10, NZA 11, 571 (573 ff.); 21.6.12, NZA 12, 1025 (1028); *Däubler,* CuR 11/12. S. 28 (29 f.); *Bayreuther,* DB 12, 2222 ff.; *Byers/Pracka,* BB 13, 760 ff.; *Pötters/Traut,* RDV 13, 132 ff.; vgl. auch zu den datenschutzrechtlichen Grenzen der Videoüberwachung in öffentlich zugänglichen Räumen, wie z. B. Schalterhallen und Verkaufsräumen, § 6 b BDSG (hierzu *BAG* 26.8.08, NZA 08, 1187, 1191, 1193; 21.6.12, a. a. O., 1028 f.; *ArbG Frankfurt a. M.,* RDV 06, 214, 215: Rechtswidrige Aufzeichnungen sind nicht verwertbar; *Bayreuther,* NZA 05, 1038 ff.; *Bergwitz,* NZA 12, 353 ff.; *Alter,* NJW 15, 2375 ff.;) und zu **Schmerzensgeldansprüchen** bei unzulässigem Kameraeinsatz: *HessLAG* 25.10.10, RDV 11, 99 ff. = AiB 11, 337 ff. mit Anm. v. *Rudolph.*

866 Vgl. *Schuler,* CF 4/99, 16 ff. mit Checkliste; *Däubler,* Internet, Rn. 296.

- bei der Einführung von Software zur Überwachung der individuellen DV-Nutzung bzw. des **E-Mail-Verkehrs,**[867] sofern diese überhaupt zulässig ist[868] (vgl. Rn. 195 ff.) und bei der E-Mail-Archivierung,[869]
- bei der Einführung und Anwendung von **Zugangs-** (wie z. B. MS Internet Explorer oder Netscape Communicator) und **Zugangskontrollprogrammen zum Internet,** wie z. B. Investigator oder Spyglass (DKKWF-*Klebe/Heilmann,* § 87 mit Checkliste [Rn. 30] und Vereinbarungsentwurf [Rn. 31]) oder Spam-/Contentfilter-Software[870] einschließlich der Festlegung der Absender und Seiten, die nicht zugelassen sind, jedenfalls dann, wenn hierzu personenbeziehbare Aufzeichnungen erstellt werden, von **DLP-Systemen,** mit denen die unerwünschte Weitergabe von Informationen aus dem UN verhindert werden soll,[871] sowie bei **Cloud-Computing**-Anwendungen, der Nutzung von IT-Leistungen über Datennetze anstatt auf lokalen Rechnern (auch Rn. 171)[872] und beim **Crowdsourcing**[873] sowohl hinsichtlich der internen Teilnehmer, als auch der externen bei Anwendung der Grundsätze zur Fremdfirmenarbeit (Rn. 11 f.; vgl. auch § 90 Rn. 13, § 95 Rn. 32, § 111 Rn. 111 a),
- bei der Einführung und Anwendung von technischen Plattformen, die die Zusammenarbeit der Beschäftigten unterstützen, wie z. B. **Sharepoint** oder **Connections,**[874] bzw. weitere Funktionen wie Videokonferenz und Telefonieren über das Internet zur Verfügung stellen (z. B. Microsofts »**Skype for Business**«, das frühere Lync),[875]
- bei Richtlinien und deren Kontrolle, soweit individualrechtlich zulässig, für den Umgang mit den **sozialen Medien** (Facebook, Myspace, Twitter u. a.), auch firmeninternen sozialen Netzwerken, die als Arbeitsmittel eingesetzt werden,[876] Blogs und Internet-Foren im Betrieb (vgl. auch Rn. 67),[877]
- bei einem **Reputationsmanagement,** bei dem der AG **soziale Netzwerke** auf für sein UN abträgliche Äußerungen mit Hilfe von Werkzeugen/Tools, die die beauftragten AN aus dem Internet herunterladen, durchsuchen lässt, da hierbei auch Daten der Beschäftigten und ihr Verhalten erfasst werden können; dabei sind die Tools als technische Einrichtung anzusehen, die der AG einsetzt, und ist es unschädlich, dass Datenentstehung und Verwaltung in externen Datenbanken erfolgen (vgl. auch Rn. 21 und § 94 Rn. 3),
- bei Eröffnung einer **Seite auf Facebook,** wo Nutzer/Kunden an einer virtuellen Pinnwand Kommentare zu Leistung und Verhalten der Beschäftigten abgeben können und die von mehreren (zehn) Administratoren gepflegt wird. Das LAG Düsseldorf[878] berücksichtigt nicht ausreichend, dass die Kommentare in der technischen Einrichtung Facebook elektronisch erfasst, technisch erhoben werden und Facebook standardisierte Auswertungen integriert hat, die eine Suche nach Stationen/Betrieben und Namen ermöglichen. Zudem

---

867 *Fitting,* Rn. 245; *Däubler,* Internet, Rn. 293; GK-*Wiese,* Rn. 551.

868 Vgl. auch *Jaeger,* AuA 01, 402 f.

869 Hierzu *HSA,* S. 47 f.

870 *HSA,* S. 48 f.; 51 ff.; *MSW,* S. 32 ff.; 85 ff.

871 Hierzu *Wedde,* CuA 7 – 8/13, S. 4 (7); *Däubler,* Gläserne Belegschaften, Rn. 317 a; *HSA,* S. 74 f.; *Höller,* CuA 7 – 8/13, 9 ff.

872 *Fitting,* Rn. 245; GK-*Wiese,* Rn. 551; HWGNRH-*Worzalla,* Rn. 366; *LK,* Rn. 140; Richardi-*Richardi,* Rn. 487; *Wedde,* CuR 7-8/14, S. 14 (18); *Däubler,* Internet, Rn. 293 ff. und Regelungsvorschläge für BV Rn. 645 ff.; zu BV-Inhalten vgl. auch *Böker/Kamp,* Betriebliche Nutzung von Internet, Intranet und E-Mail (2003); *Schierbaum,* dbr 2/05, S. 14 ff. und den **BV-Entwurf** zu dienstlicher und privater Nutzung von Internet und E-Mail bei *Kiesche/Wilke,* CuR 4/11, S. 14 (19 ff.); zu **Cloud Computing** vgl. *Gaul/Koehler,* BB 11, 2229 (2235); Hilber-Hexel, Teil 5 Rn. 78 ff.; *MSW,*S. 25 ff., 85 ff.; *Pötters,* NZA 13, 1055 ff. und auch Rn. 196, § 94 Rn. 3.

873 *Klebe/Neugebauer,* AuR 14, 4 (7); HaKo-BetrVG/*Kohte,* Rn. 67; Benner-*Klebe,* S. 277 (279 ff.); *Däubler/Klebe,* NZA 15, 1032 (1040 f.); vgl. auch *Benner,* CuA 4/14, S. 17 ffA

874 Hierzu *HSA,* S.59 f.; *MSW,* S. 36 f.; 85 ff.; *Ruchhöft,* CuA 12/14, S. 16 ff.

875 Vgl. hierzu *Greve,* CuA 10/15, S. 9 ff.

876 *Däubler,* Gläserne Belegschaften, Rn. 836 a; *Wedde,* CuR 4/15, S. 4 (6).

877 Vgl. auch *Fitting,* Rn. 245; GK-*Wiese,* Rn. 551; *Frings/Wahlers,* BB 11, 3126 ff.; *Hinrichs/Schierbaum,* CuR 5/12, S. 5 (10); *HSA,* S. 55 ff.; *MSW,* S. 37 ff.; 85 ff.; *Beauregard/Gleich,* DB 12, 2044 (2048); *Borsutzky,* NZA 13, 647 (649 f.).

878 12.1.15, NZA-RR 15, 355 (359 ff.); zustimmend *Nebeling/Klumpp,* DB 15, 746 f. und 14, 2352 f.; zu Recht ablehnend *Brink,* jurisPR-ArbR 14/15 Nr. 3.

kann ein Personenbezug hier ebenso wie bei den Administratoren mit Zusatzwissen, wie z. B. den Dienstplänen oder bei letzteren mit Hilfe von Logfiles und Internet-Zugriffsprotokollen hergestellt werden.[879] Diese Möglichkeiten der Auswertung reichen aus. Es ist darüberhinaus unschädlich, dass Datenentstehung und ihre Verwaltung in einer externen Datenbank stattfinden;

- bei vernetzten Multifunktions- (Kombination von Fax, Scanner und Drucker) und Fotokopiergeräten mit persönlicher Kode-Nr. für die Benutzer,[880]
- bei **Computerheimarbeit/Telearbeitsplätzen** (vgl. DKKWF-*Klebe/Heilmann,* § 87 Rn. 38),[881]
- bei **EDV-gestützter Kantinenabrechnung**, z. B. auch als Teil von Personalinformationssystemen (DKKWF-*Klebe/Heilmann,* § 87 Rn. 44), und **Scannerkassen**[882]
- bei Multimomentkameras,[883]
- beim Einsatz von **Personal-Computern** (DKKWF-*Klebe/Heilmann,* § 87 Rn. 34),[884]
- beim Einsatz von mobilen Kommunikationsgeräten/**Smartphones** wie **BlackBerry**, MDA oder vergleichbarer Technik,[885] auch wenn private Geräte dienstlich genutzt werden (»**Bring your own device«, BYOD**; hierzu die Checkliste bei DKKWF-*Klebe/Heilmann,* § 87 Rn. 39),[886]wie auch bei Verwendung von **MDM-Software** (»Mobile-Device-Management««) zur technischen Verwaltung der Geräte,[887]
- beim Einsatz von **elektronischen Personalakten** (vgl. auch § 83 Rn. 11) schon im Hinblick darauf, dass Statusdaten Verhaltensdaten sind und zudem auch sonstige Informationen über AN-Verhalten gespeichert werden wie Krankheitszeiten, Arbeitsunfälle, Abmahnungen, Beurteilungen, Zeugnisse und Testergebnisse, die sich im Übrigen auch in der Zusammenschau zu zusätzlichen Erkenntnissen auswerten lassen,[888]
- beim Einsatz von **Personalinformations- und -managementsystemen** wie z. B. PAISY, Workday, Sucessfactors von SAP[889] oder Peoplesoft (DKKWF-*Klebe/Heilmann,* § 87 Rn. 37),[890]
- bei personenbeziehbaren **Mitarbeiterbefragungen**, wenn die Daten elektronisch erhoben oder ausgewertet werden (hierzu auch Rn. 62, § 94 Rn. 3 ff., 10),[891]
- bei **UN-Datenverarbeitungssystemen** (wie mySAP/ERP) mit Datenbank, **Data-**

---

879 Vgl. hierzu vor allem *Brink,* jurisPR-ArbR 14/15 Nr.3.

880 *Fitting,* Rn. 244.

881 Vgl. im Einzelnen *Wedde,* Rn. 959 ff.; *ders.,* NJW 99, 527 ff. und BSWW-*Wedde,* S. 255 ff.; *Fitting,* Rn. 246; *Kamp,* Telearbeit, S. 13 ff.; *Kiesche/Wilke,* CuA 5/09, S. 9 ff.; *Wiese,* RdA 09, 344 (351 ff.); *Vogl/Nies,* S. 74 ff.

882 *ArbG Berlin* 27.10.83, DB 84, 410 f.; *Fitting,* Rn. 246; für Scannerkassen: (*AG Baden-Württemberg* 25.2.11, LAGE § 77 BetrVG 2001 Nr. 11.

883 *BAG* 14.5.74, AP Nr. 1 zu § 87 BetrVG 1972 Überwachung.

884 Vgl. *ArbG Berlin* 22.3.89 – 35 BVGa 1/89 = CR 90, 482, Ls.; *BVerwG* 12.10.89, CR 90, 132, Ls.; *VGH Kassel* 8.8.90, CR 91, 482 (483); *Däubler,* Gläserne Belegschaften?, Rn. 824 ff.; zu einer PC-Rahmen-BV vgl. *Fricke,* CF 6 – 7/98, 17 ff.; zu einer BV über **Laptops** im Außendienst vgl. *Ganz,* AiB 92, 189 ff.; vgl. insbes. zum Datenschutz *Klotz,* CR 93, 180 ff.

885 *ArbG Darmstadt* 11.4.07 – 5 BV Ga 4/07; *Fitting,* Rn. 245; HaKo-BetrVG/*Kohte,* Rn. 67; *Strunk,* CuA 11/08, S. 25 ff.; *Hammann,* CuA 5/09, S. 19 ff.

886 *Däubler,* Internet, Rn. 210 h; *Göpfert/Wilke,* NZA 12, 765 (769 f.); *Fitting,* Rn. 245; GK-*Wiese,* Rn. 551; HWGNRH-*Worzalla,* Rn. 366; *Franck,* RDV, 13, 185/188; *HSA,* S. 95 f.; *Thannheiser,* AiB 3/14, S. 19 ff.; *Arning/Moos,* DB 13, 2607 ff.; *Pollert,* NZA-Beilage 4/14, 152 (154); *Wisskirchen/Schiller,* DB 15, 1163 (1166); vgl. auch **Rn. 67** und **§ 90 Rn. 9.**

887 Hierzu *Thannheiser,* AiB 6/15, S. 22 ff.

888 Vgl. auch *Widmann,* AuA 09, 332 f.; *Löw,* AuR 09, 192 f. Rn. 150 ff.; *Brachmann/Diepold,* AuA 12, 202 (204);*Kiesche/Wilke,* CuA 6/10, S. 5 ff.; *Böker,* CuA 6/10, S. 14 ff., auch mit Regelungsinhalten, a. A. zu Unrecht *Diller/Schuster,* DB 08, 928 f., die nicht nur die Rspr. unvollständig wiedergeben, sondern auch die elektronischen Überwachungsmöglichkeiten bagatellisieren, indem sie sie mit denen einer Personalakte in Papierform gleichsetzen.

889 *Sommer,* CuA 6/14, S. 4 ff. (7).

890 *BAG* 11.3.86, AP Nr. 14 zu § 87 BetrVG 1972 Überwachung; *Fitting,* Rn. 244; GK-*Wiese,* Rn. 527, 551; *Fricke,* CF 6 – 7/98, 12 ff. mit einer Rahmen-BV zur Personaldatenverarbeitung; a. A. z. B. *GL,* Rn. 142 a.

891 Vgl. auch *Fitting,* Rn. 226.

Warehouse-Anwendungen,[892] und operativen Systemen, z. B. zur Personalwirtschaft wie SAP-HR,[893]
- bei der Anwendung von **Produktographen,**[894]
- bei **Torkontrollen** bzw. entsprechenden **Sicherungs- und Zeiterfassungssystemen,** wie z. B. DATAMOD, CSS1, JPEV, INTARAP/N, VARIDAT oder SIPASS (vgl. DKKWF-*Klebe/Heilmann,* § 87 Rn. 39 Vereinbarungsentwurf und auch Rn. 67),[895]
- bei **biometrischen Identifikationsverfahren,** sofern diese überhaupt zulässig sind (vgl. Rn. 201; § 94 Rn. 39, 48 m. w. N), wie z. B. Zugangskontrollsystemen mit **Iris-** oder **Fingerprint-Scanner,**[896]
- bei der Einführung und Verwendung von **digitalen Betriebsausweisen**[897] und **Firmenkreditkarten.**[898] Bei **Firmenkreditkarten** erfolgt die Überwachung zwar in seinem Interesse durch einen Dritten (die Kreditkartenfirma) und der AG wird selbst keinen Zugriff auf die erfassten Daten nehmen können. Die Überwachung erfolgt aber auf **Anweisung des AG.** Dieser trifft die Entscheidung, Informationen über das Verhalten seiner Beschäftigten erfassen zu lassen. Dies ist ausreichend, um das Mitbestimmungsrecht zu bejahen[899] (vgl. auch Rn. 331).
- **Einwegscheiben** sind ebenfalls technische Einrichtungen i. S. d. Vorschrift.[900] Sie sind allerdings im Hinblick auf Art. 1 Abs. 1, 2 Abs. 2 GG, § 75 Abs. 2 unzulässig (vgl. § 75 Rn. 56).[901]

Der Betriebsrat hat weiterhin ein Mitbestimmungsrecht 202
- bei der Einführung und Anwendung von **Stempel-/Stechuhren** und **Zeitstemplern,**[902]
- bei **Expertensystemen,**[903]
- bei der Durchführung eines **Wissensmanagements,**[904] wie z. B. mit der Einführung einer **Expertendatenbank** (»Yellow-Pages«) mit Mitarbeiterprofilen im Intranet,[905]
- bei **E-Learning-Systemen,**[906]
- bei Systemen des **Dokumentenmanagements,**[907]
- bei **Technikerberichtssystemen,**[908]
- bei Ortungssystemen, soweit sie überhaupt zulässig sind (vgl. Rn. 197 a. E.), die personenbeziehbare Bewegungsdaten z. B. über **GPS**-gestützte Navigationssysteme,[909] Mobiltelefone oder **RFID-Anwendungen**[910] erfassen[911]

---

892 Hierzu *Hammerschmidt,* CuA 12/07, S. 17 ff. und *HSA,* S. 34 ff.

893 hierzu *Krügel,* CF 1/06, 8 ff.; *Bieler,* CuA 8 – 9/07, S. 33 ff.; zu **SAP-HCM** vgl. *HSA,* S. 27 f.. und *Konrad-Klein,* CuA 6/14, S. 9 ff.; zu SAP-Successfactors als Teil von SAP-HCM *Sommer,* CuA 6/14, S. 4 ff.; **Finanzwirtschaft (SAP-FI)** und hierzu *Schmitz/Stockhofe,* CF 4/05, S. 33 ff.; *Konrad-Klein,* CuA 4/07, S. 16 ff., jeweils auch mit Regelungsvorschlägen; *Rupp,* CuA 4/07, S. 8 ff.; vgl. auch **Rn. 183, 191.**

894 *BAG* 9.9.75, AP Nr. 2 zu § 87 BetrVG 1972 Überwachung.

895 hierzu *Brandt,* AiB 13, 75 ff. und *Böker,* CF 6 – 7/98, 19 ff.; *ders.,* S. 14 ff., jeweils mit Regelungsbeispielen; GK-*Wiese,* Rn. 551; vgl. aber *BAG* 10.4.84, AP Nr. 7 zu § 87 BetrVG 1972 Überwachung.

896 *BAG* 27.1.04, NZA 04, 556 (558 f.); *Fitting,* Rn. 244; GK-*Wiese,* Rn. 551; Richardi-*Richardi,* Rn. 507; *HSA,* S. 113 f f.; *Michler,* CF 5/06, S. 22 ff.; vgl. auch *Böker/Kübeck,* CF 6/04, S. 8 ff. und *Albrecht,* CuA 1/07, 11 ff., beide mit Eckpunkten für eine BV.

897 *Wilke,* CF 12/06, S. 10 ff. mit Checkliste.

898 *Bachner,* AiB 06, 595 (596); a. A. *Lunk/Hinrichs,* DB 07, 2144 (2149).

899 *BAG* 27.1.04, NZA 04, 556 (559).

900 GK-*Wiese,* Rn. 512; *Schwarz,* S. 141; a. A. *BVerwG* 31.8.88, PersR 88, 271; HWGNRH-*Worzalla,* Rn. 344.

901 *Fitting,* § 75 Rn. 149.

902 Vgl. *LAG Düsseldorf* 21.11.78, DB 78, 459; *LAG Berlin* 9.1.84, DB 84, 2098; HWGNRH-*Worzalla,* Rn. 366.

903 *Fitting,* Rn. 246; GK-*Wiese,* Rn. 551; *Richenhagen,* AiB 92, 305 ff.

904 Hierzu *Gerber/Trojan,* AuA 02, 340 ff.; *Höfers,* AiB 03, 721 (724); *Brandl,* CF 7 – 8/04, S. 44 ff.; *Hinrichs/Schierbaum,* CF 7 – 8/04, S. 38 (42); vgl. auch Rn. 62 und § 94 Rn. 10.

905 Vgl. auch zu **Skill-Datenbanken** *Hess,* CF 7 – 8/03, S. 24 ff.; *Schmitz,* CF 7 – 8/03, S. 20 ff.

906 *Kölbach/Heidemann,* CuA 2/09, S. 10 ff.; *Sendelbeck,* CuA 12/14, S.4 (5 ff.) und *Stieler/Domnik,* AiB 11, 316 ff., jeweils mit Eckpunkten für eine BV; *Ruchhöft,* CuR 1/13, S. 17 ff.; Brandt, CuA 12/14, S. 9 ff.

907 **ECM-Systeme,** vgl. *Bieler,* CF 3/06, S. 11 ff.

908 *BAG* 14.9.84, AP Nr. 9 zu § 87 BetrVG 1972 Überwachung.

909 *ArbG Kaiserslautern* 27.8.08, dbr 8/09, S. 37; *Fitting,* Rn. 247; GK-*Wiese,* Rn. 551; HaKo-BetrVG/

- bei Systemen der **Telefondatenerfassung** (DKKWF-*Klebe/Heilmann,* § 87 Rn. 35 Vereinbarungsentwurf),[912] die häufig mit »klassischer« Bürotechnik und sonstigen Formen der Telekommunikation integriert sind. In diesem Zusammenhang ist auch wichtig, dass vom **Diensteanbieter** bzw. **-erbringer** ein Einzelverbindungsnachweis an den AG nur übermittelt werden darf, wenn der BR entsprechend den gesetzlichen Vorschriften, wie z. B. der hier kommentierten, beteiligt worden ist (§ 99 Abs. 1 Satz 4 TKG)[913] und das **Telekommunikationsrecht** bei privater Nutzung zwingende AN-Schutzvorschriften z. B. in §§ 11 ff. TMG und 88 ff. TKG[914] enthält (vgl. vor allem auch Rn. 197).[915] Darüber hinaus sah § 113 a TKG vor, dass der AG, der »öffentlich zugängliche Telekommunikationsdienste für Endnutzer erbringt«, für sechs Monate die Verkehrsdaten auf Vorrat zu speichern hatte. Diese Vorschrift ist verfassungswidrig.[916] Die erneute aktuelle Regelung begegnet ebenfalls erheblichen verfassungsrechtlichen Einwänden. Selbstverständlich unterliegt auch das verdeckte Mithören und/oder Aufzeichnen von Kundentelefonaten (sog. **Silent Monitoring/ Voice Recording**) z. B. in Call-Centern, soweit es überhaupt zulässig ist (vgl. Rn. 195 ff.),[917] der Mitbestimmung.[918] Bei der **Telefondatenerfassung** hat der BR einige gegenüber sonstiger Personaldatenverarbeitung spezifische Regelungspunkte zu beachten. So sollte er beispielsweise verhindern, dass die Telefonnummern externer Gesprächspartner erfasst werden.[919] Darüber hinaus ist darauf hinzuweisen, dass eine Erfassung der **Gespräche des BR** wegen § 78 BetrVG unzulässig ist.[920] Erfolgt eine Vermittlung über die Zentrale, so darf die Telefonnummer des Gesprächspartners auch nicht manuell erfasst werden.[921] Bei **VoIP, Telefonieren über das Internet**[922] und entsprechender die Qualität dieser Telefongespräche kontrollierender Software[923] besteht selbstverständlich ebenfalls das Mitbestimmungsrecht. Bei VoIP entsteht zudem zusätzliches Kontrollpotential, da die örtlichen Administratoren direkten, allerdings unzulässigen, Zugriff auf die Telefondaten bekommen.

Kohte, Rn. 67; HWGNRH-*Worzalla,* Rn. 366.

910 *Fitting,* Rn. 247; zum Datenschutz vgl. *Kesten,* RDV 08, 97 ff.

911 Ebenso *Däubler,* Das Arbeitsrecht 1, Rn. 986; *HSA,* S. 92 ff., 103 ff.; vgl. auch *Brandt,* CF 2/06, S. 4 ff. mit Checkliste; *Sinn,* CuA 6/07, S. 9 ff.; *Weiß,* CuA 6/07, S. 19 ff.; *Gola,* CuA 6/07, S. 23 ff.

912 Wie z. B. Siemens-HICOM; vgl. *BAG* 27.5.86, AP Nr. 15 zu § 87 BetrVG 1972 Überwachung; 30.8.95, NZA 96, 218 (219); *LAG Hamm* 25.1.08, RDV 08, 211; *Fitting,* Rn. 244 f.; Richardi-*Richardi,* Rn. 511; vgl. auch *BAG* 11.11.98, BB 99, 1327 zu einer HICOM-Anlage und *Schierbaum,* RDV 98, 154 ff. zu automatischen Anrufverteilsystemen (**ACD**) in **Call-Centern** mit Eckpunkten für eine BV; hierzu auch *HSA,* S. 85 ff.; *Menzler-Trott/Hasenmaile,* S. 251 ff., *Wilke,* CF 6/06, S. 4 ff. (zu Datenschutzfragen); allgemein zu Eckpunkten von BV zu Telekommunikationsanlagen *Jentgens/Höller,* Telekommunikationsanlagen (2003) und *HSA,* S. 82 ff.

913 vgl. auch *Wedde,* CR 95, 41 (45); *Kiper/Schierbaum,* CF 8 – 9/99, 24 ff. (beide zu Datenschutzfragen).

914 Hierzu *Kiper,* CF 12/04, S. 12 ff.; *Mengel,* BB 04, 1445 (1452 f.).

915 *Däubler,* Internet, Rn. 223 ff., 301 m. w. N.; *ders.,* Gläserne Belegschaften, Rn. 336 ff.; *Hilber/Frik,* RdA 02, 89 ff.; Rn. 163; *Wedde,* CuA 3/07, S. 9 ff; zur **Missbrauchskontrolle** § 100 Abs. 3 TKG.

916 *BVerfG* 2.3.10, NJW 10, 833 ff.

917 Vgl. *Fitting,* Rn. 247.

918 GK-*Wiese,* Rn. 551; *Jordan/Bissels/Löw,* BB 08, 2626 (2630).

919 Zum Fernsprechgeheimnis des AN vgl. *Däubler,* AiB 95, 149 ff.; zu **ISDN** vgl. *Fitting,* Rn. 245 m. w. N.; GK-*Wiese,* Rn. 559; *Linnenkohl,* FS Gnade, S. 195 (203 ff.); zu Regelungspunkten einer HICOM-BV CF 3/92, 17 ff. und CF 10/96, 16; zu **Mobiltelefonen/Smartphones** DKKWF-*Klebe/Heilmann,* § 87 Rn. 36 (Mustervereinbarung); *Fitting,* Rn. 244; ErfK-*Kania,* Rn. 62.zu **VoIP** vgl. *HSA,* S. 91 f.; *Konrad-Klein,* CF 10/06, S. 20 ff. mit Checkliste und *Heine/Pröpper,* CuA 2/10, 22 ff. mit einem BV-Entwurf.

920 Vgl. auch *Latendorf,* CR 87, 242 (245); *Wohlgemuth/Mostert,* AuR 86, 138 (146); eine Erfassung der Telefonnummer des Gesprächspartners lehnen ab *LAG Baden-Württemberg* 13.8.81 – 11 TaBV 8/81; *BayVGH* 2.2.83, CR 89, 424, Ls.; *Matthes,* CR 87, 108 (113); wohl auch *BAG* 27.5.86, AP Nr. 15 zu § 87 BetrVG 1972 Überwachung; differenzierend für Fern- und Ortsgespräche *BAG* 1.8.90, DB 91, 47 f.; vgl. hierzu die berechtigte Kritik von *Wohlgemuth,* AuR 91, 190 ff. und *Däubler,* AiB 95, 149 (156 f.).

921 Ähnlich *LAG Frankfurt* 26.11.85 – 5 TaBV 26/85, das lediglich die Erfassung der Vorwahlnummer zulässt.

922 Zu **VoIP** vgl. *Fitting,* Rn. 245; GK-*Wiese,* Rn. 551; *HSA,* S. 91 f.; *Konrad-Klein,* CF 10/06, S. 20 ff. mit Checkliste und *Heine/Pröpper,* CuA 2/10, S. 22 ff. mit einem BV-Entwurf; HWGNRH-*Worzalla,* Rn. 366.

923 Hierzu *Däubler,* CuA 5/15, S. 10 ff.

Weiterhin unterliegen der Mitbestimmung: 203
- Erfassungs- und Auswertungssysteme für **Zeitaufnahmen** (z. B. Unidat M 16/Ipas),[924]
- Systeme zur **Vertriebssteuerung**,[925]
- Systeme zur **Fahrtenoptimierung** (wie z. B. »MAP and Guide«; vgl. auch Rn. 64) und auch generell zur Erfassung individualisierbarer, auf AN beziehbarer Fahrzeugdaten (»**Connected Car-Konzepte**«),[926] nicht aber der Einsatz von **Google Maps** zur Berechnung der kürzesten Wegstrecke in Reisekostenabrechnungen oder die von dem entsprechenden Bearbeiter individuell veranlasste, nicht automatische, Überprüfung der Entfernung bei Zweifeln im Einzelfall,[927]
- **Workflow-Systeme** in der Verwaltung (z. B. die SAP-Funktion Business-Workflow);[928]
- und auch **Zielvereinbarungen**, wenn die entsprechenden Leistungsdaten elektronisch gespeichert bzw. verarbeitet werden.[929]

7. Arbeits- und Gesundheitsschutz (Nr. 7)

a) Vorbemerkungen

204 Der **Gesetzgeber** hat dem Arbeits- und Gesundheitsschutz mit der Schaffung der Norm eine größere Bedeutung geben wollen. Berücksichtigt man, dass im Jahre 2013 in der Bundesrepublik trotz der bekannt hohen Dunkelziffer[930] noch immer 1 221794 Arbeitsunfälle, Berufskrankheiten und Wegeunfälle angezeigt worden sind,[931] so kann diese Intention nur nachhaltig unterstrichen werden. Dabei nehmen die **psychischen Erkrankungen** stark zu.[932] **Normzweck** ist die Effektivierung des gesetzlichen Arbeitsschutzes, die Behebung seines Vollzugsdefizits durch betriebliche Konkretisierung[933] und damit auch die Realisierung des Grundrechts aus Art. 2 Abs. 2 GG.[934] Der betriebliche Arbeitsschutz (auch durch Fachkräfte für Arbeitssicherheit und Sicherheitsbeauftragte) tritt als **dritte Säule** neben die staatliche Gesetzgebung und die Normsetzung der Berufsgenossenschaften.[935] Der BR wird damit zum **Sachwalter der einzelnen Beschäftigten,** die den Gesundheitsschutz nicht allein z. B. durch Ausübung des Zurückbehaltungsrechts durchsetzen können.[936] AG und BR sind dabei verpflichtet, selbst tätig zu werden, und dürfen nicht auf Aufsichtsmaßnahmen warten. Die historisch durch polizei- und obrigkeitsstaatliches Denken zu erklärende ausschließliche Aufsichtsorientierung,[937] die nicht ausreichend in der Lage ist, den gesetzlichen Gesundheitsschutz durchzusetzen, wird also durch das Prinzip betrieblicher **Selbstregulierung** ergänzt. Wichtig ist zudem, dass die kollektive Mitwirkung nicht länger nur auf die Verhaltensbeeinflussung der AN konzentriert ist, sondern alle Umstände organisatorischer, technischer, räumlicher und zeit-

924 *BAG* 15.12.92, CR 94, 111 ff.
925 *Sinn/Sinn,* CF 12/98, S. 4 ff.
926 Vgl. *Jaspers/Franck,* RDV 15, 69 (71); *Schwartmann/Ohr,* RDV 15, 59 (65).
927 *BAG* 10.12.13, NZA 14, 439 (440 f.); ErfK-*Kania*, Rn. 57; GK-*Wiese*, Rn. 552.
928 Vgl. *Klöcker,* CF 4/06, S. 4 ff. mit Eckpunkten für eine Regelung.
929 *Däubler,* NZA 05, 793 (794); GK-*Wiese,* Rn. 551; *Rieble/Gistel,* BB 04, 2462 (2463); *Annuß,* NZA 07, 290 (296); vgl. auch Rn. 67, 337, 351; § 94 Rn. 9 und 44.
930 Vgl. auch *Däubler,* Das Arbeitsrecht 2, Rn. 386.
931 Vgl. *BMAS/BauA* (2014), Sicherheit und Gesundheit bei der Arbeit 2013, Unfallverhütungsbericht Arbeit, Download von www.baua.de/suga,, S. 13; zur Arbeitsumwelt in der EU vgl. Eurofound (2012), Fifth European Working Conditions Survey – 2010 (Fünfte Europäische Erhebung über die Arbeitsbedingungen 2010) und *Merllié/Paoli,* AuR 02, 132 ff.
932 Vgl. *Lohmann-Haislah,* Stressreport Deutschland 2012 (Bundesanstalt für Arbeitsschutz und Arbeitsmedizin 2012); *Bundesverband der BKK,* Gesundheitsreport 2012 ; auch Welt am Sonntag 27.1.13, S. 35; *IG Metall,* Anti-Stress- Verordnung (Juni 2012).
933 Vgl. *BAG* 8.6.04, NZA 04, 1175 (1177); 12.8.08, DB 08, 2030 (2031); 18.8.09, NZA 09, 1434 (1435); *Kohte,* AuR 84, 263 (272) und in FS Gnade, S. 675 (684), jeweils m. w. N.
934 *Pieper,* S. 960.
935 Vgl. *Denck,* RdA 82, 279 (288); *Kohte,* FS Kissel, S. 547 (561 f.).
936 *Denck,* RdA 82, 279 (288); *Kohte,* AuR 84, 263 (272).
937 Bücker/Feldhoff/Kohte, Rn. 1 ff.

licher Art umfasst, unter denen AN ihre Arbeit verrichten, sie also neben der Gefahrenabwehr auch eine gestaltende, umfassend **präventive Zielsetzung** bekommt (vgl. auch § 4 ArbSchG).[938] Diese veränderte Herangehensweise wird durch die **europäischen Richtlinien** und ihre Umsetzung in nationales Recht gefördert, die den AG als entscheidenden Normadressaten ansprechen und die »**Verbetrieblichung des Gesundheitsschutzes**«[939] verstärken. Gleichzeitig werden die Wechselwirkungen zwischen Umweltschutz und Arbeitssicherheit und das Erfordernis einer besonders intensiven Koordination deutlich.[940]

205 Der Mitbestimmungstatbestand setzt voraus, dass eine Arbeitsschutzvorschrift besteht, die durch Regelungen ausgefüllt werden soll, die also nicht bereits aus sich selbst heraus abschließend und unmittelbar Schutzstandards festlegt. Damit wird gleichzeitig eine **Obergrenze** festgelegt.[941] Das Mitbestimmungsrecht erfasst nur das gesetzlich geforderte Niveau. **Zusätzliche Maßnahmen** zur Verhütung von Arbeitsunfällen und Gesundheitsschädigungen können gemäß § 88 Nr. 1 nur durch **freiwillige BV** geregelt werden (vgl. § 88 Rn. 18 f.).[942] Weitere Informations- und Mitwirkungsmöglichkeiten auf dem Gebiet des Arbeitsschutzes sind in § 80 Abs. 1 Nr. 1, 9, Abs. 2 und § 89 vorgesehen.

b) Voraussetzungen des Mitbestimmungsrechts

aa) Maßnahmen des Arbeits- und Gesundheitsschutzes

206 Mitbestimmungspflichtig sind alle Regelungen (vgl. Rn. 226) über die Verhütung von Arbeitsunfällen und Berufskrankheiten sowie über den Gesundheitsschutz.[943]

207 Ein **Arbeitsunfall**[944] ist nach dem Wortlaut des § 8 Abs. 1 SGB VII ein Unfall, den ein Versicherter (i. S. d. SGB VII) bei einer in den §§ 2, 3, und 6 genannten Tätigkeiten erleidet. Hierzu zählt auch der sog. **Wegeunfall,** den der Versicherte auf dem Weg nach und von dem Ort seiner Tätigkeit erleidet (§ 8 Abs. 2 SGB VII).[945] Im Übrigen muss der Unfall mit der versicherten Tätigkeit in einem ursächlichen Zusammenhang stehen.[946]

208 **Berufskrankheiten** sind zunächst die Krankheiten, welche die Bundesregierung mit Zustimmung des Bundesrates durch Rechtsverordnung (**BerufskrankheitenVO**) als solche bezeichnet und die ein Versicherter bei einer der genannten Arbeiten erleidet (§ 9 Abs. 1 SGB VII). Zu den bekanntesten Berufskrankheiten zählen durch berufliche Tätigkeit erlittene Lärmschwerhörigkeit, Quarzstaublungenerkrankungen (Silikose), Asbeststauberkrankungen (Asbestose), arbeitsbedingte Krebserkrankungen (z. B. durch Asbeststaub, Benzol, Teerdämpfe), Blei- und Quecksilbererkrankungen und bandscheibenbedingte Erkrankungen der Wirbelsäule.[947] Die **Unfallversicherungsträger** gemäß § 9 Abs. 2 SGB VII haben darüber hinaus im Einzelfall eine Krankheit, auch wenn sie nicht in der Rechtsverordnung bezeichnet ist oder die dort bestimmten Voraussetzungen nicht vorliegen, wie eine Berufskrankheit zu behandeln, sofern sie nach neuen Erkenntnissen durch besondere Einwirkungen verursacht ist, denen bestimmte Personengruppen durch ihre Arbeit in erheblich höherem Grade als die übrige Bevölkerung ausgesetzt sind.[948]

209 Der Begriff des **Gesundheitsschutzes** ist umfassend (zum Gesundheitsbegriff vgl. Rn. 220 f.).

---

938 *Kohte,* Arbeitnehmerhaftung, S. 164 ff.
939 *Kohte,* FS Gnade, S. 675 (685).
940 *Höhn,* S. 38 ff. und z. B. § 10 ASiG.
941 Vgl. Bücker/Feldhoff/Kohte, Rn. 110.
942 Vgl. auch GK-*Wiese/Gutzeit,* Rn. 594.
943 Zu Vereinbarungen zum betrieblichen Gesundheitsmanagement vgl. *Kiesche,* S. 18 ff.
944 Vgl. den Überblick vor allem zur Rspr. bei Schaub-*Koch,* § 61 Rn. 14 ff.
945 Hierzu z. B. *BAG* 14.12.00, NZA 01, 549 f.
946 Vgl. Schaub-*Koch,* a. a. O., Rn. 36 ff. und *Udke,* AiB 99, 456 ff.; *ders.,* AuA 01, 412 ff. jeweils m. w. N. vor allem zur Rspr.
947 Hierzu *Elsner,* AiB 96, 711 ff. und *Fritsche/Müller-Knöss,* AiB 13, 496 ff. mit Kritik am System und Reformvorschlägen; vgl. insgesamt die Anlage zur **BerufskrankheitenVO** vom 31.10.1997 (BGBl. I S. 2623 ff.) i. d. F. vom 22.12.2014 (BGBl. I Nr. 62 v. 29.12.2014, S. 2397); hierin werden z. Z. 77 Krankheiten aufgeführt.
948 Vgl. *Becker,* AiB 05, 542 ff.

Er erfasst – neben der Verhütung von Arbeitsunfällen und Berufskrankheiten – alle Maßnahmen, die der Erhaltung der **physischen und psychischen Integrität** der AN gegenüber Schädigungen durch medizinisch feststellbare arbeitsbedingte Verletzungen, Erkrankungen oder sonstige gesundheitliche Beeinträchtigungen dienen.[949] Dies umschließt auch **vorbeugende Maßnahmen,**[950] die **Gesundheitsgefährdungen,** nämlich die Möglichkeit einer gesundheitlichen Beeinträchtigung ohne bestimmte Anforderungen an deren Ausmaß und Eintrittswahrscheinlichkeit[951] vermeiden, und Maßnahmen der **menschengerechten Gestaltung der Arbeit** (§ 2 Abs. 1 ArbSchG), um gesundheitliche Belastungen auszuschalten oder zu verringern.[952]

bb) Rahmenvorschriften, insbesondere Generalklauseln

Das Mitbestimmungsrecht erstreckt sich auf alle Maßnahmen, die im **Rahmen der Vorschriften des Arbeits- und Gesundheitsschutzes** im Betrieb zu treffen sind. Dabei kann es sich um **gesetzliche Regelungen** und **UVV** handeln, nicht jedoch um TV.[953] **UVV** werden von den Berufsgenossenschaften auf Grund der §§ 15 ff. SGB VII erlassen. Sie enthalten u. a. verbindliche Bestimmungen über **Einrichtungen, Anordnungen** und **Maßnahmen,** die die UN zur Verhütung von Arbeitsunfällen zu treffen haben. Weiterhin kann darin festgelegt werden, was die AN zur **Verhütung von Arbeitsunfällen** beachten müssen. Ferner können **ärztliche Untersuchungen** vorgeschrieben werden, die vor, während und nach der Verrichtung von Arbeiten durchzuführen sind, die mit arbeitsbedingten Gefahren für Leben und Gesundheit verbunden sind. In den UVV sind nach § 15 Abs. 1 Nr. 7 SGB VII auch Regelungen über die **Zahl der Sicherheitsbeauftragten,** die nach § 22 SGB VII unter Berücksichtigung der in den UN bestehenden Unfall- und Gesundheitsgefahren und der Zahl der Beschäftigten zu bestellen sind, zu treffen. Die Bundesregierung ist verpflichtet, ihren jeweiligen Unfallverhütungsberichten eine Zusammenstellung der geltenden Unfall- und Gesundheitsvorschriften beizufügen. Soweit die von den Berufsgenossenschaften erlassenen UVV dem AG noch einen Handlungsspielraum gewähren, greift die Mitbestimmung des BR ein.[954] Im Übrigen handelt es sich bei den UVV der Berufsgenossenschaften um **Mindestregelungen.** Es ist somit dem AG und BR überlassen, auch Maßnahmen zu treffen, die über die Regelungen der UVV hinausgehen. 210

Zu den gesetzlichen Vorschriften gehören nicht nur Gesetze, sondern auch **Rechts-VO.**[955] Wichtig sind insbesondere das **ASiG**, die **ArbStättV**, das Gesetz über technische Arbeitsmittel (»Gerätesicherheitsgesetz«), die **GefStoffV** und das **ArbSchG** mit den auf Grund seines § 19 ergangenen Verordnungen wie z. B. der BildscharbV. 211

Seit dem In-Kraft-Treten der **Einheitlichen Europäischen Akte** (BGBl. II S. 1102) bekommt das europäische Arbeitsschutzrecht eine immer größere Bedeutung (vgl. auch § 89 Rn. 8 ff.). Durch die Umsetzung der Richtlinien wird das deutsche Recht dynamisiert und effektiviert: 212

- Das Schutzniveau wird stärker vereinheitlicht. **Öffentlicher Dienst und Privatwirtschaft** werden gleichermaßen erfasst (s. § 1 Abs. 1 ArbSchG). Ausnahmen werden nur für wenige Sonderbereiche zugelassen. Der Vorbehalt zugunsten der »Natur des Betriebs, der Dienstleistung« (vgl. z. B. §§ 120 a GewO, 618 BGB) entfällt. Als allgemeinen Grundsatz der Gefahrverhütung hat der AG statt der »allgemein anerkannten Regeln der Technik«[956] den »**Stand der Technik**«[957] zu beachten. Die Verpflichtung zur Berücksichtigung der technischen Entwicklung setzt also bereits früher ein.

---

949 So vor allem *BAG* 18.8.09, NZA 09, 1434 (1435) im Anschluss an *Wlotzke,* FS Wißmann, S. 426 (429) und MünchArb-*Wlotzke,* § 206 Rn. 35, jeweils m. w. N.; vgl. auch *Fitting,* Rn. 262, 299.
950 *BAG* 18.8.09, a. a. O.
951 So *Wlotzke,* FS Wißmann, S. 426 (430); vgl. auch § 4 Nr. 1 ArbSchG.
952 *Wlotzke,* FS Däubler, S. 654 (658 f.); *ders.,* FS Wißmann, S. 426 (437); *Fitting,* Rn. 262.
953 *BAG* 11.12.12 – 1 ABR 81/11, juris = NZA 13, 752 (Ls.); GK-*Wiese/Gutzeit,* Rn. 591; HWGNRH-*Worzalla,* Rn. 404.
954 Vgl. z. B. *Fitting,* Rn. 265; GK-*Wiese/Gutzeit,* Rn. 623.
955 Richardi-*Richardi,* Rn. 544.
956 Vgl. *Fitting,* Rn. 282.
957 Vgl. z. B. § 4 Nr. 3 ArbSchG und Art. 6 Abs. 2 e) der europäischen Rahmenrichtlinie für die Verbesserung der Sicherheit und des Gesundheitsschutzes vom 12.6.1989 (ABlEG 1989 Nr. L 183/1); *Fitting,* Rn. 283.

- Die präventive organisationsbezogene **betriebliche Umsetzung** wird verstärkt. Die Pflichten richten sich in erster Linie an den AG (z. B. eigenständige Gefahrenermittlungs-, -bewertungs- und -minderungspflichten; vgl. z. B. § 5 ArbSchG, § 3 BildscharbV, § 2 Abs. 2 LasthandhabV), sind häufig als Rahmenvorschriften formuliert und bedürfen somit der betrieblichen Konkretisierung.
- Die **präventive Gefahrenvermeidung** wird betont und verstärkt (vgl. z. B. § 4 Nr. 1, 2 ArbSchG, § 2 Abs. 1 LasthandhabV),[958] d. h., der Gesundheitsschutz ist schon beim Einkauf neuer Arbeitsmittel zu berücksichtigen.[959]
- Gleichzeitig wird in den Richtlinien **Gesundheitsschutz als dynamischer Prozess,** als »ständiger Verbesserungsprozess«, verstanden.[960]
- Der **Gesundheitsbegriff** beschränkt sich nicht nur auf die klassischen technischen und medizinischen Aspekte, sondern bezieht ausdrücklich körperliche **Probleme** und mentale und psychische **Belastungen** (vgl. auch §§ 4 Nr. 1, 5 Abs. 3 Nr. 6 ArbSchG) ein.[961]

213 Darüber hinaus haben die Richtlinien aber auch schon **vor** ihrer Umsetzung in deutsches Recht Bedeutung (vgl. auch Einleitung Rn. 249):

- Klare und unbedingte Vorschriften gelten nach Ablauf der Umsetzungsfrist im **öffentlichen Dienst.** Der Staat kann sich auf die fehlende Umsetzung nicht berufen. Zum öffentlichen Dienst zählen auch **privatrechtliche UN** (z. B. AG, GmbH), die unter staatlicher Aufsicht eine **Dienstleistung im öffentlichen Interesse** erbringen und hierzu mit Rechten ausgestattet sind, die über das hinausgehen, was für die Beziehung unter Privaten gilt.[962] Zudem gelten diese Richtlinien auch im Verhältnis **Bürger-Staat.** Eine Berufsgenossenschaft kann sich daher z. B. nicht auf richtlinienwidrige UVV berufen.
- Gegenüber sonstigen privaten AG gelten Richtlinien nicht unmittelbar, sondern erst nach ihrer Umsetzung. Das nationale Recht, unabhängig davon, ob es vor oder nach der Richtlinie, um die es geht, erlassen wurde, ist jedoch mit Ablauf der Umsetzungsfrist uneingeschränkt, nach Erlass und bereits vor Ablauf eingeschränkt **richtlinienkonform auszulegen.**[963] Mit **Ablauf** gilt: Ist für eine nationale Vorschrift eine Auslegung möglich, die sie in möglichst große Übereinstimmung mit der Richtlinie bringt, ist sie von den Gerichten vorzunehmen. **Mit Erlass und vor Ablauf** müssen Gerichte das Recht bereits richtlinienkonform auslegen, wenn die Gefahr besteht, dass die Richtlinienziele anderenfalls nach Ablauf der Umsetzungsfrist ernstlich gefährdet würden.[964]
- Zudem können **Schadensersatzansprüche** gegen den Staat geltend gemacht werden, wenn eine Richtlinie nicht rechtzeitig oder nicht ordnungsgemäß[965] umgesetzt wird und Schaden dadurch entsteht, dass AN aus ihr folgende Ansprüche nicht vor nationalen Gerichten geltend machen konnten.[966]

---

958 vgl. *Wlotzke*, FS Däubler, S. 654 (661 f.).

959 Vgl. *Feldhoff/Kohte*, AiB 92, 389 (390); vgl. auch zu den Beschaffenheitsanforderungen für Geräte, Maschinen und Anlagen das entsprechende Normungsverfahren GK-*Wiese/Gutzeit*, § 89 Rn. 16 f. m. w. N.

960 Vgl. auch § 3 Abs. 1 ArbSchG; *Kittner*, FS Däubler, S. 690 (691).

961 Vgl. z. B. § 3 BildscharbV und § 2 Abs. 1 ArbSchG, der auch die menschengerechte Gestaltung der Arbeit als Arbeitsschutzmaßnahme nennt; vgl. zudem die Richtlinie über Mindestvorschriften für Sicherheits- und Gesundheitsschutz in Arbeitsstätten vom 30.11.1989 (ABlEG 1989, Nr. L 183/1), Anhang I Nr. 15.1 und insgesamt zum Einfluss des europäischen Arbeitsschutzrechts auf nationales Recht *Feldhoff/Kohte*, AiB 92, 389 ff. m. w. N.; *Kohte*, FS Gnade, S. 675 (685 f.); *Wlotzke* NZA 90, 417 (420) und RdA 92, 85 ff., sowie die Zusammenstellung von *Wank/Börgmann.*

962 *EuGH* 26.2.86, NJW 86, 2178 (2180 f.); 4.10.01, NZA 01, 1243 (1245); *BAG* 2.4.96, DB 96, 1725; 18.9.03, NZA 04, 375 (381); *Zuleeg*, RdA 92, 133 (138 f.).

963 *EuGH* 13.5.86, NJW 86, 3020 f.; 5.10.04, NZA 04, 1145 (1151); 4.7.06, NZA 06, 909 (911 f.); *BAG* 23.9.92, DB 93, 737 ff.; 5.6.03, NZA 04, 164 (168); 18.9.03, NZA 04, 375 (381); *Fitting*, Rn. 268; *Zuleeg*, RdA 92, 133 (138) m. w. N.; *Thüsing*, ZIP 04, 2301 ff. zu den Grenzen richtlinienkonformer Auslegung *BVerfG* 26.9.11, NJW 12, 669 ff.; zu Empfehlungen von Kommission und Rat als Auslegungsmittel vgl. *EuGH* 13.12.89, NZA 91, 283 (284 f.); *Däubler*, NZA 92, 577 (584).

964 *EuGH* 4.7.06, a. a. O.; vgl. auch *Hofmann*, ZIP 06, 2113 (2114 ff.).

965 Vgl. hierzu *EuGH* 25.1.07, NZA 07, 499 ff.

966 *EuGH* 19.11.91, ZIP 91, 1610 ff.; 15.6.99, NJW 99, 3181 ff.; 4.7.06, NZA 06, 909 (912); *Däubler*, NZA 92, 577 (583 f.).

Auch nach ihrer Umsetzung sind die europäischen Richtlinien weiter für die **Auslegung der deutschen Gesetze und VO** von großer Bedeutung. Diese ist so weit wie möglich an Wortlaut und Zweck der Richtlinien auszurichten.[967] 214

Unfallverhütungsvorschriften, VO und Gesetze geben nur insoweit dem BR ein Mitbestimmungsrecht, als sie einen **Regelungsspielraum** für den AG enthalten. Dort, wo dieser lediglich zwingende Anordnungen umzusetzen hat, scheidet das Mitbestimmungsrecht aus.[968] »Im Rahmen« gesetzlicher Vorschriften oder der Unfallverhütungsvorschriften können sich nur Regelungen bewegen, die unter mehreren möglichen Lösungen eine festlegen. Das Mitbestimmungsrecht besteht daher z. B., wenn die gesetzliche Vorschrift bereits selbst eine Ausweitung für möglich erklärt (vgl. Rn. 236, 241) oder der AG zwischen zwei Mitteln wählen kann (z. B. Mischarbeit oder/und Arbeitsunterbrechungen bei Bildschirmarbeit; vgl. § 5 BildscharbV). Dies ist auch der Fall, wenn der AG eine **Ausnahmegenehmigung** erhält bzw. beantragen kann, da er dann zwischen der angeordneten Maßnahme und der gestatteten Abweichung entscheiden kann.[969] Das Mitbestimmungsrecht besteht zudem immer dann, wenn der AG einen **Beurteilungs- oder Ermessensspielraum** hat (vgl. Rn. 222 ff.), wie dies z. B. bei der Beurteilung von Gefahren (Festlegung des Verfahrens zur Ermittlung), von technischen Abhilfemöglichkeiten und bei der Festlegung geeigneter Unterweisung/Betriebsanweisungen (Arbeitsplatz- und Gefahrenanalyse, Größe der Gruppe, Zeitfrequenz, verständliche Sprache usw.) der Fall ist. 215

Bis zur Kontroverse um die Mitbestimmungspflichtigkeit von **Bildschirmarbeitsplätzen** war es einhellige Meinung, dass auch die sog. **Generalklauseln** wie der inzwischen aufgehobene **§ 120 a GewO, § 618 BGB, § 62 HGB,** oder § 2 Abs. 1 VBG 1 »Allgemeine Vorschriften« (später BGV Nr. A 1, jetzt **DGUV** Vorschrift 1) als ausfüllungsfähige Rahmenvorschriften in Betracht kommen (vgl. die Nachweise in der 5. Aufl.). Das *BAG* hat diese Frage für § 120 a GewO[970] und § 2 Abs. 1 VBG 1[971] bejaht. 216

Nach richtiger Auffassung sind die so genannten Generalklauseln, die auch nach In-Kraft-Treten des ArbSchG schon wegen dessen §§ 1 Abs. 3, 2 Abs. 4 weitergelten, ausfüllungsbedürftige Rahmenvorschriften i. S. d. Norm. Generalklauseln sind gesetzliche Vorschriften, die dem Arbeitgeber einen **Handlungsspielraum** belassen. Sie beinhalten nicht lediglich unverbindliche Appelle, sondern sind **verbindliche Anordnungen.**[972] Der Wortlaut spricht daher eindeutig für eine Anwendung der Vorschrift auf Generalklauseln. Hierfür spricht weiter, dass der Gesetzgeber die Normen kannte und sie trotzdem nicht von der Geltung ausgenommen hat.[973] 217

Gegen eine Einordnung der Generalklauseln als Rahmenvorschriften wird vor allem vorgebracht, der Arbeitsschutz sei in erster Linie **Sache des Gesetz-/Verordnungsgebers** und der **Berufsgenossenschaften.** Betrachte man die Generalklauseln als Rahmenvorschriften, so handelten BR und AG an deren Stelle; dies sei vom Gesetzgeber nicht beabsichtigt.[974] Diese Argumentation verkennt den Schutzzweck der Norm (Rn. 204). Sie verkennt weiter, dass es ja gerade der Gesetzgeber ist, der Generalklauseln geschaffen hat bzw. weitergelten lässt und damit auch die **historische Entwicklung des Arbeitsschutzrechts** (vgl. Rn. 204). Der Gesetzgeber hätte jederzeit die Möglichkeit, die Generalklauseln zu konkretisieren, und könnte damit AG und BR den Handlungsspielraum nehmen.[975] Zudem gelten die getroffenen **Regelungen** 218

967 Vgl. z. B. *EuGH* 12.12.96, NZA 97, 307 f.; *BAG* 2.4.96, DB 96, 1725 (1726 f.); 12.7.07, NZA 08, 476 (477); zu den Grenzen richtlinienkonformer Auslegung *BVerfG* 26.9.11, NJW 12, 669 ff.

968 *BAG* 28.7.81, AP Nr. 3 zu § 87 BetrVG 1972 Arbeitssicherheit; 6.12.83, AP Nr. 7 zu § 87 BetrVG 1972 Überwachung; 18.8.09, NZA 09, 1434 (1435); 17.1.12, NZA 12, 513; *Fitting,* Rn. 270; GK-*Wiese/Gutzeit,* Rn. 596; Richardi-*Richardi,* Rn. 551.

969 Vgl. GK-*Wiese/Gutzeit,* Rn. 606 m. w. N.

970 2.4.96, DB 96, 1725 ff.

971 16.6.98, DB 99, 438.

972 Vgl. *BAG* 16.3.04, NZA 04, 927 (928 f. zu § 618 BGB); *LAG Nürnberg* 4.2.03, NZA-RR 03, 588 (589); *Fitting,* Rn. 274; *Gamillscheg,* Kollektives Arbeitsrecht Bd. 2, S. 916; GK-*Wiese/Gutzeit,* Rn. 600 f.; HaKo-BetrVG/*Kohte,* Rn. 78; *LK,* Rn. 152.

973 *BAG* 2.4.96, DB 96, 1725 (1726).

974 *LAG Düsseldorf* 27.5.80, DB 81, 1780 f.; HWGNRH-*Worzalla,* Rn. 410; *Hess,* DB 82, 2241.

975 Vgl. z. B. *Klinkhammer,* AuR 83, 321 (325); *Wagner,* S. 189.

nur im Betrieb, so dass die behauptete Konkurrenz nicht besteht.[976] Gesetzgeber bzw. Berufsgenossenschaften wären erheblich überfordert, wenn sie entsprechende Konkretisierungen für jeden einzelnen Betrieb vornehmen wollten (vgl. Rn. 204).[977]

219 Auch das Argument, der Arbeitsschutz werde durch einen derart weitgehenden Handlungsspielraum für AG und BR **unübersichtlich** und die **Abgrenzung zu § 88** hinfällig,[978] überzeugt nicht.[979] Die jeweilige Regelung hat **nur Geltung für den Betrieb**; daher ist nicht auszumachen, worin eine Unübersichtlichkeit bestehen sollte. Die Grenze der Vorschrift besteht gegenüber § 88 darin, dass der Rahmen der Generalklausel einzuhalten ist (vgl. Rn. 221). Darüber hinaus bedeutet auch das Mitbestimmungsrecht keineswegs, dass der BR nunmehr alle Regelungen durchsetzen könnte. Das Mitbestimmungsrecht beinhaltet vielmehr eine **Verfahrens-, keine Ergebnisgarantie.**[980] Schließlich ist dort, wo lediglich Generalklauseln existieren, ein **besonderes Schutzbedürfnis der AN** auszumachen. Gerade hier bedarf es einer gleichberechtigten Mitbestimmung des BR. Wollte man diese verneinen, käme man im Übrigen zu dem eigenartigen Ergebnis, dass die Vorschrift in dem einen Bereich nicht eingreift, weil konkrete Regelungen existieren, und in dem anderen, weil dies nicht der Fall ist und die Regelungen zu allgemein sind. Dies erscheint wenig schlüssig.

220 Teilweise verpflichten die **Generalklauseln** den AG allgemein, Arbeitsräume, Betriebsvorrichtungen u. Ä. so einzurichten und zu unterhalten, dass die AN gegen **Gefahren für Leben und Gesundheit** so weit wie möglich geschützt sind (zum Begriff des Gesundheitsschutzes vgl. Rn. 209). Gesundheitsgefahren sollen dann anzunehmen sein, wenn nach dem Stand der Medizin objektiv feststellbar die ärztliche Besorgnis besteht, dass körperliche oder geistige Schäden, die medizinisch allgemein anerkannt sind, eintreten, zu dauerhaften Beschwerden führen. Hiervon sollen **bloße Beeinträchtigungen,** also bloße **Belastungen** der AN, zu unterscheiden sein.[981] Diese Abgrenzung, zunächst **nur für die Generalklauseln** entwickelt, soll, wie teilweise vertreten wird,[982] ganz allgemein für Rahmenvorschriften gelten. Danach wäre für die Anwendung der Nr. 7 eine konkrete, eine **unmittelbare objektive Gesundheitsgefahr** jeweils Voraussetzung.

221 Eine solche Interpretation findet allerdings im **Wortlaut** keine Stütze.[983] Bei den weit gefassten **Generalklauseln** – für die sonstigen Rahmenvorschriften, die auf einen konkreten Gegenstand begrenzt sind, gilt dies von vorneherein nicht – wird daher ein **systematisches Argument** angeführt: Das Mitbestimmungsrecht könne nicht so umfassend sein, dass für andere den Gesundheitsschutz regelnde Vorschriften wie z. B. §§ 88, 91 kein **»nennenswerter Anwendungsbereich«** mehr bleibe[984] (vgl. auch Rn. 219). Dies überzeugt jedoch nicht.[985] Maßgeblich für den Inhalt der Vorschrift ist vielmehr der sich aus dem System des Arbeitsschutzes ergebende **Begriff des Gesundheitsschutzes** (Rn. 209). Dieser umfasst aber nicht nur konkrete Gefahren, sondern auch eine Vielzahl von **vorbeugenden Maßnahmen,**[986] die der Gefahren- und Gefährdungsvermeidung dienen, sowie auch Maßnahmen der **menschengerechten Gestaltung der Arbeit** (§ 2 Abs. 1 ArbSchG), um Gesundheitsbelastungen auszuschalten oder zu verringern.[987] Dieses Verständnis findet gerade auch in Generalklauseln wie z. B. § 4 Nr. 1 ArbSchG oder § 3 ArbSchG i. V. m. § 2 Abs. 1 Ausdruck. Darüber hinaus werden z. B. bei

---

976 Vgl. *Heilmann,* AuR 82, 326 (327).
977 Vgl. auch GL, Rn. 156 a; *Engel,* AuR 82, 79 (81).
978 Vgl. *Hess,* DB 82, 2241 m. w. N.
979 Vgl. *BAG* 2.4.96, DB 96, 1725 (1726); 16.6.98, DB 99, 438.
980 *Heilmann,* AuR 82, 327.
981 So und ähnlich GK-*Wiese/Gutzeit,* Rn. 604; *Ehmann,* S. 75 f.; *Klinkhammer,* AuR 83, 321 (325 f.) m. w. N.; Richardi-*Richardi,* Rn. 555.
982 HWGNRH-*Worzalla,* Rn. 403; *Merten/Klein,* DVB 98, 673 m. w. N.
983 *BAG* 8.6.04, NZA 04, 1175 (1177); 8.6.04, NZA 05, 227 (230).
984 *BAG* 8.6.04, a. a. O. m. w. N.; vgl. auch 11.12.12 – 1 ABR 81/11, juris; *LAG Berlin-Brandenburg* 25.2.15 – 23 TaBV 1448/14, juris verlangt für das Mitbestimmungsrecht bei Generalklauseln ebenfalls eine unmittelbare Gesundheitsgefahr oder einen sich aus einer Gefährdungsbeurteilung ergebenden Handlungsbedarf.
985 Vgl. auch *Oberberg,* RdA 15, 180 (184 ff.); *Oberberg/Schoof,* AiB 12, 522 (526).
986 *BAG* 18.3.14, NZA 14, 855 (857).
987 *Wlotzke,* FS Wißmann, S. 426 (437).

der Bildschirmarbeit bereits »**körperliche Probleme**« und ebenso wie bei §§ 4 Nr. 1, 5 Abs. 3 Nr. 6 ArbSchG »**psychische Belastungen**« erfasst.[988] Richtig ist, dass der Anwendungsbereich des § 91 wegen der Einbeziehung der menschengerechten Gestaltung der Arbeit in den gesetzlichen Arbeitsschutz an Bedeutung verliert.[989] Danach kommen für § 91 nur noch solche Belastungen und Maßnahmen menschengerechter Gestaltung der Arbeit in Betracht, die nicht in ausfüllungsbedürftigen Rahmenvorschriften geregelt sind.[990] Darüber hinaus ist aber die Vorschrift bei allen Maßnahmen anwendbar, die über die Vermeidung und Verringerung von Gesundheitsbeeinträchtigungen hinausgehen,[991] wie z. B., die Arbeit mit dem Ziel der Entfaltung und Förderung der AN-Persönlichkeit zu gestalten oder sie besser an den Menschen, seine physischen und psychischen Eigenschaften und Bedürfnisse, anzupassen[992] (vgl. auch § 91 Rn. 9). Dies gilt insbes. auch für § 88,[993] der die in § 91 geforderten Tatbestandsvoraussetzungen nicht verlangt.[994]

cc) Mitregelungs- und Mitbeurteilungsrecht des Betriebsrats

Das Mitbestimmungsrecht des BR besteht, soweit die Rahmenvorschriften dem AG einen **Entscheidungsspielraum** lassen. Aus dieser Voraussetzung wird teilweise gefolgert, dass die Vorschrift nur dann eingreifen könne, wenn dem AG auf der Rechtsfolgenseite (**Ermessensspielraum**) die Wahl zwischen mehreren Möglichkeiten offen bleibe. Habe er demgegenüber einen **unbestimmten Rechtsbegriff** auszulegen, um festzustellen, ob die Voraussetzungen einer Vorschrift gegeben sind, so bestehe ebenso wenig ein Mitbestimmungsrecht wie bei dem Verfahren zur Feststellung der Voraussetzungen. Bei einem unbestimmten Rechtsbegriff komme jeweils nur eine richtige Entscheidung in Betracht; daher habe der BR kein Mitbestimmungsrecht.[995] 222

Diese Auffassung ist **abzulehnen**.[996] Weder ist eine Einschränkung der Norm vom Wortlaut geboten, weil der Arbeitgeber keinen Entscheidungsspielraum hätte, noch verstößt es gegen die Systematik des BetrVG, wenn der **BR** ein **Mitbeurteilungsrecht** hat, inwieweit die **Voraussetzungen einer Vorschrift** erfüllt sind. Schließlich verstieße die Einschränkung gegen den Normzweck (Rn. 204). Im Verwaltungsrecht, aus dem diese Anleihe stammt, wird den Behörden nur für eng begrenzte Fallgruppen, nicht generell,[997] bei der Auslegung unbestimmter Rechtsbegriffe ein Beurteilungsspielraum eingeräumt. Wählt die Behörde eine Auslegungsmöglichkeit innerhalb dieses Spielraums, so ist ihre Entscheidung insoweit gerichtlicher Kontrolle entzogen. Überträgt man dieses Beispiel auf den Gesundheitsschutz, so zeigt sich, dass gerade in den Fällen, in denen ein Beurteilungsspielraum besteht, der AG die **Wahl unter mehreren Möglichkeiten** hat. Ein Ausschluss des Mitbestimmungsrechts ist daher abzulehnen. 223

Zudem besteht häufig eine Verschränkung/Wechselwirkung zwischen Tatbestand und Rechtsfolge: Erst wenn die Gesundheitsgefahr bewertet worden ist, kann zwischen möglichen Maßnahmen gewählt werden.[998] Die Beurteilung des Tatbestands kann also nicht dem AG allein 224

988 § 3 BildscharbV; im Anhang Nr. 1.2 Abs. 1 zur ArbStättV wird bei der Raumbeschaffenheit das »**Wohlbefinden**« der Beschäftigten als Ziel benannt.
989 *Fitting*, § 90 Rn. 4; *Pieper*, S. 962.
990 *Wlotzke*, FS Wißmann, S. 426 (438).
991 *Pieper*, S. 962.
992 Vgl. *Fitting*, § 90 Rn. 38 a f.
993 *Wlotzke*, FS Wißmann, S. 426 (438).
994 Für einen weiten Gesundheitsbegriff, der auch die durch Arbeitsbedingungen beeinflussbaren psychischen Befindlichkeiten, das psychische Wohlbefinden erfasst *BVerwG* 31.1.97, NZA 97, 482 (483); *LAG Hamburg* 27.10.97 – 4 TaBV 6/97, S. 14 (insoweit nicht in BB 98, 1796 abgedruckt); *Pieper/Vorath*, S. 43 ff., 179.
995 *LAG Baden-Württemberg* 8.12.87, NZA 88, 515; HWGNRH-*Worzalla*, Rn. 415; *Ehmann*, FS Arbeitsgerichtsbarkeit Rheinland-Pfalz, S. 19 (35); *Glaubitz*, BB 77, 1403 (1405).
996 Vgl. *Fitting*, Rn. 273, 275 m. w. N.; *Däubler*, Das Arbeitsrecht 2, Rn. 372; *Pieper*, S. 963 f.; *Fabricius*, BB 97, 1254 (1255); *Kohte*, AuR 84, 263 (269 ff.); Richardi-*Richardi*, Rn. 551; Schaub-*Koch*, § 235 Rn. 71; a. A. GK-*Wiese/Gutzeit*, Rn. 597; *Wlotzke*, FS Wißmann, S. 426 (436 m. w. N.).
997 Vgl. *Kohte*, a. a. O., S. 271 m. w. N.
998 *Kohte*, AuR 84, 263 (273 m. w. N.).

überlassen werden. Auch sonst, insofern überzeugt der systematische Einwand nicht, gibt das BetrVG dem BR an vielen Stellen die Möglichkeit, **Rechtsfragen mitzubeurteilen.** So sind beispielsweise bestimmte Fragen an AN unzulässig (§ 94 Abs. 1), Personaldatenverarbeitung darf nicht gegen das Persönlichkeitsrecht verstoßen (§ 87 Abs. 1 Nr. 6), und der einzelne AN hat einen Rechtsanspruch auf korrekte Eingruppierung.[999] Trotz dieses Rechtsanspruchs hat der BR bei § 99 ein Mitbeurteilungsrecht. Dieses dient einer **»Richtigkeitskontrolle«**.[1000] Wie bei den genannten Vorschriften, so ist auch hier das Mitbeurteilungsrecht nicht nur vom Wortlaut erfasst, sondern auch sachgerecht: Der Schutz durch die Mitbestimmung des BR greift ein, weil eine unbestimmte Rechtsvorschrift **situationsbezogen konkretisiert** wird, weil eine präventive Richtigkeitskontrolle individualrechtliche Durchsetzungsdefizite relativiert und eine innerbetriebliche und vorgerichtliche Rechtsdurchsetzung erleichtert werden soll.[1001] Auch das BAG[1002] hat das Mitbestimmungsrecht bei der Ausfüllung unbestimmter Rechtsbegriffe bejaht. So hat der AG z. B. gem. § 2 Abs. 1 Nr. 3 PSA-BV oder § 4 Abs. 1 VBG 1 **geeignete** persönliche Schutzausrüstungen zur Verfügung zu stellen. Dies lässt ihm ebenso ein **Wahlrecht** wie bei § 3 ArbSchG (vgl. z. B. »erforderliche« Maßnahmen, »geeignete« Organisation, »erforderliche« Mittel) oder § 12 Abs. 3 VBG 37 bei der Beurteilung der Frage, ob das Verwenden von Auffangschutz »zweckmäßig« ist. Die Vorschriften enthalten unbestimmte Rechtsbegriffe teilweise auf der Seite der Voraussetzungen, teilweise bei den Rechtsfolgen, teilweise auf beiden Seiten.

225 Die Grenze für das Mitbestimmungsrecht besteht allerdings dort, wo gesetzliche Vorschriften für den AG zwingende Vorgaben enthalten. Dies ist aber bei **§ 4 Abs. 1 MuSchG entgegen dem** *BAG*[1003] nicht der Fall, da die in der Vorschrift vorausgesetzte Gefahrenlage durch eine Reihe unterschiedlicher Regelungen beseitigt werden kann.[1004] Auch **§ 6 Abs. 5 ArbZG** enthält hinsichtlich des Umfangs des Zeitausgleichs bzw. Entgeltzuschlags **entgegen der Auffassung des** *BAG*[1005] **keine abschließende Regelung** i. S. d. Abs. 1 Eingangssatz. Auch hier hat der AG bei der Frage der Angemessenheit verschiedene Handlungsalternativen. Das Gesetz lässt mehrere »richtige« Entscheidungen für ihn zu, um der Norm zu entsprechen (vgl. Rn. 32).[1006] Der Umstand, dass über die Angemessenheit letztlich als Rechtsfrage durch ein Gericht entschieden werden kann, steht dem Mitbestimmungsrecht, wie oben ausgeführt, auch ansonsten im BetrVG nicht entgegen. Daher ist der bestehende Spielraum, den auch das *BAG* sieht, im Mitbestimmungsverfahren auszufüllen, d. h., vom BR mitzubeurteilen.

c) Ausübung des Mitbestimmungsrechts

aa) Regelungen

226 Der Begriff der Regelung (vgl. den Vereinbarungsentwurf zum Gesundheitsschutz bei DKKWF-*Klebe/Heilmann*, § 87 Rn. 40.) umfasst nicht nur kollektive **Verhaltensvorschriften,** wie z. B. Rauchverbote oder die Verpflichtung, eine Schutzausrüstung zu tragen,[1007] sondern auch **technische Maßnahmen** des AG, wie die Anlage/Änderung technischer Einrichtungen oder organisatorische und personelle Maßnahmen. Die Auffassung von *Löwisch/Neumann*,[1008]

999 Weitere Beispiele bei *Kohte*, a. a. O., S. 269 f.
1000 Vgl. z. B. *BAG* 22.3.83, AP Nr. 6 zu § 101 BetrVG 1972; 27.6.00, BB 01, 1094 (1095 m. w. N.); 28.6.06, BB 06, 1913 (1914).
1001 Vgl. vor allem *Kohte*, a. a. O., S. 270 und zum Normzweck Rn. 204.
1002 Vgl. z. B. 16.6.98, DB 99, 438 f.
1003 6.12.83, AP Nr. 7 zu § 87 BetrVG 1972 Überwachung.
1004 Vgl. *Fitting*, Rn. 310; *Kohte*, a. a. O., S. 273; a. A. GK-*Wiese/Gutzeit*, Rn. 636; *Rottmann*, BB 89, 1115 (1117 f.).
1005 26.8.97, NZA 98, 441 (444 f.)); 26.4.05, NZA 05, 884 (887).
1006 Kritisch zur *BAG*- Entscheidung auch *Kittner*, FS Däubler, S. 690 (697 f.); *Ulber*, AuR 98, 339 (340); *Hess-Grunewald*, AiB 99, 164 f.; allgemein zu § 6 Abs. 5 ArbZG vgl. *BAG* 5.9.02, NZA 03, 563 ff.; 1.2.06, NZA 06, 494 ff.
1007 So aber HWGNRH-*Worzalla*, Rn. 398; *SWS*, Rn. 126; *Glaubitz*, BB 77, 1403 (1405).
1008 Anm. zu *BAG* 2.4.96, SAE 97, 77 (87); vgl. auch HWGNRH-*Worzalla*, Rn. 400; *Ehmann*, FS Arbeitsgerichtsbarkeit Rheinland-Pfalz, S. 19 (29 ff.).

es würden nur **Sachvorschriften** des Gesundheitsschutzes, Maßnahmen, die die Arbeit selbst gestalten, erfasst, nicht aber organisatorische, wie z. B. die Konkretisierung der Gefährdungsanalyse gemäß § 3 BildscharbV, ist abzulehnen. Die Norm erfasst den »**Arbeitsschutz schlechthin**«,[1009] will ihn umfassend gewährleisten.[1010] Es kommt nicht darauf an, ob eine Rahmenvorschrift dem Gesundheitsschutz **unmittelbar oder nur mittelbar** dient.[1011] Ein Aussparen personeller, technischer oder organisatorischer Maßnahmen widerspräche neben dem Normzweck auch dem Wortlaut. Daher wird z. B. die betriebliche Sicherheitsorganisation ebenso erfasst wie die Veränderung der betriebsärztlichen Aufgaben und Prioritäten oder die Festlegung der Auswahlkriterien für Sicherheitsbeauftragte (vgl. Rn. 235). Bei der **Regelung** muss es sich um einen **kollektiven Tatbestand** und nicht um eine Einzelmaßnahme handeln.[1012] Dann ist es gleichgültig, ob lediglich ein **einzelner Arbeitsplatz** betroffen ist[1013] oder ob es sich um einen **einmaligen Vorgang** handelt.[1014] Der Begriff der **Regelung** verdeutlicht weiter, dass der BR bei generell-abstrakten Festlegungen mitbestimmt, nicht aber bei der Ausführung bzw. dem Vollzug im Einzelfall.[1015] Eine solche Auslegung wäre auch nicht mit dem den Sicherheitsfachkäften zustehenden eigenen Spielraum vereinbar.

Das Mitbestimmungsrecht umfasst ein **Initiativrecht** des BR,[1016] dem im Grunde eine **Initiativpflicht** des AG zum Vollzug der Normen vorausgeht. Die Regelung muss den von der ausfüllungsbedürftigen Vorschrift gegebenen **Rahmen konkretisieren;** eine eigenständige Rahmenvorschrift erfüllt diese Voraussetzung nicht. Daher wird die Forderung, die Ausgestaltung der Arbeitsplätze müsste so beschaffen sein, dass für die dort Beschäftigten eine möglichst geringe arbeitsphysiologische Belastung entstehe, nicht vom Mitbestimmungsrecht erfasst.[1017] 227

bb) Kostentragung

Die durch die arbeitsschutzrechtlichen Vorschriften entstehenden **Kosten** hat der AG zu tragen (vgl. § 3 Abs. 3 ArbSchG).[1018] Entstehen für den AN private Gebrauchsvorteile, so soll eine teilweise Kostenabwälzung je nach Einzelfall zulässig sein.[1019] Eine **kollektive Regelung** dieser Frage unterliegt nicht dem Mitbestimmungsrecht; sie kann nur nach § 88 getroffen werden.[1020] Dabei kann allerdings die individualrechtliche Situation nicht zu Lasten der AN verschlechtert werden.[1021] 228

1009 *GL*, Rn. 160).

1010 H. M.; *LAG Hamburg* 21.9.00, NZA-RR 01, 190 (192); *ArbG Hamburg* 2.7.98, AuR 99, 115; vgl. *Fitting*, Rn. 279 m. w. N.; GK-*Wiese/Gutzeit*, Rn. 588; *Wlotzke*, FS Wißmann, S. 426 (430 f.); Richardi-*Richardi*, Rn. 546; *Pieper*, S. 962 f.; *Kittner*, FS Däubler, S. 690 (695 f.).

1011 Vgl. *BAG* 26.8.97, NZA 98, 441 (444); 8.6.04, NZA 05, 227 (229); 17.1.12, NZA 12, 513; 11.12.12 – 1 ABR 81/11, juris und auch *Ulber*, Anm. zu *BAG* 26.8.97, AuR 98, 339 (340); Richardi-*Richardi*, Rn. 546.

1012 *BAG* 18.8.09, NZA 09, 1434 (14355 f.); Rn. 22 f.

1013 *LAG Niedersachsen* 25.1.88, AiB 88, 110; GK-*Wiese/Gutzeit*, Rn. 607.

1014 *BAG* 10.4.79, AP Nr. 1 zu § 87 BetrVG 1972 Arbeitssicherheit; *Fitting*, Rn. 286, 16 f.

1015 *Kothe*, AuR 84, 263 (272).

1016 Vgl. z. B. *LAG Niedersachsen* 25.1.88, AiB 88, 110; *LAG Nürnberg* 16.1.13 – 2TaBV 6/12; *LAG Schleswig-Holstein* 1.10.13 – 1 TaBV 33/13, juris und hierzu *Kohte/Faber*, jurisPR-ArbR 19/2014 Anm. 5; ; *ArbG Hamburg* 20.2.81, AuR 82, 37; *Fitting*, Rn. 287; GK-*Wiese/Gutzeit*, Rn. 639; *Kothe*, FS Gnade, S. 675 (683); Richardi-*Richardi*, Rn. 560; *Oberberg/Schoof*, AiB 12, 522 (524).

1017 *BAG* 6.12.83, AP Nr. 7 zu § 87 BetrVG 1972 Überwachung; *Fitting*, Rn. 287; Richardi-*Richardi*, Rn. 558.

1018 Vgl. auch *BAG* 19.5.98, BB 98, 2527 (2528) m. w. N.; GK-*Wiese/Gutzeit*, Rn. 625; Schaub-*Koch*, § 235 Rn. 72.

1019 Vgl. z. B. *Fitting*, Rn. 291; HWGNRH-*Worzalla*, Rn. 424 m. w. N.; »Bildschirmarbeitsbrillen« hat der AG gemäß § 6 Abs. 2 BildscharbV zur Verfügung zu stellen bzw. gemäß § 3 Abs. 3 ArbSchG zu bezahlen (*ArbG Neumünster* 20.1.00, AiB 01, 244 f. mit Anm. *Bertelsmann* = CR 00, 665 ff. mit Anm. *Kohte*); *Rundnagel/Seefried*, AiB 01, 420 (426).

1020 Vgl. *BAG* 2.4.96, DB 96, 1725 (1729); *Fitting*, Rn. 291; GK-*Wiese/Gutzeit*, Rn. 626; HWGNRH-*Worzalla*, Rn. 424; Richardi-*Richardi*, Rn. 561; a. A. *GL*, Rn. 159; *Denck*, ZfA 76, 447 (458).

1021 Vgl. auch *BAG* 1.12.92, DB 93, 990 (991 f.).

d) Beispiele

aa) Arbeitsschutzgesetz

229 Mit dem ArbSchG ist die EG-Rahmenrichtlinie Arbeitsschutz in deutsches Recht umgesetzt worden.[1022] Wichtig hierbei ist zum einen, dass das Gesetz **bestehende Arbeitsschutzvorschriften,** wie z. B. die GefStoffV, das ASiG oder die Generalklauseln (vgl. oben Rn. 216) unberührt lässt (§ 1 Abs. 3 ArbSchG):[1023] Sicherheit und Gesundheitsschutz der Beschäftigten sollen gesichert und **verbessert** werden. Zum anderen formuliert das Gesetz nur selten detaillierte Verhaltensvorgaben. Es sollen vielmehr weitgehend lediglich Schutzziele und **allgemein gehaltene Anforderungen** benannt und so bewusst **erhebliche Spielräume** für die betriebliche Umsetzung eröffnet werden.[1024] Damit ergeben sich eine Reihe von ausfüllungsfähigen Rahmenvorschriften (vgl. den Entwurf einer **Vereinbarung** bei DKKWF-*Klebe/Heilmann,* Rn. 40).

230 **§ 3 ArbSchG** legt die **Grundpflichten des AG** fest: Ausgehend von der Gefährdungsbeurteilung gem. § 5 ArbSchG[1025] muss der AG die notwendigen Arbeitsschutzmaßnahmen treffen. Die zeitliche Abfolge der Maßnahmen bzw. die **Aktionsschwerpunkte** können ebenso gemäß § 87 Abs. 1 Nr. 7 festgelegt werden wie die **Auswahl der Mittel** für die Wirksamkeitskontrolle und die in **Abs. 2** genannten organisatorischen Maßnahmen.[1026] Auch bei den allgemeinen Grundsätzen des **§ 4 ArbSchG** besteht das Mitbestimmungsrecht, da die unbestimmten Rechtsbegriffe auszufüllen und so z. B. in Nr. 4 zu präzisieren sind, wann eine **sachgerechte Verknüpfung** vorliegt.[1027] Da für die Durchführung der **Gefährdungsbeurteilung** gem. **§ 5 ArbSchG** unterschiedliche Methoden und Vorgehensweisen in Betracht kommen, sind die erforderlichen generellen Entscheidungen mitbestimmungspflichtig, wie die Auswahl und der Einsatz der Analyseinstrumente und die Rangfolge bzw. Schwerpunktbildung bei den Untersuchungen,[1028] auch wenn die Durchführung einem **Drittunternehmen** nach § 13 Abs. 2 übertragen worden ist.[1029]

231 Weitere ausfüllungsfähige Rahmenvorschriften ergeben sich z. B. aus § 6 ArbSchG zur **Art der Dokumentation,**[1030] **§§ 8,**[1031] **9, 10** und auch aus **§ 11** im Hinblick auf die betriebliche Kon-

---

1022 Zur Umsetzung der Partizipationsrechte der Beschäftigten aus Art. 11 der Richtlinie in den Mitgliedsstaaten *Kothe,* Partizipation, S. 15 ff.

1023 Hierzu *Pieper,* S. 98 f.; *Kollmer/Vogl,* Rn. 29 ff.

1024 Vgl. BT-Drucks. 13/3540, S. 12; *Fabricius,* BB 97, 1254 (1256); *Kittner/Pieper,* AiB 97, 324 (327) und auch *Wlotzke,* NJW 97, 1469 (1471).

1025 Vgl. hierzu ausführlich *Pieper/Vorath,* S. 285 ff.; *Esser,* AiB 00, 594 ff. zur Beurteilung psychischer Belastungen; hierzu auch *Uhl/Polloczek,* BB 07, 2401 mit einem allerdings zu restriktiven Ansatz.

1026 *BAG* 18.3.14, NZA 14, 855 (857; zu § 3 Abs. 2 ArbSchG); *HessLAG* 29.8.02, RDV 04, 130 (131: Abs. 1); *LAG Nürnberg* 4.2.03, NZA-RR 03, 588 (589); *ArbG Hamburg* 23.12.14 – 27 BVGa 4/14,juris (zu § 3 Abs. 1 Satz 2 für eine Mitarbeiterbefragung zum Gesundheitsschutz); *LAG Berlin-Brandenburg* 25.3.15, 23 TaBV 1448/14, juris; *LAG Hamburg* 17.8.07, AiB 08, 101 (103) mit Anm. v. *Goergens* (§ 100 ArbGG-Verfahren); 2.7.98, AuR 99, 115 (116); *Fitting,* Rn. 295; ErfK-*Kania,* Rn. 66 (für Abs. 1); GK-*Wiese/Gutzeit,* Rn. 602 (für Abs. 1 Satz 1); HaKo-BetrVG/*Kohte,*Rn. 80;WPK-*Bender,* Rn. 144 (§ 3 Abs. 1 Satz 1); KassArbR-*Etzel,* 9.1, Rn. 564; *LK,* Rn. 152; Kittner/Zwanziger/Deinert-*Bantle,* § 93 Rn. 183; *Engels,* AuR 09, 65 (71); *Fabricius,* BB 97, 1254 (1257); *Kohte/Bücker,* FS Reich, S. 459 (470); Kollmer-*Kohte,* § 3 Rn. 80; Staudinger-*Oetker,* § 618 Rn. 203; a. A. GK-*Wiese/Gutzeit,* Rn. 602 f. (für Abs. 1 Satz 2 und 3); HWGNRH-*Worzalla,* Rn. 420; offen gelassen von *BAG* 16.6.98, DB 99, 438; 1.7.03, NZA 04, 620 (622).

1027 Vgl. *Fitting,* Rn. 299; Kittner/Zwanziger/Deinert-*Bantle,* § 93 Rn. 183; *Engels,* AuR 09, 65 (71); *Pieper,* S. 965; KassArbR-*Etzel,* a. a. O.; a. A. GK-*Wiese/Gutzeit,* Rn. 603; WPK-*Bender,* Rn. 145; *Merten/Klein,* DB 98, 673 (675).

1028 Vgl. *BAG* 8.6.04, NZA 04, 1175 (1177 f.); 8.6.04, NZA 05, 227 (229 f.); 11.2.14, DB 14, 1498 (1499); 30.9.14, NZA 15, 314 (315); *Fitting,* Rn. 299; GK-*Wiese/Gutzeit,* Rn. 609; *Engels,* AuR 09, 65 (71); *Pieper,* a. a. O.; *Kohte,* CR 96, 609 (611); a. A. HWGNRH-*Worzalla,* Rn. 420; *LK,* Rn. 160; *Löwisch/Neumann,* Anm. zu *BAG* 2.4.96, SAE 97, 77 (87); vgl. hierzu auch Rn. 226; zur Feststellung von psychischen Belastungen bei der Gefährdungsanalyse (§ 5 Abs. 3 Nr. 6 und § 4 Nr. 1 ArbSchG); *Gutjahr/Hampe,* DB 12, 1208 ff.; *Eberhardt,* AiB 13, 503 ff. und vor allem auch *Morlet,* S. 7 ff., 50 ff.; zur Durchführung auch *Thewes,* BB 13, 1141 ff. und *Romahn,* Gefährdungsbeurteilungen, S. 13 ff.

1029 *BAG* 30.9.14, NZA 15, 314 (315 f.).

1030 *LAG Hamburg* 21.9.00, NZA-RR 01, 190 (194), aus formellen Gründen aufgehoben und zurück

kretisierung der **ärztlichen Untersuchungen**[1032] und **§ 12** zur Unterweisung, auch durch Drittunternehmen nach § 13 Abs.2,[1033] der AN.[1034] Dabei geht es um **konkrete Anweisungen** und Erläuterungen, die **auf der Basis der Gefährdungsanalyse** auf den Arbeitsplatz/Aufgabenbereich zugeschnitten sind.[1035] Allgemeine Bestimmungen sind nicht ausreichend. **§ 13 Abs. 2** kann ebenfalls Regelungsspielräume eröffnen.[1036] Dies gilt allerdings nur dann, wenn eine abstrakt-generelle betriebliche Regelung getroffen werden soll, wie z. B. die, welche Qualifikation/Kenntnisse eine »zuverlässige und fachkundige« Person haben muss, die die Gefährdungsbeurteilung oder die Unterweisungen im Auftrag des AG durchführt. Die konkrete Übertragung ist demgegenüber eine Einzelmaßnahme.[1037] Eine solche Aufgabenübertragung lässt die Mitbestimmungsrechte gegenüber dem AG unberührt.[1038]

bb) Arbeitssicherheitsgesetz

Nach Maßgabe dieses Gesetzes hat der AG **Betriebsärzte** und **Fachkräfte für Arbeitssicherheit** zu bestellen.[1039] Ist der AG zur **Bestellung** verpflichtet, können diese sowohl als AN eingestellt oder als freiberufliche Kräfte verpflichtet werden. Es besteht aber auch die Möglichkeit, einen überbetrieblichen Dienst zu verpflichten (§ 2 Abs. 3, § 5 Abs. 3, § 19 ASiG). Von welcher Möglichkeit Gebrauch gemacht wird, unterliegt dem **Mitbestimmungsrecht**.[1040] **232**

Soll ein Betriebsarzt oder eine Fachkraft für Arbeitssicherheit[1041] in den Betrieb **eingestellt** werden, ist dazu die **Zustimmung des BR** erforderlich (**§ 9 Abs. 3** ASiG).[1042] Gleiches dürfte **233**

---

verwiesen durch *BAG* 15.1.02, NZA 02, 995 ff.; *ArbG Hamburg* 2.7.98, AuR 99, 115 (116); *Schierbaum/Franz,* AuR 99, 82 (86); vgl. auch *Pieper,* S. 965; a. A. *ArbG Braunschweig* 15.10.97, NZA-RR 98, 214 (215); GK-*Wiese/Gutzeit,* Rn. 610; HWGNRH-*Worzalla,* Rn. 420; Kollmer-*Hecht,* Syst B, Rn. 38; WPK-*Bender,* Rn. 145; zur unzureichenden Umsetzung der europäischen Richtlinie durch diese Vorschrift *EuGH* 7.2.02, NZA 02, 321 (322 f.).

1031 *Leube,* BB 00, 302 (303).

1032 *LAG Hamburg,* a. a. O., 196; *Fabricius,* BB 97, 1254 (1257); *Kohte,* CR 96, 609 (610); *Leube,* BB 00, 302 (304 für § 9 Abs. 2).

1033 *BAG* 30.9.14, NZA 15, 314 (315 f.).

1034 Zu **§ 12:** *BAG* 8.6.04, NZA 04, 1175 (1178); 8.6.04, NZA 05, 227 (230); 30.9.14, NZA 15, 314 (315); *ArbG Braunschweig* 15.10.97, a. a. O. nennt als weitere Rahmenvorschriften **§§ 9 – 12;** *Fitting,* Rn. 300 nennen beispielhaft **§§ 8 – 12;** GK-*Wiese/Gutzeit,* Rn. 611 ff. hält **§§ 9 – 12** für Rahmenvorschriften; ErfK-*Kania,* Rn. 66 (§ 12); HaKo-BetrVG/*Kohte,* Rn. 82 (**§§ 8, 10 und 12**); HWGNRH-*Worzalla,* 420 (**§§ 9, 10, 12**); WPK-*Bender,* Rn. 144 (**§§ 8 – 12**); Kittner/Zwanziger/Deinert-*Bantle,* § 93 Rn. 183 nennt §§ 9, 12; *Pieper,* a. a. O., nennt **§§ 8, 9, 11, 12** und Kollmer-*Hecht,* Syst B, Rn. 40 ff. jeweils differenzierend die **§§ 8 – 12;** *SWS,* Rn. 121 f. nennen **§§ 8 Abs. 1, 9, 11 und 12.**

1035 *BAG* 11.1.11, NZA 11, 651 (652); 8.11.11, DB 12, 1213 f.; zustimmend *Fitting,* Rn. 299; GK-*Wiese/Gutzeit,* Rn. 613; *Lützeler,* BB 12, 2756 ff.; vgl. auch *LAG München* 12.10.10 – 9 TaBV 39/10; *LAG Saarland* 8.12.10 – 1 TaBV 3/10, juris.

1036 Vgl. *LAG Hamburg,* a. a. O., 196 (ablehnend allerdings zu §§ 15 – 17, S. 195, die ausschließlich Rechte und Pflichten der Beschäftigten regelten); *Engels,* AuR 09, 65 (71); *Fabricius,* BB 97, 1254 (1257 f.); *Pieper,* a. a. O.; Schaub-*Koch,* § 235 Rn. 73; für §§ 15 – 17 ebenfalls ein Mitbestimmungsrecht im Einzelfall bejahend GK-*Wiese/Gutzeit,* Rn. 614.

1037 Vgl. auch *BAG* 18.8.09, NZA 09, 1434 (1436), das offenlässt, ob § 13 Abs. 2 eine Rahmenvorschrift ist (dafür *Fitting,* Rn. 300; dagegen wohl ErfK-*Kania,* Rn. 66) und generelle Regelungen, wie z. B. zur Qualifikation der mit der Durchführung der Gefährdungsbeurteilungen befassten Personen, jedenfalls über die jeweilige die Maßnahme selbst regelnde Vorschrift, wie bei der Gefährdungsbeurteilung § 5 ArbSchG, erfasst; so auch *Fitting,* Rn. 300; vgl. auch *BAG* 18.3.14, NZA 14, 855 (856 f.), wonach in der Übertragung einzelner Aufgaben auf Dritte typischerweise eine nicht der Mitbestimmung nach Nr. 7 unterliegende Einzelmaßnahme zu sehen sei.

1038 *LAG Schleswig-Holstein* 8.2.12, juris im Verfahren nach § 100 ArbGG

1039 Vgl. zur Zusammenarbeit zwischen ihnen und dem BR *Freimuth,* AiB 94, 130 ff.; *Engelhardt-Schagen,* AiB 95, 52 ff.

1040 *BAG* 10.4.79, AP Nr. 1 zu § 87 BetrVG 1972 Arbeitssicherheit; *ArbG Hamburg* 2.7.14, NZA-RR 14,592 (594); so auch *Fitting,* Rn. 316; GK-*Wiese/Gutzeit,* Rn. 650 ff.; Richardi-*Richardi,* Rn. 572; vgl. die praktischen Hinweise von *Bösche/Grimberg,* AiB 91, 134 ff.; a. A. HWGNRH-*Worzalla,* Rn. 451.

1041 Zur hierarchischen Einordnung in die betriebliche Organisation vgl. *ArbG Osnabrück* 15.6.93, AuR 96, 29, Ls.

1042 Zur **erforderlichen Fachkunde** vgl.die ab 1.1.2011 geltenden §§ 3 und 4 DGUV-Vorschrft 2 und hierzu *Hummel/Callsen,* AiB 11, 83 ff.

für **Strahlenschutzbeauftragte** gelten, die nach den Vorschriften der Strahlenschutz-VO i. d. F. vom 22.5.1981[1043] tätig werden.[1044] Dabei ist es bedeutungslos, ob es sich um einen leitenden Angestellten i. S. d. § 5 Abs. 3 handelt oder nicht, da das ASiG nicht zwischen leitenden Angestellten und sonstigen AN unterscheidet.[1045] Für die **Abberufung** eines Betriebsarztes, einer Fachkraft für Arbeitssicherheit und eines Strahlenschutzbeauftragten gilt das Gleiche. Der AG ist auch hier verpflichtet, die **Zustimmung des BR** einzuholen.

234 Die Beteiligungsrechte des BR nach **§ 99 bzw. § 102** werden durch die Vorschrift des § 9 Abs. 3 ASiG nicht berührt.[1046] Umgekehrt ist allerdings die ohne Zustimmung des BR zur Abberufung ausgesprochene **Kündigung unwirksam.**[1047] Dies gilt nicht nur dann, wenn sie auf Gründe gestützt wird, die sachlich mit der Tätigkeit als Betriebsarzt in untrennbarem Zusammenhang stehen,[1048] da der BR gem. § 9 Abs. 3 ASiG ein umfassendes Mitbestimmungsrecht hat.[1049] Regelmäßig ist davon auszugehen dass die Zustimmung des **BR** zur **Bestellung** auch gleichzeitig als **Zustimmung zur Einstellung** des Betriebsarztes oder der Fachkraft für Arbeitssicherheit anzusehen ist.[1050] Das muss aber nicht für die **Abberufung** gelten, da diese nicht unbedingt mit einer Kündigung verbunden ist. Der abberufene Betriebsarzt oder die Fachkraft für Arbeitssicherheit kann auch anderweitig im Betrieb weiter tätig sein. Allerdings ist eine Kündigung stets als Abberufung anzusehen.[1051]

235 Bei der **Bestellung** der **Sicherheitsbeauftragten** besteht ein Mitbestimmungsrecht hinsichtlich der **generellen Auswahlentscheidungen** (vgl. auch § 89 Rn. 43 m. w. N.). Gemäß **§ 22 Abs. 1 SGB VII** hat der UN die Bestellung unter Berücksichtigung der im UN bestehenden Unfall- und Gesundheitsgefahren und der Zahl der Beschäftigten vorzunehmen. In § 20 Abs. 1 **DGUV** Vorschrift 1 werden fünf Kriterien für die erforderliche Anzahl der Sicherheitsbeauftragten benannt. Diese wird nicht konkret festgelegt. Der UN hat also einen Entscheidungs- und Regelungsspielraum, der z. B. die **Zahl** der Sicherheitsbeauftragten, deren **Aufgabenbereiche** (z. B. den Abteilungen zugeordnet) und das **Auswahlverfahren** (Berücksichtigung der verschiedenen Beschäftigtengruppen) umfasst. Bei diesen **generellen Entscheidungen,** die der einzelnen Bestellung vorgeschaltet sind, bestimmt der BR mit.[1052]

236 Will der AG die Aufgaben des Betriebsarztes oder der Fachkraft für Arbeitssicherheit **erweitern** oder **einschränken,** bedarf es ebenfalls der Zustimmung des BR (**§ 9 Abs. 3**).[1053] Daran ändert auch nichts, dass der BR bereits bei der Einstellung über den Umfang der zu übertragenden Aufgaben mitzubestimmen hat.[1054] Die Aufgaben sind im Gesetz, wie die Formulierung »insbesondere« in **§§ 3, 6** ASiG verdeutlicht, nicht abschließend geregelt,[1055] so dass der BR bei der näheren Präzisierung der Vorschriften wie z. B. bei der konkreten Festlegung, der Rangordnung der einzelnen Aufgaben und der Durchführung zusätzlicher Maßnahmen mitbestimmt. Er hat unter Berücksichtigung des ab 1.1.2011 geltenden § 2 **DGUV**-Vorschrift 2[1056] i. V. m. den entsprechenden Anhängen, in denen keine abschließenden Regelungen getroffen werden,[1057] so die Möglichkeit, auf eine Konkretisierung der Arbeitsweise, der Aufgaben und eine Schwerpunktbildung zu einem **betrieblichen Arbeitsschutzprogramm** hinzuwirken. In

---

1043 BGBl. I S. 445.
1044 A. A. GK-*Wiese/Gutzeit*, Rn. 653.
1045 Vgl. z. B. *Fitting*, Rn. 322 m. w. N.; HWGNRH-*Worzalla*, Rn. 439.
1046 *BAG* 24.3.88, NZA 89, 60; *LAG Bremen* 9.1.98, NZA-RR 98, 250 (253) m. w. N.
1047 *Bertzbach*, FS Däubler, S. 158 (169); Däubler, Das Arbeitsrecht 2, Rn. 410.
1048 So aber *BAG* 24.3.88, a. a. O.; *Fitting*, Rn. 324; GK-*Wiese/Gutzeit*, Rn. 655.
1049 *Bertzbach*, a. a. O.
1050 So auch *Fitting*, Rn. 322.
1051 Vgl. GK-*Wiese/Gutzeit*, Rn. 655; *GL*, Rn. 167; Richardi-*Richardi*, Rn. 578.
1052 Vgl. HaKo-BetrVG/*Kohte*, Rn. 90; ders., FS *Wlotzke*, S. 563 (586 f.); *Pieper*, S. 1039; a. A. *Fitting*, § 89 Rn. 34; GK-*Wiese/Gutzeit*, § 89 Rn. 76, jeweils m. w. N.; zu den Rechten des BR bei der Abberufung der Sicherheitsbeauftragten vgl. GK-*Wiese/Gutzeit*, § 89 Rn. 78 m. w. N.
1053 Vgl. z. B. *ArbG Hamburg* 21.12.90, AiB 91, 92 f.; *Fitting*, Rn. 319; Richardi-*Richardi*, Rn. 589; *Pieper*, S. 943; a. A. HWGNRH-*Worzalla*, Rn. 413.
1054 GK-*Wiese/Gutzeit*, Rn. 662 m. w. N.
1055 *Pieper*, S. 931.
1056 Vgl. *Hummel/Callsen*, AiB 11, 83 (84 ff.); *Heegner*, AiB 11, 582 ff.; *Rey*, DB 14, 1617 (1618).
1057 *LAG Schleswig-Holstein* 21.1.14, LAGE § 98 Arbeitsgerichtsgesetz1979 Nr. 70, S. 8.

einem solchen Arbeitsschutzprogramm kann z. B. auch festgelegt werden, welche Vorsorgeuntersuchungen[1058] (vgl. auch § 94 Rn. 11, 45; § 95 Rn. 10) und wie häufig und mit welchem Arbeitszeitanteil im Jahresmittel Arbeitsplatzbesichtigungen durchzuführen sind. Weiter können z. B. sachliche (bestimmte Erkrankungen) und räumliche (Lackiererei, Presswerk) Prioritäten definiert werden oder welcher Anteil an der Arbeitszeit für präventive Maßnahmen aufgewendet werden soll.[1059] Auch Regelungen über **Krankengespräche** sind hierbei gemäß §§ 3, 9 Abs. 3 ASiG mitbestimmungspflichtig[1060] (vgl. auch Rn. 67 und § 94 Rn. 11, § 95 Rn. 10).

Wird die **Zustimmung** des BR vor Durchführung der Maßnahme nicht erteilt, ist diese unwirksam, es sei denn, dass vorher eine Entscheidung der ESt. herbeigeführt worden ist. Das ergibt sich aus § 9 Abs. 3 ASiG, wo ausdrücklich auf § 76 (ESt.-Verfahren) hingewiesen wird.[1061] 237

Werden **freiberuflich tätige Betriebsärzte** oder Fachkräfte für Arbeitssicherheit bzw. ein überbetrieblicher Dienst verpflichtet oder entpflichtet, so hat der AG den BR vorher nur zu hören (§ 9 Abs. 3 Satz 3 ASiG).[1062] 238

Die **Betriebsärzte** und die **Fachkräfte für Arbeitssicherheit** haben bei der Erfüllung ihrer Aufgaben **mit dem BR zusammenzuarbeiten.** So muss der BR über wichtige Angelegenheiten des Arbeitsschutzes und der Unfallverhütung unterrichtet werden. Der BR ist auf sein Verlangen auch entsprechend zu beraten (§ 9 Abs. 1 und 2 ASiG). Werden vom Betriebsarzt oder der Fachkraft für Arbeitssicherheit dem AG direkt **Vorschläge** unterbreitet, hat der BR Anspruch auf eine **Abschrift.** Lehnt der AG den Vorschlag ab, so muss das unter Angabe von Gründen schriftlich erfolgen. Auch davon ist dem BR eine Abschrift zu erteilen (§ 8 Abs. 3 ASiG).[1063] In den **Arbeitsschutzausschuss (§ 11 ASiG)**,[1064] der im Betrieb und nicht auf UN-Ebene einzurichten ist,[1065] hat der BR zwei seiner Mitglieder zu entsenden. Die **Zahl** und **Auswahl** der zu beteiligenden **Betriebsärzte, Fachkräfte für Arbeitssicherheit und Sicherheitsbeauftragten** ist nicht festgelegt und unterliegt daher der Mitbestimmung des BR[1066] ebenso wie Regelungen über die **Geschäftsführung.**[1067] Der BR hat allerdings kein Initiativrecht zur Errichtung des Ausschusses. Kommt der AG als Normadressat seiner Verpflichtung nicht nach, kann sich der BR nur gem. § 89 Abs. 1Satz 2 an die Arbeitsschutzbehörde wenden, die nach § 12 ASiG die Errichtung anzuordnen hat. Auch die hier kommentierte Nr. 7 bietet keine Anspruchsgrundlage, da die gesetzliche Regelung dem AG hinsichtlich der Errichtung keinen Spielraum lässt (§ 87 Abs.1 Eingangssatz).[1068] 239

Darüber hinaus hat der BR weitere **Einwirkungsmöglichkeiten,** da es sich bei dem ASiG um ein **Rahmengesetz** handelt und die Verpflichtungen des AG regelmäßig noch einer weiteren Präzisierung bedürfen. Insoweit verbleiben erhebliche **Beurteilungsspielräume** und damit auch weitere Mitbestimmungsrechte des BR, solange die notwendige Präzisierung weder durch Rechtsverordnungen (§ 14 ASiG) noch durch UVV (§ 15 Abs. 1 Nr. 6 SGB VII) erfolgt ist.[1069] Ein Mitbestimmungsrecht besteht z. B., wenn Regelungen zur Umsetzung des Gebots der Zusammenarbeit in **§ 10** getroffen werden[1070] oder bei der Konkretisierung von **§ 8 Abs. 2,** 240

1058 Vgl. *Schierbaum,* PersR 93, 145 ff.
1059 Vgl. *Fitting,* Rn. 325, 330; *Lißner,* AiB 93, 133 ff. und eine BV in AiB 00, 536 ff.
1060 *ArbG Hamburg* 17. 12. 90, AiB 91, 92 ff.; *Kreuder,* AiB 95, 654 (657); a. A. die Beschwerdeinstanz *LAG Hamburg* 10. 7. 91, LAGE § 87 BetrVG 1972 Betriebliche Ordnung Nr. 8; *LAG Baden-Württemberg* 5. 3. 91, NZA 92, 184 f.; *LAG Frankfurt* 24. 3. 92, NZA 93, 237; GK-*Wiese,* Rn. 638; *Raab,* NZA 93, 193 (197 f.); offen gelassen HessLAG 7. 12. 93, AiB 94, 684 (688).
1061 Vgl. *BAG* 24. 3. 88, AP Nr. 1 zu § 9 ASiG m. w. N.
1062 *Fitting,* Rn. 320; *Pieper,* S. 942; Richardi-*Richardi,* Rn. 585; vgl. auch Rn. 232 zur Grundsatzentscheidung.
1063 *Fitting,* Rn. 326.
1064 Vgl. zur Praxis *Geray,* AiB 92, 670 ff.; zur behördlichen Anordnung der Bildung des Ausschusses *VG Hannover* 6. 10. 95, AuA 96, 399 mit Anm. *Kohte.*
1065 Vgl. HessLAG 1. 2. 96, NZA 97, 114.
1066 So auch *LAG Nds* 22. 10. 13 – 11 TaBV 49/13, juris; *Fitting,* Rn. 328; GK-*Wiese/Gutzeit,* Rn. 670; Richardi-*Richardi,* Rn. 597; *Kohte,* FS Wlotzke, S. 563 (593).
1067 Vgl. z. B. GK-*Wiese/Gutzeit,* Rn. 672; Richardi-*Richardi,* Rn. 598 m. w. N.
1068 *BAG* 15. 4. 14, NZA 14, 1094 f.; *Fitting,* Rn. 327; GK-*Wiese/Gutzeit,* Rn. 668.
1069 Ähnlich *Fitting,* Rn. 329 f.
1070 *Pieper,* S. 943.

wie bei der praktischen Organisierung der Unterstellung (wie oft sollen z. B. Berichte gegeben werden), der konkreten hierarchischen Einordnung[1071] oder der Festlegung des zuständigen Betriebsleiters, wenn es mehrere gibt. Ein Mitbestimmungsrecht besteht auch in Rahmen von **Absatz 3** bei der organisatorischen Ausgestaltung des Eskalationsverfahrens oder der Festlegung des zuständigen Vorstandsmitglieds, wenn diese Entscheidung nicht in die Zuständigkeit eines Aufsichtsrats fällt.

241 Dem Gesetzeswortlaut ist nicht eindeutig zu entnehmen, ob dem BR aus § 9 Abs. 3 ASiG ein umfassendes **Initiativrecht** zusteht. Allgemein wird davon ausgegangen, dass ein Initiativrecht jedenfalls hinsichtlich der **Abberufung** eines angestellten Betriebsarztes oder einer angestellten Fachkraft für Arbeitssicherheit und auch für die **Erweiterung oder Einschränkung** des Aufgabenbereiches einzuräumen ist.[1072] Hinsichtlich der **Bestellung** soll der BR dagegen nicht initiativ werden können. Diese Ansicht ist jedoch abzulehnen. Wenn nach dem Zweck des § 9 Abs. 3 ASiG davon ausgegangen werden muss, dass ein Initiativrecht bei der Abberufung und bei der Veränderung des Aufgabenbereichs des **angestellten Betriebsarztes** oder der **Fachkraft** für Arbeitssicherheit besteht, dann muss Gleiches auch für die Bestellung gelten.[1073] Allerdings ist hier zu berücksichtigen, dass hinsichtlich des bei einer Bestellung ebenfalls notwendigen Verfahrens nach § 99 ein Initiativrecht des BR nicht besteht. Setzt der BR die Bestellung durch, ist damit nicht zwangsläufig die Einstellung in den Betrieb verbunden.[1074]

cc) Gefahrstoffverordnung

242 Die **GefStoffV,** ein Beispiel für den Zusammenhang von Arbeitssicherheit und Umweltschutz,[1075] enthält eine Reihe von Vorschriften, die dem AG einen ausfüllungsbedürftigen Handlungsspielraum lassen. Hierbei sind z. B. § 6 mit der **Gefährdungsanalyse** und der **Dokumentationspflicht** (Abs. 8), die **Schutzpflichten** in §§ 7, 8 und 9 ff. und auch die **Unterrichtung/Unterweisung der AN** in § 14 zu nennen. Ebenso wie bei den vergleichbaren Vorschriften z. B. des ArbSchG greift daher das Mitbestimmungsrecht ein.[1076]

dd) Lärmschutzrecht

243 Lärmschwerhörigkeit/Lärmtaubheit ist die **häufigste anerkannte Berufskrankheit.** Von insgesamt 74680 Anzeigen auf Verdacht einer Berufskrankheit in 2013 betrafen allein 12534 die Lärmschwerhörigkeit, von 16413 anerkannten Berufskrankheiten war dies bei 6935 der Fall.[1077] Die **LärmVibrationsArbSchV** enthält eine Reihe von Rahmenvorschriften, die die Mitbestimmung des BR auslösen.[1078] Zu nennen sind hier z. B. die **Gefährdungsbeurteilung** (§ 3) und deren **Dokumentation** (§ 3 Abs. 4), die Festlegung der **Messverfahren** in § 4 und im Anhang

---

1071 Vgl. hierzu auch *BAG* 15.12.09, NZA 10, 506 (508 f.); *LAG Köln* 3.4.03, NZA-RR 04, 319; *Kohte/Faber*, Praxisreport Arbeitsrecht 24/03, S. 12 f.

1072 Vgl. u. a. Ausschussbericht, BT-Drucks. 7/1085 zu § 9 Abs. 3; *LAG Baden-Württemberg* 5.3.91, NZA 92, 184 (185); GK-*Wiese/Gutzeit*, Rn. 674; *Fitting*, Rn. 321; Richardi-*Richardi*, Rn. 581; a. A. HWGNRH-*Worzalla*, Rn. 441; *SWS*, Rn. 130 d).

1073 *Fitting*, Rn. 321; *Pieper*, S. 943; *WW*, Rn. 53; *Kohte*, FS Kissel, S. 547 (560 ff.); a. A. GK-*Wiese/Gutzeit*, Rn. 674; *Däubler*, Das Arbeitsrecht 2, Rn. 409; KassArbR-*Etzel*, 9.1, Rn. 573; Richardi-*Richardi*, Rn. 582; offen gelassen von *BAG* 6.12.83, AP Nr. 7 § 87 BetrVG 1972 Überwachung.

1074 Vgl. auch *Däubler*, Das Arbeitsrecht 2, Rn. 409.

1075 Z. B. §§ 1 Abs. 1, 4 Nr. 15, 8 Abs. 6; vgl. hierzu *Fitting*, § 89 Rn. 4; KassArbR-*Lorenz*, 2.6, Rn. 289 ff.

1076 Zur neuen GefStoffV vgl. *Fitting*, Rn. 305; *Pieper*, S. 650 f.; *ders.*, Gefahrstoffverordnung, Einl. Rn. 32; *Grüneberg*, AiB 11, 588 (592); für die insoweit vergleichbaren Vorschriften der bis zum 30.11.10 geltenden GefStoffV vgl. *Engels*, AuR 09, 65 (71: §§ 7, 8, 9, 10, 12 f.); *Wlotzke*, FS Wißmann, S. 426 (435) z. B. für § 8 Abs. 1 Nr. 7 GefStoffV; *Heilmann*, Teil II 1, Rn. 11 ff., 15; *Heilmann/Hierz*, AiB 05, 520 (523 f.); *Pieper*, AiB 05, 299 (303).; zur neuen GefStoffV vgl auch Wriedt, gute Arbeit 1/11, S. 33 ff.

1077 BMAS/BauA (2014): Sicherheit und Gesundheit bei der Arbeit 2013, Unfallverhütungsbericht Arbeit, Download von www.baua.de/suga, S. 13, 145; vgl. auch *Kohte*, Forum Arbeit, 5/92, S. 40; *Lazarus*, AiB 92, 677 (679).

1078 Vgl. *Fitting*, Rn. 303 für § 3 Abs. 2 und § 8; *Pieper*, S. 811 für §§ 3 – 5, 7, 8, 10, 11.

Vibrationen,[1079] die Festlegung und Durchführung der **Schutzmaßnahmen** bei Lärm (§§ 7, 8) und Vibrationen (§ 10), sowie auch die **Unterweisung der Beschäftigten** (§ 11). Lärmschutz kommt schließlich nach **Anhang 3.7 der ArbStättV** in Betracht. Hiernach können z. B. **Lärmpausen,** d. h. die Einführung lärmarmer Arbeiten über einen längeren Zeitraum, durchgesetzt werden.[1080]

ee) Bildschirm-Arbeitsplätze

Neben den Mitbestimmungsrechten nach § 87 Abs. 1 Nr. 6, § 91 und § 112 kommt auch die hier behandelte Vorschrift in Betracht. Die **BildscharbV**[1081] enthält eine Reihe von ausfüllungsfähigen Rahmenvorschriften, da sie nur einen flexiblen Rahmen ohne detaillierte Vorgaben bildet und so der betrieblichen Umsetzung erheblichen Spielraum lässt.[1082] Ein Mitbestimmungsrecht besteht daher z. B. im Rahmen von **§ 3 BildscharbV** für die **Gefährdungsanalyse,**[1083] da die Vorschrift weder Methode noch Durchführung definiert.[1084] Im Rahmen der Vorschrift können auch **Prioritäten für die Untersuchung** und Schwerpunkte festgelegt werden.[1085] **244**

Ein Mitbestimmungsrecht besteht im Rahmen von § 4 BildscharbV hinsichtlich **ergonomischer Maßnahmen**.[1086] Der Anhang nennt lediglich Ziele, es wird nicht vorgeschrieben, wie diese zu realisieren sind.[1087] Bei Auslegung und Konkretisierung der Verordnung können auch in Zukunft die **Sicherheitsregeln** für Bildschirm-Arbeitsplätze im Bürobereich (ZH 1/618) des Hauptverbands der gewerblichen Berufsgenossenschaften herangezogen werden.[1088] Zudem besteht ein Mitbestimmungsrecht bei der Festlegung der **Ausnahmeregelungen** in Abs. 3.[1089] **245**

§ 5 BildscharbV verpflichtet den AG, die Tätigkeit an Bildschirmen so zu organisieren, dass regelmäßig **Belastungsunterbrechungen** stattfinden. Dies kann durch andere Tätigkeiten **(Mischarbeit)** oder Pausen erfolgen. Bei der Festlegung der Maßnahmen besteht für den AG also ein Regelungsspielraum, der gemäß Nr. 7 auszufüllen ist.[1090] Dabei ist festzulegen, wie die Belastungsunterbrechung durchgeführt werden soll, welche anderen Tätigkeiten hierfür in Frage kommen und ggf. auch, wie viele Pausen erforderlich sind.[1091] **246**

Auch bei der bisher gemäß **§ 6** durchzuführenden **Augenuntersuchung** bestand ein Mitbe- **247**

1079 Mitbeurteilungsrecht des BR; vgl. zum früheren Recht *Kohte,* FS Gnade, S. 675 (684).

1080 Vgl. zum vorhergehenden § 15 ArbStättV *Kohte,* AiB 83, 51 (52); *ders.,* FS Gnade, S. 675 (679); zu eng *BAG* 28.7.81, AP Nr. 3 zu § 87 BetrVG 1972 Arbeitssicherheit.

1081 Zum Begriff des Bildschirmarbeitsplatzes *EuGH* 6.7.2000, AuR 00, 683 ff. mit Anm. *Lörcher;* zu dieser Entscheidung ebenfalls zustimmend *Kohte,* BB 00, 2579 f.; zur VO *Pieper,* S. 541 ff.; *RPW,* S. 180 ff.; zur früheren Rechtslage und zur europäischen Bildschirmrichtlinie vgl. die 5. Aufl. Rn. 200 ff.

1082 Vgl. z. B. Kollmer-*Hecht,* Syst B, Rn. 103, 105 ff. für §§ 3 – 6; *Nahrmann/Schierbaum,* RDV 97, 156 (163); *Opfermann/Rückert,* AuA 97, 69 (70).

1083 *Pieper/Vorath,* S. 285 ff.; *Resch/Blume,* CF 3/04, S. 8 ff.; zu Gesundheitsgefahren bei Bildschirmarbeit vgl. die 5. Aufl., Rn. 201.

1084 Vgl. *BAG* 8.6.04, NZA 04, 1175 (1177 f.); 8.6.04, NZA 05, 227 (229 f.); 11.2.14, NZA 14, 989; *Fitting,* Rn. 302; GK-*Wiese,* Rn. 629; *Kohte,* CR 96, 609 (611); a. A. *Löwisch/Neumann,* Anm. zu *BAG* 2.4.96, SAE 97, 77 (87); *Merten/Klein,* DB 98, 673 (677); vgl. hierzu Rn. 226; zur **Dokumentation der Gefahren** § 6 ArbSchG (Rn. 231).

1085 *Kohte,* a. a. O.; zu § 5 ArbSchG Rn. 188 a.

1086 *LAG Hamburg* 21.9.00, NZA-RR 01, 190 (195), aus formellen Gründen **aufgehoben** und **zurückverwiesen** durch *BAG* 15.1.02, NZA 02, 995 ff.; *Fitting,* Rn. 302; GK-*Wiese/Gutzeit,* Rn. 630; HWK-*Clemenz,* Rn. 138; *Fabricius,* BB 97, 1254 (1256); vgl. hierzu auch die 5. Aufl. Rn. 203; DIN-Norm 66234 sowie ISO-Norm 9241 (Teil 10); zur Software-Ergonomie *Kiesche/Schierbaum,* AiB 97, 624 (626 ff.); *Prümper/v. Harten,* CuA 8 – 9/07, S. 17 ff.

1087 Vgl. *Pieper,* S. 563; *Riese,* CR 97, 27 (31).

1088 *Riese,* a. a. O., 31.

1089 LAG Hamburg a. a. O., 195 f.; *Löwisch,* Anm. zu *BAG* 2.4.96, SAE 97, 77 (87); vgl. auch *Riese,* a. a. O.

1090 Vgl. auch *LAG Hamburg* 21.9.00, NZA-RR 01, 190 (195), aus formellen Gründen **aufgehoben** und **zurückverwiesen** durch *BAG* 15.2.02, NZA 02, 995 ff.; ErfK-*Kania,* Rn. 66; *Fitting,* Rn. 302; GK-*Wiese/Gutzeit,* Rn. 631; HWK-*Clemenz,* Rn. 138; *LK,* Rn. 152; *Pieper,* S. 566; a. A. HWGNRH-*Worzalla,* Rn. 419.

1091 Vgl. *Opfermann/Rückert,* AuA 97, 69 (71) und auch ISO-Norm 9241 (Teil 2).

stimmungsrecht.[1092] § 6 verweist jetzt auf Anhang Teil 4 (2) 1 ArbMedVV, der ebenfalls eine Mitbestimmung des BR ermöglicht. **Bildschirm-BV** sollten die folgenden Punkte regeln: Zielsetzung/Gegenstand, Geltungsbereich, Begriffe, Rechte des BR und der AN, Gesundheitsschutz (z. B. ärztliche Untersuchungen), ergonomische Anforderungen, Gefährdungsanalyse, Arbeitsorganisation, Qualifizierung, Ausschluss von Kontrollen, Streitigkeiten und formelle Vorschriften, wie z. B. Kündigungsfristen und Nachwirkung (vgl. im Einzelnen DKKWF-*Klebe/Heilmann*, § 87 Rn. 41 und 42).

ff) Weitere Einzelfälle

248 Als Rahmenvorschriften kommen z. B. weiter in Betracht:
- §§ 22, 23, 28 – 30 **JArbSchG,**[1093]
- §§ 12 Abs. 1, 16 Abs. 1 **HAG,**
- §§ 2 Abs. 1, 4 Abs. 1 **VBG 1/BGV Nr. A 1,** § 12 Abs. 3 **VBG 37,**[1094]
- §§ 3 – 6 **ArbStättV** und z. B. Nrn. 1.2, 1.4, 1.5, 1.8, 2.1, 3.2 und 3.4 bis 3.7 des Anhangs,[1095]
- §§ 2 Abs. 1, 4 **MuSchG**[1096] und die **Gefährdungsbeurteilung** gemäß § 1 MuSchV,
- §§ 3 – 6, 10 **StörfallVO**[1097] und § 55 Abs. 3 **BImSchG**[1098].

249 Auch die nach **§ 19 ArbSchG** ergangenen PSA-BV, BildscharbV (vgl. oben Rn. 244 ff.), LasthandhabV[1099] und BetrSichV[1100] enthalten eine Reihe ausfüllungsbedürftiger Rahmenvorschriften. So muss beispielsweise nach § 2 **PSA-BV** festgelegt werden, welche allgemeinen und besonderen Maßnahmen der AG zur sicheren und gesundheitsgerechten Bereitstellung und Benutzung von persönlichen Schutzausrüstungen trifft und nach § 3 Abs. 1, wann eine **Schulung** in der Benutzung erforderlich ist.[1101] Auch die §§ 2, 3, 4 **LasthandhabV** sind ausfüllungsbedürftig: In § 2 sind z. B. die Maßnahmen zur Vermeidung der manuellen Handhabung von Lasten (Abs. 1) und zur Minimierung von Gefährdungen (Abs. 2) zu konkretisieren, in § 3 ist das Verfahren zu definieren, in § 4 die Art und der Inhalt der Unterweisung, die ggf. auch z. B. in einem Training der richtigen Handhabung von Lasten bestehen kann.[1102] In der **BetrSichV** ergeben sich z. B. Mitbestimmungsrechte i. V. m. §§ 3-6, 9 – 13 und 17 u. a. hinsichtlich der Gefährdungsbeurteilung, der Unterweisung der Beschäftigten und der Auswahl/Bereitstellung der Arbeitsmittel.[1103]

1092 Vgl. *LAG Hamburg* 21.9.00, NZA-RR 01, 190 (196), aus formellen Gründen **aufgehoben** und **zurückverwiesen** durch *BAG* 15.1.02, NZA 02, 995 ff.; *Fitting*, Rn. 302; GK-*Wiese/Gutzeit*, Rn. 635; HWGNRH-*Worzalla*, Rn. 418; *Däubler*, Das Arbeitsrecht 2, Rn. 375; *Fabricius*, BB 97, 1254 (1257); *RPW*, S. 212 und zu dem entsprechenden Art. 9 der europäischen Bildschirmrichtlinie (vom 29.5.90, ABlEG 1990, Nr. L 156/14) *EuGH*, NZA 97, 307 (309).

1093 *Fitting*, Rn. 310 (§§ 22, 28, 29); *Pieper*, S. 968 zu § 28.

1094 *BAG* 16.6.98, DB 99, 438 f.

1095 Vgl. *Fitting*, Rn. 306; *Engels*, AuR 09, 65 (71: §§ 3 – 6); *Pieper*, S. 288 ff. (insb. S. 292), HaKo-BetrVG/*Kohte*, Rn. 83; *Kohte/Faber*, DB 05, 224 ff.; *Grimm*, DB 04, 1666 (1667 f. für § 3 und Nr. 3.6 des Anhangs); Kollmer-*Hecht*, Syst B, Rn. 61 ff.; *Pieper/Vorath*, S. 186; vgl. auch zu den Mindestflächen am Arbeitsplatz die Arbeitsstättenregen ASR A 1.2 und hierzu Kiper CuA 1/14, S. 14 ff.

1096 *Fitting*, Rn. 310; *Pieper*, S. 968.zu § 2 Abs. 1.

1097 Vgl. *Pieper*, S. 968; *Kohte*, BB 81, 1277 (1282); *Bücker/Feldhoff/Kohte*, Rn. 503 ff., 546 f.

1098 Vgl. *Kohte*, FS Däubler, S. 639 (643); *Höhn*, S. 58 und S. 52 ff. zur Zusammenarbeit zwischen BR und Betriebsbeauftragten im Umweltrecht.

1099 Vgl. zu diesen Verordnungen *Pieper*, S. 879 ff., 541 ff., 848 ff.; *Opfermann/Rückert*, AuA 97, 187 ff.; *Wlotzke*, NJW 97, 1469 ff.

1100 Ebenso die vorhergehende AMBV: vgl. hierzu *Kohte/Bücker*, FS Reich, S. 459 (467 ff.).

1101 *BAG* 16.6.98, DB 99, 438 (439) für § 2 Abs. 1 Nr. 3; *Fitting*, Rn. 303 (§§ 2 und 3); Kittner/Zwanziger/Deinert-*Bantle*, § 93 Rn. 189; *Pieper*, S. 886, 889; *Kollmer*, NZA 97, 138 (140); Kollmer-*Hecht*, Syst B, Rn. 154 f.

1102 *LAG Berlin-Brandenburg* 25.3.15, 23 TaBV 1448/14, juris (für§ 2 Abs.1); *Pieper*, S. 854, 857, 858; *Fitting*, Rn. 303; Kittner/Zwanziger/Deinert-*Bantle*, § 93 Rn. 189; Kollmer-*Hecht*, Syst B, Rn. 144 ff.; ErfK-*Kania*, Rn. 66 (für § 2); *Fabricius*, BB 97, 1254 (1256).

1103 Zu Unrecht a.A. *LAG Berlin-Brandenburg* 25.3.15, 23 TaBV 1448/14, juris (für §§ 3 Abs. 1, 4); zur ab 1.6.15 geltenden neuen BetrSichV vgl. *Schucht*, NZA 15, 333 ff.; zur vorherigen Fassung Kittner/Zwanziger/Deinert-*Bantle*, § 93 Rn. 189; Kollmer-*Hecht*, Syst B, Rn. 90 ff., 96 ff. für §§ 3, 4, 7 – 9; *Wlotzke*, FS Wißmann, S. 426 (434 f.) für § 4; *Pieper*, S. 426 f.; vgl. *Kohte/Bücker*, FS Reich, S. 459 (470) zu den Vorschriften der zuvor geltenden AMBV.

In der **BioStoffV** i. d. F. v. 15.7.13 sind ausfüllungsbedürftige Rahmenvorschriften z. B. die §§ 4, 7 – 11 und 14,[1104] in der **BaustellV** z. B. § 5.[1105] 250

In der **ArbMedVV** sind z. B. §§ 3 – 5 und Anhang Teil 4 (2) 1 ausfüllungsbedürftige Rahmenvorschriften, die ein Mitbestimmungsrecht des BR auslösen.[1106] 251

Für Regelungen zur **Nachtarbeit** kommt neben Nr. 2 (vgl. Rn. 104 f.) auch diese Vorschrift i. V. m. den in Rn. 216 genannten Generalklauseln und § 6 Abs. 5 ArbZG[1107] in Frage. Hier ist z. B. an bezahlte Erholzeiten während der Nachtschicht und regelmäßige ärztliche Untersuchungen zu denken (**Mustervereinbarung** bei DKKWF-*Klebe/Heilmann,* § 87 Rn. 57).[1108] 252

Auch ein **Nichtraucherschutz** lässt sich über Nr. 7 i. V. m. **§ 5 ArbStättV**[1109] realisieren, da § 5 ArbStättV keine abschließende Regelung darstellt und auch die Frage der Erforderlichkeit eines Rauchverbots der Mitbestimmung unterliegt.[1110] Die Generalklauseln bzw. §§ 3, 4 ArbSchG treten insoweit zurück.[1111] 253

Die Anbringung von **Spiegeln** an Kassen im Einzelhandel, um den AN ein ständiges Aufstehen zur Kontrolle zu ersparen, kann der BR über die Vorschrift i. V. m. §§ 3 Abs. 1, 4 Nr. 1 ArbSchG erreichen.[1112] Für den Regelungsgegenstand »Ausgleich von **Belastungen durch stehende Tätigkeiten**« in einem Bekleidungsgeschäft ist eine ESt. im Hinblick auf §§ 3 ff. ArbSchG jedenfalls nicht offensichtlich unzuständig.[1113] 254

Maßnahmen gegen hohe Temperaturen am Arbeitsplatz, bei denen eine Gesundheitsgefährdung nicht auszuschließen ist (Hitzeschutz), lassen sich ebenfalls über Nr. 7 in Ausfüllung von § 3 a ArbSchG begründen.[1114] 255

Dies gilt auch für Maßnahmen der **Pandemievorsorge** und **-bekämpfung** (Vereinbarungsentwurf bei DKKWF-*Klebe/Heilmann,* § 87 Rn. 40 b).[1115] 256

Für die Verteilung der Arbeitsplätze in einem **Großraumbüro** kann nicht nur ein Mitbestim- 257

1104 Vgl. zur VO i. d. F. v. 18.12.08 *Pieper/Vorath,* S. 175; *Pieper,* AiB 01, 435 (437); Kollmer-*Hecht,* Syst B, Rn. 121 ff. für §§ 5 – 7, 10 – 12.

1105 *Pieper,* S. 409; *Fitting,* Rn. 308; Kollmer-*Hecht,* Syst B, Rn. 86 ff.

1106 *Pieper,* S. 248.

1107 *BAG* 26.4.05, NZA 05, 884 (886); 26.8.97, NZA 98, 441 (444), das allerdings zu Unrecht trotz des Gesetzeszwecks, Gesundheitsschutz zu gewährleisten (§ 1 Nr. 1 ArbZG), davon ausgeht, dass Zeitausgleich und Entgeltzuschlag gleichwertig nebeneinander stehen; 17.1.12, NZA 12, 513, das eine tarfliche Ausgleichsregelung sowohl bei unmittelbarer Geltung einesTV wie auch bei dessen einzelvertraglicher Inbezugnahme annimmt; zustimmend ErfK-*Kania,* Rn. 65. Darüber hinaus spricht auch die EG-Arbeitszeitrichtlinie Nr. 93/104 EWG vom 23.11.93 (ABlEG 1993, Nr. L 307/18) und das *BVerfG* 28.1.92, AuR 92, 187 mit Anm. *Blanke/Diederich* für einen Vorrang des Zeitausgleichs; so mit ausführlicher Begründung auch *Ulber,* AuR 98, 339 (340).

1108 *Colneric,* NZA 92, 393 (398); *Schoof,* AiB 92, 261 (273); vgl. auch *BAG* 1.2.06, NZA 06, 494 (495 f.) zur Höhe von Zeitausgleich und Entgeltzuschlag.

1109 Vgl. *Düwell,* AiB 02, 400 ff. (403); *Lorenz,* DB 03, 721 ff. (723).

1110 Vgl. Rn. 223 f.; a. A. *Uhl/Polloczek,* BB 08, 1114 (1115); zum individualrechtlichen Schutz am Arbeitsplatz *BAG* 19.5.09, NZA 09, 775 ff. und Rn. 62.

1111 Vgl. zum Individualrecht weiter z. B. *BAG* 8.5.96, DB 96, 1782 f.; 17.2.98, AuR 99, 114 mit Anm. *Dübbers;* hierbei sind allerdings jetzt §§ 3, 4 ArbSchG maßgeblich, die nicht mehr auf die Natur des Betriebs/der Dienstleistung wie §§ 120 a GewO und 618 Abs. 1 BGB abstellen (vgl. aber auch für Arbeitsstätten mit Publikumsverkehr § 5 Abs. 2 ArbStättV), sondern u. a. auf den Stand der Technik (vgl. Rn. 229 ff.); s. auch *BAG* 19.1.99, DB 99, 958 (zu Nr. 1); *Cosack,* DB 99, 1450 ff. und § 75 Rn. 130 ff.

1112 *Däubler,* AiB 09, 350 (352).

1113 *LAG Niedersachsen* 21.1.11, NZA-RR, 11, 247 f.

1114 *LAG Schleswig-Holstein* 1.10.13 – 1 TaBV 33/13 (im Verfahren zur Bildung einer ESt.) und hierzu *Kohte/Faber,* jurisPR-ArbR 19/2014 Anm. 5; *Däubler,* Das Arbeitsrecht 2, Rn. 379 f.; *Gäbert,* AiB 11, 579 ff.; *ders,* AiB 13, 409 (410); vgl. auch **3.5 des Anhangs zur ArbStättV** (Abs. 1:»gesundheitlich zuträgliche Raumtemperatur.« und Abs. 2 zur Abschirmung der Arbeitsstätte gegen übermäßige Sonneneinstrahlung) und die **Technische Regel für Arbeitsstätten ASR A3.5 »Raumtemperatur«** (»Lufttemperatur soll +26 Grad nicht überschreiten«; Gemeinsames Ministerialblatt 23.6.10, S. 751 ff.; *Martin,* CuA 11/10, S. 14 ff. und *Grimm,* DB 10, 1588 f. und Vorschläge für eine BV bei *Gäbert,* AiB 13, 409 ff.).

1115 Vgl. im Einzelnen *Schmidt/Novara,* DB 09, 1817 (1821) und *Kiesche/Rudolph,* AiB 10, 26 ff., jeweils auch zu weiteren Mitbestimmungsrechten; *Schrader,* AiB 10, 37 ff. zu einer entsprechenden BV und Rn. 67.

mungsrecht nach § 91, sondern auch nach der hier behandelten Vorschrift bestehen. Die entgegenstehende Auffassung des *LAG München*[1116] lässt unzutreffenderweise die Generalklauseln als Rahmenvorschriften unberücksichtigt (vgl. Rn. 216 ff.).

258 Auch im Zusammenhang mit **Mobbing,** hier i. V. m. §§ 3, 5 ArbSchG, kann die Vorschrift eingreifen.[1117]

259 Das **betriebliche Eingliederungsmanagement** gem. § 84 Abs. 2 SGB IX[1118] unterliegt im Hinblick auf die erforderliche organisatorische Gestaltung (vgl. auch Rn. 65 und 198),[1119] die Ausgestaltung des Gesundheitsschutzes und die entsprechende Durchführung ebenfalls der Mitbestimmung (vgl. den Vereinbarungsentwurf bei DKKWF-*Klebe/Heilmann,* § 87 Rn. 40 a).[1120] Die Vorschrift trifft keine abschließenden Festlegungen. Zudem erfasst Nr. 7 auch organisatorische Regelungen wie § 84 SGB IX, die nur mittelbar dem Gesundheitsschutz dienen (vgl. Rn. 226). § 84 ist auch keine abschließende Regelung in dem Sinne, dass der AG mit dem BR nur Möglichkeiten zu klären, dieser aber kein Mitbestimmungsrecht hätte. Abgesehen davon, dass auch der untechnische Begriff der »Klärung« ein Element von »Einverständnis suchen« hat, geht es bei der Klärung um die von Maßnahmen, Leistungen und Hilfen im Einzelfall,[1121] nicht aber um die weiteren organisatorischen Konkretisierungen, wie z. B. die Rolle der Werks- oder Betriebsärzte, die Aufklärung der Betroffenen oder die Einleitung des Verfahrens. Will der AG keine organisatorischen Festlegungen ausdrücklich treffen, werden sich diese de facto aus seiner Praxis ergeben. Zudem kann der BR von seinem Initiativrecht (Rn. 227) Gebrauch machen. Auch die **Integrationsvereinbarung** gem. § 83 SGB IX dient dem Arbeits- und Gesundheitsschutz und ist daher nach dieser Vorschrift mitbestimmungspflichtig.[1122] Im Hinblick auf die in Abs. 2 genannten Regelungsbereiche kommen weitere Mitbestimmungsrechte nach Nr. 2, 3, 13 und § 95 (vgl. dort Rn. 18) in Frage mit den entsprechenden Initiativrechten des BR.[1123]

e) Individualrechte

260 Neben **Informations- und Erörterungsrechten** (vgl. z. B. § 81 f.) können für den einzelnen AN auch **Beschwerde-** (§ 84) und **Leistungsverweigerungsrechte** entstehen. Bei nicht nur geringfügigen und kurzfristigen arbeitsschutzrechtlichen **Pflichtverletzungen** des AG kommt ein **Leistungsverweigerungsrecht** des AN nach § 273 BGB in Betracht.[1124] Eine unmittelbare Gesundheitsgefahr ist hierfür nicht erforderlich.[1125] Bei **»unmittelbarer erheblicher Gefahr«**

1116 16.4.87, DB 88, 186 f.

1117 Vgl. *Wolmerath/Esser,* AiB 00, 388 (391); *dies.,* S. 110 ff. mit Eckpunkten einer BV; *Benecke,* NZA-RR 03, 225 (232) und Rn. 67.

1118 Vgl. hierzu auch *Nickel,* AiB 09, 423 ff.

1119 Vgl. *Gagel,* NZA 04, 1359 (1360); *Romahn,* S. 18 ff; *Deinert,* NZA 10, 969 (972); *Kempter/Steinat,* NZA 15, 840 (845).

1120 *BAG* 13.3.12, NZA 12, 748 (749); *LAG Schleswig-Holstein* 19.12.06, AiB 07, 425 f.; *LAG Nürnberg* 16.1.13 – 2 TaBV 6/12,; ErfK-*Kania,* Rn. 21 a, 66; *Fitting,* Rn. 310 a; HaKo-BetrVG/*Kohte,* Rn. 92; Richardi-*Richardi,* Rn. 546; WPK-*Bender,* Rn. 143; Schaub-*Koch,* § 235 Rn. 73; *Düwell,* FS Buschmann, S. 29 (32, 35); *Britschgi,* S. 46 f.; *Deinert,* NZA 10, 969 (972); *Giesen,* Anm. zu BAG 13.3.12, AP Nr. 18 zu § 87 BetrVG 1972; *Nassibi,* NZA 12, 720 (723 f.); *Faber,* gute Arbeit 4/10, S. 36 (39) mit Regelungspunkten; *Gundermann/Oberberg,* AuR 07, 19 (25); *dies.,* RDV 07, 103 (110) ebenfalls mit Regelungsvorschlägen; *Kohte,* DB 08, 582 (586); *Habib,* S. 16 ff.mit vielen praktischen Hinweisen; vgl. auch *LAG Hamburg* 20.2.14, NZA-RR 14, 295 (296 ff.); **a. A.** *LAG Hamburg* 21.5.08, LAGE § 87 BetrVG 2001 Gesundheitsschutz Nr. 3, S. 6 ff.; GK-*Wiese/Gutzeit,* Rn. 594; *LK,* Rn. 161; *Müller,* AuR 09, 29 (31); *BAG* 18.8.09 –1 ABR 45/08 – trifft keine Sachentscheidung, sondern weist den Antrag des BR wegen mangelnder Bestimmtheit ab; hierzu *Faber,* gute Arbeit 4/10, S. 36 (38) und *Kohte,* WSI-Mitt. 10, 374 (377); zum **Überwachungsrecht des BR** vgl. *BAG* 7.2.12, NZA 12, 744 ff. und hierzu *Kort,* DB 12, 688 f.

1121 A. A. *Namendorf/Natzel,* DB 05, 1794 (1795); *Leuchten,* DB 07, 2482 (2485).

1122 FKS-*Feldes,* § 83 Rn. 61.

1123 KSW-*Kohte,* § 83 Rn. 24; FKS-*Feldes,* § 83 Rn. 61.

1124 *BAG* 8.5.96, DB 96, 2446 f.; 19.2.97, BB 97, 1364 ff.; GK-*Wiese/Gutzeit,* Rn. 641; HWGNRH-*Worzalla,* Rn. 436; *Bücker/Feldhoff/Kohte,* Rn. 32 f., 610.

1125 Bücker/Feldhoff/Kohte, a. a. O.

kann sich ein **Entfernungsrecht** aus § 9 Abs. 3 ArbSchG ergeben, das keine Pflichtverletzung des AG voraussetzt.[1126] Die AN haben gemäß §§ 618 Abs. 1 BGB, 5 Abs. 1 ArbSchG einen privatrechtlichen Anspruch auf eine Beurteilung der mit ihrer Beschäftigung verbundenen Gefährdung. § 5 Abs. 1 ArbSchG wird durch § 618 Abs. 1 BGB in das Arbeitsvertragsrecht transformiert, da die Vorschrift gerade auch den Schutz der einzelnen AN zum Ziel hat.[1127] Da § 5 Abs. 1 ArbSchG dem AG einen Handlungs- und damit auch Beurteilungsspielraum gibt und bei dessen Ausfüllung der BR mitzubestimmen hat, kann der AN nicht verlangen, dass die Gefährdungsbeurteilung nach bestimmten von ihm vorgegebenen Kriterien durchgeführt wird. Er hat aber einen Anspruch darauf, dass der AG den Beurteilungsspielraum ordnungsgemäß ausfüllt bzw. sein Initiativrecht geltend macht, um mit dem BR die erforderliche Einigung zu erzielen.[1128]

8. Sozialeinrichtungen (Nr. 8)

a) Vorbemerkungen

Der Begriff der **Sozialeinrichtungen** in Nr. 8 entspricht dem der Wohlfahrtseinrichtungen des § 56 Abs. 1 Buchstabe e BetrVG 1952. Dieser sprachlichen Abänderung sollte keine rechtliche Bedeutung zukommen; es wurde lediglich eine **zeitgemäßere Bezeichnung** für den alten Begriff gewählt.[1129] 261

b) Voraussetzungen des Mitbestimmungsrechts

aa) Begriff der Sozialeinrichtung

Von einer »**Einrichtung**« kann nur gesprochen werden, wenn ein Teil sachlicher oder finanzieller Mittel vom restlichen Betriebsvermögen für soziale Zwecke auf Dauer und mit eigener Organisation (»**zweckgebundenes Sondervermögen**«) abgegrenzt wird.[1130] Dies entspricht der ganz h. M. Das *BAG* hat die von ihm vorübergehend vertretene Auffassung, auf die beschriebene Institutionalisierung als Voraussetzung für die Vorschrift zu verzichten,[1131] aufgegeben. Demzufolge ist es z. B. bei einer betrieblichen Altersversorgung nicht ausreichend, wenn der AG lediglich Rückstellungen bildet oder Rückdeckungsversicherungen abschließt.[1132] Liegt keine Sozialeinrichtung vor, kommt ein **Mitbestimmungsrecht nach Nr. 10** in Betracht. Nr. 8 ist das speziellere Mitbestimmungsrecht gegenüber Nr. 10.[1133] 262

Von einer **Sozial**einrichtung kann bereits dann gesprochen werden, wenn durch sie den AN oder ihren Familienangehörigen **zusätzliche Vorteile** jenseits des Arbeitsentgelts gewährt werden.[1134] Es ist ohne Bedeutung, ob den AG **uneigennützige Motive** leiten und die Leistungen **unentgeltlich** erbracht werden.[1135] Wenn die AN z. B. für das Kantinenessen Geld entrichten, ändert dies nichts an der Tatsache, dass es sich bei der Werkskantine um eine Sozialeinrichtung 263

1126 Vgl. auch zu Selbsthilfemaßnahmen des AN § 9 Abs. 2 ArbSchG und zu Beschwerderechten bei AG und zuständiger Behörde § 17 Abs. 2 ArbSchG (hierzu *Bieler/Heilmann*, BR-Info 96, 166; *Kollmer/Vogel*, Rn. 238 ff. und *Wlotzke*, NZA 96, 1017, 1021 f.).

1127 *BAG* 12.8.08, DB 08, 2030; Kollmer-*Kohte* § 3 ArbSchG Rn. 84.

1128 *BAG* 12.8.08, DB 08, 2030 (2031 f.) und hierzu *Fitting*, Rn. 299; *Gäbert*, AiB 08, 640 ff.

1129 *BAG* 12.6.75, AP Nr. 2 zu § 87 BetrVG 1972 Altersversorgung; Richardi-*Richardi*, Rn. 599; GK-*Wiese*, Rn. 675.

1130 *BAG* 12.6.75, 18.3.76, AP Nrn. 1 – 4 zu § 87 BetrVG 1972 Altersversorgung; 10.2.09, NZA 09, 562 (564); 8.11.11, NZA 12, 462 (463) = AP Nr. 22 zu § 87 BetrVG 1972 Sozialeinrichtung mit Anm. v. *Schiefer/Borchard*; *Fitting*, Rn. 340; GK-*Wiese*, Rn. 678 f.; a. A. *WW*, Rn. 57.

1131 13.2.79, 24.1.80, AP Nrn. 2, 3 zu § 87 BetrVG 1972 Sozialeinrichtung.

1132 Vgl. z. B. GK-*Wiese*, Rn. 680, 685 f.; *GL*, Rn. 172.

1133 Vgl. z. B. *BAG* 11.7.00, ZIP 01, 262 (263), insoweit nicht in BB 01, 471 abgedruckt; 10.2.09, NZA 09, 562 (564).

1134 GK-*Wiese*, Rn. 687; *GL*, Rn. 173; *Estelmann*, S. 44 ff.; vgl. auch *BAG* 16.6.98, NZA 98, 1185 (1187).

1135 Vgl. *BAG* 11.7.00, BB 01, 471; 10.2.09, NZA 09, 562 (564); ErfK-*Kania*, Rn. 69; GK-*Wiese*, Rn. 688 ff.; HWGNRH-*Worzalla*, Rn. 462.

handelt, solange sie nur den AN insgesamt noch Vorteile bringt. Eine Sozialeinrichtung kann sogar dann vorliegen, wenn der AG auf Dauer kostendeckende Einnahmen erzielen will.[1136]

264 Führt ein **Dritter** den AN die Vorteile durch eine von ihm errichtete **Stiftung** zu, soll das Mitbestimmungsrecht ausscheiden, weil die Einrichtung nicht vom AG veranlasst worden ist. Eine Ausnahme soll nur dann zu machen sein, wenn der AG **bei wirtschaftlicher Betrachtungsweise** selbst als Stifter anzusehen ist.[1137] Darüber hinausgehend erscheint es jedoch richtig, unabhängig von der wirtschaftlichen Bewertung, ein Mitbestimmungsrecht im gleichen Umfange zu bejahen, wie dem AG Rechte (z. B. bei der Ausgestaltung) zustehen.[1138]

bb) Wirkungsbereich

265 Der **Wirkungsbereich** der Sozialeinrichtung muss auf den **Betrieb,** das **UN** oder den **Konzern** beschränkt sein. Sie darf also **nicht einem unbestimmten Personenkreis** zugänglich sein, wie es z. B. der Fall ist, wenn sie für einen Gewerbezweig begründet oder als Kantine publikumsoffen betrieben wird.[1139] Ob das Merkmal erfüllt ist, richtet sich nach dem **Zweck der Sozialeinrichtung,** der in der **Satzung** niedergelegt ist. Die vom Gesetz geforderte Begrenzung liegt auch vor, wenn frühere Beschäftigte, Familienangehörige oder sonstige Außenstehende nur als Gäste zur Nutzung der Sozialeinrichtung zugelassen sind.[1140] Hierum handelt es sich z. B., wenn die selbstständige Versorgungskasse eines Konzerns unmittelbar allein den Angestellten des Konzerns offen steht, während »befreundete Gesellschaften« oder deren Angestellte nur im Einverständnis mit der Konzernmutter durch besonderen Beschluss des Kassenvorstandes zu einer Mitgliedschaft mit minderem Bestandsschutz zugelassen werden können.[1141] Die Sozialeinrichtung kann auch von mehreren UN gemeinsam errichtet werden, wie z. B. bei einer Unterstützungskasse (vgl. Rn. 280 a. E.) oder einer Kantine, die der Caterer in einem Industriepark für mehrere angesiedelte Firmen betreibt, die die Preise für ihre Beschäftigten subventionieren.

266 Das Mitbestimmungsrecht soll ausscheiden, wenn es sich um einen **Gleichordnungskonzern** handelt,[1142] obwohl anders als in § 8 Abs. 1 und § 54 Abs. 1 der Hinweis auf § 18 Abs. 1 AktG fehlt. Der Grund soll darin zu sehen sein, dass das entsprechende Mitbestimmungsorgan, der KBR, nicht gebildet werden kann. Die Frage ist jedoch von keiner größeren praktischen Bedeutung, da jedenfalls, wenn man dieser Meinung folgt, das **Mitbestimmungsrecht nach Nr. 10** eingreift.

267 Ist die Sozialeinrichtung ein **selbstständiger Betrieb** mit einem **eigenen BR,** so stehen diesem hinsichtlich der AN, die in der Sozialeinrichtung beschäftigt sind, alle Rechte aus der Betriebsverfassung zu. Das Mitbestimmungsrecht des **BR des Stammbetriebs** im Hinblick auf Ausgestaltung und Verwaltung der Sozialeinrichtung wird hierdurch nicht beeinträchtigt.[1143] Eine Überschneidung der Kompetenzen der beiden BR ist allerdings denkbar. Soll z. B. die **Öffnungszeit der Sozialeinrichtung** geändert werden, so unterliegt diese Maßnahme der Ausgestaltung dem Mitbestimmungsrecht des BR des Stammbetriebs nach dieser Vorschrift, gleichzeitig aber auch dem des BR der Sozialeinrichtung nach Nr. 2. Der AG kann nur gemeinsam mit dem BR des Stammbetriebs handeln. Erst wenn hier ein **einheitlicher Wille**, gegebenenfalls über die ESt., gebildet worden ist, greift das Mitbestimmungsrecht des BR der Sozialein-

---

1136 *BAG* 10.2.09, a. a. O.; *Fitting,* Rn. 339; GK-*Wiese,* Rn. 688.

1137 So auch die 5. Aufl.; vgl. zudem HWGNRH-*Worzalla,* Rn. 464; Richardi-*Richardi,* Rn. 616.

1138 GK-*Wiese,* Rn. 702; *GL,* Rn. 181; WPK-*Bender,* Rn. 157; vgl. auch Rn. 21, 285.

1139 Vgl. *BAG* 21.6.79, AP Nr. 1 zu § 87 BetrVG 1972 Sozialeinrichtung; 21.10.80, AP Nr. 8 zu § 111 BetrVG 1972; *Fitting,* Rn. 342.

1140 *BAG* 11.7.00, ZIP 01, 262 (263), insoweit nicht abgedruckt in BB 01, 471; 10.2.09, NZA 09, 562 (564); *Schoden,* Teil 1, Rn. 154.

1141 So *BAG* 21.6.79, AP Nr. 1 zu § 87 BetrVG 1972 Sozialeinrichtung; *Fitting,* Rn. 343 ff.; eingehend zu dieser Frage auch *Estelmann,* S. 30 ff.

1142 Vgl. z. B. ErfK-*Kania,* Rn. 70; HWGNRH-*Worzalla,* Rn. 467; Richardi-*Richardi,* Rn. 613; a. A. *Fitting,* Rn. 346.

1143 *Fitting,* Rn. 368; GK-*Wiese,* Rn. 757; *GL,* Rn. 198; HWGNRH-*Worzalla,* Rn. 502; Richardi-*Richardi,* Rn. 669.

richtung. Insofern ist es also möglich, dass die im Einigungsverfahren zwischen AG und BR des Stammbetriebs gefundene Lösung im Mitbestimmungsverfahren der Sozialeinrichtung eine Modifizierung erfährt. Die Betriebsparteien der Sozialeinrichtung sind an die Einigung im Stammbetrieb nicht gebunden, haben sie aber als betriebliche Belange bei der Ausgestaltung der Arbeitszeiten zu berücksichtigen.[1144]

c) Inhalt des Mitbestimmungsrechts

aa) Errichtung, Dotierung, Zweckbestimmung

Nach dem Willen des Gesetzgebers[1145] unterliegt nicht der Mitbestimmung die **Errichtung** der Sozialeinrichtung. Wie auch § 88 Nr. 2 verdeutlicht, besteht insoweit lediglich die Möglichkeit, eine freiwillige BV abzuschließen.[1146] Der AG ist nach Auffassung des *BAG* auch hinsichtlich der **Zweckbestimmung** frei, d. h., er kann allein darüber entscheiden, ob er beispielsweise eine Kantine oder ein Erholungsheim errichten will. Dabei kann er nach dieser Auffassung unter Beachtung von § 75 Abs. 1 auch den **begünstigten Personenkreis abstrakt abgrenzen.**[1147] Nicht um eine Frage der Zweckbestimmung handelt es sich allerdings, wenn der AG lediglich aus Kostensparungsgründen wegen einer schlechten wirtschaftlichen Situation eine neue Gruppenbildung vornehmen will und sich dabei schematisch am Umfang der aufrechterhaltenden Mittel orientiert.[1148] Die konkreten Anspruchsvoraussetzungen unterliegen als Ausgestaltung der Sozialeinrichtung dem Mitbestimmungsrecht (vgl. Rn. 271). Auch die **Auflösung** der Sozialeinrichtung kann mitbestimmungsfrei erfolgen.[1149] Hierbei ist allerdings zu berücksichtigen, dass die AN bereits **Rechtsansprüche auf Leistungen** erworben haben können. Dann wird es nach arbeitsvertraglichen Grundsätzen kaum möglich sein, dass der AG die Sozialeinrichtung ersatzlos schließt.[1150] Ist die Errichtung in einer BV vereinbart, so ist selbstverständlich deren Laufzeit einzuhalten. **268**

Mitbestimmungsfrei ist nach Ansicht des *BAG* auch die sog. **Dotierung** der Sozialeinrichtung, so dass der AG allein darüber entscheiden kann, welche finanziellen Mittel er der Einrichtung zur Verfügung stellen will.[1151] Führt der AG eine **Kürzung der Mittel** durch, besteht bei der Neuverteilung ein Mitbestimmungsrecht.[1152] Darüber hinaus können sich Schranken für die Freiheit der Dotierung insbesondere aus **§ 75 Abs. 1** ergeben. Erhalten z. B. lediglich Männer eine Betriebsrente, Frauen dagegen nicht, so ist der Gleichbehandlungsgrundsatz verletzt. Dessen Einhaltung, d. h. die Erweiterung des anspruchsberechtigten Personenkreises auf Frauen, unterliegt der erzwingbaren Mitbestimmung bei der Ausgestaltung der Sozialeinrichtung.[1153] Die Ausweitung des Personenkreises führt zu einer entsprechenden Ausweitung der **269**

1144 *BAG* 10.2.09, NZA 09, 562 (563); vgl. auch GK-*Wiese,* Rn. 758 f.; Richardi-*Richardi,* Rn. 669 f.; *Däubler,* Das Arbeitsrecht 1, Rn. 991 b; WPK-*Bender,* Rn. 176; a. A. *Fitting,* Rn. 368: Vorrang des Mitbestimmungsrechts im Stammbetrieb.

1145 Vgl. BT-Drucks. VI/1786, S. 49.

1146 Vgl. z. B. *BAG* 15.9.87, AP Nr. 9 zu § 87 BetrVG 1972 Sozialeinrichtung; 26.4.88, AP Nr. 16 zu § 87 BetrVG 1972 Altersversorgung; GK-*Wiese,* Rn. 705; Richardi-*Richardi,* Rn. 626.

1147 Vgl. *BAG,* a. a. O.; 10.2.09, NZA 09, 562 (565); Richardi-*Richardi,* Rn. 629; GK-*Wiese,* Rn. 708 f.; *Schnitker/Sittard,* NZA 11, 331; *Schoden,* Teil 1, Rn. 157 u. a.

1148 *BAG* 26.4.88, a. a. O.

1149 *BAG* 13.3.73, AP Nr. 1 zu § 87 BetrVG 1972 Werkmietwohnungen; 15.9.87, a. a. O.; 26.4.88, a. a. O.; 9.12.08 – 3 AZR 384/07; *Fitting,* Rn. 354 m. w. N.; MünchArbR-*Matthes,* § 249 Rn. 18.

1150 Vgl. zur **Kündigung einer BV** über betriebliche Altersversorgung und ihren Auswirkungen *BAG* 11.5.99, AuR 00, 386 ff. mit krit. Anm. *Herbst/Matthes;* 17.8.99, DB 00, 774 ff.: Keine Nachwirkung, falls kein Raum für eine Neuverteilung bleibt, aber Weitergeltung der wirksam gekündigten BV (Beschränkung der Kündigungswirkungen) als solcher für nicht antastbare Besitzstände der AN; *Fitting,* Rn. 354; Richardi-*Richardi,* Rn. 672 f.; *Schoden,* Teil 1, Rn. 157.

1151 *BAG* 12.6.75, 13.7.78, 26.4.88 AP Nrn. 1 – 3, 5, 16 zu § 87 BetrVG 1972 Altersversorgung; 11.12.01, DB 03, 293 (294); GK-*Wiese,* Rn. 710 m. w. N.

1152 *BAG* 26.4.88, a. a. O., m. w. N.; 10.3.92, DB 92, 1885 (1886); 11.12.01, a. a. O.; zur Zulässigkeit ablösender BV vgl. § 77 Rn. 12 und *Heither,* BB 92, 145 ff.

1153 **Str.;** wie hier *Birk,* AuR 84, 28 (31 m. w. N.).

zur Verfügung zu stellenden Mittel. Der Umstand, dass der AG die Sozialeinrichtung freiwillig errichtet hat, steht dem erzwingbaren Mitbestimmungsrecht nicht entgegen, da er die entsprechenden Zahlungen trotz Freiwilligkeit auch dann zu erbringen hätte, wenn alle ungleich behandelten, schlechter gestellten Frauen im Urteilsverfahren auf Gleichbehandlung geklagt und obsiegt hätten.[1154]

bb) Form

270 Das Mitbestimmungsrecht bezieht sich auf die Festlegung, in welcher **Form** die Sozialeinrichtung errichtet werden soll. Hiermit ist die **juristische Gestaltung** gemeint, also beispielsweise, ob sie als selbstständige juristische Person, z. B. als GmbH oder eingetragener Verein[1155] oder rechtlich unselbstständig als Einrichtung des Betriebs oder UN geführt werden soll. Soll die einmal gewählte Rechtsform geändert werden, unterliegt auch dies der Mitbestimmung.[1156]

cc) Ausgestaltung

271 Mitbestimmungspflichtig ist die **Ausgestaltung** der Sozialeinrichtung. Dabei handelt es sich um Maßnahmen, die nach ihrer Bedeutung und ihrer zeitlichen Reihenfolge nach der grundsätzlichen Entscheidung über die Errichtung zwischen der Bestimmung der Form und der laufenden Verwaltung der Sozialeinrichtung liegen.[1157] Zur Ausgestaltung gehört also die nähere Konkretisierung der bei der Errichtung festgelegten Zweckbestimmung der Sozialeinrichtung. Damit wird die Erstellung einer **Satzung,** die Bildung von **Verwaltungsgremien,** die Aufstellung einer **Geschäftsordnung,** vor allem aber auch eine **Nutzungsordnung** und ein **Leistungsplan** mit den entsprechenden Voraussetzungen (z. B. Aufnahmealter, Wartezeit, Verteilung der Mittel, ggf. auch nach Kürzung, Regelung vertraglicher Nebenpflichten, wie z. B. Mitteilungs- und Benachrichtigungspflichten der AN) und deren Änderung erfasst.[1158] So gehört zur Ausgestaltung der Sozialeinrichtung bei einer **Kantine** u. a., welche Waren dort angeboten werden, zu welchen Zeiten die Kantine geöffnet ist, durch wen und wie sie benutzt werden darf,[1159] wie die erwirtschafteten bzw. zur Verfügung gestellten Mittel verwendet[1160] und wie die Preise im Rahmen der vom AG zur Verfügung gestellten Mittel festgesetzt werden.[1161] Hierzu ist auch die **Umgestaltung** der Sozialeinrichtung zu rechnen. Die frühere Auffassung des *BAG,*[1162] nach der die Umstellung der betrieblichen Verkaufsstellen auf Automatenbetrieb nicht der Mitbestimmung des BR unterliegen sollte, ist als überholt anzusehen.[1163]

1154 *Birk,* a. a. O.; *Däubler,* Das Arbeitsrecht 1, Rn. 991 a.
1155 Zu zulässigen Rechtsformen vgl. *Estelmann,* S. 112 ff.
1156 *ArbG Köln* 25.3.98, AiB 99, 346 mit Anm. *Vormbaum-Heinemann; Fitting,* Rn. 360; GK-*Wiese,* Rn. 722; HWGNRH-*Worzalla,* Rn. 470; *Schnitker/Sittard,* NZA 11, 331; zu **Kantinen** *Bösche/Grimberg,* AiB 95, 395 (397).
1157 So *BAG* 13.3.73, AP Nr. 1 zu § 87 BetrVG 1972 Werkmietwohnungen; GK-*Wiese,* Rn. 726; Richardi-*Richardi,* Rn. 637.
1158 Vgl. *BAG* 13.7.78, AP Nr. 5 zu § 87 BetrVG 1972 Altersversorgung; 26.4.88, AP Nr. 16 zu § 87 BetrVG 1972 Altersversorgung m. w. N.; 18.11.08, DB 09, 1079 (1080); *Fitting,* Rn. 361; GK-*Wiese,* Rn. 727 ff.
1159 Vgl. *BAG* 15.9.87, AP Nr. 9 zu § 87 BetrVG 1972 Sozialeinrichtung; 11.7.00, ZIP 01, 262 (263), insoweit nicht in BB 01, 471 abgedruckt: Dabei können allerdings AN, die das Essen nicht in Anspruch nehmen, nicht zur Kostentragung verpflichtet werden (vgl. auch Rn. 67); 10.2.09, NZA 09, 562 (563).
1160 *ArbG Köln* 25.3.98, AiB 99, 346 mit Anm. *Vormbaum-Heinemann.*
1161 *Fitting,* Rn. 364; Richardi-*Richardi,* Rn. 640.
1162 26.10.65, AP Nr. 8 zu § 56 BetrVG Wohlfahrtseinrichtungen.
1163 Vgl. *Fitting,* Rn. 361; GK-*Wiese,* Rn. 731; Richardi-*Richardi,* Rn. 635 (Form als Mitbestimmungsgrund).

dd) Verwaltung

Mit **Verwaltung** der Sozialeinrichtung ist nicht nur die Aufstellung von allgemeinen **Verwaltungsrichtlinien,** die gesamte innerbetriebliche Organisation bis hin zur **Geschäftsführung** 272
gemeint,[1164] sondern auch die Entscheidung bei der einzelnen **Verwaltungsmaßnahme.**[1165] Oft wird die **Preisfestsetzung** der Sozialeinrichtung im Rahmen der AG-Zuschüsse dazu gerechnet.[1166] Bei Pensions- und Unterstützungskassen gehört z. B. die **Vermögensanlage** zur Verwaltung.[1167] Die **Grenze zwischen Ausgestaltung und Verwaltung** ist **oft fließend.** Regelungen über Öffnungszeiten und Preise wie auch den Abschluss, den Inhalt und die Kündigung von Pachtverträgen über Sozialeinrichtungen werden ebenso wie die Grundfrage, ob die Einrichtung »in eigener Regie« oder durch Dritte geführt werden soll, teilweise der Verwaltung,[1168] teilweise der Ausgestaltung[1169] zugerechnet. Letztlich ist die Zuordnung ohne Bedeutung, da in jedem Falle ein Mitbestimmungsrecht besteht.

Wie die Mitbestimmung bei der Verwaltung letztlich geregelt wird, obliegt allein dem BR und 273
dem AG. Es muss nur sichergestellt sein, dass der **gleichberechtigte Einfluss des BR** stets gewährleistet ist.[1170] Das kann – bei juristisch unselbstständigen Einrichtungen – beispielsweise durch die Bildung eines **gemeinsamen Ausschusses nach § 28 Abs. 2** oder durch die Bildung einer **paritätisch zusammengesetzten Kommission** geschehen.[1171] Entsteht eine Pattsituation, fällt die Entscheidung an BR und AG zurück. Ggf. muss die ESt. entscheiden.

d) Ausübung der Mitbestimmung

Wird die Sozialeinrichtung als **juristisch selbstständige Einrichtung** – z. B. in der Form eines 274
eingetragenen Vereins – betrieben, kann das Mitbestimmungsrecht entweder im Wege der sog. **organschaftlichen Lösung** oder der **zweistufigen Lösung** verwirklicht werden.[1172]

Haben BR und AG nichts anderes vereinbart, ist nach der **zweistufigen Lösung** zu verfahren. 275
Dabei müssen die mitbestimmungsrechtlichen Fragen zwischen BR und AG zunächst so beraten und ausgehandelt werden, als ob die Sozialeinrichtung nicht selbstständig wäre. Anschließend ist es Aufgabe des AG, dafür zu sorgen, dass die mit dem BR getroffenen Regelungen von der Sozialeinrichtung auch tatsächlich befolgt werden. Dazu hat der AG seine rechtlichen und tatsächlichen Möglichkeiten einzusetzen, z. B. durch Einflussnahme oder in der Form von **Weisungen** an die von ihm ernannten oder in die Vereinsorgane entsandten Vertreter.[1173]

Bei der **organschaftlichen Lösung** entsendet der BR in die satzungsgemäßen Organe der 276
rechtlich selbstständigen Einrichtung **paritätisch** Vertreter. Er bestimmt also in den entscheidenden Gremien paritätisch mit. Einigen sich BR und AG hierauf, müssen sie sich das Handeln der von ihnen entsandten Vertreter zurechnen lassen. Mitbestimmungspflichtige Fragen sind dann nur noch innerhalb der **Entscheidungsgremien der Sozialeinrichtung** zu erörtern und zu entscheiden.[1174]

1164 *GL,* Rn. 185.

1165 *Fitting,* Rn. 366; GK-*Wiese,* Rn. 734; Richardi-*Richardi,* Rn. 643 m. w. N. zur früheren Rspr. des *BAG* zu § 56 Abs. 1 e BetrVG 1952; a. A. HWGNRH-*Worzalla,* Rn. 477.

1166 Vgl. z. B. *Fitting* bei Verpachtung durch den AG (Rn. 367), ansonsten »Ausgestaltung« (Rn. 364); GK-*Wiese,* Rn. 711 m. w. N.

1167 Vgl. *Fitting,* Rn. 366; *Schaub,* AuR 92, 193 (196 f.).

1168 *Fitting,* Rn. 367.

1169 So z. B. *ArbG Köln* 25.3.98, AiB 99, 346 mit Anm. *Vormbaum-Heinemann.*

1170 GK-*Wiese,* Rn. 742.

1171 Vgl. z. B. *BAG* 13.3.73, AP Nr. 1 zu § 87 BetrVG 1972 Werkmietwohnungen; *Fitting,* Rn. 370; GK-*Wiese,* Rn. 743.

1172 *BAG* 8.12.81, AP Nr. 1 zu § 1 BetrAVG Unterstützungskassen; 10.3.92, DB 92, 1885 (1887); 11.12.01, DB 03, 293; *Fitting,* Rn. 371 ff.; GK-*Wiese,* Rn. 747 ff.

1173 *BAG* 13.7.78, AP Nr. 5 zu § 87 BetrVG 1972 Altersversorgung; 10.9.02, DB 03, 1525; *GL,* Rn. 197; *Fitting,* Rn. 371; *Schoden,* Teil 1, Rn. 155.

1174 *BAG* 13.7.78, AP Nr. 5 zu § 87 BetrVG 1972 Altersversorgung; 8.12.81, AP Nr. 1 zu § 1 BetrAVG Unterstützungskassen; Richardi-*Richardi,* Rn. 658; vgl. aber auch die gewichtige Kritik von *Estel-*

277 Zulässig ist es auch, die Verwaltung der Sozialeinrichtung in vollem Umfang oder teilweise **dem BR** zu übertragen.[1175] Hierauf besteht kein Rechtsanspruch, so dass die Übertragung lediglich durch eine freiwillige BV nach § 88 möglich ist.[1176] Der BR kann allerdings schon mangels Rechtsfähigkeit nicht **Träger der Einrichtung** sein.[1177]

278 Andererseits ist es unzulässig, dem AG allein die **Verwaltung** der Sozialeinrichtung zu übertragen, da der BR nicht auf das Mitbestimmungsrecht verzichten kann.[1178]

279 Wird die Sozialeinrichtung **verpachtet,** muss der gleichberechtigte Einfluss des BR und des AG gegenüber dem Pächter gewahrt sein.[1179]

280 Maßnahmen, die unter **Verstoß gegen das Mitbestimmungsrecht** zustande kommen, sind **individualrechtlich unwirksam.** Dies gilt auch, wenn die Sozialeinrichtung rechtlich selbstständig ist.[1180] Widerruft der AG z. B. eine Zusage für Altersversorgung, so muss er, wie das *BAG* zu Recht ausgeführt hat, auch dafür einstehen, dass Änderungen mit der im BetrVG vorgesehenen Beteiligung des BR zustande kommen. Die Übertragung von arbeitsvertraglichen Pflichten auf eine selbstständige Einrichtung kann nicht dazu führen, dass Rechte und Pflichten eingeschränkt werden. Es gelten also auch hier die allgemeinen Grundsätze bei Verletzung von Mitbestimmungsrechten (vgl. Rn. 5). Sind an einer Unterstützungskasse allerdings **mehrere UN beteiligt**, setzen Ansprüche einzelner AN (Ausfallhaftung des AG) wegen Verletzung der Mitbestimmungsrechte voraus, dass die Verletzung bei der Willensbildung in der Gruppenunterstützungskasse für die nachteilige Änderung der Leistungsrichtlinien kausal werden konnte.[1181] **Rechtsgeschäfte mit Dritten,** die die selbstständige Einrichtung abschließt, sind demgegenüber auch bei Verletzung des Mitbestimmungsrechts wirksam.[1182]

e) Einzelfälle

281 Als Sozialeinrichtungen werden z. B. **Bibliotheken, Erholungseinrichtungen,**[1183] **Fortbildungseinrichtungen,**[1184] **Beschäftigungs- und Qualifizierungsgesellschaften** eines AG, die mit den früheren Beschäftigten Arbeitsverhältnisse eingehen, um ihnen den Bezug von Kurzarbeitergeld zu ermöglichen,[1185] **Kantinen/Werksküchen** (Entwurf einer BV bei DKKWF-*Klebe/Heilmann,* § 87 Rn. 43 und 44 [elektronische Kantinenabrechnung]),[1186] **Sportanlagen, Betriebspolikliniken, Firmenkrankenhäuser**[1187] und **Firmenkindergärten** (vgl. DKKWF-*Klebe/Heilmann,* § 87 Rn. 45 Vereinbarungsentwurf)[1188] angesehen. **Unterstützungs-** und

mann, S. 59 ff., der auf den **zwingenden Charakter** der Organisationsvorschriften der §§ 27, 28 hinweist und eine **gesetzeskonforme Lösung** dadurch anstrebt, dass er die BR-Mitglieder im gesellschaftsrechtlichen Organ zugleich als Ausschussmitglieder gemäß § 28 handelnd ansieht (S. 86 ff.); HaKo-BetrVG/*Kohte,* Rn. 100; vgl. auch *Bachmann,* NZA 02, 1130 (1136) mit dem Hinweis auf Lösungen gemäß § 3 Abs. 1 Nr. 5.

1175 *BAG* 24.4.86, AP Nr. 7 zu § 87 BetrVG 1972 Sozialeinrichtung (auch zu Haftungsfragen); *Fitting,* Rn. 375; GK-*Wiese,* Rn. 744.

1176 *Fitting,* Rn. 375; *GL,* Rn. 193.

1177 *BAG* 24.4.86, a. a. O.

1178 *BAG* 14.2.67, AP Nr. 9 zu § 56 BetrVG Wohlfahrtseinrichtungen; vgl. auch *Fitting,* Rn. 375; *Halberstadt,* Rn. 101.

1179 ErfK-*Kania,* Rn. 79; Richardi-*Richardi,* Rn. 663.

1180 Vgl. *BAG* 26.4.88, AP Nr. 16 zu § 87 BetrVG 1972 Altersversorgung unter Änderung der früheren Rspr. vom 13.7.78, AP Nr. 5 zu § 87 BetrVG 1972 Altersversorgung mit ablehnender Anm. von *Hanau;* vgl. auch *BAG* 9.5.89, AP Nr. 18 zu § 87 BetrVG 1972 Altersversorgung; 10.3.92, DB 92, 1885 (1887); *Fitting,* Rn. 377; *GL,* Rn. 192; a. A. Richardi-*Richardi,* Rn. 684.

1181 *BAG* 9.5.89, a. a. O.; vgl. auch *Fitting,* Rn. 377; GK-*Wiese,* Rn. 750, 857.

1182 *Fitting,* Rn. 378; Richardi-*Richardi,* Rn. 683.

1183 *BAG* 3.6.75, AP Nr. 3 zu § 87 BetrVG 1972 Werkmietwohnungen.

1184 Richardi-*Richardi,* Rn. 619.

1185 *BAG* 23.8.01, NZA 02, 230 (231); ErfK-*Kania,* Rn. 71.

1186 *BAG* 26.10.65, AP Nr. 8 zu § 56 BetrVG Wohlfahrtseinrichtungen; 15.9.87, AP Nr. 9 zu § 87 BetrVG 1972 Sozialeinrichtungen; 11.7.00, BB 01, 471; *Herbst/Scholl,* AiB 90, 119 ff.; *Bösche/Grimberg,* AiB 95, 395 ff; *Martini,* AiB 13, 29 (30 ff.).

1187 GK-*Wiese,* Rn. 692; Richardi-*Richardi,* Rn. 619; MünchArbR-*Matthes,* § 249 Rn. 7.

1188 *BAG* 22.10.81, AP Nr. 10 zu § 76 BetrVG 1972; 10.2.09, NZA 09, 562 (564).

Pensionskassen sind ebenfalls Sozialeinrichtungen.[1189] Dies gilt auch, wenn sie zur Durchführung des AN-Anspruchs auf **Umwandlung von Entgelt** in Versorgungszusagen dienen (sog. »Riester-Rente«; vgl. auch Rn. 136, 326 f.).[1190] Bei der Ausübung des Mitbestimmungsrechts stehen i. d. R. die Gestaltung des Leistungsplans (im vorgegebenen Rahmen: Rn. 268 f., 325) und Verwaltungsmaßnahmen im Vordergrund. Zur Ausgestaltung des Leistungsplans gehört auch die Einhaltung der Grundsätze des § 75 BetrVG.[1191] **Direktzusagen** an die Beschäftigten, **Gruppenlebens- oder Rückdeckungsversicherungen** unterliegen demgegenüber der Vorschrift nicht, weil es ihnen an der erforderlichen eigenständigen Organisation fehlt.[1192] Bei eigenständiger Organisation kann auch ein **Werkbusverkehr**[1193] als Sozialeinrichtung anzusehen sein. Andernfalls kommt ebenso wie bei einer Altersversorgung, die auf Direktzusagen basiert, ein Mitbestimmungsrecht nach Nr. 10 in Betracht. Bei eigenständiger Organisation können **Werkmietwohnungen** die Voraussetzung der Vorschrift erfüllen,[1194] ansonsten kommt das Mitbestimmungsrecht nach Nr. 9 in Frage. Auch betriebliche Sozialfonds und Hilfskassen für Notfälle,[1195] **Verkaufsautomaten,**[1196] Einrichtungen zum verbilligten Warenbezug **(Verkaufsmagazine)** und **Selbstbedienungsläden,** die in vom AG einem Drittunternehmen zur Verfügung gestellten Räumen betrieben werden, sind als Sozialeinrichtungen anzusehen.[1197] Wird demgegenüber lediglich ein verbilligter Einkauf von Unternehmensprodukten ohne eigenständige Organisation ermöglicht, liegt keine Sozialeinrichtung vor.[1198] **Werkszeitungen** sind nach h. M. keine Sozialeinrichtung. Sie gewährten den AN keine zusätzlichen Vorteile, sondern dienten nur der Unterrichtung der Belegschaft, also betrieblichen Interessen.[1199] Diese Argumentation überzeugt nicht. Werkszeitungen werden unentgeltlich verteilt, obwohl sie Informationen (Service/Unterhaltung; z. B. innerbetrieblicher Gebrauchtwagenmarkt, Mitfahrgelegenheiten) für die Belegschaft enthalten können und dann für sie auch einen materiellen Wert haben. Damit bieten sie für die AN »zusätzliche Vorteile«.[1200]

Keine Sozialeinrichtungen sind **Betriebskrankenkassen,** die auf öffentlich-rechtlicher Grundlage organisiert sind, **Betriebsfeiern, Betriebsausflüge,**[1201] **AG-Darlehen, Outplacement**-Betreuungen, sofern mit ihnen nicht zusätzliche soziale Vorteile gewährt werden und sie institutionalisiert sind (vgl. auch Rn. 328)[1202] oder **Werkdienstwohnungen.**[1203] Der **Verkauf von Werkmietwohnungen,** die eine Sozialeinrichtung darstellen, kann dem Mitbestimmungsrecht unterliegen, wenn lediglich der Rechtsträger wechselt, aber der soziale Zweck und die Trägerschaft durch den AG jedenfalls wirtschaftlich betrachtet)[1204] bestehen bleiben, also keine Schließung vorliegt. **Indizien** hierfür sind z. B., dass der AG sich ein Belegungsrecht 282

1189 Vgl. z. B. *BAG* 18.11.08, DB 09, 1079 (1080); hierzu auch *Reinecke,* AuR 04, 328 ff.; *Furier,* AiB 99, 197 ff., sowie *Schoden,* Teil 1, Rn. 166 ff. zu Fragen des Leistungsplans.

1190 *Schoden,* Teil 2, § 1 a BetrAVG, Rn. 4 ff.

1191 Vgl. *Birk,* AuR 84, 28 (31) und ausführlicher *ders.,* S. 108, 189 ff.

1192 Vgl. z. B. *BAG* 12.6.75, 18.3.76, AP Nrn. 1 – 4 zu § 87 BetrVG 1972 Altersversorgung; 5.6.84, AP Nr. 3 zu § 1 BetrAVG Unterstützungskassen; 26.4.88, AP Nr. 16 zu § 87 BetrVG 1972 Altersversorgung; Richardi-*Richardi,* Rn. 603 ff. m. w. N.

1193 *BAG* 9.7.85, AP Nr. 16 zu § 75 BPersVG; *LAG Schleswig-Holstein* 17.3.83, BB 84, 140; GK-*Wiese,* Rn. 692; *SWS,* Rn. 139.

1194 Vgl. z. B. Richardi-*Richardi,* Rn. 621; GK-*Wiese,* Rn. 693 m. w. N. zur *BAG*-Rspr.

1195 Vgl. hierzu auch den BV-Entwurf von *Bösche/Grimberg,* AiB 92, 397 ff.

1196 *BAG* 26.10.65, AP Nr. 8 zu § 56 BetrVG Wohlfahrtseinrichtungen; HWGNRH-*Worzalla,* Rn. 463; MünchArbR-*Matthes,* § 249 Rn. 7.

1197 *LAG Hamm* 2.3.83 – 12 TaBV 68/82; vgl. auch GK-*Wiese,* Rn. 692; *GL,* Rn. 178; Schaub-*Koch,* § 235 Rn. 81.

1198 *BAG* 18.5.65, AP Nr. 26 zu § 56 BetrVG; *ArbG Hamm* 14.7.82, DB 82, 2632; HWGNRH-*Worzalla,* Rn. 463.

1199 *Fitting,* Rn. 348; GK-*Wiese,* Rn. 694; Richardi-*Richardi,* Rn. 622 m. w. N.

1200 Vgl. auch GK-*Wiese,* Rn. 694; *GL,* Rn. 174 und die dort jeweils aufgeführten »Sonderfälle«; *Simitis/Kreuder,* NZA 92, 1009 (1010); zur Pressefreiheit bei Werkszeitungen *BVerfG,* 8.10.96, BB 97, 205 f.

1201 *BAG* 27.1.98, BB 98, 1419 = AiB 98, 710 f. mit kritischer Anm. *Grimberg;* ErfK-*Kania,* Rn. 72; *Fitting,* Rn. 348; Richardi-*Richardi,* Rn. 623.

1202 Vgl. auch *Kibler,* RdA 96, 366 (372).

1203 Vgl. GK-*Wiese,* Rn. 693; *GL,* Rn. 172 ff.; Richardi-*Richardi,* Rn. 621.

1204 Vgl. auch Richardi-*Richardi,* Rn. 616.

vorbehält oder langjährigen Bestandsschutz für die aktuellen Mieter vereinbart.[1205] Findet der Wechsel statt, bestehen anschließend Mitbestimmungsrechte im gleichen Umfang (unabhängig von der wirtschaftlichen Bewertung) wie dem AG Rechte zustehen (vgl. auch Rn. 264 m. w. N., Rn. 285).[1206]

9. Wohnraum (Nr. 9)

a) Vorbemerkungen

283 Bei der Vorschrift handelt es sich systematisch gegenüber Nr. 8 um einen **Sonderfall**[1207]. Die Vorschrift ist allerdings eigenständig, so dass nicht zusätzlich die Voraussetzungen der Nr. 8 vorliegen müssen. Sie greift also auch ein, falls für die **Werkmietwohnungen** eine kostendeckende, dem allgemeinen Wohnungsmarkt entsprechende Miete erhoben wird und sie daher keine Sozialeinrichtung darstellen.[1208] Mit dem Mitbestimmungsrecht wird der einzelne AN geschützt, der zwar einerseits durch Überlassung der Wohnung privilegiert, andererseits aber doppelt abhängig vom AG ist.[1209]

b) Voraussetzungen des Mitbestimmungsrechts

aa) Wohnraum

284 Der Begriff der Wohnräume umfasst **Räume jeder Art,** soweit sie zum Wohnen geeignet und bestimmt sind. Es kommt also nicht darauf an, ob es sich um eine übliche Wohnung oder um Einzelzimmer handelt, ob die Räume von einzelnen oder von mehreren Personen belegt sind.[1210] Somit kommen auch **Behelfsheime, transportable Baracken, Wohnwagen** oder andere **Schlafstätten** in Betracht.[1211] Bedeutungslos ist auch, ob die Überlassung lang- oder kurzfristig,[1212] ob sie entgeltlich oder kostenlos erfolgt und ob sie dem AG möglicherweise finanzielle Vorteile bringt.[1213] Würde man die unentgeltliche Überlassung vom Geltungsbereich ausnehmen, widerspräche dies dem Schutzzweck.[1214]

285 Die Vorschrift erfasst nicht nur Wohnraum, der im **Eigentum** des AG steht. Tritt dieser nicht lediglich als **Vermittler** auf, sondern hat er ein **Belegungs-** oder **Vorschlagsrecht,** so ist insoweit das Mitbestimmungsrecht zu beachten.[1215] Bei der Gründung eines eigenen, selbstständigen Wohnungsunternehmens muss sich der AG den maßgeblichen Einfluss sichern oder den BR paritätisch in den Organen beteiligen (vgl. Rn. 274 ff.).[1216]

bb) Zusammenhang mit dem Arbeitsverhältnis

286 Voraussetzung für das Mitbestimmungsrecht ist weiter, dass der Wohnraum vom AG oder einem Dritten nur mit **Rücksicht auf das Arbeitsverhältnis** vermietet worden ist **(Werkmietwohnung,** §§ 576 f. BGB; Checkliste bei DKKWF-*Klebe/Heilmann,* § 87 Rn. 47.).[1217] Deshalb scheidet das Mitbestimmungsrecht bei sog. **Werkdienstwohnungen,** also Wohnräumen, die

1205 *Trümner,* BetrR 89, 33 f.
1206 Vgl. *Bachmann,* NZA 02, 1130 (1134 f.).
1207 Das *BAG* 13.3.73, AP Nr. 1 zu § 87 BetrVG 1972 Werkmietwohnungen spricht von einem »Unterfall«.
1208 Vgl. *Fitting,* Rn. 379; GK-*Wiese,* Rn. 762; Richardi-*Richardi,* Rn. 688.
1209 *Däubler,* Das Arbeitsrecht 1, Rn. 992; vgl. auch den Rspr.-Überblick von *Hebing,* AiB 95, 351 ff.
1210 *BAG* 3.6.75, AP Nr. 3 zu § 87 BetrVG 1972 Werkmietwohnungen.
1211 Vgl. z. B. *Fitting,* Rn. 381; GK-*Wiese,* Rn. 772 f.; Richardi-*Richardi,* Rn. 691.
1212 *BAG,* a. a. O.; *GL,* Rn. 205, HWGNRH-*Worzalla,* Rn. 507.
1213 Vgl. z. B. *Fitting,* Rn. 382; *GL,* Rn. 204 m. w. N.; a. A. GK-*Wiese,* Rn. 766.
1214 *GL,* Rn. 204; Richardi-*Richardi,* Rn. 693.
1215 *BAG* 18.7.78, AP Nr. 4 zu § 87 BetrVG 1972 Werkmietwohnungen; *Fitting,* Rn. 383; GK-*Wiese,* Rn. 774; Richardi-*Richardi,* Rn. 694; *Bobke,* S. 215.
1216 *Fitting,* Rn. 383.
1217 Vgl. BT-Drucks. VI/1786, S. 49; GK-*Wiese,* Rn. 765

dem AN im Rahmen seines Arbeitsverhältnisses aus dienstlichen Gründen überlassen werden, aus.[1218] Hierbei wird **kein Mietvertrag** abgeschlossen; die Überlassung ist vielmehr unmittelbarer Bestandteil des Arbeitsverhältnisses und Teil der Vergütung.[1219] Werkdienstwohnungen werden z. B. an Pförtner, Hausmeister oder Kraftfahrer vergeben. Da diese Wohnungen **unmittelbarer Bestandteil des Arbeitsverhältnisses** sind, endet das Benutzungsrecht regelmäßig mit der Beendigung des Arbeitsverhältnisses.[1220] Eine Kündigung ist i. d. R. isoliert unzulässig. Sie erfolgt durch die Kündigung des Arbeitsverhältnisses. Hat der AN den Wohnraum allerdings ganz oder überwiegend möbliert oder/und führt er mit seiner Familie in dem Wohnraum einen eigenen Hausstand, bedarf es auch bei Werkdienstwohnungen einer besonderen dem Mieterschutz (**§ 576 b BGB**) und der Mitbestimmung unterliegenden Kündigung.[1221] In jedem Fall kommt das Mitbestimmungsrecht nach Nr. 10 in Betracht.[1222] Auch bei Werkdienstwohnungen ist jeweils sorgfältig zu untersuchen, ob es sich um eine richtige Bezeichnung handelt, ob also der Bezug der Wohnung im Interesse des Betriebs erfolgen muss. Ansonsten liegt eine **Umgehung des Mitbestimmungsrechts** vor.[1223]

c) Inhalt des Mitbestimmungsrechts

aa) Beschaffung von Wohnraum, Dotierung, Zweckbestimmung

Ob der AG überhaupt **Wohnräume zur Verfügung** stellt, unterliegt ebenso wenig dem Mitbestimmungsrecht wie die spätere (Teil-)**Entwidmung.**[1224] Diese kann allerdings willkürlich oder missbräuchlich und daher unwirksam sein.[1225] Auch hinsichtlich der finanziellen Mittel, die er zur Verfügung stellt (**Dotierungsrahmen**), ist der AG frei.[1226] Dies soll nach allerdings abzulehnender Auffassung zudem für die abstrakte Festlegung des **begünstigten Personenkreises** gelten.[1227] Da jede **einzelne** Zuweisung und Kündigung von Werkmietwohnungen mitbestimmungspflichtig ist, muss dies erst recht für entsprechende **allgemeine** Richtlinien gelten. Hierum handelt es sich jedoch, falls die Wohnungen auf bestimmte Personenkreise beschränkt werden oder z. B. eine vorrangige Berechtigung einzelner Gruppen vorgesehen wird.[1228] Für das Mitbestimmungsrecht lassen sich im Übrigen in diesem Fall historische Gründe anführen.[1229] Jedenfalls bildet auch hier § 75 Abs. 1 eine Einschränkung, die im Ergebnis häufig dazu führt, dass eine Differenzierung nach Beschäftigtengruppen als unzulässig anzusehen ist. 287

1218 Vgl. z. B. *BAG* 28.7.92, NZA 93, 272 (273); GK-*Wiese*, Rn. 767; *GL*, Rn. 202.

1219 *BAG* 3.6.75, AP Nr. 3 zu § 87 BetrVG 1972 Werkmietwohnungen; 23.8.89, DB 90, 740; 24.1.90, DB 91, 1839.

1220 *Fitting*, Rn. 385.

1221 Vgl. auch *Fitting*, Rn. 385.

1222 GK-*Wiese*, Rn. 822.

1223 *Fitting*, Rn. 385; HWGNRH-*Worzalla*, Rn. 508; *Däubler/Schiek*, Anm. zu AP Nrn. 7 und 8 zu § 87 BetrVG 1972 Werkmietwohnungen, Bl. 1238 R.

1224 *BAG* 13.3.73, AP Nr. 1 zu § 87 BetrVG 1972 Werkmietwohnungen; 23.3.93, NZA 93, 766 (767); GK-*Wiese*, Rn. 776, 778; Richardi-*Richardi*, Rn. 698 ff.; vgl. zum Verkauf von Werkswohnungen *Trümner*, BetrR 89, 33; *Kohte*, BetrR 93, 81 (84 f.).

1225 *BAG* 23.3.93, NZA 93, 766 (768); *Däubler/Schiek*, Anm. zu AP Nrn. 7 und 8 zu § 87 BetrVG 1972 Werkmietwohnungen, Bl. 1241 R f., auch zum individuellen Vertrauensschutz der AN.

1226 GK-*Wiese*, Rn. 776, Richardi-*Richardi*, Rn. 699 f.

1227 So ErfK-*Kania*, Rn. 86; *Fitting*, Rn. 389; GK-*Wiese*, Rn. 777; MünchArbR-*Matthes*, § 250 Rn. 9; Richardi-*Richardi*, Rn. 703; **a. A. zu Recht** *GL*, Rn. 210 und *Kohte*, BetrR 93, 81 (82 f.) mit Hinweis auf *BAG* 14.2.67, AP Nr. 9 zu § 56 BetrVG Wohlfahrtseinrichtungen; offen gelassen vom *BAG* 23.3.93, a. a. O.

1228 *Däubler/Schiek*, a. a. O., Bl. 1242 f.

1229 *Kothe*, a. a. O.

bb) Zuweisung und Kündigung

288 Dem Mitbestimmungsrecht unterliegt die **Zuweisung** von Wohnräumen (Vereinbarungsentwurf bei DKKWF-*Klebe/Heilmann,* § 87 Rn. 48). Hierunter ist die Benennung des Begünstigten in jedem **Einzelfall** zu verstehen.[1230]

289 **Leitende Angestellte** gehören zwar nicht zu den vom BR vertretenen AN; das Mitbestimmungsrecht bei der Zuweisung von Wohnräumen greift jedoch dennoch ein, wenn aus einem **einheitlichen Bestand von Werkmietwohnungen,** die im Übrigen allen AN offen stehen, einem leitenden Angestellten eine Wohnung zugewiesen werden soll.[1231] Das Mitbestimmungsrecht besteht auch ansonsten, wenn Wohnungen **auch** an dritte Personen, die nicht vom BR repräsentiert werden, vergeben werden. Es macht keinen Unterschied, ob zwischen dem Dritten und dem AG ein Vertragsverhältnis (wie beim leitenden Angestellten) besteht oder nicht.[1232]

290 Hat der AG den BR nicht beteiligt und dennoch einem AN Wohnräume zugewiesen bzw. mit ihm einen Mietvertrag abgeschlossen, sind diese Maßnahmen **unwirksam.**[1233] Andernfalls würde das Mitbestimmungsrecht ausgehöhlt werden. Eine vorläufige Zuweisung kommt nicht in Betracht (vgl. Rn. 28 f.). Bei Missachtung des Mitbestimmungsrechts kann der BR vom AG verlangen, dass dieser alles unternimmt, damit der vermietete Wohnraum **wieder geräumt** wird. Dem betroffenen AN, der die bereits bezogene Wohnung wieder räumen muss, weil der AG das Mitbestimmungsrecht missachtet hat, steht die Möglichkeit offen, gegen den AG **Schadensersatzansprüche** geltend zu machen.

291 So wie bei der Zuweisung besteht das Mitbestimmungsrecht auch bei der **Kündigung** von Wohnräumen. Handelt es sich um einen einheitlichen Bestand ohne feste Zuordnung, erstreckt sich das Mitbestimmungsrecht nicht nur auf die Kündigung von Wohnungen der AN (§ 5 Abs. 1), sondern ebenfalls auf alle (vgl. Rn. 289).[1234] Es ist gleichgültig, ob es sich um eine ordentliche (fristgemäße) oder um eine außerordentliche (fristlose) Kündigung handelt.[1235] Bei Aufhebungsverträgen greift die Vorschrift nicht ein.[1236] Das Mitbestimmungsrecht, das primär objekt- und nicht personenbezogen ist, bleibt auch dann bestehen, wenn das **Arbeitsverhältnis bereits beendet** worden ist.[1237] Das Gleiche gilt nach einer **Entwidmung** der Wohnung.[1238] Eine **ordentliche Kündigung** des Mietverhältnisses wird i. d. R. nur möglich sein, wenn auch das Arbeitsverhältnis beendet wird. Eine automatische Koppelung scheidet aber wegen § 576 BGB aus. Eine **außerordentliche Kündigung** ist auch während des Arbeitsverhältnisses aus den gesetzlichen Gründen möglich und unterliegt der Mitbestimmung.[1239]

292 Stimmen BR und AG überein, dass das Mietverhältnis gekündigt werden soll, kann der AG die Kündigung aussprechen. Ist nicht der AG Vermieter, sondern ein Dritter, ist dieser zur Kündigung verpflichtet, wenn die entsprechende Einwirkungsmöglichkeit des AG besteht. Eine ohne Beachtung des Mitbestimmungsrechts ausgesprochene Kündigung ist **unwirksam.**[1240]

1230 Vgl. GK-*Wiese,* Rn. 779; Richardi-*Richardi,* Rn. 701 f.

1231 *BAG* 30.4.74, AP Nr. 2 zu § 87 BetrVG 1972 Werkmietwohnungen; 23.3.93, NZA 93, 766 (767); HWGNRH-*Worzalla,* Rn. 510.

1232 *BAG* 28.7.92, NZA 93, 272 (274); 23.3.93, a. a. O.; *Fitting,* Rn. 392.

1233 *Fitting,* Rn. 393; *GL,* Rn. 209 a; *WW,* Rn. 66; *Däubler,* Das Arbeitsrecht 1 Rn. 992 b; a. A. ErfK-*Kania,* Rn. 89; GK-*Wiese,* Rn. 781; Richardi-*Richardi,* Rn. 724; WPK-*Bender,* Rn. 186, jeweils m. w. N.; *Junker,* FS Kreutz, S. 171 (174).

1234 *BAG* 28.7.92, NZA 93, 272 (274).

1235 *Fitting,* Rn. 395.

1236 *GL,* Rn. 209 c; HWGNRH-*Worzalla,* Rn. 515; *Junker,* FS Kreutz, S. 171 (174).

1237 *BAG* 28.7.92, NZA 93, 272 (274); *Kohte,* BetrR 93, 81 (83 f.); *Fitting,* Rn. 397; MünchArbR-*Matthes,* § 250 Rn. 21; *Däubler,* Das Arbeitsrecht 1, Rn. 992 b; ein Mitbestimmungsrecht bejahen nur, solange die Beendigung des Arbeitsverhältnisses nicht feststeht, also beispielsweise während eines Kündigungsschutzprozesses: *OLG Frankfurt* 14.8.92, DB 92, 2146, Ls.; HWGNRH-*Worzalla,* Rn. 513; Richardi-*Richardi,* Rn. 705.

1238 GK-*Wiese,* Rn. 778; *Däubler/Schiek,* Anm. zu AP Nrn. 7 und 8 zu § 87 BetrVG Werkmietwohnungen, Bl. 1242 R.

1239 *Fitting,* Rn. 395.

1240 Vgl. z. B. GK-*Wiese,* Rn. 787; *GL,* Rn. 209 a; Richardi-*Richardi,* Rn. 725.

Hat der BR der Kündigung zugestimmt oder liegt eine die Zustimmung des BR ersetzende Entscheidung der ESt. vor, so bleibt es dem von der Kündigung betroffenen AN dennoch unbenommen, die Unwirksamkeit der Kündigung nach den **mieterschutzrechtlichen Bestimmungen**[1241] in einem **Verfahren vor dem zuständigen AG** geltend zu machen (vgl. auch Rn. 294).[1242] Der BR hat selbstverständlich wie auch der AG die Möglichkeit, eine etwaige Entscheidung der ESt. im arbeitsgerichtlichen Beschlussverfahren überprüfen zu lassen.

cc) Festlegung der Nutzungsbedingungen

Das Mitbestimmungsrecht erstreckt sich schließlich auch auf die allgemeine **Festlegung der Nutzungsbedingungen.** Dieser Begriff ist nach der Rspr. des *BAG* »ganz allgemein zu verstehen«.[1243] Hierzu zählen u. a. der **Mietvertrag,** die **Hausordnung,** Regelungen über die Durchführung von **Schönheitsreparaturen** und gegebenenfalls auch die Reihenfolge der **Treppenhausreinigung.** Von entscheidender Bedeutung für die AN ist aber, dass zu den Nutzungsbedingungen auch die Festlegung des **Mietzinses,** unabhängig von einer etwaigen Pflicht zur Versteuerung, gehört.[1244] Die Mitbestimmung bewegt sich hierbei jedoch nur im Rahmen der vom AG eingeräumten finanziellen Grundausstattung (Dotierung), da der AG nicht gezwungen werden kann, diese zu erhöhen. Insofern kann der BR z. B. darüber mitbestimmen, »welcher Quadratmeterpreis im Regelfall für eine Wohnung bestimmter Lage und Ausstattung, u. U. unter Berücksichtigung sozialer Gesichtspunkte, bezahlt werden soll«.[1245] Gleiches gilt auch für die Festlegung und Staffelung der **Übernachtungsgebühren** für AN mit und ohne Auslösung in einem möblierten betrieblichen Wohnheim mit Zweibettzimmern und Nebenräumen.[1246] 293

Auch die **Erhöhung der Grundmieten** und die Umlage von Betriebs- und Nebenkosten auf die Mieter kann nur unter Beachtung der Mitbestimmung erfolgen. Dabei sind selbstverständlich die zum Schutze der Mieter erlassenen sonstigen Gesetze zu beachten. Dagegen gehört die **Lieferung von Heizgas** jedenfalls dann nicht zu den Nutzungsbedingungen, wenn der AG nur die Wohnräume einschließlich einer Heizgelegenheit zur Verfügung stellt.[1247] Für **Streitigkeiten,** z. B. über die Miethöhe, ist bei Werkmietwohnungen das AG zuständig,[1248] bei Werkdienstwohnungen das ArbG.[1249] Das Mitbestimmungsrecht bei der Festlegung der Nutzungsbedingungen besteht nur, soweit die Wohnungen an AN des Betriebs einschließlich der dort zu ihrer Berufsausbildung Beschäftigten (z. B. auch in die Betriebsorganisation eingegliederte Auszubildende anderer Betriebe) vermietet werden.[1250] 294

Tritt der BR auf Grund seiner vielfältigen Aufgaben im Bereich dieses Mitbestimmungsrechts einem **Mieterbund** bei, ist der AG nach Auffassung des *BAG* nicht verpflichtet, die daraus entstehenden Kosten zu tragen Der BR soll vielmehr verpflichtet sein, sich kostenlosen Rat zu holen bzw. u. U. nach § 80 Abs. 3 einen Sachverständigen einzuschalten.[1251] 295

10. Betriebliche Lohngestaltung (Nr. 10)

a) Vorbemerkungen

Mit der Vorschrift wollte der Gesetzgeber das Mitbestimmungsrecht des BR »über das geltende 296

1241 Vgl. hierzu *Fitting,* Rn. 395 f.; GK-*Wiese,* Rn. 786; *Däubler/Schiek,* Anm. zu AP Nrn. 7 und 8 zu § 87 BetrVG 1972 Werkmietwohnungen, Bl. 1236 ff.; *Kohte,* BetrR 93, 81 (83); *Hebing,* AiB 95, 351 ff.
1242 *BAG* 24.1.90, DB 91, 1839; 2.11.99, DB 00, 628.
1243 *BAG* 13.3.73, AP Nr. 1 zu § 87 BetrVG 1972 Werkmietwohnungen.
1244 *BAG* 13.3.73, a. a. O.; 28.7.92, NZA 93, 272 (274); *Fitting,* Rn. 400 m. w. N.
1245 *BAG* 13.3.73 und 28.7.92, a. a. O.
1246 *BAG* 3.6.75, AP Nr. 3 zu § 87 BetrVG 1972 Werkmietwohnungen.
1247 *BAG* 22.10.85, AP Nr. 5 zu § 87 BetrVG 1972 Werkmietwohnungen.
1248 *BAG* 24.1.90, DB 91, 1839; 2.11.99, DB 00, 628.
1249 *BAG* 2.11.99, DB 00, 628.
1250 *BAG* 28.7.92, NZA 93, 272 (275 ff.).
1251 *BAG* 27.9.74, AP Nr. 8 zu § 40 BetrVG 1972.

Recht hinaus auf alle Fragen der betrieblichen Lohngestaltung, soweit es sich um die Festlegung allgemeiner Regelungen in diesem Bereich handelt«, ausweiten. Mit einer Generalklausel sollte ein »**umfassendes Mitbestimmungsrecht**« sichergestellt werden.[1252] Mit Hilfe des Mitbestimmungsrechts sollen die AN, sofern kein **Tarifvertrag** eingreift (vgl. Rn. 36 ff.), vor einseitig am Interesse des UN orientierten oder willkürlichen Lohngestaltungen geschützt werden. Dabei geht es um die Angemessenheit und Durchsichtigkeit des innerbetrieblichen Lohngefüges, also um **innerbetriebliche Lohngerechtigkeit**.[1253]

297 Betriebliche Lohnpolitik ist auf Grund der Entscheidung der UN noch immer Realität. Die UN verringern allerdings zunehmend die übertariflichen Entgeltbestandteile. Dabei lässt sich ein Trend von Zulagen hin zu **erfolgsabhängigen Boni** feststellen.[1254] Durch das **FMStFG** und die hierzu ergangene DurchführungsVO wird die Wirksamkeit von BV zu betrieblichen Vergütungssystemen nicht betroffen. Die Umsetzung etwaiger Auflagen (vgl. § 5 Abs. 2 Nr. 3 der DurchführungsVO) bedarf der vorherigen Kündigung.[1255]

b) Voraussetzungen des Mitbestimmungsrechts

aa) Betriebliche Lohngestaltung

298 Mit der betrieblichen Lohngestaltung ist die **Festlegung kollektiver abstrakter Regelungen** für die Entlohnung gemeint, wie z. B. die Schaffung von Lohn- und Gehaltsgruppen oder auch von Vorschriften über die Gewährung und Anrechnung übertariflicher Zulagen. Es geht um die **Strukturformen des Entgelts** und die **Grundlagen der Lohnfindung,** um die Ausformung des jeweiligen Entlohnungssystems und damit Festlegung derjenigen Elemente, die dieses System im Einzelnen ausgestalten und zu einem in sich geschlossenen machen.[1256] Mit der betrieblichen Lohngestaltung ist nach h. M. nicht unmittelbar die Ermittlung der **Lohnhöhe** gemeint (unten Rn. 311). Nach dem Willen des Gesetzgebers ist die Festsetzung der **Vergütung im Einzelfall** nicht erfasst.[1257] Insoweit greift allerdings bei der jeweiligen Eingruppierung § 99 ein.[1258] Das Mitbestimmungsrecht besteht also nur bei **kollektiven Tatbeständen** (vgl. Rn. 23), beim Aufstellen allgemeiner Entlohnungsgrundsätze, nicht bei der individuellen Lohngestaltung, also bei Regelungen mit Rücksicht auf besondere Umstände des einzelnen AN, bei denen ein innerer Zusammenhang zu ähnlichen Regelungen für andere AN nicht vorhanden ist.[1259] Dabei schließt die Zahlung »aufgrund einzelvertraglicher Zusagen« die Mitbestimmung nicht aus.[1260]

299 Um kollektive Tatbestände handelt es sich z. B. bei **übertariflichen Zulagen** immer, wenn die Verteilungsgrundsätze geändert werden.[1261] Die **Zahl** der betroffenen AN kann ein **Indiz** für

---

1252 BT-Drucks. VI/1786, S. 49; *BAG* 12.6.75, AP Nr. 1 zu § 87 BetrVG 1972 Altersversorgung; Richardi-*Richardi*, Rn. 728.

1253 Vgl. *BAG* 29.3.77, AP Nr. 1 zu § 87 BetrVG 1972 Provision; 17.12.85, AP Nr. 5 zu § 87 BetrVG 1972 Tarifvorrang; 15.4.08, NZA 08, 888 (890); 4.5.11, NZA 11, 1239 (1242); 30.10.12, NZA 13, 522 (523), juris; *Fitting*, Rn. 407; GK-*Wiese*, Rn. 805; HWGNRH-*Worzalla*, Rn. 536; Richardi-*Richardi*, Rn. 730 f.; vgl. auch ausführlich *Dorndorf*, FS Däubler, S. 327 ff.; a. A. *Joost*, ZfA 93, 257 (260 ff.).

1254 Süddeutsche Zeitung v. 29.1.08.

1255 Vgl. *Baeck/Diller*, DB 08, 2423 (2425);*Deeg*, BB 11, 437 (439 f.); vgl. auch §§ 1 Abs. 3, 6 der Versicherungs-Vergütungs-VO, §§ 1 Abs. 3, 14 der Instituts-Vergütungs-VO v. 16.12.13 und hierzu *Zürn/Böhm*, BB 14, 1269 (1273 f.); *Annuß*, NZA-Beilage 4/14, S. 121 ff.; *Löw/Glück*, NZA 15, 137 ff.; zur Regelung i. d. F. v. 6.10.10 *Fitting*, Rn. 435; *Däubler*, AuR 12, 380 (382); *Annuß/Sammet*, BB 11, 115 ff.; *Simon/Koschker*, BB 11, 120 ff.; *Bartel/Bilobrk/Zopf*, BB 11, 1269 ff.

1256 Vgl. z. B. *BAG* 22.1.80, 31.1.84, AP Nrn. 3, 15 zu § 87 BetrVG 1972 Lohngestaltung; 16.7.91, DB 91, 2677; 15.4.08, NZA 08, 888 (890); 17.5.11, NZA-RR 11, 644 (645); GK-*Wiese*, Rn. 813 ff.; Richardi-*Richardi*, Rn. 748.

1257 BT-Drucks. VI/1786, S. 49; *BAG* 20.8.91, DB 92, 687; Richardi-*Richardi*, Rn. 856.

1258 Vgl. *BAG* 27.1.87, AP Nr. 42 zu § 99 BetrVG 1972; *LAG Berlin* 16.2.89, BB 89, 984, Ls.

1259 *BAG (GS)* 3.12.91, DB 92, 1579 (1585); 20.1.98, NZA 98, 1237 (1238); 10.10.06, NZA 07, 99 (102); 18.10.11, NZA 12, 392 (395); vgl. auch *Wank*, FS Wiese, S. 617 ff.

1260 *BAG* 30.1.90, DB 90, 1090; 10.10.06, a. a. O.; *LAG Hamburg* 10.9.92, AiB 93, 662 f. mit Anm. *Mache*.

1261 Vgl. z. B. *BAG*,(GS) 3.12.91, DB 92, 1579 (1585 f.); vgl. auch *Jahna*, S. 257 ff.

einen **kollektiven Bezug** sein.[1262] Ein kollektiver Tatbestand liegt auch vor, wenn die Zulagen für einzelne AN **wegen besonderer Leistungen** gewährt[1263] oder wegen unzureichender Arbeitsleistung,[1264] der Kürze der Betriebszugehörigkeit, der absehbaren Beendigung des Arbeitsverhältnisses, wegen einer zuvor stattgefundenen Gehaltserhöhung, wegen Mutterschutz und Erziehungsurlaub,[1265] wegen der Erhöhung des Tarifgehaltes auf Grund von Alterssprüngen, Höhergruppierungen oder der Steigerung tariflicher Leistungszulagen[1266] oder wegen krankheitsbedingter Fehlzeiten[1267] gekürzt werden sollen, nicht jedoch, falls eine Tariflohnerhöhung gegenüber einem einzelnen AN mit Rücksicht darauf angerechnet wird, dass dieser trotz Umsetzung auf einen niedriger bewerteten Arbeitsplatz seine bisherige Vergütung behalten hat[1268] oder er dies zur **Vermeidung steuerlicher Nachteile** wünscht.[1269] Um einen kollektiven Tatbestand handelt es sich auch, wenn die Anrechnung gegenüber allen AN erfolgt, deren Tätigkeit nicht mehr ihrer durch eine tarifliche Alterssicherung geschützten Eingruppierung entspricht.[1270]

Unter »Lohn« ist schlechthin das Arbeitsentgelt zu verstehen, und zwar im weitesten Sinne **300**
(vgl. auch Rn. 262 ff.). Es fallen darunter **alle Leistungen** des AG **mit Entgeltcharakter,** also alle Geld- oder geldwerten Leistungen/Vorteile, die mit Rücksicht auf das Arbeitsverhältnis gewährt werden.[1271] Hierzu zählen beispielsweise außer- und übertarifliche **Zulagen,** wie Auslandszulagen, die Gewährung von bezahltem **Zusatzurlaub,**[1272] von bezahlten freien Tagen, der **Ausgleich für Nachtarbeit**[1273] sowie auch die Bezahlung von **Erholungspausen** und Betriebsausflügen. Nach jetziger Auffassung des *BAG*[1274] soll allerdings die **Gewährung bezahlter Freizeit** der Vorschrift nicht generell, sondern offenbar nur dann unterliegen, wenn sie, wie z. B. eine Freistellung/Zeitgutschrift für einen Betriebsausflug wegen eines UN-Erfolges, besonderen Vergütungscharakter hat. Dies erscheint zu eng.[1275] Die bezahlte Freistellung von der Arbeit ist in jedem Falle ein geldwerter Vorteil, hat also Entgeltcharakter. Die geleistete Arbeit wird damit höher vergütet.[1276] Das Motiv (Erfolgsprämie, Unterstützung, Firmenbindung usw.) ist demgegenüber ebenso unbeachtlich wie die Tatsache, dass ggf. weitere Vorschriften, wie z. B. Nr. 2, 3 oder 5 bei Arbeitszeitfragen Anwendung finden.[1277] Dies ist je nach Sachverhalt auch ansonsten der Fall.[1278]

Die Vorschrift findet Anwendung auf zusätzliche dreizehnte oder vierzehnte Monatsgehälter, **301**
Prämien für Außendienstmitarbeiter, zinsgünstige **Darlehen,** Leistungsprämien, **Zuschüsse** zu Essensmarken[1279] oder Familienheimfahrten, **Ergebnisbeteiligungen,**[1280] vermögenswirk-

1262 *BAG* 18.10.94, DB 95, 832 (833); 29.2.00, NZA 00, 1066 (1067) = AP Nr. 105 zu § 87 BetrVG 1972 Lohngestaltung mit Anm. *Raab;* 10.10.06, a. a. O.; a. A. *Enderlein,* a. a. O., 313 (372 f.).
1263 *BAG* 29.2.00, a. a. O.
1264 *BAG* 22.9.92, DB 93, 385; 27.10.92, DB 93, 1143 (1144).
1265 Vgl. zu diesen Beispielen *BAG* 27.10.92, DB 93, 1143 (1144 f.).
1266 *BAG* 22.4.97, DB 97, 2081 (2082); 3.6.03, Betrieb und Wirtschaft 04, 260 (261).
1267 *BAG* 22.9.92, DB 93, 382 (383 f.); 27.10.92, DB 93, 1143 (1145).
1268 *BAG* 22.9.92, DB 93, 384 (385); zu Recht krit. *Fitting,* Rn. 486, da es sich auch hierbei um eine generelle Regelung handeln kann.
1269 *BAG* 27.10.92, DB 93, 1143 (1145).
1270 *BAG* 23.3.93, BB 93, 1873 (1874); vgl. auch *Fitting,* Rn. 484; GK-*Wiese,* Rn. 898 f.; kritisch zur *BAG*-Rspr. *Reichold,* RdA 95, 147 ff.
1271 *BAG* 31.5.05, DB 05, 2585 (2586); 29.1.08, NZA-RR 08, 469 (472); 30.10.12, NZA 13, 522 (523), juris.
1272 **A. A.** *BAG* 27.6.85, DB 86, 596 (597); GK-*Wiese,* Rn. 827; HWGNRH-*Worzalla,* Rn. 541; das Urteil des *BAG* dürfte allerdings im Hinblick auf seine im Folgenden genannten neueren Entscheidungen überholt sein, da kein Unterschied zwischen Zusatzurlaub und sonstigen bezahlten Freistellungen besteht.
1273 *BAG* 26.8.97, NZA 98, 441 (444); 26.4.05, NZA 05, 884 (886); zu § 6 Abs. 5 ArbZG vgl. auch *BAG* 5.9.02, NZA 03, 563 ff.; 1.2.06, NZA 06, 494 ff.
1274 27.1.98, BB 98, 1419 (1420); vgl. auch *LAG München* 3.12.98, NZA-RR 99, 525.
1275 Offengelassen v. *BAG* 18.3.14, NZA 14, 984 (986).
1276 So auch *BAG* 27.1.98, a. a. O.; 26.8.97, a. a. O.; *Fitting,* Rn. 414.
1277 So offenbar auch *BAG* 26.8.97, a. a. O.); *Ulber,* AuR 98, 339 (340); **a. A.** *BAG* 27.1.98, a. a. O.; MünchArbR-*Matthes,* § 251 Rn. 13.
1278 Vgl. z. B. *BAG* 26.8.97, a. a. O.: Nr. 10 und Nr. 7.
1279 *BAG* 11.12.07, DB 08, 1215 (1216).
1280 *Fitting,* Rn. 414; GK-*Wiese,* Rn. 923.

same Leistungen, **Investivlohn,**[1281] **Gratifikationen, ermäßigte Elternbeiträge** zu Kindergärten, die Gestaltung der **Privatnutzung von Dienstwagen**[1282] und auch auf **Mietzuschüsse.**[1283] Es kommt nicht darauf an, ob es sich um **Geld-** oder **Sachleistungen** handelt.[1284] Ebenso wenig kommt es darauf an, wie lange die Zahlungen erbracht werden. Auch **Einmalzahlungen** können dem Mitbestimmungsrecht unterliegen.[1285] Wird eine Leistung vom AG **freiwillig** gezahlt, so schließt dies das Mitbestimmungsrecht nicht aus.[1286]

302 Nicht erfasst sind alle Zahlungen, die **keinen Vergütungscharakter** haben, die das AN-Vermögen somit weder vergrößern noch diesem sonst nötige eigene Aufwendungen ersparen[1287], also z. B. **reiner Aufwendungsersatz**[1288] wie die Erstattung von Übernachtungs- und Umzugskosten, Kontoführungsgebühren (vgl. aber Rn. 139) oder eine Autopauschale (vgl. aber auch Rn. 301, 331) für die dienstliche Nutzung von Privat-PKWs.[1289] Auch die **Zuweisung eines eigenen Büros** und eines gesonderten Mitarbeiters haben keinen Entgeltcharakter. Es handelt sich vielmehr um Arbeitsgrundlagen, die möglicherweise eine effektivere Aufgabenerfüllung ermöglichen.[1290] **Spesen** sind nach Auffassung des *BAG*[1291] auch dann als Aufwendungsersatz anzusehen, wenn sie die **Pauschalbeträge** übersteigen, die lohnsteuerfrei bleiben, es sei denn, sie übersteigen von vornherein die Aufwendungen, die der AG für erforderlich halten kann. Dann handelt es sich bei diesen Spesen im Zweifel um Entgelt.[1292] Andererseits soll der steuerpflichtige Teil der **Nahauflösung** Entgelt sein.[1293] Die Anknüpfung an die **steuerrechtliche Behandlung** erscheint im Grundsatz richtig.[1294] Zu versteuernde Spesen/Auslösung sind allerdings in dem Umfang als Aufwendungsersatz anzusehen, in dem der AG belegt, dass die tatsächlichen Aufwendungen des AN höher als der Steuerfreibetrag sind.

bb) Entlohnungsgrundsätze

303 Entlohnungsgrundsätze und Entlohnungsmethoden sind lediglich **Unterfälle** der umfassenden betrieblichen Lohngestaltung, also nur beispielhaft angeführt.[1295]

304 Bei den Entlohnungsgrundsätzen[1296] handelt es sich um **Systeme,** allgemeine Vorgaben, nach denen das **Arbeitsentgelt bemessen** werden soll, und um ihre **Ausformung.**[1297] Dabei spielt es keine Rolle, ob der Geltungsbereich eines bestimmten Systems sich auf den gesamten Betrieb,

1281 *Fitting,* Rn. 413; *Däubler,* Tarifvertragsrecht, Rn. 658 ff. und 667; *Loritz,* FS Kissel, S. 687 ff. (704 f.), der das Mitbestimmungsrecht allerdings mit der Begründung ablehnt, bei Einräumung der Mitarbeiterbeteiligung rücke der AN auf die Anteilseignerseite und dort könne das Mitbestimmungsrecht generell nicht eingreifen. Dies erscheint bereits deshalb nicht überzeugend, weil die AN erst nach der Entscheidung über die Beteiligung und die Verteilungsgrundsätze (auch) Anteilseigner werden, hierbei jedoch das Mitbestimmungsrecht eingreift, sie im Übrigen aber (auch) AN bleiben.

1282 *LAG Hamm* 7.2.14, NZA-RR 14, 425 (426); vgl. auch*BAG* 11.10.00, NZA 01, 445 (447): Private Nutzung ist geldwerter Vorteil und Sachbezug.

1283 Vgl. z. B. *BAG* 12.6.75, AP Nr. 1 zu § 87 BetrVG 1972 Altersversorgung; 13.2.79, AP Nr. 2 zu § 87 BetrVG 1972 Sozialeinrichtungen; 10.6.86, AP Nr. 22 zu § 87 BetrVG 1972 Lohngestaltung; 15.1.87, AP Nr. 21 zu § 75 BPersVG; 30.1.90, DB 90, 1090; GK-*Wiese,* Rn. 828 ff.

1284 *BAG* 31.5.05, DB 05, 2585 (2586); GK-*Wiese,* Rn. 822.

1285 Vgl. z. B. *BAG* 29.2.00, NZA 00, 1066 (1067); 29.1.08, NZA-RR 08, 469 (472).

1286 Vgl. z. B. *BAG* 17.12.85, AP Nr. 5 zu § 87 BetrVG 1972 Tarifvorrang; 9.2.89, AP Nr. 40 zu § 77 BetrVG 1972; 29.1.08, a. a. O.: HWGNRH-*Worzalla,* Rn. 539; Richardi-*Richardi,* Rn. 745.

1287 *BAG* 31.5.05, DB 05, 2585 (2586).

1288 vgl. z. B. *BAG* 17.6.98, DB 98, 2170 (2173) m. w. N.

1289 *BAG* 8.12.81, 10.6.86, AP Nrn. 6, 22 zu § 87 BetrVG 1972 Lohngestaltung; 30.1.90, DB 90, 1090; *Fitting,* Rn. 416; GK-*Wiese,* Rn. 827 m. w. N.

1290 *BAG* 31.5.05, a. O.; ErftK-*Kania,* Rn. 98; WPK-*Bender,* Rn. 204.

1291 27.10.98, NZA 99, 381 (383); *Fitting,* Rn. 416; *SWS,* Rn. 170.

1292 Weiter gehend *HessLAG* 4.9.97, AiB 99, 103 (104 f.): Spesen sind Entgelt, wenn sie die Steuerfreibeträge überschreiten.

1293 Vgl. z. B. *BAG* 17.6.98, DB 98, 2170 (2173 m. w. N.).

1294 So auch HaKo-BetrVG/*Kohte,* Rn. 114.

1295 *BAG* 22.1.80, AP Nr. 3 zu § 87 BetrVG 1972 Lohngestaltung.

1296 Ausführlich *Pornschlegel/Birkwald,* Bd. 1, S. 228 ff.

1297 *BAG* 29.3.77, AP Nr. 1 zu § 87 BetrVG 1972 Provision; 22.1.80, 6.12.88, AP Nrn. 3, 37 zu § 87 BetrVG 1972 Lohngestaltung; 22.6.10, DB 10, 2807.

einzelne Abteilungen oder auf AN-Gruppen erstreckt; das Mitbestimmungsrecht greift stets ein[1298] und umfasst auch die Frage, **welche AN-Gruppen** bzw. Arbeitsplätze **welchem Entlohnungsgrundsatz generell zugeordnet** werden.[1299]Es kommt auch nicht auf die rechtliche Grundlage an. Es ist also unerheblich, ob es sich also um die Anwendung bindender TVe, einer BV, von Einzelverträgen oder einer vom AG einseitig zur Geltung gebrachten Vergütungsordnung handelt.[1300]

Zu den Entlohnungsgrundsätzen gehört u. a. die Entscheidung über die Frage, ob und in **305**
welchem Umfang im Betrieb im **Zeitlohn** (z. B. Stunden-, Schicht-, Wochen- oder Monatslohn) oder im **Leistungslohn** (z. B. Akkord- oder Prämienlohn) gearbeitet werden soll.[1301] Auch Prämien- und andere Systeme einer **erfolgsabhängigen Vergütung** (z. B. Provisionen) sowie **Gewinn-** und **Ergebnisbeteiligungssysteme** zählen zu den Entlohnungsgrundsätzen.[1302]

Der Mitbestimmung im Bereich der Entlohnungsgrundsätze unterliegt nicht nur die Grund- **306**
entscheidung über ein bestimmtes Entgeltsystem, wie z. B. das **Entgeltsystem nach Hay**, das in den Vergütungsgruppen erhebliche Spannbreiten vorsieht und die jährlichen Erhöhungen von Beurteilungen und/oder Zielvereinbarungen abhängig macht, sondern auch die nähere **Ausgestaltung.**[1303] Bei der Ausgestaltung von **Gruppenarbeit** (vgl. auch Rn. 308 und Rn. 384 zu weiteren Regelungspunkten in einer BV) sollte z. B. kein »Kollektivlohn« vereinbart werden, damit der interne Druck auf einzelne Gruppenmitglieder nicht zu groß wird. Vorzuziehen ist ein rollierendes System, in dem jeder Beschäftigte jede Tätigkeit ausübt und das im Ergebnis dazu führt, dass alle Gruppenmitglieder nach der hochwertigsten Tätigkeit bezahlt werden.[1304] Das Mitbestimmungsrecht erfasst auch eine **Änderung der Entlohnungsgrundsätze**[1305] wie z. B. den Wechsel von Akkord- zu Zeitlohn und umgekehrt[1306] oder die Änderung der Bezugsgröße für eine Provision.[1307] Beim Übergang vom Leistungs- zum Zeitlohn hat der BR das Recht, über Regelungen zur **Besitzstandswahrung** mitzubestimmen. Dies gilt jedenfalls innerhalb des vom AG zur Verfügung gestellten Dotierungsrahmens.[1308] Eine Änderung des Entgeltsystems soll nach Auffassung des *BAG*[1309] nicht vorliegen, wenn bei **unveränderter Monatsvergütung** teilweise die **Wochenarbeitszeit erhöht** wird.[1310] Hierdurch verringert sich allerdings das Entgelt pro Zeiteinheit und i. d. R. auch die Relation zwischen und in den Vergütungsgruppen. Dies rechtfertigt eine Anwendung der Vorschrift.[1311] Bei der Ausgestaltung des Entgeltsystems kann zudem ein **Mitbestimmungsrecht gemäß § 94 Abs. 2** in Betracht kommen (vgl. § 94 Rn. 46).

cc) Entlohnungsmethoden

Neben den Entlohnungsgrundsätzen werden als Unterfall der betrieblichen Lohngestaltung **307**
beispielhaft auch **Entlohnungsmethoden** erwähnt[1312]. Nach ständiger Rspr.[1313] wird darunter

1298 Vgl. auch *ArbG Stuttgart* 21.2.95 – 11 BV 192/93.
1299 Vgl. GK-*Wiese*, Rn. 901 f., 904; *Otto*, FS Stahlhacke, S. 395 (408).
1300 *BAG* 22.6.10, DB 10, 2807;; 14.1.14; NZA 14, 922 (923); 18.3.14, NZA 14, 984 (985).
1301 Vgl. *BAG* 20.11.90, BB 91, 835 (836); 24.8.04, NZA 05, 51 (53); 23.6.09, NZA 09, 1159.
1302 Vgl. z. B. *Fitting*, Rn. 414; *GK*, Rn. 919; Richardi-*Richardi*, Rn. 753 f.; vgl. auch Rn. 323, 328.
1303 Vgl. z. B. *BAG* 29.3.77, 28.7.81, AP Nrn. 1, 2 zu § 87 BetrVG 1972 Provision; 18.10.11, NZA 12, 392 (394); *Fitting*, Rn. 425 f.
1304 *Däubler* in Roth/Kohl, S. 327 (334); *Breisig*, S. 88 ff. (mit Eckpunkten für eine BV).
1305 Vgl. z. B. *BAG* 28.2.06, BB 06, 2419 (2420) m. w. N.; 4.5.11, NZA 11, 1239 (1242); 17.5.11, NZA-RR 11, 644 (645); 18.10.11, NZA 12, 392 (394).
1306 Vgl. *BAG* 24.8.01, NZA 05, 51 (53 m. w. N.); 29.1.08, NZA-RR 08, 469 (472); 15.4.08, NZA 08, 888 (890, 891); *LAG Baden-Württemberg* 20.12.91, AiB 93, 406 f.; Richardi-*Richardi*, Rn. 753.
1307 *LAG Düsseldorf* 4.10.95, BB 96, 1008 f.; Ls.
1308 *BAG* 29.1.02, AP Nr. 19 zu § 76 BetrVG 1972 Einigungsstelle; 16.4.02, NZA 03, 224 (225), das offen lässt, ob nach Nrn. 10 und 11 auch die **Höhe der Besitzstandszahlung** mitbestimmt ist.
1309 30.10.01, DB 02, 798 (799).
1310 Zustimmend *Walker/Gaumann*, Anm. AP Nr. 26 zu § 99 BetrVG 1972 Eingruppierung; *LK*, Rn. 227; ablehnend *Grimberg*, AiB 02, 575.
1311 Vgl. auch *BAG* 26.8.97, NZA 98, 441 (444); 27.1.98, BB 98, 1419 (1420); *Thannheiser*, AiB 03, 494 (496), Anm. zu *BAG* 30.10.01, a. a. O.
1312 Ausführlich *Pornschlegel/Birkwald*, Bd. 1, S. 228 ff.
1313 Vgl. z. B. *BAG* 29.3.77, AP Nr. 1 zu § 87 BetrVG 1972 Provision; 6.12.88, AP Nr. 37 zu § 87 BetrVG 1972 Lohngestaltung; 16.7.91, DB 91, 2677 (2678); vgl. auch *Fitting*, Rn. 418 m. w. N.

die Art und Weise der **Durchführung des gewählten Entlohnungssystems** verstanden. Die Grenze zwischen Entlohnungsgrundsätzen und Entlohnungsmethoden ist dabei nicht in jedem Falle eindeutig zu ziehen. Sie kann fließend sein. Dies ist jedoch ohne Bedeutung, da in jedem Falle das Mitbestimmungsrecht gegeben ist.

308 Ist eine Entscheidung darüber herbeigeführt worden, dass z. B. im Akkordlohn gearbeitet wird, muss im Rahmen der Entlohnungsmethode festgelegt werden, ob die Akkordarbeit nach einem arbeitswissenschaftlichen System (**Refa, Bedaux, MTM**)[1314] oder nach einer frei ausgehandelten Methode erbracht werden soll.[1315] Haben sich die Beteiligten für ein arbeitswissenschaftliches System entschieden, besteht dennoch die Möglichkeit, dieses System nach eigenem Ermessen zu modifizieren und dann entsprechend zu verfahren.[1316] Zu den Entlohnungsmethoden zählt weiter, ob im **Gruppen-**[1317] oder **Einzelakkord** oder mit **Gruppen-** oder **Einzelprämie** gearbeitet wird.[1318] Hinsichtlich des Prämienlohns wird erfasst, wie die **Normalleistung/Bezugsgröße** zu definieren ist und wie die Prämienkurve verlaufen soll.[1319] Weitere Beispiele sind die Art und Weise, wie eine Gewinnbeteiligung ermittelt wird[1320] und die Einführung eines sog. **Cafeteria-Systems** für betriebliche Sozialleistungen, bei dem der AN Auswahl und Zusammenstellung bei vom AG vorgegebenem Gesamtvolumen selbst vornehmen kann.[1321]

309 Liegt hinsichtlich der Entlohnungsmethode ein Verfahren nicht fest, hat der BR bei der **Ausgestaltung** mitzubestimmen. Dies ist z. B. der Fall, wenn Regeln für die Verteilung einer Weihnachtsgratifikation aufzustellen sind oder darüber befunden werden muss, nach welchem Verfahren der Anteil des Naturallohns am Gesamtentgelt zu berechnen ist.[1322] Nicht zur Entlohnungsmethode gehört die Art und Weise, wie die Arbeitsentgelte erbracht werden (vgl. insoweit § 87 Abs. 1 Nr. 4), oder die Festlegung der **Bandgeschwindigkeit.** Diese betrifft den Arbeitsablauf, nicht die Entlohnung.[1323]

310 Das Mitbestimmungsrecht erstreckt sich auf die **Aufstellung, Einführung, Anwendung** und **Änderung** von Entlohnungsgrundsätzen bzw. Entlohnungsmethoden im Rahmen der betrieblichen Lohngestaltung. Die Entlohnungsgrundsätze sind also zunächst aufzustellen, d. h., es ist festzulegen, nach welchem System das Arbeitsentgelt im Betrieb gezahlt werden soll. Das vereinbarte System wird dann durch Entlohnungsmethoden ergänzt und eingeführt. Hierunter ist die **Gesamtheit aller Maßnahmen** zu verstehen, die im Hinblick auf die geplante Anwendung neuer Entlohnungsmethoden getroffen werden. Anwendung ist die **tatsächliche Praktizierung** der vereinbarten Regelungen.[1324]

c) Inhalt des Mitbestimmungsrechts

aa) Höhe des Arbeitsentgelts

311 Nach insbesondere in der Rspr. **h. M.**[1325] soll sich das Mitbestimmungsrecht zwar auf die Ausgestaltung der Entgeltformen im Einzelnen beziehen, **nicht** aber unmittelbar auf die **Höhe.** Diese soll nur mittelbar beeinflussbar sein, z. B. dadurch, dass bei einer steil ansteigenden

1314 Vgl. hierzu *Meine/Ohl/Rohnert,* S. 356 ff., 472 ff.; *Pornschlegel/Birkwald,* Bd. 2, S. 84 f., 296 ff., 351 ff.
1315 *BAG* 16.4.02, DB 03, 212 (213).
1316 Vgl. z. B. *Neudel,* AuR 75, 143.
1317 Vgl. auch *Meine/Ohl/Rohnert,* S. 300 ff.
1318 Vgl. auch *Elert,* 225 ff.
1319 Vgl. z. B. *BAG* 16.12.86, AP Nr. 8 zu § 87 BetrVG 1972 Prämie; *GL,* Rn. 221.
1320 *LAG Bremen* 27.10.78, AP Nr. 1 zu § 87 BetrVG 1972 Lohngestaltung.
1321 Vgl. hierzu *Popp,* BB 94, 1141 ff.; *Mölders,* DB 96, 213 ff.; *Felix/Mache,* AiB 01, 338 ff.
1322 Vgl. GK-*Wiese,* Rn. 932; Richardi-*Richardi,* Rn. 761.
1323 *Fitting,* Rn. 436; GK-*Wiese,* Rn. 934 f.; *GL,* Rn. 222.
1324 GK-*Wiese,* Rn. 937.
1325 Vgl. zur **h. M.** z. B. *BAG* 10.7.79, AP Nr. 2 zu § 87 BetrVG 1972 Lohngestaltung; 24.1.96, BB 96, 1717 (1718); 8.12.09, NZA 10, 404 (406); 17.5.11, NZA-RR 11, 644 (645); 18.10.11, NZA 12, 392 (396); 30.10.12, NZA 13, 522 (523, 524), juris; *Fitting,* Rn. 419; GK-*Wiese,* Rn. 808 f.; *Magula-Lösche,* S. 43 ff.; Richardi-*Richardi,* Rn. 768 f.; *Schang,* S. 32 ff.; *Annuß,* RdA 14, 193 f.; 199 ff.; Kittner/Zwanziger/Deinert-*Stumpf,* § 28 Rn. 24; *Benecke,* AuR 15, 306 (307).

Prämienkurve eine größere Zahl höherer Prämien als bei einer flachen Kurve auftritt.[1326] Da aber der **Ausgangslohn frei** bleibt, wird auch dann die absolute Entgelthöhe nicht bestimmt. Dieses Beispiel lässt sich auf die Ermittlung von Punktwerten in Euro oder Provisionshöhen übertragen. Die **h. M.** kann mit guten Gründen abgelehnt werden[1327], sie hat sich aber insbes. in der Rspr. ohne aktuellen Widerspruch durchgesetzt. Deshalb ist sie für die Praxis zugrundezulegen.

Auch wenn man der **h. M.** folgt, ergibt sich daraus nicht, dass die Ausübung der Mitbestim- 312
mung »**kostenneutral**« sein müsste.[1328] Sie kann **mittelbare Auswirkungen auf die Entgelthöhe** haben. Ebenso können Verletzungen des Mitbestimmungsrechts oder des § 75 den Dotierungsrahmen erweitern (vgl. auch Rn. 319 m. w. N.).

Das Mitbestimmungsrecht umfasst nach hM. weder die **generelle Bestimmung der Entgelt- 313**
höhe, noch die **Bestimmung im Einzelfall**, auch wenn keine abschließende tarifvertragliche Regelung vorliegt (Rn. 36), wie dies häufig der Fall ist.

bb) Freiwillige Leistungen des Arbeitgebers

Bei **freiwilligen Leistungen** des AG soll dieser mitbestimmungsfrei entscheiden können, **ob** er 314
eine **Leistung** erbringt, welche **finanziellen Mittel** er zur Verfügung stellt, welchen **Zweck** er mit der Leistung verfolgt und ursprünglich auch, wie der begünstigte **Personenkreis** abstrakt einzugrenzen ist.[1329] Ein Mitbestimmungsrecht soll allerdings bei der Frage bestehen, ob die **Zahlung,** zu der sich der AG zuvor entschlossen hat, **überhaupt eingeführt** wird,[1330] jetzt auch wie der begünstigte Personenkreis ausgestaltet wird[1331] und wie die zur Verfügung gestellten Mittel **unter den AN zu verteilen** sind.[1332] Hier bleibt abzuwarten, ob und ggfs. wie das BAG zwischen einer Eingrenzung und einer Ausgestaltung des begünstigten Personenkreises unterscheiden wird, denn diese Differenzierung leuchtet wenig ein und sollte im Sinne des Mitbestimmungsrechts geklärt werden. Dies ist schon deshalb sinnvoll, weil der AG über den Zweck der Leistung eine Begrenzung/Definition des Personenkreises vornehmen kann und bei der konkreten Umsetzung der BR bereits wegen § 75 entsprechend zu beteiligen ist. Für BV über Vergütungssysteme, die bei nicht tarifgebundenen AG nach h. M. mitbestimmungsrechtlich »freiwillig« sind,[1333] bedeutet dies, dass sie teilmitbestimmt sind. Im Falle einer Kündigung durch den AG scheidet damit eine Nachwirkung aus, wenn er seine finanziellen Leistungen vollständig und ersatzlos einstellen will. Will er demgegenüber mit der Kündigung nur eine Verringerung seiner Aufwendungen und eine Veränderung des Verteilungsplans erreichen, wirkt die BV insgesamt nach.[1334] Da die Nachwirkung ausschließlich vom Willen des AG abhängt verlangt das *BAG* zu Recht, dass dieser sich gegenüber dem BR oder den AN festlegt, wenn er die Leistungen einstellen will. Bis zum Zugang einer solchen Erklärung wirkt die BV nach.[1335] Will der AG schließlich das Finanzvolumen verringern, ohne den Verteilungsplan zu

---

1326 Vgl. *Matthes,* NZA 87, 289 (291).

1327 Vgl. *Birk,* Anm. zu EzA § 87 BetrVG 1972 Initiativrecht Nr. 2; Däubler, Das Arbeitsrecht 1, Rn. 994; *Föhr,* AuR 75, 353 (361 f.); *Gester/Isenhardt,* RdA 74, 82 (84); *Klinkhammer,* AuR 77, 363 (365 f.); *Leinemann,* DB 85, 1394 (1397); *Strieder,* BB 80, 420 (422); *Schirge/Trittin,* AiB 90, 227 (235 f.); *Schirge,* DB 91, 441 (444) und im Einzelnen die **12. Aufl. Rn 253 ff.**

1328 Vgl. z. B. *BAG* 14.6.94, NZA 95, 543 (544); *LAG Niedersachsen* 30.4.13, AuR (Ls.), juris; GK-*Wiese,* Rn. 811; *Schang,* S. 35 f.

1329 Vgl. *BAG* 10.7.79, AP Nr. 2 zu § 87 BetrVG 1972 Lohngestaltung; *BAG* (GS) 3.12.91, DB 92, 1579 (1586, 1588); 18.11.03, NZA 04, 803 (806); 13.12.11, NZA 12, 867 (877); GK-*Wiese,* Rn. 837 ff.; Richardi-*Richardi,* Rn. 771; *Jahna,* S. 104 f.; *Magula-Lösche,* S. 67 ff.

1330 *BAG* 30.3.82, DB 82, 1519; 17.12.85, DB 86, 914; GK-*Wiese,* Rn. 838; *ders.,* RdA 12, 332 (334); *Kreft,* FS Bepler, S. 317 (319); MünchArbR-*Matthes,* § 251 Rn. 19; vgl. auch *LAG Frankfurt* 3.10.89, DB 90, 126 f. für den Fall, dass der AG die freiwillige Leistung nur in einer bestimmten Ausgestaltung einführen will; a. A. *Thüsing,* DB 97, 1130 (1134 m. w. N.).

1331 *BAG* 18.3.14, NZA 14, 984 (986).

1332 Vgl. z. B. *BAG* 10.11.09NZA 11, 475 (476); 5.10.10, NZA 11, 598 (599).

1333 *BAG* 26.8.08, DB 08, 2709 (2710); 5.10.10, NZA 11, 598 (599).

1334 Vgl. z. B. *BAG* 10.11.09, NZA 11, 475 (476); 5.10.10, NZA 11, 598 (599).

1335 *BAG* 5.10.10, NZA 11, 598 (600); *Fitting,* Rn. 453 a.

ändern, wirkt die BV im Hinblick auf den Verteilungsplan nach.[1336] Das *BAG* hat folgerichtig im Hinblick auf das Mitbestimmungsrecht bei der Verteilung der Mittel angenommen, dass auch bei einer **individualrechtlich zulässigen** (vgl. Rn. 321) **Kürzung** von freiwilligen Leistungen, z. B. von übertariflichen Zulagen, hinsichtlich der **Neuverteilung** ein Mitbestimmungsrecht des BR eingreift.[1337] Das Mitbestimmungsrecht besteht bei Anrechnung einer Tariflohnerhöhung ebenso wie bei Anrechnung einer Lohnerhöhung wegen Tarifgruppenwechsels[1338] oder wegen **Neugestaltung einer Gehaltsgruppenordnung**,[1339] es sei denn, die Änderung der Verteilungsgrundsätze beruht allein auf dem Vollzug einer bereits mitbestimmten Regelung.[1340] Demgegenüber sollte kein Mitbestimmungsrecht bestehen, wenn eine jederzeit widerrufliche und auf Tariflohnerhöhungen anrechenbare übertarifliche Zulage **»automatisch«** auf eine Tariflohnerhöhung angerechnet wird, die zum Ausgleich einer **Arbeitszeitverkürzung** gewährt wird.[1341] Ebenso sollte das Mitbestimmungsrecht ausscheiden, wenn der Dotierungsrahmen dadurch gekürzt wird, dass Zuschüsse zu Essenmarken generell gekürzt werden.[1342]

315 Der *Große Senat des* **BAG**[1343] hat auf Grund von zwei Vorlagebeschlüssen des *1. Senats*[1344] die Rspr. zur **Anrechnung von Tariflohnerhöhungen auf übertarifliche Zulagen** (**Checkliste** und **Vereinbarungsentwurf** bei DKKWF-*Klebe/Heilmann,* § 87 Rn. 51 und 52) überprüft:

- Danach kommt es für das Mitbestimmungsrecht des BR zunächst nicht darauf an, ob **Anrechnung** bzw. **Widerruf** konstitutive Entscheidung des AG oder Folge einer **Automatik** sind.[1345]
- Anrechnung bzw. Widerruf lösen ein Mitbestimmungsrecht aus, wenn die **Verteilungsgrundsätze** für die Zulagen (rechnerisches/prozentuales Verhältnis der einzelnen Zulagen zueinander) sich ändern und dem AG Spielraum für eine anderweitige Verteilung bleibt.[1346] Die Verteilungsgrundsätze ändern sich z. B. bei einer **unterschiedlichen Anrechnung** auf die einzelnen Zulagen.[1347] Diese liegt auch dann vor, wenn bei den gewerblichen Arbeitnehmern eine vollständige Anrechnung, bei den Angestellten keine erfolgt, selbst wenn die Zulagen aus unterschiedlichen Gründen gezahlt werden[1348] (vgl. aber Rn. 317 falls **mehrere betriebliche Entgeltsysteme** bestehen).
- Auch eine prozentual **gleichmäßige Verrechnung** kann zu einer Änderung führen. Rechnet der AG einen bestimmten **Prozentsatz der Tariflohnerhöhung** auf alle Zulagen an, so besteht das Mitbestimmungsrecht nur dann nicht, wenn die Zulagen in einem einheitlichen und gleichen Verhältnis zum jeweiligen Tariflohn stehen und die Tariflöhne um den gleichen Prozentsatz erhöht werden.[1349] Nur in diesem Fall bliebe das Verhältnis der Zulagen zueinander unverändert. In allen anderen Fällen (Zahlung unterschiedlich hoher Zulagen, unterschiedliche Erhöhung der Tarifentgelte, Unterschreitung eines vereinbarten Sockelbetrags durch Verrechnung) verändern sich die Verteilungsgrundsätze.[1350]

1336 *BAG* 26.8.08, a. a. O.

1337 *BAG* 17.12.80, 13.1.87, AP Nrn. 4, 26 zu § 87 BetrVG 1972 Lohngestaltung; *BAG (GS)* 3.12.91, DB 92, 1579 (1584 ff.).

1338 *BAG* 22.9.92, BB 93, 137.

1339 *BAG* 9.7.96, DB 97, 332.

1340 *BAG* 22.9.92, BB 93, 135 f.

1341 *BAG* 3.6.87, DB 87, 1943; vgl. hierzu und zur **individualrechtlichen Unzulässigkeit** allerdings auch *BAG* 7.2.96, DB 96, 1630; 3.6.98, NZA 99, 208 (209); 15.3.00, DB 00, 1665 und Rn. 321.

1342 *BAG* 20.3.86 – 2 AZR 294/85; 15.1.87, AP Nr. 21 zu § 75 BPersVG.

1343 3.12.91, DB 92, 1579 ff.; vgl. hierzu z. B. *Fitting,* Rn. 473 ff.; GK-*Wiese,* Rn. 879 ff.; *Weyand,* AuR 93, 1 ff. und *Jahna* u. a. mit einer Vielzahl von Anrechnungsbeispielen, S. 151 ff.

1344 13.2.90, DB 90, 1238 ff. und 1241; vgl. hierzu z. B. *Trittin,* AuR 91, 329 ff.; *Wiese,* NZA 90, 793 ff.

1345 *GS* 3.12.91, DB 92, 1579 (1586); vgl. auch *BAG* 22.9.92, BB 93, 135; 27.10.92, DB 93, 1143 (1144); *Fitting,* Rn. 470; GK-*Wiese,* Rn. 881 m. w. N.; a. A. Richardi-*Richardi,* Rn. 801.

1346 *BAG* 10.3.09, NZA 09, 684 (685); 22.5.12, NZA 12, 1234 (1235); vgl. auch *Mache,* AiB 93, 373 ff. mit Beispielen.

1347 Vgl. z. B. *BAG* 21.1.03, AP Nr. 118 zu § 87 BetrVG 1972 Lohngestaltung.

1348 *LAG Hamm* 18.1.94, NZA 95, 93 f. und die Vorinstanz *ArbG Paderborn* 16.6.93, AiB 94, 249 f. mit Anm. *Mache;* GK-*Wiese,* Rn. 889; *ArbG Stuttgart* 21.2.95 – 11 BV 192/93.

1349 *BAG (GS),* a. a. O., 1586; 23.3.93, NZA 93, 806 (808); GK-*Wiese,* Rn. 883.

1350 Vgl. auch GK-*Wiese,* Rn. 884 f.

- Kürzt der AG alle übertariflichen Zulagen um den **gleichen Prozentsatz,** besteht das Mitbestimmungsrecht nur dann, wenn ein vereinbarter Sockelbetrag unterschritten würde,[1351] denn insoweit werden die Verteilungsgrundsätze geändert.
- Beachtet der AG die **bisherigen Verteilungsgrundsätze,** soll nach Auffassung des *BAG*[1352] das **Mitbestimmungsrecht ausscheiden**, da nicht die Kürzung der übertariflichen Zulagen, sondern allein die Änderung der Verteilungsgrundsätze der Mitbestimmung unterliege.[1353]
- Das Mitbestimmungsrecht soll weiter ausscheiden, wenn die Anrechnung bzw. der Widerruf zum **vollständigen Wegfall** aller Zulagen führt oder der Änderung der Verteilungsgrundsätze **rechtliche Hindernisse** entgegenstehen.[1354] Dies sei bei einer **vollständigen und gleichmäßigen Verrechnung** der Tariflohnerhöhung auf alle Zulagen der Fall,[1355] denn der AG könne nicht mehr als die Tariflohnerhöhung anrechnen, ihm fehle also jede weitere Gestaltungsmöglichkeit. Entsprechend sollen auch »anrechnungsfeste« Zulagen nicht zu berücksichtigen sein.[1356] Dies gilt nach Auffassung des *BAG*[1357] auch, wenn der AG beschließt, die Tariferhöhung vollständig anzurechnen, die **Anrechnung aber bei einigen AN versehentlich** unterbleibt. Für den Irrtum ist der AG darlegungs- und beweispflichtig. Dabei wird er die fehlerhafte Umsetzung seiner Entscheidung umso schwerer beweisen können, je größer die Zahl der AN ist, bei denen die Anrechnung unterblieben ist, und je länger er zuwartet. Er wird sich zudem nur dann auf ein Versehen berufen können, wenn er es **unverzüglich** nach der Entdeckung korrigiert.[1358] Muss der AG aus Anlass einer Tariflohnerhöhung auch eine mit dem AN vereinbarte Zulage anheben, bilden diese Verpflichtungen eine Einheit. Hieraus folgt, dass die Anrechnung lediglich des auf diese Zulage entfallenden Steigerungsbetrags auf eine weitere Zulage nur eine teilweise, keine vollständige Anrechnung der Tariferhöhung darstellt.[1359] Auch eine **vollständige Anrechnung** ist bereits wegen **Umgehung** und daher wegen Verletzung des Mitbestimmungsrechts unwirksam, wenn sie der AG nur deshalb beabsichtigt, weil er für die zunächst geplante teilweise Anrechnung andere Verteilungsgrundsätze als der BR vorsieht und hierüber **keine Verhandlungen** zulassen will.[1360] Demgegenüber kommt es entgegen der Auffassung des *BAG*[1361] nicht darauf an, warum sich der BR der Anrechnung widersetzt, ob er also z. B. nicht nur eine andere Verteilung, sondern, weiter gehend (nach h. M.) als sein Mitbestimmungsrecht, eine geringere Anrechnung anstrebt (vgl. im Einzelnen Rn. 16). Der für die Ausübung des Mitbestimmungsrechts erforderliche **Regelungsspielraum** bleibt allerdings auch nach der *BAG*-Rspr. für den AG erhalten, wenn er bei einer Tariflohnerhöhung auch die in unterschiedlicher Höhe gezahlten übertariflichen Zulagen **ohne Rechtspflicht** entsprechend anhebt und diese gleichzeitig voll auf eine neu geschaffene tarifliche Zulage anrechnet.[1362] Diese Grundsätze gelten ebenfalls, wenn die Anrechnung bzw. der Widerruf der übertariflichen Zulage nicht bei einer Tariflohnerhöhung, sondern im Zusammenhang mit der Erhöhung betrieblicher Prämiensätze erfolgt.[1363]

1351 *BAG (GS)*, a. a. O., 1587.
1352 *GS*, a. a. O., 1586; 1.11.05, NZA 07, 1303 (1306); 22.5.12, NZA 12, 1234 (1235)
1353 A. A. noch *BAG* 13.2.90, DB 90, 1238 (1239).
1354 *BAG (GS)*, a. a. O., 1587; 1.11.05, NZA 07, 1303 (1306); 22.5.12, NZA 12, 1234 (1235).
1355 Vgl. auch *BAG* 10.3.09, NZA 09, 684 (685 ff.), das eine nur **teilweise Verrechnung** annimmt, wenn der AG bei zeitlich versetzten mehrstufigen Tariferhöhungen auf Grund seiner Gesamtkonzeption nur eine Stufe vollständig verrechnet.
1356 Vgl. *BAG* 22.9.92, BB 93, 135; 3.3.93, DB 93, 1930 (1931) zu einer betrieblichen Treueprämie; 21.9.99, NZA 00, 898 f.; 25.6.02, DB 02, 2494 (2495) für pauschale Erhöhung des Tarifentgelts; *Fitting*, Rn. 478; GK-*Wiese*, Rn. 888 f.
1357 31.10.95, BB 96, 646 (647); zustimmend GK-*Wiese*, Rn. 891; *WEH*, H Rn. 148; *Hoß*, NZA 97, 1129, (1134 f.).
1358 *BAG* 31.10.95, a. a. O.
1359 *BAG* 24.4.01 – 1 AZR 583/00.
1360 *BAG* 26.5.98, DB 98, 2119 (2120), das zudem eine Verletzung des § 2 Abs. 1 annimmt; vgl. auch § 2 Rn. 6 und *LAG Düsseldorf*, AiB 07, 428 ff. mit Anm. v. *Trittin* zu dieser Thematik bei einseitiger Streichung freiwilliger Leistungen.
1361 26.5.98, aa. O.
1362 *BAG* 14.2.95, DB 95, 1917 f.
1363 *BAG* 10.11.92, DB 93, 439 (440).

- Der AG kann das Zulagenvolumen/die einzelnen Zulagen bei mitbestimmungspflichtigen Anrechnungen **bis zur Einigung** mit dem BR nur kürzen, wenn er die bisherigen **Verteilungsgrundsätze beibehält.** Ansonsten sind Anrechnung/Widerruf insgesamt unwirksam.[1364]
- Dem *BAG* ist insoweit zu folgen, als ein Mitbestimmungsrecht dann ausscheidet, wenn die **bisherigen Verteilungsgrundsätze beibehalten** werden und grundsätzlich auch dann, wenn die Zulagen mit der Anrechnung **vollständig wegfallen** (vgl. aber auch Rn. 316). Will der BR im ersten Fall eine Veränderung herbeiführen, muss er sein **Initiativrecht** ausüben.[1365] Dem *BAG* kann jedoch nicht gefolgt werden, wenn es das Mitbestimmungsrecht bei **vollständiger und gleichmäßiger Anrechnung** ausschließt, obwohl sich die **Verteilungsgrundsätze ändern.**[1366] Hier ist die innerbetriebliche Lohngerechtigkeit ebenfalls betroffen. Dem AG stehen durchaus **Möglichkeiten zur anderweitigen Verteilung** zur Verfügung. Er kann z. B. einen Widerrufsvorbehalt (teilweise) ausüben, eine Änderungskündigung aussprechen oder die Zulagen einvernehmlich kürzen.[1367] Will er diesen Weg nicht gehen, muss er die Tariflohnerhöhung anders verrechnen oder eine Änderung der BV anstreben und bei der nächsten Tariflohnerhöhung die gewollte Kürzung nachholen.[1368] Eine rechtliche Unmöglichkeit liegt für den AG nicht vor. Wie in sonstigen Fällen (vgl. z. B. § 99 und § 87 Abs. 1 Nr. 3)[1369] muss der AG **individuelle Verpflichtungen und Betriebsverfassungsrecht** nebeneinander beachten und ggf. mit den zur Verfügung stehenden Mitteln für sich harmonisieren.[1370] Ist z. B. eine **Zulage** für einige AN **tarifbeständig** oder sind **Sockelbeträge** vereinbart, tauchen die gleichen Fragen auf. Der AG muss entweder den Verteilungsgrundsatz in der BV ändern oder die vertraglichen Regelungen.[1371]

316 Auch ansonsten kann dem *BAG* und der h. M. nicht uneingeschränkt im Hinblick auf den Wegfall zusätzlicher AG-Leistungen gefolgt werden. **Wortlaut** und **Entstehungsgeschichte** sprechen nicht für eine Einschränkung des Mitbestimmungsrechts.[1372] Letztlich wird diese mit der Parallele zur Nr. 8 begründet. Der BR soll nicht die Möglichkeit haben, zusätzliche Leistungen des AG zu erzwingen. Berücksichtigt und akzeptiert man diesen Ausgangspunkt, so ist nicht einzusehen, warum auch die **Abschaffung** einer zusätzlichen AG-Leistung generell mitbestimmungsfrei erfolgen soll. Im Unterschied zur Einführung[1373] kann der AG mit der Gewährung der Zahlung für die AN einen **Vertrauenstatbestand** geschaffen haben.[1374] Diese haben sich dann darauf eingestellt. Es werden also nicht wie bei der Einführung Mehrleistungen beansprucht, sondern Leistungen, zu denen sich der AG bereits freiwillig entschieden hat, wenngleich möglicherweise nur für einen bestimmten Zeitraum.

Zudem ist auch zu berücksichtigen, dass mit der **vollständigen Streichung** ohne Mitbestimmungsrecht durchaus das Mitbestimmungsrecht bei der **Neuverteilung** nach Kürzung umgangen werden kann, wenn der AG nach einer gewissen »Schamfrist« erneut eine nun anders benannte Zulage gewährt.[1375] Dem *BAG* ist daher Recht zu geben, wenn es zumindest dann, wenn beide Vorgänge auf einer **einheitlichen Konzeption des AG** beruhen, das Mitbestimmungsrecht bereits für den Wegfall der Zulage bejaht.[1376] Ein konzeptioneller Zusammen-

---

1364 *BAG (GS),* a. a. O., S. 1588; 19.9.95, BB 96, 326 (327); a. A. GK-*Wiese,* Rn. 892; zu ausnahmsweise **rückwirkenden BV** vgl. *BAG* 19.9.95, a. a. O.; § 77 Rn. 87.

1365 Vgl. auch *BAG (GS)* 3.12.91, DB 92, 1579 (1587).

1366 A. A. auch *BAG* 13.2.90, DB 90, 1238 (1239); *Silberberger,* AiB 01, 55 und *Boemke/Seifert* für eine Anrechnung bei freiem, nicht an die Tariferhöhung geknüpftem Widerrufsvorbehalt.

1367 Vgl. hierzu auch *Roloff,* RdA 14, 228 (232); *Fitting,* Rn. 480 und andererseits Rn. 472; a. A. WPK-*Bender,* Rn. 231.

1368 Vgl. auch *Hinrichs/Trittin,* AiB 92, 575 (578); a. A. Richardi-*Richardi,* NZA 92, 961 (964).

1369 *Kohte,* AuA 91, 168 (170).

1370 Vgl. auch HaKo-BetrVG/*Kohte,* Rn. 128; *Roloff,* RdA 14, 228 (232); a. A. *Jahna,* S. 266.

1371 A. A. *Richardi,* NZA 92, 961 (963); *ders.,* Rn. 801.

1372 Vgl. z. B. *Herbst,* AiB 86, 186 (188) und DB 87, 738 (741); *Schirge/Trittin,* AiB 90, 227 (235).

1373 Insoweit auch kritisch *Leinemann,* DB 85, 1394 (1397).

1374 *Schirge/Trittin,* a. a. O., S. 241; vgl. auch *LAG Hamm* 7.12.88, DB 89, 2131, das bei vollständiger Anrechnung einer übertariflichen Zulage eine Zuständigkeit der ESt. annimmt.

1375 Vgl. *ArbG Mannheim* 3.9.86, AiB 88, 88; *ArbG Frankfurt* 16.3.94, AiB 94, 695 mit Anm. *Schirge.*

1376 3.5.94, DB 94, 2450 (2453); 17.1.95, DB 95, 1410; 8.6.04, DB 05, 168; vgl. auch *Fitting,* Rn. 481 f.; Richardi-*Richardi,* Rn. 806; *Säcker,* FS Kreutz, S. 399 (402); a. A. GK-*Wiese,* Rn. 893 ff.

hang[1377] besteht jedenfalls, wenn der AG schon bei der Anrechnung die Absicht hat, die eingesparten Mittel für eine neue übertarifliche Leistung zu verwenden. Ohne Bedeutung ist dabei, dass er erst Monate später festlegen will, wem und in welcher Höhe die Leistung gewährt werden soll, ob das Volumen der neuen Leistung den Umfang der zunächst vorgenommenen Einsparung erreicht und ob das System der Zahlungen (monatliche oder Einmalzahlungen) beibehalten wird. Auch eine Absicht, das Mitbestimmungsrecht zu umgehen, wird vom *BAG* zu Recht nicht verlangt. Für eine einheitliche Konzeption sprechen z. B. ein **geringer zeitlicher Abstand der Maßnahmen** und i. d. R. auch eine nicht erheblich veränderte wirtschaftliche Situation des UN.[1378] Sie wird ebenfalls dann vorliegen, wenn ein TV eine **Entgelterhöhung in zwei Stufen** vorsieht und der AG die Erste zahlt und nur die zweite vollständig anrechnet.[1379]

Bestehen für Teile der Belegschaft **verschiedenartige Entgeltsysteme** (z. B. für Tarifangestellte und AT-Angestellte), ist nach Auffassung des *BAG* die Mitbestimmungspflicht bei einer Zulagenverrechnung getrennt für das jeweilige System zu beurteilen.[1380] So ist eine **unterschiedliche Verrechnung** in den Systemen bei jeweils gleich bleibenden internen Verteilungsgrundsätzen ohne BR möglich. Das Mitbestimmungsrecht erstreckt sich danach nicht auf das **Verhältnis der einzelnen Entgeltsysteme zueinander.** Damit der AG die Tragweite des Mitbestimmungsrechts nicht dadurch einschränkt, dass er die Belegschaft in beliebig viele Gruppen mit jeweils eigenen Entgeltsystemen aufspaltet, müssen **Strukturunterschiede** die Differenzierung rechtfertigen (z. B. Angestellte in herausgehobenen Leitungsfunktionen, Entgelt ohne Anknüpfung an das Tarifgehalt **gegenüber** Angestellten mit Tarifgehalt und übertariflicher Zulage). Der BR wird mit seinem Mitbestimmungsrecht auch unter Berücksichtigung von § 75 zu einer sachgerechten Differenzierung und Ausgestaltung der jeweiligen Gehaltsgruppensysteme beitragen können. 317

Auch wenn man mit der h. M.[1381] die Festlegung des **Zwecks** der Zulage und die abstrakte **Eingrenzung des Personenkreises** nicht für mitbestimmungspflichtig hält, kann bei freiwilligen Leistungen des AG z. B. die nähere **Ausgestaltung** einer **Rückzahlungsklausel oder von Anrechnungsmodalitäten** als Verteilungsgrundsatz der Vorschrift unterliegen.[1382] Unabhängig von seinem gesetzlichen Umfang können AG und BR ein **Mitbestimmungsrecht gemäß § 88** vereinbaren. So kann z. B. festgelegt werden, dass für jede Anrechnung von übertariflichen Zulagen auf Tariflohnerhöhungen **die Zustimmung des BR** erforderlich ist,[1383] dass sich die Zulage um denselben Prozentsatz erhöht, wie das Tarifentgelt oder in der BV bzw. durch Regelungsabrede eine Anrechnung ausgeschlossen werden.[1384] Wird eine teilmitbestimmte (hinsichtlich der Verteilung) BV über freiwillige Leistungen vom AG gekündigt, wirkt sie jedenfalls gemäß § 77 Abs. 6 insgesamt nach, wenn der AG das Volumen kürzen und den Verteilerschlüssel ändern, die Leistung also nicht vollständig streichen will.[1385] 318

Der **Dotierungsrahmen** kann durch die Verletzung des Mitbestimmungsrechts ausgeweitet werden.[1386] Die Anrechnung einer Tariflohnerhöhung auf übertarifliche Zulagen ist dann 319

1377 Vgl. hierzu bei Verrechnung von Tariferhöhungen auch *BAG* 10.3.09, NZA 09, 684 (686).
1378 Zu diesen Grundsätzen insbes. *BAG* 17.1.95, DB 95, 1411; vgl. auch *Säcker*, FS Kreutz, S. 399 (402).
1379 *BAG* 14.2.95, DB 95, 1411 mit krit. Anm. *Sowka;* 8.6.04, a. a. O.; *Fitting* Rn. 481; Richardi-*Richardi*, Rn. 806.
1380 19.9.95, DB 96, 736 (737); 9.7.96, DB 97, 332; 18.11.03, NZA 04, 803 (806); GK-*Wiese*, Rn. 890.
1381 A. A. *Herbst*, DB 87, 738 (740); *Schirge/Trittin*, AiB 90, 227 (237 f.).
1382 **Str.**; vgl. *BAG* 22.10.85, AP Nr. 18 zu § 87 BetrVG 1972 Lohngestaltung für **allgemeine Regeln beim Entzug von Leistungen** und auch eine Beteiligung des BR im **Einzelfall** vor Ausspruch des Entzugs; a. A. Richardi-*Richardi*, Rn. 742, 775 und hinsichtlich eines Anrechnungsverbots auch *BAG* 9.12.97, NZA 98, 661 (666); demgegenüber **für ein Mitbestimmungsrecht** bei der vergleichbaren Festlegung von Rückzahlungs- und Bindungsklauseln bei Gewährung eines KFZ-Verkaufsrabatts für Werksangehörige *BAG* 26.5.93, ZIP 93, 1251 (1253) = EzA § 9 AGB-Gesetz Nr. 1 mit zustimmender Anm. *Streckel; LAG Niedersachsen* 14.2.92 (Vorinstanz), AuR 93, 156 (157) mit zustimmender Anm. *Kothe* und bei Rückzahlungsvorbehalten für Gratifikationen *BAG* 25.1.84, DB 84, 2251 (2253); vgl. auch Rn. 330, 338.
1383 *ArbG Frankfurt* 17.7.91 – 7 BV 10/91.
1384 *BAG* 9.12.97, NZA 98, 661 (665 f.); 14.8.01, NZA 02, 342 (344); 30.5.06, NZA 06, 1170 (1172); *LAG Düsseldorf* 1.2.05, BB 05, 1576, Ls.
1385 *BAG* 26.10.93, DB 94, 987 f.; zu Recht weiter gehend § 77 Rn. 119 m. w. N.
1386 Vgl. z. B. *BAG* 14.6.94, NZA 95, 543 (544); *LAG Niedersachsen* 30.4.13, AuR 13, 273 (Ls.), juris.

nämlich unwirksam und der Zahlungsanspruch besteht für die AN gegen den Willen des AG fort.[1387] Gleiches gilt für den Fall, dass ein AN **von einer betrieblichen Übung ausgenommen** wird.[1388] Auch hierbei handelt es sich um eine für den AN belastende Maßnahme und nicht um die Begründung eines vorher nicht vorhandenen Anspruchs lediglich wegen der Verletzung des Mitbestimmungsrechts.[1389] Eine Beschränkung des Mitbestimmungsrechts auf den vorgegebenen Dotierungsrahmen kommt zudem dann nicht in Betracht, wenn ein **Verstoß gegen § 75** vorliegt (vgl. Rn. 269).[1390] Ein benachteiligter AN braucht nicht deshalb eine Schmälerung seines Anspruchs hinzunehmen, weil hierdurch der Leistungsumfang erweitert würde.[1391] Spätestens bei Geltendmachung seines Anspruchs muss ihm zudem der Grund für die **Ungleichbehandlung** offen gelegt werden.[1392] Dieses individualrechtliche Verbot, sachliche Gründe nachzuschieben, bedarf, wie *Kohte*[1393] überzeugend mit der **Verschränkung von Gleichbehandlungsgrundsatz und Mitbestimmungsrecht** begründet hat, einer kollektivrechtlichen Ergänzung: Ein sachlicher Grund kann auch nicht nachgeschoben werden, wenn der BR unter Verstoß gegen das Mitbestimmungsrecht nicht beteiligt wurde. Zudem kann der finanzielle Rahmen vom BR jedenfalls dann erweitert werden, wenn der AG **ohne Beachtung der Mitbestimmungsrechte Leistungen** gewährt hat und die Ansprüche der begünstigten AN wirksam sind,[1394] d. h., der AG die Gelder nicht zurückfordern kann.[1395] Aber auch falls Rückforderungen möglich sind, ist der BR in diesen Fällen **nicht auf den vorgegebenen Dotierungsrahmen beschränkt.** Die Ausübung des Mitbestimmungsrechts wäre ansonsten erheblich erschwert, der Gesetzesverstoß faktisch gebilligt, wenn der BR durch die Nichtakzeptanz der vom AG einseitig aufgestellten Verteilungsgrundsätze automatisch teilweise Rückforderungen auslöste.[1396] Auch nach der **Rspr. des** ***BAG***[1397] ist davon auszugehen, dass sich der ursprüngliche Dotierungsrahmen für den AG bei einer Neuverteilung der freiwilligen Leistung – jetzt unter Beachtung des Mitbestimmungsrechts – erhöhen kann. Die Mehrzahlung ergibt sich dann aus der Verletzung des Mitbestimmungsrechts, nicht auf Grund seiner Wahrnehmung.[1398]

320 Hinsichtlich der Verletzung des Mitbestimmungsrechts gilt **individualrechtlich** Folgendes:

- Maßnahmen des AG, die AN-Ansprüche vereiteln oder schmälern, sind unwirksam. Die Ansprüche bestehen uneingeschränkt fort.
- Ansprüche, die unter Verletzung des Mitbestimmungsrechts begründet werden, sind wirksam.
- Ein Anspruch, der bisher nicht bestanden hat, kann nicht allein aus der Verletzung des Mitbestimmungsrechts entstehen.[1399]

321 Unabhängig vom Mitbestimmungsrecht des BR bei der Verrechnung übertariflicher Zulagen ist jeweils auch die **individualrechtliche Zulässigkeit** zu prüfen,[1400] denn ist diese nicht ge-

---

1387 *BAG (GS)* 16.9.86, AP Nr. 17 zu § 77 BetrVG 1972; 26.4.88, AP Nr. 16 zu § 87 BetrVG 1972 Altersversorgung; 20.8.91, DB 92, 687; Rn. 5.

1388 *Kohte,* Anm. zu *BAG* 20.8.91, EzA § 87 BetrVG 1972 Betriebliche Lohngestaltung Nr. 29.

1389 Vgl. hierzu *BAG* 20.8.91, DB 92, 687.

1390 Vgl. auch HaKo-BetrVG/*Kohte,* Rn. 121; Däubler/Bertzbach-*Dette,* § 7 Rn. 78 ff. zum AGG.

1391 *BAG* 20.8.91, DB 92, 687.

1392 Vgl. *BAG* 5.3.80, 9.9.81, EzA § 242 BGB Gleichbehandlung Nrn. 21, 26; 12.11.91, DB 92, 1432 und *Kohte,* Anm. zu *BAG* 20.8.91, a. a. O., m. w. N.; offen gelassen v. *BAG* 8.3.95, DB 96, 1575 f.; 12.10.05, NZA 05, 1418 (1420 m. w. N.).

1393 Anm. zu *BAG* 20.8.91, a. a. O.

1394 *BAG (GS)* 16.9.86, AP Nr. 17 zu § 77 BetrVG 1972; 20.8.91, DB 92, 687).*BAG* 14.6.94, DB 95, 680 (681) m. w. N.; *Fitting,* Rn. 448; KassArbR-*Lipke,* 2.3, Rn. 328.

1395 *BAG* 14.6.94, DB 95, 680 (681) m. w. N.; *Fitting,* Rn. 448; KassArbR-*Lipke,* 2.3, Rn. 328.

1396 *ArbG Frankfurt* 14.7.88, AiB 89, 291 f., aufgehoben durch *LAG Frankfurt* 5.9.89, NZA 90, 501 f.; a. A. auch *LAG Frankfurt* 12.9.91, NZA 92, 565 f.; vgl. zu **Zahlungsansprüchen des einzelnen AN,** die ebenfalls zu einer Ausweitung führen können, *LAG Düsseldorf* 31.3.89, DB 89, 1830 f.; *LAG Hamm* 8.4.91, BB 91, 1340, Ls.; *ArbG Darmstadt* 2.3.89, DB 89, 2131; *Mache,* DB 89, 2170 f.; *Schirge/Trittin,* AiB 90, 227 (242 ff.); a. A. *ArbG Düsseldorf* 3.11.88, DB 89, 1295 (Ls.).

1397 30.3.82, AP Nr. 10 zu § 87 BetrVG 1972 Lohngestaltung; 26.1.88, AP Nr. 31 zu § 80 BetrVG 1972; 14.6.94, DB 95, 680 (681).

1398 Vgl. auch *Schirge/Trittin,* a. a. O., S. 237 und *ArbG Darmstadt* 7.11.91, AiB 92, 353 f. mit Anm. *Trittin.*

1399 *BAG* 20.8.91, DB 92, 687; 15.11.94, DB 95, 580; 15.4.08, 888 (892).

1400 Vgl. hierzu Kittner/Zwanziger/Deinert-*Stumpf,* § 34 Rn. 9 ff., 18 ff.; *Mache,* AiB 89, 113 (119 ff.); *Schirge,* AiB 93, 377 ff. m. w. N.; zum Widerruf eines Personalrabatts *BAG* 14.6.95, BB 95, 2171 f.

geben, stellt sich die Frage der Mitbestimmung nicht.[1401] Ist im Arbeitsvertrag eine entsprechende Vereinbarung getroffen worden, kann der AG anrechnen.[1402] Dabei erfasst ein **Anrechnungsvorbehalt,** der sich generell auf Tariflohnerhöhungen bezieht, im Zweifel nicht den Lohnausgleich für eine tarifliche Arbeitszeitverkürzung.[1403] **Pauschalierte,** auf die einzelnen Abrechnungszeiträume bezogene **Erhöhungen** des Tarifentgelts können demgegenüber verrechnet werden.[1404] Ist keine Vereinbarung getroffen worden, muss der Vertrag ausgelegt werden. Steht die Zulage mit einem bestimmten Zweck in Verbindung (Leistungs-, Tätigkeits-, Arbeitserschwernis-, Arbeitsmarktzulage), kann sie **nicht einseitig gekürzt** oder beseitigt werden.[1405] Indiz für eine Tarifbeständigkeit kann sein, dass die Zulage als **selbständiger Lohnbestandteil** ausgewiesen ist.[1406] Ist **kein besonderer Zweck** zu ermitteln, soll die Zulage nach Auffassung des *BAG*[1407] selbst bei **jahrelanger vorbehaltloser Zahlung** jederzeit auf Tariflohnerhöhungen anrechenbar sein. Dies ist schon zum früheren Recht wegen Verstoßes gegen das **Gebot transparenter Vertragsgestaltung** kritisiert worden.[1408] Mit der Einbeziehung von **Formulararbeitsverträgen** bzw. allgemeinen Arbeitsbedingungen in die **AGB-Kontrolle** (vgl. §§ 310 Abs. 4, 305 ff., insb. auch 307 und 308 Nr. 4 BGB) ist diese Rspr. nicht mehr aufrecht zu erhalten. Eine Anrechnung setzt vielmehr einen **ausdrücklichen, auf nachvollziehbaren, angemessenen und zumutbaren Kriterien beruhenden Vorbehalt** voraus.[1409] Diesen Anforderungen genügt auch die bloße Bezeichnung als »übertarifliche« Zulage nicht.[1410] Jede Verrechnung ist zudem im Hinblick auf § 315 BGB,[1411] den Gleichbehandlungsgrundsatz und das Verbot der Umgehung des Kündigungsschutzes zu überprüfen.[1412]

cc) Initiativrecht

Das Mitbestimmungsrecht des BR schließt grundsätzlich auch ein **Initiativrecht** ein.[1413] Eine **Einschränkung** kann sich lediglich aus dem Inhalt und Zweck des jeweiligen Mitbestimmungsrechts ergeben.[1414] Demzufolge kann der BR z. B. nicht freiwillige Leistungen des AG erzwingen. 322

d) Einzelfälle

Der BR hat ein Mitbestimmungsrecht (vgl. auch Rn. 300 ff.) 323

- bei der Einführung und Ausgestaltung von leistungsbezogenen Entgelten unabhängig von Nr. 11,
- bei der **Umstellung von Akkord- auf Zeitlohn,**[1415] bei der Frage, ob **Erholzeiten zu Kurzpausen** zusammengefasst werden sollen,[1416] hinsichtlich des **Verlaufs der Prämienkurve** und der **Zuordnung von Geldbeträgen** zu bestimmten Leistungsgraden,[1417]

1401 *BAG* 7.2.96, DB 96, 1630.
1402 Vgl. z. B. *BAG* 9.12.97, NZA 98, 661 (664); 17.9.03, DB 04, 876 (877).
1403 *BAG* 7.2.96, a. a. O.; 3.6.98, NZA 99, 208 (209); 9.8.00, BB 01, 1044 (1045 f.).
1404 *BAG* 25.6.02, DB 02, 2494 f.
1405 Vgl. z. B. *BAG* 23.3.93, NZA 93, 806 (807 f.); 31.10.95, BB 96, 646 (647).
1406 *BAG* 22.9.92, DB 93, 380; 21.1.03, AP Nr. 118 zu § 87 BetrVG 1972 Lohngestaltung = DB 03, 1584, Ls.; 23.9.09, DB 09, 2787.
1407 Vgl. z. B. 8.12.82, DB 83, 997; 9.12.97, a. a. O.; 23.9.09, a. a. O.
1408 Vgl. *Preis,* FS Kissel, S. 879 ff. und auch *Trittin/Schirge,* AiB 90, 227 (249 f.).
1409 Vgl. *BAG* 12.1.05, DB 05, 696 (670); 1.3.06, NZA 06, 746 (748 f.); 25.4.07, NZA 07, 853 ff.; 20.4.11, NZA 11, 796; *Hanau/Hromadka,* NZA 05, 73 ff.; *Bergwitz,* AuR 05, 210 ff.; *Reinecke,* BB 08, 554 f.
1410 ErfK-*Preis,* BGB §§ 305 – 310, Rn. 65; *Franke,* NZA 09, 245 ff.; a. A: **BAG** 27.8.08, NZA 09, 49 (52).
1411 Hierzu auch *BAG* 12.1.05, DB 05, 669 (671).
1412 Vgl. *Schirge/Trittin,* AiB 90, 227 (250 ff. m. w. N.).
1413 *BAG* 14.11.74, AP Nr. 1 zu § 87 BetrVG 1972; 30.1.90, DB 90, 1090; 23.9.03, NZA 04, 800 (803); GK-*Wiese,* Rn. 956 ff.; vgl. Rn. 25 ff.; *Benecke,* AuR 15, 306 (308).
1414 Vgl. *Matthes,* NZA 87, 289 (291 m. w. N.).
1415 *BAG* 17.12.68, AP Nr. 27 zu § 56 BetrVG; 24.8.04, NZA 05, 51 (53); *LAG Baden-Württemberg* 20.12.91, AiB 93, 406 f.
1416 *BAG* 24.11.87, AP Nr. 6 zu § 87 BetrVG 1972 Akkord.
1417 *BAG* 16.12.86, AP Nr. 8 zu § 87 BetrVG 1972 Prämie.

- bei der Gewährung von Prämien an Tourenleiter bei Sollüberschreitung,[1418]
- bei der Entscheidung, ob Beschäftigte in Systemen des **Pensumentgelts, Programmentgelts** oder **Gainsharings** (Erfolgsbeteiligung nach Wertschöpfung des UN bzw. Kennzahlen der Produktivität oder auch Kostenersparnis)[1419] arbeiten, die ebenso wie die weitere Ausgestaltung als Entlohnungsgrundsatz und -methode mitbestimmungspflichtig ist.[1420]

324 Gewährt der AG eine betriebliche Altersversorgung, besteht bereits ein Mitbestimmungsrecht nach Nr. 8, wenn es sich um eine **Sozialeinrichtung** (vgl. Rn. 262 ff.) handelt. Besteht keine Sozialeinrichtung und der AG richtet die Altersversorgung in Form von **Direktzusagen, Versicherungen** oder auch **Gruppenversicherungsverträgen** ein, so besteht ein Mitbestimmungsrecht nach Nr. 10.[1421] Es wäre nicht einzusehen, wenn ein Mitbestimmungsrecht nur nach der Errichtung einer Sozialeinrichtung bestünde, nicht aber, falls die Zuwendung direkt erfolgt.

325 Entschließt sich der AG, eine **betriebliche Altersversorgung** zu erbringen, und besteht ein Mitbestimmungsrecht des BR nach Nr. 10, ist der AG nach der **Rspr. des** *BAG* dennoch frei, **welche finanziellen Mittel** er zur Verfügung stellt, welche **Versorgungsform** (Direktzusagen, Versorgungszusagen durch Versicherungen u. Ä.) er wählt und welchen **Personenkreis** er versorgen will.[1422] Auch eine **spätere Beendigung der Leistungen**[1423] und die **Auswahl und der Wechsel von Versicherungs-UN** sind mitbestimmungsfrei, es sei denn, hiermit ist eine Änderung des Leistungsplans verbunden.[1424] In dem noch offenen Rahmen, insbes. bei den Regeln, mit denen die zur Verfügung stehenden Mittel auf die Begünstigten **verteilt** werden,[1425] hat der BR mitzubestimmen. Die Mitbestimmung erstreckt sich insbes. auf die Einführung selbst und die **Gestaltung des Leistungsplans,**[1426] soweit nicht der Dotierungsrahmen, die Grundform der Versorgung und die Abgrenzung des begünstigten Personenkreises berührt werden. Will der BR eine Änderung des Leistungsplans erreichen, muss er nach Auffassung des *BAG* darlegen, wie dabei der vom AG vorgegebene Dotierungsrahmen gewahrt werden kann. Darüber hinaus hat der BR jederzeit das Recht, die Versorgungsordnung auf ihre **Vereinbarkeit mit § 75** zu überprüfen.[1427] Ihm steht auch insoweit ein Initiativrecht zu, mit Hilfe dessen er durchsetzen kann, dass die unwirksame Regelung entfällt bzw. von der ESt. durch eine wirksame neue ersetzt wird.[1428] Eine sofortige Abänderung der rechtswidrigen Praxis lässt sich (rückwirkend) mit Leistungsklagen der Betroffenen erreichen.

326 Mitbestimmungsrechte, bei Unterstützungs- und Pensionskassen dann gem. Nr. 8 (vgl. Rn. 281), bestehen auch, wenn die betriebliche Altersversorgung durch Entgelt des AN finanziert wird, das z. B. entsprechend § 1 a BetrAVG **in Versorgungszusagen umgewandelt** worden ist (sog. »**Riester-Rente**«).[1429] Der individuelle Umwandlungsanspruch ist zwar in § 1 a Abs. 1 BetrAVG zwingend geregelt, ansonsten hat der AG allerdings in einer Reihe von Fragen

1418 *LAG Hamm* 18.12.75, AuR 76, 122, Ls.

1419 vgl. *Schang,* S. 219 ff.

1420 Vgl. *Schang,* S. 202 ff., 212 ff., 222 f. und auch Rn. 350.

1421 *BAG* 12.6.75, 18.3.76, 26.4.88, AP Nrn. 1 – 4, 16 zu § 87 BetrVG 1972 Altersversorgung; 24.1.06, DB 07, 471 (472); vgl. auch *LAG Niedersachsen* 30.9.88, NZA 89, 149 f., das die Zuständigkeit der ESt. bejaht, wenn in der Gewinn- und Verlustrechnung Rückstellungen für die Altersversorgung vorgesehen sind; *Fitting,* Rn. 455; GK-*Wiese,* Rn. 845 ff.

1422 *BAG* 12.6.75, 18.3.76, AP Nrn. 1 – 4 zu § 87 BetrVG 1972 Altersversorgung; 11.12.01, DB 03, 293 (294); 29.7.03, NZA 04, 1344 (1345); *Reinecke,* AuR 04, 328 ff.; *Schoden,* Rn. 162 f.

1423 Vgl. zur **Kündigung** einer BV über betriebliche Altersversorgung und ihren Auswirkungen *BAG* 11.5.99, AuR 00, 386 ff. mit krit. Anm. *Herbst/Matthes;* 17.8.99, DB 00, 774 ff.: Keine Nachwirkung, falls kein Raum für eine Neuverteilung bleibt, aber Weitergeltung der wirksam gekündigten BV (**Beschränkung der Kündigungswirkungen**) als solcher für nicht antastbare Besitzstände der AN; vgl. auch *BAG* 21.8.01, NZA 02, 575 (578); *Fitting,* Rn. 463 ff.

1424 Wie vor und *BAG* 16.2.93, DB 93, 1240; 29.7.03, a. a. O.; *Schoden,* Rn. 156.

1425 *BAG,* 21.1.03, NZA 04, 331 (333), 24.1.06, DB 07, 471 (472).

1426 GK-*Wiese,* Rn. 854; vgl. zur Zulässigkeit ablösender BV § 77 Rn. 23 ff.

1427 *BAG,* a. a. O.

1428 Zur Kritik an der *BAG*-Rspr. vgl. Rn. 314 ff.

1429 vgl. hierzu *Höfer,* DB 01, 1145 ff.; *Kerschbaumer/Perreng,* AiB 01, 569 ff.; *Reinecke,* NJW 01, 3511 (3513 ff.) und *Schoden,* Teil 2, § 1 a BetrAVG, Rn. 4 ff.

Regelungsspielräume (Vereinbarungsentwurf bei DKKWF-*Klebe/Heilmann*, § 87 Rn. 60), bei denen das Mitbestimmungsrecht eingreift.[1430] Dies ist z. B. der Fall bei

- der Bestimmung des **Durchführungswegs** (§ 1 a Abs. 1 Satz 2 BetrAVG: »... durch Vereinbarung geregelt.«),[1431]
- der Festlegung der **Versorgungsleistungen** und **-voraussetzungen** (Leistungsordnung, -plan) sowie
- der Entscheidung, ob der AG gem. § 1 a Abs. 1 Satz 5 BetrAVG verlangt, dass während eines laufenden Kalenderjahrs **gleich bleibende monatliche Beträge** verwendet werden.[1432]

Die früheren *BAG*-Entscheidungen[1433] gegen ein Mitbestimmungsrecht bei der Wahl des Durchführungswegs und für seine Einschränkung beim Leistungsplan sind hier nicht einschlägig, da sie mit der **Dotierungsfreiheit des AG** begründet werden, die bei der Entgeltumwandlung keine Rolle spielt.[1434] Die Mitbestimmungsrechte – **Nr. 4** kommt ebenfalls in Betracht (vgl. Rn. 136) – bestehen auch hier nur insoweit, als **keine abschließende tarifliche Regelung** vorliegt. TV müssen selbstverständlich ebenso den allgemeinen Grundsätzen entsprechen und dürfen die Mitbestimmungsrechte z. B. nicht dadurch »regeln«, dass das einseitige Bestimmungsrecht des AG wiederhergestellt wird (vgl. Rn. 48 f.). 327

Der Mitbestimmung des BR unterliegen 328

- **Aufstockungsleistungen bei der Altersteilzeit**, wenn sich der AG, falls kein individueller Anspruch besteht, zu deren Einführung entschlossen hat und dazu, für die Aufstockung finanzielle Mittel zur Verfügung zu stellen,[1435]
- die Gewährung von günstigen **Firmendarlehen** (DKKWF-*Klebe/Heilmann*, § 87 Rn. 53 (**Vereinbarungsentwurf**),[1436]
- verbilligte/kostenlose **Outplacement**-Beratungen/Betreuungen,
- die abstrakte Festlegung von Tatbeständen (Arbeitsplätzen), nach denen sich die Zahlung eines tariflichen **Erschwerniszuschlags** richten soll,[1437]
- die Festlegung der Zeitspanne für einen tariflichen Nachtarbeitszuschlag,[1438]
- **Mietzuschüsse,**
- die **Kostenübernahme** für Familienheimfahrten,[1439]
- Regelungen des **Mankogeldes** (DKKWF-*Klebe/Heilmann*, § 87 Rn. 55 (Checkliste) und Rn. 56 (Vereinbarungsentwurf),[1440]
- die Änderung der **Abrechnung von Dienstbereitschaftszeiten,** die nicht mehr pauschal, sondern nur nach tatsächlich geleisteten Stunden berechnet werden,[1441]
- eine pauschale Abgeltung geleisteter Überstunden mit dem Jahresgehalt,[1442]
- eine **Pauschalierung der Überstundenvergütung,**[1443]

1430 **A. A.** die **h. M.**,vgl. ErfK-*Kania*, Rn. 99; *Fitting*, Rn. 468 f. (allerdings ein Mitbestimmungsrecht nach Nr. 4 bejahend); GK-*Wiese*, Rn. 823; HWGNRH-*Worzalla*, Rn. 541; HWK-*Clemenz*, Rn. 191; Richardi-*Richardi*, Rn. 743, 855; WPK-*Bender*, Rn. 235; *Kemper*, FS Förster, S. 207 (212 ff.); *Schnitker/Grau*, BB 03, 1061 ff. (Mitbestimmungsrechte allenfalls bei der Ausgestaltung der Versorgungsbedingungen); im Beschluss des *BAG*, 29.7.03, NZA 04, 1344 (1346) war die Frage nicht entscheidungserheblich; vgl. auch *BAG* 19.7.05, DB 05, 2252 zum Recht des AG, den Versicherungsträger auszuwählen.

1431 a. A. HaKo-BetrVG/*Kohte*, Rn. 131.

1432 Vgl. auch HaKo-BetrVG/*Kohte*, Rn. 131 ff. (die Mitbestimmung bejahend bei der Auswahl des Versicherungsträgers und der Leistungsordnung); *Klemm*, NZA 02, 1123 (1129 f.).

1433 Vgl. z. B. 12.6.75, AP Nrn. 1 – 3 zu § 87 BetrVG 1972 Altersversorgung.

1434 Vgl. insbes. *Blomeyer*, DB 01, 1413 (1418), der das Mitbestimmungsrecht im Ergebnis allerdings wegen des zwingenden Umwandlungsanspruchs nicht durchgreifen lässt.

1435 BAG 10.12.13, NZA 14, 1040 (1043).

1436 *BAG* 9.12.80, AP Nr. 5 zu § 87 BetrVG 1972 Lohngestaltung; GK-*Wiese*, Rn. 831.

1437 *BAG* 4.7.89, DB 90, 127.

1438 *BAG* 21.9.93, DB 94, 1193.

1439 *BAG* 10.6.86, AP Nr. 23 zu § 87 BetrVG 1972 Lohngestaltung.

1440 *ArbG Karlsruhe* 5.11.93 – 7 BV 2/93 (rechtskräftig); *Hjort*, AiB 94, 279 f.; *LAG Baden-Württemberg* 14.9.93 – 13 TaBV 2/93 (wegen Errichtung einer ESt.); zu Regelungsgrenzen vgl. *BAG* 17.9.98, BB 99, 264 ff.

1441 *LAG Frankfurt* 26.2.85, DB 85, 1799, Ls.; KassArbR-*Etzel*, 9.1, Rn. 596; *SWS*, Rn. 169.

1442 *HessLAG* 15.1.09 – 5 TaBV 140/08.

1443 Vgl. zur Überprüfung der **Angemessenheit von Pauschalabreden** gem. § 307 BGB *BAG* 31.8.05,

- **Ergebnisbeteiligungen,**[1444]
- **Belegschaftsaktien** und **Aktienoptionen,**[1445] auch wenn die entsprechenden Entscheidungen (wie z. B. begünstigter Personenkreis, Verteilungskriterien) letztlich bei einer **Muttergesellschaft im Ausland** fallen,[1446] da auch dann die Voraussetzungen des Eingangssatzes nicht vorliegen (vgl. auch Rn. 21, 42 ff.; § 94 Rn. 2),
- **Umsatzprämien,**[1447]
- **Bleibe- bzw. Treueprämien** (für ein zu einem bestimmten Zeitpunkt ungekündigtes Arbeitsverhältnis),
- **Jahressonderzahlungen,**[1448]
- **Flüge,** mit denen die Übernahme von **Führungsverantwortung** honoriert werden soll,[1449]
- **Sonderboni** oder sonstige Sonderzahlungen, auch wenn sie nur einmalig und erst nachträglich im Hinblick auf erbrachte Leistungen gezahlt werden,[1450]
- **Streikbruchprämien,** sofern sie überhaupt zulässig sind,[1451] jedenfalls dann, wenn die (in diesem Falle hinsichtlich der Streikenden gegen das **Maßregelungsverbot des § 612 a BGB** verstoßende) Zahlung erst nach Beendigung des Streiks zugesagt wird,[1452]
- **Jubiläumszuwendungen** (vgl. auch DKKWF-*Klebe/Heilmann,* § 87 Rn. 54),[1453]
- **Urlaubsentgelt**[1454]
- und die Gewährung von bezahlten Freistellungen, wie z. B. **Zusatzurlaub**[1455] oder freien Tagen als Ausgleich für **Nachtarbeit**[1456] und für die Durchführung und Bezahlung von **Betriebsausflügen** und entsprechenden Veranstaltungen.[1457]

NZA 06, 324 (328 f.) und auch 28.9.05, NZA 06, 149 (150 f.); 7.12.05, NZA 06, 423 (426 ff.), bestätigt vom *BVerfG* 23.11.06, NZA 07, 85 (86 f.).

1444 *BAG* 28.11.89, NZA 90, 559 (560); *LAG Bremen* 27.10.78, AP Nr. 1 zu § 87 BetrVG 1972 Lohngestaltung; *GL,* Rn. 219; zur Gestaltung vgl. *Hase,* AiB 06, 618 ff. und auch *Sendel-Müller/Weckes,* S. 19 ff.

1445 *BAG* 28.11.89, NZA 90, 559 (560); ErfK-*Kania,* Rn. 97; GK-*Wiese,* Rn. 823; *Röder/Göpfert,* BB 01, 2202 ff.; zur steuerrechtlichen Behandlung *BFH* 24.1.01, NZA-RR 01, 376 ff. m. w. N.

1446 *BAG* 9.2.93, NZA 93, 906 (909); *LAG Nürnberg* 22.1.02, NZA-RR 02, 247 (248); *Fischer,* BB 00, 562 (563 f.); *ders.,* AuR 02, 7 (11 f.); a. A. für diesen Fall *Lingemann/Diller/Mengel,* NZA 00, 1191 (2000); *Otto/Mückl,* DB 09, 1594 ff. *LAG Baden-Württemberg* 9.4.14 – 19 TaBV 7/13, juris lässt diese Frage letztlich offen, bejaht aber BR-Rechte aus § 75 und bereits aus diesem Grunde entsprechende Unterrichtungsansprüche nach § 80 Abs. 2.

1447 *BAG* 25.4.95, DB 96, 278.

1448 *BAG* 11.2.92, DB 92, 1730 (1731); zur Verrechnung einer betrieblichen Treueprämie mit tariflicher Jahressonderzahlung vgl. *BAG* 3.3.93, DB 93, 1930 (1931); zu fehlzeitenorientierten Sonderzahlungen *Gaul,* DB 94, 1137 ff.; das Mitbestimmungsrecht umfasst hierbei nach richtiger Auffassung auch die Festlegung und nähere Ausgestaltung, soweit diese überhaupt zulässig sind (vgl. z. B. *Däubler,* Das Arbeitsrecht 2, Rn. 787 ff. m. w. N.), von **Rückzahlungs-/Bindungsklauseln** (str.; in diesem Sinne *BAG* 25.1.84, DB 84, 2251 (2253); vgl. auch die Rückzahlungsklauseln bei Gewährung eines KFZ-Verkaufsrabatts für Werksangehörige *BAG* 26.5.93, ZIP 93, 1251 (1253) = EzA § 9 AGB Nr. 1 mit zustimmender Anm. *Streckel* und die Vorinstanz *LAG Niedersachsen* 14.2.92, AuR 93, 156 (157) mit zustimmender Anm. *Kothe;* a. A. Richardi-*Richardi,* Rn. 742). Dies folgt bereits daraus, dass die Zweckbestimmung bei freiwilligen Leistungen des AG dem Mitbestimmungsrecht unterliegt (Rn. 318). Folgt man dieser Auffassung nicht, ist die Zweckbestimmung (z. B. die Honorierung der Betriebstreue) frei, während die Festlegung der Voraussetzungen im Einzelnen als **Ausgestaltung** bzw. **Verteilungsgrundsatz** mitbestimmungspflichtig ist (Rn. 318, 338).

1449 *LAG Köln* 13.7.05, NZA-RR 06, 415.

1450 *BAG* 14.6.94, DB 95, 680 ff.; 29.2.00, NZA 00, 1066 (1067); *Fitting,* Rn. 413; vgl. auch *Lindemann/Simon,* BB 02, 807 (813).

1451 Vgl. hierzu *BAG* 11.8.92, DB 93, 234 (235 f.); 13.7.93, DB 94, 148 ff.; ErfK-*Dieterich,* GG, Art. 9 Rn. 215 f. m. w. N.

1452 *LAG Hamm* 16.9.97, AiB 98, 588 (589 m. Anm. *Kettner*).

1453 *Bösche/Grimberg,* AiB 92, 58 f. mit einem BV-Entwurf.

1454 *BAG* 3.12.02, NZA 03, 1219 (1221).

1455 A. A. *BAG* 27.6.85, DB 86, 596 (597); GK-*Wiese,* Rn. 827; HWGNRH-*Worzalla,* Rn. 541.

1456 *BAG* 26.8.97, NZA 98, 441 (444); *Fitting,* Rn. 436; *SWS,* Rn. 172 d; zu § 6 Abs. 5 ArbZG vgl. auch *BAG* 5.9.02, NZA 03, 563 ff.

1457 Das *BAG* (27.1.98, BB 98, 1419, 1420; vgl. auch *LAG München* 3.12.98, NZA-RR 99, 525) will zu Unrecht die Vorschrift nur anwenden, wenn eine bezahlte Freistellung bzw. Zeitgutschrift **beson-**

Die Mitbestimmung besteht für 329
- ermäßigte Beiträge in **betrieblichen Kindergärten,**[1458]
- **Kinderzuschläge,**
- **Wohngeldzahlungen,**
- **Zahlungen für die dienstliche Nutzung der Wohnung,**[1459]
- **Ausbildungsbeihilfen,**
- **Witwenrenten,**[1460]
- **Prämien für Unfallfreiheit,**[1461]
- die Gestattung der privaten Nutzung dienstlich erlangter Bonusmeilen,[1462]
- zusätzlichen **Nichtraucherurlaub,**
- die Zahlung **zusätzlichen Urlaubsgeldes,**[1463]
- die **Einführung** und **Änderung** einer betrieblichen **Lohn- oder Gehaltsgruppenordnung,** d. h., die inhaltliche Ausgestaltung der Entgeltgruppen mit der Festlegung der Gruppenmerkmale und auch der abstrakten Festsetzung der Wertunterschiede nach Prozenten oder anderen Bezugsgrößen.[1464] Dies gilt auch nach Wegfall des ursprünglichen Geltungsgrundes, wie z. B. nach Wegfall eines TV. Der AG hat das bisher als tarifliches geltende Entgeltschema fortzuführen und kann es nicht einseitig ändern.[1465] Macht er dies trotzdem, können die AN weiter eine Vergütung auf der Grundlage der zuletzt angewendeten (tariflichen) Entlohnungsgrundsätze verlangen.[1466] Es werden hier auch die Fälle erfasst, dass der AG z. B. durch individualrechtliche Vereinbarungen mit den AN (auch durch Vereinbarung eines schlechteren TV) von einem lediglich nachwirkenden TV abweichen will. Das Mitbestimmungsrecht besteht ebenfalls, wenn der AG untertarifliche Entgeltgruppen einführt, von denen er behauptet, dass sie vom TV nicht erfasst werden. Ist die tarifliche Regelung abschließend, ist die Maßnahme zudem als Verstoß gegen den TV unwirksam und die Gewerkschaft kann einen Unterlassungsanspruch geltend machen (vgl. auch Einleit. Rn. 207). Findet ein tarifliches Entgeltsystem und damit der Tarifvorrang des Eingangssatzes Anwendung, wendet das *BAG* **zu Unrecht** die Regelungen des TV auch auf nicht tarifgebundene AN an, soweit sie der erzwingbaren Mitbestimmung unterliegen, damit keine Schutzlücke entsteht (vgl. zur Kritik Rn. 37).[1467] Besteht **keine Tarifbindung** ist die Vergütung insgesamt mit allen ihren Bestandteilen der Ausgangspunkt, die Referenz.[1468] Wird diese **Gesamtvergütung**, z. B. durch Streichung eines für alle Beschäftigten gleichen Bausteins, verändert, ändert der AG die Entlohnungsgrundsätze, und greift, da er, jedenfalls in aller Regel, Gestaltungsspielraum hat, das Mitbestimmungsrecht ein.[1469] Die Ent-

---

deren Vergütungscharakter hat, also z. B. eine Erfolgsprämie darstellt (hierzu Rn. 300); vgl. auch Rn. 84.

1458 *BAG* 22.10.81, AP Nr. 10 zu § 76 BetrVG 1972.

1459 *Bösche/Grimberg*, FS Gnade, S. 377 (388).

1460 *BAG* 9.12.80, AP Nr. 5 zu § 87 BetrVG 1972 Lohngestaltung.

1461 *LAG Schleswig-Holstein* 11.3.80, BetrR 81, 428.

1462 **»Miles and More«**; diese stehen dem AG zu (*BAG* 11.4.06, DB 06, 2068 ff.).

1463 *BAG* 31.1.84, 10.2.88, AP Nrn. 15, 33 zu § 87 BetrVG 1972 Lohngestaltung.

1464 *BAG* 11.6.02, DB 02, 2725 (2726 f.; **Konsequenz**: Weitere Anwendung einer Vergütungsordnung ohne die einseitigen, das Mitbestimmungsrecht verletzenden Änderungen des AG); 2.3.04, NZA 04, 852 (855); 18.10.11, NZA 12, 392 (394); 30.10.12, NZA 13, 522 (523 f.), juris; *LAG Düsseldorf* 31.7.12 – 17 TaBV 38/11, juris; *Fitting*, Rn. 426; vgl. hierzu auch *Schüren*, RdA 96, 14 (18 ff.).

1465 *BAG* 4.5.11, NZA 11, 1239 (1242); a. A. GK-Wiese, Rn. 939 ff.

1466 Vgl. z. B. *BAG* 17.5.11, NZA-RR 11, 644 (646 m. w. N.); 5.5.15, NZA 15, 1207 (1208 f.).

1467 18.10.11, NZA 12, 392 (395); zustimmend HaKo-BetrVG/*Kohte*, Rn. 13; Kempen/Zachert-*Wendeling-Schröder*, Grundlagen, Rn. 471 f.; ErfK-*Kania*, Rn. 15, 100 und Richardi-*Richardi*, Rn. 767; a. A. *Wiese*, RdA 12, 332 (337); HWGNRH-*Worzalla*, Rn. 558 f.

1468 *BAG* 15.4.08, NZA 08, 888 (891); 26.8.08, NZA 08, 1426 (1429); *Fitting*, Rn. 452; *Kreft*, FS Bepler, S. 317 (321 m. w. N.); a. A. GK-*Wiese*, Rn. 862; *ders.*, RdA 12, 332 (333) jeweils m. w. N.

1469 *BAG* 26.8.08, NZA 08, 1426 (1429); 10.12.13, NZA 14, 1040 (1042); *Fitting*, Rn. 453; Richardi-*Richardi*, Rn. 766; Kittner/Zwanziger/Deinert-*Stumpf*, § 28 Rn. 24 b; *Kreft*, FS Bepler, S. 317 (321 f.); *Benecke*, AuR 15, 306 (308 f.); a. A. GK-*Wiese*, Rn. 862, der für eine Aufteilung in inhaltlich eigenständige Vergütungsbestandteile und jeweils entsprechend isolierte Betrachtung plädiert, auch bei Regelung in einer einheitlichen BV; HWGNRH-*Worzalla*, Rn. 558 f.

lohnungsgrundsätze werden also dann schon geändert, wenn auch nur ein Bestandteil geändert wird. Dabei ist es gleichgültig, ob dieser Vergütungsbestandteil auf einer BV oder einer arbeitsvertraglichen Regelung beruht. Arbeitsvertragliche Abreden sind bei der **Ausübung des Mitbestimmungsrechts** zu berücksichtigen, ggfs. in der ESt. als Belange des Betriebs.[1470] Es ist allerdings auch möglich, dass eine zusätzliche freiwillige (ohne gesetzliche oder vertragliche Verpflichtung) Leistung ohne Pendant im bisherigen Entlohnungssystem vom AG aufgrund einer isolierten, die Zahlung umfassend und abschließend regelnden BV erbracht wird. Eine solche BV, die die geltenden betrieblichen Entlohnungsgrundsätze nach dem Willen der Betriebsparteien unberührt lassen soll, kann vom AG, der die Leistung einstellen will, einseitig beendet werden.[1471] Diese Möglichkeit entsteht allerdings nicht bereits bei bloßer Aufspaltung der Gesamtvergütung in mehrere BV.[1472]

330 Das Mitbestimmungsrecht erfasst weiter

- **übertarifliche Zulagen**[1473] und deren Verrechnung mit Tariflohnerhöhungen, gleich ob die Zulage neben dem Tariflohn gesondert ausgewiesen wird oder ein Gesamtbetrag gezahlt wird, aus dem sich die Zulage herausrechnen lässt,[1474]
- die Weitergabe einer Tariferhöhung an Nichtorganisierte im Wege einer Gesamtzusage, da hierbei mehrere Verteilungsentscheidungen möglich sind,[1475]
- die Entscheidung des AG, den AN ein Wahlrecht zwischen zwei TV einzuräumen, weil er damit für Nichtorganisierte eine freiwillige Leistung erbringt und je nach TV-Inhalt eine übertarifliche bei einem Wechsel der Gewerkschaftsmitglieder zu dem an sich für sie nicht geltenden TV,[1476]
- die Vergabe von sog. **Werkdienstwohnungen** (vgl. Rn. 286). Die Überlassung ist unmittelbarer Bestandteil des Arbeitsverhältnisses und Teil der Vergütung des AN; sie unterfällt schon deshalb der betrieblichen Lohngestaltung. Werden derartige Wohnungen mit einem »**Personalrabatt**« an bestimmte AN des Betriebs vergeben, kann eine solche Ermäßigung im Rahmen der betrieblichen Lohngestaltung nur unter Berücksichtigung des Mitbestimmungsrechts erfolgen.
- Stellt der AG unentgeltlich oder verbilligt **Parkraum** z. B. auf dem Firmengelände für die AN zur Verfügung, so unterliegt dies ebenfalls der Norm.[1477]

331 Das Mitbestimmungsrecht besteht auch bei

- der Gestattung einer günstigen privaten Nutzung von **Firmenwagen**,[1478] Das Mitbestimmungsrecht besteht auch hinsichtlich der Frage, ob der AG die von ihm beschlossene Privatnutzung einführen kann (Rn. 314) und wenn alle betroffenen Mitarbeiter unterschiedslos die gleiche Art von Dienstwagen erhalten. Auch dies ist ein Verteilungsgrundsatz (Rn. 314). Bei einer generellen Herabstufung von Klasse/Typ der Dienstwagen kann das Mitbestimmungsrecht ebenfalls eingreifen, wenn sich der geldwerte Vorteil zwar für alle Nutzer reduziert, dies aber die Verteilungsgrundsätze verändert (Checkliste [Rn. 58] und Vereinbarung [Rn. 59] bei DKKWF-*Klebe/Heilmann,* § 87),[1479]

1470 *BAG* 28.6.05, AP Nr. 25 zu § 77 BetrVG 1972 Betriebsvereinbarung; 26.8.08, NZA 08, 1426 (1429);18.3.14, NZA 14, 984 (985); *Fitting,* Rn. 452; *Kreft,* FS Bepler, S. 317 (320 f. m. w. N.).

1471 *BAG* 10.12.13, NZA 14, 1040 (1042 f.).

1472 *BAG* 5.10.10, NZA 11, 598 (600); *Fitting,* Rn. 453 a.

1473 Auch wenn sie linear im Vorgriff auf einen zu erwartenden Tarifabschluss gezahlt werden: *LAG Hamburg* 9.12.92 – 4 TaBV 6/92.

1474 *BAG* 22.9.92, BB 93, 135 und umfassend *Schirge/Trittin,* AiB 90, 227 ff.; vgl. oben Rn. 257 ff. und zu **Regelungsproblemen einer BV** *Mache,* AiB 91, 349 f.; *Bösche/Grimberg,* AiB 91, 350 f.; *Schirge,* AiB 89, 122 ff.

1475 *LAG Hamm* 26.4.13 – 13 TaBV 21/13, juris.

1476 A. A. *LAG Düsseldorf* 17.10.13 – 5 TaBV 41/13, juris.

1477 Vgl. *Richter,* AiB 94, 736 (749).

1478 *LAG Hamm* 7.2.14, LAGE § 87 BetrVG 2001 Betriebliche Lohngestaltung Nr. 5; *ArbG Hamburg* 7.7.94, AiB 94, 760 f. (mit Anm. *Grimberg*), das auch Nrn. 1 (hierzu vgl. Rn. 67) und 7 anspricht; HWGNRH-*Worzalla,* Rn. 537; *Yakhloufi/Klingenberg,* BB 13, 2102 (2105 f.); *Wedde* AiB 91, 448 ff. und *Bösche/Grimberg,* FS Gnade, S. 377 (390 f.); vgl. auch *Grobys/v. Steinau-Steinbrück,* NJW-Spezial 09, 514 f. allerdings mit zu weitgehenden Einschränkungen.

1479 Das *BAG* (27.3.83 – 1 ABR 48/81) hat in der Sache noch nicht entschieden und den damaligen

- bei **Firmenkreditkarten** (Rn. 201),[1480]
- betrieblichen **Telefonanlagen/Mobiltelefonen/PC mit Internetzugang,**[1481]
- verbilligten Mahlzeiten, die der AG zur Verfügung stellt,[1482]
- **Zuschüssen** z. B. zu Essenmarken oder Fahrgeld.[1483]
- einer kostenlosen Beförderung[1484] bzw. der Erhöhung des AN-Beitrags im **Werksverkehr,**[1485]
- Nachlässen auf vom AG bezogene Waren, wie z. B. **Jahreswagen**[1486] und einem Personaleinkauf von Kantinenwaren zum Selbstkostenpreis,[1487]
- dem steuerpflichtigen Teil der **Nahauslösung**[1488] und bei **Spesen,** jedenfalls wenn die Pauschbeträge von vornherein nicht nur die Lohnsteuerfreibeträge, sondern auch die Aufwendungen, die der AG für erforderlich halten kann, übersteigen.[1489]

Die allgemeine Abänderung einer auf einer vertraglichen Einheitsregelung beruhenden **Auslösung** bedarf ebenfalls der Mitbestimmung des BR.[1490] **332**

Sie bezieht sich auch auf die **Verkaufs- und Lieferbedingungen** der AG-Produkte (vgl. auch Rn. 330 f.).[1491] Diese sind wie die ebenso üblicherweise vorformulierten Leistungsbedingungen bei AG-Darlehen auch an Hand der Bestimmungen der **§§ 305 ff. BGB,** wie z. B. im Hinblick auf überraschende und mehrdeutige Klauseln (§ 305 c BGB) vom BR einer Inhaltskontrolle zu unterziehen.[1492] **333**

Das Mitbestimmungsrecht greift auch ein, wenn der AG Wettbewerbe mit Preisen für die Gewinner durchführt,[1493] und bei der Verteilung des Weihnachtsgeldes.[1494] **334**

Provisionszahlungen sind jedenfalls nach Nr. 10 mitbestimmungspflichtig, wenn nicht Nr. 11 eingreift (vgl. Rn. 282). So besteht ein Mitbestimmungsrecht z. B. in der Frage, welcher Artikel welcher Provisionsgruppe zugeordnet wird und wie das Verhältnis der festen zu den variablen Einkommensteilen zu definieren ist.[1495] Nicht der Mitbestimmung unterliegt die Festlegung der **Aufgabengebiete für Außendienstmitarbeiter.**[1496] **335**

Leistungen aus einem sog. **Liquidationspool,** der aus den Honorareinnahmen von Chefärzten gespeist wird, fallen dann unter die Vorschrift, wenn hiermit der AG den nachgeordneten Ärzten eine zusätzliche Vergütung verschaffen will, mit der Zahlung also nicht lediglich standesrechtliche Obliegenheiten der Chefärzte erfüllt werden.[1497] **336**

Antrag als unzulässig abgewiesen; vgl. auch *BAG* 11.10.00, NZA 01, 445 (447): **Private Nutzung** ist **geldwerter Vorteil** und Sachbezug; ebenso *BAG* 5.2.04, DB 04, 1266 (1267); 23.6.04, NZA 04, 1287 (1288); zur Vertragsgestaltung vgl. *Keilich,* AuA 09, 264 ff.

1480 *Lunk/Hinrichs,* DB 07, 2144 (2149).

1481 HWGNRH-*Worzalla,* Rn. 537; *LAG Hamm* 7.4.06, NZA-RR 07, 20 (22): Nicht bei der Untersagung der privaten Nutzung.

1482 *Bösche/Grimberg,* AiB 95, 395 ff.

1483 *BAG* 22.10.85, AP Nr. 18 zu § 87 BetrVG 1972; 22.10.85, AP Nr. 5 zu § 87 BetrVG 1972 Werkmietwohnungen; 15.1.87, AP Nr. 21 zu § 75 BPersVG; GK-*Wiese,* Rn. 830.

1484 *BAG* 9.7.85, AP Nr. 16 zu § 75 BPersVG.

1485 *LAG Nürnberg* 26.9.89, AiB 90, 74 f. mit Anm. *Schoof* = NZA 90, 503 f.; *Fitting,* Rn. 414.

1486 *BAG* 26.5.93, ZIP 93, 1251 (1252); GK-*Wiese,* Rn. 830; vgl. auch *BAG* 14.6.95, BB 95, 2171 f. und 11.12.96, DB 97, 780 f. zur individualrechtlichen Zulässigkeit des Widerrufs eines Personalrabatts.

1487 *BAG* 8.11.11, NZA 12, 462 (463 f.); *Fitting,* Rn. 414.

1488 *BAG* 17.6.98, DB 98, 2170 (2173 m. w. N.).

1489 *BAG* 27.10.98, NZA 99, 381 (383); zu Recht weiter gehend die Vorinstanz HessLAG 4.9.97, AiB 99, 103 (104 f.): Spesen sind Entgelt, wenn sie die Steuerfreibeträge überschreiten; vgl. insgesamt Rn. 302.

1490 *BAG* 23.11.00, FA 01, 243.

1491 Vgl. *BAG* 26.5.93, a. a. O.; *Kohte,* AuR 93, 158 ff.

1492 HaKo-BetrVG/*Kohte,* Rn. 135; vgl. allgemein *BAG* 25.5.05, NZA 05, 1111 ff.; 11.4.06, NZA 06, 1149 ff. jeweils m. w. N. und zum früheren **AGBG:** *BAG* 26.5.93, a. a. O. (krit. *Hebestreit,* BB 94, 281 ff.); *LAG Saarbrücken* 29.4.87, AR-Blattei, (D) Darlehen, Entscheidungen 2 mit Anm. *Kohte.*

1493 *BAG* 10.7.79, 30.3.82, AP Nrn. 2, 10 zu § 87 BetrVG 1972 Lohngestaltung; hierbei kann zudem **§ 94 Abs. 2** einschlägig sein.

1494 *ArbG Hanau* 27.2.91 – 3 BV 1/91.

1495 *BAG* 13.3.84, 26.7.88, AP Nrn. 4, 6 zu § 87 BetrVG 1972 Provision; 6.12.88, AP Nr. 37 zu § 87 BetrVG 1972 Lohngestaltung.

1496 *BAG* 16.7.91, DB 91, 2677 f.

1497 *BAG* 16.6.98, NZA 98, 1185 (1186 f.); vgl. auch *LAG Hamm* 26.10.01, NZA-RR 02, 302 (303); *Fitting,* Rn. 414; krit. *Löwisch,* ArztRecht 3/99, 64 ff.

337 Die Mitbestimmung erfasst zudem die Festlegung von Regeln für **Zielvereinbarungen** bei der Entgeltfindung (vgl. auch Rn. 67, 203, 351 und § 94 Rn. 9, 44).[1498]

338 Die Mitbestimmung des BR erstreckt sich auch auf den Kreis der **AT-Angestellten.** § 87 Abs. 1 Eingangssatz und § 77 Abs. 3 stehen dem Abschluss von BV nicht entgegen.[1499] Der BR[1500] kann sein Initiativrecht zur **Bildung von Gehaltsgruppen** und Festlegung von Wertunterschieden[1501] zwischen diesen ausüben. Er kann weiter erreichen, dass für die einzelnen Gruppen Bandbreiten in Prozentsätzen oder Verhältniszahlen festgelegt werden,[1502] und mitbestimmen, ob die AT-Gehälter linear oder unterschiedlich nach abstrakten Kriterien erhöht werden sollen.[1503] Nach richtiger Auffassung unterliegt dem Mitbestimmungsrecht entgegen *BAG* die Festlegung der **Abstände zur höchsten Tarifgruppe**[1504] und ebenso die Ausgestaltung einer **Jahressonderzahlung.**[1505] Diese betrifft auch die Festlegung und nähere Ausgestaltung, soweit diese überhaupt jeweils zulässig sind,[1506] von etwaigen **Rückzahlungs-/Bindungsklauseln (str.**; vgl. auch Rn. 318, 328)[1507]. Mitbestimmungsfrei, sofern nach hier vertretener Auffassung der Mindestabstand gewahrt ist, kann der AG entscheiden, ob er die AT-Gehälter erhöhen will. Er kann sich hierzu allerdings in einer freiwilligen BV nach § 88 verpflichten.[1508] Der BR sollte mit einer **BV** die **Bildung von Gehaltsgruppen** mit Mindest- und Höchstwerten, eine Festlegung der Bewertungsverfahren, Regelungen zum Abstand der Gruppen und zur Abgeltung von **Mehrarbeit,** den **Abstand zum Tarifgehalt** und **Verfahren für Höher- und Abgruppierung** festlegen (Checkliste und Vereinbarungsentwurf bei DKKWF-*Klebe/Heilmann*, § 87 Rn. 49 und 50).[1509]

11. Leistungsbezogene Entgelte (Nr. 11)

a) Vorbemerkungen

339 Die Vorschrift steht in einem engen Zusammenhang mit Nr. 10. Die Mitbestimmung des BR erstreckt sich nicht nur auf die Festsetzung der Akkord- und Prämiensätze, sondern auch auf vergleichbare leistungsbezogene Entgelte. Hierbei erfasst das Mitbestimmungsrecht die **Festlegung aller Bezugsgrößen,** die für die Ermittlung/Berechnung von Bedeutung sind, also beim Akkord sowohl den **Zeit**- als auch den **Geldfaktor** (Rn. 355).[1510]

340 Das Mitbestimmungsrecht dient ebenfalls der **Lohngerechtigkeit** und vor allem auch dem **Schutz vor den besonderen Belastungen,** vor Überforderungen, die bei leistungsbezogenen Entgelten entstehen.[1511] Häufig sind leistungsbezogene Entgelte in **TV** geregelt.[1512]

1498 *Fitting*, Rn. 414; *Däubler*, NZA 05, 793 (795); *ders.*, ZIP 04, 2209 ff. zur AGB-Kontrolle von Zielvereinbarungen; *Trittin/Fischer;* AuR 06, 261 (262 f.); *Linck/Koch*, FS Bepler, S. 357 (361 f.); *Annuß*, NZA 07, 290 (296); *Breisig*, Zielvereinbarungen, S. 82 f., 95 ff. (Eckpunkte und Regelungsbeispiele); *ders.*, Zielvereinbarungen im Fokus, S. 115, 129 ff., 164 ff., 190 ff.; *Berwanger*, BB 03, 1499 (1502); *Kort*, NZA 15, 520; *Rieble/Gistel*, BB 04, 2462 (2463).

1499 Vgl. *Fitting*, Rn. 489; Blanke-*Wohlgemuth*, Rn. 775; *Wohlgemuth*, BB 93, 286 (287 f.).

1500 Zur Zuständigkeit vgl. *BAG* 23.3.10, DB 10, 1765 ff.; 18.5.10,NZA 11, 171 (172 ff.).

1501 Vgl. auch *BAG* 18.10.11, NZA 12, 392 (394).

1502 Vgl. *BAG* 22.1.80, 22.12.81, AP Nrn. 3, 7 zu § 87 BetrVG 1972 Lohngestaltung; 27.10.92, DB 93, 1143 (1145); 26.10.04, DB 05, 561 (563); GK-*Wiese*, Rn. 949 f.; HWK-*Clemenz*, Rn. 199.

1503 *BAG* 21.8.90, NZA 91, 434 (436); 27.10.92, DB 93, 1143 (1145); Blanke-*Wohlgemuth*, Rn. 780, 784.

1504 *Fitting*, Rn. 491; *v. Friesen*, AuR 80, 367 ff.; *Wohlgemuth*, BB 93, 286 (288); *Thannheiser*, AiB 7 – 8/14, S. 49 (51); **a. A.** *BAG* 22.1.80, AP Nr. 3 zu § 87 BetrVG 1972 Lohngestaltung; 28.9.94, DB 95, 678; 21.1.03, NZA 03, 810 (811); ErfK-*Kania*, Rn. 106; GK-*Wiese*, Rn. 948; Richardi-*Richardi*, Rn. 783.

1505 *BAG* 11.2.92, DB 92, 1730 (1731); vgl. auch *Hinrichs*, AiB 01, 590 ff.

1506 Vgl. z. B. *Däubler*, Das Arbeitsrecht 2, Rn. 790 ff. m. w. N.

1507 A. A. Richardi-*Richardi*, Rn. 742.

1508 *BAG* 18.10.11, DB 12, 356 (Ls.), juris.

1509 Vgl. auch die bei der Ford AG abgeschlossene BV in AiB 88, 250 ff. sowie die Hinweise von *Rose*, BetrR 86, 431 ff. und *Wohlgemuth*, BB 93, 286 (288).

1510 So BT-Drucks. VI/1786, S. 49; vgl. auch *BAG* 16.4.02, DB 03, 212 (213).

1511 *BAG* 29.3.77, 28.7.81, AP Nrn. 1, 2 zu § 87 BetrVG 1972 Provision; 21.10.03, NZA 04, 936 (938); 23.6.09 – 1 AZR 214/08; *Fitting*, Rn. 499 f.; GK-*Wiese*, Rn. 969; vgl. auch den Überblick von *Tondorf/Mache*, AiB 94, 88 ff. mit einer Auswertung von BV.

1512 Vgl. hierzu und zu praktischen Fragen *Meine/Ohl/Rohnert*, S. 257 ff. und *Ehlscheid/Unterhinning-*

b) Voraussetzungen des Mitbestimmungsrechts

aa) Akkord- und Prämiensätze

Der **Akkordlohn** (Vereinbarungsentwurf bei DKKWF-*Klebe/Heilmann,* § 87 Rn. 61), der immer weiter zurückgeht,[1513] zeichnet sich dadurch aus, dass die Höhe des Entgelts allein nach der vom AN in einer bestimmten Zeit erbrachten Arbeitsleistung bemessen wird.[1514] Dabei wird zwischen dem **Geld- und Zeitakkord** unterschieden. Alle anderen verschiedentlich erwähnten Akkordarten (z B. Stück-, Gewichts- oder Maßakkorde)[1515] sind **Unterfälle** des Geld- oder Zeitakkords. 341

Beim **Geldakkord** wird die Lohnhöhe dadurch ermittelt, dass dem AN pro Leistungseinheit (z. B. einem zu bearbeitenden Stück) ein bestimmter Geldbetrag »vorgegeben« wird. Sein Verdienst richtet sich dann nach der **Anzahl der erbrachten Leistungseinheiten** (z. B. Anzahl der bearbeiteten Stücke) und dem pro Leistungseinheit »vorgegebenen« Geldbetrag. 342

Beim **Zeitakkord** ist eine näher zu bestimmende Zeiteinheit die maßgebliche Berechnungsgrundlage. Dabei wird dem AN pro Leistungseinheit (z. B. einem Stück) ein bestimmter – meist in Minuten ausgedrückter – **Zeitwert** »vorgegeben«. Jeder »Akkordminute« wird dann ein bestimmter Geldbetrag zugerechnet. Die pro Leistungseinheit vorgegebene Minutenzahl (Zeitfaktor) ergibt i. V. m. dem vorgegebenen Geldbetrag (Geldfaktor) und den erbrachten Leistungseinheiten den erzielten Verdienst (Berechnungsbeispiele s. Rn. 347 f.). 343

Ein grundsätzlicher **Unterschied** zwischen dem **Geld-** und dem **Zeitakkord** besteht nicht; sie unterscheiden sich letztlich nur in der Berechnungsart. Jeder Zeitakkord lässt sich rechnerisch ebenso in einen Geldakkord umwandeln wie andererseits der Geldakkord in einen Zeitakkord.[1516] Der Zeitakkord hat sich durchgesetzt und wird überwiegend in den Betrieben dem Geldakkord vorgezogen. Bei Lohnerhöhungen ist er im Übrigen durch die Änderung des Geldfaktors einfacher zu korrigieren als der Geldakkord, der regelmäßig neu festgesetzt werden muss.[1517] 344

Die **Höhe des Akkordlohnes** richtet sich nach der jeweiligen **Akkordvorgabe.** Diese wird entweder frei ausgehandelt oder nach einem arbeitswissenschaftlichen System ermittelt.[1518] Beim Geldakkord ist die Akkordvorgabe der pro Leistungseinheit (Stück) festgesetzte Geldwert. Beim Zeitakkord ist es die Zeit, die pro Leistungseinheit »vorgegeben« wird. 345

Die **Akkordvorgabe** erfolgt grundsätzlich unter Berücksichtigung des **Akkordrichtsatzes.** Dieser setzt sich häufig aus dem tariflichen »Ecklohn« und einem Zuschlag von 15 v. H. zusammen. Den Akkordrichtsatz muss der Akkordarbeiter in einer Stunde verdienen, wenn er die **Normalleistung** (keine Durchschnittsleistung) erbringt. Für den Begriff der Normalleistung gibt es keine annähernd exakte Definition, da es keinerlei Messeinheit für die menschliche Arbeitsleistung gibt.[1519] Allgemein wird darunter die Leistung verstanden, die ein **hinreichend geeigneter und geübter AN** auf **Dauer** in **zumutbarer Weise** erbringen kann.[1520] Aber auch diese Umschreibung kann nur eine Hilfskonstruktion sein, da die tarifliche und betriebliche Festlegung der Normalleistung letztlich lediglich die Verhandlungsmacht beider Seiten zum Ausdruck bringt, es also eine objektiv festliegende Normalleistung ebenso wenig gibt[1521] wie den »gerechten Lohn«. Jedenfalls muss die Akkordvorgabe so erfolgen, dass der AN, der eine höhere als die vereinbarte »Normalleistung« erbringt, auch einen entsprechend höheren und den Akkordrichtsatz übersteigenden Verdienst pro Stunde erzielt. 346

Berechnungsbeispiele für den Akkordverdienst: Ist beim **Geldakkord** der Akkordrichtsatz 347

---

hofen, AiB 02, 295 ff.; insbes. zu individualrechtlichen Fragen des Leistungsentgelts *Schwab,* NZA-RR 09, 1 ff., 57 ff.

1513 , *Meine/Ohl/Rohnert,* S. 263 f.

1514 Vgl. statt vieler *GL,* Rn. 236.

1515 Vgl. dazu auch Richardi-*Richardi,* Rn. 809 ff.

1516 Zur Unterscheidung zwischen Geld- und Zeitakkord vgl. insbes. *Meyenschein-Juen,* S. 19 ff.

1517 Meyenschein-Juen, S. 22 f.

1518 Vgl. dazu *Meine/Ohl/Rohnert,* S. 356 ff.; *Pornschlegel/Birkwald,* Bd. 2, S. 151 ff.; Rn. 250.

1519 Vgl. dazu *Pornschlegel,* BB 65, 206 f.

1520 So auch *BAG* 16.4.02, DB 03, 212 (213); *Fitting,* Rn. 510.

1521 Vgl. auch *BAG* 16.4.02, a. a. O.

beispielsweise auf 21 Euro festgesetzt, muss die Vergütung (Vorgabe) für eine Leistungseinheit (z. B. für ein zu bearbeitendes Stück) so festgesetzt werden, dass der AN pro Stunde bei einer normalen Arbeitsleistung den **Akkordrichtsatz** erreicht. Beträgt die Vergütung für eine Leistungseinheit 3,50 Euro, muss der AN bei normaler Leistung in der Stunde wenigstens 6 Leistungseinheiten erbringen. Dann macht die Vergütung pro Std. 21 Euro (Akkordrichtsatz) aus (3,50 Euro × 6 Leistungseinheiten = 21 Euro). Werden aber durch Mehrleistung des AN in einer Stunde z. B. 7 Leistungseinheiten erbracht, beträgt die Vergütung dann 24,50 Euro (3,50 Euro × 7 Leistungseinheiten = 24,50 Euro).

348 Beträgt beim **Zeitakkord** der Akkordrichtsatz 21 Euro, muss die je Leistungseinheit vorgegebene Minutenzahl (sog. **Zeitfaktor**) so festgesetzt (vorgegeben) werden, dass in Verbindung mit einem festzusetzenden Geldbetrag (sog. **Geldfaktor**; dieser beträgt $^1/_{60}$ des Akkordrichtsatzes; $^1/_{60}$ von 21 Euro = 0,35 Euro) der AN bei normaler Arbeitsleistung in einer Stunde den Akkordrichtsatz erreicht. Ist die Minutenzahl für eine Leistungseinheit (z. B. ein Stück) mit 10 festgesetzt, muss der AN in einer Stunde 6 Leistungseinheiten erbringen, wenn der Akkordrichtsatz erreicht werden soll. Die Berechnung ist wie folgt vorzunehmen: 6 Leistungseinheiten × 10 Minuten (Zeitfaktor) × 0,35 Euro (Geldfaktor) = 21 Euro. Erbringt der AN durch Mehrleistung in der Stunde 7 Leistungseinheiten, ergibt sich folgende Berechnung: 7 × 10 × 0,35 Euro = 24,50 Euro. An den aufgeführten **Berechnungsbeispielen** ist zu erkennen, dass der **Unterschied** zwischen dem Geld- und dem Zeitakkord im Grunde nur **in der Berechnungsart** besteht.[1522]

349 Der **Prämienlohn** (Vereinbarungsentwurf bei DKKWF-*Klebe/Heilmann,* § 87 Rn. 62) ist – wie der Akkordlohn – eine **Art des Leistungslohnes.** Auch hier handelt es sich um eine Vergütung, die für eine besondere Leistung gewährt wird. Voraussetzung ist, dass das Arbeitsergebnis durch den AN beeinflusst, gemessen und mit einer Bezugsleistung verglichen werden kann.[1523] **Bezugsgrößen** können z. B. die Arbeitsmenge, die Güte der Arbeitsausführung, die wirtschaftliche Nutzung von Material, Energie, Maschinen oder Werkzeugen sein.[1524] Es lassen sich unterschiedliche Prämienlohnsysteme vereinbaren, wie z. B. feste oder variable **Standardprämien,** gestaffelte, progressive, degressive, unterproportionale Prämien oder auch sog. **Vario-Prämien** (z B. Sollleistung 135 %, Schwankungsbreite ± 5 %).[1525] Bei der **festen Standardprämie** wird eine Sollzeit/Sollleistung vorgegeben, für deren Einhaltung ein Standardlohn, der über dem Tariflohn liegt (z. B. 140 %), gezahlt wird. Eine Unterschreitung der Zeit/Übererfüllung wird nicht mit Mehrverdienst anerkannt, bei Nichterreichung erfolgt keine Verdienstminderung. Allerdings prüfen in diesem Fall BR und Geschäftsleitung die Ursachen und beraten Maßnahmen, die die Erreichung der Standardleistung in Zukunft sicherstellen.[1526] Bei der **variablen Standardprämie** kann die Unterschreitung der Standardleistung (z. B. um 20 %) zu einer Verringerung des Standardlohnes führen.[1527] In beiden Fällen greift Nr. 11 ein, da eine entsprechende beeinflussbare Leistung der AN Voraussetzung für die Zahlung ist. Auch bei der festen Standardprämie hat die Nichterreichung der Sollleistung mit der durch BR und Geschäftsleitung erfolgenden Überprüfung und ggf. Anpassung der Leistungsvoraussetzungen unmittelbare Konsequenzen. Für die Mitbestimmung des BR ist entscheidend, dass die **Höhe der Prämienentlohnung** von der **persönlichen Leistung** des AN abhängig ist. Deshalb entfällt die Mitbestimmung nach Nr. 11 bei Prämien, die unabhängig von der Leistung des AN gewährt werden, wie z. B. Treue- oder Anwesenheitsprämien.[1528] Sie kann sich aber aus Nr. 10 ergeben (Rn. 300 f.).

1522 Vgl. auch Beispiele bei GK-*Wiese,* Rn. 989 f.; *Meine/Ohl/Rohnert,* S. 265 ff.; *Meyenschein-Juen,* S. 19 f.

1523 *BAG* 10.12.65, AP Nr. 1 zu § 4 TVG Tariflohn und Leistungsprämie; *Fitting,* Rn. 525; GK-*Wiese,* Rn. 993.

1524 *BAG* 16.12.86, AP Nr. 8 zu § 87 BetrVG 1972 Prämie; HWGNRH-*Worzalla,* Rn. 589.

1525 Vgl. ausführlich *Meine/Ohl/Rohnert,* S. 273 ff.

1526 *Meine/Ohl/Rohnert,* S. 279.

1527 Z. B. um 10 %; *Meine/Ohl/Rohnert,* S. 279 f.

1528 *Fitting,* Rn. 528.vgl. auch Rn. 353 a. E.

bb) Vergleichbare leistungsbezogene Entgelte

Die Mitbestimmung bezieht sich auch auf **andere leistungsbezogene Entgelte,** wenn sie mit Akkord- und Prämienlöhnen vergleichbar sind. Der AN muss also in der Lage sein, das Arbeitsergebnis mit seiner Leistung zu beeinflussen.[1529] Darüber hinaus muss, da nicht alle leistungsbezogenen Entgelte erfasst werden,[1530] eine **Vergleichbarkeit mit Akkord und Prämie** gegeben sein. Diese liegt vor, wenn eine Leistung gemessen und mit einer **Bezugs-/Normalleistung** verglichen wird.[1531] Hierzu zählen der sog. **Programmlohn**[1532] und auch **Leistungszulagen,** wenn der AG sie gewährt, weil er von dem AN eine besondere Leistung erwartet, z. B. hinsichtlich des Arbeitsergebnisses oder der Arbeitsausführung, und diese in einem bestimmten Prozentsatz zusätzlich zum Zeitlohn der jeweiligen Entgeltgruppe gewährt werden,[1533] nicht jedoch ein **Pensumentgelt** oder ein **Gainsharing-System.**[1534] 350

Zielvereinbarungen (vgl. hierzu auch Rn. 67, 203, 337 und § 94 Rn. 9 und 44), bei denen sich die vereinbarte Leistung und damit individuell beeinflussbare Vergütung an einer Bezugsleistung ausrichtet, fallen ebenfalls unter die Vorschrift. Auch bei **nicht rein quantitativen Messgrößen,** wie z. B. der Steigerung der Kundenzufriedenheit, in denen eine Bewertung erforderlich ist, gehen AN und AG i. d. R. davon aus, dass nur eine Entscheidung richtig ist. In diesem Falle besteht der unmittelbare Zusammenhang zwischen Leistung und Entgelt.[1535] Gleichwohl empfiehlt sich auch hier eine weitere Beschreibung der Kriterien, die erfüllt sein müssen bzw. Quantifizierung, auch um dem **Transparenzgebot** zu entsprechen.[1536] Für die Frage, ob ein vergleichbares leistungsbezogenes Entgelt vorliegt, kommt es nach richtiger Auffassung **entgegen** *BAG* **nicht** darauf an, wie **aktuell** die Leistungsbeurteilung erfolgt.[1537] 351

Nach Auffassung des *BAG* besteht weder bei **Anteils- und Leitungsprovisionen** noch bei **Abschluss-** und **Vermittlungsprovisionen** ein Mitbestimmungsrecht nach dieser Vorschrift.[1538] Damit schließt das Gericht für weite Bereiche faktisch die Entlohnung von Angestellten vom Geltungsbereich aus. Dem kann in dieser Allgemeinheit nicht gefolgt werden. Vielmehr ist jeweils sehr sorgfältig zu prüfen, welche Form von Provision, unabhängig von der jeweiligen Bezeichnung, vorliegt und welcher Zusammenhang zwischen persönlicher Leistung, Normalleistung und Zahlung besteht.[1539] So hängt zwar bei **Abschluss- und Vermittlungsprovisionen** die Zahlung letztlich davon ab, dass das Geschäft zustande gebracht wird, trotzdem besteht ein direkter Zusammenhang mit der **persönlichen Leistung** und zur ausdrücklich im Gesetz genannten Prämienentlohnung kein Unterschied:[1540] Wird ein bestimmter Betrag/Punktwert mit einer hundertprozentigen Leistung veranschlagt, so wird man dies als Festlegung der »Normalleistung« ansehen können, so dass die Vorschrift nach richtiger 352

1529 Richardi-*Richardi*, Rn. 879; *GL*, Rn. 248 m. w. N.

1530 *BAG* 13.3.84, AP Nr. 4 zu § 87 BetrVG 1972 Provision.

1531 Vgl. z. B. *BAG* 22.10.85, AP Nr. 3 zu § 87 BetrVG 1972 Leistungslohn; 21.10.03, NZA 04, 936 (938); 23.6.09, 1 AZR 214/08; *Fitting*, Rn. 530; GK-*Wiese*, Rn. 972 f.; HWGNRH-*Worzalla*, Rn. 665; vgl. auch *Pornschlegel*, AuR 83, 193.

1532 Vgl. *Däubler*, Das Arbeitsrecht 2, Rn. 779; ErfK-*Kania*, Rn. 127; *Schang*, S. 306 ff.; vgl. auch Rn. 323.

1533 *Fitting*, Rn. 530; *Hanau*, RdA 73, 281 (286); a. M. GK-*Wiese*, Rn. 974.

1534 *Schang*, S. 304 ff., 314 ff.; *Meine/Ohl/Rohnert*, S. 314 ff.; vgl. auch Rn. 323.

1535 *Fitting*, Rn. 498; HaKo-BetrVG/*Kohte*, Rn. 146; *Däubler*, NZA 05, 793 (796); Kittner/Zwanziger/Deinert-*Stumpf*, § 32 Rn. 35 d; *Riesenhuber/v.Steinau-Steinrück*, NZA 05, 785 (788); *Trittin/Fischer*, AuR 06, 261 (263); a. A. *Linck/Koch*, FS Bepler, S. 357(362 f.: Kein Mitbestimmungsrecht bei Leistungen, die qualitativ durch einen Vorgesetzten zu bewerten sind); Richardi-*Richardi*, Rn. 890; *Rieble/Gistel*, ZIP 04, 2462 (2463).

1536 Vgl. *Däubler*, ZIP 04, 2209 (2212 f.).

1537 **A. A.** *BAG* 22.10.85, AP Nr. 3 zu § 87 BetrVG 1972 Leistungslohn, das den Bezug Leistung/Entgelt verneint, wenn die Beurteilung aus dem vergangenen Jahr stammt (ebenso GK-*Wiese*, Rn. 974) oder sich jährlich lediglich aus der Arbeit der ersten drei Monate ergibt (*BAG* 15.5.01, BB 01, 2320); ebenso Richardi-*Richardi*, Rn. 890; WPK-*Bender*, Rn. 264; *Reichold*, Anm. in RdA 02, 242 f.

1538 *BAG* 28.7.81, 13.3.84, 26.7.88, AP Nrn. 2, 4, 6 zu § 87 BetrVG 1972 Provision; *Fitting*, Rn. 535; GK-*Wiese*, Rn. 980 ff.; *GL*, Rn. 251; HWGNRH-*Worzalla*, Rn. 668; *LK*, Rn. 257; **a. A.** *BAG* 29.3.77, AP Nr. 1 zu § 87 BetrVG 1972 Provision (bei Abschlussprovisionen).

1539 Vgl. auch HaKo-BetrVG/*Kohte*, Rn. 144.

1540 *Fitting*, Rn. 533; Kittner/Zwanziger/Deinert-*Stumpf*, § 32 Rn. 46 a; *Säcker*, FS Kreutz, S. 399 (404).

Auffassung jedenfalls bei Abschluss- und Vermittlungsprovisionen anwendbar ist. Dies gilt aber auch ohne ausdrückliche Festlegung, denn wie bei Prämiensätzen wird man davon ausgehen müssen, dass den Provisionssätzen eine bestimmte Vorstellung von »Normalleistung« zugrunde liegt. Der Gesetzgeber hat im Übrigen als Beispiel für leistungsbezogene Entgelte in der Begründung des Gesetzentwurfs ausdrücklich Provisionen erwähnt.[1541] In jedem Falle besteht hier das **Mitbestimmungsrecht** nach Nr. 10.

353 Nicht dem Mitbestimmungsrecht nach Nr. 11 unterliegen **arbeitsplatzbezogene Zulagen,** die wegen der besonderen Gegebenheiten gezahlt werden.[1542] Vergleichbare leistungsbezogene Entgelte liegen auch nicht bei Zahlungen vor, die, wenngleich in Erwartung einer bestimmten Leistung, gleich bleibend gewährt werden, wie **Gratifikationen, Ergebnisbeteiligungen, Treue-** oder **Jahresabschlussprämien.**[1543] Auch **Pünktlichkeits-** und **Anwesenheitsprämien** werden vom Mitbestimmungsrecht nicht erfasst. Alle diese Leistungen fallen aber unter Nr. 10.

c) Inhalt des Mitbestimmungsrechts

354 Mit der **Festsetzung der Akkordsätze** ist jede Bestimmung und Änderung gemeint, die sich abstrakt auf bestimmte Arbeitsvorhaben bezieht, nicht aber die individuelle Lohnberechnung für den einzelnen Akkordarbeiter.[1544] Die Festsetzung erstreckt sich auf **alle Bezugsgrößen,** die für die Berechnung des Akkordlohnes von Bedeutung sind, wie die Festsetzung des **Geldwerts** beim Geldakkord für die jeweilige Leistungseinheit, die Bestimmung des **Zeit-** und **Geldfaktors** beim Zeitakkord sowie die Festlegung der **Erholungs-, Verteil-, Rüst-** und **ähnlichen Zeiten.**[1545] Nur so kann der Schutzzweck der Vorschrift erfüllt werden. Es gibt keine von vornherein allein richtige Akkordzeit. Alle Beurteilungssysteme basieren letztlich auf einer Vorstellung von Normalleistung und beinhalten **erheblichen Beurteilungsspielraum.**[1546] Hinsichtlich des Zeitfaktors kann dabei nicht eingewandt werden, das Mitbestimmungsrecht scheide aus, weil die Vorgabe nach anerkannten arbeitswissenschaftlichen Erkenntnissen ermittelt worden sei.[1547] Auch nach Verständigung der Betriebsparteien auf die Anwendung eines wissenschaftlichen Systems bleibt das Mitbestimmungsrecht für die endgültige Festlegung der Vorgabezeiten, auch im Hinblick auf die eingehenden Rüst-, Verteil- und Erholungszeiten, bestehen.[1548]

355 Durch die Mitbestimmung hinsichtlich des Zeit- und Geldfaktors kann der BR direkten Einfluss auf die **Lohnhöhe** nehmen.[1549] Der Wortlaut spricht für die hier vertretene Auffassung, da der Geldfaktor ausdrücklich erwähnt wird. Zudem hat der Gesetzgeber deutlich gemacht, dass hiermit klargestellt werden sollte, dass sich das Mitbestimmungsrecht auf die **Festlegung aller Bezugsgrößen** erstreckt. Ausdrücklich wird für den Akkordlohn das Mitbestimmungsrecht hinsichtlich der Festlegung des Zeitfaktors wie auch des Geldfaktors erwähnt.[1550] Die spätere Änderung des Textes hatte andere Gründe. Die Streichung des Geldfaktors, die von der CDU/

1541 BT-Drucks. VI/1786, S. 49; vgl. auch Richardi-*Richardi,* Rn. 888.
1542 *LAG Niedersachsen* 25.2.80, DB 80, 1849.
1543 *LAG Bremen* 27.10.78, AP Nr. 1 zu § 87 BetrVG 1972 Lohngestaltung; *Fitting,* Rn. 532; *GL,* Rn. 249; HWGNRH-*Worzalla,* Rn. 671.
1544 BT-Drucks. zu VI/2729, S. 29; *Fitting,* Rn. 518.
1545 Vgl. *BAG* 29.3.77, AP Nr. 1 zu § 87 BetrVG 1972 Provision; 24.11.87, 14.2.89, AP Nrn. 6, 8 zu § 87 BetrVG 1972 Akkord; 16.4.02, DB 03, 212 (213); GK-*Wiese,* Rn. 1004 ff., 1009; vgl. zu Erholzeiten auch Rn. 105 und 323.
1546 Vgl. *LAG Düsseldorf* 24.8.81, EzA § 87 BetrVG Leistungslohn Nr. 5; *LAG Nürnberg* 15.11.89 – 3 Sa 263/89; *Fitting,* Rn. 511; *GL,* Rn. 238.
1547 Vgl. *LAG Berlin* 7.11.88, LAGE § 87 BetrVG 1972 Leistungslohn Nr. 5; *LAG Nürnberg* 15.11.89, a. a. O.; *Fitting,* Rn. 511; GK-*Wiese,* Rn. 1004.
1548 *BAG* 16.4.02, a. a. O.
1549 *BAG* 29.3.77, AP Nr. 1 zu § 87 BetrVG 1972 Provision; 20.11.90, BB 91, 835 (836); 9.5.95, DB 95, 2610 (2611); 23.6.09, NZA 09, 1159; *Fitting,* Rn. 516; GK-*Wiese,* Rn. 998 ff.; *WW,* Rn. 78 f.; MünchArbR-*Matthes,* § 251 Rn. 70; **a. A.** HWGNRH-*Worzalla,* Rn. 634 f. m. w. N.; *Joost,* ZfA 93, 257 (271 ff.).
1550 BT-Drucks. VI/1786, S. 49.

CSU-Fraktion vorgeschlagen wurde, wurde ausdrücklich abgelehnt.[1551] Schließlich spricht auch der **Schutzzweck** der Vorschrift für die hier vertretene Auffassung. Die Beeinflussung der Entgelthöhe wird auch bei **freiwilligen leistungsbezogenen Entgelten** vom Mitbestimmungsrecht erfasst.

Das Mitbestimmungsrecht umfasst auch **Studien,** die der AG zur Meinungsbildung **vor Festlegung des Zeitfaktors** durchführen lässt.[1552] Nach solchen Studien ist der BR zwar nicht gebunden; es entsteht allerdings ein faktischer Zwang zur Anwendung. Der BR kommt in die Situation, dass er andere Vorstellungen nur durchsetzen kann, wenn er die durchgeführten Studien anzweifelt. Damit würde das Mitbestimmungsrecht ausgehöhlt. Offen gelassen hat das *BAG,*[1553] ob beim **Übergang von Leistungs- zum Zeitlohn** vereinbarte **Besitzstandsregelungen** auch hinsichtlich der Höhe vom BR erzwingbar sind (vgl. auch Rn. 306). **356**

Der Mitbestimmung unterliegt die Festsetzung der **Prämiensätze.** Insoweit gilt das zur Festsetzung der Akkordsätze Gesagte sinngemäß. Basiert die Prämienentlohnung auf einem arbeitswissenschaftlichen Verfahren, erstreckt sich die Mitbestimmung auf die gesamte Ausgestaltung. Dazu gehören insbesondere die **Prämienart,** die **Bezugsgrößen** und die **sonstigen Anknüpfungspunkte.**[1554] Wie beim Akkordlohn der Geldfaktor, unterliegt beim Prämienlohn die Geldseite der Mitbestimmung. Damit ist vor allem die **Festsetzung des Prämiengrundlohnes,** der **einzelnen Leistungsstufen,** des **Prämienhöchstlohnes** und der **einzelnen Prämien** gemeint.[1555] **357**

Bei anderen **vergleichbaren leistungsbezogenen Entgelten** gilt das zur Festsetzung von Akkord- bzw. Prämiensätzen Gesagte sinngemäß. **358**

d) Durchführung der Mitbestimmung

Die Mitbestimmungsrechte werden unmittelbar durch den **BR** ausgeübt. Bei der Vielzahl der insbesondere in größeren Betrieben anfallenden Akkord- und Prämienregelungen kann die praktische Durchführung der Mitbestimmung allerdings mit erheblichen Problemen verbunden sein. In solchen Fällen sollte dann nach § 28 ein **besonderer Ausschuss** gebildet werden. Diesem können, falls ein Betriebsausschuss gebildet ist, auch bestimmte dem BR obliegende Aufgaben zur selbstständigen Erledigung übertragen werden. Dies gilt allerdings nicht, soweit die Mitbestimmung durch den Abschluss von BV praktiziert wird (§§ 28 Abs. 1, 27 Abs. 2). Der **Abschluss einer BV** ist allein dem BR vorbehalten. **359**

12. Vorschlagswesen (Nr. 12)

a) Vorbemerkungen

Die Mitbestimmung im Bereich des **betrieblichen Vorschlagswesens**[1556] soll insbes. dem Schutz und der freien Entfaltung der Persönlichkeit des AN im Betrieb (§ 75 Abs. 2) dienen[1557] und zur Humanisierung der Arbeitswelt beitragen.[1558] Das betriebliche Vorschlagswesen hat an Bedeutung gewonnen.[1559] **2013** gingen nach einer Befragung von 124 UN mit ca. 1,3 Millionen **360**

1551 BT-Drucks. VI/2729, S. 4, 29.

1552 *LAG Berlin* 7.11.88, LAGE § 87 BetrVG 1972 Leistungslohn Nr. 5; *LAG Nürnberg* 15.11.89 – 3 Sa 263/89; *Fitting,* Rn. 511; GK-*Wiese,* Rn. 1007; Richardi-*Richardi,* Rn. 898; WPK-*Bender,* Rn. 259; *WW,* Rn. 79; **a. A.** *BAG* 10.7.79, AP Nr. 4 zu § 87 BetrVG 1972 Überwachung; 24.11.81, AP Nr. 3 zu § 87 BetrVG 1972 Ordnung des Betriebes; 11.8.93, AuR 93, 374, Ls.; ErfK-*Kania,* Rn. 124; HWGNRH-*Worzalla,* Rn. 652.

1553 16.4.02, NZA 03, 224 (225).

1554 Vgl. z. B. *BAG* 25.5.82, 16.12.86, AP Nrn. 2, 8 zu § 87 BetrVG 1972 Prämie.

1555 *BAG* 25.5.82, 13.9.83, AP Nrn. 2, 3 zu § 87 BetrVG 1972 Prämie; *Fitting,* Rn. 527; GK-*Wiese,* Rn. 1011; zu praktischen Problemen mit dem Entwurf einer BV *Meine/Ohl/Rohnert,* S. 273 ff., 310 ff.

1556 Vgl. den Überblick bei *Schwab,* AiB 07, 520 ff.; *ders.,* NZR-RR 14, 281 ff. und 15, 225 ff.; zur Zuständigkeit der BR-Gremien vgl. auch § 50 Rn. 126 und *Wollscheid,* NZA 12, 889 (891 f.).

1557 *BAG* 28.4.81, 16.3.83, AP Nrn. 1, 2 zu § 87 BetrVG 1972 Vorschlagswesen.

1558 Vgl. *Fitting,* Rn. 536; *Schoden,* AuR 80, 73.

1559 Vgl. auch *Däubler,* BB 04, 2521 ff. zur Rolle des Arbeitsrechts bei Innovationen und BDW-*Wedde,* S. 204 f. zur beschäftigungssichernden Wirkung der Vorschrift.

AN in diesen 947 000 **Verbesserungsvorschläge** ein. **1978** waren es erst 213 000. Hierdurch wurden im ersten Jahr ca. 693 Mio. Euro an rechenbaren Einsparungen erzielt (Deutsches Institut für Betriebswirtschaft GmbH, dib-Report 2014, S. 4, 5). Bei der Bosch GmbH wurden z. B. 2014 33,4 Millionen Euro durch 47 000 Vorschläge von 22 800 AN eingespart, bei der Daimler AG im selben Jahr durch 69 000 Vorschläge ca. 70 Millionen.[1560]

b) Voraussetzungen des Mitbestimmungsrechts

361 Die Vorschrift erfasst alle systematischen Bestrebungen zur Anregung, Sammlung und Bewertung von **Verbesserungsvorschlägen.** Das sind von AN allein, im Arbeitsbereich oder in Arbeitskreisen (z. B. in **Qualitätszirkeln**) entwickelte Vorschläge, die die Vereinfachung oder Verbesserung betrieblicher Einrichtungen und Verfahren bezwecken.[1561] Dazu sollen nach h. M.[1562] jedenfalls **nicht die AN-Erfindungen** zählen. Diese seien durch das Gesetz über AN-Erfindungen (ArbnErfG) abschließend geregelt.[1563] In Betracht kommt allerdings auch hier eine BV nach § 88. Demgegenüber sind **technische Verbesserungsvorschläge** durch das ArbnErfG **nicht abschließend geregelt.** Nach § 3 ArbnErfG handelt es sich dabei um Vorschläge für »technische Neuerungen, die nicht patent- oder gebrauchsmusterfähig sind«. Dafür hat der AG eine **angemessene Vergütung** zu zahlen, wenn sie ihm eine ähnliche **Vorzugsstellung** wie ein gewerbliches Schutzrecht gewähren (§ 20 Abs. 1 i. V. m. §§ 9, 12 ArbnErfG).[1564] Neben der Vergütungsfrage bleibt daher Raum für das Mitbestimmungsrecht (vgl. Rn. 362). Hinsichtlich der einfachen technischen Verbesserungsvorschläge, das sind solche, die dem AG **keine** ähnliche **Vorzugsstellung** wie ein gewerbliches Schutzrecht gewähren,[1565] verweist das ArbnErfG (§ 20 Abs. 2) darauf, dass deren Behandlung einer Regelung durch TV oder BV überlassen bleibt, das **Mitbestimmungsrecht** besteht also **uneingeschränkt.**[1566]

362 Die Vorschriften des ArbnErfG, die sich mit (qualifizierten) **technischen Verbesserungsvorschlägen** befassen, beziehen sich in der Hauptsache auf den **Vergütungsanspruch** der AN. Es handelt sich also nicht um abschließende Regelungen, durch die die Mitbestimmung in vollem Umfang ausgeschlossen würde.[1567] Alle über den Vergütungsanspruch hinausgehenden regelungsbedürftigen Fragen, die für die Behandlung technischer Verbesserungsvorschläge von Bedeutung sein können, unterliegen damit uneingeschränkt der Mitbestimmung.[1568]

363 Über die technischen Verbesserungsvorschläge hinaus unterliegen auch alle **sonstigen Verbesserungsvorschläge** der Mitbestimmung des BR. Dazu gehören u. a. Vorschläge, die sich auf den organisatorischen oder kaufmännischen Bereich beziehen, aber auch Vorschläge, die die Unfallverhütung oder den Gesundheitsschutz betreffen.[1569] Die Vorschläge können auch in einer Weiterentwicklung von **Software** bestehen.[1570] Da §§ 43, 69 b UrhG[1571] nur eine sehr fragmentarische Regelung enthalten, unterliegen auch urheberrechtsfähige Werke der Mitbestimmung.[1572]

1560 Stuttgarter Nachrichten v. 27. 5. 15, S. 10.

1561 Ähnlich *Fitting,* Rn. 539; Richardi-*Richardi,* Rn. 925.

1562 ErfK-*Kania,* Rn. 129; *Fitting,* Rn. 542; GK-*Wiese,* Rn. 1018; *Schwab,* AiB 99, 445 f.; Richardi-*Richardi,* Rn. 927; **a. A.** unter Hinweis auf § 22 ArbnErfG *Däubler,* Tarifvertragsrecht, Rn. 920; *ders.,* Das Arbeitsrecht 1, Rn. 997 b.

1563 Vgl. hierzu *Gaul,* BB 92, 1710 ff.; *Schwab,* AiB 98, 513 ff.; KassArbR-*Bartenbach/Volz,* 2.7, Rn. 12 ff.

1564 Hierzu *Schoden,* Arbeitnehmererfindungen, Rn. 49 ff., 92 ff.

1565 Zur Unterscheidung gegenüber den qualifizierten Vorschlägen vgl. auch *Krauss,* S. 30; *Schoden,* a. a. O., Rn. 102.

1566 ErfK-*Kania,* Rn. 129; *Fitting,* Rn. 545; *Herlitzius,* S. 64.

1567 GK-*Wiese,* Rn. 1023; Richardi-*Richardi,* Rn. 929; MünchArbR-*Matthes,* § 252 Rn. 3.

1568 GK-*Wiese,* Rn. 1023.

1569 So auch ErfK-*Kania,* Rn. 129; GK-*Wiese,* Rn. 1022 m. w. N.; *Däubler,* Das Arbeitsrecht 1, Rn. 997 a.

1570 Vgl. z. B. die Wissensakquisition bei **Expertensystemen,** hierzu *Richenhagen,* AiB 92, 305 (306 f.); die Mitbestimmung ablehnend GK-*Wiese,* Rn. 1021; vgl. auch *Schwab,* AuR 93, 129 ff.; *Hoppmann,* RDV 92, 53 ff.; *Däubler,* AuR 85, 169 ff.; *ders.,* Internet, Rn. 585 ff., 616 ff. (zu Urheber- und Patentrechten).

1571 Hierzu *Schwab,* NZA-RR 15, 5 ff.

1572 *Däubler,* Das Arbeitsrecht 1, Rn. 997 b; a. A. *Leuze,* PersV 09, 364 (366).

Das **betriebliche Vorschlagswesen** und damit die Mitbestimmung erfasst nur die sog. **freien Verbesserungsvorschläge.** Dabei muss es sich um eine **zusätzliche Leistung** handeln, zu der keine Verpflichtung des AN auf Grund des Arbeitsverhältnisses besteht.[1573] Ist der AN bereits kraft seines Arbeitsvertrags gehalten, durch das Einbringen von Verbesserungsvorschlägen zur Rationalisierung oder sonstigen Verbesserung des Arbeitsablaufs im Betrieb beizutragen, entfällt die Mitbestimmung, da diese »dienstlichen Verbesserungsvorschläge« dem betrieblichen Vorschlagswesen i. S. d. BetrVG nicht mehr zugeordnet werden können. Das Mitbestimmungsrecht besteht daher bei der Einführung von **KVP,**[1574] **TQM**-Prozessen[1575] und von **Qualitätszirkeln** (Lernstattgruppen, Werkstattzirkel u. Ä.), da in diesen auch freie Verbesserungsvorschläge erarbeitet werden sollen.[1576] Daneben kommt § 98 in Betracht (vgl. dort Rn. 14). In einer **BV** sollte der BR z. B. Größe, Zusammensetzung und **Organisation** (z. B. Moderatorenauswahl, Konzepte, Methoden) der Qualitätszirkel, die **Art der Themen** und ihre konkrete Festlegung durch die Gruppe, **Qualifikationsmaßnahmen** für die Durchführung, die betroffenen Betriebsbereiche, die Durchführung der Qualitätszirkel während der Arbeitszeit, die Freiwilligkeit der Teilnahme, ein Teilnahmerecht von BR-Mitgliedern sowie eine **Honorierung** (Vergütungs- und Verteilungsgrundsätze) der Gruppenvorschläge (vgl. Rn. 373) festlegen. 364

c) Inhalt des Mitbestimmungsrechts

Durch die Mitbestimmung ist bereits die **Einführung** von Grundsätzen über das betriebliche Vorschlagswesen erfasst. Der AG kann also nicht einseitig handeln. Dabei spielt es keine Rolle, ob er gleichzeitig beabsichtigt, entsprechende finanzielle Mittel zur Verfügung zu stellen, die in ihrem Gesamtumfang nicht dem Mitbestimmungsrecht unterliegen. Entscheidend ist allein, dass überhaupt Grundsätze, die das betriebliche Vorschlagswesen betreffen, eingeführt werden sollen. In diesem Rahmen kann auch der BR **initiativ werden** und vom AG die Einführung derartiger Grundsätze verlangen.[1577] Der AG kann dem nicht entgegenhalten, dass er an Verbesserungsvorschlägen nicht interessiert sei. Durch die Einführung der Grundsätze wird der AG **nicht zur Aufbringung finanzieller Leistungen verpflichtet,** da ein betriebliches Vorschlagswesen auch dann durchaus sinnvoll sein kann, wenn damit keine finanziellen Verpflichtungen verbunden sind. Maßgebend ist allein, ob der BR zum Schutz der AN eine Regelung überhaupt für sinnvoll hält. Darüber entscheidet der **BR nach eigenem Ermessen.**[1578] 365

Das für die Einführung von Grundsätzen über das betriebliche Vorschlagswesen Dargestellte gilt sinngemäß auch für deren **Aufhebung.**[1579] 366

Besteht zwischen AG und BR Übereinstimmung, dass Grundsätze über ein betriebliches Vorschlagssystem eingeführt werden sollen, erstreckt sich das weitere Mitbestimmungsrecht auf die gesamte **Ausgestaltung.** 367

Damit sind insbes. **Fragen der Organisation** und des **durchzuführenden Verfahrens** gemeint. Dabei ist im Einzelnen festzulegen, wie die **Einreichung der Vorschläge** zu erfolgen hat, wie die **Prüfung** vorzunehmen ist, welche **Bewertungsmethoden** Anwendung finden sollen und wie bei **Streitigkeiten** zu verfahren ist.[1580] Darüber hinaus sollte bestimmt werden, 368

1573 *BAG*, 20.1.04, NZA 04, 994 (997, 999); *ArbG Heilbronn* 15.5.86, DB 87, 541; *Fitting*, Rn. 541; GK-*Wiese*, Rn. 1020; *Rieble/Gistel*, DB 05, 1382; *Schwab*, AiB 99, 445 f.

1574 *Däubler*, Das Arbeitsrecht 1, Rn. 997 d; *DE*, Rn. 692; *Fischer*, AiB 01, 263 (271); *Schwab*, AiB 99, 445 (450 f.); *ders.*, AiB 07, 520 (524); vgl. zur Einsetzung einer ESt. *ArbG Elmshorn* 24.4.95, AiB 95, 675 f. mit Anm. *Zabel; Cox/Peter*, AiB 97, 371 (379).

1575 Vgl. hierzu *Cox/Offermann*, AiB 96, 705 ff. mit einem BV-Entwurf; *DE*, Rn. 693.

1576 Vgl. auch Rn. 361; *Fitting*, Rn. 547 f.; *Däubler*, Das Arbeitsrecht 1, Rn. 997 d; *Schüttkemper*, BB 83, 1163; *Schwab*, a. a. O., 450; *ders.*, AiB 07, 520 (524); *ders.*, NZA-RR 15, 225 (227); *Heilmann/Taeger*, BB 90, 1969 (1973); *v. Hoyningen-Huene*, S. 295; *Fischer*, a. a. O., 271; a. A. GK-*Wiese*, Rn. 1021; HWGNRH-*Worzalla*, Rn. 691.

1577 *BAG* 28.4.81, AP Nr. 4 zu § 87 BetrVG 1972 Vorschlagswesen; *Fitting*, Rn. 551; Richardi-*Richardi*, Rn. 941; *Schoden*, Arbeitnehmererfindungen, Rn. 161.

1578 Wie hier insbes. *BAG*, a. a. O.; GK-*Wiese*, Rn. 1031; *GL*, Rn. 265; HWGNRH-*Worzalla*, Rn. 697.

1579 Vgl. GK-*Wiese*, Rn. 1034; *GL*, Rn. 267; HWGNRH-*Worzalla*, Rn. 699.

1580 Vgl. z. B. *LAG Saarland* 11.10.95, BB 96, 487, Ls., zur Beschränkung der Prozessführungsbefugnis auf ein bevollmächtigtes Gruppenmitglied bei Gruppenvorschlägen; ebenso GK-*Wiese*, Rn. 1042; a. A. *LK*, Rn. 264.

welche **Organe** einzusetzen sind, etwa ein **Beauftragter für das betriebliche Vorschlagswesen** oder ein **Prüfungsausschuss.**[1581] Wird ein **Prüfungsausschuss** eingesetzt, muss dieser vom BR und vom AG **paritätisch besetzt** werden, da andernfalls die gleichberechtigte Mitbestimmung des BR in einem wesentlichen Punkt nicht gewährleistet ist.[1582] Ein solcher Ausschuss kann zur **verbindlichen Beurteilung eingereichter Verbesserungsvorschläge** gebildet werden. Mit Mehrheit getroffene tatsächliche Feststellungen und Bewertungen sind dann **nur beschränkt entsprechend §§ 317, 319 BGB gerichtlich überprüfbar.**[1583] Inhaltlich ist überprüfbar, ob das Ergebnis **offenbar unrichtig** ist. Beim Verfahren ist zu überprüfen, ob die Feststellungen **grob unbillig** zustande gekommen sind und ob Verstöße gegen die zu Grunde liegende BV das Ergebnis beeinflusst haben können.[1584]

369 Haben sich AG und BR darauf geeinigt, dass ein **Beauftragter für das betriebliche Vorschlagswesen** einzusetzen ist, so soll nach der **Rspr. des** *BAG* der AG **allein bestimmen** dürfen, welche Person diese Funktion ausübt.[1585] Der Schutzzweck erfordere kein Mitbestimmungsrecht des BR. Diese Auffassung ist abzulehnen,[1586] da der Beauftragte wesentlichen Einfluss im Rahmen des Vorschlagswesens ausübt und deshalb auch das Vertrauen des BR besitzen muss. Im Übrigen ist darauf hinzuweisen, dass – da das Gesetz selbst die Bestellung eines Beauftragten für das betriebliche Vorschlagswesen an keiner Stelle vorschreibt und diese gemeinsam von AG **und** BR beschlossen werden muss – der BR seine Zustimmung hierzu nicht zu erteilen verpflichtet ist und sie deshalb auch von Auflagen oder Bedingungen abhängig machen kann, etwa davon, dass die als Beauftragter zu bestellende Person bestimmte Voraussetzungen erfüllen oder er als BR sogar in jedem Einzelfall vor einer Bestellung befragt oder sein Einverständnis eingeholt werden muss. Zudem kann eine Beteiligung des BR nach **§ 99** in Betracht kommen.[1587] Das *BAG*[1588] geht zudem davon aus, dass der AG allein darüber zu entscheiden habe, ob ein **Verbesserungsvorschlag angenommen** oder verwertet werde, und zwar auch dann, wenn ein Prüfungsausschuss bestehe.

370 Das Mitbestimmungsrecht besteht **entgegen** *BAG* grundsätzlich auch hinsichtlich der **Höhe** der zu zahlenden Prämie, wenn die Nutzung eines Verbesserungsvorschlags **dem Arbeitgeber Vorteile bringt.**[1589] Dann ist er auch ohne besondere Vereinbarung entsprechend § 612 BGB und nach Treu und Glauben verpflichtet, **die zusätzliche Leistung** des AN **zusätzlich zu vergüten.**[1590] Will der BR die Prämien in bestimmten **Prozentsätzen** vom wirtschaftlichen Nutzen, den die Verbesserung dem AG bringt, definieren, so unterliegt dies dem Mitbestimmungsrecht. Der AG wird nicht zu zusätzlichen Leistungen verpflichtet, da die Prämie durch den Nutzen begrenzt wird, der AG zu einer Zahlung arbeitsrechtlich ohnehin verpflichtet und im Übrigen nach h. M. frei ist, ob er den Verbesserungsvorschlag anwenden will. Das *BAG*[1591] ist gleichwohl **anderer Auffassung** und lehnt das Mitbestimmungsrecht im Wesentlichen mit dem Wortlaut der Vorschrift, die von Grundsätzen spricht, und in Parallele zu Nr. 10 ab. Auch diese Argumente überzeugen jedoch nicht. Die allgemeine Festlegung, in welchem Verhältnis

---

1581 Vgl. *BAG* 28.4.81, 16.3.82, AP Nrn. 1, 2 zu § 87 BetrVG 1972 Vorschlagswesen und im Einzelnen GK-*Wiese*, Rn. 1035 ff.; *Rieble/Gistel*, DB 05, 1382 (1383 f.); *Schoden*, Arbeitnehmererfindungen, Rn. 162 ff.; *Schwab*, AiB 07, 520 (526).

1582 So wohl auch *BAG* 20.1.04, NZA 04, 994 (997); vgl. weiter *Beck*, BetrR 90, 153 (155); **a. A.** *BAG* 28.4.81, a. a. O.; GK-*Wiese*, Rn. 1038; *GL*, Rn. 275.

1583 Vgl. im Einzelnen *BAG* 20.1.04, a. a. O.

1584 *BAG* 20.1.04, a. a. O.; *Schwab*, Ideenmanagement 1/05, S. 22 ff.

1585 *BAG* 16.3.82, a. a. O.; GK-*Wiese*, Rn. 1039; Richardi-*Richardi*, Rn. 933.

1586 So auch *Beck*, BetrR 90, 153 (155); *Däubler*, Das Arbeitsrecht 1, Rn. 997 d.

1587 Vgl. auch *Fitting*, Rn. 556 – 560.

1588 16.3.82, a. a. O.; vgl. auch *Fitting*, Rn. 550; GK-*Wiese*, Rn. 1030; Richardi-*Richardi*, Rn. 937.

1589 *Beck*, BetrR 90, 153 (156); *Schoden*, AuR 80, 73 (76 f.); *Lichtenstein*, BetrR 73, 79; **a. A.** *BAG* 28.4.81, 16.3.82, AP Nrn. 1, 2 zu § 87 BetrVG 1972 Vorschlagswesen; GK-*Wiese*, Rn. 1043; HWGNRH-*Worzalla*, Rn. 702; Richardi-*Richardi*, Rn. 939.

1590 Vgl. *BAG* 30.4.65, AP Nr. 1 zu § 20 ArbNErfG; 28.4.81, AP Nr. 1 zu § 87 BetrVG Vorschlagswesen; 20.1.04, NZA 04, 994 (997, 999); GK-*Wiese*, Rn. 1028; *Schoden*, Arbeitnehmererfindungen, Rn. 173; *Schwab*, AiB 99, 445 (446 f.).

1591 28.4.81, a. a. O.; vgl. auch GK-*Wiese*, Rn. 1043; *GL*, Rn. 273; Richardi-*Richardi*, Rn. 939; *Wollwert*, NZA 12, 889 (892).

Vergütung und Nutzen zueinander stehen sollen, lässt sich durchaus als Grundsatz verstehen, und auch die Parallele zu Nr. 10 spricht wegen der vorstehenden Überlegungen eher für ein Mitbestimmungsrecht.[1592] Dieses erfasst allerdings, hier ist dem *BAG* Recht zu geben, nicht Regelungen, mit denen der AG gegen seinen Willen zu **zusätzlichen finanziellen Aufwendungen** für Verbesserungsvorschläge veranlasst werden soll, die er nicht nutzen will oder die ihm keinen Vorteil bringen.

Der BR hat darüber hinaus jedenfalls mitzubestimmen, nach welchen **Grundsätzen und Methoden** die Prämie bemessen werden soll und wie der Nutzen eines Verbesserungsvorschlags zu ermitteln ist. Er hat weiter mitzubestimmen über die **Art der Prämie**, über ihre **Verteilung** bei Gruppenvorschlägen sowie darüber, wie eine Prämie für einen Verbesserungsvorschlag bestimmt werden soll, dessen Nutzen nicht zu ermitteln ist.[1593] Darüber hinaus kommt das Mitbestimmungsrecht gemäß **Nr. 10** in Betracht; auch muss **§ 75 Abs. 1** jeweils beachtet werden.[1594] 371

Unabhängig von der Mitbestimmung des BR bei der Höhe der Prämie besteht ein **Rechtsanspruch** des einzelnen AN auf Zahlung einer Vergütung, wenn der AG den **eingereichten Verbesserungsvorschlag verwertet.** Das ergibt sich hinsichtlich der qualifizierten technischen Verbesserungsvorschläge aus § 20 ArbnErfG, ansonsten, wie dargestellt (Rn. 370), aus der Rspr. des *BAG.*[1595] 372

Eine **BV** sollte jedenfalls **Regelungen** über den Geltungsbereich, die begriffliche Umschreibung des Verbesserungsvorschlags, die zuständigen Organe, die Einreichungsmodalitäten, die Behandlung und Durchführung der angenommenen Vorschläge sowie deren Bewertung, Nachbewertung und Prämierung enthalten (Checkliste bei DKKWF-*Klebe/Heilmann,* § 87 Rn. 64).[1596] 373

13. Gruppenarbeit (Nr. 13)

a) Vorbemerkungen

Das Mitbestimmungsrecht ist bei der **Novellierung 2001** eingeführt worden und soll **Grundsätze** über die **Durchführung teilautonomer Gruppenarbeit** erfassen.[1597] Hiermit soll der Gefahr entgegengewirkt werden, dass der interne Druck innerhalb der Gruppe zu einer Selbstausbeutung ihrer Mitglieder und zu einer Ausgrenzung leistungsschwächerer AN führt.[1598] 374

Schon **bisher bestehende Rechte** des Betriebsrats bei Gruppenarbeit, wie z. B. Informations- und Beratungsrechte nach §§ 90 (Rn. 13), 92 (Rn. 13), 106 (Rn. 78) und auch Mitbestimmungsrechte z. B. gemäß § 87 Abs. 1 Nr. 6 (Rn. 179), Nr. 10 (Rn. 306), Nr. 12 (Rn. 364), § 95 (Rn. 10) oder § 111 (Rn. 105, 113), werden durch die Vorschrift nicht berührt.[1599] Mit der Novellierung ist gleichzeitig die Delegation von BR-Aufgaben an **Arbeitsgruppen** für Betriebe mit mehr als 100 AN in **§ 28 a** geregelt worden. Der dortige Gruppenbegriff ist allerdings erheblich weiter gefasst (vgl. § 28 a Rn. 14 ff.).[1600] Zudem ist der Regelungsgegenstand ein anderer: Nr. 13 gibt dem BR das Recht, Grundsätze für die Durchführung der Gruppenarbeit 375

1592 So auch *Fitting,* Rn. 554; HaKo-BetrVG/*Kohte,* Rn. 151; vgl. zudem *Däubler,* Das Arbeitsrecht 1, Rn. 997 e; *Schwab,* NZA-RR 15, 225 (227).

1593 *BAG* 28.4.81, 16.3.82, jeweils a. a. O.; vgl. auch GK-*Wiese,* Rn. 1042 und *Wollwert,* NZA 12, 889 (8892).

1594 *BAG* 28.4.81, a. a. O.

1595 30.4.65, AP Nr. 1 zu § 20 ArbNErfG; 28.4.81, AP Nr. 1 zu § 87 BetrVG 1972 Vorschlagswesen; 20.1.04, NZA 04, 994 (997, 999); GK-*Wiese,* Rn. 1028; *Wollwert,* NZA 12, 889 (890).

1596 *Beck,* BetrR 90, 153 ff.; *Schwab,* BVW 87, 150 (154); *ders.,* AiB 07, 520 (526); vgl. auch Regelungsinhalte bei *Jentgens/Kamp,* S. 11 ff. und *Bechmann,* S. 17 ff. und den Entwurf einer BV bei *Heilmann/Taeger,* BB 90, 1969 (1974 f.); *Schoden,* Arbeitnehmererfindungen, Rn. 176 ff.

1597 Vgl. BT-Drucks. 14/5741, S. 47; zur Verbreitung der Gruppenarbeit in Europa, den Motiven ihrer Einführung und der Ausgestaltung *Benders/Huijgen/Pekruhl,* WSI-Mitt. 00, 365 ff.

1598 BT-Drucks., a. a. O.; vgl. auch *Breisig,* S. 52 ff.; *Nill,* S. 53.

1599 Vgl. auch *Fitting,* Rn. 562; Richardi-*Richardi,* Rn. 951; GK-*Wiese,* Rn. 1058 f. sieht in diesen Normen Spezialvorschriften gegenüber Nr. 13; ebenso *Nill,* S. 61.

1600 Vgl. auch *Engels,* FS Wißmann, S. 302 (303 f.).

zu erzwingen, § 28 a regelt demgegenüber die für BR und AG freiwillige Möglichkeit, mit einer Rahmen-BV BR-Aufgaben auf Arbeitsgruppen zu übertragen. Diese Delegation kann allerdings durchaus ein Element der Durchführung sein (vgl. auch Rn. 384).

b) Voraussetzungen des Mitbestimmungsrechts

376 Der **Begriff der Gruppenarbeit** wird im 2. Halbsatz der Vorschrift definiert. Das Mitbestimmungsrecht greift daher nur ein, wenn

- eine Gruppe von Arbeitnehmern
- eine ihr übertragene Gesamtaufgabe
- im Wesentlichen eigenverantwortlich erledigt
- und dies im Rahmen des betrieblichen Arbeitsablaufes.

377 Der Gesetzgeber hat ausweislich der Begründung dabei an **teilautonome Gruppen** gedacht (Rn. 374). Es ist also für das Mitbestimmungsrecht nicht ausreichend, dass Beschäftigte lediglich organisatorisch in einer Gruppe[1601] zusammengefasst werden und dort in Koordination ihre Einzelaufgaben erledigen. Die Gruppe muss vielmehr eine **Gesamtaufgabe** übertragen bekommen. Durch eine Ergänzung der Einzeltätigkeiten um **vor- und nachgelagerte Aufgaben,** wie z. B. qualitätssichernde Arbeiten, sowie dispositive, nicht disziplinarische, Vorgesetztenkompetenzen[1602] wie innerbetriebliche Koordination, Anwesenheitskontrolle, Planung und Festlegung von Qualifizierungszeiten, Urlaub und Erholungspausen, Terminkontrolle oder Arbeitszuweisung, kann so eine Gesamtaufgabe definiert werden, die die einzelnen Arbeitsaufgaben zusammenfasst und nach deren Ausführung ein **abgegrenztes, abgeschlossenes Gesamtergebnis der Gruppe** vorliegt, wie ein komplettes Produkt/Dienstleistung oder ein Produktteil.[1603] Dabei schuldet das einzelne Gruppenmitglied nicht nur die Erfüllung seiner isolierten Aufgabe, sondern auch die Mitarbeit in der Gruppe.[1604]

378 Darüber hinaus muss die Gruppe ihre Arbeit **im Wesentlichen eigenverantwortlich** erledigen. Die Gruppe muss also eigenständig die einzelnen Arbeitsschritte organisieren, d. h. planen, steuern und verteilen[1605] und das Ergebnis kontrollieren.[1606] Ohne diese Entscheidungskompetenz für die konkrete Arbeitsorganisation liegt, wie z. B. bei einer Akkordkolonne,[1607] keine Gruppenarbeit i. S. v. Nr. 13 vor. Die Arbeit muss nicht vollständig eigenverantwortlich erledigt werden. Selbstverständlich gibt es betriebliche, möglicherweise auch wechselnde Zielvorgaben, die z. B. Produkt, Menge, Qualität und Zeitrahmen betreffen. In diesem Rahmen soll die Gruppe allerdings eine **kollektive Eigenständigkeit** insbesondere im Hinblick auf die täglichen Abläufe haben.[1608] Diese Voraussetzung ist z. B. gegeben, wenn der Arbeitgeber die allgemeinen Vorgaben macht und ihn anschließend, im Grunde wie in einem Blackbox-Verfahren, nur noch das Ergebnis interessiert. Eine lediglich überwiegend eigenverantwortliche Erledigung der Gesamtaufgabe würde demgegenüber nicht ausreichen.

379 Die Gesamtaufgabe muss der Arbeitsgruppe schließlich **im Rahmen des betrieblichen Arbeitsablaufes** übertragen worden sein. Nach der Gesetzesbegründung sollen deshalb Arbeitsgruppen nicht erfasst werden, die parallel zur üblichen Arbeitsorganisation bestehen, wie z. B. **Projekt- und Steuerungsgruppen.** Hier bestünden auch die die Mitbestimmung rechtfertigenden Gefahren der Selbstausbeutung und Ausgrenzung nicht.[1609] Dem ist in dieser Allgemeinheit nicht zu folgen. Projektarbeit (vgl. auch DKKWF-*Klebe/Heilmann,* § 87 Rn. 11: Vereinbarungsentwurf Projektarbeit) kann durchaus im Betrieb oder in einzelnen Abteilungen eine übliche Arbeitsorganisation sein, wie z. B. in den Entwicklungsbereichen der Industrie

---

1601 Zur Größe vgl. *Nill,* S. 54 m. w. N.: zwischen 3 und 25 Personen.
1602 Vgl. auch BT-Drucks. 14/5741, S. 48.
1603 Vgl. auch *Breisig,* S. 34 f.; *Elert,* S. 31 ff.
1604 Vgl. auch *Preis/Elert,* NZA 01, 371 (372).
1605 Vgl. *Preis/Elert,* NZA 01, 371 (372).
1606 BT-Drucks. 14/5741, S. 48; vgl. auch *Fitting,* Rn. 568; HWGNRH-*Worzalla,* Rn. 710.
1607 Vgl. *Preis/Elert,* NZA 01, 371 (372 f.).
1608 Vgl. auch *Fitting,* a. a. O.; *Preis/Elert,* NZA 01, 371 (372).
1609 BT-Drucks. 14/5741, S. 48; *Fitting,* Rn. 570; HWGNRH-*Worzalla,* Rn. 711; *Preis/Elert,* NZA 01, 371 (373).

oder im Dienstleistungsgeschäft der IT-Branche. In diesen Fällen bestehen auch die geschilderten Risiken für die Beschäftigten.[1610] Entscheidend ist daher nicht auf die Begriffe, sondern auf die Arbeitsweise abzustellen. Hiernach sind Gruppen nicht erfasst, die nur für eine **kurzzeitige Aufgabenerledigung** gebildet worden und daher nicht **Teil der üblichen Arbeitsorganisation** sind.[1611]

c) Inhalt des Mitbestimmungsrechts

380 Das Mitbestimmungsrecht betrifft **Grundsätze** über die **Durchführung** der Gruppenarbeit. Die Entscheidung über ihre **Einführung** und **Beendigung** soll dem AG allein überlassen bleiben.[1612] Sobald er allerdings die Entscheidung getroffen hat, ist der BR einzuschalten. Erst nach der entsprechenden Einigung kann mit der Gruppenarbeit begonnen werden. Ohne Beachtung der Mitbestimmungsrechte ist eine Einführung unwirksam (vgl. Rn. 5).[1613] Darüber hinaus muss sie auch durch die individuellen Arbeitsverträge zugelassen sein (vgl. Rn. 385).

381 Nach der Gesetzesbegründung[1614] soll der AG auch allein festlegen können, in **welchen Bereichen, in welchem Umfang** und **wie lange** er die Tätigkeiten in Gruppenarbeit organisiert. Diese Schlussfolgerung ergibt sich für Umfang und Bereiche keineswegs zwingend aus dem Wortlaut. Denn durch die Festlegung von Durchführungsregeln können im Ergebnis durchaus auch Bereich und Umfang der Gruppenarbeit beeinflusst werden. Wird z. B. eine bestimmte Gruppengröße und personelle Zusammensetzung etwa nach Alter, Geschlecht und Qualifikation vereinbart, kann als Folge Gruppenarbeit für bestimmte Bereiche des Betriebs ausscheiden oder auch nur in geringerem Umfange in Frage kommen. Der AG kann also nur im Rahmen der getroffenen Vereinbarungen entscheiden. Umgekehrt hat der BR **kein Initiativrecht** zur Einführung von Gruppenarbeit. Die Einführung selbst kann in einem insoweit freiwilligen Teil der BV festgelegt werden.

382 Unter Grundsätzen sind allgemeine Regeln zu verstehen. Diese können vor allem die interne Arbeitsorganisation betreffen, da nach der Definition Gruppenarbeit mit einem erheblichen Maß von Eigenverantwortung verbunden ist. Die Grundsätze können so z. B. festlegen, dass und wie in der Gruppe ein **Aufgabenwechsel** durchgeführt wird,[1615] welche Regeln bei Vertretungen gelten,[1616] wie **Qualifizierung** der Gruppenmitglieder[1617] und die **interne Kommunikation** (z. B. wöchentliche Gruppengespräche) stattfinden, wie die internen Entscheidungsstrukturen (z. B. Wahl von **Gruppensprechern,** deren Stellung und Aufgaben) und die innerbetriebliche Koordination mit anderen Gruppen organisiert werden sollen, welche Regeln für die **Gruppenzusammensetzung** und ihre **Größe** gelten,[1618] wie **Konfliktlösungen** in der Gruppe erfolgen und wie die **Arbeitszuweisung** allgemein durchgeführt werden soll.[1619]

d) Ausübung des Mitbestimmungsrechts

383 Wird im Betrieb schon Gruppenarbeit praktiziert, können, gleich ob dies auf Grund einer BV oder einseitiger Praxis des AG geschieht, aus Anlass des BetrVerf-ReformG Übergangsprobleme entstehen (vgl. hierzu Rn. 387).

1610 Vgl. auch HaKo-BetrVG/*Kohte,* Rn. 152; *LK,* Rn. 276.
1611 *Fitting,* Rn. 569; Richardi-*Richardi,* Rn. 953; *Nill,* S. 57.
1612 Vgl. nur GK-*Wiese,* Rn. 1056; Richardi-*Richardi,* Rn. 954.
1613 GK-*Wiese,* Rn. 1077; *Löwisch,* BB 01, 1790 (1791).
1614 BT-Drucks. 14/5741, S. 47.
1615 HaKo-BetrVG/*Kohte,* Rn. 154; wohl auch GK-*Wiese,* Rn. 1072 und *ders.,* BB 02, 198 (202); a. A. *Preis/Elert,* NZA 01, 371 (374); *LK,* Rn. 278.
1616 GK-*Wiese,* Rn. 1072.
1617 GK-*Wiese,* Rn. 1072; *ders.,* BB 02, 198 (202).
1618 *Fitting,* Rn. 575; a. A. hinsichtlich der beiden letztgenannten Punkte ErfK-*Kania,* Rn. 134; GK-*Wiese,* Rn. 1062; HWGNRH-*Worzalla,* Rn. 712; *LK,* Rn. 271; WPK-*Bender,* Rn. 281; *Nill,* S. 59, 62 f.
1619 Vgl. auch BT-Drucks. 14/5741, S. 47; GK-*Wiese,* Rn. 1066 ff., 1072; *ders.,* BB 02, 198 (200); HWGNRH-*Worzalla,* Rn. 713 f.; *LK,* Rn. 277; *Löwisch,* BB 01, 1790 (1792); Richardi-*Richardi,* Rn. 955.

384 Der Betriebsrat wird sein Mitbestimmungsrecht mit dem Ziel ausüben, eine **Betriebsvereinbarung** abzuschließen (DKKWF-*Klebe/Heilmann,* § 87 Rn. 65, **Checkliste**).[1620] In einer BV sollten z. B. der Geltungsbereich (Pilotprojekte?), Zielsetzung und Definition der Gruppenarbeit, ihr **Einführungsprozess, Mitbestimmungs-/Beteiligungsrechte des BR** und der betroffenen **AN,** Konfliktlösungsmodelle, **Größe,** Bildung und **Zusammensetzung** der Gruppen, ihre Aufgaben und Kompetenzen (hier ist z. B. auch an eine Delegation von BR-Aufgaben im Rahmen des § 28 a zu denken, die den Gruppenmitgliedern eigene Entscheidungsrechte einräumt (vgl. auch § 28 a Rn. 30 f.)), die Frage der **Gruppensprecher,** die Personalbemessung, die Arbeitspensen/Solldaten, die Zusammenarbeit zwischen den Gruppen, **Haftungsvorschriften** (Beschränkung auf grobe Fahrlässigkeit und Vorsatz; Ausschluss des § 830 Abs. 1 Satz 2 BGB), Fragen der **Arbeitsorganisation** (z. B. ganzheitliche Bearbeitung von Aufgaben durch die Gruppe; rollierender Tätigkeitswechsel), Zeitkontingente für die Selbstorganisation der Gruppe, ein Qualifizierungskonzept und Entgeltfragen (vgl. Rn. 306) ebenso geregelt werden wie die freiwillige Teilnahme an Gruppenarbeit, auch wenn diese Inhalte teilweise nicht der Mitbestimmung unterliegen.[1621] Bei Abschluss einer BV bleiben die sonstigen Mitbestimmungsrechte des BR, wie z. B. nach § 97 Abs. 2, § 87 Abs. 1 Nr. 5 oder § 99 selbstverständlich auch im Hinblick auf die AN der Gruppen erhalten.

385 Die Einführung und Zuweisung von Gruppenarbeit setzt **individualrechtlich** voraus, dass der Arbeitsvertrag dies zulässt. Anderenfalls ist eine einvernehmliche Vertragsänderung oder eine hierzu führende Änderungskündigung erforderlich.[1622] Darüber hinaus sind die BR-Rechte nach **§ 99** zu beachten, da es sich i. d. R. um eine Versetzung handelt (§ 99 Rn. 115).[1623]

386 Die AN **haften für das Arbeitsergebnis** anteilig, wobei die Rspr. allerdings bisher eine an der Gruppenverantwortung orientierte **Beweislastverteilung** zulässt: Der AG muss den Nachweis erbringen, dass ihm der Schaden durch eine vertragswidrige Schlechtleistung der Arbeitsgruppe entstanden ist. Gelingt dies, müssen sich die einzelnen Gruppenmitglieder dadurch entlasten, dass sie nachweisen, selbst eine ordnungsgemäße Leistung erbracht zu haben. Eine solche Beweislastverteilung ist allerdings nur bei den Arbeiten überhaupt vertretbar, die der Gruppe tatsächlich zur autonomen Erledigung übertragen waren.[1624] Doch selbst dann überzeugt diese Rspr. nicht.[1625]

e) Übergangsprobleme

387 Bestand bei In-Kraft-Treten des Gesetzes bereits eine **BV,** die durch schon zuvor **bestehende Mitbestimmungsrechte** abgedeckt war, kann diese nach den allgemeinen Regeln gekündigt werden und hat Nachwirkung. Ist eine BV abgeschlossen worden, die bisher freiwillig war und jetzt erzwingbar geworden ist, so kann diese Regelung jederzeit durch eine neue, nunmehr mitbestimmte BV abgelöst werden. Das Mitbestimmungsrecht ist unverbraucht, vergleichbar dem Fall einer einseitig vom AG eingeführten Regelung.[1626]

1620 Vgl. die Auswertung von BV bei *Kamp,* S. 11 ff. und die Praxisberichte bei *Bahnmüller/Salm* und *Roth/Kohl* und bei Letzteren (S. 361 ff.) wie auch bei *Breisig,* S. 88 ff.; *Kamp/Breisig,* S. 21 ff., 27 ff.; *Cox/Peter,* AiB 97, 402 ff. Eckpunkte für eine BV.

1621 Vgl. im Einzelnen auch *Däubler* in Roth/Kohl, S. 327 (333 ff.); *Kamp,* Mitb. 94, 32 ff. (mit einer Checkliste); *Trümner,* FS Däubler, S. 295 ff.; *Meine/Ohl/Rohnert,* S. 98 ff., 162 ff. und die sog. Sozialpartnervereinbarung »Gruppenarbeit in der chemischen Industrie« bei *Schack,* NZA 96, 923 ff.

1622 Kittner/Zwanziger-*Deinert,* § 5 Rn. 16.

1623 Vgl. auch Kittner/Zwanziger/Deinert-*Deinert,* § 5 Rn. 24.

1624 Vgl. im Einzelnen Kittner/Zwanziger/Deinert-*Deinert,* § 5 Rn. 20 m. w. N.

1625 Kittner/Zwanziger/Deinert-*Deinert,* a. a. O., mit Verweis auf **§ 619 a BGB,** wonach der AG ein Verschulden des AN nachweisen muss.

1626 So auch *Däubler,* DB 01, 1669 (1671); a. A. GK-*Wiese,* Rn. 1077: Fortbestand der bisherigen Regelung bis zur Änderung durch Vereinbarung oder ESt.

IV. Streitigkeiten

Kann in den mitbestimmungspflichtigen Angelegenheiten eine Übereinstimmung zwischen AG und BR nicht erzielt werden, trifft die **ESt.** eine **verbindliche Entscheidung.** Von dieser Art der Konfliktlösung können die **Betriebsparteien** nicht dadurch abweichen, dass sie die ESt. durch eine betriebliche Schlichtungsstelle/paritätisch besetzte Kommission ersetzen[1627] oder entgegen § 87 Abs. 2 eine Zustimmung des BR fingieren, wenn er nicht innerhalb einer Woche qualifiziert widerspricht.[1628] Auch eine einseitige vorläufige Regelungsbefugnis des AG ist mit dem Gesetz nicht vereinbar.[1629] Die ESt. kann grundsätzlich sowohl vom AG als auch vom BR angerufen werden. Haben die TV-Parteien die Bildung einer tariflichen Schlichtungsstelle bestimmt (§ 76 Abs. 8), übernimmt diese im Rahmen der getroffenen Vereinbarung die Funktion der ESt. Streitigkeiten über die Bildung der ESt. sind in **§ 100 ArbGG und § 76 Abs. 2 Satz 2 und 3** geregelt. Für das Verfahren gelten besondere Grundsätze (vgl. Einl. Rn. 219, § 76 Rn. 53 ff.). Die Anträge können nur zurückgewiesen werden, wenn die **ESt. offensichtlich unzuständig** ist, wenn also auf den ersten Blick erkennbar ist, dass ein Mitbestimmungsrecht des BR in der entsprechenden Angelegenheit unter keinem denkbaren rechtlichen Aspekt in Frage kommt. Im Hinblick auf diese eingeschränkte Prüfung der Mitbestimmungsrechte und wegen der beschleunigenden Verfahrensvorschriften (Einl. Rn. 219) lässt sich die Bildung der ESt., also eine Verhandlungsebene mit dem das Mitbestimmungsrecht bestreitenden AG, sehr viel schneller erreichen, als eine Bestätigung des Mitbestimmungsrechts im Beschlussverfahren. 388

Die **Zuständigkeit** der ESt. entspricht dem **Umfang des Mitbestimmungsrechts** des BR. Auf die Art der Streitigkeit kommt es dabei nicht an. Die ESt. entscheidet beispielsweise sowohl über kollektive als auch individuelle Streitigkeiten, über formelle und materielle Arbeitsbedingungen und über die Ausübung des Mitbeurteilungsrechts im Einzelfall.[1630] Darüber hinaus hat die ESt. nicht nur sog. **Regelungsstreitigkeiten** beizulegen; sie entscheidet vielmehr im Rahmen ihrer Kompetenz auch über **Rechtsfragen** (§ 76 Rn. 14).[1631] Ob die **Zuständigkeit der ESt.** im konkreten Fall besteht, entscheidet diese selbst als **Vorfrage** (vgl. dazu § 76 Rn. 112).[1632] 389

Der Spruch der ESt. ersetzt die **nicht zustande gekommene Einigung** zwischen AG und BR. Dabei stellt der Spruch eine **BV** dar, wenn es zur Durchführung einer mitbestimmungspflichtigen Maßnahme einer BV bedarf. Ansonsten hat der Spruch die Wirkung, die auch eine Einigung zwischen AG und BR gehabt hätte (vgl. § 76 Rn. 141). Zum **Verfahren vor der ESt.** vgl. im Übrigen die Erläuterungen zu § 76. Die ESt. kann nicht durch eine in einer BV vorgesehene paritätische Kommission ersetzt werden.[1633] 390

Das **ArbG entscheidet** im Streitfall darüber, **ob die ESt. wirksam angerufen** worden ist,[1634] und zwar im Beschlussverfahren. Antragsberechtigt sind sowohl der AG als auch der BR. Die Möglichkeit, die wirksame Anrufung der ESt. durch das ArbG feststellen zu lassen, ändert aber nichts daran, dass die bereits angerufene ESt. selbstständig – und unabhängig von dem arbeitsgerichtlichen Verfahren – ihre Zuständigkeit zu prüfen hat (§ 76 Rn. 112). Bejaht sie diese, hat sie auch das ESt.-Verfahren durchzuführen. 391

Geht es nicht um die Schaffung einer Regelung, sondern um die Frage, ob und in welchem Umfang ein Mitbestimmungsrecht besteht oder eine BV auszulegen ist, entscheidet das ArbG im **Beschlussverfahren** (§ 2 a ArbGG). AG und BR können allerdings vereinbaren, dass bei Streit über die Auslegung einer BV ein innerbetriebliches Schlichtungsverfahren durchzufüh- 392

1627 *HessLAG* 15.11.12 – 5 TaBVGa 257/12, juris.
1628 *BAG* 9.7.13, NZA 14, 99 (101 f.).
1629 *BAG* 9.7.13, NZA 14, 99 (102).
1630 Vgl. u. a. *Fitting*, Rn. 591; GK-*Wiese/Gutzeit*, Rn. 1079.
1631 Vgl. z. B. *BAG* 18.3.75, AP Nr. 1 zu § 111 BetrVG 1972; 8.3.83, AP Nr. 14 zu § 87 BetrVG 1972 Lohngestaltung.
1632 *Fitting*, § 76 Rn. 83; Richardi-*Richardi*, Rn. 975; zum **Streitwert** vgl. *Bader/Jörchel*, NZA 13, 809 (811); *Streitwertkommission der Arbeitsgerichtsbarkeit*, NZA 14, 745 (747).
1633 *HessLAG* 15.11.12, juris mit Anm. v. *Dahl*, jurisPR-ArbR 43/2013 Nr. 5.
1634 *BAG* 22.1.80, AP Nr. 7 zu § 111 BetrVG 1972; 8.3.83, AP Nr. 14 zu § 87 BetrVG 1972 Lohngestaltung.

ren ist und erst danach bei dessen Scheitern ein Beschlussverfahren eingeleitet werden kann. Ohne Einhaltung des Schlichtungsverfahrens ist ein Beschlussverfahren dann unzulässig.[1635] Verstößt der AG gegen Mitbestimmungsrechte nach § 87 Abs. 1, kann der BR auch außerhalb von § 23 Abs. 3 (vgl. dort Rn. 195 ff.) einen **allgemeinen Unterlassungsanspruch** geltend machen.[1636] Das *BAG*[1637] hat seine frühere Rspr.[1638] zu Recht aufgegeben. Sie war in sich widersprüchlich und ging zu Unrecht davon aus, dass § 23 Abs. 3 eine abschließende Regelung mit Ausschlusswirkung ist. Der allgemeine Unterlassungsanspruch folgt für das *BAG* aus der besonderen Rechtsbeziehung zwischen BR und AG, die einem gesetzlichen Dauerschuldverhältnis ähnlich ist. Dieses wird durch die in den einzelnen Mitwirkungstatbeständen normierten Rechte und Pflichten sowie die aus § 2 folgenden wechselseitigen Rücksichtspflichten bestimmt.[1639] Die besondere Rechtsbeziehung gibt dem BR einen **selbstständigen Nebenleistungsanspruch** gegen den AG, nach § 87 mitbestimmungswidrige Maßnahmen bis zum ordnungsgemäßen Abschluss des Mitbestimmungsverfahrens zu unterlassen (**Antragsschrift** bei DKKWF-*Klebe/Heilmann,* § 87 Rn. 66) bzw. die Auswirkungen bereits durchgeführter mitbestimmungswidriger Maßnahmen zu beseitigen (**Beseitigungsanspruch**; Antragsschrift bei DKKWF-*Klebe/Heilmann,* § 87 Rn. 67).[1640] Eine andere hinreichende Sicherung des Mitbestimmungsrechts ist, wie das *BAG* überzeugend nachweist, weder mit der Anrufung der ESt. noch dadurch möglich, dass nach h. M. (Theorie der Wirksamkeitsvoraussetzung) mitbestimmungswidrig durchgeführte Maßnahmen gegenüber den AN unwirksam sind (vgl. Rn. 5).[1641] Eine solche Sicherung ist aber erforderlich, weil sich aus § 87 ergibt, dass mitbestimmungspflichtige Maßnahmen auch nicht vorläufig ohne Zustimmung des BR durchgeführt werden sollen.[1642] Ist das Mitbestimmungsrecht bereits verletzt worden, besteht der Unterlassungsanspruch bei **Wiederholungsgefahr.** Für diese spricht eine tatsächliche Vermutung, es sei denn, besondere Umstände machen eine erneute Verletzung unwahrscheinlich.[1643] Ein auf Unterlassung gerichteter Antrag muss so bestimmt sein, dass der Schuldner erkennen kann, welche Maßnahmen er zu unterlassen hat (Einl. Rn. 206).[1644] Wird der Antrag mit dem auf Festsetzung von Ordnungsgeld für jede Zuwiderhandlung verbunden, ist auch hier die Höchstgrenze des § 23 Abs. 3 Satz 5 einzuhalten.[1645] Eine Androhung und Verhängung von Ordnungshaft kommt zur Durchsetzung einer Unterlassungsverpflichtung des AG nicht in Betracht.[1646] Der Unterlassungsanspruch kann ebenso wie der Beseitigungsanspruch wegen des i. d. R. gegebenen Verfügungsgrundes (vgl. Einl. Rn. 225 ff., 228) auch mit **einstweiliger Verfügung** geltend gemacht werden.[1647]

1635 *BAG* 11.2.14, NZA 15, 26 (27).

1636 *BAG* 3.5.94, DB 94, 2450 ff. m. w. N. zur Rspr. und Literatur; 23.7.96, DB 97, 378 (379 f. m. w. N.); 26.10.04, NZA 05, 538 (540); 28.2.06, BB 06, 2419 (2420), 23.6.09, NZA 09, 1430 (1432); jedenfalls im Ergebnis zustimmend *Fitting,* Rn. 596, 610; GK-*Wiese/Gutzeit,* Rn. 1082 und GK-*Oetker,* § 23 Rn. 130 ff. m. w. N.; *LK,* Rn. 26; *Däubler,* Das Arbeitsrecht 1, Rn. 921; *Hanau,* NZA 96, 841 (844); *Kohte,* FS Richardi, S. 601 ff.; *Raab,* ZfA 97, 183 ff., 209 ff.; Richardi-*Richardi,* Rn. 134 ff.; **§ 23 Rn. 326 ff.; a. A.** z. B. HWGNRH-*Worzalla,* Rn. 739 f. m. w. N.; *Heinze,* Anm. zu *BAG* 23.7.96, AP Nr. 68 zu § 87 BetrVG 1972 Arbeitszeit; *Zöllner/Loritz,* S. 545; zum **Streitwert** vgl. *Bader/Jörchel,* NZA 13, 809 (812); *Streitwertkommission der Arbeitsgerichtsbarkeit,* NZA 14, 745 (748).

1637 3.5.94, DB 94, 2450 ff.

1638 Vgl. 22.2.83, AP Nr. 2 zu § 23 BetrVG 1972.

1639 *BAG* 3.5.94, DB 94, 2450 (2451); 6.12.94, NZA 95, 488.

1640 Vgl. *BAG* 16.6.98, DB 99, 438 (439); 9.12.03, NZA 04, 746 (749); *LAG Berlin-Brandenburg* 19.6.12, RDV 12, 254 (257); *Fitting,* Rn. 597; KassArbR-*Etzel,* 9.1, Rn. 497.

1641 *Das LAG Köln* 27.10.10, LAGE § 87 BetrVG 2001 Arbeitszeit Nr. 4 (n. rkr) verneint deshalb den Unterlassungsanspruch zu Unrecht, wenn ein Individualanspruch der AN besteht.

1642 *BAG* 3.5.94, DB 94, 2450 ff.; vgl. weitere vom *BAG* in seinen Entscheidungen nicht berücksichtigte Argumente für den allgemeinen Unterlassungsanspruch in § 23 Rn. 130 ff.

1643 *BAG* 29. 2 00, NZA 00, 1066 (1068) = AP Nr. 105 zu § 87 BetrVG 1972 Lohngestaltung mit Anm. *Raab*; 26.7.05, DB 05, 2530 (2532).

1644 Vgl. *BAG* 25.8.04, AP Nr. 41 zu § 23 BetrVG 1972; 29.9.04, NZA 05, 313 (314); 14.9.10, NZA 11, 364 (365).

1645 *BAG* 24.4.07, NZA 07, 818 (821 m. w. N.), insoweit nicht in DB 07, 1475 f. abgedruckt.

1646 *BAG* 5.10.10, NZA 11, 174.

1647 Vgl. auch *LAG Düsseldorf* 12.12.07, AuR 08, 270 (271); *Fitting,* Rn. 610; GK-*Wiese/Gutzeit,* Rn. 1082; Richardi-*Richardi*; Rn. 142.

§ 88 Freiwillige Betriebsvereinbarungen

Durch Betriebsvereinbarung können insbesondere geregelt werden

1. zusätzliche Maßnahmen zur Verhütung von Arbeitsunfällen und Gesundheitsschädigungen;

1 a. Maßnahmen des betrieblichen Umweltschutzes;

2. die Errichtung von Sozialeinrichtungen, deren Wirkungsbereich auf den Betrieb, das Unternehmen oder den Konzern beschränkt ist;

3. Maßnahmen zur Förderung der Vermögensbildung;

4. Maßnahmen zur Integration ausländischer Arbeitnehmer sowie zur Bekämpfung von Rassismus und Fremdenfeindlichkeit im Betrieb.

Inhaltsübersicht

I. Vorbemerkungen

1 Im Unterschied zu **§ 87,** der die Fälle der **erzwingbaren** Mitbestimmung in sozialen Angelegenheiten betrifft und **abschließend** aufführt, begründet **§ 88** eine **umfassende funktionelle Zuständigkeit**[1] des BR zur Regelung sozialer Angelegenheiten durch BV mit dem AG.[2] Die Betriebsparteien verfügen grundsätzlich über eine **umfassende Kompetenz**, durch **freiwillige BV** insbesondere den Abschluss, den Inhalt und die Beendigung von Arbeitsverhältnissen zu regeln.[3] Auch der Vorschrift des § 77 Abs. 3 Satz 1 und Satz 2 lässt sich indirekt die gesetzgeberische Konzeption entnehmen, dass die Betriebsparteien über eine umfassende Regelungskompetenz verfügen, wenn die Tarifvertragsparteien von ihrer Vorrangkompetenz keinen Gebrauch machen.[4]

2 Die Vorschrift gibt nur Beispiele für denkbare freiwillige BV, enthält also **keinen abschließenden Katalog der Regelungsgegenstände,** wie sich aus der Formulierung »insbesondere« ergibt.[5] Somit können durch BV nach dieser Vorschrift **alle Fragen** geregelt werden, **die** ebenso gut **Gegenstand des normativen Teils eines TV** sein könnten.[6] **Rechte der AG** können durch freiwillige BV im Rahmen der umfassenden Regelungskompetenz der Betriebsparteien nicht berührt werden, da das Zustandekommen derartiger BV in der **freien Entscheidung des AG** liegt.[7]

3 Die umfassende Regelungskompetenz der Betriebsparteien ist jedoch insoweit eingeschränkt, als der **Tarifvorrang nach § 77 Abs. 3** zu beachten ist[8] (zu den Einzelheiten vgl. § 77 Rn. 126 ff.).

---

1 *Kissel*, NZA 95, 1, 3.

2 *BAG* 5.3.13, 1 AZR 417/12 und 1 AZR 880/11 *juris*; 4.3.12, AuR 12 Ls. = juris; 2.12.06, NZA 07, 866; 11.7.00, DB 01, 545; so auch schon zum alten Recht *BAG (GS)* 16.3.56, AP Nr. 1 zu § 57 BetrVG.

3 *BAG* 5.3.13, 1 AZR 417/12 und 1 AZR 880/11, a. a. O.; 14.3.12, a. a. O.

4 *BAG* 5.3.13, 1 AZR 417/12 und 1 AZR 880/11 a. a. O.; 14.3.12, a. a. O.

5 *BAG*5.3.13, 1 AZR 417/12 und 1 AZR 880/11 a. a. O.; 14.3.12, a. a. O.; 14.8.01, NZA 02, 342; 18.8.87, 7.11.89, AP Nrn. 23, 46 zu § 77 BetrVG 1972; 19.5.78, AP Nr. 1 zu § 88 BetrVG 1972;. ErfK-*Kania*, Rn. 1; *Fitting*, Rn. 1; *GL*, Rn. 1; GK-*Wiese/Gutzeit*, Rn. 7; MünchArbR-*Matthes*, § 238 Rn. 30; Richardi-*Richardi*, Rn. 6.

6 Vgl. *Fitting*, § 77, Rn. 45; *GL*, Rn. 2; *Löwisch*, AuR 78, 97 [99].

7 MünchArbR-*Matthes*, a. a. O.

8 *LAG Baden-Württemberg* 13.1.99, AuR 99, 156; *Fitting*, Rn. 9.

4 Demgegenüber ist das **Prinzip des Gesetzesvorranges** zwar grundsätzlich **unbeachtlich,** da dieses sich ausdrücklich nur auf die in § 87 erwähnten Gegenstände der erzwingbaren Mitbestimmung erstreckt. Andererseits gilt der **Gesetzesvorrang** gegenüber BV nach § 88 jedenfalls dann, wenn es sich um eine zweiseitig zwingende Gesetzesnorm handelt. Dies folgt daraus, dass die Regelungsbefugnis der Betriebsparteien auch im Rahmen des § 88 höherrangiges Recht nicht verletzen darf, so dass insbes. das zwingende Recht (z. B. KSchG), aber auch die **Grundsätze des § 75 Abs. 1 und 2** (Schutz der Persönlichkeit, Gleichbehandlung u. Ä.) nicht verletzt werden dürfen.[9]

5 Auch für **freiwillige BV** nach § 88 gelten die allgemeinen Vorschriften hinsichtlich der Abschlussform (§ 77 Abs. 2), der Wirkungsweise (§ 77 Abs. 4) und der **Kündbarkeit** (§ 77 Abs. 5) von BV.[10]

6 Allerdings **wirken** freiwillige BV im Falle ihres Ablaufs **nicht** automatisch gemäß § 77 Abs. 6 **nach** (vgl. dazu § 77 Rn. 118 ff.).

6a Die **Nachwirkung** kann für BV nach § 88 jedoch besonders vereinbart werden.[11]

7 Ebenso trifft den AG die allgemeine **Durchführungspflicht** nach § 77 Abs. 1 für die Dauer der Laufzeit einer freiwilligen BV, so dass er sie nicht einseitig außer Kraft setzen, sondern nur kündigen kann[12] (vgl. ansonsten auch § 77 Rn. 6 ff.).

8 Aus der systematischen Stellung der Vorschrift im Abschnitt über die sozialen Angelegenheiten wird von der wohl noch h. M. in der Literatur geschlussfolgert, freiwillige BV dürften ausschließlich **bezüglich der sozialen Angelegenheiten** abgeschlossen werden.[13]

9 Allerdings anerkennt auch diese Auffassung, dass schon wegen der Ausdehnung der Mitbestimmung auf **allgemeine** personelle Angelegenheiten und die Berufsbildung die Grenze zwischen sozialen und personellen Angelegenheiten fließend sei,[14] so dass jedenfalls die Regelung der allgemeinen Voraussetzungen, unter denen personelle Maßnahmen i. S. d. §§ 92 ff. und §§ 99 ff. durchgeführt werden können, z. B. Festlegung von Kündigungsfristen und -formen, zu den sozialen Angelegenheiten gehört und Gegenstand einer BV nach § 88 sein kann[15] (vgl. ergänzend auch Einl. Rn. 84 ff. und § 87 Rn. 45 ff.).

10 Im sachlichen Anwendungsbereich der Vorschrift können weder BR noch AG durch einseitigen Antrag einen **Spruch der ESt.** herbeiführen und so eine **BV erzwingen** (vgl. Rn. 30). Zulässig ist es aber, in einer BV über Gegenstände des § 88 zu vereinbaren, dass bei Meinungsverschiedenheiten die ESt. verbindlich entscheidet. Eine derartige Abrede enthält die Unterwerfung beider Seiten unter den Spruch der ESt. i. S. d. § 76 Abs. 6 Satz 2 sowie das Einverständnis mit ihrem Tätigwerden i. S. d. § 76 Abs. 6 Satz 1[16] (vgl. § 76 Rn. 10, 13).

II. Freiwillige Betriebsvereinbarungen

11 Zu den **regelbaren Fragen** i. S. d. Vorschrift gehören z. B. erfolgsabhängige Vergütungsbestandteile,[17] **Gratifikationszahlungen;[18] Treueprämien;[19] Beihilfen** zu Familienereignissen; **Bildung einer betrieblichen Schiedsstelle** zwecks Überprüfung der Arbeitsplatzbewertung gemäß TV über analytische Arbeitsplatzbewertung;[20] der **Abschluss freiwilliger Sozialpläne;**[21]

9 *BAG* 5.3.13, a. a. O.; 7.6.11, NZA 11, 1243; 12.4.11, BB 11, 2811; 12.12.06, NZA 07, 453; 7.11.89, NZA 90, 816, 818; *LAG Hamm* 11.12.14, juris; *HessLAG* 12.9.14, juris; *Fitting,* Rn. 8.

10 *Fitting,* Rn. 6, 12, 13.

11 *Fitting,* Rn. 14 vgl. *BAG* 28.4.98, DB 98, 2423; *LAG Düsseldorf* 23.2.88, NZA 88, 813.

12 Zur Durchführungspflicht bei freiwilligen BV vgl. *BAG* 13.10.87, AP Nr. 2 zu § 77 BetrVG 1972 Auslegung; *LAG München* 12.12.90, AiB 91, 269 mit Anm. *Schindele; ArbG Köln* 10.12.91, AiB 92, 650; *ArbG Frankfurt* 17.7.91 – 7 BV 10/91; *Fitting,* Rn. 11.

13 Vgl. *GL,* Rn. 3, 5 f.; GK-*Wiese/Gutzeit,* Rn. 10; HWGNRH-*Worzalla,* Rn. 3; Richardi-*Richardi,* Rn. 3 .

14 Richardi-*Richardi,* Rn. 4.

15 Die umfassende funktionelle Regelungszuständigkeit auch in personellen Angelegenheiten klarstellend auch *BAG* 26.8.97, DB 98, 265; *(GS)* 7.11.89, AP Nr. 46 zu § 77 BetrVG 1972; *Fitting,* Rn. 4; *GL,* Rn. 3; GK-*Wiese/Gutzeit,* Rn. 11; HWGNRH-*Worzalla,* Rn. 4; Richardi-*Richardi,* a. a. O.

16 Vgl. *Fitting,* Rn. 7; Richardi-*Richardi,* Rn. 2, 27.

17 *BAG* 7.6.11, a. a. O.; 12.4.11, a. a. O.

18 *BAG* 13.7.62, AP Nr. 3 zu § 57 BetrVG.

19 *BAG* 30.8.63, AP Nr. 4 zu § 57 BetrVG.

20 *BAG* 19.5.78, AP Nr. 1 zu § 88 BetrVG 1972.

21 *BAG* 26.8.97, DB 98, 265.

Begründung eines **Wiedereinstellungsanspruchs** gegen den Betriebsveräußerer im Zusammenhang mit einem **Teilbetriebsübergang** für den Fall, dass beim Betriebserwerber die Weiterbeschäftigung aus betriebsbedingten Gründen nicht mehr möglich ist,[22] Begründung der Verpflichtung des AG, unter bestimmten Voraussetzungen den im Betrieb eingesetzten **Leih-AN** den **Abschluss eines unbefristeten Arbeitsverhältnisses** anzubieten.[23]

Die grundsätzliche Befugnis der Betriebsparteien, eine **Altersgrenze durch freiwillige BV** zu vereinbaren entspricht ständiger höchstrichterlicher Rspr.[24] (vgl. dazu unter Berücksichtigung der Rechtslage nach In-Kraft-Treten des AGG § 75 Rn. 75 ff.). 12

Durch BV kann der **Katalog der Mitbestimmungsrechte nach § 87 erweitert** werden (s. auch § 87 Rn. 45 f.); eine weite Auslegung ist dabei geboten.[25] 13

Durch freiwillige BV dürfen jedoch nicht die **materiellen Arbeitsbedingungen der AN verschlechtert** werden.[26] Dies widerspräche der sozialen Schutzfunktion der Betriebsverfassung und der Aufgabenstellung des BR, der die Interessen der AN zu vertreten hat.[27] 14

Aus der umfassenden Zuständigkeit der Betriebsparteien zur Regelung sozialer Angelegenheiten durch BV (vgl. Rn. 2) ergibt sich, dass – soweit § 77 Abs. 3 nicht entgegensteht – nach wohl h. M. auch die **Dauer der wöchentlichen Arbeitszeit**[28] (vgl. dazu ausführlich § 87 Rn. 87 ff.), **die Urlaubsdauer**[29] (vielfach wird dem die Tarifüblichkeit entgegenstehen, so dass allenfalls Abreden über Zusatzurlaub aus besonderen tariflich nicht erfassten und unüblichen Gründen in Betracht kommen) und **das Arbeitsentgelt**[30] (nach Art und Höhe) durch BV nach § 88 geregelt werden können. 15

Somit sind die **Entgeltbedingungen von nicht leitenden AT-Angestellten** jedenfalls als freiwillige BV auch der Höhe nach regelbar[31], wenn man – entgegen der hier vertretenen Auffassung, vgl. § 87 Rn. 338 – dem *BAG*[32] folgt und sowohl die Festsetzung der Gehaltshöhe (Höhe der Gruppengehälter) als solche als auch die Festlegung der Wertunterschiede zwischen der höchsten Tarifgruppe und der ersten AT-Gruppe sowie hieran angeknüpft zwischen den weiteren AT-Gruppen nicht als Fall des § 87 Abs. 1 Nr. 10 ansieht.[33] 16

Insoweit scheitern betriebliche Regelungen über Arbeitsentgelte und sonstige Arbeitsbedingungen nicht an § 77 Abs. 3, zumal die Tarifparteien gerade die AT-Angestellten (begriffsnotwendig) aus dem Geltungsbereich eines TV herausgenommen und damit auf eine tarifliche Regelung verzichtet haben. Der Regelungsverzicht entfaltet aber gerade keine Sperrwirkung für entsprechende BV, weil die Tarifautonomie, deren Schutz § 77 Abs. 3 bezweckt, dann nicht berührt wird, wenn die TV-Parteien einen bestimmten Fragenbereich überhaupt ungeregelt lassen.[34] 17

III. Die ausdrücklich genannten Angelegenheiten

1. Verhütung von Unfällen und Gesundheitsschädigungen

Diese Bestimmung sieht die Regelung zusätzlicher Maßnahmen zur Verhütung von Arbeitsunfällen und Gesundheitsschädigungen durch BV vor. Sie ergänzt die sich aus § 87 Abs. 1 18

22 *BAG* 14.3.12, AuR 12 Ls. = juris.
23 *ArbG Paderborn* 5.2.15, juris.
24 *BAG* 5.3.13, a. a. O.; grundlegend *BAG GS* 7.11.89, NZA 90, 816.
25 Vgl. auch *BAG* 13.7.62, a. a. O.; GK-*Wiese/Gutzeit,* § 87 Rn. 8 f.
26 *BAG* 12.8.82, AP Nr. 4 zu § 77 BetrVG 1972.
27 *BAG* 12.8.82, a. a. O.
28 Vgl. *BAG* 18.8.87, AP Nr. 23 zu § 77 BetrVG 1972; 13.10.87, AP Nr. 24 zu § 87 BetrVG 1972 Arbeitszeit; nach hier vertretener Auffassung zählt die Dauer der Arbeitszeit schon zu den zwingenden Mitbestimmungsangelegenheiten nach § 87 Abs. 1 Nr. 2.
29 Vgl. GK-*Wiese/Gutzeit,* Rn. 12.
30 Vgl. GK-*Wiese/Gutzeit,* Rn. 12.
31 *BAG* 18.10.11, DB 12, 356 Ls., juris; 21.1.03, NZA 03, 810.
32 *BAG* 22.1.80, AP Nr. 3 zu § 87 BetrVG 1972 Lohngestaltung.
33 Kritisch dazu *Friesen,* AuR 80, 367, 370 f. m. w. N.; zur Rechtsstellung der nicht leitenden AT-Angestellten in der Betriebsverfassung eingehend *Friesen,* DB-Beilage 1/80.
34 So *BAG* 22.1.80, a. a. O., unter B II 2 b der Gründe.

Nr. 7 und § 89 ergebenden Mitwirkungs- und Mitbestimmungsrechte (vgl. im Übrigen § 87 Rn. 204 ff. und § 89 Rn. 12 ff.).

19 Gemeint sind **Maßnahmen, die über die öffentlich-rechtlichen Vorschriften hinausgehen,** z. B.: Verbesserung der Arbeitshygiene; Einrichtung einer Unfallstation; Einführung von freiwilligen Reihenuntersuchungen;[35] Vorsorge- und Rehabilitationsmaßnahmen; Regelungen zur Verbesserung der Licht- und Luftverhältnisse, des Raumklimas, des Lärms; Verbesserung der Schutzvorrichtungen an Maschinen; Verbesserung der Feuerschutzeinrichtungen und Alarmvorrichtungen; kostenlose Zurverfügungstellung von Schutzkleidung und anderen Arbeitsschutzausrüstungen, ggf. über bestehende Unfallvorschriften hinaus; Vereinbarung einer höheren als in den UVV vorgesehenen Zahl von Betriebsärzten und Sicherheitsfachkräften bzw. von höheren Einsatzzeiten für sie.[36]

2. Betrieblicher Umweltschutz

20 BV zu Maßnahmen des betrieblichen Umweltschutzes waren auch bisher als freiwillige BV schon zulässig und wurden **in der betrieblichen Praxis** auch abgeschlossen.[37] Mit der besonderen Erwähnung des betrieblichen Umweltschutzes als Thema freiwilliger BV hat der Gesetzgeber deutlich gemacht, dass auch unabhängig vom Arbeitsschutz eine Zuständigkeit des BR für diesen Regelungsgegenstand besteht.

21 Zu den Themen und denkbaren Regelungsgegenständen entsprechender BV und zum Umfang der Zuständigkeit des BR für den betrieblichen Umweltschutz vgl. Erl. zu § 89.

3. Errichtung von Sozialeinrichtungen

22 Während der BR nach § 87 Abs. 1 Nr. 8 ein Mitbestimmungsrecht bei der Form, Ausgestaltung und Verwaltung von Sozialeinrichtungen hat (vgl. § 87 Rn. 261 ff.), besteht nach dieser Vorschrift die Möglichkeit, durch freiwillige BV Sozialeinrichtungen zu **errichten.** Der Wirkungsbereich der Sozialeinrichtung kann sich, wie bei § 87 Abs. 1 Nr. 8, auf den Betrieb, das UN oder den Konzern erstrecken, wobei ggf. die Zuständigkeit des GBR oder KBR gegeben ist.[38]

23 Da der Katalog der Vorschrift nicht abschließend ist (vgl. Rn. 1), können durch freiwillige BV Sozialeinrichtungen auch für **miteinander verbundene UN,** ohne dass diese einen Konzern i. S. d. § 18 Abs. 1 AktG bilden, errichtet und deren Form, Ausgestaltung und Verwaltung geregelt werden.

24 Unter den Begriff »Errichtung« fallen auch die **Bestimmung des Ziels und Zwecks** der Einrichtung und die Zurverfügungstellung der sächlichen Mittel (Dotierungsrahmen) sowie deren Änderung und Schließung.[39] Beide Regelungsbereiche – der nach § 87 Abs. 1 Nr. 8 erzwingbare und der freiwillige Teil – können auch in einer BV geregelt werden[40] (zum Problem der Kündigung und Nachwirkung solcher Misch-BV vgl. § 77 Rn. 126 ff.).

4. Förderung der Vermögensbildung

25 Das Gesetz erwähnt weiterhin als Gegenstand einer BV Maßnahmen zur Förderung der Vermögensbildung.[41] Damit sind nicht nur Regelungen nach dem 5. VermBG,[42] sondern auch **andere Formen der Vermögensbildung** gemeint, z. B. Gewährung von AN-Darlehen, soweit die Regelung nicht unter das Mitbestimmungsrecht des BR nach § 87 Abs. 1 Nr. 10 fällt (vgl. § 87 Rn. 300 f., 328 ff.); Beteiligung der AN im UN in Form der stillen Gesellschaft; Ausgabe von Beteiligungspapieren wie Belegschaftsaktien.[43]

---

35 Dazu *Löwisch,* DB 87, 938.
36 *Fitting,* Rn. 16 f.; GK-*Wiese/Gutzeit,* Rn. 17; Richardi-*Richardi,* Rn. 12.
37 Vgl. *Fitting,* Rn. 18; *Salje,* BB 88, 73, 74 f.; *Trümner,* AiB 91, 522 ff.
38 *Fitting,* Rn. 21; HWGNRH-*Worzalla,* Rn. 10; Richardi-*Richardi,* Rn. 25.
39 *Fitting,* Rn. 21; HWGNRH-*Worzalla,* Rn. 9; Richardi-*Richardi,* Rn. 22 ff.
40 *Fitting,* a. a. O.
41 Zur Vermögensbildung allgemein *Kittner/Basten.*
42 Dazu *Schoen,* BB 87, 894.
43 *Fitting,* Rn. 24.

Soweit BV über vermögenswirksame Leistungen nach dem 5. VermBG abgeschlossen werden, müssen diese sich auch auf den Personenkreis der **leitenden Angestellten** i. S. d. § 5 Abs. 3 erstrecken, weil § 1 Abs. 2 des 5. VermBG alle Angestellten ohne Differenzierung in den persönlichen Geltungsbereich des Gesetzes einbezieht[44] und § 10 Abs. 1 des 5. VermBG ausdrücklich den Abschluss von BV erwähnt. Sieht ein TV Vermögensbildungsmaßnahmen vor, ist trotz der Sperrvorschriften des § 77 Abs. 3 der Abschluss einer BV zulässig.[45] 26

5. Integration ausländischer Arbeitnehmer; Bekämpfung von Rassismus und Fremdenfeindlichkeit

Die besondere Erwähnung dieses Regelungsgegenstandes freiwilliger BV steht im Zusammenhang mit zahlreichen weiteren neuen Vorschriften des Gesetzes, die der Förderung der Integration ausländischer AN und der Bekämpfung fremdenfeindlicher Betätigung im Betrieb dienen sollen (z. B. §§ 43 Abs. 2 Satz 3, 45 Abs. 1, 80 Abs. 1 Nr. 7, 99 Abs. 2 Nr. 6, 104 Satz 1). 27

Die Betriebsparteien sind aufgefordert, z. B. durch entsprechende Integrationsvereinbarungen, einen eigenständigen Beitrag zur Bekämpfung von Rassismus und Fremdenfeindlichkeit zu leisten. 28

Zur Zuständigkeit des BR, seinen Förderungs- und Überwachungsaufgaben und den möglichen Inhalten entsprechender BV vgl. § 75 Rn. 24 ff., § 80. 29

IV. Streitigkeiten

Der Abschluss einer BV nach dieser Vorschrift kann **nicht über die ESt. erzwungen** werden. Es besteht allerdings die Möglichkeit, auf freiwilliger Basis die ESt. nach § 76 Abs. 6 einzuschalten (vgl. § 76 Rn. 10 ff.). 30

Streitigkeiten über **Bestehen, Durchführung** und **Inhalt von BV** entscheidet das ArbG nach §§ 2 a, 80 ff. ArbGG im **Beschlussverfahren** (vgl. dazu insgesamt auch § 77 Rn. 167 ff.), wobei aus rechtskräftigen Beschlüssen nach § 85 Abs. 1 ArbGG die Zwangsvollstreckung möglich ist. Ebenfalls im Beschlussverfahren ist darüber zu entscheiden, ob eine Angelegenheit durch BV geregelt werden kann.[46] Dasselbe gilt für die Frage, ob eine BV erzwingbar ist oder nur freiwillig abgeschlossen werden kann.[47] 31

Ansprüche einzelner AN aus einer freiwilligen BV gegen den AG sind im **Urteilsverfahren** geltend zu machen (§ 2 Abs. 1 Nr. 3 ArbGG, vgl. auch § 77 Rn. 177). 32

§ 89 Arbeits- und betrieblicher Umweltschutz

(1) Der Betriebsrat hat sich dafür einzusetzen, dass die Vorschriften über den Arbeitsschutz und die Unfallverhütung im Betrieb sowie über den betrieblichen Umweltschutz durchgeführt werden. Er hat bei der Bekämpfung von Unfall- und Gesundheitsgefahren die für den Arbeitsschutz zuständigen Behörden, die Träger der gesetzlichen Unfallversicherung und die sonstigen in Betracht kommenden Stellen durch Anregung, Beratung und Auskunft zu unterstützen.

(2) Der Arbeitgeber und die in Absatz 1 Satz 2 genannten Stellen sind verpflichtet, den Betriebsrat oder die von ihm bestimmten Mitglieder des Betriebsrats bei allen im Zusammenhang mit dem Arbeitsschutz oder der Unfallverhütung stehenden Besichtigungen und Fragen und bei Unfalluntersuchungen hinzuzuziehen. Der Arbeitgeber hat den Betriebsrat auch bei allen im Zusammenhang mit dem betrieblichen Umweltschutz stehenden Besichtigungen und Fragen hinzuzuziehen und ihm unverzüglich die den Arbeitsschutz, die

44 *Säcker*, AR-Blattei, Betriebsvereinbarung, I C II 1.

45 *Fitting*, Rn. 25; *GL*, § 77 Rn. 76 a; *Schimana/Frauenkron*, DB 80, 445 [448]; *Kittner/Basten*, S. 96 f.; *Löwisch*, AuR 78, 97, 107; Richardi-*Richardi*, Rn. 29; a. A. ErfK-*Kania*, Rn. 6; GK-*Wiese/Gutzeit*, Rn. 33; HWGNRH-*Worzalla*, Rn. 12; *SWS*, Rn. 11; *Weiss*, Rn. 4.

46 Richardi-*Richardi*, Rn. 35.

47 Richardi-*Richardi*, a. a. O.

Unfallverhütung und den betrieblichen Umweltschutz betreffenden Auflagen und Anordnungen der zuständigen Stellen mitzuteilen.

(3) Als betrieblicher Umweltschutz im Sinne dieses Gesetzes sind alle personellen und organisatorischen Maßnahmen sowie alle die betrieblichen Bauten, Räume, technische Anlagen, Arbeitsverfahren, Arbeitsabläufe und Arbeitsplätze betreffenden Maßnahmen zu verstehen, die dem Umweltschutz dienen.

(4) An den Besprechungen des Arbeitgebers mit den Sicherheitsbeauftragten im Rahmen des § 22 Abs. 2 des Siebten Buches Sozialgesetzbuch nehmen vom Betriebsrat beauftragte Betriebsratsmitglieder teil.

(5) Der Betriebsrat erhält vom Arbeitgeber die Niederschriften über Untersuchungen, Besichtigungen und Besprechungen, zu denen er nach den Absätzen 2 und 4 hinzuzuziehen ist.

(6) Der Arbeitgeber hat dem Betriebsrat eine Durchschrift der nach § 193 Abs. 5 des Siebten Buches Sozialgesetzbuch vom Betriebsrat zu unterschreibenden Unfallanzeige auszuhändigen.

Inhaltsübersicht Rn.

I. Vorbemerkungen

1 Die Vorschrift ergänzt die betriebsverfassungsrechtlichen Regelungen des **Arbeitsschutzes** in: §§ 80, 81, 87 Abs. 1 Nr. 7, 88 Nr. 1, 90, 91 und 115 Abs. 1 Nr. 7. Sie überträgt dem BR spezifische Mitwirkungsrechte und -pflichten bei der tatsächlichen Verwirklichung des Arbeitsschutzes.[1] Nach dem Willen des Gesetzgebers sollen im Interesse der AN die besondere **Sachnähe und Sachkunde der BR-Mitglieder** für den Arbeitsschutz und die Unfallverhütung nutzbar gemacht werden. Zugleich soll den BR-Mitgliedern die notwendige Informationsbasis verschafft werden.[2]

2 Seit 2001 ist **Umweltschutz** in der Betriebsverfassung stärker verankert. Das Wissen, das an jedem Arbeitsplatz im Betrieb vorhanden ist, soll durch den BR zum Abbau von Umweltbelastungen und zum Ausbau umweltschonender Produktionstechniken und -verfahren zugunsten des Betriebs eingebracht werden können (Begründung A II 9). Die Einbeziehung der

1 *WW*, Rn. 2.
2 *GL*, Rn. 1.

AN und ihrer Vertreter beim Umweltschutz entspricht der 1992 in Rio de Janeiro beschlossenen und von Deutschland unterschriebenen Deklaration für Umwelt und Entwicklung (Agenda 21), die u. a. »Anregungen und Maßnahmen zur Stärkung der Rolle der AN und ihrer Gewerkschaften« vorsieht.[3] Damit hat der BR eine eigenständige Zuständigkeit für den betrieblichen Umweltschutz – unabhängig vom Arbeitsschutz. Ähnlich wie beim Arbeitsschutz hat der BR dazu Informations- sowie Beteiligungsrechte und Pflichten. Abs. 3 enthält eine Definition des auch in anderen Vorschriften verwendeten Begriffs des »betrieblichen Umweltschutzes«.

II. Arbeitsschutz in der Betriebsverfassung

Der Begriff des **Arbeitsschutzes** ist weit zu verstehen.[4] Auszugehen ist von der verfassungsrechtlichen Schutzpflicht des Gesetzgebers zur Sicherung des Grundrechts auf Leben und körperliche Unversehrtheit aus Art. 2 Abs. 2 Satz 1 GG, wie vom *BVerfG* u. a. in der Nachtarbeitsentscheidung festgestellt.[5] Das EG-Arbeitsschutzrecht (vgl. Rn. 8 ff.) legt die Aufgabe des präventionsorientierten Arbeits- und Gesundheitsschutzes fest. Damit ist nicht nur Unfallverhütung im engeren Sinne gemeint, sondern **alle der Erhaltung der Gesundheit der AN dienenden Vorschriften,** wie Mutterschutz, Jugendarbeitsschutz, Arbeitszeitschutz. Das Begriffspaar »Arbeitsschutz und Unfallverhütung« trägt dem historisch gewachsenen Dualismus auf dem Gebiet des Arbeitsschutzes Rechnung, bei dem sowohl **Staat** als auch **Selbstverwaltung** in der Vorschriftengebung und deren Überwachung tätig werden.[6] Der öffentliche Arbeitsschutz knüpft nicht an das einzelne Arbeitsverhältnis, sondern an Betrieb bzw. Arbeitsstätte an. Miterfasst sind auch Tätigkeiten im sog. »Mobile Office«, d. h. Arbeitsleistungen unter Nutzung von Notebook oder Smartphone an jedem beliebigen Ort.[7] Das Gleiche gilt für die nach dieser Vorschrift begründeten Rechte und Pflichten des BR, dessen Tätigkeit somit auch **Beschäftigten fremder AG, Leih-AN und Selbstständigen** zugutekommt, die im UN Arbeiten oder sonstige Tätigkeiten ausführen[8] (vgl. §§ 2 Abs. 2, 8, 12 Abs. 2 ArbSchG). Unter den Begriff des Arbeitsschutzes i. S. d. Vorschrift fallen sowohl der **technische** als auch der **soziale Arbeitsschutz,** so dass auch andere der Gesundheit im weiteren Sinne dienende Maßnahmen wie Erholungseinrichtungen, sanitäre Einrichtungen und Beköstigung (z. B. Diätkost) im Betrieb[9] hier einzubeziehen sind. Der BR hat nicht nur das **Recht,** sondern auch die **Pflicht** zur Mitwirkung bei der Bekämpfung der Unfall- und Gesundheitsgefahren. In den nach dieser Vorschrift begründeten Zuständigkeitsbereich des BR fallen neben staatlichen Arbeitsschutzvorschriften und **UVV/BGV der Berufsgenossenschaften** (BG) auch die einschlägigen Bestimmungen in **TV** und **BV,**[10] da es grundsätzlich nicht darauf ankommt, auf welcher Rechtsquelle der arbeitsschutzrechtliche Normenbestand beruht.[11] 3

Die Vorschrift schreibt eine **eingehende Zusammenarbeit zwischen BR und AG** sowie mit den zuständigen Stellen bei der Durchführung des Arbeitsschutzes und der Bekämpfung der Unfall- und Gesundheitsgefahren vor. Die mit Fragen des Arbeits- und Unfallschutzes befassten Stellen sind verpflichtet, den BR zu beteiligen.[12] 4

Gemäß § 25 SGB VII hat die Bundesregierung jährlich einen **statistischen Bericht** über den Stand von Sicherheit und Gesundheit bei der Arbeit und über das Unfall- und Berufskrankheitengeschehen sowie alle 4 Jahre einen umfassenden Überblick über die Entwicklung der 5

---

3 Vgl. auch *Kiper,* AiB 01, 438.
4 Vgl. auch § 2 Abs. 1 ArbSchG; *Pieper,* Arbeitsschutzgesetz, Einl. Rn. 1 ff.
5 *BVerfG* 28.1.92 – 1 BvR 1025/82, AuR 92, 187 mit Anm. *Blanke/Diederich.*
6 *Wlotzke,* BABl. 2/89, S. 5.
7 Zur Arbeitssicherheit im Mobile Office vgl. *Oberthür,* NZA 13, 246 ff.
8 Ebenso ErfK-*Kania,* Rn. 1; ausführlich dazu *Julius,* Arbeitsschutz und Fremdfirmenbeschäftigung, 2004, S. 135 ff., 170 ff.; *BAG* 31.1.89, BB 89, 1693, zum Informationsrecht des BR zu Verträgen mit Fremdfirmen.
9 *GL,* Rn. 2.
10 GK-*Wiese/Gutzeit,* Rn. 9.
11 *WW,* Rn. 2.
12 Musterrüge des BR in DKKWF-*Buschmann,* § 89 Rn. 2.

Arbeitsunfälle und Berufskrankheiten, ihre Kosten und die Maßnahmen zur Sicherheit und Gesundheit bei der Arbeit zu erstatten (www.bmas.bund.de).

6 Mit dem Gesetz zur Umsetzung der EG-Rahmenrichtlinie Arbeitsschutz und weiteren Arbeitsschutz-Richtlinien – EASUG –, insbes. dessen Art. 1 – **Arbeitsschutzgesetz** – v. 7.8.96[13] wurden § 120 a GewO abgelöst, der öffentlich-rechtliche Arbeitsschutz neu geregelt und o. g. europäische Richtlinien sowie der Regelungsauftrag nach Art. 30 EV umgesetzt. Mit dem zeitgleich verabschiedeten Unfallversicherungs-EingliederungsG wurde das Unfallversicherungsrecht aus der RVO in das SGB VII überführt und (Art. 17) Abs. 3 und 5 dieser Vorschrift geändert. Auf Grundlage des § 19 ArbSchG sind eine Reihe von Rechtsverordnungen zur Umsetzung europäischer und internationaler Normen ergangen.[14]

7 Aus §§ 3 ff. ArbSchG ergibt sich eine umfassende **Organisationspflicht des AG** für den betrieblichen Arbeitsschutz, die auch straf- bzw. bußgeldbewehrt ist (vgl. auch § 130 OWiG, § 25 f. ArbSchG, § 209 SGB VII). Insbes. die aus § 3 Abs. 2 ArbSchG folgende Pflicht des AG, für eine geeignete Organisation zu sorgen und Vorkehrungen dafür zu treffen, dass die Maßnahmen des Arbeitsschutzes bei allen Tätigkeiten und eingebunden in die betrieblichen Führungsstrukturen beachtet werden, setzt einen Rahmen für die Entwicklung einer an den betrieblichen Gegebenheiten ausgerichteten Organisation. Hierbei bestimmt der BR nach § 87 Abs. 1 Nr. 7 mit.[15] Das staatliche Arbeitsschutzrecht und die UVV wirken neben der öffentlich-rechtlichen Verpflichtung auch auf das Arbeitsverhältnis ein, ohne dass es einer besonderen Umsetzung in das Privatrecht bedarf. D. h. sie verpflichten auch den AG gegenüber dem AN und umgekehrt, was wiederum vom BR zu überwachen ist.[16]

III. Europäischer Arbeitsschutz

8 Nach Art. 31 Abs. 1 EU-GRC hat jede/r AN das Recht auf gesunde, sichere und würdige Arbeitsbedingungen. Die Weiterentwicklung des Arbeitsschutzes wird maßgeblich durch die **Rechtssetzung der Europäischen Union** bestimmt.[17] Rechtsgrundlage sind die Verträge über die Europäische Union (EU) bzw. Gemeinschaft (EG), weiterentwickelt über die Verträge von **Maastricht** v. 7.2.92[18] i. V. m. **Protokoll und Abkommen über die Sozialpolitik** (11 Vertragsstaaten, zunächst ohne Großbritannien), von **Amsterdam** v. 2.10.97, **Nizza** v. 26.2.01, **Lissabon** v. 13.12.07.[19]

9 Untersuchungen der Eur. Stiftung zur Verbesserung der Lebens- und Arbeitsbedingungen[20] bestätigen europaweit eine Zunahme arbeitsbedingter gesundheitlicher Probleme, eine Steigerung der Arbeitsintensität, einen Zusammenhang zwischen Arbeitszeitformen (Flexibilisierung) und Arbeitsbelastung. Die Eur. Kommission legt regelmäßige Aktionsprogramme für Sicherheit und Gesundheitsschutz am Arbeitsplatz vor. Zur Unterstützung der Mitgliedstaaten bei der praktischen Umsetzung von Gemeinschaftsvorschriften besteht die Europäische Agentur für Sicherheit und Gesundheitsschutz am Arbeitsplatz, osha.eu.int. Die Normierung auf europäischer Ebene erfolgt vor allem durch Erlass von Richtlinien, teilweise auch durch Verordnungen.

10 Die Vorschriften des primären Unionsrechts, insbes. des AEUV, sind in den Mitgliedstaaten unmittelbar anwendbar, die Grundrechte-Charta ausschließlich bei der Durchführung des

13 BGBl. I S. 1246, geändert 5.2.2009, BGBl. I S. 160; dazu *Pieper,* Arbeitsschutzrecht.

14 Vgl. Übersicht bei *Pieper,* § 19 ArbSchG Rn. 5.

15 *BAG* 18.3.14 – 1 ABR 73/12, AuR 14, 162; *Kohte,* FS Wißmann, 346, zum Arbeitszeitrecht.

16 GK-*Wiese/Gutzeit,* Rn. 12, 22 m. w. N.; grundlegend dazu MünchArbR/*Kohte,* § 291 Rn. 10.

17 Dokumentiert bei osha, Eur. Agentur für Sicherheit und Gesundheitsschutz am Arbeitsplatz ; *Oetker/Preis,* EAS; aus der Lit. vgl. *Hanau/Steinmeyer/Wank,* Handbuch des europäischen Arbeits- und Sozialrechts, § 18 XII; HK-ArbSchR-*Lörcher,* S. 27 ff.; MünchArbR-*Kohte,* § 289; *Pieper,* ArbSchR, Tabelle zu § 19 ArbSchG.

18 Bestätigt durch *BVerfG* 19.10.93, AuR 93, 370.

19 Vertrag über die EU (EUV), ABlEU Nr. C-191 S. 1, Vertrag über die Arbeitsweise der EU (AEUV) ABlEU Nr. C 306 S. 1, ber. 2009, Nr. C S. 1, Charta der Grundrechte der EU; bestätigt durch *BVerfG* 30.6.09 – 2 BvE 2/08 u. a.; vgl. Rn. 15.

20 Dazu *Merllié/Paoli,* AuR 01, 510; *Horst,* BABl. 00, 12 ff..

Rechts der Union (Art. 51 I 1 Gr-Ch). Dies ist allgemein der Fall, wenn eine nationale Regelung einen von einer RL oder VO, für die die Umsetzungsfrist abgelaufen ist, geregelten Bereich erfasst oder berührt.[21] Nach Art. 288 Abs. 2 AEUV hat eine **Verordnung** allgemeine Geltung. Sie ist in allen ihren Teilen verbindlich und gilt unmittelbar in jedem Mitgliedstaat. Nach Abs. 3 ist eine **Richtlinie** für jeden Mitgliedstaat, an den sie gerichtet wird, hinsichtlich des zu erreichenden Ziels verbindlich, überlässt jedoch den innerstaatlichen Stellen die Wahl der Form und der Mittel. Dies bedeutet nicht, dass Richtlinien für den einzelnen Bürger so lange unverbindlich seien, bis sie durch den einzelnen Mitgliedstaat umgesetzt wären. Der *EuGH* gesteht dem Gesetzgeber der Union (Ministerrat, Parlament) das Recht zu, durch detaillierte Richtlinien den Spielraum des nationalen Gesetzgebers derart schrumpfen zu lassen, dass dieser bis in alle Einzelheiten gebunden ist.[22] Der einzelne Bürger kann in diesem Fall hieraus dem Staat gegenüber unmittelbar Rechte ableiten, wenn dieser die Richtlinie nicht fristgemäß oder unzutreffend in nationales Recht umsetzt.[23] Diese Verpflichtung trifft indes nur den öffentlichen, nicht den privaten AG.[24] Deren AN können sich gleichwohl auf für sie günstige Richtlinien berufen, allerdings in Form eines **Schadensersatzanspruchs** gegenüber dem säumigen Mitgliedstaat, der eine Richtlinie nicht umgesetzt hat.[25] Dieser Schadensersatzanspruch steht unter der Voraussetzung, dass die Verleihung von Rechten an Bürger Ziel der Richtlinie ist, dass der Inhalt dieser Rechte auf der Grundlage dieser Richtlinie bestimmt werden kann, dass schließlich ein Kausalzusammenhang zwischen dem Verstoß gegen die dem Staat auferlegte Verpflichtung und dem entstandenen Schaden besteht.[26] Verschulden ist nicht erforderlich.[27] Insofern reicht ein hinreichend qualifizierter Verstoß gegen das Unionsrecht. Der Anspruch ist unabhängig davon, dass zuvor ein Antrag auf Einhaltung dieser Bestimmung bei seinem AG gestellt wurde. Der Schadensersatz muss dem erlittenen Schaden angemessen sein.[28] Diese Haftung können die Mitgliedstaaten nicht durch nationale Rechtsvorschriften ausschließen.[29] Auch zwischen Privatpersonen sind europarechtswidrige, verfahrensfehlerhaft zustande gekommene nationale technische Vorschriften nicht anzuwenden.[30] **Nationales Recht ist unionsrechtskonform,** d. h. so weit wie möglich im Lichte des Wortlauts und des Zwecks der Richtlinie **auszulegen,** um zu einem Ergebnis zu gelangen, das mit dem von der RL verfolgten Ziel vereinbar ist.[31] Im Rahmen des Ermessens einer ESt. i. S. d. § 76 Abs. 5 Satz 3 der Betriebsparteien bilden auch unvollständig bzw. fehlerhaft umgesetzte Richtlinien eine verbindliche Ermessensgrenze.[32]

Die EU besitzt keine Allzuständigkeit für jede Form von Gesetzgebung, auch nicht auf dem Gebiet des Arbeitsrechts. Nach dem »**Prinzip der begrenzten Einzelermächtigung**« (vgl. Art. 5 Abs. 2 EUV) bedarf jeder Rechtssetzungsakt einer (EU-)vertraglichen Ermächtigungsgrundlage. Hervorzuheben sind Art. 45 AEUV (Freizügigkeit), 151 – 161 AEUV (Sozialpolitik). Sekundäres Unionsrecht (Verordnungen, Richtlinien, Beschlüsse, Empfehlungen und Stellungnahmen, Art. 288 AEUV) zum Arbeitsschutz bedarf wie jede EG-Rechtssetzung einer **speziellen Zuständigkeitsnorm,** hier vor allem Art. 114, 153 AEUV. Daneben anerkennt der *EuGH* eine **Unionszuständigkeit kraft Sachzusammenhangs** (implied powers).[33] Abgerundet werden diese Zuständigkeiten durch die **Ergänzungsklausel** des Art. 352 AEUV. Zahlreiche bedeutsame Richtlinien, z. B. zur Gleichberechtigung von Mann und Frau, beruhen auf ent- **11**

21 *EuGH* 26.2.2013 – Rs. C- 617/10, Rn. 21, Fransson; so schon Schlussantrag GA *Bot* 5.4.11 –Rs. C-108/10 – Scattolon – Rn. 110 – 121.
22 *EuGH* 23.11.77, Slg. 77, 2203.
23 St. Rspr. seit *EuGH* 4.12.74, Slg. 74, 359.
24 *BAG* 18.2.03 – 1 ABR 2/02, AuR 03, 298 mit Anm. *Linnenkohl.*
25 *EuGH* 19.11.91, EuZW 91, 758, Francovich und Bonifaci; 24.1.12 – C-281/10, Dominguez, AuR 12, 86.
26 *EuGH* 14.7.94, AuR 94, 308 m. w. N.; 5.3.96, NJW 96, 1267, Brasserie du Pêcheur.
27 *EuGH* 5.3.96, a. a. O. Rn. 79; 8.10.96, NJW 96, 28 m. w. N. Dillenkofer *u. a.*
28 *EuGH* 25.11.10 – Rs. C-429/09, AuR 11, 36, Fuß II, zur ArbeitszeitRL 2003/88/EG.
29 *EuGH* 13.6.06 – Rs. C-173/03, TDM ./. Italien, JZ 06, 1173.
30 *EuGH* 26.9.00, EuZW 01, 153; dazu *Gundel*, a. a. O., 143.
31 *EuGH* 5.10.04 – Rs. C – 397/01; *Pfeiffer,* AuR 04, 428.
32 *Ende,* AuR 97, 139 zu § 3 AZG.
33 Vgl. *EuGH,* Slg. 55/56, 297.

sprechenden Rechtsgrundlagen der Vorgängerverträge. Dagegen stützen sich die meisten Richtlinien zum Arbeitsschutz auf die früheren Art. 100 a und 118 EGV bzw. Art. 95, 137 EG (Amsterdam), jetzt Art. 114 und Art 153 AEUV (Lissabon). In Art. 5 EUV i. V. m. Protokoll über die Anwendung der Grundsätze der Subsidiarität und der Verhältnismäßigkeit v. 13.12.07 wurden diese als allgemeiner Rechtsgrundsatz für die Ausübung der Unionskompetenzen festgelegt.

12 Im Bereich der Verbesserung insbes. der Arbeitsumwelt zum Schutze der Gesundheit und der Sicherheit der AN, der Arbeitsbedingungen, Unterrichtung und Anhörung der AN, Chancengleichheit von Männern und Frauen auf dem Arbeitsmarkt und Gleichbehandlung am Arbeitsplatz, berufliche Eingliederung der aus dem Arbeitsmarkt ausgegrenzten Personen können Richtlinien mit qualifizierter Mehrheit (Art. 294 AEUV) verabschiedet werden. Im Bereich soziale Sicherheit und sozialer Schutz der AN, Schutz der AN bei Beendigung des Arbeitsvertrags, Vertretung und kollektive Wahrnehmung der AN- und AG-Interessen, einschließlich Mitbestimmung, Beschäftigungsbedingungen der Staatsangehörigen dritter Länder, die sich rechtmäßig im Gebiet der Union aufhalten, finanzielle Beiträge zur Förderung der Beschäftigung und zur Schaffung von Arbeitsplätzen, unbeschadet der Bestimmungen über den Sozialfonds, sind im Grundsatz nur einstimmige Beschlüsse möglich. Keine **Unionskompetenz** besteht für Arbeitsentgelt, Koalitionsrecht, Streik- und Aussperrungsrecht (Art. 153 Abs. 5 AEUV).

13 Die auf Grundlage des Art. 153 AEUV bzw. seiner Vorgängervorschriften erlassenen Richtlinien setzen **Mindestbedingungen,** d. h., die einzelnen Mitgliedstaaten können strengere Schutzmaßnahmen treffen oder beibehalten (Abs. 4). Dagegen haben die auf Basis der Art. 94, 95 EG bzw. Art. 114 f. AEUV erlassenen **produktbezogenen Vorschriften** keine sozialpolitische, sondern eine binnenmarktbezogene Ausrichtung. Ziel ist es, sog. non-tarifäre Handelshemmnisse abzubauen und für eine wettbewerbsneutrale Ausgestaltung der Arbeitsrechtsordnungen der Mitgliedstaaten zu sorgen.[34] Demzufolge sind diese Richtlinien grundsätzlich **zwingend.** Strengere nationale Vorschriften sind nach einem in Art. 114 AEUV geregelten komplizierten Verfahren zulässig, wenn ein Staat sich auf wichtige Erfordernisse i. S. d. Art. 36 oder in Bezug auf den Schutz der Arbeitsumwelt oder den Umweltschutz oder auf neue wissenschaftliche Erkenntnisse beruft und die Kommission die betreffenden Bestimmungen nicht ablehnt. Nach Art. 114 Abs. 3 AEUV hat die Kommission in ihren Vorschlägen zu Gesundheit, Sicherheit, Umweltschutz und Verbraucherschutz von einem hohen Schutzniveau auszugehen. Außerdem sind die einschlägigen europäischen technischen Normen, die von den europäischen Normenorganisationen CEN und CENELEC aufgestellt werden, allerdings keinen rechtlich zwingenden Charakter haben, zu beachten.

14 EG/EU-Richtlinien zum Arbeitsschutz wurden in großer Zahl verabschiedet. Die nationale Umsetzung der sog. Rahmenrichtlinie 89/391 EWG und wichtiger Einzel-RL erfolgte – verspätet – durch das EG-Arbeitsschutz-UmsetzungsG, EASUG, insbes. dessen Art. 1, ArbSchG, v. 7.8.96,[35] sowie durch VO auf Grundlage der §§ 18, 19 ArbSchG.[36] Art. 3 der RL 89/391/EWG definiert als **AN** jede Person, die von einem AG beschäftigt wird, einschließlich Praktikanten und Lehrlingen, jedoch mit Ausnahme von Hausangestellten;[37] als **AG** jede natürliche oder juristische Person, die als Vertragspartei den Beschäftigungsverhältnisses mit dem AN die Verantwortung für das UN bzw. den Betrieb trägt, wodurch auch bestimmte nicht-arbeitsrechtliche Vertragsbeziehungen abgedeckt werden. Mangels Bereichsausnahme gelten die RL sowie die dazu ergangenen Einzel-RL auch für den **öffentlichen** (incl. Beamte) und den **kirchlichen Bereich.**[38] Art. 11 RL verpflichtet die AG zur weitreichenden Anhörung und Beteiligung der AN bzw. deren Vertreter in Fragen der Sicherheit und des Gesundheitsschutzes der AN und bestätigt diesen das Recht zur direkten Kommunikation mit den zuständigen Behörden. Für den Arbeitsschutz sind u. a. folgende europäische Regelungen von Bedeutung (Übersicht nicht vollständig):[39]

---

34 *Birk,* RdA 92, 69.
35 BGBl. I S. 1246; dazu *Pieper,* AuR 96, 465.
36 Dazu *Wlotzke,* NJW 97, 1469; *Pieper,* AuR 97, 21; 99, 88.
37 Zum Arbeitnehmerbegriff im europäischen Recht ausführlich *Borelli,* AuR 11, 472 ff.
38 Ausführlich *Georgi,* Die Beteiligungsrechte der Mitarbeitervertretungen im Arbeitsschutz, 2008.
39 Erläuterung bei MünchArbR-*Kohte,* § 289 IV; aktuell über osha.europa.eu/legislation/directives.

1. Grundsätze/Grundrechte

- **Gemeinschaftscharta der sozialen Grundrechte der AN** v. 9.12.89[40] **15**

Nr. 19. Jeder AN muß in seiner Arbeitsumwelt zufriedenstellende Bedingungen für Gesundheitsschutz und Sicherheit vorfinden. Es sind geeignete Maßnahmen zu ergreifen, um die Harmonisierung der auf diesem Gebiet bestehenden Bedingungen auf dem Wege des Fortschritts weiterzuführen.
Bei den Maßnahmen wird namentlich die Notwendigkeit einer Ausbildung, Unterrichtung, Anhörung und ausgewogenen Mitwirkung der AN hinsichtlich der Risiken, denen sie unterliegen, und der Maßnahmen, die zur Beseitigung der Verringerung dieser Risiken getroffen werden, berücksichtigt.
Die Vorschriften über die Verwirklichung des Binnenmarktes haben zu diesem Schutz beizutragen.

- **Charta der Grundrechte der EU** v. 12.12.07[41]

Art. 31 Gerechte und angemessene Arbeitsbedingungen
Jede/r AN hat das Recht auf gesunde, sichere und würdige Arbeitsbedingungen.
Jede/r AN hat das Recht auf eine Begrenzung der Höchstarbeitszeit, auf tägliche und wöchentliche Ruhezeiten sowie auf bezahlten Jahresurlaub.
Art. 37 Umweltschutz
Ein hohes Umweltschutzniveau und die Verbesserung der Umweltqualität müssen in die Politiken der Union einbezogen und nach dem Grundsatz der nachhaltigen Entwicklung sichergestellt werden.

- Auch **Arbeitnehmerbeteiligung** hat den Rang eines europäischen Grundrechts:

Art. 27 Recht auf Unterrichtung und Anhörung der Arbeitnehmerinnen und Arbeitnehmer im Unternehmen
Für die Arbeitnehmerinnen und Arbeitnehmer oder ihre Vertreter muss auf den geeigneten Ebenen eine rechtzeitige Unterrichtung und Anhörung in den Fällen und unter den Voraussetzungen gewährleistet sein, die nach dem Gemeinschaftsrecht und den einzelstaatlichen Rechtsvorschriften und Gepflogenheiten vorgesehen sind.

2. Programmatik und institutionelle Regelungen, Berufskrankheiten

- Entscheidung des Ministerrates betr. das Mandat und die Geschäftsordnung des Ständigen Ausschusses für die Betriebssicherheit im Steinkohlenbergbau v. 9.7.57;[42] **16**
- Beschluss des Rates über die Erstreckung der Zuständigkeit des Ständigen Ausschusses für die Betriebssicherheit im Steinkohlenbergbau auf alle mineralgewinnenden Betriebe v. 27.6.74;[43]
- Beschluss des Rates zur Einsetzung eines Ausschusses für Sicherheit, Arbeitshygiene und Gesundheitsschutz am Arbeitsplatz v. 27.6.74;[44]
- Empfehlung 2003/670/EG der Kommission über die Eur. Liste der Berufskrankheiten v. 19.9.03.[45]
- Sozialpolitische Agenda, Bericht der Eur. Kommission, KOM (2005) 33 endg., v. 9.2.05.

40 *DKL* Nr. 409: Titel I, Nr. 19 Gesundheitsschutz und Sicherheit in der Arbeitsumwelt.
41 ABlEU 2007 Nr. C 303/01.
42 ABl-Ministerrat 1957 Nr. 487 S. 57.
43 ABlEG 1974 Nr. L 185 S. 18.
44 ABlEG 1974 Nr. L 185 S. 15.
45 ABlEG 2003 Nr. L 238 S. 28.

3. Verhaltensbezogener Arbeitsschutz, Arbeitsstätten, Arbeitsmittel

17 • **RL 89/391/EWG über die Durchführung von Maßnahmen zur Verbesserung der Sicherheit und des Gesundheitsschutzes der Arbeitnehmer bei der Arbeit v. 12.6.89, Rahmenrichtlinie**[46] umgesetzt durch das EASUG v. 7.8.96;[47]
- RL 89/654/EWG über Mindestvorschriften für Sicherheit und Gesundheitsschutz in Arbeitsstätten (1. Einzelrichtlinie i. S. d. Art. 16 I RL 89/391/EWG) v. 30.11.89,[48] umgesetzt durch Art. 4 der VO zur Umsetzung von EG-Richtlinien zur EG-Rahmenrichtlinie Arbeitsschutz v. 4.12.96;[49]
- RL 89/655/EWG über Mindestvorschriften für Sicherheit und Gesundheitsschutz bei Benutzung von Arbeitsmitteln durch AN bei der Arbeit (2. Einzelrichtlinie i. S. d. Art. 16 I RL 89/391/EWG) v. 30.11.89,[50] geändert durch RL 95/63/EG v. 5.12.95,[51] durch RL 2001/45/EG v. 25.6.01[52] sowie durch RL 2009/104/EG v. 16.9.09;[53]
- RL 89/656/EWG über Mindestvorschriften für Sicherheit und Gesundheitsschutz bei Benutzung persönlicher Schutzausrüstungen durch Arbeitnehmer bei der Arbeit (3. Einzelrichtlinie i. S. des Art. 16 I RL 89/391/EWG) v. 30.11.89,[54] umgesetzt durch Art. 1 der VO v. 4.12.96, PSA-BV;[55]
- RL 90/269/EWG über die Mindestvorschriften bezüglich der Sicherheit und des Gesundheitsschutzes bei der manuellen Handhabung von Lasten, die für die Arbeitnehmer insbesondere eine Gefährdung der Lendenwirbelsäule mit sich bringt (4. Einzelrichtlinie i. S. d. Art. 16 I der RL 89/391/EWG) v. 29.5.1990,[56] umgesetzt durch Art. 2 LasthandhabVO;
- RL 90/270/EWG über die Mindestvorschriften bezüglich der Sicherheit und des Gesundheitsschutzes bei der Arbeit an Bildschirmgeräten (5. Einzelrichtlinie i. S. d. Art. 16 I der RL 89/391/EWG) v. 29.5.90,[57] umgesetzt durch BildscharbVO;
- RL 92/57/EWG über die auf zeitlich begrenzten oder örtlichen Baustellen anzuwendenden Mindestvorschriften für die Sicherheit und den Gesundheitsschutz (8. Einzelrichtlinie i. S. d. Art. 16 I der RL 89/391/EWG) v. 24.6.92,[58] umgesetzt durch VO über Sicherheit und Gesundheitsschutz auf Baustellen, BaustellV;
- RL 92/58/EWG über Mindestvorschriften für die Sicherheit und/oder die Gesundheitsschutzkennzeichnung am Arbeitsplatz (9. Einzelrichtlinie i. S. d. Art. 16 I der RL 89/391/EWG) v. 24.6.92,[59] umgesetzt durch 2. Novelle zur GefStoffV v. 19.9.94,[60] Allgemeine BundesbergbauVO v. 23.10.95,[61] UVV »Sicherheits- und Gesundheitsschutzkennzeichnung am Arbeitsplatz« (VBG 125);
- RL 92/91/EWG über Mindestvorschriften zur Verbesserung der Sicherheit und des Gesundheitsschutzes in den Betrieben, in denen durch Bohrungen Mineralien gewonnen werden (11. Einzelrichtlinie i. S. d. Art. 16 I der RL 89/391/EWG) v. 3.11.92,[62] umgesetzt durch ABBergVO v. 23.10.95;[63]

---

46 ABlEG 1989 Nr. L 183/1.
47 BGBl. I S. 1246; zur Bedeutung und Umsetzung in den Mitgliedstaaten vgl. *Kohte u. a.*, ZIAS 99, 85 ff.
48 ABlEG 1989 Nr. L 393/1; vgl. *Faber*, Die arbeitsschutzrechtlichen Grundpflichten des § 3 ArbSchG, 2004.
49 BGBl. I S. 1841.
50 ABlEG 1989 Nr. L 393/13.
51 ABlEG Nr. L 335 S. 28.
52 ABlEG Nr. L 195 S. 46.
53 ABlEU v. 3.2.09 Nr. L 260/5, umgesetzt durch BetriebssicherheitsVO; *Pieper*, S. 399.
54 ABlEG 1990 Nr. L 393/18.
55 BGBl. I S. 1841; *Pieper*, S. 850.
56 ABlEG 90 Nr. L 156/9.
57 ABlEG 90 Nr. 156/14.
58 ABlEG 1992 Nr. L 245/6.
59 ABlEG 1992 Nr. L 245/23.
60 BGBl. I S. 2557.
61 BGBl. I S. 1466.
62 ABlEG 1992 Nr. L 348/9.
63 BGBl. I S. 1466.

- RL 92/104/EWG über Mindestvorschriften zur Verbesserung der Sicherheit und des Gesundheitsschutzes der Arbeitnehmer in mineralgewinnenden Betrieben (12. Einzelrichtlinie i. S. d. Art. 16 I der RL 89/391/EWG) v. 3. 12. 92,[64] umgesetzt wie o.;
- RL 92/29/EWG über Mindestvorschriften für die Sicherheit und den Gesundheitsschutz zum Zweck einer besseren medizinischen Versorgung auf Schiffen v. 31. 3. 92,[65] umgesetzt durch 2. VO zur Änderung der VO über die Krankenfürsorge auf Kauffahrteischiffen v. 22. 4. 96;[66]
- RL 93/103/EG über Mindestvorschriften für Sicherheit und Gesundheitsschutz bei der Arbeit an Bord von Fischereifahrzeugen (13. Einzelrichtlinie i. S. d. Art. 16 I der RL 89/391/EWG) v. 23. 11. 93[67] umgesetzt durch UVV See (VGB 108);
- RL 98/24/EG zum Schutz von Gesundheit und Sicherheit der AN vor der Gefährdung durch chemische Arbeitsstoffe bei der Arbeit (14. Einzelrichtlinie i. S. d. Art. 16 I der RL 89/391/EWG) v. 7. 4. 98;[68] umgesetzt durch GefStoffV;
- BL 2002/44/EG über Mindestvorschriften zum Schutz von Sicherheit und Gesundheit der AN vor der Gefährdung durch physikalische Einwirkungen (Vibrationen) (16. Einzelrichtlinie i. S. d. RL 89/391/EWG) v. 25. 6. 02,[69] umgesetzt durch LärmVibrationsArbSchV;
- RL 2003/10/EG über Mindestvorschriften zum Schutz von Sicherheit und Gesundheit der AN vor der Gefährdung durch physikalische Einwirkungen (Lärm) (17. Einzelrichtlinie i. S. d. Art. 16 I der RL 89/391/EWG) v. 6. 2. 03,[70] umgesetzt durch LärmVibrations-ArbSchV;
- RL 2004/40/EG über Mindestvorschriften zum Schutz von Sicherheit und Gesundheit der AN vor der Gefährdung durch physikalische Einwirkungen (elektromagnetische Felder) (18. Einzelrichtlinie i. S. d. Art. 16 I der RL 89/391/EWG) v. 29. 4. 04;[71] geändert durch Art. 1 der RL 2008/46/EG, abgelöst durch RL 2013/35/EU;[72]
- RL 2007/30 zur Änderung der RL 89/391/EWG und ihrer Einzelrichtlinien sowie der RL 83/477/EWG, 91/383/EWG, 92/29/EWG und 94/33/EG im Hinblick auf die Vereinfachung und Rationalisierung der Berichte über die praktische Durchführung;
- RL 2009/104/EG über Mindestvorschriften für Sicherheit und Gesundheitsschutz bei Benutzung von Arbeitsmitteln durch AN bei der Arbeit (2. Einzel–RL i. S. d. Art. 16 Abs. 1 der RL 89/391/EWG) v. 16. 9. 09;
- RL 2009/161/EU der Kommission zur Festlegung einer 3. Liste von Arbeitsplatz-Richtgrenzwerten in Durchführung der RL 98/24/EG und zur Änderung der RL 2000/39/EG v. 17. 12. 09;
- VO (EG) Nr. 1221/2009 v. 25. 11. 09 über die freiwillige Teilnahme von Organisationen an einem Gemeinschaftssystem für Umweltmanagement und Umweltbetriebsprüfung und zur Aufhebung der VO (EG) Nr. 761/2001 – sowie der Beschlüsse der Kommission 2001/681/EG und 2006/193/EG,[73] umgesetzt durch Umwelt-Auditgesetz v. 7. 12. 95, geändert 7. 8. 13;
- RL 2010/32/EU zur Durchführung der von HOSPEEM und EGÖD geschlossenen Rahmenvereinbarung zur Vermeidung von Verletzungen durch scharfe/spitze Instrumente im Krankenhaus- und Gesundheitssektor (Nadelstich) v. 10. 5. 10;
- RL 2013/35/EU über Mindestvorschriften zum Schutz von Sicherheit und Gesundheit der AN vor der Gefährdung durch physikalische Einwirkungen (elektromagnetische Felder) (20. Einzelrichtlinie i. S. d. Art. 16 Abs. 1 der RL 89/391/EWG) und zur Aufhebung der RL 2004/40/EG v. 26. 6. 13.

---

64 ABlEG 1992 Nr. L 404/10.
65 ABlEG 1992 Nr. L 113/19.
66 BGBl. I S. 631.
67 ABlEG 1993 Nr. L 307/1.
68 ABlEG 1998 Nr. L 131/11.
69 ABlEG 2002 Nr. L 177/13.
70 ABlEG 2003 Nr. L 42/38.
71 ABlEU Nr. L 184 S. 1.
72 ABlEU 2008 Nr. L 114/88.
73 ABlEU L 342/1.

4. Schutz vor gefährlichen Arbeitsstoffen am Arbeitsplatz

18
- RL 78/610/EWG zur Angleichung der Rechts- und Verwaltungsvorschriften der Mitgliedstaaten über den Schutz der Gesundheit von AN, die Vinylchloridmonomer ausgesetzt sind, v. 29.6.78,[74] geändert durch RL 99/38/EG v. 29.4.99,[75] umgesetzt durch GefStoffV;
- RL 80/1107/EWG zum Schutz der AN vor der Gefährdung durch chemische, physikalische und biologische Arbeitsstoffe bei der Arbeit v. 27.11.80,[76] geändert durch
- RL 88/642/EWG zur Änderung der RL 80/1107/EWG zum Schutz der AN vor der Gefährdung durch chemische, physikalische und biologische Arbeitsstoffe bei der Arbeit v. 16.12.88;[77]
- RL 91/322/EWG der Kommission zur Festsetzung von Richtgrenzwerten zur Durchführung der RL 80/1107/EWG über den Schutz der AN vor der Gefährdung durch chemische, physikalische und biologische Arbeitsstoffe bei der Arbeit v. 29.5.91,[78] ergänzt durch RL 2000/39/EG v. 8.6.00,[79] geändert durch RL 2006/15/EG der Kommission v. 2.2.06,[80] umgesetzt durch GefStoffV;
- RL 96/94/EG der Kommission zur Festlegung einer 2. Liste von Richtgrenzwerten zur Durchführung der RL 80/1107/EWG;[81]
- RL 82/605/EWG über den Schutz der AN gegen Gefährdung durch metallisches Blei und seine Ionenverbindungen am Arbeitsplatz (1. Einzelrichtlinie i. S. d. Art. 8 RL 80/1107/EWG) v. 28.7.82,[82] geändert durch RL 98/24/EG v. 7.4.98 (s. o.), umgesetzt durch GefStoffV;
- RL 83/477/EWG über den Schutz der AN gegen Gefährdung durch Asbest am Arbeitsplatz (2. Einzelrichtlinie i. S. d. Art. 8 RL 80/1107/EWG) v. 19.9.83,[83] geändert durch
- RL 91/382/EWG zur Änderung der RL 83/477/EWG über den Schutz der AN gegen Gefährdungen durch Asbest am Arbeitsplatz v. 25.6.91,[84] umgesetzt durch GefStoffV„ geändert durch RL 2003/18/EG v. 27.3.2003;[85]
- abgelöst durch RL 2009/148/EG über den Schutz der AN gegen Gefährdung durch Asbest am Arbeitsplatz v. 30.11.09;
- RL 86/188/EWG über den Schutz der AN gegen Gefährdung durch Lärm am Arbeitsplatz (3. Einzelrichtlinie i. S. d. Art. 8 RL 80/1107/EWG) v. 12.5.86,[86] geändert durch RL 98/24/EG (s.o) umgesetzt durch 3. VO zum GerätesicherheitsG (3. GSGV) v. 18.1.91[87] und UVV »Lärm« (VBG 121) sowie »Arbeitsmedizinische Vorsorge« (VBG 100); aufgehoben durch Art. 15 der RL 2003/10/EG;
- RL 88/364/EWG zum Schutz der AN durch ein Verbot bestimmter Arbeitsstoffe und/oder Arbeitsverfahren (4. Einzelrichtlinie i. S. d. Art. 8 RL 80/1107/EWG) v. 9.6.88,[88] geändert durch RL 98/24/EG v. 7.4.1998 (s. o.), umgesetzt durch GefStoffV;
- RL 90/394/EWG über den Schutz der AN gegen Gefährdungen durch Karzinogene bei der Arbeit (6. Einzelrichtlinie i. S. d. Art. 16 I der RL 89/391/EWG) v. 28.6.90,[89] geändert durch RL 97/42/EG v. 27.6.97,[90] kodifiziert durch RL 2004/37/EG v. 29.4.04,[91] umgesetzt durch GefStoffV;

74 ABlEG 1978 Nr. L 197/12.
75 ABlEG 1999 Nr. L S. 66.
76 ABlEG 80 Nr. L 327/8.
77 ABlEG 1988 Nr. L 356/74.
78 ABlEG 1991 Nr. L 177/22.
79 ABlEG 2000 Nr. L 142/47.
80 ABlEG 2006 Nr. L 38/36.
81 ABlEG 1996 Nr. L 338/86.
82 ABlEG 1982 Nr. L 247/12.
83 ABlEG 1983 Nr. L 263/25.
84 ABlEG 1991 Nr. L 206/16.
85 ABlEG 2003 Nr. L 97/48.
86 ABlEG 1986 Nr. L 137/28.
87 BGBl. I S. 146.
88 ABlEG 1988 Nr. L 179/44.
89 ABlEG 1990 Nr. L 196/1.
90 ABlEG 1997 Nr. L 179/4.
91 ABlEU Nr. L 158/50 u. L 229 S. 23.

- RL 90/679/EWG über den Schutz der AN gegen Gefährdungen durch biologische Arbeitsstoffe bei der Arbeit (7. Einzelrichtlinie i. S. d. Art. 16 I der RL 89/391/EWG) v. 26. 11. 90,[92] geändert durch
- RL 93/88/EWG zur Änderung der RL 90/679/EWG über den Schutz der AN gegen Gefährdung durch biologische Arbeitsstoffe bei der Arbeit v. 1. 10. 93,[93] angepasst durch
- RL 95/30/EG der Kommission v. 30. 6. 1995,[94] angepasst durch
- RL 97/65/EG der Kommission v. 26. 11. 97,[95] umgesetzt durch BioStoffVO v. 27. 1. 99[96] sowie TRBA 130 Arbeitsschutzmaßnahmen in akuten biologischen Gefahrenlagen v. 18. 6. 12 – IIIb 3 – 34504 – 7;[97]
- Kodifizierung durch RL 2000/54/EG über den Schutz der AN gegen Gefährdung durch biologische Arbeitsstoffe bei der Arbeit v. 18. 9. 00[98]
- RL 1999/30/EG über Grenzwerte für Schwefeldioxid, Stickstoffdioxid und Stickstoffoxide, Partikel und Blei in der Luft (FeinstaubRL) v. 22. 4. 99;[99]
- RL 99/92/EG über Mindestvorschriften zur Verbesserung des Gesundheitsschutzes und der Sicherheit der AN, die durch explosionsfähige Atmosphären gefährdet werden (15. Einzelrichtlinie i. S. d. Art. 16 Abs. 1 der RL 89/391/EWG) v. 16. 12. 99.[100]
- RL 2006/25/EG über Mindestvorschriften zum Schutz von Sicherheit und Gesundheit der AN vor der Gefährdung durch physikalische Einwirkungen (künstliche optische Strahlung) (19. Einzelrichtlinie i. S. d. Art. 16 I der RL 89/391/EWG) v. 5. 4. 06.[101]

5. Schutz vor Risikotechnologien

- RL 82/501/EWG über die Gefahren schwerer Unfälle bei bestimmten Industrietätigkeiten **19** v. 24. 6. 1982,[102] geändert durch RL 87/216/EWG zur Änderung der RL 82/501/EWG über die Gefahren schwerer Unfälle bei bestimmten Industrietätigkeiten v. 19. 3. 87[103] sowie durch
- RL 88/610/EWG zur Änderung der RL 82/501/EWG über die Gefahren schwerer Unfälle bei bestimmten Industrietätigkeiten v. 24. 11. 88[104] mit der Verpflichtung des UN, eine Störfallanalyse aufzustellen, danach Maßnahmen zur Minderung etwaiger Schadensfälle zu ergreifen und Schadensfälle der zuständigen Behörde anzuzeigen, umgesetzt durch StörfallV, abgelöst durch
- RL 96/82/EG zur Beherrschung der Gefahren schwerer Unfälle mit gefährlichen Stoffen v. 9. 12. 1996,[105] geändert durch RL 2003/105/EG v. 16. 12. 2003,[106] umgesetzt durch StörfallV;
- RL 96/29/Euratom zur Änderung der RL, mit denen die Grundnormen für den Gesundheitsschutz der Bevölkerung und der Arbeitskräfte gegen die Gefahren ionisierender Strahlungen festgelegt wurden v. 13. 5. 96;[107]
- RL 90/219/EWG über die Anwendung genetisch veränderter Mikroorganismen v. 23. 4. 90;[108]

92 ABlEG 1990 Nr. L 314/1.
93 ABlEG 1993 Nr. L 268/71, ber. ABlEG Nr. 217/18 v. 23. 8. 1994.
94 ABlEG 1995 Nr. L 155/41.
95 ABlEG 1997 Nr. L 335/17.
96 BGBl. I S. 50.
97 Gemeinsames Ministerialblatt 2012, 459.
98 ABlEG Nr. 2262/21.
99 ABlEG Nr. L 163/41.
100 ABlEG Nr. L 23/53 v. 28. 1. 00.
101 ABlEU 06 Nr. L 114/38.
102 ABlEG 82 Nr. L 230/1.
103 ABlEG 1987 Nr. L 85/36.
104 ABlEG 1988 Nr. L 336/14.
105 ABlEG 1997 Nr. L 10/13.
106 ABlEU Nr. L 345/97.
107 ABlEG Nr. L S. 1.v. 29. 6. 96.
108 ABlEG 1990 Nr. L 117/1.

- RL 90/220/EWG über die absichtliche Freisetzung genetisch veränderter Organismen v. 23.4.90;[109]
- RL 2012/18/EU zur Beherrschung der Gefahren schwerer Unfälle mit gefährlichen Stoffen, zur Änderung und anschließenden Aufhebung der RL 96/82/EG v. 4.7.12;[110]
- RL 2013/59/EURATOM zur Festlegung grundlegender Sicherheitsnormen für den Schutz vor den Gefahren einer Exposition gegenüber ionisierender Strahlung und zur Aufhebung der RL 89/618/Euratom, 90/641/Euratom, 96/29/Euratom, 97/43/Euratom und 2003/122/ Euratom v. 5.12.13.

6. Produktbezogener Arbeitsschutz, Gerätesicherheit

20
- RL 89/392/EWG zur Angleichung der Rechtsvorschriften der Mitgliedstaaten von Maschinen v. 14.6.89,[111] geändert durch
- RL 91/368/EWG zur Änderung der RL 89/392/EWG über die Angleichung der Rechtsvorschriften der Mitgliedstaaten für Maschinen v. 20.6.91;[112]
- RL 93/44/EWG zur Änderung der RL 89/392/EWG zur Angleichung der Rechtsvorschriften der Mitgliedstaaten für Maschinen v. 14.6.93;[113]
- RL 89/686/EWG zur Angleichung der Rechtsvorschriften der Mitgliedstaaten für persönliche Schutzausrüstungen v. 21.12.89,[114] geändert durch
- RL 93/68/EWG (CE-Kennzeichnungs-RL) zur Änderung u. a. der RL 89/392/EWG (Maschinen), 89/686/EWG (persönliche Schutzausrüstungen) v. 22.7.93;[115]
- RL 93/95/EWG zur Änderung der RL 89/686/EWG zur Angleichung der Rechtsvorschriften der Mitgliedstaaten für persönliche Schutzausrüstungen v. 29.10.93;[116]
- RL 96/58/EG der EP und des Rates zur Änderung der RL 89/686/EWG zur Angleichung der Rechtsvorschriften der Mitgliedstaaten für persönliche Schutzausrüstungen v. 3.9.96,[117] umgesetzt durch 8. VO zum GerätesicherheitsG;
- RL 92/59/EWG über die allgemeine Produktsicherheit v. 29.6.92,[118] geändert durch RL 2001/95/EG v. 3.12.01,[119] umgesetzt durch Geräte- und Produktsicherheitsgesetz v. 6.1.04,[120] jetzt ProdSG.
- RL 98/37/EG zur Angleichung der Rechts- und Verwaltungsvorschriften der Mitgliedstaaten für Maschinen v. 22.6.98;[121]
- RL 2006/42/EG v. 17.5.2006 über Maschinen und zur Änderung der RL 95/16/EG,[122] umgesetzt durch Geräte- und Produktsicherheitsgesetz und AufzugsVO.

7. Sozialer Arbeitsschutz, Arbeitszeitschutz

21
- RL 91/383/EWG zur Ergänzung der Maßnahmen zur Verbesserung der Sicherheit und des Gesundheitsschutzes von Arbeitnehmern mit befristetem Arbeitsverhältnis oder Leiharbeitsverhältnis v. 25.6.91,[123] umgesetzt durch EASUG v. 7.8.96;[124]

---

109 ABlEG 1990 Nr. L 117/5.
110 ABlEU 2012 Nr. L/197.
111 ABlEG 1989 Nr. L 183/9.
112 ABlEG 1991 Nr. L 198/16.
113 ABlEG 1993 Nr. L 175/2.
114 ABlEG 1989 Nr. L 399/18.
115 ABlEG 1993 Nr. L 220/1.
116 ABlEG 1993 Nr. L 276/11.
117 ABlEG 1996 Nr. L 236/44.
118 ABlEG 1992 Nr. L 228/ 24.
119 ABlEG 2002 Nr. L 11/4.
120 BGBl. I S. 2, 219.
121 ABl. L 207/1.
122 ABlEU 2006 Nr. L 157/24.
123 ABlEG 1991 Nr. L 206/19.
124 BGBl. I S. 1246.

- RL 2008/104/EG über Leiharbeit v. 19.11.08;[125]
- RL 92/85/EWG über die Durchführung von Maßnahmen zur Verbesserung der Sicherheit und des Gesundheitsschutzes von schwangeren Arbeitnehmerinnen, Wöchnerinnen und stillenden Arbeitnehmerinnen am Arbeitsplatz (10. Einzelrichtlinie i. S. d. Art. 16 I der RL 89/391/EG) v. 19.10.92,[126] geändert durch RL 2007/30/EG v. 20.6.07,[127] umgesetzt durch Gesetz zur Änderung des MuSchG v. 20.12.96,[128] MutterschutzrichtlinienVO v. 15.4.97,[129] 3. VO zur Änderung mutterschutz- und urlaubsrechtlicher Vorschriften v. 18.4.97;[130]
- RL 2010/18/EU v. 8.3.10 über den Elternurlaub und zur Aufhebung der RL 96/34/EG;[131]
- RL 93/104/EWG über bestimmte Aspekte der Arbeitszeitgestaltung v. 23.11.93,[132] umgesetzt durch ArbZRG v. 6.6.94,[133] geändert durch
- RL 2000/34/EG hinsichtlich der Sektoren und Tätigkeitsbereiche, die von jener RL ausgeschlossen sind, v. 22.6.00,[134] geändert durch
- RL 2003/88/EG über bestimmte Aspekte der Arbeitszeitgestaltung v. 4.11.03;[135]
- RL 99/63/EG über die Arbeitszeit von Seeleuten v. 21.6.99,[136] geändert durch
- RL 2009/13/EG über das IAO-Seearbeitsübereinkommen 2006 v. 16.2.09;
- RL 99/95/EG zur Durchsetzung der Arbeitszeitregelung an Bord von Schiffen, die Gemeinschaftshäfen anlaufen, v. 13.12.99;[137]
- RL 2000/79/EG über die Arbeitszeitorganisation für das fliegende Personal der Zivilluftfahrt v. 27.11.00;[138]
- VO 561/2006 über die Harmonisierung bestimmter Sozialvorschriften im Straßenverkehr v. 15.3.06;[139]
- VO 3821/85 v. 20.12.85 über das Kontrollgerät im Straßenverkehr;[140]
- RL 2002/15/EG zur Regelung der Arbeitszeiten von Personen, die Fahrtätigkeiten im Bereich des Straßenverkehrs ausüben;[141]
- RL 2005/47/EG v. 18.7.2005 betr. die Vereinbarung zwischen der Gemeinschaft der Eur. Bahnen (CER) und der Eur. Transportarbeiter-Föderation (ETF) über best. Aspekte der Einsatzbedingungen des fahrenden Personals im interoperablen grenzüberschreitenden Verkehr im Eisenbahnsektor;[142]
- RL 94/33/EG über den Jugendarbeitsschutz v. 22.6.94,[143] umgesetzt durch 2. Gesetz zur Änderung des JArbSchG v. 24.2.97;[144]
- RL 97/81/EG über Teilzeitarbeit v. 15.12.97,[145] umgesetzt durch TzBFG;
- RL 99/70/EG über befristete Arbeitsverträge v. 28.6.99,[146] umgesetzt durch TzBFG.

Zusätzlich zu den hier aufgeführten Richtlinien hat die Kommission zu Einzelfragen Richtli-

---

125 ABlEU Nr. L 327/9; dazu *Ulber*, AuR 10, 10.
126 ABlEG 92 Nr. L 348/1; dazu *Lörcher*, AuR 93, 54.
127 ABlEU 2007 Nr. L 165/21; ausführlich zu deren Leitbild *Nebe*, Betrieblicher Mutterschutz ohne Diskriminierungen, 2006, S. 120 ff.
128 BGBl. I S. 2110.
129 BGBl. I S. 782.
130 BGBl. I S. 810.
131 ABlEU Nr.L 68/13.
132 ABlEG 1993 Nr. L 307/18; dazu *Lörcher*, AuR 94, 49.
133 BGBl. I S. 1176.
134 ABlEG 00 Nr. L 195/41.
135 ABlEG 2003 Nr. L 299/9; dokumentiert bei *Buschmann/Ulber*, Arbeitszeitgesetz, 8. Aufl. 2015.
136 ABlEG 99 Nr. L 167/33.
137 ABlEG 00 Nr. L 14/29.
138 ABlEG 00 Nr. L 302/57.
139 LenkzeitenVO, ABlEU Nr. L 102/1 v. 11.4.06; auszugsweise dokumentiert bei *Buschmann/Ulber*, Arbeitszeitgesetz a. a. O., S. 325 ff.
140 ABlEG Nr. L 370/8.
141 ABlEG 02 Nr. L 80/35; ferner *Buschmann/Ulber*, a. a. O. S. 336 ff.
142 ABlEG Nr. L 195 v. 27.07.2005, 15 ff.
143 ABlEG 94 Nr. L 216/12; dazu *Lörcher*, AuR 94, 360.
144 BGBl. I S. 311; dazu *Düwell*, AuR 98, 232.
145 ABlEG 98 Nr. L 14/9; dazu *Buschmann/Dieball/Stevens-Bartol*, TZA, S. 193 ff.
146 ABlEG 99 Nr. L 175/43.

nien erlassen.[147] Schließlich haben die eur. Sozialpartner sog. **Autonome Sozialpartnervereinbarungen** gem. Art. 155 II AEUV getroffen, die Bestimmungen zum betrieblichen Gesundheitsschutz enthalten und, auch soweit sie nicht in supranationales Recht implementiert wurden, auf die nationale Rechtsentwicklung einwirken:[148]

- Rahmenvereinbarung über Telearbeit, 2002
- Belästigung und Gewalt am Arbeitsplatz, 2007
- Förderung der Chancengleichheit von Männern und Frauen, 2005
- Stress am Arbeitsplatz, 2004
- Lebenslange Entwicklung von Kompetenzen und Qualifikationen, 2002
- Rahmenvereinbarung über integrative Arbeitsmärkte, 2010.

22 Weitere internationale Arbeitsschutzstandards ergeben sich aus **Übereinkommen der IAO,** namentlich IAO-Übereinkommen Nr. 81 v. 11.7.47 über die Arbeitsaufsicht im Gewerbe und Handel, Nr. 120 v. 8.7.64 über den Gesundheitsschutz im Handel und in Büros, Nr. 132, Neufassung v. 24.6.70 über bezahlten Jahresurlaub, Nr. 136 v. 23.6.71 über den Schutz vor den durch Benzol verursachten Vergiftungsgefahren, Nr. 138 v. 26.6.73 über das Mindestalter für die Zulassung zur Beschäftigung, Nr. 139 v. 24.6.74 über die Verhütung und Bekämpfung der durch krebserzeugende Stoffe und Einwirkungen verursachten Berufsgefahren, Nr. 148 v. 20.6.77 über den Schutz vor Luftverunreinigung, Lärm und Vibrationen, Nr. 161 v. 16.6.85 über die betriebsärztlichen Dienste, Nr. 164 v. 8.10.87 über den Gesundheitsschutz und die medizinische Betreuung der Seeleute, Nr. 178 Übereinkommen über die Aufsicht über die Arbeits- und Lebensbedingungen der Seeleute, 1996,[149] Seearbeitsübereinkommen 2006;[150] Nr. 174 v. 22.6.93 über die Verhinderung gefährlicher Störfälle in der Industrie,[151] Übereinkommen Nr. 189 über menschenwürdige Arbeit für Hausangestellte 2011.

IV. Überwachungs- und Unterstützungspflicht des Betriebsrats auf dem Gebiet des Arbeitsschutzes

1. Einsatz für Arbeitsschutz, Unfallverhütung und betrieblichen Umweltschutz

23 **Abs. 1 Satz 1** betont die allgemeine Verpflichtung des BR, sich dafür einzusetzen, dass die Vorschriften über den Arbeitsschutz und die Unfallverhütung im Betrieb durchgeführt werden, Satz 2 die Verpflichtung zur Unterstützung der für den Arbeitsschutz in weitem Sinne zuständigen Behörden und Stellen. Der BR kann seine Unterstützungsfunktion in jeder dazu geeigneten Weise erfüllen. Obwohl nicht ausdrücklich in der Vorschrift genannt, besteht die Unterstützungsfunktion auch in Bezug auf die zuständigen Umweltschutzbehörden, was sich aus dem sachlichen Zusammenhang zwischen Arbeits- und Umweltschutz ergibt.[152]

2. Unterstützung der Aufsichtsbehörden

24 Der BR kann **Betriebskontrollen** durch die Gewerbeaufsichtsämter und sonstige in Betracht kommende Stellen anregen. Das gilt insbesondere, wenn der AG gegen Vorschriften des Arbeitsschutzes verstößt und eine Einigung im Betrieb (§ 2 Abs. 1, § 74 Abs. 1) nicht gelingt.[153] Abwegig ist die als »Schandurteil« in die Geschichte eingegangene Entscheidung des *LAG Baden-Württemberg,*[154] welche die Befugnis verneint, sich als AN bei Verstößen des AG an die

147 Vgl. sozialpolitische Agenda, Bericht der Eur. Kommission = 9.2.05, KOM (2005) 33 endg.

148 Deutlich am Beispiel der RV-Stress die Gesetzesinitiativen in Deutschland BR-Drs. 315/13 zum Erlass einer neuen RV und die Änderung des ArbSchG, dazu Anhörung *Kohte,* BT-Drs. Ausschussdrs. 17(11)1152, S. 53.

149 Vgl. zur Arbeitszeit Übersicht bei *Buschmann/Ulber* Arbeitszeitgesetz, 8. Aufl 2015, B: Globalisierung des Arbeitszeitrechts.

150 Dazu Gesetz zur Umsetzung des Seearbeitsübereinkommens 2006 der IAO v. 20.4.13, BGBl. I, 868;

151 Vgl. auch *DKL,* B II S. 177 ff.; *Pieper,* § 19 ArbSchG, Rn. 8.

152 *Fitting,* Rn. 16; a. A. Richardi-*Annuß,* Rn. 15.

153 *BAG* 6.12.83, AP Nr. 7 zu § 87 BetrVG 1972 Überwachung unter C III 3 b der Gründe; 7.8.86, AP Nr. 25 zu § 80 BetrVG 1972 unter IV 3 c bb der Gründe.

154 *LAG Baden-Württemberg* 20.10.76, KJ 79, 323.

zuständigen betriebsexternen Stellen zu wenden.[155] Die Vorschrift ist speziell zu § 17 Abs. 2 ArbSchG, vgl. § 1 Abs. 3 ArbSchG. Da dem BR ausdrücklich zur Pflicht gemacht ist, den beteiligten Stellen Auskunft zu geben, besteht insoweit keine Schweigepflicht.[156]

Nach früherer Rspr. des *BAG*[157] ergibt sich aus der Vorschrift nicht in jedem Fall die Befugnis des BR zur Weitergabe der ihm zugänglichen Arbeitnehmerdaten, hier der elektronisch erfassten individuellen Arbeitszeiten, an das Amt für Arbeitsschutz und Sicherheitstechnik. Aus Gründen des **Datenschutzes** komme es darauf an, ob die Übermittlung zur Wahrung der berechtigten Interessen des BR oder der Aufsichtsbehörde erforderlich sei, wobei die schutzwürdigen Interessen der einzelnen AN zu beachten seien. Je nach Umständen des Einzelfalles könne eine Datenübermittlung ohne Zustimmung der AN zulässig sein. Damit begrenzte das *BAG* diese Form der **Informationsweitergabe des BR an öffentliche Stellen** aus Datenschutzrechten der AN, nicht des AG. Der AG ist aber weder Vertreter noch Prozessstandschafter seiner Beschäftigten, kann sich demzufolge gegenüber dem BR nicht auf deren Rechte berufen.[158] Schließlich verwies das *BAG* selbst im Beschluss v. 3.6.03 auf Art. 11 Abs. 6 der Europäischen ArbeitsschutzRL 89/391/EWG, nach der »die AN bzw. ihre Vertreter das Recht haben, sich gemäß den nationalen Rechtsvorschriften bzw. Praktiken an die für die Sicherheit und den Gesundheitsschutz am Arbeitsplatz zuständige Behörde zu wenden, wenn sie der Auffassung sind, dass die vom AG getroffenen Maßnahmen und bereitgestellten Mittel nicht ausreichen, um die Sicherheit und den Gesundheitsschutz am Arbeitsplatz sicherzustellen. Die Vertreter der AN müssen die Möglichkeit haben, bei Besuchen und Kontrollen der zuständigen Behörde ihre Bemerkungen vorzubringen.« Die zit. datenschutzrechtlich begründete Rspr. des *BAG* ist europarechtlich überholt. Inzwischen hat der *EuGH*[159] unter Berufung auf die staatlichen Überwachungsbefugnisse nach der Arbeitszeitrichtlinie 2003/88/EG festgestellt, dass Beginn und Ende der Arbeitszeiten sowie der Pausen zwar personenbezogene Daten i. S. d. Art. 2 der Datenschutzrichtlinie 95/46 darstellen, dass aber Art. 6 und 7 der RL 95/46 einer nationalen Regelung nicht entgegenstehen, nach der AG verpflichtet sind, der für die Überwachung der Arbeitsbedingungen zuständigen nationalen Behörde die Aufzeichnungen über die Arbeitszeiten so zur Verfügung zu stellen, dass sie unverzüglich eingesehen werden können, damit die Behörde ihre Überwachungsaufgaben hinsichtlich der Anwendung der Regelungen über die Arbeitsbedingungen, insbes. in Bezug auf die Arbeitszeit, wahrnehmen kann. Der BR ist nicht nach dem Gebot der vertrauensvollen Zusammenarbeit verpflichtet, den AG über die beabsichtigte Intervention des Aufsichtsamtes vorab zu informieren.[160] Im Übrigen lässt sich aus Abs. 1 nicht entnehmen, der BR sei bei der Bekämpfung von Unfall- und Gesundheitsgefahren nur berechtigt, Auskunft an Aufsichtsbehörden zu geben. Der Gehalt der Vorschrift liegt vielmehr darin, den BR hierzu nicht nur zu **ermächtigen,** sondern auch zu **verpflichten,**[161] was bei »normalen« AN, anders als bei »verantwortlichen Personen« i. S. d. §§ 13, 22 ArbSchG nicht der Fall ist. **25**

Der gesetzliche Auftrag, Behörden und die sonstigen in Betracht kommenden Stellen durch Anregung, Beratung und Auskunft zu unterstützen, gibt dem BR die **Möglichkeit,** seine Vorstellungen über die Lösung von betrieblichen Arbeitsschutzproblemen gegenüber den genannten Stellen darzulegen und dadurch möglicherweise **Entscheidungen zu beeinflussen.**[162] Die Hinweise des BR gegenüber dem AG oder Behörden bzw. sonstigen Stellen können sich auf Maschinen, Arbeitsstoffe, Arbeitsschutzmittel, betriebliche Räume, Wege und Verkehrsmittel, **26**

155 Wie hier *Fitting,* Rn. 18; GK-*Wiese/Gutzeit,* Rn. 58, der allerdings aus §§ 2 Abs. 1, 74 Abs. 1 Satz 2 ableitet, dass der BR »i. d. R.« zunächst eine Beseitigung der Mängel durch den AG versuchen muss; grundsätzlich *Plander,* AuR 93, 161 ff.; vgl. auch *Hinrichs,* AiB 81, 37; *Le Friant,* S. 62 ff.; *Wendeling-Schröder,* FS Heilmann, S. 9.

156 H. M.; vgl. *BAG* 3.6.03 – 1 ABR 19/02, AuR 03, 265; § 79 Rn. 37; § 80 Rn. 4; 84 Rn. 4 ff., *Fitting,* a. a. O.; GK-*Wiese/Gutzeit,* Rn. 60 m. w. N.; ErfK-*Kania,* Rn. 2.

157 *BAG* 3.6.03 a. a. O.

158 So zutreffend jetzt *BAG* 20.1.09 – 1 AZR 515/08, AuR 09, 46, 281; 14.1.14 – 1 ABR 54/12, EzA-SD 2014, Nr 11, unklar früher *BAG* 3.6.03 a. a. O.

159 *EuGH* 30.5.13 – C-342/12, NZA 13, 723.

160 *Fitting,* Rn. 23.

161 *Plander,* AuR 93, 168; Hako-BetrVG/*Kohte,* Rn. 25.

162 *Mertens,* Arbeitsschutz 1/77, S. 3.

aber auch auf das Verhalten der AN und deren Vorgesetzten sowie auf Arbeitsorganisation und Organisation des betrieblichen Arbeitsschutzes beziehen.[163] Bei Anträgen auf abweichende längere Arbeitszeiten nach § 15 ArbZG kann er sich unmittelbar mit dem Gewerbeaufsichtsamt in Verbindung setzen.[164] Die Initiative des BR kann zu Einzelmaßnahmen, aber auch zu einer BV nach § 87 Abs. 1 Nr. 7 bzw. § 88 Nr. 1 führen.[165]

27 Unter den Arbeitsschutz fällt auch Unfallverhütung. Es handelt sich dabei um **rechtstechnische Begriffe** (zur Definition Arbeitsunfall und Berufskrankheit §§ 8, 9 SGB VII). Für Fragen des **Arbeitsschutzes** ist der Staat zuständig (§ 21 Abs. 1 Satz 1 ArbSchG). Zuständige **Behörden** sind vor allem die Arbeitsschutzbehörden der Bundesländer (Art. 83, 84 GG), d. h. Gewerbeaufsichtsämter, Ämter für Arbeitssicherheit und Sicherheitstechnik, Gesundheitsbehörden, Gewerbeärzte, Immissionsschutzbehörden, Baubehörden und Stellen für vorbeugenden Brandschutz sowie Bergaufsichtsbehörden und Seemannsämter. Die wesentlichen darauf bezogenen Regelungen der GewO sind in das ArbSchG übernommen worden. **Träger der gesetzlichen Unfallversicherung** sind im Wesentlichen die gewerblichen und sonstigen Berufsgenossenschaften (Anl. 1 und 2 zu § 114 SGB VII; dazu BGV A1 »Grundsätze der Prävention«). Im Hinblick auf die gesundheitsgerechte Arbeitsplatzgestaltung behinderter Beschäftigter gem. § 81 Abs. 4 SGB IX kommt die Kooperation mit den Arbeitsagenturen und den Integrationsämtern in Betracht).[166] **Sonstige in Betracht kommende Stellen** sind z. B. Schwerbehindertenvertretungen (vgl. § 95 SGB IX),[167] Technische Überwachungsvereine mit den in ihnen zusammengeschlossenen Sachverständigen (§ 14 Abs. 1 GerSiG); die auf Grund bestimmter VO ermächtigten Ärzte; Sicherheitsbeauftragte bzw. Sicherheitsausschuss (vgl. Rn. 42 ff.); Betriebsärzte und Fachkräfte für Arbeitssicherheit (vgl. §§ 2 ff. ASiG); Strahlenschutzverantwortliche und Strahlenschutzbeauftragte; sonst. Beauftragte (vgl. Übersicht bei § 78 Rn. 9); Landesenergieministerien als atomrechtliche Aufsicht; vom Ministerium beauftragte Gutachter; der Arbeitsschutzausschuss sowie der AG.[168]

3. Überwachungsrecht und -pflicht

28 Durch Abs. 1 Satz 1 wird die bereits nach § 80 Abs. 1 Nr. 1 bestehende **allgemeine Überwachungspflicht** (vgl. § 80 Rn. 73 ff.) für den Bereich des Arbeitsschutzes und der Unfallverhütung im Betrieb konkretisiert und dadurch verstärkt, dass dem BR ausdrücklich auferlegt wird, sich für die Durchführung der jeweiligen Vorschriften einzusetzen.[169] Diese Verpflichtung gilt sowohl gegenüber dem AG als auch gegenüber den AN.[170] Der BR hat somit ein **selbstständiges Überwachungsrecht** und eine **Überwachungspflicht** bei der Bekämpfung von Gefahren für Leben und Gesundheit der AN im Betrieb;[171] aus diesen besonderen Aufgaben folgt ein besonderes Informationsbedürfnis des BR, das sich bei der Auswahl von Hilfsmitteln gem. § 40 sowie für die Erforderlichkeit von Schulungen nach § 37 Abs. 6 BetrVG niederschlägt.[172] Unter den Voraussetzungen des § 87 Abs. 1 Nr. 7 steht ihm ein Mitbestimmungsrecht zu,[173] jedoch keine Befugnis, Maßnahmen des Arbeitsschutzes selbst durchzuführen,. Er ist auch nicht Verantwortlicher i. S. d. § 13 ArbSchG. Somit bleibt trotz Mitwirkung des BR die alleinige Verantwortung für die Durchführung des Arbeitsschutzes beim AG.

29 Auf Grund seiner Befugnisse und Verpflichtungen hat sich der BR, ggf. ein Ausschuss nach § 28, aber auch jedes einzelne Mitglied, vom Stand des Arbeitsschutzes im Betrieb zu überzeugen, **Gefahrenquellen und Missstände aufzuzeigen** und jeder **Beschwerde und Anregung**

163 Vgl. auch GK-*Wiese/Gutzeit*, Rn. 59.
164 *Fitting*, Rn. 23.
165 GK-*Wiese/Gutzeit*, a. a. O.
166 Vgl. Hako-BetrVG/*Kohte*, Rn. 27.
167 Zu deren Beteiligung *Düwell*, in LPK-SGB IX § 95 Rn 12; *Müller-Wenner*, SGB IX, 2. Aufl. § 95 Rn 10.
168 GK-*Wiese/Gutzeit*, Rn. 61; vgl. auch *Kloepfer/Veit*, NZA 90, 121 [125 ff.].
169 *Fitting*, Rn. 11; *WW*, Rn. 2.
170 Richardi-*Annuß*, Rn. 11.
171 *Fitting*, a. a. O.; *Mertens*, Arbeitsschutz 1/77, S. 3.
172 Weit Nachw. zur Rspr. auch bei Hako-BetrVG/*Kohte*, Rn. 5.
173 Vgl. *BAG* 16.6.98, AuR 98, 284, 492; 18.3.14 – 1 ABR 73/12, AuR 14, 346; *ArbG Hamburg* 2.7.98, AuR 99, 115.

aus Kreisen der AN **nachzugehen** (vgl. auch § 80 Abs. 1 Nr. 3, § 86 a). Der BR hat den AG auf Gefahren im Betrieb und auf **Vernachlässigungen von Schutzeinrichtungen** aufmerksam zu machen. Er kann und soll Vorschläge für die Beseitigung von Missständen machen und soll seine betrieblichen Kenntnisse und Erfahrungen für eine Beratung bei der Bekämpfung von Unfall- und Gesundheitsgefahren zur Verfügung stellen (zur Mitbestimmung in Fragen des gesetzlichen Arbeitsschutzes vgl. § 87).

Die Überwachungsbefugnis und -verpflichtung des BR im Bereich des Arbeitsschutzes und der Unfallverhütung geben ihm das Recht, **alle zur Erfüllung dieser Aufgaben erforderlichen Maßnahmen zu ergreifen**[174]. Da die Beteiligung des BR im Rahmen des Arbeitsschutzes den Sinn hat, ihn vorsorglich tätig werden zu lassen, bedarf es keines konkreten Anlasses.[175] Der BR kann allgemeine **Betriebsbegehungen** vornehmen oder unangekündigte **Stichproben** durchführen, um zu überprüfen, ob die maßgebenden Arbeitsschutz- und Unfallverhütungsvorschriften eingehalten werden.[176] Zu diesem Zweck können Mitglieder des BR Anlagen betreten, die nach den einschlägigen Arbeitsschutz- und UVV mit dem Verbotsschild »Unbefugten ist der Zutritt verboten« versehen sind[177] (vgl. § 80 Rn. 23 m. w. N. auch zur Rspr.). Dem AG steht kein Prüfungsrecht zu, ob das Betreten der Räume durch BR-Mitglieder im Einzelfall notwendig ist.[178] Dieselben Grundsätze sind anzuwenden, wenn aus datenschutzrechtlichen Gründen bestimmte Betriebsbereiche nur auf Grund besonderer Befugnisse betreten werden dürfen. 30

Der BR muss **auf die AN einwirken,** damit alle in Betracht kommenden Vorschriften durchgeführt und eingehalten werden. So sollte er auf die Einhaltung der Vorschriften des Arbeitsschutzes und der Unfallverhütung, etwa in einer **Betriebsversammlung,** durch **Anschläge am »Schwarzen Brett«,** im Intranet, in Gesprächen mit AN ggf. in Zusammenarbeit mit der JAV nach § 70 Abs. 1 Nr. 2, hinweisen. Auch die Beteiligung in Arbeitsschutzausschüssen nach § 11 ASiG ist ein geeignetes Mittel zur Förderung dieser Aufgaben des BR. Der BR kann sich dafür einsetzen, dass im Rahmen des **betrieblichen Vorschlagswesens** Vorschläge, die den Arbeitsbzw. Umweltschutz und die Unfallverhütung betreffen, besonders honoriert werden. 31

Der BR ist zur Durchführung seiner Aufgaben **rechtzeitig und umfassend vom AG zu unterrichten,** wobei ihm **auf Verlangen die erforderlichen Unterlagen zur Verfügung zu stellen** sind.[179] Dazu gehören insbes. Gefährdungsbeurteilung und -dokumentation nach §§ 5, 6 ArbSchG. Der AG hat dem BR unverzüglich die den Arbeitsschutz und die Unfallverhütung betreffenden **Auflagen und Anordnungen** mitzuteilen (vgl. Rn. 40). Texte der einschlägigen Bestimmungen des Arbeits- und Gesundheitsschutzes sowie ggf. Kommentierungen hierzu sind dem BR gemäß §§ 40 Abs. 2 und 80 Abs. 2 Satz 2 zur Verfügung zu stellen. Dazu gehören die in Rn. 8 ff. zitierten europarechtlichen Vorschriften. Nach *BAG*[180] sind Schulungsveranstaltungen über Arbeitsschutz und Unfallverhütung grundsätzlich i. S. d. § 37 Abs. 6 erforderlich; zu Schulungen zur Arbeitssicherheit verlangte es eine einzelfallbezogene Prüfung, jedenfalls wenn der BR aus 7 Mitgliedern besteht, von denen 3 an dem betr. Lehrgang schon teilgenommen hatten.[181] 32

4. Vorschriften über Arbeitsschutz und Unfallverhütung

Zu den Vorschriften über den Arbeitsschutz und die Unfallverhütung gehören die staatlichen **Arbeitsschutzvorschriften,** die **UVV** nach § 15 SGB VII, **TV** und **BV,** die Maßnahmen zur Verhütung von Arbeitsunfällen und Gesundheitsschädigungen regeln,[182] des Weiteren alle rechtsverbindlichen Regeln, die der Verhütung von Arbeitsunfällen oder arbeitsbedingten 33

174 *Fitting,* Rn. 12.
175 *Fitting,* a. a. O.; GK-*Wiese/Gutzeit,* Rn. 10.
176 *Fitting,* a. a. O., m. w. N.
177 Richardi-*Annuß,* Rn. 12; *Fitting,* a. a. O.; GK-*Wiese/Gutzeit,* Rn. 11; *HWGNRH,* Rn. 21.
178 GK-*Wiese/Gutzeit,* a. a. O.
179 Richardi-*Annuß,* Rn. 20.
180 *BAG* 15.5.86, DB 86, 2496.
181 *BAG* 29.4.92, NZA 93, 375.
182 Richardi-*Annuß,* Rn. 5; GK-*Wiese/Gutzeit,* Rn. 12 ff.

Erkrankungen, insbesondere Berufskrankheiten (§ 9 SGB VII), dienen und auf die in staatlichen Arbeitsschutzgesetzen oder UVV verwiesen wird (z. B. DIN, VDE, VDI, ISO, IEC, CEN, CENELEC) oder die die Arbeitskraft vor Überanstrengung und Verschleiß schützen.[183] Hervorzuheben sind: ArbSchG, ArbZG, MuSchG einschließlich MuSchArbV, JArbSchG, SGB IX, ASiG, GewO, § 618 BGB, § 62 HGB, Chemikalien-, Produktsicherheitsgesetz nebst VO; dazu die auf Grund von EG-Richtlinien erlassenen VO nach § 8 ProdSG, GefStoffV,, Strahlenschutz VO, RöntgenVO, StörfallVO, schließlich die nach § 18 ArbSchG ergangenen VO. Die Arbeitsstätten-VO wurde am 12.8.04[184] i. S. d. Deregulierung neu gefasst und erheblich reduziert (nur noch 9 §§, dafür mit Anhang). Auf deren Grundlage erlässt die Bundesanstalt für Arbeitsschutz und Arbeitsmedizin technische Regeln, ASR. Mit der BetriebssicherheitsVO (Neufassung v.3.2.15) wurden die über zahlreiche VO verstreuten Arbeitsschutzanforderungen für die Bereitstellung und Benutzung von Arbeitsmitteln und -anlagen, einschließlich des Betriebs überwachungsbedürftiger Anlagen, zusammengefasst und an den aktuellen Stand des EG-Rechts angepasst. Sie gilt als »Grundgesetz für den technischen Arbeitsschutz«[185] mit Bestimmungen u. a. über Gefährdungsbeurteilung und –dokumentation, Anforderungen an Arbeitsmittel, Anleitung und Qualifikation der Beschäftigten, Schutzmaßnahmen. Nach § 21 BetriebssicherheitsVO ermittelt der Ausschuss für Betriebssicherheit beim BMAS technische Regeln, die im Gemeinsamen Ministerialblatt ebenso bekannt gemacht werden[186] wie die gem. § 20 Abs. 4 GefStoffV vom Ausschuss für Gefahrstoffe (AGS) beschlossenen techn. Regeln für Gefahrstoffe.[187]

34 Nach § 6 Abs. 4 Gentechnikgesetz hat der Betreiber einer gentechnischen Anlage **Beauftragte** oder **Ausschüsse für biologische Sicherheit** zu bestellen. Die Bestellung kann gemäß § 16 Abs. 1 GenTSV erst nach vorheriger **Anhörung des BR** erfolgen. Zudem bestehen spezielle **Unterrichtspflichten** des **Betreibers gegenüber Beschäftigten und BR.**

35 Trifft der AG zusätzliche Maßnahmen zur Verhütung von Arbeitsunfällen und Gesundheitsschäden, ohne darüber eine BV nach § 88 Nr. 1 abzuschließen, oder erstellt der Arbeitsschutzausschuss nach § 11 ASiG ein Sicherheitsprogramm, hat der **BR** auch deren **Durchführung zu überwachen.** Wegen der Zusammenarbeit des BR mit den Fachkräften für Arbeitssicherheit und den Betriebsärzten nach dem ASiG vgl. § 87 Rn. 204 ff.

V. Beteiligung des Betriebsrats bei Fragen des Arbeitsschutzes und der Unfallverhütung

36 **Abs. 2** verpflichtet den AG und die in Abs. 1 Satz 2 genannten Stellen (vgl. Rn. 27), den BR oder die von ihm bestimmten Mitglieder bei allen im Zusammenhang mit dem Arbeitsschutz oder der Unfallverhütung stehenden **Unfalluntersuchungen** sowie bei allen **Erörterungen,** die diesen Bereich betreffen, hinzuzuziehen. Das schließt die rechtzeitige und umfassende Unterrichtung des BR und die Vorlage der erforderlichen Unterlagen gemäß § 80 Abs. 2 ein. Hierdurch soll der BR in die Lage versetzt werden, die für die Ausübung seiner Rechte notwendigen Kenntnisse zu erhalten. Die Beteiligung des BR ist für den gesamten Bereich des Arbeitsschutzes nach Wortlaut und Zweck der Bestimmung umfassend. Wie der BR seine **Beteiligung am zweckmäßigsten organisiert,** entscheidet er nach eigenem pflichtmäßigem Ermessen unter Berücksichtigung der Größe des BR.[188] Er kann einzelne BR-Mitglieder beauftragen, einen besonderen Ausschuss nach § 28 bilden oder als Gremium die Aufgaben wahrnehmen.[189] Unter den Voraussetzungen des § 87 Abs. 1 Nr. 7 steht ihm ein Mitbestimmungsrecht zu.[190]

---

183 Richardi-*Annuß*, Rn. 7.

184 BGBl. I S. 2179, geändert 19.7.10, BGBl. I S. 960.

185 *Wilrich*, DB 15, 981 ff., m. w. N.

186 Z. B. »Befähigte Personen«, »Gefährliche explosionsfähige Atmosphäre«, »Rückwärts fahrende Baumaschinen«, GMBl 2012, 385 ff.

187 Z. B. TRGS 555 Betriebsanweisung und Information der Beschäftigten, GMBl 2013, 321; TRGS 900, GMBl. 2013, 363; TRGS 905 Verzeichnis krebserzeugender, erbgutverändernder oder fortpflanzungsgefährdender Stoffe, GMBl. 2014, 510.

188 GK-*Wiese/Gutzeit*, Rn. 6.

189 Richardi-*Annuß*, Rn. 26; *Fitting*, Rn. 25.

190 Vgl. *BAG* 16.6.98, AuR 98, 284, 492; 18.3.14 – 1 ABR 73/12; *ArbG Hamburg* 2.7.98, AuR 99, 115.

Zu beachten sind die nach § 20 Abs. 3 SGB VII vom BMWA erlassenen **AVV über das Zusammenwirken** 37
- der Unfallversicherungsträger mit den Betriebs- oder Personalräten,
- der Unfallversicherungsträger einschließlich der gemeinsamen landesbezogenen Stellen nach Abs. 2 mit den für den Arbeitsschutz zuständigen Landesbehörden,
- der Unfallversicherungsträger mit den für die Bergaufsicht zuständigen Behörden.

Die nach der RVO erlassene AVV v. 21.6.68,[191] geändert durch AVV v. 28.11.77[192] muss noch an die Begriffe und Regelungen des ArbSchG und SGB VII angepasst werden.[193] Hinsichtlich der Zusammenarbeit von Gewerbeaufsichtsbeamten und BR bestehen auf Grund von Dienstanweisungen und Erlassen der Bundesländer ähnliche Regelungen.[194] Zur Beteiligung des BR durch die Betriebsärzte und Fachkräfte für Arbeitssicherheit vgl. § 9 Abs. 1 und 2 ASiG.

Der Gesetzeswortlaut hebt die Beteiligung des BR bei Besichtigungen und Unfalluntersu- 38
chungen als besonders wichtige Angelegenheit hervor. Bei Unfalluntersuchungen ist die Hinzuziehung auch dann erforderlich, wenn kein AN zu Schaden gekommen ist.[195] Es kommt nicht darauf an, ob sich der Unfall innerhalb der Betriebsräume oder bei Außenarbeiten ereignet hat.[196] Der BR ist bei der gesamten Untersuchung zu beteiligen: Das gilt auch für Zeugenvernehmungen, Besichtigungen des Unfallorts und bei Anhörung von Sachverständigen.[197] Dem BR ist **Einsicht in die Unterlagen** und in die **abschließenden Berichte** über Unfälle zu gewähren.[198] Dies gilt auch für die vom AG gemäß §§ 5, 6 ArbSchG zu erstellende Gefährdungsbeurteilung und -dokumentation.

Der BR ist bei der **Einführung und Prüfung von Arbeitsschutzeinrichtungen** so rechtzeitig 39
und umfassend zu beteiligen, dass er noch auf die Entscheidung des AG einwirken kann.[199] Dies gilt auch bei Vorprüfungen, insbesondere bei Besichtigungen und bei der Überlegung, welche Einrichtungen in Betracht gezogen werden sollen.[200] In Betracht kommen z. B. **Schutzvorrichtungen** an Maschinen; Einrichtungen, die zum Beleuchten, Beheizen, Kühlen sowie zum Be- und Entlüften bestimmt sind; Einrichtungen zum Entstauben und Entgasen von Arbeitsräumen; **Körperschutzmittel** wie Schutzhelme, Sicherheitsbrillen, Sicherheitsschuhe.[201] Der BR kann sich von den Betriebsärzten und Fachkräften für Arbeitssicherheit beraten lassen.[202] Die Kosten für persönliche Schutzkleidung, die durch UVV/BGV vorgeschrieben ist, trägt der AG.[203] Dies gilt auch für die Reinigung der Arbeitskleidung, selbst wenn der AG sie dem AN übereignet hat.[204] Abweichungen hiervon durch Arbeitsvertrag oder BV sind unzulässig.[205] Eine etwaige Kostenregelung wegen des Gebrauchsvorteils bei Gestattung der Privatnutzung unterliegt nicht der erzwingbaren Mitbestimmung gem. § 87 Abs. 1 Nr. 7 (str.; vgl. § 87 Rn. 228), sondern ist allenfalls als freiwillige BV gemäß § 88 möglich.

Der AG hat dem BR unverzüglich die den Arbeitsschutz und die Unfallverhütung betreffenden 40
Auflagen und Anordnungen der zust. Stellen mitzuteilen, gleichgültig, ob es sich dabei um allgemeine auf den Betrieb bezogene oder nur für einzelne Anlagen geltende Regelungen handelt.[206] Die Verpflichtung besteht auch, wenn der BR im Einzelfall nicht zugezogen wurde oder nicht zugezogen werden wollte.[207] Auch die mit der Untersuchung befassten Stellen

---

191 BAnz Nr. 116.
192 BAnz Nr. 225.
193 Zum bisherigen Text vgl. *Fitting*, Rn. 19 f. sowie Anh. 7 und 8; *Pieper*, ArbSchR, S. 411 ff.
194 *Fitting*, Rn. 21; GK-*Wiese/Gutzeit*, Rn. 68.
195 GK-*Wiese/Gutzeit*, Rn. 70.
196 *BVerwG* 8.12.61, AP Nr. 2 zu § 68 PersVG; *Fitting*, Rn. 30 m. w. N.
197 *Fitting*, Rn. 32; GK-*Wiese/Gutzeit*, Rn. 70; *HWGNRH*, Rn. 25.
198 *Fitting*, *HWGNRH*, a. a. O.
199 *Fitting*, Rn. 29; GK-*Wiese/Gutzeit*, Rn. 69.
200 Richardi-*Annuß*, Rn. 21.
201 *Fitting*, GK-*Wiese/Gutzeit*, a. a. O.; *HWGNRH*, Rn. 26.
202 *Fitting*, Rn. 29; zu Auskunftspersonen vgl. § 80 Rn. 140 ff.
203 *BAG* 10.3.76, 18.8.82, AP Nrn. 17, 18 zu § 618 BGB.
204 *LAG Düsseldorf* 26.4.01 – 13 Sa 1804/00, AuR 01, 278.
205 *BAG* 18.8.82, a. a. O.
206 *GL*, Rn. 12.
207 Richardi-*Annuß*, Rn. 27; *Fitting*, Rn. 24, 27.

können den BR unmittelbar über derartige Auflagen und Anordnungen unterrichten.[208] **Anordnungen** sind alle Verfügungen, die sich an den AG richten und Maßnahmen des Arbeitsschutzes und der Unfallverhütung im Einzelfall betreffen (beispielsweise auf Grund von §§ 22 Abs. 3 ArbSchG, § 17 SGB VII). **Auflagen** sind mit der Verfügung verbundene Forderungen, durch die von den Betroffenen ein bestimmtes Tun, Dulden oder Unterlassen verlangt wird.[209] Vor Anordnungen der Aufsichtsbehörde nach dem ASiG hat diese den BR zu hören; die Behörde hat den BR über eine dem AG gegenüber getroffene Anordnung unmittelbar und schriftlich in Kenntnis zu setzen (vgl. § 12 Abs. 2 und 4 ASiG).

41 Nach § 3 der Arbeitsmedizinischen Vorsorge-Verordnung (ArbMedVV) hat der AG auf der Grundlage der Gefährdungsbeurteilung für eine angemessene **arbeitsmedizinische Vorsorge** zu sorgen. Nach § 8 hat er bei Kenntnis gesundheitlicher Bedenken bei einem Beschäftigten gegen die Ausübung einer Tätigkeit und Anhaltspunkten für unzureichende Schutzmaßnahmen i. S. d. § 6 Abs. 4 Satz 2 ArbMedVV die Gefährdungsbeurteilung zu überprüfen und unverzüglich die erforderlichen zusätzlichen Schutzmaßnahmen zu treffen. Bleiben die gesundheitlichen Bedenken bestehen, so hat der AG nach Maßgabe der dienst- und arbeitsrechtlichen Regelungen dem oder der Beschäftigten eine andere Tätigkeit zuzuweisen, bei der diese Bedenken nicht bestehen. Dem BR und der zuständigen Behörde sind die getroffenen Maßnahmen mitzuteilen (§ 8 Abs. 2 ArbMedVV).

VI. Mitwirkung bei der Bestellung und Tätigkeit der Sicherheitsbeauftragten

42 Nach § 22 Abs. 1 SGB VII hat der AG in UN mit mehr als 20 Beschäftigten einen oder mehrere **Sicherheitsbeauftragte** zu bestellen. Für Betriebe mit geringer Unfallgefahr können die Berufsgenossenschaften die verlangte Zahl von 20 Beschäftigten in ihrer Satzung erhöhen (§ 22 Abs. 1 Satz 3 SGB VII), für UN mit besonderen Gefahren für Leben und Gesundheit die Bestellung von Sicherheitsbeauftragten auch unterhalb der Mindestbeschäftigtenzahl anordnen (§ 22 Abs. 1 Satz 2 SGB VII).[210]

43 Bei der **Bestellung der Sicherheitsbeauftragten** hat der BR nach str. Auffassung des *LAG Düsseldorf* hinsichtlich der Auswahl und ggf. der Zahl der Sicherheitsbeauftragten ein Mitbestimmungsrecht[211] (vgl. auch § 87 Rn.234 ff.). § 22 Abs. 1 Satz 1 SGB VII spricht unpräzise von »Beteiligung des BR«, was zwischen Mitbestimmung und Anhörung Spielraum lässt. Der AG hat jedenfalls die beabsichtigte Bestellung von Sicherheitsbeauftragten rechtzeitig und eingehend mit dem BR zu erörtern. Die Beteiligung des BR bezieht sich auch auf die Zahl der Sicherheitsbeauftragten sowie auf deren Zuteilung zu den Betriebsbereichen.[212] Eine Verpflichtung zur Amtsübernahme besteht nicht.[213] Nach a. A. kann sie sich zwar nicht aus Nebenpflichten bzw. dem Direktionsrecht, wohl aber aus einer BV ergeben.[214] Die Beteiligung des BR erstreckt sich auch auf die Abberufung.

44 Die **Sicherheitsbeauftragten** haben den UN (AG) bei der Durchführung der Maßnahmen zur Verhütung von Arbeitsunfällen und Berufskrankheiten zu unterstützen (§ 22 Abs. 2 SGB VII). Sie haben sich insbes. von dem Vorhandensein und der ordnungsgemäßen Benutzung der vorgeschriebenen Schutzvorrichtungen laufend zu überzeugen. Der Sicherheitsbeauftragte hat den AG von sich aus zu beraten, ihm Hinweise und Empfehlungen zu geben, Beobachtungen

---

208 A. A. GK-*Wiese/Gutzeit*, Rn. 73.

209 GK-*Wiese/Gutzeit*, Rn. 74; *Mertens*, Arbeitsschutz 1/77, S. 8.

210 Musterantrag des BR in DKKWF-*Buschmann*, § 89 Rn. 7.

211 *LAG Düsseldorf* 25.3.77, DB 77, 915 [916] zu § 719 RVO a. F.;; *BVerwG*, AP Nr. 1 zu § 719 RVO; *OVG NRW* 15.12.99, PersR 2000, 375; differenzierend *Kohte*, FS Wlotzke, S. 586, sowie HaKo-BetrVG/*Kohte*, Rn. 32: Mitbestimmung bei vorgelagerten strukturellen Entscheidungen über Tätigkeitsbereich und Verfahren, Beratung hinsichtlich der individuellen Bestellung; a. A. Richardi-*Annuß*, Rn. 34; *Fitting*, Rn. 34; GK-*Wiese/Gutzeit*, Rn. 76; *HWGNRH*, Rn. 33, die ein Mitbestimmungsrecht des BR verneinen, sich aber für eine starke Mitwirkung – Beratung mit dem Ziel der Verständigung – aussprechen.

212 *Fitting*, a. a. O.

213 *Kohte*, FS Wlotzke, S. 576; GK-*Wiese/Gutzeit*, a. a. O.

214 BSG 28.5.74 – 2 RU 79/72, BSGE 37, 262, 266; Staudinger-*Oetker*, § 618 BGB Rn. 223.

zu melden sowie die AN auf Unfallgefahren aufmerksam zu machen, zu beraten und aufzuklären.[215] Eine Weisungsbefugnis gegenüber den AN besteht jedoch ebenso wenig, wie der AG rechtlich verpflichtet ist, den Vorschlägen und Anregungen der Sicherheitsbeauftragten nachzukommen.[216] Die Ämter von Sicherheitsbeauftragten und Sicherheitsfachkraft sind unvereinbar.[217]

Die Sicherheitsbeauftragten dürfen wegen der Erfüllung der ihnen übertragenen Aufgaben nicht **benachteiligt** werden (§ 22 Abs. 3 SGB VII). Die Ausbildung der Sicherheitsbeauftragten ist Aufgabe der BG, die auch die Kosten tragen, während der AG zur Weiterzahlung des Arbeitsentgelts verpflichtet ist (§ 23 SGB VII). Zur Fortbildung von Betriebsärzten und Fachkräften für Arbeitssicherheit vgl. § 2 Abs. 3 und § 5 Abs. 3 ASiG. 45

§ 22 Abs. 2 SGB VII sagt zwar anders als die Vorgängervorschrift (§ 719 Abs. 4 RV) über Zusammentreffen des AG mit den Sicherheitsbeauftragten oder dem Sicherheitsausschuss unter Beteiligung des BR **zum Zwecke des Erfahrungsaustausches** nichts aus. Solche Treffen sind aber notwendig und finden statt. Die Sicherheitsbeauftragten (Plural) können einen Sicherheitsausschuss bilden. Die Vorschrift konkretisiert, dass vom BR beauftragte BR-Mitglieder nicht nur ein Recht, sondern eine Pflicht zur Teilnahme haben.[218] Die Teilnahme an den Sitzungen sichert dem BR die Möglichkeit der Unterrichtung und Beratung und soll ihm eine umfassende Information in allen Angelegenheiten des Arbeitsschutzes vermitteln. 46

Der **Arbeitsschutzausschuss** nach § 11 ASiG (in Betrieben mit mehr als 20 Beschäftigten) tritt mindestens einmal vierteljährlich zusammen. Er setzt sich aus dem AG oder seinem Beauftragten, 2 BR-Mitgliedern, Betriebsärzten, Fachkräften für Arbeitssicherheit und Sicherheitsbeauftragten zusammen (§ 11 ASiG). Teilzeitbeschäftigte werden bei der Feststellung der Beschäftigtenzahl nur anteilig gezählt, so dass der Arbeitsschutzausschuss ggf. auch bei mehr als 20 Beschäftigten entfallen kann. Damit sollte die Beschäftigung gefördert werden. Hat der AG entgegen § 11 ASiG keinen Arbeitsschutzausschuss gebildet, kann dies die zuständige Arbeitsschutzbehörde anordnen.[219] Der BR kann darauf drängen und eine entspr. Anordnung der Arbeitsschutzbehörde beantragen. Einen arbeitsrechtlichen Anspruch des BR auf Einrichtung des Ausschusses hat das *BAG* unter Hinweis auf die abschließende Regelung im AsiG nach § 87 Abs. 1 Eingangssatz verneint.[220] Im Bereich der öff. Verwaltung findet das ASiG keine unmittelbare Anwendung. Gem. § 16 ASiG ist dort aber ein den Grundsätzen dieses Gesetzes gleichwertiger Arbeitsschutz zu gewährleisten. Der Schutzstandard darf nicht geringer als in der Privatwirtschaft sein.[221] 47

VII. Niederschriften und Unfallanzeigen (Abs. 5, 6)

Nach **Abs. 5** sind dem BR **Niederschriften über Untersuchungen, Besichtigungen und Besprechungen,** zu denen er nach Abs. 2 und 4 hinzuzuziehen ist, auszuhändigen; ob er nach Abs. 2 und 4 tatsächlich daran teilgenommen hat, ist ebenso gleichgültig wie der Grund seiner evtl. Nichtteilnahme.[222] Die Verpflichtung, dem BR die Niederschrift zu überlassen, trifft den AG. Eine Verpflichtung anderer Stellen gegenüber dem BR wird hierdurch nicht begründet. Haben Behörden oder sonstige für den Arbeits-/Umweltschutz zuständige Stellen die Niederschrift gefertigt, hat der AG dem BR eine vollständige Ausfertigung, ggf. Kopie zu überlassen. Diese Stellen sind aber nicht gehindert, den BR direkt zu informieren. 48

---

215 *Fitting,* Rn. 35; HaKo-BetrVG/*Kohte,* Rn. 31.
216 *Fitting,* a. a. O.; GK-*Wiese/Gutzeit,* Rn. 81; *HWGNRH,* Rn. 35.
217 *Kohte,* FS Wlotzke, S. 577; Staudinger-*Oetker,* § 618 BGB Rn. 224.
218 GK-*Wiese/Gutzeit,* Rn. 82; *HWGNRH,* Rn. 43.
219 *VG Hannover* 6.10.95, AuA 96, 399 mit Anm. *Kohte;* zur Mitbestimmung § 87 Rn. 194.
220 *BAG* 15.4.14 – 1 ABR 82/12, AuR 14, 209; a. A. *HessLAG* 1.2.96 – 12 TaBV 32/95, NZA 97, 114. Das *LAG Niedersachen* 22.10.13 – 11 TaBV 49/13, juris, Rechtsb. 1 ABR 83/13, verneint auch Mitbestimmung hinsichtlich der Teilnahme einzelner Mitglieder an den Sitzungen des Arbeitsschutzausschusses.
221 *BAG* v. 15.12.09, AuR 10, 222, auch zur notwendigen unmittelbaren Unterstellung der Fachkraft für Arbeitssicherheit unter den Leiter des Betriebs bzw. der Dienststelle/Behörde.
222 Richardi-*Annuß,* Rn. 27; GK-*Wiese/Gutzeit,* Rn. 71; *WW,* Rn. 10.

49 Die Bestimmung begründet **keine Verpflichtung** zur Anfertigung von Niederschriften. Sie sind daher dem BR nur auszuhändigen, falls sie auf Grund gesetzlicher Vorschriften oder freiwillig angefertigt wurden.[223]

50 Nach § 193 Abs. 1, 3 SGB VII hat der AG **jeden Unfall** binnen 3 Tagen nach Kenntniserlangung der zust. BG und ggf. dem Gewerbeaufsichtsamt bzw. der zust. Behörde anzuzeigen, wenn durch den Unfall ein im Betrieb Beschäftigter getötet oder so schwer verletzt worden ist, dass er stirbt oder für mehr als 3 Tage völlig oder teilweise arbeitsunfähig wird. Die Unfallanzeige ist gemäß § 193 Abs. 5 Satz 1 SGB VII vom BR mit zu unterzeichnen, ohne dass er Mitverantwortung für ihren Inhalt trägt.[224] Der BR kann eine abweichende Darstellung geben.[225] Für die Berufskrankheitsanzeige gilt nach § 193 Abs. 2 SGB VII dasselbe.

51 Nach **Abs. 6** ist dem BR eine Durchschrift (Kopie) der Unfallanzeige auszuhändigen. Dadurch erhält der BR ggf. Anregungen, um nach Abs. 1 tätig zu werden. Ist dem Unfallversicherungsträger eine vom BR nicht mitunterzeichnete Unfallanzeige erstattet worden, hat der zust. technische Aufsichtsbeamte dem BR eine Abschrift der Unfallanzeige zu übersenden oder mitzuteilen, dass die Unfallanzeige eingegangen ist (vgl. § 5 der AVV über das Zusammenwirken der technischen Aufsichtsbeamten der Träger der Unfallversicherung mit Betriebsvertretungen). Dadurch ist die Unterrichtung des BR über Unfälle gewährleistet und der BR in die Lage versetzt, Einwendungen gegen die Schilderung des Unfalls zu geben. Will der technische Aufsichtsbeamte eine Betriebsbesichtigung aus Anlass eines Unfalls durchführen, hat er den BR hinzuzuziehen und ihn vorher davon zu unterrichten (§ 4 der AVV, a. a. O.).[226]

VIII. Umweltschutz im Arbeitsleben

52 Bereits vor In-Kraft-Treten des BetrVerf-ReformG bestand Übereinstimmung über den **Zusammenhang zwischen Arbeitsschutz und Umweltschutz**[227] (vgl. *7. Aufl.*, Rn. 5 ff.). Die Gefährdung der Umwelt durch gefährliche Stoffe, Immissionen, Strahlen oder Risikotechnologien wie Atomenergie beinhaltet zugleich die Gefährdung der in umweltbelastenden Anlagen beschäftigten AN. Umgekehrt können AN an ihrem Arbeitsplatz allgemeinen, nicht vom Arbeitsplatz ausgehenden Umweltbelastungen ausgesetzt sein, z. B. Immissionen von benachbarten Anlagen, Strahlenbelastung in der Umgebung von Atomkraftwerken. Übersteigt die Strahlung eines AKW die nach § 6 StrahlenschutzvorsorgeG festgelegten Dosis- oder Kontaminationswerte, so handelt es sich um eine »Gesundheitsgefahr« i. S. d. Abs. 1 für die Beschäftigten der Anlage selbst, die Beschäftigten umliegender Betriebe wie auch die angrenzende Bevölkerung; vgl. auch § 4 Nr. 4 ArbSchG: »Einfluss der Umwelt auf den Arbeitsplatz«. Zahlreiche Umweltschutzgesetze enthalten arbeitsschutzrechtliche Regelungen (z. B. §§ 1, 19 ChemikalienG; 1 GefStoffV.[228] AN anderer Betriebe und Betriebsteile sind Nachbarn i. S. d. Verwaltungsrechts, denen auch drittschützende Beteiligungs- und Klagerechte zustehen.[229] Andererseits dienen Arbeitsschutzvorschriften häufig nicht nur der Sicherheit der im Betrieb Beschäftigten, sondern dem »Schutz der Umwelt« (§ 1 GefStoffV). Das *BAG* sah bereits vor In-Kraft-Treten des BetrVerf-ReformG eine »Wechselwirkung von AN-Schutz und Umweltschutz, die der Gesetzgeber in zahlreichen Fällen anerkannt hat«.[230]

53 Adressat umweltrechtlicher Gebots- oder Verbotsnormen ist grundsätzlich der AG/UN. Jeder Betreiber einer Anlage hat sich darüber Klarheit zu verschaffen, ob von der Anlage schädliche

223 GK-*Wiese/Gutzeit*, Rn. 72.

224 Richardi-*Annuß*, Rn. 28; *Fitting*, Rn. 31; GK-*Wiese/Gutzeit*, Rn. 85; *GL*, Rn. 14.

225 *Fitting*, a. a. O.; GK-*Wiese/Gutzeit*, a. a. O.; *GL*, a. a. O.; *HWGNRH*, Rn. 40.

226 Musterrüge des BR in DKKWF-*Buschmann*, § 89 Rn. 3.

227 *Fitting*, Rn. 4 ff.; MünchArbR-*Wlotzke*, § 200; *Schmitt-Schönenberg*, AuR 94, 281; *Fischer*, AuR 96, 474; *Froschauer*, S. 2 ff., 60 ff.; *Bücker/Feldhoff/Kohte*, 1994; *Kohte*, FS Däubler, S. 639 ff.

228 Ausführlich zum »Störfallrecht zwischen Umwelt- und Arbeitsrecht« *Kohte* in Jahrbuch des Umwelt- und Technikrechts, 1995, S. 37 ff.; *ders.*, Betrieblicher Umweltschutz am Beispiel des Störfallrechts, in: Arbeit und Umwelt, FS Heilmann, 2001.

229 *BVerwG* 22.10.82, NJW 83, 1508.

230 *BAG* 11.10.95, EzA § 37 BetrVG 1972 Nr. 131 zur Anerkennung einer Bildungsveranstaltung zum betrieblichen Umweltschutz als geeignet i. S. d. § 37 Abs. VII; zustimmend *Kohte*, IR 97, 132.

Umwelteinwirkungen verursacht werden, denen er mittels technischer oder logistischer Maßnahmen zu begegnen hat.[231] Aus § 5 BImSchG wird eine Grundpflicht zur Organisation des betrieblichen Umweltschutzes abgeleitet.[232] Polizeirechtliche, straf- oder ordnungswidrigkeitenrechtliche Normen richten sich primär an UN. **Adressaten von Umweltschutznormen** sind aber auch AN. Soweit sich daraus öffentlich-rechtliche Handlungs- oder Unterlassungspflichten ergeben, gelten diese auch für AN am Arbeitsplatz bzw. in Erfüllung ihrer Arbeitstätigkeit. Im Einzelfall kann die Einhaltung von Umweltschutznormen als arbeitsvertragliche Nebenpflicht ausgestaltet werden, so dass AN bei einer – wegen Verstoßes gegen Umweltschutzbestimmungen – rechtswidrigen Weisung eines Vorgesetzten zur Arbeitsverweigerung nicht nur berechtigt, sondern sogar verpflichtet sein können.[233] Nicht ausgeschlossen ist, dass AN bei der Erfüllung ihrer Arbeitspflichten gegen einen Straftatbestand des in §§ 324 ff. StGB normierten **Umweltstrafrechts** verstoßen, etwa durch Verunreinigung eines Gewässers oder durch umweltgefährdende Abfallbeseitigung.[234] Hier kann der AN in eine Konfliktsituation geraten zwischen dem strafrechtlichen Normbefehl und einer dagegen verstoßenden Anweisung seines Vorgesetzten.[235]. Im Umweltstrafrecht kann zwar vielfach von AN nicht verlangt werden, die Rechtmäßigkeit von Anordnungen ihrer Vorgesetzten im Einzelnen zu überprüfen. Andererseits gelten die strafrechtlich sanktionierten individuellen Verhaltensverpflichtungen prinzipiell auch für berufliches Verhalten von AN. Die Anweisung von Vorgesetzten ist kein genereller Rechtfertigungs-, Schuld- oder Strafausschließungsgrund. Umso notwendiger ist ein verantwortungsbewusstes Handeln der betrieblichen Verantwortungsträger,[236] das den AN nicht in die Gefahr des Verstoßes gegen Umweltrecht bringt.

IX. Umweltschutz in der Betriebsverfassung

Die besondere Funktion des BR ist in einzelnen umweltschutzbezogenen Vorschriften bereits seit längerem anerkannt. So ist der BR zu beteiligen bei der Bestellung oder Statusänderung von Immissionsschutzbeauftragten (**§ 55 Abs. 1 a BImSchG**, Unterrichtung), Störfallbeauftragten (**§ 58 c BImSchG**), Abfallbeauftragten (**§ 60 Abs. 3 KrW-/AbfG**), Gewässerschutzbeaufragten (**§ 66 WasserhaushaltsG**, jeweils Verweisung auf **§ 55 BImSchG**), Beauftragten für biologische Sicherheit (**§ 16 Abs. 1 GenTSV**, Anhörung). Strahlenschutzbeauftragte (**§ 32 Abs. 4 StrSchV**, **§ 14 Abs. 4 RöntgenV**) und Beauftragte für biologische Sicherheit (**§ 18 Abs. 1 Nr. 2 GenTSV**) sind zur Zusammenarbeit mit dem BR verpflichtet. Hier gibt es auch spezifische Unterrichtungspflichten gegenüber dem BR (**§ 12 a Abs. 1 GenTSV**, **§ 14 Abs. 2, 4 RöntgenV**). Langjährig geltende Unterrichtungspflichten des AG gegenüber dem BR in besonderen Fällen, insb. Störfällen aus § 21 GefStoffV, § 11 Abs. 4 StörfallVO hat der Gesetzgeber 2005 ohne Begründung gestrichen. **54**

Abs. 1 gibt dem BR eine generelle Verpflichtung, sich dafür einzusetzen, dass die Vorschriften über den betrieblichen Umweltschutz durchgeführt werden. Die Vorschrift steht im Zusammenhang mit zahlreichen anderen Vorschriften dieses Gesetzes, in denen dem BR ein ausdrückliches **Mandat für den betrieblichen Umweltschutz** und eine dahin gehende Förderungspflicht zugesprochen worden sind (Übersicht in § 80 Rn. 75). Abs. 1 und 2 verstärken den normativen Umweltschutz, indem sie den BR in die Kontrolle der Befolgung einschlägiger Umweltschutzbestimmungen und Anordnungen einbeziehen.[237] Es steht nicht im Belieben des BR, ob er sich mit diesem Thema befasst. Er ist dazu gesetzlich ausdrücklich angehalten. **55**

Die besonderen gesetzlich festgelegten Aufgaben von AG und BR sind vor dem Hintergrund des **verfassungsrechtlichen Schutzes der natürlichen Lebensgrundlagen nach Art. 20 a GG** zu sehen. Der Schutz der natürlichen Lebensgrundlagen beinhaltet eine verfassungsrechtliche **56**

231 *BVerwG* 27.5.83, NVwZ 84, 724.
232 *Feldhaus,* NVwZ 91, 927.
233 *LAG Köln* 29.4.99, AuR 00, 433 mit Anm. *Kohte.*
234 Vgl. auch *Himmel,* Strafrechtliche Haftung für Umweltschäden, AiB 91, 535.
235 Vgl. *Deinert,* AuR 03, 105, 135, 171; *LG Kleve* 17.4.80, NStZ 81, 266; dazu *Schmidt-Salzer,* NJW 88, 1937; *Schmitt-Schönenberg,* AuR 94, 282.
236 Vgl. *Schmidt-Salzer,* a. a. O.
237 *Konzen,* RdA 01, 89.

Zielsetzung, gleichrangig mit anderen verfassungsrechtlich geschützten Rechtsgütern.[238] Die verfassungsrechtliche Wertentscheidung ist bei der Auslegung einfachen Gesetzesrechts und auch anderer Grundrechte zu beachten, was bedeutet, dass der Schutzbereich auf Seiten der die Umwelt Belastenden enger ausgelegt wird.[239]

57 Die Verfassungsvorschrift ist **unmittelbar geltendes Recht,**[240] bedarf aber wegen ihrer Unbestimmtheit der Konkretisierung durch den Gesetzgeber.[241] Das Umweltschutzprinzip legitimiert Eingriffe des Gesetzgebers in andere Grundrechtspositionen wie Eigentum, Berufsfreiheit, allgemeine Handlungsfreiheit.[242] In Konkretisierung dieses Verfassungsziels hat der Gesetzgeber dem AG und auch dem BR eine besondere umweltbezogene Schutzpflicht auferlegt.

58 Die Gesetzesbegründung betont die Wechselwirkung von Arbeitsschutz und Umweltschutz.[243] Der Wortlaut dieser und der anderen umweltschutzbezogenen Vorschriften dieses Gesetzes enthält **keine Einschränkung derart, dass Umweltschutz nur im Zusammenhang mit Arbeitsschutz** zu sehen ist. Bezogen auf den normativen Umweltschutz nach Abs. 1 bedeutet dies, dass der BR sich auch für den Vollzug derjenigen Normen einzusetzen hat, die **ausschließlich Interessen des betrieblichen Umweltschutzes** verfolgen und keinen Arbeitsschutzbezug haben.[244] Das besondere Mandat des BR legitimiert sich daraus, dass er Interessen der AN wahrnimmt, die in Erfüllung ihrer Arbeitspflicht an umweltschützenden oder umweltschädlichen Arbeitstätigkeiten beteiligt sind. AN sind zwar abhängig Beschäftigte, zugleich aber Handlungssubjekte im Arbeitsprozess »mit der Fähigkeit zu eigenverantwortlicher Lebensgestaltung«.[245] Dementsprechend sah der *BGH* die »Personenwürde« schon in älteren Entscheidungen darin, dass der Mensch darauf angelegt sei, »in Freiheit und Selbstbewusstsein sich selbst zu bestimmen und *in der Umwelt auszuwirken*«.[246] Wer im Arbeitsprozess auf die Ausführung fremder Entscheidungen reduziert wird, »gestaltet nicht frei seine Umwelt und verwirklicht nicht sich selbst in seinem Schaffen«.[247] Letztlich ergibt sich aus der **Menschenwürde des Art. 1 GG,** dass AN wie der AG sich in ihrer Arbeit nicht nur auf den finanziellen Ertrag beziehen, sondern auch auf ihre Arbeitsprodukte. Dies kann im Einzelfall dazu führen, dass AN nach § 297 BGB außerstande sind, eine geschuldete Leistung zu erbringen.[248] Das vom Gesetzgeber anerkannte besondere Interesse der AN an ihren Arbeitsprodukten und an der Umweltrelevanz ihrer Arbeit kann einen positiven Beitrag nicht nur für den Vollzug der öffentlich-rechtlichen Umweltschutzvorschriften, sondern für die Verbesserung des gesellschaftlichen Umweltschutzes insgesamt leisten.

X. Definition des betrieblichen Umweltschutzes (Abs. 3)

59 **Abs. 3** gibt eine Definition des Begriffs des betrieblichen Umweltschutzes i. S. dieses Gesetzes, d. h. nicht nur dieser, sondern auch der anderen Vorschriften dieses Gesetzes mit Umweltschutzbezug.[249] Die Begründung meint, die Begriffsbestimmung sei zweckorientiert auf die betriebsverfassungsrechtliche Zuständigkeit und Beteiligung des BR, etwa aus anderen Vorschriften, zugeschnitten. Ein generelles umweltpolitisches Mandat zugunsten Dritter oder der Allgemeinheit stehe dem BR als innerbetrieblichem Interessenvertretungsorgan der AN nicht zu.[250] Davon trifft lediglich die Aussage zu, dass dem BR kein generelles Umweltschutzmandat

238 *Epiney,* in: v. Mangoldt/Klein/Starck, GG, Art. 21 a Rn. 47.
239 *Epiney,* a. a. O., Rn. 90.
240 BT-Drucks. 12/6000, 47; *Dreier-Schulze-Fielitz,* Art. 20 a, Rn. 21.
241 *Jarras/Pieroth,* Art. 20 a GG Rn. 1.
242 *Jarras/Pieroth,* a. a. O., Rn. 6.
243 BT-Drucks. 14/5741, S. 48 zu Nr. 58.
244 *Buschmann,* FS Heilmann, S. 87; *Reichel/Meyer,* RdA 03, 104; Richardi-*Annuß,* Rn. 31; a. A. *Wiese,* BB 02, 677: = Auswirkungen auf die AN im Rahmen des Arbeitsverhältnisses; reduktionistisch allein auf den Schutz der AN *LK,* Rn. 12.
245 BVerfGE 5, 85, 204.
246 BGHZ 35, 1 [8]; bestätigt in BGHZ 52, 2.
247 Vgl. auch *Däubler,* Grundrecht, § 5 III.
248 *BAG* 24.5.89, BAGE 62, 59.
249 Ebenso *Wiese,* BB 02, 677.
250 BT-Drucks. 14/5741, S. 48 zu Nr. 58 d; *Engels/Trebinger/Löhr-Steinhaus,* DB 01, 532 [541].

zukommt, sondern – wie bei den übrigen Befugnissen des BR – ein Betriebsbezug erforderlich ist.[251] Auch der Gesetzeswortlaut trägt diese Einschränkung nicht. Forderungen nach einer restriktiven Fassung des betrieblichen Umweltschutzes in Abgrenzung zur Unfallverhütung und Arbeitssicherheit ist das Gesetz ausdrücklich nicht nachgekommen.[252] Vielmehr erfasst es die **vom Betrieb ausgehenden Einwirkungen auf die Umwelt,**[253] denen im Umweltrecht eine Pflicht zur Schaffung einer umweltsichernden Betriebsorganisation[254] korrespondiert. Umweltschutz als Schutz der natürlichen Lebensgrundlagen erfolgt nicht nur in Einzelfällen, sondern typischerweise zugunsten der Allgemeinheit bzw. Dritter. Dieser Schutzgedanke weist notwendig über den Schutz der AN des Betriebs hinaus.[255] Ein Bezug zum Arbeitsverhältnis kann dabei bestehen, ist aber keine zwingende Voraussetzung.[256]

Der Begriff des **Umweltschutzes** wird in dieser Vorschrift nicht definiert, sondern vorausge- 60
setzt:[257] Er bezeichnet die *Gesamtheit menschlicher Tätigkeiten des Schützens, Sicherns, Gewährleistens, Ordnens, Bewahrens, Erhaltens, Pflegens, Förderns, Gestaltens, Entwickelns, Verbesserns, Wiederherstellens oder Erneuerns der natürlichen Lebensgrundlagen des Menschen oder der Umwelt, d. h. von Boden, Wasser und Luft, Tierwelt und Pflanzenwelt sowie der Beziehungen dieser Umweltteile untereinander und mit dem Menschen.*[258] Der sog. Professorenentwurf eines Umweltgesetzbuches – AT –[259] erfasst unter diesem Oberbegriff die Handlungsebenen der Umweltvorsorge, der Umweltsanierung und der Umweltpflege. »Umweltschutz« ist demgemäß weit auszulegen.[260] Die Anläufe zur Schaffung eines einheitlichen Umweltgesetzbuches sind indes immer wieder – zuletzt 2009 – gescheitert.

Das **Merkmal »betrieblich«** suggeriert eine betriebliche Veranlassung, Umsetzung bzw. Aus- 61
wirkung von Umweltschutzmaßnahmen, mithin eine erhebliche Begrenzung. Nach der Legaldefinition des Abs. 3 ist dies aber nicht der Fall. Der Gesetzestext enthält den Begriff »betrieblich« nur in der zweiten Variante bezüglich der *Bauten, Räume usw.* Dagegen ist »betrieblich« kein Merkmal der *personellen und organisatorischen Maßnahmen …, die dem Umweltschutz dienen.* Derartige Maßnahmen werden vom AG/UN getroffen. Ob diese Maßnahmen einen Betriebsbezug haben, ist relevant für die Abgrenzung der Zuständigkeiten der Einzel-BR oder des GBR. Für die Definition des betrieblichen Umweltschutzes als Anknüpfungstatbestand für diese und weitere betriebsverfassungsrechtliche Normen kommt es hierauf nicht an. Dementsprechend weist die Begründung[261] in wörtlicher Wiederholung des *BAG*[262] darauf hin, dass sich *Maßnahmen des betrieblichen Umweltschutzes regelmäßig außerhalb des Betriebes mittelbar oder unmittelbar auswirken werden.* Entscheidend ist nicht, dass diese Maßnahmen in einem räumlichen oder sonstigen Bezug zum Betrieb veranlasst oder durchgeführt werden, sondern dass sie vom AG/UN getroffen werden oder zu treffen sind und dem Umweltschutz auch außerhalb des UN dienen.[263] Für eine teleologische Reduktion der Vorschrift ist kein Raum.[264] Kein Mandat hat der BR in *(generellen)* Umweltschutzangelegenheiten, in denen das UN selbst nicht beteiligt ist und keine Maßnahmen veranlasst. Die Auseinandersetzung mit umweltgefährdenden Immissionen eines Nachbarbetriebs ist so lange kein betrieblicher Umweltschutz i. S. d. Vorschrift, als es nicht um eigene Maßnahmen des UN zur Begrenzung der umweltschädlichen Auswirkungen geht.

Dagegen handelt es sich um **betriebliche Umweltschutzmaßnahmen,** wenn etwa AG und BR 62

251 Ebenso *Reichel/Meyer,* RdA 03, 104.
252 *Konzen,* RdA 01, 89.
253 So zutreffend *Hanau,* RdA 01, 89; *Fitting,* Rn. 8.
254 Hako-BetrVG/*Kohte,* Rn. 21.
255 *Buschmann,* FS Heilmann, S. 87; Richardi-*Annuß,* Rn. 31.
256 *Reichel/Meyer,* a. a. O.; a. A. offenbar *Wiese,* BB 02, 677.
257 *Fitting,* Rn. 9.
258 *Storm* in Kimminich/v. Lessner/Storm [Hrsg.], Handwörterbuch des Umweltrechts, HDUR, Bd. II, 2. Aufl. 1994, S. 2407.
259 Dazu *Kohte,* FS Däubler, S. 639 ff.
260 *Fitting,* Rn. 9.
261 BT-Drucks. 14/5741, S. 48 zu Nr. 58.
262 *BAG* v. 11.10.95, AP Nr. 115 zu § 37 BetrVG 72.
263 Ebenso *Fitting,* Rn. 8.
264 So aber *Fitting,* Rn. 10.

im Interesse der Umwelt vereinbaren, dass die Beschäftigten vom UN ein Job-Ticket erhalten oder der AG hierzu einen Zuschuss gibt, um die Beschäftigten zu motivieren, vom Pkw auf öffentliche Verkehrsmittel umzusteigen, um den Straßenverkehr zu entlasten, Autoabgase und Energieverbrauch zu reduzieren.[265] Das Gleiche gilt bei Vereinbarungen über die Verwendung umweltfreundlicher Betriebsmittel oder bei einem Umstieg des UN auf »saubere« Energie, wenn sich AG und BR darauf einigen, dass der Betrieb keinen Atomstrom bezieht.[266]

63 Das Gesetz knüpft nicht an bestehende oder befürchtete Umweltgefährdungen an, denen es zu begegnen gilt, sondern an die **Maßnahmen, die dem Umweltschutz dienen.** Soweit der Normvollzug im Vordergrund steht, ergibt sich aus den jeweiligen Vorschriften, ob und inwieweit diese auch umweltschützenden Charakter haben. Häufig wird zwischen AG und BR umstritten sein, welche Maßnahmen dem Umweltschutz dienen. Gehen AG und BR gemeinsam oder geht allein der AG von einer dem Umweltschutz dienenden Maßnahme aus, kann diese Definition zugrunde gelegt werden. Die Rechtsfolge, nämlich die umweltbezogene Partizipation des BR und der Beschäftigten, entspricht Sinn und Zweck der Vorschrift.

64 Schwieriger ist die Situation zu beurteilen, wenn nur der BR, nicht aber der AG eine Maßnahme als »umweltschutzdienlich« ansieht. Würde man die Definition des AG zugrunde legen oder abwarten, dass der AG entsprechende Maßnahmen trifft, wäre die umweltschutzbezogene Beteiligung des BR wertlos. Diese Vorstellung vertrüge sich nicht mit dem Initiativrecht des BR, das auch in seiner *eigenständigen Förderungspflicht* nach § 80 Abs. 1 Nr. 9 in Bezug auf Maßnahmen des betrieblichen Umweltschutzes zum Ausdruck kommt, ebenso wenig mit dem in § 45 Satz 1 und in § 74 Abs. 2 Satz 3 anerkannten Recht auf Behandlung umweltpolitischer Angelegenheiten, die den Betrieb oder seine AN unmittelbar betreffen. Auch die verbindliche Festlegung, welche Maßnahmen dem Umweltschutz dienen, durch die Arbeitsgerichte scheidet aus. Der Begriff des Umweltschutzes ist dem politischen Meinungskampf unterworfen und nur beschränkt justitiabel. Im politischen Raum wird der Begriff des Umweltschutzes unabhängig von parteipolitischen Präferenzen weit gefasst. Die Koalitionsvereinbarung v. 20.10.98[267] nannte z. B. im Abschnitt IV Ökologische Modernisierung u. a. Regelungen wie Kontrolle von Freilandversuchen, Schutz vor gentechnischer Diskriminierung in der Kranken- und Lebensversicherung, Ausstieg aus der Atomenergie, umweltgerechte und effiziente Verkehrspolitik. »Dienen« i. S. d. Abs. 3 ist demnach sinnvoll als Zweckbestimmung zu verstehen, die derjenige gibt, der eine Maßnahme des Umweltschutzes fordert.[268] Dies kann der AG oder der BR sein. Beiden kommt ein Beurteilungsspielraum zu, wobei nur solche Maßnahmen ausscheiden, die keinerlei Bezug zu den unter Rn. 59 genannten Merkmalen aufweisen.[269]

65 Die Beteiligungsverpflichtungen nach Abs. 2 und Abs. 5 in Bezug auf den betrieblichen Umweltschutz entsprechen denen zum Arbeitsschutz (vgl. Rn. 36 ff.).

66 In dem Maße, in dem der arbeitsrechtliche Umweltschutz an Bedeutung gewinnt, **erhalten BR neue Aufgaben und Arbeitsfelder.** Dies gilt insbes. für die nach der europäischen VO über die freiwillige Teilnahme von Organisationen an einem Gemeinschaftssystem für Umweltmanagement und Umweltbetriebsprüfung (EMAS)[270] bzw. dem **Umweltauditgesetz** (UAG) angebotene freiwillige Beteiligung gewerblicher Unternehmen an einem Gemeinschaftssystem für das Umweltmanagement und die Umweltbetriebsprüfung.[271] Schon nach § 80 Abs. 1 Nr. 2 kann der BR die Teilnahme an EMAS anregen. Nach § 89 Abs. 5 sind ihm eine Niederschrift der Umweltprüfung und der für die Öffentlichkeit bestimmten Umwelterklärung zu überlas-

---

265 So der Sachverhalt in der Entscheidung des *BAG* 11.8.98, DB 99, 695.

266 Zu praktischen betrieblichen Regelungsansätzen vgl. *Leitretter,* Betrieblicher Umweltschutz, Analyse und Handlungsempfehlungen, 1999, Edition der Hans-Böckler-Stiftung, Nr. 7.

267 Teilweise dokumentiert in AuR 98, 476 ff.

268 A. A. Richardi-*Annuß,* Rn. 32.

269 Vgl. auch *Buschmann,* FS Heilmann, S. 87.

270 VO (EG) Nr. 1221/2009 des EP und des Rates v. 25.11.09 über die freiwillige Teilnahme von Organisationen an einem Gemeinschaftssystem für Umweltmanagement und Umweltbetriebsprüfung und zur Aufhebung der VO (EG) Nr. 761/2001, sowie der Beschlüsse der Kommission 2001/681/EG und 2006/193/EG, ABlEU L 342/1 v. 22.12.09.

271 Vgl. *Fitting,* Rn. 6 f.; zur Zusammenarbeit mit betrieblichen Umweltschutzbeauftragten *Fischer,* AuR 96, 474.

sen. In diesem Zusammenhang können sich der BR oder seine Mitglieder auch auf das **Umweltinformationsgesetz** berufen. Nach § 3 des Gesetzes haben sie u. a. Anspruch auf freien Zugang zu Informationen über die Umwelt, die bei einer Behörde oder einer juristischen Person vorhanden sind. In Erfüllung dieses Anspruchs kann die Behörde Auskunft oder Akteneinsicht gewähren oder Informationsträger in sonstiger Weise zur Verfügung stellen[272].

XI. Verstöße, Streitigkeiten

Behindert der AG den BR bei der Wahrnehmung seiner Aufgaben, etwa indem er ihn nicht zur Mitberatung heranzieht oder vorgeschriebene Informationen verweigert, kann dieser Verstoß nach **§ 23 Abs. 3** geahndet werden. Außerdem kann bei Verstößen gegen die UVV eine Geldbuße verhängt werden (§ 209 SGB VII). Die einzelnen Umweltschutzvorschriften enthalten eigene Ordnungswidrigkeiten- bzw. Strafvorschriften. Erleidet ein AN einen Gesundheitsschaden, kann auch eine Bestrafung des Verursachers **wegen Körperverletzung** in Betracht kommen. Zivilrechtliche Ersatzansprüche eines geschädigten AN gegen den AG sind i. d. R. nach § 104 SGB VII ausgeschlossen; insoweit tritt die Unfallversicherung ein.[273] **67**

Verstoßen der BR oder einzelne seiner Mitglieder gegen die ihnen obliegenden Pflichten, können auf Antrag nach § 23 Abs. 1 vom ArbG die betreffenden BR-Mitglieder ausgeschlossen oder der BR aufgelöst werden.[274] Eine Haftung der betroffenen BR-Mitglieder gegenüber AN, die einen Gesundheitsschaden erlitten haben, ist regelmäßig durch § 106 SGB VII ausgeschlossen. **68**

Streitigkeiten zwischen AG und BR hinsichtlich der Mitwirkung bei der Durchführung des Arbeitsschutzes/Umweltschutzes entscheidet das ArbG im Beschlussverfahren gemäß §§ 2 a, 80 ff. ArbGG. Dasselbe gilt bei Streitigkeiten zwischen BR und den für den Arbeitsschutz zuständigen außerbetrieblichen Stellen aus der Anwendung des § 89.[275] **69**

Vierter Abschnitt
Gestaltung von Arbeitsplatz, Arbeitsablauf und Arbeitsumgebung

§ 90 Unterrichtungs- und Beratungsrechte

(1) Der Arbeitgeber hat den Betriebsrat über die Planung

1. von Neu-, Um- und Erweiterungsbauten von Fabrikations-, Verwaltungs- und sonstigen betrieblichen Räumen,
2. von technischen Anlagen,
3. von Arbeitsverfahren und Arbeitsabläufen oder
4. der Arbeitsplätze

rechtzeitig unter Vorlage der erforderlichen Unterlagen zu unterrichten.

(2) Der Arbeitgeber hat mit dem Betriebsrat die vorgesehenen Maßnahmen und ihre Auswirkungen auf die Arbeitnehmer, insbesondere auf die Art ihrer Arbeit sowie die sich daraus ergebenden Anforderungen an die Arbeitnehmer, so rechtzeitig zu beraten, dass Vorschläge und Bedenken des Betriebsrats bei der Planung berücksichtigt werden können. Arbeitgeber und Betriebsrat sollen dabei auch die gesicherten arbeitswissenschaftlichen Erkenntnisse über die menschengerechte Gestaltung der Arbeit berücksichtigen.

---

272 Zu Inhalt und Form der Information *BVerwG* 6.12.96, AuR 96, 295 mit Anm. *Heilmann/Bieler.*
273 *BAG* 30.10.03 – 8 AZR 548/02, AuR 2004, 162.
274 Richardi-*Annuß*, Rn. 42; *Fitting*, Rn. 39; GK-*Wiese/Gutzeit*, Rn. 87; *HWGNRH*, Rn. 30.
275 GK-*Wiese/Gutzeit*, Rn. 88 m. w. N.; a. A. *LAG Düsseldorf* 22.7.71, AuR 72, 190; wie hier *HWGNRH*, Rn. 43.

Inhaltsübersicht Rn.

I. Vorbemerkungen

1 Mit der Schaffung der §§ 90 und 91, die ausdrücklich auf die menschengerechte Arbeitsgestaltung (vgl. auch § 2 Abs. 1 ArbSchG) hinweisen, hat der Gesetzgeber dem BR den konkreten Auftrag gegeben, im betrieblichen Bereich darauf Einfluss zu nehmen, dass **Grundrechte,** wie insbes. der **Schutz der Menschenwürde,** die **freie Entfaltung der Persönlichkeit** und das **Recht auf körperliche Unversehrtheit,** beachtet werden.[1] Schon im **Planungsstadium** (vgl. Rn. 19 ff.) sollen die berechtigten Belange der AN hinsichtlich der Art der Arbeit und ihrer Anforderungen berücksichtigt werden.[2] Diese Leitziele der §§ 90 und 91 stehen in engem Zusammenhang mit anderen Regelungen des Gesetzes, wie vor allem der Bestimmung des § 75.[3] Bei der Gestaltung des Arbeitsplatzes, der Arbeitsorganisation und der Arbeitsumgebung hat der BR daher nicht nur auf ergonomische Aspekte und Gesichtspunkte des Arbeits- und Gesundheitsschutzes zu achten, sondern auch Einfluss darauf zu nehmen, dass Möglichkeiten der **Selbstbestimmung** gefördert, die **Entfremdung** von der Arbeit abgebaut sowie individuelle **Aufstiegs-** und **Entfaltungschancen** verbessert werden und kein Verlust oder Absinken vorhandener, sondern eine Erhöhung der beruflichen **Qualifikation** eintritt.[4]

2 Die Vorschrift gibt dem BR das Recht auf **Unterrichtung und Beratung** bei Planungsmaßnahmen der angeführten Angelegenheiten. Informations- und Beratungsrechte haben gerade beim Einsatz neuer Technologien besondere Bedeutung. Nur ihre aktive Nutzung versetzt den BR in die Lage, sozial gestaltend Einfluss zu nehmen. Eine **Checkliste** und eine **Mustervereinbarung** finden sich bei DKKWF-*Klebe/Heilmann,* § 90 Rn. 2 f.

3 Trotzdem ist die notwendige und vom Gesetzgeber gewollte Einflussnahme des BR nur unzureichend abgesichert. Es besteht in § 90 lediglich ein **Unterrichtungs-** und **Beratungsrecht;** auch § 91 bringt keine umfassende Mitbestimmung, sondern ein von schwer zu erfüllenden Voraussetzungen abhängiges »korrigierendes« Mitbestimmungsrecht. Andererseits darf nicht übersehen werden, dass diese Bestimmungen in enger Beziehung zu einer Reihe anderer Mitwirkungs- und Mitbestimmungsrechte stehen, wie z. B. § 87 Abs. 1 Nrn. 1, 6, 7, §§ 111 ff. oder § 80 Abs. 2, 3, § 92 und §§ 106 ff. Die letztgenannten Informations- und Beratungsrechte stehen je nach Informationsgegenstand neben § 90 und schließen seine Anwendung nicht aus.

4 Teilweise wird die Auffassung vertreten, die Unterrichtungspflicht sei auch bei § 90 analog § 106 Abs. 2 begrenzt, wenn dadurch **Betriebs-** und **Geschäftsgeheimnisse** des UN gefährdet werden.[5] § 79 sei insofern nicht ausreichend. Diese Auffassung ist abzulehnen, da sie im Widerspruch zum Gesetzeswortlaut steht.[6]

5 Die Rechte des BR nach § 90 können durch **TV** und **BV** nicht eingeschränkt werden.[7] Hierin

1 ErfK-*Kania,* Rn. 1; *Fitting,* Rn. 2.
2 BT-Drucks. VI/1786, S. 49.
3 Vgl. auch *GL,* vor § 90 Rn. 1.
4 Zustimmend ErfK-*Kania,* Rn. 1.
5 HWGNRH-*Rose,* Rn. 6; *LK,* Rn. 17.
6 *GK-Weber,* Rn. 27; MünchArbR-*Matthes,* § 255 Rn. 11; Richardi-*Annuß,* Rn. 20 und für § 80 *BAG* 5.2.91, AP Nr. 89 zu § 613 a BGB; *Fitting,* § 80 Rn. 64, m. w. N.
7 Vgl. auch ErfK-*Kania,* Rn. 1; GK-*Weber,* vor § 90 Rn. 10.

kann allerdings eine **Erweiterung oder Konkretisierung** (z. B. der Informationspflichten oder des Zeitpunkts) erfolgen[8] (vgl. auch Einl. Rn. 85, 87 ff., 94 f.). Eine Konkretisierung empfiehlt sich insbesondere in Großbetrieben mit einer Vielzahl parallel verlaufender Planungsprozesse. Solche Regelungen werden häufiger zur beiderseitigen Arbeitserleichterung entweder gesondert oder in **Technikrahmen-BV** getroffen.

Der BR verliert seine Rechte nicht dadurch, dass der AG ohne die erforderliche Information bereits die Veränderung vorgenommen hat oder der BR in Kenntnis der Vorgänge seine Rechte unzureichend wahrnimmt.[9] Der **Informations- und Beratungsanspruch** des BR entsteht ständig neu; ein **Verzicht** auf Mitwirkungs- und Mitbestimmungsrechte ist zudem **unwirksam**[10] (vgl. § 87 Rn. 49). Eine Verwirkung kommt ebenfalls nicht in Betracht.[11] Auch die versuchsweise Einführung der in Abs. 1 genannten Maßnahmen löst die BR-Rechte aus. 6

II. Die einzelnen Unterrichtungsgegenstände

1. Neu-, Um- und Erweiterungsbauten

Nach der Regelung der Nr. 1 hat sich die Unterrichtung und Beratung auf Neu-, Um- und Erweiterungsbauten von Fabrikations-, Verwaltungs- und sonstigen betrieblichen Räumen zu erstrecken. Hierzu zählen **Werkhallen, Verwaltungsgebäude, Labors, Ausbildungsstätten und Lagerhallen** ebenso wie **Fabrikhöfe.**[12] Es ist grundsätzlich unerheblich, in welchem Umfang die bauliche Substanz verändert wird. Allerdings werden bloße Reparatur- oder Renovierungsmaßnahmen[13] im Allgemeinen ebenso wenig wie reine Abbrucharbeiten[14] unter die Vorschrift fallen. Das Brechen neuer **Türen** kann Auswirkungen auf die Arbeitsbedingungen haben und wird daher in der Regel von der Vorschrift erfasst.[15] Weiter erstreckt sich das Beteiligungsrecht auch auf sog. Sozialräume, wie Kantinen, Aufenthaltsräume, Waschräume, Toiletten u. ä.[16] 7

2. Technische Anlagen

Der Begriff »**technische Anlagen**« in *Nr.* 2 bezieht sich auf Maschinen und sonstige technische Geräte und Einrichtungen, die dem Betriebszweck und damit dem Arbeitsablauf dienen, wie z. B. **Montagebänder, CNC-Maschinen, Roboter und CAD-Terminals.**[17] Ausreichend ist, dass dies nur mittelbar geschieht, wie z. B. bei Raumbeleuchtung, Schallschluckdecken, Fahrstühlen und Klimaanlagen.[18] 8

Von der Vorschrift wird nicht nur der technische (gewerbliche) Bereich des Betriebs erfasst, sondern auch der kaufmännische (Verwaltung), sofern dort technische Anlagen zum Einsatz kommen, wie das etwa bei Büromaschinen, **Bildschirmen** oder dem EDV-Einsatz[19] der Fall ist. So unterliegen die Einführung einer neuen **EDV-Anlage,**[20] die Umstellung der Lohn- und Gehaltsabrechnung von Off-line- auf On-line-Betrieb,[21] der Anschluss an **Intranet/Internet,**[22] 9

---

8 GK-*Weber,* vor § 90 Rn. 10.
9 A. A. GK-*Weber,* Rn. 7.
10 Vgl. zB. *BAG* 28.8.07, NZA 08, 188 (189); 29.1.08, NZA-RR 08, 469 (472).
11 *LAG Schleswig-Holstein* 4.3.08, NZA-RR 08, 414 (415); Adam, AuR 08, 169 (172 f.).
12 Vgl. *Schmid/Willems,* AuA 15, 88; für eine Überdachung *ArbG Düsseldorf* 5.8.87 – 10 BV 64/87.
13 GK-*Weber,* Rn. 10; Richardi-*Annuß,* Rn. 8.
14 GK-*Weber,* Rn. 10; HWGNRH-*Rose,* Rn. 29.
15 GK-*Weber,* Rn. 10; *GL,* Rn. 1; HWK-*Schrader,* Rn. 4; *ArbG Düsseldorf,* a. a. O.; a. A. ErfK-*Kania,* Rn. 2; *Fitting,* Rn. 18; HWGNRH-*Rose,* Rn. 27.
16 *Fitting,* Rn. 18; GK-*Weber,* Rn. 9.
17 Vgl. *Klebe/Roth,* AiB 84, 70 ff.; *Wellenhofer-Klein,* DB 97, 978.
18 Vgl. *OLG Düsseldorf* 8.4.84, BB 82, 1113; *Fitting,* Rn. 20; GK-*Weber,* Rn. 12 f.
19 Vgl. für Bildschirmeinsatz *BAG* 6.12.83, AP Nr. 7 zu § 87 BetrVG 1972 Überwachung; zur Telearbeit *Wedde,* Rn. 835 f.
20 *OLG Stuttgart* 22.11.84, AuR 85, 293.
21 *LAG Hamburg* 20.6.85, BB 85, 2110; die hierzu ergangene Rechtsbeschwerdeentscheidung des *BAG* 17.3.87, AP Nr. 29 zu § 80 BetrVG 1972, stützt den Anspruch auf § 80 Abs. 2 Satz 1; vgl. auch

die Umstellung auf **Cloud Computing**[23] oder die Gestattung einer freiwilligen dienstlichen Nutzung privater technischer Geräte (z. B. Smartphones oder Tablet-PCs; »**Bring your own device**«, **BYOD**)[24] ebenfalls dieser Vorschrift.

10 Die **Ersatzbeschaffung** schon vorhandener technischer Anlagen fällt dann unter die Bestimmung, wenn sich die gegebenen **Bedingungen ändern,** insbesondere die Auswirkungen auf die AN und die Art der Anforderungen an diese.[25] Eine »bloße« Ersatzbeschaffung ohne Beteiligung des BR wird im Übrigen aber auch deshalb kaum noch vorkommen, weil die technische Entwicklung zu berücksichtigen ist (vgl. § 87 Rn. 212).

11 Zu der Problematik von **DV-Technologien** vgl. Rn. 15 und vor allem § 87 Rn. 154 ff.

3. Arbeitsverfahren, Arbeitsabläufe

12 Während das Arbeitsverfahren die technische Art und Weise ist, mit der auf den Arbeitsgegenstand eingewirkt wird, erfasst der Arbeitsablauf alles, was zur **Veränderung des Arbeitsgegenstandes** i. S. d. Arbeitsaufgabe beiträgt (Nr. 3). Es geht somit um die Konzipierung der Art und Weise der Arbeit im Zusammenwirken mit den technischen Betriebsmitteln.[26]

13 Unter Arbeitsverfahren und Arbeitsablauf ist sowohl die organisatorische als auch die räumliche und zeitliche Gestaltung der Arbeit zu verstehen,[27] wie z. B. Entscheidungen

- zum Einsatz von **Fremdfirmenbeschäftigten**[28] (vgl. § 80 Abs. 2 Satz 1, 2. Halbsatz), auch mit **Crowdsourcing**[29] (vgl. auch § 87 Rn. 201, § 95 Rn. 32, § 111 Rn. 111 a),
- zur Umstellung auf **Cloud Computing,**[30]
- über **Gruppen- oder Einzelarbeit,**[31]
- monotone oder abwechslungsreiche Tätigkeiten,
- **Schichtarbeit,**
- **aktenlose Sachbearbeitung,**
- Arbeit in der Halle, im **Freien**, in einer Kabine,
- Umstellung der **Lagerhaltung, Montage** oder **Materialprüfung,**
- über eine **automatische Fertigungssteuerung,**
- zur Anwendung des **Scrum**-Verfahrens, vor allem bei der Softwareentwicklung,[32]
- über die Einführung des **Öko-Audit**-Systems bzw. die Teilnahme an dem Gemeinschaftsystem für das Umweltmanagement und die Umweltbetriebsprüfung (**EMAS**) v. 19.3.01,[33]
- über die Einführung oder Änderung von Managementkonzepten wie **Balanced Scorecard,**[34]
- zur **Telearbeit,**
- über **TQM,** Kaizen, KVP oder Lean Six Sigma,
- zu **Outsourcing,**[35]
- zu **Offshoring/Nearshoring,** (vgl. auch § 87 Rn. 200; § 111 Rn. 92),
- zum Anschluss an **Intranet oder Internet**[36] u. Ä.

14 Vor allem sind hier Rationalisierungsmaßnahmen zu erwähnen. Zum Arbeitsverfahren bzw.

HWGNRH-*Rose*, Rn. 36.
22 Vgl. *Däubler*, Internet, Rn. 112; *Fitting*, Rn. 21; GK-*Weber*, Rn. 14.
23 Hilber-*Hexel*, Teil5 Rn. 87 ff.
24 *Däubler*, Internet, Rn. 210 i; vgl. auch § 87 Rn. 67 und 201.
25 GK-*Weber*, Rn. 15; MünchArbR-*Matthes*, § 255 Rn. 6.
26 Vgl. *Fitting*, Rn. 24.
27 Richardi-*Annuß*, Rn. 13.
28 HaKo-BetrVG/*Kohte*, Rn. 12; *Greiner*, RdA 14, 262 (263 f.).
29 *Klebe/Neugebauer*, AuR 14, 4 (6 f.); Benner-*Klebe*, S. 277 (279 ff.); *Däubler/Klebe*, NZA 15, 1032 (1040).
30 Hilber-*Hexel*, Teil 5 Rn. 87 ff.
31 *SWS*, Rn. 8; *Elert*, S. 103 f.; *Hunold*, S. 12; *Kreßel*, RdA 94, 23 f.
32 Hierzu *Heise/Friedl*, NZA 15, 129 ff.
33 Vgl. *Fitting*, Rn. 29; HWGNRH-*Rose*, Rn. 42.
34 *Däubler*, DB 00, 2270 (2275 f.); *ders.*, AiB 01, 208 (217 f.); GK-*Weber*, Rn. 18; *Müller*, CF 2/02, S. 4 ff.
35 *Fitting*, Rn. 13, 27; WPK-*Bender*, Rn. 10.
36 GK-*Weber*, Rn. 18; *Däubler*, Internet, Rn. 112; vgl. auch *Fitting*, Rn. 26 ff.

Arbeitsablauf gehört auch die Arbeitsmethode, mit der festgelegt wird, auf welche Art und Weise der AN das gewünschte Arbeitsergebnis erreichen soll.

Ein illustratives Beispiel der Rationalisierung von Arbeitsabläufen im Zusammenhang mit der Bestimmung des § 90 (sowie des § 91) ist die Einführung/Anwendung von DV-Systemen mit Bildschirmarbeit. Diese Arbeitsplätze können je nach Gestaltung erhebliche Auswirkungen auf die Art der Arbeit haben. Das gilt insbes. im Hinblick auf **gesundheitliche Belastung, Arbeitsbeanspruchung, Leistungsverdichtung,** Leistungskontrolle, Kommunikationsverluste, **Qualifikationsanforderungen, betriebliche Lohn- und Gehaltsstruktur** und Arbeitsplatzverlust. Die Einführung/Nutzung von Bildschirmgeräten und DV-Systemen kann neben der Regelung des § 90 auch andere Bestimmungen des BetrVG, wie § 91 (vgl. dort Rn. 12, 20) § 87 Abs. 1 (vgl. dort Rn. 198 ff., 244 ff.) und § 111 (vgl. dort Rn. 107, 113) berühren. 15

4. Arbeitsplätze

Der **Arbeitsplatz** (Nr. 4) ist der räumlich-funktionale Bereich, in dem der AN im Rahmen seiner Arbeitsaufgabe mit Arbeitsmitteln und Arbeitsgegenständen in einem bestimmten Arbeitssystem tätig wird[37] (vgl. auch § 99 Rn. 100). Der Arbeitsplatz ist nicht isoliert zu sehen, sondern steht in Beziehung zu den in den Nrn. 1 bis 3 genannten Angelegenheiten. Daher stellt die Nr. 4 eine Art »**Generalklausel**« dar.[38] Sie begründet nicht nur ein Unterrichtungs- und Beratungsrecht des BR bei der Ausgestaltung der einzelnen Arbeitsplätze. Darüber hinaus soll erreicht werden, dass **schädigende Einflüsse** auch aus der Arbeitsumgebung auf den Arbeitsplatz **ausgeschaltet** oder zumindest **zurückgedrängt** werden. 16

An Beispielen sind etwa zu nennen: 17

- Räumliche Anordnung und Gestaltung der **Maschinen** und sonstiger Betriebsmittel,
- **Raumbedarf** der AN entsprechend der Arbeitssituation,
- Ablösungssysteme bei Tätigkeiten mit hohen körperlichen und nervlichen Beanspruchungen,
- Arbeitseinsatzbeschränkungen für Jugendliche, schwerbehinderte Menschen und sonstige schutzbedürftige Personengruppen,
- **Ausschaltung schädigender Einflüsse** wie Staub, Gase, Lärm,
- Verminderung zu schneller **Arbeitstakte** (Fließbandarbeit),
- Übergang von **Einzel-** zu **Gruppenarbeit**,[39]
- Probleme der Schaffung von **Großraumbüros** (z. B. der Verteilung der Arbeitsplätze),[40]
- **Umzug** von Abteilungen[41]
- oder auch die Installation eines **Computers** zur Abwicklung des gesamten Angebots- und Kundenbetreuungswesens.[42]

Häufig wird der Tatbestand von **mehreren Nrn. des Abs. 1** erfüllt sein. 18

III. Unterrichtung des Betriebsrats

1. Zeitpunkt der Unterrichtung

Bei den genannten Maßnahmen hat eine **rechtzeitige Unterrichtung** des BR[43] zu erfolgen, und zwar schon im **Planungsstadium.** Die Information muss so frühzeitig wie möglich gegeben werden,[44] spätestens zu einem Zeitpunkt, in dem der AG noch Alternativen überlegt, also noch Einfluss auf die Entscheidung genommen werden kann.[45] Diese bereits von der Rspr. 19

37 HWGNRH-*Rose*, Rn. 47; *Fitting*, Rn. 31, 33.
38 Richardi-*Annuß*, Rn. 16.
39 Vgl. z. B. *SWS*, Rn. 8; *Kreßel*, RdA 94, 23 f.
40 *LAG München* 16.4.87, NZA 88, 69, Ls.; *Schmid/Willems*, AuA 15, 88 f.
41 *ArbG Düsseldorf* 5.8.87 – 10 BV 64/87
42 *AG Nürtingen* 15.2.84, AuR 85, 293, bestätigt durch *OLG Stuttgart* 22.11.84 – 4 Ss (25) 342/84.
43 Auch falls die Planungen durch die UN- oder Konzernspitze durchgeführt werden, vgl. *Fitting*, Rn. 15.
44 *BAG* 18.7.72, AP Nr. 10 zu § 72 BetrVG.
45 *Hans. OLG Hamburg* 4.6.85, DB 85, 1846 f.; *LAG Hamburg* 20.6.85, DB 85, 2308; *LAG Frankfurt*

entwickelte Konkretisierung hat der Gesetzgeber 1989 sinngemäß in Abs. 2 für den Beratungszeitpunkt aufgenommen; für die Information muss sie selbstverständlich erst recht gelten. In diesem Zusammenhang ist auch die **Richtlinie** 2002/14/EG vom 11.3.02 zur **Festlegung eines allgemeinen Rahmens für die Unterrichtung und Anhörung** der Arbeitnehmer in der Europäischen Gemeinschaft (**Anlage 3**) zu beachten, die sich teilweise mit § 90 deckt, da sie z. B. auch wesentliche Veränderungen der Arbeitsorganisation erfasst (Art. 4 Abs. 1; der Anwendungsbereich betrifft gemäß Art. 3 je nach Entscheidung des Mitgliedsstaats UN ab 50 AN oder Betriebe ab 20 AN). Die rechtzeitige Unterrichtung spielt vor dem Hintergrund der gewünschten »**antizipativen**« und »**präventiven**« **Maßnahmen** (vgl. z. B. Erwägungsgründe 9, 10 und 13) eine Schlüsselrolle. Die Unterrichtung muss daher gemäß Art. 4 Abs. 3 zu einem Zeitpunkt erfolgen, der dem Zweck angemessen ist und »es insbesondere den Arbeitnehmervertretern ermöglichen, die Informationen angemessen zu prüfen und gegebenenfalls die Anhörung«, die als **Meinungsaustausch/Dialog** mit dem AG verstanden wird (Art. 2 g), vorzubereiten. Gemäß Art. 4 Abs. 4 e soll das Ziel einer **Vereinbarung** über die genannten Entscheidungen sein. Damit wird deutlich, dass die Richtlinie von einem Prozess ausgeht, der nicht durch AG-Entscheidungen präjudiziert ist. Diese Überlegungen sind im Wege richtlinienkonformer Interpretation zu berücksichtigen (vgl. auch Einl. Rn. 251 ff. (255); § 87 Rn. 213 f.).

20 Trotz der vorstehenden Kriterien besteht in den Betrieben häufig Streit darüber, wann Informationen zu geben sind. Daher ist es wichtig, sich die gesetzgeberische Absicht vor Augen zu führen. Der BR soll in der Lage sein, eigene Vorschläge und Bedenken zu entwickeln und diese Vorstellungen in den **Entscheidungsprozess des AG** so einzubringen, dass sie »bei der Planung« (nicht erst bei deren Ergebnis, dem Plan) berücksichtigt werden können.[46] Dieser Verpflichtung kann der BR jedoch nur dann nachkommen, wenn die Unterrichtung über die Planung so frühzeitig wie möglich erfolgt,[47] also wenn der AG **erste Überlegungen zur Lösung** eines Problems anstellt.[48] Der BR ist somit zu informieren, wenn feststeht, dass Maßnahmen getroffen werden sollen bzw. diese ernsthaft erwogen werden.[49]

21 Dies ist z. B. der Fall, wenn sich der AG entschließt, eine allgemeine Zielsetzung (**Kostenersparnis im Gemeinkostenbereich** in der Datenverarbeitung oder in der Konstruktion durch neue **CAD-Geräte**) durch systematische Aufnahme des Ist-Zustands und der Erarbeitung von **Lösungsalternativen** zu konkretisieren.[50] Würde der BR nicht bereits bei der erforderlichen **Datenermittlung** einbezogen, könnte oft, insbesondere bei DV-Systemen, die Planung des AG nicht mehr beeinflusst werden. Der BR hätte vielmehr von den Untersuchungsergebnissen und den darauf aufbauenden unternehmerischen Überlegungen auch für sich auszugehen, obwohl er möglicherweise den der Datenermittlung zugrundeliegenden Ansatz für verfehlt hält.[51] An einer alternativen Untersuchung wird der AG schon aus Zeit- und Kostengründen selten Interesse haben. Deshalb sind auch die teilweise anzutreffenden Auffassungen, der Unterrichtungsanspruch bestehe erst, wenn die **unternehmerischen Vorüberlegungen** abgeschlossen, durchführbare Lösungsalternativen entwickelt worden seien[52] oder diese gar den Status eines Entwurfs angenommen hätten,[53] abzulehnen. Sie werden den gesetzgeberischen Absichten nicht gerecht; die letztere verstößt zudem gegen den Wortlaut.

22 Die Rechte des BR setzen bei der Planung an. Sie werden allerdings nicht dadurch beseitigt, dass der AG eine **unvorhergesehene Maßnahme** trifft bzw. keine systematische Vorbereitung erfolgt.[54] Da die Planung ein dynamischer Prozess ist, hat der AG die **Informationen ständig zu aktualisieren** und jeweils die erforderlichen Beratungen vorzunehmen.[55]

3.11.92, AuR 93, 306; ErfK-*Kania*, Rn. 6; WPK-*Bender*, Rn. 14; *Bernhardt*, AiB 10, 408 (409) in Anm. zu *ArbG Rostock* 28.4.09, AiB 10, 407.

46 Vgl. auch *BAG* 11.12.91, DB 92, 1732.

47 *BAG* 18.7.72, AP Nr. 10 zu § 72 BetrVG.

48 *Fitting*, Rn. 9; Richardi-*Annuß*, Rn. 21; *Linnenkohl*, CR 91, 100 (101).

49 GK-*Weber*, Rn. 6; vgl. *Engels/Natter*, BB-Beilage 8/89, S. 24 f.

50 Vgl. auch *ArbG Essen* 22.9.77 – 3 BVGa 8/77; *Fitting*, Rn. 9; ähnlich zu § 92 *ArbG Frankfurt* 2.6.86 – 1 BVGa 5/86.

51 Vgl. auch *Osterloh*, AuR 86, 332 (334 f.).

52 *GL*, Rn. 6; Schaub-*Koch*, § 237 Rn. 8.

53 HWGNRH-*Rose*, Rn. 8, 51; *SWS*, Rn. 14.

54 *OLG Hamm* 7.12.77, DB 78, 748.

2. Art der Unterrichtung

Die Unterrichtung hat unter Vorlage der erforderlichen Unterlagen und umfassend, § 80 Abs. 2 Satz 1 gilt auch hier als übergreifende Norm,[56] zu erfolgen. Der AG[57] muss also **unaufgefordert** alle Unterlagen vorlegen, die notwendig sind, damit sich der BR ein möglichst genaues Bild von Umfang und Auswirkungen der geplanten Maßnahmen machen kann.[58] Der BR muss alle **wesentlichen Tatsachen, Einschätzungen** und **Bewertungen auf Deutsch**[59] in verständlicher Sprache und in überschaubarer Form aufbereitet erhalten.[60] Auch auf **ökologische** Gesichtspunkte ist z. B. einzugehen (vgl. auch §§ 80 Abs. 1 Nr. 9, 88 Nr. 1 a, 89, 106 Abs. 3 Nr. 5 a). Wird die Einführung eines **DV-Systems** geplant, so hat der AG mindestens seine Problemanalyse, die Systembeschreibung mit den zu verarbeitenden Daten, der Zwecksetzung, der Beschreibung der vorhandenen Dateien und Programme, den Datenflussplan, die Zugriffsberechtigungen und Maßnahmen der Datensicherung sowie alle Auswirkungen auf die AN dem BR mitzuteilen.[61] 23

Wichtig ist für den BR jedoch auch, dass er nicht nur auf die Unterrichtung durch den AG wartet, sondern selbst eine **aktive Informationspolitik** betreibt. Hierzu gehört, dass er sich zunächst darüber klar wird, welche Informationen für ihn wichtig sind und welche er sich ggf. auch durch **Befragung von Beschäftigten** zusätzlich verschaffen muss.[62] Zudem wird es häufig für den BR erforderlich sein, auf **gewerkschaftliche Unterstützung** und die betriebsinterner Fachleute (**Auskunftspersonen;** § 80 Abs. 2 Satz 3) zurückzugreifen bzw. im Rahmen von §§ 80 Abs. 3, 111 Satz 2 **Sachverständige** heranzuziehen. 24

Der AG hat dem BR die erforderlichen Unterlagen »**vorzulegen**«. Dieser Begriff wird in anderen Vorschriften, wie z. B. in § 106 Abs. 2, als Einsichtnahme und auch Überlassung aber nur auf Zeit, nicht auf Dauer, interpretiert.[63] Damit wäre gegenüber der Rechtslage vor dem 1. 1. 89 eine Verschlechterung eingetreten.[64] Nach h. M. waren die erforderlichen Unterlagen gemäß § 80 Abs. 2 zur Verfügung zu stellen, obwohl § 90 keine ausdrückliche Regelung enthielt.[65] Mit der Novellierung des § 90 sollte das bestehende Unterrichtungs- und Beratungsrecht jedoch verbessert und konkretisiert, nicht verschlechtert werden.[66] Dieser Widerspruch lässt sich vermeiden, wenn man **§ 80 Abs. 2** weiter als **übergreifende Vorschrift** versteht.[67] 25

Der BR hat demnach bei Vorliegen der jeweiligen Voraussetzungen nebeneinander die Informationsansprüche nach § 80 Abs. 2 und § 90 Abs. 1.[68] Der AG hat ihm **unaufgefordert** die erforderlichen Unterlagen vorzulegen (§ 90 Abs. 1). **Falls erforderlich,** kann der BR auch eine **Überlassung auf Dauer**[69] (§ 80 Abs. 2) verlangen. Diese Auslegung steht nicht im Widerspruch zur Entscheidung des *BAG* zum Informationsrecht des WA,[70] da dieser den Anspruch 26

55 Vgl. auch *BAG* 11.12.91, DB 92, 1732; GK-*Weber*, Rn. 25; HWGNRH-*Rose*, Rn. 15; MünchArbR-*Matthes*, § 255 Rn. 10; Richardi-*Annuß*, Rn. 21.
56 *Fitting*, Rn. 11.
57 Vgl. zur Vertretung des AG *BAG* 11.12.91, DB 92, 1732.
58 So BT-Drucks. 11/2503, S. 35; vgl. auch GK-*Weber*, Rn. 25.
59 Vgl. *HessLAG* 19.8.93, NZA 95, 285 f.; *Fitting*, Rn. 11; GK-*Weber*, Rn. 26; Richardi-*Annuß*, Rn. 20, 22; zu Unrecht a. A. *Diller/Powietzka*, DB 00, 718 (719 f.); vgl. auch *LG München*, 3.5.01, BB 01, 1648 (1649) zum Recht von Aktionären, Informationen in deutscher Sprache zu erhalten.
60 Vgl. auch *BAG* 17.3.87, AP Nr. 29 zu § 80 BetrVG 1972.
61 *Däubler*, Gläserne Belegschaften?, Rn. 634; vgl. auch *BAG* 4.6.87, AP Nr. 30 zu § 80 BetrVG 1972; 26.2.92, DB 92, 2245 (2246).
62 Vgl. *Klebe/Roth*, S. 42 ff. mit einem Beispiel für eine Frageliste des BR.
63 *BAG* 20.11.84, AP Nr. 3 zu § 106 BetrVG 1972; 3.12.85, AP Nr. 29 zu § 99 BetrVG 1972.
64 *Wlotzke*, DB 89, 111 (118).
65 GK-*Wiese*, 3. Bearbeitung, Rn. 12; *HSWG*, 3. Aufl., Rn. 11; *ArbG Bochum* 19.2.86 – 2 BV 15/85; a. A. *LAG München* 6.8.86, DB 87, 281.
66 BT-Drucks. 11/2503, S. 25, 35, BT-Drucks. 11/3618, S. 3, 9 (Ausschussbericht).
67 *Fitting*, Rn. 11; *Halberstadt*, Rn. 8; *WW*, Rn. 5.
68 Vgl. auch *Egger*, BB 92, 629 (635 in Fn. 126); für eine **Spezialität** des § 90 *Engels/Natter*, BB-Beilage 8/89, S. 24; *Wlotzke*, a. a. O., 111 (116).
69 *Fitting*, Rn. 12; HWK-*Schrader*, Rn. 10; Schaub-*Koch*, § 237 Rn. 8; a. A. ErfK-*Kania*, Rn. 7; GK-*Weber*, Rn. 26; Richardi-*Annuß*, Rn. 22.
70 *BAG* 20.11.84, AP Nr. 3 zu § 106 BetrVG 1972.

nach § 80 Abs. 2 nicht geltend machen kann. Für eine Überlassung auf Dauer, falls erforderlich, spricht schließlich auch, dass diese Interpretation der **Richtlinie 2002/14/EG** vom 13.3.02 (**Anlage 3**) am nächsten kommt (vgl. auch Rn. 19 und Einl. Rn. 251 ff. (255); § 87 Rn. 213 f.). Die Unterrichtung hat gemäß Art. 4 Abs. 3 so zu erfolgen, dass es den AN-Vertretern möglich ist, die Informationen **angemessen zu prüfen** und gegebenenfalls die Anhörung vorzubereiten. Zudem soll das Ziel der Anhörung eine **Vereinbarung** (Art. 4 Abs. 4 e) sein. Dies spricht für eine einzelfallbezogene Auslegung, wie sie hier vorgenommen wird. Im Ergebnis wird die Unterscheidung allerdings oft keine große Bedeutung haben, da es sich insbesondere bei der **Einsatzplanung neuer Technologien** um schwierige Sachverhalte handelt, die eine Überlassung der Unterlagen bis zur Realisierung des Plans erfordern.[71]

IV. Beratung

1. Zeitpunkt und genereller Inhalt

27 Der BR ist über die genannten Maßnahmen nicht nur zu unterrichten, es sind auch **Beratungen** mit ihm zu führen. Ihr Gegenstand und Zeitpunkt sind in Abs. 2 festgelegt. Von der Informationsphase sind sie zu trennen.[72] Erst wenn ausreichende Informationen gegeben worden sind, kann der BR sinnvoll mit dem AG beraten. Die Beratungen müssen ebenfalls so rechtzeitig erfolgen, dass die Vorstellungen des BR bei der Planung noch berücksichtigt werden können. Hierbei geht es um die **Beeinflussung der betrieblichen Vorhaben** i. S. einer sozialen Gestaltung. Der BR kann Änderungen vorschlagen, z. B. beim EDV-Einsatz alternative Lösungen und Systemauslegungen fordern und Einfluss auf die Auswahlkriterien nehmen. Der AG ist verpflichtet, diese Vorschläge und Forderungen mit dem BR mit dem **ernsten Willen zur Verständigung** zu beraten. Er hat ihm auch ausreichend Zeit zu lassen, eigene Vorstellungen zu erarbeiten.

28 Bei der Beratung können sämtliche Gesichtspunkte erörtert werden. Die Formulierung »**insbesondere**« im Hinblick auf die **Art der Arbeit** und die sich **daraus ergebenden Anforderungen an die AN** kann nicht als Einschränkung des Beteiligungsrechts des BR angesehen werden, sondern soll vielmehr für einen besonders wichtigen Bereich den Beratungsgegenstand konkretisieren.[73]

2. Auswirkungen der Maßnahmen

29 Es sind die Auswirkungen auf die **Art der Arbeit** und die **Anforderungen** an die AN zu beraten. Dazu gehören z. B.: **Grad der Arbeitsteilung**; Umfang von Mechanisierung oder Automatisierung; von den AN verlangtes Arbeitstempo; **Einzel- oder Gruppenarbeit**[74] (vgl. zu Regelungspunkten § 87 Rn. 306, 381 f., 384); Mehrstellenarbeit; Möglichkeiten der beruflichen Entfaltung und Entwicklung; Selbstständigkeit bei der Arbeitsausführung; **Umfang der Arbeitsinhalte.**

30 An Beispielen, die sich auf die Anforderungen an die AN beziehen, sind zu nennen: Kenntnisse, wie **Ausbildung und Erfahrung**; Geschicklichkeit, etwa **Handfertigkeit und Körpergewandtheit; Verantwortung** auch für die Arbeit und die Sicherheit anderer AN; Arbeitssicherheit und Gesundheitsschutz; geistige Belastung, wie Aufmerksamkeit; muskelmäßige Belastung, etwa dynamische oder einseitige Muskelarbeit; **Umgebungseinflüsse,** etwa Nässe, Schmutz, Staub, Gase, Lärm, Erschütterung oder Lichtmangel.

---

71 Vgl. auch *Engels/Natter*, a. a. O., S. 24.
72 Zustimmend ErfK-*Kania*, Rn. 8.
73 Vgl. z. B. *Fitting*, Rn. 37; GK-*Wiese*, 3. Bearbeitung, Rn. 13 (so schon zur früheren Gesetzeslage) und GK-*Weber*, Rn. 29.
74 Vgl. auch *Arnold*, NZA 93, 723 ff.

3. Menschengerechte Arbeitsgestaltung

AG und BR haben bei ihren Beratungen »auch« die **gesicherten arbeitswissenschaftlichen Erkenntnisse über die menschengerechte Arbeitsgestaltung** (vgl. § 91 Rn. 8 ff.) zu berücksichtigen. Die zum 1.1.1989 erfolgte Ergänzung des Gesetzestextes um das Wort »auch« stellt i. S. d. allerdings schon vorher h. M. klar, dass nicht nur gesicherte arbeitswissenschaftliche Erkenntnisse, sondern auch sonstige **Gesichtspunkte personeller, wirtschaftlicher und sozialer Art** ebenso wie der Stand der Technik (vgl. § 87 Rn. 212) berücksichtigt werden sollen.[75] Von der ausdrücklichen Verpflichtung kann lediglich bei Vorliegen besonderer Gründe abgewichen werden.[76] Vor dem Hintergrund der Zielvorstellungen, die mit den §§ 90 und 91 verfolgt wurden (vgl. Rn. 1), ist es offensichtlich der Wille des Gesetzgebers, dass die **Rentabilität** nicht der allein ausschlaggebende Gesichtspunkt sein darf.[77] Mit der menschengerechten Arbeitsgestaltung führt das Gesetz vielmehr ein weiteres, mindestens gleichrangiges Ziel an. BR und AG sind daher verpflichtet, bei den Beratungen zu versuchen, den Zielkonflikt zwischen der menschengerechten Arbeitsgestaltung einerseits und der Rentabilität zu lösen.[78] Dies sollte zunehmend leichter fallen, da **AN-Beteiligung** und **Humanisierung** insbes. in hochtechnisierten Betrieben die **Produktivität** häufig steigern. 31

Obwohl die Bestimmung lediglich ein Beratungsrecht beinhaltet, wird es auch im Interesse des AG liegen, die im Rahmen der Erörterungen mit dem BR festgestellten Erkenntnisse über die menschengerechte Arbeitsgestaltung zu berücksichtigen, soweit ihm solche Erkenntnisse nicht ohnehin bekannt waren. Kommt der AG dem Gesetzeswillen nach **menschengerechter Arbeitsgestaltung** nicht nach, kann er sich bei einer Änderung der Arbeitsplätze, des Arbeitsablaufs oder der Arbeitsumgebung und der dann nach § 91 einsetzenden »korrigierenden« Mitbestimmung des BR **nicht** darauf berufen, dass die zu treffenden Maßnahmen unangemessen sind. Auch die ESt. wird im Fall ihrer Anrufung bei der angemessenen Berücksichtigung der Belange des Betriebs (§ 76 Abs. 5) ihren Spruch darauf abzustellen haben, dass der AG die möglicherweise höheren Kosten durch die **nachträgliche Anpassung** der Arbeitsplätze, des Arbeitsablaufs oder die Arbeitsumgebung zu tragen haben wird, da die Kostenbelastung letztlich auf sein Verhalten zurückzuführen ist. Im Übrigen wird es auch deshalb im Interesse des AG liegen, entsprechende Beratungsergebnisse zu berücksichtigen, weil die §§ 90 und 91 in enger Verbindung zu anderen Mitbestimmungsrechten des BR stehen (vgl. z. B. Rn. 15). 32

Das Ziel der Beratungen zwischen BR und AG und damit der Berücksichtigung einer menschengerechten Arbeitsgestaltung ist, solche Maßnahmen zu treffen, durch die das »System Mensch und Arbeit«, gemessen am **Maßstab Mensch und seinen Eigengesetzen,** beeinflusst werden kann. Die Arbeit hat den Bedingungen, Bedürfnissen und Interessen des arbeitenden Menschen gerecht zu werden. Körperliche Beeinträchtigungen und Überforderungen sollen bereits im Vorfeld vermieden werden.[79] Bei der Arbeitsgestaltung ist daher Folgendes zu beachten: Die Arbeit muss **auf Dauer ausführbar** sein, Höchstbelastungen dürfen nur kurzfristig dauern und nicht zu Gesundheitsschädigungen führen; die auftretenden Beanspruchungen müssen **erträglich** sein, und zwar nicht etwa nur für die Dauer einer Arbeitsschicht, sondern während des ganzen Arbeitslebens,[80] die Arbeit muss **zumutbar** sein, etwa hinsichtlich der Arbeitsverdichtung oder der Dauer der täglichen Arbeitszeit und der Länge der Pausen; die Arbeit muss möglichst zu einem **Wohlbefinden** und zur **Zufriedenheit** des arbeitenden Menschen führen, etwa durch die Beeinflussbarkeit der Tätigkeit, Förderung seiner Kreativität und die Anerkennung seiner Arbeitsleistung.[81] **Abbau von Fließbandarbeit** und sonstiger monotoner Tätigkeiten (vgl. auch Art. 6 Abs. 2 d der europäischen »Arbeitsschutz-Rahmenricht- 33

---

75 Vgl. GK-*Weber*, Rn. 29; *Wlotzke*, DB 89, 116; ebenso schon vor der Änderung *GL*, Rn. 12; GK-*Wiese*, 3. Bearbeitung, Rn. 15 a.
76 GK-*Weber*, Rn. 33; vgl. auch *BAG* 13.11.91, NZA 92, 944; 8.4.92, NZA 93, 270 zur Interpretation von **Soll-Vorschriften**.
77 ErfK-*Kania*, Rn. 10.
78 So grundsätzlich auch *Zöllner*, RdA 73, 216.
79 *Bücker/Feldhoff/Kohte*, Rn. 48.
80 Vgl. auch Richardi-*Annuß*, Rn. 31.
81 Vgl. *Schaefer*, MitbGespr 74, 90 f.; ErfK-*Kania*, Rn. 11.

linie«[82]), weitergehende **Autonomie des Einzelnen** (z. B. in Gruppenarbeit; vgl. auch Rn. 29), erhöhte **Eigenverantwortung** der Beschäftigten durch Delegation von Aufgaben und Anreicherung der Arbeitsaufgaben sind deshalb z. B. als weitere Ziele zu nennen.[83]

34 Die Arbeitswissenschaft soll die entsprechenden Grundlagen und Erkenntnisse für eine solche menschengerechte Arbeitsgestaltung liefern. Arbeitswissenschaft ist die Wissenschaft von **der menschlichen Arbeit,** den Voraussetzungen und Bedingungen, unter denen die Arbeit sich vollzieht, den Wechselwirkungen und Folgen, die sie auf die Menschen, ihr Verhalten und damit auch auf ihre Leistungsfähigkeit hat, sowie den Faktoren, durch die die Arbeit, ihre Bedingungen und Wirkungen menschengerecht beeinflusst werden können.[84] Der Begriff umfasst eine Reihe von Bereichen der Wissenschaft, wie etwa die **Arbeitsmedizin, die Arbeitsphysiologie** und die **Arbeitspsychologie**[85] und stellt somit eine querschnittartige Zusammenfassung verschiedener Fachdisziplinen dar.[86]

35 Diese und andere Wissenschaftsbereiche können wichtige Erkenntnisse über die Anpassung der Arbeit an den Menschen liefern, wie beispielsweise die Anpassung von Maschinen und Büromöbeln an die Körpermaße des Menschen, die **optimale Gestaltung der Arbeitsumgebung** und der äußeren Umwelteinflüsse, wie Licht-, Lärm-, Temperaturverhältnisse und Ähnliches mehr. In den Gesamtkomplex der menschengerechten Arbeitsgestaltung gehören neben diesen **ergonomischen Fragen** auch **Arbeitsablaufprobleme** (z. B. Rationalisierungsmaßnahmen, Mehrstellenarbeit) und Probleme der **sozialen Angemessenheit** der Arbeit (z. B. Abbau autoritärer Führungsstrukturen, Verbesserung der innerbetrieblichen Kommunikationsmöglichkeiten; vgl. im Übrigen auch Rn. 1).

36 Als mögliche **Quellen** für die vom Gesetz geforderten **wissenschaftlichen Erkenntnisse** sind beispielsweise zu nennen: überwiegende Meinungen innerhalb der Fachkreise, wie sie in der Fachliteratur ihren Ausdruck finden können; Gesetze und VO, wie vor allem die ArbStättV, die **Arbeitsschutzgesetze** und **UVV;** TV, wie z. B. für seine Zeit der **Lohnrahmen-TV II** für die Metallindustrie von Nord-Württemberg/Nord-Baden vom 1.11.1973; DIN-Normen, VDI-Richtlinien und ähnliche technische Regelwerke.[87] Darüber hinaus ist auch hier darauf hinzuweisen, dass sich der BR nach § 80 Abs. 3 eines **Sachverständigen** hinsichtlich der Frage bedienen kann, ob und inwieweit arbeitswissenschaftliche Erkenntnisse vorliegen bzw. ob eine nicht menschengerechte Gestaltung der Arbeit gegeben ist (vgl. Erl. zu § 80; vgl. auch Rn. 24 und § 91 Rn. 8 ff.).

V. Streitigkeiten

37 Erfüllt der AG die ihm nach dieser Bestimmung obliegenden Pflichten **nicht, nicht rechtzeitig, unvollständig** oder **wahrheitswidrig,** handelt er ordnungswidrig i. S. d. § 121. Es kann gegen ihn eine Geldbuße bis zur Höhe von 10000 Euro verhängt werden.[88] Bei Verstößen gegen öffentlich-rechtliche Verpflichtungen finden die entsprechenden Maßnahmen des Verwaltungszwangs Anwendung; solche Verstöße werden zudem strafrechtlich oder als Ordnungswidrigkeiten verfolgt.[89]

38 Ist die Frage streitig, ob die Voraussetzungen des § 90 vorliegen bzw. der AG seinen Verpflichtungen ordnungsgemäß nachgekommen ist, entscheidet hierüber das ArbG im **Beschlussverfahren.** In diesem Verfahren kann der BR auch seinen Anspruch auf Unterrichtung und Beratung – ggf. auch **auf § 23 Abs. 3** gestützt[90] (zur einstweiligen Verfügung i. R. v. § 23 Abs. 3 vgl. § 23 Rn. 279 f.) – verfolgen. Darüber hinaus kann der BR seine Rechte mit einer **einstweiligen Verfügung** durchsetzen, wenn die erforderliche **Eilbedürftigkeit** gegeben ist.[91] Wei-

---

82 Vom 12.6.1989, ABlEG 1989, Nr. L 183/1.
83 Vgl. auch *Fitting,* Rn. 39 f.; *GL,* Rn. 10 m. w. N.
84 *Schaefer,* MitbGespr. 74, 91.
85 Vgl. hierzu *Fitting,* Rn. 41 f.; GK-*Weber,* Rn. 34.
86 Vgl. *Bücker/Feldhoff/Kohte,* Rn. 12.
87 Vgl. GK-*Weber,* Rn. 40 ff.
88 Vgl. auch die empirische Untersuchung von *Growe,* S. 45 ff., 246 f.
89 *Fitting,* Rn. 47.
90 Vgl. *LAG Frankfurt* 3.11.92, AuR 93, 306; *ArbG Frankfurt* 11.11.93, AuR 94, 201.
91 Vgl. z. B. *LAG Hamburg* 2.12.76 – 1 TaBV 5/75; Richardi-*Annuß,* Rn. 42; GK-*Weber,* Rn. 47; *Fitting,*

ter kann er das **Beratungsrecht** dadurch **sichern,** dass die vom AG **beabsichtigten Maßnahmen** durch einstweilige Verfügung **gestoppt** werden[92] (vgl. auch § 23 Rn. 331, 347 ff., 131). Dabei kommt es neben dem erforderlichen Verfügungsgrund nur darauf an, ob ein **Beteiligungsrecht des BR** besteht und nicht, wie teilweise vertreten, ob er einen Unterlassungsanspruch[93] hat (vgl. Einl. Rn. 223 f. und zur gleichen Problematik §§ 112, 112 a Rn. 52 ff.). Für die hier vertretene Auffassung lässt sich auch anführen, dass sie am ehesten der **Richtlinie 2002/14/EG vom 11.3.02** entspricht[94] (Anlage 3 und Rn. 19, 26; Einl. Rn. 251 ff. (255); § 87 Rn. 213 f.). Diese sieht in ihrem Art. 8 vor, dass die Mitgliedsstaaten für geeignete Verfahren sorgen, mit denen die sich aus der Richtlinie ergebenden Verpflichtungen durchgesetzt werden können und auch für angemessene Sanktionen (»wirksam, angemessen, abschreckend«) bei Verstößen. U. a. folgt dabei aus Art. 4 Abs. 4 e die Verpflichtung, die Anhörung mit dem Ziel einer Vereinbarung durchzuführen, eine Zielsetzung, die sich nur mit einem **wirksamen Schutz vor einseitigen Maßnahmen** des AG erreichen lässt (vgl. auch Einl. 251 f.).

§ 91 Mitbestimmungsrecht

Werden die Arbeitnehmer durch Änderungen der Arbeitsplätze, des Arbeitsablaufs oder der Arbeitsumgebung, die den gesicherten arbeitswissenschaftlichen Erkenntnissen über die menschengerechte Gestaltung der Arbeit offensichtlich widersprechen, in besonderer Weise belastet, so kann der Betriebsrat angemessene Maßnahmen zur Abwendung, Milderung oder zum Ausgleich der Belastung verlangen. Kommt eine Einigung nicht zustande, so entscheidet die Einigungsstelle. Der Spruch der Einigungsstelle ersetzt die Einigung zwischen Arbeitgeber und Betriebsrat.

Inhaltsübersicht Rn.

I. Vorbemerkungen

1 Die Bestimmung, die zum gesetzlichen Arbeitsschutz nach § 87 Abs. 1 Nr. 7 mit eigenständiger Bedeutung hinzutritt, gibt dem BR ein **erzwingbares** MBR, wenn der AG bei Änderungen der Arbeitsplätze, des Arbeitsablaufs oder der Arbeitsumgebung die Grundsätze einer menschengerechten Gestaltung der Arbeit nicht ausreichend berücksichtigt. Sie bringt zum Ausdruck, dass die Rentabilität **nicht** der allein ausschlaggebende Gesichtspunkt sein darf. Ein jedenfalls **gleichrangiges Ziel** ist die menschengerechte Arbeitsgestaltung, mit der die Arbeit den Bedürfnissen und Interessen des arbeitenden Menschen anzupassen ist.[1] Die Arbeit muss für ihn zumindest **ausführbar, erträglich, zumutbar** und möglichst **subjektiv**

Rn. 48; HWGNRH-*Rose,* Rn. 91; zu den unterschiedlichen **Streitwerten** vgl. *Bader/Jörchel,* NZA 13, 809 (811, 812).

92 Str.; wie hier *LAG Frankfurt* 21.9.82, DB 83, 613 und 30.8.84, DB 85, 178 ff.; *LAG Hamburg* 8.6.83, DB 83, 2369 ff.; *ArbG Berlin* 4.11.82 – 25 BVGa 3/82; HaKo-BetrVG/*Kohte,* Rn. 30; *Däubler,* Das Arbeitsrecht 1, Rn. 1003; *Köstler,* BB 82, 861; *Trittin,* DB 83, 230; **differenzierend** (Untersagung nur, falls die Voraussetzungen des § 91 vorliegen): ErfK-*Kania,* Rn. 13; *Fitting,* Rn. 49; GK-*Weber,* Rn. 47; HWK-*Schrader,* Rn. 19; WPK-*Bender,* Rn. 29 und Richardi-*Annuß,* Rn. 42; KassArbR-*Etzel,* 9.1, Rn. 643 (bei grobem Verstoß i. S. d. § 23); **a. A.** z. B. HWGNRH-*Rose,* Rn. 92; *WW,* Rn. 8; *Raab,* ZfA 97, 183 (222); *LAG Nürnberg,* 4.2.03, NZA-RR 03, 588 (590); *LAG Düsseldorf* 12.1.15 – 9 TaBV 51/14, juris.

93 Vgl. hierzu *BAG* 3.5.94, DB 94, 2450 ff.; 6.12.94, NZA 95, 488; vgl. *GMPM,* § 85 Rn. 33 f. m. w. N.

94 Vgl. auch HaKo-BetrVG/*Kohte,* Rn. 31.

1 Vgl. auch *Fitting,* § 90 Rn. 38 a; *Gamillscheg,* Kollektives Arbeitsrecht, Bd. 2, S. 914.

zufrieden stellend sein. Sie darf seine Gesundheit nicht beeinträchtigen. Negative Belastungen sollen bereits im Vorfeld vermieden werden.[2] Es ist eine Arbeitsgestaltung anzustreben, die den Leitvorstellungen einer freiheitlichen Gesellschaft auch im Arbeitsleben gerecht wird.[3] Die Arbeitswissenschaft soll hierzu die entsprechenden Grundlagen und Erkenntnisse liefern. In der **betrieblichen** Praxis hat die Vorschrift wegen ihrer vielfältigen Anwendungsvoraussetzungen und damit für den BR verbundenen Schwierigkeiten allerdings keine sehr große Bedeutung erlangt. Eine **Checkliste** ist bei DKKWF-*Klebe/Heilmann,* § 91 Rn. 2 zu finden.

2 Trotz des engen Zusammenhangs zwischen den §§ 90 und 91 ist zu beachten, dass die Unterrichtungs- und Beratungsrechte nach **§ 90 keine bloße Vorstufe** zum Mitbestimmungsrecht nach § 91 darstellen, sondern das Mitbestimmungsrecht nach dieser Vorschrift **unabhängig** davon gilt. Deshalb hat der BR ein Mitbestimmungsrecht auch, wenn der AG seinen Unterrichtungs- und Beratungspflichten nach § 90 bei den dort genannten Planungen nicht nachgekommen ist.[4] Andererseits führen Unterrichtung und Beratung im Rahmen des § 90 zu keiner Beeinträchtigung des Rechts nach § 91. Das gilt sogar dann, wenn der BR bei Beratungen nach § 90 bestimmten Planungsmaßnahmen **ausdrücklich zugestimmt** hat,[5] jedenfalls aber dann, wenn sich erst bei oder nach der Verwirklichung herausstellt, dass den AN eine Belastung i. S. d. § 91 droht oder bereits bei ihnen eingetreten ist.[6] Der Vorschrift lässt sich **keine Beschränkung des Mitbestimmungsrechts** entnehmen. Häufig werden zudem die konkreten Auswirkungen während der Planung gar nicht absehbar sein.

II. Änderung der Arbeitsplätze, des Arbeitsablaufs oder der Arbeitsumgebung

3 Der Anwendungsbereich ist gegenüber dem des § 90 **nicht enger.**[7] Beide Bestimmungen verwenden die Begriffe »Arbeitsplätze« (vgl. hierzu § 90 Rn. 16) und »Arbeitsablauf« (§ 90 Rn. 12). Soweit § 91 gegenüber § 90 bauliche Veränderungen und den Begriff »technische Anlagen« nicht anführt, liegt darin keine Einschränkung, da der Begriff »Arbeitsumgebung« umfassend ist. Es fallen darunter **alle Umwelteinflüsse** auf den Arbeitsplatz und seine Gestaltung,[8] somit auch solche Einflüsse, die von einer baulichen Maßnahme oder einer technischen Anlage ausgehen.

4 Der Gesetzeswortlaut verlangt eine »**Änderung**«. Bestehende Anlagen bzw. gleich bleibende Verhältnisse, die die Voraussetzungen der Vorschrift erfüllen, werden demnach nicht erfasst.[9] Hierbei handelt es sich allerdings um einen wegen der **Verbesserungspflicht des AG** (vgl. § 3 Abs. 1 ArbSchG) zunehmend seltener auftretenden Fall.

5 Die Gegenauffassung[10] wird zwar der sozialpolitischen Zielsetzung der Vorschrift besser gerecht, ist allerdings mit Wortlaut, Entstehungsgeschichte und dem systematischen Zusammenhang mit § 90 kaum vereinbar.[11] Das Mitbestimmungsrecht knüpft also jeweils an eine Änderung an; im Gesetz wird allerdings nicht festgelegt, in welchem **Zeitrahmen** der Betriebsrat auf die Veränderung reagieren kann. Ihm muss jedenfalls so lange Zeit bleiben, bis er die **Auswirkungen umfassend einschätzen** kann. Somit kann das Mitbestimmungsrecht ggf. noch Jahre nach Durchführung der Änderung vom Betriebsrat ausgeübt werden.[12]

6 Ein weiterer Aspekt spricht gegen eine enge zeitliche Begrenzung für die Ausübung des Mit-

---

2 *Bücker/Feldhoff/Kohte,* Rn. 48 m. w. N.
3 Vgl. auch *Fitting,* § 90 Rn. 39.
4 Vgl. GK-*Weber,* Rn. 7.
5 *LAG Baden-Württemberg* 18.2.81, DB 81, 1781; GK-*Weber,* Rn. 9; Richardi-*Annuß,* Rn. 32
6 *Fitting,* Rn. 15; HWGNRH-*Rose,* Rn. 6 (auch bei Abweichung des AG von den Beratungsergebnissen); noch enger zu Unrecht *LAG Niedersachsen* 25.3.82, DB 82, 1612; *SWS,* Rn. 6.
7 *Fitting,* Rn. 11; Richardi-*Annuß,* Rn. 4; a. A. HWGNRH-*Rose,* Rn. 11 f.
8 Richardi-*Annuß,* Rn. 4 f.; GK-*Weber,* Rn. 5; *WW,* Rn. 2.
9 Vgl. *BAG* 1.7.03, NZA 04, 620 (621); *LAG Düsseldorf* 3.7.81, DB 81, 1676; GK-*Weber,* Rn. 6; *GL,* Rn. 2; MünchArbR-*Matthes,* § 255 Rn. 23; das *BAG,* 28.7.81, AP Nr. 3 zu § 87 BetrVG 1972 Arbeitssicherheit lehnt das Mitbestimmungsrecht ab, da nach Inkrafttreten des BetrVG 1972 keine Änderungen vom AG vorgenommen worden seien.
10 *ArbG Hamm* 13.12.72 – 2 BV 30/72.
11 Vgl. auch *Däubler,* Das Arbeitsrecht 1, Rn. 1005.
12 Vgl. *Wagner,* S. 135; auch das *BAG* 28.7.81, a. a. O., lässt sich in diesem Sinne verstehen.

bestimmungsrechts: Folgt man der Auffassung des *BAG,*[13] dass das Mitbestimmungsrecht dann entfällt, wenn der AG von sich aus den Anforderungen, die gesicherte arbeitswissenschaftliche Erkenntnisse an einen Arbeitsplatz stellen, Rechnung trägt, so ist es denkbar, dass der AG geraume Zeit nach Durchführung der Änderung seine **freiwillige Praxis** einstellt. Für diesen Fall kann das Mitbestimmungsrecht unabhängig von der inzwischen vergangenen Zeit nicht entfallen.

Der BR kann bereits dann, wenn im **Planungsstadium** erkennbar ist, dass die Voraussetzungen der Vorschrift gegeben sind, **Abhilfemaßnahmen** verlangen. Er muss nicht erst den Verstoß gegen arbeitswissenschaftliche Erkenntnisse abwarten.[14] 7

III. Gesicherte arbeitswissenschaftliche Erkenntnisse

Arbeitswissenschaft ist die Wissenschaft von der menschlichen Arbeit, den Voraussetzungen und Bedingungen, unter denen die Arbeit sich vollzieht, den Wechselwirkungen und Folgen, die sie auf Menschen, ihr Verhalten und damit auch auf ihre Leistungsfähigkeit hat, sowie von den Faktoren, durch die die Arbeit, ihre Bedingungen und Wirkungen menschengerecht beeinflusst werden können. Sie umfasst damit eine Reihe von Bereichen der Wissenschaft, wie etwa die **Arbeitsmedizin,** die **Arbeitsphysiologie,** die **Arbeitssoziologie,** die **Arbeitspädagogik** und die **Arbeitspsychologie**[15] (vgl. auch § 90 Rn. 31 ff.). 8

Diese Wissenschaftsbereiche können wichtige Erkenntnisse über die Anpassung der Arbeit an den Menschen liefern, wie z. B. die Anpassung von Maschinen und Büromöbeln an die Körpermaße des Menschen, die optimale Gestaltung der Arbeitsumgebung und der äußeren Umwelteinflüsse, wie Licht-, Lärm-, Temperaturverhältnisse u. Ä. mehr.[16] Die arbeitswissenschaftlichen Erkenntnisse müssen sich auf die **menschengerechte Gestaltung der Arbeit** beziehen (vgl. § 90 Rn. 31 ff.). Deshalb wird nicht nur der Gesundheitsschutz, sondern auch die Herstellung menschenwürdiger, die Persönlichkeitsentfaltung fördernder Arbeitsbedingungen erfasst (Rn. 1).[17] Ansonsten hätte die Vorschrift kaum eine selbstständige Funktion gegenüber § 87 Abs. 1 Nr. 7. In den Gesamtkomplex der menschengerechten Arbeitsgestaltung gehören neben den ergonomischen Fragen auch Probleme der **Arbeitsorganisation** (z. B. Rationalisierungsmaßnahmen, Mehrstellenbedienung) und der **sozialen Angemessenheit** der Arbeit (z. B. Abbau autoritärer Führungsstrukturen, Verbesserung der innerbetrieblichen Kommunikationsmöglichkeiten). 9

Als **mögliche Quellen** für die vom Gesetz geforderten wissenschaftlichen Erkenntnisse sind beispielsweise zu nennen: **überwiegende Meinungen** innerhalb der Fachkreise, wie sie in der Fachliteratur ihren Ausdruck finden können, **Gesetze** und **VO,** wie vor allem die **ArbStättV** oder die BildscharbV (vgl. hierzu § 87 Rn. 244 ff.), die Arbeitsschutzgesetze und UVV, **europäische Richtlinien**[18] (vgl. auch Rn. 12), **TV,** wie z. B. für ihre Zeit der **Lohnrahmen-TV II für die Metallindustrie** von Nord-Württemberg/Nord-Baden vom 1. 11. 1973[19] oder der TV über die Einführung und Anwendung rechnergesteuerter Textsysteme vom 20. 3. 1978,[20] **DIN-Normen, ISO-Normen,**[21] **VDI-Richtlinien** u. ä. technische Regelwerke.[22] 10

Das Gesetz spricht von »**gesicherten**« arbeitswissenschaftlichen Erkenntnissen. Rein theoretische Überlegungen, die noch keinen Anklang in der Fachwelt gefunden haben, scheiden damit ebenso aus wie noch erheblich umstrittene praktische Versuche. Eine Erkenntnis ist dann gesichert, wenn sie nach **anerkannten Methoden** zu plausiblen, **wahrscheinlichen Er-** 11

13 *BAG* 6. 12. 83, AP Nr. 7 zu § 87 BetrVG 1972 Überwachung.
14 *BAG* 6. 12. 83, AP Nr. 7 zu § 87 BetrVG 1972 Überwachung; ErfK-*Kania,* Rn. 1; *Fitting,* Rn. 15; *LK,* Rn. 4; GK-*Weber,* Rn. 8 auch m. w. N. zum Meinungsstreit.
15 Vgl. BT-Drucks. zu VI/2729, S. 5; *Fitting,* § 90 Rn. 41 f.; *Bücker/Feldhoff/Kohte,* Rn. 11; *Fuchs,* S. 30 ff.
16 Vgl. *LAG München* 16. 4. 87, DB 88, 186 f. zur Verteilung von Arbeitsplätzen in Großraumbüros.
17 Vgl. *Fitting,* § 90 Rn. 39; *Wagner,* S. 132 f.; *Däubler,* Das Arbeitsrecht 1, Rn. 1009.
18 Vgl. *ArbG München* 30. 11. 94, AiB 95, 298 ff. mit Anm. *Faber; Bücker/Feldhoff/Kohte,* Rn. 11 (Fn. 17).
19 RdA 74, 177 ff.
20 Druck- und Verlagsbereich (RdA 78, 116).
21 Vgl. z. B. zur ISO-Norm 9241 *Rickert,* CF 1/94, 27 ff.
22 Vgl. auch GK-*Weber,* § 90 Rn. 40 ff.

gebnissen geführt hat, nicht widerlegt ist und unter den Arbeitswissenschaftlern der internationalen Fachwelt breite Anerkennung gefunden hat, also h. M. geworden ist.[23] Die **breite Anerkennung in Fachkreisen** kann sich auch durch die Aufnahme in **technische Regelwerke, TV und BV** ergeben. Bei **neuen Technologien** oder Werkstoffen sind die Risiken für die Beschäftigten nicht immer sofort erkennbar. Hier liegen gesicherte arbeitswissenschaftliche Erkenntnisse nach richtiger Auffassung bereits dann vor, wenn **anerkannte Grundsätze methodisch einwandfrei weiterentwickelt** werden.[24] Darüber hinaus ist darauf hinzuweisen, dass sich der BR im Rahmen des § 80 Abs. 3 eines **Sachverständigen** bedienen kann, um festzustellen, ob und inwieweit arbeitswissenschaftliche Erkenntnisse vorliegen bzw. eine nicht menschengerechte Gestaltung der Arbeit gegeben ist. Dies gilt selbstverständlich nicht nur für die Hardware, sondern auch für die Software-Gestaltung.[25]

12 Die Frage, ob gesicherte arbeitswissenschaftliche Erkenntnisse über die menschengerechte Gestaltung der Arbeit vorliegen, war in den letzten Jahren insbesondere für **Bildschirmarbeitsplätze** bzw. den Einsatz neuer Technologien heftig umstritten. Sie ist durch die BildscharbV nun für eine Reihe von Regelungsbereichen positiv entschieden. Mit § 4 i. V. m. dem Anhang liegen gesicherte arbeitswissenschaftliche Erkenntnisse für die **ergonomischen Anforderungen** vor. Dabei können zur Auslegung und Konkretisierung der BildscharbV auch in Zukunft z. B. die Sicherheitsregeln der Verwaltungs-Berufsgenossenschaft (ZH 1/618) herangezogen werden.[26] Zur Frage der **Organisation der Arbeit** (Mischarbeit/Arbeitsunterbrechungen) enthält § 5 BildscharbV gesicherte arbeitswissenschaftliche Erkenntnisse, zu **Augenuntersuchungen** § 6 BildscharbV i. V. m. Anhang Teil 4 (2) 1 ArbMedVV (vgl. in diesem Zusammenhang § 11 ArbSchG, der allgemeine arbeitsmedizinische Untersuchungen vorsieht, und § 87 Rn. 244 ff.). Auch die **ISO-Norm 9241**[27] beinhaltet gesicherte arbeitswissenschaftliche Erkenntnisse zur Bildschirmarbeit im Büro.

13 Die Literatur zu denkbaren **Auswirkungen der Bildschirmarbeit** ist kaum übersehbar.[28]

IV. Offensichtlicher Widerspruch

14 Ein **offensichtlicher Widerspruch** zur menschengerechten Gestaltung der Arbeit liegt vor, wenn dieser für den **Fachmann,** der mit dem konkreten Lebenssachverhalt und der arbeitswissenschaftlichen Fragestellung vertraut ist, **ohne weiteres erkennbar** ist.[29] Es wird dem **Schutzbereich der Vorschrift** nicht gerecht, wenn teilweise auf den »nur einigermaßen Fachkundigen«[30] oder den »sachkundigen Betriebspraktiker«[31] abgestellt wird, also auf Unwissenheit oder Halbwissen. Es kann nicht vom »gesunden Menschenverstand« oder dem Wissensdrang eines Betriebspraktikers abhängen, ob der BR in der Lage ist, (objektiv bestehende) Widersprüche zu den gesicherten arbeitswissenschaftlichen Erkenntnissen über die menschengerechte Gestaltung der Arbeit zu beseitigen.

15 Das *BAG*[32] fordert vom BR, dass er sein Mitbestimmungsrecht nach dieser Vorschrift **konkret auf den einzelnen Arbeitsplatz** bezogen geltend macht. Danach muss der BR für jeden einzelnen Arbeitsplatz den offensichtlichen Widerspruch zu gesicherten arbeitswissenschaftli-

---

23 Ähnlich *Engel,* AuR 82, 79 (83); *Fitting,* § 90 Rn. 43 ff.; GK-*Weber,* § 90 Rn. 36; KassArbR-*Etzel,* 9.1, Rn. 641; *Klebe/Roth,* AiB 84, 70 (76); *Wagner,* S. 137 ff.; *WW,* Rn. 6 und § 90, Rn. 7; *Bücker/Feldhoff/Kohte,* Rn. 11; enger *Pulte,* AuR 83, 174 (179) und vor allem *GL,* Rn. 4; das *BAG* 6.12.83, AP Nr. 7 zu § 87 BetrVG 1972 Überwachung, grenzt den Begriff lediglich negativ ab.

24 So auch *LAG Berlin* 31.3.81, DB 81, 1519 (1520 f.); *Wagner,* S. 139; a. A. *GL,* Rn. 4.

25 Vgl. *Becker-Töpfer,* AiB 88, 147 ff.; *Kiesche/Schierbaum,* AiB 97, 624 ff.; *Prümper/v. Hartzen,* CuA 8 – 9/07, S. 17 ff. und z. B. auch BildscharbV Anhang Nr. 21.

26 Vgl. hierzu *BAG* 6.12.83, AP Nr. 7 zu § 87 BetrVG 1972 Überwachung.

27 Vgl. *Rickert,* CF 1/94, 27 ff.

28 Vgl. statt vieler *Boikat,* AiB 84, 13 f., 39 f.; *Bücker/Feldhoff/Kohte,* Rn. 289; *Wagner,* S. 38 ff., alle m. w. N.; *Landerer/Ganz,* AiB 90, 57 ff.

29 Vgl. auch ErfK-*Kania,* Rn. 1; *Fitting,* Rn. 12; GK-*Weber,* Rn. 13; HaKo-BetrVG/*Kohte,* Rn. 8; *LK,* Rn. 7; Richardi-*Annuß,* Rn. 9; WPK-*Bender,* Rn. 10; *Wagner,* S. 155.

30 So *LAG Niedersachsen* 25.3.82, DB 82, 2039; *SWS,* Rn. 4.

31 So *LAG Baden-Württemberg* 18.2.81, DB 81, 1781; HWGNRH-*Rose,*Rn. 21; HWK-*Schrader,* Rn. 5.

32 *BAG* 6.12.83, AP Nr. 7 zu § 87 BetrVG 1972 Überwachung.

chen Erkenntnissen benennen.[33] Dies bringt für den BR je nach Betriebsgröße erheblichen Arbeitsaufwand. Andererseits ist jedoch auch zu sehen, dass er so eine **genaue Bestandsaufnahme** erhält und die Einhaltung einer entsprechenden BV damit kontrollierbarer und wahrscheinlicher wird (vgl. auch Rn. 22 zu Abhilfemaßnahmen).

V. Besondere Belastung der Arbeitnehmer

Für das Mitbestimmungsrecht ist **allein** entscheidend, dass die Änderung den wissenschaftlichen Erkenntnissen über die menschengerechte Gestaltung der Arbeit **offensichtlich widerspricht.** Ist dies der Fall, bedarf es keiner zusätzlichen Feststellung mehr, ob eine **besondere Belastung** vorhanden ist. Eine Arbeitsgestaltung, die in einem offensichtlichen Widerspruch zu gesicherten arbeitswissenschaftlichen Erkenntnissen steht, bringt diese **immer** für den AN mit sich. Die besondere Belastung ist daher keine zusätzliche Voraussetzung, sondern lediglich eine Verdeutlichung dessen, was der Gesetzgeber **sozialpolitisch** anstrebt: den Wegfall bzw. die Milderung dieser Belastung.[34] 16

Eine **besondere Belastung** wird von den Autoren, die dieses Merkmal selbstständig prüfen, angenommen, wenn das **normale Maß der Belastung nicht unwesentlich überschritten** wird,[35] wenn es sich nicht mehr um zumutbare Belastungen/Beanspruchungen handelt.[36] Der Eintritt von **Schäden** muss allerdings nicht nahe liegend sein, eine **unmittelbare Gefahr** für die Gesundheit ist **keinesfalls erforderlich.**[37] Die Belastungen können sporadisch oder kontinuierlich auftreten, ggf. auch nur während der **Einarbeitungszeit.**[38] 17

Im Text ist zwar von einer Mehrzahl der AN die Rede, es reicht jedoch anerkanntermaßen aus, dass **einzelne AN** in besonderer Weise belastet werden.[39] § 91 greift nach richtiger Auffassung auch dann ein, wenn der einzelne AN wegen nur bei ihm vorliegender **persönlicher Verhältnisse** besonders belastet wird.[40] Ob die Arbeit menschengerecht gestaltet ist, hängt nicht zuletzt von der Person des einzelnen AN ab. 18

VI. Angemessene Abhilfemaßnahmen

Belastungen i. S. d. § 91 müssen nicht allein durch die ergonomisch falsche Gestaltung von Maschinen und anderen technischen Anlagen oder durch Umgebungseinflüsse wie Klima, Nässe, Schmutz, Staub, Gase, Lärm, Erschütterung oder Lichtmangel gegeben sein. Eine Belastung kann auch auf **andere** Weise eintreten, z. B. durch erhöhtes Arbeitstempo, Leistungsdruck, arbeitsorganisatorische Mängel (Aufbau/Ablauf) oder autoritäre Führungsstrukturen. Liegt eine Belastung der AN vor, kann der BR **angemessene Maßnahmen** zur Abwendung, Milderung oder zum Ausgleich verlangen. Maßnahmen sind angemessen, wenn sie technisch möglich, wirtschaftlich vertretbar (dies kann nur in engen Ausnahmen nicht der Fall sein, z. B. wenn die Kosten völlig außer Verhältnis zu dem belastungsbeseitigenden Erfolg stehen), geeignet und erforderlich sind.[41] Aus der gesetzlichen Reihenfolge ergibt sich, dass der BR zunächst das Ergreifen von Maßnahmen zur **Abwendung** der Belastung verlangen kann.[42] Es muss also zuerst versucht werden, die Quelle der Belastung selbst zu beseitigen. Das bedeutet beispielsweise das **Rückgängigmachen** der Änderung, den Ersatz gesundheitsschädlicher 19

33 Vgl. auch *Fitting*, Rn. 2; GK-*Weber*, Rn. 20.
34 Vgl. auch *Engel*, AuR 82, 79 (84); *WW*, Rn. 9; a. A. GK-*Weber*, Rn. 14; *GL*, Rn. 11; wohl auch *BAG* 6.12.83, AP Nr. 7 zu § 87 BetrVG 1972 Überwachung; einige Autoren gehen von einer durch den AG **widerlegbaren Vermutung** aus: *Hofe* S. 91, 92; *Wagner*, S. 156; vgl. auch *DE*, Rn. 25.
35 GK-*Weber*, Rn. 17.
36 *Fitting*, Rn. 5.
37 *BAG* 2.4.96, DB 96, 1725 (1726).
38 GK-*Weber*, Rn. 17; Richardi-*Annuß*, Rn. 12; HaKo-BetrVG/*Kohte*, Rn. 10; a. A. *Fitting*, Rn. 5; HWGNRH-*Rose*, Rn. 28; *LK*, Rn. 8, die eine dauerhafte Belastung fordern.
39 GK-*Weber*, Rn. 19; HWGNRH-*Rose*, Rn. 29; Richardi-*Annuß*, Rn. 14.
40 HaKo-BetrVG/*Kohte*, Rn. 9; a. A. *Fitting*, Rn. 6; GK-*Weber*, Rn. 19; WPK-*Bender*, Rn. 8.
41 Vgl. Richardi-*Annuß*, Rn. 16; BT-Drucks. VI/1786, S. 50.
42 *Fitting*, Rn. 18; GK-*Weber*, Rn. 27; Richardi-*Annuß*, Rn. 17.

Werkstoffe durch solche unschädlicher Art, die Beseitigung von Staub, Lärm u. Ä. an der Entstehungsquelle, die ergonomische Gestaltung des Arbeitsplatzes, die Beseitigung einer Überforderung durch **Weiterbildungsmaßnahmen**[43] oder den Abbau von Nachtschichten.[44]

20 Sofern die Abwendung technisch/organisatorisch nicht möglich oder wirtschaftlich überhaupt nicht vertretbar ist, sind Maßnahmen zur **Milderung** anzuwenden. Das kann etwa durch Schutzeinrichtungen aller Art (z. B. Schutzkleidung bei staubigen Arbeiten, schallisolierende Maßnahmen bei großem Lärm) geschehen. Auch die **Herabsetzung der Arbeitsgeschwindigkeit** oder die **Einführung von Mischarbeit** und **zusätzlichen Pausen** kann eine Milderung in bestimmten Fällen herbeiführen.[45] Als ein weiteres Beispiel sind Vorsorgeuntersuchungen zu nennen.[46]

21 Lassen sich auch Maßnahmen der Milderung nicht durchführen, kann der BR für die betroffenen AN einen **Ausgleich** verlangen. Zu denken ist insbes. an eine **Herabsetzung der Arbeitszeit**, zusätzliche **bezahlte Arbeitsunterbrechungen** oder Sonderurlaub. Mit dem sozialpolitischen Zweck dieser Bestimmung ist nicht vereinbar, für Belastungen geldliche Zulagen zu vereinbaren, da es nicht um einen finanziellen Ausgleich geht, sondern um einen Ausgleich der Belastung. Erschwerniszulagen sind daher prinzipiell verfehlt.[47]

22 Nach Auffassung des *BAG*[48] soll der BR keine generellen **Abhilfemaßnahmen** fordern können, sondern nur konkrete, auf den jeweiligen Arbeitsplatz bezogene. Hiermit würde eine ohnehin nur schwer für den BR instrumentalisierbare Vorschrift zusätzlich kompliziert. Diese Komplizierung ergibt sich weder aus der Entstehungsgeschichte noch aus dem Wortlaut, denn unter »**Maßnahmen**« können auch generelle verstanden werden.[49] Zudem werden die Maßnahmen, insbes. wenn die Arbeitsorganisation betroffen ist, häufig nur generell getroffen werden können.

23 Ist der betreffende Gegenstand in einem **Gesetz** oder **TV** vollständig und abschließend geregelt, scheidet das Mitbestimmungsrecht nach dieser Vorschrift aus. **§ 87 Abs. 1 Eingangssatz** findet analoge Anwendung, weil dem Schutzbedürfnis der AN bereits entsprochen ist.[50] Zumindest besteht für AG und BR in diesen Fällen kein Regelungsspielraum.

24 Die Vorschrift ist für den BR wegen ihrer komplizierten Voraussetzungen nicht immer leicht anzuwenden. Häufig kommen jedoch zusätzliche Mitbestimmungsrechte wie **§ 87 Abs. 1 Nrn. 1, 6, 7** oder **§ 112** in Betracht.

VII. Streitigkeiten

25 Kommt zwischen BR und AG eine Einigung über die zu ergreifenden Maßnahmen nicht zustande, entscheidet die ESt. (§ 76) **verbindlich.** Der Spruch kann sich auf die Voraussetzungen der Vorschrift[51] (Zuständigkeit der ESt.) und darauf erstrecken, welche Maßnahmen zur Abwendung, Milderung oder zum Ausgleich der sich für die AN ergebenden Belastungen angemessen sind und durchgeführt werden müssen.[52] Nach § 77 Abs. 1 trifft den AG eine **Durchführungspflicht,** die der BR ggf. auch mit einer einstweiligen Verfügung durchsetzen kann.[53] Ein **Unterlassungsanspruch,** der für jeden Mitbestimmungstatbestand gesondert ge-

---

43 *Däubler,* BB 00, 1190 (1191 m. w. N. in Fn. 16).

44 Vgl. auch *Fitting,* Rn. 19; Richardi-*Annuß,* Rn. 18 f.

45 *Fitting,* Rn. 20; GK-*Weber,* Rn. 31; Richardi-*Annuß,* Rn. 20; vgl. auch BTDrucks. VI/1786, S. 50: »Häufigere Pausen bei zu schnellem Arbeitstakt.«.

46 Vgl. z. B. *BAG* 6.12.83, AP Nr. 7 zu § 87 BetrVG 1972 Überwachung: **Augenuntersuchungen** bei Bildschirmarbeit; siehe auch § 6 BildscharbV i. V. m. Anhang Teil 4 (2) 1 ArbMedVV.

47 So auch HaKo-BetrVG/*Kohte,* Rn. 16; HWGNRH-*Rose,* Rn. 40; Richardi-*Annuß,* Rn. 23; weiter gehend *Fitting,* Rn. 21; GK-*Weber,* Rn. 32; *GL,* Rn. 19, die allerdings darauf hinweisen, dass Erschwerniszulagen nur dann anzuwenden sind, wenn keine andere Ausgleichsmöglichkeit besteht.

48 *BAG* 6.12.83, AP Nr. 7 zu § 87 BetrVG 1972 Überwachung; ebenso *Fitting,* Rn. 2.

49 *Wagner,* S. 159 f.

50 GK-*Weber,* Rn. 25; *GL,* Rn. 15 b; *Däubler,* Tarifvertragsrecht, Rn. 228; HaKo-BetrVG-*Kohte,* Rn. 17; *Hofe,* S. 111; *Wagner,* S. 156 f.; a. A. *Fitting,* Rn. 22; WPK-*Bender,* Rn. 16.

51 Vgl. GK-*Weber,* Rn. 34; *GL,* Rn. 20.

52 Richardi-*Annuß,* Rn. 28 f.

53 Vgl. *LAG Berlin* 6.12.84, BB 85, 1199 und *LAG Baden-Württemberg* 16.12.83 – 12 TaBV 5/83.

prüft werden muss,[54] kommt daneben nicht in Betracht.[55] Die Durchführung der Maßnahme, die die Voraussetzungen der Vorschrift erfüllt, ist kein Verstoß des AG gegen das »korrigierende« Mitbestimmungsrecht[56] und daher nicht unwirksam. Der BR wird auf die ESt. verwiesen.[57]

Begründet der Spruch der ESt. Ansprüche für die einzelnen AN – was regelmäßig der Fall sein wird –, sind diese im Urteilsverfahren vor dem ArbG durchzusetzen.[58] Daneben kommt bei nicht nur geringfügigen und kurzfristigen arbeitsschutzrechtlichen Pflichtverletzungen des AG ein **Leistungsverweigerungsrecht** des AN nach § 273 BGB in Betracht.[59] Eine unmittelbare Gesundheitsgefahr ist hierfür nicht erforderlich.[60] Bei »unmittelbarer erheblicher Gefahr« kann sich ein **Entfernungsrecht** aus § 9 Abs. 3 ArbSchG ergeben, das keine Pflichtverletzung des AG voraussetzt (vgl. zu weiteren AN-Rechten § 87 Rn. 260). 26

Fünfter Abschnitt
Personelle Angelegenheiten

Erster Unterabschnitt
Allgemeine personelle Angelegenheiten

§ 92 Personalplanung

(1) Der Arbeitgeber hat den Betriebsrat über die Personalplanung, insbesondere über den gegenwärtigen und künftigen Personalbedarf sowie über die sich daraus ergebenden personellen Maßnahmen und Maßnahmen der Berufsbildung anhand von Unterlagen rechtzeitig und umfassend zu unterrichten. Er hat mit dem Betriebsrat über Art und Umfang der erforderlichen Maßnahmen und über die Vermeidung von Härten zu beraten.

(2) Der Betriebsrat kann dem Arbeitgeber Vorschläge für die Einführung einer Personalplanung und ihre Durchführung machen.

(3) Die Absätze 1 und 2 gelten entsprechend für Maßnahmen im Sinne des § 80 Abs. 1 Nr. 2 a und 2 b, insbesondere für die Aufstellung und Durchführung von Maßnahmen zur Förderung der Gleichstellung von Frauen und Männern.

Inhaltsübersicht

I. Vorbemerkungen

Personalplanung wird vielfach als methodische Planung zu einer möglichst weitgehenden **Übereinstimmung** zwischen den künftigen **Arbeitsanforderungen in qualitativer und quantitativer Hinsicht** und dem dann **einsetzbaren Personal nach Qualifikation und Anzahl** 1

---

54 Vgl. *BAG* 3.5.94, DB 94, 2450 (2451).
55 A. A. HaKo-BetrVG/*Kohte*, Rn. 18.
56 Vgl. *Fitting*, Rn. 1; *Raab*, ZfA 97, 183 (222).
57 Vgl. zum **Streitwert** bei der Einsetzung der ESt. *Bader/Jörchel*, NZA 13, 809 (811).
58 *Fitting*, Rn. 23; GK-*Weber*, Rn. 36.
59 *BAG* 8.5.96, DB 96, 2446 f.; 19.2.97, BB 97, 1364 ff.; GK-*Weber*, Rn. 36; *Bücker/Feldhoff/Kohte*, Rn. 32 f., 610.
60 *Bücker/Feldhoff/Kohte*, a. a. O.

verstanden, wobei die **unternehmerischen Ziele** und die **Interessen der AN** soweit wie möglich in **Einklang** zu bringen sind.[1] Es wäre jedoch verfehlt, der Personalplanung i. S. d. § 92 lediglich die betriebswirtschaftliche Funktion zuzuweisen und den künftigen Personalbedarf gemäß den Gegebenheiten des Betriebs und der Planziele des UN zu ermitteln, damit die benötigten Arbeitskräfte in der erforderlichen Anzahl, zum richtigen Zeitpunkt, am richtigen Ort und mit der für die Arbeit besten Qualifikation bereitstehen. Die grundgesetzlich garantierte menschliche Würde des AN verbietet es, ihn zum Mittel für bestimmte Zwecke zu degradieren.[2] Deshalb tritt das Ziel, die **Arbeit menschengerecht zu gestalten,** auch und gerade im Rahmen der Personalplanung **gleichgewichtig** neben die **sachlichen Ziele des UN.**[3] Nach einer von der Bundesvereinigung Deutscher Arbeitgeber-Verbände und dem DGB gemeinsam getragenen Empfehlung der Sozialpolitischen Gesprächsrunde beim BMA (heute BMWA) soll die betriebliche Personalplanung im Spannungsfeld der unternehmerischen Aufgaben und der Leistungsanforderungen einerseits und den Interessen und Bedürfnissen der AN andererseits eine **optimale Entfaltung und Motivation der AN** ermöglichen.[4] Personalplanung nach § 92 soll wesentlich dazu beitragen, dass AG und BR gemeinsam zur Lösung betrieblicher und sozialer Probleme beitragen. Vor diesem Hintergrund steht Personalplanung in einem engen Zusammenhang mit den **beschäftigungssichernden Maßnahmen** nach § 92 a und den wirtschaftlichen Angelegenheiten nach den §§ 106 und 111.

2 Damit fallen dem BR als der betrieblichen Interessenvertretung der AN bei der Personalplanung **umfassende Aufgaben** zu (vgl. Rn. 6 ff.). Der BR soll durch die Beteiligung an der Personalplanung aber auch in die Lage versetzt werden, auf personelle Maßnahmen des AG, wie Einstellungen, Versetzungen und Kündigungen, nicht nur reagieren zu müssen. Es geht um eine **Beeinflussung der Daten und Voraussetzungen,** die zu den Einzelentscheidungen führen. Darüber hinaus soll für die AN eine **stärkere Objektivierung und bessere Durchschaubarkeit** personeller Entscheidungen erreicht werden.

3 Gegenstand der Personalplanung ist die **gesamte Personalpolitik** des UN.[5] Damit ist die Personalplanung kein isoliertes Instrumentarium, sondern **integrierter Bestandteil** der Planung des UN. Auf der einen Seite reicht die Personalplanung somit in die **UN-Planung** hinein; auf der anderen Seite erstreckt sie sich in ihrer Realisation in den **betrieblichen Bereich** und ist mit dem Arbeitsverhältnisrecht verknüpft. So enthält das Arbeitsverhältnisrecht eine Reihe von Rechtsnormen, deren Ausstrahlung auf die Personalplanung zu beachten ist, wie etwa bestimmte Beschäftigungsverbote. Einen starken Bezug zur Personalplanung haben auch zahlreiche tarifliche Bestimmungen, wenn sie das Zustandekommen, den Inhalt oder die Beendigung des Arbeitsverhältnisses regeln. Die Personalplanung steht außerdem in einer umfassenden Wechselwirkung zu einer Reihe **betriebsverfassungsrechtlicher Bestimmungen** (vgl. Rn. 12 ff.).

4 Personalplanung hat darüber hinaus auch **sozial- und arbeitsmarktpolitische Aufgaben und Bezüge.** Sie soll dazu beitragen, regionale Strukturveränderungen in ihren personellen Folgen rechtzeitig zu erkennen, die Beschäftigungsaussichten in den einzelnen Regionen und Branchen transparent zu machen, die Auswirkungen von Konjunkturschwankungen möglichst aufzufangen sowie die Mobilität und Flexibilität der AN durch planvolle Maßnahmen der Berufsbildung zu erhalten und zu fördern.[6] Personalplanung hat somit auch **gesamtwirtschaftlichen und gesellschaftlichen Interessen** zu dienen.[7] Die einseitig am einzelnen Betrieb orientierten Entscheidungen müssen somit – ggf. durch gesetzliche Vorgaben, Bestimmungen der Arbeitsverwaltung und TV – korrigiert und durch betriebsübergreifende und arbeitnehmerorientierte Gesichtspunkte ergänzt werden. Nach wie vor sind von besonderer Bedeutung das **Erste** und **Zweite Gesetz für moderne Dienstleistungen am Arbeitsmarkt** vom

1 Vgl. *RKW*-Handbuch, 2. Aufl., S. 18.
2 *RKW*-Handbuch, 2. Aufl., S. 6.
3 *RKW*-Handbuch, a. a. O.
4 Sozialpolitische Informationen 19.7.72, II 1, hrsg. vom BMA.
5 Vgl. Richardi-*Thüsing*, Rn. 3 ff., *Fitting*, Rn. 9.
6 *RKW*-Handbuch, 2. Aufl., S. 49.
7 Vgl. *Fitting*, Rn. 6; *Kador/Kempe/Pornschlegel*, S. 103; zu den Interessenschwerpunkten gesellschaftlicher Gruppen an der Personalplanung vgl. *RKW*-Handbuch, 3. Aufl., S. 4.

23.12.2002.[8] Zusammen mit weiteren Teilen der **sog. Hartz-Vorschläge** sollen durch wesentliche Neuerungen im Arbeits-, Steuer- und Sozialversicherungsrecht die Arbeitsmarktchancen der Arbeitslosen verbessert werden und eine Wiedereingliederung in den Arbeitsmarkt erfolgen. Die Wiedereingliederung von Langzeitarbeitslosen und anderen Problemgruppen der von Arbeitslosigkeit betroffenen Menschen in den Arbeitsprozess dient einem gesellschaftspolitischen Anliegen im Rahmen der Personalplanung nach § 92.

In den letzten Jahrzehnten vollzogen sich in den meisten Industrien, von der Stahl- über die Chemiebis zur Automobilindustrie, fundamentale Umbrüche in den industriellen Prozess- und Produktionsstrukturen. Dahinter ist die Zielstellung zu erkennen, die Stammbelegschaften um ein Fünftel bis ein Drittel zu reduzieren. Das geschieht durch Leiharbeit und zunehmend durch Ausgliederung von Aufgaben und Fremdvergabe in Form von Werkverträgen. Ein Einschreiten der Politik wäre wünschenswert und scheint nach den aktuellen Äußerungen des BMAS auch in Planung zu sein. Denn die Anstrengungen der Gewerkschaften und Betriebsräte sind in ihren Erfolgen stark von ihrer Durchsetzungsfähigkeit geprägt. So gibt es leider inzwischen ganze Branchen, die kaum noch eigene Beschäftigte aufweisen und fast gänzlich von Lehrarbeit und Werkverträgen geprägt sind[9]. Personalplanung kann hier kein Allheilmittel sein. Es schafft jedoch die Möglichkeit, sich in diese wichtigen Bereiche als Betriebsrat rechtzeitig einzuklinken.

II. Zielsetzungen der Personalplanung, Verzahnung mit der Unternehmensplanung

Die **Ziele des AG** im Rahmen der Personalplanung werden insbes. darauf gerichtet sein, durch geeignete Maßnahmen die Arbeitskräfte, die für die Erreichung des Betriebszwecks benötigt werden, zum Bedarfszeitpunkt zu beschaffen, möglichst geringe Kosten für die Beschaffung aufzuwenden, die AN mit den benötigten Qualifikationen direkt anzuwerben und Aus- und Fortbildungsmaßnahmen nur dann zu planen, wenn die geforderten Qualifikationen weder am Arbeitsmarkt noch im Betrieb vorhanden sind. **5**

Ziel des BR muss dagegen sein, zu erreichen, dass Personalplanung **nicht** lediglich als **Folgeplanung der allgemeinen UN-Planung** betrieben wird. Es hat vielmehr darum zu gehen, die Personalplanung **gleichberechtigt** in die UN-Planung einzubauen und zu erreichen, dass die Interessen der AN bei der Personalplanung umfassend berücksichtigt werden. Die Interessen der AN im Rahmen der Personalplanung lassen sich im Wesentlichen wie folgt zusammenfassen:[10] **6**

- Sicherung der Arbeitsplätze;
- Verbesserung der Arbeitsbedingungen durch menschengerechte Gestaltung von Arbeit und Technik;
- Abbau von Risiken, die durch Rationalisierungsmaßnahmen und technischen Wandel entstehen;
- Einkommenssicherung;
- Schaffung von beruflichen Aufstiegschancen und entsprechende Qualifizierung der AN durch Maßnahmen der Berufsbildung;
- Gewährung von Chancen zur Entfaltung der Persönlichkeit durch die Arbeitsgestaltung;
- Erweiterung der Entscheidungsspielräume und der Kreativität der einzelnen AN;
- Einsatz und Förderung der AN entsprechend ihren Neigungen und Fähigkeiten;
- Maßnahmen zur Gleichberechtigung der Geschlechter;
- Berücksichtigung der Probleme älterer Arbeitnehmer und gemindert Leistungsfähiger sowie sonstiger Schutzbedürftiger
- Transparenz und damit größere Akzeptanz der getroffenen Entscheidungen.

---

8 BGBl. I, S. 4607 und 4621.

9 z. B. in der Fleischindustrie; Mindestlohn in der Fleischbranche; Dumpinglöhne durch den Wolf gedreht, Quelle: www.taz.de

10 Vgl. *RKW*-Handbuch, 3. Aufl., S. 623, vgl. auch *Homburg*, Mitbestimmung und Mitwirkung beim Arbeitsverhältnis, 126 ff.

7 Der BR wird im Rahmen der Personalplanung darauf hinzuwirken haben, dass **Vertrags- und Arbeitszeitformen,** die dem Gedanken des **Vertrags- und Arbeitsschutzes widersprechen,** unterbleiben. So hat das BeschFG zu einem sprunghaften Anstieg von Leiharbeit und Zeitverträgen geführt. Leiharbeit ist zu einem Bestandteil betrieblicher Personalpolitik geworden, die auf die Einsparung noch vorhandener Personalreserven abzielt. Leiharbeit und Zeitverträge als ungeschützte und statusgeminderte Arbeitsverhältnisse breiten sich aus.[11]

8 Darüber hinaus sind zunehmend fragwürdige Beschäftigungsverhältnisse in der Form der **Scheinselbstständigkeit, Schein-Werkverträgen** oder sog. **freier Mitarbeiter** entstanden. Es handelt sich dabei in Wirklichkeit häufig um AN, auch im Sinne des § 5 Abs. 1, weil sie regelmäßig und im Wesentlichen nur für einen Auftraggeber tätig sind und für einen AN typische Arbeitsleistungen erbringen. Sie unterliegen bei ihrer Tätigkeit den Weisungen des Auftraggebers und sind überdies vielfach in die betriebliche Arbeitsorganisation eingegliedert (zur Scheinselbstständigkeit und zum betriebsverfassungsrechtlichen AN-Begriff vgl. die Erl. zu § 5). In letzter Zeit treten hier neben Leiharbeit verstärkt Beschäftigungsverhältnisse zum Lohndumping in Erscheinung, die auf den ersten Blick als Werkverträge getarnt sind. Dabei ist zu differenzieren. Fremdvergabe kann sinnvoll sein: Nicht immer kann alles im eigenen Betrieb geleistet werden. Allerdings nicht mehr hinnehmbar ist Fremdvergabe,

- wenn es sich um Scheinwerkverträge oder Scheinselbstständigkeit handelt,
- wenn mit ihr Dumping bei den Arbeitsbedingungen betrieben wird,
- wenn sie in die Kernkompetenzen eingreift.

Gerade bei Entwicklungsaufträgen oder der Fremdvergabe wesentlicher Produktteile bzw. Produktionsschritte kann das Mehr an Flexibilität und das Weniger an Kosten unverhältnismäßig teuer werden. Entwicklungs-Know-How der eigenen Mitarbeiter geht verloren, Wettbewerbsvorteile werden zerstört und auf mittlere Sicht die Produktqualität gefährdet.
Als Faustformel bietet sich für die Betriebsräte an, dass man Werkverträge am folgenden Schema einer ersten Prüfung unterzieht, um Scheinwerkverträge heraus zu filtern:

- Die AN bekommen Anweisungen vom Betrieb, in dem sie eingesetzt sind (Auftraggeber).
- Sie müssen vor ihrem Einsatz eingearbeitet werden oder eine Qualifikationsprüfung ablegen.
- Der Auftragnehmer, zum Beispiel ein Entwicklungsdienstleister, hat kein eigenes Leitungspersonal im Betrieb eingesetzt.
- Der Auftraggeber nimmt Einfluss auf Anzahl, Arbeitszeit oder Urlaubsplanung der Beschäftigten der Fremdfirma
- Der Einsatzbetrieb (Auftraggeber) erfasst die Arbeitszeit.
- Die AN arbeiten mit Beschäftigten des Auftraggebers zusammen, z. B. in Gruppen.
- Sie sind in die Arbeitsabläufe oder den Produktionsprozess des Auftraggebers eingebunden.
- Sie vertreten Beschäftigte des Auftraggebers.
- Sie haben eine eigene Infrastruktur in den Arbeitsräumen des Auftraggebers (Telefon, E-Mail-Adresse etc.)
- Der Auftraggeber stellt Maschinen, Werkzeug oder Material.

Bei Übereinstimmung mehrerer dieser Prüfungspunkte mit dem Werkvertrag, sollte der BR den Status der einzelnen AN überprüfen.

9 Aufgrund der in wesentlichen Punkten gegebenen **unterschiedlichen Interessenlagen** können bei der Verfolgung der Ziele der Personalplanung, wie im Fall von Leiharbeit oder Scheinwerkverträgen erhebliche **Konflikte** zwischen AG und BR auftreten. Konflikte können sich beispielsweise auch ergeben, wenn arbeitgeberseitig Personalplanung lediglich als Folgeplanung wirtschaftlicher und technischer Entscheidungen betrieben wird, Maßnahmen der Arbeitsgestaltung unabhängig von der Personalplanung erfolgen, Kostengesichtspunkte den alleinigen Vorrang gegenüber den Interessen der AN an sicheren und qualifikationsgerechten Arbeitsplätzen haben oder der AG externe Beschaffungsmöglichkeiten auch dann internen vorzieht, wenn im Betrieb entsprechend qualifizierte Arbeitskräfte für die Besetzung der of-

11 Zur arbeitsmarktpolitischen Problematik solcher Verträge vgl. *Adamy*, SozSich. 87, 163 ff.

fenen Positionen vorhanden sind. Ziel der Beratung zwischen BR und AG ist es, einen **Ausgleich** zu finden, wenn derartige gegensätzliche Interessen auftreten.[12] Solche gegensätzlichen Interessen zeigen sich insbesondere im Zusammenhang mit Betriebsänderungen, Rationalisierungsmaßnahmen und dem damit oft verbundenen Personalabbau.

Das Gesetz definiert den **Begriff** »Personalplanung« nicht, sondern setzt ihn vielmehr **voraus.** Der Begriff wird wesentlich durch das Wort »Planung« geprägt. Es geht um das **gedankliche Erarbeiten** verschiedener Wahlmöglichkeiten bei der Festlegung von personalpolitischen Zielen und den zu treffenden Maßnahmen. Der Planungsbegriff umschließt damit den **Vorgang** des **Überlegens** als eines systematischen Denkprozesses und die daraus resultierende **Entscheidung** als dessen Ergebnis.[13] Die Personalplanung ist somit Grundlage der **Personalpolitik,** die ihrerseits den gesamten Denk- und Handlungsvorgang von den Grundvorstellungen über die Ziel- und Maßnahmenplanung bis zur Durchführung und Kontrolle personeller Maßnahmen darstellt.[14] Der Personalplanungsbegriff ist in § 92 Abs. 1 und 2 **deckungsgleich.** Lediglich der § 106 Abs. 2 setzt bei dem dort angeführten Begriff Personalplanung einen anderen Akzent, als es (»nur«) um die Auswirkungen wirtschaftlicher Angelegenheiten des UN auf die Personalplanung geht.[15] **10**

Als wichtiger Teilbereich der gesamten UN-Planung steht die Personalplanung insbesondere in **Wechselwirkung** mit der **Investitions-, Produktions-** und **Absatzplanung.**[16] So ergeben sich z. B. aus geplanten Investitionen Rückwirkungen auf die Personalplanung, wie andererseits diese Einfluss auf die Absatzmöglichkeiten haben kann. U. U. kann das Ergebnis der Personalplanung sogar zeigen, dass Korrekturen in anderen UN-Planbereichen notwendig sind.[17] Eine Verzahnung der Personalplanung ist aber nicht nur mit den anderen Teilplanungen des UN gegeben. Sie wird auch von **außerbetrieblichen Faktoren** beeinflusst, wie von Gesetzen, VO und TV. Sie muss sich auf die **technische** und **wirtschaftliche** Entwicklung ebenso einstellen wie auf **arbeitsmarkt-, bildungs-, wirtschafts-** und **sozialpolitische** Maßnahmen (vgl. Rn. 4). **11**

Während bei der Personalplanung selbst ein Unterrichtungs- und Beratungsrecht des BR besteht (vgl. Rn. 31 ff.), sind bei **Einzelbereichen** der Personalplanung und **personalplanerischen Instrumenten** (zu den Einzelbereichen der Personalplanung vgl. Rn. 14 ff.) **weitere Rechte** des BR gegeben. So spielen die Rechte des BR bei der **innerbetrieblichen Stellenausschreibung** (§ 93), den **Personalfragebogen** und **Beurteilungsgrundsätzen** (§ 94) sowie den **Auswahlrichtlinien** (§ 95) ebenso eine Rolle, wie die Beteiligung bei der **technischen** und **organisatorischen Planung** (§ 90). **12**

Veränderungen bei den Produktionsverfahren und damit bei der **Betriebs- und Arbeitsorganisation** haben in aller Regel erhebliche Auswirkungen auf die Personalplanung und ihre Einzelbereiche. Aktuell sind die in den letzten Jahren unter dem schlagwortartigen Begriff »**Lean production**« aufgetretenen Veränderungen, wie die Einführung von Gruppenarbeit, flache Hierarchien (Lean management), Vergabe von betrieblichen Hilfsfunktionen (z. B. Objektbewachung, Reinigungsarbeiten, Verpflegung) oder die Auslagerung von betrieblichen Primärfunktionen (Outsourcing) auszuführen (vgl. dazu umfassend *Pornschlegel,* AiB 96, 98 ff.). Solche Vorgänge führen nicht nur zu Beteiligungsrechten des BR bei der Planung und Änderung von Arbeitsverfahren und Arbeitsabläufen sowie bei Betriebsänderungen. Der BR wird auch und nicht zuletzt die **Auswirkungen auf die Personalplanung** zu beachten haben, wie vor allem auf die Personaleinsatzplanung, die Personalentwicklungsplanung und die Personalabbauplanung.[18] **13**

12 Vgl. auch Betriebliche Personalplanung in Sozialpolitische Informationen IV/20, 1972, hrsg. vom BMA; danach dient die Personalplanung dem Ausgleich der Interessen zwischen AG und AN, der Integration in die UN-Planung, der Verknüpfung von betrieblicher Personal- und Bildungsplanung und der Gestaltung menschengerechter Arbeitsplätze.

13 *Hetzel,* S. 19, m. w. N.

14 *Hetzel,* a. a. O.

15 Wie hier grundsätzlich *Hunold,* DB 89, 1334; GK-*Kraft,* Rn. 12.

16 *Fitting,* Rn. 6; *Linnenkohl/Töpfer,* BB 86, 1301.

17 *Dedering,* S. 50.

18 Vgl. auch *Fitting,* Rn. 9 ff.

14 Wesentliche Daten für die Personalabbauplanung können sich bei **Betriebsänderungen** (§§ 111 ff.) ergeben. Die Ermittlung des Bildungsbedarfs und die Planung von Maßnahmen zur Deckung des Bildungsbedarfs werden von den Rechten des BR bei der **betrieblichen Berufsbildung** (§§ 96 bis 98) beeinflusst. Eine Einflussnahme auf die Gestaltung menschengerechter Arbeitsplätze als ein Ziel der Personalplanung i. S. v. § 92 ergibt sich aus den Beteiligungsrechten des BR bei **Änderungen der Arbeitsbedingungen** (§§ 90, 91) und dem **Unfall- und Gesundheitsschutz** (§ 87 Abs. 1 Nr. 7 und § 89). Einzelprobleme der Personalplanung können bis in den Bereich des § 87 Abs. 1 hineingehen. So sind für die Personalplanung z. B. die **Arbeitspausenregelung,** die Einführung oder der Abbau von **Schichtarbeit** und die Einführung **gleitender Arbeitszeit** als Fragen der Arbeitszeitregelung (§ 87 Abs. 1 Nr. 2) von Bedeutung. Auch das Mitbestimmungsrecht des BR bei **Kurz-** oder **Mehrarbeit** (§ 87 Abs. 1 Nr. 3) kann nicht von personalplanerischen Überlegungen losgelöst betrachtet werden. Beispielsweise kann der BR seine Entscheidung über die Einführung von Kurzarbeit auch davon abhängig machen, ob sie ein Ergebnis fehlender oder mangelhafter Personalplanung ist. Seine Zustimmung zu Überstunden kann er von einer Überprüfung der Stellenpläne abhängig machen und ggf. eine Einstellung zusätzlicher Arbeitskräfte fordern, insbesondere dann, wenn die Mehrarbeit über längere Zeit andauert.[19]

III. Einzelbereiche der Personalplanung

15 Personalplanung kann **kurz-, mittel-** und **langfristig** vorgenommen werden. Bei der anzustellenden **Personalprognose** wird zunächst von der zu einem bestimmten Zeitpunkt vorhandenen Belegschaft (Ist-Zustand) ausgegangen. Es werden kurz-, mittel- oder langfristig die **Einflussgrößen** berücksichtigt, die sowohl aus der UN- als auch der AN-Sphäre diesen Ist-Zustand im Laufe der Zeit verändern können. Solche Einflüsse aus der UN-Sphäre können z. B. sein: Investitionsvorhaben, Rationalisierungsmaßnahmen, Umstellung der Produktion sowie sonstige Angelegenheiten, wie sie insbesondere in § 106 Abs. 3 und § 111 genannt werden. Einflüsse aus der AN-Sphäre können sich z. B. ergeben aus: Fluktuation, Erreichen der Altersgrenze, Einberufung zum Wehrdienst, Schwangerschaftsurlaub und Herabsetzung der Arbeitszeit. Diese Einflüsse können dazu führen, dass sich ein **zukünftiger Personalbedarf,** das Erfordernis einer **weiteren beruflichen Qualifizierung** der AN oder aber auch die Notwendigkeit eines **Personalabbaues** ergibt. Der personalplanerische Entscheidungsprozess erstreckt sich somit vor allem auf folgende Bereiche: die **Personalbedarfs-**, die **Personalbeschaffungs-**, die **Personaleinsatz-**, die **Personalqualifizierungs-** und die **Personalabbauplanung.** Diese Bereiche werden teilweise noch differenzierter aufgefächert, wie etwa hinsichtlich der Personalentwicklung und der Personalkosten.[20] Der BR ist bei jeder Planungsmaßnahme zu beteiligen, die in den Bereich der Personalplanung fällt, unabhängig davon, ob Personalplanung als ständige Einrichtung besteht oder lediglich ein Instrument darstellt, das von Fall zu Fall eingesetzt wird.[21]

16 Der Ausgangspunkt der **Personalbedarfsplanung,** die die Grundlage für alle anderen Phasen der Personalplanung bildet, ist die Überlegung, wie viele AN zu welchem Zeitpunkt und mit welcher Qualifikation erforderlich sind. Dabei kann der Personalbedarf insbesondere durch technologische, wirtschaftliche und soziale Gegebenheiten erforderlich werden. Die Ermittlung des Personalbedarfs hat somit **nicht** nur unter **quantitativen Aspekten,** d. h. nach der Anzahl der benötigten AN zu erfolgen, sondern auch unter **qualitativen Aspekten.** Es gilt, die erforderliche Ausbildung und berufliche Erfahrung bzw. die Eignung der Arbeitskräfte zu bestimmen.[22] Damit hängt die Personalbedarfsplanung eng mit der Personalqualifizierung und somit auch mit den Aufgaben und Rechten des BR nach den §§ 96 – 98 zusammen[23].

---

19 *Mohr,* S. 114.
20 Vgl. *Fitting,* Rn. 9, 20; GK-*Kraft,* Rn. 13; vgl. auch *BAG* 6.11.90, BB 91, 689.
21 Richardi-*Thüsing,* Rn. 18.
22 Vgl. auch *Mohr,* S. 21 f.
23 So hat das *LAG Niedersachen* vom 10.11.14 – 8 TaBV 120/13 – entschieden, dass auch sogenannte Stichtagserhebungen dann mitbestimmungspflichtig sind, wenn mehr als nur Zahlen ermittelt werden.

17 Bereits zur Personalbedarfsplanung, nicht erst zur Personaleinsatzplanung, gehört auch die Feststellung, in welchem Umfang Fremdfirmenarbeitnehmer einschließlich Leiharbeitnehmer eingesetzt werden und in welchen Betriebsbereichen und an welchen Arbeitplätzen. Zu dieser Feststellung gehört, dass sich der Betriebsrat einen Überblick verschafft, in welchem Umfang und in welchen Bereichen der Einsatz von Fremdfirmenpersonal im Betrieb erfolgt. Der AG hat ihn darüber umfassend zu unterrichten.[24]

18 Zur Ermittlung des Personalbedarfs ist nicht nur erforderlich, die Einflüsse festzustellen bzw. abzuschätzen, die aus der UN- oder AN-Sphäre kommen können (vgl. Rn. 14). Für eine systematische Feststellung des Personalbedarfs sind darüber hinaus weitere Hilfsmittel notwendig, die sich insbesondere aus **Organisationsplänen, Stellenplänen, Stellenbeschreibungen** und **Stellenbesetzungsplänen** zusammensetzen. Während die Organisationspläne die Gliederung des Betriebs in Abteilungen und Bereiche (funktionale Gliederung) sowie in Verantwortungs- und Anordnungsebenen (hierarchische Gliederung) aufzeigen, geben die Stellenpläne die weitere Untergliederung bis in die einzelnen Stellen an. Die Stellen sind die kleinsten organisatorischen Einheiten im Betrieb. Die Gesamtheit der Stellen weist aus, wieviel Personal nötig wird, so dass der BR im Rahmen seines Unterrichtungsanspruchs auch über solche Daten zu unterrichten ist.[25]

19 Die Stellenbesetzungspläne zeigen auf, **welche AN an welchen Stellen** (Arbeitsplätze, Arbeitsbereiche) tätig sind, und treffen damit bestimmte Aussagen im Hinblick auf die Besetzung, Nichtbesetzung, Überbesetzung oder qualitative Fehlbesetzung. Eine Stellenbeschreibung sollte **organisatorische Merkmale** (wie ihre genaue Bezeichnung und die Abgrenzung von anderen Stellen), eine **Tätigkeitsbeschreibung** (Darstellung der Arbeitsfunktionen, die in dieser Stelle erfüllt werden müssen) und die **Anforderungen** (wie Fähigkeiten, Kenntnisse, Ausbildung, Verantwortung, Belastung) enthalten. Der Stellenbesetzungsplan ist somit die notwendige Ergänzung des **Stellenplanes.** Die Kombination beider Pläne wiederum ist das wichtigste Instrument für eine erfolgreiche Personaleinsatzplanung.[26].

20 Mit der Differenz zwischen dem **Soll-Bestand** und dem **Ist-Bestand** ergibt sich die Anzahl der AN, die benötigt wird, um die Betriebsaufgaben zu erfüllen. Beim Personalbedarf wird im Übrigen unterschieden zwischen dem **Ersatzbedarf** zur Erhaltung des Personalbestandes, dem **Neubedarf** zur Erweiterung des Personalbestandes und dem **Personalminderbedarf** bzw. Personalüberhang etwa wegen Stilllegung von Betriebsteilen oder Rationalisierungsmaßnahmen.[27] Es sollte beachtet werden, dass durch die Einplanung von Überstunden seitens der AG-Seite eine **personelle Unterdeckung** auftreten kann.

21 Eine Normalbelastung der AN ist regelmäßig nur dann gewährleistet, wenn die technisch notwendige Belegschaft um eine **personalplanerische Zuschlagsquote** aufgestockt wird. Eine solche Zuschlagsquote ist bereits zur Berücksichtigung von Ausfallzeiten, wie sie etwa durch Urlaub, Krankheit oder Fluktuation entstehen, erforderlich.[28]

22 Auch bei der Arbeitszeitverkürzung wird ohne Berücksichtigung einer personalplanerischen Zuschlagsquote eine **Leistungsverdichtung** eintreten. Wird die tatsächliche Normalbesetzung bei einer fälligen Arbeitszeitverkürzung außerhalb des täglichen Arbeitszeitrahmens (also z. B. bei Mehrurlaub, zusätzlichen Erholzeiten) nicht durch Springereinsatz bzw. Neueinstellungen angepasst, so ist eine Leistungsverdichtung der vorhandenen Belegschaft die verbreitete Folge.[29]

23 In der betrieblichen Realität kommen personalplanerische Zuschlagsquoten vielfach nicht oder nur in ungenügendem Maße zur Anwendung. Ausfallzeiten werden oft durch eine ständige hohe Mehrarbeitsquote überbrückt, die deutlich macht, dass eine **personelle Unterdeckung** vorliegt. Die Differenz zwischen der Ausfallzeiten- und Mehrarbeitsquote gibt grund-

---

24 *BAG* 31.1.89, DB 89, 982, ebenso *LAG Niedersachsen* 9.8.06, jedoch mit der Annahme, dass der Verstoß gegen § 92 Abs. 1 nicht zu einem Zustimmungsverweigerungsrecht nach § 99 Abs. 2 führe.
25 *BAG* 31.1.84, AP Nr. 3 zu § 95 BetrVG 1972.
26 *Kador/Kempe/Pornschlegel*, S. 54.
27 Vgl. dazu umfassend *Mohr*, S. 25 ff.
28 Vgl. *Kohl*, S. 85, der darauf hinweist, dass in bestimmten Bereichen personalplanerische Reservequoten in der Höhe von ca. 25 v. H. vorzufinden sind.
29 *Kohl*, S. 85.

sätzlich das Ausmaß der personellen Unterdeckung an. Einem solchen Ausmaß von Überstunden ist durch **betriebsspezifische Reservequoten** zu begegnen.[30] Ergibt sich ein **Personalbedarf,** ist zwischen BR und AG im Rahmen der Beratungen nach dieser Vorschrift zu überlegen, **auf welche Weise** der Bedarf gedeckt werden soll. Die **Personalbeschaffung** kann über den internen Arbeitsmarkt erfolgen, z. B. über die Auflösung von Personalreserven und Versetzungen, oder den externen Arbeitsmarkt, also durch den Abschluss neuer Arbeitsverträge. Beide Beschaffungsvarianten haben Vor- und Nachteile. So hat die **innerbetriebliche Personalbeschaffung** beispielsweise den Vorteil, dass sie eine positive Ausgangslage für die Nachwuchsplanung mit sich bringt. Sie ist auch deswegen vorteilhaft, weil sie Aufstiegschancen für beschäftigte AN bietet und die AN bereits mit den innerbetrieblichen Verhältnissen vertraut sind, während eine **externe Personalbeschaffung** möglicherweise zu größeren Auswahlmöglichkeiten führt. Nachteile bei der externen Personalbeschaffung können dagegen die Einarbeitungszeit im Betrieb und die höheren Beschaffungskosten sein.[31] Der Beschäftigung bestimmter AN-Gruppen, die aus dem außerbetrieblichen Arbeitsmarkt kommen, wie etwa Leih-AN oder Fremdfirmen-AN, können soziale Gründe, aber auch das Interesse der Sicherung einer qualifizierten Belegschaft entgegenstehen.[32]

24 Im Rahmen des Personalbedarfs wird der **Ersatzbedarf** eine wesentliche Rolle spielen. Er ergibt sich aus den im Planungszeitraum voraussichtlich frei werdenden Stellen. **Anhaltspunkte** dafür, welche Stellen frei werden, sind etwa folgende Feststellungen: Ausscheiden wegen Altersgrenze, Altersteilzeit, Erwerbsunfähigkeit usw. Ein vorübergehender Ersatzbedarf kann sich auch aus Einberufung zur Bundeswehr, Ableistung von Zivildienst oder durch die Inanspruchnahme von Erziehungsurlaub ergeben. Vielfach wird sich der Ersatzbedarf nur auf Grund von **Erfahrungswerten** statistisch ermitteln lassen. In dieser Beziehung kommt dem fluktuationsbedingten Bedarf eine große Bedeutung zu. Auf der Basis einer gut geführten **Fluktuationsstatistik** lassen sich in dieser Hinsicht Planungen vornehmen.[33]

25 Bei der **Personalbedarfs-** und der daraus resultierenden **Personaleinsatzplanung** können sich bestimmte Probleme ergeben, auf die der BR unter dem Gesichtspunkt der Wahrnehmung der Interessen der AN des Betriebs besonders zu achten hat. So wird der Rückgriff auf eine »Einsatzreserve« von **Leih-AN** in der Regel problematisch sein, besonders dann, wenn die Zahl der Leih-AN im Verhältnis zur Stammarbeitnehmerschaft groß ist. Durch den Einsatz von Leih-AN, insbes. durch die dadurch bewirkte Fluktuation in der betrieblichen Arbeitnehmerschaft, wird die Tätigkeit des BR erheblich erschwert.[34] Darüber hinaus führt die gewerbsmäßige AN-Überlassung und die damit verknüpfte Auswechselbarkeit der AN zumindest **längerfristig zu großen Nachteilen** für die Arbeitnehmerschaft des Betriebs, etwa durch die Senkung des Qualifikationsniveaus einzelner AN, und zu sozialen Beeinträchtigungen der AN.[35] Auch für den Betrieb selbst kann der Einsatz von Leih-AN durch die damit verbundenen technischen Behinderungen und dem Know-how-Verlust der Stammbelegschaft, die in dem ständigen Personalwechsel liegen und sich nachteilig auf die Produktion auswirken, negativ sein. Der Wechsel der Leih-AN führt zu einer jeweils erneuten Anpassung an die Arbeitsverfahren und die Betriebsorganisation, aber auch an das soziale Umfeld.

26 In den Betrieben spielt die **kapazitätsorientierte Arbeitszeit** (§ 12 TzBfG) bei der Personalbedarfs- bzw. Personaleinsatzplanung eine immer größere Rolle. Sie wird vor allem im Bereich des Handels angewandt und beruht im Wesentlichen darauf, dass die Zahl der Vollzeitarbeitskräfte drastisch gesenkt und diese durch Teilzeitarbeitskräfte ersetzt werden, die Arbeitsverträge für eine bestimmte Anzahl variabler Arbeitsstunden pro Monat gegen ein festes Monatsgehalt erhalten. Durch die Personaleinsatzplanung wird dann festgelegt, an welchen Tagen und zu welchen Stunden die Teilzeitkräfte tätig werden (zur Mitbestimmung des BR vgl. § 87

30 *Kohl,* S. 87.
31 Zum Für und Wider der inner- und außerbetrieblichen Personalbeschaffung vgl. *Kador/Kempe/Pornschlegel,* S. 68 ff. und Tabelle 13.
32 *Fitting,* Rn. 14; *Plander,* AiB 90, 21.
33 Vgl. *Kador/Kempe/Pornschlegel,* S. 61.
34 *Möller-Lücking,* JArbR, Bd. 11 [1974], S. 55, 65.
35 *Möller-Lücking,* a. a. O., S. 63.

Rn. 85). Dabei kann jede dem voraussichtlichen Geschäftsablauf entsprechende Einteilung vorgenommen werden.[36] Auf diese Weise kommt es zu einer in vielen Fällen kaum noch zu vertretenden **Leistungsverdichtung** der AN.

Bei der **Personaleinsatzplanung** geht es um die Planung der Einführung und Einarbeitung der AN im Hinblick auf die Arbeitsbedingungen am neuen Arbeitsplatz. AG und BR haben daher innerhalb ihrer Gespräche nach § 92 auch darüber zu beraten, in welcher Form die Einarbeitung erfolgen soll, etwa durch Richtlinien und systematische Anlernmethoden.[37] **27**

Es geht bei der Personaleinsatzplanung keineswegs allein um die bestmögliche Eingliederung der AN in den betrieblichen Leistungsprozess. Der BR wird bei diesem Bereich der Personalplanung in besonderer Weise darauf zu achten haben, dass der **Schutzgedanke** und das Prinzip der **Gleichberechtigung** für bestimmte Beschäftigtengruppen ausreichend zum Tragen kommen. Das gilt für schwerbehinderte Beschäftigte ebenso wie für ältere AN und die Gleichstellung von Frau und Mann. Was die Einsatzplanung für **Schwerbehinderte** betrifft, ist auf die Integrationsvereinbarung nach § 83 SGB IX hinzuweisen. Gerade bei der Personaleinsatzplanung als dem Vorfeld des konkreten Personaleinsatzes ist es wichtig, entsprechende Regelungen zwischen AG, BR und Schwerbehindertretung zu vereinbaren, mit denen dem besonderen Schutzbedürfnis schwerbehinderter Beschäftigter Rechnung getragen wird. **28**

Als eine weitere Arbeitnehmergruppe sind die älteren AN zu erwähnen. Sie werden in § 80 Abs. 1 Nr. 6 BetrVG als eine Gruppe angeführt, deren Beschäftigung besonders zufördern ist. Noch werden in den Betrieben viel zu wenig ältere AN beschäftigt. Ihr Anteil an den Beschäftigten ist den letzten Jahren überdurchschnittlich zurückgegangen. Insbesondere die Personalbedarfsdeckung, die Personalbeschaffungsplanung und die Personaleinsatzplanung bieten wesentliche Ansätze dafür, einen eintsprechenden Paradigmenwechsel einzuleiten. Als letztes Beispiel sollen die **Frauenförderpläne** erwähnt werden. Sie werden, sofern überhaupt vorhanden, noch zu wenig mit konkreten Informations- und Unterrichtungspflichten im Rahmen der Personalplanung verbunden.[38] In diesem Zusammenhang ist anzumerken, dass bereits das BetrVerf-RefomG 2001 mit der ausdrücklichen Erwähnung der Förderung der Gleichstellung von Mann und Frau in § 92 Abs. 3 den AG als verpflichtet ansieht, bei der Personalplanung die Frauenförderung zu berücksichtigen und mit dem BR im Rahmen der Personalplanung zur beraten. In der Gesetzesbegründung wird hervorgehoben, dass dann, wenn der AG insoweit nicht tätig wird, der BR das Vorschlagsrecht hat, eine solche Beratung in die Erörterungen nach § 92 BetrVG einzuführen.[39] Bei diesem Bestreben nach einem Gleichstellungsprozess ist allerdings nicht nur der Bereich des Personaleinsatzes zu erwähnen, sondern auch und insbesondere der berufliche Aufstieg und die Förderung von Frauen bei betrieblichen Berufsbildungsmaßnahmen (vgl. Rn. 44 a).

Durch das Gesetz für die gleichberechtigte Teilhabe von Frauen und Männern an Führungspositionen in der Privatwirtschaft und im öffentlichen Dienst, besser bekannt als Frauenquote in Aufsichtsräten, vom 3.6.2015 wird es noch wichtiger mit entsprechenden Frauenförderplänen für weiblichen Nachwuchs in Führungspositionen zu sorgen. Der BR sollte daher darauf drängen, dass zu den TOP-Positionen auch der entsprechende Unterbau geschaffen wird. **29**

Mit der Personalbedarfsdeckungs-, Personalbeschaffungs- und der Personaleinsatzplanung hängt die **Personalentwicklungsplanung** eng zusammen. Ihr Ausgangspunkt ist der **gegenwärtige und künftige betriebliche Bildungsbedarf** (Qualifikationsanforderungen), der bereits bei der Personalbedarfsplanung auf Grund der Stellenbeschreibungen ermittelt werden kann (zur Stellenbeschreibung vgl. Rn. 17). Die Erstellung von **Anforderungsprofilen** ist ein Bindeglied zwischen der Personalbedarfsplanung und der Personalentwicklungsplanung. Sie ist zugleich Ausgangspunkt der Planung von Maßnahmen, die der Deckung des so ausgewiesenen Personalbedarfs dienen sollen. Auch über die Einführung von Anforderungsprofilen **29**

---

36 Zu den Einzelaspekten der Personaleinsatzplanung vgl. *Buschmann/Ohl* in Handbuch Personalplanung, S. 177 ff.

37 *Hetzel*, S. 92.

38 HaKo-BetrVG/*Kothe*, § 92 Rn. 6 m. w. N.

39 BT-Drucks. 14/5741 S. 30, 48.

sowie deren Bedeutung und Verwertung ist daher der BR zu unterrichten.[40] Im Rahmen der Personalentwicklungsplanung wird der BR darauf zu achten haben, dass die Interessen der AN hinsichtlich der Entwicklung ihrer Fähigkeiten und Kenntnisse soweit als möglich berücksichtigt werden. Selbstverständlich kann der BR nach § 92, insbes. auf Grund seines **Initiativrechts nach Abs. 2,** unabhängig von notwendigen betrieblichen Qualifikationen, die zu einem bestimmten Zeitpunkt gefordert werden, anregen und verlangen, dass Personalbildungsmaßnahmen durchgeführt werden, um die fachlichen Kenntnisse und Fähigkeiten der AN zu verbessern und weiterzuentwickeln (vgl. auch die §§ 96 – 98). Es geht bei der betrieblichen Personalentwicklung somit um eine möglichst umfassende Abstimmung zwischen den Fähigkeiten der AN und ihren individuellen Vorstellungen einerseits und den Anforderungen des UN andererseits.

30 Die Personalentwicklungsplanung, vielfach auch als Planung der Personalförderung oder als Planung der betrieblichen Bildung bezeichnet, gewinnt wegen der sich ständig ändernden Arbeitssituationen durch den **technischen und organisatorischen Wandel,** denen das externe Ausbildungssystem vielfach nicht oder nicht ausreichend gerecht werden kann, und die Zunahme der Notwendigkeit betriebsspezifischer Qualifikationen und Erfahrungen zunehmend an Bedeutung.[41] Immer mehr zeigt sich, wie notwendig es ist, betrieblich ein breites Qualifikationsspektrum zu schaffen, das fachlich und fachübergreifend angelegt ist, mit jeweils passenden speziellen Kenntnissen und einer methodischen, problemlösenden und sozialen Kompetenz.[42] Bei der Bildungsplanung werden auch Anforderungen zu berücksichtigen sein, die sich etwa aus Investitionsvorhaben, Rationalisierungsmaßnahmen, Änderungen der Arbeitsverfahren, Umorganisationen, Einsatz neuer Werkstoffe oder Veränderung der Produkte ergeben.[43] Dabei sind nicht nur produkt-, betriebs- und anlagenspezifische Kenntnisse erforderlich, sondern auch Qualifikationen, die zur Planung und Arbeitsvorbereitung von Arbeitsaufgaben befähigen. Dazu gehören unabdingbar soziale und kommunikative Fähigkeiten.

31 Die Personalentwicklungsplanung umfasst ihrerseits insbes. die **Ausbildungsplanung** (Maßnahmen, die eine Anfangs- oder Grundqualifikation vermitteln), die **Fort- oder Weiterbildungsplanung** (Maßnahmen, die der Erhaltung, Verbesserung und Erhöhung der beruflichen Qualifikation und der Entfaltung der AN dienen) und die **Nachwuchsplanung** (Maßnahmen, die Förderung von AN als Nachwuchs für bestimmte Personengruppen oder Stellen zum Ziel haben). Ebenso gehören **Frauenförderpläne** zum Bereich der Qualifizierung und damit zur Personalentwicklungsplanung[44] (vgl. auch Rn. 44 a). Aufgabe der Personalentwicklungsplanung ist es somit, **Bildungsmaßnahmen** für die AN zu planen und durchzuführen, damit diese das erforderliche Wissen und Können erwerben, um bestimmte betriebliche Arbeitsaufgaben zu übernehmen, ihre Qualifikation den sich wandelnden Anforderungen anpassen und ihre Fähigkeiten so weiterentwickeln können, dass ihnen betriebliche Aufstiegschancen ermöglicht werden. Es geht außerdem darum, Wissen auf neuen Arbeitsgebieten zu erwerben, wenn die bisherigen Arbeitsaufgaben entfallen.[45] Auch Weiterbildungsmaßnahmen, mit denen die Qualifikation als **leitender Angestellter** erreicht werden soll, unterliegen der Beteiligung des BR.[46] Vor dem Hintergrund dieser Zielsetzung spielt das durch das **BetrVerf-ReformG 2001** in § 97 Abs. 2 eingeführte MBR eine erhebliche Rolle. Danach hat der BR bei geplanten oder durchgeführten Maßnahmen des AG mitzubestimmen, wenn diese zu einer Änderung der Tätigkeit der betroffenen AN führen und ihre beruflichen Kenntnisse und Fähigkeiten zur Erfüllung der Arbeitsaufgaben nicht mehr ausreichen.

32 Ergibt sich die zwingende Notwendigkeit eines Personalabbaues, etwa durch die erhebliche und andauernde Verschlechterung der Absatzlage, notwendige Rationalisierungsmaßnahmen oder wegen einer Stilllegung von Betriebsteilen, werden bei der **Personalabbauplanung** alle

---

40 *BAG* 31.5.83, AP Nr. 2 zu § 95 BetrVG 1972.
41 *Mohr,* S. 41.
42 *Pornschlegel,* AiB 96, 98 [100].
43 *Rehhahn,* MitbGespr 72, 179.
44 Vgl. *Compensis,* BB 91, 2153.
45 *Kador/Kempe/Pornschlegel,* S. 99.
46 *Fitting,* Rn. 16 m. w. N.

geeigneten Maßnahmen erörtert werden müssen, die vor einem Verlust der Arbeitsplätze schützen. Sofern nicht in einem bestimmten Umfang eine Personalüberdeckung in Kauf genommen werden kann, sollten folgende Maßnahmen in Erwägung gezogen werden: Abbau von Überstunden, Rücknahme von Lohnaufträgen, Einstellungsstopp und Ausnutzen der Fluktuation, vorzeitige Pensionierungen und evtl. Einführung von Kurzarbeit. Aufgabe der Personalabbauplanung ist es, sowohl die **Gegebenheiten für den Betrieb** zu berücksichtigen als auch **die sozialen Folgen für die AN** möglichst **gering** zu halten. Daher ist bei der Abbauplanung eine rechtzeitige Abstimmung mit den übrigen Bereichen der Personalplanung, aber auch den anderen UN-Planbereichen, wie Absatz-, Produktions-, Investitionsplanung und Rationalisierungsvorhaben, erforderlich.[47] Dazu kann die Aufnahme zusätzlicher (alternativer) Produktion ebenso gehören wie Umschulungsmaßnahmen zur Qualifikation der AN für neue Produktionsverfahren oder die Planung und Schaffung von Mischarbeitsplätzen.

Die Beteiligung des BR umfasst auch materielle Fragen der Personalplanung und damit die **Personalkostenplanung.** Die Personalkostenplanung bezieht sich auf die Kosten, die bei der Erfüllung der anderen Personalplanbereiche entstehen können, wie beispielsweise Kosten der Personalbeschaffung und des Personaleinsatzes (etwa Kosten bei der Einarbeitung neu in den Betrieb kommender AN), der Personalqualifizierungsplanung (z. B. Kosten für Bildungsmaßnahmen) und der Personalabbauplanung (beispielsweise Kosten eines Sozialplans).[48] 33

IV. Unterrichtungs-, Beratungs- und Initiativrechte des Betriebsrats bei der Personalplanung

Der AG hat den BR über die gesamte Personalplanung **rechtzeitig und umfassend** zu unterrichten[49] (vgl. auch Rn. 10, 36). Das Unterrichtungsrecht des BR besteht auch in Tendenzbetrieben nach § 118.[50] Das Gesetz hebt bestimmte Planungsbereiche hervor, nämlich den **gegenwärtigen und künftigen Personalbedarf** sowie die sich daraus ergebenden **personellen Maßnahmen und Berufsbildungsmaßnahmen.**[51] Diese Hervorhebung ist nur beispielhaft. Die unter »insbesondere« aufgeführten Bereiche bringen **keine erschöpfende Aufzählung.**[52] Die Unterrichtung, wie sie Abs. 1 vorsieht, ist nicht davon abhängig, dass sie der BR ausdrücklich verlangt. Vielmehr muss der AG von sich aus den BR über die Personalplanung und ihre Einzelbereiche unterrichten.[53] 34

Die Unterrichtung hat insbes. einzuschließen: Angaben über den jeweiligen Personalbestand, die durch den Abgang von AN zu erwartenden Veränderungen, den gegenwärtigen und künftigen Personalbedarf, die daraus notwendig werdenden personellen Maßnahmen, wie Einstellungen, Versetzungen oder Kündigungen, und die notwendigen Maßnahmen der Berufsbildung. Soweit es die Angaben über den jeweiligen **Personalbestand** angeht, haben sich diese auch auf die Struktur der Belegschaft, z. B. die altersmäßige Zusammensetzung, Gliederung nach Beschäftigungsarten, Zahl der weiblichen, männlichen und jugendlichen AN, der Schwerbehinderten oder den Anteil der ausländischen AN, zu erstrecken. Hinsichtlich der **Fluktuation** innerhalb der Belegschaft sind auch die Gründe für die zu erwartenden Veränderungen aufzuzeigen, etwa der durchschnittliche Abgang auf Grund eigener Kündigungen der AN, Ausscheiden aus Altersgründen, Einberufung zum Wehrdienst u. Ä. m. (zur Unterrichtungspflicht anhand von Unterlagen vgl. Rn. 39 ff.). 35

Für das Unterrichtungsrecht – und damit auch das Beratungsrecht – ist bedeutsam, dass Personalplanung i. S. d. § 92 nicht nur eine umfassende und methodisch abgesicherte Personalplanung sein muss. Es fallen auch **einzelne personelle Planungsüberlegungen und -ent-** 36

47 *Fitting,* Rn. 18.
48 Zur Personalkostenplanung in dieser Hinsicht vgl. umfassend RKW-Handbuch, 3. Aufl., S. 487 ff.; *Kador/Kempe/Pornschlegel,* S. 112 ff.
49 *BAG* 19.6.84, AP Nr. 2 zu § 92 BetrVG 1972 mit dem Hinweis, dass die Unterrichtung des BR dann zu erfolgen hat, wenn Überlegungen des AG das Stadium der Planung erreichen.
50 *BAG* 6.11.90 – 1 ABR 60/89.
51 Vgl. *LAG Hamm* 8.2.08 – 10 TaBV 89/07.
52 *Fitting,* Rn. 23; *Kador/Kempe/Pornschlegel,* S. 116.
53 *Fitting,* a. a. O.

scheidungen ebenso darunter wie Überlegungen und Entscheidungen, die nur **von Fall zu Fall** angestellt werden.[54] Daher besteht die Unterrichtungspflicht bereits dann, wenn der AG **Ermittlungen** über den gegenwärtigen Personalbedarf und Überlegungen über den künftigen Personalbedarf anstellt, damit Vorschläge und Bedenken des BR berücksichtigt werden können,[55] wobei es für die Unterrichtungspflicht unerheblich ist, dass der AG die entsprechenden Ermittlungen nicht selbst durchführt, sondern eine **UN-Beratungsgesellschaft** damit beauftragt. Nach *BAG*[56] ist die Feststellung des Personalbedarfs für ein geplantes Projekt auch schon vor der Zustimmung des einzigen Zuwendungsgebers, einer karitativen Organisation, Personalplanung i. S. d. § 92 und der BR ist entsprechend zu unterrichten.

37 Personalplanung, die eine Unterrichtung des BR und die Beratung mit ihm erforderlich macht, geschieht – auch ohne systematisch durchgeführte Erhebungen, Überlegungen und Analysen – schon dann, wenn eine **besondere wirtschaftliche bzw. betriebliche Situation** zu Maßnahmen auf dem Personalsektor des UN Veranlassung gibt und hierzu Überlegungen angestellt und Entschlüsse gefasst werden sollen.[57] Daher ist der BR im Rahmen des § 92 auch eingehend zu unterrichten, wenn Arbeiten, die bisher durch betriebliche AN verrichtet worden sind, nach außen vergeben oder durch **Leih-AN oder AN von Fremdfirmen** erledigt werden sollen.[58] Dementsprechend ist der BR beim Einsatz von Fremdfirmen-AN im Betrieb über den Umfang und die Modalitäten dieses Einsatzes zu unterrichten. Das *BAG*[59] sieht den BR, wenn auch auf der Grundlage des § 80 Abs. 2, als berechtigt an, zu verlangen, dass ihm die Listen zur Verfügung gestellt werden, aus denen sich Einsatztage und Einsatzzeiten der AN von Fremdfirmen ergeben. Der Unterrichtungsanspruch des BR ergibt sich bereits dadurch, dass durch eine solche Veränderung Beschäftigungs- und Aufstiegsmöglichkeiten der AN des Betriebs beeinträchtigt und Neueinstellungen verhindert werden können.[60] Ebenso ist der BR über die Planung von Teilzeitarbeitsplätzen zu informieren,[61] wobei in diesem Zusammenhang darauf hinzuweisen ist, dass der BR bei seinem Verlangen nach Stellenausschreibungen im Rahmen des § 7 TzBfG zugleich anregen kann, dass auszuschreibende Arbeitsplätze auch als Teilzeitarbeitsplätze ausgeschrieben werden. Der AG ist verpflichtet einen Arbeitsplatz auch als Teilzeitarbeitsplatz auszuschreiben, wenn sich der Arbeitsplatz hierfür eignet (§ 7 Abs. 1 TzBfG).

38 Die Unterrichtung hat sich auch auf die **Methoden der Personalplanung** und eingesetzte **organisatorische und technische Hilfsmittel** zu erstrecken. Das ist von besonderer Bedeutung, wenn der AG zur Ermittlung von Personalplanungsdaten **automatisierte Personalinformationssysteme** einsetzt (zur Problematik der automatisierten Personaldatenverarbeitung vgl. § 87 Rn. 135 ff.). Automatisierte Personalinformationssysteme sind bereits wegen der von ihnen erfassten Daten, wie z. B. über Personalstand, Fluktuation, Aufbau der Belegschaft, Ausbildung und Qualifikation der AN, aber auch wegen der Möglichkeit der Verknüpfung ihrer Daten mit anderen Datensystemen (z. B. Arbeitsplatzdatenbank), ein wesentliches Instrument zur Durchführung einer Personalplanung.[62] Diese Systeme ermöglichen sogar eine bis zur konkreten personellen Einzelmaßnahme durchgehende Personalplanung.[63] Die Unterrichtungspflicht des AG erstreckt sich auch auf **administrative Systeme** (auch Verwaltungs-

54 *Hetzel*, S. 131 unter Hinweis auf § 92 Abs. 2; *Rumpff*, MitbGespr 72, 160.
55 Richardi-*Thüsing*, Rn. 25.
56 *BAG* 6.11.90, AP Nr. 4 zu § 92 BetrVG 1972.
57 *OLG Hamm* 7.12.77, DB 78, 748; unzutreffend *LAG Berlin* 13.6.88, DB 88, 1860, das der Personalplanung vorgelagerte wirtschaftliche unternehmerische Planungen und Entscheidungen nicht zum Anwendungsbereich des § 92 rechnen will.
58 Vgl. *BAG* 15.12.98, AuR 99, 242.
59 *BAG* 31.1.89, AP Nr. 33 zu § 80 BetrVG 1972.
60 Vgl. *BAG*, a. a. O.; vgl. auch *Plander*, AiB 90, 19 ff.
61 *Fitting*, Rn. 12; vgl. auch *Klevemann*, AiB 86, 156
62 *Däubler*, Gläserne Belegschaften?, Rn. 369; *Fitting*, Rn. 24 f.; *Gola*, DSWR 74, 283; *GL*, Rn. 13; *Küpferle/Wohlgemuth*, Personaldaten verarbeitende Systeme, Rn. 247; *Wohlgemuth*, Datenschutz, Rn. 662; *Kilian*, RdA 78, 206; *Klebe/Schumann*, AuR 83, 41; a. A. GK-*Kraft*, Rn. 20; *Schmidt-Dorrenbach/Goos*, DB-Beilage 11/83, S. 3.
63 *Fitting*, Rn. 24; *Kilian*, DSWR 75, 322; *Linnenkohl*, AuR 84, 129; zu den rechtlichen Schranken für betriebsärztliche Informationssysteme vgl. *Kilian*, BB 80, 893 u. BB 81, 985.

systeme genannt), da sie ebenfalls mit ihren Informationen (z. B. über Altersaufbau, Betriebszugehörigkeit, Einkommensstruktur, Fehlzeiten) wesentliche Daten für eine Personalplanung liefern.[64] Sie bezieht sich auch auf die **Programmierung bzw. Software** dieser Systeme, da sie je nach der Perfektion der Programmierung mehr oder weniger selbst Personalplanung durchführen.[65] Die Unterrichtungspflicht entfällt nicht dadurch, dass die Datenverarbeitung nicht im Betrieb selbst, sondern bei einem anderen UN einer UN-Gruppe erfolgt.[66]

Die Unterrichtung hat »rechtzeitig« zu erfolgen. Nach der Rspr. des *BAG*[67] beschreibt das **39** Wort »Planung« im BetrVG eine Phase des Entscheidungsvorgangs, in welcher sich der Wille des AG über die Durchführung einer beabsichtigten Maßnahme noch **nicht abschließend** gebildet hat.[68] Die **Beeinflussungsmöglichkeit** des BR darf sich nicht erst auf den **abgeschlossenen Planungsvorgang,** also den Plan, erstrecken, sondern muss bereits den **Planungsvorgang** selbst, d. h. den entsprechenden Denkprozess erfassen (vgl. auch Rn. 10). Die Auffassung des *BAG,*[69] dass der BR zwar über die Personalplanung umfassend zu unterrichten ist, aber erst, wenn Überlegungen des AG das Stadium der Planung erreichen, wird dem Anspruch des BR auf möglichst frühzeitige Beteiligung nicht vollauf gerecht.

Dem BR muss diejenige Zeitspanne bleiben, die er benötigt, um auf Grund der Unterrichtung **40** die Mitberatung **vorzubereiten und durchzuführen** sowie etwaige Personalplanungsvorschläge zur Berücksichtigung durch den AG auszuarbeiten und vorzulegen.[70] Eine allgemein gültige Berechnung der Vorbereitungs- und Durchführungszeit für die Beratung und die Initiativen des BR ist allerdings nicht möglich. Sie hängt von **verschiedenen Umständen** ab, wie etwa dem Umfang der Planung, dem betroffenen Planungsbereich und davon, ob es sich um kurz-, mittel- oder langfristige Planung handelt.[71] Andererseits umfasst der Begriff »Planung« auch **langfristige Planungen,** die inhaltlich und zeitlich noch nicht präzisierbar sind und die bei der späteren Durchführung einzelne zeitlich und räumlich auseinandergezogene Schritte beinhalten können, die ihrerseits in einem **inneren Zusammenhang** stehen.

Da Planung ein **dynamischer Prozess** ist, ergibt sich die Erforderlichkeit einer **laufenden** **41** **Unterrichtung.** Die Unterrichtungspflicht erstreckt sich daher von der Entscheidungsvorbereitung über die einzelnen Schritte der Planung bis hin zu dem abgeschlossenen Planungsvorgang. Die Verpflichtung des AG zur Unterrichtung erfasst auch **Überprüfungen und Kontrollen** innerhalb der einzelnen Planungsschritte, die im Hinblick auf die sich entwickelnde tatsächliche Situation vorgenommen werden. Es kann sich als erforderlich erweisen, aufgestellte Pläne zu einzelnen Bereichen der Personalplanung zu überprüfen und zu korrigieren. Auch eine solche Überprüfung bzw. Kontrolle ist Teil der Personalplanung.[72]

Die Unterrichtung ist »anhand von Unterlagen« vorzunehmen. Das schließt die **Vorlage der** **42** **Unterlagen** über die Personalplanung an den BR mit ein. Die Vorlage von Unterlagen ist umso notwendiger, als bei der Unterrichtung über die Personalplanung regelmäßig umfangreiches statistisches Material benötigt wird. Ein bloßes Vorlesen oder Zitieren aus den Unterlagen wird regelmäßig nicht dazu führen, dass die vom Gesetz gewollte umfassende Unterrichtung des BR erfolgt.

Die Regelung »anhand von Unterlagen« steht daher nicht in grundsätzlicher Unterscheidung **43** zu der Vorschrift des § 106 Abs. 2, nach der der WA »unter Vorlage« der Unterlagen zu unterrichten ist. Es handelt sich lediglich um einen **formalen, nicht** aber einen **sachlichen Unterschied.** Sowohl aus dem Sinn und Zweck des § 92 Abs. 1 als auch nach der übergreifenden Norm des § 80 Abs. 2 Satz 2 erster Halbsatz sind dem BR die Unterlagen vorzulegen und zur Verfügung zu stellen, also zeitweilig zu überlassen.[73] Es ist grundsätzlich die Rspr. anzu-

---

64 *Hümmerich,* DB 78, 1934; *Klebe/Schumann,* a. a. O.
65 *Fitting,* Rn. 25; *Gola,* a. a. O.; *Hümmerich,* a. a. O.; *Wohlgemuth,* WSI-Mitt. 79, 438; a. A. GK-*Kraft,* Rn. 26.
66 *BAG* 17.3.87, DB 87, 1491.
67 *BAG* 17.9.74, AP Nr. 1 zu § 113 BetrVG 1972.
68 Richardi-*Thüsing,* Rn. 24 f.
69 *BAG* 19.6.84, AP Nr. 2 zu § 92 BetrVG 1972.
70 *Hetzel,* S. 117.
71 *Rehhahn,* AuR 74, 67 f.
72 *Fitting,* Rn. 30; kritisch *Hunold,* DB 76, 100.
73 Vgl. *Fitting,* Rn. 31; *Hunold,* DB 89, 1336; *Schaub,* Arbeitsrechts-Handbuch, S. 1374; nur für Einblick

wenden, die das *BAG*[74] zu der Unterrichtungspflicht des WA nach § 106 Abs. 2 entwickelt hat, wenn es erklärt, dass dem WA für die Dauer der Vorbereitungszeit auf eine Sitzung mit dem UN die erforderlichen Unterlagen zur Verfügung zu stellen sind, weil nur so eine sinnvolle Vorbereitung und Zusammenarbeit möglich sei. Die Vorlagepflicht wird zutreffenderweise auch damit begründet, dass die Personalplanung in detaillierte Stellenbeschreibungen und Stellenpläne sowie in hierauf aufbauende Einzelpläne für Teilbereiche der Bedarfsdeckung und des Einsatzes mündet, die insgesamt regelmäßig schriftlich festgehalten werden.[75]

44 Die Unterlagen, anhand derer der AG über die Personalplanung und ihre Einzelbereiche zu unterrichten hat, werden regelmäßig **umfassend** sein. Sie erstrecken sich z. B. auf: Personalbedarfs-, Personalbeschaffungs-, Personalentwicklungs-, Personaleinsatz-, Personalabbau- und Personalkostenplanung; Stellenbeschreibungen, Stellenpläne, Stellenbesetzungspläne[76] und Anforderungsprofile; Arbeitszeitvolumen und Einsatzzeiten der AN; Rationalisierungsmaßnahmen, wie etwa Änderung der Arbeitsorganisation, Inbetriebnahme neuer Maschinen und anderer Betriebsanlagen; Einrichtung zusätzlicher Arbeitsschichten und Absetzung von Schichten; Absatzprognosen; Produktionsprognosen; Personalprognosen, wie Pensionierungen aus Altersgründen, Erziehungsurlaub, Ableistung des Wehrdienstes oder geschätzte Fluktuationsbewegungen; sonstige Personalstatistiken, beispielsweise Krankheits- und Unfallstatistiken, Fluktuationsstatistiken, Qualifikationsübersichten und Statistiken, die Aufschluss über die Struktur der Belegschaft geben, wie etwa die altersmäßige Zusammensetzung, Gliederung nach Beschäftigungsarten, Zahl der weiblichen, männlichen und jugendlichen AN, der Schwerbehinderten oder der ausländischen AN. Auch soweit **andere Planungsbereiche,** wie etwa die Produktion oder bestimmte unternehmerische Vorhaben, wie beispielsweise geplante Investitionen und Rationalisierungsmaßnahmen, für die Personalplanung relevante Daten liefern, ist der BR zu unterrichten. Solche relevanten Daten werden häufig gegeben sein, da zwischen allen Planungen ein innerer Zusammenhang besteht.[77] Unterlagen, die eine Unternehmensberatung für den AG als Ergebnis innerbetrieblicher Planungsüberlegungen erstellt hat, sind ebenfalls vorzulegen.[78]

45 Auch die Personalplanung, die sich auf **leitende Angestellte** bezieht, hat Gegenstand der Unterrichtung des BR zu sein. Eine abgerundete Information über den Personalbedarf und andere Teilbereiche der Personalplanung ist bei einer Ausklammerung der leitenden Angestellten nicht möglich, weil in der Praxis ständige Wechselwirkungen zwischen den beiden Personalbereichen der leitenden AN und der sonstigen AN bestehen.[79]

46 Die Beteiligung des BR an der Personalplanung und ihren Einzelbereichen erschöpft sich nicht in einer Unterrichtung. Vielmehr hat sich an die Unterrichtung eine **Beratung** zwischen AG und BR über **Art und Umfang der erforderlichen Maßnahmen** und über die Vermeidung von Härten für die AN anzuschließen. Diese Beratung hat der AG von sich aus zu veranlassen. Das Beratungsrecht erstreckt sich auf die **Personalplanung und alle ihre Einzelbereiche,** hinsichtlich derer der BR auch ein Unterrichtungsrecht hat.[80] Der BR hat das Recht, zu der Personalplanung und ihren Einzelaspekten dem AG – ggf. nach Durchsicht und Prüfung der entsprechenden Unterlagen – Vorschläge zu unterbreiten. Dieser hat die Vorschläge gewissenhaft zu prüfen.

---

in die Unterlagen *LAG München* 6.8.86, DB 87, 281; GK-*Kraft*, Rn. 25; a. A. *HWGNRH*-Rose, Rn. 85 f.und Richardi-*Thüsing*, Rn. 31.

74 *BAG* 20.11.84, AP Nr. 3 zu § 106 BetrVG 1972.

75 *Hetzel*, S. 123.

76 Vgl. *LAG Bremen* 18.3.92, AiB 93, 185: monatliche Vorlage des Stellen- und Stellenbesetzungsplanes gegenüber dem BR.

77 Vgl. auch *BAG* 19.6.84, AP Nr. 2 zu § 92 BetrVG 1972; *Fitting*, Rn. 31; *Linnenkohl/Töpfer*, BB 86, 1301; a. A. GK-*Kraft*, Rn. 9.

78 Vgl. *LAG Schleswig-Holstein* 14.12.93, AuR 94, 202.

79 So zutreffend *Rumpff*, MitbGespr 72, 164; gegen eine Beteiligung des BR bei einer Personalplanung für leitende Angestellte wohl die h. M., vgl. etwa GK-*Kraft*, Rn. 5.

80 *Fitting*, Rn. 35, die zutreffend darauf hinweisen, dass eine Einschränkung des Beratungsrechts gegenüber einem weitergehenden Unterrichtungsrecht sinnwidrig wäre; *Kador/Kempe/Pornschlegel;* a. A. GK-*Kraft*, Rn. 28; *HSWGN*, Rn. 27.

Abs. 2 gibt darüber hinaus dem BR das Recht, dem AG **Vorschläge** für die **Einführung** einer Personalplanung und ihre **Durchführung** zu machen, wobei sich das Vorschlagsrecht auch auf Einzelmaßnahmen der Personalplanung beschränken kann. Dieses Recht besteht **unabhängig** von den Rechten des BR nach Abs. 1, vom AG über alle Aspekte der Personalplanung unterrichtet zu werden und mit ihm Beratungen zu führen; andererseits ergänzt das Vorschlagsrecht das Beratungsrecht nach Abs. 1 dahingehend, dass der BR Vorschläge machen kann, die in die Beratung einbezogen werden. So kann der BR z. B. vorschlagen, dass die gegenwärtig von AN von Fremdfirmen geleisteten Arbeiten durch AN des Betriebs, ggf. auch durch neu einzustellende AN, verrichtet werden.[81] Dem BR sind daher erforderliche Unterlagen nach § 80 Abs. 2 Satz 2 bereits dann zur Verfügung zu stellen, wenn erst die Prüfung ergeben kann, ob er initiativ werden soll oder nicht.[82] Das Initiativrecht hat wesentliche Bedeutung, wenn arbeitgeberseitig keine oder nur eine unvollständige Personalplanung durchgeführt wird. Der AG muss solche Vorschläge zwar nicht übernehmen; er ist aber verpflichtet, sich i. S. einer **gewissenhaften Prüfung** mit ihnen auseinanderzusetzen.[83] 47

Die Regelungen des **Abs. 3** verpflichten den BR, auch im Rahmen der Personalplanung Vorschläge zur **Durchsetzung der tatsächlichen Gleichberechtigung** zu erarbeiten und dem AG zum Zwecke der Beratung vorzulegen. Es geht dabei um die Verwirklichung der Gleichstellung von Frauen und Männern insbes. bei der Einstellung, Beschäftigung, Aus-, Fort- und Weiterbildung sowie beim beruflichen Aufstieg. Bei den entsprechenden personalplanerischen Maßnahmen sind diese Grundsätze zu beachten. Eine große Rolle spielen **Frauenförderpläne,** die nicht nur konkrete Zielvorgaben hinsichtlich der Verwirklichung der Gleichberechtigung, sondern auch eine stufenmäßige Anpassung der Anteile von Frauen und Männern bei Bewerbungen, Einstellungen, beruflichem Aufstieg und Fortbildung in den einzelnen Betrieben ermöglichen sollten.[84] Die Verknüpfung des Abs. 3 mit den Abs. 1 und 2 macht überdies deutlich, dass der AG auch von sich aus verpflichtet ist, bei der Personalplanung die Frauenförderung zu berücksichtigen und seine entsprechenden Vorstellungen in die Beratungen mit dem BR einzuführen. Es ist dabei auch zu beraten, wie die Vereinbarkeit von Familie und Erwerbstätigkeit gefördert werden kann (vgl. § 80 Abs. 1 Nr. 2 a und 2 b). Das AGG hat diese Grundsätze noch verstärkt. Arbeitgeber und Betriebsrat sind verpflichtet, auch und gerade im Bereich der Personalentwicklung einer Realisierung der Chancengleichheit von Frau und Mann beim beruflichen Aufstieg Rechnung in dem vorgenannten Sinne Rechnung zu tragen, nicht zuletzt beim Zugang zu Führungspositionen und anderen männerdominierten Bereichen.[85] Zu beachten ist allerdings, dass das AGG das Benachteiligungsverbot nach § 7 Abs. 1, 2 nicht nur auf das Merkmal Geschlecht erstreckt, sondern auf alle in § 1 angeführten Merkmale und damit auf die Beschäftigten, die Merkmalsträger im Sinne des AGG sind. 48

V. Zuständigkeit des Gesamtbetriebsrats/Konzernbetriebsrats

Die Zuständigkeit der **einzelnen BR** beschränkt sich auf die Personalplanung ihrer Betriebe. Dagegen ist der **GBR zuständig,** wenn die Personalplanung auf **UN-Ebene** betrieben wird **und** die sonstigen Voraussetzungen des § 50 Abs. 1 Satz 1 vorliegen.[86] Im UN wird häufig die **Rahmenplanung** erstellt, die für die Betriebe bei der Ausgestaltung in Detailpläne mehr oder weniger verbindliche Daten enthält.[87] 49

Ungeachtet einer solchen Zuständigkeit des GBR bleibt der BR grundsätzlich Träger der Beteiligungsrechte nach § 92 (h. M.). Der GBR kann allerdings auch die Aufgaben eines **betriebsverfassungsrechtlichen Koordinierungsorgans** auf UN-Ebene übernehmen. So kann der 50

---

81 *BAG* 15.12.98, AuR 99, 242.

82 Vgl. *BAG* 19.6.84, AP Nr. 2 zu § 92 BetrVG 1972, allerdings im Hinblick auf die Vorlage von Unterlagen allgemein zur Personalplanung, nicht speziell für Abs. 2; vgl. auch *BAG* 15. 12.98, a. a. O.; *Fitting*, Rn. 31.

83 Richardi-*Thüsing*, Rn. 43; *Fitting*, Rn. 37; GK-*Kraft*, Rn. 30; *Hetzel*, S. 131; *Mohr*, S. 117.

84 Vgl. *Fisahn*, WSI-Mitt. 95, 22; *Schiek*, AiB 94, 450; *v. Friesen*, AuR 94, 405.

85 HaKo-BetrVG/Kothe, § 92 Rn. 21 ff. m. w. N.

86 *Fitting*, Rn. 38; GK-*Kraft*, Rn. 24.

87 *Mohr*, S. 119.

GBR nach § 50 Abs. 2 von einzelnen BR aufgefordert werden, bestimmte Aspekte der Personalplanung für sie auf UN-Ebene zu behandeln. Der GBR kann auch Verhandlungsergebnisse der einzelnen BR miteinander vergleichen und versuchen, sie zu koordinieren, um eine gemeinsame Konzeption zu erstellen. Im Übrigen ist darauf hinzuweisen, dass auch im Bereich der Personalplanung Regelungskompetenzen **sowohl des GBR als auch der einzelnen BR** gegeben sein können. Die Zuständigkeiten der einzelnen BR und des GBR schließen sich **nicht** gegenseitig aus (vgl. § 50 Rn. 16 ff.).

51 Wird Personalplanung auf **Konzernebene** durchgeführt, ist der **KBR** zuständig, sofern in dem Konzern eine solche betriebsverfassungsrechtliche Einrichtung besteht und die Zuständigkeit nach § 58 Abs. 1 Satz 1 gegeben ist.

VI. Streitigkeiten

52 Verstößt der AG in **grober Weise** gegen seine Unterrichtungs- und Beratungspflichten nach dieser Bestimmung, kann er auf der Grundlage eines **Verfahrens** nach **§ 23 Abs. 3** durch das ArbG angehalten werden, seinen Verpflichtungen nachzukommen. Daneben kann, wenn der AG seinen Verpflichtungen nach § 92 nicht, wahrheitswidrig, unvollständig oder verspätet nachkommt, ein **Ordnungswidrigkeitsverfahren** eingeleitet werden (§ 121). Unabhängig von diesem Verfahren kann der BR ein Beschlussverfahren einleiten, wenn der Umfang seiner Rechte nach § 92 strittig wird.[88]

§ 92 a Beschäftigungssicherung

(1) Der Betriebsrat kann dem Arbeitgeber Vorschläge zur Sicherung und Förderung der Beschäftigung machen. Diese können insbesondere eine flexible Gestaltung der Arbeitszeit, die Förderung von Teilzeitarbeit und Altersteilzeit, neue Formen der Arbeitsorganisation, Änderungen der Arbeitsverfahren und Arbeitsabläufe, die Qualifizierung der Arbeitnehmer, Alternativen zur Ausgliederung von Arbeit oder ihrer Vergabe an andere Unternehmen sowie zum Produktions- und Investitionsprogramm zum Gegenstand haben.

(2) Der Arbeitgeber hat die Vorschläge mit dem Betriebsrat zu beraten. Hält der Arbeitgeber die Vorschläge des Betriebsrats für ungeeignet, hat er dies zu begründen; in Betrieben mit mehr als 100 Arbeitnehmern erfolgt die Begründung schriftlich. Zu den Beratungen kann der Arbeitgeber oder der Betriebsrat einen Vertreter der Bundesagentur für Arbeit hinzuziehen.

Inhaltsübersicht

88 *Fitting*, Rn. 45.

I. Vorbemerkungen

1 Die durch das BetrVerf-ReformG 2001 geschaffene Vorschrift gewährt ein **Vorschlags- und Beratungsrecht,** räumt dem BR jedoch **keine Mitbestimmungsbefugnisse** ein. Die ausdrückliche gesetzliche Verankerung gibt den Initiativen des BR auf diesem Gebiet einen höheren Stellenwert. Auch muss der BR anders als einzelne Beschäftigte nicht den »Dienstweg« einhalten.[1] Die Pflicht des AG, die Ablehnung von Vorschlägen zu begründen, macht deutlich, dass auch **unternehmerische Entscheidungen der Rechtfertigung bedürfen.**

2 Während die »Beschäftigungssicherung« zum traditionellen Aufgabenbereich der betrieblichen Interessenvertretung gehört, geht die **Beschäftigungsförderung** darüber hinaus. Dass der BR Initiativen auch zugunsten von Arbeitsuchenden entfalten und damit ein »**Gemeinwohlinteresse**« wahrnehmen kann, ist nicht zu beanstanden.[2] Wie nicht zuletzt die Sozialbindung des Eigentums nach Art. 14 Abs. 2 GG deutlich macht, ist auch der UN von Rechts wegen verpflichtet, sich nicht nur von den eigenen Gewinninteressen leiten zu lassen. Der Gesetzgeber hat durch § 92 a den BR ansatzweise in die Lage versetzt, ein gemeinwohlkonformes Verhalten des AG einzufordern. Darin liegt **kein »Systembruch«,**[3] sondern ein »Nachziehen« der Betriebsverfassung, das im Übrigen schon in § 49 BetrVG 1952 angelegt war.

3 Das Vorschlagsrecht des BR lässt die **nach anderen Vorschriften bestehenden** Informations-, Beratungs- und Mitbestimmungsrechte **unberührt.**[4] Schlägt beispielsweise der BR als beschäftigungssichernde Maßnahme den Abbau von Überstunden vor, so kann er dieses Ziel ggf. auf Grund seines Mitbestimmungsrechts nach § 87 Abs. 1 Nr. 3 erreichen. In anderen Sektoren kann er auf die bloße Beratung nach § 92 a beschränkt sein. Soweit der AG eine **Betriebsänderung** im Sinne des § 111 **plant,** werden die in § 92 a erwähnten Vorschläge in die Verhandlungen über den Interessenausgleich eingehen.[5] Eine wie auch immer geartete inhaltliche Beschränkung tritt nicht ein.

4 Bei standortübergreifenden Vorschlägen muss der **GBR** oder der KBR eingeschaltet werden.[6]

4a Die praktische Wirksamkeit des § 92 a ist dort am größten, wo eine aufgeschlossene Geschäftsleitung auch den BR als mögliche Innovationsquelle begreift. Dies ist – so wird berichtet[7] – insbesondere in größeren UN der IT-Branche der Fall. In allen anderen Sektoren sind erfolgreiche Initiativen eher die Ausnahmen, zumindest nicht unmittelbar auf § 92 a rückführbar.[8]

II. Beschäftigungssicherung und Beschäftigungsförderung

1. Gegenstände

5 »**Beschäftigungssicherung**« meint die Erhaltung der im Betrieb vorhandenen Arbeitsplätze, »**Beschäftigungsförderung**« die Erhöhung der Zahl der AN[9] Die Vorschläge des BR müssen sich an einem dieser beiden Ziele orientieren; **weitere Voraussetzungen** werden **nicht** verlangt.[10] Auch Vorschläge, die sich nur auf die Erhaltung eines einzigen Arbeitsplatzes beziehen, sind erfasst.[11] Ob sie zur »Zielerreichung« geeignet sind, ist im Rahmen der Beratungen zu ermitteln; der AG kann jedenfalls Gespräche nicht mit der Begründung ablehnen, es handle sich um »abwegige« oder durch keinerlei Sachkunde getragene Vorstellungen.[12]

6 Abs. 1 Satz 2 nennt eine Reihe denkbarer Vorschläge, doch hat die **Aufzählung keinen ab-**

---

1 BDW-*Wedde,* S. 182 f.
2 A. A. *Bauer,* NZA 01, 378; *Reichold,* NZA 01, 863; *Rieble,* ZIP 01, 140.
3 So aber *Bauer,* NZA 01, 378; anders Richardi-*Thüsing,* Rn. 3.
4 *U. Fischer,* DB 02, 323; *Fitting,* Rn. 9; *Heither,* AR-Blattei SD 530, 14.3 Rn. 68; a. A. GK-*Raab,* Rn. 38.
5 Insoweit zustimmend *LAG Hamm* 20.3.09, juris.
6 *Fitting,* Rn. 4.
7 *Haipeter u. a.,* S. 160 ff.
8 *Haipeter u. a.,* S. 163 ff.
9 *Hanau,* RdA 01, 90.
10 *U. Fischer,* DB 02, 322; *Wendeling-Schröder/Welkoborsky,* NZA 02, 1371.
11 Anders HWK-*Ricken,* Rn. 2.
12 Eine Checkliste mit möglichen Vorschlägen findet sich im DKKWF-*Däubler,* § 92 a Rn. 2 ff.

schließenden Charakter. Dass es auch um Fragen geht, die die **Unternehmensführung betreffen,**[13] ist rechtlich unerheblich, da das BetrVG die unternehmerische Freiheit generell beschränkt und dies in anderem Zusammenhang sehr viel nachhaltiger als durch das bloße Beratungsrecht des § 92 a tut.[14]

7 Die als Beispiel genannte »**flexible Gestaltung der Arbeitszeit**« hat allenfalls dann beschäftigungssichernde oder gar beschäftigungsfördernde Wirkung, wenn auf diese Weise den Kundenbedürfnissen besser entsprochen und so der Marktanteil ausgedehnt werden kann. Die »**Förderung der Teilzeitarbeit**« ist ein bereits durch § 6 TzBfG fixiertes Ziel,[15] dessen Erreichung durch Ausübung des Mitbestimmungsrechts nach § 87 Abs. 1 Nr. 2 erleichtert werden kann (s. § 87 Rn. 81 ff.). Die Förderung der **Altersteilzeit**[16] kann vom BR nur vorgeschlagen, in der Regel aber nicht durch ein Mitbestimmungsrecht erzwungen werden. Befindet sich das Unternehmen in der Krise, kommt auch eine generelle oder eine auf bestimmte Abteilungen bezogene **Verkürzung der Arbeitszeit** ohne (vollen) Lohnausgleich in Betracht. Entsprechende Abmachungen, bei denen § 77 Abs. 3 zu beachten ist, sind häufig mit einem befristeten Verzicht des AG auf betriebsbedingte Kündigungen verbunden.[17] Auch die **Verlängerung der Arbeitszeit** bei gleich bleibendem Entgelt kommt vor.[18] Weniger einschneidend ist der Vorschlag, **auf** die **Beschäftigung von Leiharbeitnehmern** oder selbstständigen Dienstleistern zu **verzichten.**

8 »**Neue Formen der Arbeitsorganisation**« können z. B. in der Einführung von Gruppenarbeit[19] oder in der Einführung von Unternehmenszielen liegen, die bis auf die einzelne Abteilung oder Arbeitsgruppe »heruntergebrochen« werden (**Balanced Scorecard**).[20] Beides wird der BR allerdings nur dann vorschlagen, wenn die Verbesserung der Beschäftigungssituation mit hinreichender Sicherheit zu erwarten ist. Dasselbe gilt für die weiter im Gesetz genannten »**Änderungen der Arbeitsverfahren und Arbeitsabläufe**«, die sich beispielsweise am Ziel einer besseren Dienstleistungsqualität und so einer Verstärkung der Kundenbindung orientieren können. Weiter darf der BR auch über § 97 hinaus **Qualifizierungsmaßnahmen** vorschlagen, was sich u. a. dann anbietet, wenn Arbeitsplätze mit eher geringeren Anforderungen mittel- bis langfristig gefährdet sind, während die innerbetriebliche Nachfrage nach qualifizierten Arbeitskräften in absehbarer Weise steigen wird.[21] In der Krise bietet sich die Möglichkeit, während einer **Kurzarbeitsperiode Weiterbildungsangebote** wahrzunehmen; die Bereitschaft des AG zur Mitwirkung soll dadurch gefördert werden, dass er in solchen Fällen auch in den ersten sechs Monaten der Kurzarbeit die vollen Sozialversicherungsbeiträge zurückerstattet erhält (Einzelheiten § 87 Rn. 104).[22] Gleichwohl scheitern entsprechende Initiativen von BR nicht selten am fehlenden Angebot oder an mangelnder Unterstützung durch die Geschäftsleitung. Sinnvoll (und nur mit guten Sachargumenten widerlegbar) sind auch Vorschläge zur Verbesserung des Innovationsklimas.[23]

9 Der BR kann **Alternativen zum Outsourcing** vorschlagen, das im Gesetz mit »Ausgliederung von Arbeit oder ihrer Vergabe an andere Unternehmen« umschrieben wird.[24] Die Belassung im UN kann beispielsweise auch dadurch gefördert werden, dass die **Auslagerung von** bestimmten **inhaltlichen Voraussetzungen abhängig** gemacht wird (Kosteneinsparung um mindestens 30 %) und dass die betroffene Abteilung das Recht erhält, durch Änderung in den

---

13 *Engels* u. a., DB 01, 539.
14 Näher *Däubler* in: Reform der Betriebsverfassung und Unternehmerfreiheit, Schriftenreihe der Otto-Brenner-Stiftung Nr. 78, S. 11 [29 ff.]. Praktische Beispiele für beschäftigungssichernde Vereinbarungen finden sich bei *DGB* (Hrsg.), Betriebsrat und Beschäftigungssicherung, 2000 und bei BDW-*Brandl*, S. 34 ff.
15 Dazu *Thannheiser*, AiB 03, 242.
16 Überblick bei *Däubler*, Arbeitsrecht 2, Rn. 1290 ff.; *Hanau*, NZA 09, 225 ff.
17 *Seifert*, WSI-Mitt. 00, 437, 440; *Zachert*, DB 01, 1198.
18 Weitere Einzelheiten bei *Hamm*, AiB 11, 745 ff.
19 *Engels u. a.*, DB 01, 539.
20 Dazu *Däubler*, AiB 01, 208.
21 S. weiter BDW-*Wedde*, S. 184 ff.
22 Vgl. auch *Adamy*, AiB 09, 407.
23 BDW; konkreter *Däubler*, BB 04, 2521.
24 S. die beiden Beispielsfälle bei *Beutler u. a.*, AiB 07, 173 ff.

Arbeitsabläufen oder bei sonstigen Bedingungen die dem Unternehmen entstehenden Kosten zu verringern.[25] Dabei kann man darauf verweisen, dass nach schwedischem Recht vor jeder Maßnahme dieser Art mit der zuständigen Gewerkschaft verhandelt werden muss (§§ 11 Abs. 1, 38 Abs. 1 MitbG),[26] und dass nach der Rspr. des Supreme Court in den USA in Betrieben mit Gewerkschaft gleichfalls entsprechende Verhandlungen vorausgehen müssen.[27]

Die vom Gesetz weiter genannten **Alternativen zum Produktions- und Investitionsprogramm** haben umfassenden Charakter und verlangen vom vorschlagenden BR ein hohes Maß an Sachkunde. § 92 a ergänzt insoweit den § 111, der den BR bei einer bloßen Erweiterung des Betriebes oder der Gründung neuer Betriebe auch dann nicht einschaltet, wenn es sich um eine überhastete, die Rahmenbedingungen nicht bedenkende Entscheidung handelt, die langfristig die bestehenden Arbeitsplätze gefährden kann.[28] 10

2. Erarbeitung von Vorschlägen

Sicherung und Förderung von Beschäftigung gehört zu den kompliziertesten Teilen der Unternehmensführung. Den BR-Mitgliedern sind daher nach § 80 Abs. 2 alle erforderlichen **Informationen** zu geben, wobei insbes. die Bilanz und andere Kennzahlen über die wirtschaftliche Situation von entscheidender Bedeutung sein werden.[29] Den AG trifft mit Rücksicht auf die EG-Richtlinie (Anhang C) eine »**Bringschuld**«; er muss von sich aus aktiv werden.[30] Weiter ist den BR-Mitgliedern die Möglichkeit zu eröffnen, sich im Rahmen von **Schulungs- und Bildungsveranstaltungen** nach § 37 Abs. 6 jedenfalls die nötigen Grundkenntnisse zu verschaffen. Der Besuch entsprechender Seminare gehört nicht anders als bei Fragen z. B. des Betriebsverfassungsrechts und des Arbeitsschutzes zum »Grundbedarf« jedes BR-Mitglieds (s. § 37 Rn. 112), da sich Fragen der Sicherung und ggf. der Erweiterung von Arbeitsplätzen in praktisch allen Betrieben stellen können. 11

Der BR kann sich bei der Erarbeitung von Vorschlägen nach näherer Maßgabe des § 80 Abs. 2 Satz 3 (s. dort Rn. 140 ff.) an innerbetriebliche **Auskunftspersonen** wenden, beispielsweise einen Betriebswirt oder einen Controller um Unterstützung bitten.[31] Daneben kommt die **Einschaltung eines Sachverständigen** nach § 80 Abs. 3 in Betracht.[32] Sie ist immer dann »erforderlich«, wenn der Abbau von Arbeitsplätzen innerhalb von zwei bis drei Jahren nicht ausgeschlossen werden kann.[33] Ist er bereits geplant, liegt häufig eine Betriebsänderung vor, die in UN mit mehr als 300 Arbeitnehmern auch ohne vorherige Zustimmung des AG zur Beiziehung eines **Beraters** berechtigt. 12

3. Zeitpunkt der Vorschläge

Nach § 92 a kann der BR **jederzeit** Vorschläge machen; diese sind auch nicht an eine bestimmte Form gebunden.[34] In der Praxis wird er von dieser Möglichkeit nur dann Gebrauch machen, wenn infolge von Aussagen der Geschäftsleitung oder infolge der wirtschaftlichen Entwicklung des UN ein Abbau von Arbeitsplätzen nicht ausgeschlossen werden kann oder wenn die **Wochenarbeitszeiten** sich über eine längere Periode hinweg so weit **ausdehnen,** dass sich die Einstellung neuer Arbeitskräfte aufdrängt. Führt etwa die Vertrauensarbeitszeit dazu, dass in einer bestimmten Abteilung regelmäßig 50 oder 60 Stunden pro Woche gearbeitet wird, wäre eine solche Voraussetzung gegeben. 13

---

25 Zu einer entsprechenden Abmachung bei der Frankfurter Flughafen AG s. *Däubler/Erhardt,* AiB 99, 677 ff.
26 Wiedergegeben bei *Folke Schmidt,* S. 246 ff.
27 Nachweise bei *Wiedemann,* RdA 86, 231, 234 f.
28 Vgl. *Zöllner/Loritz,* 5. Aufl., § 49 II 1 d.
29 *U. Fischer,* DB 02, 323.
30 *Wendeling-Schröder/Welkoborsky,* NZA 02, 1372.
31 Ebenso *U. Fischer,* DB 02, 323.
32 *ArbG Essen,* 16.12.03 AiB 04, 436 mit zusti. Anm. *Welkoborsky.*
33 Musterschreiben in DKKWF-*Däubler,* § 92 a Rn. 6.
34 *U. Fischer,* DB 02, 322.

III. Beratungen mit dem AG

1. Die Beratung als solche

14 Nach Abs. 2 Satz 1 hat der AG die Vorschläge mit dem BR »zu beraten«. Dies bedeutet, dass er sie nicht nur zur Kenntnis nimmt, sondern sich mit ihnen auch im Einzelnen **inhaltlich auseinander setzt.** Nur dann kann von »Beratung« die Rede sein.[35] Außerdem ergibt sich eine entsprechende Verhaltenspflicht des AG auch aus dem Gebot zur vertrauensvollen Zusammenarbeit nach § 2 Abs. 1, die beispielsweise bei widersprüchlichem Verhalten, bei Sagen der Unwahrheit oder bei Aufbau von unangemessenem Zeitdruck verletzt ist.[36] Die Beratungspflicht besteht nicht, wenn der BR nach erfolgter Ablehnung denselben Vorschlag noch einmal macht, ohne dass sich die Umstände irgendwie geändert hätten.[37]

15 Die Beratung kann nur dann ihren Sinn erfüllen, wenn auf AG-Seite sachkundige **Verhandlungspartner** stehen. Auch muss eine Person **mit eigener Entscheidungskompetenz** anwesend sein. Würde sich der AG ausschließlich durch einen Mitarbeiter einer nachgeordneten Leitungsebene vertreten lassen, würde dies einen schweren Verstoß gegen die Pflichten aus Abs. 2 Satz 1 darstellen.

2. Zuziehung eines Vertreters der Arbeitsverwaltung

16 Nach Abs. 2 Satz 3 kann sowohl der AG wie auch der BR einen **Vertreter der Bundesagentur für Arbeit** zu den Beratungen hinzuziehen. Er soll seine spezifischen Kenntnisse und Erfahrungen z. B. bei Fortbildungs- und Umschulungsmaßnahmen und deren Finanzierung einbringen.[38] Ggf. kann er auch Kompromissvorschläge unterbreiten, wenn erhebliche Meinungsunterschiede zwischen BR und AG bestehen.[39] Er ist entsprechend seiner dienstlichen Stellung zur Geheimhaltung verpflichtet. § 79 kann wegen der hinter ihm stehenden Strafdrohung des § 120 nicht entsprechend angewandt werden.[40] Als neutrale Instanz macht er die Zuziehung eines Sachverständigen durch den BR nicht überflüssig.[41]

IV. Ergebnisse der Beratungen

1. Einigung

17 Denkbar ist, dass sich AG und BR über den Vorschlag des BR oder eine andere Maßnahme einig werden. Für einen solchen Fall ist **keine bestimmte Form** vorgesehen. Denkbar ist, dass sich der BR mit einer **Absichtserklärung** des AG begnügt, die keinerlei rechtliche Verpflichtungen schafft. Möglich ist aber auch eine Absichtserklärung, von der sich der Arbeitgeber **nur unter bestimmten Voraussetzungen** (wie z. B. unerwartete Verschlechterung der wirtschaftlichen Lage des UN) **wieder lösen** kann und durch die er eine Selbstbindung bewirkt.[42] Im Geschäftsverkehr spricht man insoweit von einem »Letter of Intent«. Zulässig ist weiter eine **bindende Zusage** gegenüber dem BR, wonach bestimmte Maßnahmen unterbleiben müssen[43] oder nur unter bestimmten Voraussetzungen vorgenommen werden dürfen. Insoweit läge eine **Betriebsabsprache** vor (dazu § 77 Rn. 161 ff.). Schließlich lässt sich unter Wahrung des § 77 Abs. 3 BetrVG eine **Betriebsvereinbarung** abschließen,[44] die beispielsweise eine Senkung der Lohnkosten (etwa durch Verkürzung der Arbeitszeit) gegen einen Ausschluss der betriebsbe-

35 *Niemeyer,* AiB 02, 616.
36 Weitere Beispiele für unfaires Verhalten bei Richardi-*Thüsing,* Rn. 8.
37 Richardi-*Thüsing,* Rn. 10, HWK-*Ricken,* Rn. 3; BDW-*Wedde,* S. 188.
38 *Engels u. a.,* DB 01, 539; über Zuschussmöglichkeiten berichtet *Karasch,* AiB 04, 267.
39 HWK-*Ricken,* Rn. 4.
40 Dies übersehen Richardi-*Thüsing,* Rn. 14.
41 *ArbG Essen,* 16.12.03 AiB 04, 436.
42 *BAG* 18.10.06, DB 07, 811.
43 Beispiel: Am Standort X muss eine bestimmte Zahl von Arbeitsplätzen erhalten bleiben. Zur Durchsetzung eines entsprechenden TVs. *LAG Niedersachsen,* Urt. v. 18.5.11, AiB 11, 481.
44 *Fitting,* Rn. 9; HWK-*Ricken,* Rn. 5.

dingten Kündigung vorsieht.[45] Derartige betriebliche »**Bündnisse für Arbeit**«[46] sind i. d. R. nur dann zulässig, wenn der einschlägige Tarifvertrag eine entsprechende Öffnungsklausel enthält[47] oder wenn die Gewerkschaft eine Abweichung vom Tarifvertrag im Rahmen ihrer Beteiligung an den Verhandlungen oder nachträglich genehmigt.[48] Näher zum Verhältnis Tarifvertrag – Betriebsvereinbarung § 77 Rn. 126 ff. Größere Gestaltungsspielräume entfaltet insoweit das Mittel der Betriebsabsprache.[49] Wie das im Gesetz als Beratungsgegenstand genannte Produktions- und Investitionsprogramm deutlich macht, sind auch Vereinbarungen über unternehmerische Entscheidungen möglich.[50]

2. Ablehnung des Vorschlags

Der AG kann den Vorschlag des BR ablehnen, wenn er ihn für »**ungeeignet**« hält. Gemeint ist damit, dass er ihm **aus inhaltlichen Gründen** nicht folgen will.[51] Diese können z. B. darin liegen, dass die vorgeschlagene Maßnahme für das UN zu teuer ist oder dass sie negative Auswirkungen auf den Geschäftserfolg hätte. Denkbar ist auch, dass nach Ansicht des AG die erhoffte Beschäftigungssicherung oder Beschäftigungsförderung nicht eintreten oder dass sie sich auch ohne die Maßnahme einstellen würde. Das Gesetz enthält bezüglich der **Ablehnungsgründe genauso wenig inhaltliche Vorgaben** wie in Bezug auf die Vorschläge. Allerdings wäre der Grundsatz der vertrauensvollen Zusammenarbeit verletzt, würde der Arbeitgeber aus sachwidrigen Gründen (»dieser BR soll sich nicht profilieren können«; »von diesem BR kommt nur Müll«) oder ohne jeden sachlichen Grund, d. h. objektiv willkürlich ablehnen. Letzteres wäre dann der Fall, wenn die Begründung etwa darin bestehen würde, man lasse sich nicht in die Unternehmensführung hineinreden oder Beschäftigungssicherung sei sowieso nur unwirksamer »Sozialklimbim«. **18**

Die Beratungspflicht nach § 92 a wäre verletzt, wenn der AG bereits in einem Augenblick ablehnt, in dem **noch nicht alle Argumente ausgetauscht** sind und deshalb von Seiten des BR noch weiterer Erörterungsbedarf besteht.[52] Maßstäbe ergeben sich insoweit aus den Verhandlungen über einen Interessenausgleich (§§ 112, 112 a Rn. 13 ff.),[53] doch ist die Einschaltung einer ESt. nur dann geboten, wenn sich beide Seiten vorher darüber verständigt haben. **19**

In Betrieben mit mehr als 100 AN muss die **Ablehnung** nach Abs. 2 Satz 2 **schriftlich begründet** werden.[54] Die dagegen gerichtete Kritik[55] ist nicht recht verständlich, da es in den Fällen des § 92 a um gravierende Tatbestände für die Beschäftigten geht. Ihre Behandlung setzt an sich auch in kleineren Einheiten eine nachvollziehbare und in sich schlüssige Begründung voraus, deren schriftliche Abfassung auch dem Inhaber eines 7-Personen-Betriebes keine Schwierigkeiten machen dürfte. Von der Form her genügt auch ein Fax, nicht jedoch die bloße Textform nach § 126 b BGB, insbes. nicht eine E-Mail.[56] Dem steht schon der Wortsinn von »schriftlich« entgegen. **20**

Ähnlich wie bei § 111 Satz 2 und bei § 95 Abs. 2 wird im Gesetzestext nicht ausdrücklich auf die **»in der Regel« vorhandene Beschäftigtenzahl** abgestellt. Genau wie in den beiden anderen Fällen kommt dem jedoch keine Bedeutung zu; auf einen Stichtag abzustellen, z. B. auf den Tag der Übermittlung des Vorschlags, wäre eine systemfremde Lösung, für die das Gesetz keine Anhaltspunkte bietet.[57] **21**

45 Für Beschränkung auf soziale Angelegenheiten zu Unrecht *Löwisch,* BB 01, 1794.
46 Dazu *Kania,* BB 01, 1091.
47 *Zachert,* DB 01, 1198.
48 *BAG* 20.4.99, DB 99, 1660.
49 *Hänlein,* DB 01, 2098.
50 GK-*Raab,* Rn. 28. Ein wichtiges Beispiel bei *Herrmann,* AiB 1/14, 60 (»Papierpark Zanders«). Zwei der Praxis entnommene »Beschäftigungssicherungsverträge« finden sich in DKKWF-*Däubler,* § 92 a Rn. 7 ff. S. auch o. Fn 40.
51 Kritisch zur Gesetzesformulierung mit Recht *Annuß,* NZA 01, 368.
52 Zustimmend *Niemeyer,* AiB 02, 617.
53 Grundsätzlich zustimmend *Fitting,* Rn. 10; Richardi-*Thüsing,* Rn. 8 a.
54 Für Abstellen auf das UN *U. Fischer,* DB 02, 322.
55 *Bauer,* NZA 01, 379: »Papierlawinen«; *Abeln,* AuA 01, 172: Schriftform der vertrauensvollen Zusammenarbeit abträglich.
56 A. A. GK-*Raab,* Rn. 34, gegen die 8. Auflage; *Fitting,* Rn. 12.
57 Zustimmend GK-*Raab,* Rn. 33; wohl auch *Fitting,* Rn. 12.

V. Berücksichtigung im Kündigungsschutzrecht

22 Im Laufe des Gesetzgebungsverfahrens ist eine Klarstellung in der Richtung verlangt worden, dass § 92 a nicht auf das Kündigungsschutzrecht durchschlage.[58] Dem hat der Gesetzgeber nicht Rechnung getragen. Dies erklärt sich unschwer damit, dass die Vorschrift als solche in der Tat **keine unmittelbare Kündigungsschranke** errichtet: Eine betriebsbedingte Kündigung wird nicht deshalb unzulässig, weil der AG die Beratung verweigert oder einen Vorschlag des BR aus sachwidrigen Gründen zurückgewiesen hat.[59]

23 Auf der anderen Seite gilt im Kündigungsschutzrecht der Grundsatz, dass eine Kündigung nur als Ultima Ratio in Betracht kommt, dass das weniger belastende Mittel auf technischem, organisatorischem oder wirtschaftlichem Gebiet den Vorrang hat.[60] Dies führt beispielsweise dazu, dass die Kündigung unwirksam ist, wenn der Rückgang des Arbeitsanfalls auch durch **Abbau von Überstunden** oder von Leiharbeit bewältigt werden könnte.[61] Ob und unter welchen Voraussetzungen auch die Möglichkeit von **Kurzarbeit Vorrang** hat, ist in der Rspr. nicht abschließend geklärt.[62] Einigen sich AG und BR über die Einführung von Kurzarbeit oder ergeht ein entsprechender Spruch der ESt., so spricht dies entscheidend gegen das Vorliegen dringender betrieblicher Erfordernisse;[63] diese können nur noch mit neu eintretenden Umständen begründet werden.

24 Das Verfahren nach § 92 a kann nun im Einzelfall dazu führen, dass betriebsbezogene **Vorstellungen** entwickelt werden, die ähnlich wie Kurzarbeit für die AN **weniger belastend** sind als betriebsbedingte Kündigungen, die gleichwohl jedoch keine unzumutbare Alternative für das UN darstellen.[64] Anders als in einem einzelnen Kündigungsschutzverfahren kann im Rahmen der Mitbestimmung nach § 87 Abs. 1 Nr. 3 bzw. im Rahmen des § 92 a die **Gesamtsituation des Unternehmens** und seiner Beschäftigten analysiert und zur Grundlage einer Entscheidung gemacht werden. Als Beispiel kann etwa die von allen Betroffenen akzeptierte Arbeitszeitverkürzung auf Zeit ohne vollen Lohnausgleich genannt werden.[65] **§ 92 a unterstützt** so von der verfahrensrechtlichen Seite her **die Vorgabe des § 2 Abs. 2 Satz 1 Nr. 2 SGB III,** wonach die Inanspruchnahme von Leistungen der Arbeitsverwaltung sowie insbesondere Entlassungen vorrangig durch betriebliche Maßnahmen zu vermeiden sind. Eine vorschnelle Ablehnung von BR-Vorschlägen durch den AG kann deshalb auch die Kooperationsbereitschaft der Arbeitsverwaltung im »Ernstfall« beeinträchtigten.[66]

VI. Streitigkeiten

25 Weigert sich der AG, mit dem BR über dessen Vorschläge zu beraten, so kann er im Wege des **Beschlussverfahrens** dazu angehalten werden. Dies gilt auch dann, wenn zunächst aufgenommene **Verhandlungen nicht fortgeführt** werden, obwohl noch zahlreiche Punkte ungeklärt sind. Insoweit gelten dieselben Grundsätze wie bei den Verhandlungen über einen Interessenausgleich (§§ 112, 112 a Rn. 6 ff.). Der **Antrag** richtet sich in diesem Fall auf Fortsetzung der Verhandlungen. Wird der Vorschlag ohne Begründung (aber nach umfassender Erörterung) abgelehnt, kann die Begründung im Beschlussverfahren erzwungen werden.[67]

---

58 *Schiefer/Korte,* NZA 01, 85.
59 Insofern zutreffend *Bauer,* NZA 01, 379; ebenso *BAG* 18.10.06, DB 07, 810.
60 APS-*Kiel,* § 1 KSchG Rn. 562; *KDZ-Deinert,* § 1 KSchG Rn. 408 ff., jeweils m. w. N.; hierauf verweisen auch *Wendeling-Schröder/Welkoborsky,* NZA 02, 1375.
61 APS-*Kiel,* § 1 KSchG Rn. 567; HaKo-*Gallner,* § 1 KSchG Rn. 620; HK-*Weller/Dorndorf,* § 1 KSchG Rn. 940.
62 Übersicht bei APS-*Kiel,* § 1 KSchG Rn. 571.
63 *Däubler,* Arbeitsrecht 2, Rn 1087.
64 Ebenso *BAG* 18.10.06, DB 07, 810, 811; für Vorrang abgesprochener Weiterbildungs- und sonstiger Auffangmaßnahmen *Löwisch,* BB 01, 1794; s. weiter *Thannheiser,* AiB 02, 27; GK-*Raab,* Rn. 40; BDW-*Wedde,* S. 196; HWK-*Ricken,* Rn. 8.
65 Näher zu solchen Fällen *Schüren,* DB 96, 625.
66 *Wendeling-Schröder/Welkoborsky,* NZA 02, 1375.
67 *Annuß,* NZA 01, 368; GK-*Raab,* Rn. 41; *Löwisch,* BB 01, 1794.

Beabsichtigt der AG Maßnahmen, die die noch nicht erschöpfend diskutierten Vorschläge des **BR** gegenstandslos machen würden, so kann dieser **Unterlassung** verlangen. Andernfalls hätte der Beratungsanspruch keine Rechtsqualität, da er jederzeit durch einseitige Handlungen des AG hinfällig gemacht werden könnte.[68] Der Unterlassungsanspruch kann Grundlage für eine einstweilige Verfügung sein, mit der dem AG die Vornahme der Maßnahme verboten bzw. ihre vorübergehende Rückgängigmachung auferlegt wird. Insoweit gelten dieselben Grundsätze wie im Rahmen der **Verhandlungen** über einen **Interessenausgleich** (vgl. §§ 112, 112 a Rn. 52 ff.). Der AG ist allerdings insofern in einer besseren Lage, als er sich nur mit den vorgebrachten Argumenten vollständig auseinandersetzen, nicht jedoch die ESt. anrufen muss.[69] **26**

Bleibt der BR inaktiv, obwohl mit einem Beschäftigungsabbau zu rechnen ist, kann dies eine **grobe Pflichtverletzung** nach § 23 Abs. 1 darstellen. Weigert sich der AG, in Beratungen einzutreten und diese zu Ende zu führen, so kommen die Sanktionen nach § 23 Abs. 3 in Betracht.[70] **27**

§ 93 Ausschreibung von Arbeitsplätzen

Der Betriebsrat kann verlangen, dass Arbeitsplätze, die besetzt werden sollen, allgemein oder für bestimmte Arten von Tätigkeiten vor ihrer Besetzung innerhalb des Betriebs ausgeschrieben werden.

Inhaltsübersicht

I. Vorbemerkungen

Die innerbetriebliche Stellenausschreibung soll innerbetrieblichen Bewerbern Kenntnis von einer freien Stelle vermitteln und ihnen die Möglichkeit geben, ihr Interesse an dieser Stelle kundzutun und sich um sie zu bewerben.[1] Sie kann auf diese Weise dazu beitragen, die im **Betrieb vorhandenen Möglichkeiten der Personalbedarfsdeckung**[2] zu nutzen. Die AN erhalten Gelegenheit, sich wegen gegebener **Aufstiegsmöglichkeiten** oder aus anderen Gründen zu bewerben. Es geht dabei weniger um die Wahrung der Interessen außen stehender Bewerber als der vom BR vertretenen AN.[3] Die innerbetriebliche Stellenausschreibung kann zu mehr **Chancengleichheit** auf dem innerbetrieblichen Arbeitsmarkt führen.[4] In vielen Fällen wird es sinnvoller sein, auf AN des Betriebs bei der Besetzung innerbetrieblicher Arbeitsplätze zurückzugreifen, als Außenstehende anzuwerben oder gar AN-Überlassungsverträge abzuschließen. Dadurch können Verärgerungen geeigneter Mitarbeiter vermieden werden.[5] Mit einer detaillierten Stellenausschreibung erleichtert sich der AG auch die Erfüllung der Nachweispflicht nach § 2 Abs. 2 Nr. 5 Nachweisgesetz: »kurze Charakterisierung oder Beschreibung der vom AN zu leistenden Tätigkeit«.[6] **1**

---

68 Zustimmend *Nebe*, AuR 14, 51, 57; *Niemeyer*, AiB 02, 616; a. A. *LAG Hamm* 20.3.09, juris; GK-*Raab*, Rn. 42; HWK-*Ricken*, Rn. 9.
69 Ähnlich Richardi-*Thüsing*, Rn. 16.
70 *Löwisch*, BB 01, 1794; HWK-*Ricken*, Rn. 9; *Wendeling-Schröder/Welkoborsky*, NZA 02, 1373.
1 *BAG* 23.2.88, AP Nr. 2 zu § 93 BetrVG 1972; 27.10.92, AuR 93, 186.
2 Vgl. auch Handbuch Personalplanung, S. 59 – 333.
3 *BAG* 27.7.93 – 1 ABR 7/93, AP Nr. 3 zu § 93 BetrVG 1972.
4 Vgl. Begründung zum RegE, BT-Drucks. VI/1786, S. 50.
5 *BAG* 27.7.93, a. a. O.; GK-*Raab*, Rn. 3.
6 *BAG* 8.6.05 – 4 AZR 406/04, AuR 05, 384.

2 § 7 Abs. 1 TzBfG enthält die Verpflichtung, den Arbeitsplatz *auch* als Teilzeitarbeitsplatz auszuschreiben, wenn er sich hierfür eignet.[7] Eine generelle Ausschreibungsverpflichtung ergibt sich aber weder aus dieser Vorschrift noch aus dem TzBfG oder dem AGG.[8]

3 Eine **individualrechtliche Unterrichtungspflicht** des AG über zu besetzende Arbeitsplätze ergibt sich aus § 7 Abs. 2 TzBfG. Auch diese Vorschrift dient der Schaffung von Transparenz.[9] Voraussetzung ist, dass der AN dem AG gegenüber den Wunsch nach einer Veränderung von Dauer und Lage der vertraglich vereinbarten Arbeitszeit angezeigt hat[10] (zur Ausschreibung als Teilzeitarbeitsplatz vgl. Rn. 32 ff.). Mit § 7 Abs. 2 TzBfG wird § 5 Abs. 3 c der TeilzeitRL 97/81/EWG umgesetzt, wonach AG bemüht sein sollten, soweit dies möglich ist, zur Erleichterung des Wechsels von einem Vollzeit- in ein Teilzeitarbeitsverhältnis und umgekehrt rechtzeitig Informationen über Teilzeit- oder Vollzeitarbeitsplätze, die im Betrieb zur Verfügung stehen, bereitzustellen (vgl. auch § 81 Rn. 20). Obgleich die Regelung anders als der frühere § 3 BeschFG nicht mehr ausdrücklich ausspricht, dass die Unterrichtung auch durch Aushang erfolgen kann, reicht dieser aus, wenn der AG damit inhaltlich seine Informationspflicht erfüllt.[11]

4 Nach § 18 TzBfG hat der AG die befristet beschäftigten AN auch ohne entsprechende Anzeige über entsprechende **unbefristete Arbeitsplätze** zu informieren, die besetzt werden sollen. Nach Satz 2 kann dies auch durch allgemeine Bekanntgabe erfolgen. Diese Informationsverpflichtung, mit der § 6 Abs. 1 der europäischen RL 1999/70/EG über befristete Arbeitsverträge umgesetzt wird, kommt inhaltlich einer Ausschreibung der unbefristeten Arbeitsplätze gegenüber den befristet Beschäftigten gleich. Erfolgt sie, wird man diese Information den unbefristet Beschäftigten nur schwer vorenthalten können, damit auch sie die Möglichkeit haben, sich auf die zu besetzenden Arbeitsplätze zu bewerben.

5 Sowohl die Information nach § 7 Abs. 2 TzBfG als auch die nach § 18 TzBfG reichen insofern weiter als die Ausschreibung nach § 93, als sie sich nicht nur auf den Betrieb beschränken, sondern die **Arbeitsplätze des AG, also im UN** zum Gegenstand haben. Dies entspricht den Vorgaben aus der europäischen TeilzeitRL bzw. der BefristungsRL.

6 Für den **öffentlichen Dienst** wird unterstellt, dass die Dienststelle alle bei ihr zu besetzenden Dienstposten verwaltungsintern ausschreibt,[12] so dass der PR nicht besonders tätig werden muss, damit eine Ausschreibung erfolgt. § 8 Abs. 1 BundesbeamtenG schreibt dies ausdrücklich vor. Hier sollen Ausschreibung und Bewerbungsfrist als Hilfsmittel der Personalgewinnung das Stellenbesetzungsverfahren strukturieren und dazu beitragen, »dass der öff. AG unter Beachtung der Beteiligungsrechte der Arbeitnehmervertretung und in Wahrung des Prinzips der sog. Bestenauslese nach Art. 33 Abs. 2 GG seine Auswahl treffen kann«.[13] Nach § 75 Abs. 3 Nr. 14 BPersVG hat der PR mitzubestimmen, wenn von einer Ausschreibung von Dienstposten, die besetzt werden sollen, abgesehen werden soll, so dass die Dienststelle die Zustimmung des PR hierzu herbeiführen muss. Die Verpflichtung hierzu wird, abgesehen von Art. 33 Abs. 2 GG und § 8 Abs. 1 BBG, durch das Personalvertretungsrecht selbst begründet.[14] Das Mitwirkungsrecht des PR erstreckt sich auch auf die Entscheidung des Dienststellenleiters, ob Stellen dienststellenintern auszuschreiben sind.[15] Im Übrigen ist der öff. AG auf Grund des durch Art. 33 GG gewährleisteten Rechts auf Zugang zu einem öff. Amt zwingend gehalten, vor Besetzung jeder Stelle ein Anforderungsprofil ausschließlich nach obj. Kriterien schriftlich niederzulegen. Ein bloßer Hinweis auf die vorgesehene Vergütungsgruppe ist unzureichend, wenn sich die konkreten Anforderungen der zu besetzenden Stelle aus ihr nicht feststellen lassen. Das Anforderungsprofil muss zur Gewährleistung eines hinreichenden Rechtsschutzes des unterlegenen Bewerbers nach Art. 19 Abs. 4 GG so dokumentiert sein, dass die Auswahl-

---

7 Zu den aufgehobenen Sätzen 2 und 3 des § 93 vgl. 7. Aufl., Rn. 15 – 17.
8 *BAG* 14.12.04 – 1 ABR 54/03, EzA BetrVG 2001 § 99 Nr. 1 Einstellung.
9 *Däubler*, ZIP 00, 1962.
10 Ausführlich hierzu TZA-*Buschmann*, § 7 TzBfG Rn. 25 ff.
11 Musterinfo des AG in DKKWF-*Buschmann*, § 93 Rn. 3.
12 *Dietz/Richardi*, BPersVG, § 75 Rn. 464.
13 *BAG* 18.11.08 – 9 AZR 865/07, AuR 09, 105.
14 BVerwG 8.3.88, PersR 88, 183; *Altvater u. a.*, BPersVG, § 75 Rn. 68.
15 *BVerwG* 9.1.07 – 6 P 6/06, PersR 07, 213.

entscheidung nach den Kriterien des Art. 33 Abs. 2 GG überprüft werden kann.[16] Deshalb wäre es unzulässig, einen für die Art der auszuübenden Tätigkeit nicht erforderlichen Ausbildungsabschluss zu verlangen.[17] Nach **§ 6 BGleiG** darf die Dienststelle (Bundesverwaltung, -gerichte) Arbeitsplätze weder öffentlich noch intern nur für Männer oder Frauen ausschreiben. Der Text darf **nicht nur auf ein Geschlecht zugeschnitten** sein. Die Arbeitsplätze sind auch bei Vorgesetzten- und Leitungsaufgaben auch in Teilzeit auszuschreiben, soweit zwingende dienstliche Belange nicht entgegenstehen. Sind Frauen in einzelnen Bereichen unterrepräsentiert, sollen freie Arbeitsplätze, ggf. öffentlich, ausgeschrieben werden, um die Zahl von Bewerberinnen zu erhöhen. Ausschreibungen müssen mit den Arbeitsplatzanforderungen übereinstimmen und das Anforderungs- und Qualifikationsprofil enthalten. § 8 Satz 1 BGleiG verpflichtet die Dienststelle zur **bevorzugten Berücksichtigung von Frauen bei gleicher Qualifikation**, sofern Frauen in einzelnen Bereichen unterrepräsentiert sind und nicht in der Person des Mitbewerbers liegende Gründe überwiegen. Weitere Rechtsgrundlagen finden sich in Gleichstellungs- bzw. Frauenfördergesetzen des Bundes und der Länder, die auch allgemeine, nicht geschlechtsspezifische Anforderungen aufstellen.

II. Initiativrecht auf Ausschreibung

Die Bestimmung findet nicht nur Anwendung bei vorhandenen und frei werdenden Arbeits- 7
plätzen, sondern auch bei der **erstmaligen Besetzung** neuer Arbeitsplätze. Zum Begriff »Arbeitsplatz« vgl. Definition in § 99 Rn. 158. Dazu gehören befristete wie unbefristete, Vollzeit- wie Teilzeitarbeitsplätze oder bestimmte während eines Teils der Arbeitszeit auszuführende Tätigkeiten. Der Arbeitsplatz wird besetzt durch jede vorgesehene Einstellung oder Versetzung i. S. d. § 99 Abs. 1 einschl. der mehr als unerheblichen Aufstockung der Arbeitszeit schon beschäftigter AN sowie der Umwandlung eines befristeten in einen unbefristeten Arbeitsplatz.[18] Mit der Ausschreibung bringt der AG zum Ausdruck, dass das im Betrieb benötigte zusätzliche Arbeitszeitvolumen den zeitlichen Anforderungen an einen Arbeitsplatz genügt.[19] Auf die Art und den Inhalt des Rechtsverhältnisses, das dieser Beschäftigung zu Grunde liegt, kommt es nicht an.

Um die Besetzung eines Arbeitsplatzes handelt es sich auch bei der Beschäftigung von **Leiharbeitern[20] oder freien Mitarbeitern,**[21] wenn diese in den Betrieb eingegliedert werden, um zusammen mit anderen AN den arbeitstechnischen Zweck des Betriebs durch weisungsgebundene Tätigkeit zu verwirklichen. Danach kann der BR die Ausschreibung auch von Arbeitsplätzen verlangen, die vom AG vorübergehend oder dauerhaft für die Besetzung mit Leiharbeitern vorgesehen sind. Das ist auch der Fall, wenn der einzelne Einsatz des Leiharbeiters nur befristet vorgesehen ist oder wenn dieser verlängert werden soll.[22] Zutreffend weist das *BAG* darauf hin, dass so ein Arbeitsplatz auch von Stamm-AN, z. B. von Schwerbehinderten (§ 81 SGB IX) oder bisher Teilzeitbeschäftigten (§ 9 TzBfG) besetzt werden könnte.[23] Ob eine langfristige Besetzung des Arbeitsplatzes mit Leiharbeitern geplant ist, ist nach dem Normzweck ebenso wenig entscheidend wie bei sonstigen Einstellungen. Jeder auch kurzfristige Einsatz von Leiharbeitern besetzt damit einen (ausschreibungspflichtigen) Arbeitsplatz.[24] Gegenüber dem Leiharbeiter ist **Arbeitnehmerüberlassung** allerdings nur wirksam, wenn sie **vorübergehend** erfolgen soll (§ 1 Abs. 1 Satz 2 AÜG). Die Bestimmung enthält nicht lediglich

16 *BAG* 21.1.03 – 9 AZR 72/02, AuR 03, 317; 19.2.08 – 9 AZR 70/07, AuR 08, 320.
17 *BAG* 12.9.06 – 9 AZR 807/05, PersR 07, 198.
18 *LAG Hamm* 31.10.00, LAGE § 93 BetrVG Nr. 3; HaKo-*Kreuder*, Rn. 5; WPK-*Preis*, Rn. 5; a. A. ErfK-*Kania*, Rn. 6.
19 *BAG* 25.1.05 – 1 ABR 59/03, AuR 05, 345.
20 *BAG* 1.2.11 – 1 ABR 79/09, AuR 11, 313; a. A. GK-*Raab*, Rn. 7 ff.
21 *BAG* 27.7.93 – 1 ABR 7/93, AP Nr. 3 zu § 93 BetrVG 1972; *Fitting*, Rn. 5; *Löwisch/Kaiser*, Rn. 3; *Mertens/Lipinski*, BB 04, 2414; WPK-*Preis*, Rn. 2.
22 *BAG* 1.6.11 – 7 ABR 18/10, AP Nr. 136 zu § 99 BetrVG 1972.
23 *BAG* 1.2.11 – 1 ABR 79/09, AuR 11, 313.
24 *BAG* 15.10.13 – 1 ABR 25/12, AuR 14, 121: 4 Wochen; vgl. TV L/ZA v. 1.11.12, Nr. 5.2: 3 Monate; dazu *D. Ulber*, AuR 13, 116; enger *Fitting*, Rn. 5; a. A. GK-*Raab*, Rn. 7 ff.

einen unverbindlichen Programmsatz, sondern untersagt die nicht nur vorübergehende Arbeitnehmerüberlassung.[25] Eine solche ist anzunehmen, wenn ein Entleiher Stellenausschreibungen für unbefristete Arbeitsverhältnisse schaltet, auch wenn er erwähnt, dass die Einstellung durch die verleihenden Personaldienstleister erfolgen soll; ebenso, wenn durch Arbeitnehmerüberlassung ein Dauerbeschäftigungsbedarf abgedeckt wird. Das Merkmal »vorübergehend« ist nicht personal-, sondern arbeitsplatzbezogen auszulegen.[26] Nach Auffassung des BAG ist nicht vorübergehende Überlassung zwar verboten, führtaber nicht ex jure zur Begründung eines Arbeitsverhältnisses zum Entleiher.[27] Ebenso von der Ausschreibungsverpflichtung erfasst sind die Arbeitsplätze sog. »AT-Angestellter«, nicht aber leitender Angestellter i. S. d. § 5 Abs. 3, für die »der BR funktional nach § 99 nicht zuständig ist«.[28]

8 Das Gesetz gibt dem BR ein als **Mitbestimmungsrecht gestaltetes Initiativrecht.**[29] Eine allgemeine selbstständige Pflicht zur Ausschreibung aller Arbeitsplätze besteht nicht. Sie wird durch das **Verlangen des BR** begründet. Hierfür bestehen keine besonderen Formvorschriften, so dass der BR die Ausschreibung grundsätzlich auch mündlich verlangen kann. Schriftform ist aber sinnvoll.[30] Das Verlangen kann auch in der Einleitung eines arbeitsgerichtlichen Beschlussverfahrens liegen mit dem Antrag, dem AG aufzugeben, Einstellungen nicht ohne Ausschreibung der Arbeitsplätze und nicht ohne vorherige Unterrichtung des BR durchzuführen.[31]

9 Der BR kann die Ausschreibung **allgemein** für alle Arbeitsplätze des Betriebs, für **bestimmte Arten und Tätigkeiten** oder für einen **konkreten Einzelfall** verlangen. Es wird zwar bestritten, dass die Vorschrift für den konkreten Einzelfall gilt.[32] Aus dem Wortlaut[33] ist diese Einschränkung nicht abzuleiten, da auch ein einzelner Arbeitsplatz durch Zusammenfassung »bestimmter Arten von Tätigkeiten« gekennzeichnet ist. Sie ist auch nicht funktional. Könnte der BR die Ausschreibung nicht im Einzelfall verlangen, müsste er zu Lasten des AG die Ausschreibung sämtlicher frei werdender Stellen fordern. Der Nachweis eines besonderen rechtlichen Interesses ist nicht erforderlich. § 93 findet ferner Anwendung, wenn ein Arbeitsplatz nur vorübergehend mit einer Aushilfskraft oder auf eine andere Weise zeitlich befristet besetzt werden soll.

10 Zum Initiativrecht des BR gehört das Verlangen, **auf welche Weise** die Stellenausschreibung durchgeführt werden soll, z. B. durch Aushang am »Schwarzen Brett», Rundschreiben, Veröffentlichung in der Werkszeitschrift oder auf elektronischem Weg.[34] Nach str. Auffassung des *BAG*[35] unterliegt die konkrete Ausgestaltung einer Ausschreibung (Inhalt, Form, Frist, Bekanntmachung) nicht der Mitbestimmung. Dies erscheint zweifelhaft. Danach wäre die Ausgestaltung eines gesetzlichen Rechts des BR in die Verfügung des AG gestellt und könnte so unterlaufen werden.[36] Erst durch die Art und Weise der Ausschreibung wird aber die praktische Anwendung der Vorschrift ermöglicht. Entspr. dem allgemeinen Sprachgebrauch (aus*schreiben*) ist jedenfalls *schriftliche* Bekanntgabe erforderlich.[37] Die zwischen AG und BR zu vereinbarenden **Ausschreibungsgrundsätze** erstrecken sich auf **weitere Einzelheiten** wie be-

---

25 *BAG* 10.7.13 – 7 ABR 91/11, AuR 9/13; 30.9.14 – 1 ABR 79/12, DB 15, 383, mit der Folge eines Widerspruchsrecht des BR nach § 99 Abs. 2 Nr. 1.

26 Str.; wie hier *LAG Hamburg* 23.9.14 – 2 TaBV 6/14, EzA-SD 2015, Nr 2, 15, mwN.; *ebenso* 29.8.13 – 1 TaBV 3/13; LAG Nieders. 19.9.12 – 17 TaBV 124/11; *LAG Berlin-Br.* 19.12.12 – 4 TaBV 1163/12; 9.1.13 – 15 Sa 1635/12; *LAG Ba-Wü* 31.7.13, 4 Sa 18/13; *LAG S-H* 8.1.14 – 3 TaBV 43/13.

27 *BAG* 10.12.13 – 9 AZR 51/13, BAGE 146, 384.

28 *BAG* 27.7.93, a. a. O.; GK-*Raab*, Rn. 8.

29 Richardi-*Thüsing*, Rn. 2.

30 Musterantrag des BR im DKKWF-*Buschmann*, § 93 Rn. 2.

31 *HessLAG* 2.11.99, ARSt 00, 219 = AuR 00, 316, Ls.

32 *LAG Köln* 1.4.93, LAGE § 93 BetrVG 1972 Nr. 2; GK-*Raab*, Rn. 23; *Fitting*, Rn. 5; Richardi-*Thüsing*, Rn. 7; wie hier *Kuhn/Wedde*, AiB 92, 548.

33 So aber *Raab*, a. a. O.

34 *Kuhn/Wedde*, AiB 92, 549 f.; *Heither*, AR-Blattei, Betriebsverfassung XIV C, Rn. 65; *Fitting*, Rn. 6.

35 *BAG* 17.6.08 – 1 ABR 20/07, AuR 08, 407; 10.3.09 – 1 ABR 93/07, AuR 09, 226; 6.10.10 – 7 ABR 18/09, DB 11, 658.

36 Ebenso *Fitting*, Rn. 6, bis zur 25. Aufl., seitdem wie *BAG*; a. A. auch GK-*Raab*, Rn. 31.

37 GK-*Raab*, Rn. 32.

stimmte Voraussetzungen für eine Bewerbung und die Ausschreibungsdauer. Nach Auffassung des *BAG*[38] bedeutet eine BV für den Aushang innerbetrieblicher Stellenausschreibungen, die einen Fristrahmen festsetzt und vorschreibt, dass der letzte Tag der Aushangfrist in der Stellenausschreibung anzugeben ist, noch keine Beschränkung der Auswahl des AG auf den Kreis derjenigen Betriebsangehörigen bedeuten, die sich innerhalb der Aushangfrist beworben haben.[39]

Verlangt der BR die Ausschreibung, muss der AG dieser Forderung entsprechen.[40] Diese Ausschreibungspflicht des AG besteht unabhängig davon, ob mit der Bewerbung anderer Mitarbeiter zu rechnen ist.[41] Verlangt er sie nicht, kann er sich nach Einleitung der personellen Maßnahme nicht auf den Zustimmungsverweigerungsgrund des § 99 Abs. 2 Nr. 5 berufen.[42] Voraussetzung für den wirksamen Widerspruch ist nach der Rspr. des *BAG*[43], dass die Ausschreibung zwischen den Betriebsparteien vereinbart ist oder der BR die Ausschreibung **vor dem Antrag des AG** auf Zustimmung zur Einstellung eines AN auf einen bestimmten Arbeitsplatz verlangt hat. Ein späteres Ausschreibungsverlangen genügt danach nicht. **11**

Kommt der AG dem Verlangen des BR auf Stellenausschreibung nicht nach, kann dieser nach § 99 Abs. 2 Nr. 5 seine **Zustimmung** zur Einstellung eines externen Bewerbers oder zur Versetzung eines betriebsangehörigen AN auf einen offenen Arbeitsplatz verweigern (ausführlich unter § 99, Rn. 229 ff.). In diesem Fall kann das ArbG die fehlende Zustimmung des BR nicht ersetzen.[44] Auch kann sich der AG grundsätzlich nicht darauf berufen, die Zustimmungsverweigerung sei rechtsmissbräuchlich und damit unbeachtlich, weil für den zu besetzenden Arbeitsplatz kein Mitarbeiter des Betriebs geeignet sei oder an diesem Arbeitsplatz Interesse habe oder haben könne. Mit dieser Begründung hat das *HessLAG* den Antrag auf Ersetzung der Zustimmung des BR zu einer Einstellung zurückgewiesen.[45] Nach *LAG Köln*[46] kann aber die fehlende Ausschreibung bis zum Schluss der Anhörung vor dem LAG nachgeholt werden, wenn der AG die Einstellung vorläufig durchgeführt und sich auf die erneute Ausschreibung kein interner Bewerber gemeldet hat. Ein Widerspruchsrecht besteht auch, wenn der AG die innerbetriebliche Stellenausschreibung **nicht in einer dem Gesetz oder dem Sinn dieser Vorschrift gerecht werdenden Weise** vornimmt.[47] Das wäre etwa der Fall, wenn er es im Gegensatz zur Ausschreibung nach außen unterlassen würde, die für die Bewerbung notwendigen Einzelheiten, z. B. hinsichtlich der Anforderungen, die der Arbeitsplatz stellt, mitzuteilen. Der AG genügt auch nicht der vom BR geforderten innerbetrieblichen Stellenausschreibung, wenn er eine bestimmte Stelle im Betrieb zwar ausschreibt, in einer Stellenanzeige in der Tagespresse aber **geringere Anforderungen** für eine Bewerbung um diese Stelle nennt. Der BR kann daher die Zustimmung zur Einstellung eines Bewerbers verweigern, der sich auf diese Stellenanzeige mit den geringeren Anforderungen beworben hat.[48] Nach *BAG*[49] berechtigt eine unrichtige Angabe der Höhe des Arbeitsentgelts den BR nur dann zum Widerspruch, wenn die in Aussicht gestellte Vergütung eindeutig bzw. offensichtlich im Widerspruch zu einer den AG bindenden tariflichen oder betrieblichen Vorgabe steht. Dies muss erst recht gelten, wenn die in Aussicht genommene Vergütung sittenwidrig (§ 138 BGB) oder lohnwucherisch (§ 291 StGB) niedrig liegt. Unabhängig von dem Zustimmungsverweigerungsrecht bleibt dem BR die Möglichkeit, ggf. gegen den AG nach **§ 23 Abs. 3** oder **§ 17 Abs. 2 AGG** vorzugehen.[50] **12**

---

38 *BAG* 18.11.80, AP Nr. 1 zu § 93 BetrVG 1972.
39 MusterBV in DKKWF-*Buschmann,* § 93 Rn. 4.
40 GK-*Raab,* Rn. 21; Richardi-*Thüsing,* Rn. 24.
41 *LAG Köln* 14.9.12 – 5 TaBV 18/12, juris, mwN.; Ausnahme nach *BAG* 15.10.13 – 1 ABR 25/12, AuR 14, 121, wenn mit innerbetrieblichen Bewerbungen offenkundig nicht zu rechnen ist; *LAG Berlin* 5.9.13 – 21 TaBV 843/13: »mit Sicherheit«.
42 *BAG* 1.6.11 – 7 ABR 18/10, AP Nr. 136 zu § 99 BetrVG 1972; *Fitting,* Rn. 5.
43 *BAG* 14.12.04 – 1 ABR 54/03, EzA BetrVG 2001 § 99 Nr. 1 Einstellung; *BAG* 1.6.11 a. a. O.
44 Richardi-*Thüsing,* Rn. 28.
45 *HessLAG* 2.11.99, AuR 00, 316; *LAG Köln* 14.9.12 – 5 TaBV 18/12, juris, mwN.
46 *LAG Köln* a. a. O.; zweifelhaft, vgl. § 99, Rn. 229 ff.
47 GK-*Raab,* Rn. 33.
48 *BAG* 23.2.88, AP Nr. 2 zu § 93 BetrVG 1972.
49 *BAG* 10.03.09 – 1 ABR 93/07, AuR 09, 226.
50 *BAG* 18.8.09 – 1 ABR 47/08, AuR 09, 310; *HessLAG* 6.3.08 – 9 TaBV 251/07, AuR 08, 315.

III. Inhalt und Umfang von Stellenausschreibungen

1. Mindestanforderungen

13 Die **Ausschreibung** (Def.) ist die allgemeine Aufforderung an alle oder eine bestimmte Gruppe von AN, sich für bestimmte Arbeitsplätze im Betrieb zu bewerben.[51] Dies erfordert die Bekanntgabe bestimmter stellen- wie aufgabenbezogener **Mindestinformationen,** die sich aus ihrem Zweck ergeben. Dieser geht dahin, die zu besetzende Stelle den in Betracht kommenden AN zur Kenntnis zu bringen und ihnen die Möglichkeit zu geben, ihr Interesse an der Stelle kundzutun und sich darum zu bewerben. Aus der Ausschreibung muss hervorgehen, um welchen Arbeitsplatz es sich handelt und welche Anforderungen ein Bewerber erfüllen muss. Die Bekanntmachung muss so erfolgen, dass alle als Bewerber in Betracht kommenden AN die Möglichkeit haben, von der Ausschreibung Kenntnis zu nehmen. Eine bestimmte Form der Bekanntmachung ist nicht vorgeschrieben. Regelmäßig erforderlich, aber auch ausreichend ist es, wenn die Ausschreibung in der Weise bekannt gemacht wird, in der üblicherweise die Information der AN erfolgt.[52] Nach *BAG*[53] erfordert dies eine zumindest schlagwortartige Bezeichnung der Arbeitsaufgaben und Mitteilung der von den Bewerbern erwarteten Qualifikationen«. Sie sollte **möglichst ausführlich und genau** sein, damit nicht im Nachhinein weitere unbenannte Qualifikationsmerkmale eingeführt werden und bei personellen Einzelmaßnahmen den Ausschlag geben, wodurch der Sinn der Ausschreibung unterlaufen würde.[54] Erscheint eine bestimmte **Anforderung nicht in der Stellenausschreibung** und wird sie auch nicht im Bewerbungsverfahren gefordert, so kann sich der AG später darauf zur Begründung der Bevorzugung eines Bewerbers des anderen Geschlechts **nur berufen, wenn besondere Umstände vorliegen,** die erkennen lassen, dass dieser Grund nicht nur vorgeschoben ist. Dies muss besonders kritisch gewürdigt werden, wenn die Anforderung von Frauen typischerweise nicht erfüllt wird, wie etwa langjährige Berufserfahrung in einem Männerberuf.[55]

14 Die Ausschreibung sollte enthalten:[56]

- Betriebsbereich (z. B. Abteilung), in dem die Stelle zu besetzen ist;
- genaue Beschreibung des Arbeitsplatzes sowie der Arbeitsbedingungen;
- fachliche Anforderungen;
- Angabe der Tarifgruppe sowie sämtlicher Zulagen, auch außertariflicher Art;
- Arbeitszeitfragen (z. B. Wechselschicht, Vollzeit/Teilzeit)
- befristet/unbefristet[57]
- Aufstiegs- und Weiterbildungsmöglichkeiten;
- einzureichende Bewerbungsunterlagen;
- Besetzungstermin;
- Form der Bewerbung;
- Bezeichnung der die Bewerbungen entgegennehmenden Stelle.

Nach *BAG*[58] zählt die Höhe des Arbeitsentgelts nicht zum notwendigen Inhalt einer Ausschreibung. Dies erscheint zweifelhaft, da das Arbeitsverhältnis als Austauschverhältnis durch gegenseitige Leistungspflichten gekennzeichnet ist, also nicht nur die vom AN geforderten Leistungen. Auch die **Funktion** der **innerbetrieblichen Markttransparenz** und der **Aufstiegsförderung** spricht für diese Information.

15 Das Verlangen des BR wird nur erfüllt durch eine rechtmäßige, den Erfordernissen des § 75 Abs. 1, sonstiger gesetzlicher oder tariflicher Vorschriften sowie oben Rn. 13 genügende Ausschreibung. Andernfalls würde die Ausschreibung eine personelle Einzelmaßnahme vorbereiten, die wegen Verstoßes gegen § 99 Abs. 2 Nr. 1 gar nicht erfolgen dürfte. Insofern wird die

51 *BAG* 23.2.88, a. a. O.
52 *BAG* 17.6.08 – 1 ABR 20/07, AuR 08, 407.
53 *BAG* 10.3.09 – 1 ABR 93/07, AuR 09, 226.
54 Vgl. auch *Degen*, AiB 91, 108; *Schiek*, § 93 Rn. 3, im Hinblick auf die Gefahr der Frauendiskriminierung.
55 *BVerfG* 16.11.93 – 1 BvR 258/86, AuR 94, 110; ferner *BVerfG* 21.9.06 – 1 BvR 308/03, NJW 07, 137.
56 Vgl. auch *RKW*-Handbuch, S. 154 ff.; *Kock*, Handbuch Personalplanung, 139, 160.
57 Nach *LAG Schleswig-Holstein* 6.3.12 – 2 TaBV 37/11, juris, nicht zwingend erforderlich.
58 *BAG* 10.3.09 – 1 ABR 93/07, AuR 09, 226.

vom BR anzustellende **Überprüfung nach § 99 in das Ausschreibungsverfahren vorverlagert.** Dies dient auch dem Interesse des AG, der so frühzeitig vor Rechtsfehlern bewahrt werden kann. Andererseits bestimmen sich die ratio der Norm sowie ihr Anwendungsbereich eigenständig und nicht abgeleitet aus § 99. Das bedeutet, dass in der Ausschreibung nicht etwa nur die Merkmale des Arbeitsplatzes anzugeben sind, die im Einzelfall für einen Widerspruch nach 99 Abs. 2 erheblich sind.

2. Diskriminierungsfreie Ausschreibung

Gesetzliche Anforderungen an den Inhalt von Ausschreibungen ergeben sich aus § 11 i. V. m. § 7 AGG, welcher auf § 1 AGG verweist. Danach darf ein Arbeitsplatz nicht unter Verstoß gegen das **Verbot der Diskriminierung wegen der Rasse, der ethnischen Herkunft, des Geschlechts, der Religion oder Weltanschauung, einer Behinderung, des Alters oder der sexuellen Identität** ausgeschrieben werden. Das Benachteiligungsverbot dient der Umsetzung der RL 2000/43/EG zur Anwendung des Gleichbehandlungsgrundsatzes ohne Unterschied der Rasse oder der ethnischen Herkunft, der RL 2000/78/EG zur Festlegung einen allgemeinen Rahmens für die Verwirklichung der Gleichbehandlung in Beschäftigung und Beruf, der RL 2002/73/EG zur Verwirklichung des Grundsatzes der Gleichbehandlung von Männern und Frauen hinsichtlich des Zugangs zur Beschäftigung, zur Berufsbildung und zum beruflichen Aufstieg sowie in Bezug auf die Arbeitsbedingungen, Neufassung durch RL 2006/54/EG v. 5.7.06; der RL 2004/113/EG zur Verwirklichung des Grundsatzes der Gleichbehandlung von Männern und Frauen beim Zugang zu und bei der Versorgung mit Gütern und Dienstleistungen. Diese Vorschriften beziehen das in den jeweiligen RL niedergelegte Diskriminierungsverbot u. a. auf die »Beschäftigungs- und Arbeitsbedingungen, einschließlich Entlassungsbedingungen und Arbeitsentgelt«, jeweils Art. 3 c der RL. Der *EuGH*[59] versteht den Grundsatz der Gleichbehandlung in Beschäftigung und Beruf als allgemeinen Grundsatz des (primären) Gemeinschaftsrechts versteht, der unabhängig von seiner nationalen Umsetzung unmittelbar anzuwenden ist. Heute ergibt sich dies auch aus Art. 21 Gr-Charta. Das AGG verpflichtet nicht von sich aus zu einer Ausschreibung, wenn AG und BR dies nicht wollen.[60] Entscheidet sich aber der AG dazu oder verlangt sie der BR, muss sie den durch das AGG und § 7 TzBfG gesetzten zwingenden Rahmen beachten. 16

Der **Ausschreibungsbegriff des AGG** entspricht angesichts seiner europarechtlichen Vorgaben dem der §§ 611 b BGB und 7 TzBfG. Jede – öff. oder innerbetriebliche – Ausschreibung ist diskriminierungsfrei zu gestalten.[61] Dies gilt auch, wenn sich der AG dabei eines Dritten, z. B. der Bundesagentur für Arbeit, bedient. Deren Verhalten ist dem AG i. d. R. zuzurechnen.[62] Eine wesentliche Ergänzung gegenüber dieser Vorschrift ist die Erstreckung des Diskriminierungsverbots auf alle **Beschäftigten i. S. d. § 6 AGG,** nicht nur auf AN. Namentlich hervorgehoben werden neben den AN die zu ihrer Berufsbildung Beschäftigten, arbeitnehmerähnliche Personen einschließlich Heimarbeiter und Gleichgestellte, Bewerber für ein Beschäftigungsverhältnis und ausgeschiedene Beschäftigte. Schließlich erfasst § 6 Abs. 3 AGG hinsichtlich der Bedingungen für den Zugang zur Erwerbstätigkeit sowie den beruflichen Aufstieg auch Selbständige wie sog. Freie Mitarbeiter und Franchise-Nehmer und entspricht damit den RL 2000/43/EG und 2000/78/EG, die jeweils in Art. 3 Abs. 1 a nicht zwischen unselbständiger und selbständiger Erwerbstätigkeit differenzieren. Dementsprechend ist der Begriff des Arbeitsplatzes i. S. d. § 11 AGG weiter zu fassen als nach § 93 BetrVG. Für Nicht-AN hat der BR zwar kein Mitbestimmungsrecht. Er kann aber dem AG dessen gesetzlichen Verpflichtungen vorhalten und seine Mitbestimmungsmöglichkeiten so gestalten, dass nicht für die Beschäf- 17

59 *EuGH* 22.11.05 – RS. C-144/04, AuR 06, 167, mit Anm. *Schiek*, sowie 19.1.2010 – Rs. C-555/07, AuR 10, 264, dem folgend *BAG* 26.4.06 – 7 AZR 500/04, AuR 06, 167, 330; 25.2.10 – 6 AZR 911/08, AuR 10, 267.

60 Vgl. Däubler/Bertzbach-*Buschmann*, § 11 AGG, Rn. 3, mwN.; *EuGH* 21.5.85 – Rs. C-248/83, Kommission ./. Deutschland, zur RL 76/207.

61 BT-Drucks. 14/4538, S. 34 zu § 11.

62 *BAG* 5.2.04 – 8 AZR 112/03, AuR 04, 107, 237.

tigung in nicht-arbeitsrechtlichen Verhältnissen andere Anti-Diskriminierungsmaßstäbe gelten als für AN. Insoweit ist das besondere Verfahren nach § 17 Abs. 2 AGG auch in Bezug auf diesen Personenkreis eröffnet.

18 Aus dem erweiterten Beschäftigtenbegriff des § 6 AGG bestimmt sich die **Bezugsgruppe für die Anwendung des Prüfungsmaßstabs der mittelbaren Diskriminierung** nach § 3 Abs. 2 AGG. Diese liegt z. B. vor, wenn der AG AN und Nicht-AN unterschiedlich behandelt, indem er z. B. für besondere Führungspositionen überwiegend Nicht-AN einsetzt, wodurch jedoch Personen eines Geschlechts in besonderer Weise benachteiligt werden. Hier ist nach § 3 Abs. 2 im Einzelfall zu prüfen, ob die Differenzierung durch ein rechtmäßiges Ziel sachlich gerechtfertigt ist und die Mittel zur Erreichung dieses Ziels angemessen und erforderlich sind. Der unterschiedliche Beschäftigtenstatus reicht hierfür nicht aus. Unzulässig wäre auch eine – nur an AN, nicht aber an ständig beschäftigte »Freie« Mitarbeiter oder umgekehrt – gerichtete Ausschreibung, die dazu führt, dass eine der im AGG geschützten Personengruppen besonders belastet wird.

19 Das Benachteiligungsverbot bei der Ausschreibung erstreckt sich auf alle Tatbestände des § 1 AGG. Die dort genannten **»verpönten« Gesichtspunkte** dürfen – abgesehen von den Ausnahmetatbeständen der §§ 8 – 10, 20 AGG – weder positiv noch negativ Inhalt einer Ausschreibung sein.[63] Ein **Verstoß gegen das Neutralitätserfordernis** kann sich aus der Unternehmensdarstellung, aus Tätigkeitsbezeichnungen und persönlichen Anforderungen oder der Art der beizufügenden Bewerbungsunterlagen ergeben.[64] Erhöhte Aufmerksamkeit muss **umschreibenden Begriffen** gewidmet werden, die im Einzelfall zu einer mittelbaren **Diskriminierung** i. S. d. § 3 Abs. 2 führen können.[65] Zwar kann der AG über den der Stelle zugeordneten Aufgabenbereich frei entscheiden. Dagegen kann er nicht dadurch, dass er nach der Verkehrsanschauung nicht erforderliche Anforderungen für die Stellenbesetzung formuliert, die Vergleichbarkeit der Situation selbst gestalten und so den Schutz des AGG beseitigen.[66] Die **Beweislastregelung** des § 22 AGG gibt dem AG bei Glaubhaftmachung einer Benachteiligung nach § 1 AGG auf, deren sachliche Rechtfertigung darzulegen und zu beweisen. Insofern ist der AG auch gegenüber dem BR darlegungs- und beweispflichtig.

20 Bei § 11 AGG handelt sich wie schon bei § 611 b BGB um eine sog. Muss-Vorschrift, dh sie ist zwingend und weder verzicht- noch abdingbar. Ihre Verletzung kann auch dann Rechtsfolgen – allerdings aus anderen Vorschriften – begründen, wenn eine nachfolgende personelle Maßnahme selbst nicht gegen das Benachteiligungsverbot verstößt oder gar nicht stattfindet.[67] Bei einem Verstoß wird nach § 22 AGG eine kaum zu widerlegende Benachteiligung wegen des Geschlechts vermutet (zum individuellen Schadensersatzanspruch Rn. 23).[68] Unzulässig ist z. B. die unmittelbare (§ 3 Abs. 1 AGG) wie mittelbare (§ 3 Abs. 2 AGG) **Aufnahme eines Geschlechts als positives oder negatives Einstellungs- oder Beförderungsmerkmal in die Ausschreibung,**[69] desgleichen die Aufnahme von damit im Zusammenhang stehenden Merkmalen. Die Begründung nennt ausdrücklich Schwangerschaft oder Mutterschaft. Die im ö. D. geläufige Formulierung »Bewerbungen von Frauen sind erwünscht« ist zulässig, wenn Frauen in einer bestimmten Führungsposition unterdurchschnittlich repräsentiert sind. Ein absoluter Frauenvorrang scheidet dagegen aus. Zulässig ist nach *BAG*[70] die Ausschreibung einer Betreuungsstelle für Frauen in einem Mädcheninternat, wenn dort Nachtdienst geleistet werden soll; ferner[71] für die Stelle einer kommunalen Gleichstellungsbeauftragten mit Schwerpunkt Integrationsarbeit mit zugewanderten Frauen. Unzulässig wäre ein Abstellen auf Merkmale, die

---

63 Zu Einzelfragen *Kania/Merten*, ZIP 07, 8 ff.; zur ersten Rspr. *Nollert-Borasio*, AuR 08, 333 f.
64 Vgl Wendeling-Schröder/Stein-*Stein*, § 11 AGG, Rn. 15 ff.
65 Ebenso MünchArbR-*Oetker*, § 15 AGG, Rn 8.
66 *BAG* 19.8.10 – 8 AZR 466/09, AuR 2010, 399; 23.8.12 – 8 AZR 285/11, AuR 2012, 374.
67 *BAG* 23.8.12 – 8 AZR 285/11, BB 2012, 2239.
68 Vgl. *BVerfG* 16.11.93 – 1 BvR 258/86, AuR 94, 110; ebenso 21.9.06 – 1 BvR 308/03, NJW 07, 137, das aus Art 3 Abs. 2 GG eine Auslegung des § 611 a BGB ableitet, dass Arbeitsuchende bei Begründung des Arbeitsverhältnisses wirksam vor Benachteiligungen wegen des Geschlechts geschützt werden müssen.
69 Vgl. *LAG Hamm* 24.4.08, AuR 08, 360: »Hotelfachfrau«.
70 *BAG* 28.5.09, AuR 09, 266, 369.
71 *BAG* 18.3.10 – 8 AZR 77/09, DB 2010, 1534.

überwiegend von einem Geschlecht erfüllt werden, von dem anderen weniger, etwa auf die **Erfüllung der Wehrpflicht bzw des Kriegsdienstes.** Wird auf (freiwilligen) Militärdienst abgestellt, liegt regelmäßig eine mittelbare Benachteiligung nach § 3 Abs. 2 AGG vor, darüber hinaus eine unmittelbare Benachteiligung wegen der Weltanschauung[72] sowie eine Verletzung des Art. 4 Abs. 3 GG, sollte eine Ausschreibung Zivildienst gegenüber Militärdienst diskriminieren. Nach § 8 AGG ist eine unterschiedliche Behandlung nur wegen wesentlicher und entscheidender unterschiedlicher beruflicher Anforderungen erlaubt. Die Begründung[73] nennt etwa den Beruf eines Mannequins. Wegen des Gleichberechtigungsgrundsatzes des Art. 3 GG ist diese Ausnahme eng zu fassen. Fast alle Berufe, die in der Vergangenheit zwingend einem Geschlecht zugeschrieben wurden, werden es heute nicht mehr.

Unzulässig ist regelmäßig die Ausschreibung von Arbeitsplätzen nur bis zu einer bestimmten **21** Altersstufe (Höchstalter) unter dem Gesichtspunkt der **Altersdiskriminierung.**[74] § 10 Satz 1 und 2 AGG verlangt eine Einzelfallprüfung, ob die unterschiedliche Behandlung wegen des Alters objektiv und angemessen und durch ein legitimes Ziel gerechtfertigt ist. Nach § 10 Nr. 3 AGG lässt sich die Festsetzung eines Höchstalters für die Einstellung nur rechtfertigen durch spezifische Ausbildungsanforderungen eines bestimmten Arbeitsplatzes oder durch die Notwendigkeit einer angemessenen Beschäftigungszeit vor dem Eintritt in den Ruhestand, was wörtlich Art. 6 Abs. 1 c der RL 2000/78/EG entspricht. Dass ein bestimmtes Alter eine sinnvolle Ausbildung ausschließt, wird angesichts des gesellschaftlich und auch vom *BVerfG* als Gemeinwohlbelang anerkannten Prinzips des lebenslangen Lernens[75] nur in besonderen Ausnahmefällen anzunehmen sein,[76] die im Einzelfall besonders begründet werden müssen. Die Notwendigkeit einer angemessenen Beschäftigung vor dem Ruhestand wird nur ausnahmsweise[77] gegeben sein. Dieses Merkmal betrifft vornehmlich Beamtenverhältnisse mit entspr. Beamtenversorgung. Für die private Wirtschaft kommt dieser Gesichtspunkt regelmäßig nicht zum tragen. Schon daraus ergibt sich, dass generelle **Höchstaltersgrenzen für die Einstellung in Ausschreibungen** regelmäßig unzulässig sind, da sie nicht an die vorstehend aufgeführten Einzelfallbedingungen anknüpfen.[78] Das Gleiche gilt, wenn die Ausschreibung eine Selbstdarstellung des AG (»Wir sind ein junges, dynamisches Team«) enthält, die ältere Bewerber faktisch ausschließt.[79] Unzulässig wäre es, Stellen für »junge« Bewerber,[80] »Berufsanfänger«[81] oder (als mittelbare Diskriminierung älterer Bewerber) im 1. Berufsjahr auszuschreiben.[82]

Verstößt der AG bei der Ausschreibung gegen § 75 bzw. §§ 1, 7 AGG, kann der Betriebsrat **22** seine **Zustimmung** zur personellen Einzelmaßnahme in gleicher Weise **verweigern** wie bei völlig unterbliebener Ausschreibung.[83] Die diskriminierende und die unterbliebene Ausschreibung stehen insoweit gleich. Zudem kann der BR den AG nach **§ 17 Abs. 2 AGG auf Unterlassung** in Anspruch nehmen[84] sowie eine erneute – diskriminierungsfreie – Ausschreibung verlangen.

---

72 Pazifismus, so ausdrücklich Europ. Menschenrechtskommission 16.5.1977, Nr. 7050/75 Arrowsmith; ebenso Schiek/Kocher-*Schiek*, § 1 AGG, Rn. 23.

73 BT-Drucks. 15/4538, S. 32.

74 *LAG Hamm* 7.8.08, AuR 09, 280.

75 *BVerfG* 15.12.87, AuR 88, 186 = DB 88, 709.

76 *Weber*, AuR 02, 404.

77 Zur RL *Linsenmaier*, RdA 5/03, Beil. 22, 28

78 *BAG* 8.12.10 – 7 ABR 98/09, AuR 2011, 267: tarifliches Höchstalter für die Einstellung von Piloten.

79 *Huke/Schütt*, Die Bedeutung des AGG für die Unternehmen, JbArbR 2007, III 2 a; KDZ-*Zwanziger*, 7. Aufl. 2008, § 11 AGG, Rn 5.

80 *BAG* 19.8.10 – 8 AZR 530/09, AuR 2011, 35 = AP Nr 5 zu § 15 AGG: »suchen wir für unsere Rechtsabteilung eine(n) junge(n), engagierte(n) Volljuristin/Volljuristen.«,

81 *BAG* 24.1.13 – 8 AZR 429/11, AuR 13, 103; unhaltbar und selbst diskriminierend *Wichert/Zange*, DB 07, 970, die als »sachliche« Rechtfertigung das Bild des »unverbildeten und lernfähigen Mitarbeiters einer Anwaltskanzlei« zeichnen und dies mit deren niedrigerem Anfangsgehalt begründen; ähnlich *HessLAG* 16.1.12 – 7 Sa 615/11, NZA-RR 2012, 464, zum Anforderungskriterium eines höchstens ein Jahr zurückliegenden Studienabschlusses für ein Trainee-Programm für Berufseinsteiger (Juristen) durch eine Versicherungsgesellschaft, mit Argumenten wie: »noch nicht von einschlägigen Berufserfahrungen vorgeprägt und beeinflusst…«

82 *BAG* 18.8.09 – 1 ABR 47/08, AuR 09, 310; 10, 223; *HessLAG* 6.3.08 – 9 TaBV 251/07, AuR 08, 315.

83 *Fitting*, Rn. 8.

84 *BAG* 18.8.09 – 1 ABR 47/08, *HessLAG* 6.3.08 a. a. O.

23 Der Verstoß gegen das Diskriminierungsverbot bei der Einstellung, insbes. infolge einer diskriminierenden Ausschreibung, kann zu einem **individualrechtlichen Entschädigungsanspruch** aus § 15 Abs. 1 AGG führen. Die Entschädigung ergibt sich noch nicht aus der Ausschreibung als solcher, sondern aus einer individuellen Benachteiligung, etwa Nichteinstellung,[85]. Enthält eine Ausschreibung diskriminierende Kriterien, wird nach § 22 AGG regelmäßig vermutet, daß die Benachteiligung darauf beruht.[86] Bedient sich der AG zur Stellenausschreibung eines Dritten, z. B. eines Stellenvermittlers, wie der Bundesanstalt (Bundesagentur) für Arbeit, und verletzt ein so eingeschalteter Dritter die Pflicht zur neutralen Stellenausschreibung, so ist diese Handlung dem AG zuzurechnen. Den AG trifft im Falle der Fremdausschreibung die Sorgfaltspflicht, die Ordnungsmäßigkeit der Ausschreibung zu überwachen.[87] § 15 Abs. 2 AGG trifft eine differenzierte Regelung, die die Entschädigung bei Nichteinstellung auf 3 Monatsgehälter begrenzt, wenn der/die Beschäftigte auch bei benachteiligungsfreier Auswahl nicht eingestellt worden wäre. Beruht der Inhalt der Ausschreibung auf einer BV, haftet der AG nach § 15 Abs. 2 AGG nur bei Vorsatz oder grober Fahrlässigkeit, was das Interesse von AG, hierüber BV zu schließen, steigern mag, aber angesichts der verfassungsrechtlichen Schutzpflicht aus Art. 3 GG[88] zweifelhaft ist. Allerdings ist die diskriminierende Bestimmung selbst nach § 7 Abs. 2 AGG unwirksam, verpflichtet den AG also nicht zur Umsetzung.

3. Reichweite der Mitbestimmung

24 Werden mit einer Stellenausschreibung fachliche und persönliche Voraussetzungen festgelegt, nach denen sich AN um den Arbeitsplatz bewerben können, handelt es sich zugleich um **Auswahlrichtlinien,** über die der BR nach § 95 mitzubestimmen hat[89]. Nach früherer Rspr. des *BAG*[90] bestimmt der AG bei einer innerbetrieblichen Stellenausschreibung allein, welche Anforderungen ein Bewerber um die ausgeschriebene Stelle erfüllen muss. Bei sog. Anforderungsprofilen soll nach str. Auffassung des *BAG*[91] keine Mitbestimmung bestehen.

25 Über die innerbetriebliche Ausschreibung von Arbeitsplätzen werden häufig BV abgeschlossen.[92] Das ist vor allem zu empfehlen, wenn die Ausschreibung umfassendere Angaben enthalten soll. In BV lässt sich eine **generelle Ausschreibungsverpflichtung** vereinbaren. Wird dagegen verstoßen, kann der BR einer personellen Einzelmaßnahme nach § 99 Abs. 2 Nr. 5 widersprechen[93] sowie den AG auf Einhaltung der BV in Anspruch nehmen. Nach *BAG*[94] ist nur eine freiwillige BV möglich. Dagegen soll **kein erzwingbares Mitbestimmungsrecht** bestehen (zur Kritik vgl. Rn. 10). Die Verpflichtung zur Ausschreibung besteht allerdings unabhängig von einer BV. Dem Verlangen des BR nach Stellenausschreibung muss der AG auch nachkommen, wenn eine BV nicht abgeschlossen worden ist.[95] Die Verpflichtungen des AG zur diskriminierungsfreien Ausschreibung nach § 11 AGG bzw. zur Ausschreibung in Teilzeit nach § 7 TzBfG sind nicht verhandelbar. Sie sind nicht Gegenstand der Mitbestimmung, sondern der Überwachung des BR nach § 80. Dafür sind dem BR die erforderlichen Unterlagen zur Verfügung zu stellen.[96]

---

85 *BAG* 5.2.04 – 8 AZR 112/03, AuR 04, 107, 237; *BVerfG* 16.11.93 – 1 BvR 258/86, AuR 94, 110.
86 *BAG* 19.8.10 – 8 AZR 530/09, AP Nr 5 zu § 15 AGG.
87 *BAG* 5.2.04 a. a. O.; *BVerfG* 21.9.06 – 1 BvR 308/06, NJW 07, 137.
88 *BVerfG*, a. a. O.
89 Richardi-*Thüsing*, Rn. 23; *Fitting*, Rn. 9; *Hanau*, BB 72, 453.
90 *BAG* 23.2.88, AP Nr. 2 zu § 93 BetrVG 1972.
91 *BAG* 7.11.96, AP Nr. 6 zu § 93 BetrVG 1972; dagegen § 95 Rn. 5 f.
92 Vgl. auch Muster in *RKW*-Handbuch, S. 154 ff.
93 *BAG* 14.12.04 – 1 ABR 54/03, a. a. O.
94 *BAG* 10.3.09 – 1 ABR 93/07, AuR 09, 226.6.10.10 – 7 ABR 18/09, DB 11, 658.
95 Vgl. *BAG* 7.11.77, AP Nr. 1 zu § 100 BetrVG 1972; 27.7.93, AP Nr. 3 zu § 93 BetrVG 1972; Richardi-*Thüsing*, Rn. 22.
96 Ebenso Richardi-*Thüsing*, Rn. 4.

IV. Einzelfragen von Stellenausschreibungen

Dem AG ist es nicht verwehrt, gleichzeitig mit der internen auch eine **außerbetriebliche Stellenausschreibung,** etwa durch eine Zeitungsanzeige, vorzunehmen (h. M.). Dabei dürfen keine geringeren Anforderungen gestellt werden als im Rahmen der innerbetrieblichen Ausschreibung[97] (vgl. Rn. 13). 26

Der AG darf nach Sinn und Zweck der Regelung des § 93 die freie Stelle nicht bereits einem **außen stehenden Bewerber** verbindlich zusagen, bevor die innerbetriebliche Ausschreibung endgültig durchgeführt worden ist und ihm die hierzu eingegangenen Bewerbungen aus dem Betrieb vorgelegen haben.[98] Zwar ist der AG nicht in jedem Fall gehalten, bei der Besetzung von offenen Arbeitsplätzen bereits im Betrieb Beschäftigten den Vorzug vor Außenstehenden zu geben.[99] Internen Bewerbern hat er eine **reelle Chance auf Bewerbung** einzuräumen.[100] Ein ausdrücklicher Vorrang folgt aus § 99 Abs. 2 Nr. 3 (2. Hs,) bzgl. der befristet Beschäftigten sowie aus § 9 TzBfG, wenn teilzeitbeschäftigte AN den Wunsch nach einer Verlängerung der Arbeitszeit angezeigt haben. Sie kann im TV[101] bzw. in **Auswahlrichtlinien** nach § 95 Abs. 1 oder 2 festgelegt werden.[102] Unabhängig von Auswahlrichtlinien nach § 95 Abs. 1 oder 2 ist es möglich, im Rahmen des § 93 in einer **BV** festzulegen, dass innerbetrieblichen Bewerbern der Vorzug gegeben wird.[103] 27

Die Vorschrift spricht von einer »innerbetrieblichen« Stellenausschreibung. Innerhalb des UN kann der **GBR** (vgl. § 51 Abs. 6), innerhalb des Konzerns der **KBR** Stellenausschreibungen (vgl. § 59 Abs. 1 i. V. m. § 51 Abs. 6) verlangen.[104] Da § 93 zur Zuständigkeit von GBR/KBR keine besonderen Regelungen trifft, gelten insoweit §§ 50, 58. Die Informationsansprüche nach §§ 7 Abs. 2, 12 TzBfG beziehen sich ohnehin auf das UN (vgl. Rn. 5). 28

In **Tendenzbetrieben** kann der BR die innerbetriebliche Stellenausschreibung auch für solche Arbeitsplätze verlangen, die mit Tendenzträgern besetzt werden sollen.[105] Die Stellenausschreibung kann die Verfolgung einer geistig-ideellen Zielsetzung weder verhindern noch ernsthaft beeinträchtigen.[106] 29

Die **Dauer** der Ausschreibung muss so bemessen sein, dass interessierte AN unter normalen Verhältnissen die Ausschreibung zur Kenntnis nehmen und eine Bewerbung einreichen können. Das *BAG*[107] hält eine Ausschreibungsdauer von 2 Wochen i. d. R. für nicht unangemessen kurz (str.). Das Gesetz geht davon aus, dass alsbald nach der Ausschreibung die personelle Maßnahme erfolgt. Mit Phantom- oder Vorratsausschreibungen erfüllt der AG seine Verpflichtungen aus der Vorschrift nicht. Andererseits macht eine geringfügige Verzögerung keine erneute Ausschreibung erforderlich, wenn sich aus Sicht der Belegschaft die Stelle der Ausschreibung zuordnen lässt. Ist in einer vom BR verlangten Ausschreibung ein Datum für eine Stellenbesetzung angegeben, ist nach *BAG* regelmäßig keine erneute Ausschreibung erforderlich, wenn zwischen diesem Datum und dem tatsächlichen Besetzungszeitpunkt nicht mehr als 6 Monate vergangen sind.[108] Spätestens nach 6 Monaten wird dieser Zusammenhang nicht mehr erkennbar sein. Über das Ergebnis des Ausschreibungsverfahrens, insbes. die eingegangenen Bewerbungen, ist der BR nach § 80 Abs. 2, unabhängig von personellen Einzelmaßnahmen nach § 99, zu unterrichten. 30

---

97 Vgl. *BAG* 23.2.88, AP Nr. 2 zu § 93 BetrVG 1972.
98 *Kuhn/Wedde*, AiB 92, 548.
99 *BAG* 7.11.77, AP Nr. 1 zu § 100 BetrVG 1972; *BAG* 18.11.80, AP Nr. 1 zu § 93 BetrVG 1972.
100 Richardi-*Thüsing*, Rn. 25 m. w. N.
101 *BAG* 25.10.94 – 1 ABR 7/93, AuR 01, 146 mit Anm. *Buschmann*.
102 Vgl. *BAG* 7.11.77, a. a. O.; *BAG* 18.11.80, a. a. O.; *Fitting*, Rn. 16.
103 Richardi-*Thüsing*, Rn. 22; *Däubler*, Das Arbeitsrecht 1, S. 519; a. A. *Hanau*, BB 72, 453; *Hanau/Adomeit*, F II 3.
104 Vgl. *Fitting*, Rn. 10; Richardi-*Thüsing*, Rn. 14 ff.; GK-*Raab*, Rn. 30; für eine Beschränkung der Anwendung des § 93 auf den einzelnen Betrieb *GL*, Rn. 8; *HWGNRH*, Rn. 28 ff.
105 *BAG* 1.2.11 – 1 ABR 79/09, AuR 11, 313; *Heither*, AR-Blattei, Betriebsverfassung XIV C, Rn. 70; Richardi-*Thüsing*, Rn. 18, 29; *Fitting*, Rn. 11; GK-*Raab*, Rn. 17; zum Begriff des Tendenzträgers vgl. § 118 Rn. 56 ff.
106 Richardi-*Thüsing*, a. a. O.
107 *BAG* 6.10.10 – 7 ABR 18/09, DB 11, 658.
108 *BAG* 30.4.14 – 7 ABR 51/12, AuR 14, 390.

31 In der **Praxis** wird von diesem Mittel unterschiedlich Gebrauch gemacht.[109] UN, die die Möglichkeiten eines internen transparenten Arbeitsmarkts zu nutzen verstehen, bestätigen eine verbesserte Nutzung des vorhandenen Entwicklungspotenzials. Dagegen ziehen hierarchisch strukturierte Organisationen gerade bei Aufstiegs- und Führungspositionen die Einstellung externer Bewerber vor, denen größere Autorität und Durchsetzungsvermögen zugetraut wird als Beschäftigten, die ihren künftigen Untergebenen möglicherweise kollegial oder freundschaftlich verbunden sind. Bekannt ist auch die Praxis, die Stelle erst auszuschreiben, wenn der/die Bewerber/-in schon feststeht, um die Anforderungen auf die gewünschte Person zuzuschneiden. Begünstigt wird diese Praxis durch die Rspr. des *BAG,*[110] die dem BR eine Mitbestimmung hierüber versagt.

V. Ausschreibung als Teilzeitarbeitsplätze (§ 7 TzBfG)

32 § 7 Abs. 1 TzBfG[111] gibt dem AG die generelle Verpflichtung, im Falle einer von ihm vorgesehenen Ausschreibung den Arbeitsplatz auch als Teilzeitarbeitsplatz auszuschreiben, es sei denn, der Arbeitsplatz eignet sich hierfür nicht. Auf eine besondere Besetzungsbereitschaft des AG kommt es nicht an. Dies gilt auch, wenn der AG aus personalpolitischen oder anderen Gründen zu einer Besetzung in Teilzeit nicht bereit ist oder wenn er eine Besetzung in Vollzeit für geeigneter hält. Die Vorschrift beinhaltet nur die Verpflichtung zur Ausschreibung (auch) in Teilzeit. Ein **Anspruch auf Ausschreibung in Vollzeit** lässt sich weder daraus noch aus der Teilzeit-RL 97/81/EG ableiten.[112] Allerdings ist auch bei Ausschreibung in Teilzeit ein AN nicht gehindert, einen individuellen Anspruch auf bevorzugte Berücksichtigung nach § 9 TzBfG i. V. m. § 5 Abs. 3 b RL 97/81/EG geltend zu machen, wenn sich dadurch das insgesamt angebotene Stundenvolumen nicht erhöht, sondern nur anders organisiert wird. Das Organisationsermessen des AG über das Zeitkontingent des Arbeitsplatzes wird durch arbeitsplatzbezogene Merkmale begrenzt.[113]

33 Der Gesetzentwurf der Bundesregierung zum TzBfG v. 27.9.2000 hatte die Ausschreibungspflicht entfallen lassen, wenn *dringende betriebliche Gründe* einer Teilzeitarbeit an diesem Arbeitsplatz entgegenstehen. Als **dringende betriebliche Gründe** i. S. d. Vorschrift nannte die Begründung, dass die Besetzung des Arbeitsplatzes für den Betrieb unzumutbar erschwert wird, weil die konkrete Tätigkeit einen Umfang an Spezialkenntnissen erfordert, über den nur eine begrenzte Zahl der für den Arbeitsplatz fachlich und räumlich in Betracht kommenden vollzeitbeschäftigten AN verfügt. Mit dieser Begründung lässt sich die Ausschreibung in Teilzeit nicht verneinen. Geeignet für eine Besetzung in Teilzeit ist der Arbeitsplatz nämlich auch in diesem Fall. Die **objektive Eignung** ist nur ausgeschlossen, wenn die am Arbeitsplatz anfallenden Arbeitstätigkeiten und Aufgaben den Umfang einer Vollzeitbeschäftigung ausmachen und nicht auf mehrere Personen aufgeteilt werden können. Dagegen kommt es nicht darauf an, ob sich geeignete Bewerber für eine Teilzeitbeschäftigung finden lassen, da dies die Eignung grundsätzlich nicht in Frage stellt und typischerweise erst nach einer Ausschreibung feststehen wird. Es handelt sich um einen der Auslegung zugänglichen Rechtsbegriff, der gerichtlich voll überprüfbar ist und bei dem dem AG kein Beurteilungsspielraum zukommt. Er kann sich der Ausschreibungspflicht auch nicht unter Hinweis auf eine sog. unternehmerische Entscheidung entziehen, alle oder einzelne Arbeitsplätze nur in Vollzeit zu besetzen.[114] Arbeitsvertragliche Vereinbarungen über Vollzeit oder Teilzeit stellen sich verfassungsrechtlich für AG wie für AN als Berufsausübung dar. Art. 12 GG gebietet nicht, Berufsausübungsregelungen so zu gestalten und auszulegen, dass sie die unternehmerische Entscheidungsfreiheit unberührt lassen, sondern lässt Raum dafür eine Konkordanz der Berufsfreiheit beider Seiten herbeizu-

---

109 *Falke u. a.,* II 4.2.
110 *BAG* 23.2.88, 27.10.92, a. a. O.
111 Hierzu ausführlich *Fischer,* AuR 01, 325; *Herbert/Hix,* DB 02, 2377; TZA-*Buschmann,* § 7 TzBfG Rn. 2 ff.
112 *BAG* 18.2.03 – 9 AZR 272/01, AuR 03, 316; vgl. auch TZA-*Dieball,* S. 205, m. w. N. auch zur Rspr. im Beamtenrecht.
113 *BAG* 15.8.06 – 9 AZR 8/06, BAGE 119, 194; TZA-*Buschmann,* § 9 TzBfG, Rn. 2; *Fischer,* AuR 05, 255.
114 Ebenso *Fischer,* AuR 01, 326 sowie 05, 255 m. w. N. auch zur a. A.

führen.[115] Eine Wertungsparallele zur Auslegung der entgegenstehenden »betrieblichen Gründe« i. S. d. § 8 Abs. 4 Satz 1 TzBfG ist angesichts der unterschiedlichen Formulierung und Funktion nicht zu ziehen.[116]

§ 7 TzBfG enthält keine Regelung für den Fall, dass der AG **zu Unrecht** den Arbeitsplatz für ungeeignet hält und demzufolge eine **Ausschreibung in Teilzeit nicht vornimmt.** Da die Ausschreibung als Teilzeitarbeitsplatz zumindest auch im Interesse der im Betrieb beschäftigten AN erfolgt, wird neben dem BR auch jeder einzelne AN sie jedenfalls in dem Fall verlangen können, in dem der AG überhaupt eine Ausschreibung vornimmt.[117] Weiterhin kann der BR einer Einstellung oder Versetzung nach § 99 Abs. 2 Nr. 5 widersprechen, wenn der Arbeitsplatz entgegen der gesetzlichen Verpflichtung nicht in Teilzeit ausgeschrieben wurde.[118] Die gesetzwidrige Ausschreibung steht insofern einer unterbliebenen Ausschreibung gleich (vgl. auch Rn. 12). Häufig wird ein derartiger Widerspruch zugleich auf § 99 Abs. 2 Nr. 1 i. V. m. § 9 TzBfG gestützt werden können, wenn ein Teilzeitbeschäftigter, der seine Arbeitszeit verlängern möchte, nicht bevorzugt berücksichtigt wurde.[119] **34**

Zwar ist der AG frei, den Arbeitsplatz nach gesetzeskonformer Ausschreibung, für die sich Teilzeitbewerber gefunden haben, mit einer Vollzeitarbeitskraft zu besetzen.[120] In der Praxis wird aber sein Recht, beliebig Vollzeit zu präferieren, eingeschränkt,[121] da er zumindest gegenüber dem BR einer **Begründungspflicht** unterliegt. Um das Ausschreibungsverfahren nicht zur Farce werden zu lassen, hat deshalb der AG das Ausschreibungs- und Bewerbungsverfahren abzuwarten und erst danach eine Entscheidung über die Besetzung zu treffen. **35**

Seit Inkrafttreten des AGG lässt sich das Gebot der Ausschreibung in Teilzeit auch auf § 3 Abs. 2 i. V. m. § 1 AGG stützen, da regelmäßig eine Ausschreibung nur in Vollzeit eine **mittelbare Frauendiskriminierung** darstellt, wenn sie nicht durch ein rechtmäßiges Ziel i. S. d. Vorschrift sachlich gerechtfertigt ist und die Mittel zur Erreichung dieses Ziels angemessen und erforderlich sind. Eine inhaltliche Verschiebung gegenüber § 7 TzBfG wird damit nicht verbunden sein. Der Bezug auf das AGG eröffnet aber dem BR und der im Betrieb vertretenen Gewerkschaft die Möglichkeit des Verfahrens nach § 17 Abs. 2 AGG (dazu § 23 Rn. 377 ff.). **36**

VI. Streitigkeiten

Kommt der AG dem Verlangen des BR nach der innerbetrieblichen Stellenausschreibung nicht nach, kann der BR bei einer vom AG angestrebten Besetzung des nicht ausgeschriebenen Arbeitsplatzes seine **Zustimmung nach § 99 Abs. 2 Nr. 5 verweigern.** Kommt es zwischen AG und BR zum Streit über Umfang, Art und Weise der innerbetrieblichen Stellenausschreibung, entscheidet das ArbG im **Beschlussverfahren** (§§ 2 a, 80 ff. ArbGG). **37**

Der BR kann gegen den AG ein Beschlussverfahren auf **Durchführung seiner Ausschreibungspflicht** anstrengen. Nach *Fitting*[122] kommt ein Feststellungsverfahren in Betracht. Dieses dürfte jedoch bei ausbleibender Ausschreibung i. d. R. ins Leere gehen, zumal die Vorschrift selbst schon die Ausschreibungspflicht feststellt. Das unmittelbar aus § 93 begründete Erfüllungsverfahren ist insoweit vorrangig.[123] Das gleiche Antragsverfahren ergibt sich auch aus § 23 Abs. 3.[124] Die Nichterfüllung dieser gesetzlichen Pflicht ist immer grob i. S. d. § 23 Abs. 3. »Einfache« Nichterfüllung der im Wortlaut eindeutigen gesetzlichen Verpflichtung ist nicht denkbar. Das Verfahren nach § 23 Abs. 3 ist nicht zuletzt für den aus einer Person bestehenden **38**

115 *BVerfG* 18.12.85 – 1 BvR 143/83, AP Nr 15 zu § 87 BetrVG 1972 Arbeitszeit.
116 So aber *Herbert/Hix,* DB 02, 2377 m. w. N.
117 Ablehnend zu individuellen Schadensersatzansprüchen *Herbert/Hix,* a. a. O.
118 *Däubler,* ZIP 01, 218; *Rolfs,* RdA 01, 141; *Fischer,* AuR 01, 327; *Fitting,* Rn. 16; *Herbert/Hix,* a. a. O., auch zum Widerspruch nach § 99 Abs. 1 Nr. 2.
119 Vgl. auch *BAG* 25.10.94 – 3 AZR 987/93, AuR 01, 146 mit Anm. *Buschmann.*
120 Richardi-*Annuß,* BB 00, 2202; *Preis/Gotthardt,* DB 00, 2066; *Schiefer,* DB 00, 2119; *Fischer,* AuR 01, 326.
121 *Däubler,* ZIP 00, 1962.
122 *Fitting,* Rn. 19.
123 Wie hier Siebert/Becker-*Helm,* Rn. 5.
124 Dafür auch *Fitting* a. a. O.

BR, also für eine Betriebsvertretung in Betrieben mit 20 und weniger wahlberechtigten AN bedeutsam, da ein solcher BR wegen der ausdrücklichen Regelung in § 99 Abs. 1 nicht das Zustimmungsverweigerungsrecht nach § 99 Abs. 2 Nr. 5 mit den damit verbundenen Rechtsfolgen nach § 99 Abs. 4 bzw. § 101 hat. Enthält eine Ausschreibung einen groben Verstoß gegen das Diskriminierungsverbot der §§ 1, 7 AGG, kann der BR dagegen ein Unterlassungsverfahren nach § 17 Abs. 2 AGG einleiten.[125]

§ 94 Personalfragebogen, Beurteilungsgrundsätze

(1) Personalfragebogen bedürfen der Zustimmung des Betriebsrats. Kommt eine Einigung über ihren Inhalt nicht zustande, so entscheidet die Einigungsstelle. Der Spruch der Einigungsstelle ersetzt die Einigung zwischen Arbeitgeber und Betriebsrat.
(2) Absatz 1 gilt entsprechend für persönliche Angaben in schriftlichen Arbeitsverträgen, die allgemein für den Betrieb verwendet werden sollen, sowie für die Aufstellung allgemeiner Beurteilungsgrundsätze.

Inhaltsübersicht

I. Vorbemerkungen

1 Die Mitbestimmung des BR bei Personalfragebogen soll sicherstellen, dass die Fragen des AG auf die Gegenstände und den Umfang beschränkt bleiben, für die ein **berechtigtes Auskunftsbedürfnis** besteht.[1] Das Mitbestimmungsrecht bei allgemeinen Beurteilungsgrundsätzen hat dieselbe Zielrichtung und soll zu einer **Objektivierung und Versachlichung** der betrieblichen Personalführung beitragen.[2] Es dient damit dem Schutz der Menschenwürde und des Persönlichkeitsrechts des AN[3] sowie dem Schutz seines **informationellen Selbstbestimmungsrechts.**[4] Ein **Musterpersonalfragebogen** findet sich bei DKKWF-*Klebe/Heilmann,* § 94 Rn. 1.

2 Die Rechte des BR sind als **Zustimmungserfordernis** ausgestaltet; der BR hat also **kein Initiativrecht.**[5] Wird der betreffende Gegenstand bereits in einem **Gesetz** oder **TV** vollständig und abschließend geregelt, ist dem Schutzbedürfnis der AN entsprochen. Das Mitbestimmungsrecht scheidet dann in **analoger Anwendung des § 87 Abs. 1 Eingangssatz** aus[6] (vgl. auch § 91 Rn. 23 m. w. N.). Zumindest besteht für AG und BR kein Regelungsspielraum. Ist

125 *BAG* 18.8.09 – 1 ABR 47/08, AuR 09, 310; *HessLAG* 6.3.08 – 9 TaBV 251/07, AuR 08, 315.
1 BT-Drucks. VI/1786, S. 50.
2 BT-Drucks. VI/1786, a. a. O., und BT-Drucks. zu VI/2729, S. 5; vgl. auch *BAG* 17.3.15, NZA 15, 885 (887).
3 Vgl. auch *BAG* 9.7.91, DB 92, 143 (144); 21.9.93, DB 94, 480; *Fitting,* Rn. 2; *GL,* Rn. 1.
4 *BAG* 6.6.84, AP Nr. 7 zu § 611 BGB Persönlichkeitsrecht; *Däubler,* Anm. zu BAG, AP Nr. 2 zu § 23 BDSG.
5 Vgl. *BAG* 17.3.15, NZA 15, 885 (887); *LAG Düsseldorf* 24.7.84, DB 85, 134 f.; *LAG Frankfurt* 8.1.91, DB 92, 534, Ls.; *LAG Düsseldorf* 6.3.09, LAGE § 94 BetrVG 2001, Nr. 1, S. 6; GK-*Raab,* Rn. 5.
6 HaKo-BetrVG/*Kreuder,* Rn. 3.

dem AG zur Auflage gemacht, nur Personen einzustellen und weiterzubeschäftigen, die anhand eines Personalfragebogens **von der Aufsichtsbehörde sicherheitsüberprüft** worden sind, soll das Mitbestimmungsrecht nach Meinung des *BAG* nicht in Betracht kommen.[7] Der AG verwende den Fragebogen nicht, da die Angaben von der Aufsichtsbehörde erhoben würden. Diese Auffassung überzeugt nicht. Die Ausführung von mitbestimmungspflichtigen Maßnahmen durch Dritte schließt das Mitbestimmungsrecht nicht aus (§ 87 Rn. 21, 280). Der AG hat vielmehr vertraglich sicherzustellen, dass es auch dann ausgeübt werden kann. Das Mitbestimmungsrecht kann allerdings bei einer verbindlichen Vorgabe, die dem AG keinen Regelungsspielraum mehr lässt, ausscheiden. Dies ist allerdings nicht schon dann der Fall, wenn die Durchführung einer weltweiten, den ganzen Konzern erfassenden **Fragebogenaktion** von der **Konzernzentrale im Ausland** festgelegt wird und dem nationalen AG kein eigener Entscheidungsspielraum mehr verbleibt. Auch hier besteht das Mitbestimmungsrecht; den Umstand, dass das deutsche UN Teil eines internationalen Konzerns ist, hat die ESt bei ihrer Ermessensentscheidung zu berücksichtigen[8] (vgl. auch Einleitung Rn. 234 ff., 239 f. und § 87 Rn. 21, 328 m. w. N.).

II. Personalfragebogen

1. Begriff

Als **Fragebogen** werden formularmäßig gefasste Zusammenstellungen von auszufüllenden oder zu beantwortenden Fragen verstanden, die Aufschluss über die Person sowie Kenntnisse und Fähigkeiten des Befragten geben sollen.[9] Das Mitbestimmungsrecht bezieht sich nicht nur auf Fragebogen im engeren Sinne, also auf schriftlich niedergelegte Fragen, die ein Beschäftigter oder Bewerber schriftlich beantwortet.[10] Die Vorschrift findet vielmehr auf **alle formalisierten,** standardisierten **Informationserhebungen** des AG im Hinblick auf AN-Daten Anwendung.[11] Demnach ist es gleichgültig, ob der Antwortende oder der Fragende den Bogen, falls ein Bogen verwendet wird, ausfüllt.[12] Ebenso ist es gleichgültig, ob die Fragen von einem Beschäftigten, also beispielsweise einem **Vertreter der Personalabteilung,** gestellt werden oder aber von einem **Dritten,**[13] wie beispielsweise bei einer **Organisationsuntersuchung** durch eine beauftragte Fremdfirma (das Mitbestimmungsrecht besteht auch, wenn den Beschäftigten die **Beantwortung freigestellt** wird),[14] oder wie die Antworten erfasst werden. Das Mitbestimmungsrecht besteht also auch dann, wenn sie **über Bildschirmgerät/PC eingegeben** oder auf andere Weise technisch festgehalten werden,[15] wie z. B. bei einer Mitarbeiterbefragung per **E-Mail** und **Intranet.**[16] Auch eine Datenermittlung durch Internetrecherche ist mitbestimmungspflichtig, wie z. B. bei einem **Reputationsmanagement**, bei dem der AG soziale Netzwerke auf für sein UN abträgliche Äußerungen durchsuchen lässt, da hierbei auch Daten der Beschäftigten und ihr Verhalten erfasst werden können. (vgl. auch § 87 Rn. 201).[17] 3

7 *BAG* 9.7.91, DB 92, 143 (144); *Fitting*, Rn. 7; GK-*Raab*, Rn. 16; *WEH*, I Rn. 41.
8 *HessLAG* 5.7.01, DB 01, 2254 f.; vgl. auch *BAG* 9.2.93, NZA 93, 906 (909); 11.12.07, NZA-RR 08, 333 (335); ErfK-*Kania*, Rn. 2; *Gola/Wronka*, Rn. 1759; *Fischer*, BB 00, 562 (563 f.); *ders.*, AuR 02, 7 (11 f.); vgl. auch *BAG* 22.7.08, NZA 08, 1248 (1254) für den Fall, dass ausländische Vorschriften für börsennotierte UN die Einführung von **Ethik-Richtlinien** vorsehen.
9 *BAG* 9.7.91, DB 92, 143 (144); 2.12.99, BB 00, 1092 (1093); *Fitting*, Rn. 6; *Wohlgemuth*, Rn. 681; ähnlich Richardi-*Thüsing*, Rn. 5.
10 *BAG* 21.9.93, DB 94, 480.
11 ErfK-*Kania*, Rn. 2; *Fitting*, Rn. 8 *Moll/Roebers*, DB 11, 862 (1864); zum Mitbestimmungsrecht nach §§ 87 Abs. 1 Nr. 6 und 94 sowie zum Datenschutz bei **Cloud Computing** vgl. *Gaul/Koehler*, BB 11, 2229 ff., 2235 f. und § 87 Rn. 67, 196, 201.
12 Vgl. *Fitting*, Rn. 8; *GL*, Rn. 4; Richardi-*Thüsing*, Rn. 7.
13 ArbG Bonn, RDV 04, 133, LS. (Erhebung der Daten durch Drittfirma und Weiterleitung an den AG in anonymisierter Form); GK-*Raab*, Rn. 16.
14 *LAG Köln*, 21.4.97, NZA-RR 97, 481; *ArbG Offenbach* 21.10.81 – 1 BV 32/81.
15 *Fitting*, Rn. 8; GK-*Raab*, Rn. 17; Richardi-*Thüsing*, Rn. 7; *Zöllner*, S. 83.
16 Vgl. *HessLAG* 5.7.2001, DB 01, 2254 f.; *Fitting*, Rn. 36; HaKo-BetrVG/*Kreuder*, Rn. 9; *Däubler*, Das Arbeitsrecht 1, Rn. 1026; *SWS*, Rn. 5 e.
17 HaKo-BetrVG/*Kreuder*, Rn. 9; *Gola*, CuA 3/10, S. 32; vgl. auch *Däubler*, Das Arbeitsrecht 2, Rn. 82 a und zu datenschutzrechlichen Fragen *Weichert*, AuR 10, 100 (104 f.); *Forst*, NZA 10, 427 ff.

4 Ebenso ist es für das Mitbestimmungsrecht unerheblich, wie die Fragen gestellt werden. Ein Personalfragebogen ist auch dann anzunehmen, wenn die AN-Daten durch einen **Testkäufer** nach einem bestimmten Beobachtungsraster,[18] durch einen **Test,** ein **Interview** oder ein ansonsten standardisiertes Einstellungsgespräch (»**Checkliste**«; vgl. auch Rn. 9 zu Krankengesprächen) erhoben werden.[19] Die Anwendung der Vorschrift auf **jede formalisierte Informationserhebung von AN-Daten** ist bereits deshalb geboten, weil ansonsten das Mitbestimmungsrecht ohne weiteres umgangen werden könnte. Darüber hinaus sind die geschilderten Konstellationen durchweg mit der Situation vergleichbar, die den Gesetzgeber zur Schaffung des Mitbestimmungsrechts veranlasst hat. Sein Anliegen, dem einzelnen AN einen kollektiven Schutz davor zu geben, persönliche Informationen dem UN mitteilen zu müssen, die mit dem Arbeitsverhältnis nichts zu tun haben und für die der AG kein berechtigtes Auskunftsbedürfnis haben kann, kommt unabhängig davon zum Tragen, in welcher Form die Daten aufgenommen und gespeichert werden. Dies ist auch für die **individualrechtlichen Schranken** des Fragerechts unbestritten.[20] Eine andere Interpretation würde insbesondere im Hinblick auf die **technische Entwicklung** die Vorschrift weitgehend gegenstandslos machen.

2. Umfang des Mitbestimmungsrechts

5 Die Mitbestimmung erfasst sowohl Fragebogen für bereits **im Betrieb tätige AN**[21] als auch solche, die noch nicht beschäftigten AN vor der **Einstellung** oder im Zusammenhang mit ihr vorgelegt werden.[22] Das Mitbestimmungsrecht besteht nicht nur, wenn der AG die gewünschten Informationen direkt vom Beschäftigten/Bewerber erfragt, sondern auch dann, wenn die Auskünfte ein Dritter erteilt. Demzufolge bedarf es unabhängig von den **individualrechtlichen Zulässigkeitsvoraussetzungen**[23] der Zustimmung des BR, wenn der AG Auskünfte bei einem **früheren AG,** über eine **Detektei** oder sonstige **Auskunftsstellen** einholt.[24] Auch **Fragebogen,** die **Gäste in Hotels** oder **Patienten** in Krankenhäusern über die Beschäftigten ausfüllen, unterliegen der Mitbestimmung, da hier der Schutzzweck der Vorschrift im gleichen Umfange wie bei einem vom Beschäftigten/Bewerber selbst ausgefüllten Fragebogen tangiert wird.[25] Will der Entleiher von **Leih-AN** entsprechend Informationen abfragen, muss der BR des Verleiherbetriebs zuvor zustimmen.[26]

6 Das Mitbestimmungsrecht bezieht sich auf die **Einführung** und **jede Änderung** von Fragebogen.[27] Es erfasst nicht nur den Punkt, ob überhaupt ein Fragebogen eingeführt werden soll, sondern ebenso den **konkreten Inhalt der Fragen.**[28] Auch Fragebogen, die bereits vor **In-Kraft-Treten des Gesetzes** bestanden und unverändert weiter verwendet werden, unterliegen dem Mitbestimmungsrecht.[29] Der **AG** muss unverzüglich die entsprechenden Initiativen ein-

---

18 *Däubler,* AiB 09, 350 (354).

19 Vgl. *ArbG Köln* 3.3.89 – 12 BV 37/88; ErfK-*Kania,* Rn. 2; *Fitting,* Rn. 8; GK-*Raab,* Rn. 17, 20; HWGNRH-*Rose,* Rn. 6; *LK,* Rn. 3; Richardi-*Thüsing,* Rn. 7; *Gola/Wronka,* Rn. 1758; *Küpferle/Wohlgemuth,* Rn. 208 ff.; *Simitis,* RDV 89, 49 (58); enger insbesondere für Bewerbungsgespräche: *GL,* Rn. 4.

20 Vgl. im Einzelnen *Klebe/Schumann,* AuR, 83, 40 (42) und auch Rn. 12.

21 Siehe auch *BAG* 7.9.95, DB 96, 634 f.

22 Einhellige Meinung; vgl. z. B. *Fitting,* Rn. 6; Richardi-*Thüsing,* Rn. 5.

23 *Däubler,* Gläserne Belegschaften?, Rn. 241 ff.; *ders.,* CR 94, 101 (105 ff.) auch zum **Vorrang der Direkterhebung** der Daten beim Beschäftigten/Bewerber (s. auch § 4 Abs. 2 BDSG); *Weichert,* AuR 10, 100 ff.; vgl. auch *Wedde,* CR 92, 679 (682 f.), der zu Recht verfassungs- und arbeitsrechtliche Bedenken dagegen geltend macht, dass private AG nach §§ 20 ff. StUG selbst Auskünfte einholen können, wenn Mitarbeiter für das MfS tätig waren.

24 Vgl. auch HaKo-BetrVG/*Kreuder,* Rn. 9; *Schierbaum,* AiB 95, 586 (588); *Schmidt/Stracke,* AiB 99, 191; **a. A.** ErfK-*Kania,* Rn. 3; GK-*Raab,* Rn. 22; MünchArbR-*Matthes,* § 258 Rn. 10.

25 So auch *Gola/Wronka,* Rn. 1764 m. w. N.; *Schierbaum,* AiB 01, 512 (521); *Wohlgemuth,* BB 80, 1530 (1533) m. w. N.; *ders.,* Rn. 162 f.; **a. A.** *GL,* Rn. 4; HWK-*Ricken,* Rn. 4.

26 GK-*Raab,* Rn. 9; a. A. HWGNRH-*Rose,* Rn. 10.

27 *LAG Frankfurt* 17.2.83 – 4 TaBV 107/82; Richardi-*Thüsing,* Rn. 31.

28 *Fitting,* Rn. 9; *GL,* Rn. 9; Richardi-*Thüsing,* Rn. 35.

29 *BAG* 22.10.86, AP Nr. 2 zu § 23 BDSG; *LAG Frankfurt* 6.3.90, DB 91, 1027 (für Beurteilungsgrundsätze); GK-*Raab,* Rn. 6.

leiten, um die Zustimmung des BR zu erhalten.[30] Die Weiterverwendung darf nur für eine **Übergangsfrist**[31] erfolgen, die **ein Jahr** nicht überschreitet.[32] Die gegenteilige Auffassung des *BAG,*[33] wonach der BR im Hinblick auf **§ 2 Abs. 1** die Initiative ergreifen müsste, überzeugt bereits deshalb nicht, weil es der AG und nicht der BR ist, der den Fragebogen anwenden will, und Letzterer im Übrigen auch im Rahmen der Vorschrift kein Initiativrecht hat.[34]

Das Mitbestimmungsrecht erstreckt sich nicht nur auf die Einführung eines Fragebogens und seinen konkreten Inhalt, sondern auch auf die Festlegung, in welchem Zusammenhang die aus dem Fragebogen gewonnenen **Informationen verwendet werden** dürfen.[35] Andernfalls ließe sich der **Schutz der Persönlichkeitssphäre der AN** durch den BR nicht realisieren. Die Frage, ob eine bestimmte Information zugelassen werden kann oder nicht, beantwortet sich häufig erst dann, wenn feststeht, in welchem Zusammenhang sie verwendet werden soll. **Krankheitsdaten** gewinnen z. B. einen ganz besonderen Stellenwert, wenn sie nicht nur der Betriebskrankenkasse, sondern der Personalabteilung, die Kündigungen vorbereitet, bekannt sind. Durch Verknüpfung verschiedener Daten können im Übrigen **neue,** ursprünglich gar nicht absehbare Informationen für den AG gewonnen werden, bei denen grundsätzlich die gleiche Schutzbedürftigkeit wie bei der Erhebung der Grunddaten gegeben ist. Der Eingriff in das Persönlichkeitsrecht des AN wird nicht dadurch weniger gravierend, dass der AG durch **Verknüpfung von Daten,** deren Ermittlung der BR zugestimmt hat, Informationen erhält, an denen im Hinblick auf die Tätigkeit und den Arbeitsplatz kein berechtigtes schutzwürdiges Interesse besteht, als wenn diese Daten direkt erfragt werden. Diese **Bedeutung des Verwendungszwecks** für Informationen hat insbesondere das *BVerfG*[36] in seiner **Volkszählungsentscheidung** zu Recht klar herausgearbeitet (vgl. auch die besondere Betonung des Verwendungszwecks in §§ 4 Abs. 3 Nr. 2, 4 a Abs. 1, 4 c Abs. 1 Satz 2 und 28 Abs. 1 Satz 2 BDSG). Nach **§ 28 Abs. 1 Satz 2 BDSG,** der durch § 32 BDSG nicht ausgeschlossen wird,[37] sind bei der Datenerhebung die vom AG verfolgten Zwecke »konkret festzulegen«. Es reicht also nicht, auf das Arbeitsverhältnis zu verweisen. Hieraus folgt auch, dass z. B. Daten der Zugangskontrolle nicht für eine Pünktlichkeitskontrolle verwendet werden dürfen.[38] Der BR kann also mitbestimmen, wie die Daten verwendet werden dürfen. Das Mitbestimmungsrecht erstreckt sich dabei auch auf die Verwaltung der Informationen und damit auf die Organisation einer Personaldatenbank, wie z. B. die Festlegung von **Speicherdauer** und **Zugriffsmöglichkeiten.**[39] 7

3. Beispiele

Der BR hat nach den geschilderten Grundsätzen also nicht nur ein Mitbestimmungsrecht bei »klassischen« Fragebogen, sondern auch, wenn standardisierte Fragen in **Interviews** bzw. **psychologischen** oder **graphologischen Testverfahren,** die nur unter besonders strengen Voraussetzungen überhaupt zulässig sein können (vgl. Rn. 47),[40] beantwortet werden. 8

---

30 Vgl. auch *LAG Frankfurt* 6.3.90, a. a. O.; *Fitting,* Rn. 3; *Linnenkohl/Schütz,* RDV 87, 132 (133 f.).

31 *BAG* 22.10.86, a. a. O.

32 *LAG Frankfurt* 6.3.90, a. a. O.; *Däubler,* Gläserne Belegschaften?, Rn. 774, und *ders.,* Anm. zu *BAG* 22.10.86, a. a. O.; HaKo-BetrVG/*Kreuder,* Rn. 7; vgl. auch GK-*Raab,* Rn. 6: Keine Anwendung vor Einigung, es sei denn Verpflichtung des BR gem. § 2 Abs. 1, der vorübergehenden Weiterverwendung zuzustimmen.

33 *BAG* 22.10.86, a. a. O.

34 So zu Recht *Linnenkohl/Schütz,* a. a. O.

35 Strittig; wie hier: *Fitting,* Rn. 9 f.; HaKo-BetrVG/*Kreuder,* Rn. 11; Kittner/Zwanziger/Deinert-*Bantle,* § 94 Rn. 60; Simitis-*Seifert,* § 32 Rn. 155; *Däubler,* Gläserne Belegschaften?, Rn. 678; *WEH,* I Rn. 42; *Klebe/Schumann,* AuR 83, 40 (42); *Schierbaum,* AiB 95, 586 (589); *Schmidt/Stracke,* AiB 99, 191 (193); *Schwarz,* S. 126 f.; *Simitis,* RDV 89, 49 (57); *Wohlgemuth,* Rn. 686, alle m. w. N.; **a. A.** ErfK-*Kania,* Rn. 3; GK-*Raab,* Rn. 25; HWGNRH-*Rose,* Rn. 24; *LK,* Rn. 5; Richardi-*Thüsing,* Rn. 36; *WW,* Rn. 37; MünchArbR-*Matthes,* § 258 Rn. 22; *Zöllner,* S. 89.

36 *BVerfG* 15.12.83, DB 84, 36 (37).

37 *Däubler,* Gläserne Belegschaften?, Rn. 186; *Thüsing,* NZA 09, 865 (869); a. A. Taeger/Gabel-*Zöll,* § 32 Rn. 10; Wolff/Brink-*Riesenhuber,* § 32 Rn. 29.

38 Vgl. *Däubler,* NZA 01, 874 (876).

39 Vgl. *Klebe/Schumann,* AuR 83, 40 (43) m. w. N.

40 *Fitting,* § 75 Rn. 153; *Franzen,* NZA 13, 1 (3); *Wohlgemuth,* Rn. 151 ff. m. w. N.; vgl. zu Psycho-Tests auch *Albrecht,* AiB 10, 576 ff.

9 Das Mitbestimmungsrecht kann auch bei Organisationsanalysen,[41] **Mitarbeitergesprächen** mit **Zielvereinbarung**[42] (vgl. auch Rn. 44 und § 87 Rn. 67, 203, 337, 351), arbeitsbegleitenden Papieren (vgl. § 87 Rn. 62, 198), Verfahren zur **Gemeinkostenwertanalyse**[43] oder Arbeitsplatzbeschreibungen (vgl. auch Rn. 38, 42) bestehen, wenn von den Beschäftigten nicht nur eine Tätigkeitsbeschreibung, sondern auch persönliche Angaben verlangt werden, wie z. B. darüber, welche Berufs- und Verwaltungserfahrungen nach Auffassung des befragten Stelleninhabers zur anforderungsgerechten Erfüllung der auf dem Arbeitsplatz zu erledigenden Aufgaben erforderlich sind,[44] welche persönlichen Verlust- und Erholungszeiten bestehen,[45] ob sich der AN eher als unter- oder überfordert ansieht und eine Hilfestellung benötigt[46] oder, bei einer Organisationsuntersuchung, welche Vorstellungen der Beschäftigte zur Bürokommunikation hat.[47] Ausschließlich arbeitsplatzbezogene und von AN erstellte **Funktionsbeschreibungen** sind keine Fragebogen.[48] Ein Fragebogen liegt aber vor, wenn aus der Beantwortung ein Leistungsprofil des AN abgelesen werden kann, das einer Eignungsbeurteilung zugrunde gelegt werden könnte.[49] Verlangt der AG bei Einstellungen von AN Bescheinigungen der AOK über die krankheitsbedingten Fehlzeiten der letzten beiden Jahre, so ist dies unabhängig davon, ob überhaupt ein derartiges Fragerecht besteht, ein Personalfragebogen.[50] Auch Regeln für **Krankengespräche und -nachforschungen** unterliegen der Mitbestimmung.[51]

10 Fragt der AG Bewerber, ob sie ggf. bereit sind, die Ermächtigung zum Umgang mit Verschlusssachen (»sog. **VS-Ermächtigung**« nach Sicherheitsprüfung) zu beantragen, so unterliegt dies ebenso der Mitbestimmung nach Abs. 1[52] wie ergänzende Fragebögen zur **betriebsinternen Sicherheitsüberprüfung**[53] (§ 87 Rn. 42; vgl. zudem § 87 Rn. 67; § 95 Rn. 9) und solche **Mitarbeiterbefragungen** z. B. zur **Diebstahlsaufklärung** (vgl. auch § 87 Rn. 62, 201).[54] In **Assessment-Centern** (vgl. auch Rn. 40; § 95 Rn. 10 und § 98 Rn. 14), mit denen AG Verhaltensleistungen und -defizite der AN systematisch identifizieren wollen, werden die Informationen auf der Basis von Tests und Arbeitsproben ermittelt. Damit sind ebenfalls die Voraussetzungen für einen Fragebogen gegeben[55]. Das Mitbestimmungsrecht erfasst auch sog. **Potentialanalysen** von AN[56] (vgl. auch Rn. 44) und die Durchführung eines **Wissensmanagements,**[57] wie z. B. mit der Erhebung von Mitarbeiterprofilen zur Einführung einer **Expertendatenbank**[58] (vgl. auch § 87 Rn. 62, 202).

11 **Ärztliche Untersuchungen**[59] (vgl. § 87 Rn. 67, 197, 236; Rn. 45; § 95 Rn. 10) werden häufig

---

41 Vgl. z. B. *ArbG Nürnberg*, NZA-RR 13, 363 (365).

42 *Breisig*, Zielvereinbarungen, S. 83 f., 95 ff. (Eckpunkte und Regelungsbeispiele); *ders.*, Zielvereinbarungen im Fokus, S. 116 f., 129 ff., 164 ff.; 190 ff.; *Däubler*, NZA 05, 793 (794 f.); *ders.*, ZIP 04, 2209 ff. (zur AGB-Kontrolle von Zielvereinbarungen); *Annuß*, NZA 07, 290 (296); *Bauer/Diller/Göpfert*, BB 02, 882 (886); *Riesenhuber/v. Steinau-Steinbrück*, NZA 05, 785 (788); *Kort*, NZA 15, 520 (521); a. A. *VG Karlsruhe* 7.3.97, RDV 98, 31.

43 *Fitting*, Rn. 7.

44 *BVerwG* 15.2.80 – 6 P 80/78.

45 *Hess. VGH* 13.6.84, RDV 86, 270 ff.; vgl. auch *LAG Frankfurt* 26.1.89, DB 90, 2030 f.

46 *LAG Köln* 21.4.97, NZA-RR 97, 481 für **standardisierte Jahresgespräche** der AN mit ihren Vorgesetzten; ebenso HWGNRH-*Rose*, Rn. 7; Richardi-*Thüsing*, Rn. 5.

47 *VGH Baden-Württemberg* 2.3.93, PersR 93, 360 ff.; vgl. auch *Fitting*, Rn. 7.

48 Vgl. *ArbG Düsseldorf* 1.6.83, BB 84, 210; GK-*Raab*, Rn. 58, 62.

49 *ArbG Stuttgart* 19.10.81 – 7 Ga 2/81.

50 *ArbG Berlin* 20.10.82 – 28 BV 6/82.

51 *Fitting*, Rn. 8; *Hummel*, Krankheit und Kündigung, S. 145; *Fischer/Kiesche*, AiB 97, 639 ff. mit BV-Entwurf und § 87 Rn. 52; zum Schutz von Gesundheitsdaten der Beschäftigten *Wedde*, AiB 12, 509 ff.

52 *ArbG Köln* 3.3.89 – 12 BV 37/88; vgl. aber auch *Buchner*, NZA 91, 577 (593).

53 *BAG* 9.7.91, DB 92, 143 (144); *Fitting*, Rn. 7.

54 *ArbG Offenbach* 21.6.95, AiB 95, 671 ff., m. Anm. *Thon*; *Grimm/Freh*, KSzW 12, 88 (95).

55 Vgl. *Fitting*, Rn. 26; *Schönfeld/Gennen*, NZA 89, 544; a. A. HWGNRH-*Rose*, Rn. 16; zu den rechtlichen Grenzen im Hinblick auf § 32 Abs. 1 BDSG und AGG vgl. *Carpenter*, NZA 15, 466.

56 *Fitting*, Rn. 26; *Jedzig*, DB 96, 1337 (1340); einschränkend HWGNRH-*Rose*, Rn. 17.

57 Vgl. hierzu *Gerber/Trojan*, AuA 02, 340 (344 f.); *Höfers*, AiB 03, 721 (724); *Brandl*, CF 7 – 8/04, S. 44 ff.; *Hinrichs/Schierbaum*, CF 7 – 8/04, S. 38 (42).

58 Vgl.zu **Skill-Datenbanken** *Hess*, CF 7 – 8/03, 24 ff.; *Schmitz*, CF 7 – 8/03, 20 ff.

59 Vgl. *Schierbaum*, PersR 93, 145 ff.; zum Schutz von Gesundheitsdaten der Beschäftigten *Wedde*, AiB 12, 509 ff.

von der Geltung des Abs. 1 ausgenommen, da die Fragen des Arztes unabhängig vom Weisungsrecht des AG seien und die Antworten der **Schweigepflicht** unterlägen.[60] Diese Argumentation überzeugt nicht. Zunächst kann es keinen Unterschied machen, ob der AG Informationen erhält, die ein Dritter oder er selbst erhoben hat. Erfolgt eine Entbindung von der Schweigepflicht, erhält er zudem alle Informationen.[61] Die **Entbindung von der Schweigepflicht** ist nach richtiger Auffassung selbst mitbestimmungspflichtig.[62] Aber auch ohne Entbindung von der Schweigepflicht ist das Mitbestimmungsrecht nach Abs. 1 zu bejahen. Die Untersuchung erfolgt regelmäßig nach klaren Fragestellungen des AG, insbesondere unter dem Blickwinkel, ob eine Eignung für bestimmte Arbeitsplätze vorhanden ist. Beispielsweise kann auch durchaus die Frage so spezifiziert werden, dass eine Eignung des zu Untersuchenden nur bei einer gesunden Wirbelsäule bejaht wird. Gibt der Arzt dann anschließend die Information weiter, der AN sei geeignet oder nicht geeignet, so erhält der AG eine Information, die sich von der aus einem »klassischen« Fragebogen nur dadurch unterscheidet, dass sie **von einem Dritten erhoben** worden ist. Dies ist jedoch unbeachtlich.[63]

4. Zulässiger Inhalt des Personalfragebogens

Da es Sinn und Zweck der Vorschrift gebieten, vor allem darauf zu achten, dass keine Fragen 12
gestellt werden, die unzulässigerweise in den Persönlichkeitsbereich des einzelnen AN eingreifen, ist die **Abgrenzung** der zulässigen Fragen von den unzulässigen von besonderer Bedeutung.[64] Dabei können Fragen, die vor der *Einstellung* unzulässig waren, danach zulässig werden, wie z. B. die nach Schwangerschaft oder Schwerbehinderteneigenschaft (Rn. 13, 14, auch Rn. 19 f.).[65] Welche Fragen zulässig sind, ergibt sich aus **allgemeinen arbeitsrechtlichen Grundsätzen,** die wegen § 1 Abs. 3 BDSG durch § 32 BDSG nicht verdrängt werden oder jedenfalls dem dort verwendeten Begriff der »Erforderlichkeit« entsprechen,[66] und die bei Beschaffung von Informationen in **sozialen Netzwerken**[67] oder über **Dritte** ebenfalls gelten.[68] Nach persönlichen Verhältnissen eines AN darf vor dem Hintergrund des Rechts auf informationelle Selbstbestimmung des AN als Teil des durch Art. 2 Abs. 1 i. V. m. Art. 1 Abs. 1 GG geschützten allgemeinen Persönlichkeitsrechts[69] nur insoweit gefragt werden, als der AG im Hinblick auf die Tätigkeit und den Arbeitsplatz ein **berechtigtes, billigenswertes und schutzwürdiges Interesse** an der Beantwortung hat.[70] Bei Fragen, deren Beantwortung zu einer durch §§ 75 Abs. 1 BetrVG, 1 AGG verbotenen **Benachteiligung/Diskriminierung** führen könnten, kann dieses Interesse z. B. nicht vorliegen, sie sind unzulässig.[71] Darüber hinaus

60 Vgl. ErfK-*Kania*, Rn. 3; GK-*Raab*, Rn. 21; *GL*, Rn. 5; HWGNRH-*Rose*, Rn. 19.

61 Für diesen Fall bejahen auch *Boewer*, RDV 88, 13 (15) und GK-*Raab*, Rn. 21 das Mitbestimmungsrecht.

62 *Däubler*, Das Arbeitsrecht 1, Rn. 1029 a; *v. Seggern*, AiB 88, 56 (61); a. A. GK-*Raab*, Rn. 21.

63 So auch *Däubler*, Das Arbeitsrecht 1, Rn. 1029 a; *Heilmann/Thelen*, BB 77, 1559; *Roos*, S. 86 ff.; *Schierbaum*, AiB 95, 586 (589).

64 Vgl. allgemein zur Abgrenzung Däubler/Bertzbach-*Däubler*, § 7 Rn. 20 f.; *Moritz*, NZA 87, 327 ff.; *Bellgardt*, AiB 84, 61 ff.

65 Vgl. *Fitting*, Rn. 16.

66 Vgl. *BAG* 20.3.14, NZA 14, 1331 (1334) und hierzu *Walker/Schmitt-Kästner*, RdA 15, 120 ff.; *Däubler*, Gläserne Belegschaften?, Rn. 209 ff.; *DKWW*, § 32 Rn. 12, 16; GK-*Raab*, Rn. 26; a. A. *Riesenhuber*, NZA 12, 771 (774 f.).

67 Hierzu insbes. und sehr ausführlich *Däubler*, Internet, Rn. 211 f ff.

68 *Däubler*, Gläserne Belegschaften?, Rn. 241 ff. m. w. N.; *Wohlgemuth*, FS Hanau, S. 329 (337); vgl. auch *Kania/Merten*, ZIP 07, 8 (12) und *Hohenstatt/Stamer/Hinrichs*, NZA 06, 1065 ff. zum Verlangen des AG, entsprechende **Bewerbungsunterlagen** als Beleg für die Antworten vorzulegen.

69 Vgl. z. B. *BAG* 15.11.12, NZA 13, 429 (431); 20.3.14, NZA 14, 1331 (1333 f.); *Wendeling-Schröder*, FS Kempen, S. 145 (147 f.).

70 Vgl. z. B. *BAG* 5.12.57, AP Nr. 2, zu § 123 BGB; 7.9.95, DB 96, 634 (zur Auskunftspflicht im bestehenden Arbeitsverhältnis); 6.7.00, NZA 01, 317 (319); 20.3.14, NZA 14, 1331 (1334); *Fitting*, Rn. 16; *Däubler*, Das Arbeitsrecht 2, Rn. 50; vgl. auch *Raab*, RdA 95, 36 ff.; grundsätzlich zur dogmatischen Einordnung des AG-Fragerechts *Klocke*, SR 15, 99 (112 ff.)

71 Däubler/Bertzbach-*Däubler*, § 7 Rn. 20; *Wisskirchen/Bissels*, NZA, 07, 169 (170); vgl. zur mittelbaren Diskriminierung/**Benachteiligung** § 3 Absatz 2 AGG und hierzu Däubler/Bertzbach-*Schrader/Schubert*, § 3 Rn. 40 ff.; *Fitting*, § 75 Rn. 61; vgl. auch *Dix*, S. 148 ff. zum angloamerikanischen Rechtskreis.

ergeben sich gesetzliche Schranken ggfs. auch aus dem **BDSG,** wie z. B. aus §§ 3 a (Grundsatz der Datenvermeidung, **Anonymisierung, Pseudonymisierung**),[72] § 4 Abs. 2 (Grundsatz der **Direkterhebung** der Daten beim Betroffenen), 4 d Abs. 5 (Vorabkontrolle durch den Datenschutzbeauftragten), 6 a Abs. 1, 2 (Einschränkung automatisierter Einzelentscheidungen) und im Hinblick auf **sensitive Daten** (§ 3 Abs. 9), wie z. B. ethnische Herkunft, **politische Meinungen,** religiöse Überzeugung, Gewerkschaftszugehörigkeit oder **Gesundheit.**[73] Diese unterliegen besonderen Anforderungen z. B. hinsichtlich der Zulässigkeit von Erhebung, Verarbeitung und Nutzung (§ 28 Abs. 6 ff. BDSG), der Einwilligung des Betroffenen (§ 4 a Abs. 3 BDSG) und der Vorabkontrolle (§ 4 d Abs. 5 BDSG).

13 Entsprechend diesen Grundsätzen sind Fragen nach dem allgemeinen **Gesundheitszustand** (hierzu auch §§ 3 Abs. 9, 28 Abs. 6 ff. BDSG) zulässig,[74] sofern die Beantwortung für die zu leistende Arbeit **von wesentlicher Bedeutung** ist.[75]

Dies wird entsprechend für die Frage nach einer **Behinderung** gelten. Nach der früheren (abzulehnenden) Rspr. des *BAG*[76], die wohl nicht mehr aktuell ist (s. u.),sollte die Frage nach der **Schwerbehinderteneigenschaft** bzw. **Gleichstellung** demgegenüber **uneingeschränkt zulässig** sein, also auch dann, wenn die Behinderung, auf der die Anerkennung beruht, **tätigkeitsneutral** ist.[77] Das *BAG* begründete dies mit den **besonderen gesetzlichen Verpflichtungen,** die für den AG durch die Beschäftigung des Schwerbehinderten entstehen. Diese Differenzierung überzeugt nicht. Über den Umweg der Frage nach der Schwerbehinderteneigenschaft wird letztlich auch die Frage nach der Behinderung beantwortet, selbst wenn sie ohne Bedeutung für die zu leistende Tätigkeit ist. Die gesetzlichen Verpflichtungen können kein berechtigtes Interesse des AG an einem solchen Eingriff begründen und den Schwerbehinderten mit dem Risiko der Nichteinstellung belasten. Das Interesse des AG an der Beantwortung der Frage wurde schon bisher durch den in Art. 3 Abs. 3 GG und auch in der trotz Zahlung der Ausgleichsabgabe fortbestehenden Einstellungsverpflichtung (§ 11 Abs. 1 Satz 2 SchwbG/§ 71 Abs. 1 Satz 1 SGB IX) zum Ausdruck kommenden besonderen Schutz des Schwerbehinderten neutralisiert.[78] Jetzt stehen dieser Rspr. zudem und vor allem **§§ 1 AGG, 81 SGB IX Abs. 2**[79] entgegen.[80] Berücksichtigt man hierbei die Rspr. des EuGH zum vergleichbaren Diskriminierungsverbot wegen des Geschlechts (Rn. 14), so ergibt sich, dass die **Frage nach der Schwerbehinderteneigenschaft** bzw. **Gleichstellung stets unzulässig** ist.[81] Die **Frage nach der Behinderung** ist nur im Rahmen des früheren § 81 Abs. 2 Nr. 1 Satz 2 SGB IX zulässig: Das Fehlen der Behinderung muss **unerlässliche** Voraussetzung,[82] die **»wesentliche und entscheidende«** berufliche Anforderung für die Ausübung der Tätigkeit sein.[83] In diesem Fall liegt keine Diskriminierung vor, da es sich nicht um eine Schlechterstellung wegen der Behinderung handelt.[84] Dies sieht offenbar auch das *BAG*[85] inzwischen so. Soweit die Zuläs-

72 Hierzu *Hammerschmidt,* CuR 1/08, S. 15 ff.; *Härting,* NJW 13, 2065 ff.
73 Vgl. hierzu *Däubler,* NZA 01, 874 (877); *Gola,* RDV 01, 125 ff.
74 *BAG* 7.6.84, DB 84, 2706; GK-*Raab,* Rn. 30.
75 Vgl. auch *Wohlgemuth,* AuR 92, 46 (48); *Weichert,* RDV 07, 189 ff.; *ArbG Siegburg* 22.3.94, NZA 95, 943 (944 f.).
76 *BAG* 5.10.95, DB 96, 580 f.; 3.12.98, DB 99, 852; 18.10.00, BB 01, 627 (628).
77 So auch *Schaub,* NZA 03, 299 (300); offengelassen von *BAG* 7.7.11, NZA 12, 34 (35).
78 Ablehnend zur *BAG*-Rspr. *Däubler,* Das Arbeitsrecht 2, Rn. 56; *ders.,* Gläserne Belegschaften?, Rn. 219; *Schmidt,* AiB 96, 743 und vor allem auch *Pahlen,* RdA 01, 143 (145 ff.).
79 Zum Begriff der Behinderung in § 1 AGG, der entsprechend § 2 Abs. 1 SGB IX, also über eine Schwerbehinderung hinausgehend, zu definieren ist, vgl. *EuGH* 11.7.06, RDV 07, 20 (Ls.) und *BAG* 3.4.07, BB 07, 2014 (Ls.), sowie *Düwell,* BB 06, 1741; Däubler/Bertzbach-*Däubler,* § 1 Rn. 72 ff. m. w. N.; ErfK-*Schlachter,* § 1 AGG Rn. 9.
80 *Düwell,* BB 06, 1741.
81 Vgl. auch *HessLAG* 24.3.10, RDV 10, 287, Ls.; ErfK-*Preis,* § 611 BGB Rn. 274 m. w. N.; Däubler/Bertzbach-*Däubler,* § 7 Rn. 35; GK-*Raab,* Rn. 37; Richardi-*Thüsing,* Rn. 15; *v. Koppenfels-Spies,* AuR 04, 43 (46); *Bayreuther,* NZA 10, 679 f.; *Kania/Sansone,* NZA 12, 360 (362); a. A. *Schaub,* NZA 03, 299 (300 f.); offengelassen von *BAG* 7.7.11 – 2 AZR 396/10.
82 Richardi-*Thüsing,* Rn. 15; *Schaub,* NZA 03, 299 (300).
83 Vgl. *Düwell,* BB 06, 1741 (1742); *Joussen,* NZA 07, 174 (176 f.).
84 Vgl. Däubler/Bertzbach-*Brors,* § 8 Rn. 36 f., auch zur Zulässigkeit einer unterschiedlichen Behandlung wegen der Behinderung gemäß § 8 AGG.
85 18.9.14 – 8 AZR 759/13, juris, EZA § 22 AGG Nr.13; 26.6.14 – 8 AZR 547/13, juris, EZA § 22 AGG Nr. 12; umfassend auch zu dieser Fragestellung *Klocke,* SR 15, 99 (107 ff.).

sigkeit der Frage für den Fall bejaht wird, dass der AG eine »positive Maßnahme« i. S. v. § 5 AGG anstrebt, kann die Falschbeantwortung jedenfalls nicht zu einem Anfechtungsrecht führen.[86] Im bestehenden Arbeitsverhältnis ist die Frage nach der Schwerbehinderteneigenschaft, der Gleichstellung bzw. einem i. d. S. gestellten Antrag nach 6 Monaten, also nach Erwerb des Kündigungsschutzes für behinderte Menschen (§§ 85, 90 Abs. 1 Nr. 1 SGB IX), insbes. zur Vorbereitung von beabsichtigten Kündigungen zulässig.[87]

Über den schulischen und **beruflichen Werdegang** kann sich der AG bei unmittelbarem Bezug zur vorgesehenen Tätigkeit erkundigen. Ein Bewerber um eine Hilfstätigkeit auf dem Bau muss deshalb seine Ausbildung als Architekt nicht angeben.[88]

Die **Frage nach einer bestehenden Schwangerschaft** ist vor der Einstellung (anders danach) **14**
wegen Verstoßes jetzt gegen §§ 1, 3 Abs. 1 Satz 2 grundsätzlich **unzulässig.**[89] Sachlich gerechtfertigt soll sie bisher nach der *BAG*-**Rspr.** ausnahmsweise dann sein, wenn es um die Besetzung eines Arbeitsplatzes geht, auf dem nach den entsprechenden **Mutterschutzvorschriften** (z. B. §§ 4, 8 MuSchG) oder der GefStoffV Schwangere nicht beschäftigt werden dürfen, wenn die Tätigkeit aus sonstigen Gründen überhaupt nicht aufgenommen werden kann oder darf oder falls die Frage objektiv dem gesundheitlichen Schutz der Bewerberin und des ungeborenen Kindes dient.[90] Sind diese Beschäftigungshindernisse allerdings wie bei einer unbefristeten Einstellung vorübergehender Natur, bleibt die Frage eine unzulässige Diskriminierung.[91] Damit will das Gericht der Rspr. des *EuGH* folgen.[92] Der *EuGH* hält die Frage jedoch auch bei **befristeten Einstellungen** und wenn feststand, dass die AN auf Grund ihrer Schwangerschaft während eines **wesentlichen Teils ihrer Vertragszeit** nicht würde arbeiten können, für unzulässig. Dabei stehe die Dauer auch eines befristeten Arbeitsverhältnisses nicht von vornherein fest, da es erneuert oder verlängert werden könne.[93] Vor diesem Hintergrund ist davon auszugehen, dass die Frage **ohne Ausnahme unzulässig** ist.[94] Unzulässig ist die Frage, ob eine Schwangerschaft demnächst zu erwarten sei[95] oder ob intimer Verkehr besteht.[96] Es besteht keine Offenbarungspflicht über eine transsexuelle Prägung, es sei denn, das Geschlecht ist als wesentliche Eigenschaft gem. § 119 Abs. 2 BGB anzusehen.[97] Dies dürfte jetzt dem Maßstab der §§ 1, 8 Abs. 1 AGG entsprechen.[98]

Fragen nach **Krankheiten,** sind nur insoweit zulässig, als sie mit der vorgesehenen Tätigkeit **15**
unmittelbar zu tun haben[99] (vgl. Rn. 13). Daher sind allgemein gehaltene Fragen, etwa dahin gehend, wegen welcher Krankheiten der AN in der Vergangenheit behandelt worden ist, unstatthaft.[100] Dies gilt selbstverständlich auch für die Frage nach **Erkrankungen in der Familie.**[101] Ansteckende Krankheiten sind demgegenüber mitzuteilen.[102] Nach richtiger Auffassung

---

86 Vgl. *Düwell,* BB 06, 1741(1743); a. A. *Joussen,* NZA 07, 174 (178).
87 *BAG* 16.2.12,NZA 12, 555 (556 ff.); zustimmend *Giesen,* RdA 13, 47 ff.
88 *LAG Berlin* 16.12.88, RDV 89, 181; *Däubler,* Das Arbeitsrecht 2, Rn. 61; *Wohlgemuth,* AuR 92, 46 (47).
89 Vgl. für die Zeit vor Inkrafttreten des AGG *BAG* 15.10.92, DB 93, 435 f., unter Aufgabe seiner früheren Rspr.; 1.7.93, DB 93, 1978 mit Anm. *Ehrich; Buschbeck-Bülow,* BB 93, 2087; *EuGH* 8.11.90, BB 91, 692 f. mit Anm. *Maurer;* 5.5.94, NZA 94, 609 f.
90 Vgl. *BAG* 15.10.92, DB 93, 435 (436); 1.7.93, DB 93, 1978.
91 *BAG* 6.2.03, NZA 03, 848 (849).
92 *EuGH* 5.5.94, NZA 94, 609 f.; 3.2.00, DB 00, 380 f.; *LAG Hamm* 1.3.99, DB 99, 2114 f.; *Gola,* RDV 00, 202 (205); *Stürmer,* NZA 01, 526 (529 f.).
93 *EuGH* 4.10.01, BB 01, 2478 (2479); 4.10.01, NZA 01, 1243 (1246); vgl. auch 27.2.03, NZA 03, 373 ff.
94 Vgl. ErfK-*Preis,* § 611 BGB Rn. 274; GK-*Raab,* Rn. 34; HWGNRH-*Rose,* Rn. 40; Richardi-*Thüsing,* Rn. 13; vgl. auch *LAG Köln* 11.10.12, NZA-RR 13, 232; *Wendeling-Schröder,* FS Kempen, S. 145 (150 f.); a. A. *Pallasch,* NZA 07, 306 (308, 310); *ders.* in Anm. zu LAG Köln 11.10.12, NZA-RR 13, 232 (233 f.); zur Mitteilungspflicht der AN von einer Schwangerschaft **nach der Einstellung** gemäß § 5 Abs. 1 MuSchG vgl. Schaub-*Linck,* § 167 Rn. 1 f.
95 GK-*Raab,* Rn. 45; HWGNRH-*Rose,* Rn. 41.
96 *LAG Bremen* 24.2.60, BB 60, 743; GK-*Raab,* Rn. 45.
97 *BAG* 21.2.92, DB 92, 1934 f.; *Wohlgemuth,* AuR 92, 46 (48); kritisch zur Anfechtungsmöglichkeit *Däubler,* Das Arbeitsrecht 2, Rn. 53 c m. w. N.
98 Vgl. Däubler/Bertzbach-*Däubler,* § 7 Rn. 38.
99 *Fitting,* Rn. 25; GK-*Raab,* Rn. 30; *Weichert,* RDV 07, 189 ff.
100 *Kehrmann,* MitbGspr. 73, 48.
101 Vgl. *Bayreuther,* NZA 10, 679 (681 f.).
102 *BAG* 7.6.84, DB 84, 2706.

besteht kein Recht, nach einer HIV-Infektion zu fragen[103]. Ein Fragerecht besteht nur hinsichtlich des Ausbruchs der Aids-Erkrankung.[104] **Medizinische Daten** genießen, auch nach zulässiger Erhebung, **besonderen Schutz.**[105]

16 Das Fragerecht des AG bei **Vorstrafen** ist ebenfalls von der Art des zu besetzenden Arbeitsplatzes abhängig. Es kann nur zweckorientiert und funktional ausgeübt werden.[106] Es darf somit nur nach Vorstrafen gefragt werden, die in einem **sachlichen Zusammenhang mit den Erfordernissen des zu besetzenden Arbeitsplatzes** stehen, also **arbeitsplatzbezogen** sind, und damit als »einschlägig« angesehen werden können. So weist das *BAG*[107] darauf hin, dass bei einem Bankkassierer nach Vorstrafen auf vermögensrechtlichem Gebiet und bei einem Kraftfahrer nach verkehrsrechtlichen Vorstrafen gefragt werden könne. Es kommt dabei nicht auf die subjektive Einstellung des AG an, welche Vorstrafen er als einschlägig ansieht. Entscheidend ist vielmehr ein **objektiver Maßstab.**[108] Die Frage nach **laufenden Strafverfahren** bzw. **Ermittlungsverfahren** soll nach den gleichen Grundsätzen zu behandeln sein.[109]

17 Nach § 53 Abs. 1 BZRG darf sich ein Verurteilter als unbestraft bezeichnen, wenn die Verurteilung **nicht in das Führungszeugnis** aufzunehmen oder zu tilgen ist.[110] Das Fragerecht des AG und die Auskunftspflicht des Bewerbers umfassen somit nicht schlechthin alle »einschlägigen« Vorstrafen. Auch soweit es sich um solche handelt, dürfen sie verschwiegen werden, sofern die Voraussetzungen des § 53 Abs. 1 BZRG gegeben sind.[111] Dies gilt erst Recht für gem. § 153 ff. StPO **eingestellte Ermittlungsverfahren.**[112] Zu beachten ist, dass im BZRG zu tilgende Eintragungen erst Monate nach Eintritt der Tilgungsreife aus dem Register entfernt werden (§ 43 Abs. 2 Satz 1 BZRG). Entscheidend ist jedoch die **Tilgungsreife.** Daraus ergibt sich, dass einschlägige Verurteilungen, die zwar noch nicht getilgt sind, aber die Tilgungsreife haben, verschwiegen werden dürfen.[113] Eintragungen im **Verkehrszentralregister des Kraftfahrtbundesamtes** fallen von vornherein nicht unter den Begriff der Vorstrafe, da die »Flensburger Verkehrssünderkartei« nur behördlichen Zwecken dient.[114] Es besteht somit **keine Offenbarungspflicht.** Eine **generelle** Verpflichtung, von sich aus und ungefragt eine bereits **rechtskräftige und demnächst zu verbüßende Freiheitsstrafe** dem AG zu offenbaren, besteht nicht.[115] Allerdings gibt das *BAG,*[116] falls die entsprechende Frage zulässig ist, dem AG das Recht, den AN bei einem längeren Bewerbungsverfahren zu verpflichten, später bis zum Vertragsabschluss noch anhängig werdende Ermittlungsverfahren von sich aus mitzuteilen. Die

---

103 Insbes. zur Problematik von **HIV-Infektionen** bzw. Aids vgl. *Fitting,* Rn. 25 a m. w. N.; HWGNRH-*Rose,* Rn. 36; *Hinrichs,* AiB 88, 8 ff.; *Weichert,* RDV 07, 189 (193).

104 *Fitting,* Rn. 25 a; *Wisskirchen/Bissels,* NZA 07, 169 (171 f.).

105 *BAG* 15.7.87, DB 87, 2571 f.; *Wohlgemuth,* AiB 87, 243 ff.

106 Vgl. *BAG* 15.1.70, AP Nr. 7 zu § 1 KSchG Verhaltensbedingte Kündigung; 20.5.99, DB 99, 1859; 27.7.05, NZA 05, 1243 (1246); 6.9.12 – 2 AZR 270/11, juris, NJW 13, 1115 (1116); *Fitting,* Rn. 19 m. w. N.

107 *BAG,* 20.5.99, DB 99, 1859; 27.7.05, NZA 05, 1243 (1245); vgl. auch *Joussen,* NZA 12, 776 (777).

108 *BAG,* 20.5.99, DB 99, 1859; 27.7.05, NZA 05, 1243 (1245).

109 Vgl. *BAG* 20.5.99, a. a. O.; 27.7.05, a. a. O., wenn auch ein **Ermittlungsverfahren** Zweifel an der persönlichen Eignung des AN begründen kann; 6.9.12, NJW 13, 1115 (1116); 15.11.12, NZA 13, 429 (433); *Raab,* RdA 95, 36 ff. m. w. N. in Fn. 61; *Fitting,* Rn. 19; GK-*Raab,* Rn. 41; Richardi-*Thüsing,* Rn. 24 – 25; *Joussen,* nNZA 12, 776 (777); **a. A.** z. B. *ArbG Münster* 20.11.92, RDV 94, 32; *Wohlgemuth,* FS Hanau, S. 329 (335); *WEH,* I Rn. 45, die wegen der **Unschuldsvermutung** generell das Fragerecht verneinen; vgl. auch *LAG Hamm* 10.3.11, brwo: Frage i. d. R. unzulässig, soweit sie sich auf ohne Verurteilung abgeschlossene Verfahren bezieht.

110 Vgl. *BAG* 20.3.14, NZA 14, 1331 (1333 f.); der BAG-Entscheidung zustimmend *Kort* in Anm.zu AP Nr.73 zu § 123 BGB.

111 *BAG* 20.3.14, NZA 14, 1331 (1333 f.); *Kort,* Anm. zur BAG-Entscheidung in AP Nr. 73 zu § 123 BGB; *Linnenkohl,* S. 26; *ders.,* AuR 83, 129 ff.; *Fitting,* Rn. 19; Richardi-*Thüsing,* Rn. 24 – 25.

112 *BAG* 15.11.12, NZA 13, 429 (432 f.); 20.3.14, NZA 14, 1331 (1335); *Kort,* Anm. zu AP Nr. 73 zu § 123 BGB; vgl. auch *Walker/Schmitt-Kästner,* RdA 15, 120 (122 f.).

113 Linnenkohl, S. 52.

114 *Linnenkohl,* S. 56; *ders.,* AuR 83, 129 (143); *Wohlgemuth,* Rn. 135.

115 Vgl. *BAG* 18.9.87, AP Nr. 32 zu § 123 BGB; *Däubler,* Das Arbeitsrecht 2, Rn. 60 d; *Moritz,* NZA 87, 329 (334 f.).

116 *BAG* 20.5.98, DB 99, 1859.

Beschränkung des Fragerechts darf nicht dadurch umgangen werden, dass der AG einen **lückenlosen Beschäftigungsnachweis** oder ein **polizeiliches Führungszeugnis** verlangt.[117] Befand sich der AN in Freiheitsentzug wegen einer Vorstrafe, die dem AG nicht angegeben werden musste, kann der AN eine normale Beschäftigung in den Nachweis setzen.[118] Das Verlangen, ein Führungszeugnis vorzulegen, ist nach den gleichen Grundsätzen wie das Fragerecht zu beurteilen, sofern es keine gesetzliche Anordnung gibt.[119]

Die Frage nach einer haupt- oder nebenamtlichen **Mitarbeit beim MfS** der ehemaligen DDR ist nur für AN zulässig, die an hervorgehobener Stelle[120] für den AG tätig werden oder in Tendenzbetrieben mit dessen Außendarstellung betraut sind. Einer **politischen Partei** oder einer **Gewerkschaft** wird man z. B. das Recht zubilligen müssen, keine ehemaligen MfS-Mitarbeiter als Referenten oder politische Sekretäre einzustellen.[121] **18**

Fragen nach den **Vermögensverhältnissen** sind allenfalls dann zulässig, wenn es sich um besondere Vertrauensstellungen handelt, bei denen der AN größere finanzielle Verfügungsbefugnisse hat oder die Gefahr der Bestechung oder des Geheimnisverrats besteht.[122] Da **Lohn- und Gehaltspfändungen** mit der Erfüllung der arbeitsvertraglichen Pflichten grundsätzlich nichts zu tun haben, wird eine entsprechende Frage allenfalls nach der Einstellung statthaft sein, wenn es um die Entgeltberechnung durch das Lohnbüro geht, nicht aber zuvor.[123] **19**

Auch Angaben zum **Familienstand** und der **Kinderzahl** sind erst nach der Einstellung zu machen.[124] **20**

Fragen nach einer **Konkurrenzklausel** sind demgegenüber zulässig.[125] **21**

Fragen nach der Zugehörigkeit zu **Parteien, Gewerkschaften**[126] oder **Religionsgemeinschaften** sind grundsätzlich unzulässig; etwas anderes kann in **Tendenzbetrieben** gelten (vgl. § 118 Abs. 1), soweit diese zu Recht ein positives Eintreten der AN für ihre Ziele erwarten können[127] (vgl. auch §§ 3 Abs. 9, 28 Abs. 6 ff. und insbes. Abs. 9 BDSG; § 75 Abs. 1 BetrVG; § 1 AGG) So ist die Frage eines kirchlichen AG nach der Konfession, nicht aber nach der Gewerkschaftszugehörigkeit zulässig, während ein gewerkschaftlicher AG sich zwar nach der Mitgliedschaft in einer Gewerkschaft, nicht aber nach der Konfession erkundigen darf.[128] An dieser Rechtslage hat sich auch durch die jetzige Rspr. des BAG zur Tarifpluralität bei Inhaltsnormen eines TV nichts geändert.[129] Wie schon bisher muss derjenige, der einen Anspruch aus einem TV geltend macht, diesen darlegen, also ggfs. seine Gewerkschaftsmitgliedschaft dafür offenlegen. Hierüber entscheidet allein er. Dies ist im Übrigen z. B. auch bei der Offenlegung der Schwerbehinderteneigenschaft nicht anders, wenn hieran anknüpfende Rechte geltend gemacht werden.[130] **22**

Fragen nach **Freizeitbeschäftigungen** und **Aktivitäten in der Öffentlichkeit** sind unzulässig.[131] **23**

---

117 *Wedde*, CR 92, 679 (681 f.); *Wohlgemuth*, FS Hanau, S. 329 (335); vgl. auch *Husemann*, AuR 12, 471 ff.
118 So auch *Fitting*, Rn. 19.
119 Vgl. *Joussen*, NZA 12, 776 (777 ff.) auch zum erweiterten Führungszeugnis nach § 30 a BZRG.
120 Vgl. *ArbG Leipzig* 20.9.94, AuA 95, 173 f.
121 Vgl. im Einzelnen *Wedde*, CR 92, 679 ff.; *Fitting*, Rn. 18; *Wohlgemuth*, AuR 92, 46 (48 f.); vgl. auch z. B. *BAG* 7.9.95, DB 96, 634 f.; 6.7.00, NZA 01, 317 ff.; 13.6.02, DB 03, 396 f.; *BVerfG* 19.3.98, NZA 98, 588 ff.; 4.8.98, NZA 98, 1329 ff.
122 *Fitting*, Rn. 21; Richardi-*Thüsing*, Rn. 26; *Wohlgemuth*, FS Hanau, S. 329 (335); *ArbG Berlin* 16.7.86, BB 86, 1853; kritisch *Weichert*, AuR, 10, 100 (103).
123 *Fitting*, Rn. 21; GK-*Raab*, Anm. 42; *GL*, Rn. 12; *Wohlgemuth*, Rn. 132 a. A. Richardi-*Thüsing*, Rn. 26; HWGNRH-*Rose*, Rn. 53.
124 *Fitting*, Rn. 20; GK-*Raab*, Rn. 44.
125 GK-*Raab*, Rn. 42 m. w. N.
126 *BAG* 19.3.03, BB 03, 2355 (2356); 4.5.11, NZA-RR 11, 1239 (1242).
127 *Fitting*, Rn. 17; *Michel/Möller/Peter*, AuR 08, 36 ff.; *Trümner*, BetrR 89, 145 (150); *Wisskirchen/Bissels*, NZA 07, 169 (172 f.); *Wohlgemuth*, AuR 92, 46 (47).
128 *Däubler*, Gläserne Belegschaften?, Rn. 212 f.
129 So überzeugend *Wendeling-Schröder*, FS Kempen, S. 145 ff. m. w. N. zur gegenteiligen Auffassung in Fn. 2; a. A. zu Unrecht *HessLAG* 7.11.12 – 12 Sa 654/11, juris; *Fitting*, Rn. 17; GK-*Raab*, Rn. 47; *Sprenger*, NZA 15, 719 (721 ff.); offengelassen von *BAG* 18.11.14, NZA 15, 306 (310), hierzu auch *Gola*, RDV 15, 183 f.; vgl. auch § 4a TVG.
130 *Wendeling-Schröder*, FS Kempen, S. 245 (154 f.).
131 *Däubler*, Gläserne Belegschaften?, Rn. 211; *Wedde*, CR 92, 679 (681); weitere Beispiele bei *Wohlge-*

24 Dies gilt auch für solche nach dem **Wehr-**[132] oder **Zivildienst**, die mit der Aussetzung der Dienste 2011 allerdings keine Bedeutung mehr haben dürften.[133]. Sie betrafen ausschließlich Männer und waren damit als geschlechtsspezifische Ungleichbehandlung **diskriminierend**[134] (vgl. auch Rn. 14).

25 Werden **zulässige Fragen** falsch beantwortet, kann der AG das Recht haben, den **Arbeitsvertrag** gem. § 123 BGB wegen arglistiger Täuschung **anzufechten,** wenn dessen sonstige Voraussetzungen vorliegen, wie z. B. die Erregung eines Irrtums durch die Täuschungshandlung und die Kausalität der Antwort für die Einstellung.[135] **Unzulässige Fragen** kann der AN ohne Sanktionen **wahrheitswidrig beantworten.**[136]

26 Auch wenn eine Frage an sich nach allgemeinen arbeitsrechtlichen Grundsätzen zulässig ist, kann der BR ihrer Aufnahme in einen Personalfragebogen **widersprechen.** Stimmt der BR dagegen einem Personalfragebogen mit unzulässigen Fragen zu, so erhält der AG dadurch im Falle einer wahrheitswidrigen Beantwortung durch den AN **nicht** das Recht zur Anfechtung des Arbeitsvertrages.[137] Unzulässig erhobene Daten dürfen **nicht gespeichert** werden;[138] erfolglos gebliebene **Bewerber** haben Anspruch auf **Vernichtung des Fragebogens,** wenn er Angaben über die Privatsphäre enthält und der AG kein berechtigtes Interesse an der Aufbewahrung hat.[139] **Mitbestimmungswidrig erhobene Daten** können auch **nicht prozessual** verwertet werden. Sie unterliegen einem Beweisverwertungsgebot. Etwas anderes gilt nur, wenn die betroffenen AN die Information zu ihrer Entlastung nutzen[140] (vgl. hierzu auch § 87 Rn. 6).

5. Ausübung des Mitbestimmungsrechts

27 I. d. R. ist der BR zuständig. Die Mitbestimmung des GBR ist nur dann gegeben, wenn die Voraussetzungen des § 50 Abs. 1 vorliegen und für mehrere Betriebe eines UN oder für das gesamte UN ein einheitlicher Personalfragebogen erstellt werden soll. Dies wird nur in **Ausnahmen** der Fall sein. Entsprechendes gilt für persönliche Angaben in allgemein für das UN verwendeten schriftlichen Arbeitsverträgen (vgl. Abs. 2). Im Übrigen können, wenn die Voraussetzungen des § 50 Abs. 1 nicht vorliegen, einzelne BR den **GBR beauftragen,** durch Verhandlungen mit dem AG für sie einen Personalfragebogen zu erstellen. Die vorstehenden Grundsätze gelten entsprechend für den **KBR** im Verhältnis zu den einzelnen GBR (vgl. § 58 Abs. 1 und 2).

28 Der BR kann seine Zustimmung zur Verwendung von Personalfragebogen oder deren inhalt-

---

muth, Rn. 124 ff.; zur Frage der Mitgliedschaft bei **Scientology,** die überwiegend, weil es sich hierbei nicht um eine Religion oder Weltanschauung handelt (*BAG* 22.3.95, NZA 95, 823, 827 ff.), für zulässig gehalten wird, vgl. *Ehrich,* DB 00, 421 (426) und *Bauer/Baeck/Merten,* DB 97, 2534 ff.; einschränkend *ArbG München* 24.10.00, NZA-RR 01, 296; *Fitting,* Rn. 17 m. w. N. und auch Däubler/Bertzbach-*Däubler,* § 7 Rn. 33: Berechtigtes Informationsinteresse nur bei Vertrauensstellung.

132 *LAG Baden-Württemberg* 11.7.85, DB 85, 2567 f.

133 Vgl. auch *Fitting,* Rn. 23.

134 Däubler/Bertzbach-*Däubler,* § 7 Rn. 30; für begrenzte Zulässigkeit bei Befristungen *Fitting,* Rn. 23; HWGNRH-*Rose,* Rn. 32

135 Vgl. z. B. *BAG* 6.7.00, NZA 01, 317 (319 f.); 18.10.00, BB 01, 627 (628); 6.9.12, NJW 13, 1115 (1116); 20.3.14, NZA 14, 1331 (1333); HWGNRH-*Rose,* Rn. 55 f.

136 Vgl. z. B. *BAG* 7.6.84, AP Nr. 26 zu § 123 BGB; 11.11.93, DB 94, 939; 20.5.99, DB 99, 1859; *Fitting,* Rn. 2; GK-*Raab,* Rn. 28; *Moritz,* NZA 87, 329 (336) m. w. N.

137 Richardi-*Thüsing,* Rn. 45; *Wohlgemuth,* AuR 92, 46 (47) m. w. N.

138 *BAG* 22.10.86, AP Nr. 2 zu § 23 BDSG.

139 *BAG* 6.6.84, AP Nr. 7 zu § 611 BGB Persönlichkeitsrecht; zu den Auswirkungen des AGG *Moos/Bandehzadeh/Bodenstedt,* DB 07, 1194 ff.; vgl. zu den Rechten des einzelnen AN auch §§ 6, 19 ff. und 33 ff. BDSG sowie *Wohlgemuth,* Rn. 536 ff. und *Däubler,* CR 91, 475 ff.

140 *LAG Bremen,* RDV 06, 24; *LAG Hamm* 25.1.08, RDV 08, 211 f.; *Fischer,* BB 99, 154 ff.; *Bayreuther,* NZA 05, 1038 (1042 f.); demgegenüber differenzierend *Rhotert,* BB 99, 1378 f.; a. A. *BAG* 13.12.07, NJW 08, 2732 (2734); *Schlewing,* NZA 04, 1071 ff.; **vgl. auch** *BAG* 12.1.88, DB 88, 1552 (1553); GWBG-*Benecke,* § 58 Rn. 6; *LAG Baden-Württemberg* 6.5.99, BB 99, 1439 (Ls. 2) = RDV 00, 27 ff.; *LAG Sachsen-Anhalt* 23.11.99, NZA-RR 00, 476 (478); abzulehnen ist *BAG* 27.3.03, DB 03, 2230 (2232).

licher Ausgestaltung durch eine **BV** oder eine **Regelungsabrede**[141] ausüben, die von beiden Seiten **gekündigt** werden können.[142] Sie haben dann keine **Nachwirkung** gem. bzw. analog § 77 Abs. 6.[143] Von diesem Grundsatz ist allerdings dann eine Ausnahme zu machen, wenn die Vereinbarung zum Zwecke der Änderung gekündigt wird[144] (vgl. die entsprechende Argumentation bei § 95 Rn. 14).

Verwendet der AG einen Personalfragebogen **ohne Zustimmung des BR,** soll er trotzdem zur **Anfechtung** des Arbeitsvertrages berechtigt sein, wenn der AN eine wahrheitswidrige Antwort auf individualrechtlich zulässige Fragen gibt.[145] Der BR habe im Wesentlichen lediglich ein Mitbeurteilungsrecht, damit keine unzulässigen Fragen in einen Fragebogen aufgenommen würden, zulässige Fragen könne er demgegenüber nicht verhindern. Daher müsse die Verletzung des Mitbestimmungsrechts ohne Auswirkung auf das Anfechtungsrecht des AG bleiben. Diese Auffassung ist abzulehnen.[146] **Einseitige Maßnahmen** des AG, die dieser unter Verstoß gegen das Mitbestimmungsrecht trifft, sind **rechtswidrig und unwirksam** (§ 87 Rn. 4). Die rein individualrechtliche Betrachtung ist mit diesen Grundsätzen nicht vereinbar und macht den beabsichtigten Schutz des AN illusorisch.[147] Darüber hinaus kann der BR auch der Aufnahme **zulässiger Fragen widersprechen** (Rn. 26). Über eine etwaige Meinungsverschiedenheit muss dann die ESt. entscheiden, die nach billigem Ermessen eine Gesamtabwägung vornimmt (§ 76 Abs. 5), also auch nicht der Aufnahme jeder zulässigen Frage in den Fragebogen zustimmen muss.[148] Insofern unterscheidet sich die Situation nicht von sonstigen Fällen, in denen individualrechtlich zulässige Maßnahmen des AG (z. B. Leistung im Arbeitsvertrag vereinbarter Überstunden) der Mitbestimmung unterliegen. Der einzelne AN kann die Ausfüllung des Bogens verweigern, wenn das Mitbestimmungsrecht verletzt ist,[149] eine allerdings wenig realistische Option. 29

Werden AN-Daten computermäßig erfasst, gespeichert und verwendet, bestehen neben dem Auskunftsanspruch des einzelnen AN nach § 83 Abs. 1[150] verschiedene **Beteiligungsrechte** des BR. Neben den Regelungen nach § 94 Abs. 1 und 2 sowie dem Überwachungsrecht nach § 80 Abs. 1 Nr. 1 ist auf die Bestimmungen des § 87 Abs. 1 Nr. 1 und Nr. 6 und den dort genannten Regelungsbedarf hinzuweisen (zu **konzernweiter,** ggf. **grenzüberschreitender Datenverarbeitung** vgl. §§ 4 b, 4 c BDSG[151] und § 87 Rn. 196). Häufig wird die Einschaltung eines **Sachverständigen** erforderlich sein (§§ 80 Abs. 3, 111 Satz 2). 30

III. Persönliche Angaben in Arbeitsverträgen

Damit die Mitbestimmung bei der Einführung, Gestaltung und Verwendung von Personalfragebogen nicht unterlaufen werden kann,[152] ist in Abs. 2 ein **Zustimmungsverweigerungsrecht** des BR auch hinsichtlich persönlicher Angaben in schriftlichen Arbeitsverträgen, die allgemein für den Betrieb verwendet werden sollen, festgelegt (vgl. hierzu auch §§ 2, 3 Nach- 31

141 *LAG Frankfurt* 8.1.91, DB 92, 534, Ls.; GK-*Wiese*, Rn. 11 f.
142 *GL*, Rn. 18; Richardi-*Thüsing*, Rn. 42; *WW*, Rn. 4.
143 Vgl. insbes. GK-*Raab*, Rn. 15; *Fitting*, Rn. 15; HWGNRH-*Rose*, Rn. 63; *LK*, Rn. 2; MünchArbR-*Matthes*, § 258 Rn. 19; differenzierend Richardi-*Thüsing*, Rn. 43: Nachwirkung bei Kündigung des AG.
144 A. A. GK-*Raab*, Rn. 15.
145 *BAG* 2.12.99, BB 00, 1092 (1093 f.); ErfK-*Kania*, Rn. 3; GK-*Raab*, Rn. 50; HWGNRH-*Rose*, Rn. 101; KassArbR-*Etzel*, 9.1, Rn. 704; *LK*, Rn. 23; Richardi-*Thüsing*, Rn. 50; *Raab*, ZfA 97, 183 (227); zweifelnd *Fitting*, Rn. 35.
146 So auch *GL*, Rn. 17; HaKo-BetrVG/*Kreuder*, Rn. 31; MünchArbR-*Matthes*, § 258 Rn. 25; *Wolter*, RdA 06, 137 (143 f.).
147 *GL*, Rn. 17; *WW*, Rn. 4; vgl. auch *BAG* 22.10.86, AP Nr. 2 zu § 23 BDSG, wonach unzulässig erhobene Daten nicht gespeichert werden dürfen; *Däubler*, CR 94, 101 (102).
148 *Fitting*, Rn. 14.
149 Vgl. *LAG Frankfurt* 26.1.89, DB 89, 2030 f.; *Fitting*, Rn. 35.
150 Vgl. *ArbG Berlin* 24.9.87, CR 88, 408 ff.
151 *Däubler*, Gläserne Belegschaften?, Rn. 450 ff., 490 ff.; *ders.*, AiB 97, 258 ff. mit einer Datenschutz-BV; *Hummel/Hilbrans*, AuR 05, 207 ff.; *Lerch/Hoffmann*, AiB 10, 470 ff.; *Michalke*, CuA 9/10, S. 8 ff.; vgl. auch *ArbG Berlin* 27.10.83, DB 84, 410 f.
152 Vgl. BT-Drucks. zu VI/2729, S. 30.

weisgesetz). Dem AG wäre es andernfalls möglich, bestimmte Angaben nicht durch Personalfragebogen, sondern durch sog. Formularverträge ohne Beteiligung des BR vom AN direkt zu erhalten. Auch entsprechende allgemeine schriftliche Ergänzungen, wie z. B. das **Einverständnis mit der Erhebung/Verarbeitung/Nutzung** der personenbezogenen Daten gemäß § 4 a BDSG,[153] bedürfen der Zustimmung des BR.[154] Zu beachten ist, dass das Mitbestimmungsrecht des BR sich auf die persönlichen Angaben in Formulararbeitsverträgen beschränkt. Die Aufnahme **allgemeiner Arbeitsbedingungen** in derartige Formularmuster unterliegt dagegen nicht seiner Beteiligung.[155]

IV. Beurteilungsgrundsätze

1. Begriff

32 Unter allgemeinen Beurteilungsgrundsätzen sind Richtlinien zu verstehen, nach denen **Leistung und Verhalten des AN** bewertet werden (vgl. DKKWF-*Klebe/Heilmann,* § 94 Rn. 2: **Vereinbarungsentwurf** für ein Beurteilungssystem). Auch Aussagen zur **Eignung** des AN für andere Aufgaben werden erfasst.[156] Die vom AG angewandten Kriterien/allgemeinen Grundsätze müssen **nicht schriftlich** niedergelegt sein.[157] Es reicht z. B. aus, wenn der AG auf der Grundlage von formularmäßig ermittelten Leistungsdaten regelmäßig gegenüber AN **Rügen** oder **Belobigungen** ausspricht.[158] Mit entsprechenden Kriterien kann ein einheitliches Vorgehen bei der Beurteilung und ein Bewerten nach einheitlichen Maßstäben ermöglicht und so erreicht werden, dass die Beurteilungsergebnisse miteinander vergleichbar sind.[159] Auch hier soll das Mitbestimmungsrecht der **Objektivierung** im Interesse der AN dienen.[160] Die AN sollen unter Vermeidung von Eingriffen in die **Persönlichkeitssphäre** und den in § 75 Abs. 1 genannten Benachteiligungen nach sachgerechten Kriterien beurteilt werden.[161] Es soll sichergestellt werden, dass Beschäftigte nur nach ihrer Arbeitsleistung, nach der persönlichen Eignung für eine berufliche Weiterentwicklung im Betrieb, beurteilt werden. Daher besteht das Mitbestimmungsrecht auch dann, wenn die Teilnahme an einem Beurteilungsgespräch freiwillig ist und der Leitfaden hierfür lediglich Orientierungshilfen geben soll.[162] Ein Beurteilungssystem, das auch Grundsätze einbezieht, die mit dem Arbeitsverhältnis in keiner unmittelbaren Beziehung stehen, ist unzulässig.[163] Der einzelne Beschäftigte kann verlangen, dass Beurteilungen, die unter Verletzung des Mitbestimmungsrechts erfolgt sind, aus seiner Personalakte entfernt werden.[164] Das Mitbestimmungsrecht erfasst auch **Ein-Euro-Jobber**[165] (vgl. § 87 Rn. 13; 95 Rn. 32) und **Leih-AN**, wenn durch den Entleiher eine Leistungsbeurteilung nach allgemeinen Grundsätzen, die entweder spezifisch für Leih-An aufgestellt worden sind oder aber auch für die Stammbelegschaft gelten, erfolgt (vgl. auch § 87 Rn. 9).[166]

---

153 Vgl. hierzu *DKWW,* § 4 a Rn. 4 ff. m. w. N.; Plath-*Plath,* § 4 a Rn. 7 ff.

154 *Fitting,* Rn. 12; *Schierbaum,* AiB 01, 512 (521); *Wohlgemuth,* BB 91, 340 (341); a. A. GK-*Raab,* Rn. 20.

155 *LAG Nürnberg* 21.12.10, NZA-RR 11, 130 (131); ErfK-*Kania,* Rn. 2; *Fitting,* Rn. 27; Richardi-*Thüsing,* Rn. 52.

156 Vgl. *Jedzig,* DB 96, 1337 (1338); *Schmidt/Stracke,* AiB 99, 191 (194).

157 Vgl. auch *BAG* 17.3.15, NZA 15, 885 (887).

158 *LAG Niedersachsen* 6.3.07, AuR 08, 77, Ls.; GK-*Raab,* Rn. 55.; Richardi-*Thüsing,* Rn. 69.

159 *BAG* 23.10.84, AP Nr. 8 zu § 87 BetrVG 1972 Ordnung des Betriebes; 14.1.86, AP Nr. 21 zu § 87 BetrVG 1972 Lohngestaltung; 18.4.00, DB 00, 2227 (2228); 14.1.14, NZA 14, 356; 17.3.15, NZA 15, 885 (887); *LAG Frankfurt* 6.3.90, DB 91, 1027; *LAG Niedersachsen* 6.3.07, AuR 07, 446, Ls.; *Fitting,* Rn. 29.

160 BT-Drucks. VI/1786, S. 50.

161 *BAG* 28.3.79, AP Nr. 3 zu § 75 BPersVG.

162 *BAG* 17.3.15, NZA 15, 885 (888).

163 Vgl. auch HaKo-BetrVG/*Kreuder,* Rn. 24; *Küpferle/Wohlgemuth,* Rn. 251.

164 *LAG Frankfurt* 6.3.90, a. a. O.

165 Vgl. *Engels,* NZA 07, 8 (12).

166 Vgl. Ulber-*zu Dohna-Jäger,* § 14 Rn. 122; zu eng GK-*Raab,* Rn. 10.

2. Inhalt des Mitbestimmungsrechts

Das Mitbestimmungsrecht (zu seiner Ausübung vgl. Rn. 27 ff.) umfasst die Einführung und Festlegung der **materiellen Beurteilungsmerkmale** wie auch der **Verfahren,** die für deren Feststellung maßgebend sein sollen, also auch die Anwendung dieser Kriterien.[167] Weiter erstreckt es sich auf den Verwendungszweck der ermittelten Angaben[168] (vgl. auch Rn. 7). Die Zustimmung des BR ist bei der **Aufstellung der allgemeinen Grundsätze** erforderlich, nicht bei der Durchführung der **Beurteilung im Einzelfall.**[169] Verfahrensregelungen liegen z. B. vor, wenn der Kreis der Beurteiler und der zu Beurteilenden, der Zeitraum, die Kontrolle und Auswertung der Beurteilungen festgelegt werden. Dabei ist selbstverständlich auch eine der Beurteilung vorausgehende Anfertigung von Aufgabenbeschreibungen (vgl. Rn. 35) erfasst.[170] Schließlich sollte vorher klar sein, was beurteilt werden soll. Hierzu zählen auch Regelungen, nach denen die Beurteilten Einspruchsmöglichkeiten haben, wie z. B. in Form eines Überprüfungsgesprächs oder Beschwerdeverfahrens.[171] 33

Die Aufstellung von Beurteilungsgrundsätzen soll Entscheidungen über den **Personaleinsatz** erleichtern und insbesondere **Personalentwicklungs-, Personalförderungs-** und **Bildungsmaßnahmen** objektivieren. 34

Eine sachgemäße Beurteilung wird regelmäßig nur möglich sein, wenn für die Arbeitsplätze **Arbeitsbeschreibungen** (Stellenbeschreibungen) vorhanden sind.[172] Es ist also entscheidend, dass die Qualifikation des zu Beurteilenden i. V. m. dem gegebenen Arbeitsplatz und den dort geforderten Aufgaben gesehen wird. Es muss objektiv festgestellt werden, **welche Anforderungen** an den betreffenden Arbeitsplatz gestellt werden (Anforderungsprofil) und inwieweit der AN mit seinen Kenntnissen und Fertigkeiten die **notwendige Eignung** für diese Arbeit besitzt (Fähigkeitsprofil). Abzulehnen ist allerdings, wenn anstelle einer menschlichen und durch den BR beeinflussbaren Beurteilung eine automatisierte Entscheidungsfindung durchgeführt wird (sog. **automatisierter Profilabgleich**). Im Übrigen ist zu beachten, dass nur beschrieben werden kann, was **beobachtbar, nachprüfbar** und **differenzierbar** ist. Die Beschreibungen müssen so formuliert sein, dass Fähigkeit und Aufgabenerfüllung objektiv festgestellt werden können. 35

Es sind nur Kriterien zu beurteilen, für die von der ausgeübten Arbeitsaufgabe her ein **begründetes Bedürfnis** besteht.[173] Solche **Beurteilungsmerkmale** können beispielsweise sein: Auffassungsgabe, Entschlussfähigkeit, Verantwortungsbereitschaft, mündlicher und schriftlicher Ausdruck, Fachkenntnisse, Zuverlässigkeit, Befähigung als Vorgesetzter. Die Aufstellung der Kriterien und der sonstigen Grundsätze zur Beurteilung dürfen den beruflichen Werdegang des AN nicht in unzulässiger Weise behindern.[174] 36

Hinsichtlich Kündigung und Nachwirkung gelten die bereits dargestellten Grundsätze (Rn. 28) auch bei Abs. 2. 37

3. Beispiele

Werden in einem **Personalinformationssystem** Fähigkeits- und Eignungsprofile erstellt (vgl. § 6 a BDSG zur Einschränkung automatisierter Einzelentscheidungen, die für den Betroffenen eine rechtliche Folge nach sich ziehen oder ihn erheblich beeinträchtigen), so setzt dies die Festlegung der Merkmale, also die Aufstellung von Beurteilungsgrundsätzen voraus. Daher besteht ein Mitbestimmungsrecht nach Abs. 2.[175] 38

---

167 Vgl. *BAG* 14. 1. 14, NZA 14, 356 (357); 17. 3. 15, NZA 15, 885 (888); *LAG Niedersachsen* 6. 3. 07, AuR 07, 446, Ls.; *Fitting*, Rn. 30; ErfK-*Kania*, Rn. 4; Richardi-*Thüsing*, Rn. 64.
168 Vgl. *Jedzig*, DB 96, 1337 (1340).
169 Vgl. GK-*Raab*, Rn. 56; Richardi-*Thüsing*, Rn. 69.
170 *BAG* 14. 1. 14, NZA 14, 356 (357).
171 *WW*, Rn. 13.
172 *Fitting*, Rn. 31; vgl. auch *BAG* 14. 1. 14, NZA 14, 356 (357).
173 *Jedzig*, DB 91, 753 (757).
174 *BAG* 28. 3. 79, AP Nr. 3 zu § 75 BPersVG.
175 *Fitting*, Rn. 30; GK-*Raab*, Rn. 56; Richardi-*Thüsing*, Rn. 58; *Klebe/Schumann*, AuR 83, 40 (43).

39 Neben **Beurteilungsformularen**[176] unterliegen der Mitbestimmung aus diesem Grunde auch
- **biometrische Identifikationsverfahren,** wenn sie nicht nur die Identität überprüfen, sondern auch Aussagen z. B. zum Gesundheits- und Gemütszustand oder zum Charakter erlauben (vgl. zudem § 87 Rn. 197, 201; Rn. 48),
- **psychologische Tests,**
- **Alkohol-/Drogentests, Blutuntersuchungen**[177] (vgl. auch § 95 Rn. 10),
- **graphologische Gutachten**[178] (zur Mitbestimmung nach Abs. 1 vgl. Rn. 4, 8), **sofern** sie überhaupt **zulässig** sind (vgl. hierzu unten Rn. 47)
- und Systeme zur **Auswertung von Bewerbungsunterlagen.**[179]

40 In der Zusammenstellung sog. **Assessment-Center** werden Regelungen verwendet, die die Bewertung des Verhaltens oder der Leistung objektivieren und nach einheitlichen Kriterien ausrichten sollen. Demzufolge findet auch Abs. 2 bei ihnen Anwendung[180] (vgl. auch Rn. 10 und § 95 Rn. 10).

41 Als allgemeine Beurteilungsgrundsätze kommen nicht nur stark ausdifferenzierte, die Gesamtheit von Führung und Leistung umfassende Systeme in Betracht; auch **weniger differenzierte Beurteilungssysteme,** die nur Teilaspekte der Tätigkeit im Auge haben und deren Beurteilungsdichte eingeschränkt ist, unterliegen Abs. 2, solange die Beurteilung angesichts der (wenn auch wenigen) Kriterien noch generellen Charakter hat.[181]

42 **Nicht** dem Mitbestimmungsrecht nach Abs. 2 unterliegen ausschließlich arbeitsplatzbezogene **Stellen-/Funktionsbeschreibungen** oder analytische Arbeitsplatzbewertungen.[182] Sie stellen dann lediglich eine Vorstufe von Beurteilungsgrundsätzen dar. In Betracht kommt allerdings ein Mitbestimmungsrecht nach § 95 (vgl. dort Rn. 7 f.).

43 **Arbeitsbegleitende Papiere** können je nach Inhalt dem Mitbestimmungsrecht nach Abs. 2 unterliegen. Sind in ihnen Beurteilungsgrundsätze so vorausgesetzt, dass sich z. B. eine bestimmte Leistungsbewertung durch das Ausfüllen ergibt, greift das Mitbestimmungsrecht ein.[183]

44 Mitbestimmungspflichtig sind weiter
- eine durch Beurteilungsbögen und entsprechende Textbausteine standardisierte **Zeugniserstellung,**[184]
- Regelungen für Mitarbeitergespräche mit **Zielvereinbarung**[185] (vgl. auch Rn. 9 und § 87 Rn. 67, 203, 337, 351),
- sog. **Potentialanalysen** von AN[186] (vgl. auch Rn. 10)
- und auch die Aufstellung von **Führungsrichtlinien,** in denen Beurteilungskriterien festgelegt werden.[187] Die Auffassung des *BAG* kann gerade in dem von ihm entschiedenen Fall nicht geteilt werden. Die Führungskräfte sollten dort nämlich die Feststellung treffen, ob

---

176 *Fitting,* Rn. 29.

177 Zu Datenschutz- und Strafrecht vgl. *Forst,* RDV 10, 8 ff.; *Albrecht,* AiB 10, 158 ff.

178 Richardi-*Thüsing,* Rn. 54; *SWS,* Rn. 28 c.

179 Richardi-*Thüsing,* Rn. 54; *SWS,* Rn. 28 c.

180 *Fitting,* Rn. 26; Richardi-*Thüsing,* Rn. 64; *Jedzig,* DB 96, 1337 (1339 m. w. N.); *LK,* Rn. 22; Schaub-*Koch,* § 238 Rn. 27; *Schönfeld/Gennen,* NZA 89, 543 (544); WPK-*Preis,* Rn. 8; vgl. auch HWGNRH-*Rose,* Rn. 75: Mitbestimmungsrecht bei genereller Verwendung; zu den rechtlichen Grenzen im Hinblick auf § 32 Abs. 1 BDSG und AGG vgl. *Carpenter,* NZA 15, 466 ff.

181 *LAG Berlin* 22.4.87, AuR 88, 122; *SWS,* Rn. 28 c; *Jedzig,* DB 96, 1337 (1338); MünchArbR-*Matthes,* § 259 Rn. 5.

182 *BAG* 14.1.86, AP Nr. 21 zu § 87 BetrVG 1972 Lohngestaltung; 18.4.00, DB 00, 2227 (2228); GK-*Raab,* Rn. 62; Richardi-*Thüsing,* Rn. 55.

183 Vgl. auch *LAG Niedersachsen* 6.3.07, AuR 08, 77, Ls. und § 87 Rn. 50; **a. A.** *BAG* 24.11.81, AP Nr. 3 zu § 87 BetrVG 1972 Ordnung des Betriebes.

184 Vgl. hierzu *Werster,* AiB 92, 328 (339) mit einem BV-Entwurf.

185 Vgl. BAG 17.3.15, NZA 15, 885 (887 f.); *Breisig,* Zielvereinbarungen, S. 84 f., 95 ff. (Eckpunkte und Regelungsbeispiele); *ders.,* Zielvereinbarungen im Fokus, S. 117 ff., 129 ff., 164 ff.; 190 ff.; *Annuß,* NZA 07, 290 (296); *Bauer/Diller/Göpfert,* BB 02, 882 (886); *Berwanger,* BB 03, 1499 (1502); *Däubler,* NZA 05, 793 (795); *Kort,* NZA 15, 520 (521); **a. A.** *VG Karlsruhe* 7.3.97, RDV 98, 31; ErfK-*Kania,* Rn. 4.

186 Vgl. HaKo-BetrVG/*Kreuder,* Rn. 25; *Jedzig,* DB 96, 1337 (1338 f.).

187 *Fitting,* Rn. 29; *Boewer,* RDV 88, 13 (17); vgl. auch GK-*Raab,* Rn. 60; HWGNRH-*Rose,* Rn. 76; **a. A.** *BAG* 23.10.84, AP Nr. 8 zu § 87 BetrVG 1972 Ordnung des Betriebes.

bestimmte Handlungen des Mitarbeiters oder das von ihm erarbeitete Ergebnis vorgegebenen Normen oder Zielsetzungen entsprachen. Dies setzt entsprechende Kriterien voraus, gleichgültig, wie differenziert letztlich die Beurteilung des Vorgesetzten ausfällt.

Ärztliche Untersuchungen können neben Abs. 1 (vgl. Rn. 11) auch Abs. 2 unterliegen, z. B., wenn der AG bestimmte Vorgaben für die Eignung für einen Arbeitsplatz macht.[188] Zudem kommen die Rechte nach § 87 Abs. 1 Nrn. 1, 7 (vgl. dort Rn. 67, 236) und § 95 (vgl. dort Rn. 10) in Betracht. **45**

Sind Beurteilungsgrundsätze gleichzeitig für die Bewertung der Leistung im Rahmen eines **Entgeltzahlungssystems** maßgebend, so stehen die Mitbestimmungsrechte nach **Abs. 2 und § 87 Abs. 1 Nr. 10 nebeneinander,**[189] es sei denn, es gilt ein **TV** (vgl. Rn. 2). **46**

4. Persönlichkeitsschutz und Tests

Grundsätzliche Bedenken bestehen gegen die Anwendung von **Persönlichkeitstests** (psychologische Eignungsuntersuchungen). Persönlichkeitstests lassen sich kaum auf solche Vorgänge aus der Persönlichkeitssphäre beschränken, die nur mit dem betreffenden Arbeitsgebiet in unmittelbarer sachlicher Beziehung stehen. Deshalb und wegen der mit Persönlichkeitstests verbundenen tiefen Eingriffe in den seelischen Bereich der Testperson und damit in ihre rechtlich geschützte Persönlichkeitssphäre sind solche Tests **grundsätzlich als unzulässig** anzusehen.[190] Jedenfalls bedürfen psychologische Testverfahren und graphologische Gutachten neben der Zustimmung des BR der **ausdrücklichen Einwilligung** des betreffenden AN bei der konkreten Anwendung.[191] Sie dürfen nur in **eng begrenzten Ausnahmefällen** erfolgen, wenn dies mit Rücksicht auf die zu erfüllenden Arbeitsaufgaben ggf. auch im Interesse Dritter unerlässlich erscheint.[192] Hierbei sind bestimmte Regeln zu beachten; so darf der Test beispielsweise nur von einem Fachpsychologen nach vorheriger umfassender Aufklärung durchgeführt werden.[193] **Intelligenztests,** die den Intelligenzquotienten ermitteln, und Persönlichkeitstests zur Bestimmung bzw. **Erfassung der Gesamtpersönlichkeit** sind in jedem Fall unzulässig.[194] **47**

Das Gleiche gilt für **Alkohol-** und **Drogentests,**[195] **Stressinterviews** und **Genanalysen.**[196] Mit **Genomanalysen** werden die Erbanlagen von Bewerbern und Beschäftigten analysiert, um z. B. eine besondere Anfälligkeit/Resistenz gegenüber Umwelteinflüssen zu ermitteln.[197] Mit ihnen wird der Einzelne zum bloßen Objekt eines Verfahrens gemacht und ihm seine Intimsphäre genommen.[198] Deshalb verbietet **§ 19 GenDG**, das im Wesentlichen am 1.2.2010 in Kraft getreten ist,[199] vor oder nach Begründung des Beschäftigungsverhältnisses vom Beschäftigten die Vornahme genetischer Untersuchungen oder Analysen oder die Mitteilung von Ergebnissen bereits vorgenommener entsprechender Maßnahmen zu verlangen, solche Ergebnisse entgegenzunehmen oder zu verwenden. Nach § 20 Abs. 1 GenDG gelten diese Grundsätze auch für **arbeitsmedizinische Vorsorgeuntersuchungen.** § 20 Abs. 2 lässt als Ausnahme nur dia- **48**

188 A. A. *Jedzig*, DB 96, 1337 (1338 Fn. 31).
189 Für einen Vorrang von Abs. 2 *GL*, Rn. 26; für einen Vorrang von § 87 Abs. 1 Nr. 10: GK-*Raab*, Rn. 61; Richardi-*Thüsing*, Rn. 57; *SWS*, Rn. 30; *Jedzig*, DB 91, 753 (757).
190 *Fitting*, Rn. 26; § 75 Rn. 153 ff.; *Däubler*, CR 94, 101 (104); vgl. auch zu Psycho-Tests *Albrecht*, AiB 10, 576 ff.
191 *Fitting*, a. a. O.
192 Vgl. z. B. *BAG* 13.2.64, AP Nr. 1 zu Art. 1 GG: Fahren eines Omnibusses.
193 *Wohlgemuth*, Rn. 151 ff.; *Grunewald*, NZA 96, 15.
194 *Fitting*, Rn. 26; *Däubler*, CR 94, 101 (104 f.); *Wohlgemuth*, Rn. 152.
195 Vgl. HaKo-BetrVG-*Kreuder*, Rn. 20; *Heilmann/Wienemann/Thelen*, AiB 01, 465; *Rehwald*, AiB 00, 125 ff.; vgl. auch *BAG* 12.8.99, DB 99, 2369 (2370); 16.9.99, DB 00, 93 (94); a. A. *Bengelsdorf*, NZA-RR 04, 113 ff., insbes. 118 f.
196 *VGH Baden-Württemberg* 28.11.00, AuR 01, 469 ff. mit Anm. *Roos*; ausführlich *Roos*, S. 31 ff., 51 ff.; vgl. auch *Fitting*, Rn. 26; *ders.*, § 75 Rn. 153; *Däubler*, Gläserne Belegschaften?, Rn. 229 ff., 234 ff., 285 f.
197 *Roos*, AuR 01, 121.
198 Vgl. *Fitting*, Rn. 26 m. w. N.; *Däubler*, Das Arbeitsrecht 2, Rn. 75 ff.; *Roos*, S. 56 ff.; vgl. auch *Bücker/Feldhoff/Kohte*, Rn. 632 f.; *Kohte*, FS Kissel, S. 547 (558).
199 Zum Gesetz auch HaKo-BetrVG/*Kreuder*, Rn. 20; *Däubler*, Gläserne Belegschaften?, Rn. 232 ff.; *Wiese*, BB 09, 2198 ff.; *Fischinger*, NZA 10, 65 ff.

gnostische genetische Untersuchungen zu, soweit sie zur Feststellung genetischer Eigenschaften erforderlich sind, die für **schwerwiegende Erkrankungen** oder schwerwiegende gesundheitliche Störungen, die bei einer Beschäftigung an einem bestimmten Arbeitsplatz oder mit einer bestimmten Tätigkeit entstehen können, ursächlich oder mitursächlich sind. Ist eine genetische Untersuchung ausnahmsweise zulässig, finden gem. § 20 Abs. 4 GenDG die in §§ 7 bis 16 GenDG aufgeführten **Schutzmaßnahmen** Anwendung (z. B. Arztvorbehalt (§ 7), Aufklärung mit angemessener Bedenkzeit und ausdrückliche schriftliche Einwilligung des Betroffenen (§§ 8, 9), Mitteilung des Ergebnisses nur an den Betroffenen, sofern er nicht die Weitergabe an sich oder Dritte ausgeschlossen hat (§ 8 Abs. 1) oder ausdrücklich und schriftlich der Weitergabe an Dritte zugestimmt hat (§ 11 Abs. 3)). **Biometrische Identifikationsverfahren** (Identifikation z. B. anhand von Stimme, Gesicht, Iris oder Spuren der Erbsubstanz **(DNA-Profiling)**)[200] sind gleichzubehandeln, wenn sie nicht nur Aussagen zur Identität, sondern z. B. auch zum Gemüts- und Gesundheitszustand oder zum Charakter erlauben[201] (vgl. auch § 87 Rn. 197, 201; Rn. 39).

V. Betriebsrat und BDSG

49 Zwischen BetrVG und BDSG gibt es eine Reihe von Wechselbezügen. So ist z. B. das **BDSG** ein **Schutzgesetz** i. S. v. § 80, über dessen Einhaltung der BR zu wachen hat.[202] Durch das BDSG werden die **Rechte des BR nicht eingeschränkt**[203] (§ 1 Abs. 3 BDSG).

50 Der **BR** ist **unselbstständiger Teil** der verantwortlichen Stelle und **nicht Dritter** i. S. d. BDSG (vgl. § 3 Abs. 4 Nr. 3, Abs. 8).[204] Gleiches gilt für den GBR[205] Das BDSG findet daher auf den Datenfluss zwischen AG und BR/GBR keine Anwendung, weil keine Übermittlung vorliegt. Dies gilt auch für die sonstige Verarbeitung und Nutzung (vgl. § 3 Abs. 4, 5 BDSG) vom AG übermittelter oder selbst erhobener Daten. Wegen §§ 1 Abs. 3, 32 Abs. 3 BDSG gehen die Regelungen des BetrVG, wie z. B. § 80, dem BDSG vor.[206]

51 Ein **Kontrollrecht des betrieblichen Datenschutzbeauftragten**[207] gegenüber dem BR kommt nicht in Betracht.[208] Da der BR kein echtes Mitbestimmungsrecht bei der Ernennung des betrieblichen Datenschutzbeauftragten hat und vor allem weil dieser trotz **§ 4 f Abs. 3 BDSG** (**Widerruf der Bestellung** nur auf Verlangen der Aufsichtsbehörde oder in entsprechender Anwendung des § 626 BGB,[209] Kündigung des Arbeitsverhältnisses während der Tätigkeit und innerhalb eines Jahres nach Beendigung nur aus wichtigem Grund[210]) nicht neutral, sondern dem AG zuzuordnen ist, ließe sich ein Kontrollrecht mit dem Prinzip der **eigenständigen und unabhängigen Geschäftsführung des BR** nicht vereinbaren.[211] Die Kontrolle durch den betrieblichen Datenschutzbeauftragten, den Vertreter der AG-Seite, liefe auf eine Kontrolle des

200 hierzu *Kiper,* CF 8 – 9/99, S. 46 ff.; *Haedicke,* CF 12/99, S. 31 ff.; *Klische,* RDV 01, 60 ff.

201 *Däubler,* Gläserne Belegschaften?, Rn. 291; vgl. zudem Roßnagel-*Gundermann/Probst,* 9.6 Rn. 35 ff.; *Hornung/Steidle,* AuR 05, 201 (205 ff.); vgl. auch *OGH* 20.12.06, AuR 07, 398 ff. mit Anm. v. *Hornung.*

202 *BAG* 17.3.87, AP Nr. 29 zu § 80 BetrVG 1972; *Fitting,* § 80 Rn. 7.

203 Vgl. z. B. *BAG* 10.2.87, NZA 87, 385; *LAG Berlin-Brandenburg* 4.3.11, LAGE § 40 BetrVG 2001 Nr. 15, S. 11; *Fitting,* Rn. 4; Plath-*Plath,* § 1 Rn. 37; *Wohlgemuth,* Rn. 639, und zu den Rechten des einzelnen AN *Däubler,* Gläserne Belegschaften?, Rn. 508 ff., 547 ff.

204 *BAG* 11.11.97, DB 98, 627; 7.2.12, NZA 12, 744 (746); 18.7.12, DB 12, 2524 (2527); 14.1.14, NZA 14, 738 (739); *DKWW,* § 3 Rn. 64, § 28 Rn. 29; Taeger/Gabel-*Kinast,* § 5 Rn. 14.

205 *BAG* 11.11.97, a. a. O.

206 Vgl. *LAG München* 24.11.10 – 11 TaBV 48/10; hierzu auch *Seebacher,* AiB 11, 365 ff.; *Däubler,* Gläserne Belegschaften?, Rn. 635, 640 jeweils m. w. N.

207 Hierzu auch *Schierbaum,* CF 10/02, S. 16 ff.

208 *BAG,* 11.11.97, DB 98, 627 (628 ff.); *DKWW,* § 4 g Rn. 9, § 5 Rn. 13; *Fitting,* § 83 Rn. 23; *Simitis,* § 4 g Rn. 40; *Wagner,* BB 93, 1729 ff. hält nur eine Einzelfallkontrolle durch die Aufsichtsbehörde (§ 38 BDSG) für zulässig; a. A. Wolff/Brink-*Moos,* § 4 g Rn. 5.

209 Vgl. hierzu *BAG* 13.3.07, NZA 07, 563 ff.; 23.3.11 DB 11, 1926 f.= AuR 12, 133 ff. mit Anm. v. *Wedde*; *Däubler,* Gläserne Belegschaften?, Rn. 611 ff.; *Simitis,* § 4 f Rn. 182 ff., beide m. w. N.; *Reinhard,* NZA 13, 1049 (1051 ff.).

210 *Däubler,* Gläserne Belegschaften?, Rn. 614 f.; *Schwab/Ehrhard,* NZA 10, 1118 ff.; vgl. hierzu auch *BAG* 23.1.14, NZA 14, 895 ff.

211 *BAG* 11.11.97, a. a. O.

BR durch den betrieblichen Gegenspieler hinaus.[212] Das für das BetrVG konstitutive Prinzip der **Unabhängigkeit des BR vom AG**[213] (vgl. Einl. Rn. 77) führt also zu einer Restriktion des BDSG, zu einer Nichtanwendung der Vorschriften auf den BR, die ihn in seiner Autonomie beeinträchtigen Ein Mitbestimmungsrecht des BR kann allerdings dann bestehen, wenn die Ernennung des Datenschutzbeauftragten eine Einstellung oder Versetzung darstellt[214] (§ 99 Rn. 111). Auch bei der **Ernennung eines Externen** (vgl. § 4 f Abs. 2 BDSG) zum Datenschutzbeauftragten kann bei **Eingliederung** in die betriebliche Organisation eine Einstellung vorliegen[215] (vgl. auch § 4 f Abs. 5 BDSG).

Eine **formale Verpflichtung des BR** durch den AG auf das **Datengeheimnis** gemäß § 5 BDSG kommt nicht in Betracht.[216] Der BR erfüllt seine Aufgaben unabhängig und in eigener Kompetenz; dem AG stehen keinerlei Überwachungs- und Kontrollrechte zu. Darüber hinaus sind die betriebsverfassungsrechtlichen Verschwiegenheitspflichten Lex specialis und den BR-Mitgliedern ohnehin bekannt. **52**

Der BR hat das Recht, sich zur Erfüllung seiner betriebsverfassungsrechtlichen Aufgaben im erforderlichen Umfang **eigene Dateien** aufzubauen[217] (vgl. auch § 40 Rn. 158 f. zum EDV-Einsatz im BR-Büro). Diese Datenverarbeitung ist je nach Einzelfall für die Begründung, Durchführung oder Beendigung der Beschäftigungsverhältnisse (§ 32 Abs. 1 Satz 1 BDSG) mit den betroffenen AN erforderlich, da hierzu auch die kollektivrechtlichen Normen zu rechnen sind.[218] Der BR wird allerdings sehr genau prüfen müssen, ob tatsächlich eine Verarbeitung personenbezogener Daten erforderlich ist und ob nicht ggf. auch **anonymisierte Informationen** für den jeweiligen Zweck ausreichen[219] (§ 3 a BDSG). Er muss selbst die nach dem **BDSG erforderlichen Maßnahmen** festlegen,[220] sollte die **Grundsätze des BDSG** (vgl. auch Rn. 12 und § 87 Rn. 195 f.) in vorbildlicher Weise einhalten[221] und die näheren Einzelheiten des Zugriffs auf personenbezogene Daten schon aus **Transparenzgründen in einer BV** regeln.[222] Hierin können z. B. die **Abstufung der Zugriffsberechtigungen** entsprechend den zu erfüllenden Aufgaben, die Begrenzung des Zugriffs auf einzelne, insoweit zuständige BR-Mitglieder, ggf. eine teilweise Beschränkung auf einen Lesezugriff sowie Auswertungsmöglichkeiten festgelegt und den Zugriffsberechtigten jede Zweckentfremdung untersagt werden. **53**

Da die Kontrolle durch den betrieblichen Datenschutzbeauftragten mit den Prinzipien des BetrVG nicht vereinbar ist, sollte der BR für den Datenschutz der AN eine **einverständliche Regelung**[223] mit dem AG anstreben. Gegen einen betrieblichen Datenschutzbeauftragten, der auf Vorschlag des BR mit Zustimmung des AG ernannt wird, der nur stichprobenartige Kontrollen z. B. in vierteljährlichen Abständen vornimmt und den dabei eine Verschwiegenheitspflicht gegenüber dem AG trifft, sofern nicht aus datenschutzrechtlichen Gründen eine Mitteilung notwendig ist, sollten keine Bedenken bestehen. Falls eine solche Einigung mit dem AG nicht erzielt wird, kann auch die **eigenständige Ernennung eines AN zum »Datenschutz-** **54**

212 *BAG* 11.11.97, a. a. O.; a. A. *Kort*, RdA 92, 378 (381 f.).
213 *Däubler*, Gläserne Belegschaften?, Rn. 685 f.
214 Vgl. *BAG* 22.3.94, DB 94, 1678; *LAG München* 16.11.78, BB 79, 1092; *ArbG Dortmund* 5.12.96, RDV 98, 77 f.
215 *LAG Frankfurt* 28.2.89, CR 90, 342 ff.
216 *Fitting*, § 79 Rn. 38; *DKKW*, § 5, Rn. 13; *Wohlgemuth*, Rn. 533, 770 ff.; a. A. *Gola*, DuD 87, 440 (444); *Gola/Schomerus*, § 5 Rn.16; Simitis-*Ehmann*, § 5 Rn. 18; Taeger/Gabel-*Kinast*, § 5 Rn. 14; *Zöllner*, S. 76.
217 Simitis-*Seifert*, § 32 Rn. 169 ff.; HaKo-BetrVG/*Kreuder*, Rn. 4; *Sobott*, AiB 96, 418 ff.; vgl. auch *LAG Berlin-Brandenburg* 4.3.11, LAGE § 40 BetrVG 2001 Nr. 15, S. 9, 12.
218 *Wohlgemuth*, Rn. 763, 391; *ders.*, CR 93, 218 ff.; vgl. auch *BVerwG* 4.9.90, CR 91, 290 f.; *Gola*, DuD 87, 440 ff.; *Kort*, RdA 92, 378 (381); *Wagner*, BB 93, 1729 m. w. N.
219 *LAG Hamburg* 26.11.09-7 TaBV 2/09 Rn. 137; *Warga*, FS Gnade, S. 245 (251 ff.); *Kort*, NZA 10, 1267 (1269).
220 *BAG* 18.7.12, DB 12, 2524 (2527).
221 Vgl. auch *Wedde*, CF 8 – 9/01, 28 (31 f.), *Schierbaum*, CF 4/04, S. 29 ff. und insbes. *BAG* 18.7.12, DB 12, 2524 (2526 f.); *LAG Berlin-Brandenburg* 4.3.11, LAGE § 40 BetrVG 2001 Nr. 15, S. 9, 12.
222 Vgl. Einzelheiten bei *Wohlgemuth*, CR 93, 218 (224 f.); *Buchholz*, CF 4/93, 29 ff. und die Praxisbeispiele bei *Wartenberg*, CF 3/94, 32 ff. und *Sobott*, AiB 96, 418 ff.
223 Vgl. *LAG Düsseldorf* 23.2.88, AuR 88, 323.

beauftragten« für den BR überlegt werden. Hierbei handelt es sich dann nicht um **den** Datenschutzbeauftragten, sondern um eine Form der **freiwilligen Selbstkontrolle des BR.**[224]

VI. Streitigkeiten

55 Besteht Streit darüber, ob z. B. ein Formular die Kriterien des Fragebogens erfüllt oder Beurteilungsgrundsätze angewendet werden, so kann das ArbG im Beschlussverfahren angerufen werden. Darüber hinaus kann der BR gegen eine einseitige Anwendung nach **§ 23 Abs. 3**[225] oder mit dem **allgemeinen Unterlassungs-** bzw. **Beseitigungsanspruch** vorgehen. Dieser ist aus den zu § 87 entwickelten Gründen, die auch hier gelten,[226] anzuerkennen[227] (vgl. z. B. § 87 Rn. 14, 392). Ebenso kann der BR die **ESt.** anrufen, wenn er der Auffassung ist, dass ein Personalfragebogen oder allgemeine Beurteilungsgrundsätze ohne seine Zustimmung angewendet werden, damit der Spruch der ESt. die fehlende Einigung zwischen ihm und dem AG ersetzt.

56 Einigen sich AG und BR über die Verwendung von Personalfragebogen und deren inhaltliche Gestaltung nicht, so trifft die **ESt.** eine **verbindliche** Entscheidung. Die ESt. entscheidet dabei nicht über die rechtliche Zulässigkeit der in den Formularmustern enthaltenen Fragen, sondern nur darüber, **ob** eine Frage gestellt werden soll. Sie kann also auch bestimmen, dass eine nach allgemeinen arbeitsrechtlichen Grundsätzen an sich zulässige Frage nicht in den Personalfragebogen aufgenommen wird[228] Entscheidet sie dagegen, dass eine Frage, die bereits nach **allgemeinen Rechtsgrundsätzen** unzulässig ist, in den Fragebogen aufgenommen werden soll, so ist der Spruch insoweit **rechtsunwirksam.**

§ 95 Auswahlrichtlinien

(1) Richtlinien über die personelle Auswahl bei Einstellungen, Versetzungen, Umgruppierungen und Kündigungen bedürfen der Zustimmung des Betriebsrats. Kommt eine Einigung über die Richtlinien oder ihren Inhalt nicht zustande, so entscheidet auf Antrag des Arbeitgebers die Einigungsstelle. Der Spruch der Einigungsstelle ersetzt die Einigung zwischen Arbeitgeber und Betriebsrat.

(2) In Betrieben mit mehr als 500 Arbeitnehmern kann der Betriebsrat die Aufstellung von Richtlinien über die bei Maßnahmen des Absatzes 1 Satz 1 zu beachtenden fachlichen und persönlichen Voraussetzungen und sozialen Gesichtspunkte verlangen. Kommt eine Einigung über die Richtlinien oder ihren Inhalt nicht zustande, so entscheidet die Einigungsstelle. Der Spruch der Einigungsstelle ersetzt die Einigung zwischen Arbeitgeber und Betriebsrat.

(3) Versetzung im Sinne dieses Gesetzes ist die Zuweisung eines anderen Arbeitsbereichs, die voraussichtlich die Dauer von einem Monat überschreitet oder die mit einer erheblichen Änderung der Umstände verbunden ist, unter denen die Arbeit zu leisten ist. Werden Arbeitnehmer nach der Eigenart ihres Arbeitsverhältnisses üblicherweise nicht ständig an einem bestimmten Arbeitsplatz beschäftigt, so gilt die Bestimmung des jeweiligen Arbeitsplatzes nicht als Versetzung.

---

224 Vgl. auch *Böker,* CF 1/99, 30 ff.; *DKWW,* § 4 g Rn. 11; *Wedde,* CF 8 – 9/01, 28 (32); *Schierbaum,* CF 4/04, S. 29 (33); kritisch hierzu *Simitis,* § 4 g Rn. 41; *Kort,* RdA 92, 378 (381) und RDV 12, 8 (13), der aber den Grundgedanken falsch versteht; *Däubler,* Gläserne Belegschaften?, Rn. 641, bejaht die Verpflichtung des BR, einen eigenen Datenschutzbeauftragten zu bestellen, falls die Voraussetzungen des § 4 f Abs. 1 BDSG vorliegen.

225 *HessLAG* 5.7.01, DB 01, 2254 f. ErfK-*Kania,* Rn. 5; *Fitting,* Rn. 36; GK-*Raab,* Rn. 67; HWK-*Ricken,* Rn. 12; zum **Streitwert** vgl. *Bader/Jörchel,* NZA 13, 809 (812).

226 Vgl. auch *BAG* 17.3.15, NZA 15 885 (889).

227 *BAG* 3.5.94, DB 94, 2450 (2451 f.); 16.6.98, DB 99, 438 (439); 27.1.04, NZA 04, 556 (557) und auch *LAG Berlin* 22.4.87, LAGE § 23 BetrVG 1972 Nr. 8; *LAG Niedersachsen* 6.3.07, AuR 08, 77, Ls.; für die einseitige Festlegung persönlicher Angaben in Arbeitsverträgen durch den AG offengelassen v. *LAG Nürnberg* 21.12.10, NZA-RR 11, 130 (131); ErfK-*Kania,* Rn. 5; GK-*Raab,* Rn. 67; *LK,* Rn. 25; *Raab,* ZfA 97, 183 (228 f.); a. A. HWK-*Ricken,* Rn. 12.

228 Vgl. z. B. auch *Fitting,* Rn. 14.

Inhaltsübersicht

I. Vorbemerkungen

1 Durch die Mitbestimmung des BR bei der Aufstellung von Auswahlrichtlinien soll eine weitgehende **Transparenz** der bei personellen Maßnahmen angewandten Grundsätze erreicht werden.[1] Für den einzelnen AN soll erkennbar und absehbar werden, warum er von einer bestimmten Personalentscheidung betroffen ist.[2] Darüber hinaus sollen die **Grundlagen für personelle Einzelmaßnahmen** versachlicht und objektiviert werden.[3] Auswahlrichtlinien sollen also vor allem auch ansonsten unausgesprochene und schwer nachvollziehbare Wertungen und Grundsätze bei Personalentscheidungen offenkundig machen, denn diese existieren natürlich in aller Regel, insbes. auf der Basis DV-gestützter Personalarbeit in den Betrieben. Gleichzeitig bieten sie die Chance, sozialen Gesichtspunkten stärkere Geltung zu verschaffen. Durch Auswahlrichtlinien wird zudem eine **Selbstbindung des AG** herbeigeführt, in vergleichbaren Fällen sachlich nachvollziehbar gleich zu verfahren und damit auch ein prozedurales Schutzrecht für den Einzelnen geschaffen. Die Versachlichung personeller Einzelmaßnahmen hat selbstverständlich den **zwingenden Gesetzesrahmen** zu beachten (vgl. auch Rn. 22) und bietet so, u. a. auch im Zusammenhang mit **§§ 75, 80,** und **§§ 1, 7 AGG** die Möglichkeit, Diskriminierungen/Benachteiligungen entgegenzutreten bzw. diese zu beseitigen und dient daher auch dem Schutz des Persönlichkeitsrechts. Dies ist insbes. bei **mittelbaren Benachteiligungen** von großer praktischer Bedeutung[4] (vgl. hierzu z. B. die Definition in § 3 Abs. 2 AGG). Die Vorschrift ist im Hinblick auf den Schutzzweck und auch wegen der inhaltlichen Verknüpfung (z. B. bei der Verwendung von Fragebögen für die Auswahl von Bewerbern bei Einstellungen) in engem **Zusammenhang mit § 94** zu sehen. Ein **Vereinbarungsentwurf** ist bei DKKWF-*Klebe/Heilmann*, § 95 Rn. 2 zu finden.[5]

2 Insbesondere gegen Abs. 2 sind verschiedentlich **verfassungsrechtliche Bedenken** geltend gemacht worden,[6] da die Vorschrift die unternehmerische Handlungsfreiheit einschränkt und auch Rückwirkungen auf die Berufsausübung der AN/Bewerber um Arbeitsplätze haben kann. Diese Bedenken sind überzeugend widerlegt worden.[7] Das *BAG* hat für § 87, der die **unter-**

1 BT-Drucks. VI/1786, S. 50.
2 Vgl. auch *BAG* 27.10.92, DB 93, 885 (886); 10.12.02, EzA § 99 BetrVG 2001 Umgruppierung Nr. 1; 26.7.05, DB 05, 2530 (2531); *BAG* 14.4.15, NZA 15, 1081 (1083).
3 BT-Drucks. VI/1786, S. 50, und schriftlicher Bericht des Ausschusses für Arbeit und Sozialordnung zu BT-Drucks. VI/2729, S. 5.
4 Zu mittelbarer Diskriminierung in Test- und Auswahlverfahren im angloamerikanischen Recht vgl. *Dix*, S. 148 ff.; *Wisskirchen*, S. 184 ff.; *Pfarr/Kocher*, S. 175 ff., 201 ff. insbes. auch zu Verfahrensfragen.
5 Vgl. auch die Regelungspunkte aus BV bei *Hinrichs*, S. 14 ff.
6 Vgl. z. B. *HWGNRH* 3. Aufl., Rn. 2 m. w. N.; aufgegeben in der 4. Aufl.
7 Vgl. z. B. *GL*, Rn. 2.

nehmerische Entscheidungsfreiheit mindestens im gleichen Umfange wie § 95 einschränkt, zutreffend entschieden, dass Mitbestimmungsrechte nicht unter dem Vorbehalt stehen, die unternehmerischen Entscheidungen unberührt zu lassen.[8] Im Gegenteil: Es ist der **Sinn von Mitbestimmungsrechten,** die unternehmerische Entscheidungsfreiheit im Interesse der Beschäftigten sozial zu begrenzen.

3 Auswahlrichtlinien wirken nicht unmittelbar auf das Arbeitsverhältnis ein. Ihre Bedeutung für den einzelnen AN liegt vielmehr in den **erweiterten Handlungsmöglichkeiten des BR** gemäß § 99 Abs. 2 Nr. 2, § 102 Abs. 3 Nr. 2. Verstößt die personelle Maßnahme gegen die Richtlinien, ist sie zwar nicht schon deshalb nichtig,[9] der BR kann allerdings mit dieser Begründung seine **Zustimmung verweigern** bzw. der Kündigung widersprechen. Insbesondere der **Widerspruch bei einer Kündigung** ist von großer Bedeutung für den betroffenen AN, da er den Weiterbeschäftigungsanspruch gemäß § 102 Abs. 5 auslösen und einen absoluten Grund für die Sozialwidrigkeit der Kündigung schaffen kann.[10] Daneben können Auswahlrichtlinien betriebsverfassungsrechtliche (schuldrechtliche) **Rechte und Pflichten für AG und BR** begründen. Die Einhaltung der Auswahlrichtlinie kann z. B. vom BR gemäß § 77 und gemäß § 23 Abs. 3 durchgesetzt werden (zum Rechtscharakter von Auswahlrichtlinien vgl. Rn. 12 sowie zu Streitigkeiten Rn. 41).

II. Begriff und Rechtsnatur von Auswahlrichtlinien

1. Begriff

4 Das Gesetz enthält keine Definition des Begriffs »Auswahlrichtlinien«. Hierunter sind die Regeln zu verstehen, die bei der personellen Einzelmaßnahme zugrunde gelegt werden. Auswahlrichtlinien sind üblicherweise abstrakt und generell formuliert und legen fest, welche **Voraussetzungen bei personellen Einzelmaßnahmen** vorliegen müssen oder nicht vorliegen dürfen.[11] Sie können sich auch auf nur einen konkreten betrieblichen Anlass (z. B. eine bestimmte Betriebsänderung) beziehen.[12] Je nach Vollständigkeit werden personelle Einzelmaßnahmen mehr oder weniger vorherbestimmt[13] (vgl. hierzu aber Rn. 27). Auch die Vereinbarung eines bloßen **Negativkatalogs,** in dem festgelegt wird, welche Voraussetzungen bei der Durchführung der Maßnahme nicht vorliegen dürfen oder außer Betracht zu bleiben haben, stellt eine Auswahlrichtlinie dar.[14] Das *BAG*[15] definiert Auswahlrichtlinien im Anschluss an *Kraft*[16] als Grundsätze, die zu berücksichtigen seien, wenn bei beabsichtigten personellen Einzelmaßnahmen, für die mehrere AN oder Bewerber in Frage kommen, zu entscheiden ist, welchem gegenüber sie vorgenommen werden sollen. Mit dieser **Zuspitzung auf Auswahlentscheidungen** engt es den Anwendungsbereich der Norm zu sehr ein[17] (unten Rn. 29 f.). Dies ist auch der Fall, wenn das *BAG*[18] offenbar Auswahlrichtlinien verneint, wenn ein AG sich

8 *BAG* 31.8.82, AP Nr. 8 zu § 87 BetrVG 1972 Arbeitszeit (bestätigt durch *BVerfG* 18.12.85, AP Nr. 15 zu § 87 BetrVG 1972 Arbeitszeit); 4.3.86, AP Nr. 3 zu § 87 BetrVG 1972 Kurzarbeit; 24.11.87, AP Nr. 6 zu § 87 BetrVG 1972 Akkord.

9 Vgl. auch *BAG* 9.11.06, DB 07, 1087 (1089 m. w. N.); *Hidalgo/Häberle-Haug/Stubbe,* DB 07, 914 (915 ff.). Dies gilt ebenso für den Fall, dass der AG die Richtlinie einseitig eingeführt hat; vgl. *Fitting,* Rn. 8.

10 *BAG* 13.9.1973, AP Nr. 2 zu § 1 KSchG 1969.

11 So und ähnlich *BAG* 31.1.84, AP Nr. 3 zu § 95 BetrVG 1972; 27.10.92, DB 93, 885; *Fitting,* Rn. 7.

12 *BAG* 26.7.05, DB 05, 2530 (2531 f.); 6.7.06, NZA 07, 197 (199); 24.10.13, NZA 14, 46 (48); *LK,* Rn. 2; a. A. GK-*Raab,* Rn. 17.

13 *Zöllner,* FS G. Müller, S. 665, 668 ff., meint, dass durch die Formulierung »Richtlinien« nur Grundsatzregelungen abgedeckt sind.

14 *Fitting,* Rn. 12; HaKo-BetrVG/*Kreuder,* Rn. 6; *Däubler,* Das Arbeitsrecht 1, Rn. 1032; *WEH,* I Rn. 70.

15 *BAG* 10.12.02, EzA § 99 BetrVG 2001 Umgruppierung Nr. 1; 26.7.05, DB 05, 2530 f.; 28.3.06, NZA 06, 1367 (1369).

16 GK-*Kraft,* jetzt GK-*Raab,* Rn. 5.

17 Vgl. auch *BAG* 31.5.83, AP Nr. 2 zu § 95 BetrVG 1972, das die Vorschrift auch bei bloßen Einzelentscheidungen anwendet.

18 10.7.13, NZA 13, 1296 (1298).

entscheidet, alle neu zu besetzenden Stellen nur noch mit Leih-AN zu besetzen. Hierbei handelt es sich um eine Präferenzregelung bzw. einen Negativkatalog mit der Folge, dass die Vorschrift anwendbar ist. Der BR wird, insbesondere wenn er kein Initiativrecht hat, sorgfältig zu prüfen haben, ob auch ohne **schriftliche Fixierung** (vgl. Rn. 13) Auswahlrichtlinien angewendet werden. Dies kann ausdrücklich und erklärtermaßen durch den AG geschehen, aber auch konkludent durch »bloße Praxis«.

2. Beispiele

a) Anforderungsprofile

Nach Auffassung des *BAG* sollen sog. **Anforderungsprofile** keine Auswahlrichtlinien darstellen.[19] Mit diesen legt der AG fest, welchen **Anforderungen fachlicher, persönlicher oder sonstiger Art** ein potentieller Stelleninhaber genügen muss, um die Aufgaben erfüllen zu können, die dem Arbeitsplatz durch die Stellenbeschreibung zugewiesen worden sind. Das *BAG* hält es sogar für »gleichgültig, ob die Beachtung dieser Vorstellungen ausnahmslos vorgeschrieben oder lediglich empfohlen ist oder nur rein faktisch sich von selbst ergibt«.[20] Die Festlegung von Anforderungsprofilen bedeute nicht, dass die Vorstellungen des AG verbindlich seien; in Auswahlrichtlinien könne vielmehr hiervon abgewichen werden. Da in dem entschiedenen Fall die Definition von Auswahlrichtlinien erfüllt war, ist für diese Rspr. entscheidend, dass der AG nicht notwendig nach den selbst gefundenen Grundsätzen bei der Besetzung von Stellen vorgehen muss. 5

Die Auffassung des *BAG* überzeugt nicht.[21] Mit der **Festlegung der Arbeitsplatzanforderungen** dokumentiert der AG hinreichend seinen Willen, nunmehr seine Personalentscheidungen entsprechend zu fällen. Wie anders sollten beispielsweise Vorgesetzte die entsprechende Mitteilung einer zentralen Personalabteilung verstehen? Selbstverständlich werden sie nur noch Bewerber in Betracht ziehen, die die Voraussetzungen der Anforderungsprofile erfüllen. Das ist eine Vorauswahl, die dem Mitbestimmungsrecht des BR gegen den Willen des Gesetzgebers entzogen wird. Jede andere Interpretation heißt, die **betriebliche Praxis** zu verkennen. Die Möglichkeit des AG, von seinen Festlegungen wieder abzuweichen, kann kein Gegenargument darstellen. Diese Möglichkeit hängt damit zusammen, dass der AG einseitig ohne Beachtung der BR-Rechte vorgegangen ist und deshalb eine verbindliche Vereinbarung fehlt. Darüber hinaus hat das *BAG* an anderer Stelle Maßnahmen des AG, die ohne verbindliche Anweisungen auf eine indirekte Beeinflussung des AN-Verhaltens abzielten, zu Recht für mitbestimmungspflichtig gehalten.[22] Schließlich führt die Auffassung des *BAG* dazu, dass überall dort, wo der BR nicht mit Hilfe seines Initiativrechts nach Abs. 2 Auswahlrichtlinien erzwingen kann, breiter Raum für die **Umgehung des Abs. 1** geschaffen wird. Selbst in Betrieben mit mehr als 500 AN und einem Initiativrecht des BR könnte der AG mit Hilfe von Anforderungsprofilen quasi eine **»zweite Realität« der Personalplanung** schaffen und bestehende Auswahlrichtlinien aushöhlen.[23] Berücksichtigt man weiter, dass sowohl Anforderungsprofile als auch Auswahlrichtlinien Elemente der **qualitativen Personalplanung** mit fließenden Grenzen sind,[24] so erscheint die vom *BAG* vorgenommene Differenzierung gekünstelt und auch mit dem gesetzgeberischen Zweck, Transparenz und Objektivität in die bei personellen Maßnahmen angewandten Grundsätze zu bringen, nicht vereinbar. 6

---

19 *BAG* 31.5.83, 31.1.84, AP Nrn. 2, 3 zu § 95 BetrVG 1972; ArbG Hannover, DB 05, 896; so z.B. auch GK-*Raab*, Rn. 37; *Richardi*, FS Stahlhacke, S. 447 (451 f.).

20 *BAG* 31.5.83, a.a.O.

21 Ebenso *Fitting*, Rn. 22; HaKo-BetrVG/*Kreuder*, Rn. 6; *Löwisch*, Anm. zu AP Nr. 2 zu § 95 BetrVG 1972; *Zachert*, Anm. zu dieser Entscheidung, AuR 85, 101; *Däubler*, Gläserne Belegschaften?, Rn. 682; vgl. auch Richardi-*Thüsing*, Rn. 19 f. und WPK-*Preis*, Rn. 4.

22 *BAG* 24.3.81, AP Nr. 2 zu § 87 BetrVG 1972 Arbeitssicherheit.

23 Vgl. auch *Löwisch*, Anm. zu AP Nr. 2 zu § 95 BetrVG 1972.

24 *Zachert*, a.a.O., S. 103.

b) Stellen- und Funktionsbeschreibungen

7 Das *BAG* lehnt die Anwendung des § 95 ebenso bei **Stellen- und Funktionsbeschreibungen** ab.[25] Sinn der Stellenbeschreibungen ist es im Wesentlichen, für jeden Arbeitsplatz dessen **Funktion und Aufgaben** festzulegen und diejenigen **Tätigkeiten** zu definieren, die zur Erledigung der Aufgaben erforderlich sind.[26] In Funktionsbeschreibungen werden demgegenüber üblicherweise nicht die einzelnen Arbeitsplätze beschrieben, sondern für eine Gruppe von Stelleninhabern mit vergleichbaren Tätigkeiten deren Aufgaben allgemein nach Tätigkeitsschwerpunkten festgelegt.[27] Das *BAG* leitet seine Auffassung im Wesentlichen aus der Entscheidung zu den Anforderungsprofilen ab. Mit Stellen- und Funktionsbeschreibungen werde lediglich eine **Bestandsaufnahme** durchgeführt, die **Teil der Organisation des betrieblichen Arbeitsablaufes** sei.[28] Auswahlrichtlinien sollen erst vorliegen, wenn bestimmt würde, inwieweit die jeweiligen Anforderungen bei der Entscheidung über eine personelle Einzelmaßnahme zu berücksichtigen seien.[29]

8 Jedenfalls diese Argumentation des *BAG* überzeugt nicht. Stellen- und Funktionsbeschreibungen müssen sich durchaus nicht in einer bloßen **Bestandsaufnahme** erschöpfen, sie können vielmehr auch neue **personalplanerische Zielsetzungen** beinhalten. Eine Gewichtung der einzelnen Merkmale ist zudem auch dann anzunehmen, wenn keine Rangfolge aufgestellt wird: Die Merkmale sind dann gleichgewichtig zu berücksichtigen. Entscheidend muss daher im Hinblick auf die Überlegungen zu Anforderungsprofilen sein, inwieweit mit der Festlegung der fachlichen und persönlichen Voraussetzungen des Arbeitsplatzes die Kriterien festgelegt werden, die die **personelle Einzelmaßnahme präjudizieren.** Findet eine Präjudizierung statt, ist der BR nach dem Sinn und Zweck der Vorschriften eben nicht nur nach § 92 zu informieren, sondern auch sein Mitbestimmungsrecht nach § 95 zu beachten.[30]

c) Verfassungsschutzanfragen/Sicherheitsüberprüfungen

9 Werden bei Einstellungen vom UN **Regelanfragen beim Landesamt für Verfassungsschutz** durchgeführt, so ist dies eine Auswahlrichtlinie.[31] Eine Auswahlrichtlinie ist sowohl in dem Grundsatz zu sehen, dass bei bestehenden Sicherheitsbedenken von einer Einstellung abgesehen wird, als auch in der Vorgehensweise, die Tatsachenfeststellung und -bewertung dem Landesamt für Verfassungsschutz zu überlassen. Nach **Meinung des** *BAG*[32] soll das Mitbestimmungsrecht allerdings ausscheiden, wenn die **Sicherheitsüberprüfung** nicht vom AG, sondern von der **Aufsichtsbehörde** festgelegt wird.[33] Diese Auffassung überzeugt jedoch nicht. Die Auswahlrichtlinie wird auch in diesem Fall vom AG angewendet. Fraglich kann nur sein, ob das Mitbestimmungsrecht ausscheidet, weil der AG wegen der verbindlichen Vorgabe keinen Regelungsspielraum mehr hat (§ 87 Rn. 42 f.; vgl. auch § 87 Rn. 67; § 94 Rn. 10). **§ 87 Abs. 1 Eingangssatz** findet auch im Rahmen von § 95 entsprechende Anwendung (zur Begründung vgl. § 91 Rn. 23 und § 94 Rn. 2) bzw., wenn man keine Regelungslücke sieht, scheidet das Mitbestimmungsrecht wegen fehlenden Regelungsspielraums für AG und BR aus.

---

25 *BAG* 31.1.84, AP Nr. 3 zu § 95 BetrVG 1972; 14.1.86, AP Nr. 21 zu § 87 BetrVG 1972 Lohngestaltung; 14.1.14, NZA 14, 356 (357); zustimmend z. B. HWGNRH-*Rose*, Rn. 22; MünchArbR-*Matthes*, § 260 Rn. 7; Richardi-*Thüsing*, Rn. 18.

26 *BAG* 31.1.84, a. a. O.

27 *BAG* 14.1.86, a. a. O.

28 *BAG* 31.1.84 und 14.1.86, a. a. O.

29 *BAG* 31.1.1984, AP Nr. 3 zu § 95 BetrVG 1972.

30 HaKo-BetrVG/*Kreuder*, Rn. 6; *Däubler*, Das Arbeitsrecht 1, Rn. 1033; a. A. GK-*Raab*, Rn. 37; HWGNRH-*Rose*, Rn. 22.

31 *ArbG München* Beschl. 22.12.87, RDV 88, 204 ff.; *Däubler*, Das Arbeitsrecht 1, Rn. 1035; *Fitting*, Rn. 10; HaKo-BetrVG/*Kreuder*, Rn. 6; offen gelassen von *BAG* 9.7.91, DB 92, 143 (144); a. A. GK-*Raab*, Rn. 38; HWGNRH-*Rose*, Rn. 24; *Buchner*, NZA 91, 577 (592 f.); eine Zulässigkeit ist nur in engen Grenzen anzunehmen; vgl. *Bösche/Grimberg*, AiB 88, 214 f.; *Däubler*, Gläserne Belegschaften?, Rn. 245 f., 929; *Wohlgemuth*, Rn. 424, 448, 451, jeweils m. w. N.

32 *BAG* 9.7.91, DB 92, 143 (144); GK-*Raab*, Rn. 38.

33 Vgl. hierzu auch *Däubler*, Gläserne Belegschaften?, Rn. 899 ff.

Werden Bewerber, die es ablehnen, die Ermächtigung zum Umgang mit Verschlusssachen (sog. **VS-Ermächtigung** nach Sicherheitsüberprüfung) zu beantragen, deshalb nicht eingestellt, bringt der AG hiermit ebenfalls eine Auswahlrichtlinie zur Anwendung.[34]

d) Personalinformationssysteme und weitere Beispiele

Ein Mitbestimmungsrecht besteht auch bei **10**

- **Personalinformationssystemen**, die durch entsprechende Verknüpfung von Daten eine personelle Entscheidung vorbereiten, da hierbei vorausgesetzt ist, dass die für die Auswahl maßgebenden Kriterien und Anhaltspunkte im Einzelnen festgelegt worden sind.[35] Neben § 95 kommen bei Personalinformationssystemen vor allem Mitbestimmungsrechte des BR nach § 87 Abs. 1 Nr. 6 (Rn. 201) und § 94 (Rn. 38) in Betracht;
- **Alkohol**- und **Drogentests**[36] (vgl. auch § 94 Rn. 39, 48),
- **ärztlichen Blut- und Tauglichkeitsuntersuchungen,** z. B. vor der Einstellung, da hierin die Kriterien für die Eignung festgelegt werden[37] (hierzu auch § 87 Rn. 67, 236; § 94 Rn. 11, 39, 45),
- bei der Anwendung von **Assessment-Centern**[38] (vgl. auch § 94 Rn. 10, 40),
- für sog. **Potenzialanalysen,**[39] die jedenfalls Teil der Auswahlentscheidung sind,
- und für die Festlegung von Regeln für die Gruppenzusammensetzung bei **Gruppenarbeit** (vgl. hierzu auch § 87 Rn. 161, 382, 384 m. w. N.).

Bedingungen für sog. **Insichbeurlaubungen** (als Voraussetzung für den Statuswechsel von Beamten ins Angestelltenverhältnis) sind ebenfalls Auswahlrichtlinien.[40] **11**

3. Rechtsnatur und anwendbare Vorschriften

a) Betriebsvereinbarung/Abrede besonderer Art

Die **Rechtsnatur von Auswahlrichtlinien** wurde bisher unterschiedlich beurteilt, ohne dass dies eine Rolle für die Rechtsfolgen gespielt hätte. Der Gesetzgeber hat den Meinungsstreit (vgl. hierzu die 5. Aufl.) in § 1 Abs. 4 KSchG i. S. d. **BV** entschieden, wenn die Regelung schriftlich getroffen wird oder auf einem Spruch der ESt. beruht. Da allerdings Schriftform nicht erforderlich ist (Rn. 13), können Auswahlrichtlinien auch in einer formlosen **Regelungsabrede** vereinbart werden.[41] **12**

b) Schriftform

Das Gesetz verlangt **keine Schriftform.** Deshalb kann eine Vereinbarung über Personalauswahlrichtlinien auch **mündlich** erfolgen.[42] Selbst wenn man der Auffassung ist, dass Schrift- **13**

---

34 *ArbG Köln* 3.3.89 – 12 BV 37/88; *Halberstadt*, Rn. 3.

35 *Fitting*, Rn. 11; *GL*, Rn. 4 a; GK-*Raab*, Rn. 9; *Däubler*, Gläserne Belegschaften?, Rn. 683; *Klebe/Schumann*, ArbuR 83, 40 (43); *Wohlgemuth*, Rn. 719 ff.; deutlich zu eng HWGNRH-*Rose*, Rn. 25.

36 *LAG Baden-Württemberg* 13.12.02, NZA-RR 03, 417 (418); *ArbG Wuppertal*, 15.6.05, NZA-RR 05, 476 (479).

37 Vgl. *Fitting*, Rn. 22; *GL*, Rn. 11; HWGNRH-*Rose*, Rn. 34; Roßnagel-*Wedde*, 6.3 Rn. 56; *Bücker/Feldhoff/Kohte*, Rn. 77; zu datenschutz- und strafrechtlichen Grenzen von Blutuntersuchungen *Forst*, RDV 10, 8 ff. und *Albrecht*, AiB 10, 158 ff.

38 Vgl. *Schönfeld/Gennen*, NZA 89, 543 (545); *v. Hoyningen-Huene*, S. 318; *Hunold*, S. 31; Richardi-*Thüsing*, Rn. 26; *Fitting*, Rn. 21; a. A. HWGNRH-*Rose*, Rn. 23; *SWS*, Rn. 8; zu den rechtlichen Grenzen im Hinblick auf § 32 Abs. 1 BDSG und AGG vgl. *Carpenter*, NZA 15, 466 ff.

39 *Fitting*, Rn. 22; *Jedzig*, DB 96, 1337 (1341); Roßnagel-*Wedde*, 6.3 Rn. 56.

40 Für Umgruppierungen vgl. *BAG* 10.12.02, EzA § 99 BetrVG 2001 Umgruppierung Nr. 1.

41 Vgl. ErfK-*Kania*, Rn. 5; *Hidalgo/Häberle-Haug/Stubbe*, DB 07, 914 (917 f.); offengelassen v. **BAG** 17.11.10, NZA-RR 11, 415 (417).

42 Vgl. *LAG Hamm* 31.7.09 – 10 TaBV 9/09; *ArbG München* 22.12.87, RDV 88, 204 (207 f.); ErfK-*Kania*, Rn. 5; *Fitting*, Rn. 6; *Matthes*, FS Kreutz, S. 301; Richardi-*Thüsing*, Rn. 51; a. A. GK-*Raab*, Rn. 7 ff.; *GL*, Rn. 18; offengelassen v. *BAG* 17.11.10, DB 11, 884 (Ls.).

form erforderlich ist, kann hieraus keineswegs, wie dies teilweise geschieht,[43] gefolgert werden, ohne schriftliche Fixierung lägen keine Personalauswahlrichtlinien des AG vor. Ebensowenig wie bei § 87 kann bei § 95 das Mitbestimmungsrecht durch Nichteinhaltung der Form umgangen werden.[44] Auch wenn keine Schriftform erforderlich ist, so kann doch die Zustimmung des BR zur Anwendung von Personalauswahlrichtlinien nicht lediglich stillschweigend durch **Duldung** oder **Hinnahme der Richtlinie** und ihrer Anwendung erfolgen. Es ist vielmehr ein **förmlicher Beschluss des BR** erforderlich[45] (§ 33 Rn. 9 ff., § 87 Rn. 19).

c) Kündigung/Nachwirkung

14 § 77 Abs. 5 ist auf alle Auswahlrichtlinien anzuwenden. Auch bei solchen nach Abs. 1 können beide Seiten eine **Kündigung** aussprechen.[46] Mit gesetzlichen Änderungen, wie z. B. der Verschlechterung des Kündigungsschutzes durch das **ArbBeschFG,** oder ab 1.1.2004 durch das **Gesetz zu Reformen am Arbeitsmarkt** (vgl. § 1 Abs. 3, 4 Satz 1 KSchG) entfällt nicht die **Geschäftsgrundlage** für Auswahlrichtlinien, die die AN gegenüber der neuen Rechtslage besser stellen.[47] Weder handelt es sich bei einer solchen Gesetzesnovellierung um eine wesentliche Veränderung der Umstände, noch ist das Festhalten an den Richtlinien für den AG unzumutbar. Derartige Gesetzesänderungen können als »allgemeines Lebensrisiko« nicht zu einer entsprechenden Anpassung von BV führen, es sei denn, es handelt sich um zwingendes Gesetzrecht (Rn. 22). § 77 Abs. 6 ist zumindest bei Auswahlrichtlinien nach Abs. 2 anwendbar.[48] Bei Auswahlrichtlinien nach Abs. 1 soll demgegenüber eine **Nachwirkung** nach überwiegender Meinung generell ausscheiden,[49] weil der BR kein Initiativrecht habe. Dies ist jedoch nicht für alle Fälle eine ausreichende Begründung. Ist eine Vereinbarung nach Abs. 1 zustande gekommen und wird sie zum Zwecke der **Änderung** gekündigt, so ist nicht einzusehen, weshalb ihre weitere Anwendung ausscheiden soll. Diese beruht dann auf dem (eingeschränkten) Mitbestimmungsrecht des BR.[50] Die Nachwirkung entfällt dann nur, wenn die Kündigung vom AG oder BR mit der Absicht ausgesprochen wird, zukünftig **überhaupt keine Personalauswahlrichtlinien** mehr anzuwenden.[51] Bei generellem Ausschluss der Nachwirkung im Rahmen von Abs. 1 wäre ansonsten der AG verpflichtet, die Anwendung mit Ablauf der Kündigungsfrist einzustellen. Andernfalls verhielte er sich gesetzwidrig und sähe sich dem **Unterlassungsanspruch** des BR ausgesetzt.

III. Mitbestimmungsinhalt

1. Initiativrecht/Zustimmungsverweigerungsrecht

15 Nach Abs. 2 hat der BR ein **Initiativrecht** für die Aufstellung von Auswahlrichtlinien, wenn im Betrieb **mehr als 500 AN** beschäftigt werden. Hierbei ist die Zahl der AN, die in der Regel (vgl. zu diesem Begriff § 9 Rn. 6 ff.) im Betrieb arbeiten, entscheidend.[52] Maßgeblich ist dabei der **Zeitpunkt der Initiative** des BR.[53] Nach Auffassung des *LAG Hamburg,*[54] sind **Leih-AN** bei der Ermittlung der Grenzzahl jedenfalls dann mitzurechnen, wenn sich die beabsichtigte Richt-

43 *SWS,* Rn. 8.
44 *ArbG München* 22.12.87, a. a. O.; *ArbG Köln* 3.3.89 – 12 BV 37/88; *Fitting,* Rn. 9; *GL,* Rn. 4 a; *Roos,* S. 83.
45 *LAG Frankfurt* 16.10.84, DB 85, 1534; *LAG Hamm* 31.7.09, a. a. O.
46 *Fitting,* Rn. 6; GK-*Raab,* Rn. 10; Richardi-*Thüsing,* Rn. 54.
47 Vgl. auch *Nielebock,* AiB 97, 88 (91); a. A. *v. Hoyningen-Huene/Linck,* DB 97, 41 (45).
48 *GL,* Rn. 25; Richardi-*Thüsing,* Rn. 55.
49 ErfK-*Kania,* Rn. 5; *Fitting,* Rn. 6; GK-*Raab,* Rn. 11; *Matthes,* FS Kreutz, S. 301 (303).
50 Vgl. insbes. *BAG* 26.8.08, DB 08, 2709 (2710 f.), 10.11.09, NZA 11, 475 (476); 5.10.10, NZA 11, 598 (599) und auch 26.10.93, DB 94, 987 (989); *LAG Köln,* AiB 96, 250 mit Anm. *Petri* zur Nachwirkung teilmitbestimmter BV.
51 Vgl. auch *Halberstadt,* Rn. 8; *Nielebock,* AiB 97, 88 (89).
52 *Fitting,* Rn. 15; GK-*Raab,* Rn. 27; Richardi-*Thüsing,* Rn. 48.
53 *GL,* Rn. 23; Richardi-*Thüsing,* Rn. 49; *WW,* Rn. 2.
54 *LAG Hamburg* 21.9.06, AuR 08, 161, Ls.

linie auch auf sie beziehen soll. Richtigerweise sind alle Leih-AN, die Vorschrift verlangt auch keine Wahlberechtigung, unabhängig vom Regelungsgegenstand der Richtlinie einzubeziehen.[55]

In Betrieben bis zu 500 AN hat der BR kein Initiativ-, sondern nur ein **Zustimmungs- bzw. Zustimmungsverweigerungsrecht.** Er kann sein Mitbestimmungsrecht also nur ausüben, wenn sich der AG entschlossen hat, Richtlinien aufzustellen. Diese Unterscheidung hat allerdings betrieblich nicht durchweg Bedeutung, da eine systematische Analyse der Personalentscheidungen häufig ergeben wird, dass der AG auch ohne schriftliche Fixierung Richtlinien vorgibt und beachtet. 16

Die **ESt.** soll im Rahmen von Abs. 1 nur der AG **anrufen** dürfen,[56] da der BR kein Initiativrecht habe. Diese Schlussfolgerung sollte für den Fall modifiziert werden, dass der AG bereits einseitig Auswahlrichtlinien anwendet. Hier wird man es dem BR überlassen können, ob er eine schriftliche Fixierung bzw. Abänderung der vorhandenen Richtlinien über die ESt. in erster Linie anstrebt oder die Untersagung der gesetzwidrigen Praxis.[57] Stellt der AG allerdings die Anwendung der Richtlinien ein, entzieht er damit der Anrufung der ESt. durch den BR die Grundlage. 17

2. Regelungsbereich von Abs. 1 und 2, Verfahrensgrundsätze

Der **Inhalt** von Abs. 1 ist umfassender als der des Abs. 2.[58] Der Wortlaut ist insoweit eindeutig. Nach Abs. 2 werden Richtlinien auf die zu beachtenden fachlichen und persönlichen Voraussetzungen und sozialen Gesichtspunkte konkretisiert. Unter Abs. 1 fällt demgegenüber jede Art personeller Auswahlrichtlinie, also auch eine Vereinbarung über die Zusammensetzung der Belegschaft nach Alter und Ausbildung oder eine **leistungsabhängige, flexible**[59] **Quotenregelung,**[60] z. B. im Hinblick auf **weibliche und männliche Beschäftigte,**[61] **ältere/jüngere** Menschen[62] und **behinderte Beschäftigte.**[63] Insofern können auch Teile einer **Integrationsvereinbarung** nach § 83 SGB IX nicht nur unter § 87 Abs. 1 Nr. 7 (vgl. § 87 Rn. 259), sondern auch unter diese Vorschrift fallen.[64] Solche Regelungen sind an **§ 5 AGG** zu messen. Die Maßnahme muss also zum Ziel haben, wegen der in § 1 AGG genannten Merkmale bestehende Nachteile zu verhindern oder auszugleichen und verhältnismäßig sein (sog. **»Positivmaßnahmen«**).[65] 18

Die Frage des **Regelungsbereichs** spielt bei der Diskussion eine Rolle, ob auch **Verfahrensgrundsätze** in Auswahlrichtlinien nach Abs. 2 festgelegt werden können. Dies ist zu bejahen. Das Mitbestimmungsrecht bezieht sich nicht nur auf die inhaltliche Frage, welche fachlichen und persönlichen Voraussetzungen und sozialen Gesichtspunkte zu beachten sind, sondern 19

55 Vgl. auch *BAG* 13.3.13, NZA 13, 789 (791 f.) zu § 9 und Richardi-*Thüsing*, Rn. 48, aber widersprüchlich zu Rn. 49; a. A. ErfK-*Kania*, Rn. 2; *Fitting*, Rn. 15; GK-*Raab*, Rn. 23; offengelassen von *Linsenmaier/Kiel*, RdA 14, 135 (147).

56 *BAG* 10.12.02, EzA § 99 BetrVG 2001 Umgruppierung Nr. 1; *Fitting*, Rn. 15; HWGNRH-*Rose*, Rn. 76.

57 A. A. GK-*Raab*, Rn. 25.

58 Vgl. GK-*Raab*, Rn. 24; *Weller*, RdA 86, 222 (226); *Zöllner*, S. 665, 679 f.; a. A. Richardi-*Thüsing*, Rn. 12; *WW*, Rn. 5; *Heinze*, Rn. 67; *Richardi*, FS Stahlhacke, S. 447 (450 f.); das *BAG* (31.5.83, AP Nr. 2 zu § 95 BetrVG 1972) hat die Frage offen gelassen und nur festgestellt, dass Abs. 1 jedenfalls Abs. 2 mit umfasst.

59 Vgl. Däubler/Bertzbach-*Hinrichs*, § 5 Rn. 32.

60 *Fitting*, Rn. 22; GK-*Raab*, Rn. 40; HaKo-BetrVG/*Kreuder*, Rn. 10; *Däubler*, Das Arbeitsrecht 1, Rn. 1034 f.; MünchArbR-*Matthes*, § 260 Rn. 11; *Kuhn/Wedde*, AiB 92, 546 (547).

61 Vgl. *BAG* 5.3.96, DB 96, 2627 ff. und auch *BVerfG* 22.1.92, DB 92, 377; 16.11.93, DB 94, 1292; *BAG* 22.6.93, DB 93, 429; *EuGH* 17.10.95, DB 95, 2172; 28.3.00, NZA 00, 473 ff.; 6.7.00, NZA 00, 935 ff.; *Goergens*, AiB 98, 124 ff.; *SWS*, Rn. 14; vgl. auch § 92 Abs. 3 und die Quotenregelungen für die Besetzung von BR (§ 15 Abs. 2) und AR (Gesetz für die gleichberechtigte Teilhabe von Frauen und Männern an Führungspositionen in der Privatwirtschaft und im öffentlichen Dienst, BT-Drucks. 18/3784).

62 Däubler/Bertzbach-*Hinrichs*, § 5 Rn. 32, 49, 52.

63 Vgl. *LAG Köln* 3.5.05, NZA-RR 06, 580 (581) im Verfahren zur Bestellung einer ESt.

64 Hierzu FKS-*Feldes*, § 83 Rn. 64; *Feldes/Scholz*, AiB 01, 327 ff.

65 Vgl. hierzu *Hinrichs*, a. a. O., Rn. 18 ff.

auch auf formelle Fragen. Hierzu zählen z. B. die Festlegung, welche **Unterlagen** vom AG bei Einstellungen berücksichtigt werden dürfen (Zeugnisse, Bescheinigungen über Lehrgänge, Angaben aus Bewerbungsbogen u. Ä.), **Informationspflichten** des AG gegenüber dem BR, die Teilnahme des BR an **Vorstellungsgesprächen, Anhörungspflichten** des AG gegenüber AN, z. B. zur Sozialauswahl vor betriebsbedingten Kündigungen, die Festlegung, dass Bewerber aus besonderen Problemgruppen (z. B. Langzeitarbeitslose, Hauptschulabsolventen) bei beabsichtigter Einstellung zu Vorstellungsgesprächen einzuladen sind, u. Ä.[66] Die Grenze zwischen inhaltlichen und formellen Regelungen kann in der Regel nur schwer gezogen werden; formelle Verfahrensvorschriften sind letztlich Ausprägung und Gewichtung inhaltlicher Kriterien. Der Unterschied zwischen beiden Absätzen besteht nur darin, dass Abs. 2 sich auf die Aufstellung von Verfahrensrichtlinien beschränkt, die sich auf die **fachlichen und persönlichen Voraussetzungen** sowie die **sozialen Gesichtspunkte** beziehen.[67]

3. Zuständigkeit

20 Sollen Auswahlrichtlinien für mehrere/alle Betriebe eines UN aufgestellt werden, ist der **GBR** zuständig, sofern die sonstigen Voraussetzungen des § 50 Abs. 1 erfüllt sind; Entsprechendes gilt für den KBR bei Vorliegen des § 58 Abs. 1. Erforderlich ist eine **zwingende sachliche Notwendigkeit** für eine einheitliche Regelung auf UN- oder Konzern-Ebene, um die primäre Zuständigkeit des BR auszuschließen.[68] Diese Voraussetzung wird dann gegeben sein, wenn unternehmens- oder konzernweit eine integrierte quantitative und qualitative Personalplanung stattfindet.[69] Auch bei einer Zuständigkeit des GBR waren nach früher h. M. **ergänzende Vereinbarungen auf BR-Ebene** nicht ausgeschlossen, soweit sie sich damit nicht in einen Gegensatz zum Inhalt der Gesamt-BV setzten oder den gleichen Gegenstand regelten. Zusätzliche Regelungen waren so z. B. zur näheren Ausgestaltung einer Gesamt-BV unter Berücksichtigung evtl. Besonderheiten des einzelnen Betriebs denkbar.[70] Das *BAG*[71] geht jetzt davon aus, dass nur **ein Gremium** für **alle Fragen** zuständig sein kann. Darüber hinaus kann der GBR seine Regelungskompetenz auch nicht an die örtlichen BR delegieren. Es gibt **keine § 50 Abs. 2 entsprechende Vorschrift.** Offengelassen hat das BAG allerdings die Frage, ob es möglich ist, dass AG und GBR eine mitbestimmte Angelegenheit zwar regeln aber zugleich im Wege einer **Öffnungsklausel** eine **freiwillige Ergänzung** durch AG und örtliche BR jedenfalls in dem Umfang ermöglichen, in dem auch eine einseitige Konkretisierung durch den AG möglich wäre. Dies ist zu bejahen. Darüberhinaus sollte es auch zulässig sein, dass **AG und GBR gemeinsam** festlegen, dass bestimmte Detaillierungen einer GBV vor Ort durch den AG und die BR erfolgen. Hierdurch wird weder der vom BAG zur Begründung herangezogene Gedanke der Rechtssicherheit und Klarheit in Frage gestellt, noch verzichtet der GBR wirklich auf Rechte (vgl. auch § 50 Rn. 67 f. und § 111 Rn. 146). Strebt der GBR eine Einbeziehung der örtlichen BR beim Abschluss einer Regelung an, kann er jedenfalls die entsprechenden detaillierten Regelungen so vereinbaren, wie es ihm der jeweilige örtliche BR vorschlägt.

21 Soweit es bei einer Zuständigkeit des GBR (KBR) auf die in Abs. 2 genannten **AN-Zahlen** ankommt, wird bisher von der h. M. wegen des Gesetzeswortlauts auf den einzelnen Betrieb abgestellt.[72] Der GBR/KBR könne Auswahlrichtlinien nur für Betriebe mit mehr als 500 AN erzwingen. Weiter gehend wird teilweise vertreten, dass es für das Initiativrecht des GBR

---

66 Vgl. auch *Lassmann*, AiB 08, 594 (596).

67 Vgl. insbes. *Weller*, RdA 86, 222 (227); ebenso *ArbG München* 22.12.87, RDV 88, 204 (206); *Fitting*, Rn. 21; HaKo-BetrVG/*Kreuder*, Rn. 10; Richardi-*Thüsing*, Rn. 13, 26; WPK-*Preis*, Rn. 9; a. A. *GL*, Rn. 11, 26; GK-*Raab*, Rn. 19, 20; HWGNRH-*Rose*, Rn. 15.

68 Vgl. *Schumann*, AiB 81, 184 ff.; *Dirx/Klebe*, S. 11.

69 Vgl. *Zachert*, AuR 85, 103, und die Rspr. des *BAG*, die aus einer unternehmenseinheitlichen Personalplanung die Zuständigkeit des GBR ableitet; *BAG* 31.5.83, 31.1.84, 3.5.84, AP Nrn. 2, 3, 5 zu § 95 BetrVG 1972.

70 Vgl. *BAG* 3.5.84, AP Nr. 5 zu § 95 BetrVG 1972 m. w. N.; GK-*Raab*, Rn. 30; Richardi-*Thüsing*, Rn. 59.

71 *BAG* 14.11.06, NZA 07, 399 (402 f.); 10.2.09, NZA 09, 562 (563); 17.3.15 –-1 ABR 48/13, BB 15, 1588.

72 Vgl. Richardi-*Thüsing*, Rn. 50, 58; WPK-*Preis*, Rn. 7; *Fitting*, Rn. 17 m. w. N.

(KBR) unschädlich sei, wenn nicht in sämtlichen Betrieben des UN (Konzerns) die Zahl von in der Regel mehr als 500 AN überschritten wird. Auch in diesen Fällen sei der GBR (KBR) wegen des **Gleichbehandlungsgrundsatzes** berechtigt, die Aufstellung von Auswahlrichtlinien für den gesamten UN- (Konzern-)Bereich zu verlangen und ggf. über die ESt. durchzusetzen.[73] Für diese Auffassung spricht nun auch die **Neufassung der §§ 50 Abs. 1, 58 Abs. 1.** Hiernach erstreckt sich die Zuständigkeit des GBR/KBR eben aus Gründen der Gleichbehandlung[74] jetzt ausdrücklich auch auf BR-/GBR-lose Betriebe/UN. Das **Initiativrecht** ist allerdings nicht nur auf **das gesamte UN** zu erstrecken, wenn ein Betrieb mehr als 500 AN hat, sondern bei Zuständigkeit des GBR bereits dann, wenn im UN insgesamt mehr als 500 AN beschäftigt sind.[75] Dies folgt aus einer **verfassungskonformen Auslegung** der Norm, der Betriebsbegriff ist auslegungsfähig, orientiert am **Gleichheitssatz des Art. 3 Abs. 1 GG.**[76] Es gibt keinen sachlichen Grund, AN, die durch ein und dieselbe Maßnahme des AG betroffen werden, unterschiedlich zu behandeln.[77] Diese Überlegungen lassen sich durchaus auch auf den **Konzern** übertragen[78] (vgl.auch § 111 Rn. 34). Der Umstand, dass bei der Novellierung zwar in §§ 99 und 111, nicht aber in § 95 der Bezugspunkt vom Betrieb auf das UN abgeändert wurde, steht dieser Interpretation nicht entgegen. Da nicht ersichtlich ist, dass diese Frage für § 95 überhaupt im Gesetzgebungsverfahren erörtert wurde, kann aus der Beibehaltung des Betriebs kein negativer Wille des Gesetzgebers gefolgert werden. Die Bedeutung dieses Meinungsstreits wird allerdings häufig eher gering sein, da die nach Abs. 2 festgelegten Auswahlrichtlinien i. d. R. Anwendung jedenfalls im gesamten UN finden werden, eine »doppelte Personalplanung« häufig kaum praktikabel sein wird.

4. Grenzen der Regelungsbefugnis

Auswahlrichtlinien dürfen nicht gegen **zwingendes Gesetzesrecht** verstoßen.[79] Sie haben da- **22**
her z. B. **§ 75** ebenso zu beachten wie das **AGG** und die zwingenden Vorschriften des **KSchG.**[80] Das KSchG, das **zugunsten des AN** zwingende Wirkung hat, kann weder ausgeschlossen noch eingeschränkt werden.[81] Daher kann von den Grundsätzen der Sozialauswahl nicht beispielsweise dadurch abgewichen werden, dass ausschließlich auf die Betriebszugehörigkeit und nicht auch auf Alter, Schwerbehinderung und Familienstand abgestellt wird.[82] Ebensowenig kann der Kreis der Beschäftigten, die in die Sozialauswahl einzubeziehen sind, gegenüber dem Gesetz verengt werden.[83] Zudem mussten nach der **früheren Rspr.** (vor dem arbeitsrechtlichen Beschäftigungsförderungsgesetz bis zum 31.12.96 und nach der Korrektur des § 1 KSchG vom 1.1.99 bis 31.12.03) Auswahlrichtlinien insbes. auch für Kündigungen Raum für eine abschließende Berücksichtigung der **individuellen Besonderheiten** des Einzelfalles lassen.[84] Nur im Rahmen dieses bisherigen gesetzlichen Kündigungsschutzes konnte z. B. ein sog. **Punktekatalog** festgelegt und Auswahlrichtlinien ein gewisser Beurteilungsspielraum zugebilligt werden.[85] Im Hinblick auf § 1 Abs. 4 KSchG besteht jetzt Streit, ob **Richtlinien zu**

---

73 *Dirx/Klebe*, S. 11; *Kuhn/Wedde*, AiB 92, 546 (548) und die 6. Aufl.; vgl. auch *LAG Baden-Württemberg* 25.2.80, DB 80, 1076; *LAG Bremen* 31.10.86, BB 87, 195; a. A. ErfK-*Kania*, Rn. 9; *Fitting*, Rn. 17; *GL*, Rn. 24; GK-*Raab*, Rn. 30; Richardi-*Thüsing*, Rn. 58.

74 BT-Drucks. 14/5741, S. 42, 43.

75 HaKo-BetrVG/*Kreuder*, Rn. 4; a. A. HWGNRH-*Rose*, Rn. 73 m. w. N.

76 Vgl. auch *BAG* 8.6.99, BB 99, 2244 (2246); 29.9.04, NZA 05, 420 (422 ff.).

77 Vgl. auch *BAG* 8.6.99, BB 99, 2244 (2245 f.) und z. B. *BGH* 25.9.02, NJW 03, 290 (291) zu einer durch Sinn und Zweck der Vorschrift gerechtfertigten, vom Wortlaut abweichenden Anwendung eines Gesetzes.

78 Vgl. auch HaKo-BetrVG/*Kreuder*, Rn. 4.

79 *BAG* 11.3.76, AP Nr. 1 zu § 95 BetrVG 1972; Richardi-*Thüsing*, Rn. 16.

80 Vgl. *Fitting*, Rn. 18; GK-*Raab*, Rn. 33; Richardi-*Thüsing*, Rn. 39, sowie *GL*, Rn. 27 mit weiteren Beispielen.

81 *BAG* 11.3.76, a. a. O.; vgl. auch *BAG* 15.6.89, DB 90, 380; 18.1.90, DB 90, 1335 f.; 23.4.09, NZA 09, 915 (916), *Lassmann*, AiB 08, 594 (596).

82 *BAG* 11.3.76, a. a. O.; *Dirx/Klebe*, S. 12.

83 *BAG* 15.6.89, DB 90, 380; 5.6.08, NZA 08, 1120 (1122); *Däubler*, Das Arbeitsrecht 1, Rn. 1041 a.

84 *BAG* 15.6.89, a. a. O.; 27.10.92, DB 93, 885 (886); 5.12.02, NZA 03, 791 (793).

85 Vgl. *BAG* 24.3.83, AP Nr. 12 zu § 1 KSchG 1969 Betriebsbedingte Kündigung; 18.1.90, a. a. O.; *LAG*

betriebsbedingten Kündigungen möglich sind, die **keine abschließende Einzelfallprüfung** vorsehen.[86] Dies ist mit dem BAG der Fall, weil die nach § 1 Abs. 3 KSchG erforderliche Gesamtabwägung des AG[87] nun durch die Auswahlrichtlinien (vgl. zur Wirksamkeit Rn. 27 a. E., Rn. 40) definiert wird, die aber **hinreichend differenziert** verstanden und angewendet werden müssen.[88] So umfasst das **Lebensalter** im Prinzip auch den **Gesundheitszustand,** während die **Dauer der Betriebszugehörigkeit** besonders stark zu gewichten ist, wenn in diese Zeit eine **arbeitsbedingte Erkrankung** fällt[89] (vgl. auch Anhang zu §§ 111 – 113, § 126 InsO Rn. 14 ff.). Da das KSchG entsprechend geändert worden ist, liegt in der fehlenden Einzelfallabwägung dann auch keine Verschlechterung des Kündigungsschutzes durch die Richtlinie.

23 Das **AGG** ist nach richtiger Auffassung[90] trotz seines § 2 Abs. 4 auch auf Kündigungen anzuwenden. Teilweise wird dies unter Ablehnung einer richtlinienkonformen Auslegung des § 2 Abs. 4 AGG mit einem Verstoß gegen die europäischen Richtlinien, die mit ihren Diskriminierungsverboten **primäres Gemeinschaftsrecht** konkretisieren, begründet. Dieses hat Vorrang, § 2 Abs. 4 AGG findet daher keine Anwendung.[91] Nach a. A.[92] ist eine richtlinienkonforme Auslegung möglich[93] bzw. steht § 2 Abs. 4 AGG einer Anwendung der materiellen Diskriminierungsverbote des AGG nicht entgegen. Diese seien bei der Auslegung der unbestimmten Rechtsbegriffe des KSchG als Konkretisierungen des Begriffs der Sozialwidrigkeit zu beachten.[94] Somit müssen die für die Sozialauswahl definierten Merkmale wie z. B. Alter oder Betriebszugehörigkeit, die eine Benachteiligung jüngerer Beschäftigter sein können, konkret **sachlich gerechtfertigt** (§ 3 Abs. 2 AGG) bzw. eine unterschiedliche Behandlung wegen des Alters objektiv und angemessen und durch ein **legitimes Ziel** gerechtfertigt sein (§ 10 Abs. 1 Satz 1 AGG). In Art. 6 Abs. 1 der Richtlinie 2000/78/EG v. 27.11.00[95] werden als legitime Ziele insbes. solche aus den Bereichen Beschäftigungspolitik, Arbeitsmarkt und berufliche Bildung genannt. Es darf hierbei also **keine Automatik** festgelegt werden, ältere AN dürfen **nicht schematisch** als schutzbedürftig angesehen werden.[96] Die sachliche Rechtfertigung der Besserstellung kann sich beim Alter wegen schlechteren **Chancen auf dem Arbeitsmarkt** ergeben.[97] Aber auch hier ist differenziert zu betrachten, wo das Alter wirklich einen Nachteil ausmacht. So wird z. B. ein 26-Jähriger nicht bereits deshalb einen Vorteil gegenüber einem 28-Jährigen haben, weil er jünger ist. Eine **lineare Berücksichtigung des Lebensalters** als Auswahlkriterium kommt daher nach der hier vertretenen Auffassung **entgegen der Meinung**

Niedersachsen 16.8.02, DB 03, 452 (Ls.); vgl. auch *Fitting,* 21. Aufl., Rn. 25, 27, 29; *Neyses,* DB 83, 2414; Vogt, DB 84, 1467 und *Gaul/Lunk,* NZA 04, 184 ff. mit einer Reihe von Beispielen zu Punktekatalogen.

86 Hierfür *BAG* 9.11.06, DB 07, 1087 (1088 f.); 24.10.13, NZA 14, 46 (49); *LAG Düsseldorf* 16.4.08, ZIP 09, 190 (194); GK-*Raab,* Rn. 48; *Däubler,* BetrR 97, 1 (2); *Gaul/Lunk,* NZA 04, 184 (187 f.); *Kittner,* AuR 97, 182 (187); *Preis,* NJW 96, 3369 (3372); a. A. Richardi-*Thüsing,* Rn. 40 f.; *Bader,* NZA 96, 1125 (1130); **offengelassen** von *BAG* 26.7.05, DB 05, 2530 (2531).

87 Vgl. auch *Wlotzke,* BB 97, 414 (417).

88 *Kittner,* a. a. O.; *KDZ,* § 1 Rn. 676.

89 *Kittner,* a. a. O.; *Däubler,*.NZA 04, 177 (181); vgl. auch HaKo-BetrVG/*Kreuder,* Rn. 9.

90 Vgl. *BAG* 6.11.08, NZA 09, 361 (364); Däubler/Bertzbach-*Däubler,* § 2 Rn. 260 ff. m. w. N.; a. A. z. B. *Hamacher/Ulrich,* NZA 07, 657 ff.

91 Vgl. hierzu z. B. *EuGH* 22.11.05, NZA 05, 1345 (1348); Däubler/Bertzbach-*Däubler,* § 2 Rn. 262 ff. m. w. N.; *Däubler,* AiB 06, 738 (740); *Buschmann,* FS Wank, S. 63 (68); *Wenckebach,* Anm. zu *ArbG Bielefeld* 25.4.07, AuR 08, 70 (71).

92 Vgl. z. B. *Wendeling-Schröder,* NZA 07, 1399 (1403).

93 Vgl. auch *BAG* 26.4.06, BB 06, 1858 (1859 f., 1863 m. w. N.).

94 *BAG* 6.11.08, NZA 09, 361 (364); 5.11.09, NZA 10, 457 (459); hierzu auch *Benecke,* AuR 09, 326 (329 ff.).

95 ABlEG, Nr. L 303/16.

96 Däubler/Bertzbach-*Brors,* § 10 Rn. 100 ff.; *Brors,* AuR 08, 288 (290); *KDZ,* § 1 KSchG Rn. 644 f.; *Annuß,* BB 06, 1629 (1633); *Lingemann/Gotham,* NZA 07, 663 (665); *Bertelsmann,* AuR 07, 369 (371); **a. A.** offenbar *BAG* 5.11.09, NZA 10, 457 (459).

97 Vgl. z. B. *BAG,* 6.11.08, a. a. O., 365; 26.5.09, NZA 09, 849 (854); 18.3.10, NZA 10, 1059 (1061); 15.12.11, NZA 12, 1044 (1049 f.); Däubler/Bertzbach-*Brors,* § 10, Rn. 100; a. A. *Kaiser/Dahm,* NZA 10, 473 ff., die ein höheres Arbeitslosigkeitsrisiko Älterer anhand von Arbeitsmarktdaten bestreiten; vgl. demgegenüber *BAG* 12.4.11 NZA 11, 985 (987) ebenfalls mit Arbeitsmarktzahlen und 15.12.11, NZA 12, 1044 (1050).

des *BAG*[98] nicht in Betracht. Ebenso ist durchaus zweifelhaft, ob ein **Arbeitsplatzwechsel** »erfahrungsgemäß« älteren AN mehr Schwierigkeiten macht als jüngeren.[99]

Bei der **Beschäftigungsdauer** ist ebenfalls, auch unabhängig vom Alter, an die Frage der Arbeitsmarktchancen zu denken. Die längere Betriebszugehörigkeit führt zu einer Spezialisierung auf das UN, zu einer **verengten Qualifikation,**[100] die zusätzlich die Chancen mindert, und auch zu einer besonderen »strategischen Unterlegenheit« des AN gegenüber dem AG die zu einer erhöhten Kündigungsgefahr führt.[101] Diese Bewertungen können sich auch ändern oder branchenspezifisch unterschiedlich ausfallen, sie müssen also einen realen Hintergrund haben.[102] Bei der Bewertung ist den Betriebsparteien ein **Einschätzungsspielraum** zuzubilligen, der auch eine sachgerechte **Typisierung,**[103] z. B. der Arbeitsmarktchancen der jeweiligen Altersgruppe, ermöglicht[104] (§ 75 Rn. 72; § 112, 112 a Rn. 99). **24**

Umstritten ist die Frage, ob die **Bildung von Altersgruppen** bei der Sozialauswahl eine Altersdiskriminierung gem. § 7 Abs. 1 AGG darstellt, und wann, wenn dies der Fall ist, die Benachteiligung dadurch gem. §§ 5, 8, 10 AGG gerechtfertigt sein kann, dass der AG ein berechtigtes Interesse an einer ausgewogenen Altersstruktur hat.[105] Das *BAG*[106] hält die Bildung von Altersgruppen für mit dem AGG vereinbar, da sie der Überalterung des Betriebs entgegenwirke und die Bevorzugung älterer AN relativiere. Die Erhaltung einer gemischten Altersstruktur sei ein legitimes Ziel, das Mittel zur Erreichung angemessen und erforderlich i. S. d. § 10 Satz 1 und 2 AGG. Die erforderlichen Voraussetzungen/Sachgründe, die gerichtlich uneingeschränkt überprüfbar sind, muss danach der AG allerdings schlüssig darlegen, sofern es sich nicht um eine Massenentlassung handelt. Er muss dabei nicht nur vortragen, dass sich die Altersstruktur nachteilig verändern würde, sondern vor allem auch, welche konkreten Nachteile sich dadurch zB. für die Verwirklichung des Betriebszwecks ergeben.[107] **25**

Die zwingende Wirkung des KSchG gilt generell nur zugunsten des AN.[108] Deswegen ist es zulässig, in Auswahlrichtlinien die **Kündigungsvoraussetzungen** für den AG zu erschweren.[109] Ein zwingender Schutz des AG durch das KSchG in dem Sinne, dass er immer kündigen kann, wenn seine Erklärung gemäß § 1 KSchG sozial gerechtfertigt ist oder kein Verstoß gegen die §§ 134, 138, 242 BGB vorliegt, existiert nicht. Auch das *BAG* erwähnt in seiner Entscheidung vom 11.3.76 in Kenntnis der schon damals bestehenden Diskussion nur den zwingenden Charakter des KSchG **zugunsten des einzelnen AN.**[110] Die Arbeitsvertragsparteien können den **Ausschluss der ordentlichen Kündigung** überhaupt vereinbaren[111] oder die Verkürzung **26**

98 *BAG* 5.11.09, NZA 10, 457 (459); 18.3.10, NZA 10, 1059 (1061).
99 So *BAG* 5.11.09, NZA 10, 457 (459); a. A. *BAG* 13.10.09, DB 10, 397 (398).
100 Vgl. auch *BAG* 26.5.09, a. a. O., 851.
101 Däubler/Bertzbach-*Brors,* § 10 Rn. 100 und -*Däubler,* § 7 Rn. 249; *KDZ,* § 1 Rn. 641 f.
102 Däubler/Bertzbach-*Brors,* § 10 Rn. 101 ff.
103 Vgl. auch *BAG* 6.11.08, NZA 09, 361 (365); 5.11.09, NZA 10, 457 (459); 18.3.10, NZA 10, 1059 (1061).
104 Vgl. *KDZ,* § 1 KSchG Rn. 646.
105 Vgl. einerseits für eine Vereinbarkeit mit dem AGG *Wendeling-Schröder,* AuR 07, 389 (390 f.); *dies.,* NZA 07, 1399 (1401 ff.); *Löwisch/Röder/Krieger,* BB 08, 610 (611 f.); *Gaul/Bonanni,* BB 08, 218 (220 ff.), jeweils m. w. N. und zur Rechtslage vor Inkrafttreten des AGG *BAG* 19.6.07, NZA 08, 103 (107) und 6.9.07, NZA 08, 405 (406 f.) ; demgegenüber ablehnend *Bertelsmann,* AuR 07, 369 (371 ff.) m. w. N.; *Wenckebach,* AuR 08, 70 (71 ff.); offengelassen von *LAG Berlin-Brandenburg* 19.9.07, LAGE § 10 AGG Nr. 2.
106 *BAG* 6.11.08, NZA 09, 361 (366 f.); 12.3.09, DB 09, 1932 (1934); 15.12.11, NZA 12, 1044 (1051); ebenso *Gaul/Niklas,* NZA-RR 09, 457 ff.; *Benecke,* AuR 09, 326 (331); kritisch *Buschmann,* FS Wank, S. 63 (70).
107 *BAG* 18.3.10, NZA 10, 1059 (1061 f.); 19.7.12, NZA 13, 86 (89); 26.3.15, NZA 15, 1122 (1123).
108 Vgl. *BAG* 23.4.09, NZA 09, 915 (916).
109 *SächsLAG* 10.10.01, NZA 02, 905 (907); HaKo-BetrVG/*Kreuder,* Rn. 9; *Bösche,* S. 117; *Däubler,* Das Arbeitsrecht 1, Rn. 1041 a; *Klebe/Schumann,* S. 142 f., sowie die Beispiele bei *Fitting,* Rn. 24; **str.,** a. A. z. B. *LK,* Rn. 9; Richardi-*Thüsing,* Rn. 37, sowie die Autoren, die verbindliche Vorgaben für den AG überhaupt ablehnen (vgl. Rn. 27).
110 AP Nr. 1 zu § 95 BetrVG 1972.
111 *BAG* 12.10.54, AP Nr. 1 zu § 52 RegelungsG; 5.6.08, NZA 08, 1120 (1124); *Halberstadt,* Rn. 5; Schaub-*Linck,* § 128 Rn. 3.

der sechsmonatigen Wartezeit bzw. die Geltung des KSchG ab Einstellung.[112] Wenn sich *GL*[113] demgegenüber darauf berufen, dass die für den einen AN günstige Regelung automatisch für einen anderen nachteiliger als das KSchG sein müsse, so könnte dies allenfalls für die Sozialauswahl zutreffen. Aber auch hier handelt es sich um kein durchgreifendes Argument, wenn die Richtlinien als eine Art »**zweites Netz**« begriffen werden, d. h. nur der gekündigt werden kann, der sowohl nach § 1 Abs. 3 KSchG als auch nach der Auswahlrichtlinie hierfür in Frage kommt.[114] In diesem Sinne kann durch Auswahlrichtlinien z. B. festgelegt werden, dass über die jetzt abschließend in § 1 Abs. 3 KSchG genannten Kriterien Dauer der Betriebszugehörigkeit, Lebensalter, Unterhaltspflichten und Schwerbehinderung hinaus **zusätzliche soziale Gesichtspunkte** zu berücksichtigen sind[115] oder der Kreis der in die Sozialauswahl einzubeziehenden AN erweitert wird. Die schlichte Einbeziehung der durch § 1 Abs. 3 Satz 2 KSchG ausgenommenen AN wäre allerdings für diese eine unzulässige Verschlechterung des Kündigungsschutzes. Deshalb müsste sie in den Auswahlrichtlinien als **zusätzliche Voraussetzung** definiert und die betriebsbedingte Kündigung z. B. nur dann zugelassen werden, wenn der betroffene AN weniger schutzbedürftig als der von der Sozialauswahl ausgenommene ist.[116] Das *BAG*[117] hat eine Verdrängung der gesetzlichen Anforderungen an die Vergleichbarkeit der AN bei der Sozialauswahl oder an die entgegenstehenden betrieblichen Bedürfnisse i. S. v. § 1 Abs. 3 Satz 2 KSchG abgelehnt, aber nicht geprüft, ob eine Besserstellung der AN gegenüber dem gesetzlichen Kündigungsschutz möglich ist.

27 Gegen eine Erschwerung der Kündigungsvoraussetzungen wie auch überhaupt dagegen, dass personelle Maßnahmen an so enge Voraussetzungen gebunden werden können, dass für den UN **kein Ermessensspielraum** bei der Durchführung mehr verbleibt, wird zu Unrecht teilweise der Wortlaut der Vorschrift angeführt. Aus der Formulierung »Richtlinie« wird gefolgert, dass lediglich Grundsatz-, aber keine Detailregelungen festgelegt werden könnten. So sollen beispielsweise auch nicht **Voraussetzungen für personelle Maßnahmen** verbindlich festlegbar sein.[118] Diese Auslegung **widerspricht** jedoch dem Wortlaut. Der Begriff »Richtlinie« meint nach allgemeinem Sprachgebrauch »Anweisung für jemandes Verhalten in einem bestimmten Einzelfall«,[119] »meist verbindliche Vorschrift, Anweisung, nach der sich jemand … im Einzelfall zu richten hat«,[120] »Grundsatz, Vorschrift, Anweisung«.[121] Er zielt also auf verbindliche Vorgaben. Ein anderes Verständnis würde zudem die Vorschrift und vor allem den vom Gesetzgeber verfolgten Zweck, bei personellen Maßnahmen weitgehende Transparenz und Versachlichung zu erreichen, weitgehend entwerten. Könnte der AG letztlich doch wieder frei entscheiden, so bestünde die Möglichkeit, nicht erkennbare oder unsachliche Gründe gewissermaßen »durch die Hintertür« wieder einzuführen.[122] Es ist somit davon auszugehen, dass in Auswahlrichtlinien je nach Grad der Detaillierung bei Beachtung des zwingenden Gesetzesrechts die Voraussetzungen für personelle Einzelmaßnahmen **verbindlich festgelegt** und auch **Kündigungsvoraussetzungen erschwert** werden können.[123] Das *BAG*[124] hält eine

112 *BAG* 18.2.67, AP Nr. 81 zu § 1 KSchG; *BAG* 8.6.72, AP Nr. 1 zu § 1 KSchG 1969.
113 Rn. 13.
114 Vgl. auch *Däubler*, Das Arbeitsrecht 1, Rn. 1041 a.
115 Vgl. Richardi-*Thüsing*, Rn. 40 a; *Richardi*, DB 04, 486 (487 m. w. N.).
116 Vgl. auch *FKHE*, 19. Aufl., Rn. 19 d; *Däubler*, BetrR 97, 1 (2); *Kittner*, AuR 97, 182 (187); *Nielebock*, AiB 97, 88 (90).
117 *BAG* 5.6.08, NZA 08, 1120 (1122).
118 GK-*Raab*, Rn. 5, 18; 22, HWGNRH-*Rose*, Rn. 14; *Zöllner*, S. 665 (668 ff.) sowie die bereits zu Kündigungserschwernissen angeführten Fundstellen.
119 Vgl. *Duden-online*, Deutsches Universalwörterbuch, Die Richtlinie (1.4.2015).
120 *Brockhaus/Wahrig*, Deutsches Wörterbuch, Bd. 5 (1983), S. 388.
121 *Wahrig*, Synonymwörterbuch online, Richtlinie (1.4.2015).
122 Vgl. vor allem *Weller*, RdA 86, 222 (225), der auch zu Recht darauf hinweist, dass eine derartige Auslegung zu einer Schlechterstellung gegenüber der Rechtslage vor In-Kraft-Treten des BetrVG 1972 führen würde, die vom Gesetzgeber nicht beabsichtigt war; hierzu *BAG* 13.9.73, AP Nr. 2 zu § 1 KSchG 1969.
123 Vgl. *BAG* 31.5.83, AP Nr. 2 zu § 95 BetrVG 1972, wenn dort ausgeführt wird, dass in Auswahlrichtlinien »Höchstanforderungen« festgelegt werden könnten.
124 *BAG* 9.11.06, NZA 07, 549 (552); 24.10.13, NZA 14, 46 (49); ebenso *LAG Düsseldorf* 16.4.08, ZIP 09, 190 (194); *Fitting*, Rn. 28; a. A. HWGNRH-*Rose*, Rn. 11, 14, 66.

abschließende Einzelfallprüfung bei **betriebsbedingten Kündigungen** nicht für erforderlich. Damit kann sich das Ergebnis der Auswahl unmittelbar aus der Anwendung der Richtlinie ergeben.

Für andere Auswahlrichtlinien ist die frühere Rspr. als Ausgangspunkt weiter zu berücksichtigen. Danach ist das *BAG*[125] der Auffassung, dass eine Richtlinie nicht mehr vorliegt, wenn dem AG kein Entscheidungsspielraum verbleibt. Gleichzeitig soll trotzdem eine Richtlinie vorliegen, wenn sich im **Einzelfall** die **Entscheidung unmittelbar aus der Regelung** ergibt. In diesem Fall soll keine Beseitigung, sondern nur eine Beschränkung des Entscheidungsspielraums des AG vorliegen.[126] Dies erscheint widersprüchlich. Die reine Wortlautinterpretation überzeugt zudem nicht und widerspricht dem Zweck der Vorschrift (s. o.). Auch § 1 Abs. 4 KSchG (vgl. oben Rn. 22) spricht dafür, dass Richtlinien **nicht nur Grundsatz-,** sondern **auch Detailregelungen** treffen und die Voraussetzungen für personelle Einzelmaßnahmen **verbindlich festlegen können.**[127] Erfolgt die Beseitigung des Entscheidungsspielraums durch die ESt., kann allerdings ein Ermessensfehler vorliegen.[128] **28**

Auswahlrichtlinien können **sämtliche personellen Einzelmaßnahmen** regeln. Sie sind nicht auf betriebsbedingte Maßnahmen beschränkt. Für Einstellungen, Versetzungen und Umgruppierungen wird dies auch von niemandem vertreten. Aber auch **für Kündigungen** kann **keine Beschränkung** auf betriebsbedingte stattfinden.[129] Für eine Beschränkung auf betriebsbedingte Kündigungen wird vor allen Dingen die Formulierung **Auswahl**richtlinien angeführt. Eine Auswahl werde nur bei betriebsbedingten Kündigungen durchgeführt. Hiergegen lässt sich anführen, dass alle **Personalmaßnahmen ohne Einschränkung** angesprochen sind. Darüber hinaus taucht die Formulierung »Auswahlrichtlinien« auch lediglich in der Überschrift und in Abs. 1 als »personelle Auswahl« auf. In Abs. 2 ist ebenso wie in den §§ 102 Abs. 3 Nr. 2 BetrVG, 1 KSchG und den Materialien[130] demgegenüber von bloßen Richtlinien die Rede. Da bei der **sozialen Auswahl** ausschließlich soziale Gesichtspunkte zu berücksichtigen sind,[131] ist auch nicht ersichtlich, worauf sich die zusätzlich zu beachtenden **»fachlichen und persönlichen Voraussetzungen«** des Abs. 2 beziehen sollten.[132] **29**

Zudem hat das *BAG*[133] zutreffend darauf hingewiesen, dass die gesetzgeberischen Absichten, eine **Versachlichung und Durchschaubarkeit** personeller Einzelmaßnahmen herbeizuführen, auch dort greifen können, wo es nicht um eine »echte Auswahl unter mehreren in Frage kommenden AN, sondern um eine bloße Einzelentscheidung geht«. Ähnlich ist die Entscheidung des *BAG* v. 11.3.76[134] zu verstehen, wenn dort die Rede davon ist, dass »Richtlinien über die personelle Auswahl bei Kündigungen ... u. a. die sozialen Gesichtspunkte« festlegen können. Auswahlrichtlinien können also auch Aspekte regeln, die mit der Sozialauswahl selbst nichts zu tun haben. Gegen eine Beschränkung auf betriebsbedingte Kündigung spricht auch **§ 102 Abs. 3.** Die Auswahl ist dort bereits in **Nr. 1** geregelt. Welche selbstständige Bedeutung **30**

125 *BAG* 10.12.02, EZA § 99 BetrVG 2001 Umgruppierung Nr. 1; 31.5.05 – 1 ABR 22/04, insoweit nicht abgedruckt in DB 05, 2585 ff.; ähnlich 27.10.92, DB 93, 885; zustimmend *Fitting,* Rn. 19; *Richardi,* FS Stahlhacke, S. 447 (450) und Richardi-*Thüsing,* Rn. 33, 40.

126 *BAG* 27.10.92, NZA 93, 607 (610), insoweit nicht in DB 93, 885 abgedruckt.

127 S. auch *Bauer/Krieger,* FS Richardi, S. 177 (187); *Däubler,* Das Arbeitsrecht 1, Rn. 1032; MünchArbR-*Matthes,* § 260 Rn. 4.

128 Vgl. *BAG* 27.10.92, DB 93, 885 f.

129 So auch *Fitting,* Rn. 24; *KDZ,* § 1 KSchG Rn. 504; HaKo-BetrVG/*Kreuder,* Rn. 15; *Bösche,* S. 117; *Däubler,* Das Arbeitsrecht 1, Rn. 1041 a; *Gester/Zachert,* JArbR, Bd. 12 (1975), S. 98; *Klebe/Schumann,* S. 97 ff.; *Klebe,* BB 80, 840; *Wolff,* S. 87 ff.; **a. A.** GK-*Raab,* Rn. 43 f.; HWGNRH-*Rose,* Rn. 54 f f.; MünchArbR-*Matthes,* § 260 Rn. 18; *Richardi,* FS Stahlhacke, S. 447 (452); Richardi-*Thüsing,* Rn. 37; *Weller,* RdA 86, 222 (225); wohl auch *BAG* 18.4.00, DB 00, 2433 (2435), wenngleich im Ergebnis offen gelassen; in der Entscheidung vom 26.7.05, DB 05, 2530 (2531) stellt des *BAG* demgegenüber fest, Auswahlrichtlinien kämen »**in erster Linie**« bei betriebsbedingten Kündigungen in Betracht; hiernach könnten sie also auch verhaltens- und personenbedingte Kündigungen regeln.

130 BT-Drucks. VI/1786, S. 50.

131 Vgl. *BAG* 24.3.83, 20.10.83, AP Nrn. 12, 13 zu § 1 KSchG 1969 Betriebsbedingte Kündigung.

132 Insoweit auch ablehnend Richardi-*Thüsing,* Rn. 15.

133 *BAG* 31.5.83, AP Nr. 2 zu § 95 BetrVG 1972.

134 AP Nr. 1 zu § 95 BetrVG 1972.

die Nr. 2 dann noch haben soll, ist nicht einsichtig. Weiter ist auch zu berücksichtigen, dass das *BAG* zu Recht den **Widerspruch nach § 102 Abs. 3 für alle Kündigungen** zulässt[135] (vgl. auch § 102 Rn. 206) und, vor allem, dass der Gesetzgeber in Kenntnis der Kontroverse in **§ 1 Abs. 2 KSchG** angeordnet hat, dass **alle Kündigungen,** die gegen eine Richtlinie nach § 95 BetrVG verstoßen, sozial ungerechtfertigt sind. **Außerordentliche Kündigungen** fallen allerdings nach der Systematik des Gesetzes grundsätzlich nicht unter die Vorschrift.

IV. Regelungsbeispiele

31 In Auswahlrichtlinien können **Verfahrensregelungen** (Rn. 19) für alle personellen Einzelmaßnahmen getroffen werden. So kann beispielsweise festgelegt werden, in welcher Art und Weise und durch wen Tatsachenfeststellungen zu treffen sind, welche Unterlagen bei den Entscheidungen berücksichtigt werden dürfen (Zeugnisse, Bescheinigungen über Lehrgänge, Inhalt der Personalakten u. Ä.) oder auch, dass der BR bei Einstellungen an einem Vorstellungsgespräch teilnimmt.[136] Inhaltlich bieten Auswahlrichtlinien einen wichtigen Ansatz, **(mittelbaren) Diskriminierungen** aktiv gestalterisch entgegenzuwirken (vgl. auch Rn. 1, 22).

32 Vor allem bei **Einstellungen und Versetzungen,** weniger bei Umgruppierungen, können Richtlinien den **Entscheidungsspielraum des AG einengen** (Rn. 27 f.). Zu den **fachlichen Voraussetzungen** gehören insbes. die für den Arbeitsplatz oder eine bestimmte Tätigkeit notwendigen Kenntnisse und Fähigkeiten. Hierbei kann es auf die Schulbildung, abgelegte Prüfungen, beruflichen Werdegang, Grund- und Spezialkenntnisse o. Ä. ankommen. **Persönliche Voraussetzungen** können beispielsweise die physische und psychische Belastbarkeit, die konkrete Bevorzugung von Frauen, behinderten Beschäftigten[137] oder älteren/jüngeren Menschen im Einzelfall, auch bis zur Erfüllung einer **festgelegten Quote** (vgl. § 5 AGG),[138] das Alter oder die Betriebszugehörigkeit als Entscheidungskriterium bei gleicher fachlicher Eignung eines externen Bewerbers sein (vgl. zu den Anforderungen des AGG Rn. 22 ff.). Richtlinien zum Einsatz von **Ein-Euro-Jobbern**[139] (vgl. § 87 Rn. 13, § 94 Rn. 32) und zur **Fremdfirmenarbeit (Leiharbeit/Werkverträge)**,[140] z. B. zu deren Anteil an der Beschäftigung, wie auch an Projekten beim **Crowdsourcing** (vgl. auch § 87 Rn. 201, § 90 Rn. 13, § 111 Rn. 111 a),[141] oder den Einsatzbereichen, unterliegen als Einstellungsregeln ebenfalls der Vorschrift und bekommen vor dem Hintergrund der Arbeitsmarktpolitik (**»Hartz-Konzept«**) für BR besondere Bedeutung.

33 Als **soziale Gesichtspunkte** kommen etwa in Betracht: das Alter, der Gesundheitszustand, der Familienstand oder die Dauer der Betriebszugehörigkeit[142] (vgl. Rn. 22). Das **BAG**[143] hält die Berücksichtigung von Grundqualifikation, Dauer der Berufserfahrung, aktueller Leistungsbeurteilung und Potenzialanalyse der Bewerber in einem Punktsystem für sachgerecht, ver-

---

135 *BAG* 22.7.82, AP Nr. 2 zu § 1 KSchG 1969 Verhaltensbedingte Kündigung.

136 Vgl. z. B. *Roos,* S. 82 f. m. w. N.; *Fitting,* Rn. 21, sowie die Regelungsvorschläge bei *Dirx/Klebe,* S. 15 ff.; a. A. z. B. HWGNRH-*Rose,* Rn. 15 m. w. N.

137 Vgl. auch *LAG Köln* 3.5.05, NZA-RR 06, 580 (581) im Verfahren zur Bestellung einer ESt.

138 Däubler/Bertzbach-*Hinrichs,* § 5 Rn. 32, 49, 52 (»Positivmaßnahmen«); *Fitting,* Rn. 22; *Däubler,* Das Arbeitsrecht 1, Rn. 1034 f., HaKo-BetrVG/*Kreuder,* Rn. 10; *WEHO,* Rn. 75; zu den Grenzen *BAG* 5.3.96, DB 96, 2627 ff. m. w. N.; *EuGH* 11.11.97, DB 97, 2383 f.; 6.7.00, NZA 00, 935 ff. und **Rn. 18**; vgl. auch *EuGH* 19.3.02, DB 02, 1450 ff. mit Anm. *Thüsing* und die Quotenregelungen bei der Besetzung von BR (§ 15 Abs. 2) und AR (Gesetz für die gleichberechtigte Teilhabe von Frauen und Männern an Führungspositionen in der Privatwirtschaft und im öffentlichen Dienst, BT-Drucks. 18/3784) .

139 *Engels,* NZA 07, 8 (11).

140 *Ulber/zu Dohna-Jaeger,* AiB 07, 705 (706 f.); vgl. auch *BAG* 18.10.12, NZA-RR 13, 68 ff.;a. A. *Fitting,* Rn. 22; GK-*Raab,* Rn. 39; *BAG* 10.7.13, NZA 13, 1296 (1298) legt einen zu engen Begriff von Auswahlrichtlinien zu Grunde, wenn diese verneint werden, obwohl der AG alle neu zu besetzenden Stellen nur noch mit Leih-AN besetzen will, da es sich hierbei um eine Präferenzregel bzw. einen Negativkatalog handelt (vgl. auch Rn. 4).

141 *Klebe/Neugebauer,* AuR 14, 4 (7); *Däubler/Klebe,* NZA 15, 1032 (1040 f.).

142 *Kuhn/Wedde,* AiB 92, 546 (551).

143 *BAG* 27.10.92, DB 93, 885 (886).

langt allerdings einen hinreichenden Spielraum für den AG, wenn keine nähere Differenzierung nach Art der Versetzung und Arbeitsbereiche erfolge und auf den künftigen Einsatz bezogene Kriterien nur eine beschränkte Berücksichtigung fänden. Der **Entscheidungsspielraum des AG** müsse **umso größer** sein, **je undifferenzierter** das System in der Verwendung der Auswahlkriterien und der unterschiedslosen Erstreckung auf alle anfallenden Arbeitsbereiche sei, um Ergebnisse, die unter Berücksichtigung der billigenswerten Interessen des AG und der AN nicht sachgerecht seien, korrigieren zu können.[144] Anderenfalls sei eine Entscheidung der ESt. ermessensfehlerhaft. Diese Überlegungen sind grundsätzlich richtig, wenngleich im entschiedenen Einzelfall nicht überzeugend angewendet, da dem AG, von extremen Beispielen abgesehen, durchaus ein Spielraum verblieb.[145] Bei einer geringen Detaillierung und Differenzierung der Merkmale muss wie bei Kündigungen (vgl. Rn. 22, 27) ein entsprechender Entscheidungsspielraum für den AG verbleiben. Die Richtlinie kann aber auch so präzise Regelungen treffen, dass sich, wie oben aufgeführt, die personelle Maßnahme direkt aus ihr ohne weitere Meinungsbildung des AG ergibt. Die teilweise Wiederholung zeigt, dass es durchaus denkbar ist, dass **dasselbe Kriterium sowohl den fachlichen als auch den persönlichen Voraussetzungen** und den **sozialen Gesichtspunkten** zuzuordnen ist.

Bei **Umgruppierungen** haben Auswahlrichtlinien hinsichtlich der Rechtsanwendung geringere Bedeutung, da es sich regelmäßig um die Einstufung in eine tarifliche oder betriebliche Lohn- oder Gehaltsgruppe handelt und der BR deshalb auf eine Richtigkeitskontrolle beschränkt sein wird.[146] In erster Linie haben hier **Verfahrensvorschriften** Bedeutung und **Regeln, die beinhalten, unter welchen Voraussetzungen Umgruppierungen stattfinden.**[147] Es kommt aber auch ein Schutz gegen Abgruppierung in Betracht, sofern keine abschließende tarifvertragliche Regelung vorliegt.[148] **34**

Bei **Kündigungen** (vgl. auch Rn. 27) kann in der Richtlinie die **Wertigkeit** der einzelnen bei der Sozialauswahl gem. § 1 Abs. 3 KSchG zu berücksichtigenden Merkmale Dauer der Betriebszugehörigkeit, Alter, Unterhaltsverpflichtungen und Schwerbehinderung vereinbart werden (zu ihrer Erweiterung vgl. Rn. 26). Hier ist allerdings aus der Sicht des BR durchaus Vorsicht angebracht, damit sich nicht aus der Auswahlrichtlinie eine mehr oder weniger große Kündigungsautomatik ergibt. Weiter können Kündigungen bei **arbeitsplatzbedingter Erkrankung** ebenso wie bei lang andauernder Erkrankung z. B. »jedenfalls vor Ablauf eines Jahres« ausgeschlossen werden.[149] Bei **verhaltensbedingten Kündigungen** kann vereinbart und auch über die ESt. erzwungen werden, dass diese nicht ausgesprochen werden dürfen, wenn nicht z. B. in den letzten zwei Jahren mindestens einmal/mehrmals wegen eines vergleichbaren Vorwurfs abgemahnt worden ist.[150] Ebenso ist es möglich, **Verdachtskündigungen**, sofern man sie überhaupt für zulässig halten will (vgl. hiergegen die überzeugende Argumentation in § 23 Rn. 131 f.),[151] auszuschließen. Aus dem Schutzzweck des § 95, eine Versachlichung und Durchschaubarkeit personeller Einzelmaßnahmen herbeizuführen, folgt, dass auch dann nach dieser Vorschrift (vgl. auch § 111 Rn. 77 f.) ein Mitbestimmungsrecht besteht, wenn der AG ein **freiwilliges** Ausscheidensprogramm gegen Abfindung auflegt und sich mehr AN als geplant melden. **35**

Bei der Aufstellung der Auswahlrichtlinien hat der BR darauf zu achten, dass die verwendeten Kriterien nicht nur hinsichtlich der Art der personellen Maßnahmen, sondern auch in Bezug auf die verschiedenen AN-Gruppen unterschiedlich zu gestalten sind. Dies gilt beispielsweise im Hinblick auf **Auszubildende** oder **AN mit Weisungsbefugnissen.**[152] **36**

---

144 Ebenso *Fitting*, Rn. 19; *SWS*, Rn. 17 a).

145 Vgl. auch *Wedde*, AiB 93, 460 f.

146 Richardi-*Thüsing*, Rn. 8, 35.

147 Vgl. z. B. *BAG* 10.12.03, EzA § 99 BetrVG 2001 Umgruppierung Nr. 1: Kriterien dafür, welchen Beschäftigten unter welchen Bedingungen eine anders bewertete Tätigkeit übertragen wird, ohne dass die Grenze zur Versetzung überschritten wird.

148 *WW*, Rn. 8.

149 Vgl. auch *Däubler*, Das Arbeitsrecht 1, Rn. 1041 a.

150 Vgl. *Fitting*, Rn. 24; *Däubler*, a. a. O.; *KDZ*, § 1 KSchG Rn. 504, § 95 BetrVG Rn. 9; *Kuhn/Wedde*, AiB 92, 546 (522); a. A. HWGNRH-*Rose*, Rn. 56; Richardi-*Thüsing*, Rn. 37.

151 Vgl. auch *Deinert*, AiBplus 6/09, S. 9; *Trittin*, dbr 3/10, S. 25 f.

152 Vgl. auch *Fitting*, Rn. 20; *WEH*, I Rn. 84.

37 Bestand bereits **vor Änderung des Gesetzes** in Betrieben mit 501 bis 1000 AN eine (bisher vom BR nicht erzwingbare) BV, ist die Situation trotz des schon zuvor bestehenden Zustimmungsverweigerungsrechts mit der einer freiwilligen BV vergleichbar. Auch hier ist die Verhandlungssituation für den BR nun grundlegend verändert. Der Verzicht des AG auf Richtlinien und damit der Wegfall des Zustimmungsverweigerungsrechts können keine Rolle mehr spielen. Deshalb kann auch hier die bestehende BV jederzeit durch eine neue, nunmehr mitbestimmte BV abgelöst werden[153] (vgl. § 87 Rn. 387).

V. Versetzungsbegriff

38 Das Gesetz definiert in Abs. 3 die **Versetzung.** Da sich das Beteiligungsrecht des BR bei einer Versetzung aus § 99 ergibt, wird der Begriff dort erläutert (vgl. § 99 Rn. 96 ff.).

VI. Streitigkeiten

39 Streitigkeiten über Inhalt und Umfang des Mitbestimmungsrechts sowie die Auslegung einer Auswahlrichtlinie sind im **Beschlussverfahren** gemäß §§ 2 a Abs. 1 Nr. 1, 80 ArbGG durchzuführen. Inzidenter können die Auswahlrichtlinien betreffenden Fragen auch Gegenstand des Kündigungsschutzverfahrens oder der Verfahren auf Zustimmungsersetzung nach § 99 und Entbindung von der Weiterbeschäftigungspflicht nach § 102 sein. Gemäß **§ 1 Abs. 4 KSchG** kann die nach einer BV, also nicht einer Regelungsabrede,[154] vorgenommene Sozialauswahl von den Gerichten nur auf **grobe Fehlerhaftigkeit** überprüft werden.

40 Diese ist dann anzunehmen, wenn **von der (wirksamen) Richtlinie abgewichen wird** oder die Auswahl zwar der Richtlinie entspricht, diese selbst aber grob fehlerhaft ist. Die Richtlinie ist grob fehlerhaft, wenn sie **jede Ausgewogenheit vermissen lässt,**[155] z. B. weil einzelnen der vier Kriterien Dauer der Betriebszugehörigkeit, Lebensalter, Schwerbehinderung und Unterhaltspflichten eine gänzlich überhöhte oder unzureichende Bedeutung zugeordnet wird.[156]. Sie ist zudem grob fehlerhaft und auch unwirksam, wenn **einzelne Gesichtspunkte gar nicht berücksichtigt** werden können, da sie dem zwingenden Gesetzesrecht, wie § 1 Abs. 3 KSchG, entsprechen muss.[157] Dies ist als Rechtsfrage uneingeschränkt zu überprüfen. Dabei kommt es **entgegen** der Auffassung des *BAG*[158] nicht darauf an, ob die nicht berücksichtigten Kriterien im Einzelfall relevant sind. Die Richtlinie als solche ist zu beurteilen und muss dem Gesetz entsprechen. Lässt sie z. B. das Merkmal Schwerbehinderung völlig außer Betracht ist sie auch dann grob fehlerhaft/unwirksam und die Sozialauswahl nach § 1 Abs. 3 KSchG zu überprüfen, wenn die betroffenen AN nicht schwerbehindert sind (vgl. auch § 7 Abs. 2 AGG). Die Richtlinie muss also eine ausreichende, selbstverständlich den gesetzlichen Regelungen, wie z. B. dem AGG, entsprechende Berücksichtigung der vier Grunddaten gewährleisten. **Eine abschließende Einzelfallprüfung** ist entbehrlich (vgl. Rn. 27 a. E.). Mit den vier Grunddaten werden auch die jeweils typischen Begleitumstände erfasst (vgl. Rn. 22 a. E.). Durch eine abschließende Aufzählung der zu berücksichtigenden Sozialdaten werden die Möglichkeiten der Betriebsparteien einerseits begrenzt (vgl. aber auch Rn. 26 zur Erweiterung der Kriterien).

153 *Däubler,* DB 01, 1669 (1671).

154 *Fitting,* Rn. 30; *LAG Düsseldorf* 17.3.00, NZA-RR 00, 421 (423); *LAG Berlin* 20.8.04, NZA-RR 05, 370 (371); ein Redaktionsversehen dürfte schon im Hinblick auf die Neuregelungen des KSchG 1998 und 2003 ausscheiden, die in § 1 Abs. 4 **unverändert** eine BV verlangen; vgl. aber auch GK-*Kraft/Raab,* Rn. 42.

155 Vgl. *BAG* 21.1.99, BB 99, 1556 (1557) m. w. N.; vgl. auch 28.8.03, NZA 04, 432 (434); 12.3.09, DB 09, 1932 (1934); 18.3.10, NZA 10, 1059(1060); *Fitting,* Rn. 27; *KDZ,* § 1 KSchG Rn. 675.

156 Vgl. auch *BAG* 5.12.02, NZA 03, 791 (794); 20.9.06, NZA 07, 387 (390); 9.11.06, DB 07, 1087 (1088) wonach gesetzlich keine Priorität eines der Kriterien gegenüber den anderen besteht; 24.10.13, NZA 14, 46 (49); *Matthes,* FS Kreutz, S. 301 (304).

157 Vgl. auch BT-Drucks. 14/45, S. 53, *BAG* 18.10.06, NZA 07, 504 (507); 5.6.08, NZA 08, 1120 (1122); *KDZ,* § 1 KSchG Rn. 675; *Däubler,* NJW 99, 601 (603); GK-*Raab,* Rn. 48.

158 *BAG* 18.10.06, NZA 07, 504 (506); 10.6.10, NZA 10, 1352 (1353 f.); vgl. auch *BAG* 15.12.11, NZA 12, 1044 (1047 f.); 24.10.13, NZA 14, 46 (48); 26.3.15, NZA 15, 1122 (1124); ebenso HWGNRH-*Rose,* Rn. 67.

Ihr **Regelungsspielraum** bleibt allerdings andererseits wegen der erforderlichen Intensität eines Verstoßes ausgeweitet.[159]

Führt der AG unter Verstoß gegen das Mitbestimmungsrecht Auswahlrichtlinien ein, sind diese entsprechend den allgemeinen Regeln (vgl. § 87 Rn. 5) unwirksam[160] und der BR kann die Anwendung gemäß § 23 Abs. 3[161] oder auf Grund des **allgemeinen Unterlassungs-** bzw. **Beseitigungsanspruchs,** ggf. auch durch **einstweilige Verfügung,** untersagen lassen. Dieser ist hier aus den gleichen Gründen wie im Rahmen von § 87 anzuerkennen[162] (vgl. auch § 87 Rn. 14, 392). Er kann allerdings auch die **ESt. anrufen,** die dann darüber entscheidet, ob überhaupt und mit welchem Inhalt Auswahlrichtlinien aufgestellt werden sollen.[163] Darüber hinaus soll sich der AG bei einer inhaltlich nicht rechtswidrigen Praxis trotz Unwirksamkeit an seinen eigenen Richtlinien festhalten lassen müssen mit der Folge, dass der BR die Rechte gemäß §§ 99, 102 ausüben kann[164] (vgl. auch § 99 Rn. 204). 41

Zweiter Unterabschnitt Berufsbildung

§ 96 Förderung der Berufsbildung

(1) Arbeitgeber und Betriebsrat haben im Rahmen der betrieblichen Personalplanung und in Zusammenarbeit mit den für die Berufsbildung und den für die Förderung der Berufsbildung zuständigen Stellen die Berufsbildung der Arbeitnehmer zu fördern. Der Arbeitgeber hat auf Verlangen des Betriebsrats den Berufsbildungsbedarf zu ermitteln und mit ihm Fragen der Berufsbildung der Arbeitnehmer des Betriebs zu beraten. Hierzu kann der Betriebsrat Vorschläge machen.

(2) Arbeitgeber und Betriebsrat haben darauf zu achten, dass unter Berücksichtigung der betrieblichen Notwendigkeiten den Arbeitnehmern die Teilnahme an betrieblichen oder außerbetrieblichen Maßnahmen der Berufsbildung ermöglicht wird. Sie haben dabei auch die Belange älterer Arbeitnehmer, Teilzeitbeschäftigter und von Arbeitnehmern mit Familienpflichten zu berücksichtigen.

Inhaltsübersicht

I. Vorbemerkungen

Betriebliche Berufsbildung hat wesentliche Bedeutung für den **beruflichen und sozialen Werdegang der AN.** Die Teilnahme an Maßnahmen der betrieblichen Berufsbildung kann mit darüber entscheiden, ob der AN seinen Arbeitsplatz behalten und/oder an einem beruflichen Aufstieg teilnehmen kann.[1] Wegen der Bedeutung der Berufsbildung hat der Gesetzgeber BR 1

159 Vgl. *v. Hoyningen-Huene/Linck,* DB 97, 41 (44); *Preis,* NJW 96, 3369 (3371 f.).
160 Zu Unrecht offenbar a. A. *BAG* 9.11.06, DB 07, 1087 (1089).
161 *Fitting,* Rn. 31, Richardi-*Thüsing,* Rn. 70.
162 *BAG* 26.7.05, DB 05, 2530 (2532); 9.11.06, DB 07, 1087 (1089); *LAG Berlin,* LAGE § 23 BetrVG 1972 Nr. 8; *Fitting,* Rn. 31; GK-*Raab,* Rn. 29; GK-*Oetker,* § 23 Rn. 148; a. A. *Bengelsdof,* ZfA 07, 277 (290 ff.); zu den **Streitwerten** vgl. *Bader/Jörchel,* NZA 13, 809 (811, 812).
163 *LAG Frankfurt* 16.10.84, DB 85, 1534.
164 So *Däubler,* Das Arbeitsrecht 1, Rn. 1044.
1 Vgl. *BAG* 5.11.85, AP Nr. 2 zu § 98 BetrVG 1972.

und AG die Aufgabe zugewiesen, die AN des Betriebs durch **betriebliche oder außerbetriebliche Berufsbildungsmaßnahmen zu fördern.** Berufliche Qualifizierung nimmt innerhalb der Personalplanung einen erheblichen Stellenwert ein. Sie dient dem beruflichen Aufstieg, der beruflichen Mobilität und der Erweiterung beruflicher Fähigkeiten. Sie soll Dequalifizierung verhindern und Chancenungleichheit abbauen. Die gesetzlich geforderte besondere Berücksichtigung älterer AN, Teilzeitbeschäftigter und von AN mit Familienpflichten entspricht dem allgemeinen Aufgabenzuschnitt des BR nach § 80 Abs. 1 Nrn. 2 b, 4, 6.

2 Qualifikation wird zunehmend als **Produktivitätsfaktor,** als menschliche Ressource im Wettbewerb,[2] erkannt. Lernen und Weiterqualifikation finden mit der ersten Berufsausbildung keinen Abschluss, sondern werden als lebenslanger Prozess[3] begriffen. Ein **lebenslanger, umfassender Lern- und Qualifizierungsprozess,** der über die Fähigkeit zur Erfüllung einzelner Arbeitsschritte hinaus Zusammenhänge erfasst, kann der Entfremdung im Arbeitsprozess entgegenwirken und entspricht damit dem Anspruch des Art. 1 GG auf **Selbstbestimmung in allen Lebensbereichen.** Diesen Zweck, Persönlichkeit und Würde der AN zu wahren, verfolgt auch die Beteiligung des BR an Bildungsmaßnahmen.[4] Angesichts der schnellen Veränderung von Berufsbildern und der Entstehung neuer komplexer Arbeitsstrukturen sind berufliche und allgemeine Weiterbildung eng miteinander verknüpft und nur schwer zu unterscheiden. Gesamtwirtschaftliche, betriebswirtschaftliche und AN-Interessen stimmen teilweise überein, können aber auch differieren, z. B. bei nicht unmittelbar betrieblich nutzbaren Weiterbildungsmaßnahmen, bei Finanzierung, Lerninhalten, -bedingungen und -zielen, Auswahl der Teilnehmer, Lehrkörper usw.

3 Berufliche Bildung liegt im **Interesse der UN.**[5] Diese haben einen Anteil an der beruflichen Fort- und Weiterbildung erworben, der über dem der Volkshochschulen (4 %), Kammern (4 %) und Hochschulen (6 %) liegt. Von den Gesamtkosten der beruflichen Weiterbildung werden ca. 38 % von den Individuen, 30 % von den UN, 21 % vom Staat und 38 % von der BA getragen. Im internationalen Vergleich liegt der individuelle Anteil hoch, der der UN niedrig.[6] Nach einer IW-Untersuchung 2002 führen $^3/_4$ der UN innerbetriebliche Weiterbildungsmaßnahmen durch. Der mit diesem Gewicht verbundene **Gestaltungsbedarf** drückt sich in den Beteiligungsrechten des BR und in einem weiten Verständnis der betrieblichen Berufsbildung in der Betriebsverfassung,[7] im BBiG, in Weiterbildungsgesetzen der einzelnen Länder, zunehmend auch in tariflichen Grundlagen aus.[8] Nach empirischen Befunden erscheint betriebliche Weiterbildung für sich genommen oft als nachrangiges Handlungsfeld von BR, jedoch zeigen Betriebe mit BR intensivere Bildungsaktivitäten als BR-lose Betriebe.[9]

4 § 96 Abs. 1 Satz 1 enthält eine allgemeine Pflicht für AG und BR, im Rahmen der betrieblichen Personalplanung die Berufsbildung der AN zu fördern (**Förderungspflicht**). Spezielle Pflichten zur Durchführung von Qualifikationsmaßnahmen können sich aus TV oder aus Gründen der Arbeitsförderung (etwa nach § 111 Abs. 7 SGB III bei Transfer-Kurzarbeit) ergeben. Unter Berücksichtigung betrieblicher Notwendigkeiten ist darauf zu achten, dass den AN die Teilnahme an betrieblichen oder außerbetrieblichen Berufsbildungsmaßnahmen ermöglicht wird. In Angelegenheiten der betrieblichen Berufsbildung hat der BR ein allgemeines **Beratungs- und Vorschlagsrecht** (Abs. 1 Satz 3). Dazu hat der AG auf Verlangen des BR den Berufsbildungsbedarf zu ermitteln (**Ermittlungs- und Beratungspflicht**) Hinzu kommt eine sich schon

2 WSI-Mitt, Schwerpunktheft 5/12 Berufliche Bildung in Unternehmen: Strukturen und neue Entwicklungen; *Moraal/Schönfeld*, ebd., 329 ff., m. w.N; *Klinkhammer*, FS Gnade, S. 298.

3 *BVerfG* 15.12.87, AuR 88, 387.

4 *Fitting*, Rn. 5.

5 *Fitting*, Rn. 1.

6 Zahlen bei *Moraal/Schönfeld*, WSI-Mitt 12, 329 ff., 322; *Beicht/Berger/Moraal*, Sozialer Fortschritt 05, 256 ff.: »Unterinvestition«.

7 Vgl. *Alexander*, NZA 92, 1057; Richardi-*Thüsing*, Rn. 7.

8 Vgl. *Berger/Moraal*, WSI-Mitt. 12, 382; WSI-Forschungsbericht 15 v. 3.5.02; zum TV zur Qualifizierung in der Metall- und Elektroindustrie Baden-Württembergs v. 19.6.01 *Allespach*, AiB 02, 698; *Klinkhammer*, FS Gnade, S. 299. Detaillierte Einzelregelungen im Qualifizierungs-TV 5000 x5000 bei VW, AuR 01, 464, dazu *Schwitzer*, AuR 01, 441.

9 *Berger*, WSI-Mitt. 12, 364.

aus § 80 ergebende, also nicht vom Verlangen des BR abhängige Informationsverpflichtung des AG in allen Fragen der Berufsbildung, etwa über Etatansätze der einzelnen Kostenstellenverantwortlichen hinsichtlich der Kosten für berufliche Weiterbildung im Geschäftsjahr.[10] § 96 wird ergänzt und konkretisiert durch ein begrenztes Mitbestimmungs(initiativ)recht bei der Einführung (§ 97 Abs. 2), ein generelles **Mitbestimmungsrecht** bei der Durchführung von Maßnahmen der betrieblichen Berufsbildung (§ 98 Abs. 1 und 4), ein Auswahlrecht von Teilnehmern an betrieblichen und außerbetrieblichen Berufsbildungsmaßnahmen (§ 98 Abs. 3 und 4) und ein Mitbestimmungsrecht des BR bei der Bestellung von Personen, die mit der Durchführung der betrieblichen Berufsbildung beauftragt werden sollen. Entsprechendes gilt für die Abberufung bereits in der betrieblichen Berufsbildung tätiger Personen (§ 98 Abs. 2 und 5). Die Vorschrift ist auch in Tendenzbetrieben anzuwenden.[11]

II. Begriff und Umfang der Berufsbildung

Der Begriff der betrieblichen Berufsbildung ist funktional zu verstehen. Berufsbildung ist der umfassende **Oberbegriff** für Berufsausbildungsvorbereitung, Berufsausbildung, berufliche Fortbildung und berufliche Umschulung. § 1 BBiG enthält entspr. Begriffsbestimmungen. Danach soll **Berufsausbildungsvorbereitung** durch Vermittlung von Grundlagen für den Erwerb beruflicher Handlungsfähigkeit an eine Berufsausbildung in einem anerkannten Ausbildungsberuf heranführen. **Berufsausbildung** ist eine breit angelegte berufliche Grundbildung, die die für die Ausübung einer qualifizierten beruflichen Tätigkeit notwendigen fachlichen Fertigkeiten und Kenntnisse in einem geordneten Ausbildungsgang vermittelt. Sie hat den Erwerb der erforderlichen Berufserfahrungen zu ermöglichen (§ 1 Abs. 2 BBiG). Nach der Rspr. des *BAG* sind Auszubildende AN i. S. v. § 5 Abs. 1 Satz 1 BetrVG, wenn sie auf Grund eines auf Ausbildung gerichteten privatrechtlichen Vertrages in einen Betrieb des Ausbildenden eingegliedert sind. Es kommt nicht darauf an, ob der »zu seiner Berufsausbildung Beschäftigte« eine Geldleistung erhält.[12] **Berufliche Fortbildung** soll ermöglichen, die beruflichen Kenntnisse und Fertigkeiten zu erhalten, zu erweitern und der technischen Entwicklung anzupassen bzw. beruflich aufzusteigen (§ 1 Abs. 3 BBiG). Auch das SGB III enthält Bestimmungen zur beruflichen Aus- und Weiterbildung (vgl. §§ 48 ff., 130 ff., 176 ff. SGB III). Zur **beruflichen Umschulung** vgl. im Einzelnen Rn. 18. 5

Berufsbildung i. S. d. §§ 96 ff. umfasst alle **Maßnahmen, die AN in systematisch, lehrplanartiger Weise Kenntnisse und Erfahrungen vermitteln**, die diese zu ihrer beruflichen Tätigkeit im Allgemeinen befähigen.[13] Dazu gehört die betriebliche, überbetriebliche und außerbetriebliche **Aus-, Weiter- und Fortbildung** sowie **Umschulung** für jugendliche und erwachsene AN einschließlich **sonstiger Bildungsmaßnahmen**, die vom Betrieb oder in seinem Auftrag durchgeführt werden oder die in Zusammenarbeit mit einem Dritten erfolgen und auf die der AG bezogen auf Inhalt und Organisation rechtlich oder tatsächlich beherrschenden Einfluss hat.[14] Der betriebsverfassungsrechtliche Berufsbildungsbegriff reicht **weiter** als der des BBiG.[15] Bildungscharakter haben nach der Rspr.[16] alle Maßnahmen, die systematisch (methodisch) Kenntnisse und Fähigkeiten vermitteln. 6

Der im BetrVG enthaltene **umfassende Begriff der Berufsbildung**[17] ergibt sich schon daraus, dass die Betriebe die für die Ausübung einer Arbeitsfunktion erforderlichen Kenntnisse auf 7

10 *LAG Hamm* 23.9.97 – 13 TaBV 32/97, AuR 98, 125.

11 HaKo-*Kreuder*, Rn. 4.

12 *BAG* 06.11.13 – 7 ABR 76/11, DB 14, 903.

13 *BAG* 24.8.04 – 1 ABR 28/03, AuR 05, 270 f.; 5.3.13 – 1 ABR 11/12, BB 13, 1843; ausführlich *Zwanziger*, AuR 2010, 459 ff.

14 *BAG* 4.12.90, DB 91, 971.

15 Richardi-*Thüsing*, Rn. 7; *Fitting*, Rn. 10; GK-*Raab*, Rn. 11; ähnlich *BAG* 5.11.85, AP Nr. 2 zu § 98 BetrVG 1972, 23.4.91, AuR 91, 318 zur beruflichen Fortbildung in Seminaren; 30.10.91, AuR 92, 185 zu Hochschulpraktikanten.

16 Seit *BAG* 5.11.85, AP Nr. 1 zu § 96 BetrVG 1972.

17 Ausführlich *Gilberg*, 1998, § 3 Rn. 143 ff.; *Hammer*, ZTR 96, 245 ff.; *ders.*, ZRP 98, 23; *Heither*, AR-Blattei, Betriebsverfassung XIV C, Rn. 149 ff.

ihre Weise und auf die betrieblichen Bedürfnisse zugeschnitten vermitteln. Deshalb sind bei betrieblichen Bildungsmaßnahmen i. S. d. §§ 96 ff. alle **denkbaren Typen** vertreten, angefangen von allgemeinen Vorträgen bis zu umfassenden Seminaren[18] und Kursen auf Spezialgebieten. Ein »gewisser Stellenwert« des vermittelten Wissens ist gesetzlich nicht gefordert.[19] **Kurzfristige Bildungsmaßnahmen** für Anlernlinge oder Praktikanten,[20] Bildungsprogramme, Besuch von Ausstellungen, Messen und Kongressen sowie Vorbereitungsseminare für eine Auslandstätigkeit gehören ebenso dazu wie Anleitungen zur Bedienung neuer Maschinen.[21] Der Beteiligung des BR nach §§ 96 ff. unterliegen deshalb alle Maßnahmen, die den AN die Kenntnisse und Erfahrungen verschaffen sollen, die der Ausfüllung ihres Arbeitsplatzes und ihrer Tätigkeit dienen.[22] Es geht um alle Maßnahmen, die einen Bezug zur beruflichen Tätigkeit des AN und Bildungscharakter haben. Dies ist auch der Fall bei der Vermittlung von Kenntnissen und Fähigkeiten sowie **Trainee-Programmen**[23] im Rahmen des Personalmanagements und der Personalführung, soweit diese nicht ausschließlich an leitende Angestellte gerichtet sind.

8 Nach *Hammer*[24] definiert sich der betriebsverfassungsrechtliche Berufsbildungsbegriff teleologisch von seinem Zweck her, alle Bildungsveranstaltungen, die Bedeutung für die berufliche Position einschließlich Arbeitsplatzsicherheit, soziales Schicksal oder beruflichen Werdegang der AN haben, den betriebsverfassungsrechtlich vorgesehenen Beteiligungsrechten des BR zu unterwerfen.[25] Je nach Ausgestaltung können Förderungsmaßnahmen zur beruflichen Eingliederung Behinderter nach §§ 90 ff., 112 ff. SGB III[26] sowie Assessment-Center[27] (vgl. § 98 Rn. 14) Berufsbildungscharakter haben. Ein umfassendes Beteiligungsrecht besteht bei **Arbeitsförderungs-, Beschäftigungs- und Qualifizierungsgesellschaften,** die zur kurzfristigen Vermeidung von Personalabbaumaßnahmen bzw. zur langfristigen Sicherung von Arbeitsplätzen eingerichtet werden.[28] Bei den von betrieblichen Bildungsmaßnahmen betroffenen AN entsteht immer ein Zuwachs an Fertigkeiten, Kenntnissen und Wissen.

9 Zu betrieblichen Bildungsmaßnahmen gehören Einrichtungen, die dazu dienen, den AN weitere Kenntnisse über Produkte oder Dienstleistungen und Arbeitsabläufe zu verschaffen, sofern sie berufsbildende Elemente enthalten. In sog. **Qualitätszirkeln** oder ähnlichen Einrichtungen ist das der Fall.[29] Es werden AN zusammengefasst, die sich über die vertraglich geschuldete Arbeitsleistung hinaus informieren und fortbilden sollen. Das geschieht auch dadurch, dass sie ihre Erfahrungen und Beobachtungen einbringen.[30] Eine Einflussnahme des BR bei solchen Einrichtungen ist umso erforderlicher, als sie regelmäßig betriebswirtschaftlichen Zielen wie der Kostenreduzierung, der Erhöhung der Qualität und der Produktivität dienen. Es ist nicht auszuschließen, dass Teilnehmer an Qualitätszirkeln, indem sie ihre Erfahrungen und Kenntnisse einbringen, Gefahr laufen, dass ihr eigener Arbeitsplatz »wegrationalisiert« wird. Andererseits können richtig gestaltete Qualitätszirkel durchaus der Verbesserung der Qualität der eigenen Arbeit, der Erhöhung der Arbeitszufriedenheit und Motivation, der Erweiterung und Nutzung der Kenntnisse und Fähigkeiten sowie der Verbesserung der Arbeitsbedingungen und des Arbeitsschutzes dienen. Der BR kann ein eigenes Konzept entwickeln zu Zielen, Schwerpunkten, Methoden und zur organisatorischen Einbindung von Qualitätszirkeln in den betrieblichen Zusammenhang. Dazu gehört auch die konkrete personelle Zusammensetzung.

---

18 *BAG* 23.4.91, BB 91, 1794 = AuR 91, 318.
19 A. A. *Kraft,* NZA 90, 459; GK-*Raab* bis zur 8. Aufl., Rn. 17.
20 *BAG* 30.10.91, AuR 92, 185.
21 *Fitting,* Rn. 10.
22 Vgl. *BAG* 23.4.91, BB 91, 1794; 18.4.00, DB 00, 2433.
23 *BAG* 12.5.05 – 2 AZR 149/04, EzA BetrVG 2001 § 102 Nr. 13.
24 *Hammer,* Berufsbildung und Betriebsverfassung, 91; *ders.,* ZTR 96, 245 ff.
25 Vgl. auch *Alexander,* NZA 92, 1057.
26 Zur AN-Eigenschaft von Rehabilitanden in einem Berufsbildungswerk *BAG* 13.5.92, AuR 93, 340 mit Anm. *Keßler;* ablehnend 26.1.94, AuR 94, 311 unter ausdrücklicher Aufgabe der früheren Rspr.
27 Vgl. *BAG* 20.4.93, EzA § 99 BetrVG 1972 Nr. 114.
28 *Pauli,* 1999, S. 88 ff.
29 Ebenso *Fitting,* Rn. 24; *Heither,* AR-Blattei, a. a. O., Rn. 173; a. A. GK-*Raab,* Rn. 21.
30 *Fitting,* a. a. O.

Vor 2001 wurden **berufsbildende Maßnahmen i. S. d. §§ 96 ff.** der **Unterrichtung der AN nach § 81 Abs. 1 Satz 1** gegenübergestellt.[31] Es wurde behauptet, dass Maßnahmen, die nicht »personenbezogen«, sondern »funktionsbezogen« seien, § 81 Abs. 1 Satz 1 unterliegen und damit aus der Beteiligung des BR bei betrieblichen Berufsbildungsmaßnahmen herausfielen. Dabei wird verkannt, dass der Begriff der betrieblichen Berufsbildung nach §§ 96 ff. umfassend ist, während es bei § 81 Abs. 1 Satz 1 **ausschließlich** um individuelle Einweisung in eine bestimmte Arbeitsaufgabe an einem bestimmten Arbeitsplatz geht. Beide Normenbereiche haben **unterschiedliche Zielsetzungen.**[32] Die Rechte des BR nach §§ 96 ff. wollen auf kollektivrechtlicher Grundlage eine Berücksichtigung der Interessen der AN bei Maßnahmen der betrieblichen Berufsbildung sicherstellen. Demgegenüber geht es bei § 81 Abs. 1 Satz 1 um ein einzelvertragliches Recht.[33] Danach schließen sich Berufsbildungsmaßnahmen und Einweisung i. S. d. § 81 nicht aus, sondern können sich in ihren Anwendungsbereichen überschneiden.[34] Der Rahmen der Berufsbildung definiert sich ausschließlich aus §§ 96 – 98 und nicht negativ aus § 81. Seit 2001 ergibt sich dies aus dem Zusammenspiel der §§ 81 Abs. 4 Satz 2 und 97 Abs. 2, die an die gleichen Voraussetzungen unterschiedliche Rechtsfolgen anknüpfen, nämlich zum einen die Anpassung der Kenntnisse und Fähigkeiten, zum anderen Mitbestimmung über betriebliche Berufsbildung, also sowohl als auch, nicht entweder – oder.[35] Jedenfalls darf der Begriff der Einweisung nicht zu Lasten der Mitbestimmung ausgedehnt werden.[36] 10

Alle Maßnahmen, die der Information der **Tätigkeit und der Funktion** des AN im Betrieb zugute kommen sollen, sind Berufsbildungsmaßnahmen i. S. d. § 96.[37] Dies sind bspw. Trainee-Programme für Führungsnachwuchs;[38] die Vermittlung der für den Betrieb eines Atomkraftwerkes erforderlichen Fachkunde an das verantwortliche Schichtpersonal;[39] eine die Ausbildung abschließende Fachkundeprüfung als Teil der Bildungsmaßnahme, soweit dem AG nach den behördlichen Regelungen ein Gestaltungsspielraum verbleibt[40] (vgl. auch § 98 Rn. 3); ein Lehrgang über Sicherheits- und Notfallmaßregeln, dessen erfolgreicher Abschluss Voraussetzung dafür ist, dass ein AN als Flugbegleiter eingesetzt werden darf.[41] Soweit nach der BetriebssicherheitsVO bestimmte Fachkenntnisse erforderlich sind, verlangt § 2 Abs. 5 BetrSichV: »Die Fachkenntnisse sind durch Teilnahme an Schulungen auf aktuellem Stand zu halten.« 11

Die Beratungen zwischen AG und BR nach Abs. 1 ersetzen die Einweisungspflicht des AG nach § 81 Abs. 1 und die Erörterung der Leistungen und der möglichen beruflichen Entwicklung des einzelnen AN nach § 82 Abs. 2 ebenso wenig wie umgekehrt. Kommt es zu **Überschneidungen der Normenbereiche**, werden dadurch Rechte des BR weder beeinträchtigt noch verdrängt. 12

Die Beteiligungsrechte des BR nach §§ 96 ff. beziehen sich nicht nur auf Berufsbildungsmaßnahmen im Betrieb. Der **Ort** der Schulung ist **ohne Bedeutung,** da sich sonst der AG durch Verlagerung der Bildungsmaßnahmen aus dem Betrieb heraus den Beteiligungsrechten des BR entziehen könnte.[42] Die Rspr. versteht den Begriff »betrieblich« nicht räumlich, sondern funktional.[43] Der BR ist bei allen Bildungsmaßnahmen zu beteiligen, die vom AG **veranstaltet oder getragen** werden, die er selbst gestaltet oder für deren Durchführung er im weitesten Sinne verantwortlich ist, gleichgültig, ob sie im Betrieb oder außerhalb veranstaltet werden.[44] Der 13

31 Vgl. *BAG* 23.4.91, BB 91, 1794; 28.1.92, AuR 92, 352 mit Anm. *Hamm; Fitting,* Rn. 20 f.
32 *Hammer,* Berufsbildung und Betriebsverfassung, S. 70 ff.; Richardi-*Thüsing,* Rn. 14.
33 *Hamm,* AuR 92, 326: »keine künstliche Dichotomie«; zust. auch GK-*Raab,* Rn. 14; *Gilberg,* 157.
34 Ebenso GK-*Raab,* a. a. O.; *Heither,* AR-Blattei, a. a. O., Rn. 169.
35 Richardi-*Thüsing,* Rn. 14; *Alexander,* NZA 92, 1057.
36 *Zwanziger,* AuR 2010, 459, m. w. N.; *Fitting,* Rn. 21.
37 *Fitting,* Rn. 21; *Hammer,* a. a. O., S. 463; *HessLAG* 8.11.05 – 4 TaBV 159/05, AuR 06, 173.
38 *Heither,* AR-Blattei, a. a. O., Rn. 171; *Fitting,* Rn. 23
39 *BAG* 5.11.85, AP Nr. 2 zu § 98 BetrVG 1972.
40 *BAG* 5.11.85, a. a. O.
41 *BAG* 10.2.88, AP Nr. 5 zu § 98 BetrVG 1972.
42 *Kraft,* NZA 90, 458.
43 *BAG* 18.4.00 – 1 ABR 28/99, DB 00, 2433.
44 H. M.; vgl. etwa *Kraft,* a. a. O.

AG ist auch Träger der Berufsbildungsmaßnahme, wenn er sie von einem anderen UN durchführen lässt, aber auf Inhalt und Gestaltung beherrschenden Einfluss hat.[45] Dies gilt auch, wenn mehrere UN zusammen Berufsbildungseinrichtungen betreiben, soweit hierdurch nicht die Zuständigkeit des GBR/KBR gegeben ist. Andernfalls könnte sich das UN durch Zusammenarbeit mit anderen Rechtspersonen der Mitbestimmung entziehen. Insofern gilt hier nichts anderes als bei anderen Mitbestimmungstatbeständen wie betrieblicher Altersversorgung oder Überwachungstechnologien mit UN-übergreifendem Charakter[46] (zur Ausübung der Mitbestimmung in diesem Fall § 98 Rn. 6).

III. Einzelbereiche der Berufsbildung

14 **Berufsausbildung** ist Teil der Berufsbildung i. S. d. § 96. Sie soll berufliche Grundbildung und die für eine qualifizierte Tätigkeit notwendigen fachlichen Fertigkeiten und Kenntnisse vermitteln. Die Ausbildung darf für anerkannte Ausbildungsberufe nur nach einer **Ausbildungsordnung** erfolgen, die der zust. Fachminister im Einvernehmen mit dem Bundesminister für Bildung und Wissenschaft erlässt[47] (§ 28 Abs. 1 BBiG; § 27 HandwO). Für die einzelnen anerkannten Berufe bestehen entspr. Rechts-VO, die insbes. den Gegenstand der Ausbildung, den zeitlichen Ausbildungsrahmenplan und die Prüfungsanforderungen festlegen (der Bundesminister für Bildung und Wissenschaft führt auf der Grundlage des BerufsbildungsförderungsG v. 23.12.1981[48] eine entspr. Übersicht). Die Berufsausbildung vermittelt berufliche Grundbildung und die für die Ausübung einer qualifizierten beruflichen Tätigkeit notwendigen fachlichen Fertigkeiten und Kenntnisse in einem **geordneten Ausbildungsgang.**[49] Aber auch soweit Berufsausbildung nicht im Rahmen eines solchen Berufsausbildungsverhältnisses erfolgt, sondern in einem Rechtsverhältnis nach § 19 BBiG, in dem berufliche Kenntnisse, Fertigkeiten oder Erfahrungen erworben werden sollen, gehören solche Maßnahmen zur Berufsbildung i. S. d. §§ 96 ff.[50]

15 Bei der Formulierung der Ausbildungsziele sollten AG und BR darauf achten, dass sich die Ausbildung nicht auf Vermittlung berufstypischer Kenntnisse und Fertigkeiten beschränkt, sondern der **Persönlichkeitsentwicklung** dient (vgl. § 6 Abs. 1 Nr. 5 BBiG) und die zwingenden Mindestnormen des JArbSchG beachtet.

16 **Berufliche Fortbildung** soll es ermöglichen, berufliche Kenntnisse und Fertigkeiten zu erhalten und zu erweitern (insbes. durch Maßnahmen der Stabilisierung und Spezialisierung), der technischen Entwicklung anzupassen (Anpassungsfortbildung) oder beruflich aufzusteigen (Aufstiegsfortbildung; vgl. § 1 Abs. 3 BBiG).[51] Der beruflichen Fortbildung i. S. d. BetrVG unterfallen alle Maßnahmen, die – ohne eine abgeschlossene Berufsausbildung und angemessene Berufserfahrung in jedem Falle zwingend vorauszusetzen – der Feststellung, Erhaltung, Erweiterung und dem Nachweis beruflicher Kenntnisse, Fertigkeiten oder Erfahrungen, ihrer Anpassung an technische, wirtschaftliche und gesellschaftliche Erfordernisse und deren Entwicklung dienen oder beruflichen Aufstieg ermöglichen. Hierzu zählen **qualifikationserhaltende Maßnahmen**, also Maßnahmen, die der Sicherung des innegehabten Arbeitsplatzes oder dem Schutz vor Arbeitslosigkeit und der Vermeidung personen- bzw. qualifikations- oder betriebsbedingter Kündigung dienen.

17 Der beruflichen Fortbildung kommt umso mehr Bedeutung zu, als es in der arbeitsteiligen und dynamischen Industriegesellschaft nicht möglich ist, dass alle beruflichen Erfordernisse sofort ihren Niederschlag in staatlich geregelten Ausbildungsgängen finden. Durch Umbauten, Erweiterungen, Investitionen, Rationalisierungsmaßnahmen und Verfahrensänderungen,

---

45 *BAG* 12.11.91, AuR 92, 352; 18.4.00 – 1 ABR 28/99, a. a. O.; *Hamm*, AuR 92, 327.
46 *BAG* 18.4.00, a. a. O.
47 Zur Ausbildung nach dem Krankenpflegegesetz *BAG* 18.4.00, a. a. O.
48 BGBl. I S. 1692.
49 Vgl. *BAG* 3.6.87, AP Nr. 85 zu § 1 TVG Tarifverträge: Bau.
50 *Fitting*, Rn. 14; *BAG* 10.2.81, AP Nr. 25 zu § 5 BetrVG 1972, das kurzfristige Bildungsmaßnahmen in Betrieben für Umschüler und für Teilnehmer an berufsvorbereitenden Ausbildungsmaßnahmen der betrieblichen Berufsbildung zurechnet; 24.9.81, AP Nr. 26 zu § 5 BetrVG 1972.
51 *Wohlgemuth*, BBiG, S. 46 Rn. 9 ff.

Aufnahme neuer oder Verbesserung vorhandener Produkte, neue Maschinen und Veränderungen der Arbeitsorganisation findet in den Betrieben eine ständige Entwicklung statt. Wechselnde Aufgabenstellungen verlangen neue Kenntnisse, neues Wissen und neue Erfahrungen (vgl. § 97 Abs. 2).

Berufliche Umschulung soll zu einer anderen beruflichen Tätigkeit befähigen (§ 1 Abs. 4 BBiG). Es handelt sich dabei regelmäßig um Bildungsmaßnahmen für Erwachsene, sowohl Gruppenmaßnahmen, wie etwa Lehrgänge oder Seminare, als auch Einzelmaßnahmen der Umschulung. Berufliche Umschulung dient ebenso wie berufliche Fortbildung einer Erhöhung der beruflichen Mobilität der AN. Während berufliche Fortbildung schwerpunktmäßig »vertikale Mobilität« fördern will, geht es bei beruflicher Umschulung schwerpunktmäßig um »horizontale Mobilität«. Im Übrigen gelten die Hinweise zur Fortbildung für berufliche Umschulung entsprechend. 18

Der BR hat, wie auch der AG, im Rahmen der Förderung berufsbildender Maßnahmen mit den **zuständigen Stellen** zusammenzuarbeiten. Dazu gehören insbes. die Bundesagentur für Arbeit mit ihren Maßnahmen zur Berufsberatung, Förderung der beruflichen Bildung und Gewährung von berufsfördernden Leistungen zur Rehabilitation und bei Kurzarbeit sowie die Berufsbildungsausschüsse und die Prüfungsausschüsse, die bei den zust. IIHK bzw. Handwerkskammern eingerichtet sind.[52] 19

Im Rahmen der Beratungsgespräche nach dieser Vorschrift geht es – wiederum in enger Verbindung mit der Personalplanung nach § 92 – darum, bei den AN **fachliche Kenntnisse, Fähigkeiten und Fertigkeiten** zu schaffen und vorhandene zu verbessern. Dies setzt Kenntnis über die Qualifikationen der AN, ihre Fähigkeiten, Kenntnisse, Erfahrungen und die Einschätzung ihrer Entwicklungsfähigkeit voraus. Der BR kann von sich aus die Initiative ergreifen und Vorschläge zur Durchführung berufsbildender Maßnahmen der AN machen. Der AG hat diese Vorschläge, wie auch die allgemeine Beratung über Berufsbildung, mit dem Ziel einer Einigung mit dem BR zu besprechen.[53] 20

Nach § 12 Abs. 2 Satz 1 AGG soll der AG in geeigneter Weise, *insbesondere im Rahmen der beruflichen Aus- und Fortbildung* auf die **Unzulässigkeit von Benachteiligungen i. S. d. § 1 AGG** hinweisen und darauf hinwirken, dass diese unterbleiben. Dies bedeutet noch nicht, dass jeder Hinweis des AG nach § 12 AGG zugleich eine Berufsbildungsmaßnahme darstellt, wohl aber dass der Gesetzgeber dem AG im Rahmen einer Soll-Vorschrift aufgibt, seiner Schutzpflicht nach § 12 AGG[54] entweder durch besondere Maßnahmen der beruflichen Aus- und Fortbildung, auf die die §§ 96 – 98, insbes. § 98 Abs. 5 Anwendung finden, nachzukommen oder aber diese Schulungsinhalte in die von ihm veranstalteten oder getragenen Bildungsmaßnahmen (»im Rahmen«) zu integrieren. Nach § 17 Abs. 1 AGG sind auch BR aufgefordert, an der Verwirklichung der Ziele des AGG, insbesondere des Diskriminierungsverbots nach § 1 AGG mitzuwirken (zur Mitbestimmung § 98 Rn. 15). 21

IV. Ermittlung des Berufsbildungsbedarfs

Abs. 1 Satz 2 formuliert die Verpflichtung des AG, auf Verlangen des BR den Berufsbildungsbedarf zu ermitteln. Die Vorschrift steht im Zusammenhang mit der Beratung mit dem BR über Fragen der Berufsbildung sowie mit den in § 97 Abs. 2 und § 98 geregelten Mitbestimmungsrechten des BR, schließlich mit der Personalentwicklungsplanung nach § 92.[55] 22

Es ist von zentraler Bedeutung festzustellen, welche AN in welcher Weise Qualifizierungsbedarf haben.[56] Der BR kann verlangen, dass ihm der AG den Berufsbildungsbedarf ermittelt, diesen gegenüber dem BR darlegt, begründet und mit ihm berät. Insbes. die Investitionsvorhaben des Betriebs wirken sich unmittelbar auf diesen Bedarf aus.[57] Dabei kann der BR eigene 23

52 Zur Förderung der Berufsausbildung, der beruflichen Weiterbildung und der Teilhabe behinderter Menschen am Arbeitsleben *Steinmeyer*, info also 2/09, 51 ff.

53 Vgl. *Fitting*, Rn. 41.

54 Dazu Däubler/Bertzbach-*Buschmann*, § 12 AGG Rn. 8 ff.

55 *Fitting*, Rn. 36.

56 BT-Drucks. 14/5741, S. 49 zu Nr. 62.

57 *Fitting*, Rn. 35.

Vorstellungen entwickeln. Der zu ermittelnde Bedarf bezieht sich auf die Berufsbildungsmaßnahmen insgesamt, nicht nur auf den Fall des § 97 Abs. 2.[58] Dem Wortlaut ist für diese Einschränkung kein Anhalt zu entnehmen. Sie wäre auch funktionswidrig. Eine Bedarfsanalyse ist ebenso Voraussetzung für Bildungsmaßnahmen, die der AG aus eigener Veranlassung durchführt, bei deren Durchführung der BR nach § 98 zu beteiligen ist. **Mitbestimmung** über die Einführung i. S. eines Initiativrechts des BR besteht allerdings nur im Rahmen des § 97 Abs. 2. Liegen diese Voraussetzungen nicht vor, entscheidet letztlich der AG über den zugrunde zu legenden Berufsbildungsbedarf.

24 Der Berufsbildungsbedarf ergibt sich aus der Durchführung einer Ist-Analyse, der Erstellung eines Soll-Konzepts und der Ermittlung der betrieblichen Berufsbildungsinteressen der AN.[59] Dazu gehört die Darlegung des vorhandenen Qualifikationsniveaus im Betrieb, der bereits durchgeführten und geplanten Bildungsmaßnahmen und des Qualifikationsbedarfs, jeweils bezogen auf einzelnen AN einschließlich der Azubis. Im Hinblick auf § 97 Abs. 2 ist der BR zu unterrichten, ob eine Änderung der Arbeitsabläufe und der Arbeitsinhalte, die Einführung neuer technischer Einrichtungen oder anderer Investitionen geplant sind, die Auswirkungen auf den Berufsbildungsbedarf der beschäftigten AN, wiederum einschließlich der Azubis haben.[60] Indem das Gesetz von »ermitteln« spricht, verpflichtet es den AG nicht nur zur Vorlage vorhandener Ergebnisse, sondern zur **Beschaffung der Informationen,**[61] schließlich zu einer **Analyse** unter Berücksichtigung vorgenannter Faktoren. Dies ist mit moderner Informationstechnologie auch nicht nur mit unverhältnismäßigem Aufwand zu bewältigen.[62] Legt der AG diese Analyse nicht vor, kann der BR verlangen, ihm diese im Einzelnen zu erläutern oder – falls tatsächlich noch nicht geschehen– eine entspr. Analyse vorzunehmen. Zur Bestandsaufnahme des Qualifikationsbedarfs für die vorhandenen Arbeitsplätze gehört die Angabe des aktuellen Personalbestands und Qualifikationsniveaus der betr. AN. Dem BR muss daraus erkennbar sein, wie der AG den Ist-Zustand ermittelt haben will und bei welcher Gelegenheit AN Wünsche bezüglich ihres Berufsbildungsbedarfs geäußert haben.[63] Datenschutzrechtliche Bedenken, insbes. aus § 32 BDSG, stehen dieser Information nicht entgegen. Der BR ist Teil der verantwortlichen Stelle i. S. d. § 3 Abs. 7 BDSG und kein Dritter. Die Information erfolgt im Rahmen seiner gesetzlichen Amtspflichten und verstößt insbes. nicht gegen das Gebot der Datensparsamkeit nach § 3 a BDSG.[64]

25 Der Berufsbildungsbedarf ist keine objektive Größe. Sowohl bezüglich des Volumens als auch der Bildungsinhalte werden häufig zwischen AG und BR unterschiedliche Vorstellungen bestehen. Zunächst geht es darum, die Vorstellungen des AG in einem transparenten Verfahren zu ermitteln, dem BR darzulegen und zu begründen sowie mit dem BR zu erörtern, so dass auch die Vorschläge des BR (Abs. 1 Satz 3) aufgenommen werden können. Hintergrund der Vorschrift ist die tatsächliche Erfahrung, dass die in § 98 geregelten Mitbestimmungsrechte leer laufen können, solange der AG die Möglichkeit hat, einseitig und variabel den Berufsbildungsbedarf zu bestimmen. Durchaus typisch ist etwa die Konstellation, dass ein BR nach § 98 Mitbestimmungsrechte bei der Durchführung der Berufsbildungsmaßnahmen, bzgl. der Ausbilder oder Teilnehmer, geltend macht, worauf der AG die Berufsbildungsmaßnahmen abbricht oder reduziert. Verzichtet aber der AG auf die Bildungsmaßnahme, sobald der BR sein Vorschlagsrecht ausübt, um die Mitbestimmung zu umgehen, verstößt er gegen allgemeine betriebsverfassungsrechtliche Grundsätze. Ein derartiges Verhalten ist unbeachtlich und begründet eine Verpflichtung, die Maßnahme nach einem Einigungsstellenverfahren trotzdem durchzuführen.[65] Ebenso bekannt und nicht anders zu bewerten ist die Situation, dass ein AG

---

58 So aber *Konzen*, RdA 01, 91; wie hier *Fitting*, Rn. 36; Richardi-*Thüsing* Rn. 21.
59 BT-Drucks. 14/5741, a. a. O.
60 So ausdrücklich tenoriert durch LAG *Hamburg* 31.10.12 – 5 TaBV 6/12, juris.
61 *LAG Hamburg* 18.1.12 – 5 TaBV 10/11, aus prozessualen Gründen aufgehoben durch *BAG* 9.7.13 – 1 ABR 17/12; GK-*Raab*, Rn. 29; Richardi-*Thüsing* Rn. 21.
62 Ausführlich *LAG Hamburg* 18.1.12 a. a. O.
63 *ArbG Frankfurt/M* 13.8.08 – 7 BV 207/08, AuR 09, 281. Musterantrag des BR in DKKWF-*Buschmann*, §§ 96 – 98 Rn. 3.
64 Teilweise datenschutzrechtlich einschränkend *Brink*, jurisPR-ArbR 32/2012 Anm. 5.
65 *Zwanziger*, AuR 2010, 459; vgl. auch *BAG* 26.5.98, DB 98, 2119.

die Durchführung betrieblicher Berufsbildungsmaßnahmen unter den Vorbehalt stellt, dass sie in der von ihm vorgesehenen Form verlaufen, andernfalls sie nicht stattfinden. Die **Effektivierung der Mitbestimmung** nach § 98 setzt damit eine verbindliche Bestimmung des Berufsbildungsbedarfs voraus.

Hat der AG nach dieser Vorschrift den Berufsbildungsbedarf ermittelt und dem BR mitgeteilt, tritt insofern eine **Bindung** ein, dass für die Dauer des Mitbestimmungsverfahrens nach § 98 von dem auf diese Weise ermittelten Berufsbildungsbedarf auszugehen ist.[66] Dies gilt auch für das Verfahren der Einigungsstelle nach § 98 Abs. 4. 26

V. Teilnahme von Arbeitnehmern an betrieblichen und außerbetrieblichen Maßnahmen der Berufsbildung

Im Rahmen der **Förderung der Berufsbildung** der AN haben AG und BR nach **Abs. 2 Satz 1** darauf zu achten, dass unter Berücksichtigung der betrieblichen Notwendigkeiten den AN die Teilnahme an betrieblichen oder außerbetrieblichen Maßnahmen der Berufsbildung ermöglicht wird. AG und BR haben **Zugangshemmnisse** auf Seiten der AN zu Berufsbildungsmaßnahmen zu **beseitigen.** Gemeint ist nicht nur die Auswahl der Teilnehmer, sondern auch die Organisation der Maßnahmen, die es den AN ermöglicht, Weiterbildungsangebote wahrzunehmen, ohne in eine Kollision etwa mit Familienpflichten zu geraten oder finanzielle Belastungen zu übernehmen, die die individuelle Motivation des einzelnen AN zur Teilnahme an der Maßnahme herabzusetzen. Dies betrifft etwa Ort und Zeit, ebenso aber die Teilnahmebedingungen. Eine finanzielle Beteiligung der AN an Schulungskosten, etwa in Form von Eintrittsgebühren oder Rückzahlungsklauseln, könnte AN dazu veranlassen, von ihrer Teilnahme Abstand zu nehmen, und damit den Erfolg der Maßnahme vereiteln. Veranstaltungen am Nachmittag oder Abend könnten AN mit Familienpflichten abhalten. 27

Ein individueller erzwingbarer **Fortbildungsanspruch** ergibt sich aus dieser Vorschrift nicht.[67] Im Einzelfall können AN gegen den AG einen solchen Anspruch aus TV, BV, Arbeitsvertrag, § 81, § 2 Abs. 2 SGB III oder dem arbeitsrechtlichen Gleichbehandlungsgrundsatz i. V. m. § 75[68] haben, ggf. auch eine **Verpflichtung zur kontinuierlichen Weiterbildung** auf Grund ausdrücklicher Vereinbarung oder aus vertraglichen Nebenpflichten i. V. m. § 2 Abs. 4 und 5 SGB III.[69] Voraussetzung ist, dass die Schulungen bzw. Fortbildungsmaßnahmen der Ausübung der vertraglich geschuldeten Tätigkeit förderlich und die vermittelten Kenntnisse und Fähigkeiten typischerweise im vereinbarten Tätigkeitsbereich einzusetzen sind.[70] Eine derartige Weiterbildungsverpflichtung kann auch gesetzlich begründet werden.[71] So kann es zum Berufsbild gehören, jederzeit mit dem neuesten Stand von Wissenschaft und Technik vertraut zu sein (z. B. Juristen, Ärzte usw.). Dazu kann die Teilnahme an Weiterbildungsseminaren gehören, allerdings nicht mit Kostenbeteiligung des AN. Hier können BR darauf drängen, dass die AN nicht auf Literaturstudium außerhalb der Arbeitszeit verwiesen werden, sondern dass entspr. Seminare angeboten und ebenso wie Literaturstudium in der Arbeitszeitplanung sowie in Arbeitsplatzbeschreibungen, Aufgabenzuweisungen und Pensenschlüsseln berücksichtigt werden. Sofern jedoch ein Rechtsgrund für eine Teilnahmepflicht des AN nicht gegeben ist, kann dieser auch nicht durch Mitbestimmung hergestellt werden.[72] 28

Die Bestimmung will sicherstellen, dass unter Anwendung der Maßstäbe des § 75 Abs. 1 alle AN des Betriebs gleiche Chancen zur Teilnahme an Berufsbildungsmaßnahmen haben. Aus verschiedenen Gesetzen ergeben sich dazu unterschiedliche **Berücksichtigungsgebote** und **Diskriminierungsverbote,** die teilweise europäisches Recht umsetzen und einzelne Gruppen mehrfach hervorheben, was der Systematik allerdings nicht dient. So verlangt Abs. 2 Satz 2 die 29

66 Ebenso *Fitting*, Rn. 38.
67 H. M., s. nur Richardi-*Thüsing*, Rn. 26; WPK-*Preis*, Rn. 11.
68 *GL*, § 97 Rn. 22; a. A. GK-*Raab*, Rn. 34.
69 So auch GK-*Raab*, § 98 Rn. 15.
70 *LAG Rheinland-Pfalz* 23.1.13 – 8 Sa 355/12, NZB zurückgenommen, juris.
71 Vgl. nur *BAG* 18.3.09 – 5 AZR 102/08, AuR 09, 225, zum RettungsG NRW.
72 *Zwanziger*, AuR 2010, 459.

Berücksichtigung der Belange **älterer AN, Teilzeitbeschäftigter und von AN mit Familienpflichten.** Nach § 10 bzw. § 19 TzBfG hat der AG dafür Sorge zu tragen, dass **teilzeitbeschäftigte** bzw. **befristet beschäftigte AN** an Aus- und Weiterbildungsmaßnahmen zur Förderung der beruflichen Entwicklung und Mobilität teilnehmen können. **Schwerbehinderte Menschen** haben gegenüber ihren AG Anspruch auf bevorzugte Berücksichtigung bei innerbetrieblichen Maßnahmen der beruflichen Bildung zur Förderung ihres beruflichen Fortkommens (§ 81 Abs. 4 Nr. 2 SGB IX) sowie auf Erleichterungen im zumutbaren Umfang zur Teilnahme an außerbetrieblichen Maßnahmen der beruflichen Bildung (Nr. 3). Schließlich bezieht § 2 Abs. 1 Nr. 3 AGG das Verbot der Diskriminierung wegen der **Rasse,** der **ethnischen Herkunft,** des **Geschlechts,** der **Religion** oder **Weltanschauung,** einer **Behinderung,** des **Alters** oder der **sexuellen Identität** ausdrücklich auch auf »den Zugang zu allen Formen und Ebenen der Berufsbildung einschließlich der Berufsausbildung, der beruflichen Weiterbildung und der Umschulung sowie der praktischen Berufserfahrung«. Für die Betriebsparteien ergibt sich daraus zwingend eine Einschränkung ihres Ermessensspielraums bei der Gestaltung der Maßnahmen und der Auswahl der Teilnehmer. Am weitesten geht der Vorrang für Schwerbehinderte (bevorzugte Berücksichtigung), sodann das positive Berücksichtigungsgebot nach Abs. 2 Satz 2 dieser Vorschrift, schließlich die Diskriminierungsverbote nach dem TzBfG und dem AGG.

30 **Schwerbehinderte Menschen** haben nach § 81 Abs. 4 Nrn. 2 und 3 SGB IX gegenüber ihrem AG Anspruch auf bevorzugte Berücksichtigung bei innerbetrieblichen Maßnahmen der beruflichen Bildung zur Förderung ihres beruflichen Fortkommens sowie auf Erleichterungen im zumutbaren Umfang zur Teilnahme an außerbetrieblichen Maßnahmen der beruflichen Bildung. Weitere Qualifizierungsansprüche ergeben sich aus § 84 SGB IX sowie aus der nach § 83 SGB IX abzuschließenden Integrationsvereinbarung. Damit im Zusammenhang stehende Ansprüche richten sich gegen unterschiedliche Rehabilitationsträger.

31 **Ältere AN** werden durch diese Vorschrift und durch das AGG geschützt. Abs. 2 Satz 2 kennt insofern keine Einschränkung. Zwar erlaubt § 10 Nr. 1 AGG für den Zugang zur beruflichen Bildung die Festlegung besonderer Bedingungen, um deren berufliche Eingliederung zu fördern oder ihren Schutz sicherzustellen. Damit stellen jedoch das Alter oder eine baldige Verrentung kein Kriterium dar, um ältere AN von einer Berufsbildungsmaßnahme auszuschließen. Dass ein bestimmtes Alter einer sinnvollen Weiterbildung entgegensteht, wird angesichts des gesellschaftlich und auch vom *BVerfG* als Gemeinwohlbelang anerkannten Prinzip des lebenslangen Lernens[73] nur in besonderen Ausnahmefällen anzunehmen sein,[74] die im Einzelfall besonders begründet werden müssen. Gleichwohl ist bzgl. älterer AN das Ziel gleichberechtigter Teilhabe an der Berufsbildung noch nicht erreicht.[75]

32 **Als Familienaufgaben** definiert § 3 Nr. 6 BGleiG »die tatsächliche Betreuung von mindestens einem Kind unter 18 Jahren durch Beschäftigte; dies schließt auch die Inanspruchnahme einer Elternzeit nach dem Bundeselterngeld- und Elternzeitgesetz ein … «. Diese Begrenzung ist auf die Betriebsverfassung nicht übertragbar, so dass Familienpflichten umfassend i. S. d. § 80 Abs. 1 Nr. 2 b zu verstehen sind (vgl. § 80 Rn. 43 ff.). Im Übrigen geht es nicht um Frauenförderung. In Betracht kommen Frauen oder Männer, Vollzeit oder Teilzeit.[76]

33 Die **Berücksichtigung der Teilzeitbeschäftigten** bei Aus- und Weiterbildungsmaßnahmen ergibt sich auch aus § 10 TzBfG.[77] Mit dieser Bestimmung wird § 5 Abs. 3 d (2. Alt.) der **europäischen TeilzeitRL** umgesetzt. Sie verpflichtet den AG, bei Aus- und Weiterbildungsmaßnahmen zur Förderung der beruflichen Entwicklung und Mobilität auch Teilzeitbeschäftigte zu berücksichtigen, sofern nicht dringende betriebliche Gründe oder Aus- und Weiterbildungswünsche anderer AN entgegenstehen. Die Richtlinie kennt diesen Vorbehalt nicht, verpflichtet allerdings den AG nur, Maßnahmen, die den Zugang von Teilzeitbeschäftigten zur beruflichen Bildung erleichtern, in Erwägung zu ziehen.

---

73 *BVerfG* 15.12.87, AuR 88, 186 = DB 88, 709.
74 *Weber,* AuR 02, 404.
75 ErfK-*Kania,* Rn. 12.
76 Siebert/Becker-*Helm,* Rn. 19.
77 Vgl. hierzu TZA-*Buschmann,* § 10 TzBfG, Rn. 1 – 11.

Die Teilnahme der Teilzeitbeschäftigten an Aus- und Weiterbildungsmaßnahmen entfällt nur bei objektiv vorliegenden **dringenden betrieblichen Gründen.** Die dringenden betrieblichen Gründe sind als auslegungsfähiger und gerichtlich überprüfbarer Rechtsbegriff wie dringende betriebliche Erfordernisse i. S. d. § 1 KSchG zu verstehen. **34**

Der Hinweis auf **Aus- und Weiterbildungswünsche anderer teilzeit- oder vollzeitbeschäftigter AN** in § 10 TzBfG ist missverständlich formuliert. Derartige Wünsche können ggf. im Einzelfall dem Anspruch eines einzelnen Teilzeitbeschäftigten auf Teilnahme an einer Aus- oder Weiterbildungsmaßnahme entgegenstehen, keinesfalls aber Teilzeitbeschäftigte generell bzw. die dahin gehende Sorgfaltspflicht des AG ausschließen. Die Pflicht zur generellen Berücksichtigung der Teilzeitbeschäftigten bei Bildungsmaßnahmen besteht in jedem Fall. Äußern verschiedene AN mit unterschiedlichen Arbeitszeiten gleichrangige Bildungswünsche, hat der AG unter Berücksichtigung der Mitbestimmung eine entspr. pflichtgemäße Auswahlentscheidung zu treffen. Dabei sind die Aus- und Weiterbildungswünsche der voll- und teilzeitbeschäftigten AN grundsätzlich gleichrangig.[78] **35**

Eine entspr. Verpflichtung zur Teilnahme **befristet beschäftigter AN** an angemessenen Aus- und Weiterbildungsmaßnahmen zur Förderung der beruflichen Entwicklung und Mobilität ergibt sich aus **§ 19 TzBfG.** In der Praxis werden häufig befristet Beschäftigte von Bildungsmaßnahmen ausgenommen. Dadurch wird ihre berufliche Weiterentwicklung, insbes. der Übergang in ein unbefristetes Arbeitsverhältnis, erschwert. Dieser Übergang ist aber gesetzlich gewünscht, was u. a. in § 99 Abs. 1 Nr. 3 (Verweigerung der Zustimmung des BR zu einer Einstellung wegen Nichtberücksichtigung eines gleichgeeigneten befristet Beschäftigten) und in § 18 TzBfG (Information über unbefristete Arbeitsplätze) zum Ausdruck kommt. **36**

§§ 1, 7 AGG beinhalten ein allgemeines **Diskriminierungsverbot** auch beim Zugang zur beruflichen Bildung für die dort genannten Gruppen. Es bezieht sich auf alle **Beschäftigten i. S. d. § 6 AGG,** nicht nur auf AN des Betriebs. Dieser erweiterte Beschäftigtenbegriff erfaßt ähnlich wie § 75 Abs. 1 Satz 1 und § 80 Abs. 2 Satz 2 (2. Hs.) alle im und für den Betrieb beschäftigten Personen, unabhängig von ihrem Rechtsstatus (vgl. auch § 93, Rn. 17 ff.). **37**

Nach § 98 Abs. 3 unterliegt die Auswahl der Teilnehmer an Berufsbildungsmaßnahmen der **Mitbestimmung des BR.** In diesem Rahmen hat der BR die Möglichkeit, die Gleichbehandlung der vorstehend gesetzlich besonders erwähnten Personengruppen durchzusetzen. Für Nicht-AN (Beschäftigte i. S. d. AGG) hat der BR zwar kein Mitbestimmungsrecht. Er kann aber dem AG dessen gesetzliche Verpflichtungen vorhalten, dass nicht für die Beschäftigung in nicht-arbeitsrechtlichen Verhältnissen andere Gleichbehandlungsmaßstäbe gelten als für AN. **38**

VI. Streitigkeiten

Bei Streitigkeiten über die Informations-, Beratungs- und Vorschlagsrechte oder deren Umfang entscheidet das ArbG im **Beschlussverfahren** (§§ 2 a, 80 ff. ArbGG). Die Weigerung des AG, seinen Verpflichtungen nach dieser Vorschrift nachzukommen, kann die Voraussetzungen zur Einleitung eines **Verfahrens nach § 23 Abs. 3 Satz 1** erfüllen.[79] Soweit der BR seine Beratungspflichten verletzt, kann dies ein **Verfahren nach § 23 Abs. 1** nach sich ziehen.[80] Nach § 17 Abs. 2 AGG hat der BR das Recht zur gerichtlichen Geltendmachung der Rechte nach § 23 Abs. 3 Satz 1 auch bei einem Verstoß des AG gegen Vorschriften des Abschnitts 2 des AGG[81] (ausführlich § 23 Rn. 367 ff.). **39**

§ 97 Einrichtungen und Maßnahmen der Berufsbildung

(1) Der Arbeitgeber hat mit dem Betriebsrat über die Errichtung und Ausstattung betrieblicher Einrichtungen zur Berufsbildung, die Einführung betrieblicher Berufsbildungsmaßnahmen und die Teilnahme an außerbetrieblichen Berufsbildungsmaßnahmen zu beraten.

---

78 TZA-*Buschmann*, a. a. O.
79 *Fitting*, Rn. 42; *HWGNRH*, Rn. 40.
80 *Fitting*, a. a. O.
81 Däubler/Bertzbach-*Buschmann*, § 17 AGG Rn. 11 ff.

(2) Hat der Arbeitgeber Maßnahmen geplant oder durchgeführt, die dazu führen, dass sich die Tätigkeit der betroffenen Arbeitnehmer ändert und ihre beruflichen Kenntnisse und Fähigkeiten zur Erfüllung ihrer Aufgaben nicht mehr ausreichen, so hat der Betriebsrat bei der Einführung von Maßnahmen der betrieblichen Berufsbildung mitzubestimmen. Kommt eine Einigung nicht zustande, so entscheidet die Einigungsstelle. Der Spruch der Einigungsstelle ersetzt die Einigung zwischen Arbeitgeber und Betriebsrat.

Inhaltsübersicht

I. Vorbemerkungen

1 Die Vorschrift steht in einem engen Zusammenhang mit der Förderung der Berufsbildung nach § 96 und der Mitbestimmung bei der Durchführung betrieblicher Berufsbildungsmaßnahmen nach § 98. In allen Regelungen kommt die Vorstellung des Gesetzgebers zum Ausdruck, dass der Ausbau der betrieblichen Berufsbildung wesentlich dazu beitragen kann, den **Bestand der Arbeitsverhältnisse zu sichern,** da zuerst unzureichend qualifizierte AN von Rationalisierung mittels moderner Technik und damit von Arbeitsplatzabbau bedroht sind.[1]

2 Nach **Abs. 2** hat der BR unter gesetzlich definierten Voraussetzungen ein **Mitbestimmungsrecht** nicht nur bei der Durchführung, sondern auch bei der Einführung betrieblicher Weiterbildungsmaßnahmen. Im Konfliktfall entscheidet die Einigungsstelle. Dies bedeutet, dass der BR unter den Voraussetzungen der Vorschrift – ggf. über die ESt. – die Durchführung betrieblicher Bildungsmaßnahmen u. U. auch gegen den Willen des AG durchsetzen kann.

II. Allgemeines Beratungsrecht

3 **Abs. 1** steht im engen Zusammenhang mit den Beratungen über die **Personalplanung** nach § 92 und ergänzt die **allgemeinen Beratungen** nach § 96 Abs. 1 über die Förderung der Berufsbildung der AN. So ist die Errichtung und Ausstattung betrieblicher Einrichtungen zur Berufsbildung, wie z. B. einer Lehrwerkstatt, Umschulungswerkstatt, eines betrieblichen Bildungszentrums oder einer **Beschäftigungs- und Qualifizierungsgesellschaft,**[2] mit dem BR **rechtzeitig und eingehend** zu beraten. Dies gilt auch für Qualifikationsmaßnahmen, die aus Gründen der Arbeitsförderung (etwa nach § 111 Abs. 7 SGB III bei Transfer-Kurzarbeit) geboten sind. Der AG hat diese Beratungen von sich aus vorzunehmen, ohne dass sie der BR ausdrücklich verlangt.[3] Plant der AG die Errichtung und Ausstattung betrieblicher Einrichtungen zur Berufsbildung oder die Einführung betrieblicher Berufsbildungsmaßnahmen bzw. will er AN an außerbetrieblichen Berufsbildungsmaßnahmen teilnehmen lassen, muss er von sich aus die Initiative ergreifen und an den BR herantreten. Das gilt auch für die Änderung bestehender Einrichtungen[4] sowie für deren Schließung bzw. Beseitigung.[5]

4 **Ausstattung** bedeutet Sachausstattung, Anschaffung technischer Anlagen, Maschinen, Werkzeugen und Lehrmaterial. Auch die finanzielle Ausstattung unterliegt der Beratung. Über den Umfang der zur Verfügung gestellten Mittel befindet der AG nach Beratung mit dem BR allein. Innerhalb des Dotierungsrahmens entscheidet der BR nach § 98 Abs. 1 mit darüber, wie die **sachliche Ausstattung** im Hinblick auf die Durchführung betrieblicher Berufsbildungsmaß-

1 BT-Drucks. 14/5741, S. 15.
2 Zu Letzterer a. A. GK-*Raab,* Rn. 7.
3 *Fitting,* Rn. 4; GK-*Raab,* Rn. 2.
4 *Zwanziger,* AuR 2010, 459; Richardi-*Thüsing,* Rn. 4; *Fitting,* a. a. O.; GK-*Raab,* Rn. 6.
5 ErfK-*Kania,* Rn. 3; *GL,* Rn. 17; WPK-*Preis,* Rn. 3; *Hamm,* AuR 92, 326, 328; a. A. *Fitting;* GK-*Raab,* a. a. O.

nahmen erfolgen soll. Die **personelle Ausstattung** betrieblicher Einrichtungen zur Berufsbildung unterliegt der Mitbestimmung nach § 98 Abs. 2.[6] Das gilt auch, wenn in der betrieblichen Bildungseinrichtung, z. B. einem betrieblichen Bildungszentrum, selbst ein BR besteht, der die Rechte bei personellen Maßnahmen nach § 99 wahrnimmt.

Eine rechtzeitige und eingehende Beratungspflicht des AG gegenüber dem BR besteht auch, 5
wenn **betriebliche Berufsbildungsmaßnahmen** durchgeführt werden sollen. Beispiele für betriebliche Berufsbildungsmaßnahmen sind: Fortbildungskurse, Meister- und Technikerkurse oder Maßnahmen zur Einführung in neue technische Verfahren; Trainee-Programme, betrieblicher Zusatzunterricht für Auszubildende;[7] zusätzliche Prüfungen und Kurse.[8] Die Beratung erstreckt sich auf Umfang und Art von Kursen sowie auf den Zeitpunkt.[9] Nach § 87 Abs. 1 Nrn. 2 und 3 hat der BR mitzubestimmen über die zeitliche Lage aller Schulungs- und Informationsveranstaltungen mit Ausnahme derjenigen, die »kein dienstliches Bedürfnis berühren, sondern ausschließlich der Befriedigung eines außerdienstlichen Bildungsinteresses (Malkurs) dienen«.[10] Auch die Auswahl der Teilnehmer unterliegt der Beratung, da der BR ohnehin bei der Auswahl der Teilnehmer nach § 98 Abs. 3 mitbestimmt[11].

III. Teilnahme an außerbetrieblichen Berufsbildungsmaßnahmen

Der BR ist zu unterrichten, wenn AN **an außerbetrieblichen Berufsbildungsmaßnahmen** 6
teilnehmen sollen, die z. B. von Kammern, Arbeitsämtern oder privaten Institutionen veranstaltet werden.[12] Die anschließende Beratung erstreckt sich insbes. auf Themen, Kurse, Träger, Zeitpunkt, Dauer und Auswahl der Teilnehmer.[13] Unabhängig von dieser Beratung hat der BR **mitzubestimmen,** wenn der AG für außerbetriebliche Berufsbildungsmaßnahmen **AN freistellt** oder die durch die Teilnahme von AN an solchen Maßnahmen entstehenden Kosten **ganz oder teilweise trägt** (vgl. § 98 Rn. 27). Zu dem umfassenden Begriff der Berufsbildung vgl. § 96 Rn. 5 ff.

Die Beratungspflicht des AG erstreckt sich nicht auf **leitende Angestellte nach § 5 Abs. 3,** 7
sofern es allein um deren Teilnahme an außerbetrieblichen Berufsbildungsmaßnahmen geht. Sollen dagegen betriebliche Einrichtungen zur Berufsbildung geschaffen werden, die von lt. Angestellten nach § 5 Abs. 3 mitbenutzt werden, findet die Vorschrift Anwendung. Entsprechendes gilt, wenn betriebliche Berufsbildungsmaßnahmen durchgeführt werden sollen, an denen neben der Teilnahme anderer AN auch die lt. Angestellter nach § 5 Abs. 3 vorgesehen ist.

IV. Mitbestimmung bei der Einführung betrieblicher Berufsbildungsmaßnahmen (Abs. 2)

Mit **Abs. 2** sollten die Beteiligungsrechte des BR im Zusammenhang mit Einrichtungen und 8
Maßnahmen der betrieblichen Berufsbildung verstärkt werden.[14] Der BR soll nicht erst im Nachhinein, sondern bereits frühzeitig und dadurch präventiv betriebliche Berufsbildungsmaßnahmen zugunsten der betroffenen AN durchsetzen können, um deren Beschäftigung zu sichern.[15] Dies soll so rechtzeitig erfolgen, dass spätestens im Zeitpunkt des Wirksamwerdens der Maßnahmen das Qualifikationsdefizit der AN behoben ist. Die Vorschrift begründet in erster Linie ein Initiativrecht des BR.[16] Damit kann der BR einen Beitrag zur Beschäftigungs-

---

6 *Fitting,* Rn. 4.
7 Vgl. *Fitting,* Rn. 5.
8 *GK-Raab,* Rn. 9.
9 Richardi-*Thüsing,* Rn. 7; *Becker,* in: Glaubrecht u. a., Gruppe 5, S. 99.
10 So *BAG* 18.4.89, AiB 89, 356 mit zust. Anm. *Buschmann.*
11 *Becker,* a. a. O.
12 GK-*Raab,* Rn. 10.
13 *Becker,* in: Glaubrecht u. a., Gruppe 5, S. 99; Richardi-*Thüsing,* Rn. 8; GK-*Raab,* a. a. O.
14 BT-Drucks. 14/5741, S. 66.
15 BT-Drucks. 14/5741, a. a. O.; ebenso *Engels/Trebinger/Löhr-Steinhaus,* DB 01, 532 [538].
16 *Raab,* NZA 08, 272.

sicherung leisten. Die gesetzlich gewollte Förderung der beruflichen Leistungsfähigkeit entspricht der besonderen Verantwortung von AG und AN für die Beschäftigung nach § 2 SGB III.

9 Das Mitbestimmungsrecht bezieht sich anders als das nach § 98 nicht auf die Durchführung betrieblicher Berufsbildungsmaßnahmen, sondern auch auf deren Einführung.[17] **Voraussetzung** ist, dass der AG Maßnahmen geplant oder durchgeführt hat, worauf sich die Tätigkeit der AN ändert und deren berufliche Kenntnisse und Fähigkeiten nicht mehr ausreichen. **Rechtsfolge** ist die Mitbestimmung des BR über das »Ob« der Berufsbildungsmaßnahme. Sie greift ein unabhängig davon, ob der AG von sich aus die Initiative zu Berufsbildungsmaßnahmen ergreift oder ob die Initiative vom BR ausgeht.

10 Der Begriff der zugrunde liegenden **Maßnahmen des AG** ist **umfassend** zu verstehen. Die Mitbestimmung des § 97 Abs. 2 BetrVG ist nicht eng auf enumerativ genannte Sachverhalte beschränkt, sondern soll dann umfassend gewährleistet werden, wenn durch ein gestaltendes Tätigwerden des AG eine Diskrepanz zwischen seinen Anforderungen und dem Ausbildungsstand der AN entsteht oder zu entstehen droht.[18] Anknüpfungspunkt kann jede Maßnahme des AG sein, die die Tätigkeit der betr. AN ändert. Auch bloße Marktanpassungen fallen darunter.[19] Der Gesetzentwurf der Bundesregierung hatte die Mitbestimmung noch auf den Fall begrenzen wollen, dass der AG technische Anlagen, Arbeitsverfahren und Arbeitsabläufe oder Arbeitsplätze (vgl. § 90 Abs. 1 Nrn. 2 – 4) plant, die zu Tätigkeitsveränderungen der betroffenen AN führen. Diese Voraussetzung erschien dem Gesetzgeber[20] als »zu eng«, da sie dem BR Mitbestimmung nur »in diesen speziellen Sachverhalten« gewährt. Es kommt somit nicht darauf an, welcher Natur die vom AG geplanten oder durchgeführten Maßnahmen sind. Allerdings sind die im Regierungsentwurf vorgesehenen Sachverhalte in jedem Fall davon erfasst.

11 Auf Grund der umfassenden Formulierung des Gesetzes sind nicht lediglich Maßnahmen des AG erfasst, die den Tatbestand einer **Betriebsänderung** i. S. d. § 111 begründen.[21] Ebenso wenig kommt es darauf an, ob hierdurch wesentliche Nachteile für die AN entstehen oder wesentliche Betriebsteile betroffen sind. Nicht von Bedeutung ist, ob im Einzelfall die Voraussetzungen einer Unterrichtungspflicht nach § 90 vorliegen. Ein **kollektiver Tatbestand** ist überhaupt nicht erforderlich.[22]

12 **Maßnahmen** i. S. d. Vorschrift sind zunächst die im Regierungsentwurf genannten Änderungen. Dies sind z. B. neue technische Anforderungen, neue Produktionsanlagen, Produktionsformen, Maschinen, Programme, Software, Arbeit im Internet, alle Formen der Rationalisierung,[23] auch wenn sie nur organisatorischer Art und nicht mit technischen Innovationen verbunden sind.

13 Maßnahmen i. S. d. Vorschrift sind auch **personelle Maßnahmen,** etwa Versetzungen oder die Zuweisung anderer oder neuer Aufgaben am gleichen Arbeitsplatz, für die ein Qualifikationsbedarf besteht. Anschaulich der Fall des *LAG Hamm*[24] zur Umstellung der Arbeitsvorgaben für die Beschäftigten »Weg von der Bestandsbank hin zur Vertriebsbank«, nach der nicht mehr die Kundenberatung, sondern der Absatz der Produkte im Vordergrund zu stehen habe. Auch Bankkunden dürfen für so viel Offenheit danken.

14 Nicht von Bedeutung ist der **Anlass der Maßnahmen.** Ihnen können Modernisierungsmaßnahmen ebenso zugrunde liegen wie Reaktionen auf veränderte Marktbedingungen, veränderte Anforderungen von Auftraggebern, Vorschläge oder Anregungen von AN oder des BR[25] oder auch veränderte gesetzliche Bestimmungen, etwa bei Sachbearbeitern in der kaufmän-

17 Vgl. auch *Franzen,* NZA 01, 865.
18 *LAG Hamm* 9.2.09 – 10 TaBV 191/08, AuR 09, 278; *Lakies,* ZBVR online 2014, Nr 6, 32.
19 *Zwanziger,* AuR 2010, 459; *LAG Hamm* 8.11.02 – 10(13) TaBV 59/02, AuR 04, 118; bestätigt 9.2.09 – 10 TaBV 191/08, AuR 09, 278: »Weg von der Bestandsbank hin zur Vertriebsbank«.
20 BT-Drucks. 14/6352 zu Art. 1 Nr. 63 b.
21 Missverständlich *Konzen,* RdA 01, 91 zum Regierungsentwurf.
22 *Fitting,* Rn. 16; *HWGNRH,* Rn. 14; a. A. *Franzen,* NZA 01, 865; *Rieble,* NZA Sonderheft 01, 48.
23 *Neef,* NZA 01, 363; vgl. auch *Lakies,* ZBVR online 2014, Nr 6, 32.
24 *LAG Hamm* 9.2.09 – 10 TaBV 191/08, AuR 09, 278.
25 *Fitting,* Rn. 11.

nischen Vertragsabwicklung oder im ö. D. Eine Maßnahme des AG i. S. dieser Vorschrift liegt auch vor, wenn dieser den AN aufgibt, die geänderten gesetzlichen Bestimmungen anzuwenden, was im Einzelfall Schulungsbedarf erforderlich machen kann.

Der Regierungsentwurf hatte die Mitbestimmung des BR noch an eine maßnahmenbezogene **Planung** des AG geknüpft, was für den BR Nachweisprobleme gebracht hätte. Darauf kommt es nach dem im Gesetzgebungsverfahren veränderten Gesetzeswortlaut nicht mehr allein an. Es reicht aus, wenn der AG Maßnahmen im o. g. umfassenden Sinne durchführt, so dass eine dahin gehende Planung nicht mehr nachgewiesen werden muss. 15

Der Vorschrift liegt ein **prozesshaftes Verständnis der Maßnahmen** zugrunde. Diese können in der Vergangenheit liegen, gegenwärtig stattfinden oder auf Grund einer Planung bevorstehen. In der Praxis werden die meisten Maßnahmen, die zu einer Tätigkeitsveränderung der AN führen, nicht in einem Akt unmittelbar wirksam werden, sondern in einem längeren Umsetzungsprozess, innerhalb dessen schon die »Korrektur der Korrektur« stattfindet. Die Gesetzesfassung, die im Gegensatz zum Regierungsentwurf ausdrücklich auch bereits durchgeführte Maßnahmen mit einbezieht, trägt diesem Umstand Rechnung. 16

Die meisten Betriebe befinden sich in einem ständigen Innovationsprozess, der durch eine Fülle paralleler, sich ablösender, ineinander greifender, bisweilen auch gegenläufiger Maßnahmen gekennzeichnet ist. Demzufolge stellt die Vorschrift auf geplante oder durchgeführte **Maßnahmen (Plural)** ab, was im Einzelfall nicht ausschließt, dass die Veränderung auf eine einzige Maßnahme zurückgeht. 17

Weitere Voraussetzung der Mitbestimmung nach dieser Vorschrift ist eine aktuelle oder künftige[26] **Tätigkeitsveränderung** der betroffenen AN. Betroffene AN können alle Beschäftigten sein, d. h. auch die in § 96 Abs. 2 besonders erwähnten älteren AN, Teilzeitbeschäftigte und AN mit Familienpflichten, schließlich die befristet Beschäftigten (vgl. § 19 TzBfG). 18

Die Tätigkeitsveränderung ist **arbeitsplatz-,** nicht personenbezogen, zu verstehen. Sie liegt zunächst vor, wenn von einem konkret betroffenen AN neue oder veränderte Arbeitstätigkeiten verlangt werden. Dies ist aber auch der Fall, wenn sich die Tätigkeit für eine Gruppe der betroffenen AN (Plural) ändert, auch wenn ein einzelner AN davon ausgenommen wird. Führen etwa neue Anlagen, für die neue technische Qualifikationen erforderlich sind, zu veränderten Arbeitsformen bzw. Tätigkeitsfeldern, so will die Vorschrift gewährleisten, dass die AN nach entspr. betrieblichen Weiterbildungsmaßnahmen an diesen modernisierten Arbeitsplätzen weiterbeschäftigt werden können. Sie will verhindern, dass alle oder einzelne der mit diesen Arbeiten bisher befassten AN trotz der Modernisierungsmaßnahmen weiterhin mit unveränderten Arbeitstätigkeiten betraut werden, für die jedoch künftig der wirtschaftliche Bedarf entfallen könnte, so dass betriebsbedingte Kündigungen oder andere personelle Maßnahmen zum Nachteil der AN drohen.[27] 19

Weiteres Merkmal ist, dass die beruflichen Kenntnisse und Fähigkeiten der betr. AN infolge der Maßnahmen nicht mehr zur Erfüllung ihrer Aufgaben ausreichen. Dies muss nicht so weit gehen, dass der AN unmittelbar von einer personen- oder betriebsbedingten Kündigung bedroht ist.[28] Weiterbildungsmaßnahmen können auch geboten sein, wenn die AN, etwa als BR-Mitglieder, Schwangere oder als Schwerbehinderte besonderen Kündigungsschutz genießen. Die **Vermeidung von Kündigungen** ist nur allgemeines gesetzgeberisches Ziel, jedoch kein Tatbestandsmerkmal der Vorschrift. Typisch ist die Situation, dass ein AN sich auf Grund von Maßnahmen des AG neuen Anforderungen ausgesetzt sieht, denen er nur mit Mühe und notdürftiger Improvisation[29] nachkommen kann. Das ist auch der Fall, wenn AN auf Grund zwischenzeitlicher Krankheit, Freistellung oder Elternzeit ihre Qualifikation nicht weiter anpassen konnten (vgl. auch das Diskriminierungsverbot nach § 5 Abs. 4 der Rahmenvereinbarung über den Elternurlaub zur RL 2010/18/EU v. 8.3.2010).[30] Der Gesetzeswortlaut (»nicht mehr ausreichen«) verlangt nicht, dass der AN zur Erfüllung der geänderten Aufgaben gänz- 20

26 *Fitting*, Rn. 19; GK-*Raab*, Rn. 16.
27 Ebenso GK-*Raab*, Rn. 19: funktionale Betrachtung; zweifelnd *Annuß*, NZA 01, 368.
28 Richardi-*Thüsing*, Rn. 9.
29 *Däubler*, AuR 01, 7; *ders.*, AiB 01, 379.
30 Enger offenbar *Fitting*, Rn. 12: »Folge persönlicher Entscheidungen«; Richardi-*Thüsing*, Rn. 10.

lich ungeeignet ist, sondern lediglich, dass ein **Qualifikationsdefizit** vorhanden ist, das durch die betriebliche Weiterbildungsmaßnahme beseitigt werden soll. Ein solches Defizit ist auch vorhanden, wenn AN lediglich im Großen und Ganzen ihren Aufgaben nachkommen können. Schließlich soll nach § 111 Abs. 7 SGB III (Transferkurzarbeitergeld) bei Qualifikationsdefiziten der AG geeignete Maßnahmen zur Verbesserung der Eingliederungsaussichten anbieten. Mithin ist die Durchführung von Qualifikationsmaßnahmen typischerweise mit Kurzarbeit verbunden und sollte bereits bei der Erteilung der Zustimmung des BR zur Kurzarbeit nach § 87 Abs. 1 Nr. 3 bzw. im Sozialplan gesichert sein.

21 Ob die Kenntnisse und Fähigkeiten der betroffenen AN im Einzelfall ausreichen, kann zwischen AG und BR umstritten sein. Sowohl dem AG als auch dem BR wird man einen **Beurteilungsspielraum** zubilligen müssen.[31] Es entspricht nicht der Zielrichtung der Vorschrift, die die Beteiligungsrechte des BR und die Qualifizierung der AN verstärken will, könnte der AG durch schlichtes Leugnen des Qualifikationsdefizits das Mitbestimmungsrecht beseitigen. Maßgebliche Bedeutung wird hier auch der Selbsteinschätzung der betr. AN zukommen, die hierzu zu hören sind. Ob dann im Ergebnis Bildungsmaßnahmen zur Behebung des Qualifikationsdefizits erforderlich sind, ist keine Frage der Voraussetzungen des Mitbestimmungsrechts, sondern seiner Wahrnehmung. Das bedeutet, dass einem Antrag auf Bestellung der ESt. nach § 98 ArbGG regelmäßig stattzugeben ist, wenn der Antragsteller eine entsprechende Veränderung der Arbeitstätigkeiten darlegt.

22 Für den Fall der Nichteinigung verweist Satz 2 auf die Entscheidung der **Einigungsstelle** (vgl. auch § 76). Die ESt. hat wie auch sonst die Voraussetzungen der Mitbestimmung als Vorfrage zu prüfen, wobei ihr wie den Betriebsparteien ein entspr. Beurteilungsspielraum zukommt.[32] Die Entscheidung über konkret zu treffende Weiterbildungsmaßnahmen hat sie sodann nach billigem Ermessen (§ 76 Abs. 5 Satz 3) zu treffen. Sie kann ggf. mit normativer Wirkung[33] Weiterbildungsansprüche einzelner AN festzulegen. Vorschlägen im Verlaufe des Gesetzgebungsverfahrens, das Mitbestimmungsrecht um ein besonderes Kriterium der Zumutbarkeit bzw. eine besondere Bindung des AN an den AG durch gesetzliche Rückzahlungsklauseln zu ergänzen,[34] ist der Gesetzgeber bewusst nicht gefolgt. Eine Zumutbarkeitsgrenze für den AG ergibt sich allenfalls aus § 76 Abs. 5 Satz 3.[35]

23 Stellt die ESt. ein Qualifikationsdefizit fest, das durch betriebliche Weiterbildungsmaßnahmen behoben werden kann, so hat sie zu beschließen, ob und welche Maßnahmen der betrieblichen Berufsbildung der AG durchzuführen hat.[36] Die Verpflichtung hierzu ergibt sich auch aus **§ 2 Abs. 2 Nr. 1 SGB III** sowie aus **vertraglichen Nebenpflichten** des AG, der nicht berechtigt ist, im laufenden Arbeitsverhältnis vom AN die Ableistung neuer Arbeitstätigkeiten zu fordern, für die dieser nicht ausreichend qualifiziert ist, obwohl er die erforderliche Qualifikation durch betriebliche Weiterbildungsmaßnahmen erlangen könnte.[37] Dem entspricht regelmäßig eine Verpflichtung der AN, an den durch die ESt. beschlossenen Bildungsmaßnahmen teilzunehmen (vgl. § 96 Rn. 28). Andererseits sind die Möglichkeiten der ESt. nicht von Rechts wegen auf die Kompensation der durch die Maßnahmen des AG konkret entstandenen Qualifikationsdefizite beschränkt. Aus Gründen einer vorausschauenden Planung und eines besseren Verständnisses des persönlichen Arbeitsfeldes kann es sinnvoll und zulässig sein, dass die erworbene Qualifikation auch darüber hinausgehen kann. Erforderlich ist lediglich ein genereller funktioneller Zusammenhang zwischen bestehendem Qualifikationsdefizit und Gegenstand der Schulung.[38]

24 Der **Regelungsspielraum der ESt.** umfasst die Art und Weise der Weiterbildung, die konkreten Maßnahmen, die Teilnehmer sowie alle Fragen der Durchführung nach § 98. Dagegen

---

31 Ebenso *LAG Hamm* 9.2.09 – 10 TaBV 191/08, AuR 09, 278.
32 Ebenso *Fitting*, Rn. 25.
33 ErfK-*Kania*, Rn. 8.
34 *Hanau*, RdA 01, 72.
35 Angemessene Berücksichtigung der Belange des Betriebs und der betroffenen AN, vgl. *Konzen*, RdA 01, 91.
36 *Fitting*, Rn. 33.
37 *Däubler*, Arbeitsrecht 2, Nr. 5.11.1.
38 Musterentscheidung einer ESt. in DKKWF-*Buschmann*, §§ 96 – 98, Rn. 8.

sind die **Kosten** der Bildungsmaßnahme einschließlich der Entgeltfortzahlung als Betriebskosten generell vom AG zu tragen und können auch nicht im Wege der Mitbestimmung auf die AN übergewälzt werden.[39] AN können nicht gleichzeitig zur Teilnahme an Bildungsmaßnahmen und zur Kostenbeteiligung verpflichtet werden. Nachdem der Gesetzgeber die Forderung gesetzlicher Rückzahlungsklauseln ausdrücklich nicht in die Vorschrift aufgenommen hat (vgl. Rn. 22), ist davon auszugehen, dass diese bei betrieblichen Weiterbildungsmaßnahmen nach dieser Vorschrift, die funktional auf Maßnahmen des AG, also nicht auf Karrierewünsche einzelner AN zurückgehen, unzulässig sind. Im Übrigen unterliegen sie der Mitbestimmung (str.; ausführlich § 98 Rn. 8).

Plant der AG Maßnahmen nach dieser Vorschrift oder führt er sie durch, so hat er die Initiative des BR nicht erst abzuwarten, sondern muss von sich aus das Mitbestimmungsverfahren einleiten. Darüber hinaus hat er den BR frühzeitig nach Maßgabe der §§ 80 Abs. 2 Satz 1, 106 Abs. 2 und 3[40]. bzw. nach § 90 bereits während der Planungsphase[41] zu **unterrichten,** so dass der BR die Bildungsmaßnahmen so rechtzeitig durchsetzen kann, dass spätestens im Zeitpunkt des Einsatzes z. B. der geänderten oder neuen Techniken das Qualifikationsdefizit der AN behoben ist.[42] **25**

Wörtlich knüpft die Mitbestimmung nach dieser Vorschrift an die gleichen Voraussetzungen an wie die individualrechtliche Unterrichtungspflicht des AG aus § 81 Abs. 4 Satz 2,[43] was belegt, dass sich entgegen der früheren Rspr. betriebliche Berufsbildung und individuelle Unterrichtung nicht ausschließen, sondern überschneiden können (ausführlich § 96 Rn. 10). **26**

Aus der getroffenen Vereinbarung über die Einführung der Bildungsmaßnahme steht dem BR ein dahin gehender **Durchführungsanspruch,** gegen einseitig vom AG, d. h. ohne Mitbestimmung des BR, geplante Bildungsmaßnahmen ein entsprechender **Unterlassungsanspruch** zu.[44] **27**

Eine betriebs- oder personenbedingte **Kündigung** eines AN, für den die nach dieser Vorschrift möglichen Qualifizierungsmöglichkeiten nicht genutzt wurden, ist wegen Verstoßes gegen das ultima-ratio-Prinzip unwirksam und berechtigt den BR zum Widerspruch nach § 102 Abs. 3 Nr. 3.[45] Letzteres gilt auch, wenn der BR die nach dieser Vorschrift durchsetzbare Bildungsmaßnahme im Einzelfall nicht ausdrücklich verlangt hat.[46] Im Übrigen kann der BR nach allgemeinen Grundsätzen des **Unterlassungsanspruchs** vom AG verlangen, den Ausspruch von Kündigungen bis zur Beendigung des Mitbestimmungsverfahrens zu unterlassen.[47] **28**

V. Streitigkeiten

Bei Streitigkeiten über den Umfang der Beratungsrechte nach dieser Vorschrift entscheidet das ArbG im **Beschlussverfahren** (§§ 2 a, 80 ff. ArbGG). Darüber hinaus kommt, falls der AG seiner Unterrichtungs- und Beratungspflicht nicht oder nicht ordnungsgemäß nachkommt, ein **Verfahren nach § 23 Abs. 3** in Betracht.[48] Die nach Abs. 2 mögliche Durchsetzung betrieblicher Bildungsmaßnahmen erfolgt über die **Einigungsstelle,** die Bestellung der Einigungsstelle nach § 98 ArbGG im Beschlussverfahren. **29**

39 *BAG* 1.12.92, DB 93, 990; *Fitting,* Rn. 30, 33; GK-*Raab,* Rn. 23; a. A. offenbar Richardi-*Thüsing,* Rn. 14.
40 *Konzen,* RdA 01, 91
41 *Engels/Trebinger/Löhr-Steinhaus,* DB 01, 532 [538].
42 BT-Drucks. 14/5741, S. 67.
43 *Hanau,* RdA 01, 72.
44 *Fitting,* Rn. 35; vgl. auch *BAG* 26.7.05 – 1 ABR 29/04, AP Nr. 43 zu § 95 BetrVG 1972.
45 BT-Drucks. 14/5741, S. 67; ebenso HaKo-*Kreuder,* Rn. 15; *Engels/Trebinger/Löhr-Steinhaus,* DB 01, 532 [538]; wohl auch *Annuß,* NZA 01, 368.
46 *Fitting,* Rn. 34; a. A. GK-*Raab,* Rn. 28.
47 Vgl. § 98, Rn. 36 m. w. N.; *Fitting,* Rn. 36; *Franzen,* NZA 01, 865; HaKo-*Kreuder,* Rn. 15; a. A. GK-*Raab,* Rn. 30; Richardi-*Thüsing,* Rn. 16; wohl auch WPK-*Preis,* Rn. 15.
48 *Fitting,* Rn. 38; GK-*Raab,* Rn. 24.

§ 98 Durchführung betrieblicher Bildungsmaßnahmen

(1) Der Betriebsrat hat bei der Durchführung von Maßnahmen der betrieblichen Berufsbildung mitzubestimmen.

(2) Der Betriebsrat kann der Bestellung einer mit der Durchführung der betrieblichen Berufsbildung beauftragten Person widersprechen oder ihre Abberufung verlangen, wenn diese die persönliche oder fachliche, insbesondere die berufs- und arbeitspädagogische Eignung im Sinne des Berufsbildungsgesetzes nicht besitzt oder ihre Aufgaben vernachlässigt.

(3) Führt der Arbeitgeber betriebliche Maßnahmen der Berufsbildung durch oder stellt er für außerbetriebliche Maßnahmen der Berufsbildung Arbeitnehmer frei oder trägt er die durch die Teilnahme von Arbeitnehmern an solchen Maßnahmen entstehenden Kosten ganz oder teilweise, so kann der Betriebsrat Vorschläge für die Teilnahme von Arbeitnehmern oder Gruppen von Arbeitnehmern des Betriebs an diesen Maßnahmen der beruflichen Bildung machen.

(4) Kommt im Fall des Absatzes 1 oder über die nach Absatz 3 vom Betriebsrat vorgeschlagenen Teilnehmer eine Einigung nicht zustande, so entscheidet die Einigungsstelle. Der Spruch der Einigungsstelle ersetzt die Einigung zwischen Arbeitgeber und Betriebsrat.

(5) Kommt im Fall des Absatzes 2 eine Einigung nicht zustande, so kann der Betriebsrat beim Arbeitsgericht beantragen, dem Arbeitgeber aufzugeben, die Bestellung zu unterlassen oder die Abberufung durchzuführen. Führt der Arbeitgeber die Bestellung einer rechtskräftigen gerichtlichen Entscheidung zuwider durch, so ist er auf Antrag des Betriebsrats vom Arbeitsgericht wegen der Bestellung nach vorheriger Androhung zu einem Ordnungsgeld zu verurteilen; das Höchstmaß des Ordnungsgeldes beträgt 10 000 Euro. Führt der Arbeitgeber die Abberufung einer rechtskräftigen gerichtlichen Entscheidung zuwider nicht durch, so ist auf Antrag des Betriebsrats vom Arbeitsgericht zu erkennen, dass der Arbeitgeber zur Abberufung durch Zwangsgeld anzuhalten sei; das Höchstmaß des Zwangsgeldes beträgt für jeden Tag der Zuwiderhandlung 250 Euro. Die Vorschriften des Berufsbildungsgesetzes über die Ordnung der Berufsbildung bleiben unberührt.

(6) Die Absätze 1 bis 5 gelten entsprechend, wenn der Arbeitgeber sonstige Bildungsmaßnahmen im Betrieb durchführt.

Inhaltsübersicht

I. Vorbemerkungen

1 Die erzwingbare **Mitbestimmung** nach dieser Vorschrift bezieht sich auf die **Durchführung von Maßnahmen der betrieblichen Berufsbildung,** einschließlich Bestellung der Ausbilder und Auswahl der Teilnehmer. Mitbestimmung über das »ob« der Bildungsmaßnahmen besteht im Rahmen und in der Begrenzung des § 97 Abs. 2. Ein indirekter Zwang zur Durchführung von Umschulungsmaßnahmen kann sich aus § 102 Abs. 3 Nr. 4 sowie § 2 SGB III[1] zur Vermeidung von Kündigungen ergeben.[2] Allerdings können AN kraft TV[3], Arbeitsvertrag,

---

1 Vgl. *Bieback,* AuR 99, 209; *Bepler,* AuR 99, 219 m. w. N.

2 Vgl. *Fitting,* Rn. 2; kritisch zur h. M. *Klebe/Roth,* DB 89, 1519 i. S. eines vom Mitbestimmungsrecht abgedeckten Initiativrechts.

3 Vgl. TV zur Qualifizierung in der Metall- und Elektroindustrie Baden-Württembergs v. 19.6.01; dazu *Allespach,* AiB 02, 698.

Zusage, Gleichbehandlungsgrundsatz oder aufgrund von § 81 Abs. 1 Satz 1 (zum Verhältnis zwischen Einweisung und Unterrichtung vgl. § 96 Rn. 10) hierauf einen Anspruch haben, dessen Erfüllung sofort die Mitbestimmung aufleben lässt (z. B. bei Einweisung in die Arbeit am PC).[4] Dem BR steht auch hinsichtlich der erforderlichen Mittel ein Beratungs- und Vorschlagsrecht zu.[5] Der Begriff der Durchführung ist weit auszulegen. Er erfasst im Grundsatz das »wie«, d. h. alle Folgeentscheidungen nach der Entscheidung über die Einführung.[6] In diesem Rahmen kann der BR initiativ werden und seine Vorstellungen ggf. über die ESt. durchsetzen. Dies gilt auch für den BR einer sog. Arbeitsförderungs-, Beschäftigungs- oder Qualifizierungsgesellschaft.[7] Erfolgen Berufsbildungsmaßnahmen auf UN-Ebene, ist unter den Voraussetzungen des § 50 Abs. 1 der **GBR** zuständig.[8]

2 Zur Durchführung von Maßnahmen der betrieblichen Berufsbildung gehören systematisch auch die in Abs. 2 und 5 geregelte **Bestellung und Abberufung der Ausbilder,** dazu Rn. 16 ff., sowie die in Abs. 3 und 4 geregelte **Auswahl der Teilnehmer,** dazu Rn. 26 ff.,[9] worin sich das umfassende Verständnis der »Durchführung« ausdrückt. Inhalt und Umfang dieser Beteiligungsrechte sind aber in Abs. 2 – 5 abschließend und eigenständig geregelt, so dass hinsichtlich der dort bestimmten Mitbestimmungsinhalte und -verfahren eine weitergehende Mitbestimmung aus Abs. 1 auch nach *BAG*[10] ausscheidet. Soweit gesetzliche Vorschriften die Durchführung von Maßnahmen der betrieblichen Berufsbildung bzw. die Bestellung bzw. Abberufung der Ausbilder regeln, entfällt die Mitbestimmung insoweit. Der BR überwacht nach § 80 Abs. 1 Nr. 1, ob die gesetzlichen Vorschriften eingehalten werden. Mitbestimmung besteht in dem Umfang, in dem dem AG ein Gestaltungsspielraum verbleibt.

II. Durchführung betrieblicher Bildungsmaßnahmen (Abs. 1)

1. Betriebliche Bildungsmaßnahmen

3 Der Begriff der betrieblichen Berufsbildung ist funktional zu verstehen. Die Mitbestimmung des BR umfasst die Durchführung **aller Maßnahmen** der betrieblichen Berufsausbildung, Fortbildung und Umschulung sowie alle sonstigen betrieblichen Berufsbildungsmaßnahmen, durch die den AN ein Zuwachs an Fertigkeiten, Kenntnissen und Wissen entsteht (zum Begriff der betrieblichen Berufsbildung § 96 Rn. 5 ff.). Obwohl eine Bestimmung wie in § 87 Abs. 1 Eingangssatz fehlt, steht sie wie die dort geregelte soziale Mitbestimmung unter dem Vorbehalt anzuwendender gesetzlicher oder tariflicher Regelungen.[11] Die Berufsausbildung als berufliche Grundbildung, mit der die für die Ausübung einer qualifizierten beruflichen Tätigkeit in einer sich wandelnden Arbeitswelt notwendigen beruflichen Fertigkeiten, Kenntnisse und Fähigkeiten vermittelt werden sollen (vgl. § 1 Abs. 3 BBiG), wird durch das BBiG und die dazu erlassenen Ausbildungsordnungen (vgl. § 5 BBiG; § 25 HandwO) weitgehend gesetzlich geregelt, so dass insoweit lediglich eine Ausfüllung und Anpassung der Vorschriften an die **betrieblichen Verhältnisse** in Betracht kommt. Soweit die gesetzlichen Regelungen dem AG einen **Gestaltungsspielraum** belassen (insbes. bei der gesetzlich kaum geregelten Weiterbildung), greift auch die Mitbestimmung des BR. Das ist etwa bei Regelungen über einen Versetzungsplan für das Durchlaufen der einzelnen Abteilungen, die Führung und Überwachung von Berichtsheften und die Abhaltung betrieblicher Zwischenprüfungen der Fall.[12]

4 Der BR kann die Einführung von Richtlinien fordern, nach denen die Auszubildenden in regelmäßigen Abständen zu beurteilen sind und ihr Ausbildungsstand kontrolliert wird.[13] Er

---

4 Vgl. auch *Hamm,* AuR 92, 326.
5 *Fitting,* a. a. O.
6 *BAG* 24.8.04 – 1 ABR 28/03, AuR 05, 270, mit Anm. *Buschmann; Fitting,* Rn. 2; *Pauli,* S. 97 f.; a. A. *Oetker,* S. 99.
7 Dazu *Pauli,* S. 98.
8 MusterBV in DKKWF-*Buschmann,* § 96 Rn. 11.
9 *BAG* 8.12.87, AP § 98 BetrVG 1972 Nr. 4; 5.3.13 – 1 ABR 11/12, BB 13, 1843.
10 *BAG* a. a. O.
11 *BAG* 24.8.04 – 1 ABR 28/03, AuR 05, 270, mit Anm. *Buschmann.*
12 *Fitting,* a. a. O.
13 *LAG Köln* 12.4.83, EzA § 98 BetrVG 1972 Nr. 1.

ist trotz gesetzlicher Regelung zur Führung und Überwachung von Berichtsheften/Ausbildungsnachweisen (vgl. § 14 Abs. 1 Nr. 4 BBiG) nicht daran gehindert, durch Sichtvermerke auf dem Ausbildungsnachweis zu bestätigen, vom Ablauf der Berufsausbildung – etwa hinsichtlich der richtigen, sachlichen und zeitlichen Gliederung – Kenntnis genommen zu haben. Hierfür spricht auch die Abgrenzung zwischen »ob« und »wie« der Maßnahme in der Rspr. des *BAG*[14] Mitbestimmungspflichtig sind auch Einzelheiten der Bildungsmaßnahme, etwa die Anordnung von Dienstreisen innerhalb oder außerhalb der normalen Arbeitszeit, wenn es sich bei der auswärtigen Maßnahme um eine solche der betrieblichen Berufsbildung handelt, selbst wenn die Voraussetzungen des § 87 Abs. 1 Nrn. 2, 3 nicht gegeben sind.[15] Dagegen verneint die h. M. eine Mitbestimmung bei konkreten Einzelmaßnahmen gegenüber bestimmten Auszubildenden.[16]

5 Unabhängig von der Mitbestimmung nach § 98 unterliegt die Einstellung von Auszubildenden dem **personellen Mitbestimmungsrecht nach § 99,** da dieser Personenkreis zu den AN i. S. d. Gesetzes zählt. Die Beteiligungsrechte nach §§ 98 und 99 stehen nebeneinander und schließen sich nicht aus.[17] Ergänzend kommt hinsichtlich der **zeitlichen Lage und Dauer** von Bildungsmaßnahmen auch eine Mitbestimmung nach § 87 Abs. 1 Nrn. 2 und 3 in Betracht, zumal zahlreiche AG versuchen, Bildungsmaßnahmen außerhalb der persönlichen Arbeitszeit zu legen bzw. mit Jahresarbeitszeitkonten zu verrechnen (so IW-Untersuchung 2002). Nach *LAG Hamburg*[18] deckt die Mitbestimmung nach dieser Vorschrift die auf Arbeitszeit bezogene Mitbestimmung nach § 87 Abs. 1 Nrn. 2 und 3 nicht ab, während das *BAG*[19] (nach Rechtsbeschw.) offengelassen hat, ob sich die Arbeitszeitmitbestimmung aus § 87 oder § 98 ergibt. Konsequenzen könnte dies für die Zuständigkeitsverteilung nach § 50 haben. Immerhin stellt das *BAG* klar, dass die Teilnahme an vom AG angeordneten Schulungs- und Fortbildungsmaßnahmen Arbeitszeit i. S. d. § 87 Abs. 1 Nr. 2 und 3 ist.

6 Mitbestimmungspflichtig sind auch **Berufsbildungsmaßnahmen, die der AG zusammen mit Dritten durchführt,** wenn er auf Inhalt und Durchführung rechtlich oder tatsächlich beherrschenden Einfluss hat und die Maßnahme für die AN des Betriebs veranstaltet wird.[20] Dies gilt im Grundsatz auch, wenn mehrere AG die Maßnahme gemeinschaftlich durchführen und Entscheidungen in mitbestimmungspflichtigen Angelegenheiten »vergemeinschaften«, der einzelne AG als einer unter vielen im Ergebnis aber keinen beherrschenden Einfluss hat (vgl. § 96 Rn. 13). Ist auf diese Weise effektive Mitbestimmung bei der Durchführung der einzelnen Bildungsmaßnahmen nicht möglich, bezieht sie sich auf den Abschluss des vom AG geschlossenen Vertrages über die Zusammenarbeit der AG[21] (vgl. auch § 96 Rn. 13). Als Möglichkeiten zur Wahrnehmung der Beteiligungsrechte des BR nennt das *BAG* aaO. bspw. die Vertretung der BR in den zur Leitung der Berufsausbildung vorgesehenen Organen oder ein von den BR gemeinsam gebildetes Gremium, das die Mitbestimmung gegenüber solchen Lenkungsorganen ausüben könnte. Eine für AN des AG durchgeführte Berufsbildungsmaßnahme verliert nicht dadurch den Charakter einer betr. Berufsbildungsmaßnahme, dass im Einzelfall auch betriebsfremde AN daran teilnehmen.[22]

---

14 *BAG* 24.8.04, a. a. O.

15 *BAG* 23.7.96, DB 97, 380; zur Mitbestimmung bei Auslandsausbildung vgl. *Sarge*, AiB 07, 107 ff.

16 *BAG* 24.8.04 – 1 ABR 28/03, a. a. O.; GK-*Raab,* Rn. 13; Richardi-*Thüsing,* Rn. 14; *Fitting,* Rn. 7.

17 *LAG Hamburg* 10.1.07 – 4 TaBV 3/05, AuR 08, 155, unter Bezug auf *LAG Niedersachsen* 21.5.03 – 15 TaBV 2/03. *offen gelassen von BAG* 15.4.08 – 1 ABR 44/07, NZA-RR 09, 98 ff.

18 *LAG Hamburg,* a. a. O.

19 *BAG* a. a. O.

20 *BAG* 24.8.04 – 1 ABR 28/03; 5.3.13 – 1 ABR 11/12, a. a. O; *LAG Hamm* 16.12.14 – 7 TaBV 73/14, juris.

21 *BAG* 18.4.00 – 1 ABR 28/99, DB 00, 2433; zustimmend *Heilmann,* AiB 01, 232; a. A. *Raab*, NZA 08, 275.

22 *BAG* 4.12.90 – 1 ABR 10/90, NZA 1991, 388; dem grds. folgend *LAG Saarland* 26.3.14 – 1 TaBV 9/12, juris, mit der Einschränkung: keine Mitbestimmung, wenn ausschließlich AN eines ausl. Konzernunternehmens im inl. Betrieb ausgebildet oder fortgebildet werden.

2. Durchführung

7 Das Gesetz[23] unterscheidet zwischen **Ein- und Durchführung der Maßnahme**. Gegenüberzustellen sind das »*ob*« der Maßnahme, d. h. deren Einführung, und das »*wie*«, d. h. die Art und Weise, in der die Entscheidung über die Einführung in die betriebliche Praxis umgesetzt werden soll. Auch die Kostenrelevanz einer Regelung schließt danach Mitbestimmung nach dieser Vorschrift nicht aus. Demzufolge hat der BR mitzubestimmen, wenn der AG eine nach § 29 Abs. 2 BBiG verkürzte Ausbildung vorsehen will bzw. ob weniger Teilnehmer länger oder mehr Teilnehmer kürzer und weniger intensiv ausgebildet werden.[24]

8 Zwar besteht kein eigenständiges Mitbestimmungsrecht bei der inhaltlichen Gestaltung der Aus- und Fortbildungsverträge. Soweit jedoch der AG in Arbeitsverträgen Regelungen über die Durchführung von Maßnahmen der betrieblichen Berufsbildung trifft, unterliegen diese der Mitbestimmung nach Abs. 1. Wegen § 77 Abs. 3 besteht keine Mitbestimmung bei der Festlegung der Ausbildungsvergütungen.[25] Mitbestimmungspflichtig ist aber nach zutr. Auffassung die Vereinbarung von sog. **Rückzahlungsklauseln,** nach denen der AN Fortbildungs-/Lehrgangskosten ganz oder anteilig zurückzahlen muss, wenn er innerhalb bestimmter Fristen nach Durchführung der Maßnahme das UN verlässt.[26] Von Mitbestimmung geht auch § 5 Abs. 5 TVöD und TVöD-S aus.

9 Wegen der Bedeutung des **Grundrechts auf freie Wahl des Arbeitsplatzes** sind derartige Klauseln individualrechtlich ohnehin nur in engen, durch die Rspr. bezeichneten Grenzen, im Bereich des § 97 Abs. 2 gar nicht (vgl. § 97, Rn. 24) zulässig.[27] Das *BVerfG*[28] hat eine Verfassungsbeschwerde gegen eine Entscheidung, mit der die Rückzahlungsklage einer Fluggesellschaft abgewiesen wurde, abgewiesen. Vielmehr ist die **Beschränkung von Rückzahlungsklauseln** nach Art. 12 GG sogar verfassungsrechtlich geboten. Nach Maßgabe des § 307 BGB anerkennt die Rspr. Rückzahlungsklauseln nur, wenn Aus- und Fortbildungsmaßnahmen für den AN von geldwertem Vorteil sind und Dauer und Kosten der Ausbildung und Dauer der Bindung in einem angemessenen Verhältnis zueinander stehen. So kann bei einer Lehrgangsdauer von bis zu einem Monat höchstens eine Bindung bis zu 6 Monaten,[29] bei Lehrgängen bis zu 2 Monaten höchstens eine einjährige Bindung, bei Lehrgängen bis zu 12 Monaten eine dreijährige und bei Maßnahmen bis zu 2 Jahren eine fünfjährige Bindung vereinbart werden.[30] Eine Klausel über die Erstattung von Fortbildungskosten genügt dem Transparenzgebot in § 307 Abs. 1 Satz 2 BGB nur dann, wenn die entstehenden Kosten dem Grunde und der Höhe nach im Rahmen des Möglichen und Zumutbaren angegeben sind. Dafür müssen zumindest Art und Berechnungsgrundlagen der Fortbildungskosten benannt werden. Dem AG dürfen keine ungerechtfertigten Beurteilungs- bzw. Gestaltungsspielräume eingeräumt werden. Ist eine Vertragsklausel über die Rückzahlung von Fortbildungskosten wegen eines Verstoßes gegen das Transparenzgebot unwirksam, bleibt die Fortbildungsvereinbarung im Übrigen wirksam. Der Verwender der Klausel hat regelmäßig keinen Anspruch auf Erstattung der Fortbildungskosten nach § 812 BGB.[31] Eine Rückzahlungspflicht scheidet auch aus, wenn der AN von sich aus das Arbeitsverhältnis berechtigt fristlos kündigt[32] oder wenn der AG das Arbeitsverhältnis vorzeitig beendet, weil der AN nicht seinen Vorstellungen entspricht.[33] Geht

23 Vgl. *BAG* v. 24.8.04 – 1 ABR 28/03, a. a. O.
24 *BAG* a. a. O.; *Zwanziger*, AuR 2010, 459; kritisch dazu *Raab*, NZA 08, 273.
25 Vgl. auch *Fitting*, Rn. 8.
26 Str.; wie hier *Hamm*, AiB 93, 99; *Birgit Reinecke*, in: Küttner [Hrsg.], Personalhandbuch, Betriebliche Berufsbildung Rn. 10 sowie Rückzahlungsklausel Rn. 2; *Kallenberg*, ZBVR 03, 41; *Heilmann/Cartarius/Cox*, Weiterbildung im Betrieb, 2003, S. 40; HaKo-*Kreuder*, Rn. 11; vgl. auch *BAG* 5.6.07 – 9 AZR 604/06, zum LPersVG Rheinland-Pfalz.
27 St. Rspr. des *BAG* schon vor Inkrafttreten der §§ 305 ff. BGB am 1.1.2002; Nachw. in 11. Aufl.
28 *BVerfG* 9.2.94, AuR 94, 308.
29 *BAG* 5.12.02, AuR 03, 197.
30 *BAG* 19.2.04, BAGE 109, 345; 21.7.05, AuR 06, 72.
31 *BAG* 21.8.12 – 3 AZR 698/10, NJW 13, 410; 6.8.13 – 9 AZR 442/12, AuR 13, 506.
32 *LAG Bremen* 25.2.94, AuR 94, 199.
33 *BAG* 24.6.04, AuR 04, 272, 395.

eine vorformulierte Rückzahlungsklausel zu weit, etwa weil sie nicht Kündigungen ausnimmt, die der Sphäre des AG zuzurechnen sind, ist sie – ohne geltungserhaltende Reduktion – insgesamt unwirksam.[34]

10 Ebenso wie **Mitbestimmung allein keine Rechtsgrundlage für eine ansonsten nicht vorhandene Rückzahlungsverpflichtung** schaffen kann, kann der von der Rspr. gesetzte Rahmen durch Mitbestimmung nicht erweitert werden.[35] Er kann jedoch insoweit beschränkt werden, als z. B. Fristen verkürzt, Rückzahlungsbeträge begrenzt, zusätzliche (Zumutbarkeits-)Bedingungen aufgestellt oder Klauseln gänzlich aufgehoben werden.[36] Bloße Kostenrelevanz schließt Mitbestimmung nicht aus.[37] Die wirtschaftliche Funktion liegt nicht in einer Kostenersparnis bei Ausscheiden des AN, sondern in Verhaltenslenkung, Beschränkung der Freizügigkeit der AN und Teilnehmerauswahl. Der letztlich maßgebende Gedanke, es sei dem AG nicht zuzumuten, dem AN in Form einer Weiterbildung einen wirtschaftlichen Vorteil zuzuwenden, den dieser eigenwirtschaftlich verwerten könne, gehört zu den zu berücksichtigenden Belangen des Betriebs i. S. d. § 76 Abs. 5 Satz 3, schließt aber Mitbestimmung nicht aus. Seine Tragweite hängt von den Umständen der Bildungsmaßnahme ab. Insofern gelten gleiche Überlegungen wie zu Rückzahlungsklauseln bei Sonderleistungen[38]. Allerdings können Rückzahlungsklauseln nicht allein auf die kollektive Regelung gestützt werden, sofern die notwendige individuelle Abrede fehlt. Bei Berufsausbildungsmaßnahmen sind Rückzahlungskosten nach § 12 BBiG nichtig. Der AG hat alle Ausbildungskosten einschließlich der Aufwendungen für außerbetriebliche Maßnahmen zu tragen. Dazu gehören auch Übernachtungs- und Verpflegungskosten auswärtiger Unterbringung[39] sowie Kosten einer vom AG veranlassten privaten Ausbildungsstätte.[40]

3. Weitere Beteiligungsrechte

11 Soweit eine **gesetzliche Regelung** die konkrete Ausbildungsmaßnahme **abschließend regelt,** hat neben dem BR **auch die JAV** (bei sonstigen Berufsbildungseinrichtungen die besondere Interessenvertretung nach § 18 a BBiG) darüber zu wachen, dass die gesetzlichen Bestimmungen eingehalten werden (vgl. § 80 Abs. 1 Nr. 1, § 70 Abs. 1 Nr. 2). Sind gesetzliche Bestimmungen zur Berufsausbildung nicht abschließend, besteht bei Ausfüllung und Anpassung der gesetzlichen Regelungen an die betrieblichen Verhältnisse ein **Stimmrecht** der JAV nach § 67 Abs. 2.

12 Neben den Maßnahmen der Berufsausbildung steht die Mitbestimmung bei der **beruflichen Fortbildung und Umschulung.** Während es berufliche Fortbildung ermöglichen soll, die beruflichen Kenntnisse und Fertigkeiten zu erhalten, zu erweitern, der technischen Entwicklung anzupassen oder beruflich aufzusteigen (§ 1 Abs. 3 BBiG), soll berufliche Umschulung zu einer anderen beruflichen Tätigkeit befähigen (§ 1 Abs. 4 BBiG). Bei beruflicher Fortbildung wie beruflicher Umschulung wird es sich regelmäßig um Bildungsmaßnahmen für Erwachsene handeln. Die Mitbestimmung erstreckt sich insbes. auf Inhalt und Umfang der zu vermittelnden Kenntnisse oder Fähigkeiten, Methoden der Wissensvermittlung sowie zeitliche Dauer und Lage der betr. Maßnahme.[41] Teil einer Berufsbildungsmaßnahme ist auch eine **betriebliche Prüfung.** Deshalb unterliegt ihre Ausgestaltung der Mitbestimmung des BR.[42]

---

34 *BAG* 11.4.06, AuR 06, 166, 371; 25.4.07, NZA 07, 875; 13.12.11 – 3 AZR 791/09, AuR 12, 224; 28.5.13 – 3 AZR 103/12, BB 13, 2036; vgl. auch *Zwanziger,* AuR 2010, 459 m. w. N.

35 Zu Grenzen freiwilliger Betriebsvereinbarung: *Zwanziger,* AuR 2010, 459; vgl. auch *BAG* v. 11.07.00, AuR 01, 117.

36 A. A. Richardi-*Thüsing,* Rn. 14 mit der Begründung, dies sei eine Mitbestimmung im konkreten Einzelfall, was nicht zutrifft [vgl. § 87 Rn. 22 f.]; a. A. auch ErfK-*Kania,* Rn. 6; wie hier aber *ders.,* bis zur 11. Aufl., § 97 Rn. 7; a. A. ferner GK-*Raab,* Rn. 13; *Gilberg,* 243; *Becker-Schaffner,* DB 91, 1116, 1120 mit dem wesentlichen Argument, dass der AG allein über die Kosten entscheide.

37 *BAG* 24.8.04 a. a. O.; ebenso *Birgit Reinecke,* a. a. O., die »Mitbestimmung bei der betrieblichen Berufsbildung zur Regelung von Kostenfragen« ausdrücklich einschließt; *Hamm,* a. a. O.

38 *LAG Niedersachsen* 14.2.92, AuR 93, 156 mit zust. Anm. *Kohte.*

39 *LAG Brandenburg* 15.9.94, AuR 95, 30.

40 *BAG* 25.7.02, AuR 03, 74 zum Bildungszentrum des Einzelhandels. Musterbeschluss des BR in DKKWF-*Buschmann,* §§ 96 – 98, Rn. 9.

41 *Fitting,* Rn. 10.

42 Vgl. *BAG* 5.11.85, AP Nr. 2 zu § 98 BetrVG 1972; *Fitting,* a. a. O.

4. Einzelfragen

13 Da Betriebliche Berufsbildung nicht nur Berufsausbildung, berufliche Fortbildung und Umschulung (vgl. § 96 Rn. 5 ff.) umfasst, sondern wesentlich weiter geht, hat der BR mitzubestimmen bei der Durchführung auch solcher Maßnahmen, mit denen **die berufliche Verwendungsbreite der AN erhöht** und ihnen neue Kenntnisse, Fähigkeiten und Fertigkeiten vermittelt werden, die für das berufliche Fortkommen von Bedeutung sind.[43] Bspw. liegt eine Maßnahme der betrieblichen Berufsbildung vor, wenn AN zur Vorbereitung auf ihren Einsatz eine generelle Schulung zur Bedienung von PC erhalten.[44] Auch die Vermittlung der für den Betrieb eines **Atomkraftwerkes erforderlichen Fachkunde** an das verantwortliche Schichtpersonal ist eine Maßnahme der betrieblichen Berufsbildung.[45]

14 Sog. **Assessment-Center** (auch Auswahlseminar, Beurteilungsseminar, Personalentwicklungsseminar oder Qualifikationsseminar genannt) sind Maßnahmen der betrieblichen Berufsbildung, sofern sie sich nicht nur auf Test und Beurteilung beschränken, sondern auch Kenntnisse oder Fähigkeiten vermitteln.[46] Es handelt es sich um gruppenorientierte Verfahren der systematischen Personalbeurteilung, -auswahl, -förderung und -entwicklung. In sich häufig über mehrere Tage erstreckenden Gruppenveranstaltungen werden externe oder interne Bewerber simulierten Arbeits- oder anderen Problemlösungssituationen gegenübergestellt. Sind darin Prüfungselemente i. S. einer Ermittlung eines persönlichen Weiterbildungsbedarfs enthalten, so gehören sie zur Weiterbildung. Insbes. Teamtrainings mit gruppendynamischer Ausrichtung, die dem AG bzw. seinen Beauftragten psychologische, ggf. dem Teilnehmer unbewusste, Erkenntnisse über diesen vermitteln oder sogar psychologische Veränderungen bewirken können, stellen einen durch das Direktionsrecht nicht legitimierten Eingriff in das Persönlichkeitsrecht dar.[47] Sie begründen auch bei Freiwilligkeit ein besonderes Schutzbedürfnis der Teilnehmer, vor allem, wenn die Teilnahme in der betrieblichen Praxis wesentliche Voraussetzung für eine berufliche Weiterentwicklung, insbes. Beförderung, ist. Sofern sie berufsbildende Elemente enthalten, unterliegen auch sog. **Qualitätszirkel** der Mitbestimmung.[48]

15 Nach § 12 Abs. 2 Satz 1 AGG soll der AG in geeigneter Weise, *insbesondere im Rahmen der beruflichen Aus- und Fortbildung* auf die **Unzulässigkeit von Benachteiligungen i. S. d. § 1 AGG** hinweisen und darauf hinwirken, dass diese unterbleiben (vgl. § 96 Rn. 21). Kommt der AG seiner Schutzpflicht nach § 12 AGG[49] entweder durch besondere Aus- und Fortbildungsmaßnahmen nach oder integriert er diese Schulungsinhalte in die von ihm veranstalteten oder getragenen Berufsbildungsmaßnahmen (»im Rahmen«), so unterliegen sie der Mitbestimmung nach dieser Vorschrift bzw. nach Abs. 5.[50] Im Übrigen ist das AGG auch bei Durchführung nicht spezifischer betrieblicher Bildungsmaßnahmen zu beachten, etwa bei der Festlegung der Inhalte, Auswahl der Teilnehmer oder Ausbilder.

III. Bestellung und Abberufung von Ausbildern (Abs. 2, 5)

16 Sofern der AG die betriebliche Berufsbildung nicht selbst durchführt, sondern durch einen **Dritten,** z. B. Ausbildungsleiter, Meister oder sonstigen Ausbilder des Betriebs, hat der BR das Recht, der **Bestellung zu widersprechen** oder die **Abberufung** der mit der Durchführung der betrieblichen Berufsbildung beauftragten Personen **zu verlangen.** Das Widerspruchsrecht bzw. die Möglichkeit, die Abberufung verlangen zu können, erstreckt sich auch auf Personen, die **nicht AN** iSd. BetrVG bzw. des Betriebs sind.[51]

---

43 Vgl. *Kraft,* NZA 90, 459.
44 *Kraft,* a. a. O.
45 *BAG* 5.11.85, AP Nr. 2 zu § 98 BetrVG 1972.
46 *BAG* 20.4.93, EzA § 99 BetrVG 1972 Nr. 114; BVerwG 29.1.03, ZfPR 03, 135.
47 *Stoffels,* AuR 99, 457 m. w. N.; *Stubbe,* S. 168 ff.
48 *Hammer,* ZRP 98, 26; *Fitting,* § 96 Rn. 24; *Heither,* AR-Blattei, Betriebsverfassung C XIV, Rn. 173: *Gilberg,* S. 203, nur soweit der Lerneffekt im Vordergrund steht; vgl. auch § 96 Rn. 9; a. A.: GK-*Raab,* § 96 Rn. 21.
49 Dazu Däubler/Bertzbach-*Buschmann,* § 12 AGG Rn. 8 ff.
50 Ebenso Däubler/Bertzbach a. a. O., Rn. 19; *Hayen,* AuR 07, 8; *Nollert-Borasio/Perreng,* § 12 AGG, Rn. 17.

17 Widerspruch und Abberufungsverlangen setzen voraus, dass die mit der Durchführung der betrieblichen Berufsbildung beauftragte Person bestimmte **Eignungen nicht besitzt** oder diese zwar hat, **ihre Aufgaben aber vernachlässigt.** Abs. 2 bezieht sich ausdrücklich auf das BBiG, in dem festgelegt ist, dass der Ausbilder die für die Ausbildung erforderliche **persönliche und fachliche Eignung** besitzen muss (§§ 20, 21 BBiG; §§ 21, 22 HandwO). Rechtsverordnungen regeln, welche berufs- und arbeitspädagogischen Kenntnisse die Ausbilder in einer besonderen Ausbildung nachzuweisen haben.[52]

18 Die **persönliche oder fachliche** Eignung fehlt, wenn die betr. Person Kinder und Jugendliche nicht beschäftigen darf, wiederholt oder schwer gegen das BBiG oder die auf Grund dieses Gesetzes erlassenen Vorschriften und Bestimmungen verstoßen hat, erforderliche fachliche Fähigkeiten und Kenntnisse oder die erforderliche berufs- und arbeitspädagogische Kenntnisse nicht besitzt (§ 20 Abs. 2, 3 BBiG). Eine **Vernachlässigung der Aufgaben** liegt vor, wenn der Ausbilder die Ausbildung nicht mit der erforderlichen Gründlichkeit und Gewissenhaftigkeit ausführt, so dass befürchtet werden muss, dass Auszubildende das Ausbildungsziel nicht erreichen. Der **Ausbildende** wird durch die Bestellung des Ausbilders nicht von der **Verantwortung** für die **Erfüllung der Ausbildungspflichten** nach § 6 BBiG befreit. Kommt es zu einer schuldhaften Verletzung der Ausbildungspflichten, macht er sich schadensersatzpflichtig[53] In einem solchen Falle kann bspw. Verdienstminderung bis zum Bestehen einer Wiederholungsprüfung geltend gemacht werden.[54]

19 Nicht selten ist der Fall, dass Personen mit betrieblicher Berufsbildung beauftragt werden, die **keine Ausbilder i. S. d. BBiG sind.** Auch bei ihnen bestimmt der BR nach Abs. 2 und 5 mit. Das Gesetz beschränkt die Mitbestimmung nicht auf Ausbilder i. S. d. BBiG.[55] Deshalb braucht es der BR nicht hinzunehmen, wenn derartige mit der Durchführung von Maßnahmen der betrieblichen Berufsbildung beauftragte Personen nach **allgemeinen Maßstäben** ungeeignet sind.[56]

20 Die Rechte des BR nach Abs. 2 und 5 bestehen auch, wenn der Ausbilder **leitender Angestellter** ist.[57] Nimmt der AG allerdings selbst die Ausbildung vor, kann der BR nur nach dem BBiG tätig werden.

21 Die **Überwachung** der Berufsbildung durch die **zust. Stellen** nach BBiG und HandwO lässt die Mitbestimmung **unberührt.** Beide Verfahren stehen nebeneinander. Die Mitbestimmung kann sogar weiter gehen als die Einflussmöglichkeiten der nach dem BBiG zuständigen Stellen, da bspw. der Tatbestand der Vernachlässigung der Aufgaben des Ausbilders nicht notwendig identisch ist mit der fehlenden Eignung nach §§ 20 ff. BBiG.[58] Ungeachtet dessen hat der BR nach § 80 Abs. 1 Nr. 1 darüber zu wachen, dass die Bestimmungen des BBiG und sonstige Vorschriften, die sich mit den Berufsbildung befassen, beachtet werden. Dazu gehören die einschlägigen Ausbilder-EignungsVO. Ein entsprechendes Überwachungsrecht steht überdies der JAV nach § 70 Abs. 1 Nr. 2 zu, soweit es um die in § 60 Abs. 1 genannten AN geht.

22 Abs. 2 legt fest, unter **welchen Voraussetzungen** der BR der Bestellung einer mit der Durchführung der betrieblichen Berufsbildung beauftragten Person widersprechen bzw. ihre Abberufung verlangen kann. Einzelheiten der **gerichtlichen Durchsetzung** legt Abs. 5 fest. Bestellung muss keine Einstellung und Abberufung keine Kündigung darstellen. **Bestellung** bedeutet die Übertragung bestimmter Aufgaben, Kompetenzen und Verantwortung; **Abberufung** deren Entzug. Das Verfahren nach § 98 Abs. 2 und 5 ist ein **Sondertatbestand** zu § 99. Im Hinblick auf diese Sonderregelung kommt eine Zustimmungsverweigerung des BR nach § 99 Abs. 2 Nr. 1 grundsätzlich nicht in Betracht, wenn es bei der Bestellung des Ausbilders um persönliche und fachliche Eignung i. S. d. § 98 geht.[59] Auch die Abberufung und das damit

---

51 *BAG* 5.3.13 – 1 ABR 11/12, BB 13, 1843; Musterwiderspruch des BR in DKKWF-*Buschmann,* § 96 Rn. 10.
52 Ausbilder-EignungsVO v. 21.1.09, BGBl. I Nr. 5 S. 88 ff.
53 *Fitting,* a. a. O.
54 Vgl. *BAG* 10.6.76, AP Nr. 2 zu § 6 BBiG.
55 *Fitting,* Rn. 18.
56 GK-*Raab,* Rn. 21; ErfK-*Kania,* Rn. 11; a. A. *HWGNRH,* Rn. 29.
57 Richardi-*Thüsing,* Rn. 24; *Fitting,* Rn. 13; *HWGNRH,* Rn. 30.
58 *Fitting,* a. a. O.
59 Vgl. *Fitting,* Rn. 23; *GK-Raab,* Rn. 40.

verbundene Verfahren nach Abs. 5 sind gegenüber § 102 ein Sondertatbestand. Die gerichtliche Entscheidung auf Abberufung ersetzt **nicht** eine erforderliche (Änderungs-)Kündigung des Arbeitsverhältnisses des Ausbilders.[60] Bei der **(Änderungs-)Kündigung** ist der BR nach § 102 zu beteiligen, wobei sich sein Widerspruchsrecht, wenn die gerichtliche Entscheidung auf Abberufung vorliegt, auf die Gründe des § 102 Abs. 3 Nrn. 3 und 5 beschränken wird.[61]

Hat der BR i. S. d. Abs. 2 widersprochen, hat der AG die Bestellung des Ausbilders zu unterlassen Bestellt er ihn trotz Widerspruchs, ist die Maßnahme unwirksam.[62] Nach *Raab*[63] ergibt sich aus Abs. 5 eine Obliegenheit des BR zur Anrufung des ArbG. Bis zur gerichtlichen Entscheidung sei die einseitige Bestellung des Ausbilders betriebsverfassungsrechtlich zulässig. In Frage käme allenfalls – insofern inkonsequent, aber im Ergebnis zutreffend – eine einstweilige Verfügung zugunsten des BR. Diese Auffassung überzeugt nicht, da sie den begründeten, vom BR aber nicht gerichtlich weiterverfolgten Widerspruch bzw. den Widerspruch selbst im Falle eines Verfahrens nach Abs. 5 vor Rechtskraft der arbeitsgerichtlichen Entscheidung rechtswirkungslos stellen würde. Eine derartige Rechtsfolge ist Abs. 5, der dem BR ein prozessuales Antragsrecht einräumt, nicht zu entnehmen. Sie stünde im Widerspruch zum Normzweck, nämlich zu verhindern, dass Ausbilder eingesetzt werden, die die vorausgesetzte Eignung nicht besitzen, bzw. positiv, eine Berufsbildung durch geeignete Ausbilder zu gewährleisten. Es ist nicht nachzuvollziehen, dass dieser Zweck geringeren Schutz genießen soll als in anderen Mitbestimmungstatbeständen des BetrVG, bei denen die materiell-rechtlichen Beschränkungen unternehmerischer Entscheidungsfreiheit nicht erst durch rechtskräftige gerichtliche Entscheidung, sondern durch Widerspruch/Zustimmungsverweigerung des BR eintreten. Nach der hier vertretenen Auffassung ergibt sich, dass auch der AG eine gerichtliche Klärung zur Feststellung herbeiführen kann, ob der Widerspruch des BR berechtigt war.[64] 23

Bei der Frage, ob dem AG aufzugeben ist, eine Bestellung zu unterlassen oder eine Abberufung durchzuführen, kommt es **nicht** auf **subjektives Verschulden** des Ausbilders an. Maßgebend sind **objektive Kriterien** im Konditionalsatz des Abs. 2.[65] 24

Bildet der **AG selbst** aus, kann der BR nach § 27 Abs. 1 BBiG erreichen, dass ihm das Ausbilden **untersagt** wird, falls der AG die persönliche und fachliche Eignung nicht oder noch nicht besitzt.[66] Das Verfahren nach Abs. 5 ist abschließend. Die ESt. ist anders als nach Abs. 4 nicht zuständig. Die fehlende Zustimmung des BR kann nicht wie in § 99 Abs. 4 arbeitsgerichtlich ersetzt werden. 25

IV. Teilnahme von Arbeitnehmern an betrieblichen und außerbetrieblichen Bildungsmaßnahmen (Abs. 3, 4)

Der BR hat mitzubestimmen bei der Auswahl von AN, die an Maßnahmen der Berufsbildung teilnehmen sollen. Die Mitbestimmung soll sicherstellen, dass alle AN die **gleiche Chance** haben, wenn es um Qualifizierung beim beruflichen Fortkommen oder um Bemühungen zur Erhaltung des Arbeitsplatzes geht.[67] Der BR hat deshalb auch ein Initiativrecht. Nach *BAG*[68] setzt das Beteiligungsrecht nach Abs. 3 und 4 eigene Vorschläge des BR für die Person der Teilnehmer an betrieblichen Berufsbildungsmaßnahmen sogar voraus. Er könne sich nicht darauf beschränken, der vom AG getroffenen Auswahl zu widersprechen. Für die Auswahl gelten detaillierte Berücksichtigungsgebote und Diskriminierungsverbote (im Einzelnen § 96 Rn. 29 ff.). Eine individuelle Teilnahmeverpflichtung der ausgesuchten Teilnehmer kann sich 26

60 *Fitting*, a. a. O.; GK-*Raab*, Rn. 41; *HWGNRH*, Rn. 58.
61 Vgl. *Fitting*, a. a. O.
62 Ebenso *Fitting*, Rn. 21; *Heinze*, Personalplanung, Rn. 124; a. A. Richardi-*Thüsing*, Rn. 35; GK-*Raab*, Rn. 33 f. m. w. N.
63 *Raab*, a. a. O.
64 Ebenso *Fitting*, Richardi-*Thüsing*, *Heinze*, a. a. O.; *LAG Berlin* 6. 1. 00 – 10 TaBV 2213/99, NZA-RR 00, 370 = AuR 00, 316.
65 *Fitting*, Rn. 17; *HWGNRH*, Rn. 34.
66 Vgl. *Fitting*, Rn. 17, 19.
67 *Fitting*, Rn. 28; *HWGNRH*, Rn. 60.
68 *BAG* 20. 4. 10 – 1 ABR 78/08, AuR 10, 228.

u. U. aus Gesetz oder Vertrag ergeben (vgl. § 96 Rn. 28). Mitbestimmung allein stellt noch keine Rechtsgrundlage hierfür dar.[69]

27 Voraussetzung der Mitbestimmung ist, dass es sich um **betriebliche Berufsbildungsmaßnahmen handelt,** ohne dass diese im Betrieb durchgeführt werden müssen, oder um **außerbetriebliche Berufsbildungsmaßnahmen,** für die der AG die AN von der Arbeit mit oder ohne Entgeltfortzahlung freistellt. Eine Differenzierung zwischen betrieblichen und außerbetrieblichen Berufsbildungsmaßnahmen ist unerheblich, wenn der AG entstehende Kosten ganz oder teilweise trägt. Für das Einsetzen der Mitbestimmung ist es **unbeachtlich,** ob der AG (nur) die **Teilnehmergebühren** ganz oder teilweise trägt oder **andere Kosten,** wie Reisekosten und Aufenthaltskosten, übernimmt. Werden außerbetriebliche Berufsbildungsmaßnahmen **außerhalb der Arbeitszeit** durchgeführt, so dass die betreffenden AN keiner Freistellung bedürfen, bestimmt der BR bei der Auswahl der Teilnehmer gleichwohl mit, wenn der AG die Kosten ganz oder teilweise trägt.[70] Die ganze oder teilweise Übernahme der Kosten genügt für das Einsetzen der Mitbestimmung auch, wenn die **Arbeitszeit** für die betr. AN **anders verteilt** wird, damit sie Gelegenheit haben, an der berufsbildenden Maßnahme teilzunehmen.

28 Für die Mitbestimmung ist es nicht wesentlich, **welche Stellen** die außerbetrieblichen Berufsbildungsmaßnahmen durchführen. Soweit das Gesetz von »betrieblichen Maßnahmen« der Berufsbildung spricht, ist **nicht Voraussetzung,** dass diese Maßnahmen **innerhalb des Betriebs** durchgeführt werden müssen. Der Ort der Teilnahme ist nicht entscheidend; maßgeblich ist vielmehr die Betriebsbezogenheit.[71] Der AG ist auch Träger der Berufsbildungsmaßnahme, wenn er sie von einem anderen UN durchführen lässt, aber auf Inhalt und Gestaltung den beherrschenden Einfluss hat[72]. Die Mitbestimmung besteht auch dann, wenn zu einem auf Ebene des UN errichteten **Schulungszentrum** aus einzelnen Betrieben Teilnehmer entsandt werden sollen. Auch überbetriebliche Berufsbildungsmaßnahmen, die von mehreren Betrieben oder UN gemeinsam in besonderen Einrichtungen oder innerhalb eines bestimmten Betriebs durchgeführt werden, gehören zu den Berufsbildungsmaßnahmen i. S. d. BetrVG.[73] Ein Lehrgang **über Sicherheits- und Notfallmaßregeln,** dessen erfolgreicher Abschluss Voraussetzung dafür ist, dass ein AN als Flugbegleiter eingesetzt werden darf, ist selbst dann eine Maßnahme der Berufsbildung, wenn AN des Landbetriebs der Fluggesellschaft nur deswegen zu einem solchen Lehrgang entsandt werden, damit sie bei einem **Streik** der Flugbegleiter aushilfsweise im Flugdienst eingesetzt werden können.[74] Für die Mitbestimmung nach Abs. 2 kommt es nicht darauf an, ob die Ausbilder dem Geltungsbereich des BetrVG unterfallen.[75]

29 Über die **Zahl der Teilnehmer** an berufsbildenden Maßnahmen i. S. d. Abs. 3 sind zwischen AG und BR Beratungen zu führen. Das *BAG* war früher[76] ohne weitere Begründung davon ausgegangen, dass der AG die Zahl der Teilnehmer an einer Berufsbildungsmaßnahme i. S. v. § 98 Abs. 3 BetrVG bestimmt. In der Entscheidung v. 24.8.04[77] hat es die Mitbestimmung nach § 98 Abs. 1 auch bzgl. der Frage anerkannt, ob weniger Teilnehmer länger und intensiver oder mehr Teilnehmer kürzer und weniger intensiv ausgebildet werden. Systematisch bedeutet dies, dass die im Rahmen der Mitbestimmung nach Abs. 1 festgelegte Teilnehmerzahl die Grundlage bildet für die Ausübung der Mitbestimmung nach Abs. 3 und 4. Schlagen AG und BR für die Teilnahme an Maßnahmen der Berufsbildung mehr AN vor, als Teilnehmerplätze zur Verfügung stehen, müssen AG und BR alle **vorgeschlagenen Bewerber** in die Auswahl einbeziehen. Das gilt auch für die ESt., die verbindlich zu entscheiden hat, wenn sich AG und BR über die Teilnehmer, die auf Grund der begrenzten Teilnehmerplätze entsandt werden sollen, nicht einigen können.[78] Die ESt. hat eine Auswahl zwischen den vom AG und BR

69 *Zwanziger,* AuR 2010, 459.
70 *Becker,* in: Glaubrecht u. a., Gruppe 5, S. 105; *Fitting,* Rn. 30.
71 *Hammer,* S. 155; vgl. auch *Becker,* in: Glaubrecht u. a., Gruppe 5, S. 105; *Fitting,* Rn. 30.
72 *BAG* 12.11.91, AuR 92, 352; zust. *Hamm,* AuR 92, 327.
73 *Hammer,* a. a. O
74 *BAG* 10.2.88, AP Nr. 5 zu § 98 BetrVG 1972.
75 *BAG* 5.3.13 – 1 ABR 11/12, BB 13, 1843.
76 *BAG* 8.12.87, AP § 98 BetrVG 1972 Nr. 4
77 *BAG* 24.8.04 – 1 ABR 28/03, a. a. O.
78 *BAG* 8.12.87, a. a. O.

vorgeschlagenen Teilnehmern selbst dann zu treffen, wenn nur **ein Teilnehmer** entsandt werden kann.[79] Etwas anderes gilt nur, wenn der BR von sich aus keine Vorschläge für die Teilnahme gemacht und damit die Auswahl dem AG überlassen hat.[80] Das Mitbestimmungsrecht des BR ist somit an »Vorschläge« gebunden.[81] Hat der BR keine Teilnehmer vorgeschlagen, bleibt es bei der Mitbestimmung nach Abs. 1 und 2. Der AG verstößt aber grob gegen seine Verpflichtungen aus Abs. 4, wenn er – ohne sich mit dem BR geeinigt zu haben und ohne Ersetzung der Einigung durch die ESt. – einen AN für eine Maßnahme der betr. Berufsbildung freistellt. Auch die einmalige Verletzung der Pflichten aus dem BetrVG kann grob i. S. d. § 23 Abs. 3 sein, wenn sie nur schwerwiegend genug ist. Das gilt auch für einen einmaligen Verstoß des AG gegen Abs. 4.[82]

AG und BR können, damit Streitigkeiten über die Auswahl der Teilnehmer von vornherein vermieden werden, die Aufstellung objektiver **Auswahlgesichtspunkte,** wie Alter und fachliche Qualifikation, vereinbaren. Es handelt sich dabei nicht um Auswahlrichtlinien i. S. d. § 95, sondern um **Vorentscheidungen** im Zusammenhang mit dem Mitbestimmungsrecht nach § 98 Abs. 3.[83] **30**

Werden Berufsbildungsmaßnahmen **ausschließlich für leitende Angestellte nach § 5 Abs. 3** durchgeführt, bestimmt der BR bei der Auswahl der Teilnehmer nicht mit. Nehmen sowohl AN i. S. d. **§ 5 Abs. 1** als **auch lt. Angestellte nach** § 5 Abs. 3 an berufsfortbildenden Maßnahmen teil, bestimmt er bei der Auswahl der Teilnehmer mit.[84] Das ergibt sich aus der sog. **Reflexwirkung,** d. h., die Teilnahme von lt. Angestellten wird regelmäßig dazu führen, dass die Teilnehmerzahl bei anderen AN entsprechend geringer wird.[85] Werden Lehrgänge für AN durchgeführt, die sie befähigen sollen, Positionen einzunehmen, die üblicherweise von lt. Angestellten nach § 5 Abs. 3 besetzt sind, ist die Mitbestimmung bei der Auswahl von Teilnehmern ohne weiteres gegeben, sofern die Voraussetzungen nach Abs. 3 vorliegen.[86] Bei sog. **Tendenzträgern** scheidet nach Auffassung des *BAG*[87] ein erzwingbares Mitbestimmungsrecht nach § 98 Abs. 4 wegen § 118 Abs. 1 Satz 1 Nr. 2 i. d. R. aus. **31**

Das Mitbestimmungsrecht nach Abs. 3 ist nicht gegeben, soweit **Gesetze der Länder** über den Bildungsurlaub den AG verpflichten, bestimmte AN für die Teilnahme an beruflichen Bildungsmaßnahmen freizustellen. Es geht dabei um einen individuellen Anspruch der betreffenden AN, nicht um eine Beeinflussung der Auswahl durch den AG, die der BR im Interesse der Gleichbehandlung der AN vornehmen müsste.[88] Soweit bei der zeitlichen Lage des Bildungsurlaubs ein Regelungsspielraum besteht, etwa wenn aus dringenden betrieblichen Erfordernissen (vgl. § 5 Hess. BildungsurlaubsG, ähnlich andere Bundesländer) zum gleichen Zeitpunkt nur ein AN Bildungsurlaub nehmen kann, ergibt sich die Mitbestimmung aus § 87 Abs. 1 Nr. 5 (vgl. dort). **32**

---

79 *BAG* 8.12.87, a. a. O.; *Fitting,* Rn. 33.
80 *BAG* 8.12.87, a. a. O.; 30.5.06 – 1 ABR 17/05, EzA § 98 BetrVG 2001 Nr. 2; 20.4.10 – 1 ABR 78/08, BAGE 134, 62-71.
81 *Fitting,* Rn. 33.
82 *BAG* 18.3.14 – 1 ABR 77/12, AuR 14, 485.
83 Richardi-*Thüsing,* Rn. 59; *Fitting,* Rn. 35; *HWGNRH,* Rn. 68.
84 Richardi-*Thüsing,* Rn. 5.
85 Zur Reflexwirkung von Maßnahmen bei leitenden Angestellten im Hinblick auf andere AN vgl. *BAG* 30.4.74, AP Nr. 2 zu § 87 BetrVG 1972 Werkmietwohnungen.
86 Vgl. *Fitting,* Rn. 10; GK-*Raab,* Rn. 49; a. A. *Eich,* DB 74, 2159; *HWGNRH,* Rn. 3.
87 *BAG* 30.5.06 – 1 ABR 17/05, EzA § 98 BetrVG 2001 Nr. 2 zu einem Zeitungsredakteur; ebenso 20.4.10 – 1 ABR 78/08, AuR 10, 228, zu einem Anzeigenredakteur.
88 *BAG* 28.5.02 – 1 ABR 37/01, AuR 02, 268; *Fitting,* Rn. 36; *HWGNRH,* Rn. 69. Nach Art. 6 des von Deutschland ratifizierten IAO-Übereinkommens Nr. 140 über den bezahlten Bildungsurlaub, 1974, sind die Behörden, die Arbeitgeber- und Arbeitnehmerverbände und die mit Bildung und Berufsbildung befassten Institutionen oder Stellen in einer den innerstaatlichen Verhältnissen und Gepflogenheiten entsprechenden Weise bei der Festlegung und Durchführung der Politik zur Förderung des bezahlten Bildungsurlaubs heranzuziehen; vgl. *Zimmer,* ZESAR 15, 69, 102.

V. Sonstige betriebliche Bildungsmaßnahmen (Abs. 6)

33 Der Mitbestimmung des BR unterliegen **sonstige Bildungsmaßnahmen,** die im Betrieb durchgeführt werden und geeignet sind, Lernprozesse durch theoretische Einsichten zu vermitteln und zu vollziehen. Es geht um Bildungsmaßnahmen, die sich **nicht** auf die aktuelle oder zukünftige berufliche Tätigkeit von AN beziehen.[89] Beispielhaft lassen sich Sprachkurse, Lehrgänge über Menschenführung im Betrieb, Schulungen nach § 12 Abs. 2 Satz 2 AGG, Kurzschriftkurse, Lehrgänge über Arbeitssicherheit, Kurse über erste Hilfe und Lehrgänge über Arbeits- und Sozialrecht anführen, sofern es sich nicht um die Vermittlung von Kenntnissen handelt, die eine **irgendwie geartete berufliche Fortbildung** mit sich bringen. So kann bspw. ein Lehrgang über Arbeits- und Sozialrecht für Mitarbeiter der Personalabteilung eine betriebliche Berufsbildungsmaßnahme sein, die unter die Mitbestimmung nach Abs. 1 – 5 fällt.[90]

34 Nicht unter sonstige betriebliche Bildungsmaßnahmen i. S. d. Abs. 6 fallen Bereiche, die lediglich der **Unterhaltung** oder der **Freizeitbeschäftigung** dienen. Beispielhaft sind anzuführen: Malkurs,[91] betrieblicher Sportverein, betrieblicher Schachclub, Werksorchester oder Vergnügungsveranstaltungen im betrieblichen Bereich.[92] Handelt es sich um Maßnahmen der Ausgestaltung und Verwaltung von **Sozialeinrichtungen,** die der Bildung der AN dienen – wie etwa eine Werksbücherei –, ist die Mitbestimmung nach § 87 Abs. 1 Nr. 8 zu beachten.

35 Auch bei sonstigen Bildungsmaßnahmen ist für die Mitbestimmung des BR **nicht Voraussetzung,** dass sie im Betrieb durchgeführt werden. Gemeint sind Maßnahmen des AG, die er für die AN des Betriebs durchführt, auch wenn sie nicht im Betrieb selbst erfolgen.[93] Die Mitbestimmung bei sonstigen betrieblichen Bildungsmaßnahmen besteht in dem **gleichen Umfang** wie bei betrieblichen Berufsbildungsmaßnahmen nach Abs. 1 – 3. Mitbestimmungsrechte bestehen somit bei der Durchführung der Maßnahme, bei der Bestellung und Abberufung der mit der Durchführung beauftragten Personen sowie bei der Auswahl der teilnehmenden AN.

VI. Streitigkeiten

36 Das ArbG entscheidet im Wege des **Beschlussverfahrens** (§§ 2 a, 80 ff. ArbGG), ob eine Maßnahme der Mitbestimmung unterliegt. Die ESt. entscheidet verbindlich in Regelungsstreitigkeiten über die Durchführung einer berufsbildenden Maßnahme (zu Einzelheiten vgl. Rn. 3 ff.) oder über die Auswahl von Teilnehmern an solchen Maßnahmen (zu Einzelheiten vgl. Rn. 26 ff.). Bei einem groben Verstoß des AG gegen die Mitbestimmungsrechte des BR stehen diesem sowie der im Betrieb vertretenen Gewerkschaft die in § 23 Abs. 3 bezeichneten Rechte zu. Ein grober Verstoß des AG gegen seine Verpflichtungen aus Abs. 4 liegt vor, wenn er – ohne sich mit dem BR geeinigt zu haben und ohne Ersetzung der Einigung durch die ESt. – einen AN für eine Maßnahme der betr. Berufsbildung freistellt. Auch die einmalige Verletzung der Pflichten aus dem BetrVG kann grob iSd. § 23 Abs. 3 sein, wenn sie nur schwerwiegend genug ist. Das gilt auch für einen einmaligen Verstoß des AG gegen Abs. 4.[94] Nach § 17 Abs. 2 AGG können BR und Gewerkschaft diese Rechte auch bei einem Verstoß des AG gegen Vorschriften des Abschnitts 2 des AGG geltend machen[95] (ausführlich § 23 Rn. 367 ff.). Ob sich der BR gegen Verstöße des AG gegen seine Mitbestimmungsrechte aus dieser Vorschrift unabhängig von den in § 23 Abs. 3 BetrVG vorgesehenen Anforderungen an die Schwere des Verstoßes im Wege eines allgemeinen Unterlassungsanspruchs wehren kann, hat das *BAG*[96] ausdrücklich offen gelassen.

37 Das ArbG entscheidet im **Beschlussverfahren** über der Frage, ob dem AG aufzugeben ist, eine

89 *Kraft,* NZA 90, 460.
90 *Kraft,* a. a. O.
91 *BAG* 18.4.89, AiB 89, 356 mit Anm. *Buschmann.*
92 Vgl. Richardi-*Thüsing,* Rn. 67; *Fitting,* Rn. 38; GK-*Raab,* Rn. 44; *HWGNRH,* Rn. 74.
93 *Fitting,* Rn. 40; GK-*Raab,* Rn. 42; *HWGNRH,* Rn. 61; Richardi-*Thüsing,* Rn. 68.
94 *BAG* 18.3.14 – 1 ABR 77/12, AuR 14, 485.
95 Däubler/Bertzbach-*Buschmann,* § 17 AGG, Rn. 10 ff.
96 *BAG* 20.4.10 – 1 ABR 78/08. AuR 10, 228; ablehnend *HessLAG* 21.6.12 – 9 TaBV 75/12, juris, aufgehoben durch *BAG* 18.3.14 – 1 ABR 77/12, AuR 14, 485.

Bestellung zu unterlassen oder eine Abberufung durchzuführen. Gibt das Gericht dem Unterlassungsantrag des BR statt und führt der AG die Bestellung einer mit der Berufsbildung beauftragten Person entgegen einer rechtskräftigen Entscheidung durch, ist er auf Antrag des BR zu einem **Ordnungsgeld** zu verurteilen. Der Verurteilung hat eine **Strafandrohung** durch das Gericht vorauszugehen. Ein entsprechender Antrag des BR, im Falle der Zuwiderhandlung den AG zu einem Ordnungsgeld zu verurteilen, kann mit dem Antrag auf Bestellungsverbot verbunden werden.[97] Eine bestimmte Summe braucht in diesem Antrag nicht angegeben zu werden. Es genügt der Hinweis auf den gesetzlichen Rahmen. Die Verurteilung setzt als repressive Maßnahme Verschulden voraus, das aber regelmäßig gegeben sein wird. Der BR kann seinen Antrag auf Festsetzung eines Ordnungsgeldes bis zur Rechtskraft des Beschlusses zurücknehmen.[98]

Führt der AG die **Abberufung** einer mit der Berufsbildung beauftragten Person entgegen einer **38** rechtskräftigen gerichtlichen Entscheidung nicht durch, wird er auf Antrag des BR durch das Gericht durch **Zwangsgeld** dazu angehalten. Es handelt sich um eine Beugemaßnahme i. S. d. § 888 ZPO.[99] Das Zwangsgeld, das in einer Höhe bis zu 250 € täglich verhängt werden kann, setzt eine vorherige Strafandrohung und Verschulden nicht voraus. Es kann jedoch nicht mehr verhängt oder vollstreckt werden, wenn der AG der Anordnung des Gerichts nachgekommen ist.[100] Die eingezogenen Beträge verfallen der Staatskasse. Dies gilt auch, wenn der AG nach Vollstreckung die Abberufung durchführt.

Dritter Unterabschnitt Personelle Einzelmaßnahmen

§ 99 Mitbestimmung bei personellen Einzelmaßnahmen

(1) In Unternehmen mit in der Regel mehr als zwanzig wahlberechtigten Arbeitnehmern hat der Arbeitgeber den Betriebsrat vor jeder Einstellung, Eingruppierung, Umgruppierung und Versetzung zu unterrichten, ihm die erforderlichen Bewerbungsunterlagen vorzulegen und Auskunft über die Person der Beteiligten zu geben; er hat dem Betriebsrat unter Vorlage der erforderlichen Unterlagen Auskunft über die Auswirkungen der geplanten Maßnahme zu geben und die Zustimmung des Betriebsrats zu der geplanten Maßnahme einzuholen. Bei Einstellungen und Versetzungen hat der Arbeitgeber insbesondere den in Aussicht genommenen Arbeitsplatz und die vorgesehene Eingruppierung mitzuteilen. Die Mitglieder des Betriebsrats sind verpflichtet, über die ihnen im Rahmen der personellen Maßnahmen nach den Sätzen 1 und 2 bekannt gewordenen persönlichen Verhältnisse und Angelegenheiten der Arbeitnehmer, die ihrer Bedeutung oder ihrem Inhalt nach einer vertraulichen Behandlung bedürfen, Stillschweigen zu bewahren; § 79 Abs. 1 Satz 2 bis 4 gilt entsprechend.

(2) Der Betriebsrat kann die Zustimmung verweigern, wenn

1. **die personelle Maßnahme gegen ein Gesetz, eine Verordnung, eine Unfallverhütungsvorschrift oder gegen eine Bestimmung in einem Tarifvertrag oder in einer Betriebsvereinbarung oder gegen eine gerichtliche Entscheidung oder eine behördliche Anordnung verstoßen würde,**
2. **die personelle Maßnahme gegen eine Richtlinie nach § 95 verstoßen würde,**
3. **die durch Tatsachen begründete Besorgnis besteht, dass infolge der personellen Maßnahme im Betrieb beschäftigte Arbeitnehmer gekündigt werden oder sonstige Nachteile erleiden, ohne dass dies aus betrieblichen oder persönlichen Gründen gerechtfertigt ist; als Nachteil gilt bei unbefristeter Einstellung auch die Nichtberücksichtigung eines gleich geeigneten befristet Beschäftigten,**

---

97 *Fitting*, Rn. 24.
98 *Fitting*, a. a. O.
99 Richardi-*Thüsing*, Rn. 45 *Fitting*, Rn. 26.
100 Richardi-*Thüsing*, Rn. 45; *Fitting*, a. a. O.; GK-*Raab*, Rn. 36; *HWGNRH*, Rn. 49.

4. der betroffene Arbeitnehmer durch die personelle Maßnahme benachteiligt wird, ohne dass dies aus betrieblichen oder in der Person des Arbeitnehmers liegenden Gründen gerechtfertigt ist,

5. eine nach § 93 erforderliche Ausschreibung im Betrieb unterblieben ist oder

6. die durch Tatsachen begründete Besorgnis besteht, dass der für die personelle Maßnahme in Aussicht genommene Bewerber oder Arbeitnehmer den Betriebsfrieden durch gesetzwidriges Verhalten oder durch grobe Verletzung der in § 75 Abs. 1 enthaltenen Grundsätze, insbesondere durch rassistische oder fremdenfeindliche Betätigung, stören werde.

(3) Verweigert der Betriebsrat seine Zustimmung, so hat er dies unter Angabe von Gründen innerhalb einer Woche nach Unterrichtung durch den Arbeitgeber diesem schriftlich mitzuteilen. Teilt der Betriebsrat dem Arbeitgeber die Verweigerung seiner Zustimmung nicht innerhalb der Frist schriftlich mit, so gilt die Zustimmung als erteilt.

(4) Verweigert der Betriebsrat seine Zustimmung, so kann der Arbeitgeber beim Arbeitsgericht beantragen, die Zustimmung zu ersetzen.

Inhaltsübersicht

I. Vorbemerkungen

Die §§ 99 bis 105 regeln die **Beteiligungsrechte des BR** bei personellen Einzelmaßnahmen (vgl. das Schaubild in DKKWF-*Bachner,* § 99 Rn. 1). Im Sprachgebrauch des Gesetzes ist § 99 mit »Mitbestimmung« überschrieben. Die damit gemeinte Beteiligungsart unterscheidet sich von derjenigen, z. B. des § 87, dadurch, dass der BR seine Zustimmung zu der personellen Einzelmaßnahme nur beim Vorliegen bestimmter, abschließend im Gesetz genannter Gründe verweigern darf. Es handelt sich mithin um eine **gebundene Mitbestimmung.** Ihre Eigenart liegt darin, dass im Streitfall nicht die ESt. nach »billigem Ermessen« (§ 76 Abs. 5) entscheidet, sondern das ArbG die Berechtigung der Zustimmungsverweigerung überprüft (§ 99 Abs. 4). Auch das Initiativrecht des BR fehlt.[1] Außerdem hat der AG die Möglichkeit der vorläufigen einseitigen Regelung durch § 100. Die Beteiligung des BR kann aber durch TV oder BV zu einer ungebundenen »Voll-Mitbestimmung« ausgebaut werden (Rn. 33 ff.). 1

Üblicherweise wird festgestellt, dass die **Mitbestimmungs- und Beteiligungsrechte** bei personellen Einzelmaßnahmen in §§ 99 – 102 **erschöpfend aufgezählt** worden seien.[2] Das ist bei enger begrifflicher Abgrenzung zwar zutreffend, verstellt aber den Blick auf die **umfassende Schutzfunktion des BR** bei den einzelne AN betreffenden Vorgängen. Das gilt bereits im Vorfeld »harter« personeller Entscheidungen, die zur Beteiligung des BR gemäß § 99 führen, für seine Einschaltung bei der Wahrnehmung der **Individualrechte des AN** gemäß §§ 81 – 85. Die frühzeitige Ausschöpfung der dort enthaltenen Möglichkeiten der Information, Erörterung und ggf. Beschwerde können unliebsamen Überraschungen, Missverständnissen und unnötigen Streitigkeiten in einem späteren Stadium entgegenwirken. Das gilt insbes. Für Auswahlrichtlinien nach § 95, der über Abs. 2 Nr. 2 (vgl. Rn. 204) direkt mit § 99 verknüpft wird. Daneben ist auf die wichtige Rolle des BR bei personellen Einzelentscheidungen im Bereich **betrieblicher Bildungsmaßnahmen** gemäß § 98 hinzuweisen. Diese ausdrücklichen Beteiligungsrechte werden ergänzt durch die **Generalklauseln der §§ 75 und 80,** die den BR berechtigen und verpflichten, sich der Belegschaftsinteressen gerade insofern anzunehmen, als diese sich auf die Belange der AN als Einzelpersonen beziehen. Daraus resultieren z. B. Einwirkungsmöglichkeiten des BR bei personellen Einzelmaßnahmen in Betrieben mit nicht mehr als 20 AN (vgl. Rn. 10). Operativ unterstützt werden all die auf einzelne AN bezogenen Betätigungsmöglichkeiten des BR durch die Einrichtung seiner Sprechstunde (§ 39), das Recht, einzelne AN an ihrem Arbeitsplatz aufzusuchen (vgl. § 80 Rn. 23 ff), und die Einblicksmöglichkeit in Lohn- und Gehaltslisten (vgl. § 80 Rn. 126 ff.). 2

Die Beteiligungsrechte des BR bei personellen Einzelmaßnahmen sind vor allem eingebettet in das **Geflecht der kollektiven Regelungen.** Abs. 2 bezieht sich mit einem deutlichen Schwerpunkt auf Regelungen der Betriebsparteien selbst, deren Einhaltung der BR mit dieser Vorschrift wirksam sichern kann: »Betriebsvereinbarung« (Nr. 1); »Auswahlrichtlinien« (Nr. 2); »Ausschreibung« (Nr. 5). Mit anderen Worten: Die Reichweite und Wirksamkeit der Beteiligung gemäß § 99 sind in einem hohen Maße von der eigenen kollektiven Vorarbeit des BR (mit) abhängig. Umgekehrt kann die effektive Beteiligung bei personellen Einzelentscheidungen eine wichtige Rolle als **Frühindikator für Betriebsänderungen** i. S. v. § 111 spielen (vgl. § 111 Rn. 58; zur Qualität einer verspäteten Information gemäß § 111 und einem unterlassenen Interessenausgleich als Widerspruchsgrund gemäß Abs. 2 Nr. 1 vgl. Rn. 197). 3

Die **Entscheidungsmaßstäbe des BR** sind vielfältig: Er hat zum einen auf die Rechte der einzelnen AN zu achten und zum anderen die kollektiven Interessen der Belegschaft zu wahren.[3] Das Wort »kollektiv« bedeutet dabei nicht zuletzt Verteilungsgerechtigkeit zwischen den AN (»betriebliche Lohngerechtigkeit«)[4] und damit ein am Gleichheitssatz orientiertes Interesse aller, d. h. jedes einzelnen AN. Darüber hinaus hat der BR auch **Belange »draußen« stehender AN** wahrzunehmen, wie dies z. B. der Widerspruchsgrund des Abs. 2 Nr. 4 zeigt (vgl. Rn. 223) bzw. aus seinem Recht ersichtlich wird, einen Verstoß gegen § 611 a BGB oder 4

1 *Däubler,* Arbeitsrecht 1, Rn. 1045.
2 *Fitting,* Rn. 2.
3 *Fitting,* Rn. 3; MünchArbR-*Matthes,* § 344 Rn. 2; vgl. *v. Hoyningen-Huene,* § 14 Abs. 3 Satz 1.
4 *BAG* 28.1.86, EzA § 99 BetrVG 1972 Nr. 47.

§ 81 SGB IX gemäß Abs. 2 Nr. 1 zu reklamieren (Rn. 197). Dies sind anspruchsvolle Anforderungen. Der insoweit abverlangte »Altruismus« kann durchaus in Konflikte mit der eigenen Belegschaft führen. In dieser Hinsicht hat das **Zusammenwirken mit den Gewerkschaften** gemäß § 2 entscheidende Bedeutung (§ 2 Rn. 48 ff.). Außerdem wird die Bedeutung einer funktionierenden **Zusammenarbeit mit der Agentur für Arbeit** hinsichtlich des externen Arbeitsmarktes deutlich. Der BR hat bei der Ausübung seines Beteiligungsrechts und damit der Abwägung der verschiedenen, einander möglicherweise widerstreitenden Interessen ein **freies, nicht justitiables Ermessen.** Grenzfälle des Ermessensmissbrauchs können nur über § 23 sanktioniert werden (vgl. § 23 Rn. 86 ff.) oder zur Unbeachtlichkeit einer Zustimmungsverweigerung (Rn. 186) führen.

5 Die Beteiligung bei personellen Einzelmaßnahmen bedeutet kollektive Einflussnahme auf individualrechtliche Akte, jeweils bezogen auf ein **konkretes Arbeitsverhältnis.** Auch wenn in der Praxis bestimmte Entscheidungen typischerweise zeitlich zusammenfallen (Einstellung/erste Eingruppierung; Änderungskündigung/Versetzung; Änderungskündigung/Umgruppierung), sind sie gemäß §§ 99 und 102 rechtlich getrennt nach ihren einzelnen Voraussetzungen und Folgen zu behandeln. Die Zustimmung des BR ist für **jede Maßnahme selbstständig** erforderlich.[5] So sind etwa auch eine zunächst nur kommissarische und später die endgültige Besetzung einer Stelle mit demselben AN jeweils für sich mitbestimmungspflichtige Maßnahmen.[6] Daraus folgt als Auslegungsgrundsatz, dass die Information des BR im Zweifel nur dann ausreichend ist, wenn sie ausdrücklich mit ihren betriebsverfassungsrechtlich relevanten Einzelbestandteilen benannt wurde (Rn. 140). Hinzu kommt: Auch wenn eine **Vielzahl von AN** betroffen ist, muss der BR in eindeutig individuell zurechenbarer Weise informiert werden[7] (vgl. Rn. 140).

II. Voraussetzungen der Mitbestimmung

1. Unternehmensgröße, Arbeitnehmerzahl

6 Voraussetzung für die Mitbestimmung bei personellen Einzelmaßnahmen ist eine **Mindestgröße des UN.** Mit dem **BetrVerf-ReformG 2001** ist diese bis dahin auf den Betrieb bezogene Grenze auf das UN bezogen worden (zum Unternehmensbegriff vgl. Einl. Rn. 103 ff.). Bei UN mit mehreren Betrieben kommt es deshalb nicht mehr auf die Größe der einzelnen Betriebe an, sondern auf die Anzahl der AN im gesamten Unternehmen.

7 Voraussetzung für die Mitbestimmung gemäß § 99 ist die **regelmäßige Beschäftigung von mehr als 20 AN** im Unternehmen (zum Kreis der wahlberechtigten AN vgl. § 7; zum Kriterium der »in der Regel« beschäftigten AN vgl. § 9 Rn. 6 ff.). Entscheidend ist, welche (regelmäßige) Beschäftigtenzahl auf Dauer zu erwarten ist (§ 9 Rn. 6 ff.), d. h. die Zahl der Arbeitsplätze, auf die das Unternehmen ausgerichtet ist.[8] In einem **gemeinsamen Betrieb mehrerer Unternehmen** ist der Schwellenwert nicht nur dann erfüllt, wenn alle am Gemeinschaftsbetrieb beteiligten Unternehmen jeweils mehr als 20 Arbeitnehmer beschäftigen, sondern auch, wenn nur eines der beteiligten Unternehmen über mehr als 20 Arbeitnehmer verfügt, da eine gespaltene Rechtsposition des Betriebsrats mit der Struktur des Mitbestimmungsrechts nicht vereinbar ist.[9] Beschäftigt keines der am Gemeinschaftsbetrieb beteiligten Unternehmen mehr als 20 Arbeitnehmer, sind aber im Gemeinschaftsbetrieb insgesamt mehr als 20 Arbeitnehmer beschäftigt, so findet § 99 analoge Anwendung.[10]

8 Im Gegensatz zu § 1 ist nicht erforderlich, dass es sich um »ständig« beschäftigte AN (vgl. § 1 Rn. 164) handelt. Auch nur **vorübergehend Beschäftigte**, also auch Leih-AN[11] werden mitgezählt.

5 *BAG* 10.2.76, EzA § 99 BetrVG 1972 Nr. 9; HWGNRH-*Huke*, Rn. 1.
6 *HessLAG* 22.3.94, ZTR 94, 479.
7 HWGNRH-*Huke*, Rn. 97.
8 GK-*Raab*, Rn. 6; ähnlich für § 17 KSchG *BAG* 31.7.86, NZA 87, 587; zu pauschal daher *WEH*, Teil I Rn. 122.
9 *BAG* 29.9.04, AP Nr. 40 zu § 99 BetrVG 1972 Versetzung; GK-*Raab*, § 99 Rn. 9.
10 *BAG* 29.9.04, AP Nr. 40 zu § 99 BetrVG 1972 Versetzung; GK-*Raab*, § 99 Rn. 10.
11 Vgl. hierzu auch die auf § 99 Abs. 1 übertragbare Rspr. des BAG (*BAG* Urt. v. 18.10.11, NZA 12, 221 Tz. 19).

Soweit das Mitbestimmungsrecht bei personellen Einzelmaßnahmen vom **Über- oder Unterschreiten der 20-AN-Grenze** abhängt, ist für den **Zeitpunkt** seines Einsetzens bzw. Verlustes zu unterscheiden: Sobald man davon sprechen kann, dass regelmäßig mehr als 20 AN beschäftigt werden, werden alle zu diesem Zeitpunkt noch nicht abgeschlossenen, mithin noch der Mitbestimmung zugänglichen Maßnahmen mitbestimmungspflichtig. Sinkt die regelmäßige AN-Zahl unter die Grenze, so werden die noch mitbestimmt begonnenen Verfahren (ab dem Zeitpunkt der Informationsverpflichtung des AG) gemäß §§ 99, 100 zu Ende geführt;[12] später eingeleitete personelle Einzelmaßnahmen unterliegen dann nicht mehr der Mitbestimmung. **9**

In UN mit in der Regel **nicht mehr als 20 AN** gibt es **keine Beteiligungsrechte des BR** gemäß § 99. Dennoch ist der AG zur Einhaltung aller in § 99 Abs. 2 Nr. 1 genannten Vorschriften gehalten, auch wenn es keinen Zustimmungsvorbehalt des BR gibt. Außerdem gilt für den AG § 75, für den BR § 80 und § 85 und für das Zusammenwirken von AG und BR § 2 Abs. 1 und § 74 Abs. 1. Daraus folgt z. B., dass der AG den BR **rechtzeitig** über geplante personelle Einzelmaßnahmen **unterrichten** und sie mit ihm erörtern muss. Ggf. steht dem BR auch der Weg über § 23 offen (vgl. § 23 Rn. 153 ff.). Die Geltung der §§ 90 – 101 kann durch TV oder BV vereinbart werden.[13] **10**

2. Bestehen eines Betriebsrats

Voraussetzung der Wahrnehmung von Mitbestimmungs- und Beteiligungsrechten ist das **Vorhandensein eines BR.**[14] Im Falle der **erstmaligen Bildung eines BR** soll § 99 erst gelten, wenn der BR konstituiert ist.[15] Das ist zutreffend, weil nur gegenüber einem handlungsfähigen BR die Wochenfrist des Abs. 3 mit den entsprechenden Rechtswirkungen in Gang gesetzt werden kann. Andererseits steht das Verhalten des AG insofern unter Missbrauchsvorbehalt, als er nicht objektiv erst später anstehende Maßnahmen vorziehen darf, um sie der Mitbestimmung des BR zu entziehen. Für den Normalfall des **auslaufenden BR-Amtes** sichert § 22 die Möglichkeit der Fortführung der angefangenen und noch weiter anfallenden Mitbestimmungsfälle. Übt der Betriebsrat ein **Übergangsmandat** nach § 21 a BetrVG aus, so findet § 99 in vollem Umfang Anwendung; das Übergangsmandat ist ein Vollmandat (vgl. § 21 a Rn. 10, 61). **11**

Die **Zuständigkeit** für Beteiligungsrechte bei personellen Einzelentscheidungen liegt im Regelfall beim **Einzel-BR** und nicht beim GBR (zu Ausnahmen vgl. Rn. 16). Der BR kann die Wahrnehmung seiner Beteiligungsrechte nach § 99 auf den **Betriebsausschuss** (§ 27) oder einen besonderen **Personalausschuss** übertragen; Letzteres ist gemäß § 28 Abs. 1 nur möglich, wenn ein Betriebsausschuss errichtet ist[16] (vgl. § 28 Rn. 3). Die Übertragung kann sich auf bestimmte Maßnahmen beschränken oder die Entscheidung des Vorgangs dem BR selbst vorbehalten. **12**

3. Betroffene Beschäftigte

Das Beteiligungsrecht bezieht sich **nicht nur** auf AN, die in einem **Arbeitsverhältnis** zum AG stehen. Der BR hat vielmehr auch dann mitzubestimmen, wenn Personen in den Betrieb eingegliedert werden, um zusammen mit den im Betrieb schon beschäftigten AN **den arbeitstechnischen Zweck des Betriebs durch weisungsgebundene Tätigkeit zu verwirklichen.** Auf das Rechtsverhältnis, in dem diese Personen zum AG stehen, kommt es nicht an. Die Mitbestimmung greift dem *BAG* zufolge dann ein, »wenn Personen mit ihrem Einverständnis faktisch für eine bestimmte Zeit **in den Betrieb eingegliedert** werden und dort genau so arbeiten wie jeder AN dieses Betriebs«.[17] Es kann sich um **Leih-AN** (§ 14 Abs. 3 AÜG), zu ihrer **13**

---

12 Vgl. Richardi-*Thüsing*, Rn. 14; a. A. GK-*Raab*, Rn. 12.
13 *Fitting*, Rn. 13.
14 HWGNRH-*Huke*, Rn. 6.
15 *Fitting*, Rn. 15; Richardi-*Thüsing*, Rn. 19; HWGNRH-*Huke*, Rn. 6.
16 *BAG* 1.6.76, AP Nr. 1 zu § 28 BetrVG 1972.
17 ständige Rspr., vgl. *BAG* 14.5.74, DB 74, 1580; 1.8.89, DB 90, 483; 3.10.89, DB 90, 1140.

Ausbildung Beschäftigte auch ohne Ausbildungsvertrag gemäß § 3 BBiG[18] oder sogar um **selbstständige UN**[19] handeln.[20] Auch die Ausgabe von **Heimarbeit** kann als Einstellung anzusehen sein (Rn. 54). Ebenfalls nach § 99 beteiligungspflichtig ist die Eingliederung von Beschäftigten als sog. **Ein-Euro-Jobber,** weil auch bzgl. dieser Personen das Weisungsrecht durch die Arbeitgeber des Beschäftigungsbetriebes ausgeübt wird. (vgl. Rn. 40).

14 Für **leitende Angestellte** gilt § 99 nicht. Es ist ausschließlich gemäß § 105 zu informieren (s. dort). Da § 99 auch hinsichtlich Einstellungen von **Nicht-AN** gilt, wenn sie in den Betrieb »eingegliedert« werden (Rn. 39), liegt es nahe, **§ 5 Abs. 3 analog** anzuwenden, wenn sie in der Funktion eines leitenden Angestellten tätig werden.[21] Das *BAG* schließt die »Beförderung« eines Angestellten und die damit verbundene **Versetzung in den Status eines leitenden Angestellten** von der Mitbestimmung des § 99 aus und verweist auf § 105.[22] Jedoch kann dies allenfalls für Widerspruchsgründe gelten, die sich auf den Bereich der künftigen leitenden Tätigkeit beziehen, nicht auf solche, die sich auf das »Woher« stützen. Die **Herabstufung vom leitenden Angestellten zum nichtleitenden AN** ist aus Sicht der durch das BetrVG geschützten Belegschaft eine Einstellung, weil der ehemals leitende Angestellte mit dem Verlust seines Status zugleich Wahlberechtigter i. S. von § 7 wird[23] (vgl. a. Rn. 40).

4. Betriebsübergreifende Maßnahmen im Unternehmen und Konzern

15 Die Wahrnehmung der Mitbestimmungsrechte bei personellen Einzelmaßnahmen ist auf den Betrieb und den dort gebildeten Einzel-BR bezogen. Das damit implizierte Modell einer geschlossenen personalwirtschaftlichen Einheit, eines sog. **internen Arbeitsmarktes,** ist in der Wirklichkeit jedenfalls der größeren UN mit mehreren Betrieben bzw. der konzernverbundenden UN eher die Ausnahme als die Regel. Personalwirtschaft wird vielfach **unternehmensweit,** nicht selten **konzernweit** organisiert. Das ist tendenziell stärker der Fall bei Grundsätzen und längerfristigen Planungsvorgaben und mit steigender Qualifikation und hierarchischer Stellung der betroffenen AN. Jedoch sind auch Maßnahmen, z. B. Versetzungen von einem Betrieb zum anderen, fluktuierende Einsätze o. Ä. bei AN mit einfachen Tätigkeiten üblich.[24] Das Gleiche ist innerhalb von UN eines Konzerns zu beobachten (Rn. 17; zum Arbeitseinsatz außerhalb des Konzerns bei ansonsten kooperierenden UN vgl. Rn. 19). In vielen Fällen korrespondieren damit unternehmensweite (seltener: konzernweite) Regelungen mit dem GBR (bzw. KBR), z. B. über Auswahlrichtlinien (vgl. § 95 Rn. 20) oder Stellenausschreibungen (vgl. § 93 Rn. 11). Bloße Zweckmäßigkeitserwägungen führen im Grundsatz aber nicht zu einer Verlagerung von Zuständigkeiten auf den GBR. Die Beschränkung der Handlungsspielräume des AG durch möglicherweise **divergierende Entscheidungen der Einzel-BR** wird durch das BetrVG in Kauf genommen.[25] Es geht von der **»organisatorischen und beteiligungsmäßigen Einheit des einzelnen Betriebs«** aus.[26] Das bedeutet, dass ein möglicherweise individualarbeitsrechtlich in sich geschlossener Vorgang **betriebsverfassungsrechtlich** in die Komponenten **zerlegt** wird, in denen er sich den jeweils betroffenen und zuständigen Einzel-BR darbietet: Eine »Abordnung« von einem zu einem anderen Betrieb als »Versetzung« im abgebenden, als »Einstellung« im aufnehmenden Betrieb.[27] Diese Betonung der Einzel-BR-Zuständigkeit darf jedoch den Blick nicht verstellen für **betriebsübergreifende Interessen der gesamten Belegschaft des ganzen UN,** denen auf einzelbetrieblicher Ebene nicht adäquat Rechnung getragen werden kann. Mit anderen Worten: »Mitbestimmungslücken« auf Grund mangelnder »Reich-

---

18 *BAG* 3.10.89, DB 90, 1140.
19 *BAG* 15.4.86, DB 86, 2497.
20 *Plander,* Normalarbeitsverhältnis, Rn. 358, hält auch die Entscheidung des AG zur erstmaligen Mitarbeit im Betrieb für mitbestimmungspflichtig.
21 So *ArbG Marburg* 10.12.92 – 2 BV 21/92 für einen Unternehmensberater als Personalleiter.
22 *BAG* 8.2.77, DB 77, 146; 29.1.80, DB 80, 1946.
23 *v. Hoyningen-Huene/Boemke,* S. 210 f.
24 Vgl. die Fallgestaltung bei *BAG* 18.10.88, DB 88, 732.
25 *Windbichler,* S. 392 m. w. N.
26 *BAG* 30.4.81, AuR 81, 354 mit Anm. *Bobke.*
27 Ständige Rspr.; etwa *BAG* 18.2.86, DB 86, 1523; 1.8.89, DB 90, 382 m. w. N.

weite« der Einzel-BR-Mitbestimmung müssen möglicherweise durch den GBR (ggf. KBR) geschlossen werden (vgl. Rn. 16).

Im Wesentlichen ergeben sich folgende **Fallgruppen unternehmensbezogener Maßnahmen:** **16**

- **Abordnung:** Es steht von vornherein fest, dass der AN nach Beendigung seines externen Einsatzes an seinen bisherigen Arbeitsplatz zurückkehrt. Die Abordnung vom und Rückkehr in den Stammbetrieb ist eine einheitliche Maßnahme, die sich nicht in Ausscheiden aus dem Betrieb und Wiedereingliedern in den Betrieb trennen lässt; der Gesamtvorgang wird aus Sicht des »abgebenden« BR als eine »Versetzung« behandelt[28] (hierzu näher Rn. 107). Die Rückkehr nach Ende des befristeten Einsatzes ist dann keine »Einstellung und deshalb nicht mehr mitbestimmungspflichtig.[29] Ob es sich um eine mitbestimmungspflichtige Versetzung handelt, wird anhand der üblichen Kriterien »anderer Arbeitsbereich«, »Dauer« und »erhebliche Änderung der Umstände« i. S. d. § 95 Abs. 3 geklärt (Einzelfälle Rn. 96 ff.). Für den neuen Einsatzbetrieb handelt es sich um eine »Einstellung«[30] (zu Einzelfällen vgl. Rn. 107). Das *BAG* hat ein Mitbestimmungsrecht auch bei Abordnung in den Betrieb eines anderen UN angenommen, wenn die Arbeitsleistung im Interesse des abgebenden AG liegt,[31] auch bei einem Betrieb im Ausland.[32]
- **Versetzung auf Dauer gegen den Willen des AN mit Änderungskündigung:** Beim abgebenden Betrieb setzt die Mitbestimmung bei § 99 an. Außerdem greift § 102 ein (im Fall eines BR-Mitglieds kommt § 103 zum Tragen);[33] im aufnehmenden Betrieb handelt es sich um eine Einstellung.[34] Demgegenüber soll bei einem **dauerhaften Wechsel eines AN von einem Mitbestimmungssystem in ein anderes** kein Beteiligungsrecht des BR des abgebenden BR bestehen. So habe z. B. die Personalvertretung für das Bordpersonal der LTU Lufttransportunternehmen GmbH & Co KG kein Mitbestimmungsrecht, wenn ein Flugkapitän nach Feststellung dauernder Fluguntauglichkeit auf eine beim Bodenpersonal angesiedelte Stelle wechseln soll. Das Mitbestimmungsrecht übt in diesem Fall allein der Betriebsrat für das Bodenpersonal aus.[35]
- **Endgültige Versetzung mit dem Einverständnis des AN:** Da der AN endgültig und einverständlich (was im Einzelfall angesichts der strukturellen Ungleichheit im Arbeitsverhältnis größeren Zweifeln ausgesetzt sein kann) aus dem Betrieb ausscheidet, kommt dem *BAG* zufolge eine Beteiligung des BR des abgebenden Betriebs nicht in Betracht; beim aufnehmenden Betrieb handele es sich dagegen um eine Einstellung[36] (hierzu aber näher Rn. 107). Vorstehendes gilt entsprechend für die **endgültige Versetzung gegen den Willen des AN**, wenn von einer im Arbeitsvertrag vereinbarten (rechtmäßigen) **Versetzungsklausel** Gebrauch gemacht wird (zur Kritik an dieser Rspr. vgl. Rn. 17).
- **Freistellung des AN für freiwillige, vorübergehende Arbeitsaufnahme:** im abgebenden Betrieb keine Versetzung, wenn die Tätigkeit kurzfristig (zwei Tage) ist und sich die Art der Tätigkeit nicht wesentlich ändert.[37]
- Beabsichtigt der AG eine **betriebsbedingte Kündigung und** behauptet der AN, es gäbe eine **Versetzungsmöglichkeit** in einen anderen Betrieb als milderes Mittel gegenüber der Kündigung, so stellt sich die Frage, wie zu verfahren ist, wenn der BR des aufnehmenden Betriebes die Zustimmung zur Einstellung des für die Kündigung vorgesehenen AN verweigert hat. Nach der hier vertretenen Auffassung kann der AN im Kündigungsschutzprozess klären lassen, ob die möglichen Gründe für die Zustimmungsverweigerung des BR im aufnehmenden Betrieb bestehen oder nicht. Verneint das Gericht deren Berechtigung und mithin die Berechtigung der Kündigung, ist es Sache des AG, diese Position gegenüber

28 Ständige Rspr.; zuletzt *BAG* 18.10.88, DB 89, 732.
29 *LAG Düsseldorf* 1.9.88, AuR 89, 186.
30 *BAG* 18.2.86, AP Nr. 33 zu § 99 BetrVG 1972 mit Anm. *Misera.*
31 *BAG* 19.2.91, DB 91, 1627.
32 *BAG* 18.2.86, a. a. O.
33 Vgl. *BAG* 26.1.93, 21.9.89, EzA § 99 BetrVG 1972 Nr. 109, 76.
34 *BAG* 30.4.81, AuR 81, 354.
35 *LAG Düsseldorf* 22.7.04.
36 *BAG* 20.9.90, BB 91, 550.
37 *BAG* 19.2.91, DB 91, 1627.

dem BR im aufnehmenden Betrieb im Verfahren nach §§ 99, 100 durchzusetzen. Keinesfalls kann er sich lediglich unter Hinweis auf die (mögliche) Zustimmungsverweigerung des BR im aufnehmenden Betrieb »zurücklehnen« und eine Versetzungsmöglichkeit nur deshalb ablehnen.[38] Wenn der AG von der Kündigungsabsicht abrückt und entsprechend den AN- bzw. BR-Hinweisen eine Versetzung ausspricht, ist der BR erneut über diese zu informieren. Sein Beteiligungsrecht wurde nicht durch das vorangegangene Kündigungsverfahren »konsumiert« (vgl. Rn. 140).

17 Die Rspr. des *BAG*, wonach die Mitbestimmung im abgebenden Betrieb entfallen könne, wenn der mit seinem Einverständnis versetzte AN auf Dauer aus dem abgebenden Betrieb ausscheidet,[39] führt zu argumentatorischen **Inkonsequenzen** und zu unvertretbaren **»Mitbestimmungslücken«**. Das BAG stellt in seiner früheren Rspr. selbst fest: »Andere AN, die eine solche Versetzung gewünscht haben, müssen u. U. zurückstehen. Die Versetzung kann unabhängig davon gegen gesetzliche oder andere Vorschriften oder gegen eine Richtlinie nach § 95 verstoßen. Alle diese von einer Versetzung berührten Interessen der AN des Betriebs hat der BR – wenn auch nur im Rahmen des § 99 Abs. 2 – zu wahren. Seine Beteiligung kann daher nicht deswegen ausgeschlossen sein, weil der von der Versetzung betroffene AN mit dieser einverstanden ist.«.[40] Diese Feststellungen machen ersichtlich keinen Unterschied, ob eine Versetzung auf Dauer erfolgt oder nur zeitweise. Daraus ist sodann der Schluss zu ziehen, dass entweder **beide BR** beteiligt werden und man ihnen zubilligt, auch die Interessen von AN in dritten Betrieben einzubringen, **oder** eine **originäre Zuständigkeit des GBR** gemäß § 50 Abs. 1 angenommen wird (vgl. § 50 Rn. 65). Es spricht viel dafür wie folgt zu unterscheiden: Die Zuständigkeit liegt bei beiden **Einzel-BR,** wenn es sich lediglich um **»bilaterale« Vorgänge** zwischen beiden Betrieben handelt, jedoch beim **GBR,** wenn eine **zentrale Steuerung** durch die UN-Leitung vorliegt[41] (vgl. § 50 Rn. 65). Das dürfte stets dann der Fall sein, wenn aktive Fördermaßnahmen im Rahmen der unternehmensweiten Personalentwicklung ergriffen werden, z. B. auf Grund unternehmensweiter, mit dem GBR vereinbarter Auswahlrichtlinien gemäß § 95 (s. § 95 Rn. 20). Indiz können etwa Stellen- und Karrierebeschreibungen in Zeitungsannoncen, Aufträge an die Agentur für Arbeit oder an Personalberater sein. In jedem Falle können die beteiligten Einzel-BR den GBR bei derartigen Vorgängen gemäß § 50 Abs. 2 beauftragen (vgl. § 50 Rn. 71 ff.). Es ist auch eine Gesamt-BV denkbar, die eine Zuständigkeit des GBR für bestimmte Fälle vorsieht (ggf. nur vorgeschaltete Informationsrechte).[42] Eine sog. **Personalrunde,** bei der der AG einmal im Jahr eine Mehrzahl von bilateralen Versetzungen bündelt, führt nicht zur Zuständigkeit des GBR.[43]

18 **Konzernbezogene Personalmaßnahmen** weisen auf den ersten Blick die gleichen Strukturprobleme auf wie unternehmensbezogene[44] (vgl. Rn. 15). Auf einem zentralen personalwirtschaftlich-ökonomischen Willen beruhende Entscheidungen werden mehraktig durch verschiedene Handlungsträger umgesetzt. Für den Konzern (zum Konzerntatbestand Vor § 54 Rn. 4 – ff.) gilt dabei im Grundsatz das Gleiche wie innerhalb eines UN: Die ökonomische Subjektqualität des Konzerns und daraus fließende Harmonisierungsbestrebungen ändern nichts an der betriebsorientierten Organisations- und Beteiligungsstruktur der Betriebsverfassung (für ein UN mit mehreren Betrieben vgl. Rn. 15). Daraus resultierende Unbequemlichkeiten muss die Obergesellschaft hinnehmen. Insbes. ändert z. B. eine (zulässige) **Konzern-Weisung** an eine abhängige Gesellschaft nichts an deren Pflicht, sich dem ungeschmälerten Mitbestimmungsrecht ihres BR zu stellen; ggf. kann die Weisung nicht umgesetzt werden.[45] Der entscheidende **Unterschied zwischen Konzern und UN** liegt darin, dass AN im Konzern zwischen **rechtlich selbstständigen UN** wechseln. Dass es dabei überhaupt so etwas

38 *BAG* 3.12.02 – 9 AZR 104/02.
39 *BAG* 1.8.89, DB 90, 382; 20.9.90, BB 91, 550.
40 *BAG* 18.2.86, DB 86, 1523.
41 So bereits *Richardi,* DB 74, 1288; *Stege,* DB 75, 1509; Richardi-*Thüsing,* Rn. 124.
42 Vgl. den Fall einer Stelle in der Hauptverwaltung, deren Inhaber für sämtliche Betriebe zuständig sein soll, *LAG Berlin* 25.4.83, DB 83, 2633.
43 *BAG* 26.1.93, EzA § 99 BetrVG 1792 Nr. 109.
44 Zu praktischen Fallgestaltungen *Windbichler,* S. 386 ff.
45 *Windbichler,* S. 392.

wie einen »**Konzern-Arbeitseinsatz**« gibt, wird rechtlich ausschließlich dadurch begründet, dass die beteiligten AN und die diversen Konzern-UN sich hierzu vertraglich verpflichten bzw. aus ihrem Verhalten entsprechende Pflichten durch Auslegung ermittelt werden müssen.[46] Anders als innerhalb eines UN bilden diese **Vertragsbeziehungen** die Aufgreiftatbestände für Mitbestimmung bei konzerninternen, unternehmensübergreifenden personellen Maßnahmen.[47] Der **Konzerntatbestand** seinerseits konstituiert das Band zwischen UN. In ihm liegt z. B. als Voraussetzung für den Versetzungstatbestand das »Interesse des AG an der Arbeitsleistung im anderen Unternehmen«[48] charakterisiert. Das geltende Recht stellt derartige Arbeitseinsätze innerhalb eines Konzerns von den Voraussetzungen für **gewerbliche AN-Überlassung** frei (§ 1 Abs. 3 Nr. 2 AÜG).

Der gängigste Fall für konzernbezogene personelle Maßnahmen ist die **Abordnung:** Sie kann **19** erfolgen in Form von AN-Überlassung im Konzern i. S. v. § 1 Abs. 3 Nr. 2 AÜG (= Überlassung von AG-Befugnissen von Konzernspitze an abhängiges UN und umgekehrt), der Begründung eines zweiten Arbeitsverhältnisses beim abhängigen UN oder dessen Vertragsbeitritt, wenn das Arbeitsverhältnis mit dem Stamm-UN (häufig Konzernspitze) nicht aufgelöst wird. Dieses Arbeitsverhältnis kann ruhen. Üblicherweise wird eine **Rückkehrklausel** vereinbart. In allen derartigen Fällen liegt beim abgebenden UN eine Versetzung vor, wenn die Rückkehr schon im Voraus fest terminiert ist. Wird sie erst bei Bedarf durch eine selbstständige Rückkehrverfügung des UN ausgelöst, ist dieser Akt erneut als Einstellung zu bewerten. Für das aufnehmende UN /Betrieb handelt es sich um eine Einstellung. Auch beii einem **Wechsel zwischen Konzern-UN** liegt beim abgebenden UN eine Versetzung vor,[49] beim aufnehmenden eine Einstellung. **Verbleibt** ein zunächst nur abgeordneter AN **beim Beschäftigungs-UN,** ist dies erneut als Einstellung zu behandeln (wie bei der Verlängerung eines befristeten Arbeitsverhältnisses; vgl. Rn. 47). Es ist aber auch der Fall denkbar, dass AN zur Beschäftigung in einem bestimmten Betrieb eines Konzern-UN angestellt werden, die Arbeitsverträge jedoch mit den herrschenden UN abgeschlossen werden. Es liegt **Konzern-AN-Überlassung** vor; die Mitbestimmung wird am Beschäftigungsort vom dortigen BR wahrgenommen (also »Einstellung« beim Abschluss des Arbeitsvertrags bzw. bei Arbeitsaufnahme).

Eine **originäre Zuständigkeit** des KBR dürfte nach dem für einen GBR Gesagten (vgl. Rn. 17) **20** nur in den allerseltensten Fällen begründbar sein (z. B. bei einer Kombination von konzernweiten Auswahlrichtlinien gemäß § 95 mit unternehmensübergreifenden Versetzungsrechten bzw. -pflichten). Bloße Harmonisierungsbestrebungen reichen allein nicht. Andererseits ist nicht zu verkennen, dass in einer Reihe von Konzernen eine handfeste Personalplanung bis zur Personalentwicklung konzernweit jedenfalls für Führungskräfte schon unterhalb der Ebene der leitenden Angestellten erfolgt.[50] Dann kann sich zumindest die **informatorische Einschaltung** des KBR empfehlen, ggf. der Abschluss von **Konzern-BV** über Auswahlrichtlinien, Bildungsmaßnahmen und Stellenausschreibungen (vgl. § 58 Rn. 31). Allerdings wird auch dadurch, dass aufgrund einer KBV die Funktionsbewertung von außertariflichen Mitarbeitern von einer paritätischen Kommission vorgenommen wird, das Beteiligungsrecht des örtlichen BR bei der konkreten Eingruppierung dieser Mitarbeiter weder ausgeschlossen noch eingeschränkt.[51]

Die gleichen Probleme wie im Konzern gibt es im Verhältnis zwischen UN und einer von ihnen **21** gebildeten »**Arbeitsgemeinschaft**«[52] oder im Falle der Tätigkeit eines AN in einer sog. **Beschäftigungsgesellschaft.** Enge Vertragsbeziehungen im Rahmen von **Just-in-time-Lieferbeziehungen** können zur Eingliederung in den Betrieb des dominanten Betriebs führen[53] (vgl. Rn. 61; Vor § 54 Rn. 100). Bei einer **Aufspaltung der AG-Funktion** (= mehrere AG) richtet

---

46 *Windbichler,* S. 81 ff. mit Beispielen.
47 Zur Ausschaltung von Umgehungskonstruktionen vgl. *Windbichler,* S. 395.
48 *BAG* 19.2.91, DB 91, 1627.
49 *BAG* 19.2.91, EzA § 95 BetrVG 1972 Nr. 24.
50 Vgl. den Fall *LAG Düsseldorf* 25.1.90, LAGE § 99 BetrVG 1972 Nr. 33: Versetzung auf Grund zentralen Konzern-Sozialplans mit zentraler Personalplanungskommission.
51 *LAG Hamm* 13.5.05 – 10 TaBV 15/04.
52 Vgl. *BAG* 11.3.75, DB 75, 1753; *LAG Berlin* 28.2.83, DB 84, 683.
53 Zur Möglichkeit des Konzerntatbestands in diesen Fällen *Nagel,* DB 89, 1505; *Däubler,* CR 88, 841.

sich die betriebsverfassungsrechtliche Zuständigkeit danach, wo die jeweilige AG-Funktion, um deren Mitbestimmungspflichtigkeit es geht, angesiedelt ist[54] (vgl. auch Rn. 124).

5. Auslandsbeziehungen

22 Die Anwendung des BetrVG für **im Ausland beschäftigte AN** regelt sich nach den Grundsätzen des Territorialitätsprinzips und der »Ausstrahlung« (vgl. Einl. Rn. 201 ff.; § 1 Rn. 23 ff.). Für die BR-Beteiligung bei personellen Einzelmaßnahmen bedeutet das: In allen Fällen **vorübergehender Entsendung** bzw. dem Recht des **jederzeitigen Rückrufs** (jeweils als Indiz für Inlandsbezug)[55] bleiben die Beteiligungsrechte des deutschen BR bestehen (hierzu auch Rn. 19). Eine **zeitliche Obergrenze,** ab der die Zuständigkeit des deutschen BR endet, gibt es nicht. Der BR ist in solchen Fällen nicht nur bei der Entsendung zu beteiligen, sondern auch bei **personellen Einzelmaßnahmen im Ausland** (zur Reisemöglichkeit von BR-Mitgliedern, um in solchen Fällen die Beteiligungsrechte wirksam wahrnehmen zu können, § 37 Rn. 17).[56] Zu Unrecht schließt das *BAG*[57] die Beteiligung des BR aus, wenn ein AN für einen **einmaligen Auslandseinsatz** in einem rechtlich unselbständigen Betrieb (nicht bei einem rechtlich selbständigen Tochter-UN) im Ausland befristet eingestellt wird. Denn in jedem Fall ist über § 99 Abs. 2 Nr. 2 und 3 zu prüfen, ob hierdurch nicht im Betrieb beschäftigte AN benachteiligt werden.[58]

23 Für **inländische deutsche Betriebe mit Auslandsbeziehung** gilt wegen des Territorialitätsprinzips grundsätzlich das BetrVG (vgl. § 1 Rn. 23 ff.).

6. Arbeitskampf

24 Während eines **Arbeitskampfes** stellt sich auch hinsichtlich der Mitbestimmung bei personellen Einzelmaßnahmen die Frage ihrer möglichen Einschränkung (hierzu grundlegend § 74 Rn. 30 ff.). Dabei ist nach der *BAG*-Rspr. wie folgt zu unterscheiden: Personelle Maßnahmen, die zwar **während** des **Arbeitskampfes** getroffen wurden, aber mit diesem in **keinem Zusammenhang** stehen, unterliegen dem normalen Mitbestimmungsrecht und -verfahren.[59] Auch während eines Arbeitskampfs bleibt der Betriebsrat mit allen Rechten und Pflichten im Amt und hat dieses neutral wahrzunehmen. Hinsichtlich unmittelbar **arbeitskampfbezogener personeller Maßnahmen** ist allerdings zu prüfen, ob bei »arbeitskampfkonformer« Auslegung eine Einschränkung der Beteiligungsrechte des BR wegen möglicher Beeinträchtigung der Waffengleichheit in Betracht kommt.[60] Die Mitbestimmung des BR müsste unmittelbar und zwangsläufig zur Folge haben, dass die Freiheit des AG, Arbeitskampfmaßnahmen zu ergreifen oder Folgen des Arbeitskampfes zu begegnen, in ihrem **Kernbereich** beeinträchtigt würde.[61] Deshalb ist die Rspr. des BAG, nach der der Betriebsrat des abgebenden Betriebs bei einer arbeitskampfbedingten Versetzung arbeitswilliger Arbeitnehmer in einen bestreikten Betrieb des Arbeitgebers nicht nach § 99 Abs. 1 mitzubestimmen hat, ausgesprochen zweifelhaft. Erst recht zweifelhaft ist, dass dies unabhängig davon gelten soll, ob der abgebende Betrieb in den Arbeitskampf einbezogen ist oder nicht.[62] Voraussetzung für eine Einschränkung des Mitbestimmungsrechts ist indes grundsätzlich, dass der AG sich **selbst im Arbeitskampf** befindet.[63] Außerdem gilt nach der hier vertretenen Auffassung das Folgende: In jedem Fall bestehen alle

---

54 *BAG* 2.11.93, DB 94, 985: Versetzung im Gesamthafenbetrieb.
55 Vgl. *BAG* 7.12.89, DB 90, 992.
56 *Bobke,* AiB 89, 230.
57 *BAG* 21.10.80, AP Nr. 17 zu Internat. Privatrecht Arbeitsrecht.
58 A. A. HWGNRH-*Huke,* Rn. 8.
59 H. M.; *BAG* 6.3.79, DB 79, 1464.
60 Ständ. Rspr. *BAG* 10.12.02, BB 03, 1900; 13.12.11 – 1 ABR 2/10 juris.
61 *BAG* 19.2.91, DB 91, 1627; vgl. auch *BAG* 10.2.88, DB 88, 1273; *LAG Köln* 13.8.09 – 7 TaBV 116/08, juris.
62 *BAG* 13.12.11 – 1 ABR 2/10 juris.
63 *BAG* 19.2.91, a. a. O.; deshalb volle Mitbestimmung bei »Abgabe« von AN eines nicht bestreikten Betriebs zur »Aushilfe« im bestreikten Betrieb.

Informationspflichten.[64] Der AG ist daher verpflichtet der BR unter Namensnennung jeweils vor Umsetzung der Maßnahme mitzuteilen, welche kurzfristigen Versetzungen, Einstellungen sowie Beschäftigung von Mitarbeitern von fremden Firmen beabsichtigt sind.[65] Will der AG beispielsweise Streikbrecher einstellen oder Arbeitsplätze umbesetzen, so kann er im Falle eines BR-Widerspruchs die vorläufige Einstellung gemäß § 100 beschließen und das ArbG anrufen. Damit ist seinem Bedürfnis der schnellen Reaktion Genüge getan, und die Berechtigung des BR-Widerspruchs wird anschließend geprüft.[66] Wirklich arbeitskampfrelevant wird dabei nur die Frage, welche Widerspruchsgründe im Rahmen des § 99 Abs. 2 anerkannt werden können. Zum Beispiel könnte ein Einstellungsverweigerungsgrund in der unbefristeten Einstellung von Streikbrechern bzw. »Ersatzpersonal« liegen.

Entgegen der h. M. in der Literatur[67] kann nach der Rspr. des *BAG* die BR-Beteiligung auch beim **rechtswidrigen Arbeitskampf** entfallen[68] (vgl. näher § 74 Rn. 31). **25**

Für während des Arbeitskampfes mitbestimmungsfreie Maßnahmen ist das Beteiligungsverfahren **nach Abschluss des Arbeitskampfes** nachzuholen, falls eine Maßnahme länger Bestand haben soll.[69] Die Berechtigung möglicher Widerspruchsgründe ergibt sich bezogen auf die Zeit nach Arbeitskampfende. **26**

In **mittelbar kampfbetroffenen** Betrieben gelten die gleichen Grundsätze. Wegen der größeren »Arbeitskampfferne« wird eine Beschränkung der Rechte bei Einzelmaßnahmen allerdings kaum begründbar.[70] Das Mitbestimmungsrecht aus § 99 entfällt nicht, wenn der AG während eines Streiks in einem Tochter-UN mit einem anderen fachlichen Geltungsbereich AN in das Tochter-UN abordnet.[71] Vor diesem Hintergrund bestehen erhebliche Zweifel gegen die Rspr. des BAG, nach der die Einschränkung des Zustimmungserfordernisses bei arbeitskampfbezogenen Versetzungen nicht nur dann besteht, wenn der abgebende Betrieb, aus dem heraus die Versetzungen erfolgen, im Kampfgebiet liegt und die dort Beschäftigten in den Geltungsbereich des umkämpften Tarifabschlusses fallen, sondern auch dann, wenn der Arbeitskampf in einem anderen Betrieb des Unternehmens geführt wird (vgl. a. Rn. 24).[72] **27**

7. Tendenzbetriebe

Nach überwiegender Ansicht soll **§ 99** bei **Tendenzträgern nur eingeschränkt** gelten: Information: ja, Zustimmungsverweigerungsrecht: nein, lautet die gängige Formel (vgl. eingehend m. w. N. § 118 Rn. 78 ff.; 102 ff.). **28**

Auch wenn eine tendenzbezogene Maßnahme nicht zustimmungspflichtig ist (Rn. 28), muss der AG noch **vor ihrer Durchführung den BR nach allgemeinen Kriterien** (vgl. Rn. 129 ff.) **informieren** und ihm Gelegenheit zur Stellungnahme geben.[73] Bei Verletzung dieser Informationspflicht kann der BR die Aufhebung der personellen Einzelmaßnahme gemäß § 101 verlangen (vgl. § 101 Rn. 4). **29**

Der AG eines Tendenzbetriebs ist hinsichtlich der Vornahme einer **vorläufigen tendenzbezogenen Maßnahme** in vollem Umfang an die verfahrensmäßigen Voraussetzungen gemäß § 100 gebunden.[74] **30**

---

64 *BAG* 10.12.02, BB 03, 1900.
65 *LAG Rheinland-Pfalz* 21.3.13 – 10 TaBV 41/12, juris.
66 So auch *Brox/Rüthers*, Rn. 449; *Colneric* in Däubler [Hrsg.], Arbeitskampfrecht, Rn. 692 ff.; *Reuter*, AuR 73, 6 f.; *Heinze*, Rn. 435; *ArbG Frankfurt* 13.11.85, AuR 86, 156; *ArbG Frankfurt* 8.10.90, AuR 91, 219; *ArbG Regensburg* 31.7.86, AuR 87, 178; a. A. *LAG Köln* 22.6.92, DB 93, 838; *ArbG Lübeck* 13.6.89, BB 89, 2041; *Fitting*, Rn. 25; *v. Hoyningen-Huene/Boemke*, S. 25 f.; *Busch*, DB 97, 1974.
67 Vgl. *Däubler*, Arbeitsrecht 1, S. 288; *Colneric* in Däubler [Hrsg.], Arbeitskampfrecht, Rn. 667 m. w. N.
68 Wie hier HWGNRH-*Huke*, Rn. 20.
69 *Fitting*, Rn. 28; Richardi-*Thüsing*, Rn. 22;; *v. Hoyningen-Huene/Boemke*, S. 226; a. A. GK-*Raab*, Rn. 22;.
70 Vgl. *Brox/Rüthers*, Rn. 450.
71 *BAG* 19.2.91, DB 91, 1627; HWGNRH-*Huke*, Rn. 19.
72 *BAG* 13.12.11 – 1 ABR 2/10 juris.
73 *BAG* 8.5.90, DB 90, 2227.
74 *BAG* 8.5.90, DB 90, 2227.

8. Erweiterung der Beteiligungsrechte und Verzicht auf Mitbestimmung

31 Die **Beteiligungsrechte** des BR bei personellen Einzelmaßnahmen können durch **TV erweitert werden.**[75] Dabei ist es z. B. möglich, das Mitbestimmungsrecht auf solche Personen zu erstrecken, für die es auf Grund des gesetzlichen **Tendenzschutzes**[76] oder wegen zu **geringer AN-Zahl** nicht gilt.[77] Das Beteiligungsrecht kann auch auf Nicht-AN erweitert werden. Das *BAG* weist zu Recht darauf hin, dass es sich bei den Beteiligungsrechten des BR um AN-Schutzbestimmungen handele, die in aller Regel einseitig zwingender Natur seien. Daher könnten die Beteiligungsrechte durch TV verstärkt werden (vgl. auch Einl. Rn. 77 ff.). Das *BAG* scheint allerdings geneigt, eine Ausdehnung der Mitbestimmung zwar auf die Entscheidung, welcher AN, **nicht** dagegen, **ob überhaupt ein AN eingestellt** wird, zuzulassen. Derartige Regelungen sind aber jedenfalls in dem Umfang zulässig, wie sog. qualifizierte Besetzungsregeln tarifrechtlich möglich sind.[78] Mit anderen Worten: In dem Umfang, in dem die Beschränkung der Vertragsfreiheit des AG ohne Einschaltung des BR zulässig ist, ist dessen Beteiligung in jedem Falle möglich. Jedenfalls für eine Erweiterung der BR-Rechte durch TV spricht nichts dagegen, dem BR auch ein nicht durch die ESt. aufhebbares, freies Zustimmungsrecht (**Vetorecht**) einzuräumen. Erst recht spricht nichts dagegen, dem Betriebsrat in entsprechender Anwendung von § 102 Abs. 6 ein nur durch die Einigungsstelle aufhebbares Zustimmungsverweigerungsrecht einzuräumen. Denkbar ist auch, das Verfahren mit Durchführung des Einigungsstellenverfahrens enden zu lassen und damit kein weiteres gerichtliches Verfahren vorzusehen. Ungeachtet des juristischen Meinungsstreits ist in der Praxis eine ganze Reihe vergleichbarer TV abgeschlossen worden.[79]

32 Die Beteiligungsrechte können auch **durch BV und auch durch Regelungsabrede erweitert** werden,[80] sofern sie sich hierbei im Rahmen der durch das BetrVG vorgegebenen Zuständigkeit halten. Den Betriebsparteien fehlt jedoch die Befugnis zu Eingriffen in das arbeitsgerichtliche Verfahren. Allein der Gesetzgeber ist befugt, den gerichtlichen Verfahrensablauf oder den Prüfungsgegenstand eines Beschlussverfahrens zu bestimmen. Nach Auffassung des BAG ist es deshalb nicht zulässig zu vereinbaren, dass der AG ein gerichtliches Zustimmungsersetzungsverfahren einleiten muss, wenn der BR die Zustimmung zu der personellen Einzelmaßnahme ohne Angabe von Zustimmungsverweigerungsgründen verweigert.[81] Ebenso wenig ist wegen der »Gefahr des Abkaufs betriebsverfassungrechtlicher Rechte« eine Vereinbarung zwischen AG und BR wirksam, wonach der Arbeitgeber bei der Verletzung von Mitbestimmungsrechten an einen Dritten eine Vertragsstrafe zu zahlen hat, wenn der BR das Zustimmungsersetzungsverfahren nicht einleitet[82] Auch eine Erweiterung z. B. der Zustimmungsverweigerungsgründe ist deshalb jedenfalls vor dem Hintergrund dieser Rspr. des BAG fragwürdig. Das *BAG* lehnt auch die Schaffung eines gesetzlich nicht vorgesehenen Mitbestimmungsrechts durch **ESt.-Spruch** ab.[83] Die Mitbestimmungsrechte der §§ 99, 100 können auch durch **Prozessvergleich** erweitert werden, z. B. Zustimmung des BR im laufenden Verfahren und dafür volle Zustimmungspflichtigkeit für künftige Maßnahmen.[84]

33 Unbestritten zulässig ist die **Konkretisierung der gesetzlichen Bestimmungen** auch durch **BV.**[85] Selbst diejenigen, die eine Erweiterung der BR-Rechte ablehnen, halten etwa die Regelung folgender Fragen für möglich: Definition der Begriffe »Einstellung«, »Versetzung« oder Umfang des Auskunftsbegehrens.[86] Dabei können auch **Verfahrensregelungen** zur besseren

---

75 *BAG* 10.2.88, AP Nr. 53 zu § 99 BetrVG 1972 mit Anm. *Lund.*
76 *BAG* 31.1.95, NZA 95, 1059 = AiB 95, 793 mit Anm. *Müller-Knapp.*
77 Zu einem TV-Beispiel AuR 97, 320.
78 Vgl. *BAG* 26.4.90, EzA § 4 TVG Druckindustrie Nr. 20 mit Anm. *Kittner.*
79 Beispiele bei *Hagemeier u. a.,* § 1 Rn. 169, 170; zu TV über Eingruppierungsfragen s. *Lang/Meine/Ohl,* S. 174, 206.
80 *BAG* 18.8.09 – 1 ABR 49/08, juris; *HessLAG* 22.3.94, Mitbest. 1/95, 60.
81 *BAG* 18.8.09 – 1 ABR 49/08, juris.
82 *BAG* 19.1.10 – 1 ABR 62/08 juris.
83 *BAG* 30.8.95, BB 96, 643.
84 Vgl. *ArbG Köln* – 1 BV 83/89 – Mitbestimmung bei Abmahnungen.
85 HWGNRH-*Huke,* Rn. 17 f. ; GK-*Raab* Rn. 4.
86 Vgl. HWGNRH-*Huke,* Rn. 18.

Berücksichtigung typischer Betriebsabläufe erfolgen. Der BR darf zwar nicht auf seine Beteiligungsrechte verzichten, er kann jedoch für eng umgrenzte und genau beschriebene Ausnahmefälle (z. B. Vertretungsfälle, kurzfristige Aushilfen) eine **Verfahrensvereinfachung** folgenden Inhalts vereinbaren: Bei mindestens zeitgleicher Information des BR von der Maßnahme (Einstellung, Versetzung) gilt sie als genehmigt. Der BR kann sich auch die Genehmigung im Einzelfall vorbehalten. Je nach Vereinbarung muss dann der AG zur Aufrechterhaltung der Maßnahme ein Verfahren nach § 100 Abs. 2 Satz 3 einleiten.

9. Arbeitsvertragliche Situation

Das Mitbestimmungsrecht des BR besteht **unabhängig von der arbeitsvertraglichen Situation** hinsichtlich der fraglichen Maßnahme. Auch die **subjektive Haltung** (Einverständnis / Ablehnung) des AN gegenüber der Maßnahme ist für das Bestehen des Mitbestimmungsrechts grundsätzlich unerheblich.[87] Das *BAG* hält lediglich bei der Versetzung in einen anderen Betrieb (Rn. 107) und dem Zustimmungsverweigerungsgrund des Abs. 2 Nr. 4 (Rn. 225) das Einverständnis des AN für rechtserheblich (zur Auswirkung der kollektivrechtlichen auf die individualrechtliche Situation s. Rn. 214 ff.). Für das Vorliegen einer Versetzung ist es deshalb auch unerheblich, dass sie auf die **Initiative des AN** zurückgeht, wenn sie nur letztendlich »ein vom Arbeitgeber ausgehendes, zielgerichtetes Handeln hin auf einen anderen Arbeitsbereich«[88] darstellt. 34

10. Kein Ausschluss der Beteiligung nach Interessenausgleich

Die Beteiligung des BR nach § 111 »verbraucht« die zeitlich nachversetzte Beteiligung des BR nach § 99 nicht. Führt der AG also eine Betriebsänderung durch und geht diese mit personellen Einzelmaßnahmen einher, so hat der AG den BR bei allen durch die Betriebsänderung veranlassten personellen Einzelmaßnahmen (wie insb. Versetzungen oder Umgruppierungen) unter Einhaltung des Verfahrens in § 99 zu beteiligen.[89] 35

III. Gegenstand der Mitbestimmung: Die personellen Einzelmaßnahmen

Die mitbestimmungspflichtigen personellen Einzelmaßnahmen sind in § 99 **abschließend** genannt.[90] 36

Eine **Erweiterung der beteiligungspflichtigen Maßnahmen** oder aber deren Konkretisierung ist in begrenztem Umfang sowohl durch TV wie auch durch BV möglich (vgl. Rn. 31, 32). 37

1. Einstellung

Unter **Einstellung** wird nach überwiegender Meinung sowohl die **Begründung eines Arbeitsverhältnisses** (= Abschluss des Arbeitsvertrags) als auch die zeitlich damit zusammenfallende, vorhergehende oder auch nachfolgende **tatsächliche Arbeitsaufnahme** in einem bestimmten Betrieb verstanden.[91] Wenn beide Zeitpunkte auseinanderfallen, löst die **jeweils erste Maßnahme** das Mitbestimmungsrecht aus[92] (zur daran geknüpften Informationspflicht vgl. Rn. 138 und 142). Dieses umfassende Verständnis der »Einstellung« führt zur Anwendbarkeit von § 99 sowohl bei der Verlängerung beendeter Arbeitsverhältnisse (Rn. 47), bei nichtigen Arbeitsverträgen (Rn. 42) als auch bei Beschäftigung ohne Arbeitsvertrag (Rn. 39, vgl. auch die Checkliste in DKKWF-*Bachner*, § 99 Rn. 2). 38

Wegen des Anknüpfens an die tatsächliche Arbeitsaufnahme kommt § 99 immer dann zur 39

---

87 *BAG* 22.4.97, DB 98, 208, 209.
88 *BAG* 19.2.91, AP BetrVG 1972 § 95 Nr. 26.
89 Vgl. a. § 111 Rn. 136.
90 *Fitting*, Rn. 29; vgl. *LAG Köln* 10.11.94, Mitbest. 9/95, 59.
91 *BAG* 14.5.74, EzA § 99 BetrVG 1972 Nr. 6; vgl. auch *Fitting*, Rn. 30.
92 H. M.; *BAG* 28.4.92, NZA 92 1141; *Fitting*, Rn. 32.

Anwendung, wenn **Personen in den Betrieb eingegliedert** werden, um zusammen mit den im Betrieb beschäftigten AN den arbeitstechnischen Zweck des Betriebs durch weisungsgebundene Tätigkeit zu verwirklichen; auf das **Rechtsverhältnis,** in dem diese Personen zum AG stehen, **kommt es nicht an.**[93] So kann z. B. bei Eingliederung eines **externen Datenschutzbeauftragten** eine Einstellung vorliegen.[94] Soweit es um die Feststellung **weisungsgebundener Tätigkeit** geht, ist nicht entscheidend, ob die Weisungen tatsächlich erteilt werden, sondern ob sie durch die Organisation des AG vorgegeben sind.[95] Es kommt darauf an, dass die Arbeitsaufgabe der einzustellenden Person vom AG organisiert wird.[96] Deshalb gilt auch die Beschäftigung »**freier Mitarbeiter**« als Einstellung, wenn diese den arbeitstechnischen Zweck gemeinsam mit anderen AN verwirklichen sollen.[97] Bei unternehmensübergreifenden Matrixstrukturen (vgl. hierzu auch Rn. 153) kann allein die organisatorische Maßnahme der Übertragung der Vorgesetzenfunktion auf einen Mitarbeiter, dessen Arbeitsplatz in einem anderen Betrieb angesiedelt ist als die Arbeitsplätze der von ihm geführten Mitarbeiter, zur Eingliederung dieses Vorgesetzten in den Betrieb der ihm untergebenen Mitarbeiter führen. Dies gilt jedenfalls dann, wenn dem Vorgesetzten eine Arbeitsaufgabe zugewiesen ist, die zumindest teilweise dem arbeitstechnischen Zweck dient, der in diesem Betrieb verfolgt wird, Der Betriebsrat des Betriebes, in dem die untergebenen Mitarbeiter beschäftigt sind, ist damit nach § 99 (Einstellung) zu beteiligen.[98]

40 Die **Art des Beschäftigungsverhältnisses** ist für die Anwendung des § 99 **unerheblich.**[99] Neben dem sog. Normalarbeitsverhältnis kann es sich um ein befristetes, ein Teilzeit-, ein Aushilfs- oder ein Probearbeitsverhältnis handeln.[100] Ebenso fällt darunter das Berufsausbildungsverhältnis gemäß § 3 BBiG (zu Sonderformen der Beschäftigung zur beruflichen Qualifikation siehe Rn. 46), die Einstellung von ABM-Kräften auf Grund von § 260 SGB III oder von Arbeitslosen zur Vertretung im Rahmen einer sog. Jobrotation nach §§ 229 ff. SGB III[101] und von Teilnehmern an berufsvorbereitenden Maßnahmen für jugendliche Arbeitslose.[102] Als Einstellung zu bewerten ist auch die Eingliederung von Personen auf Basis einer Eingliederungsvereinbarung nach §§ 15 ff. SGB II als sog. **Ein-Euro-Jobber.**[103] Ebenso wie bei Zivildienstleistenden (vgl. Rn. 54) kommt es allein darauf an, dass eine Eingliederung in den Betrieb erfolgen soll und der Arbeitgeber die arbeitgebertypische Auswahlentscheidung trifft (»Ob und ggf. Wen«); damit ist es unerheblich, dass die Zuweisung selbst durch Verwaltungsakt erfolgt.[104] Ebenfalls als Einstellung anzusehen ist die »**Herabstufung« eines bisher leitenden Angestellten** i. S. von § 5 Abs. 3 in die Ebene der nichtleitenden Angestellten, wie dies häufig Folge von grundlegenden Umstrukturierungsprozessen wie z. B. der Zusammenführung verschiedener Unternehmen oder Konzerne ist (vgl. Rn. 14). Entscheidend ist hier allein, dass beabsichtigt ist, den ehemals leitenden Angestellten in die vom Betriebsrat vertretene Belegschaft einzugliedern und damit Schutzpositionen der vorhandenen Belegschaft, die durch § 99 Abs. 2 Nr. 3 gesichert werden sollen, berührt sein können. Zur Zuweisung von Beamten vgl. Rn. 55.

41 § 99 ist auch auf sog. **mittelbare Arbeitsverhältnisse** anzuwenden.[105] Wenn z. B. ein leitender Mitarbeiter kraft des eigenen Dienstvertrags befugt ist, Mitarbeiter im eigenen Namen anzustellen, damit diese dann in einem Betrieb des AG arbeiten, ist der BR nach § 99 zu beteiligen.

93 *BAG* 27.7.93, EzA § 99 BetrVG 1972 Nr. 75; 5.3.91, DB 91, 1334; 22.4.97 – 1 ABR 74/96; 12.11.02 – 1 ABR 60/01: **Rote-Kreuz-Mitglieder**.
94 *LAG Frankfurt* 28.9.89, CR 90, 342; vgl. Rn. 175 a; § 94 Rn. 38; vgl. *Ehrich*, DB 92, 1981.
95 Vgl. *BAG* 1.8.89, EzA § 99 BetrVG 1972 Nr. 75.
96 Richardi-*Thüsing*, Rn. 30.
97 *BAG* 27.7.93, BB 93, 2233; vgl. MünchArbR-*Matthes*, § 344 Rn. 31.
98 *LAG Baden-Württemberg* 28.5.14, 4 TaBV 7/13 juris; *LAG Berlin-Brandenburg* 17.6.15, 17 TaBV 277/15 juris.
99 *Richardi*, Rn. 39.
100 *BAG* 15.12.92, AuR 93, 186: studentische Aushilfe.
101 *Fitting*, Rn. 54.
102 *ArbG Passau* 19.11.84 – 1 BV 5/84 E.
103 *BAG* 2.10.07, ArbuR 07, 685; Richardi-*Thüsing*, Rn. 58 a
104 *Schulze* NZA 05, 1332 ff.; *Engels* NZA 2007, 8 ff.; für den Bereich des Personalvertretungsrechts ausdrücklich jetzt auch BVerwG 21.3.07 – 6 P 4/06 u. 8/06.
105 *Fitting*, Rn. 50.

Das *BAG*[106] stellt zutreffend fest, dass der AG durch **Übertragung von AG-Befugnissen auf Dritte** nicht die BR-Rechte aushebeln darf. Der BR kann in einem solchen Fall seine Beteiligungsrechte direkt gegenüber dem AG geltend machen. Der »Zwischen«-AG ist bei einem etwaigen Beschlussverfahren Beteiligter.

Das Mitbestimmungsrecht besteht auch, wenn der **Arbeitsvertrag nichtig** ist (z. B. wegen Verstoß gegen ein gesetzliches Verbot, § 134 BGB) und nur ein **faktisches Arbeitsverhältnis** zustande gekommen ist.[107] Der zugrunde liegende Verstoß kann dann gemäß Abs. 2 Nr. 1 geltend gemacht werden (Rn. 197; zum Zeitpunkt der Informationsverpflichtung des AG in einem solchen Fall vgl. Rn. 135). **42**

Eine Einstellung liegt (aus Sicht des Einstellungsbetriebes) auch vor, wenn der AN **bereits** in **einem Arbeitsverhältnis** zum AG steht, jedoch von einem **zu einem anderen Betrieb versetzt** und in diesen eingegliedert wird[108] (Rn. 106). Die **Rückkehr** des versetzten AN **in den ursprünglichen Betrieb** ist in diesem mitbestimmungsfrei, wenn sie bereits beim Wechsel Gegenstand des Mitbestimmungsverfahrens (in Form einer als ein Akt betrachteten Versetzung) war[109] (vgl. näher Rn. 16). **43**

Die **Erhöhung des vertraglich vereinbarten Arbeitszeitvolumens** – und damit auch die **Umwandlung eines Teilzeit- in ein Vollzeitarbeitsverhältnis** – ist nach der Rspr. des BAG als Einstellung zu bewerten, wenn sie mindestens 1 Monat andauert und nach Umfang und Zeitdauer nicht unerheblich ist.[110] Um eine nicht unerhebliche Erhöhung des Arbeitszeitvolumens handelt es sich nach der Rspr. des BAG dann, wenn sich die wöchentliche Arbeitszeit eines teilzeitbeschäftigten AN um mindestens 10 Wochenstunden erhöht. Dies folge aus einer Analogie zu § 12 Abs. 1 Satz 3 TzBFG.[111] Das *LAG Niedersachsen*[112] hat die Erhöhung der Wochenarbeitszeit von 35 auf 40 Wochenstunden als nicht erheblich angesehen. Demgegenüber hat das *Hess. LAG*[113] die Verdoppelung der Arbeitszeit einer bisher 8 Stunden wöchentlich eingesetzten Servicemitarbeiterin als mitbestimmungspflichtige Einstellung bewertet. Das *LAG Schleswig-Holstein* betrachtet eine Erhöhung von bisher 20 Wochenstunden um mehr als 10 Stunden als erheblich.[114] Ob eine wesentliche oder unwesentliche Erhöhung der Arbeitszeit vorliegt, lässt sich nach der hier vertretenen, vom BAG abweichenden Auffassung nicht einheitlich beantworten. Entscheidend ist, dass die Interessen der vorhandenen Belegschaft bei Arbeitszeiterhöhungen ebenso berührt sein können wie bei Neueinstellungen. Deshalb handelt es sich um eine Einstellung, wenn sich die regelmäßige Arbeitszeit des in Teilzeit beschäftigten AN nach der Arbeitszeiterhöhung mit der Arbeitszeit von im Betrieb bereits beschäftigten und vergleichbaren Arbeitnehmern deckt. Denn dann hätte auch ein entsprechend vergleichbarer AN, dessen regelmäßige Arbeitszeit dem Umfang der beabsichtigten Arbeitszeiterhöhung des bereits beschäftigten Arbeitnehmers entspricht, neueingestellt werden können. Ebenso muss es als Neueinstellung bewertet werden, wenn mehrere Arbeitnehmer ihre Arbeitszeit nur geringfügig erhöhen, diese Arbeitszeiterhöhungen in der Addition jedoch dazu geeignet sind, eine oder mehrere Vollzeitkräfte zu ersetzen.[115] Immer als Neueinstellung ist die Erhöhung der Arbeitszeit über die regelmäßige tarifliche Arbeitszeit hinaus zu bewerten. Ebenso handelt es sich immer um eine Einstellung, wenn der Arbeitgeber den besetzten Arbeitsplatz entweder tatsächlich ausgeschrieben hatte oder ihn wegen des berechtigten Antrags des BR hätte ausschreiben müssen. Das Gleiche gilt dann, wenn der AG den Arbeitsplatz durch eine Anfrage bei der Agentur für Arbeit zu besetzen versucht hat.[116] Demgegenüber nimmt das BAG an, dass es auf die Ausschreibungspflicht nicht ankomme, weil die **44**

---

106 *BAG* 18.4.89, AP Nr. 65 zu § 99 BetrVG 1972 mit Anm. *Kraft*.
107 *Fitting*, Rn. 32; GK-*Raab*, Rn. 32.
108 *BAG* 18.2.86, DB 86, 1522; 30.4.81, DB 81, 1833.
109 Vgl. *BAG* 18.10.88, DB 89, 732.
110 *BAG* 25.1.05, AP BetrVG 1972 § 87 Arbeitszeit Nr. 114.
111 *BAG* 19.12.08, 1 ABR 74/07.
112 *LAG Niedersachsen* 14.1.06 – 16 TaV 21/05 juris.
113 *Hess. LAG* 13.12.05, ArbuR 06, 214.
114 *LAG Schleswig-Holstein* 18.7.07.
115 So *LAG München* 7.3.07 – 9 TaBV 127/06.
116 *LAG Schleswig-Holstein*, 18.7.07, a. a. O.

bei einer Einstellung schützenswerten Interessen der Belegschaft unabhängig von der Ausschreibung bestünden.[117]

45 Ob der Tatbestand der **Eingliederung** vorliegt, hängt nicht von einer **Mindestzeitdauer** des jeweiligen Arbeitseinsatzes ab.[118] Er kommt auch für sog. **Abrufkräfte** in Betracht, die von Fall zu Fall angesprochen werden, ob sie bereit sind, stundenweise zu arbeiten (auch ohne die Pflicht zu erscheinen und ohne Rufbereitschaft).[119] Insoweit gilt das Gleiche wie für die Einstellung von Aushilfskräften (wo möglicherweise gerade der Kurzeinsatz von nicht eingearbeiteten AN für die vorhandenen AN besonders belastend ist). Wird ein sog. **Rahmenvertrag** abgeschlossen, der Zeitpunkt und Dauer der tatsächlichen Beschäftigung im Betrieb noch offen lässt, ist der BR bereits vor Abschluss dieses Vertrages zu beteiligen[120] Voraussetzung ist jedoch, dass eine grundsätzliche Pflicht des AN zur Aufnahme der Arbeit vereinbart wird. Fehlt es daran, z. B. bei einer bloßen Eintragung in eine **Interessentenliste** für studentische Aushilfskräfte, liegt keine Einstellung vor.[121] Dann ist erst der konkrete Arbeitseinsatz als separate Einstellung zu werten.

46 Eine **Beschäftigung zur Ausbildung** (vgl. § 5 Rn. 130 ff.) unterliegt § 99 unabhängig davon, in welchem Rechtsverhältnis die dafür aufgenommenen Personen zum AG stehen. Es können dies z. B. sein Anlernlinge, Praktikanten, Volontäre, Umschüler, Krankenpflegeschüler oder Teilnehmer an firmeninternen Ausbildungsmaßnahmen.[122] Voraussetzung ist, dass die Bewerber in den Betrieb eingegliedert werden und für die in Aussicht genommene Beschäftigung eine Ausbildung erhalten, ohne die die Beschäftigung nicht möglich wäre. Es ist dabei unerheblich, dass das der Ausbildung zugrunde liegende Rechtsverhältnis für beide Seiten insofern unverbindlich ist, als weder der Bewerber zur Beendigung der Ausbildung noch der AG zur Beschäftigung bei erfolgreicher Ausbildung verpflichtet ist. Unerheblich ist auch, dass die Ausbildung **unentgeltlich** erfolgt und für die Teilnahme an der Ausbildung kein Entgelt bezahlt werden soll.[123] Diese Voraussetzungen sind nicht erfüllt bei **Schülerpraktikanten,** die in erster Linie zur persönlichen Information, zur Erleichterung der Ausbildungs- und Berufswahl eingesetzt werden.[124] Soweit in **Ausbildungs- und Prüfungseinrichtungen**[125] nicht nur Tests durchgeführt werden, um die Eignung von Mitarbeitern und Bewerbern festzustellen, sondern gleichzeitig Verhaltenstraining für die künftige berufliche Tätigkeit erfolgt, unterliegt die Aufnahme in ein solches Assessment-Center auch für externe Bewerber der Mitbestimmung des BR gemäß § 99.[126] Dabei macht es keinen Unterschied, ob später eine Beschäftigung in einem Arbeitsverhältnis oder als freier Mitarbeiter möglich ist.[127] In jedem Fall gelten externe Bewerber für einen Platz in einem Assessment-Center als Bewerber, deren Unterlagen gemäß § 99 Abs. 1 Satz 1 vorzulegen sind, wenn niemand eingestellt wird, der nicht eine solche Einrichtung besucht hat (zur Einschaltung von **Personalberatern** vgl. Rn. 144).

47 Die **Verlängerung eines beendeten Arbeitsverhältnisses** ist eine erneute Einstellung, die das Mitbestimmungsrecht des § 99 auslöst.[128] Das gilt auch für die **erneute Eingehung eines Arbeitsverhältnisses nach dessen Beendigung** und für die sog. **Entfristung** eines befristeten Arbeitsverhältnisses (allerdings nicht, wenn bei befristetem Probearbeitsverhältnis schon bei der Ersteinstellung die Übernahme bei Bewährung zugesagt wurde).[129] Sieht ein TV eine sog. **Nichtverlängerungsanzeige** vor, ohne die ein Zeitvertrag in ein unbefristetes Arbeitsverhältnis übergeht, so liegt im Unterlassen einer fristgerechten Nichtverlängerungsanzeige eine Ein-

---

117 *BAG* 15.5.07, AP BetrVG 1972 § 1 Gemeinsamer Betrieb Nr. 30.
118 *BAG* 16.12.86, DB 87, 747.
119 Vgl. *ArbG Düsseldorf* 28.7.87 – 1 BV 88/87.
120 *BAG* 28.4.92, NZA 92, 1141.
121 *LAG Köln* 10.11.92, Mitb 2/93, 67.
122 *BAG* 10.2.81, DB 81, 1935; 24.9.81, DB 82, 606; 3.10.89, DB 90, 1140.
123 *BAG* 3.10.89, DB 90, 1140 – »Methode-Auswahlverfahren« für Sprachlehrer einer Sprachschule.
124 *BAG* 8.5.90, NZA 90, 896 – Schülerpraktikum Sekundarstufe II NRW.
125 Zu sog. **Assessment-Centern** vgl. eingehend *Schönfeld/Gennen,* NZA 89, 543.
126 *BAG* 20.4.93, NZA 93, 1096.
127 *BAG,* a. a. O.
128 *BAG* 28.10.86, NZA 87, 531.
129 *BAG* 7.8.90, AiB 91, 120.

stellung.[130] Die Beteiligung des BR ist dann unverzüglich »nachzuholen«, andernfalls kann der BR das Verfahren nach § 101 einleiten. Eine Einstellung liegt auch in der **Übernahme von Auszubildenden**[131] im Anschluss an die Ausbildung,[132] auch wenn die Übernahme während der Ausbildungszeit in einem anderen als dem Ausbildungsbetrieb zum Zwecke der praktischen Ausbildung erfolgt[133] sowie die Beschäftigung über die einzelvertragliche oder tarifliche **Altersgrenze** hinaus.[134]

Die **»Rücknahme« einer Kündigung** ist keine Neueinstellung, wenn es sich um einen wirksamen Widerruf handelt, der gemäß § 130 Abs. 1 Satz 2 BGB spätestens gleichzeitig mit der Kündigung zugegangen sein muss. Ansonsten ist die Rücknahme einer Kündigung als einseitige Gestaltungserklärung nicht möglich. Das Arbeitsverhältnis kann nur durch Vereinbarung zwischen AG und AN fortgesetzt werden.[135] Diese Erneuerung des Arbeitsverhältnisses unterliegt als Einstellung der Mitbestimmung des § 99. Das gilt auch im Fall der Anerkennung des Klageanspruchs durch den AG im **Kündigungsschutzprozess** bzw. eines entsprechenden Vergleichs,[136] wenn es sich um eine wirksame Kündigung handelt. Wird die Rechtsunwirksamkeit der Kündigung gerichtlich festgestellt, liegt keine Wiedereinstellung vor. 48

Die Wiederaufnahme eines ruhenden Arbeitsverhältnisses ist im Regelfall keine Einstellung.[137] Das gilt für die Rückkehr von einem Erziehungsurlaub gemäß §§ 15 ff. BErzGG, von dem Wehrdienst oder dem Zivildienst bzw. Wehrübungen, der Arbeitsaufnahme nach einem Arbeitskampf oder einer arbeitsvertraglichen Suspendierung (zu deren möglichem Charakter als Versetzung vgl. Rn. 107). Eine mitbestimmungspflichtige Einstellung liegt aber vor, wenn mit einem AN **während des Erziehungsurlaubs** eine befristete Teilzeitbeschäftigung vereinbart wird.[138] Etwas anderes gilt auch für die zwischen AG und AN einvernehmlich vereinbarte Rückkehr eines AN aus der Freistellungsphase im Blockmodell der Altersteilzeit. 49

Hält man die **Wiedereingliederung** arbeitsunfähiger AN wegen der fehlenden Qualität dieses Verhältnisses als Arbeitsverhältnis nicht für eine Versetzung,[139] liegt zwangsläufig eine Einstellung vor. Die Widerspruchsmöglichkeit des BR ist in einem solchen Falle sowohl wegen der Schutzbedürftigkeit des AN als auch möglicher Belastungen seiner Kollegen in gesteigertem Maße nötig. 50

Keine Einstellung liegt in der Eingehung bzw. Übertragung eines **Arbeitsverhältnisses kraft Gesetzes,** z. B. gemäß **§ 78 a** (§ 78 a Rn. 29; zur damit verbundenen Umgruppierung vgl. Rn. 93), der **vorläufigen Weiterbeschäftigung** nach allgemeinen Gesichtspunkten oder gemäß § 102 Abs. 5[140] (zur Versetzung vgl. Rn. 127) oder **§ 613 a BGB.**[141] Das Gleiche gilt für die Begründung eines Arbeitsverhältnisses nach § 10 Abs. 1 AÜG. Eine Vertragsbegründung gemäß **§ 17 BBiG** ist dagegen eine Einstellung[142] (vgl. Rn. 47). 51

Es ist unzutreffend, wenn die **gerichtliche Feststellung,** dass ein **freies Mitarbeiterverhältnis** tatsächlich ein Arbeitsverhältnis ist,[143] als Fall der gesetzlichen Begründung eines Arbeitsverhältnisses angesehen wird.[144] Diese Feststellung kommt nämlich nicht zustande ohne die vorherige vertragliche Bindung des AG an den (falsch deklarierten) »freien« Mitarbeiter und dessen vom AG veranlassten Arbeitseinsatz. Die rechtskräftige Gerichtsentscheidung ist deshalb für § 99 wie der Abschluss eines Arbeitsvertrags bzw. die Eingliederung zu bewerten, 52

---

130 *BAG* 28.10.86, DB 87, 847.
131 Auch gemäß § 17 BBiG; h. M.; *LAG Hamm* 14.7.82, DB 82, 2303.
132 H. M.; *BAG* 16.7.85, DB 86, 124; 28.10.86, DB 87, 847; *Altrock,* DB 87, 785; GK-*Raab,* Rn. 35.
133 *BAG* 30.9.08, DB 2009, 350.
134 H. M.; *BAG* 18.7.78, EzA § 99 BetrVG 1972 Nr. 21; 12.7.88, DB 89, 633 = AiB 89, 21.
135 KR-*Friedrich,* § 4 KSchG Rn. 63 f.
136 KR-*Friedrich,* § 4 KSchG Rn. 64.
137 *Fitting,* Rn. 44.
138 *BAG* 28.4.98, AiB 99, 229 mit Anm. *Gosch; Fitting,* Rn. 221.
139 So *v. Hoyningen-Huene,* NZA 92, 49.
140 *Bengelsdorf,* DB 89, 2023.
141 *BAG* 7.11.75, DB 76, 152; das gilt auch, wenn anschließend neue Arbeitsverträge abgeschlossen werden; hierzu kommt eine Beteiligung wegen Versetzung in Frage; vgl. *Fitting,* Rn. 47.
142 *Fitting,* Rn. 51.
143 *BAG* 3.10.75, DB 76, 39.
144 Vgl. HWGNRH-*Huke,* Rn. 38.

wozu der BR das Zustimmungsverweigerungsrecht hat. Der BR muss in einem solchen Fall allerdings nicht warten. Sein Mitbestimmungsrecht gemäß § 99 setzt vielmehr ab dem Zeitpunkt ein, ab dem durch »Zuwachsen« arbeitsvertraglicher Komponenten das freie Mitarbeiterverhältnis die Qualität eines Arbeitsvertrags erlangt. Der BR kann verlangen, dass der als »freier Mitarbeiter« bezeichnete AN im Betrieb nicht (weiter) beschäftigt wird, solange das Verfahren gemäß §§ 99, 100 nicht durchgeführt ist.[145]

53 In Fällen tariflicher **Besetzungsregeln**[146] oder bei der Aktualisierung einer **Wiedereinstellungszusage** kommt § 99 in dem Umfang zum Zuge, wie der AG Entscheidungsfreiheit hat.

54 Die **Ausgabe von Heimarbeit** kann als Einstellung gelten. Die hierzu allgemein gemachte Einschränkung, dass von vornherein feststehen müsse, dass die Voraussetzungen des § 6 Abs. 1 Satz 2 vorliegen (in der Hauptsache Arbeit für den Betrieb), darf nicht zur Umgehung des Mitbestimmungsrechts führen: In jedem Fall ist der BR gemäß § 99 auch bei einem darunter liegenden Auftragsvolumen zu informieren (Rn. 129 ff.), damit er die Berechtigung eines etwaigen Mitbestimmungsverlangens überprüfen kann. Das gilt bei jeder weiteren Auftragsvergabe, bis möglicherweise die Schwelle des § 6 erreicht wird und das Mitbestimmungsrecht einsetzt (zu sonstigen Fällen allmählichen »Hineinwachsens« in ein Arbeitsverhältnis vgl. Rn. 52).

55 Teilweise wird die Auffassung vertreten, die Beschäftigung von **Strafgefangenen** im Rahmen eines mit der Strafanstalt geschlossenen Vertrags sei keine Einstellung.[147] Die hierfür gegebene Begründung, es handele sich bei diesen Personen gemäß § 5 Abs. 2 Nr. 4 nicht um AN i. S. d. Gesetzes und sie seien zur Arbeit nicht auf Grund eines Arbeitsvertrags mit dem AG, sondern der Weisungen der Strafanstaltsverwaltung verpflichtet, ist nicht haltbar. Die neuere Rspr. des *BAG* verlangt gerade **kein Arbeitsverhältnis** mehr, sondern die faktische Eingliederung in den Arbeitsprozess (Rn. 13). Dabei wird – z. B. für freie Mitarbeiter noch nicht einmal die Beschäftigung als AN vorausgesetzt (vgl. Rn. 39). Die Strafgefangenen werden nicht hoheitlich zugewiesen, sondern auf Grund freien Einvernehmens mit dem AG beschäftigt. Im Übrigen liegt hier ein besonders intensiver Gefährdungstatbestand für die im Betrieb ständig Beschäftigten auf Grund der Gefahr von Lohndumping vor. Die Überlegung des *BAG* in der Dialysezentrum-Entscheidung[148] muss auch hier gelten, wonach der AG einem Dritten nicht mehr an Rechten übertragen kann, als er selbst hat.[149]

56 Ähnliche Probleme gab es früher bei der Beschäftigung von **Zivildienstleistenden.** Da die spätere hoheitliche Zuweisung nur kraft freien Einverständnisses des AG möglich war, vor der Beschäftigung also die arbeitgebertypische Auswahlentscheidung getroffen werden mussten, wurde dessen Antrag an das Bundesamt so behandelt wie die Abgabe eines verbindlichen Angebots an einen Stellenbewerber, das nur noch angenommen werden musste. Die entsprechende Antragstellung bedurfte deshalb der Zustimmung des BR.[150] Eine vergleichbare Problematik ergibt sich im **Bundesfreiwilligendienst** nach dem BFDG für den sog. **BuFDi.** Da die Einsatzstelle und der Freiwillige vorab, vorbehaltlich der Zustimmung des Bundes, Einvernehmen über den Einsatz erzielen müssen (vgl. § 8 Abs. 1 BDFG), wird die spätere hoheitliche Zuweisung durch den Bund nur kraft vorherigen freien Einverständnisses des »AG« möglich. Der gemeinsame Antrag an das Bundesamt ist daher so zu behandeln wie die Abgabe eines verbindlichen Angebots an einen Stellenbewerber, welches nur noch der »arbeitnehmerseitigen« Annahme bedarf. Die entsprechende Antragstellung durch die Einsatzstelle und den Dienst Leistenden darf deshalb nicht ohne Zustimmung des BR erfolgen.[151]

57 Die **Abordnung von Beamten in private Betriebe** gilt dort als Einstellung.[152] Dies gilt auch für die Zuweisung von Beamten auf der Grundlage von § 123 a Abs. 2 BRRG[153] oder nach ent-

145 *BAG* 2.7.80, AP Nr. 5 zu § 101 BetrVG 1972 mit Anm. *Misera*; hierzu ausführlich *Rosenfelder*, S. 249 ff.
146 Vgl. *BAG* 26.4.90, EzA § 4 TVG Druckindustrie Nr. 20 mit Anm. *Kittner*.
147 *BAG* 3.10.78, DB 79, 1186; HWGNRH-*Huke*, Rn. 40, 42 m. w. N.
148 *BAG* 18.4.89, NZA 89, 804.
149 Ebenso *Fitting*, Rn. 76; Richardi-*Thüsing*, Rn. 58; MünchArbR-*Matthes*, § 344 Rn. 32; a. A. GK-*Raab*, Rn. 53.
150 *BAG* 19.6.01, DB 02, 1278; Kittner/Zwanziger-*Bachner*, § 126 R. 48.
151 Vgl. *ArbG Ulm* 18.07.12, 7 BV 10/11.
152 *Fitting*, Rn. 78; *Plander*, Normalarbeitsverhältnis, Rn. 351.
153 Vgl. *LAG Berlin-Brandenburg* 20.2.08, 15 TaBV 2434/07 juris.

prechenden spezialgesetzlichen Bestimmungen, wie z. B. dem Postpersonalrechtsgesetz. Daran ändert es nichts, dass die Zuweisung als Verwaltungsakt erfolgt, weil in jedem Fall – unabhängig davon, ob nur ein oder aber mehrere Arbeitsplätze für den Beamten in Betracht kommen – eine Eingliederung in die betriebliche Organisation der aufnehmenden Organisationseinheit erfolgt. Darüber hinaus ist regelmäßig das Einvernehmen der aufnehmenden Organisation erforderlich. Ebenso liegt bei einer Beschäftigung von **Ordensangehörigen und Rote-Kreuz-Pflegekräften** auf Grund von Gestellungsverträgen dann eine Einstellung vor, wenn der AG die typischen Weisungsbefugnisse hinsichtlich des Arbeitseinsatzes hat.[154]

Ein gesetzlich geregelter Fall der Erstreckung von § 99 auf Nicht-AN betrifft **Leih-AN auf Grund des AÜG.** § 14 Abs. 3 AÜG legt die Beteiligung des BR ausdrücklich fest. Bereits vor dieser gesetzlichen Klarstellung hatte die h. M. die Anwendung des § 99 auf eine solche Beschäftigungsform bejaht.[155] Deshalb sind Fälle des AN-Verleihs innerhalb eines Konzern unabhängig davon zu beurteilen, ob für sie gemäß § 1 Abs. 3 Nr. 2 AÜG das AÜG nicht gilt[156] (zu derartigen Fällen vgl. Rn. 19). Ebenfalls der Beteiligungspflicht nach § 99 unterliegt die Verlängerung des Einsatzes eines Leih-AN[157] sowie die Eingliederung des Leih-AN in einen anderen Betrieb des Entleihers.[158] § 14 Abs. 3 AÜG stellt keine Rechtsfolgen-, sondern eine sog. Rechtsgrundverweisung dar. Damit besteht ein Beteiligungsrecht des BR des Entleiherbetriebes nur, wenn in dem aufnehmenden Unternehmen in der Regel mehr als 20 Arbeitnehmer beschäftigt werden. Es ist kein Grund ersichtlich, weshalb der Grenzwert für die Beteiligung des BR in Entleiherunternehmen niedriger sein sollte als bei anderen Unternehmen, z. B. bei der Übernahme von Stammarbeitnehmern[159] Das Beteiligungsrecht des BR bezieht sich sowohl darauf, ob Leih-AN eingestellt werden, als auch auf deren Auswahl.[160] Keine Einstellung ist demgegenüber die der konkreten Auswahlentscheidung noch vorgelagerte Vereinbarung zwischen Verleiher und Entleiher, welche Arbeitnehmer zur Entsendung in den Entleiherbetrieb zur Verfügung stehen sollen, weil dadurch die Belegschaft des Entleiherbetriebes noch nicht betroffen ist.[161] Andererseits stellt der Wechsel eines Verleihers bei ansonsten unverändert fortgesetztem Einsatz eines Leiharbeitnehmers beim Entleiher eine mitbestimmungspflichtige Einstellung dar,[162] da bei einem Wechsel des Verleihers eine neue Einstellungsentscheidung des Leiharbeitnehmers getroffen wird und der Betriebsrat die Möglichkeit haben muss, das Vorliegen einer Überlassungserlaubnis zu überprüfen. **58**

Auch die rechtsgeschäftliche »**Übernahme**« eines Leih-AN in ein Arbeitsverhältnis zum Entleiher bedarf – wie eine sog. Entfristung (Rn. 47) – der erneuten BR-Beteiligung. Aus der Sicht des **Verleiherbetriebs** bedeutet die jeweilige Rückkehr des AN nach einem Verleiheinsatz keine Einstellung. Zu den spezifischen Informationsansprüchen des BR bei Einsatz von Leih-AN vgl. Rn. 147. **59**

Für die Entscheidung, ob AN-Überlassung (und damit eine Einstellung) oder ein selbstständiger **Dienst- bzw. Werkvertrag** vorliegt, sind sowohl die ausdrücklichen Vereinbarungen der Vertragsparteien als auch die praktische Durchführung des Vertrages maßgebend. Widersprechen sich beide, ist die **tatsächliche Durchführung des Vertrages maßgebend.** **60**

Das BAG hat in seiner grundlegenden Entscheidung vom 5.3.91[163] die Voraussetzungen für die Annahme einer Einstellung im Sinne einer »verdeckten AN-Überlassung im Falle eines **Dienst/Werkvertrages restriktiv** formuliert.[164] Insbes. verlangt es, »dass diese Personen selbst in die Arbeitsorganisation des AG eingegliedert werden, so dass dieser – wenigstens teilwei- **61**

154 *BAG* 22.4.97, NZA 97, 1297; vgl. MünchArbR-*Matthes,* § 344 Rn. 26.
155 Vgl. *BAG* 14.5.74, DB 74, 1580.
156 *LAG Frankfurt* 24.6.86, DB 87, 1200; *ArbG Offenbach* 25.4.94 – 3 BV 4/94.
157 Vgl. *BAG* 1.6.11 – 7 ABR 18/10, juris.
158 Vgl. *LAG Düsseldorf* 2.10.12 – 17 TaBV 38/12, juris.
159 *LAG Niedersachsen,* 26.11.07 – 6 TaBV 33/07 juris, Kittner/Zwanziger- Bachner, § 112 Rn. 167.
160 *Fitting,* Rn. 59.
161 *BAG* 23.1.08, DB 08, 822.
162 A. A. *LAG Düsseldorf* 30.10.08 – 15 TaBV 12/08 – BeckRS 2009, 53374
163 *BAG* 5.3.91, NZA 91, 686 = DB 91, 1334 = AuR 92, 61 mit ablehnender Anm. *Wagner;* vgl. zur früheren und weniger restriktiven Rspr. *BAG* 1.8.89, EZA § 99 BetrVG 1972 Nr. 75.
164 Weniger restriktiv jetzt *LAG Schleswig-Holstein* 5.6.13 – 3 TaBV 6/12.

se – auch die für ein Arbeitsverhältnis typischen Entscheidungen über deren Arbeitseinsatz auch nach Zeit und Ort zu treffen hat, er die Personalhoheit über diese Personen hat«.[165]»Die Eingliederung setzt voraus, dass der AG des Betriebs auch gegenüber dem Fremdpersonal wenigstens einen Teil der AG-Stellung übernimmt.«[166]

62 Das *BAG* hält es z.B, für unschädlich, dass die von der Fremdfirma zu erbringende Leistung hinsichtlich aller Einzelheiten bezüglich Ausführung, Umfang, Güte, Zeit und Ort der Erbringung bzw. Erstellung so detailliert und bestimmt vereinbart wird, dass der Fremdfirma hinsichtlich der Erbringung der Dienstleistung oder der Erstellung des Werks **kein eigener Entscheidungsspielraum** mehr bleibt. Das gelte auch, wenn die Fremdfirma im Betrieb des AG tätig wird und in den betrieblichen Arbeitsprozess eingeplant ist.[167] Es sei auch unerheblich, dass die Fremdfirma auf dem Betriebsgelände **kein Hausrecht** genieße, solange sie in den von ihr zu verantwortenden Arbeitsabläufen nicht unzumutbar beeinträchtigt werde.[168] Ebenso wenig sei es von Bedeutung, wenn der AG nicht nur das Weisungsrecht des Bestellers gemäß § 645 Abs. 1 BGB ausübt, sondern die Fremdfirma dem AG gestattet, die notwendigen **Einzelanweisungen** unmittelbar an ihre AN zu erteilen; es handele sich um keine Weisungen aus der Eingliederung in den Arbeits- und Produktionsprozess des AG, solche Weisungen seien vielmehr aus dem Rechtsverhältnis der Fremdfirma zu ihren AN abgeleitet.[169] Als unschädlich wird auch angesehen, dass es sich um eine **Daueraufgabe** handelt und die AN einer Fremdfirma Arbeiten verrichten, die zu anderen Zeiten von AN des Betriebes selbst durchgeführt werden,[170] dass sie auf dem Betriebsgelände mit AN des Betriebes zusammenarbeiten müssen[171] und dabei Koordinatoren des AG eingesetzt werden.[172] Der Fremdfirma muss jedenfalls eine eigene unternehmerische Tätigkeit möglich sein, die **über die bloße Zurverfügungstellung von Arbeitnehmern hinausgeht.**[173] Sie muss nennenswerte Entscheidungsspielräume bei der Organisation der Arbeitsleistung haben. Sie muss daher – soll es sich nicht um eine Einstellung handeln – die **für das Arbeitsverhältnis typischen Entscheidungen** selbst treffen: Entscheidungen über Zahl, Qualifikation und Personen der von ihr eingesetzten Mitarbeiter, deren Schulung und Ausbildung; Bestimmung über die Arbeitszeit, insbes. die Anordnung von Überstunden; Gewährung von Urlaub und Freizeit; Entscheidung über Ob und Wie einer Anwesenheitskontrolle; Überwachung der Arbeitsabläufe; Haftung für Schäden des Personals gegenüber dem AG.[174] Als Anhaltspunkt zur gerichtlichen Aufklärung der UN-Strukturen der Fremdfirma kann im Einzelfall die Tatsache dienen, dass ihre Leistung nicht nach Menge, sondern nach **Stundensätzen** berechnet wird.[175] Gegen eine eigene unternehmerische Tätigkeit kann auch sprechen, dass die Fremdfirma **keine weiteren Kunden** hat, insbes. wenn sie nur zum Zwecke der Fremdvergabe gegründet wurde.[176]

62a So hat z. B. das LAG Köln im Falle einer Poststelle, in der die eingehende und die ausgehende Post sowohl von eigenen AN als auch von Mitarbeitern eines anderen Unternehmens aufgrund eines Dienstleistungsvertrages gemeinsamen bearbeitet wurden, eine Einstellung bejaht,

165 *BAG* 5.3.91, a. a. O.; bestätigt durch *BAG* 9.7.91, NZA 275 = AiB 92, 356 mit Anm. *Mayer*; 5.12.91, EzA § 99 BetrVG 1972 Nr. 107; 5.5.92, NZA 92, 1044.

166 *BAG* 18.10.94, NZA 95, 281; bestätigt durch *BAG* 13.3.01, NZA 01, 1262: Testkäufer; so auch *BAG* 13.12.05, NZA 2006, 1369.

167 *BAG* 5.3.91, a. a. O.

168 *BAG* 9.7.91, a. a. O.

169 *BAG* 5.3.91, a. a. O.

170 *BAG* 18.10.94; 5.12.91, a. a. O.

171 *BAG* 9.7.91, a. a. O. *BAG* 5.5.92, a. a. O.; *ArbG Mainz* 7.11.03; NZA-RR 04, 201, welches jedoch zu weitgehend selbst dann, wenn das gesamte Leitungspersonal von dem Auftraggeber gestellt wird, eine Eingliederung in die betriebliche Organisation des Auftraggebers nicht annehmen will.

172 *BAG* 18.10.94, a. a. O.

173 *BAG* 18.10.94, NZA 95, 281; vgl. auch *BAG* 1.12.92, EzA § 99 BetrVG 1972 Nr. 110.

174 *BAG* 5.5.92, a. a. O.

175 *BAG* 18.10.94, a. a. O.

176 Zur »Strohmann«-Situation vgl. *BAG* 22.10.91, EzA § 87 BetrVG 1972 Arbeitszeit Nr. 49; *BAG* 5.5.92, a. a. O.; *ArbG Mainz* 7.11.03; NZA-RR 04, 201, welches jedoch zu weitgehend selbst dann, wenn das **gesamte Leitungspersonal von dem Auftraggeber** gestellt wird, eine Eingliederung in die betriebliche Organisation des Auftraggebers nicht annehmen will.

wenn auch der Einsatz der AN des anderen Unternehmens von der bei der AG angestellten Leiterin der Poststelle gesteuert wird und bei der Verhinderung von eigenen AN eine Vertretung durch (zusätzliche) Mitarbeiter des Dienstleistungsunternehmens erfolgt.[177] Auch das **BAG geht vom Vorliegen einer Einstellung aus, wenn** der AG z. B. Transportleistungen mit Lastkraftwagen erbringt, mit einem Teil dieser Tätigkeiten seinerseits ein Fremdunternehmen beauftragt hat und in seinen Dienstplänen nicht nur über den Einsatz der eigenen Fahrzeuge und seines Fahrpersonals entscheidet, sondern auch über den vom Fremdunternehmen eingesetzten Fuhrpark unter namentlicher Benennung des Fahrpersonals des Fremdunternehmens, weil der AG hierdurch jedenfalls teilweise das Direktionsrecht in Bezug auf Inhalt, Ort und Zeit der Arbeitsleistung verbindlich gegenüber den betroffenen AN ausübt.[178]

Einen in kritischer Auseindersetzung mit dem BAG entwickelten grundlegend neuen Ansatz **62b** verfolgen *Klebe/Karthaus*.[179] Zurecht weisen sie zunächst darauf hin, dass der Rückschluss aus der tatsächlichen Durchführung des Vertrages auf den Willen der Parteien dazu führte, dass der tatsächliche Vorgang erst nach der Durchführung, ex post, zu beurteilen ist. Der **BR** sei jedoch nach § 99 Abs. 1 S. 1 BetrVG **vor jeder Einstellung zu beteiligen**. Ob eine Einstellung vorliegt, könne dann nicht ex post aus der Praxis der Vertragsdurchführung geschlossen werden. Deshalb müsse die Frage nach dem **Vorliegen einer Einstellung nach »arbeitsplatzbezogenen«** und nicht nach »vertragsbezogenen« **Kriterien** erfolgen. Die Steuerung der menschlichen Arbeitskraft setze daher weder »teilweise Personalhoheit« noch die »für weisungsabhängige Tätigkeit typische Befugnis zur Entscheidung auch über Zeit und Ort der Tätigkeit« voraus, sondern schlicht die Organisationshoheit bzw. die faktische Leitungsmacht. Voraussetzung für eine Einstellung sei damit lediglich die **Entscheidungsbefugnis über Ort und Zeit der Arbeitsleistung, die Art der Tätigkeit und deren Einordnung in den Arbeitsablauf des Betriebes sowie die Integration der Tätigkeit in die betriebliche Organisation.**

Vor diesem Hintergrund ergeben sich für die Beteiligung des BR im Zusammenhang mit **63** **Dienst-/Werkverträgen** die folgenden zwei Möglichkeiten:

- Handelt es sich in Wirklichkeit um AN-Überlassung, gilt § 14 Abs. 3 AÜG (Rn. 58). Damit ist auch § 99 anwendbar. Das gilt auch dann, wenn sich die tatsächliche Ausübung des Rechtsverhältnisses im Verlaufe der Rechtsbeziehung von einem Werkvertrag hin zur Arbeitnehmerüberlassung wandelt.
- Liegt ein »echter« Dienst- oder Werkvertrag vor, gibt es kein Beteiligungsrecht des BR gemäß § 99[180] (zum Recht auf Information über den Dienst- bzw. Werkvertrag mit der Fremdfirma s. Rn. 134).

In den vorstehenden Fällen ist jeweils zu prüfen, welche Beteiligungsrechte beim BR der »Fremdfirma« und welche beim BR der »Einsatzfirma« liegen. Trotz Verneinung eines unmittelbaren Beteiligungsrechts nach § 99 kommt ein »**Mitbestimmungsdurchgriff**« in Betracht, wenn der selbstständige Werkvertrag in die Arbeitsorganisation des Einsatzbetriebs eingreift.[181]

Der **Gesetzgeber** hat die **Werkvertragsproblematik** ebenfalls **erkannt und aufgegriffen.** In **63a** der BT-Drs. 18/14 vom 28.10.2013 ist folgende Ergänzung des BetrVG vorgesehen:

§ 99 a BetrVG Mitbestimmung bei Einsatz von Fremdpersonal

(1) Die in § 99 Absatz 1 Satz 1 genannten Pflichten des Arbeitgebers gelten entsprechend bei Personen, die zu ihm nicht in einem Arbeitsverhältnis stehen, gleichwohl aber länger als einen Monat auf dem Gelände seines Betriebes tätig sein sollen oder sind.

(2) Der Betriebsrat kann seine Zustimmung zum Einsatz der in Absatz 1 genannten Personen jedoch nur in den Fällen des § 99 Absatz 2 Nummern 1, 3 und 6 verweigern.

(3) § 99 Absatz 1 Satz 3, Absätze 3 und 4 sowie §§ 100 und 101 sind entsprechend anzuwenden.

177 *BAG* 21.7.10 – 9 TaBV 6/10 juris.

178 *BAG* 13.05.14, 1 ABR 50/12 juris.

179 *Klebe/Karthaus*, NZA 2012, 417 ff.

180 Zur praktischen Handhabung vgl. *Walle*, NZA 99, 518; *Hamann*, WiB 96, 369 und 405; *Feuerborn*, WiB 96, 198.

181 Eingehend *Kittner*, AuR 98, 98 ff.

Durch diese Ergänzung des BetrVG soll die Besetzung eines Arbeitsplatzes im Betrieb mit einem Werkvertragsbeschäftigten hinsichtlich einzelner, dem Schutz der bereits im Betrieb beschäftigten AN dienenden Zustimmungsverweigerungsgründe des Betriebsrates bei »personellen Maßnahmen« i. S. von § 99 gleichgestellt werden. Ob das BetrVG aber tatsächlich geändert wird, ist noch offen.

64 Das **ArbSchG** bezieht sich nicht nur auf »Arbeitnehmer«, sondern auf »Beschäftigte« und dabei gemäß § 2 Abs. 2 Nr. 3 auch **auf arbeitnehmerähnliche Personen** i. S. d. § 5 Abs. 1 ArbGG mit Ausnahme von in der Heimarbeit Beschäftigten.[182] Alle Rechte und Pflichten des Gesetzes bestehen ihnen gegenüber in gleicher Weise wie gegenüber den anderen AN. Insbes. macht das ArbSchG an verschiedenen Stellen eine spezifische Unterweisung und Qualifizierung der Beschäftigten zur Tätigkeitsvoraussetzung:

- Befähigung zur Einhaltung der Arbeitsschutzbestimmungen (§ 7 ArbSchG),
- Unterrichtung bei Zusammenarbeit mehrerer Arbeitgeber (§ 8 ArbSchG),
- Anweisungen und Unterrichtung bei besonderen Gefahren (§ 9 Abs. 1 und 2 ArbSchG),
- Ausbildung zur Ersten Hilfe usw. (§ 10 Abs. 2 ArbSchG) und
- allgemeine Unterweisung (§ 12 ArbSchG).

65 All diese Vorschriften bestehen naturgemäß nicht nur im Interesse des jeweiligen Beschäftigten, sondern vor allem der übrigen Belegschaft. Die erste betriebsverfassungsrechtliche Konsequenz liegt darin, dass der BR die Einhaltung des ArbSchG auch gegenüber solchen Beschäftigten zu überwachen hat (näher § 80 Rn. 4 ff.). Indem das Gesetz die Vorschriften des ArbSchG vollständig auch auf arbeitnehmerähnliche Personen erstreckt, bringt es die Relevanz ihres Zusammenwirkens mit der übrigen AN-Belegschaft zum Ausdruck. Darin liegt die gesetzliche Anerkennung einer **Eingliederung in den Betrieb** jedenfalls **aus dem Blickwinkel des Arbeitsschutzes** mit der Folge, dass § 99 jedenfalls unter folgenden Aspekten zur Anwendung kommt:

- Der BR ist über die »Einstellung« einer arbeitnehmerähnlichen Person nicht nur unter allgemeinen Gesichtspunkten (Rn. 150) zu unterrichten, sondern insbes. im Hinblick darauf, ob die genannten Vorschriften des ArbSchG erfüllt sind.
- Der BR kann der Einstellung gemäß Abs. 2 Nr. 1 widersprechen, wenn die Voraussetzungen des ArbSchG für eine Aufnahme der Tätigkeit nicht erfüllt sind.

Das ArbSchG gibt aber auch bezüglich **Arbeitnehmern anderer AG,** die im Betrieb tätig werden (echten Fremdfirmenbeschäftigten i. S. d. *BAG*-Rspr., vgl. Rn. 61 f.), Anhaltspunkte für deren mindestens partielle Eingliederung. Es besteht eine Pflicht beider AG zur Zusammenarbeit, zur Unterrichtung der Beschäftigten gemäß § 8 Abs. 1 ArbSchG und gemäß Abs. 2 eine Pflicht zur Vergewisserung, dass Fremdfirmen-Beschäftigte die angemessenen Unterweisungen erhalten haben. Auch hier muss der aufnehmende BR in der Lage sein, die Beschäftigung von AN zu unterbinden, hinsichtlich deren die arbeitsschutzrechtlichen Anforderungen an die Zusammenarbeit der beteiligten AG nicht erfüllt sind. Hier kommen insbes. die §§ 99, 101 BetrVG in Frage.

2. Eingruppierung und Umgruppierung

a) Grundlagen

66 Die Ein- bzw. Umgruppierung eines AN ist die Einordnung einer Tätigkeit in ein **kollektives Entgeltschema.**[183] Bei diesem Vorgang ist zu klären, welchen Merkmalen der im Betrieb geltenden Vergütungsordnung die jeweilige Tätigkeit entspricht. Ein- und Umgruppierung sind keine konstitutiven Maßnahmen, sondern ein Akt der **Rechtsanwendung.** Die Beteiligung des BR ist daher kein Mitgestaltungs-, sondern nur ein Mitbeurteilungsrecht i. S. einer Richtigkeitskontrolle.[184] Sie dient der einheitlichen und gleichmäßigen Anwendung der Vergütungsordnung in gleichen und vergleichbaren Fällen und damit der innerbetrieblichen **Lohngerech-**

182 Vgl. *Kittner/Pieper*, § 2 Rn. 22.
183 *BAG* 10.1.76, EzA § 99 BetrVG 1972 Nr. 9.
184 *BAG* 30.10.03 – 8 ABR 47/02; Überblick bei *Thannheiser*, AiB 00, 529.

tigkeit sowie der **Transparenz** der betrieblichen Vergütungspraxis.[185] Insofern ist das Beteiligungsrecht des BR nach § 99 eine spezifische (verfahrensmäßige) Ausformung des Gleichbehandlungsgrundsatzes. Das Beteiligungsrecht des BR bezieht sich sowohl auf die **zutreffende Einordnung** in das anzuwendende Schema als auch auf die grundlegende Frage, ob das **richtige Schema** (z. B. der einschlägige TV) angewandt wird.[186] Im **Gemeinschaftsbetrieb** kommt es darauf an, ob die Vergütungsordnung für den jeweiligen Arbeitgeber, zu dem der AN in einem Arbeitsverhältnis steht, Anwendung findet.[187]

Ein **kollektives Entgeltschema** ist dadurch charakterisiert, dass es die einzelnen Tätigkeiten in verschiedene (mindestens zwei) Kategorien einteilt und dabei eine Bewertung vornimmt, die sich in der Höhe des Arbeitsentgelts äußert[188] (zu Zwischengruppen und Zulagen s. Rn. 71, 89). Der AG kann die im Betrieb geltende Vergütungsordnung auch nach Wegfall des ursprünglichen Geltungsgrundes nicht einseitig – also ohne Einhaltung des Mitbestimmungsrechts des BR nach § 87 Abs. 1 Nr. 10 ändern. Die Vergütungsordnung gilt daher solange weiter, bis sie unter Beachtung des Mitbestimmungsrechts des BR geändert oder beendet wurde.[189] Vor diesem Hintergrund ist daher eine die Eingruppierung der AN erfordernde betriebliche Vergütungsordnung in folgenden Fallgestaltungen zu beachten: 67

- bei **Tarifbindung;**
- bei **nachwirkendem TV**, weil die Nachwirkung lediglich die zwingende, nicht jedoch die normative Wirkung des TV entfallen lässt, und die Änderung des Vergütungsschemas in Hinblick auf einzelne AN trotz Wegfalls der zwingenden Wirkung des TV der Einhaltung des Mitbestimmungsrechts des BR nach § 87 Abs. 1 Nr. 10 bedarf (vgl. a. Rn. 197).
- soweit die Lohn- oder Gehaltsgruppeneinteilung auf normativ anwendbarem TV beruht, gilt sie zur Herstellung kollektiver Lohngerechtigkeit bzw. zur Vermeidung einer andernfalls entstehenden Schutzlücke nach der Rspr. des BAG auch für **tarifungebundene** AN. Im Bereich der betrieblichen Lohngestaltung führt dies zur Verpflichtung des Arbeitgebers, das tarifliche Entlohnungssystem auch gegenüber nicht tarifgebundenen Arbeitnehmern anzuwenden, wenn und soweit dessen Gegenstände der erzwingbaren Mitbestimmung des § 87 Abs. 1 Nr. 10 BetrVG unterliegen.[190] Ein Anspruch nicht tarifgebundener AN auf tarifliche Entlohnung entsteht nach der Rspr. des BAG aus der Verpflichtung zur Anwendung der Vergütungsordnung nicht,[191]
- wenn der **AG aus dem bislang maßgeblichen TV herausgewachsen** ist und das bisher maßgebliche tarifliche Eingruppierungsschema nicht unter mitbestimmungskonformer Beteiligung des BR nach § 87 Abs. 1 Nr. 10 BetrVG beendet wurde,[192]
- wenn die Vergütungsordnung auf einer **Betriebsvereinbarung** beruht, und zwar auch dann, wenn die Betriebsvereinbarung ledilich nachwirkt (vgl. o. Spiegelstrich 2),
- wenn die Vergütungsordnung als Folge eines **Betriebs- oder Betriebsteilübergangs** beim Betriebserwerber zur Anwendung kommt,[193] das gilt auch dann, wenn der TV oder die BV vor dem Zeitpunkt des Betriebsübergangs bereits gekündigt war und deshalb lediglich nachwirkt (vgl. o. Spiegelstrich 2),
- bei praktizierter, **arbeitgeberseitiger Selbstbindung**, bei der der Arbeitgeber den (Vergütungs)TV im Rahmen seines persönlichen Geltungsbereichs unterschiedslos sowohl auf tarifgebundene als auch auf nicht tarifgebundene Arbeitnehmer anwendet,[194] z. B. als Folge von arbeitsvertraglichen Verweisungsklauseln
- wenn die Vergütungsordnung auf Grund **einzelvertraglicher** Vereinbarung im Betrieb allgemein zur Anwendung kommt oder vom AG **einseitig** geschaffen wurde.[195]

---

185 *BAG* 2.4.96, NZA 96, 1105.
186 Vgl. *BAG* 27.6.00, BB 01, 1094; 1.3.95, ZTR 95, 427.
187 *LAG Niedersachsen* 17.6.05 – 3 TaBV 19/05.
188 *BAG* 2.4.96, a. a. O.
189 *BAG* 8.12.09 – 1 ABR 66/08, juris; *BAG* 4.5.11 – 7 ABR 10/10, juris.
190 *BAG* 18.10.11 – 1 ABR 25/10 juris unter ausdrücklicher Aufgabe seiner früheren Rspr.
191 *BAG* 4.5.11 – 7 ABR 10/10, juris.
192 *LAG Schleswig-Holstein* 4.7.06 – 2 TaBV 37/05 juris.
193 *BAG* 8.12.09 – 1 ABR 66/08 juris.
194 *BAG* 11.11.08 – 1 ABR 68/07, juris.
195 *BAG* 23.11.93, NZA 94, 461; 8.12.09 – 1 ABR 66/08 juris, ständ. Rspr.

Fehlt es gänzlich an einer betrieblichen Lohn- oder Gehaltsgruppenordnung, verneint das *BAG*[196] eine »Eingruppierung« auch dann, wenn der AG das Arbeitsentgelt nach unterschiedlichen Kriterien bemisst. Das wird allerdings nur bei völlig regelloser Einzelfallentscheidung angenommen werden können. Keine Eingruppierung liegt in der zu Abrechnungszwecken erstellten Bewertung von Beamten-Arbeitsplätzen bei der Deutschen Bahn AG.[197]

68 Der BR hat ein Mitbestimmungsrecht gemäß § 99, wenn der AG eine **Eingruppierungsentscheidung** entweder **positiv** trifft oder **unterlässt,** obwohl er hierzu verpflichtet wäre.[198] Als Folge des verletzten Mitbestimmungsrechts kann der BR nicht die richtige Eingruppierung feststellen lassen, sondern lediglich zur Sicherung seiner Mitbestimmungsrechte in einem Verfahren gemäß § 101 dem AG aufgeben lassen, die Eingruppierung vorzunehmen und ihn sodann zur Einholung seiner Zustimmung sowie bei deren Verweigerung zur Einleitung des arbeitsgerichtlichen Zustimmungsersetzungsverfahrens zu verpflichten (Näheres § 101 Rn. 6). Einen solchen **Antrag auf Eingruppierung unter Wahrung der Mitbestimmungsrechte** kann der BR demgemäß in folgenden **Fällen** geltend machen:

- Der AG unterlässt jede Eingruppierung.[199]
- Der AG gruppiert ein ohne die erforderliche Zustimmung des BR.[200]
- Der AG gruppiert um ohne die erforderliche Zustimmung des BR.[201]
- Der AG weist eine neue Tätigkeit mit der Rechtsqualität einer Versetzung zu, unterlässt jedoch eine neue Eingruppierungsentscheidung.[202]
- Das Eingruppierungsschema (Rn. 69 ff.) ändert sich[203] mit der Folge, dass Neu-(Erst-) Eingruppierungen erforderlich werden.

Über diese Fallgestaltungen hinaus hat der BR **kein Initiativrecht** zur Herbeiführung einer von ihm für richtig gehaltenen Eingruppierung.[204] Es bleibt ihm nur die Möglichkeit seiner allgemeinen Überwachungsaufgabe gemäß § 80 Abs. 1 Nr. 1 (hierzu § 80 Rn. 17). Der AN hat daneben die Möglichkeit einer Individualklage auf Feststellung der richtigen Eingruppierung (Rn. 74, 257; zu Verhaltensmöglichkeiten des AG nach verweigerter Zustimmung des BR s. § 100 Rn. 7).

69 Das **Entgeltschema** wird typischerweise mit den Lohn- bzw. Gehaltsgruppen (zu Stufen innerhalb von Gruppen vgl. Rn. 87) im **TV** festgelegt. Für den AN kann sich die Tarifbindung aus dem TV selbst ergeben, aber auch durch (zulässige) Erstreckung.[205] Haben die TV-Parteien eine bestimmte Funktion oder Stelle mit bindender Wirkung für den AG in das tarifliche Vergütungsschema eingereiht, so ist diese Zuweisung für den AG verbindlich. Da das Mitbeurteilungsrecht des BR nicht weiter reicht als die Notwendigkeit zur Rechtsanwendung durch den AG, entfällt in solchen Fällen das entsprechende Beteiligungsrecht des BR.[206] Dies wird häufig bei sog. **Überleitungs-TV** der Fall sein, bei denen bestimmte Stellen bestimmten Entgeltgruppen eines neuen TV zugeordnet werden.

70 Die Vergütungsordnung kann sich auch aus einer **BV,** auf Grund **einzelvertraglicher** Vereinbarungen oder einer **einseitig vom AG erlassenen**[207] oder auch nur **praktisch** (konkludent) gehandhabten Lohn- oder Gehaltsordnung ergeben.[208] Es kann sich um die Anwendung eines tarifvertraglichen Schemas auf nicht tarifgebundene AN handeln.[209] Auch eine nach **§ 19 HAG** im Betrieb geltende Vergütungsordnung zählt hierzu.[210] Es kommt nicht auf die Herkunft

196 *BAG* 20.12.88, EzA § 99 BetrVG 1972 Nr. 70.
197 *BAG* 12.12.95, DB 96, 2634.
198 *BAG* 9.2.93, NZA 93, 664.
199 Vgl. *BAG* 20.12.88, NZA 89, 518.
200 Vgl. *BAG* 22.3.83, AP Nr. 6 zu § 101 BetrVG 1972.
201 Vgl. *BAG* 30.5.90, NZA 90, 899.
202 Vgl. *BAG* 18.6.91, NZA 91, 852.
203 Vgl. *BAG* 18.6.91, a. a. O.
204 *BAG* 18.6.91, NZA 91, 852.
205 *BAG* 3.12.85, AP Nr. 31 zu § 99 BetrVG 1972; *Fitting,* Rn. 85.
206 *BAG* 3.5.06, NZA 2007, 47.
207 *BAG* 23.6.92, EzA § 77 BetrVG 1972 Nr. 49.
208 *BAG* 28.1.86, EzA 99 BetrVG 1972 Nr. 47.
209 *BAG* 23.11.93, NZA 94, 461.
210 *BAG* 20.9.90, DB 90, 552.

dieser Ordnung ankomme, sondern auf die Sicherung der jeweils relativen Entgeltgerechtigkeit. Bei genauerer Betrachtung der Fälle einseitig vom AG festgelegter Lohn- oder Gehaltsordnungen dürfte es sich wohl stets um mitbestimmungspflichtige Tatbestände gemäß § 87 Abs. 1 Nr. 10 handeln, so dass die Ordnung eigentlich unwirksam ist. Der Eingruppierung nach einer unwirksamen Vergütungsordnung kann stets nach Abs. 2 Nr. 1 widersprochen werden.[211]

Bei einer nach Entgelt- und **Fallgruppen** aufgebauten Vergütungsordnung erstreckt sich das Mitbestimmungsrecht auch auf die Bestimmung der richtigen Fallgruppe, wenn damit unterschiedliche Rechtsfolgen verbunden sein können.[212] Hiervon ist auszugehen bei Fallgruppen, aus denen ein sog. **Bewährungsaufstieg** vorgesehen ist[213] (zur Mitbestimmung bei **Zulagen** s. Rn. 89). **71**

Die Ein- und Umgruppierung von **AT-Angestellten** innerhalb einer betrieblichen Gehaltsgruppenregelung unterliegt der Mitbestimmung gemäß § 99.[214] Das gilt auch für die »Abgruppierung« eines AT-Angestellten in die höchste Tarifgruppe.[215] Legt der AG bei **übertariflicher Bezahlung** ein Entgeltschema zugrunde, wie z. B. sog. **Gehaltsbänder** (zur Mitbestimmung hierüber s. § 87 Rn. 314 ff.), so besteht ebenfalls ein Beteiligungsrecht gemäß § 99 (zum Informationsanspruch hinsichtlich der Höhe des übertariflichen Entgelts s. Rn. 155)[216]. Auch die bloße Feststellung des AG, der AN werde außertariflich bezahlt, weil die vorgesehene Tätigkeit **Qualifikationsmerkmale über der höchsten Tarifgruppe** aufweise, unterliegt der Mitbestimmung des BR.[217] Der BR kann z. B. geltend machen, dass die vorgesehene Tätigkeit geringere Qualifikationsmerkmale aufweise oder doch von der obersten Stufe des TV erfasst werde. Stellt der Tarifvertrag für das **Abstandsgebot des AT-Angestellten zum Tarifangestellten** auf die prozentuale Überschreitung des Tarifgehalts ab, ist mangels anderweitiger Bestimmung des Tarifvertrages die monatliche Vergütung des AT-Angestellten für die Abstandsberechnung auch dann maßgebend, wenn dessen Arbeitszeit die tarifliche Arbeitszeit überschreitet.[218] **72**

Für Leih-**AN** erfolgt die Eingruppierung durch den Verleiher in das bei diesem bestehenden Entgeltschema unter Mitwirkung des bei diesem bestehenden BR. Der BR des Entleihers ist zwar hinsichtlich der Einstellung im Einsatzbetrieb (Rn. 58), nicht jedoch an der Eingruppierung zu beteiligen.[219] Der Leih-AN hat aber – in Ermangelung tariflicher Regelungen, die für den Verleiher gelten – Anspruch auf die für einen vergleichbaren AN im Betrieb des Entleihers geltenden wesentlichen Arbeitsbedingungen einschließlich des Entgelts (Equal Pay). In der diesbezüglichen Zuordnung liegt ebenfalls eine Eingruppierung, die allerdings unter Beteiligung des BR des Verleihers zu erfolgen hat und auf die der BR des Entleihers nach der Rspr. des *BAG* keinen Einfluss nehmen kann[220] (vgl. a. Rn. 197, Verstoß gegen ein Gesetz – AÜG). **73**

Ein **Beschlussverfahren** über die Mitbestimmung des BR hat nach h. M. für die Individualklage keine präjudizielle Wirkung[221] (hierzu näher Rn. 257). Freilich ist nicht zu verkennen, welchen erheblichen praktischen Einfluss der BR auf die richtige Eingruppierung hat[222] (zu den Möglichkeiten des BR s. Rn. 62). Deshalb ist gerade die ordnungsgemäß vom Betriebsrat begründete Zustimmungsverweigerung von erheblicher praktischer Bedeutung (vgl. DKKWF-*Bachner*, § 99 Rn. 162 ff). **74**

---

211 *BAG* 30.10.01, NZA 02, 920.
212 *BAG* 27.7.93, ZTR 93, 521.
213 *BAG*, a. a. O.; zur Situation bei einer Änderung des Entgeltschemas mit erstmaliger Einführung des Bewährungsaufstiegs s. *BAG* 21.9.93, ZTR 94, 170.
214 H. M.; *Fitting*, Rn. 94; *Hey*, BB 95, 1587; *Henkel/Hagemeier*, BB 76, 1421.
215 *BAG* 28.1.86, EzA § 99 BetrVG 1972 Nr. 47; *BAG* 26.10.04 – 1 ABR 37/03; *LAG Köln* 20.6.05 – 2 TaBV 9/05.
216 *Fitting*, Rn. 94; MünchArbR-*Matthes*, 2. Aufl., § 347 Rn. 11; a. A. *Veit*, RdA 90, 327.
217 *BAG* 31.10.95, NZA 96, 890.
218 *BAG* 26.11.03 DB 04, 763.
219 *BAG* 14.5.74, AP Nr. 2 zu § 99 BetrVG 1972.
220 *BAG* DB 05, 1693, 1695.
221 *BAG* 13.5.81, DB 81, 292; 27.5.82, DB 82, 2410; a. A. *Dütz*, AuR 93, 33.
222 Vgl. *BAG* 20.12.88, DB 89, 1240; 22.3.83, EzA § 101 BetrVG 1972 Nr. 5.

b) Eingruppierung

75 Eingruppierung ist die – **erstmalige – Einreihung in eine im Betrieb geltende Vergütungsordnung.** Sie besteht in der Zuordnung eines Arbeitnehmers zu einer bestimmten Gruppe der Vergütungsordnung nach Maßgabe der für diese Vergütungsordnung geltenden Kriterien. Hat ein Arbeitgeber mit unterschiedlichen Gewerkschaften **zwei sich in ihrem Geltungsbereich überschneidende Tarifverträge** über eine betriebliche Vergütungsordnung abgeschlossen, so ist der Arbeitgeber nach der Rspr. des BAG gehalten, die Arbeitnehmer unter Beteiligung des Betriebsrats den Entgeltgruppen beider Vergütungsordnungen zuzuordnen.[223]

75a Die Eingruppierung ist stets personenbezogen; es geht um die Frage, wie die Tätigkeit eines bestimmten AN in der geltenden Vergütungsordnung zuzuordnen ist. Die personenunabhängige (abstrakte) Bewertung eines bestimmten Arbeitsplatzes (z. B. nach Hay) ist daher keine Eingruppierung iSv § 99[224], kann aber ein Mitbestimmungsrecht nach § 87 auslösen, wenn die Arbeitsplatzbewertung zugleich Grundlage einer bestimmten Entlohnung sein soll.[225]

76 Üblicherweise fallen **Einstellung und (Erst-)Eingruppierung zusammen** (zur erstmaligen Tarifbindung bzw. Wechsel des TV vgl. Rn. 91, Checkliste Eingruppierung in DKKWF-*Bachner,* § 99 Rn. 4). Das Gleiche gilt für eine **Versetzung und (Neu)Eingruppierung,** wobei je nach Bewertung der neuzugewiesenen Tätigkeit entweder eine Eingruppierung in die bisherige Entgeltgruppe oder eine Umgruppierung (Rn. 84 ff.) erfolgt[226] (vgl. Rn. 66). Gleichwohl sind die für beide Vorgänge vorgeschriebenen Mitbestimmungsverfahren rechtlich getrennt zu bewerten. Das führt insbes. dazu, dass eine nach Ansicht des BR fehlerhafte Eingruppierung nicht die Einstellung bzw. Versetzung als solche berührt. Die **Zustimmungsverweigerung** muss sich deshalb **auf die Eingruppierung beschränken,** falls es zur Einstellung bzw. Versetzung keine gesonderten Gründe gibt.[227] Ist bei der Ersteingruppierung gleichzeitig mit der Zuordnung zu einer bestimmten Vergütungsgruppe die Zuordnung zu einer bestimmten Unter-Fallgruppe erfolgt, die zur Zahlung einer Zulage führt, kann die Zulage nicht mehr separat zum Gegenstand eines Ein- oder Umgruppierungsverfahrens gemäß § 99 gemacht werden.[228]

77 Der AG hat bei einer Neueinstellung die betriebsverfassungsrechtliche **Pflicht zur Eingruppierung** und dementsprechend zur Beteiligung des BR nach § 99.[229] Schließt sich unmittelbar an ein **befristetes Arbeitsverhältnis** ein weiteres an, so ist dann keine neue Eingruppierung erforderlich, wenn sich weder die Tätigkeit des Arbeitnehmers noch das Entgeltschema ändert.[230] **Unterlässt der AG eine Eingruppierung,** obwohl eine Lohn- oder Gehaltsordnung besteht, verletzt er damit Rechte des BR. Diese können jedoch nicht in die Verweigerung der Zustimmung gegen die Einstellung eingebracht werden, sondern müssen in einem selbstständigen Verfahren gemäß § 101 realisiert werden[231] (§ 101 Rn. 6). Der Individualanspruch auf Bezahlung auf Grund der richtigen Entgeltgruppe bleibt unberührt.[232]

78 Wird ein gekündigter und bereits ausgeschiedener AN während des Kündigungsrechtsstreits (bei unveränderten Arbeitsbedingungen, § 102 Abs. 5) **vorläufig weiterbeschäftigt,** ist keine erneute Eingruppierung erforderlich (zur Versetzung eines solchen AN vgl. Rn. 127).

79 Auch bei Vereinbarung **geringfügiger Beschäftigung** (nach § 8 SGB IV) zwecks Begründung eines versicherungsfreien Beschäftigungsverhältnisses mit einem einzustellenden AN besteht die Pflicht zur Eingruppierung in ein Vergütungsgruppensystem, wenn dieses ein derartiges Beschäftigungsverhältnis oder Teilzeitbeschäftigung nicht – zulässigerweise – von seinem Geltungsbereich ausnimmt.[233]

---

223 Vgl. *BAG* 14.4.15 – 1 ABR 66/13, juris.
224 Vgl. BAG 1.6.11 – 7 ABR 138/09, juris.
225 Vgl. *BAG* 17.11.10 – 7 ABR 123/09, juris.
226 Vgl. *BAG* 18.6.91, NZA 91, 952.
227 Ständige Rspr. seit *BAG* 10.1.75, 20.12.88, EzA § 99 BetrVG 1972 Nrn. 9, 70.
228 *BAG* 24.6.86, EzA § 99 BetrVG 1972 Nr. 51.
229 *BAG* 23.11.93, NZA 94, 461.
230 *BAG* 11.11.97, NZA 98, 319.
231 *BAG* 9.2.93, NZA 93, 664.
232 GK-*Raab,* Rn. 49.
233 *LAG Frankfurt* 13.3.90, NZA 91, 282; zur entsprechenden Auslegung eines TV vgl. *BAG* 18.6.91, BB 91, 1860.

80 Auch bei **Unklarheiten** über die richtige Eingruppierung muss der AG eine Eingruppierungsentscheidung treffen. Auch wenn er deshalb die Eingruppierung als »**vorläufig**« bezeichnet, muss er sie unter Wahrung der §§ 99, 100 vornehmen.[234] Deshalb hat eine so bezeichnete Eingruppierung auch keine besondere Rechtswirkung, weil der AG unabhängig vom Mitbestimmungsverfahren gemäß § 99 stets zur Zahlung der dem AN zustehenden Vergütung verpflichtet ist[235] (vgl. Rn. 257; § 100 Rn. 7).

81 Im Bereich der **Heimarbeit** unterliegt die Zuordnung der verschiedenen Arbeitsgänge in die nach § 19 HAG vorgegebenen Entgeltgruppen und die Zuweisung der Tätigkeiten an die Heimarbeiter als Eingruppierung der Mitbestimmung gemäß § 99.[236]

82 Auch im **Gemeinschaftsbetrieb** beruht die Leistungsbeziehung von AG und AN auf dem jeweiligen Arbeitsvertrag. Deshalb können im Gemeinschaftsbetrieb für die an ihm beteiligten AG jeweils im Verhältnis zu ihren AN unterschiedliche Vergütungsordnungen gelten. Es ist ebenfalls möglich, dass für die AN eines der beteiligten AG kein kollektives Vergütungsschema gilt.[237]

83 Nicht als Eingruppierung zu bewerten ist die **gleichmäßige Absenkung der Eingangsvergütung** für neu eingestellte Arbeitnehmer. Gegenstand dieser Entscheidung ist, welches Entgeltvolumen für die Bezahlung der AN zur Verfügung gestellt werden soll und nicht die Zuordnung zu einer bestimmten Vergütungsgruppe.[238]

c) Umgruppierung

84 Unter einer **Umgruppierung** ist die Feststellung des AG zu verstehen, dass die Tätigkeit des AN nicht – oder nicht mehr – den Tätigkeitsmerkmalen derjenigen Kategorie entspricht, in die er eingruppiert ist. Gegenstand der Umgruppierung ist also die Neueinreihung des AN in eine im Betrieb geltende Vergütungsordnung (Checkliste Umgruppierung in DKKWF-*Bachner*, § 99 Rn. 5).[239] Anlass für diese Feststellung kann eine **Änderung** der Tätigkeit sein, eine Änderung des Entgeltschemas oder aber eine veränderte Einschätzung der Rechtslage durch den AG.[240] Es ist unerheblich, ob der AN mehr verdient (Höhergruppierung),[241] weniger verdient (Abgruppierung) oder sein Verdienst gleich bleibt (Umgruppierung im engeren Sinne).[242] Darauf, aus welchem Anlass der AG diese Feststellung trifft, kommt es nicht an. Auch die Korrektur einer nach Ansicht des AG fehlerhaften Eingruppierung (Rn. 86) bedarf der Zustimmung des BR.[243]

85 Unerheblich für das Mitbestimmungsrecht des BR ist, auf welcher **tatsächlichen oder rechtlichen Grundlage** die Umgruppierung beruht. Ein etwaiges Einverständnis des AN hindert ebenso wenig an der Durchführung des Mitbestimmungsverfahrens, wie das Verhalten des BR einen Rechtsanspruch des AN verändert.[244] Soweit sie mit einer Versetzung oder einer Änderungskündigung einhergeht, sind deren Voraussetzungen gesondert zu prüfen und ist das entsprechende Mitbestimmungsverfahren getrennt durchzuführen (vgl. Rn. 254). Wie bei der Erst-Eingruppierung besteht das Mitbestimmungsrecht des BR in einer »Richtigkeitskontrolle« (vgl. Rn. 74).

86 Möglich ist auch eine **Umgruppierung bei unverändertem Tätigkeitsbereich** des AN, sei es durch eine neue Lohn- bzw. Gehaltsgruppeneinteilung,[245] sei es bei einer **Korrektur** einer als fehlerhaft angesehenen Eingruppierung.[246] Diese Korrektur kann nach oben (**Höhergruppie-**

---

234 *ArbG Düsseldorf* 28.3.96 – 2 BV 35/96.
235 *BAG* 27.1.87, AP Nr. 42 zu § 99 BetrVG 1972; *Matthes*, DB 89, 1290.
236 *BAG* 20.9.90, DB 91, 552.
237 *BAG* 12.12.06, EZA BetrVG 2001 § 87 Betriebliche Lohngestaltung Nr. 13.
238 *LAG Hamm* 8.6.07 – 13 TaBV 117/06, *LAG Düsseldorf*, 29.1.08, ArbRB 08, 101.
239 *BAG* 26.10.04, DB 05, 561 ff.
240 *BAG* 2.4.96, NZA 96, 1105; 20.3.90, NZA 90, 699.
241 *BAG* 28.4.98, BB 98, 2059.
242 *Fitting*, Rn. 104.
243 *BAG* 20.3.90, a. a. O., m. w. N.
244 HWGNRH-*Huke*, Rn. 69.
245 *Fitting*, Rn. 109.
246 *BAG* 20.3.90, NZA 90, 699; *BVerwG* 13.2.76, BVerwGE 50, 186.

rung) oder nach unten (**Rückgruppierung**) erfolgen.[247] Bei unveränderter Tätigkeit oder Änderungen unterhalb der Versetzungsschwelle ist der BR nach § 99 nur zu beteiligen, wenn der AG sich zu einem neuen Eingruppierungsakt entschließt.[248]

87 Geht es darum zu überprüfen, ob aus einer **veränderten tatsächlichen Situation** die Anwendung einer anderen kollektiven Bestimmung mit Vergütungsgruppencharakter folgt, liegt eine Umgruppierung vor. Hauptgrund für eine Umgruppierung ist die **Veränderung der Tätigkeit des AN,** sei es, dass ihm eine **andere Tätigkeit** (ggf. mit einem anderen Arbeitsplatz) zugewiesen wird, sei es, dass der AN durch **faktische Veränderungen** von Arbeitsanfall und -anforderungen in eine andere Gruppe »hineinwächst«.[249] Das gilt auch hinsichtlich der Erfüllung der Voraussetzungen für weitere Stufen innerhalb einer Gruppe (z. B. Betriebszugehörigkeit). Die Tätigkeitsveränderung muss jedoch die Rechtsqualität einer **Versetzung** haben (vgl. Rn. 111), damit der BR eine erneute Eingruppierungsentscheidung unter seiner Beteiligung verlangen kann[250] (Rn. 66, 76). Liegen die Veränderungen unterhalb dieser Schwelle, hat der BR kein Initiativrecht,[251] sondern ist nur zu beteiligen, wenn der AG von sich aus eine Umgruppierung betreibt (Rn. 66; vgl. auch § 101 Rn. 6).

88 Im Gegensatz zu einer mitbestimmungspflichtigen **Berichtigung** einer Eingruppierung[252] soll bei der Einstellung der Zahlung nach einer **irrtümlich** vom AG angenommenen höheren als der zustehenden Vergütungsgruppe kein Mitbestimmungsrecht bestehen.[253] Das kann nur für rein kassentechnische **Überzahlungsfälle** gelten. Die Berichtigung einer erklärtermaßen vorgenommenen, aber falschen Eingruppierung ist ebenso wie die Feststellung, dass nach irrtümlicher Annahme einer Eingruppierung eine solche überhaupt erstmals vorgenommen werden muss, mitbestimmungspflichtig.

89 Unter § 99 fällt auch die Feststellung, dass ein AN die Voraussetzung für eine **Zusatzleistung** erfüllt, für die eine höhere Vergütung zu zahlen ist. Ein Vergütungssystem kann durch derartige **Zulagen,** die jeweils einen Teil des zwischen zwei Vergütungsgruppen bestehenden Abstandes ausgleichen, faktisch um **Zwischengruppen** erweitert werden.[254] Die Feststellung, ob der AN Anspruch auf eine solche Zulage hat, ist eine mitbestimmungspflichtige Eingruppierung.[255] Erforderlich ist aber, dass die Zulage **in das Vergütungsgruppensystem eingebunden** ist. Hierzu müssen ihre Voraussetzungen an diejenigen anknüpfen, die für das bewertende Entgeltschema maßgebend sind; sie muss die Funktion einer Zwischengruppe erfüllen.[256] Das *BAG*[257] hat diese Voraussetzungen bei einer Zulage nicht als erfüllt angesehen, die eine »angemessene« Zulage bei vorübergehender Ausübung einer höher bewerteten Tätigkeit vorsah. Das erscheint problematisch, da jedenfalls die Subsumtion vorgenommen werden muss, ob der AN die höherwertige Tätigkeit ausübt. Es handelt sich praktisch um den Fall einer vorübergehenden Höhergruppierung. Nicht unter § 99 fällt die Gewährung von Zulagen, die ohne Rücksicht auf die Zuordnung in eine Vergütungsgruppe (z. B. Erschwernis- oer Familienzulagen) gezahlt werden,[258] und die Gewährung eines **Bonus** als erfolgsunabhängige Vergütung.[259]

90 Änderungen der Eingruppierung auf Grund einer **Änderung des zugrunde liegenden kollektiven Entgeltschemas** sind mitbestimmungspflichtige Umgruppierungen.[260] Zum Beispiel be-

---

247 Vgl. *BAG* 30.5.90, PersR 90, 270; zur korrigierenden Rückgruppierung insgesamt *Friedrich/Kloppenburg,* RdA 01, 293 [297 ff.].

248 *BAG* 18.6.91, NZA 91, 852; vgl. Rn. 77; zum Erfordernis einer Änderungskündigung zur Durchsetzung einer korrigierenden Rückgruppierung s. *KDZ,* § 2 KSchG Rn. 178.

249 *BAG* 30.5.90, NZA 90, 899 m. w. N.; *Fitting,* Rn. 107.

250 *BAG* 18.6.91, NZA 91, 852.

251 *BAG* 18.6.91, a. a. O.

252 *BVerwG* 13.2.76, BVerwGE 50, 186.

253 *BAG* 21.4.86, AP Nr. 5 zu § 1 TVG TV Bundesbahn.

254 Vgl. *BAG* 27.6.00, DB 01, 600.

255 *BAG* 2.4.96, NZA 96, 1105.

256 *BAG* 2.4.96, a. a. O.

257 *BAG* 2.4.96, a. a. O.

258 *BAG* 2.4.96, a. a. o.; 19.10.11 – 4 ABR 119/09, juris.

259 *BAG* 6.8.02, BB 03, 639.

260 *BAG* 9.3.93, ZTR 93, 390.

darf es einer Umgruppierung der AN, wenn bei einer Vergütungsordnung die allgemeinen Tätigkeitsmerkmale neugefasst und die Tätigkeitsmerkmale vermehrt werden.[261] Der BR kann bei einer solchen Gelegenheit jedoch nicht bei gleich bleibender Tätigkeit eine Höhergruppierung gemäß Abs. 2 Nr. 1 geltend machen.[262] Auch wenn es bei der Änderung eines TV zu **Massenneueinstufungen** kommt, sind diese als Einzelmaßnahmen mitbestimmungspflichtig.[263] Angeblich mitbestimmungsfreie, »**automatische**« Eingruppierungsänderungen auf Grund eines TV[264] müssen mit größter Zurückhaltung betrachtet werden. Denn das Mitbestimmungsrecht entfällt nicht bei echten »Höhergruppierungen«, sondern nur bei bloßen Umbenennungen der Vergütungsgruppen (z. B. durch andere Ziffern, ggf. verbunden mit einer höheren Bezahlung). Eine Umgruppierung liegt deshalb vor, wenn ein neuer TV zwar die bisherigen Gehaltsgruppen übernimmt, jedoch auf andere Kriterien (Tätigkeitsjahre statt Lebensalter) abstellt.[265] Eröffnet ein neuer Eingruppierungstarifvertrag den **Bewährungsaufstieg,** liegt eine mitbestimmungspflichtige Eingruppierungsentscheidung auch dann vor, wenn der AG es mangels Erfüllung der erforderlichen Bewährungszeit bei der bisherigen Eingruppierung belassen will[266] (vgl. Rn. 71). Die Tarifvertragsparteien können die **Rechte des BR** aus Anlass einer Gehaltsstrukturänderung dann **nicht einschränken,** wenn die fragliche Änderung objektiv eine Umgruppierung darstellt.[267] Ein solcher Fall ist die Einführung eines für Arbeiter und Angestellte **gemeinsamen Entgelt-TV** (vgl. auch Rn. 94).

Stets mit Umgruppierung aller AN verbunden ist die **erstmalige Einführung eines TV** (z. B. **91**
bei erstmaligem Abschluss eines Firmen-TV oder nach Beitritt zu einem AG-Verband). Das Gleiche gilt beim **Wechsel des TV.**

Die **lineare Absenkung des Gehalts um einen bestimmten Prozentsatz** begründet kein neues **92**
Vergütungssystem i. S. von § 87 Abs. 1 Nr. 10. Durch die lineare Absenkung der Vergütung verändert sich das innerbetriebliche Lohngefüge, also das Verhältnis der Lohngruppen zueinander nicht, sondern lediglich die absolute Lohnhöhe.[268]

Im Zusammenhang mit der **Überführung eines Ausbildungsverhältnisses** gemäß **§ 78 a** **93**
BetrVG oder **§ 17 BBiG** muss stets eine mitbestimmungspflichtige Umgruppierung vorgenommen werden.[269]

Der **Wechsel vom Arbeiter zum Angestellten** ist jedenfalls dann eine Umgruppierung, wenn **94**
die Tätigkeit sich von einer Arbeiter- zu einer Angestelltentätigkeit ändert.[270] Wenn ein Arbeiter bei **unveränderter Tätigkeit** nur wie ein Angestellter behandelt wird, soll das nicht gelten.[271] Dem kann man sich nur insoweit anschließen, als dies bei vorhandener Tarifbindung zu einer zwar entgegenkommenden, aber tarifrechtlich »falschen« Behandlung führt. Steht kein TV im Wege, liegt der Fall einer mitbestimmungspflichtigen Umgruppierung vor.

Eine Umgruppierung liegt auch vor, wenn der AG auf Grund einer Prüfung zu dem Ergebnis **95**
gelangt, dass der AN nicht mehr in eine der Gehaltsgruppen der geltenden Vergütungsordnung einzugruppieren sei, weil die vorgesehene Tätigkeit höherwertige Qualifikationsmerkmale als höchste Vergütungsgruppe aufweist. Die Richtigkeit dieser vom *BAG* so bezeichneten »**Ausgruppierung**« unterliegt ebenfalls dem Mitbestimmungsrecht des BR.[272] Existiert außerhalb der betrieblichen Vergütungsordnung eine weitere gestufte Vergütungsordnung, muss über die »Ausgruppierung« hinaus eine Eingruppierung in das neue System erfolgen. Mitbestimmungsrechtlich handelt es sich um eine notwendigerweise einheitlich vorzunehmende

261 *BAG* 12.1.93, EzA § 99 BetrVG 1972 Nr. 112.
262 *BAG* 18.1.94, DB 94, 2634.
263 *BAG*, 19.8.04 – 8 ABR 40/03.
264 *BAG* 23.2.66, AP Nr. 8 zu § 1 TVG Tarifverträge, BAVAV.
265 *BAG* 3.10.89, DB 90, 1092; Beispiele: *LAG Hamburg* 23.12.92, NZA 93, 424; *LAG Düsseldorf* 31.7.92, NZA 93, 426; *LAG Schleswig-Holstein* 14.4.92, BB 92, 1139; *LAG Frankfurt* 3.5.88, DB 89, 983.
266 *BAG* 21.9.93, ZTR 94, 170.
267 *LAG Düsseldorf* 31.7.92, DB 93, 100.
268 *LAG Baden-Württemberg* 9.12.03.
269 HWGNRH-*Huke*, Rn. 62.
270 HWGNRH-*Huke*, Rn. 64.
271 HWGNRH-*Huke*, Rn. 64.
272 *BAG* 26.10.04, DB 05, 561 ff.; 17.6.08 – 1 ABR 37/07, juris.

Maßnahme. Solange dies nicht geschieht, ist die Umgruppierung unvollständig. Der BR ist an der gesamten Maßnahme zu beteiligen. Der arbeitsgerichtliche Antrag des BR muss die gesamte Maßnahme erfassen.

3. Versetzung

96 Für eine **Versetzung** i. S. d. § 99 gilt die **Legaldefinition des § 95 Abs. 3.** Demnach liegt betriebsverfassungsrechtlich (zu arbeitsvertraglichen Voraussetzungen der Versetzung vgl. Rn. 98, 132) eine »Versetzung« in der »**Zuweisung eines anderen Arbeitsbereichs,**

- die voraussichtlich die Dauer von einem Monat überschreitet oder
- die mit einer erheblichen Änderung der Umstände verbunden ist, unter denen die Arbeit zu leisten ist« (Checkliste Versetzung in DKKWF-*Bachner,* § 99 Rn. 3).

Es gibt also grundsätzlich **zwei Typen von Versetzungen:**

1. die Zuweisung eines anderen Arbeitsbereichs für eine **längere Zeit** als einen Monat;
2. die Zuweisung eines anderen Arbeitsbereichs für eine **kürzere Zeit,** aber mit **erheblichen Änderungen** der Arbeitsumstände.

97 Eine Versetzung als Zuweisung eines neuen Arbeitsbereichs zieht notwendigerweise eine **erneute Eingruppierungsentscheidung** nach sich[273] (vgl. Rn. 66, 76). Das kann je nach Bewertung der neuen Tätigkeit zur (erneuten) Eingruppierung in die bisherige Gruppe führen oder zu einer Umgruppierung (Rn. 84 ff., 87). »Versetzung« i. S. des § 99 ist ein **unbestimmter Rechtsbegriff,** bei dessen Anwendung dem *LAG* ein Beurteilungsspielraum zusteht.[274]

98 Vom betriebsverfassungsrechtlichen ist der **arbeitsvertragliche Versetzungsbegriff** zu unterscheiden. Letzterer zielt ganz allein auf die Zuweisung eines anderen Arbeitsplatzes. Je nachdem, wie eng oder weit der Tätigkeitsbereich des AN im Arbeitsvertrag abgegrenzt ist, kann diese Zuweisung kraft Direktionsrechts erfolgen, oder es ist eine Vertragsänderung (einvernehmlich oder durch Änderungskündigung) erforderlich.[275] Diese Voraussetzungen müssen erfüllt sein, damit von einer Versetzung im individualarbeitsvertraglichen Sinne die Rede sein kann. Der **betriebsverfassungsrechtliche Versetzungsbegriff ist selbstständig** zu bestimmen. Für diesen sind **objektive betriebliche Gegebenheiten** maßgeblich.[276] Aus diesem Grunde kommt es nicht auf – möglicherweise weite – arbeitsvertragliche Versetzungs*möglichkeiten* an. Eine individualrechtlich zulässige (betriebsverfassungsrechtliche) Versetzung ist ohne Beteiligung des BR (Zustimmung oder deren Ersetzung) nicht möglich;[277] auch nicht wenn der Arbeitnehmer im Vertrag oder aktuell sein Einvernehmen erklärt hat. Das gilt entsprechend für eine vertragliche Einheitsregelung[278] Umgekehrt ersetzt die Beteiligung des BR nicht die individualrechtlichen Voraussetzungen für die Versetzung.[279] Der AN kann sich jedoch gegenüber einer Versetzung auf die Verweigerung der BR-Zustimmung bzw. die Nichtbeachtung des Mitbestimmungsverfahrens berufen (vgl. näher Rn. 252).

99 Ist eine **Änderungskündigung** erforderlich, muss parallel zu § 99 deren individualrechtliche Zuläsigkeit geprüft werden (eingehend Rn. 219). Es gelten alle Rechtmäßigkeitskriterien einer Änderungskündigung, insbes. die Notwendigkeit einer **sozialen Auswahl**[280] (vgl. auch Rn. 226). Beruht die Versetzung auf einem **Widerspruch** des BR gemäß **§ 102 Abs. 3 Nr. 3 – 5** gegenüber einer zunächst erklärten Kündigungsabsicht, so ist das Verfahren des § 99 dann durchzuführen, wenn der BR nicht ausschließlich auf den konkreten ins Auge gefassten Arbeitsplatz abgezielt hat (näher § 102 Rn. 226). Widersprüchliches Verhalten wäre jedoch unbeachtlich (vgl. Rn. 185).

100 Versetzung bedeutet Zuweisung eines anderen »**Arbeitsbereichs«.** Dieser auch in § 81 verwandte Begriff (vgl. § 81 Rn. 16 ff.)[281] wird dort durch die Aufgabe und Verantwortung sowie

---

273 *BAG* 18.6.91, NZA 91, 952.
274 *BAG* 11.9.01, NZA 02, 232.
275 Hierzu eingehend *KDZ,* § 2 KSchG Rn. 36 ff., 54, 155 m. w. N.
276 *BAG* 26.5.88, DB 88, 2158; *Fitting,* Rn. 119, 120,; GK-*Raab,* Rn. 78;.
277 *BAG* 14.11.89, DB 90, 1093; 26.5.88, DB 88, 2158.
278 *LAG Hamm* 19.3.04, EzA-SD 04, Nr. 12, 13.
279 *LAG Düsseldorf* 29.9.77, DB 78, 2494; *Fitting,* Rn. 121.
280 Vgl. *KDZ,* § 2 KSchG Rn. 181 ff. m. w. N.
281 Vgl. *v. Hoyningen-Huene/Boemke,* S. 122.

die Art der Tätigkeit und ihre Einordnung in den Arbeitsablauf des Betriebs umschrieben.[282] Gleichzeitig ergibt sich aus dem systematischen Zusammenhang zwischen § 95 Abs. 3 Satz 1 und Satz 2, dass mit »Arbeitsbereich« auch der »**Arbeitsplatz**« gemeint ist.[283] Der »Arbeitsplatz« ist Gegenstand einer Vielzahl von Regelungen im BetrVG bzw. hat Bedeutung für deren Auslegung (z. B. §§ 81, 90, 91, 93). Sein gemeinsamer Inhalt muss auch für § 99 fruchtbar gemacht werden. Sehr generell gesprochen, heißt das jedenfalls, dass der Begriff »Arbeits*platz*« den **örtlichen Bezug** des Arbeitsbereichs besonders deutlich macht.[284] Unter »Arbeitsbereich« ist der **konkrete Arbeitsplatz** und seine Beziehung zur betrieblichen Umgebung in räumlicher, technischer und organisatorischer Hinsicht zu verstehen.[285] Das *BAG* spricht von »**Ort der Arbeitsleistung**«, »**Art der Tätigkeit**« oder dem »**gegebenen Platz in der betrieblichen Organisation**«.[286] In jedem Fall wird der Arbeitsplatz durch die jeweilige Arbeitsaufgabe und den Arbeitsinhalt, also den »Gegenstand seiner Arbeitsleistung«, definiert.[287] Die **Betriebsparteien** können versetzungsrelevante **Kriterien** für die Abgrenzung von Arbeitsbereichen und Arbeitsplätzen festlegen[288] (zu **Auswahlrichtlinien** s. Rn. 204; § 95 Rn. 27 ff., 32 ff.).

Nur **geringfügige Veränderungen** des Arbeitsbereichs bzw. Arbeitsplatzes mögen zwar eine **101**
Unterrichtungspflicht des AG gemäß § 81 auslösen (vgl. § 81 Rn. 16 ff.), stellen deshalb aber noch nicht zwangsläufig eine Versetzung dar. Die Veränderungen müssen so erheblich sein, dass ein »anderer Arbeitsbereich« angenommen werden kann.[289] Das **Gesamtbild der Tätigkeit** des AN muss sich geändert haben. Es kommt darauf an, ob sich die Tätigkeiten des AN vor und nach der Zuweisung so voneinander unterscheiden, dass die neue Tätigkeit in den Augen eines mit den betrieblichen Verhältnissen vertrauten Beobachters als eine andere angesehen werden kann.[290] Änderungen, die sich z. B. als Folge der technischen Gestaltung des Arbeitsablaufes, einer Änderung der Hilfsmittel oder Maschinen oder auch einer anderen Organisation des Arbeitsablaufs im »**normalen Schwankungsbereich**« halten, sind **keine** mitbestimmungspflichtige Versetzung.[291] So ist z. B. der beabsichtigte Einsatz von »herkömmlichen« Kassiererinnen eines Warenhaus in einem neu eingerichteten »Selbstscanning-Kassenbereich« als Versetzung zu bewerten,[292] weil ganz wesentliche Tätigkeiten der bisherigen Kassierertätigkeit entfallen. Es ist methodisch unzulässig, von einem »**Bagatellfall**« als Nicht-Versetzungsfall dann zu sprechen, wenn keine schutzwürdigen Belange des AN berührt werden.[293] Zum einen ist diese Frage im Rahmen des Widerspruchsgrundes gemäß Abs. 2 Nr. 4 zu prüfen. Zum anderen kommt es für das Mitbestimmungsrecht des § 99 gerade nicht nur auf die Interessen des betroffenen AN, sondern insbes. auch auf die Interessen des »Belegschaftskollektivs« an[294] (vgl. Rn. 4).

Für eine sog. **schleichende Versetzung,** bei der sich die Arbeitsanforderungen nur in jeweils **102**
einzelnen, kleinen Schritten ändern, gilt nichts Besonderes: Ab dem Augenblick, ab dem die Veränderungen auf Grund eines einzelnen Schrittes zusammen mit vorangegangenen Schritten Versetzungsqualität gegenüber der Ausgangssituation erreichen, ist § 99 anzuwenden. In solchen Fällen stellt sich typischerweise neben der Versetzung auch die Frage einer erneuten Eingruppierungsentscheidung (vgl. Rn. 87).

Für die **praktische Handhabung** kristallisieren sich aus der bisherigen *BAG*-Rspr. **vier Typen** **103**
von Veränderungen des Arbeitsbereichs/Arbeitsplatzes heraus, die jeweils eine Versetzung i. S. d. § 99 bedeuten können:

---

282 *BAG* 26.5.88, DB 88, 2158.
283 *BAG* 8.8.89, DB 90, 537; 14.11.89, DB 90, 1093.
284 *BAG* 1.8.89, DB 90, 382; 14.11.89, DB 90, 1093.
285 *BAG* 3.12.85, DB 86, 915.
286 *BAG* 10.4.84, DB 84, 2198.
287 *BAG* 26.5.88, DB 88, 2158; *LAG Düsseldorf* 1.7.81, DB 81, 1938.
288 *Fitting*, Rn. 124.
289 *v. Hoyningen-Huene/Boemke*, S. 124.
290 *BAG* 26.5.88, DB 88, 2158.
291 *BAG* 10.4.84, DB 84, 2198.
292 A. A. *LAG Rheinland-Pfalz* 4.4.06 – 2 TaBV 63/05, juris.
293 HWGNRH-*Huke*, Rn. 78; *Hromadka*, DB 72, 1533.
294 Vgl. GK-*Raab*, Rn. 77; *Müller*, RdA 69, 227, 228; vgl. *Belling*, DB 85, 335, 336 m. w. N.

- Arbeitsort (Rn. 106);
- Arbeitsaufgabe und -inhalt (Rn. 110);
- Platz in der betrieblichen Organisation (Rn. 113);
- Arbeitsumstände (Rn. 114).

Änderungen unter **jedem einzelnen** dieser Gesichtspunkte können zu einer Qualifizierung als **Versetzung** führen, auch wenn sich hinsichtlich der anderen nichts geändert hat. Es kann also eine Versetzung vorliegen, ausschließlich bei

- Veränderung des Arbeitsorts;[295]
- Veränderungen von Arbeitsaufgabe und -inhalt;[296]
- Veränderung des Platzes in der betrieblichen Organisation;[297]
- Veränderung der Arbeitsumgebung am selben Arbeitsort und unveränderten Arbeitsaufgaben und -inhalten.[298]

Es kann aber auch sein, dass die Veränderungen hinsichtlich jeder der drei Einzelaspekte jeweils für sich genommen keine Versetzung darstellen würden, jedoch **alle zusammen** als »Gesamtbild« der Tätigkeit so verändern, dass von einer »anderen Tätigkeit« gesprochen werden kann (vgl. Rn. 114).

104 Ob eine »Versetzung« im betriebsverfassungsrechtlichen Sinne vorliegt, hängt **nicht** von einer individualrechtlichen **auf die Person des AN zielenden Maßnahme** oder Entscheidung des AG im engeren Sinne ab. Da er über die technischen Produktionsmittel und die Organisationsgestaltung verfügt, sind ihm hieraus resultierende Einflüsse auf die Arbeitssituation des einzelnen AN zuzurechnen. Eine Versetzung kann also auch aus objektiven, nicht auf den betroffenen AN gezielten Veränderungen herrühren. Infolgedessen gehen **Betriebsänderungen** nach § 111 Nr. 4 und 5 häufig mit Versetzungstatbeständen einher.

105 Ersichtlich kommt es für die Entscheidung, ob eine Versetzung vorliegt, stets auf die **konkreten Umstände jedes Einzelfalls** an. Es lassen sich jedoch Entscheidungshilfen zur Operationalisierung der *BAG*-Grundsätze in Form einiger Faustregeln nennen, die zumindest eine **Vermutung** zugunsten des Vorliegens einer Versetzung auslösen:

- Wenn eine Umgruppierung notwendig wird, liegt darin im Zweifelsfall eine Versetzung. Zwar ist es richtig, dass eine Änderung der materiellen Arbeitsbedingungen als solche keine Versetzung darstellt[299] Das folgt aus der Unerheblichkeit der individualrechtlichen Gestaltung für das Mitbestimmungsverfahren (Rn. 34). Soweit sich jedoch die Eingruppierung nach der ausgeübten Tätigkeit des AN richtet (wie allgemein üblich, vgl. Rn. 74), liegt im Wechsel einer Lohn- und Gehaltsgruppe typischerweise ein Indiz für eine versetzungsträchtige »andere Tätigkeit«. Unabhängig davon ist beim Vorliegen einer Versetzung in jedem Falle eine erneute Eingruppierungsentscheidung zu treffen[300] (Rn. 66, 76).
- Wenn der Arbeitsplatz gemäß § 93 ausgeschrieben worden war, spricht nach seiner Besetzung jede Veränderung eines in der Ausschreibung genannten Punktes zu seiner Spezifizierung (vgl. § 93 Rn. 5) für eine Versetzung. Denn immerhin haben die Betriebsparteien (oder der AG allein) all jene Punkte für wichtig genug gehalten, um die Entscheidung möglicher Interessen/Bewerber zu beeinflussen. Dann greift ihre Veränderung in den Vertrauensschutz der AN ein – eine für eine Versetzung ausreichend bedeutsame Wirkung.
- Wenn ein einzelner Arbeitsplatz ausgeschrieben wurde, ist dies generell Ausweis seiner Eigenschaft als »anderer« Arbeitsplatz gegenüber den vorhandenen, besetzten Arbeitsplätzen.
- Für die veränderte Tätigkeit ist eine gewisse Einarbeitungszeit erforderlich. Je länger eine solche Einarbeitungszeit ist, desto mehr spricht für eine Versetzung.
- Schließlich kann ein gewisser Anhaltspunkt für eine Versetzung darin bestehen, dass der AG sich vergeblich bemüht hat, andere AN für die Stelle zu gewinnen, sich jedoch kein anderer AN bereit erklärt hat, sie einzunehmen.

---

295 *BAG* 18.2.86, DB 86, 1523; 18.10.88, DB 89, 732.
296 *BAG* 10.4.84, DB 2198.
297 *BAG* 10.4.84, a.a.O.
298 *BAG* 26.5.88, DB 88, 2158.
299 Vgl. bereits Ausschussbegründung, BT-Drucks. VI/2729, zu § 95.
300 *BAG* 18.6.91, NZA 91, 952.

Die Zuweisung an einen anderen **Arbeitsort** ist für sich betrachtet immer eine Versetzung.[301] Der AN wird stets dann in einem anderen Arbeitsbereich tätig, wenn er in einem **anderen Betrieb desselben UN** tätig wird.[302] Der Ort der Arbeitsleistung ist für den Arbeitnehmer von entscheidender Bedeutung. Ob die Maßnahme bei gleichbleibender Arbeitsaufgabe gemäß § 99 der Zustimmung des BR bedarf, hängt davon ab, dass sie voraussichtlich die Dauer eines Monats überschreitet (Rn. 108) oder, bei kürzerer Dauer, mit einer erheblichen Änderung der Arbeitsumstände verbunden ist (Rn. 101).[303] **106**

Bei der **Versetzung in einen anderen Betrieb** hängt die Mitbestimmung nach der hier vertretenen Auff. grundsätzlich nicht davon ab, ob der AN wieder in den abgebenden Betrieb zurückkehrt oder die Versetzung auf Dauer erfolgt (vgl. a. Rn. 16). Die kollektiven Interessen der im abgebenden Betrieb vorhandenen Belegschaft können durch eine betriebsübergreifende Versetzung in beiden Fällen schon deswegen berührt sein, weil die verbleibenden Arbeitnehmer einer Arbeitsverdichtung ausgesetzt sein können, die jedenfalls eine Zustimmungsverweigerung als möglich erscheinen lässt.[304] Das *BAG*[305] lässt eine Beteiligung des BR des abgebenden Betriebs demgegenüber entfallen, wenn der **mit seinem Einverständnis versetzte AN auf Dauer aus dem abgebenden Betrieb ausscheidet** und in einen anderen – den aufnehmenden – Betrieb auf Dauer eingegliedert wird (zur Kritik an dieser Rspr. vgl. Rn. 17). Grenzfälle können in der Zuweisung eines anderen Arbeitsplatzes in verschiedenen **Betrieben/Betriebsteilen am selben Ort** liegen.[306] Ein Hilfskriterium zur Klärung der Versetzungsqualität liegt darin, ob die Verlegung des ganzen Betriebs/Betriebsteils eine sozialplanpflichtige **Betriebsänderung** wäre[307] (§ 111 Rn. 62). Die **Verlegung des ganzen Betriebs** (bzw. der Abteilung des AN) wird vielfach nicht als Versetzung betrachtet. Fälle dieser Art unterlägen als Betriebsänderung gemäß § 111 der hierfür vorgesehenen Beteiligung des BR.[308] Das ist jedoch unzutreffend. Zum einen führt die Existenz eines gleichzeitigen anderen Mitbestimmungsrechts nicht zwangsläufig zum Wegfall des einen. Zum anderen belegt gerade der Hinweis auf § 111 gewissermaßen von Gesetzes wegen das Vorhandensein einer Versetzung: Es handelt sich nämlich um eine Betriebsänderung, mithin um die Arbeitsaufnahme in einen mit dem alten Betrieb nicht mehr identischen Betrieb. Das BAG hat jetzt jenseits der Frage der Betriebsänderung entschieden, dass die Verlegung eines Betriebes um wenige Kilometer (ca. 3 km) innerhalb derselben politischen Gemeinde ohne Hinzutreten einer weiteren Veränderung der Arbeitsumstände keine Versetzung der betroffenen Arbeitnehmer darstelle. Werde aber in einem solchen Fall lediglich eine Abteilung räumlich verlagert (oder aber einzelne Arbeitsplätze), so verändere sich für die betroffenen Arbeitnehmer das Arbeitsumfeld, so dass die Voraussetzungen einer Versetzung erfüllt seien.[309] **107**

Eine Versetzung ist auch dann anzunehmen, wenn der AN auf Initiative des AG und in dessen Interesse **vorübergehend in einem anderen (Konzern-)Unternehmen** arbeitet. Auch in einer solchen Lage stellt sich die Situation im abgebenden Betrieb bezogen auf eine mögliche Vakanz und Belastung der dortigen Belegschaft genauso dar wie bei einem vorübergehenden Wechsel in einen anderen Betrieb desselben Unternehmens.[310] **108**

Eine Versetzung als Ortsveränderung kann auch beim **Wechsel des Arbeitsplatzes im Betrieb** vorliegen, z. B. beim Wechsel von einem Betriebsteil zu einem räumlich entfernten Betriebsteil.[311] Unbestritten gilt dies für Betriebe, die sich über ganze Regionen erstrecken, z. B. Regionalbetriebe, die auf der Grundlage von § 3 Abs. 1 Nr. 1 gebildet wurden. Im Übrigen muss **109**

---

301 *BAG* 18.2.86, AP Nr. 33 zu § 99 BetrVG 1972; *LAG Hamm* 23.1.04, EzA-SD, Nr. 7, 13.
302 *BAG* 19.2.91, EzA § 95 BetrVG 1972 Nr. 24; *v. Hoyningen-Huene/Boemke*, S. 133 f. m. w. N.
303 *BAG* 1.8.89 – 1 ABR 51/88.
304 *BAG* 22.11.05 – 1 ABR 49/04, juris.
305 *BAG* 22.11.05, a. a. O.
306 Zur Abordnung in verschiedene Filialen in einer Großstadt als mitbestimmungspflichtige Versetzung *LAG Berlin* 26.5.97, NZA-RR 98, 76.
307 *ArbG Frankfurt* 10.10.90, AiB 91, 155.
308 *LAG Berlin* 22.11.91, NZA 92; 854; *LAG Nürnberg* 28.4.05, AuA 05, 616.
309 *BAG* 27.6.06, NZA 06, 1289.
310 *LAG Schleswig-Holstein*, 12.4.07 – 4 TaBV 66/06.
311 HWGNRH-*Huke*, Rn. 86.

bei innerbetrieblichen Veränderungen die Definition des »Arbeitsplatzes« an anderen Stellen des BetrVG zur Lokalisierung und Eingrenzung in der Versetzungsfrage fruchtbar gemacht werden (vgl. Rn. 100). Allerdings wird man den bloßen Wechsel von einer Fabrikhalle zu einer anderen oder von einem Büro zum anderen im selben Betrieb für sich allein nicht als Versetzung in Form einer Ortsveränderung werten können,[312] ebenso wenig die ein- bis zweimal im Monat stattfindende Verlängerung des Anfahrtswegs zur Arbeitsstelle um etwas 75 Minuten.[313] Es müssen Änderungen hinsichtlich anderer Punkte hinzukommen: Änderung der Arbeitsmittel;[314] hinzutretende Stressfaktoren;[315] Angewiesensein auf Kommunikationsmöglichkeiten und technische Einrichtungen;[316] Wechsel von Einzel- in Großraumbüro; Wechsel aus Fabrikhalle ins Freie; Wechsel von nicht belasteter Halle an Arbeitsplatz mit Einwirkungen von Hitze, Nässe, Lärm u. Ä.[317]

110 Zur **Arbeitsaufgabe** im betriebsverfassungrechtlichen Sinne gehören alle eingruppierungsrelevanten Tätigkeitsmerkmale (Rn. 129 ff.). Der Inhalt des Arbeitsvertrags ist für sich betrachtet unerheblich.[318] Jedoch können daraus Anhaltspunkte für die Bestimmung der objektiven Gegebenheiten des Betriebs gewonnen werden, wenn nicht nur auf den Vertrag des einzelnen gerade betroffenen AN, sondern auf die Verträge vergleichbarer AN abgestellt wird. Eine Versetzung liegt immer vor, wenn dem AN eine tariflich höher oder niedriger zu bewertende Tätigkeit übertragen werden soll. Es geht dabei nicht um die Entlohnung als solche, sondern die in der veränderten Entlohnung zum Ausdruck kommende Veränderung der Tätigkeit.[319] Eine wesentliche Änderung der Arbeitsaufgabe und des Arbeitsinhalts liegt vor bei einem Wechsel von Arbeit im **Leistungslohn** zu solcher im **Zeitlohn** und umgekehrt.[320] Auch der Wechsel innerhalb des Leistungslohns vom **Einzel- in den Gruppenakkord** ist eine mitbestimmungspflichtige Versetzung.[321] Der Wechsel vom **Außen- in den Innendienst** enthält sowohl eine Änderung des Arbeitsorts als auch des Arbeitsinhalts.[322] Das Gleiche gilt für die **Zuweisung eines neuen Verkaufsgebietes** im Außendienst.[323] Eine Veränderung der **beruflichen Perspektiven** beim Wechsel eines Arbeitsplatzes spricht gleichfalls für das Vorliegen einer Versetzung.[324] In der Umsetzung einer **Altenpflegekraft** auf eine andere, organisatorisch eigenständige Station in einem Altenpflegeheim liegt eine Versetzung,[325] ebenso in der Zuordnung von **Nachtwachen** zu bestimmten Pflege- bzw. Wohnbereichen unter Aufgabe ihres bisherigen Einsatzes nach dem Rotationsprinzip.[326]

111 Problematisch sind die Fälle der **teilweisen Veränderung von Arbeitsaufgaben** und -inhalten. Wenn neue Arbeitsinhalte nur eine Randbedeutung haben, wird man ihre Hinzufügung dem mitbestimmungsfreien »**normalen Schwankungsbereich**« zuordnen müssen.[327] Wird der bisherige Arbeitsbereich durch Zuweisung oder Wegnahme von Teilfunktionen erweitert oder verkleinert, ohne dass dadurch ein von dem bisherigen Arbeitsbereich grundlegend abweichender, neuer Arbeitsbereich entsteht, liegt keine Versetzung vor.[328] Bei einem quantitativen

---

312 *BAG* 10.4.84, DB 84, 2198; Verlegung einer Betriebsabteilung in andere Räume am selben Ort, *Fitting*, Rn. 144.
313 *LAG Mecklenburg-Vorpommern* 23.1.13 – 2 Sa 104/12, juris.
314 *LAG Hamm* 15.8.89 – 13 TaBV 21/89.
315 *BAG* 18.10.88, AP Nr. 56 zu § 99 BetrVG 1972.
316 *ArbG Wesel* 19.11.93 – 2 BV 41/93.
317 Beispiele bei HWGNRH-*Huke*, Rn. 86, 88; *Meier*, NZA-Beilage 3/88, S. 6.
318 *BAG* 26.5.88, DB 88, 2158.
319 A. A. *LAG Hamm* 21.2.95, NZA-RR 96, 50.
320 *LAG Düsseldorf* 1.7.81, DB 81, 1938; *ArbG Bielefeld* 3.4.81 – 5 Ca 160/81; vgl. den aus individualrechtlicher Versetzungssicht entschiedenen Fall *BAG* 6.2.85, DB 85, 1481.
321 *BAG* 22.4.97, DB 97, 208.
322 Versetzung bejaht durch *ArbG Hamm* 11.5.79, DB 79, 2042; *Griese*, BB 95, 458; a. A. *Hromadka*, DB 72, 1534.
323 *LAG Köln* 24.10.89, NZA 90, 534.
324 *BAG* 27.5.82, AiB 89, 215.
325 *BAG* 29.2.00, BB 00, 1784.
326 *LAG Hamm* 20.11.09 – 10 TaBV 45/09, juris.
327 Vgl. *LAG München* 18.11.87, LAGE § 95 BetrVG 1972 Nr. 4.
328 *BAG* 27.3.80, DB 80, 1603.

Anteil von 20 v. H. spricht viel für eine Versetzung.[329] Deshalb ist z. B. die Zuweisung eines Arbeitnehmers zu einem **Projektteam,** welches im Rahmen eines Umstrukurierungsvorhabens eingesetzt wird, als Versetzung anzusehen, insb. dann, wenn die Projekttätigkeit regelmäßig anfällt bzw. von einer gewissen Dauer ist und nicht nur einmalig erfolgt und/oder mit gelegentlichen Reisen an andere Arbeitsorte verbunden ist.[330] Auch ist die Bestellung eines AN **zum Datenschutzbeauftragten** i. S. d. BDSG wegen der Erheblichkeit der Zuweisung dieser neuen Arbeitsaufgabe eine der Zustimmung des BR unterliegende Versetzung.[331] Es ist unerheblich, ob der AG zur Bestellung eines Datenschutzbeauftragten verpflichtet ist; entscheidend ist die tatsächliche Bestellung.[332] Auch in der Bestellung zu **jeder anderen Art von betrieblichem Beauftragten** liegt mit einer Veränderung der bisherigen Tätigkeit um wenigstens 20 % eine Versetzung.[333] Die nicht unbedeutende **Anreicherung der Aufgaben** eines AN um qualitativ anspruchsvollere Komponenten ist ebenfalls als Versetzung zu werten.[334] Das Gleiche gilt für eine **Reduzierung des Aufgabenbereichs,** wenn der entzogene Teilbereich den Arbeitsbereich des AN mitbestimmt.[335] Auch die **Veränderung der Provisionsbedingungen** im Außendienst ist eine Versetzung, wenn sich hieraus erhebliche Gehaltseinbußen ergeben können und damit eine grundlegende Störung des Leistungsgleichgewichts bei erfolgsabhängiger Vergütung vorliegt (Einkommenseinbußen von 27 – 31 %).[336] Wegen des quantitativ und qualitativ geringeren Umfangs der Tätigkeit und des völlig veränderten Rechtsverhältnisses ist die **stufenweise Wiedereingliederung** arbeitsunfähiger AN gemäß § 74 SGB V als Versetzung zu bewerten. Wenn diese Maßnahme wegen der fehlenden Qualität des Wiedereingliederungsverhältnisses als Arbeitsverhältnis[337] nicht als Versetzung gewertet werden soll, muss zwangsläufig eine mitbestimmungspflichtige Einstellung angenommen werden (Rn. 50). Die **Änderung von Arbeitsmitteln** (Maschinen) ist für sich betrachtet keine Versetzung (vgl. den Fall der Einführung eines Bildschirmgerätes anstelle einer Kugelkopfschreibmaschine, in dem diese lediglich als Schreibgerät eingesetzt wurde, mit einem Schulungsbedarf von drei Stunden[338]), wohl aber dann, wenn sich die Arbeitsanforderungen erheblich ändern.[339] Auch wenn dies zu intensivem **Qualifikationsanpassungsbedarf** führt (etwa gar einer Veränderung des Berufsbildes), liegt eine Versetzung vor.

Gegenüber **Auszubildenden** wird nur im Ausnahmefall eine gemäß § 99 mitbestimmungspflichtige Versetzung vorliegen. Soweit ein Wechsel innerhalb des Betriebs (und UN) auf Grund des vorgeschriebenen Ausbildungsplanes erfolgt, liegt ein Fall des § 95 Abs. 3 Satz 2 vor.[340] In diesem Bereich bestimmt der BR gemäß § 98 Abs. 1 mit. Eine Versetzung könnte also nur vorliegen bei der Zuweisung sog. ausbildungsfremder Tätigkeiten oder dem völligen Wechsel des Ausbildungsganges. **112**

Eine Veränderung des **Platzes in der betrieblichen Organisation** ist dann eine Versetzung, wenn der AN aus einer betrieblichen Einheit herausgenommen und einer anderen Einheit zugewiesen wird. Eine hierfür maßgebliche Änderung der organisatorischen Umwelt des AN liegt dann vor, wenn er mit neuen Arbeitskollegen zusammenarbeiten muss oder er seine (möglicherweise sogar gleich bleibende) Arbeitsaufgabe innerhalb einer anderen Arbeitsor- **113**

---

329 hierzu *BAG* 19.2.90 – 1 ABR 33/90: zusätzliche Lehrinhalte für angestellte Lehrer.
330 Vgl hierzu das BAG für die Zuweisung von AN zu **betrieblichen Workshops**, NZA 2008, 188.
331 H. M.; *BAG* 22.3.94, NZA 94, 1049 = BB 94, 2070 mit Anm. *Wohlgemuth*; *Fitting*, Rn. 131.
332 *ArbG Dortmund* 5.12.96 – 6 BV 84/96.
333 **Störfallbeauftragter:** *Bücker/Feldhoff/Kohte*, Rn. 548; *Kohte*, BB 81, 1277, 1283; vgl. *Salje*, BB 88, 73, 77; **Umweltbeauftragter:** *Wagner*, AiB 96, 453, 461.
334 *ArbG Köln* 17.7.80 – 5 BV 19/80: Vertretung der Vorarbeiterin bei Krankheit oder Urlaub; *ArbG Hildesheim* 1.7.80, AiB 80, 13: Einteilung und Beaufsichtigung anderer Facharbeiter; Bestellung eines Piloten zum Check- und Trainingskapitän; *LAG Frankfurt* 5.3.91, NZA 92, 232; Vorführung der Tätigkeit auf der Messe zu Werbezwecken; *BAG* 1.8.89, BB 89, 2255.
335 *BAG* 2.4.96, NZA 97, 112; vgl. *LAG Berlin* 22.8.95, ZTR 96, 86.
336 *LAG Hamm* 19.3.04, EzA-SD Nr. 12, 13.
337 Vgl. *BAG*, NZA 92, 643.
338 *BAG* 10.4.84, DB 84, 2198.
339 Z. B. der Wechsel von Serien- zu Sonderfertigung, *LAG Hamm* 15.8.89 – 13 TaBV 21/89; Entzug von Programmierarbeit an CNC-Maschine, *ArbG Kempten* 29.7.92, AuR 93, 256.
340 *LAG Berlin* 14.6.83 – 8 TaBV 6/83 mit ablehnender Anm. *Meier*, AiB 85, 155.

ganisation erbringen muss.[341] Das ist z. B. auch dann der Fall, wenn der AN mit seiner bisherigen Aufgabe in einen **Stellenpool** wechseln soll, in dem er gemeinsam mit anderen AN als Springer[342] oder Aushilfe tätig werden soll. Das *BAG verneint* das Vorliegen dieser Anforderungen, wenn eine in sich geschlossene betriebliche Einheit erhalten bleibt und lediglich einer **neuen Leitungsstelle** zugewiesen wird; der bloße **Wechsel von Vorgesetzten** sei keine Versetzung.[343] Die Beurteilung kann sich ändern, wenn zusätzliche Umstände die Arbeitssituation beeinflussen (z. B. veränderte berufliche Entwicklungsperspektiven durch Neuorganisation; veränderte Einbeziehung in den innerbetrieblichen Informationsfluss durch veränderte »Berichtswege«). Dies ist z. B. dann der Fall, wenn als Folge der **Einführung sog. Matrix-Strukturen oder funktionaler Führungsmodelle** die Entscheidungswege sich grundlegend verändern, etwa dann also, wenn ein Stabsbereich durch Verlagerung der Führungsverantwortung in ein anderes (mitunter auch ausländisches) UN dessen Leitungsgewalt unterworfen wird, erst recht wenn dies faktisch zu einer »Eingliederung« in die Arbeitsabläufe des ausländischen Unternehmens führt. Häufig werden dann die AN der betroffenen Stabsbereiche kraft Vollmacht dem Weisungsrecht von Managern unterworfen, die nicht in einem Arbeitsvertrag zu dem jeweiligen Vertragsarbeitgeber stehen.[344] Die **Übertragung einer anderen Abteilung als Abteilungsleiter** ist eine Versetzung,[345] ebenso die Zuweisung einer Verkäuferin an unterschiedliche Substitutenbereiche im Warenhaus.[346] Bei **Auszubildenden** kann der kurzfristige Wechsel des Ausbilders oder der Gruppe eine Versetzung bedeuten.[347] Die **Beendigung alternierender Telearbeit** stellt regelmäßig eine Versetzung im Sinne von § 95 Abs. 3 Satz 1 BetrVG dar, welche der Zustimmung des Betriebsrats bedarf. Die Einbindung des Arbeitnehmers in den Betriebsablauf und die Aufgabenerfüllung ist auch bei nur teilweiser Telearbeit aufgrund von deren Besonderheiten eine völlig andere als ohne Telearbeit, so dass sich bei der Beendigung der Telearbeit das Bild der Tätigkeit grundsätzlich ändert.[348]

114 Ändern sich die **»Umstände, unter denen die Arbeit zu leisten ist«, schwerwiegend,** so kann das Bedeutung in **zweifacher Hinsicht** haben:

- Dieses Element muss hinzutreten, um eine kürzere als einmonatige Versetzung mitbestimmungspflichtig zu machen.
- Bei sonst unveränderten Bedingungen kann allein darin eine Versetzung liegen.[349]
- Ebenso wie hinsichtlich der Begriffe »Arbeitsbereich« und »Arbeitsplatz« kann für den der »**Arbeitsumstände**« auf andere Bestimmungen des BetrVG zurückgegriffen werden (§ 90 Rn. 15). Diese sog. **äußeren Bedingungen der Arbeit** können sein: Ort, Art und Weise, Gestaltung des Arbeitsplatzes, Lage der Arbeitszeit, Umwelteinflüsse, Beanspruchung.[350] Hierher gehört auch die Änderung der **Arbeitssprache**, wie dies immer häufiger angesichts zunehmender Globalisierung der Führungsstrukturen in Konzernen für Englisch als die »übliche Geschäftssprache« der Fall ist. Häufig wird in einer internationalen Matrix-Struktur wie selbstverständlich erwartet, dass die AN der inländischen Stabsbereiche englisch sprechen. Anerkannt sind insbes. **längere Wegezeiten** zur Arbeitsstätte als erhebliche Änderung.[351] Das allein reicht aus, um z. B. kurzzeitige Abordnungen in Filialgeschäften als Versetzungen zu qualifizieren.[352] Wegen der Notwendigkeit einer **auswärtigen Übernachtung** ist die Zuweisung eines auswärtigen Arbeitsplatzes schon dann eine Versetzung, wenn

341 *BAG* 10.4.84, DB 84, 2198; z. B. durch Einsatz eines bislang in Einzelakkord tätigen AN in einer Einheit mit **Gruppenakkord,** *BAG* 22.4.97, DB 97, 208.
342 Vgl. *LAG Köln* 26.8.10 – 7TaBV6409, juris.
343 *BAG* 22.4.97, a. a. O.; GK-*Raab*, Rn. 94.
344 Vgl. hierzu ausführlich *Bachner*, AuR 2011, 425.
345 *BAG* 25.10.83 – 1 AZR 47/82, zitiert in AiB 89, 215.
346 *LAG Düsseldorf* 28.1.87, DB 87, 1439; unzutreffend *LAG Köln* 26.10.84, NZA 85, 258, weil der Versetzungsbegriff von der arbeitsvertraglichen Situation abhängig gemacht wird.
347 *BAG* 28.9.88, 18.10.88, AP Nrn. 56, 55 zu § 99 BetrVG 1972.
348 *LAG Düsseldorf* 10.9.14 – 12 Sa 505/14, juris
349 *BAG* 26.5.88, DB 88, 2158; MünchArbR-*Matthes*, § 345 Rn. 11; a. A. GK-*Raab*, Rn. 104.
350 *BAG* 8.8.89, DB 90, 537; vgl. *Fitting*, Rn. 136.
351 *BAG* 16.12.86, DB 87, 747; 1.8.89, DB 90, 382; 8.8.89, DB 90, 537; 28.9.89, DB 89, 386.
352 *BAG* 18.10.88, BB 89, 422.

sie für länger als einen Tag gilt.[353] In der Anordnung einer **Dienstreise** kann eine mitbestimmungspflichtige Versetzung liegen.[354] Entscheidend sind jedoch die Umstände des Einzelfalls.[355] Eintägige Reisen werden dann mitbestimmungspflichtig, wenn die mit einer gewissen Regelmäßigkeit anfallen, wie dies z. B. dann häufiger der Fall ist, wenn Arbeitnehmer im Rahmen der Zusammenführung von Unternehmen und größeren Umstrukturierungsvorhaben innerhalb von **Projekten** tätig werden sollen. Eine kurzzeitige **Abordnung in die neuen Bundesländer** ist stets eine Versetzung.[356] Entscheidend sind die Auswirkungen auf den **betroffenen AN,** nicht auf die übrige Belegschaft. Diese sind im Rahmen des Widerspruchsgrundes des Abs. 2 Nr. 3 geltend zu machen, oder können für sich weitere Mitbestimmungsrechte auslösen wie z. B. das Beteiligungsrecht nach § 87 Abs. 1 Nr. 2 und 3 im Falle der Arbeitsverdichtung für die übrigen AN. Die Auswirkungen sind **objektiv** zu beurteilen. In diesem Rahmen sind persönliche Reaktionen des betroffenen AN zu würdigen. Nach Auff. des *BAG*[357] ist die kurzfristige und nur wenige Tage währende Beschäftigung eines Flugkapitäns als Co-Pilot zwar eine Änderung des Arbeitsbereichs, mangels erheblicher Änderung der Arbeitsumstände jedoch keine Versetzung nach § 95 Abs. 1, weil es für letztere nur auf die äußeren Umstände der Arbeitsleistung ankommt.

Die **Lage der Arbeitszeit** ist regelmäßig nicht bestimmend für den Arbeitsbereich i. S. d. § 95 Abs. 3. Deshalb gilt der **Übergang von Normal- zur Wechselschicht** ohne sonstige Veränderungen nicht als mitbestimmungspflichtige Versetzung,[358] und zwar auch dann nicht, wenn damit der Verlust von Zuschlägen verbunden ist.[359] Die Interessen der AN sind durch das Mitbestimmungsrecht gemäß § 87 Abs. 1 Nr. 2 zur Geltung zu bringen (vgl. § 87 Rn. 104 ff.). Demgemäß verneint das *BAG* auch die Möglichkeit der vorläufigen Einführung der neuen Arbeitszeit über § 100.[360] Von der Veränderung des Arbeitszeitregimes für alle bzw. eine Gruppe von AN zu unterscheiden ist die **individuelle Versetzung des AN** in eine andere, als solche vorher schon bestehende Schicht.[361] Das *BAG*[362] erblickt im Wechsel von einer in die andere Schicht allein noch keine mitbestimmungspflichtige Versetzung. Der damit verbundene Wechsel von Arbeitskollegen müsse zu einer dem Gesamtbild nach neuen Tätigkeit führen, etwa im Sinne von **Gruppenarbeit.**[363] **115**

Eine bloße **Veränderung der Dauer der Arbeitszeit** wird vom *BAG* nicht als Versetzung gewertet,[364] wohl aber ggf. als Einstellung (Rn. 44). Der Arbeitsbereich i. S. d. § 95 Abs. 3 werde nicht durch die Dauer der Arbeitszeit bestimmt. Möglich ist in Einzelfällen auch eine Qualifizierung als Eingruppierung (Rn. 74 b). Eine mitbestimmungspflichtige Versetzung ist jedoch möglich bei einer mit der Änderung der Arbeitszeit einhergehenden **Änderung der Arbeitsumstände.**[365] Das könnte in veränderten Arbeitsabläufen, organisatorischen Einbindungen liegen, sich aber auch in einer wesentlichen Veränderung der persönlichen Lebensumstände äußern (Notwendigkeit anderer Verkehrsmittel; Probleme hinsichtlich der Kinderbetreuung). In diesem Zusammenhang kann die Änderung der Arbeitszeit ein **Element von mehreren** geänderten Umständen sein.[366] **116**

Für die Geltendmachung eines **Teilzeitanspruchs gem. § 8 TzBfG** Folgendes: Er löst immer dann das Mitbestimmungsrecht gem. § 99 aus, wenn sich nicht lediglich die individuelle Arbeitszeit des betreffenden AN verringert, sondern sich aus der ins Auge gefassten neuen **117**

---

353 *LAG Brandenburg* 7.11.94, AiB 96, 123 mit Anm. *Kuster.*
354 *BAG* 23.7.96, NZA 97, 216.
355 *BAG* 21.9.99, DB 99, 2012: Übernachtung als solche bei Auslandsdienstreise nicht entscheidend.
356 *LAG Köln* 14.11.91, AiB 92, 232.
357 *BAG* 11.12.07, BB 08, 834.
358 *BAG* 19.2.91, EzA § 95 BetrVG 1972 Nr. 23.
359 *LAG Köln* 14.2.97, NZA-RR 97, 391.
360 *BAG* 19.2.91, a. a. O.
361 A. A. GK-*Raab,* Rn. 90.
362 *BAG* 23.11.93, DB 94, 426.
363 Vgl. *LAG Köln* 26.7.96, NZA-RR 97, 280; *Fitting,* Rn. 140.
364 *BAG* 23.11.93, AP Nr. 33 BetrVG 1972 § 95; 16.7.91, NZA 92, 180.
365 *LAG Hamm* 10.10.03, NZA-RR 04, 136 ff.; *Fitting,* Rn. 150; a. A. GK-*Raab,* Rn. 71.
366 Vgl. *BAG* 18.10.88, DB 89, 732: Veränderung der Arbeitszeit von drei auf fünf Tage zusammen mit längeren Fahrten zur Arbeitsstätte; in diesem Sinne auch *v. Hoyningen-Huene/Boemke,* S. 139.

Zeitgestaltung Auswirkungen auf andere AN ergeben[367] (zum Anspruch auf Arbeitszeitverlängerung gem. § 9 TzBfG s. Rn. 197 bei TzBfG).

118 Es ist möglich, dass eine Versetzung als **Maßregelung** wegen eines vorangegangenen Fehlverhaltens erfolgt.[368] Dies ist z. B. dann der Fall, wenn Fahrer des öffentlichen Nahverkehrs wegen eines innerdienstlichen verkehrsregelwidrigen Verhaltens zeitweise in die »Waschabteilung« versetzt werden. Dann ist besonders auf das Vorliegen eines Grundes hierfür und damit den Zustimmungsverweigerungsgrund des Abs. 2 Nr. 4 zu achten (s. Rn. 226) und zu prüfen, ob nicht der Fall einer Betriebsbuße i. S. d. § 87 Abs. 1 Nr. 1 vorliegt (vgl. § 87 Rn. 69; zur Suspendierung vgl. Rn. 121).

119 Das Mitbestimmungsrecht greift bereits im **ersten Stadium einer mehraktigen** Maßnahme ein. Deshalb ist bereits der **Entzug eines Arbeitsplatzes** mit dem Ziel, dem betroffenen AN einen anderen Arbeitsplatz zuzuweisen, Teil einer Versetzung und damit mitbestimmungspflichtig.

120 Wird einem AN nach der Einstellung bereits der **erste Arbeitsplatz abweichend von der vertraglichen Zusage** zugewiesen, liegt darin idR eine Versetzung.

121 Die **Suspendierung** bzw. **Freistellung** des AN von der Arbeit (z. B. aus disziplinarischen Gründen; um Vorwürfe zu klären; bis zum Ablauf der Kündigungsfrist bei ausgesprochener Kündigung) wird vom BAG nicht als mitbestimmungspflichtige Versetzung anerkannt.[369] Dem Arbeitnehmer werde gerade keine andere Tätigkeit zugewiesen, sondern lediglich der bisherige Arbeitsbereich ersatzlos entzogen. Das ist jedenfalls bei einer nur vorübergehenden Suspendierung von der Arbeitspflicht zweifelhaft, z. B. weil der AN aus Sicht der Führungskraft nicht (mehr) den Anforderungen genügt und deshalb der AN nach der Suspendierung auf einem anderen Arbeitsplatz eingesetzt werden soll. Hier handelt es sich um eine einheitliche Gesamtmaßnahme von Freistellung und Zuweisung einer anderen Tätigkeit, die insgesamt als Versetzung zu bewerten ist, sodass das Beteiligungsrecht des BR bereits mit der Freistellung einsetzt. Insoweit ist die Maßnahme der vorübergehenden Versetzung des AN in einen anderen Betrieb gegen den Willen des AN vergleichbar (vgl. Rn. 16, 17).

122 Damit eine Versetzung mitbestimmungspflichtig wird, ist eine Voraussetzung **ihre voraussichtliche Dauer von mehr als einem Monat** (zur zweiten, alternativen Voraussetzung, »erhebliche Änderung« der Arbeitsumstände, vgl. Rn. 101). Es kommt auf die geplante Dauer der Versetzung an, orientiert an den **objektiv erwartbaren Entwicklungen** am neuen Arbeitsplatz. Die **Monatsfrist** (zur Berechnung vgl. § 188 BGB) beginnt mit dem ersten Tage der Versetzung. Strittig ist, ab wann die Monatsfrist beginnt, wenn eine ursprünglich kürzer veranschlagte Versetzung **länger dauern** soll (z. B. bei einer Krankheitsvertretung dauert die Krankheit länger als erwartet; ein Reparaturauftrag erweist sich als komplizierter u. Ä.). Teilweise wird die Ansicht vertreten, die Monatsfrist fange erst mit dem Tage der Kenntnis von der Verlängerung an zu laufen.[370] Diese Ansicht vernachlässigt zum einen die so eröffneten Missbrauchsmöglichkeiten und verkennt zum anderen, dass die Einmonatsdauer so etwas wie eine pauschalierte Mindestgrenze für eine erhebliche Änderung der Arbeitsumstände darstellt. Hierfür kommt es nur auf die objektive Belastung aus der tatsächlichen Dauer der Versetzung an. Deshalb beginnt die Monatsfrist auch in derartigen Fällen ab dem tatsächlichen Beginn der Maßnahme, und der AG hat das Mitbestimmungsverfahren unverzüglich einzuleiten, sobald die voraussichtliche Verlängerung erkennbar wird. Die Interessen des AG an der ununterbrochenen Aufrechterhaltung der Versetzung können im Verfahren gemäß § 100 berücksichtigt werden. Immer wiederkehrende Versetzungs- und Vertretungsfälle können durch Aufstellung von Auswahlrichtlinien (§ 95) oder auch im Rahmen eines Urlaubsplans (§ 87 Rn. 113) entschärft werden.

123 Dauert eine Versetzung voraussichtlich **nicht länger als einen Monat,** wird das Mitbestimmungsrecht nur ausgelöst, wenn die Änderung der **Arbeitsumstände erheblich** ist[371] (vgl.

---

367 *Fitting,* Rn. 151; *Preis/Lingemann,* NZA Sonderbeilage 01, 44; a. A. *Rolfs,* RdA 01, 129 [139].
368 *BAG* 17.10.89, DB 90, 483.
369 *BAG* 28.3.00, NZA 00, 1355; vgl. a. KDZ-*Deinert,* § 102 Rn. 21.
370 *Fitting,* Rn. 155; HWGNRH-*Huke,* Rn. 87; *Heinze,* Rn. 210; Richardi-*Thüsing,* Rn. 113.
371 Hierzu *Aigner,* DB 96, 1237.

Rn. 114). Damit sollen einfache Fälle normaler Personalflexibilität mitbestimmungsfrei gehalten werden. Insbes. gelegentliche **Vertretungen** oder **Aushilfen** in anderen Bereichen ohne größere Umstellungen und Belastungen[372] (vgl. Rn. 111) fallen darunter. Bei kurzfristiger Versetzung von einer Filiale in die andere ist eine erhebliche Veränderung anzunehmen, wenn eine **längere Wegezeit** die Freizeit des AN verkürzt.[373] Eine **Häufung** jeweils isoliert betrachtet mitbestimmungsfreier Einsätze kann allerdings zur mitbestimmungspflichtigen Versetzung werden, sei es, dass man in der Häufung einen Umschlag von Quantität in Qualität unter dem Gesichtspunkt der »Erheblichkeit« annimmt, sei es, dass beim betroffenen AN eine Veränderung/Erweiterung des Arbeitsbereichs in Richtung Springertätigkeit vorliegt.

Keine mitbestimmungspflichtige Versetzung liegt vor, wenn AN nach der Eigenart ihres Arbeitsverhältnisses üblicherweise **nicht ständig an einem bestimmten Arbeitsplatz** beschäftigt werden (§ 95 Abs. 3 Satz 2). Entscheidend ist die objektive, **aus den Eigenarten des jeweiligen Arbeitsprozesses folgende Beschäftigungsstruktur**; die bloße einzelvertragliche Festlegung auf jederzeitige Versetzungsmöglichkeit bleibt außer Betracht[374] (vgl. Rn. 98). Typische hiervon betroffene Tätigkeiten sind: Dekorateure, Monteure, Handelsvertreter, Propagandisten, Springer[375] und Auszubildende im Rahmen ihres Ausbildungsplanes[376] (vgl. Rn. 112). (vgl. auch Rn. 21 a). Im Falle sog. **Jobrotation** liegt nur dann keine Versetzung vor, wenn der Wechsel für Arbeitsverhältnisse dieser Art typisch ist, alle vergleichbaren AN einbezogen werden und der Wechsel nach Kriterien erfolgt, die von vornherein feststehen.[377] Wird einem AN über mehrere Jahre hinweg derselbe Arbeitsplatz/-bereich zugewiesen, so stellt die Zuweisung eines anderen Arbeitsplatzes/-bereichs eine Versetzung dar.[378] Es kommt damit auch betriebsverfassungsrechtlich zu einer »**Konkretisierung**« des Arbeitseinsatzes[379] **124**

Beim **Wechseleinsatz** zwischen mehreren Arbeitsplätzen liegt eine Versetzung dann vor, wenn regelmäßig festgelegte Wechselstrukturen durchbrochen werden. Nach diesen Gesichtspunkten ist insbes. auch die Beschäftigung von **Bauarbeitern** auf wechselnden Baustellen zu beurteilen. Der Arbeitseinsatz an wechselnden Arbeitsplätzen muss für das betroffene Arbeitsverhältnis selbst typisch sein; die Beschäftigung im Baugewerbe allein führt daher nicht bereits zur Anwendung von § 95 Abs. 3 Satz 2. Die Entsendung zu einer **Arbeitsgemeinschaft** im Baugewerbe ist deshalb unter dem doppelten Gesichtspunkt zu prüfen: ob der tatsächliche Einsatzort im Rahmen des üblichen Einsatzbereichs der betroffenen AG liegt und die Eingehung einer Arbeitsgemeinschaft zum üblichen Geschäftsgebaren des UN gehört. Wird das Letztere verneint, ist die Überstellung von AN eine Versetzung.[380] Individalrechtlich ist nach **§ 7 BRTV Baugewerbe** stets nur die Zuweisung auf Baustellen des Einstellungsbetriebes. Ein TV über den AN-Einsatz bei einer Arbeitsgemeinschaft kann auch die Modalitäten des Mitbestimmungsverfahrens regeln (vgl. Rn. 31). **125**

Ein Fall des § 95 Abs. 3 Satz 2 liegt aus der Sicht des Verleihbetriebs beim jeweiligen Arbeitseinsatz von **Leih-AN** vor.[381] Bei entsprechender Vertragsgestaltung (Fixierung eines Einsatzbetriebs als Regel) kann allerdings die Zuweisung in einen anderen Betrieb eine Versetzung darstellen, bei der der BR des Verleihers zu beteiligen ist.[382] Die Freistellung von Konzern-AN-Verleih von der Erlaubnispflicht durch § 1 Abs. 3 Nr. 2 AÜG lässt die betriebsverfassungsrechtliche Beurteilung unberührt (vgl. Rn. 18). Werden Leih-AN beim Entleiher versetzt, gelten die allgemeinen Grundsätze für die Mitbestimmung des BR.[383] **126**

Veränderungen des Arbeitsbereichs – soweit sie die Voraussetzungen des § 95 Abs. 3 erfül- **127**

372 Zu derartigen Beispielen vgl. HWGNRH-*Huke*, Rn. 89.
373 *BAG* 28.9.88, DB 89, 386.
374 H. M.; vgl. *BAG* 26.5.88, DB 88, 2158; *Fitting*, Rn. 160; GK-*Raab*, Rn. 100; HWGNRH-*Huke*, Rn. 91.
375 Vgl. *Fitting*, Rn. 158 ff.; HWGNRH-*Huke*, Rn. 91.
376 *BAG* 3.12.85, DB 86, 915.
377 Vgl. *LAG Düsseldorf* 27.5.92, AuR 93, 223.
378 *BAG* 2.11.93, DB 94, 985: Gesamthafenbetrieb.
379 Zur individualrechtlichen »Konkretisierung« s. *KDZ*, § 2 KSchG Rn. 52.
380 *Fitting*, Rn. 158; nicht einschlägig *LAG Berlin* 28.2.83, DB 84, 673.
381 *BAG* 19.6.01, NZA 01, 1263.
382 *Hamann*, NZA 03, 526 [532].
383 *Hamann*, NZA 03, 526 [533]; *v. Hoyningen-Huene/Boemke*, S. 214 f.

len – gegenüber **auf Grund Weiterbeschäftigungsurteils Beschäftigten** sind als Versetzung mitbestimmungspflichtig.[384]

128 Bei einer **Versetzung eines BR-Mitglieds innerhalb des Betriebs** ist zu unterscheiden: Besteht hierzu arbeitsrechtlich die Notwendigkeit der Änderungskündigung, ist § 103 gegeben. Ist die Versetzung auf Grund des Direktionsrechts zulässig, gilt § 99. Dabei ist insbes. das **Behinderungs- und Benachteiligungsverbot** des § 78 zu beachten.[385] Der Versetzung auf eine geringerwertige Tätigkeit kann – ungeachtet des weitergezahlten Entgelts – gemäß Abs. 2 Nr. 1 i. V. m. § 78 widersprochen werden.[386] Zu **Versetzungen in einen anderen Betrieb** s. § 103 Rn. 64 ff.

IV. Verfahren zur Einholung der Betriebsratszustimmung, Informationspflichten des Arbeitgebers

1. Grundsätze

129 Der AG hat den BR **vor jeder der von § 99 erfassten personellen Maßnahmen zu unterrichten.** Die Unterrichtung muss ordnungsgemäß, d. h. **rechtzeitig** (Rn. 135), erfolgen und **vollständig** (Rn. 157) sein. Zeitpunkt und Inhalt der Information sind von ausschlaggebender Bedeutung für die **prozedurale Abwicklung** mitbestimmter personeller Einzelmaßnahmen: Die ordnungsgemäße Unterrichtung durch den AG löst eine Einwochenfrist aus, innerhalb deren der BR seine Zustimmung verweigern muss (§ 99 Abs. 3 Satz 1) bzw. nach deren widerspruchslosem Ablauf die Zustimmung als erteilt gilt (§ 99 Abs. 3 Satz 2). Nach fristgerecht verweigerter Zustimmung muss der AG (beharrt er auf der Maßnahme) sie beim ArbG ersetzen lassen (§ 99 Abs. 4) und ggf. ein Verfahren zur vorläufigen Durchführung der personellen Maßnahme einleiten (§ 100).

130 **Rechtsfolgen verspäteter oder unvollständiger Information** können sein:

- Die Frist für die Zustimmungserklärung des BR wird nicht in Gang gesetzt mit der Folge, dass die Zustimmung weder als ersetzt gilt (Rn. 161) noch gemäß § 99 ersetzt werden kann (s. Rn. 239).
- Eine trotzdem durchgeführte Maßnahme kann gemäß § 101 unterbunden werden (§ 101 Rn. 4).
- In schwerwiegenden Fällen ist ein Unterlassungsverfahren gemäß § 23 möglich (§ 101 Rn. 22; eine einstweilige Verfügungsverfahren ist nach der Rspr. des BAG idR ausgeschlossen vgl. § 101 Rn. 24).
- Schließlich liegt in verspäteter oder unvollständiger Unterrichtung eine Ordnungswidrigkeit gemäß § 121 (Rn. 153).

131 Das **Modell der ordnungsgemäßen Information auf Grund der BAG-Rspr.** sieht folgendermaßen aus: Die nicht ordnungsgemäße (unvollständige oder unrichtige) Unterrichtung des BR berechtigt nicht zum Widerspruch gemäß Abs. 2 Nr. 1 wegen eines Gesetzesverstoßes.[387] Die betriebsverfassungsrechtliche Sanktion liegt ausschließlich im Verfahren nach §§ 99 – 100 selbst. Demnach **beginnt die Frist gemäß § 99 Abs. 3 nicht zu laufen** mit der Folge, dass die Zustimmung des BR auch nicht im Gerichtsverfahren ersetzt werden kann, wenn der BR nicht ordnungsgemäß unterrichtet worden ist. Hat der AG allerdings innerhalb der Wochenfrist eine Information gegeben, die – auf den ersten Blick – alle Positionen erfasst, die üblicherweise zu einer ordnungsgemäßen Information gehören (vgl. Rn. 133), darf der BR, der diese Information für unvollständig hält, sich nicht »zurücklehnen« im Vertrauen darauf, dass er dies dem AG im Zustimmungsersetzungsverfahren später entgegenhalten könne. Das *BAG* verlangt vielmehr vom BR aus dem Grundsatz der vertrauensvollen Zusammenarbeit (§ 2 Abs. 1), den AG innerhalb der Wochenfrist des Abs. 3 auf eine etwaige Unzulänglichkeit seiner Informationen hinzuweisen und entsprechende **Nachfragen** zu stellen.[388] Tut er dies nicht,

---

384 *BAG* 15.1.91, EzA § 611 BGB Beschäftigungspflicht Nr. 50.
385 *v. Hoyningen-Huene/Boemke*, S. 202; vgl. *Fischermeier*, ZTR 98, 433; umfassend *Oetker*, RdA 90, 343 ff.
386 *LAG Bremen* 12.8.82, AP Nr. 15 zu § 99 BetrVG 1972.
387 Ständige Rspr. seit *BAG* 28.1.86, a. a. O.; 20.12.88, DB 89, 1240; 14.3.89, DB 89, 1523.
388 *BAG* 14.3.89, DB 89, 1523; vgl. *LAG Köln* 29.4.88, DB 88, 1859.

kann er sich nach Ablauf der Wochenfrist nicht darauf berufen, seine Zustimmung könne mangels ordnungsgemäßer Information nicht als ersetzt gelten und auch im Verfahren gemäß Abs. 4 nicht mehr ersetzt werden. Die Pflicht zur Nachfrage gilt aber nur hinsichtlich solcher Aspekte, die dem BR bekannt sind. Ist die AG-Information unvollständig oder unrichtig hinsichtlich Einzelheiten, die nur der AG kennt, bleibt es beim Grundsatz: Die Frist des Abs. 3 beginnt nicht zu laufen (s. o.). Gibt der AG auf Nachfrage ergänzende Informationen oder **ergänzt bzw. berichtigt er unvollständige /unrichtige Angaben von sich aus,** fängt die **Frist** des Abs. 3 erneut an zu laufen. Das *BAG* lässt dies auch noch während eines etwaigen Gerichtsverfahrens zu, wenn der AG die ausstehenden Informationen dem BR so rechtzeitig vor der Entscheidung übermittelt, dass dieser die Wochenfrist zur Stellungnahme ausnutzen kann.[389] In diesem Fall ist aber besonders darauf zu achten, dass ausdrücklich ein Bezug zur gemäß Abs. 1 ausstehenden Information hergestellt wird; ggf. hat das Gericht den BR darauf hinzuweisen.

Verzichtet der AG nach den Einwendungen des BR auf die ursprünglich angekündigte Maß- **132**
nahme und schlägt er eine **Alternative** vor, muss diese alle Elemente einer gemäß Abs. 1 erforderlichen Information enthalten. Der AG kann sich jedoch ausdrücklich auf bereits übermittelte Informationen und Unterlagen beziehen, soweit diese nach wie vor von Bedeutung sind (vgl. Rn. 151).

Mindestbestandteile einer AG-Information, die geeignet ist, die Frist des Abs. 3 einschließ- **133**
lich der Pflicht des BR zur Rückfrage laufen zu lassen,[390] sind gemäß Abs. 1:

- Natur der geplanten Maßnahme (Rn. 140);
- Person der Beteiligten (Rn. 143);
- vorgesehene Eingruppierung (Rn. 137);
- Auswirkungen der Maßnahme (Rn. 157);
- Vorlage der Bewerbungsunterlagen (Rn. 159);
- Bitte um Zustimmung zur geplanten Maßnahme.

Wenn der BR die so gegebenen Informationen nicht für ausreichend hält, um eine abschließende Stellungnahme abgeben zu können, muss er den AG innerhalb einer Woche um **Vervollständigung der Auskünfte** bitten.

Das Mitbestimmungsverfahren ist **für alle personellen Einzelmaßnahmen gemeinsam** ge- **134**
regelt. Offenkundig wird jedoch die Einstellung als Grundmodell behandelt: »Bewerbungsunterlagen« sind schon bei Versetzungen nicht so häufig im Spiel, bei Ein- und Umgruppierungen gar nicht. »Beteiligte« gibt es typischerweise nur bei Einstellungen und Versetzungen. Deshalb bezieht sich die Darstellung zunächst auf die Probleme einer Einstellung, um dann auf Besonderheiten von Versetzung (Rn. 164) sowie Ein- und Umgruppierung (Rn. 165) einzugehen.

2. Zeitpunkt der Information

Das Gesetz spricht ausdrücklich nur davon, dass der BR **»vor«** einer ins Auge gefassten per- **135**
sonellen Maßnahme unterrichtet werden muss (Checkliste in DKKWF-*Bachner*, § 99 Rn. 6). Dem BR soll jedoch unter gleichzeitiger Information durch vorhandene schriftliche Unterlagen eine verantwortliche Meinungsbildung einschließlich ergänzender Sachaufklärung durch Rückfragen und Beratung mit dem AG ermöglicht werden. Zweckmäßigkeitsgesichtspunkte sprechen deshalb für eine Information zum frühestmöglichen Zeitpunkt.[391] In jedem Fall ist der AG zu einer **»rechtzeitigen und umfassenden« Information** gemäß § 80 Abs. 2 (§ 80 Rn. 89 ff., 96 ff.) verpflichtet.[392] § 80 Abs. 2 und § 2 (zu dessen Bedeutung für die Verhaltenspflichten des BR im Mitbestimmungsverfahren vgl. § 2 Rn. 4 ff.) gebieten, dass der AG den BR gerade in einem Stadium informiert, in dem er selbst für die sachgerechte Erörterung möglicher Widerspruchsgründe mit dem Ziel einer außergerichtlichen Konfliktlösung noch offen

---

389 *BAG* 20.12.88, DB 89, 1240; jetzt auch *BAG* 1.6.11 – 7 ABR 18/10, juris.
390 Vgl. *BAG* 14.3.89, DB 89, 1523.
391 Vgl. *ArbG Stralsund* 2.11.99, AiB 00, 631 mit Anm. *Ahrendt.*
392 HWGNRH-*Huke*, Rn. 102; *Fitting*, Rn. 162 b.

ist, d. h. sich zwischen mehreren Bewerbern noch nicht festgelegt hat. Der objektiv **späteste Termin** für eine rechtzeitige Information liegt wegen der Frist des Abs. 3 (Rn. 174) **eine Woche** vor Durchführung der Maßnahme[393] (zur Berechnung der Wochenfrist vgl. § 188 BGB: Durchführung an einem Donnerstag; spätester Informationstermin am Mittwoch der vorhergehenden Woche). Wird diese Frist versäumt (und ist der BR nicht ausnahmsweise damit einverstanden), ist die Maßnahme betriebsverfassungswidrig (zu den Folgen vgl. Rn. 170 und Rn. 247 ff.). Nach der Rspr. des BAG[394] kann der AG die bislang **unvollständige Unterrichtung** auch noch **im Zustimmungsersetzungsverfahren nachholen**, wenn für den BR – jedenfalls aus den Umständen – erkennbar ist, dass der AG die Informationen deswegen ergänzt, weil er seiner noch nicht vollständig erfüllten Unterrichtungspflicht nachkommen möchte. Mit der Nachholung der Unterrichtung und der Vervollständigung der Informationen wird nun die Wochenfrist des § 99 Abs 3 S 1 BetrVG in Lauf gesetzt. Informationen müssen dem BR selbst zugehen; der Zugang gegenüber dem Prozessbevollmächtigten des BR ist nicht ausreichend (vgl. Rn. 181).[395]

136 Auch für mögliche **Eilfälle** wird die Wochenfrist des Abs. 3 nicht abgekürzt. Sie kann auch nicht einvernehmlich im Voraus abgekürzt werden,[396] wohl aber kann sich der BR vor Ablauf der Wochenfrist abschließend äußern. Das ausschließliche, vom Gesetz für die Bewältigung derartiger Fälle zur Verfügung gestellte Instrument ist die vorläufige personelle Maßnahme gemäß § 100.[397] Dabei ist jedoch das Verfahren nach § 100 nur möglich, wenn das Verfahren nach § 99 mit der Information des BR wenigstens eingeleitet worden ist (§ 100 Rn. 12). Die Möglichkeit des § 100, den BR erst nach vollzogener vorläufiger Maßnahme über die Gründe von deren Dringlichkeit zu informieren, ersetzt nicht die Notwendigkeit, über die Einstellung nach § 99 zu informieren.[398] Eine vorläufige Maßnahme ohne zumindest gleichzeitige Information gemäß § 99 Abs. 1 ist ein Verstoß gegen die Informationspflicht und damit eine Ordnungswidrigkeit gemäß § 121 (Rn. 170) sowie möglicherweise Grundlage für ein Unterlassungsverfahren nach § 23 Abs. 3 (§ 101 Rn. 22).

137 Unter **»Durchführung« der Maßnahme** werden alle auf die Verwirklichung der AG-Absicht gerichteten Akte verstanden. Geht, wie z. B. beim Normalfall der Einstellung, ein Vertragsabschluss der Eingliederung voraus, ist dieser die »Durchführung«.[399] Wird der AN ohne Vertragsabschluss in den Betrieb eingegliedert (z. B. beim Fremdfirmeneinsatz, Rn. 59 ff.), ist es der erste Tag des Arbeitseinsatzes. Bei einem nichtigen Vertragsabschluss, der lediglich zu einem faktischen Arbeitsvertrag führt (Rn. 42), ist ebenso vom Tag der Arbeitsaufnahme auszugehen.

3. Form und Inhalt der Information

138 Für die Unterrichtung des BR ist **keine Form** vorgeschrieben; sie kann mündlich oder schriftlich erfolgen (h. M., zu weiteren Einzelheiten vgl. Einleitung Rn. 184 ff.). Das *BAG* lässt – mit Beweislast beim AG – auch eine schlüssige Unterrichtung zu, etwa beim Fehlen eines Hinweises, der sonst üblicherweise gegeben wird.[400] Allerdings empfiehlt sich aus Beweisgründen eine schriftliche Information, deren Eingang der BR bestätigt.[401]

139 **Empfangsberechtigt** ist gemäß § 26 Abs. 2 Satz 2 der BR-Vorsitzende, im Falle seiner Verhinderung der stellvertretende BR-Vorsitzende (vgl. im Übrigen § 26 Rn. 36). Die Frist zur Verweigerung der Zustimmung beginnt daher mit der vollständigen Unterrichtung des BR-Vorsitzenden und nicht erst in dem Moment, in dem der BR in seiner Gesamtheit unterrichtet ist.[402] Die Unterrichtung eines nicht bevollmächtigten BR-Mitglieds setzt die Wochenfrist

393 HWGNRH-*Huke*, Rn. 102; *Heinze*, Rn. 247.
394 *BAG* 6.10.10 – 7 ABR 80/09, juris; *BAG* 5.5.10– 7 ABR 70/08, juris.
395 *BAG* 29.6.11 – 7 ABR 24/10 juris.
396 *Heinze*, Rn. 248.
397 HWGNRH-*Huke*, Rn. 103; vgl. *Fitting*, Rn. 165.
398 Vgl. *BAG* 7.11.77, EzA § 100 BetrVG 1972 Nr. 1.
399 Vgl. *BAG* 28.4.92, NZA 92, 1141.
400 *BAG* 20.12.88, DB 89, 1240.
401 Vgl. GK-*Raab*, Rn. 140.
402 *LAG Hamm* 20.8.76, EzA § 99 BetrVG 1972 Nr. 13.

nicht in Gang.[403] In diesem Fall beginnt die Frist nach § 2 Abs. 1 dann, wenn der Betriebsrat als Gremium durch das nicht bevollmächtigte BR-Mitglied informiert wurde, immer vorausgesetzt, die Unterrichtung ist vollständig.

Die Unterrichtung muss Auskunft geben über die »**Natur der geplanten Maßnahme**«. Aus der Mitteilung des AG muss deshalb ersichtlich sein, dass mit ihr die erforderlichen abschließenden Informationen über eine beabsichtigte personelle Maßnahme gegeben werden und die Zustimmung des BR eingeholt werden soll (Checkliste in DKKWF-*Bachner*, § 99 Rn. 7; Antrag des Arbeitgebers bei beabsichtigter Einstellung/Eingruppierung DKKWF-*Bachner*, § 99 Rn. 10, bei Versetzung/Umgruppierung DKKWF-*Bachner*, § 99 Rn. 13; Empfangsbestätigung des BR DKKWF-*Bachner*, § 99 Rn. 11). Der AG muss klarstellen, welcher **konkreten personellen Maßnahme** der BR zustimmen soll.[404] Der Mitteilung muss zweifelsfrei zu entnehmen sein, dass der AG mit ihr die Zustimmung des BR einholen möchte, mithin die Frist des Abs. 3 für seinen etwaigen Widerspruch bzw. Rückfragen zu laufen beginnt.[405] Beabsichtigt der AG mehrere personelle Maßnahmen in einem Akt (z. B. Einstellung/Eingruppierung; Versetzung/Umgruppierung), muss er dies in seiner Mitteilung deutlich machen, da die Zustimmung des BR zu jeder Maßnahme gesondert erforderlich ist.[406] Wenn in der Maßnahme gleichzeitig eine Änderungskündigung liegt, muss diese mit Blick auf § 102 Abs. 1 ausdrücklich als solche genannt werden (vgl. Rn. 254). Die Maßnahmen nach § 99 und § 102 können allerdings mit derselben Information begründet werden (vgl. § 102 Rn. 33). Werden mehrere AN gleichzeitig betroffen, müssen sie alle individuell eindeutig benannt werden, und es muss klargestellt werden, welche Begründung sich auf wen bezieht. Der BR muss auf Grund der übermittelten Unterlagen in die Lage versetzt werden, dass er die einzelnen Fälle beraten kann. Beratungen über Personalplanungsmaßnahmen i. S. d. § 92 ersetzen die Unterrichtung gemäß § 99 nicht. Werden längere Vorgespräche geführt, muss der AG darauf hinweisen, wann das Verfahren des § 99 mit dem Lauf der Frist des Abs. 3 beginnen, d. h. eine konkrete Maßnahme durchgeführt werden soll.[407] 140

Zur Information über die Natur der Maßnahme gehört der **Zeitpunkt** ihrer geplanten Durchführung.[408] Eine **Verschiebung** des mitgeteilten Einstellungstermins kann nur in engen Grenzen akzeptiert werden, ohne dass es einer erneuten Information bedürfte. Denn es ist z. B. denkbar, dass andere Bewerber zwar nicht zum ursprünglich vorgesehenen, wohl aber zum endgültigen Termin zur Verfügung gestanden hätten.[409] 141

Zur ordnungsgemäßen Unterrichtung des BR gehört die Angabe darüber, ob eine Einstellung **befristet oder unbefristet** erfolgen soll[410] (zur Möglichkeit der Zustimmungsverweigerung bei befristeten Einstellungen vgl. Rn. 197). Bei einer befristeten Einstellung ist über deren Dauer zu informieren[411] (ebenso über die Dauer des Einsatzes einzelner **Leih-AN**, vgl. Rn. 147), bei der Einstellung von **Teilzeit-AN** über Lage und Dauer der Arbeitszeit.[412] Im Hinblick auf die Möglichkeit eines Widerspruchs hinsichtlich der **Dauer der Arbeitszeit** (ArbZG, TV, vgl. Rn. 196, 200) ist hierfür generell zu informieren. 142

Der AG muss Auskunft über die **Person der Beteiligten** geben. Zwar ist die **Auswahl** unter den **Bewerbern** Sache des AG[413] (in den Grenzen der zum Widerspruch gemäß Abs. 2 berechtigenden Gründe). Gleichwohl hat er die **Personalien aller Bewerber** mitzuteilen und nicht 143

403 *LAG Frankfurt* 15.12.92 – 4 TaBV 102/92.
404 GK-*Raab*, Rn. 86.
405 Vgl. HWGNRH-*Huke*, Rn. 99.
406 HWGNRH-*Huke*, Rn. 101.
407 *ArbG Kassel* 10.11.77, DB 78, 111; *Fitting*, Rn. 164.
408 HWGNRH-*Huke*, Rn. 97.
409 Für eine Verschiebung um 14 Tage ohne erneute Informationspflicht *LAG Düsseldorf* 4.3.76, DB 76, 779; bei erneuter Inangriffnahme einer zurückgestellten Maßnahme nach einem halben Jahr ist ein erneutes Verfahren nötig; *BAG* 21.8.90 – 1 AZR 576/89; zum frühesten Zeitpunkt der Information selbst vgl. *BAG* 15.9.87, DB 88, 235.
410 *BAG* 20.12.88, DB 89, 1240.
411 *Fitting*, Rn. 180.
412 *LAG Frankfurt* 18.11.86, NZA 87, 499.
413 *BAG* 18.7.78, EzA § 99 BetrVG 1972 Nr. 22.

nur die vom AG in die engere Wahl gezogenen[414], es sei denn, der BR erklärt sich hiermit einverstanden. Damit unvereinbar ist z. B., nicht über Bewerber zu unterrichten, die angeblich offensichtlich den geforderten Qualifikationen nicht entsprechen[415] oder als nicht »ernsthaft« gelten[416] (vgl. Rn. 131). Grundsätze hierüber können in einer BV geregelt werden. Zurückgezogene Bewerbungen bleiben unberücksichtigt, allerdings nur bei einer vom AG unbeeinflussten Entscheidung und nicht etwa nach »Hinweisen« auf eine »aussichtslose« Bewerbung.[417] Der AG hat auch mitzuteilen, dass keine weiteren Bewerber vorhanden sind.[418] Zu Bewerbern zählen auch von der **Agentur für Arbeit** zur Vermittlung vorgeschlagene Personen und solche, die vom AG selbst zur Bewerbung aufgefordert wurden. Bewerber sind sowohl Personen, die aus dem Betrieb stammen; als auch solche AN, die aus einem anderen Betrieb desselben UN versetzt werden sollen.[419] Eine Vorauswahl oder sonstige Einflussnahme einer **zentralen Personalabteilung** lässt den Umfang der Informationspflicht nach § 99 unberührt.

144 Schaltet der AG **Personalberater bzw. UN-Beratungsfirmen** ein, so ist zu unterscheiden:

- Suchen diese Firmen AN mittels einer Anzeige, so sind alle Interessenten, die sich auf die Annonce gemeldet haben, Bewerber für diesen Arbeitsplatz. Der AG hat den BR über alle Bewerber unter Vorlage der Unterlagen zu informieren, also auch über diejenigen, die das Personalberatungs-UN für ungeeignet hält. Hat der AG das Unternehmen allerdings beauftragt, lediglich geeignete Bewerber vorzuschlagen, so beschränkt sich die Informationspflicht des AG gegenüber dem BR auf solche Bewerber.[420] Diese Grundsätze gelten entsprechend für ein internes Recruitment-Center.[421]
- Nicht zu Bewerbern i. S. d. § 99 zählen Personen, die bereits in der Kartei des Personalberatungs-UN gespeichert sind, solange sie nicht auf die Stelle hin angesprochen werden.[422]

145 **Weitere Beteiligte,** über die der AG zu informieren hat, sind alle von der Maßnahme unmittelbar betroffenen AN,[423] insbes. mit Blick auf die möglichen Widerspruchsgründe des Abs. 2:

- AN, die möglicherweise Nachteile aus der Einstellung erleiden können, und
- AN, die auf Grund einer Personalrichtlinie betroffen sind, also auch solche, die für eine freie Stelle in Frage kämen, sich jedoch von sich aus nicht beworben haben. Häufig übersehen wird dies bei Regelungen in Sozialplänen, nach denen Mitarbeiter, die betriebsbedingt ausgeschieden sind, bei späteren Einstellungen bevorzugt zu berücksichtigen sind.

146 Der AG hat dem BR alle **persönlichen Tatsachen** über die Bewerber (Rn. 143) bzw. beteiligten AN (Rn. 145) mitzuteilen, die für den BR für seine Willensbildung über Zustimmung bzw. Widerspruch erforderlich sind. Das sind in jedem Fall Name, Vorname, Alter, Familienstand, Berufsausbildung, fachliche Vorbildung[424] sowie alle Angaben, deren Vorlage einem Bewerber in einer Stellenausschreibung gemäß § 93 abverlangt worden sind (zu Informationen über sonstige Vertragsbestandteile vgl. Rn. 156). Zu informieren ist auch über eine mögliche Schwerbehinderung und Schwangerschaft, soweit der AG hierüber informiert ist.[425] Der AG ist auch verpflichtet, über Erkenntnisse zu informieren, die aus Vorstellungsgesprächen resultieren (vgl. Rn. 163). Der AG darf sich nicht darauf berufen, er habe diese Information unzulässigerweise erhalten. Insbes. dann kann ein Widerspruchsgrund gemäß Abs. 2 Nr. 1 (Rn. 193 ff.) vorliegen. Ebenso ist der BR über alle von Bewerbern ausgefüllten **Personalfra-**

---

414 H. M. und ständige Rspr.: *BAG* 6.4.73, DB 73, 1456; 19.5.81, DB 81, 2384; 28.6.05 – 1 ABR 26/04; *Fitting,* Rn. 167; Richardi-*Thüsing,* Rn. 143; a. A. GK-*Raab,* Rn. 90; HWGNRH-*Huke,* Rn. 108 m. w. N.
415 So GK-*Raab,* Rn. 126; Richardi-*Thüsing,* Rn. 136.
416 Vgl. *LAG Köln* 29.4.88, LAGE § 99 BetrVG 1972 Nr. 16.
417 *Fitting,* Rn. 168.
418 *BAG* 20.12.88, DB 89, 1240.
419 *Fitting,* Rn. 170.
420 *BAG* 18.12.90, DB 91, 969; vgl. *Fitting,* Rn. 169; *Heinze,* Rn. 236; *LAG Köln* 6.10.87, NZA 88, 589; *LAG Frankfurt* 14.11.89, NZA 90, 628.
421 *LAG Schleswig-Holstein* 29.11.12 – 5 TaBV 8/12, juris
422 Ähnlich *BAG,* a. a. O.; vgl. *Reiserer,* BB 92, 2502; GK-*Raab,* Rn. 125.
423 Richardi-*Thüsing,* Rn. 138.
424 »Sozialdaten«: *LAG Düsseldorf* 25.1.90, LAGE § 99 BetrVG 1972 Nr. 33.
425 H. M.; *Fitting,* Rn. 175; HWGNRH-*Huke,* Rn. 109; GK-*Raab,* Rn. 129; a. A. für Schwangerschaft Richardi-*Thüsing,* Rn. 139.

gebogen i. S. d. § 94 zu informieren.[426] Soweit Ergebnisse einer ärztlichen Einstellungsuntersuchung vorliegen, sind auch diese dem BR mitzuteilen.[427] Mitzuteilen ist sowohl vom Bewerber mitgeteiltes als auch sonstiges Wissen des AG über diesen bzw. andere Beteiligte. Dem BR sind auch diejenigen **Unterlagen vorzulegen, die der AG erstellt hat**, um (auch) auf ihrer Grundlage die Auswahlentscheidung zu treffen, sofern der Arbeitgeber diese Schriftstücke bei seiner Auswahlentscheidung berücksichtigt.[428] Hierzu gehören in jedem Fall die schriftlich dokumentierten Protokolle der mit den Bewerbern geführten Vorstellungsgespräche. Der BR hat Anspruch auf Informationen über Vorstrafen eines Bewerbers bzw. ein möglicherweise vorgelegtes polizeiliches Führungszeugnis, soweit sie von Bedeutung für die Eignung des Bewerbers für die ausgeschriebene Stelle, mögliche Nachteile für andere AN oder für die Störung des Betriebsfriedens sein können.[429] Zwar ist der AG grundsätzlich nicht verpflichtet, auf Verlangen des BR Informationen zu beschaffen, die er selbst nicht hat.[430] Verzichtet er jedoch auf sonst übliche Fragen, liegt keine ordnungsgemäße Information vor (zu einem möglichen Verstoß gegen eine Personalrichtlinie vgl. Rn. 204). Der **Datenschutz** steht einer Information des BR nicht im Wege; § 99 ist eine spezielle Übermittlungsvorschrift.[431]

Für die Einstellung von **Leih-AN** sieht § 14 Abs. 3 AÜG die uneingeschränkte Beteiligung des BR ohne Änderungen vor. Eine Vereinbarung zwischen AG und BR, nach der ein Zustimmungsverweigerungsrecht nicht besteht, solange die Leih-AN-Quote einen bestimmten Prozentteil der Stammbelegschaft nicht überschreitet, stellt einen unzulässigen Verzicht auf das Beteiligungsrecht das und ist daher unwirksam bzw. unbeachtlich.[432] Ein uneingeschränktes Beteiligungsrecht des BR besteht auch dann, wenn der Einsatz des Leih-AN verlängert werden soll.[433] Vor dem Hintergrund leih-AN-typischer Widerspruchsgründe ist der BR u. a. wie folgt zu unterrichten; Qualifikation der Leih-AN, Einstellungstermin, vorgesehene Arbeitsplätze, Auswirkungen auf die Stammbelegschaft und die Prüfung auf Beschäftigungsverbote und Verstöße gegen Arbeitsschutzvorschriften, Gefahr der Kündigung anderer AN bzw. Störung des Betriebsfriedens).[434] Aus den Besonderheiten des Leiharbeitsverhältnisses dürfen keine Einschränkungen für den Umfang der Unterrichtungspflicht abgeleitet werden.[435] Deshalb sind auch die Personalien und persönlichen Daten des Leih-AN mitzuteilen.[436] Trotz des Equal-Pay-Gebots, das bekanntermaßen gerade die Stammbelegschaft im Entleiherbetrieb schützen soll, soll der AG nach der Rspr. des BAG nicht verpflichtet sein, dem BR die Höhe des Entgelts der bei ihm als Stamm- und als Leih-AN beschäftigten Mitarbeiter mitzuteilen.[437] Denn der BR könne die Zustimmung zur Übernahme eines Leiharbeitnehmers nicht mit der Begründung verweigern, die Arbeitsbedingungen des Leiharbeitnehmers verstießen gegen das Gleichheitsgebot nach § 3 Abs 1 Nr 3, § 9 Nr 2 AÜG. Der spätere »Austausch« von Leih-AN ohne Erhöhung der Gesamtzahl – z. B. dann, wenn die Überlassung der Leiharbeitnehmer aus einem AN-Pool des Verleihers erfolgt – darf ebenfalls nicht mitbestimmungs- und damit informationsfrei bleiben.[438] Eine solche »De-Personalisierung« des Informationsanspruchs kann nicht hingenommen werden, denn es können sich sowohl aus der Person jedes einzelnen Leih-AN individuelle Bedenken ergeben, wie mit jedem Neu-Einsatz sich die Probleme der Stammbelegschaft aktuell neu stellen. Keine Einstellung ist demgegenüber die Aufnahme eines Leih-AN in einen Stellenpool, aus dem der Verleiher auf Anforderung des Entleihers Kräfte für den Einsatz im Entleiherbetrieb auswählt, weil dieser Auswahlvorgang des Verleihers nicht mit 147

426 *Fitting*, Rn. 174.
427 *Fitting*, Rn. 174; *Zeller*, BB 87, 2439.
428 *BAG* 28.6.05 – 1 ABR 26/04; BAG 14.4.15, 1 ABR 58/13 juris.
429 Ähnlich *Fitting*, Rn. 176; enger HWGNRH-*Huke*, Rn. 110; Richardi-*Thüsing*, Rn. 139.
430 *Fitting*, Rn. 175.
431 *Fitting*, Rn. 175.
432 *LAG* Hessen 3.11.11 – 5 TaBV 70/11, juris.
433 *BAG* 1.6.11 – 7 ABR 18/10, juris.
434 Vgl. *LAG Köln* 12.6.87, DB 87, 2106; *WEH*, Teil I Rn. 180; enger GK-*Raab*, Rn. 243 f.
435 *LAG Bremen* 12.11.09– 3TaBV140, juris.
436 *Fitting*, Rn. 178 c.
437 *BAG* 1.6.11 – 7 ABR 117/9 juris.
438 *ArbG Verden* 1.8.89, AiB 89, 318; einschränkend *LAG Niedersachsen* 9.8.06 – 15 TaBV 53/05 juris.

der betrieblichen Eingliederung gleichzusetzen ist.[439] Zu den Informationen über die Auswirkungen der Einstellung von Leiharbeitnehmern gehören entgegen des Rspr. des BAG[440] auch Beeinträchtigungen eventueller Ansprüche oder Wünsche von Teilzeitbeschäftigten oder befristet beschäftigten Arbeitnehmern, mehr oder länger arbeiten zu wollen, soweit die personelle Maßnahme einen Arbeitsplatz betrifft, der von diesen im Rahmen ihres Arbeitsvertrages ausgefüllt werden könnte.[441] § 14 Abs. 3 AÜG regelt ergänzend die Pflicht des AG zur Vorlage der schriftlichen Erklärung des Verleihers über seine Erlaubnis bzw. Veränderungen beim Verleiher gemäß § 12 Abs. 2 AÜG an den BR. Verstößt der AG gegen diese Verpflichtung, so wird das Beteiligungsverfahren gemäß § 99 nicht in Gang gesetzt (vgl. auch Rn. 131). Nach der zutreffenden Rspr, des LAG Hessen ist der BR nicht verpflichtet, diesen Mangel innerhalb der Frist von § 99 Abs. 3 Satz 1 gegenüber dem AG zu rügen, da es sich um einen evidenten Verstoß gegen eine eindeutige Rechtsnorm handelt.[442] Das *BAG* verneint eine Pflicht zur Vorlage der Verträge der Leih-AN mit dem Verleiher, wohl aber ist der Entleiher verpflichtet, seinem BR Einsicht in die AN-Überlassungsverträge zu gewähren.[443] Der BR kann die innerbetriebliche Ausschreibung von Arbeitsplätzen verlangen, die mit Leiharbeitnehmern besetzt werden sollen.[444]

148 Der **BR beim Verleiher** ist hinsichtlich Einstellung, Eingruppierung und einer ausnahmsweise möglichen Versetzung (Rn. 126) zu beteiligen und entsprechend zu informieren. Dazu gehört die Vorlage des Überlassungsvertrages.[445] Hinsichtlich der Beteiligung bei einer Eingruppierungsentscheidung auf Grund des Grundsatzes der Lohngleichheit (Rn. 73) hat ihn der Verleiher über die beim Entleiher geltenden Eingruppierungsgrundlagen (TV und BV), den konkreten Arbeitseinsatz des Leih-AN sowie vergleichbare AN im Entleiherbetrieb zu informieren. Erforderlichenfalls hat der AG ihm eine Auskunftsperson gem. § 80 Abs. 2 Satz 3 oder einen Sachverständigen gem. § 80 Abs. 3 zur Verfügung zu stellen (*Hamann,* NZA 03, 526 [532]). Dem BR ist gem. Abs. 1 Nr. 1 der Verleihervertrag, mindestens sind ihm die Informationen zugänglich zu machen, auf die der Leih-AN gem. § 13 AÜG Anspruch hat

149 Auch hinsichtlich der sog. **Ein-Euro-Jobber** treffen den Arbeitgeber die typischen Informationspflichten in Bezug auf die Person bzw. persönlichen Daten, den beabsichtigten Einsatzarbeitsplatz (z. B. unter Vorlage eines Einsatzplanes) sowie die Auswirkungen des Einsatzes auf Betrieb und die im Betrieb beschäftigten Arbeitnehmer.[446]

150 Beim Einsatz von **Fremdfirmen** (Rn. 59 ff.) und der Beschäftigung von Nicht-AN (**»freie Mitarbeiter«**) sind dem BR die vom AG mit diesen Firmen bzw. freien Mitarbeitern geschlossenen Verträge (»Werkverträge« u. ä.) vorzulegen.[447] Diese Verpflichtung ergibt sich aus § 80 Abs. 2 Satz 1. Diesen Verträgen ist üblicherweise das Nähere über die übernommenen Arbeiten sowie die Art und Weise ihrer Verrichtung durch die entsandten AN zu entnehmen, worüber der BR unterrichtet werden muss. Diese Information benötigt der BR für die Prüfung, ob es sich nicht doch um eine Einstellung i. S. von § 99 handelt. Außerdem sind dem BR die (z. B. als Kontrolllisten am Werkstor geführten) Listen zur Verfügung zu stellen, aus denen sich die Einsatztage und -zeiten der einzelnen AN der Fremdfirmen ergeben. Das *BAG*[448] begründet diese Pflicht mit § 92 Abs. 2; im Hinblick auf die am einzelnen AN orientierte Mitbestimmung bei personellen Einzelmaßnahmen ist dies auch eine Pflicht gemäß § 99. Diese Grundsätze gelten wegen der gleichen Interessenlage auch auf den Einsatz **freier Mitarbeiter** bzw. **Werkvertragsnehmer,** die kein eigenes Personal einsetzen.[449]

---

439 *BAG* 23.1.08, NZA 2008, 603.
440 *BAG* 1.6.11 – 7 ABR 117/9 juris.
441 *LAG Bremen* 12.11.09 – 3 TaBV 14/09, juris.
442 *LAG Hessen* 29.1.13 – 4 TaBV 202/12, juris.
443 *BAG* 6.6.78, DB 78; 1481; *LAG Niedersachsen* 9.8.06 – 15 TaBV 53/05 juris und 28.2.06, AuA 2006, 753.
444 *BAG* 14.5.75, BetrVG 1972 § 99 AP Nr. 2; *BAG* 1.6.11 – 7 ABR 117/9 juris.
445 *Hamann,* NZA 03, 526 [532].
446 Engels, NZA 07, 8 ff.
447 *BAG* 15.12.98, NZA 99, 722 = AiB 99, 408 mit Anm. *Hjort.*
448 *BAG* 15.12.98, a. a. O.
449 *Fitting,* Rn. 179.

Hat sich ein Bewerber schon einmal beworben oder bewirbt sich ein früherer AN oder ein bereits beschäftigter AN, besteht gleichwohl die umfassende Informationspflicht. Jedoch kann der AG auf **vorhandene Informationen** verweisen, soweit sich nichts geändert hat. Das gilt auch, wenn der AG nach Einwendungen des BR eine Alternative zur zunächst geplanten Maßnahme vorschlägt. Der AG darf jedoch auch dann nicht auf die Information verzichten, wenn er davon ausgehen konnte, der BR sei mit der Maßnahme einverstanden.[450] **151**

Übt im Rahmen eines **funktionalen Konzernführungsmodells** bzw. einer **Matrixstruktur** ein AN eines anderen Unternehmens im Konzern auf Grund einer erteilten Vollmacht Weisungsrechte in einem Betrieb aus, so kann hierin eine Einstellung zu sehen sein (vgl. Rn 18). Dem Betriebsrat sind der Umfang der erteilten Vollmachten, die Führungsspanne und der Kreis der von der Führungsspanne erfassten Mitarbeiter bekannt zu geben. Ihm sind gleichzeitig Informationen zur Person des zu bevollmächtigenden funktionalen Managers (funktionsbezogene Auszüge des Lebenslaufes, bisherige und zukünftige Aufgaben, sonstige Personalien) zur Verfügung zu stellen. **152**

Der AG darf keine Informationen zurückhalten, weil sie ihm seitens eines Bewerbers als **vertraulich** gekennzeichnet wurden. Jeder Bewerber muss die Beteiligung des BR hinnehmen, der seinerseits einer gesetzlichen Schweigepflicht unterliegt.[451] Ließe sich ein AG gleichwohl darauf ein, läge eine Ordnungswidrigkeit gemäß § 121 (Rn. 170) vor, und die Einstellung könnte nach § 101 rückgängig gemacht werden (§ 101 Rn. 4). **153**

Die Mitteilung der vorgesehenen Eingruppierung zählt zu den Elementen einer ordnungsgemäßen Information bei der Einstellung.[452] Bei der Unterlassung dieser Information beginnt auch ohne Rückfrage des BR die Frist des Abs. 3 nicht zu laufen (vgl. Rn. 131). Gleichzeitig soll jedoch eine unterlassene[453] und eine falsche Eingruppierung[454] keinen Widerspruchsgrund gegen die Einstellung als solche abgeben; dies müsse in einem separaten Verfahren analog § 101 verfolgt werden (§ 101 Rn. 4). Für einen BR empfiehlt es sich deshalb jedenfalls, noch innerhalb der Wochenfrist seine sonstigen – möglicherweise als vorläufig bezeichneten – Zustimmungsverweigerungsgründe sowie Nachfragen mit dem Hinweis auf die fehlende Information über die Eingruppierung zu verbinden (vgl. Rn. 131). Um die Ordnungsmäßigkeit der Eingruppierung prüfen zu können, muss dem Betriebsrat eine **Tätigkeitsbeschreibung bzw. Stellenbeschreibung** vorgelegt werden.[455] **154**

Zur erforderlichen Information über die Eingruppierung (zum Begriff vgl. Rn. 66 ff.) zählt dem *BAG* zufolge nicht die **Höhe** des mit dem AN vereinbarten **Arbeitsentgelts.**[456] Das *BAG* begründet dies ausschließlich mit dem Hinweis darauf, dass der AN auch durch unzulässige Arbeitsbedingungen im Arbeitsvertrag nicht bei der Einstellung benachteiligt werde und etwaige Gesetzesverstöße auch noch nach der Einstellung korrigiert werden könnten. Selbst wenn man sich dem anschließt, ist dies lediglich ein Argument für die Frage der Einstellung und der Möglichkeit der Zustimmungsverweigerung (vgl. Rn. 193 ff.). Stellt man dagegen auf das parallele Eingruppierungsverfahren ab (vgl. Rn. 76), so hat der BR den Anspruch auf die Information, ob nicht im übertariflichen Bereich Ansatzpunkte für ein kollektives Entlohnungsschema gegeben sind. Außerdem ist an Nachteile für die anderen AN (Abs. 2 Nr. 3) wegen eines Lohn- und Leistungsdruck-Zusammenhangs zu denken (s. Rn. 222). Nach Abschluss des Arbeitsvertrags hat der BR den Anspruch auf diese Information ohnehin, gestützt auf sein Einsichtsrecht in Bruttolohn- und Gehaltslisten[457] (vgl. § 80 Rn. 126 ff.). **155**

In jedem Falle ist über alle **Vertragsbestandteile** zu informieren, die Auskunft **über Art und** **156**

---

450 *BAG* 6.4.73, AP Nr. 1 zu § 99 BetrVG 1972.

451 H. M.; *Fitting*, Rn. 182; GK-*Raab*, Rn. 121; HWGNRH-*Huke*, Rn. 117; *SWS*, Rn. 37.

452 *BAG* 14.3.89, DB 89, 1523.

453 *BAG* 20.12.88, DB 89, 1240.

454 *BAG* 10.2.76, DB 76, 778.

455 *LAG Köln* 11.3.09 – 3 TaBV 75/08, juris.

456 *BAG* 18.10.88, DB 89, 530; 3.10.89, NZA 90, 231 unter Hinweis auf die diesbezüglich überwiegende Meinung, vgl. GK-*Raab*, Rn. 123; HWGNRH-*Huke*, Rn. 120; a. A. insbes. *Plander*, AiB 89, 221 m. w. N.

457 So auch HWGNRH-*Huke*, Rn. 120 f. ; zur Information bei einer **Abgruppierung** *LAG Köln* 14.2.92, AiB 93, 463.

Dauer der Beschäftigung geben.[458] Dem BR muss mitgeteilt werden, ob die Tätigkeit als Teilzeitbeschäftigung oder im Schichtbetrieb erfolgen soll und ob eine Probezeit vereinbart wird[459] (zur Information über die **Dauer der Arbeitszeit** s. Rn. 142).

157 Der AG muss den BR vollständig über die **Auswirkungen** der geplanten Maßnahme unterrichten.[460] Zur Auswirkung auf die vorhandene Belegschaft gehört etwa der Hinweis auf den Abbau von Überstunden durch Neueinstellungen oder die Vermeidung von Kurzarbeit durch Versetzungen unter Nutzung von Unterlagen nach § 92 zur Personalbedarfs- und Personaldeckung, Personalstatistiken, Auftragszahlen, Fluktuationszahlen u. Ä.[461] Sollen Leih-AN oder Praktikanten eingestellt werden und sind diese durch die Stammbelegschaft anzulernen oder zu qualifizieren, so müssen dem BR auch die Auslastungszahlen in dem betroffenen Bereich des Stammbetriebes mitgeteilt werden, damit der BR prüfen kann, ob durch die Pflicht zur Einarbeitung für die Stammbelegschaft nicht zusätzliche Nachteile (Mehrarbeit etc.) entstehen können.[462]

158 Dem BR ist bei Einstellungen und Versetzungen der in Aussicht genommene **Arbeitsplatz** mitzuteilen. »Arbeitsplatz« ist nicht nur der räumliche Ort, an dem die Arbeit geleistet wird, sondern auch die Funktion, in die der AN in den Betrieb eingegliedert werden soll.[463] Dazu gehört all das, was auch bei der grundsätzlichen Frage nach einer möglichen Versetzung zur Kennzeichnung des »Arbeitsplatzes« im betriebsverfassungsrechtlichen Sinn genannt wurde (vgl. Rn. 100), insbes. auch die arbeitstechnischen Bedingungen,[464] Kompetenzen und die Abteilung, in der der Bewerber tätig sein soll.

159 Dem BR sind die **erforderlichen Unterlagen** vorzulegen und Auskunft über die Person des Bewerbers zu geben. Dies sind im Falle von Einstellungen die **Bewerbungsunterlagen** aller (Rn. 143) **Bewerber,** d. h. alle von den Bewerbern, sei es von sich aus, sei es auf Nachfrage, eingereichten Unterlagen (z. B. Bewerbungsschreiben, Lebenslauf, Zeugnisse, Lichtbild, Empfehlungsschreiben, Tätigkeits- und Prüfungsnachweise).[465] Zu den Bewerbungsunterlagen zählen auch die Unterlagen der abgelehnten Bewerber,[466] etwa weil nach Einschätzung des AG von nicht ernsthaften Bewerbungen auszugehen ist oder der Bewerber dem geforderten Anforderungsprofil nicht entspricht.[467]

Bewerbungsunterlagen sind auch die vom AG zur Vorbereitung der Einstellungsverhandlungen erstellten Unterlagen. Die Vorlage muss ohne besondere Aufforderung des BR erfolgen, es bedarf keiner konkreten Rüge oder Nachfrage des BR.[468] Im Falle **telefonischer Bewerbungen** muss der AG die sich daraus ergebenden Informationen an den BR weiterleiten. Außerdem zählen dazu die **beim AG selbst befindlichen Unterlagen** (z. B. Personalfragebogen). Man wird auch graphologische, psychologische und sonstige Gutachten sowie Auskünfte Dritter (z. B. Schufa-Auskünfte) zu den erforderlichen Unterlagen zählen müssen, wenn der AG mit deren Einholung zu erkennen gibt, dass sie als Entscheidungshilfe für die Einstellungsentscheidung erforderlich sind. Zu den dem BR vorzulegenden Bewerbungsunterlagen gehören auch solche **Unterlagen, die der AG** anlässlich des Vorstellungsgesprächs (vgl. Rn. 163) bzw. sonst anlässlich der Bewerbung über die Person des Bewerbers **selbst erstellt hat**, z. B. Mitschriften bei Bewerbungsgesprächen oder Testergebnisse.[469] Werden Unterlagen **EDV-mäßig,** z. B. durch ein Personalinformationssystem, erstellt, hat der AG die entsprechenden Aus-

---

458 *BAG* 18.10.88, DB 89, 530.
459 gegen Mitteilungspflicht bzgl. der konkreten Schicht bei Einstellung *LAG Schleswig-Holstein* 29.1.87, NZA 88, 68.
460 Z. B. über Veränderung der Verdienstmöglichkeiten nach einer Versetzung, *LAG Schleswig-Holstein* 3.7.01, BB 01, 2432.
461 Vgl. HWGNRH-*Huke,* Rn. 118; *LAG Frankfurt* 18.11.86, NZA 87, 499: Lage und Dauer der Arbeitszeit.
462 Vgl. *ArbG Frankfurt a. M.* 20.4.11, 6 BV 742/10 unveröff.
463 *BAG* 14.3.89, DB 89, 1523.
464 HWGNRH-*Huke,* Rn. 119.
465 Richardi-*Thüsing,* Rn. 141.
466 *BAG* 14.12.04, BAGE 113, 119.
467 *BAG* 21.10.14, 1 ABR 10/13 juris.
468 *LAG Hamm* 26.9.03, NZA-RR 04, 305 ff.
469 *BAG* 14.12.04, BAGE 113, 119.

drucke vorzulegen.[470] Vom Bewerber möglicherweise als vertraulich bezeichnete Unterlagen darf der AG nicht zurückhalten (Rn. 153). Es sind nicht nur die Unterlagen über Bewerber vorzulegen, sondern auch über **alle anderen Beteiligten** (Rn. 131).

Bei der **Einstellung von Betriebsangehörigen** im Fall ihrer Versetzung von Betrieb zu Betrieb kann es sich als hilfreich erweisen, in die vorhandenen Personalakten Einblick zu nehmen. Das kann jedoch gemäß § 83 nur mit Zustimmung durch den AN erfolgen. Verweigert der AN bzw. Bewerber diese Einsicht, hat der AG daraus Auszüge solchen Zuschnitts zu fertigen und dem BR auszuhändigen, wie er sie von einem externen Bewerber vorzulegen hätte (vgl. Rn. 159; zur Vorlage des Arbeitsvertrags vgl. Rn. 156). Der AG darf sich in derartigen Fällen seiner Informationspflicht nicht dadurch entziehen, dass er vorhandene Unterlagen zu **Bestandteilen der Personalakten** macht und sich auf § 83 beruft.[471] Sobald sich ein AN innerhalb des Betriebs oder UN bewirbt, kann er sich gegenüber dem BR nicht auf § 83 berufen. **160**

Die Vorlage der Unterlagen ist Bestandteil der Informationspflicht des AG und muss daher gleichfalls **mindestens eine Woche vor** Durchführung der Maßnahme erfolgen.[472] **161**

»Vorlage« der Unterlagen bedeutet **Aushändigung an den BR** für höchstens eine Woche.[473] Diese Frist kann – ebenso wie die Frist des Abs. 3 (Rn. 174) – einvernehmlich verlängert oder – im laufenden Verfahren – einvernehmlich abgekürzt werden. **162**

Führt der AG persönliche **Vorstellungsgespräche** durch, hat der BR kein Recht zur Beteiligung.[474] Das kann jedoch von Fall zu Fall oder generell durch BV vereinbart werden.[475] Der AG ist jedoch dann verpflichtet, den BR über den entscheidungsrelevanten Inhalt dieser Gespräche zu unterrichten, wenn die Auswahlentscheidung für einen von mehreren Stellenbewerbern maßgeblich auch auf zuvor geführten Vorstellungsgesprächen beruht.[476] Andernfalls kann der BR nicht sachangemessen zu der getroffenen Bewerberauswahl Stellung nehmen. Deshalb ist es auch aus Arbeitgebersicht zweckmäßig, ein BR-Mitglied zu dem Vorstellungsgespräch hinzuzuziehen. Das *BAG* hat die Beteiligung des BR an **Anwerbeaktionen im Ausland** nicht zugelassen.[477] Der AG ist aber verpflichtet, den BR über diejenigen Informationen und Erkenntnisse, insb. über die fachliche und persönliche Eignung des Bewerbers, die sich aus Vorstellungsgesprächen, strukturierten Interviews, Assessment-Centern, Gruppendiskussionen oder spieltechnischen Übungen ergeben, zu unterrichten.[478] **163**

Bei einer **Versetzung** sind neben dem innegehabten der in Aussicht genommene Arbeitsplatz und die an beiden Arbeitsplätzen betroffenen AN zu bezeichnen. Bei einer vorübergehenden Versetzung ist die voraussichtliche Dauer zu nennen. Auch über voraussichtlich weniger als einen Monat dauernde Versetzungen ist zu informieren, denn der BR muss mögliche Zustimmungsverweigerungsgründe wegen erheblicher Änderung der Arbeitsumstände (Rn. 114) überprüfen können. Dauert eine zunächst kürzer veranschlagte Versetzung länger, ist der BR unverzüglich nach Kenntnis des AG hiervon zu unterrichten (zur Mitbestimmungspflichtigkeit in einem solchen Fall vgl. Rn. 122). **164**

Hinsichtlich einer **Eingruppierung** muss dem BR mitgeteilt werden, in welche Gruppe des jeweils vorhandenen Entgeltschemas (vgl. Rn. 66) der AN gehört. Existiert im AT-Bereich ein Entgeltschema (Rn. 72), ist der BR auch auf die für den AN dort vorgesehene Position hinzuweisen (zur Information über Entlohnungsfragen im über- und außertariflichen Bereich vgl. § 80 Rn. 126 ff.). **165**

Bei einer **Umgruppierung** ist neben der bisherigen Tarifgruppe die in Aussicht genommene Gruppe zu nennen.[479] **166**

---

470 *SWS*, Rn. 34.
471 A. A. GK-*Raab*, Rn. 120.
472 Vgl. HWGNRH-*Huke*, Rn. 116.
473 *BAG* 3.12.85, EzA § 99 BetrVG 1972 Nr. 46; *LAG Frankfurt* 9.1.73, AuR 74, 28; a. A. GK-*Raab*, Rn. 134.
474 H. M.; *BAG* 18.7.78, EzA § 99 BetrVG 1972 Nr. 22.
475 *LAG Berlin* 11.2.85, DB 86, 49.
476 *BAG* 28.6.05, BAGE 115, 173.
477 *BAG* 18.7.78, EzA § 99 BetrVG 1972 Nr. 22.
478 *LAG Hamm* 26.9.03, NZA-RR, 305 ff.
479 HWGNRH-*Huke*, Rn. 122.

167 Bei **Tendenzträgern** ist, ungeachtet des Ausmaßes der Mitbestimmung (§ 118 Rn. 78 ff.), jedenfalls die normale Informationspflicht des § 99 Abs. 1 zu erfüllen.[480]

168 Wird diese Informationspflicht verletzt, kann der BR die Maßnahme des AG gemäß § 101 rückgängig machen lassen (§ 101 Rn. 5).

4. Schweigepflicht

169 Die BR-Mitglieder unterliegen hinsichtlich der persönlichen Angelegenheiten der AN, die ihnen bei Wahrnehmung der Mitbestimmung gemäß § 99 bekannt geworden sind, einer **besonderen Schweigepflicht,** für die § 79 Abs. 1 Satz 2 bis 4 entsprechend gilt (Näheres § 79 Rn. 9). Erfahren sie aus Unterlagen des AG etwas über den betroffenen AN, worüber dieser selbst nicht informiert ist, besteht ihm gegenüber jedoch keine Schweigepflicht. Die Schweigepflicht gilt **nicht gegenüber Mitgliedern anderer AN-Vertretungen** sowie im Verfahren vor der ESt., der tariflichen Schlichtungsstelle oder einer betrieblichen Beschwerdestelle i. S. d. § 84. Der betroffene AN kann die BR-Mitglieder von ihrer Schweigepflicht befreien. Eine Strafverfolgung gemäß § 120 setzt den Antrag des betroffenen AN als Verletzten voraus (vgl. § 120 Rn. 9).

5. Verletzung der Informationspflicht

170 **Informiert der AG nicht ordnungsgemäß** (zu den Einzelheiten vgl. Rn. 131 und zur Reaktion des BR vgl. DKKWF-*Bachner,* § 99 Rn. 14;), ist die personelle Einzelmaßnahme betriebsverfassungswidrig. Die Folgen sind:
- die Wochenfrist des Abs. 3 beginnt nicht zu laufen (Rn. 131)
- keine Zustimmungsfiktion nach Ablauf der Wochenfrist des Abs. 3 (Rn. 179);
- keine Ersetzbarkeit der verweigerten Zustimmung gemäß Abs. 4 (Rn. 239);
- Unterbindung einer durchgeführten Maßnahme gemäß § 101 (§ 101 Rn. 4);
- Möglichkeit eines Unterlassungsverfahrens nach § 23 (§ 101 Rn. 22);
- **Ordnungswidrigkeit gemäß § 121.**[481]

Der betroffene AN hat verschiedene Reaktionsmöglichkeiten (vgl. Rn. 247 ff.)

V. Verfahren nach Unterrichtung des Betriebsrats

1. Grundsätze

171 Mit dem Eingang (Rn. 139) der vollständigen AG-Information über die beabsichtigte personelle Maßnahme und der Bitte um Zustimmung beginnt die **Einwochenfrist** gemäß Abs. 3 zu laufen (Übersicht Fristenbestimmung in DKKWF-*Bachner,* § 99 Rn. 8). Innerhalb dieser Frist (Rn. 174) muss der BR sich über seine Reaktion schlüssig werden. Er hat vier verschiedene Reaktionsmöglichkeiten:
- ausdrückliche Zustimmung (Rn. 177);
- Zustimmung durch Verstreichenlassen der Einwochenfrist ohne Reaktion (Rn. 179);
- Verweigerung der Zustimmung (Rn. 181);
- Rückfrage wegen unvollständiger Information (Rn. 131).

Der AG muss den Ablauf der Einwochenfrist bis zur Durchführung der Maßnahme abwarten, sonst gilt der BR nicht als ordnungsgemäß unterrichtet (zu den Folgen vgl. Rn. 170).

172 Die Entscheidung des BR muss in allen vier Fällen durch **Beschluss des gesamten BR** (bzw. des hierfür zuständigen BR-Ausschusses, Rn. 12) gemäß § 33 erfolgen; der BR- bzw. Ausschussvorsitzende kann nicht allein entscheiden.[482] Das gilt auch für die Absicht, die Frist ohne

480 *BAG* 8.5.90, NZA 90, 901; 3.7.90, NZA 90, 903.

481 Hierzu eingehend *Growe,* Ordnungswidrigkeitenverfahren nach dem Betriebsverfassungsrecht [1990], S. 63 ff.; zum Fall einer **Geldbuße** wegen Nichtvorlage von Personalfragebogen an den BR vgl. *Regierungspräsidium Stuttgart* 27.10.88, AiB 89, 22; Einstellung ohne vorherige Information: *Landkreis Hannover* 15.8.89, BetrR 1/90, 24.

482 HWGNRH-*Huke,* Rn. 129.

Erklärung verstreichen zu lassen, um so indirekt zuzustimmen. Eine Zustimmungserklärung des BR- bzw. Ausschussvorsitzenden gegenüber dem AG ohne zugrunde liegenden Beschluss ist unwirksam. Das hat freilich nur Bedeutung für die geschäftsordnungsmäßigen Binnenbeziehungen des BR. Wenn ein BR- bzw. Ausschussvorsitzender den BR bzw. Ausschuss nicht über eine bei ihm gemäß Abs. 1 eingegangene Information in Kenntnis setzt, wird dies im Verhältnis zum AG grundsätzlich dem BR gemäß § 26 Abs. 3 zugerechnet (hierzu und zu möglichen Ausnahmen vgl. § 26 Rn. 32). Die **Beweislast** hierfür liegt beim BR. Ebenso unwirksam ist die Erklärung der Verweigerung der Zustimmung ohne BR-Beschluss. Die Beweislast liegt in diesem Falle beim AG.

173 Ein BR-Mitglied, um dessen eigene Umgruppierung es geht, ist wegen Interessenkollision daran gehindert, an der entsprechenden Beratung und Beschlussfassung teilzunehmen (vgl. § 33 Rn. 20). Die unterlassene **Ladung eines Ersatzmitglieds** führt zur Fehlerhaftigkeit des die Umgruppierung ablehnenden Beschlusses und zur Zustimmungsfiktion gemäß Abs. 3 Satz 2[483] (vgl. Rn. 179).

174 Die **Frist** gemäß Abs. 3 beginnt mit dem Tag der ordnungsgemäßen Information des BR (vgl. Rn. 131) zu laufen. Sind die Informationen unvollständig, läuft die Frist erst mit ihrer Vervollständigung. Freilich ist hierbei darauf zu achten, dass der BR für ihn erkennbare Informationsmängel innerhalb der Wochenfrist rügen und zurückfragen muss (Rn. 131), sonst kann er sich auf die fehlende Ordnungsmäßigkeit der Information nicht berufen. Die **Fristberechnung erfolgt** gemäß §§ 187, 193 BGB: Der Tag des Eingangs der AG-Information beim BR wird nicht mitgezählt; fällt das Fristende auf einen Samstag, Sonntag oder Feiertag, endet die Frist am nächstfolgenden Werktag (zum Fristablauf bei Aussetzung eines BR-Beschlusses gemäß § 35 vgl. § 35 Rn. 13).

175 Kann der BR die Frist ohne sein Verschulden nicht einhalten (»**höhere Gewalt**«), wird die Zeit des Hinderungsgrundes nicht mitgerechnet und insoweit der Fristablauf gehemmt.[484] Hierunter sind jedenfalls vom AG veranlasste Ereignisse zu rechnen, wenn ihretwegen eine ordnungsgemäße BR-Arbeit nicht möglich ist. Die Frist kann durch TV[485] oder Vereinbarung zwischen BR und AG **verlängert** werden[486], was mitunter bei der Durchführung von Massenversetzungen bei Betriebsänderungen geschieht.[487] Eine solche Vereinbarung ist auch im Einzelfall möglich, wenn sich z. B. auf Grund der Fülle von Informationen eine Woche als zu kurz für eine sachgerechte Befassung des BR herausstellt (zum Nachschieben von Gründen für die Zustimmungsverweigerung nach Fristablauf siehe Rn. 187). Eine vorherige **Verkürzung** der Frist ist nicht zulässig. Allerdings kann sich der BR vor Ablauf der Frist abschließend erklären (vgl. Rn. 177). Nach Fristablauf gilt die Zustimmung als erteilt; eine Fristverlängerung ist dann nicht mehr möglich.[488] Der AG könnte höchstens die Maßnahme abbrechen und das Verfahren bezüglich einer neuen Maßnahme erneut in Gang setzen.[489]

176 Fallen **mehrere personelle Maßnahmen** zusammen, müssen die Beschlüsse des BR bzw. BR-Ausschusses sich korrespondierend zu den AG-Informationen auf jede einzelne Maßnahme bzw. jeden einzelnen AN beziehen.[490]

2. Ausdrückliche Zustimmung

177 Der BR kann seine **Zustimmung** ausdrücklich geben (vgl. DKKWF-*Bachner,* § 99 Rn. 12). Hierfür ist keine Form vorgeschrieben, aber aus Beweisgründen sollte auch dies schriftlich geschehen.[491] Überwiegend wird angenommen, dass der BR eine ausdrücklich gegebene Zu-

483 *BAG* 3.8.99, NZA 00, 440.
484 So auch *Fitting,* Rn. 272 a; HWGNRH-*Huke,* Rn. 147; *Dütz,* Anm. zu EzA § 99 BetrVG 1972 Nr. 37.
485 *BAG* 22.10.85, AP Nr. 23 zu § 99 BetrVG 1972 mit Anm. *Kraft.*
486 *BAG* 29.6.11 – 7 ABR 24/10 juris.
487 *BAG* 17.5.83, EzA § 99 BetrVG 1972 Nr. 36; *LAG BW* 27.5.08 – 2 TaBV 5/07, juris auch für mehrere Monate.
488 *BAG* 29.6.11 – 7 ABR 24/10 juris; GK-*Raab,* Rn. 149.
489 *LAG Berlin* 22.9.86, DB 87, 234.
490 HWGNRH-*Huke,* Rn. 132.
491 Vgl. HWGNRH-*Huke,* Rn. 130.

stimmung **nicht widerrufen** kann.[492] Etwas anderes gilt immerhin dann, wenn der AG dem BR Informationen vorenthalten hat, die zur ordnungsgemäßen Unterrichtung gemäß Abs. 1 erforderlich gewesen wären. In einem solchen Fall hat die Frist – jedenfalls in Bezug auf die vorenthaltenen Informationen – auch noch gar nicht zu laufen begonnen (Rn. 174).[493] Wird die Zustimmung erteilt, darf der AG die personelle Maßnahme auch schon vor Ablauf der Wochenfrist durchführen. **Vorab,** ohne Kenntnis der konkreten Maßnahme, darf die Zustimmung nicht erteilt werden.[494] Das käme einem unzulässigen Verzicht auf BR-Rechte gleich. Möglich sind jedoch Verfahrensvereinfachungen für genau abgegrenzte Fälle (Rn. 33).

178 Die Zustimmung des BR heilt evtl. **arbeitsvertragliche Mängel** der Maßnahme nicht. Eine wegen eines **betriebsverfassungsrechtlichen Mangels** unwirksame Maßnahme (z. B. eine Versetzung, Rn. 252) wird auch durch eine nachträgliche Zustimmung des BR nicht wirksam.[495] Der AG muss die Maßnahme erneut vornehmen.

3. Zustimmungsfiktion

179 Teilt der BR die Verweigerung der Zustimmung nicht innerhalb einer Woche nach Zugang der Information schriftlich mit, **gilt die Zustimmung als erteilt** (Abs. 3 Satz 2). Dies kann auf ausdrücklichen **Beschluss** des BR hin geschehen (Rn. 155), kann die Folge schlichten **Unterlassens** sein oder auf der **Fehlerhaftigkeit** der Zustimmungsverweigerung beruhen. Derartige Fehler, die zur **Unbeachtlichkeit der Zustimmungsverweigerung** führen, können z. B. sein:

- Fristüberschreitung (Rn. 174);
- Verstoß gegen die Schriftform (Rn. 181);
- fehlerhafter BR-Beschluss;
- fehlende oder fehlerhafte Begründung der Zustimmungsverweigerung.

180 Die Betriebsparteien sind nicht befugt, eine **Zustimmungsverweigerungsfiktion**, also die Fiktion, dass die Zustimmung des BR zu der personellen Einzelmaßnahme nach Ablauf einer bestimmten Frist mit der Folge als verweigert gilt, dass sodann der AG ein Zustimmungsersetzungsverfahren einleiten muss, zu vereinbaren. Eine solche Vereinbarung soll gegen den zwingenden Charakter organisatorischer Regelungen des BetrVG verstoßen (vgl. Rn. 32).[496] Ebenso führt eine »Vereinbarung über eine Verlängerung der Wochenfrist« nach deren Ablauf nicht zur Beseitigung bzw. Aufhebung der Zustimmungsfiktion (vgl. auch Rn. 175).[497]

4. Verweigerung der Zustimmung

181 Die Verweigerung der Zustimmung zu einer personellen Einzelmaßnahme nach Abs. 3 muss **schriftlich** erfolgen (vgl. den Überblick zu den Beschlussfassungen in DKKWF-*Bachner,* § 99 Rn. 9). Da es sich bei der Zustimmungsverweigerung nicht um ein »Rechtsgeschäft« i. S. des § 126 BGB handelt, kann sie auch durch **Telefax** erfolgen[498] (zur elektronischen Form gem. § 126 a BGB). Nicht notwendigerweise Voraussetzung für die Einhaltung der Schriftform ist die Unterschrift des BR-Vorsitzenden (zu seiner Vertretung durch den stellvertretenden Vorsitzenden vgl. § 26 Rn. 37) bzw. des Vorsitzenden eines für diese Fragen zuständigen Ausschusses (Rn. 12) unter dem mit Gründen versehenen Verweigerungsschreiben.[499] Nach der neueren Rspr. des BAG ist die Erklärung auch dann schriftlich, wenn sie der Textform des § 126 b BGB genügt.[500] Deshalb ist – was einer häufig betrieblich geübten Praxis entspricht – auch die Zustimmungsverweigerung durch **E-Mail** zulässig, wenn die E-Mail der Textform nach § 126 b BGB genügt.[501]

---

492 H. M.; Richardi-*Thüsing,* Rn. 250; GK-*Raab,* Rn. 212; vgl. *Schreiber,* RdA 87, 257 m. w. N.

493 A. A. GK-*Raab,* Rn. 212.

494 Missverständlich *v. Hoyningen-Huene/Boemke,* S. 163 f.; modifiziert *v. Hoyningen-Huene,* NZA 93, 149.

495 GK-*Raab,* Rn. 215; unklar hinsichtlich der Rechtsfolgen MünchArbR-*Matthes,* 2. Aufl., § 344 Rn. 103.

496 *LAG BW* 27.5.08 – 2 TaBV 5/07, juris.

497 *BAG* 29.6.11 – 7 ABR 24/10 juris.

498 *BAG* 11.6.02, BB 02, 310.

499 So aber noch *BAG* 24.7.79, EzA § 99 BetrVG 1972 Nr. 26.

500 *BAG* 9.12.08 – 1 ABR 79/07, juris.

501 *BAG* 10.3.09 – 1 ABR 93/07, juris; *Fitting,* Rn. 260 b.

Die Zustimmungsverweigerung muss innerhalb einer Woche erfolgen und spätestens am letzten Tag der Frist **dem AG zugehen.**[502] Im Einvernehmen der Betriebsparteien kann die **Wochenfrist verlängert** werden.[503] Sie ist dem AG (vgl. § 1 Rn. 26 ff.) oder einem von diesem ausdrücklich benannten Vertreter auszuhändigen.[504] Mitarbeiter der Personalabteilung gelten ohne sonstige Festlegungen im Zweifel als empfangsberechtigt. Der BR sollte sich den Eingang in jedem Fall schriftlich bestätigen lassen. Im **Gemeinschaftsbetrieb** besteht das Zustimmungsverweigerungsrecht des BR bei Eingruppierung ausschließlich gegenüber dem Vertragsarbeitgeber des betroffenen AN.[505] **182**

Die Betriebsparteien können nicht wirksam vereinbaren, dass die Zustimmung des Betriebsrats als verweigert gilt, wenn zwischen ihnen bis zum Ablauf der Äußerungsfrist des § 99 Abs. 3 S. 1 BetrVG oder einer vereinbarten längeren Stellungnahmefrist kein Einvernehmen über eine vom Arbeitgeber beantragte personelle Einzelmaßnahme erzielt wird. Für den damit verbundenen Eingriff in das Zustimmungsersetzungsverfahren des § 99 Abs. 4 BetrVG fehlt ihnen die Regelungskompetenz (vgl. a. Rn. 32).[506] **183**

Die Verweigerung der Zustimmung muss unter **Angabe von Gründen** erfolgen. Bezieht sich die Zustimmungsverweigerung des Betriebsrats auf mehrere personelle Einzelmaßnahmen, muss er seine Verweigerung in Bezug auf jede einzelne Maßnahme begründen.[507] Das schließt nicht aus, dass der BR eine einheitliche Formulierung wählt. Aus dieser muss jedoch hervorgehen, dass der Betriebsrat seine Beanstandung auf alle fraglichen personellen Einzelmaßnahmen beziehen will. Eine nicht ordnungsgemäß begründete Zustimmungsverweigerung ist unbeachtlich mit der Folge, dass mit Ablauf der Wochenfrist die Zustimmung des BR als erteilt gilt. Das *BAG* hält es für ausreichend, wenn die vom BR für die Verweigerung seiner Zustimmung **vorgetragene Begründung es als möglich erscheinen lässt, dass einer der Gründe des Abs. 2** (Rn. 192 ff.) **geltend gemacht wird.**[508] Nur eine Begründung, die offensichtlich auf keinen der Verweigerungsgründe Bezug nimmt, ist unbeachtlich.[509] Die Angabe von konkreten, auf den Einzelfall bezogenen Tatsachen ist für die Beachtlichkeit einer Zustimmungsverweigerung nicht in jedem Fall erforderlich, z. B. wenn sich ein BR mit seiner Wertung auf ihm und dem AG bekannte Tatsachen stützt.[510] Trotzdem ist es dem BR dringend zu empfehlen, eine Zustimmungsverweigerung **so substantiiert wie möglich** unter Nennung bzw. Bezugnahme aller ihm bekannten Fakten und deren Würdigung zu formulieren, um zu vermeiden, dass ihm späteres (konkretisierendes) Vorbringen als »unzulässiges Nachschieben« (Rn. 187) vorgehalten wird. Unzureichend ist in jedem Fall die bloße Wiederholung des bloßen Gesetzestextes ohne weitergehende Substantierung des zugrunde liegenden Sachverhalts. **184**

Es kommt **nicht** darauf an, ob die Zustimmungsverweigerung begründet oder auch nur **schlüssig** ist.[511] Insbes. kommt es nicht auf die Meinung des AG zu der vom BR vorgetragenen Begründung an. Über sie ist im Verfahren über die Ersetzung der Zustimmung gemäß Abs. 4 (Rn. 239) zu entscheiden.[512] Es ist unerheblich, wenn statt der Worte »Verweigerung der Zustimmung« von »Widerspruch« oder »widersprechen« die Rede ist.[513] Angesichts dieser **geringen formalen Anforderungen** an die Begründung einer Zustimmungsverweigerung wird ein AG normalerweise nicht von deren Unbeachtlichkeit ausgehen können. Er darf dann die personelle Maßnahme nicht durchführen (es sei denn, als vorläufige unter den Voraussetzungen des § 100; vgl. § 100 Rn. 2 ff.), sondern muss, beharrt er auf ihr, zunächst die Zustimmung gemäß Abs. 4 ersetzen lassen. **185**

---

502 GK-*Raab*, Rn. 156.
503 *BAG* 16.11.04– 1 ABR 48/03 juris, AP BetrVG 1972 § 99 Einstellung Nr. 44
504 HWGNRH-*Huke*, Rn. 136.
505 *BAG* 23.9.03, NZA 04, 800 ff.
506 *BAG* 13.3.13 – 7 ABR 39/11, juris.
507 *BAG* 13.5.14, 1 ABR 9/12 juris
508 *BAG* 20.11.90, DB 91, 1474.
509 *BAG* 26.1.88, EzA § 99 BetrVG 1972 Nr. 58 mit zustimmender Anm. *Weber*.
510 *BAG*, a. a. O.
511 HWGNRH-*Huke*, Rn. 139.
512 Vgl. GK-*Raab*, Rn. 154; *Matthes*, DB 89, 1285.
513 *BAG* 21.11.78, EzA § 101 BetrVG 1972 Nr. 3.

186 Zwar wird grundsätzlich die **Unbeachtlichkeit** einer Zustimmungsverweigerung **wegen Rechtsmissbrauchs** für möglich gehalten.[514] Mit diesem Argument darf das gesetzliche Modell der Prozesslast beim AG nicht verschoben werden. Insbes. die Behauptung, der BR verweigere die Zustimmung aus einem in anderen Verfahren rechtskräftig abgelehnten Grund, bedarf zurückhaltendster Würdigung. Es reicht die Möglichkeit, dass nur ein Fall (also der vorliegende) anders entschieden werden kann.[515] In einem solchen Fall verweist das *BAG*[516] den AG auf ein separates Beschlussverfahren zur Klärung der Grenzen der Mitbestimmung. Keinesfalls ist die Verweigerung der Zustimmung in mehreren Fällen allein wegen der Notwendigkeit einer Vielzahl von Gerichtsverfahren ein Missbrauchsfall.[517]

187 Der BR muss alle Gründe, aus denen er die Zustimmung verweigern will, während der Wochenfrist dem AG mitteilen. Das *BAG* lässt ein **Nachschieben** neuer Gründe im arbeitsgerichtlichen Verfahren nicht zu.[518] Diese Entscheidung ist überwiegend auf Widerstand gestoßen.[519] Das gilt um so mehr, als der AG nach der Rspr. des BAG berechtigt sein soll, noch im Zustimmungsverweigerungsverfahren eine bislang unvollständige Unterrichtung zu vervollständigen (vgl. Rn. 135).[520] Man wird ihr nur mit Blick auf die konkret entschiedene Fallgestaltung der Zustimmungsverweigerung gegen eine **Einstellung** folgen können: Denn es ist verständlich, dass ein AG darauf vertrauen möchte, dass der Streitstand, angesichts dessen er es für vertretbar hält, den Bewerber »bei der Stange zu halten«, sich im Prozess nicht mehr ändert (die Interessen des Bewerbers bleiben im Verhältnis zum BR außer Betracht). Sofern aber hinsichtlich Versetzung, Eingruppierung und Umgruppierung nur **Betriebsangehörige** beteiligt sind, spricht nichts dagegen, neue Gründe in ein mögliches Gerichtsverfahren einzuführen. Kein Fall unzulässigen Nachschiebens liegt vor, wenn der BR Gründe einführt, die ihm **erst später bekannt** werden.[521] Bezüglich solcher Gründe dürfte normalerweise schon die Frist des Abs. 3 nicht zu laufen begonnen haben (vgl. Rn. 174).

188 Unbegrenzt können solche Tatsachen eingebracht werden, die dem AG **bereits mitgeteilte Gründe nur erläutern, konkretisieren oder ergänzen.**[522] BR müssen aus der *BAG*-Rspr. aber jedenfalls den Schluss ziehen, die Frist von einer Woche gründlich zu nutzen und lieber einen Grund mehr zu nennen als zu wenig.

189 Die **Unwirksamkeit einer Rechtsvorschrift,** auf der die beabsichtigte personelle Maßnahme beruht, kann der BR auch noch nach Ablauf der Wochenfrist geltend machen.[523]

190 Falls dem BR die Information des AG, mit welcher dieser den Lauf der Wochenfrist auslöst, unvollständig erscheint, kann er eine **Ergänzung der Erstinformation** verlangen. Er muss dies sogar tun, sonst kann er sich später nicht auf eine nicht ordnungsgemäße Information berufen[524] (vgl. Rn. 131). In einem solchen Fall kann der BR es zunächst bei einer **vorläufigen Stellungnahme** bewenden lassen. Die Wochenfrist nach Abs. 3 läuft dann erneut mit der abschließenden Information des AG.[525] Belässt es der BR allerdings bei der bloßen Rückfrage ohne Widerspruch während der ersten Wochenfrist, trägt er das Risiko, dass der AG in einem Gerichtsverfahren mit der Behauptung durchdringt, dass die Erstinformation vollständig gewesen sei. Dann gälte die Zustimmung gemäß Abs. 3 Satz 2 als erteilt.[526] Deshalb muss der BR in einem solchen Fall stets eine **vollständige Zustimmungsverweigerung** auf Grund der zunächst bekannten Tatsachen formulieren, diese als vorläufig bezeichnen und mit **konkreten**

---

514 *BAG* 16.7.85, DB 86, 124; 1.2.89, NZA 89, 814.
515 *BAG* 1.2.89, NZA 89, 814; unzutreffend deshalb *LAG München* 13.9.88, LAGE § 99 BetrVG 1972 Nr. 25.
516 *BAG* 16.7.85, DB 86, 124.
517 Unzutreffend *LAG Köln* 28.6.89, LAGE § 99 BetrVG 1972 Nr. 26.
518 *BAG* 3.7.84, EzA § 99 BetrVG 1972 Nr. 37; ebenso HWGNRH-*Huke*, Rn. 148.
519 Vgl. *Fitting*, Rn. 291.
520 *BAG* 29.6.11 – 7 ABR 24/10 juris.
521 In diesem Sinne auch GK-*Raab*, Rn. 155.
522 *Dütz*, Anm. zu EzA § 99 BetrVG 1972 Nr. 37.
523 *BAG* 6.8.02, BB 03, 316.
524 *BAG* 14.3.89, DB 89, 1523.
525 *BAG* 14.3.89, a. a. O.; vgl. hierzu *Matthes*, DB 89, 1285 f.
526 Vgl. *Schüren*, Anm. zu EzA § 99 BetrVG 1972 Nr. 71.

Nachfragen verbinden. Soweit der AG auf eine solche Nachfrage hin **neue Informationen** gibt, beginnt die **Wochenfrist erneut** zu laufen.[527]

Die Entscheidung über die geplante personelle Maßnahme steht **nach der verweigerten Zustimmung des BR** jederzeit zur **Disposition:** Der AG kann in Beratungen mit dem BR von ihr Abstand nehmen. Der BR kann (durch entsprechenden Beschluss) von seiner Verweigerung abrücken und in jedem Stadium seine Zustimmung erteilen.[528] Beide Seiten können übereinkommen, sich einer ESt. gemäß § 76 Abs. 6 zu bedienen. Soweit im Fall von **Tendenzträgern** dem BR kein Recht zur Zustimmungsverweigerung eingeräumt wird und die Gründe des Abs. 2 lediglich als »Bedenken« zu bewerten sind (vgl. Rn. 28), hat der AG hierüber mit dem BR nach dem Grundsatz der vertrauensvollen Zusammenarbeit zu beraten. **191**

5. Verweigerungsgründe gemäß Abs. 2

Der BR hat gegenüber geplanten personellen Einzelmaßnahmen ein an substantiierten Vortrag der Gründe des Abs. 2 **gebundenes Vetorecht**[529] (vgl. Rn. 1). Nur diese Gründe lösen den Verfahrensmechanismus der §§ 99 – 101 aus. Das schließt jedoch die Möglichkeit einer Beratung über die **Zweckmäßigkeit** der beabsichtigten Maßnahme nicht aus – im Gegenteil: Der BR hat hierzu sogar die Aufgabe gemäß § 80 Abs. 1 Nr. 2, und der AG muss mit ihm hierüber gemäß § 74 Abs. 1 Satz 2 (vgl. § 74 Rn. 12, 13) verhandeln. Falls es über solche Aspekte einer geplanten Maßnahme zu keiner Einigung kommt, haben sie bei der Begründung einer Zustimmungsverweigerung illustrierenden Charakter. Mitbestimmungsrechtlich erheblich sind dagegen nur die in Abs. 2 abschließend genannten Gründe.[530] **192**

a) Verstoß gegen Rechtsvorschriften (Abs. 2 Nr. 1)

Gemäß **Abs. 2 Nr. 1** kann der BR die Zustimmung verweigern, wenn die personelle Maßnahme gegen ein **Gesetz,** eine **VO,** eine **UVV** oder gegen eine Bestimmung in einem **TV** oder in einer **BV** oder gegen eine **gerichtliche Entscheidung** oder eine behördliche Anordnung verstoßen würde (DKKWF-*Bachner,* § 99 Rn. 16, 17, 18, 19). Hierzu hat es eine grundsätzliche Diskussion gegeben, ob diese Vorschrift ein Instrument des **»BR als Hüter des zwingenden Rechts«**[531] sei. Das *BAG* hat dies in ständ. Rspr. nur im Hinblick auf die jeweilige **Maßnahme als solche und nicht hinsichtlich separat zu betrachtender Vertragsbestandteile** anerkannt.[532] Das heißt, dass die Zustimmungsverweigerung nur dann berechtigt ist, wenn die Maßnahme selbst einen Gesetzesverstoß etc. darstellt. Dabei haben sich **zwei Typen von Verweigerungsgründen** i. S. d. Abs. 2 Nr. 1 herauskristallisiert: der Verstoß gegen »Beschäftigungsnormen« (Rn. 194) und der gegen »Einstellungsnormen« (Rn. 196).[533] Es ist jeweils auf den **Regelungszweck der Norm** abzustellen. **193**

Der BR kann seine Zustimmung verweigern, wenn die vorgesehene **Beschäftigung** gegen eine Rechtsvorschrift verstößt (vgl. Rn. 175). Die klassischen, durchweg unbestrittenen Fallkonstellationen betreffen aufsichtsrechtlich sanktionierte **Beschäftigungsverbote** im engeren Sinne (Rn. 197) oder **Einstellungsgebote** (Rn. 199). Abs. 2 Nr. 1 bezieht sich jedoch nicht nur auf gesetzliche Verbote im technischen Sinn (sog. Verbotsgesetze). Mit der Entscheidung über die Zustimmungsverweigerung wegen Verstoßes gegen § 3 Abs. 1 Nr. 6 AÜG a. F.[534] hat das BAG auch eine solche Norm akzeptiert, an die keine arbeitsrechtliche Unwirksamkeit geknüpft ist, sondern die nur mittelbar gewerberechtlich sanktioniert wird. Als entscheidend wird deshalb dargestellt, dass das Gesetz ausweislich Wortlaut, Entstehungsgeschichte und Sinn und Zweck eine bestimmte AG-Verhaltensweise wegen ihrer nachteiligen arbeitsmarkt- und sozialpoliti- **194**

---

527 *BAG* 14.3.89, a. a. O.; *Matthes,* a. a. O.
528 H. M.; GK-*Raab,* Rn. 215.; *v. Hoyningen-Huene,* NZA 93, 149.
529 HWGNRH-*Huke,* Rn. 137.
530 Vgl. *LAG Hamm* 24.5.06, 10 TaBV 182/05 juris.
531 So die gleichnamige Schrift von *Plander* [1982].
532 Zuletzt *BAG* 12.11.02, NZA 03, 513; hierzu kritisch Richardi-*Thüsing,* Rn. 195.
533 Vgl. *BAG* 9.7.96, DB 96, 2551; 28.1.92, AuR 92, 251 mit Anm. *Klevemann.*
534 *BAG* 28.9.88, EzA § 99 BetrVG 1972 Nr. 68.

schen Wirkungen ausschließen will. Entscheidend ist, dass die Vorschrift **eine bestimmte Art der Beschäftigung unterbinden** will.[535] Diese Überlegung des *BAG* schließt ersichtlich auch solche Rechtsnormen ein, die als zwingendes AN-Schutzrecht ihre Sanktion z. B. lediglich darin finden, dass der AN sich auf die Unwirksamkeit bestimmter Verpflichtungen berufen kann. Das führt zur Präzisierung der Frage, welche Bedeutung der **Arbeitsvertrag** hat: Das *BAG* schließt die Berufung auf den Vertragsverstoß als solchen aus, hebt vielmehr auf die mit dem Vertrag indizierte Absicht des AG ab, den AN in einer bestimmten, vom Gesetzgeber missbilligten Art und Weise zu beschäftigen.[536] Die Grenzziehung zwischen in dieser Hinsicht relevanten und irrelevanten Gesetzesverstößen ergibt sich auch aus der Rspr. des *BAG* zur Informationsverpflichtung des AG gegenüber dem BR über Inhalte des Arbeitsvertrags: Für diese seien Vertragsbedingungen insoweit von Bedeutung, als sie den vorgesehenen Einsatz des AN, seine Tätigkeit im Betrieb betreffen, nicht dagegen allein deshalb, weil sie möglicherweise ungewöhnlich oder unzulässig seien.[537] Diese **auf den Arbeitseinsatz bezogenen Vertragsinhalte** wurden bislang zwar in erster Linie hinsichtlich der Möglichkeit nachteilsorientierter Gründe i. S. d. Abs. 2 Nr. 3 und 4 gesehen[538] (hierzu Rn. 216, 226). Jedoch liegt zwingend auch ein Grund nach Nr. 1 vor, wenn der Arbeitsvertrag eine vom Gesetzgeber missbilligte Art des Arbeitseinsatzes, z. B. unzulässige Klauseln hinsichtlich Arbeit auf Abruf, Jobsharing oder Sonn- und Feiertagsarbeit, und damit die Beschäftigung als solche enthält.

195 Die Rspr. des *BAG,* nach der die Vereinbarung untertariflicher Arbeitsbedingungen für § 99 ohne Bedeutung ist, (vgl. Rn. 197 unter TVG) zwingt zu einer Vertiefung der Frage nach der Qualität der **für § 99 relevanten Gesetzesverstöße.** Das *BAG* sieht das Verlangen des AG deshalb als nicht ausreichend an, weil ein daraufhin erklärter Verzicht des AN auf seine tariflichen Rechte rechtlich unwirksam sei.[539] Dieses Argument konsequent verfolgt, ließe jedoch Abs. 2 Nr. 1 praktisch funktionslos werden, denn es ist ja die Eigenart von Gesetzesverstößen, dass sie zu einem rechtswidrigen Zustand führen, auf den sich der AG von Rechts wegen nicht berufen darf. Z. B. darf der AG keinen AN unter Verstoß gegen Arbeitsschutzvorschriften einsetzen und dieser hat das Recht, die Arbeit ohne Verlust seines Vergütungsanspruchs zu verweigern, so lange der vorschriftswidrige Zustand andauert.[540] Die Eigenart dieser wie der der *BAG*-Entscheidung zugrunde liegenden Situation ist es, dass der individuelle AN gezwungen ist, den Gesetzesverstoß des AG – sei es vor Gericht, sei es durch Ausübung des Zurückbehaltungsrechts – geltend zu machen. Es ist jedoch hinreichend bekannt, vor welchen Durchsetzungsproblemen der einzelne AN im laufenden Arbeitsverhältnis (ganz besonders in der Probezeit) steht.[541] Davor soll ihn aber § 99 Abs. 2 Nr. 1 gerade verschonen. Hierunter müssen deshalb alle Rechtsverstöße fallen, auf Grund deren der AN *faktisch* die Arbeit unter vorschriftswidrigen Bedingungen aufnehmen muss.

196 Ein Grund zur Verweigerung der Zustimmung liegt auch vor, wenn die **Einstellung unter Verletzung einer für die Entscheidung des AG geltenden Norm** vollzogen wird.[542] Hierbei reicht es aus, dass die Maßnahme unter Verstoß gegen eine vom Gesetzgeber erwünschte Verhaltensweise erfolgt.

197 **Einzelfälle des Verstoßes gegen ein Gesetz** (Mitbestimmung bejaht, wenn nichts anderes gesagt wird):

- **AGG:** Erfolgt die personelle Einzelmaßnahme unter Verstoß gegen ein Diskriminierungsverbot des AGG, so ist der BR berechtigt, die Zustimmung zu verweigern. Dies gilt insbesondere für die Einstellung[543] Bewirbt sich eine schwangere Arbeitnehmerin um eine

535 *BAG* 28.6.94, EzA § 99 BetrVG 1972 Nr. 120 = AiB 95, 122 mit Anm. *Plander.*

536 Weiter gehend *LAG Baden-Württemberg* 9.8.85, BB 85, 2321: grundlegende materielle Arbeitsbedingungen, soweit diese u. a. in **Formulararbeitsverträgen** vorgegeben werden.

537 *BAG* 18.10.88, EzA § 99 BetrVG 1972 Nr. 69.

538 Vgl. *v. Hoyningen-Huene,* Anm. zu EzA § 99 BetrVG 1972 Nr. 69.

539 *BAG* 28.3.00, BB 00, 2311.

540 Vgl. *Kittner/Pieper,* § 9 ArbSchG Rn. 20.

541 Vgl. Kittner/Zwanziger-*Zwanziger,* § 159 Rn. 8.

542 *BAG* 14.11.89, DB 89, 636.

543 Zahlreiche Beispiele hierfür bei Däubler/Bertzbach-*Däubler,* § 7 Rn. 48 ff.; vgl. a. Richardi-*Thüsing,* Rn. 191.

Stelle und besetzt der Arbeitgeber, dem die Schwangerschaft bekannt ist, diese Stelle mit einem männlichen Mitbewerber, so hat die Arbeitnehmerin eine geschlechtsspezifische Benachteiligung dann glaubhaft gemacht, wenn sie außer der Schwangerschaft weitere Tatsachen vorträgt, welche eine Benachteiligung wegen ihres Geschlechts vermuten lassen. An diesen weiteren Tatsachenvortrag sind keine strengen Anforderungen zu stellen.[544] Ein deutliches Indiz für eine diskriminierende Einstellungsentscheidung ist auch der Umstand, dass schon die Stellenausschreibung diskriminierenden Charakter hatte, so z. B. dann, wenn in der Stellenausschreibung zum Ausdruck kommt, dass die Stelle mit Arbeitnehmern ab eines bestimmten Alters nicht mehr besetzt werden soll.[545] Ebenfalls diskriminierenden Charakter haben können Versetzungs-, Eingruppierungs- wie auch Umgruppierungsentscheidungen.[546] Vorstehendes gilt entsprechend für die Einstellung von LeihAN. So kann der BR z. B. einer Einstellung eines LeihAN die Zustimmung verweigern, wenn der AG in der Ausschreibung des Auftrags diskrimierende Kriterien zugrunde gelegt hat (»Höchstalter: 30 Jahre«).

- **AÜG:** Nach § 1 Abs. 1 Satz 2 AÜG erfolgt die Überlassung von Arbeitnehmern an Entleiher **vorübergehend**. Eine nicht nur vorübergehende Überlassung ist daher unzulässig. Bereits bisher enthielt das AÜG den Begriff »vorübergehend«. Er diente der Grenzziehung zwischen der erlaubnisfreien vorübergehenden konzerninternen Arbeitnehmerüberlassung (§ 1 Abs. 3 Nr. 2 AÜG a. F.) und der erlaubnispflichtigen Arbeitnehmerüberlassung zwischen Konzernunternehmen. Im Zusammenhang § 1 Abs. 3 Nr. 2 AÜG a. F. hat das BAG den Begriff »vorübergehend« weit ausgelegt.[547] Vorübergehend war danach jede nicht als endgültig geplante Überlassung. Selbst mehrjährige Überlassungen konnten danach noch vorübergehend sein. Entscheidend war, dass im Zeitpunkt der Überlassung feststand, dass der Arbeitnehmer (irgendwann) in sein ursprüngliches Unternehmen zurückkehren sollte, der Einsatz im fremden Unternehmen also befristet war. Der genaue Rückkehrzeitpunkt musste noch nicht festgelegt sein. Diese Rspr. war für den Sonderfall der konzerninternen Arbeitnehmerüberlassung entwickelt worden. Sie kann daher auf die Neuregelung der Arbeitnehmerüberlassung in § 1 Abs. 1 Satz 2 AÜG nicht übertragen werden.

  Die AN-Überlassung ist nach der nunmehr geltenden Fassung des AÜG jedenfalls dann nicht mehr »**vorübergehend**«, wenn der AG beabsichtigt, den Leih-AN ohne jegliche zeitliche Begrenzung (unbefristet) statt einer Stammkraft auf einem Stammarbeitsplatz einzusetzen.[548] Dies dürfte gleichfalls dann gelten, wenn der Leiharbeitnehmer nur befristet auf einem Stammarbeitsplatz eingesetzt wird. Entscheidend ist allein die Ersetzung des Stammarbeitnehmers unabhängig davon, ob unbefristet oder befristet.[549] Denn das AÜG dient nicht nur dem Schutz der LeihAN, sondern durch das Verbot der mehr als vorübergehenden Überlassung auch dem Schutz der Stammbelegschaft.[550] Vor diesem Hintergrund handelt es sich nur dann um eine vorübergehende Einstellung, wenn für die Befristung bei Direkteinstellung des Mitarbeiters durch den Entleiher die Möglichkeit der Befristung nach § 14 Abs. 1 TzBfG bestünde.[551] Entscheidend ist daher, ob für die beabsichtigte Dauer der Überlassung ein Sachgrund besteht. Dies erscheint deshalb sachgerecht, weil dadurch dem Umstand Rechnung getragen wird, dass der Einsatz von Leih-AN gerade nicht dem dauerhaften Ersatz von Stammpersonal dienen soll. Eine Überlassung von (mehreren zeitlich aufeinander folgenden) Arbeitnehmern an einen Entleiher erfolgt nicht vorübergehend i. S. d. § 1 Abs. 1 S. 2 AÜG, wenn durch die Arbeitnehmerüberlassung ein reiner Dauerbeschäftigungsbedarf abgedeckt wird. Das Merkmal »vorübergehend« ist arbeitsplatz-, nicht personenbezogen. Wechselt die konkrete Person des Leiharbeitnehmers

---

544 *BAG* 24.4.08 – 8 AZR 257/07 juris.
545 Vgl. *Nollert-Borasio/Perreng*, AGG § 17 Rn. 5.
546 Vgl. Däubler/Bertzbach-*Deinert*, § 15 Rn. 23.
547 *BAG* 10.3.04 – 7 ABR 49/03 juris
548 *BAG* 10.7.13 – 7 ABR 91/11, juris.
549 *LAG Schleswig-Holstein* 8.1.14 – 3 TaBV 43/13, juris Rn. 34 mit zahlreichen weiteren Nachweisen; a. A. LAG Hamburg 4.9.13 5 TaBV 6/13, juris.
550 So ausdrücklich *BAG* 30.9.14, – 1 ABR 79/12 juris Rn. 42.
551 Vgl. *Hamann*, NZA 2011, S. 70 ff.

und deckt der AG dadurch den Arbeitskräftebedarf auf einem Dauerarbeitsplatz ausschließlich mit Leiharbeitnehmern deckt, so erfolgt die Überlassung ebenfalls nicht vorübergehend.[552] Ist die Einstellung des Leih-AN nicht nur vorübergehend, so kann der BR des Entleiherbetriebes die Zustimmung zu der Einstellung nach § 99 Abs. 2 Nr. 1 verweigern.[553]

Nach der zutreffenden Rspr. des LAG Niedersachsen kann die Einstellung von Leih-AN auch ein Zustimmungsverweigerungsrecht in der Form eines »**institutionellen Rechtsmissbrauchs**« begründen, wenn der AG grundsätzlich nur noch und nahezu ausschließlich Leih-AN einstellt, um eine Senkung der Personalkosten zu erreichen, weil dieses unternehmerische Ziel nicht mit dem Schutzzweck der europäischen Leiharbeits-Richtlinie – also der Angleichung der Arbeitsverhältnisse der Leih-AN an die von Stamm-AN sowie die Überführung von Leih-Arbeitsverhältnissen in Stammarbeitsverhältnisse – zu vereinbaren ist.[554]

Eine wegen Verstoßes gegen das Lohngleichheitsgebot gem. § 9 Nr. 2 AÜG (**equal pay**) unwirksame Vereinbarung des Verleihers mit dem Leih-AN berechtigt den BR beim Entleiher grds. nicht zur Zustimmungsverweigerung bezüglich der Einstellung.[555] § 99 verleiht dem BR nach der Rspr. des BAG keine allgemeine Befugnis zur Vertragskontrolle (vgl. aber Rn. 194 ff.). Der AG ist deshalb nach dieser Rspr. nicht verpflichtet, dem BR des Entleihers bei der Einstellung eines Leih-AN die Höhe des Entgelts der bei ihm als Stamm- und als Leiharbeitnehmer beschäftigten Mitarbeiter mitzuteilen[556]. Dies gilt jedoch dann nicht, wenn zugleich ein Verstoß gegen die in §§ 3 Abs. 1 Nr. 3 Satz 4, 9 Nr. 2 AÜG eingefügte sog. »**Drehtürklausel**« vorliegen kann. Durch diese Klausel soll verhindert werden, dass AN (nicht Auzubildende) aus dem Betrieb ausscheiden, um anschließend innerhalb von sechs Monaten zu den Arbeitsbedingungen des Verleihers bei ihrem ehemaligen AG oder anderen konzernangehörigen Unternehmen eingesetzt zu werden (sog. Drehtüreffekt oder »sale and lease back«), und zwar auch dann, wenn für den Verleiher vom Equal-Pay-Grundsatz abweichende TV gelten. Der »Drehtüreffekt« ist daher nur dann erlaubt, wenn der Leih-AN beim Entleiher dieselbe Vergütung einschl. der sonstigen materiellen Arbeitsbedingungen bezieht wie bei seinem vormaligen AG und jetzigen Entleiher. In der Tat kann man aus diesen sehr scharfen Sanktionen schließen, dass in solchen Fällen die Beschäftigung insgesamt verhindert werden soll. Deshalb müssen bei möglichen Verstößen gegen die Drehtürklausel dem Betriebsrat des Entleihers auch die vertraglichen Bedingungen zwischen Leih-AN und dem Verleiher vorgelegt werden, soweit dies zur Prüfung eines Verstoßes gegen den Equal-Pay-Grundsatz erforderlich ist. Eine darin liegende Eingruppierung unterliegt außerdem dem Beteiligungsrecht eines evtl. beim Verleiher bestehenden BR (vgl. Rn. 73). Nach der bisherigen Rspr. des *BAG*[557] verstößt die AN-Überlassung durch eine konzerneigene Personaldienstleistungsgesellschaft nicht gegen das AÜG, insbesondere nicht gegen § 1 Abs. 3 Nr. 2 AÜG, wenn keine Erlaubnis zur Arbeitnehmerüberlassung vorhanden ist. Nach dem nunmehr nach der Änderung des AÜG im Jahr 2011 die in § 1 Abs. 3 Nr. 2 AÜG enthaltene Ausnahme von der Erlaubnispflicht bei Arbeitnehmerüberlassung im Konzern nicht mehr anwendbar ist, wenn der Arbeitnehmer zum Zweck der Überlassung eingestellt und beschäftigt wird, kann diese Rspr. nicht mehr aufrechterhalten werden. Die Verletzung des Gebots, eine aus wirtschaftlichen Gründen erfolgende Arbeitnehmerüberlassung nur bei Vorliegen einer staatlichen Erlaubnis betreiben zu dürfen, führt zu einem Zustimmungsverweigerungsrecht des Betriebsrats gemäß § 99 Abs. 2 Ziff 1 BetrVG.[558]

---

552 Vgl. *LAG Berlin-Brandenburg* 19.12.12 – 4 TaBV 1163/12, juris; *LAG Schleswig-Holstein* 8.1.14, 3 TaBV 43/13, juris Rn. 35.
553 *BAG* 10.7.13, 7 ABR 91/11 juris; ausführlich auch *BAG* 30.9.14, 1 ABR 79/12 juris Rn. 42.
554 *LAG Niedersachsen* 19.9.12 – 17 TaBV 124/11, juris; ArbG Cottbus 6.2.14, 3 BV 96/13.
555 *BAG* DB 2005, 1693, 1695 für nicht gewerbsmäßige AN-Überlassung; a. A. *Däubler*, KJ 03, 17 [19].
556 *BAG* 1.6.11 – 7 ABR 117/09, juris.
557 *BAG* 25.1.05, EZA § 99 BetrVG 2001 Nr. 7.
558 *LAG Schleswig-Holstein* 18.6.08, ArbuR 2008, 403.

- **ArbSchG:** Beschäftigung von AN ohne ausreichende Qualifizierung bzw. Unterweisung gemäß §§ 7, 8, 9, 10 Abs. 2.[559]
- **ASiG:** Berufung von Betriebsärzten und Fachkräften für Arbeitssicherheit nur mit Zustimmung des BR (§ 9 Abs. 3).
- **BDSG:** Bestellung eines Datenschutzbeauftragten (s. Rn. 198).
- **Bergmannsversorgungsscheingesetze:** Beschäftigung statt vorrangig Berechtigter mit einem Bergmannsversorgungsschein.
- **BetrVG:** Maßnahmen unter Verstoß gegen die Diskriminierungsverbote des § 75 (h. M.); das gilt auch im Fall der Einstellung gegenüber Bewerbern, die noch nicht AN sind. Unter Nr. 1 fallen auch Maßnahmen, die zugleich gegen § 87 verstoßen.[560] Ein Verstoß gegen § 99, insbes. die Informationsverpflichtung des AG, ist kein Grund zur Zustimmungsverweigerung; die Sanktion erfolgt ausschließlich im Verfahren gemäß §§ 99 – 101, insb. dadurch dass die Wochenfrist nicht zu laufen beginnt[561] (vgl. Rn. 131). Gegenüber BR-Mitgliedern (vgl. a. Rn. 128) verstößt eine Versetzung gegen §§ 78, 37 oder 38, wenn das BR-Mitglied dadurch in der Ausübung seiner BR-Tätigkeit unzulässig behindert oder benachteiligt würde, z. B. durch Zuweisung einer geringerwertigen Tätigkeit.[562] Eine vom AG vorgenommene Auswahlentscheidung zwischen zwei geeigneten Bewerbern, von denen einer freigestelltes BR-Mitglied ist, verstößt gegen das Benachteiligungsverbot des § 78 Satz 2, wenn der AG bei dieser die Freistellung des Betriebsratsmitgliedes maßgeblich in ihre Auswahlerwägungen eingestellt hat. Dieser Gesetzesverstoß berechtigt den BR zur Zustimmungsverweigerung im Hinblick auf die Versetzung des ausgewählten Bewerbers.[563] Legt der AG bei der Eingruppierung eines neu einzustellenden AN ein Vergütungssystem zugrunde, bei dessen Festlegung der BR nicht nach § 87 Abs. 1 Nr. 10 BetrVG beteiligt wurde, so liegt ein zur Zustimmungsverweigerung berechtigender Gesetzesverstoß vor.[564] Da auch die vom AG beabsichtigte Aufhebung eines Vergütungsgruppenschemas als eine Änderung der bestehenden Eingruppierungsordnung zu bewerten ist, muss der AG solange nach der bestehenden Vergütungsordnung eingruppieren, wie eine mitbestimmungskonforme Beendigung dieser Vergütungsordnung nach § 87 Abs. 1 Nr. 10 BetrVG nicht erfolgt ist (zu weiteren Fallgruppen vgl. 67).[565] Das gilt auch dann, wenn sich der AG entschließt, die bisher aufgrund eines Tarifvertrags im Betrieb geltenden Entlohnungsgrundsätze nach dem Wegfall seiner Tarifbindung nicht mehr anzuwenden.[566] Denkbar sind auch Verstöße gegen §§ 111, 112. In dem Umfang, in dem der AG gehindert ist, vor Ausschöpfung der Verhandlungen über einen Interessenausgleich die Betriebsänderung durchzuführen (vgl. §§ 112, 112 a Rn. 23), kann der BR gemäß Nr. 1 personellen Maßnahmen, insbes. Versetzungen, die Zustimmung verweigern.–
- **BSeuchG:** Beschäftigung trotz Verbots in §§ 42, 43.[567]
- **GefStoffV:** Beschäftigungsbeschränkungen gemäß §§ 26, 33.[568]
- **GG:** Verstoß gegen Gleichbehandlungsgrundsatz (Art. 3) ist im Arbeitsleben durch § 75 BetrVG (s. o.) und § 611 a BGB (s. o.) abgedeckt. Das *BAG* ordnet Verstöße gegen den Gleichbehandlungsgrundsatz Nr. 4 zu,[569] jedoch ist Nr. 1 die speziellere Norm zu Nr. 3 und 4 (vgl. Rn. 210). Unzulässige Diskriminierung wegen Gewerkschaftszugehörigkeit oder -aktivität als Verstoß gegen Art. 9 Abs. 3 Satz 2[570] (zum Verzicht auf tarifliche Leistungen

---

559 *Kittner/Pieper,* BetrVG Rn. 42; vgl. *BAG* 22.3.94, NZA 94, 1049.
560 *LAG Frankfurt* 19.4.88, LAGE § 99 BetrVG 1972 Nr. 17.
561 Ständige Rspr. seit *BAG* 28.1.86, DB 86, 1077.
562 *LAG Frankfurt* 14.8.86, BB 86, 2199; *Boemke-Albrecht,* BB 91, 541, 542; vgl. auch *Oetker,* RdA 90, 343, 353.
563 *LAG Hamburg* 19.9.12 – H 6 TaBV 2/12, juris.
564 *LAG Schleswig-Holstein* 17.1.07 – 6 TaBV 18/05 juris; *LAG Hamm* 24.5.06, DBR 2007, 40; *LAG Berlin-Brandenburg* 17.10.07, 21 TaBV 1083/07, juris; s. a. *BAG* 2.3.04, BAGE 109, 369.
565 *BAG* 2.3.04, BAGE 109, 369; *LAG Schleswig-Holstein* 18.5.06 – 4 TaBV 49/05, juris.
566 *BAG* 14.4.10 – 7 ABR 91/08, juris.
567 HWGNRH-*Huke* Rn. 151 zu §§ 42 f. InfektionsschutzG
568 Vgl. *Heilmann,* GefStoffV.
569 Vgl. *BAG* 1.3.95, ZTR 95, 427; 1.2.89, AP Nr. 63 zu § 99 BetrVG 1972.
570 *BAG* 28.3.00, BB 00, 2311; *Plander,* Betriebsrat, S. 22 m. w. N.

s. u. bei TVG). Bei einem Unterangebot von Arbeitsplätzen, insbes. bei einem Monopol-UN, könnte Art. 12 einen Anspruch auf sachgerechte Handhabung des Einstellungsermessens erzwingen.[571]

- **JArbSchG:** Beschäftigungsverbote gemäß §§ 22 ff.[572]
- **MuSchG:** Beschäftigungsverbote gemäß §§ 3, 4, 6, 8[573] berechtigen den BR zur Zustimmungsverweigerung im Falle einer Versetzung oder einer Einstellung. An die Berechtigung der Zustimmungsverweigerung sind vor dem Hintergrund des Schutzzweckes des AGG hohe Anforderungen zu stellen, weil andernfalls der BR über den Hebel des Zustimmungsverweigerungsrechts eine Benachteiligung der Schwangeren herbeiführen könnte, die dem AG nach § 7 Abs. 1 AGG verboten ist.
- **KSchG:** (s. Wiedereinstellungsanspruch).
- **SGB II:** Sind die Voraussetzungen für die Beschäftigung/Zuweisung eines Ein-Euro-Jobbers nach § 16 Abs. 3 nicht erfüllt, so ist der BR zur Zustimmungsverweigerung nach § 99 Abs. 2 Nr. 1 berechtigt. Die Einstellung eines sog. unechten Ein-Euro-Jobbers zum Zwecke der Verrichtung von Tätigkeiten, die weder zusätzlich noch von öffentlichem Interesse sind, führt zur Verdrängung regulärer Beschäftigungsverhältnisse und widerspricht deshalb dem Regelungszweck von § 16 Abs. 3.[574] Eine Liste zusätzlicher Tätigkeiten enthält die »Arbeitshilfe der BA zur Umsetzung von Arbeitsangelegenheiten«. Zusätzlich ist die Tätigkeit immer nur dann, wenn man die im Ein-Euro-Job verrichtete Tätigkeit hinweg denken kann, ohne dass die Funktionsfähigkeit des konkret betroffenen Arbeitsbereichs entfällt. Nach § 99 Abs. 2 Nr. 3 kann der BR die Zustimmung verweigern, wenn die begründete Besorgnis besteht, dass im Betrieb beschäftigte Arbeitnehmer durch billigere Ein-Euro-Jobber ersetzt werden sollen.[575] Dann wird es allerdings regelmäßig auch am Merkmal der zusätzlichen Tätigkeit fehlen.
- **SGB III:** Der Verstoß des AG gegen seine besondere Verantwortung gem. § 2 Abs. 1 kann zur Verweigerung der Zustimmung berechtigen (zur vergleichbaren Situation hinsichtlich der Schwerbehindertenbeschäftigung s. *BAG* 14.11.89, DB 90, 636). Das Gleiche gilt bei der Beschäftigung von Ausländern ohne Arbeitserlaubnis;[576] bei Versetzung von einem Betrieb zu einem anderen (Rn. 15, 106) kann der BR die Zustimmung zur Einstellung wegen fehlender Arbeitserlaubnis auch dann verweigern, wenn der BR des abgebenden Betriebs der Ersteinstellung des AN trotz Fehlens der Arbeitserlaubnis zugestimmt hat.[577]
- **SGB IX:** Bei einer personellen Einzelmaßnahme gegenüber schwerbehinderten Menschen gilt zunächst der Grundsatz, dass solche Maßnahmen nur durchgeführt werden dürfen, wenn die SBV in gesetzlichem Umfang zuvor beteiligt wurde. Nach § 95 Abs. 2 Satz 1 SGB IX hat der AG die SBV in allen Angelegenheiten, die einem einzelnen schwerbehinderten Menschen berühren, unverzüglich und umfassend zu unterrichten und vor einer Entscheidung anzuhören. Deshalb kann der BR z. B. der Versetzung eines schwerbehinderten Menschen die Zustimmung verweigern, wenn die entsprechende Beteiligung der SBV nicht erfolgt ist.[578] Die Zustimmung kann auch verweigert werden, wenn bei der beabsichtigten Einstellung eines nicht schwerbehinderten AN die nach § 81 Abs. 1 S. 1 – 3 SGB IX auch über die BA für Arbeit durchzuführende Prüfung unterlassen wurde, ob der freie Arbeitsplatz mit einem schwerbehinderten AN besetzt werden kann[579] Dies gilt auch dann, wenn die Einstellung eines Leih-AN beabsichtigt ist[580] oder wenn sich der AG bei der Besetzung eines frei werdenden oder neu geschaffenen Arbeitsplatzes von vornherein auf eine interne Stellenbesetzung festgelegt hat.[581] Hierzu ist es im Übrigen erforderlich, dass der Agentur

571 Vgl. *Kittner*, Anm. zu EzA § 4 TVG Druckindustrie Nr. 20.
572 H. M.; HWGNRH-*Huke*, Rn. 151.
573 H. M.; HWGNRH-*Huke*, Rn. 151.
574 *Engels*, NZA 07, 8 ff.
575 *Engels*, NZA 07, 8 ff.
576 H. M.; *BAG* 22.1.91, AuR 91, 219.
577 *BAG* 22.1.91, NZA 91, 569.
578 *LAG Rheinland-Pfalz* 5.10.11 – 8 TaBV 9/11, juris.
579 *BAG* 14.11.89, DB 90, 636; 17.6.08, NZA 2008, 1139.
580 *BAG* 23.6.10 – 7 ABR 3/09, juris.
581 *LAG Hamm* 23.1.15, 13 TaBV 44/14 juris.

für Arbeit ausreichend Zeit zur Prüfung eingeräumt wird, ob ein konkret ausgeschriebener Arbeitsplatz mit einem arbeitssuchenden schwerbehinderten Menschen besetzt werden kann. Zu diesem Zweck muss der AG eine konkrete Stellenbeschreibung übersenden. Der AG muss einen konkreten Vermittlungsauftrag durch die BA für Arbeit auf den Weg bringen.[582] Außerdem ist zu berücksichtigen, dass die Prüfung der Agentur bundesweit erfolgen muss und dem AG i. d. R. eine schriftliche Stellungnahme der Agentur zugeht. Für diesen Prozess dürfte eine Dauer von 1 Monat nicht zu lange sein. Zur gesetzeskonformen Prüfung gehört sodann weiter die Erörterung von Bewerbungen Schwerbehinderter mit der Schwerbehindertenvertretung.[583] Zustimmungsverweigerungsgrund kann auch die Verletzung der speziellen Förderungspflicht von Schwerbehinderten sein. Kein Verstoß liegt vor, wenn nach korrekter Verfahrensweise Bewerbungen Schwerbehinderter nicht für den fraglichen Platz, sondern für einen anderen eingehen und demgemäß für den fraglichen Platz ein nicht behinderter Bewerber eingestellt wird.[584] Im Hinblick auf den Wortlaut und den Zweck des Gesetzes (vgl. § 77 Abs. 1 Satz 2 SGB IX) kann der BR die Zustimmung auch versagen, wenn bei noch nicht erfüllter Beschäftigungsquote ein Nichtbehinderter statt eines für die Stelle qualifizierten Schwerbehinderten eingestellt wird.[585]
- **TVG:** Das *BAG* sieht im Verlangen des AG nach einem Verzicht auf tarifliche Leistungen keinen Grund zur Zustimmungsverweigerung[586] (zur Kritik vgl. Rn. 195).
- **TzBfG:** Verstoß gegen § 9 TzBfG bei Einstellung oder Versetzung eines AN auf den Arbeitsplatz, für den ein Teilzeitbeschäftigter bevorzugt zu berücksichtigen ist[587] (zur Konkurrenz zwischen Teilzeit-AN und befristet Beschäftigtem s. Rn. 218). Unzulässige Gestaltung eines KAPOVAZ- oder Jobsharing-Vertrages. Unzulässige Befristung wird allerdings nicht als Grund für Zustimmungsverweigerung anerkannt; die ständige Rspr. für die Zeit vor dem BeschFG 1985 dürfte auch die unter diesem Gesetz verbliebenen Fallkonstellationen abdecken.[588] Nach der Rspr. des BAG ist der AG bei der Einstellung eines Leih-AN nicht verpflichtet, den BR darüber zu unterrichten, welche teilzeitbeschäftigten AN aufgrund ihres angezeigten Wunsches auf Aufstockung ihrer Arbeitszeit für die zu besetzende Stelle grundsätzlich in Betracht gekommen wären. Ein möglicher Zustimmungsverweigerungsgrund sei auch im Hinblick auf § 9 TzBfG nicht berührt.[589]
- **Wiedereinstellungsanspruch:** Hat ein gekündigter AN aus nachwirkenden Vertragspflichten einen Wiedereinstellungsanspruch, so kann der Einstellung eines anderen AN widersprochen werden.[590]

Die Zustimmung zur Bestellung eines **betrieblichen Beauftragten** (Einstellung oder Versetzung) kann verweigert werden, wenn die jeweiligen durch Gesetz oder Verordnung festgelegten Anforderungen nicht erfüllt sind: **198**
- Abfallbeauftragter (§ 11 c Abs. 2 S. 1 AbfG);
- Beauftragter für Biologische Sicherheit (§§ 16 f. Gentechnik-SicherheitsV);
- Datenschutzbeauftragter (§ 36 Abs. 3 BDSG);[591]
- Gefahrgutbeauftragter (§ 2 Abs. 1 GefahrgutbeauftragtenV);
- Immissionsschutzbeauftragter (§§ 55 Abs. 1 a, Abs. 2 S. 1, 58 c Abs. 1 BlmSchG);
- Kerntechnischer Sicherheitsbeauftragter (§ 2 Atomrechtliche Sicherheitsbeauftragten- und MeldeV);
- Störfallbeauftragter (§ 58 a BlmSchG);
- Strahlenschutzbeauftragter (§ 29 StrahlenSchV).

---

582 *LAG Berlin-Brandburg* 12.12.13, 26 TaBV 1164/13 juris
583 *BAG* 10.11.92, NZA 93, 376.
584 *BAG* 10.11.92, a. a. O.
585 A. A. *ArbG Lüneburg* 27.5.96, NZA 87, 67; GK-*Raab,* Rn. 170; offen gelassen bei *BAG* 10.11.92, a. a. O.
586 *BAG* 28.3.00, BB 00, 2311 = AR-Blattei, Betriebsverfassung XIV C Nr. 179 mit krit. Anm. *Zachert.*
587 Richardi-*Thüsing,* Rn. 195 a.
588 Vgl. *BAG* 16.7.85, DB 86, 124; hierzu *Altrock,* DB 87, 785.
589 Vgl. *BAG* 1.6.11 – 7 ABR 117/09, juris.
590 Vgl. *KDZ,* § 1 KSchG Rn. 428.
591 *BAG* 22.3.94, NZA 94, 1049 = SAE 95, 159; *Fitting,* Rn. 203.

199 **Unfallverhütungsvorschriften** sind (über Gesetze und VO hinaus) vor allem die auf Grund § 15 SGB VII von den Berufsgenossenschaften erlassenen Vorschriften (Versetzung einer Person ohne die nötige Qualifikation in die Position einer Aufsichtsperson als Verstoß gegen eine UVV).[592]

200 Für einen Verstoß gegen einen **TV** ist erforderlich, dass dieser für den betroffenen AN gilt[593] (zur Eingruppierung s. Rn. 66). Das ist bei Betriebsnormen der Fall, wenn nur der AG tarifgebunden ist (§ 3 Abs. 2 TVG).[594] Bezüglich der Inhaltsnormen ist auch die Tarifbindung des AN erforderlich. Sie ist auch durch Bezugnahme auf den TV, sei es in einem anderen TV,[595] sei es einzelvertraglich,[596] sei es durch betriebliche Übung möglich. Bei Einstellung zu untertariflichen Bestimmungen während der **Nachwirkung** eines TV kann die Zustimmung des BR nicht unter Berufung auf Nr. 1 verweigert werden.[597] Auch **Mindestarbeitsbedingungen** gelten als TV (vgl. § 8 MindArBG). Hauptanwendungsfälle sind Fragen der Ein- und Umgruppierung (Rn. 66 ff.), z. B. hinsichtlich der Einstufung in eine Lohn- bzw. Gehaltsgruppe, Zulagen, Prämien, Tantiemen oder Provisionen.[598] Hinzu kommen alle Fragen von Arbeitszeit, über Erholungsurlaub, Pensionen u. Ä.[599] Typische TV-Inhalte, die eine Zustimmungsverweigerung auslösen können, betreffen **Abschlussverbote und -gebote** (z. B. der Ausschluss von Frauen, Jugendlichen oder ungelernten AN von bestimmten Arbeitsplätzen), die vorrangige Besetzung mit Betriebsangehörigen,[600] älteren AN, Langzeitarbeitslosen oder Schwerbehinderten[601] oder bei Überschreitung der tariflich vorgesehenen **Quote** für Arbeitsverhältnisse mit 40 Wochenstunden.[602] Ein Verstoß gegen eine **Befristungsregelung** wird vom *BAG*[603] nicht als Zustimmungsverweigerungsgrund anerkannt (s. Rn. 194). Das gilt ebenso für TV-Bestimmungen über das **Arbeitsentgelt** und sonstige Arbeitsbedingungen, die sich nicht auf die Beschäftigung als solche beziehen.[604] Eine Mischung aus beiden Elementen enthalten sog. **Besetzungsregeln.**[605] Zu denken ist auch an **Wiedereinstellungsklauseln,** sei es nach einem Arbeitskampf (bei nur suspendierend wirkenden Kampfmitteln nur im Ausnahmefall vorstellbar),[606] sei es nach betriebsbedingten Entlassungen. Im Falle von **Leih-AN** kann der BR die Zustimmung verweigern, wenn der TV ihrer Beschäftigung im Betrieb entgegensteht, was z. B. der Fall ist, wenn die Einstellung des Leih-AN die tarifliche Höchstquote überschreitet.

201 **BV** kommen in Betracht, soweit sie gemäß §§ 77 Abs. 3 und 87 Abs. 1 Eingangssatz zulässig und wirksam sind.[607] Als BV gelten auch ein Sozialplan[608] (vgl. §§ 112, 112 a Rn. 176 ff. oder dann, wenn der Sozialplan bestimmte Anforderungen für die funktionelle, materielle, räumliche oder soziale **Zumutbarkeit** der Zuweisung anderer Arbeitsplätze aufstellt) und Vereinbarungen (auch ESt.-Sprüche) über soziale Angelegenheiten gemäß § 87 (z. B. keine personellen Entscheidungen unter Verwendung bestimmter Daten aus technischen Überwachungseinrichtungen).[609] Ebenso kommen in Betracht Festlegungen über die Personalplanung und

592 Vgl. *ArbG Berlin* 15.3.88, AiB 88, 292.
593 Zur Zustimmungsverweigerung bei Anwendung eines falschen TV *LAG Berlin* 18.6.96 – 11 TaBV 2/96.
594 Vgl. *BAG* 17.6.97, NZA 98, 213: Arbeitszeitquote in Metall-TV keine Verbotsnorm.
595 Vgl. zur Bezugnahme auf einen nachwirkenden TV *BAG* 30.1.90, EzA § 99 BetrVG 1972 Nr. 86.
596 *Fitting,* Rn. 212; HWGNRH-*Huke,* Rn. 160
597 *BAG* 9.7.96, EzA § 99 BetrVG 1972 Nr. 139.
598 HWGNRH-*Huke,* Rn. 160.
599 HWGNRH-*Huke,* Rn. 159 f..
600 *BAG* 1.10.91, AuR 92, 60; zu befristet Beschäftigten vgl. *HessLAG* 23.8.94, ZTR 95, 188.
601 Vgl. *Fitting,* Rn. 213, 214; HWGNRH-*Huke,* Rn. 159; zum Verbot der Beschäftigung von AN unter einer bestimmten Arbeitszeit *BAG* 28.1.92, NZA 92, 606 = AuR 92, 251 mit Anm. *Klevemann.*
602 *ArbG Hannover* 23.10.96 – 2 BV 8/96.
603 *BAG* 28.6.94, EzA § 99 BetrVG 1972 Nr. 120 = AiB 95, 122 mit Anm. *Plander.*
604 *BAG* 9.7.96, DB 96, 2551.
605 Zu Beispielen in der Druckindustrie vgl. *BAG* 13.9.83, AP Nr. 1 zu § 1 TVG Tarifverträge: Druckindustrie; 26.4.90, EzA § 4 TVG Druckindustrie Nr. 20 mit Anm. *Kittner.*
606 *Fitting,* Rn. 214; HWGNRH-*Huke,* Rn. 159.
607 *Fitting,* Rn. 216; GK-*Raab,* Rn. 178; Richardi-*Thüsing,* Rn. 202.
608 *BAG* 18.12.90, NZA 91, 482, 484: Verstoß gegen Prioritätsregelungen für Wiedereinstellungen.
609 *Fitting,* Rn. 216.

zur Durchführung der beruflichen Bildung (zu Auswahlrichtlinien als gesonderter Tatbestand gemäß Abs. 2 Nr. 2 vgl. Rn. 204), zur Erweiterung bzw. Konkretisierung des Mitbestimmungsrechts bei personellen Einzelmaßnahmen (Rn. 31 ff.) und zur Einstellung von Leih-AN.[610] Ein **Interessenausgleich** ist zwar keine BV im Wortsinne. Er ist jedoch eine schriftliche, die Betriebsparteien bindende Vereinbarung und hat zB gemäß §§ 1 Abs. 5 KSchG, 125 InsO und 323 Abs. 2 UmwG Wirkung auf Einzelarbeitsverhältnisse (vgl. §§ 112, 112 a Rn. 23, 24). Deshalb kann der Verstoß gegen einen Interessenausgleich zum Gegenstand der Zustimmungsverweigerung gemäß Nr. 1 gemacht werden.[611] Bei entsprechender Gestaltung kann durch BV die Beschäftigung über eine **Altersgrenze** von 65 Jahren hinaus verboten und dieses Verbot zum Gegenstand einer Zustimmungsverweigerung gemacht werden.[612]

Als Fall einer **gerichtlichen Entscheidung** ist zunächst an ein gerichtliches Berufsverbot zu denken (z. B. für einen Arzt gemäß § 70 StGB; oder einen Kraftfahrer gemäß § 44 StGB oder nach Entzug der Fahrerlaubnis gemäß §§ 69 ff. StGB).[613] Die Berufung auf diesen Zustimmungsverweigerungsgrund kommt aber insbes. dann in Betracht, wenn ein AG versuchen sollte, eine personelle Maßnahme durchzuführen, nachdem rechtskräftig ihre Unzulässigkeit gemäß § 99 Abs. 4 oder § 100 Abs. 3 oder § 101 festgestellt wurde.[614] Die Frage, wie lange eine solche Entscheidung bindet, ob und ggf. wann der AG z. B. einen abgelehnten Bewerber erneut zur Einstellung vorschlagen kann, berührt nicht den Grundsatz als solchen. Die Rechtskraft der einschlägigen Gerichtsentscheidung endet erst dann, wenn die Umstände so sehr verändert sind, dass von einer anderen Maßnahme die Rede sein kann. **202**

Als **behördliche Anordnungen,** die eine Zustimmungsverweigerung auslösen können, kommen z. B. in Betracht: Untersagung des Einstellens und des Ausbildens von Auszubildenden gemäß §§ 22, 24 BBiG, §§ 23, 24 HandwO; Verbot der Beschäftigung von Jugendlichen gemäß § 27 JArbSchG und § 1 der VO über das Verbot der Beschäftigung von Personen unter 18 Jahren mit sittlich gefährdenden Tätigkeiten.[615] **203**

b) Verstoß gegen Auswahlrichtlinie (Abs. 2 Nr. 2)

Auch der Verstoß gegen eine **Auswahlrichtlinie** berechtigt den BR zur Verweigerung der Zustimmung (vgl. DKKWF-*Bachner,* § 99 Rn. 20):. Es muss sich um eine (mitbestimmte) Richtlinie gemäß § 95 handeln, gleich, ob der BR ihre Aufstellung verlangen konnte (§ 95 Abs. 2) oder sie bei freiwilliger Einführung seiner Mitbestimmung unterlag (§ 95 Abs. 1).[616] Unter Auswahlrichtlinien sind allgemeine Grundsätze zu verstehen darüber, welche Gesichtspunkte der AG bei personellen Einzelmaßnahmen zu berücksichtigen hat[617] (Einzelheiten bei § 95 Rn. 29 ff.). Einseitig vom AG verfügte und angewandte Richtlinien, die vom BR lediglich formlos hingenommen worden sind, sollen formal nicht unter Abs. 2 Nr. 2 fallen.[618] Es ist jedoch nicht einzusehen, dass der AG nicht an eigenen Vorgaben festgehalten werden kann. Deshalb können auch Auswahlrichtlinien, die mit Duldung des BR im Betrieb geübt werden, eine Zustimmungsverweigerung auslösen (vgl. a. Rn. 229 zur betrieblichen Übung bei Ausschreibungen). In jedem Fall kommt dann Abs. 2 Nr. 3 oder 4 zur Anwendung. Ermessensspielraum für den AG besteht nur, wenn er ihm ausdrücklich in der Richtlinie eingeräumt wurde. Dann greift Abs. 2 Nr. 2 bei Überschreitung dieses Ermessensspielraums.[619] Im Verfahren nach § 99 kann sich der AG nicht auf die evtl. Unwirksamkeit der Richtlinie berufen. Diese müsste er in einem separaten Beschlussverfahren feststellen lassen.[620] Beruht die Richt- **204**

---

610 Zum Fall der vereinbarten Beteiligung des BR an Einstellungsgesprächen *LAG Berlin* 11.2.85, NZA 85, 604.
611 *Matthes,* FS Wlotzke, S. 393 ff.; a. A. *Willemsen/Hohenstatt,* NZA 97, 345.
612 *BAG* 10.3.92, DB 92, 1530.
613 *Fitting,* Rn. 217; GK-*Raab,* Rn. 179.
614 *Fitting,* Rn. 217; HWGNRH-*Huke,* Rn. 166.
615 GK-*Raab,* Rn. 180; HWGNRH-*Huke,* Rn. 167; Richardi-*Thüsing,* Rn. 204.
616 *Fitting,* Rn. 219.
617 *BAG* 27.10.92, DB 93, 885.
618 *LAG Frankfurt* 16.10.84, DB 85, 1534.
619 Vgl. HWGNRH-*Huke,* Rn. 168.
620 GK-*Raab,* Rn. 182; HWGNRH-*Huke,* Rn. 170.

linie auf einem ESt.-Spruch, können jedenfalls Überschreitungen der Ermessensgrenze nicht außerhalb des Verfahrens und der Frist des § 76 Abs. 5 Satz 4 geltend gemacht werden.[621]

c) Benachteiligung anderer Arbeitnehmer (Abs. 2 Nr. 3)

205 Der BR kann einer Maßnahme widersprechen, wenn die durch Tatsachen begründete Besorgnis besteht, dass infolge dieser Maßnahme im Betrieb beschäftigte AN **gekündigt** werden oder sonstige **Nachteile** erleiden, ohne dass dies aus betrieblichen oder persönlichen Gründen gerechtfertigt ist (vgl. DKKWF-*Bachner,* § 99 Rn. 21). Diese Vorschrift enthält vier **Tatbestandselemente,** die sämtlich vorliegen müssen, um eine Zustimmungsverweigerung zu rechtfertigen:

- die durch Tatsachen begründbare Besorgnis (Rn. 207);
- die Kausalität zwischen Maßnahme und Nachteilen (Rn. 208);
- die Nachteile (Rn. 214);
- die fehlende Rechtfertigung der Nachteile (Rn. 224).

Der BR trägt die **Beweislast** für die ersten drei Elemente, der AG für das vierte.[622] Diese Vorschrift kommt üblicherweise nicht für Ein- und Umgruppierungen in Betracht, sondern nur für Einstellungen und Versetzungen.

206 Die Nachteile i. S. der Nr. 3 müssen sich auf **AN des Betriebs** beziehen, für die der BR zuständig ist. AN anderer Betriebe des UN oder Konzerns gehören nicht hierzu.[623] Ihre Interessen können nur über Nr. 4 berücksichtigt werden.

207 Der BR muss eine **durch Tatsachen begründete Besorgnis** von durch die Maßnahme ausgelösten Nachteilen äußern. Reine Vermutungen reichen nicht aus.[624] Der BR muss vielmehr konkrete Tatsachen angeben, die seine Schlussfolgerung nahe legen.[625] Unter **Tatsachen** sind – in Übereinstimmung mit dem allgemeinen Prozessrecht – konkrete, nach Raum und Zeit bestimmte, vergangene oder gegenwärtige Geschehnisse oder Zustände der Außenwelt oder des Seelenlebens zu verstehen.[626] Der Hinweis auf künftig zu erwartende Ereignisse reicht nicht aus,[627] wohl aber vorhandene Absichten und Planungen. Es ist jedoch keine Gewissheit erforderlich.[628] Für die Beachtlichkeit der Zustimmungsverweigerung reicht aus, dass die vorgetragenen Tatsachen die geäußerten Befürchtungen rechtfertigen; ob die befürchteten Nachteile tatsächlich vorliegen (bzw. eintreten werden), ist eine Frage der Begründetheit der Zustimmungsverweigerung, über die im Verfahren nach Abs. 4 zu entscheiden ist.[629]

208 Die Nachteile müssen **»infolge«** der Maßnahme eintreten (Kausalität). Sie müssen nicht etwa beabsichtigt sein.[630] Dem Gesetz ist auch nicht zu entnehmen, dass damit nur **»unmittelbare«** Folgen gemeint seien.[631] Im Gegenteil, die Neuregelung 1972 wurde damit begründet, dass nunmehr die »berechtigten Belange … mittelbar von personellen Maßnahmen betroffener AN« berücksichtigt werden sollten.[632] Entscheidend ist daher vielmehr, ob die Maßnahme **ursächlich** iSv mitursächlich für den Nachteil ist; sie muss weder die einzige noch die »maßgebliche«[633] Ursache sein.[634] Etwas anderes gilt lediglich, wenn die Maßnahme selbst noch nicht zu einem Nachteil führt, ihn aber erst beim Hinzutreten einer weiteren, jedoch noch ungewissen Tatsache auslöst. Das gilt insbes. für den Hinweis auf eine sich möglicherweise

621 Vgl. HWGNRH-*Huke,* Rn. 170.
622 HWGNRH-*Huke,* Rn. 178.
623 *ArbG Cottbus* 28.6.00, NZA-RR 01, 483.
624 Vgl. GK-*Raab,* Rn. 183; HWGNRH-*Huke,* Rn. 171, 178 m. w. N.
625 *LAG Rheinland-Pfalz* 10.12.81, DB 82, 652.
626 *Thomas/Putzo,* § 284 Rn. 6 a.
627 *LAG Rheinland-Pfalz* 10.12.81, a. a. O.
628 HWGNRH-*Huke,* Rn. 171.
629 Richardi-*Thüsing,* Rn. 211.
630 HWGNRH-*Huke,* Rn. 171.
631 So etwa HWGNRH-*Huke,* Rn. 172; *Meisel,* Rn. 105.
632 RegE, BT-Drucks. VI/1786.
633 Richardi-*Thüsing,* Rn. 223.
634 Zutreffend GK-*Raab,* Rn. 184; vgl. *BAG* 15.9.87, EzA § 99 BetrVG 1972 Nr. 56.

verschlechternde Konjunktur.[635] Steht aber das künftige Ereignis bereits fest, z. B. Auslaufen beschäftigungssichernder Aufträge oder Subventionen, kann eine Neueinstellung ein Nachteil für einen dann nicht mehr übernommenen Auszubildenden darstellen.

Ein ausdrücklich hervorgehobener Nachteil ist die durch eine Einstellung oder Versetzung verursachte **Kündigung anderer AN.** Die Vorschrift will unnötige Kündigungen vermeiden und zielt auf eine faktische Verstärkung des Kündigungsschutzes.[636] Im Falle einer Versetzung auf einen anderen, noch **besetzten Arbeitsplatz** ist Voraussetzung, dass der zu versetzende AN gegenüber dem zu kündigenden AN bei der **Sozialauswahl** zu bevorzugen ist, was zunächst die kündigungsschutzrechtliche Vergleichbarkeit dieser AN voraussetzt.[637] Im Falle einer Neueinstellung ist diese Konstellation in analoger Weise vorstellbar. Die gesetzliche Wertung keine andere sein, wenn nach vollzogener Neueinstellung die Kündigung eines bereits beschäftigten AN droht. Wenn der AG mit der Kündigung wartet, bis die Zustimmung des BR zur **Versetzung** vorliegt, ist die Frage, ob der verdrängte AN sozial weniger schutzbedürftig ist, im Beschlussverfahren über die Ersetzung der Zustimmung gemäß Abs. 4 zu klären (allerdings ohne Bindung und Rechtskraftwirkung im evtl. Kündigungsschutzprozess). Kündigt er jedoch schon vorher, so kann die Zustimmung nur ersetzt werden, wenn ein möglicher Kündigungsschutzprozess rechtskräftig entschieden ist[638] (zum anders gelagerten Fall der sog. Ersatzeinstellung während eines Kündigungsschutzprozesses vgl. Rn. 223). Auch wenn die Versetzung mehrerer AN, deren Arbeitsplätze wegfallen, auf einen **freien Arbeitsplatz** möglich ist, hat der AG zwischen ihnen eine **Sozialauswahl** vorzunehmen. Unterlässt er sie, kann der BR die Zustimmung gemäß Nr. 3 verweigern.[639] 209

Ein **»sonstiger Nachteil«** liegt in der Verschlechterung des Status quo der AN des Betriebs, ihrer faktischen und rechtlichen Stellung.[640] Neben dem Verlust von Rechtspositionen kann es sich auch um »tatsächliche Nachteile von nicht unerheblichem Gewicht« handeln.[641] Dabei wird allgemein differenziert zwischen der **Beeinträchtigung des gegenwärtigen Zustandes** und dem **Nichteintreten künftiger (vorteilhafter) Entwicklungen:** Die Versagung **beruflicher Entwicklungsmöglichkeiten,** insbes. die Nichtrealisierung von **Beförderungschancen,** soll nur dann ein »Nachteil« i. S. d. Abs. 2 Nr. 3 sein, wenn hierauf ein Rechtsanspruch oder mindestens eine rechtserhebliche Anwartschaft besteht.[642] Darin liegt eine von der gesetzlichen Systematik nicht gedeckte Verengung des Abs. 2 Nr. 3, der im Unterschied zu Nr. 1 gerade nicht rechtliche, sondern **faktische Positionen** der AN schützen soll. So dürfte in allen Fällen, in denen von Rechtsanspruch oder -anwartschaft die Rede sein kann, bereits eine nach Nr. 1 zu berücksichtigende Verletzung von Art. 3 i. V. m. Art. 12 und 14 GG sowie § 611 BGB liegen (das *BAG* ordnet Verstöße gegen den Gleichbehandlungsgrundsatz zu Unrecht Nr. 4 statt Nr. 1 zu;[643] vgl. Rn. 197). Das berechtigte Kernanliegen dieser Rspr. ließe sich deshalb auch dadurch erfüllen, dass hinsichtlich der künftigen beruflichen Entwicklung des AN zwischen (irrelevanten) Möglichkeiten und (relevanten) **Wahrscheinlichkeiten** unterschieden wird.[644] Dem könnte auf der Ebene der h. M. im Übrigen dadurch Rechnung getragen werden, dass eine wahrscheinliche berufliche Entwicklung vermittels der Fürsorgepflicht des AG zur rechtserheblichen Anwartschaft verdichtet wird. 210

Mögliche Nachteile für die vorhandenen AN hängen von der **konkreten betrieblichen Situation** ab und können demgemäß außerordentlich vielfältig sein. Ein Element der im Rahmen von § 99 zu berücksichtigenden Nachteile können **»wirtschaftliche Nachteile«** i. S. d. **§§ 111** 211

635 *BAG* 7.11.77, EzA § 100 BetrVG 1972 Nr. 1; *ArbG Kassel* 29.5.73, DB 73, 1359.
636 *BAG* 15.9.87, DB 88, 235; vgl. *ArbG Stuttgart* 15.8.91 – 7 BV 86/91.
637 *BAG* 15.9.87, a. a. O.; *Fitting*, Rn. 220; GK-*Raab*, Rn. 185; vgl. *LAG Köln* 15.8.96, NZA 97, 887.
638 Vgl. *BAG* 15.9.87, DB 88, 235.
639 *BAG* 30.8.95, NZA 96, 496; 2.4.96, DB 97, 181.
640 H. M.; HWGNRH-*Huke*, Rn. 173; Richardi-*Thüsing*, Rn. 208 ff., 217.
641 *BAG* 2.4.96, DB 97, 181, 182: ungünstige Auswirkungen auf die Umstände der Arbeit; geringere Anforderungen an die Qualifikation; geringere Bezahlung.
642 H. M.; ständige Rspr.; vgl. *BAG* 15.9.87, 13.6.89, EzA § 99 BetrVG 1972 Nrn. 57, 74 = AP Nrn. 45, 46 zu § 99 BetrVG 1972 mit Anm. *Streckel*; vgl. *Fitting*, Rn. 229 m. w. N.
643 Vgl. *BAG* 1.2.89, AP NR. 63 zu § 99 BetrVG 1972.
644 Zu eng *ArbG Cottbus* 28.6.00, NZA-RR 01, 482.

und 112 (vgl. § 111 Rn. 105 ff. und §§ 112, 112 a Rn. 80 ff.) sein. Allerdings reicht die Feststellung, die Maßnahme sei in wirtschaftlicher Hinsicht wenig zweckmäßig oder belastend für den Betrieb und damit für die Belegschaft, für sich allein ohne weitere Konkretisierung der Folgen für die AN nicht.

212 Besteht eine durch Tatsachen untermauerte Befürchtung, dass wegen der **Einstellung des Leiharbeitnehmers** ein Stammbeschäftigter gekündigt wird, so genügt dies als Zustimmungsverweigerungsgrund. Führt die Einstellung des Leiharbeitnehmers zur Versetzung eines Stammbeschäftigten auf einen schlechteren Arbeitsplatz, so ist auch dies ein Zustimmungsverweigerungsgrund. Dasselbe gilt dann, wenn auf diese Weise eine sichere Anwartschaft auf eine Beförderung oder der Anspruch einer Teilzeitkraft auf Verlängerung der Arbeitszeit verloren geht.[645] Schließlich kann mit der regelmäßigen Beschäftigung von Leiharbeitnehmern ein erheblicher Einarbeitungs- und Kontrollaufwand verbunden sein, weil der Leiharbeitnehmer nicht über die einschlägigen Erfahrungen verfügt – auch dies stellt einen Nachteil im Sinne von Nr. 3 dar. Die bloße Tatsache, dass ein Stammarbeitsplatz mit einem Leiharbeitnehmer besetzt wird, reicht als solche allerdings nicht aus.

213 Auch eine **Benachteiligung von BR-Mitgliedern** ist denkbar, wenn diese bei der Besetzung von Beförderungsstellen entgegen § 37 Abs. 5, 78 BetrVG nicht berücksichtigt worden sind.[646]

214 Nachteile für die vorhandenen AN in Form der »Erschwerung ihrer Arbeitsbedingungen«[647] können sich auch aus der **Beschäftigung von AN mit befristeten oder Teilzeitarbeitsverhältnissen** ergeben, die sich vielfältig auf die kollektiven Interessen der Belegschaft auswirken.[648] Umgekehrt kann eine **unbefristete Einstellung** Zustimmungsverweigerungsgründe auslösen, die bei einer Befristung des Arbeitsverhältnisses nicht gegeben sind[649] (vgl. Rn. 24). Mit anderen Worten: Die Frage der Befristung/Nichtbefristung ist für die Zustimmungsverweigerung nicht unter dem Gesichtspunkt der rechtlichen Zulässigkeit, sondern ihrer praktischen Auswirkungen von Bedeutung (bei Abs. 2 Nr. 4 vgl. Rn. 224).

215 Ein wichtiger Nachteil kann die durch eine Versetzung hervorgerufene **Leistungsverdichtung** für die verbliebenen AN bedeuten.[650] Auch Folgen für die **Arbeitszeit** der Beschäftigten können zu berücksichtigende Nachteile bedeuten, z. B. Kurzarbeit wegen Einstellungen[651] oder Überstunden der verbleibenden AN wegen Versetzungen. Kein Nachteil liegt im Abbau von Überstunden auf Grund von Neueinstellungen.[652]

216 Einen Sonderfall stellt die sog. **Ersatzeinstellung während eines Kündigungsschutzprozesses** dar.[653] Teilweise wird die Verweigerung der Zustimmung hierzu vollständig abgelehnt[654] oder davon abhängig gemacht, ob der gekündigte AN einen Weiterbeschäftigungsanspruch hat.[655] Dabei ist zu unterscheiden: Bei einer **betriebsbedingten Kündigung** liegt in jeder Neueinstellung allein deshalb schon ein relevanter Zustimmungsverweigerungsgrund, weil der AG damit zu erkennen gibt, dass der Arbeitsplatz in Wahrheit gar nicht weggefallen ist, es sich, wenn auch zeitlich versetzt, in Wahrheit um den Fall einer unzulässigen Verdrängungs-Einstellung handelt, der bereits mit der ausdrücklichen Variante des Abs. 2 Nr. 3 unterbunden werden soll (vgl. Rn. 209). Das Gleiche gilt bei Neubesetzung einer **befristeten Stelle** während des Prozesses um die Berechtigung der Befristung. Eine Versetzung aus dem Betrieb auf diesen Arbeitsplatz ist ebenfalls nach den Kriterien der zur Kündigung führenden Maßnahme zu behandeln. Im Falle einer **personen- und verhaltensbedingten Kündigung** lässt zwar die

---

645 *Fitting*, Rn. 222.
646 *LAG Köln* 22.2.08 – 4 TaBV 60/07 juris.
647 *BAG* 17.9.87, EzA § 99 BetrVG 1972 Nr. 57.
648 Zu Belastungen durch häufigen Wechsel vgl. *ArbG Hamburg* 5.9.90, AuR 91, 187.
649 *BAG* 20.12.88, DB 89, 1240; z. B. im Fall der unbefristeten Einstellung von Streikbrechern.
650 Verdopplung des Verantwortungsbereichs eines Schichtleiters durch Versetzung des zweiten Schichtleiters: *BAG* 15.9.87, EzA § 99 BetrVG 1972 Nr. 57.
651 HWGNRH-*Huke*, Rn. 173 m. w. N.
652 H. M.; MünchArbR-*Matthes*, § 344 Rn. 78; HWGNRH-*Huke*, Rn. 173; *Meisel*, Rn. 106.
653 Hierzu eingehend *Schmidt*, AuR 86, 97.
654 *ArbG Wiesbaden* 5.9.95, NZA 96, 170; *ArbG Offenbach* 24.6.81, AuR 82, 36; *ArbG Ludwigshafen* 3.7.84, ARSt. 85, 83; GK-*Raab*, Rn. 185.
655 *ArbG Hameln* 23.11.83, AuR 84, 287.

Ersatzeinstellung die Rechtslage des AN für den Fall seines Prozesserfolges unberührt, für Abs. 2 Nr. 3 reicht jedoch die faktische Verschlechterung seiner Position wegen der durch die Einstellung verstärkten Drohung der Vertragsauflösung gemäß § 9 KSchG aus. In jedem Fall ist eine Entscheidung des Kündigungsschutzprozesses in erster Instanz abzuwarten, nach der spätestens über einen Weiterbeschäftigungsanspruch des gekündigten AN entschieden ist.

Nach den ausdrücklichen Gesetzeswortlaut stellt es auch dann einen Nachteil dar, wenn bei **217** einer unbefristeten Einstellung ein gleich geeigneter **befristet Beschäftigter** nicht berücksichtigt wird.[656] Das bezieht sich auf jede Art von »Einstellung« i. S. des Betriebsverfassungsrechts, also sowohl auf die Neueinstellung eines externen Bewerbers als auch eine als Einstellung mitbestimmungspflichtige Versetzung aus einem anderen Betrieb des UN. Ob der befristet Beschäftigte gleich geeignet ist, hängt von seiner persönlichen Qualifikation und nicht den Tätigkeitsmerkmalen seines aktuell innegehabten Arbeitsplatzes ab. Der BR hat zunächst Anhaltspunkte für die Eignung des befristet Beschäftigten vorzutragen, die der AG mit Tatsachen belegt bestreiten muss, wenn er dem BR-Begehren nicht folgen will. Es kommt nicht darauf an, ob die Befristung rechtswirksam ist und ob dies vom AN gerichtlich geltend gemacht wird. Der BR kann die Nachteilsbehauptung bis zur eventuellen rechtskräftigen Feststellung der Unwirksamkeit der Befristung geltend machen. Voraussetzung für das Vorliegen eines »Nachteils« ist aber jedenfalls, dass der befristet Beschäftigte an einer unbefristeten Beschäftigung interessiert ist.[657] Der BR muss sich deshalb vor Verweigerung seiner Zustimmung darüber Klarheit verschaffen und tut gut daran, dies in seiner Stellungnahme zu dokumentieren. Nach der bisherigen Rspr. des BAG soll ein Zustimmungsverweigerungsgrund dann nicht bestehen, wenn anstelle eines befristet beschäftigten AN ein Arbeitsplatz mit einem Leih-AN besetzt werden soll[658]. Dies Rspr. hat zwar zunächst den Wortlaut von § 99 Abs. 2 Nr. 3 für sich, kann jedoch angesichts des Zwecks der Bestimmung (Besetzung von Dauerarbeitsplätzen mit befristet beschäftigten AN) dann nicht aufrechterhalten werden, wenn der Einsatz des Leih-AN nicht nur vorübergehend (vgl. Hierzu Rn. 197) erfolgen soll. Dies gilt umso mehr, als § 14 Abs. 3 Satz 1 AÜG ohne Einschränkung auf § 99 verweist.

Bei einer **Konkurrenz zwischen befristet Beschäftigtem und Teilzeitbeschäftigtem** um einen **218** freien Arbeitsplatz wird allgemein angenommen, dass der befristet Beschäftigte wegen des aus § 9 TzBfG bestehenden Rechtsanspruchs des Teilzeitbeschäftigten zurückzustehen habe.[659] Der BR hätte dann kein Zustimmungsverweigerungsrecht für den befristet Beschäftigten gem. Nr. 3, sondern könnte sich nur für den Teilzeit-AN gem. Nr. 1 einsetzen.[660] Die Interessenlage erfordert aber die gegenteilige Entscheidung, weil es zweifellos schwer wiegender ist, wenn ein befristet Beschäftigter arbeitslos wird, als dass ein Teilzeitbeschäftigter sein Arbeitsvolumen nicht aufstocken kann. Dieser beschäftigungsfördernde Umstand liegt auch in der Absicht des Gesetzgebers des TzBfG. § 9 TzBfG ist dann dahingehend zu interpretieren, dass ein Arbeitsplatz nicht »frei« ist, wenn seine Besetzung wegen des Nachteils für einen befristet Beschäftigten durch den BR verhindert werden kann. Etwas anderes gilt dann, wenn ein aufstockungswilliger AN mit der Absicht des AG konfrontiert wird, statt der Aufstockung bestehender Arbeitsverhältnisse das Arbeitsvolumen auf weitere (neu eingestellte) Teilzeitkräfte zu verteilen. Hier steht dem BR ein Zustimmungsverweigerungsrecht zu.[661] Bei einer anderweitigen Besetzung des freien Arbeitsplatzes könnte der an einer Aufstockung seiner Arbeitszeit interessierte Teilzeitarbeitnehmer den Nachteil erleiden, seinen Rechtsanspruch nach § 9 TzBfG nicht mehr durchzusetzen können.

Übernimmt ein AN in **Elternzeit** aufgrund einer Abrede mit dem AG auf seinem bisherigen **219** Arbeitsplatz befristet eine Teilzeitbeschäftigung, so liegt hierin eine Einstellung.[662] Dies gilt unabhängig davon, ob dieses Arbeitsvolumen bereits anderen AN übertragen worden ist[663]

656 Vgl. umfassend *Oetker*, NZA 03, 937.
657 *Fitting*, Rn. 233, 234.
658 *BAG* 25.1.05, NZA 2005, 1199
659 Vgl. *Oetker*, NZA 03, 939 f.
660 Vgl. *Fitting*, Rn. 235; *Hanau*, ZIP 01, 1981 [1987]; GK-*Raab*, Rn. 194; a, A. Richardi-*Thüsing*, Rn. 195, 195 a.
661 *LAG BW* 21.3.13 – 6 Ta 9/12, juris.
662 *LAG Köln* 18.4.12 – 3 TaBV 92/11, juris.
663 *Fitting*, Rn. 221.

Selbstverständlich gilt dies erst recht, wenn der AN auf einem anderen Arbeitsplatz eingesetzt werden soll.

220 Der BR kann der **Besetzung von Teilzeitarbeitsplätzen mit externen Bewerbern** die Zustimmung nach Nr. 3 verweigern, weil dadurch ggf. die Ansprüche von bereits im Betrieb beschäftigten AN auf Reduzierung ihrer Arbeitszeit nach § 8 TzBfG zunichte gemacht werden.[664] Dies gilt auch dann, wenn der AG einen sich für Teilzeit eignenden Vollzeitarbeitsplatz mit Vollzeit-AN besetzen will (Rn. 261).

221 Die Nachteilsfiktion der Nr. 3 erstreckt sich auch auf **Teilzeitbeschäftigte,** die gem. § 9 TzBfG einen Anspruch auf Verlängerung ihrer Arbeitszeit haben.[665]

222 Eine Maßnahme ist trotz vorliegenden Nachteils möglich, wenn sie aus **betrieblichen oder persönlichen Gründen gerechtfertigt** ist. Solche Gründe sind vom AG begründet darzulegen und zu beweisen. Da mit »**persönlichen Gründen**« in Abs. 2 Nr. 3 das Gleiche gemeint ist wie mit »in der Person liegenden Gründen« gemäß Abs. 2 Nr. 4,[666] spricht nichts dagegen, sich auf die Auslegungskriterien zu § 1 Abs. 2 KSchG zu beziehen. Dabei ist anzuerkennen, dass die für Abs. 2 Nr. 3 und 4 verlangten Gründe nicht so schwer wiegend sein müssen, um eine Kündigung zu rechtfertigen;[667] es müssen aber doch erhebliche Rechtfertigungsgründe vorliegen. Im Fall der Kündigung eines anderen AN als Folge einer Maßnahme ist die Entscheidung über die soziale Rechtfertigung im Verhältnis zwischen den Betroffenen maßgebend.[668] Damit betriebliche Gründe eine den AN nachteilige Maßnahme rechtfertigen können, müssen sie sich zwingend aus der Verfolgung des Betriebszwecks ergeben. Fehlt es an der **betrieblichen Notwendigkeit,** gibt es keine Berechtigung, den AN als Vertragspartei eines Dauerschuldverhältnisses zu benachteiligen. Dem AG müssen deshalb nicht hinnehmbare Erschwerungen des Betriebsablaufs oder Verluste drohen. Unterhalb dieser Schwelle ist er bereits auf Grund der Fürsorgepflicht zur Rücksichtnahme auf die AN verpflichtet. Das Vorliegen eines Rechtfertigungsgrundes ist in jedem Fall dann ausgeschlossen, wenn die Maßnahme (mit) auf einem **Verstoß gegen ein durch das AGG sanktioniertes Diskriminierungsverbot** beruht.

d) Benachteiligung des betroffenen Arbeitnehmers (Abs. 2 Nr. 4)

223 Dieser Zustimmungsverweigerungsgrund bezieht sich auf den von der Maßnahme betroffenen **einzelnen AN** selbst (vgl. DKKWF-*Bachner,* § 99 Rn. 22). Es kann sich um bereits **im Betrieb beschäftigte AN** handeln, für die Versetzung, Ein- und Umgruppierung in Frage kommen (zur Anwendung von § 103 auf Versetzung von BR-Mitgliedern vgl. Rn. 128 und § 103 Rn. 13). Bei einer Eingruppierung wird im Regelfall nur Abs. 1 Nr. 1 als Grund zur Zustimmungsverweigerung in Frage kommen. Auf Abs. 2 Nr. 4 kann sich dagegen der BR dann berufen, wenn der AG sich nicht an ein **einseitig erlassenes oder praktiziertes Eingruppierungsschema** (Rn. 69) hält. Das Eingruppierungsschema selbst kann auf einen Verstoß gegen den Gleichheitssatz überprüft werden.[669] Eine von der geltenden Vergütungsordnung gebotene Umgruppierung stellt keinen »Nachteil« i. S. der Nr. 4 dar.[670] Etwas anderes kann allenfalls dann gelten, wenn nur einer von mehreren AN abgruppiert wird, obgleich die Abgruppierungsvoraussetzungen auch für die anderen AN erfüllt sind. Zumindest liegt dann ein Verstoß gegen § 75 BetrVG nahe, was zu einer Zustimmungsverweigerung nach Abs. 2 Nr. 1 berechtigt.

224 Bei **Neueinstellungen** lehnt das *BAG* die Zustimmungsverweigerung nach Nr. 4 ab.[671] Eine evtl. Benachteiligung liege nicht in der Einstellung als solcher, sondern allenfalls in den Arbeitsbedingungen. Hierauf erstrecke sich das Mitbestimmungsrecht jedoch nicht.

---

664 *Fitting,* Rn. 222.
665 H. M., s. a. Rn. 175 zu TzBfG; Fitting Rn. 224.
666 HWGNRH-*Huke,* Rn. 182.
667 HWGNRH-*Huke,* Rn. 182.
668 HWGNRH-*Huke,* Rn. 175 verkennen, dass eine Maßnahme nicht persönlich berechtigt sein kann, wenn die Sozialauswahl für den betroffenen AN spricht.
669 Vgl. *BAG* 1.3.95, ZTR 95, 427.
670 *BAG* 6.8.02, BB 03, 639.
671 *BAG* 5.4.01, NZA 01, 893 [896]; so auch *Fitting,* Rn. 245.

Überwiegend wird angenommen, dass keine Benachteiligung des AN vorliegt, wenn er mit der Maßnahme **einverstanden** ist.[672] Das *BAG* sieht diese Voraussetzung nur dann als erfüllt an, wenn der betroffene AN z. B. die Versetzung selbst angestrebt hat oder diese doch seinen Wünschen und seiner freien Entscheidung entspricht.[673] Hierfür reiche aber nicht aus, dass er sich nicht zur Wehr setzt[674] oder diese nur hinnimmt.[675] Um zu vermeiden, dass ein AN nur formal, in Wahrheit aber unter Druck oder aus Angst sein »Einverständnis« äußert, sollte die gleiche objektivierende Sicht angelegt werden wie bei der Zulässigkeit einer Befristung des Arbeitsverhältnisses auf Wunsch des AN.[676] Hinzu kommen muss außerdem, dass das Einverständnis aktuell – also anlässlich der Maßnahme – und nicht ohne zeitlichen Bezug zu der Maßnahme erteilt wird, also zB schon im Arbeitsvertrag generell. **225**

Der Hauptanwendungsfall des Abs. 2 Nr. 4 für im Betrieb beschäftigte AN ist die **Versetzung,** denn eine benachteiligende Eingruppierung (bzw. Umgruppierung) dürfte in aller Regel bereits als Verstoß gemäß Abs. 2 Nr. 1 gelten.[677] Ausgehend von der Rspr. zu Abs. 2 Nr. 3, die einen relevanten Nachteil in der Beeinträchtigung des Status quo der Belegschaft sieht (Rn. 186), kommt es auch bei Abs. 2 Nr. 4 auf den Vergleich zwischen der aktuellen und der mit der Maßnahme angestrebten Befindlichkeit des AN an. Nachteil ist sowohl die **Verschlechterung der äußeren** (Umwelteinflüsse, Belastungen, Wegezeiten;[678] insofern werden Versetzungsbegriff und Nachteil vielfach durch dieselben Tatsachen begründet, vgl. Rn. 101) als auch der **materiellen Arbeitsbedingungen.**[679] Der Nachteil muss nicht so gravierend sein, dass er gegen das Gleichbehandlungsgebot verstößt, denn dann wäre die Maßnahme bereits über Abs. 2 Nr. 1 angreifbar, und Abs. 2 Nr. 4 liefe leer. Ein **Nachteil** liegt auch dann vor, wenn ein AN, dem eine Führungsposition – wie z. B. eine Abteilungsleiterstelle – zur Probe übertragen wurde, rückversetzt werden soll, weil der AN die Probezeit nicht bestanden habe. Insoweit geht es um den Verlust einer Beförderungsanwartschaft. Ein auch im Rahmen des § 99 relevantes Kriterium ist die Verletzung von Gerechtigkeitsvorstellungen im Verhältnis zu anderen, nicht versetzten AN, wie sie sich individualrechtlich als Anforderungen von § 315 BGB bzw. der **sozialen Auswahl** darstellen.[680] Bei einem **BR-Mitglied** mit reduziertem Arbeitseinsatz ist die Arbeitsaufgabe vor der Reduzierung auf Grund der BR-Tätigkeit als Bezugsgröße maßgeblich.[681] Liegt in einer Versetzung eine **Änderungskündigung,** sind die hierfür geltenden Bestimmungen selbstständig anzuwenden[682] (vgl. Rn. 254). **226**

Der Nachteil ist hinzunehmen, wenn die Maßnahme durch **»betriebliche oder in der Person liegende Gründe«**[683] (vgl. Rn. 222) gerechtfertigt ist. Solche Gründe richten sich nicht nach dem subjektiven Ermessen des AG oder BR, sondern müssen sich aus einer **objektiven** Würdigung der beteiligten Interessen ergeben.[684] Der Maßstab der Interessenabwägung ist der gleiche wie bei Abs. 2 Nr. 3[685] (vgl. Rn. 224). Die **Beweislast** liegt beim AG.[686] **227**

Die Voraussetzungen von § 99 Abs. 3 Nr. 4 sind immer dann erfüllt, wenn die personelle Einzelmaßnahme gegen das **AGG** verstößt und ein AGG-spezifischer Rechtfertigungsgrund nicht vorliegt.[687] **228**

672 *BAG* 2.4.96, DB 97, 181; vgl. auch *BAG* 20.9.90, DB 91, 335; GK-*Raab*, Rn. 203; HWGNRH-*Huke*, Rn. 179.
673 *BAG* 20.9.90, a. a. O.; *BAG* 2.4.96, a. a. O.
674 *BAG* a. a. O.
675 *BAG* 19.10.13, 7 ABR 1/12 juris Rn. 53
676 Vgl. *BAG* 11.12.91, DB 92, 2636; 26.4.85, AP Nr. 91 zu § 620 BGB Befristeter Arbeitsvertrag.
677 GK-*Raab*, Rn. 165; vgl. Rn. 205 u. Rn. 206.
678 *ArbG Frankfurt* 24.10.01, AiB 02, 436.
679 *Fitting*, Rn. 220; GK-*Raab*, Rn. 207; HWGNRH-*Huke*, Rn. 181; Richardi-*Thüsing*, Rn. 230.
680 *KDZ*, § 1 KSchG Rn. 512 f.; § 2 KSchG Rn. 181 ff.; *LAG Köln*, 15.8.96, NZA 97, 887.
681 *LAG Berlin* 31.1.83, AuR 84, 54.
682 HWGNRH-*Huke*, Rn. 182.
683 Identisch mit »persönliche« Gründe gemäß Abs. 2 Nr. 3, HWGNRH-*Huke*, Rn. 182.
684 HWGNRH-*Huke*, Rn. 183; zur Kompensation des Wegfalls einer Provisionsmöglichkeit auf Grund einer Versetzung *LAG Schleswig-Holstein* 3.7.01, BB 01, 2432.
685 *BAG* 2.4.96, DB 96, 182.
686 HWGNRH-*Huke*, Rn. 183.
687 *Nollert-Borasio/Perreng*, AGG § 7 Rn. 19 ff.

e) Unterlassung einer Ausschreibung (Abs. 2 Nr. 5)

229 Der BR kann die Zustimmung zu einer Einstellung oder Versetzung verweigern, wenn eine nach § 93 erforderliche **Ausschreibung** unterblieben ist (vgl. DKKWF-*Bachner*, § 99 Rn. 23).[688] Dies gilt auch, wenn mit der Bewerbung anderer Mitarbeiter nicht zu rechnen ist (vgl. a. Rn. 234).[689] Erforderlich ist die Ausschreibung einer Stelle ohne ausdrückliches Verlangen des BR auch dann, wenn der AG freiwerdende Stellen stets ausgeschrieben hat und der BR darauf vertrauen durfte, dass die Ausschreibung erfolgen wird.[690] Die Berufung des AG auf das Fehlen des ausdrücklichen Verlangens des BR verstößt dann gegen das Gebot vertrauensvoller Zusammenarbeit. Als Begründung reicht aus, dass der BR deutlich macht, dass die erforderliche innerbetriebliche Ausschreibung unterblieben ist.[691] Der BR kann sich auch gegenüber der Eingliederung eines **freien Mitarbeiters** oder eines **Leih-AN,** deren Einsatzzeit mindestens 4 Wochen betragen soll, auf eine fehlende innerbetriebliche Ausschreibung berufen, weil das Beteiligungsrecht nach § 99 den Schutz der Belegschaft im aufnehmenden Betrieb bezweckt und § 93 nach seinem Wortlaut ohne jede Einschränkung alle Arbeitsplätze erfasst; daher sind auch solche Stellen auszuschreiben.[692] Das bezieht sich sowohl auf eine erst im konkreten Einzelfall verlangte Ausschreibung wie auf generell vereinbarte Ausschreibungsgrundsätze.[693]

230 Strittig ist die Behandlung einer **nach § 7 TzBfG erforderlichen Ausschreibung.** Teilweise wird vertreten, sie falle nicht unter Abs. 2 Nr. 5, weil diese Vorschrift nur auf Ausschreibungen im Sinne des § 93 verweise.[694] Das überzeugt als rein formalistisch nicht. Die Interessenlage gebietet vielmehr eine analoge Anwendung des Abs. 2 Nr. 5.[695] Der Hinweis darauf, dass es sich nicht um eine vom BR zu verlangende, sondern bereits gesetzlich vorgeschriebene Ausschreibung handele, legt vielmehr sogar bereits eine Anwendung des Abs. 2 Nr. 1 nahe.

231 Der Zustimmungsverweigerungsgrund besteht auch, wenn zwar ausgeschrieben wird, aber die Ausschreibung als solche unzureichend ist,[696] so insbesondere die mit dem BR vereinbarten **Ausschreibungsgrundsätze verletzt** werden,[697] die Ausschreibung ersichtlich für einen zu kurzen Zeitraum erfolgt ist, sie räumlich so erfolgt, dass die AN keine oder nur eingeschränkt Kenntnis nehmen können, die Ausschreibung zu spät erfolgt, z. B. erst an dem Tage, an dem der BR über die Maßnahme gemäß § 99 Abs. 1 informiert wird, die Ausschreibung nicht den gesetzlich notwendigen **Mindestinhalt** hat, die Ausschreibung inhaltlich falsch oder fehlerhaft ist, weil sie z. B. unzureichende Informationen über die zu besetzende Position enthält, die Besetzung der Position von der Ausschreibung ohne Zustimmung des BR abweicht (z. B. Stelle ist unbefristet ausgeschrieben, soll dann nach dem Inhalt des Zustimmungsbegehrens befristet besetzt werden) oder **gegen geltendes Recht verstößt** (z. B. das Gebot geschlechtsneutraler Ausschreibung gemäß § 611 b BGB).[698] Die Ausschreibung ist jedenfalls auch dann unvollständig, wenn die in ihr angegebene Tarifgruppe oder Vergütung offensichtlich falsch ist, weil dadurch mögliche Interessenten von einer Bewerbung abgehalten werden könnten.[699]

232 Ein Verweigerungsgrund liegt auch vor, wenn der AG in **außerbetrieblichen Stellenanzeigen** geringere Anforderungen als bei der innerbetrieblichen Ausschreibung stellt und einen externen Bewerber einstellen will.[700] Die Berücksichtigung von Bewerbungen, die nach Ende der in

688 *BAG* 27.7.93, DB 94, 332.
689 *LAG Köln* 14.9.12 – 5 TaBV 18/12, juris.
690 *LAG Berlin* 26.9.03, EzA-SD 04, Nr. 4, 7.
691 *LAG Hamm* 24.3.92, DB 92, 2639.
692 Vgl. *BAG* 1.6.11 – 7 ABR 18/10, juris; 15.10.13, 1 ABR 25/12, juris; *LAG Bremen* 12.11.09 – 3 TaBV 14/09, juris.
693 *Fitting*, Rn. 247 a u. Rn. 251.
694 Vgl. *Ehler*, BB, 01, 1146 [1147].
695 Vgl. *Fitting*, Rn. 249; Richardi-*Thüsing*, Rn. 239; *Fischer*, AuR 01, 325 m. w. N.; *Däubler*, ZIP 01, 217 [218.
696 Vgl. *BAG* 10.3.09 – 1 ABR 93/07, juris; *LAG München* 18.12.08 – 4TaBV 70/08, juris.
697 Vgl. *LAG Berlin-Brandenburg* 16.12.10 – 25 TaBV 2017/10 juris; *Fitting*, Rn. 251.
698 *HessLAG* 13.7.99, NZA-RR 99, 641; *Fitting*, Rn. 250.
699 *BAG* 10.3.09 – 1 ABR 93/07, juris.
700 *BAG* 23.2.88, DB 88, 1452.

der Ausschreibung genannten Bewerbungsfrist eingehen, berechtigt nur dann zur Zustimmungsverweigerung, wenn dies in der BV über die Ausschreibung deutlich zum Ausdruck gebracht wurde[701]. In einem späteren Stadium des Verfahrens kann sich der BR auf eine unterbliebene Stellenausschreibung dann nicht mehr berufen, wenn er bisher die externe Stellenausschreibung für einen konkreten Arbeitsplatz gebilligt hat.[702]

Wenn die Umstände für eine **vorläufige Einstellung** gemäß § 100 so dringend sind, dass eine Ausschreibung vor Besetzung der Stelle technisch nicht mehr möglich ist und keinen innerbetrieblichen Bewerber mehr erreichen würde, kann die vorläufige Einstellung auch ohne Ausschreibung erfolgen. Verlangt jedoch der BR unverzüglich nach Information über die vorläufige Maßnahme (vgl. § 100 Rn. 10) die Ausschreibung, darf die Maßnahme nur aufrechterhalten werden, wenn die Ausschreibung erfolgt.[703] **233**

Vielfach wird angenommen, dass die Berufung auf Abs. 2 Nr. 5 missbräuchlich sei, wenn von vornherein feststehe, dass **kein AN für die zu besetzende Stelle in Betracht** komme.[704] Angesichts der strengen Anforderungen für den Vorwurf einer rechtsmissbräuchlichen Zustimmungsverweigerung (Rn. 185) und weil die Frage geeigneter Bewerber nicht im Vorhinein ohne Ausschreibung als geklärt angesehen werden kann,[705] ist diese Ansicht abzulehnen.[706] Allerdings kann der BR nach **erfolglos gebliebener Ausschreibung** im Betrieb bei der Einstellung eines externen Bewerbers nicht geltend machen, andere AN hätten auf die fragliche Stelle versetzt werden können.[707] **234**

f) Störung des Betriebsfriedens (Abs. 2 Nr. 6)

Dieser Zustimmungsverweigerungsgrund kommt vorwiegend bei einer Einstellung (auch von Leih-AN), seltener bei einer Versetzung in Betracht (vgl. DKKWF-*Bachner*, § 99 Rn. 24). Hinsichtlich seiner tatbestandsmäßigen Voraussetzungen deckt er sich nicht gänzlich mit **§ 104**, weil § 104 die »wiederholte ernstliche« Störung des Betriebsfriedens fordert. Damit sind die Anforderungen für die Zustimmungsverweigerung in § 99 Abs. 2 Nr. 6 niedriger als für das Entlassungsbegehren des BR in § 104.[708] **Rassistische und ausländerfeindliche Betätigung** wird ausdrücklich als Beispiel für betriebsstörendes Verhalten genannt (das Gleiche gilt für § 104, vgl. § 104 Rn. 3). Auch diskrimierendes Verhalten i. S. des **AGG,** insb. Verstöße gegen die in § 75 Abs. 2 enthaltenen Grundsätze, kann diesen Tatbestand erfüllen.[709] **235**

Die Anwendung des Abs. 2 Nr. 6 wird dadurch erschwert, dass nicht in der Vergangenheit erwiesenes, sondern **für die Zukunft unterstelltes Verhalten** die Grundlage für den Zustimmungsverweigerungsgrund liefert. Dabei haben zwar frühere Verhaltensweisen des Bewerbers den Charakter von Indizien, doch muss sehr vorsichtig mit einer einfachen Linienziehung in die Zukunft umgegangen werden.[710] Hinzu kommt, dass im Zweifelsfall wieder die **Möglichkeit einer Entlassung** über § 104 besteht. Gerichtliche Entscheidungen zu der Bestimmung sind rar.[711] **236**

701 *BAG* 18.11.80, DB 81, 998.
702 *LAG Berlin* 11.2.85, NZA 85, 604.
703 Ähnlich *Fitting,* Rn. 252; HWGNRH-*Huke,* Rn. 186; Richardi-*Thüsing,* Rn. 237.
704 *ArbG Kassel* 29.5.73, DB 73, 1359; HWGNRH-*Huke,* Rn. 185; GK-*Raab,* Rn. 208; Richardi-*Thüsing,* Rn. 238.
705 *Fitting,* Rn. 248.
706 *LAG Köln* 14.9.12 – 5 TaBV 18/12, juris, *HessLAG* 2.11.99, DB 01, 155; vgl. auch *BAG* 6.4.73, Nr. 1 zu AP § 99 BetrVG 1972.
707 *ArbG Offenbach* 6.9.89 – 3 BV 14/89.
708 *BAG* 16.12.04, BAGE 112, 329.
709 *Nollert-Borasio/Perreng,* AGG § 7 Rn. 20.
710 Vgl. *Fitting,* Rn. 253 f.; GK-*Raab,* Rn. 168; HWGNRH-*Huke,* Rn. 189.
711 *LAG Bremen* 27.11.57, BB 58, 40; vgl. *Heinze,* Rn. 332 ff.

VI. Verfahren nach Zustimmungsverweigerung, Ersetzung der Zustimmung gemäß Abs. 4

237 Hat der BR die Zustimmung zu der Maßnahme verweigert, hat der AG folgende **vier Reaktionsmöglichkeiten:**

- Er **verzichtet** auf die Durchführung der geplanten Maßnahme. Evtl. neue Vorschläge lösen den Mitbestimmungsmechanismus des § 99 erneut aus (Rn. 131).
- Der AG **beharrt** auf der Maßnahme, wartet mit ihrer Durchführung jedoch ab, bis über seinen Antrag auf **Ersetzung der Zustimmung** gemäß Abs. 4 durch das ArbG entschieden ist (Rn. 239).
- Der AG führt die Maßnahme **vorläufig** unter Beachtung des Verfahrens nach § 100 durch. Die Entscheidung über den – vorläufigen und endgültigen – Bestand der Maßnahme fällt dann im Verfahren gemäß §§ 99 Abs. 4, 100 und ggf. 101.
- Der AG **führt** die Maßnahme **durch, ohne das Verfahren gemäß § 100** einzuleiten. Untervarianten – jedoch ohne rechtliche Unterschiede – sind, ob er parallel dazu den Antrag nach Abs. 4 stellt oder auch dies unterlässt. Die Begründung für ein solches Vorgehen kann darin liegen, dass der AG die Zustimmungsverweigerung des BR für unbeachtlich hält (z. B. im Hinblick auf formale Mängel [Rn. 185], Missbräuchlichkeit [Rn. 186] oder Fristüberschreitung [Rn. 174]). Im schlimmsten – leider in der Praxis gleichfalls nicht seltenen – Fall geschieht dies ohne oder nur mit vorgeschobener Begründung. In diesem Fall hat der BR die Möglichkeit eines Antrags gemäß § 101, um die Maßnahme durch das ArbG aufheben zu lassen (vgl. § 101 Rn. 4; dort auch zur weiter gehenden Möglichkeit eines Unterlassungsantrags sowie einer einstweiligen Verfügung, Rn. 19 ff.).

238 Unabhängig von diesen Verfahren über die Berechtigung konkreter personeller Einzelmaßnahmen besteht die Möglichkeit von **Feststellungsverfahren** über generelle Fragen des Bestands und der Reichweite des Mitbestimmungsrechts (vgl. Rn. 261 ff.).

239 Will der AG die Verweigerung der Zustimmung nicht hinnehmen, kann er **beim ArbG** beantragen, die **Zustimmung** zu ersetzen (Abs. 4). Wenn und solange die Zustimmung nicht ersetzt wird, darf der AG die beabsichtigte Maßnahme nicht durchführen (zu ihrer arbeitsrechtlichen Wirksamkeit gegenüber dem AN vgl. Rn. 247 ff). es sei denn, er beschreitet unter den Voraussetzungen des § 100 den Weg der vorläufigen Durchführung. Der Antrag ist an keine Frist gebunden.[712] Ein Antrag, der erst nach dem Zeitpunkt gestellt wird, zu dem die Maßnahme wirksam werden sollte, kann darauf hindeuten, dass der AG möglicherweise eine andere Maßnahme plant. Dann wäre erneut gemäß Abs. 1 zu informieren. Ein Arbeitgeber ist nicht daran gehindert, noch während des Laufs des Verfahrens nach § 99 Abs 4 für dieselbe Stelle mit einem **neuen Besetzungsvorgang** im Sinne des § 99 Abs. 1 S.1 zu beginnen. Handelt es sich nicht um einen neuen Besetzungsvorgang, so steht dem Zustimmungsverfahren der Einwand anderweitiger Rechtshängigkeit entgegen.[713]

240 Das ArbG entscheidet im **Beschlussverfahren** (§§ 2 a Abs. 1 Nr. 1, 80 Abs. 1 ArbGG). Die Entscheidung des Gerichts kann dahin lauten, dass die Zustimmung des BR ersetzt oder der Antrag des AG abgelehnt wird. Hält der AG die Zustimmungsverweigerung für unbeachtlich (Rn. 186), kann er die Feststellung beantragen, dass die Zustimmung des BR als erteilt gilt, und hilfsweise den Zustimmungsersetzungsantrag stellen.[714] Auch wenn der AG einen solchen Antrag nicht gestellt hat, das Gericht jedoch die Zustimmungsverweigerung des BR für unbeachtlich hält, hat es festzustellen, dass die Zustimmung als erteilt gilt (*BAG* 18.10.88, DB 89, 530). Gegen die Entscheidung ist das **Rechtsmittel** der Beschwerde zum *LAG* (§ 87 ArbGG) bzw. Rechtsbeschwerde zum *BAG* (§ 92 ArbGG) gegeben.[715] AG und BR können über die Angelegenheit einen **Vergleich** schließen, der die Wirkung einer freiwilligen BV über die geplante Maßnahme hat.

241 Die Möglichkeit einer **einstweiligen Verfügung** zur Ersetzung der Zustimmung besteht nicht;

712 HWGNRH-*Huke*, Rn. 199.
713 *BAG* 28.2.06, 1 ABR 1/05 juris; LAG Hamm 12.8.14, 7 TaBV 29/14 juirs.
714 *BAG* 28.1.86, DB 86, 1077.
715 Näher *Boemke*, ZfA 92, 515 ff.

in Eilfällen muss der AG gemäß § 100 (vorläufigen Durchführung) vorgehen.[716] (vgl. § 101 Rn. 20).

Nach **rechtskräftiger Abweisung** des AG-Antrags muss der AG die **Maßnahme rückgängig** machen. Erfüllt er diese Verpflichtung nicht, kann der BR das Aufhebungsverfahren des § 101 betreiben. Will der AG die Maßnahme erneut durchführen, darf er dies nur mit neuen Gründen tun.[717] Wegen der Rechtskraftwirkung muss es sich um eine **andere** Maßnahme handeln. Der AG darf in einem solchen Fall den AN nicht auf seinem bisherigen Platz lassen,[718] sonst kann der BR gemäß § 101 vorgehen (vgl. § 101 Rn. 4). 242

Neben dem AG als Antragsteller ist der **BR** Beteiligter des Beschlussverfahrens. Der von der geplanten Maßnahme **betroffene AN** ist nicht Beteiligter.[719] Er hat damit insbes. kein eigenes Antragsrecht[720] (zu seiner individualrechtlichen Stellung vgl. Rn. 247 ff.). Auch eine freiwillige (fakultative) Beteiligung des AN kommt nicht in Betracht.[721] Beim **Fremdfirmeneinsatz** (Rn. 59 ff.) ist die Fremdfirma **nicht** als **Nebenintervenient** zu beteiligen.[722] Das Ergebnis eines Rechtsstreits über das **Bestehen eines Beteiligungsrechts** des BR ist auch für andere AN **bindend.**[723] 243

Im Verfahren um die Ersetzung der Zustimmung hat der AG die **Darlegungs- und Beweislast.** Da im Beschlussverfahren (hierzu näher Einl. Rn. 186 ff.) das Amtsermittlungsprinzip gilt, bedeutet dies, dass nicht aufgeklärte Tatsachen zu Lasten des AG gehen. Der BR muss die Gründe vortragen, wegen deren er die Zustimmung verweigert hat. Der AG trägt die Darlegungs- und Beweislast dafür, dass kein Verweigerungsgrund besteht.[724] Die (materielle) Beweislast für die ordnungsgemäße Information liegt beim AG,[725] für die frist- und formgerechte Verweigerung der Zustimmung beim BR.[726] 244

Das *BAG* lässt ein **Nachschieben von Gründen** durch den BR im Gerichtsverfahren nicht zu (Rn. 187), wohl aber eine ergänzende Information durch den AG (Rn. 131). Deshalb ist davon auszugehen, dass eine Konkretisierung der Gründe für die Zustimmungsverweigerung durch den Betriebsrat möglich ist, solange hierdurch nicht ein neuer Lebenssachverhalt eröffnet wird. Überwiegend wird auch abgelehnt, dass das Gericht im Rahmen des Amtsermittlungsgrundsatzes nachprüft, ob vom BR bislang nicht geltend gemachte, weitere Gründe für die Zustimmungsverweigerung vorliegen.[727] Jedenfalls hat das Gericht auf solche Gründe hinzuweisen, über die der AG den BR bislang noch nicht informiert hat, also die Einwochenfrist des Abs. 3 noch nicht verbraucht ist. 245

Das **Rechtsschutzinteresse des AG** ist unabhängig von der individualrechtlichen Rechtslage. Es kann nicht mit der Begründung verneint werden, dass der AN infolge des Ablaufs von Ausschluss- oder Verjährungsfristen aus der nachträglichen Feststellung (einer vom BR verweigerten) Eingruppierung in eine höhere Vergütungsgruppe möglicherweise keinen Nutzen ziehen kann.[728] 246

VII. Rechtsstellung des einzelnen Arbeitnehmers

Der einzelne AN, dem die jeweilige Maßnahme gilt, ist im Rechtssinne zwar Betroffener, aber **nicht Beteiligter** des betriebsverfassungsrechtlichen Entscheidungsprozesses. Deshalb hat er 247

716 *Fitting,* Rn. 284; KR-*Kraft,* Rn. 161; HWGNRH-*Huke,* Rn. 200; *Dütz,* ZfA 72, 253; *Boemke,* ZfA 92, 473, 522 f.
717 Problematisch als Umgehungstatbestand *HessLAG* 30.9.93, Mitb. 6/94, 66.
718 *LAG Frankfurt* 5.7.88 – 4 TaBV 75/88.
719 H. M.; *BAG* 3.7.96, NZA 97, 713, 716; GK-*Raab,* Rn. 231; HWGNRH-*Huke,* Rn. 200.
720 *Fitting,* Rn. 288; *Boemke,* ZfA 92, 482 f. m. w. N.
721 *Boemke,* ZfA 92, 491.
722 *ArbG Offenbach* 4.10.89 – 3 BV 19/89.
723 *BAG* 7.3.96, a. a. O.
724 H. M.; vgl. RegE, BT-Drucks. VI/1786; HWGNRH-*Huke,* Rn. 197; *Fitting,* Rn. 290;.
725 *BAG* 28.1.86, DB 86, 1077.
726 *Fitting,* Rn. 290; HWGNRH-*Huke,* Rn. 198.
727 *Fitting,* Rn. 290; GK-*Raab,* Rn. 228; HWGNRH-*Huke,* Rn. 197; a. A. *Heinze,* Rn. 353.
728 *BAG* 9.2.93, EzA § 99 BetrVG 1972 Nr. 111.

in einem Beschlussverfahren nicht die Rechtsstellung eines Beteiligten (Rn. 210). Der einzelne AN hat **keinen Anspruch auf ein wie auch immer geartetes Tätigwerden des BR.**[729] Der BR kann sich sowohl im Interesse anderer AN gegen ihn entscheiden als auch Gründe im wohlverstandenen Interesse eines AN (aber gegen dessen ausdrückliche Willensbekundung) vortragen (vgl. Rn. 4). Es ist verfehlt, die Situation eines vom BR abgelehnten Stellenbewerbers isoliert auf die BR-Entscheidung bezogen unter dem Gesichtspunkt des **Art. 12 GG** zu thematisieren (mit dem Ziel, eine mögliche Zustimmungsverweigerung anzugreifen).[730]

248 Aus der gemeinsamen Verantwortung für die **Teilhabe schwerbehinderter Menschen am Arbeitsleben** folgt aber, dass der AG die vom BR ordnungsgemäß und fristgerecht geltend gemachten Zustimmungsverweigerungsgründe darauf überprüft, ob diese tatsächlich zutreffen. Ist dies nicht der Fall, so muss er zur Beseitigung des Teilhabehindernisses ein Zustimmungsersetzungsverfahren nach § 99 Abs. 4 BetrVG einleiten. Führt der AG in dieser Situation das gerichtliche Zustimmungsersetzungsverfahren nicht durch, kann dies einen Schadensersatzanspruch des AN begründen.[731]Selbstverständlich heißt das auch, dass auch der BR die Schutzregelungen zugunsten schwerbehindertet AN umfassend in seine Prüfung einbeziehen muss.

249 Die betriebsverfassungsrechtliche Beurteilung personeller Einzelmaßnahmen erfolgt durchgängig unabhängig von der jeweiligen arbeitsvertraglichen Rechtslage (vgl. Rn. 34). Für den umgekehrten Fall der **Auswirkungen** der betriebsverfassungsrechtlichen Rechtslage **auf die einzelvertraglichen Beziehungen** ist nach dem jeweiligen **Schutzzweck des Mitbestimmungsrechts** zwischen den einzelnen personellen Maßnahmen zu differenzieren:[732] Eine Einstellung unter Verletzung des Mitbestimmungsrechts wird als wirksamer Vertragsabschluss behandelt (Rn. 250) eine Versetzung ohne Zustimmung des BR als rechtsunwirksam (Rn. 252) und eine fehlerhafte Eingruppierung als unbeachtlich (Rn. 257).[733] Die gerichtliche Ersetzung der BR-Zustimmung gem. Abs. 4 hat keine präjudizielle Wirkung zulasten des AN, um dessen Versetzung es geht.[734]

250 Ein ohne Zustimmung des BR mit einem Bewerber abgeschlossener **Arbeitsvertrag** ist voll **wirksam**, weil § 99 nur auf ein Beschäftigungs-, nicht auf ein Abschlussverbot abzielt,.[735] Der AG darf daher den betriebsverfassungswidrig eingestellten AN **nicht beschäftigen,**[736] wobei der AN jedoch den Entgeltanspruch auch für die Zeit der Nichtbeschäftigung behält.[737] Der AN hat aber nur dann ein Leistungsverweigerungsrecht, wenn der BR selbst gegen die Missachtung seines Mitbestimmungsrechts gem. § 101 vorgeht.[738] Arbeitet der AN bis zur Entscheidung des Gerichts, stellt sich die Frage der **Entgeltzahlung trotz Nichtbeschäftigung** für die restliche Laufzeit des Arbeitsverhältnisses (hierzu § 100 Rn. 41). Ein ohne Zustimmung des BR eingestellter AN, der von der Übergehung des BR nichts wusste, hat unter Zumutbarkeitsgesichtspunkten ab dem Zeitpunkt das Recht zur Arbeitsverweigerung (mit fortbestehendem Entgeltanspruch), ab dem der BR den Antrag nach § 101 stellt (unabhängig von dessen späterem Erfolg; vgl. Rn. 253). Unterlässt der AG dies, hat der AN Anspruch auf Schadensersatz aus dem Gesichtspunkt des Verschuldens bei Vertragsabschluss,[739] ggf. sogar wegen Betrugs gemäß § 823 Abs. 2 BGB i. V. m. § 263 StGB.[740] Verweigert der BR die Zustimmung, stellt sich die Frage, ob der AN einen Rechtsanspruch auf Einleitung eines Verfahrens zur Ersetzung der

729 *BAG* 3.7.96, NZA 97, 713, 715.
730 Vgl. Richardi-*Thüsing*, Rn. 280.
731 Vgl. *BAG* 3.12.02, AP Nr. 2 zu § 81 SGB IX m. w. N.; *LAG Hamm* 30.9.10 – 15 Sa 416/10, juris.
732 *BAG* 5.4.01, NZA 01, 893 [896].
733 Umfassend *Raab*, ZfA 95, 479.
734 *SachsLAG* 17.1.01, NZA-RR 01, 641.
735 *BAG* 5.4.01, NZA 01, 893 [896]): GK-*Raab*, Rn. 160; HWGNRH-*Huke*, Rn. 14, 193 ;.
736 *BAG* 2.7.80, EzA § 99 BetrVG 1972 Nr. 28 mit Anm. *Löwisch/Röder*.
737 *BAG*, a. a. O.; zu einem prozessualen Verwertungsververbot der Arbeitsergebnisse eines mitbestimmungswidrig eingestellten Detektivs vgl. *Fischer*, BB 99, 154; a. A. *Lingemann/Göpfert*, DB 97, 375.
738 *BAG* 5.4.01, NZA 01, 893 [897].
739 Vgl. *BAG* 14.6.72, AP Nr. 1 zu §§ 22, 23 BAT mit Anm. *Wiedemann*.
740 Einschränkend *Gottwald*, BB 97, 2427: Anspruch nur bei entsprechender vertraglicher Festlegung des AG.

Zustimmung gemäß Abs. 4 hat.[741] Wenn nicht besondere vertragliche Abmachungen vorliegen, muss es einem AG freigestellt bleiben, Einwendungen des BR zu akzeptieren und auf einen Rechtsstreit mit diesem zu verzichten (zum vor allem im öffentlichen Dienst – und damit im Bereich der Personalvertretung – vorkommenden Sonderfall, dass der AN einen Rechtsanspruch auf Einstellung hat).[742] **Schwerbehinderten Menschen** billigt das *BAG* wegen § 81 Abs. 4 Nr. 1 SGB IX einen solchen Anspruch zu, es sei denn, das Zustimmungsersetzungsverfahren hat keine Aussicht auf Erfolg.[743]

Ein betriebsverfassungswidriges Arbeitsverhältnis endet nicht automatisch, sondern bedarf der **Kündigung** (vgl. § 100 Rn. 41). **251**

Eine **Versetzung** ohne Zustimmung des BR oder ohne Ersetzung der Zustimmung gemäß Abs. 4 ist dem AN gegenüber **unwirksam.**[744] Der AN ist nicht verpflichtet, an dem betriebsverfassungswidrig zugewiesenen Arbeitsplatz zu arbeiten. Die Weigerung hierzu stellt keine vertragswidrige Arbeitsverweigerung dar[745] und lässt den Entgeltanspruch gemäß §§ 614, 615 BGB nicht entfallen. Das Mitbestimmungsrecht des BR bei einer Versetzung dient nicht nur dem Schutz der Belegschaft, sondern auch den Interessen des einzelnen AN. Der AN kann einer derart unwirksamen Versetzung mit einer Feststellungsklage begegnen (zur Möglichkeit einer einstweiligen Verfügung vgl. § 101 Rn. 24). Eine ordnungsgemäß als vorläufige Maßnahme nach § 100 durchgeführte Versetzung ist dem AN gegenüber dagegen wirksam, bis sie möglicherweise gemäß § 100 Abs. 3 endet (vgl. § 100 Rn. 40). **252**

Das Recht der **Arbeitsverweigerung** steht dem AN bei der Versetzung im Unterschied zur Einstellung nicht nur dann zu, wenn der BR selbst gegen die Missachtung seines Mitbestimmungsrechts gem. § 101 vorgeht.[746] Gerade das Mitbestimmungsrecht bei einer Versetzung dient auch dem Schutz des von der Versetzung betroffenen Arbeitnehmers, so dass die fehlende Zustimmung des BR zur Versetzung auch zur individualrechtlichen Unwirksamkeit der Maßnahme führt.[747] **253**

VIII. Nebeneinander mehrerer Mitbestimmungstatbestände

Wenn die **Versetzung** nicht im Rahmen des Arbeitsvertrags auf Grund des Direktionsrechts zulässig ist und der **Änderungskündigung** bedarf, überlagern sich die Verfahren nach §§ 99, 100 und 102 bzw. mit einem Kündigungsschutzprozess gemäß § 2 KSchG. Beide Mitbestimmungsverfahren bestehen nebeneinander; ihre Voraussetzungen sind je für sich zu erfüllen.[748] Das bedeutet zweierlei: **254**

- Die fehlende Zustimmung des BR zur Versetzung nach § 99 führt nicht zur Unwirksamkeit der Änderungskündigung.[749]
- Das mögliche Erfordernis einer Änderungskündigung führt nicht dazu, dass bis zur endgültigen Entscheidung über deren Wirksamkeit dem BR ein Zustimmungsverweigerungsgrund i. S. d. Abs. 2 Nr. 1 zusteht.[750] Das Gleiche gilt im Verhältnis zwischen **Umgruppierung** und Änderungskündigung.

Die **betriebsverfassungs- und individualrechtlichen Konsequenzen des Nebeneinanders** eines Verfahrens nach §§ 99, 100 und eines Änderungskündigungsschutzverfahrens beschreibt das *BAG*[751] folgendermaßen: **255**

»Die Änderungskündigung, mit der der Arbeitgeber sachlich nur die fehlende rechtsgeschäftliche Einverständniserklärung des Arbeitnehmers zu der Änderung der Arbeitsbedingung er-

741 Vgl. GK-*Raab*, Rn. 231; HWGNRH-*Huke*, Rn. 196; *Boewer*, RdA 74, 76.
742 Vgl. *BAG* 2.7.80, a. a. O.
743 *BAG* 3.12.02, BB 03, 1014.
744 H. M.; *BAG* 5.4.01, NZA 01, 893 [896]; 26.1.88, DB 88, 1167.
745 *BAG* 22.10.10 – 2 AZR 491/09, juris.
746 *BAG* 5.4.01, NZA 01, 893 [897].
747 *LAG Rostock* 6.5.04.
748 *BAG* 30.9.93, NZA 94, 615; 10.8.93, NZA 94, 187; KDZ-*Deinert*, § 102 Rn. 15.
749 *BAG* 30.9.93, a. a. O.
750 *BAG* 10.8.93, a. a. O.
751 *BAG* 30.9.93, NZA 94, 615, 619.

reichen will, ist damit auch bei Fehlen der Zustimmung des Betriebsrats nach § 99 BetrVG als wirksam und nicht nach § 134 BGB als nichtig anzusehen. Ist die Änderung der Arbeitsbedingungen sozial gerechtfertigt, steht dem Arbeitgeber im Ergebnis ein erweitertes Direktionsrecht zu. Ob er es auch ausnutzen kann, hängt u. a. von dem Mitbestimmungsrecht des Betriebsrates nach § 99 BetrVG ab. Ist bei Ablauf der Kündigungsfrist die Zustimmung des Betriebsrats erteilt oder ersetzt, steht auch mitbestimmungsrechtlich der Versetzung nichts im Wege. Führt der Arbeitgeber die beabsichtigte Versetzung vorläufig ohne Zustimmung des Betriebsrats durch, so sind die Rechtsfolgen in §§ 100 f. BetrVG geregelt. Liegt bei Ablauf der Kündigungsfrist weder eine Zustimmung des Betriebsrats vor noch macht der Arbeitgeber von der Möglichkeit des § 100 BetrVG Gebrauch, so ist eine »Versetzungsweisung« nicht möglich; wird sie trotzdem erteilt, ist sie nach § 134 BGB nichtig. Der Arbeitnehmer kann eine entsprechende Feststellungsklage erheben.[752] Er bleibt nach wie vor zur Tätigkeit in dem alten Arbeitsbereich berechtigt und verpflichtet, der ihm ordnungsgemäß zugewiesen war, ohne dass eine wirksame andere Zuweisung vorläge. Auch der Entzug der bisherigen Tätigkeit ist unwirksam... Die neue Arbeit kann der Arbeitnehmer verweigern, ohne sich einer Vertragspflichtverletzung schuldig zu machen. Knüpft die Bezahlung wie im vorliegenden Fall an die auszuübende Tätigkeit an, so ergibt sich schon daraus, dass durch eine mitbestimmungswidrige Versetzung auch die Vergütungsansprüche des Arbeitnehmers nicht tangiert werden. Steht später endgültig fest, dass die Zustimmung des Betriebsrats nicht zu erlangen ist, so bietet es sich an, § 275 Abs. 2 BGB anzuwenden, so dass die Parteien von ihren Verpflichtungen aus dem Änderungsvertrag befreit werden und es nunmehr endgültig bei dem ursprünglichen Vertrag bleibt. Hatte der Arbeitgeber allerdings die Versetzung ausgesprochen, weil der bisherige Arbeitsplatz weggefallen war, so wird dann unter Umständen eine Beendigungskündigung erforderlich werden.«

Dem ist insgesamt zuzustimmen. Verlangt der AG ungeachtet dieser Rechtslage die Befolgung einer wichtigen Versetzungsweisung und **lässt sich der AN hierauf ein** (möglicherweise aus Angst), so stehen dem BR die Rechte nach **§ 101** und sein **Unterlassungsanspruch** zu (vgl. § 101 Rn. 4 ff.; 21 ff.).

256 Bei **Versetzung eines BR-Mitglieds** ist das Verfahren gem. § 99 neben dem nach § 103 Abs. 3 durchzuführen (vgl. im Einzelnen § 103 Rn. 71).

257 Die richtige **Eingruppierung** des einzelnen AN ist unabhängig davon, ob und wie das Mitbestimmungsverfahren abgelaufen und entschieden worden ist bzw. welche Eingruppierungsmaßnahme der AG getroffen hat. Der AN hat unabhängig hiervon einen **Rechtsanspruch auf richtige Eingruppierung.**[753] Deshalb ist eine zutreffende Eingruppierung im Verhältnis zum AN nicht – wie eine Versetzung – wegen mangelnder oder fehlerhafter Beteiligung des BR unwirksam. Dem AN steht mindestens die **Vergütung** nach der Lohn- oder Gehaltsgruppe zu, in die ihn der AG eingruppiert hat, solange er die ihm zugewiesene Tätigkeit ausübt.[754] Er hat allerdings auch keine individualrechtlichen Ansprüche aus der Verletzung von Mitbestimmungsrechten des BR.[755] Ist der AN irrtümlich zu hoch eingruppiert worden, kann er zur Rückzahlung gemäß § 812 BGB verpflichtet sein.[756]

258 Der BR kann ein übergangenes Mitbestimmungsrecht in einem **Verfahren entsprechend § 101** geltend machen[757] (vgl. § 101 Rn. 6). Der einzelne AN kann unabhängig von einem (parallel laufenden) Beschlussverfahren über die Ersetzung der Zustimmung zur Eingruppierung gemäß Abs. 4 die nach seiner Ansicht richtige Eingruppierung in einem individuellen Urteilsverfahren einklagen[758] (zur fehlenden Verfahrensbeteiligung des AN Rn. 214). Soweit im Zustimmungsersetzungsverfahren nach § 99 Abs. 4 BetrVG eine bestimmte Entgeltgruppe als zutreffend ermittelt oder als unzutreffend ausgeschlossen wurde, kann der Arbeitnehmer

---

752 Vgl. *BAG* 26.1.93, NZA 93, 714; 4.5.93 – 1 AZR 55/93.
753 H. M.; *Fitting*, Rn. 281 m. w. N.
754 St. Rspr.; zuletzt *BAG* 16.1.91, EzA § 24 BAT Nr. 4; 19.7.78, AP Nr. 8 zu §§ 22, 23 BAT 1975.
755 *BAG* 30.9.93, NZA 94, 615.
756 Vgl. *BAG* 30.5.90, PersR 90, 270.
757 GK-*Raab*, Rn. 164.
758 *BAG* 13.5.81, AP Nr. 24 zu § 59 HGB.

seinen **Entgeltanspruch unmittelbar auf die gerichtliche Entscheidung stützen.** Insoweit ist sein Anspruch nicht von einer weiteren Prüfung der tariflichen Eingruppierungsvoraussetzungen abhängig.[759] Der AN ist jedoch nicht gehindert, eine günstigere als die nach § 99 festgestellte Eingruppierung geltend zu machen.

Ist eine **Umgruppierung mit einer Versetzung verbunden,** sind die Voraussetzungen und Verfahrensvorschriften für diese zusätzlich zu beachten. Das kann z. B. dazu führen, dass die Zuweisung einer höher zu bewertenden Tätigkeit nicht wirksam ohne Zustimmung des BR erfolgen kann. Die Eingruppierung richtet sich dann danach, ob die Versetzung tatsächlich erfolgt oder nicht.[760] 259

Falls die **Eingruppierung** zugleich **Bestandteil des Arbeitsvertrags** ist, kann in der Umgruppierung darüber hinaus noch eine **Änderungskündigung** liegen, deren materielle und verfahrensmäßige Voraussetzungen dann zusätzlich erfüllt sein müssen. 260

IX. Rechtsstreitigkeiten

Im Anwendungsbereich des § 99 sind zwei verschiedene Typen von **Beschlussverfahren** möglich: das Verfahren zur Abklärung eines **Streits um eine konkrete Maßnahme** auf Grund eines AG-Antrags zur Ersetzung der BR-Zustimmung (auch in Form eines Verfahrenskomplexes für mehrere gleichzeitig betroffene AN) gemäß Abs. 4 (vgl. Rn. 239, vgl. DKKWF-*Bachner,* § 99 Rn. 29) und ein **Feststellungsverfahren** zur Klärung von Streitfragen über das Bestehen oder Nichtbestehen eines Mitbestimmungsrechts.[761] 261

Sowohl der AG als auch der BR kann als Antragsteller auftreten. Die **Anträge** können sich einerseits auf die **generelle Feststellung** erstrecken, dass eine bestimmte personelle Maßnahme der Zustimmung des BR bedarf oder nicht bedarf (vgl. DKKWF-*Bachner,* § 99 Rn. 25). Das *BAG* hat in dieser Hinsicht Anträge für zulässig angesehen und in der Sache entschieden, die darauf zielten festzustellen, 262

- dass die Verlängerung eines befristeten Arbeitsvertrags der Zustimmung des BR bedarf;[762]
- dass die Weiterbeschäftigung von AN über eine tarifliche Altersgrenze hinaus mitbestimmungspflichtig ist;[763]
- dass die Abordnung von AN einer Filiale eines UN in eine andere Filiale für die aufnehmende Filiale auch dann als Versetzung mitbestimmungspflichtig ist, wenn sie nur für wenige Tage erfolgt;[764]
- dass er bei einer konkreten Eingruppierung das Mitbestimmungsrecht des BR gewahrt hat.[765]

Die Anträge können aber auch darauf zielen festzustellen, ob der BR die Zustimmung zu einer **bestimmten Maßnahme** mit einer bestimmten Begründung verweigern darf. (vgl. DKKWF-*Bachner,* § 99 Rn. 27)

Derartige Anträge müssen aber so gestellt werden, dass das strittige Beteiligungsrecht für alle vom Antrag erfassten Vorgänge bejaht oder verneint werden kann, um einen sog. Globalantrag zu vermeiden.[766] Auch ein **Prozessvergleich** muss einen im Einzelfall vollstreckbaren Titel enthalten. Ein »Globaltitel«, der nur den Text des § 99 als künftig einzuhaltende Norm enthält, ist nicht vollstreckbar.[767]

Die **Negativfeststellung** eines Zustimmungsverweigerungsrechts kann die Grundlage dafür abgeben, eine künftige gleichgeartete Zustimmungsverweigerung als **unbeachtlich** zu betrachten (vgl. Rn. 186). Die **Positivfeststellung** eines Zustimmungsverweigerungsrechts kann dagegen die Grundlage dafür abgeben, künftig von einem **groben Verstoß** des AG i. S. d. § 23 263

759 *BAG* 3.5.94, BB 94, 2490; vgl. *Hey,* BB 97, 1587.
760 Vgl. *BAG* 16.1.91, AP Nr. 3 zu § 24 MTA.
761 *BAG* 28.4.92, NZA 92, 1141; vgl. *Matthes,* DB 89, 1290.
762 *BAG* 28.10.86, DB 87, 847.
763 *BAG* 12.7.88, BB 88, 2176.
764 *BAG* 16.12.86, DB 87, 747.
765 *BAG* 9.2.93, EzA § 99 BetrVG 1972 Nr. 111.
766 *Matthes,* DB 89, 1290; vgl. *BAG* 28.9.88, DB 89, 386.
767 *LAG Köln* 16.1.97, NZA-RR 98, 19.

auszugehen, wenn er eine solche Maßnahme ohne Zustimmung des BR bzw. ohne Ersetzung dieser Zustimmung gemäß Abs. 4 durchführt[768] (vgl. § 101 Rn. 22).

264 Ein derartiger Antrag kann auch **gemeinsam** mit einem **Antrag nach § 101** (s. dort Rn. 10) oder einem **Gegenantrag nach § 100** Abs. 2 Satz 3 (s. dort Rn. 35) gestellt werden. Der BR kann **von einem Antrag nach § 101** auf einen Feststellungsantrag **übergehen,** wenn sich die konkrete personelle Maßnahme erledigt hat.[769]

265 Die Verletzung von Mitbestimmungsrechten nach § 99 BetrVG im Zusammenhang mit Einstellungen und Versetzungen begründet einen **Anspruch** des Betriebsrats **auf Unterlassung** zukünftiger gleichartiger Verletzungshandlungen i. S. eines allgemeinen Unterlassungsanspruchs, wie ihn das BAG für die Verletzung der Mitbestimmungsrechte nach § 87 BetrVG anerkennt (§ 87 Rn. 392), wenn eine Wiederholungsgefahr besteht.[770] Dieser Anspruch kann auch im Wege der **einstw. Verfügung** durchgesetzt werden (vgl. ausführlich § 101 Rn. 19 ff.).

266 Nach der Rspr. des BAG ist ein Antrag des BR, den AG zu verpflichten, zu bereits vorgenommenen Einstellungen **nachträglich die Zustimmung** des BR einzuholen, im BetrVG nicht vorgesehen. Den Interessen des BR sei in vollem Umfang durch § 101 BetrVG Rechnung getragen.[771]

267 Der AG kann sein Zustimmungsersuchen zu einer beabsichtigten Einstellung, jederzeit – auch noch im arbeitsgerichtlichen Verfahren – zurückziehen. Dies führt zur objektiven **Erledigung** des gerichtlichen Zustimmungsersetzungsverfahrens.[772] Erledigung tritt auch dann ein, wenn der BR nach Einleitung des Zustimmungsersetzungsverfahrens wegfällt, z. B. durch Rücktritt oder weil ein BR nicht mehr gewählt wird.[773] Um einen Fall der Erledigung handelt es sich auch dann, wenn der BR im Verfahren seine Zustimmung erteilt. In allen Fällen der Erledigung ist das Verfahren einzustellen.

268 An einem Beschlussverfahren über die Eingruppierung eines AN ist auf AG-Seite im Gemeinschaftsbetrieb nur der Vertragsarbeitgeber beteiligt.[774]

269 Für ein gerichtliches Verfahren, in dem der BR hinsichtlich der dem Betrieb zugeordneten Beamten ein Mitbestimmungsrecht gem. § 99 Abs. 1 geltend macht, ist der Rechtsweg zum Arbeitsgericht gemäß § 2 a Abs. 1 Nr. 1 eröffnet.[775]

270 Die Erstattung von **Rechtsanwaltskosten** in Verfahren nach §§ 99 – 101 ist umstritten. Ein Teil der LAG geht bei der Wertfestsetzung von § 12 Abs. 7 ArbGG (jetzt: § 42 Abs. 2 GKG) aus.[776] Andere LAG legen § 23 RVG zugrunde.[777] Letzterer Ansicht ist der Vorzug zu geben, denn die Beteiligungsrechte des BR haben nicht nur die individualvertragliche Dimension, wie sie § 12 Abs. 7 ArbGG zugrunde liegt, sondern dienen der gesamten Belegschaft (vgl. § 99 Rn. 4). Der in § 23 Abs. 3 RVG genannte Betrag von 4000 Euro ist nur ein Hilfswert für den Fall, dass sonstige Anknüpfungspunkte für die Wertfestsetzung nicht vorhanden sind. Nach der Rspr. des *LAG Hamburg*[778] ist der Antrag des AG gem. § 99 Abs. 4 regelmäßig mit zwei Bruttomonatsverdiensten desjenigen AN, dessen Einstellung ersetzt werden soll, zu bewerten. Das *LAG Hamm*[779] geht bei einer Einstellung unter Zugrundelegung von § 42 Abs. 4 GKG von der dreifachen Bruttomonatsvergütung des betroffenen Arbeitnehmers aus.

271 Zur Beilegung des vorstehend skizzierten Meinungsstreits und zur Vereinheitlichung der Rspr.

---

768 *Matthes,* DB 89, 1290.
769 *LAG Saarland* 13.5.87, LAGE § 100 BetrVG 1972 Nr. 2.
770 *HessLAG* 1.11.05, ArbuR 06, 173; *Däubler,* AR 1 Rn. 1069.
771 *BAG* 2.3.04, AiB 04, 385.
772 *BAG* 28.2.06, NZA 2006, 1178.
773 *BAG* 19.2.08, NZA-RR 2008, 490.
774 *BAG* 12.12.06, EzA BetrVG 2001 § 87 Beriebliche Lohngestaltung Nr. 13.
775 *LAG Nürnberg* 19.4.05, AuR 05, 387.
776 Vgl. *LAG Rheinland-Pfalz* 11.5.95, DB 95, 1720; *LAG Hamm* 19.3.87, LAGE § 12 ArbGG Nr. 70; *LAG Düsseldorf* 25.4.95 – 7 Ta 399/94; *GMPM,* ArbGG, § 12 Rn. 135; *LAG Hamm* 28.4.05, NZA-RR 05, 435; 13.5.05 – 10 TaBV 41/05; *ArbG Iserlohn* 21.2.14, 7 Ta 7/14.
777 Vgl. noch zu § 8 Abs. 2 BRAGO: *LAG München* 7.12.95, NZA-RR 96, 419; 24.5.93, LAGE § 8 BRAGO Nr. 23; *LAG Schleswig-Holstein* 14.6.93, LAGE § 8 BRAGO Nr. 24; *LAG Hamburg* 4.8.92, LAGE § 8 BRAGO Nr. 18 mit umfangreichen Nachweisen.
778 *LAG Hamburg* 2.12.04, 4 Ta 2604.
779 *LAG Hamm* 18.1.08, 13 Ta 736/07 juris.

hat die **Streitwertkommission der Konferenz der Präsidentinnen und Präsidenten der LAG** Vorschläge für einen einheitlichen Streitwertkatalog erarbeitet.[780] Der Streitwertkatalog versteht sich selbst aber nur »als Angebot auf dem Weg zu einer möglichst einheitlichen Wertrechtsprechung in Deutschland«, besitzt jedoch anerkanntermaßen keinerlei Rechtsverbindlichkeit. Nach den Empfehlungen der Streitwertkommission handelt es sich bei personellen Einzelmaßnahmen um nichtvermögensrechtliche Angelegenheiten. Es kommt danach für die Wertfestsetzung entscheidend auf die Aspekte des Einzelfalls, z. B. die Dauer und Bedeutung der Maßnahme und die wirtschaftlichen Auswirkungen an. Die jeweiligen Umstände des Einzelfalls können zur Erhöhung oder Verminderung des Wertes führen.

Ausgehend von diesen Grundsätzen gibt die Streitwertkommission – allerdings ohne den Grundsatzstreit (vgl. Rn. 270) insgesamt aufzulösen – die folgenden Empfehlungen: **272**

Bei einer **Einstellung** können als Anhaltspunkte für die Bewertung dienen:

- der Hilfswert von § 23 Absatz III 2 RVG oder
- die Regelung von § 42 Absatz III GKG (künftig: II), wobei eine Orientierung am 2-fachen Monatsverdienst des Arbeitnehmers sachgerecht erscheint.

Die vorgenannten Grundsätze gelten unter Berücksichtigung des Einzelfalls auch bei der Bewertung von **Eingruppierungen** und **Umgruppierungen,** wobei bei der Wertung die Orientierung an § 42 Absatz II GKG (künftig: I) vorzunehmen ist. Bei der 36-fachen Monatsdifferenz erfolgt ein Abschlag in Höhe von 25 % wegen der nur beschränkten Rechtskraftwirkung des Beschlussverfahrens für den betroffenen Arbeitnehmer.

Bei einer **Versetzung** ist je nach Bedeutung der Maßnahme der Hilfswert oder Bruchteil davon bzw. ein bis zwei Monatsgehälter maßgeblich, angelehnt an die für eine Versetzung im Urteilsverfahren geltenden Grundsätze.

§ 100 Vorläufige personelle Maßnahmen

(1) Der Arbeitgeber kann, wenn dies aus sachlichen Gründen dringend erforderlich ist, die personelle Maßnahme im Sinne des § 99 Abs. 1 Satz 1 vorläufig durchführen, bevor der Betriebsrat sich geäußert oder wenn er die Zustimmung verweigert hat. Der Arbeitgeber hat den Arbeitnehmer über die Sach- und Rechtslage aufzuklären.

(2) Der Arbeitgeber hat den Betriebsrat unverzüglich von der vorläufigen personellen Maßnahme zu unterrichten. Bestreitet der Betriebsrat, dass die Maßnahme aus sachlichen Gründen dringend erforderlich ist, so hat er dies dem Arbeitgeber unverzüglich mitzuteilen. In diesem Fall darf der Arbeitgeber die vorläufige personelle Maßnahme nur aufrechterhalten, wenn er innerhalb von drei Tagen beim Arbeitsgericht die Ersetzung der Zustimmung des Betriebsrats und die Feststellung beantragt, dass die Maßnahme aus sachlichen Gründen dringend erforderlich war.

(3) Lehnt das Gericht durch rechtskräftige Entscheidung die Ersetzung der Zustimmung des Betriebsrats ab oder stellt es rechtskräftig fest, dass offensichtlich die Maßnahme aus sachlichen Gründen nicht dringend erforderlich war, so endet die vorläufige personelle Maßnahme mit Ablauf von zwei Wochen nach Rechtskraft der Entscheidung. Von diesem Zeitpunkt an darf die personelle Maßnahme nicht aufrechterhalten werden.

Inhaltsübersicht Rn.

780 *Bader/Jörchel:* Vereinheitlichung der arbeitsgerichtlichen Streitwerte, NZA 2013, 809.

I. Vorbemerkungen

1 Die Vorschrift soll das grundsätzliche Zustimmungserfordernis des § 99 zugunsten der **Möglichkeit vorläufiger personeller Maßnahmen** des AG für solche Fälle mildern, in denen diese aus sachlichen Gründen dringend geboten sind. Hierdurch soll sichergestellt werden, dass **unaufschiebbare personelle Maßnahmen** trotz fehlender Zustimmung des BR einstweilen durchgeführt werden können (vgl. DKKWF-*Bachner,* § 100 Rn. 1). § 100 erlaubt dem AG daher beim Vorliegen bestimmter Gründe die vorläufige Durchführung einer Maßnahme. Entsprechend der Regelung des § 99 Abs. 4 ist es jedoch Sache des AG und nicht des BR, die Berechtigung der vorläufigen Maßnahme im Streitfall durch das ArbG klären zu lassen. Allerdings wird eine vorläufige Maßnahme als solche nur aufgehoben, wenn ihre Voraussetzungen »offensichtlich« nicht gegeben waren (Abs. 3 Satz 1). Hierin liegt die **Gefahr einer missbräuchlichen Nutzung** der Vorschrift, die das Regelverfahren des § 99 entgegen den Erwartungen des Gesetzgebers zur Ausnahme werden lässt. Die Praxis hat inzwischen leider erwiesen, dass solche Befürchtungen nicht unbegründet sind, insbes. bei kurzzeitigen Einstellungen und Versetzungen (hierzu vgl. § 101 Rn. 23). Diese Erkenntnis zeigt, wie nötig eine restriktive, am Willen des Gesetzgebers orientierte Auslegung des § 100 ebenso wie die Mitbestimmungssicherung durch das Verfahren des § 101 und ein effektives Unterlassungsverfahren (§ 101 Rn. 21) sind. Neben dem Verfahren gemäß § 100 ist eine **einstweilige Verfügung des AG** zur Durchsetzung seiner Absichten gemäß § 85 Abs. 2 ArbGG i. V. m. §§ 935 ff. ZPO **unzulässig.**[1]

II. Vorläufige Durchführung der Maßnahme

1. Sachliche und betriebliche Erforderlichkeit

2 Zweck des § 100 ist es, dem AG unaufschiebbare Maßnahmen trotz fehlender BR-Zustimmung vorläufig zu ermöglichen (Rn. 1). Diese sind an folgende **materielle Voraussetzungen** geknüpft:
- Es müssen **sachliche Gründe** vorliegen (Rn. 3);
- sie müssen die vorläufige Maßnahme **erforderlich** machen (Rn. 5);
- die Erforderlichkeit muss **dringend** sein (Rn. 6).

Alle drei Begründungselemente müssen gesondert vorliegen und vom AG im Streitfall nachgewiesen werden. Da es sich um eine **Ausnahmeregelung** mit großem Missbrauchsrisiko handelt (vgl. Rn. 1), sind strenge Maßstäbe anzulegen.

3 **Sachliche Gründe** sind Gründe, die aus einer ordnungsgemäßen Betriebsführung erwachsen, z. B. im Hinblick auf Auftrags- und Absatzlage, produktions- und arbeitstechnische Gründe. Beurteilungsmaßstab ist die Sicht eines objektiven, verantwortungsbewussten AG.[2] Ein sachlicher Grund liegt typischerweise vor, wenn eine **Stelle unvorhergesehen frei** wird, z. B. durch kurzfristige Kündigung des AN oder Tod.[3] Im Falle einer AG-seitigen fristlosen Kündigung muss diese offensichtlich begründet sein; sonst ist zumindest die Entscheidung des ArbG in erster Instanz über die Wirksamkeit der Kündigung abzuwarten. Als sachlicher Grund ist anzuerkennen, dass die **Einarbeitung** nur durch den unvorhergesehen ausscheidenden Stelleninhaber erfolgen kann.[4] Teilweise wird angenommen, es sei unerheblich, worauf die betriebliche Situation, die den sachlichen Grund abgeben soll, beruht, insbes. ob sie durch ein **Organisationsverschulden** des AG verursacht ist.[5] Der AG kann sich jedoch nicht von der

1 H. M.; *Fitting,* Rn. 1; GK-*Raab,* Rn. 3 m. w. N.

2 *Fitting,* Rn. 4.

3 Vgl. *ArbG Essen* 2.3.72, DB 72, 977.

4 Vgl. *LAG Köln* 29.4.88 – 5 TaBV 3/88, mit der zusätzlichen Anforderung, dass der Bewerber eine anderweitige Einstellungszusage hat.

5 GK-*Raab,* Rn. 11; HWGNRH-*Huke,* Rn. 8 Richardi-*Thüsing,* Rn. 8; MünchArbR-*Matthes,* § 344 Rn. 124.

Befolgung des Gesetzes suspendieren, indem er, z. B. durch ungenügende Personalplanung, sich **selbst in Zugzwang** setzt.[6] Außerdem hätte es der Gesetzgeber sonst damit bewenden lassen können, dass die vorläufige Maßnahme »dringend erforderlich« ist.[7] Persönliche Interessen des AG oder Wünsche leitender Mitarbeiter ohne zusätzliche betriebliche Erfordernisse sind unerheblich. Ebenso wenig liegt – jedenfalls in der Regel – ein sachlicher Grund vor, wenn ein bestimmter **Bewerber** angeblich nur bei sofortigem Handeln zu gewinnen ist.[8] Hinzukommen muss, dass für den Arbeitsplatz nur dieser eine Bewerber in Betracht kommt und eine betriebliche Notwendigkeit für die Gewinnung gerade dieses AN zum beabsichtigten Einstellungszeitpunkt besteht.[9]

Der sachliche Grund darf nur im Betriebsablauf liegen und **nicht** auf **schuldrechtlichen Verpflichtungen** des AG beruhen.[10] Deshalb bedeutet Arbeitsmangel mit der Folge von Lohnzahlungspflicht ohne Arbeitsleistung keinen sachlichen Grund, auch nicht im Falle des § 15 Abs. KSchG. **4**

Die vorläufige Maßnahme muss **erforderlich** sein, und zwar gerade im Hinblick auf den sachlichen Grund.[11] Erforderlichkeit liegt erst dann vor, wenn keine das Mitbestimmungsrecht des BR schonendere und dem AG zumutbare Handlungsalternative besteht.[12] Das bedeutet üblicherweise, dass dem Betrieb ohne die vorläufige Maßnahme ein zu Buche schlagender, spürbarer **Nachteil** erwachsen oder ein wahrscheinlich eintretender Vorteil entgehen würde, wobei sich das Eintreten des Vorteils hinreichend konkretisiert haben muss.[13] Unerheblich ist, dass auch andere AN für die Maßnahme in Frage gekommen wären.[14] Diese Frage ist im Zusammenhang mit der Berechtigung der Zustimmungsverweigerung gemäß § 99 Abs. 2 zu prüfen. Die Erforderlichkeit bezieht sich vielmehr darauf, dass im **Hinblick auf den sachlichen Grund schnell gehandelt** werden muss. Hierfür kommt es darauf an, wie ein objektiver, verständiger Beobachter die betriebliche Situation beurteilen würde.[15] In dieser Hinsicht kann ein erwiesener **Arbeitskräftemangel** gerade für die zu besetzende Stelle die Erforderlichkeit begründen. **5**

Die vorläufige Maßnahme muss **dringend** erforderlich sein. Das erfordert eine erhebliche Beeinträchtigung des AG bzw. ein erheblicher Nachteil bei Nichtdurchführung der Maßnahme.[16] Bloße Unbequemlichkeiten, die aus einer nicht besetzten Stelle herrühren, reichen nicht aus. Es besteht ein Zusammenhang mit der Bedeutung des zu besetzenden Arbeitsplatzes für Betriebsablauf und betriebliche Wertschöpfung: Je geringer diese ist, desto weniger spricht für die Dringlichkeit seiner vorläufigen Besetzung. Unterlassene Vorsorge seitens des AG ist ein Argument gegen die spätere Behauptung der Dringlichkeit einer personellen Maßnahme.[17] Ein unzulässiges Argument ist es, **kurzzeitigen Maßnahmen,** insbes. Versetzungen, eben wegen ihrer Kurzzeitigkeit die vorläufige Durchführbarkeit zuzubilligen.[18] Das würde die teilweise Nichtanwendung des § 99 bedeuten, unterfallen doch derartige Versetzungen bei erheblicher Änderung der Arbeitsumstände zweifelsfrei § 99 Abs. 1 i. V. m. § 95 Abs. 3 (vgl. § 99 Rn. 123). **6**

Für eine **Eingruppierung** oder **Umgruppierung** gibt es rein praktisch kaum Ansatzpunkte für **7**

---

6 *Fitting,* Rn. 4; *ArbG Köln* 12.3.96 – 16 BV 149/95.

7 Deshalb nicht genügend Sachverhaltsaufklärung bei *BAG* 7.11.77, EzA § 100 BetrVG 1972 Nr. 1, soweit dort als sachlicher Grund für eine vorläufige Versetzung allein anerkannt wird, dass durch die vorangegangene Versetzung eines anderen AN eine wichtige Stelle unbesetzt ist. Erforderlich wäre die zusätzliche Feststellung, dass eine solche »Ringversetzung« auch bei sorgfältiger Personalplanung nicht ohne eine nur durch Sofortmaßnahmen zu behebende Besetzungslücke möglich gewesen wäre.

8 Vgl. MünchArbR-*Matthes,* § 344 Rn. 124.

9 Vgl. HWGNRH-*Huke,* Rn. 8, 10; GK-*Raab,* Rn. 12.

10 Z. B. durch Verpflichtung zu einer Vertragsstrafe, *ArbG Köln* 2.8.83 – 6 BV 171/83.

11 HWGNRH-*Huke,* Rn. 9.

12 Ähnlich *Fitting,* Rn. 4 a.

13 Ähnlich HWGNRH-*Huke,* Rn. 9.

14 *BAG* 7.11.77, EzA § 100 BetrVG 1972 Nr. 1.

15 HWGNRH-*Huke,* Rn. 9.

16 Vgl. GK-*Raab,* Rn. 9; HWGNRH-*Huke,* Rn. 9.

17 Ähnlich *Fitting,* Rn. 4; vgl. *ArbG Neumünster* 17.8.92, AuR 93, 187; a. A. GK-*Raab,* Rn. 11; Richardi-*Thüsing,* Rn. 7.

18 So aber *Richardi,* Anm. zu AP Nr. 1 zu § 100 BetrVG 1972.

die Notwendigkeit einer vorläufigen Vornahme.[19] Das *BAG* hat sogar Zweifel geäußert, ob § 100 überhaupt für Ein- und Umgruppierungen anwendbar ist, weil es sich bei diesen Maßnahmen nur um Akte der Rechtsanwendung bzw. Kundgabe ihrer Ergebnisse handele.[20] Es kommen hier vielmehr nur folgende **zwei Handlungsalternativen** in Betracht:

- Der AG teilt dem AN mit, dass er in eine bestimme Lohn- bzw. Gehaltsgruppe eingruppiert wurde, diese Eingruppierung aber noch nicht endgültig sei, sondern von der Zustimmung des BR bzw. vom Ausgang eines Zustimmungsersetzungsverfahrens abhänge. Dies ist keine »vorläufige« Eingruppierung i. S. d. § 100, sondern die Information über die Meinung des AG bezüglich der richtigen Eingruppierung.[21]
- Die weite Alternative betrifft die betriebsverfassungswidrige Ein- oder Umgruppierung ohne Zustimmung des BR bzw. ohne Zustimmungsersetzungsverfahren. Auch hier liegt keine »vorläufige«, sondern eine endgültige, jedoch betriebsverfassungswidrige Maßnahme vor, die der BR gemäß § 101 korrigieren lassen kann (vgl. § 101 Rn. 6). In jedem Falle hat der AN Anspruch auf die Vergütung, die seiner Tätigkeit entspricht (vgl. § 99 Rn. 257).

8 Für die **Berechtigung der Aufrechterhaltung** einer einmal getroffenen vorläufigen Maßnahme wird allgemein nur auf **Verhältnisse im Zeitpunkt der** erstmaligen **Durchführung** bzw. beabsichtigten Einleitung der Maßnahme abgestellt.[22] Die Abstützung dieser Position auf den Wortlaut des Gesetzes (»Feststellung, dass die Maßnahme nicht dringend erforderlich war«, Abs. 3 Satz 1), ist nicht zwingend. Diese Formulierung bezieht ihren Sinn vielmehr aus der Terminierung des Endes der Maßnahme zwei Wochen nach Rechtskraft der Entscheidung und ist auch auf die Sicht vom Zeitpunkt der Entscheidung zurück zum Zeitpunkt der letzten mündlichen Verhandlung anwendbar. Soweit das *BAG* auf Billigkeitsargumente aus der Sicht eines vorläufig eingestellten Bewerbers verweist,[23] gelten diese ebenso für die übrige Belegschaft, aber insbes. zugunsten eines gegen seinen Willen vorläufig versetzten AN.[24] Deshalb ist gerade bei der vorläufigen Versetzung eines AN durchaus denkbar, dass bei Wegfall der Gründe für die vorläufige Durchführung der Maßnahme die Maßnahme einzustellen ist und der BR die Aufhebung der Maßnahme nach § 101 zu diesem Zeitpunkt verlangen kann.

9 Die vorläufige Maßnahme ist hinsichtlich **aller Beschäftigungsgruppen** möglich, auf die sich das Mitbestimmungsrecht des § 99 bezieht.[25]

2. Zeitpunkt

10 Die vorläufige Maßnahme kann durchgeführt werden, **bevor der BR sich** zu einer Information über eine beabsichtigte personelle Maßnahme innerhalb der Wochenfrist des § 99 Abs. 3 **geäußert** (Abs. 1, 1. Alternative) oder die **Zustimmung** zu der Maßnahme **verweigert** hat (Abs. 1, 2. Alternative). Die vorläufige Maßnahme kann auch noch durchgeführt werden, wenn der AG bereits den Antrag auf Ersetzung der Zustimmung gemäß § 99 Abs. 4 gestellt hat (zur prozessualen Verbindung vgl. Rn. 32). Freilich müssen erhebliche, veränderte Umstände zur Begründung der Dringlichkeit vorliegen. Das Verfahren gemäß § 100 ist auch dann noch erforderlich, wenn die Zustimmung des BR gemäß § 99 Abs. 4 ersetzt worden, der Beschluss jedoch noch nicht rechtskräftig ist.[26]

11 Ist die Wochenfrist des § 99 Abs. 3 verstrichen und gilt die **Zustimmung des BR als erteilt,** ist eine vorläufige Maßnahme entbehrlich; der AG kann die Maßnahme endgültig durchführen. Das Gleiche gilt, wenn die Zustimmungsverweigerung wegen Form- oder Fristverstößen unbeachtlich ist.[27] Der AG riskiert allerdings ein Verfahren gemäß § 101.[28] Ist dagegen die **Er-**

---

19 *Fitting,* Rn. 5.
20 *BAG* 27.1.87, EzA § 99 BetrVG 1972 Nr. 55; vgl. auch Richardi-*Thüsing,* Rn. 3.
21 Mit anderer Begründung GK-*Raab,* Rn. 6.
22 *Fitting,* Rn. 4 a; GK-*Raab,* Rn. 10; *BAG* 6.10.78, EzA § 99 BetrVG 1972 Nr. 24.
23 A. a. O.
24 A. A. Richardi-*Thüsing,* Rn. 8.
25 Für Leih-AN *LAG Frankfurt* 7.4.87, LAGE § 100 BetrVG 1972 Nr. 3; vgl. § 99 Rn. 13.
26 *ArbG Braunschweig* 24.2.87 – 6 BV 6/87.
27 HWGNRH-*Huke,* Rn. 5, 187; vgl. § 99 Rn. 164.
28 HWGNRH-*Huke,* Rn. 5; *Frey,* DB 72, 926.

setzung der Zustimmung gemäß § 99 Abs. 4 rechtskräftig **abgelehnt** worden, darf die Maßnahme nicht mehr vorläufig durchgeführt werden.[29]

Teilweise wird für möglich gehalten, eine vorläufige Maßnahme schon durchzuführen, noch **ehe der BR nach § 99 Abs. 1 informiert** wurde.[30] Diese Ansicht hat weder eine Grundlage im Wortlaut noch im Sinn des Gesetzes.[31] Dieses stellt ersichtlich auf Fallgestaltungen ab, bei denen der AG die Möglichkeit hat, die verweigerte Zustimmung des BR zur endgültigen Maßnahme im dafür vorgesehenen Verfahren gemäß § 99 Abs. 4 einzuholen. Das ist jedoch gar nicht möglich, wenn nicht nach § 99 Abs. 1 informiert wurde (zum gesetzlich gebotenen Zeitpunkt der Information gemäß § 99 Abs. 1 in einem solchen Falle vgl. § 99 Rn. 135). Der Grundsatz der vertrauensvollen Zusammenarbeit (§ 2 Abs. 1) gebietet es, zunächst den Versuch zu machen, die Zustimmung des BR einzuholen bzw. dem BR hierzu eine Chance einzuräumen.[32] Eine vorläufige Maßnahme ist daher **frühestens zeitgleich mit der Information über die Maßnahme als solche** gemäß § 99 Abs. 1 möglich.[33] Die Information über die vorläufige Maßnahme nach Abs. 2 kann zwar mit dieser verbunden werden, muss aber auch in einem solchen Falle separat gegeben werden.[34] 12

Für **tendenzbezogene personelle Einzelmaßnahmen** in sog. Tendenzbetrieben hat § 100 insoweit nur eine sehr begrenzte Funktion, als das Beteiligungsrecht des § 99 wegen § 118 nur ein Informationsrecht ist (vgl. § 99 Rn. 28; § 118 Rn. 67 ff.). Dann kann der AG nach durchgeführter Information die beabsichtigte Maßnahme schon endgültig durchführen. § 100 hat nur noch Bedeutung für die Fälle, in denen der AG die Maßnahme vor Ablauf der Wochenfrist des § 99 Abs. 3 bzw. abschließender Stellungnahme des BR durchführen will.[35] Weil dies nur in seltenen Ausnahmefälle erforderlich ist, sind bei tendenzbezogenen Einzelmaßnahmen gegenüber Tendenzträgern **besonders strenge Voraussetzungen** an die vorläufige Durchführung aus sachlichen Gründen zu stellen.[36] 13

3. Unterrichtung des Betriebsrats

Der AG hat den BR **unverzüglich** von der vorläufigen personellen Maßnahme zu unterrichten (Abs. 2 Satz 1). »Unverzüglich« bedeutet »ohne schuldhaftes Zögern« (§ 121 Abs. 1 BGB). Die Unterrichtung kann sowohl vor als notfalls auch unmittelbar nach Durchführung der Maßnahme erfolgen.[37] § 100 setzt demnach nicht voraus, dass dem BR vor Durchführung der vorläufigen Maßnahme Gelegenheit gegeben wird, zu deren Dringlichkeit gesondert Stellung zu nehmen.[38] Es ist allerdings nur in den seltensten Ausnahmefällen vorstellbar, dass es einem AG nicht möglich sein sollte, den BR vor Durchführung der Maßnahme zu informieren (Antrag des Arbeitgebers auf Durchführung einer vorläufigen personellen Einzelmaßnahme vgl. DKKWF-*Bachner*, § 100 Rn. 2). 14

Die Information gemäß Abs. 2 Satz 1 muss die Maßnahme, insbes. ihren genauen Zeitpunkt, benennen und Angaben darüber **enthalten,** warum sie aus sachlichen Gründen dringend erforderlich ist.[39] Der BR muss in die Lage versetzt werden, die vorläufige Maßnahme und ihre Erforderlichkeit mit Blick auf sein Bestreitensrecht gemäß Abs. 2 Satz 2 beurteilen zu können. Die Information ist an **keine Form** gebunden; aus Beweisgründen empfiehlt sich eine schriftliche Information.[40] Der **Zugang** regelt sich nach den gleichen Grundsätzen wie bei § 99 Abs. 1 (vgl. § 99 Rn. 139). Die Vorlage von **Unterlagen** ist nicht wie in § 99 gesondert vorgesehen; der BR kann solche jedoch gemäß § 80 Abs. 2 verlangen (vgl. § 80 Rn. 44 ff.). 15

29 *Fitting,* Rn. 3, Rn. 13.
30 HWGNRH-*Huke,* Rn. 6; Richardi-*Thüsing,* Rn. 5; GK-*Raab,* Rn. 16.
31 Vgl. *ArbG Heidelberg* 2.8.72 – 2 BV 8/72.
32 Vgl. *Fitting,* Rn. 8.
33 So auch *Diller/Powietzka,* DB 01, 1034 [1037].
34 GK-*Raab,* Rn. 25; HWGNRH-*Huke,* Rn. 6.
35 GK-*Raab,* Rn. 8.
36 *BAG* 8.5.90, DB 90, 2227.
37 *BAG* 7.11.77, EzA § 100 BetrVG 1972 Nr. 1.
38 *BAG* 7.11.77, a. a. O.; GK-*Raab,* Rn. 24.
39 *LAG Hamm* 17.4.08 juris; GK-*Raab,* Rn. 23; *Fitting,* Rn. 8.
40 Vgl. GK-Raab, Rn. 15.

16 Teilweise wird davon gesprochen, dass eine **Verletzung der Informationspflicht** des Abs. 2 Satz 1, z. B. verspätete oder ganz unterlassene Information, keine Sanktion auslöse.[41] Das ist unzutreffend. Diese Informationsverpflichtung besteht, um »sicherzustellen«, dass der BR von der vorläufigen Maßnahme Kenntnis erlangt und Einwendungen unverzüglich erheben kann.[42] Dieses Ziel würde völlig verfehlt, wenn die Verletzung der Informationspflicht ohne Rechtsfolgen bliebe. Die Erfüllung der Unterrichtungspflicht des Abs. 2 Satz 1 ist eine **verfahrensmäßige Voraussetzung für die Berechtigung der vorläufigen Maßnahme.**[43] Das heißt, eine »vorläufige« Maßnahme ohne unverzügliche Information ist keine vorläufige Maßnahme i. S. d. Gesetzes, mit anderen Worten eine Maßnahme ohne Zustimmung des BR. Die Maßnahme darf nicht, auch nicht vorläufig durchgeführt werden und löst unter diesem Gesichtspunkt die Sanktion des § 101 aus (zur Berechtigung einer Unterlassungsverfügung vgl. § 101 Rn. 23).[44]

4. Aufklärung des Arbeitnehmers

17 Zum Schutze der Interessen des betroffenen AN ist der AG gemäß Abs. 1 Satz 2 verpflichtet, den **AN über die Sach- und Rechtslage,** d. h. die Vorläufigkeit der Maßnahme und die Möglichkeit, sie später rückgängig zu machen, zu **unterrichten.**[45] Die Aufklärung des AN ist **keine Wirksamkeitsvoraussetzung** für die vorläufige Durchführung der personellen Maßnahme.[46] Zur Informationsverpflichtung des AG gehört auch die laufende Information hinsichtlich wesentlicher Ereignisse eines anhängigen Verfahrens gemäß § 99 Abs. 4 einschließlich der Stellungnahmen des BR[47] und des Fortgangs des Verfahrens gemäß §§ 100, 101.[48]

18 Eine **Verletzung der Informationspflicht** kann einen **Schadensersatzanspruch** wegen Verschuldens bei Vertragsabschluss (»culpa in contrahendo«) auslösen.[49] Der Schaden besteht im sog. negativen Interesse, d. h., der AN ist so zu stellen, wie er gestanden hätte, wenn er richtig informiert worden wäre (er z. B. seine vorherige Stellung nicht aufgegeben hätte).

III. Reaktion des Betriebsrats

19 **Stimmt der BR** der vorläufigen Maßnahme unter dem Gesichtspunkt ihrer Vorläufigkeit **zu,** verweigert er jedoch die Zustimmung zur endgültigen Durchführung, muss der AG den Antrag auf Ersetzung der Zustimmung des BR binnen drei Tagen beim ArbG stellen; anderenfalls darf er die vorläufige Maßnahme nicht aufrechterhalten.[50] Unterlässt er dies, hat der BR die Rechte aus § 101.[51]

20 **Bestreitet der BR,** dass die Maßnahme aus sachlichen Gründen dringend erforderlich ist, hat er dies dem AG unverzüglich mitzuteilen (Abs. 2 Satz 2). Unverzüglich heißt auch hier »ohne schuldhaftes Zögern« gemäß § 121 Abs. 1 BGB ab Eingang der Information beim BR. Entscheidend sind die Möglichkeiten eines ordnungsgemäßen Geschäftsgangs des BR.[52] Bei einer Geschäftsordnung, die einen wöchentlichen Sitzungstermin vorsieht (§ 30 Rn. 4), ist über diese Frage jeweils auf der dem Eingang der AG-Information folgenden Sitzung zu beschließen und der AG möglichst noch an diesem Tage darüber in Kenntnis zu setzen.[53] Auch für das

41 HWGNRH-*Huke,* Rn. 16.
42 RegE, BT-Drucks. VI/1786.
43 *Matthes,* DB 89, 1287.
44 *LAG Frankfurt* 16.9.86, NZA 87, 645; *LAG Hamm* 3.4.08 –13 TaBV 88/07 juris; vgl. a. *Fitting,* § 101 Rn. 4 f; im Ergebnis ebenso GK-*Raab,* Rn. 23; vgl. § 101 Rn. 3.
45 RegE, BT-Drucks. VI/1786.
46 *Fitting,* Rn. 7 a; GK-*Raab,* Rn. 21; HWGNRH-*Huke,* Rn. 14; Richardi-*Thüsing,* Rn. 10.
47 HaKo-*Kreuder,* Rn. 5.
48 HWGNRH-*Huke,* Rn. 13.
49 H. M., *Fitting,* Rn. 7; HWGNRH-*Huke,* Rn. 15; auch aus unerlaubter Handlung Richardi-*Thüsing,* Rn. 11; GK-*Raab,* Rn. 20.
50 *Matthes,* DB 89, 1287; lediglich für »alsbaldige« Anrufung des ArbG LAG Hamm 29.3.76, DB 76, 2023.
51 *LAG Hamm,* a. a. O.; *Fitting,* Rn. 10; HWGNRH-*Huke,* Rn. 17; vgl. GK-*Raab,* Rn. 32.
52 HWGNRH-*Huke,* Rn. 21.
53 Vgl. MünchArbR-*Matthes,* § 344 Rn. 129.

Bestreiten des BR gemäß Abs. 2 Satz 2 ist **keine Form** vorgeschrieben. Es empfiehlt sich jedoch dringend die Schriftform (hierzu und zum Eingang beim AG vgl. § 99 Rn. 162, 163).

Im **Bestreiten der sachlichen Notwendigkeit** der vorläufigen Maßnahme nach Abs. 2 Satz 2 liegt **nicht zugleich die Verweigerung der Zustimmung** gemäß § 99 Abs. 3.[54] Beide Erklärungen können zwar gemeinsam abgegeben werden (auch in einer einzigen Urkunde). Jedoch müssen die beiden Erklärungsinhalte je für sich deutlich gemacht werden. 21

Schweigt der BR auf die AG-Information über die vorläufige Maßnahme oder geht sein Bestreiten **verspätet** ein, gilt die Maßnahme als vorläufig gebilligt.[55] 22

Stimmt der BR der Maßnahme **gemäß § 99 Abs. 3** zu, benötigt der AG das Verfahren des § 100 nicht mehr und kann die Maßnahme endgültig vornehmen. Ein Bestreiten der Berechtigung ihrer vorläufigen Vornahme geht ins Leere und ist gegenstandlos. Das ist auch der Fall, wenn nach Einleitung des Verfahrens gemäß § 100 die Zustimmung nach § 99 Abs. 3 erteilt wird oder als erteilt gilt (§ 99 Rn. 179) oder noch vor rechtskräftiger Entscheidung über die Berechtigung der vorläufigen Maßnahme die Zustimmung gemäß § 99 Abs. 4 rechtskräftig ersetzt wird. Das Verfahren um die vorläufige Maßnahme erledigt sich und ist in entsprechender Anwendung von § 83 a Abs. 3 ArbGG einzustellen.[56] 23

Bestreitet der BR die Berechtigung der vorläufigen Durchführung der Maßnahme gemäß Abs. 2 Satz 2 **und verweigert** er die Zustimmung nach § 99 Abs. 3, werden beide dann notwendigen Gerichtsverfahren mit dem Antrag des AG gemäß Abs. 2 Satz 3 **gemeinsam** in Gang gesetzt (Rn. 29). 24

IV. Arbeitgeber-Verhalten nach Bestreiten der Berechtigung durch den Betriebsrat gemäß Abs. 2 Satz 2

1. Aufhebung der vorläufigen Maßnahme

Hält der AG die Gründe des BR, mit denen dieser die Berechtigung der vorläufigen Maßnahme bestreitet, für berechtigt, hat er sie **aufzuheben.**[57] Er ist hierzu dem AN gegenüber berechtigt. Dieser hat allenfalls Schadensersatzansprüche wegen ungenügender Aufklärung (Rn. 18), jedoch keinen Anspruch auf Einleitung eines arbeitsgerichtlichen Verfahrens durch den AG (vgl. § 99 Rn. 250). 25

2. Aufrechterhaltung der Maßnahme/Antrag beim Arbeitsgericht

Will der AG eine vorläufige Maßnahme aufrechterhalten, obwohl der BR deren Berechtigung bestritten hat, muss er **binnen drei Tagen das ArbG anrufen** und beantragen,[58] 26

- die Zustimmung des BR zu ersetzen und
- festzustellen, dass die Maßnahme aus sachlichen Gründen dringend erforderlich war (Abs. 3 Satz 3).

Ebenso wie bei § 99 Abs. 4 ist es Sache des AG (»in der Klägerrolle«) und nicht des BR, die Berechtigung der vorläufigen Maßnahme im Streitfall durch das ArbG klären zu lassen.[59] Beide **Verfahren** werden miteinander **verbunden,** um zu verhindern, dass der AG den Streit auf die Wirksamkeit der vorläufigen Maßnahme beschränkt und das Verfahren gemäß § 99 Abs. 4 in der Schwebe hält.[60]

Der AG muss **beide Anträge innerhalb der 3-Tages-Frist** stellen (vgl. Rn. 29).[61] Stellt der AG innerhalb der 3-Tages-Frist nur den Feststellungsantrag zur vorläufigen personellen Maßnahme, ist dieser unzulässig,[62] und der AG darf die vorläufige Maßnahme nicht durchführen oder 27

54 GK-*Raab*, Rn. 29; HWGNRH-*Huke*, Rn. 22.
55 H. M.; *Fitting*, Rn. 9; GK-*Raab*, Rn. 28; HWGNRH-*Huke*, Rn. 18, 21 m. w. N.
56 *BAG* 18.10.88, DB 89, 435.
57 Vgl. HWGNRH-*Huke*, Rn. 21.
58 Vgl. DKKWF-*Bachner*, § 100 Rn. 4.
59 RegE, BT-Drucks. VI/1786.
60 *BAG* 15.9.87, EzA § 99 BetrVG 1972 Nr. 57; *WEH*, I Rn. 257; a. A. GK-*Raab*, Rn. 36 ff.
61 *Fitting*, Rn. 11, 28; GK-*Raab*, Rn. 32.
62 *Matthes*, DB 89, 1287; *v. Hoyningen-Huene/Boemke*, S. 186.

aufrechterhalten.[63] Der BR kann dann die Aufhebung der personellen Maßnahme gemäß § 101 beantragen. Er kann den entsprechenden Antrag bereits als **Gegenantrag** zu den Anträgen des AG stellen (vgl. auch § 101 Rn. 11). Wenn der BR einer zeitgleich mit der Erstinformation nach § 99 Abs. 3 vorgenommenen vorläufigen Maßnahme sogleich widerspricht und beim Ablauf der 3-Tages-Frist des Abs. 2 Satz 1 die Wochenfrist des § 99 Abs. 4 noch nicht abgelaufen ist, darf der AG den Eingang der Zustimmungsverweigerung abwarten und den Antrag auf Ersetzung der Zustimmung unverzüglich danach stellen.[64] Es verstößt jedoch gegen den klaren Wortlaut des Gesetzes und seine Absicht, diese Entscheidung zu beschleunigen, den AG in einem solchen Fall den Feststellungsantrag zur vorläufigen Maßnahme erst nach Ablauf der 3-Tages-Frist stellen zu lassen.[65] Den Antrag gemäß § 99 Abs. 4 kann der AG nicht zurücknehmen, ohne damit das Recht zur vorläufigen Durchführung zu verlieren.

28 Hat der AG nach Verweigerung der Zustimmung des BR deren **Ersetzung gemäß § 99 Abs. 4 beantragt** und tritt erst dann eine Situation ein, die ihn zur vorläufigen Vornahme der Maßnahme veranlasst, ist – falls der BR deren Dringlichkeit bestreitet – der Antrag des AG gemäß Abs. 2 Satz 3 in dem anhängigen Verfahren **nachzureichen.** Damit ist in jedem Fall sichergestellt, dass dieselbe Kammer des ArbG zuständig ist.[66]

29 Der Doppelantrag des AG ist binnen einer **Frist von drei Tagen** beim ArbG einzureichen. Es handelt sich um Kalendertage und nicht um Werktage.[67] Die Frist beginnt mit dem Tag des Eingangs der BR-Erklärung, mit der dieser die Berechtigung der vorläufigen Maßnahme bestreitet. Das gilt auch dann, wenn die vorläufige Einstellung erst zu einem späteren Zeitpunkt geplant ist.[68] Der Tag des Zugangs wird nicht mitgerechnet (§ 187 BGB). Bei Fristende an einem Samstag, Sonntag oder Feiertag verlängert sich die Frist bis zum Ablauf des nächsten Werktages (§ 193 BGB). Es handelt sich um eine **Ausschlussfrist,**[69] die nicht verlängert werden kann. Wird die Frist versäumt, weil der Antrag erst am letzten Tag zur Post gegeben wurde und nach üblichen Postlaufzeiten mit Zustellung am nächsten Tag nicht gerechnet werden kann, kommt eine Wiedereinsetzung nicht in Betracht.[70] Ein AG, der eine vorläufige Maßnahme plant, muss sich darauf einrichten, seinen Antrag gemäß Abs. 2 Satz 3 persönlich oder durch Boten beim ArbG zu stellen.[71] Der Antrag muss innerhalb der Anrufungsfrist **begründet** werden, sonst liegt ein nicht behebbarer Mangel vor, der zur Unzulässigkeit des Antrags führt.[72]

V. Arbeitsgerichtliches Verfahren

30 Das ArbG entscheidet im **Beschlussverfahren** (§ 4 a Abs. 1 Nr. 1 ArbGG; Einl. Rn. 170 ff.). Der AN ist, wie im Verfahren gemäß § 99 Abs. 4, **nicht Beteiligter.**[73]

31 Das ArbG hat über **zwei Anträge** zu entscheiden, wobei strittig ist, ob dies nur gemeinsam in einem **einheitlichen Verfahren** erfolgen kann[74] oder das ArbG darin frei ist, **welchen der beiden Anträge** es **zuerst** behandelt,[75] oder ob eine **Vorabentscheidung** über die Berechtigung der vorläufigen Maßnahme erforderlich ist.[76] Es spricht viel für die Freiheit des Gerichts in der Behandlung der Anträge. Zum einen ist es hieran durch keine Vorschrift gehindert, zum anderen erlaubt dies z. B., über den Zustimmungsersetzungsantrag schnell zu entscheiden, wenn die ihn betreffende Sach- und Rechtslage einfach ist.[77]

---

63 *BAG* 15.9.87, EzA § 99 BetrVG 1972 Nr. 57.
64 So auch MünchArbR-*Matthes*, § 344 Rn. 137; HWGNRH-*Huke*, Rn. 27; GK-*Raab*, Rn. 34.
65 So aber *Matthes*, DB 89, 1287.
66 HWGNRH-*Huke*, Rn. 29.
67 HWGNRH-*Huke*, Rn. 25.
68 MünchArbR-*Matthes*, § 344 Rn. 132.
69 HWGNRH-*Huke*, Rn. 25; Richardi-*Thüsing*, Rn. 27.
70 GK-*Raab*, Rn. 34; so aber *Schlicht*, BB 80, 632; MünchArbR-*Matthes*, § 344 Rn. 132; HWGNRH-*Huke*, Rn. 25 f.
71 Vgl. HWGNRH-*Huke*, Rn. 26.
72 *LAG Frankfurt* 13.9.88, DB 90, 1092; a. A. HWGNRH-*Huke*, Rn. 30.
73 GK-*Raab*, Rn. 38; vgl. § 99 Rn. 210.
74 *Fitting*, Rn. 13; *LAG Schleswig-Holstein* 27.9.77, BB 78, 611.
75 HWGNRH-*Huke*, Rn. 32.
76 vgl. *BAG* 18.10.88, NZA 89, 183.
77 Zum Fall eines Teilbeschlusses analog § 301 Abs. 1 ZPO vgl. *LAG Köln* 8.11.83 – 6 TaBV 33/83

Die vorläufige Maßnahme ist nur dann aufzuheben, wenn sie aus sachlichen Gründen (Rn. 3) **offensichtlich nicht dringend** (Rn. 7) erforderlich (Rn. 6) war. Das Merkmal der Offensichtlichkeit bedeutet, dass bei objektiver Beurteilung der Sachlage klar zu erkennen war, dass kein dringender sachlicher Grund vorlag.[78] Auch wenn der Feststellungsantrag des AG nur darauf gerichtet ist, dass die Maßnahme aus sachlichen Gründen dringend erforderlich ist, darf er nur dann abgewiesen werden, wenn die Maßnahme offensichtlich nicht dringend erforderlich gewesen ist.[79] Im **Tenor der Gerichtsentscheidung** ist dies ausdrücklich auszusprechen, um die Rechtsfolge der Beendigung der Maßnahme gemäß Abs. 3 Satz 1 zweifelsfrei auszulösen.[80] Das ArbG hat diese Frage von Amts wegen zu prüfen und in der Beschlussformel auch dann zum Ausdruck zu bringen, wenn ein hierauf gerichteter Gegenantrag des BR nicht vorliegt.[81] 32

Für das ArbG gibt es **vier Entscheidungskombinationen**[82] hinsichtlich der Frage, ob die jeweilige Maßnahme als vorläufige und als endgültige Bestand hat: 33

- vorläufig: ja; endgültig: ja;
- vorläufig: ja; endgültig: nein;
- vorläufig: nein; endgültig: nein;
- vorläufig: nein; endgültig: ja.

Keine Probleme gibt es in den Fällen a) und c): Das eine Mal obsiegt der AG unter beiden Aspekten; er kann die Maßnahme aufrechterhalten.[83] Das andere Mal obsiegt der BR unter beiden Aspekten; die Maßnahme ist aufzuheben.[84]

Stellt das ArbG zwar fest, dass die Maßnahme als **vorläufige zulässig** war, ersetzt es jedoch **nicht die Zustimmung des BR** (Fall b), endet die Maßnahme gemäß Abs. 3 Satz 1.[85] Wird in diesem Falle die Ersetzung der Zustimmung rechtskräftig abgelehnt, ehe über die Berechtigung der vorläufigen Maßnahme entschieden ist, darf diese nicht mehr aufrechterhalten werden.[86] Der **Feststellungsantrag** wird **gegenstandslos,** das ihn betreffende Verfahren gemäß § 83 a Abs. 3 ArbGG eingestellt.[87] 34

Kommt das ArbG zu der Ansicht, dass die Maßnahme zwar als vorläufige offensichtlich **nicht dringend** erforderlich war, **ersetzt** es jedoch die **Zustimmung** des BR (Fall d), erledigt sich dem *BAG* zufolge der Feststellungsantrag des AG nach Abs. 2 Satz 3.[88] Hierzu wird zu Recht kritisch angemerkt, dass so eine zu Unrecht erfolgte und aufzuhebende vorläufige Maßnahme ohne Sanktion bleibt.[89] Dem wird man dadurch Rechnung tragen können, dass in jedem Fall der **BR einen Gegenantrag** (DKKWF-*Bachner,* § 100 Rn. 5). stellt, mit dem die Feststellung begehrt wird, dass die vorläufige Maßnahme nicht aus sachlichen Gründen dringend erforderlich war. Das hierauf gerichtete Feststellungsinteresse bleibt auch nach der Ersetzung der Zustimmung gemäß § 99 Abs. 4 bestehen. Die Entscheidung des ArbG kann als Grundlage künftiger Unterlassungsanträge des BR dienen (vgl. § 101 Rn. 22). 35

Ist über die **vorläufige Maßnahme vorab** rechtskräftig entschieden worden, dass sie offensichtlich nicht aus sachlichen Gründen dringend erforderlich war, darf sie gemäß Abs. 3 nicht mehr aufrechterhalten werden. Eine **neuerliche vorläufige Maßnahme aus neuen sachlichen Gründen** ist jedoch nicht ausgeschlossen. Dies gilt auch noch während des Laufs des gerichtichen Verfahrens[90]. Wegen der offenkundigen Missbrauchsmöglichkeit zur Konterkarierung 36

78 H. M.; *BAG* 7.11.77, EzA § 100 BetrVG 1972 Nr. 1; *Fitting,* Rn. 14; HWGNRH-*Huke,* Rn. 34.
79 *BAG* 7.11.77, a. a. O.
80 Vgl. *Matthes,* DB 89, 1288.
81 *BAG* 18.10.88, DB 89, 487; *Fitting,* Rn. 13 Buchst. d); HWGNRH-*Huke,* Rn. 34; zur Situation, dass das Gericht zwar die Zustimmung des BR gemäß § 99 Abs. 4 ersetzt, aber die vorläufige Maßnahme für unzulässig hält, GK-*Raab,* Rn. 41 f.
82 Vgl. *Fitting,* Rn. 13; HWGNRH-*Huke,* Rn. 33 ff.; *Lahusen,* NZA 89, 869.
83 *Fitting,* Rn. 13 Buchst. a; HWGNRH-*Huke,* Rn. 33.
84 *Fitting,* Rn. 13 Buchst. b; HWGNRH-*Huke,* Rn. 34.
85 *Fitting,* Rn. 13 Buchst. c; HWGNRH-*Huke,* Rn. 34; GK-*Raab,* Rn. 15.
86 *BAG* 27.1.87, EzA § 99 BetrVG 1972 Nr. 55; GK-*Raab,* Rn. 40.
87 *BAG* 18.10.88, DB 89, 435; *Matthes,* DB 89, 1288; vgl. Rn. 24.
88 *BAG* 19.6.84, AP Nr. 1 zu Art. 72 ZA-NATO-Truppenstatut; bestätigt 27.1.87, EzA § 99 BetrVG 1972 Nr. 55.
89 *Fitting,* Rn. 15; a. A. Richardi-*Thüsing,* Rn. 36, 36 a.
90 *LAG Hamm* 12.8.14, 7 – TaBV 29/14 juris.

des Verfahrens nach § 101 müssen sowohl neue sachliche Gründe als auch neue Tatsachen zur Begründung der Erforderlichkeit und Dringlichkeit einer erneuten vorläufigen Maßnahme vorliegen. Andernfalls steht die **Rechtskraft** der vorangegangenen Entscheidung entgegen, und über die Beendigung der Maßnahme ist im Verfahren gemäß § 101 zu entscheiden. In Fall eines neuen Verfahrens muss der AG eine erneute Information mit den entsprechenden Fristenläufen und einem erneuten Antrag nach Abs. 2 Satz 3 vornehmen. Bei offenkundigem Missbrauch, insbes. im Wiederholungsfall, muss die Möglichkeit einer **einstweiligen Verfügung** vor rechtskräftigem Abschluss eines Verfahrens nach § 101 gegeben sein (§ 101 Rn. 24).

37 Der Antrag gemäß **§ 99 Abs. 4 kann weiterverfolgt** werden, wenn der Dringlichkeitsantrag vorab negativ entschieden wurde.[91]

38 Nach den Ergebnissen der sog. Streitwertkommission (zu den Einzelheiten vgl. § 99 Rn. 271) wird das Verfahren nach § 100 BetrVG mit dem $^1/_2$ Wert des Verfahrens nach § 99 Abs. 4 BetrVG bewertet.

VI. Beendigung der vorläufigen Maßnahme

39 Die vorläufige personelle Maßnahme **endet,** wenn eine **rechtskräftige Entscheidung** darüber vorliegt, dass entweder

- die Zustimmung des BR nicht ersetzt wird oder
- die Maßnahme offensichtlich aus sachlichen Gründen nicht dringend erforderlich war (zum Problem, wenn gleichzeitig die Zustimmung ersetzt wird, vgl. Rn. 35).

Die **Rechtskraft** tritt, falls kein Rechtsmittel eingelegt wird, mit Ablauf der Beschwerde- bzw. Rechtsbeschwerdefrist ein. Wenn das LAG die Rechtsbeschwerde nicht zugelassen hat, tritt die Rechtskraft erst mit Ablauf der Frist für die Nichtzulassungsbeschwerde ein (§ 92 a i. V. m. § 72 a ArbGG).[92] Beschlüsse des BAG werden mit der Verkündung rechtskräftig.

40 Die **vorläufige Maßnahme endet mit** mit Ablauf von zwei Wochen **nach Rechtskraft der Entscheidung.** Der AG darf sie von diesem Zeitpunkt an nicht länger aufrechterhalten (Abs. 3 Satz 2). Ob das Ende der Maßnahme **automatisch** eintritt[93] oder einer **individualrechtlichen Gestaltungserklärung** bzw. eines Aufhebungsvertrags bedarf,[94] ist spiegelbildlich zu der Entscheidung darüber zu klären, was als personelle Maßnahme mitbestimmungspflichtig ist: Da dies nicht der zugrundeliegende Vertrag als solcher ist, sondern seine auf die Gestaltung der Arbeitssituation zielenden Elemente und (im Fall der Einstellung und Versetzung) die betriebliche Eingliederung sind (Rn. 37), so enden diese. Der AG darf den betroffenen AN ab diesem Zeitpunkt nicht mehr mit der ihm zugewiesenen Arbeit beschäftigen. Wenn der AG nicht in der Lage ist, dem AN im Rahmen des Arbeitsvertrags eine betriebsverfassungsrechtlich erlaubte Tätigkeit zuzuweisen, kommt er in Annahmeverzug; der AN behält trotz Nichtarbeit seinen Anspruch auf das Arbeitsentgelt (§ 615 BGB).

41 Hiervon zu unterscheiden ist das **Schicksal des Arbeitsvertrags bzw. seines Inhalts:** Im Falle einer rechtskräftig beendeten Einstellung kann der AG kündigen, und zwar fristlos, wenn der AN beim Abschluss des Arbeitsvertrags über die Bedenken des BR unterrichtet wurde, und fristgemäß bei fehlender Information.[95] Im Falle einer fristlosen Kündigung läuft die Frist des § 626 Abs. 2 ab Rechtskraft einer Entscheidung gemäß § 100 Abs. 3. Eine ordentliche Kündigung ist im Grundsatz als personenbedingte zulässig, so wie beim Fehlen einer Arbeitserlaubnis.[96] Eine **Beteiligung des BR gemäß § 102 Abs. 1 ist nicht mehr erforderlich** (§ 102 Rn. 24). Das Gleiche gilt hinsichtlich verbesserter Vertragsbedingungen im Zusammenhang mit einer unwirksamen Versetzung. Der Bestand des Arbeitsverhältnisses kann durch eine **auflösende Bedingung** an eine für den AG negative Gerichtsentscheidung geknüpft werden.[97]

---

91 *LAG Frankfurt* 3.12.85, AuR 87, 149.
92 Vgl. HWGNRH-*Huke,* Rn. 39.
93 *Fitting,* Rn. 18; *Richardi-Thüsing,* Rn. 50.
94 HWGNRH-*Huke,* Rn. 39 ff.
95 HWGNRH-*Huke,* Rn. 42; *WEH,* Teil I Rn. 265; *Boemke,* ZFA 92, 508; *Friesen,* BB 84, 677; nur in Ausnahmefällen für fristlose Kündigung *v. Hoyningen-Huene,* RdA 82, 205.
96 Vgl. *KDZ,* § 1 KSchG Rn. 174.; *Boemke,* ZfA 92, 508.
97 *BAG* 17.2.83, AP Nr. 79 zu § 620 BGB Befristeter Arbeitsvertrag; HWGNRH-*Huke,* Rn. 41.

Das **Verbot, eine** gemäß Abs. 3 Satz 1 beendete **Maßnahme aufrechtzuerhalten** (Abs. 3 Satz 2), heißt zum einen **Unterlassung** weiterer Beschäftigung des AN unter den als betriebsverfassungswidrig festgestellten Bedingungen, sei es im Betrieb schlechthin, sei es an dem unzulässigerweise zugewiesenen Arbeitsplatz.[98] Zum anderen kann **aktives Handeln** erforderlich werden: Im Fall einer Versetzung muss der AG den AN **zurückversetzen.**[99] Bei einer zu beendenden Eingruppierung bzw. Umgruppierung muss der AG die **unzulässige Eingruppierung zurücknehmen** und erneut unter Beteiligung des BR eingruppieren.[100] Inwieweit der AN individualrechtlich das auf Grund der unzulässigen Eingruppierung bezogene Entgelt weiter beanspruchen kann, hängt ebenfalls mit der Vertragsgestaltung zusammen: Wenn die Zahlung unter Vorbehalt des Ausgangs des Gerichtsverfahrens gemäß §§ 99, 100 erfolgte, endet die Verpflichtung zwei Wochen nach Rechtskraft. Ist sie ohne Vorbehalt oder auflösende Bedingung zugesagt worden, besteht der Anspruch auf entsprechende übertarifliche Bezahlung.[101] Es bleibt die Möglichkeit der Änderungskündigung unter den gleichen Bedingungen wie für eine Kündigung im Fall der beendeten Einstellung.[102] 42

Wenn der AG die Maßnahme zwei Wochen nach Rechtskraft **weiterhin aufrechterhält,** kann der BR das Verfahren gemäß **§ 101** betreiben (§ 101 Rn. 4). Aus der Tatsache, dass der die Maßnahme beendigende Beschluss gemäß Abs. 3 Satz 1 nicht unmittelbar vollstreckbar ist, sondern die Beseitigung des betriebsverfassungswidrigen Zustandes eines eigenen Verfahrens bedarf, kann die weitere Aufrechterhaltung der Maßnahme nicht gerechtfertigt werden. Darin liegt vielmehr eine **Pflichtverletzung des AG** gemäß § 23 Abs. 3 (vgl. § 23 Rn. 82). In einem schwerwiegenden Fall, insbes. bei wiederholten Verstößen, kann dies einen Unterlassungsanspruch des BR auslösen (§ 101 Rn. 22), mit dem dem AG im Wege des einstweiligen Verfügungsverfahrens untersagt wird, bestimmte vorläufige personelle Einzelmaßnahmen durchzuführen.[103] 43

§ 101 Zwangsgeld

Führt der Arbeitgeber eine personelle Maßnahme im Sinne des § 99 Abs. 1 Satz 1 ohne Zustimmung des Betriebsrats durch oder hält er eine vorläufige personelle Maßnahme entgegen § 100 Abs. 2 Satz 3 oder Abs. 3 aufrecht, so kann der Betriebsrat beim Arbeitsgericht beantragen, dem Arbeitgeber aufzugeben, die personelle Maßnahme aufzuheben. Hebt der Arbeitgeber entgegen einer rechtskräftigen gerichtlichen Entscheidung die personelle Maßnahme nicht auf, so ist auf Antrag des Betriebsrats vom Arbeitsgericht zu erkennen, dass der Arbeitgeber zur Aufhebung der Maßnahme durch Zwangsgeld anzuhalten sei. Das Höchstmaß des Zwangsgeldes beträgt für jeden Tag der Zuwiderhandlung 250 Euro.

Inhaltsübersicht

I. Vorbemerkungen

§ 101 dient der Sicherung des Mitbestimmungsrechts gemäß §§ 99, 100 mit dem Ziel, den AG dazu zu veranlassen, eine **betriebsverfassungswidrige personelle Maßnahme rückgängig** zu machen. Dem dient ein **zweistufiges Verfahren:** 1

- Führt der AG eine – endgültige oder vorläufige – personelle Maßnahme durch, ohne dem

98 HWGNRH-*Huke,* Rn. 45; für sofortige Suspendierung GK-*Raab,* Rn. 47.
99 HWGNRH-*Huke,* Rn. 43; Richardi-*Thüsing,* Rn. 51.
100 Vgl. *BAG* 20.12.88, NZA 89, 518; GK-*Raab,* Rn. 49.
101 HWGNRH-*Huke,* Rn. 43.
102 HWGNRH-*Huke,* Rn. 44; GK-*Raab,* Rn. 49; vgl. § 99 Rn. 217.
103 *LAG Köln* 19.3.04, EzA-SD, Nr. 15, 10.

BR gegenüber betriebsverfassungsrechtlich berechtigt zu sein, kann der BR beim ArbG beantragen, die Maßnahme aufzuheben (Satz 1; vgl. Rn. 4 ff.).

- Hebt der AG die Maßnahme dann trotzdem nicht auf, kann der BR die Festsetzung eines Zwangsgeldes beantragen (Satz 2; vgl. Rn. 13 ff.).

2 Antragsgegner ist der jeweilige Arbeitgeber; in einem **Gemeinschaftsbetrieb** ist dies in der Regel der Vertragsarbeitgeber.[1] Es handelt sich um ein besonderes Verfahren der Zwangsvollstreckung zur **Beseitigung eines rechtswidrigen Zustandes.** § 101 ist insofern eine Sondervorschrift gegenüber § 888 ZPO (§ 85 Abs. 1 ArbGG). Ob der BR seine **Zustimmung zu Recht verweigert** hat, ist für das Verfahren nach § 101 unbeachtlich.[2] Ebenso ist unbeachtlich, dass der Grund, auf den der BR seine Zustimmungsverweigerung gestützt hat, im Laufe des Aufhebungsverfahrens wegfällt.[3] Alles andere würde das Verfahren nach § 99 Abs. 4 überflüssig machen. Der AG könnte andernfalls die Maßnahme durchführen, um dann in einem vom BR ggf. eingeleiteten Verfahren nach § 101 die materielle Rechtmäßigkeit der Maßnahme prüfen zu lassen.

3 Ein Beschluss zur Aufhebung einer betriebsverfassungswidrigen Maßnahme kann mit der Beschwerde und ggf. Rechtsbeschwerde (Rn. 9), die nachfolgende Zwangsgeldfestsetzung mit der sofortigen Beschwerde (Rn. 17) angefochten werden.[4] Im Falle einer vorläufigen Maßnahme muss eine rechtskräftige Feststellung ihrer Unzulässigkeit vorliegen, wozu Entscheidungen in zwei, ggf. drei Instanzen erforderlich sein können (§ 100 Rn. 39). Vor dem Hintergrund durchaus missbrauchsanfälliger Vorschriften zur materiellen Rechtslage (§ 100 Rn. 1) ist deshalb neben einer strikten Handhabung des § 101 erhöhte Sensibilität für die Berechtigung einstweiligen Rechtsschutzes außerhalb dieser Vorschrift erforderlich (Rn. 24). Das gilt insbes. für befristete personelle Maßnahmen.

II. Verfahren zur Aufhebung der personellen Maßnahme

4 Der BR kann beim ArbG beantragen, dem AG zu **untersagen, die personelle Maßnahme aufrechtzuerhalten,**[5] wenn eine der nachfolgend aufgeführten drei Voraussetzungen gegeben ist (§ 101 Satz 1):

1. Der AG führt eine **endgültige Maßnahme ohne Zustimmung des BR** durch (Satz 1, 1. Alternative). Das bezieht sich auf folgende Fallgestaltungen:
   - der BR hat seine Zustimmung nicht erteilt (§ 99 Rn. 177),
   - sie gilt auch nicht wegen Fristablaufs als erteilt (§ 99 Rn. 179), was insbes. bei nicht ausreichender Information des BR der Fall ist (vgl. § 99 Rn. 170), oder
   - sie ist nicht gemäß § 99 Abs. 4 ersetzt worden (§ 99 Rn. 239). Dem steht gleich, dass der AG einen Antrag gemäß § 99 Abs. 4 zurückgenommen hat.
2. Der AG führt eine **vorläufige Maßnahme unter Verfahrensverstößen** durch. Das bezieht sich auf folgende Fallgestaltungen:
   - Der AG hat eine vorläufige Maßnahme durchgeführt, ohne den BR über die Unaufschiebbarkeit informiert zu haben. Die Information gemäß § 99 Abs. 1 allein reicht nicht aus.
   - Der AG hat über die vorläufige Maßnahme nicht unverzüglich (§ 100 Abs. 2 Satz 1; vgl. § 100 Rn. 14), also verspätet informiert.
   - Der AG hat zwar unverzüglich informiert, es jedoch unterlassen, innerhalb von drei Tagen nach Bestreiten der Dringlichkeit durch den BR das ArbG anzurufen (§ 100 Abs. 2 Satz 3, vgl. § 100 Rn. 26).
   - Der BR hat gemäß § 99 Abs. 3 die Zustimmung verweigert, jedoch der vorläufigen Maßnahme zugestimmt, und der AG hält sie aufrecht, ohne unverzüglich die Ersetzung der Zustimmung zu beantragen (vgl. § 100 Rn. 19).

---

1 So z. B. für eine Eingruppierung *BAG* 23.9.03, NZA 04, 800 ff.
2 *BAG* 16.7.85, AP Nr. 21 zu § 99 BetrVG 1972 mit zustimmender Anm. *Kraft*; 21.11.78, AP Nr. 3 zu § 101 BetrVG 1978 mit zust. Anm. *Richardi.*
3 *BAG* 20.11.90, DB 91, 1474.
4 Kritisch deshalb *Däubler,* Das Arbeitsrecht 1, Rn. 1067.
5 Vgl. DKKWF-*Bachner,* § 101 Rn. 1, 3.

- Der BR hat gemäß § 99 Abs. 3 die Zustimmung verweigert, aber verspätet der vorläufigen Maßnahme widersprochen, und der AG beantragt nicht innerhalb von drei Tagen die Ersetzung der Zustimmung.

3. Der AG hält eine Maßnahme **trotz rechtskräftiger (negativer) Gerichtsentscheidung** über die Ersetzung der Zustimmung oder die Berechtigung der vorläufigen Maßnahme gemäß § 100 Abs. 3 aufrecht.

§ 101 ist auch anwendbar, wenn eine personelle Maßnahme auf Grund der **Erweiterung der Mitbestimmung** (vgl. § 99 Rn. 31) der vollen Mitbestimmung des BR unterliegt und dieses Mitbestimmungsrecht nicht beachtet worden ist.[6] 5

Im Falle der **Ein- bzw. Umgruppierung** (vgl. DKKWF-*Bachner*, § 101 Rn. 4) ist zu beachten, dass es sich um einen Akt der Rechtsanwendung handelt, bei dem die Beteiligung des BR der Richtigkeitskontrolle dient (vgl. § 99 Rn. 74). Da die Ein- bzw. Umgruppierung selbst zu keiner tatsächlichen Veränderung der Verhältnisse im Betrieb führt, kann auch eine betriebsverfassungswidrige Ein- bzw. Umgruppierung nicht aufgehoben werden. Hat der AG eine notwendige Eingruppierung unterlassen, ist dem AG über § 101 zur Sicherung des Mitbestimmungsrechts aufzugeben – und so sind BR-Antrag bzw. ArbG-Beschluss zu tenorieren –, eine Eingruppierungsentscheidung vorzunehmen, die Zustimmung des BR zur vorgesehenen Eingruppierung nachträglich einzuholen und im Verweigerungsfalle durch das ArbG ersetzen zu lassen.[7] Ein Gegenantrag des AG (auf Zustimmung zur Eingruppierung in einem Verfahren nach § 101) ist demgegenüber unzulässig.[8] Der BR kann beantragen, dass dem im Zustimmungsersetzungsverfahren erfolglos gebliebenen AG aufgegeben wird, ein erneutes Beteiligungsverfahren einzuleiten, das die Eingruppierung in eine andere Vergütungsgruppe vorsieht.[9] Hält jedoch der BR eine mit seiner erklärten oder ersetzten Zustimmung erfolgte Eingruppierung nicht oder nicht mehr für zutreffend, so kann er vom AG nicht verlangen, dass dieser eine erneute Eingruppierungsentscheidung unter seiner Beteiligung trifft.[10] 6

Ziel des BR-Antrags gemäß Satz 1 ist die Aufhebung der betriebsverfassungswidrigen Maßnahme. Damit jedoch ein Titel vorliegt, der gemäß Satz 2 zu einem täglichen Zwangsgeld wegen Zuwiderhandlung (Rn. 15) führen kann, muss die **Antragstellung** bzw. die Entscheidung des ArbG dahin gehen, dass dem **AG untersagt wird, die personelle Maßnahme aufrechtzuerhalten.**[11] Der Titel nach § 101 ist deshalb ein **Unterlassungstitel**. Im Falle der Eingruppierung geht der Antrag dann dahin, dass der AG zu unterlassen habe, den AN weiterhin in eine zu bezeichnende Vergütungsgruppe eingruppiert zu lassen, ohne die Zustimmung des BR nachträglich einzuholen. Hat der AG keine Eingruppierung vorgenommen (§ 99 Rn. 77), ist zu beantragen, dass der AG zu unterlassen habe, den AN zu beschäftigen, ohne ihn einzugruppieren. 7

Für die Stellung des Antrags nach Satz 2 ist **keine Frist** vorgesehen. Das Antragsrecht kann jedoch **verwirkt** werden, wenn z. B. der BR eine betriebsverfassungswidrige personelle Einzelmaßnahme jahrelang wissentlich duldet, ohne einen Antrag nach § 101 zu stellen.[12] 8

Das ArbG entscheidet im **Beschlussverfahren** (§ 2 a Abs. 1 Nr. 1 ArbGG; Einl. Rn. 170 ff.). **Beteiligte** sind der BR und der AG, nicht aber der betroffene AN.[13] Gegen den Beschluss des ArbG ist **Beschwerde** zum LAG innerhalb einer Frist von einem Monat zulässig (§ 87 ArbGG). Die **Rechtsbeschwerde** gegen eine Entscheidung des LAG ist möglich, wenn sie zugelassen wurde (§ 92 i. V. m. § 72 Abs. 2 und 3 ArbGG; zur Rechtskraft vgl. § 100 Rn. 39). 9

Hebt der AG die Maßnahme während des Verfahrens nach § 101 **auf oder endet sie** auf andere Weise, muss der Antrag als unbegründet abgewiesen werden[14], wenn er aufrechterhalten bleibt. Um dies zu vermeiden, hat der BR zwei Möglichkeiten: 10

---

6 *BAG* 1.8.89, DB 90, 483.
7 *BAG* 14.4.10 – 7 ABR 91/08, juris.
8 *LAG Niedersachsen* 28.1.10 – 5 TaBV 65/09, juris.
9 *BAG* 3.5.94, BB 94, 2490; abw. GK-*Raab*, Rn. 8.
10 *BAG* 18.6.91, a. a. O.
11 *Matthes*, DB 89, 1289.
12 Vgl. *LAG Frankfurt* 24.4.84, BB 84, 1684; HWGNRH-*Huke*, Rn. 2; GK-*Raab*, Rn. 6.
13 H. M.; *BAG* 27.5.82, DB 82, 2410; *Fitting*, Rn. 6.
14 BAG 11.9.13, 7 ABR 29/12, juris; a. A. *LAG Schleswig-Holstein* 18.8.11 – 5TaBV10/11, juris: Antrag unzulässig wegen Wegfall des Rechtsschutzbedürfnisses.

- Er erklärt das Verfahren für **erledigt**.
- Er geht über zu einem **Feststellungsantrag,** um die Betriebsverfassungswidrigkeit des AG-Verhaltens für die Zukunft feststellen zu lassen.[15] Das ist jedoch nur im Verfahren vor dem ArbG und LAG, nicht mehr aber in der Rechtsbeschwerdeinstanz vor dem BAG möglich.

Unerheblich ist, dass der Zustimmungsverweigerungsgrund des BR im Laufe des Aufhebungsverfahrens wegfällt.[16]

11 Der Antrag des **BR** nach § 101 Satz 1 kann bereits als **Hilfsantrag** gestellt werden, wenn der AG ein Verfahren auf Ersetzung der Zustimmung und Feststellung der Dringlichkeit einer vorläufigen Maßnahme gemäß § 100 Abs. 2 Satz 3 einleitet. Der BR kann seinen Abweisungsantrag mit einem Antrag nach § 101 verbinden.[17] Das gilt auch gegenüber einem Antrag nach § 99 Abs. 4, falls die Maßnahme bereits als vorläufige durchgeführt worden ist.[18] Stellt dagegen der AG den Antrag nach § 99 Abs. 4 und wartet mit der Durchführung der Maßnahme noch ab, kann der Antrag gemäß § 101 nicht vorsorglich als Gegenantrag gestellt werden.[19]

12 Der **AG** kann seinen Abweisungsantrag gegen den BR-Antrag gemäß § 101 nicht mit einem **Hilfsantrag** verbinden, die fehlende Zustimmung des BR zu ersetzen,[20] weil dies zu einer Umgehung der verfahrensrechtlichen Beteiligungsrechte des BR führen würde (vgl. Rn. 1). Ebenso wenig kann er geltend machen, in Wahrheit fehle ein Zustimmungsverweigerungsgrund.[21]

III. Zwangsgeldverfahren

13 Hebt der AG auch entgegen einer rechtskräftigen Entscheidung gemäß Satz 1 (Rn. 9) die personelle Maßnahme nicht auf, so ist er auf Antrag des BR vom ArbG durch Verhängung eines **Zwangsgeldes** von höchstens 250 Euro für jeden Tag der Zuwiderhandlung hierzu anzuhalten (Satz 2). Sind mehrere AN in einem Verfahrenskomplex betroffen, so wird das Zwangsgeld für jeden einzelnen Fall verwirkt. Der AG hat die Konsequenz aus der Entscheidung gemäß Satz 1 unverzüglich zu ziehen.[22] Die Auffassung, dass vor Verhängung des Zwangsgeldes in analoger Anwendung des § 100 Abs. 3 nochmals **zwei Wochen verstrichen** sein müssen,[23] hat keine Stütze im Wortlaut des Gesetzes.[24] Das Schutzbedürfnis des von der Rückgängigmachung möglicherweise negativ betroffenen AN[25] wird auf der Ebene seines Arbeitsverhältnisses gewahrt (Kündigungsfrist, Annahmeverzug des AG, Schadensersatz; vgl. § 100 Rn. 41). In jedem Fall kommt eine weitere Zweiwochenfrist nicht in Betracht, wenn der Antrag gemäß § 101 als weiterer Gegenantrag des BR gegen den Antrag des AG auf Zustimmungsersetzung und Billigung der vorläufigen Maßnahme gemäß § 100 Abs. 2 Satz 3 (§ 100 Rn. 27) gestellt wurde. Dann setzt die Möglichkeit der Verhängung von Zwangsgeld mit fruchtlosem Ablauf der Zweiwochenfrist des § 100 Abs. 3 Satz 1 ein.

14 Das Gesetz sieht **keine Frist** für die Stellung des Antrages nach Satz 2 vor. Da diese Sanktion indes erst einsetzt, wenn der AG die Maßnahme trotz rechtskräftiger Entscheidung gemäß Satz 1 nicht aufhebt, muss dieser Zeitpunkt sowie die Weigerung des AG zur Aufhebung der Maßnahme abgewartet werden. Jedoch kann die **Androhung des Zwangsgeldes** bereits mit dem Antrag nach Satz 1 beantragt und im Beschluss des ArbG ausgesprochen werden.[26] Wenn der BR mit der Stellung des Antrages zu lange wartet, kann er sein Recht hierzu unter den gleichen Umständen wie hinsichtlich des Antrages gemäß Satz 1 verwirken (Rn. 8).

15 *Fitting,* Rn. 5.
16 *BAG* 20.11.90, DB 91, 1474; vgl. Rn. 1.
17 H. M.; *Fitting,* Rn. 6.
18 HWGNRH-*Huke,* Rn. 11; GK-*Raab,* Rn. 13.
19 *BAG* 18.7.1978, AP Nr. 1 zu § 101 BetrVG 1972; vgl. Richardi-*Thüsing,* Rn. 13.
20 *BAG* 20.2.01, DB 01, 2054.
21 *BAG* 18.7.78, 21.11.78, AP Nrn. 1 und 3 zu § 101 BetrVG 1972.
22 *Fitting,* Rn. 7.
23 *Fitting,* Rn. 7; HWGNRH-*Huke,* Rn. 12; GK-*Raab,* Rn. 13; Richardi-*Thüsing,* Rn. 23.
24 Vgl. MünchArbR-*Matthes,* § 346 Rn. 20.
25 Vgl. HWGNRH-*Huke,* Rn. 12.
26 *LAG Frankfurt* 3.6.88, DB 89, 536; a. A. *v. Hoyningen-Huene/Boemke,* S. 191; a. A. GK-*Raab,* Rn. 17.

Das AG verhängt das **Zwangsgeld** durch **Beschluss** nach freiem, pflichtgemäßem Ermessen.[27] Verschulden des AG ist nicht erforderlich.[28] Einer vorherigen Androhung bedarf es nicht.[29] Das Zwangsgeld kann schon in der Entscheidung gemäß Satz 1 angedroht werden.[30] Die Entscheidung ergeht ohne mündliche Verhandlung durch Beschluss des Vorsitzenden der zuständigen Kammer (§ 891 ZPO; § 53 ArbGG).[31] § 85 Abs. 1 ArbGG stellt klar, dass der AG als Schuldner des Vollstreckungsverfahrens gilt und der BR als Gläubiger. Zwangshaft anstelle des Zwangsgeldes scheidet aus (§ 85 Abs. 1 S. 2 ArbGG). **15**

Dem **AG** ist Gelegenheit zur mündlichen oder schriftlichen Äußerung zu geben. Die ihm noch möglichen **Einwendungen** können sich in der Regel nur darauf erstrecken, dass er die Maßnahme in der Zwischenzeit bereits durchgeführt oder der BR seinen Antrag zurückgenommen hat.[32] Der AG kann die Beitreibung eines bereits festgesetzten Zwangsgeldes jedoch nur ab dem Zeitpunkt abwenden, ab dem er die Maßnahme tatsächlich aufgehoben hat. In Ausnahmefällen ist **Vollstreckungsgegenklage** mit dem Antragsziel der Einstellung der Zwangsvollstreckung möglich, wenn der AG die zunächst rechtskräftig untersagte Maßnahme wegen veränderter tatsächlicher Umstände erneut vorläufig vornimmt (§ 99 Rn. 209; § 100 Rn. 37). Die Vollstreckungsgegenklage ist jedoch nur erfolgreich, wenn die erneut vorgenommene Maßnahme sowohl als vorläufige wie als endgültige bei summarischer Prüfung offenkundig als berechtigt angesehen werden kann. Im Zweifel ist die Zwangsvollstreckung fortzuführen. Die **Vollstreckung** des Zwangsgeldes erfolgt von Amts wegen gemäß §§ 704 ff. ZPO. Vollstreckungsbehörde ist der Vorsitzende des ArbG.[33] Die Beträge fließen der Staatskasse zu.[34] **16**

Gegen den Zwangsgeldbeschluss findet die **sofortige Beschwerde** zum *LAG* statt (§ 85 Abs. 1 ArbGG i. V. m. §§ 793, 577 ZPO). Die Entscheidung kann ohne mündliche Verhandlung durch den Vorsitzenden der zuständigen Kammer des LAG ergehen.[35] Eine weitere Beschwerde findet nicht statt (§ 78 Abs. 2 ArbGG). **17**

Eine einem Rechtsanwalt von einem Betriebsrat zur Führung eines Beschlussverfahrens zur Aufhebung einer personellen Maßnahme durch den Arbeitgeber gemäß § 101 Satz 1 BetrVG erteilte **Prozessvollmacht umfasst** regelmäßig auch **die Stellung eines Zwangsgeldantrages** gemäß § 101 Satz 2 BetrVG nach der Rechtskraft eines dem ersten Antrag stattgebenden Beschlusses. Es bedarf für den Zwangsgeldantrag keiner erneuten Beschlussfassung des Betriebsrats.[36] **18**

IV. Unterlassungsanspruch und einstweilige Verfügung des BR

Mit dem Verfahren nach § 101 kann lediglich ein betriebsverfassungswidriger Zustand für die Zukunft beendet werden. Deshalb stellt sich die Frage der **Sicherung künftiger Mitbestimmungsansprüche** nicht anders als für andere Bereiche des BetrVG (vgl. § 23 Rn. 196 ff.). Ihre Klärung ist von jeher belastet gewesen durch die unzulässig generalisierende Charakterisierung des § 101 als einer Spezialvorschrift, neben der andere Verfahren zur Mitbestimmungssicherung keinen Platz hätten. Diese Auffassung hat das BAG zwischenzeitlich (teilweise) bestätigt (vgl. Rn. 22). In einem anderen Bereich ist das BAG dieser Sichtweise entgegengetreten (vgl. Rn. 20). **19**

Bei groben Verstößen gegen das Mitbestimmungsrecht des BR des § 99 kann dieser daher **gemäß § 23 Abs. 3 deren Unterlassung für die Zukunft** beantragen (Einzelheiten bei § 23 Rn. 262 ff.). § 23 Abs. 3 wird diesbezüglich nicht durch § 101 verdrängt.[37] Streitfälle mit un- **20**

27 *Fitting,* Rn. 10.
28 HWGNRH-*Huke,* Rn. 14; *Fitting,* Rn. 11.
29 *Fitting,* Rn. 10; Richardi-*Thüsing,* Rn. 25.
30 *LAG Frankfurt* 3.6.88, DB 89, 536, für eine Entscheidung nach § 23 Abs. 3; *Fitting,* § 23 Rn. 12.
31 GK-*Raab,* Rn. 19.
32 HWGNRH-*Huke,* Rn. 14.
33 *Fitting,* Rn. 10.
34 *Fitting,* Rn. 10; HWGNRH-*Huke,* Rn. 15.
35 *Grunsky,* § 78 Rn. 4.
36 *Hess. LAG* 13.2.09 – 4 TaBV 717/08, juris.
37 *BAG* 17.3.87, DB 87, 2051; 26.1.88, EzA § 99 BetrVG 1972 Nr. 58; vgl. a. *LAG Köln* 19.3.04, EzA-SD Nr. 15, 10.

geklärter Rechtslage bilden in aller Regel keine Grundlage für ein Verfahren nach § 23 Abs. 3.[38] Demgegenüber werden vor allem wiederholte Verstöße in der Vergangenheit einen solchen Unterlassungsanspruch auslösen.[39] In dieser Hinsicht gewinnen frühere vom BR durchgeführte **Feststellungsverfahren** hinsichtlich des Vorliegens und der Reichweite seines Mitbestimmungsrechts bei wiederkehrenden, typischen Situationen große Bedeutung (vgl. § 99 Rn. 224). Steht z. B. auf Grund gerichtlicher Entscheidung fest, dass

- eine bestimmte Maßnahme der Zustimmung des BR bedarf oder
- eine bestimmte Begründung der Zustimmungsverweigerung beachtlich ist (vgl. § 99 Rn. 263),

so kommt immer ein entsprechender Unterlassungsantrag in Betracht. Adressat der titulierten Unterlassungsverpflichtung, es zu unterlassen, Einstellungen von Mitarbeiter/innen vorzunehmen, wenn der Betriebsrat gemäß § 99 Abs. 2 BetrVG der Maßnahme seine Zustimmung verweigert hat und die Arbeitgeberin kein Verfahren gemäß den §§ 99, 100 BetrVG beim Arbeitsgericht eingeleitet hat, ist nicht der Arbeitgeber in einem höchstpersönlichen Sinn, sondern in seiner typischen Eigenschaft als Betriebsinhaber, so dass eine Titelumschreibung auf den Betriebserwerber möglich ist.[40]

21 Der **Unterlassungsantrag** muss diejenige Handlung genau bezeichnen, deren Unterlassung dem AG aufgegeben werden soll (z. B. immer wiederkehrende Maßnahmen, wie die Einstellung bestimmter Beschäftigtengruppen). Damit der Antrag **vollstreckungsfähig** ist, muss dem AG untersagt werden, eine bestimmte Maßnahme vorzunehmen, ohne vorher den BR unterrichtet oder dessen Zustimmung erhalten zu haben. Deshalb ist es z. B. unzulässig zu beantragen, dem AG aufzugeben, den BR vor jeder Versetzung zu unterrichten, denn hier handelt es sich um einen bloßen **Globalantrag**. Im Falle kurzfristiger Arbeitseinsätze müsste der BR beantragen, dem AG zu untersagen, Aushilfskräfte für nur wenige Tage zu beschäftigen, ohne dass die Zustimmung des BR erteilt oder durch das ArbG ersetzt worden ist.[41] Ein Antrag ist unbegründet, wenn das umstrittene Beteiligungsrecht nicht für alle von ihm erfassten Vorgänge bejaht oder verneint werden kann.[42]

22 Das BAG vertritt zwischenzeitlich die Auffassung, **§ 101** sei **bezüglich einstweiliger Verfügungen** zur Sicherung des Mitbestimmungsrechts des BR eine **Spezialvorschrift,** die die Anwendung des § 85 Abs. 2 ArbGG (für eine **Unterlassungsverfügung**) ausschließe.[43] Ein Unterlassungsanspruch des BR bestünde auch dann nicht, wenn zu erwarten stehe, dass der AG das Verfahren nach §§ 99 Abs. 1 S. 1, 100 Abs. 2 BetrVG vor der tatsächlichen Durchführung der Maßnahme nicht einhalte. Dies wird im Wesentlichen damit begründet, dass im Bereich personeller Einzelmaßnahmen das BetrVG mit § 101 auf nachträgliche Beseitigung und nicht auf vorläufige Unterlassung der Störung abziele. Wegen dieser »systematischen« Grundentscheidung des Gesetzgebers sei ein allg. Unterlassungsanspruch im Bereich pers. Einzelmaßnahmen nicht mit dem BetrVG vereinbar. Das BAG schafft damit gerade im Bereich kurzfristiger Maßnahmen arbeitgeberseitig erheblichen Handlungsspielraum für Rechtsmissbrauch, der einer gerichtlichen Überprüfung und damit einem effektiven Rechtschutz in Wahrheit entzogen wird. Dies nimmt das Gericht ausdrücklich in Kauf. Allerdings bleibt auch **nach Auff. des BAG** in seiner Entscheidung vom 23.6.2009 eine **einstw. Leistungsverfügung** zur Sicherung des gesetzlichen Aufhebungsanspruchs nach § 101 S. 1 **nicht ausgeschlossen.** Dieser Anspruch zielt auf Sicherung des Folgenbeseitigungsanspruchs aus § 101 S. 1. Jedenfalls bei kurzfristigen personellen Einzelmaßnahmen, die sich vor Eintritt der Rechtskraft der gerichtlichen Entscheidung durch Zeitablauf erledigen, besteht dann eine Schutzlücke, wenn der AG den BR nicht um Zustimmung zu der Maßnahme ersucht oder bei fehlender Zustimmung des BR das Verfahren nach § 100 BetrVG nicht einleitet. Dann verstößt der AG grob gegen seine gesetzlichen Verpflichtungen i. S. von § 23 BetrVG, so dass der BR auch im Wege der einstw. Leistungsverfügung vorgehen kann.[44]

---

38 *BAG* 14.11.89, NZA 90, 357; *LAG Hamm* 25.9.09 – 10 TaBV 21/09, juris; *Matthes*, DB 89, 1285, 1289.
39 *Fitting*, Rn. 12.
40 Vgl. *LAG Köln* 18.8.10 – 11 Ta 336/09 – juris.
41 *BAG* 17.3.87, DB 87, 2051, 2052.
42 *BAG* 6.12.94, AuA 96, 68; 28.9.88, DB 89, 386; 6.12.94, NZA 95, 488.
43 *BAG* 23.6.09, 1 ABR 23/08 juris.
44 So auch *Fitting* § 99 Rn. 298.

23 Das BAG lässt bei seiner Betrachtung außer Acht, dass für § 99 in § 100 lediglich eine Möglichkeit der vorläufigen Vornahme einer personellen Maßnahme durch den AG enthalten ist und deshalb lediglich eine einstweilige **Verfügung auf Antrag des AG** zur Ersetzung der Zustimmung des BR gemäß § 99 Abs. 4 ausgeschlossen ist (§ 99 Rn. 241). Was die **Sicherung der BR-Rechte** angeht, enthalten die §§ 100, 101 gerade keine Regelung eines einstweiligen Rechtsschutzes. § 101 »sichert die Einhaltung des personellen Mitbestimmungsrechts in den Fällen, in denen der AG entgegen einer rechtskräftigen gerichtlichen Entscheidung eine personelle Maßnahme aufrechterhält«[45] – nicht weniger, aber auch nicht mehr! Die Frage des einstweiligen Rechtsschutzes auf Seiten des Betriebsrats wird mit dieser Vorschrift daher weder hinsichtlich des der Folgenbeseitigung dienenden Verfahrens gemäß § 101 noch für zeitlich davor liegende Verfahrensabschnitte angesprochen und damit auch nicht speziell geregelt. Das ist mittelbar auch § 85 ArbGG zu entnehmen, der in Abs. 1 zunächst ausdrücklich bestimmte Aspekte des Verfahrens nach § 101 regelt, um danach in Abs. 2 uneingeschränkt davon zu sprechen, dass der Erlass einer einstweiligen Verfügung zulässig ist. Daraus folgt gemäß der allgemeinen prozessualen Maxime, dass zur Sicherung der Beteiligungsrechte des BR eine einstweilige Verfügung ergehen kann:[46] Dieses Ergebnis ist letztlich auch geboten, um angesichts der Möglichkeit des AG zur vorläufigen Vornahme einer personellen Maßnahme Chancengleichheit, Rechtsweggarantie und **effektiven Rechtsschutz** zugunsten des BR zu wahren (s. Einl. Rn. 187 ff.). So hat z. B. das *LAG Düsseldorf*[47] den allgemeinen Unterlassungsanspruch des BR bei kurzfristigen Einstellungen (kürzer als 1 Monat) ohne vorherige Zustimmung des BR anerkannt, sofern nicht die Maßnahmen als vorläufige Maßnahmen nach § 100 zulässig sind (aufgehoben durch *BAG*, vgl. Rn. 22).

24 In der **Rspr.** sind einstweilige Verfügungen zu §§ 99, 100 in folgenden **Fällen** ergangen bzw. für möglich erachtet worden (vgl. aber Rn. 21):

- *LAG Köln*:[48] grundsätzliche Möglichkeit bei befristeten Maßnahmen, die vor Abschluss eines Beschlussverfahrens enden;
- *ArbG Frankfurt*:[49] Aufhebung einer unter Missachtung des Mitbestimmungsrechts nach §§ 99, 100 ergangenen personellen Maßnahme (auch im Arbeitskampf; vgl. § 99 Rn. 24);
- *ArbG Regensburg*:[50] Aufhebung gemäß § 101 bei Eilbedürftigkeit (auch im Arbeitskampf; vgl. § 99 Rn. 24);
- *ArbG Frankfurt*:[51] Nennung der Namen von AN, die innerhalb des Konzerns versetzt werden (§ 99 Rn. 19);
- *LAG Frankfurt*:[52] Unterlassung bei gleichzeitiger Verletzung des Mitbestimmungsverfahrens gemäß § 87 (vgl. § 99 Rn. 59);
- *LAG Frankfurt*:[53] grundsätzliche Unzulässigkeit, aber zu erwägen gegeben für »krasse Fälle« (z. B. bei kurzfristigen Maßnahmen und/oder offenkundig bestehendem Zustimmungsverweigerungsrecht);
- *LAG Frankfurt*:[54] Unterlassung kurzfristigen Personaleinsatzes an Samstagen, weil die Maßnahme in einem Hauptverfahren niemals vor ihrer Beendigung geklärt werden könne;
- *LAG Frankfurt*:[55] Sicherungsverfügung auch im Arbeitskampf (vgl. § 99 Rn. 24), jedoch kein Einstellungs- und Beschäftigungsverbot während des Streiks;
- *ArbG Hameln*:[56] Unterlassung kurzfristigen AN-Einsatzes von Fremdfirmen (s. § 99 Rn. 57 ff.); einstweilige Verfügung dann, wenn der AG das Mitbestimmungsrecht des BR leugnet und die Maßnahme auf einen kurzen Zeitraum befristet ist;

45 RegE, BT-Drucks. VI/1786.
46 *Grunsky*, § 85 Rn. 14.
47 29.2.08 – 9 TaBV 91/07.
48 31.8.84, AuR 87, 115.
49 13.11.85, AuR 86, 157.
50 31.7.86, AiB 89, 220 = AuR 87, 187.
51 26.2.87, NZA 87, 757.
52 11.8.87, LAGE § 23 BetrVG 1972 Nr. 12.
53 15.12.87, NZA 89, 232.
54 19.4.88, LAGE § 99 BetrVG 1972 Nr. 17.
55 22.2.90, DB 91, 707.
56 12.10.90, DB 90, 2611.

- *ArbG Münster:*[57] grundsätzlich keine einstweilige Verfügung zur Untersagung einer vorläufigen Maßnahme, jedoch dann, wenn der AG durch wiederholte kurzfristige Einstellungen das Mitbestimmungsrecht des BR systematisch missachtet;
- *LAG Niedersachsen:*[58] Unterlassung einer vorläufigen personellen Maßnahme gemäß § 100 nur in »krassen Fällen« gesetzwidrigen Verhaltens des AG.
- *LAG Köln:*[59] Bei wiederholten Verstößen kann dies einen Unterlassungsanspruch des BR auslösen, mit dem dem AG im Wege des einstweiligen Verfügungsverfahrens untersagt wird, bestimmte vorläufige personelle Einzelmaßnahmen durchzuführen.

25 Nach den Ergebnissen der sog. **Streitwertkommission** (zu den Einzelheiten vgl. § 99 Rn. 271) wird das Verfahren nach § 101 BetrVG wie das Verfahren nach § 99 Abs. 4 bewertet.
Bei Massenverfahren mit wesentlich gleichem Sachverhalt, insbesondere bei einer einheitlichen unternehmerischen Maßnahme und parallelen Zustimmungsverweigerungsgründen und/oder vergleichbaren Eingruppierungsmerkmalen, ist ein linearer Anstieg des Gesamtwerts vorzunehmen, wobei als Anhaltspunkt folgende Staffelung vorgesehen ist:

- beim 2. bis einschl. zum 20. parallel gelagerten Fall wird für jeden Arbeitnehmer der für den Einzelfall ermittelte Ausgangswert mit 25 % bewertet,
- beim 21. bis einschl. zum 50. parallel gelagerten Fall wird für jeden Arbeitnehmer der für den Einzelfall ermittelte Ausgangswert mit 12,5 % bewertet,
- ab dem 51. parallel gelagerten Fall wird für jeden Arbeitnehmer der für den Einzelfall ermittelte Ausgangswert mit 25 % bewertet.

Das gilt unabhängig davon, ob die Verfahren in einem oder in verschiedenen Beschlussverfahren geführt werden; ggf. ist eine Quotelung auf die einzelnen Verfahren vorzunehmen.

§ 102 Mitbestimmung bei Kündigungen

(1) Der Betriebsrat ist vor jeder Kündigung zu hören. Der Arbeitgeber hat ihm die Gründe für die Kündigung mitzuteilen. Eine ohne Anhörung des Betriebsrats ausgesprochene Kündigung ist unwirksam.

(2) Hat der Betriebsrat gegen eine ordentliche Kündigung Bedenken, so hat er diese unter Angabe der Gründe dem Arbeitgeber spätestens innerhalb einer Woche schriftlich mitzuteilen. Äußert er sich innerhalb dieser Frist nicht, gilt seine Zustimmung zur Kündigung als erteilt. Hat der Betriebsrat gegen eine außerordentliche Kündigung Bedenken, so hat er diese unter Angabe der Gründe dem Arbeitgeber unverzüglich, spätestens jedoch innerhalb von drei Tagen, schriftlich mitzuteilen. Der Betriebsrat soll, soweit dies erforderlich erscheint, vor seiner Stellungnahme den betroffenen Arbeitnehmer hören. § 99 Abs. 1 Satz 3 gilt entsprechend.

(3) Der Betriebsrat kann innerhalb der Frist des Absatzes 2 Satz 1 der ordentlichen Kündigung widersprechen, wenn

1. **der Arbeitgeber bei der Auswahl des zu kündigenden Arbeitnehmers soziale Gesichtspunkte nicht oder nicht ausreichend berücksichtigt hat,**
2. **die Kündigung gegen eine Richtlinie nach § 95 verstößt,**
3. **der zu kündigende Arbeitnehmer an einem anderen Arbeitsplatz im selben Betrieb oder in einem anderen Betrieb des Unternehmens weiterbeschäftigt werden kann,**
4. **die Weiterbeschäftigung des Arbeitnehmers nach zumutbaren Umschulungs- oder Fortbildungsmaßnahmen möglich ist oder**
5. **eine Weiterbeschäftigung des Arbeitnehmers unter geänderten Vertragsbedingungen möglich ist und der Arbeitnehmer sein Einverständnis hiermit erklärt hat.**

(4) Kündigt der Arbeitgeber, obwohl der Betriebsrat nach Absatz 3 der Kündigung widersprochen hat, so hat er dem Arbeitnehmer mit der Kündigung eine Abschrift der Stellungnahme des Betriebsrats zuzuleiten.

(5) Hat der Betriebsrat einer ordentlichen Kündigung frist- und ordnungsgemäß wider-

---

57 19.12.90, DB 91, 103.
58 25.7.95, NZA-RR 96, 217.
59 19.3.04, EzA-SD Nr. 15, 10.

sprochen und hat der Arbeitnehmer nach dem Kündigungsschutzgesetz Klage auf Feststellung erhoben, dass das Arbeitsverhältnis durch die Kündigung nicht aufgelöst ist, so muss der Arbeitgeber auf Verlangen des Arbeitnehmers diesen nach Ablauf der Kündigungsfrist bis zum rechtskräftigen Abschluss des Rechtsstreits bei unveränderten Arbeitsbedingungen weiterbeschäftigen. Auf Antrag des Arbeitgebers kann das Gericht ihn durch einstweilige Verfügung von der Verpflichtung zur Weiterbeschäftigung nach Satz 1 entbinden, wenn

1. die Klage des Arbeitnehmers keine hinreichende Aussicht auf Erfolg bietet oder mutwillig erscheint oder

2. die Weiterbeschäftigung des Arbeitnehmers zu einer unzumutbaren wirtschaftlichen Belastung des Arbeitgebers führen würde oder

3. der Widerspruch des Betriebsrats offensichtlich unbegründet war.

(6) Arbeitgeber und Betriebsrat können vereinbaren, dass Kündigungen der Zustimmung des Betriebsrats bedürfen und dass bei Meinungsverschiedenheiten über die Berechtigung der Nichterteilung der Zustimmung die Einigungsstelle entscheidet.

(7) Die Vorschriften über die Beteiligung des Betriebsrats nach dem Kündigungsschutzgesetz bleiben unberührt.

Inhaltsübersicht

I. Vorbemerkungen (Zweck der Vorschrift)

1 Die Kündigung ist die einschneidendste **personelle Einzelmaßnahme**. Die Beteiligung des BR im Falle einer Kündigung unterscheidet sich jedoch von der Beteiligung bei den sonstigen personellen Einzelmaßnahmen gemäß § 99 grundlegend. Bei Einstellungen, Versetzungen, Ein- und Umgruppierungen gemäß § 99 darf der AG nur nach vorheriger, ggf. gerichtlich ersetzter Zustimmung des BR handeln; die Beteiligungsform des § 102 schwächer ausgeprägt: **Der BR ist vor jeder Kündigung zu hören** (Abs. 1 Satz 1). Ein Widerspruch des BR hindert den AG nicht am Ausspruch der Kündigung (Rn. 248). Lediglich für die außerordentliche Kündigung von Funktionsträgern der Betriebsverfassung bedarf es der darüber hinaus gehenden Zustimmung des BR (§ 103).

2 Die Beteiligung des BR im Hinblick auf eine beabsichtigte Kündigung erlangt Bedeutung wegen ihrer Verknüpfung mit der **individualrechtlichen Kündigungsberechtigung** und deren prozessualer Durchsetzung:

- Eine **ohne Anhörung des BR ausgesprochene Kündigung ist unwirksam** (Abs. 1 Satz 3, Rn. 253 ff.).
- Ein (ordnungsgemäßer) Widerspruch des BR gemäß Abs. 3 löst den Anspruch des AN auf **vorläufige Weiterbeschäftigung** während des Kündigungsschutzprozesses aus (Abs. 5; Rn. 270 ff.), von dem der AG nur beim Vorliegen besonderer Gründe (z. B. offensichtlich unbegründeter Widerspruch, Abs. 5 Nr. 3) entbunden werden kann.
- Hat der BR aus einem der Gründe des Abs. 3 Nr. 2 bis 5 (begründet) widersprochen, so liegt ein sog. **absoluter Sozialwidrigkeitsgrund** hinsichtlich der Kündigung vor, den der AN im Kündigungsschutzprozess geltend machen kann (§ 1 Abs. 2 Sätze 2 und 3 KSchG, Rn. 260).

Der praktische und rechtliche Schwerpunkt der Anwendung von § 102 liegt deshalb in der Frage, wann eine ordnungsgemäße Anhörung (Rn. 46 ff.) und wann ein ordnungsgemäßer und nicht offensichtlich unbegründeter Widerspruch des BR vorliegt (Rn. 192 ff.).

Der **Zweck der Vorschrift** (zum Gesamtsystem des arbeitsrechtlichen Bestandsschutzes vgl. 3
DKKWF-*Bachner,* § 102 Rn. 1) ist zum einen »wegen der einschneidenden Bedeutung der Kündigung für den AN die verstärkte Einschaltung des BR«.[1] Zum anderen soll auf der kollektiven Ebene sichergestellt werden, dass der BR bei allen Maßnahmen eingeschaltet wird, die die personelle Zusammensetzung der Belegschaft betreffen.[2] § 102 hat daher eine kollektive und eine individualrechtliche Schutzfunktion.[3] Die vorherige Anhörung des BR als striktes Wirksamkeitserfordernis einer Kündigung soll sicherstellen, dass der AG sich vor der Entscheidung für die Kündigung in jedem Falle mit etwaigen Einwänden des BR auseinander setzt. Außerdem soll der BR auch auf die Willensentscheidung des AG Einfluss nehmen, ob die Kündigungsbefugnis tatsächlich ausgeübt werden soll oder ob es – trotz möglichen Vorliegens eines Kündigungsgrundes – etwa aus sozialen Erwägungen oder Zweckmäßigkeitsgründen richtiger wäre, von einer Kündigung Abstand zu nehmen.[4] Insofern ist die Anhörung ein stärkeres Beteiligungsrecht als die bloße Unterrichtung gemäß § 105.[5] § 102 hat **präventiven Charakter**. Darüber hinaus sollen die Widerspruchsgründe wegen der größeren Sachnähe und des besseren betrieblichen Überblicks des BR den individuellen Kündigungsschutz verstärken. Mit der vorläufigen Weiterbeschäftigung gemäß Abs. 5 soll schließlich »im Grundsatz der Bestandsschutz des Arbeitsverhältnisses während des Kündigungsschutzverfahrens« gesichert werden.[6]

II. Anwendungsbereich (Abs. 1)

1. Geschützter Personenkreis

§ 102 gilt für die **Beschäftigten** derjenigen Wirtschaftsbereiche, die unter das BetrVG fallen 4
(vgl. § 130), sofern das Gesetz auf sie Anwendung findet (§ 5 Abs. 2 und 3; zu leitenden Angestellten s. Rn. 9). Er erfasst mithin **alle AN** (Arbeiter, Angestellte, zu ihrer Berufsausbildung Beschäftigte, § 5 Abs. 1). Auch sofern **Mandatsträgern** der Betriebsverfassung wegen Betriebsstilllegung gemäß § 15 Abs. 4 KSchG ordentlich gekündigt werden darf,[7] ist der BR gemäß § 102 zu hören.[8]

Die **Art des Arbeitsverhältnisses** ist unerheblich. Es kann sich um ein Probe- oder Aushilfs- 5
arbeitsverhältnis handeln oder um eine Teilzeitbeschäftigung (auch in Form sog. geringfügiger Beschäftigung i. S. d. § 8 SGB IV). Unerheblich ist auch eine besonders **kurze Kündigungsfrist.**[9] Sofern die Kündigung eines befristeten Arbeitsverhältnisses zulässig ist, gilt für diese Kündigung ebenfalls § 102.

---

1 Bericht des Ausschusses für Arbeit und Sozialordnung, zu BT-Drucks. VI/2729, S. 7.
2 *BAG* 9.11.77, EzA § 102 BetrVG 1972 Nr. 31; vgl. *Bitter,* NZA 91, Beil. 3, 16; *Rinke,* NZA 98, 77.
3 *BAG* 18.9.75, EzA § 102 BetrVG 1972 Nr. 17.
4 *BAG* 19.1.83, EzA § 102 BetrVG 1972 Nr. 50.
5 *BAG* 19.8.75, 18.9.75, EzA § 102 BetrVG 1972 Nrn. 16, 17.
6 Vgl. Bericht Ausschuss für Arbeit und Sozialordnung, BT-Drucks. VI/2729, S. 7.
7 Vgl. *KDZ,* § 15 KSchG Rn. 79
8 *BAG* 29.3.77, EzA § 102 BetrVG 1972 Nr. 27.
9 Zur Eintagesfrist *LAG Hamm* 5.7.95, BB 96, 952.

6 Die Anhörungspflicht des § 102 Abs. 1 gilt auch für AN, auf die das **KSchG keine Anwendung** findet, insb. also auch während einer vereinbarten sechsmonatigen Probezeit.[10] Da der AG für eine Kündigung in diesem Falle keinen der sozialen Rechtfertigungsgründe des § 1 Abs. 2 KSchG zu bemühen braucht, wird es besonders wichtig, welche Begründung er dem BR mitteilen muss (Rn. 78 ff.). Eine Weiterbeschäftigung gemäß Abs. 5 scheidet mangels der Möglichkeit einer Kündigungsschutzklage i. S. d. KSchG aus.

7 **Leih-AN** sind AN des Verleihers. Sie bleiben auch während der Zeit ihrer Arbeitsleistung bei einem Entleiher Angehörige des entsendenden Betriebs (§ 14 AÜG). § 102 kommt deshalb nur zur Anwendung auf die Kündigung des Arbeitsverhältnisses zum Verleiher. Die – möglicherweise auch vorzeitige – Beendigung des Arbeitseinsatzes beim Entleiher löst keine Anhörungspflicht beim dortigen BR aus. Der BR des Entleihers ist allerdings dann anzuhören, wenn ein kraft § 10 Abs. 1 AÜG mit dem Entleiher zustande gekommenes Arbeitsverhältnis durch diesen beendet werden soll.[11]

8 Als AN i. S. d. des BetrVG gelten auch die in **Heimarbeit** Beschäftigten, sofern sie in der Hauptsache für den Betrieb arbeiten (§ 6 Abs. 1 Satz 2 und Abs. 2 Satz 2).[12] Vor einer Kündigung ist deshalb der BR dieses Betriebes zu hören (zum Umfang der Information s. Rn. 118).[13] Da für Heimarbeiter das KSchG nicht gilt,[14] kommt eine Weiterbeschäftigung gemäß Abs. 5 in Betracht (Rn. 284).

9 Bei der Kündigung eines **leitenden Angestellten** i. S. d. § 5 Abs. 3 besteht keine Anhörungspflicht. Der AG hat dem BR gemäß § 105 nur die Kündigung mitzuteilen.[15] Stellt sich allerdings im Kündigungsschutzprozess heraus, dass der gekündigte AN kein leitender Angestellter ist, kann die Informationserklärung gem. § 105 nicht in eine wirksame Anhörung gem. § 102 umgedeutet werden.[16] Besteht ein SpA der leitenden Angestellten, so ist dieser gem. § 31 Abs. 2 SprAuG vor jeder Kündigung zu hören (zur Anhörung in Zweifelsfällen s. Rn. 57). Selbstverständlich kann der BR dennoch eine Stellungnahme zu der ihm mitzuteilenden Kündigungsabsicht abgeben. Der Status als leitender Angestellter i. S. d. § 5 Abs. 3 beruht auf **zwingendem Recht,** von dem weder durch Vereinbarung zwischen dem AG und dem BR noch zwischen dem AG und dem betreffenden AN abgewichen werden kann.[17] Entgegenstehende Vereinbarungen sind rechtlich unbeachtlich und haben allenfalls indizielle Wirkung.

10 Das Vertragsverhältnis auf Grund eines **Eingliederungsvertrags** i. S. des § 231 SGB III kann durch die Erklärung des Scheiterns von beiden Seiten aufgelöst werden (§ 232 Abs. 2 SGB III). Die Auflösung eines **Eingliederungsvertrages** gemäß § 232 Abs. 2 SGB III unterfällt nicht § 102.[18]

2. Beendigungsarten

a) Kündigung durch Arbeitgeber

11 § 102 gilt für **jede Art von Kündigung** (vgl. DKKWF-*Bachner,* § 102 Rn. 2, 5, 6). Sie erfasst insbesondere jede **ordentliche** (fristgemäße) und jede **außerordentliche** (fristlose) Kündigung. Im Unterschied zur ordentlichen Kündigung kann der BR gegen eine außerordentliche Kündigung jedoch nur Bedenken erheben (Rn. 181); ein die vorläufige Weiterbeschäftigung auslösender Widerspruch scheidet aus (zur außerordentlichen Kündigung bei tariflichem Ausschluss der ordentlichen Kündigung s. Rn. 191). Die Frist für die Erhebung von Bedenken im Falle einer außerordentlichen Kündigung beträgt lediglich drei Tage (Rn. 184).

12 § 102 gilt auch für sog. **vorsorgliche Kündigungen,** d. h. Kündigungen, bei denen der AG sich

10 *BAG* 18.5.94, NZA 95, 24.
11 GK-*Raab,* Rn. 23.
12 GK-*Raab,* Rn. 22.
13 *BAG* 7.11.95, BB 96, 592.
14 *KDZ,* § 1 KSchG Rn. 13.
15 *BAG* 19.8.75, AP Nr. 1 zu § 105 BetrVG 1972; 26.5.77, 7.12.79, AP Nrn. 13, 21 zu § 102 BetrVG 1972.
16 *BAG* 26.5.77, AP Nr. 13 zu § 102 BetrVG 1972.
17 *BAG* 19.8.75, AP Nr. 1 zu § 105 BetrVG 1972; *LAG Hamm* 9.9.74, DB 74, 2063.
18 *LAG Köln* 26.1.00, NZA-RR 01, 265.

die Rücknahme beim Eintritt bestimmter Umstände vorbehält oder die Kündigung nur unter dem Vorbehalt ausspricht, dass eine bereits ausgesprochene Kündigung unwirksam ist. Der häufigste Fall ist die Verbindung einer außerordentlichen mit einer vorsorglichen ordentlichen Kündigung (zum Inhalt der Anhörung Rn. 116; zum Weiterbeschäftigungsanspruch Rn. 278). Ebenfalls gilt § 102 für die sog. **Wiederholungskündigung.** Ist der BR deshalb zu einer beabsichtigten Kündigung angehört und ist die Kündigung erklärt worden, so ist er vor einer erneuten Kündigung selbst dann anzuhören, wenn diese auf den gleichen Sachverhalt gestützt werden soll wie die erste.[19]

Der BR ist auch vor jeder **Änderungskündigung** zu hören (zum Inhalt der Anhörung bei einer Änderungskündigung Rn. 110 f.; zum Problem der vorläufigen Weiterbeschäftigung Rn. 280).[20] Das gilt auch dann, wenn der AN das Arbeitsverhältnis auf jeden Fall fortsetzen will. Denn wenn es nicht tatsächlich zu einer einvernehmlichen Vertragsänderung ohne Kündigungsausspruch gekommen ist, liegt es ausschließlich am AN, ob er innerhalb der Fristen der §§ 2 und 4 KSchG einen Vorbehalt erklärt oder die Änderung ganz ablehnt und Kündigungsschutzklage erhebt.[21] Eine unter Verletzung der Anhörungspflicht nach Änderungskündigung zustande gekommene Einigung mit dem AN ist gemäß §§ 134, 139 BGB unwirksam. Der BR hat die Möglichkeit eines Verfahrens gemäß § 23 Abs. 3 (§ 23 Rn. 46 ff.). Sofern die mit der Änderungskündigung beabsichtigte Maßnahme zugleich den Tatbestand einer personellen Einzelmaßnahme gemäß § 99 erfüllt (z. B. **Versetzung, Umgruppierung**), ist daneben das hierfür vorgesehene Verfahren durchzuführen (eingehend § 99 Rn. 254). **13**

Bei sog. **Teilkündigungen** (einseitige Änderung einzelner Vertragsbedingungen durch den AG gegen den Willen des AN) ist zu unterscheiden: Die Teilkündigung eines vorbehaltlos abgeschlossenen Vertrages ist unwirksam. Für Vertragsänderungen gegen den Willen des AN steht ausschließlich das Instrument der Änderungskündigung i. S. d. § 2 KSchG zur Verfügung (h. M.).[22] Eine im Arbeitsvertrag ausdrücklich vorbehaltene Teilkündigung wird dagegen im Grundsatz und in engen Grenzen (keine »Kernbereiche« des Arbeitsverhältnisses) als zulässig angesehen.[23] Die h. M. lehnt hierfür eine Anwendung des § 102 ab, da es sich der Sache nach nicht um eine Beendigung des Arbeitsverhältnisses, sondern um einen bloßen Widerrufsvorbehalt handele.[24] Andererseits spricht der Wortlaut des § 102 für eine Anwendung, da keine Unterschiede zwischen einzelnen Kündigungsarten gemacht werden. Einen Verzicht auf die Anwendung des § 102 wird man nur dann akzeptieren können, wenn Teilkündigungen strikt auf Randbereiche (Nebenpflichten) des Arbeitsverhältnisses eingegrenzt bleiben und einer Missbrauchskontrolle gemäß § 315 BGB unterliegen. In jedem Falle ist zu prüfen, ob in einer Teilkündigung nicht eine Änderung von Vertragsbedingungen mit Versetzungsrelevanz i. S. d. §§ 95 Abs. 3, 99 liegt. Dann besteht in jedem Fall eine Anhörungspflicht. **14**

§ 102 gilt auch für eine **Kündigung vor Vertragsantritt** (zur Problematik der Nicht-Geltung des KSchG s. Rn. 6).[25] Bei einer **Kündigung auf Verlangen des BR** entfällt eine Beteiligung nach § 102, wenn die Kündigung vollständig dem Vorbringen des BR entspricht (vgl. eingehend § 104 Rn. 9). **15**

Die vor Ausspruch der Kündigung vorgeschriebene Anhörung des BR entfällt auch nicht in **Eilfällen.**[26] Dies gilt auch für eine **außerordentliche Kündigung** aus wichtigem Grund. In besonders schwerwiegenden Fällen einer außerordentlichen Kündigung kann der AG allenfalls als befugt angesehen werden, einen AN schon vor der Anhörung des BR und vor der Kündigung vorläufig von der Arbeit unter **Weiterzahlung der Bezüge** freizustellen und ihm zur Durchsetzung der Freistellung das Mittel des Hausverbots an die Seite zu stellen.[27] **16**

---

19 *LAG Baden-Württemberg* 6.9.04, LAGE § 91 SGB IX Nr. 2.
20 Vgl. *BAG* 10.3.83, EzA § 2 KSchG Nr. 3; *Fitting*, Rn. 9; GK-*Raab*, Rn. 30; KR-*Etzel*, Rn. 30.
21 *BAG* 10.3.82, a. a. O.; vgl. *BAG* 3.11.77, AP Nr. 1 zu § 75 BPersVG; KR-*Etzel*, Rn. 30; eingehend *Hohmeister*, BB 94, 1777; a. A. *Fitting*, Rn. 11; HWGNRH-*Huke*, Rn. 15; vgl. auch *KDZ*, § 2 KSchG Rn. 196 ff. m. w. N.
22 *BAG* 7.10.82, AP Nr. 5 zu § 620 BGB Teilkündigung; eingehend *KDZ*, § 2 KSchG 112 m. w. N.
23 *BAG* 14.11.90, NZA 91, 377; *Hromadka*, RdA 92, 234 [243] m. w. N.
24 Vgl. *LAG Schleswig-Holstein* 27.1.83, BB 84, 725; KR-*Etzel*, Rn. 37; GK-*Raab*, Rn. 26.
25 *LAG Frankfurt* 31.5.85, DB 85, 2689; HWGNRH-*Huke*, Rn. 6; KR-*Etzel*, Rn. 28; Richardi-*Thüsing*, Rn. 14.
26 *BAG* 13.11.75, 29.3.77, AP Nrn. 7, 11 zu § 102 BetrVG 1972.
27 *Etzel*, DB 73, 1019; KR-*Etzel*, Rn. 119.

17 Auch eine vom **Insolvenzverwalter** nach Insolvenzeröffnung ausgesprochene Kündigung ist nur bei vorheriger Anhörung des BR wirksam.[28] Der Insolvenzverwalter kann sich beim Ausspruch der und der Anhörung zur Kündigung vertreten lassen.[29] Dasselbe gilt für Kündigungen bei Betriebsstilllegung (vgl. Rn. 33).[30] Die Betriebsratsanhörung gem. § 102 bleibt auch **neben §§ 125, 126 InsO** erforderlich (h. M.).[31] Allerdings kann das Anhörungsverfahren nach § 102 in die Verhandlungen über den Interessenausgleich aufgenommen und die abschließende Stellungnahme des BR zu den Kündigungen (Zustimmung, Kenntnisnahme) im Interessensausgleich festgehalten werden.[32]

18 Wird bei einer **Arbeitsgemeinschaft des Baugewerbes,** die unter den allgemeinverbindlichen Bundesrahmentarifvertrag fällt, die Rückkehr eines AN zu seinem Stammbetrieb angeordnet, so handelt es sich ungeachtet der gewählten Bezeichnung um eine anhörungspflichtige Kündigung.[33]

b) Andere Beendigungsarten und Vertragsänderungen

19 Die Anwendung des § 102 scheidet aus bei der **Eigenkündigung des AN** sowie im Falle eines **Aufhebungsvertrages** (vgl. DKKWF-*Bachner,* § 102 Rn. 3).[34] Das Gleiche gilt für die **einvernehmliche Änderung** von Vertragsbedingungen (zur Wirkung einer vorangegangenen unwirksamen Änderungskündigung s. Rn. 13).[35] Keinen Einfluss auf die Anwendung des § 102 hat die möglicherweise bestehende **Bereitschaft des AN,** die Kündigung hinzunehmen, oder gar seine zur Vermeidung einer Sperrzeit gemäß § 144 SGB III gegebene Anregung hierzu.[36] Ebenfalls unerheblich ist ein etwaiger Wunsch des AN, von einer Anhörung abzusehen.[37] Es besteht auch dann ein Anhörungsrecht nach § 102, wenn sich die Parteien des Arbeitsvertrages über die Beendigung des Arbeitsverhältnisses einig sind und diese Vereinbarung über den **Abschluss eines Abwicklungsvertrages** und den Ausspruch einer Kündigung umsetzen (sog. verabredete Kündigung). Nach der Rspr. des BAG stellt dieser Vorgang kein Scheingeschäft dar.[38]

20 Die **Suspendierung** des AN von der Arbeit unterfällt nicht § 102. Allenfalls in Frage kommt die Anwendung des § 99 unter dem Aspekt der Versetzung (§ 99 Rn. 121).

21 Nach überwiegender Ansicht findet § 102 keine Anwendung auf die Beendigung des Arbeitsverhältnisses durch **Anfechtung.**[39] Diese Ansicht ist nicht zwingend. Die Interessenlage sowohl des AN und des BR als auch des AG, dem an der Kenntnis der Stellungnahme des BR vor Ausspruch der Anfechtung liegen muss, spricht für die Anwendung des § 102.[40] Immerhin zieht das *BAG* die Anwendung des § 4 KSchG in Erwägung.[41]

22 Keine Anwendung findet § 102, wenn der Arbeitgeber die **Nichtigkeit** eines Arbeitsverhältnisses[42] geltend macht (h. M.).[43] Das gilt auch, wenn die Nichtigkeit gemäß § 9 Nr. 1 AÜG dadurch eintritt, dass der AG durch den Arbeitseinsatz des AN **unerlaubte AN-Überlassung** betreibt (zur vergleichbaren Situation bei § 103 s. § 103 Rn. 9; zur möglichen Beteiligung des BR beim entleihenden AG s. § 99 Rn. 59).[44]

---

28 Vgl. *BAG* 20.5.99, NZA 99, 1039; *Fitting,* Rn. 16; GK-*Raab,* Rn. 32; HWGNRH-*Huke,* Rn. 15; KR-*Etzel,* Rn. 34; Richardi-*Thüsing,* Rn. 40.
29 *BAG* 21.7.88, DB 89, 485.
30 *LAG Hamm* 21.7.75, BB 76, 1270; KR-*Etzel,* Rn. 34.
31 Vgl. Kittner/Zwanziger-*Lakies,* § 121 Rn. 43 ff., 77 m. w. N.
32 *LAG Hamm* 1.4.04, EzA-SD 12, 16.
33 *LAG Düsseldorf* 17.10.74, DB 75, 650; vgl. *Fitting,* Rn. 18; KR-*Etzel,* Rn. 37 a; Richardi-*Thüsing,* Rn. 25
34 APS-*Koch,* Rn. 19; KR-*Etzel,* Rn. 42; GK-*Raab,* Rn. 25.
35 Richardi-*Thüsing,* Rn. 21;
36 KR-*Etzel,* Rn. 27 a; GK-*Raab,* Rn. 25.
37 Richardi-*Thüsing,* Rn. 39 m. w. N.
38 *BAG* 28.6.05 – 1 ABR 25/04, vgl. Richardi-*Thüsing,* Rn. 22; *Haag/Sobek,* AiB 06, 417.
39 APS-*Koch,* Rn. 32; KR-*Etzel,* Rn. 42; *Fitting,* Rn. 15; *Stahlhacke/Preis/Vossen,* Rn. 241 m. w. N.
40 So *Wolf/Gangel,* AuR 82, 275 f.; *Bösche,* S. 28.
41 *BAG* 14.12.79, EzA § 119 BGB Nr. 11; hierzu krit. *Herschel,* AuR 80, 255.
42 Hierzu *Schaub,* § 35 I.
43 KR-*Etzel,* Rn. 42; *Fitting,* Rn. 15; HWGNRH-*Huke,* Rn. 16.
44 *BAG* 10.2.77, DB 77, 1273.

Die Beendigung eines **befristeten Arbeitsverhältnisses** durch Zeitablauf fällt nicht unter § 102,[45] auch nicht ein etwaiger Hinweis des AG auf das fristgerechte Auslaufen des Vertrages (»**Nichtverlängerungsanzeige**«).[46] Das gilt auch für die **schriftliche Mitteilung gemäß § 78 a.** Sofern die **Befristung unwirksam** ist – sei es wegen eines Verstoßes gegen § 14 TzBfG, insbesondere wegen Nichtvorliegens eines »sachlichen Grundes«, sei es aus anderen Gründen –, kann je nach den Umständen des konkreten Falles in der Nichtverlängerungsanzeige des AG zugleich eine (vorsorgliche) Kündigung liegen.[47] Diese bedarf zu ihrer Wirksamkeit der vorherigen Anhörung des BR (h. M.).[48] Die gleichen Grundsätze wie für eine Befristung gelten im Falle einer wirksam vereinbarten **auflösenden Bedingung** (h. M.).[49] 23

Die **gerichtliche Auflösung** des Arbeitsverhältnisses gemäß § 9 KSchG unterfällt nicht § 102 (h. M.).[50] Das Gleiche gilt, wenn die Beschäftigung eines AN durch Kündigung beendet wird, weil die **Zustimmung des BR gemäß § 99 nicht erteilt** und auch nicht gerichtlich ersetzt worden ist und dem AG gemäß § 101 aufgegeben worden ist, eine Einstellung wieder aufzuheben, oder der AG einer entsprechenden Aufforderung des BR auch ohne rechtskräftige Gerichtsentscheidung nachkommt.[51] Wegen der auf Beendigung der Beschäftigung abzielenden Ausübung der Beteiligungsrechte des BR im Rahmen der §§ 99, 100 ist eine erneute Anhörung im »Vollzugsfall« gemäß § 102 entbehrlich. Die Sachlage entspricht vollumfänglich einer Kündigung auf Verlangen des BR nach § 104 (vgl. Rn. 25). 24

Eine **Kündigung auf Verlangen des BR gemäß § 104** bedarf keiner Anhörung gemäß § 102.[52] Voraussetzung ist allerdings, dass es sich bei der ausgesprochenen Kündigung nach Begründung und Art (ordentlich oder außerordentlich) um die vom BR verlangte handelt (vgl. näher Rn. 15 und § 104 Rn. 7). Nicht auf § 104 gestützte Kündigungen auf Verlangen oder auf **Anregung des BR** unterfallen § 102.[53] Im Hinblick auf vorhandenes Vorwissen des BR um die Kündigung ist allerdings zu prüfen, ob ggf. geringere Anforderungen an den Umfang der Unterrichtung zu stellen sind (Rn. 162 ff.).[54] Schlägt der BR eine weniger einschneidende Kündigung vor (ordentlich statt außerordentlich) und spricht der AG dann diese aus, bedarf es keiner erneuten Anhörung (vgl. Rn. 186). 25

3. Bestehen und Funktionsfähigkeit eines Betriebsrats

a) Bestehen eines Betriebsrats

Voraussetzung für die Anwendung des § 102 ist das **Bestehen eines BR.** In betriebsratslosen Betrieben ist eine Anhörung des BR logischerweise ausgeschlossen. Die **Größe** des Betriebs bzw. des BR spielt keine Rolle (zum zuständigen BR vgl. Rn. 140). 26

Ist die **BR-Wahl nichtig,** gilt der Betrieb als betriebsratslos. Der AG braucht den aus einer nichtigen BR-Wahl (vgl. § 19 Rn. 43 ff.) hervorgegangenen »BR« vor einer Kündigung nicht zu hören. Ob der AG die Nichtigkeit der Wahl kennt bzw. den »BR« vorher schon irrtümlich beteiligt hat, ist unerheblich.[55] Die Nichterweislichkeit der Nichtigkeit geht zu Lasten des AG. Die **Anfechtung** der BR-Wahl gemäß § 19 lässt die Anhörungspflicht bis zu einer rechtskräftigen Entscheidung unberührt (§ 19 Rn. 39). Das gilt auch dann, wenn der BR entgegen § 13 Abs. 2 Nr. 1 bis 3 keine Neuwahlen einleitet (vgl. Rn. 32). 27

---

45 *Fitting*, Rn. 17; GK-*Raab*, Rn. 31.
46 *BAG* 18.10.86, EzA § 118 BetrVG 1972 Nr. 38.
47 Vgl. *BAG* 28.10.86, EzA § 118 BetrVG 1972 Nr. 38; 26.4.79, 24.10.79, 5.3.70, EzA § 620 BGB Nrn. 39, 41, 13.
48 Mit unterschiedlicher Begründung KR-*Etzel*, Rn. 40; *Fitting*, Rn. 17; GK-*Raab*, Rn. 31; HWGNRH-*Huke*, Rn. 15.
49 *Fitting*, Rn. 17; KR-*Etzel*, Rn. 39; *Stahlhacke/Preis/Vossen*, Rn. 242; APS-*Koch*, Rn. 35.
50 A. A. *Müller*, BB 02, 2012.
51 KR-*Etzel*, Rn. 44; a. A. MünchArbR-*Matthes*, § 348 Rn. 6.
52 *BAG* 15.5.97, NZA 97, 1106; GK-*Raab*, Rn. 26.
53 Deshalb unzutreffend *LAG Baden-Württemberg* 3.11.76, DB 77, 777.
54 Vgl. *Bösche*, S. 30; differenzierend KR-*Etzel*, Rn. 27.
55 KR-*Etzel*, Rn. 19; *Stahlhacke/Preis/Vossen*, Rn. 229.

28 Wird bei einer **BR-Wahl irrtümlich** ein **selbstständiger Betriebsteil** i. S. v. § 4 Abs. 1 Satz 1 angenommen und deswegen nur in dem vermeintlichen Hauptbetrieb ein BR gewählt, so ist dieser BR dennoch auch für die Anhörung zu Kündigungen in dem Betriebsteil zuständig.[56]

29 In **Seeschifffahrtsunternehmen** tritt an die Stelle des BR die Bordvertretung (§ 115 Abs. 7) oder der Seebetriebsrat (§ 116 Abs. 6).

30 Eine anstelle des BR durch Tarifvertrag eingerichtete **andere Vertretung der AN** gemäß § 3 Abs. 1 Nr. 2 tritt an die Stelle des BR, ebenso eine nach § 117 Abs. 2 für den **Flugbetrieb** eingerichtete andere Stelle.

31 Der BR muss im **Zeitpunkt des Ausspruchs der Kündigung** bestehen. Im Falle eines erstmalig gewählten BR verneint das *BAG*[57] eine Anhörungspflicht des AG nach Abs. 1 vor der **Konstituierung des BR.**[58] Diese Entscheidung ist von *Wiese*[59] mit überzeugenden Gründen kritisiert worden. Das *BAG* setzt sich über den Wortlaut des Gesetzes hinweg, wonach die Amtszeit des BR mit Bekanntgabe des Wahlergebnisses beginnt (§ 21).

32 Der BR ist in allen Fällen des **Ablaufs der Amtszeit** (regulär: § 21; vorzeitig: § 13 Abs. 2 Nr. 1 bis 3) so lange gemäß § 102 zu beteiligen, wie er die Geschäfte weiterführt.[60] Sinkt die Zahl der BR-Mitglieder (z. B. durch Rücktritte, Beendigung des Arbeitsverhältnisses) **unter die gesetzliche Grenze** und sind auch keine Ersatzmitglieder (mehr) vorhanden, so führen die verbleibenden BR-Mitglieder die Geschäfte weiter und sind vor Ausspruch einer Kündigung zu hören (h. M.).[61] Das gilt auch, wenn nur noch ein einziges BR-Mitglied vorhanden ist (zur Frage hinzutretender Funktionsunfähigkeit s. Rn. 35 ff.; zur Kündigung des letzten verbliebenen BR-Mitglieds, § 103 Rn. 40).[62]

33 Auch wenn die Amtszeit des BR wegen einer Betriebsstilllegung endet, bleibt der BR gemäß § 21 b solange im Amt, wie das zur Wahrnehmung der damit in Zusammenhang stehenden Mitwirkungs- und Mitbestimmungsrechte erforderlich ist. Deshalb sind nach Betriebsstilllegung ohne Anhörung des durch das **Restmandat** legitimierten BR ausgesprochene Kündigungen nach § 102 Abs. 1 BetrVG unwirksam.[63] Im Falle einer **Zusammenlegung oder einer Spaltung von Betrieben** nimmt der nach § 21 a übergangsweise mandatierte BR die Rechte aus § 102 wahr.[64]

34 Sinkt die Zahl der wahlberechtigten AN in einem Betrieb auf Dauer **unter fünf,** wird angenommen, dass der BR zwar zur Abwicklung entstandener Rechte im Amt bleibt, ihm aber keine neuen Beteiligungsrechte mehr »zuwachsen«, er also vor Kündigungen der verbleibenden AN nicht mehr zu hören ist.[65] Es ist jedoch nicht ersichtlich, warum dieser Fall anders als der eines Restmandats bei Betriebsstilllegung behandelt werden sollte.

b) Funktionsfähigkeit des Betriebsrats

35 Es wird allgemein angenommen, dass Voraussetzung für die Notwendigkeit einer Anhörung gemäß Abs. 1 neben dem Vorhandensein eines BR dessen **Funktionsfähigkeit** ist.[66] Bei näherem Hinsehen erweisen sich die unter dieser Überschrift diskutierten Fallkonstellationen als solche der **Verhinderung von BR-Mitgliedern** an der Amtsausübung (zur Arbeitskampfsituation s. Rn. 43). Das *BAG*[67] hält den BR nur in dem seltenen Fall für funktionsunfähig, wenn **alle** BR- und Ersatzmitglieder nicht nur kurzfristig, d. h. nicht nur für wenige Tage, an der

56 *LAG München* 28.4.04, EzA-SD Nr. 18, 13.
57 23.8.84, EzA § 102 Nr. 59 mit Anm. *Wiese.*
58 Ebenso *Richardi,* Rn. 30; *Stahlhacke/Preis/Vossen,* Rn. 226.
59 Anm. EzA § 102 BetrVG 1972 Nr. 59; GK-*Raab,* Rn. 14.
60 KR-*Etzel,* Rn. 20, 21.
61 *BAG* 18.8.82, EzA § 102 BetrVG 1972; *Stahlhacke/Preis/Vossen,* Rn. 230; KR-*Etzel,* Rn. 21.
62 *LAG Düsseldorf* 20.9.74, EzA § 22 BetrVG 1972.
63 *BAG* 25.10.07, ArbuR 07, 388; *LAG Niedersachsen* 6.3.06 – 17 Sa 85/06, juris.
64 Abweichend zur früheren Rechtslage *BAG* 23.11.88, EzA § 102 BetrVG 1972; vgl. GK-*Raab,* Rn. 8.
65 KR-*Etzel,* Rn. 23 a; in diesem Sinne andeutungsweise auch *BAG* 29.3.77, EzA § 102 BetrVG 1972 Nr. 27.
66 GK-*Raab,* Rn. 10; KR-*Etzel,* Rn. 24; *Meisel,* S. 25; *Barwasser,* DB 76, 914.
67 18.8.82, EzA § 102 BetrVG Nr. 48.

Ausübung ihres Amtes verhindert sind (z. B. wegen Krankheit, Urlaubs, dienstlicher Abwesenheit oder gänzlichen Ausscheidens aus dem BR). Der AG darf die Zeit der Funktionsunfähigkeit des BR **nicht missbrauchen,** z. B. durch Warten mit einer Kündigung bis zum Eintritt einer vorhersehbaren Situation, um dadurch die Mitbestimmung des BR zu umgehen.[68] Er muss dann mit der Kündigung bis zur Wiederherstellung der Funktionsfähigkeit des BR warten.[69]

Ist der ganze BR wegen **Betriebsferien** abwesend, ist umstritten, wie verfahren werden muss: 36
Teilweise wird angenommen, dass die Anhörungsfristen für den BR nicht laufen bzw. durch die Betriebsferien unterbrochen werden.[70] Teilweise wird dem AG wegen einer möglichen Handlungsnotwendigkeit im Hinblick auf die Ausschlussfrist des § 626 Abs. 2 BGB in derartigen Fällen eine Kündigung ohne Anhörung des BR zugebilligt.[71] Die Lösung ergibt sich zu beiden Regelungsbereichen – § 102 Abs. 2 einerseits und § 626 Abs. 2 BGB andererseits – aus dem Gesichtspunkt der **Fristenhemmung** (§§ 203 ff. BGB): Die Anhörungsfristen des Abs. 2 werden gehemmt, und demgemäß wird die Dauer des Betriebsurlaubs nicht auf sie angerechnet.[72] Ebenso wird die Ausschlussfrist des § 626 Abs. 2 BGB gehemmt.[73] Die gleichen Grundsätze können auf **alle Fälle vollständiger vorübergehender Abwesenheit** aller BR- und Ersatzmitglieder angewandt werden. Diese Lösung hat den Vorzug, nicht die unklaren Kriterien eines Zuwartens unter dem Gesichtspunkt der vertrauensvollen Zusammenarbeit bemühen zu müssen. Die Betriebsparteien können für abgegrenzte Fälle auch einen »Notdienst« erreichbarer BR-Mitglieder vereinbaren.

Ist ein **einköpfiger BR** durch Krankheit verhindert, ist nach der Rspr. des BAG nicht zwangs- 37
läufig von seiner Verhinderung und damit der Amtsunfähigkeit auszugehen.[74] Das *BAG* spricht bei krankheitsbedingter Arbeitsunfähigkeit von einer Vermutung für die Amtsunfähigkeit, die der BR zu widerlegen habe. Nach diesem Maßstab ist er jedenfalls dann vor einer Kündigung zu hören, wenn der AG sich bereits in einer anderen Angelegenheit mit ihm in Verbindung gesetzt hat. Der BR kann die Vermutung seiner Amtsunfähigkeit auch dadurch widerlegen, dass er sich für telefonisch erreichbar erklärt. Jedenfalls muss der AG darlegen, dass er sich vergeblich um Kontakt mit dem BR bemüht hat.

Im Normalfall muss der AG **abwarten,** bis der BR seine Handlungsfähigkeit wieder erlangt hat 38
(vgl. aber auch Rn. 31).[75] Das gilt nicht, wenn bei Abwägung aller Umstände im Einzelfall ein Abwarten für den AG **nicht zumutbar** ist, z. B. weil lange Kündigungsfristen gelten und ein bestimmter Kündigungstermin eingehalten werden muss, der andernfalls versäumt würde. Die **Darlegungs- und Beweislast** für die Unzumutbarkeit hat der AG. Besonders **strenge Anforderungen** sind zu stellen, wenn die Handlungsunfähigkeit des BR ganz oder teilweise auf Anordnungen des AG zurückzuführen ist, beispielsweise weil er den aus einer Person bestehenden BR oder das Ersatzmitglied für einige Zeit auf Montage geschickt hat. Abwarten muss der AG auf jeden Fall bei einer ordentlichen Kündigung die **Wochenfrist** und bei einer außerordentlichen Kündigung die **dreitägige Frist** des Abs. 2 Satz 3.

Ist nur **ein Teil der BR-Mitglieder** ausgeschieden oder zeitweilig verhindert, so wendet das 39
BAG[76] § 22 entsprechend an. Selbst wenn durch die Verhinderung die verbleibenden BR-Mitglieder unter die Beschlussfähigkeitsgrenze gesunken sind, können und müssen sie gemäß § 102 gehört werden.[77] Voraussetzung ist, dass die Verhinderung der abwesenden BR-Mitglieder **bis nach Ablauf der Fristen des Abs. 2** andauert.[78] Unterlaufen den verbliebenen und

---

68 HWGNRH-*Huke,* Rn. 17; KR-*Etzel,* Rn. 24 c; vgl. für das BetrVG 1952 *LAG Düsseldorf* 2. 1. 68, BB 68, 628.
69 HWGNRH-*Huke,* Rn. 17.
70 *Fitting,* Rn. 68, Rn. 7.
71 KR-*Etzel,* Rn. 24 d; *Stahlhacke/Preis/Vossen,* Rn. 231.
72 Vgl. *Fitting,* Rn. 68; a. A. GK-*Raab,* Rn. 13; ErfK-*Kania,* Rn. 1.
73 *BAG* 6. 7. 72, 12. 2. 73, EzA § 626 BGB n. F. Nrn. 15, 22.
74 *BAG* 15. 11. 84, EzA § 102 BetrVG 1972 Nr. 58.
75 A. A. APS-*Koch,* Rn. 50.
76 18. 8. 87, EzA § 102 BetrVG 1972 Nr. 48.
77 GK-*Raab,* Rn. 12.
78 *BAG,* a. a. O.

amtierenden BR-Mitgliedern in dieser Hinsicht Fehler bei der Beurteilung der Dauer der Verhinderung der Abwesenden, macht dies die Anhörung nur dann fehlerhaft, wenn der AG davon Kenntnis hatte (zur Sphärentheorie vgl. Rn. 256; zur Beschlussfähigkeit der verbliebenen BR-Mitglieder s. Rn. 169).[79]

40 Wird ein von zwei Unternehmen geführter **Gemeinschaftsbetrieb aufgelöst,** weil eines der beiden Unternehmen seine betriebliche Tätigkeit einstellt, dann bleibt der für den Gemeinschaftsbetrieb gewählte BR für die Anhörung zu Kündigungen von in dem aufzulösenden Betriebsteil beschäftigten AN zuständig. Das gilt auch, wenn nur noch eines von sieben BR-Mitgliedern im Amt ist.[80]

4. Auslandsbeziehungen

41 Arbeitnehmer eines **ausländischen UN in einem inländischen Betrieb** unterfallen dem BetrVG. Das gilt auch dann, wenn es sich bei den AN um Ausländer handelt und mit ihnen zulässigerweise die Anwendung ausländischen Rechts vereinbart wurde.[81] Deshalb ist der BR vor Kündigungen auch dann zu hören, wenn diese nach ausländischem Recht zu beurteilen sind. Für vorübergehend aus dem Ausland in einen solchen Betrieb entsandte AN gilt § 102 nicht.

42 Für Auslandsentsendungen deutscher AN gilt das sog. Territorialprinzip. Ein Beteiligungsrecht des BR nach § 102 besteht demnach nur bei einer Bindung des im Ausland tätigen AN an einen inländischen Betrieb. Für die Kündigung eines AN in einem **ausländischen Betrieb** eines deutschen UN entfällt die Anhörungspflicht deshalb. Anders verhält es sich dagegen bei der Kündigung von AN eines deutschen UN, die **vorübergehend** in den ausländischen Betrieb versetzt worden sind bzw. wenn ein nicht nur vorübergehend im Ausland eingesetzter AN wegen eines entsprechenden Rückrufrechts nach wie vor dem Inlandsbetrieb zuzuordnen ist. Der BR eines in Deutschland gelegenen Betriebs hat bei der Kündigung eines AN, der von vornherein nur für einen **einmaligen befristeten Auslandseinsatz** beschäftigt ist, kein Beteiligungsrecht.[82] Bei einem Auslandsarbeitsverhältnis entfällt die Anhörungspflicht dann, wenn sich dieses nach Vertrag und Abwicklung auf den **ausschließlichen Einsatz** des AN im Ausland beschränkt[83] bzw. der AN keinem inländischen Betrieb zugeordnet ist.[84]

5. Arbeitskampf

43 Die *BAG*-Rspr. zur Betriebsratsbeteiligung bei Kündigungen im Zusammenhang mit einem **Arbeitskampf** (zur Kündigung von BR-Mitgliedern s. § 103 Rn. 26) lässt sich folgendermaßen zusammenfassen:

a) Der BR wird während eines Arbeitskampfes nicht funktionsunfähig. Er ist bei personellen Maßnahmen, auch bei Kündigungen, zu beteiligen, die zwar während des Arbeitskampfgeschehens getroffen werden, die aber mit der Kampfabwehr nichts zu tun haben und **keine Wirkung auf das Kampfgeschehen** entfalten (z. B. betriebsbedingte Kündigungen).[85]

b) »**Kampfkündigungen**«, d. h. fristlose Kündigungen als Gegenmaßnahme des AG auf rechtswidrige Arbeitsniederlegungen, sollen dem Beteiligungsrecht des BR gemäß § 102 nicht unterliegen.[86] Eine ordentliche Kündigung scheidet in diesem Zusammenhang in jedem Fall als Möglichkeit aus, denn mit dem Zuwarten bis zum nächsten Kündigungs-

79 *BAG*, a. a. O.
80 *BAG* 19.11.03, NZA 04, 435 ff.
81 *BAG* 9.11.77, EzA § 102 BetrVG 1972 Nr. 31.
82 *BAG* 21.10.80, BB 80, 1639.
83 *BAG* 27.2.87, DB 87, 1897.
84 *BAG* 21.3.96, NZA 96, 974.
85 *BAG* 6.3.79, 14.2.78, EzA § 102 BetrVG 1972 Nrn. 40, 33, unter ausdrücklicher Klarstellung einer als »missverstanden« bezeichneten früheren Entscheidung vom 26.10.71, AP Nr. 44 zu Art. 9 Abs. 3 GG Arbeitskampf.
86 *BAG* 14.2.78, a. a. O.

termin gäbe der AG selbst die mangelnde aktuelle Arbeitskampfrelevanz dieser Maßnahme zu verstehen.[87]

c) Kündigungen **nach Kampfende** müssten dem BAG zufolge auch dann wieder unter § 102 fallen, wenn sie arbeitskampfbezogen sind.[88]

Diese Rspr. ist außerordentlich **umstritten.** Dem Gesetz ist eine solche Einschränkung nicht zu entnehmen. Der BR darf bei gegebener Funktionsfähigkeit auch nicht als »überfordert« beiseite geschoben werden. Angesichts des ohnehin nur schwachen Beteiligungsrechts gegenüber einer außerordentlichen Kündigung (Rn. 181) wird der AG daher vielfach für verpflichtet gehalten, auch bei den genannten »Kampfkündigungen« den BR gemäß Abs. 1 vor Ausspruch der Kündigung zu hören.[89]

6. Tendenzbezug

§ 102 gilt jedenfalls insoweit für **Tendenzbetriebe,** als der BR **vor allen Kündigungen zu hören** ist, und zwar unabhängig von der Tendenzbezogenheit der Gründe oder der Eigenschaft des zu kündigenden AN als sog. Tendenzträger (h. M.).[90] Ihm sind alle Gründe, auch tendenzbezogene, mitzuteilen (eingehend § 118 Rn. 102 ff.).[91] **44**

7. Kein Ausschluss der Beteiligung nach Interessenausgleich

Die Beteiligung des BR nach § 111 »verbraucht« die zeitlich nachversetzte Beteiligung des BR nach § 102 nicht. Führt der AG also eine Betriebsänderung durch und geht diese mit Kündigungen einher, so hat der AG den BR dennoch in jedem einzelnen Kündigungsfall nach § 102 zu beteiligen (insoweit identisch bei personellen Einzelmaßnahmen nach § 99, vgl. § 99 Rn. 35). Das gilt auch dann, wenn der Interessenausgleich eine Namensliste nach § 1 Abs. 5 KSchG enthält und die Kündigungen derjenigen AN ansteht, die auf der Liste aufgeführt sind.[92] **45**

III. Anhörung des Betriebsrats (Abs. 1)

1. Grundsätze

Die vor jeder Kündigung durchzuführende Anhörung des BR bildet den rechtlich und praktisch zentralen Bestandteil der gesamten Regelung.[93] Eine unterlassene oder fehlerhafte Anhörung macht eine Kündigung **irreversibel unwirksam** (zur Geltendmachung dieser Unwirksamkeit im Prozess Rn. 261).[94] Sie kann nicht durch die nachträgliche Zustimmung des BR geheilt (s. Rn. 187)[95] und auch nicht vom Grad oder der Art eines Anhörungsfehlers abhängig gemacht werden.[96] Der Wortlaut des Abs. 1 zeigt, dass die Unwirksamkeitsfolge nicht nur an die Tatsache der Anhörung als solche geknüpft ist: Satz 3 bezieht sich nämlich gemeinsam auf Satz 1 (Anhörung) und Satz 2 (Mitteilung der Gründe). »Anhörung« meint daher den gesamten **Prozess des Anhörungsverfahrens,** das »über die reine Unterrichtung hinaus den Sinn (hat), ihm (dem BR) Gelegenheit zu geben, seine Überlegungen zu der Kündigungsabsicht aus **46**

87 Vgl. *Fitting,* Rn. 16; *Brox/Rüthers,* Rn. 446.
88 Vgl. *BAG* 14.2.78, AP Nr. 57 zu Art. 9 GG Arbeitskampf; APS-*Koch,* Rn. 15.
89 KR-*Etzel,* Rn. 26; *Brox/Dudenbostel,* DB 79, 1848; *Reuter,* AuR 73, 1; *Herschel,* Anm. EzA Art. 9 GG Arbeitskampf Nr. 22; *Hanau,* Anm. AR-Blattei Betriebsverfassung X, Entsch. 37; *Herbst,* AiB 87, 7; a. A., wie *BAG, Fitting,* Rn. 16; teilw. a. A. GK-*Raab,* Rn. 18; HWGNRH-*Huke,* Rn. 9: für BR-Beteiligungsrecht bei rechtswidrigem Streik, dagegen bei Kündigung wegen »Streik-Exzesses«.
90 *BAG* 7.11.75, EzA § 118 BetrVG 1972 Nr. 8.
91 Vgl. GK-*Raab,* Rn. 16.
92 *LAG Rheinland-Pfalz* 18.10.07 – 2 Sa 458/07, juris.
93 Hierzu im Überblick *Berkowsky,* NZA 96, 1065; *Bayer,* DB 92, 882; *Bitter,* NZA-Beilage 3/91, S. 16.
94 *BAG* 1.4.76, EzA § 102 BetrVG 1972; APS-*Koch,* Rn. 151; *Fitting,* Rn. 56 ff.
95 *BAG* 28.2.74, EzA § 102 BetrVG 1972 Nr. 8; APS-*Koch,* Rn. 152.
96 So aber GK-*Raab,* Rn. 87, 90, 94,; *Raab,* ZfA 95, 479, 516 ff.; vgl. schon *Oetker,* SAE 89, 302.

der Sicht der AN-Vertretung zur Kenntnis zu bringen«.[97] Mit der Unwirksamkeitssanktion soll der kündigungswillige AG veranlasst werden, den BR korrekt und umfassend zu informieren, um diesem im Vorfeld der Kündigung die Gelegenheit zur **Einflussnahme auf die Willensbildung des AG** einzuräumen (vgl. Rn. 3). Wenn sich der BR gegen die Kündigung ausspricht, erwächst daraus eine Chance zur Korrektur der AG-Entscheidung bzw. verbessert sich die Position des AN in einem möglichen Kündigungsschutz-Prozess (vgl. Rn. 3). Auch wenn der BR dies nicht tut, gewinnt der AN **Klarheit über eventuelle Prozesschancen,** insbesondere, weil der AG die Kündigung nur auf solche ihm bei Ausspruch der Kündigung bekannten Gründe stützen kann, die er dem BR mitgeteilt hatte (Rn. 80 ff.; zum sog. Nachschieben von Kündigungsgründen s. Rn. 126 ff.). Deshalb geht das *BAG* in ständ. Rspr. davon aus, »dass die Kündigung nach § 102 Abs. 1 Satz 3 nicht nur dann **unwirksam** ist, wenn der AG gekündigt hat, ohne den BR zuvor überhaupt beteiligt zu haben, sondern auch dann, wenn er seiner Unterrichtungspflicht nach Abs. 1 **nicht richtig,** insbesondere **nicht ausführlich** genug nachkommt«.[98] Dass die Anhörung des BR auch bei Kündigungen von AN erforderlich ist, die **noch keinen Kündigungsschutz** gemäß § 1 Abs. 1 KSchG genießen (Rn. 118), bedeutet einen gewissen Schutz gegen begründungslose Willkür in solchen Fällen.

47 Die Anhörung des BR durch den AG erfolgt durch eine nichttypische **empfangsbedürftige Willenserklärung.** Ist sie auslegungsbedürftig, sind die Begleitumstände zu würdigen, die für die Frage von Bedeutung sind, welchen Willen der AG bei seiner Erklärung hatte. Es dürfen nur solche Umstände gewürdigt werden, die dem BR als Erklärungsempfänger erkennbar waren (zur Empfangsberechtigung beim BR s. Rn. 155).[99]

48 Eine bestimmte **Form** ist für die Anhörung nicht vorgeschrieben; sie kann auch mündlich erfolgen.[100] Deshalb ist auch eine Anhörung per **Fax** oder **E-Mail** zulässig. Aus Beweisgründen ist arbeitgeberseitig jedoch immer eine schriftliche Information mit Eingangsbestätigung des BR zu empfehlen. Im Allgemeinen verlangt das *BAG* keine Vorlage von Beweismaterial durch den AG.[101]

49 Die **Unrichtigkeit der AG-Angaben** als solche führt nicht notwendigerweise zur Unwirksamkeit des Anhörungsverfahrens. Der AG braucht nur seine **subjektiv determinierten Gründe** (»seine Sicht der Dinge«) hinsichtlich der beabsichtigten Kündigung mitzuteilen (Rn. 78 ff.).[102] Allerdings kann die Kündigung dann nur noch auf die dem BR mitgeteilten Gründe gestützt werden (Rn. 75), weil ansonsten die Anhörung mangels mitgeteilter Gründe fehlerhaft ist. Entsprechen die Vorstellungen des AG nicht der objektiven Rechtslage, kann dies dazu führen, dass die beabsichtigte Kündigung aus anderen rechtlichen Gründen (z. B. Nichtvorliegen der sozialen Rechtfertigung) unwirksam ist.[103] Falls allerdings der AG unrichtige Angaben **wider besseres Wissen** macht, kann auch die Anhörung unwirksam sein. Dabei kann es sich auch um Angaben zur Person des AN handeln (eingehend Rn. 81 ff.).[104]

50 Aus der Anhörungspflicht als solcher erwächst dem AG keine Pflicht zur Vorlage von **Unterlagen** oder zur Benennung von **Beweismitteln**.[105] Der AG ist nicht verpflichtet, dem BR die für die Kündigung maßgebenden Tatsachen **nachzuweisen.** Erst wenn der AN im Kündigungsschutzprozess die Kündigungsgründe bestreitet, muss der AG die von ihm behaupteten Tatsachen (Kündigungsgründe) beweisen (vgl. Rn. 90, 263 ff.).[106] Allerdings hat der BR auch im Zusammenhang mit seinem Beteiligungsrecht gemäß § 102 BetrVG die Möglichkeit, **Unterlagen gemäß § 80 Abs. 2 Satz 2** zu verlangen (hierzu eingehend § 80 Rn. 112 ff.).[107] Diese Unterlagen sind dem BR noch rechtzeitig vor Ablauf der Frist für seine Stellungnahme bzw.

97 *BAG* 29.1.97, NZA 97, 813.
98 *BAG* 29.1.97, NZA 97, 813.
99 *BAG* 5.2.81, EzA § 102 BetrVG 1972 Nr. 47; vgl. *BAG* 2.3.73, 14.9.72, AP Nrn. 36, 34 zu § 133 BGB.
100 *BAG* 6.2.97, DB 97, 1284 = AiB 97, 668 mit Anm. *Hinrichs.*
101 *BAG* 26.1.95, EzA § 102 BetrVG 1972 Nr. 87 mit Anm. *Kittner.*
102 *BAG* 29.1.86, EzA § 102 BetrVG 1972 Nr. 64.
103 *BAG* 29.1.86. a. a. O.
104 Vgl. *BAG* 29.1.97, NZA 97, 813, 815.
105 KR-*Etzel,* Rn. 68; *Stahlhacke/Preis/Vossen,* Rn. 273; GK-Raab, Rn. 85.
106 *BAG* 24.3.77, EzA § 102 BetrVG 1972 Nr. 28; APS-*Koch,* Rn. 68.
107 *LAG Hamm* 30.6.94, Mb 6/95, 61; 6.1.94, LAGE § 102 BetrVG 1972 Nr. 45; unklar ErfK-*Kania,* Rn. 4.

seinen Widerspruch auszuhändigen. Zwar wird allgemein angenommen, dass der AG wegen seiner fehlenden Beweispflicht gegenüber dem BR diesem aus § 102 allein keinen Einblick in die **Personalakten** zu gewähren habe.[108] Andererseits ist anerkannt, dass der AG konkrete Informationen auch aus der Personalakte erteilen muss, wenn diese Informationen für die Aufgabenerfüllung des BR erforderlich sind.[109] Der BR hat daher in dem Umfang, in dem dies zur Wahrnehmung seines Beteiligungsrechts gemäß § 102 erforderlich ist, Anspruch auf Einblick in die entsprechenden Teile der Personalakte. Soweit der AG seine Kündigung auf Informationen aus einem **Personalinformationssystem** stützt, hat er dem BR die anfallenden Daten vollständig zur Verfügung zu stellen.[110] Enthält der AG dem BR notwendige Unterlagen und Informationen vor, kann er die Kündigung jedenfalls nicht hierauf stützen (Rn. 80, 81). Erhält der BR dadurch ein falsches Bild von der Kündigungsbegründung, kann die Anhörung und damit die Kündigung unwirksam sein (vgl. Rn. 85).

Die Mitteilung persönlicher Daten betroffener AN und von Sozialdaten vergleichbarer AN **51** verstößt nicht gegen den **Datenschutz.** In dieser Hinsicht gilt der BR als unselbstständiger Teil der speichernden Stelle (= AG) i. S. v. § 3 Abs. 8 BDSG (h. M.; vgl. § 94 Rn. 50). Die BR-Mitglieder sind zur Verschwiegenheit verspflichtet (vgl. § 79).[111]

Weder BR noch AN können rechtswirksam auf die ordnungsgemäße Anhörung **verzichten** **52** (h. M.; vgl. a. Rn. 345).[112] Wegen des zwingenden Schutzcharakter von § 102 gilt dies auch dann, wenn der AN selbst dazu aufgefordert hat, den BR nicht zu hören.[113] Im Hinblick auf die Regelung der Darlegungs- und Beweislast im Prozess (Rn. 90) liegt es ohnehin in der Hand des AN, ob er die Voraussetzung des ordnungsgemäßen Anhörungsverfahrens in den Prozess einführen will.[114]

Geht bei einem **Betriebsübergang** der Betrieb als Ganzes unter Wahrung seiner Identität auf **52a** ein anderes UN über und widerspricht der AN dem Übergang seines Arbeitsverhältnisses, so stellt sich der AN durch den **Widerspruch** »betriebsratslos«.[115] Der Widerspruch führt zum Wegfall der Betriebszugehörigkeit, so dass der bisher zuständige Betriebsrat im Falle einer Kündigung nicht anzuhören ist. Es entsteht kein Restmandat, weil der Betrieb seine Identität wahrt. Es entsteht auch kein Übergangsmandat, denn der Betrieb wird nicht gespalten. Dies gilt auch dann, wenn alle AN eines bestimmten Betriebsteils widersprechen, denn die Spaltung setzt eine organisatorische Maßnahme des AG voraus.

2. Notwendiger Inhalt der Unterrichtung

a) Einleitung des Verfahrens, Kündigungsabsicht

Der BR ist vor jeder Kündigung **anzuhören.** Das bedeutet mehr als bloße Unterrichtung (etwa **53** gemäß § 105). Die Anhörung hat den Sinn, dem BR Gelegenheit zu geben, eigene Überlegungen zur Kündigungsabsicht des AG anzustellen und diesem mitzuteilen (vgl. DKKWF-*Bachner,* § 102 Rn. 4). Insbesondere muss dem BR die Gelegenheit gegeben werden, über etwaige Widerspruchsgründe zu beschließen.[116] Eine ausdrückliche Verpflichtung des AG zur **Beratung** mit dem BR über die Kündigungsabsicht und -gründe ist in § 102 jedoch nicht vorgesehen. Jedoch folgt aus dem Grundsatz der vertrauensvollen Zusammenarbeit, dass sich der AG einem Gesprächswunsch vor Abgabe der Stellungnahme des BR (Rn. 173) nicht entziehen darf (zu gezielten Nachfragen des BR s. Rn. 180).

Enthält das Anhörungsschreiben des AG zwar die für eine Anhörung erforderlichen Angaben **54** (vgl. Rn. 65 ff.), kann jedoch der BR auf Grund der Erklärungen des AG davon ausgehen, dass

108 KR-*Etzel,* Rn. 68; *Bitter,* NZA-Beilage 3/91, S. 19.
109 *BAG* 20.12.88, DB 1033.
110 *Fitting,* Rn. 26.
111 Vgl. APS-*Koch,* Rn. 87.
112 Vgl. APS-*Koch,* Rn. 21 m. w. N.; GK-*Raab,* Rn. 98 f.
113 KR-*Etzel,* Rn. 75; HWGNRH-*Huke,* Rn. 74.
114 So auch GK-*Raab,* Rn. 103.
115 *BAG* 8.5.14, 2 AZR 1005/12 juris.
116 *BAG* 19.8.75, EzA § 102 BetrVG 1972 Nr. 16.

eine betriebsbedingte Kündigung erst nach einer Einigung über **Interessenausgleich und Sozialplan** erfolgen sollte und erklärt der AG sodann die Kündigung noch vor Abschluss des Sozialplans, so hat er eine andere Kündigung ausgesprochen, als zu er den BR angehört hat. Die Kündigung ist deshalb nach § 102 unwirksam (vgl. auch Rn. 60).[117]
Wird die Anhörung durch den Prozessbevollmächtigten des AG eingeleitet, so ist das Anhörungsverfahren nicht wirksam eingeleitet, wenn der Prozessbevollmächtigte keine diesbezügliche Vollmachtsurkunde vorlegt und der Betriebsrat das **Fehlen der Vollmachtsurkunde unverzüglich rügt und die Kündigung daraufhin zurückweist, § 174 Satz 1 BGB**. Die Einleitung des Anhörungsverfahrens durch Unterrichtung des Betriebsrates ist eine geschäftsähnliche Handlung, da sie eine auf einen tatsächlichen Erfolg gerichtete (Willens-) Erklärung ist, deren Rechtsfolge kraft Gesetzes – vorliegend Beginn des Laufs der Stellungnahmefrist – eintritt. Auf solche geschäftsähnlichen Handlungen ist § 174 Satz 1 BGB entgegen der Rspr. des BAG[118] entsprechend anzuwenden. Der Betriebsrat hat ein schützenswertes Interesse an Sicherheit darüber, ob die das Anhörungsverfahren einleitende Person bevollmächtigt ist und die willentlich ausgelöste, aber gesetzlich bestimmte Rechtsfolge eingetreten ist. Dies gilt jedenfalls dann, wenn der Prozessbevollmächtigte des AG als ein außerhalb des Betriebes stehender Dritter gehandelt hat.[119]

55 Neben der Anhörung wird vom AG keine **ausdrückliche Aufforderung** gegenüber dem BR zur Stellungnahme zu einer beabsichtigten Kündigung verlangt. Der Mitteilung des AG muss allerdings zweifelsfrei zu entnehmen sein, dass eine konkrete Kündigung (Rn. 58) beabsichtigt ist und mit ihr ein Anhörungsverfahren nach § 102 eingeleitet werden soll. **Unklarheiten** gehen zu Lasten des AG.[120]

56 Typische Fälle, in denen die bloße Information über eine beabsichtigte Maßnahme möglicherweise nicht ausreicht, sind solche, in denen in einem Vorgang **mehrere Mitbestimmungstatbestände** liegen. Hinsichtlich der Verbindung mit § 102 kommen insbesondere die Informationen hinsichtlich folgender Tatbestände in Frage:

- Personalplanung gemäß § 92;[121]
- personelle Einzelmaßnahmen i. S. d. § 99 (vgl. § 99 Rn. 140);
- Betriebsänderung gemäß § 111;[122]
- Massenentlassung gemäß § 17 Abs. 2 KSchG.[123]

Will der AG die Information hierüber gleichzeitig als eine solche gemäß § 102 gewertet wissen, muss er dies ausdrücklich erklären.

57 Die Rspr. verlangt vom AG auch einen ausdrücklichen Hinweis auf die Qualität einer Information als einer solchen i. S. d. § 102, wenn sich die Beteiligten darüber im Unklaren sind, ob der Betroffene möglicherweise **leitender Angestellter**[124] oder **freier Mitarbeiter**[125] ist (vgl. Rn. 9). Da bei einem leitenden Angestellten die vorherige Anhörung des **SpA** gemäß § 31 SprAuG Wirksamkeitsvoraussetzung der Kündigung ist, sind zweckmäßigerweise sowohl der BR als auch der SpA zu hören.[126] Will der AG eine Nichtverlängerungsanzeige im Falle einer möglicherweise unzulässigen Befristung hilfsweise als Kündigung verstanden wissen (Rn. 23), so muss dies eindeutig zum Ausdruck gebracht werden.[127]

58 Ein Anhörungsverfahren wird wirksam nur eingeleitet, wenn der AG den BR über eine von ihm gefasste **Kündigungsabsicht** unterrichtet.[128] Der BR kann im Rahmen des § 102 nur tätig werden, wenn er auf Grund der ausdrücklichen Erklärung des AG, jedenfalls aber auf Grund

---

117 *BAG* 27.11.03, NZA 04, 752.
118 *BAG* 13.12.12 – 6 AZR 608/11, juris.
119 *LAG Baden-Württemberg* 11.3.2011, – 7 Sa 109/10, juris n-rkr.
120 *LAG Düsseldorf* 1.8.74, DB 74, 1917; *Fitting*, Rn. 22; KR-*Etzel*, Rn. 73 f.
121 Vgl. *LAG Düsseldorf* 1.8.74, DB 74, 1917.
122 Vgl. *ArbG Frankfurt* 13.12.77, AuR 79, 188; *LAG Hamm* 21.7.75, DB 75, 1899.
123 *LAG Düsseldorf* 8.10.74 – 4 Sa 1091/74.
124 *BAG* 7.12.79, 26.5.77, EzA § 102 BetrVG 1972 Nrn. 42, 29.
125 *LAG Frankfurt* 20.6.79, AuR 80, 252.
126 *Stahlhacke/Preis/Vossen*, Rn. 323; *Wlotzke*, DB 89, 178; vgl. *Oetker*, ZfA 90, 76.
127 KR-*Etzel*, Rn. 74; *Stahlhacke/Preis/Vossen*, Rn. 242.
128 KR-*Etzel*, Rn. 53.

der Begleitumstände einer nicht ganz eindeutigen Äußerung des AG, davon ausgehen muss, dass eine Kündigung beabsichtigt ist.[129] Die Darstellung eines Fehlverhaltens des AN ohne Bekanntgabe einer Kündigungsabsicht reicht nicht aus, es sei denn, es handele sich nur um die Ergänzung einer zunächst begründungslos mitgeteilten Kündigungsabsicht. Den BR trifft bei Unklarheit, ob es sich um eine Kündigungsmitteilung handelt, **keine Pflicht zur Rückfrage**.[130] Etwaige Missverständnisse gehen zu Lasten des AG (vgl. Rn. 48; zur Situation bei vom BR getätigter Rückfrage s. Rn. 180). Der BR ist auch nicht verpflichtet, den AG auf Verfahrensfehler hinzuweisen (Rn. 259).

Die Unwirksamkeit einer Kündigung ohne vorherige Anhörung des BR kann nicht durch eine nachträglich erteilte Zustimmung des BR beseitigt werden.[131] Ist eine bereits erklärte Kündigung unwirksam, muss der AG den BR bei einer **wiederholten Kündigung** erneut anhören.[132] Händigt der AG dem AN erneut das alte Kündigungsschreiben aus, kann darin eine erneute Kündigung als **Bestätigung eines nichtigen Rechtsgeschäfts** liegen (vgl. § 141 BGB). Das ist jedoch nur dann der Fall, wenn der AG einen **Bestätigungswillen** hat, d. h. die Kenntnis oder doch mindestens das Bewusstsein der möglichen Fehlerhaftigkeit der ersten Kündigung.[133] Damit eine solche Bestätigung nunmehr als wirksame Kündigung gelten kann, muss freilich der BR vorher gehört worden sein.[134] Die Bestätigung muss sich als erneute, selbstständige Kündigung darstellen; ein bloßer Hinweis auf die bereits erklärte (unwirksame) Kündigung reicht nicht aus.[135] Die **Zustimmung zu einer unwirksamen Kündigung** ersetzt nicht die erneute Anhörung vor einer erneuten Kündigung mit den gleichen Gründen.[136] Von dieser Fallkonstellation zu unterscheiden ist die, dass eine wirksame Kündigung, der Zugangsmängel anhaften, erneut, und zwar ohne nochmalige Anhörung des BR, zugestellt wird. Ob § 102 Genüge getan ist, muss unter dem Gesichtspunkt des zulässigen Zeitraums zwischen Anhörung und Ausspruch der Kündigung entschieden werden (vgl. Rn. 121 ff.). **59**

Die zentrale Anforderung, auf Grund deren eine Reihe von Einzelfragen zu lösen ist, lautet: Der BR ist zu einer **bestimmten Kündigung** anzuhören.[137] Die Anhörung entfaltet daher **Wirksamkeit nur für die Kündigung, für die sie eingeleitet worden ist** (vgl. a. Rn. 121).[138] Dieser Grundsatz hat Bedeutung insbesondere für folgende Fragen: »Zeitnähe« zwischen Anhörung und Kündigung (Rn. 125); Nennung von Kündigungsfrist (Rn. 70) und -termin (Rn. 72); Bestätigung einer nichtigen oder nicht wirksam zugegangenen Kündigung (Rn. 56); Verwendung bereits gegebener oder dem BR sonst bereits bekannter Informationen (Rn. 162). **60**

Es muss sich um die Information über einen **aktuellen Kündigungsentschluss** handeln.[139] Nicht ausreichend ist die Information über einen erst in der Zukunft zu fassenden Kündigungsentschluss.[140] Stehen bei einer beabsichtigten Betriebsänderung noch Verhandlungen über einen **Interessenausgleich** gemäß § 112 aus, steht typischerweise noch nicht fest, ob die beabsichtigte Maßnahme (z. B. Betriebsstilllegung) tatsächlich und zum genannten Datum durchgeführt wird (vgl. auch Rn. 72 ff.).[141] Deshalb liegt z. B. in der Überreichung einer Liste mit von beabsichtigten Kündigungen betroffenen AN während Interessenausgleich-Verhandlungen keine Mitteilung nach § 102.[142] Es reicht auch nicht aus, wenn der AG dem BR bestimmte AN benennt, die entlassen werden müssen, falls keine Aufträge mehr kämen.[143] **61**

---

129 *LAG Hamm* 9.12.76, EzA § 102 BetrVG 1972 Nr. 26.
130 *BAG* 16.9.93, DB 94, 381.
131 *BAG* 28.2.74, AP Nr. 2 zu § 102 BetrVG 1972; vgl. APS-*Koch*, Rn. 61, GK-*Raab*, Rn. 48.
132 *BAG* 16.9.93, DB 94, 381.
133 *BAG* 13.11.75, EzA § 102 BetrVG 1972 Nr. 20; vgl. *BGH* 3.11.53, BGHZ 11, 59.
134 *BAG* 22.9.83 – 2 AZR 136/82; vgl. *BAG* 11.10.89, EzA § 102 BetrVG 1972 Nr. 78; KR-*Etzel*, Rn. 118 a.
135 KR-*Etzel*, Rn. 118 a; vgl. *BAG* 18.9.75, EzA § 102 BetrVG 1972 Nr. 17.
136 *BAG* 18.9.75, a. a. O.
137 *BAG* 21.8.90, NZA 91, 392.
138 *BAG* 11.10.1989, EzA § 102 BetrVG 1972 Nr. 78; zur Wiederholung einer zunächst von einem Bevollmächtigten ausgesprochenen Kündigung *BAG* 31.1.96, NZA 96, 649.
139 KR-*Etzel*, Rn. 54.
140 *LAG Rheinland-Pfalz* 22.9.99 – 10 Sa 569/99.
141 KR-*Etzel*, Rn. 61; das verkennt *LAG Hamm* 21.7.75, DB 75, 1899.
142 *LAG Hamm* 9.12.76, EzA § 102 BetrVG 1972, Nr. 26.
143 *ArbG Bamberg* 14.2.77, ARSt. 1978, Nr. 10.

62 Der BR ist zu der von ihm erwarteten Einflussnahme auf die Kündigung (Rn. 3) nur dann in der Lage, wenn die konkreten Kündigungsgründe, auf die der AG seine Kündigung stützen will, **im Zeitpunkt der Einleitung des Anhörungsverfahrens** – jedenfalls nach Auffassung des AG – tatsächlich vorliegen. Eine wirksame Anhörung des BR zu einem vom AN angekündigten, aber noch nicht eingetretenen Verhalten ist deshalb nicht möglich, wenn nicht die Ankündigung selbst, sondern nur das zu erwartende Verhalten des AN vom AG als Kündigungsgrund genannt wird.[144] Lässt der AG eine gewisse Zeit zwischen Anhörung des BR und Ausspruch der Kündigung verstreichen, ist die Ordnungsgemäßheit der Anhörung danach zu beurteilen, ob es sich noch um die von der Anhörung erfasste (konkretisierte) Kündigung handelt (Rn. 108).

63 Eine **objektiv unvollständige BR-Anhörung** (vgl. Rn. 78 ff., 80 ff.) verwehrt es dem AG, im Kündigungsprozess Gründe nachzuschieben, die über die Erläuterung des mitgeteilten Sachverhalts hinausgehen.[145]

64 Nach Ansicht des *BAG* soll es keinen Einfluss auf die Wirksamkeit der Anhörung haben, dass der AG bereits seinen **Kündigungswillen abschließend gebildet** hat (ständ. Rspr.).[146] Die Grenze wird vielmehr erst dort gesehen, wo die Anhörung nicht mehr vor dem Ausspruch der Kündigung erfolgt, also dem Zeitpunkt, zu dem die **Kündigungserklärung den Machtbereich des AG verlässt,** z. B. das Kündigungsschreiben zur Post gegeben wird.[147] Solange der AG Einfluss hat, dass ein auf den Weg gebrachtes Kündigungsschreiben noch angehalten werden kann, gilt die Kündigung nicht als ausgesprochen.[148] Nach dieser Rspr. kann man nur für **Extremfälle** von einer bereits vollzogenen Kündigung ausgehen (z. B., wenn die Weisung zum Ausspruch der Kündigung erteilt wurde und nach Ausfertigung des Kündigungsschreibens der Entscheidungsbefugte bzw. das entsprechende Gremium für Einwände des BR gar nicht mehr erreichbar ist oder der AG dem BR ein fertiges Kündigungsschreiben vorlegt und dies, ohne auf die Vorstellungen des BR einzugehen, abschickt).[149]

b) Person des Arbeitnehmers

65 Der AG muss den BR zweifelsfrei über die **Person** des zu kündigenden AN informieren (h. M.). Das gilt auch im Falle von **Massenentlassungen.**[150] Dazu reicht im Regelfall die Nennung des Namens (Vor- und Nachname) aus. Die Anschrift des AN gehört nicht zu den notwendigen Angaben. In Großbetrieben sind die üblichen ergänzenden Informationen (z. B. Geburtsdatum, Personalnummer, Arbeitsbereich) zur Identifikation des AN erforderlich.[151] Solange eine Verwechslungsmöglichkeit mit einem anderen AN besteht, ist die Anhörung unvollständig.

66 Der AG muss die zu kündigenden AN stets selbst benennen. Es genügt nicht, dass der AG dem BR eine größere Zahl von AN nennt, aus deren Kreis eine kleinere Zahl zu entlassen sei, und dem **BR die Auswahl** der zu Entlassenden überlässt.[152]

67 Zur Bezeichnung der Person des AN gehören die grundlegenden **sozialen Daten:** Alter, Familienstand, Kinderzahl, sonstige Unterhaltspflichten, Beschäftigungsdauer sowie – auch nach Beschränkung der Sozialdaten in § 1 Abs. 3 KSchG[153] – Umstände, die geeignet sind, einen **besonderen Kündigungsschutz** zu begründen.[154] Diese Informationen sind in jedem

---

144 *BAG* 19.1.83, EzA § 102 BetrVG 1972 Nr. 50; denkbare Fälle sind etwa Kündigungen wegen unzulässiger Selbstbeurlaubung oder angedrohten »Krankfeierns«, vgl. *KDZ*, § 1 KSchG Rn. 198, 218.

145 *LAG Schleswig-Holstein,* 1.9.04, DB 2004, 2774.

146 *BAG* 28.9.78, 13.11.75, 28.4.74, AP Nrn. 19, 7, 2 zu § 102 BetrVG 1972; wie *BAG* KR-*Etzel,* Rn. 55; HWGNRH-*Huke,* Rn. 27; GK-*Raab,* Rn. 44; APS-*Koch,* Rn. 62.

147 *BAG* 28.9.78, a. a. O.

148 *BAG* 8.4.03 – 2 AZR 515/02.

149 Vgl. GK-*Raab,* Rn. 44.

150 *BAG* 16.9.93, DB 94, 381.

151 *Stahlhacke/Preis/Vossen,* Rn. 261.

152 *LAG Berlin* 14.9.81, EzA § 102 BetrVG 1972 Nr. 46; HWGNRH-*Huke,* Rn. 33; APS-*Koch,* Rn. 98; KR-*Etzel,* Rn. 58; *Stahlhacke/Preis/Vossen,* Rn. 262; GK-*Raab,* Rn. 56.

153 Fitting, Rn. 30, 34 a.

154 HWGNRH-*Huke,* Rn. 33; KR-*Etzel,* Rn. 58; *Stahlhacke/Preis/Vossen,* Rn. 261; vgl. *Kittner,* AiB 98, 62; *LAG Nürnberg* 15.3.94, LAGE § 102 BetrVG Nr. 40.

Kündigungsfall zur Interessenabwägung bzw. Rechtmäßigkeitskontrolle erheblich (vgl. auch Rn. 104).[155] Sozialdaten können sich bei objektiver Betrachtung immer zu Gunsten des AN auswirken und schon deshalb für die Stellungnahme des BR bedeutsam sein.[156] diese »Basisinformation« jedes Kündigungsfalles hinaus sind weitere persönliche Daten mitzuteilen, sofern sie je nach Art und Begründung der beabsichtigten Kündigung für diese erheblich sind (etwa im Rahmen der Sozialauswahl bei betriebsbedingter Kündigung, vgl. Rn. 108).[157] Die Mitteilung der sozialen Daten wird als entbehrlich bezeichnet, sofern sie **dem BR bekannt** sind.[158] Die Kenntnis des BR muss der AG im Zweifelsfall beweisen (generell zur Bedeutung des eigenen Kenntnisstandes des BR Rn. 162 ff.). Eine unzureichende Information über die Person des AN macht die Kündigung aus zwei Gründen **unwirksam:** (1) weil über den konkreten AN nicht informiert wurde und (2) weil der AG mit der Kündigung über ihm typischerweise bekannte Umstände nicht informiert.

Der AG kann die Mitteilung der sozialen Daten nicht kraft **subjektiver Determination** (vgl. Rn. 78 ff.) für vollständig entbehrlich erklären. Dem BR darf auf diese Weise nicht die Grundlage einer eigenständigen Beurteilung, etwa hinsichtlich der Sozialauswahl oder der sozialen Ausgewogenheit der Kündigung, abgeschnitten werden.[159] Im Allgemeinen muss mindestens das Lebensalter und die Dauer der Betriebszugehörigkeit sowie ein eventueller Sonderkündigungsschutz mitgeteilt werden.[160] Die Mitteilung von Sozialdaten bei einer betriebsbedingten Kündigung ist nur dann entbehrlich, wenn der AG dem BR zugleich mitteilt, er habe sich entschlossen, überhaupt keine Sozialauswahl durchzuführen (zum Unwirksamkeitsrisiko vgl. Rn. 93) und der BR jedenfalls die ungefähren Daten ohnehin kennt;[161] dies gilt entsprechend für eine verhaltensbedingte Kündigung.[162] **68**

c) Kündigungsart und -frist

Der BR muss über die **Art der auszusprechenden Kündigung** informiert werden (ordentliche – vgl. DKKWF-*Bachner,* § 102 Rn. 11 oder außerordentliche vgl. DKKWF-*Bachner,* § 102 Rn. 11 – Kündigung, Änderungskündigung – vgl. DKKWF-*Bachner,* § 102 Rn. 11). Im Falle einer außerordentlichen Kündigung unter Wahrung einer sozialen **Auslauffrist**[163] hat der AG dies ebenso zu erklären wie bei einer außerordentlichen Kündigung gegenüber tarifvertraglich »unkündbaren« AN unter Einhaltung einer Frist (zu Widerspruch und Weiterbeschäftigung in einem solchen Fall s. Rn. 191 und 277).[164] Bei einer ordentlichen Kündigung unter Geltung des KSchG hat der AG ausdrücklich zu erklären, ob er aus den mitgeteilten Tatsachen eine **personen-, verhaltens- oder betriebsbedingte Kündigung** ableiten will.[165] Im Prozess kann er nicht mehr z. B. von einer verhaltens- zur personenbedingten[166] oder von einer betriebs- zu einer verhaltensbedingten Kündigung übergehen.[167] Auch der Ausspruch einer **Änderungskündigung** anstelle der dem BR mitgeteilten Beendigungskündigung ist nicht möglich.[168] **69**

70 Im Falle einer ordentlichen (Änderungs- oder Beendigungs-)Kündigung ist dem BR die für den betroffenen AN geltende (kollektiv- oder individualvertragliche) **Kündigungsfrist** mit-

---

155 Zur begrenzten Aussagekraft von Eintragungen in der Lohnsteuerkarte vgl. *ArbG Stuttgart* 31.10.91, AiB 92, 360.

156 *BAG* 23.10.14 – 2 AZR 736/13 juris.

157 Zur Erheblichkeit der Daten für den Kündigungsentschluss *LAG Köln* 5.10.94, Mb. 6/95, 61; *BAG* 15.11.95, NZA 96, 419: Voraussetzung allerdings »ungefähre Kenntnis« des BR.

158 KR-*Etzel,* Rn. 58; *Stahlhacke/Preis/Vossen,* Rn. 261.

159 Vgl. APS-*Koch,* Rn. 93.

160 *BAG* 6.10.06, DB 06, 675; *HessLAG* 24.1.00, BB 00, 1944; *HessLAG* 24.1.00, BB 00, 1944.

161 *BAG* 24.2.00, NZA 00, 764.

162 *BAG* 23.10.14 – 2 AZR 736/13 juris.

163 Vgl. *KDZ,* § 626 BGB Rn. 16.

164 *BAG* 29.8.91, a. a. O.

165 Zum unzulässigen Vermischen von Kündigungsgründen *BAG* 10.12.92, EzA § 626 BGB Druckkündigung Nr. 3; 23.9.92 – 2 AZR 63/92.

166 *LAG Hamburg* 22.2.91, LAGE § 102 BetrVG 1972 Nr. 28.

167 *BAG* 5.2.81, EzA § 102 BetrVG 1972 Nr. 47.

168 *BAG* 27.5.82, DB 84, 620; GK-*Raab,* Rn. 62.

zuteilen.[169] Die Kündigungsfrist hat stets eine besondere selbstständige Bedeutung für den Gekündigten (und daher für den BR), insbesondere hinsichtlich der Situation am Arbeitsmarkt.[170] Ihre Kenntnis ist außerdem unverzichtbar zur Rechtmäßigkeitskontrolle der Kündigung durch den BR. Die Mitteilung der Kündigungsfrist kann nur dann unterbleiben, wenn die **Frist dem BR bekannt** ist.[171] Der BR ist jedoch nicht gehalten, sich die Daten aus irgendwelchen Unterlagen herauszusuchen und selbst zu erschließen (vgl. Rn. 90).[172] Die Beweislast für die Kenntnis des BR liegt beim AG (vgl. Rn. 165). Die Information über die Kündigungsfrist ist jedenfalls dann unverzichtbar, soweit dem AG zugebilligt wird, auf die Nennung des beabsichtigten Kündigungstermins zu verzichten (vgl. Rn. 72). Der Verzicht auf beide Informationen führt dazu, dass nicht einmal von einer konkreten Kündigungsabsicht gesprochen werden kann.[173]

71 Will der AG im Falle einer außerordentlichen Kündigung sicherstellen, dass im Falle der Unwirksamkeit dieser Kündigung die von ihm hilfsweise **(vorsorglich) erklärte** oder dahin **umgedeutete ordentliche Kündigung** (zu Begründungsanforderungen bei verbundenen Kündigungen s. Rn. 116) nicht an der fehlenden Anhörung des BR scheitert, muss er den BR deutlich darauf hinweisen, dass die geplante außerordentliche Kündigung hilfsweise als ordentliche Kündigung gelten soll.[174] Die Anhörung zur außerordentlichen Kündigung ersetzt nicht die Anhörung zu einer ordentlichen Kündigung.[175] Das *BAG*[176] lässt eine **Ausnahme** nur dann zu, wenn der BR, der lediglich zu einer beabsichtigten außerordentlichen Kündigung gehört wurde, dieser ausdrücklich und vorbehaltlos zugestimmt hat und auch aus sonstigen Umständen zu ersehen ist, dass er für den Fall der Unwirksamkeit der außerordentlichen Kündigung der dann verbleibenden ordentlichen Kündigung nicht entgegengetreten wäre.[177] Die Beweislast hierfür liegt beim AG. Vorstehendes gilt auch dann, wenn der Betriebsrat zu einer außerordentlichen Kündigung mit sozialer, der ordentlichen Kündigungsfrist entsprechenden Auslauffrist eines vermeintlich tarifvertraglich altersgeschützten, aber in Wirklichkeit nicht tarifgebundenen Arbeitnehmers angehört wurde.[178] Wird der BR zu einer außerordentlichen Kündigung gehört und regt er selbst stattdessen eine ordentliche Kündigung an, erübrigt sich eine erneute Anhörung nicht, denn der BR kann nicht vorab auf eine Anhörung zu einer noch nicht ausgesprochenen Kündigung verzichten (zur Kündigung auf Verlangen des BR Rn. 25). Ist der BR nur zu einer ordentlichen Kündigung gehört worden, darf der AG keinesfalls eine außerordentliche Kündigung aussprechen.

d) Kündigungstermin

72 Da der AG muss den BR über eine bestimmte Kündigung unterrichten muss (vgl. Rn. 61), ist ist neben der Information über die geltende Kündigungsfrist (Rn. 70) im Regelfall auch über den beabsichtigten **Kündigungstermin** (= Termin der Beendigung des Arbeitsverhältnissesl) zu unterrichten.[179] Die Kenntnis dieses Termins ist im Hinblick auf die rechtliche und soziale Würdigung der Kündigung für den BR unverzichtbar (vgl. auch Rn. 70).[180]. Der BR muss sich nicht nach einer nicht mitgeteilten Kündigungsfrist erkundigen.[181]

---

169 *BAG* 15.12.94, NZA 95, 521; 29.3.90, EzA § 102 BetrVG 1972 Nr. 79; 21.8.90, *ArbG Berlin* 21.5.08; APS-*Koch*, Rn. 102; a. A. *LAG Schleswig-Holstein* 23.2.95, BB 95, 1593; GK-*Raab*, Rn. 63 f. für den Regelfall.
170 *BAG* 18.4.85, EzA § 622 BGB n. F. Nr. 21.
171 *BAG* 15.12.94, NZA 95, 521; 29.1.86, EzA § 102 BetrVG 1972 Nr. 64; vgl. *LAG Hamm* 15.7.93, ZTR 94, 85; *LAG Köln* 3.3.08 – 14 Sa 1276/07, juris.
172 *BAG* 29.3.90, a. a. O.
173 Vgl. *BAG* 3.4.87 – 7 AZR 66/86; KR-*Etzel*, Rn. 59 a.
174 *BAG* 16.3.78, EzA § 102 BetrVG 1972 Nr. 32.
175 APS-*Koch*, Rn. 160; *WEH*, Teil I Rn. 285; GK-*Raab*, Rn. 59.
176 a. a. O.
177 Weitergehend GK-*Raab*, Rn. 60.
178 *LAG Baden-Württemberg* 24.11.05 – 21 Sa 51/05, juris.
179 *BAG* 28.2.74, EzA § 102 BetrVG 1972 Nr. 8; 4.3.81, AP Nr. 1 zu § 77 LPVG Baden-Württemberg, EzA § 102 BetrVG 1972 Nr. 47; *LAG Baden-Württemberg* 4.11.92 – 12 Sa 40/92.
180 *BAG* 21.8.1990, NZA 91, 392
181 *BAG* 16.9.93, DB 94, 381.

Dieses Ergebnis deckt sich auch mit der Rspr. der 7. Senats des BAG, der einschränkend feststellt, dass der AG dann keine besonderen Angaben zum Kündigungstermin machen müsse, wenn er die Kündigung alsbald nach Abschluss des Anhörungsverfahrens **zum nächstmöglichen Termin** aussprechen will.[182] Das ist die logische, dem Anhörungsverfahren selbst innewohnende Begrenzung der dem AG möglichen Verfahrensweise. Lässt der AG diesen Termin verstreichen und kündigt er zum nächsten oder einem noch späteren Termin, handelt es sich grundsätzlich um eine **andere Kündigung,** über die erneut zu informieren ist (zur Wiederholung einer fehlgeschlagenen Zustellung s. Rn. 59, 74). Etwas anderes kann gelten, wenn der AG nach Anhörung des BR auf dessen Bedenken hin die Kündigung nochmals überprüft und über den zunächst avisierten Kündigungstermin hinaus mit dem BR hierüber verhandelt.[183] Entscheidend ist, dass nach den dem BR gegebenen (bei diesem vorhandenen, Rn. 162) Informationen kein vernünftiger Zweifel bestehen kann, zu welchem Zeitpunkt die Kündigung ausgesprochen werden soll (im Übrigen zum Zeitraum zwischen Anhörung und Kündigung Rn. 125).[184] **73**

Scheitert eine Kündigung, zu der der BR ordnungsgemäß angehört worden ist und der er ausdrücklich und vorbehaltlos zugestimmt hat, am **fehlenden Zugang** beim zu kündigenden AN, so ist vor einer erneuten Zustellung der Kündigung eine nochmalige Anhörung des BR entbehrlich, wenn sie in engem zeitlichen Zusammenhang ausgesprochen und auf denselben Sachverhalt gestützt wird.[185] Die Wiederholung einer solchen Kündigung muss unverzüglich nach Kenntnis des AG hiervon erfolgen. **74**

Der dem AG mögliche Kündigungstermin ist typischerweise nicht schon im Zeitpunkt der Anhörung des BR bestimmbar, wenn zur Kündigung noch die **Zustimmung einer anderen Stelle** eingeholt werden muss (oberste Landesbehörde gemäß § 9 Abs. 3 MuSchG; Integrationsamt gemäß § 12 SchwbG). Der AG kann in einem solchen Falle den BR bereits vor Erteilung der behördlichen Genehmigung anzuhören.[186] Er muss den BR jedoch auf das anstehende Genehmigungsverfahren hinweisen, sonst ist die Information unvollständig, und die später erklärte Kündigung gilt nicht als Kündigung zum nächstmöglichen Termin.[187] Hat der AG zwar unter Anhörung des BR, jedoch ohne die erforderliche behördliche Genehmigung (unwirksam) gekündigt, bedarf die nach Eingang der behördlichen Genehmigung ausgesprochene weitere Kündigung der neuerlichen Anhörung des BR.[188] Eine erneute Anhörung ist auch dann erforderlich, wenn sich aus dem Zustimmungsverfahren ein wesentlich **veränderter Kündigungssachverhalt** ergibt oder er gar wegen eines anderen Kündigungsgrundes ein erneutes Zustimmungsverfahren eingeleitet hat.[189] Lediglich bei unverändertem Sachverhalt kann auch nach jahrelangem Verwaltungsrechtsstreit ohne erneute Anhörung des BR gekündigt werden (vgl. zur **Zeitnähe der Kündigung** Rn. 108).[190] **Nach Erteilung der Genehmigung** muss die Kündigung dann unverzüglich erklärt werden, sonst fehlt es am Zusammenhang zur Anhörung des BR (vgl. Rn. 108).[191] **75**

Die Anhörung des BR ist unwirksam, wenn der AG **zwei mögliche Kündigungstermine** nennt, ohne anzugeben, zu welchem Termin dem AN gekündigt werden soll.[192] **76**

Gibt der AG allein seine Absicht der **Betriebsschließung** an einem bestimmten Tag bekannt, so liegt darin nicht die ausreichende Mitteilung über einen geplanten Kündigungstermin.[193] **77**

182 *BAG* 29.1.86, EzA § 102 BetrVG 1972 Nr. 64.
183 *BAG* 26.5.77, EzA § 102 BetrVG 1972 Nr. 30.
184 *LAG Berlin* 6.2.84, BB 84, 1428; KR-*Etzel,* Rn. 59; vgl. auch *Bitter,* NZA-Beilage 3/91, S. 18.
185 *BAG* 11.10.89, EzA § 102 BetrVG 1972 Nr. 78 mit Anm. *Kraft.*
186 *BAG* 1.8.81, EzA § 102 BetrVG 1972 Nr. 45; vgl. *BAG* 5.9.79, EzA § 12 SchwbG Nr. 8; *LAG Berlin* 24.6.1991, LAGE § 1 KSchG Personenbedingte Kündigung Nr. 8.
187 KR-*Etzel,* Rn. 60.
188 *LAG Hamm* 13.4.92, LAGE § 102 BetrVG 1972 Nr. 31; vgl. auch *LAG Hamm* 9.10.87, DB 88, 916.
189 *BAG* 1.8.81, a. a. O.; 26.5.77, EzA § 102 BetrVG 1972 Nr. 30.
190 *BAG* 18.5.94, NZA 95, 65.
191 *BAG* 5.9.79, EzA § 12 SchwbG Nr. 8; 3.7.80, EzA § 18 SchwbG Nr. 3; 6.11.86 – 2 AZR 753/85; vgl. *Stahlhacke/Preis/Vossen,* Rn. 255.
192 *LAG Bremen* 10.6.86, LAGE § 102 BetrVG 1972 Nr. 19.
193 *ArbG Frankfurt* 13.12.77, AuR 79, 188; KR-*Etzel,* Rn. 61; *Böhm,* BB 76, 1270; a. A. *LAG Hamm* 21.7.75, DB 75, 1899.

Hierzu müssen die unterschiedlichen Kündigungstermine und -möglichkeiten für alle betroffenen AN konkretisiert werden.[194]

e) Kündigungsgründe

aa) Grundsätze (subjektive Determination)

78 Der AG hat dem BR **die Gründe für die Kündigung mitzuteilen** (Abs. 1 Satz 2). Damit ist eine umfassende Information des BR über alle Gesichtspunkte gemeint, die den AG zur Kündigung veranlassen. Diese Begründungspflicht vor Ausspruch einer Kündigung ist das **Herzstück des Anhörungsverfahrens.** Damit wird dem BR die Grundlage für seine Beurteilung der Kündigung verschafft. Der Umfang der Begründungspflicht, der Zeitpunkt, zu dem alle Gründe spätestens genannt sein müssen, die Folgen von Fehlinformationen, die Bedeutung des jeweiligen Kenntnisstandes – zu den wichtigsten dieser teilweise heftig umstrittenen Fragen hat das *BAG* im Laufe der Zeit Stellung bezogen.[195]

79 Nach der Rspr. des *BAG* lässt sich folgendes **Gesamtsystem der Begründungspflicht** des AG im Überblick skizzieren:

1. Der AG entscheidet, auf welche Gründe er eine Kündigung stützen will (»subjektive Determination«, Rn. 80).
2. Der AG ist nur verpflichtet, über diese Gründe zu informieren (Rn. 81).
3. Um im Kündigungsschutzprozess Bedeutung zu erlangen, müssen dem BR mindestens folgende Tatsachen mitgeteilt werden:
   - im Falle einer ordentlichen Kündigung bei Geltung des KSchG alle der Begründung des gesetzlichen Kündigungsgrundes zugrunde liegenden Tatsachen und Erwägungen (Rn. 83);
   - im Falle einer Kündigung ohne Geltung des KSchG alle der Kündigungsabsicht zugrunde liegenden Tatsachen und Erwägungen (Rn. 118);
   - im Falle einer außerordentlichen Kündigung alle zur Begründung der Kündigung herangezogenen Tatsachen (Rn. 113).
4. Zu informieren ist auch über die gegen eine Kündigung sprechenden Tatsachen (Rn. 86).
5. Dem AG bei Ausspruch der Kündigung bekannte Tatsachen können im Kündigungsschutzprozess nicht mehr nachgeschoben werden (Rn. 126, 129).
6. Nach der (zu kritisierenden) Rspr. des *BAG* darf der AG bei Kündigungsausspruch nicht bekannte, aber zu diesem Zeitpunkt bereits entstandene Kündigungsgründe im Kündigungsschutzprozess nachschieben, wenn der BR hierzu erneut angehört worden ist (Rn. 132).
7. Unbeschränkt möglich ist die Erläuterung (Substantiierung oder Erläuterung) der dem BR mitgeteilten Kündigungsgründe (Rn. 126).
8. Wissentlich falsche oder unvollständige Darstellungen des AG gegenüber dem BR im Verfahren nach § 102 führen zur Unwirksamkeit der Anhörung (Rn. 85).
9. Die lediglich objektive Unrichtigkeit der AG-Information führt nicht zur Unwirksamkeit der Anhörung, sondern ist bei der Prüfung der materiellen Berechtigung zur Kündigung zu würdigen (Rn. 81, 83).
10. Bestreitet der AN im Kündigungsschutzprozess das Vorliegen einer ordnungsgemäßen Anhörung, liegt die Darlegungs- und Beweislast hierfür beim AG (Rn. 90).

80 Nach herrschender Ansicht und ständ. Rspr. muss der AG dem BR nur diejenigen Gründe mitteilen, die nach seiner **subjektiven Sicht** die Kündigung rechtfertigen und für seinen Kündigungsentschluss maßgebend sind, also nur diejenigen Gründe, auf die er die Kündigung stützen will, diese aber vollständig (ständige Rspr.).[196] Diese Begrenzung wird abgeleitet aus

---

194 Diese Notwendigkeit sieht auch das *LAG Hamm* 21.7.75, a. a. O.

195 Richardi-Thüsing Rn. 57; ErfK-Kania, Rn. 6; Überblicke bei *Becker-Schaffner,* DB 96, 426; *Bayer,* DB 92, 782; *Stahlhacke/Preis/Vossen,* Rn. 404 ff.; KR-*Etzel,* Rn. 62; GK-*Raab,* Rn. 66 ff.; *Neuhaus,* AiB 92, 568; *Eppelein,* AiB 92, 374; *Kutzki,* ZTR 99, 491.

196 *BAG* 24.2.00, NZA 00, 764; 3.12.98, DB 99, 1172.

Wortlaut und Zweck des Abs. 1 Satz 2. Dem BR seien »die Gründe für die Kündigung« mitzuteilen. Damit seien die Beweggründe des AG gemeint, die ihn zur Kündigung veranlassen. Hierauf solle der BR Einfluss nehmen können. Diese **subjektive Determination** der anhörungspflichtigen Gründe im Rahmen des Abs. 1 Satz 2 ist insofern konsequent, als es zunächst ja völlig im Belieben des AG steht, ob er bei gegebenen Kündigungsgründen überhaupt eine Kündigung aussprechen will. Tut er es, muss es ihm freistehen, sich bei mehreren vorhandenen Kündigungsgründen nur auf ausgewählte zu stützen.[197]

Der AG kann und muss den BR nur über solche **Gründe** informieren, **auf die er die Kündigung stützen will.**[198] Teilt er objektiv kündigungsrechtlich erhebliche Tatsachen dem BR deshalb nicht mit, weil er darauf die Kündigung (zunächst) nicht stützen will oder weil er sie bei seinem Kündigungsentschluss für unerheblich oder entbehrlich hält, dann ist die Anhörung selbst ordnungsgemäß.[199] Die in objektiver Hinsicht unvollständige Anhörung verwehrt es aber dem AG, im Kündigungsschutzprozess Gründe **nachzuschieben,** die über die Erläuterung des dem BR nach § 102 mitgeteilten Sachverhalts hinausgehen (Rn. 126 ff.). Der AG kann die Kündigung nur auf die Umstände stützen, zu denen er den BR im Anhörungsverfahren angehört hat.[200] Die objektiv unvollständige Unterrichtung des BR über die für die Kündigung wesentlichen Umstände hat demgemäß nur mittelbar dann die Unwirksamkeit der Kündigung zur Folge, wenn der verwertbare Sachverhalt die Kündigung nicht trägt, das heißt, wenn es der sachlichen Rechtfertigung der Kündigung nach § 1 KSchG oder § 626 BGB bedarf und dazu der (dem BR) mitgeteilte Kündigungssachverhalt nicht ausreicht (zu Fällen der Nichtgeltung des KSchG s. Rn. 118).[201] **81**

Die subjektive Determination von Kündigungsgründen und Anhörungspflicht aus der Sicht des AG bedeutet, dass es nicht darauf ankommt, was **aus der Sicht des BR** mitteilungspflichtig ist. Bezogen auf die Meinungsbildung des BR kommt es für seine Anhörung ausschließlich darauf an, dass er vollständig über die Kündigungsgründe des AG informiert wird.[202] Hält der BR beispielsweise tieferliegende Ursachen für einen Kündigungsgrund (etwa betriebliche Zusammenhänge bei Leistungsmängeln), so ist die Anhörung als solche nicht fehlerhaft, wenn der AG sich hierauf nicht stützen will und er die Kündigung losgelöst hiervon begründet, was er darf. **82**

Im Rahmen der von ihm gewählten Kündigungsbegründung muss der AG dem BR **alles** mitteilen, was **kündigungsrechtlich relevant** ist. Die Mitteilungspflicht erstreckt sich auf alle Umstände, die mit dem Kündigungsgrund im Zusammenhang stehen. Das bedeutet: Der AG muss dem Betriebsrat die materiellrechtlich zur Begründung einer Kündigung erforderlichen Tatsachen mitteilen. Im Falle einer nach dem KSchG zu rechtfertigenden Kündigung sind dies alle Tatbestandselemente einer personen- (Rn. 91), verhaltens- (Rn. 97) oder betriebsbedingten Kündigung (Rn. 100). Im Falle einer außerordentlichen Kündigung sind die zur Rechtfertigung gemäß § 626 BGB erforderlichen Aspekte mitzuteilen (Rn. 113). Fällt der AN nicht unter das KSchG, muss der AG über das informieren, was ihn tatsächlich zur Kündigung bewogen hat (Rn. 118). Der AG bestimmt damit selbst den **verwertbaren Sachverhalt** zur Rechtfertigung der Kündigung. Außerdem muss sich der AG daran festhalten lassen, ob er aus einem bestimmten Sachverhalt eine **personen-, verhaltens- oder betriebsbedingte** Kündigung ableitet. Ein Wechsel der Betrachtungsweise ist später nicht mehr möglich (vgl. Rn. 64). **83**

Der vom AG als maßgebend erachtete Sachverhalt ist dem BR unter Angabe von **Tatsachen,** aus denen der Kündigungsentschluss hergeleitet wird, zu beschreiben. Die Anhörung ist unvollständig, wenn der AG dem Betriebsrat die Gründe nur pauschal, schlagwort- oder stichwortartig bezeichnet.[203] Die **Substantiierungspflicht** gegenüber dem BR ist daran zu messen, welche konkreten Umstände oder subjektiven Vorstellungen zum Kündigungsentschluss ge- **84**

197 Insgesamt *Bitter,* FS Stahlhacke, S. 57 ff.
198 GK-*Raab,* Rn. 66.
199 Vgl. den Fall *LAG Baden-Württemberg* 9.11.90, LAGE § 102 BetrVG Nr. 25.
200 *LAG Rheinland-Pfalz* 10.1.08, 11 Sa 579/07 juris.
201 *BAG* 11.7.91, EzA § 102 BetrVG 1972 Nr. 81.
202 *BAG* 11.7.91, EzA § 102 BetrVG 1972 Nr. 81.
203 *BAG* 11.7.91, EzA § 102 BetrVG 1992 Nr. 81.

führt haben.[204] Hat der Arbeitgeber keine Gründe oder wird sein Kündigungsentschluss allein von subjektiven, durch Tatsachen nicht belegbaren Vorstellungen bestimmt, so reicht die Unterrichtung über diese Vorstellungen aus (was naturgemäß überhaupt nur bei ordentlichen Kündigungen ohne Geltung des KSchG in Frage kommt, Rn. 118). Der AG trägt freilich das Risiko, dass dies nach materiellem Kündigungsschutzrecht nicht zur Begründung der Kündigung ausreicht.[205]

85 Die subjektive Determinierung der Kündigungsgründe findet ihre Grenze an der **Pflicht zur wahrheitsgemäßen Information**.[206] Dies folgt aus dem Grundsatz der vertrauensvollen Zusammenarbeit (§§ 2, 74). Eine bewusst und gewollt unrichtige Mitteilung der für den Kündigungsentschluss des AG maßgebenden Kündigungsgründe und damit eine **Irreführung** des BR führt zu einem unwirksamen Anhörungsverfahren.[207] Unzulässig ist zum einen die **bewusst unrichtige Sachdarstellung,** insbesondere die Mitteilung von Scheingründen unter bewusstem Verschweigen der wahren Kündigungsgründe.[208] Zum anderen ist auch die **unvollständige Sachdarstellung** unzulässig.[209] Das ist z. B. dann der Fall, wenn der AG dem BR bewusst ihm bekannte und seinen Kündigungsentschluss bestimmende Tatsachen vorenthält, die nicht nur eine Ergänzung oder Konkretisierung des mitgeteilten Sachverhalts darstellen (Rn. 127), sondern diesem erst das Gewicht eines Kündigungsgrundes geben oder weitere eigenständige Kündigungsgründe enthalten. Die Rspr. hat in diesem Zusammenhang eine fehlerhafte Anhörung in folgenden Fällen angenommen:

- in einen falschen Zusammenhang gestellte bzw. aus dem Zusammenhang gerissene Aussagen des AN;[210]
- Erweckung einer irrigen Vorstellung beim BR über den Umfang von Fehlzeiten durch unzutreffende Darstellung von Kalendertagen als Arbeitstagen;[211]
- bei Kündigung wegen längerer Fehlzeiten auf Grund einer Untersuchungshaft[212] die Nichtmitteilung der Tatsache, dass die Untersuchungshaft bald aufgehoben wird.[213] Der AG muss deshalb auch den AN entlastende Umstände mitteilen;[214]
- bei Kündigung wegen Minderleistung das Verschweigen, dass der AN unter Vorlage eines ärztlichen Attestes, das die Minderleistung als krankheitsbedingt darstellt, diese auf die konkreten Arbeitsbedingungen zurückführt und um einen anderen Arbeitsplatz gebeten hat;[215]
- bewusstes Vermengen personen- und verhaltensbedingter Gründe unter den Oberbegriff »zu hohe Fehlzeiten«.[216]
- Unvollständig ist die Unterrichtung auch dann, wenn die vom AG im Anhörungsschreiben genannten Gründe für die Herausnahme von AN aus der Sozialauswahl nicht zutreffen.[217]

86 Die Wahrheitspflicht gebietet es dem AG auch, dem BR **gegen die Kündigung sprechende bzw. den AN entlastende Tatsachen** mitzuteilen.[218] Daran ändert auch nach der Rspr. des BAG der Grundsatz der subjektiven Determination der Kündigungsgründe nichts.[219] Dieser Grundsatz erlaubt zwar die arbeitgeberseitige Bestimmung des Begründungszusammenhangs für die Kündigung. Bei gegebenem Lebenssachverhalt sind dann jedoch alle hierbei vom

---

204 *BAG* 8.9.88, EzA § 102 BetrVG 1972 Nr. 73.
205 Vgl. *BAG* 11.7.91 a. a. O.
206 *LAG Baden-Württemberg* 11.8.06, AR 06, 411.
207 *BAG* 11.7.91, EzA § 102 BetrVG 1972 Nr. 81; *LAG Köln*, 27.2.10– 8 Sa 698/09, juris.
208 *BAG* 9.3.95, NZA 95, 678; 22.9.94, EzA § 102 BetrVG 1972 Nr. 86 mit Anm. *Kittner*.
209 *BAG* 9.3.95, a. a. O., *LAG Baden-Württemberg*, a. a. O.
210 *BAG* 24.5.89 – 2 AZR 399/88; vgl. *Bitter*, a. a. O., Fn. 28.
211 *BAG* 31.5.90 – 2 AZR 78/89; vgl. *Bitter*, a. a. O., Fn. 30.
212 Hierzu *KDZ*, § 1 KSchG Rn. 196.
213 *LAG Hamm* 30.8.84, ARSt. 86, 30.
214 *LAG Baden-Württemberg* a. a. O.
215 *LAG Hamm* 5.12.90, LAGE § 102 BetrVG Nr. 27.
216 *BAG* 23.9.92 – 2 AZR 63/92.
217 *LAG Hamm* 23.2.20 – 15 Sa 1775/05, juris.
218 *BAG* 31.8.89, 2.11.83, EzA § 102 BetrVG 1972 Nrn. 75, 53; KR-*Etzel*, Rn. 62; *Bitter*, NZA-Beilage 3/91, S. 20.
219 *BAG* 23.10.14, 2 AZR 736/13 juris.

Arbeitgeber in die Erwägung einbezogenen Aspekte zu nennen. Dazu gehören typischerweise – dem AG bekannte – gegen die Kündigung sprechende Tatsachen bzw. Wertungen, die er jedoch aus seiner Sicht verworfen hat. Das *BAG*[220] stellt deshalb zu Recht fest, dass im Rahmen des Anhörungsverfahrens nicht unterschieden werden kann zwischen Gründen, die für, und solchen, die gegen die Kündigung sprechen. Dem BR soll die Gelegenheit gegeben werden, zur Gesamtüberlegung und zur Willensentschließung des AG insgesamt sachgerecht Stellung zu nehmen. Hierzu gehört auch die Kenntnis der vom AG verworfenen, gegen die Kündigung sprechenden Tatsachen haben. Bei einer auf § 1 KSchG oder § 626 BGB gestützten Kündigung ist dieses Ergebnis ohnehin zwangsläufig, weil zum gesetzlichen Kündigungsgrund neben seiner vollen Erweislichkeit eine umfassende Interessenabwägung gehört (vgl. Rn. 91, 97, 113). Der AG muss dem AN günstige Entwicklungen, die nach Anhörung, aber vor Aussprache der Kündigung eintreten, **nachtragen** (z. B. Verbesserung der Auftragslage, Absicht zur Einführung von Kurzarbeit).[221] Dadurch beginnt die Frist des Abs. 2 von neuem zu laufen (Rn. 130).

Der AG ist nach materiellem Kündigungsschutzrecht verpflichtet, dem AN vor Ausspruch **87** einer Beendigungskündigung ein mögliches und zumutbares **Änderungsangebot** zu unterbreiten.[222] Die entsprechende Entscheidung des BAG ist zwar aus Anlass einer betriebsbedingten Kündigung ergangen (vgl. a. Rn. 102). Der Grundsatz gilt jedoch im Hinblick auf die Notwendigkeit der Kündigung als ultima ratio in allen Kündigungsfällen.[223] Der AG muss deshalb den BR über die Tatsache und den Inhalt seines Änderungsangebots sowie die Reaktion des AN hierauf unterrichten. Ist eine solche zumutbare und mögliche andere Arbeitsgelegenheit nicht vorhanden, muss der AG den BR von sich aus hierüber informieren, sonst würde ihm die Berufung hierauf im Kündigungsschutzprozess abgeschnitten

Die Anhörung kann sich nicht auf **zukünftige Gründe** erstrecken. Eine wirksame Anhörung **88** des BR zu einem vom AN angekündigten, aber noch nicht eingetretenen Verhalten ist dann nicht möglich, wenn nicht die Ankündigung selbst, sondern nur das zu erwartende Verhalten des AN vom AG als Kündigungsgrund genannt wird.[224]

Der AG muss dem BR die maßgebenden Tatsachen, die zu seinem Kündigungsentschluss **89** geführt haben, so mitteilen, dass dieser sich **ohne zusätzliche eigene Nachforschungen** ein eigenes Bild über die Begründetheit der Kündigung machen kann.[225] Deshalb reicht es für eine ordnungsgemäße Anhörung des BR zu einer Probezeitkündigung nicht aus, wenn der AG dem BR mitteilt, es bestünde kein Interesse an einer Weiterbeschäftigung.[226] Eine nicht ordnungsgemäße Unterrichtung des BR wird nicht dadurch geheilt, dass sich der BR im Laufe des Anhörungsverfahrens durch eigene Nachforschungen die erforderlichen Kenntnisse verschafft.[227] Das gilt ebenso für den Umstand, dass der BR nach Durchführung eigener Ermittlungen abschließend zu der beabsichtigten Kündigung Stellung genommen hat.[228] Der BR ist nicht gehalten, sich die notwendigen Daten aus irgendwelchen Unterlagen herauszusuchen und selbst zu erschließen.[229] Eine Bezugnahme auf beim BRf bereits **vorhandene Kenntnisse** ist nur ausnahmsweise möglich (eingehend Rn. 162). Allerdings muss der AG selbst dann, wenn der BR alles weiß, was der AG weiß – und vielleicht sogar noch mehr – dem BR mitteilen, auf welchen kündigungsrechtlich relevanten Tatsachenkomplex die Kündigung gestützt wird.[230] Ein Irrtum über den erforderlichen Kenntnisstand des BR geht zu Lasten des AG (vgl. näher Rn. 164; zur Beweislast Rn. 165).[231] Der BR ist nicht verpflichtet, den AG auf die Unvollständigkeit seiner Mitteilung hinzuweisen.[232]

---

220 6.7.78, EzA § 102 BetrVG 1972 Nr. 37.
221 Vgl. KR-*Etzel*, Rn. 80.
222 *BAG* 27.9.84, EzA § 2 KSchG 1972 Nr. 5.
223 *KDZ*, § 2 KSchG Rn. 117 m. w. N.
224 *BAG* 11.1.83, EzA § 102 BetrVG 1972 Nr. 50.
225 *BAG* 24.11.83, 18.12.80, 13.7.78, EzA § 102 BetrVG 1972 Nrn. 54, 44, 35; 2.3.89, EzA § 626 BGB n. F. Nr. 118.
226 *LAG Düsseldorf* 22.11.11 – 17 Sa 961/11, juris.
227 *BAG* 2.11.83, EzA § 102 BetrVG 1972, Nr. 53.
228 *BAG* 2.11.83, a. a. O.
229 *BAG* 29.3.90, EzA § 102 BetrVG 1972 Nr. 79.
230 *BAG* 11.12.03, AiB 04, 257.
231 *BAG* 27.6.85, EzA § 102 BetrVG 1972 Nr. 60.
232 APS-*Koch*, Rn. 144.

90 Ein besonderes Problem hinsichtlich des notwendigen Umfangs der Anhörung des BR entsteht dann, wenn der AG auf Grund der **Verteilung der Darlegungs- und Beweislast** im Kündigungsschutzprozess (näher Rn. 263 ff.) auf bestimmte Tatsachen erst dann eingehen muss, wenn der AN sich in entsprechender Weise einlässt: So genügt bei einer betriebsbedingten Kündigung der allgemeine Vortrag des Arbeitgebers, wegen der betrieblichen Notwendigkeit sei eine Weiterbeschäftigung zu gleichen Bedingungen nicht möglich. Erst wenn der Arbeitnehmer darlegt, wie er sich eine anderweitige Beschäftigung vorstellt, falls sein bisheriger Arbeitsplatz tatsächlich weggefallen sein sollte, muss der AG eingehend erläutern, aus welchen Gründen eine Umsetzung nicht möglich gewesen wäre.[233] Bei einer krankheitsbedingten Kündigung, in der eine betriebliche Verursachung der Erkrankung eine Rolle spielt, genügt der AG seiner Darlegungslast zunächst, wenn er die betriebliche Tätigkeit des AN vorträgt und einen ursächlichen Zusammenhang mit den Fehlzeiten bestreitet. Erst wenn der AN gemäß § 138 Abs. 2 ZPO dartut, weshalb ein ursächlicher Zusammenhang besteht, ist es Sache des AG, für die fehlende Kausalität zwischen Arbeitsbedingungen und Erkrankungen den Beweis anzutreten.[234] Die Frage ist, ob der AG seiner Informationspflicht gegenüber dem BR auch dann genügt, wenn er ihm nur solche Tatsachen mitteilt, mit denen er im Prozess um die materiell-rechtliche Berechtigung der Kündigung zunächst seiner Darlegungslast genügt. Die Darlegungs- und Beweislast hat indes **nichts** mit der **materiell-rechtlichen Kündigungsberechtigung** zu tun (ebenso wenig wie mit der Informationspflicht auf Verlangen des AN gemäß § 1 Abs. 3 Satz 1 2. Halbsatz KSchG).[235] Dies ist zunächst eine Frage der Prozessökonomie im Rahmen des geltenden Prozessrechts. Materiell-rechtlich gesehen handelt es sich um Teile des gesetzlichen Kündigungsgrundes, sei es unter dem Aspekt der Interessenabwägung, sei es unter dem Aspekt der Kündigung als letztes Mittel (ultima ratio). Die Besonderheiten der Beweislastverteilung ändern nichts daran, was zur sozialen Rechtfertigung der Kündigung erforderlich ist. Deshalb müssen auch solche Tatbestandselemente dem BR im Rahmen dern Anhörung mitgeteilt werden, die prozessual erst im Rahmen einer abgestuften Darlegungs- und Beweislast aktualisiert werden können.[236] Alle Aspekte, die der AG dem BR nicht mitgeteilt hat, kann er dann nach allgemeinen Grundsätzen im Prozess nicht mehr geltend machen (Rn. 82 f.). Genügt der AN also jeweils seiner prozessualen Darlegungslast gemäß § 138 Abs. 2 ZPO, so ist dem AG ein entsprechender Gegenbeweis verschlossen und er verliert den materiellen Kündigungsschutzprozess.

bb) Personenbedingte Kündigung

91 Eine **personenbedingte Kündigung** gemäß § 1 Abs. 2 KSchG hat folgendes zur Voraussetzung:

- Der Arbeitnehmer hat die **Fähigkeit und die Eignung** verloren, die geschuldete Arbeitsleistung ganz oder teilweise zu erbringen.[237]
- Betriebliche oder vertragliche **Interessen des Arbeitgebers** sind erheblich beeinträchtigt.
- Aufgrund einer **Negativprognose** steht fest, dass die Störungen auch in Zukunft vorliegen werden.
- Die Kündigung ist »**ultima ratio**«, und es steht kein milderes Mittel zur Verfügung (Versetzung).
- Im Rahmen einer **Interessenabwägung** wird festgestellt, dass die schutzwerten Interessen des Arbeitgebers diejenigen des Arbeitnehmers überwiegen.[238]

Der AG hat den BR **über alle diese Aspekte zu informieren,** und zwar ungeachtet der Verteilung der Darlegungs- und Beweislast im Prozess (Rn. 90). Tatsachen, über die er den BR nicht informiert hat, können zur Begründung der Kündigung nicht herangezogen werden

233 *BAG* 27.9.84, EzA § 2 KSchG Nr. 5; vgl. *KDZ*, § 1 KSchG Rn. 571.
234 *BAG* 6.9.89, EzA § 1 KSchG Krankheit Nr. 27.
235 *BAG* 6.7.78, EzA § 102 BetrVG 1972 Nr. 37.
236 Vgl. *ArbG Hameln* 21.9.89, DB 90, 52; *BAG* 30.10.87 – 7 AZR 138/87;
237 Zur Kündigung wegen gesundheitlicher Nichteignung *LAG Hamm* 22.2.1992, LAGE § 1 KSchG Personenbedingte Kündigung Nr. 10.
238 Insgesamt vgl. *KDZ*, § 1 KSchG Rn. 50 m. w. N.

(Rn. 82 f.). Dem AG ist es auch verwehrt, sich nach Anhörung zu einer verhaltensbedingten Kündigung im Kündigungsschutzverfahren auf das Vorliegen personenbedingter Gründe zu berufen (vgl. Rn. 55).[239]

Im wichtigsten Fall der personenbedingten Kündigung, der **Kündigung wegen Krankheit,** hat der AG gegenüber dem BR darzulegen, ob er die Kündigung auf häufige Kurzerkrankungen (Rn. 93), eine lang andauernde Erkrankung (Rn. 94), dauernde krankheitsbedingte Unmöglichkeit der Arbeitsleistung (Rn. 95), unabsehbare Dauer einer Arbeitsunfähigkeit oder krankheitsbedingte Minderung der Leistungsfähigkeit (Rn. 96) stützen will.[240] Hiernach richten sich auch Art und Umfang der dem BR mitzuteilenden Tatsachen. **92**

Im Falle einer **Kündigung wegen häufiger Kurzerkrankung** sind dem Betriebsrat regelmäßig die einzelnen Ausfallzeiten der letzten Jahre mitzuteilen, auf die der Arbeitgeber seine Prognose stützt, auch in Zukunft sei mit Krankheitszeiten im selben Umfang zu rechnen. Gleiches gilt für die aufgewandten Lohnfortzahlungskosten, wenn der Arbeitgeber hieraus die erhebliche Beeinträchtigung der betrieblichen Interessen durch die Ausfallzeiten herleitet. Hierzu gehören die aufgelaufenen Entgeltfortzahlungskosten, wenn der AG sich im Kündigungsschutzprozess wegen der Höhe der Entgeltfortzahlungskosten auf eine eingetretene unzumutbare wirtschaftliche Belastung berufen möchte. Der BR ist nicht verpflichtet, die Vergütungshöhe und die daraus resultierenden Entgeltfortzahlungskosten selbst zu ermitteln.[241] Ob die vom Arbeitgeber angestellte Prognose über die zukünftige Krankheitsanfälligkeit des Arbeitnehmers der Wahrscheinlichkeit entspricht oder ob es sich eher um eine schicksalhafte Verkettung mehrerer zeitgleich aufgetretener Krankheiten handelt, die keine derart schlechte Prognose zulassen, ergibt sich in der Regel erst aus der Betrachtung der konkret aufgetretenen Krankheitszeiten und der durch diese Krankheiten verursachten konkreten Kosten.[242] Auch dies ist dem BR mitzuteilen. Entsprechendes gilt für die erhebliche Beeinträchtigung betrieblicher Interessen durch Betriebsablaufstörungen.[243] Pauschale Angaben wie »wiederholte Fehlzeiten wegen Arbeitsunfähigkeit« oder die Gesamtzahl addierter Fehlzeiten reichen nicht aus.[244] **93**

Bei einer krankheitsbedingten **Kündigung wegen lang anhaltender Erkrankung** muss dem Betriebsrat mitgeteilt werden, ob der Arbeitnehmer noch arbeitsunfähig ist und aus welchen Umständen geschlossen wird, dass der Zeitpunkt der Arbeitsfähigkeit nicht absehbar ist, insbesondere ob Fortsetzungserkrankungen vorliegen oder mit ihnen zu rechnen ist. Alternativ kann der Arbeitgeber auch eine ihm bekannte Krankheitsursache als die der Negativprognose zugrunde liegende Tatsache angeben.[245] Daneben hat er dem Betriebsrat die erhebliche Beeinträchtigung der betrieblichen Interessen mitzuteilen. Der AG muss auch die **Art der Krankheit** mitteilen, da. materiell-rechtlich die Indizwirkung einer Vorerkrankung selbstverständlich von ihrer Art abhängt. Z. B. ist von einer Arbeitsunfähigkeit wegen einer Grippe nicht auf eine solche wegen eines Unfalls zu schließen und von beiden für sich betrachtet nicht auf entsprechende Fehlzeiten in der Zukunft. Soweit der AG daher die Art der Erkrankung kennt, hat er den BR darüber zu informieren.[246] Nicht mitzuteilen ist – vom Betriebsunfall abgesehen – die Krankheitsursache. Der AG muss außerdem die empfindlichen Betriebsablaufstörungen (z. B. Versetzungsprobleme, problematische Aushilfskraftgewinnung) belegen. Dies kann nur ausnahmsweise dann entbehrlich sein, wenn die BR-Mitglieder den Arbeitsplatz des AN und die konkreten Auswirkungen der Fehlzeiten kennen. Steht allerdings fest, dass zusätzlich zu hohen Fehlzeiten des zu kündigenden AN beträchtliche krankheitsbedingte Fehlzeiten anderer AN in der gleichen Abteilung zu verzeichnen sind, muss der AG im Anhörungsver- **94**

239 *LAG Hamburg* 22.2.91, LAGE § 102 BetrVG Nr. 28 mit krit. Anm. *Rüthers/Franke.*
240 *LAG Hamm* 21.10.03, LAGReport 04, 255.
241 *LAG Schleswig-Holstein* 1.9.04, DB 04, 2274.
242 Vgl. *BAG* 7.11.02, DB 03, 724.
243 Vgl. *BAG* 9.4.87, AP Nr. 18 zu § 1 KSchG 1969 Krankheit.
244 KR-*Etzel,* Rn. 63, *BAG* 18.9.86 – 2 AZR 638/85.
245 Vgl. APS-*Koch,* § 102 BetrVG Rn. 120.
246 Wie hier *ArbG Passau* 22.6.78, ARSt. 79, 46; zur Notwendigkeit der Information des BR über die Krankheitsprognose *LAG Hamm* 7.2.84, AuR 84, 254; insgesamt vgl. *BAG* 18.10.84 – 2 AZR 489/83; 12.4.84 – 2 AZR 76/83; *LAG Hamm* 24.5.83, BB 84, 210; *LAG Nürnberg* 30.10.81, AuR 82, 355.

fahren vortragen, welche Folgen der wiederholten Ausfälle er dem zu kündigenden AN zuordnet und warum er gerade diese Fehlzeiten für unzumutbar hält. Andernfalls ist er mit diesbezüglichem Vortrag im Kündigungsschutzprozess ausgeschlossen.[247] Ebenfalls offen legen muss der AG die erheblichen wirtschaftlichen Belastungen mit konkreten Tatsachen. Schließlich muss der AG alle für die Interessenabwägungen maßgeblichen Aspekte offenbaren. Bei einer krankheitsbedingten Kündigung ist darüber zu informieren, dass bestimmte Fehlzeiten auf einem **Arbeitsunfall** beruhen. Der Grundsatz, dass vor einer Beendigungskündigung die Möglichkeit einer **Veränderung der Arbeitsbedingungen** erwogen und dem AN mitgeteilt werden muss (Rn. 110), gilt auch im Falle einer krankheitsbedingten Kündigung. Insbesondere muss der AG im Rahmen der BR-Anhörung vortragen, warum eine Weiterbeschäftigung auf einem zuvor vom AN oder BR vorgeschlagenen Arbeitsplatz nicht möglich ist.[248]

95 Will der Arbeitgeber seine **krankheitsbedingte Kündigung** auf eine **dauernde Unmöglichkeit** des Arbeitnehmers, die geschuldete Arbeitsleistung zu erbringen, stützen, muss er dem Betriebsrat nur die Tatsachen einschließlich der Art der Erkrankung mitteilen, aus denen sich dieser Umstand ergibt.[249] Eine besondere Darlegung von Betriebsablaufstörungen bedarf es nicht, weil sich diese bereits aus der dauernden Unmöglichkeit, die geschuldete Arbeitsleistung zu erbringen, ergeben.[250] Auch wenn bei dieser Form der krankheitsbedingten Kündigung unter Umständen ohne Rückgriff auf vergangene Fehlzeiten die dauerhafte Leistungsunmöglichkeit begründet werden kann, kann sie sich indiziell bereits aus der besonders langen Dauer der Arbeitsunfähigkeit ergeben. Entsprechendes für eine der Unmöglichkeit gleich zu achtende vollständige Ungewissheit über den Zeitpunkt der Wiederherstellung der Arbeitsfähigkeit.[251]

96 Will der Arbeitgeber schließlich seine krankheitsbedingte Kündigung auf eine **durch Krankheit verursachte Minderung der Leistungsfähigkeit** des Arbeitsnehmers stützen, erstreckt sich die Unterrichtungspflicht des Arbeitgebers zunächst wiederum auf die Tatsachen, die die ungünstige Prognose hinsichtlich des Gesundheitszustandes begründen, und auf die Darlegung der Auswirkungen auf die Leistungsfähigkeit des Arbeitnehmers.[252] Hinsichtlich der erheblichen betrieblichen Beeinträchtigungen bedarf es auch hier näherer Darlegungen der wirtschaftlichen Belastungen oder Betriebsablaufstörungen, die durch diese verminderte Leistungsfähigkeit bedingt sind.

cc) Verhaltensbedingte Kündigung

97 Die Anhörung des BR im Falle einer **verhaltensbedingten Kündigung** erstreckt sich auf alle Tatbestandselemente:

- Es liegt **»an sich« ein Kündigungsgrund** vor (**Verstoß** gegen arbeitsvertragliche Haupt- oder Nebenpflichten, **Beeinträchtigungen** des Arbeitsverhältnisses im Leistungsbereich, im betrieblichen Arbeitsbereich, im Unternehmens- bzw. Behördenbereich, im personalen Vertrauensbereich oder im Bereich der betrieblichen Verbundenheit aller Mitarbeiter).
- Es ist zu **tatsächlichen Störungen** mit nachteiligen Auswirkungen im Bereich des Arbeitgebers und des Arbeitsverhältnisses gekommen.
- In Zukunft ist mit weiteren derartigen Störungen zu rechnen (**Wiederholungsgefahr,** Negativprognose).
- Es erfolgt eine umfassende **Abwägung der gegenseitigen Interessen** von AG und AN.
- Die Kündigung kann nicht durch **mildere Mittel** abgewendet werden (Ultima-ratio-Prinzip).[253]

---

247 *LAG Schleswig Holstein* 1.9.04, DB 04, 2274.
248 *ArbG Hameln* 21.9.89, DB 90, 52; *Griese,* BB 90, 1990 Fn. 10.
249 Vgl. *BAG* 30.1.86, NZA 1987, 555.
250 Vgl. *BAG* 30.1.86, a. a. O.; APS-*Koch,* a. a. O.; KR-*Etzel,* a. a. O., Rn. 63 b; GK-Raab, Rn. 78.
251 Vgl. *BAG* 21.5.92, AP Nr. 30 zu § 1 KSchG 1969 Krankheit, *LAG Hamm* 17.11.97, LAGE Nr. 634 zu § 102 BetrVG.
252 Vgl. *Lepke,* a. a. O., Rn. 215.
253 Insgesamt vgl. *KDZ,* § 1 KSchG Rn. 60 ff.

Die Anhörung des BR hat sich auf all diese Teilelemente zu erstrecken (zu bereits vorhandenen Kenntnissen des BR vgl. Rn. 162).[254] Der AG hat den BR über das Ergebnis eventueller **Nachforschungen** und im Falle des Bestreitens des AN über eventuelle **Beweismittel** zu informieren.[255] Es sind alle zur Rechtfertigung der Kündigung erwogenen Aspekte der Interessenabwägung mitzuteilen,[256] insbesondere auch gegen eine Kündigung sprechende Aspekte (**entlastende Umstände,** vgl. Rn. 83, 113).[257] Im Zweifel ist jeweils der **Zusammenhang mit dem Kündigungsgrund** entscheidend (vgl. Rn. 83).[258]

Der BR ist über eine ggf. ausgesprochene **Abmahnung** zu informieren.[259] Es erscheint zweckmäßig dem BR eine Kopie einer solchen Abmahnung vorzulen (zur Bezugnahme auf vorhandene Kenntnisse des BR hiervon Rn. 162). Der BR ist auch über eine eventuelle **Gegendarstellung des AN** zu informieren. Wird dies unterlassen, ist die Anhörung unwirksam.[260] **98**

Die dem BR mitgeteilten Kündigungsgründe müssen **von vornherein** auf die Begründung der Kündigung als einer verhaltensbedingten gemünzt sein (vgl. Rn. 64). Ein Neu- bzw. Andersbewertung des Kündigungssachverhaltens im Prozess (z. B. von betriebsbedingt zu personenbedingt)ist nicht zulässig.[261] Das gilt auch für den Wechsel von einer verhaltens- zu einer personenbedingten Kündigung[262] Mit dieser Andersbewertung des Kündigungssachverhalts nicht zu verwechseln ist die des **Auswechselns des Kündigungssachverhalts** bzw. der Zulässigkeit des Nachschiebens von Kündigungsgründen (vgl. Rn. 126 ff.). **99**

dd) Betriebsbedingte Kündigung

Wie im Falle der personen- und verhaltensbedingten Kündigung hat der AG auch bei einer **betriebsbedingten Kündigung** umfassend über deren tatbestandliche Voraussetzungen zu informieren: **100**

- Es liegt ein Beschäftigungsmangel (Wegfall des Arbeitsplatzes) vor.
- Es liegen die vom AG behaupteten außerbetrieblichen oder innerbetrieblichen **Ursachen** für den Beschäftigungsmangel vor.
- Es liegt eine plausible **unternehmerische Entscheidung** zur innerbetrieblichen Umsetzung vor.
- Die unternehmerische Entscheidung verstößt gegen **kein Gesetz** und ist **nicht missbräuchlich.**
- Es besteht eine **Kausalität** zwischen inner- und außerbetrieblichen Ursachen sowie unternehmerischer Entscheidung für die Kündigung.
- Kündigungsvermeidende **mildere Mittel** scheiden aus.
- Eine (eingeschränkte) **Interessenabwägung** belegt die Notwendigkeit der Kündigung.
- Die Kündigungsnotwendigkeit ist zum **Zeitpunkt des Ablaufs der Kündigungsfrist** gegeben.
- Die **soziale Auswahl** erfordert die Kündigung gerade des zur Kündigung vorgesehenen AN.
- Berechtigte **betriebliche Interessen** stehen der sozialen Auswahl entgegen.[263]

Da all diese Teilelemente zur Begründung einer betriebsbedingten Kündigung erforderlich sind, muss der AG den BR hierüber informieren, will er nicht die Möglichkeit verlieren, sich auf sie im Kündigungsschutzprozess zu berufen (Rn. 81).

Die **außer- oder innerbetrieblichen Ursachen** für den Wegfall der Arbeitsmöglichkeit sind genau zu beschreiben. Pauschale Hinweise wie »Auftragsmangel«, »Gewinnverfall« oder »Ra- **101**

---

254 KR-*Etzel*, Rn. 64; *Stahlhacke/Preis/Vossen*, Rn. 278; *Hohmeister*, NZA 91, 211; *Bayer*, DB 92, 783.
255 KR-*Etzel*, Rn. 64.
256 *BAG* 2.3.89, NZA 89, 755.
257 *BAG* 2.11.83, EzA § 102 BetrVG 1972 Nr. 53.
258 *Griese*, BB 90, 1900.
259 KR-*Etzel*, Rn. 64; *Stahlhacke/Preis/Vossen*, Rn. 278; GK-*Raab*, Rn. 79.
260 *BAG* 31.8.89, EzA § 102 BetrVG 1972 Nr. 75.
261 *BAG* 5.2.81, EzA § 102 BetrVG 1972 Nr. 47.
262 *LAG Hamburg* 22.2.91, LAGE § 102 BetrVG Nr. 28 mit krit. Anm. *Rüthers/Franke.*
263 Vgl. *KDZ*, § 1 KSchG Rn. 680 ff.

tionalisierung« reichen nicht aus.[264] Erforderlich ist in jedem Falle die Darstellung der konkreten Auswirkung auf den betroffenen Arbeitsplatz.[265] Als notwendiges Teilelement der Begründung einer betriebsbedingten Kündigung ist sowohl die Tatsache einer **Unternehmerentscheidung** als auch ihre **Kausalität** für den Wegfall des betroffenen Arbeitsplatzes dem BR gegenüber inhaltlich darzustellen. Der bloße Hinweis auf eine getroffene Unternehmerentscheidung ist nicht ausreichend. Motive und Hintergründe der Unternehmerentscheidung müssen im Verfahren gem. § 102 nicht mitgeteilt werden; das erfolgt im Rahmen der §§ 106 ff.[266] Bei **technischen Rationalisierungsmaßnahmen,** die zum Wegfall von Beschäftigungsmöglichkeiten führen, sind die Grundzüge der Auswirkungen der Technik sowie der Ablauf der Tätigkeiten der davon betroffenen AN zu erläutern.[267] Bei **betriebsorganisatorischen Restrukturierungsmaßnahmen** oder bei Änderung der Arbeitsabläufe muss der AG mitteilen, weshalb die beabsichtigte Veränderung gerade zum Wegfall des in der Anhörung zu beurteilenden Arbeitsplatzes führen wird. Bei etappenweiser **Betriebsstilllegung** ist außerdem darüber zu informieren, inwieweit die Produktion oder Dienstleistungen eingeschränkt werden, welche Arbeitnehmer noch zur weiteren Produktion oder Dienstleistung benötigt werden und welche Arbeitnehmer entlassen werden sollen.[268]

102 Das Nichtbestehen einer **anderweitigen – ggf. auch geringerwertigen – Beschäftigungsmöglichkeit** ist Voraussetzung einer betriebsbedingten Beendigungskündigung (§ 1 Abs. 2 Satz 2 Buchst. 1 b und Buchst. 2 b KSchG). Deshalb ist hierüber ungeachtet der Frage der Darlegungs- und Beweislast zu informieren (Rn. 90),[269] ggf. eben auch die ergebnislose Suche nach einer entsprechenden Weiterbeschäftigungsmöglichkeit (Rn. 92 a). Da der AG diese Möglichkeit vor jeder Beendigungskündigung von sich aus zu prüfen und dem AN ein entsprechendes **Angebot** zu machen hat,[270] ist der BR auch über dieses Änderungsangebot und die Reaktion des AN hierauf zu informieren (s. auch Rn. 110).[271] In dieser Hinsicht wird zutreffend davon gesprochen, dass es für die betriebsbedingte Kündigung auf das Vorliegen eines **dreiaktigen Tatbestandes** ankomme: Wegfall des konkreten Arbeitsplatzes, Fehlen einer anderweitigen Beschäftigungsmöglichkeit, Sozialauswahl. Nur bei Vorliegen aller drei Voraussetzungen ist die Kündigung sozial gerechtfertigt.[272]

103 Besteht aus der Sicht des AG keine Möglichkeit, den zu kündigenden AN auf einem anderen Arbeitsplatz weiterzubeschäftigen, so genügt der AG seiner Anhörungspflicht nach § 102 in der Regel schon durch den ausdrücklichen oder konkludenten **Hinweis auf fehlende Weiterbeschäftigungsmöglichkeiten.**[273] Hat jedoch der BR vor Einleitung des Anhörungsverfahrens Auskunft über Weiterbeschäftigungsmöglichkeiten für den zu kündigenden AN auf einem konkreten, kürzlich frei gewordenen Arbeitsplatz verlangt, so muss der AG dem BR nach § 102 Abs. 1 Satz 2 mitteilen, warum aus seiner Sicht eine Weiterbeschäftigung des AN auf diesem Arbeitsplatz nicht möglich ist. Der lediglich pauschale Hinweis auf fehlende Weiterbeschäftigungsmöglichkeiten im Betrieb reicht dann nicht aus.[274] Hat der AG den BR über Weiterbeschäftigungsmöglichkeiten auf dem vom BR benannten Arbeitsplatz zunächst falsch informiert und rügt der BR dies innerhalb der Frist des § 102 Abs. 2 unter Angabe des zutreffenden Sachverhalts, so ist der Arbeitgeber verpflichtet, dem Betriebsrat ergänzend mitzuteilen, warum aus seiner Sicht trotzdem eine Weiterbeschäftigung des AN auf diesem Arbeitsplatz nicht in Betracht kommt. Unterlässt er dies und kündigt, so ist die Kündigung nach § 102 unwirksam.[275] Dies gilt auch dann, wenn der BR während des Anhörungsverfahrens eine Konkreti-

264 GK-*Raab,* Rn. 74.
265 KR-*Etzel* Rn. 62 b; *Bitter,* NZA-Beilage 3/91, S. 19.
266 *ThürLAG* 16.10.00, NZA-RR 01, 643.
267 *Bitter,* a. a. O.
268 *BAG* 14.8.86 – 2 AZR 683/85; KR-*Etzel,* Rn. 62 b.
269 GK-*Raab,* Rn. 75.
270 *KDZ,* § 1 KSchG Rn. 506
271 Vgl. APS-*Koch,* Rn. 110.
272 *Hueck/v. Hoyningen-Huene* § 1 Rn. 365; *Hofmann,* ZfA 84, 305; *Moll,* Anm. zu EzA § 102 BetrVG 1972 Nr. 55.
273 *BAG* 17.2.00, NZA 00, 761.
274 *BAG* 17.2.00, a. a. O.
275 *BAG* 17.2.00, a. a. O.

sierung der von dem AG vorgenommenen Weiterbeschäftigungsbemühungen dahingehend wünscht, in welchen Abteilungen bzw. Betrieben des Unternehmens der AG nach Weiterbeschäftigungsmöglichkeiten gesucht hat und der AG eine entsprechende Konkretisierung unterlässt. Streicht der AG eine Hierarchieebene, so muss er dem BR konkret mitteilen, welche Arbeiten des zu kündigenden Arbeitnehmers in Zukunft nicht mehr anfallen und welche Arbeiten auf welche Mitarbeiter umverteilt werden sollen und inwiefern diese Mitarbeiter noch über freie Arbeitskapazitäten verfügen. Nur dann ist es für den BR nachvollziehbar, ob das Beschäftigungsbedürfnis für den betroffenen Arbeitnehmer entfallen ist und ob er von seinem Widerspruchsrecht nach § 102 Abs. 2 Nr. 3 Gebrauch machen will.[276]

Der AG hat dem BR alle Gründe mitzuteilen, die ihn auf Grund der **sozialen Auswahl** gerade **104**
zur Kündigung des betroffenen AN veranlasst haben. Unabhängig von einem entsprechenden Verlangen des BR hat er hierfür die **Sozialdaten des ausgewählten AN und der vergleichbaren AN** mitzuteilen.[277] Eine solche Information ist nur dann entbehrlich, wenn eine Sozialauswahl wegen der **Stilllegung des ganzen Betriebes** nicht vorzunehmen ist.[278] Etwas anderes gilt aber dann, wenn der betreffende Betrieb etappenweise still gelegt wird, weil dann die Sozialauswahl bei der Frage der Dauer der Weiterbeschäftigung Berücksichtigung finden muss. Das Gleiche gilt dann, wenn nur ein Betriebsteil stillgelegt werden soll oder bei Vorliegen eines Interessenausgleichs mit Namensliste.[279] Auch im Falle einer Namensliste wird die Sozialauswahl also nicht obsolet.[280] In jedem Fall einzubeziehende soziale Gesichtspunkte sind die **Dauer der Betriebszugehörigkeit, das Lebensalter, Unterhaltspflichten und eine Schwerbehinderung** (vgl. Rn. 105; § 1 Abs. 3 KSchG; vgl. *BAG* 18.10.84, EzA § 1 KSchG Betriebsbedingte Kündigung Nr. 34). Der AG muss darüber hinaus über alle **weiteren Gesichtspunkte** informieren, die für die Berechtigung der Kündigung entscheidend sein *können*. Das können aber auch andere bedeutsame Besonderheiten sein, die Auswirkungen auf den Beurteilungsspielraum des AG haben können, wie z. B. eine arbeitsbedingte Erkrankung, ein Arbeitsunfall, die Eigenschaft als allein erziehend oder auch besondere Arbeitsmarktaspekte.[281] Das gilt auch nach Beschränkung der Sozialdaten in § 1 Abs. 3 KSchG.[282]

Im Zusammenhang mit der Sozialauswahl ist auch über die nach § 1 Abs. 3 Satz 2 KSchG **105**
(**Leistungsträgerklausel**) der Kündigung entgegenstehenden Gründe zu informieren. Zur ordnungsgemäßen Betriebsratsanhörung gehört die Mitteilung der Gründe, warum einzelne Arbeitnehmer aus der Sozialauswahl herausgenommen worden sind. Dabei soll der AG nach Auffassung des BAG auch berechtigt sein, sich erst im Kündigungsschutzprozess auf die Leistungsträgerklausel zu berufen, wenn er nur die wesentlichen Punkte der Sozialauswahl im Anhörungsverfahren vorgetragen hat. Es gehe dann statt um Sozialauswahl im engeren Sinne nunmehr um die Frage der Vergleichbarkeit und der Leistungsträgerschaft. Entscheidend sei nur, dass der BR auf Grund vorhandener Kenntnisse wisse, dass es auch um die Leistungsträgerschaft gehe.[283] Diese Auff. Ist abzulehnen, denn dem BR wird so die Möglichkeit abgeschnitten, sich sachgerecht mit dem Kündigungsgrund auseinanderzusetzen, insbesondere zur Leistungsträgereigenschaft und damit zur Vergleichbarkeit sowie so auch zu Sozialauswahl als solcher vorzutragen.[284] Außerdem führt die Einführung der Leistungsträgereigenschaft in den Kündigungsschutzprozess zu einer Erweiterung der materiellen Kündigungsbegründung (vgl. Rn. 127). Soll durch die Herausnahme von AN aus der Sozialauswahl eine bestimmte **Personalstruktur** aufrechterhalten werden, so muss der AG dem BR die Personalstruktur beschreiben, die er aufrechterhalten will.[285]

276 LAG Schleswig-Holstein 13.6.13 – 5 Sa 21/13, juris.
277 *BAG* 29.3.84, EzA § 102 BetrVG 1972 Nr. 55; 16.1.87, EzA § 1 KSchG Betriebsbedingte Kündigung Nr. 48; 2.3.89; vgl. *Fitting*, Rn. 30; KR-*Etzel*, Rn. 62 d; GK-*Raab*, Rn. 76 ; a. A. HWGNRH-*Huke*, Rn. 43.
278 *BAG* 13.5.04, NZA 04, 1037; *LAG Baden-Württemberg* 9.1.06 – 4 Sa 55/05, juris.
279 *LAG Hamm* 2.2.06, NZA-RR 06, 296; *LAG Baden-Württemberg* 9.1.06 – 4 Sa 55/05, juris.
280 *Fitting*, Rn. 35 b; GK-*Raab*, Rn. 77.
281 Vgl. *KDZ* § 102 BetrVG Rn. 68 ff., § 1 KSchG Rn. 638; *Fitting*, Rn. 30.
282 *Fitting*, Rn. 30, 34 a.
283 *BAG* 11.12.03, AiB 2004, 257.
284 *Fitting*, Rn. 35.
285 *Fitting*, Rn. 35.

106 Die soziale Auswahl bezieht sich nur auf **vergleichbare AN eines Betriebes.**[286] Vergleichbar im kündigungsschutzrechtlichen Sinne sind alle AN, die nach Arbeitsvertragsgestaltung und ausgeübter Tätigkeit unter Berücksichtigung der maßgeblichen Arbeitsplatzanforderungen auf Grund des arbeitgeberseitigen Direktionsrechts als austauschbar anzusehen sind. Der unterschiedliche rechtliche Status angestellter und gewerblicher AN steht einer Austauschbarkeit im kündigungsschutzrechtlichen Sinne in der Regel entgegen.[287] Ebenfalls nicht vergleichbar sind in der Regel AN mit Tätigkeiten unterschiedlicher Tarifgruppen.[288] Dabei ist die konkrete Eingruppierung des AN jedoch nur als Indiz zu werten. Maßgeblich ist insoweit allein die konkrete Tätigkeit – Eingruppierungen können bekanntlich auch fehlerhaft sein. Über eine Auswahlrichtlinie nach § 1 Abs. 4 KSchG kann der Kreis der – gesetzlich bestimmten – vergleichbaren AN nicht erweitert oder eingeschränkt, wohl aber betriebsspezifisch konkretisiert werden.[289] **Im Falle der Vereinbarung einer betrieblichen Struktur gemäß § 3** sind der Betrieb im Sinne des KSchG und Betrieb i. S. des BetrVG jedenfalls in der Regel identisch.

107 Nach § 1 Abs. 3 KSchG ist die Sozialauswahl auf die vier Kriterien Alter, Betriebszugehörigkeit, Unterhaltspflichten und Schwerbehinderung beschränkt. Diese Begrenzung gilt nicht für die Informationspflicht des AG nach § 102. Der AG muss über alle **weiteren Gesichtspunkte** informieren, die für die Berechtigung der Kündigung und die arbeitgeberseitige Beurteilung entscheidend sein *können.*[290] Hierzu gehören z. B. eine arbeitsbedingte Erkrankung, ein Arbeitsunfall, die Eigenschaft als alleinerziehend oder auch besondere Arbeitsmarktaspekte.[291] Sollte der AG hiergegen ins Feld führen, dass er unter Berufung auf die subjektive Determination der Kündigungsgründe (Rn. 80) von vornherein derartige Besonderheiten nicht berücksichtigen wolle, gäbe er zu erkennen, dass er nicht gewillt ist, seiner gesetzlichen Pflicht zu einer angemessenen Bewertung der sozialen Gesichtspunkte unter Berücksichtigung der Verhältnisse des konkreten Einzelfalls nachzukommen.[292] Die Kündigung wäre dann schon aus diesem Grund sozialwidrig.[293]

108 Entsprechend der subjektiven Determination des Anhörungsverfahrens nach § 102 kommt es für dessen Wirksamkeit nur darauf an, dass der AG alle von ihm in den Vergleich einbezogenen AN dem BR mitteilt. **Objektive Fehlerhaftigkeit** der dem BR mitgeteilten Sozialauswahl (einschließlich deren gänzlicher Unterlassung) führt dann zur Unwirksamkeit der Kündigung gemäß § 1 Abs. 3 KSchG, nicht jedoch wegen fehlerhafter Anhörung gemäß Abs. 1 Satz 3. An dieser von ihm eingegrenzten Sozialauswahl muss der AG sich im Kündigungsschutzprozess festhalten lassen. Der AG, der für seine Sozialauswahl dem BR objektiv unrichtige Grundlagen mitgeteilt hat, kann dies nicht im Wege des Nachschiebens (Rn. 126) im Kündigungsschutzprozess heilen. Dies, begegnet den gleichen Bedenken wie die Zulassung des Nachschiebens von nicht mitgeteilten Kündigungsgründen im Allgemeinen (Rn. 132). Im Falle der Sozialauswahl kommt hinzu, dass dem AG im Rahmen der grundsätzlichen Berücksichtigung der sozialen Gesichtspunkte ein von ihm allein zu bestimmender **Beurteilungsspielraum** hinsichtlich deren Gewichtung eingeräumt wird.[294] Die Nichtberücksichtigung weiterer einzubeziehender AN macht die getroffene Auswahlentscheidung unwirksam. Im Übrigen dürfte bei einer objektiv unrichtigen Sozialauswahl einem Nachschieben der richtigen Gesichtspunkte typischerweise jedenfalls die Tatsache entgegenstehen, dass der AG die Zusammensetzung seiner Belegschaft unter dem Aspekt der sozialen Vergleichbarkeit kennt. Ein Rechtsirrtum in dieser Frage führt nicht zu entschuldbarer Nichtkenntnis (vgl. Rn. 135).

109 Betriebliche Bedürfnisse bzw. **betriebliche Interessen** bei Verwirklichung des »Gesetzes über Reformen am Arbeitsmarkt«, die gemäß § 1 Abs. 3 Satz 2 KSchG einer sozialen Auswahl des zu kündigenden AN entgegenstehen,[295] sind dem BR umfassend darzustellen (vgl. Rn. 89).[296]

---

286 *KDZ,* § 1 KSchG Rn. 588 ff.; vgl. jedoch *BAG* 15.12.94, DB 95, 878.
287 *LAG Hamm* 22.9.03, 8 (19) Sa 1656/02.
288 *LAG Berlin* 7.11.03, NZA-RR 04, 353.
289 *LAG Berlin* 7.11.03, NZA-RR 04, 353.
290 Vgl. *Kittner,* AiB 98, Heft 2.
291 Vgl. *Kittner,* AuR 97, 182, 184.
292 Zu dieser Anforderung vgl. *Löwisch,* Kommentar zum KSchG, 7. Aufl, 1997, § 1 Rn. 339.
293 Vgl. *Kittner,* AuR 97, 186.
294 *BAG* 15.6.89, EzA § 1 KSchG Soziale Auswahl Nr. 27.
295 Vgl. *KDZ,* § 1 KSchG Rn. 680 ff.
296 *BAG* 5.2.81, EzA § 102 BetrVG 1972 Nr. 47; *LAG Berlin* 20.8.96, BB 97, 472.

ee) Änderungskündigung

Der Betriebsrat ist auch vor jeder **Änderungskündigung** zu hören (Rn. 13, DKKWF-*Bachner*, § 102 Rn. 13).[297] Da der AG bereits vor Ausspruch einer Änderungskündigung dem AN ein Änderungsangebot unterbreiten muss,[298] muss der Betriebsrat auch über den Inhalt dieses Angebot informiert werden.[299] Des Weiteren hat der AG den BR darüber zu informieren, wie er sich nach der Reaktion des AN auf dieses Änderungsangebot entschieden hat: ob er eine Beendigungskündigung oder eine Änderungskündigung ausspricht.[300] Will er eine **Beendigungskündigung** aussprechen, so gelten die allgemeinen Grundsätze (Rn. 74 ff.). Bleibt für den Betriebsrat offen, ob die Ablehnung des Änderungsangebotes die Beendigungskündigung zur Folge haben soll, so liegt keine ordnungsgemäße Anhörung des BR zu der vom AG ausgesprochenen Beendigungskündigung vor.[301] Spricht der AG eine **Änderungskündigung** aus, sind dem BR alle hierfür maßgebenden Gründe mitzuteilen, insbesondere die beabsichtigte Änderung der Arbeitsbedingungen und die Gründe für deren Zumutbarkeit im Verhältnis zu den bisherigen Arbeitsbedingungen des AN. Die Informationspflicht entfällt nicht, wenn der AN das Angebot zur Änderung der Arbeitsbedingungen unter Vorbehalt annehmen möchte[302] oder angenommen hat und hiergegen gemäß § 2 KSchG klagt (vgl. Rn. 13; zur Weiterbeschäftigungspflicht nach Widerspruch des BR s. Rn. 280).[303] Unterrichtet der AG den BR nicht darüber, dass er im Falle der Ablehnung des Änderungsangebots eine Beendigungskündigung aussprechen will, liegt keine ordnungsgemäße Anhörung zu dieser Kündigung vor.[304] Zielt die Änderungskündigung auf eine Versetzung, so sind zusätzlich die Voraussetzungen des § 99 zu erfüllen (Rn. 52). Der BR ist auch über den **Termin** zu unterrichten, zu dem die Änderungskündigung wirksam werden soll.[305] Soll die Änderungskündigung wegen dringender Sanierungsbedürftigkeit ausgesprochen werden, ist der BR über die **Ertragslage** des gesamten Betriebes zu informieren.[306] 110

Auch bei einer betriebsbedingten Änderungskündigung kommt es auf die **soziale Auswahl** an.[307] Dem BR sind die Informationen über diese soziale Auswahl in dem bei einer Beendigungskündigung üblichen **Umfang** (Rn. 78 ff.) mitzuteilen.[308] Ermittelt ein Handelsunternehmen einen verminderten Bedarf an Anwesenheitsstunden des gesamten Verkaufspersonals um 20 %, so kann es gegenüber allen Verkaufskräften ohne Durchführung einer Sozialauswahl Änderungskündigungen mit dem Ziel aussprechen, die Arbeitszeit und das Entgelt entsprechend zu kürzen. Das KSchG zwingt nicht dazu, stattdessen eine geringere Anzahl von Beendigungskündigungen auszusprechen.[309] 111

ff) Massenkündigung

§ 102 gilt auch für **Massenkündigungen** (h. M., vgl. a. Rn. 351). Der AG hat die Kündigungsgründe genauso darzustellen wie bei einer Einzelkündigung (zur Notwendigkeit und Möglichkeit der Verlängerung der Anhörungspflicht des Abs. 2 s. Rn. 198 f.).[310] Werden in einem Betrieb grundsätzlich die **tariflichen Kündigungsfristen** angewandt, muss der AG nicht jede einzelne ausrechnen, sondern lediglich auf den Grundtatbestand – die Regel – hinweisen 112

297 Vgl. GK-*Raab*, Rn. 83.
298 *BAG* 27.9.84, AP Nr. 8 zu § 2 KSchG.
299 *BAG* 30.11.89, EzA § 102 BetrVG 1972 Nr. 77; vgl. APS-*Koch*, Rn. 126; GK-*Raab*, Rn. 83.
300 *LAG Hamm* 15.7.97, DB 97, 1722.
301 *BAG* 30.11.1989, a. a. O.; vgl. *Becker-Schaffner*, BB 91, 135.
302 *v. Hoyningen-Huene/Linck*, § 2 KSchG Rn. 33 a; a. A. *Fitting*, Rn. 11.
303 *BAG* 10.3.82, EzA § 2 KSchG Nr. 3; *Becker-Schaffner*, BB 91, 129, 135; *Hohmeister*, BB 94, 1777.
304 *LAG Hamm* 15.7.97, BB 97, 2053.
305 *BAG* 29.3.90, EzA § 102 BetrVG 1972 Nr. 79.
306 *BAG* 11.10.89, BB 90, 1628.
307 *BAG* 13.6.86, EzA § 1 KSchG Soziale Auswahl Nr. 23; *KDZ*, § 2 KSchG, Rn. 186 ff.
308 *LAG Baden-Württemberg*, 5.10.84, NZA 85, 126; APS-*Koch*, Rn. 126.
309 *LAG Berlin* 30.10.03, LAGReport 04, 206.
310 *Bitter*, NZA 91, 22; vgl. *LAG Bremen* 13.12.91, ZTR 92, 261.

sowie mitteilen, in welchen Einzelfällen abweichende individuelle Kündigungsfristen – die Ausnahme – vereinbart worden sind.[311] Die objektiven **Schwierigkeiten** zur Durchführung eines korrekten Anhörungsverfahrens liegen im Falle einer Massenentlassung auf beiden Seiten. Für den AG kommt es darauf an, in jedem einzelnen Kündigungsfall alle kündigungsrelevanten Informationen einschließlich der sozialen Auswahl dem BR rechtzeitig mitzuteilen. Der BR seinerseits hat Probleme, eine Vielzahl von Kündigungsfällen in kurzer Zeit sachgerecht zu beraten. Diese Situation sollte für die Betriebsparteien in jedem Falle Veranlassung sein, sich einvernehmlich nicht nur auf eine Verlängerung der Frist (hierzu Rn. 199), sondern im Rahmen einer Regelungsabrede auf einen regelrechten **Zeitplan** zu verständigen.

gg) Außerordentliche Kündigung

113 Die Anhörungspflicht besteht uneingeschränkt auch bei einer **außerordentlichen Kündigung**. Dem BR sind alle zur Begründung der Kündigung erforderlichen (bzw. vom AG für erforderlich gehaltenen, Rn. 80 f.) Gründe mitzuteilen. Dazu gehören insbesondere
- die den Kündigungsgrund tragenden Tatsachen;
- die die Unzumutbarkeit der Fortsetzung des Arbeitsverhältnisses begründenden Aspekte;
- die Elemente einer umfassenden Interessenabwägung (einschließlich etwaiger entlastender Umstände auf Seiten des AN);
- eine eventuell vorangegangene Abmahnung;
- der Zeitpunkt, zu dem der AG Kenntnis von den zur Kündigung berechtigenden Tatsachen erlangt hat (§ 626 Abs. 2 BGB).[312]

Im Hinblick auf die neuere Rspr. des BAG zum Fehlen sog. absoluter Kündigungsgründe im KSchG[313]
ist auch im Fall einer **strafbaren Handlung des AN** eine auf den Einzelfall bezogene Prüfung und Interessenabwägung dahingehend vorzunehmen, ob die Fortsetzung des Arbeitsverhältnisses trotz der wegen des Vermögenseingriffs auch bei Sachen von geringem Wert eingetretenen Vertrauensstörung (ggfs. beschränkt auf den Ablauf der Kündigungsfrist) zumutbar ist oder nicht. In die Interessenabwägung miteinzubeziehen ist hier in jedem Fall die Dauer des Arbeitsverhältnisses und dessen – bislang ggfs. störungsfreier – Verlauf. Hat das Arbeitsverhältnis über viele Jahre hinweg ungestört bestanden, ist eine genaue Prüfung dahingehend vorzunehmen, ob die sich dadurch verfestigte Vertrauensbeziehung durch eine erstmalige Enttäuschung des Vertrauens vollständig und unwiederbringlich zerstört werden konnte. Auch hierüber ist der BR zu unterrichten, damit dieser ohne zusätzliche eigene Nachforschungen in die Lage versetzt wird, die Stichhaltigkeit der Kündigungsgründe zu prüfen.
Im Falle einer außerordentlichen Kündigung kann der BR lediglich Bedenken (Rn. 181) innerhalb einer Frist von drei Tagen (Rn. 183) äußern.

114 Ausnahmsweise kann der AG außerordentlich mit einer **sozialen Auslauffrist** kündigen.[314] So kann im Falle eines **tariflichen Ausschlusses der ordentlichen Kündigung** bei einer Betriebsstilllegung ausnahmsweise eine außerordentliche Kündigung unter Einhaltung der gesetzlichen oder tariflichen Kündigungsfrist ausgesprochen werden.[315] In einem solchen Falle reicht es nicht aus, wenn der AG dem BR lediglich mitteilt, zu welchem Zeitpunkt er zu kündigen gedenke. Vielmehr ist die Anhörung nur wirksam, wenn die genaue Art der gewählten Kündigung (Rn. 11 ff.) mitgeteilt wird.[316]

115 Soweit gegenüber dem **besonders geschützten Personenkreis des § 15 KSchG** (Funktionsträger der Betriebsverfassung, Wahlvorstandsmitglieder, Wahlbewerber (vgl. hierzu näher die Kommentierung zu § 103 BetrVG) ein besonderer Kündigungsschutz besteht, ist zu unter-

---

311 *BAG* 24.10.96, DB 97, 630.

312 A. A. HaKo-BetrVG-*Braasch*, Rn. 66; zu den Erfordernissen einer außerordentlichen Kündigung *KDZ*, § 626 BGB.

313 *BAG* 10.06.10 – 2 AZR 541/09 juris; 20.6.13, 2 AZR 546/12 juris; *BAG* 21.6.12, 2 AZR 153/11 juris.

314 *BAG* 29.8.91, EzA § 102 BetrVG 1972 Nr. 82.

315 *BAG* 28.3.85, AP Nr. 86 zu § 626 BGB.

316 *BAG* 29.8.91, a. a. O.

scheiden: Wenn eine außerordentliche Kündigung nur nach vorheriger Zustimmung des BR gemäß § 103 zulässig ist, hat der AG das Verfahren nach dieser Vorschrift durchzuführen (§ 103 Rn. 18 ff.). Sobald innerhalb des Systems des abgestuften Kündigungsschutzes für diesen Personenkreis[317] nur eine außerordentliche Kündigung, diese aber ohne Zustimmung des BR zulässig ist, ist gemäß § 102 zu verfahren.[318] Hat der AG in einem betriebsratlosen Betrieb einem Wahlbewerber gekündigt und betreibt er ein Beschlussverfahren zur Erlangung der Zustimmung zu dieser Kündigung,[319] so muss er bei einer erneuten Kündigung nach erfolgter Wahl den neu gewählten BR gemäß § 102 anhören.[320] Wird von einer Kündigungsmöglichkeit im Zusammenhang mit einer Betriebsstilllegung gemäß § 15 Abs. 4 und 5 KSchG Gebrauch gemacht, so gehört zur Anhörung des BR die Information über das genaue Datum der Betriebsstilllegung.[321]

Will der AG zugleich mit der außerordentlichen Kündigung **hilfsweise vorsorglich die ordentliche Kündigung** erklären, muss er dies dem BR bei der Anhörung mitteilen, sonst kann bei materieller Unwirksamkeit der außerordentlichen Kündigung die ordentliche Kündigung nicht wirksam werden.[322] Die **Umdeutung** einer außerordentlichen in eine ordentliche Kündigung ist nur dann zulässig, wenn der AG den BR darauf hingewiesen hat, die fristlose Kündigung solle jedenfalls vorsorglich auch als ordentliche Kündigung gelten.[323] Von der Notwendigkeit der vorsorglichen Anhörung des BR wird lediglich dann Abstand genommen, wenn der BR der beabsichtigten außerordentlichen Kündigung **vorbehaltlos zugestimmt** hat und aus den Umständen geschlossen werden kann, er wäre einer ordentlichen Kündigung keinesfalls entgegengetreten. Dies ist jedoch dann nicht möglich, wenn der BR der außerordentlichen Kündigung ausdrücklich nicht zugestimmt, dagegen Bedenken oder gar Widerspruch erhoben oder sich auch einer Stellungnahme enthalten hat.[324] Für die Frage, ob der BR auch eine vorsorglich ordentliche Kündigung gebilligt hätte, ist auf seinen Kenntnisstand zur Zeit der Anhörung abzustellen. Keine ausreichende BR-Anhörung liegt vor, wenn der AG den BR **zunächst zu** einer beabsichtigten **ordentlichen Kündigung** anhört und danach eine außerordentliche Kündigung ausspricht. Letztere kann dann auch nicht unter Hinweis auf die zu einer ordentlichen Kündigung erfolgte Anhörung in eine ordentliche Kündigung umgedeutet werden. Das ausgesprochene Rechtsgeschäft und damit auch das Ersatzgeschäft beruhen auf einem anderen Kündigungsentschluss als das ursprünglich im Anhörungsverfahren beabsichtigte Rechtsgeschäft (vgl. auch Rn. 71). 116

hh) Verdachtskündigung

Lassen sich Vorwürfe gegen einen AN nicht beweisen, billigt das *BAG* dem AG ausnahmsweise das Recht zu einer **Verdachtskündigung** zu.[325] Vor Ausspruch einer Verdachtskündigung muss der Arbeitgeber alle ihm zumutbaren Anstrengungen zur Aufklärung des Kündigungssachverhalts unternehmen. Unterlässt er dies, ist die Kündigung unwirksam. Im Rahmen des Anhörungsverfahrens sind dem BR alle dem AG bekannten Verdachtsmomente, seine vergeblichen Bemühungen zur Wahrheitsfindung und die Umstände darzulegen, aus denen sich für den AG die Unzumutbarkeit der Weiterbeschäftigung wegen des bloßen Verdachtes ergibt.[326] Eventuelle Tatzeugen sind zu benennen. Insbes. ist über Tatsache und Ergebnis der Anhörung des AN zu informieren.[327] Dem BR sind aber auch die dem AG bekannten, den ANr erkennbar 117

---

317 Vgl. *KDZ*, § 15 KSchG Rn. 3 ff.
318 Zu Anhörungsgrundsätzen für den Fall, dass unklar ist, ob § 102 oder § 103 einschlägig ist *Zumkeller*, NZA 01, 823.
319 Vgl. *KDZ*, § 103 BetrVG Rn. 18.
320 *BAG* 30.5.78, EzA § 102 BetrVG 1972 Nr. 34.
321 *LAG Bremen* 10.6.86, LAGE § 102 BetrVG 1972 Nr. 19.
322 *BAG* 16.3.78, EzA § 102 BetrVG 1972 Nr. 32; vgl. Rn. 65; GK-*Raab*, Rn. 59 n.
323 *BAG* 16.3.78, a. a. O.; *Molkenbur/Krasshöfer-Pidde*, RdA 89, 337, [343].
324 *BAG* 16.3.78, a. a. O.; weitergehend GK-*Raab*, Rn. 60.
325 *BAG* 26.3.92, EzA § 626 BGB Verdacht strafbarer Handlung Nr. 4 mit krit. Anm. *Kittner*; vgl. *KDZ*, § 626 BGB Rn. 151 ff.;
326 Vgl. KR-*Etzel*, Rn. 64 a.
327 *Fischer*, BB 03, 522 [523]; *Griese*, BB 90, 1901.

entlastenden Umstände mitzuteilen,[328] Hat der AG den BR zunächst nur zu einer außerordentlichen oder einer ordentlichen verhaltensbedingten Kündigung wegen eines Vorwurfs (wozu er verpflichtet ist[329]) gehört, so kann er bei dessen späterer Nichterweislichkeit die Kündigung nicht auf den bloßen Verdacht stützen, wenn er den BR hierzu nicht ausdrücklich gehört hat (ständ. Rspr.).[330] Wird die Kündigung zunächst nur auf den Verdacht gestützt und entsprechend informiert, so ist bei späterer Erweislichkeit der Verdachtsmomente eine erneute Anhörung zu einer Kündigung wegen der Tat als solcher im Regelfall nicht nötig.

ii) Nichtgeltung des KSchG, Wartezeitkündigung

118 Auch wenn das **KSchG** nicht anwendbar ist, (vgl. Rn. 6, 8),[331] sind an die Unterrichtungspflicht des AG gegenüber dem BR im Grundsatz keine geringeren Anforderungen zu stellen als bei einer Kündigung, gegen die der AN gemäß §§ 1 ff. KSchG geschützt ist.[332] Die kollektivrechtliche Pflicht zur Angabe der Kündigungsgründe gegenüber dem Betriebsrat wird dadurch nicht ausgeschlossen. Insbesondere führt eine bewusst wahrheitswidrige Information über den Kündigungsgrund zur Unwirksamkeit der Anhörung und damit der Kündigung (Rn. 79). Bei Nichtanwendbarkeit des KSchG gibt es jedoch keine gesetzlichen Anforderungen an die Rechtfertigung einer ordentlichen Kündigung. Die Substantiierungspflicht hinsichtlich der Kündigungsgründe gegenüber dem BR ist demgemäß nicht an den objektiven Merkmalen der noch nicht erforderlichen Kündigungsgründe nach § 1 KSchG, sondern daran zu messen, welche **konkreten Umstände oder subjektiven Vorstellungen** zum Kündigungsentschluss geführt haben.[333] Hat der AG keine Gründe oder wird sein Kündigungsentschluss allein von subjektiven, durch Tatsachen nicht belegbaren Vorstellungen bestimmt, so reicht die Unterrichtung über diese Vorstellungen aus.[334] Nach der Rspr. des BAG muss der AG den BR dann auch nicht über den Tatsachenkern, der dem subjektiven Werturteil ggf. zugrunde liegt, unterrichten.[335] Wird die Kündigung demgegenüber nicht auf ein Werturteil, sondern auf substantiierbare Tatsachen gestützt, so sind dem BR die – i. d. R. verhaltensbedingten, betriebsbedingten oder personenbedingten – Gründe mitzuteilen. Wenn der Betriebsrat in die Lage versetzt werden soll, ohne zusätzliche eigene Nachforschungen die Stichhaltigkeit der Kündigungsgründe zu prüfen und sich über eine Stellungnahme schlüssig zu werden, kann er seine Aufgabe nur wahrnehmen, wenn ihm in all diesen Fällen auch der Lebenssachverhalt mitgeteilt wird, der der Kündigungsentscheidung zugrunde liegt. Es ist aber auch der – allerdings lebensfremde – Fall denkbar, dass die Kündigung ohne jeden äußeren Anlass aufgrund einer Spontanentscheidung erfolgt. Für den AG ergibt sich jedenfalls bei einer anlasslosen Kündigung das Risiko, dass er mit einer völlig unsubstantiierten Begründung selbst den Verdacht begründet, nicht nur aus mit Tatsachen belegbaren, sondern aus von der Rechtsordnung missbilligten Gründen (z. B. §§ 138, 242 BGB) gekündigt zu haben.[336]

119 Die vorstehenden Ausführungen gelten auch dann, wenn das Arbeitsverhältnis mangels **Erfüllung der Sechs-Monatsfrist** nicht dem KSchG unterliegt. Der AG genießt in diesem Zeitraum zwar grundsätzlich Kündigungsfreiheit, so dass er im Kündigungsschutzprozess nicht, jedenfalls nicht primär gehalten ist, die Kündigung näher zu begründen. Hierdurch wird

---

328 *LAG Nürnberg* 22.6.10 – 5 Sa 820/08, juris.
329 *BAG* 13.3.08, 2 AZR 961/06 juris.
330 *BAG* 2.3.89, EzA § 626 BGB § 118; 3.4.86, EzA § 102 BetrVG 1972 Nr. 63; *LAG Düsseldorf* 25.2.86, LAGE § 102 BetrVG 1972 Nr. 18; *Griese*, BB 90, 1901; *Fitting*, Rn. 44; GK-*Raab*, Rn. 80; KR-*Etzel*, Rn. 64 a; a. A. *Dörner*, AiB 93, 165.
331 *KDZ*, § 102 BetrVG Rn. 9
332 *BAG* 3.12.98, DB 99, 1172; 22.4.10 – 6 AZR 828/08, juris: *Fitting*, Rn. 47.
333 *BAG* 3.12.98, NZA 99, 477; 18.5.94, BB 94, 1783; vgl. *LAG Schleswig-Holstein* 30.10.02, NZA-RR 03, 310; *HessLAG* 12.6.95, ZTR 95, 571; *LAG Düsseldorf* 22.11.11 – 17 Sa 961/11, juris; *Fitting*, Rn. 47 f.; APS-*Koch*, Rn. 106; enger GK-*Raab*, Rn. 80; Richardi-*Thüsing*, Rn. 70.
334 *BAG* 11.7.91, 8.9.88, EzA § 102 BetrVG 1972 Nrn. 81, 73.
335 BAG 12.9.13, 6 AZR 121/12 juris.
336 *BAG* 8.9.88, § 102 BetrVG 1972 Nr. 73; zur Geltendmachung solcher auch verfassungsrechtlich gebotenen Kündigungsgründe vgl. *KDZ*, § 242 BGB Rn. 25 ff.; *Kittner*, NZA 98, 731.

jedoch seine kollektivrechtliche Pflicht, seine Kündigungsentscheidung gegenüber dem BR zu begründen, nicht ausgeschlossen. Der BR muss auch in dieser Situation in die Lage versetzt werden, dem AG ggf. durch bessere Argumente von seiner Kündigungsentscheidung abzubringen. Hierzu muss der BR aber, die – wenn auch subjektiv determinierten – Tatsachengründe kennen, die den AG zur Kündigung veranlasst haben.[337] Hierfür reicht die Mitteilung des rein formalen Auslösers für die Kündigung – z. B. die bloße Existenz eines Prozesses des AN gegen den AG mit noch ungewissem Ausgang – nicht aus. Die bloße Angabe des Kündigungsentschlusses ist keinen Argumenten des BR zugänglich.[338]

Eine **Kündigung**, die **am letzten Tag der Sechs-Monatsfrist des § 1 Abs. 1 KSchG** um 120
16.00 Uhr in den Wohnungsbriefkasten des AN eingelegt wird, geht jedenfalls dann noch an diesem Tag zu, wenn der AN nach vorangegangenen Verhandlungen über einen Auflösungsvertrag damit rechnen musste, dass der AG ihm das Kündigungsschreiben noch durch Boten überbringen lässt.[339]

3. Zeitpunkt der Unterrichtung

a) Grundsätze, zeitliche Nähe zum Kündigungstermin

Die Anhörung des BR muss in jedem Falle **vor Ausspruch der Kündigung** erfolgen. Diesem 121
Erfordernis wird nicht ausreichend Rechnung getragen, wenn der AG seinen Kündigungswillen bereits vor der abschließenden Stellungnahme des BR (Rn. 176) oder vor Ablauf der Wochenfrist für eine ordentliche (Abs. 2 Satz 1) oder der Dreitagesfrist für eine außerordentliche **Kündigung** (Abs. 2 Satz 3) **verwirklicht** hat (vgl. Rn. 64).[340] Eine vor Abschluss des Anhörungsverfahrens ausgesprochene Kündigung ist gemäß Abs. 1 Satz 3 **unheilbar nichtig** (s. Rn. 253).[341] Kündigt der AG nach Eingang der BR-Stellungnahme bzw. nach Ablauf der Frist erneut, ist der BR erneut zu hören (Rn. 59).[342] Auf die Kenntnis des BR von der ersten nichtigen Kündigung kann es dabei nicht ankommen. Die Anhörung muss vor jeder Kündigung erfolgen.

Der **Kündigungswille ist verwirklicht,** wenn das Kündigungsschreiben den Machtbereich des 122
AG verlassen hat.[343] Das ist der Zeitpunkt, zu dem das Kündigungsschreiben dem AN ausgehändigt oder zur Post gegeben worden oder in der Hauspost in den Verfügungsbereich des Empfängers gelangt ist. Auf die Frage, ob und wann der AG seinen **Kündigungswillen** abschließend für sich selbst gebildet hat, kommt es nicht an (Rn. 64). Da das Anhörungsverfahren nur für die Kündigung Wirksamkeit entfaltet, für die es eingeleitet worden ist, folgt hieraus zugleich, dass es auf jeden Fall immer dann einer erneuten Anhörung bedarf, wenn der AG die Kündigung verwirklicht hat und er nunmehr eine erneute Kündigung aussprechen will. Das gilt auch dann, wenn der AG die Kündigung auf den gleichen Sachverhalt stützen will, so z. B. dann wenn Bedenken hinsichtlich der ersten Kündigung bestehen.[344]

Vor Ausspruch der Kündigung kann der AG seine Informationen gegenüber dem BR jederzeit 123
ergänzen.[345] Hierfür ist es unerheblich, ob er dies aus eigenem Antrieb oder auf Nachfrage des BR tut.[346] Allerdings können nachträgliche Informationen dazu führen, dass die Frist zur Anhörung des BR neu zu laufen beginnt (Rn. 130).

Erfolgt die Kündigung **vor Ablauf** der in Abs. 2 genannten Fristen, hängt ihre betriebsverfas- 124
sungsrechtliche Wirksamkeit davon ab, ob zuvor eine **abschließende Stellungnahme** des BR vorlag (Rn. 176).

337 *LAG Hessen* 14.3.11 – 16 Sa 1477/10, juris.
338 *BAG* 16.9.04, AiB 05, 36, *LAG Schleswig-Holstein* 3.11.04.
339 *LAG Berlin* 11.12.03, DB 04, 824.
340 *BAG* 11.7.91, 13.11.75, EzA § 102 BetrVG 1972, Nrn. 81, 20.
341 *BAG* 1.4.76, EzA § 102 BetrVG 1972 Nr. 23.
342 Vgl. *LAG Köln* 25.8.95, NZA-RR 96, 373.
343 *BAG* 8.4.03, NZA 03, 961; krit. *Reiter,* NZA 03, 954.
344 *BAG* 10.11.05, NZA 06, 491.
345 *BAG* 6.2.97, DB 97, 1284.
346 *BAG* 6.2.97, a. a. O.

125 **Nach Ablauf** der Fristen ist die Kündigung unabhängig davon betriebsverfassungsrechtlich möglich, ob und wie der BR Stellung nimmt. Die Kündigung muss dann in **engem zeitlichem Zusammenhang** zu der Anhörung des BR erfolgen. Entscheidend ist, ob noch von einer **Anhörung zu einer bestimmten Kündigung** gesprochen werden kann (eingehend Rn. 56 ff., 67 f.; zur Möglichkeit der Fristverlängerung s. Rn. 198; zur Kündigung nach Verwaltungsgerichtsverfahren um die Zustimmung der Hauptfürsorgestelle Rn. 75).[347] Ein Anhörungsverfahren kann nur für die Kündigung Wirksamkeit entfalten, für die es eingeleitet worden ist.[348] Eine erneute Anhörung des BR kann aber in ausdrücklicher Bezugnahme auf die bereits gelieferten Informationen erfolgen (vgl. Rn. 162).

b) Nachschieben von Kündigungsgründen

126 Mit dem Grundsatz, dass die Anhörung des BR vor Ausspruch einer Kündigung zu erfolgen hat, ist es unvereinbar, dass nach ihrem Ausspruch zunächst nicht genannte **Kündigungsgründe nachgeschoben** werden. Hierunter versteht man die Einführung neuer kündigungsrelevanter Tatsachen, also die Mitteilung eines neuen bzw. die Erweiterung des bereits mitgeteilten Lebenssachverhalts, nicht die bloße Erläuterung der bereits genannten (Rn. 110). In dieser Hinsicht unterscheiden sich die Anforderungen des § 102 vom materiellen Kündigungsrecht: Zur Rechtfertigung einer Kündigung wird es dem AG zugebilligt, auch vor der Kündigung entstandene Gründe nachträglich vorzubringen, die er zunächst zur Begründung der Kündigung nicht angegeben hat, und zwar unabhängig davon, ob er sie kannte oder nicht.[349] Davon kann der AG aber nur Gebrauch machen, wenn kein BR besteht. Die Anhörungspflicht des § 102 unterwirft dem BR nicht mitgeteilte Tatsachen einem grundsätzlichen **Verwertungsverbot**.[350] Es können folgende sechs **Fallkonstellationen** unterschieden werden:
- Kein »Nachschieben«, sondern Erläuterung der genannten Gründe (Rn. 127);
- vor Anhörung entstandene, dem AG bekannte Gründe (Rn. 129);
- vor Anhörung entstandene, dem AG nach Anhörung, aber noch vor Ausspruch der Kündigung bekannt gewordene Gründe (Rn. 130);
- nach Anhörung, aber noch vor Kündigung entstandene und vor Kündigung bekannt gewordene Gründe (Rn. 131);
- vor Kündigung entstandene und nach Kündigung bekannt gewordene Gründe (Rn. 132);
- nach Kündigung entstandene Gründe (Rn. 128).

127 Vom Nachschieben von Kündigungsgründen zu unterscheiden ist die **Substantiierung** der bereits genannten Kündigungsgründe. Das *BAG* lässt die Einführung von Tatsachen in den Kündigungsschutzprozess auch ohne vorherige Anhörung des BR zu, wenn diese lediglich der **Erläuterung und Konkretisierung** der dem BR mitgeteilten Kündigungsgründe dienen.[351] Auf die Kenntnis oder Nichtkenntnis des AG von solchen Tatsachen kommt es dabei nicht an. Die neuen Tatsachen dürfen weder zusätzliche Kündigungsgründe noch Vorwürfe enthalten, die den bisherigen Vortrag erst zu einem kündigungsrechtlich relevanten Kündigungsgrund machen oder ihm erheblich mehr Gewicht verleihen.[352] Das *BAG* verdeutlicht dies folgendermaßen: Nennt der AG gegenüber dem BR als Kündigungsgrund, der AN habe unentschuldigt an zwei Tagen gefehlt, so bedeute die spätere Angabe der Daten der Fehltage eine bloße Konkretisierung. Trage er dagegen im Prozess vor, der AN habe an sieben Montagen hintereinander ohne Entschuldigung gefehlt, dann werde der ursprünglich genannte Kündigungsgrund unzulässig erweitert. Die Einführung früherer Vorfälle, die den Kündigungsgrund unterstreichen sollen, insbesondere einer Abmahnung, geht über eine bloße Konkretisierung hinaus.[353] Es ist immer dann von »Nachschieben« auszugehen, wenn die fraglichen Tatsachen

347 Vgl. *BAG* 21.8.90, NZA 91, 392.
348 *BAG* 11.10.89, EzA § 102 BetrVG 1972 Nr. 78.
349 *BAG* 18.1.80; 17.8.72, EzA § 626 BGB Nrn. 72, 22; KR-*Etzel*, Rn. 90; *SP*, Rn. 281.
350 Vgl. KR-*Etzel*, Rn. 190 b.
351 *BAG* 11.4.85, 18.12.80, EzA § 102 BetrVG 1972, Nrn. 62, 44; GK-*Raab*, Rn. 164.
352 *BAG* 18.12.80, a. a. O.
353 KR-*Etzel*, Rn. 70.

Bedeutung für die materielle Kündigungsbegründung haben. Insofern ist es insbesondere keine bloße »Substantiierung« mehr, wenn die neuen Tatsachen benötigt werden, um dem Gericht eine umfassende Interessenabwägung zu ermöglichen.[354] In einem solchen Fall ist auf der Grundlage der *BAG*-Rspr. zum »Nachschieben« zu verfahren: unzulässig bei Kenntnis des AG (Rn. 129); zulässig bei vorheriger Unkenntnis des AG (Rn. 132); nach hier vertretener Ansicht unzulässig (vgl. Rn. 133). Angesichts der Schwierigkeit und Problematik der Abgrenzung im Einzelnen, ist die Einführung neuer Tatsachen im Zweifelsfall als Fall des »Nachschiebens« zu behandeln.[355] Die vom *BAG*[356] zugelassene bloße »**Aufhellung**« der Kündigungsgründe durch Tatsachen, die **nach Ausspruch der Kündigung entstanden** sind, ist außerordentlich problematisch. Denn dies ist unvereinbar mit der Bewertung der Kündigung als einseitiges Rechtsgeschäft im Zeitpunkt ihres Ausspruches. Soweit ein derartiges »Nachschieben« ausnahmsweise für zulässig angesehen wird, soll es jedenfalls nicht ohne erneute Anhörung des BR (Rn. 132) möglich sein.[357]

Eine Kündigung kann sich nur auf Gründe stützen, die im **Zeitpunkt der Kündigung bereits existent** waren. Später entstehende Tatsachen können zu ihrer Begründung nicht mehr nachgeschoben werden. Diese materielle Rechtslage führt unabhängig von § 102 stets zur Unbeachtlichkeit derartiger Tatsachen im Kündigungsschutzprozess. **128**

Ausgeschlossen ist das Nachschieben von Gründen, die vor der Anhörung des BR entstanden sind und von denen der **AG Kenntnis** hatte (h. M.; zur dem AG zuzurechnenden Kenntnis s. Rn. 118).[358] Will der AG z. B. eine krankheitsbedingte Kündigung im Kündigungsschutzprozess zur Darlegung unzumutbarer wirtschaftlicher Belastungen auf die Höhe der Entgeltfortzahlungskosten stützen, so muss er dem BR im Anhörungsverfahren Angaben zu den aufgelaufenen Entgeltfortzahlungskosten machen. Andernfalls kann er sich im Prozess nicht auf die Höhe der Entgeltfortzahlungskosten zur Begründung einer solchen Belastung stützen. Der BR ist nicht verpflichtet, die Vergütungshöhe selbst zu ermitteln und sich die Entgeltfortzahlungskosten selbst auszurechnen.[359] Das gilt selbst dann, wenn der BR auf Grund der ihm mitgeteilten Gründe der Kündigung zugestimmt hat.[360] Der AG kann den BR in einem solchen Fall wegen der nachzuschiebenden Gründe auch nicht nachträglich beteiligen.[361] **129**

Tatsachen, die vor Anhörung des BR entstanden, dem AG aber noch **vor Ausspruch der Kündigung bekannt** sind, können gleichfalls nicht nachgeschoben werden.[362] Will der AG mit solchen Tatsachen zur Begründung der Kündigung nicht ausgeschlossen werden, muss er den BR erneut anhören. In einem solchen Fall fängt die Wochenfrist des Abs. 2 Satz 1 erneut an zu laufen, denn der AG kann die Frist nicht hinsichtlich einzelner Gründe verkürzen.[363] Bei der ergänzenden Information können für den AG nur **kündigungsberechtigte Personen** bzw. ausdrücklich hierzu autorisierte Vertreter handeln.[364] **130**

Tatsachen, die zwar erst **nach Anhörung des BR** entstanden, aber dem AG noch **vor Kündigung bekannt** geworden sind, können ebenfalls nur verwertet werden, wenn der AG den BR vorher dazu hört. Die Anhörung muss dann für diesen Sachverhalt erst noch durchgeführt werden, bevor die Kündigung ausgesprochen wird. **131**

Den problematischsten Fall bilden Tatsachen, die, sei es vor, sei es nach Anhörung des BR, aber jedenfalls **vor der Kündigung entstanden** und dem **AG erst später bekannt** geworden sind. Das *BAG* lässt in diesem Falle ein Nachschieben, d. h. eine ergänzende Begründung der bereits **132**

---

354 So aber KR-*Etzel*, Rn. 70 a.
355 Zur Kritik der ganzen Unterscheidung vgl. *Höland*, ZIP 82, 147 ff.; *Schwerdtner*, ZIP 81, 815.
356 28.10.71, EzA § 626 BGB n. F. Nr. 9.
357 KR-*Etzel*, Rn. 190 a.
358 *BAG* 18.12.80, EzA § 102 BetrVG 1972 Nr. 44; vgl. *Fitting*, Rn. 44; GK-*Raab*, Rn. 167; KR-*Etzel*, Rn. 185, 185 b.
359 *LAG Schleswig-Holstein* 1.9.04, NZA-RR 04, 635.
360 *BAG* 1.4.81, EzA § 102 BetrVG 1972 Nr. 45 mit Anm. *Löwisch*.
361 *BAG* 1.4.81, a. a. O.
362 KR-*Etzel*, Rn. 186; differenzierend GK-*Raab*, Rn. 168: Kein Nachschieben nur dann, wenn es sich nicht um Erläuterung, sondern um neuen Sachverhalt handelt.
363 Vgl. *BAG* 6.2.97, DB 97, 1284 = AiB 97, 668 mit Anm. *Hinrichs*; KR-*Etzel*, Rn. 186.
364 *LAG Schleswig-Holstein* 15.4.97, NZA-RR 97, 438.

ausgesprochenen Kündigung, zu, wenn der BR erneut unter Wahrung der Fristen des Abs. 2 gehört wird (ständ. Rspr.).[365] Die Hauptbegründung geht dahin, dass solche Kündigungsgründe nicht ohne Zustimmung des BR eingeführt werden können, mithin der Schutzzweck des § 102 Abs. 1 gewahrt bleibe. Zwar sei es für den AG von Vorteil, **keine erneute Kündigung nach Bekanntwerden neuer Kündigungsgründe** aussprechen zu müssen. Jedoch gebiete es die Prozessökonomie, Streitigkeiten um die Wirksamkeit einer Kündigung möglichst in einem Kündigungsschutzprozess zu konkretisieren und mehrere Rechtsstreitigkeiten zu vermeiden.[366] Auf dem Boden dieser Rspr. wird mindestens verlangt, dass dem BR bei der nachgeschobenen Anhörung insbes. auch die Tatsache des Nachschiebens mitgeteilt wird.[367]

133 Die **Rspr. des BAG** zur betriebsverfassungsrechtlichen Möglichkeit des Nachschiebens ist **abzulehnen**:[368]

- Die Prozessökonomie kann nicht darüber entscheiden, was materiell-rechtlich richtig ist.[369]
- Eine erneute Kündigung kann entweder durch Klageerweiterung in den Prozess einbezogen werden[370] oder wird bereits durch einen allgemeinen Feststellungsantrag gemäß § 256 ZPO auf Fortbestehen des Arbeitsverhältnisses erfasst.[371]
- Die Möglichkeit des Nachschiebens ist im Hinblick auf den durch § 102 Abs. 1 gewollten Zwang zum umfassenden Gedankenaustausch mit dem BR, also dem kollektiven präventiven Kündigungsschutz, unvereinbar.[372]
- Die Möglichkeit des Nachschiebens ist unvereinbar mit der subjektiven Determination der mitzuteilenden Gründe (Rn. 80). Es wird ein Kündigungsgrund zugelassen, der die subjektiven Beweggründe des AG zum Ausspruch der Kündigung gerade nicht beeinflusst hat.[373]

134 Bei **Zugrundelegung der** ***BAG*-Rspr.** gilt jedenfalls Folgendes: Vor Verwertung der nachgeschobenen Tatsachen ist in Bezug auf sie ein **erneutes Anhörungsverfahren** zu durchlaufen. Erst danach können solche Tatsachen in den Prozess eingeführt werden. Eine solche Anhörung hat nach den allgemeinen Voraussetzungen (Rn. 46 ff.) zu erfolgen. Sie löst beim Widerspruch des BR ggf. die Weiterbeschäftigungspflicht gemäß Abs. 5 aus.[374] Im Hinblick auf den Ausnahmecharakter dieser Möglichkeit muss der AG den BR **unverzüglich nach Bekanntwerden** informieren, sonst ist er unter prozessualen Gesichtspunkten (§ 61 Abs. 5 ArbGG) damit ausgeschlossen.[375] Bei einer **außerordentlichen Kündigung** wird nicht verlangt, dass nachträglich bekannt gewordene Gründe innerhalb der Zweiwochenfrist des § 626 Abs. 2 BGB nachgeschoben werden.[376]

135 Gründe, die der AG zwar nicht kannte, aber eigentlich **kennen musste,** gelten gleichwohl als unbekannt. Dies ist die Konsequenz der subjektiven Determination der anhörungspflichtigen Gründe.[377] Hiervon zu unterscheiden ist, welches **Wissen dem AG zuzurechnen** ist. Es sind dies das Wissen des AG selbst (bzw. der gesetzlichen Vertreter einer juristischen Person), das Wissen der unmittelbaren Vorgesetzten des AN, der Sachbearbeiter der Personalabteilung sowie der Prozessvertreter des AG. Daten, die in einem **Personalinformationssystem** gespeichert sind, gelten als bekannt.[378] Das muss generell für den Inhalt von Personalakten gelten. Teilt der AG auf Grund eines **Rechtsirrtums** hinsichtlich der **sozialen Auswahl** nicht alle

365 *BAG* 28.2.90, EzA § 1 KSchG Personenbedingte Kündigung Nr. 5; 11.10.89, EzA § 1 KSchG Betriebsbedingte Kündigung Nr. 64; 11.4.85, 18.12.80, EzA § 102 BetrVG 1972 Nrn. 62, 44.
366 *BAG* 11.4.85, EzA § 102 BetrVG 1972 Nr. 62.
367 *HessLAG* 20.9.99, NZA-RR 00, 413.
368 *Winterstein,* Die Zulässigkeit des Nachschiebens von Kündigungsgründen im Kündigungsschutzprozess [1987].
369 Vgl. *Schwerdtner,* NZA 87, 361, 362 f.
370 *Knorr/Bichlmeier/Kremhelmer,* 11, 80.
371 *BAG* 21.1.88, EzA § 4 KSchG n. F. Nr. 33.
372 *Schwerdtner,* NZA 87, 364.
373 So auch *Bayer,* DB 92, 786.
374 KR-*Etzel,* Rn. 188.
375 Vgl. *Griese,* BB 90, 1902, unter Hinweis auf *BGH* 22.4.82, NJW 82, 1708.
376 *BAG* 18.1.80, DB 80, 1350; *Griese,* BB 90, 1902.
377 KR-*Etzel,* Rn. 186 a.
378 *Fitting,* Rn. 26, 43.

einzubeziehenden AN mit, obwohl ihm deren Daten bekannt waren, kann dies (etwa nach entsprechenden Hinweisen des Gerichts) nicht mehr korrigiert werden.[379] Dem AG sind in dieser Hinsicht Irrtümer und fehlerhafte Interpretationen des vorhandenen, ihm zuzurechnenden Wissens seitens der für ihn gegenüber dem AN tätigen Personen (s. o.) zuzurechnen.

Der AG trägt die **Darlegungs- und Beweislast** dafür, dass ihm die nachzuschiebenden Gründe bei Ausspruch der Kündigung nicht bekannt waren.[380] 136

4. Anhörungsverfahren

a) Grundsätze

Die ausreichende (Rn. 51 ff.) und rechtzeitige (Rn. 121 ff.) Unterrichtung des BR ist in einem sich teils aus allgemeinen Grundsätzen ergebenden, teils in § 102 geregelten **Verfahren** zu behandeln. Teil dieses Verfahrens ist die Anhörung des AN (Abs. 2 Satz 4; Rn. 170). Ein ordnungsgemäßes Verfahren ist Voraussetzung für die Rechtswirksamkeit der Kündigung. Hinsichtlich der Ordnungsgemäßheit des Verfahrens ist zwischen den **Zuständigkeits- und Verantwortungsbereichen von AG und BR** zu unterscheiden (Sphärentheorie).[381] Wenn Fehler allein in der Sphäre des BR liegen und nicht auf Grund besonderer Umstände dem AG angelastet werden können, wird die Fehlerhaftigkeit des Anhörungsverfahrens für unerheblich gehalten (Rn. 256). Der BR hat für seine Reaktion gegenüber einer ordentlichen Kündigung (Rn. 173 ff.) eine Woche (Abs. 2 Satz 1) und gegenüber einer außerordentlichen Kündigung drei Tage Zeit (Abs. 2 Satz 3). Nach Ablauf dieser Äußerungsfristen kann der AG unabhängig von der Stellungnahme des BR kündigen. Will der AG vor Ablauf der Wochen- bzw. Dreitagesfrist kündigen, muss das Anhörungsverfahren durch eine abschließende Stellungnahme des BR vorzeitig beendet sein (Rn. 176). Kündigt der AG vor Abschluss des Anhörungsverfahrens, ohne dass dieses rechtswirksam abgeschlossen ist, ist die Kündigung unwirksam (Rn. 253). 137

Das Anhörungsverfahren kann vom AG **abgebrochen** werden, indem er seine Absicht zu kündigen zurücknimmt. Will er z. B. stattdessen den AN versetzen, muss er das Beteiligungsverfahren gemäß § 99 einleiten. Will er danach erneut kündigen, muss er ein neues Anhörungsverfahren über eine entsprechende Information an den BR einleiten.[382] Dies gilt auch dann, wenn nach Durchführung des Anhörungsverfahrens, aber vor Ausspruch der Kündigung eine **wesentliche Änderung des Kündigungssachverhalts** eintritt.[383] 138

Für den AG können – wenn er nicht selbst tätig wird – nur **kündigungsberechtigte** Personen oder ausdrücklich hierzu autorisierte Vertreter die i. S. des § 102 rechtserhebliche Informationen geben.[384] 139

b) Zuständiger Betriebsrat

Adressat der Anhörung und für das Verfahren zuständig ist grundsätzlich der BR. Die Anhörung eines unzuständigen Gremiums setzt die Anhörungsfristen nicht in Gang; eine Kündigung wäre unwirksam (vgl. Rn. 257). Die **Zuständigkeit** des BR erstreckt sich bei einer nicht angefochtenen BR-Wahl auf alle AN, die sich an der Wahl hätten beteiligen können, auch wenn sie irrtümlich nicht einbezogen worden sind. Das ist etwa der Fall, wenn AN eines UN mit AN eines anderen UN einen Gemeinschaftsbetrieb bilden, jedoch irrtümlich nicht an der Wahl des BR beteiligt worden sind.[385] 140

Haben AN irrtümlich einen eigenen BR gewählt (sei es in Verkennung des Begriffs eines Gemeinschaftsbetriebs, sei es in Verkennung der Selbstständigkeit eines Nebenbetriebs oder 141

379 KR-*Etzel*, Rn. 185 b; a. A. *Bayer*, DB 92, 784.
380 *BAG* 11.4.85, EzA § 102 BetrVG 1972 Nr. 62; *Griese*, BB 90, 1903.
381 *BAG* 6.10.05, DB 06, 567.
382 KR-*Etzel*, Rn. 104 b; *ArbG Celle* 25.8.77, ArSt. 78, 133.
383 *LAG Hamm* 20.10.05, FA 06, 188.
384 *LAG Schleswig-Holstein* 15.4.97, NZA-RR 98, 438.
385 Vgl. *BAG* 7.11.90 – 2 AZR 225/90; *Bitter*, NZA-Beilage 3/91, S. 17.

Betriebsteils i. S. d. § 4), so ist zu unterscheiden: Ist die Wahl des fälschlicherweise gebildeten BR nur **anfechtbar,** so bleibt dieser bis zu einer etwaigen erfolgreichen Wahlanfechtung als anhörungsberechtigt zuständig (§ 4 Rn. 84, 85). Ist die Wahl des »falschen« BR wegen offenkundiger Verkennung des Betriebsbegriffs ausnahmsweise nichtig, so ist der »richtige« BR zuständig. Im umgekehrten Fall – bei einer BR-Wahl wird irrtümlich ein selbstständiger Betriebsteil i. S. v. § 4 Abs. 1 Satz 1 angenommen und deswegen nur in dem vermeintlichen Hauptbetrieb ein BR gewählt – ist dieser BR dennoch auf für die Anhörung zu Kündigungen in dem Betriebsteil zuständig (vgl. schon Rn. 28).[386]

142 Bei **Neuwahl eines BR** außerhalb der regelmäßigen Amtszeit ist nach Bekanntgabe des Wahlergebnisses der neue BR zuständig. Eine Anhörung des nicht mehr amtierenden BR macht die Kündigung unwirksam.[387] Eine bereits begonnene Anhörung muss sich der neugewählte BR zurechnen lassen.

143 Die Zuständigkeit des BR in Fällen der Verschmelzung und Spaltung sowie der Eingliederung von Betrieben und Betriebsteilen wird an anderer Stelle behandelt (§ 21 a Rn. 23 ff., 40 ff.).

144 Der BR kann die Zuständigkeit gemäß § 102 auf den **Betriebsausschuss** (§ 27 Abs. 3) oder einen **Ausschuss** (§ 28 Abs. 1) übertragen.[388] Dies gilt auch für die außerordentliche Kündigung von BR-Mitgliedern im Verfahren des § 103.[389] In einem Betrieb mit nicht mehr als 100 AN besteht diese Möglichkeit nicht; die Anhörung eines dort gleichwohl gebildeten Ausschusses ist unwirksam.[390]

145 BR und AG können gemäß § 28 Abs. 2 einen sog. **paritätischen Ausschuss** bilden und diesem das Recht zur Anhörung gemäß § 102 übertragen.[391] In der genannten Entscheidung hat das *BAG* offen gelassen, ob eine Beschlussfassung dieses paritätischen Ausschusses nur wirksam ist, wenn die Mehrheit der BR-Mitglieder zugestimmt hat. Diese Voraussetzung kann und sollte jedoch vom BR in jedem Falle bei der Verabredung über die Bildung eines solchen Ausschusses sichergestellt werden. Es ist auch möglich, im Falle nichtvorhandener Einstimmigkeit der BR-Mitglieder eines solchen paritätischen Ausschusses die Angelegenheit wieder an den gesamten BR zurückzudelegieren.

146 Die allgemeine oder einzelfallbezogene **Ermächtigung einzelner BR-Mitglieder** zur Anhörung, auch des BR-Vorsitzenden oder seines Vertreters, ist unzulässig und unwirksam.[392] Die innerhalb der Frist des Abs. 2 abgegebene Erklärung des BR-Vorsitzenden, der keine Beschlussfassung durch den BR zugrunde lag, kann aber durch nachfolgenden Beschluss des BR geheilt werden (vgl. § 26 Rn. 32). Das hat vor allem Bedeutung für die Entstehung eines Weiterbeschäftigungsanspruchs (Rn. 283; zur Qualität als sog. abschließende Erklärung s. Rn. 177). Hiervon zu unterscheiden ist die Frage, wer für den BR empfangsberechtigt in Bezug auf die Information des AG ist (Rn. 155 ff.).

147 **Besteht kein BR,** entfällt das Verfahren gemäß § 102 (vgl. Rn. 26; zur Zuständigkeit des GBR für betriebsratslose Betriebe vgl. Rn. 152; zur Kündigung eines Wahlbewerbers nach erstmaliger Wahl eines BR s. Rn. 115; zur Anhörung eines nicht mehr amtierenden BR s. Rn. 32).[393]

148 Für Personen, die allein zum Zweck ihrer **Berufsausbildung** beschäftigt werden, ist der Betriebsrat desjenigen Betriebes zuständig, dessen arbeitstechnischer Zwecksetzung die berufspraktische Ausbildung dieser Personen zuzuordnen ist. Zu diesen Personen zählen auch Teilnehmer an firmeninternen Ausbildungsmaßnahmen wie z. B. Trainees.[394] Hieraus folgt z. B. dass der Auszubildende dann, wenn die Berufsausbildung mit dem laufenden Produktions- oder Dienstleistungsprozess eines Betriebs verknüpft ist, d. h. der Auszubildende mit Tätigkeiten beschäftigt wird, die zu den beruflichen Aufgaben der Arbeitnehmer dieses Betriebs gehören, diesem Betrieb – dem Ausbildungsbetrieb – und nicht dem Stammbetrieb zuzuord-

386 *LAG München* 28.4.04, EzA-SD Nr. 18, 13.
387 *BAG* 28.9.83, EzA § 102 BetrVG 1972 Nr. 56.
388 *BAG* 4.8.75, EzA § 102 BetrVG 1972 Nr. 14.
389 *BAG* 17.3.05 NZA 05, 1064.
390 *LAG Bremen* 26.10.82, DB 83, 2145; KR-*Etzel,* Rn. 46 a.
391 *BAG* 12.7.84, EzA § 102 BetrVG 1972 Nr. 57.
392 *BAG* 28.2.74, EzA § 102 BetrVG 1972 Nr. 8.
393 *BAG* 21.3.96, NZA 96, 974.
394 *BAG* 12.5.05, EzA-SD 2005, Nr. 20, 11 – 13.

nen ist. Die für das Ausbildungsverhältnis wesentlichen, insbesondere die der Beteiligung des Betriebsrats unterliegenden Angelegenheiten werden dann im Einsatzbetrieb (Ausbildungsbetrieb) geregelt. Wird der Auszubildende allerdings nur vorübergehend und partiell in den Ausbildungsbetrieb eingegliedert, so ist der Betriebsrat des Stammbetriebs zumindest in den Angelegenheiten zu beteiligen, die das Grundverhältnis des Auszubildenden betreffen, wenn bei einer solchen Stationsausbildung der Schwerpunkt des Ausbildungsverhältnisses beim Stammbetrieb bleibt. Entscheidend ist hierbei zunächst, ob der Arbeitnehmer im Stammbetrieb eingestellt und der Betriebsrat dieses Betriebs zur Einstellung beteiligt worden ist. Sodann kommt es darauf an, ob vom Stammbetrieb aus die (Gesamt-)Ausbildung im Wesentlichen geleitet und überwacht wird, wo also die wesentlichen Entscheidungen für das Ausbildungsverhältnis getroffen werden. Eine nur vorübergehende und partielle Eingliederung eines zur Berufsausbildung Beschäftigten in einen anderen Betrieb zur Ableistung eines bestimmten Ausbildungsabschnitts rechtfertigt dann keine andere Zuordnung

Im **Regelfall** ist der **GBR** nicht für personelle Einzelmaßnahmen zuständig (§ 50 Rn. 58).[395] **149** Die Anhörung gemäß § 102 erfolgt deshalb beim jeweils zuständigen Einzel-BR (h. M.; vgl. § 50 Rn. 59). Es besteht auch keine Zuständigkeit des GBR für **betriebsratslose Betriebe** oder wenn ein AN nach Widerspruch gegen einen **Betriebsübergang** keinem Betrieb zuzuordnen ist.[396] Informiert deshalb der AG statt des zuständigen Einzel-BR den GBR, ist die Anhörung unwirksam.[397] Unabhängig davon ist es jedoch insb. zum Abgleich der Möglichkeiten der Weiterbeschäftigung in anderen Teilen des Unternehmens sinnvoll, dass zwischen GBR und dem Einzel-BR ein wechselseitiger Informationsaustausch über mögliche Kündigungen erfolgt.

Eine **originäre Zuständigkeit des GBR** kommt ausnahmsweise unter den Voraussetzungen **150** des § 50 Abs. 1 in Frage (§ 50 Rn. 65 f.). Das ist der Fall, wenn der AN kraft seines Arbeitsvertrages mehreren Betrieben des UN gleichgewichtig zuzuordnen ist.[398] Dies folgt unmittelbar aus § 50 Abs. 1 Satz 1, 2. Hs. Allerdings sind diese Fälle in der Praxis äußerst selten, da in der Regel eine Schwerpunktbildung hinsichtlich der Zuordnung des Arbeitsverhältnisses möglich sein wird. Die bloße vertragliche Möglichkeit des Einsatzes eines AN in mehreren Betrieben eines UN reicht nicht aus. Die bloße Möglichkeit, dass ein BR der Kündigung eines AN wegen der Weiterbeschäftigungsmöglichkeit in einem anderen Betrieb des UN widersprechen möchte bzw. kann, führt nicht zur Zuständigkeit des GBR.

Der GBR kann durch **Delegation** gemäß § 50 Abs. 2 BetrVG zuständig werden (§ 50 **151** Rn. 71 ff.).[399] Eine Übertragung kann jedoch nur im Einzelfall, nicht generell für alle generell Kündigungsangelegenheiten erfolgen.[400] Allerdings ist z. B. eine Übertragung für alle Kündigungen möglich ist, die im Zusammenhang mit einer konkreten **Betriebsänderung** zu erwarten sind. Teilt der BR seinen Delegationsbeschluss dem AG vor Einleitung eines Anhörungsverfahrens mit, so hat dieser seine Information unmittelbar an den GBR zu richten. Eine gleichwohl noch an den BR gerichtete Information ist ohne Rechtswirkungen und setzt die Anhörungsfrist nicht in Gang (vgl. Rn. 155). Beschließt der BR erst nach Eingang einer Information des AG zu einer beabsichtigten Kündigung die Delegation, so wird zwar der GBR zuständig, jedoch bleibt es beim Lauf der Frist ab Eingang beim BR. Da der GBR zur Übernahme des BR-Auftrages verpflichtet ist (vgl. § 50 Rn. 82), wird seine Zuständigkeit gegenüber dem AG ab dem Zeitpunkt der Information über die Delegation wirksam.[401]

Der GBR wird zur Ausübung der Rechte aus § 102 nicht zuständig für **betriebsratslose Be-** **152** **triebe** eines UN.[402] Es ist jedoch möglich, eine solche Zuständigkeit durch eine Gesamt-BV mit dem GBR zu schaffen (generell zur Erstreckung von Gesamt-BV auf betriebsratslose Betriebe § 50 Rn. 22 ff.).

---

395 Vgl. *BAG* 21.3.96, NZA 96, 974.
396 *BAG* 21.3.96, NZA 96, 974.
397 *LAG Köln* 20.12.83, DB 84, 937.
398 *BAG* 21.3.96, NZA 96, 974; vgl. *Bachner*, NZA 06, 1309, 1311; GK-*Raab*, Rn. 50.
399 GK-*Raab*, Rn. 50.
400 *LAG Köln* 20.12.83, DB 84, 937.
401 Insofern unzutreffend KR-*Etzel*, Rn. 48.
402 *Schmelcher*, FS Gaul, S. 497, 505.

153 Eine originäre Zuständigkeit des **Konzern-BR** ist im Regelfall nicht gegeben (§ 58 Rn. 33). Sie könnte ausnahmsweise vorliegen, wenn ein AN gleichzeitig Arbeitsverträge mit mehreren Konzernunternehmen abgeschlossen hätte (hierzu § 58 Rn. 34).[403] Im übrigen gelten die gleichen Grundsätze, die zur ausnahmsweise Zuständigkeit des GBR entwickelt worden sind (vgl. Rn. 150)

154 Soweit anstelle des BR **andere Vertretungen** zuständig sind (Bordvertretung, See-BR, tariflich errichtete andere AN-Vertretung; vgl. Rn. 29, 30), sind diese zur Beschlussfassung zuständig. Bei **Religionsgemeinschaften** können auf Grund besonderen Kirchenrechts kirchliche Mitarbeitervertretungen zuständig sein.[404] Soweit die dabei bestehenden Normen § 102 entsprechen, sind die hierfür maßgeblichen Grundsätze zur Auslegung heranzuziehen.[405]

c) Zugang der Information

155 Die Information des AG bedarf zu ihrer Wirksamkeit des **Zugangs** beim zuständigen BR bzw. einem hierfür eingesetzten Ausschuss. Mit dem Zugang beim BR wird das Anhörungsverfahren wirksam eingeleitet und die dem BR nach Abs. 2 jeweils zustehende Äußerungsfrist (Rn. 194) in Lauf gesetzt.[406] Es ist das Risiko des AG, dass seine Anhörungsinformationen rechtzeitig zugehen. Bei Übermittlung an unzuständige Gremien bzw. Personen sind diese wie **Erklärungsboten** des AG zu behandeln mit der Folge, dass die Anhörung nur wirksam ab dem Zeitpunkt eingeleitet wird, ab dem die Information an den zuständigen BR weitergeleitet wird und diesen erreicht.[407]

156 **Empfangsberechtigt** für die vom AG zu gebenden Informationen ist der **BR-Vorsitzende** bzw. im Verhinderungsfalle sein Stellvertreter.[408] Ist ein Ausschuss zur Behandlung von Kündigungsangelegenheiten errichtet worden (Rn. 145), so sind die Mitteilungen an dessen Vorsitzenden bzw. im Verhinderungsfalle an seinen Stellvertreter zu richten.[409] Voraussetzung ist, dass dem AG die Tatsache der Ausschusserrichtung und die Namen des Vorsitzenden und Stellvertreters rechtzeitig mitgeteilt wurden. Bei Zuständigkeit des GBR (Rn. 149 f.) oder des KBR (Rn. 153) oder eines anderen Gremiums (Rn. 154) gilt Entsprechendes.

157 Der zuständige BR (GBR, KBR) oder der für Kündigungsfragen eingesetzte Ausschuss kann ein **bestimmtes BR-Mitglied** zur Entgegennahme der AG-Informationen ermächtigen.[410] Dann muss der AG die Anhörung durch Zustellung bei diesem BR-Mitglied einleiten.[411] Solange jedoch eine entsprechende Information gegenüber dem AG nicht erfolgt ist, bleibt es bei der gesetzlichen Zuständigkeitsregelung.

158 Ist an einem bestimmten Arbeitstag **kein Empfangsberechtigter anwesend** bzw. für den AG erreichbar, ist jedes BR-Mitglied berechtigt und verpflichtet, Erklärungen des AG für den BR entgegenzunehmen.[412] Ist kein BR-Mitglied erreichbar, stellt sich die Frage der Funktionsfähigkeit des BR (Rn. 35 ff.).

159 Eine **schriftliche Mitteilung** des AG ist dem BR im Regelfall zugegangen, wenn sie in sein **Postfach** gelegt wird. Wird die Mitteilung zu einem Zeitpunkt ins Postfach gelegt, zu welchem mit einer Leerung am selben Tag nicht mehr gerechnet werden kann (z. B. nach **Dienstschluss**), geht sie dem BR erst am folgenden Tag zu.[413] Voraussetzung ist, dass ein empfangsberechtigtes Mitglied des BR sich im Betrieb aufhält.[414] Eine **mündlich** oder **fernmündlich**

---

403 »Konzerndimensionale Arbeitsverträge«, vgl. *Martens,* FS 25 Jahre BAG, S. 367, [369]; APS-*Koch,* Rn. 75.
404 KR-*Etzel,* Rn. 51 a; vgl. *KDZ,* Einl. Rn. 96.
405 *BAG* 16.10.91, EzA § 102 BetrVG 1972 Nr. 83.
406 *BAG* 27.8.82, EzA § 102 BetrVG 1972 Nr. 49.
407 Vgl. *BAG* 26.9.91 – 2 AZR 132/91; *Bitter,* NZA-Beilage 3/91, S. 21; *Bayer,* DB 92, 782; GK-*Raab,* Rn. 51.
408 *BAG* 27.8.82, 28.2.74, EzA § 102 BetrVG 1972 Nrn. 49, 8; GK-*Raab,* Rn. 51.
409 *BAG* 4.8.75, EzA § 102 BetrVG 1972 Nr. 14; vgl. APS-*Koch,* Rn. 77; GK-*Raab,* Rn. 51.
410 *BAG* 27.6.85, AP Nr. 37 zu § 102 BetrVG 1972.
411 Vgl. *Fitting,* § 26 Rn. 43; a. A. KR-*Etzel,* Rn. 83.
412 *BAG* 27.6.85, NZA 86, 426 [427]; APS-*Koch,* Rn. 79; KR-*Etzel,* Rn. 84; *Bösche,* S. 59; GK-Raab, Rn. 52.
413 *BAG* 12.12.96, AiB 98, 112 mit Anm. *Hinrichs.*
414 KR-*Etzel,* Rn. 84.

abgegebene Mitteilung wird zu dem Zeitpunkt wirksam, zu dem sie gehört bzw. verstanden wird.[415] Erklärungen per **E-Mail** gelten entsprechend der im jeweiligen Betrieb für internen E-Mail-Verkehr üblichen Benutzerregeln als zugegangen.

Der AG ist dazu verpflichtet, ein Anhörungsverfahren nur **während der Arbeitszeit und innerhalb der Arbeitsräume** des empfangsberechtigten BR-Mitglieds einzuleiten.[416] Hat dagegen ein empfangsberechtigtes BR-Mitglied die Mitteilung gemäß Abs. 1 außerhalb der Arbeitszeit oder außerhalb der Arbeitsräume **widerspruchslos** entgegengenommen, so ist die Anhörung wirksam eingeleitet und die Frist des Abs. 2 in Lauf gesetzt.[417] **160**

Hat der BR die Zustellung an ein **unzuständiges BR-Mitglied widerspruchslos** hingenommen, so hindert ihn dies für den nächsten Fall nicht daran, sich auf die korrekte Zuständigkeit zu berufen. Lediglich bei der wiederholten Hinnahme eines solchen Vorgangs kann eine sog. **Duldungsvollmacht** vorliegen, die künftige Zustellungen an dieses eigentlich unzuständige BR-Mitglied legitimiert.[418] Der BR müsste sich hiervon durch ausdrückliche Erklärung gegenüber dem AG lossagen. **161**

d) Eigene Kenntnis des Betriebsrats

Nur wenn der BR bei Einleitung des Anhörungsverfahrens bereits über den **erforderlichen Kenntnisstand** verfügt, um über die konkret beabsichtigte Kündigung eine Stellungnahme abgeben zu können, bedarf es keiner weiteren Darlegung der Kündigungsgründe durch den AG mehr.[419] Allerdings muss es sich hierbei um den aktuellen, d. h. um den mit der konkreten beabsichtigten Kündigung sachlich und zeitlich im Zusammenhang stehenden Kenntnisstand handeln. In dieser Hinsicht ist besonders auf den Grundsatz der **subjektiven Determination** der dem BR zu gebenden Kündigungsbegründung (Rn. 80) zu achten. Denn es ist Sache des AG, aus einem möglichen Lebenssachverhalt diejenigen Aspekte herauszunehmen, die er zur Begründung der Kündigung heranziehen möchte. Deshalb wäre eine Anhörung unvollständig, wenn der AG sich lediglich auf einen objektiven Kenntnisstand des BR bezieht, ohne dass dessen spezifische, ihm vom AG beigemessene Bedeutung als Kündigungsgrund vermittelt würde. Im Regelfall kann sich daher der AG auf dem BR bekannte Tatsachen beziehen und muss hierzu ausdrücklich mitteilen, warum er diesen Tatsachen kündigungsrelevante Bedeutung beimisst (zur fehlenden Notwendigkeit eigener Nachforschungen des BR s. Rn. 84).[420] Bei einer verhaltensbedingten Kündigung wegen häufiger Unpünktlichkeit[421] kann sich der AG auf **betriebstypische Störungen** des Betriebsablaufs auch dann berufen, wenn er sie dem BR nicht ausdrücklich mitgeteilt hat.[422] Da das BetrVG einen »nachträglichen« Widerspruch nicht vorsieht, entfällt im Falle einer **wesentlichen Sachverhaltsänderung** nach Durchführung des Anhörungsverfahrens, aber vor Ausspruch der Kündigung die Notwendigkeit einer erneuten Betriebsratsanhörung nicht dadurch, dass der BR noch vor Ausspruch der Kündigung selbst von der veränderten Situation Kenntnis erhält.[423] **162**

Der BR muss sich nur das Wissen eines zur Entgegennahme von Erklärungen gemäß § 26 Abs. 2 Satz 2 **berechtigten** oder hierzu ausdrücklich **ermächtigten** BR-Mitglieds zurechnen lassen.[424] Wissen des BR-Vorsitzenden wird dem BR immer zugerechnet.[425] Zieht der AG bei der Ermittlung des Kündigungssachverhalts ein in dieser Hinsicht nicht ermächtigtes BR-Mitglied hinzu, sind dessen Kenntnisse dem Wissen des BR nur dann zuzurechnen, wenn es sie vor oder bei Einleitung des Anhörungsverfahrens dem Vorsitzenden des BR, gegebenenfalls **163**

415 *BAG* 27.8.82, EzA § 102 BetrVG 1972 Nr. 49.
416 *BAG* 27.8.82, EzA § 102 BetrVG 1972 Nr. 49.
417 *BAG* 27.8.82, a. a. O.; APS-*Koch*, Rn. 84.
418 GK-*Raab*, Rn. 52; KR-*Etzel*, Rn. 85 a; *Bösche*, S. 59; a. A. APS-*Koch*, Rn. 78.
419 *BAG* 27.6.85, EzA § 102 BetrVG 1972 Nr. 60.
420 Vgl. *LAG Hamm* 24.10.91, LAGE § 102 BetrVG 1972 Nr. 32.
421 Vgl. *KDZ*, § 1 KSchG Rn. 350.
422 *BAG* 27.2.97, EzA § 1 KSchG Verhaltensbedingte Kündigung Nr. 51 mit Anm. *Friese*.
423 *LAG Hamm* 20.10.05, FA 06, 188.
424 *BAG* 27.6.85, EzA § 102 BetrVG 1972 Nr. 60; *LAG Köln* 11.1.06, FA 06, 189.
425 *BAG* 15.12.94, NZA 95, 521.

seinem Stellvertreter oder dem BR-Gremium, mitgeteilt hat.[426] Eine ordnungsgemäße BR-Anhörung liegt nicht vor, wenn erst ein BR-Mitglied dem BR-Vorsitzenden auf dessen Nachfragen Kenntnis von wesentlichen Kündigungstatsachen verschafft, diese Mitteilung aber nicht auf Veranlassung des AG erfolgt ist.[427]

164 Ein **Irrtum des AG** hinsichtlich des erforderlichen und aktuellen Kenntnisstandes des BR geht zu seinen Lasten.[428] Ein gleichwohl unter Bezug hierauf eingeleitetes Anhörungsverfahren ist nicht ordnungsgemäß.[429]

165 Der AG trägt die **Darlegungs- und Beweislast** für das Ausmaß des Kenntnisstands des BR (vgl. auch Rn. 90).[430]

e) Beschlussfassung des Betriebsrats

166 Die Stellungnahme des BR zu der vom AG erklärten Kündigungsabsicht muss der **BR als Organ** abgeben.[431] Sie kann unter bestimmten Voraussetzungen auf einen Ausschuss delegiert werden (Rn. 144). Über die Stellungnahme – gleich welcher Art (Rn. 173 ff.) – ist in einer **Sitzung** zu beraten und durch **Beschluss** zu entscheiden.[432] Zu dieser Sitzung muss ordnungsgemäß unter Angabe des entsprechenden Tagesordnungspunktes geladen werden.[433] Dabei muss die Tagesordnung auch eine Angabe dazu enthalten, welche konkrete Kündigung Gegenstand der Sitzung des BR sein, wessen Kündigung also behandelt werden soll. Der bloße Hinweis auf »personelle Einzelangelegenheiten« oder »Kündigungen« ist nicht ausreichend. Die BR-Mitglieder können hierauf nicht verzichten.[434] Eine Beschlussfassung im **Umlaufverfahren** ist unzulässig (vgl. § 33 Rn. 10 ff.).[435]

167 Im Übrigen haben mögliche Mängel bei der Beschlussfassung des BR nach der Rspr. des BAG keine Auswirkungen auf die Ordnungsgemäßheit des Anhörungsverfahrens. Fehler bei der Willensbildung des BR – z. B. eine fehlerhafte Besetzung des BR bei der Beschlussfassung, weil ein BR-Mitglied nicht geladen oder ein Ersatzmitglied nicht nachgerückt war – berühren das Anhörungsverfahren grundsätzlich nicht und führen deshalb insbesondere nicht zur Unwirksamkeit der ausgesprochenen Kündigung. Dies gilt vor allem deshalb, weil der AG sich nicht in die Amtsführung des BR einmischen darf. Die Ordnungsgemäßheit der Amtsführung liegt allein im Verantwortungsbereich des BR.[436] Dieser Grundsatz findet nach der Rspr. des BAG auch dann Anwendung, wenn der AG weiß oder vermuten kann, dass das Verfahren im BR fehlerhaft durchgeführt wurde. Etwas anderes gilt nur dann, wenn der AG den Fehler bei der Willensbildung des BR durch unsachgemäßes Verhalten selbst veranlasst oder beeinflusst hat[437] oder dem Verfahren jeder Anschein einer ordnungsgemäßen Durchführung fehlt (differenziert Rn. 229).

168 Die **Verletzung des Nichtöffentlichkeitsgebots** insb. die Anwesenheit des AG bei der Betriebsratssitzung und bei der Beschlussfassung hat grundsätzlich nicht die Unwirksamkeit der Anhörung zur Folge. Denn der AG ist gemäß § 29 Abs. 4 sogar berechtigt, an der BR-Sitzung teilzunehmen.[438] Die Beschlussfassung darf aber vom AG **nicht unzulässig beeinflusst** werden. Eine solche unzulässige Einflussnahme könnte darin liegen, dass der AG den BR dazu drängt, sofort eine abschließende Stellungnahme abzugeben, obwohl die Frist noch nicht

426 *LAG München* 11.5.88, EzA § 102 BetrVG 1972 Nr. 24.
427 *LAG Nürnberg,* 24.2.94, LAGE § 102 BetrVG 1972 Nr. 38.
428 Richardi-*Thüsing,* Rn. 50.
429 *BAG* 27.6.85, EzA § 102 BetrVG 1972 Nr. 60.
430 *BAG* 27.6.85, EzA § 102 BetrVG 1972 Nr. 60.
431 KR-*Etzel,* Rn. 103 c.
432 *BAG* 28.3.74, EzA § 102 BetrVG 1972 Nr. 9.
433 *BAG* 2.4.76, EzA § 102 BetrVG 1972 Nr. 21; zur Bedeutung der Tagesordnung *BAG* 28.10.92, DB 93, 840.
434 *LAG Hamm* 21.9.82, ZIP 83, 110; unzutr. KR-*Etzel,* Rn. 104 a.
435 GK-*Raab,* Rn. 105; KR-*Etzel,* Rn. 96; APS-*Koch,* Rn. 142.
436 *BAG* 24.6.04, EzA-SD 04, Nr. 23, 9 – 11.
437 *BAG* a. a. O.
438 *LAG Düsseldorf* 7.1.04, LAGReport 04, 137.

verstrichen ist, oder er den BR davon abhält, eine weitere Sitzung ohne seine Anwesenheit durchzuführen.[439]

Der BR kann keine wirksame abschließende Stellungnahme abgeben, wenn er **nicht beschlussfähig** ist.[440] Ist, z. B. wegen Urlaubsabwesenheit, absehbar, dass der BR auch nicht bis zum Ende der Äußerungsfrist beschlussfähig sein wird, kann die Stellungnahme des BR unter dem Gesichtspunkt seiner drohenden **Funktionsunfähigkeit** auch von den verbliebenen BR-Mitgliedern abgegeben werden (vgl. Rn. 39). Ist jedoch die Abwesenheit der Mehrheit der BR-Mitglieder vom AG veranlasst oder liegt der Anlass in seiner Sphäre (Kurzarbeit), muss der AG die Anhörungsfrist verlängern (vgl. Rn. 198; zum Fall der außerordentlichen Kündigung s. Rn. 38). **169**

f) Anhörung des Arbeitnehmers

Der BR soll, soweit dies erforderlich erscheint, vor seiner Stellungnahme den **betroffenen AN hören** (Abs. 2 Satz 4). Die Entscheidung hierüber ist in sein pflichtgemäßes Ermessen gestellt. Da es sich jedoch um eine Soll-Vorschrift handelt, ist die Anhörung des AN der gesetzliche Regelfall. Dabei ist auch zu berücksichtigen, dass es zu der betriebsverfassungsrechtlichen Amtspflicht des BR gehört, sich mit einer Kündigung auseinanderzusetzen. Deshalb kann der BR von einer Anhörung nur dann Abstand nehmen, wenn er sicher sein kann, dass diese keine neuen Gesichtspunkte über das ihm bereits Bekannte hinaus liefern wird. Insbesondere bei der Geltendmachung der **Widerspruchsgründe** des Abs. 3 Nrn. 4 und 5 liegt es aber auf der Hand, dass diese nur nach vorheriger Konsultation mit dem AN geltend gemacht werden können (zur rechtlichen Notwendigkeit s. Rn. 246). Oftmals erfährt der BR in der Anhörung des AN auch von zusätzlichen Gesichtspunkten, die bei der Sozialauswahl zu berücksichtigen sind. Teilt der BR dem AG im Zuge des Anhörungsverfahrens mit, der AN gebe an, einen Antrag auf Anerkennung als schwerbehinderter Mensch gestellt zu haben, so genügt dies zur Erhaltung des entsprechenden Sonderkündigungsschutzes, wenn tatsächlich ein solcher Anerkennungsantrag vorliegt. Für die Kenntnis vom **Anerkennungsantrag** ist nicht erforderlich, dass der AN sich gegenüber dem AG hierauf persönlich beruft.[441] Eine – auch pflichtwidrig – unterlassene Anhörung des AN durch den BR hat keinen Einfluss auf die Ordnungsmäßigkeit des Anhörungsverfahrens.[442] Die wiederholte Verletzung dieser Anhörungspflicht durch den BR kann jedoch einen Auflösungsantrag gemäß § 23 Abs. 1 rechtfertigen. **170**

g) Aussetzung des Beschlusses

Auf Intervention der **JAV** oder der **Schwerbehindertenvertretung** kann auch ein Beschluss des BR gemäß § 102 eine Woche **ausgesetzt** werden (§ 35). Im Gesetz ist nicht geklärt, ob sich in einem solchen Falle die Anhörungsfrist gemäß Abs. 2 verlängert oder die Wochenfrist des § 35 entweder gegenstandslos ist oder sich auf die Dauer bis zum letzten Tag der Frist des Abs. 2 verkürzt. Die richtige Lösung bestünde darin, die Frist des § 102 jeweils zu verlängern, denn Abs. 2 Satz 2 geht davon aus, dass der BR sich äußern kann und nicht aus Rechtsgründen daran gehindert ist. In jedem Falle sollte der BR in seiner Stellungnahme auf den Aussetzungsbeschluss hinweisen und zugleich Fristverlängerung beantragen. Für den Fall der Ablehnung der Fristverlängerung durch den AG gelten die allgemeinen Grundsätze zur Verlängerung der Anhörungsfrist des Abs. 2 (Rn. 198). Demgemäß ist der AG in Ausnahmesituationen zur Verlängerung der Frist in dem Umfang verpflichtet, in dem er keine Beeinträchtigung seiner kündigungsrechtlichen Position hinzunehmen hat (z. B. Wahrung der Zweiwochenfrist des § 626 Abs. 2 BGB; Einhaltung der nächsten ordentlichen Kündigungsfrist). **171**

---

439 Vgl. *BAG* 24.3.77, EzA § 102 BetrVG 1972 Nr. 28 mit krit. Anm. *Kittner.*

440 *LAG Düsseldorf* 7.3.75, EzA § 102 BetrVG 1972 Nr. 12; KR-*Etzel,* Rn. 96 b.

441 *LAG Hamm* 16.10.03, LAGReport 04, 228.

442 *BAG* 2.4.76, EzA § 102 BetrVG 1972 Nr. 21.

5. Schweigepflicht

172 Für die Mitglieder des BR gilt gemäß Abs. 2 Satz 5 i. V. m. § 99 Abs. 1 Satz 3 eine **Schweigepflicht.** Sie erstreckt sich auf persönliche Verhältnisse und Angelegenheiten der AN, die ihrer Bedeutung oder ihrem Inhalt nach einer vertraulichen Behandlung bedürfen und den BR-Mitgliedern im Rahmen des Anhörungsverfahrens gemäß § 102 bekannt geworden sind (vgl. § 99 Rn. 169). Das betrifft insbesondere ehrkränkende persönliche Vorwürfe gegen einen AN und intime Aspekte (z. B. Vorstrafen, Krankheiten, Schwangerschaft).[443] Die Tatsache der Kündigung selbst unterfällt dem Wortlaut des Gesetzes nach nicht der Schweigepflicht des Abs. 2 Satz 5.[444] Der **AN** kann darauf **verzichten,** dass die ihn betreffende Kündigungsabsicht vertraulich behandelt wird.

IV. Reaktionsmöglichkeiten des Betriebsrats (Abs. 2)

1. Grundsätze

173 Der BR ist verpflichtet, sich mit der Mitteilung des AG über eine beabsichtigte Kündigung zu befassen und innerhalb der ihm zustehenden Äußerungsfristen des Abs. 2 über die Abgabe einer **Stellungnahme** zu der beabsichtigten Kündigung zu beschließen (vgl. DKKWF-*Bachner,* § 102 Rn. 24, 25). Es liegt im **Ermessen des BR,** welche Haltung er gegenüber der Kündigungsabsicht einnimmt. Der AN hat keinen Rechtsanspruch auf ein bestimmtes Tätigwerden, insbes. die Einlegung eines Widerspruchs durch den BR (h. M.).[445] Der BR hat gegenüber einer vom AG mitgeteilten Kündigungsabsicht folgende **Reaktionsmöglichkeiten:**

- Nachfrage nach Informationen und ergänzenden Unterlagen (Rn. 180);
- Äußerung von Bedenken (Rn. 181);
- Zustimmung zur Kündigung (Rn. 187);
- Schweigen gegenüber der Kündigungsabsicht (Rn. 188);
- ausdrücklicher Hinweis auf Nicht-Stellungnahme (Rn. 189).

174 Jede der hier skizzierten Verhaltensweisen bedarf eines **BR-Beschlusses** (Rn. 166). Das gilt insbesondere auch für den Fall, dass der BR die Äußerungsfrist mit der Folge des Abs. 2 Satz 2 verstreichen lassen und gegenüber der Kündigungsabsicht schweigen will (näher Rn. 188). Unterlässt der BR die Beschlussfassung über seine Haltung zu der ihm mitgeteilten Kündigungsabsicht mehrfach, liegt darin eine Amtspflichtverletzung mit der Möglichkeit eines Amtsenthebungsverfahrens gemäß § 23 Abs. 1 (§ 23 Rn. 7 ff.).[446] Auf die Wirksamkeit der Kündigung hat dies jedoch keinen Einfluss.

175 Die Stellungnahme des BR entfaltet **Wirkungen** in mehrerlei Hinsicht: Gegenüber dem AG ist sie zunächst einmal die Grundlage für Erörterungen, um diesen ggf. von der Kündigungsabsicht abzubringen und Alternativen zu erwägen. Eine Rechtswirkung auf die Kündigungsabsicht als solche geht von der Stellungnahme des BR nicht aus. Die Einlegung des Widerspruchs als solcher hindert den AG nicht am Ausspruch der Kündigung (näher Rn. 248). Im Hinblick auf die Beschlussfassung des BR ist jedoch zum einen zu prüfen, ob eine mögliche **Fehlerhaftigkeit** beim Zustandekommen der BR-Stellungnahme nicht ausnahmsweise die Rechtswirksamkeit des Anhörungsverfahrens insgesamt beeinflusst und damit die Kündigung unwirksam macht (Rn. 166, 256). Zum anderen ist es für den AG bedeutsam, dass eine im Rechtssinne **abschließende Stellungnahme** (Rn. 176) vorliegt, wenn er vor Ablauf der Äußerungsfrist des Abs. 2 kündigen will (Rn. 255). Ein begründeter Widerspruch führt zur Sozialwidrigkeit der ordentlichen Kündigung, wenn dies im KSch-Prozess entsprechend vorgetragen wird (Rn. 260). Für den AN ist über die Frage der praktischen Verbesserung seiner Position hinaus entscheidend, ob durch die wirksame Einlegung eines Widerspruchs ein Anspruch auf Weiterbeschäftigung gemäß Abs. 5 ausgelöst wird (Rn. 270 ff.).

---

443 Vgl. KR-*Etzel,* Rn. 101.
444 KR-*Etzel,* Rn. 101.
445 APS-*Koch,* Rn. 188; *Fitting,* Rn. 71; KR-*Etzel,* Rn. 121.
446 KR-*Etzel,* Rn. 121.

Der AG kann vor Ablauf der Äußerungsfrist des Abs. 2 kündigen, wenn eine **abschließende Stellungnahme** des BR vorliegt (h. M.).[447] Ob das der Fall ist, muss der dem AG gegenüber abgegebenen Erklärung (Rn. 177) entnommen werden.[448] Hierzu ist der **eindeutige Wille des BR,** die Angelegenheit als abgeschlossen anzusehen, erforderlich.[449] Erklärt der BR dies nicht ausdrücklich, so ist der Inhalt seiner Stellungnahme durch Auslegung zu ermitteln. Es kommt auf die Umstände des Falles an.[450] Z. B. ist die Äußerung des BR, er nehme die Kündigungsabsicht »zur Kenntnis«, je nach den Gepflogenheiten des BR entweder als nichtabschließende Eingangsbestätigung oder aber als abschließende Erklärung auslegbar.[451] Die Mitteilung des BR, dieser wünsche keine weitere Erörterung des Falles, hat das BAG als abschließende Stellungnahme ausgelegt.[452] **176**

Die Stellungnahme des BR gewinnt Rechtsqualität nur durch ordnungsgemäße **Mitteilung gegenüber dem AG.** Hierfür ist ausschließlich der BR-Vorsitzende bzw. sein Stellvertreter, der Vorsitzende bzw. Stellvertreter eines für Kündigungsangelegenheiten zuständigen Ausschusses oder ein ausdrücklich ermächtigtes BR-Mitglied zuständig (h. M.). Die Mitteilung eines unzuständigen BR-Mitglieds gegenüber dem AG hat nicht die Qualität einer abschließenden Stellungnahme.[453] Der Äußerung eines an sich zuständigen BR-Mitglieds muss freilich ein gültiger BR-Beschluss zugrunde liegen (zu den Rechtsfolgen eines in dieser Hinsicht unterlaufenden Fehlers Rn. 166, 256).[454] Hat sich der BR-Vorsitzende noch ohne zugrunde liegenden BR-Beschluss geäußert, liegt bis zur Genehmigung durch den BR (Rn. 146) noch keine abschließende Äußerung vor. Die Mitteilung über die Beschlussfassung des BR muss im Übrigen fristgerecht und schriftlich erfolgen (näher Rn. 194 ff.). **177**

Der BR kann einen Beschluss über seine Stellungnahme zu einer beabsichtigten Kündigung im Grundsatz so wie jeden anderen Beschluss wieder **aufheben.** Rechtlich von Bedeutung ist dies jedoch nur dann, wenn aus dem ursprünglichen Beschluss nicht bereits Rechtspositionen des AG oder AN entstanden sind. So hat der **AN** nach Zugang der erklärten Kündigung und einem vom BR eingelegten Widerspruch den Anspruch auf vorläufige **Weiterbeschäftigung** (Rn. 270 ff.). Dieser Anspruch kann durch Rücknahme des Widerspruchs nicht mehr beseitigt werden.[455] Hierbei kommt es nicht darauf, ob der AG den Widerspruch des BR dem Kündigungsschreiben beigefügt hat oder nicht.[456] **Gegenüber dem AG** liegt die Rechtswirkung einer abschließenden Erklärung des BR vor Ablauf der Äußerungsfrist darin, dass der AG diesen nicht mehr abwarten muss, sondern kündigen kann (Rn. 176). Diese Rechtswirkung kann durch eine Rücknahme des BR-Beschlusses nur noch beseitigt werden, solange die Stellungnahme den Empfängerbereich des AG noch nicht erreicht hat.[457] Deshalb sollte die Frist für eine gründliche Bearbeitung vollständig ausgeschöpft werden (hierzu auch Rn. 197). **178**

Im Hinblick auf die Möglichkeit der **Anfechtung** eines BR-Beschlusses wegen Irrtums (§ 119 BGB) oder Täuschung (§ 123 BGB) ist zu unterscheiden: Eine Anfechtung des BR-Beschlusses als solche kommt nicht in Betracht.[458] Möglich ist dagegen die Anfechtung der Stimmabgabe des einzelnen BR-Mitglieds nach allgemeinen Gesichtspunkten (vgl. § 33 Rn. 25, 26).[459] Wird dadurch die Wirksamkeit des Beschlusses insgesamt beseitigt, so sind die Rechtsfolgen nach den allgemeinen Gesichtspunkten für Fehler des Anhörungsverfahrens zu prüfen (vgl. Rn. 253). Insbes. gehen vom AG veranlasste oder aufrechterhaltene Irrtümer oder eine Täuschung zu seinen Lasten (näher Rn. 256).[460] **179**

---

447 Vgl. z. B. *LAG Berlin* 22.10.09 – 2 Sa 1186/09, juris.
448 Vgl. *LAG Berlin* 12.7.99, NZA-RR 99, 485.
449 *BAG* 12.3.87, EzA § 102 BetrVG 1972 Nr. 71.
450 *BAG* 12.3.87, a. a. O.; vgl. *BAG* 1.4.76, EzA § 102 BetrVG 1972 Nr. 23.
451 Vgl. *LAG Hamm* 18.7.82, DB 83, 48; insgesamt KR-*Etzel,* Rn. 103 f.
452 *BAG* 24.6.04, EzA-SD 04, Nr. 23, 9 – 11.
453 Vgl. *BAG* 28.2.74, EzA § 102 BetrVG 1979 Nr. 8; *ArbG Kaiserslautern* 5.1.77, ARSt. 78, 110.
454 Vgl. *BAG* 28.3.74, EzA § 102 BetrVG 1972 Nr. 9.
455 *LAG Berlin* 20.3.78, AuR 79, 253; *WEH,* Teil I Rn. 348.
456 A. A. KR-*Etzel,* Rn. 141.
457 GK-*Raab,* Rn. 1265; abw. KR-*Etzel,* Rn. 134: Aufhebung innerhalb der Frist, solange AG noch nicht gekündigt hat.
458 Vgl. GK-*Raab,* Rn. 126; KR-*Etzel,* Rn. 127 m. w. N.
459 GK-*Raab,* Rn. 110.
460 Vgl. KR-*Etzel,* Rn. 127.

2. Nachfrage

180 Vor einer abschließenden Stellungnahme kann der BR beschließen, **ergänzende Informationen** beim AG einzuholen (DKKWF-*Bachner,* § 102 Rn. 15) also zB bestimmte ergänzende Unterlagen zu erhalten bzw. in diese einzusehen (Rn. 91). Ein solches Verlangen führt nicht automatisch zur Verlängerung der Äußerungsfrist (näher Rn. 198).[461] Der BR muss vielmehr ausdrücklich um Verlängerung ersuchen. Für den Fall, dass der AG keine Fristverlängerung gewährt und hierzu auch nicht ausnahmsweise verpflichtet ist (Rn. 198 f.), muss der BR seine abschließende Stellungnahme **innerhalb der Wochenfrist** abgeben. Führt die Nachfrage des BR zu ergänzenden Informationen, die kündigungsrelevant sind, so läuft die Äußerungsfrist des Abs. 2 jeweils mit deren Zugang beim BR von neuem (Rn. 196). Verlangt der BR jedoch keine ergänzenden Informationen, obwohl ihm nicht alle erforderlichen Tatsachen mitgeteilt wurden, so ist die Kündigung wegen unvollständiger Unterrichtung unwirksam (Rn. 76). Den BR trifft **keine Erkundungspflicht.**[462]

3. Bedenken

181 Stellt der BR in Frage, dass eine Kündigung angemessen oder berechtigt ist, kann er hiergegen **Bedenken** äußern (vgl. DKKWF-*Bachner,* § 102 Rn. 22). Gegenüber einer **außerordentlichen Kündigung** ist dies im Normalfall seine einzige Möglichkeit (Abs. 2 Satz 3; zum ausnahmsweise möglichen Widerspruch s. Rn. 167). Die Erhebung von Bedenken bleibt hinter einem Widerspruch zurück. Bloße Bedenken lösen **keinen Weiterbeschäftigungsanspruch** des AN aus. Bedenken können sich auf beliebige Gründe stützen. Sie kommen insbes. dann in Betracht, wenn der BR keine Möglichkeit eines rechtserheblichen Widerspruchs sieht, insbesondere wenn er außerhalb der Widerspruchsgründe des Abs. 3 die soziale Rechtfertigung einer Kündigung im Grundsatz angreift.[463]

182 Bloße Bedenken des BR lösen **keine Rechtswirkungen** aus. Der AG kann sich ihnen anschließen oder nicht; im letzteren Falle kann er kündigen. Im Kündigungsschutzprozess haben Bedenken – anders als Widerspruchsgründe (Rn. 186 ff.) – keine formalisierte Bedeutung.[464] Allerdings schließt die Erhebung von Bedenken das Anhörungsverfahren als **abschließende Erklärung** ab; diese Erklärung erlaubt es dem AG zu kündigen, wenn sie vor Ablauf der Anhörungsfrist zugeht.

183 Die Erhebung von Bedenken muss **schriftlich** erfolgen (Abs. 2 Sätze 1 und 3). Werden Bedenken nur mündlich mitgeteilt, liegt darin keine formgerechte abschließende Stellungnahme; der AG kann, gestützt auf sie, nicht vor Ablauf der Äußerungsfrist kündigen (Rn. 176).

184 Bedenken gegen eine **außerordentliche Kündigung** sind innerhalb von **drei Tagen** schriftlich mitzuteilen (Abs. 2 Satz 3). Es handelt sich nicht um Werktage oder Arbeitstage, sondern um **Kalendertage.**[465] Zu Fristbeginn und Fristende gelten die gleichen Grundsätze wie zur Wochenfrist für die ordentliche Kündigung (Rn. 196). Eine Kündigung vor Ablauf der Dreitagesfrist ist nur beim Vorliegen einer abschließenden Stellungnahme (Rn. 176) wirksam. Die Frist des Abs. 2 Satz 3 verlängert die Zweiwochenfrist des § 626 Abs. 2 BGB nicht.[466]

185 Will der BR **von Bedenken zu einem Widerspruch** übergehen, so ist zu unterscheiden: Nach Ablauf der Frist des Abs. 2 ist dies nicht mehr möglich. Vor Fristablauf ist dies dann noch möglich, wenn der AG aus dem Vorliegen der abschließenden Stellungnahme noch nicht die ihm mögliche Konsequenz der Kündigung gezogen hat. Ist die Kündigung noch nicht erklärt, kann der Weiterbeschäftigungsanspruch des Abs. 5 noch ausgelöst werden.

---

461 *LAG Frankfurt* 21.3.73, DB 73, 1806.
462 *BAG* 16.9.93, DB 94, 381.
463 *Fitting,* Rn. 65, Rn. 70; KR-*Etzel,* Rn. 132.
464 KR-*Etzel,* Rn. 135; GK-*Raab,* Rn. 107.
465 KR-*Etzel,* Rn. 90; GK-*Raab,* Rn. 113.
466 *BAG* 18.8.77, AP Nr. 19 zu § 626 BGB Ausschlussfrist.

4. Vorschlag einer weniger einschneidenden Kündigung

186 Der BR kann dem AG vorschlagen, auf Grund des vorgetragenen Sachverhalts zwar nicht auf eine Kündigung zu verzichten, sondern eine **weniger einschneidende Kündigungsart** zu wählen, insbes. eine ordentliche anstelle einer außerordentlichen Kündigung oder eine außerordentliche Kündigung mit Auslauffrist anstelle einer fristlosen Kündigung auszusprechen. Spricht der AG daraufhin eine dem Vorschlag des BR entsprechende Kündigung aus, braucht er diesen nicht nochmals vorher zu unterrichten, wenn er die Kündigung auf den bereits mitgeteilten Sachverhalt stützt (vgl. Rn. 25).

5. Zustimmung

187 Der BR kann einer beabsichtigten Kündigung auch **ausdrücklich zustimmen.**[467] Dies ist als abschließende Stellungnahme zu werten, die dem AG eine Kündigung vor Ablauf der Frist des Abs. 2 erlaubt (Rn. 176). Wegen ihrer faktischen Auswirkungen auf den Kündigungsschutzprozess muss sich der BR außerordentlich gründlich und verantwortungsvoll überlegen, ob er der Kündigung zustimmt. Stimmt der BR einer Kündigung ausdrücklich zu, obwohl es offenkundig Veranlassung zu einem Widerspruch oder zu Bedenken gegeben hätte, kann darin eine nach § 23 Abs. 1 zu ahndende Pflichtverletzung liegen. Die Zustimmung zu einer Kündigung ist an keine Form geknüpft.[468] Ansonsten gelten die allgemeinen Grundsätze über Wirksamkeit und Rückgängigmachung des zustimmenden BR-Beschlusses (Rn. 166 ff.). Eine wegen Verletzung der Anhörungspflicht nach Abs. 1 unwirksame Kündigung kann auch nicht durch eine **nachträgliche Zustimmung** des BR geheilt werden.[469]

6. Schweigen

188 Der BR kann auf die Mitteilung des AG über eine beabsichtigte Kündigung auch **schweigen.** Gegenüber einer ordentlichen Kündigung gilt dies nach Ablauf der Äußerungsfrist als Zustimmung zur Kündigung (Abs. 2 Satz 2). In Bezug auf eine außerordentliche Kündigung ist dies ausdrücklich im Gesetz nicht geregelt. Deshalb gilt im Falle einer außerordentlichen Kündigung das Schweigen nicht als Zustimmung. In jedem Falle muss der BR, der zu einer Kündigung schweigen will, dies ausdrücklich durch **Beschluss** festlegen (Rn. 166). Im Außenverhältnis gegenüber dem AG wirkt zwar ein auf Beschluss beruhendes Schweigen ebenso wie ein durch bloßes Nichtstun erzeugtes Schweigen. Letzteres stellt jedoch eine Pflichtverletzung dar und kann zur Amtsenthebung gemäß § 23 Abs. 1 führen.

7. Ausdrücklicher Hinweis auf Nicht-Stellungnahme

189 Der BR kann auch **ausdrücklich erklären,** sich zu einer Kündigungsabsicht **nicht äußern zu wollen** (vgl. DKKWF-*Bachner,* § 102 Rn. 14).[470] Diese Festlegung entspricht materiell dem Schweigen des BR mit einem wesentlichen Unterschied: Diese Erklärung hat abschließenden Charakter (Rn. 176) und eröffnet dem AG die Möglichkeit zur Kündigung noch vor Ablauf der Frist des Abs. 2. Die bloße Erklärung des BR, er wolle »die Frist verstreichen lassen«, ist keine abschließende Stellungnahme.[471]

8. Widerspruch

190 Der BR kann jede seiner Stellungnahmen gegen eine Kündigung **als Widerspruch bezeichnen.** Er kann dies sowohl bei einer ordentlichen als auch einer außerordentlichen Kündigung

467 Vgl. *BAG* 28.9.78, EzA § 102 BetrVG 1972 Nr. 39; GK-*Raab,* Rn. 109.
468 APS-*Koch,* Nr. 145; GK-*Raab,* Rn. 112; KR-*Etzel,* Rn. 125.
469 *BAG* 28.2.74, EzA § 102 BetrVG 1972 Nr. 8.
470 *BAG* 12.3.87, EzA § 102 BetrVG 1972 Nr. 71.
471 *LAG Frankfurt* 21.11.86, LAGE § 102 BetrVG 1972 Nr. 21; APS-*Koch,* Rn. 147.

tun.[472] Er kann dies auch mit beliebigen Gründen tun, umso den Kündigungsentschluss des AG nachhaltig zu beeinflussen. Jedoch löst nur ein **frist- und ordnungsgemäßer Widerspruch** gegen eine ordentliche Kündigung gemäß Abs. 3 einen Anspruch des AN auf vorläufige Weiterbeschäftigung gemäß Abs. 5 aus (eingehend Rn. 241 ff.). Nur dann liegt ein Widerspruch im Rechtssinne vor. Ein Widerspruch gegen eine außerordentliche Kündigung hat diese Wirkung grundsätzlich nicht (zur den Ausnahmen vgl. Rn. 167). Auch ein Widerspruch gegen eine ordentliche Kündigung, aber mit anderen als in Abs. 3 genannten Gründen, hat diese Rechtsfolge nicht. Der Widerspruch als solcher **hindert den AG nicht am Ausspruch der Kündigung.** Ist der Widerspruch gemäß Abs. 3 nicht nur frist- und ordnungsgemäß eingelegt, sondern auch begründet, liegt ein sog. **absoluter Sozialwidrigkeitsgrund** vor, der allerdings vom AN im Kündigungsschutzprozess geltend gemacht werden muss (Rn. 260). Die Widerspruchsgründe und die Sozialwidrigkeitsgründe nach § 1 Abs. 2 und 3 KSchG decken sich.

191 In Bezug auf eine **außerordentliche Kündigung mit Auslauffrist,** wie sie ausnahmsweise für AN zugelassen wird, für die die ordentliche Kündigung durch TV ausgeschlossen ist, gilt **Abs. 5 analog.**[473]

V. Widerspruch des Betriebsrats gegen eine ordentliche Kündigung (Abs. 3)

1. Allgemeines, Rechtsfolgen

192 Die wesentliche Rechtsfolge eines **BR-Widerspruchs** gegen eine ordentliche Kündigung kann der Anspruch des AN auf **vorläufige Weiterbeschäftigung** sein (Rn. 270 ff.). Dazu ist erforderlich, dass der BR einer beabsichtigten

- ordentlichen Kündigung (Rn. 277)
- fristgemäß (Rn. 194 ff.) und
- ordnungsgemäß (Rn. 281)
- widerspricht (Rn. 190).

Ein Widerspruch ist nur dann ordnungsgemäß, wenn er schriftlich unter Angabe von Gründen i. S. d. Abs. 3 (Rn. 209 ff.)) erhoben wird. Diese Voraussetzungen erfordern eine gründliche Befassung des BR mit dem Sachverhalt.

193 Ein Widerspruch im Rechtssinne liegt vor, wenn der Stellungnahme des BR eine **eindeutige Ablehnung** der Kündigung zu entnehmen ist. Der BR muss dazu nicht ausdrücklich das Wort »Widerspruch« bzw. »widersprechen« benutzen. Möglich sind auch Ausdrücke wie »Ablehnung«, »Verweigerung der Zustimmung«, »Verneinung der Rechtmäßigkeit der Kündigung«.[474] Entscheidend ist, dass mit der Erklärung des BR die Entscheidung des AG nicht bloß in Frage gestellt, sondern eindeutig gegen sie Stellung bezogen wird.[475] Aus Gründen der Rechtssicherheit sollte die Stellungnahme des BR ausdrücklich als Widerspruch bezeichnet werden.

2. Frist

194 Der Widerspruch des BR muss ebenso wie die Bedenken (Rn. 181) **innerhalb einer Woche** gegenüber dem AG erhoben werden (Abs. 3 i. V. m. Abs. 2 Satz 1, zu Checklisten Fristenbestimmung und ordnungsgemäße Beschlussfassung des BR vgl. DKKWF-*Bachner,* § 102 Rn. 7, 8). Diese Frist – und nicht etwa eine Dreitagesfrist – gilt auch im Falle einer **außerordentlichen Kündigung mit Auslauffrist** gegenüber einem tariflich unkündbaren Arbeitnehmer.[476] Für die Fristberechnung gelten die §§ 187, 193 BGB.[477] Die Frist beginnt am Tage nach Zugang der Mitteilung des AG beim BR; der Zugangstag ist nicht mitzurechnen. Der Widerspruch muss also an dem Wochentag der folgenden Woche beim AG eingehen, der in seiner Bezeich-

---

472 Vgl. KR-*Etzel,* Rn. 137.
473 *BAG* 4.3.93, EzA § 626 BGB n. F. Nr. 144; vgl. APS-*Koch,* Rn. 149.
474 KR-*Etzel,* Rn. 136.
475 *LAG Düsseldorf* 23.5.75, EzA § 102 BetrVG 1972 Beschäftigungspflicht Nr. 4.
476 *BAG* 12.1.06, NZA 06, 512.
477 GK-*Raab,* Rn. 120.

nung dem Tag entspricht, an dem beim BR die vollständige Mitteilung des AG einging. Fällt der letzte Tag auf einen Samstag, Sonntag oder gesetzlichen Feiertag, so endet die Frist mit Ablauf des nächsten Werktages (§ 193 BGB). Für den Fristablauf am letzten Tag der Frist kommt es nicht darauf an, wann die Personalabteilung Dienstschluss hat. Vielmehr endet die Frist immer erst **um 24 Uhr.**[478]

195 Die Wochenfrist ist eine **Ausschlussfrist.**[479] Die aus einem Fristversäumnis des BR entstehenden Probleme sind danach zu lösen, ob die Verantwortung hierfür in den Bereich des BR oder des AG fällt (vgl. Rn. 166, 256).

196 Die Wochenfrist läuft lediglich im Hinblick auf die dem BR tatsächlich gegebenen Informationen. **Reicht der AG** – sei es aus eigenem Antrieb, sei es auf Nachfrage des BR (Rn. 180) – maßgebliche **Informationen nach,** so läuft die Wochenfrist erneut ab diesem Zeitpunkt. Das *BAG*[480] lehnt die Möglichkeit einer Hemmung oder Unterbrechung der Anhörungsfrist ab.

197 Der BR kann die Frist stets **voll ausschöpfen,** d. h. er kann mit seiner Stellungnahme bis zum letzten Tag des Fristablaufes warten (h. M.).[481] Das gilt auch für sog. **Eilfälle.** Der AG ist auch in einem solchen Falle nicht befugt, die Frist zu verkürzen.[482] Die Frist kann auch nicht durch generelle **Vereinbarung** zwischen AG und BR verkürzt werden (h. M.).[483] Auch TV können die Frist nicht verkürzen.

198 AG und BR können durch Vereinbarung, sei es im Voraus, sei es bezogen auf den jeweils konkreten Anhörungsfall, die **Anhörungsfrist verlängern** (h. M.).[484] Die Verlängerung kann für den Einzelfall formlos durch eine Regelungsabrede vereinbart werden.[485] Der AN, der sich darauf berufen will, hat für ihr Vorliegen die Beweislast (vgl. auch Rn. 267). Die bloße **Rückfrage** des BR nach ergänzenden Informationen (Rn. 180) verlängert die Wochenfrist nicht (zum Aussetzungsverlangen der **JAV** oder der **Schwerbehindertenvertretung** s. Rn. 171).[486]

199 Das *BAG* lehnt eine **automatische Verlängerung der Anhörungsfrist** im Falle von **Massenentlassungen** ab.[487] Der BR habe keinen Anspruch auf eine Verlängerung durch den AG.[488] Die Berufung des AG auf die Frist kann jedoch im Einzelfall **rechtsmissbräuchlich** sein.[489] Das *BAG*[490] hält einen solchen Fall für möglich, wenn der AG den BR mit einer Vielzahl von beabsichtigten Kündigungen ohne jede Vorwarnung überrascht und der BR seinerseits um eine Verlängerung der Frist nachsucht. Gegen die Berufung des BR auf Rechtsmissbrauch lässt das *BAG* sprechen, wenn dieser selbst vorher etwa die Verhandlungen über einen Interessenausgleich in die Länge gezogen hat.[491] Stets zugunsten einer Verlängerung zu werten, ist die **Pflicht des BR zur Anhörung des AN** (Rn. 170).

3. Form (ordnungsgemäßer Widerspruch)

200 Der Widerspruch muss **schriftlich** erfolgen (h. M.). Das ergibt sich – anders als für die Anmeldung von Bedenken (Abs. 2 Satz 1) – nicht unmittelbar, sondern nur mittelbar aus dem Gesetz (vgl. Abs. 4). Ein nicht formgerecht eingelegter Widerspruch ist unbeachtlich. Er kann auch nicht als »abschließende Stellungnahme« des BR gewertet werden (Rn. 176). Solange die Anhörungsfrist läuft, kann dieser Formmangel beseitigt und ein ordnungsgemäßer schriftlicher Widerspruch eingelegt werden. Nach Verstreichen der Frist ist dies nicht mehr möglich. Das Verhalten des BR gilt als Nicht-Stellungnahme (Rn. 188).

---

478 *BAG* 12.12.96, AiB 98, 112 mit Anm. *Hinrichs*; a. A. noch die Voraufl.
479 Vgl. KR-*Etzel* Rn. 89 a; GK-*Raab*, Rn. 113 unter Hinweis den Regierungsentwurf, BR-Drucks. 715/70, S. 52.
480 14.8.86, EzA § 102 BetrVG 1972 Nr. 69.
481 Vgl. *BAG* 12.12.96, AiB 98, 112 mit Anm. *Hinrichs*.
482 *BAG* 29.3.77, 13.11.75, EzA § 102 BetrVG 1972 Nrn. 27, 20.
483 Vgl. KR-*Etzel*, Rn. 89.
484 *BAG* 14.8.86, EzA § 102 BetrVG 1972 Nr. 69; vgl. GK-*Raab*, Rn. 117.
485 KR-*Etzel*, Rn. 87.
486 Vgl. *LAG Frankfurt* 21.3.73, DB 73, 1806.
487 *BAG* 14.8.86, EzA § 102 BetrVG 1972 Nr. 69; KR-*Etzel*, Rn. 87; *Klebe/Schumann*, S. 52 Rn. 4.
488 *BAG* 14.8.86, a. a. O.
489 GK-*Raab*, Rn. 118; KR-*Etzel*, Rn. 89 b; *Natzel*, SAE 88, 296; *Klebe/Schumann*, S. 130.
490 14.8.86, EzA § 102 BetrVG 1972 Nr. 69.
491 Vgl. auch *LAG Hamburg* 31.5.85, DB 85, 2105; 15.3.85, LAGE § 102 BetrVG 1972 Nr. 15.

201 Die Wahrung der Schriftform erfordert die **eigenhändige Unterschrift** des zur Abgabe der Erklärung zuständigen bzw. ermächtigten BR-Mitglieds (§ 126 BGB; hierzu und zur neuen Möglichkeit der **elektronischen Form** vgl. Einl. Rn. 186 ff.). Ebenso wie für die Zustimmungsverweigerung gemäß § 99 (§ 99 Rn. 162) ist das auch für den Widerspruch gem. § 102 ein Fax-Schreiben zulässig. Der Widerspruchs durch E-Mail ist zulässig, wenn die E-Mail der Textform nach § 126 b BGB genügt.[492]

202 Nach Abschluss der Wochenfrist kann der BR keine neuen Widerspruchsgründe **nachschieben.**[493] Vor Ablauf der Wochenfrist ist dies dagegen dann möglich, wenn der AG noch nicht gekündigt hat.[494] Für den BR sollte diese Rechtslage Veranlassung sein, die Wochenfrist vollständig für eine gründliche Überprüfung seiner Widerspruchsmöglichkeiten auszunutzen.

203 Hinsichtlich der Widerspruchsgründe des Abs. 3 gibt es **unterschiedliche Begründungsanforderungen** und **Beurteilungsmaßstäbe:**

- Damit ein Widerspruchsgrund als sog. absoluter Sozialwidrigkeitsgrund gemäß § 1 Abs. 2 KSchG zur Unwirksamkeit der Kündigung führen kann, muss sein **Vorliegen** im Kündigungsschutzprozess **begründet** und bewiesen werden (Rn. 260).
- Damit ein vorläufiger Weiterbeschäftigungsanspruch des AN nach Abs. 5 ausgelöst wird, muss ein »ordnungsgemäßer Widerspruch« vorliegen (Rn. 204, 205).
- Damit ein AG von der Weiterbeschäftigungspflicht gemäß Abs. 5 Satz 2 befreit werden kann, muss er nachweisen, dass der Widerspruch des BR **offensichtlich unbegründet** ist (Rn. 326).

204 Nur ein **»ordnungsgemäßer«** Widerspruch löst einen **Weiterbeschäftigungsanspruch** gemäß Abs. 5 aus. Hierzu gehört neben der Beachtung der sonstigen Formerfordernisse (Rn. 200), dass sich der Widerspruch auf einen der in Abs. 3 genannten Gründe bezieht und durch Angabe konkreter Tatsachen begründet wird.[495] Es reicht nicht aus, dass der BR lediglich den Gesetzestext wiederholt.[496] Er muss vielmehr durch **Tatsachenhinweise** deutlich machen, warum der jeweils genannte Widerspruchsgrund gerade in diesem Einzelfall gegeben ist. Der BR muss das Vorhandensein der widerspruchsbegründenden Tatsachen **positiv behaupten.** Die bloße Äußerung von Zweifeln, z. B., ob der AN nicht doch zu anderen Bedingungen weiterbeschäftigt werden könnte, reicht nicht aus.[497]

205 Die Widerspruchsgründe brauchen nicht stichhaltig bzw. schlüssig zu sein. Erforderlich ist vielmehr lediglich ihre **Plausibilität** in dem Sinne, dass der vom BR vorgetragene Lebenssachverhalt es **möglich erscheinen** lässt, dass einer der in Abs. 3 angeführten Widerspruchsgründe vorliegt.[498] Erst wenn die genannten Tatsachen unter keinem Gesichtspunkt einen der Widerspruchsgründe möglich erscheinen lassen, kann von einem nicht ordnungsgemäßen Widerspruch gesprochen werden. Ob der Widerspruch begründet ist oder nicht, spielt hierfür keine Rolle. Dies ist eine Frage des materiellen Kündigungsschutzprozesses bzw. im Falle eines offensichtlich unbegründeten Widerspruchs Grundlage für die Entbindung des AG von der Weiterbeschäftigungspflicht (Abs. 5 Satz 2 Nr. 3; vgl. Rn. 326).

206 Der Widerspruch des BR ist gegenüber **jeder Art von ordentlicher Kündigung** möglich (h. M.).[499] Zwar kommen die Widerspruchsgründe des Abs. 3 faktisch vor allem bei betriebsbedingten Kündigungen in Betracht. Jedoch ist z. B. bei einer personenbedingten Kündigung ein Wechsel des Arbeitsplatzes stets als Alternative zur Kündigung zu prüfen (vgl. Rn. 91). Bei einer verhaltensbedingten Kündigung kann z. B. eine Versetzung Konflikte für die Zukunft

---

492 *BAG* 10.3.09 – 1 ABR 93/07, juris; *Fitting,* Rn. 64; KDZ-*Deinert,* § 102 Rn. 199; a. A. Richardi-*Thüsing,* Rn. 180.

493 *BAG* 6.12.84 – 2 AZR 542/83; KR-*Etzel,* Rn. 142 a.

494 Ähnlich KR-*Etzel,* Rn. 142 a.

495 *LAG Düsseldorf,* 5.1.76, DB 76, 1065; *LAG Hamburg* 29.10.75, BB 76, 184; *LAG Niedersachsen* 22.8.75, DB 75, 1898; KR-*Etzel,* Rn. 143 m. w. N.; GK-*Raab,* Rn. 125.

496 *LAG Hamburg* 29.10.75, BB 76, 184; *LAG Niedersachsen* 22.8.85, DB 75, 1898; APS-*Koch,* Rn. 189.

497 *LAG Düsseldorf* 15.3.78, BB 78, 810.

498 *LAG München* 2.3.94, BB 94, 1287; *LAG Hamburg* 29.10.75, BB 76, 184; *ArbG Stuttgart* 5.4.93 – 6 Ga 21/93; Richardi-*Thüsing,* Rn. 183; GK-*Raab,* Rn. 122.

499 Ständ. Rspr. *BAG* 22.7.82, EzA § 1 KSchG Verhaltensbedingte Kündigung Nr. 10; APS-*Koch,* Rn. 190; Richardi-*Thüsing,* Rn. 146 m. w. N.; GK-*Raab,* Rn. 108.

ausschließen.[500] Es ist jeweils Sache des BR, durch einen geeigneten Sachvortrag den Zusammenhang zu einem der in Abs. 3 genannten Widerspruchsgründe herzustellen.[501] Der BR kann **mehrere Widerspruchsgründe** aufführen.[502]

Die Aufzählung der Widerspruchsgründe in Abs. 3 ist **abschließend.** Ein Widerspruch, der einen Weiterbeschäftigungsanspruch auslösen soll, darf sich nur auf einen der dort genannten Gründe beziehen (h. M.). Damit entfällt insbesondere eine Widerspruchsmöglichkeit gegen das Vorliegen des Kündigungsgrundes als solchen, im Falle einer betriebsbedingten Kündigung kann der BR also nicht vortragen, der entsprechende Arbeitsplatz sei gar nicht weggefallen. Diese Fragen sind allein für die materielle Berechtigung der Kündigung von Bedeutung. Die Widerspruchsgründe können jedoch durch BV oder TV **erweitert** werden (s. Abs. 6; Rn. 338 ff.).[503] **207**

Die Widerspruchsgründe des Abs. 3 sind gleichzeitig Gründe für die Sozialwidrigkeit einer Kündigung (vgl. Rn. 190). Ein hierauf gestützter BR-Widerspruch führt zu einem sog. **absoluten Sozialwidrigkeitsgrund** (vgl. Rn. 260). Der gekündigte AN kann sich auf diese Gründe auch stützen, wenn der BR einen Widerspruch nicht eingelegt hat (h. M.).[504] Das gilt auch in Betrieben ohne BR.[505] **208**

4. Widerspruchsgründe

a) Fehlerhafte Sozialauswahl (Abs. 3 Nr. 1)

Der BR kann den Widerspruch darauf stützen, dass der AG bei der Auswahl des zu kündigenden AN **soziale Gesichtspunkte** nicht oder nicht ausreichend berücksichtigt hat (vgl. DKKWF-*Bachner,* § 102 Rn. 16, 17, 23). Dieser Widerspruchsgrund kommt nur bei **betriebsbedingten Kündigungen** in Betracht.[506] Die fehlerhafte soziale Auswahl ist kein Rechtmäßigkeitskriterium bei personen- oder verhaltensbedingten Kündigungen.[507] Die Geltendmachung fehlerhafter Sozialauswahl bei einer solchen Kündigung führt zu einem nicht ordnungsgemäßen Widerspruch.[508] Der BR kann in erster Linie bestreiten, dass eine Kündigung überhaupt betriebsbedingt ist und daneben hilfsweise die fehlerhafte soziale Auswahl rügen.[509] Begründet der AG die beabsichtigte Kündigung **sowohl betriebsbedingt** als **auch personen- oder verhaltensbedingt,** kann der BR nach wie vor gemäß Abs. 3 Nr. 1 widersprechen.[510] Der Wortlaut des Gesetzes liefert keinen Anhaltspunkt dafür, dass das Widerspruchsrecht beim Geltendmachen mehrerer Kündigungsgründe entfällt.[511] **209**

In die soziale Auswahl werden alle miteinander vergleichbaren AN eines Betriebes einbezogen, nicht jedoch diejenigen in mehreren Betrieben eines UN oder innerhalb eines Konzerns, da die **Sozialauswahl betriebsbezogen** ist.[512] Es sind sog. **Tätigkeitsvergleichsgruppen** innerhalb des jeweiligen Betriebes zu bilden. Für einen ordnungsgemäßen Widerspruch ist es sodann erforderlich, dass der BR geltend macht, soziale Gesichtspunkte seien innerhalb der jeweiligen Tätigkeitsvergleichsgruppen nicht oder nicht ausreichend berücksichtigt. Soziale Gesichtspunkte in diesem Sinne sind die Betriebszugehörigkeit, das Lebensalter, die Unterhaltsverpflichtungen (insbesondere gegenüber Kindern und Ehegatten) und die Schwerbehinderung **210**

---

500 Vgl. *KDZ,* § 1 KSchG Rn. 240.
501 Vgl. KR-*Etzel,* Rn. 146; *Klebe,* BB 80, 843.
502 Eingehend *Wolff,* Vorläufiger Bestandsschutz, S. 83.
503 KR-*Etzel,* Rn. 148.
504 *BAG* 13.9.73, AP Nr. 2 § 1 KSchG 1969.
505 Im Einzelnen *KDZ,* § 102 BetrVG Rn. 208.
506 GK-*Raab,* Rn. 128.
507 *KDZ,* § 102 BetrVG Rn. 209; vgl. *LAG Düsseldorf* 2.9.75, DB 75, 1995.
508 KR-*Etzel,* Rn. 150 a; a. A.: *Wolff,* Vorläufiger Bestandsschutz, S. 143.
509 *LAG Düsseldorf* 23.5.75, EzA § 102 BetrVG 1972 Beschäftigungspflicht Nr. 4.
510 Richardi-*Thüsing,* Rn. 152.
511 Vgl. *Klebe/Schumann,* S. 139; a. A. KR-*Etzel,* Rn. 155.
512 *BAG* 26.2.87, 22.5.86, EzA § 1 KSchG Soziale Auswahl Nrn. 24, 22; 14.10.82, AP Nr. 1 zu § 1 KSchG 1969 Konzern; im Einzelnen *KDZ,* § 1 KSchG 588 ff.

eines AN. Seit Inkrafttreten des **AGG** ist allerdings diesbezüglich eine differenzierte Betrachtungsweise erforderlich. Die Regelung in § 2 Abs. 4 AGG steht nach allgemeiner Auffassung in Widerspruch zu europäischem Recht.[513] Deshalb unterliegt auch die Beendigung des Arbeitsverhältnisses dem Diskriminierungsverbot, weshalb auch die Sozialauswahl als Voraussetzung der Beendigungsentscheidung diskriminierungsfrei erfolgen muss. Aus diesem Grund muss § 1 Abs. 3 KSchG europarechtskonform ausgelegt werden. Im Übrigen ist vieles ungeklärt. Zu berücksichtigen ist wohl, dass das Kriterium »Alter« dem Schutz älterer Arbeitnehmer wegen ihrer geringeren Chancen am Arbeitsmarkt dient. Hierbei handelt es sich auch vor dem Hintergrund des AGG um ein legitimes Ziel. Deshalb scheint es nur folgerichtig, das Alter umso weniger in die Abwägungsentscheidung mit einfließen zu lassen, als tatsächlich keine schlechteren Arbeitsmarktchancen solcher Arbeitnehmer bestehen. Vergleichbares gilt für das Kriterium »Betriebszugehörigkeit«. Auch dieses Auswahlkriterium dient dem Zweck, den betroffenen Arbeitnehmer wegen seiner verringerten Vermittlungschancen besonders zu schützen, allerdings nicht wegen seines Alters, sondern weil zumindest bei langen Betriebszugehörigkeitszeiten oftmals eine relative »Betriebsblindheit« eintritt.[514] Auf der anderen Seite kann ein gewisses Maß an Berufsausbildung oder aus ihr resultierender Berufserfahrung auch zu verbesserten Berufschancen führen. Dies alles ist letztendlich eine Frage des Einzelfalls. Eine schematische Betrachtungsweise verbietet sich also (zu den Einzelheiten vgl. a. KDZ § 1 KSchG Rn. 572 ff.). Ob die vom BR geltend gemachten Gesichtspunkte tatsächlich zum Verstoß gegen § 1 Abs. 3 KSchG ausreichen, ist eine Frage der Begründetheit und nicht der Ordnungsgemäßheit des Widerspruchs.

211 Eine ordnungsgemäße Widerspruchsbegründung erfordert nach der neueren Rspr. des BAG,[515] dass der **BR** entweder die **weniger schutzwürdigen AN** konkret bezeichnet oder aber die weniger schutzwürdigen AN anhand abstrakter, im Widerspruchsschreiben enthaltener Kriterien bestimmbar sind (vgl. a. Rn. 213). Außerdem hat der BR die abstrakten Gründe anzugeben, die die Auswahlentscheidung als fehlerhaft erscheinen lassen. Im Ergebnis führt dies dazu, dass jedenfalls dann, wenn nur zwei AN zur Auswahl stehen, der weniger schutzwürdige AN aus dem Widerspruch des BR heraus identifizierbar sein muss. Diese Rspr. ist nur schwer mit dem Grundsatz vereinbar, dass die Auswahlentscheidung einzig und allein Aufgabe des AG ist. Außerdem führt sie dazu, dass die Auswahlentscheidung auf dem Rücken der Arbeitnehmervertretung ausgetragen wird.[516] Es ist deshalb ausreichend, dass der BR auf Zweierlei hinweist, und zwar auf:

- die nach seiner Ansicht in die soziale Auswahl einzubeziehenden vergleichbaren AN[517] und
- die sozialen Gesichtspunkte, die der BR als unzureichend berücksichtigt ansieht (z. B. Hinweis auf die Dauer der Betriebszugehörigkeit und die Zahl der unterhaltsberechtigten Personen des AN und Feststellung, dass es im Kreise der vergleichbaren AN Arbeitskollegen mit kürzerer Betriebszugehörigkeit und geringeren Unterhaltsverpflichtungen gibt).[518]

212 Der BR muss nur die Tatsache der fehlerhaften Sozialauswahl in einer Weise rügen, dass, verbunden mit den genannten Tatsachen, die Berechtigung dieser Rüge möglich erscheint. Eine **pauschale Berufung auf den Wortlaut des Gesetzes reicht** auch hierfür **nicht aus.**[519] Der BR muss seine Rüge allerdings nicht dahin gehend begründen, dass er die konkreten Sozialdaten des zu kündigenden AN und konkreter anderer vergleichbarer AN gegeneinander abwägt. Nach Auffassung des LAG Hamburg liegt deshalb ein ordnungsgemäßer Widerspruch des Betriebsrats liegt vor, wenn der Betriebsrat hinreichend bestimmt auf eine für die Arbeitgeberin abgrenzbare Arbeitnehmergruppe hinweist, die nach Auffassung des Betriebsrats in die soziale Auswahl hätte einbezogen werden müssen. Es sei nicht erforderlich, dass der Betriebsrat aus dieser Gruppe mindestens einen Arbeitnehmer benennt, der sozial weniger schutzbedürftig wäre.[520]

---

513 Vgl. mit zahlreichen Nachweisen *Däubler/Bertzbach-Brors,* § 10 Rn. 99 ff.

514 *Däubler/Bertzbach-Brors,* § 10 Rn. 102

515 *BAG* 9.7.03, AP BetrVG 1972 § 102 Weiterbeschäftigung Nr. 14.

516 Gegen die Rspr. des BAG auch *Fitting,* Rn. 81; GK-*Raab,* Rn. 130 f.; KR-*Etzel,* Rn. 151; zustimmend MünchArbR-*Matthes,* 2. Aufl., § 348 Rn. 66; *Boewer,* NZA 88, 7.

517 KR-*Etzel,* Rn. 151; *Heinze,* S. 226.

518 Vgl. KR-*Etzel,* Rn. 151; *Fitting,* Rn. 81

519 *LAG Schleswig-Holstein* 22.11.99, BB 00, 203.

520 *LAG Hamburg* 25.5.10 – 1 SaGa 3/10, juris.

213 Die Anforderungen an die Begründung des Widerspruchs gemäß Abs. 3 Nr. 1 sind **unabhängig vom Umfang der AG-Information** über die beabsichtigte Kündigung. Um für den AN einen Weiterbeschäftigungsanspruch auszulösen, sollte der BR auch solche sozialen Gesichtspunkte als verletzt rügen, auf die der AG selbst nicht eingegangen ist. Die Tatsache der unzureichenden AG-Information führt zur entsprechenden Beschränkung des AG-Vorbringens in einem Kündigungsschutzprozess. Gelingt es dem AN – gegebenenfalls gestützt auf das Vorbringen des BR – darzulegen, dass der AG einzubeziehende soziale Aspekte erst gar nicht dem BR genannt hat, so ist die soziale Auswahl fehlerhaft und die Kündigung unwirksam (Rn. 211). Auch wenn man mit dem *BAG* ein Nachschieben des AG hinsichtlich ihm unbekannter Auswahlkriterien zulässt (Rn. 108), wird dies im Regelfall eine Kündigung deshalb nicht zulassen, weil diese Umstände dem AG üblicherweise bekannt sind und er nur auf Grund eines unbeachtlichen Rechtsirrtums die falschen Schlüsse gezogen hat.

b) Richtlinienverstoß (Abs. 3 Nr. 2)

214 Die Geltendmachung dieses Widerspruchsgrundes (vgl. DKKWF-*Bachner,* § 102 Rn. 18) erfordert die Benennung der **Auswahlrichtlinie,** gegen die die Kündigung nach Meinung des BR verstößt, sowie die Tatsachen, aus denen sich der Verstoß gegen die Auswahlrichtlinien ergibt.[521] Es muss sich um eine Auswahlrichtlinie i. S. d. **§ 95 Abs. 1** handeln (zum Begriff, insbesondere zu der Frage, ob es sich um eine BV handeln muss s. dort). Der Widerspruch des BR i. S. v. Abs. 3 Nr. 2 ist offensichtlich unbegründet, wenn Auswahlrichtlinien, auf deren Einhaltung sich der BR beruft, überhaupt nicht vorliegen.

215 Der Widerspruchsgrund des Abs. 3 Nr. 2 erstreckt sich auf **alle Arten von Kündigungen** (personen-, verhaltens- oder betriebsbedingt). Entscheidend ist der jeweils mögliche Regelungsinhalt für eine Richtlinie (im Einzelnen § 95 Rn. 22 ff.).[522]

216 Für den Fall, dass ein Richtlinienverstoß vorliegt, der BR jedoch dies **nicht als Widerspruch geltend** macht, kann sich der AN gleichwohl im Kündigungsschutzprozess darauf berufen. Das folgt aus § 1 Abs. 2 Satz 2 Nr. 1 Buchst. a KSchG; die Bestimmung deckt sich mit Abs. 3 Nr. 2.

c) Möglichkeit der Weiterbeschäftigung auf einem anderen Arbeitsplatz (Abs. 3 Nr. 3)

217 Dieser Widerspruchsgrund bezieht sich darauf, dass der zu kündigende AN an einem **anderen Arbeitsplatz** im selben Betrieb oder in einem anderen Betrieb des UN weiterbeschäftigt werden kann (vgl. DKKWF-*Bachner,* § 102 Rn. 19). Er ist deckungsgleich mit dem absoluten Sozialwidrigkeitsgrund des § 1 Abs. 2 Satz 2 Nr. 1 Buchst. b KSchG. Die Weiterbeschäftigungspflicht des Abs. 3 Nr. 3 bezieht sich ebenso wie diejenigen des Abs. 3 Nr. 4 (Rn. 232) und Nr. 5 (Rn. 243) auf das **gesamte UN.**[523] Dieser Widerspruchsgrund gilt für **alle Arten** von **ordentlichen Kündigungen** (h. M.).[524]

218 Der Widerspruch kann, bezogen auf eine Beschäftigungsmöglichkeit in einem anderen Betrieb des UN, auch gegenüber einer nach § 15 Abs. 4 KSchG erklärten ordentlichen Kündigung eines **BR-Mitglieds** eingelegt werden (h. M.).[525]

219 Der Widerspruchsgrund des Abs. 3 Nr. 3 bezieht sich ebenso wie der absolute Sozialwidrigkeitsgrund des § 1 Abs. 2 Satz 2 Nr. 2 Buchst. b KSchG grundsätzlich nicht auf andere Arbeitsplätze im **Konzern** (h. M.; vgl. Vor § 54 Rn. 163 f.). Wegen der rechtlichen Selbstständigkeit der Konzern-UN verneint das *BAG* für den Regelfall eine konzernbezogene Versetzungspflicht.[526] Ausnahmsweise wird jedoch eine konzernbezogene Versetzungspflicht im Rahmen des KSchG dann bejaht, wenn

521 Vgl. GK-*Raab,* Rn. 132; KR-*Etzel,* Rn. 156; *Heinze,* S. 226.
522 Vgl. *Wolff,* Vorläufiger Bestandsschutz, S. 87 m. w. N.; a. A. Richardi-*Thüsing,* Rn. 157.
523 *BAG* 17.5.84, EzA § 1 KSchG Betriebsbedingte Kündigung Nr. 32; *Fitting,* Rn. 85; *KDZ,* § 1 KSchG Rn. 531 ff.
524 *BAG* 31.3.93, NZA 94, 409, 412; vgl. APS-*Koch,* Rn. 196.
525 *BAG* 14.10.82, AP Nr. 1 zu § 1 KSchG Konzern mit Anm. *Wiedemann;* vgl. *KDZ,* § 15 KSchG Rn. 73.
526 *BAG* 27.11.91, DB 92, 1247; 22.5.86, DB 86, 2547; 14.10.82, AP Nr. 1 zu § 1 KSchG Konzern mit Anm. *Wiedemann;* GK-*Raab,* Rn. 134.

- entsprechende vertragliche Vereinbarungen über einen **konzernweiten Einsatz** des AN bestehen[527] oder
- der AG innerhalb des Konzernverbundes einen »**bestimmenden Einfluss**« auf unternehmensübergreifende Versetzungen hat[528] oder
- aus Einfluss und Praxis eine **Selbstbindung des AG** entstanden ist.[529]

Ein hierauf abzielender Widerspruch ist ordnungsgemäß.[530]

220 Der Widerspruch hinsichtlich eines anderen Arbeitsplatzes kann sich auch auf eine sog. **Beschäftigungsgesellschaft** oder **Qualifikationsgesellschaft** beziehen. Voraussetzung ist, dass der AG durch entsprechende Vereinbarungen Einfluss auf die Arbeitsplätze bei einer solchen Gesellschaft hat (entsprechend der *BAG*-Rspr. zur Versetzungspflicht im Konzern, Rn. 219).

221 Unter einem »**anderen Arbeitsplatz**« ist mehr zu verstehen, als im betriebsverfassungsrechtlichen Versetzungsbegriff enthalten ist (vgl. § 99 Rn. 52 ff.). Es ist jedenfalls jeder andere Arbeitsplatz, den der AG dem AN auf der Grundlage des **arbeitgeberseitigen Direktionsrechts** zuweisen kann, also in der Regel jeder gleichwertige Arbeitsplatz. Anhaltspunkt kann sein, ob gerade zuvor ein anderer AN mit einer entsprechenden Arbeitsaufgabe beschäftigt war oder eine Stelle in einem Stellenplan oder Organigramm beschrieben ist (zum Anspruch des AN auf Zuweisung eines höher qualifizierten Arbeitsplatzes vgl. Rn. 244).[531]

222 Der Widerspruch muss sich auf einen **freien Arbeitsplatz** beziehen, auf dem der zu kündigende AN weiterbeschäftigt werden könnte.[532] Der Arbeitsplatz muss bis zum Ablauf der Kündigungsfrist frei sein. Nicht erforderlich ist, dass er schon zum Zeitpunkt des Widerspruchs frei ist.[533] Das *BAG* hält den AG nicht für verpflichtet, zum Zwecke der Weiterbeschäftigung einen neuen Arbeitsplatz zu schaffen.[534] Kann ein freier Arbeitsplatz vom zu kündigenden AN nur mit einer **veränderten Qualifikation** eingenommen werden, muss der BR gleichzeitig den Widerspruchsgrund des Abs. 3 Nr. 4 geltend machen (Rn. 232). Erfordert die Einnahme des freien Arbeitsplatzes darüber hinaus eine Änderung der Arbeitsbedingungen, muss sich der Widerspruch auch auf Abs. 3 Nr. 5 beziehen (Rn. 243).

223 Der von einem Leih-AN besetzte Arbeitsplatz ist zumindest dann als »frei« im rechtlichen Sinne anzusehen, wenn dieser **Arbeitsplatz dauerhaft von dem Leih-AN besetzt** wird. Der Arbeitgeber ist zwar in der Gestaltung der Arbeitsorganisation frei, ohne dass die Arbeitsgerichte die Zweckmäßigkeit der getroffenen Organisationsentscheidung zu überprüfen haben. Dies gilt insbesondere auch für die Frage, ob einzelne betriebliche Aufgaben von betriebszugehörigen Arbeitnehmern oder etwa auf dienst- oder werkvertraglicher Grundlage im Rahmen einer fremdgesteuerten Arbeitsorganisation durchgeführt werden sollen. Im Falle der Beschäftigung eines Leih-AN nimmt der AG (im Unterschied zum Werk- oder Dienstleistungsvertrag) indessen selbst Arbeitgeberbefugnisse wahr und steuert durch eigene Weisungen den Arbeitseinsatz. Die Entscheidung des AG, einen ausgeliehenen Arbeitnehmer zu beschäftigen, kann damit nicht als eine der gerichtlichen Nachprüfung entzogene Organisationsentscheidung angesehen werden.[535] Die Entscheidung des *BAG* vom 1.3.07,[536] bei der das Gericht über die vorübergehende Besetzung eines Arbeitsplatzes mit einem Leih-AN zu befinden hatte, und in der das BAG dem AG die unternehmerische Entscheidung darüber zubilligt, ob er einen vorübergehenden Vertretungsbedarf mit eigenem Reservepersonal oder mit Leiharbeitnehmern abdeckt, ist auf die vorliegende Fallgestaltung nicht übertragbar.

224 Zwar wird vom AG nicht verlangt, dass er einen freien Arbeitsplatz schaffen muss (Rn. 222).[537]

---

527 APS-*Koch*, Rn. 197.
528 A. A. APS-*Koch*, a. a. O.; *Bachner*, NZA 2006, 1309.
529 *BAG* 22.5.86, a. a. O.; *Fitting*, Rn. 87; hierzu umfassend *KDZ*, § 1 KSchG Rn. 537 ff.
530 *LAG Schleswig-Holstein* 5.3.96, BB 96, 1612.
531 Vgl. *KDZ*, § 1 KSchG Rn. 511 ff.
532 *BAG* 22.7.82, EzA § 1 KSchG Verhaltensbedingte Kündigung Nr. 10; 24.3.83, EzA § 1 KSchG Betriebsbedingte Kündigung Nr. 21; eingehend *KDZ*, § 1 KSchG Rn. 513 ff.; GK-*Raab*, Rn. 136.
533 KR-*Etzel*, Rn. 163 a; *Klebe/Schumann*, S. 153; *Wolff*, Vorläufiger Bestandsschutz, S. 105.
534 *BAG* 3.2.77, 29.3.90, AP Nr. 4, 50 zu § 1 KSchG Betriebsbedingte Kündigung.
535 Vgl. *LAG Hamm* 5.3.07, 11 Sa 1338/06 = DB 07, 1701.
536 *BAG* 1.3.07 – 2 AZR 650/05 = AP KSchG 1969 § 1 Betriebsbedingte Kündigung Nr. 164.
537 *BAG* 29.3.90, AP Nr. 50 zu § 1 KSchG Betriebsbedingte Kündigung.

Mit Blick darauf, dass unter »Arbeitsplatz« eine **nicht nur vorübergehende Arbeitsgelegenheit** innerhalb der Arbeitsorganisation des AG verstanden wird, gelten Arbeitsplätze auch als »frei«, wenn sie vom AG durch vorübergehende Ausdehnung der **Arbeitszeit** blockiert werden. Deshalb ist ein wegrationalisierter Arbeitsplatz gleichwohl als frei anzusehen, wenn die Streichung dieses Arbeitsplatzes zu einer so weit gehenden Personalreduzierung geführt hat, dass eine 9-monatige Urlaubssperre für die übrigen AN erforderlich wurde.[538] Das Gleiche muss in Bezug auf Arbeitsplätze gelten, an denen **regelmäßig Mehrarbeit** geleistet wird.[539] Lässt sich rechnerisch und arbeitsorganisatorisch darstellen, dass ein zu kündigender AN mit dem bei Verzicht auf jene Überstunden frei werdenden Arbeitsvolumen beschäftigt werden könnte, so liegt ein freier Arbeitsplatz vor, auf den sich der Widerspruch des BR beziehen kann.

Es ist umstritten, ob Abs. 3 Nr. 3 auch dann zur Anwendung kommt, wenn der BR geltend **225** macht, der AN könne auf seinem **bisherigen Arbeitsplatz** weiterbeschäftigt werden,[540] so z. B. dann, wenn in einer bestimmten Tätigkeitsvergleichsgruppe weniger AN als zunächst geplant abgebaut werden[541] Das *BAG* hat diese Ansicht unter Bezug auf Wortlaut und Entstehungsgeschichte des Abs. 3 Nr. 3 in einer früheren Entscheidung abgelehnt.[542] Die für eine Anwendung des Abs. 3 Nr. 3 plädierende Meinung hat zwar den Sinn des Gesetzes für sich, kommt jedoch am eindeutigen Wortlaut der Vorschrift nicht vorbei. Insofern müssen die gewählten Beispiele strikter auf den Wortlaut der Regelung bezogen werden. So liegt ein »anderer« Arbeitsplatz nicht nur bei physischen Unterschieden vor. Die Beschäftigung am gleichen physischen Arbeitsplatz in einer **anderen Schicht** ist im Rechtssinne vielmehr die Beschäftigung an einem »anderen« Arbeitsplatz.[543] Um in einem solchen Falle Abs. 3 Nr. 3 genügen zu können, bedarf es keiner analogen, sondern vielmehr nur der unmittelbaren richtigen Anwendung dieser Vorschrift.[544] Will der AG die **individuelle Arbeitszeit** des AN ändern und organisiert er hierfür – notwendigerweise – die Arbeit neu, so ist die Berufung des BR gegen eine entsprechende Änderungskündigung dergestalt möglich, dass er eine Beschäftigung zu der bisherigen Arbeitszeit verlangt; diese stellt sich dann als »anderer« Arbeitsplatz gegenüber dem vom AG neu eingerichteten dar.[545]

Was die **Konkretisierung eines anderen Arbeitsplatzes** angeht, muss der BR konkret darle- **226** gen, auf welchem (freien) Arbeitsplatz eine Weiterbeschäftigung des AN in Betracht kommt; hierbei muss der Arbeitsplatz zumindest in bestimmbarer Weise angegeben und der Bereich bezeichnet werden, in dem der Arbeitnehmer anderweitig beschäftigt werden kann.[546] Als diesbezüglich nicht ausreichend hält das *BAG* den bloßen Hinweis auf Personalengpässe bei Arbeiten, die von einem Subunternehmer auf Grund eines Werkvertrages erledigt werden.[547] Allerdings bedeutet ein »anderer Arbeitsplatz« mehr und anderes bedeutet, als die sinnlich wahrnehmbare Tatsache eines »leer stehenden Schreibtisches«. Es geht vielmehr um die Möglichkeit des AG, einen AN vertragsgemäß zu beschäftigen (bzw. mit dessen Einwilligung zu geänderten Bedingungen; vgl. Rn. 243 ff.). Deshalb muss der BR lediglich eine solche Möglichkeit nachvollziehbar darlegen. Wortlaut und Sinn des § 102 schließen nicht aus, dass diese Darlegung sich auf eine vom AG durch Umorganisation des vorhandenen Arbeitsvolumens erst zu schaffende Arbeitsgelegenheit bezieht. Gleiches gilt im Übrigen für den Abbau regelmäßig anfallender **Überstunden.** Die **Verifizierung** der angegebenen Weiterbeschäftigungsmöglichkeit ist eine Frage der Begründetheit des Widerspruchs bzw. der Kündigung (vgl. auch Rn. 260).[548]

---

538 *ArbG Hamburg* 12.3.90, AiB 91, 443 mit Anm. *Schoof.*
539 APS-*Koch,* Rn. 198.
540 Offen gelassen bei *BAG* 11.5.00, BB 00, 2049.
541 So *ArbG Heilbronn* 17.5.76, AuR 76, 315; *ArbG Ulm* 9.4.75, AuR 75, 250; *Fitting,* Rn. 90; KR-*Etzel,* Rn. 164.
542 *BAG* 12.9.85, EzA § 102 BetrVG 1972 Nr. 61; vgl. ErfK-*Kania,* Rn. 20.
543 Richardi-*Thüsing,* Rn. 166.
544 Vgl. HWGNRH-*Huke,* Rn. 129; *Fitting,* Rn. 90; GK-*Raab,* Rn. 133.
545 Ebenso *Fitting,* Rn. 90; *Klevemann,* AiB 86, 160.
546 *BAG* 11.5.00, BB 00, 2049; GK-*Raab,* Rn. 137.
547 *BAG* 11.5.00, a. a. O.
548 APS-*Koch,* Rn. 197.

227 Ob eine anderweitige Beschäftigung des AN auf der vom BR ins Auge gefassten Stelle **für den AG zumutbar** ist, hat keinen Einfluss darauf, ob der Widerspruch als solcher ordnungsgemäß war. Die Frage der Zumutbarkeit der in Aussicht genommenen Stelle **für den AN** stellt sich so nicht. Denn ist eine in Aussicht genommene Stelle unzumutbar, bedeutet dies die Unvereinbarkeit mit seinem derzeit geltenden Arbeitsvertrag. Es kommt demgemäß nur der Widerspruchsgrund gemäß Nr. 5 in Betracht, der vom Einverständnis des AN abhängt (Rn. 243). Demgegenüber ist die Geltendmachung des Widerspruchsgrundes gemäß Nr. 3 nicht vom Einverständnis des AN abhängig.[549]

228 Überwiegend wird die Möglichkeit des BR verneint, mit dem Widerspruch gemäß Nr. 3 geltend zu machen, der AN könne weiterbeschäftigt werden, wenn bestimmte Arbeiten nicht in **Fremdvergabe,** sondern durch den AG selbst durchgeführt würden.[550] In dieser Hinsicht korrespondiert der Widerspruchsgrund der Nr. 3 mit der Rspr. zur Berechtigung einer betriebsbedingten Kündigung auf Grund einer solchen Fremdvergabe. In dem Maße, in dem grundsätzlich eine Kündigung wegen Fremdvergabe möglich ist,[551] versagt die Berufung auf die dadurch an sich zur Verfügung stehenden Arbeitsplätze im Wege eines Widerspruchs des BR. Ist jedoch auch eine Kündigung sozialwidrig, weil die Fremdvergabe erkennbar keine Ersparnis bringt, ist auch ein Widerspruch gemäß Nr. 3 möglich. Der BR muss dann darauf hinweisen, dass eine Weiterbeschäftigung mit Arbeiten möglich wäre, die **qualitativ gleichwertig** zu den **gleichen Kosten** im Betrieb hergestellt werden könnten. Die innere Schlüssigkeit des Widerspruchs verlangt – weil es sich hier letztlich um Missbrauchskontrolle einer unternehmerischen Entscheidung handelt – die nachvollziehbare vergleichende Darlegung von Qualitätsanforderungen und Kostenstrukturen.

229 Bei **personen- und verhaltensbedingten** Kündigungen muss der BR darlegen, inwieweit durch die Beschäftigung an einem anderen Arbeitsplatz die Ursache für die Kündigung beseitigt werden kann. Das ist insbesondere bei krankheitsbedingten Kündigungen stets möglich durch den Hinweis auf den Anteil der aktuellen Arbeitsumgebung am Gesundheitszustand des AN. Bei einer Kündigung wegen persönlicher Auseinandersetzungen zwischen Arbeitskollegen muss dargestellt werden können, dass solche an einem anderen Arbeitsplatz nicht zu gewärtigen sind.[552]

230 Allgemein wird davon gesprochen, dass im Widerspruch des BR unter Hinweis auf eine Weiterbeschäftigungsmöglichkeit nach Nr. 3 zugleich die Zustimmung zu einer **Versetzung** nach § 99 liege.[553] Das trifft in dieser Allgemeinheit nicht zu.[554] Da das Mitbestimmungsrecht aus § 99 nur im Hinblick auf eine konkrete Versetzungsmaßnahme ausgeübt werden kann, müssen dem BR bei seinem Widerspruch bereits alle entsprechenden Informationen vorliegen, die im Falle einer Versetzung zu geben sind (vgl. § 99 Rn. 129 ff.). Außerdem müsste sich sein Widerspruch auf einen einzigen, konkret benannten Arbeitsplatz beschränkt haben. Insbesondere wenn dem AG die Auswahl zwischen mehreren noch zu konkretisierenden Versetzungsmöglichkeiten bleibt, bedarf es des erneuten Verfahrens nach § 99.[555] Falls zur Realisierung einer Versetzung eine **Änderungskündigung** erforderlich wird, bedarf diese eines erneuten Verfahrens gemäß § 102.[556]

231 Wenn der **BR** eine **Versetzung** gemäß § 99 BetrVG **ablehnt** und das Gericht seine Zustimmung nicht ersetzt, ist der betreffende Arbeitsplatz nicht »frei«, um auf ihn zur Kündigungsvermeidung zu verweisen.[557] Das gilt sowohl für Versetzungen im selben Betrieb als auch in einen anderen Betrieb (§ 99 Rn. 245).[558] Ist der Widerspruch ordnungsgemäß erklärt, muss der AG in der Regel kein Zustimmungsersetzungsverfahren einleiten (§ 99 Rn. 250).

---

549 KR-*Etzel,* Rn. 167; *Bösche,* S. 122; a. A. HWGNRH-*Huke,* Rn. 133.
550 So *ArbG Berlin* 20.7.77, BB 77, 1761; HWGNRH-*Huke,* Rn. 130, *GL,* Rn. 62.
551 Vgl. *BAG* 30.4.87, EzA § 1 KSchG Betriebsbedingte Kündigung Nr. 47; *KDZ,* § 1 KSchG Rn. 474.
552 Vgl. KR-*Etzel,* Rn. 163.
553 Vgl. HWGNRH-*Huke,* Rn. 134; KR-*Etzel,* Rn. 165; MünchArbR-*Matthes,* § 348 Rn. 69.
554 Vgl. *Wolff,* Vorläufiger Bestandsschutz, S. 106; *Gussone,* AuR 94, 245 [249].
555 Vgl. *Heinze,* Rn. 555.
556 *Heinze,* Rn. 557; a. A. MünchArbR-*Matthes,* § 348 Rn. 70.
557 *LAG Hamm* 18.8.78, DB 79, 2042.
558 *BAG* 22.1.91, NZA 91, 569.

d) Umschulung, Fortbildung (Abs. 3 Nr. 4)

232 Der Widerspruch kann sich darauf richten, dass eine Weiterbeschäftigung des AN nach zumutbaren **Umschulungs**- oder **Fortbildungsmaßnahmen** möglich ist (vgl. DKKWF-*Bachner*, § 102 Rn. 20). Zur Definition von »Umschulung« und »Fortbildung« kann auf die §§ 1, 46, 47 BBiG zurückgegriffen werden.[559] Es ist vom allgemeinen Sprachgebrauch auszugehen, wonach »Umschulung« Ausbildung in einem anderen Beruf als dem bisherigen bedeutet, »Fortbildung« die Weiterbildung in dem bisher ausgeübten Beruf.[560] Da sowohl das KSchG als auch Nr. 4 nicht von »beruflicher« Umschulung sprechen, sondern allgemein von Umschulung, ist von einem weiten Anwendungsbereich auszugehen. Der Widerspruchsgrund der Nr. 4 kommt zum einen vor allem in Betracht, wenn der AG durch die Veränderung von Arbeitsmitteln, -methoden oder -organisation **neue Anforderungen** für die AN schafft. Dabei wird der Zusammenhang mit einer hieraus folgenden Kündigungsabsicht vor allen Dingen bei **Rationalisierungen** gegeben sein.[561] Hier besteht ein enger Zusammenhang zu dem Mitbestimmungsrecht des BR nach § 97 Abs. 2 (vgl. Rn. 241). Eine Bildungsmaßnahme kommt aber auch dann in Betracht, wenn eine **personenbedingte Kündigung** auf Grund Fehlens oder Nachlassens der geforderten Leistungsfähigkeit möglich ist oder bei **krankheitsbedingter Kündigung** ein anderer Arbeitsplatz nur bei Veränderung der beruflichen Qualifikation eingenommen werden kann.[562] Nach einer Schulungsmaßnahme kann auch eine Weiterbeschäftigung auf dem **eigenen Arbeitsplatz** in Frage kommen.[563]

233 Die **Zumutbarkeit** einer Umschulung oder Fortbildung für den AG ergibt sich aus einer **Interessenabwägung,**[564] bei der technische und wirtschaftliche Möglichkeiten des AG gegen den Qualifizierungsbedarf des AN abzuwägen sind. Elemente dieser Abwägung sind auch die bisherige und die restliche Beschäftigungsdauer sowie die Erfolgsaussicht der Bildungsmaßnahme.[565] Eine isolierte wirtschaftliche Betrachtungsweise, die die Kosten der Maßnahme in den Vordergrund stellt, ist abzulehnen. Der AG ist umso mehr in der Pflicht, je mehr der Qualifizierungsbedarf auf von ihm veranlasste Betriebsumstellungen oder überhaupt auf Auswirkungen aus der Arbeitsumgebung zurückgeht. Außerdem spielen die Länge der Betriebszugehörigkeit, das Lebensalter des AN, dessen Chancen auf dem externen Arbeitsmarkt oder der Umstand, ob sich die Erforderlichkeit der Maßnahme aus einem Arbeitsunfall oder einer Berufskrankheit des AN ergibt, eine wesentliche Rolle.

234 Der BR muss die konkrete Zumutbarkeit der Maßnahme nicht positiv begründen, sondern vielmehr lediglich **Tatsachen darlegen, die für sich genommen für die Zumutbarkeit sprechen.** Die materielle Richtigkeit dieser Möglichkeit ist im Kündigungsprozess zu klären, eine mögliche offenbare Unrichtigkeit im Rahmen eines Antrags des AG auf Entbindung von der vorläufigen Weiterbeschäftigung gemäß Abs. 5 Satz 2 (Rn. 307 ff.).

235 Die **wirtschaftliche Leistungsfähigkeit** des Betriebes spielt zwar eine besondere Rolle.[566] Jedoch darf der wirtschaftliche Aspekt der Zumutbarkeit für den AG keineswegs isoliert betrachtet werden, sondern muss sich stets im Rahmen der Interessenabwägung den Bedürfnissen des AN stellen. Bei der Frage, ob eine Maßnahme zu kostspielig ist oder nicht, ist insbesondere auf die auch ansonsten **üblichen Aufwendungen** des AG für Weiterbildung abzuheben. Grundsätzlich ist vom AG die Übernahme der Kosten der Maßnahme zu erwarten. Ein **Eigenbeitrag des AN** dürfte nur in seltenen Ausnahmefällen verlangt werden können. Vertretbar erscheint allenfalls eine (vorübergehende) Reduzierung der laufenden Bezüge, wenn im Rahmen der Bildungsmaßnahme keine produktive Arbeit erbracht wird und die neuerworbenen Qualifikationen nicht nur betriebsbezogen, sondern auf dem allgemeinen Arbeitsmarkt verwertbar sind. Bietet der AN dies von sich aus an, so tritt die wirtschaftliche Leistungsfähigkeit des Unternehmens um so mehr in den Hintergrund.

---

559 *BAG* 7.2.91, DB 91, 1730.
560 *BAG* 7.2.91, a. a. O.
561 Vgl. KR-*Etzel*, Rn. 169.
562 Vgl. HWGNRH-*Huke*, Rn. 137.
563 GK-*Raab*, Rn. 142; KR-*Etzel*, Rn. 116.
564 GK-*Raab*, Rn. 147.
565 Vgl. HWGNRH-*Huke*, Rn. 138.
566 HWGNRH-*Huke*, Rn. 138

236 Es spielt keine Rolle, an welchem **Ort** die Bildungsmaßnahme stattfindet. Dies kann sowohl im Beschäftigungsbetrieb als auch in einem anderen Betrieb des Unternehmens erfolgen.[567] Es kann auf außerbetriebliche Maßnahmen verwiesen werden.[568] Die Frage, wo die Bildungsmaßnahme stattfindet, spielt für die Kostentragung keine Rolle. Das Gesetz macht insoweit keine Unterschiede.

237 Soweit die Bildungsmaßnahme durch **öffentliche Fördermittel** unterstützt wird, ist sie für den AG grundsätzlich zumutbar. Dabei spielt es für den Widerspruch des BR keine Rolle, ob der AG bereits einen entsprechenden Antrag gestellt hat oder nicht. Hängt die Gewährung der Leistung von einem Antrag des AN ab, so ist dieser dem AG gegenüber zur Antragstellung verpflichtet. Auch wenn eine entsprechende Erklärung bei Widerspruchserhebung bzw. Geltendmachung des Weiterbeschäftigungsanspruchs vom Gesetz nicht verlangt wird, ist sie doch den Beteiligten in jedem Falle zu empfehlen. Im Rahmen der Plausibilitätsanforderungen an einen Widerspruch (Rn. 205) ist es erforderlich, dass die Darlegungen des BR eine Gewährung der Leistungen als möglich erscheinen lassen.

238 Die **zeitliche Dauer** einer Bildungsmaßnahme ist gesetzlich nicht festgelegt. Sie hängt gleichfalls von einer umfassenden Interessenabwägung ab. Das *BAG* hat offen gelassen, wie sich die aus der zeitlichen Dauer ergebenden Kosten auf die Zumutbarkeit für den AG auswirken.[569] Einerseits ist davon auszugehen, dass im Regelfall eine neue Berufsausbildung in einem anerkannten Ausbildungsberuf nicht verlangt werden kann. Das gilt jedoch nur unter der für den Normalfall geltenden Bedingung, dass der AN seine bisherigen Bezüge weiterbezahlt erhält. Willigt er in eine Ausbildung mit der hierfür vorgesehenen Ausbildungsvergütung ein, so kann sich der Widerspruch auch hierauf stützen (wegen der damit verbundenen Vertragsänderung nur zugleich mit der Begründung gemäß Nr. 5; Rn. 217).

239 Die Frage der **Zumutbarkeit** der Bildungsmaßnahme **für den AN** ist praktisch unerheblich. Empfindet der AN ein vom BR vorgeschlagenes Bildungsangebot für sich als unzumutbar, so kann er es ablehnen mit der Folge, dass es als Alternative zur Kündigung nicht mehr vorhanden ist. Akzeptiert er es trotz einer von dritter Seite möglicherweise gesehenen Unzumutbarkeit, so ist dies ebenfalls seine Sache, und es spricht nichts dagegen, dieses Angebot als Alternative zur Kündigung zu akzeptieren (im Zweifelsfall liegt auch hier ein Widerspruchsgrund i. S. d. Nr. 5 vor; Rn. 243). Das Gesetz verlangt nicht, dass zum Zeitpunkt der Erhebung des Widerspruchs eine Einverständniserklärung des AN vorliegt.[570] Dies ist aus den zur Frage der Zumutbarkeit genannten Gründen auch unerheblich.

240 Voraussetzung für den Widerspruchsgrund der Nr. 4 ist die Möglichkeit der **Weiterbeschäftigung nach Abschluss der Bildungsmaßnahme** (h. M.). In dieser Hinsicht gilt das zum Widerspruchsgrund nach Nr. 3 Gesagte (Rn. 221 ff.). Darüber hinaus bezieht sich Nr. 4 auch auf die Möglichkeit der Weiterbeschäftigung nach Umschulung oder Fortbildung auf dem **bisherigen Arbeitsplatz** des AN.[571]

241 Es besteht ein enger Zusammenhang zwischen dem Widerspruchsrecht nach Nr. 4 und dem Mitbestimmungsrecht des BR nach **§ 97 Abs. 2**. Beabsichtigt der AG unter Missachtung des Mitbestimmungsrechts den Ausspruch einer Kündigung, so kann der BR Unterlassung bis zum Abschluss des Mitbestimmungsverfahrens nach § 97 Abs. 2 verlangen. Das gilt auch dann, wenn nur ein einzelner AN betroffen ist, weil das Mitbestimmungsrecht keinen kollektiven Tatbestand voraussetzt. Nur durch den Unterlassungsanspruch kann das Mitbestimmungsrecht gesichert werden.[572]

242 Soweit der Widerspruch des BR zugleich auf eine **Versetzung** des AN zielt, gilt hinsichtlich der Beteiligung gemäß § 99 das zum Widerspruchsgrund gemäß Nr. 3 Gesagte (Rn. 206).

---

567 KR-*Etzel,* Rn. 169; *Klebe/Schumann,* S. 145.
568 So auch HWGNRH-*Huke,* Rn. 142.
569 *BAG* 7.2.91, DB 91, 1730.
570 A. A. HWGNRH-*Huke,* Rn. 140 ; GK-*Raab,* Rn. 146.
571 APS-*Koch,* Rn. 202; GK-*Raab,* Rn. 142 KR-*Etzel,* Rn. 169 a.
572 *Fitting,* Rn. 93.

e) Geänderte Vertragsbedingungen (Abs. 3 Nr. 5)

Der Widerspruchsgrund der Nr. 5 zielt darauf, jede nur denkbare Möglichkeit zum Erhalt des Arbeitsverhältnisses auszuschöpfen (vgl. DKKWF-*Bachner,* § 102 Rn. 21). Er ist insofern erforderlich, als der BR nicht von sich aus über die **arbeitsvertraglichen Positionen des AN** verfügen kann. Sein Hinweis auf andere Beschäftigungsmöglichkeiten – sei es an einem anderen, sei es am vorhandenen Arbeitsplatz, sei es mit oder ohne Bildungsmaßnahmen – kann die vertraglichen Rechte des AN nicht verändern. Deshalb ist in Nr. 5 eine Art **Auffangtatbestand** geschaffen, mit dem alle Beschäftigungsalternativen eingefangen werden sollen, bei denen der Arbeitsvertrag geändert werden muss. Der AN kann in schlechtere Vertragsbedingungen allerdings nur einwilligen, soweit diese **nicht** durch Gesetz, TV oder BV **unabdingbar** sind (§ 4 Abs. 1 und 3 TVG, § 77 Abs. 4 BetrVG).[573] **243**

Überwiegend wird angenommen, dass sich Nr. 5 nur auf die Möglichkeit **ungünstigerer Arbeitsbedingungen** beziehe. Der AG sei nicht verpflichtet, dem AN eine günstigere »**Beförderungsstelle**« anzubieten.[574] Diese Verengung sowohl des materiellen Kündigungsrechts wie des Widerspruchstatbestands ist nicht überzeugend. Der Wortlaut der Bestimmungen gibt hierfür nichts her. Auch aus der Tatsache, dass ein AN während des Bestehens des Arbeitsverhältnisses keinen Anspruch auf Beförderung hat, kann nicht geschlossen werden, dass diese auch nicht zur Vermeidung einer Kündigung in Frage kommt. Das Einverständnis des AN ist im Übrigen idR auch bei einem Wechsel »nach oben« erforderlich. Wenn der AN die Eignung für den höherwertigen Arbeitsplatz mitbringt, spricht daher keinesfalls etwas gegen die Besetzung durch ihn.[575] Sollten Umschulungs- oder Fortbildungsmaßnahmen erforderlich sein, werden die Interessen des AG durch den dort erforderlichen Gesichtspunkt der »Zumutbarkeit« gewahrt (vgl. Rn. 233). Gegenüber einem von außen kommenden Bewerber hätte der BR in einem solchen Falle die Möglichkeit, der Einstellung gemäß § 99 Abs. 2 Nr. 3 zu widersprechen (vgl. § 99 Rn. 209). Da es im Rahmen der Nr. 5 vom Einverständnis des AN abhängt, ob es zu geänderten Arbeitsbedingungen kommt, gibt es hinsichtlich der Verweisbarkeit »**nach unten**« keine Begrenzung. Voraussetzung ist aber hier, dass der Arbeitsplatz »frei« ist. **244**

Nach h. M. bezieht sich die Widerspruchsmöglichkeit der Nr. 5 nur auf individuelle Maßnahmen, nicht dagegen auf **kollektive Tatbestände** wie die Einführung von Kurzarbeit.[576] Diese Ansicht ist abzulehnen.[577] Wenn man mit der h. M. davon ausgeht, dass die Einführung von **Kurzarbeit** bei ordnungsgemäßer BR-Beteiligung auch ohne das Einverständnis der betroffenen AN Arbeitszeit und Lohnanspruch reduziere,[578] dann bedarf es für die Änderung der Arbeitsbedingungen nicht mehr des Einverständnisses des AN. Wenn im Übrigen eine Kündigung durch eingeführte Kurzarbeit vermieden werden kann, ist sie in jedem Fall sozialwidrig.[579] Dies löst dann als Fall einer offenkundig rechtswidrigen Kündigung einen Weiterbeschäftigungsanspruch noch vor einem Urteil in erster Instanz aus (Rn. 242). **245**

Ob das Einverständnis des AN zur Vertragsänderung bereits **bei Einlegung des Widerspruchs** durch den BR vorliegen muss, ist umstritten.[580] Der Mehrheitsmeinung ist zuzubilligen, dass der Widerspruch der Nr. 5 nur Sinn macht, wenn das Einverständnis des AN vorliegt. Allerdings ist denkbar, dass der BR bei der Einlegung des Widerspruchs den betroffenen AN zB gar nicht erreicht. Da das Gesetz diese Voraussetzung nicht ausdrücklich formuliert, muss es ausreichen, dass der AN sein Einverständnis zu einer Vertragsänderung spätestens gleichzeitig mit seinem Verlangen nach Weiterbeschäftigung gemäß Abs. 5 Satz 1 äußert.[581] **246**

573 Vgl. KR-*Etzel,* Rn. 172 a; GK-*Raab,* Rn. 155.
574 *BAG* 29.3.90, EzA § 1 KSchG Soziale Auswahl Nr. 29.
575 Ebenso HWGNRH-*Huke,* Rn. 146.
576 *LAG Düsseldorf* 21.6.74, EzA § 102 BetrVG 1972 Beschäftigungspflicht Nr. 3; *LAG Hamm* 8.3.83, BB 83, 1349; *Fitting,* Rn. 97; HWGNRH-*Huke,* Rn. 146.
577 Vgl. *Wolff,* Vorläufiger Bestandsschutz, S. 124 ff.; Richardi-*Thüsing,* Rn. 176.
578 Vgl. *BAG* 11.7.90, AP Nr. 32 zu § 611 Betriebsrisiko = AiB 91, 94 mit krit. Anm. *Trittin.*
579 *BAG* 17.10.80, EzA § 1 KSchG Betriebsbedingte Kündigung Nr. 15; vgl. *KDZ,* § 1 KSchG Rn. 414 f.
580 Dafür *Fitting,* Rn. 95; GK-*Raab,* Rn. 151 ff.; KR-*Etzel,* Rn. 172 b; Richardi-*Thüsing,* Rn. 177; dagegen: *LAG Hessen* 15.2.13 – 14 SaGa 1700/12, juris.
581 Vgl. auch MünchArbR-*Matthes,* 2. Aufl., § 348 Rn. 74.

247 Der AN kann sein Einverständnis zu der vom BR vorgeschlagenen Vertragsänderung unter dem **Vorbehalt** erteilen, **dass die Änderung der Arbeitsbedingungen sozial gerechtfertigt** ist.[582] Kündigt der AG daraufhin, ohne dem AN die vom BR vorgeschlagenen neuen Vertragsbedingungen anzubieten, so kann der AN gegen diese Beendigungskündigung einen Weiterbeschäftigungsanspruch geltend machen. Geht der AG auf den Vorschlag des BR ein und spricht die angesichts des Verhaltens des AN notwendige Änderungskündigung aus, so kann sich der AN gegen diese gemäß § 2 KSchG wenden. Der Widerspruch des BR ist in Bezug auf diese Änderungskündigung gegenstandslos, denn er hat ihr ja gerade nicht widersprochen, sondern sie selbst vorgeschlagen (zum Sonderproblem der Änderungskündigung s. Rn. 280).[583]

VI. Kündigung durch Arbeitgeber (Abs. 4)

1. Allgemeines

248 Der AG wird durch das BetrVG nicht in seiner **Kündigungsfreiheit** beschränkt. Die Tatsache, dass der BR einen Widerspruch eingelegt hat, führt als solche nicht zur Unzulässigkeit der Kündigung. Das gilt erst recht, wenn nur Bedenken angemeldet würden. § 102 hat vielmehr folgende **Auswirkungen**:

- Treffen die vom BR geltend gemachten Widerspruchsgründe zu, so ist die Kündigung sozialwidrig (Rn. 260).
- Ist das Anhörungsverfahren fehlerhaft, ist die Kündigung rechtsunwirksam (Rn. 253).
- Darüber hinausgehend kann die Kündigungsfreiheit des AG durch eine Vereinbarung mit dem BR gemäß Abs. 6 beschränkt werden (Rn. 338).

249 Wenngleich die **Kündigungsfreiheit des** AG durch § 102 **nicht beschränkt** wird, so sind doch Fälle denkbar, bei denen der Ausspruch von Kündigungen dem AG zumindest vorläufig untersagt werden kann. Ein solcher **Unterlassungsanspruch** besteht zum einen dann, wenn der AG eine mit Kündigungen verbundene Betriebsänderung durchzuführen beabsichtigt und dem betriebsverfassungsrechtlichen Verhandlungsanspruch des BR (noch) nicht Genüge getan ist.[584] Nach der Rspr. des *EuGH*[585] darf der AG darüber hinaus Massenentlassungen i. S. der Massenentlassungsrichtlinie 98/59/EG nur aussprechen, wenn er das betriebsrätliche Beteiligungsverfahren nach Art. 2 der Richtlinie durchgeführt und außerdem die Anzeige i. S. v. § 17 Abs. 2 KSchG ordnungsgemäß vorgenommen hat.[586]

2. Abschrift der Stellungnahme des Betriebsrats

250 Kündigt der AG, obwohl der BR nach Abs. 3 der Kündigung widersprochen hat (vgl. DKKWF-*Bachner,* § 102 Rn. 30), so hat er dem AN mit der Kündigung eine **Abschrift** der Stellungnahme des BR zuzuleiten. Dem AG soll es so erschwert werden, eine Kündigung trotz Widerspruchs des BR auszusprechen. Ferner wird der betroffene AN durch die Kenntnis der Widerspruchsgründe in die Lage versetzt, die Aussichten eines KSchProzesses besser abschätzen und sich auf den Widerspruch des BR berufen zu können.[587] Diese Verpflichtung besteht auch, wenn der AN nicht unter das KSchG fällt (h. M.).[588]

251 **Unterlässt** der AG die Übermittlung der Stellungnahme, so soll dies nach h. M. keine Auswirkungen auf die **Rechtswirksamkeit der Kündigung** haben.[589] Stattdessen werden dem AN Schadensersatzansprüche zugebilligt.[590] Sie können daraus resultieren, dass der AN eine Erfolg

---

582 *KDZ,* § 1 KSchG Rn. 569; Richardi-*Thüsing,* Rn. 178; *Fitting,* Rn. 96; KR-*Etzel* Rn. 173.
583 Vgl. KR-*Etzel,* Rn. 173.
584 Vgl. hierzu §§ 112, 112 a Rn. 23.
585 27.1.05, NZA 05, 213.
586 Vgl. hierzu näher §§ 112, 112 a Rn. 11.
587 BT-Drucks. VI/1786, 52.
588 *Fitting,* Rn. 100.
589 *Fitting,* Rn. 100; KR-*Etzel,* Rn. 180; HWGNRH-*Huke,* Rn. 152.
590 GK-*Raab,* Rn. 159; KR-*Etzel,* Rn. 180; HWGNRH-*Huke,* Rn. 152.

versprechende Kündigungsschutzklage unterlassen hat, die er in Kenntnis der BR-Stellungnahme erhoben hätte. Es kann auch sein, dass er eine Kündigungsschutzklage erhoben hat, die er in Kenntnis der BR-Stellungnahme nicht erhoben hätte.[591] Hiergegen ist mit beachtlichen Argumenten vorgebracht worden, Abs. 4 regele eine **formelle Kündigungsvoraussetzung,** die Unterlassung der Mitteilung der Stellungnahme des BR führe zur Rechtsunwirksamkeit der Kündigung.[592]

Die Verpflichtung des Abs. 4 erstreckt sich nur auf fristgerecht eingelegte Widersprüche und **252**
nicht auf bloße **Bedenken.** Damit scheidet die Anwendung dieser Vorschrift z. B. für außerordentliche Kündigungen aus.[593] Damit sich die Frage, ob der **BR dem AN direkt** – also nicht über den Weg des AG – **seine Bedenken oder seinen Widerspruch** gegen die Kündigung **übermitteln** darf. Hierbei ist zu unterscheiden zwischen dem Zeitraum vor dem Zugang der Kündigung und dem Zeitraum danach. Vor dem Zugang der Kündigung besteht die Möglichkeit, dass der AG nach Prüfung der Bedenken bzw. des Widerspruchs des BR von der beabsichtigten Kündigung Abstand nimmt. Die Anhörung des BR hat ja gerade zum Ziel, dem AG auch den Standpunkt des BR und die zugunsten des AN sprechenden Gründe vor Augen zu führen. Deshalb betrifft dieser Zeitraum ausschließlich die Sphäre von AG und BR; der AN selbst ist mangels Zugang der Kündigung noch nicht unmittelbar betroffen. Eine Weiterleitung der Bedenken oder des Widerspruchs zu diesem Zeitpunkt durch den BR ist daher nicht zulässig. Spricht der AG die Kündigung nach Anhörung des BR nicht aus, so wäre die Weiterleitung der Stellungnahme des BR sogar kontraproduktiv. Nach Zugang der Kündigung ist der BR demgegenüber berechtigt, seine Bedenken bzw. seinen Widerspruch direkt an den AN weiterzuleiten. Der BR hat als Vertreter des AN ein eigenes berechtigtes Interesse daran, als Interessenvertreter wahrgenommen zu werden. Der AN selbst hat als Betroffener gerade in der Kündigungssituation ein berechtigtes Interesse, die Position des BR zur Kenntnis zu nehmen, um hieraus ggf. Rückschlüsse für seine Verteidigungsstrategie im Kündigungsschutzprozess zu ziehen. Daran ändert es auch nichts, dass das BetrVG in § 102 Abs. 4 lediglich für den Fall des Widerspruchs des BR den AG im Fall der Kündigung verpflichtet, den Widerspruch mit der Kündigung an den AN weiterzuleiten. Die Bestimmung dient dazu, dem AN jedenfalls in einer solchen Situation die Position des BR zur Kenntnis zu bringen. Sie sagt nichts über das eigene Recht des BR zur Weiterleitung seiner Stellungnahme an den AN aus.

3. Unwirksamkeit wegen fehlerhafter Anhörung des Betriebsrats (Verfahrensfehler)

Eine unterlassene oder fehlerhafte Anhörung macht jede Kündigung irreversibel **unwirksam** **253**
(Rn. 46). Diese Rechtsfolge ist insbesondere gegeben, wenn der AG den BR nicht oder fehlerhaft informiert. Kündigt der AG vor Ablauf der Äußerungsfrist des BR gemäß Abs. 2, so kommt es zum einen darauf an, ob schon eine abschließende Stellungnahme des BR vorliegt (Rn. 176) und wie eventuelle Fehler bei der Beschlussfassung des BR zu bewerten sind (Rn. 256).

Die Kündigung ist unwirksam, wenn die **Anhörung** durch den AG **fehlerhaft** ist. Diese Fest- **254**
stellung ist zu ergänzen durch den Hinweis auf die **subjektive Determination** des Anhörungsverfahrens durch den AG: Demgemäß ist die Kündigung bei unvollständiger Information nicht unwirksam; vielmehr führt § 102 dazu, dass der AG die Kündigung im Kündigungsschutzprozess nur noch auf die dem BR mitgeteilten (bzw. möglicherweise zulässigerweise nachgeschobenen) Gründe stützen kann (Rn. 83, 126 ff.). Unwirksam ist deshalb die Kündigung vor allem in folgenden **Fällen:**

- Es wird überhaupt nicht informiert (Rn. 46).
- Der AG unterlässt eine notwendige Wiederholung der Information (Rn. 59, 73).
- Der AG informiert nicht zutreffend über die Person des AN (Rn. 67).
- Der AG unterlässt die Nennung von Kündigungsfrist (Rn. 70) oder Kündigungstermin (Rn. 72) bzw. nennt falsche Termine.

591 Vgl. KR-*Etzel*, Rn. 180; gegen den Ersatz von Prozesskosten GK-*Raab*, Rn. 159.
592 *Düwell*, NZA 88, 886; hiergegen GK-*Raab*, Rn. 158; *Kliemt*, NZA 93, 921.
593 KR-*Etzel*, Rn. 181.

- Der AG informiert wissentlich wahrheitswidrig (Rn. 85).
- Der AG informiert nur pauschal;[594] zur Möglichkeit der subjektiven Determination (Rn. 76).
- Der AG informiert ein unzuständiges Gremium (Rn. 140, 257).
- Der AG informiert ein nichtempfangsberechtigtes BR-Mitglied (Rn. 155)
- Zur bewussten Herbeiführung von Mängeln der BR-Beschlussfassung Rn. 256.

255 Die Kündigung ist unwirksam, wenn der AG vor Ablauf der Anhörungsfrist des Abs. 2 kündigt, **ohne** dass eine **abschließende Stellungnahme** des BR vorliegt (vgl. Rn. 176).[595] Wartet er die dort geregelte Frist ab, sind das Ob und Wie der BR-Stellungnahme im Grundsatz unerheblich für die Kündigungsberechtigung (s. jedoch zu provoziertem Verfahrensmangel Rn. 258).

256 Kündigt der AG vor Ablauf der Anhörungsfrist des Abs. 2 und sind bei der **Befassung und Beschlussfassung des BR** zu einer abschließenden Stellungnahme **Mängel** aufgetreten, so wird dies von der Rspr. grundsätzlich der **Sphäre des BR** zugerechnet mit der Folge, dass das Anhörungsverfahren dadurch nicht fehlerhaft wird (ständ. Rspr.; vgl. auch Rn. 137).[596] Fehler im BR-Verfahren können dem AG nur in engen Grenzen angelastet werden können, die Voraussetzungen hierfür sind strittig. Zunächst hatte das *BAG* eine Verantwortung des AG selbst dann abgelehnt, wenn dieser im Zeitpunkt der Kündigung weiß oder vermuten kann, dass die Behandlung der Angelegenheit durch den BR nicht fehlerfrei gewesen ist.[597] Eine Verantwortlichkeit des AG für die fehlerhafte BR-Verfahrensweise ist erst für den Fall angenommen worden, dass der AG die Mängel selbst veranlasst hat.[598] Andererseits hat das *BAG* eine Anhörung als unwirksam angesehen, wenn ein einzelnes BR-Mitglied vor Ablauf der Erklärungsfristen des Abs. 2 eine Stellungnahme zu der vorgesehenen Kündigung abgibt und der AG weiß oder nach den Umständen annehmen muss, dass der BR sich noch nicht mit der Angelegenheit befasst hat.[599] Das Problem kann ersichtlich nicht durch die Zuweisung von »**Verantwortungs-Sphären**« gelöst werden. Es ist unter Rückgriff auf die grundlegende Feststellung zu klären, dass der AG vor Ablauf der Äußerungsfrist nur kündigen kann, wenn eine **abschließende Stellungnahme** des BR vorliegt (Rn. 176). Eine solche Erklärung liegt nicht vor, wenn der Beschluss des BR rechtsfehlerhaft zustande gekommen ist. Deshalb müssen Regel und Ausnahme umgekehrt formuliert werden: Grundsätzlich kann bei einem fehlerhaften BR-Beschluss vor Ablauf der Erklärungsfrist nicht rechtswirksam gekündigt werden. Dies ist jedoch ausnahmsweise unter dem Gesichtspunkt der **Anscheins-** bzw. **Vertrauenshaftung** möglich.[600] Wenn der AG keinen Anlass zu der Annahme hatte, dass die ihm mitgeteilte Stellungnahme des BR fehlerhaft ist, so kann er die Kündigung aussprechen. Kennt er dagegen die Fehlerhaftigkeit oder musste er sie kennen, ist ihm die Berufung auf den Anschein einer fehlerfreien Stellungnahme verwehrt.

257 Die Beschlussfassung durch ein vom AG beteiligtes, aber **unzuständiges Gremium** fällt auch bei Zugrundelegung dieser Kategorie nicht in die Sphäre des BR. Sie führt in jedem Falle zu einem vom AG zu vertretenden Verfahrensfehler und damit zu einer unwirksamen Anhörung.[601]

258 Hat der **AG** die mangelhaften Verfahrensweise des BR **selbst veranlasst,** so ist die gesamte Anhörung unwirksam, auch dann, wenn die Anhörungsfrist abgewartet wird.[602]

259 Ist dem **BR** ein **Fehler des AG** bei der Verfahrenseinleitung **bekannt,** so besteht keine generelle Pflicht, den AG darauf hinzuweisen.[603] Erst mehrmalige widerspruchslose Hinnahme fehler-

---

594 *BAG* 27.6.85, EzA § 102 BetrVG 1972 Nr. 60.
595 *LAG Köln* 25.8.95, Mb 1/97, 61; *HessLAG* 1.2.06, juris.
596 *BAG* 16.1.03, NZA 03, 927; 6.10.05, DB 06, 567.
597 *BAG* 4.8.75 und 2.4.76, a. a. O.
598 *BAG* 4.8.75, a. a. O.
599 *BAG* 28.2.74, EzA § 102 BetrVG 1972 Nr. 8.
600 Ähnlich Richardi-*Thüsing*, Rn. 121 ff., 123.
601 Vgl. *LAG Bremen* 26.10.82, DB 83, 2145; unzutreffend HWGNRH-*Huke*, Rn. 89 ff.
602 HWGNRH-*Huke*, Rn. 91; KR-*Etzel*, Rn. 117; vgl. auch *Kittner*, Anm. zu EzA § 102 BetrVG 1972 Nr. 28.
603 *BAG* 16.10.91, EzA § 102 BetrVG 1972 Nr. 83.

haft gegebener Informationen (z. B. an ein unzuständiges BR-Mitglied) kann zu der Pflicht des BR führen, den AG auf die Notwendigkeit einer künftig korrekten Verfahrensweise hinzuweisen (vgl. Rn. 139).

4. Absoluter Sozialwidrigkeitsgrund wegen Widerspruchs des Betriebsrats

Unterliegt der AN dem KSchG, ist die **Kündigung rechtsunwirksam,** wenn der vom BR erhobene Widerspruch begründet ist. Zwar sind die in Abs. 3 genannten Einwendungen gegen die Kündigung vom Gericht auch dann in der Sache nachzuprüfen, wenn kein Widerspruch des BR vorliegt,[604] jedoch verbessert das Vorliegen des BR-Widerspruchs die rechtliche Stellung des AN: Beim Vorliegen eines begründeten BR-Widerspruchs **entfällt** für die Prüfung der sozialen Rechtfertigung der Kündigung **die Interessenabwägung.**[605] Es liegt dann ein sog. **absoluter Sozialwidrigkeitsgrund** vor.[606] 260

5. Kündigungsschutzprozess

a) Grundsätze

Hat der AG nach Anhörung des BR gekündigt, so kann sich der AN gegen diese Kündigung durch **Feststellungsklage beim ArbG** zur Wehr setzen. Die KSch-Klage muss innerhalb von **drei Wochen** nach Zugang der Kündigung erhoben werden (§ 4 KSchG). Die Klage eines nicht dem KSchG unterfallenden AN, der sich auf einen Gesetzesverstoß beruft (z. B. § 138 BGB), ist nicht an diese Frist gebunden (§ 13 Abs. 2 und 3 KSchG). Behauptet der AN, der BR sei nicht ordnungsgemäß angehört worden, so handelt es sich um eine »Rechtsunwirksamkeit aus anderen Gründen« i. S. d. § 13 Abs. 3 KSchG; auch hier gilt die dreiwöchige Klagefrist des § 4. Die Einhaltung der Klagefrist ist auch erforderlich, um den Weiterbeschäftigungsanspruch nach Abs. 5 geltend zu machen und mit Aussicht auf Erfolg einen Auflösungsantrag gemäß §§ 9, 10 KSchG stellen zu können.[607] 261

Die gleichen Grundsätze gelten gemäß § 13 Abs. 1 und 3 für eine **außerordentliche Kündigung.**[608] 262

b) Darlegungs- und Beweislast

Hinsichtlich der **Darlegungs- und Beweislast** im Kündigungsschutzprozess ist zu unterscheiden zwischen der Geltendmachung der Unwirksamkeit der Kündigung wegen mangelnder sozialer Rechtfertigung gemäß § 1 KSchG oder sonstigen Gesetzesverstoßes (Rn. 264 ff.) und der Unwirksamkeit der Kündigung gemäß Abs. 1 Satz 2 wegen eines fehlerhaften Anhörungsverfahrens (Rn. 90, 267). 263

Gemäß § 1 Abs. 2 Satz 4 KSchG hat der **AG** die **Tatsachen zu beweisen,** die die Kündigung bedingen (zur Berechtigung von Widerspruchsgründen des BR näher Rn. 265). Im Falle einer betriebsbedingten Kündigung hat der AN die Tatsachen zu beweisen, die die soziale Auswahl als ungerechtfertigt erscheinen lassen (§ 1 Abs. 3 Satz 3 KSchG; näher Rn. 266). Hiervon ausgehend hat das *BAG* ein umfassendes System der sog. **abgestuften Darlegungs- und Beweislast** entwickelt, das zwei zentralen Grundsätzen folgt:[609] 264

- Jeder Prozessbeteiligte hat die ihm günstigen Tatsachen darzulegen und erforderlichenfalls zu beweisen.

---

604 Vgl. *KDZ,* § 1 KSchG Rn. 49.
605 *BAG* 6.6.84, AP Nr. 16 zu § 1 KSchG 1969 Betriebsbedingte Kündigung; 13.9.71, AP Nr. 2 zu § 1 KSchG 1969.
606 *KDZ,* § 102 BetrVG Rn. 189; *Preis,* Betriebsbedingte Kündigung, Rn. 89.
607 Vgl. *BAG* 29.1.81, EzA § 9 KSchG n. F. Nr. 10; ; GK-*Raab,* Rn. 180.
608 Vgl. *KDZ,* § 13 KSchG Rn. 2 ff.
609 Vgl. *BAG* 15.6.89, EzA § 1 KSchG Soziale Auswahl Nr. 27; umfassend *Ascheid,* Beweislastfragen im Kündigungsschutzprozess, 1989; *KDZ,* § 1 KSchG Rn. 79, 148, 252., 570, 744.

- Der Umfang der Darlegungs- und Beweislast richtet sich nach den Einlassungen der Gegenseite.

265 Der AG trägt gemäß § 1 Abs. 2 Satz 4 KSchG die Beweislast dafür, dass die in § 1 Abs. 2 Sätze 2 und 3 KSchG genannten **Widerspruchsgründe** nicht vorliegen.[610] Dem AN obliegt es sodann darzustellen, wie er sich eine anderweitige Beschäftigung vorstellt.[611] Im Rahmen des Grundsatzes der abgestuften Darlegungs- und Beweislast hat der AG demgegenüber darzulegen und erforderlichenfalls zu beweisen, dass eine anderweitige Beschäftigung im Betrieb nicht möglich oder zumutbar ist.[612]

266 Während für einen ordnungsgemäßen Widerspruch des BR wegen fehlerhafter **Sozialauswahl** gemäß Abs. 3 Nr. 1 nicht erforderlich ist, dass der BR einzelne AN bezeichnet, die seines Erachtens weniger schutzwürdig sind als der zu kündigende AN, verlangt das *BAG* vom klagenden AN, dass er letztendlich konkret vorträgt, welche AN weniger schutzbedürftig sein sollen.[613] Diese über das Gesetz hinausgehende Anforderung ist zu kritisieren. Es muss genügen, wenn der AN die auswahlrelevanten Tatsachen vorträgt, aus denen sich die Fehlerhaftigkeit der Auswahlentscheidung ergibt.[614] Beruft sich der AN auf die vom BR hierzu vorgetragenen Widerspruchsgründe und entkräftet der AG diese nicht, ist von ihnen unter dem Gesichtspunkt des Anscheinsbeweises auszugehen.

267 Die Darlegungs- und Beweislast zur **ordnungsgemäßen Durchführung eines Anhörungsverfahrens** gemäß § 102 (vgl. DKKWF-*Bachner,* § 102 Rn. 34 ff.) orientiert sich an zwei Grundsätzen:

- Der AN hat vorzutragen und erforderlichenfalls zu beweisen, dass mit einem funktionsfähigen BR die Voraussetzungen für ein Anhörungsverfahren gemäß Abs. 1 vorgelegen haben.
- Der AG hat darzulegen und erforderlichenfalls zu beweisen, dass die Anhörung ordnungsgemäß durchgeführt wurde.[615]

268 Im System der **abgestuften Darlegungs- und Beweislast** kann der AN auf der ersten Stufe den Tatsachenvortrag des AG grundsätzlich prozesswirksam mit Nichtwissen bestreiten (§ 138 Abs. 4 ZPO).[616] Dieses Bestreiten löst sodann die Verpflichtung des AG aus, die Einzelheiten der Anhörung des BR in zeitlicher und inhaltlicher Hinsicht näher zu substantiieren. Hier reicht es nicht aus, wenn der AG lediglich vorträgt, der BR sei von ihm vor Kündigungsausspruch den gesetzlichen Anforderungen entsprechend angehört worden. Vielmehr ist ein substantiierter Tatsachenvortrag notwendig, der zumindest den äußeren Anschein eines ordnungsgemäßen Anhörungsverfahrens enthalten muss. Es muss vorgetragen werden, wann und durch wen der BR unterrichtet worden ist und welchen Inhalt die Mitteilung an den BR hatte, wann die Stellungnahme des BR beim AG eingegangen ist und wann die Kündigung ausgesprochen wurde.[617] Will sich der AG auf einen bereits vorhandenen Kenntnisstand des BR berufen, hat er den entsprechenden Sachverhalt umfassend vorzutragen.[618] Hat der AG die Voraussetzungen der ersten Stufe der Darlegungs- und Beweislast erfüllt, so muss der AN auf der zweiten Stufe nunmehr deutlich machen, welche Angaben er für zutreffend hält und welche nicht. Der AG kann die erste Stufe der Darlegungs- und Beweislast auch dadurch erfüllen, indem er dem AN mit dem Kündigungsschreiben auch das an den BR gerichtete Anhörungsschreiben übermittelt und dieses Anhörungsschreiben sodann in den Kündigungsschutzprozess einführt.[619]

---

610 *KDZ,* § 1 KSchG Rn. 570
611 *BAG* 27.9.84, EzA § 102 BetrVG 1972 Nr. 5.
612 *BAG* 27.9.84, a. a. O.; 3.2.77, EzA § 1 KSchG Betriebsbedingte Kündigung Nr. 7.
613 *BAG* 25.4.85, EzA § 1 KSchG Betriebsbedingte Kündigung Nr. 35.
614 *KDZ,* § 1 KSchG Rn. 744 ff.; *Preis,* Betriebsbedingte Kündigung, Rn. 195; insgesamt *Linck,* DB 90, 1869.
615 *BAG* 19.8.75, EzA § 102 BetrVG 1972 Nr. 15; *BAG* 16.3.00, DB 00, 1524.
616 Vgl. allerdings *LAG Köln* 31.1.94, LAGE § 102 BetrVG 1972 Nr. 38: Notwendigkeit gezielten Vorbringens zu als unzutreffend angesehenem AG-Vorbringen.
617 Zur Beweisführungslast für eine nicht bewusste Irreführung des BR vgl. *BAG* 22.9.94, DB 95, 477.
618 Vgl. *BAG* 27.6.85, EzA § 102 BetrVG 1972 Nr. 60; zur Darlegungslast bei Wirksamkeit der Kündigung gemäß § 7 KSchG *LAG Sachsen-Anhalt* 18.1.95 NZA-RR 96, 14.
619 23.6.05, NZA 05, 1233.

Der AN muss sein **Bestreiten** zumindest soweit **substantiieren**, dass für das Gericht erkennbar wird, über welche einzelnen Behauptungen des AG Beweis erhoben werden soll.[620] Er kann den gesamten vom AG mitgeteilten Sachverhalt allerdings auch auf dieser der dritten Stufe nur mit Nichtwissen bestreiten, wenn er im Einzelnen deutlich macht, dass und warum er mangels eigener Wahrnehmung den vom AG behaupteten Sachverhalt nicht kennt. Etwas anderes gilt, wenn sich der Tatsachenvortrag des AG auf Gegenstände der eigenen Wahrnehmung des AN erstreckt.[621] Behauptet der AN eine bewusste Irreführung des BR, hat der AG die Übereinstimmung der kündigungsbegründenden Tatsachen mit den dem BR mitgeteilten Informationen vorzutragen.[622] **269**

VII. Vorläufige Weiterbeschäftigung (Abs. 5)

1. Grundsätze

Die **Weiterbeschäftigung** des gekündigten AN über den Ablauf der Kündigungsfrist hinaus ist von entscheidender Bedeutung für die **Effektivität** eines Kündigungsschutzprozesses. Angesichts dessen Dauer und der Notwendigkeit für den AN, sich nach Ablauf der Kündigungsfrist um die Verwertung seiner Arbeitskraft zu bemühen (§ 615 Satz 2 BGB), ist davon auszugehen, dass ein einmal aus dem Betrieb ausgeschiedener AN sich im Normalfall ohne die Weiterbeschäftigungsmöglichkeit während des KSchProzesses die tatsächliche Rückkehr und Beschäftigung in diesem Betrieb nicht mehr einklagen kann. Folglich würde dieser Prozess praktisch nurmehr eine Auseinandersetzung um die Höhe einer Abfindung). Die Weiterbeschäftigungsmöglichkeit des gekündigten AN nach Abs. 5 dient dem »Bestandsschutz des Arbeitsverhältnisses während des Kündigungsschutzverfahrens«.[623] **270**

Unabhängig von der gesetzlichen Regelung eines Weiterbeschäftigungsanspruchs beim Vorliegen eines BR-Widerspruchs gemäß Abs. 5 besteht ein **allgemeiner Weiterbeschäftigungsanspruch.** Dessen Voraussetzungen hat der Große Senat des *BAG* folgendermaßen festgelegt: **271**

- Die Kündigung ist offensichtlich unwirksam oder
- es liegt ein die Instanz abschließendes Urteil vor, das die Unwirksamkeit der Kündigung feststellt.[624]

Eine **»offensichtlich unwirksame Kündigung«** liegt dieser Entscheidung zufolge dann vor, wenn sich schon nach dem eigenen Vortrag des AG – ohne Beweiserhebung und ohne dass ein Beurteilungsspielraum gegeben wäre – jedem Kundigen die Unwirksamkeit der Kündigung geradezu aufdrängen muss. Die Unwirksamkeit der Kündigung muss also ohne jeden vernünftigen Zweifel in rechtlicher und in tatsächlicher Hinsicht offen zutage liegen.[625] Der allgemeine Weiterbeschäftigungsanspruch besteht **unabhängig von dem besonderen Weiterbeschäftigungsanspruch** gem. Abs. 5.[626]

Im Falle einer **erneuten Kündigung** (**»Kettenkündigung«**, **»Kaskadenkündigung«**) während der Weiterbeschäftigung ist sorgfältig darauf zu achten, ob diese nicht missbräuchlich erfolgt ist, um sich des weiterbeschäftigten AN zu entledigen. Das *BAG* hat hierzu folgende Grundsätze aufgestellt: **272**

- Hat ein Gericht für Arbeitssachen festgestellt, daß eine bestimmte Kündigung unwirksam ist, und hat es deshalb den AG zur Weiterbeschäftigung verurteilt, hängt die Beantwortung der Frage, ob danach ausgesprochene Kündigungen den Weiterbeschäftigungsanspruch beenden, davon ab, ob sie zu einer Ungewissheit über den Fortbestand des Arbeitsverhältnisses führen, die derjenigen entspricht, die vor Verkündung des Urteils bestanden hat, das die Unwirksamkeit der ersten Kündigung festgestellt hat.

---

620 *BAG* 16.3.00, DB 00, 1524; krit. *Mühlhausen*, NZA 02, 644.
621 *Oetker*, BB 89, 419; zur Hinweispflicht des ArbG vgl. *BVerfG* 2.1.95, EzA Art. 103 GG Nr. 3.
622 *ArbG Koblenz* 5.2.97, NZA-RR 97, 485.
623 BT-Drucks. VI/2729, S. 52; Rspr.-Übersicht bei *Mareck*, BB 00, 2042; *Gussone*, AiB 94, 34.
624 *BAG-GS* 27.2.85, EzA § 611 BGB Beschäftigungspflicht Nr. 9.
625 *BAG*, a. a. O.
626 Im Einzelnen *KDZ*, § 102 BetrVG Rn. 263 ff.

- Dementsprechend beendet eine weitere offensichtlich unwirksame Kündigung den Weiterbeschäftigungsanspruch ebensowenig wie eine weitere Kündigung, die auf dieselben Gründe gestützt wird, die nach Auffassung des ArbG schon für die erste Kündigung nicht ausgereicht haben.
- Stützt dagegen der AG eine weitere Kündigung auf einen neuen Lebenssachverhalt, der es möglich erscheinen läßt, daß die erneute Kündigung eine andere rechtliche Beurteilung erfährt, dann wird damit eine zusätzliche Ungewissheit über den Fortbestand des Arbeitsverhältnisses begründet, die das schutzwürdige Interesse des AG an der Nichtbeschäftigung wieder überwiegen läßt. Hier sind sind auch die Umstände zu berücksichtigen, die dafür sprechen, daß der neue Sachverhalt nur vorgeschoben ist (z. B. bei Kettenkündigungen).«[627]

Treffen die vom *BAG* genannten Voraussetzungen für einen Missbrauch zu, wird das bereits bestehende Weiterbeschäftigungsverhältnis unverändert fortgesetzt. Im anderen Falle ist die Kündigung geeignet, das Arbeitsverhältnis insgesamt einschließlich der »alten« Weiterbeschäftigung zu beenden. Zur Erzeugung eines »neuen« Weiterbeschäftigungsanspruchs müssen die entsprechenden Voraussetzungen erneut begründet werden, sei es gemäß Abs. 5 i. V. m. Abs. 3 oder auf Grund des allgemeinen Weiterbeschäftigungsanspruchs.

273 Der **besondere Weiterbeschäftigungsanspruch** des Abs. 5 ist an eine Reihe von **Voraussetzungen** gebunden. Dies sind:

- der Ausspruch einer ordentlichen Kündigung; ausnahmsweise einer außerordentlichen Kündigung mit sozialer Auslauffrist (vgl. Rn. 277);
- die Erhebung einer Kündigungsschutzklage durch den AN (Rn. 284);
- das Vorliegen eines frist- und ordnungsgemäßen BR-Widerspruchs (Rn. 281) und
- das Verlangen des AN auf Weiterbeschäftigung (Rn. 289).

Für den Fall, dass der AG den Anspruch auf Weiterbeschäftigung ablehnt, kann er selbstständig eingeklagt und erforderlichenfalls durch einstweilige Verfügung durchgesetzt werden (Rn. 295). Der AG kann sich unter bestimmten Voraussetzungen von der Verpflichtung zur vorläufigen Weiterbeschäftigung ebenfalls durch einstweilige Verfügung entbinden lassen (Abs. 5 Satz 2; Rn. 307 ff.).

274 Der Weiterbeschäftigungsanspruch kann durch Vereinbarung zwischen AG und AN im Voraus **nicht abbedungen** werden.[628] Nach Ausspruch der Kündigung steht es dem AN frei, ob er den Weiterbeschäftigungsanspruch erhebt oder nicht, jetzt kann er auch auf den Anspruch nach Abs. 5 verzichten.

275 Der Weiterbeschäftigungsanspruch nach Abs. 5 kann nicht **durch** BV **ausgeschlossen** werden.[629] Umstritten ist allerdings, ob dies durch eine BV i. S. d. Abs. 6 möglich ist, mit der die Kündigung der Zustimmung des BR unterworfen wird (s. Rn. 346).

276 Vom Ausspruch der Kündigung **bis zum Ablauf der Kündigungsfrist** gelten die allgemeinen arbeitsrechtlichen Grundsätze zur Beschäftigungspflicht des AG.[630] Der Beschäftigungsanspruch des AN besteht grundsätzlich auch nach Ausspruch einer Kündigung während des Laufs der Kündigungsfrist.[631] Beim Vorliegen besonderer Interessen des AG, die das Beschäftigungsinteresse des AN überwiegen, kommt eine **Suspendierung** unter Fortzahlung der Bezüge in Betracht.[632]

2. Voraussetzungen des Weiterbeschäftigungsanspruchs

a) Ordentliche Kündigung, außerordentliche Kündigung mit Auslauffrist

277 Der Weiterbeschäftigungsanspruch ist grundsätzlich nur bei einer **ordentlichen Kündigung**

---

627 *BAG* 19.12.85, AP Nr. 17 zu § 611 BGB Beschäftigungspflicht.
628 KR-*Etzel,* Rn. 194 a.
629 *LAG Düsseldorf* 30.8.77, DB 77, 2383.
630 Vgl. *LAG Hamburg* 16.5.01, NZA-RR 01, 25; KR-*Etzel,* Rn. 196.
631 *BAG* 19.8.76, EzA § 611 BGB Beschäftigungspflicht Nr. 1.
632 *BAG* 15.6.72, EzA § 626 BGB n. F. Nr. 14; 19.8.76, a. a. O.; vgl. *Wolff,* Vorläufiger Bestandsschutz, S. 192.

durch den AG gegeben. Bei einer außerordentlichen Kündigung ist Abs. 5 nur dann analog anzuwenden, wenn gegenüber einem AN, dem gegenüber die ordentliche Kündigung ausgeschlossen ist, eine **außerordentliche Kündigung mit sozialer Auslauffrist** ausgesprochen wird (vgl. Rn. 191).[633]

Nach verbreiteter Ansicht kommt ein Weiterbeschäftigungsanspruch auch dann nicht in Betracht, wenn der AG neben einer **außerordentlichen Kündigung** zugleich **hilfsweise (vorsorglich) eine ordentliche Kündigung** ausspricht.[634] Etwas anderes soll lediglich dann gelten, wenn die fristlose Kündigung **missbräuchlich** nur zu dem Zweck ausgesprochen wurde, den Weiterbeschäftigungsanspruch zu unterlaufen.[635] Das hierfür vorgebrachte Hauptargument, dass der aus der außerordentlichen Kündigung herrührende Gesichtspunkt der Unzumutbarkeit eine Weiterbeschäftigungsmöglichkeit verdränge, überzeugt nicht.[636] Der AG selbst relativiert diesen Aspekt der Unzumutbarkeit, denn mit dem hilfsweisen Ausspruch der ordentlichen Kündigung gibt er zu verstehen, dass der von ihm ins Feld geführte Kündigungsgrund möglicherweise nicht diese Dringlichkeit besitzt. Die gegenteilige Meinung führt zu dem **unhaltbaren Ergebnis,** dass bei gerichtlich festgestellter Unwirksamkeit der außerordentlichen Kündigung eine ordentliche Kündigung im Raum stünde, bei der der AN um sein Recht auf Weiterbeschäftigung gebracht worden ist. Jedenfalls lebt der Weiterbeschäftigungsanspruch spätestens dann wieder auf, wenn die außerordentliche Kündigung – ggf. in einem Teilurteil – für unwirksam erklärt wurde.[637] Entsprechend den Grundsätzen des *GS* des *BAG* zum allgemeinen Weiterbeschäftigungsanspruch muss auch eine noch nicht rechtskräftige Entscheidung hierzu ausreichen.[638] **278**

Macht der AG die **Umdeutung einer außerordentlichen Kündigung** in eine ordentliche geltend, so wird Abs. 5 für anwendbar gehalten.[639] Das kann aber nicht so zu verstehen sein, dass der Weiterbeschäftigungsanspruch erst ab dem Zeitpunkt der Umdeutungsabsicht entsteht. Dies wäre allein schon deshalb ein krasser Missbrauchsfall, weil der AG dem BR durch die Erklärung einer außerordentlichen Kündigung keinen Ansatz für einen nur bei der ordentlichen Kündigung möglichen Widerspruch gegeben hat. Im Übrigen ist eine Umdeutung nur in dem Rahmen möglich, in dem der BR rechtzeitig vor Ausspruch der Kündigung vorsorglich gehört worden ist (Rn. 116). Dann ist davon auszugehen, dass der BR von Anfang an und auch noch nach Offenbarung der Umdeutungsabsicht die Möglichkeit der Einlegung eines rechtserheblichen Widerspruchs hat (zum Fall einer außerordentlichen Kündigung kombiniert mit einer vorsorglichen ordentlichen Kündigung s. Rn. 278). **279**

Ist eine **Änderungskündigung** ausgesprochen, gibt es folgende Möglichkeiten: **280**

- Der AN **nimmt** das Änderungsangebot des AG **vorbehaltlos an.** Ein Weiterbeschäftigungsanspruch kommt dann nicht in Betracht, weil ja gerade das Einvernehmen über die Fortführung des Arbeitsverhältnisses zu geänderten Bedingungen hergestellt worden ist (s. auch Rn. 284; zur Voraussetzung eines Verfahrens nach §§ 99 ff. im Falle einer Versetzung s. Rn. 231).[640]
- Der AN **lehnt** die neuen Arbeitsbedingungen **vorbehaltlos** ab. Dann kommt es zu einer Beendigungskündigung; hier kommt ein Weiterbeschäftigungsanspruch in Betracht.[641]
- Der AN **nimmt** die Änderungskündigung **unter Vorbehalt an** und klagt gegen die soziale Rechtfertigung der Änderungen gemäß § 2 KSchG. Für diesen Fall wird überwiegend angenommen, dass der AN keinen Weiterbeschäftigungsanspruch zu den bisherigen Arbeitsbedingungen habe, vielmehr mit der Annahme unter Vorbehalt sein Arbeiten unter den

---

633 *BAG* 4.2.93, EzA § 626 BGB n. F. Nr. 144.
634 HWGNRH-*Huke,* Rn. 164; Richardi-*Thüsing,* Rn. 209; *WEH,* Teil I Rn. 367.
635 *LAG Düsseldorf* 22.11.88, AiB 94, 37; *LAG Hamm* 18.5.82, AiB 94, 37; *ArbG Emden* 30.12.74, AiB 94, 36.
636 Ebenso *Fitting,* Rn. 104; *Gester/Zachert,* Arbeitsrecht der Gegenwart 12, S. 104.
637 Vgl. *ArbG Villingen-Schwenningen* 29.3.72, AiB 94, 36.
638 Vgl. *Wolff,* Vorläufiger Bestandsschutz, S. 38 f.; *Heinze,* Rn. 592; a. A. MünchArbR-*Matthes,* 2. Aufl., § 348 Rn. 83.
639 KR-*Etzel,* Rn. 198; *Schaub,* NJW 81, 1810.
640 Vgl. APS-*Koch,* Rn. 187.
641 KR-*Etzel,* Rn. 199 e; *Fitting,* Rn. 14

neuen (gerichtlich zu überprüfenden) Arbeitsbedingungen erteilt habe.[642] Diese Ansicht ist mit dem Schutzzweck des Abs. 5 nicht zu vereinbaren. Auch bei Nichtbeschäftigung am alten Arbeitsplatz werden vollendete Tatsachen geschaffen, was durch den Weiterbeschäftigungsanspruch verhindert werden soll. Es besteht also auf Seiten des AN das gleiche Schutzbedürfnis, sodass es geboten ist Gleiches gleich zu behandeln. Die Folgen der h. M. werden allerdings für den nicht seltenen Fall abgemildert, dass in der Änderungskündigung zugleich eine **Versetzung** i. S. d. § 99 liegt. Dann wird diese erst wirksam, wenn die Einwilligung des BR vorliegt bzw. rechtskräftig ersetzt ist oder die Versetzung als vorläufige Maßnahme gemäß § 100 durchgeführt werden kann (hierzu § 99 Rn. 254).[643] In einem solchen Falle braucht sich der AN auf eine Arbeit unter Vorbehalt gemäß § 2 KSchG nicht einzulassen, bis die Zustimmung des BR gegebenenfalls rechtskräftig ersetzt wird oder der AG ein Verfahren zur Aufrechterhaltung der Versetzung als einer vorläufigen Maßnahme nach § 100 durchführt.[644] Der AN kann seinen Weiterbeschäftigungsanspruch mittels einer **einstweiligen Verfügung** durchsetzen (vgl. Rn. 295).[645]

b) Frist- und ordnungsgemäßer Widerspruch des Betriebsrats

281 Zentrale Voraussetzung für das Bestehen eines Weiterbeschäftigungsanspruchs ist das Vorliegen eines **frist- und ordnungsgemäßen Widerspruchs** des BR gegen die Kündigung (Abs. 5 Satz 1). Der Widerspruch ist fristgemäß, wenn er innerhalb einer Woche nach der Anhörung des BR eingelegt wurde (Rn. 194). Ein ordnungsgemäßer Widerspruch liegt vor, wenn er die Voraussetzungen des Abs. 3 erfüllt (Rn. 200). Es kommt nicht auf die Begründetheit des Widerspruchs an. Diese ist einerseits bei der Überprüfung der materiellen Kündigungsberechtigung zu prüfen (Rn. 260). Der AG kann andererseits das offensichtliche Fehlen der Begründetheit des Widerspruchs im Rahmen seines Antrags auf Entbindung von der einstweiligen Weiterbeschäftigung gemäß Abs. 5 Satz 2 geltend machen (Rn. 326).

282 In dem Umfang, in dem das **Nachschieben** von Kündigungsgründen im Kündigungsschutzprozess erlaubt wird (Rn. 126 ff.), kommt ein erneuter Widerspruch des BR in Betracht. Dieser Widerspruch kann gegebenenfalls erstmals einen Weiterbeschäftigungsanspruch auslösen.[646]

283 Voraussetzung für einen ordnungsgemäßen Widerspruch ist eine **fehlerfreie Beschlussfassung** des BR (Rn. 166). Die für die Ordnungsgemäßheit des Anhörungsverfahrens strittige Frage einer Kenntnis des AG von Verfahrensfehlern (Rn. 256) spielt für die Begründung des Weiterbeschäftigungsanspruchs keine Rolle (h. M.). Hat mangels einer Sitzung des BR bzw. zuständigen Ausschusses innerhalb der Äußerungsfrist zunächst nur der BR-Vorsitzende der Kündigung widersprochen, so wird der Weiterbeschäftigungsanspruch auch dann begründet, wenn der BR diesen Widerspruch in der nächstfolgenden BR-Sitzung genehmigt (vgl. Rn. 146).

c) Erhebung der Kündigungsschutzklage

284 Voraussetzung für das Entstehen eines Weiterbeschäftigungsanspruchs ist die Erhebung einer **Kündigungsschutzklage.** Der AN Kündigungsschutz muss nach den Vorschriften des KSchG genießen.[647] Der Kreis der von Abs. 5 erfassten AN ist demnach enger als derjenige, zu deren Kündigung der BR gemäß Abs. 1 anzuhören ist. Wird die vom AN behauptete Geltung des KSchG vom AG **bestritten,** so ist nach dem Grundgedanken des Abs. 3 i. V. m. Abs. 5 zu verfahren: Der Weiterbeschäftigungsanspruch besteht, sofern der AN diesen in seiner Klageschrift plausibel begründet, d. h., er sich aus den vom AN selbst genannten Tatsachen ergeben

---

642 Vgl. *BAG* 28.3.85, EzA § 767 ZPO Nr. 1; *LAG München* 31.7.86, LAGE § 611 BGB Beschäftigungspflicht Nr. 18; GK-*Raab,* Rn. 201; *Fitting,* Rn. 9; KR-*Etzel,* Rn. 199 c; a. A. *LAG Düsseldorf* 25.1.93, BB 93, 1151.

643 Vgl. *BAG* 30.9.93, EzA § 99 BetrVG 1972 Nr. 118.

644 *LAG Düsseldorf* 25.1.93 – 19 Sa 1650/92; APS-*Koch,* Rn. 187; *Fitting,* Rn. 13.

645 *LAG Düsseldorf* 25.1.93, BB 93, 1151.

646 KR-*Etzel,* Rn. 200.

647 *LAG Frankfurt* 18.6.76, NJW 78, 76; *Fitting,* Rn. 107; HWGNRH-*Huke,* Rn. 165; KR-*Etzel,* Rn. 205.

kann. Enthält der Tatsachenvortrag keine entsprechenden Anhaltspunkte, besteht kein Weiterbeschäftigungsanspruch. Ab einer die Instanz abschließenden Entscheidung ist danach zu verfahren, wie das Gericht entschieden hat.

Nach allgemeiner Ansicht besteht kein Weiterbeschäftigungsanspruch bzw. erlischt er, sobald der AN einen Antrag auf Auflösung des Arbeitsverhältnisses gemäß **§ 9 KSchG** stellt.[648] Die Unterstellung, der AN gebe mit einem solchen Antrag sein Desinteresse an einer Fortsetzung des Arbeitsverhältnisses über den Kündigungstermin hinaus zu erkennen, trägt nicht. Der AN kann nicht sicher sein, dass seinem Antrag stattgegeben wird. Es ist möglich, dass das Gericht die Kündigung zwar für sozialwidrig, eine weitere Beschäftigung des AN jedoch als zumutbar ansieht.[649] Für diesen Fall würde dem AN der Bestandsschutz während des Rechtsstreits genommen. **285**

Macht der AN in seiner Klage nicht die Sozialwidrigkeit der Kündigung i. S. d. § 1 KSchG geltend, sondern **andere Unwirksamkeitsgründe** i. S. d. § 13 Abs. 3 KSchG, so kann er keine Weiterbeschäftigung verlangen.[650] Hat er die Klage innerhalb der Dreiwochenfrist des § 4 KSchG erhoben, kann er jedoch die Sozialwidrigkeit der Kündigung bis zum Schluss der letzten mündlichen Verhandlung erster Instanz geltend machen (§ 6 KSchG). In diesem Falle entsteht der Anspruch auf Weiterbeschäftigung ab dem Zeitpunkt der Geltendmachung der Sozialwidrigkeit.[651] **286**

Die Kündigungsschutzklage muss **fristgerecht** innerhalb von 3 Wochen erhoben worden sein (§ 4 KSchG), da die Kündigung sonst gemäß § 7 KSchG als von Anfang an rechtswirksam gilt. Wird die Kündigung durch einen Vertreter ohne Vertretungsmacht ausgesprochen, so beginnt die dreiwöchige Klagefrist erst mit dem Zugang der Genehmigung des AG beim AN.[652] Strittig ist, wie der Fall zu behandeln ist, dass der AN die Klagefrist versäumt, jedoch die **nachträgliche Zulassung der Klage** gemäß § 5 KSchG beantragt. Teilweise wird der Weiterbeschäftigungsanspruch in einem solchen Fall erst ab dem Zeitpunkt bejaht, in dem über die nachträgliche Zulassung der Klage rechtskräftig gemäß § 5 Abs. 4 entschieden worden ist.[653] Es ist jedoch genauso zu verfahren wie beim Streit um die Geltung des KSchG für den AN: Entscheidend ist die **Schlüssigkeit** des mit der Kündigungsschutzklage verbundenen Antrags auf nachträgliche Zulassung der Klage. **287**

Nimmt der AN die **Klage zurück,** entfällt der Weiterbeschäftigungsanspruch ab diesem Zeitpunkt. **288**

d) Verlangen nach Weiterbeschäftigung

Der AN muss den **Weiterbeschäftigungsanspruch ausdrücklich** gegenüber dem AG **geltend machen** (vgl. DKKWF-*Bachner,* § 102 Rn. 31).[654] Das Verlangen richtet sich auf **vertragsgemäße Beschäftigung,** was nicht notwendigerweise nur auf den konkreten Arbeitsplatz bezogen sein muss, den der AN zuletzt innegehabt hat.[655] Dass der AG sich in Annahmeverzug gemäß § 615 BGB befindet, reicht nicht aus.[656] Das Verlangen ist formlos (mündlich) möglich, jedoch empfiehlt sich auch hier die Schriftform. Es muss sich ausdrücklich auf § 102 Abs. 5 beziehen, damit sich der AG darüber schlüssig werden kann, ob er sich davon durch eine einstweilige Verfügung entbinden lassen kann und soll.[657] Der AN kann den **BR bevollmächtigen,** das Weiterbeschäftigungsverlangen für ihn geltend zu machen. Im eigenen Namen und ohne Vollmacht kann der BR dies freilich nicht tun.[658] **289**

648 *Fitting,* Rn. 107; KR-*Etzel,* Rn. 205.
649 Vgl. *KDZ,* § 9 KSchG Rn. 43.
650 Vgl. GK-*Raab,* Rn. 187, 188 m. w. N.
651 KR-*Etzel* Rn. 206.
652 *BAG* 6.9.12 – 2 AZR 858/11, juris.
653 GK-*Raab,* Rn. 189; HWGNRH-*Huke,* Rn. 165; KR-*Etzel,* Rn. 207; Richardi-*Thüsing,* Rn. 217.
654 Vgl. *Wolff,* Vorläufiger Bestandsschutz, S. 151 m. w. N.; GK-*Raab,* Rn. 191.
655 *BAG* 15.3.01, NZA 01, 1267 [1272].
656 KR-*Etzel,* Rn. 209.
657 *BAG* 17.6.99, DB 99, 2012.
658 KR-*Etzel,* Rn. 211.

290 Die Geltendmachung des Weiterbeschäftigungsanspruches ist zwar an **keine Frist** gebunden, jedoch verlangt das *BAG* sie spätestens bei Auslaufen der Kündigungsfrist, d. h. am ersten Arbeitstag nach Ablauf der Kündigungsfrist, erfolgt.[659] Ein möglichst früher Zeitpunkt erlaubt für den Fall der Ablehnung durch den AG die Erwirkung einer einstweiligen Verfügung (Rn. 295) noch so rechtzeitig, dass eine nahtlose Beschäftigung gesichert werden kann.

291 Wird das **Nachschieben** von Kündigungsgründen im Kündigungsprozess zugelassen (Rn. 132), so löst ein hierauf bezogener Widerspruch des BR jedenfalls einen Weiterbeschäftigungsanspruch aus.[660]

292 Eine **Verwirkung** des Weiterbeschäftigungsanspruches (vgl. Rn. 290) ist in extremen Ausnahmefällen denkbar[661] (etwa, wenn der AN dem AG in zeitlichem Zusammenhang mit der Kündigung oder der Beendigung des Arbeitsverhältnisses versichert hat, er werde diesen Anspruch nicht geltend machen).

293 Der Anspruch auf Weiterbeschäftigung wird nicht dadurch ausgeschlossen, dass der AN zum Zeitpunkt seiner Erhebung berechtigt der **Arbeit fern bleibt.** Insbesondere wird der Anspruch nicht durch eine zur Arbeitsunfähigkeit führende Krankheit des AN beeinträchtigt.[662]

e) Objektive Weiterbeschäftigungsmöglichkeit

293a Nach der Rspr. des BAG enthält der Beschäftigungsanspruch des AN ein ungeschriebenes Tatbestandsmerkmal, nach dem der Beschäftigungsanspruch des AN entfällt, wenn dem AG die tatsächliche Entgegennahme der Arbeitsleistung nicht möglich ist.[663] Dies setzt **die rechtliche oder tatsächliche Möglichkeit der Beschäftigung** voraus. Dabei führt allerdings die Verlagerung von Arbeitsaufgaben nicht ohne weiteres zur Unmöglichkeit in diesem Sinne. Eine Verlagerung bedeutet gerade, dass die Aufgaben nicht ersatzlos weggefallen sind, sondern nur an anderer Stelle und von anderen AN erbracht werden. Hier ist dem AG zuzumuten, dass er die weiterhin vorhandenen Aufgaben (jedenfalls zeitweise) wieder in den bisherigen Betrieb zurückverlagert, um seiner Beschäftigungspflicht nachzukommen.[664]

3. Durchsetzung des Weiterbeschäftigungsanspruchs

294 Lehnt der AG den Weiterbeschäftigungsanspruch nach Abs. 5 ab (zum Inhalt des Weiterbeschäftigungsanspruchs vgl. Rn. 302 ff.), kann der AN ihn im Urteilsverfahren durch **Klage** geltend machen.[665] In diesem Verfahren ist der AN für das Vorliegen der Voraussetzungen des Abs. 5 Satz 1 **beweispflichtig.**[666]

295 Der AN kann – was im Hinblick auf den Zeitablauf ohnehin die einzig sinnvolle Möglichkeit ist – den Weiterbeschäftigungsanspruch mittels eines Antrags auf Erlass einer **einstweiligen Verfügung** (vgl. DKKWF-*Bachner*, § 102 Rn. 37 f) geltend machen (h. M.).[667] Im Rahmen dieses Verfahrens muss er die Voraussetzungen des Abs. 5 Satz 1 (**Verfügungsanspruch**) glaubhaft machen, also den Ausspruch einer Kündigung durch den AG einen frist-, form- und ordnungsgemäßen BR-Widerspruch gemäß Abs. 3, die Klageerhebung und das konkrete Weiterbeschäftigungsverlangen gegenüber dem AG.[668]

296 Die **Darlegung eines frist-, form- und ordnungsgemäßen BR-Widerspruchs** kann sich für den AN schwierig gestalten, weil sich diese Frage teilweise der Wahrnehmung des AN entzieht. Dies gilt z. B. hinsichtlich des Umstandes, ob der BR ordnungsgemäß zu seiner Sitzung ein-

---

659 *BAG* 11.5.00, BB 00, 2049; s. auch 17.6.99, DB 99, 2012.
660 KR-*Etzel*, Rn. 210.
661 BB 00, 2049.
662 KR-*Etzel*, Rn. 210 a; a. A. *ArbG Celle* 4.1.79, ARSt. 79, 95.
663 *BAG* 27.2.02 – 9 AZR 562/00, juris.
664 *LAG Hessen* 3.7.12 – 15 SaGa 243/12, juris.
665 *LAG Düsseldorf* 27.11.74, AuR 75, 122; *LAG Nürnberg* 27.10.92, LAGE § 102 BetrVG 1972 Beschäftigungspflicht Nr. 11; *LAG Hamburg* 14.9.92, a. a. O. Nr. 10.
666 APS-*Koch*, Rn. 212; KR-*Etzel*, Rn. 222.
667 Vgl. APS-*Koch*, Rn. 212; *Wolff*, Vorläufiger Bestandsschutz, S. 180 ff.; *Gussone*, AuR 94, 255.
668 *LAG Düsseldorf* 26.6.80, DB 80, 2043.

geladen hat. Das Maß der Darlegung und Glaubhaftmachung ist deshalb daran zu messen, was der AN auf Grund der besonderen Situation – ggf. unter Mitwirkung des BR – wissen und zunächst darlegen kann. Es dürfen deshalb keine Anforderungen gestellt werden, deren Erfüllung dem AN unmöglich ist. Vom AN kann deshalb nur die Darlegung und Glaubhaftmachung dessen verlangt werden, was er kraft eigener Wahrnehmung zu einem ordnungsgemäß zustande gekommenen Betriebsratsbeschluss vortragen kann. Der AG muss dann im Rahmen der abgestuften Beweislast substantiell bestreiten, wobei ein Bestreiten mit Nichtwissen nur insoweit ausreichend ist, als es nicht um Umstände seiner eigenen Wahrnehmung geht.[669]

Hinsichtlich des **Verfügungsgrunds** gehen die Meinungen auseinander. Zum einen wird gesagt, dass bei einem Anspruch wie dem des Abs. 5 Satz 1 sich die Darlegung der Eilbedürftigkeit im Hinblick auf Sinn und Zweck des Anspruches erübrige.[670] Nach der Gegenauffassung müssen auch für eine einstweilige Verfügung zur Durchsetzung des Anspruches aus Abs. 5 Satz 1 alle prozessualen Erfordernisse erfüllt sein, insbesondere ein Verfügungsgrund vorliegen.[671] Deshalb müsse der AN besondere Interessen glaubhaft machen, die die Weiterbeschäftigung erforderlich machen, was etwa bei drohendem Verlust von für die Fortsetzung des Arbeitsverhältnisses notwendigen Kenntnissen oder Geschäftsbeziehungen der Fall sein könnte.[672] Die überwiegenden Gründe sprechen für den **Verzicht auf eine erhöhte Darlegungspflicht für das Vorliegen eines Verfügungsgrundes.** Der Gesetzgeber hat mit der Begründung eines gesetzlichen Schuldverhältnisses die schützenwerte Position des AN eindeutig in den Vordergrund gestellt. Außerdem entwertet die Gegenansicht den gesetzlichen Weiterbeschäftigungsanspruch, in dem sie faktisch zusätzliche Tatbestandsvoraussetzungen für ihn aufstellt, weil sie die Hürden für den Verfügungsgrund so hoch steckt, dass nur bei wenigen Berufsgruppen die einstweilige Verfügung durchgesetzt werden kann, insb. bei einfachen und mittleren Tätigkeiten regelmäßig ins Leere gehen wird. Der Verfügungsgrund ist dem Beschäftigungsanspruch nach Abs 5 S. 1 BetrVG immanent. Der Verfügungsgrund ergibt sich aus dem drohenden Zeitablauf. Der Beschäftigungsanspruch lässt sich ohne den Erlass einer einstweiligen Verfügung i. d. R. über mehrere Monate nicht realisieren und kann auch nicht nachgeholt werden. Die Darlegung weitergehender Umstände im Sinne einer besonderen Dringlichkeit ist nicht erforderlich.[673] Das LAG Sachsen bezeichnet den unter den Voraussetzungen des Abs. 5 S. 1 BetrVG entstandenen Beschäftigungsanspruch zurecht um eine »geborene« Eilsache.[674] **297**

Die **Verteidigung des AG** gegen den gerichtlich geltend gemachten Beschäftigungsanspruch kann sich nur auf Gründe stützen, die der Entstehung dieses Anspruches entgegenstehen.[675] Dem AG ist die **Einrede** verwehrt, er sei berechtigt, sich nach Abs. 5 Satz 2 von der Pflicht zur Weiterbeschäftigung **entbinden zu lassen.** Hierfür steht ausschließlich das Verfahren des Abs. 5 Satz 2 zur Verfügung (h. M.; zum Anspruch des AG aus Abs. 5 Satz 2 s. Rn. 307 ff.; zur Verbindung Rn. 313).[676] In der Praxis kommt es oft genug vor, dass der **Arbeitgeber dem Weiterbeschäftigungsverlangen nicht nachkommt** und auch **keinen Antrag auf Entbindung von der Weiterbeschäftigungspflicht** nach § 102 Abs. 5 Satz 2 stellt. Dieses Verhalten stellt nicht nur eine **Verletzung der individuellen Rechte** des gekündigten Arbeitnehmers (Weiterbeschäftigungsanspruch nach § 102 Abs. 5) dar; wegen der kollektivrechtlichen Bedeutung des Widerspruchs handelt es sich auch um einen **»groben Pflichtverstoß« im Sinne des § 23 Abs. 3.** **298**

Die **Vollstreckung** des zugesprochenen Weiterbeschäftigungsanspruchs erfolgt gemäß § 888 **299**

---

669 *LAG Berlin* 16.9.04, 10 Sa 1763/04.

670 *LAG Hamburg* 14.9.92, LAGE § 102 BetrVG 1972 Beschäftigungspflicht Nr. 10 = AiB 93, 53 mit Anm. *Gussone; ArbG Stuttgart* 5.4.93 – 6 Ga 21/93; GK-*Raab*, Rn. 187.

671 Vgl. *LAG München* 10.2.94, NZA 94, 997; *LAG Baden-Württemberg* 30.8.93, NZA 95, 683.

672 *LAG Nürnberg* 17.8.04, EzA-SD 04, Nr. 22, 9; *LAG Berlin* 15.9.80, DB 80, 2449; APS-*Koch*, Rn. 213; *Dütz*, a. a. O.; *Richardi*, JZ 78, 492; zu weitgehend *LAG Köln* 2.8.84, NZA 84, 300.

673 *LAG Köln* 26.11.12 – 5 SaGa 14/12, juris; *LAG Köln* 24.11.05 – 6 Sa 1172/05, juris.

674 *LAG Sachsen* 1.8.2014, 2 SaGa 10/14 juris.

675 KR-*Etzel*, Rn. 222 a.

676 *LAG Düsseldorf* 30.8.77, DB 77, 2383; *ArbG Düsseldorf* 27.9.83, DB 84, 618; KR-*Etzel*, Rn. 222 a.

ZPO durch Verhängung von Zwangsgeld oder Zwangshaft gegen den AG.[677] Die Vollstreckbarkeit des Titels erfordert nur dann die Nennung von Einzelheiten der Beschäftigung im Urteilstenor, wenn die Art der Beschäftigung zwischen den Parteien streitig ist. Gegebenenfalls ist eine Auslegung anhand des Tatbestandes und der Gründe erforderlich.[678] Als Alternative zur Zwangsvollstreckung gemäß § 888 ZPO kann der AG auf Antrag des AN gemäß § 61 Abs. 2 ArbGG zur Zahlung einer vom Gericht festzusetzenden Entschädigung verurteilt werden, falls er die Weiterbeschäftigung ablehnt.[679] Dies kann auch durch einstweilige Verfügung erfolgen.

300 **Unterliegt der AN** letztendlich **im Kündigungsschutzstreit,** so ist er wegen der durch einstweilige Verfügung durchgesetzten Weiterbeschäftigung **nicht** gemäß § 945 ZPO **schadensersatzpflichtig.** Wegen der Begründung des Anspruches auf vorläufige Weiterbeschäftigung aus Abs. 5 Satz 1 unabhängig vom endgültigen Prozesserfolg ist die einstweilige Verfügung gerechtfertigt.[680]

301 Das **Risiko** des AN im Hinblick auf die Durchsetzung des **allgemeinen Weiterbeschäftigungsanspruches** (vgl. DKKWF-*Bachner,* § 102 Rn. 40) auf Grund eines nicht rechtskräftigen instanzgerichtlichen Urteils ist erheblich größer: Unterliegt er endgültig im Kündigungsschutzstreit und hat der AG erklärt, er beschäftige den AN nur zur Vermeidung der Zwangsvollstreckung weiter, so ist die vom AG gewährte Vergütung für den Weiterbeschäftigungszeitraum nach den Grundsätzen der ungerechtfertigten Bereicherung (§§ 812, 818 BGB) rückabzuwickeln. In diesem Falle wird der tatsächliche Wert der Arbeitsleistung der üblichen bzw. angemessenen Vergütung gegenübergestellt.[681]

4. Arbeitsverhältnis bei vorläufiger Weiterbeschäftigung und Weitervergütungsanspruch

302 Bei Bestehen des Weiterbeschäftigungsanspruches ist der AN »**bei unveränderten Arbeitsbedingungen**« weiterzubeschäftigen.[682] **Das bisherige** Arbeitsverhältnis besteht daher kraft Gesetzes fort und ist nur auflösend bedingt durch die rechtskräftige Abweisung der Kündigungsschutzklage.[683] Grundlage für den Weiterbeschäftigungsanspruch bleibt daher der Arbeitsvertrag. Dessen Inhalt bestimmt das Arbeitsverhältnis, dessen Bestand bis zur rechtskräftigen Abweisung der Kündigungsschutzklage geschützt ist. Hierzu gehört auch der Umfang des arbeitgeberseitigen Direktionsrechts während des Weiterbeschäftigungsanspruchs.[684] Der Weiterbeschäftigungsanspruch kann daher auch nicht durch Freistellung des AN erfüllt werden (vgl. auch Rn. 304). Der AN ist also mit allen Rechten und Pflichten so zu stellen ist, als ob ihm nicht gekündigt worden wäre. D. h. auch, dass der **AN wie bisher weiterzuvergüten** ist, was auch für Abfindungsverhandlungen in einem Kündigungsschutzprozess von besonderer Bedeutung sein kann. Es ist nicht zulässig, den vorläufig weiterbeschäftigten AN in Bezug auf Leistungen, die AN im gekündigten Zustand grundsätzlich vorenthalten werden können,[685] wie einen AN dieses Personenkreises zu behandeln. Der Weiterbeschäftigungsanspruch soll gerade die ungeschmälerte Beschäftigung während des Kündigungsschutzrechtsstreits sichern.[686] Nach einer rechtlichen Verselbstständigung eines Betriebsteils ohne Organisationsänderung, also bei Entstehung eines Gemeinschaftsbetriebes nach § 1 Abs. 1 Satz 2 trifft die Weiterbeschäftigungsverpflichtung den Rechtsträger des verselbstständigten Betriebsteils.[687]

677 *LAG Berlin* 3.5.78, ARSt. 79, 30; *Fitting,* Rn. 116; KR-*Etzel,* Rn. 222 b; *Hanau,* BB 72, 455.
678 *LAG Frankfurt* 13.7.87, LAGE § 888 ZPO Nr. 12; zur Notwendigkeit der Festsetzung eines einheitlichen Betrags für das Zwangsgeld s. *LAG Berlin* 3.5.78, ARSt. 79, 30.
679 KR-*Etzel,* Rn. 222 c; *Klebe/Schumann,* S. 204.
680 *Fitting,* Rn. 116; KR-*Etzel,* Rn. 222; *Heinze,* S. 254.
681 Vgl. im Einzelnen *BAG* 12.2.92, NZA 93, 177 = AuR 93, 125.
682 Hierzu *Ulrich,* Das Weiterbeschäftigungsverhältnis nach § 102 Abs. 5 BetrVG und vereinbarte Weiterbeschäftigung, Diss. Köln 1996; *Wolff,* Vorläufiger Bestandsschutz, S. 157 ff.
683 GK-*Raab,* Rn. 195.
684 *LAG BW* 13.2.04, 5 Sa 57/03.
685 zu einer freiwilligen Weihnachtsgratifikation vgl. *BAG* 25.2.74, EzA § 611 BGB Gratifikationen, Prämie Nr. 40.
686 Wie hier *Schaub,* NJW 81, 1811; a. A. *Fitting,* Rn. 114; KR-*Etzel,* Rn. 218.
687 *LAG BW* 13.2.04, 5 Sa 57/03.

Die Zeit der Weiterbeschäftigung ist unabhängig vom endgültigen Ausgang des Kündigungsschutzrechtsstreits auf die **Dauer der Betriebszugehörigkeit** anzurechnen, weil es sich um ein kraft Gesetzes entstandenes Beschäftigungsverhältnis handelt.[688] Etwas anderes kann nur gelten, wenn für die Berechtigung der Kündigung gerade die Erfüllung der Wartezeit gemäß § 1 Abs. 1 KSchG streitig war und aus diesem Gesichtspunkt gegen den AN entschieden wurde. **303**

Die vorläufige Weiterbeschäftigung soll insbesondere die **tatsächliche Beschäftigung** des AN sichern. Deshalb ist der AN wie bisher im Betrieb mit seiner bisherigen Tätigkeit zu beschäftigen (h. M.).[689] Allerdings geht der Anspruch nicht weiter als der eines ungekündigten AN.[690] Unter Bedingungen, die gegenüber einem nicht gekündigten AN zur Suspendierung unter Fortzahlung der Bezüge berechtigen würden, kann auch ein vorläufig weiterbeschäftigter AN entsprechend behandelt werden.[691] Allerdings hat der AG in einem solchen Falle die nahe liegende Missbrauchsvermutung zu entkräften (vgl. Rn. 324). **304**

Im Übrigen ist der vorläufig weiterbeschäftigte AN unter allen sonstigen Aspekten so zu behandeln **wie ein ungekündigter AN** (zur Versetzung s. § 99 Rn. 127). Er kann sich an **Arbeitskämpfen** beteiligen, er ist bei BR- und AR-Wahlen aktiv und passiv **wahlberechtigt.**[692] Ohne Weiterbeschäftigung verliert er sein Wahlrecht.[693] Für die Dauer der vorläufigen Weiterbeschäftigung können besondere **Schutzrechte** gemäß § 9 MuSchG oder § 85 SGB IX erworben werden.[694] Diese Schutzrechte gelten allerdings nur für weitere Kündigungen, die während des Weiterbeschäftigungszeitraums ausgesprochen werden (hierzu Rn. 272). Endet das Arbeitsverhältnis, weil der AN im KSch-Streit unterliegt, endet auch das vorläufige Weiterbeschäftigungsverhältnis ungeachtet derartiger Schutzrechte. **305**

Der AN hat auch bei Nichtbeschäftigung durch den AG nach erfolgreichem Abschluss des Kündigungsschutzprozesses Ansprüche auf Entgeltzahlung unter dem Gesichtspunkt des **Annahmeverzugs** gemäß § 615 BGB und § 11 KSchG.[695] Spätestens durch die Erhebung der Kündigungsschutzklage wird der AG in Annahmeverzug gesetzt.[696] Eine spätere Gerichtsentscheidung zur **Entbindung des AG von der Weiterbeschäftigungspflicht** (Rn. 307 ff.) lässt die bis zu diesem Zeitpunkt angefallenen Vergütungsansprüche des AN unberührt.[697] Der AN verliert seinen Anspruch auf Entgelt wegen Annahmeverzugs nicht dadurch, dass er keine Weiterbeschäftigung nach Abs. 5 verlangt (h. M.).[698] Bietet dagegen der AG dem AN die Weiterbeschäftigung gemäß Abs. 5 bis zum rechtskräftigen Abschluss des Kündigungsrechtsstreits an, ist dies nicht geeignet, den Annahmeverzug als solchen aufzuheben, jedoch kann im Einzelfall eine Anspruchsminderung deshalb eintreten, weil der AN das Weiterbeschäftigungsangebot des AG nicht angenommen hat.[699] Im Einzelnen hängt die **Zumutbarkeit der Annahme der Weiterbeschäftigung** für den AN vor allem von der Art der Kündigung und ihrer Begründung sowie dem Verhalten des AG im Kündigungsprozess ab. Handelt es sich um eine betriebsbedingte Kündigung, so wird dem AN die vorläufige Weiterbeschäftigung in der Regel zumutbar sein. Gleiches dürfte für Fälle der krankheitsbedingten Kündigung gelten. Wird eine Kündigung auf verhaltensbedingte Gründe gestützt, spricht dieser Umstand eher für die Unzumutbarkeit der vorläufigen Weiterarbeit für den AN im Betrieb. Auch Art und Schwere der gegenüber dem AN erhobenen Vorwürfe können für ihn bereits die Unzumutbarkeit der Weiterarbeit begründen.[700] Besteht ein Weiterbeschäftigungsanspruch gemäß Abs. 5, lehnt je- **306**

688 Richardi-*Thüsing,* Rn. 232; a. A. *Fitting,* Rn. 115; MünchArbR-*Matthes,* § 348 Rn. 98.
689 *BAG* 26.5.77, EzA § 611 BGB Beschäftigungspflicht Nr. 2; *LAG Berlin* 2.6.76, BB 76, 1273; APS-*Koch,* Rn. 209.
690 *LAG Berlin* 27.6.86, LAGE § 15 KSchG Nr. 4.
691 KR-*Etzel,* Rn. 214.
692 APS-*Koch,* Rn. 211; *Fitting,* Rn. 115; *Otto,* RdA 75, 69; KR-*Etzel,* Rn. 221.
693 Vgl. *LAG Berlin* 2.5.94, DB 94, 2556.
694 APS-*Koch,* Rn. 211; KR-*Etzel,* Rn. 221.
695 Einzelheiten bei *Kittner/Däubler/Zwanziger,* § 615 BGB; vgl. *Wolff,* Vorläufiger Bestandsschutz, S. 171 ff.
696 *BAG* 26.8.81, AP Nr. 26 zu § 615 BGB.
697 *BAG* 7.3.96, NZA 96, 930; vgl. *Gussone,* AuR 94, 251 f.; unzutr. *Willemsen/Hohenstatt,* DB 95, 215.
698 Richardi-*Thüsing,* Rn. 256; KR-*Etzel,* Rn. 193; *Klebe/Schumann,* S. 178; *Wolff,* Vorläufiger Bestandsschutz, S. 173 f.
699 Vgl. *BAG* 14.11.85, DB 86, 1878.
700 *BAG* 14.11.85, DB 86, 1880; vgl. *LAG Hamm* 18.10.85, DB 86, 1394; a. A. *Berkowsky,* DB 81, 1569.

doch der AG die Arbeitsleistung des AN ab, so besteht Annahmeverzug und ein Nachzahlungsanspruch des AN selbst dann, wenn seine **Kündigungsschutzklage** schließlich rechtskräftig **abgewiesen** wird.[701] Abs. 5 geht als Spezialvorschrift den BGB-Vorschriften über Leistungsstörungen vor. Der AG bleibt zur **Entgeltzahlung** so lange verpflichtet, bis er gemäß Abs. 5 Satz 2 von der Weiterbeschäftigung entbunden wird.[702]

5. Beendigung der Weiterbeschäftigungspflicht auf Antrag des Arbeitgebers (Abs. 5 Satz 2)

a) Entbindung von der Weiterbeschäftigungspflicht

aa) Allgemeines, Verfahren

307 Nach der Grundregel des Gesetzes ist der AG zur Weiterbeschäftigung verpflichtet. Die Fälle der Entbindung von der Beschäftigungspflicht können daher nur **besondere Ausnahmen** sein. Die in Abs. 5 Satz 2 genannten Entbindungsgründe sind **abschließend** und nicht erweiterungsfähig.[703]

308 Hat der BR einer Kündigung **nicht ordnungsgemäß widersprochen,** so besteht von vornherein keine Weiterbeschäftigungspflicht. Der AG braucht sich deshalb auch nicht durch einstweilige Verfügung von ihr befreien zu lassen.[704] Stellt er gleichwohl den Antrag auf Entbindung von der Weiterbeschäftigungspflicht, kann dieser allerdings nicht **wegen fehlenden Rechtsschutzinteresses** zurückgewiesen werden. Das Gericht muss sich dann vielmehr mit der Frage materiellrechtlich auseinander setzen.[705] Zu Recht wird darauf hingewiesen, dass eine andere Auffassung zu unvertretbaren Konsequenzen führen würde. Weist das Gericht nämlich den Antrag des AG mit der Begründung ab, dass mangels ordnungsgemäßen Widerspruchs keine Weiterbeschäftigungspflicht besteht, hat der AG letztlich das erreicht, was er durch die einstweilige Verfügung erreichen wollte: Er braucht den AN nicht weiterzubeschäftigen. Der AN, der tatsächlich beschwert ist, kann gegen eine derartige Entscheidung jedoch nicht einmal ein Rechtsmittel einlegen, da der gegen ihn gerichtete Antrag zurückgewiesen wurde. Ein solches **unerträgliches Ergebnis** lässt sich nur dadurch vermeiden, dass auch ein **nicht ordnungsgemäßer Widerspruch** wie ein **offensichtlich unbegründeter Widerspruch** i. S. d. Nr. 3 behandelt wird, das ArbG also materiellrechtlich zu prüfen und darüber zu entscheiden hat, ob die Voraussetzungen für eine Weiterbeschäftigungspflicht gegeben sind oder nicht.[706]

309 Nur bei Vorliegen einer der in den Nrn. 1 – 3 genannten Voraussetzungen kann die Verpflichtung zur Weiterbeschäftigung des AN durch eine **vom AG beantragte einstweilige Verfügung** des ArbG aufgehoben werden. Über den Antrag des AG ist im **Urteilsverfahren** zu entscheiden.[707] Die Entscheidung kann in dringenden Fällen gemäß §§ 937 Abs. 2, 944 ZPO **ohne mündliche Verhandlung** durch den Vorsitzenden des ArbG allein ergehen, da die nur für das Beschlussverfahren geltende Vorschrift des § 85 Abs. 2 ArbGG keine Anwendung findet. Eine derartige Urteilsverfügung bedarf keiner besonderen Vollziehung i. S. d. § 929 ZPO, sondern erlangt durch die Verkündung Verbindlichkeit.[708]

310 **Zuständig** ist das Gericht der Hauptsache (§ 937 Abs. 1 ZPO), also das **ArbG,** bei dem der Kündigungsschutzprozess anhängig ist.[709] Im Übrigen gelten die normalen Verfahrensvorschriften für den Erlass einstweiliger Verfügungen.[710]

701 *BAG* 12.9.85, EzA § 102 BetrVG Nr. 61.
702 Vgl. *Gussone,* AuR 94, 251 f.; unzutr. *Willemsen/Hohenstatt,* DB 95, 215.
703 KR-*Etzel,* Rn. 223; *Klebe/Schumann,* S. 220.
704 *BAG* 11.5.00, BB 00, 2049 [2050].
705 *ArbG Frankfurt/M.* 9.1.03, AiB 03, 374; MünchArbR-*Matthes,* 2. Aufl., § 348 Rn. 102.
706 Im Ergebnis ebenso *Fitting,* Rn. 121; *LAG Baden-Württemberg* 15.5.74, BB 75, 43; *LAG Berlin* 11.6.74, DB 74, 1629; *ArbG Siegburg* 24.7.72, EzA § 102 BetrVG 1972 Nr. 3; *Dütz,* DB-Beilage 13/78, S. 9; HWGNRH-*Huke,* Rn. 197; *LAG Nürnberg* 5.9.06, DB 07, 752.
707 *LAG Düsseldorf* 29.5.74, DB 74, 1342; GK-*Raab,* Rn. 205.
708 *LAG Hamm* 12.12.86, DB 87, 1945; vgl. KR-*Etzel,* Rn. 235 a.
709 HWGNRH-*Huke,* Rn. 203; KR-*Etzel,* Rn. 223 a.
710 Einzelheiten bei HWGNRH-*Huke,* Rn. 203.

Für den Erlass einer einstweiligen Verfügung müssen **Verfügungsanspruch, Verfügungsgrund und Glaubhaftmachung** durch den AG gegeben sein.[711] Hinsichtlich des Verfügungsanspruchs (= rechtsbegründende Tatsachen) hat der AG die Voraussetzungen des Abs. 5 Satz 2 darzulegen. Ihn trifft hierzu die **Darlegungs- und Beweislast**.[712] Zur Durchsetzung des Verfügungsgrundes (= Eilbedürftigkeit) müssen alle prozessualen Erfordernisse erfüllt sein, weil nach dem gesetzlichen Regel-/Ausnahmeverhältnis das Interesse des AN an der Weiterbeschäftigung überwiegt. Zur Glaubhaftmachung kann sich der AG aller zugelassenen Mittel, insbesondere der eidesstattlichen Versicherung, bedienen.[713] Eine pauschale Erklärung, dass die Tatsachenbehauptungen des Prozessbevollmächtigten des AG richtig seien, reicht allerdings nicht aus.[714] **311**

Der Antrag des AG auf Entbindung von der Weiterbeschäftigungspflicht ist an **keine Frist** gebunden.[715] Er muss nicht unmittelbar nach Ausspruch der Kündigung oder nach Geltendmachung des Weiterbeschäftigungsanspruchs erhoben werden.[716] Dies ist z. B. auch nach dem arbeitsgerichtlichen Gütetermin möglich.[717] Der AG muss die **Eilbedürftigkeit** nicht **glaubhaft** machen (h. M.).[718] Es ist also möglich, dass der Grund für die Befreiung von der Weiterbeschäftigung erst geraume Zeit nach der Weiterbeschäftigung eintritt. Sobald er jedoch vorliegt, muss der AG unverzüglich (normalerweise binnen etwa 14 Tagen) handeln, sonst ist der Verfügungsgrund verbraucht. Verlangt er erst mehrere Monate nach dem schriftlichen Weiterbeschäftigungsbegehren des AN die Befreiung von der Beschäftigungspflicht, ohne dass in der Zwischenzeit neue Gesichtspunkte eingetreten sind, die von ihm glaubhaft gemacht werden können, ist ein Grund für eine einstweilige Verfügung keinesfalls mehr gegeben.[719] **312**

Der AG kann die in Abs. 5 Satz 2 genannten Gründe nicht lediglich als **Einrede** gegen einen vom AN gerichtlich geltend gemachten Weiterbeschäftigungsanspruch erheben. **313**
Er kann lediglich den nach Inhalt und Verfahren **eigenständigen Anspruch** des Abs. 5 Satz 2 entsprechend geltend machen. Ist der Anspruch des AN noch in erster Instanz anhängig, können beide Verfahren verbunden werden.[720] Ist der Antrag des AN auf Weiterbeschäftigung bereits im **Berufungsverfahren** anhängig, kann der Antrag des AG nur beim ArbG als dem hierfür zuständigen Gericht erhoben werden.[721] Das Gleiche gilt, wenn die Kündigungsschutzklage nach einem für den AN positiven Urteil erster Instanz beim LAG anhängig ist.[722]

Beim Vorliegen **veränderter Umstände** kann der AG auch nach rechtskräftiger Abweisung eines vorhergegangenen Antrags erneut die Entbindung von der Weiterbeschäftigungspflicht verlangen.[723] Hierzu muss er **neue Tatsachen** vorbringen, die im vorhergehenden Verfahren nicht vorgebracht werden konnten.[724] Die Abweisung der Kündigungsschutzklage in erster Instanz ist allein keine hierfür ausreichende Tatsache.[725] Auch der AN kann die **Aufhebung** einer rechtskräftigen einstweiligen Verfügung gemäß §§ 936, 927 ZPO bewirken, wenn die sie begründenden Tatsachen nicht mehr existieren (z. B. Besserung der wirtschaftlichen Lage des Betriebs bei Entbindung gemäß Abs. 5 Satz 2 Nr. 2; Rn. 289). Ein der Kündigungsschutzklage **stattgebendes ArbG- oder LAG-Urteil** führt zu einem selbstständigen allgemeinen Weiterbeschäftigungsanspruch, der ungeachtet einer Entbindungsverfügung besteht. **314**

Wird eine **einstweilige Verfügung** im Berufungsverfahren **aufgehoben,** lebt der Beschäfti- **315**

---

711 *Schaub,* NJW 81, 1811.
712 KR-*Etzel,* Rn. 225.
713 Einzelheiten bei HWGNRH-*Huke,* Rn. 203.
714 *ArbG Stuttgart* 5.4.93, AuR 93, 222.
715 *ArbG Frankfurt/M.* 9.1.03, AiB 03, 374; KR-*Etzel,* Rn. 223 a; *Bösche,* S. 176; GK-*Raab,* Rn. 205.
716 MünchArbR-*Matthes,* § 348 Rn. 104.
717 *LAG Düsseldorf* 15.3.78, DB 78, 1282.
718 Vgl. *Germelmann/Matthes/Prütting,* § 62 Rn. 88; *Wolff,* Vorläufiger Bestandsschutz, S. 221 m. w. A.; *LAG Nürnberg* 5.9.06, DB 07, 752.
719 *LAG Düsseldorf* 19.8.77, DB 77, 1952.
720 *LAG Düsseldorf* 30.8.77, DB 77, 2383; *ArbG Düsseldorf* 27.9.83, DB 84, 618; KR-*Etzel,* Rn. 222 a;.
721 *LAG Düsseldorf* 30.8.77, DB 77, 2383; KR-*Etzel,* Rn. 222 a.
722 *LAG Baden-Württemberg* 8.3.88, LAGE § 102 BetrVG 1972 Nr. 9.
723 Vgl. *Wolff,* Vorläufiger Bestandsschutz, S. 225.
724 KR-*Etzel,* Rn. 223 b.
725 *LAG Köln* 19.5.83, DB 83, 2368.

gungsanspruch wieder auf, und zwar von Anfang an.[726] Der AN hat Anspruch auf Entgeltzahlung aus dem Gesichtspunkt des Annahmeverzugs (vgl. Rn. 306). Ein **Schadensersatzanspruch** gemäß § 945 ZPO besteht hier ebenso wenig wie dann, wenn der AN bei bestehender Entbindungsverfügung rechtskräftig im Kündigungsschutzprozess obsiegt.[727]

316 Die Entbindung von der Weiterbeschäftigungspflicht gemäß Abs. 5 lässt ab dem Zeitpunkt der Entscheidung hierüber den hieraus erwachsenden **Vergütungsanspruch des AN** entfallen, den der AN unabhängig vom Ausgang des Kündigungsrechtsstreits hatte.[728] Bis zur Entscheidung über die Entbindung angefallene Vergütungsansprüche (Rn. 306) bleiben unberührt.[729] Obsiegt der AN im Kündigungsrechtsstreit, bleibt es bei seinem Anspruch aus **Annahmeverzug.**[730]

bb) Entbindungsgründe

317 Nach Abs. 5 Satz 2 Nr. 1 ist eine Entbindung von der Weiterbeschäftigungspflicht möglich, wenn die **Klage** des AN offensichtlich **keine hinreichende Aussicht auf Erfolg** bietet **oder mutwillig** erscheint. Diese Voraussetzungen stimmen mit den Kriterien überein, die zur Entscheidung über die Gewährung von **Prozesskostenhilfe** gemäß § 114 ZPO herangezogen werden.[731]

318 Das **Fehlen der hinreichenden Erfolgsaussicht** der Klage kann nur dann angenommen werden, wenn eine summarische Prüfung ergibt, dass die Klage offensichtlich oder doch mit **hinreichender Wahrscheinlichkeit keinen Erfolg** haben wird.[732] Haben sowohl AG als auch AN hinreichende Erfolgsaussichten glaubhaft gemacht, ist eine Befreiung von der Weiterbeschäftigungspflicht nicht möglich.[733] Bei der Beurteilung der fehlenden Erfolgsaussicht hat das ArbG das gesamte Vorbringen des AN zu würdigen, nicht nur den Widerspruch des BR.[734]

319 Die Rechtsverfolgung erscheint als **mutwillig,** wenn eine »verständige« Partei ihr Recht nicht auf diese Weise verfolgen würde.[735] Diese Voraussetzung wird nur in den allerseltensten Fällen vorliegen und beweisbar sein.

320 Nach Abs. 5 Satz 2 Nr. 2 kann die Entbindung von der Weiterbeschäftigungspflicht beantragt werden, wenn die Weiterbeschäftigung des AN zu einer **unzumutbaren wirtschaftlichen Belastung des AG** führen würde. Die Bezugnahme auf die wirtschaftliche Situation des AG bedeutet, dass es auf die wirtschaftliche Lage des **UN** ankommt und nicht des einzelnen Betriebes.[736] Eine Existenzbedrohung des Betriebes kann allenfalls als Indiz herangezogen werden. Die Frage, wann eine Weiterbeschäftigung den AG unzumutbar belastet, lässt sich nicht generell beantworten. Es kommt auf die **Umstände des Einzelfalles** und auf die wirtschaftlichen Gegebenheiten des einzelnen UN an.

321 Bei der Prüfung, ob eine **unzumutbare Belastung** vorliegt, ist zu berücksichtigen, dass dem AG die **Arbeitskraft** des AN weiterhin zur Verfügung steht und dass er ohnehin das Risiko trägt, den Prozess zu verlieren und den **Lohn nachzuzahlen.**[737] Es reicht auch nicht aus, dass

---

726 *Wolff,* Vorläufiger Bestandsschutz, S. 177; a. A. KR-*Etzel,* Rn. 223 a.

727 *BAG* 31.8.78, EzA § 102 BetrVG Beschäftigungspflicht Nr. 7; Richardi-*Thüsing,* Rn. 257; a. A. KR-*Etzel,* Rn. 223 a.

728 *BAG* 15.3.01, NZA 01, 1267 [1272].

729 *BAG* 7.3.96, NZA 96, 630.

730 KR-*Etzel,* Rn. 233; *Klebe/Schumann,* S. 178; vgl. *LAG Rheinland-Pfalz* 11.1.80, BB 80, 415.

731 *ArbG Stuttgart* 5.4.93, AuR 93, 222; *LAG Baden-Württemberg* 30.8.93 – 15 Sa 36/93.

732 *LAG Düsseldorf* 23.5.75, EzA § 102 BetrVG 1972 Beschäftigungspflicht Nr. 4; *LAG Hamburg* 14.9.92, LAGE § 102 BetrVG 1972 Beschäftigungspflicht Nr. 10 = AiB 93, 53; APS-*Koch,* Rn. 220; GK-*Raab,* Rn. 208 ff.; HWGNRH-*Huke,* Rn. 191; KR-*Etzel,* Rn. 224; vgl. *Wolff,* Vorläufiger Bestandsschutz, S. 194.

733 Richardi-*Thüsing,* Rn. 244; *LAG Düsseldorf* 23.5.75, EzA § 102 BetrVG 1972 Beschäftigungspflicht Nr. 4; *ArbG Siegburg* 4.3.75, DB 75, 700; *ArbG Stuttgart* 5.4.93, a. a. O.; *ArbG Frankfurt/M.* 9.1.03, AiB 03, 374; KR-*Etzel,* Rn. 224.

734 APS-*Koch,* Rn. 220.

735 KR-*Etzel,* Rn. 224.

736 APS-*Koch,* Rn. 221; *Wolff,* Vorläufiger Bestandsschutz, S. 199; *Gussone,* AuR 94, 253; GK-*Raab,* Rn. 209.

737 *LAG Hamburg* 16.5.01, NZA-RR 02, 25; *ArbG Berlin* 29.3.74, BB 74, 508.

die Weiterbeschäftigung den AG überhaupt wirtschaftlich belastet. Die Belastung muss vielmehr ein **unzumutbares Ausmaß** haben, z. B. drohender Liquiditätsverlust oder nachweisbare negative Auswirkungen auf die Wettbewerbsfähigkeit. Dieses Tatbestandsmerkmal kommt daher nur ganz ausnahmsweise (ggf. in Kleinstunternehmen) in Betracht.[738] Dabei ist eine **Interessenabwägung** gegenüber den berechtigten Belangen des AN vorzunehmen.[739]

Eine unzumutbare wirtschaftliche Belastung des AG lässt sich beispielsweise nicht bereits mit gesunkenen Umsätzen begründen. Der AG muss eine **Existenzgefährdung des Unternehmens gerade wegen der Weiterbeschäftigung des betroffenen AN** darlegen.[740] Die wirtschaftliche Belastung des AG wegen des Lohnkostenaufwands gerade wegen der Weiterbeschäftigung des AN muss so gravierend sein, dass Auswirkungen auf Liquidität und Wettbewerbsfähigkeit des AG auf der Hand liegen.[741] Es reicht auch nicht aus, wenn der AG auf allgemein herrschenden Arbeitsmangel verweist oder allgemeine Angaben über finanzielle Schwierigkeiten macht. Vielmehr sind in der Regel **konkrete und detaillierte Daten** über die wirtschaftliche und finanzielle Lage des Betriebs und UN erforderlich.[742] Dabei muss auch eine Prognose über die zu erwartende künftige Entwicklung vorgelegt werden. **322**

Bei der Beurteilung der Frage, ob eine unzumutbare wirtschaftliche Belastung vorliegt, kommt es auf die durch den einzelnen AN verursachte Belastung an. Bei gleichzeitiger Entlassung **mehrerer AN** können die Lohnaufwendungen beispielsweise nicht zusammengerechnet werden, da der AG es sonst in der Hand hätte, die wirtschaftliche Zumutbarkeit durch eine größere Zahl von Entlassungen zu beeinflussen.[743] Jedenfalls muss der AG darlegen, wie sich der **konkrete Verdienst des AN** auf seine wirtschaftliche Situation auswirken.[744] **323**

Der mögliche **Wegfall der tatsächlichen Beschäftigungsmöglichkeit** allein begründet keine unzumutbare wirtschaftliche Belastung.[745] Kann der der AG den AN tatsächlich nicht weiterbeschäftigten kann, wird erwogen, den AN unter Fortzahlung seiner Bezüge freizustellen.[746] Das kann aber nur unter strengsten Voraussetzungen möglich sein, um das Recht auf tatsächliche Beschäftigung nicht zu unterlaufen (vgl. Rn. 276). Auch bei einer Freistellung behält der AN seine Entgeltansprüche.[747] **324**

Ausnahmsweise kann es für die Frage der zumutbaren wirtschaftlichen Belastung auch auf die Situation des **Konzerns** ankommen. Das ist dann der Fall, wenn der Widerspruch des BR sich auf eine Weiterbeschäftigung im Konzern erstreckt (Rn. 219).[748] **325**

Nach Abs. 5 Satz 2 Nr. 3 kann die Befreiung von der Weiterbeschäftigung beantragt werden, wenn der **Widerspruch des BR offensichtlich unbegründet** (vgl. Rn. 326) ist. Von einem offensichtlich unbegründeten Widerspruch des BR kann nur dann gesprochen werden, wenn dieser mutwillig erfolgte, wenn dessen Grundlosigkeit sich bei unbefangener Beurteilung geradezu aufdrängt[749] und für die Überlegungen des BR keinerlei Anhaltspunkte vorlagen.[750] **326**

Können die Tatsachen, auf welche sich der Widerspruch des BR gründet, **nur im Wege der Beweisaufnahme** geklärt werden, ist der Widerspruch des BR nicht offensichtlich unbegründet.[751] **327**

Der Widerspruch muss im **Zeitpunkt** seiner Erhebung offensichtlich unbegründet sein; es genügt also nicht, dass dies erst später deutlich wird.[752] **328**

738 *Schaub,* NJW 81, 1811, KR-*Etzel,* Rn. 226.
739 MünchArbR-*Wank,* § 121 Rn. 37 m. w. N.; vgl. umfassend *Wolff,* Vorläufiger Bestandsschutz, S. 200 f.
740 *LAG Hamburg* 16.5.01, NZA-RR 02, 25; a. A. GK-*Raab,* Rn. 209.
741 *LAG Rheinland-Pfalz,* 10.7.07 – 3 SaGc 9/07; KR-*Etzel,* S. 1258 ff.
742 APS-*Koch,* Rn. 222.
743 *LAG Hamburg* 16.5.01, NZA-RR 02, 25; a. A., d. h. für Zusammenzählen, KR-*Etzel,* Rn. 227.
744 *ArbG Stuttgart* 31.8.93 – 23 Ga 75/93.
745 *LAG Hamburg* 16.5.01, NZA-RR 02, 25.
746 KR-*Etzel,* Rn. 228.
747 *LAG Hamburg* 18.5.93 – 2 Sa 33, 34/93; 24.2.93 – 4 Sa 13/93; 10.5.93 – 4 Sa 20/93; APS-*Koch,* Rn. 221; vgl. *Wolff,* Vorläufiger Bestandsschutz, S. 192.
748 *LAG Hamburg* 16.5.01, NZA-RR 02, 25.
749 *LAG Hamm* 1.7.86, LAGE § 102 BetrVG 1972 Nr. 8; *ArbG Berlin* 5.1.73, DB 73, 192; *ArbG Stuttgart* 5.4.93, AuR 93, 222; APS-*Koch,* Rn. 223; KR-*Etzel,* Rn. 230; *Fitting,* Rn. 120; GK-*Raab,* Rn. 210.
750 *LAG Frankfurt* 18.6.76, AuR 77, 156.
751 *LAG Baden-Württemberg* 29.11.76 – 10 Sa 7/76; *LAG Düsseldorf* 20.10.76, BB 77, 1610; vgl. HWGNRH-*Huke,* Rn. 195; *Wolff,* Vorläufiger Bestandsschutz, S. 214.
752 KR-*Etzel,* Rn. 230; *Klebe/Schumann,* S. 224.

329 Der Fall eines **nicht ordnungsgemäßen Widerspruchs** ist wie der des unbegründeten Widerspruchs (Rn. 219) zu behandeln.[753]

330 Das **Offensichtlichkeitskriterium** muss in gleicher Weise berücksichtigt werden (Rn. 205).

b) Anderweitige Beendigung der Weiterbeschäftigungspflicht

331 Der Weiterbeschäftigungsanspruch kann im **Einvernehmen** zwischen AN und AG beendet werden.[754] Dieses Einvernehmen kann für den Fall der Weiterführung des Kündigungsschutzprozesses hergestellt werden. Dabei wird es sich in der Regel um eine bloße Suspendierung von der tatsächlichen Beschäftigung bei Weiterbestehen des rechtlichen Weiterbeschäftigungsverhältnisses, insb. unter Aufrechterhaltung und nicht unter Verzicht auf den Anspruch auf Entgeltzahlung handeln. Im Übrigen ist natürlich eine einvernehmliche Auflösung des gesamten Arbeitsverhältnisses möglich.[755]

332 Nach h. M. kann sich der AN **nicht einseitig** von dem einmal aufgenommenen Weiterbeschäftigungsverhältnis lossagen.[756] Ihm bleibt lediglich die fristgerechte oder außerordentliche **Kündigung des gesamten** Arbeitsverhältnisses.[757]

333 Durch die **Rücknahme des BR-Widerspruchs** gegen die Kündigung wird das einmal aufgenommene Weiterbeschäftigungsverhältnis nicht beendet (Rn. 178).

334 Das Weiterbeschäftigungsverhältnis wird zusammen mit dem Arbeitsverhältnis durch **Klagerücknahme** beendet.[758]

335 Durch die Stellung eines **Auflösungsantrages gemäß § 9 KSchG** wird die Weiterbeschäftigung nicht beendet (Rn. 285).

336 Das Weiterbeschäftigungsverhältnis wird durch **rechtskräftiges Urteil** beendet: Obsiegt der AN, dann gilt das bisherige Arbeitsverhältnis als durch die Kündigung nicht unterbrochen. Wird die Klage abgewiesen, dann endet das Arbeitsverhältnis auf Grund der Kündigung mit Ablauf der Kündigungsfrist.[759]

337 Der AG kann das nach Abs. 5 fortgesetzte Arbeitsverhältnis grundsätzlich **erneut kündigen** (h. M.). Falls es für eine solche Kündigung auf die Beschäftigungsdauer ankommt, ist die Zeit der Weiterbeschäftigung mitzuzählen.[760] Eine solche Kündigung ist grundsätzlich geeignet, den bisherigen Weiterbeschäftigungsanspruch zu beenden. Die die Frage eines **erneuten Weiterbeschäftigungsanspruchs** wäre dann nach allgemeinen Kriterien zu klären.[761] Wenn die Voraussetzungen vorliegen, die das *BAG* für den allgemeinen Weiterbeschäftigungsanspruch bei »**Kettenkündigungen**« definiert hat (Rn. 272), bleibt auch der ursprüngliche Weiterbeschäftigungsanspruch gemäß Abs. 5 bestehen.

VIII. Erweiterung der Mitbestimmung (Abs. 6)

338 AG und BR können vereinbaren, dass Kündigungen der **Zustimmung des BR** bedürfen und bei nicht beizulegenden Meinungsverschiedenheiten eine **verbindliche Entscheidung** der ESt. über die Berechtigung der nicht erteilten Zustimmung zu ergehen hat (vgl. DKKWF-*Bachner*, § 102 Rn. 41). Dies bedeutet allerdings nicht, dass die Mitbestimmungsrechte des BR nicht

---

753 *LAG Hamm* 31.1.79, EZA § 102 BetrVG Beschäftigungspflicht Nr. 6; *LAG Düsseldorf* 15.3.78, DB 78, 1283; *LAG Baden-Württemberg* 15.5.74, DB 75, 43; *ArbG Wuppertal* 26.6.77, DB 78, 112; APS-*Koch*, Rn. 224; GK-*Raab*, Rn. 211; HWGNRH-*Huke*, Rn. 196; a. A. *LAG Frankfurt* 2.11.84, NZA 85, 163; *LAG Düsseldorf* 5.1.76, BB 76, 2462.

754 GK-*Raab*, Rn. 198; vgl. *Wolff*, Vorläufiger Bestandsschutz, S. 235.

755 Insgesamt KR-*Etzel*, Rn. 237.

756 APS-*Koch*, Rn. 228.

757 Vgl. GK-*Raab*, Rn. 198; KR-*Etzel*, Rn. 238; für Lossagung von der vorläufigen Weiterbeschäftigung unter Einhaltung von Kündigungsfristen bzw. nicht zur Unzeit *Bösche*, S. 163; *Heinze*, S. 247.

758 Vgl. *KDZ*, § 4 KSchG Rn. 58.

759 KR-*Etzel*, Rn. 236.

760 KR-*Etzel*, Rn. 239.

761 Vgl. *LAG Berlin* 3.5.78, ARSt. 79, 30; *LAG Düsseldorf* 19.8.77, EzA § 102 BetrVG 1972 Beschäftigungspflicht Nr. 5; GK-*Raab*, Rn. 198; KR-*Etzel*, Rn. 239.

auch in anderen Fällen über das Gesetz hinaus erweitert werden können. Für eine **einzelvertragliche Erweiterung** des dem Betriebsrat nach dem BetrVG vor Ausspruch von Kündigungen zustehenden Beteiligungsrechts (»Es besteht Einigkeit, dass für Kündigungen, die zu einem Ausscheiden im Jahre 2006 führen, die Zustimmung des Betriebsrates nach § 102 BetrVG erforderlich ist.«) fehlt es an der erforderlichen gesetzlichen Ermächtigungsgrundlage. Solche Vereinbarungen sind daher nichtig.[762] Ggf. hat der Arbeitnehmer in einer solchen Situation einen Schadensersatzanspruch.

Die Vorschrift spielt in der **betrieblichen Praxis** insbesondere im Zusammenhang mit **Interessenausgleichsvereinbarungen, Sanierungsvereinbarungen bzw. Rahmensozialplänen** eine Rolle (vgl. § 111 Rn. 157). Auch bei der Errichtung einer **Transfergesellschaft** kann es sinnvoll sein, die Kündigungsentscheidungen des AG einem erweiterten Mitbestimmungsrecht des BR zu unterwerfen. **339**

Mit einer Vereinbarung gemäß Abs. 6 wird **keine Veränderung des materiellen Kündigungsrechts** bewirkt. Die letztendlich ausgesprochene Kündigung kann vom AN nach allen allgemeinen Kriterien des Kündigungsschutzrechts einer arbeitsgerichtlichen Rechtskontrolle zugeführt werden. In der Praxis werden jedoch durch Vereinbarungen nach Abs. 6 KSch-Klagen häufig vermieden. Verstöße gegen eine Vereinbarung gemäß Abs. 6 bewirken die Rechtsunwirksamkeit der Kündigung aus »anderen Gründen« i. S. d. § 13 KSchG. Dazu ist sollte die Vereinbarung diese Sanktion allerdings deutlich regeln.[763] Eine **Erweiterung** gesetzlicher Kündigungsgründe ist nicht möglich (h. M.).[764] **340**

Die **Funktion des Abs. 6** liegt darin, dass die Freiheit des AG, sich bei gegebenem Kündigungsgrund für oder gegen eine Kündigung zu entscheiden, einer Bindung durch Mitbestimmung unterworfen wird. Gegenstand einer Vereinbarung nach Abs. 6 ist damit eine **Regelungs- und keine Rechtsfrage.**[765] Deshalb ist es unangebracht, von einer »funktionswidrigen« und »rechtspolitisch verfehlten« Vorschrift zu sprechen.[766] **341**

Die Erweiterung der Mitbestimmung kann in unterschiedlichen **Intensitätsstufen** erfolgen:[767] **342**

- Bloße **Verfahrensabsicherung:** Der BR muss zustimmen, wenn die Kündigung zulässig ist. Damit soll eine einheitliche Handhabung der Kündigung erreicht werden.
- **Gebundenes Zustimmungsverweigerungsrecht:** Der BR kann ähnlich wie in § 99 die Zustimmung beim Vorliegen bestimmter Gründe verweigern.
- **Paritätische Mitbestimmung:** Die Kündigungsentscheidung des AG unterliegt in vollem Umfang der Mitbestimmung des BR.

In den Fällen (1) und (2) kann vereinbart werden, dass die ESt. die Zustimmung des BR ersetzt, im Fall (3) entscheidet die ESt.[768] Die Betriebsparteien können unter Praktikabilitätsaspekten jede Art von **Verfahrensbeschleunigung** verabreden. Es kann auch vereinbart werden, dass nach dem Widerspruch des BR noch ein **Gespräch** zwischen Personalabteilung und BR geführt werden muss.[769]

Eine Vereinbarung, nach der eine Kündigung nur mit Zustimmung des BR zulässig ist, kann sich **sowohl auf ordentliche als auch auf außerordentliche Kündigungen** erstrecken (h. M.).[770] Im Falle der außerordentlichen Kündigung muss eine ESt.-Entscheidung auch für den AG daraufhin voll überprüfbar sein, ob ein wichtiger Grund i. S. d. § 626 BGB gegeben ist (h. M.).[771] **343**

Auch eine **Abmahnung** kann der Mitbestimmung des BR unterworfen werden.[772] Das Gesetz **344**

762 *BAG* 23.4.09, ZIP 2009, 1294.
763 *BAG* 6.2.97, NZA 97, 877.
764 *Fitting,* Rn. 125; APS-*Koch,* Rn. 176.
765 *Rieble,* AuR 93, 40 f.
766 So aber *Henssler,* RdA 91, 268 [275].
767 Zum Folgenden *Rieble,* AuR 93, 39.
768 Vgl. HWGNRH-*Huke,* Rn. 215 f; KR-*Etzel,* Rn. 252 ff.; insgesamt *Rieble,* AuR 93, 44 ff.
769 *BAG* 6.2.97 – 2 AZR 168/96.
770 *Fitting,* Rn. 124; Richardi-*Thüsing,* Rn. 286; einschränkend GK-*Raab,* Rn. 216; a. A. ErfK-*Kania,* Rn. 43.
771 Vgl. HWGNRH-*Huke,* Rn. 205; KR-*Etzel,* Rn. 247 a; Richardi-*Thüsing,* Rn. 286; insgesamt *Rieble,* AuR 93, 42.
772 Vgl. *KDZ,* § 314 BGB Rn. 80.

kennt außer der nicht ausschließbaren Möglichkeit zur außerordentlichen Kündigung keine **Grenze der Mitbestimmungserweiterung.**[773] Die Vorschrift gilt ohne Einschränkung auch für das Ermessen des AG, von seinem Recht auf betriebsbedingte Kündigung Gebrauch zu machen. Die Berücksichtigung der betrieblichen Belange durch eine ESt. erfolgt im Rahmen des § 76 Abs. 5 Satz 3.[774] Hinsichtlich der **Sozialauswahl** i. S. d. § 1 Abs. 3 KSchG unterliegen die Betriebsparteien den gleichen Schranken wie bei der Gestaltung von Auswahlrichtlinien (§ 95 Rn. 21 ff.).[775] Auch das Verfahren des Kündigungsschutzes für Amtsträger gemäß § 103 ist nicht disponibel.[776] Es könnte jedoch eine ESt. vorgeschaltet werden.[777]

345 Wird gem. Abs. 6 vereinbart, dass eine Kündigung der **Zustimmung des BR** bedarf, kann die vorherige Anhörung des BR entfallen.[778] In einem solchen Fall kann der AG Informationen bis zur Beendigung des ESt.-Verfahrens nachreichen.[779]

346 Unzulässig ist es dagegen, auf den **Weiterbeschäftigungsanspruch** des Abs. 5 zu verzichten, ohne zugleich das Mitbestimmungsrecht des BR zu verletzen. Eine Vereinbarung gemäß Abs. 6, die einen solchen ausschließt, wenn der BR aus Gründen des Abs. 3 einer Kündigung widerspricht, käme einem unzulässigen Vorabverzicht auf dieses BR-Recht gleich. Entgegen der h. M.[780] muss daher auch eine BV gemäß Abs. 6 Platz für die Anwendung des Abs. 5 i. V. m. Abs. 3 lassen.[781]

347 Vereinbarungen i. S. d. Abs. 6 müssen in **Form einer BV** abgeschlossen werden. Sie bedürfen deshalb der Unterzeichnung durch AG und BR auf einem **Schriftstück**; eine formlose Regelungsabrede genügt nicht.[782]

348 Eine Regelung, wonach die Kündigung durch den AG der Zustimmung des BR bedarf und bei Nichteinigung die ESt. entscheidet, kann auch durch **einen TV** getroffen werden (h. M.).[783] Im TV kann auch bestimmt werden, dass der AG bei Verweigerung der Zustimmung ohne Einschaltung einer Einigungsstelle das ArbG anrufen kann.[784]

349 Die Entscheidung der ESt. unterliegt der **gerichtlichen Kontrolle** nach den Kriterien des § 76 Abs. 5 Satz 3. Es können sowohl der AG als auch der BR einen entsprechenden Antrag stellen (h. M.). Der **AN** kann weder die Erteilung der BR-Zustimmung zur Kündigung noch einen entsprechenden ESt.-Spruch anfechten (h. M.).[785] Er ist bei einem Beschlussverfahren zur Überprüfung eines ESt.-Spruchs Beteiligter.[786]

IX. Beteiligung des Betriebsrats nach anderen Vorschriften (Abs. 7)

350 Die Bestimmung stellt klar, dass die Beteiligung des BR bei **anzeigepflichtigen Entlassungen** nach KSchG unberührt bleibt.

351 Danach ist der AG verpflichtet, **Massenentlassungen** gemäß § 17 KSchG der Agentur für Arbeit vorher schriftlich anzuzeigen. Maßgeblich ist der Zeitpunkt des Ausspruchs der Kündigungen.[787] Der AG darf nach der Rspr. des EuGH Kündigungen erst nach Ende des Kon-

---

773 So aber *Rieble,* AuR 93, 43: für die Letztentscheidung des AG für eine betriebsbedingte Kündigung; vgl. *BAG* 28.3.85, AP Nr. 86 zu § 626 BGB; 29.8.91, EzA § 102 BetrVG 1972 Nr. 82; GK-*Raab,* Rn. 216; Richardi-*Thüsing,* Rn. 286.
774 A. A. *Rieble,* AuR 93, 43.
775 APS-*Koch,* Rn. 179; vgl. *Rieble,* AuR 93, 43.
776 APS-*Koch,* Rn. 176; *Fitting,* Rn. 124; HWGNRH-*Huke,* Rn. 208; KR-*Etzel,* Rn. 247 a.
777 *Rieble,* AuR 93, 43.
778 *BAG* 7.12.00, DB 01, 1154.
779 *BAG* 7.12.00, a. a. O.
780 *Fitting,* Rn. 125; Richardi-*Thüsing,* Rn. 302; KR-*Etzel,* Rn. 251.
781 A. A. ErfK-*Kania,* Rn. 47.
782 *BAG* 14.2.78, EzA § 102 BetrVG 1972 Nr. 33; APS-*Koch,* Rn. 180; GK-*Raab,* Rn. 217 f.
783 *BAG* 12.3.87, 10.2.88, AP Nrn. 47, 53 zu § 99 BetrVG 1972; *Fitting,* Rn. 132; KR-*Etzel,* Rn. 244; *WEH,* Teil I Rn. 385; *Bösche,* S. 181; a. A. HWGNRH-*Huke,* Rn. 213; differenzierend Richardi-*Thüsing,* Rn. 305.
784 *BAG* 21.6.00, BB 01, 258.
785 *Fitting,* Rn. 128.
786 APS-*Koch,* Rn. 184; *Fitting,* Rn. 128; KR-*Etzel,* Rn. 261; *Heinze,* Rn. 730; a. A. GK-*Raab,* Rn. 230.
787 *EuGH* 27.1.05, NZA 05, 13.

sultationsverfahrens mit dem BR und nach Anzeige der beabsichtigten Massenentlassung bei der zuständigen Behörde aussprechen. Eine ohne eine entsprechende Anzeige ausgesprochene Kündigung ist unwirksam, das gilt auch bei einer fehlerhaften bzw. unvollständigen Anzeige.[788] Bei Massenentlassungsverfahren, bei denen die Anzeige erst nach Ausspruch der Kündigungen erfolgte, besteht dann Vertrauensschutz, wenn die Anzeige bis zum Bekanntwerden der Rspr. des EuGH erfolgt ist.[789] Der AG hat den BR rechtzeitig über die Gründe für die Entlassung, die Zahl der zu entlassenden AN, die Zahl der i. d. R. beschäftigten AN und den Zeitraum, in dem die Entlassungen vorgenommen werden sollen, schriftlich zu unterrichten sowie weitere zweckdienliche Auskünfte zu erteilen. AG und BR haben insbes. über die Möglichkeiten zu beraten, Entlassungen zu vermeiden oder einzuschränken und ihre Folgen zu mildern (§ 17 Abs. 2 KSchG). Die Unterrichtung nach § 17 Abs. 2 KSchG kann mit der Anhörung des BR nach § 102 Abs. 1 verbunden werden.[790] Eine **Abschrift der Mitteilung** an den BR (vgl. DKKWF-*Bachner*, § 102 Rn. 29) hat der AG der Agentur für Arbeit gleichzeitig zuzuleiten.[791] Ebenso hat er eine **Stellungnahme des BR** zu den Entlassungen seiner schriftlichen Anzeige an die Agentur für Arbeit beizufügen. Fügt der AG die Stellungnahme des BR nicht bei, so ist seine Anzeige nicht ordnungsgemäß und daher grundsätzlich **nicht rechtswirksam.**[792] Nur ausnahmsweise ist die Anzeige auch bei **fehlender Stellungnahme** des BR wirksam, wenn der AG glaubhaft macht, dass er den BR mindestens zwei Wochen vor Erstattung der Anzeige ordnungsgemäß unterrichtet hat und der AG gleichzeitig den Stand der Beratungen darlegt. Die **Massenentlassungsanzeige** hat Angaben über den Namen des AG, den Sitz und die Art des Betriebs, die Zahl der i. d. R. beschäftigten AN, die Zahl der zu entlassenden AN, die Gründe für die Entlassungen und den Zeitraum, in dem die Entlassungen vorgenommen werden sollen, zu enthalten. In der Anzeige sollen ferner im Einvernehmen mit dem BR für die Arbeitsvermittlung Angaben über Geschlecht, Alter, Beruf und Staatsangehörigkeit der zu entlassenden AN gemacht werden. Der AG hat dem BR eine Abschrift der Anzeige zuzuleiten. Der BR kann gegenüber der Agentur für Arbeit **weitere Stellungnahmen** abgeben. Er hat dann dem AG eine Abschrift der Stellungnahme zuzuleiten (§ 17 Abs. 3 KSchG).

Jede Kündigung eines **schwerbehinderten Menschen** bedarf gemäß §§ 85, 91 SGB IX (früher: **352** §§ 15, 21 SchwbG) der Zustimmung des Integrationsamtes.[793] Vor der Entscheidung über die Zustimmung zur Kündigung eines schwerbehinderten Menschen hat das Integrationsamt gemäß § 87 Abs. 2 SGB IX eine **Stellungnahme des BR** (vgl. DKKWF-*Bachner*, § 102 Rn. 26 f.) und der Schwerbehindertenvertretung einzuholen.

Die fehlende und auch nicht ersetzte Zustimmung des BR zur Abberufung eines **Betriebsarz- 353 tes** nach **§ 9 Abs. 3 ASiG** führt zumindest dann zur Unwirksamkeit der dem Betriebsarzt ausgesprochenen Beendigungskündigung, wenn diese auf Gründe gestützt wird, die sachlich mit der Tätigkeit als Betriebsarzt im untrennbaren Zusammenhang stehen.[794]

In der **Unfallversicherung** ist der BR bei der Bestellung der Sicherheitsbeauftragten gemäß **354** § 22 Abs. 1 SGB VII zu beteiligen. Eine Allgemeine Verwaltungsvorschrift regelt das Zusammenwirken der technischen Aufsichtsbeamten mit den Betriebsvertretungen.[795]

In den **Postunternehmen** hat der für die dort beschäftigten Beamten zuständige BR Beteili- **355** gungsrechte nach dem BPersVG bei der Entlassung von Beamten auf Probe oder auf Widerruf, bei vorzeitiger Versetzung in den Ruhestand sowie fristloser Entlassung und außerordentlicher Kündigung (vgl. §§ 28, 29 PostPersRG).[796]

788 Vgl. *BAG* 28.5.09 – 8 AZR 273/08, juris; *LAG Hessen* 19.8.10 – 9 Sa 1817/09, juris.
789 *BAG* 13.7.06 – 6 AZR 198/06, juris und 20.9.06 – 6 AZR 219/06, juris.
790 *BAG* 14.8.86, AP Nr. 43 zu § 102 BetrVG 1972; *Fitting*, Rn. 134.
791 *Fitting*, Rn. 134 b.
792 *KDZ*, § 17 KSchG Rn. 46. ff.
793 Vgl. *Bethmann u. a.*, SchwbG, § 15 Rn. 8, § 21 Rn. 4 f.
794 *BAG* 24.3.88, EzA § 9 ASiG Nr. 1.
795 Allgemeine Verwaltungsvorschrift vom 28.11.1977, BAnz. Nr. 225; abgedruckt bei *Kittner*, Arbeits- und Sozialordnung, Fn. 1 zu § 20 SGB VII.
796 Hierzu *Fitting*, Rn. 137.

§ 103 Außerordentliche Kündigung und Versetzung in besonderen Fällen

(1) Die außerordentliche Kündigung von Mitgliedern des Betriebsrats, der Jugend- und Auszubildendenvertretung, der Bordvertretung und des Seebetriebsrats, des Wahlvorstands sowie von Wahlbewerbern bedarf der Zustimmung des Betriebsrats.

(2) Verweigert der Betriebsrat seine Zustimmung, so kann das Arbeitsgericht sie auf Antrag des Arbeitgebers ersetzen, wenn die außerordentliche Kündigung unter Berücksichtigung aller Umstände gerechtfertigt ist. In dem Verfahren vor dem Arbeitsgericht ist der betroffene Arbeitnehmer Beteiligter.

(3) Die Versetzung der in Absatz 1 genannten Personen, die zu einem Verlust des Amtes oder der Wählbarkeit führen würde, bedarf der Zustimmung des Betriebsrats; dies gilt nicht, wenn der betroffene Arbeitnehmer mit der Versetzung einverstanden ist. Absatz 2 gilt entsprechend mit der Maßgabe, dass das Arbeitsgericht die Zustimmung zu der Versetzung ersetzen kann, wenn diese auch unter Berücksichtigung der betriebsverfassungsrechtlichen Stellung des betroffenen Arbeitnehmers aus dringenden betrieblichen Gründen notwendig ist.

Inhaltsübersicht Rn.

I. Grundzüge

1 Im Hinblick auf die besondere Stellung der Mitglieder des BR, der JAV und des Wahlvorstands sowie der Wahlbewerber ist deren ordentliche Kündigung grundsätzlich unzulässig (§ 15 KSchG). Um diesen Personenkreis auch gegen eine hiernach noch zulässige **außerordentliche Kündigung** besser abzusichern, bindet § 103 solche Kündigungen an die **vorher erteilte Zustimmung des BR** (Abs. 1). Der AG kann die Kündigung rechtswirksam erst aussprechen, wenn entweder die Zustimmung des BR erteilt oder durch das ArbG rechtskräftig ersetzt wird (Abs. 2). Hierdurch soll es unmöglich gemacht werden, insbesondere BR-Mitglieder durch willkürliche außerordentliche Kündigungen aus dem Betrieb zu entfernen und durch Ausnutzung der Rechtsmittel das Verfahren so lange zu verschleppen, dass inzwischen das BR-Mitglied dem Betrieb entfremdet wird und keine Aussicht auf eine Wiederwahl hat. Außerdem soll sichergestellt werden, dass bei einer groben Pflichtverletzung des BR-Mitglieds in seiner Eigenschaft als BR-Mitglied der AG sich der hierfür vorgesehenen Möglichkeit des Ausschlusses aus dem BR (§ 23) bedient und nicht auf den Weg der außerordentlichen Kündigung ausweicht.[1] Diese kündigungsschutzrechtlichen Regelungen dienen in erster Linie. dem **Schutz der Amtsführung** im Rahmen der Betriebsverfassung und damit der Kontinuität und Funktionsfähigkeit der Tätigkeit der Betriebsverfassungsorgane, dem **Schutz der AN vor der Ausschaltung ihrer gewählten Vertreter** und dem **Schutz der gewählten Vertreter** vor Repressalien des AG wegen ihrer betriebsverfassungsrechtlichen Tätigkeit.[2]

2 § 103 ist Bestandteil einer **komplexen Gesamtregelung** (in DKKWF-*Bachner,* § 103 Rn. 1)[3]

1 RegE, BT-Drucks. VI/1806.
2 Vgl. *Fitting,* Rn. 1; GK-*Raab,* Rn. 1; zur Geltung des § 103 im Tendenzbetrieb s. § 118 Rn. 75.
3 Vgl. *KDZ,* § 15 KSchG Rn. 4 ff.

des Kündigungsschutzes für Mandatsträger der Betriebsverfassung, die in **drei verschiedenen Gesetzen** geregelt ist:

- **§ 15 KSchG** schließt für den Normalfall die ordentliche Kündigung gegenüber dem geschützten Personenkreis aus und lässt lediglich die außerordentliche Kündigung zu.
- **§ 103** bindet die Erklärung der außerordentlichen Kündigung an die vorher erteilte Zustimmung des BR und legt dem AG auf, sie im Verweigerungsfalle vor Kündigungsausspruch durch das Gericht ersetzen zu lassen.
- Die Frage der materiellen Berechtigung der außerordentlichen Kündigung wegen Vorliegens eines wichtigen Grundes ist in **§ 626 BGB** geregelt.

Der besondere Kündigungsschutz der §§ 15 KSchG und 103 geht dem **Kündigungsrecht nach § 15 Abs. 1 BBiG** vor. Das bedeutet, dass auch während der Probezeit im Rahmen des Berufsausbildungsverhältnisses die ordentliche Kündigung einer geschützten Person unzulässig ist. Die außerordentliche Kündigung aus wichtigem Grund (§ 626 BGB) bedarf der Zustimmung des BR (vgl. Rn. 24 ff.) und im Falle der Zustimmungsverweigerung der rechtskräftigen Ersetzung durch das ArbG (vgl. Rn. 39 ff.). 3

Die Unzulässigkeit der **ordentlichen Kündigung** einer geschützten Person erstreckt sich nicht nur auf eine das Arbeitsverhältnis beendende ordentliche Kündigung; er erfasst vielmehr **alle Arten** von ordentlichen Kündigungen. Unzulässig sind daher auch **Änderungskündigungen,** auch wenn die Änderung der Arbeitsbedingungen durch **Gruppen- oder Massenänderungskündigungen** herbeigeführt werden soll.[4] Der Schutzzweck des § 15 KSchG soll, wie sich aus § 15 Abs. 4, 5 KSchG ergibt, nur in den Fällen der Betriebsstilllegung oder der Stilllegung einer Betriebsabteilung hinter den Interessen des Arbeitgebers zurücktreten.[5] Hierin liegt keine unzulässige Begünstigung von Betriebsratsmitgliedern oder ein willkürliches Handeln des AG, denn die §§ 103, 15 KSchG sind eine Spezialregelung gegenüber dem allgemeinen Grundsatz aus § 78 Abs. 2[6]. 4

Aus der Gesamtheit aller Regelungen erwachsen folgende **Verfahrensabläufe bzw. Anforderungen** bei einer vom Arbeitgeber beabsichtigten außerordentlichen Kündigung gegenüber einem nach § 15 KSchG und § 103 geschützten AN: 5

- Es muss (1) ein wichtiger Kündigungsgrund i. S. d. § 626 BGB vorliegen.[7]
- Der Arbeitgeber muss (2) den BR innerhalb der Zweiwochenfrist des § 626 Abs. 2 BGB über seine Kündigungsabsicht informieren und zur Zustimmung auffordern.[8]
- Die Zweiwochenfrist wird (3) längstens für eine Woche gehemmt, wenn der AG dem zu kündigenden BR-Mitglied zur Aufklärung des Sachverhalts Gelegenheit zur Stellungnahme gibt.[9]
- Stimmt der BR zu, muss die Kündigung (4) noch innerhalb der laufenden Zweiwochenfrist erklärt werden.[10]
- Verweigert der BR die Zustimmung, muss der AG (5) noch innerhalb der laufenden Zweiwochenfrist beim ArbG den Antrag auf Ersetzung der Zustimmung zur Kündigung stellen.[11] Das gilt auch dann, wenn der BR sich innerhalb von drei Tagen nach der Unterrichtung nicht äußert.
- Während des Gerichtsverfahrens bleibt der AN (6) beschäftigt und übt sein Betriebsratsamt unbeschränkt aus.[12] Der AG darf den AN nicht einseitig freistellen.
- Ersetzt das ArbG (7) die Zustimmung zur Kündigung, muss der AG sie unverzüglich nach Rechtskraft aussprechen.[13] Die Kündigung darf erst nach rechtskräftiger Entscheidung ausgesprochen werden.

---

4 Vgl. *BAG* 24.4.69, AP Nr. 18 zu § 13 KSchG; 29.1.81, AP Nr. 10 zu § 15 KSchG 1969; *BAG* 6.3.86, AP Nr. 19 zu § 15 KSchG 1969, so wohl auch *LAG Rheinland-Pfalz* 12.12.03; insgesamt *KDZ*, § 15 KSchG Rn. 32, 36.
5 *LAG Rheinland-Pfalz* 12.12.03.
6 LAG *Düsseldorf* 15.8.12 – 7 Sa 165/12 juris
7 *BAG* 16.10.86, AP Nr. 95 zu § 626 BGB n. F.
8 *BAG* 18.8.77, AP Nr. 10 zu § 103 BetrVG 1972.
9 *BAG* 10.12.92, EzA § 103 BetrVG 1972 Nr. 33.
10 *BAG* 18.8.77, AP Nr. 10 zu § 103 BetrVG 1972.
11 *BAG* 24.4.75, AP Nr. 3 zu § 103 BetrVG 1972.
12 *LAG Düsseldorf* 22.2.77, DB 77, 1053; *LAG Hamm* 24.10.74, DB 75, 111.
13 *BAG* 22.1.87, AP Nr. 24 zu § 103 BetrVG 1972.

- Stimmt der BR während des laufenden Gerichtsverfahrens nachträglich zu, muss (8) gleichfalls unverzüglich nach Zustimmungserklärung gekündigt werden.[14]
- In einem Betrieb mit nur einem Betriebsratsmitglied muss der AG (9) innerhalb der Zweiwochenfrist die Zustimmungsersetzung beim ArbG beantragen.[15]
- Ersetzt das ArbG die Zustimmung nicht, darf (10) nicht gekündigt werden.[16]

6 Nach dem Ende der jeweiligen Funktion (nicht erfolgte Wiederwahl, Amtsniederlegung, Rücktritt) hat der geschützte Personenkreis sog. **nachwirkenden Kündigungsschutz.**[17] Dies bedeutet, dass dem Betreffenden für einen bestimmten Zeitraum nach Funktionsende nur außerordentlich **aus wichtigem Grund** gekündigt werden darf. Diese Kündigung ist jedoch **nicht,** was oft übersehen wird, **an die Zustimmung des BR gebunden.** § 103 kommt für diese Fälle nicht mehr zur Anwendung, denn die Bestimmung schützt das die Funktionsfähigkeit des BR-Gremiums als solche und setzt daher voraus, dass das BR-Mitglied noch im Amt ist. Der BR ist lediglich gemäß § 102 anzuhören und kann entsprechend dieser Vorschrift Bedenken äußern (§ 102 Rn. 181 ff.). Der Nachwirkungszeitraum beträgt bei gewählten Mitgliedern des BR und der JAV ein Jahr (bei der Bordvertretung sechs Monate, § 15 Abs. 1 Satz 2 KSchG), bei Mitgliedern des Wahlvorstandes und erfolglosen Wahlbewerbern sechs Monate (§ 15 Abs. 3 Satz 2 KSchG).

7 Ausnahmsweise lässt § 15 Abs. 4 KSchG die **ordentliche Kündigung** des geschützten Personenkreises im Falle einer **Betriebsstilllegung** zu, und zwar frühestens zum Zeitpunkt der Stilllegung.[18] Auf eine solche Kündigung findet § 102 Anwendung, nicht § 103: Der BR ist vor ihrem Ausspruch gemäß § 102 Abs. 1 zu hören und kann gemäß Abs. 3 Widerspruch einlegen.[19] Die Kündigung ist jedoch auch im Falle von BR-Mitgliedern nur berechtigt, wenn keine Weiterbeschäftigungsmöglichkeit in einem anderen Betrieb des AG besteht.[20] Wird nur eine **Betriebsabteilung stillgelegt,** sind die geschützten Personen in eine andere Betriebsabteilung zu übernehmen. Nach Auffassung des BAG ist der AG wegen des betriebsverfassungsrechtlichen Begünstigungsverbots (§ 78 Satz 2 HS 1) nicht verpflichtet, dem betroffenen BR-Mitglied eine Beförderungsstelle anzubieten, auch dann nicht, wenn das BR-Mitglied das Anforderungsprofil der Beförderungsstelle erfüllt.[21] Falls all dies nicht möglich ist, dürfen die BR-Mitglieder erst als letzte gekündigt werden (§ 15 Abs. 5 KSchG).[22] Ist in einem solchen Fall für ein BR-Mitglied die ordentliche Kündigung tarifvertraglich ausgeschlossen, bedarf der AG für die dann evtl. mögliche außerordentliche Kündigung nicht der Zustimmung des BR.[23]

8 Der Kündigungsschutz für Funktionsträger der Betriebsverfassung ist in **abgestufter Intensität** verwirklicht:

- als **voller Schutz** während der Dauer der jeweiligen Funktion (Verbot der ordentlichen Kündigung; Vorliegen eines wichtigen Grundes, Zustimmung des BR bzw. deren gerichtliche Ersetzung);
- als **nachwirkender Schutz** für eine bestimmte Zeit nach Ablauf der Amtszeit (Verbot der ordentlichen Kündigung);
- als **modifizierte Kündigungsmöglichkeit** im Falle einer **Betriebs- oder Abteilungsstilllegung** (Zulässigkeit der ordentlichen Kündigung mit Prioritätsregelung zugunsten des Funktionsträgers).

Den Kündigungsschutz für den **Normalfall** zeigt das nachfolgende Schaubild im Überblick:

14 *BAG* 17.9.81, AP Nr. 14 zu § 103 BetrVG 1972.
15 *BAG* 12.8.76, AP Nr. 2 zu § 15 KSchG 1969.
16 *BAG* 25.3.76, AP Nr. 6 zu § 103 BetrVG.
17 Hierzu *KDZ,* § 15 KSchG Rn. 44 ff.
18 Hierzu *KDZ,* § 15 KSchG Rn. 67 ff.
19 *BAG* 29.3.77, EzA § 102 BetrVG 1972 Nr. 27; vgl. § 102 Rn. 194.
20 *BAG* 13.8.92, DB 93, 1224, vgl. § 102 Rn. 194.
21 *BAG* 23.10.10,– 2 AZR 656/08, juris.
22 Vgl. *KDZ,* § 15 KSchG Rn. 75 ff.
23 *BAG* 18.9.97, DB 98, 210 = AiB 98, 344 mit Anm. *Thannheiser;* vgl. *KDZ,* § 15 KSchG Rn. 89.

Schaubild Kündigungsschutz für Funktionsträger der Betriebsverfassung

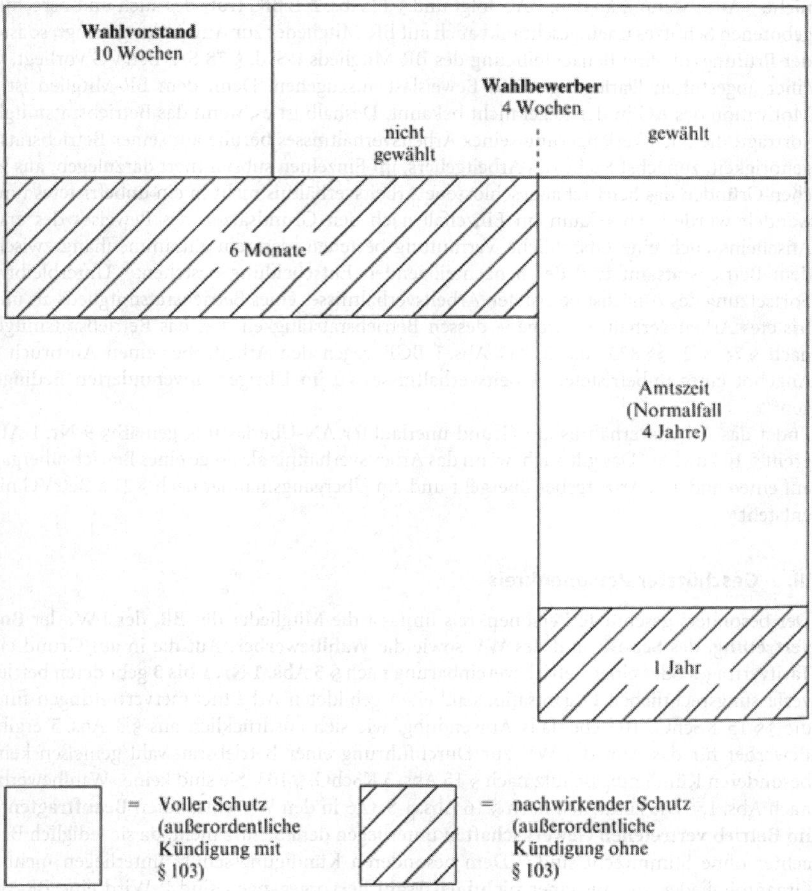

II. Anderweitige Beendigung des Arbeitsverhältnisses, Entfristungsklage

Eine **Beendigung des Arbeitsverhältnisses** aus **anderen Gründen ist jederzeit möglich,** z. B. durch Kündigung des AN, durch Auflösung im gegenseitigen Einvernehmen, durch Ablauf einer Befristung oder auch bei Vollendung des 65. Lebensjahres, wenn eine entsprechende Vereinbarung vorliegt (vgl. § 41 Abs. 4 SGB VI). 9

Wird ein nur mit einem **befristeten Arbeitsvertrag** eingestellter AN in den BR gewählt und erfolgt eine **erneute Befristung** des Arbeitsverhältnisses, sind an die Zulässigkeit dieser zweiten Befristung **besonders strenge Anforderungen** zu stellen.[24] Auch vor dem Hintergrund von **Art. 7 der EU-Richtlinie 2002/14/EG** ist jedenfalls eine restriktive Anwendung der Regelungen des TzBfG notwendig. Nach Art. 7 der Richtlinie »tragen die Mitgliedstaaten dafür Sorge, dass die Arbeitnehmervertreter bei der Ausübung ihrer Funktion einen ausreichenden Schutz und ausreichende Sicherheiten genießen, die es ihnen ermöglichen, die ihnen übertragenen Aufgaben in angemessener Weise wahrzunehmen.« Um diesen Schutz zu gewährleisten, spricht entgegen der Rspr. des BAG[25] vieles dafür, § 14 Abs. 2 TzBfG in Fällen einer 9a

24 *BAG* 17.2.83, AP Nr. 14 zu § 15 KSchG 1969.
25 *BAG* 5.12.12 – 7 AZR 698/11, juris.

sachgrundlosen Befristung nicht anzuwenden. Andernfalls bleibt das BR-Mitglied ohne Schutz, weil es allein im Belieben des AG steht, das BR-Mitglied weiterzubeschäftigen oder nicht.[26] Auch wenn man dem BAG folgt und § 14 Abs. 2 TzBfG trotz des auch unionsrechtlich gebotenen Schutzes uneingeschränkt auch auf BR-Mitglieder zur Anwendung bringt, so ist bei der Prüfung, ob eine Benachteiligung des BR-Mitglieds i. S. d. § 78 S. 2 BetrVG vorliegt, von einer abgestuften Darlegungs- und Beweislast auszugehen. Denn dem BR-Mitglied ist die Motivation des AG in der Regel nicht bekannt. Deshalb ist es, wenn das Betriebsratsmitglied vorträgt, die Nichtverlängerung seines Arbeitsverhältnisses beruhe auf seiner Betriebsratszugehörigkeit, zunächst Sache des Arbeitgebers, im Einzelnen substantiiert darzulegen, aus welchen Gründen das befristet abgeschlossene Arbeitsverhältnis nicht in ein unbefristetes umgewandelt wurde.[27] Hier kann im Einzelfall nach den Grundsätzen des Beweises des ersten Anscheins auch eine tatsächliche Vermutung bestehen, dass ein Zusammenhang zwischen dem Betriebsratsamt und der benachteiligenden Entscheidung bestehen.[28] Unterbleibt die Fortsetzung des zunächst befristeten Arbeitsverhältnisses eines Betriebsratsmitglieds als unbefristetes Arbeitsverhältnis »wegen« dessen Betriebsratstätigkeit, hat das Betriebsratsmitglied nach § 78 S. 2, §§ 823 Abs. 2, 249 Abs. 1 BGB gegen den Arbeitgeber einen Anspruch auf Angebot eines unbefristeten Arbeitsverhältnisses zu im Übrigen unveränderten Bedingungen[29].

9b Endet das Arbeitsverhältnis auf Grund unerlaubter AN-Überlassung gemäß § 9 Nr. 1 AÜG, greift § 103 nicht.[30] Das gilt auch, wenn das Arbeitsverhältnis als Folge eines Betriebsübergangs auf einen anderen Arbeitgeber übergeht und ein Übergangsmandat nach § 21 a BetrVG nicht entsteht.

III. Geschützter Personenkreis

10 Der besonders geschützte Personenkreis umfasst die Mitglieder des BR, der JAV, der **Bordvertretung,** des **See-BR** und des **WV** sowie die **Wahlbewerber.** Auf die in auf Grund eines Tarifvertrages oder einer Betriebsvereinbarung nach **§ 3 Abs. 1 Nr. 1 bis 3** gebildeten betriebsverfassungsrechtlichen Organisationseinheiten gebildeten Arbeitnehmervertretungen finden die §§ 15 KSchG, 103 ebenfalls Anwendung, wie sich ausdrücklich aus § 3 Abs. 5 ergibt.[31] Bewerber für das Amt des WV zur Durchführung einer Betriebsratswahl genießen keinen besonderen Kündigungsschutz nach § 15 Abs. 3 KSchG, § 103. Sie sind keine »Wahlbewerber« nach Abs. 1.[32] Die zusätzlich nach § 16 Abs. 1 Satz 6 in den WV entsandten **Beauftragten der im Betrieb vertretenen Gewerkschaften** unterliegen dem Schutz nicht, da sie lediglich Beobachter ohne Stimmrecht sind.[33] Dem besonderen Kündigungsschutz unterliegen nicht die Organmitglieder, die aus einer **nichtigen Wahl** hervorgegangen sind.[34] Wird eine BR-Wahl **angefochten,** bleiben die Mitglieder bis zu einer möglichen negativen rechtskräftigen Entscheidung mit vollem Kündigungsschutz im Amt (einschließlich nachwirkenden Schutzes; vgl. § 19 Rn. 39).

11 Mitglieder der **Schwerbehinderten- und der Gesamtschwerbehindertenvertretung** unterliegen ebenfalls dem besonderen Kündigungsschutz nach den §§ 15 KSchG, 103 (vgl. § 96 Abs. 3 SGB IX). Entsprechendes gilt für Bewerber für diese Ämter (vgl. § 94 Abs. 6 Satz 2 SGB IX).[35] Während die ordentliche Kündigung grundsätzlich unzulässig ist, bedarf es nach der Rspr. des BAG zur außerordentlichen Kündigung des Mitglieds der Schwerbehinderten- oder Gesamtschwerbehindertenvertretung sowohl der Zustimmung des BR[36] als auch der Zustimmung des

26 *ArbG München* 8.10.10, 24 Ca 861/10 juris, rkr.
27 *BAG* 25.6.14, 7 AZR 847/12 juris; *LAG München* 2.8.13, 5 Sa 1005/12 juris.
28 LAG Niedersachsen vom 8.8.12, 2 Sa 1733/11 juris.
29 *BAG* 25.6.14, 7 AZR 847/12 juris; *LAG München* 2.8.13, 5 Sa 1005/12 juris.
30 *BAG* 10.2.72, DB 72, 1273; vgl. auch § 99 Rn. 57; § 102 Rn. 22.
31 *Fitting,* Rn. 5; Richardi-*Thüsing,* Rn. 5; GK-*Raab,* Rn. 5.
32 *BAG* 31.7.14, 2 AZR 505/13 juris.
33 *Engels/Natter,* BB-Beilage 8/89, 21; a. M. *Fitting,* Rn. 5.
34 Vgl. *BAG* 7.5.86, AP Nr. 18 zu § 15 KSchG 1969.
35 APS-*Koch,* Rn. 44 ff.; *Fitting,* Rn. 6; KR-*Etzel,* Rn. 14; GK-*Raab,* Rn. 7; a. A. HWGNRH-*Huke,* Rn. 14
36 Vgl. *BAG* 23.8.93, AP ArbGG 1979 § 83 a Nr. 2; 11.5.00, AP BetrVG 1972 § 103 Nr. 42.

Integrationsamts; letzteres jedoch nur, wenn das Organmitglied zugleich als Schwerbehinderter anerkannt ist. Teilweise wird mit beachtlichen Gründen die Auffassung vertreten, es sei nicht die Zustimmung des BR, sondern der SBV erforderlich.[37] Zu den geschützten Personen gehören auch die in **Heimarbeit beschäftigten AN,** wenn sie eine in § 29 a HAG aufgeführte betriebsverfassungsrechtliche Funktion ausüben.

Keinen besonderen Kündigungsschutz haben die nicht in § 15 KSchG bzw. § 103 genannten betriebsverfassungsrechtlichen Funktionsträger. Sie unterliegen aber dem besonderen Schutz des § 78. Dazu gehören die betrieblichen Mitglieder der **ESt.,** einer die ESt. ersetzenden **tariflichen Schlichtungsstelle** (§ 76 Rn. 8) und einer **betrieblichen Beschwerdestelle** (§ 86) oder einer **Beschwerdestelle nach dem AGG.** Dieser Personenkreis hat jedoch einen **relativen Kündigungsschutz.** Erfolgt eine Kündigung wegen betriebsverfassungsrechtlicher Betätigung, ist sie wegen Verstoßes gegen ein **gesetzliches Verbot** (§ 78) nach § 134 BGB nichtig.[38] Dabei reicht es aus, dass eine **tatsächliche Vermutung** dafür spricht, dass die Kündigung wegen der betriebsverfassungsrechtlichen Tätigkeit erfolgt ist.[39] **12**

Nicht besonders geschützt sind die **Mitglieder des WA** und die **betrieblichen AN-Vertreter im AR,** es sei denn, dass sie zu den Funktionsträgern nach § 15 KSchG bzw. § 103 gehören. Aber auch sie unterliegen dem relativen Kündigungsschutz. **13**

Ersatzmitglieder des BR und der übrigen in dieser Vorschrift erwähnten betriebsverfassungsrechtlichen Organe sind nicht geschützt, solange sie nicht nachgerückt sind oder nicht eine vorübergehende Vertretung übernommen haben (zu den Einzelheiten vgl. Rn. 20). **14**

IV. Dauer des Kündigungsschutzes

Der Schutz nach § 103 (Zustimmung des BR oder rechtskräftige Ersetzung einer fehlenden Zustimmung durch das ArbG) gilt für die Dauer der **gesamten Amtszeit.** Dies gilt zur Vermeidung von Lücken im Kündigungsschutz unabhängig davon, ob die gewählten Organmitglieder ihr Amt erst zu einem späteren Zeitpunkt (z. B. nach Ablauf der Amtszeit des bisherigen BR) antreten.[40] Ein lediglich nachwirkender Kündigungsschutz bei gewählten BR-Mitgliedern, die jedoch ihr Amt noch nicht angetreten haben, weil die Amtszeit des bisherigen BR noch nicht abgelaufen ist, könnte den AG in die Lage versetzen, noch **vor Amtsantritt** eines gewählten BR-Mitglieds eine **außerordentliche Kündigung** auszusprechen, die dann nicht der Zustimmung des BR nach § 103 bedürfte. Der AG darf daher über die Bekanntgabe des Wahlergebnisses gegenüber dem geschützten Personenkreis eine außerordentliche Kündigung nur im Rahmen von § 103 BetrVG aussprechen. **15**

Der umfassende Kündigungsschutz nach § 103 **endet grundsätzlich mit Ablauf der Amtszeit.** Unter dem Begriff der Amtszeit ist zunächst die **regelmäßige Amtszeit** des betreffenden Betriebsverfassungsorgans zu verstehen. Dabei braucht es sich nicht immer um die normale Amtszeit zu handeln (vgl. zur Verkürzung der regelmäßigen Amtszeit des BR § 13 Abs. 2). Weicht die **persönliche Amtszeit** von der des Kollektivorgans ab, so ist die Dauer der persönlichen Amtszeit entscheidend. Dies gilt z. B. dann, wenn ein BR-Mitglied vorzeitig aus dem BR ausscheidet (vgl. § 24 Abs. 1) oder ein Ersatzmitglied während der Amtszeit unter den Geltungsbereich des KSch fällt. Mit Beendigung des Schutzes aus § 103 setzt jedoch der **nachwirkende Kündigungsschutz** nach § 15 Abs. 1 KSchG ein,[41] sofern das Erlöschen der persönlichen Amtszeit nicht auf einer gerichtlichen Entscheidung beruht, also nicht auf einem Ausschluss aus dem BR oder rechtskräftiger gerichtlicher Entscheidung über die Feststellung der Nichtwählbarkeit.[42] Nachwirkender Kündigungsschutz tritt auch dann nicht ein, wenn die Betriebsratswahl für nichtig erklärt wird; die aus einer nichtigen Wahl hervorgegangenen **16**

37 Vgl. *LAG Hamm* 21.1.11 – 13 TaBV 71/10, juris m. w. N.
38 Vgl. *BAG* 22.2.79, DB 79, 1659; vgl. auch GK-*Raab*, Rn. 14.
39 Vgl. *Fitting*, Rn. 8.
40 *Fitting*, Rn. 9.
41 Vgl. *BAG* 5.7.79, AP Nr. 6 zu § 15 KSchG 1969; zu den Einzelheiten des nachwirkenden Kündigungsschutzes vgl. *KDZ*, § 15 KSchG, Rn. 38 ff.
42 Vgl. § 15 Abs. 1 letzter Halbsatz KSchG i. V. m. § 24 Abs. 1 Nrn. 5 und 6; vgl. auch *BAG* 29.9.83, AP Nr. 15 zu § 15 KSchG 1969.

Organmitglieder genießen keinen besonderen Kündigungsschutz.[43] Etwas anderes gilt jedoch dann, wenn die BR-Wahl lediglich wirksam angefochten wird. Nach der Rspr. des BAG bleiben Rechtshandlungen und darauf resultierende Vereinbarungen des Betriebsrats (auch Betriebsvereinbarungen) trotz rechtskräftiger Anfechtung der Betriebsratswahl – in Unterschied zur rechtskräftigen Nichtigkeitserklärung – wirksam (vgl. § 18 Rn. 19). Dann aber muss im Fall der wirksamen Anfechtung der Betriebsratswahl mit dem Zeitpunkt der Wirksamkeit der Anfechtung auch der nachwirkende Kündigungsschutz einsetzen. Denn der nachwirkende Kündigungsschutz dient einer »Abkühlung« evtl. während der betriebsverfassungsrechtlichen Tätigkeit aufgetretener Spannungen mit dem AG. Solche Spannungen können (rechtlich) nur im Falle der Nichtigkeitserklärung der BR-Wahl mangels jeglicher Rechtswirkungen der Betriebsratstätigkeit nicht entstehen, nicht aber im Falle der wirksamen Anfechtung der BR-Wahl. Führt der BR in den Fällen des **§ 13 Abs. 2 Nr. 1 – 3** (vgl. § 22) die Geschäfte weiter, bis der neue BR gewählt ist, behalten die Mitglieder des geschäftsführenden BR bis zur Neuwahl (Bekanntgabe des Wahlergebnisses) den Kündigungsschutz nach § 103. Die **Betriebsübernahme** führt i. d. R. nicht zu einer Beendigung der Amtszeit des BR (vgl. § 21 Rn. 34 ff. und § 21 a).

17 Für Beginn und Ende des besonderen Kündigungsschutzes für **Mitglieder des WV** gem. § 103 können die in § 15 Abs. 3 KSchG festgelegten zeitlichen Grenzen herangezogen werden. Demgemäß beginnt der besondere Kündigungsschutz gegen außerordentliche Kündigungen nach § 103 vom Zeitpunkt ihrer Bestellung an,[44] also entweder mit der Bestellung durch den BR (§ 16 Abs. 1), durch die Betriebsversammlung in einem betriebsratslosen Betrieb (§ 17 Abs. 1) oder ggf. durch das ArbG (§ 16 Abs. 2, § 17 Abs. 3). Erfolgt die Bestellung durch das ArbG, so beginnt der besondere Kündigungsschutz mit der Verkündung und nicht erst mit der Rechtskraft des Einsetzungsbeschlusses.[45] Der **besondere Kündigungsschutz endet** mit der Bekanntgabe des endgültigen Wahlergebnisses (§ 18 Abs. 3 BetrVG, § 18 WO). Unterbleibt die Bekanntgabe des Wahlergebnisses, so endet der besondere Kündigungsschutz spätestens mit der konstituierenden Sitzung des neu gewählten Gremiums; dies gilt auch dann, wenn die reguläre Amtszeit des bisher amtierenden Gremiums noch nicht abgelaufen ist.[46] Danach tritt der **nachwirkende Kündigungsschutz** für die **Dauer eines halben Jahres** ein.[47] Endet die Amtszeit eines Mitglieds des WV vor der Bekanntgabe des Wahlergebnisses aus anderen Gründen, z. B. wegen Niederlegung des Amtes, so endet der Schutz gegen ordentliche Kündigungen sechs Monate nach der Beendigung der persönlichen Amtszeit (vgl. auch Rn. 48). Der nachwirkende Kündigungsschutz der WV-Mitglieder entfällt jedoch, wenn der WV durch gerichtliche Entscheidung durch einen anderen ersetzt wird (§ 18 Abs. 1 BetrVG, § 15 Abs. 3 letzter Halbsatz KSchG).

18 Für **Wahlbewerber** gelten ebenfalls die in § 15 Abs. 3 KSchG gezogenen zeitlichen Grenzen. Demnach beginnt der Schutz nach § 103 mit der Aufstellung des Wahlvorschlags. Ein Wahlvorschlag ist aufgestellt, sobald ein WV besteht und für den Wahlbewerber ein **Wahlvorschlag** vorliegt, der die nach dem BetrVG erforderliche **Mindestzahl von Stützunterschriften** (§ 15 Abs. 6 und 7) aufweist. Auf die Einreichung des Wahlvorschlags beim WV wird für den Beginn des Kündigungsschutzes des Wahlbewerbers nicht abgestellt.[48] Entsprechendes gilt für **gewerkschaftliche Vorschläge** nach § 14 Abs. 5 i. V. m. Abs. 8. Aus diesen Grundsätzen ergibt sich aber auch, dass immer dann, wenn (vor allem im vereinfachten Wahlverfahren) ein **Wahlvorschlag gültig auch schon vor Bestellung eines WV** aufgestellt werden kann, der Sonderkündigungsschutz mit Aufstellung des Wahlvorschlags beginnt. Das ist der Fall ab dem Zeitpunkt, in dem dieser die erforderlichen Unterschriften – sei es der AN, sei es einer Gewerkschaft – aufweist.[49] Für das Einsetzen des Schutzes nach § 103 reicht es aus, wenn der

43 *BAG* 7.5.1986, AP KSchG 1969 § 15 Nr. 18.
44 *LAG Hamm* 29.11.73, DB 74, 389, das den Schutz auch dann als gegeben ansieht, wenn das Kündigungsschreiben vor der Bestellung abgesandt worden ist.
45 *BAG* 26.11.09 – 2 AZR 185/08 – juris.
46 *BAG* 5.11.09 – 2 AZR 487/08 juris.
47 *KDZ*, § 15 KSchG Rn. 44.
48 *BAG* 4.3.76, 5.12.80, AP Nrn. 1, 9 zu § 15 KSchG 1969 Wahlbewerber.
49 Eingehend *Berg*, AiB 02, 17 [24].

Wahlvorschlag der Gewerkschaft von zwei Beauftragten unterzeichnet ist. Weist der Wahlvorschlag **behebbare Mängel** auf, ist er dennoch als **rechtlich existent** und rechtserheblich zu behandeln. Der Sinn des Kündigungsschutzes für Wahlbewerber gebietet es, den auf einem solchen Wahlvorschlag aufgeführten Bewerber in den Schutz des § 103 einzubeziehen. Dabei kommt es nicht darauf an, ob die Mängel des Wahlvorschlags zu einem späteren Zeitpunkt behoben werden oder überhaupt nicht. Der Kündigungsschutz für Wahlbewerber entfällt deshalb beispielsweise auch dann nicht, wenn die Vorschlagsliste durch Streichung von Unterschriften ungültig wird.[50] Besteht im Betrieb noch **kein BR,** so haben Wahlbewerber, ebenso wie Mitglieder des WV, gleichwohl den Schutz nach § 103. Der AG hat, wenn er eine fristlose Kündigung aussprechen will, die Erteilung der Zustimmung zur Kündigung unmittelbar beim ArbG zu beantragen (vgl. Rn. 33).

19 Auch für **Wahlbewerber endet** der Schutz nach § 103 mit der **Bekanntgabe des endgültigen Wahlergebnisses,** sofern sie nicht in den BR gewählt worden sind. Das Zustimmungserfordernis entfällt zuvor, wenn der Wahlbewerber vor Bekanntgabe des Wahlergebnisses seine Kandidatur zurückzieht.[51] War die Wahl erfolgreich und hat der gewählte Bewerber die Wahl angenommen (vgl. § 17 WO), läuft der Schutz nach § 103 weiter. War die Wahl nicht erfolgreich, beginnt mit Bekanntgabe des Wahlergebnisses der **nachwirkende Kündigungsschutz** nach § 15 Abs. 3 Satz 2 KSchG.[52]

20 **Ersatzmitglieder** haben den Schutz nach § 103 ab dem Zeitpunkt, ab dem sie für ein ausgeschiedenes Mitglied in das betriebsverfassungsrechtliche Organ, z. B. in den BR, dauerhaft nachrücken. Bei einer **vorübergehenden Verhinderung** eines BR-Mitglieds gilt § 103 Abs. 1 (also das Zustimmungserfordernis) nur für die Dauer der Vertretung, nicht dagegen, wenn das Ersatzmitglied wieder aus dem BR ausgeschieden ist; dann gilt nur der nachwirkende Schutz gem. § 15 Abs. 1 Satz 2 KSchG (vgl. Rn. 22).[53] Nachrücken meint in diesem Zusammenhang nicht körperliches Nachrücken im Sinne einer Sitzungsteilnahme, weil noch vor der Sitzungsteilnahme z. B. Vorbereitungsarbeiten oder Gespräche mit Arbeitnehmern erforderlich werden können und deshalb schon dann der Betriebsrat als Organ der Betriebsverfassung in seiner Funktionsfähigkeit geschützt sein muss.[54] Das BR-Mitglied rückt daher schon mit Eintritt des Verhinderungsfalls (vgl. ausführlich § 25 Rn. 14 ff.) – z. B. des Urlaubsantritts des ordentlichen Mitglieds oder dessen Krankheit (nicht aber bei bloßer Arbeitsfreiheit[55]) – nach[56]. Dies gilt auch dann, wenn dem Ersatzmitglied der Verhinderungsfall überhaupt nicht bekannt ist oder das Ersatzmitglied während der Vertretungszeit überhaupt keine Betriebsratsaufgaben erledigt[57]. Der Schutz erstreckt sich auf die gesamte **Dauer des Vertretungsfalles** und somit nicht nur auf die Tage, an denen tatsächlich Aufgaben des BR, wie etwa die Teilnahme an einer Sitzung, wahrgenommen werden.[58] Der Sonderkündigungsschutz ist allerdings dann ausgeschlossen, wenn ein Verhinderungsfall kollusiv zu dem Zweck herbeigeführt wurde, dem Ersatzmitglied den besonderen Kündigungsschutz zu verschaffen.[59] Es ist **zweckmäßig,** dass das Ersatzmitglied die Aufnahme seiner Vertretungstätigkeit im BR dem **AG mitteilt,** damit dieser über das Einsetzen des Kündigungsschutzes informiert ist.[60]

21 Liegt zu **Beginn des Verhinderungsfalles** (z. B. dem Urlaubsantritt des ordentlichen Mitglieds) eine Sitzung des BR, beginnt der Schutz grundsätzlich schon **mit der Ladung, wenn diese vor Eintritt des Verhinderungsfalls zugeht,** damit sich das nachrückende Ersatzmitglied auf die Sitzung vorbereiten kann.[61] Der Schutz besteht ohne Rücksicht darauf, ob etwa

50 Vgl. *BAG* 5.12.80, a. a. O.
51 *BAG* 17.3.05, NZA 05, 1064.
52 *KDZ*, § 15 KSchG Rn. 46.
53 *BAG* 18.5.06, DB 06, 2693.
54 So auch *LAG Frankfurt* 20.10.04, 2 TaBV 50/04.
55 *BAG* 27.9.12 – 2 AZR 955/11, juris.
56 *BAG* 8.9.11 – 2 AZR 388/10, juris.
57 *BAG* 8.9.11 – 2 AZR 388/10, juris.
58 *BAG* 9.11.77, AP Nr. 3 zu § 15 KSchG 1969.
59 *BAG* 8.9.11 – 2 AZR 388/10, juris.
60 Vgl. *BAG* 6.9.79, AP Nr. 7 zu § 15 KSchG 1969; 8.9.11 – 2 AZR 388/10, juris.
61 Vgl. *BAG* 17.1.79, AP Nr. 5 zu § 15 KSchG 1969.

die Krankmeldung des ordentlichen BR-Mitglieds und dessen Fernbleiben vom Dienst berechtigt war oder nicht.[62] Das erste Ersatzmitglied ist so lange Vertreter im BR, wie ein Vertretungsfall gegeben ist. Weitere Ersatzmitglieder rücken nach, solange und soweit weitere Vertretungsfälle eintreten.[63] Tritt bei einem zur Amtsausübung berufenen **Ersatzmitglied** nachträglich ebenfalls ein **Verhinderungsfall** ein, behält es den besonderen Kündigungsschutz auch während der **eigenen Verhinderung,** sofern deren Dauer im Vergleich zur voraussichtlichen Dauer des Vertretungsfalles als unerheblich anzusehen ist. Eine ersichtlich unbedeutende Unterbrechung der Amtsausübung gilt nicht als Unterbrechung der Berufung des Ersatzmitglieds zur stellvertretenden Wahrnehmung des BR-Amtes.[64] Die Vertretungsfunktion und der besondere Kündigungsschutz nach § 15 Abs. 1 Satz 1 KSchG enden aber, wenn das nach § 25 Abs. 1 Satz 2 berufene Ersatzmitglied seinerseits für eine zeitlich erhebliche Dauer verhindert ist. Kann ein Ersatzmitglied infolge lang andauernder eigener Verhinderung das Vertretungsamt gar nicht erst antreten, so erlangt es mangels Antritt der BR-Tätigkeit den Kündigungsschutz nach § 15 Abs. 1 Satz 1 KSchG nicht. In diesem Fall ist das weitere Ersatzmitglied unmittelbar zur Vertretung des ordentlichen BR-Mitglieds berufen.[65] **Daneben** bleibt der **Kündigungsschutz** des **verhinderten ordentlichen BR-Mitglieds** immer bestehen.[66]

22 Ersatzmitglieder des BR, die stellvertretend für ein zeitweilig verhindertes ordentliches BR-Mitglied dem BR angehört und Aufgaben eines BR-Mitglieds wahrgenommen haben, genießen nach **Beendigung des Vertretungsfalles** den **nachwirkenden Kündigungsschutz** nach § 15 Abs. 1 Satz 2 KSchG.[67] Allerdings muss das Ersatzmitglied nach der Rspr. des BAG für den Erwerb des nachwirkenden Kündigungsschutzes im Unterschied zum Kündigungsschutz während des Vertretungsfalls nach § 15 Abs. 1 Satz 1 BetrVG (vgl. Rn. 20) konkrete Betriebsratsaufgaben tatsächlich wahrgenommen haben.[68] Diesen Unterschied begründet das BAG damit, dass es einer »arbeitgeberseitigen Abkühlungsphase« als Folge einer »Verärgerung« über betriebsrätliche Aktivitäten des Ersatzmitglieds nicht bedarf, wenn das Ersatzmitglied in der Vertretungszeit weder an Sitzungen des Betriebsrats teilgenommen noch sonstige Betriebsratstätigkeiten ausgeübt hat. Mangels Entfaltung von Betriebsratsaktivitäten müsse das Ersatzmitglied auch keine Repressalien befürchten. Diese Auffassung ist jedenfalls zweifelhaft, weil sie impliziert und »anheim stellt«, dass Ersatzmitglieder im Hinblick auf ihre individuelle arbeitsvertragliche Situation »bei entsprechender Zurückhaltung nichts zu befürchten« haben werden.

V. Schutz gegen außerordentliche Kündigungen

23 Während § 15 Abs. 1 bis 3 KSchG den Schutz der Mitglieder betriebsverfassungsrechtlicher Organe gegen ordentliche Kündigungen sichert, ergibt sich der besondere Schutz gegen außerordentliche Kündigungen aus § 103. Die **außerordentliche Kündigung** der geschützten Personen bedarf der Zustimmung des BR, es sei denn, dass die verweigerte Zustimmung (vgl. DKKWF-*Bachner*, § 103 Rn. 5). durch das ArbG ersetzt wird. Der nach § 15 Abs. 1 bis 3 KSchG geschützte Personenkreis ist mit dem des § 103 identisch (zu einer außerordentlichen Kündigung bei tariflicher »Unkündbarkeit« im Falle einer Stilllegung i. S. des § 15 Abs. 4, 5 KSchG s. Rn. 7). Über die nach § 15 Abs. 1 bis 3 KSchG geschützten Personen hinaus sieht der neue § 15 Abs. 3 a KSchG jetzt auch einen besonderen Schutz gegen ordentliche Kündigungen für AN vor, die zur Wahl des Wahlvorstands einladen oder die Bestellung des Wahlvorstands beim ArbG beantragen.

62 *BAG* 5.9.86, AP Nr. 26 zu § 15 KSchG 1969.
63 *BAG* 17.1.79, a. a. O.
64 *BAG* 9.11.77, AP Nr. 3 zu § 15 KSchG 1969.
65 *HessLAG* 30.3.06 – 9/4 TaBV 209/95, juris.
66 *Fitting*, Rn. 9.
67 *BAG* 9.11.77, 6.9.79, AP Nrn. 3, 7 zu § 15 KSchG 1969; *KDZ*, § 15 KSchG Rn. 39.
68 BAG 19.4.12 – 2 AZR 233/11, juris.

1. Zustimmungserfordernis durch Betriebsrat

Will der AG einem BR-Mitglied oder einem anderen betriebsverfassungsrechtlichen Funktionsträger **außerordentlich kündigen,** muss er **zuvor** die Zustimmung des BR einholen(vgl. DKKWF-*Bachner,* § 103 Rn. 4). Die Entscheidung kann auch auf den Betriebsausschuss übertragen werden.[69] Allerdings bedarf es dann einer ausdrücklichen Delegation. 24

Das Zustimmungserfordernis erstreckt sich nicht nur auf die fristlose Beendigungskündigung, sondern auf **außerordentliche Kündigungen jeder** Art (z.B auch für den Ausschluss der ordentlichen Kündigung durch TV im Falle einer Betriebsstilllegung).[70] Dazu gehören insbes. auch außerordentliche Änderungskündigungen, gleichgültig, ob diese als Einzelkündigungen oder im Rahmen von Gruppen- oder Massenänderungskündigungen erfolgen (vgl. Rn. 4). Auch die während eines Arbeitskampfes ausgesprochene fristlose sog. Kampfkündigung gehört dazu (vgl. Rn. 39; zur **Abmahnung** von BR-Mitgliedern s. § 37 Rn. 23). 25

Neben der vorherigen oder der durch das ArbG ersetzten Zustimmung des BR zur Kündigung der geschützten Person ist die Kündigung nur zulässig, wenn die **Voraussetzungen des § 626 BGB** vorliegen (vgl. Checkliste in DKKWF-*Bachner,* § 103 Rn. 2). § 626 Abs. 1 BGB bestimmt, dass das Arbeitsverhältnis von jedem Vertragsteil ohne Einhaltung einer Kündigungsfrist gekündigt werden kann, wenn dem Kündigenden unter Berücksichtigung aller Umstände des Einzelfalles und unter Abwägung der Interessen der beiden Vertragsteile die Fortsetzung des Arbeitsverhältnisses selbst bis zum Ablauf der normalen Kündigungsfrist oder bis zum vereinbarten Ende des Arbeitsverhältnisses nicht zugemutet werden kann. Hierzu gehört i. d. R. auch das Erfordernis einer **Abmahnung;**[71] m. a. W.: Solange die Abmahnung als milderes Mittel bzw. als die Kündigung vorbereitende Maßnahme noch zur Verfügung steht, ist die außerordentliche Kündigung des BR-Mitglieds ausgeschlossen. 26

Bei der Prüfung der Voraussetzungen des Vorliegens des § 626 Abs. 1 BGB ist festzustellen, ob es sich um eine **Verletzung arbeitsvertraglicher Pflichten** handelt oder ob zugleich eine **Amtspflichtverletzung** vorliegt. Eine Amtspflichtverletzung eines BR-Mitglieds rechtfertigt **allenfalls** seinen **Ausschluss** aus dem BR nach **§ 23 Abs. 1** wegen grober Verletzung seiner gesetzlichen Pflichten (§ 23 Abs. 1 gilt für Mitglieder der Bordvertretung und den See-BR entsprechend; vgl. § 115 Abs. 3 und § 116 Abs. 2; ebenso für Mitglieder der JAV; vgl. § 65 Abs. 1) und kann nicht zur außerordentlichen Kündigung führen.[72] Dies gilt entsprechend für ein Betriebsratsmitglied, das zugleich **Mitglied eines Aufsichtsrats** ist und gegen seine Verpflichtungen aus seinem **Aufsichtsratsmandat** verstoßen hat, insb. bei Verstößen gegen die Verschwiegenheitspflicht als Aufsichtsratsmitglied.[73] Allenfalls dann, wenn durch die Amtspflichtverletzung zugleich das konkrete **Arbeitsverhältnis unmittelbar und erheblich beeinträchtigt** wird, ist eine außerordentliche Kündigung zulässig.[74] Hängt das arbeitsvertragswidrige Verhalten des AN mit seiner Amtstätigkeit zusammen, ist die Kündigung nur unter Anlegung eines **besonders strengen Maßstabs** gerechtfertigt.[75] Der Maßstab ist strenger als bei einem AN, der nicht Mitglied des BR ist.[76] Im Zweifel hat der **AG** als »Gegenprobe« **zu beweisen,** dass das Verhalten des BR-Mitglieds auch bei anderen AN, die dem BR nicht angehören, ein Grund zur außerordentlichen Kündigung gewesen wäre. Das BR-Mitglied kann sich damit entlasten, gemäß seinen Amtspflichten in gutem Glauben gehandelt zu haben[77] oder sich in einem Interessenkonflikt befunden zu haben, wie dies insb. für das Spannungsverhältnis zwischen Aufsichtsrats- und Betriebsratsamt anerkannt ist, weil dort (z. B. bei größeren Umstrukturierungsvorhaben) regelmäßig auch die Interessen der Belegschaft stark 27

---

69 *BAG* 17.3.05, NZA 05, 1064.
70 *ArbG Stuttgart* 8.8.97, BB 97, 2170.
71 Eingehend in Bezug auf BR-Mitglieder *KDZ,* Einl. Rn. 91.
72 *BAG* 8.8.68, AP Nr. 57 zu § 626 BGB.
73 Hierzu instruktiv *LAG Baden-Württemberg,* 24.5.07 – 6 TaBV 8/06, bestätigt durch *BAG* 23.10.08 – 2 ABR 59/07, juris.
74 Vgl. *BAG* 22.8.74, AP Nr. 1 zu § 103 BetrVG 1972; 16.10.86, AP Nr. 95 zu § 626 BGB; *Fitting,* Rn. 30.
75 *BAG* 16.10.86, a. a. O.; *Fitting,* Rn. 30; a. A. GK-*Raab,* Rn. 71.
76 *BAG* 5.11.09 – 2 AZR 487/08, juris.
77 *Fitting,* a. a. O.

betroffen sind.[78] Der AG darf ein BR-Mitglied nicht dadurch benachteiligen, dass er wegen eines Vorfalls, an dem mehrere AN beteiligt sind, **nur gegenüber dem BR-Mitglied** eine außerordentliche Kündigung ausspricht. Sie ist in einem solchen Fall nach den §§ 75, 78 i. V. m. § 134 BGB nichtig.[79]

28 Kündigt der AG, ohne die Zustimmung des BR eingeholt zu haben, ist die **Kündigung nichtig,** nicht nur schwebend unwirksam.[80] Das gilt auch, wenn er die **Frist** zur Äußerung des BR (Rn. 31) **nicht abwartet.**[81] Es kommt dabei nicht darauf an, ob den AG an der unterbliebenen Anhörung ein Verschulden trifft.[82] Eine **nachträgliche,** nach Ausspruch der Kündigung erteilte **Zustimmung** ist rechtlich bedeutungslos. Sie heilt die Unwirksamkeit der vorher ausgesprochenen Kündigung nicht.[83] § 103 sieht keine Schriftform für die Zustimmungserklärung durch den BR vor. Dies gilt selbst dann, wenn die Kündigung ohne **Beifügung dieser Erklärung** ausgesprochen wird und das BR-Mitglied dies unverzüglich rügt. Denn die Zustimmung des BR zur außerordentlichen Kündigung eines BR-Mitglieds ist keine Zustimmung i. S. der §§ 182 ff. Die § 103 i. V. mit 15 KSchG enthalten eine eigenständige und abschließende Regelung. Die Kündigung ist deshalb bei Nichtvorlage der Zustimmungserklärung nicht gemäß §§ 182 Abs. 3, 111 Satz 1 BGB unwirksam.[84] Die **§§ 9, 10 KSchG** sind im Rahmen des Zustimmungsverfahrens wegen der Spezialität von § 103 **nicht anzuwenden,** so dass eine Auflösung des Arbeitsverhältnisses auf Antrag des AG gegen Zahlung einer Abfindung nicht in Betracht kommt.[85]

2. Zustimmungsverfahren beim Betriebsrat

29 Für das Zustimmungsverfahren gelten die Grundsätze des Anhörungsverfahrens gemäß § 102 entsprechend.[86] Will der AG die Zustimmung des BR zur außerordentlichen Kündigung herbeiführen, muss er zunächst wie bei einer Anhörung nach § 102 Abs. 1 dem **BR die Kündigungsabsicht mitteilen,** die zu **kündigende Person bezeichnen**, die **Sozialdaten mitteilen** und die für die außerordentliche Kündigung **maßgebenden Gründe anführen** (vgl. auch § 102 Rn. 26 ff.). Dem BR sind alle Gesichtspunkte mitzuteilen, die nach Auffassung des AG Anlass für die Kündigung geben sollen. Besondere **Formvorschriften** bestehen **nicht.** Die Unterrichtung kann somit mündlich oder schriftlich erfolgen. Das Risiko einer **nicht ordnungsgemäßen Unterrichtung** des BR trägt der AG. Ist der BR unzureichend unterrichtet worden, führt das selbst dann zur Unwirksamkeit der Kündigung, wenn der BR seine Zustimmung erteilt hat.[87] Die Zustimmung wurde dann auf falscher oder unzureichender Tatsachengrundlage erteilt. Für die Frage der Zustimmungsbedürftigkeit der beabsichtigten Kündigung durch den AG kommt es auf den **Zeitpunkt** des Ausspruchs und nicht auf den des Kündigungsanlasses an.[88]

30 Nach § 626 Abs. 2 BGB kann eine fristlose Kündigung nur innerhalb von **zwei Wochen** erfolgen, beginnend mit dem Zeitpunkt, in dem der AG von den für die Kündigung **maßgebenden Tatsachen Kenntnis** erlangt hat. Die **Ausschlussfrist des § 626 Abs. 2 BGB** gilt auch im Rahmen des § 103 BetrVG. Das bedeutet, dass der AG **innerhalb der Frist** die Zustimmung des BR beantragen muss, und zwar so rechtzeitig, dass er bei Nichterteilung der Zustimmung noch innerhalb der Zweiwochenfrist des § 626 Abs. 2 BGB die **Ersetzung der Zustimmung**

---

78 *LAG Baden-Württemberg* 24.5.2007 – 6 TaBV 8/06.
79 *BAG* 22.2.79, DB 79, 1659.
80 *BAG* 22.8.74, 20.3.75, 4.3.76, 25.3.76, AP Nrn. 1, 2, 5, 6 zu § 103 BetrVG 1972.
81 *BAG* 24.10.96, DB 97, 1285.
82 *Fitting,* Rn. 24; KR-*Etzel,* Rn. 107 a.
83 *BAG* 28.2.74, AP Nr. 2 zu § 102 BetrVG 1972; 22.8.74, 20.3.75, 1.12.77, AP Nrn. 1, 2, 11 zu § 103 BetrVG 1972; *Fitting,* Rn. 24.
84 *BAG* 4.3.04, NZA 04, 717 ff.; a. A. *LAG Hamm* 22.7.98, NZA-RR 99, 242.
85 *BAG* 9.10.79, AP Nr. 4 zu § 9 KSchG 1969); *LAG Berlin* 27.5.04, EzA-SD 04, Nr. 16, 9.
86 *BAG* 18.8.77, EzA § 103 BetrVG 1972 Nr. 20.
87 *BAG* 5.2.81, EzA § 102 BetrVG 1972 Nr. 47.
88 *LAG Düsseldorf* 5.11.75, DB 76, 202; KR-*Etzel,* Rn. 62; für Zugang der Kündigung *LAG Hamm* 29.11.73, DB 74, 389; GK-*Raab,* Rn. 24; *Fischermeier,* ZTR 98, 433.

beim ArbG beantragen kann.[89] Aber auch bei einer durch den BR **erteilten Zustimmung** ist die Frist des § 626 Abs. 2 BGB vom AG zu beachten und innerhalb der Frist die Kündigung auszusprechen.

31 Das Gesetz sieht **keine Frist** vor, innerhalb derer sich der BR zu dem Antrag des AG zu äußern hat. Nach der Rspr. des *BAG* gilt die **Zustimmung nicht, wie bei § 102 und wie vielfach angenommen wird, als erteilt, sondern als verweigert,** wenn sich der BR **nicht binnen drei Kalendertagen** äußert.[90] Schweigt der BR auf das Zustimmungsersuchen des AG, so hat dieser – ebenso wie im Fall der ausdrücklichen Zustimmungsverweigerung – noch innerhalb der Zweiwochenfrist des § 626 Abs. 2 BGB die Ersetzung der Zustimmung des BR beim ArbG zu beantragen.[91] Die Zweiwochenfrist des § 626 Abs. 2 BGB **beginnt nicht nach Ablauf der Drei-Tages-Frist erneut** zu laufen.

32 Es ist gesetzlich nicht geregelt, **unter welchen Voraussetzungen** der BR die Zustimmung zu einer außerordentlichen Kündigung eines geschützten betriebsverfassungsrechtlichen Funktionsträgers erteilen muss oder verweigern kann. Der BR hat in dieser Frage allerdings keinen eigenen, gerichtlich nicht überprüfbaren Ermessens- bzw. Beurteilungsspielraum.[92]

33 Für das Zustimmungsverfahren ist der **einzelne BR,** nicht der GBR zuständig. Über den Antrag des AG **entscheidet der BR durch Beschluss** (§ 33). Nach der Rspr. des BAG[93] kann der BR die Entscheidung über die Zustimmung auf den Betriebsausschuss oder einen anderen nach § 28 gebildeten Ausschuss übertragen. Ist ein **BR-Mitglied** von der beabsichtigten Kündigung **betroffen,** darf es **weder an der vorausgehenden Beratung noch an der Beschlussfassung teilnehmen.** Es handelt sich um einen Fall der rechtlichen Verhinderung nach § 25 BetrVG. Selbstverständlich ist das BR-Mitglied zum Zwecke der Sachverhaltsermittlung und zur Verwirklichung des Anspruchs auf rechtliches Gehör einzuladen und anzuhören (vgl. a. § 33 Rn. 25, 26). An die Stelle des verhinderten BR-Mitglieds tritt ein Ersatzmitglied.[94] Das gilt nicht für die Beauftragung eines Rechtsanwalts zur Vertretung des BR im Zustimmungsersetzungsverfahren.[95] Nimmt das betroffene BR-Mitglied an der Beratung über seine eigene Kündigung teil, ist der Beschluss des BR nichtig.[96] Auch bei nichtigem Beschluss des BR muss der AG die fehlende Zustimmung des BR vor dem ArbG ersetzen lassen (vgl. Rn. 38). Soll einem **Mitglied der JAV** außerordentlich gekündigt werden, ist die JAV – mit Ausnahme des betroffenen Mitglieds, das durch ein Ersatzmitglied vertreten wird – an der Abstimmung des BR zu beteiligen.

34 Geht es um die außerordentliche Kündigung eines **schwerbehinderten Menschen,** der **gleichzeitig BR-Mitglied** ist, stehen die Verfahren gemäß § 103 und § 85 SGB IX nebeneinander. In einem solchen Fall braucht der AG das Verfahren nach § 103 nicht als ersten Schritt einzuleiten. Er kann vielmehr **zunächst** das **Verfahren vor dem Integrationsamt** durchführen (Antragstellung binnen zwei Wochen nach Kenntnis der maßgeblichen Tatsachen) und nach erteilter oder unterstellter Zustimmung sodann unverzüglich das Verfahren nach § 103 einleiten.[97] Das Verfahren vor dem Integrationsamt wirkt insoweit verfahrenshemmend. Hat der AG bei einem schwerbehinderten Menschen, der gleichzeitig BR-Mitglied ist, das Verfahren nach Abs. 1 **zunächst beim BR eingeleitet** und verweigert dieser die Zustimmung, hat der AG das Verfahren auf Ersetzung der Zustimmung nach § 103 Abs. 2 in entsprechender Anwendung des § 91 Abs. 5 SGB IX unverzüglich nach Erteilung der Zustimmung durch das Integrationsamt oder nach Ablauf der Zweiwochenfrist des § 91 Abs. 3 SGB IX beim ArbG einzuleiten.

35 Nach zutreffender Rspr. des BAG ist die Überprüfung des Unwirksamkeitsgrundes der **feh-**

---

89 Vgl. *BAG* 22.8.74, 20.3.75, 18.8.77, AP Nrn. 1, 2, 10 zu § 103 BetrVG 1972.
90 *BAG* 24.10.96, DB 97, 1285; 18.8.77, AP Nr. 10 zu § 103 BetrVG 1972; vgl. APS-*Koch,* Rn. 15.
91 *BAG* 24.4.75, AP Nr. 3 zu § 103 BetrVG 1972; vgl. auch *BAG* 22.8.74, 20.3.75, 18.8.77, AP Nrn. 1, 2, 10 zu § 103 BetrVG 1972.
92 *V. Hoyningen-Huene/Linck,* § 15 KSchG Rn. 114; GK-*Raab,* Rn. 41.
93 *BAG* 17.3.05, AiB 06, 178 mit Anm. *Müller.*
94 *BAG* 26.8.81, 23.8.84, AP Nrn. 13, 17 zu § 103 BetrVG 1972.
95 *LAG Hamm* 10.6.98, AiB 99, 461 mit Anm. *Hess-Grunewald.*
96 Vgl. *BAG* 23.8.84, a. a. O.; vgl. auch Rn. 24.
97 Vgl. *BAG* 22.1.87, AP Nr. 24 zu § 103 BetrVG 1972.

lenden Zustimmung des Integrationsamtes nicht Gegenstand des Zustimmungsersetzungsverfahrens nach § 103.[98] Deshalb erstreckt sich bei rechtskräftigem Abschluss des Zustimmungsersetzungsverfahrens dessen Präklusionswirkung nicht auf den Unwirksamkeitsgrund aus § 85 SGB IX und damit auch nicht auf eine etwaiges individualrechtliches Kündigungsschutzverfahren. In seltenen Ausnahmefällen kann das BR-Mitglied dann allerdings von der Berufung auf den Unwirksamkeitsgrund aus § 85 SGB IX nach Treu und Glauben ausgeschlossen sein, wenn es die ihm bekannte Schwerbehinderteneigenschaft bewusst über Monate in der Absicht verschweigt, einen weiteren Unwirksamkeitsgrund für eine außerordentliche Kündigung herbeizuführen.[99]

36 Die Zustimmung des BR erfordert einen **wirksamen BR-Beschluss.**[100] Die sog. **Sphärentheorie,** wie sie das *BAG* zu dem Anhörungsverfahren nach § 102 entwickelt hat,[101] kommt im Bereich des § 103 **nicht zur Anwendung.**[102] Keinesfalls reicht die spontane Zustimmungserklärung des BR-Vorsitzenden ohne BR-Beschluss aus.[103] Dem Zweck des umfassenden Schutzes nach § 103 würde es zuwiderlaufen, einen unwirksamen BR-Beschluss ausreichen zu lassen. Der Normzweck des § 103 könnte zudem durch »Übereilung« oder »Überrumpelung« unterlaufen werden.

37 Auch wenn der AG **allen Mitgliedern des BR** aus demselben Anlass nach § 626 Abs. 1 BGB außerordentlich kündigen will und keine Ersatzmitglieder vorhanden sind, die nachrücken könnten, muss er, solange ein beschlussfähiger BR (§ 33 Abs. 2) besteht, vor Ausspruch der Kündigungen zunächst beim BR die Zustimmung zu den beabsichtigten Kündigungen beantragen.[104] Ein BR-Mitglied darf zwar an der Beratung und Abstimmung über seine eigene Kündigung **nicht teilnehmen** (wohl aber an der Sachverhaltsermittlung, vgl. Rn. 33), wohl aber an der Beratung und Beschlussfassung über die Kündigung anderer BR-Mitglieder aus dem **gleichen Grund.**[105]

38 Es bleibt dem BR überlassen, **wie** er dem AG die Erteilung oder die Verweigerung seiner Zustimmung mitteilen will. Das kann sowohl **mündlich als auch schriftlich** geschehen. Eine bestimmte Form ist nicht vorgeschrieben (zur Frage der Begründung vgl. Rn. 21). Hat der BR seine Zustimmung einmal erteilt, ist eine **Rücknahme nicht mehr möglich.**[106]

39 Das notwendige Zustimmungserfordernis entfällt nicht während eines **Arbeitskampfes** (vgl. § 102 Rn. 6). Nach Auffassung des *BAG* bedürfen allerdings außerordentliche Kündigungen gegenüber Mitgliedern des BR, des WV oder Wahlbewerbern wegen Teilnahme an **rechtswidrigen Arbeitsniederlegungen** (sog. Kampfkündigungen) nicht der Zustimmung des BR.[107] Der AG hat dann aber ebenso wie in einem Betrieb ohne BR in entsprechender Anwendung des § 103 Abs. 2 alsbald die **Erteilung der Zustimmung beim ArbG** zu beantragen.[108] Erst wenn diese rechtskräftig erteilt ist, kann die Kündigung ausgesprochen werden.

40 Die für eine außerordentliche Kündigung notwendige Zustimmung des BR kann der AG dann nicht einholen, wenn im Betrieb **kein BR besteht.** Das kann z. B. der Fall sein, wenn in einem bisher betriebsratslosen Betrieb eine BR-Wahl durchgeführt wird und der AG einem Mitglied des WV oder einem Wahlbewerber außerordentlich kündigen will. Gleichwohl ist der Kündigungsschutz nach § 103 gegeben. Der AG hat die Zustimmung zur Kündigung **unmittelbar beim ArbG** zu beantragen.[109] Dasselbe gilt dann, wenn es sich um einen einköpfigen BR

---

98 *BAG* 11.5.00, AP BetrVG 1972 § 103 Nr. 42.
99 *LAG Rheinland-Pfalz* 9.10.03, ZTR 04, 268; vgl. Rn. 54 b.
100 Vgl. *BAG* 24.10.96, NZA 97, 371.
101 *BAG* 24.3.77, AP Nr. 12 zu § 102 BetrVG 1972.
102 *BAG* 23.8.84, AP Nr. 17 zu § 103 BetrVG 1972, allerdings mit dem Hinweis, dass bei einem unwirksamen Zustimmungsbeschluss des BR die Grundsätze des Vertrauensschutzes zugunsten des AG Anwendung finden können; *Fitting,* Rn. 38; vgl. umfassend *Klebe/Schumann,* DB 78, 1591.
103 *BAG* 24.10.96, DB 97, 1285.
104 GK-*Raab,* Rn. 61.
105 *BAG* 25.3.76, AP Nr. 6 zu § 103 BetrVG 1972.
106 H. M.; APS-*Koch,* Rn. 18; *Fitting,* Rn. 37; GK-*Raab,* Rn. 64; Richardi-*Thüsing,* Rn. 52.
107 *BAG* 14.2.78, AP Nr. 57 zu Art. 9 GG Arbeitskampf; vgl. GK-*Raab,* Rn. 46 m. w. N.
108 *BAG,* a. a. O. vgl. Rn. 38.
109 *BAG* 12.8.76, 30.5.78, AP Nrn. 2, 4 zu § 15 KSchG 1969; APS-*Koch,* Rn. 13; *Fitting,* Rn. 11; vgl. *Witt,* AR-Blattei Betriebsverfassung IX, Rn. 136.

handelt und ein Ersatzmitglied nicht vorhanden ist.[110] Wenn das gewählte Ersatzmitglied noch im Betrieb tätig ist, muss der AG die Zustimmung zur fristlosen Kündigung des einzigen BR-Mitglieds durch das Ersatzmitglied einholen.

3. Zustimmungsersetzungsverfahren beim Arbeitsgericht

Stimmt der BR der außerordentlichen Kündigung nicht zu oder gibt er innerhalb der Frist von drei Tagen (vgl. Rn. 20) keine entsprechende Erklärung ab, ist der AG gehalten, **das ArbG anzurufen,** wenn er an seiner Kündigungsabsicht festhalten will.[111] Das ArbG kann die fehlende Zustimmung des BR ersetzen. Über den Antrag des AG ist im arbeitsgerichtlichen **Beschlussverfahren** (§§ 2 a, 80 ff. ArbGG) zu entscheiden. In dem Beschlussverfahren vor dem ArbG hat der **betroffene AN** kraft Gesetzes die Rechtsstellung eines **Beteiligten** (vgl. auch Rn. 71). Beteiligte sind darüber hinaus der AG und der BR. **41**

Der AG hat **innerhalb der Ausschlussfrist des § 626 Abs. 2 BGB** den Antrag auf Ersetzung der Zustimmung des BR beim ArbG zu stellen, wenn er sein Kündigungsrecht nicht verlieren will.[112] Ein **späterer Ersetzungsantrag** ist **unbegründet.**[113] Wird die Frist versäumt, ist eine danach ausgesprochene Kündigung **nichtig.** Ein **vor der Entscheidung des BR** gestellter (vorsorglicher) Zustimmungsersetzungsantrag des AG ist unzulässig; er wird auch nicht mit der Zustimmungsverweigerung des BR zulässig.[114] **42**

Es ist **nicht zulässig,** dass der AG im gerichtlichen Zustimmungsersetzungsverfahren **Kündigungsgründe nachschiebt.** Der AG muss vielmehr erneut an den BR herantreten und um seine Zustimmung bitten. Es genügt nicht, wenn der BR-Vorsitzende auf Grund seiner Teilnahme am gerichtlichen Zustimmungsersetzungsverfahren die neuen (nachgeschobenen) Kündigungsgründe erfährt und der Verfahrensbevollmächtigte des BR im Einvernehmen mit ihm weiterhin beantragt, die vom AG begehrte Ersetzung der Zustimmung zur Kündigung nicht zu erteilen.[115] Bzgl. **neuer Kündigungsgründe muss der BR erneut angehört und um Zustimmung ersucht werden.** Verweigert der die Zustimmung, können die neuen Gründe im Zustimmungsersetzungsverfahren nur innerhalb der Zweiwochenfrist des § 626 Abs. 2 BGB vorgebracht werden.[116] Der BR kann im gerichtlichen Zustimmungsersetzungsverfahren seine Zustimmung auch noch **nachträglich erteilen.** Dadurch **erledigt** sich das **Zustimmungsersetzungsverfahren.**[117] Der AG hat dann aber die Kündigung **unverzüglich** auszusprechen.[118] **43**

Der Antrag des AG im Zustimmungsersetzungsverfahren wird wegen Wegfall des Rechtsschutzbedürfnisses **unzulässig,** wenn das Arbeitsverhältnis **vor der Entscheidung des ArbG endet.**[119] Ebenso wird mit der **Beendigung des besonderen Kündigungsschutzes** nach § 103 ein vorher eingeleitetes Zustimmungsersetzungsverfahren wegen Wegfalls des Rechtsschutzinteresses **gegenstandslos.**[120] Das gilt auch, wenn das Amt aufgrund einer erfolgreichen Anfechtung der Betriebsratswahl endet. Der Arbeitgeber ist nunmehr berechtigt, ohne Zustimmung des Betriebsrats nach § 103 BetrVG die Kündigung auszusprechen. Keine Amtsbeendigung liegt jedoch dann vor, wenn sich an das Ende der Amtszeit, in der ein Antrag nach § 103 Abs. 2 BetrVG gestellt wurde, als Folge einer Wiederwahl ohne Unterbrechung eine neue Amtszeit des Betriebsratsmitglieds anschließt. In diesem Fall gilt die Zustimmungsverweigerung durch den Betriebsrat fort. Das Zustimmungsersetzungsverfahren erledigt sich nicht, sondern wird mit dem neu gewählten BR weitergeführt.[121] Ein **Streik,** dessen Ziel es ist, den AG zu veran- **44**

---

110 Vgl. *BAG* 16.12.82, AP Nr. 13 zu § 15 KSchG 1969; vgl. *BAG* 14.9.94, EzA § 103 BetrVG 1972 Nr. 36.
111 *BAG* 24.10.96, DB 97, 1285.
112 Vgl. *BAG* 24.10.96, NZA 97, 371.
113 *BAG* 18.8.77, 7.5.86, 22.1.87, AP Nrn. 10, 18, 24 zu § 103 BetrVG 1972.
114 *BAG* 24.10.96, NZA 97, 371; 7.5.86, AP Nr. 18 zu § 103 BetrVG 1972.
115 *BAG* 27.5.75, AP Nr. 4 zu § 103 BetrVG 1972.
116 *BAG* 22.8.74, 27.5.75, 27.1.77, AP Nrn. 1, 4, 7 zu § 103 BetrVG 1972.
117 *BAG* 23.6.93, BB 94, 284; 10.12.92, EZA § 103 BetrVG 1972 Nr. 33.
118 *BAG* 17.9.81, AP Nr. 14 zu § 103 BetrVG 1972.
119 Ständ. Rspr., *BAG* 27.6.02, DB 02, 2655.
120 *BAG* 27.1.11 –2 ABR 114/09, juris; *LAG Frankfurt* 12.1.88, BB 88, 1331.
121 *BAG* 27.1.11 –2 ABR 114/09, juris.

lassen, seinen gerichtlichen Antrag auf Ersetzung der Zustimmung zurückzunehmen, ist nach Auffassung des *BAG* **rechtswidrig.**[122]

45 Erklärt der BR nach einer stattgebenden Entscheidung des ArbG – zwischen den Instanzen – die ursprünglich verweigerte **Zustimmung zur Kündigung eines Mitglieds**, so handelt es sich hierbei um ein objektiv das Verfahren erledigendes Ereignis.[123] Damit entfällt für den AG das Rechtschutzbedürfnis an der Fortführung des Verfahrens.

46 In dem Beschlussverfahren hat der **AG (vgl.** DKKWF-*Bachner,* § 103 Rn. 6). dem Gericht den **Sachverhalt eingehend darzulegen und unter Beweis zu stellen.** Der für das Beschlussverfahren geltende Untersuchungsgrundsatz ist auf das Zustimmungsersetzungsverfahren wegen dessen Präjudizwirkung für den Kündigungsschutzprozess nur eingeschränkt anwendbar. Deshalb führt der Untersuchungsgrundsatz im Zustimmungsersetzungsverfahren insbesondere nicht dazu, dass die Arbeitsgerichte einen ungenügend vorgetragenen Kündigungssachverhalt auch zu Gunsten des AG aufklären und hierbei von sich aus Beweis erheben müssen.[124] Der im Beschlussverfahren maßgebliche Amtsermittlungsgrundsatz darf auch nicht dazu führen, dass das ArbG einen bestimmten Sachverhalt, der in dem Verfahren bekannt wird, zur Rechtfertigung der beabsichtigten Kündigung heranzieht, wenn sich der AG nicht auf diesen Sachverhalt stützt.[125] Hierin läge darüber hinaus zu Ungunsten des Amtsträgers eine nach § 78 verbotene Schlechterstellung gegenüber anderen AN.[126] Für die Entscheidung des ArbG kommt es nicht darauf an, ob der BR bei seinem ablehnenden Beschluss das ihm zustehende Ermessen fehlerhaft ausgeübt hat; denn das Gericht hat eine eigene Rechtsentscheidung zu treffen.[127]

47 Nach der Rspr. des *BAG*[128] kann der Antrag des AG auf Ersetzung der Zustimmung **hilfsweise** mit einem **Antrag auf Ausschluss** des betroffenen AN aus dem betriebsverfassungsrechtlichen Organ (z. B. dem BR oder der JAV) verbunden werden. Dagegen ist die Antragstellung in **umgekehrter Reihenfolge,** also den Ausschließungsantrag nach § 23 Abs. 1 hilfsweise mit einem Antrag nach § 103 Abs. 2 zu verbinden, **unzulässig.**[129]

48 Im Zustimmungsersetzungsverfahren nach Abs. 2 sind **einstweilige Verfügungen** auf Ersetzung der Zustimmung des BR **unzulässig.**[130]

49 Während der **Dauer des Zustimmungsersetzungsverfahrens** ist der von der Kündigung betroffene AN nach Teilen der instanzgerichtlichen Rspr. **gehindert**, sein **Amt als BR-Mitglied** oder seine sonstigen betriebsverfassungsrechtlichen Funktionen **auszuüben.** Das soll nur dann nicht gelten, wenn die Kündigung offensichtlich unwirksam ist.[131] Ein vom AG ausgesprochenes Hausverbot stellt eine gesetzwidrige Behinderung der Amtstätigkeit dar. Das BR-Mitglied ist daher nach der hier vertretenen Auffassung auch nicht daran gehindert, weiterhin den Betrieb zum Zwecke der Ausübung seines Amtes zu betreten. Auch eine **Suspendierung von der Arbeit kommt regelmäßig nicht in Betracht.** Nur unter engen Voraussetzungen, wenn also ganz überwiegende und schutzwürdige Interessen des AG es erfordern, kann eine Suspendierung gerechtfertigt sein. Der AG darf also selbst dann, wenn möglicherweise eine außerordentliche Kündigung gerechtfertigt ist, die Arbeitsleistung des betroffenen Arbeitnehmers nicht ablehnen; dies ist nur dann möglich, wenn eine Weiterbeschäftigung zu erheblichen Gefahren für den Betrieb und/oder die dortigen tätigen Personen führen würde.[132] Wegen des Schutzes der Amtstätigkeit ist es auch **unzulässig,** durch eine **einstweilige Verfügung** dem AN die Ausübung des Amtes zu untersagen.[133]

---

122 *BAG* 7.6.88, AP Nr. 106 zu Art. 9 GG Arbeitskampf.
123 *LAG Berlin* 13.7.04, EzA-SD, Nr. 17, 12 – 13.
124 *LAG Düsseldorf* 7.1.04, LAGReport 04, 137 ff.
125 *BAG* 27.1.77, AP Nr. 7 zu § 103 BetrVG 1972.
126 *LAG Düsseldorf* 29.11.93, BB 94, 793; *Eylert/Fenski,* BB 90, 2401; KR-*Etzel,* Rn. 127.
127 *BAG* 22.8.74, AP Nr. 1 zu § 103 BetrVG 1972.
128 21.2.78, AP Nr. 1 zu § 74 BetrVG 1972.
129 *BAG* 21.2.78, a. a. O.; *Fitting,* Rn. 44.
130 *ArbG Hamm* 21.7.75, BB 75, 1065; APS-*Koch,* Rn. 33; vgl. auch Rn. 36;.; HWGNRH-*Huke,* Rn. 74; KR-*Etzel,* Rn. 130; wohl auch Richardi-*Thüsing,* Rn. 82; vgl. auch Rn. 92 ff.
131 APS-*Koch,* Rn. 38; *Fitting,* Rn. 44; *Witt,* AR-Blattei Betriebsverfassung IX, Rn. 140.
132 *LAG Hamm* 12.12.01 – 10 S1741/01, juris; 25.11.11 – 13 SaGa 44/11, juris.
133 Vgl. *Lepke,* BB 73, 899.

Hat der BR seine **Zustimmung erteilt** oder das ArbG sie rechtskräftig ersetzt hat, ist das das Mitglied des BR während eines nachfolgenden Kündigungsrechtsstreits (vgl. Rn. 42) an der Ausübung seiner BR-Tätigkeit verhindert.[134] **50**

Das ArbG hat über den Antrag des AG auf Ersetzung der Zustimmung durch **Beschluss** zu entscheiden (§ 84 ArbGG). Dem Antrag ist nach h. M. stattzugeben, wenn das Gericht der Meinung ist, dass ein **wichtiger Grund i. S. d. § 626 Abs. 1 BGB** vorliegt und damit die außerordentliche Kündigung begründet ist (zu Amtspflichtverletzungen vgl. Rn. 27). Liegt ein **wichtiger Grund nicht vor,** ist der **Antrag abzuweisen.** Hat der AG das Zustimmungsersetzungsverfahren **nicht ordnungsgemäß** durchgeführt, weil z. B. die Unterrichtung des BR unvollständig erfolgte, ist der Antrag des AG ebenfalls **abzuweisen.** **51**

Ersetzt das ArbG die fehlende Zustimmung des BR zur außerordentlichen Kündigung, kann der **AG die Kündigung aussprechen,** allerdings erst dann, wenn der Beschluss, ggf. nach Durchführung des Rechtsbeschwerdeverfahrens vor dem BAG, **rechtskräftig** geworden ist.[135] Spricht der AG eine außerordentliche Kündigung **vor** der abschließenden rechtskräftigen gerichtlichen Entscheidung aus, ist diese unheilbar nichtig.[136] Ist gegen den die Zustimmung ersetzenden Beschluss des LAG **Nichtzulassungsbeschwerde** eingelegt worden, muss der Arbeitgeber die Ablehnung der Nichtzulassungsbeschwerde abwarten.[137] Das gilt selbst dann, wenn die Beschwerde offensichtlich unstatthaft oder aussichtslos ist.[138] Wartet der Arbeitgeber die *BAG*-Entscheidung nicht ab, ist die Kündigung ebenfalls.[139] Eine Kündigung ist auch dann nichtig, wenn sie nach der Zustellung des Terminprotokolls des LAG, aber vor Zustellung der Gründe im Zustimmungsersetzungsverfahren ausgesprochen wird. **52**

Ist die fehlende Zustimmung rechtskräftig ersetzt worden, muss der AG die außerordentliche Kündigung **unverzüglich nach Eintritt der Rechtskraft** aussprechen.[140] Die Zweiwochenfrist des § 626 Abs. 2 BGB wird somit nicht erneut in Lauf gesetzt (vgl. Rn. 29 f.). **53**

In einem Zustimmungsersetzungsverfahren nach § 103 ist der Betroffene **Beteiligter** (Abs. 2; § 83 ArbGG). Er kann deshalb ggf. nach § 87 Abs. 1 ArbGG Beschwerde[141] und Rechtsbeschwerde einlegen (§§ 92, 92 a ArbGG). Dieses Recht hat er auch, wenn der BR die gerichtliche Entscheidung hinnimmt[142] oder sich keine Mehrheit für die Beschwerde findet[143] bzw. der BR seine zunächst verweigerte Zustimmung zwischen den Instanzen erklärt.[144] Ist ein Zustimmungsersetzungsantrag des AG nach § 103 Abs. 2, dem das ArbG stattgegeben hatte, auf die Beschwerde des beteiligten BR-Mitglieds hin vom LAG rechtskräftig abgewiesen worden, so hat der AG die dem BR-Mitglied im Beschwerdeverfahren entstandenen Rechtsanwaltskosten in gleicher Weise zu erstatten, wie wenn das BR-Mitglied in einem entsprechenden Kündigungsschutzprozess obsiegt hätte. Das gebietet das Benachteiligungsverbot des § 78 Satz 2 BetrVG.[145] **54**

Auch wenn das ArbG die fehlende Zustimmung des BR ersetzt, bleibt es dem **betroffenen AN** unbenommen, nach Ausspruch der außerordentlichen Kündigung **Kündigungsschutzklage zu erheben.** Die im Zustimmungsersetzungsverfahren getroffene Entscheidung wirkt allerdings präjudiziell gegenüber dem Kündigungsschutzverfahren. Der AN kann deshalb der vom Gericht bereits im Zustimmungsersetzungsverfahren getroffenen Entscheidung nur **neue Tatsachen** entgegenhalten, die im Beschlussverfahren noch nicht berücksichtigt werden konnten, **55**

---

134 *LAG Düsseldorf* 27.2.75, DB 75, 700; *LAG Schleswig-Holstein* 2.9.76, BB 76, 1319; *Fitting*, Rn. 44.
135 *BAG* 28.2.08, 3 AZR 56/07, juris.
136 *BAG* 22.8.74, 20.3.75, 11.11.76, 1.12.77, AP Nrn. 1, 2, 8, 11 zu § 103 BetrVG 1972.
137 *BAG* 9.7.98, BB 98, 2317.
138 Vgl. *Diller*, NZA 98, 1163; *LAG Berlin* 13.7.04, EzA-SD, Nr. 17, 12 – 13; *LAG Niedersachsen* 22.1.10 – 10 Sa 424/09, juris.
139 Vgl. *BAG* 9.7.98, 2 AZR 142/98.
140 *BAG* 24.4.75, 18.8.77, 25.1.79, AP Nrn. 3, 10, 12 zu § 103 BetrVG 1972 unter Hinweis auf die vergleichbare Regelung des § 21 SchwbG [jetzt: § 91 SGB IX].
141 H. M.; vgl. *BAG* 23.6.93, AP Nr. 2 zu § 83 a ArbGG; *Fitting*, Rn. 43 m. w. N.
142 *BAG* 10.12.92, EzA § 103 BetrVG Nr. 33.
143 *LAG Hamm* 13.2.75, DB 75, 939.
144 *LAG Berlin* 13.7.04, EzA-SD, Nr. 17, 12 – 13.
145 *BAG* 31.1.90 – 7 ABR 39/89.

insbes., weil sie erst nach Abschluss des Beschlussverfahrens oder erst nach Ausspruch der Kündigung entstanden oder bekannt geworden sind.[146] Eine vom Zustimmungsersetzungsverfahren **abweichende Sachentscheidung** kann auch in Betracht kommen, wenn die **Formalien der Kündigung** oder die **Einhaltung der Frist** des § 626 Abs. 2 Satz 1 BGB **streitig** sind.[147] Ein Rechtsschutzbedürfnis ist somit für die Klage des betroffenen AN grundsätzlich zu bejahen, so dass sie nicht als unzulässig, sondern ggf. als unbegründet abzuweisen ist.[148]

56 Lehnt das ArbG die **Ersetzung der Zustimmung** des BR **rechtskräftig ab,** kann der AG dem betriebsverfassungsrechtlichen Funktionsträger eine **Kündigung nicht aussprechen.** Kündigt er gleichwohl, ist die ausgesprochene Kündigung **unwirksam.** Der betroffene AN kann sich jederzeit darauf berufen, ohne dass er eine Kündigungsschutzklage erheben müsste.[149]

57 Nachdem ein Antrag des Arbeitgebers **rechtskräftig** abgewiesen worden ist, kann ein erneutes Verfahren nur auf **neue Tatsachen** gestützt werden.[150]

58 Der AN kann sich später nicht auf solche **Kündigungshindernisse** berufen, die er im **Zustimmungsersetzungsverfahren** hätte einwenden können.[151] Dies gilt jedoch nicht für Kündigungshindernisse, die – wie die fehlende Zustimmung des Integrationsamtes zur Kündigung eines schwerbehinderten Menschen (Rn. 34) – noch nach Abschluss des betriebsverfassungs- bzw. personalvertretungsrechtlichen Zustimmungsersetzungsverfahrens beseitigt werden können. Auch die erst später mit Rückwirkung festgestellte Schwerbehinderung ist als neue Tatsache im Kündigungsschutzprozess berücksichtigungsfähig.[152] Die nicht rechtskräftige strafrechtliche Verurteilung eines BR-Mitglieds ist keine neue Tatsache, die eine Ersetzung der Zustimmung des BR zur außerordentlichen Kündigung des BR-Mitglieds zulassen würde, wenn bereits in einem früheren Verfahren die Zustimmungsersetzung rechtskräftig mit der Begründung versagt wurde, die Tatvorwürfe seien nicht erwiesen. Dagegen kann die Zustimmungsersetzung dann geboten sein, wenn das BR-Mitglied wegen der Tatvorwürfe inzwischen rechtskräftig strafrechtlich verurteilt wurde.[153]

59 Ist ein gerichtliches Zustimmungsersetzungsverfahren **vor der Neuwahl eines BR** oder eines anderen betriebsverfassungsrechtlichen Organs eingeleitet worden und wird das Organmitglied wiedergewählt oder ein WV-Mitglied bzw. ein Wahlbewerber erstmals in das betriebsverfassungsrechtliche Organ gewählt, gilt die bisherige (ablehnende) Erklärung des BR weiter.[154] Nach der Rspr. des *BAG* wird ein eingeleitetes Zustimmungsersetzungsverfahren nach der Bekanntgabe des Wahlergebnisses gegenstandslos, wenn eine Wahl in das Organ nicht erfolgt ist.[155] Der AG soll die Möglichkeit haben, eine außerordentliche Kündigung nach Anhörung des neu gewählten BR nach § 102 auszusprechen.[156] Dieser Standpunkt ist **außerordentlich bedenklich,** da damit der besondere Kündigungsschutz der Mitglieder von Betriebsverfassungsorganen letztlich von der **Dauer des gerichtlichen Verfahrens abhängig** gemacht wird und die Gefahr besteht, dass der AG das gerichtliche Verfahren entsprechend verzögert. Diese für den AG wesentliche Erleichterung **widerspricht** dem eigentlichen **Sinn des besonderen Kündigungsschutzes.** Deshalb darf der AG die außerordentliche Kündigung auch in diesem Fall erst nach rechtskräftiger Zustimmungsersetzung aussprechen.

60 Das auf Ersetzung der Zustimmung des Betriebsrats zu einer fristlosen Kündigung eines Funktionsträgers gerichtete Verfahren ist streitwertmäßig und damit für die **Anwaltsgebühren** wie der Kündigungsschutzprozess des Betroffenen zu behandeln, weil das Beschlussverfahren in der Regel die Berechtigung zum Ausspruch der Kündigung abschließend klärt. Diese präjudizielle Funktion des arbeitsgerichtlichen Zustimmungsersetzungsverfahrens rechtfertigt es, im Rahmen der Streitwertbestimmung § 12 Abs. 7 Satz 1 ArbGG entsprechend anzuwenden.[157]

---

146 *BAG* 27.5.75, AP Nr. 4 zu § 103 BetrVG 1972.
147 Vgl. KR-*Etzel*, Rn. 139 f.; vgl. auch Rn. 60.
148 *BAG*, a. a. O.; *Fitting*, Rn. 47 m. w. N.
149 § 13 Abs. 3 KSchG; vgl. auch *Fitting*, Rn. 48.
150 *BAG* 16.9.99, DB 99, 2014; vgl. auch *LAG Düsseldorf* 4.9.98, AiB 99, 470 mit Anm. *Seefried*.
151 *BAG* 11.5.00, NZA 00, 1106.
152 *BAG* 11.5.00, a. a. O.
153 *BAG* 16.9.99, NZA 00, 158.
154 *Fitting*, Rn. 50.
155 *BAG* 30.5.78, AP Nr. 4 zu § 15 KSchG 1969.
156 *BAG*, a. a. O.; *Fitting*, Rn. 50.

Hat der BR die Zustimmung zur außerordentlichen Kündigung verweigert, so sind die **Anwaltsverträge nicht** wegen widerstreitender Interessen als Folge einer Doppelmandatierung **nichtig,** wenn der Anwalt sowohl den BR im Zustimmungsersetzungsverfahren als auch das betroffene BR-Mitglied als Beteiligter vertritt. Denn der BR wie auch das beteiligte BR-Mitglied verfolgen in dem Zustimmungsersetzungsverfahren jeweils das gleiche Interesse, nämlich die Abwehr des arbeitgeberseitigen Kündigungsbegehrens.[158] 61

VI. Geltendmachung des Kündigungsschutzes, Streitigkeiten

1. Bei ordentlichen Kündigungen

Spricht der AG gegenüber einem BR-Mitglied oder gegenüber einem nach § 15 KSchG geschützten AN bzw. Mitglied eines anderen kollektiven Organs eine ordentliche Kündigung aus, ist diese **nichtig,** es sei denn, dass ein Fall der **Betriebsstilllegung** oder der Stilllegung einer Betriebsabteilung vorliegt (vgl. dazu Rn. 7 ff.). Der AN muss **weiterbeschäftigt** werden. Die Erhebung der Kündigungsschutzklage muss innerhalb der Dreiwochenfrist des § 4 KSchG erfolgen. Eine gerichtliche Auflösung des Arbeitsverhältnisses unter gleichzeitiger Zahlung einer Abfindung durch den AG (§§ 9, 10 KSchG) kommt nicht in Betracht. Weder der AG noch der AN können einen Auflösungsantrag stellen (vgl. hierzu Rn. 28). 62

2. Bei außerordentlichen Kündigungen

Hat der AG **nach Zustimmung des BR oder rechtskräftiger Ersetzung der Zustimmung durch das ArbG** eine außerordentliche Kündigung ausgesprochen, kann der betroffene AN **Kündigungsschutzklage** erheben. Auch in einem solchen Fall muss er die **Dreiwochenfrist** des § 4 KSchG zur Erhebung der Klage beachten. Wird die Klage nicht innerhalb dieser Frist erhoben, ist die Kündigung wirksam. 63

Hat der **BR der außerordentlichen Kündigung zugestimmt,** ist in dem nachfolgenden Kündigungsschutzprozess das ArbG hinsichtlich der Beurteilung der Wirksamkeit der außerordentlichen Kündigung nicht an die Wertung des BR gebunden. Das Gericht hat vielmehr in **eigener Zuständigkeit** darüber zu entscheiden, ob die Kündigung begründet ist oder nicht (vgl. auch Rn. 36). 64

Das ArbG ist im Kündigungsschutzprozess um die außerordentliche Kündigung an die bereits im Beschlussverfahren getroffene Feststellung gebunden, dass die außerordentliche Kündigung unter Berücksichtigung aller Umstände gerechtfertigt ist (**Präjudizwirkung,** vgl. Rn. 55 ff.). 65

Spricht der AG nach rechtskräftiger Ersetzung der BR-Zustimmung aus den gleichen Gründen eine **ordentliche Kündigung** aus (z. B. weil er den Prozess um eine zuvor ausgesprochene außerordentliche Kündigung aus formalen Gründen verloren hat), entfaltet das Zustimmungsersetzungsverfahren in diesem Kündigungsschutzprozess keine Bindungswirkung.[159] 66

Stellt das ArbG fest, dass die gegenüber einer besonders geschützten Person ausgesprochene Kündigung unwirksam war, kann der Betreffende für den Fall, dass er ein **neues Arbeitsverhältnis** eingegangen ist, binnen **einer Woche** nach Rechtskraft der Entscheidung dem früheren AG erklären, dass er die Weiterbeschäftigung bei ihm verweigert (§ 16 KSchG). Das **frühere Arbeitsverhältnis erlischt** dann mit Zugang der Erklärung. 67

3. Einstweilige Weiterbeschäftigungsverfügung

Ein BR-Mitglied, das ohne Zustimmung des BR und ohne Ersetzung der Zustimmung durch das ArbG entlassen worden ist, kann seinen **Anspruch auf Weiterbeschäftigung** im Wege der 68

157 *BAG* 11.5.00, AP BetrVG 1972 § 103 Nr. 42, *LAG Rheinland-Pfalz* 26.3.04; 30.3.04, NZA-RR 2004, 373; *LAG Hamm* 22.10.03, FA 2004, 63; *LAG Schleswig-Holstein* 13.10.14, 3 Ta 147/14 juris.
158 *LAG Niedersachsen* 4.11.03, BetrVG 1972 § 40, LAGE Nr. 66.
159 *BAG* 15.8.02, BB 03, 637.

einstweiligen Verfügung durchsetzen. Die Verpflichtung zur Weiterbeschäftigung kann auch zusammen mit einem obsiegenden Urteil erster Instanz ausgesprochen werden. Ein **freigestelltes BR-Mitglied** kann im Hinblick auf seine Autonomie hinsichtlich der von ihm zu verrichtenden Tätigkeit keine Verurteilung zu einer bestimmten tatsächlichen Beschäftigung erwirken. Ein Hausverbot ist unwirksam. Der **Zutritt zum Betrieb** zur Sicherung seiner BR-Tätigkeit ist in einem Beschlussverfahren gemäß § 2 a ArbGG zu verfolgen.[160]

69 Eine die § 15 KSchG, § 103 Abs 1, Abs 2 BetrVG verletzende Kündigung bewirkt eine Störung der Tätigkeit des Betriebsrats. Dem Betriebsrat kann gegenüber einer solchen Maßnahme des Arbeitgebers ein **Unterlassungsanspruch** zustehen, den er bei Vorliegen der allgemeinen Voraussetzungen mit einer einstweiligen Verfügung geltend machen kann[161]

4. Beendigung des Arbeitsverhältnisses im Prozess

70 Ein Antrag nach § 103 wird unzulässig, wenn während des laufenden Beschlussverfahrens das Arbeitsverhältnis des BR-Mitglieds z. B. durch **Aufhebungsvereinbarung** beendet wird. In diesem Fall fehlt das erforderliche Rechtsschutzinteresse.[162] Dasselbe gilt dann, wenn das betreffende BR-Mitglied während des Prozesses sein Amt niederlegt.

VII. Versetzung (Abs. 3)

71 Abs. 3 dient dem Schutz der in Abs. 1 genannten Amtsträger vor **Versetzungen,** sofern diese zum Verlust des Amtes oder der Wählbarkeit führen. Die Vorschrift ist veranlasst worden durch die Entscheidung des *BAG,* wonach weder § 99 Abs. 1 Nr. 1 noch § 103 hierauf anzuwenden seien.[163] In einem solchen Fall bedarf die Versetzung der Zustimmung des BR, die unter bestimmten Voraussetzungen durch das ArbG ersetzt werden kann. Ein **nachwirkender Versetzungsschutz** ist nicht vorgesehen; die Amtsträger werden nur während ihrer Amtszeit geschützt.[164] Für **Ersatzmitglieder** gilt – außer dem nachwirkenden Schutz – bei Versetzungen das Gleiche wie bei Kündigungen.

72 Die Vorschrift zielt in erster Linie auf Versetzungen, zu denen der AG kraft seines **Direktionsrechts** arbeitsvertraglich berechtigt ist.[165] Versetzungen, die nur mittels einer Änderungskündigung durchgesetzt werden können, unterfallen § 15 KSchG: Sie sind grundsätzlich unzulässig bzw. nur bei Stilllegung des Betriebs oder einer Betriebsabteilung gemäß § 15 Abs. 4 und 5 KSchG zulässig.[166] Vor diesem Hintergrund erscheint es richtig, den Anwendungsbereich des § 103 Abs. 3 BetrVG nicht auf eine mit einer nach § 15 Abs. 4, 5 KSchG zulässigen ordentlichen Änderungskündigung verbundenen Versetzung zu erstrecken, sondern auf Versetzungen zu beschränken, für die eine außerordentliche Kündigung nicht erforderlich ist, da sie kraft Direktionsrechtes durchsetzbar ist.[167] Für den ausnahmsweisen Fall einer außerordentlichen Änderungskündigung gilt Abs. 1 kumulativ neben Abs. 3 (vgl. Rn. 85).

73 Für Abs. 3 gilt der **allgemeine Versetzungsbegriff** i. S. der §§ 95 Abs. 3 und 99 (vgl. § 99 Rn. 96).

74 Voraussetzung für das Eingreifen des Abs. 3 ist das Vorliegen einer Versetzung, die das **BR-Amt zum Erlöschen** bringt. Wann dies der Fall ist, regelt § 24 Nr. 4 (vgl. § 24 Rn. 26 ff.).

75 Abs. 3 greift nicht ein, wenn der Amtsträger mit der Versetzung **einverstanden** ist. Es handelt sich um eine spezifisch betriebsverfassungsrechtliche Anforderung, denn individualrechtlich wäre sie wegen der arbeitsvertraglichen Versetzungsmöglichkeit auch ohne Zustimmung des Amtsträgers rechtlich zulässig. Der Gesamtzusammenhang der Regelung ergibt die Notwendigkeit, dass das Einverständnis aktuell, also in unmittelbarem zeitlichen Zusammenhang mit

---

160 *LAG Berlin* 8.1.93, LAGE § 888 ZPO Nr. 27.
161 *HessLAG* 19.2.08, ArbuR 2008, 406.
162 *LAG Bremen* 5.10.04, 1 TaBV 11/04.
163 *BAG* 11.7.00, EzA § 103 BetrVG 1972 Nr. 42 mit krit. Anm. *Kittner.*
164 *Fitting,* Rn. 76.
165 *LAG Nürnberg* 31.1.14, 8 TaBVGa 1/14 juris.
166 Vgl. eingehend *KDZ,* § 103 BetrVG Rn. 71 ff.
167 *LAG Nürnberg* 31.1.14, 8 TaBVGa 1/14 juris.

der tatsächlichen Versetzung und ausdrücklich erteilt wird, spätestens jedoch bei Erklärung der Versetzungsanordnung vorliegen muss, sonst ist diese ohne die BR-Zustimmung bzw. deren Ersetzung unwirksam (vgl. Rn. 77). Leistet deshalb das BR-Mitglied der Versetzungsanordnung lediglich widerspruchslos Folge, bedarf die Versetzung weiterhin der Zustimmung des BR und ist ohne diese unwirksam. Das Gleiche gilt bei Annahme einer Änderungskündigung unter Vorbehalt.[168] Die betriebsverfassungsrechtlich korrekte Verfahrensweise ist es deshalb, dass der AG zunächst den Amtsträger über seine Versetzungsabsicht informiert und Klarheit über dessen Haltung zu der Versetzung herbeiführt. Beim Streit um die Berechtigung der Versetzung trägt der AG die Beweislast für das Vorliegen des Einverständnisses des betroffenen Amtsträgers als Wirksamkeitsvoraussetzung.

Eine dem Abs. 3 unterfallende Versetzung darf – vom Einverständnis des Mitarbeiters abgesehen – nur vorgenommen werden, wenn der **BR zugestimmt** hat. Für Einholung und Erteilung dieser Zustimmung gelten die auf eine außerordentliche Kündigung anwendbaren Regeln (vgl. Rn. 29 ff.). In **betriebsratslosen Betrieben** ist die Zustimmung zur Versetzung von Mitgliedern des Wahlvorstands und von Wahlbewerbern direkt beim ArbG einzuholen. **76**

Die Zustimmung des BR muss vor Ausspruch der Versetzungsanordnung vorliegen. Sie ist **Wirksamkeitsvoraussetzung** für diese. Eine Versetzung ohne Zustimmung des BR ist ebenso nichtig wie eine außerordentliche Kündigung (vgl. Rn. 28). Der AN ist nicht verpflichtet, einer Versetzungsanordnung ohne vorher erklärte Zustimmung des BR (bzw. deren gerichtliche Ersetzung) nachzukommen. Eine nachträgliche Zustimmungserklärung ist wirkungslos (vgl. Rn. 28). **77**

Der AG kann die Zustimmung des BR **durch das ArbG ersetzen** lassen (Abs. 3 Satz 2, vgl. DKKWF-*Bachner,* § 103 Rn. 7). Es gelten die gleichen verfahrensrechtlichen Grundsätze wie bei einer außerordentlichen Kündigung (vgl. Rn. 41 ff.). **78**

Die **Kriterien,** nach denen die Zustimmung ersetzt werden kann, sind kumulativ folgende: **79**

- Die Versetzung ist individualrechtlich rechtmäßig. Dazu gehört auch ihre Überprüfung am Maßstab des billigen Ermessens gem. § 315 BGB.
- Sie ist aus dringenden betrieblichen Gründen auch unter Berücksichtigung der betriebsverfassungsrechtlichen Stellung des Arbeitnehmers notwendig (Rn. 80 f.).
- Dazu kommt die Anwendung des § 99 (Rn. 82).

Die Zustimmung des BR kann ersetzt werden, wenn sie auch unter Berücksichtigung der betriebsverfassungsrechtlichen Stellung des AN aus **dringenden betrieblichen Gründen notwendig** ist. Zur Auslegung des Abs. 3 Satz 2 sind die Regelungen heranzuziehen, die vergleichbare Formulierungen enthalten. Deshalb ist insb. auf § 30 BetrVG zu rekurrieren. Vor diesem Hintergrund können nur solche betrieblichen Gründe als Rechtfertigung für eine Versetzung anerkannt werden, die **zwingenden Vorrang vor dem Interesse des Betriebsrates an der Kontinuität seiner personellen Zusammensetzung und seiner Arbeit** haben.[169] Die **Rücksichtnahme auf die betriebsverfassungsrechtliche Stellung des AN** führt daher dazu, dass »dringende betriebliche Gründe« nur dann vorliegen, wenn zur Versetzung schlechterdings keine zumutbare betriebliche Alternative besteht, ohne dass die Erfüllung des Betriebszwecks gefährdet wäre. **80**

Es ist zwischen der Situation im aktuellen Beschäftigungsbetrieb und im potenziellen Versetzungsbetrieb zu unterscheiden: **81**

- Im aktuellen Beschäftigungsbetrieb kann zunächst von einem Versetzungsbedarf überhaupt nur dann die Rede sein, wenn eine Weiterbeschäftigung auf dem bisherigen oder einem anderen Arbeitsplatz nicht mehr möglich ist. Der wichtigste Fall wäre der Wegfall des Arbeitsplatzes des Amtsträgers ohne Weiterbeschäftigungsmöglichkeit (vgl. § 102 Rn. 217 ff.). Dabei ist zu berücksichtigen, dass der Verzicht auf eine Versetzung keine Probleme für den betrieblichen Ablauf auslöst, sondern lediglich ein Kostenproblem darstellt, wobei in Rechnung zu stellen ist, dass der Amtsträger ohnehin für seine Amtstätigkeit von der Arbeit freizustellen ist. Es spricht also viel dafür, dass Veränderungen im aktuellen Beschäftigungsbetrieb nur im absoluten Ausnahmefall eine Versetzungsberechtigung i. S. des Abs. 3 Satz 2 auslösen können.

168 *ArbG Berlin* 10.9.01, AiB 02, 49.
169 *LAG Köln* 20.9.13, 4 TaBV 23/13 juris.

- Die andere Möglichkeit besteht darin, dass der Amtsträger in einem anderen Betrieb benötigt wird. Um den Verlust eines betriebsverfassungsrechtlichen Mandats zu rechtfertigen, müssten dort allerdings schwerwiegende betriebliche Störungen auftreten, wenn der Amtsträger nicht versetzt würde. Bloße personalwirtschaftliche Zweckmäßigkeitserwägungen sind keinesfalls ausreichend. Jedenfalls müssen erfolglose interne und externe Bemühungen um eine Besetzung der fraglichen Stelle vorangegangen sein.

82 Ungeklärt ist das **Verhältnis zwischen § 103 und § 99.** Gelegentlich wird angenommen, § 103 Abs. 3 sei eine Spezialvorschrift, neben der § 99 nicht mehr zur Anwendung komme.[170] Diese Ansicht verkennt jedoch die Tatsache, dass Abs. 3 den Schutz für Funktionsträger verbessern wollte.[171] Das verlangt notwendigerweise die Beibehaltung des auf § 99 beruhenden Schutzes.[172] Deshalb kann auch im Falle einer beabsichtigten Versetzung eines BR-Mitglieds der BR die Zustimmung aus den Gründen nach § 99 Abs. 2 verweigern. Die Gegenansicht begründet auch eine gem. § 78 unzulässige Schlechterstellung der BR-Mitglieder. In den allermeisten praktisch relevanten Fällen wird es sich bei der personellen Einzelmaßnahme um eine Einstellung des BR-Mitglieds in einem anderen Betrieb desselben Unternehmens handeln, weil nur dann die Versetzung mit Amtsverlust oder dem Verlust der Wählbarkeit einhergeht. Dass dann die Zustimmung des – sofern vorhanden – BR im Aufnahmebetrieb erforderlich ist, liegt auf der Hand. Die Anwendung von § 99 neben § 103 zwingt übrigens nicht dazu, dass das Verfahren gemäß § 99 erst in Gang gesetzt werden könnte, wenn die grundsätzliche Zulässigkeit gemäß Abs. 3 geklärt ist. Das wäre unpraktisch und ist außerdem vom Gesetzeswortlaut her nicht geboten. Es liegt daher beim AG, ob er gleichzeitig mit dem Antrag an den BR zur Erteilung dessen Zustimmung gemäß Abs. 3 diejenige gemäß § 99 einholt. Hierfür gelten keine Besonderheiten (vgl. § 99 Rn. 132 ff.). Verweigert der BR die Zustimmung unter beiden Gesichtspunkten, kann der AG seinen Antrag an das ArbG gemäß Satz 2 mit demjenigen gemäß § 99 Abs. 4 verbinden. Eine Gerichtsentscheidung gemäß § 99 Abs. 4 kann vor Rechtskraft derjenigen zu Abs. 3 nicht vollzogen werden. Dabei ist im Übrigen daran zu denken, dass all die Kriterien des § 99 Abs. 2, die eine Versetzung rechtswidrig machen (also insbesondere nach Nrn. 1 und 2), schon dazu führen, dass die Zustimmung des BR gem. Abs. 3 gar nicht erteilt werden darf (vgl. Rn. 79).

83 Der BR kann **unterschiedliche Voten** zu Abs. 3 und zu § 99 abgeben:

- »Ja« zu Abs. 3 und »Nein« zu § 99 oder
- »Nein« zu Abs. 3 und »Ja« zu § 99.

Dann muss der AG lediglich das Verfahren durchführen, mit dem er eine verweigerte Zustimmung ersetzen lassen muss.

84 Liegt keine Zustimmung des BR oder deren rechtskräftige Ersetzung durch das ArbG vor, ist dem AG die Möglichkeit einer **vorläufigen Maßnahme gemäß § 100** verwehrt. Denn auch eine vorläufige Versetzung ist eine Versetzung i. S. des Abs. 3, die ohne endgültige Zustimmung des BR nicht wirksam erklärt werden kann. Der AG kann sich auch nicht mit dem BR dahin gehend verständigen, dass dies bis zur Erteilung der Zustimmung bzw. deren rechtskräftiger Ersetzung möglich sein soll. Abs. 3 steht insoweit nicht zur Disposition der Betriebsparteien.

85 Für den eher unwahrscheinlichen Fall einer außerordentlichen Änderungskündigung gilt **Abs. 3 neben Abs. 1.**

86 Der BR kann zum Zwecke der Aufrechterhaltung seiner Funktionsfähigkeit und zur Durchsetzung einer demokratisch legitimierten Zusammensetzung des Gremiums zur Verhinderung einer nach § 103 Abs. 3 unzulässigen Versetzung eine **einstweilige Verfügung** erwirken.[173] Wegen des anderen Schutzzwecks wird das Verfahren der einstweiligen Verfügung auch nicht durch § 101 ausgeschlossen.

---

170 Vgl. Richardi-*Thüsing*, Rn. 37.

171 Vgl. *Fitting*, Rn. 64.

172 Ähnlich GK-*Raab*, Rn. 51; HaKo-BetrVG-*Kloppenburg*, Rn. 19; unklar, aber nicht gegen diese Meinung *Fitting*, Rn. 65.

173 *ArbG Berlin* 10.9.01, AiB 02, 49; *LAG Nürnberg 31.1.14, 8 TaBVGa 1/14 juris.*

§ 104 Entfernung betriebsstörender Arbeitnehmer

Hat ein Arbeitnehmer durch gesetzwidriges Verhalten oder durch grobe Verletzung der in § 75 Abs. 1 enthaltenen Grundsätze, insbesondere durch rassistische und fremdenfeindliche Betätigungen, den Betriebsfrieden wiederholt ernstlich gestört, so kann der Betriebsrat vom Arbeitgeber die Entlassung oder Versetzung verlangen. Gibt das Arbeitsgericht einem Antrag des Betriebsrats statt, dem Arbeitgeber aufzugeben, die Entlassung oder Versetzung durchzuführen, und führt der Arbeitgeber die Entlassung oder Versetzung einer rechtskräftigen gerichtlichen Entscheidung zuwider nicht durch, so ist auf Antrag des Betriebsrats vom Arbeitsgericht zu erkennen, dass er zur Vornahme der Entlassung oder Versetzung durch Zwangsgeld anzuhalten sei. Das Höchstmaß des Zwangsgeldes beträgt für jeden Tag der Zuwiderhandlung 250 Euro.

Inhaltsübersicht

I. Vorbemerkungen

Die Vorschrift entspricht inhaltlich im Wesentlichen der schon im BetrVG 1952 enthaltenen Bestimmung. Allerdings ist der im BetrVG 1952 enthaltene Begriff »unsoziales Verhalten« durch die Verweisung auf die in § 75 Abs. 1 enthaltenen Grundsätze konkretisiert worden. Die Vorschrift stellt eine Ergänzung des § 75 Abs. 1 und des § 99 Abs. 2 Nr. 6 dar.[1] 1

II. Voraussetzung des Verlangens

Für das Verlangen auf Versetzung oder Kündigung (vgl. DKKWF-*Bachner,* § 104 Rn. 1) eines AN genügt ein einmaliges Fehlverhalten grundsätzlich nicht. Es muss eine **Wiederholung** vorliegen.[2] Etwas anderes gilt, wenn schon ein einmaliges Fehlverhalten des AN so schwerwiegend ist, dass den übrigen AN eine weitere Zusammenarbeit nicht zugemutet werden kann. Es muss sich außerdem um eine **grobe und ernstliche Störung** des Betriebsfriedens handeln. Erforderlich ist z. B. eine in besonderer Weise auffällige Diskriminierung anderer AN oder eine offensichtliche Benachteiligung älterer oder ausländischer AN ohne sachlichen Grund.[3] Nötig ist auch eine erhebliche Beunruhigung einer beachtlichen Zahl von AN.[4] Eine solche kann beispielsweise bei Diebstählen unter Arbeitskollegen, Tätlichkeiten, unsittlichen Handlungen, Verleumdung oder Beleidigung anderer gegeben sein.[5] Auch eine schikanöse Behandlung von weisungsgebundenen AN durch einen Vorgesetzten kann die Voraussetzungen des § 104 erfüllen. Bloße Ungefälligkeit, verschlossenes Wesen und Ähnliches rechtfertigen das Kündigungs- oder Versetzungsverlangen dagegen nicht. Auch Unruhestiftung und allgemeine Störung des Betriebsfriedens reichen nicht aus, sofern nicht gleichzeitig ein Verstoß gegen § 75 vorliegt. Entsprechendes gilt für kritische Äußerungen über den BR, da diese durch freie Meinungsäußerung gedeckt sind, sofern die BR-Mitglieder nicht persönlich verunglimpft werden.[6] Zwischen den Handlungen und den Störungen des Betriebsfriedens muss ein Ursachenzusammenhang gegeben sein. 2

Die **rassistische und ausländerfeindliche Betätigung** wirdausdrücklich als Beispiel für betriebsstörendes Verhalten genannt (das Gleiche gilt für § 99 Abs. 2 Nr. 6, vgl. § 99 Rn. 202 a). Auch bei sonstigen gravierenden **Diskriminierungen und Belästigungen i. S. des AGG** kann der BR von seinem Recht nach § 104 Gebrauch machen.[7] 3

---

1 *Fitting,* Rn. 3; GK-*Raab,* Rn. 2.
2 H. M.; vgl. *LAG Bremen* 28.5.03 – 2 TaBV 9/02;*Fitting,* Rn. 7; GK-*Raab,* Rn. 9.
3 Vgl. auch *Fitting,* Rn. 5; GK-*Raab,* Rn. 6.
4 GK-*Raab,* Rn. 8; KR-*Etzel,* Rn. 24.
5 Vgl. *Fitting,* Rn. 5; GK-*Raab,* Rn. 5; KR-*Etzel,* Rn. 8.
6 Vgl. GK-*Raab,* Rn. 6., m. w. N.; KR-*Etzel,* Rn. 10.
7 *Nollert-Borasio/Perreng,* AGG § 17 Rn. 6; KDZ-*Deinert,* § 104 Rn. 3.

4 § 104 BetrVG deckt sich hinsichtlich seiner tatbestandsmäßigen Voraussetzungen nicht gänzlich mit § 99 Abs. 2 Nr. 6, weil § 104 die »wiederholte ernstliche« Störung des Betriebsfriedens fordert und damit höhere Anforderungen stellt als § 99 Abs. 2 Nr. 6 (vgl. § 99 Rn. 202). Die rechtliche Beurteilungsstruktur entspricht im Wesentlichen der des § 626 Abs. 1 BGB, wobei der Schwerpunkt der Prüfung bei § 104 darauf liegt, welche **Zukunftsprognose** dem Mitarbeiter angesichts der ihm zu Last gelegten Vorfälle gestellt werden kann.[8]

5 Die Störung muss sich **auf den Betrieb** und die Zusammenarbeit im Betrieb auswirken. Ein Verhalten außerhalb der betrieblichen Sphäre, das nicht in diese einwirkt und die dort tätigen AN berührt, reicht nicht aus.[9]

6 Dem AN muss wegen seines störenden Verhaltens ein **Schuldvorwurf** gemacht werden können.[10] Vorsatz braucht allerdings nicht vorzuliegen (h. M.). Ein lediglich objektiv gesetzwidriges oder gegen § 75 Abs. 1 verstoßendes Verhalten reicht andererseits nicht aus, wenn den AN keinerlei Verschulden trifft,[11], was allerdings selten der Fall sein dürfte.

7 Nach h. M. bezieht sich § 104 auf **alle** im Betrieb tätigen **AN,** aber nicht auf leitende Angestellte und Leih-AN.[12] Das gilt auch, wenn der zu entfernende AN nach Schluss der Anhörung erster Instanz zum leitenden Angestellten wird.[13] Der BR ist hinsichtlich der leitenden Angestellten auf das Antragsrecht nach § 80 Abs. 1 Nr. 2 beschränkt.[14] Weshalb die Bestimmung nicht für Leih-ANr gelten sollte, ist nicht ersichtlich. Jedenfalls seit Leih-AN auch wählen dürfen, müssen sie sich denselben Anforderungen stellen wie Stammarbeitnehmer. Von der Vorschrift ebenfalls nicht erfasst sind die unter § 5 Abs. 2 fallenden Personen.

III. Verlangen auf Kündigung oder Versetzung

8 Verlangt der BR oder ein nach §§ 27, 28 ermächtigter Ausschuss die **Versetzung oder Entlassung** eines AN, so setzt dies zunächst voraus, dass der Arbeitgeber den betroffenen Arbeitnehmer tatsächlich kündigen kann, was z. B. dann nicht möglich ist, wenn die Kündigungserklärungsfrist nach § 626 Abs. 2 BGB abgelaufen ist.[15] § 104 schafft keinen eingeständigen Kündigungstatbestand. Leitet der BR ein arbeitsgerichtliches Verfahren nach § 104 ein, weil der AG dem Wunsch des BR nicht entsprochen hat, so wird die Frist des § 626 Abs. 2 BGB bis zum rechtskräftigen Abschluss des Verfahrens gehemmt. Außerdem hat der AG die gesetzlichen oder vertraglichen **Kündigungsfristen** zu beachten, es sei denn, dass gleichzeitig ein Grund für eine fristlose Entlassung gegeben ist. Dem betroffenen AN bleibt es unbenommen, die Kündigung (bzw. Änderungskündigung, sofern diese zur Versetzung erforderlich ist) im Wege eines Kündigungsschutzverfahrens anzugreifen.[16] Gegen eine **Versetzung,** die der AG kraft Direktionsrecht vornehmen kann, steht dem AN kein Rechtsmittel zur Verfügung.[17] Kann die Versetzung nur mit Hilfe einer Vertragsänderung durchgesetzt werden, hat der AG nur die Möglichkeit, eine **Änderungskündigung** auszusprechen, sofern der AN mit einer einvernehmlichen Änderung nicht einverstanden ist.[18]

9 Stellt der BR auf Grund ordentlicher Beschlussfassung (vgl. hierzu § 29 Rn. 18, § 33 Rn. 3 ff., 8 ff.) an den AG das Verlangen, einen AN wegen fortgesetzter Störung des Betriebsfriedens zu entlassen, ist der AG, wenn er sich entschließt, diesem Entlassungsverlangen umgehend stattzugeben, **nicht zur erneuten Anhörung** (§ 102 bzw. Zustimmung nach § 103) des BR vor

---

8 *LAG Bremen* 28.5.03 – 2 TaBV 9/02.
9 *Fitting,* Rn. 7.
10 *Fitting,* Rn. 8; GK-*Raab,* Rn. 10; HWGNRH-*Huke,* Rn. 7; Richardi-*Thüsing,* Rn. 8; a. A. *Heinze,* Rn. 690.
11 Anders im Falle der Unzurechnungsfähigkeit des AN, *Fitting,* Rn. 8; GK-*Raab,* Rn. 10.
12 Vgl. *BAG* 19.2.75, AP Nr. 9 zu § 5 BetrVG 1972; KR-*Etzel,* Rn. 4; *Fitting,* Rn. 3; GK-*Raab,* Rn. 4; HSWGN-*Schlochauer,* Rn. 2; Richardi-*Thüsing,* Rn. 12;.
13 *LAG Nürnberg* 22.1.02, NZA-RR 02, 524.
14 APS-*Koch,* Rn. 3; KR-*Etzel,* a. a. O., *Fitting,* Rn. 3.; GK-*Raab,* Rn. 4.
15 *LAG Hamm* 23.10.09 – 10 TaBV39/09 juris.
16 APS-*Koch,* Rn. 23; *Fitting,* Rn. 12; GK-*Raab,* Rn. 13.
17 GK-*Raab,* Rn. 24.
18 GK-*Raab,* Rn. 14.

Ausspruch der Kündigung verpflichtet[19] Dies gilt nicht, wenn der BR hat lediglich eine Kündigung verlangt, der AG aber außerordentlich kündigen will.[20] Ebenso braucht bei einer vom BR verlangten Versetzung nicht noch einmal das förmliche Verfahren auf Erteilung der Zustimmung gemäß § 99 durchgeführt werden, wenn der AG dem Versetzungsvorschlag des BR auf einen konkreten Arbeitsplatz entspricht.[21] Weicht der AG vom Versetzungsvorschlag des BR ab, sind bei einer vorgesehenen Versetzung des AN die Beteiligungsrechte des BR nach § 99 und ggf. § 102 durch den AG zu beachten.[22]

Der BR darf bei seinem Verlangen Gesichtspunkte der **Verhältnismäßigkeit** nicht außer Acht 10
lassen. Reicht beispielsweise schon die Versetzung an einen anderen Arbeitsplatz (ggf. in einer anderen Abteilung) aus, um eine weitere Störung des Betriebsfriedens zu verhindern, kann er nicht die Entlassung fordern.[23]

Der AG hat den Sachverhalt, den der BR seinem Verlangen zugrunde legt, **unter eigener** 11
Verantwortung zu prüfen.[24] Erscheint das Verlangen des BR **unbegründet,** muss der AG sich schützend vor den AN stellen. Ggf. muss der AG versuchen, den BR zur Rücknahme des Verlangens zu veranlassen.[25] Auch der AN selbst hat allerdings zu einer möglichst friedlichen Lösung des Konflikts beizutragen, indem er beispielsweise freiwillig einen anderen, gleichwertigen Arbeitsplatz annimmt. Kann der AG dem Druck des BR und der Belegschaft nicht entgehen, kann auch eine an sich aus verhaltensbedingten Gründen nicht gerechtfertigte Kündigung betriebsbedingt i. S. d. § 1 Abs. 2 KSchG sein.[26] Allerdings kann sich der AG nicht auf eine Drucksituation berufen, die er selbst in vorwerfbarer Weise herbeigeführt hat.[27]

Verliert der AN seinen Arbeitsplatz, ohne dass die Voraussetzungen des § 104 vorlagen, kön- 12
nen ihm **Schadensersatzansprüche** nach § 823 Abs. 1 BGB zustehen. Der Anspruch soll sich nach verbreiteter Auffassung gegen jedes BR-Mitglied und jeden sonstigen AN oder Dritten, der sich vorwerfbar an der Ausübung des rechtswidrigen Drucks beteiligt hat, richten, nicht jedoch gegen den AG, wenn dieser das ihm Zumutbare getan hat.[28] Wird die Kündigung im Rahmen eines Kündigungsschutzprozesses rechtskräftig für unwirksam erklärt, so kann der Gekündigte nach den allgemeinen Rechtsvorschriften Weiterbeschäftigung und Nachzahlung des entgangenen Arbeitsverdienstes verlangen. Eine Kündigungsschutzklage und etwaige Schadensersatzansprüche scheiden in jedem Fall aber aus, wenn der AG zuvor durch einen rechtskräftigen Beschluss des ArbG verpflichtet worden war, die Kündigung auszusprechen (vgl. Rn. 11 ff.). Dies folgt aus der präjudiziellen Wirkung des vorangegangenen gerichtlichen Beschlusses.[29]

IV. Anrufung des Arbeitsgerichts; Zwangsvollstreckungsverfahren

Kommt der AG dem Verlangen des BR auf Versetzung oder Entlassung eines AN aus den in 13
dieser Bestimmung genannten Gründen nicht nach, so kann der BR das **ArbG** anrufen mit dem Antrag, dem **AG aufzugeben,** die von ihm verlangte Maßnahme durchzuführen. Das ArbG entscheidet im Beschlussverfahren (§§ 2 a, 80 ff. ArbGG). Der betroffene AN hat in diesem Verfahren die Stellung eines Beteiligten.[30]

19 *BAG* 15.5.97, NZA 97, 1106.
20 GK-*Raab*, Rn. 16.
21 *Fitting*, Rn. 13.
22 Vgl. *Fitting*, Rn. 13; HWGNRH-*Huke*, Rn. 9.
23 *Fitting*, Rn. 9.; GK-*Raab*, Rn. 11.; *Heinze*, Rn. 692.
24 *BAG* 21.2.57, AP Nr. 22 zu § 1 KSchG mit Anm. *Herschel;* 10.10.57, 26.1.62, AP Nrn. 1, 8 zu § 626 BGB Druckkündigung.
25 GK-*Raab*, Rn. 15; HWGNRH-*Huke*, Rn. 14.
26 *BAG* 19.6.86, AP Nr. 33 zu § 1 KSchG 1969 Betriebsbedingte Kündigung mit Anm. *Gamillscheg; Fitting*, Rn. 10.
27 *BAG* 26.1.62, AP Nr. 8 zu § 626 BGB Druckkündigung mit Anm. *Herschel; ArbG Berlin* 16.6.87, NZA 87, 637 hinsichtlich Boykott eines aidsinfizierten AN.
28 Vgl. u. a. *Fitting*, Rn. 11; GK-*Raab*, Rn. 26.
29 Vgl. APS-*Koch*, Rn. 38; *Fitting*, Rn. 17.
30 *LAG Baden-Württemberg* 24.1.02, AuR 02, 116; APS-*Koch*, Rn. 30; *Fitting*, Rn. 14; a. A. GK-*Raab*, Rn. 18; MünchArbR-*Matthes*, § 350 Rn. 16.

14 Eine **Frist** für die Anrufung des ArbG kennt das Gesetz nicht (vgl. aber Rn. 6).[31] Allerdings kann das Recht des BR, eine gerichtliche Entscheidung herbeizuführen, verwirken, wenn er nach der Ablehnung seines Antrags durch den AG längere Zeit untätig verstreichen lässt, so dass der Eindruck vermittelt wird, der BR wolle die Angelegenheit nicht weiterverfolgen.[32]

15 Gibt das ArbG dem AG die Entlassung auf, so ist der **AG verpflichtet, die Kündigung zum nächstzulässigen Kündigungstermin** auszusprechen. Dabei sind die maßgeblichen Kündigungsfristen einzuhalten. Auch der besondere Kündigungsschutz etwa für Schwerbehinderte oder unter das MuSchG fallende Arbeitnehmerinnen muss beachtet werden.

16 Stellt das ArbG fest, dass das **Verlangen des BR auf Versetzung begründet** ist, hat der AG den betreffenden AN unverzüglich nach Eintritt der Rechtskraft des Beschlusses an einen anderen Arbeitsplatz zu versetzen, ggf. eine Änderungskündigung auszusprechen.[33] Hinsichtlich der Beachtung der Beteiligungsrechte des BR nach §§ 99, 102 vgl. Rn. 7.

17 Im Verfahren nach § 104 hat die Entscheidung, dass ein Grund für eine Kündigung des Arbeitsverhältnisses mit dem AN oder für dessen Versetzung vorliegt, in gleicher Weise für das Vorliegen entsprechender Gründe **präjudizielle Wirkung für den nachfolgenden Kündigungsrechtsstreit** wie im Verfahren nach § 103 BetrVG.[34]

18 **Lehnt das ArbG den Antrag des BR ab,** ist damit festgestellt, dass das Verlangen unbegründet war. Die Rechtsstellung des AN bleibt dann unberührt.[35] Entsprechendes gilt auch für den unbegründeten Versetzungsantrag.

19 Kommt der AG der rechtskräftigen gerichtlichen Entscheidung nicht nach, so ist er auf Antrag des BR vom ArbG durch die **Verhängung von Zwangsgeld** (§ 888 ZPO) zur Vornahme der Entlassung oder Versetzung anzuhalten.[36] Eine vorherige Androhung ist nicht erforderlich.[37] Das Höchstmaß des Zwangsgeldes beträgt für jeden Tag der Zuwiderhandlung 250 Euro. Die in Satz 2 enthaltene Regelung über die Verhängung eines Zwangsgeldes stellt gegenüber § 23 Abs. 3 eine Sondervorschrift dar.[38]

§ 105 Leitende Angestellte

Eine beabsichtigte Einstellung oder personelle Veränderung eines in § 5 Abs. 3 genannten leitenden Angestellten ist dem Betriebsrat rechtzeitig mitzuteilen.

Inhaltsübersicht

I. Vorbemerkungen

1 Die Vorschriften über die Beteiligungsrechte des BR in personellen Angelegenheiten (§§ 99 bis 104) finden auf leitende Angestellte keine Anwendung.[1] Der AG benötigt daher weder die Zustimmung des BR (wie in den Fällen des § 99), noch muss er diesen nach § 102 Abs. 1 vor Ausspruch einer Kündigung hören. Da aber Einstellungen und sonstige personelle Veränderungen von leitenden Angestellten für die AN des Betriebs erhebliche Bedeutung für die AN haben, ist der BR auf Grund der besonderen **Informationspflicht** nach § 105 vom AG frühzeitig von derartigen Maßnahmen zu unterrichten.[2] Außerdem soll der BR durch diese Mitteilungspflicht auch erfahren, wie die **Führungsaufgaben im Betrieb/UN** verteilt sind.[3]

---

31 APS-*Koch*, Rn. 21; *Fitting*, Rn. 15; GK-*Raab*, Rn. 18.
32 Vgl. hierzu auch *Fitting*, Rn. 15; GK-*Raab*, Rn. 18.
33 *Fitting*, Rn. 18.
34 *LAG Baden-Württemberg* 24.1.02, AuR 02, 116.
35 *Fitting*, Rn. 16; vgl. auch GK-*Raab*, Rn. 19.
36 *Fitting*, Rn. 19.
37 GK-*Raab*, Rn. 19.
38 APS-*Koch*, Rn. 36; *Fitting*, Rn. 19; *Heinze*, DB-Beilage 9/83, S. 19.
1 H. M.; vgl. *Fitting*, Rn. 1; GK-*Raab*, Rn. 2.
2 Vgl. KR-*Etzel*, Rn. 2; *Fitting*, Rn. 2; GK-*Raab*, Rn. 2.
3 KR-*Etzel*, a. a. O.

II. Personenkreis

2 Die Vorschrift gilt **nur für leitende Angestellte** i. S. d. § 5 Abs. 3. Sie kommt auch dann zur Anwendung, wenn ein im Betrieb tätiger AN zum leitenden Angestellten »befördert« wird. Scheidet ein bisher leitender Angestellter auf Grund veränderter Funktion und Aufgabenstellung aus dem Personenkreis des § 5 Abs. 3 aus und soll diesem eine Tätigkeit im Bereich der nicht leitenden Angestellten zugewiesen werden, so handelt es sich aus Sicht der vom BR vertretenen Belegschaft um eine Einstellung mit den sich aus § 99 ergebenden Beteiligungsrechten des BR. Wird mit einem leitenden Angestellten eine **Probezeit** vereinbart, gilt die Vorschrift ebenfalls.[4]

3 Die Vorschrift **gilt nicht** bei Einstellungen und personellen Veränderungen von Personen, die nicht AN i. S. d. Gesetzes (§ 5 Abs. 2) sind. Die entsprechende Informationspflicht ergibt sich aber aus § 80 Abs. 2 BetrVG.

III. Mitteilungspflicht

4 Die Mitteilungspflicht des AG bezieht sich nicht nur auf Einstellungen (vgl. DKKWF-*Bachner,* § 105 Rn. 1) sondern auf **jede personelle Veränderung.** Der Begriff der Einstellung ist derselbe wie in § 99 Abs. 1 (vgl. § 99 Rn. 38). Es sind grundsätzlich die gleichen Angaben zu machen wie bei anderen AN.[5] Dem BR ist also Mitteilung zur Person und zum Arbeitsplatz des leitenden Angestellten, dessen speziellen Aufgaben und Kompetenzen sowie seiner sachlichen und fachlichen Zuständigkeit zu machen. Zwar wird der leitende Angestellte grds. nicht vom BetrVG erfasst; der BR benötigt diese Angaben jedoch für die Prüfung, ob es sich bei dem betroffenen AN tatsächlich um einen leitenden Angestellten handelt oder ob ggfs. ein Mitbestimmungsrecht nach § 99 BetrVG im Raum steht. Die bloße Behauptung des AG, es handele sich um einen Leitenden Angestellten, kann hier nicht ausreichen.

5 Unter **personellen Veränderungen** sind nicht nur Eingruppierungen, Umgruppierungen, Versetzungen und Kündigungen,[6] sondern jede Änderung der Führungsfunktion des leitenden Angestellten, seiner Stellung in der Organisation des Betriebs oder UN, eine Suspendierung, ein Ausscheiden im gegenseitigen Einvernehmen oder eine Kündigung durch den Angestellten selbst zu verstehen.[7] Bei **Ein- und Umgruppierungen** beschränkt sich allerdings die Unterrichtungspflicht des AG auf ein vorhandenes betriebsübliches Gehaltsgruppenschema, da in den seltensten Fällen ein für diesen Personenkreis geltendes tarifliches Entgeltschema bestehen dürfte. Der Sinn dieser umfassenden Mitteilungspflicht liegt darin, den BR und damit die AN über alle Veränderungen der Führungsfunktion der leitenden Angestellten zu informieren.[8]

6 Die Vorschrift verpflichtet den AG nicht, die beabsichtigte Maßnahme mit dem BR zu erörtern.[9] Der BR kann jedoch gegen die vom AG beabsichtigte Maßnahme **Bedenken** anmelden oder **Gegenvorstellungen** erheben. In diesem Fall ist der AG aus den allgemeinen Grundsätzen des § 2 Abs. 1 und § 74 Abs. 1 verpflichtet, diese Bedenken und Gegenvorstellungen in seine Überlegungen einzubeziehen,[10] auch wenn er völlig frei darin bleibt, ob und welche Maßnahme er trifft.[11] Der AG muss die Frist von einer Woche nach § 99 Abs. 3 nur dann einhalten, wenn der leitende Angestellte in die Ebene der nicht leitenden Angestellten zurückgestuft wird. Dann handelt es sich um eine nach § 99 zustimmungspflichtige Einstellung (vgl. Rn. 2 und § 99 Rn. 14, 39).

7 Die beabsichtigte personelle Maßnahme ist so **rechtzeitig** mitzuteilen, dass dem BR noch die

---

4 Vgl. *BAG* 25.3.76, AP Nr. 13 zu § 5 BetrVG 1972; KR-*Etzel,* Rn. 10; GK-*Raab,* a. a. O.; HWGNRH-*Huke,* Rn. 4.
5 *Fitting,* Rn. 4; einschränkend, insbes. hinsichtlich des bisherigen beruflichen Werdegangs sowie der sonstigen persönlichen Verhältnisse, KR-*Etzel,* Rn. 25; GK-*Raab,* Rn. 6; HWGNRH-*Huke,* Rn., 12.
6 A. A. bei Ein- und Umgruppierungen HWGNRH-*Huke,* Rn. 11; offenbar auch GK-*Raab,* Rn. 7 f.
7 *Fitting,* Rn. 4; *WEH,* Teil I Rn. 397; a. A. APS-*Koch,* Rn. 3
8 Vgl. auch KR-*Etzel,* Rn. 23; *Fitting,* Rn. 4.
9 APS-*Koch,* Rn. 4; GK-*Raab,* Rn. 9.
10 APS-*Koch,* Rn. 7; KR-*Etzel,* a. a. O.; GK-*Raab,* a. a. O.
11 KR-*Etzel,* a. a. O.; *Fitting,* Rn. 7; GK-*Raab,* a. a. O., m. w. N.

Möglichkeit bleibt, sich vor ihrer Durchführung zu äußern und die AN zu unterrichten.[12] Der BR darf bei Empfang der Mitteilung nicht **vor vollendeten Tatsachen** stehen.[13] Eine Unterrichtung des BR nach Abschluss des Arbeitsvertrags ist auf Grund des Gesetzeswortlauts (beabsichtigte Einstellung) auch dann als Gesetzesverstoß anzusehen, wenn AG und Bewerber ein schutzwürdiges Interesse an der Geheimhaltung ihrer Vertragsverhandlungen haben.[14]

8 Die personelle Maßnahme hat der AG dem **BR oder** einem nach den §§ 27, 28 für entsprechende personelle Angelegenheiten **zuständigen Ausschuss** (vgl. § 27 Rn. 33 ff., § 28 Rn. 8 ff.) des Betriebs mitzuteilen, in dem der leitende Angestellte beschäftigt ist oder eingestellt werden soll. Erstreckt sich der Aufgabenbereich des leitenden Angestellten auf mehrere Betriebe, sind sowohl die BR der betreffenden Betriebe als auch der **GBR** zu unterrichten.[15] Entsprechendes gilt für die Unterrichtung der **zuständigen BR (GBR) und des KBR,** wenn sich der Aufgabenbereich des leitenden Angestellten auf mehrere UN des Konzerns erstreckt.[16] Nimmt der leitende Angestellte Funktionen nur im UN- oder Konzernbereich wahr, kommen als Adressat der Unterrichtungspflicht nur der **GBR oder KBR** in Betracht.[17] Die Unterrichtung nur des **BR der Hauptverwaltung** ist nicht ausreichend.[18]

9 Möchte der AG nach § 105 unterrichten, so trägt der AG die Darlegungs- und Beweislast dafür, dass der AN leitender Angestellter ist.[19] Er kann sich **nicht darauf berufen,** er habe sich auf das Verfahren nach § 105 beschränkt in der **irrtümlichen** oder auf **Rechtsunkenntnis** beruhenden Auffassung, der von seiner Maßnahme betroffene AN sei als leitender Angestellter anzusehen. Ob Letzteres zutrifft, kann das Gericht beispielsweise in einem **Kündigungsschutzverfahren als Vorfrage** nachprüfen.[20] Verneint das Gericht in einem solchen Fall die Voraussetzungen des § 5 Abs. 3, ist eine Kündigung bei nicht ordnungsgemäß erfolgter Anhörung nach § 102 Abs. 1 **unwirksam.** Die Mitteilung nach § 105 kann auch nicht in eine Anhörung des BR gemäß § 102 Abs. 1 **umgedeutet werden,** auch dann nicht wenn dem BR die Kündigungsgründe bekannt gegeben wurden oder aber bekannt waren.[21] Vielmehr ist die Erklärung des Kündigenden gegenüber dem BR im Einzelfall auszulegen.[22]

10 Ist zweifelhaft, ob es einer Anhörung bedarf, muss der AG dem BR **eindeutig** zu erkennen geben, dass er nicht nur eine Mitteilung nach § 105 bezweckt, sondern zugleich – zumindest vorsorglich – auch das Anhörungsverfahren nach § 102 Abs. 1 einleiten will.[23] Auch wenn AG und BR **übereinstimmend** der Auffassung sind, dass es sich bei dem AN um einen leitenden Angestellten i. S. d. § 5 Abs. 3 handelt, kann dieser dennoch in einem Kündigungsschutzverfahren geltend machen, dass er nicht leitender Angestellter ist.[24]

11 Die sich bei beabsichtigten Einstellungen und personellen Veränderungen von leitenden Angestellten aus § 31 SprAuG ergebende Informationspflicht des AG gegenüber dem **SprA** lässt die Mitteilungspflicht nach § 105 gegenüber dem BR unberührt. Besteht ein SprA, hat der AG folglich sowohl diesen als auch den BR rechtzeitig zu informieren.

---

12 *Fitting,* Rn. 6; Richardi-*Thüsing,* Rn. 13; vgl. ferner KR-*Etzel,* Rn. 29, der den AG für verpflichtet hält, den BR spätestens eine Woche vor der geplanten Durchführung der Maßnahme zu unterrichten.
13 *Fitting,* a. a. O.
14 KR-*Etzel,* Rn. 30; a. A. GK-*Raab,* Rn. 11.
15 *Fitting,* Rn. 8; a. A. KR-*Etzel,* a. a. O.; GK-*Raab,* Rn. 5.; HWGNRH-*Huke,* Rn. 14, die in diesem Fall die Unterrichtung der BR für ausreichend ansehen.
16 Vgl. Richardi-*Thüsing,* Rn. 16.
17 Vgl. auch KR-*Etzel,* a. a. O.; GK-*Raab,* Rn. 5.
18 Vgl. *Fitting,* Rn. 8.
19 Vgl. KR-*Etzel,* Rn. 36.
20 *BAG* 19.8.75, AP Nr. 5 zu § 102 BetrVG 1972; KR-*Etzel,* a. a. O.; vgl. auch *Fitting,* Rn. 1; GK-*Raab,* Rn. 13.
21 *BAG* 26.5.77, 7.12.79, AP Nrn. 13, 21 zu § 102 BetrVG 1972.
22 *BAG* 19.8.75, AP Nr. 1 zu § 105 BetrVG 1972.
23 *BAG* 26.5.77, 7.12.79, AP Nrn. 13, 21 zu § 102 BetrVG 1972.
24 Vgl. auch *BAG* 19.8.75, AP Nr. 1 zu § 105 BetrVG 1972; 26.5.77, 7.12.79, a. a. O.; vgl. ferner KR-*Etzel,* Rn. 36; GK-*Raab,* Rn. 13.

IV. Streitigkeiten/Sanktionen

Verstöße gegen § 105 sind **nicht strafbar,** da diese Vorschrift nicht in dem in § 121 Abs. 1 aufgeführten Katalog von Aufklärungs- oder Auskunftspflichten enthalten ist.[25] Ein Verstoß gegen diese Bestimmung führt auch **nicht zur Unwirksamkeit** der Maßnahme gegenüber einem leitenden Angestellten.[26] So ist eine Kündigung wegen Verletzung der Informationspflicht gegenüber dem BR nicht unwirksam,[27] ggf. aber nach § 31 Abs. 2 SprAuG wegen Nichtanhörung des SprA.[28] Der AG kann auch nicht durch eine analoge Anwendung des § 101 Satz 1 in einem Beschlussverfahren gezwungen werden, die personelle Maßnahme rückgängig zu machen.[29] Bei groben Verstößen des AG kommt allerdings ein Verfahren nach § 23 Abs. 3 in Betracht.[30] Das ist z. B. dann der Fall, wenn der AG wiederholt gegen seine Pflichten aus § 105 BetrVG verstößt.[31] Der Betriebsrat kann die Entfernung betriebsstörender leitender Angestellter nicht verlangen, wenn der betreffende AN nach Schluss der mündlichen Anhörung erster Instanz zum leitenden Angestellten »befördert« wird.[32] 12

Sechster Abschnitt
Wirtschaftliche Angelegenheiten

Erster Unterabschnitt
Unterrichtung in wirtschaftlichen Angelegenheiten

§ 106 Wirtschaftsausschuss

(1) In allen Unternehmen mit in der Regel mehr als einhundert ständig beschäftigten Arbeitnehmern ist ein Wirtschaftsausschuss zu bilden. Der Wirtschaftsausschuss hat die Aufgabe, wirtschaftliche Angelegenheiten mit dem Unternehmer zu beraten und den Betriebsrat zu unterrichten.

(2) Der Unternehmer hat den Wirtschaftsausschuss rechtzeitig und umfassend über die wirtschaftlichen Angelegenheiten des Unternehmens unter Vorlage der erforderlichen Unterlagen zu unterrichten, soweit dadurch nicht die Betriebs- und Geschäftsgeheimnisse des Unternehmens gefährdet werden, sowie die sich daraus ergebenden Auswirkungen auf die Personalplanung darzustellen. Zu den erforderlichen Unterlagen gehört in den Fällen des Absatzes 3 Nr. 9 a insbesondere die Angabe über den potentiellen Erwerber und dessen Absichten im Hinblick auf die künftige Geschäftstätigkeit des Unternehmens sowie die sich daraus ergebenden Auswirkungen auf die Arbeitnehmer; Gleiches gilt, wenn im Vorfeld der Übernahme des Unternehmens ein Bieterverfahren durchgeführt wird.

(3) Zu den wirtschaftlichen Angelegenheiten im Sinne dieser Vorschrift gehören insbesondere

1. **die wirtschaftliche und finanzielle Lage des Unternehmens;**
2. **die Produktions- und Absatzlage;**
3. **das Produktions- und Investitionsprogramm;**
4. **Rationalisierungsvorhaben;**
5. **Fabrikations- und Arbeitsmethoden, insbesondere die Einführung neuer Arbeitsmethoden;**

---

25 KR-*Etzel,* Rn. 39, *Fitting,* Rn. 9; GK-*Raab,* Rn. 15.
26 *Fitting,* a. a. O.; GK-*Raab,* a. a. O.
27 *BAG* 25.3.76, AP Nr. 13 zu § 5 BetrVG 1972.
28 Vgl. *Fitting,* a. a. O.
29 *LAG Düsseldorf* 13.5.76, DB 76, 1382; KR-*Etzel,* Rn. 38; HWGNRH-*Huke,* Rn. 15.
30 KR-*Etzel,* Rn. 40; GK-*Raab,* a. a. O.
31 *LAG Frankfurt* 23.5.13, 9 TaBV 288/12 juris; 23.5.13, 9 TaBV 288/12 juris.
32 *LAG Nürnberg* 22.1.02, NZA-RR 02, 524.

5 a. Fragen des betrieblichen Umweltschutzes;
6. die Einschränkung oder Stilllegung von Betrieben oder von Betriebsteilen;
7. die Verlegung von Betrieben oder Betriebsteilen;
8. der Zusammenschluss oder die Spaltung von Unternehmen oder Betrieben;
9. die Änderung der Betriebsorganisation oder des Betriebszwecks;
9 a. die Übernahme des Unternehmens, wenn hiermit der Erwerb der Kontrolle verbunden ist, sowie
10. sonstige Vorgänge und Vorhaben, welche die Interessen der Arbeitnehmer des Unternehmens wesentlich berühren können.

Inhaltsübersicht Rn.

I. Vorbemerkungen

1 Bereits § 67 BetrVG 1952 sah die Bildung eines WA vor. Die Effektivität einer solchen Einrichtung war seinerzeit allerdings eher bescheiden.[1] Stellung und Rechte, die dem WA nach dem früheren Gesetz zukamen, insbes. die halbparitätische Zusammensetzung zwischen Vertretern der AN und des UN, führten dazu, dass auch die Gewerkschaften bei der Novellierung der Betriebsverfassung im Jahre 1972 nicht auf der Beibehaltung dieser Institution bestanden. Sie

1 S. etwa *Blume*, S. 163 ff.

schlugen vielmehr vor, Rechte und Pflichten des WA **direkt auf den BR** zu übertragen.[2] Auch der Gesetzesvorschlag des DGB zur Änderung des BetrVG von 1985[3] ging in § 109 davon aus, dass der BR die bisherigen Rechte des WA übernimmt, und dass sie nicht an das Vorliegen einer bestimmten UN-Größe geknüpft werden sollten.[4]

Der WA ist **kein Mitbestimmungsorgan,** sondern nach der gesetzlichen Konstruktion ein **Hilfsorgan des BR,** dessen Aufgabe in der **Beratung** wirtschaftlicher Angelegenheiten mit dem UN einerseits und der **Unterrichtung** des BR über die erhaltenen Informationen andererseits zu sehen ist; er ist ein im Gesetz besonders erwähntes **Hilfsorgan des BR bzw. GBR.**[5] Die gute Zusammenarbeit beider Gremien bedarf der sinnvollen Organisation.[6] Die Errichtung des WA obliegt allein dem BR bzw. GBR (zur Möglichkeit, die WA-Aufgaben gemäß § 107 Abs. 3 einem BR-Ausschuss nach § 28 zu übertragen, vgl. § 107 Rn. 35 ff.). Dem UN stehen hinsichtlich der WA-Errichtung keinerlei Befugnisse zu. 2

Abs. 1 befasst sich mit den Voraussetzungen für die **Errichtung** eines WA sowie mit der allgemeinen Aufgabenzuweisung; **Abs. 2** betrifft die den UN treffende **spezielle Unterrichtungspflicht** sowie die näheren Modalitäten über die Erfüllung dieser Verpflichtung. In **Abs. 3** ist der **Begriff »wirtschaftliche Angelegenheiten«** näher umschrieben. Die Ausschöpfung dieser Rechte[7] kann ein wichtiges Mittel sein, um Krisen frühzeitig zu erkennen[8] und wirtschaftliche Argumente gegen geplante soziale Einschnitte zu entwickeln, doch reichen diese für sich allein zu einer erfolgreichen Interessenvertretung nicht aus.[9] 3

Da die Vorschriften über die **Errichtung** des WA zum zwingenden Recht über die Organisation der Betriebsverfassung zählen, ist insoweit eine Änderung durch TV oder BV nicht möglich, so dass die Einführung eines WA für **Klein-UN** mit bis zu einschließlich 100 AN nicht zulässig ist.[10] Wohl aber ist es zulässig, durch TV oder BV die rechtliche **Qualität der WA-Befugnisse** zu **verbessern** und zu **präzisieren**[11] sowie einen Konzern-WA einzurichten.[12] 4

II. Voraussetzungen für die Errichtung

1. Allgemeines

Ein WA wird grundsätzlich nicht für einen Betrieb, sondern für das **gesamte UN gebildet** (zum UN-Begriff § 47 Rn. 16 ff.). Die Errichtung eines WA setzt voraus, dass in dem UN **in der Regel** (vgl. dazu Rn. 8 ff.) mehr als 100 **ständig** (vgl. dazu Rn. 11 ff.) beschäftigte AN vorhanden sind. Anders als z. B. in § 111 Satz 1 kommt es hier **nicht** auf die **Wahlberechtigung** der AN an.[13] Es ist der betriebsverfassungsrechtliche **AN-Begriff** zugrunde zu legen, so dass es bei 5

2 Prot. über die 45. und 46. Sitzung des BT-Ausschusses für Arbeit und Sozialordnung am 24./25.2.1971, S. 130.
3 Vgl. insoweit die hier interessierenden Auszüge bei *v. Neumann-Cosel/Rupp,* S. 271 ff.
4 Vgl. auch *Schneider,* Mitb 85, 387.
5 Vgl. *BAG* 25.6.87, AP Nr. 6 zu § 108 BetrVG 1972 m. w. N.; Richardi-*Annuß,* Vorbem. § 106 Rn. 3; *Ritter,* S. 101; *Rumpff/Boewer,* S. 177; praktische Tipps zur Organisation seiner Arbeit bei *Krack/Gauer,* AiB 06, 430 ff. Gegenmittel gegen eine »Informationszurückhaltung« durch den AG behandeln *Lassmann/Rupp,* AiB 11, 528 ff.
6 *Krack/Gauer* AiB 06, 430 ff.; *Krack* AiB 10, 608 ff.; *Gauer* AiB 10, 612 ff.; *Thannheiser* AiB 5/15, 20 ff. Ein Muster für die Geschäftsordnung findet sich in DKKWF-*Däubler,* Arbeitshilfen, §§ 106 – 109 a Rn 1 ff.
7 Informativer Überblick bei *Lerch/Weinbrenner* AiB 10, 97 ff.
8 *Neumann,* AiB 05, 237 ff.
9 Weiterführend *Grossmann/Balkenhol,* AiB 06, 102 ff.
10 Vgl. bei Klein-UN aber Rn. 21 ff.
11 Vgl. insbes. *Rumpff/Boewer,* S. 182; ebenso *GL,* vor § 106 Rn. 8 a; nur für BV GK-*Oetker,* vor § 106 Rn. 16, 17; zur Konkretisierung der Unterrichtungspflicht des UN vgl. z. B. die bei *Bösche/Grimberg,* Mitb 85, 397 [399 Fn. 10] zitierte BV.
12 *Däubler,* Tarifvertragsrecht, Rn. 1047; Däubler-*Hensche,* TVG, 2. Aufl., § 1 Rn. 810; vgl. auch Wiedemann-*Thüsing,* § 1 Rn. 772, der dieses Problem nicht anspricht, aber eine tarifliche Erweiterung der »wirtschaftlichen Angelegenheiten« zulassen will.
13 *Fitting,* Rn. 15; Richardi-*Annuß,* Rn. 11; *WW,* Rn. 1. HWGNRH-*Hess,* Rn. 12 verlangt hingegen ohne Begründung auch die Wahlberechtigung und übersieht dabei den eindeutigen Wortlaut der Vorschrift; wie hier auch *Rumpff/Boewer,* S. 187.

der Berechnung auf die vom BR repräsentierte Belegschaft ankommt und Personen nach § 5 Abs. 2 sowie **leitende Angestellte** i. S. d. § 5 Abs. 3 **nicht** mitzuzählen sind,[14] wohl aber **Auszubildende**[15] und sog. **Ein-Euro-Kräfte.**[16] Zu den ferner zu berücksichtigenden AN vgl. die Erl. zum AN-Begriff § 5 Rn. 8 ff.

6 Um **mehr als 100 AN** handelt es sich, wenn mindestens 101 AN vorhanden sind. Zu den Begriffen »in der Regel« und »ständig« beschäftigte AN vgl. zunächst § 1 Rn. 249 ff., § 9 Rn. 6 ff. sowie eingehend u. Rn. 8 ff., 11 ff.

7 Die Kombination dieser beiden in hohem Maße unscharfen Begriffe wirft besondere **Anwendungsprobleme** auf, die bisweilen nicht zu wirklich abgesicherten Antworten führen.[17] Es dürfte daher gerechtfertigt sein, dem BR bzw. GBR insoweit einen **Beurteilungsspielraum** zuzugestehen.[18] Sinkt die AN-Zahl bloß vorübergehend auf 100 oder weniger, berührt dies den Bestand des WA nicht.[19]

2. »In der Regel«-Beschäftigte

8 Der **Begriff »in der Regel«** bezieht sich zunächst auf die Beschäftigtenzahl **in allen Betrieben des UN** und nicht nur derjenigen Betriebe, in denen ein BR errichtet ist.[20] Es kommt auf das gewöhnliche Erscheinungsbild des UN bei normalem Gang der Geschäftstätigkeit an, also die Personalstärke, die für das UN im Allgemeinen kennzeichnend ist.[21] Diese Zahl kann **nicht** durch **einfaches Abzählen** der vorhandenen AN im jeweils aktuellen Zeitpunkt, zu dem die Errichtungsvoraussetzungen geprüft werden sollen, festgestellt werden.[22] »In der Regel« heißt, dass vorübergehende Erhöhungen und Verringerungen der Personalstärke unberücksichtigt bleiben,[23] z. B. in Zeiten außergewöhnlichen Geschäftsanfalls wie Weihnachtsgeschäft, Jahresabschlussarbeiten bzw. kurzfristige Geschäftsdrosselung etwa in den Ferien.[24] Zur Feststellung der **regelmäßigen** Beschäftigtenzahl bedarf es vielmehr grundsätzlich eines Rückblicks auf die bisherige personelle Stärke und einer Einschätzung der zukünftigen Entwicklung – beides ist nicht nur auf das laufende Jahr beschränkt.[25] Die **künftige Entwicklung** kann jedoch nach Ansicht einiger Instanzgerichte nur insoweit in Betracht kommen, als auf Grund bereits getroffener Entscheidungen des AG eine Veränderung der bisherigen Beschäftigtenzahl zu erwarten ist, so dass bloße Befürchtungen und Gerüchte nicht zur Reduzierung der »in der Regel« beschäftigten AN führen können.[26] Soll dagegen eine **Betriebsstilllegung oder Teilstilllegung** erfolgen, ist keine Prognose, sondern nur ein Rückblick anzustellen.[27]

9 Bei der rückblickenden wie bei der vorausschauenden Betrachtung soll **kein Durchschnitts-**

14 H. M.; *Fitting,* a. a. O.; GK-*Oetker,* Rn. 35; HWGNRH-*Hess,* Rn. 19; MünchArbR-*Joost,* § 231 Rn. 3; Richardi-*Annuß,* a. a. O.; *Rumpff/Boewer,* a. a. O.; a. A. Schaub-*Koch,* § 243 Rn. 2.

15 *LAG Niedersachsen* 27.11.84, NZA 85, 332; HWGNRH-*Hess,* Rn. 16.

16 Schaub-*Koch,* § 243 Rn. 2.

17 Ähnlich auch *Rumpff/Boewer,* S. 185; dieselbe Begriffskombination findet sich in § 110 Abs. 1 und § 1; der geringfügige terminologische Unterschied in § 1 dürfte rechtlich unbeachtlich sein.

18 So *BAG* 12.10.76, AP Nr. 1 zu § 8 BetrVG 1972 zu dem ähnlich gelagerten Problem des § 9; 22.11.84, AP Nr. 1 zu § 64 BetrVG 1972, innerhalb dessen die Prüfung der Errichtungsvoraussetzungen **nach pflichtgemäßem Ermessen** vorzunehmen ist.

19 H. M.; vgl. *GL,* Rn. 15; *LK,* Rn. 6.

20 *LAG Frankfurt/M,* 7.11.89, AuR 91, 29; *LAG Köln,* 21.2.01, AuR 01, 281; *Rumpff/Boewer,* S. 184 f.; *Fitting,* Rn. 16; *LK,* Rn. 4.

21 *BAG* 8.6.89, EzA § 17 KSchG 1969 Nr. 4; 16.6.87, AP Nr. 20 zu § 111 BetrVG 1972; 31.7.86, AP Nr. 5 zu § 17 KSchG 1969; 22.2.83, AP Nr. 7 zu § 113 BetrVG 1972.

22 *BAG* 31.7.86, a. a. O.; 12.10.76, AP Nr. 1 zu § 8 BetrVG 1972; *LAG Berlin* 25.4.88, LAGE § 106 BetrVG 1972 Nr. 1; *Fitting,* § 1 Rn. 271.

23 *BAG* 22.2.83, a. a. O.

24 *BAG* 31.7.86, a. a. O.

25 *BAG* 31.1.91, BB 91, 1047; *LAG Berlin* 6.12.89, DB 90, 538; *Lerch/Weinbrenner* AiB 10, 97.

26 Vgl. *LAG Hamm* 6.10.78, DB 79, 1563; *LAG Berlin* 18.6.84, NZA 85, 159 für die Ermittlung der AN-Zahl gemäß § 23 Abs. 1; *ArbG Hamburg* 22.12.83, DB 84, 250 für eine bevorstehende BR-Wahl bei bereits im Interessenausgleich festgelegter Personalreduzierung.

27 Ständige Rspr. des *BAG;* vgl. *BAG* 22.2.83, 31.7.86, 8.6.89, a. a. O.; aber auch *LAG Köln* 19.10.83, DB 84, 511.

wert der jeweiligen Beschäftigtenstände innerhalb der zugrunde gelegten Zeitspanne gebildet werden,[28] so dass es für die Praxis manchmal schwierig wird, zu einem verlässlichen Ergebnis zu kommen. Hier hilft nur der Beurteilungsspielraum des BR/GBR (o. Rn. 7). Werden bei UN **AN** regelmäßig **ausgewechselt,** so ist auf die Zahl der normalerweise besetzten Arbeitsplätze abzustellen.[29] Dies kann z. B. beim Einsatz von sog. **Daueraushilfen** unter rigoroser Ausnutzung (oder Überschreitung) der Befristungsmöglichkeiten nach § 14 TzBfG in Frage kommen, aber auch dann, wenn ein UN nahezu ausschließlich seinen Personalbedarf durch laufenden Personalaustausch **mit ABM-Kräften** (Beispiel: Beschäftigungsgesellschaften) deckt und nur unter Einbeziehung dieser Befristungsform das UN über mehr als 100 AN verfügt.[30] Dasselbe gilt für die Beschäftigung von ALG II-Empfängern im Arbeitsverhältnis.[31] **Nicht** als ein derartiger Fall ständig wechselnder AN ist die Beschäftigung im **Schichtbetrieb** anzusehen; die Zahl der in den einzelnen Schichten Tätigen ist zu addieren.

Befristet eingestellte **Aushilfen** können aus diesen Gründen nicht von vornherein außer Ansatz bleiben, selbst wenn ihre Beschäftigung im Einzelfall nur kurzfristig erfolgt. Vielmehr sind sie dann als »in der Regel« beschäftigte AN des UN mitzuzählen, wenn eine bestimmte Anzahl derartiger AN (d. h. AN, die in dieser Gestaltungsform beschäftigt werden) in einem Zeitraum von **mindestens sechs Monaten** innerhalb einer Zeitspanne eines Jahres beschäftigt worden ist und auch in Zukunft mit einer derartigen Beschäftigung gerechnet werden kann.[32] **Nicht** vorausgesetzt werden darf dabei eine mindestens sechsmonatige **Laufzeit der Verträge**; auf die individuell vereinbarte Befristungsdauer der Aushilfsbeschäftigung kommt es in diesem Zusammenhang nicht an. Bei sog. Kampagnebetrieben, die nur während eines Teils des Jahres arbeiten, entscheidet allein die Zahl der AN während der »Kampagnezeit«. Schwankt wie bei Hotels in Erholungsgebieten der Personalbestand je nach der Saison (»Saisonbetriebe«), so ist die »Saisonstärke« dann zugrunde zu legen, wenn die Saison mehr als 6 Monate dauert.[33] Andernfalls muss mangels anderer Anhaltspunkte ein Mittelwert gewählt werden, da ein Abstellen auf den kontinuierlich beschäftigten »Stamm« die Zahl der anfallenden Aufgaben und die Bedeutung des UN verfehlen würde. 10

3. »Ständig« beschäftigte Arbeitnehmer

Um »ständig« beschäftigte AN handelt es sich nach allgemeiner Ansicht im Grundsatz dann, wenn wegen der vorhandenen **Arbeitsaufgabe,** die auf Dauer angelegt ist, hierbei AN auf **unbestimmte Zeit** eingestellt sind.[34] Nach zu enger Ansicht soll der Begriff »ständig« das Gegenteil von nur »vorübergehend« beschäftigten Personen bilden, so dass grundsätzlich nur auf unbestimmte Zeit eingestellte AN mitzuzählen seien und **befristet** beschäftigte AN allenfalls dann, wenn es sich um einen **erheblichen Zeitraum** handelt.[35] Dabei wird jedoch übersehen, dass der Begriff »ständig« sich auf die zu erfüllende Arbeitsaufgabe bezieht[36] und die vertragsrechtliche Gestaltungsform des Arbeitsverhältnisses als Dauerbeschäftigung oder befristetes Arbeitsverhältnis keinen Anhaltspunkt zur Begriffsbestimmung der »ständigen« AN liefern kann, weil es sonst letztlich der Disposition der Vertragsparteien überlassen wird, ob die Voraussetzungen zur Errichtung des WA vorliegen oder nicht. 11

Gerade weil vor allem infolge der BeschFG 1985 und 1996 das **Leitbild des unbefristeten Arbeitsverhältnisses** als dem Regeltypus der abhängigen Arbeit ins Wanken geraten ist und 12

---

28 Ausdrücklich ablehnend *BAG* 22.2.83, AP Nr. 7 zu § 113 BetrVG 1972; 31.7.86, AP Nr. 5 zu § 17 KSchG 1969; *Fitting*, § 1 Rn. 272; GK-*Franzen*, § 1 Rn. 103.

29 *LAG Berlin* 6.12.89, DB 90, 538; *LAG Hamm* 11.5.79, EzA § 6 BetrVG 1972 Nr. 2.

30 So der Fall *LAG Berlin* 6.12.89, a. a. O.

31 *BAG* 5.10.00, DB 00, 2126.

32 *BAG* 12.10.76, AP Nr. 1 zu § 8 BetrVG 1972; *LAG Hamm* 11.5.79, EzA § 6 BetrVG 1972 Nr. 2; *LAG Berlin* 25.4.88, LAGE § 106 BetrVG 1972 Nr. 1; *Fitting*, § 9 Rn. 15; Richardi-*Thüsing*, § 9 Rn. 12.

33 *Fitting*, § 1 Rn. 274.

34 *Fitting*, § 1 Rn. 276; *GL*, § 1 Rn. 35; *Richardi*, § 1 Rn. 112; *Ritter*, S. 109; *Rumpff/Boewer*, S. 185; *LAG Berlin* 6.12.89, DB 90, 538 [539]: Es muss ein auf Dauer eingerichteter Arbeitsplatz sein.

35 Vgl. insbes. HWGNRH-*Hess*, Rn. 15; kritisch und zu Recht zurückhaltend *Rumpff/Boewer*, a. a. O.

36 Insoweit zutreffend *Fitting*, a. a. O.

immer häufiger sogar typische Daueraufgaben auf Grund eines permanenten Personalaustauschs mit befristet eingestellten AN bewältigt werden, ist es gerechtfertigt, **auch mit kurzer Laufzeit befristet** eingestellte AN dann als **ständig beschäftigte AN** anzusehen, wenn die Arbeitsaufgabe, also der Arbeitsplatz auf Dauer besteht.[37] **Leih-AN** und andere überlassene AN besitzen unter den Voraussetzungen des § 7 Satz 2 seit 2001 das aktive Wahlrecht und sollten deshalb auch im Rahmen des § 106 mitgezählt werden (s. § 7 Rn. 7). Zu **Auszubildenden** s. oben Rn 5.

13 Auf die Dauer der vereinbarten Arbeitszeit eines AN kommt es nicht an, so dass **Teilzeit-AN** bei Berücksichtigung der Arbeitsaufgabe als Daueraufgabe ebenfalls »ständig« beschäftigt sind.[38]

14 **Sinkt die Belegschaftsstärke dauerhaft** unter die 101-Personengrenze ab, so bleibt entgegen einer neueren Entscheidung des *BAG*[39] der WA so lange im Amt, wie der ihn bildende BR bzw. GBR weiter seine Funktion ausübt.[40] Insoweit ist § 13 entspr. anzuwenden. Findet nach dieser Vorschrift eine Neuwahl statt, so endet die Amtszeit des WA mit der Konstituierung des neuen BR.[41]

4. Zwingendes Recht; Betriebsratserfordernis

15 Die Errichtung des WA ist **zwingend** vorgeschrieben.[42] Die Errichtung wird dem BR bzw. GBR somit zur Pflicht gemacht. Unterlassen diese es trotz Vorliegens der gesetzlichen Voraussetzungen, einen WA zu bilden, und wird auch von der Möglichkeit des § 107 Abs. 3 kein Gebrauch gemacht, so kann von einer **groben Pflichtverletzung** des BR oder GBR i. S. d. § 23 Abs. 1 ausgegangen werden.[43]

16 Der WA wird für das **gesamte** UN gebildet, unabhängig davon, wie viele Betriebe diesem angehören. Die Bildung mehrerer Ausschüsse für ein UN ist ausgeschlossen (zur Bildung eines WA im Gemeinschaftsbetrieb u. Rn. 20).

17 Der WA kann jedoch nur dann gebildet werden, wenn mindestens in einem der Betriebe ein **BR besteht.**[44] Unschädlich ist, dass die übrigen Betriebe zwar betriebsratsfähig sind, aber keinen BR gewählt haben.[45] Zur Ermittlung der AN-Zahl sind auch die AN in den betriebsratslosen Betrieben des UN mitzuberücksichtigen.[46] Fällt der einzige den WA wählende BR weg, weil z. B. keine Neuwahl stattfindet, so endet auch das Mandat des WA.

5. Konzern-Wirtschaftsausschuss?

18 Nach Ansicht des *BAG*[47] kann der KBR aus eigenem Recht keinen WA errichten. Abs. 1 sei weder unmittelbar noch analog auf den Konzern anwendbar, eine planwidrige Gesetzeslücke liege nicht vor. In der Literatur[48] wird demgegenüber mit Recht betont, dass der KBR in gleicher Weise ein »Hilfsorgan« benötigt. Bei der Konzernspitze werden in der Tat in ganz

---

37 Zutreffend *LAG Berlin* 6.12.89, DB 90, 538 [539].

38 *Fitting,* § 1 Rn. 272; *GL,* Rn. 35; Richardi-*Richardi,* § 1 Rn. 115; *Rumpff/Boewer,* S. 186; *BAG* 9.6.83, AP Nr. 2 zu § 23 KSchG 1969; *LAG Baden-Württemberg* 16.6.87, LAGE § 111 BetrVG 1972 Nr. 6: Eine Umrechnung der Teilzeitbeschäftigtenzahl in eine hypothetische Zahl von Vollzeitbeschäftigten ist unzulässig; ebenso bereits *LAG Hamm* 11.5.79, EzA § 6 BetrVG 1972 Nr. 2.

39 7.4.04 NZA 05, 311.

40 HessLAG 17.8.93, DB 94, 1248; *Grauvogel u. a.,* Rn. 277; differenzierend GK-*Oetker,* § 107 Rn. 30; dem BAG zustimmend HWK-*Willemsen/Lembke* Rn. 22; *Fitting,* Rn. 14.

41 Zur spaltungsbedingten Verkleinerung und zur Möglichkeit des Bestandsschutzes nach § 325 Abs. 2 UmwG s. *B. Gaul,* DB 95, 2265; *Trittin,* AiB 96, 365.

42 Richardi-*Annuß,* Rn. 17; GK-*Oetker,* Rn. 49.

43 GK-*Oetker,* Rn. 49; Richardi-*Annuß,* Rn. 17.

44 *Rumpff/Boewer,* S. 184.

45 *LAG Köln* 21.2.01, AuR 01, 281; *LAG Frankfurt* 7.11.89, LAGE § 106 BetrVG 1972 Nr. 5; weitere Einzelheiten § 107 Rn. 17.

46 *LK,* Rn. 4.

47 23.8.89, AP Nr. 7 zu § 106 BetrVG 1972.

48 *Nebendahl,* DB 91, 384 ff.

besonderem Umfang wirtschaftliche Fragen zu entscheiden sein, deren Erörterung in einem kompetenten Gremium das Funktionieren der Arbeitnehmerbeteiligung erleichtert. In abhängigen UN erfolgt eine Einschaltung des WA häufig erst, wenn die Entscheidung bereits gefallen ist. Legt man die *BAG*-Rspr. zugrunde, bleibt die Möglichkeit, dass der KBR einen Ausschuss bildet, der die von der Konzernspitze nach § 80 Abs. 2 zu liefernden Informationen auswertet und diskutiert.[49] Außerdem kann er selbstredend alle die Informationen erörtern, die auf Unternehmensebene über die dortigen WA an die GBRs gekommen sind. Der Referentenentwurf zur Reform des BetrVG wollte den Konzern-WA obligatorisch machen,[50] doch verzichtete der RegE auf eine entsprechende Bestimmung.

Keine Bedenken bestehen dagegen, **auf Grund freiwilliger Übereinkunft** zwischen KBR und Konzernspitze einen Konzern-WA zu bilden.[51] Dem Gesetz ein Verbot einer entsprechenden BV zu entnehmen, wäre völlig fiktiv; da beide Seiten einig sind und die funktionelle Zuständigkeit des KBR nicht überschritten ist (dazu Einl. Rn. 124 ff.), spricht nichts gegen eine solche Ergänzung der im Gesetz vorgesehenen Institutionen. Wenn die Beteiligten es wollen, können sie dem so geschaffenen Gremium die Rechte nach §§ 106 bis 109 einräumen, sind dazu aber nicht gezwungen.[52] Zulässig ist auch die **tarifliche Schaffung** eines Konzern-WA,[53] was u. a. bei (der damaligen Firma) Digital Equipment durch den TV vom 25.6.1993 geschah.[54] 19

6. Sonderfall: Unternehmen, die einen Gemeinschaftsbetrieb haben

Mehrere im gesellschaftsrechtlichen Sinne selbstständige UN (Firmen) können einen **gemeinsamen Betrieb** i. S. des § 1 Abs. 1 Satz 2 BetrVG haben (dazu § 1 Rn. 88 ff.). Dies wird häufig dann der Fall sein, wenn einzelne Teile des UN abgespalten und rechtlich verselbstständigt werden, wenn sich auf betrieblicher Ebene aber kaum etwas ändert. Hat keines der UN für sich allein 101 AN, erreicht oder übersteigt der gemeinsame Betrieb aber diese Zahl, so ist nach *BAG*[55] für diesen ein WA zu bilden, sofern er über einen BR verfügt. Mit Recht hat das Gericht eine planwidrige Gesetzeslücke angenommen, die durch entsprechende Anwendung der §§ 106 ff. zu schließen ist: Dem BR die Unterstützung durch einen WA allein deshalb zu versagen, weil auf Arbeitgeberseite mehrere rechtlich selbstständige UN vorhanden sind, sei nicht zu rechtfertigen.[56] Unter dem 2001 geänderten Recht ist das *BAG*[57] bei der Parallelproblematik in § 99 zum selben Ergebnis gekommen. In der Tat wollte der Gesetzgeber durch das Abstellen auf das Unternehmen (statt auf den Betrieb) in den §§ 99, 111 das Mitbestimmungsrecht erweitern und nicht etwa Beteiligungsrechte abbauen.[58] 20

Besitzen die **Trägerunternehmen** außer dem Gemeinschaftsbetrieb noch **weitere Betriebe,** wurden deshalb GBR errichtet (vgl. § 1 Rn. 178 ff.) und haben die UN mehr als 100 AN, so müssen die GBR ebenfalls einen WA berufen.[59] Hat ein Trägerunternehmen keinen weiteren Betrieb oder ist kein GBR errichtet worden, so kann der BR des Gemeinschaftsbetriebs selbst einen WA für dieses UN einsetzen. Andernfalls wäre die Repräsentation der im Gemeinschaftsbetrieb Tätigen unvollständig; im Verhältnis zu einem Trägerunternehmen müsste der BR auf die sachkundige Hilfe eines WA verzichten. 21

49 GK-*Oetker*, Rn. 29; HK-BetrVG-*Steffan*, Rn. 11.
50 AiB 01, 105: § 109 a.
51 *Nebendahl,* DB 91, 384; zustimmend *Grauvogel u. a.,* Rn. 272; HK-BetrVG-*Steffan,* Rn. 11; skeptisch HWGNRH-*Hess,* Rn. 8. Für Bildung eines Ausschusses, der die Aufgaben eines WA wahrnimmt, durch den KBR zutreffend *Fitting,* Rn. 4.
52 Ebenso GK-*Oetker*, Rn. 30.
53 *Däubler,* Tarifvertragsrecht, Rn. 1047; Däubler-*Hensche,* TVG, 2. Aufl., § 1 Rn. 810; a. A. Richardi-*Annuß,* Rn. 9.
54 *Jung/Klebe/Polzmacher,* AiB 93, 527.
55 1.8.90, AP Nr. 8 zu § 106 BetrVG 1972 = NZA 91, 643.
56 Wie *BAG* ErfK-*Kania,* Rn. 2; WPK-*Preis,* Rn. 3; *Fitting,* Rn. 18; Schaub-*Koch,* § 243 Rn. 2; im Ergebnis auch HWK-*Willemsen/Lembke,* Rn. 27; anders *Fromen,* FS Gaul, S. 186, der jedoch die *BAG*-Entscheidung nicht verwertet.
57 29.9.04, AP Nr. 40 zu § 99 BetrVG 1972 Versetzung mit Anm. *Däubler.*
58 Näher *Däubler,* Anm. a. a. O.
59 *Däubler,* FS Zeuner, S. 29; Fitting, Rn. 18; MünchArbR-*Joost,* § 231 Rn. 5.

22 Die Zahlengrenzen des Abs. 1 sind allein auf den Gemeinschaftsbetrieb zu beziehen, die ggf. an anderen Standorten vorhandenen sonstigen Belegschaften der beteiligten Rechtsträger sind nicht einzurechnen.[60] Die sich aus §§ 106 ff. ergebenden Verpflichtungen gegenüber dem WA bzw. BR/GBR sind von den am Gemeinschaftsbetrieb beteiligten UN als den Rechtsträgern dieses Betriebs zu erfüllen.[61] Dies gilt auch dann, wenn eine Konzernmutter zusammen mit ihren Tochtergesellschaften einen gemeinsamen Betrieb bildet.[62] Da jedes UN über seine Situation zu berichten hat, haben die Verpflichtungen grundsätzlich einen unterschiedlichen Inhalt, so dass es an den Voraussetzungen einer Gesamtschuld fehlt. Die Information durch ein UN ist also nicht in der Lage, die entsprechende Verpflichtung des anderen UN zu erfüllen.

7. Kollektivvertraglich geschaffene betriebsverfassungsrechtliche Einheiten

23 Ist in einem UN durch TV oder BV nach § 3 Abs. 1 Nr. 1 a ein **einheitlicher BR** geschaffen worden, so bestimmt dieser die Mitglieder des WA. Sind nach § 3 Abs. 1 Nr. 1 b nur einzelne Betriebe zu einer Einheit zusammengefasst, so gilt diese nach § 3 Abs. 5 Satz 1 als Betrieb im Sinne des BetrVG. Mit den in den übrigen Betrieben bestehenden BR ist ein GBR zu bilden, der den WA wählt.[63] Dasselbe gilt dann, wenn im UN ausschließlich Sparten-BR nach § 3 Abs. 1 Nr. 2 bestehen. Hält man die tarifliche Schaffung eines Sparten-GBR für zulässig (ablehnend oben § 3 Rn. 79), ist dieser bzw. sind diese für die Errichtung des WA zuständig.

24 Wurde nach § 3 Abs. 1 Nr. 3 eine **unternehmensübergreifende Vertretungsstruktur** geschaffen (z. B. ein die AN mehrerer UN vertretender Sparten-BR), so gilt der repräsentierte Bereich nach § 3 Abs. 5 Satz 1 gleichfalls als Betrieb. Sinnvoll ist, für diesen im Gesetz nicht geregelten Fall die Grundsätze über den gemeinsamen Betrieb entsprechend anzuwenden.[64] Das bedeutet, dass für diese Einheit ein WA zu errichten ist (zu weiteren Konsequenzen s. unten Rn. 20 ff.).

8. Unternehmen mit weniger als 101 Arbeitnehmern

25 Heftig umstritten ist die Frage, ob in **Klein-UN mit höchstens 100 AN** die in §§ 106 ff. enthaltenen Informations- und Beratungsansprüche anstelle des WA dem BR unmittelbar zustehen.[65] Das *BAG*[66] gibt eine eindeutig negative Antwort. Auch die Instanzgerichte hatten sich geweigert, § 106 Abs. 2 insoweit analog anzuwenden.[67] Das *BAG* hat jedoch ausdrücklich betont, dass sich aus § 80 Abs. 2 sowie aus anderen Vorschriften Informationsrechte des BR auch in wirtschaftlichen Angelegenheiten ergeben könnten; anders als bei § 106 sei jedoch ein Bezug zu einer konkreten Aufgabe erforderlich.[68] Außerdem kann durch freiwillige Betriebsvereinbarung ein »Wirtschaftsausschuss« errichtet werden, dessen Rechte den §§ 106 ff. nachgebildet sein können.[69]

26 Wenn die Ansicht, dass in UN mit weniger als 101 AN der BR an die Stelle des WA tritt, darauf abstellt, dass der WA nur Hilfsorgan des BR sei,[70] wird allerdings nicht genügend beachtet, dass die aus §§ 106 ff. folgenden Informationsrechte eine bestimmte **UN-Größe** voraussetzen.

60 *Konzen*, a. a. O.; *Windbichler*, S. 295; ähnlich bereits *BAG* 1. 10. 74, AP Nr. 1 zu § 106 BetrVG 1972.
61 So explizit *BAG* 1. 8. 90, a. a. O.; ähnlich für den Bericht des AG in der Betriebsversammlung des Gemeinschaftsbetriebs *LAG Hamburg* 15. 12. 88, BB 89, 628 und *LAG Düsseldorf* 7. 5. 86, BB 86, 1851 für die Unterstützungspflicht bei Erstellung der BR-Wählerliste.
62 *Lerch/Weinbrenner*, NZA 13, 355, 359.
63 Ebenso im Ergebnis HWK-*Willemsen/Lembke*, Rn. 29.
64 Ebenso HWK-*Willemsen/Lembke*, Rn. 30.
65 Bejahend *ArbG Bochum* 24. 3. 86, AiB 86, 226 mit zustimmender Anm. *Wendeling-Schröder*; GK-*Fabricius*, 6. Aufl., Rn. 11; *Wetzling*, S. 186; *Bösche-Moderegger/Grimberg*, AuR 90, 298; *dies.*, AiB 89, 108 [109]; *Mayer*, AuR 91, 14; verneinend *SWS*, Rn. 4 b; *Oetker/Lunk*, DB 90, 2320 [2321].
66 5. 2. 91, AP Nr. 10 zu § 106 BetrVG 1972 = NZA 91, 644.
67 *LAG Köln* 8. 9. 87, NZA 88, 210; *LAG Hamm* 13. 2. 90, AuR 90, 296; *LAG Düsseldorf* 14. 2. 90, DB 90, 2479.
68 *BAG* 5. 2. 91, a. a. O.
69 Vgl. GK-*Oetker*, Rn. 47 m. w. N.
70 So etwa *Bösche-Moderegger/Grimberg*, AuR 90, 298.

Nach der gesetzlichen Konstruktion, die im Wortlaut ihren klaren Ausdruck gefunden hat, entfaltet sich auch die Funktion des WA als Hilfsorgan erst ab einer UN-Größe von 101 AN.[71] Demgegenüber ist es zutreffend, § 80 Abs. 2 als Anspruchsgrundlage heranzuziehen.[72] Inhalt und Umfang dieses Anspruchs werden durch §§ 106 ff. schon deshalb nicht eingeschränkt, weil sie von ihren tatbestandlichen Voraussetzungen her gar nicht eingreifen.[73] Allerdings erfordert § 80 Abs. 2 anders als die §§ 106 ff. die **Darlegung eines Aufgabenbezuges** für betriebsrätliche Informationsbegehren. Ausreichend ist allerdings insoweit, dass der BR die Information benötigt, um feststellen zu können, **ob** ihm ein Beteiligungsrecht zusteht und ob er davon Gebrauch machen will.[74] Dabei muss hinsichtlich der Anforderungen an die Darlegungslast des Aufgabenbezuges folgendermaßen differenziert werden: Bei Erfüllung von **Aufgaben,** in denen der **BR** ein **eigenes Recht zum Tätigwerden** hat (insbes. Initiativrechte), besteht der Anspruch auf Information bereits dann, wenn erst die Prüfung der Unterlagen ergeben kann, ob der BR aus eigener Initiative zur Erfüllung eben dieser Aufgaben tätig werden soll oder kann, sofern nur **wahrscheinlich** ist, dass die geforderten Unterlagen eine solche Prüfung überhaupt ermöglichen. In Fällen dagegen, in denen das Gesetz dem BR Aufgaben erst dann zuweist, wenn der AG/UN durch sein Tätigwerden Beteiligungsrechte des BR auslöst, kann der BR die Vorlage von Unterlagen, die für die Erfüllung seiner Aufgaben erforderlich sein können, erst dann verlangen, wenn der AG sich zu Maßnahmen entschließt, die Aufgaben des BR auslösen.[75] Der Unterschied zwischen den Informationsansprüchen aus § 106 Abs. 2 und § 80 Abs. 2 kann somit darin gesehen werden, dass der erstgenannte auf kontinuierliche, fortgesetzte und nicht anlassbezogene Information eines besonderen Gremiums angelegt ist, während der letztgenannte momentan-aufgabenbezogenen Charakter hat. Der Anspruch auf wirtschaftliche Informationen aus § 80 Abs. 2 steht allerdings nicht unter der Einschränkung einer möglichen Gefährdung von Betriebs- und Geschäftsgeheimnissen.[76]

Die **EG-Richtlinie** über Unterrichtung und Anhörung der Arbeitnehmer (Einl. Rn. 251 ff.; **27**
Text in Anhang C) könnte Anlass sein, die Grenze für die Bildung eines Wirtschaftsausschusses auf 50 AN herabzusetzen.[77] Insoweit wird für die Einsetzung eines »Wirtschaftsfachmanns« plädiert.[78] Solange dies nicht geschehen ist, haben BR in UN mit 50 – 100 Beschäftigten in **richtlinienkonformer Auslegung** der §§ 80 Abs. 2, 90 und 111 Satz 1 das Recht, bei der Gewährung von Informationen und ihrer Diskussion wie ein WA behandelt zu werden.[79] Konkret heißt dies, dass der BR über alle von Art. 4 Abs. 2 der Richtlinie erfassten Gegenstände auch ohne konkreten aufgabenbezogenen Anlass informiert werden muss. Bedeutsam ist dies insbesondere in Bezug auf die wirtschaftliche Situation des UN (Art. 4 Abs. 2 Buchst. a), auf Maßnahmen, durch die einem Beschäftigungsabbau entgegengewirkt werden soll (Art. 4 Abs. 2 Buchst. b), sowie auf einen geplanten Betriebsübergang (Art. 4 Abs. 2 Buchst. c). Insoweit muss der AG den BR nicht nur informieren, sondern mit ihm auch über einvernehmliche Lösungen verhandeln (s. auch § 80 Rn. 82 und u. § 111 Rn. 126).

---

71 Vgl. zur Bedeutung von Grenzzahlen für die Existenz von Beteiligungsrechten *BAG* 17.10.89, DB 90, 694 hinsichtlich des § 111 a. F.

72 Ebenso GK-*Oetker,* Rn. 45; MünchArbR-*Joost,* § 231 Rn. 7; *Oetker/Lunk,* DB 90, 2320 [2324]; *Mayer,* AuR 91, 14 [16 f.], der darüber hinaus die Rechte aus § 106 Abs. 2 im Wege der Analogie auch dem BR zuordnet; vgl. dagegen aber *BAG* 5.2.91, AP Nr. 10 zu § 106 BetrVG 1972.

73 Zutreffend insoweit *Oetker/Lunk,* a. a. O.

74 Vgl. *BAG* 26.1.88, AP Nr. 31 zu § 80 BetrVG 1972; näher dazu § 80 Rn. 34 ff.

75 *BAG* 27.6.89, EzA § 80 BetrVG 1972 Nr. 37.

76 *BAG* 5.2.91, a. a. O.

77 Dazu *Bonin,* AuR 04, 321.

78 *Ritter,* S. 233, 243.

79 *Ritter,* S. 294: Sozialer Dialog mittels Auslegung zu gewährleisten; vgl. weiter *Deinert,* NZA 99, 800. Veränderungsbedarf mit Rücksicht auf die Richtlinie konstatieren auch HWK-*Willemsen/Lembke,* Rn. 7.

9. Grenzüberschreitende Unternehmen

28 Hat ein **inländisches UN** sowohl inländische als auch ausländische Betriebe, ist gleichwohl ein WA zu bilden, sofern zumindest **in einem inländischen Betrieb ein BR** besteht. Bei Feststellung der UN-Größe werden auch die **AN in den ausländischen Betrieben** mitgezählt,[80] weil es auf die UN-Zugehörigkeit ankommt und der **WA wegen** der von der Unternehmensgröße abhängigen **Komplexität** der wirtschaftlichen Probleme geschaffen wurde. Dabei spielt es wie auch im Inland keine Rolle, dass in den Auslandsbetrieben keine BR bestehen. Auch ist es zulässig, AN der Auslandsbetriebe in den WA zu berufen (vgl. § 107 Rn. 10; zu einem ähnlichen Problem hinsichtlich der Berücksichtigung des fliegenden Personals bei Luftfahrt-UN s. u. Rn. 33).

29 Die Bildung eines WA ist auch dann nicht ausgeschlossen, wenn ein **ausländisches UN** Betriebe im räumlichen Geltungsbereich des Gesetzes unterhält, weil es grundsätzlich nicht darauf ankommt, ob die UN-Leitung vom Inland oder Ausland aus erfolgt.[81] Dasselbe gilt erst recht, wenn das ausländische UN seine Hauptverwaltung im Inland hat (zur Zulässigkeit s. Einl. Rn. 262). Hinsichtlich der Feststellung der UN-Größe und der Berufung von AN in den WA gilt das in Rn. 23 Gesagte entsprechend.[82] Auch wenn mehrere Betriebe im Inland existieren, muss keine organisatorisch verselbstständigte unternehmerische Einheit (»Deutschland-Direktion«) im Inland existieren.[83] Da die Erfüllung der sich aus den §§ 106 ff. ergebenden Pflichten wohl kaum zu **Kollisionen mit ausländischen Sachnormen** führen dürfte, erscheint es zweifelhaft, die Unterrichtungs- und Beratungspflicht des UN auf solche Gegenstände zu begrenzen, die sich in den inländischen Betrieben des ausländischen UN auswirken können.[84]

10. Tendenzunternehmen; Seeschifffahrt, Luftfahrt

30 Zum vollständigen Ausschluss der §§ 106 ff. in **Tendenz-UN** vgl. § 118 Rn. 65 ff. Anders, wenn ein Krankenhaus gesetzliche Pflichten erfüllt,[85] oder wenn der AG z. B. durch TV auf den Tendenzschutz verzichtet hat.[86] Hier finden die §§ 106 ff. in vollem Umfang Anwendung.

31 Die **Bordvertretung** (vgl. § 115) hat in wirtschaftlichen Angelegenheiten keine Kompetenzen. Die Rechte aus §§ 106 – 113 sind ihr wegen § 115 Abs. 7 entzogen.[87] Stattdessen werden die Beteiligungsrechte des BR in wirtschaftlichen Angelegenheiten vom **See-BR** allein ausgeübt (vgl. § 116 Abs. 6), so dass die WA-Mitglieder von diesem bzw. dem **See-GBR** bestellt werden.[88]

32 Nach § 117 Abs. 1 findet das Gesetz nur auf die **Landbetriebe** von Luftfahrt-**UN** uneingeschränkt Anwendung, während die im Luftbetrieb derartiger UN beschäftigten AN vom persönlichen Geltungsbereich des Gesetzes ausgenommen sind und insoweit nur eine Kompetenz zur Bildung besonderer Vertretungen durch TV eingeräumt wird (vgl. § 117 Abs. 2). Diese differenzierte Regelung wird zu Unrecht meist als verfassungskonform betrachtet.[89] Näher § 117 Rn. 4 ff.

---

80 Str.; wie hier GK-*Fabricius*, 6. Aufl., Rn. 46; *Grauvogel u. a.*, Rn. 283; *WW*, Rn. 3; *Birk*, FS Schnorr v. Carolsfeld, S. 61 [82]; *Däubler*, RabelsZ 39 (1975), S. 444 [466]; *Grasmann*, ZGR 73, 317 [323 f.]; *Simitis*, FS Kegel, S. 153 [178 f.]; **a. A.** ErfK-*Kania*, Rn. 2; *Fitting*, Rn. 19; HWGNRH-*Hess* Rn 10; GK-*Oetker*, Rn. 42; *GL*, Rn. 14; Richardi-*Annuß*, Rn. 13.

81 *BAG* 1.10.74, 31.10.75, AP Nrn. 1, 2 zu § 106 BetrVG 1972; zustimmend WPK-*Preis*, Rn. 3.

82 Vgl. auch *Birk*, FS Schnorr v. Carolsfeld, S. 61 [72 f.]; *Simitis*, FS Kegel, S. 153 [178]; *WW*, Rn. 2, 3; teilweise wird aber nur die AN-Zahl der im Inland gelegenen Betriebe des UN für ausschlaggebend gehalten, vgl. ErfK-*Kania*, Rn. 2; *Grasmann*, ZGR 73, 317 [322] und *GL*, Rn. 11; insoweit ohne ausdrückliche Stellungnahme *BAG* 1.10.74, 31.10.75, a. a. O.

83 Näher dazu *Däubler*, Betriebsverfassung in globalisierter Wirtschaft, S. 66 f. m. w. N.; anders HWK-*Willemsen/Lembke*, Rn. 26.

84 Für eine derartige Beschränkung aber früher *Däubler*, RabelsZ 39 (1975), S. 444 [474]; *Grasmann*, a. a. O.; wie hier dagegen GK-*Fabricius*, 6. Aufl., Rn. 44; *WW*, Rn. 13.

85 *BAG* 24.5.95, DB 96, 1347.

86 *BAG* 5.10.00, DB 00, 2126 = AiB 02, 51; *LAG Schleswig-Holstein* 4.1.00, BB 00, 773.

87 Richardi-*Thüsing*, § 115 Rn. 117; GK-*Franzen*, § 115 Rn. 47.

88 Richardi-*Thüsing*, § 116 Rn. 71; GK-*Franzen*, § 116 Rn. 55.

89 Vgl. *BAG* 5.11.85, AP Nr. 4 zu § 117 BetrVG 1972 unter II 2 der Gründe; a. A. *Grabherr*, NZA 88, 532.

Trotz der einschränkenden Formulierung des § 117 Abs. 1 (**Landbetriebe**) ist der **WA für das gesamte Luftfahrt-UN** zu bilden, da der WA stets für das UN zu errichten ist (vgl. Rn. 16, 28 ff.) und nicht nur für einzelne Betriebe. Allerdings obliegt die Errichtung des WA allein dem BR des Landbetriebs,[90] es sei denn, dass ein TV nach § 117 Abs. 2 in diesem Punkt auch die Vertretung für das fliegende Personal beteiligt. Mitglied des WA können jederzeit (also sogar ohne gesonderten TV) auch **Angehörige des fliegenden Personals** sein, weil § 107 Abs. 1 lediglich auf **unternehmensangehörige** AN abstellt und die Sonderregelung des § 117 Abs. 2 insoweit ohne Bedeutung ist.[91] Aus demselben Grunde sind auch die im **Flugbetrieb** des UN beschäftigten **AN** bei der Ermittlung der UN-Größe nach § 106 Abs. 1 **mitzuzählen,** da auch insoweit nur auf die UN-Zugehörigkeit abzustellen ist.[92] Dieses Ergebnis findet seine Bestätigung in dem Fall, dass nicht in allen Betrieben eines UN ein BR besteht: Die AN aus den betriebsratslosen Betrieben zählen mit (vgl. oben Rn. 17). 33

III. Allgemeine Aufgaben des Wirtschaftsausschusses

Der WA ist **kein Mitbestimmungsorgan.** Er ist nicht Träger eigenständiger Mitbestimmungsrechte. Seine Aufgabe besteht vielmehr in der **Beratung** wirtschaftlicher Angelegenheiten mit dem UN und der entsprechenden Unterrichtung des BR.[93] Dabei kann er auch eigene Vorschläge machen.[94] 34

Der WA hat nach Abs. 1 Satz 2 die allgemeine Aufgabe, die Zusammenarbeit und die Information zwischen UN und BR bzw. GBR in wirtschaftlichen Angelegenheiten zu fördern. Er ist aber kein eigenständiges **Organ der Belegschaft,**[95] was auch daran deutlich wird, dass der BR gemäß § 107 Abs. 3 beschließen kann, die Aufgaben des WA einem Ausschuss des BR zu übertragen. Damit kommt dem WA eine **Doppelfunktion** zu: Einerseits obliegt ihm die **Beratung** wirtschaftlicher Angelegenheiten mit dem UN, andererseits trifft ihn eine **Unterrichtungspflicht** gegenüber dem BR. Die näheren Einzelheiten des Beratungsvorganges sind ergänzend in § 108 Abs. 1 – 3 geregelt; mit der Berichtspflicht gegenüber dem BR befasst sich § 108 Abs. 4. 35

Wenngleich der WA nicht Träger selbstständiger Mitbestimmungsrechte ist, handelt es sich bei ihm dennoch um ein relativ eigenständiges betriebsverfassungsrechtliches Organ. Diese Eigenständigkeit wird nicht dadurch in Frage gestellt, dass er von seiner Zielsetzung her als Hilfseinrichtung des BR bzw. GBR in wirtschaftlichen Angelegenheiten anzusehen ist. Jedenfalls steht dem WA ein **selbstständiges Unterrichtungs- und Beratungsrecht** in den Angelegenheiten des § 106 Abs. 2 und 3 zu. 36

Beratungen dienen zur **Vorbereitung** einer Entscheidung und setzen daher einen Meinungsaustausch über das Für und Wider einer erst noch zu treffenden Entscheidung voraus.[96] Vor allem zur Erfüllung dieses Aspekts der Doppelfunktion dient die in Abs. 2 näher beschriebene und ebenfalls in § 108 weiter konkretisierte **Unterrichtungspflicht.**[97] Der **WA** ist nicht darauf beschränkt, Vorhaben des UN zu kommentieren und ihnen ggf. abweichende Vorstellungen entgegenzusetzen. Er kann auch **von sich aus Initiativen entfalten** (z. B. die Erschließung eines neuen Absatzmarkts vorschlagen) und zu diesem Zweck die nötigen Informationen vom Arbeitgeber verlangen.[98] 37

Die **Unterrichtung des BR** durch den WA erstreckt sich sowohl auf Verlauf und Ergebnis der Beratungen als auch auf die vom UN entsprechend Abs. 2 gegebenen Informationen (zur Berichtspflicht näher § 108 Rn. 29 ff.). Darüber hinaus kann es empfehlenswert sein, den BR 38

---

90 Bzw. dem aus BR der Bodenbetriebe gebildeten GBR; vgl. insoweit zutreffend *BAG* 5.11.85, AP Nr. 4 zu § 117 BetrVG 1972.
91 So ausdrücklich *BAG* 5.11.85, a. a. O.
92 A. A. GK-*Oetker*, Rn. 37 m. w. N.
93 *Fitting*, Rn. 23 ff.; GK-*Oetker*, Rn. 50 ff.
94 ErfK-*Kania* Rn. 3; GTAW-*Woitaschek* Rn. 30.
95 Richardi-*Annuß*, Vorbem. zu § 106 Rn. 3.
96 Vgl. *KG Berlin* 25.9.78, DB 79, 112; GK-*Oetker*, Rn. 51 f.
97 GK-*Oetker*, Rn. 55.
98 Vgl. *WW*, Rn. 5.

nicht nur über bereits stattgefundene WA-Sitzungen zu unterrichten, sondern auch über bevorstehende. Letzteres sollte unter Mitteilung der Tagesordnung geschehen.

IV. Unterrichtungspflicht des Unternehmers

1. Unternehmer und Unternehmen

39 Nach dieser Vorschrift ist »der Unternehmer« Schuldner des Unterrichtungsanspruchs. Insoweit ist mit diesem Begriff dasselbe gemeint wie in § 108 Abs. 2 (vgl. § 108 Rn. 10). Dies gilt auch im Fall des Abs. 3 Nr. 9 a.[99] Weitaus schwieriger ist die Bestimmung des Begriffs »**Unternehmen**« (vgl. zunächst § 47 Rn. 16 ff.), zumal in der Entscheidungspraxis des *BAG* eine in sich konsistente Begriffsbildung fehlt.[100]

40 Klarheit besteht aber zumindest darüber, dass es **keinen** für die gesamte Rechtsordnung **einheitlichen Unternehmensbegriff** gibt, sondern dessen Inhalt nach Sinn und Zweck der jeweils betroffenen Vorschrift zu ermitteln ist.[101] Sinn und Zweck der hier betroffenen Vorschriften liegen darin, die AN vor nachteiligen Maßnahmen zu schützen und hierzu den WA zu befähigen, **Entscheidungen** auf der Ebene des UN, die sich auf die Arbeitnehmerschaft nachteilig auswirken können, möglichst frühzeitig zu erkennen.[102] Vor dem Hintergrund dieser Zielsetzung ist zumindest grundsätzlich im Anwendungsbereich der §§ 106 ff. von einem UN-Begriff auszugehen, der von der **Einheit des Rechtsträgers** geprägt ist, da nur so einerseits die notwendige Verbindlichkeit etwaiger bevorstehender Entscheidungen in wirtschaftlichen Angelegenheiten gewährleistet werden kann und andererseits entsprechende Einwirkungsmöglichkeiten des WA im Zuge der Beratungen gemäß Abs. 1 bestehen. UN in diesem Sinne bezeichnet daher den **wirtschaftlichen** Tätigkeitsbereich, der einer natürlichen oder juristischen Person oder einer Personengesamtheit in rechtlicher Hinsicht zugeordnet ist, d. h. in deren Trägerschaft steht.

41 Der Grundsatz des an der **Einheit des Rechtsträgers** orientierten UN-Begriffs schließt es nicht aus, dass mehrere UN einen gemeinsamen Betrieb besitzen, der dann wie eine selbstständige Größe behandelt wird (o. Rn. 19 ff.). Auch kann ein »Durchgriff« auf den beherrschenden Gesellschafter möglich sein (u. Rn. 91). Vorgänge bei einem andern Konzern-UN werden nicht erfasst, sofern sie keine Auswirkungen im AG-UN haben können (vgl. *Fleischer*, ZfA 09, 787, 810).

2. Modalitäten und Inhalt der Unterrichtungspflicht

42 Der UN hat den WA **rechtzeitig** und **umfassend** über die wirtschaftlichen Angelegenheiten des UN zu unterrichten. Dies hat zudem **unter Vorlage der erforderlichen Unterlagen** zu erfolgen (vgl. zum allgemeinen Informationsanspruch § 80 Rn. 78 ff.; zum besonderen Informationsanspruch bei geplanten Betriebsänderungen § 111 Rn. 158 ff.; s. auch § 90 Rn. 19 f.). Der Anspruch besteht nicht nur »dem Grunde nach«, so dass er erst durch Einigung der Betriebspartner oder durch die ESt. zu konkretisieren wäre; vielmehr gibt Abs. 2 nicht anders als § 80 Abs. 2 einen unmittelbaren Anspruch auf alles Erforderliche.[103] Zu den Schwierigkeiten, ihn in der Praxis durchzusetzen, s. *Lassmann/Rupp.*[104]

---

99 *Löw* DB 08, 758.

100 UN setzt einen einheitlichen Rechtsträger voraus: *BAG* 5.12.75, 11.12.87, AP Nrn. 1, 7 zu § 47 BetrVG 1972; 23.8.89, EzA § 106 BetrVG 1972 Nr. 9; 29.11.89, AP Nr. 3 zu § 10 ArbGG 1979; 1.8.90, AP Nr. 8 zu § 106 BetrVG 1972; Offenlassen der Frage, ob es einen eigenen betriebsverfassungsrechtlichen UN-Begriff gibt, der nicht mit dem des Gesellschaftsrechts identisch ist: *BAG* 23.9.80, AP Nr. 4 zu § 47 BetrVG 1972 unter III der Gründe; BetrVG kennt keinen eigenen UN-Begriff: *BAG* 17.1.78, 25.11.80, AP Nrn. 1, 2 zu § 1 BetrVG 1972; 13.6.85, AP Nr. 10 zu § 1 KSchG 1969; inländische Teile eines ausländischen UN können als UN i. S. d. BetrVG anzusehen sein: *BAG* 1.10.74, 31.10.75, AP Nrn. 1, 2 zu § 106 BetrVG 1972.

101 Ebenso *BAG* 29.11.89, AP Nr. 3 zu § 10 ArbGG 1979.

102 *BAG* 1.10.74, AP Nr. 1 zu § 106 BetrVG 1972.

103 *BAG* 11.7.00, DB 01, 598 ff.; anders *LAG Köln* 13.7.99, AuR 00, 151 m. Anm. *Däubler* als Vorinstanz.

104 AiB 11, 528 ff.

a) Rechtzeitige Unterrichtung

Rechtzeitig bedeutet zunächst, dass die Unterrichtung des WA über wirtschaftliche Angelegenheiten vorgenommen werden muss, **bevor** über diese entschieden wird.[105] Den im Einzelfall exakten Zeitpunkt der »Rechtzeitigkeit« zu bestimmen ist schwierig, zumal auch aus der Sanktionsnorm des § 121 Abs. 1 keine größere Klarheit zu gewinnen ist, weil dort »rechtzeitig« lediglich durch »nicht verspätet« ersetzt ist. Daher ist zur Bestimmung des Zeitpunktes auch auf den Zweck, dem die Unterrichtung dient, abzustellen.[106] Das Gebot der Rechtzeitigkeit verbietet es in jedem Fall, den WA vor vollendete Tatsachen zu stellen,[107] weil im Rahmen des § 106 die Unterrichtung dazu dient, einerseits die **Beratungen** mit dem UN gemäß Abs. 1 Satz 2 und § 108 Abs. 1, 3, 5 vorzubereiten und andererseits den BR – u. U. auch schon vor der WA-Sitzung über die anstehenden Themen (vgl. Rn. 34) – in jedem Falle aber **nach** den WA-Sitzungen gemäß Abs. 1 Satz 2 und § 108 Abs. 4 zu unterrichten. Hinsichtlich des Teilzwecks, den BR zu informieren, ist für die Frage der Rechtzeitigkeit zu differenzieren: Beziehen sich die im WA zu beratenden wirtschaftlichen Angelegenheiten auf solche des Abs. 3 Nr. 5 – 9, ist zu beachten, dass es sich hierbei um Betriebsänderungstatbestände i. S. d. § 111 Satz 3 handelt, so dass es dem BR gerade auch auf Grund vorangegangener Information durch den WA ermöglicht werden muss, seine Mitwirkungs- und Mitbestimmungsrechte gemäß §§ 111 – 112 a rechtzeitig auszuüben. Hieraus ergibt sich aber ferner, dass in den Fällen des Abs. 3 Nr. 5 – 9 der WA **vor** dem BR unterrichtet sein muss, weil sonst die der **Hilfsfunktion** des WA Rechnung tragende Unterrichtungspflicht gemäß Abs. 1 Satz 2 und § 108 Abs. 4 sinnlos wäre.[108] 43

Somit ergibt sich für den Zeitpunkt der **rechtzeitigen** Unterrichtung nach Abs. 2, dass diese **noch früher als in § 111 Satz 1** zu erfüllen ist. Bei letztgenannter Vorschrift ist die Rechtzeitigkeit nur dann gegeben, wenn der BR vor der Planerstellung zu einer Betriebsänderung unterrichtet wird.[109] Der Plan ist das Ergebnis der Planung; diese darf auch nicht bloß ansatzweise bereits verwirklicht sein, wenn die Unterrichtung nach § 111 noch rechtzeitig sein soll.[110] Das *KG Berlin*[111] verlangt, dass dem BR die Möglichkeit bleibt, in betriebswirtschaftlich sinnvoller Weise auf den Entschluss des AG einzuwirken. Diese Einwirkungsmöglichkeit besteht nicht mehr, wenn lediglich noch Detailkorrekturen möglich sind oder innerhalb verschiedener Fachressorts bereits abschließende Übereinstimmung in Bezug auf die **Planung** erzielt worden ist.[112] Damit setzt die Pflicht zur Information bei § 111 ein, wenn der UN sich auf die systematische Suche nach Lösungen begibt, Zielvorgaben aufstellt und zur Entscheidungsvorbereitung Untersuchungen durchführen lässt.[113] **Rechtzeitig** ist die Unterrichtung **nach § 106 Abs. 2** bei derartigen »Planungssachverhalten« daher nur dann, wenn der UN über seine Absicht zu einer systematischen Lösungssuche noch **vor Erteilung entsprechender Planungsaufträge** informiert.[114] Dies ergibt sich aus dem gegenüber § 111 hier zeitlich noch vorverlagerten Unterrichtungszeitpunkt. 44

Verspätet und daher nicht mehr rechtzeitig ist die Unterrichtung immer dann, wenn über die jeweilige wirtschaftliche Angelegenheit bereits eine **Entscheidung** durch das jeweilige **UN-Organ** oder bei Konzernen durch die Konzernspitze getroffen worden ist.[115] 45

---

105 *Hjort,* AiB 05, 221.

106 *BAG* 14.9.76, AP Nr. 2 zu § 113 BetrVG 1972; *Heilmann/Kralle/Ortmann/Trümner,* BetrR 83, 181 [184 f.]; *Rumpff/Boewer,* S. 192.

107 *BAG* 18.7.72, AP Nr. 10 zu § 72 BetrVG; *KG Berlin* 25.9.78, DB 79, 112; *Hans. OLG Hamburg* 4.6.85, NZA 85, 568.

108 *Hans. OLG Hamburg* 4.6.85, a. a. O.; HWK-*Willemsen/Lembke* Rn. 12; insoweit zustimmend auch die im Übrigen kritische Anmerkung v. *Heinze,* NZA 85, 555; *Rumpff/Boewer,* S. 193.

109 *LAG Hamburg* 20.6.85, DB 85, 2308 zum insoweit gleichartigen Tatbestand des § 90 Nr. 2 a. F.

110 *BAG* 14.9.76, AP Nr. 2 zu § 113 BetrVG 1972; 20.1.61, 20.11.70, 18.7.72, AP Nrn. 2, 8, 10 zu § 72 BetrVG.

111 25.9.78, DB 79, 112.

112 Vgl. *Heilmann/Kralle/Ortmann/Trümner,* BetrR 83, 181 [185] m. w. N.

113 O. § 111 Rn 132; s. weiter *Heilmann/Kralle/Ortmann/Trümner,* a. a. O.; ebenso *LAG Hamburg* 20.6.85, a. a. O.

114 Ebenso *Däubler,* DB 00, 2273 ff. am Beispiel der Balanced Scorecard; zustimmend GTAW-*Woitaschek* Rn. 40.

115 *BAG* 17.9.74, AP Nr. 1 zu § 113 BetrVG 1972; ErfK-*Kania,* Rn. 4; *Halberstadt,* Rn. 10; *Hjort,* AiB 05, 221; *Rumpff/Boewer,* S. 321.

46 **Rechtzeitig** ist die Unterrichtung nach Abs. 2 jedoch auch **immer dann nicht,** wenn in anderen Angelegenheiten als den Planungssachverhalten (vgl. insoweit neben § 106 Abs. 3 Nr. 5 – 9 noch §§ 90, 92, 96 Abs. 1) vor allem bei umfangreichen und komplizierten Vorgängen die **Unterrichtung erst in der Sitzung** des WA selbst erfolgt, wie dies in der Praxis häufig zu beobachten ist (dazu auch § 108 Rn. 27). Da die Unterrichtung die **Beratung** der Angelegenheit vorbereiten soll, kann diese Funktion nicht mehr erfüllt werden, wenn die WA-Mitglieder nur noch in der Lage sind, den zu beratenden Sachverhalt oberflächlich zu erfassen.[116]

b) Umfassende Unterrichtung

47 **Umfassend** ist die Unterrichtung nur dann, wenn sie sich auf diejenigen Informationen erstreckt, die auch der UN hat und seinen Entscheidungen zugrunde legt.[117] Dieses Erfordernis ergibt sich aus dem **Grundsatz der Informationsparität** zwischen UN und WA.[118] Ein Austausch von Argumenten mit dem Ziel, gemeinsame Lösungen zu finden oder vorzubereiten, ist nur dann wirklich möglich, wenn in der Beratungsphase kein Informationsgefälle hinsichtlich des Beratungsgegenstandes mehr besteht.[119] Wenigstens insoweit muss »intellektuelle Waffengleichheit« zwischen AG und AN-Vertretern bestehen.[120]

48 Das *BAG*[121] betrachtet die Unterrichtung dann als umfassend, wenn sie erschöpfend ist. Zur umfassenden Information gehören **Glaubwürdigkeit** und **Verständlichkeit** im Hinblick auf die vom WA wahrzunehmenden Aufgaben nach Abs. 1 Satz 2 und § 108. Dabei ist die Pflicht zur Aufbereitung der Informationen **in überschaubarer Form**[122] besonders hervorzuheben. Darüber hinaus sind Umfang, Gründe und mögliche Auswirkungen einer etwa geplanten Maßnahme wahrheitsgemäß darzulegen und Handlungsalternativen aufzuzeigen, die der UN zwar erwogen, aber wieder verworfen hat.[123] Ausarbeitungen **in fremder Sprache** sind ins Deutsche zu übersetzen, sofern nicht alle WA-Mitglieder die fremde Sprache perfekt beherrschen.[124]

c) Vorlage der erforderlichen Unterlagen

49 Die Unterrichtung muss nach Abs. 2 Satz 1 **unter Vorlage der erforderlichen Unterlagen** erfolgen; nach § 108 Abs. 3 besteht zusätzlich das **Recht** der WA-Mitglieder **zur Einsichtnahme** während der WA-Sitzung in eben diese Unterlagen (vgl. § 108 Rn. 26 f.). Eine Folienpräsentation genügt nicht.[125] Sofern nach anderen Vorschriften die Erfüllung der dem AG bzw. UN obliegenden Unterrichtungspflicht mit Hilfe von Unterlagen zu erfolgen hat, ist der gesetzliche Sprachgebrauch nicht einheitlich. Daher ist die einzuhaltende Art und Weise der Information nach Sinn und Zweck der jeweiligen Vorschrift zu ermitteln (§ 80 Abs. 2 Satz 2: Auf Verlangen sind die erforderlichen Unterlagen **zur Verfügung** zu stellen, vgl. § 80 Rn. 112; § 92 Abs. 1 Satz 1: Unterrichtung **an Hand von Unterlagen,** vgl. § 92 Rn. 42; § 90 Abs. 1, § 106 Abs. 2: **unter Vorlage der erforderlichen Unterlagen,** vgl. § 90 Rn. 25). Für die Unterrichtungspflicht gegenüber dem WA hat das *BAG*[126] klargestellt, dass insbes. bei umfangreichen Daten und Zahlen die **Vorlagepflicht** beinhaltet, die Unterlagen auch schon zur Vorbereitung **vor der Sitzung** vorzulegen und den WA-Mitgliedern **vorübergehend zu überlassen.**[127] Der

116 *Halberstadt,* Rn. 10; MünchArbR-*Joost,* § 231 Rn. 43; *WW,* Rn. 8; s. auch oben Rn. 33.
117 Vgl. § 121 Rn. 10; *Heilmann/Kralle/Ortmann/Trümner,* BetrR 83, 181 [185 f.]; *Hjort,* AiB 05, 222.
118 *LAG Köln* 14.1.04 NZA-RR 05, 33: gleichberechtigte Beratung; vgl. auch *Mengel,* S. 324 und *Fleischer,* ZfA 09, 787, 798.
119 Vgl. auch *Bösche/Grimberg,* AiB 89, 108 [110].
120 Dazu *Däubler,* Schulung, Rn. 85 ff.
121 11.7.72, AP Nr. 1 zu § 80 BetrVG 1972.
122 *BAG* 17.3.87, AP Nr. 29 zu § 80 BetrVG 1972.
123 Zustimmend *Grauvogel u. a.,* Rn. 389.
124 *Grauvogel u. a.,* Rn. 392; HWK-*Willemsen/Lembke,* Rn. 40; ebenso für die Übersetzung eines englischen Texts ins Französische *Cour d'Appel Versailles,* 2.3.06, AuR 06, 213.
125 *Cox-Offermann,* S. 28; *Fitting,* Rn. 40.
126 20.11.84, AP Nr. 3 zu § 106 BetrVG 1972.
127 Ebenso ErfK-*Kania,* Rn. 6; GK-*Oetker,* Rn. 136.

neue Abs. 2 Satz 2 betrifft entgegen seinem Wortlaut bestimmte Informationen (dazu u. Rn. 88). Sonderregeln kommen zur Anwendung, wenn ein systemrelevantes Kreditinstitut in wirtschaftliche Schwierigkeiten gerät und saniert werden soll.[128]

Demgegenüber sollen die WA-Mitglieder **ohne Zustimmung des UN nicht** das Recht haben, von den ihnen in dieser Weise überlassenen Unterlagen **Kopien oder Abschriften** anzufertigen.[129] Allerdings wird es vielfach unumgänglich sein, dass der WA gerade bei umfangreichen oder der Sache nach komplizierten Unterlagen eine Vorbereitungssitzung ohne den UN durchführt,[130] in der eine sachgerechte Vorbereitung der nachfolgenden Beratung mit dem UN erfolgen kann. Insoweit ist es **in jedem Falle zulässig,** wenn sich die WA-Mitglieder anhand der vorübergehend vom UN zu überlassenden Unterlagen **Notizen** machen.[131] Den WA-Mitgliedern ist es nicht zumutbar, die Unterlagen nur in Gegenwart des UN einsehen zu können.[132] Damit ist dem in der Praxis bisweilen anzutreffenden schikanösen Verhalten von UN gerade in diesem Punkt durch höchstrichterliche Entscheidung der Boden entzogen. **50**

Nach **Ansicht des** *BAG*[133] sind die WA-Mitglieder verpflichtet, nach Beendigung der Vorbereitungen die überlassenen **Unterlagen zurückzugeben,** und zwar unabhängig davon, ob es sich hierbei um Originale oder vom UN angefertigte Kopien handelt. Diese Auffassung ist **praxisfremd,** da sie verkennt, dass sich alsbald nach einer vorbereitenden Sitzung die Sitzung gemäß § 108 anschließt, in welcher wiederum das Einsichtsrecht nach § 108 Abs. 3 besteht. Letzteres kann gerade in den hier in Rede stehenden Fällen mit komplexen Sachverhalten nur so verstanden werden, dass die WA-Mitglieder während der Beratungen die Unterlagen vor Augen haben müssen, weil sonst von einer »Beratung« nicht die Rede sein kann, wenn Erörterungen faktisch dadurch abgeschnitten sind, dass erst noch einmal beim UN Einsicht genommen werden muss, bevor ein WA-Mitglied sich zur Sache einlassen kann (vgl. § 108 Rn. 28). Aus diesem Zusammenhang ergibt sich, dass **in der Regel** den WA-Mitgliedern zumindest **während der Sitzungen Ablichtungen zur Verfügung** zu stellen sind. Dann ist es aber eine unnötige **Rechtsförmelei,** die WA-Mitglieder für verpflichtet anzusehen, in jedem Falle die zur Vorbereitung ausgehändigten Unterlagen vor der Sitzung nach § 108 wieder zurückzugeben.[134] Die Rückgabe geschieht sinnvollerweise erst am Ende der WA-Sitzung. **51**

Welche Unterlagen im konkreten Fall als **»erforderlich«** anzusehen sind, lässt sich nur mit Blick auf die jeweilige wirtschaftliche Angelegenheit i. S. d. Abs. 3, deren Beratung ansteht, beantworten. In Betracht kommen insbes.: **Entwurf des Jahresabschlusses;**[135] Vertrag über die **Veräußerung sämtlicher Geschäftsanteile** einer Kapitalgesellschaft, sofern darin auch Absprachen über die Geschäftspolitik enthalten sind;[136] **Gutachten einer UN-Beratungsfirma;**[137] **Wirtschaftsprüferbericht;**[138] auf die Vergangenheit bezogene **kostenstellengenaue** monatliche Gegenüberstellungen der **Plan- und Ist-Zahlen** zur Diskussion von Zukunftsperspektiven;[139] **Marktanalysen;**[140] Berichte, Vorschläge, Pläne und Analysen zur **Verbesserung der Arbeitsmethoden,** Vorschläge und Pläne zur Einführung neuer Fabrikations- und Arbeitsmethoden, Investitions- und Finanzierungspläne, Liquiditätsrechnungen, Produktions- und Verkaufsstatistiken, Kostenaufstellungen, Kostenanalysen, Betriebsabrechnungsbögen, Kalkulationsrechnungen, Auftragsstatistiken, Aufstellungen über Anlagen und Lagerbestände, Wirtschaftlichkeitsberechnungen, Personalstrukturstatistiken, Personalbedarfspläne, Aufstel- **52**

---

128 Einzelheiten bei *Fitting,* Rn. 38 b ff.

129 *BAG* 20.11.84, AP Nr. 3 zu § 106 BetrVG 1972; a. A. GK-*Fabricius,* 6. Aufl., Rn. 71; *Föhr,* DB 76, 1378 [1383]; *Pramann,* DB 83, 1922 [1924].

130 Dieses Recht bejaht *BAG* 16.3.82, AP Nr. 3 zu § 108 BetrVG 1972.

131 So ausdrücklich *BAG* 20.11.84, a. a. O.; zustimmend zu dieser Befugnis hinsichtlich des Jahresabschlusses auch *LAG Hamm* 9.2.83, DB 83, 1311.

132 *BAG* 20.11.84, a. a. O.

133 20.11.84, AP Nr. 3 zu § 106 BetrVG 1972.

134 Grundsätzlich zustimmend HWK-*Willemsen/Lembke,* Rn. 45.

135 *LAG Berlin* 13.7.88, BB 89, 147, Ls.

136 Vgl. *BAG* 22.1.91, AP Nr. 9 zu § 106 BetrVG 1972.

137 *LAG Frankfurt* 1.9.88, DB 88, 2519.

138 *BAG* 8.8.89, DB 89, 2621; ebenso *Bösche/Grimberg,* AuR 87, 137; s. weiter § 108 Rn. 36.

139 *ArbG Offenbach* 9.11.87, ZIP 88, 803.

140 *OLG Karlsruhe* 7.6.85, NZA 85, 570 [571].

lungen über die betrieblichen Sozialleistungen, Bilanzen und Bilanzanalysen, Pläne über den Erwerb und Verkauf von Beteiligungen,[141] wichtige **Liefer- und Bezugsverträge,**[142] Gutachten, Bedarfsanalysen, Organisationspläne und -modelle,[143] Gewinn- und Verlustrechnung,[144] **Produktionsprogramme, Rationalisierungspläne** u. ä.[145] Auch die Arbeitsergebnisse des **Controllings** sind von großem Interesse.[146] Die Vorlage **fremdsprachlicher** Dokumente **ohne Übersetzung** ist nur mit Zustimmung aller WA-Mitglieder genügend.[147]

53 Nicht zutreffend ist die Ansicht, dass die Vorschrift keine näheren Regelungen über die **Form der Unterrichtung** enthalte, so dass es dem UN überlassen sei, ob er schriftlich oder mündlich Auskunft erteilen wolle.[148] Wenn das Gesetz von der »Unterrichtung unter Vorlage von Unterlagen« und der »Einsichtnahme in Unterlagen« (§ 108 Abs. 3) spricht, ergibt sich bereits aus dieser Begriffswahl, dass nur eine schriftliche Unterrichtung in Betracht kommt. Hiervon zu unterscheiden ist die Frage, ob der WA im Rahmen des ihm zustehenden Fragerechts (dazu Rn. 55) gegenüber dem UN von diesem verlangen kann, einen **Kennziffernkatalog** in bestimmten Zeitabständen auszufüllen und dem WA auszuhändigen. Das *LAG Baden-Württemberg*[149] hatte in diesem Zusammenhang über die Bestellung einer ESt. gemäß § 109 BetrVG i. V. m. § 98 ArbGG zu befinden und den Antrag – fälschlich – wegen offensichtlicher Unzuständigkeit der ESt. mit der Begründung abgelehnt, dass die Form der Unterrichtung eine **Rechtsfrage** sei, die von der ESt. nicht entschieden werden könne. Damit wird aber verkannt, dass die ESt. nach § 109 stets über Rechtsfragen befindet.[150]

54 Der Anspruch auf **Unterrichtung mit Hilfe eines Kennziffernsystems** ergibt sich zum einen daraus, dass sämtliche Fragestellungen, die in derartigen Systemen verwandt werden, wirtschaftliche Angelegenheiten betreffen.[151] Des Weiteren ist zu berücksichtigen, dass zur **umfassenden** Unterrichtung auch die Pflicht des UN gehört, die bei ihm vorhandenen Informationen in überschaubarer Form aufzubereiten (vgl. Rn. 48), da schon das Prinzip der vertrauensvollen Zusammenarbeit verbietet, den WA mit unübersichtlichen, unstrukturierten Informationen »zuzuschütten« (vgl. § 80 Rn. 106 hinsichtlich des BR). Insoweit geht es auch nicht etwa darum, noch gar nicht existierende Informationen erst noch durch den UN herstellen zu lassen, da sie bereits – wenn auch ggf. in anderer Anordnung – vorhanden sind.[152] Vielmehr ist es **Sinn der Kennzifferninformationssysteme,** Klarheit und Ordnung in die Fülle der im UN gesammelten Daten zu bringen, wenn auch unter dem spezifischen Blickwinkel des WA. Dies dient nicht nur der Vorbereitung einer effizienten Beratung mit dem UN, sondern ist zur Unterrichtung des BR bzw. GBR durch den WA geradezu unerlässlich, um die möglicherweise in wirtschaftlichen Angelegenheiten nicht so versierten BR-Mitglieder schnell und zielgerichtet auf die aus AN-Sicht wesentlichen wirtschaftlichen Belange hinzuweisen.[153]

---

141 Insoweit bejahend auch *BAG* 22. 1. 91, a. a. O.
142 *Rumpff/Boewer,* S. 196; *Bösche/Grimberg,* AiB 89, 108 [110].
143 GK-*Oetker,* Rn. 131.
144 *Halberstadt,* Rn. 11.
145 Vgl. auch die Auflistungen bei *Fitting,* Rn. 37; GK-*Oetker,* Rn. 131; *GL,* Rn. 28; *Rumpff/Boewer,* a. a. O.; *Bösche/Grimberg,* a. a. O.
146 *Disselkamp,* AiB 04, 494, eingehend *v. Neumann-Cosel/Rupp,* S. 196 ff.
147 *HessLAG* 19. 8. 93, AuR 94, 107 – zum BR; zur Information allgemein s. oben Rn. 44.
148 So aber *LAG Baden-Württemberg* 22. 11. 85, DB 86, 334; *Rumpff/Boewer,* S. 192.
149 22. 11. 85, a. a. O.
150 H. M.; vgl. § 109 Rn. 1 m. w. N. und *BAG* 11. 7. 00, DB 01, 598. Zur eigenen Analyse auf der Grundlage des Jahresabschlusses *Disselkamp,* AiB 03, 303, zur Auswahl relevanter Kennzahlen *Überheim,* AiB 06, 376 ff.
151 Vgl. die Beispiele derartiger Kennziffernsysteme bei *v. Neumann-Cosel/Rupp,* S. 76 ff., 223 ff.; *Krack/Strauß-Fehlberg,* BetrR 81, 70 [96 ff.]; *Hexel,* BetrR 81, 128 ff.
152 Weiter gehend *Bösche/Grimberg,* AiB 89, 108 [110], die den UN für verpflichtet halten, die in der EDV gespeicherten UN-Daten mit Hilfe besonderer Programme für WA-Zwecke speziell aufzubereiten.
153 Zum Versuch, ein Kennziffernsystem durchzusetzen, vgl. den Praxisbericht von *Küppers,* Mitb 85, 400.

d) Fragerecht des Wirtschaftsausschusses

Die WA-Mitglieder haben das Recht, die **Beantwortung ergänzender Fragen** und die Erläuterung aufklärungsbedürftiger Aspekte zu verlangen.[154] Das Fragerecht kann auch schriftlich ausgeübt werden.[155] Diese Befugnisse ergeben sich schon daraus, dass der WA nicht lediglich Objekt der Unterrichtung ist, also diese etwa nur entgegenzunehmen hätte, sondern vielmehr auch selbst wirtschaftliche Angelegenheiten zur Information und Beratung vorschlagen kann; in derartigen Fällen besteht für den UN ein **Einlassungszwang.**[156] So ist etwa vorgeschlagen und im Einzelnen dargelegt worden, wie der WA der Frage nachgehen kann, ob das UN unter erneuten Krisenbedingungen überlebensfähig wäre.[157] Verlangt der WA zusätzliche Informationen, steht auch die Erfüllung dieses ergänzenden Anspruchs unter dem **Rechtzeitigkeitsgebot.**[158] Initiativen sind auch deshalb von erheblicher Bedeutung, weil die ESt. nach § 109 nur dann angerufen werden kann, wenn einem Informationsverlangen des WA nicht oder nicht ausreichend entsprochen wurde.[159] **55**

e) Unaufgeforderte Unterrichtung des Wirtschaftsausschusses

Anders als bei den soeben (Rn. 55) genannten Fällen braucht der WA oder BR bzw. GBR den UN nicht aufzufordern, seiner Unterrichtungspflicht gemäß Abs. 2 nachzukommen. Vielmehr obliegt es dem UN, diese Pflicht **von sich aus** und **unaufgefordert** zu erfüllen.[160] Da dies zum Inhalt der Unterrichtungspflicht selbst gehört, liegt eine **Ordnungswidrigkeit** gemäß § 121 bereits dann vor, wenn der UN nur auf besondere Aufforderung hin aktiv wird.[161] Sinnvoller als eine Anzeige ist es für den WA jedoch, nicht auf die Erfüllung der »Bringschuld« zu warten, sondern selbst durch Nachfragen aktiv zu werden und wichtige Dinge notfalls mit Hilfe des ESt.-Verfahrens nach § 109 durchzusetzen.[162] **56**

f) Unterrichtung des Wirtschaftsausschusses und des Betriebsrats

Hinsichtlich bestimmter wirtschaftlicher Angelegenheiten können sich Unterrichtungspflichten des UN auch aus anderen Vorschriften ergeben. **Betriebsänderungen** i. S. d. § 111 lösen sowohl nach jener Norm Informationspflichten gegenüber dem BR aus als auch nach § 106 Abs. 2 i. V. m. Abs. 3 gegenüber dem WA. Erfüllt der UN in derartigen Fällen zwar seine Pflichten **gegenüber dem WA,** so hat er dadurch noch nicht seinen Verpflichtungen **gegenüber dem BR** Genüge getan, und zwar selbst dann nicht, wenn die Mitglieder des WA in **Personalunion** dem BR angehören.[163] Somit kann z. B. der Anspruch auf Nachteilsausgleich nach § 113 Abs. 3 entstehen, wenn es der UN lediglich bei der Information des WA bewenden lässt und den BR weder informiert noch mit ihm über einen Interessenausgleich verhandelt (zur Unterrichtung des BR bei geplanten Verschmelzungen s. § 5 Abs. 3 UmwG, bei geplanten Spaltungen s. § 126 Abs. 3 UmwG und bei geplantem Formwechsel s. § 194 Abs. 2 UmwG). **57**

g) Auswirkungen auf die Personalplanung

Die Unterrichtungspflicht des UN erstreckt sich nicht lediglich auf die wirtschaftlichen Angelegenheiten als solche, sondern verlangt darüber hinaus die Darstellung der sich aus ihnen ergebenden Auswirkungen auf die Personalplanung (zu dieser s. § 92). Nach verbreiteter **58**

154 *GL,* Rn. 31; *Rumpff/Boewer,* S. 193.
155 Zustimmend *Müller-Knapp,* AiB 03, 420; Muster in DKKWF-*Däubler,* §§ 106 – 109 Rn. 15, 21.
156 *Rumpff/Boewer,* S. 192.
157 *Eisbach/Schneider,* AiB 11, 654 ff.
158 *Rumpff/Boewer,* S. 193; *GL,* Rn. 31.
159 Dazu *Hase,* AiB 12, 112 ff.
160 *Rumpff/Boewer,* S. 191; *Fitting,* Rn. 29; Richardi-*Annuß,* Rn. 23.
161 *Fitting,* Rn. 29.
162 *Hase,* AiB 12, 112 ff.
163 *Rumpff/Boewer,* S. 194.

Auffassung soll damit die Personalplanung selbst nicht Gegenstand der Unterrichtung und Beratung des WA sein.[164] Diese Ansicht ist zu sehr dem Wortlaut der Vorschrift verhaftet und verkennt, dass auch die Personalplanung als dynamischer Prozess einer ständigen Veränderung unterworfen ist. Somit ist jedenfalls dann in groben Zügen auch über sie zu unterrichten, wenn sie sich seit den letzten Beratungen mit dem BR gemäß § 92 geändert hat oder dies zum Verständnis der nach Abs. 2 geschuldeten Darstellung über die Auswirkungen der wirtschaftlichen Angelegenheiten auf die Personalplanung erforderlich ist. Letzteres wird häufig der Fall sein, wenn AN im WA vertreten sind, die nicht zugleich auch dem BR angehören, so dass hier nicht ohne weiteres detaillierte Kenntnisse der aktuellen Personalplanung des UN angenommen werden können. Als Beispiel für die Informationspflicht mag der Einsatz von Beschäftigten stehen, die auf der Grundlage eines Werk- oder Dienstvertrags, der mit einem DrittUN abgeschlossen wurde, in den Betrieb entsandt werden.[165]

3. Grenzen der Unterrichtungspflicht

59 Die **Unterrichtungspflicht** und die Verpflichtung des UN zur **Vorlage** notwendiger Unterlagen ist nach dem Gesetz nur eingeschränkt, soweit **Betriebs- und Geschäftsgeheimnisse** des UN **gefährdet** werden (zum Begriff der Betriebs- und Geschäftsgeheimnisse vgl. § 79 Rn. 7 ff.). Keine zusätzlichen Schranken ergeben sich aus dem Wertpapierhandelsgesetz. Insiderinformationen müssen weitergegeben werden, machen den Empfänger allerdings seinerseits zum Insider.[166] Auch wenn Aktien des AG-UN in den USA gehandelt werden, gilt im Hinblick auf das dortige **Insiderrecht** nichts anderes.[167] Die Insidereigenschaft der WA-Mitglieder schließt Meinungsaustausch und Verhandlungen mit dem UN nicht aus. Erst recht ist es ohne Bedeutung, wenn die Unternehmensleitung eine bestimmte Angelegenheit auf eine nachgeordnete Ebene delegiert hat.[168]

60 Der UN ist unter diesen Umständen grundsätzlich verpflichtet, den WA auch über Betriebs- und Geschäftsgeheimnisse zu informieren.[169] Bereits ein Blick in den Katalog der wirtschaftlichen Angelegenheiten i. S. d. Abs. 3 offenbart, dass die Rechte aus §§ 106 ff. zur Farce würden, könnte der UN schon dann ein »Zurückbehaltungsrecht« ausüben, wenn ein Geheimnis vorliegt (vgl. auch die Aufzählung der vorlegungspflichtigen Unterlagen in Rn. 52, die durchaus hochsensible Daten enthalten können). Weder die Tatsache allein, dass ein Betriebs- und Geschäftsgeheimnis vorliegt, noch die bloße Behauptung, es handele sich um ein solches, begründet ein Verweigerungsrecht des UN. Vielmehr muss der besondere **Gefährdungstatbestand** vorliegen,[170] der sich insbesondere mit Rücksicht auf »persönliche Umstände« bei einem Mitglied des WA ergeben kann.[171] Dies wäre etwa der Fall, wenn ein WA-Mitglied mit einer bei einem Konkurrenten in führender Stellung tätigen Person verheiratet wäre. In einem solchen Fall müsste man eine Verhinderung des WA-Mitglieds annehmen und vorübergehend einen Stellvertreter nachrücken lassen; damit wäre die Gefährdung beseitigt.

61 Die sprachlich verunglückte Fassung des Soweit-Satzes in Abs. 2 könnte theoretisch so interpretiert werden, dass der UN jedwede Auskunft ablehnen darf, wenn sie ein Geheimnis betrifft oder Rückschlüsse auf ein solches zulässt. Wäre dies der Fall, gäbe es mangels bekannt werdender Geheimnisse auch nichts mehr geheimzuhalten und die Vorschrift des § 79 Abs. 2 liefe insoweit völlig leer. Die Meinung erscheint daher vertretbar, **§ 106 Abs. 2 2. Halbsatz** sei **rechtsunwirksam**.[172]

164 GK-*Oetker*, Rn. 63; Richardi-*Annuß*, Rn. 22; *Rumpff/Boewer*, S. 196 f.
165 Dazu *Karthaus/Klebe*, NZA 12, 417 ff.
166 *U. Fischer*, DB 98, 2607; GK-*Oetker*, Rn. 122; HWK-*Willemsen/Lembke*, Rn. 32; *Schleifer/Kliemt*, DB 95, 2214; a. A. *Roeder/Merten*, NZA 05, 268, die ohne überzeugende Begründung die Informationspflicht einschränken wollen.
167 *U. Fischer*, DB 98, 2606.
168 ErfK-*Kania*, Rn. 7.
169 *BAG* 11.7.00, DB 01, 600; ebenso GK-*Oetker*, Rn. 139 ff.; *Halberstadt*, Rn. 13; *Rumpff/Boewer*, S. 202; *WW*, Rn. 10; a. A. HWGNRH-*Hess*, Rn. 36
170 *LAG Köln* 5.10.11 – 9 TaBV 94/10, juris Tz. 32. Vgl. GK-*Oetker*, Rn. 141 ff.; *Bösche/Grimberg*, AiB 89, 108 [111]; *Lassmann/Rupp*, AiB 11, 529.
171 *LAG Köln* 5.10.11 – 9 TaBV 94/10, juris Tz 32.
172 So GK-*Fabricius*, 6. Aufl., Rn. 79.

Auch wenn man so weit nicht gehen will, sind jedoch erhebliche Einschränkungen des Geheimnisschutzes nach Abs. 2 angebracht, um dem WA überhaupt eine ernsthafte Arbeit zu ermöglichen. Der UN kann die Auskunftserteilung oder die Vorlage von Unterlagen mit der Behauptung, dass andernfalls Betriebs- und Geschäftsgeheimnisse gefährdet seien, **nur in Ausnahmefällen** verweigern, zumal die Mitglieder des WA der **Geheimhaltungspflicht** nach § 79 Abs. 2 unterliegen. Ein solcher Ausnahmefall kann nur dann angenommen werden, wenn sowohl **objektiv** ein sachliches Interesse an der völligen Geheimhaltung bestimmter Tatsachen wegen der sonst zu befürchtenden **Gefährdung des Bestandes** oder der **Entwicklung** des UN besteht **und** zum anderen die **konkrete** Befürchtung begründet ist, dass Informationen von Mitgliedern des WA trotz der ihnen auferlegten und mit strafrechtlichen Sanktionen (vgl. § 120) verbundenen Verschwiegenheitspflicht an Außenstehende weitergegeben werden könnten.[173] Als Außenstehende sind allerdings **nicht** die **Mitglieder des BR** anzusehen, die ihrerseits ebenfalls zur Verschwiegenheit verpflichtet sind. Soweit sie vor dem WA Kenntnis von Betriebs- und Geschäftsgeheimnissen erhalten haben (o. § 80 Rn. 84), dürfen sie diese an den WA weitergeben.[174] 62

Zu weit geht es auch, einen Gefährdungstatbestand mit der rein spekulativen Befürchtung zu begründen, der Geheimnisschutz sei nicht hinreichend gewährleistet, wenn an der WA-Sitzung ein **Gewerkschaftsbeauftragter** teilnehme, der Aufsichtsratsmitglied eines anderen UN sei, das mit dem der Unterrichtungspflicht unterliegenden UN im Wettbewerb stehe.[175] Dieser Gewerkschaftsbeauftragte unterliegt gleichfalls der Geheimhaltungspflicht nach § 79 Abs. 2. Auch die Tatsache, dass ein WA-Mitglied gewerkschaftlicher Funktionsträger ist und »Zusatzinformationen« über das AG-UN erlangt, ist ohne rechtliche Bedeutung, ja im System unseres kollektiven Arbeitsrechts angelegt:[176] Dieses will nicht denjenigen privilegieren, dem es gelingt, seine wirtschaftlichen Verhältnisse ganz oder teilweise vor der Gegenseite zu verbergen.[177] 63

Die Unterrichtung oder die Vorlage von Unterlagen kann also nicht schon deshalb vom UN verwehrt werden, weil es entweder um Betriebs- oder Geschäftsgeheimnisse geht oder weil allein die (durch Tatsachen zu begründende) Besorgnis besteht, dass es im WA eine »undichte Stelle« geben könnte. **Beide Voraussetzungen** müssen vielmehr **kumulativ vorliegen.**[178] Potentielle Unzuverlässigkeit kommt praktisch nur dann in Betracht, wenn WA-Mitglieder in der Vergangenheit nachweislich gegen ihre Geheimhaltungspflicht verstoßen haben oder wenn ihnen die »persönliche Eignung« (§ 107 Rn. 13) fehlt. Zwischen den WA-Mitgliedern und dem entsendenden BR bzw. GBR gibt es allerdings keinerlei Schweigepflicht,[179] so dass ein diesbezüglicher Informationsaustausch nicht geeignet ist, einen Verstoß gegen die Geheimhaltungspflicht zu begründen. 64

Bei **Meinungsverschiedenheiten** darüber, ob ein Gefährdungstatbestand vorliegt, der zur Zurückbehaltung von Informationen berechtigen könnte, hat der WA zunächst den BR bzw. GBR einzuschalten. Erzielen BR bzw. GBR und UN keine Einigung, ist die ESt. gemäß § 109 anzurufen, deren Spruch die Einigung ersetzt.[180] 65

173 Zustimmend ErfK-*Kania*, Rn. 6; GK-*Oetker*, Rn. 142; ebenso *BAG* 11.7.00, DB 01, 600.
174 *Ritter*, S. 153 f.
175 Vgl. aber *OLG Karlsruhe* 7.6.85, NZA 85, 570 [571], das diese Erwägungen anstellt, sie letztlich aber nicht entscheidungserheblich werden lässt; wie hier GK-*Oetker*, Rn. 145.
176 *BAG* 11.7.00, DB 01, 600.
177 *Däubler*, AuR 00, 156.
178 *BAG* 11.7.00, DB 01, 600; WPK-*Preis*, Rn. 8; zu eng *Rumpff/Boewer*, S. 202 und *Ritter*, S. 156 ff., die das Vorliegen eines der beiden Momente offenbar schon als ausreichend für ein Verweigerungsrecht des UN betrachten.
179 *BAG* 9.11.71, AP Nr. 1 zu § 67 BetrVG (1952).
180 Insoweit klargestellt durch *BAG* 8.8.89, EzA § 106 BetrVG 1972 Nr. 8 und durch *BAG* 11.7.00, DB 01, 600; zuvor bereits ebenfalls für die **Primärzuständigkeit der ESt.** *OLG Karlsruhe* 7.6.85, NZA 85, 570 [571]; *LAG Düsseldorf* 13.8.78, DB 78, 1695; vgl. § 109 Rn. 4.

V. Wirtschaftliche Angelegenheiten

1. Die erfassten Sachgebiete im Allgemeinen

66 Die wirtschaftlichen Angelegenheiten, über die der UN den WA **unaufgefordert zu unterrichten** hat, sind weit zu verstehen und umfassen auch die personelle und soziale Seite.[181] Auch sind nicht nur »unternehmerische«, sondern auch »betriebliche« Angelegenheiten erfasst.[182] Der Katalog des Abs. 3 ist **nicht erschöpfend.**[183] Das ergibt sich schon aus der im Einleitungssatz enthaltenen Formulierung »insbesondere« und aus der **Generalklausel** der Nr. 10. Hiernach ist der WA auch über alle sonstigen Vorgänge und Vorhaben, welche die Interessen der AN des UN wesentlich berühren können, zu informieren. Zu beachten ist, dass es im Rahmen der Nrn. 1 – 9 nicht darauf ankommt, ob die Interessen der AN durch solche Vorgänge und Vorhaben tatsächlich wesentlich berührt werden. Insoweit lässt der Gesetzgeber genügen, dass die Interessen der AN wesentlich **berührt sein können.** In Nr. 10 ist dies ausdrücklich hervorgehoben.[184] Die These, **Vorgänge innerhalb des Unternehmensträgers** wie die Veräußerung von GmbH-Anteilen seien nicht erfasst,[185] ist des engen Sachzusammenhangs wegen nicht einleuchtend und spätestens durch die Neufassung von Abs. 3 Nr. 8 überholt, der ausdrücklich auch den Zusammenschluss und die Spaltung von Unternehmen einbezieht. Bestätigt wird dies nunmehr durch Nr. 9 a. Schließlich spielt es auch keine Rolle, dass der fragliche Vorgang auf einen Betrieb beschränkt ist, in dem kein BR gewählt wurde.[186]

67 Nach ganz herrschender Auffassung in der Literatur[187] bezieht sich die Unterrichtungspflicht des UN **nicht** auf die **»laufende Geschäftsführung«.** Dies ist nur insoweit zu billigen, als es um Bagatellangelegenheiten und ständig wiederkehrende Vorgänge geht.[188] Sobald eine der Angelegenheiten nach Abs. 3 Nr. 1 bis 9 betroffen ist oder die Interessen der Arbeitnehmer des UN wesentlich berührt sein können,[189] ist der WA zu informieren;[190] für einen ungeschriebenen »Routinevorbehalt« fehlt jede Rechtsgrundlage.

2. Die wirtschaftliche und finanzielle Lage des Unternehmens (Nr. 1)

68 Die Unterrichtungspflicht über die **allgemeine wirtschaftliche** und **finanzielle Lage** beschränkt sich selbstverständlich auf das UN; sie gilt nicht für die **privaten** finanziellen Verhältnisse des Inhabers bzw. der Gesellschafter,[191] es sei denn, sie würden wie z. B. ein OHG-Gesellschafter nach § 128 HGB persönlich haften. Die Information hat im Übrigen »laufend« zu erfolgen.[192]

69 Was im Einzelnen unter der wirtschaftlichen und finanziellen Lage zu verstehen ist, bedarf der näheren Eingrenzung. Das BetrVG 1952 führte in dem vergleichbaren Katalog nur die »wirtschaftliche« Lage an. Durch die Hinzufügung der »finanziellen« Lage sind nunmehr grundsätzlich auch die Fälle eingeschlossen, in denen früher mit der Begründung Auskünfte verweigert wurden, verlangte Informationen seien nicht dem wirtschaftlichen, sondern dem finanziellen Bereich zuzuordnen.[193] Mit der heutigen Formulierung hat der Gesetzgeber die Grundlage für eine **umfassende Unterrichtung** geschaffen, da es nur wenige Geschäftsvorfälle

---

181 *Joost,* FS Kissel, S. 445.
182 *Joost,* a. a. O., S. 437.
183 *Fitting,* Rn. 48; GK-*Oetker,* Rn. 56; HWK-*Willemsen/Lembke,* Rn. 55; a. A. *GL,* Rn. 42.
184 Vgl. die überzeugenden Ausführungen bei GK-*Oetker,* Rn. 57 f.; ähnlich *Rumpff/Boewer,* S. 190 f.
185 *Joost,* FS Kissel, S. 439 ff.
186 *BAG* 9.5.95, DB 95, 1033; GK-*Oetker,* Rn. 59. Zahlreiche Beispiele für das, was der WA »abfragen« kann, geben *Grauvogel u. a.,* Rn. 37 ff., 95 ff.
187 ErfK-*Kania,* Rn. 7; GK-*Oetker,* Rn. 55; HWK-*Willemsen-Lembke,* Rn. 38; Richardi-*Annuß,* Rn. 38; WPK-*Preis,* Rn. 9.
188 Darauf stellen auch HWK-*Willemsen/Lembke,* Rn. 38 ab.
189 Nr. 10 – die andern Ziffern enthalten diese Voraussetzung nicht, darauf verweisen auch Richardi-*Annuß,* Rn. 38.
190 Ähnlich *Ritter,* S. 142.
191 *Fitting,* Rn. 52; *Halberstadt,* Rn. 15.
192 *Gege,* S. 166.
193 S. im Einzelnen *Gege,* S. 166.

geben dürfte, die **nicht** der Formulierung »wirtschaftliche und finanzielle Lage des UN« zugeordnet werden können. Zu Recht kann im Tatbestand der Nr. 1 neben Nr. 10 eine weitere (beschränkte) Generalklausel gesehen werden. Erfasst werden die Zahlenwerte, die aus der Bilanz und der Gewinn- und Verlustrechnung abzuleiten sind, wie Eigen- und Fremdkapitalstruktur, Umlaufvermögen, Bestandsentwicklungen, Liquiditätslage, Entwicklung der Abschreibungen, Steuerverpflichtungen, Rückstellungen und Rücklagen, Entwicklung der Beteiligungen an anderen Firmen. Einbezogen sind weiter Zahlenwerte, die aus der Kostenrechnung abzuleiten sind, wie Herstellungskosten der einzelnen Produktgruppen, Preiskalkulation,[194] Fremdbezugskosten, Verwaltungs- und Vertriebskosten, Personalkosten, Entwicklungskosten, die gesamte Investitionspolitik, geschäftspolitische Zielsetzungen, die sich auf die wirtschaftliche und finanzielle Lage, auch mittel- und langfristig, auswirken, sowie Kapitalveränderungen, Auftragslage und -entwicklung[195] sowie Marktanalysen.[196] Auch ein Papier über »**mittelfristige Unternehmensplanung**« ist dem WA zugänglich zu machen.[197] Ob dem WA »monatliche Erfolgsrechnungen« vorzulegen sind, richtet sich nach den Umständen des Einzelfalls, im Streitfall entscheidet die ESt.[198] Zu unterrichten hat der UN den WA auch über die beabsichtigte Stellung eines Antrags auf **Eröffnung des Insolvenzverfahrens** und über die Stellung eines solchen Antrags durch einen Gläubiger.[199]

Von wachsender Bedeutung ist das **Rating,** das das UN von sog. Rating-Agenturen erhält.[200] **70**
Der Sache nach handelt es sich um eine **Bewertung des Unternehmens,** die strukturelle Ähnlichkeiten mit Schulnoten und anderen Prüfungsergebnissen aufweist. Ein »gutes« Rating gibt Zugang zu preiswerten Krediten, ein »schlechtes« Rating verteuert diese erheblich.[201] Dies folgt aus den sog. Basel II-Grundsätzen, nach denen eine Bank ihre Kunden »raten« und je nach Ergebnis eine höhere oder geringere Menge an Eigenkapital für das einzelne Engagement »vorhalten« muss. Der WA hat ein Recht darauf, das Rating-Verfahren im Einzelnen kennen zu lernen und es zum Gegenstand seiner Beratungen zu machen.[202] Auch **alternative Finanzierungsmöglichkeiten**[203] können dabei eine Rolle spielen.

3. Produktions- und Absatzlage (Nr. 2)

Der Tatbestand der Nr. 2 überschneidet sich teilweise mit den Fällen der Nrn. 1 und 3.[204] Die **71**
Unterrichtung über die **Produktionslage** muss beispielsweise Informationen darüber enthalten, welche Mengen und Güterarten produziert worden sind, wie die gegenwärtige und künftige Auslastung der Kapazitäten beschaffen ist, welche Hemmnisse einer Steigerung der Produktion entgegenstehen und wie sie aus dem Weg geräumt werden können.[205] Dasselbe gilt für Angaben zur **gegenwärtigen** und **zukünftigen Absatzlage.** In diesem Zusammenhang ist auch über Preisveränderungen, Qualitätsverbesserungen, Werbeaktionen, Änderungen der Betriebsstruktur und die Gewährung von Sonderrabatten und Sonderprovisionen zu berichten.[206]

---

194 ErfK-*Kania,* Rn. 8; *Fitting,* Rn. 53; Richardi-*Annuß,* Rn. 40; a. A. HWGNRH-*Hess* Rn. 44; *Stück/Wein* DB 05, 334.
195 *Gege,* S. 169 f.
196 GTAW-*Woitaschek* Rn 10.
197 *LAG Köln* 14.1.04 NZA-RR 05, 33.
198 *BAG* 21.2.92, DB 92, 435.
199 *Brill,* AuR 67, 336; *Fitting,* Rn. 54; GK-*Oetker,* Rn. 69; HWK-*Willemsen/Lembke,* Rn. 58; Richardi-*Annuß,* Rn. 41.
200 Zu ihnen, ihrer Macht und ihrer weitgehenden Kontrollfreiheit s. insbesondere *Däubler,* BB 03, 429 ff. ;NJW 03, 1096 f.; KJ 12, 18 ff.; NJW 13, 282
201 *Balluff/Braden,* AiB 04, 237.
202 Grundsätzlich zustimmend *Fitting,* Rn. 37.
203 Dazu *Kischewski/Müller,* AiB 05, 40.
204 Ebenso *Rumpff/Boewer,* S. 204.
205 *Fitting,* Rn. 56.
206 *Gege,* S. 171.

4. Produktions- und Investitionsprogramm (Nr. 3)

72 Unter Produktionsprogramm ist die Planung der Art und des Umfangs der künftigen **Erzeugung von Waren und Dienstleistungen** zu verstehen.[207] Hierzu gehören vor allem geplante **Produktionsumstellungen,** also die Absicht, sich der Herstellung anderer (z. B. umweltfreundlicher) Produkte oder Produktgruppen zu widmen, oder die beabsichtigte Produktionserweiterung sowie zu erwartende Produktionseinschränkungen.

73 Das **Investitionsprogramm** steht in einem engen Zusammenhang mit dem Produktionsprogramm. Erfasst ist u. a. die Bereitstellung entsprechender finanzieller Mittel zur Durchführung des Produktionsprogramms.[208] Der WA ist beispielsweise darüber zu informieren, welche einzelnen Vorhaben im Rahmen des geplanten Investitionsprogramms durchgeführt werden und wie ihre Finanzierung erfolgen soll.[209]

5. Rationalisierungsvorhaben (Nr. 4)

74 Rationalisierungsmaßnahmen zielen darauf ab, durch eine aus der Sicht des UN zweckmäßigere Gestaltung der Arbeitsvorgänge die Wirtschaftlichkeit des UN zu erhöhen.[210] Zu denken ist an die Einführung neuer Arbeits- und Fabrikationsmethoden, an eine stärkere **Automatisierung** und **Informatisierung** durch Anschaffung modernerer Geräte und Einführung neuer Technologien (EDV-Systeme, z. B. BDE-Systeme, CAD/CAM, Aufbau eines Intranets, überbetriebliche Vernetzung), aber auch etwa an eine Straffung der Betriebsorganisation zum Zwecke der Kostensenkung (»Lean Production«) einschließlich der dazugehörenden Gemeinkostenanalyse.

75 Was die Unterrichtungspflicht in Bezug auf Rationalisierungsvorhaben angeht, ergeben sich vielfach **Überschneidungen** zu anderen im Katalog dieser Bestimmung aufgeführten Tatbeständen, insbes. zu den Nrn. 3, 5 und 9.

76 Der UN hat den WA bereits **vor der Realisierungsphase** zu unterrichten und mit ihm darüber zu beraten. Auch die Einschaltung externer Berater und die Definition des ihnen erteilten Auftrags müssen wichtige Themen sein.[211] Dabei ist insbes. zu prüfen, welche sozialen Auswirkungen sich für die AN ergeben und wie mögliche negative Folgen auf die Belegschaft verhindert oder gemildert werden können.[212]

6. Fabrikations- und Arbeitsmethoden (Nr. 5)

77 Unter **Fabrikationsmethoden** sind **technische Vorgehensweisen** bei der Gestaltung der Produktion im weitesten Sinne zu verstehen. Die Unterrichtung erfasst beispielsweise die Fragen, welche Herstellungsverfahren im UN eingesetzt (Einzel- oder Serienfertigung, handwerkliche oder Maschinenfertigung, Just-in-time-Produktion) oder in Zukunft entwickelt werden sollen.[213] Aufmerksamkeit verdient dabei z. B. der Einsatz vollautomatischer Werkzeugmaschinen, da er in vielen Fällen mit der Frei- bzw. Umsetzung von AN verbunden ist,[214] sowie der Übergang zu PPS-Systemen. Zur Einführung eines **Umweltmanagementsystems nach der Öko-Audit-VO** s. u. Rn. 81. Der Begriff »Fabrikationsmethode« deckt sich mit dem geläufigeren Begriff »Fertigungsverfahren« (vgl. auch § 111 Satz 3 Nr. 5) und umfasst damit auch Dienstleistungen.

78 Unter **Arbeitsmethoden** ist die Gestaltung der **menschlichen Arbeit** zu verstehen. Hierzu gehören alle Fragen, die sich auf die Art des Einsatzes und der Verwendung der menschlichen

---

207 *Fitting,* Rn. 57; Richardi-*Annuß,* Rn. 43.
208 Vgl. *Fitting,* Rn. 58.
209 Zu weiteren Stationen unternehmerischer Planungsprozesse, über die der WA gleichfalls zu unterrichten ist, s. *v. Neumann-Cosel/Cox,* S. 148 ff.
210 *Fitting,* Rn. 59; Richardi-*Annuß,* Rn. 45.
211 *Balkenhol,* AiB 05, 340 ff.
212 *Gege,* S. 174.
213 ErfK-*Kania,* Rn. 12.
214 *Gege,* S. 176.

Arbeitskraft beziehen, so etwa Probleme der Fließbandarbeit, des Übergangs von der Hand- zur Maschinenarbeit und (aktueller) der Einführung von Telearbeit[215] sowie von E-Commerce,[216] der Art und Weise der Erbringung von Dienstleistungen, der Einführung von teilautonomen Gruppen.[217] Ebenso zählen hierher Änderungen der **Arbeitszeitstruktur.**[218] Auch die Absicht des Managements, in Zukunft nach dem Konzept »**Balanced Scorecard**« zu verfahren, fällt unter Nr. 5;[219] soweit Investitionen geplant sind, findet Nr. 3 Anwendung.

Strittig ist die Frage, ob auch den Einsatz der menschlichen Arbeitskraft betreffende **betriebliche Kontrollmaßnahmen** (beispielsweise die Einführung von technischen Überwachungseinrichtungen i. S. d. § 87 Abs. 1 Nr. 6, insbes. EDV-Systeme) der Unterrichtungspflicht unterliegen.[220] Selbst wenn man die Kontrolle nicht zum Begriff der Arbeitsmethoden zählt, unterliegen Kontrollmaßnahmen jedoch der Unterrichtung nach Nr. 10, da es sich um Vorgänge handelt, welche die **Interessen der AN** des UN **wesentlich berühren** können.[221] Auch bei den unter Nr. 5 des Katalogs angeführten Fragen geht es im Übrigen um Angelegenheiten, die teilweise zugleich im Rahmen anderer Vorschriften des Gesetzes vom BR zu behandeln sind, beispielsweise im Zusammenhang mit der Regelung der Arbeitszeit, der Auswirkung von Arbeitsmethoden auf die Entlohnungsgrundsätze, im Rahmen der Mitwirkung des BR bei der Gestaltung von Arbeitsplatz, Arbeitsablauf und Arbeitsumgebung i. S. d. §§ 90, 91 sowie in den in § 111 Satz 3 Nr. 5 aufgeführten Fällen bei der Einführung neuer Arbeitsmethoden und Fertigungsverfahren. 79

7. Fragen des betrieblichen Umweltschutzes (Nr. 5 a)

Was »betrieblicher Umweltschutz« ist, bestimmt sich nach der Definition des § 89 Abs. 3. 80
Inhaltlich geht es insbes. um Herstellungsprozesse, die außerhalb des Betriebes liegende Umweltgüter in Gefahr bringen könnten;[222] doch ist auch an den umgekehrten Fall zu denken, dass im Betrieb vorhandene Umweltgüter gegen schädigende Einflüsse von außen (besser) geschützt werden sollen. Immer wird dabei ein **betrieblicher Bezugspunkt** vorausgesetzt; der WA ist von Gesetzes wegen nicht befugt, sich zum generellen Anwalt von Umweltinteressen zu machen. In der Fassung des Referentenentwurfes, bei dem nur von »Fragen des Umweltschutzes« die Rede war, hätte man eine solche Konsequenz ggf. ziehen können.[223] Da Maßnahmen zur Erhaltung und Förderung der Umwelt ein **bedeutsamer betriebswirtschaftlicher Kostenfaktor** sind,[224] ist die Aufnahme der Nr. 5 a in den Katalog des Abs. 3 sicherlich gerechtfertigt. Auf der anderen Seite war der WA schon bisher zumindest auf der Grundlage der Nr. 10 zu informieren.[225]

Die Einführung eines **Umweltmanagementsystems** nach der Öko-Audit-VO fällt unter 81
Nr. 5 a;[226] nach früherem Recht griff Abs. 3 Nr. 10 ein.[227] Der WA muss über die Einhaltung umweltrechtlicher Normen wie z. B. BImSchG oder StörfallVO informiert werden (Überblick zu den einschlägigen umweltrechtlichen Normen bei den Erl. zu § 89). Erst recht gilt dies, wenn im UN Spielräume bei der Umsetzung der gesetzlichen Vorgaben bestehen.[228] Darauf ist aber die Beratung mit dem WA nicht zu beschränken. Zu den Schwierigkeiten, Arbeits- und Umweltschutzrecht zusammenzuführen, siehe *Kohte*, FS Däubler, S. 642 ff.; sie sind angesichts

215 *Boemke/Ankersen*, BB 00, 2257.
216 *Däubler*, Internet, Rn. 129 ff.
217 *Fitting*, Rn. 63.
218 *Rumpff/Boewer*, S. 206.
219 *Däubler*, AiB 01, 214; *Cox/Offermann*, S. 60.
220 Bejahend *WW*, Rn. 17; ablehnend *GL*, Rn. 53; Richardi-*Annuß*, Rn. 47; GK-*Oetker*, Rn. 77.
221 Ebenso GK-*Oetker*, Rn. 77; MünchArbR-*Joost*, § 231 Rn. 38; Richardi-*Annuß*, Rn. 47.
222 Vgl. *Konzen*, RdA 01, 89.
223 Vgl. *Schiefer/Korte*, NZA 01, 82.
224 *Engels u. a.*, DB 01, 541.
225 Vgl. *Däubler*, AuR 01, 6; am Neuheitswert zweifelnd auch *Konzen*, RdA 01, 89.
226 Vgl. *DGB*-Stellungnahme, NZA 01, 138.
227 *Merten*, DB 96, 90.
228 Vgl. *Konzen*, RdA 01, 90.

der Beschränkung auf einen Informations- und Meinungsaustausch im Rahmen des WA ohne Bedeutung.[229]

8. Einschränkung oder Stilllegung von Betrieben oder von Betriebsteilen (Nr. 6)

82 Die Formulierung der Nr. 6 entspricht nahezu wörtlich der des § 111 Satz 3 Nr. 1. Während sich die Unterrichtung des BR nach § 111 jedoch auf die Fälle der Einschränkung und Stilllegung des ganzen Betriebs oder von **wesentlichen** Betriebsteilen bezieht, kommt es für die Unterrichtung des WA auf die Größe bzw. Bedeutung der Betriebsteile **nicht** an. Auch die Einschränkung oder Stilllegung kleinerer, nicht wesentlicher Betriebsteile unterliegt der Informationspflicht.[230] Anders als bei § 111 ist nicht erforderlich, dass den betroffenen Arbeitnehmern effektive Nachteile drohen.[231] Ohne Bedeutung ist auch, dass in dem stillzulegenden Betrieb kein BR existiert.[232] Erfasst ist auch ein beabsichtigtes »**Outplacement**«.[233]

9. Verlegung von Betrieben oder Betriebsteilen (Nr. 7)

83 Die Formulierung der Nr. 7 entspricht der des § 111 Satz 3 Nr. 2 mit der Maßgabe, dass die Unterrichtungspflicht nicht nur für die Verlegung von »wesentlichen«, sondern auch von **kleineren Betriebsteilen, ohne Rücksicht auf deren Größe und Bedeutung gilt**.[234] In diesem Zusammenhang kommt es ferner nicht auf befürchtete Nachteile für AN an.[235] Erfasst ist auch die Verlegung ins Ausland; dabei kann gleichzeitig eine Zuständigkeit des EBR bestehen.[236]

10. Zusammenschluss und Spaltung von Unternehmen und Betrieben (Nr. 8)

84 Die Vorschrift der Nr. 8 ist durch das UmwG neu gefasst worden. Die Verschmelzung von Unternehmen war schon zuvor über Nr. 10 erfasst, die Einbeziehung der neu geschaffenen Spaltung ist konsequent. Auch bei der Abspaltung wird kein Minimalumfang verlangt.[237] Die einzelnen Pläne bzw. Entwürfe sind dem WA in ihrem jeweiligen Entwicklungsstand zur Kenntnis zu bringen.[238] Der Formwechsel fällt i. d. R. unter Nr. 10.[239] Die möglichen Auswirkungen auf die betriebliche Ebene einschließlich potentieller Betriebsübergänge sind gleichfalls einzubeziehen. Informationen, die nach dem UmwG an den BR/GBR zu geben sind, stellen eine Untergrenze für Informationen dar, die der WA erhalten muss. Bezüglich der Konsequenzen für die Beschäftigten sind mindestens die von § 613 a Abs. 5 BGB geforderten Angaben zu machen. Mögliche weitere Beschäftigungsrisiken sind zu benennen. Dass auch Zusammenschlüsse und Spaltungen von Betrieben ohne Veränderungen auf der UN-Ebene einbezogen sind, entspricht der vor dem UmwG bestehenden Rechtslage.

11. Änderung der Betriebsorganisation oder des Betriebszwecks (Nr. 9)

85 Die Formulierung der Nr. 9 entspricht teilweise der des § 111 Satz 3 Nr. 4. Anders als dort kommt es für die Unterrichtung des WA jedoch nicht darauf an, dass es sich um **grundlegende** Änderungen der Betriebsorganisation oder des Betriebszwecks handelt. Es genügt insoweit **jede** Änderung. In § 111 Satz 3 Nr. 4 wird im Gegensatz zu § 106 Abs. 3 Nr. 9 außerdem die

229 Weitere Einzelfragen bei *Däubler*, in: Lorenz/Schneider, S. 39.
230 *Fitting*, Rn. 67; GK-*Oetker*, Rn. 81; MünchArbR-*Joost*, § 231 Rn. 30; *Rumpff/Boewer*, S. 207; GTAW-*Woitaschek* Rn 21.
231 WPK-*Preis*, Rn. 16.
232 *BAG* 9.5.95, DB 95, 1033.
233 *Kibler*, RdA 96, 366.
234 *Fitting*, Rn. 68; *Rumpff/Boewer*, S. 207.
235 GK-*Oetker*, Rn. 83.
236 *Zimmer*, AiB 05, 207.
237 *Kreßel*, BB 95, 927.
238 Vgl. *B. Gaul*, DB 95, 2265.
239 *Mengel*, S. 323.

Änderung der Betriebsanlagen angesprochen. Diese Fallkonstellation ist jedoch in Abs. 3 Nrn. 3 bis 5 mit enthalten und würde im Übrigen unter die Generalklausel der Nr. 10 fallen.[240]

12. Übernahme des Unternehmens (Nr. 9 a)

Durch das »Gesetz zur **Begrenzung der mit Finanzinvestitionen verbundenen Risiken**« vom 19.8.08[241] ist Nr. 9 a eingefügt und durch Abs. 2 Satz 2 sowie durch § 109 a »flankiert« worden. Er greift den Fall auf, dass das UN von einem Finanzinvestor aufgekauft werden soll, der es häufig umstrukturieren will, um es gewinnbringend weiterveräußern zu können. Dabei bestehen zusätzliche Gefahren des Personalabbaus, weil ein geringer Personalkostenanteil die Verkäuflichkeit und den Preis deutlich erhöht. In der politischen Umgangssprache ist im Anschluss an eine Äußerung von Franz Müntefering von »**Heuschrecken**« die Rede. **Bei börsennotierten Gesellschaften** greift das **WpÜG** ein, wonach ein Erwerber, der mindestens 30 % der Stimmrechte besitzt (§ 29 Abs. 2 WpÜG), dies unverzüglich, spätestens innerhalb von sieben Kalendertagen veröffentlichen muss und der dann innerhalb von vier Wochen ein **Angebot zur Übernahme** der übrigen Aktien zu unterbreiten hat (§ 35 Abs. 1 und 2 WpÜG). Die Entscheidung, ein schriftliches Angebot zu machen (sog. Angebotsunterlage), sowie dieses selbst sind dem Vorstand der zur Übernahme anstehenden (sog. Ziel-) Gesellschaft zu übermitteln, der es nach § 10 Abs. 5 Satz 2 bzw. nach § 14 Abs. 4 Satz 2 WpÜG **dem zuständigen BR zur Kenntnis** gibt. Existiert kein BR, sind die AN unmittelbar zu informieren. BR bzw. Belegschaft können eine Stellungnahme abgeben, die nach § 27 Abs. 2 WpÜG zusammen mit der der Unternehmensleitung zu veröffentlichen ist. **Nr. 9 a** betrifft entsprechende (Übernahme-)Vorgänge bei UN, deren Aktien nicht an der Börse gehandelt werden oder die eine andere Rechtsform haben; die Bestimmung will insoweit eine **Ungleichheit beseitigen.**[242] 86

Die **Vorschrift** der Nr. 9 a ist **missglückt.** Vom einzelkaufmännischen UN einmal abgesehen, vollzieht sich der Erwerb zwischen alten und neuen Gesellschaftern, während Unterrichtung und Beratung Sache der **Unternehmensleitung** sind, die über diese Vorgänge u. U. **nicht oder nur lückenhaft informiert** ist.[243] Auch sind praktisch keine Sanktionen möglich, wenn der Erwerber zwar den Geschäftsführer ins Vertrauen zieht, ihm aber zugleich absolute Diskretion auferlegt: Sich an diese Vorgabe nicht zu halten, würde einem Verzicht auf die bisherige Funktion gleichkommen.[244] Besteht kein Abschirmungsinteresse und werden Vorstand, Geschäftsführung usw. voll ins Bild gesetzt, so ist überdies die **Beratung** weithin **sinnlos**, da sie zwischen zwei Akteuren stattfindet, die beide keine Entscheidungsbefugnis haben.[245] Eine Verpflichtung des potentiellen Erwerbers, seine Absichten bekannt zu machen, besteht anders als nach WpÜG nicht. Angesichts der Nichtübernahme der dortigen Regelung würde es auch schwerfallen, eine planwidrige Lücke anzunehmen und diese durch eine analoge Anwendung der §§ 10 Abs. 5 Satz 2, 15 Abs. 4 Satz 2 WpÜG zu schließen.[246] Anders als im Fall der Umwandlung (oben Nr. 8) besteht eben keine (rechtlich durchsetzbare) Verpflichtung, die Geschäftsführung in die Übernahme einzubinden.[247] Der Sinn einer solchen defizitären Regelung liegt unter diesen Umständen auf der Hand: Wären BR und WA wirklich in der Lage, die Transaktionen und die mit ihnen verbundenen wirtschaftlichen Intentionen zur Kenntnis zu nehmen, würde sich allzu oft der Grundsatz bewahrheiten: Man zweifelt rasch an Treu und Glauben, sieht man dem Tiger zu beim Rauben. Dies kann nicht im Interesse des vom BetrVG gewollten Rechtsfriedens liegen. Zu einem evtl. **Informationsdurchgriff** auf den Veräußerer s. unten Rn. 91. 87

---

240 *GL*, Rn. 71; Richardi-*Annuß*, Rn. 55.

241 BGBl. I 1666.

242 BT-Dr. 16/7438 S. 9. Zu weiteren Instrumenten des Risikobegrenzungsgesetzes s. *König* BB 08, 1910.

243 Vgl. *Hjort* AiB 09, 135; *Liebers/Erren/Weiß* NZA 09, 1065; *Schröder/Falter* NZA 08, 1099; GTAW-*Woitaschek* Rn 11.

244 Auch eine Verpflichtung der Gesellschafter, die Geschäftsführung zu informieren (*Fitting* Rn. 100), ändert daran nichts.

245 Richtig *Thüsing* ZIP 08, 107: Information führt nur zur »**wohlinformierten Ohnmacht**«; vgl. auch *Hjort* AiB 09, 135.

246 *Simon-Dobel*, BB 08, 1956; *Liebers/Erren/Weiß* NZA 09, 1066.

247 *Löw*, DB 08, 758.

88 Handelt es sich um einen Einzelunternehmer oder verfügt die Unternehmensleitung über umfassende Informationen, so kann die **Auslegung** der Nr. 9 a praktische Bedeutung gewinnen. Von »**Kontrolle**« kann entgegen der amtlichen Begründung nicht schon dann die Rede sein, wenn 30 % der Anteilsrechte in einer Hand liegen, da anders als bei einer Publikumsgesellschaft meist mit einer Präsenz aller Gesellschafter zu rechnen ist. Insoweit ist auf die Umstände des Einzelfalls abzustellen; in der Regel wird eine **Stimmenmehrheit** Voraussetzung sein.[248] Geht es um die Übernahme der Kontrolle über die Muttergesellschaft durch einen Dritten, so ist Nr. 9 a entsprechend anzuwenden, da sich für die AN in den abhängigen UN dieselbe Situation wie beim Erwerb des ArbeitgeberUN ergibt.[249] Die **zu gewährenden Informationen** bestimmen sich nach Abs. 2 Satz 2, wo zu Unrecht von »Unterlagen« die Rede ist.[250] Inhaltlich geht es darum, wer der Erwerber ist, welche Absichten er in Bezug auf die künftige Geschäftstätigkeit besitzt und welche Auswirkungen sich für die Arbeitnehmer ergeben. Die »Absichten« können sich allerdings relativ schnell ändern, ohne dass sich der Erwerber deshalb einem belegbaren Verdacht der bewussten Irreführung aussetzen würde. Die Unterrichtungspflicht setzt in dem **Zeitpunkt** ein, wenn der potentielle Erwerber sein Interesse kundtut. Dies wird mittelbar aus Abs. 2 Satz 2 deutlich, der vom »potentiellen Erwerber« spricht. Erst den Zeitpunkt des Abschlusses der »Due-Diligence-Prüfung«,[251] der Abgabe eines bindenden Angebots[252] oder gar des Vorliegens eines »endverhandelten« Vertrages[253] für maßgebend zu erklären, würde das Informationsrecht noch weiter entwerten. Auch sind mit dem in Abs. 2 Satz 2 ausdrücklich genannten Bieterverfahren nicht nur definitive Angebote, sondern auch weniger weitreichende Erklärungen erfasst. Da die Verfügbarkeit der Informationen aber von vorne herein davon abhängt, dass Veräußerer und/oder Erwerber freiwillig mit offenen Karten spielen, ist das Einsetzen der rechtlich verbindlichen Unterrichtungspflicht zu Lasten der UNLeitung von vorne herein von eher marginaler Bedeutung. Auch die Gefährdung von Betriebs- oder Geschäftsgeheimnissen[254] erweist sich unter diesen Umständen als Scheinproblem.

13. Sonstige Vorgänge (Nr. 10)

89 Nach der Regelung der Nr. 10 unterliegen **alle sonstigen** Vorgänge und Vorhaben, wenn sie nicht bereits in den Nrn. 1 bis 9 a aufgeführt sind, ebenfalls der Unterrichtungspflicht des UN, sofern sie die Interessen der AN des UN wesentlich berühren können. Dies gilt im Normalfall auch für die **Einschaltung von Unternehmensberatern.**[255] Die Vorschrift enthält damit eine beschränkte **Generalklausel,** die eine umfassende Information des WA über alle Fragen sicherstellt, die für das UN und die Beschäftigten potentiell von Bedeutung sind.[256] Dies gilt auch für Planungen auf Konzernebene, die der Unternehmensleitung bekannt sind, ohne dass ihre Auswirkungen auf das UN bereits abschätzbar wären.[257] Erst recht ist dies für konzernweite Benchmarking-Daten anzunehmen, die ggf. Grundlage für personalpolitische Maßnahmen sind, um die besseren Zahlen eines anderen Konzernteils zu erreichen.[258] Unter Nr. 10 fallen auch Auskünfte über die **allgemeine wirtschaftliche Lage der Branche** sowie die Entwicklung der gesamtwirtschaftlichen Konjunktur. Erfasst sind weiter alle Formen der Zusammenarbeit mit anderen UN, Übertragung und Erwerb von Betrieben und Betriebsteilen nach

248 *Simon-Dobel* BB 08, 1956; *Schröder/Falter* NZA 08, 1097, 1099; GTAW-*Woitaschek* Rn 25; *Liebers/Erren/Weiß* NZA 09, 1065; auf den Einzelfall abstellen möchte *Ratayczak* AiB 08, 631; für eine entsprechende Klarstellung im Gesetzestext *Thüsing* ZIP 08, 108.
249 A. A. *Simon-Dobel* BB 08, 1956; *Liebers/Erren/Weiß* NZA 09, 1065; unentschieden *Löw* DB 08, 759.
250 Kritisch dazu auch *Löw* DB 08, 759; *Simon-Dobel* BB 08, 1957.
251 *Löw* DB 08, 760.
252 So *Simon-Dobel* BB 08, 1957.
253 So *Schröder/Falter* NZA 08, 1097, 1100.
254 Dazu *Liebers/Erren/Weiß* NZA 09, 1067.
255 *Balkenhol,* AiB 05, 340 ff.
256 *BAG* 11.7.00, DB 01, 599.
257 *Lerch/Weinbrenner,* NZA 13, 355, 356.
258 Ebenso *LAG Köln* 5.10.11 – 9 TaBV 94/10, juris

§ 613 a BGB.[259] Einzubeziehen sind weiter Fragen der Steuerpolitik und sonstige Maßnahmen der öffentlichen Hand, die Auswirkungen auf das UN haben können. Von Interesse ist weiter, ob die Geschäftspolitik durch außenpolitische Entwicklungen erleichtert oder erschwert wird. Auch **Stand und Ergebnis gerichtlicher Auseinandersetzungen** fallen unter Nr. 10, sofern sich nicht ganz unerhebliche wirtschaftliche Folgen ergeben können. Dasselbe gilt für die Einführung eines Qualitätsmanagements und die Absicht, sich nach DIN ISO 9000 zertifizieren zu lassen.[260]

Umstritten ist, inwieweit dem WA auch nicht unter Nr. 9 a fallende **Verträge über die Veräußerung von Geschäftsanteilen** an der Arbeitgeber-GmbH bzw. über Erwerb und Veräußerung von Gesellschaftsanteilen an der Arbeitgeber-OHG oder -KG oder einer Sperrminorität an der Arbeitgeber-AG zur Verfügung gestellt werden müssen.[261] Das *BAG*[262] betrachtet den Vertrag als solchen nicht als Angelegenheit des Unternehmens, so dass sich der WA nicht über den Preis und sonstige Bedingungen informieren kann. Dies ist durch die später hinzugekommenen Vorschriften von Abs. 3 Nr. 8 (oben Rn. 84) und Nr. 9 a (oben Rn. 86) überholt, die ausdrücklich Veränderungen im Bereich des Unternehmensträgers einbeziehen, weil auch sie ersichtlich AN-Interessen wesentlich berühren können.[263] Schon nach früherer Rechtslage[264] musste der WA über solche Teile des Vertrages informiert werden, die die künftige Geschäftspolitik ansprachen oder gar verbindlich regelten. Weiter mussten dem WA die Tatsache der Veräußerung als solche sowie Name und Anschrift des neuen Gesellschafters zur Kenntnis gebracht werden.[265] Dies ist zwar nur für den Alleingesellschafter einer GmbH entschieden worden, doch galt dasselbe auch bei anderen Unternehmensformen sowie in Bezug auf alle Personen, die – etwa wegen eines Anteils von 25,01 % – auf die Unternehmenspolitik Einfluss nehmen können. Heute bezeichnet diese Rechtsprechung ein Minimum, gewissermaßen einen ersten bescheidenen Versuch, die traditionelle Begrenzung des Arbeitsrechts auf die Folgenbewältigung unternehmerischer Entscheidungen[266] wenigstens durch Informationsrechte zu durchbrechen. Nimmt man die Erweiterung des Katalogs nach Abs. 3 ernst, muss man die Angebote des bisherigen Gesellschafters sowie die Angebote von Interessenten dem WA zur Kenntnis bringen. 90

Ihm ist insbes. mitzuteilen, wie das unternehmerische Konzept eines potentiellen Käufers aussieht und welche voraussichtlichen Konsequenzen es für die Arbeitsplätze hätte. Verträge, die dem Erwerber eine Sperrminorität verschaffen, sind dem WA in vollem Umfang zugänglich zu machen. Erfasst sind dabei auch die **Bedingungen im Einzelnen** sowie der zu bezahlende **Preis**, der gewichtige Rückschlüsse auf die wirtschaftliche Situation des UN zulässt. Soweit ein Erwerber die **Kontrolle über das UN** übernehmen kann, greift nunmehr Nr. 9 a ein. In anderen Fällen bleibt es bei der Anwendung der Nr. 10, die die von den Einzelbestimmungen offen gelassenen Bereiche erfasst.[267] Wird ein **Teil des Betriebsvermögens veräußert**, kann auch der BR die Vorlage der Verträge verlangen, um zu prüfen, ob ein Mitbestimmungsrecht besteht.[268]

VI. Durchgriff auf den beherrschenden Gesellschafter

Die Geschäftsleitung wird – wie o. Rn 87 ausgeführt – häufig nicht über alle erforderlichen Informationen verfügen. Deshalb stellt sich hier, häufiger aber noch in konzerngebundenen 91

259 *Karthaus*, AuR 07, 117; *Ritter*, S. 140; vgl. weiter *BAG* 22.1.91, NZA 91, 649 = AiB 91, 437 mit Anm. *Grimberg; LAG Hamm* 20.4.88 – 12 TaBV 10/88; *Oetker*, NZA 98, 1200) sowie ein geplanter Börsengang (HWK-*Willemsen/Lembke* Rn 83 a. E.).
260 Vgl. *Schmidt/Dobberahn*, NZA 95, 1017.
261 *Ritter*, S. 140.
262 22.1.91, NZA 91, 649 = AiB 91, 437 mit Anm. *Grimberg.*
263 Ebenso im Grundsatz *LAG Niedersachsen* 3.11.09, AiB 10, 263 = NZA-RR 10, 142.
264 *BAG*, a. a. O.
265 *BAG*, a. a. O.; ebenso *LAG Düsseldorf* 29.3.89, LAGE § 106 BetrVG 1972 Nr. 3.
266 Dazu *Wolter*, AuR 08, 328; *Eylert/Gotthardt*, RdA 07, 91 ff.
267 A. A. *Simon/Dobel*, BB 08, 1956.
268 *LAG Berlin* 6.8.97, AuR 99, 71.

UN die Frage des »**Informationsdurchgriffs**« auf den Alleingesellschafter bzw. den beherrschenden Gesellschafter. Sobald dieser über die künftige Unternehmenspolitik verhandelt und ggf. Verpflichtungen eingeht, kann er sich nicht mehr hinter dem »Mantel« der juristischen Person GmbH oder AG verbergen;[269] andernfalls würden die Informationsrechte nach § 106 entscheidend entwertet (zur vergleichbaren Durchgriffsproblematik im Rahmen des Sozialplans s. §§ 112, 112 a Rn. 186 ff.). Die Existenz und Anerkennung verschiedener juristischer Personen in einem Konzern hat primär den Sinn, die Haftung zu beschränken (und ggf. steuerliche Vorteile zu genießen); die vom Arbeitsrecht gewollte Transparenz soll nicht angetastet werden. Rechtstechnisch lässt sich dies in der Weise realisieren, dass sich das **AG-UN nicht darauf berufen** kann, dass ihm die relevanten **Informationen fehlen.**[270] Da es wirtschaftlich mit der Konzernmutter eine Einheit bildet, treffen die bei Nichterfüllung der Verpflichtungen vorgesehenen Sanktionen im Ergebnis auch die Konzernobergesellschaft. Denselben Weg geht in Vollzug der EU-Massenentlassungsrichtlinie die Vorschrift des § 17 Abs. 3 a KSchG. Auch Art. 7 Abs. 4 der EU-Betriebsübergangsrichtlinie (Richtlinie 2001/23/EG) enthält eine vergleichbare Bestimmung. Ob und auf welcher Rechtsgrundlage eine konzerninterne Pflicht zur Übermittlung von Informationen an die Tochtergesellschaft besteht,[271] ist demgegenüber nicht entscheidend, zumal ein abhängiges UN häufig sowieso nicht in der Lage ist, Ansprüche gegenüber dem herrschenden UN gerichtlich geltend zu machen.

91a Ob man Ansprüche auch **direkt gegen die Konzernobergesellschaft** geltend machen kann, ist nicht definitiv geklärt. Das LAG Niedersachsen schien es ausweislich seines Leitsatzes in einem Verfahren nach § 98 Abs. 2 ArbGG für grundsätzlich möglich zu halten,[272] musste aber letztlich nicht darüber entscheiden, da die herrschende Gesellschaft zusammen mit ihren Töchtern einen gemeinsamen Betrieb gebildet hatte. In der Literatur wird mit Recht der Standpunkt vertreten, in Fällen des **Rechtsmissbrauchs** sei eine solche Annahme gerechtfertigt. Dieser liegt insbesondere dann vor, wenn die herrschende Gesellschaft alle wesentlichen sozialen und personellen Entscheidungen selbst trifft, gleichwohl aber die Tochtergesellschaft nicht informiert.[273] Die Bereitschaft, von diesen Möglichkeiten Gebrauch zu machen, scheint in der Praxis allerdings nicht besonders ausgeprägt zu sein. Der potentielle Erwerber der Anteilsrechte (Nr. 9 a) ist demgegenüber von vorne herein nicht zu irgendwelchen Auskünften verpflichtet (oben Rn. 87).[274]

VII. Streitigkeiten

92 Bestehen Meinungsverschiedenheiten darüber, ob die Bildung eines WA zulässig ist, entscheiden die ArbG im Wege des Beschlussverfahrens nach §§ 2 a, 80 ff. ArbGG;[275] dabei ist ein Feststellungsantrag zu stellen,[276] der sich auf das UN beziehen muss.[277] Ein bereits gebildeter WA, dessen Unzulässigkeit der UN festgestellt wissen will, ist nicht neben dem BR/GBR am Verfahren beteiligt, da es nur um seine Funktion als »Hilfsorgan« geht.[278] Im Beschlussverfahren ist auch zu klären, ob ein bestimmter Gegenstand unter den Katalog des § 106 Abs. 3 fällt.[279] Über das Problem, ob innerhalb dieses Bereichs eine bestimmte Information zu geben oder eine bestimmte Unterlage zur Verfügung zu stellen ist, entscheidet demgegenüber die ESt.

---

269 Wie hier *Ratayczak,* AiB 08, 632, *U. Fischer* AuR 2002, 7, 8 f. sowie der Tendenz nach auch *LAG Niedersachsen* 3.11.09, AiB 10, 263 = NZA-RR 10, 142; a. A. *Diller/Powietzka* DB 01, 1034; *Fleischer,* ZfA 09, 787, 806 ff.; *Schröder/Falter* NZA 08, 1097; zur vergleichbaren Problematik bei der Errichtung eines EBR s. § 5 EBRG Rn. 5.

270 So auch *Lerch/Weinbrenner* NZA 13, 355, 357 li. Sp. oben.

271 Dazu eingehend *Lerch/Weinbrenner* NZA 13, 356 ff.

272 *LAG Niedersachsen* 3.11.09, NZA 10, 142 = AiB 10, 263 mit Anm. *Trittin/Gilles.*

273 *Lerch/Weinbrenner* NZA 13, 355, 359.

274 *Fleischer,* ZfA 09, 787, 803.

275 *LAG Hessen,* 1.8.06, NZA-RR 07, 200: Streit um Tendenzcharakter des UN.

276 *BAG* 7.4.04 NZA 05, 312.

277 *BAG* 22.7.14, NZA 14, 1417.

278 HWK-*Willemsen/Lembke,* Rn. 85.

279 *BAG* 21.2.92, DB 92, 435.

nach § 109.[280] Zum Streit um die potentielle Gefährdung von Betriebs- und Geschäftsgeheimnissen s. o. Rn. 65. Im ESt.- wie im Beschlussverfahren ist Beteiligter auf AN-Seite allerdings nicht der WA, sondern der BR bzw. GBR.[281]

Verletzungen der Auskunftspflicht nach § 106 Abs. 2 sind Ordnungswidrigkeiten i. S. d. § 121 (vgl. § 121 Rn. 11). Darüber hinaus kommt die Anwendung des § 23 Abs. 3 in Betracht.[282] **93**

Kommt das AG-UN seinen Publizitätspflichten nicht nach, reicht es beispielsweise entgegen HGB seinen Jahresabschluss nicht zum Handelsregister ein, kann das zuständige **Registergericht Ordnungsgelder** verhängen; ein entsprechender Antrag kann auch von einem WA- oder BR-Mitglied sowie vom jeweiligen Gremium gestellt werden.[283] Ob man davon Gebrauch macht, hängt von den betrieblichen (Macht-)Verhältnissen ab.[284] **94**

§ 107 Bestellung und Zusammensetzung des Wirtschaftsausschusses

(1) Der Wirtschaftsausschuss besteht aus mindestens drei und höchstens sieben Mitgliedern, die dem Unternehmen angehören müssen, darunter mindestens einem Betriebsratsmitglied. Zu Mitgliedern des Wirtschaftsausschusses können auch die in § 5 Abs. 3 genannten Angestellten bestimmt werden. Die Mitglieder sollen die zur Erfüllung ihrer Aufgaben erforderliche fachliche und persönliche Eignung besitzen.

(2) Die Mitglieder des Wirtschaftsausschusses werden vom Betriebsrat für die Dauer seiner Amtszeit bestimmt. Besteht ein Gesamtbetriebsrat, so bestimmt dieser die Mitglieder des Wirtschaftsausschusses; die Amtszeit der Mitglieder endet in diesem Fall in dem Zeitpunkt, in dem die Amtszeit der Mehrheit der Mitglieder des Gesamtbetriebsrats, die an der Bestimmung mitzuwirken berechtigt waren, abgelaufen ist. Die Mitglieder des Wirtschaftsausschusses können jederzeit abberufen werden; auf die Abberufung sind die Sätze 1 und 2 entsprechend anzuwenden.

(3) Der Betriebsrat kann mit der Mehrheit der Stimmen seiner Mitglieder beschließen, die Aufgaben des Wirtschaftsausschusses einem Ausschuss des Betriebsrats zu übertragen. Die Zahl der Mitglieder des Ausschusses darf die Zahl der Mitglieder des Betriebsausschusses nicht überschreiten. Der Betriebsrat kann jedoch weitere Arbeitnehmer einschließlich der in § 5 Abs. 3 genannten leitenden Angestellten bis zur selben Zahl, wie der Ausschuss Mitglieder hat, in den Ausschuss berufen; für die Beschlussfassung gilt Satz 1. Für die Verschwiegenheitspflicht der in Satz 3 bezeichneten weiteren Arbeitnehmer gilt § 79 entsprechend. Für die Abänderung und den Widerruf der Beschlüsse nach den Sätzen 1 bis 3 sind die gleichen Stimmenmehrheiten erforderlich wie für die Beschlüsse nach den Sätzen 1 bis 3. Ist in einem Unternehmen ein Gesamtbetriebsrat errichtet, so beschließt dieser über die anderweitige Wahrnehmung der Aufgaben des Wirtschaftsausschusses; die Sätze 1 bis 5 gelten entsprechend.

Inhaltsübersicht Rn.

280 *BAG*, a. a. O.
281 *BAG* 11.7.00, DB 01, 599.
282 *LAG Berlin-Brandenburg* 30.3.12, juris; *ArbG Ludwigshafen* 22.4.88 – 7 BV 13/88; HK-BetrVG-*Steffan*, Rn. 34; WPK-*Preis*, Rn. 22; GTAW-*Woitaschek* Rn 13.
283 S. LG Wuppertal, 31.1.03 AuR 03, 352 mit Anm. *Th. Schmidt*.
284 *Growe*, a. a. O.

I. Vorbemerkungen

1 Anders als unter dem BetrVG 1952 ist der WA nach geltendem Recht als **reines Arbeitnehmerorgan** und nicht als paritätisches Gremium ausgestaltet. Vorstellungen der damaligen CDU/CSU-Opposition, den WA weiterhin je zur Hälfte aus AG- und BR-Vertretern zusammenzusetzen, fanden keine Mehrheit. Nicht übernommen wurde aber auch die Vorstellung des DGB, die Aufgaben des WA dem BR zu übertragen und so das Gremium insgesamt überflüssig zu machen. Allerdings besteht nach Abs. 3 der Bestimmung die **Möglichkeit,** den **WA** unter bestimmten Voraussetzungen **durch einen BR-Ausschuss zu ersetzen.** Soweit ersichtlich, sind die praktischen Erfahrungen mit der 1972 geschaffenen Struktur ungleich positiver als mit dem Paritätsmodell in den 20 Jahren zuvor.[1]

2 Während § 106 Abs. 1 im Einzelnen bestimmt, wann ein WA zu errichten ist und welche Aufgaben er hat, geht es **in § 107** um die **Einzelheiten der Umsetzung:** Größe und Zusammensetzung des WA, Bestellung, Amtszeit und Abberufung seiner Mitglieder, Einzelfragen der Ersetzung durch einen BR-Ausschuss. Des Sachzusammenhangs wegen ist auch die Rechtsstellung der einzelnen WA-Mitglieder in die Erläuterungen einzubeziehen.

II. Größe und Zusammensetzung des Wirtschaftsausschusses

1. Mitgliederzahl und Zusammensetzung im Allgemeinen

3 Das Gesetz legt für die Mitgliederzahl nur einen **Rahmen** fest; sie muss **mindestens 3** und **höchstens 7** betragen. Ein zwingender Zusammenhang mit der Größe des UN besteht nicht. Die **konkrete Mitgliederzahl** wird allein vom BR bzw. GBR festgelegt; eine Abstimmung mit dem UN ist nicht erforderlich.[2] Auch gegen die Festlegung einer geraden Mitgliederzahl (4 oder 6) bestehen keine Bedenken.[3]

4 Das **Amt eines WA-Vorsitzenden** ist im Gesetz nicht vorgesehen, doch ist es sinnvoll, dass ein Mitglied Geschäftsführungsfunktionen übernimmt, z. B. zu den Sitzungen einlädt und für Protokollierung sorgt.[4] Zur besseren Koordination mit dem BR sollte dies sinnvollerweise ein BR-Mitglied sein.[5] Ein Minderheitenschutz in dem Sinne, dass bestimmte Listen Berücksichtigung finden müssten, ist nicht vorgesehen.

5 Entsprechend der für den GBR bzw. KBR geltenden Regelung (§§ 47 Abs. 3, 55 Abs. 2) kann für jedes WA-Mitglied mindestens ein **Ersatzmitglied** bestimmt werden.[6] Bei mehreren Nachrückern ist die Reihenfolge festzulegen. Sinnvoll ist es auch, dieselbe Person zum **Ersatzmit-**

1 *Gege,* S. 266 ff.
2 ErfK-*Kania,* Rn. 1; HWGNRH-*Hess,* Rn. 3; Richardi-*Annuß,* Rn. 2.
3 *Fitting,* Rn. 3; GK-*Oetker,* Rn. 5 ; HWGNRH-*Hess,* Rn. 4; *Rumpff/Boewer,* S. 213; *SB,* Rn. 2.
4 *Fitting,* Rn. 4; *Halberstadt,* Rn. 7.
5 *SB,* Rn. 3.
6 *Fitting,* Rn. 16; GK-*Oetker,* Rn. 29; Richardi-*Annuß,* Rn. 14.

glied für alle (oder mehrere) WA-Mitglieder zu bestellen: Angesichts der Kompliziertheit der zu behandelnden Fragen ist es sinnvoll, wenn ein und dieselbe Person sich im Hinblick auf vermutlich öfters auftauchende Vertretungsfälle gezielt vorbereiten und notfalls qualifizieren kann.

2. Unternehmensangehörige Arbeitnehmer

Alle Mitglieder des WA müssen dem UN angehören, d. h. in einem der Betriebe des UN tätig sein.[7] Anders als im Aufsichtsrat nach dem MitbG und dem MontanMitbG sind **keine außerbetrieblichen Mitglieder vorgesehen.** Zum Teilnahmerecht eines Gewerkschaftsvertreters s. § 108 Rn. 15. 6

Zum UN gehören alle Personen, die in seine Organisation eingegliedert sind; der Status eines AN ist nicht erforderlich.[8] Einbezogen sind daher neben den **Heimarbeitern** auch **AN-ähnliche Personen.**[9] Bei **Leiharbeitnehmern** liegt eine nur vorübergehende Eingliederung vor, die im Rahmen des § 107 nicht ausreicht. Daran hat sich auch durch die Einräumung des aktiven Wahlrechts nichts geändert,[10] doch war schon bisher eine Ausnahme dann zu machen, wenn die Entleihung auf unbestimmte Zeit erfolgt war und nur unter Wahrung von ähnlichen Fristen, wie sie für eine Kündigung gelten, beendet werden konnte. Nunmehr ist die AN-Überlassung nur noch »vorübergehend« möglich; wird diese Schwelle überschritten, müsste ein Arbeitsverhältnis zum Entleiher angenommen werden,[11] doch konnte sich das BAG zu einer solchen Konsequenz nicht durchringen.[12] **Angehörige eines anderen Konzern-UN** sind nach dem eindeutigen Gesetzeswortlaut nicht erfasst. Entscheidend kommt es dabei aber auf den tatsächlichen Arbeitsort an; die Tatsache, dass ein Beschäftigter einen Arbeitsvertrag mit der Konzernspitze oder einer Personalführungsgesellschaft hat, ändert nichts an seiner Unternehmenszugehörigkeit, wenn er auf Dauer bei einer Tochtergesellschaft tätig ist. Besteht aufgrund TV nach § 3 Abs. 1 Nr. 3 ein BR für mehrere UN, können auch die WA-Mitglieder aus allen beteiligten UN stammen. 7

Nicht in das Unternehmen eingegliedert sind **Aktionäre,**[13] **Gesellschafter einer GmbH** und Genossen einer Genossenschaft.[14] Auch wer lediglich AR-Mitglied ist, gehört i. S. d. § 107 nicht zum UN.[15] Untauglich als Mitglied des WA sind der **UN selbst** bzw. die Person, die ihn nach § 108 Abs. 2 Satz 1 vertritt. Dasselbe gilt für die von § 5 Abs. 2 Nrn. 1 und 2 erfassten Personen, insbesondere **GmbH-Geschäftsführer** bzw. **geschäftsführende Gesellschafter einer OHG.**[16] Auch die übrigen in § 5 Abs. 2 genannten Personengruppen scheiden aus – sei es, dass ihre Tätigkeit arbeitnehmeruntypisch ist, so dass sie sich deshalb nicht als Repräsentanten eignen (Nrn. 3 und 4), sei es, dass sie in einer allzu großen Nähe zum AG stehen.[17] Auch liegt ein Gegenschluss aus Abs. 1 Satz 2 nahe. 8

Leitende Angestellte können nach der ausdrücklichen Vorschrift des Abs. 1 Satz 2 **Mitglieder des WA sein.** Auch Mitgliedschaft im Sprecherausschuss steht nicht entgegen.[18] Damit soll ihre Sachkunde nutzbar gemacht werden, doch **liegt** es **allein im Ermessen des BR bzw. GBR,** ob er von dieser Möglichkeit Gebrauch machen will. Die Gruppe der Leitenden hat nicht etwa einen Anspruch, bei der Zusammensetzung des WA berücksichtigt zu werden. Leitende Angestellte, die WA-Mitglieder geworden sind, dürfen vom UN nicht als seine Vertreter in Besprechungen mit dem WA geschickt werden.[19] 9

---

7 Richardi-*Annuß,* Rn. 3; *Fitting,* Rn. 5.
8 *Fitting,* Rn. 6.
9 GK-*Oetker,* Rn. 6; HWGNRH-*Hess,* Rn. 5; HWK-*Willemsen/Lembke,* Rn. 6.
10 HWK-*Willemsen/Lembke,* Rn. 7.
11 S. ErfK-*Wank,* § 1 AÜG Rn. 37 d mwN.
12 *BAG* 10.12.13NZA 14, 196.
13 *WW,* Rn. 2.
14 *Fitting,* Rn. 6; HWGNRH-*Hess,* Rn. 6.
15 GK-*Oetker,* Rn. 7; HWGNRH-*Hess,* Rn. 6.
16 *Fitting,* Rn. 5; GK-*Oetker,* Rn. 11; Richardi-*Annuß,* Rn. 5; *WW,* Rn. 2.
17 Ebenso im Ergebnis H-WGNRH-*Hess,* Rn. 6; a. A. GK-*Oetker,* Rn. 11; *LK,* Rn. 5; *WW,* Rn. 2.
18 GK-*Oetker,* Rn. 11.
19 *Fitting,* Rn. 5.

10 **AN,** die **in ausländischen Betrieben des UN** tätig sind, können Mitglieder des WA werden.[20] Sie gehören genauso wie die Inlandsbeschäftigten zum UN und sind von seinen Entscheidungen in gleicher Weise betroffen. Die Gegenmeinung beruft sich ohne jede empirische Basis auf etwaige Verbote des ausländischen Rechts. Auch übersieht sie zum Teil, dass im Einzelfall eine sog. Ausstrahlung vorliegen kann, die sogar das aktive und passive Wahlrecht zum BR bestehen lässt.[21]

3. Mindestrepräsentanz des Betriebsrats

11 **Mindestens ein Mitglied des WA muss dem BR angehören.** Wird der WA vom GBR gewählt (u. Rn. 15), so reicht es aus, wenn die betreffende Person einem Einzel-BR angehört.[22] Dem BR bzw. GBR ist es unbenommen, dieses **Minimum** zu überschreiten; es bestehen keinerlei rechtliche Bedenken dagegen, dass der WA ausschließlich aus BR-Mitgliedern besteht. Fehlt die gesetzlich vorgeschriebene Mindestrepräsentanz, ist der WA nicht dem Gesetz entsprechend gebildet; der UN kann sich weigern, die in § 106 vorgesehenen Informationen zu gewähren.[23]

4. Fachliche und persönliche Eignung der Mitglieder

12 Nach Abs. 1 Satz 3 »sollen« die WA-Mitglieder die zur Erfüllung ihrer Aufgaben erforderliche **»fachliche und persönliche Eignung«** besitzen. Von ihnen wird daher erwartet, dass sie die zu den Gegenständen des § 106 Abs. 3 gegebenen Informationen verstehen, beurteilen und zu ihnen Stellung nehmen können.[24] Irgendeine **Formalqualifikation** ist **nicht erforderlich.** I. d. R. wird es insbes. um **betriebswirtschaftliche, technische, arbeitswissenschaftliche** und **juristische Kenntnisse** gehen.[25] Auch wer die nötigen Kenntnisse im Selbststudium oder auf Grund praktischer Erfahrungen erworben hat, ist selbstverständlich geeignetes WA-Mitglied.[26] Das *BAG* verlangt u. a. **betriebswirtschaftliche Grundkenntnisse** sowie die Fähigkeit, den Jahresabschluss anhand der vom UN gegebenen Erläuterungen zu verstehen und gezielte Nachfragen zu stellen.[27] In der Praxis sind dies häufig unerfüllbare Voraussetzungen.[28]

13 Die gleichfalls vorausgesetzte **persönliche Eignung** meint primär Loyalität und Diskretion.[29] Eine Konkretisierung im Einzelfall ist schwierig; in der Literatur findet sich u. a. die widersprüchliche Anforderung, vorausgesetzt seien »Anständigkeit und Zuverlässigkeit«, jedoch keine »besonderen Charaktereigenschaften«.[30] In der Praxis werden Bedenken nur dann entstehen, wenn ein WA-Mitglied wegen Geheimnisbruchs nach § 120 oder wegen Vermögensdelikten vorbestraft ist.

14 Da es sich um eine **Soll-Vorschrift** handelt, lässt ein Verstoß die *Wirksamkeit* der Mitgliedschaft im WA unberührt. Das BetrVG 1952 hatte demgegenüber in § 68 noch eine Muss-Vorschrift enthalten. Der Sache nach hat die verlangte **Eignung daher** nur die **Bedeutung eines Hinweises.**[31] Bei »offensichtlicher Ungeeignetheit« will HWGNRH-*Hess,* (Rn. 14) einen Verstoß gegen § 23 Abs. 1 annehmen und dem AG das Recht einräumen, die nach § 106 Abs. 3

20 ErfK-*Kania,* Rn. 3; *Fitting,* Rn. 7; GK-*Fabricius,* 6. Aufl., § 106 Rn. 48; HaKo-*Steffan,* Rn. 2; WPK-*Preis,* Rn. 1; a. A. HWGNRH-*Hess,* Rn. 7; GK-*Oetker,* Rn. 9; Richardi-*Annuß,* Rn. 6; vermittelnd HWK-*Willemsen/Lembke,* Rn 8: nur bei dauerhafter Entsendung ins Inland.

21 § 1 Rn. 25; *Däubler,* Betriebsverfassung in globalisierter Wirtschaft, S. 38 ff.; für diese Fälle wie hier GK-*Oetker,* § 107 Rn. 9.

22 ErfK-*Kania,* Rn. 3; *Fitting,* Rn. 8; HSWGN-*Hess,* Rn. 7; MünchArbR-*Joost,* § 231 Rn. 17; GK-*Oetker,* Rn. 12; Richardi-*Annuß,* Rn. 7.

23 Richardi-*Annuß,* Rn. 7.

24 Richardi-*Annuß,* Rn. 8.

25 Vgl. GK-*Oetker,* Rn. 18.

26 GTAW-*Woitaschek* Rn. 3.

27 *BAG* 18.7.78, AP Nr. 1 zu § 108 BetrVG 1972; vgl. auch *BAG* 20.1.76, AP Nr. 10 zu § 89 ArbGG 1953.

28 Krit. auch *Fitting,* Rn. 10.

29 Vgl. Richardi-*Annuß,* Rn. 8.

30 *Fitting,* Rn. 11; GK-*Oetker,* Rn. 19.

31 ErfK-*Kania,* Rn. 4 a. E.; *Fitting,* Rn. 12; HK-BetrVG-*Steffan,* Rn. 3 a. E.; ebenso im Ergebnis Richardi-*Annuß,* Rn. 9.

geschuldeten Informationen zu verweigern – eine Lösung, bei der Auseinandersetzungen geradezu vorprogrammiert sind und für die jeder Anhaltspunkt im Gesetz fehlt. Auch ist zu beachten, dass bei Ersetzung des WA durch einen BR-Ausschuss nach Abs. 3 das Eignungselement sowieso keine Rolle spielt. Weiter ist denkbar, dass kein einziges BR-Mitglied und auch kein anderer zur Mitarbeit bereiter AN den vom *BAG* aufgestellten Anforderungen entspricht; gleichwohl muss es möglich sein, einen WA zu bilden.[32] Für diesen Fall gibt das *BAG*[33] ausnahmsweise auch solchen WA-Mitgliedern einen Fortbildungsanspruch nach § 37 Abs. 6, die nicht zugleich BR-Mitglieder sind.

III. Bestellung, Amtszeit und Abberufung der Mitglieder des Wirtschaftsausschusses

1. Das Wahlgremium: Betriebsrat oder Gesamtbetriebsrat

15 Besteht im UN nur ein Betrieb, bestimmt der BR die Mitglieder des WA. Existiert ein GBR, ist dieser allein für die **Wahl des WA** zuständig. Zur **Bildung eines Konzern-WA** s. § 106 Rn. 18.

16 **Besteht kein GBR,** obwohl er nach dem Gesetz errichtet werden müsste (§ 47 Rn. 12 ff.), ist die **Bildung eines WA nicht möglich.**[34] Eine entsprechende Anwendung des § 68 Abs. 2 Satz 3 BetrVG 1952 kommt nicht in Betracht, da er voraussetzte, dass die Bildung eines GBR freiwillig war und nicht dadurch beeinflusst werden sollte, dass ohne GBR auch kein WA möglich gewesen wäre. Erst recht ist es ausgeschlossen, dass jeder BR seinen eigenen WA bildet; eine solche Verdoppelung oder Verdreifachung ist im Gesetz nicht vorgesehen.[35]

17 Unschädlich ist es, wenn zum UN einzelne Betriebe gehören, die keinen BR gewählt haben und die deshalb nicht im GBR vertreten sind. Ein **WA** kann **auch dann gebildet** werden, **wenn nur in einem Betrieb des UN ein BR existiert,** die allgemeinen Voraussetzungen des § 106 Abs. 1 aber gegeben sind: In diesem Fall bestimmt der vorhandene BR den WA.[36] Eine solche Lösung liegt näher am Gesetzeszweck als der völlige Verzicht auf den WA, obwohl dieser nicht von allen unternehmensangehörigen AN mitlegitimiert ist.

2. Festlegung der Mitgliederzahl und Auswahl der Personen

18 Bevor der **BR** die Mitglieder des WA bestellt, muss er mit der Mehrheit der Stimmen der Anwesenden (§ 33 Abs. 1) **über die Größe des WA Beschluss fassen.** Dasselbe gilt für den GBR, wobei allerdings zu berücksichtigen ist, dass nicht nach Köpfen, sondern nach repräsentierter AN-Zahl abgestimmt wird.

19 Die **Bestellung der Mitglieder** erfolgt auf demselben Wege. Das Gruppenprinzip und der sog. Minderheitenschutz spielten schon bisher keine Rolle.[37]

20 Jedes WA-Mitglied ist einzeln zu wählen. Das bedeutet jedoch nicht, dass entsprechend viele Wahlgänge stattfinden müssten. Möglich ist auch die **Wahl** in einem Wahlgang, wobei jedes BR- bzw. GBR-Mitglied so viele Stimmen haben muss, wie WA-Mitglieder zu wählen sind.[38]

21 Die **Wahl** in den WA **kann abgelehnt werden.** Dies gilt insbes. für Personen, die nicht dem BR angehören,[39] doch können auch dessen Mitglieder nicht zur Übernahme dieses Zusatzamtes gezwungen werden.[40]

---

32 Ebenso *Fitting,* Rn. 12.

33 11.11.98, NZA 1999, 1119 = AP Nr. 129 zu § 37 BetrVG 1972.

34 *Fitting,* Rn. 20; GK-*Oetker,* Rn. 23; *GL,* Rn. 13; HWGNRH-*Hess,* Rn. 17; ErfK-*Kania,* Rn 5; Richardi-*Annuß,* Rn. 11; *Rumpff/Boewer,* S. 216; a. A. GK-*Fabricius,* 6. Aufl., Rn. 23 ff.

35 Vgl. *Rumpff/Boewer,* S. 215.

36 *Cox/Offermann,* S. 19; ErfK-*Kania,* Rn. 5; *Grauvogel u. a.,* Rn. 282; MünchArbR-*Joost,* § 231 Rn. 12; Richardi-*Annuß,* Rn. 12; *Ritter,* S. 112; *Rumpff/Boewer,* S. 217.

37 *Engels/Natter,* BB-Beilage 8/89, S. 22.

38 GK-*Fabricius,* 6. Aufl., Rn. 21.

39 *Dütz,* FS Westermann, S. 43; *Gege,* S. 151; GK-*Oetker,* Rn. 28.

40 MünchArbR-*Joost,* § 231 Rn. 19.

3. Amtszeit

22 Wird der WA vom BR gewählt, teilt er nach Abs. 2 Satz 1 dessen Amtszeit. Sie beträgt also **im Regelfall 4 Jahre.** Ist sie kürzer, weil z. B. der BR vorzeitig zurücktritt, wirkt sich dies automatisch auch auf den WA aus. Er ist insoweit ein **»akzessorisches« Organ** (anders 5. Aufl., Rn. 19), was seiner Funktion als Hilfsorgan für den BR entspricht. Ohne Bedeutung ist, wenn durch Rücktritt oder Ausscheiden einzelner BR-Mitglieder Nachrücker zum Zuge kommen, da der BR als solcher derselbe bleibt.

23 Wurde der WA vom GBR gewählt, so endet die Amtszeit seiner Mitglieder in dem Zeitpunkt, in dem die Amtszeit der Mehrheit der Mitglieder des GBR, die an der Bestimmung mitzuwirken berechtigt waren, abgelaufen ist (Abs. 2 Satz 2 Halbsatz 2). Die **Amtszeit eines GBR-Mitglieds** endet mit der Amtszeit des BR, das ihn entsandt hat. Ein bloßer Personenaustausch (etwa durch Rücktritt oder Ausscheiden aus dem Einzel-BR) ist auch insoweit unerheblich. Keine Rolle spielt, ob die Vertreter des jeweiligen Einzel-BR an der Wahl des WA effektiv teilgenommen haben; der eindeutige Gesetzeswortlaut stellt allein auf die Berechtigung zur Mitwirkung ab.[41] Wichtig ist schließlich, dass es auf die »Amtszeit der Mitglieder« und nicht auf ihr Stimmengewicht ankommt.[42] Sind 6 BR im GBR mit je 2 Personen vertreten, so endet die Amtszeit des WA, wenn die Amtszeit der insgesamt 8 Mitglieder entsendenden BR abgelaufen ist. Dass die verbleibenden 4 Vertreter möglicherweise die Stimmenmehrheit besitzen, ist ohne Bedeutung. Auch spielt es keine Rolle, wenn inzwischen durch Aufkauf von Betrieben neue GBR-Mitglieder hinzugekommen sind. Bis zur Neuwahl bleibt der WA geschäftsführend im Amt.[43]

4. Abberufung und sonstiges Erlöschen des Amtes als Wirtschaftsausschuss-Mitglied

24 Jedes WA-Mitglied kann nach Abs. 2 Satz 3 jederzeit abberufen werden; hierfür ist **dasselbe Verfahren wie für die Wahl** vorgesehen (o. Rn. 20). Eines besonderen Grundes bedarf es nicht.[44] Die vereinzelt vertretene Auffassung,[45] wonach eine Abberufung nur erfolgen könne, wenn die erforderliche persönliche und fachliche Eignung fehle oder wegfalle, hat sich nicht durchsetzen können: Das Gesetz gibt keinen Anhaltspunkt für eine derartige restriktive Auslegung von Abs. 2 Satz 3. Angesichts der engen Anbindung des WA an den BR bzw. GBR ist es nicht sinnvoll, ein WA-Mitglied weiter amtieren zu lassen, das das Vertrauen der BR-Mehrheit verloren hat.[46] Ob die allgemeinen Grenzen des Rechtsmissbrauchs und des Schikaneverbots[47] jemals praktische Bedeutung gewinnen können, erscheint zweifelhaft: Mit einem demokratischen Wahlamt ist das Risiko verbunden, auch aus unsachlichen Gründen abberufen zu werden. So wenig wie man eine Wahl als »wenig sachgerecht« oder »ungerecht« von Rechts wegen korrigieren kann, so wenig ist dies bei einer Abwahl der Fall.

25 Außer durch Abberufung kann das Amt eines WA-Mitglieds auch durch **Rücktritt** enden.[48] Dies ergibt sich aus der Freiwilligkeit der Übernahme des Amtes; § 24 Abs. 1 Nr. 2 findet insoweit entsprechende Anwendung.[49]

26 **Scheidet ein WA-Mitglied aus dem UN aus,** verliert es die Wählbarkeitsvoraussetzung des Abs. 1 Satz 1; in diesem Augenblick **endet** daher auch das **Amt des WA-Mitglieds.**[50] Eine Amtsenthebung entsprechend § 23 Abs. 1 ist nicht vorgesehen und auch nicht erforderlich, da

---

41 Richardi-*Annuß*, Rn. 19.
42 GK-*Oetker*, Rn. 31; Richardi-*Annuß*, Rn. 19; *WW*, Rn. 6.
43 *Lerch/Weinbrenner* AiB 10, 99.
44 GK-*Oetker*, Rn. 32; HWGNRH-*Hess*, Rn. 22; *GL*, Rn. 16; Richardi-*Annuß*, Rn. 21; *Rumpff/Boewer*, S. 218 f.
45 *ArbG Hamburg* 11.9.75, DB 75, 2331.
46 Zustimmend ErfK-*Kania*, Rn. 10.
47 Dafür GK-*Fabricius*, 6. Aufl., Rn. 32.
48 GK-*Oetker*, Rn. 34; *Lerch/Weinbrenner* AiB 10, 99; *Rumpff/Boewer*, S. 217.
49 GK-*Oetker*, Rn. 34.
50 GK-*Oetker*, Rn. 36.

eine jederzeitige Abberufung möglich ist.[51] **Verletzt ein WA-Mitglied in schwerer Weise seine Pflichten,** macht der BR bzw. GBR von seinem Abberufungsrecht jedoch keinen Gebrauch, macht er sich ggf. selbst eines schweren Verstoßes i. S. d. § 23 schuldig.

An die Stelle des ausgeschiedenen WA-Mitglieds wählt der BR bzw. GBR für den Rest der Amtszeit ein **neues Mitglied.** Anders, wenn ein Ersatzmitglied nicht nur für den Vertretungsfall, sondern auch als Nachrücker vorgesehen ist.[52] Fehlt es daran und hat der BR bzw. GBR keine neue Person bestimmt, so übt der WA mit verringerter Mitgliederzahl seine Funktion aus. Einer formalen Aufhebung des früheren Beschlusses über die Festlegung der Mitgliederzahl bedarf es nicht. Anderes gilt nur, wenn auf diese Weise die Mindestzahl von 3 Mitgliedern unterschritten wird[53] oder kein BR-Mitglied mehr dem WA angehört;[54] in diesem Fall ist kein funktionsfähiger WA mehr vorhanden, der AG ist nicht mehr verpflichtet, dem Rumpfgremium Informationen zu geben. **27**

Wer als BR-Mitglied in den WA gewählt wurde und nunmehr die **Mitgliedschaft im BR verliert,** scheidet nur dann automatisch aus dem WA aus, wenn er das einzige BR-Mitglied war.[55] Wollte man in allen Fällen ein automatisches Erlöschen annehmen, würde – etwa im Falle des Rücktritts vom BR-Amt – oft der Wille der Beteiligten verfehlt; dieser müsste dann dadurch wieder realisiert werden, dass man die ausgeschiedene Person erneut in den WA wählt.[56] Mit Recht wird es auch als irrelevant bezeichnet, wenn ein WA-Mitglied zum leitenden Angestellten gemacht wird.[57] Es ist Sache des BR bzw. GBR, sich darüber schlüssig zu werden, ob man einen (weiteren) leitenden Angestellten im WA haben will oder nicht. **28**

IV. Rechtsstellung der Mitglieder des Wirtschaftsausschusses

1. Analoge Anwendung der Bestimmungen über Betriebsratsmitglieder?

Die Rechtsstellung der WA-Mitglieder ist im Gesetz nur fragmentarisch geregelt. Ausdrücklich anwendbar sind lediglich das **Behinderungs- und Diskriminierungsverbot nach § 78** sowie die **Geheimhaltungspflicht nach § 79.** Dennoch sind in weitem Umfang **Bestimmungen über die Rechtsstellung des BR entsprechend heranzuziehen,** da der WA nur dann seine Funktion angemessen erfüllen kann. Dies wird u. a. auch daran deutlich, dass die Ersetzung des WA durch einen BR-Ausschuss nach Abs. 3 andernfalls zur Regel würde, da dort beispielsweise die §§ 37 und 40 voll Anwendung finden: Könnte etwa zwar ein BR-Ausschuss, nicht aber der WA während der Arbeitszeit tagen, wären kaum noch Betriebe denkbar, in denen nicht das Modell des Abs. 3 gewählt würde, sofern das Gesetz dieses zulässt (dazu u. Rn. 35 ff.). Im Einzelfall ist allerdings immer zu prüfen, ob sich WA-Mitglieder in einer anderen Situation als BR-Mitglieder befinden.[58] Praktische Bedeutung hat dies für alle jene WA-Mitglieder, die nicht zugleich BR- bzw. GBR-Mitglieder sind. **29**

2. Ehrenamt ohne persönliche Vorzüge und Nachteile

Die Tätigkeit im WA ist nicht anders als die im BR ein Ehrenamt, das während der Arbeitszeit ausgeübt werden kann. **§ 37 Abs. 2 und 3 findet entsprechende Anwendung**[59] – eine Konsequenz, die sich mittelbar auch aus dem Benachteiligungsverbot des § 78 Satz 1 ergibt. Entstehen einem einzelnen WA-Mitglied Aufwendungen wie z. B. Fahrtkosten, sind diese in not- **30**

---

51 Vgl. Richardi-*Annuß*, Rn. 22.
52 *GL*, Rn. 17; Richardi-*Annuß*, Rn. 26; *Rumpff/Boewer*, S. 218, 220.
53 HWGNRH-*Hess*, Rn. 24.
54 *WW*, Rn. 8.
55 Richardi-*Annuß*, Rn. 23; MünchArbR-*Joost*, § 231 Rn. 106; GK-*Oetker*, Rn. 35; HWGNRH-*Hess*, Rn. 24; a. A. *Fitting*, Rn. 9; *GL*, Rn. 16.
56 Ähnlich *Rumpff/Boewer*, S. 219.
57 Richardi-*Annuß*, Rn. 24.
58 Für grundsätzliche Analogie zu den Vorschriften über BR-Mitglieder auch HWGNRH-*Hess*, Rn. 25.
59 ErfK-*Kania*, Rn. 13; HWGNRH-*Hess*, Rn. 28, 29; MünchArbR-*Joost*, § 231 Rn. 111; WPK-*Preis*, Rn. 4; i. E. auch HWK-*Willemsen/Lembke*, Rn. 32.

wendigem Umfang vom UN zu ersetzen.[60] Auch § 37 Abs. 4 und 5 findet **entsprechende Anwendung,**[61] da das allgemeine Benachteiligungsverbot keinen ausreichenden Schutz bietet.

3. Schaffung der nötigen Voraussetzungen für die Arbeit des Wirtschaftsausschusses, insbesondere Teilnahme an Seminaren

31 Dem WA steht das Recht zu, seine Arbeit selbst zu **organisieren** (§ 108 Rn. 3 ff.). Zur Geschäftsordnung s. das Muster in DKKWF-*Däubler,* §§ 106 – 109 Rn. 1 ff.

32 Umstritten ist, inwieweit WA-Mitglieder, die nicht zugleich BR-Mitglieder sind, entsprechend § 37 Abs. 6 an **Schulungs- und Bildungsveranstaltungen** teilnehmen können, die Kenntnisse vermitteln, die für die Arbeit im WA erforderlich sind. Das *LAG Bremen*[62] und das *LAG Hamm*[63] wollen ebenso wie die herrschende Auffassung in der Literatur[64] § 37 Abs. 6 entsprechend anwenden. Das *BAG*[65] lässt die Vorschrift nur in Ausnahmesituationen eingreifen; eine Mindermeinung lehnt ihre Heranziehung generell ab.[66] Hauptargument der restriktiven Auffassung ist Abs. 1 Satz 3, wonach die WA-Mitglieder die zur Erfüllung ihrer Aufgaben erforderliche fachliche Eignung besitzen sollen. Dies ist nur insofern zutreffend, als der Schulungsbedarf im Einzelfall geringer sein wird, wenn der BR bzw. GBR dieser Vorschrift entsprechend Personen mit hoher Vorqualifikation in den WA gewählt hat. Auf der anderen Seite ist zu beachten, dass solche Personen nicht immer zur Verfügung stehen – sei es, dass es sie im Betrieb nicht gibt, sei es, dass der BR/GBR zu ihnen kein Vertrauen hat, sei es, dass sie nicht zur Übernahme des Amtes bereit sind. In diesen Fällen ist es **im Interesse der Funktionsfähigkeit des WA** zwingend geboten, **auch WA-Mitglieder mit dem erforderlichen Grundwissen zu versorgen.** Weiter ist zu beachten, dass selbst Personen mit guter fachlicher Eignung gezwungen sein können, sich in neue Entwicklungen einzuarbeiten; dabei ist – wie niemand bestreitet – ein für WA-Mitglieder angebotener Kurs von 1 – 2 Wochen ungleich effizienter als ein reines Selbststudium, das keine Rückfragen bei Verständnisschwierigkeiten erlaubt. Außerdem führt die Mindermeinung dazu, dass bei homogenem Informationsniveau WA-Mitglieder, die zugleich BR-Mitglieder sind, gegenüber den übrigen bevorzugt werden: Dies widerspricht aber der Gleichberechtigung aller Mitglieder und schafft entgegen den Intentionen des Gesetzgebers einen Anreiz dafür, möglichst viele BR-Mitglieder in den WA zu delegieren oder von der Möglichkeit des Abs. 3 Gebrauch zu machen. Der h. M. in der Literatur ist daher voll zuzustimmen; zumindest sollte der vom *BAG* zugestandene Ausnahmetatbestand großzügig gehandhabt werden.[67] Ausdrücklich nennt das *BAG* den Fall, dass der BR oder der WA neu gewählt sind, oder dass der BR überhaupt keine ausreichend qualifizierten Mitarbeiter findet.[68] Ob § 37 Abs. 7 entsprechende Anwendung findet, ist demgegenüber sehr viel zweifelhafter.[69] Ein Pauschalanspruch von 3 Wochen pro Amtszeit ist in vielen Fällen nicht durch den Gedanken der Funktionsfähigkeit des WA geboten, werden doch die erforderlichen Vorkenntnisse zumindest bei einzelnen Mitgliedern meist vorhanden sein.
Zur Hinzuziehung eines **Sachverständigen** s. § 108 Rn. 21 ff.

---

60 HWGNRH-*Hess,* Rn. 26; GK-*Oetker,* Rn. 45.
61 GK-*Fabricius,* 6. Aufl., Rn. 42; a. A. *Fitting,* Rn. 26; GK-*Oetker,* Rn. 42; HWK-*Willemsen/Lembke,* Rn. 35; MünchArbR-*Joost,* § 231 Rn. 113.
62 17.1.84, AuR 85, 132.
63 13.10.99 NZA-RR 2000, 641.
64 *Däubler,* Schulung, Rn. 366; *Fitting,* Rn. 25; GK-*Fabricius,* 6. Aufl., Rn. 44; *Grauvogel u. a.,* Rn. 350; *Halberstadt,* Rn. 3; Richardi-*Annuß,* Rn. 28; *SB,* Rn. 7; GTAW-*Woitaschek* Rn 9.
65 28.4.88, NZA 89, 221, bestätigt durch *BAG* 11.11.98, AuR 99, 282.
66 GK-*Oetker,* Rn. 39; *GL,* Rn. 23; *Heither,* AR-Blattei, (1946 – 1992), D III 3; HWGNRH-*Hess,* Rn. 30.
67 Vgl. *LAG Hamm* 8.8.96, BB 97, 206.
68 *BAG* 11.11.98, AuR 99, 282 = NZA 99, 1119.
69 Dafür GK-*Fabricius,* 6. Aufl., Rn. 49; dagegen *Däubler,* Schulung, Rn. 374; HWK-*Willemsen/Lembke,* Rn. 34; Richardi-*Annuß,* Rn. 28.

4. Kündigungsschutz

33 Nach ganz herrschender Auffassung haben die Mitglieder des WA **keinen Kündigungsschutz** nach § 15 KSchG und § 103 BetrVG.[70] Dafür spricht, dass § 15 KSchG und § 103 BetrVG den erfassten Personenkreis im Einzelnen aufzählen, während § 37 nur eine Regelung für BR-Mitglieder trifft, die insoweit keine Begrenzung erkennen lässt. Auf der anderen Seite ist auch für WA-Mitglieder ein Konflikt mit dem UN nicht auszuschließen,[71] was nicht zuletzt das ESt.-Verfahren nach § 109 deutlich macht. Mit Recht wird deshalb darauf verwiesen, das **Benachteiligungsverbot in § 78 Satz 2 sei weit auszulegen**; wird ein WA-Mitglied gekündigt, spricht eine Vermutung dafür, dass ein Zusammenhang mit der WA-Tätigkeit besteht, die der UN entkräften muss.[72]

5. Geheimhaltungspflicht

34 Nach § 79 Abs. 2 unterliegen die Mitglieder des WA der Geheimhaltungspflicht in Bezug auf **Betriebs- und Geschäftsgeheimnisse.** Dies gilt auch für solche Personen, die nicht zugleich Mitglieder eines BR oder GBR sind (vgl. im Übrigen § 79 Rn. 7 ff.).

V. Ersetzung des Wirtschaftsausschusses durch einen Ausschuss des Betriebsrats/Gesamtbetriebsrats

1. Der Grundsatz

35 Nach Abs. 3 kann der BR beschließen, die **Aufgaben des WA auf** einen von ihm nach § 28 gebildeten **Ausschuss** zu **übertragen.** Dies kann auch der Betriebsausschuss sein.[73] Auch der GBR kann von der Möglichkeit des Abs. 3 Gebrauch machen, dabei jedoch nur einen eigenen Ausschuss oder den Gesamtbetriebsausschuss mit den Aufgaben eines WA betrauen; die Einsetzung eines Einzel-BR oder eines von einem solchen gebildeten Ausschusses ist nicht möglich.[74] Auch kann er die Aufgabe nicht einfach selbst übernehmen.[75]

36 Die **Ersetzung** des WA durch einen BR/GBR-Ausschuss kommt jedoch **nur** in Betracht, **wenn** ein **Betriebsausschuss gebildet** wurde, was sich mittelbar aus Abs. 3 Satz 2 ergibt.[76]

37 Seiner Tragweite wegen bedarf der **Beschluss des BR** der Mehrheit der Stimmen seiner Mitglieder; auch beim GBR ist eine **absolute Stimmenmehrheit erforderlich.**

2. Zusammensetzung und Wahl

38 Der Ausschuss nach Abs. 3 ist nicht anders als sonstige BR-Ausschüsse zusammengesetzt. Die **Zahl der Ausschussmitglieder** darf die des Betriebsausschusses nicht übersteigen. Der BR/GBR kann allerdings weitere AN, die nicht dem BR/GBR angehören müssen und die auch leitende Angestellte i. S. d. § 5 Abs. 3 sein können, in den Ausschuss kooptieren; die Zahl der auf diese Weise hinzugekommenen Mitglieder darf die der »eigentlichen« nicht übersteigen. Auch für die Kooptation ist eine Entscheidung mit absoluter Mehrheit erforderlich, doch greift der Minderheitenschutz nicht ein, da es sich um eine WA-spezifische Einrichtung handelt.[77]

39 Innerhalb des gesetzlichen Rahmens kann der BR/GBR die **Größe des Ausschusses nach eigenen Vorstellungen** bestimmen. Im Einzelfall kann dies dazu führen, dass der Ausschuss

---

70 *Fitting,* Rn. 26; *GL,* Rn. 24; HWGNRH-*Hess,* Rn. 32; HWK-*Willemsen/Lembke,* Rn. 36; Richardi-*Annuß,* Rn. 29; *SB,* Rn. 10; a. A. GK-*Fabricius,* 6. Aufl., Rn. 52.
71 Vgl. GK-*Oetker,* Rn. 43.
72 Zustimmend *Grauvogel u. a.,* Rn. 366.
73 GK-*Oetker,* Rn. 49; *Rumpff/Boewer,* S. 221.
74 HWK-*Willemsen/Lembke,* Rn. 47; HWGNRH-*Hess,* Rn. 36; Richardi-*Annuß,* Rn. 43.
75 GK-*Oetker,* Rn. 59; HWGNRH-*Hess,* Rn. 36.
76 *Fitting,* Rn. 31.
77 Zustimmend *Fitting,* Rn. 36.

nach Abs. 3 größer als der BR selbst ist. Hat Letzterer beispielsweise 9 Mitglieder und wurde ein Betriebsausschuss aus 5 Mitgliedern gebildet, so hat der Ausschuss nach Abs. 3 grundsätzlich bis zu 5 Mitglieder, kann jedoch auf 10 Mitglieder aufgestockt werden. Da der Betriebsausschuss nach § 27 höchstens 11 Mitglieder hat, beläuft sich die absolute Höchstzahl der Mitglieder eines Ausschusses nach Abs. 3 auf 22. Nicht anders als beim normalen WA steht es dem BR/GBR frei, eine gerade oder eine ungerade Zahl von Mitgliedern zu berufen.[78]

40 Werden die Aufgaben des WA dem **Betriebsausschuss** übertragen, so soll gleichfalls eine Kooptation weiterer Mitglieder möglich sein,[79] was allerdings zur Folge hat, dass er je nach Anlass (»Normalfall«, »Wirtschaftsausschuss«) in unterschiedlicher Zusammensetzung tagt.

41 Abs. 1 Satz 3 findet keine entsprechende Anwendung; **besondere Eignungsvoraussetzungen** werden genauso wenig wie bei anderen BR-Mitgliedern gefordert.

3. Die Situation in kleineren Unternehmen

42 Besteht **kein Betriebsausschuss bzw. Gesamtbetriebsausschuss,** weil die nötige Arbeitnehmerzahl nicht erreicht ist (§ 27 Abs. 1 setzt einen mindestens 9-köpfigen BR voraus, was nach § 9 nur bei mindestens 201 AN gegeben ist), kann von der **Möglichkeit des Abs. 3 kein Gebrauch** gemacht werden.[80] In diesen Fällen kann zwar der BR die Aufgaben des WA nicht selbst übernehmen,[81] ein ähnliches Resultat aber dadurch erreichen, dass er ausschließlich eigene Mitglieder in den WA delegiert.[82] Eine formale Übernahme der Aufgaben des WA durch den BR würde das gesetzliche Modell korrigieren; hierfür ist kein Bedürfnis ersichtlich, so dass sich die Frage der Zulässigkeit erübrigt.

VI. Streitigkeiten

43 Meinungsverschiedenheiten über die Zulässigkeit der Bildung eines WA, seine Größe und seine Zusammensetzung entscheiden die ArbG im **Beschlussverfahren** gemäß §§ 2 a, 80 ff. ArbGG.[83] Dasselbe gilt, wenn um den Geschäftsbedarf des WA nach § 40 gestritten wird. Zur Abgrenzung zwischen dem ESt.-Verfahren nach § 109 und dem Beschlussverfahren s. § 109 Rn. 3.

44 **Beteiligten- und antragsbefugt** ist – wie mittelbar aus § 109 folgt – auf AN-Seite jedenfalls der BR bzw. GBR. Dem WA wird überwiegend die Beteiligtenfähigkeit wie die Antragsbefugnis abgesprochen.[84] Angesichts der engen Ankoppelung des WA an den BR/GBR ist dies hinnehmbar. Probleme könnten sich allerdings ergeben, wenn einem einzelnen WA-Mitglied Aufwendungen entstanden sind, deretwegen der BR kein Verfahren einleiten will. Um eine Rechtsschutzverweigerung zu vermeiden, ist dem betroffenen Mitglied insoweit das Recht einzuräumen, seine Ansprüche im Beschlussverfahren geltend zu machen.[85] Streitigkeiten wegen Lohn- und Gehaltsfortzahlung im Zusammenhang mit § 37 Abs. 2 sind im **Urteilsverfahren** zu entscheiden.[86]

45 Die Behinderung oder Störung der Tätigkeit des WA ist nach § 119 Abs. 1 Nr. 2, die Begünstigung oder Benachteiligung seiner Mitglieder nach § 119 Abs. 1 Nr. 3 **strafbar.**[87] Die Verletzung von Betriebs- oder Geschäftsgeheimnissen durch WA-Mitglieder wird nach § 120 geahndet.

78 *Fitting,* Rn. 34.
79 Richardi-*Annuß,* Rn. 39.
80 Anders *LK,* Rn. 11, die schon die Möglichkeit zur Bildung von Ausschüssen genügen lassen wollen.
81 Richardi-*Annuß,* Rn. 37.
82 ErfK-*Kania,* Rn. 17; GK-*Oetker,* Rn. 52.
83 GK-*Oetker,* Rn. 62; HWGNRH-*Hess,* Rn. 40; Richardi-*Annuß,* Rn. 48.
84 *BAG* 11.7.00, DB 01, 599; *Fitting,* Rn. 38; HWGNRH-*Hess,* Rn. 41; GK-*Oetker,* Rn. 63; differenzierend Richardi-*Annuß,* Rn. 49.
85 Ebenso im Ergebnis ErfK-*Kania,* § 108 Rn. 16; GK-*Oetker,* Rn. 62; *Grauvogel u. a.,* Rn. 370.
86 *Fitting,* Rn. 39; HWGNRH-*Hess,* Rn. 40; Richardi-*Annuß,* Rn. 51.
87 HWGNRH-*Hess,* Rn. 42.

§ 108 Sitzungen

(1) Der Wirtschaftsausschuss soll monatlich einmal zusammentreten.

(2) An den Sitzungen des Wirtschaftsausschusses hat der Unternehmer oder sein Vertreter teilzunehmen. Er kann sachkundige Arbeitnehmer des Unternehmens einschließlich der in § 5 Abs. 3 genannten Angestellten hinzuziehen. Für die Hinzuziehung und die Verschwiegenheitspflicht von Sachverständigen gilt § 80 Abs. 3 und 4 entsprechend.

(3) Die Mitglieder des Wirtschaftsausschusses sind berechtigt, in die nach § 106 Abs. 2 vorzulegenden Unterlagen Einsicht zu nehmen.

(4) Der Wirtschaftsausschuss hat über jede Sitzung dem Betriebsrat unverzüglich und vollständig zu berichten.

(5) Der Jahresabschluss ist dem Wirtschaftsausschuss unter Beteiligung des Betriebsrats zu erläutern.

(6) Hat der Betriebsrat oder der Gesamtbetriebsrat eine anderweitige Wahrnehmung der Aufgaben des Wirtschaftsausschusses beschlossen, so gelten die Absätze 1 bis 5 entsprechend.

Inhaltsübersicht

I. Vorbemerkungen

Die Vorschrift legt eine Reihe von Rechten und Pflichten im Zusammenhang mit der WA-Tätigkeit fest. Sie ergänzt insoweit die Bestimmungen des § 106. Abs. 1 enthält entgegen seiner Formulierung als **Soll-Vorschrift** eine echte **Rechtspflicht,** die allerdings flexibel gestaltet ist und es in das **pflichtgemäße Ermessen** der WA-Mitglieder stellt, wie häufig Sitzungen durchzuführen sind. 1

Abs. 2 legt die **Teilnahmepflicht des UN** bzw. seines Vertreters sowie ein **Hinzuziehungsrecht** hinsichtlich sachkundiger AN einschließlich der leitenden Angestellten i. S. d. § 5 Abs. 3 fest. Zugleich ergibt sich aus Abs. 2 in aller Klarheit, dass der **UN nicht Mitglied** des WA ist.[1] Nach Abs. 3 haben die WA-Mitglieder einen **Anspruch auf Einsichtnahme** in die nach § 106 Abs. 2 vorzulegenden Unterlagen. Abs. 4 behandelt die **Berichtspflicht des WA** gegenüber dem BR bzw. GBR. Aufgrund des Abs. 5 ist der UN zur **Erläuterung des Jahresabschlusses verpflichtet,** wobei er den BR bzw. GBR hinzuziehen muss. Abs. 6 betrifft den Fall des § 107 Abs. 3. 2

II. Häufigkeit und Durchführung von Sitzungen

Nach Abs. 1 soll der WA **monatlich einmal** zusammentreten. Diese Regelung ist **nicht zwingend.** Der WA kann seine Sitzungen auch in kürzeren Zeitabständen durchführen.[2] Besteht kein Beratungsbedarf, sind auch längere Intervalle zulässig. 3

1 *Rumpff/Boewer*, S. 225.

2 *Fitting*, Rn. 2; GK-*Oetker*, Rn. 7; Richardi-*Annuß*, Rn. 7; *GL*, Rn. 1 unter Hinweis darauf, dass häufi-

4 Der Gesetzgeber hat keine besonderen Bestimmungen über die Geschäftsführung des WA erlassen. Dem WA ist es aber unbenommen, sich eine **Geschäftsordnung** zu geben und seine Arbeit auch im Übrigen so zu organisieren, dass er seine Funktion möglichst erfolgreich erfüllen kann. Ein Muster findet sich in DKKWF-*Däubler,* §§ 106 – 109 Rn. 2 ff. In der Geschäftsordnung sollte bestimmt werden, wie die Tagesordnung festgelegt wird, wer zu welchem Zeitpunkt zu den Sitzungen einlädt und wer den Vorsitz übernimmt. Auch die Protokollführung kann geregelt werden, doch versagt das *BAG*[3] dem WA das Recht, zusätzlich ein BR/GBR-Mitglied als Protokollführer zuzuziehen. Es bleibt daher nur die Möglichkeit, dass ein WA-Mitglied das Protokoll selbst führt oder dass entsprechend § 40 Abs. 2 eine Bürokraft hinzugezogen wird (vgl. § 107 Rn. 30). Unterlässt es der WA, einen Vorsitzenden zu bestimmen[4] und eine Geschäftsordnung zu erlassen, so ist dies i. d. R. unzweckmäßig, stellt jedoch keine Pflichtwidrigkeit dar. Die Sitzungstermine müssen zwischen den Mitgliedern abgesprochen werden.

5 Die Sitzungen finden grundsätzlich **während der Arbeitszeit** statt; dasselbe gilt für die Vor- und Nachbereitung.[5] Die Regelungen des § 37 Abs. 2 und 3 gelten entsprechend.[6] Daher ist WA-Mitgliedern, die nicht dem BR angehören, primär Arbeitsbefreiung unter Fortzahlung des Arbeitsentgelts zu gewähren, wenn eine WA-Sitzung aus betriebsbedingten Gründen außerhalb ihrer individuellen Arbeitszeit durchgeführt werden muss.[7]

6 Da die Teilnahme des UN an den Sitzungen des WA vorgeschrieben ist, empfiehlt es sich, den **Zeitpunkt** dieser Sitzungen im Voraus mit dem UN abzustimmen. Zweckmäßig ist es auch, diesen vorher über die anstehenden Themen, die der WA behandelt wissen möchte, zu unterrichten, damit er sich auf die Sitzung vorbereiten kann.[8] Der WA kann seinerseits **Vorbereitungssitzungen** ohne den UN durchführen.[9] Dasselbe dürfte für eine Nachbereitung gelten.

7 Die Sitzungen des WA sind **nicht öffentlich.** Dies folgt schon aus den im Allgemeinen vertraulich zu behandelnden bzw. teilweise geheim zu haltenden Beratungsgegenständen. § 30 Satz 4 findet entsprechende Anwendung.[10]

III. Teilnahmerecht von Nichtmitgliedern

1. Unternehmer und sein Vertreter

8 Unter dem **BetrVG 1952** hatte der UN **nur** das **Recht,** an den Sitzungen des WA teilzunehmen, dessen Mitglieder er freilich zur Hälfte bestimmte. Heute schreibt das Gesetz im Interesse einer effektiven Kommunikation eine **Pflicht zur Teilnahme** vor. Eine besondere Aufforderung durch den WA ist nicht erforderlich. Dies bedeutet allerdings nicht, dass bei Nichterscheinen des UN oder seines Vertreters keine WA-Sitzung stattfinden könnte – andernfalls könnte die Arbeit des WA seitens des potentiellen Gegenspielers unschwer lahm gelegt werden. Erscheint der UN oder sein Vertreter nicht zur Sitzung oder verweigert er die vorgesehene Unterrichtung und Beratung, so kann hierin ein **grober Pflichtverstoß** nach § 23 Abs. 3 liegen.[11] Auch kann dies eine Ordnungswidrigkeit nach § 121 darstellen.

9 **Im Einzelfall** kann der WA **auch ohne** den (zur Teilnahme bereiten) **UN** tagen, wenn dies von der Sache her erforderlich ist, wenn es z. B. um die interne Vorbereitung der Beratungen mit dem UN geht.[12] Ein WA-Mitglied verletzt deshalb nicht seine Pflichten und kann nicht abgemahnt werden, wenn es an einer solchen Sitzung teilnimmt.[13]

---

gere Sitzungen immer dann erforderlich sind, wenn andernfalls die Unterrichtung durch den UN nicht mehr rechtzeitig vor Durchführung einer geplanten Maßnahme erfolgen würde.

3 17.10.90, AP Nr. 8 zu § 108 BetrVG 1972.

4 Zu dessen möglichen Aufgaben *Grauvogel u. a.,* Rn. 324 f.

5 *Grauvogel u. a.,* Rn. 316.

6 *Fitting,* Rn. 9; GK-*Oetker,* Rn. 10; *GL,* Rn. 2; Richardi-*Annuß,* Rn. 9 und o. § 107 Rn. 30.

7 Wie hier MünchArbR-*Joost,* § 231 Rn. 111; GK-*Oetker,* Rn. 10.

8 ErfK-*Kania,* Rn. 3; *Fitting,* Rn. 4.

9 *BAG* 16.3.82, AP Nr. 3 zu § 108 BetrVG 1972.

10 Zustimmend ErfK-*Kania,* Rn. 5.

11 Zustimmend ErfK-*Kania,* Rn. 6.

12 *BAG* 16.3.82, AP Nr. 3 zu § 108 BetrVG 1972.

13 *BAG* 16.3.82, a. a. O.

UN i. S. d. Abs. 2 ist beim einzelkaufmännischen UN der Inhaber, bei juristischen Personen **das zur gesetzlichen Vertretung berechtigte Organ.**[14] Bei OHG und KG sind die geschäftsführenden Gesellschafter gemeint (zu den Vertretungsverhältnissen innerhalb der verschiedenen Rechtsformen eines UN s. § 5 Rn. 154 ff., 169 ff.). Es reicht aus, dass ein Mitglied des Vertretungsorgans an der Sitzung teilnimmt; wenn es nur zusammen mit einer anderen Person das UN vertreten kann (sog. Gesamtvertretung), ist dies unschädlich.[15] Die Delegierung von Aufgaben an eine nachgeordnete Ebene ist rechtlich ohne Bedeutung.[16] In entsprechender Anwendung des § 29 Abs. 4 Satz 2 kann der UN einen **Vertreter seines AG-Verbands** hinzuziehen. **10**

Nimmt der UN nicht selbst an der Sitzung des WA teil, so hat nicht irgendein Vertreter, sondern **der** Vertreter des UN teilzunehmen.[17] Wer den UN vertreten kann, bestimmt sich nach der internen Organisation, ggf. auch nach den in Aussicht genommenen Beratungsgegenständen.[18] Im Allgemeinen ist Vertreter diejenige Person, die nach Satzung, Geschäftsordnung oder Organisation des UN allgemein als rangnächste in der UN-Hierarchie anstelle des UN die Verantwortung trägt. Denkbar ist insoweit auch, dass ein leitender Angestellter, der Generalvollmacht oder Prokura hat, den UN vertritt. Dies gilt aber nur dann, wenn dieser **auch in der Lage** ist, die vorgeschriebene Unterrichtung rechtzeitig und umfassend vorzunehmen,[19] was insbesondere bei einer Aufgabendelegierung der Fall sein wird. Mit einer kompetenzlosen Person braucht der WA sich nicht abzufinden.[20] **11**

Ob der UN selbst oder sein Vertreter an der Sitzung des WA teilnimmt, **entscheidet der UN nach pflichtgemäßem Ermessen.**[21] Der WA kann weder das persönliche Erscheinen des UN noch die Entsendung eines bestimmten Mitglieds des Vertretungsorgans oder eines bestimmten Vertreters verlangen.[22] **12**

Entsendet der UN hingegen **stets nur** seinen **Vertreter,** obwohl er im Übrigen die unternehmerischen Funktionen selbst ausübt, so liegt hierin ein Verstoß gegen die Pflicht zur vertrauensvollen Zusammenarbeit, da die Grenzen des Ermessens (o. Rn. 12) überschritten sind. **13**

2. Schwerbehindertenvertretung

Eine Teilnahme der Schwerbehindertenvertretung (§ 95 Abs. 4 SGB IX) an WA-Sitzungen ist im Gesetz zwar nicht ausdrücklich vorgesehen. Da der WA nach der Rspr. des *BAG* jedoch einem BR-Ausschuss gleichzusetzen ist,[23] hat auch die Schwerbehindertenvertretung das **Recht zur Teilnahme** an den WA-Sitzungen.[24] Ihr steht insoweit auch ein Anspruch auf Besuch entsprechender Seminare zu.[25] **14**

3. Gewerkschaftsvertreter

Seit der Entscheidung des BAG vom 18.11.80[26] ist es in der Praxis anerkannt, dass auch ein Gewerkschaftsvertreter an Sitzungen des WA teilnehmen kann.[27] Nach zutreffender Ansicht **15**

---

14 Vorstand, Geschäftsführung – so auch *BAG* 22.1.91, AP Nr. 9 zu § 106 BetrVG 1972.
15 Richardi-*Annuß*, Rn. 14.
16 GTAW-*Woitaschek* § 106 Rn 14.
17 *Fitting*, Rn. 14; GK-*Oetker*, Rn. 21; *GL*, Rn. 9; Richardi-*Annuß*, Rn. 15; *Rumpff/Boewer*, S. 226.
18 *Fitting*, Rn. 14; HWGNRH-*Hess*, Rn. 7; Richardi-*Annuß*, Rn. 15; *Ritter*, S. 113; *Rumpff/Boewer*, a. a. O.
19 *Fitting*, Rn. 14.
20 Wie hier *Halberstadt*, Rn. 2; *WW*, Rn. 3.
21 A. A. GK-*Oetker*, Rn. 23 (»freies Ermessen«); *Rumpff/Boewer*, S. 226; ähnlich wie hier aber Richardi-*Annuß*, Rn. 16 (»vertrauensvolle Zusammenarbeit«) und *Fitting*, Rn. 15.
22 *Fitting*, Rn. 15; GK-*Oetker*, Rn. 23.
23 *BAG* 18.11.80, AP Nr. 2 zu § 108 BetrVG 1972.
24 Wie hier *BAG* 4.6.87, AP Nr. 2 zu § 22 SchwbG; *LAG Hamm* 17.4.85, BetrR 87, 298; *LAG Niedersachsen* 7.1.87, BetrR 87, 301, Ls.; GK-*Oetker*, Rn. 49; MünchArbR-*Joost*, § 231 Rn. 91; a. A. *Zöllner/Loritz/Hergenröder*, § 47 IX.
25 *LAG Hamburg* 12.11.96, AiB 97, 542; *LAG Köln* 5.7.01 AuR 02, 37; Einzelheiten bei *Däubler*, Schulung, Rn. 409.
26 DB 81, 1240.
27 Dem *BAG* zustimmend *Fitting*, Rn. 21; GK-*Oetker*, Rn. 38; *Klinkhammer*, DB 77, 1139; MünchArbR-

des *BAG* muss der WA wie ein BR-Ausschuss die **Möglichkeit** haben, **sich von einem Gewerkschaftsbeauftragten unterstützen zu lassen.** Die Tatsache, dass § 108 Abs. 2 die Frage behandelt, wer an WA-Sitzungen teilnehmen kann, dabei aber nicht auf § 31 verweist, besagt nicht, dass damit der Kreis der Teilnahmeberechtigten abschließend umschrieben wäre. Die Vorschrift enthält vielmehr nur Regelungen, die von den allgemeinen Vorschriften über die Teilnahme an BR-Sitzungen abweichen und der besonderen Funktion des WA Rechnung tragen.[28] Für einen Ausschluss betriebsfremder Gewerkschaftsbeauftragter spricht auch nicht die Überlegung, dass damit ggf. UN-Interna der Gewerkschaft bekannt werden könnten, da nach § 108 Abs. 4 der BR über jede Sitzung des WA unverzüglich und vollständig zu unterrichten ist; die Gewerkschaft, die in der BR-Sitzung präsent ist, würde daher die Interna sowieso erfahren. Geheimhaltungsbedürftige Informationen unterliegen zudem der Schweigepflicht, die nach § 79 Abs. 2 auch den Gewerkschaftsbeauftragten trifft.[29]

16 Das *BAG* entspricht mit seiner **Anerkennung des gewerkschaftlichen Teilnahmerechts** am WA dem praktischen Bedürfnis, dass sich AN-Vertreter auch in diesem Bereich zur Erfüllung ihrer Aufgaben gewerkschaftlicher Unterstützung bedienen können.[30] Eine »Abschottung« des WA würde dagegen entweder zu einem längeren und umständlichen Verfahren mit zahlreichen Rückfragen oder zu einer mangelhaften Ausnutzung der Informationsrechte führen – beides Effekte, die im Widerspruch zum Sinn der §§ 106 ff. stünden.

17 **In verfahrensmäßiger Hinsicht** kann die Hinzuziehung eines Gewerkschaftsbeauftragten entsprechend § 31 erfolgen:[31]

- auf Antrag eines Viertels der Mitglieder des BR bzw. des GBR,
- durch Mehrheitsbeschluss des BR bzw. des GBR,
- durch Mehrheitsbeschluss des WA selbst.[32]

In allen Fällen genügt, dass die Gewerkschaft im BR vertreten ist; ihr muss kein WA-Mitglied angehören.[33]

18 Durch die **Entscheidung vom** 25. 6. 87[34] hat der *6. Senat des BAG* alle diese Aussagen dadurch wieder relativiert, dass die Zuziehung eines Gewerkschaftsbeauftragten nur zu einzelnen Sitzungen und nur dann zulässig sei, wenn die vom Gesetzgeber gewünschte Sachkunde der WA-Mitglieder ausnahmsweise nicht ausreiche. Dies rückt den Gewerkschaftsbeauftragten entgegen der gesetzlichen Regelung in die Nähe eines Sachverständigen i. S. des § 80 Abs. 3, kann Anlass zu zahllosen Streitigkeiten bieten und fördert Umgehungsstrategien. Der *6. Senat* hat überdies verkannt, dass die gewerkschaftlichen Beratungsaufgaben durch Art. 9 Abs. 3 GG abgedeckt und keinerlei Sachgesichtspunkte ersichtlich sind, die eine Einschränkung rechtfertigen könnten.[35] Die AG-Seite ist im Interesse des Betriebsklimas gut beraten, über lange Jahre praktizierte Teilnahmerechte nicht in Frage zu stellen. Der nunmehr zuständige *7. Senat des* BAG hat in einem Beschluss[36] Bedenken gegen diese Rspr. angemeldet und für die Betriebsratssitzungen als solche eine »Generaleinladung« zugelassen. Damit ist die Situation wieder offen[37] und beim WA wie beim BR zu verfahren.[38] Die Richtlinie 2002/14/EG (u. Anhang C) ist insoweit unergiebig.[39]

Joost, § 231 Rn. 87; Richardi-*Thüsing,* § 31 Rn. 25; Schaub-*Koch,* § 243 Rn. 31; a. A. HWGNRH-*Glock,* Rn. 13; *Zeuner,* DB 76, 2414.

28 *BAG,* a. a. O.

29 Zur Sondersituation während einer Tarifrunde s. *Däubler,* Anm. zu *BAG,* AP Nr. 6 zu § 108 BetrVG 1972.

30 *Wohlgemuth,* Quelle 81, 100.

31 *BAG* 18. 11. 80, DB 81, 1242.

32 *Däubler,* Anm. zu BAG, AP Nr. 6 zu § 108 BetrVG 1972; MünchArbR-*Joost,* § 231 Rn. 88; *Richardi,* AuR 83, 38.

33 *Richardi,* AuR 83, 38.

34 DB 87, 2468.

35 Eingehend *Däubler,* Anm. zu BAG, AP Nr. 6 zu § 108 BetrVG 1972.

36 Vom 28. 2. 90, DB 90, 1288.

37 *Wlotzke,* 2. Aufl., Anm. 1 b; gegen eine Generaleinladung an den WA jedoch ErfK-*Kania,* Rn. 9; HWK-*Willemsen/Lembke,* Rn. 24; HK-BetrVG-*Steffan,* Rn. 3; WPK-*Preis,* Rn. 3.

38 *Grauvogel u. a.,* Rn. 337; GTAW-*Woitaschek* Rn 10.

39 *Ritter,* S. 119.

4. Vertreter des Arbeitgeberverbands

19 **Für die Hinzuziehung** eines Vertreters des AG-Verbands mag im Einzelfall kein besonders ausgeprägtes Bedürfnis bestehen, doch ist sie entgegen der in der 5. Aufl. vertretenen Auffassung auf Grund einer entsprechenden Anwendung des § 29 Abs. 4 Satz 2 zulässig.[40]

IV. Die Hinzuziehung von sachkundigen Arbeitnehmern und von externen Sachverständigen

1. Unternehmer

20 Der UN kann nach Abs. 2 Satz 2 zur Sitzung des WA sachkundige AN des UN hinzuziehen; dabei kann es sich auch um leitende Angestellte i. S. d. § 5 Abs. 3 handeln. Dieselbe Befugnis steht dem an seiner Stelle in der Sitzung anwesenden Vertreter zu. Wer im Einzelnen hinzugezogen wird und wie viele Personen um Rat gefragt werden, liegt im Ermessen des UN bzw. seines Vertreters. Da es sich beim WA um kein Entscheidungsgremium handelt, müssen **keine zahlenmäßigen Paritäten** gewahrt werden.[41] Die Einschaltung kann sich auf einzelne Beratungsgegenstände oder Tagesordnungspunkte beschränken.[42] Die hinzugezogenen AN unterliegen der **Schweigepflicht;** bei unbefugter Offenbarung eines Betriebs- oder Geschäftsgeheimnisses können sie sich nach § 120 Abs. 1 Nr. 4 strafbar machen.[43] Die Tatsache, dass § 120 Abs. 1 Nr. 4 von einer Zuziehung durch den WA spricht, beruht auf einem Redaktionsversehen.

21 Ob der UN auch **externe Sachverständige** zuziehen darf, ist im Gesetz nicht eindeutig geregelt. Die Verweisung auf § 80 Abs. 3 in Abs. 2 Satz 3 spricht eher dafür, dass es allein um Sachverständige des WA geht. Auf der anderen Seite wäre es misslich, wollte man den UN zwingen, sich außerhalb der WA-Sitzungen beraten zu lassen und die Ergebnisse dann vorzutragen – Rückfragen von WA-Mitgliedern werden im Zweifel vollständiger beantwortet, wenn der Experte anwesend ist. Im Regelfall wird eine Vereinbarung mit dem WA möglich sein – damit wäre der entsprechenden Anwendung des § 80 Abs. 3 Rechnung getragen.[44] Um gleiche Argumentationschancen zu sichern, ist dem WA auf Wunsch jederzeit ein eigener Sachverständiger zur Verfügung zu stellen.

2. Wirtschaftsausschuss

22 Auch der **WA** hat das **Recht, sachkundige AN heranzuziehen,** die im UN beschäftigt sind.[45] Zwar spricht der Wortlaut des Abs. 2 Satz 2 für eine reine UN-Befugnis, doch geht § 120 Abs. 1 Nr. 4 vom exakten Gegenteil, d. h. einer reinen WA-Befugnis aus. Angesichts eines derart unklaren Wortlauts ist auf den Sinn der Einrichtung des WA abzustellen: Wenn es darum geht, eine umfassende Beratung des 12-Punkte-Katalogs in § 106 Abs. 3 sicherzustellen, muss dem WA das Recht eingeräumt werden, sich die im UN vorhandene Sachkunde zunutze zu machen, wenn er sich selbst nicht »beschlagen« genug fühlt. Außerdem wäre es wenig sinnvoll, wollte man die in Abs. 2 Satz 3 unzweifelhaft vorgesehene Zuziehung externer Sachverständiger zulassen, den einfacheren und meist kostengünstigeren Weg der Beratung durch Interne jedoch verbauen. Die WA-Sitzungen verlieren dadurch nicht ihren nichtöffentlichen Charakter (zur entsprechenden Problematik bei BR-Sitzungen § 30 Rn. 13). Außerdem ist zu beachten, dass seit 2001 auch der BR nach § 80 Abs. 2 Satz 3 sachkundige AN aus dem Betrieb als Auskunftspersonen heranziehen kann. Damit wäre es noch weniger einsichtig, dem WA ein entsprechendes Recht zu verweigern.

40 *BAG,* 18.11.80, AP Nr. 2 zu § 108 BetrVG 1972; ErfK-*Kania,* Rn. 9; *Etzel,* Rn. 967; *Fitting,* Rn. 24.
41 *Fitting,* Rn. 17; *GL,* Rn. 10.
42 Richardi-*Annuß,* Rn. 18; *Rumpff/Boewer,* S. 227.
43 *Fitting,* Rn. 17; *GL,* Rn. 11; HWGNRH-*Hess,* Rn. 9; *Rumpff/Boewer,* a. a. O.
44 *Fitting,* Rn. 18.
45 GK-*Fabricius,* 6. Aufl., § 108 Rn. 20, 24; GK-*Oetker,* Rn. 33; a. A. HWK-*Willemsen/Lembke,* Rn. 22; Richardi-*Annuß,* Rn. 18.

23 Die **Heranziehung eines außenstehenden Experten** bestimmt sich nach dem entsprechend anwendbaren § 80 Abs. 3. Die Beratung muss sich auf die gesetzlichen Aufgaben des WA beziehen und zu deren Erfüllung erforderlich sein. Außerdem ist eine Vereinbarung mit dem UN Voraussetzung.[46] Die Richtlinie 2002/14/EG (u. Anhang C) betrachtet die Zuziehung von Sachverständigen als möglich, erklärt sie jedoch nicht als zwingend geboten.[47]

24 Umstritten ist, ob die **Vereinbarung** vom BR/GBR[48] oder auch **vom WA abzuschließen** ist.[49] Der zweiten Auffassung ist zuzustimmen. Der WA besitzt die größere Sachnähe und kann deshalb am ehesten beurteilen, ob die Zuziehung wirklich notwendig ist. Außerdem steht ihm grundsätzlich das Recht zu, seine Arbeit selbst zu organisieren; in diesen Rahmen fällt aber auch der Rückgriff auf unternehmensexternen Sachverstand.

25 Der **UN** kann das Verlangen des WA nach Zuziehung eines Sachverständigen trotz der ihn treffenden Kosten nicht nach Gutdünken ablehnen. Er **muss** vielmehr **sein Einverständnis erteilen,** wenn der WA die Notwendigkeit bejaht und dies plausibel erscheint und beim WA auch keine sachfremden Überlegungen vorliegen.[50] Das *BAG* legt demgegenüber sehr strenge Maßstäbe an. Es sei davon auszugehen, dass die WA-Mitglieder im Regelfall die zur Wahrnehmung ihrer Aufgaben erforderlichen Kenntnisse besitzen.[51] Dem WA wird zu Unrecht kein Beurteilungsspielraum gewährt; er kann ein gerichtliches Verfahren nur dann gewinnen, wenn er überzeugend seine eigene Inkompetenz belegt. Außerdem wird man davon ausgehen müssen, dass die Rspr. auch im Rahmen des § 108 Abs. 2 ihre zu § 80 Abs. 3 entwickelte »**Ultima-Ratio-Theorie**« praktizieren wird: Der Rückgriff auf einen Externen ist erst dann zulässig, wenn alle Möglichkeiten innerhalb des UN erschöpft sind (vgl. die Erl. zu § 80). Dies ist nur insoweit überzeugend, als es sich um Personen handelt, die das Vertrauen des WA genießen. Durch die Rspr. des *BAG* wird die Rechtsstellung des WA in einer vom Gesetz nicht gewollten Weise geschwächt; die »Konfliktlösung durch Dialog«, die in der Betriebsverfassung an die Stelle des Arbeitskampfes tritt (Einl. Rn. 78), verliert einen Teil ihres Wertes, wenn die Argumentationsmöglichkeiten beider Seiten ungleich verteilt sind.

V. Einsicht in Unterlagen

26 Soweit der UN nach § 106 Abs. 2 verpflichtet ist, den WA anhand der notwendigen Unterlagen umfassend über alle wirtschaftlichen Angelegenheiten zu unterrichten, haben die Mitglieder des WA gem. Abs. 3 das Recht, **Einblick in diese Unterlagen** zu nehmen. Das Einsichtsrecht steht jedem einzelnen Mitglied zu. Soweit es zur Aufgabenerfüllung notwendig ist, sind die WA-Mitglieder auch berechtigt, sich **Notizen** zu machen.[52] Dies kann auch mit Hilfe eines mitgebrachten Laptop geschehen.

27 Je nach Umfang und Kompliziertheit der Unterlagen muss den Mitgliedern des WA vor der Beratung der entsprechenden Angelegenheiten **ausreichend Zeit** zur Einsicht gewährt werden. Dies bedeutet, dass die Unterlagen schon **vor der Sitzung** zugänglich zu machen sind, wenn die Auswertung und sofortige Beratung den zeitlichen Rahmen einer Sitzung sprengt.[53] Das ist etwa der Fall bei Unterlagen mit umfangreichen Daten und Zahlen[54] sowie bei größeren Planungsvorhaben und Gutachten. In derartigen Fällen ist der UN verpflichtet, die Unterlagen den WA-Mitgliedern zeitweise auszuhändigen.[55]

---

46 Vgl. *BAG* 18.7.78, AP Nr. 1 zu § 108 BetrVG 1972; *Fitting*, Rn. 18; GK-*Oetker*, Rn. 35; *GL*, Rn. 13, 14; HWGNRH-*Hess*, Rn. 10; Richardi-*Annuß*, Rn. 21.

47 *Ritter*, S. 117.

48 Dafür GK-*Oetker*, Rn. 35; *Rumpff/Boewer*, S. 228.

49 Für Letzteres *Bösche/Grimberg*, AiB 89, 108, 112; *Fitting*, Rn. 18; *Lahusen*, BB 89, 1399, 1401; wohl auch *BAG* 18.7.78, AP Nr. 1 zu § 108 BetrVG 1972 unter B II 2 der Gründe.

50 Für großzügige Handhabung auch *Gamillscheg*, Anm. zu *BAG* EzA § 108 BetrVG 1972 Nr. 1.

51 *BAG* 18.7.78, AP Nr. 1 zu § 108 BetrVG 1972.

52 *Fitting*, § 106 Rn. 40; *GL*, § 106 Rn. 29; vgl. aber *BAG* 20.11.84, AP Nr. 3 zu § 106 BetrVG 1972, wonach die Mitglieder des WA nicht berechtigt sein sollen, die Unterlagen abzuschreiben oder abzulichten.

53 *Fitting*, § 106 Rn. 41; *Föhr*, DB 76, 1383; *Pramann*, DB 83, 1924; a. A. *GL*, § 106 Rn. 29.

54 *Rumpff/Boewer*, S. 195; *BAG* 20.11.84, AP Nr. 3 zu § 106 BetrVG 1972 mit Anm. *Kraft*.

55 *BAG* 20.11.84, a. a. O.

Abs. 3 ergänzt die Bestimmungen des § 106 Abs. 2 insoweit, als er sicherstellen will, dass die erforderlichen Unterlagen auch **in den WA-Sitzungen** zur Einsichtnahme **zur Verfügung** stehen, damit eine sachgerechte Beratung ggf. durch Rückfragen und nochmaliges Nachschlagen u. Ä. möglich ist.[56] Damit **nicht** zu vereinbaren ist die verbreitete Praxis, während der Sitzung lediglich anhand von **Overhead-Folien** zu informieren und auf dieser Grundlage zu beraten.[57] 28

VI. Bericht des Wirtschaftsausschusses an den Betriebsrat

Da der WA mit dem BR zusammenzuarbeiten hat,[58] ist er nach Abs. 4 zu **unverzüglicher** und **vollständiger Berichterstattung** über jede stattgefundene Sitzung verpflichtet. Besteht in einem UN ein GBR, so hat der Bericht diesem gegenüber zu erfolgen. Die Form, wie die Unterrichtung stattfinden muss, ist im Gesetz nicht geregelt. Eine bloße Aushändigung von **Sitzungsprotokollen** ist grundsätzlich nicht ausreichend.[59] Die Berichterstattung soll durch den WA insgesamt erfolgen. Falls der BR zustimmt, wird aber auch die Unterrichtung durch ein Mitglied des WA ausreichend sein.[60] Die Unterrichtung des GBR reicht dann nicht aus, wenn in ihm nicht alle BR vertreten sind.[61] 29

Der Bericht muss **vollständig** sein. Eine Schweigepflicht der Mitglieder des WA gegenüber den Mitgliedern des BR oder GBR besteht nicht. Auch **Betriebs- und Geschäftsgeheimnisse** dürfen deshalb nicht ausgeklammert werden, zumal die Mitglieder des BR ihrerseits der Verschwiegenheitspflicht unterliegen.[62] Hat der UN in der Sitzung des WA bestimmte Informationen als geheimhaltungsbedürftig bezeichnet, so ist der BR bzw. GBR vom WA im Rahmen seiner Berichterstattung hierauf ebenfalls hinzuweisen, damit er sich entsprechend verhalten kann.[63] 30

Bei der Berichterstattung wird der WA vor allem solche Gegenstände hervorheben, die Auswirkungen auf die Personalplanung, aber auch auf andere der Mitwirkung und Mitbestimmung unterliegende Angelegenheiten haben können.[64] 31

VII. Erläuterung des Jahresabschlusses; Risikomanagement

Nach Abs. 5 hat der UN dem WA den **Jahresabschluss** in Anwesenheit des BR **zu erläutern.**[65] Die **Hinzuziehung des BR** hat auch zu erfolgen, wenn dieser die Rechte des WA nach § 107 Abs. 3 auf einen Ausschuss übertragen hat und diesem gegenüber der Jahresabschluss erläutert wird. Das ergibt sich bereits aus Abs. 6.[66] 32

Durch das **Bilanzrichtliniengesetz** v. 19.12.1985[67] sind die Anforderungen an den Inhalt der Jahresabschlüsse vereinheitlicht und in das HGB aufgenommen worden (§§ 238 – 263 HGB: Mindestvorschriften hinsichtlich Buchführung und Bilanzierung für alle UN; §§ 264 – 339 HGB: strengere Anforderungen für Kapitalgesellschaften, und zwar abgestuft nach Größenklassen der jeweiligen Gesellschaft; vgl. insoweit § 267 HGB). Daneben bestehen außerhalb des HGB noch einige spezielle Vorschriften für die GmbH (§§ 41, 42 GmbHG), die Aktiengesellschaft (§§ 150, 152, 158, 160 AktG) und die Genossenschaft (§ 33 GenG). 33

Der Jahresabschluss umfasst die **Jahresbilanz** (Handelsbilanz) sowie die **Gewinn- und Ver-** 34

56 GK-*Oetker*, Rn. 53 und o. § 106 Rn. 53.
57 Ebenso *Bösche/Grimberg*, AiB 89, 108 [112].
58 Dazu *Krack/Gauer*, AiB 06, 430 ff.
59 So auch ErfK-*Kania* Rn 11; *Fitting*, Rn. 26; *GL*, Rn. 29; Richardi-*Annuß*, Rn. 35; a. A. HWGNRH-*Hess*, Rn. 43.
60 ErfK-*Kania*, Rn. 11.
61 *Fitting*, Rn. 26.
62 *Rumpff/Boewer*, S. 235.
63 *Fitting*, Rn. 26.
64 Ähnlich Richardi-*Annuß*, Rn. 34; *Rumpff/Boewer*, S. 235.
65 »Bilanzsitzung«; dazu näher *Cox/Offermann*, S. 78.
66 Nicht zutreffend daher *Rumpff/Boewer*, S. 209.
67 BGBl. I S. 2355.

lustrechnung (vgl. § 242 HGB).[68] Zum Jahresabschluss gehört bei Kapitalgesellschaften und bei der eingetragenen Genossenschaft auch noch der **Anhang** mit Erläuterungen der Bilanz (vgl. § 264 Abs. 1 HGB bzw. § 336 Abs. 1 HGB) sowie bei konzerngebundenen UN der **Konzernabschluss**.[69]

35 Der gem. § 264 HGB zusätzlich aufzustellende **Lagebericht** ist zwar kein Teil des Jahresabschlusses.[70] Gleichwohl hat der UN ihn dem WA als Unterlage zugänglich zu machen.[71] Dies folgt aus dem untrennbaren inhaltlichen Zusammenhang; die Erläuterung des Jahresabschlusses muss notwendigerweise den Lagebericht einbeziehen. Eines Rückgriffs auf § 106 Abs. 2 bedarf es insoweit nicht.

36 Zwar gehört der **Wirtschaftsprüferbericht** (§ 321 HGB) gleichfalls nicht zum Jahresabschluss,[72] jedoch besagt dies nichts darüber, ob er nicht wenigstens zu den vorlegungspflichtigen Unterlagen i. S. d. § 106 Abs. 2 gehört. Dies ist mit Rücksicht auf seine beträchtliche Aussagekraft über die wirtschaftliche Lage des UN zu bejahen.[73] Außerdem wird seine Vorlage zum besseren Verständnis des Jahresabschlusses in der Regel notwendig sein und in die Erläuterung eingehen. Im Streitfall kann seine Vorlage über die ESt. nach § 109 erzwungen werden.[74]

37 Vorzulegen und zu erläutern ist auch die sog. **Steuerbilanz,** zumindest dann, wenn sie von der Handelsbilanz abweicht.[75] Die von der Gegenansicht ins Feld geführte Berufung auf das Steuergeheimnis ist nicht stichhaltig.[76]

38 Die Vorschrift enthält keine nähere Bestimmung darüber, zu welchem **Zeitpunkt der UN seiner Erläuterungspflicht** nachkommen muss.[77] Zum Teil wird angenommen, dies sei der Fall, wenn der Jahresabschluss wirksam erstellt worden ist, d. h., wenn die Zustimmung der UN-Organe vorliegt und das Testat der Abschlussprüfer erteilt ist.[78] Dies ist nicht zwingend, da es mit Sinn und Zweck der Norm mindestens ebenso gut vereinbar ist, die Erläuterung **vor** Feststellung des Jahresabschlusses durch die Organe vorzunehmen.[79] Der Sinn der Vorschrift liegt – wie bei anderen Informationsrechten auch – in einer möglichst frühen Einschaltung der AN-Seite in den Willensbildungsprozess. Daher ist der Jahresabschluss dann zu erläutern, wenn er zwar bereits geprüft, aber noch nicht durch die Gesellschaftsorgane festgestellt worden ist.[80]

39 Da der Jahresabschluss zu **erläutern** ist, reicht es weder aus, ihn lediglich vorzulesen,[81] noch, ihn durch Overhead-Folien zu visualisieren (vgl. auch Rn. 27). Die Mitglieder sowohl des WA als auch des BR bzw. GBR haben das Recht, Fragen zu stellen[82] sowie Notizen und Aufzeichnungen zu machen[83] und ggf. Sachverständige hinzuzuziehen (vgl. aber o. Rn. 22 ff.).[84]

---

68 Zu internationalen Bilanzierungsstandards (IFRS, IAS, US-GAAP) s. *v. Neumann-Cosel/Rupp,* S. 118 ff. und *Eisbach/Rothkegel,* AiB 06, 513 ff.
69 *Fitting,* Rn. 31; Richardi-*Annuß,* Rn. 38; a. A. *Oetker,* NZA 01, 689 [693]. Zu seiner Auswertung s. *v. Neumann-Cosel/Rupp,* S. 97 ff.
70 *Baumbach/Hopt,* § 264 Rn. 5; *Martens,* DB 88, 1229 [1231].
71 *Fitting,* Rn. 29; ErfK-*Kania,* Rn. 12; Richardi-*Annuß,* Rn. 37; *Rumpff/Boewer,* S. 210; *Bösche/Grimberg,* AiB 89, 108 [111]; a. A. *Oetker,* NZA 01, 689.
72 Insoweit zutreffend *Martens,* DB 88, 1229 [1231].
73 Einzelheiten zu seiner Auswertung bei *v. Neumann-Cosel/Rupp* S. 88 ff.
74 *BAG* 8.8.89, AP Nr. 6 zu § 106 BetrVG 1972. Für eine Vorlagepflicht haben sich weiter ausgesprochen *Bösche/Grimberg,* AuR 87, 133; ErfK-*Kania,* Rn. 14; *Fitting,* Rn. 32; *Fabricius,* AuR 89, 121; *Gutzmann,* DB 89, 1083 (1084); MünchArbR-*Joost,* § 231 Rn. 51; Richardi-*Annuß,* Rn. 39; *Stück/Wein,* DB 05, 334; HWK-*Willemsen/Lembke,* § 106 Rn. 59; ablehnend *Hommelhoff,* ZIP 90, 218; *Oetker,* NZA 01, 692.
75 ErfK-*Kania,* Rn. 14; Richardi-*Annuß,* Rn. 40; a. A. HWGNRH-*Hess,* Rn. 21; *Vogt,* BB 78, 1125 [1130].
76 Zu den Einzelheiten insoweit Richardi-*Annuß,* a. a. O.
77 Vgl. den Überblick über die verschiedenen Ansichten bei GK-*Oetker,* Rn. 71 f.
78 Vgl. *GL,* Rn. 23; Richardi-*Annuß,* Rn. 43; *Rumpff/Boewer,* S. 211.
79 Vgl. *Fitting,* Rn. 33.
80 Ebenso *Fitting,* a. a. O.; ErfK-*Kania,* Rn. 13; GK-*Oetker,* Rn. 71 m. w.N; ähnlich *LAG Berlin* 13.7.88, AiB 88, 314 ff.: vor konzerninterner Abgleichung.
81 Zutreffend *Rumpff/Boewer,* S. 210.
82 *BAG* 18.7.78, AP Nr. 1 zu § 108 BetrVG 1972.
83 *LAG Hamm* 9.2.83, ZIP 83, 612; ErfK-*Kania,* Rn. 14.
84 Zur Bilanzanalyse s. *v. Neumann-Cosel/Rupp* S. 134 ff.

Seit 1. 1. 2007 müssen Kapitalgesellschaften ihre Jahresabschlüsse im Internet veröffentlichen.[85] Der BR bzw. GBR kann gemäß § 335 Satz 2 HGB beim Registergericht (Amtsgericht) beantragen, die gesetzlichen Vertreter einer Kapitalgesellschaft zur Erfüllung ihrer **Veröffentlichungspflicht** durch **Zwangsgeld** anzuhalten, wenn sie dieser Pflicht nicht nachkommen.[86] Dies wird allerdings nicht als vertrauensbildende Maßnahme aufgefasst werden. Die Pflicht ist wiederum je nach Größe des UN unterschiedlich ausgestaltet (vgl. §§ 325 ff. HGB). 40

Das Gesetz zur Kontrolle und Transparenz im Unternehmensbereich (**KonTraG**) v. 27. 4. 98[87] hat den § 91 Abs. 2 AktG geschaffen, wonach der Vorstand einer AG ein Überwachungssystem einzurichten hat, das existenzgefährdende Risiken möglichst frühzeitig erkennt.[88] Die insoweit getroffenen Maßnahmen (»**Risikomanagement**«) sind dem WA mitzuteilen und zu erläutern, soweit sie nicht sowieso im Lagebericht enthalten sind.[89] Da eine jährliche »Risikoinventur« nicht ausreicht,[90] muss der UN diesen Bereich regelmäßig in WA-Sitzungen ansprechen. 41

VIII. Aufgabenübertragung auf Betriebsratsausschuss

Abs. 6 bestimmt, dass die in Abs. 1 bis 5 niedergelegten Grundsätze entsprechend gelten, wenn die Aufgaben des WA auf **einen Ausschuss des BR oder des GBR** nach § 107 Abs. 3 übertragen worden sind. Die Mitglieder eines solchen Ausschusses haben in diesem Fall dieselbe Rechtsstellung wie die Mitglieder des WA. 42

IX. Streitigkeiten

Streitigkeiten über die **Geschäftsführung** des WA, die **Teilnahmepflicht** des UN oder seines Vertreters, über die Hinzuziehung eines **Sachverständigen** und die **Einsichtnahme** in Unterlagen entscheidet das ArbG im **Beschlussverfahren** gemäß §§ 2 a, 80 ff. ArbGG.[91] Beteiligte dieses Verfahrens sind der UN und der BR bzw. der GBR. Zur Beteiligungsbefugnis des WA o. § 107 Rn. 44. Wegen der Abgrenzung zur **Primärzuständigkeit der ESt.** nach § 109 bei Meinungsverschiedenheiten über die Erfüllung der Informationspflichten nach Qualität und Quantität vgl. § 109 Rn. 15. 43

Erscheint der UN oder dessen Vertreter nicht zu einer vereinbarten Sitzung oder entsendet der UN ermessensmissbräuchlich nur seinen Vertreter (vgl. Rn. 13) oder eine kompetenzlose Person, kann in schwerwiegenden Fällen auch ein **Verfahren nach § 23 Abs. 3** in Betracht kommen. 44

Allein der Verstoß gegen die Pflichten aus Abs. 5 ist als **Ordnungswidrigkeit** gemäß § 121 mit Geldbuße bis zu 10 000 Euro bedroht. 45

§ 109 Beilegung von Meinungsverschiedenheiten

Wird eine Auskunft über wirtschaftliche Angelegenheiten des Unternehmens im Sinne des § 106 entgegen dem Verlangen des Wirtschaftsausschusses nicht, nicht rechtzeitig oder nur ungenügend erteilt und kommt hierüber zwischen Unternehmer und Betriebsrat eine Einigung nicht zustande, so entscheidet die Einigungsstelle. Der Spruch der Einigungsstelle ersetzt die Einigung zwischen Arbeitgeber und Betriebsrat. Die Einigungsstelle kann, wenn dies für ihre Entscheidung erforderlich ist, Sachverständige anhören; § 80 Abs. 4 gilt entsprechend. Hat der Betriebsrat oder der Gesamtbetriebsrat eine anderweitige Wahrnehmung der Aufgaben des Wirtschaftsausschusses beschlossen, so gilt Satz 1 entsprechend.

85 Dazu *Cox/Offermann* AiB 07, 267.
86 *Fitting,* Rn. 38.
87 BGBl. I S. 786.
88 Dazu *Vogler/Gundert,* DB 98, 2377.
89 Einzelheiten bei *Füser u. a.,* DB 99, 753.
90 *Vogler/Gundert,* DB 98, 2383.
91 *LAG Hessen,* 1. 8. 06, NZA-RR 07, 201; *Fitting,* Rn. 40; GK-*Oetker,* Rn. 77; Richardi-*Annuß,* Rn. 49.

Inhaltsübersicht

I. Vorbemerkungen

1 Die Bestimmung regelt das Verfahren bei **Meinungsverschiedenheiten** zwischen WA und UN über die Letzterem nach § 106 obliegende Auskunftspflicht. Dabei entscheidet die ESt. über **Rechtsfragen.**[1] Obwohl für die Durchsetzung der Informationsrechte des BR in der Regel das ArbG angerufen werden kann (§§ 2 a Abs. 1 Nr. 1, Abs. 2, 80 ff. ArbGG), hat der Gesetzgeber für wirtschaftliche Angelegenheiten i. S. d. § 106 Abs. 3 eine **Primärzuständigkeit der ESt.**[2] begründet. Die Austragung von Meinungsverschiedenheiten, von denen angenommen wird, dass sie in zahlreichen Fällen **Betriebs- oder Geschäftsgeheimnisse** berühren können, soll nicht primär vor dem ArbG, sondern vor der **ESt. als innerbetrieblicher Schlichtungsstelle** stattfinden.[3] Dass die ESt. damit auch Rechtsentscheidungen trifft, verstößt nicht gegen übergeordnete, insbes. verfassungsrechtliche Grundsätze.[4] Der Spruch der ESt. unterliegt nämlich in vollem Umfang der arbeitsgerichtlichen Kontrolle.[5] Zu den praktischen Problemen der Durchsetzung der Informationsrechte des WA durch die Anrufung der ESt. gemäß § 109 bzw. des ArbG.[6]

II. Zuständigkeit der Einigungsstelle

2 Die ESt. ist nach § 109 zuständig, wenn eine Auskunft über wirtschaftliche Angelegenheiten des UN i. S. d. § 106 entgegen dem Verlangen des WA **nicht, nicht rechtzeitig** oder nur **ungenügend** erteilt wird und der WA auf seinem Verlangen beharrt.[7] Die bloße Untätigkeit des AG, der entgegen § 106 Abs. 2 den WA nicht von sich aus unterrichtet, genügt nicht.[8] Eine ungenügende Auskunftserteilung liegt auch dann vor, wenn der UN zwar Informationen gibt, aber die Vorlage erforderlicher **Unterlagen** i. S. d. § 106 verweigert.[9] Besteht im konkreten Fall keine Meinungsverschiedenheit über die grundsätzliche Verpflichtung, den Umfang oder den Zeitpunkt der Auskunftserteilung und sind auch der Inhalt und der Umfang der vorzulegenden Unterlagen nicht im Streit, soll die Zuständigkeit der ESt. für eine Meinungsverschiedenheit, die sich ausschließlich auf die **Form bzw. statistische Aufbereitung der Informationen** durch den UN erstreckt, nicht gegeben sein.[10] Dies bedeutet, dass der UN insoweit selbst über die Art und Weise der Information entscheidet, doch ist die Grenze der »ESt.-Fähigkeit« überschritten, wenn bestimmte Fragen inhaltlich nicht beantwortet werden. Der UN darf deshalb zur Beantwortung eines detaillierten Problemkatalogs nicht auf einen zusammenfassenden Bericht verweisen, aus dem erst mit Mühe und viel Sachverstand erkennbar wird, wie die Position des UN beschaffen ist.

3 Das **Auskunftsersuchen** muss so **konkret** sein, dass die ESt beurteilen kann, ob die Unterrichtung derzeit möglich ist und keine Betriebs- oder Geschäftsgeheimnisse gefährdet werden.[11]

1 *BAG* 11.7.00, DB 01, 599; *Fitting,* Rn. 5; GK-*Oetker,* Rn. 36; *GL,* Rn. 22 ff.; Richardi-*Annuß,* Rn. 19; grundsätzlich zur Entscheidungskompetenz der ESt. in Rechts- und Regelungsfragen vgl. § 76 Rn. 14.
2 *BAG* 8.8.89, BB 90, 458 [459]; *BAG* 22.1.91, DB 91, 1176; 17.9.91, DB 92, 435; *LAG Frankfurt* 1.9.88, NZA 89, 193; *ArbG Wetzlar* 28.2.89, NZA 89, 443; *GL,* Rn. 17.
3 *BAG* 11.7.00, DB 01, 599: vorgeschaltetes Schiedsverfahren; *LAG Hessen,* 1.8.06, NZA-RR 07, 201; *GL,* Rn. 17; HWK-*Willemsen/Lembke,* Rn. 1; Richardi-*Annuß,* Rn. 1.
4 *Dütz,* FS Gaul, S. 44 ff.
5 *BAG* 11.7.00, DB 01, 599; Richardi-*Annuß,* Rn. 1, s. auch Rn. 9; einschränkend GK-*Oetker,* Rn. 37 f.
6 Vgl. *v. Neumann-Cosel/Rupp,* S. 210 ff.
7 *LAG Hessen* 1.8.06, NZA-RR 07, 201; *LAG Hessen* 14.2.06, AuR 06, 413.
8 Dazu *Hase,* AiB 12, 113.
9 So auch ErfK-*Kania,* Rn. 2; *Fitting,* Rn. 6.
10 *LAG Baden-Württemberg* 22.11.85, DB 86, 334.
11 Ebenso im Grundsatz *LAG Niedersachsen* 3.11.09, NZA-RR 2010, 142 (unter II 2).

Dies ist insbesondere dann von Bedeutung, wenn der BR nach § 98 Abs. 2 ArbGG die Einsetzung einer ESt beim Arbeitsgericht beantragt. Die **ESt.** kann und muss ggf. die **Vorfrage** prüfen, ob überhaupt eine wirtschaftliche Angelegenheit i. S. d. § 106 Abs. 3 vorliegt.[12] Insoweit ist die Situation keine andere als bei Mitbestimmungsrechten, wo neben dem Sachproblem auch die Zuständigkeit, d. h. die Existenz eines Mitbestimmungsrechts, zu überprüfen ist.[13] In einem arbeitsgerichtlichen **Beschlussverfahren** kann **geklärt** werden, ob eine **wirtschaftliche Angelegenheit** i. S. d. Gesetzes vorliegt, was das *BAG* u. a. nach früherem Recht für einen Vertrag über die Veräußerung aller Anteile an der AG-GmbH verneinte, sofern keine Absprachen über die Geschäftspolitik erfolgten,[14] jedoch für monatliche Erfolgsrechnungen – aufgeschlüsselt nach den einzelnen Filialen des Unternehmens – bejahte.[15] Eine rechtskräftige Entscheidung im Beschlussverfahren ist für die ESt. bindend und entzieht ggf. den getroffenen Entscheidungen die Grundlage. Wird etwa das Vorliegen einer wirtschaftlichen Angelegenheit verneint, verliert ein ESt.-Spruch, der den AG zur Herausgabe bestimmter Unterlagen verpflichtete, seine Wirksamkeit; umgekehrt muss die ESt. wieder tätig werden, wenn sie ihre Zuständigkeit verneint hatte, das ArbG jedoch eine »wirtschaftliche Angelegenheit« bejahte.[16] Zur inhaltlichen Überprüfung eines ESt.-Spruchs im Übrigen s. unten Rn. 14.

Die ESt. entscheidet auch verbindlich, soweit der UN die Auskunftserteilung mit dem Argu- **4**
ment verweigert, andernfalls könne ein **Betriebs- oder Geschäftsgeheimnis gefährdet** werden.[17] Ob wirklich dieser Verweigerungstatbestand vorliegt (zu den Voraussetzungen im Einzelnen s. § 106 Rn. 59 ff.), ist keine dem UN überlassene Einschätzungsfrage, vielmehr geht es um objektive Fakten. Um sie zu klären, muss der UN im ESt.-Verfahren darlegen, dass eine überwiegende Wahrscheinlichkeit für die **Existenz eines Betriebs- oder Geschäftsgeheimnisses und** dessen **Gefährdung** spricht.[18] Ggf. muss eine sachkundige Vertrauensperson eingeschaltet werden.

Die ESt. ist auch zuständig, wenn es um die Beilegung von Streitigkeiten über das **Einsichts-** **5**
recht in Unterlagen nach § 108 Abs. 3, über die **Erläuterung des Jahresabschlusses** nach § 108 Abs. 5 und über die **Verpflichtung des AG zur Vorlage des Wirtschaftsprüferberichts** geht.[19] Dasselbe gilt für die Frage, ob dem WA bereits der Entwurf des Jahresabschlusses vor konzerninterner Abgleichung vorzulegen ist.[20] Auch für die Frage, welche Anteilsrechte und sonstigen Vermögenswerte eine Holdinggesellschaft innerhalb eines Konzerns erworben hat, ist die ESt nicht offensichtlich unzuständig, jedenfalls dann nicht, wenn ihr Sprecher an Personalentscheidungen in dem von den Tochtergesellschaften gebildeten Gemeinschaftsbetrieb teilgenommen hat.[21] Voraussetzung ist immer, dass der WA ein entsprechendes Ersuchen gestellt hat; der BR/GBR kann dies nicht an seiner Stelle tun.[22]

III. Die fehlende Einigung der Betriebsparteien

Bestehen **Meinungsverschiedenheiten zwischen WA und UN,** so führt dies allein noch nicht **6**
zu einem ESt.-Verfahren. Der WA muss vielmehr den BR bzw. GBR einschalten. Dieser verhandelt dann – wenn er sich das Anliegen des WA zu Eigen macht – mit dem UN. Dabei soll dem Grundsatz des § 74 Abs. 1 Satz 2 entsprechend eine Einigung angestrebt werden.[23]

---

12 HWK-*Willemsen/Lembke*, Rn. 5.
13 Für diese Parallele auch *BAG* 17.9.91, DB 92, 435.
14 22.1.91, DB 91, 1176.
15 *BAG* 17.9.91, DB 92, 435.
16 Zustimmend HK-BetrVG-*Steffan*, Rn. 1.
17 *BAG* 11.7.00, DB 01, 599; *LAG Düsseldorf* 13.3.78, DB 78, 1695; *OLG Karlsruhe* 7.6.85, NZA 85, 570; *Fitting*, Rn. 4; *GL*, Rn. 7; GK-*Oetker*, Rn. 12 Richardi-*Annuß*, Rn. 6; einschränkend HWGNRH-*Hess*, Rn. 9; *Gutzmann*, DB 89, 1083 [1086].
18 GK-*Oetker*, Rn. 12; *Fitting*, Rn. 4; *Pünnel/Isenhardt*, Rn. 381; *LAG Düsseldorf* 13.3.78, DB 78, 1695.
19 *BAG* 8.8.89, BB 90, 458; *LAG Hessen*, 1.8.06, NZA-RR 07, 201; *GL*, Rn. 3.
20 Dafür in einem Verfahren nach § 98 ArbGG *LAG Berlin* 13.7.88, AiB 88, 314 f.
21 *LAG Niedersachsen* 3.11.09, NZA-RR 10, 142 = AiB 10, 263 mit Anm. *Trittin/Gilles*.
22 *BAG* 5.2.1991, AP Nr. 10 zu § 106 BetrVG 1972; HWK-*Willemsen/Lembke*, Rn. 6.
23 *Fitting*, Rn. 7.

7 Kommt eine **Einigung** zustande, ist diese auch für den WA bindend. Soweit es um einen konkreten Konflikt geht, genügt eine formlose Betriebsabsprache; eine schriftliche Fixierung ist nicht erforderlich.[24] Möglich ist auch eine dauerhaftere Regelung, die die Pflichten des UN im Einzelnen festschreibt; insoweit handelt es sich dann um eine **BV.**[25] Soweit eine Einigung vorliegt, hat die **ESt. keine Zuständigkeit mehr.** Trägt der UN der Abmachung nicht Rechnung, kann ihre Einhaltung im Wege des Beschlussverfahrens durchgesetzt werden (s. u. Rn. 13). Das ArbG entscheidet auch darüber, wie die Einigung im Einzelnen auszulegen ist.

8 Der **BR bzw. GBR** ist auch dann zur **Verhandlung mit dem UN** und zum Abschluss einer Vereinbarung befugt, wenn von der Möglichkeit des § 107 Abs. 3 Gebrauch gemacht und die Funktion des WA einem BR- bzw. GBR-Ausschuss übertragen wurde. Eine **Ausnahme** gilt lediglich dann, wenn der Ausschuss nach § 28 Abs. 1 Satz 2 ermächtigt wurde, sich selbst mit dem UN über den Umfang der Auskunftspflicht auseinander zu setzen.[26]

IV. Verfahren und Entscheidung der Einigungsstelle

9 Auch im Rahmen des § 109 kommen **die allgemeinen Grundsätze des ESt.-Verfahrens** uneingeschränkt zur Anwendung (vgl. dazu im Einzelnen § 76 Rn. 89 ff.). Die ESt. hat insbesondere darüber zu entscheiden, ob die Erteilung einer Auskunft oder die Gewährung der Einsichtnahme in Unterlagen notwendig ist, damit der WA seine Aufgaben erfüllen kann.

10 Hält es die ESt. für erforderlich, kann sie nach Satz 3 **Sachverständige hinzuziehen.**[27] Anders als in den Fällen des § 80 Abs. 3 und des § 108 Abs. 2 Satz 3 ist insoweit keine besondere Vereinbarung mit dem UN erforderlich; der Sachverständige kann daher auch gegen den Willen der vom UN benannten Beisitzer in der ESt. bestellt werden, doch gehen die Kosten zu Lasten des UN.[28] Der Sachverständige unterliegt der Verschwiegenheitspflicht nach § 79 (zur allgemeinen Problematik der Sachverständigen der ESt. vgl. § 76 Rn. 109).

11 Das BetrVG 1952 enthielt in seinem § 70 Abs. 2 ein ausdrückliches Verbot, die ESt. durch eine tarifliche Schlichtungsstelle zu ersetzen. Maßgebend hierfür war die Erwägung, dass es häufig um Fragen aus dem Innenbereich der UN gehe, die wettbewerbsrelevant seien und deshalb nicht auf Branchenebene diskutiert werden dürften.[29] Dieses Verbot ist nicht in das BetrVG 1972 übernommen worden. Daraus muss man schließen, dass auch im Rahmen des § 109 durch TV eine **tarifliche Schlichtungsstelle** eingerichtet werden kann.[30] Ihre Mitglieder sind in gleicher Weise wie die einer ESt. zur Verschwiegenheit verpflichtet.

V. Einschaltung der Arbeitsgerichte

12 Die ArbG sind einmal dann zur Entscheidung berufen, wenn strittig ist, ob überhaupt ein WA zu bestellen ist[31] oder ob eine wirtschaftliche Angelegenheit i. S. d. § 106 Abs. 3 vorliegt (s. o. Rn. 3). Lehnt der UN mit dem Argument, der Bereich des § 106 Abs. 3 sei verlassen, die Mitwirkung an der Bildung einer ESt. ab, so entscheidet das ArbG im **Beschlussverfahren nach § 98 ArbGG**, ob ein Fall offensichtlicher Unzuständigkeit der ESt. vorliegt. Dies ist beispielsweise nicht der Fall, wenn der WA von der Muttergesellschaft, die auch in den Gemeinschaftsbetrieb »hineinregiert«, wissen möchte, welche Gesellschaft welche Vermögensgegenstände im Rahmen einer Umstrukturierung erhalten hat.[32] Wie auch das *BAG*[33] betonte, kommen Unterlagen nahezu jeder Art für eine Vorlage an den Wirtschaftsausschuss in Betracht, da ein **Zusammenhang mit wirtschaftlichen Angelegenheiten** fast immer bejaht wer-

24 *Fitting*, Rn. 8; Richardi-*Annuß*, Rn. 13.
25 S. das bei *Hercher*, AiB 92, 5 ff. abgedruckte und kommentierte Beispiel.
26 *Fitting*, Rn. 7; *GL*, Rn. 14.
27 LAG München v. 24.6.10, Tz. 38..
28 GTAW-*Woitaschek* Rn. 4.
29 Vgl. Richardi-*Annuß*, Rn. 17.
30 *Fitting*, Rn. 11; Richardi-*Annuß*, Rn. 17.
31 *LAG Hessen* 1.8.06 NZA-RR 07, 199.
32 *LAG Niedersachsen* 3.11.09, NZA-RR 10, 142
33 17.9.91, DB 92, 436.

den kann. Kommt man in einer nach § 98 ArbGG gebildeten ESt. zu einer Einigung in der Sache, sollte man zugleich ein eventuell anhängiges Beschlussverfahren beendigen, um so nachträglich eintretende widersprüchliche Ergebnisse zu vermeiden (dazu o. Rn. 3).

Kommt im Rahmen des ESt.-Verfahrens eine Einigung zwischen BR/GBR und UN zustande oder erlässt die ESt. einen Spruch, so muss dieser vom UN umgesetzt werden, soweit der Antrag der AN-Seite nicht in vollem Umfang abgewiesen wurde. Kommt der UN der übernommenen oder ihm auferlegten Verpflichtung nicht nach, kann der BR bzw. GBR ein **arbeitsgerichtliches Beschlussverfahren** einleiten. Aus einem rechtskräftigen Beschluss kann dann gemäß § 85 Abs. 1 ArbGG die **Zwangsvollstreckung** nach den Bestimmungen der ZPO betrieben werden.[34] Nach § 888 Abs. 1 ZPO hat das ArbG den UN auf Antrag durch **Zwangsgeld** zur Erteilung der Auskunft oder zur Vorlage der Unterlagen anzuhalten, da es um eine unvertretbare Handlung geht.[35] Daneben kommt ein Verfahren nach § 23 Abs. 3 sowie ein Ordnungswidrigkeitenverfahren nach § 121 in Frage.[36] **13**

BR/GBR und UN können **gegen** einen **Spruch der ESt. gerichtlichen Rechtsschutz** in Anspruch nehmen. Nach der neueren Rspr. des *BAG*[37] unterliegt die Entscheidung der ESt. der vollen gerichtlichen Kontrolle. Überlegungen, der ESt. ein Ermessen bei der Ausfüllung des »grundsätzlichen« Informationsanspruchs zu geben,[38] wurden ausdrücklich aufgegeben. Damit ist der an jener Auffassung in der Literatur geübten Kritik Rechnung getragen worden.[39] Anders zu entscheiden hätte bedeutet, dass der Informationsanspruch nach § 106 Abs. 2 nur nach Maßgabe einer Einigung mit dem UN bzw. eines ESt.-Spruchs bestanden hätte. Eine inhaltlich gegen § 106 Abs. 2 verstoßende Entscheidung der ESt. wäre nur korrigierbar gewesen, wenn sie sich als Ermessensmissbrauch dargestellt hätte. Der Gedanke, durch eine **volle gerichtliche Kontrolle** könne der Zweck des § 109, die Auseinandersetzung auf der betrieblichen Ebene zu halten, gefährdet werden, ist nur auf den ersten Blick plausibel; die Befürchtung, ggf. einem ArbG das Vorliegen eines Betriebs- oder Geschäftsgeheimnisses schildern zu müssen, kann auch bei einer bloßen Ermessenskontrolle begründet sein. Auch wird man nicht behaupten können, eine volle Rechtskontrolle sei nicht praktikabel; zwar kann sich das Verfahren auf Grund der Einschaltung mehrerer Instanzen in die Länge ziehen, doch wird dies nicht dadurch verhindert, dass man den gerichtlichen Prüfungsmaßstab lockert.[40] **14**

Leitet der AG ein Beschlussverfahren ein, weil er sich gegen die von der ESt auferlegten Verpflichtungen zur Wehr setzen will, so wird der BR nicht nur die Abweisung des Antrags beantragen. Vielmehr ist er gut beraten, zugleich die von der ESt zugesprochene konkrete Form der Unterrichtung geltend zu machen, da ihm nur dann eine **Durchsetzung** mit Zwangsmitteln möglich ist.[41] **14a**

Wegen der **Primärzuständigkeit der ESt.** ist es dem BR bzw. GBR verwehrt, unter Umgehung der ESt. die Informationsrechte nach § 106 direkt im Wege des Beschlussverfahrens durchzusetzen.[42] **15**

Die Vorschaltung der ESt. kann **in Eilfällen** zu Problemen führen, da die ESt. keine vollstreckbaren einstweiligen Verfügungen erlassen kann und das Verfahren ggf. einige Zeit in Anspruch nimmt. Der Vorsitzende der ESt. ist gehalten, notfalls **innerhalb weniger Tage** eine **Sitzung** einzuberufen und **innerhalb von 1 bis 2 Wochen** zu einer **Entscheidung** zu kommen. Wird sie dann vom UN nicht umgesetzt, kann bei entsprechender Dringlichkeit nach § 85 ArbGG eine **einstweilige Verfügung** im Beschlussverfahren ergehen.[43] Dasselbe gilt dann, wenn die ESt. ihrer Aufgabe nicht rechtzeitig nachkommt; insoweit müssen die Gerichte in die Bresche springen.[44] **16**

---

34 *Fitting,* Rn. 13; *GL,* Rn. 21, GK-*Oetker,* Rn. 42.
35 *Fitting,* Rn. 13.
36 HWK-*Willemsen/Lembke,* Rn. 16.
37 11.7.00, DB 01, 598.
38 *BAG* 8.8.89, DB 89, 2621.
39 *Dütz,* FS Gaul, S. 50; *Wlotzke,* 2. Aufl., Anm. 2; *WW,* Rn. 8; HWGNRH-*Hess,* Rn. 14 m. w. N.
40 *Dütz,* FS Gaul, S. 54; *Däubler,* Anm. AuR 00, 155.
41 So *LAG Köln* 5.10.11 – 9 TaBV 94/10, juris
42 *BAG* 8.8.89, BB 90, 458 [459]; *LAG Frankfurt* 1.9.88, DB 88, 2519.
43 Zustimmend ErfK-*Kania,* Rn. 8.
44 GTAW-*Woitaschek,* Rn 6; ablehnend, jedoch ohne auf diesen Spezialfall einzugehen, *ArbG Wetzlar* 28.2.89, NZA 89, 443; HWK-*Willemsen/Lembke,* Rn. 17.

§ 109 a Unternehmensübernahme

In Unternehmen, in denen kein Wirtschaftsausschuss besteht, ist im Fall des § 106 Abs. 3 Nr. 9 a der Betriebsrat entsprechend § 106 Abs. 1 und 2 zu beteiligen; § 109 gilt entsprechend.

1 Entgegen der sonst praktizierten Systematik wird dem BR im engen Bereich des § 106 Abs. 3 Nr. 9 a die Stellung eines WA eingeräumt, wenn ein solcher nicht existiert. Letzteres kann darauf beruhen, dass das UN nicht mehr als 100 AN beschäftigt oder dass diese Voraussetzung zwar erfüllt ist, pflichtwidrig jedoch kein WA gebildet wurde.[1] Die Verweisung auf § 106 Abs. 1 hat entgegen *Löwisch*[2] nicht die Bedeutung, den 100-Personen-Grenzwert auch auf § 109 a zu erstrecken; vielmehr geht es darum, auf die Funktion des WA zu verweisen. Auch wäre es erstaunlich, würde der Gesetzgeber eine Sondernorm allein zugunsten von pflichtwidrig handelnden BRs und GBRs schaffen, was dann ja als einziger Anwendungsfall übrig bliebe. Eher wäre daran zu denken, mit *Kania*[3] nur die kleineren UN einzubeziehen, doch ist die gesetzliche Formulierung so allgemein gehalten, dass auch der Fall des **pflichtwidrig nicht gebildeten WA** miterfasst sein dürfte.

2 Existiert im UN ein **GBR**, jedoch kein WA, so tritt dieser an die Stelle der örtlichen BR, da der Kontrollerwerb das UN als Ganzes betrifft.[4]

3 In der Literatur wurde zu Recht kritisiert, dass andere in § 106 Abs. 3 genannte Materien sehr viel engere Berührungspunkte mit der Betriebsratstätigkeit aufweisen, ohne dass sich § 109 a auf diese Fälle erstrecken ließe.[5] Inhaltlich kann auf die Erläuterungen zu § 106 Abs. 3 Nr. 9 a (oben Rn. 86 ff.) verwiesen werden. Soweit der BR nach WpÜG einzuschalten ist (oben § 106 Rn. 86), tritt § 109 a als allgemeinere Norm zurück.[6]

§ 110 Unterrichtung der Arbeitnehmer

(1) In Unternehmen mit in der Regel mehr als 1000 ständig beschäftigten Arbeitnehmern hat der Unternehmer mindestens einmal in jedem Kalendervierteljahr nach vorheriger Abstimmung mit dem Wirtschaftsausschuss oder den in § 107 Abs. 3 genannten Stellen und dem Betriebsrat die Arbeitnehmer schriftlich über die wirtschaftliche Lage und Entwicklung des Unternehmens zu unterrichten.

(2) In Unternehmen, die die Voraussetzungen des Absatzes 1 nicht erfüllen, aber in der Regel mehr als zwanzig wahlberechtigte ständige Arbeitnehmer beschäftigen, gilt Absatz 1 mit der Maßgabe, dass die Unterrichtung der Arbeitnehmer mündlich erfolgen kann. Ist in diesen Unternehmen ein Wirtschaftsausschuss nicht zu errichten, so erfolgt die Unterrichtung nach vorheriger Abstimmung mit dem Betriebsrat.

Inhaltsübersicht

1 So auch *Hjort*, AiB 09, 135; *Ratayczak*, AiB 08, 631; *Schröder/Falter*, NZA 08, 1101.
2 DB 08, 2834.
3 ErfK-*Kania* § 109 a Rn 1.
4 GTAW-*Woitaschek*, Rn. 1.
5 *Simon-Dobel*, BB 08, 1958; *Thüsing*, ZIP 08, 108.
6 *Simon-Dobel*, BB 08, 1958.

I. Vorbemerkungen

Die Vorschrift baut auf den §§ 69 Abs. 3, 71 BetrVG 1952 auf, wonach der Unternehmer einmal pro Vierteljahr »zusammen« mit dem WA und dem BR den Belegschaftsmitgliedern **Kenntnis von der Lage** und **von der Entwicklung des UN zu geben** hatte. Wichtigste Neuerung war die nunmehr bestehende Möglichkeit, in Betrieben mit mehr als 1000 ständig beschäftigten Arbeitnehmern eine schriftliche Unterrichtung vorzunehmen.[1] 1

Die Vorschrift des **§ 110 führt** inhaltlich die **Informationsrechte** des einzelnen AN **nach § 81 fort:** Während es dort ausschließlich um Probleme des Arbeitsplatzes und des Betriebs geht, will § 110 die Information des Einzelnen über die »wirtschaftliche Lage und Entwicklung des Unternehmens« sicherstellen. In Rede steht dabei nicht allein eine Pflicht des AG, sondern auch ein entsprechendes Informations**recht des einzelnen AN.**[2] Dies rechtfertigt es, die Vorschrift auch in **Betrieben** entsprechender Größe **ohne BR** anzuwenden.[3] Dieselbe Rechtsfolge ergibt sich nunmehr aus der **Richtlinie über Unterrichtung und Anhörung der Arbeitnehmer** (Einl. Rn. 251, 257); § 110 muss insoweit richtlinienkonform ausgelegt werden. 2

Die Unterrichtung der AN muss mindestens einmal im Kalendervierteljahr erfolgen, und zwar in UN mit i. d. R. mehr als 1000 ständig beschäftigten AN schriftlich und in UN mit i. d. R. mehr als 20 wahlberechtigten ständig beschäftigten AN zumindest mündlich. Damit wird der **Zweck** verfolgt, den Einzelnen zum »**Mitreden-Können**« zu befähigen; die in § 75 Abs. 2 niedergelegte Zielvorstellung der freien Entfaltung der AN-Persönlichkeit im Betrieb setzt voraus, dass der Einzelne über die Umstände, unter denen er arbeitet, möglichst umfassend informiert ist. Nur auf einer solchen Grundlage kann das **Stück Demokratie** funktionieren, das vom BetrVG gewollt ist. 3

Die Pflicht des UN aus § 110 besteht **unabhängig von der Verpflichtung des AG aus § 43 Abs. 2 Satz 3,** einmal in jedem Kalenderjahr in einer Betriebsversammlung u. a. über die wirtschaftliche Lage und Entwicklung »des Betriebs« zu berichten.[4] Inhaltliche Überschneidungen sind unschädlich; soweit nach § 110 mündliche Information genügt, können beide Informationspflichten gleichzeitig erfüllt werden. 4

II. Der Vierteljahresbericht in Unternehmen mit über 1000 Beschäftigten

Die in Abs. 1 vorgesehene schriftliche Unterrichtung ist nur in Unternehmen mit mehr als 1000 »ständig beschäftigten Arbeitnehmern« (zu diesem Begriff s. § 106 Rn. 11 ff.) vorgeschrieben. Abs. 2 stellt demgegenüber darauf ab, dass in der Regel mehr als 20 »wahlberechtigte« Arbeitnehmer ständig beschäftigt sind (zur Abgrenzung dieses Personenkreises s. § 1 Rn. 132 ff., § 7 Rn. 10 ff.). Auf die Größe der einzelnen Betriebe kommt es nicht an. 5

1. Gegenstand der Information

Aus der Formulierung »Lage und Entwicklung« folgt zunächst, dass eine reine Momentaufnahme nicht ausreicht. Es müssen sowohl der **Weg zum Status quo** (einschließlich der Veränderungen seit dem letzten Bericht) wie auch die **Zukunftsaussichten** behandelt werden.[5] Einzubeziehen sind insbesondere getätigte und beabsichtigte **Investitionen,** die sich auf die Lage der AN auswirken können; dies gilt z. B. für technische Umstellungen oder Erweiterungen des Geschäftsgebiets. Auch ein freiwilliges oder erzwungenes Zurückfahren von Aktivitäten muss benannt werden. Sinnvoll, wenn auch nicht zwingend geboten, sind Ausführungen über die Situation der Branche sowie über die Entwicklung des Kapitalmarkts. Der Detailliertheitsgrad hängt von den Umständen ab. Niemand wird vom UN erwarten, einen umfassenden Rechenschaftsbericht zu geben; es reicht vielmehr aus, wenn **der einzelne AN in die Lage** 6

---

1 BR-Drucks. 715/70, S. 54.
2 Schaub-*Koch,* § 234 Rn. 27; HWK-*Willemsen/Lembke,* Rn. 1.
3 Dafür in Bezug auf die §§ 81 ff. Richardi-*Thüsing,* vor § 81 Rn. 5 m. w. N.
4 GK-*Oetker,* Rn. 2.
5 *Fitting,* Rn. 7.

versetzt wird, »nachzuhaken«, d. h., sachgerechte Fragen in der Betriebsversammlung oder in der Sprechstunde des BR zu stellen.[6] Mitteilungen, wie sie üblicherweise an Aktionäre versandt werden, stellen jedenfalls insoweit einen Anhaltspunkt dar, als die Angaben nicht weniger konkret sein dürfen.[7] Allerdings wird sich der Informationsbedarf der Beschäftigten häufig auf andere Aspekte wie insbesondere die Sicherheit der Arbeitsplätze erstrecken, während für Aktionäre primär der zu erwartende Gewinn von Interesse ist. Inhaltlich wird sich der Bericht des UN zweckmäßigerweise an dem Katalog des § 106 Abs. 3 orientieren.[8] Dabei ist – soweit ein Anlass besteht – auch auf die Umweltverträglichkeit der Herstellungsverfahren und der Produkte einzugehen.

7 Der UN ist nicht zu Angaben verpflichtet, durch die **Betriebs- und Geschäftsgeheimnisse** des Unternehmens gefährdet werden könnten.[9] § 106 Abs. 2 und § 43 Abs. 2 Satz 3 finden insoweit entsprechende Anwendung. Dasselbe gilt für Gegenstände der sog. ad-hoc-Publizität vor ihrer Veröffentlichung.[10] Für die Konstruktion einer **weiteren Grenze,** wonach keine Angaben geschuldet sind, deren Bekanntwerden die Wettbewerbs- und Finanzsituation des Unternehmens gefährden könnte,[11] besteht **keine Rechtsgrundlage.**[12] Auch wäre es wenig konsequent, wollte man die Informationspflicht nach § 110 und nach § 43 Abs. 2 Satz 3 unterschiedlich bestimmen; dort ist aber nur von einer Begrenzung durch »Betriebs- oder Geschäftsgeheimnisse« die Rede.[13] Auch im Verhältnis zu Aktionären fehlt es an einer entsprechenden Abschirmungsvorschrift. Zu beachten ist allerdings, dass Angaben, die die Stellung des Unternehmens auf dem Markt oder seine Kreditwürdigkeit beeinträchtigen würden, schon vom Begriff des Betriebs- und Geschäftsgeheimnisses erfasst werden (dazu näher § 79 Rn. 7 ff.).

2. Zeitpunkt der Information

8 Die Unterrichtung der AN muss »mindestens einmal in jedem Kalendervierteljahr« erfolgen. Den genauen Zeitpunkt bestimmt der UN.[14] Besteht ein ausreichender Anlass, kann der **Abstand zwischen zwei Unterrichtungen** auf wenige Wochen schrumpfen. Da es sich um ein Mindestrecht handelt, muss der UN ggf. auch innerhalb eines Kalendervierteljahres mehr als einmal informieren, sofern sich die Ereignisse überstürzen.[15] Der UN wird dies schon im eigenen Interesse tun, da eine klare Information das Entstehen von Ängsten und Gerüchten verhindert und so zu einem reibungslosen Arbeitsablauf beiträgt.

3. Schriftlichkeit

9 Die durch Abs. 1 vorgeschriebene schriftliche Unterrichtung kann beispielsweise mit Hilfe der **Werkszeitung**[16] sowie dadurch erfolgen, dass der Bericht vervielfältigt und allen AN durch die Hauspost übermittelt wird. In Betracht kommt weiter eine **Verteilung auf der Betriebsversammlung,**[17] wobei es genügen dürfte, hektographierte Exemplare zur Mitnahme auszulegen.[18] Möglich ist auch die **Zusendung an die Privatanschrift** oder eine Mitteilung per **E-Mail.** Welchen Weg der UN einschlagen will, ist seinem pflichtgemäßen Ermessen überlassen.[19] **Nicht** ausreichend ist eine Bekanntmachung **am Schwarzen Brett;** die oft recht komplizierten

---

6 Zustimmend ErfK-*Kania*, Rn. 1.
7 Vgl. *Fitting*, Rn. 7; *GL*, Rn. 4; zustimmend HWK-*Willemsen/Lembke*, Rn. 16.
8 Vgl. auch *Rumpff/Boewer*, S. 250.
9 GK-*Oetker*, Rn. 13.
10 HWK-*Willemsen/Lembke*, Rn. 9; *Schleifer/Kliemt*, DB 95, 2214.
11 Vgl. *Fitting*, Rn. 7; HWGNRH-*Hess*, Rn. 6.
12 GK-*Oetker*, Rn. 12.
13 HSWGN-*Worzalla*, § 43 Rn. 17, der allerdings auch »vertrauliche Angaben« einbezieht.
14 HWGNRH-*Hess*, Rn. 4; HWK-*Willemsen/Lembke*, Rn. 8.
15 GK-*Oetker*, Rn. 18.
16 HWGNRH-*Hess*, Rn. 8.
17 *Dütz*, FS Westermann, S. 52; *Fitting*, Rn. 5.
18 HWGNRH-*Hess*, Rn. 8.
19 Richardi-*Annuß*, Rn. 6.

wirtschaftlichen Zusammenhänge eignen sich wenig für eine Lektüre im Vorbeigehen.[20] Der einzelne AN muss in der Lage sein, die Informationen sorgfältig aufzunehmen und sich über sie Gedanken zu machen; nur dann kann er sinnvoll von seinen Nachfrage- und Mitgestaltungsrechten Gebrauch machen (vgl. oben Rn. 3). Eine Beschränkung auf das Schwarze Brett kann im Übrigen dazu führen, dass sich dort während der Arbeitszeit Schlangen bilden, wenn – beispielsweise im Krisenfalle – im Betrieb ein hoher Fragebedarf besteht.[21] Im Übrigen muss sich der UN um eine verständliche Sprache bemühen; Fachtermini sind in Alltagssprache zu »übersetzen«.

10 Werden nicht nur ganz vereinzelt **ausländische AN** im UN beschäftigt, ist der Bericht in die entsprechenden Sprachen zu **übersetzen.**[22] Insofern gelten dieselben Grundsätze wie beim Bericht des BR in der Betriebsversammlung (§ 43 Rn. 11) sowie bei der Vorbereitung der BR-Wahl (§ 2 WO Rn. 26 ff.). Auch bei ausländischen Arbeitnehmern, die schon längere Zeit in Deutschland arbeiten, können keine Sprachkenntnisse auf wirtschaftlichem Gebiet vorausgesetzt werden, die denen eines deutschen Staatsangehörigen entsprechen. Eine Ausnahme ist nur dann zu machen, wenn ausländische Beschäftigte hier geboren sind oder eine volle deutsche Schulausbildung absolviert haben. Ein **englischer Bericht** genügt den gesetzlichen Anforderungen nur dann, wenn alle AN fließend Englisch sprechen und niemand Einwendungen erhebt.

4. »Abstimmung« mit Wirtschaftsausschuss und Betriebsrat

11 Bevor der UN seinen Bericht erstattet, muss er sich mit dem WA (bzw. dem ihn ersetzenden BR-Ausschuss nach § 107 Abs. 3) sowie mit dem BR abstimmen. Besteht im UN ein GBR, ist dieser der gebotene Ansprechpartner. Die Besprechung mit dem WA und dem BR bzw. GBR muss nicht in einer Sitzung erfolgen, doch erscheint dies aus UN-Sicht zweckmäßig. Wurde entgegen den gesetzlichen Bestimmungen kein WA gebildet, ist lediglich der BR bzw. GBR einzuschalten.[23]

12 »Abstimmung« bedeutet, dass dem BR und dem WA **Gelegenheit zur Stellungnahme** gegeben und dass deren Position bei der endgültigen Formulierung berücksichtigt wird.[24] BR und WA können nicht nur Änderungen, sondern auch die Aufnahme zusätzlicher Punkte vorschlagen.[25] Dem Gebot der vertrauensvollen Zusammenarbeit nach § 2 Abs. 1 entspricht es, dass Meinungsverschiedenheiten eingehend erörtert werden. Der **UN** kann selbstredend nicht gezwungen werden, sich die Auffassung des BR oder des WA zu Eigen zu machen. Er **bleibt für** den **Inhalt der Berichterstattung verantwortlich**[26] und bestimmt grundsätzlich allein über Inhalt und Form.[27] Dem **BR** und dem WA steht nach verbreiteter Auffassung allerdings das Recht zu, die **Aufnahme seiner abweichenden Sicht** der Dinge in den Bericht zu verlangen **oder** – soweit der AG dies ablehnt – einen eigenen »**Alternativbericht**« vorzulegen.[28] Ohne ein solches »**Gegendarstellungsrecht**« wäre die Einschaltung von BR und WA eine reine Formalität, ja sie könnte den Anschein erwecken, dass beide Gremien die von ihnen nicht geteilte Sicht des UN unterstützen. Das BAG hat sich dieser Ansicht nicht angeschlossen und hält es für ausreichend, dass es einen groben Verstoß des Arbeitgebers gegen seine betriebs-

---

20 Ebenso ErfK-*Kania,* Rn. 3; GK-*Fabricius,* 6. Aufl., Rn. 5; *GL,* Rn. 7; *Grauvogel u. a.,* 1. Aufl., Rn. 429; HK-BetrVG-*Steffan,* Rn 2; HWK-*Willemsen/Lembke,* Rn. 13; Richardi-*Annuß,* Rn. 6; *WW,* Rn. 2; im Grundsatz nunmehr auch GK-Oetker, Rn. 28; a. A. *Fitting,* Rn. 5; HWGNRH-*Hess,* Rn. 8.

21 *SB,* Rn. 2.

22 *Gege,* S. 191; GK-*Oetker,* Rn. 30; einschränkend HWK-*Willemsen/Lembke,* Rn. 14.

23 GK-*Oetker,* Rn. 20; Richardi-*Annuß,* Rn. 4; *Rumpff/Boewer,* S. 247, 250.

24 HWGNRH-*Hess,* Rn. 5.

25 *BAG* 14.5.13, NZA 13, 1223 Tz. 24.

26 *BAG* 1.3.66, AP Nr. 1 zu § 69 BetrVG (1952).

27 *Fitting,* Rn. 3; *GL,* Rn. 6; Richardi-*Annuß,* Rn. 5.

28 Ebenso ErfK-*Kania,* Rn. 6; *Fitting,* Rn. 4; GK-*Fabricius,* 6. Aufl., Rn. 20; *Gege,* S. 190; HK-BetrVG-*Steffan,* Rn 4; GTAW-*Woitaschek,* Rn 2; *SB,* Rn. 7; *WW,* Rn. 7; a. A. HSWGN-*Hess,* Rn. 9; GK-*Oetker,* Rn. 16; HWK-*Willemsen/Lembke,* Rn. 11; Richardi-*Annuß,* Rn. 5; *Rumpff/Boewer,* S. 248; ein Muster-Briefwechsel findet sich in DKKWF-*Däubler,* § 110 Rn. 2 ff.

verfassungsrechtlichen Pflichten darstellt, wenn er sich nicht oder nicht genügend mit der Haltung von BR und WA auseinander setzt.[29] Der BR könnte seinen abweichenden Standpunkt zwar in seinen der Betriebsversammlung zu erstattenden Tätigkeitsbericht nach § 43 Abs. 1 Satz 1 einbauen,doch tauchen die Meinungsverschiedenheiten häufig im Verhältnis zwischen AG und GBR bzw. WA auf, die beide in der Betriebsversammlung kein Rederecht haben.[30] Auch die Befugnis des BR, ein Informationsblatt herauszugeben (§ 40 Rn. 144) oder betriebsbezogene Mitteilungen ins Intranet zu stellen, sind nicht immer ein ausreichendes Äquivalent. Schließlich ist zu beachten, dass unter dem BetrVG 1952 die wohl herrschende Auffassung dem BR das Recht einräumte, seine abweichende Stellungnahme dem Bericht des UN beizufügen;[31] es kann aber kaum Sinn des BetrVG 1972 sein, die Handlungsmöglichkeiten des BR und des WA zu reduzieren.

13 Die Tatsache, dass der Bericht des UN schriftlich erfolgt, hat zur Konsequenz, dass die **Diskussion in der nächsten Betriebsversammlung** stattfindet; dies schließt Gespräche am Arbeitsplatz nicht aus.

III. Der Vierteljahresbericht in kleineren Unternehmen

14 Werden im UN mehr als 20 wahlberechtigte ständige AN beschäftigt, ohne dass die in Abs. 1 genannte Zahl erreicht wäre, so hat der UN das Recht, seinen **Bericht mündlich** zu erstatten. Dies wird er zweckmäßigerweise in der Betriebsversammlung tun und seine durch § 43 Abs. 2 vorgeschriebenen Ausführungen entsprechend erweitern. Dabei muss auch ein **Einzelkaufmann** genauso wie ein Geschäftsführer oder ein Vorstandsmitglied nicht persönlich erscheinen, sondern **kann sich vertreten lassen.**[32] Ob er von dieser Möglichkeit Gebrauch macht, richtet sich nach den Umständen; die Abwesenheit des eigentlichen Entscheidungsträgers wird von den Beschäftigten häufig als Geringschätzung ihrer Probleme gewertet. Zulässig ist auch, den mündlichen Bericht in einer »Mitarbeiterversammlung« oder in einer Reihe von »Abteilungsversammlungen« zu geben, doch dürfen diese nicht zu »Konkurrenzveranstaltungen« gegenüber Betriebsversammlungen werden (§ 42 Rn. 50 ff.). Dem AG steht es im Übrigen frei, von der Möglichkeit des Abs. 2 keinen Gebrauch zu machen und einen schriftlichen Bericht vorzulegen.[33]

15 Bei UN mit bis zu 20 wahlberechtigten ständigen AN ist § 110 nicht anwendbar. Allerdings besteht auch dort eine **arbeitsvertragliche Nebenpflicht** des AG, in angemessenem Umfang über die Lage des UN zu informieren; insoweit gilt nichts anderes als in Bezug auf die Unterrichtungs- und Erörterungspflichten nach § 81, die gleichfalls nicht allein betriebsverfassungsrechtlichen Charakter besitzen (§ 81 Rn. 1, 3).

IV. Streitigkeiten

16 Kommt der UN seiner Unterrichtungspflicht nach § 110 nicht nach, macht er sich einer **Ordnungswidrigkeit** nach § 121 schuldig, die mit Geldbuße bis zu 10 000 Euro belegt werden kann.[34] Erfasst ist nicht nur die völlige Untätigkeit, sondern auch die Erstattung eines wahrheitswidrigen, unvollständigen oder verspäteten Berichts (§ 121 Rn. 10). Voraussetzung für eine Sanktion ist allerdings, dass der UN zumindest mit **bedingtem Vorsatz** gehandelt hat (§ 121 Rn. 22). BR und WA sind nicht berechtigt, anstelle des säumigen UN einen eigenen Bericht vorzulegen; für eine solche »Ersatzvornahme« fehlt eine ausreichende Rechtsgrundlage.[35]

---

29 *BAG,* 14.5.13, NZA 13, 1223 Tz. 24.
30 GK-*Fabricius,* 6. Aufl., Rn. 23; *Fitting,* Rn. 4.
31 *Dietz,* § 69 Rn. 20; *Galperin/Siebert,* § 69 Rn. 20; ohne nähere inhaltliche Stellungnahme wohl a. A. *Fitting/Kraegeloh/Auffarth,* § 69 Rn. 13.
32 HWGNRH-*Hess,* Rn. 4.
33 Richardi-*Annuß,* Rn. 8.
34 *Fitting,* Rn. 11; *GL,* Rn. 11; HWGNRH-*Hess,* Rn. 14; Richardi-*Annuß,* Rn. 11.
35 GK-*Oetker,* Rn. 5; Richardi-*Annuß,* Rn. 10.

Meinungsverschiedenheiten zwischen dem BR bzw. GBR und dem WA auf der einen Seite sowie dem UN auf der anderen Seite, die sich auf die Pflicht zur Berichterstattung, auf die Einbeziehung von BR/GBR und WA sowie auf den Inhalt des Berichts beziehen, sind vom Arbeitsgericht im Wege des **Beschlussverfahrens** zu klären.[36] Die Antragsbefugnis steht auf AN-Seite allerdings ausschließlich dem BR bzw. dem GBR zu (§ 107 Rn. 44). So kann der BR beispielsweise den Antrag stellen, den UN zur Erstattung des Berichts zu verpflichten. Die Einschaltung der ESt. nach § 109 kommt nur dann in Betracht, wenn der WA im Rahmen des Abstimmungsverfahrens bestimmte Informationen verlangt, die der UN verweigert.[37] Der **Inhalt des Berichts** selbst ist **nicht einigungsstellenfähig;** auch im Beschlussverfahren kann nicht über einzelne Formulierungen, sondern nur darüber gestritten und entschieden werden, inwieweit eine Stellungnahme des BR/GBR oder des WA aufzunehmen ist. Jede andere Lösung würde überdies auch die systematische Stellung des § 110 verkennen, der dem § 109 nachfolgt und dort auch nicht in Bezug genommen ist. **17**

Schließlich kann der **einzelne AN** seine Informationsrechte im **Urteilsverfahren** einklagen;[38] **18** allerdings wird er dies nur tun, wenn er z. B. als BR-Mitglied einen verstärkten Kündigungsschutz genießt. Verletzt der UN seine Unterrichtungspflicht, steht dem einzelnen AN ein Zurückbehaltungsrecht zu (näher § 81 Rn. 24).

Zweiter Unterabschnitt Betriebsänderungen

§ 111 Betriebsänderungen

In Unternehmen mit in der Regel mehr als zwanzig wahlberechtigten Arbeitnehmern hat der Unternehmer den Betriebsrat über geplante Betriebsänderungen, die wesentliche Nachteile für die Belegschaft oder erhebliche Teile der Belegschaft zur Folge haben können, rechtzeitig und umfassend zu unterrichten und die geplanten Betriebsänderungen mit dem Betriebsrat zu beraten. Der Betriebsrat kann in Unternehmen mit mehr als 300 Arbeitnehmern zu seiner Unterstützung einen Berater hinzuziehen; § 80 Abs. 4 gilt entsprechend; im Übrigen bleibt § 80 Abs. 3 unberührt. Als Betriebsänderungen im Sinne des Satzes 1 gelten

1. **Einschränkung und Stilllegung des ganzen Betriebs oder von wesentlichen Betriebsteilen,**
2. **Verlegung des ganzen Betriebs oder von wesentlichen Betriebsteilen,**
3. **Zusammenschluss mit anderen Betrieben oder die Spaltung von Betrieben,**
4. **grundlegende Änderungen der Betriebsorganisation, des Betriebszwecks oder der Betriebsanlagen,**
5. **Einführung grundlegend neuer Arbeitsmethoden und Fertigungsverfahren.**

Inhaltsübersicht

36 *Dütz,* FS Westermann, S. 53; *Fitting,* Rn. 10; GK-*Oetker,* Rn. 34; HWGNRH-*Hess,* Rn. 15; Richardi-*Annuß,* Rn. 12.
37 GK-*Oetker,* Rn. 35; Richardi-*Annuß,* Rn. 13.
38 Schaub-*Koch,* § 234 Rn. 28 i. V. m. Rn. 27; HWK-*Willemsen/Lembke,* Rn. 21.

I. Vorbemerkungen

1. Das Grundmodell der §§ 111 – 113

Der Gesetzgeber des BetrVG wollte und konnte nicht mehr als eine verbesserte »**Betriebs**«-**Verfassung** schaffen. Die Entscheidungen über die Errichtung und Schließung von Betrieben, über Investitionen, Absatzstrategien und Preise sollten grundsätzlich bei der AG-Seite bleiben. Von daher kam eine **volle Mitbestimmung in wirtschaftlichen Angelegenheiten nicht ernsthaft in Betracht.** Auf der anderen Seite durfte dieser Bereich auch kein reines »Reservat« der Anteilseigner und des Managements bleiben. Eine die Interessen der AN respektierende UN-Politik konnte auf mehr Akzeptanz bei den Beschäftigten hoffen und so mittelbar zum guten Funktionieren der Wirtschaft beitragen (Einl. Rn. 51 f.). 1

Nicht nur auf die **Interessen** der Kapitalgeber, sondern **auch auf die der AN zu achten** gehört an sich zu den überkommenen **Leitlinien der UN-Führung,** die auch juristisch verbindlich sind.[1] In der Begründung zum AktG 1965 hieß es z. B., es verstehe sich von selbst und brauche nicht ausdrücklich im Gesetz bestimmt zu werden, dass der Vorstand bei seinen Maßnahmen die Belange der Aktionäre *und* der AN zu berücksichtigen habe.[2] Eine solche inhaltliche Vorgabe erweist sich jedoch als wenig wirksam, solange die UN-Leitung allein von der Kapitalseite ausgewählt und kontrolliert wird und die zu treffenden Entscheidungen überdies so komplex sind, dass das »Beiseite-Schieben« von AN-Belangen nur in Extremfällen beweisbar ist. **Notwendig** ist daher eine **institutionalisierte Vertretung von AN-Interessen,** ein abgesichertes Verfahren, mit dessen Hilfe die Belegschaften ihre Interessen in gewissem Umfang zur Geltung bringen können. Hier haben die Beteiligungsrechte des BR nach den §§ 111 – 113 ihren Platz; weitere Mittel sind die Repräsentanz der AN-Interessen in den Aufsichtsräten großer Kapitalgesellschaften sowie insbes. die Tarifpolitik. 2

Plant der AG eine in § 111 näher umschriebene »**Betriebsänderung**«,[3] muss er den BR umfassend unterrichten und das Vorhaben mit ihm beraten. Dabei ist ein »**Interessenausgleich**« anzustreben, in dem festgelegt wird, ob, wann und mit welchen Modalitäten die Betriebsänderung erfolgen soll. Der AG ist gehalten, alle Verständigungsmöglichkeiten bis hin zum Einigungsstellenverfahren auszuschöpfen. Grundgedanke ist, eine Lösung zu finden, die den AN möglichst wenig Nachteile bringt. Eine Sicherheit, dass dieses Ziel erreicht wird, gibt es nicht: Dem AG drohen nur dann Sanktionen, wenn er gar nicht (oder zu spät) verhandelt oder wenn er von einem zustande gekommenen Interessenausgleich ohne zwingenden Grund abweicht: In diesen Fällen muss er einen sog. **Nachteilsausgleich** nach § 113, insbes. Abfindungen bezahlen. Verhält er sich dagegen vom Verfahren her korrekt, kann er seine Absichten immer durchsetzen: Es gibt keine Instanz, die eine Stilllegung oder eine Umorganisation wegen »AN-Feindlichkeit« aufheben und für ungültig erklären könnte. Ob er sich auf einen Interessenausgleich einlassen will, ist seiner freien Entscheidung überlassen. Der Gesetzgeber appelliert lediglich an sein Eigeninteresse: Kommt es effektiv zu einer Betriebsänderung, die wirtschaftliche Nachteile für die AN (insbes. Entlassungen und Versetzungen) mit sich bringt, muss ein **Sozialplan** abgeschlossen werden. Von den Ausnahmen des § 112 a abgesehen, ist dieser obligatorisch; er kann auch gegen den Willen des AG von der ESt. beschlossen werden. Seine finanziellen Auswirkungen können beträchtlich sein, doch müssen die Belastungen des Unternehmers »vertretbar« bleiben. 3

Die »**Steuerungsfunktion**« **der §§ 111 – 113** ist vom *BAG* ausdrücklich anerkannt worden.[4] Die gesetzliche Regelung würde eine »gewisse Gewähr« dafür bieten, dass sich der UN nicht leichtfertig und ohne Rücksicht auf die sozialen Interessen der Belegschaft zu einer Betriebsänderung entschließe und dass er diese ggf. »in einer für die Belegschaft möglichst schonenden Form« durchführe.[5] Zu beachten ist, dass sich die Steuerung des Mittels materieller Anreize 4

1 S. *K. Schmidt,* § 28 II 1 a für den Vorstand einer AG.
2 *Kropff,* AktG, Textausgabe mit Materialien, 1965, S. 97.
3 Zum weiteren und unspezifischen Begriff der Umstrukturierung s. *Schlichting,* AiB 03, 393 ff.
4 *BAG* 22.5.79, AP Nr. 4 zu § 111 BetrVG 1972; 20.4.82, AP Nr. 15 zu § 112 BetrVG 1972; vgl. auch *Reuter,* a. a. O.; *Schweibert,* in: Willemsen u. a., Rn. C 22; ähnlich *S. Biedenkopf,* S. 131, jedoch beschränkt auf den Sozialplan.
5 *BAG,* a. a. O.; s. auch *Schellhaaß,* ZfA 89, 176 Fn. 9.

bedient, also nicht mit zwingenden normativen Vorgaben arbeitet. Sie erfolgt durch Installierung eines **dezentralen,** im Betrieb verorteten **Verhandlungssystems,** was nur dann funktionieren kann, wenn das UN wenigstens über etwas wirtschaftlichen Spielraum verfügt. Die **Grenze der »Vertretbarkeit« für das UN schafft die nötige Flexibilität** – die beispielsweise nicht vorhanden ist, wenn jeder ausscheidende AN wie im italienischen Recht automatisch eine Abfindung in Höhe eines Monatsgehalts pro Jahr der Betriebszugehörigkeit erhält:[6] Ein solcher »Anreiz« zur Kündigungsvermeidung wirkt sehr viel undifferenzierter und belastet auch jene UN, die in große wirtschaftliche Schwierigkeiten geraten sind. Die gesetzliche Regelung ist allerdings insoweit selektiv, als sie nur in konservierendem Sinne wirkt.[7] Die bloße **Erweiterung des Betriebs** und erst recht die Gründung neuer Betriebe wird auch dann nicht erfasst, wenn dies die bestehenden Arbeitsplätze auf mittlere Sicht gefährden kann. In der »Steuerungstheorie« liegt entgegen *Lobinger*[8] auch keine öffentlich-rechtliche Inpflichtnahme des Arbeitgebers für das Allgemeininteresse: Vielmehr geht es um eine marktkonforme, mit Anreizen arbeitende staatliche Intervention, die sich ausschließlich der Mittel des Zivilrechts bedient: Gerade durch den Appell an den dort akzeptierten Eigennutz soll eine »sozial verträgliche« Lösung erreicht werden.

5 Neben der Steuerungs- haben die §§ 111 – 113 zugleich **Schutzfunktion** für die AN. Nach Möglichkeit sollen sie auf Grund einer Betriebsänderung keine Nachteile erleiden; lässt sich dies nicht erreichen, sollen wenigstens die wirtschaftlichen Folgen durch einen Sozialplan ausgeglichen oder gemildert werden. Wie die »Nachteile« zu bestimmen sind, ob dabei die »Einbuße an Erworbenem« oder die »Überwindung von Schwierigkeiten« im Vordergrund steht, soll uns an späterer Stelle interessieren (§§ 112, 112 a Rn. 80 ff.).

6 *Lobinger*[9] hat den interessanten Versuch unternommen, einen Abfindungsanspruch vertragsrechtlich zu begründen: Die (ungeschriebene) Pflicht, die Interessen der Gegenseite zu berücksichtigen, verlange vom AG, das zu akzeptieren, was auf der Grundlage einer paritätischen Verhandlungssituation vereinbart worden wäre. Dazu gehöre eine für den Fall der betriebsbedingten Kündigung vorgesehene Abfindungsleistung, die mit der Dauer der Betriebszugehörigkeit steige. Damit würde wie in einer Reihe von anderen Ländern eine Basissicherung erreicht, die mit Hilfe der §§ 111 ff. im Einzelfall verbessert werden könnte. Zur Konzeption Lobingers s. *Däubler,* Arbeitsrecht 2, Rn. 898 b.

2. Sonderregelungen

a) Tendenzbetriebe

7 Nach § 118 Abs. 1 Satz 2 sind die §§ 111 – 113 auf sog. Tendenzbetriebe nur insoweit anzuwenden, »als sie den Ausgleich oder die Milderung wirtschaftlicher Nachteile für die Arbeitnehmer infolge von Betriebsänderungen regeln«. Näheres dazu ist an anderer Stelle ausgeführt (§ 118 Rn. 69 ff.).[10]

b) Leitende Angestellte

8 Nach § 5 Abs. 3 sind die leitenden Angestellten aus der Betriebsverfassung ausgenommen. Der BR kann daher nicht in ihrem Namen handeln (zum Problem eines Vertrags zugunsten Dritter s. §§ 112, 112 a Rn. 92). Besteht ein **SpA,** bietet § 32 Abs. 2 SprAuG einen allerdings unzureichenden Ersatz. Danach muss der UN den SpA über geplante Betriebsänderungen i. S. d. § 111 BetrVG **rechtzeitig und umfassend unterrichten,** soweit sie auch wesentliche Nachteile für

---

6 *Hausmann,* Arbeitnehmerschutz nach italienischem Recht vor deutschen Arbeitsgerichten, in Di Majo/Kindler/Hausmann, Produkthaftung Handelsvertreter Arbeitsrecht, 1991, S. 64 ff.; *Carinci,* Diritto del Lavoro, Bd. 2, S. 336 ff.; *Roccella,* Manuale, S. 355 ff.

7 Vgl. *Zöllner/Loritz,* 5. Aufl., § 49 II 1 d.

8 ZfA 06, 189.

9 ZfA 06, 198 ff.

10 S. auch *BAG* 27.10.98, DB 99, 2652; *Gillen/Hörle,* NZA 03, 1225; *Bauer,* FS Wißmann, S. 215 ff.

leitende Angestellte zur Folge haben können. Dass diese zusätzliche Voraussetzung vorliegt, kann nicht als selbstverständlich unterstellt werden, sondern ist im Einzelfall zu prüfen. Ausreichend ist es allerdings, dass die geplante Maßnahme für einen Leitenden möglicherweise nachteilig ist.[11] An die Unterrichtung müssen sich **keine Verhandlungen über** einen **Interessenausgleich** anschließen.[12] Vielmehr verlangt § 32 Abs. 2 Satz 2 SprAuG lediglich, dass der UN mit dem SpA über »Maßnahmen zum Ausgleich oder zur Milderung« wirtschaftlicher Nachteile berät. Ein **Sozialplan** für leitende Angestellte ist möglich, **kann** aber **nicht erzwungen werden.** Kommt er zustande, kann nach § 28 Abs. 2 Satz 1 SprAuG festgelegt werden, dass dem einzelnen Betroffenen Ansprüche zustehen, dass die »**Sprechervereinbarung**« daher normative Wirkung hat. Dies muss allerdings »deutlich und zweifelsfrei« vereinbart werden;[13] in einem solchen Fall gelten die Grundsätze über die Auslegung einer BV und die Gleichbehandlung der Betroffenen entsprechend.[14] Verletzt der Arbeitgeber seine Beratungspflicht, indem er dem SpA die kalte Schulter zeigt, hat dies keine Konsequenzen: Ein Verstoß gegen § 32 Abs. 2 Satz 2 SprAuG kann auch keinen Schadensersatzanspruch begründen.[15]

c) Öffentlicher Dienst

Das **Personalvertretungsrecht des Bundes** kennt zwar in § 75 Abs. 3 Nr. 13 BPersVG den **9**
Sozialplan, nicht jedoch den **Interessenausgleich** und eine dem § 113 entsprechende Regelung. Der Sozialplan ist bei »**Rationalisierungsmaßnahmen**« abzuschließen, d. h. bei allen Veränderungen, die eine effizientere Aufgabenwahrnehmung zum Gegenstand haben, sei es dadurch, dass mit denselben Arbeitskräften eine höhere Leistung erbracht, sei es, dass der bestehende Output mit geringeren Kosten erreicht wird.[16] Dies hat den Nachteil, dass das »Zurückfahren« von Tätigkeitsfeldern nicht erfasst wird; so entschied etwa das BVerwG,[17] dass die Schließung einer Betriebskrankenkasse keine Sozialplanpflicht auslöse. Ob die dadurch geschaffene Schutzlücke wirklich hinnehmbar ist, wird man bezweifeln können; so wäre eine entsprechende Anwendung des § 75 Abs. 3 Nr. 13 BPersVG vorstellbar. Der Abschluss des Sozialplans kann in »Rationalisierungsfällen« mit Hilfe der ESt. erzwungen werden, doch besteht das Problem, dass sich diese nach § 71 Abs. 3 Satz 3 BPersVG im Rahmen des **Haushaltsgesetzes** bewegen muss. Ob dies auch für den Sozialplan gilt, ist umstritten,[18] aber zu verneinen. Würde der Gesetzgeber durch die Verweigerung von Mitteln den § 75 Abs. 3 Nr. 13 BPersVG leer laufen lassen, läge darin überdies ein Verstoß gegen Art. 3 Abs. 1 GG, da er sich ohne sachlichen Grund von seiner eigenen Entscheidung entfernen würde.[19] Über den Umfang eines »Sozialplantitels« ist damit allerdings noch nichts ausgesagt. Außerdem handelt es sich bei den im Sozialplan vorgesehenen Leistungen um **überplanmäßige Ausgaben** i. S. d. § 37 BHO, die bei unvorhergesehenen und unabweisbaren Bedürfnissen auch ohne spezielle Ermächtigung im Haushalt möglich sind.[20] In der Praxis stehen die tariflichen Rationalisierungsschutzabkommen bei weitem im Vordergrund; auch hat der Gesetzesvorrang größere Bedeutung als im Rahmen der §§ 111 ff.[21]

Im **Vorfeld von Rationalisierungsmaßnahmen** steht dem Personalrat eine Vielzahl von Be- **10**
teiligungsrechten zu. Hervorzuheben ist das Mitbestimmungsrecht über die »Gestaltung der Arbeitsplätze« nach § 75 Abs. 3 Nr. 16 BPersVG sowie die Mitwirkung bei der Einführung grundlegend neuer Arbeitsmethoden nach § 76 Abs. 2 Nr. 7 BPersVG.[22]

---

11 *Hromadka/Sieg*, SprAuG, § 32 Rn. 56; *Löwisch*, SprAuG, § 32 Rn. 49.
12 *Hromadka/Sieg*, SprAuG, § 32 Rn. 78; *Löwisch*, SprAuG, § 32 Rn. 54.
13 So *BAG* 10.2.09, AuR 09, 186 = NZA 09, 970.
14 *BAG* a. a. O.
15 *Hromadka*, SprAuG, § 32 Rn. 79.
16 Nachweise bei *Altvater u. a.*, § 75 Rn. 220.
17 28.11.2012, NZA-RR 13, 330.
18 Überblick bei *Altvater* u. a., § 75 Rn. 227.
19 Zur Bindung des Gesetzgebers an die von ihm selbst statuierte Sachgesetzlichkeit s. *BVerfGE* 59, 36, 49.
20 *Bosch*, PersR 93, 72; ähnlich zum Vorrang der Kosten für Personalratsschulungen *Gronimus*, PersR 99, 22 ff.
21 *VG Frankfurt* 24.5.04, NZA-RR 05, 54.
22 Weitere Hinweise bei *Altvater u. a.*, § 75 Rn. 248 ff. und bei *Däubler*, Internet, Rn. 143 ff.

3. Tarifliche Rationalisierungsschutzabkommen

11 Betriebsänderungen, aber auch sonstige unternehmerische Maßnahmen können Gegenstand tariflicher Regelungen sein. Diese sind allerdings traditionellerweise – ähnlich wie die Beteiligung des BR – im Grundsatz auf die »Folgenbewältigung« beschränkt und versuchen erst in jüngerer Zeit, auch die Art und Weise der Arbeitsleistung und die Einführung neuer Techniken zu erfassen. Derartige »Rationalisierungsschutztarife« legen branchenspezifisch **Mindestbedingungen** zugunsten der Beschäftigten fest, die für alle erfassten UN gleichermaßen gelten. Die Regelungen sind daher weniger »flexibel« i. S. d. oben (Rn. 4) Gesagten, da sie ohne Rücksicht auf die jeweiligen Verhältnisse im Unternehmen gelten. Gleichzeitig sind sie jedoch noch immer differenzierter als eine generelle gesetzliche Regelung, die z. B. bei Kündigungen eine automatische Abfindung von beträchtlicher Höhe vorsieht.

12 Rationalisierungsschutzabkommen wurden in größerer Zahl erstmals **nach dem Beschäftigungseinbruch in den Jahren 1966/67** abgeschlossen; bis 1975 war rund die Hälfte aller AN erfasst.[23] Inhaltlich ging es im Wesentlichen darum, rationalisierungsbedingte Kündigungen zu erschweren: Versetzung und Umschulung sollten Vorrang vor Entlassung haben; wer am neuen Arbeitsplatz weniger verdiente, sollte für einige Zeit einen Verdienstausgleich erhalten. Bei unvermeidbaren Kündigungen waren **längere Fristen sowie obligatorische Abfindungen** vorgesehen.[24]

13 Die 1974/75 einsetzende **Massenarbeitslosigkeit** sowie die verstärkte **Einführung neuer Techniken** verlangte nach stärkeren Korrektiven. Im Vordergrund stand die Beschäftigungssicherung sowie der Schutz vor Dequalifizierung. Hervorzuheben sind etwa die **Besetzungsregeln** in der Druckindustrie, der **Abgruppierungsschutz** in der Metallindustrie sowie die **Absicherung älterer AN.**[25] **In den neuen Bundesländern** hatte die tarifliche Aufstockung des Arbeitslosen- bzw. Kurzarbeitergeldes sowie der befristete Ausschluss der betriebsbedingten Kündigung besondere Bedeutung erlangt.[26] Die Schaffung von **Beschäftigungsgesellschaften** erfolgte demgegenüber vorwiegend mit den Mitteln des allgemeinen Vertragsrechts.[27]

14 **Tarifliche Regelungen und** Interessenausgleich/**Sozialplan ergänzen einander;**[28] nach bisheriger Praxis haben die betrieblichen Abmachungen ausschließlich das Ziel, die tariflichen Mindestgarantien zu verbessern (näher §§ 112, 112 a Rn. 114 f.). Schwierig wird es allerdings in der Unternehmenskrise, wenn es nicht um »Rationalisierung«, sondern um Betriebsschließung und »Schadensbegrenzung« geht.

4. Tarifsozialpläne

15 In jüngerer Zeit haben Tarifverträge erheblich an Bedeutung gewonnen, die auf geplante Betriebsänderungen reagieren und die ähnliche Regelungen wie **Interessenausgleich und Sozialplan** enthalten – allerdings meist auf etwas höherem Niveau.[29] Die bekannt gewordenen **Fälle** sind **recht zahlreich:** Infineon, Giesecke und Devrient, Allianz, Bosch-Siemens-Hausgeräte, AEG und Telekom.[30] Die Rechtsprechung hatte sich u. a. mit dem Fall **»Heidelberger Druckmaschinen«**[31] sowie mit dem Fall **Otis** Stadthagen[32] zu befassen. In der Krise ging es

---

23 RdA 76, 255.

24 S. das Beispiel *BAG* 30.10.08, NZA-RR 09, 280; näher *Däubler*, Arbeitsrecht 1, Rn. 382 ff.; *Mückenberger/Lühr*, KJ 80, 91 ff.; Däubler-*Hensche/Heuschmid*, TVG, § 1 Rn. 817 ff.; enge Auslegung der entspr. Tarifnorm in der Druckindustrie durch *BAG* 9.3.94, DB 94, 2241; s. weiter *BAG* 28.7.99, NZA 00, 41: Stilllegung keine Rationalisierungsmaßnahme und *BAG* 29.8.07, NZA-RR 08, 72: Begriff der Rationalisierungsmaßnahme im Sinne des Rationalisierungsschutzabkommens Banken.

25 Überblick bei Kempen/Zachert-*Schubert/Zachert*, § 1 Rn. 878

26 Vgl. *Bäcker u. a.*, WSI-Mitt. 91, 280 f.; zu Abfindungsansprüchen s. *BAG* 31.5.94, DB 94, 2194.

27 Dazu *Hans-Böckler-Stiftung* [Hrsg.], Qualifizierungs- und Beschäftigungsgesellschaften in Ostdeutschland, 1991; *Bosch-Knuth*, WSI-Mitt. 92, 431.

28 S. den Fall *BAG* 29.8.07, NZA-RR 08, 72.

29 Beispiele in den im Folgenden genannten Fällen und bei *Kaiser*, FS Buchner, S. 385

30 Alle genannt bei *Lipinski/Reinhardt*, BB 08, 2235. S. weiter die bei *Zabel/Schroth/Ott/Nötzel* (AiB 13, 618, 621) sowie bei *Herrmann* (AiB 2/14, 62) genannten Beispielsfälle.

31 *BAG* 24.4.07, NZA 07, 987.

32 *LAG Niedersachsen* 2.6.04, AP Nr. 164 zu Art. 9 GG Arbeitskampf.

häufig darum, die Zahl der geplanten Entlassungen zu reduzieren und den **Arbeitsmangel durch Kurzarbeit zu überbrücken**; außerdem wurden Qualifizierungsmaßnahmen vorgesehen. Das *LAG Niedersachsen*[33] hatte über einen freiwillig geschlossenen Tarif zu befinden, durch den sich der AG wirksam verpflichtet hatte, in einem Betriebsteil insgesamt 220 neue Arbeitsplätze zu schaffen. Durch Streik wurden vergleichbare Abmachungen bei **Federal Mogul**, einem Automobilzulieferer in Wiesbaden,[34] und für die Hewlett-Packard-Tochter **EDS** erreicht.[35] In beiden Fällen wurden die **Kündigungen auf ein Drittel der ursprünglichen Zahl reduziert.** Bemerkenswert ist auch die Abmachung bei der Finanz-Informatik der Sparkassen.[36] Für Abmachungen dieser Art hat sich der Ausdruck »Tarifsozialplan« oder auch »Sozialtarifvertrag« eingebürgert. Formal handelt es sich dabei durchweg um Firmentarife oder um firmenbezogene Verbandstarife. Vereinzelt war es auch früher schon zu solchen Abmachungen gekommen.[37]

Die **Zulässigkeit** solcher Abmachungen **scheitert** jedenfalls **nicht an den §§ 111 ff.**, da diese **16**
die Tarifautonomie nicht einschränken wollen. Das wird nicht zuletzt an § 112 Abs. 1 Satz 4 deutlich, der davon ausgeht, dass es Tarifverträge zu den Gegenständen eines Sozialplans geben kann; andernfalls hätte die Befreiung von den Schranken des § 77 Abs. 3 keinen Sinn. Die Rechtsprechung teilt einhellig diese Auffassung.[38] In der Literatur scheint sich diese Position gleichfalls durchzusetzen.[39] Hat sich der AG **verpflichtet**, eine konkrete Zahl von **Arbeitsplätzen** in einem Betriebsteil während eines bestimmten Zeitraums **aufrecht zu erhalten**, so darf er diesen Bereich nicht an einen Interessenten veräußern; versucht er es dennoch, kann ihm trotz § 613 a BGB ein entsprechendes Tun im Wege der **einstweiligen Verfügung** untersagt werden.[40]

Auch ein **Arbeitskampf** ist jedenfalls insoweit zulässig, als es **um »Folgenbewältigung«** wie **17**
längere Kündigungsfristen, Abfindungen und die Übernahme von Umschulungskosten geht.[41] Dies ist **vom** ***BAG*** **ausdrücklich bestätigt** worden (zu Folgefragen s. §§ 112, 112 a Rn. 117).[42] Ob darüber hinaus **auch** eine **Standortentscheidung als solche** zum Gegenstand eines Tarifvertrags und eines darauf bezogenen Arbeitskampfes gemacht werden kann, hat das BAG nicht entschieden, da dem zu beurteilenden Streik keine Forderung zugrunde lag, auf die Betriebsänderung überhaupt zu verzichten.[43] Der Gegenstandsbereich des Art. 9 Abs. 3 GG (»Arbeits- und Wirtschaftsbedingungen«) ist ersichtlich nicht überschritten, doch könnte das Grundrecht des Arbeitgebers aus Art. 12 Abs. 1 GG in rechtswidriger Weise betroffen sein. Geht man davon aus, dass die Tarifparteien nicht unmittelbar an Grundrechte gebunden sind, sondern dass ihnen lediglich Regelungen untersagt sind, die die staatliche Schutzpflicht in Bezug auf dieses Grundrecht auslösen würden, so wäre Art. 12 Abs. 1 GG lediglich dann verletzt, wenn die persönliche Entscheidung eines konkreten Inhabers, sein Geschäft aufzugeben oder an einem andern Ort fortzuführen, nicht mehr umgesetzt werden könnte.[44] Auch **EG-rechtlich**

---

33 18.5.11, AiB 11, 481
34 *Handelsblatt* v. 5.5.2009.
35 Nähere Angaben bei www.igmetall.de.
36 Dazu *Herrmann*, AiB 2/14, 62
37 *Jung/Klebe/Polzmacher*, AiB 93, 525 ff. – digital equipment; *Zabel*, AiB 02, 347.
38 *BAG* 6.12.06 NZA 07, 821; *BAG*, 24.4.07, NZA 07, 987 = DB 07, 1924; *LAG Niedersachsen* 2.6.04, AuR 04, 471 = AP Nr. 164 zu Art. 9 GG Arbeitskampf; *LAG Schleswig-Holstein* 17.3.03, AuR 04, 152 = NZA-RR 03, 592.
39 *Fitting*, §§ 112, 112 a Rn 185; *Franzen*, FS Reuter, S. 480; *Gaul*, RdA 08, 14; *Henssler*, FS Richardi, S. 556 f.; *Kaiser*, FS Buchner, S. 388 ff.; *Wank*, RdA 09, 1, 6; anders *Bauer/Krieger*, NZA 04, 1019, 1022; *Hohenstatt/Schramm*, DB 04, 2214, 2218.
40 *LAG Niedersachsen* 18.5.11, AiB 11, 481
41 So bereits *LAG Niedersachsen* und *LAG Schleswig-Holstein*, a. a. O.
42 *BAG* 24.4.07 DB 07, 1924 = NZA 07, 987; ebenso *Paschke/Ritschel*, AuR 07, 110; *Ehrich/Fröhlich*, Teil H Rn 184. Kritisch *Franzen*, FS Reuter, S. 490, der den Streik für unverhältnismäßig hält, solange noch über den Sozialplan verhandelt wird. Das läuft entgegen Art. 9 Abs. 3 GG auf einen Vorrang des Mitbestimmungsverfahrens vor der tariflichen Rechtssetzung hinaus. Folge wäre u. a., dass für einen Rahmentarif zur Schichtarbeit nicht mehr gestreikt werden könnte, solange über diesen Gegenstand nach § 87 Abs. 1 Nr. 2 BetrVG (in einem Betrieb?) verhandelt wird.
43 *BAG* a. a. O. Tz 111. Unentschieden auch *LAG Niedersachsen* 18.5.11, AiB 11, 481.
44 Eingehend *Kühling/Bertelsmann*, NZA 05, 1017 ff.; im selben Sinne *Hensche*, AuR 04, 443 ff.; *Wolter*,

bestehen **keine Bedenken**, wenn zur Verteidigung der Arbeitsplätze der »Wegzug« von UN in einen anderen EU-Mitgliedstaat durch Streik verhindert werden soll; der darin liegende Eingriff in die Niederlassungsfreiheit ist in einem solchen Fall nach *EuGH*[45] gerechtfertigt.[46] Auch bei TendenzUN kann nichts anderes gelten.[47]

18 Das *BAG*[48] hat es **abgelehnt, Tarifforderungen am Maßstab des Verhältnismäßigkeitsprinzips zu überprüfen.** Dies gelte auch dann, wenn die Forderungen in ihrer Summe geeignet seien, die geplante Produktionsverlagerung wirtschaftlich unsinnig zu machen.[49] Dies muss auch gelten, wenn auf AG-Seite ein Tendenzunternehmen steht.[50] In der Praxis führt die Rechtsprechung dazu, dass das rechtliche Risiko eines direkten »Kampfes um den Standort« vermieden und stattdessen hohe Kompensationsforderungen erhoben werden.

19 Weiter schützt die **Mitgliedschaft im Arbeitgeberverband** nicht davor, dass ein UN wegen des Abschlusses eines Firmentarifs (oder eines firmenbezogenen Verbandstarifs) **bestreikt** wird, sofern die fraglichen Gegenstände nicht bereits im Verbandstarif geregelt sind.[51] In diesem Fall würde die **Friedenspflicht** entgegenstehen, so dass ein Streik grundsätzlich im Wege der einstweiligen Verfügung verboten werden könnte.[52] Die Friedenspflicht ist allerdings nicht verletzt, wenn ein ungekündigtes Rationalisierungsabkommen Abfindungen vorsieht, aber die Finanzierung von Qualifizierungsmaßnahmen auch nicht andeutungsweise anspricht: Sie wären dann für einen Sozialtarif offen.[53]

20 Für manche AG ist es möglich, im Vorfeld einer geplanten Betriebsänderung Vorkehrungen für den Streikfall zu treffen: Man produziert auf Vorrat oder schafft Ausweichmöglichkeiten in ausländischen Niederlassungen, die nicht bis zur Kapazitätsgrenze ausgelastet sind.[54] Dies hätte zur Folge, dass der Streik um einen Tarifsozialplan keine oder nur geringe Druckwirkung entfalten könnte. Nach der Rechtsprechung des BAG ist jedoch der **Unterstützungsstreik** grundsätzlich zulässig,[55] so dass eine Arbeitsniederlegung in anderen Betrieben insbesondere desselben Konzerns in Betracht kommt. Sie lässt sich u. a. mit dem Argument rechtfertigen, dass nur so überhaupt eine einigermaßen paritätische Verhandlungssituation zustande kommen kann.[56] Der Einwand, auf diese Weise werde der **Schwerpunkt** der Auseinandersetzung entgegen den Grundsätzen des BAG auf die »Unterstützungsaktion« **verlagert,**[57] verfängt nicht, da diese spezifische Streikgrenze lediglich Missbräuche, nicht aber die Herstellung von Parität verhindern will.[58]

5. Betriebsänderung und Kurzarbeit

21 Während einer Kurzarbeitsphase können im Prinzip ohne spezielle rechtliche Hindernisse **Massenentlassungen oder Teilstilllegungen geplant und durchgeführt** werden. Voraussetzung ist allerdings, dass sich der AG nicht nur auf die Umstände stützt, die zur Einführung der

---

RdA 02, 218 ff.; im Ergebnis auch *Däubler,* Arbeitsrecht 1, Rn. 1140; a. A. *Wank,* RdA 09, 1, 7; *Kaiser,* FS Buchner, S. 386 und schon gegenüber einem Streik um Sozialtarifverträge ablehnend *Hohenstatt/Schramm,* DB 04, 2214; *Meyer,* DB 05, 830, 832; *Nicolai,* RdA 06, 33, 38; *Schiefer/Worzalla,* DB 06, 46, 48, ohne überzeugende Begründung; kritisch ihnen gegenüber und für Erstreikbarkeit eines Sozialtarifs *Fischinger,* RdA 2007, 99 ff.; *Gaul,* RdA 08, 13 ff.

45 11.11.07, AuR 08, 55 – Viking; dazu *Däubler,* AuR 08, 409 ff.

46 Eingehend *M. Kania* ZESAR 10, 112, 117 ff. S. auch die Bemerkungen bei *Franzen,* FS Reuter, S. 492 f.

47 Einschränkend *Grimm/Pelzer,* NZA 08, 3121 ff.

48 24.4.07, NZA 07, 987.

49 A. a. O. Tz 112

50 Restriktiv *Grimm/Pelzer* NZA 08, 1321 ff.

51 *BAG* 10.12.02, NZA 03, 734.

52 S. den Fall *LAG Berlin-Brandenburg* 28.9.07, DB 08, 415.

53 Vgl. *Gaul,* RdA 08, 13, 15.

54 Dazu einleuchtend *Lipinski/Reinhardt,* BB 08, 2234.

55 *BAG* 19.6.07, NZA 07, 1055.

56 So auch *Preis* Anm. zu BAG EzA Art. 9 GG Arbeitskampf Nr. 73, S. 21.

57 So *Lipinski/Reinhardt* BB 08, 2236.

58 Zur Situation von AN bei drohender Verlagerung oder Betriebsschließung vor den Entscheidungen des BAG s. *Däubler* NJW 05, 30.

Kurzarbeit geführt haben: Sie wurden als »vorübergehender Arbeitsmangel« definiert (sonst wäre kein Kurzarbeitergeld bewilligt worden), so dass sie nicht plötzlich in ein »endgültiges Aus« umdefiniert werden können. Dies wäre ein widersprüchliches, gegen Treu und Glauben verstoßendes Verhalten. Kommen aber während der Kurzarbeit **neue Auftragseinbrüche** oder sonstige wirtschaftliche Schwierigkeiten hinzu, kann sehr wohl nach den §§ 111 ff. vorgegangen werden. Ist allerdings durch TV oder BV die **betriebsbedingte Kündigung** während der Kurzarbeitsperiode **ausgeschlossen**, kommt eine mit Arbeitsplatzabbau verbundene Betriebsänderung erst nach Auslaufen der (bewilligten) Kurzarbeit in Betracht. An sich sollte man vermuten, dass mit der Planung eines definitiven Abbaus das Kurzarbeitergeld wegfällt, weil seine wichtigste Voraussetzung (»vorübergehender Arbeitsmangel«) nicht mehr gegeben ist. Die »Geschäftsanweisung« der BA[59] kommt jedoch den UN entgegen und sieht in Nr. 1 Abs. 2 vor, das **Kurzarbeitergeld ende erst**, wenn die fraglichen AN gekündigt sind oder wenn ein Interessenausgleich mit Namensliste (§§ 112, 112 a Rn. 30 ff.) abgeschlossen wurde. Von diesem Zeitpunkt an muss dann der AG wieder das volle Entgelt aus eigener Tasche bezahlen (zum vorzeitigen Übergang in eine Transfergesellschaft §§ 112, 112 a Rn. 261 ff.).

6. Sozialplan bei Insolvenz des Arbeitgebers und in der Strukturkrise

a) Die Regelungen der InsO

Wird das Arbeitgeber-Unternehmen **zahlungsunfähig,** können die §§ 111 – 113 ihre Ziele nicht mehr voll erreichen. Kommt allein die Liquidation des UN in Betracht, bestehen für ein »sozial verträgliches« Verhalten nur noch **geringe Spielräume.** Der Sache nach geht es meist darum, wer welchen Anteil an der Insolvenzmasse erhält. Die am 1.1.1999 in Kraft getretene InsO hat in ihren §§ 121 – 128 eine eingehende Regelung gebracht, die im Anhang zu §§ 111 – 113 kommentiert ist. Sie ist auch für den Fall einer möglichen Sanierung gedacht. 22

b) Sozialpläne in der Strukturkrise

Gerät eine **ganze Branche in gravierende wirtschaftliche Schwierigkeiten,** lässt sich auf betrieblicher Ebene keine angemessene Lösung mehr finden. Der Schutzzweck der §§ 111 – 113 behält nur noch dann ein Stück Realität, wenn die öffentliche Hand eingreift. Frühe Vorbilder sind der **Steinkohlenbergbau** sowie die **Eisen- und Stahlindustrie.** In beiden Bereichen war zum einen Art. 56 § 2 des **Montanunionvertrags** anwendbar, der die Gewährung von finanziellen Leistungen durch die Montanunion vorsah.[60] Erwähnenswert ist zum Zweiten das Gesetz zur Anpassung und Gesundung des deutschen Steinkohlenbergbaus und der deutschen Steinkohlenbergbaugebiete vom 15.5.1968.[61] Danach erhielten Bergleute, die ihren Arbeitsplatz verloren hatten, aus Mitteln der Bundesagentur für Arbeit ein einmaliges **Abfindungsgeld,** dessen Betrag je nach Dauer der Tätigkeit im Bergbau zwischen 2000 und 5000 DM schwankte (§ 27 des Gesetzes). Wichtiger war die Regelung des § 7 des Gesetzes: Die Gewährung einer sog. **Stilllegungsprämie** an ein Bergbauunternehmen war **davon abhängig,** dass ein **Sozialplan aufgestellt** wurde, der bestimmten, im Bundesanzeiger veröffentlichten Mindestanforderungen entsprechen musste.[62] In der Eisen- und Stahlindustrie fehlte zwar eine entsprechende Regelung, doch wurden weitreichende Sozialpläne abgeschlossen, die zum Teil auch aus Mitteln des Bundes und des Landes Nordrhein-Westfalen bezuschusst wurden.[63] 23

59 Abrufbar unter www.arbeitsagentur.de.
60 *Däubler/Kittner/Lörcher,* Nr. 403.
61 BGBl. I S. 368 ff. – in Auszügen auch abgedruckt bei *Vogt,* Sozialpläne, S. 168 ff.
62 Näher *Vogt,* Sozialpläne, S. 106 ff.
63 *Vogt,* Sozialpläne, S. 109 ff.

c) Sozialpläne in den neuen Bundesländern

24 Vergleichbare Regelungen sind für die Unternehmen in den neuen Bundesländern nicht zustande gekommen, obwohl (oder weil?) die dort zu bewältigenden **Probleme weit über das hinausgingen,** was im Bergbau und in der Eisen- und Stahlindustrie zu bewältigen war. Auf betrieblicher Ebene war eine Lösung nur in seltenen Ausnahmefällen möglich. Der Schwerpunkt hat sich hier auf tarifliche Absicherungen sowie auf eine (rechtlich schwer zu qualifizierende) »gemeinsame Erklärung« von DGB/DAG auf der einen und Treuhandanstalt auf der anderen Seite verlagert: Dort waren Abfindungen vorgesehen, die sich – grob gesprochen – am damaligen SozplKonkG orientierten.[64] Einzelheiten sind in der 5. Aufl. (§§ 112, 112 a Rn. 121 ff.) dargestellt worden.

d) Transfersozialpläne

25 Das SGB III sieht in den §§ 110, 111 (bis 31.3.2012: §§ 216 a, 216 b) staatliche Leistungen in Form von Transfer-Kurzarbeitergeld und von Zuschüssen insbes. zu Weiterqualifizierungsmaßnahmen vor, die auch in einen Sozialplan integriert werden können. Auf diese Weise soll der »Wiedereinstieg« in den normalen Arbeitsmarkt und der Übergang in ein neues Beschäftigungsverhältnis erleichtert werden.[65] Näher dazu §§ 112, 112 a Rn. 231 – 260.

7. Ausländische Entsprechungen?

26 Interessenausgleich und Sozialplan sind eine deutsche Besonderheit. In **Österreich** hat sie insofern **Nachahmung** gefunden, als § 109 Abs. 3 des Arbeitsverfassungsgesetzes von 1974 bei Betriebsänderungen dem BR das Recht einräumt, den **Abschluss eines Sozialplans zu erzwingen;** die Regelungen über Interessen- und Nachteilsausgleich sind jedoch nicht übernommen worden.[66] In der Praxis scheinen sich keine sehr großen Kontroversen ergeben zu haben.[67] Dies mag damit zusammenhängen, dass jeder Arbeiter und jeder Angestellte bei betriebsbedingter Kündigung automatisch eine Abfindung (dort »**Abfertigung**« genannt) erhält,[68] so dass der »Problemdruck« beim Abschluss des Sozialplans geringer sein dürfte.[69] Zur Umgestaltung im Jahre 2003, die aber die Grundstruktur unberührt lässt, s. *Grillberger.*[70]

27 In **Frankreich** ist der Begriff »Sozialplan« 1989 in die Gesetzessprache eingegangen; seit 2002 ist von einem »Beschäftigungsplan« (»plan de sauvegarde de l'emploi«) die Rede. Art. L. 321/4 des Code du Travail verpflichtet alle AG mit mehr als 50 Beschäftigten, bei beabsichtigter Entlassung von mindestens 10 Arbeitnehmern einen solchen Plan aufzustellen. Er muss Maßnahmen enthalten, um die Kündigungen zu verhindern oder ihre Zahl zu reduzieren. Soweit dies nicht erreichbar ist, muss für die Umschulung der Betroffenen sowie insbesondere dafür Sorge getragen werden, dass ältere AN und andere Problemgruppen wieder ins Arbeitsleben integriert werden. Über den konkreten Inhalt kann mit dem **Comité d'entreprise** verhandelt werden; die Dotierung erfolgt oft ganz oder teilweise aus staatlichen Mitteln.[71] Obwohl der plan social ein einseitiger Akt des AG ist, können die AN aus ihm gerichtlich durchsetzbare Rechte ableiten.[72] Die neuere Gesetzgebung hat weitere Maßnahmen wie das durch wirtschaftliche Sanktionen erzwungene Angebot zur Teilnahme an Wiedereingliederungsmaßnahmen entwickelt.[73]

---

64 *Däubler,* AiB 91, 179 ff.

65 Für prinzipiellen Vorrang dieser Gestaltungsform *Nebe* AuR 14, 51, 54; Überblick bei *Däubler,* FS Binder (2010), S. 449 ff.

66 *Krejci,* S. 14.

67 *Floretta/Strasser/Trost,* Das erste Jahrzehnt der Kodifikation des österreichischen Arbeitsverfassungsrechtes aus dem Jahre 1974 in Rechtsprechung und Schrifttum, Wien 1987, S. 87.

68 Dazu *Migsch,* Abfertigung für Arbeiter und Angestellte, Wien 1982; *Runggaldier* [Hrsg.], Abfertigungsrecht, Wien 1991; *Rebhahn,* RdA 02, 277.

69 Vgl. *Krejci,* S. 26.

70 DRdA 03, 211 ff.

71 *Rebhahn,* RdA 02, 272, 278.

72 *Pélissier/Supiot/Jeammaud,* N° 469 ff.

73 Einzelheiten bei *Schuster,* S. 196 f.

Das Fehlen eines Sozialplans in allen **anderen Rechtsordnungen** bedeutet nicht, dass die AN dort betrieblichen Veränderungsprozessen schutzlos ausgeliefert wären. Viele Rechte kennen eine **obligatorische Abfindung** bei Massenentlassungen oder gar bei jeder (betriebsbedingten) Beendigung des Arbeitsverhältnisses.[74] Auf die weitreichende Abfindungspflicht nach **italienischem Recht** wurde bereits hingewiesen.[75] Sie wird ergänzt durch eine sehr großzügige Regelung der **Kurzarbeit.**[76] Neun weitere Mitgliedstaaten der EU (Stand: 2001) sehen Abfindungen auch bei gerechtfertigten betriebsbedingten Kündigungen vor.[77] 28

Fehlen – wie insbesondere in den USA – alle vergleichbaren Mechanismen, ergeben sich nicht nur für die betroffenen AN Probleme. Lässt sich ein Betrieb ohne große Kosten schließen, kann unschwer eine feindliche Übernahme Platz greifen: Konkurrenten oder reine Profiteure kaufen das durchaus gut gehende (kleine oder mittlere) UN auf, um es anschließend zu liquidieren[78] oder seine profitabelsten Teile gewinnbringend weiter zu veräußern.[79] Obwohl in der Bundesrepublik derartige »Vernichtungsaktionen« wegen des obligatorischen Sozialplans weniger wahrscheinlich sind,[80] lassen sie sich keineswegs ausschließen. Das Wertpapiererwerbs- und Übernahmegesetz vom 20.12.01 **(WpÜG)** versucht daher gegenzusteuern und schaltet über Informationsrechte auch die BR der (bedrohten) »Zielgesellschaft« ein.[81] Zur Problematik s. weiter *Böhm/Pawlowski,* NZA 05, 1377. 29

8. Rechtspolitische Forderungen

Die Forderung nach **»Deregulierung« des Arbeitsmarkts,** nach Rückkehr zum (traditionell verstandenen) Zivilrecht[82] hat auch vor dem Sozialplan nicht haltgemacht. Der sog. **Kronberger Kreis** verlangte 1986 seine Abschaffung,[83] der **Sachverständigenrat** plädierte für eine Reduzierung der »Sozialplanlasten«.[84] Vergleichsweise zurückhaltender waren demgegenüber die Vorschläge der sog. **Deregulierungskommission:**[85] Danach sollte der Sozialplan als solcher erhalten bleiben, jedoch nur diejenigen Nachteile ausgleichen, die durch die Kündigung und einen Arbeitsplatzwechsel entstehen; länger dauernde Arbeitslosigkeit, die auf einem »Ungleichgewicht am Arbeitsmarkt« beruhe, sei nicht zu berücksichtigen. Außerdem müsse die Möglichkeit geschaffen werden, durch TV oder BV den Sozialplan durch Abfindungszahlungen bei allen betriebsbedingten Kündigungen zu ersetzen. Schritte in Richtung »weniger Sozialplan« hätten – so muss man entgegenhalten – zur Folge, dass nicht nur die Arbeitnehmer von Krisen und Rationalisierungen stärker betroffen wären. Auch die politische und wirtschaftliche Gesamtordnung würde unter einer solchen »Entsozialstaatlichung« leiden: **Krisenbewältigung und technischer Wandel würden in weniger ruhigen Bahnen verlaufen,** materielle Not könnte die Betroffenen zu Protestaktionen veranlassen, die weit über bisherige Ansätze hinausgehen. Der mit § 140 SGB III a. F. unternommene Versuch, einen beträchtlichen Teil der Abfindungen auf das Arbeitslosengeld anzurechnen und so den traditionellen Sozialplan zu entwerten, ist auf Grund von Forderungen sowohl der AG- wie der AN-Seite wieder rückgängig gemacht worden, bevor er Breitenwirkung entfalten konnte (dazu §§ 112, 112 a Rn. 217). 30

74 Siehe den Überblick bei *Kronke,* S. 212 ff.
75 Zu ihr auch *Runggaldier,* DRdA 90, 247 ff.; *Rebhahn,* RdA 02, 275.
76 Überblick bei *Kronke,* S. 387 f.; aus dem italienischen Schrifttum s. insbes. *Ghezzi/Romagnoli,* Il rapporto di lavoro, 3. Aufl. 1995, §§ 369 ff.; *Carinci u. a.,* Diritto del Lavoro, Bd. 2, S. 336 ff., 417 ff.; *Roccella,* Manuale, S. 373 ff.
77 *Rebhahn,* RdA 02, 280 ff.
78 S. dazu bereits *Ebenroth/Rapp,* DWiR 91, 2; *Frank/Moreland,* RIW 89, 761 ff.; *Knoll,* Die Übernahme von Kapitalgesellschaften [1992].
79 Grundlegend *Wolter,* AuR 2008, 325 ff.
80 Vgl. *Hauschka/Roth,* Die AG 88, 181 ff., wonach u. a. auch der Sozialplan »Abschreckungswirkung« entfaltet.
81 *Seibt,* DB 02, 529.
82 Dazu *Däubler,* NZA 88, 857 ff.
83 Dazu *Hanau,* RdA 88, 3.
84 Jahresgutachten 1987/88 zur Begutachtung der gesamtwirtschaftlichen Entwicklung, BT-Drs. 11/1317, S. 192 ff.
85 *Deregulierungskommission,* Marktöffnung und Wettbewerb, 1991, S. 153.

31 Von Seiten des **DGB** und der **SPD-Bundestagsfraktion** wurde demgegenüber in der Vergangenheit eine Erweiterung der BR-Befugnisse gefordert. Auch der **Interessenausgleich** sollte über die ESt. **erzwingbar** sein, soweit er »Auflagen zur Gestaltung der personellen, arbeitsmäßigen und sozialen Auswirkungen« der Betriebsänderung vorsieht.[86] Der Begriff **»Betriebsänderung«** sollte erweitert und **präzisiert** werden; über die bisherige Praxis hinaus sollte die Einführung neuer (nicht: grundlegend neuer) Arbeitsmethoden und Fertigungsverfahren sowie die Veräußerung eines Betriebs oder Betriebsteils einbezogen werden.[87] Die darin liegende Verstärkung der sozialpolitischen Komponente ließ die unternehmerische Freiheit als solche unangetastet. Bei der Reform 2001 wurden diese Vorschläge nicht aufgegriffen.[88] Überblick über die diversen Formen der Umstrukturierung von UN, bei denen die §§ 111 – 113 keineswegs immer eingreifen, bei *Däubler,* AiB 03, 385.

II. Mindestgröße

1. Unternehmen

32 Die in § 111 Satz 1 vorgesehene Unterrichtungs- und Beratungspflicht des Unternehmers besteht nur dann, wenn im UN **»in der Regel mehr als 20 wahlberechtigte Arbeitnehmer«** tätig sind. Damit ist auf den AN-Begriff des Gesetzes verwiesen (§ 5 Rn. 7 ff.). Im Übrigen ergeben sich dieselben Abgrenzungsfragen wie bei § 99 (s. dort Rn. 6 – 10). Gegenüber der früheren Rechtslage besteht der Unterschied, dass es nicht mehr auf den Betrieb, sondern generell **auf das UN ankommt,** was vom *BAG*[89] nach früherem Recht nur dann angenommen wurde, wenn mehrere Betriebe durch dieselbe Betriebsänderung betroffen waren. In der Literatur wurde die Regelung überwiegend begrüßt,[90] da sich die für die §§ 111 ff. entscheidende wirtschaftliche Belastbarkeit nach dem UN und nicht nach dem Betrieb bestimmt. Soweit der GBR zuständig ist (u. Rn. 144), handelt er für alle, auch für nicht betriebsratsfähige Einheiten. Ist nur ein Betrieb betroffen, kommt es darauf an, ob dort ein BR besteht.

2. Gemeinsamer Betrieb

33 **Nicht** ausdrücklich **geregelt** ist die Frage, wie zu verfahren ist, wenn ein **gemeinsamer Betrieb** die 20-Personen-Grenze überschreitet, dies aber einige oder alle der beteiligten Unternehmen nicht tun. Nach bisheriger Rechtslage wurde naheliegenderweise ausschließlich auf die Größe des Gemeinschaftsbetriebs abgestellt.[91] Dies abzubauen und den Anwendungsbereich der §§ 111 ff. damit zu reduzieren widerspräche dem Anliegen des Gesetzgebers.[92] Wer sich an einer größeren Einheit als gleichberechtigter »Mit-Dirigent« beteiligt, muss die damit verbundenen Lasten wie die Bildung eines selbstständigen BR oder WA tragen; dies muss auch für die Sozialplanpflicht gelten. Würde man anders entscheiden, wären überdies schwer lösbare Probleme die Folge, wenn an einem gemeinsamen Betrieb sowohl UN mit 21 und mehr Beschäftigten als auch solche mit geringerer AN-Zahl beteiligt sind.[93] Dies gilt insbes. dann, wenn einzelne AN von der Leitung des gemB eingestellt wurden und deshalb keinem bestimmten

86 Entwurf BetrVG 1988, BT-Drucks. 11/2995, § 112 Abs. 4; ebenso die Novellierungsvorschläge 1998 des DGB.
87 A. a. O., § 111 Abs. 1.
88 S. 8. Aufl. Rn. 23 a.
89 23.9.03 NZA 04, 440.
90 *Däubler,* AuR 01, 6; *Engels u. a.,* DB 01, 540; *Hanau,* RdA 01, 68; *Konzen,* RdA 01, 92; *Löwisch,* BB 01, 1796; *Richardi/Annuß,* DB 01, 45; kritisch *Bauer,* NZA 01, 375; *Schiefer/Korte,* NZA 01, 88.
91 *BAG* 11.11.97, ZIP 98, 1320.
92 Anders *Lingemann,* NZA 02, 937; *Löwisch,* BB 01, 1797; *Reichold,* NZA 01, 864; wie hier im Ergebnis *Boecken,* FS 50 Jahre BAG, S. 936 ff.; *Etzel,* Rn. 969; HK-ArbR-*M. Schubert,* §§ 111 – 113 BetrVG Rn 3 und *Gaul,* NZA 03, 695, der die Beschäftigungszahlen der beteiligten UN addieren will; ähnlich GK-*Oetker,* Rn. 15; differenzierend *Fitting* Rn. 23; Richardi-*Annuß,* Rn. 26; *Wißmann,* FS 25 Jahre ARGE Arbeitsrecht im DAV, S. 1051.
93 *Richardi/Annuß,* DB 01, 45.

Träger-UN zugeordnet werden können.[94] Schließlich hat die Rspr. schon bisher den auf die UN-Größe abstellenden § 106 dann **angewandt, wenn** lediglich **im gemeinsamen Betrieb die 100-Personen-Grenze überschritten** war (§ 106 Rn. 20). Für die Parallel-Problematik im Rahmen des § 99 hat das *BAG*[95] in gleichem Sinne entschieden.[96] Eine vermittelnde Position[97] will dann allein auf den gemB abstellen, wenn dieser als Gesellschaft des bürgerlichen Rechts in Erscheinung tritt. **Erreicht** der **gemeinsame Betrieb** die **21-Personen-Grenze nicht,** liegen aber einzelne (oder alle) der Trägerunternehmen darüber, so greifen die §§ 111 ff. nicht ein.[98] Eine Ausnahme gilt nur dann, wenn eine geplante Betriebsänderung neben dem gemeinsamen Betrieb auch einen anderen Betrieb eines Trägerunternehmens erfasst. Wurde durch TV nach § 3 Abs. 1 Nr. 3 eine UN-übergreifende Vertretungseinheit geschaffen, kommt es für die Überschreitung des »Grenzwerts 20« auf deren Größe an.[99]

3. Konzern

Das Abstellen auf die wirtschaftliche Belastbarkeit wäre nur dann konsequent verwirklicht, **34**
wenn es auf die **Zahl der in einem Konzern beschäftigten AN** ankäme. Eine 15 Personen beschäftigende Tochtergesellschaft von Siemens aus dem Anwendungsbereich der §§ 111 ff. auszuschließen entbehrt jedes sachlichen Grundes. Genauso wie die organisatorische Untergliederung in eine oder mehrere Betriebseinheiten ohne Bedeutung sein soll,[100] muss dies auch für den »Zufall« gelten, ob eine dezentrale Einheit nur »Niederlassung« oder rechtlich verselbstständigte GmbH ist. Andernfalls könnte überdies die Anwendung der §§ 111 ff. unschwer dadurch umgangen werden, dass der AG aus Betrieben selbstständige UN macht.[101] Die **§§ 111 ff.** müssen daher **entsprechende Anwendung** finden, da der Gesetzgeber insoweit eine Lücke gelassen hat.[102] Zumindest muss dies dann gelten, wenn die rechtliche Verselbstständigung der Betriebe in engem zeitlichen Zusammenhang mit der geplanten Betriebsänderung steht.

4. Im Ausland tätige Beschäftigte

Im Ausland beschäftigte AN sind nur dann mitzuzählen, wenn sie ein Wahlrecht zum BR **35**
haben (Einzelheiten oben § 7 Rn. 33).[103] Befindet sich das **UN im Ausland,** reicht es aus, wenn die Zahl 20 durch die im Anwendungsbereich des BetrVG Beschäftigten überschritten wird. Insoweit ist die Situation keine andere als bei der Bildung eines Wirtschaftsausschusses (§ 106 Rn. 29). Die Gegenmeinung[104] überdehnt das Territorialitätsprinzip.

5. Berechnungsfragen

Zu den »Wahlberechtigten« gehören **nicht die leitenden Angestellten** nach § 5 Abs. 3 und die **36**
von § 5 Abs. 2 erfassten Personengruppen; auch die freien Mitarbeiter scheiden nach herrschender Auffassung aus.[105] Auf der anderen Seite sind **Teilzeitkräfte** ebenso mitzuzählen wie nicht ständig Beschäftigte,[106] selbst wenn die **Befristung** auf einer AB-Maßnahme beruht.

94 Diesen Fall übersehen *Fitting* und Richardi-*Annuß*, a. a. O.
95 29.9.04 NZA 05, 420 = AP Nr. 40 zu § 99 BetrVG 1972 Versetzung mit Anm. *Däubler.*
96 Wie hier nunmehr *LAG Düsseldorf,* 19.8.14, AuR 14,440. Kritisch insbesondere zur schlechten Gesetzgebungsarbeit *Reichold,* NZA 05, 622.
97 *Schweibert,* in: Willemsen u. a., Rn. C 11.
98 *Boecken,* FS 50 Jahre BAG, S. 940.
99 So auch Richardi-*Annuß,* Rn. 26.
100 *Engels u. a.,* DB 01, 540; *Däubler,* AuR 01, 6.
101 In Kauf genommen bei *Löwisch,* BB 01, 1797.
102 Ähnlich *U. Fischer,* AiB 01, 568; a. A. *Löwisch,* BB 01, 1797; *Schweibert,* in: Willemsen u. a., Rn. C 9.
103 GK-*Oetker* Rn. 22; *Däubler,* Betriebsverfassung in globalisierter Wirtschaft, S. 44 ff.
104 *Schweibert,* in: Willemsen u. a., Rn. C 8.
105 *Plander,* FS Däubler, S. 272 ff.; *Rost,* NZA 99, 113 ff.
106 *BAG* 16.11.04 DB 05, 456 mit der Einschränkung, dass sie »normalerweise« während des größten Teils des Jahres beschäftigt sind; *Friedemann,* Rn. 3 ff.; HWGNRH-*Rose,* Rn. 37 a. E.; *Kraushaar,* AiB 94, 292.

Auch zur Arbeitsleistung überlassene AN im Sinne des § 7 Satz 2, insbes. **Leiharbeitnehmer,** sind erfasst. Das *BAG* hat dies mit Recht ebenfalls so gesehen: Für die wirtschaftliche Leistungsfähigkeit eines UN (auf die sich der Grenzwert des § 111 Satz 1 bezieht) spiele es keine Rolle, ob die Personalkosten durch die Beschäftigung eigener Arbeitskräfte oder durch den Einsatz von Leiharbeitnehmern entstehen würden.[107] Auch ihre Arbeitsplätze sind für das UN konstitutiv.[108] Die Tatsache, dass sie in der Regel nicht in Interessenausgleich und Sozialplan einbezogen werden,[109] spricht nicht gegen ihre Berücksichtigung bei den Grenzwerten, da dies auch bei anderen Gruppen wie z. B. Aushilfen oder aus eigener Initiative Ausscheidenden der Fall ist.[110] Die Abwesenheit wegen Mutterschutzes oder Elternzeit ist generell ohne Bedeutung,[111] doch führt die Einstellung einer Vertretung nach § 21 Abs. 7 BEEG nicht zu einer Erhöhung der Belegschaftsstärke.[112]

37 Die 21 (mehr als 20!) Arbeitnehmer müssen »**in der Regel**« im UN beschäftigt sein. Es kommt daher nicht auf die Zahl zu einem bestimmten Stichtag, sondern darauf an, welche Belegschaftsstärke **für das UN im Allgemeinen charakteristisch** ist.[113] Spitzen- und Talsituationen bleiben außer Betracht.[114] Bei Personalabbau ist lediglich auf die Vergangenheit abzustellen; in anderen Fällen kommt es auch auf die Zukunftsprognose an.[115] Befindet sich das UN seit einiger Zeit in der Krise und ist bereits im Laufe des letzten Jahres Personal abgebaut worden, so ist auf den »**Normalbestand**« abzustellen.[116] Wurde etwa wegen Auftragsmangels die Belegschaft in der Zeit von März bis Mai von 38 auf 20 Beschäftigte reduziert und werden im November wegen anhaltender Flaute noch einmal 6 Beschäftigte gekündigt, so ist der BR auch bei der zweiten »**Entlassungswelle**« nach §§ 111, 112 zu beteiligen.[117]

38 Ändert sich das »normale Erscheinungsbild« des UN, tritt etwa **auf ermäßigter Basis** eine **Konsolidierung** ein oder ist die Expansion ersichtlich von Dauer, so sind diese neuen Verhältnisse maßgebend.[118] Entscheidender Beurteilungszeitpunkt ist die Entstehung der BR-Befugnisse nach § 111, d. h. der **Zeitpunkt**, in dem der BR wegen weit gediehener Planung eingeschaltet werden muss (dazu unten Rn. 159).[119] Steigt während der Amtszeit eines einköpfigen BR die Zahl der regelmäßig beschäftigten AN auf mehr als 20 Wahlberechtigte an, ohne dass die Voraussetzungen einer Neuwahl nach § 13 Abs. 2 Nr. 1 vorliegen, so steht das **Mitbestimmungsrecht ausnahmsweise auch dem Ein-Personen-BR** zu. Umgekehrt kann das Mitbestimmungsrecht auch für einen mehrköpfigen BR entfallen, wenn die Zahl der wahlberechtigten AN nicht nur vorübergehend unter 21 sinkt.

39 Bei reinen **Kampagnebetrieben** kommt es allein auf die Belegschaftsstärke während der Kampagne an.[120]

6. Verfassungsrechtliche Bedenken?

40 Die §§ 111 – 113 führen dazu, dass AN, die **außerhalb einer Betriebsänderung** von einer **betriebsbedingten Kündigung** betroffen werden, keine Abfindung erhalten. Dies ist rechtspolitisch unerfreulich, aber wohl nicht wegen Verstoßes gegen den **Gleichheitssatz des Art. 3**

---

107 *BAG* Urt. v. 18.10.11, NZA 12, 221 Tz. 19.
108 Ebenso mit Rücksicht auf unionsrechtliche Vorgaben (*EuGH* 15.1.14, NZA 14, 193) *Buschmann,* AiB 4/14, 22.
109 Zu entsprechenden Möglichkeiten s. jedoch §§ 112, 112 a Rn 170.
110 Nicht bedacht bei *Mosig,* NZA 12, 1411.
111 HWGNRH-*Hess,* Rn. 40.
112 Dazu KDZ-*Däubler/Wroblewski,* § 21 BEEG Rn. 22 f.
113 *BAG* 16.6.87, AP Nr. 20 zu § 111 BetrVG 1972; *LAG Hamm* 30.11.81, EzA § 17 KSchG Nr. 2; *Etzel,* Rn. 970.
114 *Rumpff/Boewer,* S. 265.
115 *BAG* 10.12.96, NZA 97, 733. Dazu auch *Ehrich/Fröhlich* Teil H Rn 3.
116 *BAG* 22.2.83, AP Nr. 7 zu § 113 BetrVG 1972; ebenso für die in mehreren Schritten erfolgende Betriebsstilllegung *BAG* 16.11.04, DB 05, 456.
117 Ähnlich GK-*Oetker,* Rn. 31.
118 *BAG* 9.5.95, DB 95, 2075; *BAG* 10.12.96, NZA 97, 733.
119 Wie hier *BAG* 22.2.83, AP Nr. 7 zu § 113 BetrVG 1972; GK-*Oetker,* Rn. 32; *Rumpff/Boewer,* S. 267.
120 *BAG* 16.11.04 DB 05, 456.

Abs. 1 GG verfassungswidrig: Der »sachliche Grund« dürfte darin liegen, dass die §§ 111 – 113 nicht nur die AN schützen, sondern auch das Unternehmerverhalten steuern wollen.[121] Hierfür ist die Anknüpfung an eine »Betriebsänderung« durchaus sachgerecht.[122]

Auch die **Ausklammerung von** Kleinunternehmen mit 20 und weniger Beschäftigten ist im Grundsatz **nicht willkürlich;** die Einschätzung des Gesetzgebers, die wirtschaftliche Belastbarkeit und die Finanzkraft seien in solchen Fällen geringer, ist nicht zu beanstanden.[123] Die (m. E. zu verneinende) Frage, ob man an die Betriebsgröße anknüpfen konnte,[124] ist durch die Neufassung gegenstandslos geworden. Dass es in Betrieben ohne Betriebsrat grundsätzlich keinen Sozialplan gibt, lässt sich nur mit der Überlegung rechtfertigen, der Gesetzgeber wolle bewusst die in der Betriebsratswahl liegende »Selbsthilfe« prämiieren – ein Gedanke, der sich auch in anderen Teilen der Rechtsordnung wieder findet (Arbeitslosengeld erhält nur, wer sich um einen neuen Arbeitsplatz bemüht, viele Sozialleistungen sind an einen oft nicht unkomplizierten Antrag gebunden usw.). 41

7. Freiwillige Abmachungen in Kleinunternehmen

Greift § 111 nicht ein, ist auf der **Grundlage des § 88** eine freiwillige BV möglich, die inhaltlich einem Sozialplan entsprechen kann.[125] Dabei ist ggf. das Anfechtungsrecht des Insolvenzverwalters nach §§ 129 ff. InsO zu beachten;[126] die Gewährung von Leistungen ist aber nicht »unentgeltlich« i. S. v. § 134 InsO. 42

III. Vorliegen einer Betriebsänderung

1. Verhältnis Satz 1 – Satz 3

§ 111 verwendet eine Reihe von **unbestimmten Rechtsbegriffen,** die seine Handhabung nicht erleichtern. Wann liegen »wesentliche Nachteile« für die Belegschaft vor? Unter welchen Voraussetzungen kann von »**erheblichen Teilen**« **der Belegschaft** die Rede sein? Wie sind »**wesentliche Betriebsteile**« i. S. v. Satz 3 Nr. 1 zu bestimmen? Außerdem ist klärungsbedürftig, ob die Möglichkeit wesentlicher Nachteile, von der Satz 1 spricht, auch in den Fällen des Satzes 3 vorliegen muss. Schließlich ist zu prüfen, ob Satz 3 eine abschließende Aufzählung für mögliche Erscheinungsformen einer »Betriebsänderung« enthält. Eine **Checkliste** zum Vorliegen einer Betriebsänderung findet sich in DKKWF-*Däubler,* §§ 111 – 113 Rn. 1 ff. 43

Weitgehende Einigkeit besteht heute darüber, dass **der in Satz 1 enthaltene Relativsatz** (»... die wesentliche Nachteile für die Belegschaft oder erhebliche Teile ...«) **nicht auf die Fälle des Satzes 3 zu übertragen** ist. Die Formulierung »Als Betriebsänderungen im Sinne des Satzes 1 gelten« macht deutlich, dass die Voraussetzungen des Satzes 1 insoweit vom Gesetzgeber selbst vorausgesetzt (»fingiert«) werden. In diesem Sinne hat sich die Rspr. des *BAG,*[127] aber auch die weit überwiegende Auffassung in der Literatur[128] ausgesprochen. In der Tat lässt die Gesetzesformulierung keinen anderen Rückschluss zu. Stellt sich in den Verhandlungen oder in der ESt heraus, dass definitiv keine wirtschaftlichen Nachteile entstehen, kann auf den Abschluss eines Sozialplans verzichtet werden,[129] doch kann dieser nachgeholt werden, wenn entgegen der Überzeugung der Beteiligten doch Nachteile entstehen. 44

121 *BAG* 22.5.79, AP Nr. 4 zu § 111 BetrVG 1972.
122 A. A. mit beachtlichen Argumenten *Lobinger,* ZfA 06, 178 ff.
123 Vgl. *BAG* 17.10.89, AP Nr. 29 zu § 111 BetrVG 1972 = NZA 90, 443; *LAG Frankfurt* 20.5.88, LAGE § 111 BetrVG 1972 Nr. 8.
124 Dazu *BAG* 8.6.99, AuR 99, 277.
125 *LAG München* 5.9.86, BB 87, 194; *Fitting,* Rn. 32.
126 *LAG München,* a. a. O.
127 26.10.82, 17.8.82 und 17.12.85, AP Nrn. 10, 11 und 15 zu § 111 BetrVG 1972, zuletzt 18.3.08, NZA 08, 957 Tz 16 und 9.11.10, NZA 11, 466 Tz 13.
128 ErfK-*Kania,* Rn. 8; *Etzel,* Rn. 973; *Fitting,* Rn. 42; *Heither,* ZIP 85, 513; *Röder/Baeck,* S. 40; *Rumpff/Boewer,* S. 270; *Schwanecke,* S. 31; HK-BetrVG-*Steffan,* Rn 16; *Teichmüller,* Betriebsänderung, S. 50; *Zöllner/Loritz/Hergenröder,* § 51 II 1 c; *Däubler,* Das Arbeitsrecht 1, Rn. 1113; a. A. HWGNRH-*Hess,* Rn. 50: Nur Vermutung der Nachteile, nicht Fiktion.
129 *LAG Niedersachsen* 5.5.09, NZA-RR 09, 531.

45 Sehr viel kontroverser ist demgegenüber die Frage, ob **Satz 3** einen **abschließenden Katalog** enthält. Das *BAG* hat dies lange Zeit ausdrücklich dahinstehen lassen,[130] in jüngster Zeit allerdings von einer »beispielhaften Aufstellung« gesprochen.[131] In der Literatur überwog in den 70er Jahren die These vom abschließenden Charakter,[132] während in jüngerer Zeit die Mehrzahl der Autoren Satz 3 (= Satz 2 a. F.) nur als beispielhafte Aufzählung versteht und deshalb auch Betriebsänderungen außerhalb des dortigen Katalogs anerkennt.[133] **Von einer »herrschenden Meinung« zugunsten einer abschließenden Aufzählung kann** daher **nicht mehr die Rede sein,** zumal sich auch das *LAG Baden-Württemberg*[134] und wohl auch das LAG Niedersachsen[135] der neueren Auffassung angeschlossen haben.[136] Dabei ist zuzugeben, dass der Wortlaut hätte klarer ausfallen können; durch das Wörtchen »insbesondere« hätte der Gesetzgeber den beispielhaften, durch das Wörtchen »nur« den abschließenden Charakter verdeutlichen können.

46 Die **Eingangsformulierung des Satzes 3** (»Als Betriebsänderungen im Sinne des Satzes 1 gelten …«) spricht dafür, dass über den Katalog hinaus ein allgemeinerer Begriff der Betriebsänderung existieren muss; die Gleichstellung hat nur dann einen Sinn, wenn es eine bestimmte »Bezugsgröße« gibt.[137] Wichtiger ist allerdings die Überlegung, dass es sinnwidrig, ja **willkürlich** wäre, Interessenausgleich und Sozialplan dann entfallen zu lassen, **wenn zwar wesentliche Nachteile für die Belegschaft eintreten (können), gleichzeitig jedoch keiner der Tatbestände des Satzes 3 vorliegt.**[138] Im Ergebnis könnte dies dazu führen, dass Betriebsänderungen mit gravierenderen Auswirkungen, als sie z. B. eine Verlegung innerhalb derselben Stadt hat, aus jeder Beteiligung des BR herausgenommen wären. Diese Gefahr hat nicht nur theoretischen Charakter, da sehr wohl Fälle denkbar sind, die zwar unter Satz 1, nicht aber unter Satz 3 fallen (näher unten Rn. 115 ff.). Die Steuerungs- wie die Schutzfunktion der §§ 111 – 113 verlangt daher, Satz 3 nicht als abschließende Regelung aufzufassen.

47 Bei der Handhabung der **unbestimmten Rechtsbegriffe** in Satz 1 und Satz 3 ist schließlich von ähnlichen Maßstäben auszugehen, um so **Wertungswidersprüche** zu **vermeiden.** Nach der Rspr. dient Satz 1 als Auslegungsgrundsatz für Satz 3.[139] Praktische Bedeutung gewinnt dies insbes. dann, wenn es um die Konkretisierung von Begriffen wie »erhebliche Teile der Belegschaft« oder »wesentliche Betriebsteile« geht; soweit keine anderen Anhaltspunkte gegeben sind, muss sie unter **Rückgriff auf die Maßstäbe des § 17 KSchG** erfolgen.

---

130 *BAG* 17.2.81, 17.8.82 und 6.12.88, AP Nrn. 9, 11 und 26 zu § 111 BetrVG 1972.

131 *BAG* 9.11.10, NZA 11, 466 Tz 13.

132 Vgl. etwa *Hanau,* ZfA 74, 93; *Vogt,* Sozialpläne, S. 47 m. w. N.; anders aber z. B. *Engels,* DB 79, 2227.

133 *DützThüsing,* Rn. 990; *Ehrich/Fröhlich* Rn 21; HK-ArbR-*M. Schubert,* §§ 111 – 113 BetrVG Rn 15; *Etzel,* Rn. 974; *Fitting,* Rn. 44; *Bobke,* S. 364; *Gajewski,* FS Gaul, S. 141; *Gaul/Gajewski,* S. 6; GK-*Oetker,* Rn. 56 ff.; *Gamillscheg,* Kollektives Arbeitsrecht II, S. 1105; *B. Gaul,* § 28 Rn. 44; *Halberstadt,* § 111 Rn. 12; *Heither,* ZIP 85, 513; *v. Hoyningen-Huene,* Betriebsverfassungsrecht, § 15 Rn. 4; *Preis,* Arbeitsrecht, § 156 II 1 (S. 732); *Rumpff/Boewer,* S. 270 f.; *SB,* § 111 Rn. 11; WPK-*Preis/Bender* Rn. 11; Schaub-*Koch* § 244 Rn. 21; SB-*Stevens-Bartol* Rn. 12; HK-*Steffan* § 111 Rn. 18; *Wenning-Morgenthaler* Rn 1016, 1028; *Zöllner/Loritz/Hergenröder,* § 51 II 1 c; *Zwanziger,* § 122 InsO Rn. 8; *Däubler,* Das Arbeitsrecht 1, Rn. 1113; *WW,* Rn. 6; **a. A.** *GL,* Rn. 19 – ohne Festlegung jedoch *LK,* Rn. 20 ff. –; HWGNRH-*Hess,* Rn. 48, unter leicht verbesserter Verwertung der Literatur; Richardi-*Annuß,* Rn. 41 ff.; *Schweibert,* in: Willemsen u. a., Rn. C 20; *Schwanecke,* S. 20; *SWS,* §§ 111 – 113 Rn. 27; unentschieden *Röder/Baeck,* S. 42; GTAW-*Ahmad* Rn 10 – ohne eigene Argumentation; im Prinzip auch *Hromadka/Maschmann,* Bd. 2, § 16 Rn. 602. Ein Obsiegen der mittlerweile h. M. beim *BAG* prognostizierten richtig *Rüthers/Bakker,* ZfA 90, 332.

134 16.6.87, LAGE § 111 BetrVG 1972 Nr. 6.

135 12.1.10, LAGE § 98 ArbGG 1979 Nr. 58; zustimmend *Bertzbach* jurisPR-ArbR 20/2010 Anm. 4. Die Frage blieb dahinstehen in *LAG Niedersachsen,* Beschl. v. 2.11.06, NZA-RR 07, 134.

136 Ebenso schon *LAG Baden-Württemberg* 11.10.78, DB 79, 114; a. A. *LAG Düsseldorf* 14.8.73, BB 73, 1488.

137 Vgl. *Rumpff/Boewer,* S. 271.

138 Vgl. GK-*Oetker,* Rn. 56.

139 *BAG* 22.1.80, 26.10.82, AP Nrn. 7 und 10 zu § 111 BetrVG 1972.

2. Der Betrieb als Bezugsgröße

Obwohl das Eingreifen der §§ 111 ff. von der UN-Größe abhängt, wurden 2001 die **Tatbestandsmerkmale des Begriffs »Betriebsänderung« nicht modifiziert** oder geändert. Dies ist in der amtlichen Begründung des RegE ausdrücklich betont worden.[140] Der unveränderte Wortlaut lässt keinen anderen Schluss zu.[141] Wurde bei der Wahl der Betriebsbegriff verkannt, so gilt mangels Anfechtung die in Frage stehende Einheit als Betrieb (s. u. Rn. 143).[142] Gleichgestellt ist nach § 3 Abs. 5 Satz 1 eine durch Tarifvertrag oder Betriebsvereinbarung geschaffene betriebsverfassungsrechtliche Organisationseinheit,[143] doch ist nicht auszuschließen, dass das BAG die in Anlehnung an § 17 KSchG entwickelten Grenzwerte nicht auf eine deutlich größere Einheit nach § 3 Abs. 5 beziehen wird, weil dies dem Sinn der tariflichen Regelung widersprechen würde.[144] Ein gewichtiges Indiz in diese Richtung hat es durch die Feststellung gesetzt, die tarifliche Schaffung einer größeren Einheit nach § 3 Abs. 5 führe nicht dazu, dass die bisherigen Betriebe ihre Identität verlieren würden.[145] Wurde in einem **Betriebsteil** nach § 4 Abs. 1 Satz 1 ein **eigener BR gewählt,** ist die fragliche Einheit Betrieb im Sinne des § 111.[146] Schloss sich die Belegschaft nach § 4 Abs. 1 Satz 2 durch Abstimmung der **Wahl zum BR des Hauptbetriebs** an, so bleibt an sich der Fiktion des § 4 Abs. 1 S. 1 entsprechend ein eigenständiger Betrieb erhalten.[147] Das BAG sieht dies allerdings inzwischen anders,[148] so dass bei der Abstimmung zu bedenken ist, ob nicht durch das Aufgehen in einem größeren Betrieb die Anwartschaft auf einen Sozialplan verloren geht.[149] Zu vertretungslosen Betriebsteilen s. u. Rn. 148. **48**

Im Folgenden werden zunächst die einzelnen Fälle des Satzes 3 erläutert, ehe dann auf die Generalklausel des Satzes 1 eingegangen wird.

3. Die Betriebsstilllegung nach Satz 3 Nr. 1

Nach der Rechtsprechung des *BAG* setzt eine Betriebsstilllegung den **»ernstlichen und endgültigen« Entschluss** des Unternehmers voraus, **die »Betriebs- und Produktionsgemeinschaft«** zwischen Arbeitgeber und Arbeitnehmern **»für einen seiner Dauer nach unbestimmten, wirtschaftlich nicht unerheblichen Zeitraum« aufzugeben.**[150] Dies kann auch in der Weise geschehen, dass ein »Funktionsnachfolger«, der keine wesentlichen Betriebsmittel und auch keine relevante Anzahl von Beschäftigten übernimmt, mit seiner Tätigkeit beginnt.[151] Eine Stilllegungsentscheidung kann bei entsprechenden rechtlichen Voraussetzungen auch durch hoheitliche Entscheidung erfolgen.[152]Weiter kann sie von einem **Pächter** ausgehen.[153] Der **Geschäftsführer einer GmbH,** einer KG oder einer OHG und der Vorstand eines Vereins dürfen den einzigen Betrieb ihres Unternehmens nur mit Zustimmung der Gesellschafter schließen, die ggf. einer bestimmten Form bedarf,[154] da die Grundlagen der Gesellschaft be- **49**

140 BT-Dr. 14/5741, S. 51.
141 *BAG* 19.7.12, NZA 13, 333 LS 1; *Däubler,* AuR 01, 6; *Engels u. a.,* DB 01, 540; GK-*Oetker,* Rn. 17 f.; *Löwisch,* BB 01, 1797; *Reichold,* NZA 01, 865; *Schiefer/Korte,* NZA 01, 88; kritisch dazu *Bauer,* NZA 01, 375; Anpassungsbedarf konstatieren *Richardi/Annuß,* DB 01, 45.
142 ErfK-*Kania,* Rn. 13.
143 *LAG Köln* 3.3.08, BB 08, 1570 mit Anm *Bissels.*
144 *Bauer* NZA Beilage 1/2009 S. 7.
145 *BAG* 18.3.08 NZA 08, 1259; grundsätzlich zustimmend *Salamon* NZA 09, 74.
146 *BAG* 27.6.95 NZA 96, 164.
147 Zutreffend *Seebacher* AuR 11, 335; anders *BAG* 17.9.13, NZA 14, 96 und *Ullrich,* NZA 04, 1309.
148 17.9.13, NZA 14, 96.
149 *Seebacher,* AiB 3/14, 33 ff.
150 *BAG* 27.9.84, AP Nr. 39 zu § 613 a BGB; 5.4.01, NZA 01, 950; 21.6.01, NZA 02, 212; 29.9.05, NZA 06, 720, 722; 28.5.09, NZA 09, 1267, bestätigt durch *BAG* 14.4.15, ZInsO 15,1695 = AuR 15,333- Ls.
151 *BAG* 16.5.07, NZA 07, 1296; zu den Voraussetzungen eines Betriebsübergangs s. den Überblick bei *Däubler,* Arbeitsrecht 2, Rn 1407 ff.
152 *BAG* 21.11.13, NZA 15,127: Schließung einer BKK
153 *BAG* 17.3.87, AP Nr. 18 zu § 111 BetrVG 1972.
154 Näher *Plander,* NZA 99, 507 ff.; ebenso für die GmbH *LAG Berlin* 10.8.87, DB 87, 2367.

troffen sind. Dasselbe gilt bei der OHG und KG auch dann, wenn **nur ein Betrieb** (von mehreren) stillgelegt werden soll, da es um eine aus dem normalen Geschäftsbetrieb herausfallende Handlung geht.[155] Auch bei einer **englischen »Ltd«** (limited company = GmbH ohne Mindestkapital) kann die Frage auftauchen, ob die Geschäftsführung (board) noch im Rahmen ihrer Kompetenzen gehandelt hat.[156] Lediglich der Vorstand einer AG kann in beiden Fällen aus eigenem Recht (§ 76 Abs. 1 AktG) handeln. Von diesen Beschränkungen ist in der Regel die Vertretungsmacht der Geschäftsführer frei. Nur dann, wenn es sich um einen Missbrauch handelt, tritt keine Außenwirkung ein.[157] Bei einem offenen Rechtsverstoß wird man diesen in aller Regel annehmen können, es sei denn, die Angelegenheit hätte keinen Aufschub geduldet. Der Missbrauch kann insbesondere im Kündigungsschutzverfahren geltend gemacht werden. Für das Eingreifen der §§ 111 ff. spielt er ebenso wenig eine Rolle wie die aus anderen Gründen bestehende Rechtswidrigkeit der Kündigungen. Das *BAG*[158] geht weiter und hält Kündigungen allein schon dann für wirksam, wenn trotz fehlenden Gesellschafterbeschlusses die **Prognose** gerechtfertigt ist, dass es zu einer **Stilllegung kommen** wird.

50 **Keine Stilllegung** liegt vor, wenn der UN die **Absicht** hat, den **Betrieb** oder Betriebsteil (ohne AN) **zu veräußern.**[159] Dies wird etwa daran deutlich, dass er sich zum Zeitpunkt der Kündigung weiter um Aufträge bemüht[160] oder ernsthaft mit einem Kaufinteressenten verhandelt und mit ihm z. B. einen Gesprächstermin vereinbart.[161] Dasselbe gilt, wenn er wenige Tage vor Ausspruch der Kündigungen eine Auffanggesellschaft gründet, die später in den ursprünglichen Räumen mit einem Teil der Belegschaft die betrieblichen Arbeiten fortsetzt.[162] Ein Indiz, dass keine endgültige Schließung beabsichtigt ist, stellt es auch dar, wenn sich der AG weiter um Aufträge bemüht,[163] wenn er nur einem Teil der AN kündigt oder wenn er die bestehenden Mietverträge nicht zum frühest möglichen Termin auflöst.[164] Legt der AG einerseits einzelne Produktionsanlagen still, generiert er andererseits aber so viele Aufträge, dass diese mit den verbleibenden Kapazitäten nicht bewältigt werden können, so spricht eine Vermutung dafür, dass die (Teil-) Stilllegung nicht auf Dauer bestimmt war.[165] Ein widersprüchliches Verhalten dieser Art verdient keine rechtliche Anerkennung, die Berufung auf eine etwaige Fehleinschätzung könnte keine Kündigung rechtfertigen. Im **Kündigungsschutzverfahren** muss der AG **beweisen,** dass er stilllegen wollte; nicht etwa ist es Sache des AN, seinerseits zu belegen, dass die Kündigung im Hinblick auf einen geplanten Betriebsübergang oder eine Ausdünnung der Belegschaft erfolgte.[166]

51 Keine Stilllegung liegt weiter vor, wenn die **Produktion** nach einiger Zeit mit neuen Arbeitskräften wieder aufgenommen wird. Dasselbe gilt erst recht, wenn der »Abbau« des alten und der »Aufbau« des neuen Betriebes parallel laufen; das *ArbG Berlin*[167] erklärte in diesem Fall sogar die Kündigungen für unwirksam. Nach Auffassung des *BAG*[168] liegt **keine bloße Betriebsunterbrechung,** sondern eine Stilllegung vor, wenn der **Zeitraum** bis zur eventuellen Wiederaufnahme der Tätigkeit so **erheblich** ist, dass seine Überbrückung dem AG nicht zuzumuten ist (zum Sonderfall der Fortführung durch den Erwerber s. u. Rn. 56). Keine Stilllegung liegt in einer witterungsbedingten »Betriebseinstellung« auf dem Bau.[169] Dasselbe gilt, wenn der AG die Organisation als solche einschließlich der Arbeitsverhältnisse bestehen lässt und lediglich für einen mehr oder weniger großen Zeitraum die Produktion einstellt.[170]

---

155 *Plander,* NZA 99, 511.
156 *Heinz,* S. 25 ff.
157 *Oetker,* FS Nagel, S. 317, 326.
158 11.3.98, DB 98, 1568 und 5.4.01, NZA 01, 949.
159 *BAG* 9.2.94, DB 94, 1731; 28.5.09, NZA 09, 1267 Tz. 30.
160 *BAG* 13.2.08, NZA 08, 821 Tz. 23.
161 *BAG* 29.9.05, NZA 06, 720; *BAG* 15.12.11, DB 12, 1690 OS 5.
162 *LAG Köln* 30.1.06, AuR 06, 252.
163 *BAG* 13.2.08, NZA 08, 821 Tz 23.
164 *LAG Rheinland-Pfalz* 25.2.03 NZA-RR 2004, 303.
165 *LAG Köln,* 22.2.06, NZA-RR 06, 523.
166 *LAG Rheinland-Pfalz,* a. a. O.
167 17.2.00, AuR 01, 72.
168 21.6.01, NZA 02, 212.
169 *LAG Niedersachsen* 13.10.97, DB 98, 1139.
170 *BAG* 12.2.87, AP Nr. 67 zu § 613 a BGB; Richardi-*Annuß,* Rn. 60.

Ohne Bedeutung ist, wenn über den Stilllegungszeitpunkt hinaus einige AN mit **Abwicklungsarbeiten** weiterbeschäftigt werden[171] oder wenn eine Reihe von Arbeitsverhältnissen mit Rücksicht z. B. auf den Kündigungsschutz des § 9 MuSchG weiterbesteht.[172] Erfolgt dann eine Versetzung in einen weiter bestehenden Betrieb desselben Unternehmens, kann der BR nicht nach § 99 mitbestimmen, da die Vorschrift ihrem Sinn nach nicht mehr eingreift; ein Restmandat besteht insoweit nicht.[173] Ist die Stilllegung durchgeführt, können die verbliebenen **Betriebsmittel an einen Dritten veräußert** werden, ohne dass dieser deshalb zum Erwerber i. S. d. § 613 a BGB wird.[174] Hat der AG allen Beschäftigten gekündigt und damit die betriebliche Organisation aufgelöst, kann er sich der Forderung nach einem Sozialplan nicht mehr mit dem Argument entziehen, in Wahrheit habe ein Betriebsübergang vorgelegen.[175] Zum Fall der missglückten Betriebsverlegung s. unten Rn. 89. 52

Auf die **Größe des Betriebes** kommt es nach neuem Recht nicht an. Auch Kleineinheiten können stillgelegt werden und fallen unter Nr. 1, sofern sie effektiv als selbstständiger Betrieb zu qualifizieren sind. Dass es auch im Rechtssinne Betriebe mit weniger als 5 Beschäftigten gibt, wird u. a. aus § 4 Abs. 2 deutlich. Allerdings ist die von § 4 Abs. 2 angeordnete Zuordnung auch im Rahmen des § 111 Satz 3 Nr. 1 zu berücksichtigen; umgekehrt hat dies zur Folge, dass unter den Voraussetzungen des § 4 Abs. 1 Satz 1 Betriebsteile im vorliegenden Zusammenhang als selbstständige Einheiten zu werten sind. 53

Die **Absichten des Unternehmers** können sich unter bestimmten Voraussetzungen **aus den näheren Umständen** ergeben. **Kündigt er allen** im Betrieb **Beschäftigten,** stellt dies ein Indiz für eine beabsichtigte Stilllegung dar, es sei denn, gleichzeitig würde die Wiedereinstellung für einen späteren Zeitpunkt zugesagt.[176] Aus den Kündigungen allein kann allerdings nicht auf eine Stilllegungsabsicht geschlossen werden; im Kündigungsschutzverfahren muss der AG vielmehr substantiiert darlegen, welche organisatorischen Maßnahmen er darüber hinaus geplant und in Angriff genommen hat.[177] Werden Kündigungen lediglich »vorsorglich« für den Fall ausgesprochen, dass eine beabsichtigte Betriebsveräußerung scheitert, liegt keine Betriebsstilllegung vor. Die Kündigungen sind im Übrigen als bedingte unwirksam, da sie den AN in eine unzumutbar unsichere Situation versetzen.[178] Besteht eine definitive Stilllegungsabsicht, **findet sich** dann jedoch **entgegen allen Erwartungen ein Käufer** für den Betrieb, so können die gekündigten AN jedenfalls dann Wiedereinstellung verlangen, wenn der Betriebsübergang während des Laufs der Kündigungsfrist erfolgt.[179] 54

Erklärt der UN, er wolle den Betrieb stilllegen, trifft er jedoch Maßnahmen, die eine alsbaldige Fortsetzung der Produktion vorbereiten sollen, liegt eine sog. **Scheinstilllegung** vor. **Der AG muss sich an seinem tatsächlichen Tun festhalten lassen,** eine Berufung auf einen etwaigen abweichenden Willen ist nicht möglich; dies wäre eine unzulässige **protestatio facto contraria.**[180] Dies rechtfertigt sich letztlich mit dem Gedanken des Vertrauensschutzes, da die betroffenen AN wie auch Dritte nur die tatsächlich getroffenen Maßnahmen, nicht aber irgendwelche Überlegungen und Absichten kennen (können). Wird beispielsweise die gesamte Belegschaft wegen der Betriebsstilllegung betriebsbedingt gekündigt, nach vier Wochen jedoch schon nach neuen Arbeitskräften gesucht, die in zwei Monaten für einen »Neuanfang« bereit sein sollen, läge ein solcher Fall vor. Wird nach Kündigung der Arbeitsverhältnisse der Betrieb effektiv eingestellt und **wenige Monate später eine Neueröffnung** betrieben, so liegt der Fall genauso, es sei denn, die Umstände hätten sich grundlegend geändert.[181] Die **rechtlichen Folgen einer Scheinstilllegung** sind wenig geklärt. Man wird den AG für verpflichtet ansehen müssen, die entlassenen Beschäftigten zu den bisherigen Bedingungen wieder einzustellen.[182] 55

---

171 *BAG* 21.6.01, NZA 02, 212 [215].
172 *Heither*, ZIP 85, 515; MünchArbR-*Matthes*, 2. Aufl. 2000, § 360 Rn. 23.
173 *BAG* 8.12.09, NZA 10, 665
174 *BAG* 12.2.87, AP Nr. 67 zu § 613 a BGB.
175 *BAG* 27.6.95, DB 96, 147.
176 *BAG* 16.6.87, AP Nr. 20 zu § 111 BetrVG 1972.
177 *BAG* 19.6.91, DB 91, 2442; 9.2.94, DB 94, 1731; *BAG* 13.2.08, NZA 08, 821 Tz 23.
178 Vgl. KDZ-*Däubler*, Einl. Rn. 112 ff.
179 *Schweibert*, in: Willemsen u. a., Rn. C 30.
180 Palandt-*Ellenberger*, vor § 145 Rn. 26 f. m. w. N. für den Fall der Inanspruchnahme einer Leistung.
181 Vgl. Richardi-*Annuß*, Rn. 61.
182 Dazu auch *Wiebauer* NZA 11, 177 für den Spezialfall der Kündigung in der Elternzeit

56 Die Probleme werden noch ein wenig komplizierter, wenn nicht der UN selbst, sondern ein **Betriebserwerber die Produktion fortführt.** Von einer »Fortführung« kann dabei nur die Rede sein, wenn der neue Inhaber so viele Betriebsmittel erworben hat, dass er mit ihnen eine sinnvolle Produktion durchführen kann.[183] Liegt diese Voraussetzung vor und nimmt der Erwerber **»alsbald«** nach der »Stilllegung« die Produktion wieder auf, so spricht nach der Rspr. des *BAG* eine **tatsächliche Vermutung gegen die »ernsthafte« Absicht des Veräußerers,** seinen Betrieb stillzulegen.[184] Eine solche Vermutung kann allenfalls dadurch entkräftet werden, dass der Veräußerer den überzeugenden Beweis führt, erst nach durchgeführter Stilllegung sei der Kontakt zum Erwerber aufgenommen worden. Wie groß der zeitliche Abstand zwischen »Stilllegung« und Wiederaufnahme im Höchstfall sein darf, um die Vermutung zugunsten einer Scheinstilllegung bestehen zu lassen, ist noch nicht ausreichend geklärt. Sinnvoll wäre eine **Obergrenze von 6 Monaten,** wie sie sich in Abweichung vom früheren § 1 Abs. 3 Satz 2 BeschFG in § 14 Abs. 3 TzBfG a. F. fand. Die Rechtsfolgen sind auch hier kaum angesprochen. § 613 a BGB ist in der Weise entsprechend anzuwenden, als sich der Erwerber den Beschäftigten gegenüber so behandeln lassen muss, als hätte der Veräußerer den Betrieb fortgesetzt. Dies bedeutet **Wiedereinstellung** zu den bisherigen Bedingungen (s. o. Rn. 55). Hat der AG die gesamte Belegschaft entlassen und anschließend die Betriebsmittel veräußert, so kann er einen Sozialplan nicht mit der Begründung verweigern, in Wahrheit habe ein Betriebsübergang nach § 613 a BGB vorgelegen.[185]

57 Zur Abgrenzung von Betriebsstilllegung und Verlegung eines Betriebs s. unten Rn. 89, zur Abgrenzung vom Betriebsübergang unten Rn. 125.

4. Die Betriebseinschränkung nach Satz 3 Nr. 1

58 Nach der Rechtsprechung des *BAG* setzt eine Betriebseinschränkung voraus, dass die **»Leistungsfähigkeit« des Betriebs herabgesetzt** wird.[186] Dies wird sich in der Regel in quantitativen Größen ausdrücken (Stückzahlen, erledigte Aufträge), doch ist auch eine Absenkung der Qualität denkbar.[187] Die Einschränkung muss **»ungewöhnlich«** sein; betriebstypische Schwankungen (»Weihnachtsgeschäft«, »Sommerloch«) spielen keine Rolle.[188] Ohne Bedeutung ist, »ob die Verminderung der Leistungsfähigkeit durch Außerbetriebsetzung von Betriebsanlagen oder durch Personalreduzierung erfolgt«.[189] Auch der reine Personalabbau, der die vorhandenen Betriebsmittel unberührt lässt, kann daher unter Satz 2 Nr. 1 fallen (näher dazu unten Rn. 68 ff.). Teile des Produktionsapparats bzw. der Arbeitsgeräte bei Dienstleistungsunternehmen sind dann »außer Betrieb«, wenn sie **für einige Zeit nicht mehr benutzt** werden. Erfasst sind daher nicht nur Verkauf, Vermietung und Verschrottung, sondern auch die Abmeldung (z. B. eines LKW), die Einlagerung sowie das schlichte »Ausrangieren«, wonach auf Grund betrieblicher Pläne oder der Umstände zunächst nicht mehr auf den betreffenden Gegenstand zurückgegriffen werden soll.[190]

59 Kontrovers ist die Frage, ob die Betriebseinschränkung auf Dauer[191] oder wenigstens **auf »nicht absehbare Zeit«**[192] berechnet sein muss. Lehnt man dies ab, so wäre etwa auch der vorübergehende Übergang vom Dreischicht- zum Zweischichtbetrieb sowie insbes. die Kurzarbeit von Satz 3 Nr. 1 erfasst.[193] Für eine solche Erweiterung besteht jedoch kein Anlass: Alle anderen Fälle des Katalogs in Satz 3 betreffen Veränderungen, die auf Dauer berechnet sind, also definitiven Charakter haben sollen. Dies hängt damit zusammen, dass das in den §§ 111

183 *BAG* 18.1.88, AP Nr. 70 zu § 613 a BGB.
184 *BAG* 12.2.87, AP Nr. 67 zu § 613 a BGB.
185 *BAG* 27.6.95, AP Nr. 7 zu § 4 BetrVG 1972; ErfK-*Kania*, Rn. 12.
186 *BAG* 22.5.79, AP Nr. 4 zu § 111 BetrVG 1972; 7.8.90, NZA 91, 114.
187 *Schlichting*, AiB 07, 137.
188 *BAG*, a. a. O.; *Fitting*, Rn. 72; *Vogt*, Sozialpläne, S. 52.
189 So *BAG* 22.5.79, AP Nr. 4 zu § 111 BetrVG 1972 Bl. 6 unter Berufung auf *Hanau*, ZfA 74, 89 [98].
190 Zustimmend *ArbG Hamburg* 25.4.13 – 27 BVGa 2/13, juris
191 So *Ehmann*, Anm. zu BAG AP Nr. 2 zu § 111 BetrVG 1972.
192 So *BAG* 22.5.79, AP Nr. 3 zu § 111 BetrVG 1972.
193 Vgl. GK-*Oetker*, Rn. 82.

und 112 vorgesehene Verfahren recht aufwändig ist. Schließlich verlangt auch der Gedanke des AN-Schutzes keine derartige Auslegung, da die Beschäftigten durch das Mitbestimmungsrecht des BR nach § 87 Abs. 1 Nrn. 2 und 3 ausreichend geschützt sind.[194] Das gilt auch bei einer **vorübergehenden Verringerung der Auslastung** der betrieblichen Anlagen,[195] wo jedenfalls § 87 Abs. 1 Nrn. 2 und 3 eingreifen. Zu beachten bleibt, dass die »**bis auf weiteres« erfolgende Abschaffung einer Schicht** sehr wohl als Betriebsänderung zu qualifizieren ist, auch wenn sie ohne eine relevante Anzahl von Entlassungen vor sich geht. Keine Betriebsänderung stellt es schließlich dar, wenn auf Grund eines **Arbeitskampfes** vorübergehend nicht weitergearbeitet werden kann.[196]

Keine Betriebseinschränkung liegt vor, wenn die **Leistung dieselbe** bleiben, **jedoch in einer geringeren Zahl von Stunden** erbracht werden soll.[197] Insoweit kommt allerdings eine Betriebsänderung nach Satz 1 in Betracht (unten Rn. 115 ff.). Dasselbe gilt für einen **Einstellungsstopp,** der dazu führt, dass dieselben Aufgaben von einer kleineren Zahl von Arbeitnehmern erfüllt werden.[198] 60

Werden **bestimmte Funktionen auf** eine **Fremdfirma ausgelagert (»Outsourcing«),** so ist zu unterscheiden: Geht es nur um Hilfsfunktionen wie Reinigung oder Kantinenbetrieb, liegt keine »Betriebseinschränkung« vor, da der arbeitstechnische »Output« derselbe bleibt.[199] Anders verhält es sich jedoch, wenn einzelne notwendige Vor- oder Teilprodukte nicht mehr im Betrieb hergestellt, sondern von einer Fremdfirma gekauft oder von dieser in eigener Verantwortung **auf der Grundlage eines Werk- oder** eines **Dienstvertrags** im Betriebsgelände hergestellt werden: Der Betrieb erbringt als solcher eine geringere arbeitstechnische Leistung, auch wenn die Stückzahl und die Qualität der Endprodukte gleich bleiben. Anders als beim Unternehmen kommt es beim Betrieb auf Umfang und Gegenstand der Arbeitsprozesse an. Es liegt daher eine Betriebseinschränkung vor.[200] Das *BAG*[201] hat in einem solchen Fall nur geprüft, ob ein »wesentlicher Betriebsteil« stillgelegt wurde (und dies mangels »Wesentlichkeit« und wegen des Betroffenseins von nur wenigen Arbeitnehmern verneint). Vom Sinn des Satz 3 Nr. 1 her (oben Rn. 4, 5) kann es aber keinen Unterschied machen, ob nur noch ein Teilprodukt hergestellt wird oder ob zwar weiter dasselbe Endprodukt erzeugt, dabei jedoch nur noch teilweise auf eigene Ressourcen zurückgegriffen wird. Selbst wenn man dem hier vertretenen Standpunkt nicht folgen will,[202] sind beim **»Outsourcing«** ggf. andere Tatbestände des Satzes 3 erfüllt (s. unten Rn. 108, 111, 113). Ist eine betriebliche Sozialeinrichtung betroffen, greift das Mitbestimmungsrecht nach § 87 Abs. 1 Nr. 8 ein.[203] Ohne Bedeutung ist, ob die fraglichen Funktionen bislang von Stammarbeitnehmern oder von Leiharbeitskräften erfüllt wurden. Derzeit scheint es eine Tendenz zu geben, die aus UN-Sicht problematisch gewordene Leiharbeit durch Werkvertragsarbeit zu ersetzen.[204] Zu wirtschaftlichen Argumenten für und gegen Outsourcing s. *Trittin*[205] und *Karthaus/Klebe;*[206] zu Regelungen in BV *Däubler/Erhardt*[207] und DKKWF-*Däubler.*[208] 61

Die **Betriebserweiterung** wird von Satz 3 Nr. 1 grundsätzlich nicht erfasst.[209] Denkbar ist 62

---

194 *Ohl,* S. 46 f.; Richardi-*Annuß,* Rn. 69; *Vogt,* Sozialpläne, S. 52; *WW,* Rn. 9; zustimmend *Gaul/Gajewski,* S. 23.
195 ErfK-*Kania,* Rn. 11.
196 GK-*Oetker,* Rn. 82; HWGNRH-*Hess,* Rn. 139.
197 Vgl. *LAG Baden-Württemberg* 16.6.87, LAGE § 111 BetrVG 1972 Nr. 6.
198 Gegen Anwendung des Satzes 3 Nr. 1 wohl HWGNRH-*Hess,* Rn. 129.
199 Zur Frage, ob eine Änderung der Betriebsorganisation nach Satz 3 Nr. 4 vorliegt, s. *ArbG München,* 22.2.00, AiB 00, 766 sowie Rn. 105.
200 Ähnlich *Schweibert,* in: Willemsen u. a., Rn. C 109.
201 7.8.90, DB 91, 760.
202 S. etwa *Henssler,* NZA 94, 302 f.; *Hunold,* S. 50 ff.; *Kreuder,* AiB 94, 732.
203 *ArbG Köln* 25.3.98, AiB 99, 346.
204 *Karthaus/Klebe,* NZA 12, 417.
205 AiB 96, 396.
206 NZA 12, 418.
207 AiB 99, 677.
208 § 92 a Rn. 12, 14.
209 *Zöllner/Loritz/Hergenröder,* § 51 II 1 c.

allerdings, dass die Voraussetzungen von Nr. 4 oder 5 oder die des Satzes 1 (unten Rn. 115 ff.) gegeben sind.[210]

5. Stilllegung oder Einschränkung eines wesentlichen Betriebsteils nach Satz 3 Nr. 1

63 Der **Begriff »wesentlicher Betriebsteil«** lässt sich unmittelbar aus dem Gesetzestext heraus nicht bestimmen. Die Rspr. versucht zum einen eine **qualitative Abgrenzung** derart, dass es auf die »wesentliche Bedeutung innerhalb der betrieblichen Gesamtorganisation«,[211] auf die »erhebliche Bedeutung« für den Gesamtbetrieb und die Erfüllung seiner arbeitstechnischen Zwecke,[212] auf die »Schlüsselfunktionen« der fraglichen Einheit[213] oder auf ihre Zugehörigkeit zur »Primärfunktion des Betriebs« ankommen soll, die sich nicht in der Unterstützung anderer betrieblicher Funktionen erschöpft.[214] Dies wird man beispielsweise für die Personalabteilung annehmen können. Bislang hatte das BAG unter dem BetrVG 1972 allerdings nur Fälle zu entscheiden, in denen der betroffene Betriebsteil als »unwesentlich« zu qualifizieren war.[215] Auch die **Herstellung eines Vorprodukts** soll einen Betriebsteil nicht zu einem »wesentlichen« machen.[216]

64 In der Praxis stand deshalb bei weitem der zweite – **quantitative – Weg zur Bestimmung des »wesentlichen Betriebsteils«** im Vordergrund:[217] Letzterer ist dann gegeben, wenn in dem betreffenden Bereich ein erheblicher Teil der Gesamtbelegschaft beschäftigt ist. Dies wird dann angenommen, wenn die **Zahlenwerte des § 17 Abs. 1 KSchG erfüllt** (dazu unten Rn. 70) **und** – was nur in Betrieben mit mehr als 600 AN von Bedeutung ist – dort **mindestens 5 % der Gesamtbelegschaft** tätig sind.[218] Die so geschaffene **»Relevanzschwelle«** dient der Rechtssicherheit und ermöglicht eine Abgrenzung zwischen bloßen Individualakten und der die Beteiligungsrechte des BR auslösenden Betriebsänderung. Allerdings ist nicht zu übersehen, dass es sich um ein Stück **freier richterlicher Rechtsschöpfung** handelt, deren Einzelheiten (warum nicht 6 % oder 4 %?) sich rationaler Diskussion weithin entziehen. Ergänzend sei noch darauf hingewiesen, dass der »wesentliche Betriebsteil« **nicht** mit einer **selbstständigen Betriebsabteilung** wie Vertrieb oder Buchhaltung identisch sein muss.[219] Auch in diesem Punkt dominiert das quantitative Element: Es reicht, wenn in einem einigermaßen abgrenzbaren Stück des Betriebs so viele Personen arbeiten, dass die Sätze des § 17 KSchG erreicht sind.

65 § 17 KSchG enthält Zahlenwerte nur für Betriebe mit mehr als 20 Beschäftigten. Für **Kleinbetriebe,** die nunmehr auch unter § 111 fallen (o. Rn. 53), kann er daher keine unmittelbaren Maßstäbe liefern. Immerhin ist ihm der Gedanke zu entnehmen, dass die **prozentuale Relevanzschwelle** ansteigt, je kleiner die Einheiten sind. Werden in einem Betrieb mit 501 Beschäftigten 30 AN entlassen, entspricht dies einem Anteil von 5,98 %, während in einem Betrieb mit 21 Beschäftigten mindestens 6 AN, d. h. 28,5 % der Belegschaft entlassen werden müssen. Dies legt es nahe, die Grenze bei 30 % zu ziehen;[220] in einem Kleinbetrieb von 12 AN müssen daher mindestens 4 entlassen werden.[221] Das *BAG*[222] verlangt demgegenüber, dass

---

210 Zustimmend GK-*Oetker*, Rn. 65.
211 So *BAG* 6.6.78, AP Nr. 2 zu § 111 BetrVG 1972.
212 So *BAG* 6.12.88, AP Nr. 26 zu § 111 BetrVG 1972.
213 *BAG* 28.3.06, NZA 06, 932, 936.
214 *ArbG Hamburg* 25.1.07, AiB 08, 106 mit Anm. *Brinkmeier.*
215 Vgl. *BAG* 6.12.88, AP Nr. 26 zu § 111 BetrVG 1972: Reinigungsabteilung eines Druckereibetriebs; vgl. weiter *BAG* 22.9.94, DB 95, 432: Materiallager; *BAG* 28.3.06, NZA 06, 932, 936: Gruppe »Abformung« in einem DienstleistungsUN für Forschung und Entwicklung; *BAG* 18.3.08, NZA 08, 957: Schließung der technischen Anzeigenproduktion in einem Zeitungsverlag; *BAG* 9.11.10, NZA 11, 466 Tz 21: Fuhrpark.
216 *BAG* 7.8.90, DB 91, 760 = NZA 91, 113.
217 Ob er sogar die qualitative Betrachtung verdrängt, blieb dahinstehen in *BAG* 18.3.08, NZA 08, 957.
218 *BAG* 6.6.78 und 21.10.80, AP Nrn. 2 und 8 zu § 111 BetrVG 1972; 7.8.90, DB 91, 760 = NZA 91, 113; 28.3.06, NZA 06, 932.
219 *Teichmüller*, Betriebsänderung, S. 52.
220 So auch *LAG Nürnberg* 21.9.09, AuR 09, 436 (aufgehoben durch *BAG* v. 9.11.10).
221 Ebenso Richardi-*Annuß*, Rn. 74 und *Gillen/Vahle*, NZA 05, 1387.

mindestens 6 Personen entlassen werden, doch ebnet dies die Unterschiede zu § 112 a Abs. 1 ohne jeden ersichtlichen Grund ein. Auf ein quantitatives Kriterium ganz zu verzichten, geht nicht an, da damit eine sachlich nicht begründbare Differenzierung zwischen bestimmten Betriebsgrößenklassen geschaffen würde. § 17 KSchG verfolgt primär arbeitsmarktpolitische Ziele, kann also kleinere Fälle von Personalabbau ausklammern, während es hier um einen ganz anderen Gegenstand, nämlich um den Umfang betrieblicher Veränderungen geht. Dabei ist allein auf den Wegfall von Arbeitsplätzen abzustellen, ohne dass es auf ihre wirtschaftliche Bedeutung für den Gesamtbetrieb ankommt.[223]

66 Die Tatsache, dass die Relevanzschwelle bei Kleinbetrieben prozentual relativ hoch liegt, kann dazu führen, dass **große Unternehmen mit vielen Kleinbetrieben** in die komfortable Situation kommen, in zahlreichen Filialen Personal abbauen zu können, ohne die 30 %-Schwelle zu erreichen, obwohl bei einer Gesamtbetrachtung des UN die dort prozentual niedrigeren Sätze vorliegen würden.[224] Ein UN allein wegen seiner kleinbetrieblichen Struktur zu begünstigen, wird aber dem gesetzlichen Anspruch nicht gerecht; eine solche Interpretation würde gegen Art. 3 Abs. 1 GG verstoßen.[225] Im Wege verfassungskonformer Auslegung ist daher bei Betroffensein mehrerer Betriebe immer auch danach zu fragen, ob die **Grenzwerte des § 17 KSchG im UN** oder in dem von der Maßnahme betroffenen UN-Teil erreicht sind. Ähnlich war das *BAG*[226] unter dem bis 2001 geltenden Recht vorgegangen, als es bei Betroffenensein mehrerer Betriebe entgegen dem damaligen Gesetzeswortlaut nicht auf den Betrieb, sondern auf das Unternehmen abstellte, weil andernfalls eine sachwidrige Privilegierung kleinbetrieblich organisierter UN eingetreten wäre.

67 Ein **wesentlicher Betriebsteil** ist **stillgelegt,** wenn er zu bestehen aufhört, weil die von ihm erfüllten Aufgaben z. B. an eine Fremdfirma vergeben oder im Gesamtbetrieb nicht mehr benötigt werden. Eine **Einschränkung** liegt dann vor, wenn die bislang erbrachte Leistung reduziert wird. Dies ist etwa der Fall, wenn ein Teil der Arbeitsgeräte ausrangiert und nicht durch neue ersetzt wird. Der bloße Personalabbau reicht nur dann aus, wenn – bezogen auf den Gesamtbetrieb – die Sätze des § 17 KSchG bzw. vergleichbare Größenordnungen erreicht sind (dazu unten Rn. 68 ff.); andernfalls würden die von *Matthes*[227] mit Recht kritisierten Ungereimtheiten eintreten.[228]

6. Betriebseinschränkung durch reinen Personalabbau

a) Der Grundsatz

68 Nach ständiger Rspr. des *BAG* kann eine Betriebseinschränkung auch in der Weise erfolgen, dass **die sächlichen Betriebsmittel** als solche **unverändert** bleiben, **jedoch in beträchtlichem Umfang Personal abgebaut** wird.[229] Auch die Literatur hat dem im Wesentlichen zugestimmt.[230] Durch den 1985 eingefügten § 112 a Abs. 1 hat der **Gesetzgeber** den Grundansatz der Rspr. **bestätigt,**[231] sie jedoch im Hinblick auf den erzwingbaren Sozialplan partiell korrigiert.

---

222 9.11.10, NZA 11, 466 Tz 19. Ebenso *Wenning-Morgenthaler,* Rn 1027; schon vorher *Löwisch* BB 01, 1797.
223 *LAG Nürnberg* 21.9.09, AuR 09, 436.
224 S. die Zahlenbeispiele bei *Trittin/Fütterer,* NZA 09, 1307.
225 Richtig *Trittin/Fütterer,* NZA 09, 1307.
226 8.6.99, NZA 99, 1168.
227 FS Gaul, S. 404.
228 Zustimmend *BAG* 9.11.10, NZA 11, 466 Tz 15.
229 *BAG* 22.5.79, 22.5.79, 15.10.79, 22.1.80, 2.8.83, 6.12.88, AP Nrn. 3, 4, 5, 7, 12 und 26 zu § 111 BetrVG 1972; 7.8.90, NZA 91, 114; 28.3.06, NZA 06, 932; 31.5.07, NZA 07, 1307, 1308 Tz 16.
230 *GL,* § 106 Rn. 60; *Gamillscheg,* Kollektives Arbeitsrecht II, S. 1109; *Hanau,* ZfA 74, 98; *Ohl,* S. 44; Richardi-*Annuß,* Rn. 70 ff.; *Zöllner/Loritz/Hergenröder,* § 51 II 1 c; nunmehr auch HWGNRH-*Hess,* Rn. 118 ff.
231 So auch *LAG Düsseldorf* 14.5.86, LAGE § 111 BetrVG 1972 Nr. 4; *Fitting,* Rn. 73; *v. Hoyningen-Huene,* Betriebsverfassungsrecht, § 15 Rn 7; *Spinti,* S. 22; *Streckel,* Anm. zu BAG AP Nr. 26 zu § 111 BetrVG 1972; *Vogt,* Sozialpläne, S. 54 ff.

69 Ein Personalabbau ist nur dann eine Betriebseinschränkung i. S. v. Satz 2 Nr. 1, wenn er bestimmte **quantitative Dimensionen** erreicht. Nach der Rspr. können die **Zahlen- und Prozentangaben des § 17 Abs. 1 KSchG** als **»Richtschnur«** dienen, doch müssen auf jeden Fall mindestens 5 % der Belegschaft des Betriebs betroffen sein.[232] Eine **geringfügige Unterschreitung** um eine Person dürfte unbedenklich sein (»Richtschnur«); die Tatsache, dass § 112 a Abs. 1 Satz 1 exakte Zahlenwerte vorgibt, ist ohne Bedeutung, da es sich dort um einen anderen Regelungsgegenstand (Erzwingbarkeit eines Sozialplans) handelt.[233] Dies bedeutet

70 konkret:

Betriebsgröße	beabsichtigter Personalabbau
21 – 59 Arbeitnehmer	mehr als 5 Arbeitnehmer
60 – 499 Arbeitnehmer	mehr als 25 Arbeitnehmer oder 10 %
500 – 600 Arbeitnehmer	mindestens 30 Arbeitnehmer
ab 601 Arbeitnehmer	mindestens 5 % (von der Rechtsprechung ergänzt)

Mit Rücksicht auf die Richtlinie 2002/14/EG (abgedruckt in Anhang C) vertreten *Trittin/Fütterer*[234] den Standpunkt, es reiche generell ein Anteil von 5 % aus. Interessant und beifallswert ist ihr weiterer Vorschlag, bei Großunternehmen mit kleinbetrieblicher Struktur (Beispiel: Einzelhandelskette) auf die Zahl der durch eine betriebsübergreifende Maßnahme Betroffenen abzustellen, also den **Wirkungsbereich der Maßnahme** und nicht den (Klein-)Betrieb **als Referenzgröße** zu verwenden.[235]

71 Anders als nach § 17 Abs. 1 KSchG muss der Personalabbau **nicht innerhalb von 30 Kalendertagen** erfolgen, es reicht aus, wenn er Folge einer einheitlichen unternehmerischen Planung ist (allgemeine Meinung).[236] Sind die Voraussetzungen des § 17 Abs. 1 KSchG ohne diese Einschränkung gegeben, so muss außer den Verhandlungen nach § 111 auch ein Konsultationsverfahren nach §§ 17 ff. KSchG stattfinden.[237]

72 § 17 Abs. 1 KSchG gibt **für Kleinbetriebe** mit weniger als 21 Beschäftigten **keine** unmittelbare **»Richtschnur«.** Insoweit gilt dasselbe wie für die Bestimmung eines »wesentlichen Betriebsteils«. Wird ein Drittel der Beschäftigten entlassen, ist die Relevanzschwelle immer erreicht. Zwar würde eine lineare Fortschreibung der in § 17 Abs. 1 KSchG enthaltenen Prozentsätze ggf. zu einem höheren Anteil führen, doch spricht dagegen, dass im Kleinbetrieb das Ausscheiden einzelner Beschäftigter für die übrigen in besonders nachhaltiger Weise fühlbar wird. Die Rspr. hat auch in anderem Zusammenhang die Sätze des § 17 KSchG korrigiert und bei Großbetrieben eine Mindestzahl von 5 % verlangt, obwohl an sich 30 Betroffene ausreichen würden.[238] Geht man von der **Drittelregel** (Rn. 65) aus und hat der Betrieb 17 Beschäftigte, so würde eine Betriebsänderung ab der Entlassung von 6 AN beginnen.

73 Wie die Formulierung des § 111 deutlich macht, kommt es allein auf die **»geplante«** Betriebsänderung an. Es reicht daher aus, dass ein Personalabbau in dem geschilderten Umfang **»in Betracht kommt«**.[239] So genügt es, dass entsprechende Maßnahmen vom AG selbst für möglich erklärt werden: Eine **sichere Prognose ist nicht notwendig,** zumal der BR ja die Möglichkeit erhalten soll, auf sozial weniger belastende Lösungen zu dringen. Eine geplante Betriebsänderung liegt daher auch dann vor, wenn der Arbeitgeber eines 400-Personen-Betriebs erklärt, er müsse »20 bis 30 Arbeitnehmer« entlassen: Damit ist die 25-Personen-Grenze überschritten. Dass die Entlassungen in mehreren Wellen erfolgen, ist unerheblich, sofern sich an den Rahmenbedingungen nichts Wesentliches geändert hat.[240]

74 Besteht zwischen den einzelnen »Wellen« nur ein Zeitraum von wenigen Monaten, so spricht

232 So *BAG* 7.8.90, DB 91, 760 = NZA 91, 114, bestätigt zuletzt durch *BAG* 28.3.06, NZA 06, 932
233 Anders *LAG Hamm* 28.6.10, AuR 11, 79 gegen *BAG* 7. 8 90, AP Nr. 34 zu § 111 BetrVG 1972 = NZA 91, 760
234 NZA 09, 1309.
235 *Trittin/Fütterer* NZA 09, 1305 ff.
236 *BAG*, a. a. O.
237 Zu diesem *EuGH* 10.9.09 AiB 10, 198 mit Anm. *Rehwald.*
238 *BAG* 7.8.90, DB 91, 760 = NZA 91, 114.
239 So ausdrücklich *BAG* 7.5.87, AP Nr. 19 zu § 9 KSchG 1969; ebenso in der Sache *LAG Hessen* 14.12.06 NZA 07, 473; zu Unrecht einschränkend *LAG Köln* 21.2.97, NZA-RR 98, 24.
240 *LAG Thüringen* 22.7.98, NZA-RR 99, 304.

eine **Vermutung für eine einheitliche unternehmerische Planung.**[241] Im Einzelfall können die Dinge insbes. dann anders liegen, wenn neue Umstände eingetreten sind, die die nächste Etappe des Personalabbaus rechtfertigen;[242] sie sind vom AG im Einzelnen darzulegen. Ist die zunächst bestehende Planung (die die Sätze des § 17 KSchG nicht erreichte) noch nicht umgesetzt, wird dann aber aufgrund neuer Erkenntnisse eine größere Zahl von Beschäftigten entlassen, so gilt dies als einheitliche Maßnahme.[243]

Die **Einfügung des § 112 a Abs. 1** und die dort enthaltenen höheren Sätze haben nichts an der **75**
entsprechenden Anwendbarkeit des § 17 KSchG geändert.[244] Ohne Bedeutung ist, dass der Personalabbau ggf. durch besseren Einsatz von Technik ausgeglichen wird und so die Leistungskraft des Betriebes dieselbe bleibt.[245]

In der Praxis ist der reine Personalabbau, der die sächlichen Betriebsmittel völlig unberührt **76**
lässt, **recht selten** und kommt allenfalls im Dienstleistungssektor vor. **I. d. R. werden zugleich Arbeitsgeräte »eingemottet« oder verkauft,** so dass die Voraussetzungen einer Betriebseinschränkung schon nach allgemeinen Grundsätzen gegeben sind. Diese werden durch den Personalabbau nicht verändert.[246] Meist spricht die ungefähre zeitliche Übereinstimmung zwischen dem Personalabbau und dem Ausrangieren von Arbeitsgeräten für eine einheitliche unternehmerische Maßnahme.[247] Die *BAG*-Rspr. hat unter diesen Umständen in erster Linie Vereinfachungsfunktion, da sich der Umfang der geplanten personellen Maßnahmen in der Regel leichter als Veränderungen in der Produktionsstruktur bestimmen lässt.

b) Formen des Personalabbaus

Eine geplante Reduzierung des Personals liegt auch dann vor, wenn sich der Arbeitgeber nicht **77**
nur des Mittels der **betriebsbedingten Kündigung** – auch gegenüber befristet Beschäftigten[248] – bedienen will. Zwar muss er dieses Mittel notfalls einsetzen wollen;[249] ist die Kündigung für einen bestimmten Zeitraum durch TV ausgeschlossen, wie dies in der Metallindustrie der neuen Bundesländer der Fall war, so reicht es aus, dass nach dem absehbaren Auslaufen des Tarifs auf dieses Mittel zurückgegriffen werden kann. Dem AG bleibt es unbenommen, sich **anderer personalpolitischer Mittel** zu bedienen. **Gleichgestellt** sind mit Rücksicht auf § 112 a Abs. 1 Satz 2 von ihm aus Gründen der Betriebsänderung veranlasste **Aufhebungsverträge,**[250] die häufig bei einem Übergang in den vorzeitigen Ruhestand geschlossen werden. Auch **Eigenkündigungen** von AN, die vom AG veranlasst werden, sind einzubeziehen,[251] was der 1995 eingefügte § 17 Abs. 1 Satz 2 KSchG bestätigt. Ohne Bedeutung ist, dass die betriebsbedingten Kündigungen nur deshalb erforderlich werden, weil die Betroffenen dem Übergang ihres Arbeitsverhältnisses nach § 613 a BGB widersprochen haben.[252]

Eine **»Veranlassung« durch den AG** liegt unzweifelhaft dann vor, wenn der AG zunächst **78**
kündigt, dann jedoch im Vergleichswege ein Aufhebungsvertrag geschlossen wird. Im Übrigen werden z. T. sehr hohe Anforderungen gestellt. So soll es nicht ausreichen, wenn drei Monate lang die Löhne nicht bezahlt wurden und der Geschäftsführer auf einer Betriebsversammlung erklärte, am nächsten Tag müsse die AG-Firma Konkurs anmelden; wer weiterarbeite, tue dies auf eigenes Risiko.[253] Eine »Veranlassung« liege vielmehr nur dann vor, wenn die unterbliebene

---

241 *BAG* 19.7.12, NZA 13, 86, 88 Tz 17; *BAG* 22.1.04, AP Nr. 1 zu § 112 BetrVG 1972 Namensliste.
242 *BAG* 28.3.06, NZA 06, 932, 934.
243 *BAG*, a. a. O.; *Ehrich/Fröhlich* Rn 32.
244 *Matthes*, FS Gaul, S. 347; *Rumpff/Boewer*, S. 279 f. m. w. N.
245 *Gaul/Gajewski*, S. 26.
246 Anders wohl *Gillen/Vahle*, NZA 05, 1392.
247 Vgl. *Rumpff/Boewer*, S. 281.
248 *LAG Nürnberg* 21.8.01, AuR 02, 37.
249 So *BAG* 22.5.79, AP Nr. 3 zu § 111 BetrVG 1972.
250 *BAG* 4.7.89, AP Nr. 27 zu § 111 BetrVG 1972; ebenso bei § 17 KSchG *BAG* 19.3.15, DB 15, 2029.
251 *BAG* 23.8.88, AP Nr. 17 zu § 113 BetrVG 1972; 4.7.89, AP Nr. 27 zu § 111 BetrVG 1972; 15.1.91, DB 91, 1526; 28.10.92, DB 93, 590; *Fitting*, Rn. 78.
252 *BAG* 10.12.96, NZA 97, 787.
253 So der Sachverhalt in *BAG* 4.7.89, AP Nr. 27 zu § 111 BetrVG 1972.

Lohnzahlung den Zweck gehabt habe, die AN zu Eigenkündigungen zu veranlassen.[254] Nicht ausreichen soll auch der Hinweis auf die schlechte wirtschaftliche Lage, verbunden mit dem Rat, sich einen anderen Arbeitsplatz zu suchen;[255] erforderlich sei vielmehr der Hinweis, es könne der Personalabbau auch den Ausscheidenden treffen.[256] Bisweilen scheint sich aber auch eine realistischere Sicht durchzusetzen. Empfiehlt der AG, nach neuen Arbeitsplätzen Ausschau zu halten, und sieht ein Interessenausgleich vor, dass auch Beschäftigte mit der Funktion des kündigenden AN abgebaut werden sollen, so reicht dies aus; dass der Betroffene selbst von Kündigung bedroht war, ist nicht erforderlich.[257] War auf der anderen Seite nicht mehr damit zu rechnen, dass ein im Interessenausgleich vorgesehener Personalabbau tatsächlich erfolgen würde, weil die Kündigungsfrist abgelaufen war und sich die Auftragslage verbessert hatte, so ist eine gleichwohl ausgesprochene Eigenkündigung nicht mehr vom AG veranlasst.[258] Auf dieser Grundlage muss man es genügen lassen, dass auf Grund der Unternehmensführung **Bedingungen** entstehen, **die es einem vernünftigen AN nahe legen, von sich aus das Arbeitsverhältnis zu beenden,** um so einer betriebsbedingten Kündigung zuvorzukommen.[259] Dabei spielt es keine Rolle, wenn lediglich eine Änderungskündigung zum Zweck der Weiterarbeit an einem andern Standort droht.[260] Im Übrigen kann im Sozialplan festgelegt werden, dass eine Eigenkündigung nur dann als nicht vom Arbeitgeber veranlasst angesehen wird, wenn dieser widersprochen und ausdrücklich die Fortsetzung des Arbeitsverhältnisses angeboten hat.[261] Wird in einem gerichtlichen Verfahren zwischen AG und AN ein Vergleich geschlossen, wonach das Arbeitsverhältnis auf Veranlassung des AN geendet habe, so ist dies auch für die Handhabung des Sozialplans verbindlich.[262]

79 Einbezogen und mitgerechnet werden **Versetzungen** in andere Betriebe des UN oder in andere UN des Konzerns, da sich auch bei ihnen die Betriebsgröße verringert.[263] Auch **Änderungskündigungen** werden erfasst; ob das Änderungsangebot mit oder ohne Vorbehalt angenommen wurde, spielt keine Rolle.[264] Es liegen zumindest potentielle Nachteile vor, was eine Einbeziehung nicht nur in den Begriff der Massenentlassung, sondern auch im vorliegenden Zusammenhang rechtfertigt.

80 Werden befristete Arbeitsverhältnisse nicht erneuert oder **verhaltens- und personenbedingte Kündigungen** ausgesprochen, so sollen diese Maßnahmen nicht mitzählen. Dies ist allenfalls dann gerechtfertigt, wenn sie nicht durch die unternehmerische Planung als solche bedingt sind, doch kann die Ausklammerung nicht befriedigen, wenn die personenbedingte Kündigung auf Grund veränderter Anforderungen erfolgt[265] oder wenn der **AG** insoweit seine **Maßstäbe ändert:** Nimmt er mit Rücksicht auf den beabsichtigten Personalabbau jede Disziplinlosigkeit zum Anlass für eine Abmahnung und eine Kündigung oder schöpft er aus diesem Grunde vorher nie genutzte Möglichkeiten zur krankheitsbedingten Kündigung aus, ist sehr wohl ein Zusammenhang mit dem beabsichtigten Personalabbau gegeben.[266] Weiter gehend wird mit Recht in der Literatur vertreten, im Rahmen des § 111 komme es ausschließlich auf die geplante Personalanpassung, nicht jedoch auf die dafür eingesetzten Mittel an; auch das Auslaufenlassen befristeter Arbeitsverträge sowie verhaltens- oder personenbedingte Kündi-

254 So *BAG,* a. a. O.
255 *BAG* 20.4.94, DB 94, 1882 = NZA 95, 489.
256 *BAG* 19.7.95, DB 95, 2531; ebenso *B. Gaul,* DB 98, 1514.
257 *BAG* 28.10.92, DB 93, 590.
258 *BAG* 28.10.92, DB 93, 590 = AuR 93, 121.
259 So jetzt *BAG,* 13.2.07 DB 07, 1315; *BAG,* 23.9.03 NZA 04, 440; ähnlich 29.10.02 ZIP 03, 1414 und *BAG* 20.5.08, NZA 08, 636: berechtigte Erwartung, dass Arbeitsplatz wegfällt. Ebenso *Linsenmaier,* FS Etzel, S. 249.
260 *BAG* 20.5.08, NZA 08, 636.
261 *Linsenmaier,* FS Etzel, S. 250
262 *BAG* 1.2.11, AP Nr. 211 zu § 112 BetrVG 1972.
263 *Fitting,* Rn. 78; *Matthes,* FS Gaul, S. 399; *Richardi,* NZA 84, 179; so wohl auch *LAG Nürnberg,* 17.1.05 AuR 05, 198, das nur für § 112 a eine Ausnahme machen will; a. A. *Scherer* NZA 85, 768.
264 *BAG* 20.2.14NZA 14,1069.
265 *K. Müller,* BB 01, 255.
266 Zu undifferenziert deshalb *BAG* 2.8.83, AP Nr. 12 zu § 111 BetrVG 1972; wie hier im Grundsatz *Schweibert,* in: Willemsen u. a., Rn. C 47.

gungen müssten daher mitberücksichtigt werden.[267] **Fristlose Kündigungen** dürften allerdings schon mit Rücksicht auf § 17 Abs. 4 KSchG in aller Regel ausscheiden.[268]

Die »**Herausnahme**« **bestimmter Beendigungsformen** aus dem Personalabbau i. S. d. Satzes 3 Nr. 1 hat **beträchtliche Konsequenzen,** da die Betroffenen weder von einem Interessenausgleich noch von einem Sozialplan erfasst werden, haben sie doch mit der in Frage stehenden unternehmerischen Entscheidung im Prinzip nichts zu tun. Auch ein Nachteilsausgleich nach § 113 bleibt ihnen versagt. Die Konsequenzen sind noch gravierender, wenn der AG einen geplanten Personalabbau bestreitet und dieser lediglich aus den vorgenommenen Maßnahmen rückgeschlossen werden kann; der Ausspruch von verhaltens- und personenbedingten Kündigungen kann so dazu führen, dass die Sätze des § 17 KSchG überhaupt nicht erreicht werden und damit jede Beteiligung des BR nach §§ 111 – 113 ausscheidet.[269] Dem BR steht es auch nach Auffassung des *BAG* im Einzelfall allerdings frei, **einzelne Kündigungen** als »**in Wahrheit betriebsbedingt**« zu qualifizieren und auf dieser Grundlage seine Rechte nach den §§ 111, 112 geltend zu machen; den Ausgang eines etwaigen Kündigungsschutzverfahrens braucht er nicht abzuwarten.[270] Im Streitfalle wird die ESt. bzw. das ArbG im Beschlussverfahren klären, ob in Wahrheit ein betriebsbedingter Personalabbau in der Größenordnung des § 17 Abs. 1 KSchG vorliegt. Ergänzend sei noch vermerkt, dass sich der AG **schadensersatzpflichtig** machen kann, wenn er eine Eigenkündigung des AN ohne Hinweis darauf entgegennimmt, seiner Ansicht nach sei damit auch ein Verzicht auf eine Abfindung aus dem Sozialplan verbunden.[271] Rechtsgrundlage ist eine aus Treu und Glauben folgende arbeitsvertragliche Nebenpflicht.[272] Der Schaden wird allerdings nicht in einer entgangenen Abfindung,[273] sondern in anderen Vermögensnachteilen wie einer geringeren Vergütung am neuen Arbeitsplatz liegen. 81

Ohne Bedeutung ist, ob die von einem Personalabbau betroffenen AN **Kündigungsschutzklage** erheben. Eine geplante Betriebsänderung liegt auch dann vor, wenn die Kündigungen etwa wegen Verstoßes gegen § 1 Abs. 3 KSchG rechtswidrig sind. Ohne Bedeutung ist auch eine etwaige **vorläufige Weiterbeschäftigung;**[274] wird der Klage stattgegeben und der betreffende AN weiterbeschäftigt, fehlt es lediglich an einem Nachteil, der durch einen Sozialplan auszugleichen wäre. 82

c) Berechnungsprobleme

Bei der Anwendung des § 17 Abs. 1 KSchG ist zum einen die **Personalstärke des Betriebs** zu bestimmen. Auch hier kommt es darauf an, welche Beschäftigtenzahl für den Betrieb **im Allgemeinen charakteristisch** ist.[275] Erfolgt ein Personalabbau in mehreren »Wellen«, ist die »Ausgangsstärke« zugrunde zu legen.[276] Insoweit gelten dieselben Grundsätze wie bei der Handhabung der 20-Personen-Grenze (o. Rn. 32). Sind für ein Unternehmen **Personalschwankungen** innerhalb eines Jahres charakteristisch,[277] so ist auf Durchschnittswerte abzustellen. 83

267 *Matthes,* FS Gaul, S. 399; *Fitting,* 21. Aufl., Rn. 80; anders *Fitting,* seit 23. Aufl., Rn. 80; GK-*Oetker,* Rn. 106.
268 S. aber KR-*Weigand,* § 17 KSchG Rn. 37 sowie KDZ-*Deinert,* § 17 KSchG Rn. 24 ff.
269 S. den Fall *BAG* 2.8.83, AP Nr. 12 zu § 111 BetrVG 1972, wo 28 AN betriebsbedingt und 27 personen- und verhaltensbedingt gekündigt worden waren; da die Grenze nach § 17 Abs. 1 Nr. 3 KSchG bei 30 AN lag, verneinte das *BAG* eine Betriebsänderung.
270 *BAG* 2.8.83, AP Nr. 12 zu § 111 BetrVG 1972.
271 *LAG Düsseldorf* 3.7.91, DB 91, 1836; dahingestellt in *BAG* 28.10.92, DB 93, 590 = AuR 93, 121; vgl. auch *ArbG Berlin* 23.9.92, DB 93, 1528, wonach der AG treuwidrig handelt, wenn er einen gekündigten AN nicht auf die Unwirksamkeit des Sozialplans hinweist und dieser daraufhin keine Kündigungsschutzklage erhebt.
272 Näher dazu KDZ-*Däubler,* Anhang zu § 623 BGB Rn 93 ff. für den Fall des Aufhebungsvertrags.
273 *BAG,* a. a. O.
274 Ebenso KR-*Weigand,* § 17 KSchG Rn. 43 d und KDZ-*Deinert,* § 17 KSchG Rn. 21 für den unmittelbaren Anwendungsbereich des § 17 KSchG.
275 *BAG* 8.6.89, ZIP 90, 323.
276 *BAG,* a. a. O.; *LAG Düsseldorf* 14.5.86, LAGE § 111 BetrVG 1972 Nr. 4.
277 Siehe etwa das Beispiel *BAG* 21.10.80, AP Nr. 8 zu § 111 BetrVG 1972.

84 **Teilzeitkräfte** zählen sowohl bei der Bestimmung der Personalstärke des Betriebs wie auch bei der Zahl der betroffenen AN in vollem Umfang mit; BeschFG wie TzBfG haben insoweit keine Änderungen gebracht.[278]

85 Werden die **Sätze des § 17 Abs. 1 KSchG geringfügig unterschritten** (29 statt der notwendigen 30 Entlassungen), so liegt dennoch eine Betriebsänderung vor.[279] Das *BAG* spricht ausdrücklich von einer »Richtschnur«[280] und hat eine »geringfügige Unterschreitung« als möglicherweise unerheblich angesehen.[281]

d) Auseinanderfallen von Planung und Umsetzung

86 Ohne Bedeutung ist, wenn die vom Arbeitgeber vorgenommenen **Entlassungen hinter den ursprünglichen Planungen zurückbleiben:** Die Verhandlungen über den Interessenausgleich haben ja gerade den Sinn, eine sozial verträglichere Lösung zu ermöglichen. Führt der UN keine (ausreichenden) Verhandlungen, entstehen Ansprüche nach § 113 auch dann, wenn er die ursprünglichen Vorstellungen korrigiert und nur wenige Beschäftigte ausscheiden müssen. Dies gilt sogar dann, wenn im Ergebnis die Schwellenwerte des § 17 KSchG nicht mehr erreicht werden.[282] Der BR kann für die Betroffenen auch einen Sozialplan verlangen. Ob er nach § 112 a Abs. 1 erzwingbar ist, richtet sich gleichfalls nach den zuerst bestehenden Planungen: Das in diesem Augenblick entstandene Mitbestimmungsrecht kann durch nachträgliche Änderungen nicht mehr verloren gehen. Sehr viel problematischer ist der umgekehrte Fall: **Planung und Umsetzung divergieren** in der Weise, dass **mehr AN als ursprünglich geplant** und dem BR mitgeteilt **gekündigt** werden. Dies kann auf einem schlichten Versehen, aber auch darauf beruhen, dass sich die Planungen änderten oder dass dem BR nicht die volle Wahrheit gesagt wurde. Die Konsequenz liegt in einem Nachteilsausgleich nach § 113: Er steht allen denjenigen zu, über deren Kündigung nicht mit dem BR verhandelt wurde. Dies sind alle Betroffenen, wenn der bescheidenere Zuschnitt der Planung dazu führte, dass die Sätze des § 17 KSchG zunächst nicht erreicht wurden und deshalb jede Unterrichtung des BR und jegliche Verhandlung über einen Interessenausgleich unterblieb. Das Risiko einer Fehlprognose können nicht die AN tragen.[283]

7. Die Verlegung des Betriebs i. S. v. Satz 3 Nr. 2

87 Verlegung ist eine **Veränderung der örtlichen Lage.** Um die Schwelle zur Betriebsänderung zu erreichen, genügen ganz geringfügige Änderungen wie der **Umzug innerhalb desselben Gebäudes** oder auf die andere Straßenseite nicht.[284] Die Gegenmeinung[285] beachtet zu wenig, dass die übrigen Fälle des Satzes 3 durchweg eine relativ hohe Relevanz für die Existenz des AN im Betrieb aufweisen; die Maßstäbe für die Konkretisierung der einzelnen Bestimmungen sollten aber im Wesentlichen homogen sein. Der Bereich des Geringfügigen ist allerdings bereits dann verlassen und eine **Betriebsänderung** zu bejahen, wenn der **neue Standort in derselben Großstadt** liegt und 4, 3 bzw. 5,5 km vom bisherigen entfernt ist.[286] Die Tatsache, dass sich an der Arbeitsorganisation nicht das Geringste ändert, kann zwar eine Versetzung nach § 95 Abs. 3 ausschließen, nicht aber das Eingreifen von Satz 3 Nr. 2.[287] Dasselbe gilt im Regelfall, wenn der Betrieb in eine andere Gemeinde oder Stadt verlegt wird.[288] Auch gute

278 *LAG Baden-Württemberg* 16.6.87, LAGE § 111 BetrVG 1972 Nr. 6; *Fitting,* Rn. 77.
279 *Fuchs,* Sozialplan, S. 80.
280 *BAG* 2.8.83, AP Nr. 12 zu § 111 BetrVG 1972 Bl. 2 R.
281 *BAG* 7.8.90, NZA 91, 114.
282 *HessLAG* 14.12.06, NZA-RR 07, 473.
283 A. A. *Gaul/Gajewski,* S. 27.
284 *BAG* 17.8.82, AP Nr. 11 zu § 111 BetrVG 1972; *LAG Frankfurt* 28.10.86, AiB 87, 292; *Fitting,* Rn. 81; *Gamillscheg,* Kollektives Arbeitsrecht II, S. 1111; *GL,* § 106 Rn. 63; Richardi-*Annuß,* Rn. 92; *Rumpff/Boewer,* S. 295; *Schweibert,* in: Willemsen u. a., Rn. C 50; *Trittin,* AiB 87, 294.
285 GK-*Fabricius,* 6. Aufl., Rn. 152; *Teichmüller,* Betriebsänderung, S. 59.
286 So *BAG* 17.8.82, AP Nr. 11 zu § 111 BetrVG 1972 bzw. *LAG Frankfurt* 28.10.86, AiB 87, 292.
287 *BAG* 27.6.06, NZA 06, 1289, 1290 = AuR 06, 455.
288 *Peiseler,* AiB 99, 261.

Verkehrsverbindungen ändern daran nichts, sie sind lediglich bei der Bemessung etwaiger Ausgleichsleistungen zu berücksichtigen. Unerheblich ist im Übrigen die **arbeitsvertragsrechtliche Situation;** ob der AG den »Umzug« kraft seines Direktionsrechts anordnen kann oder ob er eine Änderungskündigung aussprechen muss, ist für das Vorliegen einer Betriebsänderung und die daraus folgenden Beteiligungsrechte des BR ohne Bedeutung.[289] Insoweit gilt nichts anderes als bei der Mitbestimmung über Versetzungen nach §§ 99 Abs. 2, 95 Abs. 3 (dazu o. § 99 Rn. 98).

Nach Satz 3 Nr. 2 ist die **Verlegung eines »wesentlichen Betriebsteils«** (dazu o. Rn. 63 ff.) der des Betriebs selbst gleichgestellt. Ohne Bedeutung ist, ob der neue Standort schon bisher vom Betrieb genutzt wurde, ob also im Ergebnis ein Umzug innerhalb des Betriebs vorliegt.[290] **88**

Die vom AG geplante **Verlegung** des Betriebs kann daran **scheitern,** dass sich ein beträchtlicher Teil der **AN weigert,** am neuen Ort weiterzuarbeiten, und so die Identität des Betriebes verloren geht.[291] Mit Rücksicht darauf, dass die AN Teil der betrieblichen Organisation sind (oben § 1 Rn. 58 ff.), ist dieses Ergebnis schwerlich zu vermeiden. Ob die Weigerung »mitzugehen« zu Recht oder zu Unrecht erfolgt, spielt im Rahmen des § 111 keine Rolle; ohne besondere arbeitsvertragliche Abmachungen wird das Direktionsrecht allerdings in aller Regel nur kleinere örtliche Veränderungen ermöglichen.[292] Wie hoch die Zahl der »Verweigerer« sein muss, damit die Betriebsidentität verloren geht, ist kaum erörtert. Bei einem Betrieb oder in einer Branche, wo sowieso ein hohes Maß an Fluktuation besteht, wird schon ein relativ kleiner Teil von ca. 30 % zur Aufrechterhaltung der Betriebsidentität genügen. Auch wird das Ausscheiden eines gewissen Teiles der Belegschaft für Produktions- weniger gravierend als für Dienstleistungsunternehmen sein. Die Betriebsidentität bleibt auf alle Fälle erhalten, wenn mehr als 50 % der Belegschaft »mitgehen«.[293] Scheitert die Verlegung am Verhalten der AN-Seite, so liegt der Sache nach eine Betriebsstilllegung am bisherigen Standort vor.[294] Der Sozialplan muss auch für diejenigen einen Ausgleich schaffen, die bei einer erfolgreichen Verlegung nicht mitgehen, sowie umgekehrt für diejenigen, die als Minderheit am neuen Standort weiterarbeiten und dadurch bestimmte Nachteile wie z. B. Fahrt- und Umzugskosten zu tragen haben (§§ 112, 112 a Rn. 173). Zum Sonderfall des Mitgehens unter Vorbehalt s. *Däubler.*[295] **89**

Liegt der **Ortswechsel** wie bei einem Wanderzirkus in der **Natur des Betriebs,** fehlt es an einer Betriebsänderung im Rechtssinne, da § 111 keine »Routinevorgänge« erfassen will.[296] **90**

Die Verlegung eines Betriebs kann mit dem **Erwerb durch einen neuen Eigentümer** zusammenfallen. Die Umstände des Einzelfalls entscheiden darüber, ob die Betriebsänderung »Verlegung« dem Veräußerer oder dem Erwerber zuzurechnen ist. Denkbar ist einmal, dass der Erwerber den »Umzug« organisiert; da maßgebender Zeitpunkt für den Betriebsübergang die Übernahme der Leitungsbefugnis ist,[297] sind die Arbeitsverhältnisse mit »Übernahme des Kommandos« nach § 613 a BGB auf ihn übergegangen. Liegt umgekehrt die Organisation der Verlegung noch beim Veräußerer, tritt ein Betriebsinhaberwechsel erst am neuen Standort ein. Bei gemeinsamer Organisation dürfte dasselbe anzunehmen sein, da die bloße »Mit-Direktion« nicht die Rechtsfolgen des § 613 a BGB auslöst. Ist der Betrieb vor der Übernahme bereits **definitiv stillgelegt** worden, so stellt allein dies eine Betriebsänderung dar.[298] Zur Scheinstill- **91**

289 *Fitting,* Rn. 81; Richardi-*Annuß,* Rn. 91.
290 Zustimmend *Wenning-Morgenthaler,* Rn 1040.
291 *BAG* 12.2.87, AP Nr. 67 zu § 613 a BGB.
292 APS-*Künzl,* § 2 KSchG Rn 62; Schaub-*Linck,* § 45 Rn. 20.
293 Zustimmend *Peiseler,* AiB 99, 262; gegen einen fixen Prozentsatz *Schweibert,* in: Willemsen u. a., Rn. C 33.
294 *BAG* 12.2.87, AP Nr. 67 zu § 613 a BGB Bl. 3 R; ebenso HK-ArbR-*M. Schubert,* §§ 111 – 113 Rn 10; vgl. weiter *Fitting,* Rn. 82; MünchArbR-*Matthes,* § 268 Rn. 13; *Schweibert,* in: Willemsen u. a., Rn. C 31.
295 FS Kissel, S. 134 f.
296 *Fitting,* Rn. 81; GK-*Oetker,* Rn. 129; *Halberstadt,* Rn. 16; Richardi-*Annuß,* Rn. 94; *Rumpff/Boewer,* S. 295.
297 *BAG* 8.11.88, NZA 89, 679.
298 Vgl. *BAG* 12.2.87, AP Nr. 67 zu § 613 a BGB.

legung, die nur dann in Betracht kommt, wenn alle für eine sinnvolle Fortführung der Produktion notwendigen Betriebsmittel übernommen werden, s. o. Rn. 55.

92 Ein Betrieb kann auch **ins Ausland verlegt** werden (»Offshoring« – § 87 Rn. 200, § 90 Rn. 13);[299] dies ändert nichts an der Anwendbarkeit des § 613 a BGB.[300] Durch die EG-Fusionsrichtlinie vom 23. Juli 1990[301] und ihre Umsetzung durch das Steueränderungsgesetz 1992[302] sind steuerliche Nachteile beseitigt worden, die früher einem Ressourcentransfer auch ins EU-Ausland entgegenstanden. Der grenzüberschreitende Betriebsinhaberwechsel hat daher zugenommen.[303] An der Anwendbarkeit des § 111 Satz 3 Nr. 2 ändert sich nichts, allerdings sind die mit einer Auslandstätigkeit ggf. verbundenen Nachteile im Rahmen der Verhandlungen über Interessenausgleich und Sozialplan zu berücksichtigen. Scheitert die Verlegung am Widerstand der AN-Seite, so liegt auch hier eine Stilllegung im Inland vor. Entgegen der Auffassung des *BAG*[304] wird die Anwendung des § 613 a BGB allerdings nicht dadurch ausgeschlossen, dass die Beschäftigten dem Erwerber erklären, nicht an den neuen Standort mitgehen zu wollen. Hat er bereits die Leitung übernommen, ist er nach § 613 a neuer AG geworden und muss ggf. wegen der von ihm verursachten Stilllegung über Interessenausgleich und Sozialplan verhandeln.[305]

8. Der Zusammenschluss mit anderen Betrieben i. S. v. Satz 3 Nr. 3

93 Auch der Zusammenschluss von Betrieben stellt eine Betriebsänderung im Rechtssinne dar. Erfasst ist damit sowohl der Fall, dass sich **zwei Betriebe zu einer neuen Einheit** vereinigen, wie auch der, dass **ein Betrieb einen anderen aufnimmt.**[306] Beide Betriebe werden häufig zum selben UN gehören. Ist dies nicht der Fall, ist der Zusammenschluss nur möglich, wenn ein sog. **Gemeinschaftsbetrieb** gebildet wird (dazu o. § 1 Rn. 88 ff.). Satz 3 Nr. 3 liegt auch dann vor, wenn Betriebsteile, die nach § 4 als selbstständige Betriebe gelten, auf Grund einer organisatorischen Maßnahme mit dem Hauptbetrieb zusammengeschlossen werden.[307] Auch über einen Tarifvertrag oder eine BV nach § 3 kann ein Zusammenschluss erfolgen, bei dem jedoch typischerweise keine Nachteile auftauchen werden.

94 Anders als in Nr. 1 und Nr. 2 sind **»wesentliche Betriebsteile«** (zum Begriff s. o. Rn. 63 ff.) in Nr. 3 **nicht ausdrücklich erwähnt.** Dies ist insofern sinnvoll, als andernfalls organisatorische Änderungen innerhalb des Betriebs in weitestem Umfang dem Verfahren nach §§ 111, 112 unterworfen wären; dieses soll aber nur dann eingreifen, wenn ein nicht nur geringfügiger Ortswechsel erfolgt oder die Voraussetzungen von Nr. 4 oder Nr. 5 vorliegen. Anders verhält es sich jedoch, wenn es um **Zusammenschlüsse über die Grenzen des bisherigen Betriebs hinaus** geht: Wird ein wesentlicher Teil des Betriebs A mit dem Betrieb B oder einem wesentlichen Teil des Betriebs B zusammengeschlossen, findet Nr. 3 entsprechende Anwendung: Die potentiellen Auswirkungen auf die AN sind keine anderen als beim Zusammenschluss ganzer Betriebe.[308] Soweit ein Betriebsteil nach § 4 Abs. 1 Satz 1 als selbständiger Betrieb gilt, wird der Zusammenschluss mit anderen Betrieben unbestrittenermaßen von Nr. 3 erfasst.[309]

95 **Ohne Bedeutung** sind **gesellschaftsrechtliche Veränderungen.** Eine Fusion fällt als solche nicht unter Satz 3 Nr. 3, es sei denn, sie hätte Auswirkungen auf die betriebliche Ebene.[310]

---

299 Dazu *Däubler,* NJW 05, 30.
300 *BAG* 26.5.11, NZA 11, 1143 = NZG 11, 827.
301 ABl. vom 20.8.1990, Nr. L 225/1.
302 BGBl. I S. 297.
303 Vgl. bereits *Däubler,* FS Kissel, S. 129 ff.
304 20.4.89, DB 89, 2334.
305 Einzelheiten bei *Däubler,* FS Kissel, S. 135 ff.; *Cohnen,* FS 25 Jahre ARGE Arbeitsrecht im DAV, S. 595 ff.
306 *Fitting,* Rn. 84; GK-*Oetker* Rn. 136; Richardi-*Annuß,* Rn. 97.
307 *GL,* § 106 Rn. 67; HWGNRH-*Hess,* Rn. 166; Richardi-*Annuß,* Rn. 105.
308 *Schlichting,* AiB 07, 138; a. A. ErfK-*Kania,* Rn. 15; vgl. auch GK-*Oetker,* Rn. 145, der jedoch betriebsübergreifende Vorgänge nicht behandelt, aber einen Rückgriff auf Satz 3 Nr. 4 für möglich hält ; wie hier i. E. wohl *Fitting,* Rn. 85.
309 *Wenning-Morgenthaler,* Rn 1041.
310 HWGNRH-*Hess,* Rn. 167.

Daran hat auch das UmwG nichts geändert.[311] Ein »Durchschlagen« auf die Betriebsebene ist in der Weise denkbar, dass vor oder nach der gesellschaftsrechtlichen Fusion Betriebe oder Betriebsteile aus beiden UN zusammengeschlossen werden. Zum Wegfall des GBR s. näher *Däubler.*[312]

Vollzieht sich die Zusammenlegung der Betriebe innerhalb desselben UN oder Konzerns, ist für die Verhandlungen über Interessenausgleich und Sozialplan der GBR bzw. KBR zuständig (u. Rn. 144 ff.). Geht es um eine geplante Fusion oder um die Schaffung eines Gemeinschaftsbetriebs zwischen **zwei voneinander unabhängigen UN,** sind **Vierer-Verhandlungen** höchst zweckmäßig, um so Widersprüche zwischen dem durch die jeweiligen Betriebsparteien Ausgehandelten nach Möglichkeit zu verhindern.[313] So wäre es misslich, würde der aus dem UN A stammende AN X Ersatz für seinen längeren Weg zur Arbeitsstätte bekommen, nicht aber der aus dem UN B stammende Y. Einen rechtlichen Zwang, so vorzugehen, gibt es allerdings nicht; zumindest während einer längeren Übergangszeit stellt der Fortbestand von Rechten aus dem Ursprungsbetrieb keine gleichheitswidrige Begünstigung oder Benachteiligung dar. Auch kann es berechtigte Differenzierungen etwa wegen der unterschiedlichen Belastbarkeit der UN geben.[314] Die Verhandlungen werden von den BR der Ausgangsbetriebe auch dann weitergeführt, wenn der Zusammenschluss bereits vollzogen wurde. Auch wenn in der neuen größeren Einheit bereits ein BR gewählt wurde, ändert sich daran nichts; es besteht ein sog. **Restmandat** nach § 21 b. Solange eine solche Wahl nicht erfolgt ist, hat der BR, der die größere Zahl der betroffenen AN vertritt, nach § 21 a ein **Übergangsmandat.** Dies gilt auch dann, wenn dem Zusammenschluss keine UN-Fusion zugrunde liegt.[315] Zu Interessenausgleich und Sozialplan bei Betriebsverschmelzung s. im Übrigen §§ 112, 112 a Rn. 21, 175. **96**

9. Spaltung von Betrieben i. S. v. Satz 3 Nr. 3

Im Zusammenhang mit dem Stichwort »Betriebsaufspaltung« werden **verschiedene Vorgänge** **97**
diskutiert, deren Qualifizierung als Betriebsänderung zweifelhaft sein kann. Dabei ist zwischen Veränderungen im unternehmerischen Bereich sowie der Spaltung von Betrieben zu unterscheiden, die seit 1995 in Satz 3 Nr. 3 ausdrücklich mit erfasst ist.[316]

Möglich ist auf der Ebene des UN eine **Trennung in Besitz- und Produktionsgesellschaft.** Das **98**
Anlagevermögen bleibt bei der ersteren, die zweite, die meist erst neu gegründet wird, pachtet den Betrieb von ihr. Die Arbeitsverhältnisse der Beschäftigten gehen nach § 613 a BGB auf die Produktionsgesellschaft über. Wie unten (Rn. 125) dargelegt, betrachten herrschende Rechtsprechung und Lehre die Vorschrift des § 613 a BGB als abschließende Sonderregelung; eine Betriebsänderung soll deshalb nicht vorliegen.[317] Die Gegenargumente werden dort genannt.[318] Nach § 134 UmwG haftet die Besitzgesellschaft für alle Ansprüche nach den §§ 111 – 113, sofern sie nicht später als fünf Jahre nach Wirksamwerden der Spaltung entstanden sind. Voraussetzung ist, dass das zur Führung des Betriebes notwendige Vermögen »im Wesentlichen« auf einen anderen Rechtsträger übertragen wurde, der sich »im Wesentlichen« auf die Verwaltung dieses Vermögens beschränkt; weiter müssen an beiden Gesellschaften »im Wesentlichen« dieselben Personen beteiligt sein. Ohne Bedeutung ist, dass das Vermögen beim bisherigen Träger bleibt und die den Betrieb führende Gesellschaft abgespalten oder ausgegliedert wird. Auch die Aufspaltung wird erfasst.[319] Die Vorschrift des § 134 UmwG ist weiter dann anzuwenden, wenn nicht von den Möglichkeiten der Unternehmensspaltung nach dem UmwG Gebrauch gemacht, sondern der alte Weg einer **Einzelrechtsübertragung nach § 613 a BGB** bzw. einer Betriebsverpachtung gewählt wird.[320] Die Betroffenheit

---

311 Zustimmend *BAG* 10.12.96, DB 97, 1416.
312 RdA 95, 140.
313 Grundsätzlich zustimmend *Schweibert,* in: Willemsen u. a., Rn. C 54.
314 *Schweibert,* a. a. O.
315 *Däubler,* RdA 95, 146.
316 *Berscheid,* FS Stahlhacke, S. 23 f.
317 Dazu auch *Bork,* BB 89, 2 l85 m. w. N.
318 Ergänzend sei noch auf *Engels,* DB 79, 2227; *Salje,* NZA 88, 449 und *Simon,* ZfA 87, 323 verwiesen.
319 *BAG* 15.3.11, NZA 11, 1112; *Mengel,* S. 242; *Röger/Tholuck,* NZA 12, 294, 296.
320 *Däubler,* RdA 95, 146.

der AN und die Interessenlage der Beteiligten ist dieselbe; das **UmwG** hat als die modernere Regelung **Vorbildfunktion.**[321] § 613 a BGB hat den Fall des wenig solventen (wenngleich zur selben UN-Gruppe gehörenden) Übernehmers nicht bedacht. Mit der Regelung des § 134 UmwG sind die für die AN entstehenden Nachteile begrenzt, zumal das Vermögen der Anlagegesellschaft auch bei der Bemessung der Sozialplanleistungen zu berücksichtigen ist,[322] doch besteht auch in Zukunft ein Bedarf für den Abschluss eines Sozialplans, wenn (z. B. wegen Hinzutritts weiterer Gesellschafter) die Voraussetzungen des § 134 UmwG nicht vorliegen oder wenn es darum geht, die ja auch nach Ablauf von fünf Jahren drohenden Nachteile aufzufangen.

99 Denkbar ist weiter, dass der **Betrieb oder einzelne seiner Teile mehreren Unternehmen zugeordnet** werden. In einem solchen Fall entsteht nach der Formel **»mehrere Unternehmen – ein Betrieb«** ein sog. **gemeinsamer Betrieb,** sofern die Mehrzahl der betriebsverfassungsrechtlich relevanten Angelegenheiten von einem **»gemeinsamen Leitungsapparat«** entschieden wird. Geht die Spaltung des AG-Unternehmens voraus, wird die Entstehung eines gemeinsamen Betriebs nach § 1 Abs. 2 Nr. 2 vermutet.[323] Tritt außer der Tatsache der Verdoppelung auf AG-Seite keine andere Änderung ein, fehlt es gleichfalls an den Voraussetzungen des § 111.[324] Die **Auflösung des gemeinsamen Betriebs** ist als Spaltung zu behandeln (dazu Rn 100),[325] mit der meist weitere Betriebsänderungen verbunden sind. Zu Besonderheiten bei aus anderem Anlass abgeschlossenen Sozialplänen s. §§ 112, 112 a Rn. 152.

100 Eine Betriebsänderung liegt nach **Satz 3 Nr. 3** automatisch dann vor, wenn ein **Betrieb »gespalten«** wird. Dies kann Folge einer Aufspaltung des Trägerunternehmens sein, doch ist dies keineswegs Voraussetzung; auch innerhalb eines als solchen unverändert bleibenden Unternehmens können Betriebe gespalten werden.[326] Dabei ist sowohl an den Fall zu denken, dass ein Betrieb in zwei oder mehrere Teile »zerlegt« wird, wie auch an den, dass von einem als solchem weiterbestehenden Betrieb ein größerer oder kleinerer Teil abgespalten wird.[327] Die Abgrenzung beider Fälle ist im Ergebnis ohne Bedeutung, da die Rechtsfolgen (Vorliegen einer Betriebsänderung) dieselben sind. Satz 3 Nr. 3 enthält auch keinen Vorbehalt der Art, dass **»Bagatellausgründungen«** nicht erfasst sein sollten;[328] das Vorliegen der Voraussetzungen von Satz 1 (»wesentliche Nachteile für erhebliche Teile der Belegschaft«) ist im Rahmen des Satzes 3 gerade nicht zu prüfen (o. Rn. 44).[329] Nach *BAG*[330] reicht jedenfalls die Abspaltung einer »veräußerungsfähigen Einheit«; die Grenze des § 17 KSchG muss nicht erreicht sein.[331] Es kann zu einem Teil-Betriebsübergang nach § 613 a BGB kommen,[332] doch ist das nicht notwendig so.[333] Keine Spaltung liegt dagegen vor, wenn ein **Betriebsteil lediglich stillgelegt** wird.[334] Schon nach früherem Recht waren in aller Regel die Voraussetzungen einer **grundlegenden Änderung der Betriebsorganisation und des Betriebszwecks** gegeben.[335] Insoweit kann sich der BR nunmehr auf mehrere Rechtsgrundlagen stützen.

---

321 Vgl. auch *Engels,* FS Wlotzke, S. 284 ff.

322 *Mengel,* S. 244; *Boecken,* Rn. 250. Nach *Röger/Tholuck* (NZA 12, 297 f.) soll dies allerdings nicht für AN gelten, deren Arbeitsverhältnis erst nach der Spaltung begründet wurde.

323 Zur Vorgängervorschrift des § 322 Abs. 1 UmwG eingehend *Trittin,* AiB 96, 353.

324 *LAG Frankfurt* 12.2.85, DB 85, 2000; *Bork,* BB 89, 2185; *Rumpff/Boewer,* S. 292 f.

325 *LAG Nürnberg* 22.3.95, DB 95, 1972; *Gaul,* NZA 03, 696.

326 *BAG* 10.12.96, DB 97, 1416; *Berscheid,* FS Stahlhacke, S. 24.

327 *BAG* 18.3.08, NZA 08, 957; *BAG* 24.5.12, NZA 13, 277, 282 Tz 48; s. weiter den Fall *LAG Hamm* 28.8.03 NZA-RR 04, 80.

328 Zustimmend *LAG Bremen* 21.10.04 NZA-RR 05, 140 = AuR 05, 38; *Wenning-Morgenthaler,* Rn 1042; ebenso im Ergebnis *Matthes,* NZA 00, 1074; GK-*Oetker,* Rn 144; a. A. *B. Gaul,* § 28 Rn. 70 ff.; Richardi-*Annuß,* Rn 102; *Kleinebrink/Commandeur,* NZA 07, 116 f.

329 Dies übersieht *Kreßel,* BB 95, 927.

330 10.12.96, DB 97, 1416.

331 Ebenso *BAG* 18.3.08, NZA 08, 957: Es muss sich nicht um einen »wesentlichen Betriebsteil« handeln; wie hier HK-ArbR-*M. Schubert,* §§ 111 – 113 Rn 12; ErfK-*Kania,* Rn. 16, der aber § 1 entsprechend anwendet; insoweit zweifelnd *ArbG Karlsruhe* 22.7.03 NZA-RR 04, 482 und ablehnend Richardi-*Annuß,* Rn 102.

332 *BAG* 18.3.08, NZA 08, 957.

333 *LAG München* 18.7.06; *Schlichting* AiB 07, 138 f.

334 *BAG* 18.3.08, NZA 08, 957, bestätigt durch *BAG* 24.5.12, NZA 13, 277 LS 3.

335 So *BAG* 16.6.87, AP Nr. 19 zu § 111 BetrVG 1972; zustimmend *Bork,* BB 89, 2185; *Rumpff/Boewer,* S. 294; *Schaub,* NZA 89, 5.

Werden die Verhandlungen über Interessenausgleich und Sozialplan dem gesetzlichen Modell entsprechend vor Durchführung der Betriebsspaltung abgeschlossen, so ergeben sich keine besonderen Probleme; der AG hat insbes. die vorgesehenen Sozialplanleistungen zu erbringen. Geht ein **Betriebsteil** (wie im Falle einer zugrunde liegenden Unternehmensspaltung) **auf einen neuen Rechtsträger** über, können die Ansprüche nach § 613 a Abs. 1 Satz 1 BGB auch diesem gegenüber geltend gemacht werden. Nach § 324 UmwG findet § 613 a Abs. 1 BGB auch im Falle der Unternehmensspaltung Anwendung.[336] Nach *BAG*[337] gehören geringere wirtschaftliche Stärke und der Verlust einer Sozialplananwartschaft nach § 112 a Abs. 2 jedoch nicht zu den Nachteilen, die in einem Sozialplan auszugleichen sind. Näher dazu §§ 112, 112 a Rn. 177. **101**

Wurde die Spaltung durchgeführt, ohne dass die Verhandlungen über Interessenausgleich und Sozialplan eingeleitet oder zu einem Abschluss gebracht wurden, so besitzt der **BR des aufgespaltenen Betriebes** ein **Restmandat,** um die Verhandlungen zu Ende zu führen.[338] Die Rechte des BR können nicht dadurch verkürzt werden, dass der AG vollendete Tatsachen schafft. Insoweit gilt nichts anderes als bei der Betriebsstilllegung (u. Rn. 157);[339] § 21 b bestätigt dies. **Widersprechen** nachträglich **einige AN dem Übergang** ihrer Arbeitsverhältnisse nach § 613 a BGB und verbleiben sie daher beim bisherigen Rechtsträger, so soll nach BAG[340] das Restmandat nicht eingreifen, wenn es um ihre Kündigung geht. Das Argument, sie würden dadurch keine Stilllegung oder Spaltung bewirken, da sie dies als AN sowieso nicht könnten,[341] muss sich entgegen halten lassen, dass es keinen Unterschied machen kann, wenn die Ausübung eines im Gesetz vorgesehenen Rechts unter den vom AG geschaffenen Bedingungen zu einem völlig vergleichbaren Ergebnis führt. **Daneben** besteht ein sog. **Übergangsmandat,** das sich auf § 21 a stützt. Es erlischt mit der Wahl eines BR in den neu geschaffenen Einheiten, spätestens jedoch nach sechs Monaten, bei kollektivvertraglicher Verlängerung nach 12 Monaten. Es erstreckt sich nicht auf solche Teile, die nach § 1 nicht betriebsratsfähig sind, sowie nicht auf solche, die in einen anderen Betrieb eingegliedert wurden. Letzteres dürfte allerdings nur dann gelten, wenn dort eine betriebliche Interessenvertretung besteht. Zum Nachteilsausgleich bei unterbleibender oder verspäteter Einschaltung des BR s. § 113 Rn. 16 ff. Im Einzelfall wäre es auch denkbar, dem AG die Berufung auf die Spaltung zu verwehren und damit die Theorie der Wirksamkeitsbedingung im Bereich der Mitbestimmungsrechte (o. § 87 Rn. 5) hierher zu übertragen. Dies wäre insbesondere dann plausibel, wenn die Verletzung der §§ 111, 112 vorsätzlich geschehen würde. **102**

Die heutige Rechtslage wurde durch das Gesetz über die Spaltung der von der Treuhandanstalt verwalteten Unternehmen (**SpTrUG**) vom 5.4.1991[342] vorweggenommen, das eine Unternehmens- wie eine Betriebsaufspaltung ausdrücklich zuließ. Es ist durch das UmwG nicht verändert worden. Zu seinem Inhalt im Einzelnen s. *Engels.*[343] **103**

10. Grundlegende Änderungen der Betriebsorganisation, des Betriebszwecks oder der Betriebsanlagen i. S. v. Satz 3 Nr. 4

Eine Betriebsänderung liegt auch dann vor, wenn unter Wahrung der Identität des Betriebs und seines Standorts **wesentliche Arbeitsbedingungen** verändert werden. Dabei reicht es aus, dass **entweder** die Betriebsorganisation **oder** der Betriebszweck **oder** die Betriebsanlagen verändert werden.[344] Möglich ist auch, dass gleichzeitig zwei oder drei der genannten Voraussetzungen erfüllt sind oder dass zugleich grundlegend neue Arbeitsmethoden i. S. d. Nr. 5 vor- **104**

336 Einzelheiten bei *Däubler,* RdA 95, 142.
337 10.12.96, DB 97, 1416.
338 BAG 24.5.12, NZA 13, 277. Ebenso implizit *BAG* 16.6.87, NZA 87, 671 für den Fall des Übergangs eines Betriebsteils.
339 Dies übersieht *Neef,* NZA 94, 101.
340 *BAG* 24.5.12, NZA 13, 277.
341 So *BAG* a. a. O. Tz 56.
342 BGBl. I S. 854.
343 DB 91, 967.
344 *BAG* 17.12.85, AP Nr. 15 zu § 111 BetrVG 1972.

liegen. Die **Änderung** muss allerdings immer eine »**grundlegende**«, keine marginale sein. Dennoch liegt der Sache nach eine **beschränkte Generalklausel** vor.[345]

105 Die **Betriebsorganisation** betrifft die Art und Weise, wie Menschen und Betriebsanlagen so koordiniert werden, dass der gewünschte arbeitstechnische Erfolg eintritt.[346] Eine Änderung tritt etwa dann ein, wenn Entscheidungsbefugnisse »nach unten« verlagert werden **(Dezentralisierung)**, wenn »Profitcenter« eingeführt oder wenn zur **Organisation nach Sparten** bzw. Geschäftsbereichen übergegangen wird.[347] Dasselbe gilt, wenn **Zahl, Zuschnitt und innere Struktur von Betriebsabteilungen** verändert,[348] wenn insbesondere Zuständigkeiten und Verantwortung anders verteilt werden.[349] Auch die Einführung von Großraumbüros, der Anschluss an Rechenzentren oder (moderner) die **Umstellung auf ein In-house-Netz** (»Intranet«)[350] und die nicht nur gelegentliche Nutzung des Internets z. B. durch partiellen Übergang zum E-Commerce[351] fallen darunter. Der Übergang zur **Gruppenarbeit** ist gleichfalls erfasst.[352] Die **Aufspaltung** eines Betriebs und die Abspaltung einzelner Teile verändern gleichfalls die Organisation;[353] sie sind jedoch durch die 1995 erfolgte Änderung der Nr. 3 zu einem selbstständigen Fall der Betriebsänderung gemacht worden (o. Rn. 97 ff.). Die **Fremdvergabe von Reinigungsarbeiten** ändert jedenfalls in einem Hotelbetrieb die Arbeitsorganisation und fällt deshalb unter Nr. 4.[354] In anderen Fällen, in denen diese Tätigkeit weniger zentrale Bedeutung hat und deshalb auch kein wesentlicher Betriebsteil im Sinne der Nr. 1 ist, kommt ein Rückgriff auf Satz 1 in Betracht (u. Rn. 120). Die bloße Umgestaltung des individuellen Arbeitsplatzes fällt nicht darunter, doch kann insoweit die dritte Variante der Nr. 4 (»Betriebsanlagen«) oder die Nr. 5 erfüllt sein.[355] Eindeutig unter Nr. 4 fällt die Schaffung von **Telearbeitsplätzen** in Wohnungen der Mitarbeiter,[356] ebenso die Einführung eines in fünf Phasen aufgeteilten Verbesserungsverfahrens, das die Effektivität und Produktivität systematisch steigern will.[357]

106 Unter dem **Betriebszweck** ist nicht die allgemeine Absicht der Gewinnerzielung zu verstehen; vielmehr geht es um den **konkreten arbeitstechnischen Zweck,** also die Bestimmung derjenigen Güter und Dienstleistungen, mit denen Gewinne erzielt oder Bedürfnisse befriedigt werden sollen.[358] Dabei ist auf das **konkrete Ergebnis des Arbeitsprozesses** abzustellen, würden andernfalls doch gravierende Veränderungen von vornherein aus dem Tatbestand herausfallen.[359] Würde man etwa den Betriebszweck nur in der Herstellung von »Bekleidungsgegenständen« sehen, wäre eine Umstellung von Pelzmänteln auf Badeanzüge nicht erfasst. Eine Änderung liegt immer dann vor, wenn ein **anderes Produkt** oder eine **Dienstleistung mit anderem Inhalt** angeboten wird. Dies ist insbesondere dann der Fall, wenn die Annahme eines Betriebsübergangs nach der Rechtsprechung daran scheitert, dass der Erwerber andere arbeitstechnische Zwecke verfolgt.[360] Kleinere Verbesserungen am Status quo spielen keine Rolle,[361] erst recht nicht eine rein quantitative Expansion.[362] Erfasst sind beispielsweise die Umstellung

345 Richardi-*Annuß,* Rn. 107.
346 Ähnlich *LAG Hamm* 26.2.07 NZA-RR 07, 469.
347 ErfK-*Kania,* Rn. 15; *Gaul/Gajewski,* S. 35; *Vogt,* Sozialpläne, S. 61; *Weinmann,* ZfA 91, 78.
348 *Fitting,* Rn. 92; *Knorr,* Rn. 62.
349 *BAG* 18.3.08, NZA 08, 957 Tz 22.
350 Dazu *Däubler,* Mitbestimmung bei Büro- und Telekommunikation, in *Höller/Däubler,* Werkstattbericht Nr. 48 des MAGS des Landes NRW, 1988.
351 *Däubler,* Internet, Rn. 130 ff.
352 *LAG Nürnberg* 16.5.00, AiB 04, 438 mit Anm. *Detlef Ernst; Breisig,* S. 74; *Fitting,* Rn. 92; *Hunold,* S. 26; s. weiter *Roth/Kohl* [Hrsg.].
353 *BAG* 16.6.87, AP Nr. 19 zu § 111 BetrVG 1972.
354 *ArbG München* 22.2.00, AiB 00, 766 mit Anm. *Hamm.*
355 Richardi-*Annuß,* Rn. 108.
356 *Wedde,* AiB 92, 125 ff.; ebenso *Boemke/Ankersen,* BB 00, 2257; ErfK-*Kania,* Rn. 17.
357 *LAG Schleswig-Holstein* 22.1.14, juris und BB 14, 883 (Ls).
358 *BAG* 17.12.85, AP Nr. 15 zu § 111 BetrVG 1972.
359 Vgl. *Schwanecke,* S. 42 ff.
360 S. die Fälle *BAG,* 4.5.06, NZA 06, 1096 – Frauenhaus, und *BAG* 13.7.06, NZA 06, 1357 – Möbeleinzelhandel.
361 Richardi-*Annuß,* Rn. 110 ff.
362 *Knorr,* Rn. 63.

von militärischen auf zivile Produkte, aber auch die Ersetzung von Motorrädern durch PKWs, die Beschränkung auf Reparaturarbeiten oder der Übergang von der Reisevermittlung zur selbstständigen Organisation von Reisen. Möglich ist auch, dass der bisherige **Zweck durch einen weiteren ergänzt** wird.[363] Bietet etwa eine **Spielbank** nicht nur Glücksspiele wie Roulette an, die von einem Croupier überwacht werden (sog. System Monte Carlo), sondern auch Glücksspielautomaten (sog. System Las Vegas), so sind die Voraussetzungen der Nr. 4 erfüllt.[364] Auch der **Wegfall einer bisher erbrachten Leistung** oder eines hergestellten Produkts fällt darunter.[365] In Abweichung vom BetrVG 1952 ist ohne Bedeutung, ob die Änderung des Betriebszwecks durch eine neue Marktlage erzwungen oder durch Modetrends beeinflusst ist.[366]

Mit **Betriebsanlagen** sind alle **technischen Hilfsmittel** gemeint, die im Arbeitsprozess Verwendung finden.[367] Gemeint sind damit nicht nur ortsfeste Produktionsanlagen, sondern beispielsweise auch **LKWs**[368] oder **Datensichtgeräte.**[369] Die in Frage stehenden Gegenstände dürfen jedoch **nicht** zum **Umlaufvermögen** gehören.[370] Die Verwendung des Plurals »Betriebsanlagen« macht deutlich, dass nicht jedes unbedeutende kleinere Arbeitsgerät erfasst ist; gemeint sind solche Gegenstände, die **für das betriebliche Gesamtgeschehen von erheblicher Bedeutung** sind.[371] Lässt sich dies nicht ohne weiteres klären, ist insbes. bei Veränderungen an einzelnen größeren Maschinen usw. darauf abzustellen, **wie viele Belegschaftsangehörige betroffen** sind; die Sätze des § 17 Abs. 1 KSchG (dazu o. Rn. 70) bieten auch hier eine Richtschnur.[372] In Kleinbetrieben gelten entsprechende Grundsätze (s. o. Rn. 72). Eine »Änderung« liegt insbes. in der **Einführung neuer Techniken,** aber auch in ihrer Perfektionierung; der Übergang von Windows 95 auf Windows 2000 oder von SAP R/3 zu SAP R/3 ERP (= Enterprise)[373] ist beispielsweise erfasst. Dasselbe gilt für den Einsatz größerer LKWs mit anderen Bedienungsanforderungen.[374] Ausgeschlossen bleibt lediglich die Beschaffung von Ersatzgeräten. **107**

Die **Änderung** der Betriebsorganisation, des Betriebszwecks oder der Betriebsanlagen muss **grundlegend** sein. In erster Linie ist dabei auf die **qualitative** Seite, d. h. den Grad der Veränderung und die technische Neuheit, abzustellen.[375] Ein Sprung in der technischen Entwicklung erfüllt immer diese Voraussetzungen.[376] Bei der Betriebsorganisation hat der Übergang zum **Spartenprinzip** ebenso grundlegende Bedeutung wie die **Dezentralisierung** oder eine eher unüblich gewordene Zentralisierung.[377] Der Übergang zur sog. **Lean Production** wird gleichfalls erfasst,[378] was besonders deutlich wird, wenn es in Zukunft statt fünf nur noch drei Hierarchieebenen geben soll.[379] Eine grundlegende Änderung ist nach der Rspr.[380] auch dann gegeben, wenn **eine Hierarchieebene wegfällt** und die Außendienstmitarbeiter deshalb keinen dezentralen Ansprechpartner mehr haben. Selbst wenn die Veränderungen weniger ins Auge springen, wird eine prinzipielle Weichenstellung vorgenommen, die unter Nr. 4 fällt.[381] **108**

---

363 Ebenso *BAG* 17.12.85, AP Nr. 15 zu § 111 BetrVG 1972; *Hunold,* S. 64; *Kraushaar,* AiB 94, 296.
364 *BAG* 17.12.85, AP Nr. 15 zu § 111 BetrVG 1972.
365 *BAG* 16.6.87, AP Nr. 19 zu § 111 BetrVG 1972.
366 Richardi-*Annuß,* Rn. 113.
367 *Rumpff/Boewer,* S. 302; *Wenning-Morgenthaler,* Rn 1045.
368 *LAG Frankfurt* 26.2.82, AuR 83, 188.
369 *BAG* 26.10.82, AP Nr. 10 zu § 111 BetrVG 1972.
370 *Knorr,* Rn. 64; *Teichmüller,* Betriebsänderung, S. 60.
371 *BAG* 26.10.82, AP Nr. 10 zu § 111 BetrVG 1972; 7.8.90, NZA 91, 115; *LAG Frankfurt* 27.10.87, LAGE § 111 BetrVG 1972 Nr. 7; *Etzel,* Rn. 994.
372 *Däubler,* DB 85, 2298 m. w. N.
373 Dazu *Wilke,* AiB 06, 597.
374 *LAG Frankfurt* 26.2.82, AuR 83, 188.
375 Vgl. etwa *LAG Frankfurt* 27.10.87, LAGE § 111 BetrVG 1972 Nr. 7 = NZA 88, 407.
376 *Fitting,* Rn. 95.
377 MünchArbR-*Matthes,* § 268 Rn. 42.
378 *Schaub,* BB-Beilage 15/93, S. 3.
379 *Hunold,* S. 65.
380 *BAG* 26.10.04 NZA 05, 237 = dbr 6/05 S. 39.
381 Vgl. *Schindele,* BB-Beilage 15/93, S. 19.

Auch kommt wegen der Fremdvergabe von Aufträgen ein Fall der Nr. 1 in Betracht (o. Rn. 61). Dasselbe gilt für die **Ausgliederung von Betriebsteilen**[382] oder für die völlige Umgestaltung der Büroräume.[383] Der arbeitstechnische Zweck wird dadurch **nicht grundlegend** verändert, dass ein **neuer Autotyp** hergestellt oder die Schlachtung auf eine bestimmte Tierart beschränkt wird.[384] Auch das Angebot bestimmter Nebenleistungen in einem Spielcasino fällt im Gegensatz zur Erweiterung durch das System Las Vegas nicht ins Gewicht.[385] Erfasst sind alle größeren Umstellungen wie z. B. bei der **Rüstungskonversion.** Bei Betriebsanlagen stellt der **Übergang zur EDV** eine »grundlegende« Neuerung dar, ebenso die **Arbeit mit CNC-Maschinen.**[386] Im Danzas-Fall hat das *LAG Hamburg* den grundlegenden Charakter der Veränderung bejaht, weil die Sachbearbeiter bestimmte Daten nicht mehr auf EDV-konforme Dispo-Blätter eintrugen, sondern direkt in die Rechenanlage eingaben; außerdem erfolgte bei der Eingabe eine logische Fehlerkontrolle, die vorher erst nach Ausdruck der Formulare und Dokumente möglich war.[387] Auch die Einführung eines **Umweltmanagementsystems** kann unter Nr. 4 fallen, sofern sich im Einzelfall erhebliche Änderungen ergeben.[388] Dasselbe gilt für ein Qualitätssicherungssystem wie die Zertifizierung nach **DIN ISO 9000**[389] sowie für ein Vorgehen nach dem Konzept »**Balanced Scorecard**«, soweit sich erhebliche Veränderungen ergeben.[390]

109 Soweit diese qualitative Betrachtung nicht weiterführt, wird darauf abgestellt, ob ein **erheblicher Teil der Belegschaft** von der Änderung betroffen ist.[391] Hierbei werden die Sätze des § 17 Abs. 1 KSchG als Richtschnur herangezogen.[392] Die **Einführung von Bildschirmgeräten** ist dann eine grundlegende Änderung, wenn von ihr eine entsprechende Zahl von AN erfasst wird;[393] dasselbe gilt für Internetanschlüsse, sofern sie sich nicht als »Sprung in der Technik« darstellen.[394] Ähnlich bei Umstellung auf größere LKWs, die nur mit Führerschein Klasse II gefahren werden können.[395] Betroffen ist nur, wer **möglicherweise** Nachteile in Kauf nehmen muss, eine Voraussetzung, die bei rein qualitativer Betrachtungsweise nicht zu prüfen ist.[396]

110 Die **informationstechnische Unternehmensverkettung**[397] ist bislang noch kaum unter dem Aspekt des § 111 Satz 3 Nr. 4 diskutiert worden. Die Tatsache, dass einzelne Betriebsfunktionen von dritter Seite ferngesteuert werden können, stellt eine Änderung der Betriebsorganisation wie der Betriebsanlagen dar.[398] Bei **Ankoppelung ganzer Betriebe an die Produktion eines Hauptbetriebs**[399] ist überdies zu erwägen, ob nicht auch ein »Zusammenschluss« nach Satz 3 Nr. 3 vorliegt. Am grundlegenden Charakter der Vorgänge, die langfristig die Grenzen des Betriebs zur Disposition stellen,[400] ist jedenfalls nicht zu zweifeln.

111 Wird die **Eigenfertigung** eines Vor- oder Teilprodukts **aufgegeben,** so liegt in der Regel schon eine Betriebseinschränkung vor, und zwar auch dann, wenn die Gegenstände nunmehr auf dem Markt gekauft oder von einer Drittfirma im Auftrage des Arbeitgebers auf dem Betriebsgelände hergestellt werden (o. Rn. 61). Zumindest ist der Betriebszweck betroffen.[401] Ein sol-

---

382 *BAG* 16.6.87, AP Nr. 19 zu § 111 BetrVG 1972; anders, wenn es keinerlei Auswirkungen auf die übrigen Beschäftigten gibt: *BAG* 18.3.08, NZA 08, 957.
383 *BAG* 26.10.82, AP Nr. 10 zu § 111 BetrVG 1972.
384 *BAG* 28.4.93, DB 94, 151.
385 *BAG* 17.12.85, AP Nr. 15 zu § 111 BetrVG 1972.
386 *Knorr,* Rn. 64.
387 *LAG Hamburg* 9.1.81, BetrR 81, 173 [176].
388 *Wagner,* AiB 96, 456.
389 *Wagner,* AiB 95, 622.
390 *Däubler,* AiB 01, 215 ff.; ähnlich *Schweibert,* in: Willemsen u. a., Rn. C 69.
391 *Heither,* ZIP 85, 520.
392 *BAG* 26.10.82, AP Nr. 10 zu § 111 BetrVG 1972.
393 *Däubler,* DB 85, 2298.
394 *Däubler,* Internet, Rn. 131.
395 *LAG Frankfurt* 26.2.82, AuR 83, 188.
396 Vgl. *BAG* 26.10.82, AP Nr. 10 zu § 111 BetrVG 1972.
397 Dazu *Däubler,* CR 88, 834 ff.
398 Zustimmend *Wellenhofer-Klein,* DB 97, 979; *Schweibert,* in: Willemsen u. a., Rn. C 69.
399 S. den Beispielsfall Keiper-Recaro/Daimler-Benz bei *Däubler,* a. a. O.
400 Vgl. *Wagner,* AuR 90, 245 ff.
401 *Schweibert,* in: Willemsen u. a., Rn. C 70.

ches **Outsourcing,** das häufig mit der (meist nicht unter Nr. 1, aber evtl. unter Nr. 4 fallenden) Fremdvergabe von Hilfsfunktionen wie Reinigung und Essensversorgung **auf der Grundlage von Werkverträgen** beginnt, hat typischerweise Kostengründe; spezialisierte Fremdfirmen arbeiten billiger[402] und gehören oft auch Branchen an, die ein niedrigeres Tarifniveau aufweisen.[403] **Geändert** ist in vielen Fällen die »**Betriebsorganisation**«, weil zumindest die Schnittstellen zu den jetzigen Produzenten andere als im bisherigen einheitlichen Betrieb sind (s. auch Rn. 105).[404] Betroffen sind in der Regel auch die »**Betriebsanlagen**«, da die bisher genutzten eigenen Ressourcen außer Dienst gestellt oder veräußert werden. Im Einzelfall kann zudem der Betriebszweck betroffen sein, wenn auch das Endprodukt ein anderes wird. Die Entscheidung für die Fremdvergabe von Aufträgen und damit für die **Reduzierung der Fertigungstiefe** hat überdies nicht weniger **grundlegenden Charakter** als die Einführung des Spartenprinzips oder der Gruppenarbeit. Insoweit kommt es gar nicht darauf an, ob die »Relevanzschwelle« des § 17 KSchG erreicht ist.[405] Eine definitive höchstrichterliche Klärung ist noch nicht erfolgt. Im Übrigen ist zu beachten, dass das Outsourcing die Voraussetzungen eines **Teilbetriebsübergangs** erfüllen kann, wenn eine »wirtschaftliche Einheit«, insbes. die bestehende Organisation, auf den Erwerber übergeht.[406] Inwieweit das Eingreifen des § 613 a BGB das Vorliegen einer Betriebsänderung oder auszugleichende Nachteile ausschließt, soll an späterer Stelle (Rn. 125 ff.) behandelt werden.

Eine neue Form von Fremdvergabe stellt das **Crowdsourcing** dar, das immer weitere Verbreitung findet.[407] Verschiedene bislang im Betrieb erledigte Aufgaben (z. B. Erarbeitung eines bestimmten Konzepts, sachkundige Beurteilung von Projekten und Finanzierungsvorschlägen, Korrektur von maschinellen Übersetzungen, Weiterentwicklung von Software) werden über das Internet einer unbestimmten Vielzahl von möglichen Interessenten angeboten. Dabei werden die Arbeiten in kleine und kleinste Teile zerlegt, um so auch eine Erledigung durch weniger qualifizierte Anbieter zu ermöglichen. Die Organisation kann **zusammenarbeitsorientiert** sein; die ausgesuchten Interessenten erhalten einen in das Gesamtkonzept passenden Auftrag. Möglich ist aber auch eine **wettbewerbsorientierte** Ausrichtung; alle werden zur Erstellung von Arbeitsprodukten aufgefordert, nur der »Beste« erhält die vorgesehene Vergütung, ggf. als Preisgeld bezeichnet. Das Crowdsourcing schafft ein hohes Maß ein Flexibilität und kann Kosten sparen, doch können sich diese durch die notwendige »Zerlegung« der Arbeitsprozesse auch erhöhen. Außerdem ist denkbar, dass das UN an Know-how verliert.[408] Im Lichte des § 111 ergibt sich nicht nur eine Verlagerung aus dem Betrieb heraus, sondern auch eine Umgestaltung von der Eigenerledigung hin zur Vorbereitung der Fremderledigung durch Herstellung der notwendigen kleinteiligen Arbeitspakete. Durch letzteres sind die Voraussetzungen von Nr. 4 und 5 erfüllt. Die Arbeitbedingungen der »Crowdsourcees« scheinen im Regelfall wenig attraktiv zu sein, doch sind sie nicht Gegenstand einer Kommentierung des § 111.[409] **111a**

11. Einführung grundlegend neuer Arbeitsmethoden und Fertigungsverfahren i. S. v. Satz 3 Nr. 5

Die Tatbestände von Satz 3 Nrn. 4 und 5 überschneiden sich stark. Während es bei Nr. 4 primär um die Arbeitsmittel, d. h. um den Einsatz von Sachen, geht, steht **bei Nr. 5 im Vor-** **112**

402 *Henssler,* NZA 94, 294.
403 *Kreuder,* AiB 94, 731. Zu aktuellen Entwicklungen s. *Karthaus/Klebe,* AuR 2012, 417 ff.
404 Vgl. *Kreuder,* AiB 94, 733.
405 Abweichend insbes. *Hunold,* S. 50 ff.; *Henssler,* NZA 94, 302 ff.
406 *EuGH* 11.3.97, DB 97, 628; *BAG* 13.11.97, DB 98, 316.
407 Angaben bei *Benner,* CuA 4/14, 17 ff.; *Klebe/Neugebauer,* AuR 14, 4. Dazu auch *Däubler,* NZA Heft 7/2014 Editorial.
408 Überblick bei *Leimeister/Zogaj,* Strukturwandel durch Crowdsourcing, Literaturstudie im Auftrag der Hans-Böckler-Stiftung, Düsseldorf 2013, abrufbar unter www.boeckler.de
409 Dazu eingehend *Klebe/Neugebauer,* AuR 14, 4 und zu möglicher Gegenwehr *Benner* CuA 4/14, 18 ff. Zu ähnlichen Überlegungen unter dem Stichwort des virtuellen Unternehmens s. *Wolmerath,* FS Däubler 1999, S. 717 ff.

dergrund, wie die menschliche Arbeitskraft zur Erledigung bestimmter Aufgaben eingesetzt wird.[410] **In aller Regel werden die Voraussetzungen beider Bestimmungen erfüllt** (oder nicht erfüllt) **sein,** da identische Arbeitsinhalte bei veränderten Arbeitsmitteln ebenso selten sein werden wie grundlegend neue Arbeitsmethoden unter unveränderten äußeren Bedingungen.[411] Das *BAG* hat in zwei vom Sachverhalt her durchaus vergleichbaren Fällen einmal auf Nr. 4,[412] das andere Mal auf Nr. 5 zurückgegriffen,[413] ohne irgendeine Präferenz erkennen zu lassen: In beiden Fällen ging es u. a. darum, dass vorher auf Listen oder in anderer Weise manuell festgehaltene Daten direkt in den Computer eingegeben wurden.[414]Angesichts der identischen Rechtsfolgen ist dieser Zustand nicht weiter bedenklich. Vergleichbare Überschneidungen ergeben sich im Übrigen auch innerhalb der Nr. 5, wo »Arbeitsmethoden« und »Fertigungsverfahren« sich häufig nicht trennen lassen.[415]

113 Veränderte Arbeitsmethoden liegen beispielsweise vor beim Übergang zum **Ein-Personen-Betrieb in Omnibussen und Straßenbahnen,**[416] zur **Selbstbedienung in Einzelhandelsgeschäften** bis hin zu Selbstbedienungskassen[417] sowie zur **Gruppenarbeit** in Bereichen, wo vorher allein gearbeitet wurde.[418] Auch die systematische Beschäftigung von **Teilzeitkräften mit flexibler Arbeitszeit** fällt unter Nr. 5,[419] ebenso die Besetzung zahlreicher Arbeitsplätze mit **Leiharbeitnehmern** statt mit Stammbeschäftigten. Dasselbe gilt, wenn **bisher** von **Leiharbeitnehmern** abgedeckte Bereiche an **Drittunternehmen** vergeben werden, die mit ihren Leuten auf der Grundlage eines **Werkvertrags** dieselben Aufgaben erfüllen.[420] Die größte praktische Bedeutung hat der **Übergang zu EDV-Anlagen,** insbes. zum Einsatz von PCs.[421] Als relativ einfaches Beispiel mag der **Übergang** von der elektrischen Schreibmaschine **zum PC** stehen; aktueller ist die gleichfalls unter Nr. 5 fallende innerbetriebliche oder betriebsübergreifende **Vernetzung.** Neue Arbeitsmethoden ergeben sich auch dann, wenn das **Englische statt des Deutschen** zur Arbeitssprache gemacht wird,[422] und sie kommen auch dann in Betracht wenn ein Vorprodukt nicht mehr in Eigenfertigung hergestellt wird.[423] Entscheidend ist immer, dass die Art und Weise des Einsatzes der Arbeitskraft verändert wird; dies kann (muss aber nicht) bei Einführung von Qualitätsmanagement der Fall sein.[424] Eine BV zu Total Quality Management ist abgedruckt bei *Cox.*[425]

114 Ob eine Arbeitsmethode oder ein Fertigungsverfahren **»grundlegend neu«** sind, richtet sich nach den Verhältnissen **im einzelnen Betrieb** oder in der betroffenen Betriebsabteilung;[426] auch wenn die Modernisierung offensichtlich durch die Verhältnisse in der Branche gefordert wird, liegt – anders als nach dem BetrVG 1952 – eine Betriebsänderung vor.[427] »Grundlegend« neu ist **als Gegensatz zu routinemäßigen Verbesserungen** zu verstehen.[428] Soweit eine solche qualitative Betrachtung zu keinen eindeutigen Ergebnissen führt, ist darauf abzustellen, ob durch die neue Arbeitsmethode oder das neue Fertigungsverfahren eine erhebliche Zahl von AN betroffen ist.[429] Die **Sätze des § 17 Abs. 1 KSchG** bzw. die für Kleinbetriebe geltenden

---

410 *Fitting,* Rn. 97; HWGNRH-*Hess,* Rn. 188; *Klinkhammer,* AuR 83, 329; Richardi-*Annuß,* Rn. 119. Ähnlich *LAG Schleswig-Holstein* 22.1.14, juris und BB 14, 883 (Ls.).
411 Vgl. *Engel,* AuR 82, 85.
412 *BAG* 26.10.82, AP Nr. 10 zu § 111 BetrVG 1972.
413 *BAG* 6.12.83, AP Nr. 7 zu § 87 BetrVG 1972 Überwachung.
414 Kumulativ auf Nr. 4 und Nr. 5 stützte sich *LAG Schleswig-Holstein* 22.1.14, juris und BB 14, 883
415 HWGNRH-*Hess,* Rn. 187.
416 *Rumpff/Boewer,* S. 305.
417 *LAG Niedersachsen* 5.5.09, NZA-RR 09, 531.
418 *v. Hoyningen-Huene,* Betriebsverfassungsrecht, § 15 Rn 14.
419 A. A. MünchArbR-*Matthes,* § 268 Rn. 47.
420 Näher *Karthaus/Klebe* NZA 12, 417 ff.
421 Vgl. außer den genannten *BAG*-Entscheidungen noch *LAG Hamburg,* BetrR 81, 192.
422 Nr. 5 bleibt unerwähnt bei *Vogt/Oltmanns,* NZA 14, 181, 186.
423 *BAG* 7.8.90, NZA 91, 115.
424 *Wagner,* AiB 95, 623; *Dreißiger,* AiB 12/14, 18; sehr restriktiv *Schmidt-Dobberahn,* NZA 95, 1017.
425 AiB 96, 708.
426 GK-*Oetker,* Rn. 171; HWGNRH-*Hess,* Rn. 186.
427 *Fitting,* Rn. 100; *GL,* Rn. 34; Richardi-*Annuß,* Rn. 123.
428 *Fitting,* Rn. 100; *Knorr,* Rn. 73; Richardi-*Annuß,* Rn. 123.
429 *BAG* 7.8.90, NZA 91, 115.

Grundsätze sind **als Richtschnur** heranzuziehen (dazu oben Rn. 70 f.). Wird eine **neue »Arbeitssprache«** eingeführt, ist zumindest bei quantitativer Betrachtung die Nr. 5 erfüllt; dasselbe gilt, wenn eine entsprechende Zahl von Arbeitsplätzen mit **Leiharbeitnehmern** besetzt werden soll. Werden im Betrieb zwei verschiedene Arten von Arbeiten ausgeführt und ändert sich das Zahlenverhältnis zwischen ihnen, so sind damit die Voraussetzungen der Nr. 5 noch nicht erfüllt.[430]

12. Der Auffangtatbestand des Satzes 1

Liegt keine Betriebsänderung i. S. d. Katalogs von Satz 3 Nrn. 1 – 5 vor, kann gleichwohl die **Generalklausel des Satzes 1** eingreifen. Wie oben (Rn. 43 ff.) im Einzelnen ausgeführt, wird Satz 1 durch Satz 3 nicht verdrängt. **115**

a) Inhalt

Satz 1 setzt zunächst eine Unternehmermaßnahme in dem Sinne voraus, dass die **bisherige Funktionsweise des Betriebs** in ungewöhnlicher, nicht alltäglicher Weise **geändert** wird.[431] Maßnahmen der laufenden Geschäftsführung sind nicht erfasst. Inhaltlich wird eine solche Maßnahme durch zwei Dinge charakterisiert. **116**

Zum einen muss sie **»wesentliche Nachteile«** für die Belegschaft oder erhebliche Teile der Belegschaft **zur Folge haben können.** Dabei reicht eine nicht ganz fern liegende Gefahr; dass die Nachteile mit Sicherheit eintreten, wird nicht vorausgesetzt. Die »wesentlichen **Nachteile**« können einmal **materieller Art** sein. Dazu zählt etwa der **Verlust des Arbeitsplatzes,** aber auch ein **geringerer Verdienst** auf Grund einer Versetzung.[432] Weiter wird auch der Fall erfasst, dass einzelne Beschäftigte nur noch **Teilzeit** (oder Teilzeit mit geringerem Stundendeputat) arbeiten können und so **weniger verdienen.**[433] Die **Nachteile** können jedoch auch **immaterieller Art** sein und in Leistungsverdichtung,[434] Qualifikationsverlusten, psychischer Belastung durch zusätzliche Kontrolle oder schlechterem Betriebsklima bestehen.[435] Auch die durch den **Einsatz von Leiharbeitnehmern** geschaffenen **Friktionen** (Weitergabe von Informationen, Schwierigkeiten bei der Kooperation wegen mangelnder Vertrautheit mit den betrieblichen Gegebenheiten, höhere Unfallgefahr durch Fehlverhalten) gehören hierher, sofern man nicht sowieso Nr. 5 anwenden kann (o. Rn. 113). Die **Einbeziehung immaterieller Nachteile** rechtfertigt sich mit einem Gegenschluss aus § 112 Abs. 1 Satz 2, der ausdrücklich von »wirtschaftlichen Nachteilen« spricht. Außerdem kann auf die Rspr. zu § 113 verwiesen werden; sie bemisst die Abfindung, die ein AN bei nicht versuchtem Interessenausgleich analog § 10 KSchG erhält, auch nach den immateriellen Einbußen, die der Verlust des Arbeitsplatzes mit sich bringt.[436] Die genannten Nachteile sind ausnahmsweise »unwesentlich«, wenn sie nach einer gewissen Einarbeitungszeit wieder verschwinden.[437] **117**

Die geschilderten Nachteile müssen zum Zweiten möglicherweise die **gesamte Belegschaft oder erhebliche Teile der Belegschaft** betreffen. Rspr. und Literatur wenden auch hier die Sätze des § 17 Abs. 1 KSchG als Richtschnur an;[438] bei Kleinbetrieben gelten andere Grund- **118**

430 *ArbG Hamburg* 25.4.13 – 27 BVGa 2/13, juris.
431 *Teichmüller*, Betriebsänderung, S. 49.
432 GK-*Oetker*, Rn. 178.
433 *LAG Baden-Württemberg* 16.6.87, LAGE § 111 BetrVG 1972 Nr. 6; anders bei einer freiwilligen Arbeitszeitreduzierung um 6,5 %, die zugleich eine Rückkehr zu einem früher bestehenden Zustand bedeutete, *LAG Niedersachsen* 2.11.06, NZA-RR 07, 134.
434 Insoweit zu Unrecht a. A. *LAG Niedersachsen,* a. a. O.
435 ErfK-*Kania,* Rn. 9; *Fitting,* Rn. 47; GK-*Oetker,* Rn. 179; *Teichmüller,* Betriebsänderung, S. 51; *Vogt,* Sozialpläne, S. 42; *WW*, Rn. 2; *Wenning-Morgenthaler,* Rn 1024; *Ehrich/Fröhlich,* Rn 21; *Friedemann,* Rn. 15; *Hauck,* FS Richardi, S. 546.
436 *BAG* 29.2.72, AP Nr. 9 zu § 72 BetrVG (1952); *BAG* 9.7.85, AP Nr. 13 zu § 113 BetrVG 1972: Verlust der sozialen Beziehungen innerhalb des bisherigen Betriebs.
437 Zustimmend *Fitting,* Rn. 47.
438 *LAG Baden-Württemberg* 16.6.87, LAGE § 111 BetrVG 1972 Nr. 6; *Fitting,* Rn. 48; GK-*Oetker,* Rn. 180.

sätze (o. Rn. 72). Zu beachten ist, dass es allein darum geht, von »wesentlichen Nachteilen« potentiell betroffen zu sein; bestehen diese ausschließlich in Entlassungen, läge ggf. eine Betriebseinschränkung i. S. d. Satzes 3 Nr. 1 vor (dazu o. Rn. 68 ff.).

b) Anwendungsfälle

119 Lange Zeit wurde die These vertreten, es seien angesichts des umfassenden Katalogs des (damaligen) Satzes 2 **kaum Fälle denkbar,** in denen auf Satz 1 zurückgegriffen werden müsse.[439] Dies wurde sogar als Argument dafür verwandt, Satz 3 müsse abschließende Bedeutung haben.[440] Mittlerweile hat sich diese **Situation erheblich geändert.**

120 Satz 1 kann einmal dann eingreifen, wenn **ein nicht wesentlicher Betriebsteil eingeschränkt** wird, dies jedoch über den unmittelbar betroffenen Bereich hinauswirkt und **auch anderen Beschäftigten Nachteile** bringt.[441] In diesem Falle könnte Satz 3 Nr. 1 nicht eingreifen; auch Nr. 4 und Nr. 5 werden in aller Regel ausscheiden. Das *BAG* hat eine solche Möglichkeit im Rahmen einer Eventualerwägung selbst zugestanden: Sieht man in der Reinigungsabteilung eines Druckereibetriebes keinen wesentlichen Betriebsteil, so wäre seine Schließung eine Betriebsänderung im Sinne des Satzes 1, wenn die Putzarbeiten nicht (wie im konkreten Fall) von einer **Fremdfirma**, sondern von den übrigen Beschäftigten selbst erledigt werden müssten.[442]

121 Eine Betriebsänderung nach Satz 1 kann weiter dann vorliegen, wenn die sächlichen Betriebsmittel unverändert bleiben, jedoch Personal in der Weise »abgebaut« wird, dass die **Beschäftigten insgesamt weniger Stunden** zu arbeiten haben. Dies könnte eine Betriebseinschränkung nach Satz 3 Nr. 1 sein, doch setzt sie voraus, dass die Leistungserbringung des Betriebs insgesamt zurückgehen soll. Ist der Fall aber so gelagert, dass in weniger Stunden **die gleiche Arbeitsleistung wie bisher** erbracht werden soll, lässt sich kaum von einer Betriebseinschränkung sprechen. Mit Recht hat daher das *LAG Baden-Württemberg*[443] in einem solchen Fall eine Betriebsänderung nach Satz 1 bejaht, da erhebliche Teile der Belegschaft i. S. d. § 17 KSchG betroffen waren und an den wesentlichen Nachteilen gleichfalls keinerlei Zweifel bestand.[444] In der Logik dieser Entscheidung liegt es, auch einen **Einstellungsstopp** als Betriebsänderung i. S. d. Satzes 1 zu qualifizieren: Soll der Betrieb dieselbe Leistung wie bisher erbringen, geht es gleichfalls darum, dass in geringerer Gesamtarbeitszeit dasselbe Maß an Arbeit wie vorher erbracht werden soll.[445] Die Rechtsprechung hat sich bisher im Wesentlichen damit begnügt, die Nichtwiederbesetzung frei gewordener Stellen aus der »Betriebsänderung durch Personalabbau« nach Satz 2 Nr. 1 auszuklammern.[446] Einer Fortentwicklung stehen daher keine Hindernisse entgegen.

122 Weiter könnte man überlegen, in Einzelfällen auch die **Erweiterung eines Betriebes** unter Satz 1 zu subsumieren, sofern dadurch die Arbeitsbelastung erheblich wächst. Dies kommt insbes. bei Dienstleistungsunternehmen in Betracht. Eine notwendigerweise über die laufende Geschäftsführung hinausgehende Betriebsänderung würde allerdings voraussetzen, dass in der Entwicklung des Betriebes bestimmte »Sprünge« erfolgen, dass beispielsweise ein neuer Markt erschlossen wird, ohne zusätzliches Personal zu rekrutieren. Manchmal wird dann eine Änderung der Betriebsorganisation i. S. v. Satz 3 Nr. 4 oder die Einführung grundlegend neuer Arbeitsmethoden i. S. v. Satz 3 Nr. 5 vorliegen, doch ist dies keineswegs immer der Fall.

123 Eine »sonstige Betriebsänderung« liegt weiter dann vor, wenn die **Betriebsmittel** einer ausgegründeten Tochtergesellschaft **übertragen** und die **Beschäftigten** dieser **befristet zur Verfügung gestellt** werden: Auch wenn sich an der Existenz des Betriebes und den äußerlichen

---

439 *Fitting,* Rn. 44.
440 Vgl. *Zöllner/Loritz,* 5. Aufl., § 49 II 1 d; offener *Zöllner/Loritz/Hergenröder* § 51 II 1 c.
441 So für den Fall der Ausgliederung *B. Gaul,* DB 95, 2267. Wie hier HK-ArbR-*M. Schubert,* §§ 111 – 113 BetrVG Rn 15.
442 *BAG* 6.12.88, AP Nr. 26 zu § 111 BetrVG 1972 Bl. 3.
443 16.6.87, LAGE § 111 BetrVG 1972 Nr. 6.
444 Zustimmend *Etzel,* Rn. 974; HK-ArbR-*M. Schubert,* §§ 111 – 113 Rn 15.
445 Zustimmend HK-ArbR-*M. Schubert,* §§ 111 – 113 Rn 15.
446 *BAG* 2.8.83, AP Nr. 12 zu § 111 BetrVG 1972; ebenso *Bobke,* S. 364; anders jedoch GK-*Fabricius,* 6. Aufl., Rn. 229.

Arbeitsabläufen zunächst nichts ändert, ergibt sich doch der gravierende Nachteil, sich in absehbarer Zeit versetzen lassen zu müssen, sowie in Einzelfällen auch das Risiko, bei der Muttergesellschaft nicht weiterbeschäftigt zu werden.[447]

Schließlich wird mit Recht der Standpunkt vertreten, dass § 111 Satz 1 auch dann eingreifen müsse, wenn durch einen **Betriebsübergang** ein vermögender durch einen weithin vermögenslosen AG ersetzt wird (dazu sogleich Rn. 125). **124**

13. Betriebsübergang als Betriebsänderung?

Nach ständiger Rspr. des *BAG*[448] und nach herrschender Lehre[449] stellt ein **Betriebsübergang** nach § 613 a BGB **keine Betriebsänderung** dar.[450] § 613 a habe eine die AN schützende Sonderregelung getroffen; überdies wirke sich die rechtliche Zuordnung der Betriebsmittel nicht auf den Betrieb als arbeitstechnische Einheit aus. Damit käme nur noch eine freiwillige Abmachung nach § 88 BetrVG in Betracht (§§ 112, 112 a Rn. 48). Anderes gilt nur, wenn wie bei einer reinen Funktionsnachfolge die Voraussetzungen des § 613 a BGB nicht erfüllt sind;[451] in einem solchen Fall liegt eine (partielle) Stilllegung vor (oben Rn 49). Dies **kann nicht überzeugen:** Ist der neue AG etwa eine Produktionsgesellschaft ohne (wesentliches) eigenes Vermögen, steht den AN eine sehr viel geringere Haftungsmasse zur Verfügung. Soweit nicht nach konzernrechtlichen Grundsätzen oder nach der sog. Durchgriffslehre (dazu §§ 112, 112 a Rn. 187 ff.) andere Personen oder Gesellschaften einstehen müssen, hat dies insbes. beim Sozialplan verheerende Konsequenzen. Über den Ausgleich dieses Nachteils sollte der BR mit dem AG verhandeln können. Dass hier keine »greifbaren Änderungen der betrieblichen Arbeitsorganisation« vorliegen,[452] ist ohne Bedeutung, da es ein solches Tatbestandsmerkmal in § 111 Satz 1 nicht gibt; auch der Inhaberwechsel stellt eine (höchst bedeutsame) »Betriebsänderung« dar. **Überdies hat § 613 a BGB nicht den Sinn, den durch andere Vorschriften gewährten AN-Schutz irgendwie einzuschränken.**[453] Dies ist von *Matthes*[454] für den Fall anerkannt worden, dass der Betriebsübergang erst nachträglich zustande kommt, weil der neue AG freiwillig einen nach Zahl und Sachkunde erheblichen Teil der Belegschaft seines Vorgängers übernimmt. Wertungsmäßig besteht jedoch kein Unterschied zu den anderen Fällen. Der Betriebsübergang ist daher als Betriebsänderung zu qualifizieren.[455] Erst recht waren die §§ 111 ff. anwendbar, wenn ein Betriebsübergang im **Gesamtvollstreckungsverfahren** nach dem Recht der neuen Bundesländer erfolgte, wo § 613 a BGB nach Art. 232 § 5 Abs. 2 EGBGB bis 31.12.1998 suspendiert war.[456] **125**

Die **Ausklammerung des Betriebsübergangs** aus den §§ 111 ff. begegnet auch **unionsrechtlichen Bedenken.**[457] Art. 4 Abs. 2 Buchst. c der **Richtlinie 2002/14/EG** (Text unten Anhang C) verlangt Unterrichtung und Anhörung auch in Bezug auf solche Entscheidungen, die »wesentliche Veränderungen der Arbeitsverträge« mit sich bringen können. Diese Voraussetzung ist im Falle des Betriebsübergangs erfüllt; die Ersetzung eines Vertragspartners durch einen andern stellt eine der am weitesten gehenden Formen der Umgestaltung von vertraglichen Beziehungen dar.[458] Nach Art. 4 Abs. 4 Buchst. e der Richtlinie muss der Meinungsaustausch in **126**

---

447 *Rüthers/Bakker* ZfA 90, 331 ff. in Bezug auf die Umstrukturierung innerhalb des Lufthansa-Konzerns.
448 24.7.79, DB 80, 164 mit Anm. *Gutbrod;* 4.12.79, 17.2.81 und 17.3.87, AP Nrn. 6, 9 und 18 zu § 111 BetrVG 1972; zuletzt *BAG* 10.12.96, DB 97, 1416 und *BAG* 19.1.99, NZA 99, 949.
449 *Fitting,* Rn. 50; HWGNRH-*Hess,* Rn. 144; *Neef,* NZA 94, 97; Richardi-*Annuß,* Rn. 124; *Rumpff/Boewer,* S. 292; a. A. GK-*Fabricius,* 6. Aufl., Rn. 296.
450 Die herrschende Sicht zusammenfassend *Moll,* RdA 03, 129 ff.; *Hauck,* FS Richardi, S. 544.
451 *BAG* 16.5.07, NZA 07, 1296.
452 So ErfK-*Kania,* Rn. 12.
453 Zustimmend *Wenning-Morgenthaler,* Rn 1031.
454 NZA 00, 1077.
455 Ebenso die später vom *BAG* aufgehobene Entscheidung *LAG Baden-Württemberg* 11.10.78, DB 79, 114; GK-*Fabricius,* 6. Aufl., Rn. 267; *Kittner,* Anm. zu BAG AP Nr. 9 zu § 111 BetrVG 1972; *Teichmüller,* Betriebsänderung, S. 54 ff.; in ähnliche Richtung *B. Gaul,* DB 95, 2267; *Gamillscheg,* Kollektives Arbeitsrecht II S. 1115; *Herschel,* AuR 81, 388; *Säcker* in Birk/Igl/Zacher, S. 145.
456 *Hanau,* in: Hommelhoff, S. 106.
457 Zustimmend HK-ArbR-*M. Schubert,* §§ 111 – 113 BetrVG Rn 17.
458 *Karthaus,* AuR 07, 116.

diesem Fall »mit dem Ziel« erfolgen, »eine Vereinbarung zu erreichen«.[459] Dieser Vorgabe wird nur das Verfahren nach §§ 111 ff. gerecht: Der Wirtschaftsausschuss kann keine Vereinbarungen schließen, die Information nach § 80 Abs. 2 ist nicht auf einen Beratungsprozess angelegt, § 90 ist von seinen Voraussetzungen her nicht einschlägig, da »Arbeitsplatz, Arbeitsablauf und Arbeitsumgebung« nicht unmittelbar betroffen sind.[460] Ein **richtlinienkonformer Zustand** ist daher nur in der Weise herstellbar, dass **vor der Entscheidung über die Betriebsveräußerung** der **BR** mit dem Ziel einzuschalten ist, eine Verständigung zu erreichen, die nach deutschem Recht die Form eines **Interessenausgleichs** annehmen kann.[461] Eine Pflicht zum Abschluss eines Interessenausgleichs oder gar eines Sozialplans wird dadurch aber nicht begründet. Auch die **Betriebsübergangsrichtlinie 2001/23/EG**[462] verlangt eine entsprechende Einbeziehung des Betriebsrats: Die in ihrem Art. 7 Abs. 1 vorgesehene Information und **Konsultation** der AN-Vertretung lässt zwar nach Art. 7 Abs. 3 eine Ausnahme zu, doch hat die Bundesrepublik die dort vorgesehenen Voraussetzungen nicht erfüllt,[463] so dass es bei der Regel bleibt. Wird dem nicht ausreichend Rechnung getragen, greift der **Nachteilsausgleich** nach § 113 ein,[464] wobei eine volle Verrechnung mit Sozialplanleistungen ausscheidet, da dies keine den EG-Richtlinien entsprechende Sanktion darstellen würde (unten §§ 112, 112 a Rn. 125).

127 Die Rspr. des *BAG* schließt es nicht aus, dass **anlässlich eines Betriebsübergangs eine Betriebsänderung** erfolgt.[465] So ist etwa denkbar, dass der Veräußerer oder der Erwerber grundsätzlich neue Arbeitsmethoden einführen will oder dass der eine oder andere einen Personalabbau durchführt, der die Grenzen des § 17 KSchG überschreitet und deshalb eine Betriebsänderung nach Satz 3 Nr. 1 darstellt (dazu o. Rn. 68 ff.). Zulässig ist nach der Rspr. des *BAG*[466] auch ein Personalabbau entsprechend den beabsichtigten unternehmerischen Dispositionen des Erwerbers.[467] Weiter könnte man sich vorstellen, dass der Erwerber den Betrieb verlegt oder mit einem eigenen Betrieb zusammenschließt. In diesen Fällen hat der BR das Recht, von dem die Betriebsänderung planenden Unternehmer unterrichtet zu werden.[468] Wird ein Betrieb nur deshalb **verpachtet, damit ihn der Pächter stilllegt,** so ist »Urheber« der Betriebsänderung weiter der Veräußerer; an ihn kann sich der BR halten.[469] **Planen Veräußerer und Erwerber gemeinsam** z. B. einen Personalabbau in den Größenordnungen des § 17 KSchG, so sind sie beide zu Verhandlungen über Interessenausgleich und Sozialplan verpflichtet.[470] Soweit es um die »Grenzwerte« des § 17 Abs. 1 KSchG bzw. des § 112 a Abs. 1 geht, sind die von beiden vorgenommenen Entlassungen zusammenzurechnen.[471] Die für die Bemessung von Sozialplanleistungen wichtige **»wirtschaftliche Vertretbarkeit«** (§§ 112, 112 a Rn. 150 ff.) ist nach den Verhältnissen des solventeren Partners zu bestimmen. Auf den Zeitpunkt des Ausscheidens der einzelnen AN abzustellen,[472] würde zu Zufallsergebnissen führen und wäre unter Gleichheitsaspekten bedenklich. Interessenausgleich und Sozialplan können auch aufschiebend bedingt für den Fall abgeschlossen werden, dass der Betriebsübergang überhaupt zustande kommt[473] oder dass der Vorgang als Stilllegung und nicht als Betriebsübernahme zu qualifizieren ist.[474] Beim Zusammenschluss von Betrieben liegt auch im ggf. wegfallenden Schutz durch einen BR ein sozialplanrelevanter Nachteil.

---

459 Zu wenig beachtet bei *Fitting* Rn 50 a, völlig übersehen bei *v. Olenhusen/Puff* NZA-RR 09, 345 ff.
460 *Karthaus,* AuR 07, 117; a. A. *Fitting* Rn 50.
461 *Karthaus* AuR 07, 117; *Fitting* Rn 50 – letzterer nur bei fehlendem WA; wie hier tendenziell auch *Reichold* NZA 03, 289, 298.
462 ABlEG Nr. L 82/16.
463 Einzelheiten bei *Riesenhuber,* RdA 04, 341 ff.
464 So grundsätzlich auch *Fitting* Rn 50 a a. E.
465 *BAG* 4.12.79, AP Nr. 6 zu § 111 BetrVG 1972; *BAG* 19.1.99, NZA 99, 949; *BAG* 25.1.00, DB 00, 2329; ebenso HWGNRH-*Hess,* Rn. 149; *Neef,* NZA 94, 97; Richardi-*Annuß,* Rn. 128; *Wißmann,* NZA 03, 5.
466 20.3.03, AuR 03, 187 = NZA 03, 1027.
467 Zu diesem sog. **Erwerberkonzept** siehe *C. Meyer,* NZA 03, 244 ff.
468 Richardi-*Annuß,* Rn. 129.
469 *BAG* 17.3.87, AP Nr. 18 zu § 111 BetrVG 1972.
470 *GL,* Rn. 23 e; *Schlichting,* AiB 07, 136; dahingestellt bei *BAG* 4.12.79, AP Nr. 6 zu § 111 BetrVG 1972 Bl. 2 R.
471 Zustimmend *B. Gaul,* DB 95, 2267.
472 So *Henssler,* NZA 94, 922.
473 *Henssler,* NZA 94, 922; *Neef,* NZA 94, 100.
474 *BAG* 1.4.98, DB 98, 1471.

Hat der **Veräußerer** bereits einen **Sozialplan abgeschlossen,** so wirkt dieser auch gegenüber dem Erwerber. Dieser haftet daher gegenüber all jenen AN für die Sozialplanleistungen, die erst nach dem Zeitpunkt des Betriebsübergangs ausscheiden.[475] **Laufen** im Zeitpunkt des Betriebsübergangs die **Verhandlungen** über Interessenausgleich und Sozialplan **noch,** so sind sie vom Erwerber fortzusetzen, der auch in die betriebsverfassungsrechtliche Position des Veräußerers einrückt.[476] Ein abgeschlossener Sozialplan verpflichtet nicht nur ihn, sondern **lässt** auch den **Veräußerer haften,** da er die Ursache für die Betriebsänderung gesetzt hat. Dies gilt sogar dann, wenn er die Betriebsänderung nicht selbst eingeleitet hat, jedoch den Betrieb in dem Bewusstsein veräußerte, der Erwerber werde eine bestimmte Betriebsänderung vornehmen.[477] Dasselbe gilt erst recht bei gemeinsamer Planung.[478] Anders verhält es sich nur, wenn allein der Erwerber die Entscheidung für eine Betriebsänderung trifft. Hat der Veräußerer eine Betriebsänderung vorgenommen, ohne den BR (ausreichend) einzuschalten, so haftet er nach § 113 auf Nachteilsausgleich; da die Ansprüche der betroffenen AN Teil ihres Arbeitsverhältnisses sind, hat sie nach § 613 a Abs. 1 Satz 1 BGB auch der Erwerber zu erfüllen. Außerdem muss er nachträglich einen Sozialplan abschließen.[479] 128

Widersprechen einige **Beschäftigte dem** geplanten **Betriebsübergang** nach § 613 a Abs. 6 BGB, so bleibt ihr Arbeitsverhältnis zum Veräußerer bestehen. Dieser wird ihnen aller Voraussicht nach betriebsbedingt kündigen. Die nach dem Widerspruch eintretende Trennung zwischen den Betriebsmitteln und einem (kleineren oder größeren) Teil der Belegschaft stellt sich aus deren Sicht als **Stilllegung** des Betriebs dar; ohne die bisherigen Arbeitsgeräte und die zum Erwerber übergegangenen Arbeitskollegen kann und soll ersichtlich nicht weitergearbeitet werden.[480] Der Betriebsübergang ist insoweit missglückt, § 613 a BGB kann seine Schutzfunktion nicht erfüllen. Würde er von vorne herein nicht angewandt (wie vorübergehend in den neuen Bundesländern) und würden die Widersprechenden vom AG von der Übertragung des »Betriebs« ausgenommen, würde gleichfalls niemand daran zweifeln, dass dies auf eine Stilllegung des bisherigen Betriebs hinausläuft. Da die Voraussetzungen von Satz 3 Nr. 1 erfüllt sind, spielen die Richtwerte des § 17 Abs. 1 KSchG keine Rolle. Der BR handelt eim Abschluss von Interessenausgleich und Sozialplan im Rahmen eines Restmandats nach § 21 b. 129

Wird nur ein **Betriebsteil veräußert,**[481] so lag nach der älteren Rspr. in Bezug auf diejenigen Beschäftigten, deren Arbeitsverhältnisse nach § 613 a BGB auf den Erwerber übergehen, keine Betriebsänderung vor.[482] Anders verhielt es sich für **die im Restbetrieb Verbliebenen:** In der Regel war (und ist) eine Betriebseinschränkung nach Satz 3 Nr. 1 gegeben,[483] doch konnte auch eine grundlegende Änderung der Betriebsorganisation nach Satz 3 Nr. 4 vorliegen.[484] Seit 1994 hat sich überdies die Situation insofern gewandelt, als praktisch immer die Voraussetzungen der damals eingefügten Nr. 3 (»**Spaltung von Betrieben**«) erfüllt sind.[485] Bei den Verhandlungen über Interessenausgleich und Sozialplan sind deshalb auch die **Nachteile** zu erfassen, die **die auf den Erwerber übergehenden AN** erleiden.[486] Das *BAG*[487] hat Nr. 3 und Nr. 4 nebeneinander angewandt; auch an der schon früher bejahten Möglichkeit einer Betriebsänderung nach Nr. 1 hat sich nichts geändert.[488] Allerdings kann der Sozialplan nach 130

475 *Knorr,* Rn. 99.
476 *Neef,* NZA 94, 99.
477 Vgl. *Neef,* NZA 94, 100.
478 *Schlichting,* AiB 07, 137.
479 *Neef,* NZA 94, 100.
480 Anders *Hidalgo/Kobler,* NZA 14, 290, 294.
481 Zum Begriff des Betriebsteils in der Rechtsprechung s. *BAG* 13.10.11, NZA 12, 504; *BAG* 10.11.11, NZA 12, 509.
482 Vgl. *BAG* 16.6.87, AP Nr. 19 zu § 111 BetrVG 1972.
483 Dafür *Etzel,* Rn. 985; *Heither,* ZIP 85, 514; *Rumpff/Boewer,* S. 283.
484 Richardi-*Annuß,* Rn. 133.
485 So *BAG* 10.12.96, NZA 97, 898; *LAG Bremen,* 21.10.04 AuR 05, 38 = NZA-RR 05, 140; *LAG Baden-Württemberg,* 4.12.03 AuR 04, 118; ErfK-*Kania,* Rn. 12; *Hauck,* FS Richardi, S. 545; *Karthaus,* AuR 07, 115; *Kleinebrink/Commandeur,* NZA 07, 116.
486 *LAG Bremen,* a. a. O.
487 25.1.00, DB 00, 2329.
488 *Wulff/Kahl,* AiB 07, 146.

BAG[489] diejenigen Nachteile nicht ausgleichen, die in der geringeren Haftungsmasse des Erwerbers sowie seiner evtl. Befreiung von der Sozialplanpflicht nach § 112 a Abs. 2 liegen. **Widersprechen einige** der im veräußerten Betriebsteil tätigen AN **dem Übergang** ihrer Arbeitsverhältnisse, so sind für sie die Voraussetzungen des Satzes 3 Nr. 1 erfüllt, wenn es sich um einen »wesentlichen Betriebsteil« (o. Rn. 63 ff.) handelte.[490] Ist diese Voraussetzung nicht erfüllt, werden sie in aller Regel von einem Sozialplan erfasst, der wegen Betriebseinschränkung,[491] wegen Spaltung des Betriebs oder wegen grundlegender Änderung der Betriebsorganisation abgeschlossen werden muss. Der Widerspruch, der aus einem höchstpersönlichen Recht folgt, darf bei der Bemessung von Leistungen nicht zum Nachteil des Betroffenen ausschlagen (§ 612 a BGB).[492] Zum Nachteilsausgleich bei unterbliebenen Verhandlungen s. § 113 Rn. 16 ff.

131 In der **Sozialplanpraxis der neuen Bundesländer** fand sich häufig der Fall, dass zumindest für einen Teil der Belegschaft an sich § 613 a BGB anwendbar war, dass jedoch **arbeitsvertraglich schlechtere Arbeitsbedingungen,** insbes. ein Wegfall aller von der Dauer der Betriebszugehörigkeit abhängigen Rechte, vereinbart wurden und der Veräußerer Sozialplanabfindungen bezahlte. In diesen Fällen könnten sich zwar die AN dem Erwerber gegenüber auf § 613 a BGB berufen, da das *BAG* den Abschluss von Aufhebungsverträgen bei anschließendem Neuabschluss mit dem Erwerber als Umgehungstatbestand wertet.[493] In der Praxis sehen die Betroffenen jedoch in aller Regel **keine Möglichkeit,** ihre **Rechte gegenüber dem Erwerber geltend zu machen.** De facto liegt daher ein wirtschaftlicher Nachteil vor, der im Sozialplan ausgeglichen werden kann; der Fall liegt ähnlich wie der einer rechtswidrigen Kündigung, bei der die Abfindung gleichfalls nicht mit dem Argument in Frage gestellt wird, der Gekündigte hätte sich ja gerichtlich zur Wehr setzen können. Den Betriebspartnern bzw. der ESt. steht es frei, die Zahlung der Abfindung von einer Abtretung der Ansprüche gegen den Erwerber abhängig zu machen – eine in der Praxis denkbar fern liegende (wenngleich zulässige) Konstruktion. Im Übrigen bedarf es hier keiner Entscheidung, ob sich der AN nach ausbezahlter Abfindung dem Erwerber gegenüber noch auf § 613 a BGB berufen kann.

132 Zum Betriebsübergang auf einen Erwerber, der das Sozialplanprivileg des § 112 a Abs. 2 besitzt, s. §§ 112, 112 a Rn. 75. Die Rechtsverluste und faktischen **Schlechterstellungen**, die trotz der Anwendung des § 613 a BGB in diesem Fall und in anderen eintreten,[494] können **durch einen TV ausgeglichen** werden. »Personalüberleitungsverträge«, die häufig genau dies zum Gegenstand haben, sind der Praxis wohl bekannt.[495] § 613 a BGB gewährt einen Mindestschutz,[496] was mittelbar auch aus Art. 8 der Betriebsübergangsrichtlinie deutlich wird. Wenn ein solcher TV »Sozialtarif« genannt wird, ändert dies nichts an der rechtlichen Zulässigkeit.[497] Ob auch die **Outsourcing-Entscheidung als solche** zum Gegenstand eines TV und ggf. eines Arbeitskampfes gemacht werden kann, richtet sich nach den allgemeinen Grundsätzen über die tarifliche Regelbarkeit unternehmerischer Entscheidungen (o. Rn 17). Zur Erhaltung von Beteiligungsrechten, wenn durch Spaltung oder durch Veräußerung eines Betriebteils bestimmte Grenzwerte unterschritten werden, s. *Trittin/Gilles.*[498]

133 Der mit Wirkung vom 1.4.2002 geschaffene **§ 613 a Abs. 5 BGB** verpflichtet den AG zu **umfassender Information** der durch den Betriebsübergang betroffenen AN, wozu auch ein

---

489 10.12.96, NZA 97, 898.

490 *BAG* 19.1.99, NZA 99, 952.

491 Für diesen Fall erwogen auch von *BAG* 19.1.99, NZA 99, 952; eindeutig in diese Richtung *Karthaus,* AuR 07, 115.

492 Abweichend *BAG* 5.2.97 AuR 97, 119, das die Grundsätze über die Ablehnung eines zumutbaren Arbeitsplatzes entsprechend anwendet; ebenso *BAG* 12.7.07, NZA 08, 425; Bedenken dagegen andeutend *BAG* 15.12.98, DB 99, 1402; anders nunmehr *BAG* 31.5.07, NZA 08, 33, wonach der kündigungsschutzrechtliche Status trotz des Widerspruchs in vollem Umfang erhalten bleibt.

493 *BAG* 28.4.87, DB 88, 400.

494 Dazu *Nutzenberger,* AiB 3/15, 40 ff.

495 *Däubler,* Arbeitsrecht 2, Rn 1428 a.

496 *Däubler* ZTR 00, 241 ff.; *Trittin,* AuR 09, 119 ff.

497 Bedenken jedoch bei *Greiner* NZA 08, 1274.

498 RdA 11, 46 ff.

Hinweis auf etwaige Sozialplanansprüche gehört.[499] Damit ist den Vorgaben der Richtlinie 2001/23/EG Rechnung getragen.[500] Die Notwendigkeit, bestimmte Informationsrechte des BR richtlinienkonform auszulegen,[501] entfällt damit.

14. Sonderfälle

a) Betriebsausstrahlungen im Ausland

134 Betriebe des AG, die sich außerhalb der deutschen Grenzen befinden, fallen nach herrschender Auffassung wegen des sog. **Territorialitätsprinzips** nicht in den Anwendungsbereich des BetrVG (Einl. Rn. 245 ff. und § 1 Rn. 25). Insoweit geplante Betriebsänderungen können daher von einer deutschen Interessenvertretung nicht zum Gegenstand von Verhandlungen nach §§ 111, 112 gemacht werden. Davon zu unterscheiden ist jedoch der Fall, dass **eine kleinere oder größere Zahl von Beschäftigten vorübergehend im Ausland arbeitet** (z. B. Baustelle in Saudi-Arabien, Expertentätigkeit zur Erläuterung einer schlüsselfertig übergebenen Anlage in Brasilien). Nach der Lehre von der sog. **Ausstrahlung** zählen die in dieser Weise tätigen AN weiterhin zum inländischen Betrieb und werden daher vom inländischen Betriebsrat vertreten,[502] der insbes. vor einer Kündigung angehört werden muss.[503] Nach *BAG*[504] gilt dies auch bei einer **auf Dauer berechneten Entsendung,** sofern der AN den Umständen nach, insbes. wegen eines vereinbarten Rückrufrechts, weiterhin dem Inlandsbetrieb zuzurechnen ist. Die dadurch erfasste Personengruppe kann einen »erheblichen Teil der Belegschaft« i. S. d. § 17 Abs. 1 KSchG ausmachen. Da sich das Vertretungsmandat des BR auch auf sie erstreckt, ergeben sich keine Besonderheiten, wenn sie von einer geplanten Betriebsänderung betroffen sind: **Zieht sich der AG beispielsweise von einem ausländischen Markt zurück** und löst seine dortige Organisation vorzeitig auf, so liegt eine Betriebseinschränkung nach Satz 3 Nr. 1 vor.[505] Auch werden diese im Ausland Beschäftigten mitgerechnet, wenn es um einen Personalabbau geht – und zwar sowohl bei der Betriebsgröße wie auch bei der Zahl der von einer Maßnahme betroffenen AN (dazu o. Rn. 68 ff.).

b) Zeitlich begrenzte Betriebe

135 Wird ein Betrieb von vornherein nur **für einen zeitlich begrenzten Zweck errichtet,** stellt das mit der Erreichung dieses Zwecks verbundene »Auslaufen« keine Betriebsänderung dar.[506] Dies gilt etwa für eine GmbH, die ausschließlich die Aufgabe hat, die dem Gemeinschuldner unter Eigentumsvorbehalt gelieferten Waren im Interesse aller Gläubiger zu verwerten,[507] oder für eine Gesellschaft, die eine von vornherein zeitlich befristete Krankenversorgung übernimmt, um eine aufgetretene Versorgungslücke zu schließen.[508] Um Missbräuche, insbes. eine Umgehung der §§ 111 – 113, zu vermeiden, muss die zeitliche Begrenzung schon bei der Errichtung des Betriebs festliegen, sich auf die **Natur der Tätigkeit** beziehen und außerdem **für alle erkennbar** sein: Das Risiko, bald wieder vom Markt verschwinden zu müssen, reicht selbstredend nicht aus.[509] Auch unterliegt eine **vorzeitige Beendigung** der Tätigkeit den allgemeinen Grundsätzen, löst also eine Pflicht des AG zur Unterrichtung und zu Verhandlungen über Interessenausgleich und Sozialplan aus.[510] Im Übrigen kennt § 111 auch sonst einen

499 *BAG* 13.7.06, NZA 06, 1273.
500 *Gaul/Otto,* DB 02, 634 ff.
501 S. 8. Auflage.
502 Eingehend zur Abgrenzung dieses Personenkreises *Däubler,* Betriebsverfassung in globalisierter Wirtschaft, S. 33 ff.
503 *BAG* 30.4.87, DB 87, 1897.
504 7.12.89, DB 90, 992.
505 Ebenso HK-ArbR-*M. Schubert,* §§ 111 – 113 BetrVG Rn 18.
506 *Fitting,* Rn. 66; Richardi-*Annuß,* Rn. 63; *Teichmüller,* Betriebsänderung, S. 49.
507 *LAG Hamm* 1.2.77, LAGE § 111 BetrVG 1972 Nr. 2.
508 *LAG München* 18.5.88, LAGE § 111 BetrVG 1972 Nr. 9.
509 Vgl. *LAG München* 18.5.88, LAGE § 111 BetrVG 1972 Nr. 9.
510 Ebenso *Teichmüller,* Betriebsänderung, S. 49; a. A. *LAG Hamm* 1.2.77, LAGE § 111 BetrVG 1972 Nr. 2.

ungeschriebenen Vorbehalt zugunsten normaler betrieblicher Vorgänge: Die vorübergehende Schließung eines Nordseehotels in der kalten Jahreszeit stellt keine Betriebseinschränkung i. S. d. Satzes 3 Nr. 1, die Errichtung einer neuen Baustelle keine Verlegung i. S. d. Satzes 3 Nr. 2 dar.

IV. Wann ist eine Betriebsänderung »geplant«?

136 **Betriebsänderungen** pflegen sich **nicht spontan** einzustellen, sondern werden vom AG vorgenommen. Wie nicht zuletzt aus dem Wörtchen »geplant« deutlich wird, geht der Gesetzgeber davon aus, dass jeder Betriebsänderung eine unternehmerische Entscheidung zugrunde liegt.[511]

137 Die unternehmerische **Planung kann offen zutage liegen;** dem BR wird beispielsweise ein Konzept zur Stilllegung oder zur Änderung der Betriebsanlagen vorgelegt. Dabei kann sich die **Umsetzung des Geplanten in mehreren Etappen** vollziehen; beim Personalabbau wie bei der Einführung neuer Techniken wird dies sogar die Regel sein. Die durch eine solche »Gesamtplanung« verbundenen Einzelmaßnahmen sind als einheitliche Betriebsänderung zu werten.[512] Dies gilt auch für ein umfassendes Vorhaben wie die »Anpassung an marktwirtschaftliche Verhältnisse« Anfang der 90er Jahre in den neuen Bundesländern. Zur Divergenz zwischen Planung und Ausführung s. o. Rn. 86.

138 Liegt die unternehmerische Entscheidung nicht offen zutage, so kann und muss sie **aus den Umständen rückgeschlossen** werden. Werden etwa innerhalb eines Jahres zwei oder mehr »**Entlassungswellen**« durchgeführt, so spricht eine Vermutung dafür, dass hinter ihnen eine einheitliche unternehmerische Entscheidung steht.[513] Dasselbe gilt, wenn zehn Prozent der Filialen einer bestimmten Größenordnung innerhalb des vom BR vertretenen Bereichs geschlossen werden.[514] Der AG hat die Möglichkeit, die dadurch geschaffene Vermutung zu widerlegen, indem er spezifische Umstände wie z. B. den unvorhergesehenen Wegfall eines Dauerkunden darlegt.[515] Wird eine bestimmte **neue Technik** (z. B. PCs) zunächst **in Abteilung A,** vier Monate **später in Abteilung B** und ein halbes Jahr **später in Abteilung C** eingeführt, so spricht gleichfalls eine **Vermutung für eine unternehmerische Gesamtplanung.**[516]

139 Die **unternehmerische Entscheidung** muss sich **nicht in völliger wirtschaftlicher Freiheit** vollziehen; der AG ist in aller Regel kein Fürst, der nach eigenem Gutdünken zwischen schönen, weniger schönen, katastrophalen oder fantastischen Alternativen wählen kann. Der Markt und die finanziellen Möglichkeiten schränken im Normalfall die Planungsautonomie erheblich ein. Mit Recht wird der Begriff »geplant« weit ausgelegt und auch eine **spontane Reaktion** auf plötzlich eintretende besondere Umstände darunter gefasst. Auch durch die Umstände, ja **durch eine wirtschaftliche Notlage bedingte Entscheidungen** sind »geplant«, liegt doch auch hier eine Willensentscheidung des Unternehmers zugrunde.[517] Selbst in Katastrophensituationen wie bei Brand und Naturkatastrophen, Wegfall des einzigen Auftraggebers oder behördlicher Schließung des Betriebs bleibt immer noch insofern Verhandlungsspielraum, als unterschiedliche »Bewältigungsstrategien« (Kurzarbeit bis zu einer möglichen Beseitigung des Hindernisses? Ordentliche Kündigung? Fristlose Kündigung?) denkbar sind.[518] Die Rechtsprechung **verzichtet** ausdrücklich auf das Erfordernis einer **»vorausgegangenen« Planung**[519] und weist dem Begriff »geplant« nur die Bedeutung zu, dass der BR möglichst

---

511 *BAG* 6.6.78, AP Nr. 2 zu § 111 BetrVG 1972.
512 *BAG* 22.5.79, 22.5.79 und 26.10.82, AP Nrn. 3, 4 und 10 zu § 111 BetrVG 1972.
513 ErfK-*Kania,* Rn. 10; *Fitting,* Rn. 30; *Schweibert,* in: Willemsen u. a., Rn. C 25.
514 *LAG Berlin-Brandenburg* 19.8.09, AuR 10, 132 und juris; ähnlich *LAG Niedersachsen* 12.1.10, LAGE § 98 ArbGG 1979 Nr. 58; zustimmend *Bertzbach* jurisPR-ArbR 20/2010 Anm. 4
515 So der Fall *BAG* 6.6.78, AP Nr. 2 zu § 111 BetrVG 1972.
516 Ebenso *BAG* 26.10.82, AP Nr. 10 zu § 111 BetrVG 1972; *Däubler,* DB 85, 2299; *Denck,* RdA 82, 294; *Rumpff/Boewer,* S. 304; *Schweibert,* in: Willemsen u. a., Rn. C 26.
517 *BAG* 14.9.76, AP Nr. 2 zu § 113 BetrVG 1972; 22.5.79 und 22.5.79, AP Nrn. 3 und 4 zu § 111 BetrVG 1972.
518 *Heither,* ZIP 85, 515; *Vogt,* Sozialpläne, S. 39; *GL,* Rn. 21 a; anders im Fall *BAG* 31.10.95, DB 96, 1683.
519 *BAG [GS]* 13.12.78, AP Nr. 6 zu § 112 BetrVG 1972.

frühzeitig eingeschaltet werden soll.[520] Näher liegend wäre es, »geplant« als »vom Unternehmer beabsichtigt« aufzufassen; man würde damit der Tatsache Rechnung tragen, dass auch eine reine Reaktion auf Umweltbedingungen »Planung« sein kann und diese auch keinen Mindestzeitraum umfasst. Am Ergebnis selbst besteht allerdings nicht der geringste Zweifel: Sowohl der Gedanke der Steuerung des Unternehmerverhaltens als auch der AN-Schutz sprechen dafür, die §§ 111 – 113 auch dann eingreifen zu lassen, **wenn es nur noch um Schadensbegrenzung geht.**

Wie konkret die **Planung** sein muss, lässt sich dem Gesetzeswortlaut nicht entnehmen. Bloße **Vorüberlegungen reichen nicht** aus. Der UN muss vielmehr »im Prinzip« entschlossen sein, eine bestimmte Betriebsänderung durchzuführen.[521] Das Gesetz geht ersichtlich nicht von »Konzepten«, »Vorüberlegungen« oder »Planungsprozessen« aus, sondern setzt ein bestimmtes **»Planungsziel«,** nämlich eine **Betriebsänderung,** voraus. Diese muss gewissermaßen bereits in der Vorstellung des Unternehmers existieren, auch wenn sie nur modellartig skizziert werden kann.[522] Der »im Prinzip« vorhandene Entschluss darf allerdings kein endgültiger sein, sondern muss in den Verhandlungen mit dem BR grundsätzlich zur Disposition stehen; andernfalls hätte die Beratung und die Verhandlung über einen Interessenausgleich keinen Sinn. **140**

Das *LAG Baden-Württemberg*[523] hatte über die spezifische Konstellation zu entscheiden, dass die Unternehmensleitung das Auslaufen eines wichtigen Produkts im deutschen Werk W und zugleich die **Herstellung des Nachfolgeprodukts in einer ausländischen Niederlassung** beschlossen hatte. Konkrete Vorstellungen der Unternehmensleitung, ob für das deutsche Werk ein neues Tätigkeitsfeld ausgesucht oder einfach Personal abgebaut werden würde, waren nicht ersichtlich. Das *LAG* verneinte eine »geplante« Betriebsänderung, verwies jedoch mit Recht auf § 92 a; mit dessen Hilfe kann der BR ganz ähnliche Verhandlungen führen, wie wenn es um einen Interessenausgleich gehen würde. Sind in Wirklichkeit Planungen vorhanden, die dem BR jedoch erst kurz vor ihrer Realisierung mitgeteilt werden, so muss sich der zeitlichen Restriktionen wegen der Meinungsaustausch und die Suche nach Alternativen in engem Rahmen bewegen. Die **bewusste** (und beweisbare) **Herbeiführung enger zeitlicher Beschränkungen** stellt eine **Behinderung der Betriebsratstätigkeit** dar. **141**

Eine **vom BR initiierte Betriebsänderung** fällt nicht unter § 111.[524] Dem BR steht insoweit anders als beim Sozialplan kein Initiativrecht zu. Auch bei der Einführung eines **Umweltmanagementsystems** ist er daher auf Anregungen beschränkt;[525] dasselbe gilt für Maßnahmen der Beschäftigungssicherung nach § 92 a (s. dort). **142**

V. Voraussetzungen auf Arbeitnehmerseite

1. Existenz eines Betriebsrats

Für die Unterrichtung nach § 111 und die Verhandlungen über Interessenausgleich und Sozialplan nach § 112 ist grundsätzlich der im einzelnen Betrieb errichtete **BR zuständig** (allgemeine Meinung).[526] Die Tatsache, dass eine unternehmerische Entscheidung zu erörtern und ggf. zu korrigieren ist, ändert daran nichts. **Fehlt ein BR,** laufen die §§ 111 – 113 leer. Dies gilt auch dann, wenn ein **Betriebsteil** im Sinne des § 4 Abs. 1 weder einen eigenen BR gewählt noch sich der Wahl zum BR des Hauptbetriebs angeschlossen hatte. Tat er das letztere, können sich allerdings bei Interessenausgleich und Sozialplan Nachteile ergeben: Wird später der **Betriebsteil geschlossen,** so liegt uU keine Betriebsänderung vor, weil die dafür erforderlichen Grenzwerte – bezogen auf die größere Einheit – nicht erreicht sind.[527] Vor dem »Anschluss« **143**

520 *BAG* 14.9.76, AP Nr. 2 zu § 113 BetrVG 1972; ebenso *Fitting,* Rn. 108; *Gamillscheg,* Kollektives Arbeitsrecht II S. 1106; einschränkend Richardi-*Annuß,* Rn. 147.
521 Richardi-*Annuß,* Rn. 145; ähnlich HWGNRH-*Hess,* Rn. 63.
522 Vgl. GK-*Oetker,* Rn. 198 f.
523 17.9.04 NZA-RR 05, 195.
524 *Zöllner/Loritz/Hergenröder,* § 51 II 1 b.
525 *Merten* DB 96, 93.
526 Vgl. *GL,* Rn. 12; HWGNRH-*Hess,* Rn. 7; Richardi-*Annuß,* Rn. 158.
527 S. den Fall *BAG* 17.9.13, NZA 14, 96.

an den Hauptbetrieb durch Beteiligung an der BR-Wahl ist daher immer zu prüfen, ob nicht nur theoretisch ein entsprechendes Risiko besteht.[528] **Kleinsteinheiten** nach § 4 Abs. 2 werden immer vom BR des Hauptbetriebs mitvertreten. Ein Betriebsrat »fehlt« allerdings dann nicht, wenn unter Verkennung des Betriebsbegriffs in einem Filialbetrieb ein **Regionalbetriebsrat** gebildet, dessen Wahl nicht angefochten wurde und der auch den von der Betriebsänderung betroffenen Betrieb vertritt.[529] Dasselbe gilt dann, wenn in einem unselbstständigen Betriebsteil ein BR gewählt wurde.[530] Besteht ein GBR, kann dieser nach § 50 Abs. 2 ermächtigt werden. Ergeben sich Meinungsverschiedenheiten und zieht der örtliche BR die Kompetenz wieder an sich, kann dies das **Verfahren** erheblich **verzögern.**[531]

2. Zuständigkeit des GBR und KBR?

144 Für die Unterrichtung und Beratung nach § 111 sowie für die Verhandlungen über den Interessenausgleich ist **ausnahmsweise der GBR** zuständig, wenn die unternehmerische Maßnahme mindestens zwei Betriebe des Unternehmens betrifft und eine einheitliche Regelung »zwingend geboten« ist.[532] Dies wurde etwa dann angenommen, wenn alle Betriebe eines Unternehmens stillgelegt[533], wenn zahlreiche Filialen geschlossen werden sollen,[534] oder wenn es darum geht, einen unternehmensweiten Personalabbau ohne Rücksicht auf betriebliche Besonderheiten allein mit Hilfe des Ausscheidens anderweitig gesicherter AN durchzuführen.[535] Weiter wird die Zuständigkeit des GBR dann bejaht, wenn mehrere Betriebe zusammengeschlossen,[536] wenn ein Betrieb verlegt und am neuen Standort mit einem anderen vereinigt[537] oder wenn mehrere Betriebsteile, wie z. B. die Verwaltungen einzelner Betriebe, zu einer Einheit verschmolzen werden sollen.[538] Eine einheitliche Regelung ist auch dann zwingend geboten, wenn mehrere Betriebe gleichzeitig i. S. d. Satzes 3 Nr. 1 eingeschränkt oder i. S. d. Satzes 3 Nr. 4 umstrukturiert werden sollen.[539] Bei der Einführung neuer Techniken (Satz 3 Nrn. 4 und 5) hängt die Zuständigkeit des GBR letztlich davon ab, ob die neuen Systeme notwendigerweise in allen Betrieben gleichermaßen zur Anwendung kommen müssen. Dies wurde etwa für die Einführung eines unternehmenseinheitlichen Systems der Personal- oder der Produktionsplanung bejaht.[540]

145 Aus der **Zuständigkeit** des GBR **für** den **Interessenausgleich** kann **nicht auf** die für den **Sozialplan geschlossen** werden, da sich beide nach Voraussetzungen, Inhalt und Ausgestaltung wesentlich unterscheiden.[541] Beim **Sozialplan** muss **separat geprüft** werden, ob es effektiv unmöglich ist, eine Regelung innerhalb der einzelnen Betriebe zu treffen.[542] Dies lässt sich nicht schon mit dem Argument rechtfertigen, der Gesamtaufwand gehe einheitlich zu Lasten des AG. Anders ist dies nur dann, wenn im Rahmen des Interessenausgleichs ein **Sanierungskonzept** vereinbart wurde, das allein auf der Grundlage eines bestimmten, für das ganze UN maßgebenden **Sozialplanvolumens** realisiert werden kann.[543] Insoweit kann eine Einigung im

---

528 *Seebacher,* AiB 14, 33.
529 *LAG Bremen* 31.10.86, LAGE § 111 BetrVG 1972 Nr. 5.
530 *BAG* 27.6.95, DB 96, 147.
531 *Schweibert,* in: Willemsen u. a., Rn. C 313.
532 HWK-*Hohenstatt/Willemsen,* Rn. 73; *Rumpff/Boewer,* S. 333.
533 *BAG* 17.2.81, AP Nr. 11 zu § 112 BetrVG 1972; zustimmend Richardi-*Annuß,* § 50 Rn. 37.
534 *BAG* 7.7.11, NZA 11, 1108 Tz. 24.
535 *BAG* 20.4.94, DB 94, 2038.
536 *BAG* 3.5.06, DB 06, 2410; *ArbG Nürnberg* 30.6.03, AuR 03, 357; *GL,* Rn. 13; *Gajewski,* FS Gaul, S. 195; Richardi-*Annuß,* § 50 Rn. 37; *Vogt,* Sozialpläne, S. 18; *Wißmann,* FS 25 Jahre ARGE Arbeitsrecht im DAV, S. 1042.
537 *BAG* 24.1.96, BB 96, 2093.
538 HWGNRH-*Hess,* Rn. 7; zusammenfassend *Röder/Gragert,* DB 96, 1674; *Wenning-Morgenthaler,* Rn 1017.
539 *BAG* 11.12.01, DB 02, 1276; *GL,* Rn. 13; *Mothes,* AuR 74, 327.
540 *LAG Köln,* 3.7.87, CR 88, 315; *LAG Düsseldorf,* 21.8.87, CR 88, 1016.
541 *BAG* 3.5.06, DB 06, 2411 = NZA 07, 1245; zustimmend *Joussen,* RdA 07, 114.
542 *BAG* 11.12.01, DB 02, 1276.
543 *BAG* 11.12.01, DB 02, 1276, bestätigt durch *BAG* 3.5.06, DB 06, 2412 = NZA 07, 1245.

Rahmen des Interessenausgleichs die Notwendigkeit für einen einheitlichen Sozialplan schaffen, doch spricht dafür angesichts des Ausnahmecharakters des § 50 Abs. 1 **keine Vermutung.**[544] Auch steht der Gleichbehandlungsgrundsatz unterschiedlichen Sozialplänen nicht entgegen.[545]

Die Zuständigkeit des GBR müsste an sich auf das Erforderliche beschränkt sein. Dies würde bedeuten, dass bei einem zentral festgelegten Volumen die Verteilungskriterien durchaus dezentral bestimmt werden können. Mit Recht hat das *BAG*[546] betont, auf örtlicher Ebene sei eher eine »passgenaue« Lösung zu finden. Dies gilt auch für technische Systeme wie Telefonanlagen, die eine unterschiedliche betriebliche Umsetzung erfahren können.[547] Einer solchen – vernünftigen – Aufteilung hat das BAG jedoch in einer Entscheidung zu § 87 Abs. 1 Nr. 6 eine Absage erteilt. Aus Gründen der Rechtssicherheit könne man **nicht** zwischen **Rahmen- und Ausfüllungskompetenz** differenzieren,[548] die Zuständigkeit müsse in einer Hand bleiben. Zumindest müsste es jedoch möglich sein, **bestimmte Bereiche einvernehmlich auszusparen** und sie der Mitbestimmung der Betriebsparteien zu überlassen (erwogen von BAG,[549] jedoch nur zugunsten einer möglichen freiwilligen Einigung zwischen AG und lokalem BR in Fragen, zu deren Entscheidung der AG auch allein ermächtigt werden könnte). Auch diese Möglichkeit zu verschließen, würde auf einen praxisfernen Formalismus hinauslaufen und die Gestaltungsfreiheit von BR und AG ohne zwingende Notwendigkeit beschränken. In der Praxis würde man sich notfalls damit helfen, dass Gesamtbetriebsvereinbarungen einzelne betriebsspezifische Teile erhalten, die dezentral ausgehandelt, aber vom GBR unterschrieben werden. 146

Keinerlei Zuständigkeit des GBR besteht weiter dann, wenn zwischen den **gleichzeitig beschlossenen Betriebsänderungen kein notwendiger Zusammenhang** existiert, wenn beispielsweise in einem Betrieb Personal abgebaut, im anderen SAP eingeführt werden soll.[550] Zur Zuständigkeitsverteilung bei der Namensliste s. u. §§ 112, 112 a Rn. 41. 147

Ist der GBR in den genannten Fällen nach § 50 Abs. 1 zuständig, so wirken die von ihm abgeschlossenen **Abmachungen auch** für und gegen die Beschäftigten **in Betrieben ohne BR,** und zwar auch dann, wenn diese nach § 1 nicht betriebsratsfähig sind.[551] Die ablehnende Auffassung des *BAG*[552] wurde vom Gesetzgeber im Wege einer Ergänzung des § 50 Abs. 1 korrigiert.[553] Die in der Literatur vorhandenen Kontroversen[554] sind damit erledigt. Auch auf freiwilliger Grundlage können die **betriebsratslosen Einheiten nicht mehr ausgeklammert** werden, da § 50 Abs. 1 die zwingende Notwendigkeit einer einheitlichen Regelung im ganzen UN voraussetzt. Fehlt es daran, so kann der GBR allerdings auch dann nicht für die vertretungslosen Einheiten sprechen, wenn er von sämtlichen BR Ermächtigungen nach § 50 Abs. 2 erhalten hat. 148

Die Zuständigkeit des GBR ändert nichts an der **Handhabung der »Relevanzschwellen«** im Rahmen des § 111. Kommt es auf das Vorliegen der Sätze des § 17 Abs. 1 KSchG oder darauf an, dass 5 % der Belegschaft betroffen sind, ist weiterhin auf die **Verhältnisse im einzelnen Betrieb,** nicht etwa im Gesamt-UN abzustellen (s. auch o. Rn. 64 ff.).[555] Für die Entstehung der GBR-Befugnisse reicht es aus, dass in mindestens einem Betrieb die entsprechenden zahlenmäßigen Voraussetzungen erfüllt sind. 149

Besteht entgegen der gesetzlichen Verpflichtung **kein GBR,** bleibt die Kompetenz der Einzel-BR erhalten, auch wenn dies wenig zweckmäßig ist.[556] Dies dürfte auch dann gelten, wenn in 150

---

544 *BAG* 3.5.06, DB 06, 2411 = NZA 07, 1245; *Joussen,* RdA 07, 115.
545 *BAG* a. a. O.
546 3.5.06, DB 06, 2410, 2412.
547 Näher *Däubler,* Gläserne Belegschaften?, Rn. 817 und *Rupp,* AiB 03, 254.
548 *BAG* 14.11.06, DB 07, 1141; ebenso im Rahmen des § 87 Abs. 1 Nr. 8, *BAG* 10.2.09, NZA 09, 562.
549 A. a. O.
550 *Schmitt-Rolfes,* FS 50 Jahre BAG, S. 1084.
551 Übersehen bei *Löwisch,* BB 01, 1796.
552 16.8.83, AP Nr. 5 zu § 50 BetrVG 1972.
553 Dazu auch *Schweibert,* in: Willemsen u. a., Rn. C 17.
554 S. 7. Aufl.
555 HWK-*Hohenstatt/Willemsen* Rn. 74.
556 *GL,* Rn. 14; anders HWK-*Hohenstatt/Willemsen,* Rn. 74.

unzulässiger Weise ein einziger GBR für mehrere UN errichtet wurde: Nach der Rechtsprechung des BAG ist dieser inexistent, die von ihm geschlossenen Abmachungen nichtig.[557] Auch wenn der AG die Vereinbarungen selbst geschlossen hat, kann er sich auf deren Nichtigkeit berufen[558], doch hat das Gericht nicht geprüft, ob darin nicht unter besonderen Umständen ein widersprüchliches Verhalten und deshalb ein Verstoß gegen Treu und Glauben liegen kann.[559]

151 Ein etwa bestehender **KBR** ist dann zuständig, wenn mehrere Konzern-UN betroffen sind und eine konzerneinheitliche Lösung zwingend geboten ist.[560] Als Beispiel wird etwa der **Zusammenschluss mehrerer Betriebe verschiedener Konzern-UN**[561] sowie die durch die Betriebsänderung bedingte Übernahme von AN durch ein anderes Konzern-UN[562] genannt. Auch die Einführung konzernweiter Informationssysteme kann dazu zählen,[563] doch sind hier datenschutzrechtliche Probleme in besonderem Maße zu beachten.[564] Betriebe ohne BR werden auf Grund einer Ergänzung des § 58 Abs. 1 automatisch ebenfalls erfasst.

152 Die Einzelbetriebsräte können nach § 50 Abs. 2 ihre Zuständigkeit auf den GBR, Gesamtbetriebsräte können nach § 58 Abs. 2 ihre **Zuständigkeit** auf den KBR **übertragen.** Zum Fall **zweifelhafter** Zuständigkeit s. § 113 Rn. 14. Eine Delegierung auf **Arbeitsgruppen** nach § 28 a ist nicht möglich.[565]

153 Werden Ansprüche aus einem Sozialplan geltend gemacht, der die Form einer GBV besitzt, so wird eine mögliche Unwirksamkeit wegen fehlender Zuständigkeit vom Gericht nur geprüft, wenn die Gegenseite Bedenken anmeldet.[566]

3. Wahl oder Auflösung des Betriebsrats während der Planung und Durchführung der Betriebsänderung

154 Wird der BR **erst** zu einem Zeitpunkt **gewählt,** zu dem die **geplante Betriebsänderung bereits durchgeführt** wird (die ersten Kündigungen sind ausgesprochen, die ersten Computer installiert), so kann er die Rechte aus §§ 111, 112 nicht mehr geltend machen.[567] Grundgedanke ist der Vertrauensschutz für den UN; er soll vor Durchführung der geplanten Maßnahme kalkulieren können, welche finanziellen Belastungen auf ihn zukommen. Umgekehrt bestehen die Rechte aus §§ 111, 112, wenn der **BR während des Planungsstadiums gewählt** wird.[568] Das Erstere vermag nur wenig zu überzeugen, da betriebsratslose Betriebe vom Gesetz nicht gewollt sind: Der **Schutz des Vertrauens** darauf, dass ein gesetzliches Programm auch in Zukunft weiter unerfüllt bleibt, pflegt ansonsten nicht geschützt zu werden.[569] Auch könnte man bei der Bemessung von Sozialplanleistungen im Rahmen der »Vertretbarkeit für das Unternehmen« berücksichtigen, dass der AG nicht mit einem Sozialplan rechnete, so dass die Resultate keineswegs unzumutbar sein müssten.[570] Der herrschenden Meinung kann daher nicht zugestimmt werden[571]. Zutreffend weist das *LAG Köln*[572] weiter darauf hin, die Recht-

557 *BAG* 17.3.10, DB 2010, 2812.
558 *BAG* a. a. O.
559 Dazu *Däubler,* FS Wissmann, S. 283 f. für ein im Widerspruch zum BetrVG errichtetes Gremium der Interessenvertretung.
560 *U. Fischer,* AiB 01, 568; *GL,* Rn. 15; *Nick,* S. 202; *Rumpff/Boewer,* S. 334 f.
561 Richardi-*Annuß,* § 58 Rn. 15.
562 *Dross,* S. 84.
563 Vgl. *BAG* 20.12.95, DB 96, 1985.
564 Einzelheiten bei *Däubler,* Gläserne Belegschaften?, Rn. 450 ff.
565 *Lingemann,* NZA 02, 938.
566 *BAG* 20.5.08, NZA-RR 08, 636.
567 *BAG* 20.4.82, AP Nr. 15 zu § 112 BetrVG 1972; ebenso *GL,* Rn. 7; HWGNRH-*Hess,* Rn. 2; Richardi-*Annuß,* Rn. 27; *Spinti,* S. 29.
568 Vgl. GK-*Oetker,* Rn. 35: Der BR muss im Zeitpunkt des Entschlusses durch den UN bestehen.
569 Ebenso *ArbG Reutlingen* 29.10.98, AuR 98, 492; ähnlich *LAG Köln* 5.3.07, AuR 07, 395 mit zusti. Anm. *Kraushaar:* Jeder Unternehmer muss mit Sozialplankosten kalkulieren.
570 Insoweit zustimmend *M. Kraushaar,* AuR 00, 247.
571 Wie hier *Wenning-Morgenthaler,* Rn. 1019.
572 A. a. O.

sprechung des *BAG* führe zu einem zeitlichen Wettlauf zwischen Belegschaft und Arbeitgeber, was zahlreiche anfechtbare Betriebsratswahlen produziere. Auch liege der Sinn der Sozialplanmitbestimmung im Ausgleich von Nachteilen, nicht in der Beeinflussung der Arbeitgeberentscheidung, so dass sie auch noch zu einem späteren Zeitpunkt ausgeübt werden könne. Auch das *LAG Saarland*[573] und das *LAG Hamburg*[574] haben dem BAG widersprochen; das *LAG Saarland*[575] setzte deshalb nach § 98 ArbGG eine ESt. ein, obwohl im Zeitpunkt der Unternehmerentscheidung erst der **Termin zu** der Betriebsversammlung feststand, die den **Wahlvorstand wählen** sollte. Das *LAG Köln*[576] hält dies sogar noch nach Durchführung der Betriebsänderung für gerechtfertigt.

Selbst wenn man den **Ausgangspunkt des** *BAG* **zugrunde legt,** könnte es nicht auf den **155** **Zeitpunkt** der Wahl, sondern nur auf die Bekanntmachung **des Wahlausschreibens** ankommen: Erfolgt diese, bevor mit der Umsetzung der unternehmerischen Planung begonnen wurde, ist kein Vertrauensschutz mehr gerechtfertigt; mit der effektiven Wahl eines BR muss in diesem Fall gerechnet werden.[577] Spätester Zeitpunkt wäre der Augenblick vor Beginn der ersten Umsetzungsmaßnahme; hier lässt sich die Planung immer noch revidieren, was man ggf. auch aus anderen Gründen wie einer veränderten Marktsituation täte. Das *BAG* hat dies allerdings **nicht akzeptiert**[578] und den Vertrauensschutzgedanken in den Hintergrund gerückt: Die Beteiligungsrechte des BR nach §§ 111 ff. würden dann entstehen, wenn der Tatbestand »geplante Betriebsänderung« verwirklicht sei. Dieses rein konstruktive Argument überzeugt wenig; gerade bei einem Beteiligungsrecht, das sich nicht auf einen einmaligen Akt, sondern auf einen längere Zeit in Anspruch nehmenden Vorgang erstreckt, will es nicht einleuchten, dass nicht auch eine zeitliche Reihenfolge »Ende der Planung – Wahl des BR« möglich sein sollte. Sinn und Zweck der Mitbestimmungsrechte würden dies jedenfalls gebieten; ein relevantes Gegeninteresse des AG ist vom *BAG* selbst nicht angeführt worden. Außerdem gibt es in den übrigen Teilen der Rechtsordnung zahlreiche Fälle, in denen ein erst in Entstehung begriffener Rechtsträger dem endgültigen gleichgestellt wird (z. B. § 1923 Abs. 2 BGB, Vorgründungs- und Vorgesellschaft bei der GmbH). Das *ArbG Reutlingen*[579] hat mit diesen Erwägungen dem *BAG* ausdrücklich die Gefolgschaft versagt.[580] Ohne jede Bedeutung ist die »Verspätung« der BR-Wahl, wenn der AG eine rechtzeitige Initiative aus der Belegschaft behindert hat; es wäre treuwidrig, wollte er aus seinem eigenen rechtswidrigen Verhalten Vorteile ziehen. Eine in der Lit. vertretene Kompromissposition will die §§ 111 ff. dann eingreifen lassen, wenn der BR noch vor dem ersten Durchführungsschritt (aber ggf. nach der getroffenen Entscheidung) gewählt wurde.[581]

Löst sich der BR während des Planungs- oder des Umsetzungsprozesses **auf** oder läuft seine **156** Wahlperiode ab, ohne dass eine Neuwahl erfolgt, so entsteht ein betriebsratsloser Betrieb, in dem die Rechte nach §§ 111 – 113 leer laufen. Hat allerdings der UN noch während der Existenz des BR seine Verhandlungspflicht verletzt, bleiben die dadurch entstehenden **Ansprüche aus § 113** unberührt.[582]

4. Wegfall des Betriebs oder Betriebsteils vor Abschluss des Verfahrens

Wird der Betrieb stillgelegt, ohne dass vorher eine effektive Einigung über den Sozialplan **157** erfolgt wäre (der Spruch der ESt. wird z. B. angefochten), so kann der BR gleichwohl weiter die Rechte nach §§ 111, 112 ausüben. Dieses sog. **Restmandat** ergibt sich aus § 21 b (s. dort) und

573 14.5.03, AiB 04, 244 = NZA-RR 03, 639.
574 13.8.97 – 8 Sa 42/97.
575 A. a. O.
576 A. a. O.
577 Zustimmend z. B. *Kraushaar,* AiB 94, 293; vgl. auch *Fuchs,* Sozialplan, S. 25.
578 28.10.92, DB 93, 385.
579 29.10.98, AuR 98, 492.
580 Zustimmend *M. Kraushaar,* AuR 00, 248.
581 *Bauer,* DB 94, 217; *Fitting,* 21. Aufl., Rn. 34; wohl auch *Gamillscheg,* Kollektives Arbeitsrecht II, S. 1103; differenzierend je nach Entscheidungssituation des UN *M. Kraushaar,* AuR 00, 247 ff.
582 *Etzel,* Rn. 1021.

erfasst auch den Fall der Ausgliederung von Betriebsteilen, der Aufspaltung des gesamten Betriebs und des Zusammenlegens von Betrieben. Unerheblich ist, dass auch die BR-Mitglieder inzwischen ausgeschieden sind[583] und dass ggf. die Wahlperiode des BR abgelaufen ist. Unter den Voraussetzungen des § 21 a kommt dem BR für die nach der Auflösung des Betriebs auftretenden Fragen ein sog. **Übergangsmandat** zu.

VI. Unterrichtung und Beratung durch den Unternehmer

158 Betriebsänderungen können ihrer einschneidenden Wirkungen wegen im Betrieb zu erheblichen Verunsicherungen führen. Um für alle Beteiligten klare Verhältnisse zu schaffen und eine **vernünftige Zukunftsplanung zu erleichtern,** verpflichtet § 111 Satz 1 den UN dazu, den BR »rechtzeitig und umfassend« zu unterrichten und die geplanten Betriebsänderungen mit ihm zu beraten. Damit wird nicht nur einem selbstverständlichen Interesse der AN Rechnung getragen, sondern auch eine potentielle Störung des Betriebsfriedens verhindert.[584]

1. Der Verpflichtete

159 Nach dem Gesetzeswortlaut ist »**der Unternehmer**« zur Unterrichtung und Beratung verpflichtet. Dies ist der Betriebsinhaber, also diejenige natürliche oder juristische Person, zu der die Beschäftigten ein Arbeitsverhältnis haben; die Begriffe »Unternehmer« und »Arbeitgeber« bezeichnen lediglich unterschiedliche Rollen desselben Rechtssubjekts.[585] Ohne Bedeutung ist es, ob es sich um eine konzernabhängige Gesellschaft handelt, die von einer Konzernmutter gesteuert wird.[586]

160 An der Unterrichtungspflicht durch den Arbeitgeber-Unternehmer ändert sich dadurch nichts, dass dieser **von einem anderen Unternehmen** (z. B. Konzernmutter) **abhängig** ist. Werden die Planungen auf der Ebene des herrschenden Unternehmens vorgenommen, kann sich die abhängige Gesellschaft nicht hinter ihrer relativen Unkenntnis »verstecken«; eine umfassende Information liegt nur dann vor, wenn **auch die bei dem herrschenden Unternehmen vorhandenen Planungen** dem BR mitgeteilt werden.[587] Bei besonders enger Anbindung (Eingliederung, Vertragskonzern, qualifizierter faktischer Konzern) muss die herrschende Gesellschaft unmittelbar für die Verbindlichkeiten der abhängigen Gesellschaft einstehen (näher unten Rn. 190). Dies gilt auch für die Verpflichtung zu umfassender Information. Bei Zuwiderhandlungen greifen die allgemeinen Sanktionen Platz (dazu unten Rn. 190).[588]

161 Fällt der UN in Konkurs, so ist die **Informationspflicht vom Insolvenzverwalter** zu erfüllen. Die **Löschung eines UN** im Handelsregister hat nur deklaratorische Bedeutung; sie lässt die Partei- und Beteiligtenfähigkeit unberührt.[589] Dies gilt sogar dann, wenn kein verteilbares Vermögen mehr vorhanden ist.[590] Sind keine Geschäftsführer greifbar, sind notfalls vom zuständigen Gericht Liquidatoren zu bestellen.

2. Zeitpunkt der Unterrichtung

162 Unbestrittenermaßen ist die Unterrichtung nur dann »**rechtzeitig**«, wenn sie **vor der praktischen Umsetzung** der Planung erfolgt.[591] Wichtiger ist die nicht mehr ganz so allgemein geteilte Feststellung, die Information des BR müsse zu einem Zeitpunkt erfolgen, zu dem **noch nicht abschließend** über die Betriebsänderung **entschieden** ist.[592] In der Tat hätten Verhand-

583 *Wenning-Morgenthaler,* Rn 1023.
584 *Vogt,* Sozialpläne, S. 16.
585 *BAG* 15.1.91, DB 91, 1472.
586 *BAG* 14.4.15, ZInsO 15,1695, AuR 15,333 Ls.
587 Vgl. *Fitting,* Rn. 104; GK-*Oetker,* Rn. 246; *Halberstadt,* Rn. 9.
588 Zum Nachteilsausgleich s. auch *Röder/Baeck,* S. 7.
589 *BAG* 17.10.89, AP Nr. 29 zu § 111 BetrVG 1972.
590 *BAG* 17.10.89, a. a. O.
591 Siehe etwa *Birk,* Anm. zu BAG AP Nr. 5 zu § 111 BetrVG 1972; Richardi-*Annuß,* Rn. 144.
592 Dafür *LAG Baden-Württ.* 27.9.04 NZA-RR 05, 195; GK-*Oetker,* Rn. 196; *v. Hoyningen-Huene,* Be-

lungen über einen Interessenausgleich keinen Sinn mehr, wenn die Würfel bereits gefallen wären und sowohl das »Ob« als auch das »Wie« der Betriebsänderung feststehen würden. Nicht mehr rechtzeitig ist die Einschaltung des BR deshalb dann, wenn **bereits der Aufsichtsrat, die Gesellschafterversammlung oder ein Beirat um Zustimmung ersucht** oder diese gar bereits erteilt wurde.[593] Dies schließt nicht aus, dass der Aufsichtsrat bzw. die anderen genannten Gremien regelmäßig informiert und so auf dem Laufenden gehalten wurden; ausgeschlossen ist lediglich, dass der **BR erst dann** unterrichtet wird, wenn sich die **Unternehmensleitung** einem anderen Unternehmensorgan gegenüber **bereits definitiv festgelegt** hat. Auf der anderen Seite ist ebenso eindeutig, dass der BR an bloßen Vorüberlegungen nicht partizipieren muss; dem Unternehmer steht es frei, von sich aus abzuklären, ob überhaupt Handlungsbedarf besteht.[594] Zwischen »bloßen Vorüberlegungen« und einem fertigen Konzept, das lediglich noch mit dem BR abgestimmt werden muss, kann allerdings ein recht langer Zeitraum liegen; nimmt man das Gebot einer »rechtzeitigen« Information ernst, muss man den UN für verpflichtet ansehen, den BR bereits dann einzuschalten, wenn nach Ansicht des UN mehr für als gegen die Vornahme einer Betriebsänderung spricht. Je früher der BR beteiligt wird, umso eher ist eine »sozial verträgliche« Lösung erreichbar; er muss das Geschehen noch gezielt beeinflussen können.[595]

3. Gegenstand und Form der Unterrichtung

Der UN hat den BR »**umfassend**« zu unterrichten. Auch bei Personalabbaumaßnahmen **reichen die in § 17 Abs. 2 KSchG vorgeschriebenen Informationen nicht** aus.[596] Notwendig ist die Darlegung der wirtschaftlichen und sozialen Gründe, die nach Auffassung des UN für die Betriebsänderung sprechen.[597] Hat der Arbeitgeber eine **UN-Beratungsfirma** eingeschaltet, so ist deren Gutachten vorzulegen. Auch die Bilanzen der letzten 3 – 5 Jahre, die **Wirtschaftsprüferberichte** sowie Marktanalysen sind zugänglich zu machen, sofern sie im konkreten Zusammenhang von Bedeutung sein können.[598] Das *LAG Hamm*[599] hat den Unternehmer für verpflichtet angesehen, dem BR »alle Daten und Fakten« bekannt zu geben, die ihn zu der beabsichtigten Schließung des Werkes X veranlasst hatten. Auch der **Zeitplan** einer Betriebsänderung[600] sowie ihre sozialen Auswirkungen sind einzubeziehen.[601] 163

Die Unterrichtung hat so zu erfolgen, dass sich der BR ein vollständiges Bild machen kann.[602] 164
Dies erfordert nicht anders als bei § 80 Abs. 2 in der Regel auch, dass dem BR **Unterlagen zur Verfügung gestellt** werden, die er auswerten kann.[603] Der BR kann nach Satz 2 einen Berater heranziehen (dazu u. Rn. 166 ff.) und ggf. zusätzlich die Hilfe eines Sachverständigen nach § 80 Abs. 3 in Anspruch nehmen (s. dort). Der UN kann ihn auch nicht darauf verweisen, der **WA** sei **bereits** vollständig **informiert.** Weiter kennt die Unterrichtungspflicht nach § 111 **keinen Geheimnisvorbehalt.** Auch Betriebs- und Geschäftsgeheimnisse sind daher dem BR mitzuteilen.[604]

---

triebsverfassungsrecht, § 15 Rn. 21; *Röder/Baeck,* S. 6; *Rumpff/Boewer,* S. 321; *Söllner/Waltermann,* Rn. 865, 867; einschränkend HWGNRH-*Hess,* Rn. 70 ff.

593 ErfK-*Kania,* Rn. 22; *Fuchs,* Sozialplan, S. 83; GK-*Oetker,* Rn. 197; *Söllner/Waltermann,* Rn. 867; *Teichmüller,* Betriebsänderung, S. 67.

594 *LAG Düsseldorf* 27.8.85, NZA 86, 371; *Rumpff/Boewer,* S. 326.

595 *Gamillscheg,* Kollektives Arbeitsrecht II S. 1117.

596 ErfK-*Kania,* Rn. 23; *GL,* Rn. 40; *Rumpff/Boewer,* S. 329.

597 GK-*Oetker,* Rn. 190.

598 Näher *Etzel,* Rn. 1002; *Teichmüller,* Betriebsänderung, S. 68; für Vorlage auch der **Steuerbilanz** mit Recht *Fuchs,* Sozialplan, S. 85 Fn. 49.

599 5.3.86, BB 86, 1291.

600 *Rumpff/Boewer,* S. 329.

601 *GL,* Rn. 39 a; Richardi-*Annuß,* Rn. 150.

602 Beispiele für Unterlaufungsstrategien des AG bei *Dreißiger,* AiB 12/14, 18.

603 GK-*Oetker,* Rn. 194; *GL,* Rn. 41; *Heither,* FS Däubler, S. 339; Richardi-*Annuß,* Rn. 151; *Rumpff/Boewer,* S. 329.

604 *Fuchs,* Sozialplan, S. 86; GK-*Oetker,* Rn. 192; Richardi-*Annuß,* Rn. 152; *Rumpff/Boewer,* S. 328; *Teichmüller,* Betriebsänderung, S. 67; *WW,* Rn. 31; a. A. *GL,* Rn. 41; differenzierend *Zöllner/Loritz/Hergen-*

4. Beratung mit dem Betriebsrat

165 Der UN ist weiter verpflichtet, mit dem BR zu beraten, ob und ggf. unter welchen Bedingungen die geplante Betriebsänderung durchgeführt wird.[605] Inhaltlich geht es um Interessenausgleich und Sozialplan (dazu §§ 112, 112 a Rn. 3 ff., 60 ff.).

VII. Die Heranziehung eines Beraters nach Satz 2

166 Der 2001 eingefügte Satz 2 sieht vor, dass der BR in UN mit mehr als 300 AN zu seiner Unterstützung einen Berater hinzuziehen kann und dass dieser entsprechend § 80 Abs. 4 ihm zur Kenntnis kommende Betriebs- und Geschäftsgeheimnisse zu wahren hat. Damit soll nach der amtlichen Begründung des RegE[606] der BR in die Lage versetzt werden, trotz der oft »hoch komplizierten Fragestellungen« seine **Beteiligungsrechte wirksam auszuüben** und relativ kurzfristig auf die Planungen des AG zu reagieren. Die daraus folgende **Beschleunigung des Verfahrens**[607] sei insbesondere deshalb zu erwarten, weil das einseitige Bestellungsrecht durch den BR Auseinandersetzungen wie im Falle der Einschaltung von Sachverständigen nach § 80 Abs. 3 vermeide. In der Literatur ist diese Überlegung zum Teil mit erheblicher Skepsis aufgenommen worden.[608] Auf der anderen Seite ist zu beachten, dass es vergleichbare Vorschriften in § 44 Abs. 1 Nr. 5 LPersVG Brandenburg und in den §§ 13 Abs. 4, 29 EBRG (s. dort) gibt, die ersichtlich zu keiner Belastung der Entscheidungsabläufe geführt haben.[609] Muster-Korrespondenz zur Zuziehung eines Beraters in DKKWF-*Däubler.*[610]

1. Allgemeine Voraussetzungen

167 Das Recht des BR, einen Berater hinzuzuziehen, besteht nur **»in Unternehmen mit mehr als 300 Arbeitnehmern«.** Anders als bei den meisten sonstigen Grenzwerten (vgl. etwa § 1 Abs. 1 Satz 1, § 99 Abs. 1 Satz 1 und § 111 Satz 1) wird nicht darauf abgestellt, dass diese Zahl »in der Regel« bestehen muss. Hierin dürfte wohl ein Redaktionsversehen liegen,[611] so dass genau wie im Fall des § 95 Abs. 2 (s. dort Rn. 15) auf die **regelmäßige Beschäftigung** abzustellen ist.[612] Dies rechtfertigt sich auch damit, dass anders als nach § 4 EBRG keine alternative Berechnungsform vorgesehen ist und das Abstellen auf einen Stichtag sowieso problematisch wäre, weil die »Planung einer Betriebsänderung« als Bestellungsvoraussetzung nicht auf einen ganz bestimmten Tag fixiert werden kann. Bei **gemeinsamen Betrieben** ist auf deren Personalbestand abzustellen.[613]

168 Die **Beschränkung** des Beraters auf UN mit mehr als 300 Arbeitnehmern erfolgt nach der amtlichen Begründung des RegE[614] **wegen** der **»Kostenrelevanz« der Beratung.** Die wirtschaftliche Belastbarkeit bestimmt sich aber bei konzerngebundenen UN nach der Größe des Konzerns. Insoweit ist die Vorschrift m. E. **entsprechend** anzuwenden, **wenn in** allen **Konzern-UN** zusammengenommen **mehr als 300 Arbeitnehmer** beschäftigt sind (zum Parallelproblem des Eingreifens von Satz 1 s. o. Rn. 66).

169 Für die hinzuzuziehende Person bestehen **keine formalen Anforderungen** etwa in dem Sinne,

---

röder, § 51 II 2 a, die den UN zwar insoweit nicht für verpflichtet ansehen, ihn aber gleichwohl mit einem Nachteilsausgleich nach § 113 Abs. 3 belasten wollen.

605 *Heither,* FS Däubler, S. 339.

606 BT-Dr. 14/5741 S. 51 f.

607 Ebenso *DGB-Stellungnahme,* NZA 01, 177.

608 *Bauer,* NZA 01, 377; *Hanau,* RdA 01, 72; eher zustimmend dagegen *Klapper,* S. 382.

609 Vgl. *Däubler,* AuR 01, 5.

610 §§ 111 – 113 Rn. 3 f.

611 Erwogen auch bei *Bauer,* NZA 01, 376.

612 Zustimmend HWK-*Hohenstatt/Willemsen,* Rn. 67; ebenso *Fitting,* Rn. 118 a. E.; *Klapper,* S. 403; wohl auch *Oetker,* NZA 02, 467; a. A. Richardi-*Annuß,* Rn. 53.

613 *Fitting,* Rn. 118; *Klapper,* S. 410; *Oetker,* NZA 02, 466, der alternativ auch auf die Gesamtzahl der bei den TrägerUN Beschäftigten abheben will.

614 BT-Dr. 14/5741 S. 52.

dass sie einen anerkannten Beratungsberuf (Steuerberater, Wirtschaftsprüfer usw.) ausüben muss.[615] Auch »**Neutralität**« ist **nicht erforderlich.**[616] Vielmehr geht es allein um die Erfüllung einer bestimmten Aufgabe: Die fragliche Person soll den BR bei der Ausübung seiner Rechte beraten, die aus einer geplanten Betriebsänderung folgen. Insbesondere wird es darum gehen, erhaltene Informationen auszuwerten, ggf. weitere Informationen anzufordern und den BR bei den Verhandlungen über Interessenausgleich und Sozialplan sachkundig zu unterstützen. Dies kann in internen Vorgesprächen, aber auch dadurch geschehen, dass der Berater mitverhandelt. Aufgaben dieser Art kann z. B. ein Rechtsanwalt,[617] aber ggf. auch ein hauptamtlicher Gewerkschaftssekretär erfüllen.[618]

Der **BR entscheidet selbst, wen er auswählen will.** Anders als im Rahmen des § 80 Abs. 3 kommt dem AG kein Mitentscheidungsrecht zu. Genau wie bei den vom BR benannten Beisitzern der ESt. kann er den Berater auch nicht wegen Besorgnis der Befangenheit ablehnen (s. § 76 Rn. 33). Weiter kann er den BR trotz der 2001 eingeführten Regelung in § 80 Abs. 2 Satz 3 auch nicht auf etwa vorhandenen innerbetrieblichen Sachverstand verweisen.[619] **170**

Der BR kann das **Beratungsprogramm** festlegen, das die Betriebsänderung einschl. aller mit ihr für die AN verbundenen Folgen umfasst. Die Sozialplanverhandlungen auszuklammern,[620] besteht kein Anlass. Zur »Beratung« der geplanten Betriebsänderung gehören auch Verhandlungen darüber, wie nicht vermeidbare wirtschaftliche Nachteile der AN ausgeglichen oder gemildert werden können. Ist der BR in Bezug auf die EDV-technische Seite einer Betriebsänderung nach Satz 3 Nr. 4 selbst sachkundig, kann er den Berater darauf beschränken, die betriebswirtschaftliche Seite zu analysieren. Auf der anderen Seite kann er ihn auch bei der Ausübung sonstiger Beteiligungsrechte (z. B. aus § 102) einsetzen, die durch die geplante Betriebsänderung ausgelöst werden (u. Rn. 184). Dass das Mandat des Beraters automatisch **endet,** wenn sich eine **ESt** mit Interessenausgleich und Sozialplan befasst,[621] ist **nicht einsehbar**: Auch bei der Beurteilung von Zwischenständen im ESt-Verfahren gibt es Beratungsbedarf, erst recht bei der Frage, ob ein zum Nachteil des BR ergehender Spruch angefochten werden soll. Häufig wird der Berater allerdings Beisitzer in der ESt auf BR-Seite sein. Der BR entscheidet weiter, ob der Berater schriftliche Ausarbeitungen macht oder sich auf mündliche Stellungnahmen beschränkt; dasselbe gilt für die Teilnahme an Verhandlungen mit dem Arbeitgeber. Seine Beratungsfunktion erstreckt sich gerade auch auf die in Satz 1 genannten Gespräche und Verhandlungen.[622] Im Regelfall wird er ihn ermächtigen, die ihm zustehenden **Informationsrechte gegenüber dem AG auszuüben,** also beispielsweise sich ein Exemplar des Wirtschaftsprüferberichts aushändigen zu lassen. Dies wird mittelbar durch den Verweis auf die Geheimhaltungsvorschrift des § 80 Abs. 4 bestätigt. **171**

Die **Erforderlichkeit** eines Beraters wird im Gesetz **vorausgesetzt** und ist daher nicht gesondert zu prüfen.[623] Dies wird schon daran deutlich, dass anders als in § 80 Abs. 3 das Kriterium der Erforderlichkeit nicht ausdrücklich genannt ist. Außerdem haben geplante Betriebsänderungen in der Regel so weitreichende Konsequenzen für die Beschäftigten, dass sich der BR mit solchen »Makroentscheidungen« nicht allein mit »Bordmitteln« auseinander setzen kann.[624] **172**

Notwendig ist ein **Beschluss des BR,** in dem die Hinzuziehung einer bestimmten Person festgelegt wird. Insoweit gilt nichts anderes als z. B. bei der Entsendung eines BR-Mitglieds zu **173**

---

615 *Fitting,* Rn. 120; *Klapper,* S. 388; *Oetker,* NZA 02, 467.
616 *Lingemann,* NZA 02, 939.
617 *Manske,* FS 25 Jahre ARGE Arbeitsrecht im DAV, S. 957; *Klapper,* S. 390.
618 Ebenso *Klapper,* S. 389; *Löwisch,* BB 01, 1797.
619 *Bauer,* NZA 01, 376.
620 So *Fitting,* Rn. 119; *Oetker,* NZA 02, 469; dagegen mit Recht *Manske,* FS 25 Jahre ARGE Arbeitsrecht im DAV, S. 955 f.
621 So *Klapper,* S. 383.
622 *Manske,* FS 25 Jahre ARGE Arbeitsrecht im DAV, S. 963 ff.
623 Vgl. *Hauck,* FS Richardi, S. 548: »ohne weitere Absprache«
624 Ebenso im Ergebnis *Bauer,* FS Wißmann, S. 226; *Klapper,* S. 430; *Löwisch,* BB 01, 1798; *Manske,* FS 25 Jahre ARGE Arbeitsrecht im DAV, S. 957; a. A. *Natzel,* NZA 01, 874; *Oetker,* NZA 02, 470; *Reichold,* NZA 01, 865; die Frage blieb dahinstehen in *ArbG Hannover* 16.1.09, NZA-RR 09, 310.

einer Fortbildungsveranstaltung nach § 37 Abs. 6.[625] Eine bloße Abrede des Beraters mit dem BR-Vorsitzenden genügt nicht. Leidet der Beschluss an Verfahrensmängeln, können diese nachträglich geheilt werden. Wird er nicht wie geplant umgesetzt (der ausgesuchte Berater sagt ab), kann **in dringenden Fällen eine andere Person** eingeschaltet und deren Beauftragung rückwirkend genehmigt werden. Anders als bei einer Schulungsteilnahme von Betriebsratsmitgliedern, wo der Zeitpunkt eine maßgebende Rolle spielt,[626] besteht hier immer dieselbe Entscheidungssituation.

174 Der **Beschluss** muss **dem AG mitgeteilt** werden, damit sich dieser auf Gespräche mit dem Berater einstellen und ihm die nötigen Informationen gewähren kann.[627] Soweit zunächst lediglich eine interne Beratung erfolgt, ist es jedoch unschädlich, wenn der AG erst einige Zeit später von dem Beschluss informiert wird. Allerdings können sich bei fehlender Unterrichtung des AG Schwierigkeiten ergeben, wenn der Berater das ihm zustehende **Zugangsrecht zum Betrieb**[628] ausüben möchte.

2. Einzelfragen der Hinzuziehung

175 In bestimmten Situationen kann es **zweifelhaft** sein, **ob überhaupt** eine **»geplante Betriebsänderung«** vorliegt. Der AG macht beispielsweise geltend, nur Vorüberlegungen angestellt, jedoch noch keine konkreten Maßnahmen ins Auge gefasst zu haben (s. o. Rn. 140). Denkbar ist auch, dass er z. B. eine Änderung der Betriebsorganisation nicht als »grundlegend« ansieht oder das Vorliegen einer Betriebsänderung nach Satz 3 Nr. 5 mit der Begründung ablehnt, es gehe nur um kleinere Verbesserungen der Textverarbeitungssysteme, die zu keinen ins Gewicht fallenden Auswirkungen auf die AN führen würden. In diesen Fällen eine gerichtliche Klärung abzuwarten, würde das Recht des BR aus Satz 2 weithin entwerten und entgegen der Intention des Gesetzgebers an die Regelung des § 80 Abs. 3 annähern. Ähnlich wie im Rahmen des § 37 Abs. 2 (s. dort Rn. 31) und beim Geschäftsbedarf nach § 40 (s. dort Rn. 5) muss man es deshalb ausreichen lassen, dass der BR **die Voraussetzungen für die Einschaltung des Beraters** unter Abwägung aller Umstände **als gegeben ansehen durfte**.[629] Er besitzt insoweit einen weiten Beurteilungsspielraum.[630] Wurde etwa in der Vergangenheit häufig zu spät informiert, können auch schon dem BR zur Kenntnis gekommene »Vorüberlegungen« ausreichen. Ähnlich verhält es sich, wenn bei technischen Neuerungen mehr für als gegen die Tatsache spricht, dass ein den Sätzen des § 17 KSchG entsprechender Kreis von Personen betroffen ist. Ob der BR bereits nach Satz 1 unterrichtet wurde, spielt keine Rolle,[631] da der AG sonst die Beratung erheblich hinauszögern könnte.

176 Der Gesetzeswortlaut spricht von »einem« Berater. Dies wirft insofern Probleme auf, als durch geplante Betriebsänderungen **häufig unterschiedliche Fachgebiete angesprochen** sind: Neben rechtlichen und betriebswirtschaftlichen Fragen spielen oft auch (informations)technische und arbeitsorganisatorische Probleme eine Rolle. Muss eine betriebliche Altersversorgung etwa im Zusammenhang mit einer Umstrukturierung verändert werden, sind auch versicherungsmathematische und spezielle steuerrechtliche Kenntnisse gefragt. Mit Recht hat deshalb *Bauer*[632] darauf hingewiesen, der Zweck des Satzes 2 spreche über den Wortlaut hinaus für die Einschaltung mehrerer Personen.[633] Um den tatsächlichen Beratungsbedarf abzudecken, bietet es sich einmal an, ein **Beratungsbüro** zu beauftragen, das über Mitarbeiter mit unterschiedlichem fachlichen Schwerpunkt verfügt.[634] In Betracht kommt zum zweiten, zwar

625 *BAG* 8.3.00, NZA 00, 838.
626 *BAG* 8.3.00, a. a. O.
627 Zustimmend *Klapper*, S. 433.
628 *Oetker*, NZA 02, 472.
629 Vgl. *Oetker*, NZA 02, 470.
630 *BGH* 25.10.2012, NZA 12, 1382, 1387 Tz 45.
631 A. A. Richardi-*Annuß*, Rn. 53.
632 NZA 01, 376.
633 Ebenso *Fitting*, Rn. 121; *Oetker*, NZA 02, 471; Richardi-*Annuß*, Rn. 54; in der Tendenz auch *B. Gaul*, § 28 Rn. 39; *Schweibert*, in: Willemsen u. a., Rn. C 164 b.
634 *Oetker*, NZA 02, 468.

nur eine Person zu beauftragen, dieser aber das **Recht** einzuräumen, **sich** ihrerseits **der Hilfe Dritter zu bedienen.** Der Fachanwalt für Arbeitsrecht schaltet beispielsweise einen Steuerberater und/oder einen Rentenberater ein. Dies dürfte überdies kostengünstiger sein, als wenn er sich selbst in die Materie einarbeiten würde.

Entstehen **Meinungsverschiedenheiten** darüber, in welchem **zeitlichen Umfang** die Hinzuziehung des Beraters erforderlich war, so ist ähnlich wie im Rahmen der Arbeitsbefreiung nach § 37 Abs. 2 (s. dort Rn. 31) darauf abzustellen ob der BR die zeitliche Inanspruchnahme bei gewissenhafter Abwägung aller Umstände **für erforderlich halten durfte.** Dabei kann es sich empfehlen, dass der Berater seine Leistungen relativ genau spezifiziert, ohne allerdings dem AG einen detaillierten Einblick in die interne Willensbildung des BR zu verschaffen; dies wäre mit dessen Unabhängigkeit von der Arbeitgeberseite nicht zu vereinbaren.[635] Auf die objektive Erforderlichkeit abzustellen würde den BR zu sehr einengen; keine Erforderlichkeitsprüfung anzunehmen würde umgekehrt den AG übermäßig belasten. Auf den Grundsatz der vertrauensvollen Zusammenarbeit abzustellen und eine »mutwillige« Zuziehung eines Beraters auszuschließen,[636] besteht unter diesen Umständen kein Anlass. **177**

Wie der erst im Arbeits- und Sozialausschuss des Bundestages angefügte letzte Teilsatz des Satzes 2 deutlich macht, kommt lediglich in **UN mit bis zu 300 AN** ein Rückgriff auf § 80 Abs. 3 in Betracht.[637] Bei allen größeren UN steht ausschließlich der »Berater« zur Verfügung; nur wenn dieser entgegen dem in Rn. 171 Vertretenen nicht den ganzen Beratungsbedarf abdecken könnte, müsste auch hier auf § 80 Abs. 3 zurückgegriffen werden. Bei der Handhabung des **§ 80 Abs. 3** in kleineren UN wird allerdings die Erforderlichkeit der Einschaltung eines Sachverständigen angesichts der in Satz 2 enthaltenen Wertentscheidung eher als in der Vergangenheit zu bejahen sein. So erscheint es recht unwahrscheinlich, dass ein BR in einem UN mit 280 AN ohne jede sachkundige Hilfe von außen auskommen kann. **178**

3. Vertragliche Beziehungen und Kostentragung

Der BR schließt mit dem Berater einen **Dienstvertrag,** ausnahmsweise (etwa bei der Anfertigung eines Gutachtens) einen Werkvertrag;[638] insoweit kann er auch in Bezug auf die Höhe der Vergütung rechtsgeschäftlich handeln. Dafür, dass sich seine Handlungsbefugnis nicht auf die Vergütung beziehen soll,[639] gibt das Gesetz keinen Anhaltspunkt.[640] Da es sich um »Dienste höherer Art« handelt, ist nach **§ 627 BGB** eine jederzeitige fristlose Kündigung möglich. Sie kommt insbesondere dann in Betracht, wenn der BR das **Vertrauen** zu dem Berater **verloren** hat. In einem solchen Fall kann er eine andere Person bestimmen. **179**

Für seine sich im Rahmen des Gesetzes bewegende Tätigkeit kann der Berater eine Vergütung verlangen, für die der AG aufzukommen hat. Die Kostenbelastung des AG entspricht einem allgemeinen Prinzip der Betriebsverfassung.[641] Da der Berater unmittelbar im Gesetz vorgesehen ist, lässt er sich mit einem betriebsverfassungsrechtlichen Organ vergleichen; ähnlich wie der Vorsitzende einer Einigungsstelle oder externe Beisitzer kann er daher seine **Rechte unmittelbar gegen den AG geltend machen**; insoweit ist der Rechtsgedanke des § 76 a Abs. 3 auch hier heranzuziehen. Akzeptiert man diese Lösung nicht, so hat der BR nach § 40 gegenüber dem AG einen Anspruch darauf, von den Honorarforderungen des Beraters freigestellt zu werden.[642] Diesen Anspruch kann und muss er notfalls an den Berater abtreten, so dass dieser seine Rechte gegen den AG selbst geltend machen kann.[643] Wird über das Vermögen des AG das Insolvenzverfahren eröffnet, sind die bis zu diesem Zeitpunkt entstandenen Honoraran- **180**

635 *Bergmann,* NZA 13, 57, 60.
636 So *Löwisch,* BB 01, 1798.
637 Ebenso *Natzel,* NZA 01, 874.
638 Zustimmend *Klapper,* S. 392.
639 So *Löwisch,* BB 01, 1798 und auch *Franzen,* FS v. Hoyningen-Huene, S. 97 ff.
640 Ebenso *BGH* 25.10.12, NZA 12, 1382.
641 *Bauer,* NZA 01, 376 Fn. 17.
642 *BGH* 25.10.12, NZA 12, 1382.
643 Für Rückgriff auf § 40 auch *Fitting,* Rn. 124; *von Hoyningen-Huene,* Betriebsverfassungsrecht, § 9 Rn 33; *Oetker,* NZA 02, 471.

sprüche einfache Insolvenzforderungen; erst für die später liegende Tätigkeit entstehen Masseverbindlichkeiten.[644]

181 Was die **Höhe der Vergütung** betrifft, so wird diese in aller Regel im Vertrag zwischen BR und Berater festgelegt. Dabei ist der Grundsatz der Verhältnismäßigkeit zu beachten, da der AG andernfalls nicht zur Kostenerstattung nach § 40 BetrVG verpflichtet ist. Bei Anwälten, Steuerberatern und anderen freien Berufen ist grundsätzlich die im Einzelfall bestehende hoheitlich fixierte »Gebührenordnung« maßgebend (etwa RVG), doch kann mit Zustimmung des AG Abweichendes vereinbart werden.[645] Fehlen wie bei Unternehmensberatern solche Regelwerke, ist bei den Parteiabsprachen auf das Übliche Rücksicht zu nehmen. Geht es um die Tätigkeit von Betriebwirten, werden Tagessätze von 1650 Euro[646] und von 1700 Euro[647] von den Gerichten anerkannt. Die Beratungstätigkeit eines Rechtsanwalts ist grundsätzlich mit der eines Unternehmensberaters vergleichbar, so dass auch möglich sein sollte, entsprechende Stunden- bzw. Tagessätze in Rechnung zu stellen. Führt der Weg über die marktübliche Vergütung nach §§ 612, 632 BGB nicht weiter, so ist die Höhe der Vergütung nach **§§ 316, 315 Abs. 1 BGB** durch den Berater **nach billigem Ermessen** festzusetzen.[648]

182 Trotz der Bindung an den Verhältnismäßigkeitsgrundsatz ist der BR **nicht verpflichtet, von der billigsten Möglichkeit Gebrauch zu machen.**[649] Vielmehr kann er im Zweifel der qualitativ höherwertigen Leistung den Vorzug geben; auch spielt es eine Rolle, ob zu dem Berater bereits ein **Vertrauensverhältnis** besteht.[650] Aufgrund anderer Umstände wäre der Grundsatz der Verhältnismäßigkeit nur verletzt, wenn die Kosten des BR-Beraters über denen liegen würden, die dem AG für die Planung der Betriebsänderung entstehen (wobei die Lohnkosten für die mit der Angelegenheit befassten Angestellten und anteilige Gemeinkosten neben den Aufwendungen für externe Berater zu berücksichtigen sind). Unverhältnismäßig wäre es allerdings, wollte der BR mit dem Berater ein Honorar vereinbaren, das erheblich über den marktüblichen Sätzen liegt.

183 Hat der **Berater** in vorwerfbarer Weise **schlechte Arbeit** erbracht, muss er dafür Schadensersatz leisten. Eine Minderung des Entgelts ist im Rahmen der §§ 611 ff. BGB nicht vorgesehen. Der Anspruch steht an sich dem BR zu, doch wird man davon ausgehen müssen, dass aus dem Beratungsvertrag auch dem AG gegenüber Nebenpflichten bestehen, deren Verletzung diesen zum Schadensersatz berechtigen.[651]

183a Schließt der BR mit dem Berater einen Vertrag, der über die genannten Grenzen hinausgeht (mehr Stunden als der BR für erforderlich halten durfte, überhöhtes Honorar), so besteht für den »zu weit« gehenden Teil kein Erstattungsanspruch gegenüber dem AG nach § 40. Der **BR** handelt insoweit **jenseits seiner Kompetenzen** (»ultra vires«). Nach der Rechtsprechung des BGH **haftet** die für den BR handelnde Person (meist der **Betriebsratsvorsitzende**) wie ein Vertreter ohne Vertretungsmacht entsprechend § 179 Abs. 1 BGB auf Erfüllung bzw. Schadensersatz.[652] Erkennt er nicht, dass er die Befugnisse des BR überschreitet, muss er nur den Schaden ersetzen, der dem andern Teil im Vertrauen auf die Gültigkeit des Vertrages entstand, was insbesondere Aufwendungen wie z. B. Hotel- und Reisebuchungen erfasst. Die Ersatzpflicht entfällt nach § 179 Abs. 3 BGB, wenn der Berater hätte erkennen können, dass das Maß des Erforderlichen und Verhältnismäßigen überschritten war; ein professioneller Berater muss dies von sich aus prüfen.In aller Regel wird sich ihm die Überschreitung der Befugnisse des BR aufdrängen.[653] Im Übrigen würde ein Berater auch bei anderen BRen jede Akzeptanz verlieren,

---

644 *BAG* 9.12.09, NZA 10, 461.

645 Über Erfahrungen, dass solche Abmachungen am ehesten vor Beginn der Verhandlungen erreichbar sind, berichten *Jaeger/Steinbrück* NZA 13, 401, 403 f.

646 *LAG Rheinland-Pfalz*, 7.11.11

647 *LAG Hamm*, ZIP 2005, 2269.

648 Ebenso *Fitting*, Rn. 125; *Klapper, S. 452; Lingemann*, NZA 02, 939; *Löwisch*, BB 01, 1798; *Natzel*, NZA 01, 874.

649 *Klapper*, S. 453.

650 So *BAG* 28.6.95, DB 95, 2118 in Bezug auf eine gewerkschaftliche Schulungsveranstaltung.

651 Ebenso im Ergebnis *Natzel*, NZA 01, 874; *Oetker*, NZA 02, 472; *Reichold*, NZA 01, 865.

652 *BGH* 25.10.12, NZA 12, 1382.

653 Vgl. auch *Walker*, FS v. Hoyningen-Huene, S. 541.

wenn er ein BR-Mitglied persönlich wegen des Honorars verklagen würde. Für die denkbar seltenen Fälle, in denen dieser Schutz nicht wirkt, sollte im Vertrag mit dem Berater die persönliche Haftung von BR-Mitgliedern ausdrücklich ausgeschlossen oder die Gegenleistung auf die Abtretung des Erstattungsanspruchs gegen den AG nach § 40 Abs. 1 beschränkt werden.[654] Für den Abschluss einer D&O – Versicherung besteht unter diesen Umständen kein Anlass.[655]

VIII. Verhältnis zu anderen Beteiligungsrechten

Die BR-Befugnisse nach den §§ 111, 112 stehen **neben allen anderen Beteiligungsrechten;** sie gehen nicht etwa als die spezielleren Vorschriften vor.[656] So kann etwa der BR bei der Einführung grundlegend neuer Arbeitsmethoden ggf. sein Mitbestimmungsrecht nach § 87 Abs. 1 Nrn. 6, 10 und 11 geltend machen. Auch die **Beratungsrechte nach § 90** bleiben unberührt.[657] Dasselbe gilt für das Zustimmungsverweigerungsrecht bei **Versetzungen** nach §§ 95 Abs. 3, 99[658] und für die **Anhörung vor Kündigungen** nach § 102 Abs. 1.[659] Im Einzelfall ist es lediglich möglich, auf Grund ausdrücklicher Einigung mehrere Beteiligungsverfahren gleichzeitig durchzuführen. Wird etwa im Interessenausgleich individuell festgelegt, wer gekündigt werden soll, so kann das Anhörungsverfahren nach § 102 Abs. 1 in die Verhandlungen über den Interessenausgleich aufgenommen werden.[660] Führt eine technische Innovation nach Satz 3 Nr. 4 zu neuen Kontrollmöglichkeiten, ist § 87 Abs. 1 Nr. 6 zu beachten. Die Informationsrechte nach dem **UmwG**[661] werden von § 111 nicht berührt.[662] Bezieht sich die Fremdvergabe (**Outsourcing**) auf eine **Sozialeinrichtung,** so liegt eine Verwaltungsmaßnahme vor, die nach § 87 Abs. 1 Nr. 8 der vollen Mitbestimmung unterliegt.[663] Nach § 17 Abs. 3 Satz 2 KSchG muss der **Massenentlassungsanzeige** des AG die **Stellungnahme des BR** beigefügt werden. Ist ein Interessenausgleich mit Namensliste zustande gekommen, ersetzt dieser nach § 1 Abs. 5 Satz 4 KSchG (und nach § 125 Abs. 2 InsO) die Stellungnahme des BR. Dies gilt auch dann, wenn sich aus dem Dokument keine argumentative Stellungnahme des BR ergibt.[664] Liegt lediglich ein Interessenausgleich ohne Namensliste vor, so sind die Voraussetzungen des § 17 Abs. 3 Satz 2 KSchG dann erfüllt, wenn sich aus dem Interessenausgleich und seiner Begründung eine abschließende eigene Stellungnahme des Betriebsrats ergibt; diese muss nicht in einem separaten Dokument enthalten sein.[665] Wurde der Interessenausgleich vom GBR abgeschlossen, weil mehrere Betriebe betroffen waren, so gelten dieselben Grundsätze in Bezug auf die Einschaltung der örtlichen Betriebsräte.[666] Gilt ein Betriebsteil nach § 4 Abs. 1 Satz 1 als selbständiger Betrieb, so müssen die Zahlenwerte des § 17 KSchG dort erfüllt sein, damit die Anzeigepflicht ausgelöst wird.[667] 184

654 Dies hält auch *BGH* 25.10.12, NZA 12, 1382, 1387 Tz 45 a. E. für zulässig. Ähnlich *Franzen,* FS v. Hoyningen-Huene, S. 100 f.
655 Dafür aber *Bergmann,* NZA 13, 57, 62; *Molkenbur/Weber,* DB 14, 242; ablehnend *Jaeger/Steinbrück,* NZA 13, 401, 407 und grundsätzlich auch *Walker,* FS v. Hoyningen-Huene, S. 544.
656 ErfK-*Kania,* Rn. 4; *Fitting,* Rn. 1 a. E.; GK-*Oetker,* Rn. 2; *Kreuder,* AiB 94, 734; GTAW-*Ahmad* Rn 3; *Teichmüller,* Betriebsänderung, S. 59; *Vogt,* Sozialpläne, S. 79 f.
657 *Schweibert,* in: Willemsen u. a., Rn. C 75.
658 *BAG* 27.6.06, NZA 06, 1289 = AuR 06, 455 = AiB 08, 293 mit Anm. *Rudolph.*
659 *Fuchs,* Sozialplan, S. 40.
660 *Fuchs,* Sozialplan, S. 40.
661 Dazu *Engelmeyer,* DB 96, 2542.
662 *Düwell,* NZA 96, 397; ErfK-*Kania,* Rn. 4.
663 *ArbG Köln* 25.3.98, AiB 99, 346 – für die Übertragung von Spülarbeiten, die in der Betriebskantine anfallen.
664 *BAG* 21.3.12, NZA 12, 1058 Tz 15
665 *BAG* 21.3.12, NZA 12, 1058 Tz 17 ff.
666 *BAG* 7.7.11, NZA 11, 1108.
667 *BAG* 15.12.11, DB 12, 1690.

IX. Erweiterung der Beteiligungsrechte durch Tarifvertrag und Betriebsvereinbarung

185 Neben tariflichen Rationalisierungsschutzabkommen (o. Rn. 11 ff.) sind auch **Tarifverträge** denkbar, **die die Beteiligungsrechte des BR erweitern.** Möglich wäre z. B. die Einbeziehung aller UN, also auch solcher mit weniger als 21 Beschäftigten. Eine tarifliche Regelung könnte weiter darin bestehen, das Mitbestimmungsrecht des Betriebsrats auf die Betriebsänderung als solche oder jedenfalls darauf zu erstrecken, dass der **Interessenausgleich** erzwingbar ist und mit Auflagen zur Gestaltung der personellen, arbeitsmäßigen und sozialen Auswirkungen der Betriebsänderung versehen werden kann.[668] Auch wäre es denkbar, an einen weiter gefassten Begriff als die Betriebsänderung nach § 111 anzuknüpfen und beispielsweise Absicherungen für den Fall vorzusehen, dass ein Dritter die Mehrheit der Anteile an der AG-GmbH erwirbt,[669] doch bedarf dies einer eindeutigen Festlegung (im Fall *BAG*[670] lag sie nicht vor). Die **Zulässigkeit** richtet sich nach allgemeinen Gesichtspunkten (Einl. Rn. 87 ff.);[671] die Argumente, die das *BAG* zugunsten einer tariflich vorgesehenen vollen Mitbestimmung bei Einstellungen anführte,[672] gelten auch hier.[673]

186 **BV** sind nur als freiwillige möglich. Sie werden in der Praxis meist nicht zu dem Zweck eingesetzt, die BR-Befugnisse für künftige Betriebsänderungen zu erweitern. Vielmehr geht es in der Regel darum, in konkreten Fällen über die Möglichkeiten der §§ 111 und 112 hinauszugehen. Zu erwähnen sind **freiwillige Sozialpläne** in UN mit weniger als 21 Beschäftigten (dazu o. Rn. 42), BV, die im Rahmen der Verhandlungen über den Interessenausgleich abgeschlossen wurden (§§ 112, 112 a Rn. 48 ff.), sowie **Rahmensozialpläne** (§§ 112, 112 a Rn. 194 ff.).

187 Eine **Verschlechterung der Beteiligungsrechte** durch TV oder BV ist nach allgemeiner Auffassung ausgeschlossen (zu TV s. Einl. Rn. 85).[674]

X. Rechtsstreitigkeiten

1. Vorliegen einer Betriebsänderung?

188 Sind UN und BR verschiedener Auffassung darüber, ob eine geplante Betriebsänderung vorliegt, können sie eine **Klärung im Beschlussverfahren** herbeiführen.[675] Gegenstand des Verfahrens wäre die Verpflichtung des AG, den BR zu unterrichten und mit ihm über Interessenausgleich und Sozialplan zu verhandeln. Das Rechtsschutzinteresse an einer solchen Klärung entfällt für den BR auch dann nicht, wenn der **AG** nur **»unter Vorbehalt« zu Verhandlungen bereit** ist. Die Feststellung des ArbG über das Vorliegen bzw. Nichtvorliegen einer Betriebsänderung hat **Bindungswirkung** nicht nur zwischen AG und BR, sondern auch im Verhältnis zu einzelnen AN, die einen Anspruch auf Nachteilsausgleich nach § 113 geltend machen wollen.[676]

189 Bestehen **Zweifel am Vorliegen einer Betriebsänderung**, so wird es sich für einen BR in aller Regel empfehlen, nicht den Ausgang des u. U. langwierigen Beschlussverfahrens abzuwarten,

668 So § 112 Abs. 4 des (alten) SPD-Gesetzentwurfs für ein BetrVG 1988, BT-Drucks. 11/2995.
669 *BAG* 4.6.08, NZA-RR 09, 168 Ls und juris.
670 A. a. O.
671 Däubler-*Hensche/Heuschmid,* TVG, § 1 Rn. 939 ff.
672 *BAG* 10.2.88, AP Nr. 53 zu § 99 BetrVG 1972.
673 *Rumpff/Boewer,* S. 397 f.; ebenso wohl auch *BAG* 17.9.91, DB 92, 229, das ausdrücklich prüft, ob sich aus einem Rationalisierungsschutzabkommen über §§ 111 ff. hinausgehende Zuständigkeiten der ESt. ergeben, allerdings bezogen auf den Fall des § 117 Abs. 2.
674 Für BV siehe *BAG* 29.11.83, AP Nr. 10 zu § 113 BetrVG 1972.
675 *BAG* 15.10.79, AP Nr. 5 zu § 111 BetrVG 1972; 10.11.87, AP Nr. 15 zu § 113 BetrVG 1972; *LAG Frankfurt* 4.3.86, LAGE § 113 BetrVG 1972 Nr. 4. Vorbereitung durch ein Auskunftsersuchen in DKKWF-*Däubler,* §§ 111 – 113 Rn. 2. Streitwert: § 23 Abs. 3 S. 2 RVG unter Beachtung der auf dem Spiel stehenden wirtschaftlichen Werte.
676 *BAG* 10.11.87, AP Nr. 15 zu § 113 BetrVG 1972; *LAG Frankfurt* 4.3.86, LAGE § 113 BetrVG 1972 Nr. 4; krit. *Dütz,* FS Gnade, S. 497 ff.; *Jox,* NZA 90, 424.

sondern **nach § 98 Abs. 1 ArbGG die Einsetzung eines ESt.-Vorsitzenden** und die Bestimmung der Zahl der Beisitzer zu beantragen (näher dazu Einl. Rn. 203 ff.). Dies gilt beispielsweise dann, wenn bei sukzessivem Personalabbau oder bei der Schließung von Filialen zweifelhaft ist, ob eine einheitliche unternehmerische Entscheidung zugrunde liegt,[677] wenn unklar ist, ob das UN in der Regel mehr als 20 wahlberechtigte AN beschäftigt[678] oder wenn darum gestritten wird, bis zu welchem Zeitpunkt ein BR errichtet sein muss.[679] In der Praxis entsteht dadurch ein erheblicher faktischer Einigungszwang.[680] Der Streitwert bestimmt sich nach § 23 Abs. 3 S. 2 RVG.

2. Durchsetzung des Unterrichtungsanspruchs

Kommt der UN seiner Verpflichtung zu umfassender Information des BR nicht nach, können **190**
die von Entlassungen und anderen nachteiligen Maßnahmen betroffenen AN **Ansprüche nach § 113** erheben (siehe § 113 Rn. 9 ff.): In diesem Fall hat er sich nicht ausreichend um einen Interessenausgleich bemüht, da hierzu nicht nur einzelne Verfahrensschritte bis hin zur ESt., sondern sogar primär, gewissermaßen als elementare Voraussetzung, die Information des BR gehört.[681] Daneben kann eine **Ordnungswidrigkeit** nach § 121 vorliegen.[682] Bei schweren Verstößen kommt auch ein **Verfahren nach § 23 Abs. 3** in Betracht.[683] Wichtiger ist, dass der BR seinen Informationsanspruch notfalls im Wege der **einstweiligen Verfügung** durchsetzen kann;[684] die Zwangsvollstreckung erfolgt in der Weise, dass nach § 888 Abs. 1 ZPO ein Zwangsgeld verhängt wird. Der Streitwert bestimmt sich grundsätzlich nach § 23 Abs. 3 S. 2 RVO, doch ist bei erheblicher wirtschaftlicher Bedeutung der evtl. geplanten Betriebsänderung eine deutliche Abweichung nach oben geboten.

§§ 112, 112 a Interessenausgleich über die Betriebsänderung, Sozialplan Erzwingbarer Sozialplan bei Personalabbau, Neugründungen

§ 112 Interessenausgleich über die Betriebsänderung, Sozialplan

(1) Kommt zwischen Unternehmer und Betriebsrat ein Interessenausgleich über die geplante Betriebsänderung zustande, so ist dieser schriftlich niederzulegen und vom Unternehmer und Betriebsrat zu unterschreiben. Das Gleiche gilt für eine Einigung über den Ausgleich oder die Milderung der wirtschaftlichen Nachteile, die den Arbeitnehmern infolge der geplanten Betriebsänderung entstehen (Sozialplan). Der Sozialplan hat die Wirkung einer Betriebsvereinbarung. § 77 Abs. 3 ist auf den Sozialplan nicht anzuwenden.
(2) Kommt ein Interessenausgleich über die geplante Betriebsänderung oder eine Einigung über den Sozialplan nicht zustande, so können der Unternehmer oder der Betriebsrat den Vorstand der Bundesagentur für Arbeit um Vermittlung ersuchen, der Vorstand kann die Aufgabe auf andere Bedienstete der Bundesagentur für Arbeit übertragen. Erfolgt kein Vermittlungsersuchen oder bleibt der Vermittlungsversuch ergebnislos, so können der Unternehmer oder der Betriebsrat die Einigungsstelle anrufen. Auf Ersuchen des Vorsitzenden der Einigungsstelle nimmt ein Mitglied des Vorstands der Bundesagentur für Arbeit oder ein vom Vorstand der Bundesagentur für Arbeit benannter Bediensteter der Bundesagentur für Arbeit an der Verhandlung teil.

---

677 *ArbG Hamburg* 28.6.93, AiB 94, 566 mit Anm. *Ewald*. Zur Filialschließung s. insbes. *LAG Berlin-Brandenburg* 19.8.09, AuR 10, 132 und juris sowie *LAG Niedersachsen* 12.1.10, LAGE § 98 ArbGG 1979 Nr. 58; dort auch zur zeitlichen Befristung.
678 *LAG Berlin* 27.1.93, AiB 93, 733.
679 *LAG Saarland* 14.5.03 AiB 04, 244 = NZA-RR 03, 639.
680 Zutreffend *Neef*, BB-Beilage 15/93, S. 10.
681 Abw. *Gaul*, ZTR 93, 219.
682 *Heither*, FS Däubler, S. 346; HWGNRH-*Hess*, Rn. 13; Richardi-*Annuß*, Rn. 170; *Rumpff/Boewer*, S. 330.
683 HWGNRH-*Hess*, Rn. 17.
684 ErfK-*Kania*, Rn. 26; *Gaul/Gajewski*, S. 58; *Karthaus/Klebe*, NZA 12, 419; *Rinsdorf*, ZTR 01, 197.

(3) Unternehmer und Betriebsrat sollen der Einigungsstelle Vorschläge zur Beilegung der Meinungsverschiedenheiten über den Interessenausgleich und den Sozialplan machen. Die Einigungsstelle hat eine Einigung der Parteien zu versuchen. Kommt eine Einigung zustande, so ist sie schriftlich niederzulegen und von den Parteien und vom Vorsitzenden zu unterschreiben.

(4) Kommt eine Einigung über den Sozialplan nicht zustande, so entscheidet die Einigungsstelle über die Aufstellung eines Sozialplans. Der Spruch der Einigungsstelle ersetzt die Einigung zwischen Arbeitgeber und Betriebsrat.

(5) Die Einigungsstelle hat bei ihrer Entscheidung nach Absatz 4 sowohl die sozialen Belange der betroffenen Arbeitnehmer zu berücksichtigen als auch auf die wirtschaftliche Vertretbarkeit ihrer Entscheidung für das Unternehmen zu achten. Dabei hat die Einigungsstelle sich im Rahmen billigen Ermessens insbesondere von folgenden Grundsätzen leiten zu lassen:

1. Sie soll beim Ausgleich oder bei der Milderung wirtschaftlicher Nachteile, insbesondere durch Einkommensminderung, Wegfall von Sonderleistungen oder Verlust von Anwartschaften auf betriebliche Altersversorgung, Umzugskosten oder erhöhte Fahrtkosten, Leistungen vorsehen, die in der Regel den Gegebenheiten des Einzelfalles Rechnung tragen.
2. Sie hat die Aussichten der betroffenen Arbeitnehmer auf dem Arbeitsmarkt zu berücksichtigen. Sie soll Arbeitnehmer von Leistungen ausschließen, die in einem zumutbaren Arbeitsverhältnis im selben Betrieb oder in einem anderen Betrieb des Unternehmens oder eines zum Konzern gehörenden Unternehmens weiterbeschäftigt werden können und die Weiterbeschäftigung ablehnen; die mögliche Weiterbeschäftigung an einem anderen Ort begründet für sich allein nicht die Unzumutbarkeit.

2 a. Sie soll insbesondere die im Dritten Buch des Sozialgesetzbuches vorgesehenen Förderungsmöglichkeiten zur Vermeidung von Arbeitslosigkeit berücksichtigen.

3. Sie hat bei der Bemessung des Gesamtbetrages der Sozialplanleistungen darauf zu achten, dass der Fortbestand des Unternehmens oder die nach Durchführung der Betriebsänderung verbleibenden Arbeitsplätze nicht gefährdet werden.

§ 112 a Erzwingbarer Sozialplan bei Personalabbau, Neugründungen

(1) Besteht eine geplante Betriebsänderung im Sinne des § 111 Satz 3 Nr. 1 allein in der Entlassung von Arbeitnehmern, so findet § 112 Abs. 4 und 5 nur Anwendung, wenn

1. in Betrieben mit in der Regel weniger als 60 Arbeitnehmern 20 vom Hundert der regelmäßig beschäftigten Arbeitnehmer, aber mindestens 6 Arbeitnehmer,
2. in Betrieben mit in der Regel mindestens 60 und weniger als 250 Arbeitnehmern 20 vom Hundert der regelmäßig beschäftigten Arbeitnehmer oder mindestens 37 Arbeitnehmer,
3. in Betrieben mit in der Regel mindestens 250 und weniger als 500 Arbeitnehmern 15 vom Hundert der regelmäßig beschäftigten Arbeitnehmer oder mindestens 60 Arbeitnehmer,
4. in Betrieben mit in der Regel mindestens 500 Arbeitnehmern 10 vom Hundert der regelmäßig beschäftigten Arbeitnehmer, aber mindestens 60 Arbeitnehmer

aus betriebsbedingten Gründen entlassen werden sollen. Als Entlassung gilt auch das vom Arbeitgeber aus Gründen der Betriebsänderung veranlasste Ausscheiden von Arbeitnehmern auf Grund von Aufhebungsverträgen.

(2) § 112 Abs. 4 und 5 findet keine Anwendung auf Betriebe eines Unternehmens in den ersten vier Jahren nach seiner Gründung. Dies gilt nicht für Neugründungen im Zusammenhang mit der rechtlichen Umstrukturierung von Unternehmen und Konzernen. Maßgebend für den Zeitpunkt der Gründung ist die Aufnahme einer Erwerbstätigkeit, die nach § 138 der Abgabenordnung dem Finanzamt mitzuteilen ist.

Inhaltsübersicht Rn.

I. Vorbemerkungen

1 Das **BetrVerf-ReformG 2001** bezog die notwendige Mindestzahl von AN nicht mehr auf den Betrieb sondern auf das UN. § 112 a Abs. 1 Satz 1 Nr. 1 erfasst deshalb abweichend vom

früheren Recht auch Betriebe mit weniger als 21 AN. Weiter ist § 112 Abs. 5 Satz 2 um eine Nr. 2 a ergänzt worden, wonach die Fördermöglichkeiten nach dem SGB III zu berücksichtigen sind.

Sobald der BR von der geplanten Betriebsänderung unterrichtet ist, müssen **Beratungen über einen Interessenausgleich und einen Sozialplan** stattfinden. Beide erfolgen in einem gleichartigen Verfahren: Unternehmer wie BR sollen Vorschläge zur Beilegung von Meinungsverschiedenheiten machen, sie können den Vorstand der Bundesagentur für Arbeit um Vermittlung ersuchen und sie können schließlich die Einigungsstelle anrufen. Bei dieser letzten Station ergibt sich allerdings der entscheidende Unterschied: Der **Interessenausgleich ist nicht erzwingbar,** während der **Sozialplan von der ESt. beschlossen** werden kann.

Die **Verhandlungen** über Interessenausgleich und Sozialplan können, **müssen** aber **nicht** 2 **gleichzeitig** geführt werden. Muss die Betriebsänderung – wie meist – relativ schnell erfolgen, wird eine **Verknüpfung mit den Sozialplanverhandlungen** für die AN-Seite günstig sein: Im Einverständnis mit dem Interessenausgleich oder im offen erklärten Scheitern der auf ihn bezogenen Verhandlungen liegt eine »Konzession« (weil der AG mit der Umsetzung beginnen kann), die Anlass für eine Reduzierung der geplanten Entlassungen oder für höhere Sozialplanleistungen sein wird.[1] Von dieser Situation abgesehen, kann man im Übrigen die ESt. in Sachen Interessenausgleich anders besetzen als die ESt. in Sachen Sozialplan.[2] So ist etwa beim Interessenausgleich vorwiegend arbeitsmarktpolitischer Sachverstand gefragt, während es beim Sozialplan um die soziale Lage der Einzelnen und die wirtschaftliche Situation des Unternehmens geht.

II. Der Interessenausgleich

1. Die Verhandlungen zwischen Betriebsrat und Arbeitgeber

Gegenstand der Verhandlungen ist die **geplante Betriebsänderung** als solche.[3] Dabei sollen 3 die »Veränderungsinteressen« des AG und die »Bestandsinteressen« der AN zu einem Ausgleich gebracht werden.[4] Soweit – etwa bei einer Betriebsspaltung – keine konkreten materiellen Nachteile ersichtlich sind, erleichtert dies die Verhandlungen, macht sie aber nicht überflüssig.[5] Sie können im Übrigen nicht etwa deshalb entfallen, weil der **Personalabbau** oder die sonstige Maßnahme **von überragender Dringlichkeit** ist.[6] Das Gesetz bietet hierfür keine Grundlage, die §§ 121 ff. InsO sehen im Gegenteil sogar in der Insolvenz eingehende Verhandlungen vor, die nur mit gerichtlicher Hilfe nach § 122 InsO abgekürzt werden können. Liegen die Voraussetzungen einer **Massenentlassung** vor, so ist zugleich das **Konsultationsverfahren nach § 17 Abs. 2 KSchG** durchzuführen.[7]

Als Vorfrage kann sich dabei das Problem stellen, ob die geplante **Maßnahme überhaupt** 4 **rechtmäßig** ist, was z. B. bei der Verlagerung der **Buchführung ins Ausland** wegen § 146 AO zweifelhaft sein kann.[8] Auch Kreditinstitute dürfen mit Rücksicht auf die Bankenaufsicht bestimmte Geschäftsbereiche nicht ins Ausland verlagern (vgl. §§ 25 a KWG, 33 Abs. 2 WpHG).[9] Auch ist eine etwaige **tarifliche Einschränkung** des unternehmerischen Handelns zu beachten. Scheiden solche Argumente aus, ist gleichwohl darüber zu sprechen, ob die geplante Maßnahme **überhaupt vorgenommen** werden soll oder ob Gegeninteressen der Arbeitnehmer überwiegen. Weiter kann es um den **Umfang der** beabsichtigten **Maßnahme**

1 *Hesse,* FS 25 Jahre ARGE Arbeitsrecht im DAV, S. 879; *Welkoborsky,* AiB 07, 410.
2 Vgl. *LAG Berlin* 3.6.94, BR-Info 7/94, S. 15.
3 Besteht ein »vorsorglicher« oder ein Rahmen-Interessenausgleich, so beeinflusst dies das Beteiligungsrecht des BR nicht: *Krieger/Terhorst* NZA 14, 689, 691.
4 *Siemes,* ZfA 98, 183.
5 *BAG* 16.6.87, NZA 87, 671.
6 Dafür *Kania/Joppich,* NZA 05, 750.
7 Einzelheiten bei *Schramm/Kuhnke,* NZA 11, 1071 ff. Zu den Besonderheiten bei einem abgeschlossenen Interessenausgleich s. § 111 Rn 184.
8 Dazu *Däubler,* AiB 03, 14.
9 Dazu *Eyles,* WM 00, 1217 ff.; zum Spezialfall des Geldwäschegesetzes s. *Findeisen,* WM 00, 1234 ff.

(z. B. Zahl der Entlassungen) sowie darum gehen, mit welchen Mitteln (Ausnutzung der Fluktuation, Aufhebungsverträge, Änderungskündigungen usw.) sie realisiert werden soll. Auch der Zeitpunkt der Vornahme kann von wesentlicher Bedeutung sein. Geht es um Betriebseinschränkungen oder Stilllegungen, muss die **Möglichkeit einer alternativen Produktion** eingehend erörtert werden. Auch ist zu fragen, ob die Möglichkeiten zu **Kurzarbeit** effektiv erschöpft sind und ob als **Ausweg** notfalls **Beschäftigungsgesellschaften** zur Verfügung stehen. Auch wird über sonstige Weiterbildungs- und **Umschulungsmöglichkeiten** – ggf. unter Einschaltung von Vertretern der Agentur für Arbeit (unten Rn 5) – zu verhandeln sein. Bei Betriebsänderungen i. S. v. § 111 Satz 3 Nr. 4 und 5 sind auch die Nachteile neuer Techniken, insbes. etwaige Gesundheitsgefahren zu erörtern (zum Begriff des »Nachteils« s. § 111 Rn. 117). Weiter kann der BR vorschlagen, zunächst nur Probeläufe zu starten, um die wirtschaftlichen und sozialen Auswirkungen besser beurteilen zu können, oder ein Gutachten einzuholen. Wichtig ist in allen Fällen, dass der Betriebsrat die Belegschaft in seine Initiativen einbezieht (und dort entwickelte aufgreift) und Koalitionen schmiedet, insbesondere mit der Gewerkschaft, der lokalen Presse, Beratungsunternehmen usw. zusammenarbeitet.[10]

5 Einigt man sich nicht, kann jede Seite nach Abs. 2 den **Vorstand der Bundesagentur für Arbeit** um Vermittlung ersuchen.[11] Will man später Transfermaßnahmen oder Transferkurzarbeitergeld in Anspruch nehmen, ist die Einschaltung der Bundesagentur Voraussetzung für eine künftige Leistungsgewährung (§§ 110 Abs. 1 Satz 1 Nr. 1, 110 Abs. 1 Satz 1 Nr. 4 SGB III). Der Vorstand kann sich dieser Aufgabe nicht entziehen, ist jedoch berechtigt, einen Vertreter zu schicken.[12] Er hat diese Aufgabe auf die Regionaldirektionen übertragen, die sie auf einzelne Bedienstete weiterdelegieren können.[13] Geht nur eine Seite diesen Weg, ist die andere Seite nach § 2 Abs. 1 gleichwohl zur Mitwirkung an dem Vermittlungsversuch verpflichtet.[14] Grundsätzlich müssen auch hier alle Vermittlungsmöglichkeiten ausgeschöpft werden, was bedeuten kann, zunächst einen Vermittlungsvorschlag abzuwarten, bevor insbesondere die Einigungsstelle angerufen wird.[15] Geschieht dies vorzeitig, ist die Anrufung ggf. unzulässig; zumindest wird die ESt. ihre Verhandlungen so lange aussetzen, bis das Verfahren unter Beteiligung der BA abgeschlossen ist. Inhaltlich wird es bei dem Vermittlungsversuch duch die BA insbes. um die Frage gehen, welche **Umschulungs- und Weiterbildungsmaßnahmen** die Agentur anbieten kann und inwieweit andere Förderungsmittel zur Verfügung stehen oder eine Übernahme in eine Transfergesellschaft möglich ist. Der Vorstand bzw. sein Vertreter kann einen Einigungsvorschlag machen, der von jeder Seite abgelehnt werden kann. Ihn zu einem verbindlichen »Spruch« zu ermächtigen,[16] ist nicht zulässig, da das Gesetz in § 76 nur die ESt. sowie eine tarifliche Schlichtungsstelle kennt.[17] Die Einschaltung des Vorstands ist auch insofern sinnvoll, als er über die Gewährung von Zuschüssen nach § 110 SGB III entscheidet (u. Rn. 231 ff.).[18] Andere »Vermittler« können nur einvernehmlich von beiden Seiten hinzugezogen werden.[19]

2. Die Einschaltung der Einigungsstelle

6 Bleibt der **Vermittlungsversuch** des Vorstands **erfolglos** oder geht keine Seite diesen Weg, so ist die **Einigungsstelle** anzurufen. Dies kann nach Auffassung des *LAG Hessen*[20] bereits dann

---

10 Einzelheiten bei *Zabel/Schroth/Ott/Nötzel*, AiB 13, 618 ff.
11 *ArbG München* 2.4.09, AuR 10, 132: EG-rechtlich geboten.
12 ErfK-*Kania*, Rn. 7.
13 *Fitting*, Rn. 30.
14 *Fitting*, Rn. 31; Richardi-*Annuß*, § 112 Rn. 220.
15 Widersprüchlich *ArbG München* 2.4.09, AuR 10, 132, das einerseits verlangt, das Ende des Verfahrens abzuwarten, andererseits aber die Möglichkeit eröffnen will, jederzeit die Einigungsstelle anzurufen. Ein Verfahren nach § 98 ArbGG hält das *LAG Rheinland-Pfalz* (25.10.10, juris) allerdings für zulässig.
16 Dafür *GL*, § 112 Rn. 88.
17 Ebenso WPK-*Preis/Bender*, Rn. 10; a. A. GK-*Oetker*, Rn. 286 m. w. N.
18 S. auch *Gagel*, FS Dieterich, S. 177.
19 *Fitting*, Rn. 29; *Gamillscheg*, Kollektives Arbeitsrecht II S. 1122; GK-*Oetker* Rn. 274.
20 17.4.07, AuR 07, 77 = AuA 07, 757.

erfolgen, wenn ein ernsthafter Verhandlungsversuch ohne Ergebnis blieb, doch dürfte dies nur gelten, wenn der BR bzw. der AG überhaupt nicht zur Sache verhandelte, da sonst das Verfahren die vom Gesetz gewollte Wirkung nicht entfalten könnte. Auf alle Fälle muss einem Berater des BR nach § 111 Satz 2 Gelegenheit zur Einarbeitung gegeben werden, bevor das ESt-Verfahren beginnt.[21] Der **Arbeitgeber** ist **verpflichtet,** nach ausreichenden Verhandlungen die **Einigungsstelle anzurufen**, da er andernfalls wegen Nichtausschöpfung des Verfahrens den betroffenen AN nach § 113 einen Nachteilsausgleich gewähren muss.[22]

Matthes[23] verneint eine AG-Pflicht jedoch unter Hinweis auf die gesetzliche Formulierung, **7**
wonach der UN die Einigungsstelle anrufen »könne«; verzichte er darauf, habe er nur eine Obliegenheit verletzt, was außer den aus § 113 folgenden Verpflichtungen keine Konsequenzen habe. Dem ist entgegenzuhalten, dass die **Figur der »Obliegenheit«** ansonsten im Betriebsverfassungsrecht kaum auftaucht und der Wortlaut des Gesetzes keinerlei Anhaltspunkte dafür gibt, dass ein und dasselbe Wörtchen »können« im Verhältnis des AG zum BR volle Freiheit, im Verhältnis zu den betroffenen AN jedoch nachteilsbehaftete Freiheit zum Ausdruck bringen soll. Eine solche **Trennung von Handlungsgrundsätzen** erscheint eher **fern liegend.** Weiter ist nicht bedacht, dass § 112 Abs. 2 Satz 2 nicht nur den Interessenausgleich, sondern auch den Sozialplan betrifft; in Bezug auf diesen besteht jedoch unbestrittenermaßen auch für den AG Einlassungszwang, obwohl das Gesetz auch hier nur von »können« spricht. Ebenso geht Abs. 3 von der Existenz einer ESt. aus. Für die freiwillige ESt. setzt überdies § 76 Abs. 6 Satz 1 ausdrücklich das Einverständnis beider Seiten voraus. Der **Sinn der Beteiligungsrechte** nach §§ 111 ff. (§ 111 Rn. 1 – 5) gebietet es, die gesetzlichen **Verfahren voll auszuschöpfen,** um so eine möglichst sozial verträgliche Betriebsänderung zu erreichen. Schließlich hat das *BAG* in seiner grundsätzlichen Entscheidung zum Unterlassungsanspruch[24] den Standpunkt vertreten, durch die Bildung des BR komme ein »Betriebsverhältnis« zwischen diesem und dem AG zustande, das einem gesetzlichen Dauerschuldverhältnis ähnlich sei und aus dem sich **wechselseitige Rücksichtspflichten** ergeben würden. Mit diesen lässt es sich aber nicht vereinbaren, bei einer so wichtigen Angelegenheit wie der Planung und Durchführung einer Betriebsänderung auf die Einschaltung der ESt. ohne jeden sachlichen Grund zu verzichten. Schließlich kennt das Gesetz einen **Sonderfall,** in dem der AG in puncto Interessenausgleich zu nichts, den AN gegenüber jedoch gleichwohl zu einem Nachteilsausgleich verpflichtet ist: **§ 118 Abs. 1 Satz 2** sieht vor, dass die §§ 111 – 113 nur insoweit anzuwenden sind, als sie den Ausgleich oder die Milderung wirtschaftlicher Nachteile für die AN infolge von Betriebsänderungen regeln. Im Tendenzbetrieb soll so die unternehmerische Freiheit auch keinen verfahrensmäßigen Schranken unterworfen werden. Dies lässt den Gegenschluss zu, dass im Normalfall umfassende Verhandlungspflichten bestehen. Soweit ersichtlich, ist sich im Übrigen auch die Literatur weitgehend darüber einig, dass der AG das **Einigungsstellenverfahren nicht vermeiden** kann.[25] Dies gilt auch dann, wenn der BR in der Sache zwar zustimmt, aber eine schriftliche Niederlegung verweigert (s. u. Rn. 18).

Eine Ausnahme kommt allenfalls in den (reichlich theoretischen) Fällen in Betracht, dass der **8**
BR jede Tätigkeit einstellt[26] oder dass er der gefundenen Einigung durch Beschluss zustimmt, der Vorsitzende aber die Unterschrift verweigert.[27] Ein **einvernehmlicher Verzicht** auf die Anrufung der ESt., weil auch dort keine Einigung erreichbar sei, kommt nicht in Betracht; dieser Teil des Verfahrens ist nach dem gesetzlichen Modell nur dann entbehrlich, wenn vorher ein Interessenausgleich zustande gekommen ist.[28]

In der ESt. können dieselben Fragen wie in früheren Stadien der Verhandlungen erörtert **9**
werden. Nach Abs. 2 Satz 3 nimmt ein Mitglied des Vorstands der Bundesagentur für Arbeit

21 Vgl. *Sitzenfrei* in: Spengler/Hahn/Pfeiffer, Teil 12 Rn 204.
22 *BAG* 18.12.84, AP Nr. 11 zu § 113 BetrVG 1972; 26.10.04 NZA 05, 237 = dbr 6/05 S. 39.
23 MünchArbR, § 269 Rn. 33 und in FS Wlotzke, S. 399; zustimmend Richardi-*Annuß,* § 112 Rn. 228.
24 3.5.94, DB 94, 2451.
25 GK-*Fabricius,* 6. Aufl., Rn. 134; *GL,* § 112 Rn. 90; *Halberstadt,* § 112 Rn. 7; *Pflüger,* DB 98, 2064; WPK-*Preis/Bender,* Rn. 11; abweichend *Röder/Baeck,* S. 12.
26 *Kania/Joppich,* NZA 05, 750.
27 *BAG* 26.10.04 NZA 05, 237 = dbr 6/05 S. 39.
28 *BAG* 26.10.04, NZA 05, 237, 239; a. A. Richardi-*Annuß,* § 113 Rn. 30 m. w. N.

bzw. ein von diesem benannter Bediensteter auf Ersuchen des Vorsitzenden der ESt. an deren Sitzungen teil. Die ESt. (faktisch: der Vorsitzende) kann die AG-Seite zur Vorlage weiterer Unterlagen auffordern.[29] **Die Dauer der Verhandlungen** und die Anzahl der Sitzungen liegt letztlich im **Ermessen des Vorsitzenden** der ESt. Sein Spielraum ist kleiner, wenn sich das Verfahren dadurch verzögert hat, dass über seine Einsetzung zunächst in einem Beschlussverfahren nach § 98 Abs. 2 ArbGG gestritten wurde. Dass das Gesamtverfahren in einem solchen Fall über ein Jahr dauert, ist rechtlich nicht zu beanstanden.[30] Die 2- bzw. 3-Monats-Frist des § 113 Abs. 3 Satz 2 und 3 ist durch das Korrekturgesetz v. 19.12.98[31] aufgehoben worden. Zu den formellen Voraussetzungen des Scheiterns s. u. Rn. 15.

10 Sonderprobleme ergeben sich, wenn die ESt. (ggf. mit Mehrheit) zu dem Ergebnis kommt, es liege **nur** ein **vorübergehender Auftragsmangel** vor, der **Kurzarbeit**, aber keine Entlassungen rechtfertige. Macht der BR insoweit von seinem Initiativrecht nach § 87 Abs. 1 Nr. 3 Gebrauch und lehnt die BA diese Auffassung nicht von vorne herein ab, so muss die ESt. ihr **Verfahren aussetzen**, um den Betriebsparteien zunächst Gelegenheit zu geben, sich im Wege »freier« Verhandlungen zu verständigen. Kommt es zu keiner Abmachung, kann sie nur im Einvernehmen mit beiden Seiten ihre Arbeit **als »Kurzarbeitseinigungsstelle«** fortsetzen. Stimmen die Beteiligten insoweit nicht überein, muss eine separate ESt. für diesen Bereich gebildet werden. Ein eigenmächtiger »Austausch« der Rechtsgrundlage durch die ESt. selbst muss m. E. ausscheiden, da jede Seite z. B. bei der Auswahl des Vorsitzenden andere Kriterien anlegen wird, je nachdem, ob es sich um einen Interessenausgleich oder die Einführung von Kurzarbeit handelt. Solange die Verhandlungen der anderen ESt. dauern, können dem Arbeitgeber betriebsbedingte Kündigungen durch einstweilige Verfügung untersagt werden (Nachweise § 87 Rn. 104). Genau wie bei den Verhandlungen über einen Interessenausgleich (dazu unten Rn. 52 ff.) darf er auch hier nicht einseitig vollendete Tatsachen schaffen. Kommt die andere ESt. zu dem Ergebnis, die Voraussetzungen für Kurzarbeit würden nicht vorliegen, kann das **Verfahren über Interessenausgleich** und Sozialplan **fortgesetzt** werden. Findet einige Monate Kurzarbeit statt und verfolgt der AG nunmehr seinen ursprünglichen Plan zum Personalabbau weiter, so dürfte **wegen der zeitlichen Verschiebung** eine **andere Betriebsänderung** vorliegen, so dass die ESt. nur bei Einigkeit beider Seiten ihre Arbeit fortsetzen kann.

3. Sonderfälle

11 Die Verhandlungen über den **Interessenausgleich** sind auch dann in der beschriebenen Weise durchzuführen, **wenn ein Sozialplan nach § 112 a nicht erzwungen werden kann.**[32] Ein Verzicht seitens des Betriebsrats ist nicht möglich; dieser kann lediglich die Verhandlungen dadurch abkürzen, dass er sich mit allen Vorschlägen des AG einverstanden erklärt, riskiert jedoch, dadurch sein Ansehen bei der Belegschaft zu verlieren und nicht wiedergewählt zu werden. Der AG kann sich seinerseits nicht etwa auf den Standpunkt stellen, angesichts der Eindeutigkeit der wirtschaftlichen Lage bestehe eine »ausweglose Situation«, die einen Interessenausgleich von vornherein sinnlos mache:[33] Es bleibt immer noch die Möglichkeit, über die **Modalitäten der »Katastrophenbewältigung«** zu verhandeln (dazu § 111 Rn. 139). Auch die Existenz eines Rahmensozialplans berechtigt die Beteiligten nicht, von Verhandlungen über einen Interessenausgleich abzusehen.[34] Dasselbe gilt für einen sog. vorsorglichen Sozialplan.[35]

12 Ist die geplante **Betriebsänderung bereits durchgeführt,** ohne dass der BR beteiligt wurde oder Verhandlungen über einen Interessenausgleich stattgefunden haben, so können diese nicht mehr nachgeholt werden.[36] Auf abgeschlossene Vorgänge kann nicht mehr im Verhand-

29 *Pünnel/Isenhardt,* Rn. 93, 403.
30 *Federlin,* ZfA 88, 102.
31 BGBl. I S. 3843.
32 *BAG* 8.11.88, AP Nr. 18 zu § 113 BetrVG 1972; *Gamillscheg,* Kollektives Arbeitsrecht II S. 1119; *Richardi,* FS Wiese, S. 443.
33 In diese Richtung aber *BAG* 23.1.79, AP Nr. 4 zu § 113 BetrVG 1972.
34 *BAG* 29.11.83, AP Nr. 10 zu § 113 BetrVG 1972.
35 *BAG* 26.8.97, DB 98, 265 – näher dazu u. Rn. 197.
36 *LAG Berlin-Brandenburg* 19.8.09, AuR 10, 132; *Fitting,* Rn. 11; Richardi-*Annuß,* § 112 Rn. 16.

lungswege eingewirkt werden, die Maßnahme ist nicht mehr »geplant«. Den Betroffenen bleibt ein Nachteilsausgleich nach § 113 Abs. 3, ebenso der Abschluss eines Sozialplans (unten Rn. 88). Auch ein Tarifsozialplan ist weiter möglich. Ist die Betriebsänderung **erst teilweise umgesetzt** (es wurde beispielsweise eine kleine Gruppe von AN entlassen, was – wie der BR erst später feststellen konnte – Teil eines größeren Personalabbaus in den Dimensionen des § 112 a war), so bleibt der Verhandlungsanspruch erhalten[37] und kann notfalls im Wege der einstweiligen Verfügung gesichert werden (dazu unten Rn, 52 f).

Bei komplexen Umstrukturierungen kann es sinnvoll sein, für den künftigen Verhandlungsprozess bestimmte Vorgaben (z. B. über die Einbeziehung von Sachverständigen oder die Einhaltung bestimmter Fristen) zu machen. In der Literatur[38] wird der Abschluss eines **»prozessorientierten Interessenausgleichs«** vorgeschlagen, der das Verhandlungsrecht über konkrete geplante Betriebsänderungen unberührt lässt. In Betracht kommt auch eine freiwillige BV nach 88 BetrVG, bei der die rechtliche Bindungswirkung keine Zweifel aufwirft. **12a**

4. Der gescheiterte Interessenausgleich

Jede Seite kann im Prinzip jederzeit die **Verhandlungen** über den Interessenausgleich **für gescheitert erklären** und weitere Gespräche ablehnen. Für den BR empfiehlt sich ein solches Verhalten allerdings nur, wenn keinerlei Chance mehr besteht, zu einer wenn auch noch so bescheidenen Verbesserung zu gelangen. Hätte noch erheblicher Verhandlungsspielraum bestanden, kann eine Verweigerungshaltung sogar eine **schwere Pflichtverletzung nach § 23 Abs. 1** darstellen. Auch für den AG empfiehlt es sich nicht, vorzeitig das Scheitern der Verhandlungen zu erklären, da er in diesem Fall einen Nachteilsausgleich nach § 113 zu gewähren hat (s. o. Rn. 6). Stimmen beide Seiten überein, dass »weiteres Verhandeln sinnlos« ist, so stellt dies nicht etwa einen Interessenausgleich dar, da es an einer Einigung in der Sache selbst fehlt; vielmehr bedeutet dies lediglich einen Abbruch des Verfahrens, der ggf. gleichfalls die Sanktion des § 113 auslöst. Die **Anrufung** der **ESt.** ist verfrüht, wenn der BR noch nicht ausreichend informiert wurde;[39] in einem solchen Fall sollte sie ihr Verfahren aussetzen, bis auf der Grundlage des vom Gesetz gewollten Informationsstands ein neuer Einigungsversuch unternommen wurde. Eine Musterformulierung zu einem gescheiterten Interessenausgleich findet sich in DKKWF-*Däubler.*[40] **13**

Wird im ESt.-Verfahren deutlich, dass eine Übereinstimmung definitiv nicht erreichbar ist, kann der Vorsitzende das **Verfahren einstellen.** Dazu bedarf es keines förmlichen Beschlusses.[41] Möglich ist auch, dass die ESt. mit Mehrheit »Vorschläge« oder **»Empfehlungen« beschließt.**[42] Sie können von jeder Seite abgelehnt werden. Ein weitergehender Spruch wäre rechtlich unverbindlich.[43] **14**

In der ESt. kann die Frage zweifelhaft werden, von welchem Augenblick an die Chance einer Einigung endgültig verneint werden muss. Im Prinzip ist es Sache der Mehrheit (d. h. faktisch: des Vorsitzenden) zu entscheiden, ob noch eine Möglichkeit gesehen wird und **wie lange** deshalb **das Verfahren fortzuführen ist.**[44] *Pünnel*[45] verweist darauf, der Vorsitzende solle weder Mühe noch Zeit scheuen, um eine Einigung zustande zu bringen, und erst bei einer »endgültigen Verhärtung der Standpunkte« das Verfahren einstellen. Ein einseitiger Rückzug der Arbeitgebervertreter aus der ESt. würde bedeuten, dass die Möglichkeiten des Verfahrens nicht voll ausgeschöpft worden sind;[46] die Rechtsfolge ergäbe sich ggf. aus § 113.[47] Etwas **15**

37 Ebenso *LAG Berlin-Brandenburg* 19.8.09, AuR 10, 132.
38 *Krieger/Terhorst,* NZA 14, 689, 692.
39 Vgl. *Göpfert/Krieger,* NZA 05, 257.
40 DKKWF-*Däubler,* §§ 111 – 113 Rn. 6.
41 *BAG* 16.8.11, AP Nr. 55 zu § 113 BetrVG 1972; *Wenning-Morgenthaler* Rn 1057.
42 *Etzel,* Rn. 1009; *Ehrich/Fröhlich,* Rn 151; *Gaul/Gajewski,* S. 80; *Teichmüller,* Betriebsänderung, S. 72.
43 *BAG* 17.9.91, DB 92, 230; *LAG München* 13.1.89, NZA 90, 200.
44 *Düwell,* FS Dieterich, S. 115; *Matthes,* RdA 99, 180.
45 3. Aufl., Rn. 410.
46 Anders *Hesse,* FS 25 Jahre ARGE Arbeitsrecht im DAV, S. 888; wohl auch *Kania/Joppich,* NZA 05, 749, 752.
47 In Kauf genommen von *Hesse,* a. a. O., S. 888; ähnlich *Kania/Joppich,* NZA 05, 749, 752.

anderes gilt nur dann, wenn der Vorsitzende zusammen mit der Arbeitnehmerseite eine **bewusste Verzögerungspolitik** betreibt, indem er etwa Sitzungen nur in längerem Abstand anberaumt und Gegenstände erneut erörtert, zu denen bereits alle Argumente gewechselt sind.[48] In der Praxis kann es sich empfehlen, die erörterten Gegenstände und die dazu geäußerten Argumente genauer als sonst üblich im Protokoll zu vermerken.

5. Der zustande gekommene Interessenausgleich

16 Eine **Verständigung** zwischen BR und UN ist auch als aufschiebend oder auflösend **bedingte** möglich (Beispiel: Einigung unter der Voraussetzung, dass es gelingt, einen Bankkredit zu erhalten). Dies ist grundsätzlich zulässig,[49] kann jedoch nicht mit einer »sofort vollziehbaren« Namensliste nach § 1 Abs. 5 KSchG verbunden werden (zu ihr u. Rn. 30 ff.), da keine vollendeten Tatsachen geschaffen werden dürfen, bevor nicht Klarheit über den Eintritt oder den Ausfall der Bedingung besteht. Im Regelfall einer nicht mit einer Bedingung versehenen Einigung ist Folgendes zu beachten:[50]

a) Form

17 Nach Abs. 1 Satz 1 muss jeder **Interessenausgleich schriftlich** niedergelegt und vom UN und vom BR unterschrieben werden. Eine Verweisung auf andere schriftlich (d. h. unterschrieben) vorliegende Abmachungen ist möglich und macht diese zum Teil des Interessenausgleichs.[51] Kommt er erst in der ESt. zustande, hat nach Abs. 3 Satz 3 zusätzlich auch der Vorsitzende zu unterschreiben. Allerdings wird es für zulässig erachtet, auch innerhalb des ESt.-Verfahrens eine freiwillige Einigung abzuschließen, bei der dann die Form des Abs. 1 Satz 1 genügt. Liegt ein BR-Beschluss über die in der ESt. zu verfolgende »Linie« vor, so kann der BR-Vorsitzende ohne erneute Beschlussfassung wirksam unterschreiben, sofern er sich im beschlossenen Rahmen bewegt.[52]

18 Eine **mündliche Einigung reicht nicht** aus.[53] Verweigert der BR oder der AG trotz mündlicher Einigung die schriftliche Fixierung, ist das Verfahren notfalls bis zur ESt. fortzuführen.[54] **Keine** wirksame **Einigung** liegt auch dann vor, **wenn** der **BR** gegen die Betriebsänderung von vornherein **keinerlei Einwände erhebt**[55] und ausschließlich den Abschluss eines Sozialplans verlangt.[56] Im Übrigen reicht auch eine gemeinsame Unterschrift von AG und BR unter einer Massenentlassungsanzeige nach § 17 Abs. 3 KSchG nicht aus.[57] Umgekehrt kann im Abschluss eines Sozialplans vor Durchführung der Betriebsänderung auch das Einverständnis mit dieser und damit ein Interessenausgleich liegen.[58]

19 Der BR kann den Abschluss eines Interessenausgleichs **nicht** auf einen **Ausschuss** übertragen; insoweit gelten die Vorschriften über den Abschluss von BV – § 27 Abs. 3 Satz 2, § 28 Abs. 1 Satz 2 – entsprechend.[59]

---

48 Auf die hohe Bedeutung des Zeitfaktors verweist aus Arbeitgebersicht zutreffend *Gajewski,* FS Gaul, S. 196.
49 *Wenning-Morgenthaler* Rn 1063. Dahin tendiert auch *BAG* 21.7.05, NZA 06, 162, 166.
50 Musterformulierungen in DKKWF-*Däubler,* §§ 111 – 113 Rn. 7 f.
51 *BAG* 14.1.06, NZA 07, 339.
52 *BAG* 24.2.00, DB 00, 1287 – auch zur Beweislast.
53 *BAG* 26.10.04, NZA 05, 237 = dbr 6/05 S. 39; *BAG* 20.4.94, DB 94, 2038; *Fitting,* Rn. 24; *Schaub,* FS Däubler, S. 347.
54 *BAG,* a. a. O.
55 *BAG* 26.10.04, a. a. O.
56 *LAG Berlin* 8.9.87, LAGE § 112 a BetrVG 1972 Nr. 2.
57 ErfK-*Kania* Rn. 5; *Etzel,* Rn. 1006.
58 Weitergehend i. S. einer Regelvermutung *BAG* 20.4.94, DB 94, 2038 im Anschluss an MünchArbR-*Matthes,* 1. Aufl., § 361 Rn. 11 (jetzt: § 269 Rn. 9).
59 ErfK-*Kania,* Rn. 5; Richardi-*Annuß,* § 112 Rn. 32.

b) Gegenstand

Der mögliche Inhalt eines Interessenausgleichs wird herkömmlicherweise nach der Subtraktionsmethode bestimmt: **Es kann alles aufgenommen werden, was nicht Gegenstand des Sozialplans nach Abs. 1 Satz 2 ist.**[60] Dazu gehören auch Folgefragen, die sich wie die Besetzung eines durch die Betriebsänderung geschaffenen Arbeitslatzes erst nach Durchführung der geplanten Maßnahme ergeben.[61] Der Ausgleich und die Milderung der den AN entstehenden wirtschaftlichen Nachteile hat im Interessenausgleich nichts zu suchen, doch kann dessen Abschluss vom BR davon abhängig gemacht werden, dass ein angemessener Sozialplan zustande kommt.[62] Wird gleichwohl eine Sozialplanvorschrift in einen Interessenausgleich aufgenommen, behält sie in der Regel ihre Rechtsnatur und vermittelt dem einzelnen AN einklagbare Ansprüche.[63] **Andere als wirtschaftliche Nachteile** können im eigentlichen Interessenausgleich durchaus ausgeglichen werden.[64] Möglich sind auch Folgeregelungen insbesondere für die weiter Beschäftigten wie eine **Standortgarantie** oder die Zusage bestimmter Investitionen.[65] 20

Der Interessenausgleich kann insbes. Regelungen darüber enthalten, ob, **wann und in welcher Form die geplante unternehmerische Maßnahme durchgeführt wird.**[66] Wird (im Extremfall) vereinbart, dass die Betriebsänderung unterbleibt, so wird ein Sozialplan überflüssig. Weicht der UN ohne zwingenden Grund davon ab, muss er einen Nachteilsausgleich nach § 113 Abs. 1 und 2 gewähren. Außerdem ist ein neues Verfahren nach §§ 111 und 112 durchzuführen. Erklärt sich umgekehrt der **BR mit allem einverstanden**, was der Unternehmer vorgeschlagen hat, so ist auch dies ein rechtlich zulässiger Inhalt eines Interessenausgleichs. Wird wie **i. d. R. ein Kompromiss** gefunden, so wird insbes. festgelegt, wann und wie die Betriebsänderung durchgeführt werden soll und welches Ausmaß sie haben wird. Denkbar ist auch, dass die Aufnahme einer zusätzlichen Produktion vorgesehen wird. Bei Massenentlassungen kommen **Auswahlrichtlinien** in Betracht; sie können in gleichem Umfang von den Grundsätzen über die soziale Auswahl nach § 1 Abs. 3 KSchG abweichen wie Personalrichtlinien i. S. v. § 95 Abs. 1 und 2 (s. weiter § 95 Rn. 26).[67] Den **Kreis der** in die Auswahl einzubeziehenden **»vergleichbaren« AN** können sie nicht verändern.[68] Sie müssen sich auf die »Gewichtung« zwischen den sozialen Auswahlkriterien beschränken und können insbesondere ein Punkteschema vorsehen. Insoweit sind die Betriebsparteien frei; eine Korrektur ist nur wegen grober Fehlerhaftigkeit, d. h. deshalb möglich, weil einzelne Sozialdaten überhaupt nicht, nur marginal oder extrem stark berücksichtigt wurden.[69] Bei **Stilllegungen** können schließlich die **Modalitäten** einschließlich der Termine für Entlassungen und Freistellungen festgelegt werden.[70] Bei **Zusammenschlüssen** von Betrieben (§ 111 Satz 3 Nr. 3) kann bestimmt werden, welcher Betrieb welchen aufnimmt, was für die Weitergeltung von BV bedeutsam ist. Der Interessenausgleich kann mit **Kündigungsrichtlinien** i. S. des § 95 (s. dort Rn. 35) verbunden werden. Im konkreten Fall eingreifende **TVe** sind **zu beachten,** doch steht eine »tarifübliche« Regelung nach § 77 Abs. 3 einem Interessenausgleich nicht entgegen. Insoweit gelten dieselben Grundsätze wie im Rahmen des § 87 Abs. 1 (§ 87 Rn. 32), da TVe nicht den Sinn haben, bestehende Beteiligungsrechte zu schmälern. 21

Eine **Namensliste** i. S. des zum 1.1.99 aufgehobenen § 1 Abs. 5 KSchG hatte bis zum 31.12.2003 keinerlei rechtliche Wirkung mehr; der Kündigungsschutz der Betroffenen blieb 22

---

60 *BAG* 20.10.83, AP Nr. 13 zu § 1 KSchG 1969 Betriebsbedingte Kündigung; 17.9.91, DB 92, 229 = NZA 92, 227; ErfK-*Kania,* Rn. 1; *Fuchs,* Sozialplan, S. 17.
61 *BAG* 22.1.13, EzA § 113 BetrVG 2001 Nr. 9.
62 Richardi-*Annuß,* § 112 Rn. 24.
63 *BAG* 14.11.06, NZA 07, 339.
64 *Zöllner/Loritz/Hergenröder,* § 51 II 2 b aa.
65 *Wenning-Morgenthaler* Rn 1060, der insoweit von einem »qualifizierten Interessenausgleich« spricht.
66 *BAG* 27.10.87, AP Nr. 41 zu § 112 BetrVG 1972.
67 *BAG* 20.10.83, AP Nr. 13 zu § 1 KSchG 1969 Betriebsbedingte Kündigung; *BAG* 18.1.90, DB 90, 1335.
68 *BAG* 5.6.08, NZA 08, 1120.
69 *BAG* a. a. O.
70 *BAG* 18.12.84, AP Nr. 11 zu § 113 BetrVG 1972.

ungeschmälert erhalten. Zur aktuellen Rechtslage s. Rn. 30 ff. Ist die Herausnahme bestimmter, auf einer Liste aufgeführter Personen aus der sozialen Auswahl für den BR maßgebende Bedingung für den Abschluss eines Interessenausgleichs, so ist dieser insgesamt unwirksam, wenn es sich um eine gegen § 75 Abs. 1 verstoßende Begünstigung (z. B. wegen der Gewerkschaftszugehörigkeit) handelt.[71]

c) Bindungswirkung

23 Der Interessenausgleich ist nach herrschender Auffassung keine BV, sondern eine **Kollektivvereinbarung eigener Art.**[72] Dies soll zur Folge haben, dass der BR nicht auf Erfüllung des gefundenen Kompromisses bestehen kann;[73] weicht der AG ohne zwingenden Grund ab, tritt als Sanktion allein der Nachteilsausgleich nach § 113 ein. Eine andere Meinung[74] widerspricht dem mit dem Argument, auch der Interessenausgleich sei ein Vertrag, **vertragliche Pflichten** müssten aber grundsätzlich **erzwingbar** sein. Aus § 113 ergebe sich kein Gegenargument, da er nur Individualrechte gewähre, das Verhältnis der Betriebsparteien zueinander aber unberührt lasse. Auch sind Bestimmungen im Interessenausgleich denkbar, deren Verletzung sanktionslos bliebe, würde man nur § 113 anwenden.[75] Dieser Position hat sich das *LAG München*[76] angeschlossen.

24 Die (bislang) herrschende Auffassung lässt sich auch angesichts der **jüngeren Entwicklung in der Gesetzgebung** nicht mehr halten.[77] Nach **§ 323 Abs. 2 UmwG** kann ein Interessenausgleich, der bei Verschmelzung, Spaltung oder Vermögensübertragung zustande kommt, diejenigen AN namentlich bezeichnen, die nach der Umwandlung einem bestimmten Betrieb oder Betriebsteil zugeordnet werden. Tut er dies, kann die Zuordnung arbeitsgerichtlich nur noch auf »grobe Fehlerhaftigkeit« überprüft werden. Damit entfaltet der **Interessenausgleich Gestaltungswirkung** nicht nur zwischen BR und AG, sondern sogar in Bezug auf einzelne Arbeitsverhältnisse. Dem entspricht die Vorschrift des **§ 125 InsO,** wonach der Interessenausgleich im Insolvenzfall bestimmen kann, wer im Einzelnen zu kündigen ist; eine gerichtliche Kontrolle im Hinblick auf die Einhaltung der Grundsätze über die soziale Auswahl bleibt nur in sehr eingeschränktem Umfang möglich. Auch hier ist der Interessenausgleich alles andere als eine »Naturalobligation«. Dasselbe gilt für die wieder erstandene **Namensliste** nach **§ 1 Abs. 5 KSchG.** Weiter wäre es wenig einsichtig, würde die im Vergleich zu Verhandlungen über eine freiwillige BV stärkere verfahrensmäßige Position des BR zu einem notwendigerweise bescheideneren Ergebnis führen.[78]

25 Die **Bindung**swirkung erstreckt sich auf die **Vertragspartner AG und BR.** Der AG kann von dem Vereinbarten nur unter ganz engen Voraussetzungen zu Lasten der AN abweichen (u. Rn. 26). Der BR darf seinerseits nicht die Durchführung der konsentierten Maßnahmen torpedieren oder unmöglich machen, indem er z. B. von seinem Initiativrecht zur Einführung von Kurzarbeit Gebrauch macht.[79] Die einzelnen Arbeitsverhältnisse werden nur dann inhaltlich gestaltet, wenn eine freiwillige BV i. S. des § 88 abgeschlossen wurde (u. Rn. 48) oder wenn der Interessenausgleich eine Bestimmung enthält, die ihrem Inhalt nach in den Sozialplan

---

71 *LAG Köln* 29.7.04 LAGE § 1 KSchG Soziale Auswahl Nr. 45.

72 *BAG* 3.5.06, DB 06, 2411; siehe statt aller *Fitting,* Rn. 44; weitere Nachweise bei GK-*Oetker,* Rn. 73, der selbst den offenen Begriff der »Vereinbarung« verwendet.

73 *BAG* 28.8.91, DB 92, 380 = NZA 92, 41 »Naturalobligation«; ebenso *Ehmann,* FS Kissel, S. 180 ff.; WPK-*Preis/Bender,* Rn. 16; *Wenning-Mogenthaler* Rn 1064; differenzierend *C. Meyer,* BB 01, 882.

74 *Buschmann,* BB 83, 511; *Düwell,* FS Dieterich, S. 115; MünchArbR-*Matthes,* § 269 Rn. 34; *Matthes,* FS Wlotzke S. 396; *Molkenbur/Schulte,* DB 95, 270; *Säcker,* in: Birk/Igl/Zacher, S. 135; *Schweibert,* in: Willemsen u. a. Rn. C 199; *Däubler,* Das Arbeitsrecht 1, Rn. 1116 a; SB-*Stevens-Bartol* § 112 Rn. 8; *Zwanziger,* BB 98, 478; eingehend *M. Schwegler,* S. 82; auf das von den Parteien Gewollte stellt *Fitting,* Rn. 45 ab.

75 *Schweibert,* a. a.O: Zusicherung des Ausbaus der Entwicklungsabteilung, Einschaltung des BR bei Aufhebungsverträgen.

76 16.7.97, AuR 98, 89. Ebenso HK-ArbR-*M. Schubert,* §§ 111 – 113 BetrVG Rn 23.

77 Zustimmend HK-ArbR-*M. Schubert,* §§ 111 – 113 Rn 23.

78 *Siemes,* ZfA 98, 194.

79 Eingehend *Siemes,* ZfA 98, 202 ff.

gehört.[80] Im ersten Fall ist § 77 Abs. 3 zu beachten, während im zweiten im Verhältnis zu TV nach § 112 Abs. 1 Satz 4 das Günstigkeitsprinzip gilt.

Die **Bindungswirkung** des Interessenausgleichs **endet,** wenn der AG aus zwingenden Gründen von ihm abweichen muss; dies folgt mittelbar aus § 113 Abs. 1.[81] In einem solchen Fall bietet sich eine einvernehmliche Änderung des Interessenausgleichs an,[82] doch kann eine entsprechende Anpassung nicht erzwungen werden. Eine Kündigung ist gleichfalls ausgeschlossen.[83] 26

Von der regelmäßig anzunehmenden **Bindung** von BR und AG kann in zweierlei Richtung **abgewichen** werden.[84] Zum einen ist es den Betriebsparteien erlaubt, eine wechselseitige Bindung auszuschließen und für **Abweichungen lediglich** die Sanktionen des **§ 113** vorzusehen. Aus der Pflicht zur Einhaltung des Interessenausgleichs wird so eine Obliegenheit. Dies ist etwa anzunehmen, wenn die geplante Betriebsänderung lediglich beschrieben wird.[85] Selbst dieses bescheidene Niveau wird unterschritten, wenn lediglich eine »wohlwollende Prüfung« bestimmter Vorschläge zugesagt wird oder bestimmte Dinge nicht passieren »sollen«.[86] Auf der anderen Seite kann auch das einzelne Arbeitsverhältnis in vollem Umfang gestaltet werden; insoweit liegt dann in der Regel eine **freiwillige BV** vor (unten Rn. 48).[87] Schließlich ist denkbar, dass auch Fragen im Interessenausgleich mit erfasst werden, die der obligatorischen Mitbestimmung des BR unterliegen; so kann etwa im Rahmen der Einführung und Umgestaltung von EDV-Systemen die Arbeitnehmerüberwachung nach § 87 Abs. 1 Nr. 6 mit geregelt werden. Bezogen auf einen solchen Sachbereich stellt dann der Interessenausgleich eine erzwingbare BV dar.[88] 27

Verstößt der Interessenausgleich **gegen zwingendes Recht,** entfaltet er keine Rechtswirkungen; daselbe gilt für eine mit ihm verbundene Namensliste. Dies ist etwa dann der Fall, wenn § 4 Abs. 1 TzBfG missachtet wurde, weil sich BR und AG darüber verständigten, es sollten ausschließlich Teilzeitkräfte entlassen werden.[89] Dasselbe gilt für diskriminierende Regelungen im Sinne des § 7 Abs. 1 AGG. 28

d) Die Teileinigung

Denkbar ist, dass sich die Betriebsparteien mit oder ohne ESt. über einen Teil der anstehenden Fragen einigen, während in Bezug auf die übrigen Probleme die Meinungsverschiedenheiten unüberbrückbar bleiben. So könnte man sich vorstellen, dass beispielsweise die Schließung einer bestimmten Abteilung oder die Kündigung einer bestimmten Höchstzahl von Beschäftigten Konsens findet, während die Schließung anderer Abteilungen oder der Aufbau einer neuen Produktion von der einen oder anderen Seite nicht akzeptiert wird. Eine solche »Aufspaltung« ist **rechtlich ohne weiteres zulässig.**[90] Will der AG einen **Nachteilsausgleich** vermeiden, muss er allerdings bezüglich des noch offenen Teils das Verfahren weiter betreiben, bis alle Einigungsmöglichkeiten erschöpft sind. Einen Nachteilsausgleich können diejenigen nicht verlangen, deren Kündigung in der Teileinigung ausdrücklich akzeptiert wurde. 29

80 *BAG* 14.11.06, NZA 07, 339, 341.
81 Zustimmend MünchArbR-*Matthes,* 2. Aufl. 2000, § 360 Rn. 28.
82 *Gaul/Gajewski,* S. 97.
83 *Siemes,* ZfA 98, 206.
84 Ähnlich differenzierend *Schweibert,* in: Willemsen u. a., Rn. C 198 ff. und *Fitting,* Rn. 45 ff.
85 *Schweibert,* a. a. O.
86 S. als Beispiel den Sachverhalt in *BAG* 22.1.13, EzA § 113 BetrVG 2001 Nr. 9.
87 Dafür auch *BAG* 24.10.13, NZA 14, 46; HK-ArbR-*M. Schubert,* §§ 111 – 113 Rn 24; *C. Meyer,* BB 01, 884 f.
88 Zustimmend *Siemes,* ZfA 98, 189.
89 *LAG Köln* 31.3.06, AuR 06, 334.
90 *BAG* 20.4.94, DB 94, 2038.

6. Insbesondere: Namensliste bei Personalabbau

a) Der allgemeine Rahmen

30 Durch das Gesetz zu Reformen am Arbeitsmarkt ist erneut die Möglichkeit geschaffen worden, in den Interessenausgleich eine sog. Namensliste aufzunehmen. Rechtsgrundlage ist der seit 1.1.2004 geltende **§ 1 Abs. 5 KSchG,** der wörtlich mit der entsprechenden, zwischen 1996 und 1998 geltenden Regelung übereinstimmt. Die damalige Rechtsprechung gewinnt daher erneute Aktualität. **Ohne Unterbrechung** existierte die Namensliste in **§ 125 InsO,** der im Anhang zu den §§ 111 bis 113 eingehend kommentiert ist. Ein **inhaltlicher Unterschied** zwischen § 1 Abs. 5 KSchG und § 125 InsO besteht insbes. insoweit, als die erstere Bestimmung die Herausnahme einzelner Personen aus der sozialen Auswahl nur zur »Sicherung« einer ausgewogenen Personalstruktur vorsieht, während die letztere im Insolvenzfall zusätzlich auch die »Schaffung« einer ausgewogenen Personalstruktur genügen lässt. Ein weiterer weniger gravierender Unterschied besteht insoweit, als anders als nach den §§ 122, 125 InsO nicht zwischen »allgemeinem« und »besonderem« Interessenausgleich (mit **Namensliste**) unterschieden wird. Die letztere muss nach § 1 Abs. 5 KSchG **in unmittelbarem zeitlichen Zusammenhang** mit dem Interessenausgleich vereinbart werden, da nur dann das gesetzliche Merkmal »in einem Interessenausgleich« erfüllt ist und die Betroffenen nicht weiter befürchten müssen, eines Teils ihres Kündigungsschutzes verlustig zu gehen.[91] Drei Wochen hält für unbedenklich *BAG* vom 19.6.07,[92] sechs Wochen akzeptiert *BAG vom* 26.3.09,[93] sofern nach Abschluss des Interessenausgleichs weiterhin verhandelt wurde. Erfolgt der Personalabbau in zwei »Wellen«, so ist eine nach ca. sechs Wochen unterzeichnete Namensliste immer noch »zeitnah«.[94] Der Interessenausgleich muss aus Gründen des Vertrauensschutzes Anhaltspunkte dafür enthalten, dass noch mit einer »Ergänzung« durch eine Namensliste zu rechnen ist.[95]

30a Um die **Schriftform** (oben Rn. 17) zu wahren, müssen Interessenausgleich und Namensliste eine einheitliche Urkunde darstellen, deren Teile fest verbunden sind und die nicht ohne Anwendung körperlicher Kraft getrennt werden können.[96] Gleichgestellt ist der Fall, dass Interessenausgleich und Namensliste jeweils von beiden Seiten unterschrieben sind und aufeinander verweisen.[97] Das bloße Anbringen einer Paraphe auf der Namensliste dürfte trotz Verweisung auf einen formgerechten Interessenausgleich nicht genügen.[98]

30b Die Namensliste kann sich von vorne herein nicht auf Personen beziehen, die im Zeitpunkt ihrer Aufstellung **Sonderkündigungsschutz** genießen und deshalb nicht in die soziale Auswahl einzubeziehen sind. Für schwerbehinderte Menschen gilt dies nur, solange das Integrationsamt noch keine Zustimmung erteilt hat. Ein tariflicher Ausschluss der ordentlichen Kündigung wirkt in vollem Umfang, doch kommt bisweilen eine Regelung vor, die ihn gerade im Falle einer Betriebsänderung nicht eingreifen lässt.[99]

b) Zulässigkeitsvoraussetzungen

31 Die **Zulässigkeit** einer Namensliste hängt als Teil des Interessenausgleichs nach § 112 Abs. 2 im Prinzip von denselben Voraussetzungen wie im Rahmen des § 125 InsO ab. Dies bedeutet im Einzelnen:

- Die Namensliste muss sich auf den **gesamten Personalabbau** beziehen, der durch die Betriebsänderung verursacht ist. Die Beschränkung auf einen Teil ist nur ausnahmsweise möglich, wenn der Personalabbau in klar abgrenzbaren »Wellen« erfolgt und dabei jeweils eine Einigung über alle zu Kündigenden erfolgt.[100] (vgl. weiter § 125 InsO Rn. 8). Allerdings

91 Für »zeitnahe Ergänzung« schon *BAG,* 6.7.06, NZA 07, 266, 269.
92 NZA 08, 103 Tz 33 ff.
93 DB 09, 1882 = NZA 09, 1151.
94 *BAG* 19.7.12, NZA 13, 86, 89 Tz 21. S. weiter u. Rn 31.
95 Dahingestellt in *BAG* 26.3.09, NZA 09, 1151 Tz 27.
96 *BAG* 19.7.12, NZA 13, 86, 88 Tz 20. Vgl. auch *BAG* 19.7.12, NZA 13, 333 Tz 26.
97 *BAG* 12.5.10, NZA 11, 114; *BAG* 19.7.12, NZA 13, 86; *Wenning-Morgenthaler,* Rn 1075.
98 In diese Richtung auch *BAG* aaO Tz 22.
99 Dazu der Fall *BAG* 23.2.12, NZA 12, 992.
100 BAG 19.7.12, NZA 13, 86 LS 2. Zum engen zeitlichen Zusammenhang s. o. Rn 30. Weitergehend für einen deutlich abgrenzbaren Bereich *LAG Niedersachsen* 7.5.15, AuR 15,332.

kann sich die Zahl der ursprünglich geplanten Kündigungen durch anderweitige Lösungen reduzieren.[101] Ein »**Abänderungs-**« **oder** »**Widerrufsvorbehalt**« nimmt der Namensliste ihre spezifische Wirkung und lässt den allgemeinen Kündigungsschutz unberührt, weil sie durch eine solche Klausel nicht mehr ihren Zweck erfüllen kann, für einen rechtssicheren Personalabbau zu sorgen.[102]

- Die Namensliste darf **keine Personen** enthalten, **die** von der Betriebsänderung **gar nicht betroffen** sind, **jedoch freiwillig ausscheiden** möchten und die ihnen deshalb drohende Sperrfrist durch Einbeziehung in die Namensliste vermeiden wollen. Diese verliert dadurch ihre Eigenschaft als »Namensliste« im Sinne des § 1 Abs. 5 KSchG und die damit verbundenen Kündigungserleichterungen für den AG;[103] ob schon ein einziger »Irrläufer« dieser Art ausreicht, scheint nicht sicher, doch spricht das *BAG*[104] davon, es müssten »ausschließlich« AN aufgenommen werden, die auf Grund der Betriebsänderung zu kündigen sind.
- Die Namensliste muss **Bestandteil des gesetzlichen Interessenausgleichs** sein; als **Teil des Sozialplans** wäre sie **unzulässig** (§ 125 InsO Rn. 9). Auch ein **freiwilliger Interessenausgleich** (etwa bei TendenzUN oder Kirchen nach § 118) **genügt nicht**,[105] wohl aber ein Interessenausgleich, dem wegen § 112 a kein Sozialplan folgen muss.[106] Der zwingende Kündigungsschutz des Einzelnen steht nur dort zur Disposition der Betriebsparteien, wo es das Gesetz ausdrücklich vorsieht. Im Streitfall muss der **AG** notfalls darlegen und **beweisen**, dass eine **Betriebsänderung i. S. des § 111** vorlag; dazu kann auch gehören, die Einheit »Betrieb« zu bestimmen, weil sie für das Vorliegen einer Betriebsänderung und damit z. B. für das Erreichen der Grenzwerte nach § 17 KSchG maßgebend ist.[107] Eine an einen »**vorsorglichen Interessenausgleich**« gekoppelte Namensliste kann gleichfalls nicht die Wirkungen des § 1 Abs. 5 KSchG entfalten.[108]
- Die einzelnen Personen müssen so genau bezeichnet werden, dass eine zweifelsfreie **Identifizierung** möglich ist (§ 125 InsO Rn. 10). Die Namensliste bedarf wie der gesamte Interessenausgleich der **Schriftform** (oben Rn. 30 und § 125 InsO Rn. 11).[109]
- Die Namensliste kann sich nur auf geplante Kündigungen beziehen. Personen, denen **schon gekündigt** wurde, behalten ihren vollen Kündigungsschutz (§ 125 InsO Rn. 13). Auch Personen, die **durch Aufhebungsvertrag** ausgeschieden sind oder **voraussichtlich ausscheiden** werden, dürfen nicht auf die Namensliste gesetzt werden.[110]
- Die **Auswahlkriterien** sind deutlich zu machen (§ 125 InsO Rn. 10); sie müssen sich auf **32** Personen beziehen, die infolge der Betriebsänderung ihren Arbeitsplatz verlieren. Werden auch solche AN einbezogen, die freiwillig ausscheiden wollen und denen eine Sperrfrist erspart bleiben soll, so stellt dies ein sachfremdes Kriterium dar, das die Wirkungen des § 1 Abs. 5 KSchG entfallen lässt.[111] **Auch im Falle einer Namensliste** hat der AG nach § 1 Abs. 3 Satz 1 Halbsatz 2 KSchG dem AN auf Verlangen die **Gründe mitzuteilen,** die zu der getroffenen sozialen Auswahl geführt haben. Dies ist vom *BAG* zu dem zwischen 1996 und 1998 geltenden Recht ausdrücklich betont[112] und für das geltende Recht bestätigt worden.[113] Auch im Bericht des Bundestagsausschusses für Wirtschaft und Arbeit[114] wurde dies

---

101 *BAG* 19.6.07, NZA 08, 103 Tz 36.
102 *ArbG Stuttgart* 25.2.10, NZA-RR 10, 350.
103 *BAG* 26.3.09, NZA 09, 1151 Tz. 37.
104 A. a. O.
105 KR-*Griebeling,* § 1 KSchG Rn. 703 a; *Gaul* BB 04, 2687; APS-*Kiel* § 1 KSchG Rn. 794; *Jaeger,* FS 25 Jahre ARGE Arbeitsrecht im DAV, S. 890; a. A. *Bauer,* FS Wißmann S. 229; differenzierend *Thüsing/Wege,* BB 05, 213.
106 *Wenning-Morgenthaler,* Rn. 1073. S. etwa die in *BAG* 19.7.12, NZA 13, 86, 88 mitgeteilten Zahlenverhältnisse
107 *BAG* 31.3.07, NZA 07, 1307; *BAG* 3.4.08, NZA 08, 1060.
108 *Schiefer/Worzalla* NZA 04, 352.
109 Zusammenfassend *BAG* 6.7.06, NZA 07, 266.
110 *ArbG Stuttgart* 25.2.10, NZA-RR 10, 350, 355 Tz 68.
111 *BAG,* 26.3.09, DB 09, 1882, 1884.
112 *BAG* 12.4.02 NZA 03, 42 [43] und 22.1.04, AP Nr. 1 zu § 112 BetrVG 1972 Namensliste.
113 *BAG* 6.11.08, NZA 09, 316 Tz 25 f.
114 BT-Dr. 15/1587 S. 30.

hervorgehoben. Kommt der AG dieser Verpflichtung nicht nach, wird die Kündigung auch im Falle einer Namensliste als unwirksam angesehen.[115] Daraus wird deutlich, dass die Namensliste nicht etwa schon durch ihre bloße Existenz die Kündigungen rechtfertigen kann. Vielmehr muss auch sie sich **auf soziale Kriterien stützen,** die die getroffenen Entscheidungen tragen.[116] Dies kann ein **Punkteschema** im Sinne des § 1 Abs. 4 KSchG[117], aber auch eine **besondere Betonung einzelner sozialer Gesichtspunkte** sein. So hat es das BAG beispielsweise für legitim angesehen, das Schwergewicht auf die Unterhaltspflichten der betroffenen Arbeitnehmer zu legen.[118] Zu den Auswirkungen auf die gerichtliche Überprüfung s. unten Rn. 35 f.

33 • Keine Namensliste stellt eine »**Herausnahmeliste**« des Inhalts dar, dass alle außer den genannten Personen gekündigt werden sollen.[119] Eine solche Regelung hätte nur die Bedeutung, dass der AG insoweit auf eine Kündigung anlässlich der Betriebsänderung verzichtet. Wären einige der genannten Personen nach den gesetzlichen Grundsätzen oder nach den der »Kündigungsliste« zugrunde liegenden Kriterien zu kündigen gewesen, **behalten** sie zwar **ihren Arbeitsplatz,** doch reduziert sich die Möglichkeit des AG zum Personalabbau entsprechend.

• Die Namensliste darf nicht auf einem **kollusiven Zusammenwirken** von BR und Arbeitgeber beruhen. Würde man die Namensliste dazu verwenden, ohne inhaltliche Rechtfertigung bestimmte Personen »loszuwerden«, die sich aus irgendwelchen subjektiven Gründen geringer Wertschätzung beim AG wie beim BR erfreuen, wäre ein solcher Fall gegeben. Unwirksam wäre die Namensliste auch dann, wenn BR-Mitgliedern mit Rücksicht auf ihre »Kooperationsbereitschaft« besondere persönliche Vorteile wie z. B. Geldzahlungen oder eine gut dotierte Position als Geschäftsführer einer Beschäftigungsgesellschaft versprochen werden. In der Regel wird die Notwendigkeit, auch das Setzen auf die Namensliste mit sozialen Gesichtspunkten zu begründen, derartige Praktiken von vorneherein ausschließen.

34 • Die Namensliste und einzelne ihrer Teile dürfen **nicht gegen höherrangiges Recht verstoßen**. Dies kann insbesondere im Verhältnis zum **AGG** streitig werden. Das *BAG*[120] vertritt dabei den Standpunkt, ein Widerspruch zum AGG führe ggf. zu einer grob fehlerhaften Sozialauswahl, lasse aber die Namensliste als solche bestehen. Der Wegfall der Vermutungswirkung sei eine »überzogene« Reaktion – was schon deshalb verwundert, weil so eine rechtswidrige Norm bestehen bleibt und außerdem ein vermeidbarer Widerspruch zum EU-Recht geschaffen wird, das für Verstöße gegen die Diskriminierungsverbote »wirksame, verhältnismäßige und abschreckende« Sanktionen verlangt (Art. 15 Richtlinie 2000/43/EG und Art. 17 Richtlinie 2000/78/EG).[121] Dem wäre zumindest im Wege richtlinienkonformer Auslegung Rechnung zu tragen.[122]

34a • Nach der Rechtsprechung[123] stellt es keine unzulässige Diskriminierung wegen Alters dar, wenn beim Personalabbau **Altersgruppen** gebildet werden, was die Stellung der Älteren gegenüber dem gesetzlichen Modell verschlechtert. Vorausgesetzt ist dabei immer, dass ein **berechtigtes betriebliches Interesse** an der Erhaltung der bisherigen Altersstruktur besteht.[124] Dieses wird vom *BAG*[125] in widerleglicher Weise angenommen, wenn innerhalb

---

115 *BAG* 22. 1. 04, AP Nr. 1 zu § 112 BetrVG 1972 Namensliste; dahingestellt in *BAG* 6. 11. 08, NZA 09, 361 Tz 26; *Jaeger,* FS 25 Jahre ARGE Arbeitsrecht im DAV, S. 902.

116 Ähnlich *Perreng,* AiB 04, 16.

117 Ein Punkteschema unterliegt auch dann der Mitbestimmung nach § 95 Abs. 1, wenn es nur auf die konkret bevorstehenden Kündigungen bezogen ist: *BAG* 24. 10. 13, NZA 14, 46.

118 *BAG* 2. 12. 99 NZA 00, 531.

119 *LAG Köln* 29. 7. 04 AuR 04, 437 LS; *Wenning-Morgenthaler* Rn 1076; a. A. *Jaeger,* FS 25 Jahre ARGE Arbeitsrecht im DAV, S. 893.

120 6. 11. 08, NZA 09, 361 OS 1 und Tz 21.

121 Beide abgedruckt bei *Däubler/Bertzbach,* 2. Aufl., S. 793 ff.

122 Wie hier im Ergebnis *Mohr* SAE 07, 353, 354; *Temming,* S. 561.

123 *BAG* 19. 6. 07, NZA 08, 103 = AiB 08, 676; *BAG* 6. 11. 08, NZA 09, 361; *BAG* 22. 3. 12, NZA 12, 1040; *BAG* 28. 6. 12, NZA 12, 1090; *BAG* 19. 7. 12, NZA 13, 86, 87; ebenso schon *LAG Niedersachsen* 9. 11. 07, NZA-RR 08, 348.

124 *BAG* 6. 9. 07, NZA 08, 405; *BAG,* 12. 3. 09, DB 09, 1932, 1935.

125 22. 3. 12, NZA 12, 1040 Tz 30.

der einzelnen Altersgruppe die Sätze des § 17 KSchG erreicht sind.[126] Die Bildung von Altersgruppen muss außerdem geeignet sein, die ursprüngliche **altersmäßige Zusammensetzung zu reproduzieren.**[127] Ist dies in einzelnen Gruppen nicht möglich (weil z. B. die Zahl der erfassten AN zu gering ist), so ist die Bildung von Altersgruppen nicht durch § 1 Abs. 3 Satz 2 KSchG gedeckt und deshalb nicht in der Lage, die Grundsätze über die soziale Auswahl zu modifizieren.[128] Das BAG sieht dies im Prinzip genauso, prüft dann aber lediglich, ob die Sozialauswahl »grob fehlerhaft« war.[129] Bei der sog. **Leistungsträgerklausel** des § 1 Abs. 3 Satz 2 KSchG nimmt es dagegen eine volle Interessenabwägung vor; das Zurücktreten der Interessen des sozial schutzwürdigeren AN kommt nur dann in Betracht, wenn sehr gewichtige betriebliche Interessen dafür sprechen, eine bestimmte sozial weniger schutzwürdige Person wegen ihrer besonderen Kenntnisse und Erfahrungen aus der sozialen Auswahl auszunehmen und nicht zu kündigen.[130] Im Insolvenzfall wird auch das Ziel, den **Betrieb verkaufsfähig** zu machen, als berechtigtes Interesse für die Aufrechterhaltung der bisherigen Altersstruktur anerkannt.[131] Dies ist insbesondere dort von Bedeutung, wo in der einzelnen Altersgruppe die Sätze des § 17 KSchG nicht erreicht sind. Möglich ist stattdessen auch ein Punktesystem, das ein »lineares« Ansteigen vorsieht.[132] Weiter sind **unternehmenseinheitliche Auswahlrichtlinien** zu beachten (u. Rn. 38).

c) Rechtsfolgen

Befindet sich ein AN auf einer rechtswirksam zustande gekommenen Namensliste, so besitzt er nur noch einen **geminderten Kündigungsschutz.** Allerdings tritt dieser Effekt nur ein, wenn der **AG** im Kündigungsschutzprozess darlegt und notfalls **beweist,** dass eine **Betriebsänderung** nach § 111 S. 3 vorliegt,[133] diese für die Kündigung ursächlich war und der **Interessenausgleich** samt Namensliste **ordnungsgemäß** zustande gekommen ist.[134] Auch muss er belegen, dass eine **Unternehmerentscheidung** vorhanden ist und ihre Umsetzung das notwendige Arbeitsvolumen reduziert.[135] Sind diese »Hürden« überwunden, so gilt Folgendes: 35

Das Vorliegen dringender betrieblicher Erfordernisse wird vermutet (näher § 125 InsO Rn. 15). Dies ist dort ohne große Bedeutung, wo die Beweislast auch nach allgemeinen Grundsätzen beim AN liegt. Dies gilt etwa für das Vorliegen einer missbräuchlichen Unternehmerentscheidung[136] oder für die recht seltene Situation, dass das Arbeitsverhältnis eines Altersteilzeiters **während** der **Freistellungsphase gekündigt** werden soll.[137] Praktische Bedeutung ergibt sich insoweit, als nach der Rspr. vermutet wird, dass im Betrieb **keine anderweitige Beschäftigungsmöglichkeit** besteht[138] oder dass das auf der Grundlage einer nicht missbräuchlichen Unternehmerentscheidung vorgelegte **Konzept tatsächlich zum Wegfall des fraglichen Arbeitsplatzes** führt. In solchen Fällen den AN mit der Aufgabe zu belasten, die Unrichtigkeit dieser Annahmen zu belegen, ist **verfassungsrechtlich nicht hinnehmbar,** da es den durch Art. 12 Abs. 1 GG gewährleisteten Bestandsschutz übermäßig einschränkt.[139] Ob 36

---

126 Im Fall *BAG* 24.10.13, NZA 14, 46 Tz. 55 schied diese Indizwirkung aus, weil in einer Altersgruppe bei einer Gesamtbelegschaft von 509 Arbeitnehmern nur vier Kündigungen ausgesprochen wurden.

127 *BAG* 19.7.12, NZA 13, 86 OS 3.

128 *BAG* 22.3.12, NZA 12, 1040 OS 4 und Tz 33 ff.

129 *BAG* 26.3.15, BB 15, 1341; vgl. auch *BAG* 19.7.12, NZA 13, 86, 90 Tz 34 ff.

130 *BAG* 19.7.12, NZA 13, 86, 90 Tz 36 ff.; vgl. auch für den »Normalfall« BAG 22.3.12, NZA 12, 1040, 1042 Tz 25.

131 *BAG* 28.6.12, NZA 12, 1090 OS 2.

132 *BAG* 5.11.09, NZA 10, 457 Tz 27.

133 Daran scheiterte die Kündigung im Fall *BAG* 3.4.08, NZA 08, 1060.

134 *BAG* 22.1.04, AP Nr. 1 zu § 112 BetrVG 1972 Namensliste; *BAG* 19.7.12, NZA 13, 333 Tz 16; *Jaeger*, FS 25 Jahre ARGE Arbeitsrecht im DAV, S. 891.

135 *ArbG Hamburg*, 26.10.05, NZA-RR 06, 577.

136 S. den Fall *BAG* 26.9.02 NZA 03, 549.

137 Für rechtswidrig erklärt von *BAG* 5.12.02 NZA 03, 789.

138 *BAG* 7.5.98 NZA 98, 933, bestätigt in *BAG* 19.7.12, NZA 13, 333, 336 Tz 35.

139 *BVerfG* 6.10.99 NZA 00, 110: »Dem AN dürfen nicht Nachweis und Darlegung solcher Umstände in vollem Umfang aufgebürdet werden, die nicht in seiner Sphäre liegen.«

Abhilfe in der Weise möglich ist, dass den Arbeitgeber in solchen Fällen eine sog. sekundäre Darlegungslast trifft,[140] wird die Praxis erweisen müssen. Die Frage, ob **Weiterbeschäftigungsmöglichkeiten in einem anderen Betrieb** des UN und – soweit kündigungsschutzrechtlich relevant – in einem anderen UN des Konzerns bestehen, ist von der Vermutungswirkung m. E. nicht erfasst; insoweit bleibt es bei den allgemeinen Grundsätzen.[141] Das *BAG*[142] sieht dies **anders**, verlangt jedoch, dass sich örtlicher Betriebsrat und Arbeitgeber bei den Verhandlungen auch um diese Frage gekümmert haben; trägt der AN Indizien vor, die dagegen sprechen, so muss der AG die Befassung der Betriebsparteien mit dieser Frage darlegen und beweisen.[143] Dies bringt ein erhebliches Moment der Unsicherheit. Wurde die Namensliste vom GBR ausgehandelt, soll die Erstreckung automatisch eintreten,[144] doch sprechen erhebliche Bedenken gegen eine Einschaltung des GBR (u. Rn. 41). Auch das Argument, die Kündigung sei nach § 613 a Abs. 4 BGB unwirksam, wird dem Arbeitnehmer nicht abgeschnitten; dies folgt schon aus einem Gegenschluss aus § 128 Abs. 2 InsO.[145]

37 Die soziale Auswahl kann nur noch wegen »**grober Fehlerhaftigkeit**« beanstandet werden (§ 125 InsO Rn. 17); diese soll nur in Ausnahmefällen vorliegen.[146]. Es muss ein »evidenter, ins Auge springender schwerer Fehler« vorliegen und der Interessenausgleich jede soziale Ausgewogenheit vermissen lassen.[147] Mit Rücksicht auf die im Insolvenzverfahren meist gebotene Eile ist es daher noch hinnehmbar, dass nur die **Unterhaltspflicht** gegenüber den auf der Lohnsteuerkarte vermerkten Kindern berücksichtigt wird, doch ist es sogar in der Insolvenz (und daher erst recht in der Normalsituation) grob fehlerhaft, die Unterhaltspflicht gegenüber dem Ehegatten unter den Tisch fallen zu lassen.[148] Der »großzügige« Prüfungsmaßstab der groben Fehlerhaftigkeit wird auch auf die Frage erstreckt, ob der in die Sozialauswahl einzubeziehende Kreis von Arbeitnehmern (»Vergleichbarkeit«) korrekt bestimmt worden ist (§ 125 InsO Rn. 18)[149] und ob bestimmte Beschäftigte mit Rücksicht auf die Ausgewogenheit der Personalstruktur ausgeklammert wurden.[150] Auch die Frage, ob eine **anderweitige Einsatzmöglichkeit** im Betrieb oder im UN besteht, wird nur noch im Hinblick auf eine grob fehlerhafte Bestimmung gerichtlich überprüft.[151] Die Tatsache, dass im Interessenausgleich vorgesehen ist, zur Abdeckung von Auftragsspitzen oder als Personalreserve für unerwartete Ausfälle **Leih-AN einzusetzen**, widerlegt nach der Rechtsprechung den Wegfall des Beschäftigungsbedarfs nicht.[152] Dass dies mit Rücksicht auf die unternehmerische Freiheit auch dann gelten soll, wenn der Bedarf vorhersehbar ist,[153] will nicht einleuchten: Hier ist die Kündigung nicht mehr unausweichlich, weil es dem AG mit Rücksicht auf die Wertungen des KSchG zuzumuten ist, die bisher für ihn Arbeitenden auf den fraglichen Arbeitsplätzen weiterzubeschäftigen. Weitere **Einzelheiten** sind in den Erläuterungen zu § 125 InsO (Anhang zu §§ 111 – 113) aufgeführt und sollen hier nicht wiederholt werden. In welchem Umfang auch die Herausnahme einzelner Arbeitnehmer aus der sozialen Auswahl nach § 1 Abs. 3 Satz 2 KSchG von der vollen gerichtlichen Überprüfung ausgenommen werden kann, war lange Zeit nicht geklärt, doch hat inzwischen das *BAG* auch dese Frage einbezogen.[154] Dies lässt sich auf die amtliche Begründung stützen.[155] Häufig würden Fehler in diesem Bereich auch bei voller

140 So *BAG* 6.9.07, NZA 08, 636 Tz 38.
141 KR-*Griebeling*, § 1 KSchG Rn. 703 m (bei Abschluss durch BR); *Fischer*, NZA 97, 1097; *Kohte* BB 98, 950; a. A. *Bader*, NZA 96, 1133; *Schiefer* DB 98, 922.
142 6.9.07, NZA 08, 633 Tz 36.
143 *BAG* a. a. O.; ebenso *Rost*, NZA Beilage 1/2009, S. 31.
144 *BAG* 6.9.07, NZA 08, 633 Tz 36.
145 KR-*Griebeling* § 1 KSchG Rn. 703 l.
146 *BAG* 28.6.12, NZA 12, 1090 OS 3.
147 *BAG* 15.12.11, NZA 12, 1044, 1047 Tz 39.
148 *BAG* 28.6.12, NZA 12, 1090
149 *BAG* 3.4.08, NZA 08, 1060 und *BAG* 19.7.12, NZA 13, 333, 336 Tz 42.
150 *BAG* 10.6.10, NZA 10, 1352.
151 *BAG* 15.12.11, NZA 12, 1044
152 *BAG* 15.12.11, NZA 12, 1044.
153 *BAG* a. a. O. Tz 27 ff.
154 10.6.10, NZA 10, 1352.
155 BT-Dr. 15/1204 S. 12; ebenso ErfK-*Oetker* § 1 KSchG Rn. 366; KR-*Griebeling* § 1 KSchG Rn. 703 o.

Überprüfung ohne Folgen bleiben, weil die fragliche Kündigung auch dann hätte ausgesprochen werden müssen, wenn eine Reihe ausgeklammerter Personen einbezogen worden wäre.[156]

Kein Problem grob fehlerhafter sozialer Auswahl ist es, wenn **die der Namensliste zugrunde liegenden Kriterien falsch angewandt** werden; insoweit bleibt es bei der vollen richterlichen Prüfung.[157] Dass diese Kriterien im Kündigungsschutzverfahren benannt werden müssen, hat das *BAG*[158] ausdrücklich hervorgehoben. Beruht beispielsweise die Namensliste auf einem die wichtigsten sozialen Kriterien aufgreifenden Punkteschema, so ist dieses selbst nur auf grobe Fehlerhaftigkeit hin überprüfbar. Wurde es im Einzelfall jedoch falsch angewandt, weil man bei der Berechnung der Punktezahl eines AN die Kinder oder eine frühere Betriebszugehörigkeit vergessen hatte, so unterliegt dies in vollem Umfang der gerichtlichen Kontrolle. Dasselbe gilt, wenn **qualitative Kriterien** verwandt werden, beispielsweise beim primären Abstellen auf die familiäre Situation und die Unterhaltspflichten. Das Erfordernis der **immanenten Schlüssigkeit** der Namensliste[159] verhindert so, dass entgegen den Grundsätzen des *BVerfG*[160] unter Verstoß gegen Art. 12 Abs. 1 GG willkürliche Kündigungen möglich werden. Eine Namensliste entfaltet daher nicht die gewollte Wirkung, wenn sie auch AN erfasst, die primär vor einer Sperrfrist bewahrt werden sollen.[161] Bei **Widersprüchen zwischen Richtlinien,** die der GBR vereinbart hat, **und** der **Namensliste,** ist Letztere unwirksam; dies hat nichts mit vorrangiger Kompetenz des GBR, sondern allein damit zu tun, dass sich die Betriebsparteien nicht über eine für das gesamte UN geltende Norm hinwegsetzen können.[162] Stammt die Richtlinie dagegen von demselben BR, der auch die Namensliste vereinbart hat, so ist nach der Rechtsprechung[163] im Zweifel anzunehmen, dass die Betriebsparteien bewusst eine von der Richtlinie abweichende Sonderregelung treffen wollten, die wirksam ist.[164] Ganz generell ist zu berücksichtigen, dass sich ein Gekündigter nur dann erfolgreich auf die Unwirksamkeit einer Richtlinie oder der Namensliste berufen kann, wenn er nicht auch bei fehlerfreiem Vorgehen gekündigt worden wäre.[165] 38

Die Namensliste erstreckt sich nur auf Beendigungs-, nicht auf Änderungskündigungen. Die andersartige Regelung der InsO ist nicht übernommen worden.[166] Das *BAG* hat diesem Unterschied allerdings keine Bedeutung beigemessen und § 1 Abs. 5 KSchG **auch** auf die **Änderungskündigung** erstreckt.[167] Die Lockerung des Bewertungsmaßstabs (nur »grobe Fehlerhaftigkeit«) bezieht sich auf den Wegfall der Beschäftigungsmöglichkeit zu den bisherigen Bedingungen, auf die Zumutbarkeit des **Änderungsangebots** allerdings nur dann, wenn auch dieses Gegenstand des Interessenausgleichs war.[168] Im Übrigen muss die Namensliste klar erkennen lassen, wer für eine Beendigungs- und wer für eine Änderungskündigung vorgesehen ist. **Außerordentliche betriebsbedingte Kündigungen**, die gegenüber »Unkündbaren« in Betracht kommen, werden von § 1 Abs. 5 KSchG **nicht erfasst**; ihre Rechtmäßigkeit richtet sich nach den allgemeinen Grundsätzen.[169] 39

Das **Anhörungsrecht des BR nach § 102 Abs. 1** besteht auch bei Vorliegen einer Namensliste, zumal diese ja inzwischen wegen veränderter Umstände ihre Wirkung verloren haben könn- 40

---

156 *BAG* 5.11.09, NZA 10, 457, 460 Tz 32.
157 Ebenso für die Übernahme eines anderen Auswahlschemas, das sich in einem Rahmeninteressenausgleich befand, *LAG Berlin* 15.10.04, AuR 05, 76 und juris.
158 20.9.06, NZA 07, 387 Tz 48. Ebenso *BAG* 15.12.11, NZA 12, 1044, 1048 Tz 42, wonach auch bei einer Namensliste nach § 1 Abs. 5 KSchG Auskunft über die angewandten Auswahlkriterien gegeben werden muss.
159 So auch ErfK-*Gallner* § 125 InsO Rn. 17 m. w. N.
160 27.1.98, NZA 98, 470.
161 *BAG,* 26.3.09, DB 09, 1882, 1884.
162 Anders *Lingemann/Rolf,* NZA 05, 264.
163 *BAG* 24.10.13, NZA 14, 46.
164 Dazu *Lingemann/Pohlmann,* RdA 14, 374
165 *BAG* 28.6.12, NZA 12, 1090, 1095 Tz 55.
166 *Jaeger,* FS 25 Jahre ARGE Arbeitsrecht im DAV, S. 899; KR-*Griebeling,* § 1 KSchG Rn. 703; *Wenning-Morgenthaler* Rn 1079.
167 19.6.07, NZA 08, 103 LS 1 mwN= AiB 08, 676 mit Anm. *M. Müller.*
168 *BAG* a. a. O.; dazu auch *Rost,* NZA Beilage 1/2009 S. 32.
169 *BAG* 28.5.09, NZA 09, 954.

te.[170] Dabei sind insbesondere die der Namensliste zugrunde liegenden Kriterien zu benennen. Sind diese oder andere Umstände dem BR schon aus den Verhandlungen über den Interessenausgleich bekannt, müssen sie ihm nicht erneut mitgeteilt werden.[171] Möglich ist auch, die Verhandlungen über den Interessenausgleich und die Anhörung nach § 102 Abs. 1 von vorne herein zu verbinden;[172] zur Vermeidung von Meinungsverschiedenheiten sollte dies aber schon bei Beginn der Verhandlungen klargestellt werden. Im Kündigungsschutzverfahren muss der AG darlegen und im Streitfall beweisen, dass der BR ordnungsgemäß angehört wurde. Dies eröffnet dem **AN** die Gelegenheit, die **innere Schlüssigkeit der Namensliste zu hinterfragen.** Die Vermutungswirkung auf die Anhörungsvoraussetzungen zu erstrecken,[173] lässt sich auf der Grundlage des geltenden Rechts nicht begründen. Zur Bedeutung des Interessenausgleichs mit oder ohne Namensliste für die **Massenentlassungsanzeige** nach § 17 Abs. 3 KSchG s. § 111 Rn 184.

41 Betrifft eine geplante **Betriebsänderung** mehrere Betriebe, liegt die **Verhandlungskompetenz** in Bezug auf den Interessenausgleich **beim GBR** (o. § 111 Rn. 144). Die **Namensliste** substituiert demgegenüber die soziale Auswahl, die einen **rein (einzel-)betrieblichen Charakter** besitzt. Dem Gesamtbetriebsrat fehlt entgegen BAG[174] insoweit das Mandat, da Existenz und Auswahlkriterien einer Namensliste von Betrieb zu Betrieb variieren können. § 1 Abs. 5 KSchG zu einer betriebsverfassungsrechtlichen Kompetenznorm zu machen, die dem GBR auch die Zuständigkeit für die Namenslisten einräumt, besteht kein Anlass: Weder die systematische Stellung der Vorschrift noch die (das Problem nicht behandelnde) Vorgeschichte lassen eine solche Konsequenz zu.[175] Die Zuständigkeit für den Interessenausgleich kann sich nicht auf Gegenstände erstrecken, die einzelbetrieblichen Charakter haben, will man nicht in Kauf nehmen, dass eine GBV entweder an den betrieblichen Verhältnissen vorbei geht oder aber nach einzelnen Betrieben differenziert.[176] Letzteres nimmt die Rechtsprechung wohl in Kauf: Wenn auch Personen aus Betrieben in die Namensliste einbezogen sind, in denen keine Betriebsänderung stattfindet, soll bei ihnen keine Verringerung des Kündigungsschutzes Platz greifen.[177] *Rost*[178] empfiehlt, dass BR und GBR die Namensliste gleichermaßen unterschreiben. Die Regelung der InsO macht überdies deutlich, dass der allgemeine **Interessenausgleich** (§ 122 InsO) **und** die **Namensliste** (§ 125 InsO) **auseinanderfallen** können. Es reicht, wenn bei Letzterer auf den Interessenausgleich verwiesen wird.[179] Die Anwendung der allgemeinen Regeln über die Kompetenzverteilung von Gesamt- und Einzelbetriebsrat führt daher nicht zu inakzeptablen Konsequenzen. Auch ist zu berücksichtigen, dass sich die Vermutungswirkung der Namensliste nicht auf die Frage erstreckt, ob der AN auf einen freien Arbeitsplatz in einem anderen Betrieb desselben UN versetzt werden kann (o. Rn. 35 f.).[180] Auch dies spricht für eine rein betriebsbezogene Betrachtung Die **Bindungswirkung** der Namensliste **entfällt,** wenn nachträglich, d. h. bis zum Ausspruch der Kündigung eine wesentliche **Änderung der Sachlage** eingetreten ist (§ 125 InsO Rn. 29 f.).[181] Dies ist nicht der Fall, wenn mehrere nicht auf der Liste stehende AN Aufhebungsverträge schließen, ein solcher Fall aber im Interessenausgleich

170 *BAG* 20.5.99 AP Nr. 4 zu § 1 KSchG 1969 Namensliste; *BAG* 22.1.04, AP Nr. 1 zu § 112 BetrVG 1972 Namensliste; *BAG* 10.6.10, NZA 10, 1352 Tz 33; *ArbG Stuttgart* 25.2.10, NZA 10, 350, 352; KDZ-*Deinert,* § 1 KSchG Rn. 741.

171 *BAG* 28.6.12, NZA 12, 1090, 1096 Tz 63.

172 *BAG* 28.6.12, NZA 12, 1090, 1096 Tz 63.

173 Dafür *Gehlhaar* DB 08, 1496 ff. mit der expliziten Erwägung, dem AN Angriffe auf die Kündigung zu verbauen.

174 7.7.11, NZA 11, 1108 Tz. 24; *BAG* 19.7.12, NZA 13, 333.

175 Näher *Däubler,* NZA 04, 177, 183; ebenso im Ergebnis *U. Fischer* BB 04, 1003 f.; a. A. APS-*Kiel* § 1 KSchG Rn. 795; *Gaul* BB 04, 2686; KR-*Griebeling,* § 1 KSchG Rn. 703 f; *Ohlendorf/Salamon,* NZA 06, 131 ff. und wohl auch *BAG* 6.9.07, NZA 08, 633 Tz 36, wenn auch ohne nähere Begründung.

176 Anders *BAG* 19.7.12, NZA 13, 333 LS 2.

177 *BAG* 19.7.12, NZA 13, 333 LS 3

178 NZA Beilage 1/2009 S. 31.

179 Dies wird nicht beachtet von *BAG* 7.7.11, NZA 11, 1108 Tz. 24. Wie hier KDZ-*Deinert,* § 1 KSchG Rn. 715.

180 *Jaeger,* FS 25 Jahre ARGE Arbeitsrecht im DAV, S. 900 m. w. N.

181 *BAG* 15.12.11, NZA 12, 1044, 1047 Tz 35.

angesprochen war.[182] Fehlt es an einer solchen Regelung, kann § 1 Abs. 5 Satz 3 KSchG durchaus eingreifen, doch hat eine Klage nur dann Erfolg, wenn angesichts des Ausscheidens anderer gerade der klagende AN nicht gekündigt worden wäre.

d) Verfassungsrechtliche Bedenken

Ob der auf diese Weise geminderte Kündigungsschutz **mit Art. 12 Abs. 1 GG vereinbar** ist, erscheint **höchst zweifelhaft.** Das Interesse an der Erhaltung des Arbeitsplatzes ist durch Art. 12 Abs. 1 GG geschützt.[183] Sache des Gesetzgebers bzw. des an seiner Stelle handelnden Richters ist es, einen angemessenen Ausgleich im Verhältnis zu dem gleichfalls durch Art. 12 Abs. 1 GG geschützten Recht des Arbeitgebers auf selbstständige berufliche Betätigung zu schaffen.[184] Dabei ist auf die Situation des einzelnen AN Rücksicht zu nehmen. Dies zeigt sich u. a. bei Auswahlprozessen sowie darin, dass »ein durch langjähriges Vertrauen in den Fortbestand des Arbeitsverhältnisses erdientes Vertrauen in den Fortbestand eines Arbeitsverhältnisses nicht unberücksichtigt bleiben« darf.[185] Im Zusammenhang mit der Auflösung von Arbeitsverhältnissen von Beschäftigten aus dem öffentlichen Dienst der früheren DDR vertrat das BVerfG weiter den Standpunkt, bestimmte besonders benachteiligte Gruppen **»namentlich Schwerbehinderte, ältere Arbeitnehmer und Alleinerziehende«** müssten eine begründete Aussicht auf eine neue Stelle erhalten, da andernfalls der Eingriff in ihr Grundrecht aus Art. 12 nicht zu rechtfertigen sei.[186] Stellt man mit der Neuregelung bei der sozialen Auswahl ausschließlich auf die Kriterien »Dauer der Betriebszugehörigkeit«, »Lebensalter«, »Unterhaltspflichten« und »Schwerbehinderung« ab, so ist dies bei wörtlicher Auslegung viel zu schematisch, um den verfassungsrechtlichen Vorgaben Rechnung zu tragen; die Situation des Betroffenen wird nur in einigen wenigen Aspekten berücksichtigt. Auch eine diesen **Schematismus** übernehmende oder gar verschärfende Namensliste ist daher **nicht mit Art. 12 Abs. 1 GG zu vereinbaren.**[187] Eine endgültige Klärung wird erst durch das BVerfG erfolgen. 42

Für einen **BR** ist es höchst **fragwürdig,** sich auf eine Namensliste einzulassen.[188] Nicht nur, dass er den Betroffenen gegenüber als »Arbeitsplatzvernichter« dasteht; in aller Regel wird es auch nicht möglich sein, individuelle Ausweichstrategien zu erwägen und dem Prozesscharakter jeder Umstrukturierung ausreichend Rechnung zu tragen.[189] Sich den Kündigungsschutz durch eine besonders großzügige Abfindung »abkaufen« zu lassen, kommt im Grunde nur in Betracht, wenn die betreffenden Personen sowieso ausscheiden wollen oder wenn ein gerichtliches Verfahren aussichtslos wäre. In anderen Fällen stellt der Vorteil, **von** einer **Sperrfrist** verschont zu werden, keine ausreichende »Gegenleistung« dar. Mit Recht ist die gesetzliche Regelung auch mit dem Argument kritisiert worden, dass der demokratische Mechanismus gegenüber Fehlentwicklungen versagt – die auf der Liste Stehenden können bei der nächsten BR-Wahl ihre Stimme nicht mehr zu Gehör bringen.[190] Dies ist vom *BAG*[191] leider nicht bedacht worden, das in Tz 34 in der Einschaltung des BR ausschließlich eine Verstärkung des Kündigungsschutzes sieht. 43

7. Namensliste für Zuordnung bei Spaltung und Verschmelzung

Kommt es zu einer Unternehmensspaltung im Sinne des § 123 UmwG, so wird diese häufig zu einer **Betriebsspaltung** im Sinne des § 111 Satz 3 Nr. 3 führen (o. § 111 Rn. 97 ff.). Dabei kann die **Zuordnung** einzelner AN zu bestimmten Betrieben oder Betriebsteilen **zweifelhaft** sein; 44

182 *BAG* a. a. O. Tz 36.
183 *BVerfG* 24.4.91, BVerfGE 84, 133; 27.1.98, BVerfGE 97, 169, 176.
184 *BVerfG* 27.1.98, BVerfGE 97, 169, 177.
185 *BVerfG* 27.1.98, BVerfGE 97, 169, 179.
186 *BVerfG* 24.4.91, BVerfGE 84, 133, 154 f.
187 A. A. *BAG* 6.9.07, NZA 08, 633 Tz 32 ff.
188 Vgl. auch *Perreng,* AiB 04, 13.
189 *Nielebock,* AiB 97, 93.
190 *Preis,* RdA 03, 75.
191 6.9.07, NZA 08, 633.

außerdem sind Fälle denkbar, in denen eine bestehende Betriebszugehörigkeit geändert werden soll.[192] Hier ist zu unterscheiden:

45 **Spaltungsplan und Spaltungsvertrag** können die Zuordnung einzelner Arbeitsverhältnisse **nicht einseitig** bestimmen.[193] Dies scheitert schon daran, dass nichtübertragbare Rechte nicht plötzlich übertragbar werden können: Unübertragbar sind aber nach § 613 Satz 2 BGB grundsätzlich alle Ansprüche auf Dienstleistungen einschließlich solcher gegenüber Arbeitnehmern. Durch vorherige Zustimmung des einzelnen Beschäftigten kann die **Übertragbarkeit** jedoch **hergestellt** werden, so dass auf diesem Wege beispielsweise zwei Mitarbeiter einer neuen »Besitzgesellschaft« zugeordnet werden können, die sie für Zwecke der Vermögensverwaltung benötigt.[194] § 613 a BGB besitzt keine Exklusivitätswirkung der Art, dass ein freiwilliger Übergang eines Arbeitsverhältnisses nicht auch auf anderem Wege möglich wäre.[195] Ist die Einwilligung des Arbeitnehmers in diese Änderung seines Arbeitsvertrags nicht im Einzelnen ausgehandelt sondern schlichter Vollzug eines Arbeitgeberwunsches, ist allerdings eine **Inhaltskontrolle nach §§ 307 ff. BGB** vorzunehmen. Diese ist unproblematisch, wenn den Betroffenen ein wertgleicher Arbeitsvertrag (einschließlich einer Ankoppelung an die Tarifentwicklung im Stammbetrieb) gewährt wird.

46 Kommt es nicht zu einer solchen Vereinbarung, entscheidet die »Zugehörigkeit« zu einem Betrieb oder Betriebsteil, welche Gesellschaft in Zukunft die Arbeitgeberstellung innehat. Bestehen insoweit etwa **bei Mitarbeitern in Stabsfunktionen oder bei »Springern« Zweifel** und lassen sich diese auch nicht einvernehmlich ausräumen, so wird auf die **überwiegende Tätigkeit** abgestellt.[196] Auch dieses Kriterium kann im Einzelfall versagen. **§ 323 Abs. 2 UmwG** sieht deshalb die Möglichkeit vor, in einem Interessenausgleich diejenigen Arbeitnehmer namentlich zu bestimmen, die einem bestimmten Betrieb oder Betriebsteil zugeordnet sind. Eine solche Festlegung kann dann ähnlich wie in § 18 a Abs. 5 Satz 3 (o. § 18 a Rn. 68 ff.) und beim Personalabbau (oben Rn. 30 ff. und § 125 InsO Rn. 14 ff.) **nur noch** auf **grobe Fehlerhaftigkeit** hin überprüft werden.[197] Ausgeschlossen wäre es daher insbesondere, eine Person, die eindeutig zu einem Betrieb oder Betriebsteil gehört, gegen ihren Willen einer anderen Einheit zuzuordnen. In zweifelhaften Fällen kann die »Namensliste« aber durchaus von Nutzen sein.[198] Das Widerspruchsrecht des Arbeitnehmers nach § 324 UmwG i. V. m. § 613 a Abs. 6 BGB bleibt unberührt.

47 § 323 Abs. 2 UmwG greift auch dann ein, wenn es als **Folge einer Verschmelzung** zu einem Zusammenschluss von Betrieben oder Betriebsteilen kommt und dabei vergleichbare Zuordnungsfragen auftreten. Liegt dem Betriebsübergang keine Spaltung oder Verschmelzung zugrunde, dürfte § 323 Abs. 2 UmwG dagegen ausscheiden, da es insoweit an einer **planwidrigen Lücke fehlt,** die im Wege der Analogie zu schließen wäre.[199] Auch gibt § 323 Abs. 2 UmwG ein singuläres Gestaltungsmittel, dessen Verallgemeinerung zwingender Gründe bedürfte.[200]

8. Freiwillige Betriebsvereinbarungen

48 Auch nach bisheriger Auffassung steht es den Betriebsparteien frei, angesichts geplanter Betriebsänderungen bestimmte (oder auch alle) anstehenden Fragen durch **freiwillige BV** zu regeln.[201] In der Tat ist nicht einzusehen, weshalb die §§ 111 bis 113 den nach allgemeinen

192 Beispielsfälle bei *Däubler,* RdA 95, 142. Zum Ganzen s. auch BKMT-*Bachner* § 4 Rn. 329 ff.
193 Ebenso HWK-*Willemsen,* § 324 UmwG Rn. 25.
194 Ebenso *Boecken,* ZIP 1994, 1093; s. weiter *Willemsen,* RdA 1993, 134 ff.
195 Nicht bedacht bei ErfK-*Preis,* § 613 a Rn. 157, der Nichtigkeit wegen Umgehung des § 613 a BGB annimmt.
196 *BAG* 20.7.82 AP Nr. 31 zu § 613 a BGB = DB 83, 50.
197 Dazu *Bachner,* in: Bachner/Köstler/Matthiessen/Trittin, Teil 4 Rn. 332.
198 HWK-*Willemsen,* § 324 UmwG Rn. 31.
199 Ebenso mit allerdings angreifbarer Begründung *BAG* 15.2.07 NZA 07, 739 für die Weitergeltung des Kündigungsschutzes nach § 323 Abs. 1 UmwG.
200 Ebenso im Ergebnis *Bachner,* in: Bachner/Köstler/Matthiessen/Trittin, Teil 4 Rn. 333.
201 ErfK-*Kania,* Rn. 9; *Fitting,* Rn. 47; *Gajewski,* FS Gaul, S. 198; *Gaul/Gajewski,* S. 71; *GL,* Rn. 23; *Halb-*

Grundsätzen bestehenden Spielraum der Beteiligten irgendwie einschränken sollten.[202] Auch in Bezug auf sonstige Mitbestimmungs- und Mitwirkungsrechte wird kein Vorrang der §§ 111 bis 113 behauptet (§ 111 Rn. 184). Möglich sind daher Regelungen über soziale Angelegenheiten wie z. B. die Gewährung bestimmter Leistungen oder Ansprüche auf Weiterbildungs- und Umschulungsmaßnahmen.[203] Auch die Arbeitsorganisation kann z. B. i. S. verstärkter Berücksichtigung gesicherter arbeitswissenschaftlicher Erkenntnisse geregelt werden. Möglich ist weiter, nach § 102 Abs. 6 **Kündigungen von der Zustimmung des BR abhängig** zu machen. Auch bestehen keine Bedenken dagegen, durch Betriebsvereinbarung eine **zahlenmäßige Obergrenze für Kündigungen** oder den Personalabbau insgesamt festzuschreiben. Dies läuft auf eine (in der Regel zeitlich befristete) **Beschäftigungsgarantie** für die verbleibende Belegschaft hinaus,[204] die auch ausdrücklich gewährt werden kann.[205] Über den Bereich der §§ 88 und 102 Abs. 6 geht eine »Standortgarantie« hinaus, die mit Rücksicht auf die Handlungsfähigkeit des BR im Bereich wirtschaftlicher Angelegenheiten zulässig ist (Einl. Rn. 94, 127 ff.). Soweit **dieselben Gegenstände durch TV** geregelt sind, greift **§ 77 Abs. 3** ein; § 112 Abs. 1 Satz 4 ist als Ausnahmevorschrift auf den Sozialplan beschränkt (u. Rn. 114). Mustervereinbarungen in DKKWF-*Däubler.*[206]

Abmachungen dieser Art beruhen auf einem **freiwilligen Entgegenkommen der AG-Seite,** das durch sehr unterschiedliche Umstände bedingt sein kann. Erzwingbar ist demgegenüber eine Betriebsvereinbarung über **Kurzarbeit** (§ 87 Rn. 128 ff.). Zu sog. Beschäftigungsplänen s. unten Rn. 227 ff. **49**

Im Einzelfall kann es **zweifelhaft** sein, **ob** eine (verbindliche) **BV oder** ein **Interessenausgleich** traditioneller Art abgeschlossen wurde. Die gebrauchte **Terminologie** ist ein wichtiges, jedoch kein absolut ausschlaggebendes Indiz: Ist den Umständen nach klar, dass eine gerichtlich erzwingbare Regelung gewollt ist, liegt auch dann eine BV vor, wenn der Text unter der Überschrift »Interessenausgleich« steht. Erst recht gilt dies, wenn ein unspezifischer Begriff wie »Vertrag« oder »Vereinbarung« benutzt wird. Auch der Detailliertheitsgrad der Regelung ist ein wichtiges Indiz für das Vorliegen einer BV.[207] **50**

Werden, wie häufig in der Praxis, **Interessenausgleich und Sozialplan in einer Urkunde** zusammengefasst, so ist im Streitfalle danach zu differenzieren, was möglicher Inhalt des Sozialplans sein kann (dazu unten Rn. 159 ff.). Was dieser Voraussetzung nicht genügt, ist dahin zu befragen, ob es Verbindlichkeit beansprucht. Die Zusammenfassung mit dem Sozialplan ist ein gewichtiges Indiz in diese Richtung.[208] Mit Recht wird empfohlen, das gewollte Maß an Verbindlichkeit ausdrücklich deutlich zu machen.[209] **51**

9. Keine Umsetzung der Betriebsänderung während der Verhandlungen, insbesondere keine Kündigungen?

Die Verhandlungen über den Interessenausgleich behalten nur dann ihren Sinn, **wenn der AG nicht von sich aus »vollendete Tatsachen« schaffen kann,** indem er einseitig die geplante Betriebsänderung vornimmt, z. B. die vorgesehenen Kündigungen ausspricht oder eine Produktionslinie außer Funktion setzt und entfernt.[210] Von einem Verhandlungs»anspruch« (o. Rn. 3 ff.)[211] kann nicht mehr die Rede sein, wenn der Adressat einseitig die von ihm für richtig **52**

---

erstadt, Rn. 8; *Molkenbur/Schulte,* DB 95, 271; Richardi-*Annuß,* § 112 Rn. 46 und *Richardi,* FS Wiese, S. 444; *Teichmüller,* Betriebsänderung, S. 72; *Däubler,* Das Arbeitsrecht 1, Rn. 1116 a.

202 ErfK-*Kania,* Rn. 9.
203 Vgl. *Fitting,* Rn. 47.
204 Beispiel Enka-Kassel bei *Haase,* Mitb. 83, 94.
205 Vgl. *Willemsen/Hohenstatt,* NZA 97, 346.
206 § 92 a Rn. 7 ff.
207 *Siemes,* ZfA 98, 189.
208 ErfK-*Kania,* Rn. 5; HK-ArbR-*M. Schubert,* §§ 111 – 113 Rn 24.
209 *Molkenbur/Schulte,* DB 95, 271.
210 *LAG München* 22.12.08, AuR 09, 142; *LAG Berlin-Brandenburg* 19.6.14, LAGE § 111 BetrVG 2001 Nr. 12; *ArbG Hamburg,* 6.1.05, AiB 05, 568.
211 Dazu *Bertzbach,* FS Heinrichs, S. 5.

erachteten Maßnahmen vornehmen kann. Auch ist vom Gesetz dasselbe Verfahren wie im Rahmen von Mitbestimmungsrechten vorgesehen; dort aber ist eine »Vorwegnahme« des Ergebnisses ausgeschlossen (Theorie der Wirksamkeitsbedingung). Die Tatsache, dass der BR nur auf Argumente angewiesen ist, kann es nicht rechtfertigen, ihn bei dieser schwächeren Position auch noch ohne Rechtsschutz zu lassen.[212] Weiter hat das *BAG*[213] ausdrücklich betont, die **Verhandlungen** über den Interessenausgleich müssten »**ergebnisoffen**« sein. Aus alledem folgt ein Anspruch des BR auf Unterlassung von beeinträchtigenden Maßnahmen, insbesondere von Kündigungen. Auf deren Anzahl kommt es dabei nicht an; auch wenn nur wenige AN betroffen sind und die geplante Betriebsänderung noch ohne übergroße wirtschaftliche Nachteile aufgegeben werde könnte, verschlechtert sich die Verhandlungsposition des BR.[214]

53 Zahlreiche **Instanzgerichte** räumen aus diesen Gründen dem BR das Recht ein, dem Arbeitgeber die Vornahme derartiger Maßnahmen durch **einstweilige Verfügung** solange untersagen zu lassen, bis der Interessenausgleich zustande gekommen oder endgültig gescheitert ist.[215] Ein nach LAG-Bezirken gegliederter Überblick über die »juristische Landschaft« in dieser Frage findet sich bei *Klein*[216] und bei *Thannheiser*;[217] in beiden Fällen ist die neueste Rechtsprechung des LAG München und des LAG Rheinland-Pfalz noch nicht berücksichtigt.

54 Auch in der **Literatur** überwiegt die Auffassung, wonach dem AG das Schaffen vollendeter Tatsachen verboten werden kann.[218]

---

212 *LAG Hamm* 28.8.03, NZA-RR 04, 80; ähnlich *LAG München* 22.12.08, AuR 09, 142.

213 4.6.03 NZA 03, 1091.

214 Dies übersehen *Langner/Widhammer* NZA 11, 435. Bei reversiblen Maßnahmen wie der Versetzung einer kleinen Gruppe von Betroffenen ist dies noch nicht der Fall: *LAG Berlin-Brandenburg* 19.6.14, LAGE § 111 BetrVG 2001 Nr. 12.

215 *LAG Hamburg* 13.11.81, DB 82, 1522 = AuR 82, 389; *LAG Hamburg* 5.2.86, LAGE § 23 BetrVG 1972 Nr. 5; *LAG Hamburg* 26.6.97, ZIP 97, 2205; *LAG Frankfurt* 21.9.82, DB 83, 613; 30.8.84, DB 85, 178; 6.4.93, LAGE § 111 BetrVG 1972 Nr. 12; *HessLAG* 27.6.07, AuR 08, 267 mit zusti. Anm. *Schulze-Doll* und *Ritschel;* dass. 19.1.10, NZA-RR 10, 187; *LAG Hamm* 23.3.83, AuR 84, 54; *dass.* 28.8.03, NZA-RR 04, 80 (unter Aufgabe der zwischenzeitlich vertretenen gegenteiligen Auffassung); *dass.* 26.2.07 NZA-RR 07, 469; *dass.* 30.7.07 AuR 08, 117; *dass.* 28.6.10, AuR 11, 79; dass. 17.2.15, NZA-RR 15, 247; *LAG Berlin* 7.9.95, NZA 96, 1284 = AiB 96, 251 mit Anm. *Riepshoff/Wahsner*; ThürLAG 26.9.00, LAGE § 111 BetrVG 1972 Nr. 17; *LAG Niedersachsen* 4.5.07 AiB 08, 348 = LAGE § 111 BetrVG 2001 Nr. 7; *LAG* München 22.12.08, AuR 09, 142; im Grundsatz auch *LAG Schleswig-Holstein* 20.7.07, NZA-RR 08, 244 sowie deutlich nunmehr *dass.* 15.12.10, DB 11, 714; erwogen auch in *LAG Rheinland-Pfalz* 26.10.06 – 11 TaBV 58/06, juris sowie nunmehr eindeutig *LAG Rheinland-Pfalz,* 2.10.14, AiB 6/15 mit Anm. *Zabel*; *ArbG Düsseldorf* 18.2.81, AuR 82, 261; *ArbG Gießen* 18.10.82, AuR 83, 156; *ArbG Bamberg* 30.11.84, NZA 85, 259; *ArbG Nürnberg* 31.3.87, AuR 88, 123; *KreisG Saalfeld* 2.4.91, DB 91, 919; *ArbG Jena* 22.9.92, BB 92, 2223; *ArbG Oldenburg* 28.10.93, DB 94, 1195; *ArbG Reutlingen* 11.4.96, AiB 96, 489 mit Anm. *Däubler; ArbG Kaiserslautern* 19.12.96, AiB 97, 179; *ArbG Berlin,* 9.3.00, AiB 01, 544 mit Anm. *Hummel; ArbG München,* wiedergegeben bei *Stevens-Bartol/Seebacher,* AiB 03, 356; *ArbG Karlsruhe* 22.7.03, NZA-RR 04, 482; *ArbG Hamburg* 6.1.05, AiB 05, 568; dass. 25.1.07, AuR 07, 397 = AiB 08, 106; dass. 25.4.13, juris; ähnlich *ArbG Hamburg* 29.11.93, AiB 94, 246; *ArbG Flensburg* 41.1.08, AiB 08, 351; **a. A.** *LAG Düsseldorf* 14.11.83, DB 84, 511; *LAG Köln* 30.4.04, NZA-RR 05, 199; *LAG Baden-Württemberg* 28.8.85, DB 86, 805; *LAG Sachsen-Anhalt* (30.11.04 – 11 TaBV 18/04, juris); *LAG Rheinland-Pfalz* 28.3.89, LAGE § 111 BetrVG 1972 Nr. 10 (Letzteres bezog sich auf den Abbau von Produktionsanlagen) und nunmehr *LAG Rheinland-Pfalz,* 27.8.14,NZA-RR 15, 197; *LAG Schleswig-Holstein* 13.1.92, DB 92, 1788 (wohl überholt durch *LAG Schleswig-Holstein* 20.7.07, NZA-RR 08, 244); *LAG Niedersachsen* 29.11.02, BB 03, 1337 (überholt durch *LAG Niedersachsen* 4.5.07, AiB 08, 348 = LAGE § 111 BetrVG 2001 Nr. 7); *LAG München* 24.9.03, NZA-RR 04, 536 (überholt durch *LAG München* 22.12.08, AuR 09, 142); *ArbG Herne* 24.5.91, DB 91, 2296; *ArbG Nürnberg* 20.3.96, BB 96, 1723 und 17.1.00, BB 00, 2100 mit Anm. *Reiserer; ArbG Kaiserslautern* 23.10.02, BB 03, 532; *ArbG Passau* 22.10.02, BB 03, 744; *ArbG Marburg* 29.12.03, NZA-RR 04, 199 = DB 04, 1565; differenzierend nach der Art der Betriebsänderung und den betroffenen Interessen beider Seiten *LAG Brandenburg* 26.3.98, zitiert bei Küttner/*Eisemann,* Interessenausgleich, Rn. 27; differenzierend nach Verstoß des Arbeitgebers (nur im Fall des § 23 Abs. 3) und nach Gefährdung des Beratungsanspruchs *LAG Berlin-Brandenburg* 12.12.13, juris und BB 14, 883 (Ls.).

216 dbr Heft 5/08 S. 16.

217 AiB 08, 606.

218 BKMT-*Bachner* § 4 Rn. 335; *Bertelsmann/Gäbert,* AuR 82, 389; *Bertzbach,* FS Heinrichs, S. 7; *Bruns,* AuR 03, 19; *Buschmann,* BB 83, 510; *Däubler,* Das Arbeitsrecht 1, Rn. 1118; *Derleder,* AuR 83, 289;

Die herrschende Rechtsprechung ist zusätzlich durch die **amtliche Begründung zum Korrekturgesetz** v. 19.12.98[219] bestätigt worden. An zwei Stellen[220] ist davon die Rede, der BR müsse genügend Zeit haben, um mit dem AG »Alternativen zur geplanten Betriebsänderung« zu beraten; gerade deshalb wurde die 2- bzw. 3-Monats-Grenze aufgehoben. Eine Diskussion über Alternativen ist aber ersichtlich sinnlos, wenn seitens des AG bereits vollendete Tatsachen geschaffen werden.[221] Dass keine ausdrückliche Veränderung des Gesetzestextes erfolgt ist, bleibt deshalb ohne Bedeutung. Erst recht kann man aus der Tatsache, dass der Gesetzestext nicht ergänzt wurde, nicht etwa schließen, der Gesetzgeber habe einen Unterlassungsanspruch ausschließen wollen.[222] **55**

Für einen wirksamen einstweiligen Rechtsschutz spricht auch die **EG-Richtlinie 2002/14/EG** über die Unterrichtung und Anhörung der AN (im Wortlaut wiedergegeben u. Anhang C). Danach müssen die AN-Vertreter bei »wesentlichen Veränderungen der Arbeitsorganisation oder der Arbeitsverträge« informiert und in einen Meinungsaustausch einbezogen werden (»Anhörung« genannt); dabei muss das Ziel verfolgt werden, eine Einigung zu erreichen (Art. 4 Abs. 4 Buchst. e in Verbindung mit Abs. 2 Buchst. c). Art. 9 Abs. 1 der Richtlinie verlangt, dass es geeignete Verfahren gibt, mit deren Hilfe die Erfüllung der vorgesehenen Verpflichtungen durchgesetzt werden kann; bei Verstößen verlangt Art. 8 Abs. 2 »wirksame, angemessene und abschreckende« Sanktionen (dazu auch o. Einl. Rn. 257). Der **Nachteilsausgleich nach § 113** wird diesen **Anforderungen nicht gerecht**, solange der AG damit rechnen kann, dass nur wenige AN entsprechende Ansprüche geltend machen und diese überdies mit Sozialplanansprüchen verrechnet werden (u. Rn. 122).[223] Deshalb bleibt als Ausweg nur die Annahme eines Unterlassungsanspruchs und der Möglichkeit einer einstweiligen Verfügung; andernfalls würde kein richtlinienkonformer Rechtszustand bestehen.[224] Die **neuere Rechtsprechung** hat **diesen Gedanken aufgegriffen**;[225] auch in der Lit. finden sich vermehrt entsprechende Stimmen.[226] Eine Vorlage an den EuGH kommt im Verfahren der einstweiligen Verfügung in der Regel nicht in Betracht.[227] **56**

Rechtsgrundlage für eine einstweilige Verfügung ist § 85 Abs. 2 ArbGG i. V. m. § 940 ZPO: Das zwischen BR und AG auf Grund der geplanten Betriebsänderung bestehende Rechtsverhältnis muss in seiner vom Gesetzgeber gewollten Integrität erhalten bleiben; eine Unterlaufungs- **57**

Dütz, DB 84, 115 ff.; *ders.,* AuR 98, 182; *Fitting,* § 111 Rn. 138; GK-*Fabricius,* 6. Aufl., § 111 Rn. 357, 362; *Fauser/Nacken,* NZA 06, 1136 ff.; GTAW-*Ahmad,* § 111 Rn. 34; *Gruber,* NZA 11, 1011 ff.; *Hanau,* NZA 96, 844; *Heither,* FS Däubler, S. 340; KDZ-*Däubler,* §§ 111 – 113 BetrVG Rn. 49; *Kohte,* FS Richardi, S. 601, 612; *Lobinger,* FS Richardi, S. 657 ff.; *Pflüger,* DB 98, 2062; *M. Schwegler* S. 180 f.; SB-*Stevens-Bartol* § 111 Rn. 44; *Stevens-Bartol/Seebacher,* AiB 03, 356; *Teichmüller,* Betriebsänderung, S. 70; *Trittin,* DB 83, 230; *Wahsner,* AiB 82, 166; *Woeller,* AiB 97, 319; *Zwanziger,* § 122 InsO Rn. 57; jetzt auch mit EG-rechtlicher Begründung Richardi-*Annuß,* § 111 Rn. 168; **a. A.** *Bengelsdorf,* DB 90, 1233; *Ehrich/Fröhlich* Teil H Rn 104; *Eich,* DB 83, 675; *Ehler,* BB 94, 2270; *Ehrich,* BB 93, 356; *Etzel,* Rn. 1010; ErfK-*Kania,* § 111 BetrVG Rn. 24; GK-*Oetker,* § 111 Rn. 250; *Heinze,* DB-Beilage 9/83, S. 20; HWK-*Hohenstatt/Willemsen* § 111 Rn. 80; *Leinemann,* ZIP 89, 557; *Lipinski/Melms,* BB 02, 2226; Lipinski/Reinhardt, NZA 09, 1184 ff.; *Löwisch,* RdA 97, 84; *Schlochauer,* JbArbR Bd. 20, S. 61 ff.; *Schmädicke,* NZA 04, 295; *Völksen,* RdA 10, 354 ff.; wohl auch *Pohl,* FS 25 Jahre ARGE Arbeitsrecht im DAV, S. 997 f. Weitere Nachweise zu beiden Positionen bei *M. Schwegler* Fn 391 und 414

219 BGBl. I S. 3843.

220 BT-Dr. 14/45 S. 38, 56/57.

221 *Däubler,* NJW 99, 606; dies übersehen *Lipinski/Reinhardt,* NZA 09, 1186.

222 So aber *LAG Sachsen-Anhalt* 30.11.04 – 11 TaBV 18/04, juris; *Lipinski/Melms,* BB 02, 2226, 2229; gegen sie mit Recht Richardi-*Annuß,* § 111 Rn. 168.

223 Wie hier Richardi-*Annuß,* § 111 Rn. 168; *Kohte,* FS Richardi, S. 601, 612.

224 Eingehend und überzeugend *Forst* ZESAR 11, 107, 115, der u. a. darauf hinweist, dass auch mit Hilfe von § 121 BetrVG keine ausreichenden Sanktionen erreichbar sind. Weitere unionsrechtliche Argumente bei *M. Schwegler* S. 192 ff.

225 *LAG Schleswig-Holstein* 20.7.07, NZA-RR 08, 244, 246 und 15.12.10, DB 11, 714 = AuR 11, 267; *HessLAG* 27.6.07, AuR 08, 267; *LAG München* 22.12.08, AuR 09, 142; *LAG Hamm* 30.7.07, AuR 08, 117; *LAG Rheinland-Pfalz* 26.10.06 – 11 TaBV 58/06, juris; dass. 2.10.14, AiB 6/15; *ArbG Flensburg* 24.1.08, AiB 08, 351 und juris – Tz 32.

226 S. nur Richardi-*Annuß* § 111 Rn. 168; *Gruber,* NZA 11, 1011, 1017; *Reichold* NZA 03, 289, 298; *Fauser/* Nacken NZA 06, 1142.

227 *LAG Rheinland-Pfalz* 26.10.06 – 11 TaBV 58/06, juris.

strategie durch den Arbeitgeber wäre ein »**erheblicher Nachteil**« **i. S. d. § 940 ZPO, der mit einem definitiven Rechtsverlust vergleichbar wäre.**[228] Die einstweilige Verfügung kann von dem Zeitpunkt an ergehen, zu dem die einseitige Umsetzung der geplanten Betriebsänderung unmittelbar droht oder **mit ihrer Realisierung bereits begonnen** wurde. In der Kündigung leitender Angestellter liegt bereits ein solcher Umsetzungsakt,[229] nicht jedoch darin, dass der AG lediglich Vorbereitungshandlungen wie z. B. Schulungsmaßnahmen vornimmt[230] oder aus der geplanten Teilschließung lohnpolitische Konsequenzen zieht und den für eine Weiterarbeit vorgesehenen AN Zulagen gewährt.[231] Wenig einleuchtend ist es, wenn das *LAG Schleswig-Holstein*[232] das einvernehmliche Ausscheiden gegen Abfindung nicht als »Beginn der Umsetzung« qualifiziert, obwohl es vom AG ausdrücklich im Hinblick auf die geplanten Maßnahmen angeboten wurde. Die **einstweilige Verfügung** ist bis zum Zustandekommen oder Scheitern des Interessenausgleichs **befristet**. In der Praxis wird bisweilen eine konkrete Höchstdauer zugrunde gelegt; bei »konstruktiver Verhandlungsführung« sollen im Allgemeinen drei Monate angemessen sein.[233] Verzögern sich die Verhandlungen ohne Verschulden des BR über die vom Gericht bewilligte Frist hinaus, so kann eine weitere einstweilige Verfügung ergehen.[234] Sinnvoller (und weniger aufwändig) wäre es, auf die Frist zu verzichten,[235] zumal durch die Formbedürftigkeit des Interessenausgleichs bzw. die Entscheidung der ESt keine Unsicherheit über den Beendigungszeitpunkt entstehen würde. Ist die **Betriebsänderung bereits durchgeführt** und damit ein irreversibler Zustand geschaffen, sind Verhandlungen über einen Interessenausgleich gegenstandslos; auch eine einstweilige Verfügung kann daher nicht mehr ergehen (s. oben Rn. 12).[236] Anders dann, wenn die Umsetzung erst teilweise erfolgte

58 Die einstweilige Verfügung richtet sich in der Regel auf die **Unterlassung von Kündigungen**. Auch kann der AG gezwungen werden, von sich aus keine Aufhebungsverträge mehr anzubieten.[237] Weiter können auch faktische Umsetzungsmaßnahmen wie der **Abtransport von Maschinen** vorübergehend verboten werden.[238] Ist die **Betriebsänderung** bereits **teilweise umgesetzt**, so kann die **vorläufige Rückgängigmachung** der getroffenen Maßnahmen verlangt werden, soweit sich dies in der Praxis realisieren lässt. So kann der AG verpflichtet werden, den Gekündigten die Rücknahme der Kündigungen anzubieten oder die vorschnell abtransportierten Maschinen zurückzubringen.[239] Ist die Betriebsänderung bereits vollständig umgesetzt, gibt es dagegen keinen Verhandlungsanspruch mehr, so dass auch derartige Verpflichtungen ausscheiden (oben Rn. 12).

59 Wird entgegen einem durch einstweilige Verfügung ausgesprochenen Verbot **dennoch gekündigt,** sind die Kündigungen entsprechend § 136 BGB (Kündigung als verbotene Verfügung über das Arbeitsverhältnis)[240] unwirksam; außerdem kann auf Antrag ein Ordnungsgeld verhängt werden.[241] Ein kurzer Musterschriftsatz findet sich in DKKWF-*Däubler,* §§ 111 – 113 Rn. 51. Dem BR steht es allerdings frei, **lediglich** »**Unterrichtung und Beratung**« zu verlan-

---

228 *ArbG Karlsruhe* 22.7.03, NZA-RR 04, 482; vgl. auch *LAG Frankfurt* 11.8.87, BB 88, 69 unter Bezugnahme auf *LAG Berlin* 22.4.87 – 12 TaBV 1/87; die Frage blieb dahingestellt in *BAG* 3.5.94, DB 94, 2450.

229 *BAG* 4.6.03, NZA 03, 1087.

230 *HessLAG* 19.1.10, NZA-RR 10, 187.

231 *BAG* 10.3.98, DB 98, 2373.

232 20.7.07, NZA-RR 08, 244, 246.

233 *HessLAG* 27.6.07, AuR 08, 267.

234 *HessLAG* a. a. O.

235 So im Ergebnis auch *LAG Niedersachsen* 4.5.07, AiB 08, 348 = LAGE § 111 BetrVG 2001 Nr. 7; *ArbG Flensburg* 24.1.08, AiB 08, 351; *ArbG Hamburg* 25.4.13, juris.

236 *LAG Rheinland-Pfalz* 26.10.06 – 11 TaBV 58/06, juris; Küttner-*Eisemann,* Interessenausgleich Rn. 27.

237 *ArbG Hamburg* 3.8.93, AiB 93, 649; kritisch *Bauer* NZA Beilage 1/2009 S. 8.

238 *ArbG Hamburg* 6.1.05, AiB 05, 568. Zustimmend BKMT-*Bachner* § 4 Rn. 335, der auch die gesellschaftsrechtlichen Vorgänge (Fusion, Spaltung) einbezieht, soweit sie untrennbar mit der Betriebsänderung verbunden sind.

239 So *LAG Rheinland-Pfalz* 2.10.14, AiB 6/15 mit Anm. Zabel: Folgenbeseitigungsanspruch.

240 Zum Verfügungscharakter der Kündigung ebenso *BAG* 10.10.02, AuR 03, 196 = NZA 03, 909. Wie hier HK-ArbR-*M. Schubert,* §§ 111 – 113 Rn 25.

241 Ebenso KDZ-*Däubler,* §§ 111 – 113 BetrVG Rn. 50.

gen,[242] doch würde dies die Schaffung vollendeter Tatsachen nicht ausschließen und kommt deshalb nur bei Betriebsänderungen in Betracht, bei denen keine Kündigungen oder andere sichtbare Nachteile drohen.

III. Der Sozialplan – allgemeine Grundsätze

1. Rechtsnatur

a) Wirkung einer Betriebsvereinbarung

Nach Abs. 1 Satz 3 hat der Sozialplan die Wirkung einer BV. Ob er eine BV ist oder ob er nur **60**
wie eine solche behandelt wird, ist im Ergebnis ohne Bedeutung.[243] Zu beachten sind allerdings **vier Besonderheiten**:[244] Nach Abs. 1 Satz 4 gilt der **Tarifvorbehalt** des § 77 Abs. 3 **nicht,** anders als bei normalen Betriebsvereinbarungen sind **Individualregelungen** über namentlich genannte AN **zulässig,**[245] der Sozialplan kann nach § 112 Abs. 1 Satz 2 **nur Regelungen über einen Ausgleich oder eine Milderung** wirtschaftlicher Nachteile enthalten, die den Arbeitnehmern infolge der geplanten Betriebsänderung entstehen (dazu unten Rn. 84), und schließlich besitzt der Sozialplan einen erhöhten Bestandsschutz (Rn. 201 ff.). Im Übrigen gelten alle Regeln über BV. Unproblematisch ist eine formale Trennung in »**Grundsozialplan**«, der das Volumen festlegt, und »**Ausführungssozialplan**«, der die Verteilungsgrundsätze enthält; beide sind inhaltlich eine Einheit.[246] Wird etwa in einem **Interessenausgleich** zugleich das **Sozialplanvolumen** bestimmt, würde dieser insoweit auch eine (unstreitig verbindliche) Sozialplanregelung enthalten. In der Praxis bekannt ist auch eine Aufteilung in den eigentlichen Sozialplan und eine **ergänzende BV,** die z. B. Qualifizierungsmaßnahmen vorsieht und die nach Sozialplangrundsätzen behandelt wird.[247]

b) Zugleich Tarifvertrag?

Unproblematisch schien lange Zeit eine Abmachung, die **zugleich Sozialplan und Firmen- 61**
tarif war und auf AN-Seite von BR und Gewerkschaft unterschrieben wurde.[248] Ob etwas Derartiges gewollt war, musste im Einzelfall die **Auslegung** ergeben. Sie konnte dazu führen, dass eine »dreiseitige« Vereinbarung ausschließlich als Firmentarif qualifiziert wurde, obwohl sie die Überschrift »Betriebsvereinbarung« trug, weil sonst der von den Beteiligten gewollte Regelungseffekt wegen § 77 Abs. 3 nicht eingetreten wäre.[249] In einer neueren Entscheidung ist das *BAG*[250] zwar von der Möglichkeit ausgegangen, dass eine Vereinbarung in einzelnen Teilen BV, in anderen TV sei, doch müsse die »**Normurheberschaft**« im Einzelnen **klar erkennbar** sein. Fehle es daran, sei der fragliche Normenkomplex unwirksam. Ob es eine »doppelte Normurheberschaft« geben könne, wurde nicht angesprochen, doch schien dem Gericht dieser Gedanke fernzuliegen, zumal die Entscheidung vom 24. 11. 93[251] keine Erwähnung fand.[252] In neuerer Zeit wurde allerdings eine Stellungnahme zum Problem der ausgewiesenen Normurheberschaft bewusst vermieden, was man als Anhaltspunkt für eine mögliche Bereitschaft werten kann, wieder zur ursprünglichen Rechtsprechung zurückzukehren.[253]

242 Dazu *Fauser/Nacken* NZA 06, 1136.
243 Für Vorliegen einer Betriebsvereinbarung *BAG* 27. 8. 75, 29. 11. 78, 9. 12. 81, 8. 11. 88 und 17. 10. 89, AP Nrn. 2, 7, 14, 48 und 53 zu § 112 BetrVG 1972; 18. 12. 90, DB 91, 969.
244 Für eine »BV besonderer Art« auch GK-*Oetker,* Rn. 157 ff.
245 *BAG* 12. 2. 85, AP Nr. 25 zu § 112 BetrVG 1972.
246 *LAG Hamm* 14. 4. 03 NZA-RR 03, 584.
247 *LAG Schleswig-Holstein* 20. 4. 04 NZA-RR 05, 30.
248 *BAG* 24. 11. 93, DB 93, 2436; zustimmend *C. Meyer* DB 05, 831.
249 *BAG* 7. 11. 00, NZA 01, 727 = ZIP 01, 942.
250 15. 4. 08, NZA 08, 1074.
251 A. a. O.
252 Kritisch mit anderen Erwägungen *Benrath/Thau,* FS Bauer, S. 147 ff.; *Giesen,* NZA 14, 1; die BAG-Entscheidung verteidigend *Bepler* AuR 10, 234, 238.
253 *Giesen* NZA 14, 2 f. unter Bezugnahme auf *BAG* 18. 8. 09, NZA 10, 503 und *BAG* 20. 9. 12, NZA 13, 797.

62 Dreiseitige Vereinbarungen werden nicht selten als **Mittel der Standortsicherung** benutzt; ihre Legitimität wie ihre Chance auf praktische Beachtung werden deutlich erhöht, wenn man auch die Gewerkschaft »mit ins Boot holt«.[254] Rechtskonstruktiv spricht nichts dagegen, dass eine Norm wie »Die Wochenarbeitszeit beträgt vom 1.3. bis 30.9. nur 32 Stunden« sowohl TV als auch BV ist. Ein vergleichbarer **doppelter Rechtstitel** findet sich etwa bei Bezugnahmeklauseln, die mit allen Betriebsangehörigen, und damit auch mit den Gewerkschaftsmitgliedern vereinbart werden: Für sie stützt sich die Geltung des TV dann nicht nur auf § 4 Abs. 1 TVG, sondern auch auf die vertragliche Abmachung.[255] Das gilt natürlich nur insoweit, als der jeweilige Regelungsgegenstand gleichermaßen in einem TV wie in einer BV enthalten sein kann. Für eine freiwillige Standortsicherung ist dies jedoch mehr oder weniger unbestritten (s. auch o. Einl. Rn. 94 ff.)[256] und für traditionelle Normen über Entgelt und Arbeitszeit sowieso unproblematisch. Die **Schranke des § 77 Abs. 3** wird dadurch überwunden, dass in der gewerkschaftlichen Unterschrift zugleich die Billigung des BR-Verhaltens liegt.[257] Wird eine solche Vereinbarung gekündigt, ist der Fall denkbar, dass sie zwar als TV, nicht aber als BV nachwirkt. Dies ist nichts Befremdliches, zumal es seine Parallele z. B. darin findet, dass ein tarifgebundener AN aus der Gewerkschaft austritt und so nach Ende der Nachbindung gemäß § 3 Abs. 3 TVG nur noch durch seinen Arbeitsvertrag an den TV gebunden ist.

63 Mit Rücksicht auf die neue BAG-Rechtsprechung wird es sich in der Praxis empfehlen, die **Regelungsgegenstände** auf einen TV und eine BV **aufzuteilen**. Dabei kann ggf. die Bedingung hinzugefügt werden, dass die eine Abmachung nicht ohne die andere gelten solle.[258] Um wegen der etwaigen Rechtswidrigkeit einzelner Bestimmungen nicht das ganze Gebäude zum Einsturz zu bringen, sollte in beide Dokumente eine **salvatorische Klausel** aufgenommen werden, wonach die Unwirksamkeit einzelner Klauseln die Gültigkeit der übrigen Abmachungen unberührt bleibt.

Ist eine Aufteilung schwer möglich oder aus anderen Gründen nicht gewollt, so sind **zwei gleichlautende Dokumente zu erstellen**, von denen eines von der Gewerkschaft, das andere vom BR unterschrieben würde. Dabei sollte in das »Gewerkschaftsdokument« ausdrücklich die Aussage aufgenommen werden, dass Einverständnis über die Einbeziehung des BR bestehe. Da der **TV** in diesem Fall **alle Regelungsgegenstände abdeckt**, sollte keine Verknüpfung mit der Gültigkeit der BV erfolgen, da diese im Gegensatz zum TV häufig in der Gefahr steht, wegen fehlender funktioneller Zuständigkeit des BR in Zweifel gezogen zu werden.[259]

c) Normative Wirkung und Auslegung

64 Der Sozialplan enthält in der Regel Inhaltsnormen, begründet also **unmittelbare Ansprüche der betroffenen AN**.[260] Dies gilt auch für Ausgeschiedene sowie für solche Arbeitnehmer, die vom AG in einen andern Betrieb versetzt wurden.[261] Mit Rücksicht auf das Günstigkeitsprinzip bleibt es den Beteiligten unbenommen, im Arbeitsvertrag oder im Aufhebungsvertrag bessere Regelungen zu treffen.[262] Dabei muss ein Sachgruppenvergleich erfolgen. Stehen den im Sozialplan versprochenen Leistungen artverschiedene Gegenleistungen gegenüber (Arbeit und Tätigkeit in einer Transfergesellschaft), so scheidet ein Günstigkeitsvergleich aus, und die Rechte aus dem Sozialplan bleiben ungekürzt erhalten.[263] So lässt sich etwa eine Abfindung nicht mit dem Betrag vergleichen, den man bei einer Verlängerung des Arbeitsverhältnisses verdient hätte.[264] Sieht der Sozialplan vor, dass entlassene AN unter bestimmten Vorausset-

254 *Thüsing*, NZA 08, 201.
255 So ausdrücklich *BAG* 26.9.01, DB 02, 1005, 1007.
256 Dazu *Thüsing*, NZA 08, 203.
257 Ebenso im Ergebnis *Thüsing* NZA 08, 201, 203.
258 *Grau/Döring* NZA 08, 1335 ff.
259 Ähnlich die Vorschläge bei *Bayreuther*, NZA 10, 380 f.
260 *BAG* 17.10.89, AP Nr. 53 zu § 112 BetrVG 1972; GK-*Oetker*, Rn. 161; HWGNRH-*Hess*, Rn. 181; *Kaven*, S. 126 ff.
261 *BAG* 28.6.05, AP Nr. 25 zu § 77 BetrVG 1972.
262 GK-*Oetker*, Rn. 168; s. auch *Löwisch*, RdA 05, 45 ff.
263 *BAG* 27.1.04, NZA 04, 667.
264 *ArbG Köln* 25.11.04, AuR 05, 340 mit Anm. *Pröpper*.

zungen wieder eingestellt werden müssen, kann der BR der Einstellung anderer Personen nach § 99 Abs. 2 Nr. 1 die Zustimmung verweigern.[265] Grundsätzlich möglich sind auch Ansprüche, die **von einer Bedingung abhängig** sind, doch muss ihr Eintritt eindeutig feststellbar sein.[266] Sozialplanansprüche können deshalb nicht davon abhängig gemacht werden, dass **nach** der **Liquidation** des UN **noch freie Mittel** verfügbar sind, wenn nicht gleichzeitig ein gegen Manipulationen gesichertes Verfahren festgelegt wird, wie diese »Verteilungsmasse« zu bestimmen ist. Sozialpläne sind **wie TV und Gesetze auszulegen**,[267] so dass die bei den Verhandlungen geäußerten Absichten und Erwartungen nur dann berücksichtigt werden können, wenn sie in Wortlaut oder Systematik irgendeinen Niederschlag gefunden haben.[268] Bei Begriffen ist grundsätzlich der allgemeine arbeitsrechtliche Sprachgebrauch maßgebend.[269] Das bedeutet beispielsweise, dass für den »Verlust des Arbeitsplatzes« zugesagte Leistungen nicht auch den Fall erfassen, dass der AN eine Änderungskündigung annimmt und beim selben AG weiterarbeitet.[270] In Zweifelsfällen ist eine mit höherrangigem Recht vereinbare Auslegung zu wählen.[271] Sind **einzelne Teile des Sozialplans unwirksam**, bleibt die Gültigkeit des Restes unberührt, soweit dieser für sich allein betrachtet noch eine sinnvolle Regelung ergibt.[272]

2. Zustandekommen des Sozialplans

a) Zeitpunkt und Form

Nach dem gesetzlichen Modell sollte der **Sozialplan vor Durchführung der Betriebsänderung** zustande kommen. Gelingt dies nicht, macht dies allerdings die weiteren Verhandlungen nicht unzulässig; der **Sozialplan kann** unbestrittenermaßen auch noch **nach durchgeführter Betriebsänderung abgeschlossen werden.**[273] Für die Beurteilung der Nachteile kommt es allerdings grundsätzlich auf die Verhältnisse vor Durchführung der Betriebsänderung an.[274] Unschädlich ist es, wenn bei Abschluss des Sozialplans noch nicht absehbar ist, ob und welche Nachteile den AN entstehen werden; die bloße Möglichkeit genügt.[275] **65**

Das **Verfahren** entspricht dem der Verhandlungen über den Interessenausgleich; auch hier kann der **Vorstand der Bundesagentur für Arbeit** um Vermittlung ersucht oder zu den Sitzungen der ESt. herangezogen werden.[276] Auch der Sozialplan muss von beiden Seiten unterschrieben werden, in der ESt. kommt ggf. noch die Unterschrift des Vorsitzenden hinzu. Ob eine beigefügte »Protokollnotiz« normative Bedeutung hat, ist durch Auslegung zu ermitteln.[277] Die Einhaltung der **Formvorschriften** ist Wirksamkeitsvoraussetzung für den Sozialplan.[278] **66**

Zur **Zuständigkeit** auf AN-Seite (BR, GBR, KBR) und auf AG-Seite s. § 111 Rn. 143 ff., 159 ff. **Formulierungsvorschläge** zu allen wesentlichen Regelungspunkten, die in einem Sozialplan eine Rolle spielen können, finden sich in DKKWF-*Däubler,* §§ 111 – 113 Rn. 13 ff. **67**

265 *BAG* 18.12.90, DB 91, 969: Verstoß gegen BV.
266 *BAG* 26.5.2009, NZA-RR 09, 588 = AP Nr. 203 zu § 112 BetrVG 1972, auch zum Folgenden.
267 *BAG* 25.3.03, NZA 04, 64; *BAG* 13.12.05, NZA 06, 1430 = AuR 06, 294; *BAG* 27.6.06, NZA 06, 1238, 1239; *BAG* 6.11.07, NZA 08, 232 Tz 9; *BAG* 20.4.10, NZA 10, 1018 Tz 14; *BAG* 9.12.14, NZA 15,558 Tz. 14.
268 Vgl. *BAG* 28.10.92, DB 93, 591; *BAG* 17.11.98, DB 99, 749; *BAG* 22.11.05, NZA 06, 220; *BAG* 19.12.06 NZA 07, 759, 760 Tz 19; *GL,* Rn. 46; Richardi-*Annuß,* § 112 Rn. 174; kritisch *Bartholomä,* BB 05, 100.
269 *BAG* 17.11.98, NZA 99, 609.
270 *BAG* 13.12.05 AP Nr. 179 zu § 112 BetrVG 1972.
271 So *BAG* 22.11.05, NZA 06, 220 für den aus § 75 Abs. 1 folgenden Gleichbehandlungsgrundsatz. Wie hier *Linsenmaier,* FS Etzel, S. 239.
272 *BAG* 20.12.83 und 27.10.87, AP Nrn. 17 und 41 zu § 112 BetrVG 1972; 26.6.90, NZA 91, 113, zuletzt 21.10.03, NZA 04, 559 und 24.8.04, DB 05, 397.
273 S. statt aller GK-*Oetker,* Rn. 146 f.
274 *BAG* 23.4.85, AP Nr. 26 zu § 112 BetrVG 1972.
275 *BAG* 25.1.00, NZA 00, 1019; *LAG Schleswig-Holstein* 22.1.14, juris und BB 14, 883 (Ls.)
276 *HWGNRH-Hess,* Rn. 213 ff.
277 *BAG* 2.10.07, NZA-RR 08, 242.
278 Richardi-*Annuß,* § 112 Rn. 78.

68 Der Sozialplan kann vom Vorliegen einer **Rechtsbedingung** wie z. B. dem Nicht-Eingreifen des § 613 a BGB abhängig gemacht werden, wobei notfalls eine gerichtliche Klärung erfolgen kann.[279] Sonstige Bedingungen schaffen eine sehr viel höhere Unsicherheit, was gegen das auch für den Sozialplan geltende **rechtsstaatliche Bestimmtheitsgebot** verstößt.[280] So kann etwa ein Sozialplan nicht für den Fall beschlossen werden, dass »nach der Befriedigung der Gläubiger noch etwas übrig ist«; bei unklarer wirtschaftlicher Situation müsste zumindest ein gegen Manipulationen abgesichertes Verfahren festgelegt werden, wie die »Verteilungsmasse« im Einzelnen zu bestimmen ist.[281] Unzulässig wäre es auch, die Abfindung an den Abschluss eines Aufhebungsvertrags mit einem evtl. Betriebserwerber zu knüpfen.[282]

b) Erzwingbarkeit des Sozialplans

69 Liegt eine geplante Betriebsänderung vor, muss der AG einen Sozialplan abschließen. Kommt keine freiwillige Einigung mit dem BR zustande, bestimmt die ESt. notfalls mit Mehrheit den Inhalt des Sozialplans. Der 1985 eingefügte **§ 112 a** macht davon **zwei Ausnahmen.**

c) Die Ausnahme des § 112 a Abs. 1

70 Besteht eine Betriebsänderung **ausschließlich in einem Personalabbau,** so kann ein Sozialplan nur dann erzwungen werden, wenn im Betrieb folgende **Zahlenwerte** erfüllt sind:

In der Regel beschäftigte Arbeitnehmer	Zahl der ausscheidenden Arbeitnehmer
bis 59 AN	20 % der Belegschaft, aber mindestens 6 AN
60 – 249 AN	20 % der Belegschaft oder mindestens 37 AN
250 – 499 AN	15 % der Belegschaft oder mindestens 60 AN
500 – 599 AN	60 AN
ab 600 AN	10 % der Belegschaft

71 Die **Einzelfragen** bestimmen sich nach den gleichen Grundsätzen wie bei § 17 Abs. 1 KSchG (dazu § 111 Rn. 77 ff.). Im vorliegenden Zusammenhang wurde ausdrücklich entschieden, dass **Teilzeitkräfte** voll mitzurechnen sind;[283] auch sind vom AG veranlasste **Aufhebungsverträge und Eigenkündigungen** mit einzurechnen.[284] Dasselbe gilt entgegen *LAG Nürnberg*[285] für **Versetzungen** in andere Betriebe oder UN des Konzerns, da auch mit ihnen erhebliche Nachteile verbunden sein können und sie in gleicher Weise die Dimension der Betriebsänderung mitbestimmen.[286] Anders verhält es sich mit verhaltens- und personenbedingten Kündigungen,[287] soweit sie nicht ihrerseits auf der Betriebsänderung beruhen. Die »Veranlassung« durch den AG bestimmt sich nach denselben Maßstäben wie im Rahmen des § 111 (dort Rn. 78 ff.). Ohne Bedeutung ist, ob sich an den Aufhebungsvertrag oder die Kündigung ein vorgezogener Ruhestand oder eine Verrentung anschließen.

72 Besteht eine Betriebsänderung nicht nur aus einem Personalabbau, sondern werden **auch sächliche Betriebsmittel außer Dienst genommen, greift die Ausnahmevorschrift des § 112 a Abs. 1 nicht ein.**[288] Dies gilt nach *BAG*[289] allerdings nur dann, wenn die sonstigen Maßnahmen zusammen mit dem Personalabbau eine Betriebseinschränkung im Sinne des § 111 Satz 3 Nr. 1 darstellen; die **Schließung eines »unwesentlichen« Betriebsteils** würde z. B. nicht genügen. Denkbar ist aber auch der Fall, dass die Voraussetzungen einer anderen Betriebsänderung im Sinne des Satz 3 erfüllt sind, dass z. B. grundlegend neue Arbeitsmethoden

---

279 *BAG* 1.4.98, NZA 98, 768. S. auch unten Rn. 197.
280 *BAG* 26.5.09, DB 09, 2331 = dbr 9/10 S. 36 mit Anm. *Silberberger.*
281 Wie Fn 276. Diese Voraussetzung ist im Insolvenzverfahren gegeben; dazu unten § 123 InsO Rn. 14 ff.
282 *LAG Baden-Württ.* 16.9.97, NZA-RR 98, 358.
283 *LAG Baden-Württemberg* 16.6.87, LAGE § 111 BetrVG 1972 Nr. 6; s. auch *BAG* 28.10.92, DB 93, 591.
284 GK-*Oetker,* Rn. 321, der mit Recht auf den materiellen Beendigungsgrund abstellt.
285 17.1.05, AuR 05, 198.
286 Ähnlich MünchArbR-*Matthes,* § 268 Rn. 22; a. A. GK-*Oetker* Rn. 321.
287 *Matthes,* FS Gaul, S. 399.
288 ErfK-*Kania,* Rn. 16; MünchArbR-*Matthes,* § 271 Rn. 35.
289 28.3.06, NZA 06, 932.

eingeführt (Nr. 5) oder dass Betriebe verschmolzen oder zusammengelegt werden (§ 111 Rn. 93 ff.).

d) Die Ausnahme des § 112 a Abs. 2

Neu gegründete Unternehmen müssen in den ersten 4 Jahren ihres Bestehens keinen Sozialplan abschließen; insoweit kommt es nicht auf die Art der Betriebsänderung an. Der Gesetzgeber wollte dadurch das Risiko bei Neugründungen reduzieren, haben doch Newcomer erfahrungsgemäß Schwierigkeiten, die Kosten eines Sozialplans einzuschätzen und eine ausreichende Risikovorsorge zu treffen. **73**

Die Ausnahmevorschrift gilt nur für neu gegründete **Unternehmen.** Errichtet ein bestehendes Unternehmen einen **neuen Betrieb,** greift § 112 a Abs. 2 nicht ein.[290] Die **4-Jahres-Frist beginnt** mit der tatsächlichen Aufnahme der Tätigkeit; ob die Mitteilung an das Finanzamt nach § 138 AO früher oder später erfolgte, ist ohne Bedeutung.[291] Die Sozialplanpflicht entfällt, wenn noch während der 4 -Jahres-Frist die Betriebsänderung durchgeführt und ein Sozialplan beschlossen wird.[292] Ist dies nicht der Fall, so besteht nach Ablauf der »Schonfrist« noch Spielraum, wie verfahren werden soll; hier den BR nicht partizipieren zu lassen, entbehrt jeder Grundlage.[293] **74**

Umstritten ist, ob § 112 a Abs. 2 auch dann eingreift, wenn ein **neu gegründetes UN einen länger als vier Jahre bestehenden Betrieb** nach § 613 a BGB **übernommen hat.** Das BAG bejaht diese Frage,[294] hat jedoch in der Literatur erheblichen Widerspruch erfahren.[295] Zum einen lässt sich bei einem schon länger existierenden Betrieb sehr viel leichter eine Prognose abgeben, ob voraussichtlich ein Sozialplan nötig sein wird und was er kosten kann. Viel wichtiger ist zum zweiten, dass durch die *BAG*-Rechtsprechung der **Grundgedanke des § 613 a BGB verletzt** wurde: Entgegen der eindeutigen Intention des Gesetzgebers, dass bei einem Betriebsinhaberwechsel keine rechtliche Verschlechterung eintreten soll, wird den betroffenen Beschäftigten die **Aussicht auf** einen **Sozialplan genommen.**[296] Die Tatsache, dass diese noch keine einklagbaren Individualrechte umfasst, darf nach dem Sinn des § 613 a BGB keine Rolle spielen.[297] Folgt man gleichwohl der Rspr., so entsteht in Abweichung vom »Normalmodell« des § 613 a BGB ein **wirtschaftlicher Nachteil,** für den ein Ausgleich geschaffen werden muss.[298] Dieser kann in einer Abfindung wegen der wegfallenden Sozialplananwartschaft, aber auch darin bestehen, dass der Veräußerer für den Fall von Betriebsänderungen durch den Erwerber die Stellung eines »Sozialplangaranten« in der Weise übernimmt, dass er an Stelle des Erwerbers über einen Sozialplan verhandelt und diesen aus eigenen Mitteln finanziert. **75**

Würde man die Aussicht auf einen Sozialplan ersatzlos wegfallen lassen, läge darin überdies ein Verstoß gegen die EG-Richtlinie über die Wahrung erworbener Rechte beim Übergang von UN, Betrieben oder Betriebsteilen (2001/23/EG). Wenn behauptet wird, es gehe in der **Richtlinie** nur um die individualrechtliche Seite des Arbeitsverhältnisses,[299] so wird dabei übersehen, dass es auch um die Weitergeltung von Tarifverträgen und Betriebsvereinbarungen und in **76**

---

290 *BAG* 27.6.06, NZA 07, 106, 108; *Etzel,* Rn. 1068; *Fitting,* Rn. 89.

291 *Wenning-Morgenthaler* Rn 1182.

292 GK-*Oetker* §§ 112, 112 a Rn 327; *Wenning-Morgenthaler* Rn 1182; anders Vorauflage und *Fitting,* Rn. 113; vgl. auch *Rumpff/Boewer,* S. 362: Entscheidend kommt es darauf an, dass bei normalem Lauf der Dinge der Sozialplan noch während des 4 -Jahres-Zeitraums vereinbart worden wäre.

293 Anders HWK-*Hohenstatt/Willemsen,* § 112 a Rn. 9: Mitteilung der unternehmerischen Entscheidung an den BR noch während der Frist genügt.

294 13.6.89, AP Nr. 3 zu § 112 a BetrVG 1972, bestätigt in *BAG* 10.12.96, DB 97, 1 416 und mit eingehender Begründung in *BAG* 27.6.06, NZA 07, 106; zustimmend *Etzel,* Rn. 1068; *Fitting,* Rn. 109; HWGNRH-*Hess,* § 112 a Rn. 45.

295 BKMT-*Bachner,* § 4 Rn. 365; *Bichlmeier/Engberding/Oberhofer,* S. 479; *Fitting,* 21. Aufl., Rn. 94; *Rumpff/Boewer,* S. 361 f.; *WW,* § 112 a Rn. 5; rechtspolitische Bedenken bei *Gaul/Gajewski,* S. 242 ff.

296 Ebenso *Fitting,* 21. Aufl., Rn. 95.

297 Anders mit rein formal-konstruktiver Begründung *BAG* 27.6.06, NZA 07, 106, 108.

298 *Hanau,* FS Gaul, S. 295.

299 *Fitting* Rn. 111.

Art. 6 der Richtlinie speziell um die **Fortsetzung der betrieblichen Interessenvertretung** geht.[300] Dass dabei nur die Institution als solche, nicht aber die dieser zustehenden Rechte gemeint sein sollen,[301] lässt sich nicht mit dem Bestandsschutzgedanken der Richtlinie vereinbaren. Dass das Gegenteil offenkundig sei, so dass sich eine Vorlage an den EuGH erübrige,[302] ist nicht nachvollziehbar. Das Gericht setzt sich auf diese Weise dem Verdacht aus, es habe unter allen Umständen eine Vorlage vermeiden wollen. Erst- und zweitinstanzliche Gerichte sollten daher von der ihnen durch Art. 267 AEUV (bisher: Art. 234 EG-Vertrag) eröffneten Möglichkeit Gebrauch machen, den EuGH um eine authentische Interpretation zu bitten. Wenigstens hat das *BAG*[303] für den Fall eine Ausnahme gemacht, dass eine Neugründung nur zu dem Zweck erfolgt, Betriebe aufzukaufen und sie anschließend stillzulegen: Hier würde man die Sondervorschrift des § 112 a Abs. 2 nicht anwenden.[304] Dasselbe muss dann gelten, wenn ein neu gegründetes Unternehmen lediglich einen Betrieb aufkauft und fortführt, der bereits länger als vier Jahre existiert, darüber hinaus aber keine eigenen Aktivitäten entfaltet.

77 Veräußert ein neu gegründetes UN einen Betrieb an ein schon längere Zeit bestehendes, **geht** das **»Sozialplanprivileg« nicht** mit **über**:[305] Der Erwerber kann sich seiner Erfahrung wegen sehr wohl ein Bild machen.

78 § 112 a Abs. 2 Satz 2 nimmt **Neugründungen im Zusammenhang mit der rechtlichen Umstrukturierung von UN und Konzernen** aus. Dies betrifft insbes. die **Verschmelzung** von UN, aber auch die Spaltung[306] sowie den Formwechsel, wobei es nicht darauf ankommt, ob im Einzelfall das Instrumentarium des UmwG benutzt wird.[307] Zweifelhaft ist, ob diese »Ausnahme von der Ausnahme« auch dann eingreift, wenn ein **Konzern ein neues UN gründet**.[308] Die Frage ist zu bejahen, da es im Hinblick auf den Zweck des § 112 a Abs. 2 keinen Unterschied macht, ob ein alteingesessenes UN einen neuen Betrieb aufmacht oder ob eine genauso erfahrene Konzernspitze eine neue GmbH ins Leben ruft.[309] Keine Rolle spielt, ob ein sog. Gleichordnungskonzern im Sinne des § 18 Abs. 2 AktG vorliegt: Auch in einem solchen Fall geht es nicht um ein unternehmerisches Neuengagement, das des besonderen Risikos wegen privilegiert werden soll. Der Wortlaut stützt diese Interpretation zusätzlich, da § 112 a Abs. 2 Satz 2 genauso wenig wie § 112 Abs. 5 Satz 2 Nr. 2 eine Beschränkung auf den Unterordnungskonzern enthält, wie sie sich etwa in § 54 Abs. 1 findet.[310] Gründet der Mehrheitsgesellschafter ein neues Unternehmen und überträgt ihm einen Teil des Geschäftsbetriebs, so entfällt das Sozialplanprivileg erst recht,[311] ebenso, wenn zwei UN Teile auf ein neu gegründetes drittes übertragen.[312]

e) Freiwilliger Sozialplan

79 Auch in den Fällen des § 112 a ist ein Sozialplan möglich; zu diesem Zweck muss die ESt. angerufen werden. Der AG ist nach § 112 Abs. 3 Satz 1 verpflichtet, von sich aus einen Sozialplan vorzuschlagen.[313] Ausgeschlossen ist lediglich ein verbindlicher Spruch, doch ist es den Beteiligten unbenommen, sich von vornherein oder nachträglich einem solchen zu unterwerfen. Die ESt. hat in eigener Verantwortung zu prüfen, ob ein Fall des § 112 a vorliegt.[314] Aus der

300 Näher *Däubler*, DB 05, 666; Bedenken im Hinblick auf die Richtlinie auch bei *Hanau*, FS Zeuner, S. 56.
301 So *BAG* 27.6.06, NZA 07, 106, 108.
302 *BAG* 27.6.06, NZA 07, 106, 109; ähnlich Fitting, Rn. 111.
303 27.6.06, NZA 07, 106, 110.
304 Dazu auch *Willemsen*, Anm. zu BAG, AP Nr. 3 zu § 112 a BetrVG 1972: Asset Stripping – zu derartigen Praktiken s. auch § 111 Rn. 21.
305 *Rumpff/Boewer*, S. 360.
306 *BAG* 22.2.95, DB 95, 1182.
307 Zur früheren Rechtslage s. *Willemsen*, a. a. O.
308 Verneinend *Willemsen*, a. a. O.
309 Ebenso im Ergebnis *Bichlmeier/Wroblewski*, Teil 3 Rn. 594.
310 Eingehend *Trümner/Weinbrenner*, AuR 10, 248 ff.
311 Ebenso für diesen Fall *BAG* 22.2.95, DB 95, 1182.
312 *BAG* 22.2.95, DB 95, 1287.
313 *Etzel*, Rn. 1066.
314 *LAG Nürnberg* 9.5.01, AuR 02, 37.

umfassenden Zuständigkeit der Betriebsparteien in sozialen, wirtschaftlichen und personellen Angelegenheiten folgt zudem das Recht, bei jeder Form von Arbeitsplatzverlust eine Ausgleichsregelung nach Art eines Sozialplans vereinbaren zu können.[315]

3. »Ausgleich und Milderung der wirtschaftlichen Nachteile« – der Zweck des Sozialplans

a) Grundsätze

Was als »**wirtschaftlicher Nachteil**« zu qualifizieren ist, war und ist **Gegenstand zahlreicher** 80 **Kontroversen.** Einigkeit besteht an sich nur darüber, dass der Sozialplan **keine immateriellen Nachteile** ausgleichen soll.[316] Angesichts des Gesetzeswortlauts ist dies schwer bestreitbar, auch wenn es rechtspolitisch wenig zu überzeugen vermag: Die Zerstörung sozialer Beziehungen oder die Entwertung eines langjährigen Wissens sind »persönlichkeitsnahe« Nachteile, die für den Einzelnen viel stärker als höhere Fahrtkosten zu Buche schlagen können.

Meinungsunterschiede bestehen insbes. hinsichtlich der Frage, **wie der Arbeitsplatzverlust** 81 **als solcher zu bewerten ist.** Stellt er auch dann einen »wirtschaftlichen Nachteil« dar, wenn der Betroffene sofort nach Auslaufen der Kündigungsfrist einen gleichwertigen oder gar einen besseren Arbeitsplatz findet? Eine positive Antwort ließe sich mit der Erwägung rechtfertigen, in Form des Arbeitsplatzes sei dem Einzelnen ein wirtschaftlicher Wert entzogen worden.[317] Die Gegenposition bestimmt die Nachteile »zukunftsbezogen«: Die nach dem Auslaufen des Arbeitsverhältnisses auftretenden wirtschaftlichen Schwierigkeiten wie Arbeitslosigkeit, Umschulungsbedarf, geringere Vergütung am neuen Arbeitsplatz usw. sollen ausgeglichen werden.[318] Der *Große Senat* **des** *BAG* hat eine Kompromissformulierung gewählt, wonach der Einzelne eine Entschädigung dafür erhält, dass er auf Grund der Betriebsänderung seinen Arbeitsplatz einbüßt und im Laufe des Arbeitsverhältnisses erworbene Vorteile verliert; »**zugleich**« sei der Sozialplan jedoch **auf die Zukunft gerichtet** und habe Überleitungs- und Vorsorgefunktion.[319] Einige Jahre später hat der *Erste Senat* die Auffassung vertreten, der *Große Senat* habe sich **auch nicht ansatzweise** für die sog. **Entschädigungstheorie** ausgesprochen.[320] Die neuere Rspr. stellt **nur noch** auf die »**Überbrückungsfunktion**« ab.[321] Eine Auseinandersetzung mit der Rechtsprechung des *Großen Senats* erfolgt nicht; statt dessen wird in einem Nebensatz sogar betont, die Gewährung einer Entschädigung für geleistete Dienste oder für den Verlust eines Besitzstandes sei »an sich unzulässig«.[322] Keine Anhänger hat die von *Beuthien* entwickelte **Sonderopfertheorie**[323] gefunden, wonach es beim Sozialplan lediglich darum gehe, das zugunsten der weiterarbeitenden Kollegen erbrachte »Sonderopfer« auszugleichen: Die These liefert nicht nur wenig konkrete Maßstäbe, sondern versagt auch im Falle der Betriebsstilllegung.[324]

Die **Kontroverse** um die »Vergangenheits-« bzw. »Zukunftsorientierung« war lange Zeit **von** 82 **relativ geringer praktischer Bedeutung.**[325] Dies hängt damit zusammen, dass man auch bei der Entschädigungstheorie Vorteile mitberücksichtigen kann (und sollte), die den prinzipiel-

---

315 *BAG* 24.5.12. NZA 13, 277, 283 Tz 69.
316 *Fitting*, Rn. 118; GK-*Oetker* Rn. 132 ff.; *Hanau*, ZfA 74, 101; Richardi-*Annuß*, § 112 Rn. 84.
317 So insbes. Richardi-*Annuß*, § 112 Rn. 90.
318 Vgl. etwa *Wiedemann/Willemsen* Anm. zu BAG AP Nr. 3 zu § 112 BetrVG 1972.
319 *BAG* 13.12.78, AP Nr. 6 zu § 112 BetrVG 1972 Bl. 5 R; ähnlich *Bengelsdorf*, NZA 90, 344; *Küttner*, FS Stahlhacke, S. 292.
320 *BAG* 23.4.85, AP Nr. 26 zu § 112 BetrVG 1972.
321 *BAG* 26.6.90, NZA 91, 111; 11.8.93, DB 94, 102: Verteilungsgerechte Überbrückungshilfe; 12.11.02, NZA 03, 1287 [1289]; besonders deutlich *BAG* 11.11.08, NZA 09, 210 Tz 19 und 26.5.09, AuR 09, 359; *BAG* 9.12.14, NZA 15, 366 Tz. 23; ähnlich *B. Gaul*, DB 98, 1513 u. MünchArbR-*Matthes*, 2. Aufl., § 362 Rn. 8, der zusätzlich auf die Funktion verweist, das unternehmerische Verhalten zu steuern, was allerdings für die gesamten §§ 111 – 113, nicht nur für den Sozialplan gilt [§ 111 Rn. 1 – 5].
322 *BAG* 30.3.94, DB 94, 1935, bestätigt in *BAG* 12.11.02, NZA 03, 1287 [1289].
323 RdA 76, 154 ff.
324 Näher Richardi-*Annuß*, § 112 Rn. 58; *Spinti*, S. 39 f.
325 *Dorndorf*, S. 15.

len Nachteil des Arbeitsplatzverlustes mindern. Auf der anderen Seite zwingt die Überleitungs- und Vorsorgefunktion nicht dazu, in jedem Einzelfall die konkreten Nachteile abzuwarten und aufzusummieren: Auch hier sind Pauschalierungen zulässig, die sich an eine »Entschädigung für den Arbeitsplatz« annähern.[326] An die **Dauer der Betriebszugehörigkeit** anzuknüpfen, ist deshalb – vorbehaltlich diskriminierungsrechtlicher Bedenken (u. Rn. 96 ff.) – jederzeit möglich.[327] **Alleiniges Bemessungskriterium** kann sie allerdings nur sein, wenn die übrigen Sozialdaten bei den Betroffenen im Wesentlichen übereinstimmen.[328] In jüngster Zeit hat die Auseinandersetzung um den Zweck des Sozialplans dadurch neue Dynamik gewonnen, dass sich die Schlechterstellung sog. rentennaher Jahrgänge bei der Abfindung nur dann rechtfertigen lässt, wenn man konsequent und ausschließlich die **Überleitungs- und Vorsorgefunktion** für maßgebend erklärt (u. Rn. 100).[329] Dies fällt schon deshalb schwer, weil die vom BAG ohne Ausnahme gebilligte Sozialplanpraxis die Abfindungshöhe primär nach dem Lebensalter und der Dauer der Betriebszugehörigkeit bestimmt, also auf ein vergangenheitsbezogenes »Bestandsschutz«-kriterium abstellt.[330] Rechtspolitisch mag man es angesichts knapper Mittel vorziehen, in aktuellen oder künftigen Notsituationen zu helfen statt in der Vergangenheit liegende Besitzstände zu entschädigen.[331] Zu beachten ist aber, dass es im **Ermessen der ESt.** liegt, **welche konkreten Nachteile** sie **ausgleichen** will (näher dazu und zu den Ober- und Untergrenzen u. Rn. 128).[332] Kommt ein wirksamer Sozialplan erst einige Zeit nach der Beendigung der Arbeitsverhältnisse zustande, so können sich die Betriebsparteien bzw. die ESt weiterhin an den beim Ausscheiden »absehbaren« Nachteilen orientieren, auch wenn diese nicht effektiv eingetreten sind.[333] Allerdings wäre es auch kein Rechtsverstoß, wenn sie die inzwischen eingetretene Entwicklung berücksichtigen würden. Der große Spielraum, der bei der Festsetzung des Sozialplaninhalts besteht, führt automatisch zu der Frage: Sollte es den Beteiligten nicht **frei stehen**, sich **entweder** am **»Entschädigungszweck« oder** an der **»Überbrückungsfunktion«** zu orientieren? Je nachdem, wo sie die Schwerpunkte setzen, müssen sie »systemtreu« bleiben. Konkret bedeutet dies: Der Ausschluss rentennaher Jahrgänge kann nur dann in Betracht kommen, wenn der Sozialplan vorwiegend Überbrückungsleistungen vorsieht, wie dies insbesondere der Transfersozialplan tut (näher u. Rn. 101). Nur dann können auch Abschläge, die durch vorzeitige Inanspruchnahme der Rente entstehen, grundsätzlich vorgenommen werden.[334]

83 Inwieweit die **Veränderung von Arbeitsbedingungen als »wirtschaftlicher Nachteil«** zu qualifizieren ist, wurde demgegenüber nur wenig erörtert. Einigkeit besteht darüber, dass die Verringerung der Gegenleistung des AG, etwa der Wegfall von Zulagen oder von Sozialleistungen, erfasst ist. Auch Arbeitserschwernisse müssen jedoch einbezogen werden, weil sie in gleicher Weise das Verhältnis von Leistung und Gegenleistung zu Lasten des AN verändern: Wer intensiver oder unter schlechteren Umweltbedingungen arbeiten muss, ist nicht weniger benachteiligt als derjenige, der bei gleich bleibender Arbeit ein geringeres Entgelt bekommt.[335] Ein wirtschaftlicher Nachteil kann auch in den Kosten der Weiterbildung liegen, die man zur Vermeidung künftiger Nachteile auf dem allgemeinen oder dem veränderten unternehmensinternen Arbeitsmarkt absolviert.[336]

84 Die spezifische Ausrichtung des Sozialplans auf das Ziel »Ausgleich und Milderung der wirt-

---

326 *BAG* 23.4.85, AP Nr. 26 zu § 112 BetrVG 1972.
327 So ausdrücklich *BAG* 26.5.09, AuR 09, 359.
328 *BAG* 12.11.02, NZA 03, 1287 [1289].
329 Dies übersieht HK-ArbR-*M. Schubert* §§ 111 – 113 Rn 26 in seiner Kritik an der hier vertretenen Position.
330 Dies gesteht auch *Willemsen* (FS Bauer, S. 1119 ff.) zu, der ansonsten den Ansatz des BAG verteidigt.
331 Vgl. in diesem Sinne die Entscheidung des *BVerfG* zur sog. Warteschleife 24.4.91, NJW 91, 1667; dazu *Däubler*, PersR 91, 193, 199.
332 *BAG* 29.11.78 und 27.10.87, AP Nrn. 7 und 41 zu § 112 BetrVG 1972.
333 *Wenning-Morgenthaler* Rn 1104.
334 *HessLAG* 21.2.06, AuR 06, 414.
335 Näher *Däubler*, DB 85, 2300 f. Zustimmend *Wenning-Morgenthaler* Rn 1081; HK-ArbR-*M. Schubert*, §§ 111 – 113 Rn 42.
336 HK-ArbR-*M. Schubert* §§ 111 – 113 Rn 26.

schaftlichen Nachteile« hat zur Folge, dass **keine Regelungen** getroffen werden dürfen, **die die AN lediglich belasten.**[337] Unzulässig ist es deshalb, nach Art eines Zwangsvergleichs bereits entstandene **Entgeltansprüche zu kürzen**[338] oder eine ungünstigere Zahlungsweise vorzusehen.[339] Ausgeschlossen ist weiter eine Verkürzung der Kündigungsfristen.[340] Auch die Aufhebung **unverfallbarer Anwartschaften auf betriebliche Altersversorgung** kommt nicht in Betracht.[341] Obwohl der Sozialplan auch Einzelfälle regeln kann,[342] ist es **nicht** möglich, die **Kündigungserklärung** des AG zu **ersetzen.**[343] Auch andere, nicht vom Zweck des Sozialplans gedeckte Regelungen sind ausgeschlossen und als unwirksam zu behandeln.[344]

Einem solchen direkten Eingriff in AN-Rechte (der im Übrigen auch wegen Verstoßes gegen **85** Art. 12 Abs. 1 GG rechtswidrig wäre) werden Klauseln gleichgestellt, die die im Sozialplan vorgesehenen Abfindungen davon abhängig machen, dass der AN auf anderweitig gewährte Rechte verzichtet. So ist es nicht zulässig, Leistungen aus dem Sozialplan nur für den Fall vorzusehen, dass der AN **keine Kündigungsschutzklage erhebt** oder eine erhobene Klage wieder zurücknimmt.[345] Maßgebend hierfür ist die Erwägung, dass der Sozialplan keine »Bereinigungsfunktion« hat, dass er nicht die Planungssicherheit des Arbeitgebers fördern soll.[346] Zulässig ist lediglich, die **Fälligkeit** der Sozialplanansprüche so lange **hinauszuschieben,** bis das Kündigungsschutzverfahren abgeschlossen ist, und eine Verrechnung mit Abfindungen nach § 10 KSchG vorzusehen.[347] Auf demselben Grundgedanken beruht die beifallswerte Feststellung, die Abfindung an einen ausländischen AN könne nicht an die **Bedingung** geknüpft werden, **dass er in sein Heimatland zurückkehre.**[348] Dahinter steht die zutreffende Einsicht, dass die Freiheit des Einzelnen nicht nur durch unmittelbare Eingriffe, sondern auch durch Vorenthaltung von Leistungen beeinträchtigt werden kann. Dasselbe gilt, wenn die Sozialplanleistungen davon abhängig gemacht werden, dass der AN zuerst den **erfolglosen Versuch** unternimmt, seine Weiterbeschäftigung durch einen angeblichen **Betriebserwerber im Klagewege** durchzusetzen.[349]

b) Umgehung durch die sog. Turboprämie?

Unabhängig von den §§ 111 ff. BetrVG können die Arbeitsvertragsparteien jederzeit eine Ab- **86** machung treffen, wonach eine Abfindung für den Fall versprochen wird, dass der Arbeitnehmer auf eine Kündigungsschutzklage verzichtet. Dies galt schon vor Inkrafttreten des § 1 a KSchG[350] und wurde für den kirchlichen Bereich ausdrücklich bestätigt.[351] Schon mit Rücksicht auf § 307 Abs. 1 Satz 2 BGB muss für den Arbeitnehmer allerdings deutlich erkennbar sein, dass er durch Erhebung einer Kündigungsschutzklage seinen Abfindungsanspruch zunichte macht.[352] Als problematisch hat sich der Fall erwiesen, dass durch BV eine entsprechende Regelung neben einem Sozialplan vorgesehen wird, für die sich in diesem Zusammenhang der Ausdruck »**Turboprämie**« eingebürgert hat. Sie wird vom *BAG*[353] ausdrücklich

---

337 Ähnlich ErfK-*Kania,* Rn. 23; *Küttner,* FS Stahlhacke, S. 294.
338 ErfK-*Kania,* Rn. 23; *GL,* Rn. 36.
339 *LAG München* 25.11.87, LAGE § 112 BetrVG 1972 Nr. 10: Übergang von 12 auf 14 Monatsraten.
340 *H. Fuchs,* Sozialplan, S. 34.
341 *Fitting,* Rn. 124.
342 *BAG* 12.2.85, AP Nr. 25 zu § 112 BetrVG 1972.
343 *BAG* 27.5.82, AP Nr. 3 zu § 80 ArbGG 1979; *H. Fuchs,* Sozialplan, S. 34.
344 *LAG Köln* 4.6.09, AuR 10, 133.
345 *BAG* 20.12.83, AP Nr. 17 zu § 112 BetrVG 1972; im Ergebnis bestätigt durch *BAG* 31.5.05 NZA 05, 997 und *BAG* 3.5.06, NZA 06, 1420 = AuR 07, 104; ebenso *Etzel,* Rn. 1046; *Fitting,* Rn. 168; *v. Hoyningen-Huene,* Anm. zu *BAG,* a. a. O.; MünchArbR-*Matthes,* § 270 Rn. 10; Richardi-*Annuß,* § 112 Rn. 112.
346 So *BAG* 3.5.06, NZA 06, 1421.
347 *BAG* 20.6.85, AP Nr. 33 zu § 112 BetrVG 1972; ebenso *GL,* Rn. 39; Richardi-*Annuß,* § 112 Rn. 112.
348 *BAG* 7.5.87, AP Nr. 19 zu § 9 KSchG 1969.
349 *BAG* 22.7.03, BB 04, 2072 = DB 03, 2658.
350 So der Fall *BAG* 15.2.05, DB 05, 2245.
351 *BAG* 3.5.06, NZA 06, 1420.
352 BAG a. a. O.
353 31.5.05, NZA 05, 997, bestätigt in *BAG* 3.5.06, NZA 06. 1420.

zugelassen, soweit dadurch nicht das Verbot umgangen wird, Sozialplanansprüche von einem Verzicht auf die Kündigungsschutzklage abhängig zu machen. Ein **Umgehungsfall** liege »insbesondere« dann vor, wenn der Sozialplan keine angemessene Abmilderung der Nachteile vorsehe oder wenn »greifbare Anhaltspunkte« für die Annahme bestehen, für den Sozialplan vorgesehene Mittel würden funktionswidrig für die Prämie eingesetzt.[354] Dies ist nur in wenigen Sonderfällen hilfreich. In der Praxis dürfte normalerweise eine Gesamtsumme für die mit einer Betriebsänderung verbundenen finanziellen Belastungen vorgesehen sein, so dass die »Prämie« automatisch zu Lasten des Sozialplanvolumens geht.[355] In der Literatur wurde deshalb eine pragmatische Lösung der Art vorgeschlagen, dass die Prämie »erheblich geringer« als die Sozialplanabfindung sein müsse,[356] letztere müsse 2,5 bis 3 mal so hoch sein.[357] Dem wird man auf der Basis der Rechtsprechung zustimmen müssen, da ein wirksamerer Umgehungsschutz nicht ersichtlich ist. Die Prämie darf nicht vergleichbar bedeutsam wie die Sozialplanabfindung sein, was nur dann der Fall ist, wenn sie weniger als die Hälfte ausmacht. Nach diesen Grundsätzen verfährt das BAG auch dann, wenn eine neben dem Sozialplan stehende BV zusätzliche Abfindungen für diejenigen vorsieht, die einen Aufhebungsvertrag schließen.[358] Dasselbe gilt im Übrigen auch dann, wenn die **Parallelregelung** nicht durch BV, sondern **durch arbeitsvertragliche Abmachung** erfolgt. Eine **tarifliche Regelung** kann die Abfindung jederzeit vom Verzicht auf die Kündigungsschutzklage abhängig machen,[359] doch dürfte auch hier ein entsprechender »Abstand« zur Sozialplanabfindung nach § 112 zu wahren sein (der Fall BAG[360] betraf einen Sozialplan nach einem LPersVG). Wird der Umgehungsschutz nicht beachtet, ist die Verknüpfung mit der Kündigungsschutzklage unwirksam; die Situation ist keine andere, als wenn im Sozialplan selbst Leistungen in unzulässiger Weise von der Nichterhebung einer Klage abhängig gemacht würden (o. Rn. 85). Bei einer intransparenten arbeitsvertraglichen Abmachung hat das *BAG*[361] gleichfalls angenommen, dass der Abfindungsanspruch trotz Erhebung der Kündigungsschutzklage erhalten blieb, dass also lediglich die Verknüpfung hinfällig wurde, **nicht** etwa eine **Gesamtnichtigkeit** eintrat. Eine Regelung, die dem AN nur eine **Überlegungsfrist von einer Woche** einräumen würde, wäre eine unangemessene Benachteiligung im Sinne des § 307 Abs. 1 Satz 1 BGB; eine entsprechende BV würde gegen § 75 Abs. 1 verstoßen.[362]

c) Der Zweck als Grenze

87 **In einer vereinzelt gebliebenen Entscheidung** hat das *BAG* die dem Sozialplan vom Gesetzgeber zugewiesene Aufgabe (»Ausgleich und Milderung der wirtschaftlichen Nachteile«) **sehr eng interpretiert.**[363] Danach sind Sozialplanregelungen notwendigerweise »reaktiv«; die präventive Vermeidung wirtschaftlicher Nachteile sei ausschließlich Sache des Interessenausgleichs. Da dieser nach herrschender Auffassung keine einklagbaren Ansprüche gewährt (o. Rn. 23), ist die Zuordnung von beträchtlicher Bedeutung. Das *BAG* hat **nur auf den ersten Blick eine klare Grenze** gezogen. Dies wird etwa an Regelungen zur Weiterbildung und Umschulung deutlich. Beziehen sie sich auf Personen, die z. B. wegen der Einführung neuer Techniken in Kürze an ihrem bisherigen Arbeitsplatz nicht mehr weiterbeschäftigt werden können, so liegt eine »Nachteilsvermeidung« und damit der Sache nach ein Stück Interessenausgleich vor (zum Mitbestimmungsrecht nach § 97 Abs. 2 s. dort). Ist auf der anderen Seite den Betroffenen bereits gekündigt worden, müsste man dieselben Bestimmungen als »Milderung wirtschaftlicher Nachteile« qualifizieren und sie deshalb als zulässigen Inhalt eines

354 *BAG* 31.5.05, NZA 05, 997, 1000.
355 *Thüsing/Wege,* DB 05, 2636.
356 *Annuß,* RdA 06, 380; *Thüsing/Wege,* DB 05, 2636.
357 *Benecke,* BB 06, 942.
358 *BAG* 18.5.10, NZA 10, 1304.
359 *BAG* 6.12.06, AuR 07, 50 = DB 07, 1362.
360 A. a. O.
361 3.5.06, NZA 06, 1420.
362 Ähnlich *Annuß,* RdA 06, 380; *Riesenhuber,* NZA 05, 1102.
363 *BAG* 17.9.91, DB 92, 229.

Sozialplans ansehen. Bedenkt man, dass in vielen Fällen überhaupt kein Interessenausgleich zustande kommt, läuft die Position des *BAG* darauf hinaus, dass BR und ESt. immer erst **warten** müssen, **bis** gewissermaßen das **Kind in den Brunnen gefallen** ist. Damit ist dem **Schutzzweck** der §§ 111, 112 sowie einer mittlerweile jahrzehntealten Sozialplanpraxis **nicht ausreichend Rechnung getragen.** Zum Sozialplan müssen mindestens auch diejenigen Inhalte zählen, die einen als solchen unvermeidbaren Nachteil (Kündigung, Versetzung) erträglicher machen, indem der Zeitpunkt (z. B. durch längere Kündigungsfristen) hinausgeschoben oder schon vor Ausspruch der Kündigung mit Umschulungsmaßnahmen begonnen wird. Auch Angebote, auf anderen Arbeitsplätzen weiterzuarbeiten, mildern die drohenden Nachteile. Anders ist lediglich bei einem Kündigungsverbot oder bei Auswahlrichtlinien zu entscheiden; sie gehören zum Interessenausgleich, da sie niemals Ausgleich oder Milderung von Nachteilen sind. Überschreitet ein freiwillig vereinbarter Sozialplan die vom *BAG* gezogenen Grenzen, dürfte im Regelfall eine freiwillige BV nach § 88 vorliegen (vgl. Rn. 48). Dies ist etwa dann der Fall, wenn denjenigen eine »Treueprämie« versprochen wird, die bis zum Stilllegungszeitpunkt weiterarbeiten.[364] Erläuterte Formulierungsvorschläge zu Sozialplaninhalten finden sich bei *Hamm*[365] und in DKKWF-*Däubler.*[366]

4. Der erfasste Personenkreis

Der Sozialplan erstreckt sich grundsätzlich auf **alle Personen,** die durch Verlust ihres Arbeitsplatzes oder auf andere Weise infolge der Betriebsänderung einen **wirtschaftlichen Nachteil** erlitten haben. Die Betriebsänderung sollte jedenfalls dann im Einzelnen im Sozialplan beschrieben werden, wenn es noch vergleichbare andere Planungen gibt und so die Zuordnung zu einer bestimmten Maßnahme zweifelhaft sein könnte.[367] Keine Rolle spielt es, dass einige oder alle Betroffene inzwischen **aus dem Betrieb ausgeschieden** sind; der AG hätte es sonst in der Hand, durch Hinauszögern der Sozialplanverhandlungen den Anwendungsbereich des Sozialplans immer mehr schrumpfen zu lassen.[368] Dies gilt sogar dann, wenn das Ausscheiden auf Grund einer anderen Betriebsänderung erfolgte.[369] Soweit **Heimarbeiter betroffen** sind, müssen auch sie einbezogen werden.[370] Ob für sie nur deshalb eine geringere Abfindung vorgesehen werden kann, weil sie einen sehr geringen Bestandsschutz genießen, ist zweifelhaft, wenn man den Zweck des Sozialplans vorwiegend im Ausgleich künftiger Nachteile sieht. Schließlich kann ein AN nicht schon deshalb von allen Sozialplanleistungen ausgeschlossen werden, weil er **noch keine 6 Monate im Betrieb** tätig ist.[371] Dass **Auszubildende** einzubeziehen sind, ergibt sich mit Rücksicht auf § 5 von selbst, doch sind nur solche Personen erfasst, die auch in den Betrieb eingegliedert sind.[372]Angesichts des weitreichenden Bestandsschutzes nach § 22 Abs. 2 BBiG wird häufig vorgesehen, dass die Ausbildung abgeschlossen werden kann, dass insbes. die Lehrwerkstatt vorübergehend weitergeführt wird.[373] 88

Einzubeziehen sind auch diejenigen Personen, die auf Grund der Betriebsänderung und **auf Veranlassung des AG** schon vor Zustandekommen des Sozialplans einen **Aufhebungsvertrag** geschlossen **oder selbst gekündigt** haben.[374] Dies schließt nicht aus, dass im Einzelfall mit Rücksicht auf sachliche, billigenswerte Gründe, die nicht im Beendigungstatbestand als sol- 89

364 *BAG* 9.12.14, NZA 15,557 Tz. 18.
365 AiB 93, 600 ff.
366 §§ 111 – 113 Rn. 13 ff.
367 *Wenning-Morgenthaler* Rn 1106.
368 *BAG* 10.8.94, DB 95, 480; *LAG Hamm* 1.3.72, AP Nr. 1 zu § 112 BetrVG 1972; *GL,* Rn. 32; HWGNRH-*Hess,* Rn. 136; Richardi-*Annuß,* § 112 Rn. 76; *Rumpff/Boewer,* S. 374.
369 *BAG* 11.2.98, DB 98, 1138.
370 *Gamillscheg,* Kollektives Arbeitsrecht II S. 1137; GK-*Oetker,* Rn. 148; *GL,* Rn. 40; HWGNRH-*Hess,* Rn. 162; *K. Schmidt,* NZA 89, 126.
371 *LAG Düsseldorf* 1.4.76, DB 76, 1824; *Gamillscheg,* Kollektives Arbeitsrecht II S. 1137; GK-*Oetker,* Rn. 148; *GL,* Rn. 35; *Vogt,* S. 23; *Wenning-Morgenthaler* Rn 1111; a. A. *ArbG Köln,* 3.9.75, DB 75, 2451.
372 *BAG* 6.11.03, DB 14, 903.
373 *Wenning-Morgenthaler* Rn 1113
374 *BAG* 15.1.91, DB 91, 1526; 20.4.94, DB 94, 1882 = NZA 95, 489; 19.7.95, DB 95, 2531; grundsätzlich auch *BAG* 19.2.08, NZA 08, 720; *GL,* Rn. 33.

chem liegen, durchaus differenziert wird (dazu u. Rn. 109). Nur wer ohne Bezug zur Betriebsänderung selbst gekündigt hat oder vom AG zu Recht nach § 626 BGB fristlos entlassen wurde, hat grundsätzlich keine Leistungen aus einem Sozialplan zu beanspruchen. Zum Begriff der Veranlassung s. § 111 Rn. 78.

90 **Teilzeitkräfte** dürfen nicht aus dem Sozialplan ausgeklammert werden, da dies gegen § 4 Abs. 1 TzBfG verstoßen und überdies i. d. R. eine unzulässige mittelbare Diskriminierung wegen des Geschlechts darstellen würde (dazu unten Rn. 95). **Auch nicht sozialversicherungspflichtig Beschäftigte** sind einzubeziehen;[375] insoweit gilt nichts anderes als z. B. bei der Entgeltfortzahlung im Krankheitsfall.[376] Zulässig ist lediglich, die Leistungen entsprechend dem Anteil der Arbeitszeit an der einer Vollzeitkraft zu kürzen.[377] Hängen Sozialplanleistungen von der Dauer der Betriebszugehörigkeit ab, hat die Teilzeitkraft jedoch **in der Vergangenheit mit höherem Stundendeputat** oder vollzeitig gearbeitet, so kann dies berücksichtigt werden, doch besteht nach *LAG Köln*[378] und *BAG*[379] aus dem Sozialplanzweck heraus keine entsprechende Verpflichtung: Die Nachteile bestimmen sich nach den Umständen, die im Zeitpunkt des Ausscheidens bestanden. Zulässig ist, im Sozialplan auf die durchschnittliche Arbeitszeit während des ganzen Arbeitsverhältnisses abzustellen, sofern eine Verkürzung während der letzten zwei oder drei Jahre erfolgte.[380] Eine entsprechende Verpflichtung besteht dann, wenn die Reduzierung auf Teilzeit mit Rücksicht auf einen Auftragsrückgang im UN erfolgte[381] oder wenn sie wegen Elternzeit erfolgte.[382] Umgekehrt muss eine in der Vergangenheit liegende Teilzeit nicht wie Vollzeit berücksichtigt werden.[383] Teilzeitkräfte, die zu Unrecht aus dem Sozialplan ausgeklammert wurden oder die zu geringe Leistungen erhielten, können **Einbeziehung bzw. Aufstockung** verlangen.[384] Was **Pensionäre** betrifft, so besitzt der BR kein Mandat zum Eingriff in ihre Rechte.[385] Möglich sind lediglich begünstigende Regelungen, die beispielsweise den Weiterbezug bestimmter Sozialleistungen (Wohnen in Werkswohnungen, Deputate usw.) vorsehen.[386]

91 **Befristet Beschäftigte** werden nach der bisherigen Praxis aus Sozialplänen typischerweise ausgenommen. Dies lässt sich mit dem **Benachteiligungsverbot des § 4 Abs. 2 TzBfG** nicht vereinbaren. Wird z. B. ab einem Jahr Betriebszugehörigkeit eine Abfindung bezahlt, so ist diese auch befristet Beschäftigten zu gewähren, die diese Voraussetzung erfüllen.[387] Wer eine »sozialplanrelevante« Zeit im Betrieb verbracht hat, besitzt vergleichbare Anpassungsschwierigkeiten wie andere Beschäftigte, die ihren Arbeitsplatz verlieren.[388] Die Tatsache, dass der Vertrag nach einiger Zeit ohnehin ausgelaufen wäre, ist ohne Bedeutung. Etwas anderes gilt nur, wenn der befristete Arbeitsvertrag wie vorgesehen zu Ende geführt wird; in diesem Fall tritt kein Nachteil ein.[389] Soweit rentennahe Jahrgänge aus dem Sozialplan ausgenommen werden (unten Rn. 101), geschieht dies nicht wegen einer ggf. nur noch kurzen Verweilzeit im Betrieb, sondern allein deshalb, weil sie durch die Altersrente eine anderweitige Versorgung besitzen. Wollte man anders entscheiden, käme man in die zusätzliche Schwierigkeit, jedenfalls jene Befristeten einbeziehen zu müssen, die ohne die Betriebsänderung mit hoher Wahrscheinlichkeit weiterbeschäftigt worden wären. Dies würde schwierige, ans Spekulative grenzende Differenzierungen erfordern.

---

375 Ebenso *Küttner*, FS Stahlhacke, S. 306.
376 *BAG* 9.10.91, DB 92, 330.
377 *BAG* 28.10.92, DB 93, 591.
378 22.1.08, NZA-RR 08, 523.
379 22.9.09, AuR 10, 45.
380 *LAG Köln*, a. a. O.
381 Zustimmend *Küttner*, FS Stahlhacke, S. 306.
382 *EuGH* 27.2.14, AiB 10/14, 66 mit Anm. *Klenter*.
383 *BAG* 14.8.01, AuR 01, 348.
384 Ebenso *BAG* 28.7.92, DB 93, 169 für den Bereich der betrieblichen Altersversorgung.
385 Ebenso für die betriebliche Altersversorgung *BAG* 25.10.88, NZA 89, 522.
386 *H. Fuchs*, Sozialplan, S. 38; *GL*, Rn. 34; MünchArbR-*Matthes*, § 270 Rn. 8; *Ohl*, S. 75.
387 *Däubler*, ZIP 2000, 1966; zustimmend KR-*Bader*, § 4 TzBfG Rn. 10; Backmeister/Trittin/*Mayer*, § 4 TzBfG Rn. 7; *Sievers*, § 4 TzBfG Rn. 48; *Wenning-Morgenthaler* Rn 1112.
388 Anders Annuß/*Thüsing*, § 4 Rn. 83; im Grundsatz auch *Dörner*, Der befristete Arbeitsvertrag, Rn. 104.
389 *Wenning-Morgenthaler* Rn 1112. So wohl auch *BAG* 9.12.14, NZA 15,557.

Dem BR fehlt das Mandat, einen Sozialplan für **leitende Angestellte** abzuschließen (§ 5 Abs. 3). Diese können auch nicht unter Berufung auf den **Gleichbehandlungsgrundsatz** Gleichstellung mit den übrigen Beschäftigten verlangen.[390] Es besteht lediglich die Möglichkeit, mit Hilfe des SpA über einen eigenen Sozialplan zu verhandeln (dazu § 111 Rn. 8). Der BR kann nur mit dem AG einen **Vertrag zugunsten Dritter** nach § 328 BGB abschließen.[391] Die Frage ist ohne größere Bedeutung, da ein solcher Vertrag zugunsten Dritter nicht erzwungen werden kann und der zu Leistungen bereite AG vermutlich den Weg über direkte Vereinbarungen mit den leitenden Angestellten gehen wird. War ein Leitender lange Jahre »normaler« AN im Betrieb, kommt allerdings auch eine Berücksichtigung im von der ESt. beschlossenen Sozialplan in Betracht.[392] **92**

Soweit **arbeitnehmerähnliche Personen** nicht in die Betriebsverfassung einbezogen sind,[393] erstreckt sich der Sozialplan nicht auf sie, doch ist ähnlich wie bei Leitenden ein Vertrag zugunsten Dritter möglich (o. Rn. 92). Davon wird man insbes. dann Gebrauch machen, wenn der Status einzelner Beschäftigter unsicher ist. **93**

5. Bindung an höherrangiges Recht, insbes. an den Gleichbehandlungsgrundsatz und an Diskriminierungsverbote

BR und AG dürfen im Sozialplan nur solche Regelungen treffen, die **mit Grundrechten** und anderen Verfassungsprinzipien, mit **zwingenden Gesetzesnormen** sowie mit anderem zwingenden Recht **in Einklang stehen.** Dazu gehört auch die sog. Mindestdotierung des Sozialplans (u. Rn. 128). Praktische Bedeutung hat dies insbes. im Hinblick auf Gleichheitsrechte erlangt. **94**

a) Bindung an den allgemeinen Gleichbehandlungsgrundsatz nach § 75 Abs. 1

Die Betriebsparteien sind nach allgemeiner Ansicht an den Gleichbehandlungsgrundsatz des § 75 Abs. 1 gebunden.[394] Praktische Bedeutung hat dies heute insbesondere für Fälle, die nicht vom AGG erfasst werden.[395] **95**

- Unzulässig wäre es deshalb, **Teilzeitkräfte** entgegen § 4 Abs. 1 TzBfG von Abfindungen auszunehmen. Eine anteilige Berücksichtigung ist zulässig,[396] doch kommt sie bereits darin zum Ausdruck, dass das Monatsgehalt als Bezugsgröße herangezogen wird.[397] Eine weitere Kürzung muss deshalb ausscheiden.[398] Auch geringfügig Beschäftigte dürfen nicht ausgeklammert werden.[399] Hat die **Arbeitszeit** im Laufe der Jahre **gewechselt**, so liegt es im Ermessen der Betriebsparteien, ob sie auf die Situation bei Ende des Arbeitsverhältnisses oder auf die durchschnittliche Arbeitszeit während der gesamten Dauer der Betriebszugehörigkeit abstellen wollen.[400]

---

390 *BAG* 16.7.85, AP Nr. 32 zu § 112 BetrVG 1972 in Abweichung von *BAG* 31.1.79, AP Nr. 8 zu § 112 BetrVG 1972.

391 *BAG* 31.1.79, AP Nr. 8 zu § 112 BetrVG 1972; HWGNRH-*Hess,* Rn. 133; *Gamillscheg,* Kollektives Arbeitsrecht II S. 1137; a. A. MünchArbR-*Matthes,* 2. Aufl. 2000, § 360 Rn. 21, wonach der BR insoweit als Vertreter ohne Vertretungsmacht handelt; nach Richardi-*Annuß,* Rn. 74 fehlt dem BR insoweit die funktionelle Zuständigkeit, sodass auch ein Vertrag zugunsten Dritter ausscheide.

392 *Hanau,* in: Hommelhoff, S. 110; ihm zustimmend *S. Biedenkopf,* S. 119.

393 *BAG* 12.2.92, NZA 93, 334; *Plander,* DB 99, 330; *Rost,* NZA 99, 113.

394 Vgl. *BAG* 12.2.85, AP Nr. 25 zu § 112 BetrVG 1972; 11.8.93, DB 94, 102; 6.11.07, NZA 08, 232 Tz 12; *BAG* 12.4.11, NZA 11, 1302; *Fitting,* Rn. 145; Überblick über die wichtigsten Fälle bei *Schrader,* DB 97, 1714.

395 Zum Verhältnis AGG – arbeitsrechtlicher Gleichbehandlungsgrundsatz s. *Hinrichs/Zwanziger,* DB 07, 574 ff.

396 *BAG* 14.8.01, NZA 02, 451; *BAG* 13.2.07 NZA 07, 860.

397 Unklar insoweit *BAG* 13.2.07 NZA 07, 860, das die Bezugsgröße »1 1/2 Monatsgehälter« nicht erläutert.

398 BKMT-*Bachner,* § 4 Rn. 391; *Bell,* AiB 05, 21.

399 *BAG* 25.4.07 NZA 07, 881.

400 *BAG* 22.9.09, DB 10, 2664. Ebenso *Linsenmaier,* FS Etzel, S. 242. Bedenken bei HK-ArbR-*M. Schubert* §§ 111 – 113 Rn 59.

- Weiter scheidet eine **Differenzierung zwischen Arbeitern und Angestellten** in der Regel aus.[401] Dasselbe gilt für eine Gruppenbildung, die dem Arbeitgeber eine eingearbeitete und qualifizierte Belegschaft erhalten soll, doch dürfen solche Arbeitnehmer schlechter behandelt werden, die eine zumutbare Alternativbeschäftigung abgelehnt haben.[402]
- Betriebliche Interessen rechtfertigen keine Differenzierung zwischen bestimmten Beschäftigtengruppen; eine »Turboprämie« für einvernehmlich Ausscheidende und eine »Bleibeprämie« für Arbeitnehmer, die nicht kündigen, ist in einer freiwilligen Betriebsvereinbarung nach § 88 möglich, kann jedoch nicht Bestandteil eines Sozialplans sein.[403]
- Einen Verstoß gegen das Willkürverbot stellt es dar, wenn **die vom AG** der Bundesagentur für Arbeit **nach § 128 AFG** (später: § 147 a SGB III) **zu erstattenden Beträge** zur Hälfte auf die Abfindung **angerechnet** werden; dies benachteiligt ohne sachlichen Grund langjährig Beschäftigte gegenüber älteren AN mit relativ kurzer Betriebszugehörigkeit.[404]
- Eine willkürliche Differenzierung soll gleichfalls vorliegen, wenn eine **Einheitsabfindung** vorgesehen wird, ohne dass die Chancen auf dem Arbeitsmarkt irgendwie berücksichtigt werden.[405]
- Unzulässig ist es auch, einen **pauschalen Fahrtkostenersatz** nur für unkündbare Mitarbeiter vorzusehen, die in einer anderen Betriebsstätte weiterbeschäftigt werden, während Gekündigte, die mit Hilfe einer Kündigungsschutzklage dasselbe erreichen, von dieser Leistung ausgeschlossen bleiben.[406]
- Nach *BAG*[407] ist eine Abfindungsregelung, wonach **jeder Betroffene pauschal 75 % eines Monatsgehalts** pro Jahr der Betriebszugehörigkeit erhält, als Teil eines von der ESt. beschlossenen Sozialplans ermessensmissbräuchlich nach § 112 Abs. 5, wäre im Rahmen eines frei ausgehandelten Sozialplans aber wohl zulässig.[408]
- Als unproblematisch wird es angesehen, dem **Empfänger einer unbefristeten EU-Rente** keine Leistungen zu gewähren, obwohl sein ruhendes Arbeitsverhältnis aufgelöst wird: Für ihn würden sich keine zusätzlichen wirtschaftlichen Nachteile ergeben.[409]
- **Beurlaubte Beamte** können zwar gleichfalls Nachteile erleiden, doch fallen diese nicht so sehr ins Gewicht, dass sie deshalb eine Abfindung oder sonstige Leistungen bekommen müssten.[410]
- Als zulässig wird es auch angesehen, denjenigen eine besonders hohe Abfindung zu versprechen, die in der Zukunft einen Altersteilzeitvertrag schließen, während die aktuellen **Altersteilzeiter** davon ausgeschlossen bleiben.[411]
- Auf der anderen Seite darf die Abfindung ausgeschlossen oder gemindert werden, wenn der Betroffene nach einer mit Arbeitslosengeld überbrückten Zeit **vorgezogene Altersrente** in Anspruch nehmen kann.[412] Typischerweise würden solche Betroffenen wesentlich geringere wirtschaftliche Nachteile als andere erleiden.[413] Problematisch ist hier auch das Vorliegen einer Diskriminierung wegen Alters; dazu u. Rn. 49 e.
- Zur Bindung an den Gleichbehandlungsgrundsatz bei der Festlegung eines **Stichtags** s. u. Rn. 199 f.

---

401 Zustimmend ErfK-*Kania*, Rn. 26.
402 *BAG* 6.11.07, NZA 08, 232 Tz 19 ff.
403 *BAG* 19.2.08, AP Nr. 191 zu § 112 BetrVG 1972 Tz 31; *Linsenmaier*, FS Etzel, S. 250.
404 Vgl. *BAG* 16.6.90, NZA 91, 111; *Küttner*, FS Stahlhacke, S. 305.
405 *LAG München* 13.1.89, NZA 90, 200. Dazu HK-ArbR-*M. Schubert*, §§ 111 – 113 Rn 54
406 *ArbG Frankfurt/Main* 14.10.09, AuR 10, 84 und juris.
407 14.9.94, DB 95, 430 = NZA 95, 440.
408 Anders ErfK-*Kania*, Rn. 26.
409 *LAG Hamm* 14.4.03, NZA-RR 03, 584; ebenso nunmehr *BAG* 7.6.11.
410 *LAG Düsseldorf*, 2.7.14, NZA-RR 14, 587; *LAG Nürnberg*, 12.8.14, AE 15,34.
411 *BAG* 15.4.08, NZA-RR 08, 580.
412 *BAG* 30.9.08, NZA 09, 386.
413 *BAG* 11.11.08, NZA 09, 210 Tz. 28.

b) Beachtung des AGG

Kollektivverträge und damit auch Sozialpläne dürfen **keine diskriminierenden Regelungen** im Hinblick auf eines der Markmale des § 1 AGG (Rasse, ethnische Herkunft, Geschlecht, Religion, Weltanschauung, Behinderung, Alter, sexuelle Identität) enthalten. Insoweit gilt gleichermaßen das Verbot der unmittelbaren wie das der mittelbaren Diskriminierung.[414] Zusätzlich zu den allgemeinen Rechtfertigungsgründen enthält **§ 10 Satz 3 Nr. 6 AGG eine Sondernorm für den Sozialplan.** Danach dürfen die Betriebsparteien eine »nach Alter oder Betriebszugehörigkeit gestaffelte Abfindungsregelung« vorsehen, »in der die wesentlich vom Alter abhängenden Chancen auf dem Arbeitsmarkt durch eine verhältnismäßig starke Betonung des Lebensalters erkennbar berücksichtigt worden sind.« Zulässig ist weiter, Beschäftigte von Sozialplanleistungen auszuschließen, die »wirtschaftlich abgesichert« sind, weil sie ggf. nach Bezug von Arbeitslosengeld rentenberechtigt sind. Die damit ermöglichte **Anknüpfung an das Merkmal »Alter«** hat der Praxis eine Reihe von Unsicherheiten beschert, die uns im Folgenden beschäftigen werden. Außerdem ist zu klären, welche **Bedeutung die übrigen Merkmale,** insbesondere das Geschlecht und die Behinderung besitzen. Dabei ist gleichzeitig zu berücksichtigen, ob positive Maßnahmen nach § 5 AGG in Betracht kommen können.[415] 96

In **formaler Hinsicht** erweckt die Vorschrift des § 10 Satz 3 Nr. 6 AGG keine Bedenken. Auch wenn man davon ausgeht, dass die in Art. 6 der Rahmenrichtlinie enthaltene Ermächtigung, entgegen dem allgemeinen Verbot unter bestimmten Voraussetzungen doch ans Alter anzuknüpfen, nur an die Mitgliedstaaten gerichtet ist, ist dem Rechnung getragen: § 10 Satz 3 Nr. 6 AGG ist nicht nur eine pauschale »Subdelegation« an die Betriebsparteien, sondern enthält eine vergleichsweise detaillierte Regelung, die die sowieso vorhandene »Vorprogrammierung« des Sozialplans ergänzt.[416] 97

Vom Wortlaut her ermöglicht § 10 Satz 3 Nr. 6 AGG eine Anknüpfung am **Lebensalter** »oder« an der **Betriebszugehörigkeit.** Da in der Praxis meist beides nebeneinander erfolgt und nach der amtlichen Begründung insoweit kein grundlegender Wandel erfolgen sollte,[417] wird in der Literatur das »oder« wie ein »und/oder« gelesen.[418] Dem wird man mit der Maßgabe zustimmen können, dass die in einer **kumulativen Benutzung beider Merkmale** liegende Bevorzugung der Älteren als Einheit betrachtet und gerechtfertigt werden muss. Dies kann im Einzelfall dazu führen, dass Jüngere in unverhältnismäßiger Weise zurückgesetzt und deshalb über das durch § 10 Satz 3 Nr. 6 AGG zugelassene Maß hinaus benachteiligt werden. Das wäre etwa der Fall, wenn die Sozialplanmittel zu 98 % für Ältere und »Langgediente« vorgesehen würden. 98

aa) Steigerung der Abfindung mit dem Lebensalter

Eine »verhältnismäßig starke Betonung des Lebensalters« ist nur im Hinblick auf die Chancen auf dem Arbeitsmarkt möglich. Soweit sich diese nicht wesentlich unterscheiden, darf auch bei der Abfindung keine deutliche Differenzierung erfolgen. Eine in der Praxis häufig vorkommende **lineare Steigerung** (»jedes Lebensjahr bringt zwei Punkte«) lässt sich m. E. deshalb **nicht mehr aufrecht erhalten,** da sich die Vermittlungschancen eines 30-Jährigen nicht von denen eines 36-Jährigen unterscheiden. Erst von dem Moment an, wo sich das Alter als (wachsendes) Vermittlungshemmnis erweist, können steigende Abfindungsbeträge vorgesehen werden.[419] Das **BAG sieht dies** allerdings **anders** und hält die **lineare Steigerung weiterhin** für **zulässig.**[420] Da den Betriebsparteien ein weiter Beurteilungsspielraum zukommt (all- 99

414 *Löwisch,* DB 06, 1729 f.; *Däubler,* ZfA 06, 479 ff.
415 Zu ihnen Däubler/Bertzbach-*Hinrichs,* § 5 Rn. 18 ff.
416 Däubler/Bertzbach-*Brors,* § 10 Rn. 131; zustimmend *BAG* 26.5.09, AuR 09, 359.
417 BT-Drucks. 16/1780 S. 36.
418 *Bauer/Göpfert/Krieger,* § 10 Rn. 52; *Besgen,* BB 07, 218; *Oelkers,* NJW 08, 614.
419 So auch *Annuß,* BB 06, 1634; BKMT-*Bachner* § 4 Rn. 399; Däubler/Bertzbach-*Brors,* § 10 Rn. 133; Schiek-*Schmidt,* § 10 Rn. 32; *Schleusener*/Suckow/Voigt, § 10 Rn. 44; *Schweibert,* FS 25 Jahre ARGE Arbeitsrecht im DAV, S. 1010; zurückhaltend *Bauer/Göpfert/Krieger,* § 10 Rn. 53; ablehnend *Oelkers,* NJW 08, 617.
420 *BAG* 5.11.09, NZA 10, 457 Tz 27. Dazu auch *Oberberg,* AiB 11, 664 ff.

gemein u. Rn. 128),[421] können sie unter Berücksichtigung der lokalen und branchenmäßigen Gegebenheiten bestimmen, von welchem Alter ab sie schlechtere Chancen auf dem Arbeitsmarkt annehmen wollen.[422] Ein gewisses Maß an Schematisierung erscheint unausweichlich.[423] Eine Rückfrage bei der Bundesagentur für Arbeit kann zusätzliche Sicherheit schaffen. Die **Grenze bei 40** zu ziehen, wäre im Regelfall **nicht ermessensmissbräuchlich.**[424] Allerdings steht es den Betriebsparteien auch frei, ein höheres Alter vorzusehen, doch müssen sie dann ausreichende empirische Anhaltspunkte besitzen. Zulässig sind nach der Rechtsprechung weiter »Alterszuschläge«, wonach ab dem 45. Lebensjahr 15000 Euro und ab dem 50. Lebensjahr 25000 Euro zusätzlich zur allgemeinen Sozialplanabfindung gezahlt werden.[425] Auch eine Aufteilung nach Beschäftigtengruppen mit unterschiedlichen Arbeitsmarktchancen kommt in Betracht. Von dem »Einschnitt« bei 40 oder einem höheren Alter an ist dann ein lineares Ansteigen, aber auch die **Bildung von Altersgruppen** möglich, sofern Anhaltspunkte dafür bestehen, dass sie sich auch auf die Arbeitsmarktchancen auswirken.[426] Altersgruppen sind nach der Rechtsprechung auch in der Weise möglich, dass man bei der Bemessung der Sozialplanleistung generell auf Lebensalter, Dauer der Betriebszugehörigkeit und Monatsgehalt abstellt, den vollen Betrag aber nur ab dem 40. Lebensjahr gewährt, während Personen unter 30 nur 80 % und Personen unter 40 nur 90 % erhalten.[427]

bb) Höhere Abfindung bei längerer Betriebszugehörigkeit

100 Wird auf die **Dauer der Betriebszugehörigkeit** abgestellt, so liegt darin eine mittelbare Benachteiligung Jüngerer – zumindest dann, wenn es um längere Zeiträume geht. Diese lässt sich nach § 3 Abs. 2 AGG damit rechtfertigen, dass für die betroffene Person die Neuorientierung umso schwieriger wird, je länger sie im selben UN gearbeitet hat.[428] Ob die erwiesene »**Betriebstreue**« als Grund im Sinne des § 3 Abs. 2 AGG ausreichen würde, ist demgegenüber **umstritten.**[429] In der Tat lässt § 3 Abs. 2 AGG keine Gründe zu, die ihrerseits diskriminierenden Charakter haben, was man bei der sich in der Länge der Betriebszugehörigkeit niederschlagenden »Treue« durchaus annehmen kann. Da keine Verpflichtung besteht, die Dauer der Betriebszugehörigkeit bei der Bemessung von Sozialplanleistungen zu berücksichtigen, sind die Betriebsparteien frei, z. B. auf den **rechtlichen Bestand des Arbeitsverhältnisses** mit dem AG oder seinem Vorgänger abzustellen, doch können sie auch – soweit dadurch nicht Diskriminierungsverbote verletzt sind (s. u. Rn. 104, 107) – allein die tatsächliche Beschäftigung berücksichtigen oder Zeiten vor einer nicht ganz geringfügigen Unterbrechung ausklammern.

cc) Rentennahe Jahrgänge – weniger oder keine Abfindung?

101 Die Minderung oder der Ausschluss der Abfindung bei **rentennahen Jahrgängen,** wie sie in der 2. Alt. des § 10 Satz 3 Nr. 6 AGG angesprochen ist, entspricht der Rechtsprechung zum bisherigen Recht,[430] wurde für das geltende Recht bestätigt[431] und wird auch in der Literatur

421 So im vorliegenden Zusammenhang *Linsenmaier,* RdA Sonderbeilage zu Heft 5/2003, 22, 33.
422 *Schweibert,* FS 25 Jahre ARGE Arbeitsrecht im DAV, S. 1009.
423 Ähnlich *BAG* 19.6.07, NZA 08, 103 Tz 45 für die Altersgruppenbildung beim Personalabbau.
424 Ebenso im Bereich der sozialen Auswahl bei der betriebsbedingten Kündigung *v. Hoyningen-Huene/Linck,* § 1 Rn. 938.
425 *BAG* 12.4.11, NZA 11, 985 = AuR 11, 368.
426 Zum ähnlichen Problem bei § 1 Abs. 3 und 5 KSchG s. *BAG* 19.6.07, NZA 08, 103; 6.9.07, NZA 08, 405; *ArbG Osnabrück* 5.2.07 NZA 07, 626, doch geht es dort auch um den Gesichtspunkt einer ausgewogenen Altersstruktur der verbleibenden Belegschaft.
427 *BAG* 12.4.11, NZA 11, 988 = AuR 11, 226 LS.
428 *BAG* 26.5.09, AuR 09, 359; Schiek-*Schmidt,* § 10 Rn. 42; *Dorndorf,* S. 13 ff. *Thüsing,* Arbeitsrechtlicher Diskriminierungsschutz, Rn. 458 verweist auf »betriebsspezifische Investitionen«, was in ähnliche Richtung deutet.
429 Ablehnend Däubler/Bertzbach-*Brors,* § 10 Rn. 134; *Schweibert,* FS 25 Jahre ARGE Arbeitsrecht im DAV, S. 1005, 1010; befürwortend *Bauer/Göpfert/Krieger,* § 10 Rn. 53.
430 *BAG* 14.2.84 und 26.7.88, AP Nrn. 21 und 45 zu § 112 BetrVG 1972; *BAG* 11.11.08, NZA 09, 210; *LAG Rheinland-Pfalz* 26.10.01, DB 02, 1167.
431 *BAG* 26.5.09, AuR 09, 322; *BAG* 23.3.10, NZA 10, 774. S. aber auch *LAG Düsseldorf* 14.6.11, AuR 11,

befürwortet.[432] Vom **Überbrückungszweck** des Sozialplans her gesehen (o. Rn. 80 ff.) ist dies konsequent. Stellen die **Betriebsparteien** jedoch primär auf vergangenheitsbezogene Kriterien wie Lebensalter und Dauer der Betriebszugehörigkeit ab, **gelten** sie der Sache nach **den erdienten Bestandsschutz ab,**[433] Von diesem Zweck her gesehen ist der **Ausschluss** oder die Schlechterstellung rentennaher Jahrgänge **nicht zu rechtfertigen,** er stellt eine unzulässige Benachteiligung wegen Alters dar.[434] Das nach dem Ausscheiden aus dem Betrieb gezahlte Arbeitslosengeld muss auch auf der Grundlage der BAG-Rechtsprechung den ganzen Zeitraum bis zur Rente erfassen; bleiben »unversorgte« Zeiträume, wäre ein Ausschluss von der Abfindung unzulässig.[435] Diese ist vielmehr in solchen Fällen auch bei einem »Überbrückungssozialplan« so zu bemessen, dass der fragliche **Zeitraum mit einer Vergütung überbrückt** werden kann, die der bisherigen entspricht.[436]

Ob ein **völliger Ausschluss** von der Abfindung überhaupt mit dem Verbot der Altersdiskriminierung zu vereinbaren ist, erscheint **zweifelhaft.** Der EuGH[437] hat lediglich eine Abmachung gebilligt, bei der dem Älteren die Hälfte der Standardabfindung verblieb, über die Frage eines völligen Ausschlusses aber nicht entschieden und auch nichts dazu gesagt, ob die Hälfte eine verbindliche Untergrenze sein soll.[438] Der Ausschluss eines von vorne herein sehr niedrigen Abfindungsanspruchs nach dänischem Recht wurde vom Vorliegen bestimmter Bedingungen abhängig gemacht.[439] Auch die den Älteren zugemuteten Kürzungen müssen sich mit dem Gedanken der Verteilungsgerechtigkeit rechtfertigen lassen sowie »angemessen und erforderlich« sein.[440] Daran fehlt es m. E., wenn die Abfindung **nicht** einmal mehr die **Abschläge deutlich mildert**, die durch die vorzeitige Inanspruchnahme der Altersrente entstehen.[441] Weiter muss man sich die Frage stellen, ob **auch in anderen Fällen eines geminderten Bedarfs** gleichartige Regelungen getroffen werden; wäre dies nicht der Fall, läge eine ungerechtfertigte Benachteiligung wegen Alters vor. So sind andere Sozialleistungen wie z. B. eine Teil-Erwerbsunfähigkeitsrente mit zu berücksichtigen,[442] nicht aber Unfallrenten, die letztlich eine Einbuße an Lebensqualität ausgleichen sollen, die aufgrund der Arbeit eingetreten ist. In der Literatur ist außerdem die Frage aufgeworfen worden, ob nicht auch eine **Erbschaft** Berücksichtigung finden muss, die dauerhafte Einkünfte bringt und deshalb die Anpassungsprobleme u. U. erheblich abmildert.[443] Dem steht der allgemeine Rechtsgrundsatz entgegen, dass grundsätzlich zwischen Arbeit und Privatsphäre zu trennen ist,[444] was beispielsweise auch darin zum Ausdruck kommt, dass die privaten Vermögensverhältnisse bei der sozialen Auswahl nicht berücksichtigt werden. Dies wird man auch auf eine **privat finanzierte Altersvorsorge** erstrecken müssen. **101a**

Weiter müssen die **Sozialleistungen** im Falle eines Ausschlusses von Sozialplanleistungen **»existenzsichernd«** sein, was nicht der Fall ist, wenn jemand beispielsweise nur 15 Jahre in einem sozialversicherungspflichtigen Vollzeitarbeitsverhältnis beschäftigt war.[445] **101b**

---

416 und juris, das eine ungekürzte Altersrente voraussetzt und den völligen Ausschluss von den Sozialplanleistungen in Zweifel zieht.

432 *Annuß* BB 06, 1634; *Bauer/Göpfert/Krieger*, § 10 Rn. 54; Däubler/Bertzbach-*Brors* § 10 Rn. 135; *Mohr*, RdA 10, 44 ff.; *Schweibert*, FS 25 Jahre ARGE Arbeitsrecht im DAV, S. 1011.

433 Zu ihrem Ermessensspielraum s. Rn. 128 f.

434 Zutreffend *Preis/Temming* NZA 10, 185, 197. Eingehend *Preis*, 67. DJT, S. B 95 ff.; *Temming* RdA 2008, 205 ff.

435 *Krieger/Arnold*, NZA 08, 1153, 1157.

436 *BAG* 23.3.10, NZA 10, 774.

437 *EuGH* 6.12.12, NZA 12, 1435 – Odar

438 So auch *BAG* 26.3.13 NZA 13, 921Tz 41.

439 *EuGH* 22.2.15, NZA 15, 473.

440 *BAG* 23.3.10, NZA 10, 774 Tz 28 ff.und *BAG* 26.3.13 Tz 26. Ähnlich *LAG Düsseldorf* 10.11.11. AuR 12, 225: Keine »unverhältnismäßig starke« Vernachlässigung der Älteren.

441 So auch im Ergebnis *LAG Düsseldorf* 10.11.11, AuR 12, 2256 und juris Tz 46 a. E. Anders *BAG* 26.3.13 Tz 35 unter Hinweis auf die Nachteile, die Jüngeren durch Arbeitslosigkeit und Arbeitsplatzwechsel auch bei der Altersrente entstehen. Anders als die rentennahen Jahrgänge haben diese aber noch die Möglichkeit der »Gegensteuerung«, etwa durch Aufbau einer privaten Altersvorsorge.

442 *Besgen* BB 07, 218.

443 *Besgen,* BB 07, 218.

444 Dazu *Däubler,* Arbeitsrecht 2, Rn. 559 ff.

445 Anders *BAG* 19.11.09, NZA 10, 583 Tz 25 für kircheninterne allgemeine Vertragsbedingungen.

101c Beruht der Anspruch auf **vorgezogene Rente** auf einer **Behinderung**, so ist auch eine bloße Kürzung der Abfindung ausgeschlossen. Sie würde nach der Rechtsprechung des EuGH[446] eine nicht gerechtfertigte Benachteiligung wegen Behinderung darstellen. Anders verhält es sich dann, wenn behinderte und nicht behinderte AN dieselbe Rente wegen Arbeitslosigkeit erhalten.[447]

101d Nach hier vertretener Auffassung darf die Abfindungsregelung entgegen der Rechtsprechung des BAG nicht dazu führen, den Einzelnen zu einer Inanspruchnahme der **vorgezogenen Rente** zu zwingen. Dies würde nicht nur gegen die Rechtsprechung des EuGH[448] verstoßen, die eine »Vertreibung« vom Arbeitsmarkt als Altersdiskriminierung qualifiziert.[449] Nicht beachtet wäre auch der Grundgedanke des § 41 Satz 1 SGB VI und des § 8 Abs. 1 ATZG, die beide eine Kündigung wegen Erreichens des zur vorgezogenen Rente berechtigenden Alters ausschließen und damit auf eine freiwilligen Entscheidung des älteren Arbeitnehmers setzen.[450] Da nicht jeder Ältere einen Rentenanspruch hat, liegt nach Auffassung des BAG nur eine mittelbare Benachteiligung vor, die mit Rücksicht auf die geringeren wirtschaftlichen Nachteile sachlich gerechtfertigt sei.[451] Dies überzeugt nicht. Außerdem hat der *EuGH* eine unerlaubte Diskriminierung wegen Alters angenommen, wenn die der Wiedereingliederung in den Arbeitsmarkt dienende Abfindung deshalb verweigert wird, weil ein Anspruch auf Versorgungsleistungen aus einem betrieblichen System besteht, dem der Betroffene vor dem 50. Lebensjahr beigetreten ist.[452] Das führe zu einer niedrigeren Altersrente als der, die bei Fortsetzung der Tätigkeit erreichbar gewesen wäre.[453] Dass sich diese Regelung in einem (dänischen) Gesetz, nicht aber in einem ausgehandelten oder durch die ESt. beschlossenen (deutschen) Sozialplan befindet, ist für die diskriminierungsrechtliche Beurteilung ohne Bedeutung.[454] Nach der aktuellen Gesetzeslage kann man wegen der beschränkten Dauer des Arbeitslosengelds nur solche Personen einbeziehen, die im Höchstfall nach § 147 Abs. 2 SGB III noch zwei Jahre bis zum gesetzlichen Rentenalter haben. Bei dessen Erreichen müssen sie Anspruch auf eine ungekürzte Rente haben.[455] Soweit die Diskriminierung in der Minderung oder Vorenthaltung einer Leistung besteht, ist diese den Benachteiligten zu gewähren.[456]

dd) Kappungsgrenze

102 Keine diskriminierungsrechtlichen Probleme wirft eine **»Deckelung« von Abfindungen** auf (»Kappungsgrenze«); sie kann insbesondere dafür sorgen, dass die (berechtigte) Bevorzugung Älterer nicht zu einer unverhältnismäßigen Zurücksetzung Jüngerer führt.[457] Auch ist es nicht zu beanstanden, dass alle über einem bestimmten Betrag Liegenden trotz unterschiedlicher Sozialdaten gleich behandelt werden.[458]

446 6.12.12, NZA 12, 1436.
447 *BAG* 23.4.13, NZA 13, 980.
448 12.10.10, NZA 10, 1341
449 Darauf verweist auch HK-ArbR-*M. Schubert,* §§ 111 – 113 Rn 33.
450 Anders *BAG* 25.7.1988, AP Nr. 45 zu § 112 BetrVG 1972; *BAG* 31.7.1996, AP Nr. 103 zu § 112 BetrVG 1972; für das neue Recht ebenso *BAG* 30.9.08, NZA 09, 386, wenn auch ohne Problematisierung der Entscheidungsfreiheit.
451 *BAG* 11.11.08, NZA 09, 210 Tz 33 ff.; ebenso *BAG* 20.1.09, NZA 09, 495 Tz 26.
452 *EuGH* 12.10.10, NZA 10, 1341.
453 *EuGH* a. a. O. Tz. 46
454 Anders *LAG Düsseldorf* 14.6.11, AuR 11, 416 und juris
455 So wohl auch *BAG* 9.12.14, NZA 15, 365
456 Zum Sonderfall des diskriminierenden Dienstplans s. *BAG* 14.5.13, NZA13, 1160.
457 Für Zulässigkeit von Höchstbeträgen *BAG* 2.10.07, NZA 08, 848; 21.7.09, NZA 09, 1107; *Bauer/Göpfert/Krieger,* § 10 Rn. 54; *Besgen,* BB 07, 218; *Krieger/Arnold,* NZA 08, 1153, 1154; *Linsenmaier,* FS Etzel, S. 248; MüKo-*Thüsing,* § 10 Rn. 38; *Schweibert,* FS 25 Jahre ARGE Arbeitsrecht im DAV, S. 1012.
458 *Linsenmaier,* FS Etzel, S. 248. Ebenso BKMT-*Bachner,* § 4 Rn. 385.

ee) Anwendungsbereich der Kürzungsvorschriften

Die hier dargestellten Grundsätze gelten in gleicher Weise für **freiwillige Sozialpläne** (o. Rn. 79) sowie für entsprechende Abmachungen im öffentlichen Dienst oder mit dem kirchlichen Arbeitgeber. Auch **tarifliche Regelungen** müssen sich an das AGG halten.[459] Dabei spielt es im Ergebnis keine Rolle, ob man § 10 S. 3 Nr. 6 analog anwendet oder auf die Generalklausel des S. 1 zurückgreift. **103**

ff) Weitere Diskriminierungsverbote

Eine Benachteiligung wegen Rasse oder ethnischer Zugehörigkeit läge vor, würde man für **Ausländer** eine geringere Abfindung vorsehen oder diese davon abhängig machen, dass sie in ihr Heimatland zurückkehren. Dasselbe gilt für die Schlechterstellung eines homosexuellen Paares gegenüber einem heterosexuellen Paar.[460] Unzulässig wäre es auch, allein die auf der **Lohnsteuerkarte** eingetragenen Kinder zu berücksichtigen, wenn gleichzeitig die im Ausland lebenden unterhaltsberechtigten Kinder gar nicht eingetragen werden können.[461] Weiter würde die **Schlechterstellung von Teilzeitkräften** (einschließlich geringfügig Beschäftigter) nicht nur gegen § 4 Abs. 1 TzBfG verstoßen (dazu o. Rn. 95), sondern in der Regel auch eine mittelbare Diskriminierung wegen des Geschlechts darstellen. Dasselbe wäre der Fall, würde man die **Elternzeit nach dem BEEG** bei der Berechnung der Betriebszugehörigkeit ausklammern; mit Recht hat dies das *BAG*[462] beanstandet, sich dabei allerdings nicht auf das Diskriminierungsverbot, sondern auf die Wertentscheidung des Art. 6 Abs. 1 GG gestützt.[463] Dies hat zur Folge, dass auch **Zeiten, die vor der Elternzeit** lagen, mit berücksichtigt werden müssen. Wurde nach Ablauf der drei Jahre eine **weitere »Erziehungsphase«** eingeschoben und verlangt der Sozialplan eine »ununterbrochene Betriebszugehörigkeit«, werden Frauen überproportional negativ betroffen sein; eine unerlaubte mittelbare Diskriminierung ist in einem solchen Fall nur dann ausgeschlossen, wenn Gründe, die ihrerseits nichts mit der sozialen Rolle von Männern und Frauen zu tun haben, für eine solche Regelung sprechen. Sie sind derzeit nicht erkennbar. **104**

Die Berücksichtigung von **Unterhaltspflichten** umfasst auch solche, die sich aus Lebenspartnerschaften Gleichgeschlechtlicher ergeben. Andernfalls läge eine unmittelbare Diskriminierung wegen der sexuellen Identität vor.[464] In der Praxis kann primär eine mittelbare Diskriminierung wegen unterschiedlicher Merkmale zu erwägen sein. In Betracht kommt das Merkmal »Alter« (ganz junge und vor der Rente stehende Arbeitnehmer haben weniger Unterhaltspflichten und sind deshalb bei der Bemessung von Leistungen benachteiligt), das Merkmal »sexuelle Orientierung« (homosexuelle Paare werden von seltenen Fällen – etwa der Adoption – abgesehen keinen Kindern gegenüber unterhaltspflichtig sein) sowie das Merkmal »Geschlecht« (Frauen haben eine geringere Erwerbsquote und verdienen im Durchschnitt weniger, weshalb es häufiger zum Unterhalt verpflichtete Männer geben wird). In allen diesen Fällen sind jedoch die Voraussetzungen einer **mittelbaren Benachteiligung nach § 3 Abs. 2 AGG nicht gegeben,** da das Ausscheiden eines zum Unterhalt verpflichteten AN weitergehende Nachteile mit sich bringt als das einer Person, die nur für sich selbst sorgen muss; dies stellt eine ausreichende Rechtfertigung dar. Zu beachten ist allerdings, dass die **Nichtberücksichtigung der Eigenschaft als Alleinerziehender** eine mittelbare Benachteiligung wegen des **105**

---

459 *Bauer/Göpfert/Krieger,* § 10 Rn. 51; *Besgen* BB 07, 217; *Löwisch* DB 06, 1730.

460 *EuGH* 12.12.13,NZA 14, 153. Die Entscheidung bezieht sich auf eine »Eheschließungsprämie« und einen Sonderurlaub, doch kann bei Sozialplaninhalten nichts anderes gelten.

461 Vgl. den Fall *BAG* 12.3.97, DB 97, 1522. Wie hier BKMT-*Bachner* § 4 Rn. 396.

462 12.11.02, NZA 03, 1287; 21.10.03, NZA 04, 559; 6.11.07, NZA 08, 232 Tz 27; ebenso *LAG Niedersachsen* 7.6.02, DB 02, 2227.

463 Zustimmend im Ergebnis *Bauer/Göpfert/Krieger,* § 10 Rn. 55.

464 So auch für finanzielle Leistungen nach dem alten BAT-O *BAG* 18.3.10, NZA 10, 825 und für die Stellung Hinterbliebener in der betrieblichen Altersversorgung *BAG* 15.9.09, NZA 10, 216; ebenso *EuGH* 1.4.08, NZA 08, 459 – Maruko (Hinterbliebenenrente in berufsständischem Versorgungswerk).

Geschlechts darstellen würde, da diese Rolle fast nur von Frauen übernommen wird. Auch im Hinblick auf Art. 12 Abs. 1 GG würde dies Bedenken erwecken.[465] Nach der Rechtsprechung[466] ist es nicht zu beanstanden, wenn bei den Unterhaltspflichten nur solche **Kinder** berücksichtigt werden, **die in die Lohnsteuerkarte eingetragen** sind.[467] Dies muss aber ausdrücklich im Sozialplan festgelegt sein.[468] Unter dem AGG stellt sich das weitere Problem, dass kein »beliebiger«, sondern nur ein diskriminierungsfreier und konsequent durchgehaltener Grund mittelbare Benachteiligungen rechtfertigen kann. Dies ist allein bei Abstellen auf die tatsächliche Belastung gewährleistet.

gg) Berücksichtigung einer Behinderung

106 **Schwerbehinderte** und **Gleichgestellte** werden durch den Verlust ihres Arbeitsplatzes stärker als andere Arbeitnehmer betroffen. In der Regel gilt dies auch für sog. **Einfach-Behinderte** i. S. des § 2 Abs. 1 SGB IX, die bislang keinen besonderen Schutz genießen.[469] Art. 5 der Rahmenrichtlinie Gleichbehandlung verpflichtet jedoch dazu, zugunsten aller Behinderter **angemessene Vorkehrungen** zu treffen, um ihnen den Zugang zur Beschäftigung und die Ausübung eines Berufes zu ermöglichen. Diese Vorgabe muss auch beim Abschluss eines Sozialplans berücksichtigt werden, da **§ 75 Abs. 1** (Behandlung »nach Recht und Billigkeit«) **richtlinienkonform zu interpretieren** ist. Konkret heißt dies, dass Behinderungen bei der Bemessung von Sozialplanleistungen nicht ausgeklammert bleiben dürfen, zumal sie sich der Definition in § 2 Abs. 1 SGB IX entsprechend in einer beeinträchtigten Teilnahme am sozialen Leben niederschlagen und damit in der Regel auch ein Vermittlungshindernis darstellen. Dabei kann durchaus nach dem Grad der Behinderung unterschieden werden. Wer eine **volle Erwerbungsminderungsrente** bezieht und seit Jahren arbeitsunfähig ist, wird in der Regel auch behindert im Rechtssinne sein. Wird sein noch weiterbestehendes Arbeitsverhältnis betriebsbedingt aufgelöst, muss er nach Auffassung des *BAG*[470] keine Abfindung erhalten, da der Arbeitsplatz für ihn keine Erwerbsquelle mehr darstellt und er sich deshalb in keiner vergleichbaren Situation wie die übrigen befindet. Dasselbe soll auch dann gelten, wenn die volle Rente nur für drei Jahre gewährt, aber in absehbarer Zeit nicht mit einer Wiederherstellung der Arbeitsfähigkeit zu rechnen ist. Die Betriebsparteien sollten aber beachten, dass auch eine in dieser Lage befindliche Person **Nachteile erleidet,** weil die bei Ausscheiden zu bezahlende Urlaubsabgeltung nicht mehr ansteigt und ggf. eine betriebliche Altersversorgung geringer ausfällt als bei einem Fortbestand des (wegen Arbeitsunfähigkeit) suspendierten Arbeitsverhältnisses.
Zur Minderung der Abfindung, weil Schwerbehinderte ein früheres Rentenalter haben, s. o. Rn 101 c.

hh) Weltanschauung

107 Wird im Sozialplan auf den rechtlichen Bestand des Arbeitsverhältnisses abgestellt, so sind auch Zeiten der Beurlaubung mitzurechnen, in denen der Beschäftigte **zu DDR-Zeiten** eine Tätigkeit in der BGL ausübte.[471] Ob Ausnahmen für »**systemnahe Tätigkeiten**« angesichts der Rspr. des *BVerfG*[472] noch aufrechtzuerhalten sind, erscheint zweifelhaft; der Gedanke des Vertrauensschutzes von DDR-Bürgern, die sich im Rahmen ihrer Ordnung bewegt haben, könnte dem entgegenstehen.[473] Die Nichtberücksichtigung würde überdies auch eine Benach-

465 *BVerfG* 24.4.91, NJW 91, 1667. Wie hier BKMT-*Bachner* § 4 Rn. 396.
466 *BAG* 12.3.97, DB 97, 1522; ebenso *LAG Brandenburg* 8.5.02, NZA-RR 03, 424; *LAG Hamm* 15.3.06, NZA-RR 06, 572.
467 Zuletzt betätigt für das Insolvenzverfahren durch *BAG* 28.6.12, NZA 12, 1090.
468 *HessLAG* 27.10.98, AiB 99, 526.
469 Wie hier BKMT-*Bachner* § 4 Rn. 397.
470 7.6.11, NZA 11, 1370.
471 *BAG* 10.11.93, DB 94, 2636 für einen TV.
472 21.2.95, NZA 95, 619 und 15.5.95, EuGRZ 95, 203 ff.
473 Dazu auch *BVerfG* 28.4.99, EuGRZ 99, 245 ff.

teiligung wegen der **Weltanschauung** darstellen. Bei der **Nationalen Volksarmee** verbrachte Zeiten müssen nach der Rechtsprechung anders als der Wehrdienst in der Bundesrepublik nicht mitgerechnet werden.[474] Dies dürfte nicht mehr aufrechtzuerhalten sein, da das *BAG*[475] seit einiger Zeit den Standpunkt vertritt, das bloße »Stammen« aus dem Beitrittsgebiet rechtfertige jedenfalls seit 1996 keine Benachteiligung im Bereich der Vergütung mehr. Dem entspricht es, dass die niedrigeren Rechtsanwaltsgebühren im Osten vom *BVerfG*[476] als gleichheitswidrig beanstandet wurden. Für die Berechnung von Abfindungen kann schwerlich anderes gelten, doch geht es hier primär um die Anwendung des allgemeinen Gleichbehandlungsgrundsatzes, nicht um eine Diskriminierung wegen ethnischer Zugehörigkeit oder wegen der Weltanschauung.

c) Gleichbehandlung bei mehreren Betriebsänderungen?

Gleichheitsprobleme können sich auch dann stellen, wenn mehrere Betriebsänderungen vorgenommen wurden. An sich ist jede Betriebsänderung Anlass für eigenständige Verhandlungen. Haben sie – wie meist – unterschiedliche Ergebnisse, liegt darin auch dann kein Verstoß gegen den Gleichbehandlungsgrundsatz, wenn es sich um gleichartige Vorgänge (z. B. jeweils Personalabbau im Rahmen des § 112 a Abs. 1) handelt. Es liegt im System der nichtstandardisierten, sondern ausgehandelten Abfindung, dass je nach wirtschaftlicher Situation des AG und Verhandlungsgeschick des BR die Resultate verschieden sein können (vgl. auch § 111 Rn. 5).[477] Selbst bei einer **einheitlichen Maßnahme** sind **zwei verschiedene Sozialpläne** denkbar.[478] Dabei sind z. B. unterschiedliche Regelungen für den Produktionsbereich und die Verwaltung möglich, wobei die Zuordnung der einzelnen AN nach Kostenstellen erfolgen kann.[479] Anders verhält es sich dann, wenn die verschiedenen Betriebsänderungen in einem engen wirtschaftlichen Zusammenhang stehen und die Betroffenheit dieselbe ist. Nach *BAG*[480] ist dies etwa dann der Fall, wenn zunächst mit Rücksicht auf eine geplante **Sanierung** ein relativ bescheidener Sozialplan abgeschlossen wird, diese dann **fehlschlägt** und die verbliebenen AN bessere Leistungen erhalten sollen: Hier ist das insgesamt verfügbare Volumen nach denselben Kriterien auf beide Gruppen zu verteilen. Dasselbe ist dann anzunehmen, **wenn zwei gleichartige Betriebsänderungen** (»Personalabbau« oder »Umstellung auf EDV«) **unmittelbar aufeinander folgen** und der gleiche Personenkreis erfasst wird[481] oder die »Folgemaßnahme« schon angedacht war. Letztlich darf nicht die abstraktere oder konkretere Formulierung der UN-Politik darüber entscheiden, ob eine Gruppe von Betroffenen mehr oder weniger Sozialplanleistungen erhält. So kann es keinen Unterschied machen, ob die UN-Leitung zweimal innerhalb eines Jahres jeweils 300 Arbeitsplätze abbauen will oder ob sie zu Beginn des Jahres erklärt, man habe den Abbau von 600 Arbeitsplätzen ins Auge gefasst. **Je größer** der **zeitliche Abstand** zwischen zwei Betriebsänderungen, **umso eher** wird man **getrennte Maßnahmen** annehmen können, die unterschiedliche Sozialpläne erlauben (zur Frage des Erreichens von Grenzwerten bei Personalabbau in Etappen s. § 111 Rn. 74). Wird ein einziger Sozialplan für zwei verschiedene Betriebsänderungen vereinbart (der AG kündigt zunächst einen Personalabbau um 50 %, dann die Schließung des Betriebes an),[482] so versteht sich die einheitliche Behandlung von selbst. Allerdings kann die Situation bei der ersten Betriebsänderung aus Sicht der AN noch eine andere als bei der zweiten sein, so dass von daher eine **Differenzierung möglich** ist. So ist es unbedenklich, für Personen eine geringere Abfindung vorzusehen, die bereits nach der ersten, nur einen generellen Personalabbau ankündigenden Entscheidung des AG einen Aufhebungsvertrag geschlossen haben.[483] Auch die **kürzere Überlegungsfrist,** die 108

474 *BAG* 30.3.94, DB 94, 1935.
475 15.5.01, BB 01, 2166.
476 28.1.03, NJW 03, 737.
477 *BAG* 23.3.10, DB 10, 1595.
478 *BAG* 12.11.02, NZA 03, 1287.
479 *LAG Düsseldorf* 5.5.98, NZA-RR 98, 404.
480 9.12.81, AP Nr. 14 zu § 112 BetrVG 1972.
481 *BAG* 11.2.98, DB 98, 1138.
482 S. den Fall *BAG* 24.11.93, DB 94, 1043.
483 *BAG* 24.11.93, DB 94, 1043.

den AN in einer zweiten »Personalabbauaktion« eingeräumt wird, kann einen sachlichen Grund für eine unterschiedliche Behandlung, z. B. für eine höhere Abfindung, darstellen.[484]

d) Differenzierung nach Beendigungsgründen?

109 Der **Gleichbehandlungsgrundsatz** ist weiter dann **verletzt**, wenn nach (vom AG geschaffenen) Beendigungsgründen differenziert wird, wenn etwa diejenigen von den Sozialplanleistungen ausgeschlossen werden, die auf Veranlassung des AG (dazu § 111 Rn. 78) **selbst gekündigt** haben.[485] Auch ist es unschädlich, wenn ein gekündigter AN zum selben oder einem früheren Endzeitpunkt auch noch eine Eigenkündigung ausspricht.[486] Gleichheitswidrig wäre auch die Ausklammerung derjenigen, die auf Veranlassung des AG einen Aufhebungsvertrag geschlossen haben.[487] Vom Zweck des Sozialplans her (o. Rn. 80 ff.) lassen sich solche Differenzierungen nicht rechtfertigen.[488] Anders ist es dann, wenn ein AN aus eigenem Entschluss kündigt, bevor der genaue Umfang der Betriebsänderung ausverhandelt ist.[489]

109a Bei wirtschaftlich gut situierten UN finden man bisweilen Sozialpläne, die denjenigen, die einen **Aufhebungsvertrag** schließen, **zwei bis drei Monatsgehälter** pro Jahr der Betriebszugehörigkeit versprechen, während Gekündigte sich mit einem Monatsgehalt begnügen müssen. Dahinter steht die Vorstellung, einen so **starken Anreiz zum freiwilligen Ausscheiden** zu schaffen, dass es gar nicht mehr zu Kündigungen kommt. Geht dieses Konzept im Einzelfall nicht auf, liegt eine der »Turboprämie« entsprechende Situation vor (oben Rn. 86). Da deren Grenzen bei weitem überschritten sind, könnten die Gekündigten dieselbe Abfindung wie die durch Aufhebungsvertrag Ausgeschiedenen verlangen. Eine unzulässige Begünstigung der freiwillig Ausgeschiedenen läge auch darin, eine Kumulation von arbeitsvertraglich vereinbarter und im Sozialplan vorgesehener Abfindung vorzusehen.

110 Von solchen Extremfällen abgesehen, müssen im Übrigen nicht **alle** auf Veranlassung des AG Ausgeschiedenen **dieselben Leistungen** aus dem Sozialplan erhalten. Die Betriebsparteien **müssen keine schematische Gleichbehandlung** praktizieren, sondern können die Leistungen an die **ohne Kündigung Ausgeschiedenen geringer bemessen** oder sogar entfallen lassen. Hierfür bedarf es allerdings eines sachlichen Grundes, der nicht darin liegen kann, dass der AN bei Abschluss des Aufhebungsvertrags auf die Einbeziehung in den Sozialplan verzichtete: Ansprüche aus einem bestehenden wie einem künftigen Sozialplan stehen nicht zur Disposition der Arbeitsvertragsparteien. Auf der anderen Seite soll die ESt. nach § 112 Abs. 5 Satz 2 Nr. 2 Satz 2 AN von Leistungen ausschließen, die eine zumutbare Beschäftigung im selben Betrieb, UN oder Konzern ablehnen. Möglich ist es deshalb, AN, die auf Veranlassung des AG selbst kündigen, nur dann in die Abfindungsregelung einzubeziehen, wenn der zuvor von ihnen abgelehnte Arbeitsplatz unzumutbar war.[490] Zulässig wäre es auch, alle diejenigen von Leistungen **auszunehmen,** die eine entsprechende Tätigkeit effektiv annehmen oder die auf Initiative des AG in **einen anderen zumutbaren Arbeitsplatz vermittelt** werden. Dies muss dann aber in gleicher Weise für Gekündigte wie für solche AN gelten, die auf Veranlassung des AG einen Aufhebungsvertrag geschlossen oder selbst gekündigt haben. Der Ausschluss muss zudem billigem Ermessen entsprechen, weshalb meist nur eine Minderung der Leistung vorgesehen wird.[491] Interessant ist die Variante, wonach die Abfindung im Laufe von 5 Jahren bis auf null sinkt, wenn der AN während dieser Zeit einen vom AG vermittelten zumutbaren Arbeitsplatz innehat.[492] Umgekehrt ist es möglich, solche AN in den Sozialplan einzubeziehen, die mit Rücksicht auf die Betriebsänderung, aber ohne Veranlassung durch den AG gekündigt

---

484 *BAG* 11.2.98, DB 98, 1138.

485 *BAG* 15.1.91, DB 91, 1526; 29.10.02, ZIP 03, 1414, dazu *Hümmerich/Spirolke*, BB 95, 42; *BAG* 19.2.08, DB 08, 1385 = NZA 08, 719 Tz 26; *BAG* 20.5.08, NZA-RR 08, 636.

486 *LAG Köln* 19.12.01, DB 02, 538.

487 Vgl. *BAG* 28.4.93, DB 93, 2034 und insbes. 19.7.95, DB 95, 231; *Wenning-Morgenthaler* Rn. 1114.

488 *BAG* 20.5.08, NZA 08, 636, 638.

489 *BAG* 14.12.10, NZA-RR 11, 182. Ebenso *Linsenmaier,* FS Etzel, S. 249.

490 *BAG* 13.2.07, DB 07, 1315 = NZA 07, 756.

491 S. den Fall *BAG* 19.2.08, NZA 08, 720.

492 Einzelheiten und Formulierungsvorschlag bei *B. Kraushaar,* BB 00, 1622.

oder einen Aufhebungsvertrag geschlossen haben.[493] Insoweit darf auch zwischen Eigenkündigung und Aufhebungsvertrag unterschieden werden.[494] In einvernehmlich geschlossenen Sozialplänen können alle Personen einbezogen werden, deren Eigenkündigung der AG nicht mit einem Angebot für eine gleichwertige Weiterarbeit beantwortete.[495]

Nicht alle, die im Anschluss an das Ausscheiden aus dem Betrieb einen **neuen Arbeitsplatz gefunden** haben, müssen gleich gut oder gleich schlecht behandelt werden. Eine Differenzierung ist im Hinblick auf die unterschiedliche Qualität des neuen Arbeitsplatzes möglich. So dürfen etwa AN von Abfindungen ausgenommen werden, die im neuen Arbeitsverhältnis sofort Kündigungsschutz genießen, während die volle Abfindung denen verbleibt, die bei Null anfangen müssen.[496] Nicht unsachlich ist auch das Abstellen auf die Entscheidungssituation, in der sich der AN bei Beendigung des Arbeitsverhältnisses befindet. So kann etwa derjenige, der mit Rücksicht auf eine geplante Betriebsänderung im Hinblick auf einen neuen Arbeitsplatz gekündigt hat, von allen Leistungen ausgenommen werden, während derjenige seine Abfindung behält, der vom AG gekündigt wurde, im Zeitraum der Kündigungsfrist jedoch einen anderen Arbeitsplatz fand und deshalb vorzeitig zum neuen AG überwechseln konnte.[497] Das *LAG Köln*[498] hält eine Minderung der Abfindung um 25 % bei denjenigen für zulässig, die als sog. **Keyplayer** bis zur Stilllegung weiterarbeiten sollten, aber vorher **selbst kündigten.** 111

e) Rechtsfolgen von Gleichheitsverstößen

Der gleichheitswidrige Ausschluss einzelner Beschäftigter macht nur die fragliche Klausel, **nicht etwa** den gesamten **Sozialplan unwirksam.**[499] Die zu Unrecht Ausgeschlossenen haben einen **Anspruch auf Gleichbehandlung** mit der besser gestellten Gruppe. Dadurch vergrößert sich das Sozialplanvolumen u. U. erheblich.[500] Das *BAG*[501] hat im Bereich von Verstößen gegen den allgemeinen Gleichbehandlungsgrundsatz die »Aufstockung« für unerheblich erklärt, wenn es nur um verhältnismäßig wenige Personen geht. Aber auch dann, wenn eine größere Zahl betroffen ist, kann nichts anderes gelten. Entscheidend soll nach der Rspr. sein, dass die **Zusatzbelastung nicht »ins Gewicht fällt«,**[502] was bei einer Erhöhung des Gesamtvolumens um 1,7 % nicht der Fall sei.[503] Dies kann allerdings keine Obergrenze darstellen, zumal die Anhebung der Minderheit auf das »Normalniveau« auch bei Verstößen gegen den Grundsatz der Lohngleichheit[504] und bei einer gegen § 2 Abs. 1 BeschFG (heute § 4 Abs. 1 TzBfG) verstoßenden Schlechterstellung von Teilzeitkräften[505] praktiziert wird; beides kann **erheblichen Anpassungsbedarf** auslösen.[506] So lässt es das BAG genügen, wenn knapp über 5 % eine Besserstellung erfahren, um auch alle Übrigen einzubeziehen;[507] dies kann eine sehr viel größere Ausdehnung des Volumens zur Folge haben. Würde das Gesamtvolumen gesprengt, wären beispielsweise 180 % der ursprünglichen Summe zu bezahlen, so läge ein **Wegfall der** 112

493 *BAG* 20.4.94, DB 94, 1882 = NZA 95, 489. Dies kann aber nicht erzwungen werden: *LAG Baden-Württemberg,* 19.2.14, AuR 14, 239
494 *BAG* 19.7.95, DB 95, 2531; dazu auch *Löw,* DB 96, 1570.
495 *BAG* 6.8.02, NZA 03, 449.
496 *LAG Brandenburg* 2.4.93, DB 93, 2537.
497 *BAG* 20.4.94, DB 94, 1882 = NZA 95, 489, 491.
498 2.11.99, NZA-RR 00, 193.
499 So für Verstöße gegen das AGG *Annuß,* BB 06, 1634; Däubler/Betzbach-*Brors,* § 10 Rn. 136; *Löwisch,* DB 06, 1731; *Schweibert,* FS 25 Jahre ARGE Arbeitsrecht im DAV, S. 1003.
500 *Schweibert,* FS 25 Jahre ARGE Arbeitsrecht im DAV, S. 1003.
501 15.1.91, DB 91, 1526.
502 *BAG* 12.11.02, NZA 03, 1287, bestätigt in *BAG* 19.2.08, DB 08, 1384, 1386 = NZA 08, 719 Tz 42.
503 *BAG* 21.10.03, NZA 04, 559. Nach *LAG Hamburg* (30.6.06, LAGE § 75 BetrVG 2001 Nr. 3) ist die Grenze jedenfalls bei 25 % überschritten und eine »Aufstockung« muss unterbleiben.
504 *EuGH* 8.4.76, NJW 76, 2068.
505 *BAG* 28.7.92, DB 93, 169.
506 So auch Schiek-*Schmidt,* § 10 Rn. 32. Die Frage bezeichnet ausdrücklich als »nicht entschieden« *Linsenmaier,* FS Etzel, S. 253.
507 *BAG* 13.2.02 AP Nr. 184 zu § 242 BGB Gleichbehandlung; *BAG* 14.6.06 AP Nr. 200 zu § 242 BGB Gleichbehandlung.

Geschäftsgrundlage vor, der zu neuen Verhandlungen führen müsste (s. u. Rn. 204). Eine **Rückgewähr** bereits ausgezahlter Beträge dürfte allerdings **nicht in Betracht** kommen; sie ist aus Gründen des Vertrauensschutzes nach § 124 Abs. 3 Satz 1 InsO sogar dann ausgeschlossen, wenn der Insolvenzverwalter einen vor Eröffnung des Verfahrens vereinbarten Sozialplan widerruft.[508] **Bei Verstößen gegen das AGG** besteht außerdem innerhalb enger zeitlicher Fristen ein **Schadensersatzanspruch,** wobei die Beschränkung auf grobe Fahrlässigkeit in § 15 Abs. 3 AGG auf durchgreifende EG-rechtliche Bedenken stößt.[509] Der Praxis ist zu empfehlen, das »Rechtswidrigkeitsrisiko« möglichst zu minimieren, indem man neben dem Alter über 40 und der Dauer der Betriebszugehörigkeit auch die tatsächlichen Unterhaltspflichten einschließlich der Aufgabe als Alleinerziehender und jede Form von Behinderung berücksichtigt.

113 Das in §§ 4, 101 ArbGG enthaltene grundsätzliche **Verbot,** für Streitigkeiten aus dem Arbeitsverhältnis **Schiedsgerichte** einzusetzen, ist verletzt, wenn der Sozialplan vorsieht, bei Meinungsverschiedenheiten zwischen AG und einzelnen AN müsse die ESt.[510] oder ihr Vorsitzender entscheiden.[511] Möglich ist jedoch, dass bei **Streitigkeiten zwischen AG und BR** über den Inhalt und die Auslegung des Sozialplans eine **ESt.** entscheidet.

6. Verhältnis zu Tarifverträgen, insbesondere zu Tarifsozialplänen

114 Nach § 112 Abs. 1 Satz 4 gilt der **Tarifvorrang** des § 77 Abs. 3 **nicht** für den Sozialplan. Möglich ist daher, einen Sozialtarif durch Betriebsvereinbarung auf alle Belegschaftsangehörigen zu erstrecken, wofür insbesondere dann ein Bedürfnis besteht, wenn bisher im Betrieb keine Tarifverträge galten und deshalb in den Arbeitsverträgen auch keine Bezugnahmeklauseln enthalten sind.[512] Die Existenz tariflicher Rationalisierungsschutzabkommen oder eines Sozialtarifs (dazu § 111 Rn. 11 ff., 15 ff.) berührt das Mitbestimmungsrecht über einen Sozialplan in keiner Weise. Dies gilt auch für einen Firmentarif, der z. B. auf die geplanten Betriebsänderungen reagiert.[513] Im Verhältnis Tarifvertrag – Sozialplan gilt grundsätzlich das **Günstigkeitsprinzip.**[514] Der Sozialplan kann also längere Kündigungsfristen, bessere Umschulungsmöglichkeiten oder höhere Abfindungen als der TV vorsehen. Nicht anders als im Rahmen des § 4 Abs. 3 TVG darf man allerdings keine Rosinentheorie praktizieren; stattdessen müssen Regelungen verglichen werden, die inhaltlich zusammengehören und eine Einheit bilden (sog. **Gruppenvergleich**).[515] Sieht der Sozialtarif für Gewerkschaftsmitglieder besondere Leistungen vor, ohne ihre Erstreckung auf Außenseiter zu verbieten, so ist dies als sog. **einfache Differenzierungsklausel** grundsätzlich zulässig.[516] Dabei kann aus sachlichem Grund auch zwischen einzelnen Gruppen von Gewerkschaftsmitgliedern (z. B. Eintritt vor oder nach einem bestimmten Stichtag oder Dauer der Mitgliedschaft) unterschieden werden.[517] Wird eine solche Regelung allerdings von den Betriebspartnern übernommen, lässt sich diese Differenzierung vom Sinn des Sozialplans her nicht mehr aufrecht erhalten; die Nicht- oder Andersor-

508 Auf die praktischen Schwierigkeiten bei einer Rückforderung verweist zu Recht *Schweibert,* FS 25 Jahre ARGE Arbeitsrecht im DAV, S. 1010.

509 *Bauer/Thüsing/Schunder,* NZA 05, 32, 35; Däubler/Bertzbach-*Deinert,* § 15 Rn. 93.

510 *BAG* 27.10.87, AP Nr. 22 zu § 76 BetrVG 1972.

511 *BAG* 8.11.88, AP Nr. 48 zu § 112 BetrVG 1972.

512 So auch in dem Fall *BAG* 12.4.11, NZA 11, 1302. S. weiter *Kuhn/Willemsen* NZA 12, 593, 594 (»Erstreckungsvereinbarung«).

513 *BAG* 6.12.06, DB 07, 1362 = NZA 07, 821; *Gamillscheg,* Kollektives Arbeitsrecht II S. 1133 f.; anders *Meyer,* RdA 96, 184, doch besteht kein Anlass für eine solche Gesetzeskorrektur.

514 *BAG* 27.8.75, AP Nr. 2 zu § 112 BetrVG 1972 mit zustimmender Anm. *Natzel; Däubler,* Tarifvertragsrecht, Rn. 250; ErfK-*Kania,* Rn. 13; HK-ArbR-*M. Schubert,* §§ 111 – 113 Rn 26; *H. Fuchs,* Sozialplan, S. 35, 100; *GL,* Rn. 53; HWGNRH-*Hess,* Rn. 198; Richardi-*Annuß,* § 112 Rn. 181; *Rumpff/Boewer,* S. 378 f.; *Waltermann,* Rn. 869.

515 Näher im vorliegenden Zusammenhang *Ohl,* S. 169; *Ehrich/Fröhlich,* Rn 186; *Wenning-Morgenthaler,* Rn. 1087.

516 *BAG* 18.3.09, NZA 09, 1028; dazu *Däubler/Heuschmid* RdA 13, 1, 3 ff. und *Helm/Mücke,* AuR 14, 366 (wenn auch ohne Bezugnahme). Zur Problematik auch *LAG München* 16.10.13, AiB 9/14, 71 mit Anm. *Schmalz*

517 *BAG* 21.8.13, NZA-RR 14, 201.

ganisierten können Gleichstellung verlangen.[518] Der AG sollte sich tunlichst darüber im Klaren sein, wenn er einer Übernahme auf die betriebliche Ebene zustimmt. Alle diese Grundsätze gelten nur für den auf § 112 beruhenden Sozialplan. Bei einer über ihn hinausgehenden freiwilligen Betriebsvereinbarung findet dagegen § 77 Abs. 3 Anwendung,[519] so dass weder eine Verbesserung der tariflichen Leistungen noch eine Erstreckung des TV auf alle möglich ist.

Die Tarifparteien können die Gewährung einer zusätzlichen tariflichen Abfindung davon abhängig machen, dass der einzelne Arbeitnehmer keine Kündigungsschutzklage erhebt.[520] Insoweit gelten dieselben Grundsätze wie bei der sog. Turboprämie (oben Rn. 86). Zum Ersatz von Fahrtmehrkosten aufgrund tariflicher Regelung, die an »wesentlichen Änderungen der Arbeitsorganisation« anknüpft, s. *BAG* vom 29.8.07.[521] Möglich ist auch, den **Begriff der Betriebsänderung** zu **erweitern** und beispielsweise auch »gesellschaftsrechtliche Umstrukturierungen«[522] oder einen Betriebsübergang (näher § 111 Rn. 125 ff.)[523] einzubeziehen. Die Tarifparteien haben ganz generell einen größeren Spielraum als BR und AG, doch sind auch sie an § 75 BetrVG gebunden;[524] dies bedeutet, dass sie die Vorgaben bezüglich eines Stichtags beachten müssen, die die Rechtsprechung aus dieser Bestimmung hergeleitet hat (unten Rn 199).[525] **115**

Denkbar ist, dass die tarifliche Regelung eine sog. **Subsidiaritätsklausel** enthält,[526] also auch dann zurücktritt, wenn der Sozialplan weniger günstige Regelungen enthält.[527] Dies ist dann nicht unbedenklich, wenn jede BV ohne Rücksicht auf ihren Inhalt die tariflichen Leistungen entfallen lässt,[528] da dies die Handlungsmöglichkeiten des BR übermäßig beeinträchtigt, ja im Ergebnis auf eine (unzulässige) Abbedingung seines Mitbestimmungsrechts hinauslaufen kann. Dieses wird in eine »Verschlechterungskompetenz« verwandelt, wenn man bedenkt, dass ein untertariflicher Sozialplan ggf. in der ESt. gegen das Votum der AN-Vertreter beschlossen wird. Vom Sinn der gesetzlichen Regelung (§ 111 Rn. 2 ff.) bleibt so nicht mehr viel übrig. Unbedenklich ist dagegen eine **Anrechnungsklausel** derart, dass Sozialplanleistungen auf die tariflich vorgesehenen Leistungen anzurechnen sind.[529] Auch der Sozialplan kann eine Bestimmung des Inhalts enthalten, dass tarifliche Leistungen angerechnet werden sollen.[530] Finden sich **sowohl im Tarifvertrag wie im Sozialplan entsprechende Klauseln**, muss man unterscheiden. Werden die jeweiligen Ansprüche angerechnet, heben sich die Klauseln wechselseitig auf und es gilt wieder das Günstigkeitsprinzip.[531] Geht es allein um die Anrechnung erbrachter Leistungen, wird nur eine doppelte Inanspruchnahme des AG verhindert: Sobald er einmal geleistet hat, kann er sich darauf auch berufen, soweit er aus der anderen Rechtsgrundlage in Anspruch genommen wird.[532] **116**

Wird **um** einen **Tarifsozialplan gestreikt** (dazu § 111 Rn. 15 ff.), so werden davon die **Rechte des Betriebsrats aus § 112 nicht berührt.** Nach der Rechtsprechung des *BAG*[533] sind im Arbeitskampf nur solche Mitbestimmungsrechte suspendiert, die wie z. B. die Anordnung von Überstunden für Arbeitswillige Gegenmaßnahmen des AG betreffen. Darum geht es bei § 112 aber nicht; vielmehr können im Gegenteil die Tarifforderungen auf eine eindeutigere wirtschaftliche Grundlage gestützt (und ggf. reduziert) werden, wenn das Verfahren über Interessenausgleich und Sozialplan zum Abschluss gekommen ist. Die Behauptung, wegen des Streiks **117**

518 *ArbG München* 20.12.12, NZA-RR 13, 125.
519 *BAG* 14.11.06 AP Nr. 181 zu § 112 BetrVG 1972; Richardi-*Annuß*, § 112 Rn. 180.
520 *BAG* 6.12.06, DB 07, 1362 = NZA 07, 821.
521 NZA-RR 08, 72.
522 S. den Fall *BAG* 4.6.08, NZA 08, 168 LS.
523 Dazu restriktiv *Greiner* NZA 08, 1274 ff.
524 BAG 12.4.11, NZA 11, 1302.
525 Anders *Kuhn/Willemsen* NZA12, 593, 598.
526 HWGNRH-*Hess*, Rn. 199.
527 *BAG* 11.7.95, DB 97, 51.
528 Dafür aber wohl *LAG Brandenburg* 10.7.92, DB 92, 2094.
529 *Fuchs*, Sozialplan, S. 21.
530 Ebenso *BAG* 14.11.06, NZA 07, 339, 342; *Lipinski/Ferme* DB 07, 1250, 1252.
531 *Ohl*, S. 169.
532 So BAG a. a. O. Tz 29.
533 16.12.1986, DB 87, 791; weitere Nachweise bei *Däubler*, Arbeitsrecht 1, Rn. 566.

könne der AG die Betriebsänderung ohne Einschaltung der ESt einseitig durchführen und riskiere dabei auch keinen Nachteilsausgleich,[534] entbehrt jeder Grundlage.[535] Auch das BAG hat in seiner Grundsatzentscheidung zur Zulässigkeit des Streiks um einen Tarifsozialplan[536] keinerlei Andeutung in dieser Richtung gemacht, obwohl im konkreten Fall während des Arbeitskampfes Verhandlungen über Interessenausgleich und Sozialplan geführt wurden und eine Entscheidung durch die ESt. erfolgte. Die behauptete Rechtsfolge ginge überdies über eine bloße Suspendierung hinaus. Auch die zur Rechtfertigung bemühte These, durch die Notwendigkeit, gleichzeitig mit BR und Gewerkschaft zu verhandeln, sei das **Paritätsprinzip** zu Lasten des AG **verletzt,** vermag **nicht** zu **überzeugen:** Dass tarifliche und betriebsverfassungsrechtliche »Schienen« parallel laufen, kann auch in anderen Zusammenhängen wie z. B. bei § 87 BetrVG auftreten, ohne dass man deshalb jemals einen Paritätsverstoß gerügt hätte.

7. »Abfindungspläne« des Arbeitgebers und Einzelabfindungen

118 Aus der Praxis wird von Fällen berichtet, in denen der AG im Vorfeld einer (möglichen) Betriebsänderung all jenen AN großzügige Abfindungsangebote machte, die aus eigenem Entschluss ausscheiden wollten und mit denen er deshalb einen Aufhebungsvertrag schloss. Schon von der Höhe her geht es anders als bei der sog. Turboprämie (oben Rn. 86) nicht um eine Ergänzung, sondern um eine Ersetzung des Sozialplans. Was kann der BR tun, wenn in den späteren Sozialplanverhandlungen nur sehr viel bescheidenere Angebote gemacht werden und so die Ausübung seines Mitbestimmungsrechts »**uninteressant**« wird?

119 Im Grundsatz ist es dem AG unbenommen, auf Grund der Vertragsfreiheit mit einzelnen Beschäftigten Aufhebungsverträge zu schließen und dabei auch großzügige Leistungen zu vereinbaren. Wird dieser Weg jedoch nicht nur in einem Einzelfall, sondern systematisch begangen, liegt in dem an alle gerichteten Angebot ein **funktionales Äquivalent** für einen Sozialplan. Nach der Rechtsprechung des BAG unterliegen derartige Einheitsbedingungen deshalb denselben Grundsätzen, so dass sie keine Abmachung enthalten dürfen, die in einem Sozialplan unzulässig wäre.[537] Darüber hinaus wird man es aber als unzulässige **Behinderung der BR-Tätigkeit** entsprechend § 78 Satz 1 ansehen müssen, wenn in den Sozialplanverhandlungen nicht wenigstens die freiwillig gewährten Leistungen angeboten werden.[538] Dem BR ist in einer solchen Situation anzuraten, möglichst schnell die ESt. anzurufen. Für die dort zu beurteilende »wirtschaftliche Vertretbarkeit« der Sozialplanleistungen hat der AG in einem solchen Fall selbst Maßstäbe gesetzt: Das freiwillig Zugestandene ist die Untergrenze dessen, was die ESt. ihm ggf. im Wege des Spruchs zumuten wird. Außerdem hat der BR das Recht, eine **Sozialplanregelung auch für jene Beschäftigten** zu verlangen, **die** im Zusammenhang mit einer geplanten Betriebsänderung auf Veranlassung des AG **freiwillig ausgeschieden sind** (zur Differenzierung nach Formen des Ausscheidens s. oben Rn. 109 ff.). Dabei dürften die erhaltenen Leistungen allerdings anzurechnen sein, da sie die erlittenen wirtschaftlichen Nachteile verringern.

120 Scheidet ein einzelner AN auf Grund **freiwilligen, nicht vom AG veranlassten Aufhebungsvertrags** mit Abfindung aus, kann er **nicht** verlangen, **in** einen später abgeschlossenen günstigeren **Sozialplan einbezogen** zu werden.[539] Der AG soll nicht einmal verpflichtet sein, ihn auf eine geplante Betriebsänderung und den dadurch möglich werdenden Sozialplan hinzu-

534 *Lipinski/Ferme* DB 07, 1250; *Willemsen/Stamer* NZA 07, 413, 415.
535 Kritisch zur Suspendierung der Mitbestimmungsrechte auch *Franzen*, FS Reuter, S. 486 ff.; *Ehrich/Fröhlich* Teil H Rn 185.
536 *BAG* 24.4.07, NZA 07, 987.
537 *BAG* 7.5.87, AP Nr. 19 zu § 9 KSchG 1969: **Heimkehrprämie** für einen ausländischen AN; *BAG* 25.11.93, DB 94, 1089: Gleichbehandlungsgrundsatz; *BAG* 13.2.07 NZA 07, 860, 861 Tz 15: Gleichbehandlung von Teilzeitkräften.
538 Dies wurde vermieden im Fall *LAG Schleswig-Holstein* 20.7.07, NZA-RR 08, 244, wo freiwillig Ausscheidende später auf die Sozialplanleistungen »aufgestockt« werden sollten. Auch liegt keine Behinderung der Betriebsratstätigkeit vor, wenn der BR mit dem Vorgehen des AG einverstanden war und von vorne herein nur einen Sozialplan für die Übrig-Gebliebenen machen wollte.
539 *BAG* 13.11.96, BB 97, 1362.

weisen,[540] doch überzeugt dies nicht: Der AN kann sich nur dann frei entscheiden, wenn er alle relevanten Umstände kennt. Ist umgekehrt die **einzelvertragliche Abfindung höher** als die im Sozialplan vorgesehene (und stellt sie außerdem eine unerlaubte Begünstigung wegen BR-Tätigkeit dar), können die (nur) vom Sozialplan erfassten AN gleichwohl keine Aufstockung verlangen.[541] Zur Rechtslage bei Ausscheiden auf Veranlassung des AG s. oben Rn. 89.

8. Sozialplan, Nachteilsausgleich und Abfindung nach § 10 KSchG – Verrechnung der Leistungen?

Verhandelt der UN **nicht** oder nicht ausreichend über einen Interessenausgleich, so muss er den von der Betriebsänderung betroffenen AN einen **Nachteilsausgleich** bezahlen (§ 113 Rn. 9 ff.). Der **BR behält** unbestrittenermaßen **das Recht, weiterhin die Aufstellung eines Sozialplans zu verlangen;** andernfalls könnte der AG zwischen Nachteilsausgleich und Sozialplan wählen, was ersichtlich nicht Sinn der gesetzlichen Regelung ist.[542] Nachteilsausgleich und Sozialplan können somit nebeneinander zum Tragen kommen. **121**

Nicht abschließend geklärt ist die Frage, ob und inwieweit die auf dem einen Wege erlangten Leistungen im anderen Bereich zu berücksichtigen sind. Sind Zahlungen des AG auf Grund eines erfolgreich geltend gemachten **Nachteilsausgleichs** auf die Sozialplanleistungen **anzurechnen?** Kann umgekehrt der **Nachteilsausgleich sehr bescheiden** ausfallen oder auf eine symbolische Größe schrumpfen, wenn **auf Grund des Sozialplans bereits Abfindungen** bezahlt wurden? Das *BAG* hat eine automatische Anrechnung des Nachteilsausgleichs auf die Sozialplanleistungen bejaht[543] und dasselbe auch für die Sozialplanleistungen in Bezug auf den Nachteilsausgleich angenommen.[544] **122**

Dies kann nicht befriedigen.[545] Die Auffassung des *BAG* führt dazu, dass der Sanktionscharakter des § 113 (dazu § 113 Rn. 1) dann völlig leer läuft, wenn der Nachteilsausgleich in etwa so hoch liegt wie die voraussichtliche Sozialplanabfindung: In diesem Fall hätte der UN eben doch das ansonsten allgemein abgelehnte Wahlrecht.[546] Außerdem ergibt sich die Ungereimtheit, dass die im Sozialplan festgelegten **Verteilungsgrundsätze mit Hilfe des Nachteilsausgleichs überspielt** werden. Dies zeigt etwa das Beispiel, dass bestimmte Personen wegen kurzer Betriebszugehörigkeit keinerlei Sozialplanleistungen bekommen, während Kollegen, die bereits 4 Jahre im Betrieb gearbeitet haben, eine Abfindung von 2000 Euro erhalten. Unterstellt, der Nachteilsausgleich betrage für beide Vergleichsgruppen jeweils 2000 Euro, so stehen sie entgegen den Intentionen der Betriebsparteien im Ergebnis völlig gleich da. Auf der anderen Seite ist nicht zu leugnen, dass der Nachteilsausgleich nicht nur eine Sanktion für den AG ist, sondern auch die den AN entstehenden wirtschaftlichen Nachteile effektiv mindert. Dies legt es nahe, die **Betriebsparteien** über die Anrechnung **selbst entscheiden** zu lassen.[547] Dies hat mittlerweile **auch** das *BAG* akzeptiert.[548] Das hilft allerdings dann nicht, wenn der Sozialplan ohne »Nichtanrechnungsklausel« abgeschlossen wurde, weil in diesem Zeitpunkt noch Unklarheit über evtl. Ansprüche auf Nachteilsausgleich herrschte (dazu sogleich Rn. 124). In der Praxis wird auch eine **teilweise Anrechnung** in Betracht kommen.[549] Wird der Sozialplan in der **ESt.** beschlossen, kann diese auch über die Verrechnung entscheiden.[550] **123**

Fehlt eine Regelung im Sozialplan, so ist zu unterscheiden: Wurde der **Sozialplan zuerst** **124**

---

540 *BAG,* a. a. O.
541 *LAG Düsseldorf* 13.9.01, AiB 03, 489; s. auch *ArbG Nürnberg,* 27.1.97, BB 97, 2165.
542 *BAG* 15.10.79, AP Nr. 5 zu § 111 BetrVG 1972; GK-*Oetker,* Rn. 147; Richardi-*Annuß,* § 112 Rn. 69.
543 *BAG* 13.12.78, AP Nr. 6 zu § 112 BetrVG 1972 Bl. 13; 15.10.79, AP Nr. 5 zu § 111 BetrVG 1972 Bl. 3 R; *BAG* 16.5.07, NZA 07, 1296 Tz 39.
544 *BAG* 20.11.01, NZA 02, 992.
545 Ebenso ErfK-*Kania,* § 113 Rn. 2; BKMT-*Bachner,* § 4 Rn. 436; ähnlich GK-Oetker, § 113 Rn. 105 ff.
546 Richtig *Küttner,* FS Stahlhacke, S. 304.
547 Dafür auch *Fitting,* § 113 Rn. 33; HWGNRH-*Hess,* Rn. 190; *Knorr,* § 7 Rn. 80; *Teichmüller,* Betriebsänderung, S. 125; *WW,* § 113 Rn. 13.
548 *BAG* 20.11.01, NZA 02, 992 = AiB 03, 700 mit Anm. *Silberberger.*
549 Dafür *Küttner,* FS Stahlhacke, S. 304; vgl. auch GK-*Oetker* § 113 Rn. 110.
550 *Oberberg,* AuR 03, 71.

wirksam, hat das Gericht bei der Bemessung des Nachteilsausgleichs die vom *BAG* angenommene automatische Verrechnung zu berücksichtigen. Um den Sanktionscharakter des § 113 nicht völlig leer laufen zu lassen, ist grundsätzlich ein über die Sozialplanabfindung hinausgehender Betrag festzusetzen.[551] Dies gilt auch dann, wenn der Sozialplan eine Anrechnungsklausel enthält.[552] Wird umgekehrt **zuerst** über den **Nachteilsausgleich** entschieden, steht es den Betriebsparteien bzw. der ESt. frei, die automatische Anrechnung bei der Bemessung der Leistungen zu berücksichtigen. Sind beide Verfahren gleichzeitig anhängig, ist zu empfehlen, eine Anrechnungsklausel in den Sozialplan aufzunehmen oder eines der Verfahren vorzuziehen, um so irrational hohe oder irrational niedrige Leistungen zu vermeiden.

125 Das *BAG*[553] hat es unentschieden gelassen, **ob die automatische Verrechnung mit der EG-Massenentlassungsrichtlinie vereinbar** ist, die eine wirksame Sanktion für den Fall der Nicht-Konsultation verlangt. Diese kann in der Tat nicht darin liegen, dass die betroffenen AN lediglich das erhalten, was sie sowieso zu beanspruchen haben.[554] Vielmehr muss eine zusätzliche Konsequenz eintreten, die in einer über den Sozialplan hinausgehenden Höhe des Nachteilsausgleichs liegen kann.[555] Solange der Gesetzgeber keine andere Lösung wählt, ist danach zu verfahren. Daneben kommt die Durchsetzung der BR-Befugnisse im Wege der einstweiligen Verfügung in Betracht (o. Rn. 56). In anderem Zusammenhang hat auch das *BAG*[556] betont, die Richtlinie verlange eine wirksame und abschreckende Sanktion. Allerdings verlangt die Massenentlassungsrichtlinie ausschließlich eine Konsultation der betrieblichen Interessenvertretung, nicht die Anrufung eines unparteiischen Dritten oder der ESt.[557]

126 Nach einer in den neuen Bundesländern verbreiteten Praxis sehen **Sozialpläne** vor, dass Abfindungen **nur bei** einem **gleichzeitigen Verzicht** auf den **Nachteilsausgleich** oder einem etwaigen Anspruch nach §§ 9, 10 KSchG ausbezahlt werden. Damit wird der Einzelne in unzulässiger Weise zum Verzicht auf gesetzliche Ansprüche gezwungen; die vergleichbare Klausel, dass Abfindungen nur bei gleichzeitigem Verzicht auf den Kündigungsschutz gewährt werden, ist vom *BAG*[558] beanstandet worden. Im praktischen Ergebnis läuft eine solche Klausel darauf hinaus, die Individualansprüche aus § 113 nachträglich durch Kollektivvereinbarung wieder zu beseitigen – eine Rechtsfolge, die offen anzuordnen allgemein als unzulässig angesehen wird (§ 113 Rn. 3, 9). Ein »Koppelungsgeschäft» dieser Art führt auch zu einer vom Gesetz gerade nicht gewollten Gleichbehandlung von korrekt handelnden und ihre Verhandlungspflicht verletzenden AG. Auf die Sozialplanabfindung so lange zu verzichten, bis rechtskräftig über den Nachteilsausgleich entschieden ist, stellt in den meisten Fällen keine zumutbare Alternative dar; der Sozialplan würde gerade seine Überbrückungsfunktion nicht mehr erfüllen.

127 **Klagt ein AN gegen seine** auf die Betriebsänderung gestützte **Kündigung** und erreicht er im Vergleichswege oder auf Grund gerichtlicher Auflösungsentscheidung nach § 9 KSchG eine **Abfindung,** so stellt sich gleichfalls das Problem einer Verrechnung mit den Sozialplanleistungen. Das *LAG Frankfurt/Main*[559] vertritt hier den beifallswerten Standpunkt, die Betriebsparteien könnten im Sozialplan selbst festlegen, ob eine solche Abfindung berücksichtigt werde oder nicht.[560] Besteht dort keine Anrechnungsklausel, wird dies bei einer vergleichsweise ausgehandelten Abfindung im Kündigungsschutzprozess berücksichtigt; auch der Richter wird dem im Rahmen des § 10 KSchG Rechnung tragen.

---

551 *LAG Berlin* 27.5.05, NZA-RR 05, 516 = AuR 05, 345; *LAG Berlin* 25.7.06, AuR 07, 61 und juris; anders im Ergebnis *BAG* 16.5.07, NZA 07, 1296 Tz 38 ff.
552 So die Fälle LAG Berlin, a. a. O.
553 20.11.01, NZA 02, 992 und 16.5.07, NZA 07, 1296 Tz 40.
554 *EuGH* 8.6.94 Slg. 94, I-2479. BKMT-*Bachner,* § 4 Rn. 436.
555 Vgl. *Oberberg,* AuR 03, 71; *Schlachter,* FS Wißmann, S. 416; a. A. *Leuchten/Lipinski,* NZA 03, 1361.
556 23.9.03, NZA 04, 440 [444].
557 *BAG* 16.5.07, NZA 07, 1296 Tz 43.
558 20.12.83, AP Nr. 17 zu § 112 BetrVG 1972.
559 2.2.88, LAGE § 112 BetrVG Nr. 11.
560 Ebenso *H. Fuchs,* Sozialplan, S. 41.

IV. Der Inhalt des Sozialplans im Einzelnen

1. Ermessensspielraum von Betriebsparteien und Einigungsstelle – Mindestdotierung und Obergrenze

BR und AG sind grundsätzlich frei, den Inhalt des Sozialplans nach ihren Vorstellungen zu gestalten. So können sie (aber auch die ESt.) entscheiden, **welche Nachteile auszugleichen** sind und in welchem Umfang dies geschieht.[561] So kann die ESt. beispielsweise einen **Ausgleich dafür** vorsehen, dass **Anwartschaften** auf eine betriebliche Zusatzversorgung in Zukunft **nicht mehr ansteigen**[562] oder dass verfallbare **Anwartschaften** auf eine betriebliche Altersversorgung verloren gehen.[563] Sie kann sich auch bei andern Fragen vorwiegend auf Umstände stützen, die in der Vergangenheit liegen, sich also vom **Gedanken der Entschädigung** für den eingetretenen Rechtsverlust leiten lassen. Dies zu tun, besteht jedoch keine Verpflichtung. **Stattdessen** kann sie sich auch daran orientieren, dass die Betroffenen eine schwierige Zeit zu überbrücken haben und deshalb einen **Transfersozialplan** vorsehen (u. Rn. 227 ff.). Weiter können sie nach der Vermeidbarkeit von Nachteilen differenzieren.[564] Allerdings muss eine **»spürbare« Entlastung der AN** eintreten; nur dann kann von »Milderung« der wirtschaftlichen Nachteile die Rede sein.[565] Dieser Mindest- steht eine **Höchstgrenze** gegenüber: Mehr als einen vollen Ausgleich darf der Sozialplan nicht vorsehen;[566] es gibt ein Verbot der »Überkompensation«.[567] Die sich innerhalb dieses Rahmens bewegende Dotierung erfährt dann ggf. eine **Korrektur nach unten,** weil sie das UN **unvertretbar belasten** würde.[568] Für den Fall eines in der ESt. erzwungenen Sozialplans kleidet § 112 Abs. 5 Satz 1 dies in die Form einer Ermessensrichtlinie. Abs. 5 Satz 2 spezifiziert dies dann in vier Ziffern (u. Rn. 132 ff.). Dies gilt aber nur dann, wenn die **ESt. durch Spruch** entscheidet.[569] Auch bleibt in vielen Fällen letztlich offen, ob sich die ESt. eher an der Ober- oder eher an der Untergrenze bewegen soll. Billigem Ermessen entspricht es, die wirtschaftliche Belastbarkeit des UN auch hier (und nicht nur bei der Begrenzung des Volumens) zu berücksichtigen. Der Sozialplan muss schon seiner normativen Wirkung wegen **bestimmte Leistungen vorsehen** und darf diese nicht einfach davon abhängig machen, ob nach der Befriedigung der Gläubiger noch etwas übrig ist.[570] Steht der zur Verteilung kommende Gesamtbetrag noch nicht fest, so kommt allenfalls die **Festlegung eines gegen Manipulationen abgesicherten Verfahrens** in Betracht, wie die Verteilungsmasse bestimmt werden soll; andernfalls muss die ESt mit ihrer Entscheidung warten, bis klare Verhältnisse bestehen.[571] **128**

Bei **freiwilligen Sozialplänen,** die außerhalb wie innerhalb der ESt. zustande kommen können, ist der Spielraum größer. Ein UN kann sich ersichtlich nicht auf die Unvertretbarkeit einer Belastung berufen, mit der es sich freiwillig einverstanden erklärt hat. Wichtig ist demgegenüber auch hier die vom BAG entwickelte **Untergrenze** der »spürbaren« Entlastung der AN.[572] Würde sie unterschritten, wäre der Sozialplan unwirksam und es müssten neue Verhandlungen begonnen werden. Eine Orientierung an den Kriterien des Abs. 5 Satz 2 ist aber jedenfalls nicht ermessensmissbräuchlich.[573] **129**

Die Rechtsprechung verlangt bei Sozialplänen, die über die ESt. erzwungen werden, stärker als vor 1985 die Berücksichtigung der **besonderen Verhältnisse des Einzelfalls** und hat beispiels- **130**

---

561 *BAG* 29.11.78, 27.10.87 und 28.9.88, AP Nrn. 7, 41 und 47 zu § 112 BetrVG 1972; 14.9.94, DB 95, 430 = NZA 95, 440; *BAG* 2.10.07, NZA-RR 08, 242 Tz 17; *BAG* 6.11.07, NZA 08, 232 Tz 14.

562 *BAG* 29.11.78, AP Nr. 7 zu § 112 BetrVG 1972.

563 *BAG* 27.10.87, AP Nr. 41 zu § 112 BetrVG 1972; *LAG Hamm* 13.11.85, LAGE § 112 BetrVG 1972 Nr. 8.

564 *BAG* 20.5.08, NZA-RR 08, 636.

565 *BAG* 24.8.04, DB 05, 397.

566 *BAG* a. a. O.

567 *BAG* 22.1.13, NZA-RR 13, 409.

568 *BAG* a. a. O. Ebenso *BAG* 15.3.11, NZA 11, 1112 Tz. 18.

569 Vgl. *Küttner*, FS Stahlhacke, S. 293.

570 *BAG* 26.5.09, NZA-RR 09, 588.

571 *BAG* a. a. O.

572 *BAG* 24.8.04, DB 05, 397.

573 *BAG* 6.11.07, NZA 08, 232 Tz 18 für die Nr. 2.

weise dagegen Bedenken, für alle die gleiche Abfindung vorzusehen und dabei auch solche Personen einzubeziehen, die aus freien Stücken ausscheiden.[574] Unzulässig ist es, pauschal einen Betrag von 75 % eines Monatsgehalts pro Jahr der Betriebszugehörigkeit vorzusehen.[575] Demgegenüber hat das *BAG* noch 1979 entschieden, ein **Recht des AG zur fristlosen Kündigung könne** (müsse aber nicht) ein **Grund für den Ausschluss von den Sozialplanleistungen** sein.[576] Auf derselben Linie liegt es, wenn ausdrücklich betont wird, zwischen verschiedenen Betrieben eines UN gäbe es keine notwendige Gleichbehandlung.[577] Den Betriebsparteien steht es frei, für diejenigen eine **geringere Abfindung** vorzusehen, die einen **zumutbaren Arbeitsplatz ablehnen.**[578] Was »zumutbar« ist, folgt nicht aus § 121 SGB III, sondern bestimmt sich nach dem zwischen den Betriebsparteien Vereinbarten, wobei diese nicht einmal auf die familiäre Situation Rücksicht nehmen müssen.[579] Dies befriedigt wenig, wenn man die sehr viel strengeren Maßstäbe berücksichtigt, die beim in der ESt. beschlossenen Sozialplan gelten (u. Rn. 134 ff.) und die zum Teil grundrechtlich fundiert sind. Aus der Sicht der Betroffenen macht es keinen Unterschied, ob sich BR und AG absprechen oder ob eine Mehrheitsentscheidung in der ESt erfolgt. Nicht ermessensmissbräuchlich ist es schließlich, wenn **ältere AN** nur eine **Überbrückungszahlung** bis zum Rentenalter erhalten, während jüngere angesichts der ungewissen Aussichten auf dem Arbeitsmarkt bei der Bemessung der Abfindung stärker berücksichtigt werden (o. Rn. 101 f.). Noch weiter gingen Sozialpläne in den neuen Bundesländern, die die Bezieher von Altersübergangsgeld generell von Leistungen ausschlossen.[580] Zur Vereinbarkeit mit dem Verbot der Diskriminierung wegen Alters s. o. Rn. 101 f.

131 **Missbraucht die ESt. ihr Ermessen,** so kann die dadurch benachteiligte Seite nach § 76 Abs. 5 Satz 3 innerhalb von 2 Wochen das **ArbG anrufen.** Dies gilt auch für eine Verletzung der Richtlinien nach § 112 Abs. 5 Satz 2 Nr. 1 bis 3,[581] sowie dann, wenn der ESt. bei der Festlegung der Faktoren für die Höhe der Abfindung ein Rechtsirrtum unterlaufen ist.[582]

2. Richtlinien für den in der Einigungsstelle beschlossenen Sozialplan

a) Die Einzelfallorientierung nach § 112 Abs. 5 Satz 2 Nr. 1

132 Nach § 112 Abs. 5 Satz 2 Nr. 1 **soll in der Regel den Gegebenheiten des Einzelfalls Rechnung getragen** werden. Der Gesetzgeber griff damit eine bereits in der Rspr. vorhandene Tendenz auf, doch ist die Praxis bei pauschalen Abfindungssätzen geblieben, die sich zudem an vergangenheitsbezogenen Kriterien wie Lebensalter und Dauer der Betriebszugehörigkeit orientieren.[583] Die Begründungen versuchen, dies gleichwohl mit dem Gesetz und der Einzelfallorientierung in Einklang zu bringen: Zu beachten ist etwa, dass sich in vielen Fällen nicht exakt klären lässt, wie die wirtschaftlichen Nachteile des jeweils betroffenen einzelnen AN beschaffen sind; oft stellen sie sich erst nach Jahren endgültig heraus. Um eine unzumutbare Verlängerung des Verfahrens, aber auch eine weitgehende Aufdeckung persönlicher Lebensverhältnisse zu vermeiden, ist deshalb eine **pauschale Abgeltung von Nachteilen unvermeidbar.**[584] Bei Abfindungen, die wegen des Ausscheidens aus dem Betrieb und dem Zwang, einen neuen Arbeitsplatz zu suchen, vorgesehen werden, kann daher auf das **höhere Lebensalter** sowie auf die **Dauer der Betriebszugehörigkeit** abgestellt werden (zur diskriminierungsrechtlichen Seite s. o. Rn. 98 ff.).[585] Die lange Tätigkeit im Betrieb führt zu einer Spezialisierung im Hinblick

574 *LAG München* 19.3.86, EzA § 112 BetrVG 1972 Nr. 12.
575 *BAG* 14.9.94, DB 95, 430 = NZA 95, 440.
576 *BAG* 31.1.79, AP Nr. 8 zu § 112 BetrVG 1972.
577 *BAG* 23.8.88, AP Nr. 46 zu § 112 BetrVG 1972.
578 *BAG* 6.11.07, NZA 08, 232 = AiB 08, 673 mit Anm. *Zumbeck.*
579 *BAG* a. a. O.
580 *LAG Berlin* 9.12.92, DB 93, 1981; s. auch *BAG* 20.4.94, DB 94, 2039.
581 *Fitting,* Rn. 260; *Gamillscheg,* Kollektives Arbeitsrecht II S. 1140; *Rumpff/Boewer,* S. 378.
582 *BAG* 1.4.98, DB 98, 1471.
583 Zutreffend konstatiert bei *Willemsen,* FS Bauer, S. 1119 ff.
584 *BAG* 27.10.87, AP Nr. 41 zu § 112 BetrVG 1972; GK-*Oetker,* Rn. 462; *Reuter,* Sozialplan, S. 28.
585 *BAG* 23.4.85, AP Nr. 26 zu § 112 BetrVG 1972.

auf das dort benötigte Wissen, so dass eine Umstellung auf einen neuen Arbeitsplatz mit größeren Schwierigkeiten verbunden ist.[586] Nur auf die Dauer der Betriebszugehörigkeit abzustellen, ist allerdings unzulässig.[587] Besonders gute Chancen wie eine qualifizierte Ausbildung oder die Zugehörigkeit zu einem Mangelberuf sollten ebenso berücksichtigt werden[588] wie **besonders schlechte Chancen auf dem Arbeitsmarkt.** Letztere sind nicht nur bei Schwerbehinderten, sondern auch bei älteren AN und bei Alleinerziehenden[589] sowie bei gering Qualifizierten anzunehmen, doch wird dem in der Praxis nur selten Rechnung getragen. Eine pauschale Übernahme von Tarifregelungen, die diese Unterschiede nicht berücksichtigen, macht den Sozialplan rechtswidrig.[590]

Möglich und sinnvoll kann es sein, im Sozialplan eine nachträgliche Korrektur für den Fall **133** vorzusehen, dass sich bei einzelnen Beschäftigten die Verhältnisse ganz anders als angenommen entwickelt haben (**Besserungsklausel**). Ob derartiges vorgesehen wird, liegt jedoch ebenso wie die Einrichtung eines Härtefonds (unten Rn. 178 ff.) im Ermessen der Betriebsparteien bzw. der ESt.

b) Die zumutbare anderweitige Beschäftigung nach § 112 Abs. 5 Satz 2 Nr. 2

Satz 1 von § 112 Abs. 5 Satz 2 Nr. 2 wiederholt im Grunde nur, was sich bereits aus der **134** Einzelfallprüfung der Nr. 1 ergibt. Der in Satz 2 angesprochene **Ausschluss von Leistungen bei Ablehnung eines zumutbaren Arbeitsplatzes** ist demgegenüber von außerordentlich großer praktischer Bedeutung. Der Ausschluss darf sich allerdings nur auf solche Sozialplanleistungen beziehen, die den Verlust des Arbeitsplatzes ausgleichen oder mildern wollen. Die Vorschrift ermöglicht entsprechende Regelungen auch in einem nicht von der ESt. beschlossenen Sozialplan.[591]

Nr. 2 Satz 2 betrifft ausschließlich Arbeitsplätze im selben Betrieb, in einem anderen Betrieb **135** desselben UN oder in einem anderen UN desselben Konzerns. **Arbeitsplätze bei einem sonstigen AG spielen** insoweit **keine Rolle** und sind nur im Rahmen der allgemeinen Aussichten auf dem Arbeitsmarkt zu berücksichtigen.[592] Der Sozialplan kann allerdings vorsehen, dass derjenige keine Leistungen erhält, der einen **vom Arbeitgeber vermittelten Arbeitsplatz** bei einem Dritt-Unternehmen annimmt und dort auch über die Probezeit hinaus beschäftigt wird.[593] **Widerspricht** der AN ohne triftigen Grund dem **Übergang seines Arbeitsverhältnisses** nach § 613 a BGB und wird er deshalb gekündigt, so kann er nach der Rspr. von Sozialplanleistungen ausgeschlossen werden,[594] doch bedarf dies einer ausdrücklichen Regelung.[595] Dafür genügt es allerdings, dass AN, die einen zumutbaren Arbeitsplatz ablehnen, von Sozialplanleistungen ausgeschlossen werden.[596] Zu beachten ist, dass anders als in § 54 Abs. 1 nicht nur auf den sog. Unterordnungskonzern nach § 18 Abs. 1 AktG abgestellt wird; gemeint ist vielmehr der **allgemeine Konzernbegriff,** so dass auch sog. Gleichordnungskonzerne nach § 18 Abs. 2 AktG einbezogen sind.[597] **Wann eine Weiterarbeit innerhalb des Unternehmens- und Konzernrahmens zumutbar** ist, kann im Sozialplan selbst festgelegt werden.[598] Da die

586 Vgl. *Dorndorf,* S. 13 ff.
587 *BAG* 14.9.94, DB 95, 430 = NZA 95, 440.
588 Für obligatorische Minderung der Abfindung, wenn der AN bereits einen gleichwertigen Arbeitsplatz gefunden hat, ErfK-*Kania,* Rn. 33.
589 Vgl. *BVerfG* 24.4.91, NJW 91, 1667.
590 *LAG Niedersachsen* 4.5.00, AiB 00, 767 mit Anm. *v. Puttkamer.*
591 *Linsenmaier,* FS Etzel, S. 251.
592 *Fitting,* Rn. 267.
593 *BAG* 8.12.09, NZA 10, 351 Tz 22 ff. Ähnlich bereits *BAG* 19.6.96, DB 96, 2083 sowie *B. Kraushaar,* BB 00, 1622.
594 *BAG* 5.2.97, DB 97, 1623; bestätigt durch *BAG* 19.2.98, DB 98, 2224; *BAG* 12.7.07, NZA 08, 425 Tz 37 ff.; *BAG* 24.5.12, NZA 13, 277, 284 Tz 70. Bedenken u. Rn. 138.
595 *BAG* 15.12.98, NZA 99, 667.
596 *BAG* 5.2.97, BB 98, 158.
597 Zum Konzernbegriff und zu dem umfassenderen Begriff der verbundenen UN s. *K. Schmidt,* Gesellschaftsrecht, § 17 III.
598 *BAG* 28.9.88, AP Nr. 47 zu § 112 BetrVG 1972.

Betriebsparteien bzw. die ESt. jedoch nicht jeden beliebigen Arbeitsplatz als zumutbar qualifizieren können, sondern sich in gewissem Umfang an der gesetzlichen Regelung orientieren müssen, ist diese zunächst darzustellen. Auf sie ist in der Praxis sowieso zurückzugreifen, wenn der Sozialplan sich jeder Aussage über Zumutbarkeitskriterien enthält.

136 **Nicht anwendbar** ist im vorliegenden Zusammenhang die Zumutbarkeitsbestimmung des § 140 SGB III.[599] Sie verfolgt ausschließlich arbeitsmarktpolitische Ziele.[600] Maßgebend ist vielmehr die der gesetzlichen Regelung zugrunde liegende Erwägung, dass es sich um einen **im Prinzip gleichwertigen Arbeitsplatz** handeln muss.[601] Nur für einen solchen Fall ist es gerechtfertigt, den die Weiterbeschäftigung ablehnenden AN von Sozialplanleistungen auszuschließen und so entgegen § 112 Abs. 1 Satz 2 auf jeden Ausgleich und jede Milderung der wirtschaftlichen Nachteile zu verzichten. Zulässig (und u. U. sehr sinnvoll) ist auch eine Regelung, wonach den Betroffenen eine Abfindung für den Fall eingeräumt wird, dass sie einen an sich unzumutbaren Arbeitsplatz akzeptieren, dann aber nach Ablauf einer »Erprobungszeit« bis zu einem bestimmten Zeitpunkt doch ausscheiden.[602]

137 Die **Gleichwertigkeit** muss **in juristischer, beruflicher, finanzieller und persönlicher Hinsicht** gegeben sein.

138 Das **Angebot,** auf dem anderen Arbeitsplatz weiterzuarbeiten, muss **verbindlich** sein; bloße Aussichten und Erwartungen zählen nicht. Die bisherige **Betriebszugehörigkeit muss angerechnet** werden, ebenso müssen die (gesetzlichen oder vertraglichen) Kündigungsfristen erhalten bleiben.[603] Ist das **UN,** in dem der AN weiterarbeiten soll, **finanziell angeschlagen,** so fehlt es bereits deshalb an der Zumutbarkeit, es sei denn, das bisherige Arbeitgeberunternehmen würde eine **Rückkehrgarantie** gewähren.[604] Aus diesem Grund lässt sich auch die These des *BAG*[605] nicht halten, es sei in der Regel zumutbar, für einen Betriebsübernehmer nach § 613 a BGB weiterzuarbeiten.[606] An der Zumutbarkeit fehlt es insbes. dann, wenn der Erwerber des Betriebs oder Betriebsteils eine baldige Kündigung in Aussicht stellt und der AN daraufhin dem Übergang seines Arbeitsverhältnisses widerspricht.[607] Auch ist in Zukunft zu beachten, dass ein widersprechender Arbeitnehmer seinen kündigungsschutzrechtlichen Status nach der neuesten Rspr.[608] behält und in vollem Umfang in die soziale Auswahl einzubeziehen ist; dies legt es nahe, ihn auch im Bereich des Sozialplans wie jemanden zu behandeln, dem keine Alternative angeboten wurde. Dafür spricht insbesondere § 612 a BGB; im Gegensatz zu demjenigen, der nicht widerspricht und deshalb einen Arbeitsplatz behält, bleibt der sein Widerspruchsrecht Ausübende ohne Arbeitsplatz und ohne Abfindung.[609]

139 **In beruflicher Hinsicht** muss die neue Tätigkeit der **Vorbildung** und **Berufserfahrung** des AN entsprechen.[610] Unschädlich ist es, wenn am neuen Arbeitsplatz eine andere spezielle Berufserfahrung verlangt wird, die bisherige und die künftige Tätigkeit aber auf einer gemeinsamen Berufsausbildung aufbauen.[611] Das soziale Ansehen einer Arbeit wird insbesondere durch die tarifliche Eingruppierung bestimmt,[612] wobei aber auch die Vorgesetztenfunktion und die mit der Arbeit verbundene Verantwortung berücksichtigt werden müssen. Eine Herabgruppierung ist allenfalls dann akzeptabel, wenn die Tätigkeit gleichzeitig Vorteile bietet –

---

599 *BAG* 6.11.07, NZA 08, 232 Tz 25; ebenso ErfK-*Kania,* Rn. 34; *Fitting,* Rn. 270; *Linsenmaier,* FS Etzel, S. 251.

600 Ebenso für die frühere Zumutbarkeitsanordnung *BAG* 18.4.96, DB 97, 781; *LAG Hamm* 25.1.90, LAGE § 112 BetrVG 1972 Nr. 15; *LAG Düsseldorf* 23.10.86, DB 87, 1255; *Spinti,* S. 54; a. A. *Löwisch,* BB 85, 1205; vermittelnd *Berenz,* NZA 93, 541 f.

601 *Etzel,* Rn. 1055.

602 *BAG* 20.4.10, NZA 10, 1018 = dbr 1/11 S. 36.

603 *Berenz,* NZA 93, 541; ErfK-*Kania,* Rn. 35; *Etzel,* Rn. 1055; *Fitting,* Rn. 269.

604 *LAG Hamm* 25.1.90, LAGE § 112 BetrVG 1972 Nr. 15.

605 5.2.97, BB 97, 2167.

606 Zu undifferenziert auch *Jaeger,* BB 88, 1036; wie hier im Prinzip *Belling/Collas,* NJW 91, 1921.

607 *BAG* 24.11.93, DB 93, 2436.

608 *BAG* 31.5.07, NZA 08, 33.

609 Nicht bedacht bei *BAG* 12.7.07, NZA 08, 425 Tz 47.

610 *BAG* 15.10.83, AP Nr. 18 zu § 111 BetrVG 1972.

611 *BAG* 8.12.76, AP Nr. 3 zu § 112 BetrVG 1972.

612 *BAG* 25.10.83, AP Nr. 18 zu § 112 BetrVG 1972.

sei es durch die bessere Stellung in der Hierarchie, sei es durch erhöhte zeitliche Spielräume, sei es durch weniger belastende Arbeitsbedingungen.

Die **wirtschaftliche Gleichwertigkeit** ist bei gleicher Lohn- und Gehaltsgruppe meist gegeben. **140**
Der **Wegfall von Überstunden** ändert nichts an der Zumutbarkeit,[613] wohl aber der **Wegfall von** nicht ganz geringfügigen **Zulagen**[614] und von Sonderzahlungen.[615] Erfolgt eine Abgruppierung, sind zumindest Ausgleichszahlungen vorzusehen.[616] Lediglich in einem TV kann vorgesehen werden, dass auch ein **Teilzeitarbeitsplatz** mit $^3/_4$-Deputat unter bestimmten Umständen akzeptiert werden muss, ansonsten ist er nicht »gleichwertig«.[617] Eine Herabsetzung von 37,5 % ist auch bei tariflicher Ermächtigung grundsätzlich nicht mehr zumutbar. Dies gilt insbes. dann, wenn das gesamte Arbeitsvolumen nur um 25 % geschrumpft war.[618] Im Übrigen stellt das BAG sehr stark auf die Umstände des Einzelfalls ab; so sah es die Absenkung um 25 % als akzeptabel an, weil gleichzeitig versprochen wurde, beim Ausscheiden einer bestimmten Vollzeitkraft würde der Betroffene deren Stelle bekommen.[619] Die Tätigkeit in einer Transfergesellschaft (unten Rn 261 ff.) ist niemals wirtschaftlich gleichwertig.[620]

Was **persönliche Gründe** betrifft, so legt das Gesetz selbst fest, dass ein **Ortswechsel** keineswegs generell unzumutbar ist. Dies ist jedoch dann anders, wenn **besondere Umstände** wie relativ hohes Lebensalter (ab 50), pflegebedürftige Familienangehörige oder ortsgebundene Berufstätigkeit des Ehegatten oder des nichtehelichen Partners vorliegen. Auch für **schwerbehinderte Menschen** und AN mit Kindern in Schulausbildung[621] dürfte ein Ortswechsel häufig nicht zumutbar sein.[622] Die Betriebsparteien müssen nach Auffassung des *BAG*[623] auf familiäre Bindungen aber keine Rücksicht nehmen, da Art. 6 GG dies nicht verlange. Dies überzeugt nicht, da auch bei typisierender Betrachtung Verheiratete durch einen Ortswechsel häufig in Schwierigkeiten kommen, die bei allein Lebenden von vorne herein ausscheiden. Dies zu ignorieren, entbehrt des sachlichen Grundes und verstößt deshalb gegen Art. 3 Abs. 1 GG. Auch will nicht einleuchten, weshalb zwar nicht hier, wohl aber bei der Berechnung der Betriebszugehörigkeit Art. 6 Abs. 1 GG zwingend Berücksichtigung verlangt (oben Rn. 104). Eine **Tätigkeit bei einer ausländischen Niederlassung dürfte** nur ausnahmsweise in Betracht kommen; von einer »Regelvermutung« zugunsten der Zumutbarkeit kann hier nicht ausgegangen werden. **141**

Diejenigen, die einen zumutbaren Arbeitsplatz ablehnen, von den Sozialplanleistungen auszuschließen, wird normalerweise als **verfassungskonform** angesehen.[624] Dies verkennt, dass zu der durch Art. 12 Abs. 1 GG garantierten freien Wahl des Arbeitsplatzes nicht nur das Recht gehört, von sich aus zu kündigen und einen anderen Arbeitsplatz anzunehmen, sondern auch das **Recht, einen angebotenen Arbeitsplatz ausschlagen zu können.**[625] Beide Rechte genießen den gleichen Schutz. Das »Recht, sich zu verändern«, darf aber nach ständiger Rspr. des *BAG* nicht dadurch beeinträchtigt werden, dass beispielsweise in unzumutbarem Umfang Gratifikationen und andere Sonderzahlungen zurückbezahlt werden müssen.[626] Die Vorenthaltung einer Sozialplanabfindung kann aber eine sehr viel weitergehende und schmerzlichere Sanktion sein. Dazu kommt, dass die Freizügigkeit des Art. 11 GG auch die Befugnis enthält, seinen Lebensmittelpunkt nicht ändern zu müssen.[627] Auch dieses Grundrecht wird in nicht zu **142**

---

613 *Fitting,* Rn. 271; ErfK-*Kania,* Rn. 35.
614 Vgl. *Etzel,* Rn. 1055.
615 *BAG* 8.12.09, NZA 10, 351.
616 *BAG* 27.10.87, AP Nr. 41 zu § 112 BetrVG 1972; *Fitting,* Rn. 271.
617 *BAG* 18.4.96, DB 97, 781.
618 *BAG* 13.5.97, DB 97, 2627.
619 *BAG* 18.4.96, DB 97, 781.
620 *Ehrich/Fröhlich* Teil H Rn 221.
621 S. den Fall *BAG* 15.2.03, NZA 03, 1034.
622 Zum Ganzen siehe *Fitting,* Rn. 272; GK-*Oetker,* Rn. 475.
623 6.11.07, NZA 08, 232 Tz 28 f.
624 *BAG* 8.12.76, AP Nr. 3 zu § 112 BetrVG 1972 mit Anm. *Wiedemann/Willemsen.*
625 Vgl. *BVerfG* 24.4.91, NJW 91, 1667.
626 Nachweise bei *Däubler,* Arbeitsrecht 2, Rn. 790 ff.
627 Dazu Dreier-*Pernice,* Art. 11 Rn. 10; v. Münch-*Kunig* Art. 11 Rn. 16; *Däubler,* Arbeitsrecht 2, Rn. 1267.

rechtfertigender Weise verletzt, wenn man dem einzelnen gegen seinen Willen einen Ortswechsel zumutet. Die Rspr. wird sich damit in Zukunft auseinandersetzen müssen.[628]

143 Geht man aus pragmatischen Gründen von den bisherigen Grundsätzen aus, so **handelt der AN,** der einen angebotenen Arbeitsplatz ablehnt, **auf eigene Gefahr.** Er kann zwar seine Sozialplanabfindung mit dem Argument einklagen, das Angebot sei unzumutbar gewesen, doch besteht das Risiko, dass das Gericht seine Einschätzung nicht teilt. Nimmt er einen objektiv unzumutbaren Arbeitsplatz an, steht ihm andererseits jedenfalls nicht die volle Abfindung zu, da er ja nicht zu den Entlassenen gehört. Die Vermeidung einer solchen Zwangslage kann Grund sein, dass BR und AG die Zumutbarkeitskriterien näher bestimmen. Allerdings ist zu fragen, ob es überhaupt mit Recht und Billigkeit i. S. des § 75 Abs. 1 zu vereinbaren ist, wenn der **einen unzumutbaren Arbeitsplatz Annehmende** schlechter gestellt ist als ein AN, der seine Kündigung lediglich hinnimmt. Es ist daher zu empfehlen, die Anforderungen an einen zumutbaren Arbeitsplatz festzulegen und bei deren Unterschreitung die volle Abfindung vorzusehen.

144 Die Rspr. hatte sich bisher vorwiegend mit **Sozialplänen** zu befassen, in denen den AN **weitergehende Veränderungen zugemutet** wurden.[629] Die ESt. soll den Kreis der in Betracht kommenden Arbeitsplätze dadurch erweitern können, dass sie die **persönlichen Gründe** des Einzelnen **aus der Zumutbarkeitsprüfung ausklammert**[630] oder auf die Fälle der Schwerbehinderung und der Existenz eines im Haushalt des Arbeitnehmers lebenden pflegebedürftigen Angehörigen beschränkt.[631] Dies ist aber nur dann nicht »unbillig« im Sinne des § 75 Abs. 1, wenn dem aus persönlichen Gründen Ablehnenden noch eine nicht ganz unerhebliche Abfindung verbleibt.[632] Auch die finanzielle Gleichwertigkeit des neuen Arbeitsplatzes steht in gewissem Umfang zur Disposition; ein »**etwas geringer bezahlter Arbeitsplatz**« könne im Sozialplan für zumutbar erklärt werden,[633] doch gibt es auch Fälle, in denen die Zumutbarkeit nur bei Gewährung der bisherigen »effektiven Entlohnung«, also bei Aufrechterhaltung der Gesamtvergütung bejaht wird.[634] Eine **Abgruppierung** um zwei oder mehr Lohngruppen dürfte gleichwohl unzumutbar bleiben. Nicht zur Disposition steht auch die juristische Gleichwertigkeit des neuen Arbeitsplatzes. Rechtliche Bedenken bestehen gegen derartige Abmachungen insoweit, als § 112 Abs. 5 Satz 2 Nr. 2 an keiner Stelle die gesetzlichen Zumutbarkeitsmaßstäbe zur Disposition der Betriebsparteien stellt. Weiter sind die verfassungsrechtlichen Bedenken (dazu Rn. 142) hier noch gravierender.

145 Sinnvoll ist es dagegen, im Sozialplan eine **paritätisch besetzte Personalkommission** einzurichten, die über die Zumutbarkeit einzelner Arbeitsplätze entscheidet. Entsprechende Bestimmungen sind in der Praxis üblich[635] und zulässig.[636] Ist kein neutraler Vorsitzender vorgesehen, kann eine **Pattsituation** entstehen, wenn die AN-Vertreter den Arbeitsplatz für unzumutbar, die AG-Vertreter ihn jedoch für zumutbar halten. Der Sozialplan **kann** vorsehen, dass damit die Zumutbarkeit ausscheidet, **muss dies aber nicht** tun. Trifft er keine Lösung, findet § 319 Abs. 1 Satz 2 BGB entsprechende Anwendung, so dass eine Entscheidung durch das Gericht erfolgt.[637] Eine andere Frage ist, ob die Entscheidung der Personalkommission nicht nur moralische, sondern rechtliche Verbindlichkeit hat; im Ergebnis wirkt sich ihre Tätigkeit wie die eines Schiedsgerichts aus (zu seiner Unzulässigkeit s. o. Rn. 113). Das *BAG* hat die Frage dahinstehen lassen.[638] Eine zulässige **Schiedsgutachtenabrede** liegt dagegen vor, wenn die

---

628 Zum positiven Recht auf Freizügigkeit und seiner tariflichen Beschränkung s. *BAG* 7.6.06, NZA 07, 343.

629 Ausnahme: *BAG* 15.1.91, DB 91, 1526, wo die normalen Abfindungen auch für diejenigen vorgesehen waren, die die Versetzung von Mannheim nach Essen abgelehnt hatten.

630 *BAG* 25.10.83, 28.9.88, AP Nrn. 18 und 47 zu § 112 BetrVG 1972; ebenso für einen TV *BAG* 26.10.95, DB 96, 835.

631 *BAG* 6.11.07, NZA 08, 232.

632 Zutreffend *LAG Hamm* 18.1.06, NZA-RR 06, 304.

633 *BAG* 28.9.88, AP Nr. 47 zu § 112 BetrVG 1972.

634 *BAG* 8.12.09, NZA 10, 351.

635 *Rumpff/Boewer*, S. 381.

636 MünchArbR-*Matthes*, 2. Aufl., § 362 Rn. 30.

637 *BAG* 8.12.76, AP Nr. 3 zu § 112 BetrVG 1972.

638 8.12.76, AP Nr. 3 zu § 112 BetrVG 1972.

gesundheitlichen Gründe, die gegen einen anderen Arbeitsplatz sprechen, durch amtsärztliches Zeugnis belegt werden müssen,[639] doch darf diesem nicht die Entscheidung über die Zumutbarkeit übertragen werden.[640]

Maßgebender **Zeitpunkt für die Beurteilung der Zumutbarkeit** ist der Ausspruch der Kündigung; hätte der AN in diesem Augenblick den anderen Arbeitsplatz annehmen können, ist er zu Recht von Sozialplanleistungen ausgeschlossen worden.[641] **146**

Sind **weniger Arbeitsplätze als Interessenten** vorhanden, so kann an sich der AG entscheiden, wem er einen Arbeitsplatz anbietet, muss dabei allerdings die Grundsätze der Billigkeit beachten.[642] Möglich und sinnvoll ist jedoch auch, im Sozialplan eine gemeinsame Auswahl durch BR und AG nach sozialen Gesichtspunkten vorzusehen.[643] **147**

Wird ein AN aufgrund der Betriebsänderung gekündigt, so kann insbesondere bei gut dotierten Sozialplänen das Problem auftreten, dass der **AG nachträglich** doch noch einen **zumutbaren Arbeitsplatz entdeckt** und ihn dem AN anbietet. Da dieser häufig schon anders disponiert haben wird, muss er sich darauf nicht mehr einlassen; durch eine Ablehnung setzt er also seine Abfindung nicht mehr aufs Spiel. Erst recht gilt dies, wenn die Abfindung bereits ausbezahlt ist. **148**

c) Die Berücksichtigung von Fördermöglichkeiten, insbes. gemäß SGB III nach § 112 Abs. 5 Satz 2 Nr. 2 a

Die mit dem BetrVerf-ReformG 2001 eingefügte Soll-Vorschrift will die sozialrechtlichen Fördermöglichkeiten zum Gegenstand der Sozialplanverhandlungen machen. Sie greift damit Ansätze aus der Praxis auf. Wie diese beschaffen sind, ist unter VIII (Rn. 227 – 273) im Einzelnen abgehandelt. Darauf ist an dieser Stelle zu verweisen. **149**

d) Die wirtschaftliche Vertretbarkeit für das Unternehmen im Sinne des § 112 Abs. 5 Satz 2 Nr. 3

§ 112 Abs. 5 Satz 1 verpflichtet die ESt., auf die wirtschaftliche Vertretbarkeit ihrer Entscheidung für das Unternehmen zu achten. Satz 2 Nr. 3 zieht daraus die Konsequenz, dass der Gesamtbetrag der Sozialplanleistungen nicht so bestimmt werden darf, dass der Fortbestand des Unternehmens oder die verbleibenden Arbeitsplätze gefährdet werden. Diese Konkretisierung ist mit Recht als **Selbstverständlichkeit** bezeichnet worden.[644] **150**

Die Konkretisierung des Pauschalmaßstabs der »wirtschaftlichen Vertretbarkeit« macht einige Probleme.[645] Es handelt sich um eine **»flexible Obergrenze« für das Sozialplanvolumen,**[646] deren Bestimmung noch größere Schwierigkeiten als die der »Zumutbarkeit« macht. **151**

Unproblematisch ist zunächst die Feststellung, dass es auf die **Situation des UN,** nicht die des Betriebs ankommt.[647] Bei dem von mehreren Unternehmen geleiteten **Gemeinschaftsbetrieb** ist auf die wirtschaftlichen Möglichkeiten aller beteiligten Unternehmen abzustellen.[648] Weiter sind die Verhältnisse zu dem **Zeitpunkt** zugrunde zu legen, **zu dem** der **Sozialplan aufgestellt** wird.[649] Sind in diesem Moment die **möglichen Nachteile noch nicht absehbar**, so ist eine **152**

---

639 *LAG Bremen* 12.1.99, AiB 00, 108.
640 *BAG* 14.12.99, AuR 00, 316.
641 *LAG Hamm* 25.1.90, LAGE § 112 BetrVG 1972 Nr. 15.
642 Vgl. *BAG* 15.12.94, DB 95, 878.
643 Siehe auch den Fall *BAG* 12.2.87, AP Nr. 67 zu § 613 a BGB.
644 *Spinti,* S. 59.
645 Dies verdeutlicht *Friedemann,* Rn. 467 ff.Unproblematisch ist das Verbot der Überkompensation – o. Rn. 128. Wenig weiterführend *Giese,* FS Wißmann, S. 314 ff., der die Rspr. des 1. Senats überdies in unangemessener Weise kritisiert.
646 *Wlotzke,* NZA 84, 221.
647 *BAG* 15.3.11, NZA 11, 1112 Tz. 20; *Fuchs,* S. 110; MünchArbR-*Matthes,* § 270 Rn. 20; *Teichmüller,* Betriebsänderung, S. 89.
648 Zustimmend *Gaul,* NZA 03, 695 [700], dahingestellt in *BAG* 12.11.02, NZA 03, 676 [678].
649 *Spinti,* S. 59.

Orientierung an anderen Sozialplänen im Unternehmen oder Konzern vorzunehmen; bei konstanter wirtschaftlicher Entwicklung kann deren Fortbestand unterstellt werden.[650] Für den Fall nicht absehbarer grundlegender Veränderungen kann eine Ausstiegsklausel vereinbart werden. Bei Einzelkaufleuten und persönlich haftenden **Gesellschaftern von OHG und KG** ist nicht nur nach dem Betriebs-, sondern auch nach dem **Privatvermögen** zu fragen: Da dieses für alle Verbindlichkeiten haftet, ist es auch bei der Bemessung von Sozialplanleistungen heranzuziehen.[651] Die haushaltsrechtlichen Grenzen von **Zuwendungsgebern** sind nicht relevant.[652] **Nach** den bisher vorliegenden Aussagen des **BAG müssen sehr gravierende Nachteile drohen, um ein bestimmtes Sozialplanvolumen als nicht mehr »vertretbar« anzusehen.** Die Tatsache, dass die Sozialplanmittel nicht mehr für andere Zwecke wie z. B. für Ersatzinvestitionen zur Verfügung stehen, spielt – da selbstverständlich – keine Rolle.[653] Vor Erlass des SozplKonkG stellte das *BAG* bei der Bemessung von Sozialplanleistungen im Konkurs auf die Interessen der Konkursgläubiger ab;[654] gleichwohl konnte es gerechtfertigt sein, dass die gesamte verfügbare Masse für den Sozialplan vorgesehen wurde und die Konkursgläubiger so leer ausgingen.[655] Wichtig ist auch, ob die Betriebsänderung aus wirtschaftlichen Zwängen heraus erfolgte oder auf einer **freien Entscheidung der Eigentümer oder ihrer Repräsentanten** beruhte, die ihre Gewinnchancen steigern wollen. Im zweiten Fall, der etwa bei einem geplanten Börsengang oder bei der Verlagerung eines rentablen UN ins Ausland vorliegt, ist es nach zutreffender Auffassung von *Wenning-Morgenthaler*[656] gerechtfertigt, die den betroffenen AN in einem Zeitraum von fünf Jahren entstehenden Nachteile auszugleichen.

153 In jüngerer Zeit hat das *BAG* die Sozialplankosten mit den **Einsparungen** verglichen, die **durch die Betriebsänderung** erzielt wurden; die Tatsache, dass der Sozialplan in etwa die Einsparungen eines Jahres aufzehrte, blieb unbeanstandet.[657] Weiter wurde betont, durch einen Sozialplan der ESt. könne der AG gegen seinen Willen **so belastet** werden, **»dass dies für die Ertragskraft des Unternehmens einschneidend ist«**.[658] Die *BAG*-Position überzeugt auch deshalb, weil § 112 bei bescheidenen oder gar bei bloß symbolischen Beträgen seine Steuerungsfunktion (§ 111 Rn. 4) nicht erfüllen könnte. Dass das UN gleichwohl erhalten werden muss, war schon bisher Konsens;[659] auch für die Arbeitsplätze der nicht von der Betriebsänderung erfassten AN wurde dasselbe angenommen.[660] Wo im konkreten Fall die Grenze verläuft, ist damit schon angesichts der sehr unterschiedlichen Situation in den einzelnen UN auch nicht annäherungsweise gesagt.[661] Die Komplexität des Problems kann dadurch etwas reduziert werden, dass man gewissermaßen induktiv für eine Reihe mehr oder weniger typischer Situationen Grundsätze aufstellt, in denen die **Belastung plausibel oder nicht mehr plausibel** erscheint. Nützliche Tipps für Argumentationsstrategien bei *Gschwendtner.*[662]

154 Die Gegenüberstellung von Einsparungen und Sozialplankosten bringt insbesondere dann überzeugende Ergebnisse, wenn ein gut gehendes UN einen schlecht gehenden Betrieb stillegt,

---

650 *LAG Schleswig-Holstein* 22.1.14, juris und BB 14, 883 (Ls.).

651 *Fuchs,* Sozialplan, S. 111; *Teichmüller,* Betriebsänderung, S. 89; ebenso *BAG* 8.7.72, AP Nr. 157 zu § 242 BGB Ruhegehalt für den Bereich der betrieblichen Altersversorgung.

652 *v. Puttkamer,* AiB 00, 769.

653 *BAG* 22.5.79, AP Nr. 4 zu § 111 BetrVG 1972 Bl. 7 R.

654 *BAG* 13.12.78, AP Nr. 6 zu § 112 BetrVG 1972.

655 *BAG* 30.10.79, AP Nr. 9 zu § 112 BetrVG 1972.

656 *Wenning-Morgenthaler,* Rn 1197.

657 *BAG* 27.10.87, AP Nr. 41 zu § 112 BetrVG 1972; ähnlich *LAG Niedersachsen* 4.5.00, AiB 00, 769 und *BAG* 15.3.11, NZA 11, 1112 Tz 21.

658 *BAG* 17.10.89, AP Nr. 29 zu § 111 BetrVG 1972, Bl. 3; einschränkend *Glaubitz,* FS Hanau, S. 406, wonach eine ungenügende Rentabilität höchstens für ein Jahr in Kauf zu nehmen sei.

659 Vgl. *Dorndorf,* S. 22.

660 *Fuchs,* Sozialplan, S. 110; *Spinti,* S. 59; *Teichmüller,* Betriebsänderung, S. 88.

661 Dies gilt auch für die jüngsten Aussagen des *BAG* (22.1.13, NZA-RR 13, 409 Tz. 18), wonach die Sozialplanverbindlichkeiten nicht »zu einer Illiquidität, zur bilanziellen Überschuldung oder zu einer nicht mehr vertretbaren Schmälerung des Eigenkapitals« führen dürfen. Die erneute Erwähnung des »Vertretbaren« signalisiert eine gewisse Unsicherheit.

662 AiB 05, 486 ff.

wenn eine Betriebseinschränkung im Wege des Personalabbaus erfolgt oder wenn neue Techniken eingeführt werden (Fälle von § 111 Satz 3 Nrn. 4 und 5). Dabei ist die »Jahresersparnis« keineswegs eine Höchstgrenze; bei Veränderungen, die auf langfristige Wirkungen angelegt sind, kann auch ein weitergehender Aufzehreffekt akzeptiert werden.[663] Nicht entscheidend ist, ob das Unternehmen durch den Einspareffekt in die schwarzen Zahlen kommt (oder nie in den roten Zahlen war); dass **wirtschaftlich gesehen** die **Betriebsänderung dann erst nach ein bis zwei Jahren greift,** ist hinzunehmen, sofern nicht ausnahmsweise weitere nachteilige Folgen wie die Sperrung von Fremdmitteln usw. drohen. Ist Letzteres der Fall oder ist der Einspareffekt relativ gering, so dass die wirtschaftlichen Nachteile der AN nicht ausgeglichen werden können, muss nach anderen Lösungen gesucht werden.[664]

Von erheblichem Interesse kann weiter sein, **wie das UN selbst seine Belastbarkeit** durch **155**
einen Sozialplan **einschätzt.** Dies kann in einem »Abfindungsplan« des AG zum Ausdruck kommen (vgl. o. Rn. 118 f.). Das *BAG* geht weiter als selbstverständlich davon aus, dass Unternehmen für Sozialpläne »**Rücklagen**« bilden.[665] In der Praxis kommen allerdings nur Rückstellungen vor,[666] doch können auch diese wichtige Anhaltspunkte dafür bieten, was das UN selbst ohne größere Schwierigkeiten leisten kann.[667] In der **Steuerbilanz** können allerdings Sozialplanrückstellungen erst von dem Zeitpunkt an gemacht werden, in dem der BR von der geplanten Betriebsänderung unterrichtet wurde (Abschnitt 31 a Abs. 9 EStR), doch sind in der **Handelsbilanz** sehr viel frühere Festlegungen möglich.[668] Dabei ist äußerst unwahrscheinlich, dass das UN schon hier bis zu den Höchstbeträgen geht, deren Überschreitung zu unvertretbaren Ergebnissen führen würde.[669]

Maßstäbe für die Belastbarkeit des UN lassen sich weiter aus der **Existenz eines »Sparplanes«** **156**
gewinnen, in dem auch anderen Beteiligten Opfer abverlangt werden. Das *BAG* hat eine Kürzung betrieblicher Altersrenten wegen wirtschaftlicher Schwierigkeiten des UN nur dann zugelassen, wenn ein durch betriebswirtschaftliches Gutachten untermauertes **Sanierungskonzept** vorgelegt wurde, aus dem sich ergab, dass auch die weiter im UN Arbeitenden, die leitenden Angestellten, die Vorstandsmitglieder, aber auch die Eigentümer Opfer erbringen.[670] In ähnlicher Weise wird betont, dass eine **Änderungskündigung zum Abbau übertariflicher Leistungen** nur dann aus dringenden betrieblichen Erfordernissen gerechtfertigt ist, wenn auch andere Maßnahmen ergriffen werden, um die finanzielle Situation des UN zu verbessern.[671] In der UN-Krise sollen offensichtlich **nicht allein** (bestimmte) **AN Opfer** bringen.[672] Müssen Beschäftigte auf Grund einer Betriebsänderung ausscheiden oder andere wirtschaftliche Nachteile in Kauf nehmen, haben sie bereits ein Opfer erbracht; ihnen keinen vollen Ausgleich zu gewähren, ist solange nicht gerechtfertigt, als beispielsweise die bisherige Dividende weiterbezahlt wird und auch die Vorstandstantiemen und die übertariflichen Vergütungen der weiter im Unternehmen Tätigen unberührt bleiben.

Führen diese Überlegungen nicht weiter, so ist danach zu fragen, **welche Dispositionen das** **157**
UN treffen kann, ohne dadurch einen dauerhaften Schaden zu erleiden. *v. Hoyningen-Huene*[673] hat mit Recht zwischen »notwendigen« und »nützlichen« **Investitionen** unterschieden: Die Ersteren müssen für die Erhaltung der Substanz und der Wettbewerbsfähigkeit des UN getätigt werden, die Letzteren können wegen des Sozialplans verschoben werden oder unterbleiben. Dieselbe Differenzierung nimmt er bei **Beteiligungen** und beim **Anlagevermögen** vor:[674] Grundstücke oder Wertpapierbestände, die nicht dringend erforderlich sind,

663 Zustimmend *BAG* 6.5.03, NZA 04, 108 [112].
664 Vgl. auch *Hohenstatt/Stamer,* DB 05, 2413, wonach der Einspareffekt kein zwingender Maßstab ist.
665 13.6.89, AP Nr. 3 zu § 112 a BetrVG 1972.
666 *H. Schmidt,* S. 170.
667 S. den bei *Nick,* S. 209 Fn. 62, mitgeteilten Fall, wonach die Fa. Philips Kommunikationsindustrie für einen Sozialplan Rückstellungen in Höhe von 150 Mio. DM machte.
668 Vgl. die Übersicht bei *H. Schmidt,* S. 276 f.
669 Für Irrelevanz dieser Festlegungen *Hohenstatt/Stamer,* DB 05, 2413.
670 *BAG* 10.12.71, 24.11.77, AP Nrn. 154, 177 zu § 242 BGB Ruhegehalt.
671 Nachweise bei KR-*Rost,* § 2 KSchG Rn. 107 a f.; KDZ-*Zwanziger,* § 2 KSchG Rn. 172 ff.
672 Dazu *Meinhold,* S. 175 ff., 297 ff.
673 RdA 86, 106 ff.
674 A. a. O., S. 109.

können zum Zwecke der Dotierung des Sozialplans durchaus veräußert werden.[675] So kann es z. B. zumutbar sein, das Geschäftshaus zu veräußern, wenn gleichzeitig sichergestellt wird, dass der Erwerber zur Rücküberlassung im Wege eines langfristigen Mietvertrags bereit ist.[676] Schließlich kann es vertretbar sein, Fremdmittel in Anspruch zu nehmen; in der Literatur wird insoweit die Aufstellung eines auf zwei bis drei Jahre befristeten **Finanzplans** empfohlen.[677] Dabei dürfte ein wichtiger, den Banken bekannter Gesichtspunkt sein, wie die Selbstfinanzierungsquote in anderen UN derselben Branche beschaffen ist. Ohne zumindest zwei erfolglose Versuche, die Finanzierung des Sozialplans durch einen Bankkredit sicherzustellen, kann nicht von einer Unvertretbarkeit für das UN gesprochen werden. Auch ist in schwierigen Fällen daran zu denken, die Sozialplanleistungen zeitlich zu strecken[678] und die AN-Ansprüche dabei dinglich abzusichern (dazu unten Rn. 185).

158 Bleiben Zweifel an der wirtschaftlichen Vertretbarkeit, ist ein **betriebswirtschaftlicher Sachverständiger** beizuziehen.[679] Dabei hat er neben den eben skizzierten Grundsätzen auch die Aussage des BAG zu berücksichtigen, »auch **einschneidende Belastungen bis an den Rand der Bestandsgefährdung**« könnten möglich sein.[680] Wäre die Existenz des Unternehmens gefährdet, kann ggf. auch die Mindestdotierung (o. Rn. 128) unterschritten werden.[681]

3. Mögliche Regelungsinhalte

159 Im Rahmen der beschriebenen Grenzen sind sehr vielfältige Sozialpläne denkbar. **Patentlösungen,** die auf alle denkbaren Konstellationen passen, **existieren nicht.** Bestehende Sozialpläne[682] können jedoch wichtige Anregungen geben und dafür sorgen, dass kein wichtiger Regelungsbereich vergessen wird.[683] Die wichtigsten Klauseln sollen im Folgenden dargestellt werden.

a) Keine Obergrenze entsprechend § 113

160 Bei der Konzipierung eines Sozialplans ist zu beachten, dass es **keine starre Obergrenze** für die Leistungen an den Einzelnen gibt. Die Grenze des § 113 ist nicht entsprechend anwendbar.[684] Quantitative Grenzen ergeben sich nur aus dem **Zweck des Sozialplans,** wirtschaftliche Nachteile der AN auszugleichen, sowie aus der wirtschaftlichen Vertretbarkeit für das Unternehmen. Zulässig ist es allerdings, in den Sozialplan eine sog. **Höchstbetragsklausel** aufzunehmen, wonach die Abfindung einen bestimmten absoluten Betrag (z. B. 80 000 €) oder ein bestimmtes Vielfaches des Monatsgehalts nicht übersteigen darf;[685] hierin liegt auch keine unzulässige Benachteiligung wegen Alters (näher o. Rn. 101 f.).[686] Dabei kann vorgesehen werden, dass die überschießenden Beträge in einen besonderen Fonds fließen, der nach spezifischen Kriterien verteilt oder zur Finanzierung neuer Arbeitsplätze verwendet wird.

---

675 Ähnlich *Glaubitz,* FS Hanau, S. 407.

676 Vgl. auch *BAG* 6.5.03, NZA 04, 108 [113] unter II 2 e) cc) (4) (c) der Gründe.

677 *Drukarczyk,* RdA 86, 118.

678 *Teichmüller,* Betriebsänderung, S. 89.

679 *v. Hoyningen-Huene,* RdA 86, 110; *Rumpff/Boewer,* S. 395.

680 *BAG* 6.5.03, NZA 04, 108 = AiB 05, 124 mit Anm. *Bachner/Solanek.*

681 *BAG* 24.8.04, DB 05, 397 = AiB 05, 623 mit Anm. *Goergens,* bestätigt in *BAG* 22.1.13, NZA-RR 13, 409.

682 Wiedergegeben z. B. bei *Vogt,* Sozialpläne, S. 174 ff.

683 **Formulierungsvorschläge** weiter bei DKKWF-*Däubler* §§ 111 – 113 Rn. 13 ff.; *Gaul/Gajewski,* S. 163 ff.; *Röder/Baeck,* S. 127 ff.; *Pünnel/Isenhardt,* S. 267 ff.; *Thannheiser,* AiB 00, 460 ff.; *Teichmüller,* Betriebsänderung, S. 90 ff.; *Wenning-Morgenthaler,* a. a. O.

684 *BAG* 27.10.87, AP Nr. 41 zu § 112 BetrVG 1972 = BB 88, 761, bestätigt durch *BAG* 6.5.03, NZA 04, 108; *GL,* Rn. 38; *Hanau,* ZfA 74, 104; HWGNRH-*Hess,* Rn. 317; *Kaven,* S. 134; MünchArbR-*Matthes,* § 270 Rn. 21; *Nick,* S. 223; *Däubler,* Arbeitsrecht 1, Rn. 1123; a. A. *v. Hoyningen-Huene,* RdA 86, 107, der sogar nur zwei Drittel der Sätze des § 113 zugrunde legen will; rechtspolitische Kritik bei *Berenz,* NZA 93, 542 ff.

685 *BAG* 23.8.88, AP Nr. 46 zu § 112 BetrVG 1972; *LAG Hamm* 13.11.85, LAGE § 112 BetrVG 1972 Nr. 8.

686 *BAG* 19.10.99, DB 00, 930; 21.7.09, NZA 09, 1107.

b) Sozialplanleistungen bei Ausscheiden aus dem Betrieb, insbesondere Abfindung

aa) Grundsätzliches

Der Sozialplan kann einmal das Ausscheiden aus dem Betrieb dadurch erschweren, dass **längere Kündigungsfristen** vorgesehen werden oder die **Kündigung älterer AN ausgeschlossen** wird (s. auch o. Rn. 87).[687] Ganz im Vordergrund stehen jedoch Regelungen über eine **Abfindung,** die in der Regel in ein oder zwei Beträgen ausbezahlt wird. Zahlreiche Formulierungsvorschläge in DKKWF-*Däubler;* §§ 111 – 113 Rn. 31. Verbreitet sind auch **Dauerregelungen** wie die Weitergewährung betrieblicher Sozialleistungen (dazu etwa u. Rn. 168).[688] Schließt ein in einem Gemeinschaftsbetrieb beschäftigter AN mit seinem Vertrags-AG einen Aufhebungsvertrag, um anschließend am selben Arbeitsplatz für ein anderes Träger-UN weiterzuarbeiten, so fehlt es an einem »**Ausscheiden**« aus dem Betrieb, das mangels ausdrücklicher abweichender Regelung im Sozialplan **immer Voraussetzung** für die Gewährung einer Abfindung ist.[689] 161

Soweit der Gleichheitssatz oder spezifische Diskriminierungsverbote nicht verletzt sind (s. o. Rn. 95 ff.) und soweit die wirtschaftliche Vertretbarkeit für das UN gewahrt bleibt, können die Betriebsparteien bzw. die ESt. **Höhe und Struktur der Abfindung nach eigenen Vorstellungen** bestimmen. In der Praxis wird häufig ein für alle gleicher **Grundbetrag** (von z. B. 3000 Euro) sowie ein **flexibler Betrag** vorgesehen, dessen Höhe vom Alter des Betroffenen und/oder der Dauer seiner Betriebszugehörigkeit abhängt.[690] Einzelne persönliche Umstände wie die **Eigenschaft als behinderter Mensch** oder die Existenz **unterhaltsberechtigter Kinder** müssen zu einer Erhöhung der Abfindung führen (näher o. Rn. 105 und 106). Zulässig ist auch, die Abfindung für jüngere AN nach diesen Grundsätzen zu berechnen, während rentennahe nur bestimmte Ausgleichsleistungen bis zur Gewährung der Rente erhalten (o. Rn. 101 f.).[691] Ergibt sich im Durchschnitt ein **Abfindungsbetrag in Höhe von einem Monatsgehalt pro Jahr der Betriebszugehörigkeit,** so ist dies in keiner Weise zu beanstanden.[692] 162

bb) Betriebszugehörigkeit – Berechnung

Der Begriff »**Betriebszugehörigkeit**« umfasst die gesamte rechtliche Dauer des aktuellen Arbeitsverhältnisses; **vorübergehende Unterbrechungen** sind unschädlich, wenn ein **enger sachlicher Zusammenhang** mit dem früheren Arbeitsverhältnis besteht.[693] Daran fehlt es, wenn der Abstand 1 $^1/_2$ Jahre betrug oder bei Beginn des derzeitigen Arbeitsverhältnisses eine Probezeit vereinbart wurde.[694] Dasselbe muss man annehmen, wenn bei Ende des früheren Arbeitsverhältnisses eine Abfindung bezahlt wurde.[695] Der Sozialplan kann ausdrücklich etwas anderes bestimmen und frühere Tätigkeitszeiten teilweise oder generell einbeziehen.[696] Auch die Arbeitsvertragsparteien können ausdrücklich oder konkludent entsprechende Abmachungen treffen, die dann im Rahmen des Sozialplans maßgebend bleiben.[697] Dasselbe gilt, wenn entgegen der Regel **Zeiten bei einem anderen AG** Berücksichtigung finden sollen (zur diskriminierungsrechtlichen Unbedenklichkeit des Abstellens auf die Dauer der Betriebszugehörigkeit und zu weiteren Fragen s. o. Rn. 99 f.). § 6 Abs. 2 Arbeitsplatzschutzgesetz ordnet die Anrechnung des **Grundwehrdienstes** auf die Betriebszugehörigkeit an, für Zeiten des DDR- 163

---

687 GK-*Fabricius,* 6. Aufl., Rn. 49; *Knorr,* § 6 Rn. 52; *Halberstadt,* § 112 Rn. 9.
688 *BAG* 28.3.07, NZA 07, 1066 Tz 26.
689 *BAG* 26.8.08, NZA 09, 161.
690 *BAG* 22.5.79, AP Nr. 4 zu § 111 BetrVG 1972; 27.10.87, AP Nr. 41 zu § 112 BetrVG 1972.
691 *BAG* 14.2.84 und 26.7.88, AP Nrn. 21 und 45 zu § 112 BetrVG 1972.
692 *BAG* 27.10.87, AP Nr. 41 zu § 112 BetrVG 1972; Angaben zu Durchschnittsabfindungen, die sich 1983 auf ca. 24000 DM beliefen, bei *Nick,* S. 218; Übersichten zu Faustformeln für Abfindungen bei arbeitsgerichtlichen Vergleichen bei *Schubert,* § 12 Rn. 42, der die Praxis von 85 Gerichten auswertet.
693 *BAG* 13.3.07, NZA 08, 190 Tz 18.
694 *BAG* a. a. O.
695 *Etzel,* Rn. 1045.
696 *LAG Hamm* 30.3.89, BB 89, 1621; vgl. auch *HessLAG* 27.1.98, ZTR 98, 474.
697 *BAG* 13.3.07, NZA 08, 130 Tz 20.

Wehrdienstes kann schwerlich anderes gelten (o. Rn. 107).[698] Den Betriebsparteien steht es allerdings frei, **allein** auf die **ununterbrochene Dauer der tatsächlichen Beschäftigung** abzustellen,[699] doch gilt dies nur, wenn dadurch **keine mittelbare Frauendiskriminierung** (Mutterschutz, Elternzeit!) eintritt (o. Rn. 104). Auch ist es nach § 75 Abs. 1 und §§ 1, 7 Abs. 1 AGG nicht erlaubt, bestimmte politische Aktivitäten nachträglich durch Nichtanrechnung von Beschäftigungszeiten zu »bestrafen« (s. auch o. Rn. 107).[700] In der Praxis ist es üblich, eine Regelung darüber zu treffen, wie mit angefangenen Jahren zu verfahren ist. Auch sollte klargestellt werden, dass die Betriebszugehörigkeit nicht mit der Kündigung, sondern erst mit dem tatsächlichen Ausscheiden endet.[701]

cc) Monatsvergütung – Berechnung

164 Wird auf die Monatsvergütung Bezug genommen, ist festzulegen, ob es um die Brutto- oder um die Nettobezüge geht, ob Zulagen einschließlich Überstundenvergütungen gleichfalls zu berücksichtigen sind und ob **Jahreszahlungen** (Urlaubsgeld, Weihnachtsgratifikation, 13. oder 14. Monatsgehalt) auf die einzelnen Monate umzulegen sind. Fehlt eine entsprechende Bestimmung, ist von Bruttobeträgen und einer Umrechnung von Jahressonderzahlungen auf den Monat auszugehen. Wird auf das »Monatsentgelt entsprechend EFZG« Bezug genommen, bleiben Einmalzahlungen ausgeklammert.[702] Kommt es auf das »Einkommen vor dem Kündigungstermin« an, so ist damit, mangels abweichender Anhaltspunkte, der Tag des Ablaufs der Kündigungsfrist gemeint.[703] Werden im Betrieb **verschiedene Vergütungsmodelle** praktiziert, so kann bei der Berechnung der Abfindung nach diesen Modellen differenziert werden, doch dürfen keine sachwidrigen Unterscheidungen vorgenommen werden.[704]

dd) Sozialplanformeln

165 Bei der Berechnung des Teils der Abfindung, der von Betriebszugehörigkeit und Lebensalter abhängt, wird in der Praxis häufig nach einer **Formel** vorgegangen: Die Zahl der Monatsgehälter bestimmt sich aus dem Produkt von Betriebszugehörigkeit mal Lebensalter geteilt durch einen **Divisor,** der üblicherweise zwischen 25 und 150 beträgt.[705] Unterstellt, AN X ist seit 10 Jahren im Betrieb und 45 Jahre alt, so ergibt sich ein Produkt von 450. Einigt man sich auf einen (eher bescheidenen) Divisor 100, erhält er 4,5 Monatsgehälter Abfindung. War er seit 15 Jahren im Betrieb und ist er 50 Jahre alt, ergeben sich 750 : 100 = 7,5 Monatsgehälter. **Je kleiner der Divisor, umso höher die Abfindung.** Die Formel begünstigt einseitig Personen mit langer Betriebszugehörigkeit und höherem Alter. Sie kann trotz diskriminierungsrechtlicher Bedenken (o. Rn. 99 f.) auch bei linearer Steigerung der Abfindungshöhe mit dem Alter weiter verwendet werden.[706] Möglich ist aber auch, nur die Jahre ab 40 anzurechnen.[707] Unterhaltspflichten, die Eigenschaft als Alleinerziehender und eine Behinderung sind daneben – und nicht nur durch symbolische Beträge – zu berücksichtigen (o. Rn. 105 f.). Außerdem werden die Lohnunterschiede in die Abfindungssummen hinein fortgesetzt. Will man dies nicht, kann man statt des monatlichen Entgelts einen Festbetrag[708] oder Höchstbegrenzungen vorsehen und die überschießenden Beträge, die an sich auf die »alten Hasen« entfallen würden, gleichmäßig auf alle übrigen verteilen.[709] Stattdessen kann man auch die Grundbeträge

698 A. A. *BAG* 30.3.94, DB 94, 1935.
699 *LAG Chemnitz* 9.12.92, DB 93, 386.
700 *Däubler*, FS Gnade, S. 104 ff.
701 Anders z. B. für den Rationalisierungstarif Metall *BAG* 27.11.91, NZA 92, 561.
702 *BAG* 30.9.08, NZA 09, 386 Tz 15.
703 *BAG* 17.11.98, DB 99, 749.
704 *LAG Köln* 25.5.07, NZA-RR 08, 140, 143.
705 Dazu auch *Friedemann*, Rn. 521 ff.
706 *BAG* 5.11.09, NZA 10, 457.
707 Zur Verwendung von »Arbeitsmarktpunkten« s. den Vorschlag von *Hase,* AiB 09, 218, 220.
708 So auch *Wenning-Morgenthaler*, Rn. 1136.
709 Vgl. den Fall *BAG* 23.8.88, AP Nr. 46 zu § 112 BetrVG 1972.

drastisch anheben und **je nach lohnpolitischer »Philosophie«** in absoluten Beträgen oder in Monatsgehältern ausdrücken. Dasselbe kann man in Bezug auf Unterhaltspflichten und Behinderung tun. Durch Wahl eines sehr hohen Divisors (z. B. 150) kann man dann die relative Bedeutung des flexiblen Teils erheblich reduzieren.

Schließlich kann man die Abfindung auch nach der sog. **Punktwertmethode** bestimmen,[710] die sehr viel stärkere Differenzierungen zulässt. So kann man beispielsweise das relative Gewicht der Betriebszugehörigkeit gegenüber dem Lebensalter über 40 verringern und außerdem bei Unterhaltspflichten nach der Zahl der zu versorgenden Personen und bei Schwerbehinderten nach dem Grad der Behinderung differenzieren. **166**

Beispiel:
Pro Jahr der Betriebszugehörigkeit erhält man zwei Punkte, pro Lebensjahr über 40 drei Punkte, pro unterhaltsberechtigtem Kind 6 Punkte und pro 10 % GdB zwei Punkte. Ein 45-Jähriger, der seit 10 Jahren im Betrieb tätig ist und zwei Kindern Unterhalt zu gewähren hat, erhält einen Punktwert von 10 mal 2 = 20 zuzüglich 5 (nur die Jahre über 40 zählen!) mal 3 = 15 zuzüglich 2 mal 6 = 12. Als Gesamtsumme ergeben sich 47 Punkte; war er zu 50 % schwerbehindert, ergeben sich 57 Punkte. Jedem Punkt wird nun ein bestimmter Betrag zugeordnet; dies könnte ein bestimmter Bruchteil des Monatsgehalts sein. In der Praxis wird in der Regel so vorgegangen, dass **zunächst das Gesamtvolumen der Abfindungen bestimmt und dann durch die Gesamtpunktzahl aller betroffenen AN geteilt wird.** Das Ergebnis ist der **»Punktwert«**, der mit der individuellen Punktzahl multipliziert die dem Einzelnen zustehende Abfindung ergibt.[711]

ee) Rente

Statt eines Einmal-Betrags kann im Sozialplan insbes. für ältere AN auch eine **Rente** vorgesehen werden.[712] Dies hat den Nachteil, dass sich u. U. die Ansprüche nicht mehr realisieren lassen, wenn das UN insolvent wird. Eine **Insolvenzsicherung** durch Qualifizierung als Leistung der betrieblichen Altersversorgung kommt jedenfalls dann in Betracht, wenn eine für die Unverfallbarkeit ausreichende Betriebszugehörigkeit vorausgegangen war.[713] **167**

ff) Weitergewährung betrieblicher Sozialleistungen

Neben der Abfindung spielt die Weitergewährung betrieblicher Sozialleistungen eine erhebliche Rolle. Wichtig ist insbesondere, dass die ausgeschiedenen AN ihre **Werkswohnungen** behalten und denselben Mietnachlass wie aktive Belegschaftsangehörige bekommen.[714] Im Einzelfall kann es auch sinnvoll sein, ein Vorkaufsrecht in Bezug auf die Werkswohnungen einzuräumen. Ein weiterer Regelungsgegenstand ist die **Rückzahlung von AG-Darlehen**[715] sowie die Weitergewährung von Rabatten, Deputaten und vermögenswirksamen Leistungen. Auch wird häufig die vorgezogene Gewährung von **Jubiläumszuwendungen** vereinbart.[716] **168**

gg) Ergänzung von Sozialleistungen

Schließlich kann im Sozialplan vorgesehen werden, dass der AG eine Art **Ausfallhaftung** übernimmt, wenn die Agentur für Arbeit wider Erwarten eine **Sperrfrist** nach § 159 SGB III verhängt; das für 12 Wochen wegfallende Arbeitslosengeld muss in diesem Fall vom AG bezahlt werden.[717] Wünschenswert ist weiter, dass der AN einen finanziellen Ausgleich dafür **169**

---

710 Zu ihr *Rumpff/Boewer,* S. 382 ff.; Beispiele bei *Friedemann,* Rn. 516 und *Wenning-Morgenthaler,* Rn. 1132.
711 S. auch *Gajewski,* FS Gaul, S. 209.
712 *ArbG Dortmund* 18.7.90, DB 91, 344.
713 *ArbG Dortmund,* a. a. O.; *BSG* 26.3.96, DB 96, 1987 – damals 10, heute 5 Jahre.
714 Siehe den Fall *BAG* 27.8.75, AP Nr. 2 zu § 112 BetrVG 1972.
715 Trotz Ausscheidens aus dem Betrieb wird das Darlehen beispielsweise nicht fällig, sondern zu den bisherigen Konditionen fortgeführt.
716 *Gajewski,* FS Gaul, S. 212.
717 *BAG* 27.10.87, AP Nr. 41 zu § 112 BetrVG Bl. 7.

bekommt, dass er wegen seines vorzeitigen Rentenantrags eine **geringere Rente** erhält.[718] Schließlich sind **Zuschüsse zum Arbeitslosengeld** verbreitet, um so die Zeit bis zur vorgezogenen Altersrente angemessen überbrücken zu können. Durch die Kürzung der Höchstdauer wird dies in Zukunft eine sehr viel geringere Rolle spielen.

c) Insbesondere: Kosten des Arbeitsplatzwechsels

170 Ein weiterer Gegenstand des Sozialplans ist der Ausgleich der Unkosten, die einem AN dadurch entstehen, dass er einen neuen Arbeitsplatz suchen muss oder einen findet, der ungünstigere Rahmenbedingungen bietet. Formulierungsvorschläge in DKKWF-*Däubler,* §§ 111 – 113 Rn. 15 ff. Dies könnte im Einzelfall auch bei **Leiharbeitnehmern** als Problem auftauchen, die ohne die Betriebsänderung weiter beschäftigt worden wären, nun aber vom Verleiher gekündigt oder zu schlechteren Bedingungen eingesetzt werden. Auch für sie eine Ausgleichsleistung vorzusehen, setzt rechtlich voraus, dass man ihre Beziehung zum Entleiher als partielles Arbeitsverhältnis qualifiziert, das auch kollektivvertraglich regelbar ist,[719] oder dass man auf die Figur des Vertrags zugunsten Dritter zurückgreift.[720]

171 Möglich ist einmal, über § 629 BGB und etwaige tarifliche Regelungen hinaus im Sozialplan einen Anspruch auf bezahlte **Freistellung für Vorstellungsgespräche** vorzusehen.[721] In vielen Fällen wird der AG auch die Bewerbungskosten übernehmen. Wichtiger wären Maßnahmen des sog. **Outplacement,** die die vom Arbeitsplatzverlust bedrohten Beschäftigten systematisch auf die Bewerbung um neue Arbeitsplätze vorbereiten[722] und die auch unter den Voraussetzungen des § 216 a SGB III von der BA bezuschusst werden können.[723] Aus »Bittstellern« will man »Leistungsanbieter« machen,[724] was allerdings immer eine gewisse Nachfrage auf dem Arbeitsmarkt voraussetzt. Schließlich kann vereinbart werden, dass **Wettbewerbsverbote** ab sofort nicht mehr gelten.[725] Wird eine **Freistellung** von der Arbeit bei Fortzahlung des Entgelts vorgesehen und wird der **AN arbeitsunfähig krank,** so fällt das Entgelt weg, wenn der gesetzliche oder vertragliche Zeitraum für die Fortzahlung abgelaufen ist.[726]

172 Ist eine **Weiterbildung oder Umschulung** sinnvoll, können im Sozialplan **Beihilfen** vorgesehen werden.[727] Diese können das von der Agentur für Arbeit gewährte Arbeitslosengeld z. B. auf 90 % der bisherigen Nettovergütung aufstocken. Übernimmt die Agentur für Arbeit die **Lehrgangskosten** nicht (§ 77 Abs. 1 SGB III enthält lediglich eine sog. Kann-Leistung!), so kann ihre Übernahme durch den AG vorgesehen werden. Weitergehend kann der AG im Sozialplan verpflichtet werden, sich an Qualifizierungs- und **Beschäftigungsgesellschaften** zu beteiligen (u. Rn. 261 ff.).

173 Für den Fall, dass ein neuer Arbeitsplatz vom AG angeboten oder durch eigene Initiative gefunden wird, kann der Sozialplan **Umzugskosten und Mietbeihilfen** vorsehen.[728] Dabei ist insbes. klarzustellen, ob die »Umzugskosten« auch Renovierungsaufwendungen sowie Maklergebühren und Inseratskosten erfassen.[729] Auch ist an eine **Ausgleichszahlung** zu denken, wenn die Vergütung am neuen Arbeitsplatz erheblich geringer ist.[730] Dies gilt auch bei einem Überwechseln in den Geltungsbereich eines anderen Tarifvertrags,[731] etwa von der chemischen

---

718 GK-*Fabricius,* 6. Aufl., Rn. 49.

719 *Däubler,* FS Buchner, S. 163 ff.; *Reim/Nebe,* in: *Däubler* (Hrsg.), TVG, § 1 Rn 321. In diese Richtung nunmehr auch BAG 15.3.11, NZA 11, 653, das eine »Rechtsbeziehung mit arbeitsrechtlichem Charakter« annimmt.

720 Zum durchaus anerkannten Anwendungsfall der Begünstigung von leitenden Angestellten s. § 111 Rn 8.

721 *Rumpff/Boewer,* S. 384.

722 Einzelheiten bei *Kibler,* RdA 96, 366 und *Lemke,* AiB 96, 692.

723 Eingehend *Böhnke/Lindner/Becker,* AiB 11, 225 ff. und u. Rn. 230 ff.

724 *Lemke,* a. a. O.

725 *Halberstadt,* § 112 Rn. 9; *Weller,* AR-Blattei (1946 – 1992), Sozialplan I, C III.

726 *ArbG Wetzlar* 2.4.03, NZA-RR 03, 625.

727 *Fitting,* Rn. 141.

728 *BAG* 25.10.83, AP Nr. 18 zu § 112 BetrVG 1972.

729 *Gajewski,* FS Gaul, S. 207 Fn. 72.

730 *Ehrich/Fröhlich* Teil H Rn 191.

731 *Wenning-Morgenthaler,* Rn 1139.

Industrie zur Gebäudereinigung oder von der Metallindustrie ins Gaststättengewerbe, was bei einem Outsourcing einzelner Betriebsteile nicht selten geschieht. Dabei kann die Höhe der Ausgleichsleistung im Laufe der Monate oder Jahre abnehmen. Möglich und üblich sind auch **Fahrgelderstattung und Trennungsentschädigung** für eine Übergangszeit.[732] Muss der AN auf Dauer längere Wegezeiten in Kauf nehmen, so kann der Sozialplan vorsehen, dass die zusätzliche **Wegezeit wie Arbeitszeit** behandelt oder zumindest mit einer Pauschale vergütet wird.[733] Entsprechende Regelungen sind insbesondere dann häufig, wenn AN innerhalb desselben UN oder Konzerns versetzt werden. Sonderprobleme ergeben sich bei einer **Verlegung** des Betriebs ins **Ausland** (§ 111 Rn. 92). Zu den bei jeder Ortsveränderung eintretenden Problemen kommt hier ggf. ein **Statutenwechsel,** d. h. das Eingreifen einer ausländischen Arbeitsrechtsordnung hinzu. Hier kann und muss der Sozialplan Ausgleichsleistungen vorsehen, die ggf. durch vertragliche Vereinbarungen im Rahmen des zukünftig anwendbaren Rechts umzusetzen sind.[734]

Hat der AN im direkten Anschluss an sein bisheriges Arbeitsverhältnis einen neuen Arbeitsplatz erhalten und die eben beschriebenen Leistungen in Anspruch genommen, kann gleichwohl der Fall eintreten, dass er den neuen Arbeitsplatz innerhalb eines überschaubaren Zeitraums wieder verliert. Hatte der Sozialplan die Abfindung nur denjenigen zugesprochen, die nicht sofort eine Anschlusstätigkeit gefunden hatten, so würde der Betroffene schlechter dastehen, als wenn er sich nicht um eine neue Arbeitsstelle bemüht hätte. Für solche Fälle muss der Sozialplan Vorsorge treffen und die **Abfindung** zumindest anteilig **auch dann** gewähren, **wenn der »Arbeitsversuch« nach 6, 9 oder 12 Monaten scheitert.** Dies gilt im Übrigen gerade auch dann, wenn es um einen zumutbaren Arbeitsplatz i. S. v. § 112 Abs. 5 Satz 2 Nr. 2 ging, so dass grundsätzlich keine Abfindung gewährt werden durfte: Der Leistungsausschluss der genannten Bestimmung gilt dann nicht, wenn sich der »zumutbare Arbeitsplatz« nachträglich als keine sinnvolle Beschäftigungsalternative herausstellt. Die durch den Antritt der neuen Arbeitsstelle verursachten Kosten werden sowieso nicht durch die Ausschlussklausel des § 112 Abs. 5 Satz 2 Nr. 2 erfasst. **174**

d) Ausgleich für schlechtere Arbeitsbedingungen

Wird ein **Teil der AN** innerhalb des UN **versetzt,** so ergibt sich ein **Auswahlproblem.** Dabei **nur** auf das **Alter** abzustellen, wäre eine nicht mit § 10 AGG zu rechtfertigende **Diskriminierung** Jüngerer. Daneben muss auch die familiäre Situation eine Rolle spielen (erwerbstätiger Ehegatte, schulpflichtige Kinder, pflegebedürftige Angehörige), soweit sie auch bei Jüngeren einen Umzug erschwert oder unmöglich macht. Kommt es im Einzelfall zu einer Versetzung oder ändern sich in den Fällen des § 111 Satz 3 Nrn. 3, 4 und 5 die Arbeitsbedingungen, so ist für einen Ausgleich der wirtschaftlichen Nachteile zu sorgen. Rückgruppierungen oder wegfallende Zulagen sollten deshalb zu »Ausgleichsleistungen« führen.[735] Weiter kann ein Sozialplan **Weiterbildungsmaßnahmen** vorsehen, die die Betroffenen in die Lage versetzen, den neuen Anforderungen an ihren Arbeitsplätzen zu entsprechen. In der Regel liegen derartige Maßnahmen auch im AG-Interesse, so dass es weniger um das »Ob« als um das »Wie« gehen wird. Wichtig ist, dem BR über die §§ 96 – 98 hinaus Kontrollrechte einzuräumen und außerdem die Möglichkeit vorzusehen, **erfolglose Lehrgänge oder Ausbildungsabschnitte zu wiederholen.** **175**

Bei intensiverer oder belastenderer Arbeit ist zumindest ein finanzieller Ausgleich vorzusehen (o. Rn. 83). Dies gilt auch bei **elektronischer Fernarbeit.**[736] **176**

Bei der **Zusammenlegung und der Spaltung** von Betrieben i. S. des § 111 Satz 3 Nr. 3 kann insbesondere eine **Verschlechterung der Rechtsstellung** der Betroffenen eintreten. Ansprüche aus BV können wegfallen (weil der abgetrennte Teil z. B. in einen Betrieb eingegliedert wird, **177**

---

732 *BAG* 25.10.83, a. a. O.
733 *Etzel,* Rn. 1049. Zur steuerlichen Behandlung s. *Wenning-Morgenthaler,* Rn 1167.
734 Näher *Däubler,* FS Kissel, S. 130 ff.; HK-ArbR-*M. Schubert,* §§ 111 – 113 Rn 43.
735 S. den Fall *BAG* 28.3.07, NZA 07, 1066.
736 Dazu *Wedde,* AiB 92, 125 ff. und die in AiB 92, 134 ff. abgedruckte BV.

wo sehr viel niedrigere Leistungen gewährt werden[737]), der Kündigungsschutz kann verloren gehen, weil die neue Einheit nicht mehr als 10 Beschäftigte hat,[738] der Erwerber kann weniger solvent oder nach § 112 a Abs. 2 nicht sozialplanpflichtig sein, Tarifverträge können nicht mehr weiter gelten, weil dies der Spaltungsvertrag ausschließt.[739]. Alle diese **Nachteile** können in einem Sozialplan ausgeglichen oder gemildert werden, der auf der Grundlage von § 111 Satz 3 Nr. 3 erzwungen werden kann.[740] § 613 a BGB steht nicht entgegen, da er – wie nicht zuletzt zahlreiche »Überleitungsverträge« zeigen – nur einen Minimalstandard garantiert.[741] Wenn das *BAG*[742] demgegenüber den Standpunkt vertritt, die Verringerung der Haftungsmasse und der Verlust der Sozialplananwartschaft sei Folge nicht der Betriebsspaltung sondern des Betriebsübergangs und deshalb nicht »ausgleichsfähig«, so trennt dies in formalistischer Weise einen zusammengehörenden Vorgang in zwei Teile auf. Nicht jede Betriebsspaltung ist mit einem Betriebsübergang verbunden; wenn dies aber der Fall ist, entstehen in höherem Umfang auszugleichende Nachteile.

e) Sonderfonds für Härtefälle

178 In einer Reihe von Sozialplänen wird ein (i. d. R. kleiner) Teil des Gesamtvolumens für einen sog. Härtefonds vorgesehen. Er soll in der Zukunft Leistungen an solche AN erbringen, die durch den Arbeitsplatzverlust besonders stark betroffen sind. Den Betriebsparteien bzw. der Einigungsstelle steht es frei, die »**Härtefälle**« im Einzelnen zu bestimmen. Dazu werden insbesondere **längere Arbeitslosigkeit,** aber auch längere Krankheit des AN oder seiner Angehörigen, hohe Verschuldung, **Belastungen durch Kinder in der Ausbildung** und **Anerkennung als schwerbehinderter Mensch** gehören.[743] Zu bestimmen, was eine »Härte« ist, kann aber auch den Personen überlassen werden, die den Fonds verwalten. Ähnlich verhält es sich mit der Höhe der Leistungen: Sie können im Sozialplan, aber auch durch spätere Richtlinien festgelegt werden. Formulierungsvorschläge in DKKWF-*Däubler,* §§ 111 – 113 Rn. 42.

179 Der Härtefonds ist eine **Sozialeinrichtung** nach § 87 Abs. 1 Nr. 8.[744] Ist der Betrieb inzwischen aufgelöst, so erstreckt sich das sog. **Restmandat** des Betriebsrats nach § 21 b auch auf die Mitverwaltung des Härtefonds.

180 Wer die Bedingungen für die Gewährung von »Härteleistungen« erfüllt, hat einen unmittelbaren **Anspruch gegen den AG.**[745] Entscheidet eine **paritätische Kommission** über das Vorliegen der Voraussetzungen und entsteht ein Patt, so erfolgt entsprechend § 319 Abs. 1 Satz 2 BGB eine definitive Klärung durch das ArbG (zur entsprechenden Problematik bei Personalkommissionen, die über die Zumutbarkeit eines anderen Arbeitsplatzes entscheiden, s. o. Rn. 145).[746]

181 Die **Verwaltung** des Härtefonds kann dem **BR** auch **alleine** überlassen werden. Selbst in diesem Fall bleibt der Fonds eine Sozialeinrichtung des Betriebes, Ansprüche richten sich gegen den AG.[747] Eine Haftung der BR-Mitglieder kommt nur bei bewusster sittenwidriger Schädigung des AG oder eines Antragstellers in Betracht (vgl. Einl. Rn. 143 ff.).[748]

182 Ist die Tätigkeit des Härtefonds auf einige Zeit befristet und **bleiben Mittel übrig,** so fallen sie mangels anderer Bestimmung im Sozialplan an den Arbeitgeber.[749] Der Sozialplan kann statt-

737 Die Fortgeltung der bisherigen BV setzt den Weiterbestand der betrieblichen Einheit voraus; so für den Fall der tariflichen Schaffung eines größeren »Einheitsbetriebs« nach § 3 Abs. 5 *BAG* 7.6.11, NZA 12, 110.

738 *BAG* 15.2.07, NZA 07, 739.

739 S. den Fall *BAG* 21.11.12, NZA 13, 512

740 *Trittin,* AuR 09, 119 ff.

741 *Däubler* ZTR 00, 241 ff. und Arbeitsrecht 2, Rn. 1428 a; ebenso *Trittin* AuR 09, 120.

742 17.12.96, AP Nr. 110 zu § 112 BetrVG 1972.

743 So der Fall *LAG Bremen* 15.6.90, LAGE § 112 BetrVG 1972 Nr. 17.

744 *Halberstadt,* § 112 Rn. 9; *Wenning-Morgenthaler,* Rn 1174.

745 *BAG* 17.10.89, AP Nr. 53 zu § 112 BetrVG 1972.

746 *BAG* 24.4.86, a. a. O.

747 Vgl. *BAG* 24.4.86, AP Nr. 7 zu § 87 BetrVG 1972 Sozialeinrichtung.

748 *Wenning-Morgenthaler,* Rn 1174. Die Frage blieb dahingestellt in *BAG* 24.4.86, a. a. O., Bl. 5 R.

749 *LAG Bremen* 15.6.90, LAGE § 112 BetrVG 1972 Nr. 17.

dessen bestimmen, dass der Rest im gleichen Verhältnis wie die Abfindungen an die ausgeschiedenen AN verteilt oder dass er einer gemeinnützigen Organisation überwiesen wird.

f) Wiedereinstellungsklausel

Der Sozialplan kann vorsehen, dass die ausgeschiedenen AN **bei Neueinstellungen** innerhalb **183**
des UN oder Konzerns **bevorzugt berücksichtigt** werden.[750] Dabei ist einmal Sorge dafür zu tragen, dass sie von freien Stellen **informiert** werden, dass sie z. B. die Firmenzeitung weiter erhalten, in der alle freien Stellen ausgeschrieben werden.[751] Zum Zweiten muss klar geregelt sein, was unter »bevorzugter Berücksichtigung« zu verstehen ist. Dies kann bedeuten, dass ein Vorrang nur bei gleicher Qualifikation besteht, es ist aber auch denkbar, den Vorrang bereits dann eingreifen zu lassen, wenn der Ausgeschiedene die Anforderungen der Stelle erfüllt.[752] Die Wiedereinstellung hat regelmäßig unter **Wahrung des Besitzstands,** d. h. unter Anrechnung der bisherigen Betriebszugehörigkeit zu erfolgen. Die **Abfindung** ist auch in diesem Fall grundsätzlich **nicht zurückzuerstatten. Abweichendes** kann bei voller Wahrung des Besitzstands im Sozialplan vereinbart werden, sofern dem Betroffenen für die Zeit, die er außerhalb des UN verbrachte, ein angemessener Betrag verbleibt und die darüber hinausgehende Abfindung bei ihm noch vorhanden ist; eine weitergehende Belastung wäre wegen Unbilligkeit unwirksam.[753] Auch ist auf die (weitergehende) Regelung des § 124 Abs. 3 InsO zu verweisen, wonach selbst bei Widerruf des Sozialplans durch den Insolvenzverwalter bereits ausbezahlte Beträge nicht zurückgefordert werden können. Über eine Wiedereinstellungsklausel geht in der Regel eine **Rückkehrzusage** hinaus, wie sie nicht selten im Zusammenhang mit der Privatisierung öffentlicher Dienstleistungen erfolgt: Wird sie eingeklagt, muss der AN den Mindestinhalt des abzuschließenden Vertrags, insbesondere Art und Beginn der Arbeitsleistung bezeichnen.[754]

Setzt sich der AG im Einzelfall über die Wiedereinstellungsklausel hinweg, so kann der **BR der** **184**
Einstellung einer anderen Person nach § 99 Abs. 2 Nr. 1 und ggf. auch nach § 99 Abs. 2 Nr. 5 **die Zustimmung versagen.**[755] Zum arbeitsvertraglichen Anspruch auf Wiedereinstellung, wenn während des Laufs der Kündigungsfrist der Kündigungsgrund wegfällt, z. B. der stillzulegende Betrieb von einem Dritten erworben wird.[756] Insoweit bedarf es keiner Regelung im Sozialplan.

g) Dingliche Sicherung von Arbeitnehmeransprüchen

Befindet sich das UN in wirtschaftlichen Schwierigkeiten oder sind die Sozialplanleistungen **185**
für einen längeren Zeitraum gedacht, besteht die Gefahr, dass sie ohne dingliche Sicherheit im Insolvenzfall nur noch in sehr geringem Umfang geltend gemacht werden können (§ 124 InsO Rn. 3). Ein sog. **dinglicher Arrest** nach den §§ 916 ff. ZPO ist nur zulässig, wenn die Zwangsvollstreckung aus einem vollstreckbaren Urteil gefährdet ist, kommt also nur dann in Betracht, wenn die Sozialplanansprüche trotz entsprechenden arbeitsgerichtlichen Urteils nicht erfüllt wurden und die UN-Krise daher schon sehr weit fortgeschritten ist.[757] In einer solchen Situation ist aber meist keine Sicherung mehr möglich, da alle wesentlichen Gegenstände mit Grundpfandrechten belastet oder Kreditgebern zur Sicherheit übereignet sind. Mit Recht ist deshalb vorgeschlagen worden, die **Sozialplanansprüche durch eine Grundschuld zu sichern.**[758] Da die Eintragung aller vom Sozialplan erfassten AN als Grundschuldgläubiger

750 Zustimmend *Fitting*, Rn. 141; zum Konzern s. *Dross*, S. 113 ff.
751 S. den Fall *BAG* 18.12.90, DB 91, 970.
752 Zur entsprechenden Problematik bei der Umsetzung von Frauenquoten siehe *Pfarr*, Frauenförderung und Grundgesetz, S. 201 ff.
753 Vgl. auch *Dross*, S. 126 ff.
754 *BAG* 15.10.13, NZA-RR 14, 119.
755 *BAG* 18.12.90, DB 91, 970; *Vogt*, Sozialpläne, S. 127.
756 S. *BAG* 25.10.07, NZA 08, 357.
757 Siehe den Fall *ArbG Stuttgart* 13.3.84, AuR 84, 254.
758 Zur Grundschuld und anderen Sicherungsrechten s. *Däubler*, BGB kompakt, Kap. 21 Rn. 117 ff.

wenig praktikabel wäre, muss die Grundschuld zugunsten eines sachkundigen Treuhänders wie z. B. eines Wirtschaftsprüfers oder Notars eingetragen werden.[759] Auf ähnliche Weise wird die Insolvenzsicherung von Altersteilzeitguthaben bewerkstelligt, wo die »Sicherungstreuhand« als insolvenzfest angesehen wird.[760] Bemerkenswert ist die österreichische Regelung, wonach die AG verpflichtet sind, eine sog. **Abfertigungsrücklage** zu bilden, aus der dann die Abfindungen an ausscheidende AN zu bezahlen sind (zur österreichischen Rechtslage siehe im Übrigen § 111 Rn. 26).[761] Nach deutschem Recht sind demgegenüber nicht einmal steuerliche Rückstellungen möglich, bevor der BR über eine geplante Betriebsänderung unterrichtet wurde.

4. Besonderheiten im Konzern und im Gemeinschaftsbetrieb

186 Gehört das Arbeitgeberunternehmen zu einer UN-Gruppe, insbesondere zu einem Konzern i. S. d. § 18 AktG (zum **Konzernbegriff** s. § 54 Rn. 14 ff.), so stellt sich das Problem, ob die **»wirtschaftliche Vertretbarkeit«** der Sozialplanleistungen **unternehmens- oder konzernbezogen** zu bestimmen ist. In der Regel wird das Abstellen auf die wirtschaftliche Lage des Konzerns den Rahmen erweitern, doch sind auch gegenteilige Fälle denkbar.[762]

187 Von der Berücksichtigung des Konzernzusammenhangs bei der Bemessung von Sozialplanleistungen (sog. **Berechnungsdurchgriff**) ist der sog. **Haftungsdurchgriff** zu unterscheiden. Er betrifft die Frage, ob ein beherrschendes UN oder ein Mehrheitsgesellschafter für bestehende Forderungen in Anspruch genommen werden kann. Wird dies im Einzelfall bejaht, läuft das auf eine weitreichende Durchbrechung der rechtlichen Selbstständigkeit einer AG, GmbH usw. hinaus. **Wenn ein anderes UN für die Verpflichtungen des AG sogar mit seinem vollen Vermögen einzustehen hat, ist diese Tatsache auch bei der Bemessung von Sozialplanleistungen zu beachten.**[763] Dem entspricht es, dass das BAG im Rahmen der Kürzung einer betrieblichen Altersversorgung das Vermögen der Gesellschafter der Arbeitgeber-OHG berücksichtigt hat, die nach § 128 HGB für die Verbindlichkeiten der Gesellschaft haften,[764] und dass es bei der Anpassung nach § 16 BetrAVG gleichfalls die haftende Konzernobergesellschaft einbezogen hat.[765] Dies schließt nicht aus, dass ein **Berechnungsdurchgriff auch in Fällen** erfolgen kann, in denen ein **Haftungsdurchgriff ausscheiden** muss, doch ist zunächst nach diesem zu fragen.

188 Die beherrschenden Gesellschafter einer AG, GmbH oder GmbH & Co KG haften dann für die Verbindlichkeiten der Gesellschaft, wenn sie das Vermögen der Gesellschaft und ihr eigenes nicht auseinanderhalten (sog. **Sphärenvermischung**) oder wenn sie der Gesellschaft nur ein so geringes Kapital zugeführt haben, dass diese offensichtlich die ihr zugedachten Aufgaben nicht erfüllen kann.[766] Beides sind Ausnahmesituationen,[767] deren Vorliegen ein klagender AN notfalls beweisen müsste.[768] Daneben wird der **»Formenmissbrauch«** als Voraussetzung für eine **Durchgriffshaftung** der Gesellschafter genannt.[769] Neben diesen »pathologischen« Fällen gibt

---

759 *Fuchs,* Sozialplan, S. 66; *Hanau,* ZfA 74, 313; *H. Schmidt,* S. 284.

760 *BAG* 18.7.13, NZA 13, 1440.

761 *H. Schmidt,* S. 287.

762 S. etwa *BAG* 14.2.89, DB 89, 1876.

763 Zustimmend *Schweibert,* in: Willemsen u. a., Rn. C 277; GK-*Oetker,* Rn. 445 ff.; *Gaul,* NZA 03, 695 ff.; MünchArbR-*Matthes* § 270 Rn. 20; vgl. weiter HWK-*Hohenstatt/Willemsen* Rn. 77.

764 *BAG* 8.7.72, AP Nr. 157 zu § 242 BGB Ruhegehalt.

765 *BAG* 28.4.92, DB 92, 2403; relativierend *BAG* 4.10.94, DB 95, 528, *BAG* 17.4.96, AiB 97, 246 mit Anm. *Däubler* und *BAG* 10.2.09, AuR 09, 94 = NZA 10, 95, wonach aber ein in guter Lage befindliches Arbeitgeber-UN die Anpassung nicht wegen der schlechten Lage des Gesamtkonzerns verweigern kann. Durch den Berechnungsdurchgriff sollen »nicht die Konzerne, sondern die Versorgungsberechtigten geschützt werden«.

766 Sog. **Unterkapitalisierung** – zur »Aschenputtel-Gesellschaft« s. insbes. *OLG Düsseldorf,* 26.10.06, ZIP 07, 227; einschränkend *BGH* 28.4.08, JZ 08, 1152 mit Anm. *Wackerbarth*; dazu auch *Veil,* NJW 08, 3264. Missverständlich *BAG* 15.3.11, NZA 11, 1112 Tz 35.

767 Zustimmend *Dross,* S. 169.

768 Näher *Kübler,* Gesellschaftsrecht, S. 311; *Schaub,* NZA 89, 7; *Schartel,* S. 133 ff.; *K. Schmidt,* Gesellschaftsrecht, S. 186 ff.

769 *BAG* 19.1.88, AP Nr. 70 zu § 613 a BGB; zu allen Gründen im Einzelnen *BSG* 1.2.96, DB 96, 1475.

es durchaus übliche **UN-Verbindungen, in denen das Konzernrecht eine Haftung der herrschenden Gesellschaft vorsieht.** Ausdrücklich ist diese allerdings nur bei der sog. **Eingliederung** gesetzlich geregelt (§ 322 AktG). Besteht ein Beherrschungs- und Gewinnabführungsvertrag, so ist das herrschende UN nach § 302 AktG lediglich zur Verlustübernahme verpflichtet. Endet das Beherrschungsverhältnis – was insbesondere bei Zahlungsunfähigkeit der abhängigen Gesellschaft angenommen wird –, muss die herrschende Gesellschaft nach § 303 AktG allen Gläubigern der abhängigen Gesellschaft Sicherheit leisten, d. h. sie letztlich befriedigen. Die Rspr. des BGH hat deshalb in solchen Fällen eine direkte Haftung des herrschenden UN bejaht.[770] Dieser Grundsatz wurde auch dann angewandt, wenn es **nicht** – wie im Gesetz vorausgesetzt – um eine abhängige **AG** ging, sondern wenn **ausschließlich Gesellschaften anderer Rechtsform** wie GmbHs, KGs usw. beteiligt waren.[771]

Gleichgestellt wurde vom *BGH*[772] der Fall, dass zwar kein Beherrschungs- und Gewinnabführungsvertrag bestand, die abhängige Gesellschaft aber wie eine Betriebsabteilung geführt wurde, so dass der Nachteilsausgleich nach § 311 AktG leer lief (**sog. qualifizierter faktischer Konzern**).[773] Nach der folgenden Rspr. des *BGH*[774] musste allerdings noch hinzukommen, dass das herrschende Unternehmen keine angemessene Rücksicht auf die eigenen Belange der abhängigen Gesellschaft genommen hatte. Diese richterrechtlichen **Sonderregeln** für den qualifizierten faktischen Konzern wurden **in der neueren Rechtsprechung aufgegeben,**[775] doch **änderte sich** dadurch an der Behandlung der anderen Durchgriffsfälle, insbesondere an der Behandlung von **Vertragskonzernen mit abhängiger GmbH nichts.**[776] **Neu entwickelt** wurde in den genannten *BGH*-Entscheidungen die Haftung wegen **sog. existenzvernichtenden Eingriffs.** Er liegt dann vor, wenn der Gesellschaft (insbes. der GmbH) ohne angemessene Gegenleistung Vermögenswerte entzogen werden, die sie zur Erfüllung ihrer Verbindlichkeiten benötigt.[777] Dabei kann es sich auch um **»Geschäftschancen« oder Ressourcen handeln, die auf eine andere Gesellschaft verlagert werden.**[778] Auf diese Weise müssen die Gläubiger insgesamt benachteiligt sein; wird lediglich das einer Bank übertragene Sicherungsgut an einen Dritten veräußert, tritt die persönliche Haftung wegen existenzvernichtenden Eingriffs nicht ein.[779] Lassen sich die Nachteile nach §§ 30, 31 GmbHG ausgleichen, bleibt es dabei; lässt sich der genaue Umfang des Schadens beweisen, beschränkt sich die persönliche Haftung auf die fragliche Summe.[780] Die Haftung trifft den Allein- und den Mehrheitsgesellschafter sowie einen **Minderheitsgesellschafter,** wenn er **zugleich Geschäftsführer** ist **und** über eine **Sperrminorität** verfügt.[781] Ohne Bedeutung ist, wenn der fragliche »Akteur« nur mittelbar (etwa über eine dazwischen geschaltete deutsche oder ausländische Holding) an der Gesellschaft beteiligt ist.[782] Wird über das Vermögen der **Gesellschaft** ein **Insolvenzverfahren** eröffnet, so kann die Haftung in entsprechender Anwendung der §§ 92, 93 InsO nur durch den Insolvenzverwalter geltend gemacht werden, da andernfalls ein »Wettrennen« um die Befriedigung aus dem Vermögen des persönlich Haftenden einsetzen würde, das im Widerspruch zum Prinzip der gleichmäßigen Befriedigung der Gläubiger stünde.[783] Auch wenn es z. B. mangels Masse 189

770 *BGH* 16.9.85, NJW 86, 188 – Autokran.
771 *BGH,* a. a. O.
772 A. a. O.
773 *BGH,* a. a. O.
774 29.3.93, DB 93, 825 – TBB.
775 *BGH* 17.9.01, NJW 01, 3622; *BGH* 25.2.02, NJW 02, 1803; *BGH* 24.6.02, NJW 02, 3024; bestätigt in *BGH* 13.12.04, DB 05, 218; *BGH* 13.12.04, DB 05, 328 mit Anm. *Bruns.*
776 *Gaul/B.Schmidt,* DB 14, 300, 302 ff.; Hirte, Kapitalgesellschaftsrecht, 2006, Rn. 8, 125; *Eidenmüller,* in: Ders., Ausländische Kapitalgesellschaften im deutschen Recht, § 4 Rn. 34. In diese Richtung auch *BAG* (s. o. Fn. 678) Tz 38.
777 *BGH* 13.12.04, DB 05, 328; 16.7.07, BGHZ 173, 246 = NJW 07, 2689 – Trihotel; *BGH* 28.4.08, JZ 08, 1162 – Gamma.
778 *BGH,* a. a. O., DB 05, 328, 330.
779 *BGH,* a. a. O., DB 05, 328, 329.
780 *BGH* 13.12.04, DB 05, 218 – Autohaus.
781 *BGH,* a. a. O., DB 05, 218, 219.
782 *BGH,* a. a. O., DB 05, 218 m. w. N.
783 So ausdrücklich auch *BAG* 14.12.04, NZA 05, 818, 820; *BAG* 28.7.05, AP Nr. 59 zu § 16 BetrAVG.

nicht zu einem Insolvenzverfahren kommt, besteht nach der jüngsten Rechtsprechung des *BGH*[784] **nur noch** eine **Haftung** des »untreuen« Gesellschafters **gegenüber der Gesellschaft,** doch können die Gläubiger deren Ersatzanspruch pfänden und sich überweisen lassen.[785] Auch ist dieser Ersatzanspruch zu berücksichtigen, wenn es um die Beurteilung der wirtschaftlichen Lage des UN geht, die für die Bemessung der Sozialplanleistungen maßgebend ist.[786] In der Sache tritt also kein wesentlicher Wandel ein. Praktische Beispiele, wie man einem abhängigen UN Liquidität und Kapital entzieht, bei *Brüsseler/Rothkegel.*[787]

190 Die **Arbeitsgerichte** haben im Bereich des Haftungsdurchgriffs die Rspr. des BGH im Grundsatz übernommen.Dies gilt inzwischen auch für die These vom existenzgefährdenden Eingriff[788] für die vom BGH vorgenommene Beschränkung auf eine Binnenhaftung des Gesellschafters gegenüber der Gesellschaft, doch ist der Ersatzanspruch der Gesellschaft gegen den beherrschenden Gesellschafter jedenfalls bei der wirtschaftlichen Belastbarkeit des UN und damit bei der Bemessung der Sozialplanleistungen zu berücksichtigen.[789] Die bisherige Rechtsprechung kam zu folgenden Ergebnissen: Nach *LAG Frankfurt*[790] können **Sozialplanansprüche gegen eine herrschende Gesellschaft geltend gemacht** werden, die die Rechtsform einer GmbH & Co. KG besitzt und die mit der Arbeitgeber-GmbH einen Gewinnabführungsvertrag geschlossen hatte. **Das *BAG*[791] hat die hinter einer GmbH & Co. KG stehende Person für rückständige Entgeltansprüche haften lassen.** Im konkreten Fall war Arbeitgeber eine GmbH & Co. KG, die in Vermögensverfall geraten war; die in Frage stehende Person war Alleingesellschafter der Komplementär-GmbH und zugleich Mehrheitskommanditist. In einem weiteren Fall bestätigte das *BAG*,[792] dass **auch** eine **natürliche Person »herrschendes Unternehmen«** im Sinne der konzernrechtlichen Grundsätze sein kann, wenn sie selbst ein einzelkaufmännisches UN führt oder in einem anderen UN als Mehrheitsgesellschafter tätig ist. Die »Durchgriffshaftung« wurde im konkreten Fall bejaht, weil keine Rücksicht auf die Belange der abhängigen Gesellschaft genommen wurde und eine Kompensation der zugefügten Nachteile durch Einzelmaßnahmen ausschied. Dies ergab sich daraus, dass das Arbeitgeberunternehmen mit Aufwendungen für Fremdleistungen in Höhe von rund 10 Mio. DM belastet worden war, deren Wert höchstens eine halbe Mio. betragen hatte und die von einer »Schwestergesellschaft« erbracht worden waren, die demselben »Konzernherrn« gehörte.[793] Die Grundsätze über die Haftung bei existenzgefährdendem Eingriff wurden im Fall von Ansprüchen auf Vergütung und auf Nachteilsausgleich[794] wie auch im Rahmen der Betriebsrentenanpassung nach § 16 BetrAVG angewandt.[795] Die Literatur steht dieser Entwicklung gleichfalls positiv gegenüber.[796]

191 Im vorliegenden Zusammenhang bedeutet dies, dass bei Sphärenvermischung, Unterkapitalisierung und Formenmissbrauch sowie insbes. bei Eingliederung und bei allen Vertragskonzernen auch das Vermögen der hinter der Arbeitgebergesellschaft stehenden Personen bzw. des Gesamtkonzerns berücksichtigt werden muss.[797] Beim GmbH-Konzern ist auf den Ver-

---

784 16.7.07 NJW 07, 2689 – Trihotel, bestätigt durch *BGH* 28.4.08, JZ 08, 1162 – Gamma.

785 Dazu und zu weiteren Möglichkeiten *Altmeppen*, NJW 07, 2657.

786 *BAG* 15.3.11, NZA 11, 1112 Tz. 36.

787 AiB 10, 108 ff.

788 *BAG* 14.12.04 NZA 05, 818, 820; *BAG* 15.1.13, NZA 14, 87; **die** Vermutung von HWK-*Hohenstatt/Willemsen*, Rn. 77, die alte BGH-Rechtsprechung könne im Arbeitsrecht »weiterleben«, hat sich als unbegründet erwiesen.

789 *BAG* 15.3.11, NZA 11, 1112 Tz. 36; ebenso *Fitting*, Rn. 258.

790 11.3.88, NZA 89, 107.

791 15.1.91, DB 91, 1472.

792 8.3.94, DB 94, 1780.

793 Ähnlich *BAG* 1.8.95, AuR 96, 323 = DB 96, 1526.

794 So *BAG* 14.12.04, NZA 05, 818.

795 *BAG* 28.7.05, AP Nr. 59 zu § 16 BetrAVG; *BAG* 15.1.13, NZA 14, 87.

796 Vgl. nur *Fitting*, § 1 Rn. 184; *Herschel*, AuR 81, 388; HWK-*Hohenstatt/Willemsen*, Rn. 77; *Schaub*, NZA 89, 8.

797 Ebenso im Ergebnis *Glaubitz*, FS Hanau, S. 409; *Schweibert*, in: Willemsen u. a., Rn. C 277; GK-*Oetker*, Rn. 445 ff.; Richardi-*Annuß*, Rn. 146; *C. Schubert*, FS v. Hoyningen-Huene, S. 452; *Vogt*, NZA 13, 1250. Diese Frage blieb dahingestellt in *BAG* 15.3.11, NZA 11, 1112 Tz. 38.

mögensentzug abzustellen (o. Rn. 188 f.). Der Schluss vom Haftungs- auf den Berechnungsdurchgriff (oben Rn. 187) gilt auch hier.[798] Im Einzelfall ist es allerdings nicht einfach, die im Entzug von Vermögenspositionen liegende **mangelnde Rücksichtnahme** auf die Belange des abhängigen UN **zu beweisen.** Das *BAG* gewährt dem klagenden AN bei der gleich gelagerten Frage nach seiner bisherigen Rechtsprechung daher eine gewisse Beweiserleichterung, wonach »hinreichende Anhaltspunkte« genügen sollen.[799] Dies muss auch für den BR gelten, wenn diesem trotz Ausschöpfung seiner Informationsrechte keine Klärung der in Frage stehenden Sachverhalte gelingt.[800] Ein relativ einfacher Fall liegt dann vor, wenn das herrschende UN das beherrschte veranlasst hat, gewinnbringende Geschäftsbereiche auszugliedern und zu verselbstständigen.[801] Für alle diese Fälle ist auch in der Literatur die Berücksichtigung des Vermögens des Gesamtkonzerns bei der Bemessung der Sozialplanleistungen weitgehend außer Streit.[802] Schließlich hat das *BAG*[803] auch einen sog. doppelten Berechnungsdurchgriff bejaht: Ist die Muttergesellschaft ihrerseits in der angegebenen Weise in einen Konzern eingebunden, so sind auch die Vermögensverhältnisse der über ihr stehenden Spitze zu berücksichtigen. Schließlich spielt es keine Rolle, wenn sich die **Konzernobergesellschaft im Ausland** befindet.[804]

Der **Berechnungsdurchgriff** geht aber **über den Haftungsdurchgriff** hinaus, da die wirtschaftliche Belastbarkeit, auf die das Gesetz abstellt, auch durch weitere Faktoren bestimmt wird.[805] Der Gesetzgeber hat diesen Gedanken in § 134 UmwG aufgegriffen und für den Fall der **Spaltung in eine Betriebs- und eine Anlagegesellschaft** die Letztere verpflichtet, fünf Jahre lang für alle nach den §§ 111 – 113 geschaffenen Verbindlichkeiten einzustehen (näher § 111 Rn. 98). Speziell für diesen Fall hatte das BAG schon vorher einen entsprechenden Schritt erwogen[806] und überdies klargestellt, dass **für** die **Ansprüche gegen** einen **Gesellschafter** bzw. das herrschende UN die **Arbeitsgerichte zuständig** sind.[807] Über diese Fälle hinaus wollen zahlreiche Stimmen in der Literatur bei der Bemessung von Sozialplanleistungen generell auf die wirtschaftlichen Verhältnisse im Konzern abstellen, insbes. auch (auf der Grundlage der älteren Rspr.) den **einfachen faktischen Konzern** und den **Gleichordnungskonzern** nach § 18 Abs. 2 AktG einbeziehen.[808] Für eine solche Lösung spricht einmal, dass **§ 112 Abs. 5 Satz 2 Nr. 2 Satz 2** ohne jede Einschränkung auf den **Konzern als solchen** abstellt, den Wirkungsbereich von Sozialplanregeln daher nicht mehr nur unternehmens- sondern konzernbezogen bestimmt. Zum Zweiten bezieht sich die »wirtschaftliche Vertretbarkeit« auf **faktische Verhältnisse,** will also tatsächlich vorhandene Möglichkeiten ausschöpfen; nur dann, wenn sie versagen, sollen die AN auf den Ausgleich oder die Milderung ihrer wirtschaftlichen Nachteile teilweise verzichten müssen. Bemerkenswert ist, dass auch die bisherige Rspr. zur Durchgriffshaftung[809] allein auf das Vorliegen eines (einfachen) faktischen Konzerns abstellt. Zum Dritten ist auch an den schon erwähnten Fall (o. § 111 Rn. 151) zu denken, dass **192**

---

798 Zustimmend Richardi-*Annuß,* Rn. 146.
799 *BAG* 8.3.94, DB 94, 1780; 4.10.94, DB 95, 528.
800 Vgl. auch *Gaul,* NZA 03, 695 [699].
801 *BAG* 14.12.93, DB 94, 1147.
802 *Fitting,* Rn. 258; *Henssler,* NZA 94, 922; MünchArbR-*Matthes,* 2. Aufl., § 362 Rn. 32; *Schartel,* S. 128; *Windbichler,* S. 412.
803 4.10.94, DB 95, 528.
804 S. den Fall *BAG* 14.12.93, DB 94, 1147; *Däubler,* Arbeitsrecht 2, Rn. 1385, 1395; *Zöllner,* Schweizerische Beiträge zum Europarecht, Bd. 14, Genève 1974, S. 216.
805 Nicht ausreichend bedacht bei *Brüsseler/Rothkegel,* AiB 10, 108 ff.
806 19.1.88, AP Nr. 70 zu § 613 a BGB. Dafür nunmehr *BAG* 15.3.11, NZA 11, 1114 Tz. 23 ff. = AuR 11, 183 – Ls.
807 *BAG* 11.11.86, AP Nr. 2 zu § 3 ArbGG 1979, bestätigt in *BAG* 13.6.97, DB 97, 2028.
808 Siehe BKMT-*Bachner,* § 4 Rn. 418;j *Fuchs,* Sozialplan, S. 114; *Hanau,* RdA 74, 105; *Henssler,* S. 146; *v. Hoyningen-Huene,* RdA 86, 113; *Ohl,* S. 62; *Richardi,* Sozialplan, S. 84; *Spinti,* S. 59; SB-*Stevens-Bartol* § 112 Rn. 29; *Teichmüller,* Betriebsänderung, S. 89; *Vogt,* S. 105; *Zöllner,* a. a. O. S. 216; *Däubler,* Das Arbeitsrecht 2, Rn. 1388; *Schwarzburg,* NZA 09, 177 (jedenfalls für den Vertragskonzern und den faktischen Unterordnungskonzern); a. A. GK-*Oetker,* Rn. 450; *Schweibert* in: Willemsen u. a. Rn. C 277; *Windbichler,* S. 412; Richardi-*Annuß,* § 112 Rn. 145; HWK-*Hohenstatt/Willemsen,* Rn. 77.
809 BGH 24.6.02, NJW 02, 3024.

eine **Betriebsänderung konzernweit** geplant wird: Ist der KBR in solchen Fällen Verhandlungspartner, wäre es schwer vorstellbar, dass je nach Lage der Einzel-UN differenzierte Leistungen vorgesehen würden. Schließlich ist auf die **Steuerungsfunktion der §§ 111 – 113** abzustellen:[810] Wenn es darum geht, über ein Verfahren und materielle Belastungen eine sozial verträgliche Unternehmenspolitik zu erreichen, muss Adressat der Regelung das eigentliche Entscheidungszentrum und d. h. die Konzernspitze sein.[811] Durch die im Sozialplan vorgesehenen Ausgleichsleistungen muss letztlich sie, nicht aber eine Tochtergesellschaft belastet werden, deren Tage aus guten oder schlechten Gründen gezählt sein mögen. Die Kosten einer Betriebsänderung dürfen auch bei konzerngebundenen UN nicht auf den AN und die Allgemeinheit abgewälzt werden.[812] Dies alles spricht dafür, nicht nur in dem Sonderfall, dass die Wirtschaftskraft des AG-UN nicht einmal zu einer substantiellen Milderung der wirtschaftlichen Nachteile der AN ausreicht, einen Berechnungsdurchgriff vorzunehmen.[813] Vielmehr sollte die **wirtschaftliche Situation des Gesamtkonzerns** Anlass sein, sich eher an der Obergrenze (= voller Ausgleich der Nachteile) oder eher an der Untergrenze (= substantielle Milderung) der **Sozialplandotierung** zu bewegen. Dies ist vom *BAG* bisher nicht ausreichend beachtet worden.[814]

193 Die Leitung eines **Gemeinschaftsbetriebs** muss mit dem dort bestehenden BR im Falle einer Betriebsänderung einen Sozialplan vereinbaren. Dieser verpflichtet nur den jeweiligen Vertragsarbeitgeber, es sei denn, auf freiwilliger Grundlage wäre eine gesamtschuldnerische Haftung weiterer TrägerUN vereinbart worden.[815] Insolvenzverwalter sind zu einem solchen Entgegenkommen nicht befugt.[816] Zur Bemessung der Sozialplanleistungen s. o. Rn. 85. Genauso ist in **Vertretungseinheiten** zu verfahren, die **durch TV** nach § 3 Abs. 1 Nr. 3 als **UN-übergreifende** geschaffen wurden.

5. Rahmensozialpläne und vorsorgliche Sozialpläne

194 In der Praxis existieren Abmachungen, die ohne Bezugnahme auf eine konkrete Betriebsänderung sozialplanähnliche Leistungen vorsehen.[817] Zum Teil handelt es sich um betriebliche Rationalisierungsschutzabkommen, zum Teil sollen nur Leitlinien für künftige Sozialpläne aufgestellt werden.[818] **Rechtsgrundlage** ist nicht etwa § 112, da dessen Voraussetzung – das Vorliegen einer geplanten Betriebsänderung – fehlt; vielmehr geht es um eine freiwillige Betriebsvereinbarung nach § 88, gegen deren Zulässigkeit keinerlei Bedenken sprechen.[819] Die bisweilen vertretene These, die Betriebsparteien könnten nur schuldrechtlich wirkende Leitlinien festlegen,[820] entbehrt jeder Grundlage; § 88 lässt auch die Einräumung einklagbarer Rechte für den einzelnen Arbeitnehmer zu.[821]

195 Der **Rahmensozialplan** ist allerdings nicht in der Lage, die Ausübung des Mitbestimmungsrechts nach § 112 irgendwie einzuschränken. Tritt der Fall der Betriebsänderung effektiv ein, **kann und muss der Betriebsrat über Interessenausgleich und Sozialplan verhandeln.**[822] Alles andere wäre ein unzulässiger Verzicht auf künftige Mitbestimmungsrechte (zum Verzicht im Allgemeinen Einl. Rn. 99).[823] Legte sich der Rahmensozialplan normative Wirkung bei,

---

810 Vgl. *Windbichler,* S. 413, die daraus jedoch keine ausreichenden Konsequenzen zieht.
811 Ebenso *Nick,* S. 198, 208.
812 Vgl. *Behrens,* ZfA 89, 234; *Schellhaaß,* ZfA 89, 176 ff.; wie hier auch *Säcker,* in Birk/Igl/Zacher, S. 147; etwas einschränkend *Nick,* S. 256 ff.
813 In diese Richtung aber *BAG* 24.8.04, DB 05, 397. Ablehnend *BAG* 15.3.11, NZA 11, 1112.
814 S. insbesondere *BAG* 15.3.11, NZA 11, 1112 Tz. 20.
815 *BAG* 12.11.2002, NZA 03, 676.
816 *BAG* a. a. O.
817 Vgl. *Rumpff/Boewer,* S. 370. Aus der Rechtsprechung s. etwa den Fall *BAG* 17.4.12, NZA 12, 1240.
818 *Meyer,* NZA 96, 239.
819 *GL,* Rn. 23 a; *Vogt,* Sozialpläne, S. 78; *Däubler,* NZA 85, 547.
820 *Fuchs,* Sozialplan, S. 94 ff.; *Rumpff/Boewer,* S. 379.
821 So im vorliegenden Zusammenhang *BAG* 17.4.12, NZA 12, 1240 Tz 23.
822 So *BAG* 29.11.83, AP Nr. 10 zu § 113 BetrVG 1972 für den Interessenausgleich; *BAG* 17.4.12, NZA 12, 1240 für den Sozialplan; *Wenning-Morgenthaler,* Rn 1088.
823 *Däubler,* NZA 85, 546 f.; vgl. auch *Rumpff/Boewer,* S. 371.

sind die dadurch geschaffenen Rechte ein Minimum, das bei den Verhandlungen über den »**Einzelsozialplan**« nicht unterschritten werden kann.[824] Bei **bloßen Richtlinien** kann je nach dem von den Parteien Gewollten ggf. unter bestimmten Voraussetzungen nach beiden Richtungen abgewichen werden. Dasselbe gilt nach der Rechtsprechung des *BAG*[825] dann, wenn der **Rahmensozialplan als solcher geändert** und eine (schlechtere) Neuregelung für eine konkrete Betriebsänderung oder für alle Zukunft an seine Stelle tritt. Wurde eine Regelung vom GBR getroffen, so wird sie in aller Regel so auszulegen sein, dass sie nur dann eingreift, wenn bei einer konkreten Betriebsänderung auf örtlicher Ebene kein Sozialplan zustande kommt.[826] Dieser kann auch auf einer freiwilligen Einigung beruhen.[827] Hätte die GBV keine solche Auffangfunktion, könnte sie nur durch Kündigung oder eine neue Abmachung aufgehoben und durch eine andere Regelung ersetzt werden.

Sofern nichts anderes vereinbart ist, kann der Rahmensozialplan nach § 77 Abs. 5 mit dreimonatiger Frist **gekündigt** werden. Eine **Nachwirkung** nach § 77 Abs. 6 BetrVG tritt mangels abweichender Abrede nicht ein. In solchen Fällen ist dann eine Verschlechterung möglich. Wurde im Zusammenhang mit einer Betriebsänderung ein auch für künftige Fälle gedachter »**Dauersozialplan**« vereinbart,[828] so hat er bei den folgenden Betriebsänderungen die Bedeutung eines Rahmensozialplans im hier beschriebenen Sinne. **196**

Das *BAG*[829] lässt daneben als freiwillige Betriebsvereinbarung auch den sog. **vorsorglichen Sozialplan** zu, wenn Betriebsänderungen »in groben Umrissen« abschätzbar sind. In diesem Fall ist das Mitbestimmungsrecht des BR »verbraucht«, wenn es dann effektiv zu der einzelnen Betriebsänderung kommt. Verhandlungen müssen nur noch über den Interessenausgleich geführt werden.[830] Dies läuft im Ergebnis auf einen Verzicht auf Mitbestimmungsrechte hinaus, der nach allgemeinen Grundsätzen (Einl. Rn. 85, 99) unzulässig ist.[831] Der »vorsorgliche« Sozialplan ist wie ein Rahmensozialplan zu behandeln und deshalb nur als Minimum zu beachten.[832] Auch wenn man sich die *BAG*-Rspr. zu eigen macht, sollte ein BR nur bei einer besonders günstigen Regelung von dieser Möglichkeit Gebrauch machen. Unter keinen Umständen sollte der Insolvenzfall einbezogen werden, da dies sogar die bescheidenen Möglichkeiten der §§ 123, 124 InsO zunichte machen würde.[833] Auch ist zu beachten, dass der vorsorgliche Sozialplan dem Tarifvorbehalt des § 77 Abs. 3 unterliegt.[834] **197**

Von einem »vorsorglichen Sozialplan« ist auch dann die Rede, wenn unklar ist, ob eine Stilllegung oder ein Betriebsübergang vorliegt und für den Fall der Stilllegung eine Regelung getroffen wird. Gegen eine solche **Rechtsbedingung** ist nichts einzuwenden.[835] Dasselbe gilt dann, wenn für zwei alternative Varianten einer Betriebsänderung zwei verschiedene Sozialpläne aufgestellt werden.[836] **198**

---

824 *Halberstadt,* § 112 Rn. 14; *Krieger/Terhorst,* NZA 14, 689, 691; *Löwisch-Flüchter,* Anm. zu BAG EzA § 112 BetrVG 1972, S. 14; *Rumpff/Boewer,* S. 370 f.
825 19.2.08, DB 08, 1385 = NZA 08, 719.
826 *BAG* 17.4.12, NZA 12, 1240 Ls 1 und 3.
827 *BAG* a. a. O.: Nach § 112 a war der Sozialplan nicht erzwingbar.
828 Dazu *Meyer,* NZA 96, 242.
829 26.8.97, DB 98, 265, bestätigt in *BAG* 19.1.99, NZA 99, 950.
830 *BAG,* a. a. O. Missverständlich die Terminologie in *BAG* 17.4.12, NZA 12, 1240, wo durchgehend von einem »vorsorglichen Sozialplan« die Rede ist, obwohl die Mitbestimmungsrechte völlig unberührt bleiben und auch die Rechtswirkungen einem Rahmensozialplan entsprechen.
831 Anders auch *Fitting,* 21. Aufl. Rn. 80; Richardi-*Annuß,* § 112 Rn. 64 und mit überzeugender Begründung *Löwisch/Flüchter,* Anm. zu BAG EzA § 112 BetrVG 1972 Nr. 96 S. 19.
832 Vgl. HWK-*Hohenstatt/Willemsen* Rn. 31.
833 *Löwisch-Flüchter,* a. a. O.
834 *BAG* 14.11.06, NZA 07, 339, 341; GK-*Oetker,* Rn. 144.
835 *BAG* 1.4.98, DB 98, 1471; *Wenning-Morgenthaler,* Rn 1089, der nur diesen Fall als »vorsorglichen Sozialplan« bezeichnet.
836 Richardi-*Annuß,* § 112 Rn. 62; ebenso *Löwisch/Flüchter,* Anm. zu *BAG* 26.8.97, EzA § 112 BetrVG 1972 Nr. 96 S. 19.

6. Stichtagsregelungen

199 Im Sozialplan kann festgelegt werden, dass er zu einem bestimmten **Stichtag** in Kraft tritt und dass er für eine bestimmte Zeit gilt, also nur solche Kündigungen und andere Formen des Ausscheidens erfasst, die sich innerhalb seines Geltungszeitraums vollziehen.[837] Der Anfangstermin kann vor dem Abschlusszeitpunkt liegen, was in all den Fällen unvermeidbar ist, in denen der Sozialplan nach teilweise oder ganz durchgeführter Betriebsänderung zustande kommt. Die Festlegung von Stichtagen hat den Vorzug der **Rechtsklarheit;** insbes. wird in aller Regel Streit darüber vermieden, ob eine bestimmte Kündigung durch die Betriebsänderung bedingt war oder nicht. Auf der anderen Seite dürfen durch eine solche zeitliche Eingrenzung grundsätzlich keine AN aus den Sozialplanleistungen ausgeschlossen werden, die ihren Arbeitsplatz wegen der Betriebsänderung verloren haben; die Tatsache, dass es eine bestimmte Person besonders früh oder besonders spät »erwischte«, ist ersichtlich **kein sachlicher Grund** für die Verweigerung von Sozialplanleistungen.[838] Stichtagsregelungen beziehen sich deshalb regelmäßig nur auf Eigenkündigungen[839] und Aufhebungsverträge[840] und müssen den Gleichbehandlungsgrundsatz des § 75 Abs. 1 wahren.[841] In Betracht kommt insbesondere die Bekanntgabe der geplanten Betriebsänderung oder der Abschluss eines Interessenausgleichs.[842] § 75 Abs. 1 ist verletzt, wenn den vor einem Stichtag Kündigenden deshalb eine **geringere Abfindung** gewährt wird, weil der AG **aus betrieblichen Gründen** an einer vorübergehenden Fortdauer des Arbeitsverhältnisses interessiert ist; ein solcher Grund steht nicht im Einklang mit dem Zweck des Sozialplans.[843] Auf der anderen Seite sollen höhere Abfindungen als finanzieller Anreiz für den Abschluss von Altersteilzeitverträgen durchaus zulässig sein.[844] Nach *BAG*[845] ist eine Ausklammerung der vor dem Stichtag Kündigenden dann zulässig, wenn vor diesem Zeitpunkt (Scheitern des Interessenausgleichs) noch nicht feststand, ob es wirklich zu der geplanten Betriebsschließung kommen und welche alternative Beschäftigungsmöglichkeiten bestehen würden; in diesem Fall konnten die zuvor eine Eigenkündigung Aussprechenden von den Sozialplanleistungen ausgenommen werden.[846] Würde man statt auf die Kündigungserklärung auf das faktische Ausscheiden abstellen, könnte eine unerlaubte Benachteiligung wegen Alters vorliegen, sofern ältere AN oder AN mit langjähriger Betriebszugehörigkeit nur unter Wahrung einer langen Frist kündigen konnten.[847] Dasselbe soll sogar dann gelten, wenn der AN vor Abschluss des Sozialplans kündigte, der in engem zeitlichen Zusammenhang mit dem Interessenausgleich über die geplante Betriebsverlegung stand.[848] Bei AG-Kündigungen oder vom AG veranlassten Aufhebungsverträgen und Eigenkündigungen wäre in beiden Fällen anders zu entscheiden gewesen.[849] Entschließen sich die Betriebsparteien, denjenigen **zusätzliche Abfindungen** anzubieten, die einen Aufhebungsvertrag schließen, um so eine bestimmte »Zielzahl« für den Personalabbau zu erreichen, so kann das **Inkrafttreten der BV als Stichtag** gewählt werden; früher bereits Ausgeschiedene können keine Gleichbehandlung verlangen.[850]

200 Je nach den Umständen des Einzelfalls muss außerdem damit gerechnet werden, dass nachträglich weitere Betroffene in den Sozialplan einzubeziehen sind. Soweit bei **»Neufällen«,** die nach dem Endtermin eintreten, **kein Bezug zur Betriebsänderung** vorhanden ist, stellt sich

837 Dazu *Küttner,* FS Stahlhacke, S. 292.
838 Nicht beachtet bei *LAG Nürnberg* 5.9.06, NZA-RR 07, 524.
839 So der Fall *BAG* 12.4.11, NZA 11, 1302.
840 *B. Gaul,* DB 98, 1514.
841 *BAG* 19.2.08, NZA 08, 720.
842 *Wenning-Morgenthaler,* Rn 1110 mwN.
843 *BAG* 19.2.08, DB 08, 1384, 1386 = NZA 08, 719.
844 *BAG* 15.4.08, NZA-RR 08, 580.
845 30.11.94, NZA 95, 492.
846 *BAG* 12.4.11, NZA 11, 1302. Ebenso *BAG* 1.2.11, AP Nr. 211 zu § 112 BetrVG 1972.
847 *BAG* 12.4.11, NZA 11, 1302.
848 *BAG* 24.1.96, DB 96, 1682 = AiB 96, 618 mit krit. Anm. *Hamm.*
849 Dazu *Hümmerich/Spirolke,* BB 95, 42; s. auch *BAG* 29.10.02, ZIP 03, 1414: Keine Ausklammerung stilllegungsbedingter Eigenkündigungen.
850 *BAG* 18.5.10, NZA 10, 1304 = dbr 6/11 S. 39.

die Frage, ob der Sozialplan insoweit keinerlei Rechtswirkung mehr entfalten oder ob er nach § 77 Abs. 6 nachwirken sollte. Letzteres wird allenfalls dann anzunehmen sein, wenn auch innerhalb des allgemeinen Geltungszeitraums die Verknüpfung mit der Betriebsänderung nur eine sehr lockere war, wenn der Sache nach also eher eine Art betriebliches Rationalisierungsschutzabkommen vorlag. Bei einem solchen handelt es sich allerdings um eine freiwillige BV, die nur bei ausdrücklicher Vereinbarung nachwirkt. Das Außerkrafttreten des Sozialplans lässt im Übrigen die Rechte derjenigen unberührt, die während seiner Geltungsdauer ausgeschieden sind.

7. Nachträgliche Änderungen und Kündigung des Sozialplans

Ein einmal abgeschlossener Sozialplan kann **nur noch in engen Grenzen verändert** werden. **201** Sieht man von dem Fall eines gerichtlichen Verfahrens ab, so kommen drei Möglichkeiten in Betracht.

AG und BR können den Sozialplan **im Einvernehmen durch einen neuen ersetzen** oder **202** einzelne Bestimmungen ändern.[851] Dasselbe gilt für einen Rahmen- oder Dauersozialplan.[852] Dabei kann es auch zu Verschlechterungen kommen. Die Betriebspartner dürfen allerdings grundsätzlich nicht in bereits entstandene Rechte eingreifen;[853] insbesondere die Ansprüche Ausgeschiedener müssen unberührt bleiben. Außerdem muss die Neuregelung der Billigkeit entsprechen;[854] **Verschlechterungen** müssen insbesondere den Vertrauensschutzgrundsatz beachten und verhältnismäßig sein[855] und sind deshalb auch in Bezug auf noch nicht entstandene oder noch nicht abgewickelte Ansprüche nur in sehr engem Rahmen möglich. Dieser ist gewahrt, wenn eine sehr komplizierte durch eine klare Regelung ersetzt wird und der AN die Höhe seiner Abfindung noch gar nicht einschätzen konnte.[856] Anders dann, wenn die Fälligkeit einzelner Ansprüche auf unbestimmte Zeit hinausgeschoben wird.[857] Solange der anlässlich einer Betriebsstillllegung abgeschlossene Sozialplan noch nicht voll abgewickelt ist, bleibt dem BR ein Restmandat zu seiner Änderung.[858]

Die **Kündigung des Sozialplans** ist grundsätzlich ausgeschlossen, es sei denn, die Betriebs- **203** partner hatten ausdrücklich eine abweichende Regelung getroffen. Eine **Ausnahme** gilt nur in Bezug auf solche Bestimmungen, die regelmäßige **Leistungen für einen bestimmten oder einen unbestimmten Zeitraum** vorsehen.[859] Soweit eine Kündigung zulässig ist, tritt die Nachwirkung des § 77 Abs. 6 ein.[860] Eine **fristlose Kündigung** des Sozialplans ist erst recht **ausgeschlossen,** zumal er nicht den Charakter eines Dauerschuldverhältnisses besitzt.[861]

8. Wegfall der Geschäftsgrundlage

Ändern sich die im Sozialplan zugrunde gelegten Verhältnisse grundlegend, kommt auf der **204** Grundlage des § 313 Abs. 1 BGB eine **Anpassung wegen Wegfalls der Geschäftsgrundlage** in

851 *BAG* 24.3.81, AP Nr. 12 zu § 112 BetrVG 1972; 10.8.94, DB 95, 480; 5.10.00, NZA 01, 849; 12.11.02, NZA 03, 1287; 2.10.07, NZA-RR 08, 242 Tz 19.

852 *BAG* 19.2.08, NZA 08, 720.

853 *BAG* 12.11.02, NZA 03, 1287; *HessLAG* 27.10.98, AiB 99, 526: mit Zugang der Kündigung entstandener Abfindungsanspruch. Ebenso BKMT-*Bachner* § 4 Rn. 351.

854 Einzelheiten bei *Däubler,* NZA 85, 547; ebenso *BAG* 10.8.94, DB 95, 480.

855 *BAG* 2.10.07, NZA-RR 08, 242 Tz 19 ff. Dazu auch HK-ArbR-*M. Schubert,* §§ 111 – 113 Rn 34.

856 *BAG* a. a. O.

857 *BAG* 21.10.03, NZA 04, 559.

858 *BAG* 5.10.00, NZA 01, 849.

859 *BAG* 24.3.81, AP Nr. 12 zu § 112 BetrVG 1972; 10.8.94, DB 95, 480, das den Ausnahmefall aber ebenso wie *BAG* 28.3.07, NZA 07, 1066 Tz 26 ausdrücklich dahinstehen lässt; *KreisG Suhl* 4.12.91, AiB 92, 192; HWGNRH-*Hess,* Rn. 336; *Weller,* AR-Blattei (1946 – 1992), Sozialplan I, F I; einschränkend mit Recht *Fitting,* Rn. 214 ff.; GK-*Oetker,* Rn. 240 ff. m. w. N.

860 *BAG,* a. a. O.; Einzelheiten bei *Meyer,* NZA 97, 289 ff.

861 *KreisG Suhl* 4.12.91, AiB 92, 102; *Däubler,* NZA 85, 550; *Wenning-Morgenthaler,* Rn 1209; im Prinzip auch *BAG* 10.8.94, DB 95, 480; a. A. *LAG Saarland* 3.7.85, LAGE § 112 BetrVG 1972 Nr. 7; HWGNRH-*Hess,* Rn. 337.

Betracht. Dies geschieht in der Weise, dass die durch den Fortbestand des Sozialplans benachteiligte Seite vom Gegenspieler neue Verhandlungen verlangen und notfalls die ESt. anrufen kann.[862] Einer fristlosen Kündigung bedarf es deshalb nicht.[863] Ein solcher Wegfall der Geschäftsgrundlage wurde insbesondere dann angenommen, wenn beim Abschluss des Sozialplans **falsche Vorstellungen über die zur Verfügung stehende Finanzmasse** geherrscht haben.[864] Dasselbe gilt dann, wenn mit Rücksicht auf die beabsichtigte Sanierung des UN nur bescheidene Sozialplanleistungen vorgesehen werden, nach einiger Zeit aber die **Sanierung fehlschlägt** und das UN liquidiert wird: Wird nunmehr ein besserer Sozialplan vereinbart, müssen die bei dem Sanierungsversuch Ausgeschiedenen gleichbehandelt werden.[865] Stellt sich die zur Verfügung stehende Finanzmasse als sehr viel bescheidener heraus, können auch entstandene Ansprüche (ausgeschiedener oder noch im Betrieb tätiger) AN gekürzt werden.[866] Weiter ist an den Fall zu denken, dass anstelle der geplanten eine **völlig andere Betriebsänderung** vorgenommen wurde. Schließlich fällt die Geschäftsgrundlage dann weg, wenn der Sozialplan Abfindungen wegen stilllegungsbedingter Entlassungen vorsieht, sich dann aber wider Erwarten ein Käufer findet, der alle Betroffenen zu unveränderten Bedingungen weiterbeschäftigen will.[867] Ob dies auch für den »übernahmeunwilligen« Erwerber gilt, scheint bislang nicht erörtert; der Grundgedanke des § 613 a würde dafür sprechen. Die Anpassung kann sich auch auf schon entstandene AN-Ansprüche erstrecken,[868] doch ist dem Grundsatz der Verhältnismäßigkeit besondere Beachtung zu schenken.[869] Auch ist an eine entsprechende Anwendung von § 124 Abs. 3 Satz 1 InsO zu denken. Wird eine bei Abschluss des Sozialplans steuerfreie Leistung **nachträglich steuerpflichtig**, so kommt eine Anpassung entsprechend § 313 Abs. 1 BGB in Betracht, was auf eine hälftige Verteilung der Steuerlast hinauslaufen würde. Dem AN generell das Besteuerungsrisiko aufzubürden, besteht keine Veranlassung.[870]

9. Betriebsübergang und Sozialplan

205 Wird der **Betrieb** nach Abschluss von Interessenausgleich und Sozialplan **auf** einen **neuen Inhaber übertragen,** so lässt dies die Geltung der vereinbarten Regelungen unberührt. Solange der Betrieb seine Identität bewahrt, bleiben alle Betriebsvereinbarungen (und damit auch der Sozialplan) kollektivrechtlich bestehen (o. § 77 Rn. 100). Ebenso ist bei einer Unternehmensfusion zu entscheiden.[871] Wird nur ein Betriebsteil übertragen, gilt dasselbe, solange dieser selbstständig bleibt; andernfalls greift § 613 a Abs. 1 Sätze 2 – 4 BGB ein (o. § 77 Rn. 103). Wird der Betrieb während der **Verhandlungen** übertragen, so sind diese **mit dem Erwerber fortzusetzen.** Plant dieser schon vor der Übernahme bestimmte Betriebsänderungen, kann mit ihm über Interessenausgleich und Sozialplan verhandelt werden.[872] Will er vom vorher Vereinbarten abweichen und eine andere Betriebsänderung durchführen, muss er erneut in Verhandlungen eintreten; insoweit ist die Rechtslage nicht anders, als wenn der Veräußerer umdisponieren würde (weitere Einzelheiten § 111 Rn. 127 ff.).

862 *BAG* 17.2.81, AP Nr. 11 zu § 112 BetrVG 1972; 10.8.94, DB 95, 480; ebenso ErfK-*Kania,* Rn. 41; *Winderlich,* BB 94, 2488.
863 Vgl. *Fitting,* Rn. 219, 221.
864 *BAG* 17.2.81, AP Nr. 11 zu § 112 BetrVG 1972.
865 *BAG* 9.12.81, AP Nr. 14 zu § 112 BetrVG 1972, das ausschließlich auf § 75 Abs. 1 abstellt.
866 *BAG* 10.8.94, DB 95, 480.
867 *BAG* 28.8.96 DB 97, 100; ähnlich *BAG* 4.12.97, DB 98, 1087: Aufgabe des Plans zur Produktionsverlagerung lässt Geschäftsgrundlage für Aufhebungsverträge mit Abfindung entfallen.
868 *BAG,* a.a.O.
869 HWK-*Hohenstatt/Willemsen,* Rn. 88; *Meyer,* NZA 95, 979 ff.
870 Anders *LAG Schleswig-Holstein* 16.1.08, DB 08, 1980.
871 *BAG* 24.6.98, DB 99, 290 für den Fall eines Firmentarifs.
872 *Bauer,* DB 1994, 221.

V. Die Auszahlung der Sozialplanleistungen

1. Fälligkeit, Verzicht, Verjährung und Ausschlussklauseln

Der Sozialplan bestimmt selbst, zu welchem Zeitpunkt AN-Ansprüche **zur Entstehung gelangen.**[873] Ist keine besondere Regelung getroffen, kommt es auf den Zeitpunkt des Zugangs der Kündigung an.[874] Aus dem Sinn und Zweck einer Regelung kann sich allerdings ergeben, dass der Ablauf der Kündigungsfrist, d. h. das effektive Ausscheiden, maßgebender Zeitpunkt sein soll.[875] Ebenso autonom sind die Betriebsparteien bei der Bestimmung der **Fälligkeit**. Legen sie insoweit nichts fest, kommt es auf den **Zeitpunkt des Ausscheidens des AN** aus dem Betrieb an. Damit ist mangels abweichender Abrede nicht die faktische Beendigung der Arbeit, sondern der Ablauf der Kündigungsfrist gemeint.[876] Erhebt der AN Kündigungsschutzklage, tritt Fälligkeit erst mit deren rechtskräftiger Abweisung ein.[877] Eine vorherige Geltendmachung des Anspruchs (etwa im Wege eines Eventualantrags) ist aber möglich. Die **Fälligkeit** eines Teils der Ansprüche auf unbestimmte Zeit **hinauszuschieben,** lässt sich mit der Funktion des Sozialplans (o. Rn. 80 ff.) nicht vereinbaren;[878] die Leistung läge so im Belieben des Schuldners. Die Entstehung von Ansprüchen und ihre Fälligkeit können auch durch Spruch der ESt festgelegt werden.[879] Zur Frage, gegen wen sich Sozialplanansprüche richten, wenn die Betriebsänderung in einem gemeinsamen Betrieb erfolgte, s. o. Rn. 193. Eine persönliche Haftung der Geschäftsführer scheidet so gut wie immer aus.[880] 206

Ist für die Fälligkeit kein kalendermäßig bestimmtes Datum (»31.3.2012«) vorgesehen, sondern wird beispielsweise auf das tatsächliches Ausscheiden aus dem Betrieb abgestellt, und erfolgt die Zahlung nicht umgehend, so muss der ausgeschiedene AN seinem früheren AG eine **Mahnung** schicken; erst dann tritt Verzug ein (§ 286 Abs. 1 BGB). Dies ist wichtig nicht nur wegen der **Verzugszinsen** nach § 288 BGB, sondern auch deshalb, weil der **AG zum Schadensersatz verpflichtet** ist (§§ 280 Abs. 1 und 2, 288 Abs. 4 BGB). Dies wird insbesondere dann bedeutsam, wenn die Zahlung erst dann erfolgt, wenn der AN bereits auf Hartz IV angewiesen ist (u. Rn. 219). 207

Da der Sozialplan die Wirkung einer BV hat, kann der Einzelne seine Ansprüche nach § 77 Abs. 4 Satz 1 unmittelbar gegen den AG geltend machen. Denkbar ist aber eine arbeitsvertragliche Abrede, die den AN **günstiger als der Sozialplan** stellt. Die »Günstigkeit« richtet sich nach allgemeinen Grundsätzen.[881] Sie schließen es aus, die Sozialplanabfindung mit der Gesamtheit der Leistungen zu vergleichen, die der AN bei Übertritt in eine BQG[882] oder bei Verlängerung der Kündigungsfrist erhält.[883] Anders dann, wenn ein Vergleich im Hinblick auf die zugrunde liegenden Tatsachen geschlossen wird,[884] doch müssen diese effektiv umstritten und nicht aufklärbar sein. Wie der AN mit den ausbezahlten bzw. auf sein Konto überwiesenen Beträgen verfahren will, ist allein ihm überlassen; er kann das Geld auch in eine von der Belegschaft (mit)getragene Auffang- oder Beschäftigungsgesellschaft investieren. In Zukunft wird besonders darauf zu achten sein, ob die nach einem Jahr Arbeitslosigkeit noch vorhandenen Abfindungsbeträge bei der Gewährung von ALG II berücksichtigt werden. Sinnvoll kann im Einzelfall das Abzahlen von Schulden, aber auch das Investieren in das sog. Schonvermögen (selbst bewohntes Haus, Auto) sein. 208

Ansprüche aus dem Sozialplan unterliegen der gesetzlichen **Verjährung** nach den §§ 195, 199 209

---

873 *BAG* 13.12.94, DB 96, 433.
874 BAG, a. a. O.; *HessLAG* 27.10.98, AiB 99, 526.
875 *BAG* 22.5.96, DB 97, 280.
876 So im Zusammenhang mit Ausschlussfristen *BAG* 18.12.84, AP Nr. 11 zu § 113 BetrVG 1972; eingehend *BAG* 15.7.04, NZA 05, 292; vgl. weiter *LAG Niedersachsen* 12.9.03, NZA-RR 04, 478.
877 *BAG* 27.3.96, DB 97, 234.
878 *BAG* 21.10.03, NZA 04, 559.
879 *Wenning-Morgenthaler,* Rn 1098 f.
880 *BAG* 20.3.14, NZA 14, 1023.
881 *BAG* a. a. O.
882 *BAG* 30.3.04 NZA 04, 1183.
883 *ArbG Köln* 25.11.04 AuR 05, 340; kritisch zu dieser Rspr. *Löwisch/Geisenberger,* RdA 05, 45.
884 *BAG* 31.7.96, AiB 97, 350.

BGB.[885] Der Sozialplan kann **Ausschlussfristen** vorsehen (§ 77 Abs. 4 Satz 3), was in der Praxis nur relativ selten vorkommt. Ein **Verzicht** auf Sozialplanansprüche ist nur mit Zustimmung des BR möglich; § 77 Abs. 4 Satz 2 gilt auch hier. Der BR muss über die maßgebenden Umstände umfassend informiert sein und einen entsprechenden Beschluss fassen.[886] Die Zustimmung kann formlos vor oder nach dem vertraglich vereinbarten Verzicht erklärt werden. Greifen **TV** ein, die entsprechende Fristen für alle »Ansprüche aus dem Arbeitsverhältnis« vorsehen, so werden die Sozialplanrechte miterfasst; auch sie haben ihre Ursache letztlich im Arbeitsverhältnis.[887] Die Frist beginnt mit der Fälligkeit des Anspruchs, d. h. in der Regel mit dem (juristischen) Ausscheiden aus dem Arbeitsverhältnis.[888] Die Aussagen beziehen sich zwar ausschließlich auf den Nachteilsausgleich nach § 113, doch kann für Ansprüche aus dem Sozialplan nichts anderes gelten. Entstehen diese erst nach dem Ausscheiden, so sollen tarifliche Ausschlussfristen, die an das Ausscheiden anknüpfen, nicht mehr gelten.[889] Gegen die Rspr. lässt sich insgesamt einwenden, dass die Ansprüche nicht »aus« dem Arbeitsverhältnis erwachsen, sondern nur mit ihm »in Zusammenhang« stehen, so dass sie nur von einer entsprechend weiten Klausel erfasst werden.[890] Nach der Rechtsprechung bestehen keine Bedenken dagegen, bei der Gewährung von Leistungen nur solche Kinder zu berücksichtigen, die **in der Lohnsteuerkarte eingetragen** sind (zu Einwänden s. o. Rn. 105).[891]

2. (Beschränkte) Freiheit von Steuern und Abgaben

210 Abfindungen für den Verlust des Arbeitsplatzes waren **bis 31.12.2005** nach § 3 Nr. 9 EStG bis zu einem Betrag von **7200 Euro steuerfrei.** Der Höchstbetrag betrug **9000 Euro,** wenn der AN das 50. Lebensjahr, **11000 Euro,** wenn er das 55. Lebensjahr vollendet hatte und wenn außerdem das Arbeitsverhältnis mindestens 15 bzw. 20 Jahre bestanden hatte. Durch das Gesetz zum Einstieg in ein steuerliches Sofortprogramm vom 22.12.2005[892] wurde **§ 3 Nr. 9 EStG ersatzlos aufgehoben.**[893] Abfindungen sind nunmehr grundsätzlich wie anderes Einkommen zu versteuern. Was bleibt ist allein die Vorschrift des **§ 34** i. V. m. § 24 Nr. 1 EStG. Danach wird der Steuersatz so bestimmt, als wäre die Abfindung auf fünf Jahre verteilt worden (**»Fünftelungsregelung«**), sodass man häufig in eine weniger hohe Progressionszone kommt.[894] Grundgedanke ist, dass man aufgrund der Abfindung mehr erhält als man bei Fortsetzung des Arbeitsverhältnisses im Kalenderjahr verdient hätte (»Zusammenballung«).[895] § 34 EStG wird daher unanwendbar, wenn sich die Abfindungszahlung auf zwei Kalenderjahre verteilt,[896] doch ist es unschädlich, wenn im folgenden Jahr noch weitere Zusatzleistungen gewährt werden, die aber auf keinen Fall 50 % der Hauptentschädigung erreichen dürfen.[897] Auch lässt sich die Fälligkeit auf das folgende Kalenderjahr verschieben, wenn sich dies wegen des geringeren sonstigen Einkommens als vorteilhaft darstellt.[898] Aus einem planwidrigen Zufluss der Abfindung in zwei verschiedenen Kalenderjahren (der AN muss die ihm in Wahrheit zustehende höhere Abfindung erst einklagen) darf sich kein steuerlicher Nachteil ergeben, so dass die

---

885 3 Jahre ab Kenntnis oder grob fahrlässiger Unkenntnis – *Fuchs,* AiB 03, 563.
886 *BAG* 15.10.13NZA 14, 217 Tz. 27, auch zum Folgenden.
887 *BAG* 20.6.78, AP Nr. 3 zu § 113 BetrVG 1972; 18.12.84, AP Nr. 11 zu § 113 BetrVG 1972; 27.3.96, DB 97, 234; 27.1.04, NZA 04, 667; *Fitting,* Rn. 197; *Teichmüller,* Betriebsänderung, S. 105.
888 *BAG* 3.8.82, 29.11.83 und 18.12.84, AP Nrn. 5, 10 und 11 zu § 113 BetrVG 1972.
889 *BAG* 19.12.06 NZA 07, 759, 761; *LAG Brandenburg* 16.4.93, DB 93, 2340; *BAG* 3.4.90, EzA § 4 TVG Ausschlussfristen Nr. 94.
890 Näher *Däubler,* Tarifvertragsrecht, Rn. 1348.
891 *BAG* 12.3.97, DB 97, 1522.
892 BGBl. I 3682.
893 Zu den Übergangsregeln nach § 52 Abs. 4 Buchst. a EStG s. 12. Aufl. Rn. 141 a.
894 *LAG Hamm* 21.1.02, NZA-RR 03, 38; *Rockstroh/Polduwe,* DB 99, 532; *Schaub,* BB 99, 1060; *Wagner,* AuR 06, 47.
895 *BFH* 27.1.10. NZA-RR 10, 486 (überhöhtes Einkommen im Vorjahr bietet keinen Maßstab).
896 Bezahlung von Teilbeträgen innerhalb eines Kalenderjahres ist unschädlich.
897 *Foerster* AuA 11, 107; *Huber/Seidel, in: Küttner,* Personalbuch, Außerordentliche Einkünfte (Nr. 87) Rn. 11.
898 *BFH* 11.11.09, AuR 10, 133.

Gesamtsumme nach § 34 EStG besteuert wird. Anders ist es bei den erwähnten nachfolgenden »Ausgleichsleistungen«, die lediglich die steuerliche Privilegierung der Hauptentschädigung unberührt lassen, selbst aber voll der Besteuerung unterliegen.[899] Ohne Bedeutung ist, dass durch die Abfindung künftige Lohnansprüche abgegolten werden sollen, doch bleiben bereits **entstandene Lohn- und Gehaltsansprüche** auch dann ohne die Vergünstigung des § 34 EStG voll steuerpflichtig, wenn sie in die Abfindung einbezogen werden.[900] Leistungen aus einem Härtefonds (o. Rn. 178 ff.) sind wie (nachfolgende) Abfindungszahlungen zu behandeln. Soweit Leistungen erst an den Erben ausbezahlt werden, sind seine persönlichen Verhältnisse für die Höhe des Steuersatzes maßgebend. In Zweifelsfällen hat das Finanzamt nach § 42 e EStG Auskunft zu erteilen.

Die **Übernahme der Steuer durch den Arbeitgeber** ist im Zweifel nicht gewollt;[901] auch ein Hinweis auf § 3 Nr. 9 EStG sprach für eine Bruttoabrede.[902] Selbst eine Formulierung, ein bestimmter Aufwand werde »zu 100 % erstattet«, genügt nicht für die Annahme einer Nettoabrede.[903] Anders dann, wenn eine Aufstockung des Arbeitslosengelds auf 90 % des bisherigen Nettoeinkommens vorgesehen wird.[904] **211**

Nach § 3 Nr. 63 EStG sind **Beiträge zur betrieblichen Altersversorgung** oder zu einem anderen Versorgungssystem in gewissem Umfang steuerfrei.[905] Allerdings kommen die dadurch geschaffenen Ansprüche frühestens ab dem 60. Lebensjahr zur Auszahlung und unterliegen überdies der sog. nachgelagerten Besteuerung nach § 22 Nr. 5 Satz 1 EStG. Keine Steuerpflicht besteht in Bezug auf **Ersatzansprüche, die einem Arbeitnehmer aufgrund einer erlittenen Diskriminierung nach § 15 Abs. 2 AGG zustehen.**[906] Diese kann auch eine mittelbare Benachteiligung sein, die etwa darin liegt, dass eine Personalabbauaktion bestimmte Personengruppen wie Frauen, Ältere, Behinderte, ethnische Minderheiten usw. besonders stark betraf.[907] Eine Steuerpflicht entfällt bereits dann, wenn Ungewissheit über das Vorliegen eines derartigen Ersatzanspruchs besteht, die durch einen (außergerichtlichen) Vergleich beseitigt werden sollte.[908] Einen solchen Tatbestand nur vorzutäuschen, würde die Straftatbestände des Betrugs und der Steuerhinterziehung erfüllen. **212**

Sieht der Sozialplan den Ersatz von **Fahrt- oder Umzugskosten** vor, so sind diese nach Maßgabe des § 3 Nr. 16 EStG steuerfrei. Werden bestimmte Leistungen nachträglich steuerpflichtig, so soll dies zu Lasten des AN gehen.[909] In Wirklichkeit liegt eine Änderung der Geschäftsgrundlage vor, die zu einer Anpassung etwa im Sinne einer hälftigen Belastung beider Seiten führen müsste (o. Rn. 204). Voll steuerpflichtig sind dagegen Abfindungen, wenn der Betroffene **bei** einem **Betriebsübernehmer** zu schlechteren Konditionen **weiterbeschäftigt** wird.[910] **213**

Abfindungen unterliegen nicht der **Beitragspflicht zur Sozialversicherung.** Das *BAG*[911] und das BSG[912] haben dies mit eingehender Begründung für die Abfindungen nach § 10 KSchG ausgeführt; für Leistungen aus dem Sozialplan kann nichts anderes gelten. Es handelt sich dabei insgesamt nicht um Arbeitsentgelt i. S. v. § 14 SGB IV. Eine Ausnahme gilt nur dann, wenn in der Abfindung ein bereits verdienter Entgeltanspruch oder eine Urlaubsabgeltung enthalten sind,[913] oder wenn der Sozialplan eine Leistung der betrieblichen Altersversorgung oder einen anderen Ersatz für Rentenminderung vorsieht.[914] Die abweichende Haltung ein- **214**

---

899 *BFH* 6.3.02
900 *Bauer,* NZA 91, 618; *Rumpff/Boewer,* S. 430.
901 *BAG* 21.7.09, NZA 09, 1213; ebenso für die individuell vereinbarte Abfindung *LAG Berlin* 21.2.94, DB 94, 2632.
902 *ArbG Neumünster* 19.2.04, NZA-RR 04, 600.
903 *BAG* 21.7.09, NZA 09, 1213.
904 *LAG Düsseldorf* 27.6.96, DB 96, 1884.
905 Einzelheiten bei *Felser,* AiB 06, 349 und *Wagner,* AuR 06, 47.
906 *Cornelius/Lipinski,* BB 07, 498.
907 Einzelheiten bei Däubler/Bertzbach-*Däubler,* § 7 Rn. 262 ff.
908 *Cornelius/Lipinski,* BB 07, 501.
909 *LAG Schleswig-Holstein* 16.1.08, DB 08, 1980 LS; Volltext bei juris.
910 *BFH* 16.7.97, AuR 97, 404.
911 9.11.88, DB 89, 327; 13.11.91, DB 92, 585.
912 21.2.90, BB 90, 1350.
913 *BAG,* a. a. O.; *Fitting,* Rn. 207.
914 *BSG* 26.3.96, DB 96, 1987 – für KV-Beiträge der Rentner.

zelner Sozialversicherungsträger lässt sich nicht mit dem geltenden Recht vereinbaren.[915] Führt der AG entgegen diesen Grundsätzen Sozialversicherungsbeiträge ab, so kann der AN gleichwohl den vollen Betrag verlangen; der AG muss sich ggf. vor dem SozG mit der AOK auseinandersetzen.

3. Der mögliche Zugriff Dritter

215 Die aus dem Sozialplan erhaltene Abfindung schafft ein gewisses finanzielles Polster, das auch den **unterhaltsberechtigten Familienangehörigen** zugute kommt: Bei der Bemessung von Unterhaltsleistungen ist die Abfindung mitzuberücksichtigen.[916] Das höhere Vermögen ist außerdem bei der Berechnung des Zugewinnausgleichs nach §§ 1373 ff. BGB von Bedeutung,[917] wobei es genügt, dass bei Einreichung des Scheidungsantrags ein gesicherter Abfindungsanspruch bestand.[918] Im Rahmen der Bewilligung von **Prozesskostenhilfe** gehört die Abfindung grundsätzlich zu dem nach § 115 Abs. 3 ZPO zu berücksichtigenden Vermögen. Mit Rücksicht auf den besonderen Bedarf, der durch die Suche nach einem neuen Arbeitsplatz ausgelöst wird, wird jedoch ein Betrag in Höhe des doppelten Schonvermögens nach § 90 SGB XII ausgenommen.[919] Außerdem sind Verbindlichkeiten z. B. gegenüber einem früheren Prozessbevollmächtigten abzusetzen.[920]

216 Im **Zwangsvollstreckungsrecht** wird die **Abfindung als Arbeitseinkommen** behandelt, das auf Antrag nach Maßgabe des § 850 i ZPO der Pfändung entzogen wird.[921] Dies bedeutet, dass der AN im Falle der Pfändung durch seine Gläubiger von sich aus aktiv werden muss, um einen vom Gericht festzusetzenden Teil für sich und seine Familie verwenden zu können.[922] Der Ersatz für Fahrtkosten sowie die Übernahme von Mietbeihilfen sind nach § 850 a Nr. 3 ZPO unpfändbar.

4. Anrechnung auf Sozialleistungen, insbes. auf das Arbeitslosengeld

217 Bezieht der ausgeschiedene AN **Arbeitslosengeld,** so findet nach dem Entlassungsentschädigungs-Änderungsgesetz v. 24.3.99[923] keine Anrechnung auf das Arbeitslosengeld statt. Die umstrittene Vorschrift des § 140 SGB III a. F., die auf Grund einer Übergangsvorschrift für die allermeisten AN erst am 6.4.99 wirksam geworden wäre, ist ersatzlos aufgehoben worden. Wurde beim Ausscheiden des AN die für ihn geltende Kündigungsfrist nicht beachtet, ruht der Anspruch auf Arbeitslosengeld nach näherer Maßgabe des § 158 (bisher: § 143 a) SGB III.[924] Das »Ruhen« schiebt nur den Beginn der Zahlungen hinaus, führt jedoch nicht zu einer Verkürzung der Bezugsdauer.[925] Allerdings werden keine Sozialversicherungsbeiträge bezahlt, so dass der Krankenversicherungsschutz nach § 19 Abs. 2 SGB V einen Monat nach Ausscheiden aus dem Arbeitsverhältnis endet. Insoweit muss sich der AN auf seine Kosten freiwillig weiterversichern. Weiter ist darauf zu achten, dass der Urlaub noch während des Arbeitsverhältnisses genommen wird, will man das in § 157 Abs. 2 SGB III vorgesehene Ruhen des Anspruchs auf Arbeitslosengeld wegen des Bezugs von **Urlaubsabgeltung** vermeiden.[926]

218 Sobald ein ausgeschiedener AN **ALG II (»Hartz IV«)** beziehen will, wird nach Maßgabe von

915 Dazu *Rumpff/Boewer,* S. 414.
916 *BGH* 23.12.81, AP Nr. 13 zu § 112 BetrVG 1972.
917 Näher zu Unterhaltsrecht und **Zugewinnausgleich** *Däubler,* BGB kompakt, 2. Aufl., Kap. 36 Rn. 46 ff., 56 ff.
918 *Felser,* AiB 06, 349.
919 *BAG* 24.4.06, NZA 06, 751; entgegenkommender *LAG Schleswig-Holstein* 10.4.06, NZA-RR 06, 541: Höchstens 10 % der Abfindung sind zu berücksichtigen.
920 *LAG Köln* 24.10.07, NZA-RR 08, 322.
921 *BAG* 13.11.91, DB 92, 585; *OLG Düsseldorf* 28.8.79, DB 80, 112; *LAG Niedersachsen* 14.11.03, NZA-RR 04, 490; *Fitting,* Rn. 199; GK-*Oetker,* Rn. 203; Richardi-*Annuß,* Rn. 200.
922 *Rumpff/Boewer,* S. 436.
923 BGBl. I S. 396.
924 Einzelheiten samt Tabelle bei *Schaub,* BB 99, 1063; s. weiter BSG 9.2.06, NZA-RR 06, 663.
925 *Rockstroh/Polduwe,* DB 99, 531; *Wenning-Morgenthaler,* Rn 1124.
926 SB-*Stevens-Bartol* § 112 Rn. 22.

§ 12 SGB II überprüft, inwieweit sein **Vermögen** die dort genannten **Freibeträge übersteigt.** Die Maßstäbe sind insoweit sehr viel strenger als bei der früheren Arbeitslosenhilfe.[927] Auch Schenkungen, die den Regelsatz übersteigen und die in den zurückliegenden 10 Jahren gemacht wurden, müssen zunächst vom Beschenkten zurückverlangt werden, bevor ALG II in Anspruch genommen werden kann.[928] Einzelheiten sind hier nicht zu erörtern.

Wird die **Abfindung erst** zu einem Zeitpunkt **ausbezahlt**, in dem der ausgeschiedene **AN bereits ALG II** bezieht, so wird sie als »Einkommen« voll auf das ALG II angerechnet. Ist der AG für den darin liegenden Nachteil verantwortlich (weil er beispielsweise trotz Verzugs nicht bezahlte), so ist er zum Schadensersatz verpflichtet.[929] Dabei hat er den AN so zu stellen, als wäre rechtzeitig bezahlt und das Geld dem Schonvermögen zugeführt worden. **219**

Zur Übernahme des »Sperrfristrisikos« durch den AG s. o. Rn. 169. **220**

5. Vererblichkeit des Abfindungsanspruchs

Abfindungsansprüche gehen wie andere vermögenswerte Rechte auf den Erben über. Voraussetzung ist, dass der **Anspruch** im Todeszeitpunkt **entstanden** war; er muss noch nicht fällig sein.[930] Wann dies der Fall ist, bestimmt sich nach dem Inhalt des Sozialplans, der notfalls im Wege der **Auslegung** zu ermitteln ist. Enthält der Wortlaut keine eindeutigen Festlegungen, so wird entscheidend darauf angestellt, ob die durch die Betriebsänderung verursachten (und deshalb zu mildernden) Nachteile bereits eingetreten sind, was nach Ablauf der Kündigungsfrist der Fall ist. Stirbt der AN vorher, **erreichen ihn die Wirkungen der Betriebsänderung nicht mehr,** so dass kein Anspruch entsteht.[931] Auch wenn man unterstellt, dass vor diesem Zeitpunkt eine Anwartschaft besteht, ändert sich am Ergebnis nichts, weil sie durch den Tod nicht zum Vollrecht erstarkt, sondern gegenstandslos wird.[932] Ist der AN erst nach dem Ausscheiden aus dem Betrieb verstorben und legt sich ein später geschlossener **Sozialplan Rückwirkung** bei, so kommt dies den Erben zugute.[933] **221**

VI. Gerichtliche Auseinandersetzungen

1. Beschlussverfahren

AG und BR können im Wege des Beschlussverfahrens klären lassen, **ob überhaupt eine Betriebsänderung** vorliegt und deshalb eine Pflicht zur Verhandlung über Interessenausgleich und Sozialplan besteht (s. § 111 Rn. 43 ff.). Der Streitwert bestimmt sich dabei grundsätzlich nach § 23 Abs. 3 Satz 2 RVG (*Bader/Jörchel*, NZA 13, 809, 811). Ergeht dort eine **rechtskräftige Entscheidung,** ist diese auch **für** eine etwa noch tagende **ESt. verbindlich.**[934] Wird das Vorliegen einer Betriebsänderung rechtskräftig verneint, muss die ESt. ihr Verfahren einstellen, es sei denn, die Beteiligten wären auf freiwilliger Grundlage mit der Fortsetzung einverstanden. Ein von der ESt. bereits **beschlossener Sozialplan verliert seine Wirkung.**[935] Wird das Vorliegen einer Betriebsänderung rechtskräftig bejaht, kann sich die ESt. nicht mehr für unzuständig erklären. Entscheidungen im Rahmen des § 100 ArbGG (bisher: § 98 ArbGG) entfalten keine Bindungswirkung. Die auf diesem Weg »eingesetzte« ESt. darf ihr Verfahren allerdings nicht aussetzen, bis das Beschlussverfahren abgeschlossen ist – § 100 ArbGG will gerade eine schnellere Entscheidung als im Beschlussverfahren erreichen. Näher zum Antrag auf Einset- **222**

927 Einzelheiten in den Durchführungsanweisungen der BA sowie bei *Münder* [Hrsg.], SGB II, 3. Aufl., 2009.
928 *Wenning-Morgenthaler,* Rn 1125.
929 *BSG* 3.3.09, AuR 10, 70.
930 *BAG* 27.6.06, NZA 06, 1238.
931 *BAG* 27.6.06, NZA 06. 1238; ebenso *Boemke/Danko,* DB 06, 2461, wo auch andere Abfindungsansprüche eingehend abgehandelt sind.
932 *BAG* 27.6.06 NZA 06, 1238. 1239.
933 *Compensis,* DB 92, 890.
934 *BAG* 15.10.79 und 22.1.80, AP Nrn. 5 und 7 zu § 111 BetrVG 1972.
935 Zustimmend ErfK-*Kania,* Rn. 45.

zung einer Einigungsstelle nach § 100 ArbGG, wenn das **Vorliegen einer Betriebsänderung umstritten** ist, oben § 111 Rn. 189.

223 Vertritt der AG oder der BR den Standpunkt, der Sozialplan sei insgesamt oder in einzelnen Teilen rechtswidrig, so kann auch dies im Wege eines Beschlussverfahrens geklärt werden. Ist nur ein **Teil unwirksam**, so bleibt der Sozialplan im Übrigen bestehen.[936] Insoweit gilt nichts anderes als bei sonstigen BVen (oben § 77 Rn 115). Eine unzulässige Blankettverweisung wurde vom *BAG*[937] in eine statische Verweisung umgedeutet. Die Rechtswidrigkeit kann auch auf Verfahrensmängeln beruhen.[938] Möglich ist weiter, einen von der ESt. beschlossenen **Sozialplan** wegen Ermessensüberschreitung, insbesondere wegen Nichtbeachtung des § 112 Abs. 5 Satz 2 Nrn. 1 bis 3 **anzufechten**; angesichts des weiteren Ermessensspielraums der ESt. sind die Erfolgsaussichten in der Regel eher gering.[939] Dringt der Antragsteller gleichwohl durch, wird die Unwirksamkeit des Sozialplans festgestellt (zur Wahrung der 2-Wochen-Frist nach § 76 Abs. 5 Satz 3 s. oben Rn. 131).[940] Im Ergebnis kommt es allein auf den Inhalt des Sozialplans, nicht auf die Erwägungen der ESt. an.[941] Auch nachlässiges Verhalten der anfechtenden Seite spielt keine Rolle.[942] Ein **Musterschriftsatz** findet sich in DKKWF-*Däubler,* §§ 111 – 113 Rn. 53. **Während der Dauer des Anfechtungsverfahrens** ist der Spruch der ESt. verbindlich, doch bedarf es einer rechtskräftigen gerichtlichen Entscheidung, um den AG zur Erbringung der vorgesehenen Leistungen zu zwingen.[943] Der BR kann lediglich seinen Durchführungsanspruch geltend machen,[944] der einzelne AN kann seine Ansprüche im Urteilsverfahren einklagen.[945]

223a Der für die Anwaltskosten maßgebende **Gegenstandswert** bestimmt sich dabei nach der **Differenz zwischen den Vorstellungen beider Seiten** in der ESt.[946] Eine Mindermeinung geht nach § 8 Abs. 2 Satz 2 BRAGO (jetzt: § 23 Abs. 3 Satz 2 RVG) von einer nicht vermögensrechtlichen Streitigkeit aus, so dass der Regelstreitwert 5000,00 € beträgt[947] und eine **Obergrenze** von **500000 €** besteht. Allerdings gibt es im Betriebsverfassungsrecht kaum eine Streitigkeit, bei der die finanzielle Dimension eine größere Rolle spielt, so dass der herrschenden Sicht voll zuzustimmen ist. Auch beim Interessenausgleich geht es um eine vermögensrechtliche Angelegenheit; ihr Wert bestimmt sich nach einem Vergleich zwischen der Situation, die bei Unterbleiben, und der, die bei Vornahme der geplanten Betriebsänderung bestehen würde. Im Anschluss an eine Entscheidung des RG[948] ist alles, was in Geld bewertbar ist, vermögensrechtlicher Natur; auf die zugrunde liegenden Vorgänge und Erwägungen kommt es nicht an.[949] Der Abschluss von Interessenausgleich und Sozialplan stellt im Übrigen keinen Vergleich im Rechtssinne dar, so dass keine **Einigungsgebühr** nach Nr. 1000 VV (= Vergütungsverzeichnis; früher § 23 BRAGO) anfällt, wenn der BR oder der AG bei den Verhandlungen anwaltlich vertreten war.[950] Anderes gilt dann, wenn in einem Individualverfahren die Fortsetzung des Arbeits- oder Ausbildungsverhältnisses vereinbart wird.[951]

---

936 *Ehrich/Fröhlich* Teil H Rn 317.
937 28.3.07, NZA 07, 1066.
938 Sehr weitgehend bezügl. der Pflichten des ESt.-Vorsitzenden *Hunold,* NZA 99, 785.
939 *Hohenstatt/Stamer,* DB 05, 2412. Zur Darlegungslast des AG, wenn er die fehlende Vertretbarkeit für das UN rügt, s. *BAG* 22.1.13, NZA-RR 13, 409 Tz. 22.f
940 *BAG* 30.10.79, AP Nr. 9 zu § 112 BetrVG 1972.
941 *BAG* 6.5.03, NZA 04, 108; *BAG* 22.1.13, NZA-RR 13, 409.
942 *BAG* 24.8.04, DB 05, 397.
943 *Einzelheiten bei Zeppenfeld/Fries,* NZA 15, 647.
944 Unten Rn. 225.
945 Unten Rn. 226
946 *BAG* 9.11.04, NZA 05, 70; *LAG Hamm* 13.10.88, DB 89, 52; *LAG Düsseldorf* 29.11.94, DB 95, 52. Anders die Kommission der LAG-Präsidenten, die nur bei einer Anfechtung durch den AG die Differenz zwischen zugestandenem Volumen und tatsächlichem Sozialplan zugrunde legen, bei einer Anfechtung durch den BR auf § 23 Abs. 3 S. 2 RVG abstellen will (*Bader/Jörchel,* NZA 13, 809, 811 – Nr. B 6). Dies kann aber die bisherige Rspr. nicht ändern (s. *Schipp/Willemsen,* NZA 13, Heft 18 S. III).
947 *LAG Schleswig-Holstein* 6.2.02, DB 02, 1224.
948 15.3.34, RGZ 144, 159.
949 Ebenso *BAG* 9.11.04, NZA 05, 70; *Jungbauer,* in: Bischof u. a., RVG, 2. Aufl. 2007, § 23 Rn. 129.
950 *ArbG Berlin,* 15.3.06, NZA-RR 06, 543; ebenso zur BRAGO *BAG* 13.5.98, DB 98, 1670.
951 AG Koblenz, 20.1.06, NZA-RR 06, 544.

Besteht **Streit über die Auslegung des Sozialplans,** kann auch insoweit eine gerichtliche Klärung im Beschlussverfahren herbeigeführt werden. Zu beachten ist, dass die Auslegung des Sozialplans keine Tatsachenfrage ist, so dass das Rechtsbeschwerdegericht insoweit nicht durch die Feststellungen der Vorinstanz eingeengt ist.[952] **224**

Der **BR** kann **vom Arbeitgeber schließlich verlangen,** dass dieser den **Sozialplan durchführt,** also beispielsweise dem Härtefonds den nötigen Betrag zur Verfügung stellt.[953] Dies gilt allerdings nur, wenn der BR selbst Partei des Sozialplans ist; wurde dieser vom GBR oder KBR abgeschlossen, ist zweifelhaft, ob ein einzelner Betriebsrat einen Durchführungsanspruch hat, doch kann er ggf. nach § 23 Abs. 3 vorgehen.[954] Ausgeschlossen soll es allerdings sein, auf diesem Wege die Beachtung von **Individualansprüchen** der einzelnen AN sicherzustellen.[955] Diese Differenzierung vermag nicht einzuleuchten; der Anspruch, die praktische Umsetzung des Sozialplans zu verlangen, kann nicht deshalb seine Einklagbarkeit verlieren, weil der normativen Wirkung des Sozialplans wegen auch die einzelnen AN klagen können. Beim Parallelproblem des Firmen-TV hat man insoweit noch nie eine Schwierigkeit gesehen.[956] Für die Praxis wird empfohlen, den kollektivrechtlichen Charakter des Anspruchs ausdrücklich klarzustellen.[957] **225**

2. Klage des einzelnen Arbeitnehmers

Wer als AN Ansprüche aus einem Sozialplan besitzt, kann diese im arbeitsgerichtlichen Urteilsverfahren einklagen;[958] Beamte von Bahn und Post müssen das Verwaltungsgericht anrufen.[959] Nach der Rspr. des *BAG*[960] kann der Einzelne aber **nicht geltend machen, bei der Festlegung des Gesamtvolumens** des Sozialplans **hätten die Betriebsparteien** oder hätte die ESt. **ermessensmissbräuchlich gehandelt.** Dahinter steht die Vorstellung, den einmal gefundenen Kompromiss seiner **Befriedungswirkung** wegen nicht mehr nachträglich in Frage zu stellen; rechtsdogmatisch ist die Lösung des BAG allenfalls über eine gewagte Analogie zu § 9 TVG zu rechtfertigen.[961] Dasselbe gilt erst recht, wenn im Beschlussverfahren rechtskräftig über Gültigkeit und Inhalt des Sozialplans entschieden ist – der Einzelne hat eben nur ein »abgeleitetes« Recht (s. weiter Einl. Rn. 212).[962] Hat der Sozialplan den klagenden AN aber entgegen geltendem Recht schlechter behandelt oder von jeder Leistung ausgeschlossen, kann dieser **Gleichstellung verlangen;** dass sich dadurch das **Gesamtvolumen** des Sozialplans **erhöht,** wird innerhalb gewisser Grenzen in Kauf genommen (näher o. Rn. 112).[963] Der nicht besonders naheliegende, aber auch nicht völlig abwegige Gedanke, bei einem »schlechten« Sozialplan den **Rechtsanwalt persönlich** in Anspruch zu nehmen, der den BR bei den Sozialplanverhandlungen beraten und vertreten hat, wurde vom *BAG*[964] zurückgewiesen: Der Anwalt sei nur seinem Mandanten »Betriebsrat« gegenüber verpflichtet, habe aber mit diesem keinen Vertrag zugunsten der Belegschaftsangehörigen abgeschlossen. Ist über die Wirksamkeit des Sozialplans ein Beschlussverfahren anhängig, muss der AN damit rechnen, dass sein Verfahren nach § 148 ZPO ausgesetzt wird, bis im anderen Verfahren eine rechtskräftige Klärung erfolgt ist.[965] Anders ist die Situation nur, wenn der Sozialplan offensichtlich rechtmäßig ist. **226**

---

952 *BAG* 8.11.88, AP Nr. 48 zu § 112 BetrVG 1972.
953 *BAG* 18.5.10, NZA 10, 1433.
954 *BAG* a. a. O.
955 *BAG* 17.10.89, AP Nr. 53 zu § 112 BetrVG 1972 = NZA 90, 441.
956 *BAG* 28.4.82, DB 82, 2523; *Däubler,* Tarifvertragsrecht, Rn. 542; Kempen/Zachert-*Stein,* § 4 Rn. 246; Wiedemann-*Thüsing,* § 1 Rn. 929.
957 *Hamm,* AiB 07, 181. In seiner jüngsten Entscheidung ist das *BAG* (18.5.10, NZA 10, 1433) von einem generellen Durchführungsanspruch ausgegangen, ohne die fragliche Einschränkung wieder aufzugreifen.
958 *Schubert,* § 11 Rn. 67.
959 *BAG* 24.10.97, DB 98, 632.
960 17.2.81, 9.12.81 und 26.7.88, AP Nrn. 11, 14 und 45 zu § 112 BetrVG 1972.
961 Berechtigte Bedenken bei *Jox,* NZA 90, 424.
962 *Dütz,* FS Gnade, S. 497.
963 *BAG* 26.10.90, NZA 91, 111 [113].
964 24.8.06, NZA 07, 51.
965 *Zeppenfeld/Fries,* NZA 15, 647, 651.

VII. Die Einbeziehung der Arbeitsverwaltung – Der Transfersozialplan

1. Die Entstehung des Beschäftigungsplans

227 Seit dem Abschluss eines »Beschäftigungsplans« bei der Firma **Grundig** im Jahre 1985[966] hat sich mehr und mehr die Erkenntnis durchgesetzt, dass die in Sozialplänen vorgesehenen Abfindungen und Ausgleichsleistungen in Zeiten der Massenarbeitslosigkeit nicht genügen:[967] **Viel wichtiger wird die Chance, wenigstens nach einiger Zeit wieder einen angemessenen Arbeitsplatz zu erhalten.** Hier setzten die Beschäftigungspläne ein, von denen es allein im Metallsektor bis Anfang 1989 knapp 30 gab.[968] Sie sahen **Qualifizierungsmaßnahmen** für die Betroffenen vor, verpflichteten das UN zur **Entwicklung neuer Produkte** und zur Erschließung neuer Märkte und regelten den **Einsatz neuer Techniken**; daneben standen als **Auffangnetz** die traditionellen Regelungen des **Sozialplans.**[969]

228 Auf der Basis des damals geltenden Rechts ließ sich nur ein Teil dieses Programms effektiv über die ESt. erzwingen.[970] Der Sache nach ging es um »freiwillige« Konzessionen der AG-Seite, die freilich **nur unter ganz bestimmten Bedingungen** gewährt wurden: Die Belegschaft musste das Konzept nachhaltig unterstützen, das UN musste von den Vorschlägen selbst profitieren können (was nur dann der Fall ist, wenn es auf dem Markt expandieren kann), lokale und regionale politische Instanzen, aber auch die Arbeitsverwaltung mussten das Projekt unterstützen. Die Chancen hingen weiter davon ab, ob nur ein einzelnes UN einer Umstrukturierung bedurfte (was die Sache erleichterte) und ob es sich um ein UN handelte, das auf ein positives Image in der Öffentlichkeit angewiesen war.[971]

229 Die sichtbar gewordenen **Ergebnisse** machten deutlich, dass es in Einzelfällen gelang, den Personalabbau zu bremsen und das UN unter veränderten Umständen wieder flottzumachen.[972] Die Qualifizierungsmaßnahmen wurden meist auch effektiv durchgeführt, obwohl die Unterstützung der Bundesagentur für Arbeit immer nur an Einzelpersonen, nicht aber an Gruppen von Beschäftigten gewährt werden konnte.[973] Erfolglos waren dagegen die Bemühungen um neue Produktlinien – wobei letztlich offen blieb, ob dies auf Grund der Märkte unausweichlich war oder ob die UN-Leitung zu wenig kooperierte.[974]

2. Die ABS-Gesellschaften in den neuen Bundesländern

230 Die Tradition des »Beschäftigungsplans« wurde in modifizierter Form durch die sog. ABS-Gesellschaften (auch »**Beschäftigungsgesellschaften**« genannt) in den neuen Bundesländern fortgeführt. Sie beruhten i. d. R. auf der »Rahmenvereinbarung zur Bildung von Gesellschaften zur Arbeitsförderung, Beschäftigung und Strukturentwicklung (ABS)« vom 17.7.91, an der DGB und Einzelgewerkschaften, Arbeitgeber, Treuhandanstalt und die Regierungen der neuen Bundesländer beteiligt waren.[975] Gedacht ist insbes. an die systematische Durchführung von **Qualifizierungsmaßnahmen** sowie an Arbeiten zur Verbesserung der Infrastruktur. Die Finanzierung erfolgt weitestgehend aus öffentlichen Mitteln. Instrumente sind neben AB-Maßnahmen das sog. strukturbedingte Kurzarbeitergeld sowie Strukturanpassungsmaßnahmen nach § 249 h AFG (später §§ 272 ff. SGB III). Ob nach Auslaufen der Maßnahmen die Beschäftigungschancen auf dem regulären Arbeitsmarkt wirklich gestiegen waren, wird unterschiedlich eingeschätzt.[976]

---

966 Dazu *Appelt/Lobodda/Neumann* in Apitzsch/Klebe/Schumann [Hrsg.], S. 102 ff.
967 *Klebe/Roth,* DB 89, 1518.
968 *Klebe/Roth,* DB 89, 1518; von »20 – 30« spricht *Bosch,* WSI-Mitt. 89, 199.
969 Überblick über den Inhalt abgeschlossener Beschäftigungspläne bei *Bosch,* WSI-Mitt. 89, 200 f.
970 *Klebe/Roth,* DB 89, 1519.
971 *Appelt/Lobodda/Neumann,* a. a. O., S. 112 ff.; *Klebe/Roth,* DB 89, 1520.
972 So etwa während eines längeren Zeitraums bei Grundig – dazu *Appelt/Lobodda/Neumann,* a. a. O., S. 107.
973 Näher *Bosch,* WSI-Mitt. 89, 202.
974 *Bosch,* WSI-Mitt. 89, 206.
975 Dazu *Unterhinninghofen,* AiB 91, 301.
976 Skeptisch *Wolff,* NZA 99, 624.

3. Zuschüsse nach § 110 (früher: § 216 a) SGB III

a) Die Grundsatzentscheidung

231 Die Arbeitsverwaltung konnte nach dem bis 31.12.2003 geltenden § 254 SGB III »**Eingliederungsmaßnahmen**« finanziell fördern, die in einem Sozialplan vorgesehen waren.[977] Erfasst waren alle »zweckgerichteten Maßnahmen«,[978] wobei die **Umschulung,** die berufliche **Weiterbildung** und die **Vorbereitung einer Existenzgründung** im Vordergrund standen.[979] Da die Betriebsparteien die lokalen Arbeitsmärkte oft sehr gut beurteilen können und ihnen auch innovatives Vorgehen ermöglicht werden sollte, gab es keinen Numerus clausus förderungsfähiger Maßnahmen.[980] *M. Hoffmann*[981] unterscheidet 5 Gruppen von Maßnahmen und zählt dazu die Feststellung des Arbeitsvermögens (»Profiling«), Outplacement-Aktivitäten, Weiterqualifizierung, finanzielle Leistungen während der Absolvierung einer Weiterbildungsmaßnahme und Beiträge zur Existenzgründung.[982] Da es der Sache nach um die Schaffung besserer Voraussetzungen für eine neue Beschäftigung geht, der Einzelne also auf einen neuen Arbeitsplatz »transferiert« werden soll, bürgerte sich immer mehr der Ausdruck »**Transfersozialplan**« ein.[983]

232 Der **am 1.1.2004** an die Stelle der §§ 254 ff. SGB III getretene **§ 216 a SGB III** hatte die automatische **Verbindung mit dem Sozialplan gelöst** und knüpfte an »Transfermaßnahmen« an, die von ihren Voraussetzungen her im Einzelnen beschrieben werden. Durch das sog. Beschäftigungschancengesetz ist mit Wirkung vom 1.1.2011 wieder eine engere Anbindung erfolgt, da jede Förderung voraussetzt, dass bei den Verhandlungen über Interessenausgleich und Sozialplan eine Beratung durch die Bundesagentur stattgefunden hat (§§ 216 a Abs. 1 Satz 1 Nr. 1, 216 b Abs. 1 Nr. 4 SGB III).[984] Dies ist in den seit 1.4.2012 geltenden § 110 Abs. 1 SGB III übernommen worden. Die Förderung ist nach § 110 Abs. 2 Satz 2 SGB III wie bisher auf 50 % der »erforderlichen und angemessenen« Maßnahmekosten und € 2500 pro AN begrenzt; bis Ende 2010 war lediglich von den »aufzuwendenden« Kosten die Rede. Zu den »Maßnahmekosten« gehören Aufwendungen für den Besuch des Lehrgangs und die Absolvierung der Prüfung sowie für die tägliche Hin- und Rückfahrt und für die notwendig werdende Kinderbetreuung durch Dritte. Nicht erfasst sind allgemeine Kosten des AG (der beispielsweise Räumlichkeiten zur Verfügung stellt) sowie der Lebensunterhalt des AN.[985]

b) Voraussetzungen im Einzelnen

233 Nach § 110 Abs. 1 Satz 1 SGB III müssen bestimmte Voraussetzungen gegeben sein, um eine Förderung möglich zu machen. Arbeitslosigkeit darf noch nicht eingetreten sein.

234 Nach § 110 Abs. 1 Satz 1 SGB III müssen die zu fördernden AN infolge einer geplanten Betriebsänderung **von Arbeitslosigkeit bedroht** sein. Nach der Legaldefinition des § 17 SGB III muss die Arbeitslosigkeit »alsbald« drohen, doch ist die BA in ihren »Interpretationshilfen« großzügig, weil auch eine zeitliche Entfernung von 18 oder 24 Monaten noch ausreicht.[986] Voraussetzung ist, dass es sich um **versicherungspflichtig Beschäftigte** handelt. Arbeitslosigkeit droht nicht, wenn die AN auf einem freien Arbeitsplatz in einem anderen Betrieb dessel-

---

977 Überblick bei *Gagel,* FS Dieterich, S. 175 ff.
978 *Kopp,* NZS 97, 457.
979 Zu Letzterer *C. Meyer,* NZA 98, 405, 517.
980 *Rolfs,* NZA 98, 20; Küttner-*Schlegel,* Personalbuch 2009, Sozialplan, Rn. 67; *Schweibert,* in: Willemsen u. a., Rn. C 248 b.
981 S. 14 ff.
982 Vgl. auch *Welkoborsky* NZS 04, 509, 512.
983 S. *Wolff,* NZA 99, 622, der das entsprechende Modell der chemischen Industrie vorstellt; s. weiter den Gesamtüberblick bei *Däubler,* FS Martin Binder, 2010, S. 449 ff.; *U. Fischer,* Sonderbeilage 1/2004 zu NZA S. 30 ff.
984 Zu den daraus folgenden Konsequenzen s. *Thannheiser,* AiB 11, 222 (»ein Gegner mehr bei Sozialplanverhandlungen«).
985 *Welkoborsky,* NZS 04, 512.
986 BA, Hrsg., Transferleistungen, Stand 05/2006 unter 2.3.

ben Unternehmens weiterbeschäftigt werden können[987] oder wenn sie unkündbar sind und auch bei einer Teilschließung nicht entlassen werden können.[988] Allerdings reicht es nicht aus, dass an einem andern Arbeitsplatz nur eine vorübergehende Tätigkeit möglich ist.[989] Außerdem droht auch dann **keine Arbeitslosigkeit, wenn** die Betroffenen **ohne weiteres vermittelbar** sind[990] oder wenn die (zu erwartende) Kündigung rechtswidrig ist.[991] Zu denken ist insbesondere auch an den Fall, dass eine Weiterbeschäftigung in einem anderen Konzernunternehmen oder bei einem Zulieferer/Abnehmer möglich ist. Dabei sind die **Zumutbarkeitsmaßstäbe** des Sozialplanrechts (o. Rn. 134 ff.), nicht die des § 140 SGB III zugrunde zu legen.[992] Eine befristete Beschäftigung reicht daher im Normalfall nicht.[993]

235 § 110 Abs. 1 Satz 3 SGB III macht deutlich, dass die gesetzliche Regelung **allein** am Vorliegen einer »**Betriebsänderung**« anknüpft, die im Sinne des BetrVG zu verstehen ist. Diese ist auch in UN mit weniger als 21 Beschäftigten sowie im kirchlichen Bereich möglich.[994] § 110 Abs. 3 Satz 3 schließt lediglich den öffentlichen Dienst aus, soweit es nicht um erwerbswirtschaftlich tätige Einheiten geht. Konsequenterweise ist die früher bestehende Anknüpfung am Interessenausgleich weggefallen. Ob die Vorschrift auch in **Betrieben ohne BR** Anwendung findet,[995] erscheint zweifelhaft, da die Einschaltung der BA in die Beratungen zwischen Betriebsrat und AG nunmehr Förderungsvoraussetzung geworden ist.

236 Erfasst sich weiter auch Personen, die im **Anschluss an eine Berufsausbildung** von Arbeitslosigkeit bedroht sind. Ihre Nicht-Übernahme muss nicht auf einer Betriebsänderung beruhen (§ 110 Abs. 1 Satz 1 SGB III).

237 Der **Sozialplan** kann **Anreize** für eine Teilnahme an Transfermaßnahmen schaffen. Diese sind typischerweise materieller Art. Würde die Teilnahme umgekehrt zu wirtschaftlichen Einbußen der AN führen, wäre die Erreichung des mit ihnen verfolgten Zwecks höchst zweifelhaft.[996] Die mit Wirkung vom 1. 1. 2011 geltende Neufassung macht die Erreichung dieses Ziels um einiges schwieriger.[997]

238 Nach § 110 Abs. 1 Satz 1 Nr. 2 SGB III muss die **Maßnahme von einem Dritten durchgeführt** werden; dies soll vermeiden, dass unter falschem Etikett die Weiterqualifizierung von im Betrieb verbleibenden AN gefördert wird. Nach Nr. 3 derselben Vorschrift muss die vorgesehene Maßnahme »der Eingliederung der Arbeitnehmerinnen und Arbeitnehmer in den Arbeitsmarkt« dienen. Dies kann **vom sog. Profiling** (= Feststellung der Eingliederungschancen) über die Ermöglichung eines Berufsabschlusses (»Meisterprüfung«) und Mobilitätshilfen **bis zur Existenzgründungsberatung** reichen.[998] Auch können Einstellungs- und Einarbeitungszuschüsse für neue AG vorgesehen werden. Gegenüber dem früheren Recht, das »arbeitsmarktlich zweckmäßige« Maßnahmen verlangte, ergibt sich keine inhaltliche Veränderung.

239 Der **AG** muss sich nach § 110 Abs. 1 Satz 2 an den Transfermaßnahmen **angemessen finanziell beteiligen.** Durch das flexible Kriterium der Angemessenheit ist sichergestellt, dass geringe Leistungsfähigkeit der AG-Seite einer Förderung nicht entgegensteht.[999] Eine entsprechende Beteiligung des AG kann auch **im Sozialplan festgeschrieben** und sogar in der ESt. mit Mehrheit beschlossen werden (s. unten Rn. 249). Bei der einzelnen Maßnahme muss sie allerdings immer mindestens 50 % betragen (§ 110 Abs. 2 Satz 1 SGB III).

240 Nach § 110 Abs. 1 Nr. 4 muss die **Durchführung** der Maßnahme **gesichert** sein. Die finan-

987 *Rolfs,* NZA 98, 20.
988 *Welkoborsky,* NZS 04, 511.
989 *C. Meyer,* NZA 98, 513.
990 *Löwisch,* RdA 97, 289; *Rolfs,* NZA 98, 20.
991 *Fitting,* Rn. 225; Niesel-*Roeder,* § 216 a Rn. 9.
992 GK-*Oetker,* Rn. 525; *M. Hoffmann,* S. 28.
993 *Lauterbach,* in: Spellbrink u. a., § 18 Rn. 39 m. N. auch für die Gegenmeinung.
994 *Gaul/Bonanni/Otto* DB 03, 2386; *Fitting,* Rn. 226; *Schweibert* in: Willemsen u. a. Rn. 248 a.
995 Vgl. (bejahend) zur bisherigen Rechtslage *Mengel/Ullrich* BB 05, 1110; s. weiter *Deinert,* S. 185 f. und *Welkoborsky,* NZS 04, 510.
996 *Welkoborsky* AiB 09, 431.
997 Vgl. *Homburg* AiB 11, 11.
998 *Mengel/Ullrich,* BB 05, 1110; *Fitting,* Rn. 228; *Welkoborsky* NZS 04, 512.
999 Ebenso *Löwisch,* RdA 97, 290; *C. Meyer,* NZA 98, 515 – zum früheren Recht.

zielle Beteiligung des Arbeitgebers muss ggf. auf ein Treuhandkonto überwiesen werden. Der Träger der Maßnahme musste nach § 216 a Abs. 1 Satz 1 Nr. 5 SGB III a. F. außerdem einen detaillierten Durchführungsplan vorlegen[1000] und ein **Qualitätssicherungssystem** anwenden,[1001] doch sind diese Anforderungen nicht in das seit 1.4.2012 geltende Recht übernommen worden.

Sind die beschriebenen Voraussetzungen im Einzelfall gegeben, so darf die Förderung nur dann gewährt werden, **wenn nicht** die in § 110 Abs. 3 SGB III genannten **besonderen Umstände** vorliegen. Danach darf die Maßnahme **nicht** dazu dienen, den AN auf eine **Anschlussbeschäftigung im gleichen Betrieb** oder in einem anderen Betrieb des gleichen Unternehmens oder Konzerns vorzubereiten.[1002] Man will damit »Mitnahmeeffekte« und eine wettbewerbswidrige staatliche Förderung einzelner UN vermeiden. Genauso wird verfahren, wenn der Arbeitgeber bestimmte Aufgaben auf Zulieferer auslagern will und die AN in Zukunft dort eingesetzt werden sollen.[1003] **241**

Während der Maßnahme dürfen nach § 110 Abs. 4 SGB III **keine anderen Leistungen** der aktiven Arbeitsförderung mit gleichartiger Zielsetzung in Anspruch genommen werden.[1004] Vorher bzw. anschließend ist ein Rückgriff z. B. auf Transferkurzarbeitergeld aber durchaus möglich. Empfohlen wird, noch während des bestehenden Arbeitsverhältnisses an Maßnahmen nach § 110 SGB III teilzunehmen.[1005] **242**

c) Höhe und Verwendung der Förderung

Nach § 110 Abs. 2 Satz 2 SGB III beträgt der Zuschuss 50 % der erforderlichen und angemessenen Maßnahmekosten, jedoch höchstens 2500 Euro je gefördertem Arbeitnehmer. Dabei geht es um einen Individualanspruch des einzelnen Betroffenen, der vom Arbeitgeber geltend gemacht wird.[1006] Die Verteilung eines Gesamtvolumens je nach den für bestimmte Maßnahmen notwendigen Aufwendungen ist nicht mehr möglich, was zu Recht kritisiert wurde.[1007] Auch dürfen die Zuschüsse nur noch für die Maßnahmekosten verwendet werden (o. Rn. 160).[1008] Die Gestaltungsmöglichkeiten der Beteiligten werden auf diese Weise erheblich eingeengt, die Akzeptanz dieser Förderungsform geht entgegen den Erwartungen des Gesetzgebers zurück. **243**

d) Gestaltungsprobleme

Die **Teilnahme** an Weiterbildungs- und anderen Wiedereingliederungsmaßnahmen ist eine **höchstpersönliche Entscheidung** jedes einzelnen Betroffenen.[1009] Eine »Umschichtung« der Sozialplanmittel von der Abfindung hin zur »Beschäftigungsförderung« ist daher dann nicht machbar, wenn sich die AN aus überzeugenden oder zumindest vertretbaren Gründen verweigern. So ist es denkbar, dass sie die geplante Maßnahme für sinnlos halten, weil sie auch auf Grund der vermittelten kleinen Zusatz-Qualifikation keine besseren Vermittlungschancen sehen.[1010] Weiter kann jemand aus dem Erwerbsleben aussteigen wollen, um sich beispielsweise für einige Jahre ausschließlich seiner Familie zu widmen. Ihn deshalb wegen »unerwünschter« Lebensgestaltung zu bestrafen, geht nicht an. Der Sozialplan darf daher nicht ausschließlich diejenigen fördern, die an bestimmten Maßnahmen teilnehmen; ein reiner Transfer-Sozialplan ist nur dann zulässig, wenn sich alle Betroffenen beteiligen oder mit den Außenstehenden einvernehmlich eine andere Lösung gefunden wird. **244**

1000 *Welkoborsky* NZS 04, 512.
1001 Dazu BT-Dr. 15/1515, S. 91; *Mengel/Ullrich,* BB 05, 1111.
1002 Ebenso *Schütte,* NZA 13, 249; GK-*Oetker,* Rn. 546 f. m. w. N.
1003 *Lauterbach,* in: Spellbrink u. a., § 18 Rn. 74 zum inhaltlich übereinstimmenden früheren Recht.
1004 *Lembke,* BB 04, 773, 781; *Böhnke/Kreuziger,* AuA 1/11 S. 15.
1005 *Welkoborsky,* NZS 04, 513.
1006 BT-Dr. 15/1515, S. 91.
1007 *Gaul u. a.,* DB 03, 2387.
1008 BT-Dr. 15/1515, S. 91.
1009 Vgl. schon *BAG* 17.9.91, DB 92, 229.
1010 Zu weiteren Vorbehalten s. *Bell,* AiB 08, 537 f.

245 Die Aufnahme von Eingliederungsmaßnahmen (vgl. Rn. 231) in den **Sozialplan** fällt in dessen **traditionellen Regelungsbereich,** da es um die Milderung von Folgen geht, die mit der drohenden Arbeitslosigkeit verbunden sind. Sind die Maßnahmen **in einem** als **Interessenausgleich** bezeichneten Dokument **festgeschrieben,** ändert dies nichts an ihrer Rechtsnatur und damit ihrer Förderungsfähigkeit.

246 Im Einzelfall kann es auch dazu kommen, dass mit Rücksicht auf knappe Finanzmittel **nicht für alle Interessierten Maßnahmen** angeboten werden. Das sich hier stellende Auswahlproblem sollte nicht schematisch unter Übernahme der Grundsätze über die soziale Auswahl nach § 1 Abs. 3 KSchG bewältigt werden. Primär wäre vielmehr darauf abzustellen, wer die schlechtesten Chancen auf dem Arbeitsmarkt und damit den größten Kompensationsbedarf besitzt. In zweiter Linie käme es darauf an, ob der Einzelne von seinen persönlichen Voraussetzungen her die Maßnahme voraussichtlich erfolgreich absolvieren wird, doch lassen sich hier nur schwer präzise Einschätzungen geben.

247 Wird die Maßnahme **im Rahmen des Arbeitsverhältnisses** durch den AG durchgeführt (wobei allerdings keine Förderung nach § 110 SGB III in Betracht kommt – u. Rn. 250), so erhält dieses einen anderen Inhalt. Bleibt der Einzelne ohne triftigen Grund der Maßnahme fern, kann nach entsprechender Abmahnung eine Kündigung aus wichtigem Grund erfolgen. Dasselbe gilt dann, wenn zuvor ein Umschulungsverhältnis begründet wurde.[1011] Eine ordentliche Kündigung scheidet dagegen aus.[1012] Auch wenn der Bestand des Rechtsverhältnisses nicht in Frage gestellt werden soll, kann unentschuldigtes Fernbleiben mit einer entsprechenden Kürzung des Entgelts beantwortet werden (§ 326 Abs. 1 BGB). Im Einzelnen kann der Sozialplan Vorsorge treffen, wie in solchen Fällen zu verfahren ist.

e) Verfahrensfragen

248 Die Zuständigkeit für die Gewährung des Zuschusses liegt bei der (örtlichen) **Agentur für Arbeit.** Soll der Maßnahmeträger den Zuschuss direkt erhalten, ist die Agentur zuständig, in deren Bereich die Maßnahme durchgeführt wird.[1013]

f) Erzwingbarkeit in der Einigungsstelle

249 § 254 SGB III a. F. ging ersichtlich davon aus, dass ein **Sozialplan Eingliederungsmaßnahmen** vorsehen kann. Dabei wurde in keiner Weise zwischen freiwillig abgeschlossenem und durch Spruch der ESt. zustande gekommenem Sozialplan unterschieden, obwohl dies im Rahmen des § 112 durchaus geschieht. Der Gesetzgeber hat daher die auf Grund der *BAG*-Rspr. entstandene Kontroverse um den Sozialplaninhalt (oben Rn. 87) in dem Sinne entschieden, dass die fraglichen Maßnahmen auch durch die ESt. beschlossen werden können.[1014] Der auszugleichende Nachteil liegt hier in der Tatsache, den Unwägbarkeiten des Arbeitsmarktes und dessen Bewertungen ausgesetzt zu sein; auch § 112 Abs. 5 Satz 2 Nr. 2 a geht davon aus. Zur Frage, wie bei Aufnahme in den Interessenausgleich zu verfahren ist, s. o. Rn. 245. § 216 a SGB III und der heute geltende § 110 SGB III haben nichts an diesem Rechtszustand geändert, sondern sehen lediglich die Förderung auch für solche Fälle vor, in denen es nicht zu einem Sozialplan kam.

1011 S. *BAG* 15.3.91, NZA 92, 452.
1012 *BAG* 15.3.91, a. a. O.
1013 *Gaul* DB 03, 2387.
1014 Ebenso im Ergebnis *Bepler,* AuR 99, 226; *Deinert,* Privatrechtsgestaltung durch Sozialrecht, S. 190; ErfK-*Kania,* Rn. 1, 28; *C. Meyer,* NZA 98, 519; *Wendeling-Schröder/Welkoborsky,* NZA 02, 1377; *Wenning-Morgenthaler,* Rn 1208; wohl auch *Gagel,* FS Dieterich, S. 177; *Sitzenfrei,* in: Spengler/Hahn/Pfeiffer Teil 12 Rn 267; ähnlich Küttner-*Kania,* Beschäftigungsgesellschaft, Rn. 8; *Krieger/Fischinger,* NJW 07, 2293; *Schweibert,* in Willemsen u. a. Rn. C 252 a; a. A. Richardi-*Annuß,* § 112 Rn. 133; *C. Meyer,* DB 03, 206. Differenzierend *Fitting,* Rn. 278, 279

g) Institutionelle Umsetzung

Nach § 110 Abs. 1 Nr. 2 SGB III muss **Träger** der Maßnahme **ein »Dritter«** sein, so dass der Arbeitgeber nicht mehr in Betracht kommt. Die Einschaltung einer **Beschäftigungs- und Qualifizierungsgesellschaft** ist möglich, aber nicht vorgeschrieben (u. Rn. 260 ff.).[1015] Die Zuschüsse werden an den Arbeitgeber oder den von ihm verschiedenen Träger (nicht an den einzelnen AN!) gewährt und mit dem jeweiligen Empfänger abgerechnet.[1016] **250**

4. Transfer-Kurzarbeitergeld nach § 111 (bisher: § 216 b) SGB III

Die Situation der von Personalabbau und Arbeitslosigkeit Bedrohten kann dadurch erleichtert werden, dass **durch** Regelungen im Interessenausgleich und **Sozialplan** die **Voraussetzungen** für den Bezug von Transferkurzarbeitergeld nach § 111 SGB III **geschaffen** werden. Die Kurzarbeit kann den Eingliederungsmaßnahmen nach § 110 SGB III theoretisch vorausgehen, folgt ihnen aber typischerweise nach. § 111 SGB III unterscheidet sich wie § 216 b SGB III von dem bis 31.12.2003 geltenden § 175 SGB III außer durch die Terminologie insbesondere dadurch, dass die **Höchstdauer** des Kurzarbeitergeldes **zwingend auf ein Jahr beschränkt** ist. Inwieweit hat sich auch durch das am 1.1.2011 in Kraft getretene **»Beschäftigungschancengesetz«** nichts geändert. Eine wichtige Akzentverschiebung hat sich allerdings dadurch ergeben, dass die BA an den Beratungen zwischen AG und BR teilnehmen muss und dabei eigene Ziele verfolgt: Sie soll dafür sorgen, dass kein Anreiz zur vollen Ausschöpfung der Kurzarbeitsperiode entsteht, sondern möglichst früh jede Arbeitsmöglichkeit ausgeschöpft wird: Die Aufstockungsbeträge dürfen in der Regel nicht zu einer Gesamtvergütung von mehr als 80 % führen, die **Leistungen** des (früheren) Arbeitgebers müssen **degressiv** ausgestaltet sein, d. h. im Laufe des Jahres immer geringer werden. Dies ist mit Recht von verschiedenen Seiten kritisiert worden.[1017] Hinzu kommt, dass sich der Betroffene während des Bezugs von Transferkurzarbeitergeld arbeitsuchend melden und grundsätzlich jede zumutbare Arbeit annehmen muss; dies gilt sogar dann, wenn er eine nützliche Bildungsmaßnahme von z. B. 10 Monaten bereits zu zwei Dritteln absolviert hat.[1018] All das macht den **Transfersozialplan weniger attraktiv** als in der Vergangenheit und regt dazu an, alle Kraft auf einen »Abfindungssozialplan« zu konzentrieren. **251**

a) Voraussetzungen

Nach § 111 Abs. 2 SGB III setzt die Gewährung von Transferkurzarbeitergeld voraus, dass die **Beschäftigungsmöglichkeiten nicht nur vorübergehend entfallen;** wäre Letzteres der Fall, käme das »normale« Kurzarbeitergeld nach den §§ 99 ff. SGB III in Betracht.[1019] **252**

Weiter müssen nach § 111 Abs. 3 SGB III bestimmte **betriebliche Voraussetzungen** erfüllt sein: Der Arbeitsausfall muss auf einer Betriebsänderung beruhen, wobei derselbe (weite) Begriff wie in § 110 SGB III verwendet wird. Weiter müssen die von Arbeitsausfall betroffenen AN in einer »**betriebsorganisatorisch eigenständigen Einheit**« (**beE**) zusammengefasst werden. Diese kann im bisherigen UN gebildet, aber auch als selbstständige »Beschäftigungs- und QualifizierungsGesellschaft« (**BQG**), immer häufiger »**Transfergesellschaft**« genannt, ins Leben gerufen werden.[1020] In der Regel empfiehlt die Arbeitsverwaltung den Anschluss an eine schon bestehende Gesellschaft dieser Art, soweit sie sich in erreichbarer Nähe befindet.[1021] Die Wahl der Alternative interne »beE« erfordert mehr organisatorischen Aufwand und ist mit dem Risiko verbunden, dass die Befristung der Arbeitsverhältnisse keine rechtliche Anerken- **253**

1015 Zu dieser *Thannheiser,* AiB 02, 739 ff.
1016 *Lauterbach,* in: Spellbrink u. a., § 18 Rn. 21 m. w. N.
1017 *Homburg,* AiB 11, 11; *Thannheiser,* AiB 11, 222; *Wacker* AuA 1/11 S. 13.
1018 *Thannheiser* AiB 11, 224.
1019 Näher *Deinert,* Privatrechtsgestaltung, S. 179 f.
1020 *Growe,* AiB 98, 261. *Schütte* (NZA 13, 250) spricht von »interner Transfergesellschaft« und von »Transfergesellschaft«.
1021 *Bachner/Schindele,* NZA 99, 132.

nung findet.[1022] Die **Transfergesellschaft als »Regelform«** wird deshalb unten (Rn. 261 ff.) gesondert dargestellt.

254 Der Bezug von Transferkurzarbeitergeld ist nach § 111 Abs. 4 SGB III von bestimmten **persönlichen Voraussetzungen** abhängig. Der Einzelne muss – nicht anders als im Rahmen des § 110 SGB III – von Arbeitslosigkeit bedroht sein, ohne dass diese schon eingetreten sein darf. Wurde er von seinem bisherigen Arbeitgeber freigestellt, ist dies unschädlich, soweit das Direktionsrecht bestehen bleibt, er also notfalls »zurückgerufen« werden könnte. Ist dies jedoch ausgeschlossen und eine unwiderrufliche Freistellung vereinbart, ist Arbeitslosigkeit eingetreten und die Leistung nach § 111 daher ausgeschlossen.[1023] Außerdem muss der Betroffene ein sog. Profiling durchlaufen, das sein »Qualifikationsprofil« und damit seine Eingliederungsaussichten zu bestimmen versucht. Dieses kann (muss aber nicht) als Maßnahme nach § 110 SGB III gefördert werden.[1024] Weiter muss die betriebliche Arbeitszeit in arbeitsrechtlich zulässiger Weise (auf null) reduziert sein; eine entsprechende einseitige Anordnung des AG genügt nicht.[1025] Nach dem seit 1. 1. 2011 geltenden § 111 Abs. 4 Satz 1 Nr. 3 a SGB III muss sich der Betroffene arbeitsuchend gemeldet haben.

255 Nach § 111 Abs. 8 SGB III wird **kein Kurzarbeitergeld** bezahlt, wenn die in der beE zusammengefassten AN anschließend in ihrem bisherigen Unternehmen oder Konzern eingesetzt werden sollen. Auch während der Kurzarbeitsperiode ist ein Einsatz im bisherigen Betrieb grundsätzlich ausgeschlossen.[1026]

256 Der AG kann **im Sozialplan** verpflichtet werden, eine beE zu schaffen und dort bestimmte **Qualifizierungsmaßnahmen** durchzuführen. Ein Einigungsstellenspruch soll allerdings insoweit ausgeschlossen sein.[1027] Angesichts des § 112 Abs. 5 Satz 2 Nr. 2 a, wonach die Fördermöglichkeiten nach SGB III von der ESt. berücksichtigt werden »sollen«, erscheint dies wenig überzeugend. Auch ist nicht erkennbar, weshalb der Eingriff in die unternehmerische Freiheit stärker sein soll, wenn nicht die Zahlung von 5 Mio. Euro, sondern die Vornahme organisatorischer Maßnahmen vorgesehen wird, deren Gesamtaufwand erheblich darunter bleibt.[1028] Das schließt nicht aus, dass sich die in Rede stehenden Maßnahmen sehr viel sinnvoller im Konsens realisieren lassen.[1029] **Typischerweise** findet ein Anschluss an eine bereits bestehende **Transfergesellschaft** statt. Soweit sich diese bereit erklärt, die von der Betriebsänderung betroffenen Arbeitnehmer aufzunehmen, kann auch in dieser Konstellation eine Entscheidung durch die ESt. erfolgen.

b) Höhe und Dauer

257 Das Kurzarbeiter- entspricht im Wesentlichen dem Arbeitslosengeld. In der Praxis erfolgte bisweilen eine **Aufstockung** auf 90 oder gar 100 %,[1030] doch ist dies nach der aktuellen Regelung nur noch machbar, wenn die Bundesagentur darin keinen Anreiz für ein Verbleiben in der Transfergesellschaft sieht.[1031] Die Dauer beträgt nach § 111 Abs. 1 Satz 2 SGB III **längstens 12 Monate.** Anders als bis Ende 2003 sind bei Überschreitung von 6 Monaten Weiterqualifizierungsmaßnahmen nicht mehr obligatorisch. Auch besteht keine Möglichkeit zur Verlängerung mehr. Zeiten »normaler« Kurzarbeit werden angerechnet, es sei denn, zwischen ihnen und der Struktur-Kurzarbeit würden mindestens drei Monate liegen (§ 104 Abs. 3 SGB III).[1032]

258 Die Gewährung von Transferkurzarbeitergeld belässt erhebliche finanzielle Belastungen beim

1022 *Schweibert,* in: Willemsen u. a. Rn. C 250 b.
1023 *Ricken* NZA 11, 556 unter Berufung auf die Geschäftsanweisung der BA.
1024 Einzelheiten bei *Mengel/Ullrich,* BB 05, 1113.
1025 *Deinert,* Privatrechtsgestaltung, S. 180 ff.
1026 Näher *Deinert,* Privatrechtsgestaltung, S. 183 ff.
1027 *C. Meyer,* DB 2003, 206; *Ehrich/Fröhlich,* Teil H Rn 297; *Fitting,* Rn. 278 m. w. N.
1028 Für Spruchfähigkeit auch *Schütte,* NZA 13, 250 ff.
1029 *U. Fischer,* Sonderbeilage 1/2004 zu NZA, S. 34.
1030 *Growe,* AiB 98, 261.
1031 *Homburg,* AiB 11, 12; *Thannheiser,* AiB 11, 224.
1032 Zu dieser Vorschrift und zu den allgemeinen Voraussetzungen der Kurzarbeit s. *Däubler,* in: Lorenz/Schneider, Raus aus der Krise! 2009, S. 40 ff.

AG, da er die Beiträge zur Sozialversicherung sowie das Entgelt bei Krankheit, Urlaub und an Feiertagen bezahlen muss (sog. **Remanenzkosten**). Die für Krisenzeiten bei der normalen Kurzarbeit bis Ende 2012 vorgesehene Befreiung von den Sozialversicherungsbeiträgen gilt im vorliegenden Zusammenhang nicht.[1033]

c) Verfahren und Arbeitsangebote

Das Strukturkurzarbeitergeld setzt nach § 111 Abs. 1 Nr. 5 SGB III eine Anzeige an die Agentur für Arbeit voraus, die durch den AG wie durch den BR erfolgen kann. Der einzelne AN kann insoweit nicht aktiv werden. Hinzukommen muss als weitere Voraussetzung ein **Antrag** nach den §§ 323 ff. SGB III. Liegen die gesetzlichen Voraussetzungen vor, besteht ein Anspruch auf Gewährung des Kurzarbeitergeldes. Die Arbeitsverwaltung ist bereit, die für die Antragstellung notwendige Hilfe zu gewähren, während des Bezugs von Transferkurzarbeitergeld hat der AG den AN Vermittlungsvorschläge zu unterbreiten und ggf. Maßnahmen zu ergreifen, um die Eingliederungsaussichten zu verbessern (§ 111 Abs. 7 SGB III). Daneben kann die Arbeitsagentur Arbeitsplätze anbieten, deren Nichtannahme trotz Unterbrechung einer Weiterbildungsmaßnahme eine Sperrfrist auslösen würde.[1034] Lediglich in Extremfällen – die angebotene Arbeit endet früher als die individuelle Verbleibdauer in der Transferkurzarbeit oder sie wird schlechter bezahlt – wird eine Ausnahme gemacht. **259**

5. Strukturanpassungsmaßnahmen

Nach § 249 h AFG waren in den neuen Bundesländern zusätzliche Maßnahmen möglich, die der Massenarbeitslosigkeit entgegenwirken sollten. Ihre quantitative Bedeutung war beträchtlich.[1035] Nachdem § 248 s AFG ähnliche Maßnahmen auch in den alten Bundesländern zugelassen hatte, schuf man anschließend **einheitliche Regeln in den §§ 272 ff. SGB III,** die für die neuen Bundesländer durch § 415 SGB III ergänzt wurden. Mit Wirkung vom 1. 1. 2004 wurden die §§ 272 ff. SGB III aufgehoben. **260**

6. Sonderprobleme der Transfergesellschaften

a) Die Grundkonzeption

Häufig wird bei einer der unter 4 genannten Maßnahmen eine **Beschäftigungs- und Qualifizierungsgesellschaft** eingeschaltet, die ihrer eigentlichen Zielsetzung nach immer öfter »Transfergesellschaft« genannt wird.[1036] Davon soll es mittlerweile ca. 1000 geben,[1037] die sich durch sehr unterschiedliche Qualität auszeichnen.[1038] Die Übernahme der betroffenen AN erfolgt in der Regel durch einen dreiseitigen Vertrag, an dem außer dem Betroffenen der bisherige AG und die Transfergesellschaft (TG) beteiligt sind.[1039] Auch zwei selbstständige Verträge sind möglich.[1040] Eine einseitige Versetzung durch den AG kommt nicht in Betracht, da das Arbeitsverhältnis tiefgreifend umgestaltet wird.[1041] Der Vertrag wird in der Regel zu einem Zeitpunkt geschlossen, in dem die **Kündigungsfristen** langjährig Beschäftigter **erst zu einem kleineren Teil abgelaufen** sind: Der AG spart so erhebliche Lohnkosten (zumal häufig keine Arbeit mehr da ist) und kann auf diese Weise die TG bezuschussen (ein Monat normale Lohnkosten entspricht zwei Monaten in der TG – so eine verbreitete Faustformel).[1042] Die **261**

1033 S. § 419 (bisher:§ 421 t) SGB III.
1034 Kritisch *Thannheiser,* AiB 11, 224.
1035 *Bosch/Weinkopf/Adamy,* in: Kittner [Hrsg.], Gewerkschaften heute, 1994, S. 288.
1036 Überblick bei *Bichlmeier/Wroblewski,* Teil 3 Rn. 562 ff.; einige Informationen auch bei *Raffler/Simshäuser,* AuR 09, 384.
1037 *Thannheiser* AiB 06, 25.
1038 *Homburg/Filzek* AiB 09, 358.
1039 *BAG* 18. 8. 05, NZA 06, 145; *Bertzbach,* FS Hanau, S. 174.
1040 *Lembke,* BB 04, 773, 775.
1041 *ArbG Düsseldorf* PersR 04, 231: Küttner-*Kania,* Beschäftigungsgesellschaft, Rn. 3.
1042 S. *Welkoborsky,* AiB 09, 451.

vorgesehene **Verweildauer** in der Strukturkurzarbeit darf allerdings **nicht kürzer als** die verbleibende **Kündigungsfrist** sein, weil der AN sonst eine Sperrfrist riskiert, hätte er doch durch Auflösung seines bisherigen Arbeitsverhältnisses dann selbst zu seiner (vorzeitigen) Arbeitslosigkeit beigetragen. Finden einige »Überwechsler« in die TG **alsbald einen neuen Arbeitsplatz**, entsteht ein **zusätzlicher Vorteil** für die TG,[1043] den man allerdings auch als zusätzliche Abfindung für die Betroffenen verwenden kann.[1044] Eine **geringere Sozialplanabfindung** für diejenigen vorzusehen, die einen Vertrag mit der TG schließen, ist möglich, macht aber diese Alternative sehr viel weniger attraktiv.[1045] Durch niedrigere Zahlungen an »Nicht-Überwechsler« Druck in Richtung auf einen Beitritt auszuüben, ist mit Rücksicht auf die Berufsfreiheit des Art. 12 Abs. 1 GG unzulässig.[1046] Vorzuziehen ist im Rahmen des wirtschaftlich Möglichen eine »Transfer-Plus-Lösung«.[1047] Die Überwechsler sind im Übrigen mitzuzählen, wenn es um die Erreichung der Grenzwerte für eine Massenentlassung nach § 17 Abs. 1 KSchG geht.[1048]

b) Rechtsstellung der Überwechsler zur TG

262 Die Rechtsbeziehung zwischen AN und TG ist in der Regel **auf ein Jahr befristet**, was im Hinblick auf § 14 Abs. 2 TzBfG keine Probleme aufwirft. Während dieser Zeit erhält er **Transferkurzarbeitergeld** nach § 111 SGB III (o. Rn. 251 ff.); der (frühere) Arbeitgeber bezahlt einen »**Zuschuss«**, so dass meist eine Aufstockung auf 80 (u. U. auch bis 90) % der bisherigen Bezüge erfolgt.[1049] Dabei kann ggf. die Bedingung hinzugefügt werden, dass die eine Abmachung nicht ohne die andere gelten solle.[1050] Um die Integration in den Arbeitsmarkt zu fördern, wird die Arbeitsagentur ggf. verlangen, dass der Zuschuss geringer wird, je länger der Einzelne in der TG verbleibt, und dass ggf. eine »Sprinterprämie« an diejenigen bezahlt wird, die schon nach kurzer Zeit wieder auf den regulären Arbeitsmarkt zurückkehren können. Dass dies nur zum geringsten Teil von ihrem eigenen Verhalten abhängt, wird bei dieser Konstruktion nicht bedacht.

263 Der AN verpflichtet sich, an **Weiterbildungs- oder Integrationsmaßnahmen** teilzunehmen, die in der Regel zur Hälfte vom AG, zur Hälfte von der BA oder vom Europäischen Sozialfonds finanziert werden. Meist räumt er der TG das Recht ein, ihn **an andere UN zu »verleihen«,** was insbesondere der Vorbereitung auf ein neues Arbeitsverhältnis durch Qualifizierung dienen soll (§ 111 Abs. 7 S. 3 SGB III). Auch kann das Arbeitsverhältnis suspendiert werden, wenn der AN eine befristete Beschäftigung bei einem anderen AG findet; während dieser Zeit wird kein Transferkurzarbeitergeld bezahlt. Schließlich ist eine kurzfristige Auflösung im Hinblick auf ein unbefristetes Arbeitsverhältnis bei einem neuen AG möglich.[1051] Auch wenn die TG alle AN eines Betriebs übernimmt, greift **§ 613 a BGB** in der Regel **nicht** ein, weil keinerlei Betriebsmittel übertragen werden und – wichtig bei »betriebsmittelarmen« Einheiten wie Reinigungsbetrieben – auch ein anderer Betriebszweck verfolgt wird.[1052] Der AG kann **im Sozialplan zu Leistungen an die TG verpflichtet** werden; es gelten dieselben Grundsätze wie bei Eingliederungsmaßnahmen (vgl. o. Rn. 249). Um wenigstens die nunmehr vereinbarte wirtschaftliche Situation abzusichern, kann der dreiseitige Vertrag, der Grundlage für den Wechsel in die TG ist, mit einer **Bedingung** versehen werden, dass die BA Transferkurzarbeitergeld und der AG den Zuschuss bezahlt.[1053]

264 Die **Tätigkeit in der TG** ist ersichtlich mit der im bisherigen Betrieb nicht gleichwertig,

---

1043 *Schweibert,* in: Willemsen u. a. Rn. C 251.
1044 *Wenning-Morgenthaler,* Rn 1154.
1045 *Welkoborsky,* AiB 09, 431; kritisch auch *Homburg/Filzek,* AiB 09, 358.
1046 *Schütte,* NZA 13, 249, 252.
1047 *ZabelBohnenkamp/Fieber/Bade,* AiB 10, 181.
1048 *LAG Baden-Württemberg* 23.10.13, NZA-RR 14, 192 mit Anm. *O. Müller.*
1049 *Welkoborsky,* AiB 09, 432; dort auch Ausführungen zu den weiteren Kosten der BQG.
1050 *Grau/Döring,* NZA 08, 1335 ff.
1051 Küttner-*Kania,* Beschäftigungsgesellschaft, Rn. 3.
1052 *Krieger/Fischinger,* NJW 07, 2289; Küttner-*Kania,* Beschäftigungsgesellschaft, Rn. 3; *Schweibert,* in: Willemsen u. a. Rn. C 252 c.
1053 *LAG Hamburg* 7.9.05, NZA-RR 05, 658; Küttner-*Kania,* Beschäftigungsgesellschaft, Rn. 4.

obwohl die Verschlechterung als solche wegen der wirtschaftlichen Rahmenbedingungen keinen vertragsrechtlichen Bedenken unterliegt.[1054] Der Verlust des bisherigen Arbeitsplatzes ist daher ein im Sozialplan **auszugleichender Nachteil.** Das Überwechseln in die TG ist ersichtlich nicht »zumutbar« i. S. d. § 112 Abs. 5 Satz 2 Nr. 2, da sich die Arbeitsbedingungen grundlegend ändern und das Entgelt häufig nur unwesentlich über dem Arbeitslosengeld liegt.[1055] Ein Muster ist wiedergegeben in DKKWF-*Däubler.*[1056]

Werden mit der TG keine Arbeitsverhältnisse (sondern Umschulungsverhältnisse) begründet, kommt eine **betriebliche Interessenvertretung** nur auf Grund TV oder BV zustande (zum Parallelfall der reinen Ausbildungsbetriebe s. Einl. Rn. 82). Der BR aus dem Ursprungsbetrieb behält nach §§ 21 a, 21 b ein Rest- und ein Übergangsmandat. Soweit man sich dagegen wie meist weiter im Rahmen arbeitsrechtlicher Strukturen bewegt, wird in der TG ein eigener BR gewählt. Diese ist nicht selten ein TendenzUN, kann jedoch auf die damit verbundenen Privilegien verzichten.[1057] Sie ist außerdem als »**Sozialeinrichtung**« zu qualifizieren, so dass für Streitigkeiten zwischen ihr und dem AG die Arbeitsgerichte zuständig sind.[1058] Nach der Rspr. des *BVerwG*[1059] ist sie ggf. zur Bezahlung einer Ausgleichsabgabe nach § 77 Abs. 1 SGB IX verpflichtet. **265**

c) Rechtsstellung der Nicht-Überwechsler

Ein **Zwang zum Überwechseln** besteht **nicht** (o. Rn. 261). Im Regelfall riskieren die sich widersetzenden AN allerdings eine betriebsbedingte Kündigung,[1060] sofern nicht inzwischen ein Betriebserwerber gefunden ist. Dies ist nur dann anders, wenn im Arbeitgeberunternehmen **noch für einige Zeit Aufträge abgewickelt** werden müssen. Zutreffend hat das *LAG Bremen*[1061] entschieden, dass der AG nicht etwa eine unternehmerische Entscheidung des Inhalts treffen kann, dass er die weiteren Arbeiten nur noch mit Hilfe früherer Beschäftigter erledigt, die er als Leiharbeitnehmer von der BQG oder einem dazwischen geschalteten Verleihunternehmen »zurückerhält«.[1062] Dies würde im Ergebnis auf eine **Austauschkündigung** hinauslaufen, die nach allgemeiner Auffassung unzulässig ist.[1063] Die Tatsache, dass **durch** das »**Rückentleihen**« in erheblichem Umfang **Lohnkosten gespart** werden können (im Falle des *LAG Bremen* 20 %), ist kein die Kündigung rechtfertigender Gesichtspunkt. Sind wegen der wirtschaftlichen Lage die Arbeitsplätze gefährdet, steht das Mittel der Änderungskündigung zur Verfügung.[1064] **266**

d) Dreiseitiger Vertrag und Umgehung des § 613 a BGB

Die TG wird häufig als Mittel eingesetzt, um ein wirtschaftlich angeschlagenes UN von seiner Belegschaft samt den damit verbundenen »sozialen Lasten« zu befreien und es so für einen Käufer attraktiv zu machen: Dieser kann dann aus den in der TG »geparkten« Beschäftigten diejenigen aussuchen, die er für geeignet hält.[1065] Ein solches Konzept – in erfreulicher Deutlichkeit dargestellt bei *Krieger/Fischinger*[1066] – sieht sich dem Vorwurf ausgesetzt, die Vorschriften über den Betriebsübergang (**§ 613 a BGB**) und über die soziale Auswahl bei betriebs- **267**

1054 *LAG Hamburg* 7.9.05, NZA-RR 2005, 658.
1055 *Kaiser,* NZA 92, 198; s. auch den Fall LSG Rheinland-Pfalz 1.6.06, NZA-RR 07, 158; ebenso nunmehr auch Kittner/Zwanziger/Deinert-*Deinert,* § 4 Rn. 78.
1056 §§ 111 – 113 Rn. 68 ff.
1057 *BAG* 5.10.00, AiB 02, 189.
1058 *BAG* 23.8.01, NZA 02, 230 = DB 01, 2559.
1059 16.5.13, NZA-RR 13, 534.
1060 Dazu *M. Heither,* S. 182.
1061 2.12.97, LAGE § 1 KSchG Betriebsbedingte Kündigung Nr. 47.
1062 So der Fall *LAG Bremen* 2.12.97, a. a. O.
1063 Dazu insbes. auch *Bertzbach,* FS Hanau, S. 175 ff.
1064 KDZ-*Zwanziger,* § 2 KSchG Rn. 165 ff.
1065 *Lembke,* BB 07, 1333, 1338: »**Wunschmannschaft**«.
1066 NJW 07, 2289 ff.

bedingten Kündigungen (**§ 1 Abs. 3 KSchG**) zu **umgehen**. Die Rechtsprechung des BAG hat sich diesem Problem gestellt, das Konzept aber im Kern gebilligt und lediglich Randkorrekturen vorgenommen, die in letzter Zeit allerdings an Deutlichkeit gewonnen haben.

268 Der **dreiseitige Vertrag** stellt im Verhältnis zum bisherigen AG einen **Aufhebungsvertrag** dar. Dieser kann nach allgemeinen Grundsätzen unwirksam sein oder angefochten werden.[1067] Fehlvorstellungen über die rechtlichen Folgen des dreiseitigen Vertrags berechtigen in aller Regel nicht zur Anfechtung wegen Inhaltsirrtums nach § 119 Abs. 1 BGB. Allerdings kommt eine Anfechtung wegen Täuschung dann in Betracht, wenn der AG eine Stilllegung vorspiegelt, in Wirklichkeit aber schon einen sicheren Käufer für das UN besitzt.[1068] Hat der AN längere Zeit bei der TG gearbeitet, kann die Berufung auf die Unwirksamkeit bzw. die Anfechtung verwirkt sein.[1069]

269 Was die **Umgehung des § 613 a BGB** betrifft, so vertritt das *BAG*[1070] den Standpunkt, der Aufhebungsvertrag sei nur dann unwirksam, wenn zeitgleich mit dem Aufhebungsvertrag ein neues Arbeitsverhältnis zum Betriebsübernehmer vereinbart oder zumindest verbindlich in Aussicht gestellt werde.[1071] Fehle es daran, so liege ein freiwilliges Ausscheiden aus dem UN vor, das sich nicht als Umgehung des § 613 a BGB qualifizieren lasse: Der von dieser Vorschrift gewollte Bestandsschutz greife hier nicht ein. Zwar bestehe insoweit eine Missbrauchsgefahr, als der Erwerber seine personellen Präferenzen unschwer verbergen könne, und der AN befinde sich auch häufig in einer Drucksituation. Beides zwinge jedoch nicht dazu, generell ein Umgehungsgeschäft anzunehmen »und dadurch Sanierungsmöglichkeiten für notleidende Betriebe mit wenigstens teilweisem Arbeitsplatzerhalt praktisch unmöglich zu machen.«[1072] Anders hatte das LAG Düsseldorf als Vorinstanz der ersten Entscheidung[1073] eine Zusicherung genügen lassen, es werde jedenfalls ein Teil der Mitarbeiter übernommen, und eine Umgehung angenommen. Konsequent war allein das *LAG Bremen*:[1074] Die zeitliche Entkoppelung von Aufhebungsvertrag und Übergang der Betriebsmittel sei kein Grund, von der Anwendung des § 613 a BGB abzusehen. Würden beide zusammenfallen, würde niemand an der Anwendbarkeit des § 613 a BGB zweifeln und außerdem dem Erwerber einen Personalabbau nur unter Wahrung des § 1 Abs. 3 KSchG gestatten. In der Literatur hat die Rechtsprechung des BAG gleichfalls Widerspruch gefunden.[1075] Es liegt nahe, im Wege eines Vorabersuchens nach Art. 267 AEUV (bisher: Art. 234 EG-Vertrag) den EuGH um eine Klärung der Frage zu bitten, ob nicht auch in Fällen wie den vom BAG entschiedenen ein Betriebsübergang im Sinne der Richtlinie vorliegt.

270 Legt man die Rechtsprechung des BAG zugrunde, so ist der Aufhebungsvertrag wegen Umgehung des § 613 a BGB dann unwirksam, wenn der **Erwerber** die Übernahme bereits **verbindlich zugesagt** hat. Dies muss nicht ausdrücklich geschehen, sondern kann sich auch aus den Umständen ergeben.[1076] So kann es reichen, wenn Beauftragte des Erwerbers oder des bisherigen AG erklären, »fast alle« würden übernommen, »niemand bleibe auf der Strecke«, es sei in Zukunft »genügend Arbeit vorhanden.« Dasselbe gilt nach der sog. **Lotterie-Entscheidung** des *BAG* dann, wenn 352 von 452 AN übernommen werden sollen und über die Auswahl das Los entscheidet.[1077] Weiter ist denkbar, dass die **TG** nach Art eines Strohmanns **zum Schein vorgeschoben** wird; ein Indiz dafür könne es sein, wenn die Verweildauer in der TG

1067 Dazu KDZ-*Däubler*, Anhang zu § 623 BGB, Rn. 37 ff.

1068 *BAG* 23.11.06, NZA 07, 866 Tz 21; *Krieger/Fischinger*, NJW 07, 2290.

1069 *LAG Bremen*, 10.5.99 – 1 Sa 291/98; zu den allgemeinen Grundsätzen der Verwirkung insoweit *Däubler*, KDZ-Einl., Rn. 130 und § 242 BGB Rn. 10 ff.

1070 10.12.98, NZA 99, 422.

1071 Ebenso *BAG* 18.8.05, NZA 06, 145, bestätigt durch *BAG*, 23.11.06, ZIP 07, 643, 645 = NZA 07, 866.

1072 So *BAG* 18.8.05, NZA 06, 145 Tz 36 in moderner Fortführung des alten Grundsatzes »Not kennt kein Gebot« – doch besteht die Not wirklich?

1073 28.4.97, LAGE § 613 a BGB Nr. 61.

1074 26.8.04, BB 05, 665 mit krit. Anm. *Lembke*.

1075 APS-*Steffan*, § 613 a BGB Rn. 198; KR-*Pfeiffer*, § 613 a BGB Rn. 202; KDZ-*Zwanziger*, § 613 a BGB Rn. 174; *Däubler*, Arbeitsrecht 2, Rn. 1417; Bedenken auch bei ErfK-*Preis*, § 613 a BGB Rn. 159; zustimmend dagegen MüKo-*Müller-Glöge*, § 613 a BGB Rn. 202 m. w. N.

1076 *BAG* 18.8.05, NZA 06, 145 Tz 38, eingehend bestätigt durch *BAG* 25.10.12, ZInsO 13, 946.

1077 *BAG* 18.8.11, NZA 12, 152, 155 Tz 35.

kaum länger als die Kündigungsfrist sei,[1078] beispielsweise die Kündigungsfrist des § 113 InsO nur um einen Monat überschreite.[1079] Erst recht liegt ein Umgehungsgeschäft vor, wenn die Verweildauer nur einen Tag[1080] oder gar nur eine halbe Stunde[1081] beträgt oder wenn wegen fehlender finanzieller Ausstattung **keine Aktivitäten der TG** stattfinden sollen.[1082] Der dreiseitige Vertrag ist auch dann wegen **Umgehung der Regeln über die soziale Auswahl** unwirksam, wenn sich belegen lässt, dass der Erwerber bereits bei Übernahme der betrieblichen Organisation im Wesentlichen seine »Wunschmannschaft« zusammengestellt hatte.[1083] Im Einzelfall ist auch zu prüfen, ob die AN bewusst fehlinformiert wurden und sie deshalb den dreiseitigen Vertrag wegen arglistiger Täuschung nach § 123 BGB anfechten können.[1084] Der AG-Seite wird höchst sorgsames Verhalten empfohlen,[1085] was auch die Aufmerksamkeit der AN-Seite verdient. Rechtlich könnte diese die gesamten Umgehungspraktiken mit Hilfe einer klaren tarifvertraglichen Regelung zunichte machen.[1086]

e) Durchführungsprobleme (insbesondere »Aschenputtelgesellschaft«)

Sieht man von der Umgehungsproblematik einmal ab, die sich ja nicht in jedem Fall stellt, so **271** hat der Einsatz einer **TG** eine Reihe von **Vorzügen.**[1087] Bewerbungen auf freie Stellen werden erleichtert, der mit der Arbeitslosigkeit häufig verbundene Vereinsamungsprozess tritt nicht ein. Auch kann die Qualifizierung langfristig zu einer Verbesserung der Chancen auf dem Arbeitsmarkt führen. Auf der anderen Seite ist zu beachten, dass etablierte TG dazu neigen können, als »Berater« der betrieblichen Interessenvertretungen Übernahmen zu forcieren, wo sie nicht unbedingt geboten sind, um so den eigenen Apparat auszulasten;[1088] auch besteht die Gefahr, dass Ältere und Leistungsgeminderte **in die BQG »abgeschoben«** und so die Grundsätze über die soziale Auswahl ausgehebelt werden. Auch werden die Weiterbildungs- und Qualifizierungsaufgaben unterschiedlich ernst genommen.[1089] Eine gut und sorgfältig arbeitende Transfergesellschaft zu finden, ist daher gerade dann wichtig, wenn die Entscheidung über einen Transfersozialplan noch gar nicht gefallen ist. Die Vermittlungsquote der TGs liegt in der Regel sehr viel höher als die der BA.[1090] Wichtige Beurteilungskriterien, die bei einem Transfersozialplan zu berücksichtigen sind, nennen *Homburg/Filzek*[1091] und *Zabel/Bohnenkamp/Fieber/Bade,*[1092] die überdies für eine Zertifizierung plädieren. Über positive Erfahrungen im Zusammenhang der der Praktiker-Pleite berichten *v. Neumann-Cosel/Kraemer.*[1093]

Wird die Beschäftigungs- und Qualifizierungsgesellschaft von vorne herein **nicht mit den** **272** **nötigen Mitteln ausgestattet,** um die Risiken ihres Geschäfts zu bestehen und ihren Verbindlichkeiten nachzukommen, so kommt eine persönliche Haftung ihrer Gesellschafter in Betracht.[1094] Fällt die zunächst bestehende Refinanzierungsmöglichkeit überraschend weg (die

1078 *BAG* 23.11.06, NZA 07, 866 Tz 25.
1079 *Puls* NZA 13, 125, 127. Anders aber aufgrund der konkreten Umstände in *BAG* 23.11.06, NZA 07, 866
1080 *BAG* 18.8.11, NZA 12, 152, 155 Tz 36
1081 *BAG* 25.10.12, ZInsO 13, 946 Tz 44.
1082 Überblick über die Rspr. bei *Fuhlrott* NZA 12, 549, 552.
1083 *Puls* NZA 13, 125, 127. Das BAG hat diesen Umgehungstatbestand anerkannt, aber bisher nicht näher konkretisiert.
1084 *Fuhlrott* NZA 12, 549, 553.
1085 *Krieger/Fischinger,* NJW 07, 2289 ff.; ähnlich *Schweibert,* in: Willemsen u. a. Rn. C 252 c.
1086 Zur tariflichen Regelbarkeit wie hier Kempen/Zachert-*Schubert/Zachert,* § 1 Rn. 873.
1087 *Growe,* AiB 98, 262.
1088 *Filzek,* AiB 98, 662.
1089 *Bell,* AiB 08, 537 ff.; von einem »immensen Qualitätsgefälle« spricht Küttner-*Kania,* Beschäftigungsgesellschaft, Rn. 2.
1090 *Bell,* AiB 08, 538; von »über 60 %« sprechen *Annuß/Lembke,* Rn. 447; von einer Untersuchung, die nur eine durchschnittliche Vermittlungsquote ergab, berichten aber *Homburg/Filzek,* AiB 09, 358.
1091 AiB 09, 358 f.
1092 AiB 10, 182 ff.
1093 AiB 4/15, 42
1094 *OLG Düsseldorf* 26.10.2006, ZIP 07, 227; deutlich abschwächend *BGH* 28.4.08, JZ 08, 1152. Dazu auch *Wenning-Morgenthaler,* Rn 1155.

AG-Firma wird insolvent und bezahlt keinen Zuschuss mehr, das Transferkurzarbeitgeld wird entzogen), so ermöglicht dies keine fristlose Kündigung; ist die ordentliche Kündigung vertraglich ausgeschlossen, so kommt nur eine außerordentliche Kündigung unter Wahrung der gesetzlichen oder tariflichen Fristen in Betracht.[1095] Im Falle der Insolvenz der TG ist es allein Sache des Insolvenzverwalters, gegen die Gesellschafter vorzugehen (zur allgemeinen Problematik der Durchgriffshaftung s. o. Rn. 188 ff.). Aus der Praxis kommt die einleuchtende Empfehlung, die zu Beginn vorhandenen, die Kosten der fraglichen Maßnahme weithin deckenden Mittel an einen Treuhänder zu übertragen, der von einer etwaigen Insolvenz der TG nicht erfasst wird.[1096]

f) Finanzierung aus dem Europäischen Globalisierungsfonds?

273 Bei größeren Personalabbaumaßnahmen kommt eine Förderung durch den **Europäischen Globalisierungsfonds (EGF)** in Frage, der seit 1.1.2007 besteht und zunächst über ein Jahresbudget von 500 Mio Euro verfügte.[1097] Rechtsgrundlage ist die »Verordnung (EG) Nr. 1927/2006 des Europäischen Parlaments und des Rates vom 20.12.2006«, die durch die Verordnung (EG) Nr. 546/2009 vom 18. Juni 2009[1098] grundlegend umgestaltet wurde. Das **Budget wurde auf 1 Mrd. Euro verdoppelt.** Eine Förderung kann erfolgen, wenn in einem UN (samt Zulieferern und nachgelagerten Einheiten) innerhalb von vier Monaten mindestens 500 Entlassungen erfolgen oder wenn dasselbe in einer Branche innerhalb eines bestimmten Gebietes und während eines Zeitraums von neun Monaten geschieht. Der EGF ist nicht dazu da, Sozialplanabfindungen aufzustocken oder die Umstrukturierung von UN zu finanzieren. Vielmehr geht es ausschließlich um die **Förderung von Maßnahmen der aktiven Arbeitsmarktpolitik,** insbesondere um Aus- und Weiterbildung und um Mobilitätshilfen. Die im Fall BenQ tätige TG erhielt einen Zuschuss von 12,8 Mio. Euro, so dass ihre Tätigkeit um fünf Monate verlängert werden konnte. Die damalige Höchstgrenze von 50 % der Maßnahmekosten ist inzwischen unter bestimmten Voraussetzungen auf 65 % erhöht worden. **Anträge** beim Fonds können nur durch das **Bundesministerium für Arbeit und Soziales** gestellt werden, das direkt oder über die BA kontaktiert werden kann.[1099] Wichtig ist, dass nunmehr nicht nur globalisierungsbedingter Personalabbau erfasst ist, sondern dass es genügt, wenn ein Zusammenhang mit der Finanz- und Wirtschaftskrise besteht. In allen Fällen, in denen Transferkurzarbeitergeld bezogen wird, kommt weiter eine Förderung aus Mitteln des **Europäischen Sozialfonds** (ESF) in Betracht. Dazu gibt es eine ESF-Förderrichtlinie vom 18.12.2008 sowie Umsetzungshinweise des Bundesministeriums für Arbeit und Soziales, die über www.arbeitsagentur.de/zentraler-Content/E–Mail-Infos abrufbar sind.

§ 113 Nachteilsausgleich

(1) Weicht der Unternehmer von einem Interessenausgleich über die geplante Betriebsänderung ohne zwingenden Grund ab, so können Arbeitnehmer, die infolge dieser Abweichung entlassen werden, beim Arbeitsgericht Klage erheben mit dem Antrag, den Arbeitgeber zur Zahlung von Abfindungen zu verurteilen; § 10 des Kündigungsschutzgesetzes gilt entsprechend.

(2) Erleiden Arbeitnehmer infolge einer Abweichung nach Absatz 1 andere wirtschaftliche Nachteile, so hat der Unternehmer diese Nachteile bis zu einem Zeitraum von zwölf Monaten auszugleichen.

(3) Die Absätze 1 und 2 gelten entsprechend, wenn der Unternehmer eine geplante Betriebsänderung nach § 111 durchführt, ohne über sie einen Interessenausgleich mit dem

---

1095 *BAG* 24.1.13, NZA 13, 959.

1096 *Homburg/Filzek,* AiB 09, 359.

1097 Einzelheiten bei *Däubler,* dbr Heft 2/2009 S. 16 und in FS Binder, S. 458 f.; keine Erwähnung des EGF bei *Raffler/Simshäuser,* AuR 09, 384 ff.

1098 ABlEU L 167/26.

1099 *Däubler* dbr 2/2009 S. 18.

Betriebsrat versucht zu haben, und infolge der Maßnahme Arbeitnehmer entlassen werden oder andere wirtschaftliche Nachteile erleiden.

Inhaltsübersicht Rn.

I. Zielsetzung der Vorschrift

§ 113 sieht eine **finanzielle Sanktion** zu Lasten des Unternehmers vor, der ohne zwingenden Grund von einem Interessenausgleich abweicht oder einen solchen gar nicht versucht hat. Die Sanktion verfolgt gleichzeitig auch den Zweck, den betroffenen AN einen gewissen Ausgleich zu verschaffen. Von allen denkbaren Sanktionsformen hat der Gesetzgeber diejenige gewählt, die zugleich am meisten Nutzen stiftet, also die vom AG zu verantwortenden Einbußen mindert.[1] **1**

§ 113 setzt **kein Verschulden** des AG voraus.[2] **2**

Da § 113 **Individualansprüche** der betroffenen AN vorsieht, kann der BR die einmal eingetretenen Rechtsfolgen nicht mehr beseitigen. Seine Erklärung, keine rechtlichen Schritte gegen den AG wegen des unterbliebenen Interessenausgleichs unternehmen zu wollen, ist ohne Bedeutung.[3] **Dem einzelnen AN** ist aber nach *BAG*[4] ein vertraglicher **Verzicht** möglich, sobald der Anspruch entstanden ist. Dabei ist allerdings immer zu prüfen, ob einer derartigen Abrede wegen unangemessener Benachteiligung des AN die rechtliche Anerkennung zu versagen ist; insoweit gelten dieselben Grundsätze wie bei einem Verzicht auf die Kündigungsschutzklage, der ohne angemessene Gegenleistung gegen § 307 Abs. 1 Satz 1 BGB verstößt.[5] **3**

Zum Verhältnis Nachteilsausgleich – **Sozialplanabfindungen** s. §§ 112, 112 a Rn. 122 ff. **4**

II. Abweichung vom Interessenausgleich

Nimmt der UN die Betriebsänderung nicht in der Weise vor, wie dies im Interessenausgleich vorgesehen ist, muss er den Nachteilsausgleich nach Abs. 1 und 2 gewähren. Dies dürfte auch in Tendenzbetrieben gelten, wo der AG allerdings nicht zu Verhandlungen über einen Interessenausgleich verpflichtet ist, diesen aber freiwillig abschließen kann.[6] Eine **Ausnahme** gilt nur **bei »zwingenden Gründen«.** Dabei darf es sich nicht um Gründe handeln, die bereits bei den Verhandlungen über den Interessenausgleich bekannt waren; vielmehr müssen sie erst **nachträglich aufgetreten** sein.[7] Weiter müssen sie so gravierend sein, dass sie dem UN gar keine andere Wahl lassen, als vom Interessenausgleich abzuweichen;[8] bei Beachtung des bislang Vorgesehenen müsste der **Bestand des UN gefährdet** sein.[9] Dies wird etwa beim Entzug von Bankkrediten oder bei einem nicht vorhersehbaren Preisverfall auf dem Markt angenommen.[10] **5**

---

1 Vgl. *BAG* 22.5.79, AP Nr. 3 zu § 111 BetrVG 1972; *BAG* 20.11.01, NZA 02, 992; für Gleichwertigkeit der **Sanktions- und Ausgleichsfunktion** GK-*Oetker,* Rn. 3; Richardi-*Annuß,* Rn. 2.

2 *BAG* 23.9.03, NZA 04, 440; *BAG* 4.12.79, AP Nr. 6 zu § 111 BetrVG 1972; 29.11.83, AP Nr. 10 zu § 113 BetrVG 1972; *Fitting,* Rn. 2, 16; *Fuchs,* Sozialplan, S. 18; GK-*Oetker,* Rn. 38; *GL,* Rn. 48 a; *Rumpff/Boewer,* S. 411 f.

3 *BAG* 14.9.76, AP Nr. 2 zu § 113 BetrVG 1972.

4 23.9.03, NZA 04, 440.

5 Dazu *BAG* 6.9.07, NZA 08, 219.

6 Dahingestellt in *BAG* 27.10.98, DB 99, 2652.

7 *BAG* 17.9.74, AP Nr. 1 zu § 113 BetrVG 1972; *Fitting,* Rn. 7; GK-*Oetker,* Rn. 30.

8 HWK-*Hohenstatt/Willemsen,* § 113 BetrVG Rn. 8.

9 GK-*Oetker,* Rn. 31; *Rumpff/Boewer,* S. 413.

10 *V. Hoyningen-Huene,* Betriebsverfassungsrecht, § 15 Rn. 58.

6 Die **Abweichung** kann sich auf **einzelne Teile** des Interessenausgleichs beziehen, indem z. B. ein größerer Teil des Betriebs stillgelegt oder in weiterem Umfang als vereinbart neue »Betriebsanlagen« angeschafft werden. Denkbar ist aber auch eine **Totalabweichung** der Art, dass der UN eine ganz andere Betriebsänderung vornimmt, z. B. den Betrieb nicht verlegt, sondern ihn mit einem Nachbarbetrieb zusammenschließt. In einem solchen Fall ist ein neues Verfahren über Interessenausgleich und Sozialplan durchzuführen, was jedoch die entstandenen Ansprüche aus § 113 unberührt lässt. **Unterbleibt jede Betriebsänderung,** entsteht selbstredend kein Anspruch nach § 113, da kein Schutzbedürfnis auf AN-Seite existiert.[11] Regelt der Interessenausgleich nicht nur die Betriebsänderung als solche, sondern auch Folgefragen, so soll nach der Rechtsprechung des *BAG*[12] eine Abweichung von solchen Folgeregelungen keinen Anspruch nach § 113 auslösen. Dies kann nicht nur erhebliche Abgrenzungsprobleme aufwerfen, sondern hat auch keine Grundlage im Gesetz, da dort nirgends zwischen »obligatorischem« und »freiwilligem« Inhalt eines Interessenausgleichs unterschieden wird. Da die Parteien selbst bestimmen, inwieweit sie sich binden wollen, können sie sich auch nicht beklagen, wenn bei allen Bestimmungen eines Interessenausgleichs die Regelsanktion des § 113 Platz greift.

7 Im Einzelfall kann zweifelhaft sein, ob eine bestimmte Maßnahme wie z. B. eine bestimmte Zahl zusätzlicher Entlassungen eine Abweichung vom Interessenausgleich oder eine selbstständige Aktion darstellt, die möglicherweise unter der Erheblichkeitsschwelle des § 111 bleibt. Um § 113 nicht leerlaufen zu lassen, wird man alle **Maßnahmen, die ihrer Art nach mit dem im Interessenausgleich Vorgesehenen übereinstimmen,** als »Abweichung« und nicht als selbstständige Maßnahme qualifizieren müssen.

8 Die **Nichterfüllung des Sozialplans** löst die Sanktionen des § 113 nicht aus; vielmehr können BR und AN auf Erfüllung bestehen (§§ 112, 112 a Rn. 226).

III. Unterbliebene oder mangelhafte Verhandlungen über den Interessenausgleich

9 Der **AG ist verpflichtet,** mit dem BR über einen Interessenausgleich **zu verhandeln** (§§ 112, 112 a Rn. 6 f.). Dies gilt auch dann, wenn die zahlenmäßigen Voraussetzungen für einen Personalabbau (§ 111 Rn. 68 ff.) erst dadurch erreicht werden, dass einzelne AN dem Übergang ihres Arbeitsverhältnisses nach § 613 a BGB widersprechen.[13] Bleibt der AG untätig, löst dies die Sanktion des Abs. 3 aus, sobald der AG mit der **Umsetzung beginnt,** z. B. erste Kündigungen ausspricht; in diesem Moment **entsteht** der **Anspruch** auf Nachteilsausgleich.[14] Dasselbe gilt, wenn die Funktion eines Betriebsteils auf ein Drittunternehmen übertragen wurde, ohne dass gleichzeitig die Voraussetzungen des § 613 a BGB vorliegen.[15] Noch keinen »Beginn« stellt es dar, wenn die Produktion eingestellt und die AN widerruflich freigestellt werden, da dies keine unumkehrbaren Maßnahmen sind, die die Fortführung des Betriebs blockieren würden.[16] Auch die Ausschreibung von Betriebsmitteln zum Verkauf und die Kündigung von Ausbildungsverhältnissen überschreitet diese Grenze noch nicht,[17] wohl aber die Kündigung von Arbeitsverhältnissen und das Stellen entsprechender Zustimmungsanträge bei den zuständigen staatlichen Behörden (z. B. Integrationsamt).[18] Dasselbe gilt für eine Verlautbarung des Arbeitgebers im Intranet, wer aus eigenem Antrieb ausscheide, könne mit einer Abfindung rechnen.[19] Da es nach der gesetzlichen Regelung Aufgabe des AG ist, von sich aus die Initiative zu ergreifen, kann der BR ihn davon nicht dispensieren; selbst eine abweisende Reaktion des BR ändert nichts an der Rechtslage.[20]

---

11 *Gaul/Gajewski,* S. 111; GK-*Oetker,* Rn. 27.
12 22.1.13, EzA § 113 BetrVG 2001 Nr. 9.
13 *BAG* 10.12.96, NZA 97, 787.
14 *BAG* 23.9.03, NZA 04, 440.
15 *BAG* 16.5.07, NZA 07, 1296.
16 *BAG* 30.5.06, NZA 06, 1123; *BAG* 14.4.15, ZInsO 15,1695 = AuR 15,333 Ls..
17 BAG a. a. O.
18 Vgl. *BAG* 21.6.01, NZA 02, 212.
19 *LAG Schleswig-Holstein* 20.7.07, NZA-RR 08, 244 LS 2.
20 *LAG Berlin* 8.9.87, LAGE § 112 a BetrVG 1972 Nr. 2; GK-*Oetker,* Rn. 46.

Die Verhandlungspflicht des UN besteht auch dann, wenn **nur noch über einzelne Modalitäten der Betriebsänderung** gesprochen werden kann.[21] Ohne Bedeutung ist auch das Argument, infolge inzwischen eingetretener Veränderungen hätte sowieso aus zwingenden Gründen von dem Interessenausgleich abgewichen werden müssen.[22] Abgesehen vom weithin spekulativen Charakter einer solchen Argumentation würde dies den Nachteilsausgleich in die Nähe eines Schadensersatzanspruchs rücken, bei dem die Berücksichtigung eines hypothetischen Kausalverlaufs unter bestimmten Voraussetzungen anerkannt ist.[23] In Wirklichkeit geht es bei § 113 jedoch um eine verschuldensunabhängige Sanktion für ein betriebsverfassungswidriges Verhalten. **10**

Verhandelt der UN zwar über einen Interessenausgleich, **macht er den Sozialplan jedoch nicht zum Thema,** so führt dies allein nicht zur Anwendung des § 113, da der BR die Möglichkeit hat, durch Anrufung der ESt. einen Sozialplan zu erzwingen. Anders verhält es sich jedoch, wenn der BR über die wirtschaftlichen Folgen **so wenig informiert** wurde, dass er **keine eigenen Vorstellungen über** einen **Sozialplan** entwickeln konnte. Dies gilt einmal bei Tendenzbetrieben,[24] zum zweiten aber auch in den Fällen des **§ 112 a,** da der BR dort verfahrensmäßig wie beim Interessenausgleich steht: Die Beschränkung auf die Verhandlungsprozedur würde vollends entwertet, könnte sich der AG ihr durch schlichtes Desinteresse entziehen. Die neueste Rechtsprechung[25] geht darüber hinaus und nimmt nunmehr dasselbe im Normalfall des § 112 an. **11**

Dem unterbliebenen Versuch, einen Interessenausgleich zu erreichen, steht der Fall gleich, dass der **AG die gesetzlichen Möglichkeiten nicht ausschöpft,** also insbesondere darauf verzichtet, die ESt. anzurufen.[26] Maßgebend ist allein, ob das Verfahren vor der ersten Durchführungsmaßnahme abgeschlossen wurde. Dies ist nicht der Fall, wenn nur eine formlose Einigung mit dem BR zustande gekommen ist; da der Interessenausgleich der Schriftform bedarf, muss der Arbeitgeber insoweit notfalls die ESt. anrufen.[27] **Kommt** ein **Interessenausgleich** erst **zustande** oder wird die ESt. erst eingeschaltet, **wenn** schon die ersten **Kündigungen ausgesprochen** sind oder andere Vollzugsmaßnahmen vorliegen, so bleibt der Nachteilsausgleich erhalten,[28] da es sich um nicht entziehbare Individualansprüche handelt. Verzichtet der AG auf die Einschaltung des Vorstands der Bundesagentur für Arbeit, hat dies allerdings keine Bedeutung. Kein ausreichender Versuch liegt aber dann vor, wenn der **BR unvollständig oder so spät informiert** wird, dass er sich kein ausreichendes Bild von den Gründen der Betriebsänderung, von ihren sozialen Folgen und von möglichen Alternativen machen kann.[29] Dasselbe gilt, wenn er sich argumentativ nicht ausreichend mit ihm auseinander gesetzt hat.[30] Lässt sich der BR gleichwohl auf einen Interessenausgleich ein, ist ein solcher Mangel allerdings geheilt,[31] sofern der Arbeitgeber in diesem Augenblick noch keine Kündigungen ausgesprochen oder sonstige Durchführungsmaßnahmen ergriffen hat. **12**

Nicht ausdrücklich geregelt ist der Fall, dass der UN zwar mit dem BR über eine bestimmte Betriebsänderung verhandelt und dabei auch bis zur Einschaltung der ESt. geht, dass er dann aber gleichwohl eine von seiner ursprünglichen Planung **abweichende Betriebsänderung** durchführt. Da letztere nicht Gegenstand der Verhandlungen war, muss § 113 Abs. 3 eingreifen.[32] **13**

Verhandelt der AG mit einer unzuständigen Interessenvertretung (z. B. BR statt GBR), so hat **14**

---

21 Vgl. *BAG* 13.12.78, AP Nr. 6 zu § 112 BetrVG 1972 sowie § 111 Rn. 112 ff.; zum Extremfall, dass Zuwarten den AN nur Schaden zufügen könnte, *BAG* 31.10.95, DB 96, 1683.
22 GK-*Oetker,* Rn. 58.
23 Palandt-*Grüneberg,* Vorbem. vor § 249 Rn. 55 ff.; *Däubler,* BGB kompakt, Kap. 30 Rn. 35 ff.
24 *BAG* 18.11.03, NZA 04, 741.
25 *BAG* 30.3.04, NZA 04, 931.
26 *BAG* 20.11.01, NZA 02, 992; näher §§ 112, 112 a Rn. 6.
27 *BAG* 16.5.07, NZA 07, 1296 Tz 33.
28 *Thür. LAG* 22.7.98, NZA-RR 99, 309.
29 *BAG* 16.8.11, AP Nr. 55 zu § 113 BetrVG 1972 Tz 15.
30 *BAG* a. a. O.
31 *BAG* 17.2.81, AP Nr. 11 zu § 112 BetrVG 1972.
32 Vgl. GK-*Oetker,* Rn. 39.

er gleichfalls seine Pflichten nicht erfüllt und muss einen Nachteilsausgleich bezahlen.[33] Ist die **Zuständigkeit zweifelhaft,** reicht es aus, wenn der AG alles ihm Zumutbare unternimmt. Dies setzt voraus, dass er die verschiedenen in Betracht kommenden Gremien auffordert, sich über die Zuständigkeit zu verständigen. Führt dies zum Erfolg, reichen Verhandlungen mit dem für kompetent erklärten Gremium auch dann aus, wenn diesem in Wirklichkeit keine Zuständigkeit zukam.[34] Kommt auf AN-Seite innerhalb angemessener Frist keine Einigung zustande, kann sich der AG den Verhandlungspartner aussuchen, sofern seine Überlegungen »nachvollziehbar« sind.[35] Die Dauer der Frist hängt von der Kompliziertheit der zu klärenden Rechtsfragen sowie der Dringlichkeit der Betriebsänderung ab; ein Zeitraum von vier bis sechs Wochen kann als Anhaltspunkt dienen.

15 § 113 findet keine entsprechende Anwendung, wenn **Anzeigepflichten gegenüber der Arbeitsverwaltung** z. B. nach § 17 Abs. 3 KSchG verletzt wurden; auch eine richtlinienkonforme Auslegung kann nicht zu einem solchen Resultat führen.[36] Das schließt allerdings nicht aus, dass die Verletzung der von der Massenentlassungsrichtlinie vorgegebenen **Konsultationspflichten gegenüber dem BR** in richtlinienkonformer Auslegung entsprechend § 113 sanktioniert wird.[37]

IV. Abfindungen als Nachteilsausgleich bei Entlassungen

16 Kommt es auf Grund von Abweichungen vom Interessenausgleich oder durch eine nicht »verhandelte« Betriebsänderung zu Entlassungen, so hat der AG eine **Abfindung entsprechend § 10 KSchG** zu bezahlen. Hat der **Interessenausgleich** ausnahmsweise die Form einer **(freiwilligen) Betriebsvereinbarung** (§§ 112, 112 a Rn. 27), so müssen sich die Betroffenen nicht auf die Abfindung nach § 113 verweisen lassen, sondern können ihre Ansprüche auf Erfüllung oder Schadensersatz gerichtlich geltend machen. Machen sie davon erfolgreich Gebrauch, ist der Nachteilsausgleich seinem Sinn nach nicht mehr geschuldet.

17 Der Begriff **»Entlassung«** wird in gleicher Weise wie im Rahmen der Betriebsänderung durch Personalabbau (§ 111 Rn. 77 f.) bestimmt. Danach sind auch **vom AG veranlasste Aufhebungsverträge und Eigenkündigungen** der AN erfasst.[38] Auch **Änderungskündigungen** sind einzubeziehen, wenn die Betroffenen das Änderungsangebot ablehnen[39] oder nur unter Vorbehalt annehmen. Keine Rolle spielt, **ob** die **Kündigung wirksam** war; der AG würde sich zu seinem eigenen Verhalten in Widerspruch setzen, wollte er dem Abfindungsanspruch aus § 113 mit dem Argument begegnen, die Kündigung wäre z. B. wegen Verstoßes gegen § 1 Abs. 3 KSchG sozial nicht gerechtfertigt gewesen.[40] Wird allerdings der Fortbestand des Arbeitsverhältnisses rechtskräftig festgestellt, entfällt der Abfindungsanspruch;[41] dasselbe gilt dann, wenn die Kündigung einvernehmlich wieder zurückgenommen wird.[42]

18 Im Falle des Abs. 1 muss die **Kündigung** durch die Abweichung vom Interessenausgleich in adäquat kausaler Weise **verursacht** sein.[43] Wer aus anderen Gründen zum selben Zeitpunkt sowieso entlassen worden wäre, kann keinen Nachteilsausgleich verlangen. In der Regel begründet ein zeitlicher Zusammenhang mit der Vornahme der Betriebsänderung einen **Anscheinsbeweis** in der Richtung, dass die Kündigung auf der Betriebsänderung beruht.[44] Der AG ist dann gezwungen, Gesichtspunkte zu nennen, die für eine andere Ursache sprechen.

---

33 *BAG* 24.1.96, NZA 96, 1107.
34 *BAG* 24.1.96, a. a. O.
35 *BAG* 24.1.96, a. a. O.
36 *BAG* 30.3.04, NZA 04, 931 [935].
37 *Schlachter,* FS Wißmann, S. 412 ff. in Auseinandersetzung mit *BAG* 18.11.03, NZA 04, 741.
38 *BAG* 23.9.03, NZA 04, 440; *BAG* 23.8.88, AP Nr. 17 zu § 113 BetrVG 1972; *LAG Berlin* 8.9.87, LAGE § 112 a BetrVG 1972 Nr. 2; *Fitting,* Rn. 22; *Etzel,* Rn. 1015; *Däubler,* Das Arbeitsrecht 1, Rn. 1118 a.
39 GK-*Oetker,* Rn. 67; Richardi-*Annuß,* Rn. 41; *Rumpff/Boewer,* S. 418.
40 Vgl. *Fitting,* Rn. 23; GK-*Oetker,* Rn. 65.
41 *BAG* 31.10.95, DB 96, 1683.
42 *BAG* 14.12.04 NZA 05, 818, 820.
43 *LAG Berlin* 1.9.86, LAGE § 113 BetrVG 1972 Nr. 3.
44 GK-*Oetker,* Rn. 78; Richardi-*Annuß,* Rn. 22.

Weniger Kausalitätsprobleme ergeben sich im Fall des Abs. 3; wie der Wortlaut deutlich macht, wird lediglich verlangt, dass die Kündigung »infolge der Maßnahme« (d. h. der Betriebsänderung) erfolgt ist. **Nicht verlangt wird, dass die Kündigung bei ordnungsgemäßen Verhandlungen über den Interessenausgleich vermieden worden wäre.**[45] Ein solcher Beweis wäre nur in absoluten Glücksfällen zu führen, so dass § 113 Abs. 3 im Ergebnis völlig leer laufen würde. War eine Betriebsspaltung nach § 111 Satz 3 Nr. 3 mit einem Teilbetriebsübergang verbunden, machte der AN jedoch von seinem Widerspruchsrecht nach § 613 a Abs. 6 BGB Gebrauch und wurde er deshalb gekündigt, liegt auch darin eine Folge der Betriebsänderung. Mit dem *LAG Bremen*[46] eine Unterbrechung des Kausalzusammenhangs durch den **Widerspruch** anzunehmen, läuft auf die Wertung hinaus, die Ausübung eines Rechts könne entgegen § 612 a BGB mit Nachteilen verknüpft werden, auch wenn dafür keine zwingenden Gründe sprechen.

Über die **Höhe der Abfindung** entscheidet im Streitfall das ArbG entsprechend § 287 Abs. 1 ZPO unter Würdigung aller Umstände nach freier Überzeugung. Das Gesetz schreibt in § 10 Abs. 2 KSchG lediglich Höchstbeträge vor; § 112 Abs. 5 Satz 2 ist nicht anwendbar.[47] Obergrenze ist für den Regelfall ein Betrag von **12 Monatsverdiensten,** der sich bei AN, die mindestens 50 Jahre alt sind und die eine Betriebszugehörigkeit von mindestens 15 Jahren besitzen, auf **15 Monatsverdienste** erhöht. Die Obergrenze beläuft sich schließlich auf **18 Monatsverdienste,** wenn der AN das 55. Lebensjahr vollendet hat und das Arbeitsverhältnis mindestens 20 Jahre bestanden hat. Mit Rücksicht auf die besondere Schutzbedürftigkeit älterer AN sind die erhöhten Beträge durch Art. 6 der EG-Rahmenrichtlinie Gleichbehandlung bzw. § 10 Satz 1 AGG abgedeckt und stellen deshalb keine unzulässige Benachteiligung Jüngerer dar. Aus dieser vom Gesetz vorgenommenen Differenzierung lässt sich die Regel ableiten, dass **Lebensalter und Betriebszugehörigkeit** sehr wichtige Faktoren darstellen.[48] Daneben spielt eine Rolle, ob dem Ausscheiden aus dem Betrieb ein Beschäftigungsangebot[49] oder eine **längere Arbeitslosigkeit** folgte und wie ggf. der neue Arbeitsplatz beschaffen ist.[50] Auch die Tatsache, dass nach knapp zwei Jahren eine ungekürzte Altersrente bezogen werden kann, darf anspruchsmindernd berücksichtigt werden.[51] **Immaterielle Interessen** wie die Zerstörung gewachsener sozialer Bindungen[52] sowie der Grad der Zuwiderhandlung gegen betriebsverfassungsrechtliche Pflichten sind ebenfalls zu berücksichtigen.[53] 19

Da es sich um eine Sanktion für rechtswidriges Verhalten handelt, **spielt die wirtschaftliche Vertretbarkeit keine Rolle;**[54] dies gilt sogar in der Insolvenz.[55] Auch auf die Möglichkeit der Weiterbeschäftigung auf einem zumutbaren Arbeitsplatz kommt es nicht an.[56] Dies gilt selbst dann, wenn der AN dem Übergang seines Arbeitsverhältnisses nach § 613 a BGB widersprochen hatte.[57] 20

Angesichts der Vielzahl der zu berücksichtigenden Faktoren lassen sich **keine verbindlichen Pauschalsätze** bestimmen. Das *BAG* hat einem 57jährigen mit knapp 10 Jahren Betriebszugehörigkeit, der nach der Entlassung 5 Monate arbeitslos war, eine Abfindung von 6 Monatsgehältern zugesprochen.[58] Sieben Monatsgehälter hielt das *LAG Berlin*[59] für angemessen, was 21

45 *Etzel,* Rn. 1015.
46 21.10.04, NZA-RR 05, 140 [142].
47 *Berenz,* NZA 93, 543.
48 *BAG* 13.6.89, AP Nr. 19 zu § 113 BetrVG 1972.
49 *BAG* 10.12.96, NZA 97, 789.
50 *BAG* 22.2.83 und 13.6.89, AP Nrn. 7 und 19 zu § 113 BetrVG 1972.
51 *LAG Berlin* 25.7.06, AuR 07, 61 und Juris.
52 *BAG* 9.7.85, AP Nr. 13 zu § 113 BetrVG 1972; 29.2.72, AP Nr. 9 zu § 72 BetrVG (1952); *Fuchs,* Sozialplan, S. 19).
53 *BAG* 20.11.01, NZA 02, 992; *Fitting,* Rn. 30; GK-*Oetker,* Rn. 94; *Schäfer,* AuR 82, 123.
54 *BAG* 20.11.01, NZA 02, 992; *LAG Sachsen-Anhalt* 24.6.97, NZA-RR 98, 77; *Gajewski,* FS Gaul, S. 203; *Gaul/Gajewski,* S. 115; HWK-*Hohenstatt/Willemsen,* Rn. 14; GK-*Oetker,* Rn. 95; *Rumpff/Boewer,* S. 412; *Schäfer,* AuR 82, 123; einschränkend ThürLAG 22.7.98, NZA-RR 99, 309.
55 *BAG* 23.7.03, NZA 04, 93.
56 *BAG* 19.1.99, NZA 99, 950.
57 *BAG* 19.1.99, a. a. O.
58 *BAG* 22.2.83, AP Nr. 7 zu § 113 BetrVG 1972.
59 25.7.06, AuR 07, 61 und juris.

die Differenz zwischen Arbeitslosengeld und bisheriger Vergütung für 19 Monate (und damit fast bis zum Rentenalter) ausgleichen konnte. Eine andere Kammer desselben Gerichts[60] verlangt, der Nachteilsausgleich müsse mit Rücksicht auf seinen Sanktionscharakter generell die im konkreten Fall gewährte **Sozialplanabfindung übersteigen.**

22 Geht der betroffene AN gegen die Kündigung vor, so ist ihm dies unbenommen. Den Nachteilsausgleich nach § 113 kann er allerdings nur **hilfsweise** für den Fall geltend machen, **dass** seine **Kündigungsschutzklage abgewiesen** werden sollte: Nur wer nicht weiterbeschäftigt wird, hat Anspruch auf Nachteilsausgleich.[61] Auch die umgekehrte Reihenfolge: Klage auf Nachteilsausgleich, hilfsweise Kündigungsschutzklage ist zulässig.[62] Zum Verhältnis zwischen Nachteilsausgleich und Sozialplanabfindung s. §§ 112, 112 a Rn. 121 ff.

V. Ausgleich sonstiger wirtschaftlicher Nachteile

23 Durch Abweichungen vom Interessenausgleich oder durch eine nicht »verhandelte« Betriebsänderung können sich außer Kündigungen insbes. **Versetzungen und Umgruppierungen** ergeben.[63] Diese können u. a. eine geringere Vergütung, höhere Fahrtkosten und einen größeren Verschleiß an Arbeitskleidung zur Folge haben.[64] Außerdem ist an Arbeitserschwernisse zu denken (dazu §§ 112, 112 a Rn. 175 f.). Eine ungünstigere Arbeitszeit kann zur Folge haben, dass die **Kinderbetreuung nur noch mit fremder Hilfe** möglich ist; die dafür aufzuwendenden Kosten sind gleichfalls zu ersetzen. Anders als bei der Entlassung spielen wegen des eindeutigen Wortlauts des Abs. 2 **immaterielle Nachteile** keine Rolle.[65]

24 Der Nachteilsausgleich nach Abs. 2 ist zeitlich **auf ein Jahr beschränkt.** Fallen die Nachteile schon vorher weg, endet die Zahlungspflicht des AG. Auf der anderen Seite ist ein **voller Ausgleich,** nicht nur eine »Milderung« geschuldet.[66]

VI. Geltendmachung des Nachteilsausgleichs

25 Die **Abfindungsansprüche nach Abs. 1** unterliegen denselben Grundsätzen wie vergleichbare Ansprüche aus Sozialplänen (§§ 112, 112 a Rn. 217 ff.). Dies gilt für Fälligkeit und tarifliche Ausschlussklauseln genauso wie für die steuerrechtliche und die sozialversicherungsrechtliche Behandlung. **Ausschlussfristen** werden durch Klageerhebung auch dann gewahrt, wenn die genaue Höhe des Abfindungsanspruchs nicht beziffert, sondern in das Ermessen des Gerichts gestellt wird.[67] Die **Ansprüche nach Abs. 2** zählen zum **Arbeitseinkommen** und sind deshalb nach Maßgabe des § 850 i ZPO **unpfändbar.**[68] Sie unterliegen aber der Lohnsteuerpflicht, soweit es sich nicht um einen nach § 3 Nr. 16 EStG steuerfreien Ersatz für Reisekosten, Umzug oder doppelte Haushaltsführung handelt.

26 Die gerichtliche Geltendmachung im Wege einer Leistungsklage weist nur die Besonderheit auf, dass der konkrete Betrag ins Ermessen des Gerichts gestellt werden kann.[69] Zur Bindungswirkung von Entscheidungen im Beschlussverfahren s. §§ 112, 112 a Rn. 226 und Einl. Rn. 212. Wurde das Vorliegen oder Nichtvorliegen eines UN mit mehr als 20 AN und einer Betriebsänderung rechtskräftig festgestellt, ist dies auch für ein Verfahren nach § 113 verbindlich. Dies gilt weiter dann, wenn es sich um einen **Gemeinschaftsbetrieb** zweier UN handelt.[70] In diesem haften im Übrigen sämtliche TrägerUN gesamtschuldnerisch für den Nachteilsausgleich, da sie die Nichterfüllung der Verhandlungspflichten bzw. die Abweichung vom Inter-

---

60 27.5.05, NZA-RR 05, 516 = AuR 05, 345.
61 *Fitting*, Rn. 38; GK-*Oetker*, Rn. 85; Richardi-*Annuß*, Rn. 46.
62 Richardi-*Annuß* Rn. 47.
63 *BAG* 23.8.88, AP Nr. 17 zu § 113 BetrVG 1972.
64 Zustimmend *Gaul/Gajewski*, S. 115; ebenso *Fitting*, Rn. 25.
65 *Berenz*, NZA 93, 543; Richardi-*Annuß*, Rn. 52; *Rumpff/Boewer*, S. 425.
66 *Fitting*, Rn. 34; GK-*Oetker*, Rn. 107; Richardi-*Annuß*, Rn. 52; *Rumpff/Boewer*, S. 425.
67 *BAG* 29.11.83, DB 84, 724.
68 *Fitting*, Rn. 45.
69 *BAG* 9.11.10, NZA 11, 466 Tz 9.
70 *BAG* 9.4.91, DB 91, 2392.

essenausgleich gleichermaßen zu vertreten haben.[71] In der **Insolvenz** haben Ansprüche nach § 113 denselben Rang wie Sozialplanansprüche.[72]

Anhang zu §§ 111 – 113
Betriebsänderungen in der Insolvenz (§§ 121 – 128 InsO)

Einleitung

Inhaltsübersicht Rn.

I. Zur historischen Entwicklung

Reicht das Vermögen eines Schuldners nicht mehr zur Befriedigung aller seiner Gläubiger aus, spricht man von Insolvenz.[73] Die **Konkursordnung** v. 10.2.1877[74] sah deshalb im Falle der Zahlungsunfähigkeit und – beschränkt auf juristische Personen – bei Überschuldung eine »Generalvollstreckung« vor. Diese bestand aus einem Verfahren, in dem das Vermögen des »Gemeinschuldners« veräußert und der Erlös im Prinzip gleichmäßig an die Gläubiger verteilt wurde. 1

Fiel ein **AG in Konkurs,** verloren die AN fast immer ihren Arbeitsplatz. Nur in besonders günstig gelagerten Fällen war der Konkursverwalter in der Lage, für das UN oder einen Teil desselben einen Käufer zu finden und so Weiterbeschäftigungsmöglichkeiten zu eröffnen. Im Text der Konkursordnung wurden die **AN nur insoweit** berücksichtigt, **als sie rückständige Lohnansprüche** hatten. Diese waren nach § 61 Abs. 1 Nr. 1 »privilegiert«, soweit sie im letzten Jahr vor Konkurseröffnung entstanden waren. Das »Privileg« bestand darin, dass sie vorrangig vor den meisten anderen Forderungen zu befriedigen waren. 1974 kam § 59 Abs. 1 Nr. 3 KO hinzu, wonach die **Vergütungsansprüche aus den letzten sechs Monaten** unmittelbar aus der Konkursmasse zu befriedigen waren (»Masseschulden«). 2

Die **Umstrukturierung und Sanierung** des UN waren vom guten Willen der Beteiligten und von den Umständen abhängig. Die Vergleichsordnung v. 26.2.1935[75] unternahm den wenig erfolgreichen Versuch, eine »vergleichsweise« Einigung mit den Gläubigern herbeizuführen, die ein Überleben des UN möglich gemacht hätte. 3

Die Konkurs- wie erst recht die Vergleichsordnung traten in der Praxis der letzten Jahrzehnte immer mehr in den Hintergrund. Nicht die Durchführung des im Gesetz vorgesehenen Verfahrens, sondern die **»Ablehnung mangels Masse« wurde** zum **Normalfall** der Insolvenz. Im Jahre 1998 wurden in der Bundesrepublik insgesamt 33 977 Konkursanträge gestellt; davon führten nur 8963 zur Eröffnung eines Konkursverfahrens (und 30 zur Eröffnung eines Vergleichsverfahrens), während 24 984 mangels Masse abgelehnt wurden.[76] Dies bedeutet, dass in 4

---

71 Wie hier *LAG Düsseldorf*, 19.8.14, AuR 14,440. Dazu neigend auch *BAG* 12.11.02, NZA 03, 676 [678].

72 *BAG* 25.9.97, DB 98, 138, 139 – näher Anh. zu §§ 111 – 113, § 123 InsO Rn. 29 f.

73 *Bork*, Rn. 1. Die Insolvenz des AN ist in den §§ 121 ff. InsO nicht angesprochen. Zum Abschluss eines Abfindungsvergleichs im Kündigungsschutzverfahren durch einen insolventen Arbeitnehmer s. *BAG* 12.8.14, NZA 14, 1155.

74 RGBl. S. 351.

75 RGBl. I S. 321, berichtigt S. 356.

76 Angaben nach Statistisches Jahrbuch 2000, 132.

75 % aller Fälle die **gesetzliche Regelung auf dem Papier** stand. 1970 hatte noch jeder zweite Konkursantrag zu einem Verfahren geführt, 1960 war dies sogar noch bei knapp 60 % aller Anträge der Fall.[77] Inzwischen haben sich die **Dinge** wieder **gewandelt:** Im Jahre 2001 führten von 49326 Anträgen mehr als die Hälfte (25230) zur Eröffnung eines Insolvenzverfahrens.[78] Im Jahre 2003 hatte sich diese Tendenz weiter verstärkt: Bei 39320 UN-Insolvenzen führten 23060 zu einem Verfahren, 16260 zu einer Abweisung mangels Masse.[79] Das Jahr 2004 brachte fast identische Ergebnisse,[80] im Jahr 2005 belief sich das Verhältnis auf 23247 eröffneten zu 13596 mangels Masse abgelehnten Verfahren,[81] im Jahre 2008 gab es 21359 Eröffnungen und nur noch 7932 Ablehnungen.[82] Bei Insolvenzen von Verbrauchern betrug das Verhältnis im Jahre 2004 sogar 47230 zu 252[83] bzw. im Jahre 2005 66945 zu 279.[84] Die Anwendung der InsO ist zum »Normalfall« geworden.

5 Für die AN bleibt bei einer Ablehnung nur das 1974 eingeführte **Konkursausfallgeld,** wonach die Arbeitsverwaltung die rückständigen Vergütungsansprüche aus den letzten drei Monaten vor Entscheidung über den Konkursantrag bezahlt. Rechtsgrundlage für diese seit 1999 als »**Insolvenzgeld**« bezeichnete Leistung sind in der Gegenwart die §§ 165 ff. SGB III; Schuldner ist die Bundesagentur für Arbeit. Eine EG-Richtlinie von 1980[85] verlangte allerdings nach Auffassung des *EuGH,*[86] dass die **drei Monate** den Zeitraum **vor der Antragstellung** (und nicht vor der gerichtlichen Entscheidung) abdecken sollten. Später ist die Richtlinie jedoch geändert und den Mitgliedstaaten insoweit ein Wahlrecht eingeräumt worden,[87] so dass alles beim Alten bleiben konnte.

6 Die deutsche **Einheit** brachte im hier interessierenden Bereich eine **Rechtsspaltung.** Konkurs- und Vergleichsordnung blieben auf die alten Bundesländer beschränkt, während in den neuen Bundesländern in Form der **Gesamtvollstreckungsordnung**[88] umgestaltetes DDR-Recht weiter galt.

II. Ziele der InsO

7 Die 1994 beschlossene, aber erst am 1.1.1999 in Kraft getretene InsO versucht, einige neue Akzente zu setzen.[89]

- Neben der Liquidation des Schuldnervermögens steht **gleichrangig** die **Sanierung.** Diese kann in der Weise erfolgen, dass das UN des Schuldners durch Investitionen und Umstrukturierung wieder »flott gemacht« wird. Daneben steht die Möglichkeit, es auf einen anderen Rechtsträger wie z. B. eine Auffanggesellschaft oder einen Interessenten zu übertragen und die Gläubiger ausschließlich aus dem Erlös zu befriedigen.[90]

8
- Durch zahlreiche Mittel soll die »**Massearmut**« **überwunden** und so das für die Durchführung des Verfahrens erforderliche und zur Verteilung an die Gläubiger bestimmte Vermögen vergrößert werden. Dazu zählt etwa die Erweiterung der Anfechtungsmöglichkeiten in Bezug auf Verfügungen, die der Schuldner vor Beginn des Insolvenzverfahrens getroffen hat. Auch kann schon bei drohender Zahlungsunfähigkeit nach § 18 InsO ein Verfahren eröffnet werden; man muss also nicht so lange zuwarten, bis gewissermaßen alle Vorräte aufgebraucht sind.

---

77 Angaben nach Statistisches Jahrbuch, a. a. O.
78 Angaben nach Statist. Jahrbuch 02, 136.
79 Statist. Jahrbuch 04, 549.
80 Statist. Jahrbuch 05, 493.
81 Statist. Jahrbuch 06, 491.
82 Statist. Jahrbuch 09, 489
83 Statist. Jahrbuch, a. a. O.
84 Statist. Jahrbuch 06, 491.
85 Abgedruckt bei *Däubler/Kittner/Lörcher* unter Nr. 433.
86 10.7.97, NZA 97, 988.
87 Richtlinie 2002/74/EG v. 23.9.02, ABl. L 270/10, Art. 3.
88 In der Fassung v. 23.5.91, BGBl. I S. 1185.
89 Eingehender *Bichlmeier/Engberding/Oberhofer,* AiB 99, 569 ff.
90 *Bork,* Rn. 4 ff.

- Bei natürlichen Personen, insbes. bei Verbrauchern, gibt es die Möglichkeit der **Restschuldbefreiung.** Wer sechs Jahre lang sein gesamtes pfändbares Einkommen an einen Treuhänder abgetreten hat (der sie an die Gläubiger weiterleitet), kann wegen der dann noch offen stehenden Forderungen nicht mehr in Anspruch genommen werden (Einzelheiten in §§ 286 – 303 InsO). 9

III. Veränderungen im Arbeitsrecht

Der gesetzliche und tarifliche **Bestandsschutz von Arbeitsverhältnissen** ist bei der Liquidierung, aber auch bei der Sanierung von UN für die Gläubiger ein Ärgernis. Muss etwa eine Kündigungsfrist von neun Monaten eingehalten werden, ist die Vergütung aus der Masse auch dann weiterzubezahlen, wenn keine sinnvolle Arbeit mehr möglich ist. Können bestimmte ältere AN nur im Falle der Betriebsschließung gekündigt werden, ist eine Sanierung lediglich dann möglich, wenn ihre Arbeitsverhältnisse bestehen bleiben oder von einem Übernehmer akzeptiert werden. Damit sind die **»Verwertungschancen« für das UN** erheblich **reduziert,** da Interessenten – marktwirtschaftlichem Denken entsprechend – ihr Geld lieber in ein UN mit »olympiareifer« Belegschaft stecken wollen. Außerdem können lange Verhandlungen über Interessenausgleich und Sozialplan eine (typischerweise nur partielle) Fortführung erschweren. 10

Vor diesem wirtschaftlichen Hintergrund ist **durch** die **InsO** ein **»Insolvenzarbeitsrecht« geschaffen** worden, das deutlich hinter dem Normalniveau des Arbeitnehmerschutzes zurückbleibt.[91] Die wichtigsten Punkte sind: 11

- § 113 InsO gibt dem **Insolvenzverwalter** ein besonderes **Kündigungsrecht;** mit einer Frist von höchstens drei Monaten zum Monatsende kann er alle Arbeitsverhältnisse auflösen.
- § 120 InsO gibt das Recht, alle **Betriebsvereinbarungen** mit dreimonatiger Frist zu **kündigen,** wenn sie Leistungen vorsehen, die die Insolvenzmasse belasten.
- **Verhandlungen über Interessenausgleich und Sozialplan** sind nach den §§ 121 ff. an enge zeitliche Grenzen gebunden. Der Personalabbau kann zusätzlich dadurch erleichtert werden, dass Insolvenzverwalter und BR im Interessenausgleich eine »**Namensliste**« vereinbaren, auf der die zu kündigenden AN verzeichnet sind. Dabei besteht ein größerer Spielraum als nach § 1 Abs. 5 KSchG, zumal das *BAG*[92] mit Rücksicht auf die Besonderheiten des Insolvenzverfahrens den Kontrollmaßstab bewusst zurücknahm.
- Der Insolvenzverwalter kann von sich aus ein Beschlussverfahren einleiten, in dem das Recht zur (betriebsbedingten) Kündigung bestimmter Personen festgestellt wird. An die Stelle von 100 oder 200 Kündigungsschutzprozessen tritt so ein einziges **Sammelverfahren.**
- **Rückständige Ansprüche der AN** haben **keinen Vorrang** gegenüber anderen Forderungen **mehr.**[93] Zum Ausgleich sind die AN stärker am Verfahren beteiligt: Sie sollen im Gläubigerausschuss vertreten sein; außerdem haben sie unter bestimmten Voraussetzungen ein Zustimmungsrecht, wenn es um die Aufstellung eines »Insolvenzplans« zur Sanierung geht.[94] Wer zugleich Gesellschafter und AN ist, riskiert, dass gestundete Ansprüche nach § 39 Abs. 1 Nr. 5 InsO als nachrangig qualifiziert werden.[95]

IV. Reformforderungen

Die InsO sah sich wachsender Kritik ausgesetzt, weil sie keine genügenden Vorkehrungen für eine Sanierung des in Schwierigkeiten geratenen UN treffe.[96] Das Bundesjustizministerium hat deshalb im Jahre 2010 einen **Diskussionsentwurf** vorgelegt, der Vorschläge für die Bewälti- 12

91 Überblick bei *Bichlmeier,* AiB 99, 569 ff.; *Oberhofer,* AiB 00, 477.
92 28.8.03, NZA 04, 432.
93 Eingehend zu AN-Forderungen *Lakies,* NZA 01, 521.
94 *Heinze,* NZA 99, 57.
95 *BAG* 27.3.14, NZA 14, 1030.
96 Dazu eingehend *Bichlmeier,* AuR 11, 193 ff.

gung der Schwierigkeiten machte.[97] Am 1. März 2012 ist das Gesetz zur weiteren Erleichterung der Sanierung von Unternehmen vom 7.12.2011[98] in Kraft getreten. Es hat zahlreiche Veränderungen des Insolvenzverfahrens gebracht, gleichzeitig jedoch das »Insolvenzarbeitsrecht« nach §§ 113, 120 ff. InsO unverändert gelassen. Neu ist jedoch die obligatorische Vertretung der AN im Gläubigerausschuss;[99] grundlegend umgestaltet wurden insbesondere die Eigenverwaltung und der Insolvenzplan.[100]

V. Insolvenzsicherung

13 Bestimmte Arbeitnehmeransprüche sind dadurch auch für den Insolvenzfall geschützt, dass beim wirtschaftlichen Zusammenbruch des AG eine gemeinsame Kasse o. Ä. der Branche oder die staatliche Verwaltung in Anspruch genommen werden kann. Wichtigstes gesetzlich ausgeformtes Modell ist der Insolvenzschutz nach **§ 7 BetrAVG.** Bei **Langzeitguthaben** eines AN besteht eine Verpflichtung des AG, auf privatrechtlicher Ebene (z. B. durch Bankbürgschaft) eine Insolvenzsicherung zu schaffen (§ 7 e SGB IV). Eine Sonderregelung trifft § 8 a AtG für die **Altersteilzeit im Blockmodell.** Wird diesen Pflichten nicht Rechnung getragen, sind allerdings nicht immer wirksame Sanktionen vorgesehen,[101] da Schadensersatzansprüche gegen einen insolvent gewordenen Schuldner weniger als ein Trostpflaster sind. Der Geschäftsführer der Arbeitgeber-GmbH oder der Vorstand der Arbeitgeber-AG, der die Sicherung pflichtwidrig unterlassen hat, haftet nunmehr in den Fällen des § 7 e SGB IV auch persönlich, während dies bei § 8 a AtG durchaus zweifelhaft ist Das *BAG*[102] hat eine solche Möglichkeit mit wenig überzeugender Begründung verneint und dabei § 7 d SGB IV a. F. nicht als Schutzgesetz im Sinne des § 823 Abs. 2 BGB qualifiziert; für § 8 a ATZ blieb die Frage dahinstehen. Im Einzelfall kann eine Haftung wegen Konkursverschleppung in Betracht kommen.[103] Im Bereich der aufgeschobenen Vergütung (sog. **deferred compensation**) sind zahlreiche vertragliche Modelle entwickelt worden, wie die Rechte des Arbeitnehmers »konkursfest« gemacht werden können.[104]

VI. Grenzüberschreitende Wirkungen von Insolvenzverfahren

14 Am 31.5.2002 ist die **EG-Insolvenzverordnung**[105] in Kraft getreten. Sie gilt für alle Mitgliedstaaten mit Ausnahme von Dänemark. Inhaltlich bestimmt sie insbesondere, dass das in einem Mitgliedstaat der EU eröffnete Insolvenzverfahren auch das in anderen Mitgliedstaaten gelegene Vermögen sowie Rechtsbeziehungen erfasst, die dort ihren Schwerpunkt haben. Ein z. B. in Frankreich oder Portugal eröffnetes **Verfahren wirkt daher auch in der Bundesrepublik.**[106] Über die Befugnis eines englischen »Administrators« zur Vereinbarung einer Namensliste nach § 125 InsO für die in Deutschland tätigen Beschäftigten hatte das BAG zu entscheiden.[107]

15 **Für Arbeitsverhältnisse** sieht Art. 10 der VO eine **Sonderregelung** vor: Rechte und Pflichten der Beteiligten sowie die Beendigung des Rechtsverhältnisses bestimmen sich nach dem **Arbeitsstatut,** also der Rechtsordnung, die gemäß Art. 30 EGBGB bzw. der Rom I-Verordnung Anwendung findet. Das deutsche Insolvenzarbeitsrecht (etwa die Kündigungsmöglichkeiten nach § 113 InsO oder die spezifischen Sozialplangrenzen nach § 123 InsO) gilt daher für alle Arbeitsverhältnisse, die deutschem Recht unterliegen.[108] Wird ein im Ausland ansässiges UN

97 ZIP 2010 Heft 28 Beilage 1. Dazu auch *Windel,* RdA 10, 252.
98 BGBl. I S. 2582 (»ESUG«).
99 Dazu *Wroblewski,* AuR 12, 188 ff.
100 *Wroblewski,* AuR 12, 298 ff.
101 *Gussone/Voelzke,* Altersteilzeitrecht, B Rn. 64 ff.
102 13.12.05, NZA 06, 729 = ZIP 06, 1213.
103 Näher KDZ-*Däubler,* § 113 InsO Rn. 58 f.
104 Dazu *Fischer/Thoms-Meyer,* DB 00, 1861.
105 VO 1346/2000, ABl. v. 30.6.00, Nr. L 160.
106 Einzelheiten bei *Wimmer,* NJW 02, 2427 ff.
107 *BAG* 20.9.2012, NZA 13, 797 (die Befugnis bejahend). Dazu *Abele,* FS v. Hoyningen-Huene, S. 1 ff.
108 *BAG* 20.9.12, BB 13, 507.

insolvent, so bestimmen sich die Rechte der unter deutschem Recht tätigen AN nach den §§ 113 ff. InsO. An die Stelle des Insolvenzverwalters tritt die Person mit entsprechender Funktion nach ausländischem Recht – so für den Administrator nach englischem Recht ausdrücklich vom BAG entschieden.[109] Wird ein in Deutschland ansässiges Unternehmen insolvent, erstrecken sich die genannten Vorschriften auch auf jene **Arbeitnehmer,** die vorübergehend oder auf Dauer **ins EU-Ausland entsandt** wurden und dabei – wie in der Regel – weiter nach deutschem Recht behandelt wurden.[110] **Ortskräfte** werden demgegenüber nicht erfasst; sie können ihre Ansprüche nach dem dortigen Insolvenzarbeitsrecht geltend machen.

Das **Gesetz zur Neuregelung des Internationalen Insolvenzrechts vom 14.3.2003**[111] hat 16
diese Regelungen nicht nur wiederholt, sondern auf Fälle mit Bezug zu Drittstaaten erstreckt. Auch wenn Beschäftigte eines deutschen Unternehmens unter deutschem Arbeitsstatut in Saudi-Arabien tätig sind oder wenn sich der Arbeitgeber in den USA oder Japan befindet, gelten dieselben Grundsätze. Es wird lediglich geprüft, ob das ausländische Verfahren gegen den deutschen Ordre public verstößt.[112] Dass sich die arbeitsrechtlichen Folgen der Insolvenz nach dem Arbeitsstatut bestimmen, folgt aus § 337 InsO.

Macht ein AN Ansprüche gegen seinen bisherigen AG bzw. den Insolvenzverwalter geltend, so 17
bestimmt sich **die internationale Zuständigkeit** des angerufenen Gerichts nach allgemeinen Grundsätzen.[113] Die in allen EU-Mitgliedstaaten geltende EU-VO 1215/2012 vom 12. Dezember 2012 über die gerichtliche Zuständigkeit und die Anerkennung und Vollstreckung von Entscheidungen in Zivil- und Handelssachen[114] klammert zwar in ihrem Art. 1 Abs. 2 lit. b »Konkurse, Vergleiche und ähnliche Verfahren« aus, doch ist damit nicht die Entscheidung über Einzelansprüche gemeint.[115] Wird im Ausland ein Insolvenzverfahren gegen den Arbeitgeber eröffnet, das im Wesentlichen den gleichen Zielen wie ein deutsches Insolvenzverfahren dient, wo wird das gerichtliche Verfahren nach § 352 Abs. 1 InsO unterbrochen.[116]

§ 121 (Betriebsänderungen und Vermittlungsverfahren)

Im Insolvenzverfahren über das Vermögen des Unternehmers gilt § 112 Absatz 2 Satz 1 des Betriebsverfassungsgesetzes mit der Maßgabe, dass dem Verfahren vor der Einigungsstelle nur dann ein Vermittlungsversuch vorangeht, wenn der Insolvenzverwalter und der Betriebsrat gemeinsam um eine solche Vermittlung ersuchen.

Ist eine Betriebsänderung geplant, so kann der AG wie der BR nach § 112 Abs. 2 BetrVG den 1
Vorstand der Bundesagentur für Arbeit um Vermittlung ersuchen. Die Zustimmung der jeweils anderen Seite ist nicht erforderlich; diese ist lediglich mit Rücksicht auf § 2 Abs. 1 BetrVG zur Mitwirkung verpflichtet (vgl. §§ 112, 112 a Rn. 5).

Um das Verfahren zu beschleunigen,[1] weicht davon § 121 InsO in der Weise ab, dass Insol- 2
venzverwalter und BR den **Vermittlungsversuch nur gemeinsam** verlangen können.[2] Der Insolvenzverwalter kann also diesen »Umweg« durch sein Veto verhindern und z. B. sofort die Einigungsstelle anrufen.[3] Ist eine Absprache über ein gemeinsames Vermittlungsersuchen getroffen worden, sind allerdings beide Seiten daran gebunden.[4]

Große praktische Bedeutung ist der Vorschrift nicht beizumessen, da der Präsident des Lan- 3

109 *BAG* 20.9.12, BB 13, 507.
110 Ebenso *EuGH* 10.3.11, NZA 11, 451 für die ursprüngliche Fassung der Richtlinie
111 BGBl. I, S. 345.
112 Verneint für brasilianisches Insolvenzrecht *BAG* 18.7.13, NZA-RR 14,32.
113 *BAG* 18.7.13, NZA-RR 14,32.
114 ABlEU Nr. 351/1.
115 Ebenso im Ergebnis für die Vorgänger-VO 44/2001 *BAG* 20.9.12, BB 13, 507; *Haubold*, IPRax 02, 157 [163].
116 *BAG* 18.7.13, NZA-RR 14, 32.
1 *Schrader*, NZA 1997, 72; Smid-*Weisemann/Streuber*, Rn. 1.
2 *Bichlmeier/Oberhofer*, AiB 97, 163; *Giesen*, ZIP 98, 142.
3 *Rummel*, DB 97, 774.
4 HK-InsO-*Irschlinger*, Rn. 3; *Zwanziger*, § 121 Rn. 3.

desarbeitsamts (bis 31.12.2003) nur ausnahmsweise eingeschaltet wurde[5] und sich daran inzwischen nicht viel geändert hat. Ungleich wichtiger könnte insoweit die Verkürzung des Verfahrens nach § 122 InsO sein.

§ 122 (Gerichtliche Zustimmung zur Durchführung einer Betriebsänderung)

(1) Ist eine Betriebsänderung geplant und kommt zwischen Insolvenzverwalter und Betriebsrat der Interessenausgleich nach § 112 des Betriebsverfassungsgesetzes nicht innerhalb von drei Wochen nach Verhandlungsbeginn oder schriftlicher Aufforderung zur Aufnahme von Verhandlungen zustande, obwohl der Verwalter den Betriebsrat rechtzeitig und umfassend unterrichtet hat, so kann der Verwalter die Zustimmung des Arbeitsgerichts dazu beantragen, dass die Betriebsänderung durchgeführt wird, ohne dass das Verfahren nach § 112 Abs. 2 des Betriebsverfassungsgesetzes vorangegangen ist. § 113 Absatz 3 des Betriebsverfassungsgesetzes ist insoweit nicht anzuwenden. Unberührt bleibt das Recht des Verwalters, einen Interessenausgleich nach § 125 zustandezubringen oder einen Feststellungsantrag nach § 126 zu stellen.

(2) Das Gericht erteilt die Zustimmung, wenn die wirtschaftliche Lage des Unternehmens auch unter Berücksichtigung der sozialen Belange der Arbeitnehmer erfordert, dass die Betriebsänderung ohne vorheriges Verfahren nach § 112 Abs. 2 des Betriebsverfassungsgesetzes durchgeführt wird. Die Vorschriften des Arbeitsgerichtsgesetzes über das Beschlussverfahren gelten entsprechend; Beteiligte sind der Insolvenzverwalter und der Betriebsrat. Der Antrag ist nach Maßgabe des § 61 a Absatz 3 bis 6 des Arbeitsgerichtsgesetzes vorrangig zu erledigen.

(3) Gegen den Beschluss des Gerichts findet die Beschwerde an das Landesarbeitsgericht nicht statt. Die Rechtsbeschwerde an das Bundesarbeitsgericht findet statt, wenn sie in dem Beschluss des Arbeitsgerichts zugelassen wird; § 72 Absatz 2 und 3 des Arbeitsgerichtsgesetzes gilt entsprechend. Die Rechtsbeschwerde ist innerhalb eines Monats nach Zustellung der in vollständiger Form abgefassten Entscheidung des Arbeitsgerichts beim Bundesarbeitsgericht einzulegen und zu begründen.

Inhaltsübersicht

I. Grundgedanke der Regelung

1 Die Ausschöpfung des **Verfahrens über einen Interessenausgleich** kann einige Zeit in Anspruch nehmen; dies gilt insbes. dann, wenn auch vor der Einigungsstelle eine Verständigung versucht wird. Ein **vorzeitiger Abbruch** würde den Insolvenzverwalter zum **Nachteilsausgleich** nach § 113 Abs. 3 BetrVG verpflichten und damit eine Masseverbindlichkeit begründen. Dies ist deshalb sehr viel gravierender als im »Normalfall«, weil die geschuldete Abfindung unabhängig von der Insolvenzsituation zu bestimmen ist[1] und deshalb häufig sehr viel

5 *Bichlmeier/Oberhofer*, AiB 97, 164.
1 *BAG* 22.7.03 NZA 04, 93.

höher als die Sozialplanleistungen nach § 123 InsO liegen wird: Die von der Rspr.[2] ansonsten praktizierte Anrechnung auf die Sozialplanleistungen würde daher dem Insolvenzverwalter wenig weiterhelfen.

2 Anders als dies zwischen dem 1.10.1996 und dem 31.12.1998 für den »Normalfall« vorgesehen war, kennt das **Insolvenzarbeitsrecht keine Frist,** nach deren Ablauf der Insolvenzverwalter die beabsichtigte Betriebsänderung automatisch vornehmen könnte. § 122 verlangt vielmehr, dass er sich dafür einen **gerichtlichen Dispens** holt, wenn nach drei Wochen Verhandlungen noch kein Interessenausgleich zustande gekommen ist. Dabei ist die Überschrift der Bestimmung ein wenig missverständlich: Es geht nicht darum, dass das Gericht die Durchführung der Betriebsänderung als solche genehmigen müsste; vielmehr ist **allein darüber zu entscheiden, ob** der **Insolvenzverwalter** ohne weitere Verhandlungen **vollendete Tatsachen schaffen darf.**[3] Soweit wesentliche Betriebsteile (oder gar ein ganzer **Betrieb**) **stillgelegt** oder an einem anderen Ort fortgeführt werden sollen, muss der Insolvenzverwalter allerdings zunächst den **Berichtstermin** nach § 156 InsO **abwarten.**[4] Will er vorher handeln, benötigt er die Zustimmung des Gläubigerausschusses, doch riskiert er, dass ihm das Insolvenzgericht auf Antrag des Schuldners diese Maßnahme gleichwohl untersagt. Dem **vorläufigen Insolvenzverwalter** stehen die Rechte aus § 122 InsO nicht zu,[5] da vor Eröffnung des Verfahrens nicht dasselbe Maß an Eile geboten ist.

3 § 122 findet auch dann Anwendung, wenn dem Schuldner die **Eigenverwaltung** gestattet ist.[6]

II. Voraussetzungen der gerichtlichen Zustimmung

1. Information des Betriebsrats

4 Dem Antrag des Insolvenzverwalters darf nur dann stattgegeben werden, wenn der **Betriebsrat »rechtzeitig und umfassend« unterrichtet** wurde.[7] Entscheidend kommt es dabei darauf an, ob er objektiv alle relevanten Tatsachen erfahren hat; ob er sich selbst in ausreichendem Umfang bemühte und ob Informationsdefizite dem Insolvenzverwalter vorzuwerfen waren, spielt keine Rolle.[8] Bezüglich der Einzelheiten kann auf die Kommentierung zu § 111 BetrVG verwiesen werden (vgl. § 111 BetrVG Rn. 158 ff. m. w. N.). Fehlt schon diese erste Voraussetzung, ist der Antrag des Insolvenzverwalters abzuweisen.[9]

2. Verhandlungsphase von drei Wochen

5 Hat eine rechtzeitige und umfassende Unterrichtung stattgefunden, so läuft von da an eine 3-Wochen-Frist. Der Zeitraum, in dem über Ergänzungen der gegebenen Informationen geredet wurde, zählt nicht mit.[10] Sie beginnt mit der ersten Verhandlung oder – soweit dieser Zeitpunkt früher lag – mit dem Zugang der schriftlichen Aufforderung zur Aufnahme von Verhandlungen.[11] Die Berechnung folgt allgemeinen Grundsätzen. Während dieser Zeit muss sich der **Insolvenzverwalter intensiv um einen Interessenausgleich bemühen;**[12] ggf. muss mehrmals wöchentlich verhandelt werden.[13] Tut er dies nicht, ist der Antrag unzulässig.[14] Bei

---

2 *BAG* 13.12.78, AP Nr. 6 zu § 112 BetrVG 72 Bl. 13; 15.10.79, AP Nr. 5 zu § 111 BetrVG 1972 Bl. 3 R.
3 *Hess,* in: Hess/Weis/Wienberg § 122 Rn. 9; *Rummel,* DB 97, 775; *Schrader,* NZA 97, 72; *Warrikoff,* BB 94, 2340; *Zwanziger,* § 122 Rn. 2.
4 HK-InsO-*Irschlinger,* Rn. 16.
5 *Schmädicke/Fackler,* NZA 12, 1199
6 *Lakies,* BB 99, 1759; *Zwanziger,* § 122 Rn. 4.
7 Dazu FK-InsO-*Eisenbeis,* Rn. 10.
8 Ebenso HWK-*Annuß,* §§ 121, 122 InsO Rn. 2.
9 So der Fall *ArbG Berlin* 26.3.98, AiB 99, 239.
10 HK-ArbR-*Markowski* Rn. 4.
11 FK-InsO-*Eisenbeis,* Rn. 12; *Zwanziger,* § 122 Rn. 19.
12 *Warrikoff,* BB 94, 2340.
13 Vgl. *Bichlmeier/Oberhofer,* AiB 97, 164.
14 *Schmädicke/Fackler,* NZA 12, 1200.

nicht ganz einfach gelagerten Fällen hatte der BR schon nach bisherigem Recht Anspruch auf einen Sachverständigen nach § 80 Abs. 3 BetrVG; wird ihm dies verweigert, läuft die 3-Wochen-Frist nicht.[15] Nunmehr kann er nach dem seit 2001 geltenden § 111 Satz 2 BetrVG einen Berater hinzuziehen, wenn das UN mehr als 300 Beschäftigte hat. Das Beraterhonorar stellt eine Masseverbindlichkeit dar.[16] Bei den Verhandlungen muss der Insolvenzverwalter von sich aus aktiv werden. Sein Antrag wird auch dann abgewiesen, wenn er sich nicht ausreichend um eine Ausschöpfung der kurzen 3-Wochen-Frist bemühte. Ging der BR auf Vorschläge nicht ein, hindert dies den Lauf der Frist nicht.[17] Wie der Gesetzeswortlaut deutlich macht, kann der Antrag erst nach Ablauf der Verhandlungsphase gestellt werden; es genügt nicht, wenn die Drei-Wochen-Frist erst im Zeitpunkt der mündlichen Anhörung abgelaufen ist.[18] Dies würde den Beschleunigungseffekt überdehnen und den BR unangemessen unter Druck setzen.

6 **Hat** vor Eröffnung des Insolvenzverfahrens bereits der **Schuldner oder** der **vorläufige Insolvenzverwalter** über den Interessenausgleich **verhandelt,** so wird dies auf die 3-Wochen-Frist nicht angerechnet: Der Insolvenzverwalter hat andere Gesichtspunkte zu berücksichtigen als seine »Vorgänger«, er hat einen spezifischen gesetzlichen Auftrag.[19] Auch für den BR ist die Situation eine andere, wenn das Insolvenzverfahren eröffnet und damit auch das potentielle Sozialplanvolumen beschänkt ist.[20] Dass die Insolvenzeröffnung eine Zäsur darstellt, wird überdies daran deutlich, dass nur der Insolvenzverwalter den Antrag nach § 122 stellen kann (oben Rn 2). Ist dem Schuldner die sog. **Eigenverwaltung** gestattet, benötigt er auch für die Ausübung der Rechte nach § 122 das Einvernehmen des Sachwalters.[21]

3. Entscheidungskriterien

7 Das Gericht prüft den Antrag in zwei Stufen.[22] Zunächst wird auf die wirtschaftliche Lage des UN abgestellt und dann gefragt, welche Nachteile durch eine Fortsetzung der Verhandlungen über einen Interessenausgleich entstehen könnten. **Über** die bloße **Insolvenz hinaus** müssen **weitere Umstände für Dringlichkeit** sprechen.[23] Dies ist etwa dann der Fall, wenn bei einer Fortsetzung des Verfahrens vermeidbare Verluste entstehen oder Veräußerungschancen nicht mehr wahrgenommen werden könnten.[24] Bloße Einschätzungen und Mutmaßungen in dieser Richtung genügen nicht, der Insolvenzverwalter muss darlegen und notfalls beweisen, dass derartige Nachteile effektiv drohen.[25]

8 Besteht ein dringender Entscheidungsbedarf, ist in einem zweiten Schritt zu prüfen, ob bei einer Fortsetzung der Verhandlungen eine **Chance** besteht, **zu einer sozialverträglichen Lösung** für die betroffenen AN zu kommen.[26] Dabei ist eine Abwägung vorzunehmen. Wieviel »Zuwarten« dem Insolvenzverwalter zumutbar ist und wann die Belange der AN für die Fortführung des Verfahrens sprechen, lässt sich meist nur ansatzweise bestimmen; jede Entscheidung ist mit enormen Unsicherheitsfaktoren belastet. In der Literatur ist deshalb nicht ganz zu Unrecht die Rede davon, das **Gericht** sei durch eine Entscheidung nach § 122 **überfordert.**[27] Die Unaufklärbarkeit von Umständen geht zu Lasten des Insolvenzverwalters.[28]

---

15 *Zwanziger,* Rn. 23. Vgl. auch Leonhardt/Smid/Zeuner-*Aghamiri* §§ 121, 122 Rn 16.
16 HK-ArbR-*Markowski* Rn 12.
17 Vgl. *Rummel,* DB 97, 775; Kübler/Prütting-*Moll,* § 122 Rn. 21 b.
18 A. A. *Schmädicke/Fackler,* NZA 12, 1199, 1201.
19 *Zwanziger,* Rn. 24; HK-ArbR-*Markowski* Rn 6; anders FK-InsO-*Eisenbeis,* Rn. 15; *Haarmeyer/Wutzke/Förster,* Kap. 5 Rn. 295; HK-InsO-*Irschlinger,* Rn. 4; differenzierend Uhlenbruck-*Berscheid/Ries,* §§ 121, 122 Rn 69: Anrechnung nur, wenn der Insolvenzverwalter keine andere Position einnimmt.
20 A. A. *Schmädicke/Fackler,* NZA 12, 1199, 1200.
21 *Zwanziger,* Rn. 4.
22 *Schaub,* DB 99, 226.
23 *Klebe,* AiB 96, 722.
24 HWK-*Annuß,* §§ 121, 122 InsO Rn. 5; *Löwisch,* RdA 97, 85.
25 *Bichlmeier/Oberhofer,* AiB 97, 165.
26 *Schaub,* DB 99, 266; ähnlich *Haarmeyer/Wutzke/Förster,* Kap. 5 Rn. 297.
27 *Heinze,* NZA 99, 67.
28 HK-InsO-*Irschlinger,* Rn. 11; *Schmädicke/Fackler,* NZA 12, 1199; *Zwanziger,* Rn. 48.

III. Das gerichtliche Verfahren

1. Die erste Instanz

Das ArbG entscheidet nach § 122 Abs. 2 Satz 2 im **Beschlussverfahren,** an dem der Insolvenzverwalter und der BR beteiligt sind. Beide können sich der Hilfe eines Prozessvertreters bedienen;[29] die Kosten sind aus der Masse zu begleichen.[30] Eine Güteverhandlung findet nicht statt, da lediglich auf § 61 a Abs. 3 – 6, nicht aber auf § 61 a Abs. 2 ArbGG verwiesen wird. Nach Abs. 2 Satz 3 ist der **Antrag vorrangig zu erledigen,** doch wird letztlich die Schnelligkeit der Entscheidung davon abhängen, in welchem Umfang das zuständige Gericht mit gleichfalls vorrangig zu behandelnden Kündigungsschutzverfahren belastet ist. 9

Wird dem **Antrag stattgegeben,** so ist dies praktisch eine endgültige Entscheidung, da Rechtsmittel nur in sehr engem Rahmen möglich sind (dazu unten Rn. 12 ff.). Wird der **Antrag abgewiesen,** muss der Insolvenzverwalter weiterverhandeln, wenn er die Belastung der Masse durch einen Nachteilsausgleich (und entsprechende Rückgriffsansprüche wegen seiner Amtsführung) vermeiden will. 10

Das ArbG kann **dem Antrag** auch **teilweise stattgeben.** So ist es denkbar, dass die Fortsetzung der Verhandlungen über den Interessenausgleich nur in Bezug auf eine von mehreren Betriebsänderungen oder in Bezug auf einen Teil einer Betriebsänderung ausscheiden muss.[31] Zu denken ist etwa an den Fall, dass sich nur in Bezug auf einen bestimmten Betrieb oder Betriebsteil ein ernsthafter Kaufinteressent findet, der klare Verhältnisse in Bezug auf den Personalbestand haben möchte.[32] 11

2. Rechtsmittel

Die **Beschwerde** an das LAG ist durch Abs. 3 Satz 1 ausdrücklich **ausgeschlossen.** Dies gilt gleichermaßen für den Insolvenzverwalter wie für den BR. 12

Eine **Rechtsbeschwerde** an das BAG ist nur kraft ausdrücklicher Zulassung möglich. Diese darf nur ausgesprochen werden, wenn die **Rechtssache grundsätzliche Bedeutung** besitzt oder wenn das ArbG von einer Entscheidung des BVerfG, des BAG oder eines anderen LAG abgewichen ist. Da es im vorliegenden Verfahren keine Zuständigkeit des LAG gibt und § 72 Abs. 2 ArbGG nur »entsprechende« Anwendung findet, muss die **Abweichung von** der **Entscheidung eines anderen ArbG** genügen.[33] Auch ist zu beachten, dass angesichts fehlender höchstrichterlicher Rechtsprechung zu § 122 InsO die Schwelle zur »grundsätzlichen Bedeutung« relativ schnell erreicht ist. Eine **Nicht-Zulassungs-Beschwerde** ist **nicht vorgesehen,** da sich in § 122 InsO keine Bezugnahme auf die §§ 72 a, 92 a ArbGG findet.[34] 13

3. Einstweilige Verfügung?

Da das Verfahren stärker als praktisch jedes andere auf Beschleunigung angelegt ist, kommt der (zusätzliche) Erlass einer einstweiligen Verfügung **nicht in Betracht.**[35] Dagegen spricht auch, dass sie die Entscheidung in der Hauptsache vorwegnehmen würde und keine Gesichtspunkte ersichtlich sind, die dies (ausnahmsweise) rechtfertigen könnten. Anders verhält es sich mit Kündigungen, die während der 3-Wochen-Frist ausgesprochen wurden: Hier ist nach allgemeinen Grundsätzen ein »Kündigungsstopp« bzw. eine Rücknahme im Wege der einstweiligen Verfügung möglich.[36] 14

---

29 Smid-*Weisemann/Streuber,* Rn. 17.
30 Smid-*Weisemann/Streuber,* Rn. 29.
31 *Löwisch,* RdA 97, 86.
32 Dazu auch HWK-*Annuß,* §§ 121, 122 InsO Rn. 7.
33 HWK-*Annuß,* §§ 121, 122 InsO Rn. 9; *R. Müller,* NZA 98, 1319; *Schmädicke/Fackler,* NZA 12, 1199, 1203; *Zwanziger,* § 122 Rn. 55.
34 Ebenso FK-InsO-*Eisenbeis,* Rn. 26; *Lakies,* BB 99, 267; *Zwanziger,* Rn. 58 sowie für § 126 InsO *BAG* 14.8.01, AP Nr. 44 zu § 72 a ArbGG 1979 Divergenz; ErfK-*Gallner,* § 126 InsO Rn. 8.
35 *Kocher,* BB 98, 215 Fn. 34; *Schaub,* DB 99, 226; differenzierend HK-InsO-*Irschlinger,* Rn. 14; *Zwanziger,* § 122 Rn. 65 ; a. A. HWK-*Annuß,* §§ 121, 122 InsO Rn. 11; *Schmädicke/Fackler,* NZA 12, 1203; FK-InsO-*Eisenbeis,* Rn. 34 m. w. N.

IV. Einschätzung des Verfahrens und Alternativen

1. Beschleunigungseffekt?

15 In der Literatur wird das Verfahren nach § 122 als wenig sinnvoll eingestuft.[37] Ob überhaupt ein Beschleunigungseffekt eintritt, ist höchst zweifelhaft; liegt etwa eine gerichtliche Entscheidung erst nach zwei oder drei Monaten vor, hätten in der Zwischenzeit vermutlich auch die normalen Verhandlungen über den Interessenausgleich einen Abschluss gefunden. Erst recht gilt dies, wenn die Rechtsbeschwerde zugelassen wurde. **Vermutlich** wird deshalb **in der Praxis** von den Möglichkeiten des § 122 **höchst selten** Gebrauch gemacht.[38] Ein gewichtiges Indiz hierfür liegt in der Tatsache, dass kaum veröffentlichte Entscheidungen ersichtlich sind, obwohl die Regelung seit Oktober 1996 in Kraft ist.[39]

2. Andere Handlungsmöglichkeiten des Insolvenzverwalters

16 Würde der **Insolvenzverwalter** das **Verfahren nach § 122 ignorieren** und Kündigungen aussprechen, könnten die Betroffenen nach § 113 Abs. 3 BetrVG einen **Nachteilsausgleich** verlangen. Außerdem könnte der Insolvenzverwalter im Wege der **einstweiligen Verfügung** gezwungen werden, bis zum Ende der Verhandlungen über den Interessenausgleich **keine** weiteren **Kündigungen auszusprechen** und die ausgesprochenen wieder zurückzunehmen.[40] Dies ist nicht zuletzt deshalb gerechtfertigt, weil in solchen Fällen nicht nur die Verhandlungen mit dem BR, sondern auch die Entscheidungsbefugnisse des ArbG nach § 122 unterlaufen würden. Der Insolvenzverwalter wird daher sinnvollerweise wie jeder andere AG versuchen, die Verhandlungen über einen Interessenausgleich so lange fortzuführen, bis sie zu einem Ergebnis geführt haben oder definitiv gescheitert sind. Eine sofortige Entbindung von der Arbeitspflicht bedeutet Einführung von Kurzarbeit, was nach § 87 Abs. 1 Nr. 3 BetrVG nur mit Zustimmung des Betriebsrats möglich ist.[41]

17 Nach Abs. 1 Satz 3 hat er weiter die Möglichkeit, **mit dem BR über einen speziellen Interessenausgleich** nach § 125 InsO **zu verhandeln,** der die zu entlassenden AN namentlich benennt.[42] Dies gilt auch dann, wenn er das Verfahren nach § 122 InsO durchführt. Statt einer Verhandlung nach § 125 InsO kann der Insolvenzverwalter auch ein **Beschlussverfahren nach § 126 InsO** einleiten, um sich das Recht zur Kündigung bestimmter Beschäftigter gerichtlich bestätigen zu lassen. Die Parallelität des Verfahrens nach § 122 und des Vorgehens nach §§ 125, 126 InsO erklärt sich damit, dass es in beiden Fällen um Verschiedenes geht: § 122 betrifft das Verfahren über den Interessenausgleich als solchen, die §§ 125, 126 beziehen sich auf die konkrete Umsetzung durch Ausspruch von Kündigungen.

18 Hat der Insolvenzverwalter das Verfahren nach § 122 eingeleitet, ist ihm weiteres Verhandeln über einen »allgemeinen« Interessenausgleich mit dem BR nicht verboten. Kommt es **überraschenderweise doch noch** zu einer **Einigung,** wird der Antrag nach § 122 gegenstandslos.[43]

3. Handlungsmöglichkeiten des Betriebsrats

19 Auch der BR kann **weiter versuchen,** mit dem Insolvenzverwalter einen allgemeinen **Interessenausgleich zu vereinbaren.** Allerdings kann er nach Ablauf von drei Wochen dem Insol-

---

36 Ebenso *Zwanziger,* vor § 122 Rn. 69 f.; *Bichlmeier/Wroblewski,* Teil 3 Rn. 541; HK-InsO-*Irschlinger,* Rn. 15; ablehnend aus grundsätzlichen Erwägungen FK-InsO-*Eisenbeis,* Rn. 37.

37 Siehe etwa *Kocher,* BB 98, 215; *R. Müller,* NZA 98, 1318; *Oberhofer,* AiB 99, 240; etwas abweichend *Schmädicke/Fackler,* NZA 12, 1199, 1204.

38 *Schmädicke/Fackler,* NZA 12, 1199.

39 Ausnahme: *ArbG Berlin* 26.3.98, AiB 99, 239 und *ArbG Lingen* 9.7.99, ZInsO 99, 656 ff.

40 So *ArbG Kaiserslautern* 19.12.96, AiB 97, 179; *ArbG Hannover* 4.2.97, ZIP 97, 474; zustimmend *Haarmeyer/Wutzke/Förster,* Kap. 5 Rn. 294; zur veränderten Beurteilung des Unterlassungsanspruchs auf Grund des Korrekturgesetzes siehe *Däubler,* NJW 1999, 606.

41 *Berscheid,* Rn. 733.

42 Ebenso *Lakies,* BB 99, 207.

43 HK-ArbR-*Markowski* Rn 10.

venzverwalter nicht mehr mit einem Nachteilsausgleich »drohen«, wenn dieser den Antrag nach § 122 gestellt hat. Insoweit sorgt Abs. 1 Satz 2 für klare Verhältnisse. Ob sich der BR in Verhandlungen über eine »Namensliste« nach § 125 InsO einlassen sollte, ist dort zu erörtern (§ 125 InsO Rn. 5).

Unberührt bleibt das Recht des BR, über einen **Sozialplan** zu verhandeln,[44] dessen Inhalt sich nach den §§ 123, 124 InsO bestimmt. Weiter kann der BR andere Mitbestimmungsrechte ausüben, z. B. von seinem Initiativrecht für die Einführung von Kurzarbeit Gebrauch machen.[45] **20**

V. Nachteilsausgleich

Wird ein »bedingter« Interessenausgleich abgeschlossen, so hat der Insolvenzverwalter jedenfalls seiner Verhandlungspflicht genügt.[46] Beginnt er jedoch mit der Umsetzung einer Betriebsänderung, **ohne** zuvor **ausreichend** mit dem Betriebsrat **über einen Interessenausgleich verhandelt zu haben,** steht den betroffenen AN nach § 113 Abs. 3 BetrVG ein Anspruch auf Nachteilsausgleich zu. Dies gilt auch dann, wenn der **BR nach Insolvenzeröffnung,** aber vor Beginn der Umsetzung **gewählt** wurde.[47] Auch die Kündigung leitender Angestellter stellt einen »Durchführungsschritt« dar, da sie einen Teil der vorhandenen Organisation auflöst.[48] Der Nachteilsausgleich hat den Rang einer **Masseverbindlichkeit.**[49] Dasselbe gilt dann, wenn das Verfahren nach § 122 InsO nicht beachtet wurde.[50] Wählt der Insolvenzverwalter nicht den Weg des § 122, muss er das gesamte Verfahren ausschöpfen und auch die ESt. anrufen.[51] **21**

Wurde bereits vor Eröffnung des Insolvenzverfahrens mit der Umsetzung der Betriebsänderung begonnen, haben die Ansprüche auf Nachteilsausgleich lediglich den Rang einer einfachen Insolvenzforderung.[52] Die Tatsache, dass der Insolvenzverwalter die Aktion fortsetzt, ändert daran nichts. Ohne Bedeutung ist auch, wenn der AG-Schuldner nur noch mit Zustimmung des vorläufigen Insolvenzverwalters handeln konnte und dieser seine Zustimmung erteilt hatte.[53] Eine Ausnahme gilt nach § 55 Abs. 2 InsO nur für den sog. starken vorläufigen Insolvenzverwalter gemäß § 22 Abs. 1 Satz 1 InsO, dessen Verhalten Masseverbindlichkeiten begründet.[54] Kündigt er wegen geplanter **Betriebsstillegung,** so muss das **Insolvenzgericht** nach § 22 Abs. 2 Nr. 2 InsO zustimmen; andernfalls ist die Kündigung unwirksam.[55] **22**

Hatte der Schuldner oder der »schwache« vorläufige Insolvenzverwalter die Betriebsschließung (oder eine andere Betriebsänderung) geplant, wurde sie aber erst durch den Insolvenzverwalter unter Verletzung der Verhandlungspflichten gegenüber dem BR umgesetzt, so entstehen Masseverbindlichkeiten. Soweit allerdings AN mit Rücksicht auf die vorhandenen Planungen schon vor der Insolvenzeröffnung von sich aus gekündigt oder Aufhebungsverträge geschlossen haben, stehen ihnen lediglich einfache Insolvenzforderungen zu.[56] **23**

Die **Höhe des Nachteilsausgleichs** bestimmt sich nach den allgemeinen Grundsätzen (o. § 113 BetrVG Rn. 16 ff.). Auf die Insolvenzsituation ist insoweit keine Rücksicht zu nehmen.[57] **24**

---

44 *Bichlmeier/Oberhofer,* AiB 97, 164.
45 *Klebe,* AiB 96, 722.
46 *BAG* 21.7.05, NZA 06, 162.
47 *BAG* 18.11.03, NZA 04, 220.
48 *BAG* 4.6.03, NZA 03, 1087.
49 *BAG* 4.12.02, DB 03, 618; 4.6.03, NZA 03, 1087; 22.7.03, NZA 04, 93; HK-ArbR-*Markowski* Rn 1.
50 Vgl. *ArbG Osnabrück* 31.1.01, AiB 01, 548 mit Anm. *I. Stein.*
51 *BAG* 4.12.02, a. a. O.
52 *BAG* 4.12.02, DB 03, 618.
53 *BAG* a. a. O. S. 620; 8.4.03, NZA 04, 343, bestätigt durch *BAG* 27.4.06, NZA 06, 1282.
54 *BAG* 4.2.02, a. a. O.
55 *LAG Düsseldorf* 8.5.03, NZA 03, 1096.
56 *ArbG Osnabrück* 31.1.01, AiB 01, 548 mit Anm. *I. Stein.*
57 *BAG* 22.7.03, NZA 04, 93.

§ 123 (Umfang des Sozialplans)

(1) In einem Sozialplan, der nach der Eröffnung des Insolvenzverfahrens aufgestellt wird, kann für den Ausgleich oder die Milderung der wirtschaftlichen Nachteile, die den Arbeitnehmern infolge der geplanten Betriebsänderung entstehen, ein Gesamtbetrag von bis zu zweieinhalb Monatsverdiensten (§ 10 Abs. 3 des Kündigungsschutzgesetzes) der von einer Entlassung betroffenen AN vorgesehen werden.
(2) Die Verbindlichkeiten aus einem solchen Sozialplan sind Masseverbindlichkeiten. Jedoch darf, wenn nicht ein Insolvenzplan zustande kommt, für die Berichtigung von Sozialplanforderungen nicht mehr als ein Drittel der Masse verwendet werden, die ohne einen Sozialplan für die Verteilung an die Insolvenzgläubiger zur Verfügung stünde. Übersteigt der Gesamtbetrag aller Sozialplanforderungen diese Grenze, so sind die einzelnen Forderungen anteilig zu kürzen.
(3) Sooft hinreichende Barmittel in der Masse vorhanden sind, soll der Insolvenzverwalter mit Zustimmung des Insolvenzgerichts Abschlagszahlungen auf die Sozialplanforderungen leisten. Eine Zwangsvollstreckung in die Masse wegen einer Sozialplanforderung ist unzulässig.

Inhaltsübersicht Rn.

I. Vorbemerkungen

1 § 123 InsO ist erst am 1.1.1999 in Kraft getreten. Inhaltlich entspricht er insbesondere bezüglich der Höchstgrenzen für Sozialplanleistungen den früheren Regelungen der §§ 2, 4 Satz 2 SozplKonkG. Abs. 1 enthält eine absolute, Abs. 2 Satz 2 eine relative Obergrenze. Kommt ein **Insolvenzplan** zustande oder wird aus anderen Gründen auf eine Verteilung verzichtet, so findet Abs. 2 Satz 2 keine Anwendung.[1] Ob im Falle des Insolvenzplans auch die absolute Obergrenze des Abs. 1 disponibel ist, ist umstritten,[2] mit Rücksicht auf die Gläubigerautonomie aber zu bejahen. Bei **Eigenverwaltung** durch den Schuldner gilt § 123.[3]

2 Der **Abschluss des Sozialplans** richtet sich im Übrigen nach **allgemeinen Grundsätzen.** Die Initiative wird in der Regel beim BR liegen; unerheblich ist, ob die Betriebsänderung bereits durchgeführt ist und ob einzelnen Betroffenen Ansprüche auf Nachteilsausgleich nach § 113 BetrVG zustehen. Plant der Insolvenzverwalter mehrere voneinander unabhängige Betriebsänderungen, so sind ggfs. **mehrere Sozialpläne** aufzustellen. Dasselbe gilt, wenn mehrere Betriebe betroffen sind, es sei denn, auf Grund eines einheitlichen Stilllegungsplanes wäre der

---

1 FK-InsO-*Eisenbeis*, Rn. 19; HK-*Irschlinger*, Rn. 3.
2 Dafür *Bichlmeier/Wroblewski*,Teil 3 Rn. 597; HK-InsO-*Irschlinger*, Rn. 3; *Zwanziger*, Rn. 4; dagegen FK-InsO-*Eisenbeis*, Rn. 19; HK-ArbR-*Markowski* Rn 1.
3 *Lakies*, BB 99, 1759; *Zwanziger*, Rn. 2.

GBR für die Aushandlung eines einheitlichen Sozialplans zuständig (§ 111 BetrVG Rn. 144). Die Grenze des Abs. 2 Satz 2 darf auch in diesen Fällen nicht überschritten werden.[4] Werden Träger-UN eines **gemeinsamen Betriebs** insolvent und nimmt dieselbe Person die Verwalterfunktion für alle wahr, so ist ein von dieser abgeschlossener Sozialplan im Zweifel so auszulegen, dass keine gesamtschuldnerische Haftung entsteht, sondern nur die jeweiligen Vertrags-AG verpflichtet werden.[5] § 123 kommt auch dann zur Anwendung, wenn bereits vor Insolvenzeröffnung über einen Sozialplan verhandelt wurde; entscheidend ist der Zeitpunkt des Abschlusses.[6]

Der Sozialplan darf nicht in bestehende AN-Rechte eingreifen (vgl. §§ 112, 112 a BetrVG Rn. 84). So ist etwa **ausgeschlossen, rückständige Lohnansprüche,** die nach § 55 Abs. 1 Nr. 1 InsO Masseverbindlichkeiten sind, irgendwie **zu verkürzen.** Im Einzelfall kann es sinnvoll sein, Zahlungsmodalitäten vorzusehen, doch ist dafür Sorge zu tragen, dass dies nicht auf eine Verschlechterung bestehender Rechte hinausläuft. Eine **Stundung** kommt daher nur dann in Betracht, wenn gleichzeitig z. B. durch Bankbürgschaft die effektive Bezahlung sicherer wird. 3

II. Die von der Entlassung betroffenen AN

1. Was ist eine »Entlassung«?

Aufgrund der Betriebsänderung »entlassen« sind nicht nur solche Betroffene, denen vom AG oder vom Insolvenzverwalter gekündigt wurde. Einbezogen sind vielmehr auch diejenigen, die auf Veranlassung des AG einen **Aufhebungsvertrag** geschlossen oder **von sich aus gekündigt** haben, um einer Kündigung des AG zuvorzukommen.[7] Auch wer eine ausgesprochene Änderungskündigung ablehnt, zählt dazu.[8] Im Übrigen stellen sich dieselben Qualifizierungs- und Berechnungsfragen wie im Rahmen einer Betriebsänderung durch reinen Personalabbau (§ 111 BetrVG Rn. 77 ff.). 4

2. Wer zählt zu den AN?

Nach allgemeiner Auffassung ging der (insoweit gleich lautende) § 2 SozplKonkG vom **betriebsverfassungsrechtlichen AN-Begriff** aus.[9] Dazu zählen in vollem Umfang auch **Teilzeitkräfte** sowie Heimarbeiter, soweit sie vorwiegend für den Betrieb tätig sind.[10] Keine Rolle spielt, dass einzelne (oder alle) Beschäftigte auf Grund der Betriebsänderung **bereits ausgeschieden** sind.[11] Auch eine **Freistellung** ist ohne Bedeutung.[12] 5

Leitende Angestellte gehören ebenso wie der Personenkreis des § 5 Abs. 2 BetrVG nicht zu den vom BR repräsentierten AN. Soweit sie von einer Betriebsänderung betroffen sind, erhöhen ihre Monatsgehälter das Sozialplanvolumen nicht.[13] Dementsprechend sind auch Ansprüche, die der BR nach § 328 BGB zugunsten leitender Angestellter begründet (§§ 112, 112 a BetrVG Rn. 92), nicht zu berücksichtigen, sondern haben den Rang einer einfachen Konkursforderung. Dasselbe gilt für einen etwaigen **Sozialplan,** den der AG **mit dem SpA** aushandelt (dazu § 111 BetrVG Rn. 8). 6

4 FK-InsO-*Eisenbeis,* Rn. 20; *Warrikoff,* BB 94, 2344.
5 *BAG* 12.11.02, DB 03, 1686.
6 *Schwarzburg,* NZA 09, 178.
7 *Balz,* DB 85, 691; *Klöver,* S. 99 ff.; *Fitting,* §§ 112, 112 a Rn. 296; HWGNRH-*Hess,* Anhang I Rn. 200.
8 Leonhardt/Smid/Zeuner-*Aghamiri* Rn. 14.
9 *Balz,* DB 85, 691; *Düttmann/Kehrmann/Muff,* AiB 85, 36; *Spinti,* S. 68.
10 *Fitting,* §§ 112, 112 a Rn. 295.
11 *Boemke/Tietze,* DB 99, 1391; HWGNRH-*Hess,* Anhang I Rn. 199.
12 *LAG Bremen* 22.1.09, AuR 09, 322.
13 *Balz,* DB 85, 691; *Boemke/Tietze,* DB 99, 1391; FK-InsO-*Eisenbeis,* Rn. 10; *Fitting,* §§ 112, 112 a Rn. 295; HK-InsO-*Irschlinger,* Rn. 17.

III. Die Bestimmung des Monatsverdienstes

1. Einzelfragen der Berechnung

7 Abs. 1 verweist für die Bestimmung des Monatsverdienstes auf § 10 Abs. 3 KSchG; danach kommt es darauf an, »was dem AN bei der für ihn maßgebenden regelmäßigen Arbeitszeit in dem Monat, in dem das Arbeitsverhältnis endet (§ 9 Abs. 2), an Geld und Sachbezügen zusteht«. **Rechtsprechung und Literatur zu § 10 Abs. 3 KSchG** sind daher auch hier von Bedeutung.[14]

8 Der **Begriff »Monatsverdienst«** meint den **Bruttobetrag.**[15] **Sachbezüge** sind zu ihrem Marktwert in Geld umzurechnen; die sozialversicherungsrechtliche Vorschrift des § 18 SGB IV findet keine Anwendung.[16] Zum Verdienst gehört nicht nur die Grundvergütung; er erfasst vielmehr auch alle **Zulagen** und sonstigen Zuwendungen, soweit sie nicht einen reinen Aufwendungsersatz darstellen.[17] Regelmäßige **Sonderzahlungen wie Urlaubsgeld,** 13. oder 14. Monatsgehalt, Weihnachtsgratifikation usw. werden auf den einzelnen Monat umgelegt.[18] Werden während längerer Zeit regelmäßig **Überstunden** geleistet, sind auch diese zu berücksichtigen.[19] Nur gelegentlich geleistete Überstunden bleiben außer Betracht.[20]

9 Ohne Bedeutung sind vorübergehende »Störungen« des Arbeitsverhältnisses. **Urlaub und Krankheit** verändern den Monatsverdienst ebenso wenig wie eine vom AG verfügte Freistellung; auch die **Kurzarbeit** ändert nichts an dem maßgebenden Betrag.[21]

2. Maßgebender Monat

10 § 10 Abs. 3 KSchG verweist für den maßgebenden Monat auf § 9 Abs. 2 KSchG. Danach kommt es auf den Monat an, **in dem das Arbeitsverhältnis bei sozial gerechtfertigter Kündigung geendet hätte.** Dies ist eine im Rahmen des Kündigungsschutzverfahrens gut praktikable Bestimmung, da es so gut wie immer um einen in der Vergangenheit liegenden Zeitpunkt geht. Beim Sozialplan im Insolvenzverfahren ist diese Voraussetzung nicht gegeben: Da er grundsätzlich vor Durchführung der Betriebsänderung abgeschlossen werden soll, steht möglicherweise noch gar nicht fest, welche konkreten Personen im Einzelnen gekündigt werden und zu welchem Zeitpunkt die Kündigung wirksam werden soll. Man kann vermuten, dass der Gesetzgeber die daraus entstehenden Schwierigkeiten nicht erkannt hat. **Auswege** unterschiedlicher Art und Güte sind in dreierlei Richtung denkbar:

11 Man kann zum einen die **Verhandlungen** über den Sozialplan so lange **hinausschieben,** bis die Personen der zu Entlassenden sowie der Auflösungszeitpunkt feststehen. Dies hat den Nachteil, dass die Vorsorge- und Überbrückungsfunktion des Sozialplans nicht gesichert ist, können sich doch die Verhandlungen auch nach diesem Zeitpunkt auf Grund der Einschaltung der ESt. und einer möglichen Anfechtung ihres Spruchs noch sehr in die Länge ziehen.

12 Möglich ist zum zweiten eine **korrigierende Gesetzesauslegung,** die auf den Zeitpunkt abstellt, zu dem der Sozialplan zustande kommt[22] oder zu dem die Mehrzahl der Betroffenen entlassen wird.[23] Dabei besteht allerdings die Gefahr, dass ein Gericht diese Auffassung nicht teilt und der Sozialplan (z. B. wegen Überschreitung der Höchstgrenze) für unwirksam erklärt wird.[24]

13 Zum dritten kann man einen Sozialplan nach dem sog. **Punktesystem** aufstellen (dazu §§ 112,

---

14 Dazu KDZ-*Zwanziger,* § 10 KSchG, Rn. 18 ff.; KR-*Spilger,* § 10 KSchG, Rn. 27 ff.

15 *Fitting,* §§ 112, 112 a Rn. 300; *Spinti,* S. 66.

16 *Fitting,* §§ 112, 112 a Rn. 301.

17 *Bichlmeier/Wroblewski,*Teil 3 Rn. 609; HK-InsO-*Irschlinger,* Rn. 15 f.

18 *Balz,* S. 54; *Bichlmeier/Oberhofer,* Konkurshandbuch II, S. 323; *Boemke/Tietze,* DB 99, 1391; *Düttmann/Kehrmann/Muff,* AiB 85, 36; *Fitting,* §§ 112, 112 a Rn. 300; *Spinti,* S. 67.

19 *Fitting,* §§ 112, 112 a Rn. 299; KR-*Spilger,* § 10 KSchG, Rn. 29; *Spinti,* S. 66.

20 FK-InsO-*Eisenbeis,* Rn. 11.

21 FK-InsO-*Eisenbeis,* § 123 Rn. 11; *Klöver,* S. 109; *Spinti,* S. 66.

22 *Spinti,* S. 67.

23 FK-InsO-*Eisenbeis,* Rn. 11.

24 Kritisch auch GK-*Oetker,* §§ 112, 112 a Rn. 407.

112 a BetrVG Rn. 166). Dabei bleibt das Gesamtvolumen des Sozialplans offen; lediglich die Verteilungsrelationen sind verbindlich festgelegt.[25] Diese Lösung hat den Vorzug, dass bei Klärung der noch offenen (Rechen-)Fragen unverzüglich mit der Auszahlung der Abfindungen begonnen werden kann.[26]

IV. Überschreitung der Höchstbeträge

Der in Abs. 1 festgelegte Höchstbetrag wird in aller Regel nicht bewusst, sondern **unbewusst überschritten.** Möglich ist, dass AN einbezogen werden, die in Wirklichkeit nicht von der Betriebsänderung erfasst waren, denkbar auch, dass die einzelnen Monatsgehälter unrichtig bestimmt wurden. Schließlich sind **Rechenfehler** unterschiedlichster Art denkbar; so kann z. B. die Summe der vorgesehenen Abfindungen höher sein als das durchaus korrekt bestimmte Gesamtvolumen. 14

Angesichts der sehr kategorischen gesetzlichen Formulierung (»kann«) ist man sich darüber einig, dass die Überschreitung des Höchstvolumens den **Sozialplan unwirksam** macht.[27] Die **Unwirksamkeit** besteht auch nicht nur den Insolvenzgläubigern gegenüber, sondern ist eine **absolute:** Abs. 1 beschränkt genau wie § 2 SozplKonkG in zwingender Weise die Rechtsmacht von BR und Insolvenzverwalter bzw. der ESt. Der Insolvenzverwalter hat die Möglichkeit, die Unwirksamkeit im **Beschlussverfahren** feststellen zu lassen; da es nicht um eine Ermessensrichtlinie, sondern um eine zwingende gesetzliche Begrenzung geht, findet die **2-Wochen-Frist** des § 76 Abs. 5 Satz 4 BetrVG **keine Anwendung.**[28] Dasselbe Recht steht dem BR zu, der davon jedoch kaum Gebrauch machen wird. Stellt das ArbG die Nichtigkeit fest, muss erneut verhandelt werden. 15

Umstritten ist, ob und auf welche Weise der Sozialplan **mit verringertem,** sich innerhalb des Abs. 1 bewegendem **Volumen aufrechtzuerhalten** ist. Die zum Teil vertretene entsprechende Anwendung des § 139 BGB[29] trägt allerdings dieses Ergebnis nicht, da nach dieser Vorschrift »im Zweifel« das gesamte Rechtsgeschäft nichtig ist. Auch die von der Rechtsprechung bei teilnichtigen Betriebsvereinbarungen entwickelten Grundsätze (§ 77 Rn. 57) sind nicht ohne weiteres hierher zu übertragen, da eben nicht verschiedene Teile eines Sozialplans vorliegen, sondern allein in Frage steht, ob eine getroffene Regelung gewissermaßen mit verringertem Inhalt bestehen bleiben kann. Dies ist der Sache nach in **§ 140 BGB** geregelt: Hätten die Beteiligten die Höchstgrenze des Abs. 1 korrekt berücksichtigt, hätten sie im Zweifel alle vorgesehenen Leistungen proportional gekürzt.[30] Bestehen allerdings gewichtige Anhaltspunkte dafür, dass bei verringertem Gesamtvolumen andere Verteilungsrelationen gewählt worden wären, bleibt es bei der Nichtigkeit; über den Sozialplan muss erneut verhandelt werden.[31] Empfehlenswert ist, für solche Fälle im Sozialplan einen Anpassungsmechanismus vorzusehen.[32] 16

Wird der **relative Höchstbetrag von einem Drittel** der Verteilungsmasse überschritten, findet eine anteilige Kürzung statt (Abs. 2 Satz 3). Dies wurde schon bisher angenommen (s. 5. Aufl., § 4 SozplKonkG, Rn. 6 ff. mit Zahlenbeispiel). Zeigt der Insolvenzverwalter die Unzulänglichkeit der Masse, also die nach seiner Einschätzung bestehende Unmöglichkeit an, die Masseverbindlichkeiten zu erfüllen, so bleibt für den Sozialplan nichts mehr übrig. Dies ist nur dann anders, wenn sich wider Erwarten die Situation z. B. durch günstige Veräußerung von Vermögensgegenständen wieder verbessert.[33] 17

---

25 HK-ArbR-*Markowski* Rn 8.
26 Vgl. GK-*Oetker,* §§ 112, 112 a Rn. 408; *Spinti,* S. 67; Beispiel bei *Boemke/Tietze,* DB 99, 1392.
27 *Fitting,* §§ 112, 112 a Rn. 304; GK-*Oetker,* §§ 112, 112 a Rn. 414; HWGNRH-*Hess,* Anhang I Rn. 264; *Spinti,* S. 69.
28 *Fitting,* §§ 112, 112 a Rn. 307; HWGNRH-*Hess,* Anhang I Rn. 267; *Spinti,* S. 72.
29 GK-*Fabricius,* 6. Aufl., §§ 112, 112 a Rn. 178; *Spinti,* S. 71.
30 So im Ergebnis, wenn auch meist ohne Bezugnahme auf § 140 BGB, auch *Balz,* DB 85, 691; *Düttmann/Kehrmann/Muff,* AiB 85, 36; *Fitting,* §§ 112, 112 a Rn. 306; HWGNRH-*Hess,* Anhang I Rn. 264; *Spinti,* S. 71; ähnlich FK-InsO-*Eisenbeis,* § 123 Rn. 12; vgl. weiter *Klöver,* S. 110 ff.
31 *Boemke/Tietze,* DB 99, 1392; HWGNRH-*Hess,* Anhang I Rn. 264; GK-*Oetker,* Rn. 416.
32 HK-ArbR-*Markowski* Rn 10.
33 *BAG* 21.1.10, NZA 10, 413.

18 Hat ein AN mehr erhalten, als er auf Grund eines nach Abs. 1 wirksamen Sozialplans oder nach Abs. 2 Satz 3 hätte erhalten dürfen, ist er zur **Rückzahlung nach § 812 Abs. 1 BGB verpflichtet.**[34] In der Regel scheitert der Rückforderungsanspruch allerdings am **Wegfall der Bereicherung** nach § 818 Abs. 3 BGB.[35] Ggf. können die Insolvenzgläubiger den Insolvenzverwalter auf Schadensersatz in Anspruch nehmen.[36]

V. Festlegung des Sozialplans durch die Einigungsstelle

19 Können sich Insolvenzverwalter und BR nicht auf einen Sozialplan verständigen, kann jede Seite die ESt. anrufen. Ihr **Verfahren** richtet sich **nach allgemeinen Grundsätzen.** Anders als vor In-Kraft-Treten des SozplKonkG ist der Insolvenzverwalter **nicht** mehr verpflichtet, **Vertreter der Insolvenzgläubiger** auf AG-Seite in die ESt. zu entsenden:[37] Für die Interessen der Insolvenzgläubiger ist ausreichend durch die Höchstgrenze des Abs. 1 sowie durch die Beschränkung auf ein Drittel der Teilungsmasse nach Abs. 2 Satz 2 gesorgt.[38]

20 Der in Abs. 1 und Abs. 2 Satz 2 benannte **Höchstbetrag** kann nur dann **unterschritten** werden, wenn die sozialen Nachteile, die AN aus der Betriebsänderung erfahren, geringer als das dort vorgesehene Gesamtvolumen sind. Der Gesichtspunkt der »wirtschaftlichen Vertretbarkeit für das UN« (§§ 112, 112 a BetrVG Rn. 150 ff.) kann allein noch dann eine Rolle spielen, wenn ein Teil des Betriebs fortgeführt wird. Die **Interessen der Insolvenzgläubiger** können niemals eine Unterschreitung rechtfertigen, da sie auf Grund gesetzgeberischer Wertung (insbes. durch die Reservierung von zwei Dritteln der Teilungsmasse) bereits ausreichend berücksichtigt sind.

21 Bei der **Verteilung des** durch Abs. 1 und Abs. 2 limitierten **Gesamtvolumens** ist die ESt. **frei;** insoweit gelten die allgemeinen Grundsätze (§§ 112, 112 a BetrVG Rn. 94 ff., 159 ff.). § 112 Abs. 5 Satz 2 Nr. 1, 2 und 2 a sind zu berücksichtigen, während Nr. 3 im Regelfall keine Rolle spielt.

22 Stellt sich im Laufe des ESt.-Verfahrens heraus, dass gar **keine Mittel mehr** zur Verfügung stehen, ist das Verfahren einzustellen.[39] Insofern ergibt sich die gleiche Situation wie in den Fällen, in denen das Gericht die Eröffnung des Insolvenzverfahrens mangels Masse abgelehnt hat bzw. ein bereits eröffnetes Verfahren aus diesem Grunde wieder einstellt (Zahlenangaben oben Einl. InsO Rn. 4). Wird die Unzulänglichkeit der Masse angezeigt, so kann ein Sozialplan dennoch beschlossen werden, doch führt er nur dann zur Auszahlungen, wenn sich die Vermögenslage wieder verbessert.

VI. Sonderprobleme

1. Sozialplanleistungen für Weiterarbeitende?

23 Im Einzelfall ist denkbar, dass ein ganzer Betrieb oder ein wesentlicher Betriebsteil von einem Erwerber **nach § 613 a BGB übernommen** wird. In solchen Fällen liegt es nahe, dass der Insolvenzverwalter im Vorfeld eine Betriebsänderung vornimmt, um ein attraktiveres Angebot machen zu können. Erfolgen dabei in nennenswertem Umfang Entlassungen, liegt der Fall einer von § 123 InsO erfassten Betriebsänderung vor. Denkbar ist aber auch, dass im Einzelfall **auf Entlassungen** beinahe oder völlig **verzichtet** wird, die Anlagen oder die Arbeitsmethoden jedoch gründlich modernisiert werden. Kann als Reaktion auf die darin liegende Betriebsänderung ein Sozialplan vereinbart werden, obwohl die Bezugsgröße »2 $^1/_2$ Monatsverdienste der entlassenen AN« nicht existiert oder nur einen ganz geringfügigen Betrag ausmacht? Der

34 GK-*Oetker*, §§ 112, 112 a Rn. 417.
35 Einzelheiten bei *Däubler*, Arbeitsrecht 2, Rn. 817 e ff.
36 Vgl. *BGH* 5.10.89, AP Nr. 6 zu § 6 SozplKonkG.
37 Dafür noch *BAG* 13.12.78, AP Nr. 6 zu § 112 BetrVG 1972.
38 Ebenso *BAG* 6.5.86, AP Nr. 8 zu § 128 HGB; *LAG Köln* 30.1.86, LAGE § 112 BetrVG 1972 Nr. 9; HK-InsO-*Irschlinger*, Rn. 13; *Mohrbutter/Mohrbutter*, Rn. 1728 f.
39 *LAG Köln* 30.1.86, LAGE § 112 BetrVG 1972 Nr. 9.

Gesetzgeber hat den Fall offensichtlich nicht bedacht. Berücksichtigt man, dass es sich insoweit um eine ungewöhnlich positive Konstellation handelt und die Betroffenen außerdem u. U. durch **drastische Abgruppierungen** erhebliche Nachteile in Kauf nehmen müssen, ist der Verzicht auf jeden Sozialplan unangemessen. § 123 InsO ist seiner Gesamtstruktur nach auf Liquidation des UN, nicht jedoch auf partielle Weiterführung ausgerichtet; von daher muss er sich in der vorliegenden Konstellation eine teleologische Reduktion gefallen lassen. BR und Konkursverwalter bzw. ESt. müssen daher einen Sozialplan vereinbaren, durch den Masseschulden begründet werden und der **nicht an die Obergrenzen der Abs. 1 und 2 gebunden** ist.[40] Bei der Höhe der Ausgleichsleistungen ist allerdings in besonderer Weise auf die wirtschaftliche Vertretbarkeit für das UN sowie darauf Rücksicht zu nehmen, dass es sicherlich unbillig wäre, den – wenn auch unter schlechteren Bedingungen – Weiterarbeitenden höhere Abfindungen als den Entlassenen zu gewähren.[41] Eine andere Auffassung will § 123 InsO analog anwenden und so auch bei den Weiterarbeitenden eine starre Obergrenze einziehen.[42]

Stehen bei einer Betriebsänderung die **Entlassungen im Vordergrund,** greift § 123 InsO auch 24
nach hier vertretener Auffassung ein. Dies schließt nicht aus, dass Leistungen auch für Personen vorgesehen werden, die in einem Restbetrieb weiterarbeiten, doch werden für sie in der Regel kaum nennenswerte Beträge übrigbleiben.[43]

2. Nachträgliche Korrektur des Sozialplanvolumens?

Hat man einen Sozialplan nach dem sog. **Punktesystem** aufgestellt, ist es im Ergebnis ohne 25
Bedeutung, wenn sich nachträglich herausstellt, dass das zur Verfügung stehende Gesamtvolumen höher als angenommen ist: Die auszuzahlenden Beträge passen sich entsprechend an. Hat man stattdessen mit absoluten Summen gearbeitet, wäre eine Anpassung nach den Grundsätzen über die **Veränderung der Geschäftsgrundlage** vorzunehmen.

Schwierigkeiten ergeben sich dann, wenn das Gesamtvolumen korrekt berechnet und auch 26
ausgeschöpft wurde, später jedoch ein AN mit dem Argument durchdringt, er sei **in gleichheitswidriger Weise von den Sozialplanleistungen ausgeschlossen** worden. Obwohl an sich auf Klage des Einzelnen hin das Sozialplanvolumen nicht erweitert werden kann, wird in solchen Fällen eine Ausnahme gemacht (s. §§ 112, 112 a BetrVG Rn. 226). Wollte man auch in einem derartigen Fall die absolute Obergrenze des Abs. 1 starr beibehalten, bliebe nur der Weg einer **Neuverteilung** der Sozialplanmittel. Dies ist **nicht praktikabel,** wenn eine rechtskräftige gerichtliche Entscheidung erst einige Jahre nach Verteilung vorliegt. In einem solchen Fall muss Abs. 1 zurücktreten, zumal er schon von seinem Rang als einfaches Gesetz her nicht in der Lage ist, Grundrechte wie Art. 3 Abs. 1 GG in ihrer Realisierung zu beeinträchtigen. Im Einzelfall mag eine Haftung des Insolvenzverwalters nach § 60 InsO in Betracht kommen, die in der Regel durch eine Versicherung aufgefangen wird.

3. Sozialpläne in Kleinunternehmen und Abmachungen mit den Arbeitnehmern

Wird in UN, die nicht die 20-Personen-Grenze des § 111 Satz 1 überschreiten, ein Sozialplan 27
vereinbart, so liegt eine freiwillige BV nach § 88 vor, die den §§ 123, 124 InsO nicht unterliegt.[44] Eine Insolvenzanfechtung kommt allerdings nur insoweit in Betracht, als die Sätze nach Abs. 1 und 2 überschritten sind.[45] Der Insolvenzverwalter kann seinerseits nur mit Zustimmung der Gläubigerversammlung einen Sozialplan abschließen; andernfalls würde er sich ersatzpflichtig machen.[46]

---

40 Ebenso *Bichlmeier/Wroblewski,*Teil 3 Rn. 604; *Boemke/Tietze,* DB 99, 1392; *Fitting,* 21. Aufl., §§ 112, 112 a Rn. 277; HK-ArbR-*Markowski* Rn 6; ablehnend GK-*Oetker,* §§ 112, 112 a Rn. 458; *Fitting,* 25. Aufl., §§ 112, 112 a Rn. 308; *Zwanziger,* Rn. 51 – 53.

41 Zustimmend *Boemke/Tietze,* DB 99, 1393.

42 *Fitting,* 25. Aufl., §§ 112, 112 a Rn. 308.

43 Vgl. *Balz,* DB 85, 691.

44 *Knorr,* § 8 Rn. 4; *Zwanziger,* Rn. 46.

45 Vgl. auch *Mohrbutter/Mohrbutter,* Rn. 86 a.

46 Vgl. HK-InsO-*Irschlinger,* § 123 Rn. 10 für den Fall des § 112 a BetrVG; *Zwanziger,* Rn. 56.

28 Die spezifischen Regeln über den Sozialplan in der Insolvenz einschließlich des Ranges begründeter Ansprüche (u. Rn. 30) gelten nicht, wenn der Verwalter lediglich mit den einzelnen Beschäftigten »**Abfindungsverträge**« schließt.[47] Die Auslegung der getroffenen Abmachungen entscheidet darüber, ob es sich um Masseverbindlichkeiten oder gewöhnliche Insolvenzforderungen handelt.[48] Diese Grundsätze gelten auch für UN mit mehr als 20 AN, in denen kein BR gewählt wurde. Zur Behandlung von Abfindungsvergleichen im Kündigungsschutzverfahren s. u. § 127 InsO Rn. 6.

VII. Rang der Sozialplanansprüche, Abschlagszahlungen und Masseunzulänglichkeit

29 Die InsO schafft alle privilegierten Konkursforderungen einschließlich der Vorrechte der AN für rückständige Lohnforderungen (§§ 59, 61 KO) ab. Das Gesetz differenziert lediglich noch zwischen den Kosten des Insolvenzverfahrens (§ 54 InsO), den sonstigen Masseverbindlichkeiten (§ 55 InsO) und den Insolvenzforderungen, zu denen alle übrigen gehören.

30 Nach Abs. 2 Satz 1 sind Verbindlichkeiten aus einem Sozialplan **Masseverbindlichkeiten.** Dies bringt allerdings nur geringen Fortschritt, da eine »Teilungsmasse« (von der nach Abs. 2 Satz 1 höchstens ein Drittel für den Sozialplan zur Verfügung steht) überhaupt nur dann vorhanden ist, wenn zuvor alle sonstigen Masseverbindlichkeiten erfüllt wurden.[49] Abs. 3 Satz 2 schließt überdies eine Zwangsvollstreckung in die Masse aus, so dass eine Leistungsklage gegen den Insolvenzverwalter unzulässig ist.[50] Bei Streit um Existenz und Höhe eines Sozialplananspruchs ist deshalb nur eine **Feststellungsklage** möglich.[51] Eine gewisse Verbesserung gegenüber der früheren Rechtslage ergibt sich daraus, dass der Insolvenzverwalter **Abschlagszahlungen** gewähren »soll«, während es sich vorher um eine bloße Kann-Leistung handelte. Die Literatur nimmt mit Recht sogar eine entsprechende **Pflicht** an, soweit das Insolvenzgericht zustimmt.[52]

31 Reicht die Insolvenzmasse nicht aus, um außer den Kosten des Verfahrens auch die fälligen sonstigen Masseverbindlichkeiten zu erfüllen, so muss der Insolvenzverwalter diese »**Masseunzulänglichkeit**« nach § 208 Abs. 1 Satz 1 InsO dem Insolvenzgericht anzeigen. Tritt ein solcher Fall ein, so ist ein vorher abgeschlossener Sozialplan im Regelfall wertlos, weil er die Befriedigung aller anderen Massegläubiger voraussetzt, da nur dann noch eine »Verteilungsmasse« vorhanden ist, von der der Sozialplan ein Drittel aufzehren darf. Erweist sich wider Erwarten die Prognose des Insolvenzverwalters als zu pessimistisch, kann ausnahmsweise der Sozialplan wieder relevant werden. Im Hinblick auf diese Möglichkeit ist deshalb ein gerichtliches Feststellungsverfahren über Existenz und Höhe der Sozialplanansprüche möglich, sofern sie vom Insolvenzverwalter ernsthaft in Frage gestellt werden.[53] Dieselben Grundsätze gelten auch, wenn der Sozialplan nach Anzeige der Masseunzulänglichkeit abgeschlossen wurde. Zwar sieht § 209 Abs. 1 Nr. 2 InsO vor, dass die Masse für Verbindlichkeiten haftet, die der Verwalter nach dieser Anzeige eingegangen ist, doch bleibt dies für den Sozialplan ohne Bedeutung, da es in der Regel am Vorhandensein einer »Verteilungsmasse« fehlt.[54]

VIII. Abfindungsansprüche

32 Sieht ein TV für den Fall von Kündigungen Abfindungen vor und kündigt der Insolvenzverwalter, so entsteht dadurch nur eine einfache Insolvenzforderung nach § 38 InsO, keine Masseverbindlichkeit.[55] Dasselbe gilt für arbeitsvertragliche oder sonstige Abmachungen, die vor

47 *BAG* 21.9.99, DB 00, 1230.
48 *BAG* 24.4.02, NZA 02, 999.
49 Richtig *BAG* 21.1.10, NZA 10, 413 Tz 12.
50 *BAG* a. a. O.
51 *BAG* 29.10.02, NZA 03, 879.
52 FK-InsO-*Eisenbeis,* § 123 Rn. 22; HK-ArbR-*Markowski* Rn 13; HK-InsO-*Irschlinger,* Rn. 29.
53 *BAG* 21.1.10, NZA 10, 414
54 *BAG* 21.1.10, NZA 10, 413
55 *BAG,* 27.4.06, NZA 06, 1282.

Eröffnung des Verfahrens geschlossen wurden.[56] In allen Fällen fehlt es an einer Handlung des Insolvenzverwalters (zum Fall, dass er selbst einen Vergleich schließt, s. o. Rn, 28 und § 127 InsO Rn. 6). Wollte man anders entscheiden, wären die quantitativen Grenzen nach § 123 InsO weithin gegenstandslos.

IX. Transfersozialplan

In der Insolvenz ist ein Transfersozialplan (o. §§ 112, 112 a BetrVG Rn. 227 ff.) unter denselben Voraussetzungen zulässig wie in der Normalsituation.[57] Angesichts der kurzen Kündigungsfristen des § 113 InsO und der meist geringen wirtschaftlichen Spielräume des Insolvenzverwalters können die Betroffenen allerdings nur relativ wenig in die BQG einbringen, so dass eine **Aufstockung** des Transferkurzarbeitergelds **oft nicht** in Betracht kommen wird. Mit Rücksicht auf das geringe Sozialplanvolumen nach § 123 InsO kann der Bezug von 6, 10 oder 12 Monaten Transferkurzarbeitergeld gleichwohl die bessere Lösung sein,[58] selbst wenn die Abfindung noch bescheidener als nach dem Gesetz ausfallen sollte. Wichtig ist, gerade in solchen Fällen an eine Mitfinanzierung durch den **Europäischen Sozialfonds** und den **Europäischen Globalisierungsfonds** zu denken (o. §§ 112, 112 a BetrVG Rn. 273). 33

X. Tarifsozialplan

Auch **nach Eröffnung des Insolvenzverfahrens** ist der Abschluss eines **Firmentarifs möglich**, wobei der AG durch den Insolvenzverwalter repräsentiert wird.[59] An den möglichen Regelungsgegenständen ändert sich gleichfalls nichts, so dass im Grundsatz auch ein Tarifsozialplan in Betracht kommt (zu diesem o. § 111 BetrVG Rn. 15 ff.). Keine Erörterung scheint bislang die Frage gefunden zu haben, ob § 123 InsO eine **zwingende Grenze** auch für tarifliche Regelungen darstellt. Sie ist **zu verneinen**, da die Vorschrift ausdrücklich nur auf den Sozialplan (und nicht auf andere Regelungsinstrumente) abstellt. Konsequenterweise hatte deshalb das *BAG*[60] keine Bedenken dagegen, dass der Insolvenzverwalter mit AN, die Kündigungsschutzklage erhoben hatten, Abfindungsvergleiche schloss und sie so ggf. deutlich besser behandelte als andere, die lediglich auf den Sozialplan nach § 123 InsO angewiesen waren. **Im Grundsatz** bestehen deshalb **keine Bedenken** dagegen, dass durch TV zusätzliche AN-Ansprüche (z. B. auf Bezuschussung einer Weiterbildungsmaßnahme oder auf Erhöhung der Abfindung) begründet werden, die aus der freien Verteilungsmasse zu befriedigen sind. Ein solcher **TV begründet Masseverbindlichkeiten**. Sie einzugehen wird für den Insolvenzverwalter nur dann nicht pflichtwidrig sein, wenn andernfalls aufgrund einer Arbeitsniederlegung noch sehr viel größere wirtschaftliche Nachteile drohen. Die wirtschaftlichen Spielräume werden in der Praxis eher gering sein, sofern nicht eine **Konzernmutter im Hintergrund** steht, die über erhebliche Mittel verfügt und die – um eine lange Auseinandersetzung oder Streiks in den eigenen Betrieben zu vermeiden – ggf. zu einer deutlichen Aufstockung bereit ist. Ob es auch im Insolvenzverfahren einen »Berechnungsdurchgriff« beim Sozialplan in konzerngebundenen UN gibt (zu diesem s. §§ 112, 112 a BetrVG Rn. 192), ist wenig erörtert;[61] im Streitfalle wären langwierige Gerichtsverfahren unvermeidbar, da der Insolvenzverwalter haftet, wenn er vermeidbare »Großzügigkeiten« praktiziert. 34

56 *BAG* a. a. O.
57 *Lembke*, BB 07, 1333, 1337 ff.
58 *Bell*, AiB 08, 665.
59 ErfK-*Franzen*, § 2 TVG Rn 26; Däubler-*Peter*, TVG, § 2 Rn. 100; ähnlich Kempen/Zachert-*Stein*, § 2 Rn. 199.
60 27.10.98, NZA 99, 719.
61 S. *Schwarzburg*, NZA 09, 176 ff.

§ 124 (Sozialplan vor Verfahrenseröffnung)

(1) Ein Sozialplan, der vor der Eröffnung des Insolvenzverfahrens, jedoch nicht früher als drei Monate vor dem Eröffnungsantrag, aufgestellt worden ist, kann sowohl vom Insolvenzverwalter als auch vom Betriebsrat widerrufen werden.
(2) Wird der Sozialplan widerrufen, so können die Arbeitnehmer, denen Forderungen aus dem Sozialplan zustanden, bei der Aufstellung eines Sozialplans im Insolvenzverfahren berücksichtigt werden.
(3) Leistungen, die ein Arbeitnehmer vor der Eröffnung des Verfahrens auf seine Forderung aus dem widerrufenen Sozialplan erhalten hat, können nicht wegen des Widerrufs zurückgefordert werden. Bei der Aufstellung eines neuen Sozialplans sind derartige Leistungen an einen von einer Entlassung betroffenen Arbeitnehmer bei der Berechnung des Gesamtbetrags der Sozialplanforderungen nach § 123 Abs. 1 bis zur Höhe von zweieinhalb Monatsverdiensten abzusetzen.

Inhaltsübersicht Rn.

I. Allgemeines

1 § 124 unterscheidet sich erheblich von der Vorgängervorschrift des § 3 SozplKonkG. Der Insolvenzverwalter bzw. der BR besitzt ein Wahlrecht: Erklärt er keinen Widerruf, sind die Sozialplanforderungen **normale Insolvenzansprüche**,[1] wobei es nicht darauf ankommt, zu welchem Zeitpunkt der Anspruch entsteht oder fällig wird.[2] Macht der Verwalter oder der BR von seinem Recht Gebrauch, werden sie insgesamt hinfällig. Ein Bestandsschutz besteht nur nach Maßgabe von Abs. 3 für bereits erhaltene Leistungen. Der Insolvenzverwalter wird möglicherweise widerrufen, wenn der Sozialplan die Grenzen des § 123 Abs. 1 und Abs. 2 Satz 2 erheblich überschreitet.[3] Das Widerrufsrecht ist nicht von besonderen inhaltlichen Voraussetzungen abhängig.[4] Der BR wird von seiner Befugnis nur dann Gebrauch machen, wenn ohne den Widerruf für die verbliebenen AN wegen des schlechten Rangs als einfache Insolvenzforderungen nicht einmal die Beträge nach § 123 erreicht werden könnten. Für die Erklärung des Widerrufs besteht keine Frist, doch kann das Recht verwirkt werden,[5] was nach etwa einem Jahr ernsthaft in Betracht kommt.[6] Das Widerrufsrecht erstreckt sich auf alle Sozialpläne, auch solche, bei denen es nicht um Entlassungen ging.[7] Der BR kann auf sein Widerrufsrecht wirksam verzichten.[8] Umgekehrt kann der Verwalter nicht widerrufen, wenn kein BR mehr vorhanden ist, der – und sei es im Wege des Restmandats – einen neuen Sozialplan abschließen könnte.[9]

2 Ohne Bedeutung ist grundsätzlich, ob der **vorläufige Insolvenzverwalter** am Abschluss des Sozialplans **mitgewirkt** hat **oder nicht.** Eine Ausnahme gilt nur für den sog. starken vorläufigen Insolvenzverwalter, auf den gemäß § 22 Abs. 1 Satz 1 InsO die Verfügungsbefugnis über das Vermögen des Schuldners übergegangen ist: Der von ihm abgeschlossene Sozialplan stellt nach § 55 Abs. 2 Satz 1 InsO eine Masseverbindlichkeit dar.[10] Ihrem Sinn nach scheidet die Widerrufsmöglichkeit nach § 124 in einem solchen Fall aus. Die Sachgerechtigkeit dieser

---

1 *BAG* 31.7.02, NZA 02, 1332; *LAG Köln* 2.3.01, ZIP 01, 1070; *Boemke/Tietze*, DB 99, 1394; HWK-*Annuß*, §§ 123, 124 Rn. 12; GK-*Oetker*, §§ 112, 112 a Rn. 268 m. w. N.
2 *BAG* 27.10.98, NZA 99, 719.
3 Vgl. *Warrikoff*, BB 94, 2344.
4 HK-ArbR-*Markowski* Rn 5.
5 Vgl. HK-InsO-*Irschlinger*, Rn. 13.
6 *LAG Köln* 17.10.02, NZA-RR 03, 490.
7 *Boemke/Tietze*, DB 99, 1394.
8 *LAG Köln* 17.10.02, NZA-RR 03, 489 = AiB 04, 44.
9 MüKo-InsO-*Löwisch/Caspers*, Rn. 12 f.; HK-ArbR-*Markowski* Rn 4.
10 *BAG* 31.7.02, NZA 02, 1332 f.; ebenso HK-ArbR-*Markowski* Rn 6.

Differenzierung ist nachhaltig und mit guten Gründen kritisiert worden,[11] ohne dass man deshalb einen Verstoß gegen Art. 3 Abs. 1 GG annehmen müsste.

Sozialpläne, die früher als drei Monate vor dem Antrag auf Eröffnung des Insolvenzverfahrens aufgestellt wurden, werden von § 124 nicht erfasst; die durch sie begründeten Ansprüche sind normale Insolvenzforderungen.[12] Auch hier spielt der Entstehungszeitpunkt des einzelnen Anspruchs keine Rolle.[13] Zu der (zu verneinenden) Frage, ob sie wegen Wegfalls der Geschäftsgrundlage gekündigt werden können, s. 5. Aufl., § 3 SozplKonkG, Rn. 11. Bei wiederkehrenden Leistungen können Masseverbindlichkeiten entstehen, doch dürfte insoweit entsprechend § 120 InsO eine Kündigung möglich sein.[14] 3

II. Situation nach Widerruf des Sozialplans

Nach Abs. 2 »können« die AN in den vom Insolvenzverwalter abzuschließenden Sozialplan einbezogen werden. Der Gleichbehandlungsgrundsatz wäre allerdings verletzt, würde man sie ausklammern oder mit schlechteren Leistungen abspeisen, obwohl sie durch den Widerruf genau wie AN behandelt werden, deren AG sich in einem Insolvenzverfahren befindet. Bei der Bestimmung des zulässigen Volumens nach § 123 Abs. 1 sind sie mitzurechnen.[15] 4

Sind auf Grund des Sozialplans **bereits Leistungen erbracht** worden, können diese nach Abs. 3 Satz 1 nicht zurückgefordert werden. Wenigstens insoweit existiert ein Bestandsschutz. Wird nunmehr ein Sozialplan aufgestellt, vermindert sich die zulässige Höchstsumme i. S. d. § 123 Abs. 1 um bis zu zweieinhalb Monatsgehälter pro Leistungsempfänger. 5

III. Der 3-Monats-Zeitraum

Abs. 1 stellt zum einen auf den Zeitpunkt ab, zu dem der **Antrag auf Eröffnung** des Insolvenzverfahrens gestellt wurde. Da für diesen keine besonderen Formvorschriften bestehen, kommt es darauf an, wann ein den Erfordernissen der §§ 13 ff. InsO entsprechendes **Schreiben bei Gericht eingeht.** Früher gestellte Anträge, die z. B. als unzulässig zurückgewiesen wurden, sind ohne Bedeutung. 6

Nach Abs. 1 kommt es zum anderen auf den Zeitpunkt an, in dem der Sozialplan »aufgestellt« wird. Bei einem zwischen BR und AG ausgehandelten Sozialplan ist dies der Augenblick, in dem die gefundene Einigung der Formvorschrift des § 112 Abs. 1 Satz 2 BetrVG entsprechend von beiden Seiten unterschrieben ist.[16] Bei einer Entscheidung durch die ESt. kommt es darauf an, wann der Spruch beiden Seiten zugeleitet ist. 7

Für die **Fristberechnung** gelten die §§ 187 und 188 BGB. Dabei ist der Antrag auf Eröffnung des Insolvenzverfahrens wie ein Fristbeginn zu behandeln, von dem an drei Monate zurückgerechnet werden muss. Dabei ist nach § 187 Abs. 1 BGB der Tag des Fristbeginns nicht mitzuzählen. Wird also das Insolvenzverfahren am 4. April beantragt, fallen alle Sozialpläne unter § 124, die in den Tagen zurück zum 4. Januar einschließlich aufgestellt wurden. Bei Monatsfristen ist überdies § 188 Abs. 2 BGB zu beachten, wonach die unterschiedliche Länge einzelner Monate grundsätzlich keine Rolle spielt. Existiert der entsprechende Tag im früheren Monat nicht (z. B. 31. 9.), ist um einen Tag nach vorne, also auf den 1. 10. zu gehen.[17] 8

Wird ein Sozialplan **zwischen dem Antrag** und der tatsächlichen **Eröffnung** des Insolvenzverfahrens abgeschlossen, so findet § 124 seinem eindeutigen Wortlaut nach gleichfalls Anwendung.[18] 9

---

11 *Häsemeyer,* ZIP 03, 229 ff.
12 Ebenso für das frühere Recht *BAG* 30.4.84, AP Nr. 23 zu § 112 BetrVG 1972.
13 *BAG* 27.10.98, NZA 99, 719.
14 MüKo-InsO-*Löwisch/Caspers,* Rn. 22 f.
15 *Bichlmeier/Wroblewski,*Teil 3 Rn. 616.
16 *Fitting,* §§ 112, 112 a Rn. 320.
17 *Bichlmeier/Wroblewski,*Teil 3 Rn. 620.
18 Zustimmend *Boemke/Tietze,* DB 99, 1394; *Fitting,* §§ 112, 112 a Rn. 319.

§ 125 (Interessenausgleich und Kündigungsschutz)

(1) Ist eine Betriebsänderung (§ 111 des Betriebsverfassungsgesetzes) geplant und kommt zwischen Insolvenzverwalter und Betriebsrat ein Interessenausgleich zustande, in dem die Arbeitnehmer, denen gekündigt werden soll, namentlich bezeichnet sind, so ist § 1 des Kündigungsschutzgesetzes mit folgenden Maßgaben anzuwenden:

1. Es wird vermutet, dass die Kündigung der Arbeitsverhältnisse der bezeichneten Arbeitnehmer durch dringende betriebliche Erfordernisse, die einer Weiterbeschäftigung in diesem Betrieb oder einer Weiterbeschäftigung zu unveränderten Arbeitsbedingungen entgegenstehen, bedingt ist;

2. die soziale Auswahl der Arbeitnehmer kann nur im Hinblick auf die Dauer der Betriebszugehörigkeit, das Lebensalter und die Unterhaltspflichten und auch insoweit nur auf grobe Fehlerhaftigkeit nachgeprüft werden; sie ist nicht als grob fehlerhaft anzusehen, wenn eine ausgewogene Personalstruktur erhalten oder geschaffen wird.

Satz 1 gilt nicht, soweit sich die Sachlage nach Zustandekommen des Interessenausgleichs wesentlich geändert hat.

(2) Der Interessenausgleich nach Abs. 1 ersetzt die Stellungnahme des Betriebsrats nach § 17 Abs. 3 Satz 2 des Kündigungsschutzgesetzes.

Inhaltsübersicht

I. Überblick

1 § 125 InsO regelt den sog. **besonderen Interessenausgleich,** der die zu kündigenden AN namentlich nennt. Er war Vorbild für die zwischen 1.10.1996 und 31.12.1998 geltende allgemeine Regelung des § 1 Abs. 5 KSchG, die durch das sog. Korrekturgesetz v. 19. Dezember 1998[1] beseitigt wurde, seit 1.1.2004 jedoch wieder in Kraft ist.[2] § 125 InsO geht dem § 1 Abs. 5 KSchG als lex specialis vor.[3] Er eröffnet weitergehende Gestaltungsspielräume als § 1 Abs. 5 KSchG, da er insbesondere auch zur »Schaffung« einer ausgewogenen Personalstruktur herangezogen werden kann.[4]

2 Wie aus den beiden Ziffern des Abs. 1 Satz 1 deutlich wird, **erleichtert** die **Namensliste** den **Personalabbau** dadurch, dass die gerichtliche Überprüfung der Kündigungen beschränkt wird. Hierin liegt ein großer **Anreiz für den Insolvenzverwalter,** der diese Möglichkeit anstreben kann, aber nicht muss.[5] Dem **vorläufigen Insolvenzverwalter** steht der Weg des § 125 **nicht** offen,[6] und zwar auch dann nicht, wenn er Verwaltungs- und Verfügungsbefugnis be-

---

1 BGBl. I S. 3843.
2 Dazu *Däubler,* NJW 99, 603.
3 *BAG* 15.12.11, DB 12, 1690 Tz 33.
4 *BAG* 19.12.13, NZA-RR 14, 185 Tz. 22
5 KR-*Weigand,* § 125 InsO Rn. 4.
6 *BAG* 28.6.12, NZA 12, 1029; ErfK-*Gallner,* Rn. 1; HK-InsO-*Irschlinger,* Rn. 4; HK-ArbR-*Markowski* Rn 2; *Zwanziger,* Rn. 3.

sitzt.[7] Ob ein in diesem Verfahrensstadium abgeschlossener Interessenausgleich samt Namensliste durch Genehmigung des Insolvenzverwalters die Wirkungen des § 125 InsO erlangen kann, erscheint höchst zweifelhaft, da nicht eine Seite allein über die Anpassung an veränderte Bedingungen entscheiden darf.[8] Bei einem **im Ausland eröffneten Insolvenzverfahren** tritt die dort für die Durchführung des Verfahrens verantwortliche Person an die Stelle des Insolvenzverwalters.[9]

Der »besondere«, eine Namensliste enthaltende Interessenausgleich **kann mit dem »allgemeinen« Interessenausgleich identisch sein,** der in den Verhandlungen zwischen Insolvenzverwalter und BR erreicht wird. Dies muss aber nicht notwendigerweise so sein. Wie § 122 Abs. 1 Satz 3 InsO deutlich macht, kann eine Vereinbarung nach § 125 auch dann noch abgeschlossen werden, wenn die Verhandlungen über den Interessenausgleich innerhalb von drei Wochen nicht zum Erfolg geführt haben und der Insolvenzverwalter deshalb ein gerichtliches Verfahren nach § 122 InsO anstrengt.[10] Auch wenn der **Betriebsrat** die geplante Betriebsänderung als solche nicht akzeptiert, ist es denkbar, dass er gleichwohl für den Fall ihrer effektiven Vornahme durch Festlegung der zu kündigenden Personen eine »**Schadensbegrenzung**« versucht.[11] 3

Das **Beschlussverfahren nach § 126** kommt für den Insolvenzverwalter nur dann in Betracht, wenn die Verhandlungen nach § 125 gleichfalls gescheitert sind. Hat er den **Antrag** nach § 126 einmal **gestellt,** kommt **kein Interessenausgleich** nach § 125 mehr in Betracht.[12] 4

Die Einigung über eine Namensliste liegt im Ermessen des BR. Unbedenklich ist sie nur dann, wenn **ausschließlich Personen** erfasst sind, **die ihr Ausscheiden** aus dem Betrieb **akzeptieren.** In anderen Fällen gerät der BR in die Gefahr, die Arbeitsplätze einzelner weniger geschätzter Kollegen oder Gruppen zu »verkaufen«.[13] In der Literatur wird zu Recht darauf verwiesen, dass ein **kollusives Zusammenwirken von BR und Insolvenzverwalter** zu Lasten bestimmter Arbeitnehmergruppen den besonderen Interessenausgleich sittenwidrig macht.[14] Auch wird eine Einigung dadurch erschwert, dass der Insolvenzverwalter, anders als der nicht insolvente AG nach § 1 Abs. 5 KSchG, keine wesentlichen Konzessionen bei der Dotierung des Sozialplans machen kann.[15] Weiter sind Verstöße gegen die Diskriminierungsverbote des AGG denkbar.[16] 5

II. Voraussetzungen im Einzelnen

1. Geplante Betriebsänderung

Abs. 1 Satz 1 setzt voraus, dass eine Betriebsänderung i. S. des § 111 BetrVG »geplant« ist. Geht es **ausschließlich** um **Personalabbau** und nicht um eine sonstige Betriebseinschränkung, müssen die **Grenzen des § 17 KSchG** erreicht sein (näher dazu o. § 111 BetrVG Rn. 68 ff.). **Entscheidend** kommt es dabei auf die **Planung** des Insolvenzverwalters, nicht auf die tatsächlich durchgeführten Maßnahmen an.[17] Dies wird daran deutlich, dass die Verhandlungen über den Interessenausgleich nach der Konzeption des Gesetzes ja gerade dazu führen sollen, dass der AG bzw. Insolvenzverwalter seine Entscheidung überdenkt und ggf. nur eine geringere Anzahl von Kündigungen ausspricht. 6

§ 125 kann **nicht** auf **Vorgänge** erstreckt werden, die **außerhalb des Anwendungsbereichs des § 111 BetrVG** liegen.[18] Die Möglichkeit, dass BR und AG bzw. Insolvenzverwalter gemeinsam 7

7 *LAG Hamm* 22.5.02, NZA-RR 03, 378.
8 Bedenken auch bei *BAG* a. a. O.
9 So für den Administrator des englischen Rechts *BAG* 20.9.12, BB 13, 507
10 *Schrader,* NZA 97, 73.
11 FK-InsO-*Eisenbeis,* Rn. 3.
12 *Zwanziger,* § 125 Rn. 23, § 126 Rn. 12.
13 Vgl. *Kocher,* BB 98, 213.
14 HK-InsO-*Irschlinger,* Rn. 21; *Zwanziger,* Rn. 96.
15 Kritisch zur Namensliste *Grunsky,* FS Lüke, S. 193: »Hinrichtungsliste«.
16 Dazu Däubler/Bertzbach-*Däubler,* § 7 Rn. 257 und o. §§ 112, 112 a Rn. 34.
17 *Heinze,* NZA 99, 59; ebenso o. § 111 Rn. 63.
18 HWK-*Annuß,*§ 125 InsO Rn. 2; Kübler/Prütting-*Moll,* § 125 InsO Rn. 28; FK-InsO-*Eisenbeis,* Rn. 2; *Zwanziger,* BB 03, 631; a. A. *Kappenhagen,* NZA 98, 968 für den damaligen § 1 Abs. 5 KSchG.

den Kündigungsschutz einzelner Beschäftigter reduzieren können, ist vom Wortlaut her auf die Fälle des § 111 BetrVG begrenzt. Außerdem handelt es sich um eine in das Grundrecht der AN aus Art. 12 Abs. 1 GG eingreifende Sonderregelung, die ihrer Singularität wegen nicht auf andere Fälle ausgedehnt werden kann. Wird die **quantitative Grenze** für eine Betriebsänderung **nicht erreicht,** sind dem Insolvenzverwalter Einzelkündigungen mit voller gerichtlicher Überprüfung nach allgemeinen Grundsätzen zuzumuten. Ist ein Interessenausgleich deshalb nicht möglich, weil es sich um einen **Tendenzbetrieb** i. S. des § 118 Abs. 1 BetrVG, um eine kirchliche Einrichtung nach § 118 Abs. 2 BetrVG oder um einen **Teil des öffentlichen Dienstes** (vgl. § 130 BetrVG) handelt, so ist die Herausnahme aus der (uneingeschränkten) Betriebsverfassung für den AG in der Regel mit Vorteilen verbunden; im Insolvenzfall sich den zusätzlichen Vorteil der Namensliste sichern zu wollen, würde auf eine Art **Rosinen-Theorie** hinauslaufen. Selbstverständlich ist weiterhin, dass sich die Namensliste nur auf betriebsbedingte **Kündigungen** beziehen kann, die **auf** der **Betriebsänderung beruhen.**[19] Liegt **in Wahrheit** ein **Betriebsübergang** vor, kann § 125 InsO nicht eingreifen;[20] die Namensliste ist wirkungslos.

8 Denkbar ist, dass ein **Interessenausgleich** nur **über einen Teil der geplanten Maßnahmen** zustande kommt. Dies ist zulässig (s. §§ 112, 112 a BetrVG Rn. 29). Eine **»partielle Namensliste«,** die sich beispielsweise nur auf einen bestimmten Teil einer Maßnahme oder bestimmte Gruppen von Beschäftigten bezieht oder die nur die »Konsensfälle« festhält, ist dagegen **nicht möglich,** da dann keine Gewähr besteht, dass nach in sich schlüssigen sozialen Kriterien verfahren wird.[21] Eine Ausnahme gilt dann, wenn der Personalabbau in mehreren »Wellen« erfolgt und für die einzelne »Welle« eine Namensliste erstellt wird, bevor die weiteren im Einzelnen feststehen.[22] Mit der gegenteiligen Auffassung wäre das gesetzliche Modell verlassen, das die Umstrukturierung als solche erleichtern, nicht aber »Kündigungsschutz nur nach Maßgabe der Einigung von Insolvenzverwalter und BR« gewähren möchte.[23]

2. Interessenausgleich

9 Die **Namensliste** muss nach Abs. 1 Satz 1 **Teil eines Interessenausgleichs** sein und in engem zeitlichen Zusammenhang mit diesem vereinbart werden.[24] Wie die Abkoppelung vom »allgemeinen« Interessenausgleich deutlich macht, ist keine umfassende Regelung der Fragen gewollt, die mit einer Betriebsänderung verbunden sind. Die Abmachung nach § 125 kann sich darauf beschränken, die vom Insolvenzverwalter geplante Maßnahme hinzunehmen und die personellen Konsequenzen zu regeln. **Ausgeschlossen** ist allerdings, die Namensliste zum **Bestandteil eines Sozialplans** zu machen,[25] doch wird es noch akzeptiert, wenn sich die Liste in einem Dokument befindet, das sich als »Interessenausgleich und Sozialplan« bezeichnet. Auch kann es im Einzelfall möglich sein, dass ein Sozialplan durch Bestimmungen eines Interessenausgleichs ergänzt wird.

3. Formale Anforderungen an die Namensliste

10 Die für die Kündigung vorgesehenen Personen müssen namentlich bezeichnet sein. Dies impliziert die **Erwähnung von Vor- und Zunamen;** soweit Verwechslungsgefahr mit anderen Personen besteht, ist das Geburtsdatum hinzuzufügen. Die bloße Personalnummer reicht nicht aus.[26] Erst recht genügt die **Bezeichnung einer Abteilung** (»alle Mitarbeiter des Vertriebs«) oder einer Arbeitsgruppe **nicht.**[27] Auch eine **»Positivliste«,** die nur die weiter zu

---

19 Andres/Leithaus-*Andres* § 125 Rn 2.
20 *BAG* 28.8.03, ZIP 04, 525; *BAG* 20.9.06, ZIP 07, 595, 597.
21 *BAG* 22.1.04, AP Nr. 1 zu § 112 BetrVG 1972 Namensliste; ähnlich *BAG* 26.3.09, DB 09, 1882 = NZA 09, 1151 Tz 35; a. A. MüKo-InsO-*Löwisch/Caspers*, Rn. 80; *Piehler*, NZA 98, 970 für § 1 Abs. 5 KSchG.
22 *BAG* 22.1.04, AP Nr. 1 zu § 112 BetrVG 1972 Namensliste.
23 Ebenso im Ergebnis *Bichlmeier/Wroblewski*, Teil 3 Rn. 553.
24 S. o. §§ 112, 112 a Rn. 30 ff.; vgl. weiter *Bichlmeier/Wroblewski*, Teil 3 Rn. 553.
25 *Lakies*, BB 99, 207; im Prinzip auch FK-InsO-*Eisenbeis*, Rn. 4; a. A. *Hess*, in: Hess/Weis/Wienberg § 125 Rn. 14; für § 1 Abs. 5 KSchG *Preis*, NJW 96, 3372.
26 FK-InsO-*Eisenbeis*, Rn. 5.
27 *Zwanziger*, AuR 1997, 427; zustimmend KR-*Weigand*, § 125 InsO Rn. 13.

beschäftigenden AN aufzählt, reicht nicht,[28] ebenso wenig eine »Abfindungsliste«, die die von bestimmten Personen zu beanspruchenden Abfindungen aufzählt (*LAG Brandenburg* LAGE § 1 KSchG Interessenausgleich Nr. 8). Außerdem sind die **Auswahlkriterien** zumindest auf Wunsch der Betroffenen zu benennen, da sonst keine gerichtliche Überprüfung möglich ist.[29] Schließlich ist kenntlich zu machen, wer von Änderungs- und wer von Beendigungskündigungen betroffen ist, soweit beide Formen von Kündigungen erfasst sind.[30]

Als Teil des Interessenausgleichs bedarf die Namensliste nach § 112 Abs. 1 Satz 1 BetrVG der **Schriftform.** Dabei genügt es, wenn sie von beiden Seiten unterschrieben ist und wenn sich in ihr oder im Interessenausgleich eine Verweisung findet.[31] Fehlt es an separaten Unterschriften, ist nach der Rspr. des *BAG*[32] die Schriftform nur gewahrt, wenn die Namensliste **mit der Urkunde über den Interessenausgleich »fest verbunden«** ist, was auch mittels einer Heftmaschine geschehen kann.[33] Dabei muss die Einheitlichkeit der Urkunde vor der Unterschrift beider Seiten hergestellt sein.[34] Ist diese Form nicht gewahrt, ist die Vereinbarung nach § 125 BGB nichtig; die beabsichtigte Rechtswirkung tritt nicht ein. **11**

4. Geplante Kündigungen

Wie sich aus der Formulierung am Ende von Abs. 1 Satz 1 Nr. 1 zeigt, erstreckt sich § 125 **auch** auf **Änderungskündigungen.**[35] Auf diese Weise können einheitliche Arbeitsbedingungen wie z. B. eine arbeitsvertraglich festgeschriebene Sonderzahlung relativ reibungslos abgebaut werden. Allerdings ist im Einzelnen darzustellen, dass nur auf diesem Wege der Abbau von Arbeitsplätzen verhindert werden kann. Möglich ist auch, solche Personen auf die Liste zu nehmen, denen nur dann gekündigt werden soll, **wenn** sie einem (Teil-) Betriebsübergang **widersprechen.**[36] Die darin liegende **Bedingung** ist **zulässig,** doch sind sie bei der Unterrichtung nach § 613 a Abs. 5 BGB auf diese Konsequenz eines Widerspruchs hinzuweisen.[37] **12**

Abs. 1 Satz 1 spricht von AN, denen gekündigt werden »soll«. Die Namensliste kann deshalb **nur Kündigungen** erfassen, **die nach** ihrem **Zustandekommen** ausgesprochen werden.[38] Bereits vorher zugegangene Kündigungen lassen sich auf diesem Wege nicht nachträglich mit anderen Rahmenbedingungen versehen. Nicht ausgeschlossen ist allerdings, dass nach Einigung über die Namensliste erneut gekündigt wird.[39] **13**

III. Der verbleibende Kündigungsschutz

Findet sich der Name eines AN in einem »besonderen« Interessenausgleich nach § 125, kann die daraufhin ausgesprochene **Kündigung** vom Arbeitsgericht **nur noch eingeschränkt überprüft** werden. Mit Rücksicht auf die spezifischen Verhältnisse des Insolvenzverfahrens hat sich das *BAG*[40] für einen weiten Anwendungsbereich dieser »Evidenzkontrolle« ausgesprochen. Im Einzelnen ist zu unterscheiden: **14**

---

28 *Bichlmeier/Wroblewski,* Teil 3 Rn. 553; MüKo-InsO-*Löwisch/Caspers,* Rn. 68; a. A. *Jaeger,* FS 25 Jahre ARGE Arbeitsrecht im DAV, S. 893.
29 HK-InsO-*Irschlinger,* Rn. 8; Smid-*Weisemann/Streuber,* Rn. 4.
30 FK-InsO-*Eisenbeis,* Rn. 5.
31 *BAG* 22. 1. 04 AP Nr. 1 zu § 112 BetrVG 1972 Namensliste; *BAG* 6. 7. 06, NZA 07, 266, 269.
32 7. 5. 98, NZA 1998, 1110 – für § 1 Abs. 5 KSchG.
33 *BAG* 6. 7. 06, NZA 07, 266, 269; ebenso für § 125 *Haarmeyer/Wutzke/Förster,* Kap. 5 Rn. 272; *Heinze,* NZA 99, 60; *Lakies,* BB 99, 207.
34 *BAG,* a. a. O.
35 FK-InsO-*Eisenbeis,* § 125 Rn. 5; HK-InsO-*Irschlinger,* Rn. 2; *Lakies,* BB 1999, 207; *Schaub,* DB 99, 222; *Schrader,* NZA 97, 74; *Zwanziger,* BB 97, 626.
36 *BAG* 24. 2. 00, DB 00, 1286.
37 *Jaeger,* FS 25 Jahre ARGE Arbeitsrecht im DAV, S. 894.
38 HWK-*Annuß,* § 125 InsO Rn. 6 a. E.; ErfK-*Gallner* § 125 InsO Rn. 2; *Lakies,* BB 99, 208.
39 *Lakies,* BB 99, 208.
40 28. 8. 03, NZA 04, 432.

1. Die Vermutung zugunsten dringender betrieblicher Erfordernisse

15 Die in Abs. 1 Satz 1 Nr. 1 enthaltene Vermutung zugunsten der sozialen Rechtfertigung der Kündigung führt dazu, dass der Insolvenzverwalter **lediglich** das **Vorliegen einer** (geplanten) **Betriebsänderung** und die Existenz des Interessenausgleichs darzulegen und ggf. zu beweisen hat.[41] Es ist daher Sache des AN, darzulegen und ggf. zu beweisen, dass die getroffene Unternehmerentscheidung nicht zum Wegfall seines Arbeitsplatzes führt.[42] Dies wird ihm kaum jemals gelingen können; allerdings fehlt es an den »dringenden betrieblichen Erfordernissen«, wenn ein **Altersteilzeiter gekündigt** werden soll, der sich bereits in der Freistellungsphase befindet.[43] Die Vermutungswirkung erstreckt sich zudem auf die Möglichkeit, auf einem anderen Arbeitsplatz im selben Betrieb weiterbeschäftigt zu werden; auch insoweit ist der AN beweispflichtig. Nicht erfasst ist die evtl. **Weiterbeschäftigung in einem anderen Betrieb desselben UN,**[44] es sei denn, diese Möglichkeit sei ausdrücklich einbezogen oder der Interessenausgleich vom GBR geschlossen worden.[45]

16 Die **Unternehmerentscheidung** wird bislang von den Arbeitsgerichten auch im normalen Kündigungsschutzverfahren nur im Hinblick darauf **überprüft,** ob grob unsachliche oder willkürliche Erwägungen zugrunde lagen.[46] In der Insolvenz einen strengeren Maßstab anzulegen, wäre an sich erwägenswert, da es im Normalfall nicht mehr um unternehmerische Betätigung, sondern ausschließlich um die Vermögensinteressen der Gläubiger geht, doch ist dies bisher nicht in Erwägung gezogen worden.

2. Eingeschränkte Überprüfung der sozialen Auswahl und innere Schlüssigkeit der Namensliste

17 Nach Abs. 1 Satz 1 Nr. 2 kann die soziale Auswahl nur im Hinblick auf die **drei Kriterien** »Dauer der Betriebszugehörigkeit«, »Lebensalter« und »Unterhaltspflichten« überprüft werden. Die Berücksichtigung anderer Gesichtspunkte ist den Beteiligten damit nicht verboten, doch stellt das Gericht nur auf die drei genannten ab.[47] Auch insoweit kann das Arbeitsgericht einer Kündigung **nur bei »grober Fehlerhaftigkeit«** die Anerkennung versagen; der ansonsten bestehende Beurteilungsspielraum muss »weit überschritten« sein,[48] die Auswahl muss »jede Ausgewogenheit vermissen lassen«,[49] ihr muss ein »ins Auge springender schwerer Fehler« anhaften.[50] Ein solcher Fall ist beispielsweise dann anzunehmen, wenn **einem der Gesichtspunkte überhaupt keine Bedeutung** beigemessen wurde,[51] wenn beispielsweise die Unterhaltspflicht gegenüber zwei Kindern[52] oder die gegenüber dem Ehegatten bestehende keinerlei Beachtung fand.[53] Auf der anderen Seite kann jedoch die Betriebszugehörigkeit hinter die Unterhaltspflichten zurücktreten.[54] Grob fehlerhaft kann es sein, wenn zusätzliche Gesichtspunkte eine maßgebende Rolle spielten.[55] Das *BAG*[56] hat grobe Fehlerhaftigkeit angenommen, weil die Unterhaltspflicht gegenüber einem minderjährigen Kind stärker gewichtet wurde als

---

41 *BAG* 7.5.98, NZA 98, 933 zu § 1 Abs. 5 KSchG a. F.; *Lakies,* BB 99, 207.
42 *Haarmeyer/Wutzke/Förster,* Kap. 5 Rn. 273.
43 *BAG* 5.12.02, NZA 03, 789.
44 *Jaeger,* FS 25 Jahre ARGE Arbeitsrecht im DAV, S. 900.
45 *BAG* 6.9.07, NZA 08, 633 Tz 36; dazu §§ 112, 112 a BetrVG Rn. 35.
46 Näher KDZ-*Deinert,* § 1 KSchG Rn. 375 ff.
47 Vgl. ErfK-*Gallner,* § 125 InsO Rn. 12, wonach die weiteren Kriterien mit den im Gesetz genannten in innerem Zusammenhang stehen müssen.
48 KR-*Weigand,* § 125 InsO Rn. 22.
49 *BAG* 2.12.99, DB 00, 1338, bestätigt in *BAG* 28.8.03, NZA 04, 432 und *BAG* 20.9.06, NZA 07, 387, 390.
50 *BAG* 3.4.08, NZA 08, 1060 Tz 16; *BAG* 10.6.10, NZA 10, 1352 Tz 19.
51 MüKo-InsO-*Löwisch-Caspers,* Rn. 90.
52 *ArbG Bamberg* 9.8.06, AuR 07, 59.
53 *BAG* 28.6.12, NZA 12, 1090.
54 *BAG* 2.12.99, DB 00, 1338.
55 Vgl. HK-InsO-*Irschlinger,* Rn. 14.; vgl. weiter FK-InsO-*Eisenbeis,* Rn. 12 ff.
56 21.7.05, NZA 06, 162.

ein **um 30 Jahre höheres Alter** und eine um 20 Jahre längere Betriebszugehörigkeit. Auch die Beschränkung der **Sozialauswahl auf einen** »Geschäftsbereich«, und damit auf einen **Betriebsteil** dürfte grob fehlerhaft sein.[57] In allen Fällen kommt es allein auf das Ergebnis des Auswahlprozesses, nicht auf mögliche Verfahrensfehler an.[58]

Die **Zurücknahme des Prüfungsmaßstabs** auf »grobe Fehlerhaftigkeit« wird von der Rspr. **18** auch auf die Frage erstreckt, **wie** der **Kreis der Beschäftigten abzugrenzen** ist, die als »vergleichbar« in die soziale Auswahl einzubeziehen sind.[59] Wichtig ist dies insbes. im Hinblick darauf, ob auch bei einer gewissen Einarbeitungszeit auf dem anderen Arbeitsplatz noch eine Vergleichbarkeit besteht.[60] Soweit einzelne AN »vergessen« oder zu Unrecht (etwa wegen in Wahrheit nicht mehr bestehender Unkündbarkeit) ausgeklammert wurden, ist die Liste auf alle Fälle grob fehlerhaft,[61] doch muss sich dies im Streitfalle auch auf den klagenden AN auswirken. Wird ein abgespaltenes UN insolvent, so hat trotz § 323 Abs. 1 UmwG grundsätzlich keine unternehmensübergreifende Sozialauswahl zu erfolgen.[62]

Ob dasselbe auch in Bezug auf § 1 Abs. 3 Satz 2 KSchG gilt, wonach – pauschal gesprochen – **19** einzelne »Leistungsträger« im betrieblichen Interesse **aus der sozialen Auswahl ausgenommen** werden können, ist für das bis Ende 1998 geltende Recht unentschieden geblieben.[63] Im Falle der Insolvenz besteht die Besonderheit, dass der zweite Halbsatz von Abs. 1 Satz 1 Nr. 2 von vorneherein eine grobe Fehlerhaftigkeit dann ausschließt, wenn durch die Kündigung eine »**ausgewogene Personalstruktur**« erhalten oder **geschaffen** wird. Durch die Einbeziehung der »Schaffung« einer solchen Personalstruktur geht § 125 InsO über § 1 Abs. 5 KSchG hinaus.[64] Im Insolvenzfall können daher sogar Versäumnisse der bisherigen Personalpolitik nachträglich korrigiert werden.[65] Dies wird dadurch »abgerundet«, dass die Arbeitsgerichte nur überprüfen, ob der Begriff »ausgewogene Personalstruktur« grob fehlerhaft angewandt wurde.[66] Will der Insolvenzverwalter nicht nur die bisherige Altersstruktur beibehalten, sondern eine (bessere) neue schaffen, so muss er im Einzelnen darlegen, inwieweit dadurch die Sanierung des UN erleichtert wird.[67] Nur dann liegt keine unerlaubte Diskriminierung wegen Alters vor.

Soweit Kündigungen **tatsächlich** zu einer **ausgewogenen Personalstruktur** führen, ist keine **20** Berufung auf die Grundsätze über die soziale Auswahl mehr möglich. Die Vorschrift erweitert die »berechtigten betrieblichen Belange« im Sinne des § 1 Abs. 3 Satz 2 KSchG.[68]

Wie die »**Ausgewogenheit**« zu bestimmen ist, erscheint **nicht** abschließend **geklärt**. Orientie- **21** rungspunkt für eine konkrete Handhabung im Einzelfall muss der Gedanke sein, dass die künftigen unternehmerischen Aufgaben in angemessener Weise erfüllt werden.[69] Einen wichtigen Beitrag hierfür leisten auf Grund ihrer Erfahrungen im Einzelfall auch ältere AN.[70] Möglich ist daher die **Bildung von Altersgruppen,** innerhalb deren jeweils eine soziale Auswahl stattfindet.[71] Eine unzulässige Altersdiskriminierung liegt darin nicht, da lediglich der (nicht zwingend gebotene) Schutz Älterer wieder ein Stück zurückgenommen wird.[72] Statt-

57 Ebenso *BAG* 28.10.04, AuR 05, 116 = NZA 05, 285; ErfK-*Gallner* § 125 InsO Rn. 10; *Jaeger,* FS 25 Jahre ARGE Arbeitsrecht im DAV, S. 904; in diese Richtung auch *BAG* 17.11.05, NZA 06, 661, ohne sich jedoch definitiv festzulegen.

58 *BAG* 10.6.10, NZA 10, 1352.

59 *BAG* 7.5.98, NZA 98, 933, 936 li. Sp.; *BAG* 28.8.03, NZA 04, 432; zustimmend *LAG Niedersachsen* 12.4.02, NZA-RR 02, 517 = DB 02, 2056; *Lakies,* BB 99, 208.

60 FK-InsO-*Eisenbeis,* Rn. 14.

61 *ArbG Freiburg,* 14.1.03, AuR 03, 122; HK-InsO-*Irschlinger,* Rn. 17; a. A. FK-InsO-*Eisenbeis,* Rn. 14.

62 *BAG* 22.9.05, NZA 06, 659.

63 *BAG,* a. a. O.; für normale Prüfungsmaßstäbe mit Recht *Zwanziger,* BB 03, 631; für Einbeziehung ErfK-*Gallner* § 125 InsO Rn. 9.

64 *Bichlmeier/Oberhofer,* AiB 97, 166; *Löwisch,* RdA 97, 85; *Preis,* NJW 96, 3378.

65 *Lakies,* RdA 97, 150.

66 *BAG* 28.8.03, NZA 04, 432.

67 *BAG* 19.12.13, DB 14, 781=NZA-RR 14, 185.

68 APS-*Dörner,*§ 125 InsO Rn. 26; *Pakirnus,* DB 06, 2742.

69 *Zwanziger,* § 125 Rn. 68 ff.

70 *Schwedes,* BB 96 Beil. 17, 3.

71 *BAG* 23.11.00, NZA 01, 601; *LAG Niedersachsen* 12.4.02, NZA-RR 02, 517 = DB 02, 2056.

72 Ebenso die Rechtsprechung zu § 1 Abs. 5 KSchG o. §§ 112, 112 a Rn 34 a.

dessen kann auch **nach** der **Vorbildung differenziert** werden.[73] Zulässig soll es auch sein, zwischen Führungsebene und sonstiger Belegschaft zu differenzieren und dabei eine unterschiedliche Altersstruktur zugrunde zu legen.[74] Auch könnte man sich einen bestimmten Altersaufbau der Belegschaft als Ziel vorstellen, was sich durchaus von dem Ergebnis unterscheiden würde, das sich bei der Bildung von Altersgruppen ergibt. Was als »Modell« dienen würde (branchentypische oder bessere Altersstruktur; Altersaufbau der Erwerbstätigen insgesamt) ist dabei unklar; auch ist nicht erkennbar, weshalb derartige formale Kriterien einen Eingriff in den Bestandsschutz der Betroffenen und damit in das Grundrecht aus Art. 12 Abs. 1 GG rechtfertigen sollten.[75] Auch ist die Gefahr nicht von der Hand zu weisen, dass zwar nicht das Alter, wohl aber eine geminderte Leistungsfähigkeit als Anhaltspunkt für eine »Unausgewogenheit« behandelt wird. In der Lit. wurde deshalb dafür plädiert, allein auf überwiegende betriebliche Interessen abzustellen und nur diese für eine Korrektur der sozialen Auswahl genügen zu lassen.[76] Das *BAG*[77] geht weiter und lässt nur sozialpolitische Gründe genügen, die in der Erhaltung eines UN liegen; bloße Kostenreduzierung und Verbesserung der Wettbewerbsfähigkeit genügen nicht. Außerdem sind Altersgruppen mit **wechselnden Zeitsprüngen** für grob fehlerhaft erklärt worden.[78]

22 Nach § 1 Abs. 3 Satz 1 zweiter Halbsatz KSchG hat der **Insolvenzverwalter** dem gekündigten AN die **Gründe mitzuteilen,** die zu der getroffenen sozialen Auswahl geführt haben. Unterbleibt dies, ist die Kündigung schon deshalb rechtswidrig (§§ 112, 112 a BetrVG Rn 32). An dieser Auskunftspflicht hat sich auch durch § 125 InsO nichts geändert.[79] Dies bedeutet, dass der **Insolvenzverwalter** im Prozess die **Darlegungslast** hat, also im Einzelnen vorzubringen hat, nach welchen Kriterien vorgegangen wurde, wer in den Kreis der zu kündigenden AN einbezogen wurde und wie man den Begriff der ausgewogenen Personalstruktur bestimmte.[80] Dies kann im Einzelnen auch schon im Interessenausgleich fixiert werden.[81] Sache des AN ist es dann, die grobe Fehlerhaftigkeit dieser Kriterien geltend zu machen. Wichtig ist der mögliche Hinweis auf ihre inkonsequente Anwendung, auf die Unschlüssigkeit der Namensliste, da insoweit eine volle gerichtliche Überprüfung erfolgt.[82] Sehr viel schwieriger ist es demgegenüber, will der AN darlegen, weshalb die erstrebte Personalstruktur nicht als »ausgewogen« betrachtet werden kann.

3. Andere Verteidigungsmittel des Arbeitnehmers

23 Die Sonderregelung des § 125 betrifft ausschließlich die »dringenden betrieblichen Erfordernisse« und den Auswahlprozess. Daneben bezieht § 128 Abs. 2 InsO die Frage des Zusammenhangs mit einem Betriebsübergang ein. Gleichwohl bleiben zahlreiche Argumentationsmöglichkeiten offen.

a) Allgemeine kündigungsschutzrechtliche Grundsätze

24 Der betroffene AN kann sich darauf berufen, dass beispielsweise die Kündigung nicht rechtzeitig zugegangen ist oder elementare Anforderungen, wie sie sich aus **§§ 138, 242** BGB ergeben, nicht beachtet wurden. Im vorliegenden Zusammenhang ist von Interesse, dass § 125 InsO nichts an der **Darlegungslast der Arbeitgeberseite** für den betriebsbedingten Kündigungsgrund ändert. So muss insbesondere deutlich werden, weshalb auf der Grundlage einer

---

73 *BAG* 28.8.03, NZA 04, 432.
74 HK-InsO-*Irschlinger,* Rn. 19.
75 *Pakirnus* DB 06, 2742.
76 *Pakirnus,* DB 06, 2744.
77 19.12.13, DB 14, 781=NZA-RR 14, 185 Tz. 26
78 *LAG Hamm* 5.6.03, NZA-RR 04, 132. Weitere Einzelheiten bei *Däubler,* AiB 05, 389.
79 *BAG* 20.9.06, NZA 07, 387 Tz 48; vgl. weiter *BAG* 7.5.98, NZA 98, 933; wie hier *Heinze,* NZA 99, 60.
80 *BAG* 20.9.06, NZA 07, 387 Tz 48; *BAG* 10.2.99, BB 99, 532; ErfK-*Gallner* § 125 InsO Rn. 17.
81 *Haarmeyer/Wutzke/Förster,* Kap. 5 Rn. 277.
82 Ebenso für die Abweichung von den Kriterien des Interessenausgleichs *LAG Berlin* 15.10.04, AuR 05, 76 und juris; näher o. §§ 112, 112 a BetrVG Rn. 38 und ErfK-*Gallner* § 125 InsO Rn. 17.

unternehmerischen Entscheidung das benötigte Arbeitsvolumen geringer und deshalb die Tätigkeit des AN entbehrlich geworden ist (oben §§ 112, 112 a BetrVG Rn. 35 f.). **Nimmt der AG** einzelne Beschäftigte als »**Leistungsträger**« aus der sozialen Auswahl **aus,** so muss er m. E. substantiiert darlegen, woraus sich der besondere »Wert« der fraglichen Person ergibt und weshalb das betriebliche Interesse an der Weiterbeschäftigung gegenüber dem Bestandsinteresse von sozial schutzwürdigeren Arbeitnehmern überwiegt.[83]

b) Anhörung des Betriebsrats nach § 102 Abs. 1 BetrVG

Die Anhörung des BR nach § 102 Abs. 1 BetrVG wird nicht überflüssig, da sich der BR zum Zeitpunkt der Kündigung äußern und auch ermitteln kann, ob sich **inzwischen** die **Verhältnisse geändert** haben und deshalb die Ausnahmeklausel des Satz 2 (u. Rn. 29 ff.) Platz greift.[84] Nach *BAG*[85] ist eine Zusammenlegung von Interessenausgleich und Anhörung[86] zulässig, wenn keine Abstriche an den Rechten aus § 102 BetrVG vorgenommen werden. Auch wird man eine zeitliche Nähe zwischen der Aufstellung der Namensliste und der Erklärung der Kündigungen verlangen müssen. Erfolgten die Kündigungen aufgrund eines vom vorläufigen Insolvenzverwalter erstatteten Gutachtens, das für Stilllegung plädierte, und wurde der Betriebsrat dazu angehört, so ist vor Ausspruch der einzelnen Kündigung durch dieselbe mittlerweile zum endgültigen Verwalter ernannte Person keine erneute Anhörung erforderlich.[87] Wird streitig, ob der BR schon vollständig informiert war, muss dies der AG beweisen, weshalb der Arbeitgeberseite empfohlen wird, die Anhörung keineswegs auf das Notwendigste zu beschränken.[88] 25

c) Form- und Fristvorschriften

Die Kündigung muss auch im Falle des § 125 die Form des § 623 BGB beachten. Weiter sind die gesetzlichen und tariflichen Fristen zu wahren, soweit § 113 InsO keine Sonderregelung trifft. 26

d) Sonderkündigungsschutz

Der Sonderkündigungsschutz nach **§ 15 KSchG** i. V. m. § 103 BetrVG bleibt in vollem Umfang erhalten. Ein BR-Mitglied darf nur unter den spezifischen Voraussetzungen des § 15 Abs. 4 und 5 KSchG, d. h. bei Zulässigkeit einer ordentlich betriebsbedingten Kündigung, in die soziale Auswahl einbezogen und damit auch auf die Namensliste gesetzt werden.[89] § 125 InsO ist nur eine Spezialvorschrift gegenüber § 1 Abs. 2 KSchG, nicht aber gegenüber Vorschriften, die einen Sonderkündigungsschutz gewähren.[90] Auch eine **schwangere Frau oder eine in Elternzeit befindliche Person auf die Liste** zu setzen, wäre ohne Genehmigung der obersten Arbeitsbehörde unzulässig und würde im Übrigen am bestehenden Sonderkündigungsschutz nichts ändern.[91] Dabei genügt es allerdings, wenn die Zustimmung vorliegt; sie muss nicht bestandskräftig sein.[92] 27

Bei **schwerbehinderten Menschen** bleibt es zwar dabei, dass das Integrationsamt die Zustimmung erteilen muss, doch gibt ihm § 89 Abs. 3 SGB IX (früher § 19 Abs. 3 SchwbG) **Ent-** 28

---

83 *LAG Niedersachsen,* 30.6.06, LAGE § 1 KSchG Soziale Auswahl Nr. 52 = AiB 07, 124.

84 Ebenso im Ergebnis *BAG* 20.5.99, BB 99, 2032 = DB 00, 148; *BAG* 20.9.06, NZA 07, 387, 391; *BAG* 10.6.10, NZA 10. 1352 Tz 33; ErfK-*Gallner,* § 125 InsO Rn. 19; KR-*Weigand,* § 125 InsO Rn. 40; *Zwanziger,* AuR 97, 432; a. A. *Schrader,* NZA 97, 75; *Warrikoff,* BB 94, 2342.

85 21.7.05, NZA 06, 162.

86 Dafür FK-InsO-*Eisenbeis,* Rn. 26.

87 *BAG* 22.9.05, NZA 2006, 658, 661.

88 *Jaeger,* FS 25 Jahre ARGE Arbeitsrecht im DAV, S. 906.

89 *BAG* 17.11.05, NZA 06, 370.

90 *LAG Hamm* 4.3.05 – 10 Sa 1832/04, juris.

91 *LAG Hamm* 4.3.05 – 10 Sa 1832/04, juris; vgl. auch HWK-*Annuß,* § 125 InsO Rn. 16.

92 *LAG Hamm* a. a. O.

scheidungskriterien vor. Das Integrationsamt »soll« im Insolvenzverfahren die Zustimmung erteilen, wenn der betreffende schwerbehinderte Mensch in einem Interessenausgleich nach § 125 InsO namentlich bezeichnet ist und drei weitere Voraussetzungen erfüllt sind: Die Schwerbehindertenvertretung muss beim Zustandekommen des Interessenausgleichs beteiligt worden sein, der Anteil der schwerbehinderten Menschen an den zu kündigenden AN darf nicht höher sein als der Anteil an der Gesamtbelegschaft, und schließlich muss mit den verbliebenen schwerbehinderten Menschen die 5 %-Quote des § 71 SGB IX noch erfüllt werden. Im Gegenschluss ist hieraus zu folgern, dass die **Zustimmung** im Regelfall **zu verweigern** ist, **wenn** diese Voraussetzungen nicht vorliegen, insbesondere die **5 %-Quote weder vor noch nach dem Personalabbau erreicht** ist.

4. Wesentliche Änderung der Sachlage

29 Die Reduzierung des Kündigungsschutzes nach Abs. 1 Satz 1 greift dann nicht Platz, wenn sich nach Zustandekommen des Interessenausgleichs »die Sachlage wesentlich geändert« hat (Abs. 1 Satz 2). Dies wird mit einem Wegfall der Geschäftsgrundlage gleichgesetzt[93] und liegt etwa dann vor, wenn die **Betriebsänderung überhaupt nicht oder wenn eine ganz andere** vorgenommen wurde.[94] Zu denken ist insbes. an den Fall, dass ein Betrieb zunächst stillgelegt werden sollte, sich dann jedoch wider Erwarten ein Käufer findet.[95] Ist schon gekündigt, so kommt in diesem Fall ein Anspruch auf Wiedereinstellung in Betracht.[96]

30 Eine »wesentliche Änderung« liegt auch dann vor, wenn **AN freiwillig ausscheiden, die** an sich **nicht für eine Kündigung vorgesehen** sind, und so die Notwendigkeit für die Entlassung einzelner auf der Namensliste genannter AN entfällt.[97] Soweit die Namensliste festgelegt hat, wer von den an sich zu kündigenden AN in solchen Fällen weiterbeschäftigt wird, ist danach zu verfahren.[98] Dasselbe gilt, wenn lediglich **Auswahlkriterien** genannt sind, doch müssen sie sich notwendigerweise auf vergleichbare AN beziehen, da nur sie in der Lage sind, die Funktion der überraschend Ausgeschiedenen zu übernehmen. Fehlt eine solche Regelung, **verliert** die **Liste** insoweit ihre **Gültigkeit;** wer weiterzubeschäftigen und wer zu kündigen ist, ist nach allgemeinen Grundsätzen zu entscheiden.[99] Der **AN,** der die Unwirksamkeit der »Namensliste« geltend macht, muss die wesentliche Änderung der Umstände **beweisen.**[100] Trat diese erst nach Zugang der Kündigung ein, wird deren Gültigkeit nicht berührt; es kommt allenfalls ein Anspruch auf Wiedereinstellung in Betracht.[101]

IV. Verfahren bei Massenentlassungen

31 Nach Abs. 2 muss der BR der Anzeige des AG an die Agentur für Arbeit über eine Massenentlassung keine eigene Stellungnahme mehr beifügen; es reicht die Übersendung des »besonderen« Interessenausgleichs. Alles andere wäre überflüssige Wiederholung. Nach *BAG*[102] gilt dies auch dann, wenn der Interessenausgleich samt Namensliste vom GBR abgeschlossen wurde. Dasselbe Gremium ist für den Interessenausgleich wie für das Konsultationsverfahren nach § 17 Abs. 2 KSchG zuständig.[103] Im Falle des Sammelverfahrens nach § 126 InsO ist keine entsprechende Erleichterung vorgesehen.[104] Allerdings kann ganz generell die Stellungnahme

93 *BAG* 22.1.04, AP Nr. 1 zu § 112 BetrVG 1972 Namensliste; *BAG* 12.3.09, DB 09, 1932, 1933.
94 ErfK-*Oetker,*§ 1 KSchG Rn. 367; *Lakies,* RdA 97, 151.
95 *Schrader,* NZA 97, 75; *BAG* 20.9.06, NZA 07, 388: »Die Vermutungswirkung erstreckt sich lediglich auf eine im Interessenausgleich geregelte Betriebsänderung«.
96 HK-InsO-*Irschlinger,* Rn. 24; FK-InsO-*Eisenbeis,* Rn. 31.
97 Im Grundsatz auch KR-*Weigand,* § 125 InsO Rn. 37.
98 Näher Smid-*Weisemann/Streuber,* Rn. 4.
99 *Smid-Weisemann/Streuber,* Rn. 13 a. E.; vgl. auch *Grunsky,* FS Lüke, S. 197 ff.
100 *ArbG Freiburg* 14.1.03, AuR 03, 122.
101 HK-ArbR-*Markowski* Rn 14.
102 7.7.11, NZA 11, 1108. Insoweit zustimmend *Wroblewski* AuR 12, 34 f.
103 *Schramm/Kuhnke,* NZA 11, 1071 ff.
104 ErfK-*Gallner,* § 125 InsO Rn. 20.

des BR in den Interessenausgleich (ohne Namensliste) integriert sein, so dass sich die Erstellung eines eigenständigen Dokuments erübrigt.[105]

§ 126 (Beschlussverfahren zum Kündigungsschutz)

(1) Hat der Betrieb keinen Betriebsrat oder kommt aus anderen Gründen innerhalb von drei Wochen nach Verhandlungsbeginn oder schriftlicher Aufforderung zur Aufnahme von Verhandlungen ein Interessenausgleich nach § 125 Absatz 1 nicht zustande, obwohl der Verwalter den Betriebsrat rechtzeitig und umfassend unterrichtet hat, so kann der Insolvenzverwalter beim Arbeitsgericht beantragen festzustellen, dass die Kündigung der Arbeitsverhältnisse bestimmter, im Antrag bezeichneter Arbeitnehmer durch dringende betriebliche Erfordernisse bedingt und sozial gerechtfertigt ist. Die soziale Auswahl der Arbeitnehmer kann nur im Hinblick auf die Dauer der Betriebszugehörigkeit, das Lebensalter und die Unterhaltspflichten nachgeprüft werden.

(2) Die Vorschriften des Arbeitsgerichtsgesetzes über das Beschlussverfahren gelten entsprechend; Beteiligte sind der Insolvenzverwalter, der Betriebsrat und die bezeichneten Arbeitnehmer, soweit sie nicht mit der Beendigung der Arbeitsverhältnisse oder mit den geänderten Arbeitsbedingungen einverstanden sind. § 122 Absatz 2 Satz 3, Absatz 3 gilt entsprechend.

(3) Für die Kosten, die den Beteiligten im Verfahren des ersten Rechtszugs entstehen, gilt § 12 a Absatz 1 Satz 1 und 2 des Arbeitsgerichtsgesetzes entsprechend. Im Verfahren vor dem Bundesarbeitsgericht gelten die Vorschriften der Zivilprozessordnung über die Erstattung der Kosten des Rechtsstreits entsprechend.

Inhaltsübersicht Rn.

I. Überblick

Ist drei Wochen lang ergebnislos über einen Interessenausgleich verhandelt worden, kann der Insolvenzverwalter **nicht nur** nach **§ 122** InsO beim Arbeitsgericht beantragen, dass ihm die Durchführung der Betriebsänderung ohne weitere Verhandlungen gestattet wird. Vielmehr gibt ihm **§ 126 gleichzeitig** auch die Möglichkeit, in einem Beschlussverfahren klären zu lassen, ob die von ihm beabsichtigten Kündigungen sozial gerechtfertigt wären. Beide Anträge können kombiniert und gleichzeitig anhängig gemacht werden.[1] **1**

Durch ein solches »**Sammelverfahren**« soll der Personalabbau erleichtert und beschleunigt werden, doch wird in der Literatur gerade umgekehrt der mit dem Verfahren verbundene **Zeitaufwand** beklagt,[2] der u. a. mit der großen Zahl der betroffenen Personen zusammenhängt.[3] In der Tat ist nicht zu übersehen, dass nicht nur die soziale Rechtfertigung der Kün- **2**

---

105 *BAG* 21.3.12, AuR 12, 182.
1 KR-*Weigand,* § 126 InsO Rn. 1; *Schrader,* NZA 97, 76.
2 *Smid,* BB 99, 6.
3 *Grunsky,* FS Lüke, S. 196 f.; vgl. auch *Lakies,* NZI 00, 345 ff.

digung einschl. der Auswahl unter den vergleichbaren AN geprüft werden muss; vielmehr steht es den Betroffenen frei, **im Rahmen eines individuellen Kündigungsschutzverfahrens alle nicht vom KSchG erfassten Unwirksamkeitsgründe** vorzubringen.

3 Das Sammelverfahren nach § 126 InsO ist – wie Abs. 1 Satz 1 deutlich macht (»kommt … ein Interessenausgleich nach § 125 Abs. 1 nicht zustande«) – **eine Alternative zur »Namensliste«** nach § 125 InsO. Ist Letztere zustande gekommen, kann der Insolvenzverwalter nicht etwa eine Korrektur über § 126 InsO erreichen oder auf der Grundlage derselben geplanten Betriebsänderung weitere Kündigungen »nachschieben«.[4] Gegenüber der freiwilligen Einigung hat das **gerichtliche Verfahren subsidiären Charakter**.[5]

4 Bezog sich ein zustande gekommener **Interessenausgleich nur** auf eine **bestimmte Betriebsänderung** (etwa die Schließung des Betriebes A) und wurde in Bezug auf eine andere Maßnahme (Umstrukturierung des Betriebes B) keine Einigung erzielt, kann insoweit allerdings nach § 126 InsO vorgegangen werden.[6] Auch wenn nur ein Teil-Interessenausgleich (dazu §§ 112, 112 a BetrVG Rn. 29) zustande kommt, bleibt das Verfahren nach § 126 InsO für die nicht einbezogenen Bereiche möglich.

II. Voraussetzungen des Sammelverfahrens

1. Erfolglose Verhandlungen

5 Nicht anders als im Rahmen des § 122 InsO ist Voraussetzung, dass der BR rechtzeitig und umfassend informiert wurde und dass seit Beginn der Verhandlungen oder seit der entsprechenden schriftlichen Aufforderung **drei Wochen verstrichen** sind. Dabei muss ein »besonderer« Interessenausgleich mit Namensliste i. S. des § 125 InsO Verhandlungsgegenstand gewesen sein. Sind die Verhandlungen bereits **vor Ablauf** von drei Wochen **endgültig gescheitert,** ist der Antrag bereits in diesem Zeitpunkt zulässig;[7] dies gilt allerdings dann nicht, wenn der Insolvenzverwalter nur zum Schein verhandelte oder über nahe liegende Alternativen nicht zu sprechen bereit war. Im Falle der **Eigenverwaltung** verhandelt der Schuldner, bedarf jedoch zur Einleitung des Beschlussverfahrens der Zustimmung des Sachwalters. Fehlt sie, ist der Antrag unzulässig.[8]

2. Fehlen eines Betriebsrats und andere Fälle

6 Der Antrag ist auch dann zulässig, wenn im Betrieb kein Betriebsrat existiert, so dass für eine Verhandlungsphase im eben beschriebenen Sinne keinerlei Grundlage besteht.[9] Allerdings wird man den Insolvenzverwalter als verpflichtet ansehen müssen, **zuerst** eine **Einigung über ein freiwilliges Ausscheiden zu versuchen;** Kündigungen sollen immer nur Ultima Ratio sein.[10]

7 Über den Wortlaut hinaus darf § 126 als Ausnahmevorschrift nicht **auf andere Fälle** erstreckt werden, **in denen** ein **Interessenausgleich** i. S. des § 125 InsO **nicht möglich** ist.[11] Wird etwa die **Schwelle einer Betriebsänderung wegen der geringen Zahl der Kündigungen nicht erreicht,** so besteht für eine entsprechende Anwendung des § 126 von vorne herein kein Anlass; dem Insolvenzverwalter ist der normale Weg über Einzelkündigungen zuzumuten.[12]

---

4 *BAG* 20.1.00, DB 00, 1822.

5 Ebenso *BAG* 20.1.00, DB 00, 1822; ErfK-*Gallner,* § 126 Rn. 1; KR-*Weigand,* § 126 InsO Rn. 5; *Zwanziger,* § 126 InsO Rn. 14; *ders.,* BB 97, 628; a. A. *Rummel,* DB 97, 776.

6 Ebenso *BAG* 20.1.00, DB 00, 1822.

7 HK-InsO-*Irschlinger,* Rn. 5; *Zwanziger,* § 126 InsO Rn. 12.

8 *Lakies,* BB 99. 176 f.

9 *Bichlmeier/Wroblewski,*Teil 3 Rn. 583.

10 Für sofortigen Antrag *BAG* 29.6.00, DB 00, 2022 = AP Nr. 2 zu § 126 InsO; *Schrader,* NZA 97, 76, jedoch ohne Benennung des frühest möglichen Zeitpunkts.

11 *Fischermeyer* NZA 97, 1089, 1099; *Zwanziger* § 126 Rn 9; a. A. FK-InsO-*Eisenbeis,* Rn. 4; *Löwisch,* RdA 97, 85; *Schrader,* NZA 97, 76. Die Frage blieb unentschieden in *BAG* 29.6.00, NZA 00, 1180.

12 Ebenso *R. Müller,* NZA 98, 1319; *Smid-Weisemann/Streuber,* Rn. 4; a. A. APS-*Dörner* § 126 InsO Rn. 34; ErfK-*Gallner,* § 126 InsO Rn. 1; *Löwisch,* RdA 97, 85.

Dasselbe gilt auch, wenn das UN **keine 21 Mitarbeiter** hat und deshalb die §§ 111 ff. BetrVG nicht eingreifen.[13]

3. Anwendbarkeit des KSchG

Abs. 1 stellt ersichtlich darauf ab, dass Prozessziel des Insolvenzverwalters die Feststellung ist, dass die geplanten Kündigungen sozial gerechtfertigt sind. Dies bedeutet, dass die Vorschrift **nur solche Arbeitsverhältnisse** erfasst, **die unter das KSchG fallen.**[14] 8

Wie Abs. 2 Satz 1 (»mit den geänderten Arbeitsbedingungen einverstanden sind«) deutlich macht, bezieht sich § 126 nicht nur auf Beendigungs-, sondern auch auf **Änderungskündigungen.**[15] Insoweit gilt dasselbe wie im Rahmen des § 125 InsO (dort Rn. 12). 9

III. Das gerichtliche Verfahren

1. Zulässigkeit des Antrags

Über den Antrag des Insolvenzverwalters wird nur dann in der Sache entschieden, wenn die oben genannten Voraussetzungen (Rn. 6 ff.) gegeben sind. Andernfalls wird er als unzulässig abgewiesen. Möglich ist, ihn gleichzeitig mit einem Antrag nach § 122 InsO zu stellen, doch wird er abgewiesen, wenn im Verfahren nach § 122 festgestellt wird, dass noch weitere Verhandlungen notwendig gewesen wären.[16] 10

2. Verfahrensbeteiligte

Das ArbG entscheidet nach Abs. 2 Satz 1 im **Beschlussverfahren.** An ihm sind der Insolvenzverwalter, der BR (soweit vorhanden) und die zur Kündigung vorgesehenen AN beteiligt. Einzubeziehen sind auch solche Beschäftigte, deren **Kündigung nur hilfsweise,** d. h. für den Fall beantragt wird, dass eine andere Person nicht gekündigt werden kann.[17] Dies kann zu einem **Verfahren mit mehreren hundert Beteiligten** führen – der dadurch geschaffene Aufwand ist allerdings schon aus Gründen des rechtlichen Gehörs nach Art. 103 Abs. 1 GG unabdingbar. **Wer mit seiner Kündigung einverstanden ist,** wird allerdings nicht ins Verfahren einbezogen. Freilich kann erst nach Ausspruch der Kündigung auf den Kündigungsschutz verzichtet werden. Vorher ist das »Einverständnis« nur im Wege des Aufhebungsvertrags möglich. Ein nach Antragstellung erklärtes Einverständnis führt zum Ausscheiden aus dem Beschlussverfahren. 11

3. Entscheidungskriterien

Das Gericht muss das **Vorliegen dringender betrieblicher Erfordernisse** und die **Beachtung** der Grundsätze über die **soziale Auswahl in vollem Umfang** und von Amts wegen **überprüfen.**[18] Es ist Sache des Insolvenzverwalters, die die Kündigung rechtfertigenden Umstände darzulegen; die Unaufklärbarkeit bestimmter Umstände geht zu seinen Lasten, da auch im Beschlussverfahren eine sog. **materielle Beweislast** existiert. Irgendwelche Beweiserleichterungen wie im Falle des § 125 existieren nicht.[19] Nicht ins Verfahren einbezogen sind sonstige Unwirksamkeitsgründe, insbes. Verstöße gegen einen Sonderkündigungsschutz.[20] 12

---

13 KR-*Weigand,* § 126 InsO Rn. 3; *Lakies,* BB 99, 208; a. A. *Berscheid,* in: Uhlenbruck, §§ 126, 127 Rn. 8.
14 APS-*Dörner,* § 126 Rn. 35; *Heinze,* NZA 99, 61; ErfK-*Gallner,* § 126 InsO Rn. 1; a. A. Smid-*Weisemann/Streuber* § 126 InsO Rn. 2.
15 *Bichlmeier/Oberhofer,* AiB 97, 167; HK-InsO-*Irschlinger,* Rn. 10; *Löwisch,* RdA 97, 85; *R. Müller,* NZA 98, 1319.
16 *Berscheid,* Rn. 744.
17 HWK-*Annuß,* § 126 InsO Rn. 3; FK-InsO-*Eisenbeis,* Rn. 8; *R. Müller,* NZA 98, 1320.
18 *BAG* 29.6.00, DB 00, 2021; HWK-*Annuß,* § 126 InsO Rn. 5; *Grunsky,* FS Lüke, S. 195; KR-*Weigand,* § 126 InsO Rn. 18; *R. Müller,* NZA 98, 1319; *Schrader,* NZA 97, 76.
19 *Berscheid,* in: Uhlenbruck, §§ 126, 127 Rn. 21; ErfK-*Gallner,* § 126 Rn. 4; *Lakies,* BB 99, 208.
20 *BAG* 29.6.00, AP Nr. 2 zu § 126 InsO = DB 00, 2021; Kübler/Prütting-*Moll,* § 126 InsO Rn. 33; FK-InsO-*Eisenbeis,* Rn. 10.

13 Die den dringenden betrieblichen Erfordernissen zugrunde liegende **unternehmerische Entscheidung des Insolvenzverwalters** wird nicht stärker als im Normalfall überprüft.[21] Dies bedeutet, dass im Einzelfall nur geprüft werden muss, ob die unternehmerische Entscheidung tatsächlich getroffen wurde, ob sie wirksam ist und ob ihre Umsetzung das Bedürfnis zur Beschäftigung des betroffenen Arbeitnehmers entfallen lässt.[22] Ist entgegen der Lebenserfahrung **in einem anderen Betrieb desselben UN** ein geeigneter **Arbeitsplatz frei,** so fehlt es an der sozialen Rechtfertigung, was auch im vorliegenden Zusammenhang zu berücksichtigen wäre. Keine Rolle spielt, ob der BR im Rahmen der Verhandlungen über einen besonderen Interessenausgleich nach § 125 InsO mit einer bestimmten Kündigung einverstanden war, die Gesamteinigung aber wegen Meinungsverschiedenheiten über andere Arbeitsplätze scheiterte. Die **in § 125 InsO** vorgesehene **Reduzierung des Kündigungsschutzes** greift **nur** dann Platz, wenn eine **»Gesamteinigung«** zustande kam, bei der im Zweifel auch der Insolvenzverwalter bestimmte Konzessionen machen musste. Ist das Verfahren nach § 125 gescheitert, gelten wieder die allgemeinen Spielregeln. Auch die erleichterte Kündbarkeit von Schwerbehinderten nach § 89 Abs. 3 SGB IX scheidet aus.[23]

14 Die **soziale Auswahl** kann nach Abs. 1 Satz 2 nur **in Bezug auf die drei** dort genannten **Kriterien überprüft** werden. Insoweit ergeben sich dieselben Interpretationskontroversen wie im Rahmen des § 1 Abs. 3 KSchG. Im Einzelnen ist hervorzuheben:

15 Das Abstellen auf die drei Kriterien »Dauer der Betriebszugehörigkeit«, »Lebensalter« und »Unterhaltspflichten« schließt vom Wortlaut her jede Einzelfallprüfung unter Einbeziehung weiterer Gesichtspunkte aus.[24] Ein solcher **Schematismus** lässt sich jedoch mit der **Berufsfreiheit** des einzelnen AN nach Art. 12 Abs. 1 GG **nicht vereinbaren,** in die nur insoweit eingegriffen werden kann, als sich dies im Einzelfall auf überwiegende AG-Interessen stützen lässt.[25] Dem kann nur dadurch Rechnung getragen werden, dass bei der Handhabung der drei Kriterien und ihrer Gewichtung **auch andere wesentliche Umstände** aus der Lebenssituation des einzelnen AN Berücksichtigung finden.[26] Bei der Handhabung der drei Kriterien ist daher Folgendes zu berücksichtigen:

16 **»Dauer der Betriebszugehörigkeit«** meint den rechtlichen Bestand des Arbeitsverhältnisses, nicht die tatsächliche Beschäftigung.[27] Sie ist besonders stark zu gewichten, wenn der AN eine **arbeitsbedingte Erkrankung** erlitten hat.[28]

17 Das Kriterium **»Lebensalter«** fällt umso stärker ins Gewicht, je mehr es für die Chancen auf dem Arbeitsmarkt von Bedeutung ist. Außerdem umfasst es im Prinzip auch den **Gesundheitszustand.**[29]

18 Bei den **Unterhaltspflichten** ist auch deren Ausmaß zu beachten. Besonders stark fällt dieses Kriterium deshalb bei **Alleinerziehenden**[30] sowie dann ins Gewicht, wenn **Familienangehörige zu pflegen** sind.[31] Das Einkommen des Ehepartners und die Vermögensverhältnisse des AN finden mittelbar dadurch Berücksichtigung, dass die Belastung durch Unterhaltspflichten geringer wird oder völlig entfällt.[32]

19 Die Tatsache, dass Abs. 1 Satz 2 die **Schwerbehinderung als Kriterium** nicht nennt, lässt sich nicht mit Art. 3 Abs. 3 Satz 2 GG vereinbaren: Wollte man diese Eigenschaft schlicht ignorieren, würde das zu einer dort ausdrücklich verbotenen Benachteiligung dieser Personengruppe führen. Die überwiegende Auffassung in der Literatur ergänzte deshalb die bis Ende 1998 geltende Fassung des § 1 Abs. 3 Satz 1 KSchG durch ein viertes ungeschriebenes Kriterium der

---

21 Zu diesem KDZ-*Deinert,* § 1 KSchG Rn. 375 ff.
22 *BAG* 29.6.00, DB 00, 2021.
23 FK-InsO-*Eisenbeis,* Rn. 21.
24 In diesem Sinne dezidiert *Bader,* NZA 96, 1027.
25 Wie hier im Grundsatz *Düwell,* AiB 96, 394; *Kittner,* AuR 97, 185.
26 So am eingehendsten *Kittner,* AuR 97, 184.
27 *Bader,* NZA 96, 1128; *Wlotzke,* BB 97, 417.
28 *Kittner,* AuR 97, 184.
29 *Kittner,* AuR 97, 184.
30 *Von Hoyningen-Huene/Linck,* DB 97, 42; *Däubler,* BetrR 97, 3.
31 *Kittner,* AuR 97, 184.
32 *Bader,* NZA 96, 1128; *Wlotzke,* BB 97, 417.

Schwerbehinderung.[33] Das SGB IX stellt keine ausreichende Absicherung dar, da das **Integrationsamt keine Auswahlentscheidung** im Verhältnis zu vergleichbaren Beschäftigten trifft.[34] Die seit 1.1.2004 geltende Neufassung des § 1 Abs. 3 KSchG hat die Schwerbehinderung ausdrücklich aufgenommen. Dasselbe Ergebnis folgt aus einer richtlinienkonformen Auslegung des Abs. 1 Satz 2, wobei im Übrigen auch die einfache Behinderung zu berücksichtigen ist.[35]

Bei der Handhabung der einzelnen Kriterien steht dem **Insolvenzverwalter** ein gewisser **Beurteilungsspielraum** zu; wer eine Verletzung des Abs. 1 Satz 2 rügen will, muss selbst deutlich schutzbedürftiger als ein nicht zur Kündigung vorgesehener AN sein.[36] **20**

Abs. 1 Satz 2 enthält keine Beschränkung der sozialen Auswahl durch eine spezifische »Leistungsträgerklausel« wie sie sich in § 1 Abs. 3 Satz 2 KSchG alter und neuer Fassung findet. Insoweit gelten daher die (bisherigen) **allgemeinen Regeln;** die Herausnahme einzelner AN ist daher nur möglich, »wenn betriebstechnische, wirtschaftliche oder sonstige berechtigte betriebliche Bedürfnisse die Weiterbeschäftigung eines oder mehrerer bestimmter AN bedingen und damit der Auswahl nach sozialen Gesichtspunkten entgegenstehen.« **21**

Da der Insolvenzverwalter durch seinen Antrag den Verfahrensgegenstand bestimmt, kann das Gericht lediglich darüber entscheiden, ob die Kündigung der genannten Personen sozial gerechtfertigt ist oder nicht. Es kann **nicht** etwa von sich aus **andere AN auswählen** und sie in die Gruppe der zu Kündigenden einreihen.[37] **22**

Nach dem eindeutigen Wortlaut des § 126 InsO geht es **nur** um die **soziale Rechtfertigung,** nicht um andere gegen die Kündigung sprechende Gründe.[38] Wurde bereits vor Beginn des Verfahrens gekündigt, ist allerdings die **Kündigungsbefugnis** (z. B. des vorläufigen Insolvenzverwalters) mit in die Überprüfung einzubeziehen.[39] Sonstige Einwände können im Einzelkündigungsschutzverfahren nach § 127 InsO geltend gemacht werden. **23**

Gibt das Gericht dem Antrag in Bezug auf einzelne AN statt, so können die Betroffenen zwar Kündigungsschutzklage erheben, doch ist das über diese entscheidende Gericht an die Feststellung nach § 126 InsO gebunden (näher § 127 Rn. 1). **24**

Wird der **Antrag abgewiesen,** so hat auch dies Bindungswirkung im Verhältnis zwischen dem Insolvenzverwalter und dem beteiligten AN; soweit sich keine neuen Tatsachen ergeben, ist dessen **Kündigung unzulässig.**[40] Denkbar und nicht zu beanstanden ist, dass dem Antrag des Insolvenzverwalters in Bezug auf einen Teil der Beschäftigten stattgegeben, dass er im Übrigen jedoch abgewiesen wird.[41] **25**

Kommt während der Dauer des Verfahrens nach § 126 ein **besonderer Interessenausgleich** nach § 125 InsO **zustande,** so macht dies das Verfahren nicht unzulässig; vielmehr wäre es ohne Rücksicht auf die gefundene Einigung zu Ende zu führen. Allerdings wird der Insolvenzverwalter in einem solchen Fall den **Antrag zurücknehmen,** so dass sich von daher das weitere Verfahren erübrigt.[42] Für die Rücknahme des Antrags bedarf der Insolvenzverwalter nach § 81 Abs. 2 Satz 1 ArbGG weder der Zustimmung des Schuldners noch der der betroffenen AN. Eine einstweilige Verfügung ist unzulässig.[43] **26**

---

33 *Buschmann*, AuR 96, 289; *Düwell*, AiB 96, 393 f.; *Klebe*, AiB 96, 718; *Kittner*, AuR 97, 184; a. A. *Bader*, NZA 96, 1122; *von Hoyningen-Huene/Linck*, DB 97, 42; *Löwisch*, NZA 96, 1010.
34 *Kittner*, AuR 97, 184.
35 Däubler/Bertzbach-*Däubler*, § 7 Rn. 225 ff.
36 *Kittner*, AuR 97, 186.
37 *Grunsky*, FS Lüke, S. 197.
38 *Lakies*, BB 99, 209.
39 *BAG* 29.6.00, DB 00, 2021.
40 *Löwisch*, RdA 97, 85.
41 ErfK-*Gallner*, § 126 InsO Rn. 5; *Grunsky*, FS Lüke, S. 197.
42 Vgl. HK-InsO-*Irschlinger*, Rn. 7.
43 FK-InsO-*Eisenbeis*, Rn. 12.

IV. Rechtsmittel und Kosten

1. Rechtsmittel

27 In Bezug auf Einzelheiten des Verfahrens gelten die gleichen Grundsätze wie im Rahmen des § 122 InsO: Abs. 2 Satz 2 verweist auf den Beschleunigungsgrundsatz sowie darauf, dass **keine Beschwerde an das LAG** zulässig und die Rechtsbeschwerde an das BAG nur bei ausdrücklicher Zulassung möglich ist. Eine Nichtzulassungsbeschwerde ist ausgeschlossen.[44] Das BAG kann an eine andere Kammer des ArbG, nicht aber an das LAG zurückverweisen.[45] Näheres oben § 122 Rn. 12 f.

2. Kosten

28 Nach § 2 Abs. 2 GKG werden **im Beschlussverfahren keine Gerichtskosten** erhoben. Die Kosten, die durch Einschaltung von Prozessbevollmächtigten entstehen, würden an sich nach den allgemeinen Grundsätzen des Beschlussverfahrens dem AG, d. h. dem Insolvenzverwalter zur Last fallen. Dies könnte wegen der Beteiligung einer großen Zahl von AN erhebliche Dimensionen annehmen. Abs. 3 verweist deshalb auf § 12 a ArbGG, der an sich nur für das Urteilsverfahren gilt: Danach **tragen die Beteiligten** im Verfahren vor dem ArbG **ihre Kosten selbst.** Kommt es zu einer Rechtsbeschwerde an das BAG, muss die unterliegende Seite auch die Kosten der Prozessvertretung der obsiegenden Seite tragen (Abs. 3 Satz 2).

29 Da der **Betriebsrat** nicht vermögensfähig ist, kann er auch nicht definitiv mit Verfahrenskosten belastet werden. Nach allgemeiner Auffassung steht ihm deshalb insoweit ein **materiellrechtlicher Erstattungsanspruch** nach § 40 BetrVG gegen den Insolvenzverwalter zu.[46] Er muss also insbes. die Vergütung des Prozessvertreters übernehmen.

30 Der **Gegenstandswert** wird in entsprechender Anwendung von § 42 Abs. 4 Satz 1 GKG bestimmt[47] bestimmt; für jeden zur Kündigung vorgesehenen AN werden daher drei Monatsgehälter zugrunde gelegt.[48] Die Gegenmeinung wollte § 8 Abs. 2 Satz 2 BRAGO (jetzt: § 23 Abs. 3 Satz 2 RVG) anwenden und einen Regelstreitwert von 4000 Euro (bis 31.12.2001: 8000 DM) annehmen.[49] Dies wird der tatsächlichen Bedeutung des Verfahrens nicht gerecht, das in weitem Umfang den Streit um die Kündigung insgesamt vorwegnimmt.

V. Verhältnis zu bereits ausgesprochenen Kündigungen

1. Kündigung während des Verfahrens

31 Aus § 127 Abs. 2 InsO wird deutlich, dass ein AN **auch** schon **vor Abschluss des Verfahrens** nach § 126 InsO **gekündigt** werden kann, da für solche Fälle ausdrücklich eine Aussetzung des Kündigungsschutzverfahrens vorgesehen ist.[50]

2. Kündigung vor Beginn des Verfahrens

32 Nicht ausdrücklich geregelt ist der Fall, dass die Kündigung bereits vor Einleitung des Verfahrens ausgesprochen wurde. Die ganz herrschende Auffassung lässt **auch hier einen Antrag nach § 126** zu.[51] Der Insolvenzverwalter hat so die Möglichkeit, zunächst Kündigungen auszusprechen und abzuwarten, wer von den Betroffenen Klage erhebt; um das Verfahren zu

44 *BAG* 14.8.01, AP Nr. 44 zu § 72 a ArbGG 1979 Divergenz; *Berscheid,* in: Uhlenbruck, §§ 126, 127 Rn. 39.

45 *BAG* 20.1.00, NZA 01, 170.

46 *BAG* 17.8.05, NZA 06, 109; HWK-*Annuß,* § 126 InsO Rn. 7; FK-InsO-*Eisenbeis,* Rn. 15; HK-InsO-*Irschlinger,* Rn. 21; *Lakies,* BB 99, 209; *R. Müller,* NZA 98, 1320; *Zwanziger,* § 126 InsO Rn. 40.

47 HWK-*Annuß,* § 126 Rn. 7.

48 *Zwanziger,* § 126 InsO Rn. 39.

49 *R. Müller,* NZA 98, 1321; Smid-*R. Müller,* Rn. 29.

50 *Löwisch,* RdA 97, 85; *Schrader,* NZA 97, 77.

51 *BAG* 29.6.00, DB 00, 2021; FK-InsO-*Eisenbeis,* Rn. 2; HK-InsO-*Irschlinger,* Rn. 2; KR-*Weigand,* § 126 InsO Rn. 9; *Lohkemper,* KTS 96, 15; *Schaub,* DB 99, 222; *Schrader,* NZA 97, 77; *Warrikoff,* BB 94, 2343; einschränkend *Zwanziger,* § 126 InsO Rn. 4; a. A. *Lakies,* BB 99, 209.

vereinfachen, leitet er dann ausschließlich gegen sie eine »Sammelklage« nach § 126 ein. Allerdings ist zu beachten, dass eine Kündigung, die vor Ende der Verhandlungen über den Interessenausgleich bzw. vor der gerichtlichen Entscheidung nach § 122 InsO erfolgt, einen **Anspruch auf Nachteilsausgleich** nach § 113 BetrVG auslöst. Außerdem kann dem Insolvenzverwalter in diesem Zeitraum jede Kündigung durch einstweilige Verfügung untersagt werden (dazu § 122 InsO Rn. 13). Der Insolvenzverwalter wird daher zunächst drei Wochen über den Interessenausgleich verhandeln, dann kündigen und erst nach Ablauf der 3-Wochen-Frist nach §§ 113 Abs. 2 InsO, 4 KSchG gegen die Kläger ein Verfahren nach § 126 einleiten. Wie Kündigungen **durch den vorläufigen Insolvenzverwalter** im Rahmen des § 126 InsO zu behandeln sind, hat das *BAG*[52] dahinstehen lassen.

§ 127 (Klage des Arbeitnehmers)

(1) Kündigt der Insolvenzverwalter einem Arbeitnehmer, der in dem Antrag nach § 126 Absatz 1 bezeichnet ist, und erhebt der Arbeitnehmer Klage auf Feststellung, dass das Arbeitsverhältnis durch die Kündigung nicht aufgelöst oder die Änderung der Arbeitsbedingungen sozial ungerechtfertigt ist, so ist die rechtskräftige Entscheidung im Verfahren nach § 126 für die Parteien bindend. Dies gilt nicht, soweit sich die Sachlage nach dem Schluss der letzten mündlichen Verhandlung wesentlich geändert hat.
(2) Hat der Arbeitnehmer schon vor der Rechtskraft der Entscheidung im Verfahren nach § 126 Klage erhoben, so ist die Verhandlung über die Klage auf Antrag des Verwalters bis zu diesem Zeitpunkt auszusetzen.

Inhaltsübersicht

I. Die Bindungswirkung

Soweit dem **Antrag des Insolvenzverwalters** nach § 126 InsO **entsprochen** wurde, kann der betroffene und am Beschlussverfahren beteiligte AN nicht mehr geltend machen, es fehle in seinem Fall an dringenden betrieblichen Erfordernissen oder einer korrekten sozialen Auswahl. Wurde umgekehrt der **Antrag** des Insolvenzverwalters als unbegründet **abgewiesen,** so steht fest, dass die beabsichtigte Kündigung sozial nicht gerechtfertigt ist.[1] Der Kündigungsschutzklage des AN ist stattzugeben, es sei denn, die Kündigung werde auf veränderte Verhältnisse oder auf Gründe im Verhalten des AN gestützt. Die Situation ist offen, wenn der Antrag als unzulässig abgewiesen wurde.[2] 1

II. Verbleibende Unwirksamkeitsgründe

Dem gekündigten AN steht es frei, die Wirksamkeit der Kündigung **aus anderen Gesichtspunkten** als denen der fehlenden sozialen Rechtfertigung zu bestreiten.[3] 2

Der AN kann geltend machen, die Kündigung sei nach § 102 Abs. 1 Satz 3 BetrVG unwirksam, weil der **Betriebsrat nicht** oder nicht ausreichend **angehört** worden sei. Eine solche Anhörung ist auch dann erforderlich, wenn das Arbeitsgericht dem Insolvenzverwalter »freie Hand« gegeben hat.[4] 3

Der AN kann **Verstöße gegen andere Gesetzesbestimmungen** wie z. B. die §§ 138, 242, 612 a BGB geltend machen.[5] Wichtig ist auch, dass er sich auf einen etwaigen **Sonderkündigungsschutz** (z. B. nach dem SGB IX oder als BR-Mitglied) berufen kann.[6] 4

52 29.6.00, DB 00, 2021.
1 ErfK-*Gallner*, § 127 Rn. 2; KR-*Weigand*, § 127 InsO Rn. 1; *Lakies*, RdA 97, 154; *Löwisch*, RdA 97, 85.
2 FK-InsO-*Eisenbeis*, Rn. 4.
3 FK-InsO-*Eisenbeis*, Rn. 4; Smid-*Weisemann/Streuber*, Rn. 2.
4 *Schrader*, NZA 97, 76.
5 *R. Müller*, NZA 98, 1319.
6 *Heinze*, NZA 99, 61; *Lakies*, BB 99, 209.

5 Nach Abs. 1 Satz 2 entfällt die **Bindungswirkung** des Verfahrens nach § 126 InsO, wenn sich die **Sachlage** nach dem Schluss der letzten »mündlichen Verhandlung« (Redaktionsversehen: im Beschlussverfahren gibt es nur eine »Anhörung«) **wesentlich geändert** hat. Dies ist etwa dann der Fall, wenn der für die Stilllegung vorgesehene Betrieb oder Betriebsteil überraschend einen Käufer gefunden hat oder wenn bei bloßem Personalabbau Personen ausgeschieden sind, die nach sozialen Gesichtspunkten einen höheren Bestandsschutz als der Gekündigte haben. Einzelheiten sind schon im Rahmen des § 125 InsO (dort Rn. 29 f.) erörtert.

6 Der Verwalter verstößt nicht gegen den Gleichheitssatz, wenn er nur mit den klagenden AN **Abfindungsvergleiche** schließt, um so Klarheit zu schaffen und die Veräußerung des Restbetriebs zu erleichtern.[7] In der Regel entstehen dadurch Masseverbindlichkeiten, doch ist auch ein »**Rangrücktritt**« in dem Sinne möglich, dass nur Insolvenzforderungen begründet werden.[8] Letzteres muss als Ausnahmetatbestand aber eindeutig vereinbart sein. Wird eine Leistung »**zuzüglich zum Sozialplan**« versprochen, lässt dies den Rang der Sozialplanansprüche grundsätzlich unberührt.[9]

III. Aussetzung des Verfahrens

7 Erhebt der AN während der Dauer des Verfahrens nach § 126 InsO **Kündigungsschutzklage,** so ist diese zwar zulässig, doch muss das Verfahren nach Abs. 2 auf Antrag des Insolvenzverwalters bis zur rechtskräftigen Entscheidung im Rahmen der »Sammelklage« nach § 126 InsO **ausgesetzt** werden. Dasselbe gilt auch dann, wenn die Klage bereits vor Einleitung des Verfahrens nach § 126 erhoben war.[10] Anders als nach § 148 ZPO hat das Gericht insoweit kein Ermessen. Unterbleibt der Antrag, kann ggf. von der Möglichkeit des § 148 ZPO Gebrauch gemacht werden,[11] doch ist auch denkbar, dass der Insolvenzverwalter wegen der Langwierigkeit des Verfahrens nach § 126 InsO eine Entscheidung wünscht und der AN dies auch für besser hält.

8 Werden vom AN (auch) **andere Gründe** als die fehlende soziale Rechtfertigung gegen die Kündigung vorgebracht, so ist insoweit keine Aussetzung geboten. Das Gericht kann vielmehr – ggf. durch Teilurteil – zur Sache entscheiden.

§ 128 (Betriebsveräußerung)

(1) Die Anwendung der §§ 125 bis 127 wird nicht dadurch ausgeschlossen, dass die Betriebsänderung, die dem Interessenausgleich oder dem Feststellungsantrag zugrunde liegt, erst nach einer Betriebsveräußerung durchgeführt werden soll. An dem Verfahren nach § 126 ist der Erwerber des Betriebs beteiligt.
(2) Im Falle eines Betriebsübergangs erstreckt sich die Vermutung nach § 125 Absatz 1 Satz 1 Nr. 1 oder die gerichtliche Feststellung nach § 126 Absatz 1 Satz 1 auch darauf, dass die Kündigung der Arbeitsverhältnisse nicht wegen des Betriebsübergangs erfolgt.

Inhaltsübersicht

7 *BAG* 27.10.98, NZA 99, 719.
8 *BAG* 17.6.02, NZA 02, 973 = BB 02, 2609.
9 *BAG* 12.6.02, NZA 02, 1231.
10 ErfK-*Gallner,* § 127 InsO Rn. 4.
11 HK-InsO-*Irschlinger,* Rn. 8.

I. Zweck der Vorschrift

1 § 128 will dadurch eine schnelle Betriebsveräußerung ermöglichen, dass die insolvenzrechtlichen **Privilegien** beim Personalabbau **auch für den Erwerber** gelten sollen. Gäbe es die Vorschrift nicht, müsste Letzterer nach den allgemeinen Grundsätzen vorgehen, da er sich nicht in einem Insolvenzverfahren befindet. Dies hätte aller Voraussicht nach zur Folge, dass er mit dem Erwerb noch warten würde.[1] Auch kann es für ihn besonders attraktiv erscheinen, die anstehenden Personalentscheidungen selbst treffen zu können.

II. Rechte des Erwerbers

2 Wie Abs. 1 deutlich macht, ist es für die Anwendung der §§ 125 – 127 InsO unschädlich, wenn die geplante **Betriebsänderung erst nach Übergang des Betriebes** durchgeführt wird. Notwendig ist lediglich, dass sie **im Zeitpunkt des Übergangs geplant** ist und dass der Insolvenzverwalter mit der Nutzung der Möglichkeiten nach den §§ 125 – 127 zumindest begonnen hat, indem er beispielsweise über eine Namensliste verhandelte.[2] Würde man von dieser Voraussetzung absehen, läge ein vom Gesetzgeber nicht gewolltes Dauerprivileg vor. Auf der anderen Seite ist es vom Sinn der Vorschrift her nicht erforderlich, dass der Insolvenzverwalter die Kündigungen ausspricht.[3]

3 Sobald der Erwerber den Betrieb übernommen hat,[4] kann er die **Verhandlungen über** den **besonderen Interessenausgleich** nach § 125 **fortführen** und ggf. eine Namensliste vereinbaren.[5] Vorher ist allein der Insolvenzverwalter zuständig, doch schließt dies nicht aus, dass er den Erwerber einbezieht.

4 Sind die **Verhandlungen** über einen besonderen Interessenausgleich **erfolglos** verlaufen und wurde **dann** der **Betrieb übertragen,** kann der Erwerber das Verfahren nach § 126 einleiten. Hat dies bereits der Insolvenzverwalter getan, ist der Erwerber an dem Verfahren zu beteiligen (Abs. 1 Satz 2).

5 Kommt mit dem Insolvenzverwalter oder mit dem Erwerber ein **besonderer Interessenausgleich** zustande, so erstreckt sich die Vermutungswirkung nach § 125 Abs. 1 Satz 1 Nr. 1 InsO auch darauf, dass die **Kündigung nicht** »**wegen**« des **Betriebsübergangs** erfolgt sei (Abs. 2); will sich der AN auf § 613 a Abs. 4 BGB berufen, musser das **Vorliegen aller Voraussetzungen beweisen,** ohne dass ihm irgendwelche Anscheinsregeln zugute kommen würden.[6] Ist einem Antrag nach § 126 InsO stattgegeben worden, ist damit zugleich festgestellt, dass kein Verstoß gegen § 613 a Abs. 4 BGB vorliegt.[7]

III. Veräußerung eines Betriebsteils

6 Wird nur der **Teil eines Betriebs veräußert,** ist § 128 nicht anwendbar. Dies folgt aus dem Wortlaut, der nur von »Betriebsübergang« spricht, während § 613 a Abs. 1 Satz 1 BGB ausdrücklich zwischen »Betrieb« und »Betriebsteil« differenziert. Außerdem wird die Zahl der übernommenen Arbeitsverhältnisse im Regelfall geringer sein, so dass die verfahrensmäßige Privilegierung durch die §§ 125 – 127 InsO nicht geboten ist.

---

1 *Lakies,* BB 99, 210.
2 *Lakies,* BB 99, 210; *Schaub,* DB 99, 225.
3 HK-InsO-*Irschlinger,* Rn. 2.
4 Maßgeblich ist die Übertragung der Leitungsmacht – *BAG* 8.11.88, NZA 89, 679; *Däubler,* Arbeitsrecht 2, Rn. 1412.
5 *Ettwig,* S. 107.
6 *BAG* 20.9.06, ZIP 07, 595 ff.; *Schaub,* DB 99, 225.
7 *Lakies,* BB 99, 208; *Löwisch,* RdA 97, 85; *Schrader,* NZA 97, 78.

IV. Erhebung der Kündigungsschutzklage

7 Der gekündigte AN muss seine **Kündigungsschutzklage** grundsätzlich **gegen denjenigen** richten, **der** ihm **gekündigt hat.**[8] Geht der Betrieb nach Klagerhebung auf den Erwerber über, wird der Veräußerer zum **gesetzlichen Prozessstandschafter** nach § 265 Abs. 2 Satz 1 ZPO; die Rechtskraft des Urteils erstreckt sich nach § 325 Abs. 1 ZPO auch auf den Erwerber.[9]

8 Hat zwar **noch** der **Insolvenzverwalter gekündigt, ging** der **Betrieb** aber vor Erhebung der Kündigungsschutzklage **auf den Erwerber über,** so finden die §§ 265 Abs. 2, 325 Abs. 1 ZPO keine Anwendung. Dem Insolvenzverwalter fehlt die Passivlegitimation; die **Klage** ist **gegen** den **Erwerber** zu richten. War dem AN der Betriebsübergang wegen fehlender Information nach § 613 a Abs. 5 BGB nicht bekannt und hat er deshalb nicht innerhalb der 3 -Wochen-Frist des § 4 KSchG gegen den Erwerber Klage erhoben, kommt eine nachträgliche Zulassung gemäß § 5 KSchG in Betracht.[10]

V. Erwerber und Sozialplan

9 Geht der Betrieb schon **vor Eröffnung des Insolvenzverfahrens auf den Erwerber über,** haftet er für alle in diesem Zeitpunkt bestehenden Verbindlichkeiten einschl. der aus einem Sozialplan folgenden.[11] Ist Betriebsveräußerer der Insolvenzverwalter, so erfährt § 613 a Abs. 1 BGB insofern eine teleologische Reduktion, als nicht für vorkonkursliche Sozialpläne gehaftet wird: Dies ginge im Ergebnis zu Lasten der übrigen Insolvenzgläubiger, da sich der vom Erwerber bezahlte Kaufpreis entsprechend mindern würde.[12] Das gilt allerdings nicht, wenn der Sozialplan unter Beteiligung eines vorläufigen Insolvenzverwalters zustande gekommen ist; selbst dessen ausschließliche Verfügungsbefugnis ändert daran nichts.[13] Hier bleibt es bei den normalen Regeln des § 613 a BGB.

10 Hatte der **Insolvenzverwalter** einen **Sozialplan** entsprechend § 123 InsO **abgeschlossen,** so geht auch dieser allein zu Lasten der Insolvenzmasse, nicht des Erwerbers. Dies wurde vom *BAG*[14] zwar nur für das bis 1.1.1999 geltende Recht anerkannt, doch kann unter der InsO nichts anderes gelten.[15] Auch hier würde eine Haftungsübernahme durch den Erwerber zu einer Kaufpreisminderung und dadurch zu einer Benachteiligung der sonstigen Insolvenzgläubiger führen. Dabei ist im Übrigen ohne Bedeutung, ob der Erwerber lediglich nach § 613 a Abs. 1 Satz 1 BGB Schuldner der einzelnen Sozialplanansprüche geworden ist oder ob der **Sozialplan** wegen der Übernahme des ganzen Betriebes ihm gegenüber auch **normativ wirkt.**[16]

---

8 *BAG* 20.9.06, NZA 07, 387; KR-*Weigand,* § 128 InsO Rn. 1; *Schaub,* DB 99, 225.
9 Vgl. auch HK-InsO-*Irschlinger,* Rn. 7.
10 *Schaub,* DB 99, 225.
11 *BAG* 20.6.02, BB 03, 423.
12 *BAG* 15.1.02, NZA 02, 1034.
13 *BAG* 20.6.02, BB 03, 423 [426].
14 15.1.02, NZA 02, 1034.
15 *Zwanziger,* BB 03, 631.
16 BAG a. a. O.

Fünfter Teil
Besondere Vorschriften für einzelne Betriebsarten

Erster Abschnitt
Seeschifffahrt

(Von einer Erläuterung der Vorschriften des Ersten Abschnitts wurde abgesehen; vgl. die Kommentierung in der 5. Aufl., S. 2002 – 2044; der Text der §§ 114, 115, 116 findet sich am Anfang dieser Aufl.)

Zweiter Abschnitt
Luftfahrt

§ 117 Geltung für die Luftfahrt

(1) Auf Landbetriebe von Luftfahrtunternehmen ist dieses Gesetz anzuwenden.

(2) Für im Flugbetrieb beschäftigte Arbeitnehmer von Luftfahrtunternehmen kann durch Tarifvertrag eine Vertretung errichtet werden. Über die Zusammenarbeit dieser Vertretung mit den nach diesem Gesetz zu errichtenden Vertretungen der Arbeitnehmer der Landbetriebe des Luftfahrtunternehmens kann der Tarifvertrag von diesem Gesetz abweichende Regelungen vorsehen.

Inhaltsübersicht

I. Vorbemerkungen

1 Das Recht der betrieblichen Interessenvertretung in Luftfahrtunternehmen blieb schon in der Vergangenheit erheblich hinter dem allgemeinen Standard zurück. Das **BRG 1920** klammerte in § 5 zwar ausdrücklich nur die See- und Binnenschifffahrt aus, doch entwickelten sich im Bereich des Luftverkehrs **keine Interessenvertretungen.**[1] Das BetrVG 52 sah in § 88 Abs. 3 den Erlass eines separaten Gesetzes vor, das nie zustande kam; § 88 Abs. 4 bezog bis zu einer solchen Regelung wenigstens die Landbetriebe in die allgemeine Betriebsverfassung ein. Im Jahre **1957** wurde die **erste tarifliche Interessenvertretung für das fliegende Personal** geschaffen;[2] die durch weitere TV fortentwickelte Praxis wurde dann durch den geltenden § 117 Abs. 2 Satz 1 bestätigt und um die Bestimmung des Satz 2 erweitert, wonach die Koordination mit den Interessenvertretungen der Landbetriebe einem genehmigungsbedürftigen TV vorbehalten ist. Durch das **BetrVerf-ReformG** ist das Genehmigungserfordernis weggefallen.

---

1 *Weber*, S. 3 ff.
2 *Weber*, S. 11.

2 Die **Gründe für** die betriebsverfassungsrechtliche **Sonderstellung** des fliegenden Personals lassen sich nur vermuten, nicht eindeutig klären. Die Tatsache, dass es sich um eine spezifische, nicht ortsgebundene Tätigkeit mit festliegenden Arbeits- und Ruheblöcken handelt, ist zwar in der amtlichen Begründung zum Regierungsentwurf 1971 genannt,[3] doch ist dem mit Recht in der Literatur entgegengehalten worden, dass bei Fernfahrern, bestimmten Monteuren und zahlreichen Mitarbeitern des Außendienstes die Situation keine andere ist.[4] Wichtiger dürfte sein, dass der soziale Druck in Richtung auf »Integration« in die Betriebsverfassung relativ gering war, was an der vergleichsweise bescheidenen Zahl der betroffenen Personen, aber auch daran liegt, dass diese in verschiedenen Gewerkschaften (ÖTV, DAG, Vereinigung Cockpit) organisiert waren, die durchaus nicht immer an einem Strang zogen. Auch konnte es in der Vergangenheit eine Rolle spielen, dass die Arbeitsbedingungen recht günstig waren und die Tätigkeit hohes soziales Ansehen genoss; seit den »Sanierungstarifverträgen« mit der Deutschen Lufthansa dürfte sich dieses Argument jedoch höchstens noch für das Cockpitpersonal halten lassen.

II. Anwendungsbereich der Vorschrift

3 Die Sonderregelung des § 117 bezieht sich auf »**Luftfahrtunternehmen**«. Diese waren in § 20 Abs. 1 Satz 1 Luftverkehrsgesetz a. F. **definiert** als »Unternehmen, die Personen oder Sachen durch Luftfahrzeuge gewerbsmäßig befördern«. Luftfahrzeuge sind ihrerseits in § 1 Abs. 2 Luftverkehrsgesetz umschrieben als »Flugzeuge, Drehflügler, Luftschiffe, Segelflugzeuge, Motorsegler, Frei- und Fesselballone, Drachen, Fallschirme, Flugmodelle und sonstige für die Benutzung des Luftraums bestimmte Geräte, insbes. Raumfahrzeuge, Raketen und ähnliche Flugkörper«. Nach ursprünglicher Auffassung der Rechtsprechung[5] war diese Begriffsbestimmung auch für § 117 maßgebend, doch hat das *BAG*[6] diese Auffassung inzwischen aufgegeben. Maßgebend für die Herausnahme des fliegenden Personals aus der gesetzlichen Betriebsverfassung seien die fehlende Ortsgebundenheit und die wechselnden Aufenthalte an unterschiedlichen Flughäfen im In- und Ausland. Die dadurch geschaffenen besonderen Schwierigkeiten bei der Schaffung einer gemeinsamen Interessenvertretung mit dem Bodenpersonal würden nicht bestehen, wenn Rettungshubschrauber einen Einsatzradius von 50 km hätten und nach jedem Einsatz zu ihrem »Stützpunkt« zurückkehren würden.[7] Auch fällt ein Unternehmen nicht unter das Gesetz, das Rundflüge anbietet oder einige Ballonfahrer beschäftigt, die zu Werbezwecken eingesetzt werden.[8] Kein Luftfahrtunternehmen im Rechtssinne liegt auch vor, wenn Flugzeuge lediglich die Aufgabe haben, **Luftbilder** zu machen.[9] Die Bundesluftwaffe fällt als Teil der Bundeswehr sowieso nicht unter das Gesetz, doch ist bemerkenswert, dass insoweit eine Sonderregelung innerhalb des dortigen Vertretungssystems fehlt. Ohne Bedeutung ist bei PrivatUN aber der nichtgewerbliche Charakter; auch wenn keine Erwerbszwecke verfolgt werden, können dieselben arbeitsorganisatorischen Schwierigkeiten auftreten.[10]

III. § 117 verfassungswidrig?

4 Das *BAG* sieht die **Herausnahme des fliegenden Personals** aus der gesetzlichen Betriebsverfassung in Abs. 2 Satz 1 als verfassungskonform an.[11] Ein möglicher Verstoß gegen den Gleichheitssatz des Art. 3 Abs. 1 GG wird mit dem Argument verneint, Abs. 2 Satz 1 sei durch »ver-

3 BR-Drucks. 715/70, S. 58.
4 *Mußgnug*, FS Duden, S. 338.
5 *BAG* 14.10.86, AP Nr. 5 zu § 117 BetrVG 1972 Bl. 2 R; ebenso *GL*, Rn. 2; *Weber*, S. 15.
6 20.2.01, NZA 01, 1089 = AP Nr. 6 zu § 117 BetrVG 1972.
7 *BAG* a. a. O.; zustimmend *Fitting*, Rn. 2 m. w. N.
8 GK-*Franzen*, Rn. 3.
9 *Weber*, S. 15.
10 GK-*Franzen* Rn. 3.
11 *BAG* 10.9.85, AP Nr. 3 zu § 117 BetrVG 1972 Bl. 2 R, zuletzt bestätigt durch *BAG* 20.2.01 NZA 01, 1089 = AP Nr. 6 zu § 117 BetrVG 1972.

nünftige Gründe« geboten, die in der nicht ortsgebundenen Tätigkeit sowie in der Erwägung liegen würden, schwierige Koordinationsprobleme zwischen Bodenpersonal und fliegendem Personal zu vermeiden.[12] Die Kommentarliteratur ist dem bislang ohne Ausnahme gefolgt.[13] Dabei werden keine zusätzlichen Argumente vorgebracht. **In der** sonstigen **Literatur** überwiegt demgegenüber bei weitem die **Skepsis.** *Giesen*[14] kritisiert die Bindung der Nicht- und Andersorganisierten.[15] *Mußgnug*[16] hält § 117 nur für verfassungskonform, soweit dieser durch TV ausgefüllt wird, die die Beteiligungsrechte nicht im Übermaß beschneiden. *Grabherr*[17] und *J. Klein*[18] sehen einen Verstoß gegen Art. 3 Abs. 1 GG darin, dass das fliegende Personal ohne sachlichen Grund schlechter als andere nicht ortsgebundene Arbeitskräfte behandelt werde.[19] Auch *Weber*[20] erblickt hier das entscheidende Bedenken.

In der Tat können die arbeitsorganisatorischen Besonderheiten des Luftverkehrs, zu denen auch die vorgeschriebenen Mindestflugstunden für das Cockpitpersonal gehören, **keine beliebige,** sondern nur eine damit in Zusammenhang stehende **Sonderregelung** rechtfertigen.[21] Dies bedeutet, dass der Gesetzgeber sicherlich berechtigt ist, über § 3 hinaus Spielräume für die Tarifparteien zu eröffnen, soweit es um die Organisation der Interessenvertretung geht. **Es fehlt jedoch an jedem sachlichen Grund, die im Luftverkehr Beschäftigten** auch **bei der Ausübung von Beteiligungsrechten schlechter zu stellen.** Dies zeigt schon ein Vergleich mit den beiden einzigen anderen Fällen der Ausklammerung aus dem Gesetz: Bei leitenden Angestellten i. S. d. § 5 Abs. 3 und 4 rechtfertigt die Unternehmernähe den Ausschluss auch von den Beteiligungsrechten. Bei den Kleinstbetrieben mit weniger als 5 Beschäftigten liegt die (durchaus fragwürdige, aber verfassungsrechtlich wohl nicht zu beanstandende) Erwägung zugrunde, dass die persönlichen Beziehungen ausreichende Einwirkungsmöglichkeiten eröffnen und dass die Inhaber von den »Lasten« der Betriebsverfassung verschont bleiben sollen. Auch nur entfernt vergleichbare Überlegungen sind beim Cockpit- und Kabinenpersonal in keiner Weise ersichtlich. Eine gleichheitswidrige **Schlechterstellung** ist **auch in jenen Unternehmen** gegeben, **in denen TV** existieren. Abgesehen davon, dass diese in mancherlei Hinsicht hinter dem BetrVG zurückbleiben (dazu unten Rn. 16 f.), sehen sich die AN in die Situation versetzt, in tariflichen Auseinandersetzungen das zur »Verhandlungsmasse« zählen zu müssen, was für alle anderen Beschäftigten als gesetzliche Garantie von Beteiligungsrechten außerhalb jeder Diskussion steht.[22] Erst recht sind diejenigen diskriminiert, in deren Unternehmen kein TV zustande kam; in diesen Fällen dürfte auch ein Eingriff in Art. 12 Abs. 1 GG vorliegen.[23] Zur Frage, ob in solchen Fällen ein BR entspr. BetrVG gewählt werden kann, s. unten Rn. 10. 5

Der in § 117 Abs. 2 Satz 1 liegende **Verfassungsverstoß** kann nicht dazu führen, dass die auf seiner Grundlage vereinbarten **TV hinfällig** werden. Bis zu einer entsprechenden Entscheidung des *BVerfG* versteht sich dies sowieso von selbst, wenngleich zu empfehlen ist, im Rahmen des irgend Möglichen auf das BetrVG Bezug zu nehmen und so das Verwerfungsrisiko zu minimieren. Immerhin spricht der rechtsstaatliche Vertrauensschutz dafür, dass auch untergesetzliche Normen wie TV jedenfalls so lange Bestand haben, wie die spezifische Ermächtigungsgrundlage nicht vom *BVerfG* aufgehoben ist. Kommt es zu einer »Kassierung« des § 117 Abs. 2 Satz 1, würde vermutlich durch Übergangsregeln dafür gesorgt, dass kein vertretungsloser Zustand eintritt, der noch weiter von einer verfassungskonformen Lösung entfernt wä- 6

12 *BAG* 5.11.85, AP Nr. 4 zu § 117 BetrVG 1972 Bl. 3.
13 *Fitting,* Rn. 5; GK-*Franzen,* Rn. 9; HWGNRH-*Hess,* Rn. 9; Richardi-*Thüsing,* Rn. 2 a; ErfK-*Kania,* Rn. 1; WPK-*Bender,* Rn 2; ebenso das Handbuch von *Schmid/Roßmann,* Rn. 509 ff.
14 S. 326 ff.
15 Zustimmend *J. Klein,* S. 476 ff.
16 FS Duden, S. 343 ff.
17 NZA 88, 533.
18 S. 473 ff.
19 Ähnlich *Schmid/Sarbinowski,* NZA-RR 03, 113 [121].
20 S. 18.
21 Vgl. *BVerfG* 7.10.80, NJW 81, 271.
22 Vgl. *Mußgnug,* FS Duden, S. 338.
23 Zur Begründung der betrieblichen Mitbestimmung aus Art. 12 s. *Kempen,* AuR 86, 129 ff., und Einl. Rn. 71.

re.[24] Es könnten allerdings umgehend Wahlen nach dem BetrVG eingeleitet werden, so dass die Übergangszeit sehr kurz zu bemessen wäre. Im Folgenden wird § 117 so kommentiert, als bestünden keine verfassungsrechtlichen Einwände. Dies schließt nicht aus, dass einzelne tarifliche Regelungen wegen ihres spezifischen Inhalts zusätzliche Bedenken erwecken können (dazu unten Rn. 18).

IV. Abgrenzung Landbetrieb – fliegendes Personal

7 Die Ausnahmebestimmung des Abs. 2 knüpft an einer bestimmten Tätigkeit an, schafft jedoch **keinen neuen Betrieb**; insoweit gelten die allgemeinen Grundsätze.[25] **Praktische Bedeutung** hat dies nur insofern, als bei einem Wechsel vom Flug- in den Bodenbetrieb und umgekehrt **keine neue Betriebszugehörigkeit** beginnt. Allerdings ist zu beachten, dass die Senioritäts-TV nicht auf die allgemeine Betriebszugehörigkeit, sondern darauf abstellen, dass eine bestimmte Funktion ausgeübt wurde.

8 Ist die Zuordnung einer Person zum Flugbetrieb zweifelhaft, so ist **Abs. 2** als Ausnahmebestimmung grundsätzlich **eng auszulegen**.[26] Das *BAG* stellte zunächst darauf ab, wo das »Schwergewicht« der Tätigkeit lag, und rechnete deshalb einen Abteilungsleiter nicht mehr zum fliegenden Personal, der zwar dessen Vorgesetzter war und der auch dieselben Prüfungen absolvieren musste, jedoch nur etwa 20 % seiner Arbeitszeit an Bord verbrachte.[27] Später hat das Gericht am Beispiel eines Gruppenleiters entschieden, die rein zeitliche Betrachtung sei nicht ausreichend, da angesichts eingehender Vor- und Nachbereitung der Flüge sowie regelmäßiger Weiterbildungsmaßnahmen und Kontrollen auch beim klassischen Flugpersonal die Zeit am Boden überwiege; es komme daher entscheidend darauf an, was der Tätigkeit das »**Gepräge**« gebe.[28] Die gewählte Terminologie ist etwas unglücklich, da der Begriff des »Gepräges« vielfältiger Ausdeutung zugänglich ist: Nicht zuletzt deshalb wurde er im Bereich von Schulungs- und Bildungsveranstaltungen nach § 37 Abs. 6 (gleichzeitig »erforderliche« und »nicht erforderliche« Gegenstände) aufgegeben.[29] Dasselbe gilt für die Abgrenzung der Tendenzbetriebe (§ 118 Rn. 10 f. m. w. N.). Auch bei Tätigkeitsmerkmalen im Eingruppierungsrecht wird nur noch dann auf diese Figur zurückgegriffen, wenn sie ausdrücklich im TV gewählt wurde.[30] Von der Sache her wäre es daher sinnvoller, bei der Vor- und Nachbereitung von Flügen sowie bei Ausbildungs- und Kontrollmaßnahmen sog. **Zusammenhangstätigkeiten** anzunehmen, die einen integrierenden Bestandteil der eigentlichen Funktion darstellen.[31] Rechnet man sie der fliegerischen Tätigkeit zu, weil sich diese nicht ohne solche Rahmenbedingungen erbringen lässt, kann die quantitative Betrachtung wieder Platz greifen, die übrigens auch das *BAG* unterstützend heranzog: Die **Tätigkeit als Gruppenleiter,** die überwiegend mit Verwaltungs- und Schulungstätigkeit verbunden war, habe von daher ihr »Gepräge« erhalten.[32] Einig ist man sich darüber, dass sich die Tätigkeit der von Abs. 2 erfassten Personengruppe **grundsätzlich an Bord** vollziehen muss.[33] Im Einzelnen gilt Folgendes:

9 Unter Abs. 2 fallen **Flugkapitäne,** Copiloten, Flugingenieure und Flugnavigatoren, Purser und Purseretten sowie Stewards und **Stewardessen.**[34] Die für das fliegende Personal zuständigen **Verwaltungskräfte** gehören zum **Bodenbetrieb.** Dasselbe gilt für **Abteilungsleiter,**[35] für

24 Ebenso *J. Klein,* S. 478; vgl. auch *Grabherr,* NZA 88, 534.
25 GK-*Franzen,* Rn. 11; *GL,* Rn. 3; in diese Richtung wohl auch *BAG* 14.10.86, AP Nr. 5 zu § 117 BetrVG 1972 Bl. 2 R.
26 *BAG* 13.10.81, AP Nr. 1 zu § 117 BetrVG 1972 Bl. 2 R; ebenso Richardi-*Thüsing,* Rn. 5; ähnlich GK-*Franzen,* Rn. 8; *Weber,* S. 51.
27 *BAG* 13.10.81, AP Nr. 1 zu § 117 BetrVG 1972.
28 *BAG* 14.10.86, AP Nr. 5 zu § 117 BetrVG 1972; zustimmend ErfK-*Kania,* Rn. 1; Richardi-*Thüsing,* Rn. 8.
29 *BAG* 28.5.76, AP Nr. 24 zu § 37 BetrVG 1972.
30 So schon *BAG* 6.10.85, AP Nr. 1 zu §§ 22, 23 BAT.
31 Näher *Däubler,* Tarifvertragsrecht, Rn. 630.
32 *BAG* 14.10.86, AP Nr. 5 zu § 117 BetrVG Bl. 3 R.
33 *BAG* 13.10.81, AP Nr. 1 zu § 117 BetrVG 1972 Bl. 2 R; *GL,* Rn. 5; Richardi-*Thüsing,* Rn. 6.
34 GK-*Franzen,* Rn. 8; *GL,* Rn. 5.
35 *BAG* 13.10.81, AP Nr. 1 zu § 117 BetrVG 1972.

Gruppenleiter[36] sowie für Lehrpurseretten und Lehrpurser, soweit sie ihre Lehrtätigkeit überwiegend am Boden ausüben.[37] Wer **nur zu Prüf- oder Kontrollzwecken** mitfliegt, fällt nicht in den Ausnahmebereich des Abs. 2,[38] wohl aber die **Fluglehrer.**[39] Das **technische Bodenpersonal,** insbes. der Wartungsdienst, zählt zum Bodenbetrieb.[40] Erst recht gilt dies für den Verwaltungsapparat, für Verkaufsbüros und für Flughafenschalter der Fluggesellschaften. Die technische Regie des Flughafens liegt im Übrigen regelmäßig bei der rechtlich selbstständigen Flughafengesellschaft.[41] Nicht unter § 117 Abs. 2 fällt der Luftrettungsdienst des ADAC, da dieser ortsgebunden ist.[42] Entsprechendes gilt entgegen *LAG Bremen*[43] auch für die an einem bestimmten Punkt stationierten Fluglehrer, so dass sie trotz ihrer fliegerischen Tätigkeit nicht aus dem BetrVG herausfallen.

V. Tarifliche Regelungen im Einzelnen

1. Wahl einer Interessenvertretung in Bereichen ohne Tarifvertrag?

Wird durch das fliegende Personal ein BR oder eine andere Interessenvertretung gewählt, ohne dass ein TV besteht, so soll diese Wahl nach verbreiteter Auffassung **nichtig** sein.[44] Dies soll auch dann gelten, wenn der AG mit einer solchen Vertretung bereits verhandelt hat.[45] Hält man die Regelung des § 117 Abs. 2 für verfassungswidrig (s. o. Rn. 5), so wird man zu einem anderen Ergebnis kommen: Der Widerspruch zu einer materiell verfassungswidrigen (aber vom *BVerfG* eben noch nicht aufgehobenen) Vorschrift ist **kein so gravierender Verstoß**, dass man die schwere Nichtigkeitssanktion eingreifen lassen müsste. 10

Fitting[46] vertritt in neuerer Zeit den Standpunkt, aus den **EG-Richtlinien** über Massenentlassungen, Betriebsübergang und Konsultation der Arbeitnehmer folge die Verpflichtung der Mitgliedstaaten, für die Errichtung betrieblicher Interessenvertretungen zu sorgen. Eine **richtlinienkonforme Auslegung** des § 117 Abs. 2 ergebe daher, dass in Bereichen ohne Tarifvertrag BR nach dem Gesetz gewählt werden könnten. Die *EuGH*-Rechtsprechung, auf die sich *Fitting* beruft, lässt jedoch einen so weitgehenden Schluss nicht zu. Danach müssen die Mitgliedstaaten lediglich ein Verfahren bereitstellen, wie Interessenvertretungen errichtet werden können, doch kann dieses auch in einer entsprechenden Ermächtigung an die Tarifparteien bestehen.[47] Ein Verstoß gegen die Richtlinien liegt lediglich vor, wenn die Existenz einer Interessenvertretung wie in Großbritannien von der freiwilligen Anerkennung durch den Arbeitgeber abhängig gemacht wird.[48] Dies wäre im Falle des § 117 Abs. 2 nur dann gegeben, wenn der TV nicht erstreikbar wäre; davon kann jedoch nicht die Rede sein (dazu u. Rn. 13).[49] Allerdings ist die Schwelle des Streiks eine sehr viel höhere als die für die Bildung eines BR bestehende. Hierin liegt eine zusätzliche Benachteiligung des von § 117 Abs. 2 erfassten Personenkreises, die gegen Art. 3 Abs. 1 GG verstößt. Würde man mit *Fitting*[50] die Wahl nach den §§ 7 ff. zulassen, wäre dieses Defizit beseitigt. Da der Wortlaut des § 117 Abs. 2 durchaus »offen« erscheint,[51] kommt insoweit eine **verfassungskonforme Auslegung** in Betracht. Dies ist vom 11

36 *BAG* 14.10.86, AP Nr. 5 zu § 117 BetrVG.
37 *LAG Frankfurt* 27.4.84, AuR 85, 61.
38 *BAG* 14.10.86, AP Nr. 5 zu § 117 BetrVG 1972; GK-*Franzen*, Rn. 7.
39 *LAG Bremen* 21.2.01.
40 GK-*Franzen*, Rn. 5; *Fitting* Rn 4; *Grabherr*, NZA 88, 532; nunmehr auch HWGNRH-*Hess*, Rn. 6.
41 *Fitting*, Rn. 3.
42 *BAG* 20.2.01, NZA 01, 1089; zustimmend *Schmid/Sarbinowski*, NZA-RR 03, 113 [120].
43 A. a. O.
44 *LAG Frankfurt* 15.12.72, DB 73, 1512; *LAG Berlin-Brandenburg* 30.10.09, LAGE § 117 BetrVG 2001 Nr. 1; GK-*Franzen*, Rn. 12; *GL*, Rn. 5.
45 *LAG Frankfurt*, a. a. O.
46 Rn. 6. Ähnlich *Bayreuther* NZA 10, 262 ff.
47 Ebenso GK-*Oetker*, Rn. 10.
48 *EuGH* 8.6.94, Slg. 94 I-02479, Tz 9 ff. – zur Massenentlassungsrichtlinie; *EuGH* 8.6.94, Slg. 94 I-02435 Tz 9, 13, 18 ff. – zur Betriebsübergangsrichtlinie.
49 Ebenso im Ergebnis *LAG Berlin-Brandenburg* 30.10.09 LAGE § 117 BetrVG 2001 Nr. 1 = dbr 1/10 S. 6.
50 A. a. O.
51 Richtig *Fitting*, Rn. 6 a.

LAG Berlin-Brandenburg[52] nicht in seine Erwägungen einbezogen worden.[53] Das LAG Sachsen hat demgegenüber mit Rücksicht auf die offene Rechtslage den Erlass einer einstweiligen Verfügung abgelehnt, mit der die Durchführung einer BR-Wahl unter Einschluss des fliegenden Personals verboten werden sollte.[54]

2. Tarifliche Gestaltungsmöglichkeiten

12 Die auf der Grundlage des § 117 Abs. 2 abgeschlossenen TV enthalten betriebsverfassungsrechtliche Normen und wirken deshalb nach § 3 Abs. 2 TVG auch **für und gegen die nicht** oder anders **organisierten AN**.[55] Die tarifschließende Gewerkschaft muss allerdings nach ihrer Satzung für alle erfassten AN tarifzuständig sein.[56] Eine staatliche Genehmigung ist nicht erforderlich. Unbedenklich zulässig ist es, die Beteiligungsrechte der Interessenvertretung in mehreren TV zu regeln, z. B. einen für soziale, einen für personelle und einen für wirtschaftliche Angelegenheiten abzuschließen. Schon nach bisherigem Recht konnten Beschäftigte mehrerer UN zusammengefasst werden.[57] Auch ist es möglich, eine Interessenvertretung nur für eine bestimmte Gruppe der im Flugbetrieb Beschäftigten (»Kabine«, »Cockpit«) vorzusehen, was ggf. zur Entstehung mehrerer Vertretungen führt. Die schwierige Frage, was geschieht, wenn **zwei Gewerkschaften** je **unterschiedliche TV** vereinbaren, ist bisher nicht praktisch geworden, da man sich auf den Abschluss gleich lautender Verträge oder auf eine gemeinsame Unterschrift verständigt hat. Da die üblichen Regeln zur Lösung der Tarifkonkurrenz hier versagen und auch das Günstigkeitsprinzip nicht immer weiterführt, würde man im Kollisionsfall wohl darauf abstellen müssen, welche Gewerkschaft die größere Zahl an Mitgliedern im Geltungsbereich des TV besitzt.[58] Dabei kommt es dem Grundsatz der Spezialität entsprechend auf die Verhältnisse im jeweils kleineren »Tarifbezirk« an. Ein von der Gewerkschaft X für das Kabinenpersonal durchgesetzter TV hat dann den Vorrang, wenn sie dort mehr Mitglieder als die Gewerkschaft Y besitzt – und zwar auch, wenn die Gewerkschaft Y im Gesamtunternehmen die mitgliederstärkere ist.

13 TV auf der Grundlage des § 117 Abs. 2 sind **erstreikbar;** andernfalls wäre die Schaffung einer Betriebsverfassung vom Wohlwollen der AG-Seite abhängig.[59]

14 Der tariflichen Gestaltung ist zunächst insoweit eine Grenze gezogen, als wegen des SprAuG **leitende Angestellte nicht** erfasst werden können. Sie sind auch im Bereich der Luftfahrtunternehmen auf die (freiwillige) Schaffung eines **SpA** verwiesen. Das SprAuG kennt keinen dem § 117 Abs. 2 entsprechenden Vorbehalt.[60] Ob ein Flugkapitän als leitender Angestellter zu qualifizieren ist, richtet sich nach seiner konkreten Funktion.[61] Für den Chefpiloten hat das *BAG* die Frage bejaht.[62]

15 Den Tarifparteien steht es frei, **das BetrVG ganz** oder mit kleineren Modifikationen **zu übernehmen** (so etwa der TV über die Errichtung eines BR zwischen der Euro Berlin France und der ÖTV vom 13.5.1990, der sich auf Flugbegleiter und Flugbegleiterinnen beschränkt; entsprechende Abmachungen bestehen bei Aero Lloyd und Air Berlin sowie bei Britannia). Rechtlich bestehen aber auch keine Bedenken dagegen, sich von der organisatorischen Struktur des Gesetzes zu entfernen und beispielsweise ein Delegiertensystem nach italienischem Muster oder auch mehrere Vertretungen zu errichten.[63] Nach Auffassung des *BAG*[64] können

52 30.10.09, LAGE § 117 BetrVG 2001 Nr. 1
53 Für Unionsrechtswidrigkeit der bisherigen Auslegung auch ErfK-*Kania*, Rn. 1 a. E.
54 *LAG Sachsen* 2.7.15 – 8 TaBVGa 3/15. Ebenso *ArbG Leipzig* 19.5.15 – 12 BVGa 5/15 und 4.6.15 – 14 BVGa 6/15.
55 *GL*, Rn. 5.
56 *BAG* 14.1.14, NZA 14, 910.
57 *LAG Bremen* 21.2.01.
58 Näher *Däubler*, Tarifvertragsrecht, Rn. 1482 ff.
59 *Bayreuther* NZA 10, 1265; GK-*Franzen*, Rn. 13; *GL*, Rn. 5; *Grabherr*, NZA 88, 534; *Schmid/Roßmann*, Rn. 519; *Weber*, S. 18.
60 *Hromadka/Sieg*, § 33 Rn. 8; *Löwisch*, SprAuG, § 33 Rn. 2.
61 *Hromadka/Sieg*, a. a. O.
62 *BAG* 25.10.89, DB 90, 1775.
63 Zu Letzterem ebenso GK-*Franzen*, Rn. 16.
64 5.11.85, AP Nr. 4 zu § 117 BetrVG 1972 Bl. 3 R.

die tariflich vorgesehenen Mitbestimmungsrechte hinter dem gesetzlichen Modell zurückbleiben, doch ist aus verfassungs- und unionsrechtlichen Gründen ein Mindeststandard zu wahren.[65] Allerdings sind nur solche Abweichungen erlaubt, die durch die Spezifik des Flugbetriebs bedingt sind – andernfalls läge eine gegen Art. 3 Abs. 1 GG verstoßende willkürliche Schlechterstellung im Vergleich zu allen übrigen AN vor. Dazu Stellung zu nehmen, hatte das *BAG* bislang keinen Anlass.

Der bisher wichtigste TV, der für die bei der Deutschen Lufthansa und der Condor Fluggesellschaft Beschäftigten gilt,[66] geht von einer extremen **Gruppeneinteilung** aus, die sich sonst nirgends in der geltenden Arbeitsrechtsordnung findet. Auf der untersten Ebene werden insgesamt **6 selbstständige Gruppenvertretungen** gewählt: Für Kapitäne, Copiloten, Fluglehrer, Flugingenieure, Purseretten/Purser und Stewardessen/Stewards (§ 5 Abs. 1). Aus diesen Gruppenvertretungen wird nach § 30 des TV die sog. **Gesamtvertretung** gebildet, die somit alle im Flugbetrieb beschäftigten AN repräsentiert. Die Gruppenvertretungen sind dort mit einer unterschiedlichen Zahl von Personen repräsentiert: Kapitäne und Copiloten stellen jeweils 4 Mitglieder, Flugingenieure 3, Flugnavigatoren und Fluglehrer jeweils 1. Purseretten und Purser sind mit 3, Stewardessen und Stewards mit 9 Personen vertreten. Anders als bei einem GBR wird nach § 39 Abs. 2 des TV nicht nach der Zahl der repräsentierten AN, sondern nach Köpfen abgestimmt. Dies bedeutet, dass das Cockpitpersonal über insgesamt 12 Stimmen (ohne den Vertreter der Fluglehrer) verfügt, während das Kabinenpersonal ebenfalls nur 12 Stimmen besitzt. Dies führt zu einer **erstaunlichen Ungleichheit:** Die Mitglieder des Cockpits haben das gleiche Stimmengewicht wie die 8 – 10-mal größere Gruppe des Kabinenpersonals. Dies wäre schon dann gravierend, wenn die **Gesamtvertretung** die vergleichsweise bescheidene Rechtsstellung eines GBR hätte; nach § 35 Abs. 2 des TV **kann** sie jedoch mit Stimmenmehrheit **»die Angelegenheit einer Gruppenvertretung an sich ziehen«**, also eine ungeliebte Gruppenvertretung inhaltlich »austrocknen«. Bei der auf Konzernebene bestehenden Konzernvertretung setzt sich die **Bevorzugung des Cockpitbereichs** fort: Nach § 42 Abs. 2 des TV stehen 4 Cockpitvertretern 3 Vertreter des Kabinenbereichs gegenüber. Auch dort wird nach Köpfen abgestimmt (§ 49 Abs. 2 des TV). **16**

Die **Mitbestimmungsrechte** unterscheiden sich demgegenüber nicht wesentlich vom BetrVG.[67] Auch der Kündigungsschutz der Mitglieder der Vertretungsorgane entspricht dem gesetzlichen Modell. Was fehlt, sind Sanktionsvorschriften gegen den AG nach dem Vorbild der §§ 23 Abs. 3, 119, 121. Dies wurde von der Rspr. z. T. dadurch gemildert, dass der AN-Vertretung entsprechend § 1004 BGB ein Anspruch auf Unterlassung mitbestimmungswidriger Maßnahmen eingeräumt und der AG z. B. verpflichtet wurde, eine rechtswidrige Versetzung wieder rückgängig zu machen.[68] Zu erwähnen ist schließlich die Einrichtung des Geschäftsführers nach § 61 des TV, der im Einvernehmen mit der Gesamtvertretung zu bestellen ist und der insbes. die laufenden Geschäfte zu erledigen hat. **17**

Die organisatorischen Bestimmungen des TV erwecken **erhebliche verfassungsrechtliche Bedenken.** Zwar ist es den Tarifparteien unbenommen, an der Tätigkeit orientierte Gruppen und entsprechende selbstständige Vertretungen zu bilden, doch verstößt es gegen den **Grundsatz der Gleichheit im Wahlverfahren,** wenn die Stimme eines Kapitäns im Vergleich zu der einer Stewardess oder eines Pursers den fünf- oder zehnfachen Erfolgswert bei der Zusammensetzung der Gesamtvertretung – und damit des entscheidenden Organs – besitzt. Die bei politischen Wahlen anerkannten Grundsätze der Gleichheit und Allgemeinheit der Wahl gelten nach der Rspr. des BVerfG auch im Personalvertretungsrecht und bei den Wahlen zu den Vertretungsgremien der Sozialversicherungsträger;[69] sie müssen auch hier beachtet werden. Verfassungskonforme Ausnahmen existieren bei den Wahlen zu Selbstverwaltungsorganen von Hochschulen sowie zu den richterlichen Präsidialräten; insoweit geht es aber um Lebens- **18**

65 *BAG* 17.3.15, AuR 15, 334 Tz. 32.
66 **TV Personalvertretung** für das Bordpersonal vom 15.11.1972 i. d. F. des TV vom 25.6.1976 und des TV vom 29.10.1980; vgl. *BAG* 24.6.08, AP Nr. 8 zu § 117 BetrVG 1972.
67 Zu Fragen der Arbeitszeit s. jedoch *BAG* 14.1.14, NZA 14, 910.
68 *ArbG Frankfurt* 19.6.85, in: *Gade*, Entscheidungen der Arbeitsgerichte zu TV Bordpersonal, S. 61.
69 *BVerfG* 23.3.82, BVerfGE 60, 162, 167.

bereiche, die durch die Verfassung in spezifischer Weise vorstrukturiert sind.[70] Das Cockpitpersonal kann für sich keine vergleichbaren Befugnisse in Anspruch nehmen. Auch die Funktionsfähigkeit der Personalvertretung hängt nicht von einer derartigen Überrepräsentation bestimmter Gruppen ab; die bestehende Regelung lässt sich deshalb nicht mit dem Argument verteidigen, die Wahlrechtsgleichheit müsse sich – ähnlich wie dies zur Vermeidung der Stimmenzersplitterung angenommen wird (5 %-Klausel!) – Abstriche gefallen lassen. Den Tarifparteien steht auch kein größerer Spielraum als dem Gesetzgeber zu, der die Regeln im Personalvertretungs- oder im Sozialversicherungsrecht festlegt: Sie müssen wie jeder andere Normgeber Gleichheitsgrundrechte beachten.[71] Dies ist hier nicht geschehen, da die Schaffung eines derart unterschiedlichen gruppenspezifischen Erfolgswerts auf ein **6-Klassen-Wahlrecht** hinausläuft, das seit 1918 keine Parallele im politischen Bereich mehr besitzt. Es kann daher dahinstehen, ob es nicht auch einen arbeitsrechtlichen Grundsatz des Inhalts gibt, dass bei der Wahl von Vertretungskörperschaften der Grundsatz »one man one vote« gilt.[72]

19 Ein weiteres verfassungsrechtliches Bedenken ergibt sich dadurch, dass § 9 Abs. 4 des TV für einen gültigen **Wahlvorschlag** die Unterschriften von **mindestens einem Zehntel** der wahlberechtigten Gruppenangehörigen veranlagt, allerdings 50 Unterschriften auf alle Fälle ausreichen lässt. Wie das *BVerfG* im Zusammenhang mit PR-Wahlen entschieden hat, ist ein 10 %-Quorum im Regelfall zu hoch.[73] Auch **50 Unterschriften** zu verlangen ist dann **unverhältnismäßig,** wenn eine ähnlich hohe Stimmenzahl bereits zu einem Sitz führt.[74] Da nach § 5 Abs. 2 des TV für jeweils angefangene 30 Angehörige einer Mitarbeitergruppe ein Mitglied zu wählen ist, ist diese Voraussetzung grundsätzlich erfüllt.[75] Bedenken erweckt schließlich § 2 Abs. 2 des TV, der lediglich solche AN ausklammert, die als Dienststellenleiter auf Grund übertragener Führungsaufgaben zu Gesprächspartnern der Personalvertretungen berufen sind: Der Begriff des leitenden Angestellten, wie er dem § 5 Abs. 3 und 4 sowie dem SprAuG zugrunde liegt, ist ersichtlich nicht auf einen so engen Personenkreis beschränkt. Auch steht er nicht zur Disposition der Tarifparteien. Im Rahmen der Neustrukturierung der Personalvertretung als Folge des »Umbaus« des Lufthansa-Konzerns könnten die Tarifvertragsparteien den dargelegten verfassungsrechtlichen Bedenken Rechnung tragen; anderenfalls sind jederzeit gerichtliche Auseinandersetzungen möglich. Außerdem ist dafür zu sorgen, dass an den jeweiligen Einsatzorten (»base«) zumindest ein Mitglied der Interessenvertretung jederzeit erreichbar ist.

3. Einzelfragen

20 Die auf der Grundlage des § 117 Abs. 2 vereinbarten TV[76] waren nur vergleichsweise selten Gegenstand der Rspr. Die 1987 erfolgte **Kündigung des TV Personalvertretung** (o. Rn. 16 f.) führte zu dessen bis heute dauernder Nachwirkung;[77] auch das *BAG*[78] wendet ihn weiter an.[79] Die aus § 99 übernommene Mitbestimmung bei Einstellungen erstreckt sich auch auf die **Beschäftigung von Leiharbeitnehmern und Fremdfirmenleuten,** und zwar auch dann, wenn ihr Einsatz auf ausländischen Strecken erfolgt, die von den Arbeitgeber-Flugzeugen bedient werden.[80] Die Rechtsbehelfe, die gesetzliche Interessenvertretungen bei einer Verletzung ihrer Rechte aus §§ 99 ff. besitzen, stehen den Gruppenvertretern auch ohne ausdrückliche tarifliche

70 *BVerfG,* a. a. O., S. 169.
71 *BAG* 4.4.00, NZA 02, 917; etwas abschwächend *BAG* 29.8.01, NZA 02, 863; zum Diskussionsstand in der Literatur Däubler-*Däubler,* TVG, Einl. Rn. 124 a ff.
72 Bedenken in der hier dargelegten Richtung auch bei *Weber,* S. 23 ff.
73 *BVerfG* 16.10.1984, BVerfGE 67, 369, 378.
74 BVerfGE, a. a. O., S. 379.
75 Ähnlich *J. Klein,* S. 477.
76 Überblick bei GK-*Franzen,* Rn. 19, 22.
77 *LAG Bremen* 21.2.01.
78 16.8.95, AP Nr. 19 zu § 1 TVG Tarifverträge: Lufthansa.
79 Kritisch zur Nachwirkung *Schmid/Roßmann,* Rn. 527 ff., wenn auch ohne überzeugende Argumente. Wie die Rspr. GK-*Franzen,* Rn. 15.
80 *BAG* 10.9.85, AP Nr. 3 zu § 117 BetrVG 1972.

Garantie in gleicher Weise zu.[81] Die **Versetzung** von einem Konzernunternehmen in ein anderes kann ausschließlich von der Zustimmung der Konzernvertretung abhängig gemacht werden; soweit diese ihrerseits an die Zustimmung der Gesamtvertretung gebunden ist, hat dies nur internen Charakter.[82] Soll ein fluguntauglich gewordener Kapitän in den Landbetrieb versetzt werden, muss die Personalvertretung des fliegenden Personals zustimmen, soweit der einschlägige TV eine mit § 99 übereinstimmende Regelung enthält.[83] Dasselbe gilt bei einem wiederholten kurzfristigen Einsatz von Flugkapitänen als First Officer oder als Senior First Officer.[84] Die Änderung des Einsatzorts stellt grundsätzlich eine Versetzung dar,[85] was auch für das Beteiligungsrecht entsprechend § 99 BetrVG gilt. Ein dem § 15 KSchG entsprechender Kündigungsschutz muss ausdrücklich vereinbart sein,[86] doch stehen den tariflichen Vertretungen bei einer Verletzung ihrer Beteiligungsrechte in gleicher Weise wie einem BR Unterlassungsansprüche zu.[87] Die Tarifparteien entscheiden frei darüber, ob sie auch für das fliegende Personal einen eigenen WA errichten wollen.[88] Die Bestellung zum Check- und Trainingskapitän stellt eine Versetzung dar.[89] Der zulässige Inhalt von Interessenausgleich und Sozialplan bestimmt sich nach denselben Grundsätzen wie bei § 112;[90] dasselbe gilt für Versetzungen bei Schließung von Stationierungsorten.[91] Zur Mitbestimmung über die Gestaltung des Flugplans s. *BAG*.[92] Enthält dieser eine Diskriminierung wegen (jüngeren) Alters, können die Benachteiligten keine Gleichbehandlung mit den Begünstigten verlangen, da sonst der Flugbetrieb zum Erliegen käme. Die fragliche Regelung ist unwirksam, notfalls besteht ein Arbeitsverweigerungsrecht, bis eine diskriminierungsfreie Regelung geschaffen ist.[93]

4. Zusammenarbeit mit Betriebsrat/Gesamtbetriebsrat der Landbetriebe

Nach § 117 Abs. 2 Satz 2 kann die Zusammenarbeit mit den Vertretungen der in den Land- 21
betrieben Beschäftigten tariflich geregelt werden; eine entsprechende Abmachung bedarf nicht mehr der staatlichen Genehmigung. Bislang hat diese Bestimmung kaum Bedeutung erlangt. Ein praktisches Bedürfnis ist allerdings nicht von der Hand zu weisen. So hat etwa das *BAG*[94] ausdrücklich darauf hingewiesen, die Besetzung der Position eines Dienststellenleiters, der Verwaltungsaufgaben gegenüber dem fliegenden Personal wahrnimmt, aber seiner Tätigkeit wegen dem Landbetrieb zugerechnet wird, sei eine Angelegenheit, die auch die Gesamtvertretung interessieren müsse. Denkbar wäre die Bildung eines gemeinsamen GBR bzw. KBR, wobei der TV die organisatorischen Voraussetzungen und – im Rahmen des rechtlich Zulässigen – die Stimmengewichte festlegen müsste. Auch ein **gemeinsamer WA** kommt in Betracht. Weiter kann vorgesehen werden, dass die **Vertretung des fliegenden Personals** Personen **in einen KBR** entsendet, der bei der Mutter des Luftfahrt-UN besteht; diese haben dort notwendigerweise so viele Stimmen, wie sie Beschäftigte vertreten. Besteht eine (verfassungskonforme) Aufteilung in Gruppen, wie z. B. Cockpit und Kabine, so kann eine entspr. Vertretung im KBR vorgesehen werden. Besteht ein Konzern im Konzern (§ 54 Rn. 14 ff.), so kann eine Beteiligung auf allen Ebenen erfolgen. Ohne tarifliche Regelung ist es auf freiwilliger Grundlage möglich, dass der **GBR der Landbetriebe** auch **Angehörige des fliegenden Personals in den WA entsendet**.[95]

81 *HessLAG* 12.2.08, AuR 08, 406.
82 *BAG* 10.9.85, AP Nr. 2 zu § 117 BetrVG 1972 Bl. 2; vgl. zur weiteren Entwicklung der Tarifpraxis GK-*Franzen*, Rn. 19; HWGNRH-*Hess*, Rn. 16 ff.
83 *BAG* 22.11.05, NZA 06, 389, 392 = AP Nr. 7 zu § 117 BetrVG 1972.
84 *ArbG Frankfurt/Main*, 15.12.04, AuR 05, 164.
85 *BAG* Urt. v. 21.7.90, NZA 09, 1369.
86 *LAG Frankfurt* 4.10.83, AuR 85, 29.
87 *HessLAG* 4.7.06, AuR 07, 226.
88 *BAG* 5.11.85, AP Nr. 4 zu § 117 BetrVG 1972 Bl. 3 R.
89 *LAG Frankfurt*, NZA 92, 232.
90 *BAG* 17.9.91, DB 92, 229.
91 *BAG* 28.8.13, NZA-RR 14, 181.
92 7.11.00, NZA 02, 111; *BAG* 19.2.02, AuR 02, 438; *BAG* 17.9.13, NZA 14, 219.
93 *BAG* 14.5.13, NZA 13, 1160.
94 13.10.81, AP Nr. 1 zu § 117 BetrVG 1972 Bl. 3.
95 *BAG* 5.11.85, AP Nr. 4 zu § 117 BetrVG 1972 Bl. 3.

VI. Niederlassungen ausländischer Fluggesellschaften im Inland

22 § 117 ist wie das übrige Betriebsverfassungsrecht auch auf die Niederlassungen ausländischer UN im Inland anwendbar (Einl. Rn. 234). Dies gilt auch dann, wenn sich der Leitungsapparat im Ausland befindet (Einl. Rn. 234). Ohne Bedeutung ist, ob die Arbeitsverträge der Beschäftigten deutschem oder ausländischem Recht unterliegen (Einl. Rn. 234). Tarifverträge nach § 117 Abs. 2 gehören zur Betriebsverfassung, so dass insoweit deutsches Recht anwendbar ist.[96] Dasselbe gilt für einen um einen solchen Tarifvertrag geführten Streik.[97]

VII. Unternehmensmitbestimmung

23 § 88 Abs. 4 BetrVG 1952 hatte die Angehörigen des fliegenden Personals auch von der Vertretung im AR nach §§ 76, 77 BetrVG 1952 ausgenommen. Da § 88 Abs. 4 aber nicht mehr gilt, ist dieser »mitbestimmungsfreie Raum« hinfällig geworden. Auch das MitbG kennt keine Ausnahme zu Lasten der im Flugbetrieb Beschäftigten, so dass sie bei den Wahlen zum AR **volles Stimmrecht** besitzen.[98] Gleiches gilt im Anwendungsbereich des Drittelbeteiligungsgesetzes.

VIII. Streitigkeiten

24 Verfahrensrechtlich steht die tariflich geschaffene Interessenvertretung des fliegenden Personals einem BR bzw. GBR und KBR gleich: Über ihre Rechte und Pflichten kann im **Beschlussverfahren** entschieden werden,[99] sie ist dort beteiligtenfähig.[100] Auch die Literatur vertritt einhellig diese Auffassung.[101] Dem entspricht es, dass in der normalen Betriebsverfassung tariflich begründete BR-Befugnisse im Wege des Beschlussverfahrens durchgesetzt werden können. Die Voraussetzungen für die Beteiligung an einem konkreten Verfahren sind die allgemeinen; besteht etwa nur ein internes Zustimmungsrecht gegenüber der Konzernvertretung, ist eine Beteiligung am Beschlussverfahren nicht möglich.[102] Die »Gesamtvertretung« nach dem bisherigen TV Personalvertretung der Lufthansa ist keinem GBR vergleichbar, so dass das ArbG Frankfurt und nicht das für den Unternehmenssitz zuständige ArbG Köln zur Entscheidung berufen ist.

Dritter Abschnitt
Tendenzbetriebe und Religionsgemeinschaften

§ 118 Geltung für Tendenzbetriebe und Religionsgemeinschaften

(1) Auf Unternehmen und Betriebe, die unmittelbar und überwiegend
1. **politischen, koalitionspolitischen, konfessionellen, karitativen, erzieherischen, wissenschaftlichen oder künstlerischen Bestimmungen oder**
2. **Zwecken der Berichterstattung oder Meinungsäußerung, auf die Artikel 5 Abs. 1 Satz 2 des Grundgesetzes Anwendung findet,**

dienen, finden die Vorschriften dieses Gesetzes keine Anwendung, soweit die Eigenart des Unternehmens oder des Betriebs dem entgegensteht. Die §§ 106 bis 110 sind nicht, die §§ 111 bis 113 nur insoweit anzuwenden, als sie den Ausgleich oder die Milderung wirtschaftlicher Nachteile für die Arbeitnehmer infolge von Betriebsänderungen regeln.

96 *Bayreuther*, NZA 10, 265.
97 Däubler-*Däubler*, Arbeitskampfrecht, § 32 Rn 2, 50 (Auseinandersetzungen bei EasyJet).
98 *GL*, Rn. 1; Richardi-*Thüsing*, Rn. 16.
99 *BAG* 10.9.85, AP Nr. 3 zu § 117 BetrVG Bl. 2 R.
100 *BAG* 5.11.85, AP Nr. 4 zu § 117 BetrVG 1972, bestätigt durch *BAG* 22.11.05, NZA 06, 389, 391.
101 GK-*Franzen*, Rn. 24; *GL*, Rn. 9; HWGNRH-*Hess*, Rn. 38.
102 *BAG* 10.9.85, AP Nr. 2 zu § 117 BetrVG 1972 Bl. 2.

(2) Dieses Gesetz findet keine Anwendung auf Religionsgemeinschaften und ihre karitativen und erzieherischen Einrichtungen unbeschadet deren Rechtsform.

Inhaltsübersicht

I. Vorbemerkungen

Die Vorschrift sieht vor, dass in UN und Betrieben **mit bestimmten geistig-ideeller Zielsetzung** die Beteiligungsrechte des BR Einschränkungen unterworfen werden **(Abs. 1). Religionsgemeinschaften und ihre karitativen und erzieherischen Einrichtungen** werden vom Geltungsbereich des Gesetzes ausgenommen **(Abs. 2).** Gegenüber dem früheren Recht (§ 81 BetrVG 1952) bedeutet die Vorschrift eine wesentliche Einschränkung des Ausnahmetatbestands zugunsten des BR. Dies wird insbes. dadurch deutlich, dass nur noch UN und Betriebe unter die Tendenzbestimmung fallen, die die in Abs. 1 genannten Bestimmungen oder Zwecke »**unmittelbar und überwiegend**« verfolgen. Um eine unsachgemäße Ausweitung der Sondervorschrift zu vermeiden, ist der in § 81 BetrVG 1952 enthaltene Hinweis auf »ähnliche Bestimmungen« gestrichen worden.[1] Es handelt sich somit um eine **eng auszulegende Ausnahmeregelung,** deren Katalog abschließend ist.[2] Eine analoge Anwendung dieser Ausnahmevorschrift entfällt.[3] Da der in Abs. 1 enthaltene Tendenzschutz AG die Verwirklichung ihrer Ziele nach eigenen Vorstellungen ermöglichen soll, ist die Regelung **abdingbar,** insbesondere durch einen Haus-TV.[4] 1

---

1 *Fitting,* Rn. 5; vgl. auch *BAG* 21.6.89, NZA 90, 402.

2 *Fitting,* Rn. 3; HaKo-BetrVG/*Blanke,* Rn. 7; weiter MünchArbR-*Matthes,* § 364 Rn. 2, der zwar von einer Ausnahmeregelung spricht, die Notwendigkeit einer eng Auslegung aber nicht sieht.

3 *Fitting,* a. a. O.; *Frey,* S. 79; HWGNRH-*Hess,* Rn. 15; MünchArbR-*Matthes,* a. a. O.; *Weber,* NZA-Beilage 3/89, S. 2; HaKo-BetrVG/*Blanke,* Rn. 4; nunmehr wohl auch GK-*Weber,* Rn. 37; a. A. *ArbG Berlin* 25.11.77, AP Nr. 9 zu § 118 zum BetrVG 1972; Richardi-*Thüsing,* Rn. 48; im Ergebnis wohl auch ErfK-*Kania,* Rn. 4.

4 HaKo-BetrVG/*Blanke,* Rn. 3; WP-*Bender,* Rn. 5.

2 Die **Ausnahmebestimmung** des Abs. 1 gilt nur für UN und Betriebe, deren Zwecke nicht wirtschaftlicher, sondern ideeller Art sind (vgl. im Übrigen Rn. 21 f f.).[5] Mit der Neufassung der Tendenzbestimmung sollte eine ausgewogene Regelung zwischen dem **Sozialstaatsprinzip und den Freiheitsrechten der Tendenzträger** gefunden werden.[6] Dies ist durch die Neufassung des Gesetzes nicht gelungen, da die vom Sozialstaatsgedanken getragenen Beteiligungsrechte der AN nach wie vor unverhältnismäßig eingeschränkt wurden, wie nicht zuletzt die Rspr. des *BAG* beweist (vgl. im Übrigen Rn. 74 ff.).[7]

3 Der Hinweis auf das GG in Abs. 1 bedeutet nicht, dass die Vorschrift **verfassungsrechtlich** geboten wäre.[8] Dies gilt auch für die in Abs. 2 angesprochenen Religionsgemeinschaften. Zwar garantiert Art. 140 GG i. V. m. Art. 137 WRV den Religionsgemeinschaften Selbstständigkeit hinsichtlich der Verwaltung ihrer Angelegenheiten. Diese Gewährleistung steht aber gemäß Art. 137 Abs. 2 WRV unter dem Schrankenvorbehalt des »für alle geltenden Gesetzes«, wozu auch Regelungen über die organisatorischen Bedingungen der Zusammenarbeit mit AN, wie sie im BetrVG enthalten sind, gehören (im Übrigen Rn. 123 ff.).[9] Entgegen der Auffassung des BAG[10] bestehen gegen den Ausschluss der Mitwirkungsrechte des BR in wirtschaftlichen Angelegenheiten gemäß Abs. 1 Satz 2 erhebliche verfassungsrechtliche Bedenken (vgl. im Übrigen Rn. 65 ff.).[11]

4 Eine **Beteiligung von AN-Vertretern im AR** ist ausgeschlossen. Für UN, die unter das MitbG fallen, ergibt sich dies aus § 1 Abs. 4 MitbG, der im Übrigen wörtlich mit § 118 Abs. 1 übereinstimmt. Für UN, die noch unter die Regelungen der §§ 76 ff. BetrVG 1952 fallen, gilt nach § 129 Abs. 1 der noch weiter gehende Tendenzbegriff des § 81 BetrVG 1952 fort.[12]

5 Ein **EBR** wird gemäß § 34 EBRG auch in Tendenzbetrieben gebildet. Das Spektrum der zu seinen Gunsten bestehenden Informations- und Anhörungsrechte ist jedoch eingeschränkt (vgl. ausführlich Anh. 2, § 34 EBRG Rn. 1 ff.).

II. Tendenzunternehmen und -betriebe (Abs. 1)

1. Begriffspaar »unmittelbar und überwiegend«

6 UN bzw. Betriebe fallen unter diese Vorschrift, wenn sie **unmittelbar und überwiegend** den in Nrn. 1 und 2 abschließend aufgeführten Zwecken dienen.[13] **Beide Voraussetzungen** müssen kumulativ vorliegen.[14] Durch die Einführung dieses Begriffspaares wird der Ausnahmecharakter der Vorschrift betont.[15] Nach der Rspr.[16] soll es jedoch weder tendenzschädlich sein, wenn ein UN mehreren in Abs. 1 genannten Bestimmungen bzw. Zwecken dient, noch soll es auf die Motivation (persönliche Einstellung) des UN und darauf ankommen, ob der UN es lediglich betreibt, um Gewinne zu erzielen (Rn. 21 f f.). Nicht die persönliche Einstellung des UN, sondern die Art (der Tendenzzweck) des UN soll die Tendenzeigenschaft begründen.[17]

---

5 GK-*Weber,* Rn. 47 ff.; einschränkend MünchArbR-*Matthes,* § 364 Rn. 4.
6 Bericht des BT-Ausschusses für Arbeit und Sozialordnung zu BT-Drucks. VI/2729, S. 17.
7 Vgl. z. B. *BAG* 7.11.75, AP Nr. 3 zu § 99 BetrVG 1972, 14.11.75, 19.5.81, 13.1.87, AP Nrn. 5, 21, 33 zu § 118 BetrVG 1972, 13.6.89, AP Nr. 36 zu § 87 BetrVG 1972 Arbeitszeit.
8 *WW,* Rn. 2; *Arndt/Ebsen,* AuR 77, 161 ff.; *Weiss/Weyand,* AuR 90, 33 [34 f.]; a. A. *BVerfG* 6.11.79, AP Nr. 14 zu § 118 BetrVG 1972; Richardi-*Thüsing,* Rn. 13 ff.; MünchArbR-*Matthes,* § 364 Rn. 3.
9 Vgl. *WW,* Rn. 56; a. A. Richardi-*Thüsing,* Rn. 185 ff.
10 Vgl. 14.11.75, 7.4.81, AP Nrn. 5, 16 zu § 118 BetrVG 1972.
11 *Ihlefeld,* AuR 75, 234 f.; *ders.,* RdA 77, 224, *ders.,* AuR 78, 348; *ArbG Berlin* 25.11.77, AP Nr. 9 zu § 118 BetrVG 1972; offengelassen *LAG Berlin* 7.6.78, AuR 78, 346; *Däubler,* Das Arbeitsrecht 1, Rn. 1180 ff.; *WW,* Rn. 4; wie *BAG* a. A. *Fitting,* Rn. 43; HWGNRH-*Hess,* Rn. 3; MünchArbR-*Matthes,* § 365 Rn. 3.
12 *Fitting,* Rn. 1 ff., 10; vgl. Richardi-*Thüsing,* Rn. 174, der dafür eintritt, § 81 Abs. 1 BetrVG 1952 nach den Grundsätzen des § 118 Abs. 1 auszulegen.
13 Zur Darlegung durch den AG DKKWF-*Wedde,* § 118 Rn. 6.
14 Richardi-*Thüsing,* Rn. 31; *Ihlefeld,* AuR 75, 234 ff.; *Noll,* S. 86.
15 Bericht des BT-Ausschusses für Arbeit und Sozialordnung zur BT-Drucks. VI/2729 S. 17.
16 *BAG* 31.10.75, 14.11.75, AP Nrn. 3, 5 zu § 118 BetrVG 1972.
17 *BAG* 14.11.75, a. a. O.; 1.9.87, AP Nr. 11 zu § 101 BetrVG 1972 mit Anm. *Fabricius;* 29.5.70, AP Nr. 13 zu § 81 BetrVG.

Unmittelbarkeit ist gegeben, wenn der UN-Zweck selbst auf die Tendenz ausgerichtet und nicht nur nach seiner wirtschaftlichen Tätigkeit geeignet ist, den eigentlichen Tendenzbetrieb zu unterstützen.[18] Es muss sich folglich um eine Verbindung oder Beziehung zwischen zwei Punkten handeln, die nicht durch ein dazwischengeschaltetes Glied unterbrochen ist.[19] Die Verbindung zwischen Tendenzträgern und Tendenzunternehmen darf nicht über Dritte vermittelt werden.[20] Das UN (der Betrieb) muss **selbst (eigene) geistig-ideelle Zielsetzungen** der in Abs. 1 genannten Art verwirklichen, um Tendenz-UN zu sein.[21] Ebenso wenig genügt es, wenn entsprechende geistig-ideelle Aufgaben lediglich dazu dienen, einen anderen, nicht tendenzgeschützten UN-Zweck zu fördern.[22] **7**

Werden z. B. eine Druckerei und ein Verlag als rechtlich selbstständige UN geführt, ist die Druckerei selbst dann nicht als Tendenz-UN – sondern im Ergebnis als **Lohndruckerei** (vgl. im Übrigen Rn. 54) – anzusehen, wenn Personenidentität hinsichtlich der Organmitglieder (Geschäftsführer) und Gesellschafter gegeben ist und die Kapazität der Druckerei zu über 90 v. H. oder gar zu 100 v. H. vom Verlag in Anspruch genommen wird.[23] Entsprechendes gilt für alle anderen rechtlich verselbstständigten bisherigen Abteilungen, wie Weiterverarbeitung, Zeitungszustellung usw., sofern sie keine eigene »Tendenz« verfolgen.[24] Nicht der Tendenzbestimmung unterliegen UN, die lediglich eine vorgegebene Tendenz technisch verarbeiten, ohne sie selbst zu gestalten oder gestalten bzw. direkt beeinflussen zu können.[25] Ein »Tendenzschutz« ist nur dort erforderlich, wo die **Tendenz selbst verwirklicht** wird; maßgeblich ist, jedenfalls im Regelungsbereich des Abs. 1 Nr. 2, die Ausrichtung auf den intellektuellen Anteil an dem Produkt.[26] Allein die Tatsache, dass ein Betrieb/UN die Existenz eines Tendenz-UN wirtschaftlich erst ermöglicht, begründet keinen Tendenzcharakter.[27] Erst recht reicht eine bloße Zuarbeiter-, Zuliefer- oder Hilfsfunktion nicht aus (vgl. Rn. 6 f.).[28] **8**

Überwiegend bedeutet, dass die Produktion/Kapazität bzw. der Umfang der Tätigkeit/des Personaleinsatzes des UN/Betriebs (sog. Misch-UN/Misch-Betrieb) **zu mehr als 50 v. H. für eigene, geistig-ideelle Zielsetzungen** – tendenzgeschützte Aufgaben – ausgelastet sein bzw. erbracht werden muss (zu **Tendenzgemeinschaftsbetrieben** vgl. Rn. 15 f.).[29] **9**

Durch die Aufnahme des Begriffs »überwiegend« hat der Gesetzgeber der **»Geprägetheorie«**,[30] die allein auf qualitative Merkmale abstellt, eine klare Absage erteilt.[31] **10**

Die **»Geprägetheorie« widerspricht** dem Sinn des Wortes **»überwiegend«** und dem mit der Einführung der Tatbestandsmerkmale »unmittelbar und überwiegend« erkennbar verfolgten gesetzgeberischen Zweck, die Voraussetzungen des »Tendenzschutzes« näher zu präzisieren und den Anwendungsbereich der Bestimmung als Ausnahmevorschrift einzugrenzen.[32] Zu- **11**

---

18 *BAG* 31.10.75, 30.6.81, AP Nrn. 3, 20 zu § 118 BetrVG 1972; 15.2.80, EzA § 118 1972 Nr. 45 mit Anm. *Henssler;* ErfK-*Kania,* Rn. 6; *Fitting,* Rn. 13 f.; *Noll,* S. 86 f.; enger Richardi-*Thüsing,* Rn. 32, nur »eigene Tendenzverfolgung«.

19 *Frey,* S. 42; GK-*Weber,* Rn. 59, 65 f.

20 HWGNRH-*Hess,* Rn. 9.

21 *BAG* 31.10.75, a. a. O.; 21.6.89, NZA 90, 402.

22 *BAG* 21.6.89, a. a. O.

23 *BAG* 31.10.75, 30.6.81, a. a. O.; *LAG Berlin* 7.4.76 – 6 TaBV 1/76.

24 Zu Zustellungsbetrieben vgl. *BVerfG* 29.4.03, NZA 03, 864.

25 *BAG,* a. a. O.

26 *BAG,* a. a. O.; HWGNRH-*Hess,* Rn. 9.

27 *GL,* Rn. 38; HWGNRH-*Hess,* a. a. O.

28 *WW,* Rn. 9; MünchArbR-*Matthes,* § 364 Rn. 39 f.

29 So im Ergebnis *BAG* 21.6.89, NZA 90, 402; vgl. ferner 31.10.75, AP Nr. 3 zu § 118 BetrVG 1972; 27.7.93, NZA 94, 329; ErfK-*Kania,* Rn. 7; *Fitting,* Rn. 6, 13; *Blanke,* AiB 86, 205 [206 f.]; MünchArbR-*Matthes,* § 364 Rn. 35; *Oldenburg,* NZA 89, 412 [415]; *Wedde,* DB 94, 730 [733]; a. A. Richardi-*Thüsing,* Rn. 34 ff., 85; *GL,* Rn. 46 f.; HWGNRH-*Hess,* Rn. 11; *Mayer-Maly,* AfP 72, 196; *ders.,* BB 73, 761 [763]; *Schulin,* Anm. zu EzA § 118 BetrVG 1972 Nr. 10; *Weber,* NZA-Beilage 3/89, S. 4, die auf die »Geprägetheorie« abstellen.

30 Vgl. GK-*Weber,* Rn. 64.

31 Vgl. *BAG* 31.10.75, AP Nr. 3 zu § 118 BetrVG 1972; 21.6.89, NZA 94, 402; *Fitting,* Rn. 6, 13; ErfK-*Kania,* Rn. 7; *Bauer/Lingemann,* NZA 95, 831, 814; *Ihlefeld,* AuR 75, 237; a. A. HWGNRH-*Hess,* Rn. 11, Richardi-*Thüsing,* Rn. 34 ff.

32 *BAG* 21.6.89, NZA 90, 402.

fallsergebnisse lassen sich bei einem quantitativen Verständnis des Merkmals »überwiegend« vermeiden.[33] Bei Tendenz-UN, deren Tendenzanteil um die 50 -Prozent-Grenze pendelt, ist die Frage des Überwiegens nicht mittels einer Momentaufnahme, z. B. Zeitpunkt der letzten mündlichen Verhandlung vor dem *LAG*, sondern durch einen **längeren Betrachtungszeitraum,** z. B. letztes Wirtschaftsjahr, festzustellen.[34] Nur in den Fällen, in denen die quantitativnumerische Betrachtungsweise ausnahmsweise nicht zu einem eindeutigen Ergebnis führt, kann zusätzlich auf die Geprägetheorie zurückgegriffen werden.[35]

12 Das *BAG* hat sich der Auffassung angeschlossen, dass für die **Feststellung des Übergewichts** eine **quantitativ-numerische Betrachtungsweise** maßgebend ist.[36] Es stellt z. B. darauf ab, dass auch die technischen Abteilungen des Betriebs (Druckerei) den Tendenzzwecken dienen müssen und nicht etwa überwiegend mit anderen Druckaufträgen ausgelastet sein dürfen, womit offenbar die Kapazitätsauslastung gemeint ist. Ist dies der Fall, kann ein Presse-UN, bei dem Verlag und Druckerei **ein einheitliches UN/Betrieb** bilden, nur unter Abs. 1 Nr. 2 fallen, wenn der Verlag seiner Bedeutung, insbes. seiner AN-Zahl nach gleichwohl gegenüber der Druckerei das Übergewicht hat, wobei es auf ein zahlenmäßiges Übergewicht von sog. Tendenzträgern (vgl. Rn. 56 ff.) nicht ankommt.[37]

13 Ob das Kriterium »überwiegend« durch **ein UN oder einen Betrieb** erfüllt wird, lässt sich nicht anhand von **Umsatz- oder Gewinnzahlen** feststellen,[38] da diese Daten regelmäßig von Zufälligkeiten, z. B. der Marktsituation, abhängen.[39] Geeignete Maßstäbe zur Feststellung der überwiegenden Bestimmung eines Misch-UN/Misch-Betriebs ergeben sich daraus, in welcher Größenordnung das UN die **Produktionskapazitäten** seiner technischen Betriebe/Betriebsteile[40] auslastet bzw. sein Personal und seine sonstigen Mittel zur Verwirklichung seiner tendenzgeschützten und seiner nicht tendenzgeschützten Ziele regelmäßig einsetzt. Dabei kommt es nicht auf die Zahl der AN an, sondern auf die **Arbeitszeitmenge,** die regelmäßig zur Erreichung der verschiedenen UN-Ziele verwendet wird.[41]

14 **Privatwirtschaftliche Rundfunksender** dienen nach der Rspr.[42] dann überwiegend Zwecken der Berichterstattung und Meinungsäußerung, wenn das Programm lediglich 40 % Musiksendungen enthält, für die die Mitarbeiter der Technik verantwortlich sind, im Übrigen das Programm aus 10 % Wort- und aus 50 % moderierten Musikbeiträgen besteht.

2. Prüfung der Tendenzeigenschaft

15 Für die Feststellung der Tendenzgebundenheit ist nicht auf den Betrieb, sondern auf den UN-Zweck abzustellen.[43] Verfolgt ein Unternehmen keinen Tendenzzweck, steht dies der Feststellung der Tendenzeigenschaft von einzelnen Betrieben entgegen. Hat ein **UN nur einen Betrieb,** entscheidet der Tendenzcharakter des UN zugleich über den Tendenzcharakter des Betriebs, wobei es nicht auf die persönliche Einstellung oder Motivation des UN, sondern auf die Art des UN ankommt (vgl. Rn. 6 ff.).[44] Liegen im Rahmen einer **Tendenzvielfalt** mehrere Tendenzzwecke vor (etwa aufgrund erzieherischer und wissenschaftlicher Tätigkeit), steht dies der Feststellung der Tendenzeigenschaft nicht entgegen.[45] Verfolgt ein Unternehmen neben

---

33 *BAG*, a. a. O.
34 So auch *Frey*, S. 48; *Ihlefeld*, AuR 75, 234 [237 ff.].
35 *Ihlefeld*, a. a. O.; vgl. auch *Schulin*, Anm. zu EzA § 118 BetrVG 1972 Nr. 10.
36 *BAG* 27.7.93, NZA 94, 329; 16.3.89, AP Nr. 36 zu § 87 BetrVG 1972 Arbeitszeit; 21.6.89, NZA 90, 402; noch offengelassen 15.2.89, AP Nr. 39 zu § 118 BetrVG 1972.
37 *BAG* 9.12.75, AP Nr. 7 zu § 118 BetrVG 1972.
38 *Fitting*, Rn. 6.
39 *BAG* 21.6.89, NZA 90, 402.
40 *BAG* 9.12.75, AP Nr. 7 zu § 118 BetrVG 1972.
41 *BAG* 21.6.89, a. a. O.
42 *BAG* 27.7.93, NZA 94, 329 = AiB 94, 251, Ls.
43 Vgl. Richardi-*Thüsing*, Rn. 24; *Fitting*, Rn. 5; insgesamt *Noll*, S. 58 ff.; zur Darlegung durch den BR DKKWF-*Wedde*, § 118 Rn. 7 f.
44 Vgl. *BAG* 29.5.70, AP Nr. 13 zu § 81 BetrVG; 14.11.75, AP Nr. 5 zu § 118 BetrVG 1972; 1.9.87, AP Nr. 11 zu § 101 BetrVG 1972 mit Anm. *Fabricius; GL*, Rn. 32.
45 Richardi-*Thüsing*, Rn. 39; vgl. auch *BAG* 14.11.75, a. a. O.

Tendenzzwecken andere, nicht von § 118 erfasste Zwecke, besteht der Tendenzschutz nur, wenn die tendenzgeschützte Bestimmung überwiegt.[46]

Bei **UN mit mehreren Betrieben** bzw. Nebenbetrieben und selbstständigen Betriebsteilen (§ 4) kommt es für deren Tendenzcharakter darauf an, ob sich die Tendenz des UN in ihnen auswirkt. Es ist jeweils eine **doppelte Prüfung erforderlich.**[47] Einerseits ist zu prüfen, ob und inwieweit **jeder einzelne Betrieb** die Voraussetzung der Vorschrift erfüllt; zum anderen ist festzustellen, ob auch **das UN in seiner Gesamtheit** überwiegend und unmittelbar den in Nr. 1 oder 2 genannten Zielsetzungen dient. Die **Errichtung eines WA** (vgl. Rn. 65 ff.) ist lediglich ausgeschlossen, wenn das UN als solches Tendenzcharakter besitzt, d. h. unmittelbar und überwiegend eigenen, geistig-ideellen Zielsetzungen dient (vgl. Rn. 7 ff.). Werden einzelne Betriebe des Tendenz-UN nicht durch die Tendenzvorschrift erfasst (vgl. Rn. 8), kommt das BetrVG für diese Betriebe uneingeschränkt zur Anwendung.[48] 16

Besteht ein **gemeinsamer Betrieb** i. S. v. § 1 Abs. 2 (vgl. hierzu § 1 Rn. 88 ff.) und wird dieser ausschließlich von Tendenzunternehmen oder von Tendenz- und Nichttendenzunternehmen geführt, ist zu prüfen, ob die Tendenzeigenschaft auf der jeweiligen Betriebsebene vorliegt.[49] Nur wenn die Prüfung zur Feststellung des Überwiegens der Tendenzeigenschaft führt, ist der gemeinsame Betrieb als **Tendenzgemeinschaftsbetrieb** zu qualifizieren.[50] Werden von einem Tendenzunternehmen Betriebe oder Bereiche im Rahmen von **Outsourcing**- oder **Offshoring**- Prozessen (vgl. hierzu § 87, Rn. 198 ff.) ausgegliedert, bestimmt sich die Tendenzeigenschaft dieser Bereiche allein danach, ob und wie sich die Tendenzeigenschaft hier weiterhin auswirkt.[51] 17

Unterhält dagegen ein (überwiegend) **tendenzfreies** UN Tendenzbetriebe, gelten die Beteiligungsrechte des BR (GBR) auf UN-Ebene uneingeschränkt.[52] Es ist ein WA zu bilden, dessen Unterrichtungs- und Beratungsrechte auch hinsichtlich der Tendenzbetriebe nicht eingeschränkt sind (vgl. im Übrigen Rn. 68).[53] In den Tendenzbetrieben kann sich eine Einschränkung der Beteiligungsrechte des BR auf Grund der Eigenartsklausel in Satz 1 der Vorschrift ergeben (vgl. Rn. 74 ff.). 18

Die **gesellschaftsrechtliche Verflechtung** eines UN mit anderen hat keine Auswirkung auf den Tendenzcharakter.[54] Nach dem Wortlaut besteht der »Tendenzschutz« immer nur für ein UN oder einen Betrieb, dagegen niemals für einen **Konzern.**[55] Es kommt hingegen nicht darauf an, ob beispielsweise in einem Konzern die Zahl der Tendenzunternehmen überwiegt.[56] 19

In einem **Unterordnungskonzern** ist der Tendenzcharakter für jedes einzelne UN gesondert zu prüfen, auch wenn das herrschende UN Tendenzcharakter hat.[57] Wird ein Konzern durch ein Tendenzunternehmen beherrscht, führt dies nicht dazu, dass andere tendenzfreie Unternehmen vom Tendenzschutz erfasst werden.[58] Besteht ein von einem Tendenzunternehmen geführter Konzern ansonsten überwiegend oder ganz aus tendenzfreien Wirtschaftsunternehmen, beeinflusst dies die Tendenzeigenschaft des herrschenden Unternehmens nicht.[59] Für die 20

46 *BAG* 15.3.06, NZA 06, 1422.
47 *Fitting,* Rn. 5; Richardi-*Thüsing,* Rn. 25 ff., 96 ff.
48 *Fitting,* Rn. 5 f.; *WW,* Rn. 6; vgl. auch *GL,* a. a. O.; HWGNRH-*Hess,* a. a. O.
49 Ebenso *Fitting,* Rn. 7; a. A. *Lunk,* NZA 05, 841 ff., der die Tendenzeigenschaft aus der Beteiligung eines Tendenzbetriebs ableitet.
50 *Fitting,* a. a. O.
51 Vgl. zum Outsourcing im Bereich der Kirchen *Blens,* ZMV 06, 62; zur erstmaligen Anwendbarkeit des BetrVG beim Outsourcing aus öffentlichen Bereichen vgl. *Wollenschläger/von Harbou,* NZA 05, 1081 [1092].
52 *BVerfG* 29.4.03, NZA 03, 864, verneint die Tendenzeigenschaft eines konzernverbundenen Zeitungszustellbetriebs.
53 GK-*Weber,* Rn. 141; vgl. auch Richardi-*Thüsing,* Rn. 88; *Weber,* NZA-Beilage 3/89, S. 4; a. A. *Fitting,* Rn. 44.
54 *BAG* 31.10.75, 30.6.81, AP Nrn. 3, 20 zu § 118 BetrVG; vgl. *Fitting,* Rn. 6 f.
55 *BVerfG* 29.4.03, NZA 03, 864; Richardi-*Thüsing,* Rn. 106 ff.; GK-*Weber,* Rn. 143; MünchArbR-*Matthes,* § 364 Rn. 38.
56 Richardi-*Thüsing,* Rn. 110.
57 *Fitting,* Rn. 7.
58 *BAG* 30.6.81, a. a. O.; Richardi-*Thüsing,* Rn. 107.
59 Richardi-*Thüsing,* Rn. 108.

tendenzfreien UN eines Konzerns sind **WA** zu errichten.[60] Umgekehrt kann es im herrschenden UN zur Bildung eines WA auch dann kommen, wenn alle übrigen UN Tendenzcharakter haben.[61]

21 In bestimmten Fällen kann auf den **Tendenzschutz per kollektivrechtlicher Vereinbarung verzichtet** werden. Möglich ist dies insbesondere im Bereich der karitativen und erzieherischen Zielsetzungen, wenn sich der Verzicht aus den verfolgten Zwecksetzungen selbst ergibt.[62] Ein entsprechender Verzicht kann auf der Grundlage freiwilliger BVen auch in anderen Tendenzbereichen erfolgen.[63] Auf den Tendenzschutz kann per **Haus- oder Verbandstarifvertrag** verzichtet werden (vgl. zu Redaktionsstatuten Rn. 120 ff.).[64]

3. Erwerbs- bzw. Gewinnstreben

22 Durch die engere Fassung der Bestimmung werden lediglich UN und Betriebe von der Tendenzbestimmung erfasst, die geistig-ideellen Zielsetzungen dienen. UN mit rein wirtschaftlicher Zwecksetzung unterliegen deshalb grundsätzlich nicht dem »Tendenzschutz«.[65] Ein Unternehmen kann deshalb den »Tendenzschutz« nur für sich beanspruchen, wenn es maßgeblich um des Dienens willen, also zur Verfolgung einer geistig-ideellen, nach Nr. 1 oder 2 geschützten Zielsetzung betrieben wird.[66] In diesem Fall ist es unschädlich, wenn gleichzeitig Gewinn erwirtschaftet wird (vgl. zu karitativen Einrichtungen Rn. 31 ff.). Steht das **Erwerbs- bzw. Gewinnstreben** im Vordergrund, dient das UN auch dann nicht einer geschützten Tendenz, wenn sich seine Tätigkeit in einem Bereich bewegt, der sonst den Tendenzcharakter begründen könnte.[67] In einem solchen Fall wird das UN nicht durch das unmittelbare und überwiegende Dienen für die in Nrn. 1 und 2 aufgeführten geistig-ideellen Zwecke, sondern durch die Absicht der Gewinnerzielung charakterisiert. Der »Tendenzschutz« entfällt.[68]

23 Als Indiz für **überwiegende Gewinnmotivation** kann beispielsweise in einem Verlags-UN die breite Fächerung des Verlagsprogramms gelten.[69] Tendenzvielfalt ist aber möglich, wenn die verschiedenen Bestimmungen/Zwecke, denen das Tendenz-UN dient, miteinander zu vereinbaren sind und sich ergänzen.[70]

III. Geistig-ideelle Bestimmungen (Abs. 1 Nr. 1)

24 Die in Nr. 1 genannten **Bestimmungen** müssen **nicht kumulativ** erfüllt werden; es genügt, dass eine oder einige davon unmittelbar und überwiegend (vgl. Rn. 6 ff.) verfolgt werden.[71] Der in Nr. 1 aufgeführte **Katalog von Bestimmungen** ist **abschließend**.[72] Dies ergibt sich

---

60 *GL*, Rn. 34 a; *WW*, a. a. O.; a. A. *Kunze*, FS Ballerstedt, S. 91.
61 *WW*, a. a. O.
62 *BAG* 5.10.00, NZA 01, 1325 = AiB 02, 189; Richardi-*Thüsing*, Rn. 23; GK-*Weber*, Rn. 40.
63 Vgl. *BAG*, a. a. O.; ähnlich GK-*Weber*, a. a. O.; Richardi-*Thüsing*, a. a. O.
64 *BAG* 31.1.95, DB 95, 1670; *LAG Schleswig-Holstein* 4.1.00, BB 00, 773; GK-*Weber*, a. a. O.
65 Vgl. *Däubler*, Das Arbeitsrecht 1, Rn. 1175; *Noll*, S. 29 ff.; HWGNRH-*Hess*, Rn. 17; *Scheriau*, AiB 06, 145; a. A. GK-*Weber*, Rn. 23, der Tendenzschutz auch bei Gewinnerzielungszweck sieht.
66 Einschränkend *Fitting*, Rn. 10.
67 *Fitting*, Rn. 11 m. w. N., wenn rein kommerzielle Gesichtspunkte im Vordergrund stehen; so auch *Weber*, NZA-Beilage 3/89, S. 4; a. A. offenbar *BAG* 31.10.75, 14.11.75, AP Nrn. 3, 5 zu § 118 BetrVG 1972, Rn. 6; *LAG Berlin-Brandenburg* 17.12.08 – 15 TaBV 1213/08, juris, bezüglich der Tendenzeigenschaft eines Musicaltheaters; Richardi-*Thüsing*, Rn. 44.
68 *BAG* 22.2.66, 27.8.68, AP Nrn. 4, 10, 11 zu § 81 BetrVG; vgl. zu karitativen Einrichtungen 7.4.81, 29.6.88, 8.11.88, AP Nrn. 16, 37, 38 zu § 118 BetrVG 1972, wonach jedenfalls eigennützige Zwecke i. S. einer Gewinnerzielung tendenzschädlich sind; GK-*Weber*, Rn. 1 f., 205; a. A. *BAG* 29.5.70, AP Nr. 13 zu § 81 BetrVG mit krit. Anm. *Fabricius;* zu Presse-UN: 1.9.87, AP Nr. 11 zu § 101 BetrVG 1972 mit krit. Anm. *Fabricius;* zu künstlerischen Bestimmungen: 15.2.89, EzA § 118 BetrVG 1972 Nr. 45 mit Anm. *Henssler;* Richardi-*Thüsing*, Rn. 37 ff.; *Fitting*, Rn. 10, jedenfalls zu Nr. 2.
69 *Ihlefeld*, a. a. O.; *Ihlefeld/Blanke*, a. a. O.; a. A. *BAG* 14.11.75, 15.2.89, a. a. O.; Richardi-*Thüsing*, Rn. 39 f.; *Fitting*, Rn. 15 f.
70 *Frey*, S. 32; *Ihlefeld*, AuR 75, 234 [239]; vgl. auch *G. Müller*, DB 70, 1023 [1025 f.].
71 *BAG* 14.11.75, 15.2.89, AP Nrn. 4, 39 zu § 118 BetrVG 1972.
72 Richardi-*Thüsing*, Rn. 48; *Fitting*, Rn. 3; *Noll*, S. 62.

zwingend daraus, dass das unbestimmte Merkmal des § 81 BetrVG 1952 »ähnliche Bestimmungen« nicht übernommen wurde, wodurch eine unsachgemäße Ausweitung der Tendenzbestimmung vermieden werden soll.[73] Eine analoge Anwendung der Ausnahmevorschrift scheidet aus.[74] Es ist im **Einzelfall** zu prüfen, ob der Gegenstand des UN Mittel für die Verfolgung einer geistig-ideellen Zielsetzung i. S. d. Vorschrift ist (vgl. Rn. 6 ff.).

1. Politische Bestimmungen

Eine **politische Bestimmung** ist gegeben, wenn die Zielsetzung eines Unternehmens darin besteht, im Interesse der Allgemeinheit zur Gestaltung öffentlicher Aufgaben auf die Willensbildung des demokratisch verfassten Staates Einfluss zu nehmen.[75] Nicht ausreichend ist das Ziel einer bloßen Einflussnahme auf die gesellschaftliche Ordnung.[76] Unter **politischen Bestimmungen** sind grundsätzlich nur parteipolitische, nicht dagegen allgemeinpolitische Zielsetzungen zu verstehen.[77] Die Gegenauffassung führt zu einer sachlich nicht gerechtfertigten Ausuferung des Tendenzbegriffs, da es eigentlich keine Lebensbereiche gibt, die sich nicht unter den Begriff »politisch« einordnen ließen. Der Begriff ist daher eng auszulegen. Unter die Bestimmung fallen nicht nur anerkannte **politische Parteien,** sondern auch andere Zusammenschlüsse und Organisationen, die sich Parteien vergleichbar politischen Zielsetzungen verschrieben haben und unmittelbar Einfluss auf das politische Leben des Staates nehmen wollen, z. B. **Bürgerinitiativen, Wählervereinigungen,** von Parteien getragene **politische Stiftungen** (wie Friedrich-Ebert-Stiftung, Konrad-Adenauer-Stiftung, Heinrich-Böll-Stiftung, Friedrich-Naumann-Stiftung) oder deren **Bildungseinrichtungen**. Nicht anwendbar ist die Norm, wo es sich lediglich um die Wahrnehmung von Privatinteressen oder gruppenspezifischen Interessen handelt, soweit diese Interessenwahrnehmung lediglich gegen bestimmte andere Gruppeninteressen gerichtet ist.[78] 25

Zu Betrieben mit politischer Zweckbestimmung i. S. d. Bestimmung gehören u. a. die örtlichen und überörtlichen **Geschäftsstellen, Büros oder Sekretariate** der politischen Parteien sowie die zu ihnen gehörenden Jugendorganisationen, Frauengruppen und Arbeitsgemeinschaften.[79] 26

Nicht unter die Bestimmung fallen z. B. **Mietervereine**[80], **Haus- und Grundbesitzervereine Technische Überwachungsvereine,**[81] **Sportvereine,**[82] **Verbände der Sportförderung,**[83] **Werbeagenturen,** die gewerbsmäßig Informationsmaterial mit politischen Meinungen verbreiten im Ergebnis ähnlich,[84] **privatwirtschaftlich geführte UN** und **Betriebe** des **Staates** oder **öffentlich-rechtlicher Körperschaften**[85] sowie Unternehmen politischer Tendenz, die im Auftrag und nach Vorgaben staatlicher Stellen tätig werden.[86] Entsprechendes gilt für **wirtschaftspolitische und sozialpolitische Vereinigungen,** z. B. Bundesverband der Deutschen Indus- 27

---

73 Bericht des BT-Ausschusses für Arbeit und Sozialordnung zu BT-Drucks. VI/2729, S. 17.
74 Ebenso HWGNRH-*Hess,* Rn. 15; *Fitting,* a. a. O.
75 *BAG* 21.7.98, NZA 99, 1116.
76 *BAG* 23.3.99, NZA 99, 1347 für die Beschaffung von Fördermitteln zur Verteilung durch einen Landes-Sportverband; *Fitting,* a. a. O.; vgl. auch *Kothe,* BB 99, 1110.
77 *Frey,* S. 27; a. A. Richardi-*Thüsing,* Rn. 49 ff.; *Fitting,* a. a. O.; GK-*Weber,* Rn. 76, 80; *GL,* Rn. 8 ff.; MünchArbR-*Matthes,* § 364 Rn. 7; *Weber,* NZA-Beilage 3/89, S. 2; *Preis,* FS Däubler, S. 262; *WW,* Rn. 14, die alle unter Berufung auf den Bericht des BT-Ausschusses für Arbeit und Sozialordnung zu BT-Drucks. VI/2729, S. 17, für eine weite Auslegung des Begriffs eintreten und die Tendenzbestimmung z. B. auch auf wirtschafts- und sozialpolitische Vereinigungen erstrecken; ähnlich ErfK-*Kania,* Rn. 9; *BAG* 21.7.98, NZA 99, 277.
78 *WW,* Rn. 14.
79 *Fitting,* Rn. 15; GK-*Weber,* Rn. 80; HWGNRH-*Hess,* Rn. 17; *Noll,* S. 63.
80 Zustimmend *Fitting,* Rn. 15.
81 *BAG* 28.9.71, AP Nr. 14 zu § 81 BetrVG; GK-*Weber,* Rn. 81; Richardi-*Thüsing,* Rn. 51 b.
82 *BAG* 23.3.99, NZA 99, 1347.
83 Richardi-*Thüsing,* Rn. 51 a; *Fitting, Rn. 15.*
84 GK-*Weber,* Rn. 79.
85 *GL,* Rn. 11 a.
86 *BAG* 21.7.98, NZA 99, 227; *Fitting,* Rn. 15; a. A. *Mayer-Maly,* AR-Blattei ES 1570 Nr. 59.

trie, Wirtschaftsverbände, Verband der Kriegsopfer, Behinderten und Sozialrentner oder Vertriebenenverbände.[87]

2. Koalitionspolitische Bestimmungen

28 **Koalitionspolitischen Bestimmungen** dienen sowohl **Gewerkschaften** als auch **AG-Verbände** und **deren** Dachverbänden, Hauptverwaltungen, regionale und überregionale Verwaltungsstellen (Geschäftsstellen) sowie Bildungs- und Schulungseinrichtungen, die für die Weiterbildung und Schulung von Gewerkschaftsmitgliedern zur Förderung und Stärkung ihrer gewerkschaftlichen Tätigkeit arbeiten,[88] Einrichtungen der Publizistik/Öffentlichkeitsarbeit und Forschungsinstitute.[89] Unmittelbar koalitionsbezogen ist auch die Tätigkeit der **DGB-Rechtschutz GmbH.**[90] **Nicht erfasst** werden die den Koalitionen verbundenen Erwerbs-UN wie Wohnungsbaugesellschaften, Banken, Konsumvereine, Automobilclubs, Bildungswerke (vgl. auch Rn. 40),[91] Versicherungsgesellschaften und gemeinsame Einrichtungen der TV-Parteien, wie etwa Zusatzversorgungs-, Urlaubs- oder Lohnausgleichskassen.[92]

29 Der Begriff »Koalitionspolitische Bestimmungen« bezieht sich auf den Schutzbereich des Art. 9 Abs. 3 GG.[93] Erfasst werden **alle Koalitionen i. S. d. Art. 9 Abs. 3 GG.** Mietervereine und Haus- und Grundbesitzervereine sind keine Koalitionen i. S. d. Art. 9 Abs. 3 GG und fallen nicht unter diese Bestimmung.[94]

3. Konfessionelle Bestimmungen

30 **Konfessionellen Bestimmungen** dienen UN, deren Zwecksetzung Ausdruck einer **bestimmten religiösen Überzeugung** ist, soweit sie nicht unter Abs. 2 fallen (vgl. Rn. 123 ff.).[95] Voraussetzung für den Tendenzschutz ist es, dass die Religionsgemeinschaft ein Mindestmaß an Einflussmöglichkeiten hat. Ein nach bürgerlichem Recht gegründeter und im Rechtsverkehr auftretender rechtsfähiger Verein kann nur als kirchliche Einrichtung mit Tendenzcharakter angesehen werden, wenn er sich satzungsgemäß ausdrücklich als kirchliche Einrichtung versteht, wenn er sich in toto kirchenrechtlichen Normen unterwirft oder durch rechtsverbindliche Erklärungen der satzungsgemäßen Vertreter des Vereins sichergestellt ist, dass sich dieser als kirchliche Einrichtung behandeln lassen will.[96] Erfasst werden z. B. **Männer-, Frauen**- und **Jugendverbände der Kirchen,**[97] **Einrichtungen** der **Inneren Mission** oder **Caritas,**[98] **Freidenkerverbände** und **anthroposophische Vereinigungen** (vgl. zu einem anthroposophischen Trägerverein aber Rn. 132)[99] sowie **kirchliche Pfadfindergruppen.**[100] Nicht hierunter fallen Hersteller von kirchlichen Gerätschaften und Utensilien[101] sowie von Religionsgemeinschaften betriebene Erwerbs-UN[102] und Krankenhäuser.[103]

---

87 A. A. Richardi-*Thüsing,* Rn. 50; *Fitting,* a. a. O.; GK-*Weber,* Rn. 80; *GL,* Rn. 10; HWGNRH-*Hess,* Rn. 17; vgl. auch *Däubler,* Arbeitsrecht 1, Rn. 1172 ff.
88 Vgl. *BAG* 3.7.90, NZA 90, 903.
89 Richardi-*Thüsing,* Rn. 53; *Fitting,* Rn. 17; GK-*Weber,* Rn. 84; *Noll,* S. 65.
90 *LAG Baden-Württemberg* 10.10.05, AuR 06, 133; *Fitting,* Rn. 16.
91 *Wedde,* DB 94, 732.
92 GK-*Weber,* Rn. 85; HWGNRH-*Hess,* Rn. 18.
93 Vgl. Richardi-*Thüsing,* Rn. 54.
94 *Richardi,* a. a. O.; *GL,* Rn. 13; a. A. GK-*Weber,* Rn. 86.
95 ErfK-*Kania,* Rn. 10; GK-*Weber,* Rn. 87; *Noll,* S. 66 f.; Richardi-*Thüsing,* Rn. 55; *ders.,* NZA 00, 1305 ff.
96 *LAG Baden-Württemberg* 20.1.00 – 21 Sa 13/99; vgl. auch *Thüsing,* NZA 02, 306.
97 Richardi-*Thüsing,* Rn. 56; *Fitting,* Rn. 19; *Weber,* NZA-Beilage 3/89, S. 2.
98 HWGNRH-*Hess,* Rn. 22; a. A. Richardi-*Thüsing,* a. a. O., der diese Betriebe Abs. 2 zuordnet.
99 Vgl. Richardi-*Thüsing,* a. a. O.; GK-*Weber,* Rn. 89; ErfK-*Kania,* Rn. 10.
100 HaKo-BetrVG/*Blanke,* Rn. 12.
101 *GL,* Rn. 14; *WW,* Rn. 17.
102 A. A. *Fitting,* Rn. 19.
103 *LAG Hamm* 14.3.00, AiB 00, 771 mit Anm. *Dannenberg; Thüsing,* NZA 02, 306.

4. Karitative Bestimmungen

Karitativ ist eine Tätigkeit im Dienste Hilfsbedürftiger.[104] Ein UN dient karitativen Bestimmungen, wenn es sich ohne die Absicht der **Gewinnerzielung** und ohne eine gesetzliche Verpflichtung **freiwillig** zur Aufgabe gesetzt hat, körperlich, geistig oder seelisch leidenden Menschen in ihren inneren oder äußeren Nöten heilend, lindernd oder vorbeugend zu helfen. Das Merkmal einer karitativen Tätigkeit ist eng auszulegen.[105] Es setzt voraus, dass der Dienst an leidenden Menschen direkt erbracht wird.[106] Die karitativen Einrichtungen müssen vom **Bestreben der tätigen Nächstenliebe** getragen sein. Dabei braucht diese Tätigkeit weder für den karitativ tätigen AN oder sonstige Beschäftigte noch für das UN oder den Betrieb **völlig uneigennützig** zu sein (vgl. Rn. 21). **Kostendeckende Einnahmen,** z. B. durch Zuschüsse von Sozialversicherungsträgern, werden als zulässig und die Tatsache, dass es sich dabei zugleich um eine sozialpolitische Tätigkeit handelt, die auch dem Sozialstaat obliegt, als unschädlich angesehen.[107] Voraussetzung soll allerdings sein, dass das UN nach seinem eigenen Selbstverständnis karitativ tätig sein will, was sich aus dem eigenen **Statut** (Satzung, Gesellschaftsvertrag) zumindest als überwiegendes UN-Ziel ergeben muss.[108] 31

Die Aufnahme eines durch einen privaten Rechtsträger betriebenen Krankenhauses in den **staatlichen Krankenhausplan** zieht keine gesetzliche Verpflichtung nach sich und steht der karitativen Bestimmung nicht entgegen.[109] Es sind allerdings nur die Organisationen als karitativ i. S. d. Vorschrift anzusehen, die freiwillige Zuwendungen an Hilfsbedürftige aus ihrem Vermögen erbringen, ohne dass eine kostendeckende Gegenleistung des Hilfeempfängers erfolgt.[110] 32

Eine karitative Bestimmung liegt nicht mehr vor, wenn die Kosten der den Hilfsbedürftigen unentgeltlich zugewendeten Leistungen auf Grund sozialstaatlicher Pflichten von Dritten, z. B. von Sozialversicherungsträgern, erstattet werden, da sich die Leistung dann nicht als selbstlose wohltätige Zuwendung darstellt. **»Finanzielle Durchgangsstellen«** sind nicht karitativ i. S. d. Vorschrift.[111] Entsprechendes gilt für Krankenhäuser, die lediglich **konfessionell ausgerichtet** sind, ohne dabei Einrichtungen einer Religionsgemeinschaft und damit Tendenzträger zu sein.[112] Gegen die extensive Auslegung der Vorschrift spricht, dass es nach § 95 BPersVG für diesen Sachverhalt keinen »Tendenzschutz« gibt, was zur Folge hat, dass der PR seine Mitbestimmungsrechte uneingeschränkt wahrnehmen kann, wenn die karitative Einrichtung durch einen Sozialversicherungsträger, z. B. die Bundesagentur für Arbeit, betrieben wird.[113] 33

Keine karitative Bestimmung liegt auch bei **gemeinnützigen kommunalen Beschäftigungsgesellschaften** vor, die langzeitarbeitslose Sozialhilfeempfänger für den sog. ersten Arbeitsmarkt qualifizieren wollen.[114] Werden neben karitativen Zwecken andere nicht von § 118 erfasste Zwecke verfolgt, besteht der Tendenzschutz nur, wenn die karitative Bestimmung überwiegt.[115] 34

Als **Betriebe/UN, die karitativen Bestimmungen dienen,** werden beispielsweise angesehen: Deutsches Rotes Kreuz, Wohlfahrtsverbände, private Fürsorgevereine/-heime, Heime für Drogengefährdete, Drogenberatungsstellen, Familienhilfswerke, Müttergenesungswerk, Deutsche Krebshilfe, Deutsche Lebensrettungsgesellschaft, Bergwacht, Gesellschaft zur Rettung Schiffs- 35

104 Vgl. ausführlich *Noll,* S. 69 f.
105 *BVerfG* 30.4.15 – 1 BvR 2274/12, juris.
106 *BVerfG* a. a. O.; *BAG* 31.1.95, NZA 95, 1059.
107 Vgl. insgesamt *BAG* 7.4.81, 29.6.88, 8.11.88, 24.5.95, AP Nrn. 16, 37, 38, 57 zu § 118 BetrVG 1972; a. A. für den Deutschen Entwicklungsdienst *Liemen,* RdA 85, 85 [90 f.].
108 *BAG* 29.6.88, a. a. O.; *Oldenburg,* NZA 89, 412 [413].
109 *BAG* 22.11.95, AP Nr. 58 zu § 118 BetrVG 1972; Richardi-*Thüsing,* Rn. 58 ff.; *Fitting,* Rn. 18 f.; *GL,* Rn. 12; *Oldenburg,* a. a. O.; *Weber,* NZA-Beilage 3/89, S. 2 f.; ErfK-*Kania,* Rn. 11.
110 GK-*Weber,* Rn. 97, 212; *Kohte,* BlStSozArbR 83, 129 ff.; *ders.,* Anm. zu AP Nr. 37 zu § 118 BetrVG 1972.
111 *Kohte,* BlStSozArbR 83, 129 [133]; a. A. im Ergebnis GK-*Weber,* Rn. 96.
112 *LAG Hamm* 14.3.00, AiB 00, 769.
113 *Kohte,* a. a. O.; *ders.,* Anm. zu AP Nr. 37 zu § 118 BetrVG 1972.
114 *BAG* 5.10.02, AiB 02, 51 mit Anm. *Weiß* = AiB 02, 191 mit Anm. *Dannenberg.*
115 *BAG* 15.3.6, NZA 06, 1422.

brüchiger, Björn-Steiger-Stiftung,[116] Volksbund Deutsche Kriegsgräberfürsorge,[117] eine in privater Rechtsform betriebene Behindertenwerkstatt nach Ausgliederung aus einer Einrichtung der katholischen Kirche[118] oder **ein Wohnstift für ältere Menschen,** selbst wenn hier nicht überwiegend Dienstleistungen außerhalb des Tendenzbetriebs erbracht werden.[119]

36 Je nach den Umständen des Einzelfalles können auch darunter fallen: **Werkstätten für behinderte Menschen** i. S. d. § 136 SGB IX,[120] **Berufsförderungswerke für Behinderte,**[121] für **schwer vermittelbare Arbeitslose**[122] oder für **Sozialhilfeempfänger,**[123] ein in der Rechtsform einer Stiftung des bürgerlichen Rechts betriebenes **Krankenhaus.**[124] **Krankenhäuser,** die **in privater Rechtsform** betrieben werden, können karitativen Zwecken dienen, wenn der Zweck des Unternehmens nicht unmittelbar darauf ausgerichtet ist, Gewinn zu erzielen.[125] Auch für eine von der katholischen Kirche als **GmbH** betriebene Wohnungsbau- und Siedlungsgesellschaft soll nach der Rspr. des *BAG* ein karitativer Zweck nicht grundsätzlich ausgeschlossen sein, wenn die Kirche über ein Mindestmaß an Einflussmöglichkeiten verfügt.[126] Diese Rspr. ist abzulehnen, weil das Abstellen auf das bloße »Mindestmaß an Einflussmöglichkeiten« gesellschaftsrechtliche Gestaltungsmöglichkeiten eröffnet, die zum Auswandern aus der Mitbestimmung genutzt werden können.

37 Das Vorliegen einer karitativen Bestimmung soll für jeden Betrieb individuell und gesondert zu prüfen sein.[127] Karitative Einrichtungen, die unmittelbar von der **öffentlichen Hand** betrieben werden, z. B. Krankenhäuser oder Kinderheime, sind gemäß § 130 aus dem Anwendungsbereich des Gesetzes ausgenommen.[128] Für diese gilt grundsätzlich das **PersVG des jeweiligen Bundeslandes.** Eine differenzierte Bewertung der Feststellung einer karitativen Bestimmung ist angebracht, wenn ein Wechsel von einem nicht kirchlichen zu einem kirchlichen Träger erfolgt oder wenn sich eine bis dato nichtkirchlichen Einrichtung einer Religionsgemeinschaft oder der Karitas qua Satzungsänderung anschließt (vgl. ausführlich Rn. 123 ff.).

38 **Nicht unter die Bestimmung des Abs. 1 fallen** private Krankenhäuser, Dialysezentren,[129] Sanatorien, Kinderheime, Erholungsheime und Altenheime, wenn sie unter kommerziellen Gesichtspunkten geführt werden,[130] Aktiengesellschaften, die zwar als Unternehmensgegenstand u. a. den »Betrieb von Krankenhäusern« ausweisen, dabei aber weiterhin Gewinnerzielungsabsicht verfolgen[131] sowie Betriebe, die **Langzeitarbeitslose** zu Zwecken der **Wiederein-**

116 Vgl. Richardi-*Thüsing*, Rn. 61; *Fitting*, Rn. 18; *GL*, Rn. 16; HWGNRH-*Hess*, Rn. 25; *Noll*, S. 71.

117 *BAG* 8.12.70, AP Nr. 28 zu § 59 BetrVG.

118 *LAG Hamm* 22.6.01 – 10 TaBV 96/00.

119 *LAG Nds.* 23.5.05, AiB 06, 177.

120 *BAG* 7.4.81, AP Nr. 16 zu § 118 BetrVG 1972; 31.1.84, AP Nr. 15 zu § 87 BetrVG 1972 Lohngestaltung; a. A. mit umfassender Begründung *ArbG Berlin* 25.11.77, AP Nr. 9 zu § 118 BetrVG 1972; *LAG Düsseldorf* 29.8.12, ArbuR 12, 417, nach dem die Annahme von Lohnaufträgen in einer solchen Einrichtung kein eigener Zweck ist sein soll.

121 *BAG* 31.1.95, AP Nr. 56 zu § 118 BetrVG 1972; *Oldenburg*, NZA 89, 412.

122 *LAG Hamburg* 15.2.07, ZMV 07, 271.

123 *LAG Schleswig-Holstein* 4.1.00, BB 00, 773.

124 *LAG Berlin* 15.1.90 – 9 TaBV 5/89, sofern dieses der Förderung des öffentlichen Gesundheitswesens und von Wissenschaft und Forschung dient.

125 *BAG* 24.5.95, AP Nr. 57 zu § 118 BetrVG 1972; 27.10.98, AiB 00, 38 mit Anm. *Wedde; ThürLAG* 25.1.01, AuA 01, 430 für einen Krankenhausträger, der sich als GmbH verpflichtet hat, das kirchliche Proprium (Selbstverständnis) der Evangelisch-Lutherischen Kirche mitzutragen; vgl. *Thüsing*, NZA 02, 306.

126 *BAG* 23.10.02, AP Nr. 72 zu § 118 BetrVG 1972; im Ergebnis ähnlich 31.7.02, DB 02, 2729 = AP Nr. 70 zu § 118 BetrVG 1972 mit Anm. *Thüsing* für einen als GmbH organisierten kirchlichen Krankenhausträger; a. A. *ArbG Hamburg* 10.4.06, AuR 07, 137 mit Anm. *Kühling* für eine gemeinnützige GmbH, die unter Verwendung öffentlicher Mittel in gleicher Weise wie andere Träger Arbeitslosenprojekte durchführt.

127 *BAG* 12.11.02, AuR 03, 309 = AiB 05, 189 mit Anm. *Rahn; Fitting*, Rn. 18 a.

128 *Fitting*, Rn. 19; HWGNRH-*Hess*, Rn. 25.

129 Vgl. *BayOLG* 10.8.95, ZIP 95, 1671; offen *BAG* 18.4.89, AP Nr. 65 zu § 99 BetrVG 1972; vgl. auch *Kukat*, BB 99, 688.

130 Richardi-*Thüsing*, Rn. 59; *Fitting*, Rn. 18 a; a. A. *Stölzel*, NZA 09, 239, die aus der Neufassung des § 22 SGB VIII die Tendenzeigenschaft ableitet.

131 *BayOLG* 10.8.95, AP Nr. 1 zu § 4 MitbestG.

gliederung in den Arbeitsmarkt beschäftigten.[132] Nicht anzuwenden ist die Bestimmung, wenn sich eine Einrichtung, die karitativen bzw. erzieherischen Bestimmungen verpflichtete ist, vom kirchlichen Kollektivrecht abwendet.[133]

5. Erzieherische Bestimmungen

Erzieherischen Bestimmungen dienen Bildungseinrichtungen allgemeinbildender und berufsbildender Art, soweit das Erwerbsstreben nicht im Vordergrund steht.[134] Einer erzieherischen Bestimmung wird gedient, wenn durch **planmäßige und methodische Unterweisung** in einer Mehrzahl allgemeinbildender oder berufsbildender Fächer nicht nur die Vermittlung von Kenntnissen und Fertigkeiten angestrebt, sondern insbes. die **Persönlichkeit eines Menschen** geformt wird.[135] Die Betätigung der Bildungseinrichtung muss darauf ausgerichtet sein, Erziehung zu bewirken; sie muss der Verfolgung dieser Zielsetzung dienen.[136] Das vermittelte Wissen muss eine bestimmte Breite und Tiefe haben.[137] Nicht ausreichend ist es, wenn z. B. Fremdsprachen nach einer bestimmten Methode gelehrt werden, da die bloße Vermittlung von Kenntnissen nicht erzieherischen Bestimmungen dient[138] oder wenn die Wissensvermittlung sich auf wenige Stunden oder Tage beschränkt.[139] Soweit Einrichtungen von **öffentlich-rechtlichen Trägern** nicht in privater Rechtsform betrieben werden, findet auf sie gemäß § 130 nicht das BetrVG, sondern das PersVG des entsprechenden Bundeslandes Anwendung. Bezüglich der erzieherischen **Einrichtungen von Religionsgemeinschaften** vgl. Rn. 123 ff. 39

Erzieherischen Bestimmungen können, wenn die vorstehend genannten Kriterien erfüllt werden, u. a. dienen: **Privatschulen,** als staatlich anerkannte Ersatzschulen, insbes. mit angeschlossenem Internat,[140] **Berufsbildungswerke**[141] und **Berufsakademien,**[142] berufsbildende Einrichtungen (**Bildungswerke**) einer Gewerkschaft, wenn sie im wesentlichen Erwachsenenbildung betreiben[143] sowie **Berufsförderungswerke** zur Wiedereingliederung Behinderter in das Berufsleben.[144] **Privatrechtlich organisierte Universitäten** und **Fachhochschulen** können ebenso wie **überbetriebliche Ausbildungszentren** einer IHK nur dann einer erzieherischen Bestimmung dienen, wenn ihr Curriculum über die Vermittlung des reinen Fachwissen hinausgeht und etwa auch einen Schwerpunkt im allgemeinbildenden und berufsübergreifenden Bereich hat.[145] 40

Fehlt die überfachliche Vermittlung von Inhalten oder findet diese nur in einem nachgeordneten Rahmen statt, steht dies der Feststellung einer erzieherischen Bestimmung entgegen. Einer erzieherischen Bestimmungen dienen **grundsätzlich nicht: Autofahrschulen,**[146] **Volkshochschulen, Musikschulen, Fernlehrinstitute,**[147] **zoologische Gärten**[148] und **Sprachschulen.**[149] Auch bei **Kindertagesstätten** steht die erzieherische Bestimmung im Sinne einer planmäßigen und methodischen Unterweisung in der Praxis nicht im Vordergrund, sondern die 41

132 *BAG* 5.10.00, NZA 01, 1325.
133 *ArbG Mönchengladbach* 12.7.01, ZMV 01, 244 für eine katholische Pfadfinderschaft.
134 So auch GK-*Weber,* Rn. 104 ff.; *Noll,* S. 72.
135 *BAG* 22.5.75, 13.8.87, 31.1.95, AP Nr. 12, 33, 56 zu § 118 BetrVG 1972; 3.12.87, NZA 88, 507; *Oldenburg,* NZA 89, 412 [414]; *Weber,* NZA-Beilage 3/89, S. 3; vgl. ferner *Kuchenhoff,* NZA 92, 679.
136 *BAG* 7.4.81, AP Nr. 17 zu § 118 BetrVG 1972; *LAG München* 17.1.90 – 8 TaBV 20/89.
137 Richardi-*Thüsing,* Rn. 63.
138 *BAG,* a. a. O.
139 *BAG* 21.6.89, NZA 90, 402.
140 *BAG* 22.5.75, 13.1.87, AP Nrn. 12, 33 zu § 118 BetrVG 1972; 3.12.87, NZA 88, 507.
141 *BAG* 14.4.88, AP Nr. 36 zu § 118 BetrVG 1972.
142 *ArbG Kiel* 1.6.87 – 2 b BV 14/87.
143 *BAG* 3.7.90, NZA 90, 903; vgl. auch *Kuchenhoff,* NZA 92, 679.
144 *BAG* 31.1.95, NZA 95, 1059.
145 A. A. Richardi-*Thüsing,* Rn. 69; ders., ZTR 03, 544; ähnlich HaKo-BetrVG/*Blanke,* Rn. 14.
146 *Fitting,* Rn. 20; HWGNRH-*Hess,* Rn. 37.
147 *GL,* Rn. 19; a. A. *Fitting,* a. a. O.; HaKo-BetrVG/*Blanke,* Rn. 14; Richardi-*Thüsing,* Rn. 64; HWGNRH-*Hess,* a. a. O.; offenbar auch *Däubler,* Das Arbeitsrecht 1, Rn. 1172 für Fernlehrinstitute.
148 *BAG* 21.6.89, NZA 90, 402; Richardi-*Thüsing,* Rn. 63; differenziert HWGNRH-*Hess,* Rn. 43.
149 *BAG* 7.4.81, AP Nr. 17 zu § 118 BetrVG 1972 mit Anm. *Birk;* Richardi-*Thüsing,* Rn. 64.

Betreuung für die nicht anwesenden Eltern. An dieser Praxis ändert auch die Neufassung des § 22 SGB VIII nichts, der die Förderung formal vor die Betreuung des Kindes stellt. Eine Ausnahme von der Anwendbarkeit des BetrVG besteht hier nur, wenn die Einrichtung etwa konfessionell ausgerichtet ist und somit vom Tatbestand des Abs. 2 erfasst wird.[150]

6. Wissenschaftliche Bestimmungen

42 Die Freiheit von Kunst und **Wissenschaft** wird durch Art. 5 Abs. 3 GG garantiert. Auf diese Begriffe ist bei der Auslegung der Vorschrift abzustellen. Danach ist »wissenschaftlich« jede Tätigkeit, die nach Inhalt und Form als ernsthafter Versuch zur Ermittlung der Wahrheit anzusehen ist.[151] Zur Erfüllung des Tatbestandes muss das Unternehmen insgesamt zur Verfolgung wissenschaftlicher Zwecke bestimmt sein. Nicht ausreichend ist es hingegen, wenn lediglich wissenschaftliche Methoden zur Erreichung des eigentlichen Unternehmenszwecks eingesetzt werden.[152]

43 **Wissenschaftlichen Bestimmungen** können, wenn das Erwerbsstreben nicht im Vordergrund steht, z. B. dienen: **Bibliotheken,** ggf. **wissenschaftliche Buch- und Zeitschriftenverlage** (bei diesen kann auch die Regelung der Nr. 2 zutreffen),[153] Forschungsinstitute, z. B. **Max-Planck-Institute,**[154] **Museen, Wirtschaftsforschungsinstitute.**[155] **Nicht hierunter fallen Forschungsinstitute,** die von **Wirtschafts-UN** betrieben[156] oder von ihnen zu wirtschaftlichen Zwecken unterhalten werden, **Großforschungseinrichtungen,**[157] Rechenzentren für **wissenschaftliche Datenverarbeitung**[158] und **zoologische Gärten.**[159]

7. Künstlerische Bestimmungen

44 **Künstlerischen Bestimmungen** können **Werke der Sprache,** der **Musik** sowie der **darstellenden und bildenden Kunst** dienen, sofern die wirtschaftliche Zwecksetzung nicht Vorrang vor der geistig-ideellen hat.[160] Die wirtschaftliche Unterstützung eines Tendenzbetriebs löst den besonderen Schutz des Gesetzes nicht aus.[161] Bei der Frage, welche Betriebe durch diese Vorschrift erfasst werden, ist eine differenzierte Betrachtungsweise angezeigt. Es muss unterscheiden werden zwischen denjenigen Betrieben, die die künstlerische Zielsetzung zur Befriedigung der kulturellen Bedürfnisse regelmäßig mit öffentlichen Zuschüssen verfolgen, z. B. Theater oder Staatsorchester,[162] und solchen, bei denen das Gewinnstreben im Vordergrund steht und die sich der Kunst lediglich bedienen. Nach der Rspr. des *BVerfG*[163] betrifft die Garantie der Kunstfreiheit in Art. 5 Abs. 3 Satz 1 GG in gleicher Weise den »Werkbereich« und den »Wirkbereich« des künstlerischen Schaffens. Danach bilden beide Bereiche eine unlösbare Einheit.[164]

---

150 Ähnlich *Fitting,* Rn. 20; a. A. und für eine unbeschränkte Bewertung als Tendenzbetrieb *Stölzel,* NZA 09, 239.
151 *BAG* 8.5.90, 20.11.90, AP Nrn. 46, 47 zu § 118 BetrVG 1972.
152 *BAG* 15.2.89, NZA 90, 240; 21.7.98, NZA 99, 277.
153 Vgl. *BAG* 14.11.75, 15.2.89, AP Nrn. 5, 39 zu § 118 BetrVG 1972; GK-*Weber,* Rn. 114.
154 *BAG* 10.4.84, AP Nr. 3 zu § 81 ArbGG 1979; 7.9.88, AP Nr. 35 zu § 87 BetrVG 1972 **Lohngestaltung zur** Fraunhofer-Gesellschaft; vgl. auch *LAG Hamm* 5.12.79, DB 80, 696 zu Forschungseinrichtungen von Religionsgemeinschaften.
155 *BAG* 13.2.90, EzA § 118 BetrVG 1972 Nr. 51; Richardi-*Thüsing,* Rn. 67 ff.; *Fitting,* Rn. 21; GK-*Fabricius,* a. a. O.; *Weber,* NZA-Beilage 3/89, S. 3.
156 Richardi-*Thüsing,* Rn. 67; *Fitting,* a. a. O.; a. A. ErfK-*Kania,* Rn. 13.
157 *Wendeling-Schröder,* AuR 84, 38; a. A. *GL,* a. a. O.; MünchArbR-*Matthes,* § 364 Rn. 21; a. A. ErfK-*Kania,* a. a. O.
158 *BAG* 20.11.90, AP Nr. 47 zu § 118 BetrVG 1972 = AiB 91, 339.
159 *BAG* 21.6.89, AP Nr. 43 zu § 118 BetrVG 1972; enger ErfK-*Kania,* a. a. O. und Richardi-*Thüsing,* Rn. 68, die eine wissenschaftliche Bestimmung für industrielle Forschungsbetriebe nicht ausschließen.
160 *Noll,* S. 76.
161 *Fitting,* Rn. 22.
162 Vgl. auch *BAG* 7.11.75, AP Nr. 1 zu § 130 BetrVG 1972.
163 Vgl. 24.2.71, BVerfGE 30, 173 [189]; vgl. auch 5.3.74, BVerfGE 36, 321 [331].
164 Ebenso *Fitting,* Rn. 22.

Künstlerischen Bestimmungen können, wenn die Voraussetzungen im Übrigen vorliegen (vgl. Rn. 6 ff., 35), grundsätzlich z. B. **folgende UN/Betriebe dienen,** wobei jeweils eine Einzelfallprüfung erforderlich ist:[165] **Theater und Staatsorchester,**[166] **Kleinkunstbühnen, Filmherstellungsbetriebe** (vgl. auch Rn. 46),[167] **Musik- und Schallplattenverlage, belletristische Buchverlage** bzw. Buchverlage, die **literarische oder musikalische Werke** verlegen,[168] **Kabaretts, Konzertagenturen, Museen.**[169] Auch das Betreiben eines **Musicaltheaters** soll künstlerischen Zielsetzungen dienen.[170] Werden bei Musicalproduktionen eines Veranstalters Fremdkräfte ohne arbeitsrechtliche Bindung zum AG auf der Basis von Lizenzverträgen tätig, kann dies zum Verlust der künstlerischen Bestimmung führen. Die Einmaligkeit einer so gestalteten Produktion führt nicht zum Wegfall der künstlerischen Bestimmung.[171] **45**

Keine UN/Betriebe mit künstlerischer Zielsetzung sind u. a.: **Lichtspieltheater, Schallplattenherstellungsbetriebe, Buch- und Schallplattenhandlungen,**[172] **Revuen und Zirkus-UN,**[173] **Tanz- und Unterhaltungsstätten,**[174] **Musikhandel,**[175] **Verwertungsgesellschaften zur Ausnutzung von Urheberrechten,** z. B. die **GEMA**[176] **und VG WORT.**[177] **46**

Soweit entsprechende Einrichtungen von **öffentlich-rechtlichen Trägern** nicht in privater Rechtsform betrieben werden, findet auf sie gemäß § 130 nicht das BetrVG, sondern das PersVG ggf. des entsprechenden Bundeslandes Anwendung. **47**

IV. Berichterstattung und Meinungsäußerung (Abs. 1 Nr. 2)

Zu den UN und Betrieben, die unter diese Bestimmung fallen, können **Presse-UN** (vorwiegend **Zeitungs- und Zeitschriftenverlage**),[178] **Rundfunk- und Fernsehsender,** soweit sie **privatrechtlich** organisiert sind, sowie **Film-UN** gehören, sofern sie **unmittelbar und überwiegend** Zwecken der Berichterstattung oder Meinungsäußerung dienen (vgl. Rn. 6 ff. und ergänzend Rn. 52). Zu weitgehend ist die Auffassung, dass von dem weiten Pressebegriff des Art. 5 GG auszugehen ist,[179] der alle Erzeugnisse der »Buchdruckerpresse« bis hin zu Flugblättern und Plakaten erfasst.[180] **Öffentlich-rechtliche Rundfunk- und Fernsehanstalten** fallen als Körperschaften des öffentlichen Rechts gemäß § 130 nicht unter den Geltungsbereich des BetrVG. Für sie gelten die Sonderregelungen des BPersVG bzw. die jeweiligen LandesPersVG. **48**

Unter den Tendenzbegriff können alle Presse-UN fallen, **unabhängig** davon, ob sie eine **parteipolitische** oder eine **allgemeinpolitische Tendenz** verfolgen oder ob es sich um Presse-UN **ohne politische Tendenz** wie Heimatzeitungen oder um unabhängig und überparteilich zu nennende Zeitungen handelt.[181] **49**

Berichterstattung ist die Weitergabe von Tatsachen. **Meinungsäußerung** ist die Abgabe einer Stellungnahme, mit der die Tatsachen beurteilt werden. **50**

---

165 Vgl. GK-*Weber,* Rn. 120; *Noll,* S. 77.
166 *BAG* 4.8.81, AP Nr. 5 zu § 87 BetrVG 1972 Arbeitszeit; 3.11.82, AP Nr. 12 zu § 15 KSchG 1969.
167 *Fitting,* Rn. 22; HWGNRH-*Hess,* Rn. 45.
168 Vgl. *BAG* 14.11.75, 15.2.89, AP Nrn. 5, 39 zu § 118 BetrVG 1972; offengelassen MünchArbR-*Matthes,* § 364 Rn. 25.
169 Vgl. Richardi-*Thüsing,* Rn. 74; *Fitting,* a. a. O.
170 *LAG Berlin-Brandenburg* 17.12.08 – 15 TaBV 1213/08, juris.
171 *LAG Baden-Württemberg* 28.1.10 – 21 TaBV 5/09, juris.
172 *Fitting,* Rn. 22; HWGNRH-*Hess,* Rn. 45.
173 *Däubler,* Das Arbeitsrecht 1, Rn. 1172; a. A. Richardi-*Thüsing,* Rn. 73; *GL,* Rn. 24; HWGNRH-*Hess,* a. a. O.; *Fitting,* Rn. 22.
174 *Fitting,* Rn. 22 a.
175 *Fitting,* a. a. O.
176 *BAG* 8.3.83, AP Nr. 26 zu § 118 BetrVG 1972 mit Anm. *Herschel;* ErfK-*Kania,* Rn. 14.
177 Richardi-*Thüsing,* Rn. 75; *Fitting,* a. a. O.; *Weber,* NZA-Beilage 3/89, S. 3.
178 Vgl. *Frey,* S. 33; *Kunze,* FS Ballerstedt, S. 103; *Noll,* S. 78.
179 Richardi-*Thüsing,* Rn. 79; ähnlich GK-*Weber,* Rn. 126 ff.; wie hier *Frey,* S. 33 f.; *Fitting,* Rn. 23 f.; vgl. auch Rn. 75.
180 Vgl. *Maunz/Dürig/Herzog/Scholz,* GG, Art. 5 Abs. 1, 2, Rn. 129 ff.
181 Vgl. *BAG* 9.12.75, 19.5.81, 31.5.83, AP Nrn. 7, 18, 27 zu § 118 BetrVG 1972; *Fitting,* Rn. 25; *Frey,* S. 35 f.

51 Die Vorschrift kommt auch zur Anwendung, wenn ein Betrieb/UN mehreren der in Nrn. 1 und 2 geführten geistig-ideellen Zielsetzungen dient. Nach Auffassung des *BAG*[182] müssen sich diese Zielsetzungen nicht ergänzen. Auch ein Gewinnstreben soll nicht im Widerspruch zur Tendenzeigenschaft stehen (vgl. im Übrigen Rn. 21 f.).[183]

52 Als UN oder Betriebe, die der Berichterstattung oder Meinungsäußerung (Nr. 2) dienen können, kommen neben **Zeitungs- und Zeitschriftenverlagen**[184] weitere Anbieter in Betracht, auch wenn sie gleichzeitig einer (oder mehreren) geistig-ideellen Zielsetzung(en) der Nr. 1 dienen (vgl. aber Rn. 21 f.) wie z. B.: **private Rundfunk- und Fernsehsender,**[185] **Filmherstellungs-UN** (aber nicht von Werbefilmen, vgl. auch Rn. 45, 55), **Presse- und Nachrichtenagenturen** bzw. **-dienste,**[186] **Internetanbieter** mit eigenen redaktionellen Beiträgen;[187] Betriebe, die Berichte und Kommentare für den Lokalteil anderer Zeitungen erstellen.[188] Voraussetzung ist jedoch, dass diese UN **unmittelbar und überwiegend** ihren geistig-ideellen Zielsetzungen dienen und nicht etwa, wie dies bei privaten Rundfunksendern häufig der Fall ist, die Meinungs- oder Berichterstattung weit überwiegend aus der »Konserve« (Musik) bzw. mit Hilfe von Werbung betreiben und ihren eigenen redaktionellen Teil auf wenige Minuten pro Stunde beschränken.[189]

53 **Keine Tendenz-UN/-Betriebe** sind **Buchverlage,** die jedoch regelmäßig eine oder mehrere der Zielsetzungen der Nr. 1 verfolgen.[190] Nach der nicht überzeugenden Rspr. kann eine **Buchgemeinschaft** (Buchclub), die belletristische Werke als sog. Clubausgaben herstellt und vertreibt, »Tendenzschutz« genießen, wenn die Verlagsrechte nicht selbst zustehen und sie deshalb lediglich sog. Lizenzausgaben herstellt und vertreibt.[191]

54 **Lohndruckereien,** die als selbstständige UN für Tendenz-UN Lohnaufträge ausführen, fallen nicht unter die Tendenzbestimmung.[192] Dies gilt auch, wenn ein reines Druck-UN (Lohndruckerei) abhängiges UN in einem sog. Tendenzkonzern ist.[193] Entsprechendes gilt für eine sog. **Verlagsdruckerei,** die als selbstständiger Betrieb (Betriebsteil, Nebenbetrieb) eines Presse-UN überwiegend Lohnaufträge für Dritt-UN durchführt,[194] selbst wenn sie überwiegend durch den Druck verlagseigener Zeitungen, Zeitschriften oder sonstiger (interner) Aufträge mit Tendenzcharakter ausgelastet ist.[195] Besteht das Presse-UN lediglich aus einem Betrieb, ist dieses ebenfalls Tendenz-UN, wenn die technischen Abteilungen des Betriebs überwiegend durch eigene – tendenzgeschützte – Verlagsobjekte ausgelastet sind (im Übrigen Rn. 14 ff.).[196]

55 **Nicht als Tendenz-UN/-Betriebe** i. S. d. Nr. 2 sind außerdem anzusehen: **Verlage,** die ausschließlich oder überwiegend **Anzeigenblätter,**[197] **amtliche Mitteilungen** oder **Bekanntmachungen, Formulare oder Adress-** bzw. **Telefonbücher** herausgeben,[198] **Internetanbieter**

182 *BAG* 14.11.75, 15.2.89, AP Nrn. 5, 39 zu § 118 BetrVG 1972.
183 Zutreffend a. A. *Frey*, S. 32; *Ihlefeld*, AuR 75, 234 [239]; *Gerhard Müller*, DB 70, 1023 [1025 f.].
184 *Frey*, S. 33; *Kunze*, FS Ballerstedt, S. 103; *Bauer/Lingemann*, NZA 95, 813, 814.
185 *BAG* 11.2.92, NZA 92, 705; 27.7.93, NZA 94, 329 auch bei nur 10 % Wortbeiträgen im Programm; ähnlich ErfK-*Kania*, Rn. 15; HWGNRH-*Hess*, Rn. 51; *Noll*, S. 79; a. A. für die nordrhein-westfälischen Lokalfunkstationen *Pahde-Syrbe*, AuR 94, 333.
186 Richardi-*Thüsing*, Rn. 88; *Fitting*, Rn. 30; *Frey*, S. 36; HWGNRH-*Hess*, Rn. 51; a. A. *GL*, Rn. 29.
187 *Bauer/Mengel*, NZA 01, 307 [309].
188 *LAG Rheinland-Pfalz* 27.3.07 – 3 TaBV 2/07, juris [nicht rskr.].
189 Vgl. auch *BAG* 27.7.93, a. a. O.; a. A. HWGNRH-*Hess*, a. a. O.
190 Ähnlich *Fitting*, Rn. 26; HWGNRH-*Hess*, Rn. 55; *Noll*, S. 80; offengelassen *BAG* 14.11.75, AP Nr. 5 zu § 118 BetrVG 1972; weiter gehend *BAG* 15.2.89, AP Nr. 39 zu § 118 BetrVG; Richardi-*Thüsing*, Rn. 82 ff.; die auch Buchverlagen »Tendenzschutz« nach Nr. 2 zubilligen; a. A. *Frey*, S. 33; *Kunze*, FS Ballerstedt, S. 102 f.; *Ihlefeld*, AuR 75, 234 [239], mit Bedenken hinsichtlich der Tendenzeigenschaft.
191 *BAG* 15.2.89, a. a. O; vgl. auch Richardi-*Thüsing*, Rn. 87; *Fitting*, Rn. 30, die darauf abstellen, ob die Buchgemeinschaft mit einem Buchverlag verbunden ist.
192 *BAG* 31.10.75, 30.6.81, AP Nrn. 3, 20 zu § 118 BetrVG 1972; vgl. ErfK-*Kania*, Rn. 16; Richardi-*Thüsing*, Rn. 91 ff. *Noll*, S. 80.
193 *BAG* 30.6.81, a. a. O.; vgl. auch Richardi-*Thüsing*, Rn. 107.
194 *Fitting*, Rn. 27.
195 Zutreffend ErfK-*Kania*, a. a. O. unter Hinweis auf *BAG* 31.10.75, AP Nr. 3 zu § 118 BetrVG 1972; a. A. *Fitting*, a. a. O.
196 *Fitting*, a. a. O.; vgl. auch *BAG* 9.12.75, AP Nr. 7 zu § 118 BetrVG 1975.
197 *Däubler*, Das Arbeitsrecht 1, Rn. 1173.
198 Richardi-*Thüsing*, Rn. 86; *Fitting*, Rn. 23; ErfK-*Kania*, Rn. 15; *Weber*, NZA-Beilage 3/89, S. 3, bezogen

ohne eigene redaktionelle Beiträge,[199] **Vertriebsgesellschaften** und **Zeitungszustellbetriebe, Buch-, Zeitschriften- und Zeitungshandel,**[200] Unternehmen, die das **Anzeigengeschäft** für mehrere Tageszeitungen erledigen und hierbei eigenständig über den Abschluss von Verträgen entscheiden können,[201] **Filmverleih und -vertrieb,**[202] **Hersteller von Werbefilmen,**[203] **Lesezirkel,**[204] **UN,** die **Meinungsäußerung** oder **Berichterstattung auf Tonträgern** (Schallplatten, Kassetten) betreiben[205] sowie **öffentlich-rechtliche Rundfunk- und Fernsehanstalten** (vgl. Rn. 48).

V. Tendenzträger

Eine **Einschränkung der Beteiligungsrechte des BR** auf Grund der »Eigenartklausel« des Satzes 1 kommt nur in Betracht, wenn von der Maßnahme ein **Tendenzträger** betroffen ist **und** es sich um eine **tendenzbezogene Maßnahme** in einem **Tendenz-UN/-Betrieb** handelt.[206] Deshalb ist die **Abgrenzung des Personenkreises der Tendenzträger** für die betriebliche Praxis wichtig. Tendenzträger sind nur solche Beschäftigte, die einerseits tendenzbezogene Aufgaben wahrnehmen,[207] andererseits aber auch kraft ihrer Dienststellung und ihres Dienstvertrages an der Verwirklichung der geistig-ideellen Zielsetzung wesentlich mitwirken.[208] Tendenzträger können nur AN sein, die **maßgeblich zur Tendenzverwirklichung** beitragen, die Möglichkeit einer **inhaltlich prägenden Einflussnahme** auf die Tendenzverwirklichung haben[209] und die **geistig-ideelle Zielsetzung des UN unmittelbar verwirklichen.**[210] Die Tendenzträgereigenschaft bezieht sich nur auf den Bereich des Arbeitsverhältnisses.[211] **56**

In Verkennung der Aufgaben eines verantwortlich tätigen Redakteurs, die sich nach Meinung des *BAG* von denen anderer Redakteure nur dadurch unterscheiden sollen, dass er die presserechtliche Verantwortung für den Inhalt der Veröffentlichung trägt[212] sollen in **Pressebetrieben** und privaten **Rundfunk- bzw. Fernsehsendern** alle Redakteure (im Rundfunk z. T. Programm-Mitarbeiter genannt)[213] Tendenzträger sein und nicht nur die verantwortlich Tätigen.[214] Nach der abzulehnenden Rspr.[215] sollen Tendenzträger in Pressebetrieben alle Personen sein, die **unmittelbar** für die **Berichterstattung und/oder Meinungsäußerung** tätig sind, also **inhaltlich** hierauf **Einfluss nehmen** können, und zwar entweder durch **eigene Veröffentlichung** oder **durch Auswahl und Redigierung** der Beiträge anderer. Diese Einflussmöglichkeit haben nach Auffassung des BAG grundsätzlich alle Redakteure,[216] einschließlich **57**

---

auf Formulare, Adress- bzw. Telefonbücher; *Neumann-Duesberg,* BB 73, 940, bezogen auf Anzeigenblätter; a. A. *GL,* Rn. 27; HWGNRH-*Hess,* Rn. 51.

199 Im Ergebnis ebenso *Bauer/Mengel,* NZA 01, 307 [310].

200 Richardi-*Thüsing,* Rn. 81; *Fitting,* Rn. 28; *GL,* Rn. 29; *Weber,* a. a. O.; zu Zustellbetrieben vgl. *BVerfG* 29.4.03, NZA 03, 864.

201 *LAG Thüringen* 29.11.05 – 5 TaBV 4/04.

202 *GL,* Rn. 29.

203 A. A. *GL,* Rn. 27.

204 *Fitting,* a. a. O.; Richardi-*Thüsing,* Rn. 81, der aber Lesezirkeln mit konfessioneller oder wissenschaftlicher Zielsetzung die Tendenzeigenschaft zuspricht.

205 *GL,* Rn. 29.

206 *BAG* 28.5.02, DB 03, 287.

207 *BVerfG* 6.11.79, AP Nr. 14 zu § 118 BetrVG 1972.

208 Vgl. ausführlich *Noll,* S. 48 ff.; *Eisemann,* RdA 77, 336 [348], der zutreffend darauf verweist, dass es sich bei Tendenzträgern meist um leitende Angestellte handelt; vgl. *Brecht,* Rn. 7.

209 *BAG* 12.11.02, NZA 04, 1289; 28.10.86, AP Nr. 32 zu § 118 BetrVG 1972; 18.4.89, AP Nr. 34 zu § 87 BetrVG 1972 Arbeitszeit; vgl. auch 24.3.83, EzA § 1 KSchG Betriebsbedingte Kündigung Nr. 21.

210 *BAG* 22.5.79, AP Nr. 13 zu § 118 BetrVG 1972.

211 A. A. *BAG* 23.10.08, DB 09, 1544, für den außerdienstlichen Bereich; zustimmend *Dzida,* BB 09, 1190.

212 *BAG* 7.11.75, AP Nr. 4 zu § 118 BetrVG 1972, 7.11.75, AP Nr. 3 zu § 99 BetrVG 1972; Richardi-*Thüsing,* Rn. 110.

213 Vgl. *Ory,* AfP 91, 692 [695].

214 So *Fitting,* Rn. 35; *WW,* Rn. 34, die auf den eigenen Verantwortungsbereich abstellen.

215 *BAG* 7.11.75, AP Nr. 3 zu § 99 BetrVG 1972 mit Anm. *Kraft/Geppert,* 9.12.75, AP Nr. 7 zu § 118 BetrVG 1972 mit Anm. *Löwisch.*

216 30.1.79, AP Nr. 11 zu § 118 BetrVG 1972; vgl. auch 19.5.81, 31.5.83, AP Nrn. 18, 27 zu § 118 BetrVG 1972; vgl. ferner *BVerfG* 6.11.79, AP Nr. 11 zu § 118 BetrVG 1972.

der **Lokalredakteure**[217] und **Sportredakteure,** wenn sie gleichzeitig Mitglied der Redaktionskonferenz sind,[218] **Feuilletonredakteure** für eine Beilage »Bunte Blätter« einer Tageszeitung, **Redaktionsvolontären** (vgl. auch Rn. 63)[219] und **Redakteure** (Programm-Mitarbeiter) von privaten Rundfunksendern.[220]

58 Tendenzträger können auch **Lektoren** in Buchverlagen[221] mit eigenem Verantwortungsbereich sein.

59 Bei **politischen Parteien, Gewerkschaften und AG-Verbänden** sind hauptamtliche Funktionäre Tendenzträger.[222]

60 Bei **konfessionellen, karitativen oder erzieherischen Einrichtungen** können nur solche AN als Tendenzträger in Betracht kommen, die einen inhaltlich prägenden und maßgeblichen Einfluss auf die Tendenzverwirklichung ausüben bzw. die geistig-ideelle Zielsetzung des UN unmittelbar verwirklichen. Nach der Rspr. sind in diesen Einrichtungen **Tendenzträger: Leiter einer Familienbildungsstätte,**[223] **Leiterin eines Kindergartens,**[224] **Lehrer und Honorarlehrkräfte** an Privatschulen, sofern diese erzieherischen Bestimmungen dienen[225] bzw. an konfessionellen und karitativen Einrichtungen,[226] **Erzieher und Lehrkräfte** an einer Ersatzschule bzw. Behinderteneinrichtung, wenn sie inhaltlich prägend soziale Dienste an körperlich und seelisch leidenden Menschen erbringen,[227] **Psychologen** an einem Berufsförderungswerk für Behinderte,[228] **Gruppenleiter und Betreuer** einer Behindertenwerkstatt,[229] **angestellte Ärzte,** wenn ihnen zusätzlich Forschungsaufgaben übertragen sind.[230] **Nicht erfasst** werden hingegen Verwaltungsmitarbeiter oder Beschäftigte, die Tendenzträgern im technischen oder organisatorischen Bereich zuarbeiten, ohne selbst maßgeblich an der Verwirklichung der Tendenzziele mitzuwirken. Entsprechendes gilt für **Honorardozenten,**[231] für Ausbilder, Tutoren, Trainer sowie für alle anderen pädagogischen Hilfskräfte, die in der betrieblichen Hierarchie unterhalb der Leitungsebene angesiedelt sind.[232]

61 Bei **künstlerischen Einrichtungen** sollen die AN als Tendenzträger anzusehen sein, deren Aufgabengebiet im Rahmen der Gesamtgestaltung bzw. ihrer eigenen Gestaltungsmöglichkeiten weit genug geht, um auf das künstlerische Werk, z. B. auf die Theaterproduktion, inhaltlich Einfluss nehmen zu können.[233] Als **Tendenzträger** angesehen worden sind: **Solist, erster Hornist, erster Oboist** eines Orchesters,[234] **Konzertmeister, Stimmführer, Bühnenangestellte** sowie **Schauspieler,** sofern ihr künstlerischer Gestaltungsraum nicht stark eingeschränkt ist.[235]

62 Bei **wissenschaftlichen Einrichtungen** können **Wissenschaftler** in Betracht kommen, die projektbezogene Forschungsarbeit leisten.[236] Es soll für die Feststellung der Eigenschaft als Tendenzträger bereits ausreichen, wenn die wissenschaftliche Tätigkeit etwa 30 % der Arbeits-

---

217 *BAG* 7.11.75, AP Nr. 3 zu § 99 BetrVG 1972.
218 *BAG* 9.12.75, a. a. O.
219 *BAG* 7.11.75, AP Nr. 4 zu § 118 BetrVG 1972.
220 *BAG* 11.2.92, NZA 92, 705 = AuR 92, 185, Ls.; 27.7.93, NZA 94, 329 = AiB 94, 251, Ls.
221 Richardi-*Thüsing,* Rn. 127; *Fitting,* Rn. 35.
222 Vgl. *BAG* 6.12.79, AP Nr. 2 zu § 1 KSchG 1969 Verhaltensbedingte Kündigung zum Rechtsschutz.
223 *ArbG Köln* 18.2.76, EzA § 1 KSchG Tendenzbetrieb Nr. 1.
224 *BAG* 25.4.78, 4.3.80, AP Nrn. 2, 3 zu Art 140 GG; Richardi-*Thüsing,* Rn. 129.
225 *BAG* 3.7.90, NZA 90, 903.
226 *BAG* 22.5.79, 31.1.87, AP Nrn. 12, 33 zu § 118 BetrVG 1972; 4.3.80, AP Nr. 4 zu Art. 140 GG; 31.10.84, EzA § 1 KSchG Tendenzbetrieb Nr. 16.
227 *LAG Nürnberg* 19.1.07, AiB 07, 550 mit Anm. *Heese*; *BAG* 31.1.95, NZA 95, 1059 = AuR 95, 332, Ls.
228 *BAG* 8.11.88, AP Nr. 38 zu § 118 BetrVG 1972.
229 *BAG* 31.1.84, AP Nr. 15 zu § 87 BetrVG 1972 Lohngestaltung.
230 *BAG* 18.4.89, AP Nr. 65 zu § 99 BetrVG 1972; vgl. auch 12.12.84, EzA § 1 KSchG Tendenzbetrieb Nr. 17.
231 ArbG *Leipzig* – 7 BV 71/05.
232 Ähnlich im Ergebnis *LAG Berlin-Brandenburg* 9.12.08 – 16 TaBV 1476/08, juris; WP-*Bender,* Rn. 23; HaKo-BetrVG/*Blanke,* Rn. 27; a. A. Richardi-*Thüsing,* Rn. 130 a.
233 *BAG* 28.10.86, AP Nr. 32 zu § 118 BetrVG 1972.
234 *BAG* 7.11.75, AP Nr. 1 zu § 130 BetrVG 1972; 3.11.82, AP Nr. 12 zu § 15 KSchG 1969.
235 Weiter *BAG* 4.8.81, AP Nr. 5 zu § 87 BetrVG 1972 Arbeitszeit.
236 *LAG Berlin* 18.10.82, BB 83, 502; offengelassen *BAG* 10.4.84, AP Nr. 3 zu § 81 ArbGG 1979.

zeit ausmacht.[237] **Nicht** zur Gruppe der **Tendenzträger** gehören Beschäftigte aus dem Bereich des technischen Peronals sowie alle anderen Mitarbeiter, die nicht unmittelbar wissenschaftliche tätig sind (etwa Mitarbeiter einer Finanzabteilung, die lediglich Abrechnungen für Wissenschaftler erstellen).[238] Nur eine solche enge Auslegung wird der allgemeinen Anforderung gerecht, nach der eine wesentliche Mitwirkung an der Verwirklichung geistig-ideeller Zielsetzungen Voraussetzung für die Qualifikation als Tendenzträger ist.

Nicht Tendenzträger sind beispielsweise: **Anzeigenredakteure,**[239] alle Angehörigen **des technischen oder sonstigen** nicht mit dem Inhalt der Zeitung befassten **Personals in Presse-UN,**[240] z. B. **Korrektoren,**[241] **Drucker,**[242] **Setzer, Buchhalter, Verwaltungsangestellte,**[243] **Zeitungszusteller,**[244] **Redaktionssekretärinnen,**[245] **Schlussredakteure,**[246] **Layouter/Grafiker,** jedenfalls dann, wenn die Verantwortung bei Redakteuren liegt.[247] Entgegen der Auffassung des BAG[248] sind **Redaktionsvolontäre** in Pressebetrieben,[249] die zu einer beruflichen Tätigkeit mit Tendenzbezug ausgebildet werden, keine Tendenzträger.[250] 63

Als Tendenzträger sind nicht einzustufen: **Pflegepersonal** und **Krankenschwestern** in konfessionellen und karitativen Einrichtungen;[251] **Rettungsassistenten** und **-sanitäter,** die ihren Dienst auf Rettungsfahrzeugen des Deutschen Roten Kreuzes im Rahmen ihrer Vereinsmitgliedschaft gegen Aufwandsentschädigung leisten;[252] **DRK-Blutspendedienste,**[253] **Gärtnermeister,** die Behinderte zu handwerklichen Arbeiten anleiten;[254] **Maskenbildner und Chef-Maskenbildner;**[255] **Leiter der Kostümabteilung** eines Theaters.[256] 64

VI. Einschränkungen der Beteiligungsrechte des Betriebsrats (Abs. 1 Satz 2)

1. Der absolute Ausschluss von Beteiligungsrechten

Durch den Wortlaut des Abs. 1 S. 2 wird die Anwendbarkeit der §§ 106 bis 110 dieses Gesetzes ausgeschlossen. In Tendenzbetrieben kann damit kein **WA** eingerichtet werden.[257] Die Unterrichtung der AN durch den AG entfällt. Diese Regelung ist rechtspolitisch verfehlt (zu den **verfassungsrechtlichen Bedenken** vgl. Rn. 3)[258] und widerspricht den in anderen Entschei- 65

237 *BAG* 7.2.91, NZA 91, 513.
238 Ähnlich HaKo-BetrVG/*Blanke*, Rn. 27; a. A. Richardi-*Thüsing*, Rn. 130.
239 *Fitting*, Rn. 35; Richardi-*Thüsing*, Rn. 125; HWGNRH-*Hess*, Rn. 67; a. A. *BAG* 20.4.10 – 1 ABR 78/08, juris.
240 Vgl. *BVerfG* 6.11.79, AP Nr. 14 zu § 118 BetrVG 1972.
241 *LAG Hamburg* 2.5.74, DB 74, 2406.
242 Vgl. auch *BAG* 30.4.74, AP Nr. 1 zu § 118 BetrVG 1972.
243 Richardi-*Thüsing*, Rn. 126; HWGNRH-*Hess*, Rn. 69.
244 Richardi-*Thüsing*, a. a. O.
245 *BAG* 7.11.75, AP Nr. 3 zu § 99 BetrVG 1972.
246 *LAG Hamburg* 22.10.08 – 5 SaGa 5/08, juris.
247 *LAG Köln* 3.11.88 – 2 TaBV 9/88.
248 *BAG* 19.5.81, AP Nr. 21 zu § 118 BetrVG 1972 mit zustimmender Anm. *Herschel;* 19.5.81, DB 81, 1191.
249 Vgl. zum Begriff Volontär: *BAG* 22.6.94, AfP 95, 529; 23.6.83, AP Nr. 10 zu § 78 a BetrVG 1972, Verfassungsbeschwerde nicht angenommen: *BVerfG* 10.1.86 – 1 BvR 1539/83, 22.6.94, AfP 95, 529; vgl. auch *LAG Hamm* 19.3.93, AfP 94, 174; Spruch der ESt. beim Verlag D.-GmbH & Co. KG 4.5.90, NZA 90, 681.
250 *LAG Niedersachsen* 21.4.76 – 4 TaBV 60/75; *Blanke*, AiB 86, 205 [207]; *Frey*, S. 71; *Weiss/Weyand*, BB 90, 2109 [2116].
251 *BAG* 18.4.89, AP Nr. 34 zu § 87 BetrVG 1972 Arbeitszeit; 6.11.90, DB 91, 2141 = AuR 90, 386, 12.11.91 – 1 ABR 4/91.
252 *BAG* 12.11.02, AuR 03, 309 mit Anm. *Plander*.
253 *BAG* 22.5.12, AP Nr. 85 zu § 118 BetrVG 1972.
254 *BAG* 12.11.91, a. a. O.
255 *BAG* 28.10.86, AP Nr. 32 zu § 118 BetrVG 1972 mit krit. Anm. *Mummenhoff*.
256 *BAG* 13.2.07, AP Nr. 81 zu § 118 BetrVG 1972 mit Anm. Wedde = AuR 07/35.
257 Vgl. etwa *BAG* 15.3.6, NZA 06, 1422; *LAG Rheinland-Pfalz* 14.8.13 – 8 TaBV 4012.
258 Vgl. auch *Ihlefeld*, AuR 78, 348; für eine begrenzte Anwendung der Vorschrift *Plander*, AuR 76, 293 f.; *Fitting*, Rn. 43, die die gesetzliche Regelung für nicht gerechtfertigt ansehen; ebenso *Weiss/Weyand*, AuR 90, 33 [35].

dungen des *BAG* zum Ausdruck gebrachten Grundsätzen, wonach die Unterrichtungs-, Beratungs- und Anhörungsrechte des BR in Tendenzbetrieben nicht entfallen.[259] Da der WA keine weitergehenden Rechte hat als der BR, ist es mit Blick auf den Gesamtzusammenhang des Gesetzes nicht nachvollziehbar, dass die Einrichtung dieses Gremiums in Tendenzbetrieben ausgeschlossen bleiben soll. Die Wirksamkeit dieser Regelung ist mit Blick auf die **Richtlinie 2002/14/EG** und die zum 23. März 2005 abgelaufene Umsetzungsfrist in nationales Recht fraglich (vgl. ausführlich Einl., Rn. 251 ff.). Eine richtlinienkonforme Auslegung bzw. die Umsetzung der Richtlinie in nationales Recht hat auch für den Bereich des § 118 zur Folge, dass bei Erreichung der Mindestzahl von Mitarbeitern (50 AN in Unternehmen/20 in Betrieben) eine Unterrichtung und Anhörung der AN erfolgen muss. Dies legt den Schluss nahe, dass auch im Anwendungsbereich des § 118 entweder die Anwendbarkeit der §§ 106 bis 110 ermöglicht werden muss oder dass vergleichbare Informationsstrukturen eingeführt werden müssen.[260]

66 Durch das **Bilanzrecht** (Bilanzrichtliniengesetz v. 19.12.1985)[261] lässt sich auch die Argumentation des *BAG*[262] nicht mehr aufrechterhalten, dass ein WA unzulässig auf die Tendenzverwirklichung einwirken könnte.[263] Das neue Bilanzrecht kennt keinen »Tendenzschutz« und entspricht somit der Rechtslage in den übrigen EU-Ländern, in denen diese Rechtsfigur nicht oder wie in Österreich weniger ausgeprägt besteht.[264] Es ist sinnwidrig einem BR/GBR zwar Zwangsmittel zur Durchsetzung der Offenlegung der Bilanz an die Hand zu geben, ihm aber zugleich zu verbieten, einen WA zur Vorlage der Bilanz zu bilden sowie nach § 110 die Unterrichtung der AN zu verlangen. Der Vorrang der jüngeren Norm und das Gebot der gemeinschaftskonformen Auslegung gebieten deshalb bereits heute, jedenfalls bei Kapitalgesellschaften, eine teleologische Reduktion der Vorschrift.[265]

67 Die Vorschrift hat keinen Einfluss auf die Pflicht des AG zur Erstattung des **jährlichen Berichts in der Betriebsversammlung** nach § 43 Abs. 2 Satz 3.[266]

68 Die Vorschriften der §§ 106 – 110 knüpfen an die **UN-Ebene an.** Deshalb entscheidet allein der **Tendenzcharakter des UN** über die Frage, ob der BR/GBR einen WA errichten kann. Ein WA ist auch dann nicht zu errichten, wenn einzelne Betriebe nicht unter die Tendenzbestimmung fallen.[267] In (überwiegend) **tendenzfreien UN** ist dagegen auch dann ein WA zu bilden, wenn **einzelne Betriebe** dieser UN **Tendenzcharakter** aufweisen.[268] Bildet der Betrieb einer **Lohndruckerei** ein rechtlich selbstständiges UN, ist ein WA zu errichten, wenn eine enge wirtschaftliche und personelle Verflechtung mit z. B. einem Verlags-UN (herrschenden Konzern-UN) besteht, da die Druckerei nicht »unmittelbar« einer Tendenz dient.[269]

2. Die eingeschränkte Anwendbarkeit der §§ 111 bis 113

69 Für den Umfang der **Mitwirkungsrechte des BR bei Betriebsänderungen** kommt es nicht auf den Tendenzbezug des UN an. Ausschlaggebend ist allein der Tendenzcharakter des betroffenen Betriebs.[270] Etwas anderes gilt allenfalls dann, wenn die Betriebsänderung das Gesamt-UN (z. B. Konkurs des UN) betrifft, da in diesem Fall auch die Zuständigkeit des GBR nach § 50 Abs. 1 gegeben ist.

---

259 *BAG* 22.4.75, 7.11.75, 30.1.79, AP Nrn. 2, 4, 11 zu § 118 BetrVG 1972; 7.11.75, AP Nr. 3 zu § 99 BetrVG 1972; vgl. *Blanke*, AiB 86, 205 [206].
260 Vgl. allgemein *Bonin*, AuR 04, 321; a. A. Richardi-*Thüsing*, Rn. 169 b; *Reichold*, NZA 03, 289.
261 BGBl. I S. 2355.
262 *BAG* 7.4.81, AP Nr. 16 zu § 118 BetrVG 1972.
263 Zutreffend *Kohte*, Anm. zu AP Nr. 37 zu § 118 BetrVG 1972; ähnlich Richardi-*Thüsing*, Rn. 169 a.
264 *Kohte*, a. a. O. m. w. N.
265 *Kohte*, a. a. O.
266 *BAG* 8.3.77, AP Nr. 1 zu § 43 BetrVG 1972; *Fitting*, Rn. 31; GK-*Weber*, Rn. 145; ErfK-*Kania*, Rn. 17; enger HWGNRH-*Hess*, Rn. 123, sofern der mit § 118 verfolgte Schutz nicht ausgehöhlt wird.
267 *GL*, Rn. 49.
268 GK-*Weber*, Rn. 142; *Fitting*, Rn. 44, sieht keine Zuständigkeit des WA für die Tendenzbetriebe des UN.
269 *BAG* 31.10.75, 30.6.81, AP Nrn. 3, 20 zu § 118 BetrVG 1972.
270 *Fitting*, Rn. 6, 46; *GL*, Rn. 54; *Weiss*, Rn. 18.

Die §§ 111 bis 113, die die Beteiligung des BR in wirtschaftlichen Angelegenheiten regeln, kommen auch in Tendenzbetrieben zur Anwendung Der BR ist über geplante Betriebsänderungen rechtzeitig und umfassend zu unterrichten.[271] Weiterhin ist er sowohl bei der Aufstellung eines **Sozialplans** als auch bei der Herbeiführung eines **Interessenausgleichs** zu beteiligen.[272] Auch die Vereinbarung eines »Freiwilligen Interessenausgleichs« und von Namenslisten nach § 1 Abs. 5 KSchG ist möglich.[273] Der AG muss dem BR auch in einem Tendenzbetrieb rechtzeitig vor Durchführung einer Betriebsänderung diejenigen **Informationen** zu erteilen, die zur Ausübung des Mitbestimmungsrechts in Bezug auf den Sozialplan benötigt werden.[274] Bei der Vereinbarung eines Interessenausgleichs kommt die Regelung des § 1 Abs. 5 KSchG zur Anwendung.[275] **70**

Die uneingeschränkte Anwendung der Regelungen der §§ 111 bis 113 ergibt sich aus dem Wortlaut des Abs. 1 Satz 2, der ausdrücklich auf § 113 Bezug nimmt. Da sich diese Norm vorrangig mit dem Interessenausgleich befasst, wäre eine Verweisung unsinnig, wenn sich hieraus nicht Beteiligungsrechte des BR ableiteten. Der insoweit klare Wortlaut kann bei der Auslegung nicht vernachlässigt werden (vgl. auch Rn. 72).[276] Dieser Auslegung wird entgegengehalten, dass die Vorschriften nur insoweit anzuwenden sind, als sie den Ausgleich oder die Milderung wirtschaftlicher Nachteile für die AN infolge von Betriebsänderungen (Sozialplan) regeln und sich dabei das Informations- und Beratungsrecht aus § 111 nur auf das »Wie« und nicht auf die Frage des »Ob« erstreckt.[277] Die §§ 112 und 112 a sollen nur für den Abschluss eines Sozialplans einschließlich der Einschaltung des Vorstands der Bundesagentur für Arbeit sowie der Zuständigkeit der ESt. für die Erzwingung eines Sozialplans gelten, nicht aber hinsichtlich eines Interessenausgleichs.[278] **71**

Folgte man dieser Position und hielte § 113 für nicht anwendbar, würde beispielsweise ein gesetzwidrig handelndes UN begünstigt, der den BR überhaupt nicht beteiligt, da er keinerlei Sanktion zu fürchten hätte.[279] Dies hat auch das *BAG* bezüglich der Anwendbarkeit von § 113 Abs. 3 teilweise anerkannt.[280] Es hält nunmehr eine ausgleichende Auslegung der Vorschrift für geboten, durch die die nicht gewollte Schutzlücke geschlossen wird, die aus dem Ausschluss der Anwendbarkeit des § 113 Abs. 3 folgt. In Tendenzbetrieben hält das *BAG* **§ 113 Abs. 3** insoweit für **anwendbar,** wie diese Norm in Verbindung mit § 118 Abs. 1 Satz 2 eine **Sanktion** für die Verletzung von Pflichten bietet, die AG im Hinblick auf das Zustandekommen eines Sozialplans auferlegt sind.[281] Auch in Tendenzbetrieben müssen deshalb AG die BR nach den Grundsätzen des § 111 rechtzeitig und umfassend über geplante Betriebsänderungen unterrichten und die sozialen Folgen mit ihnen beraten.[282] **72**

Weiterhin kann ein **Nachteilsausgleich** nach § 113 Abs. 3 in Betracht kommen, wenn der AG es im Zusammenhang mit einer Massenentlastung im Sinne des § 17 KSchG unterlassen hat, **73**

271 *LAG Sachsen-Anhalt* 21.6.13 – 6 Sa 444/11.

272 Vgl. *Grunsky,* FS Mallmann, S. 83 ff.; *Kehrmann/Schneider,* BlStSozArbr 72, 64; *LAG Niedersachsen* 11.11.93, AiB 94, 504 [505]; mit Anm. *Kraushaar,* DB 93, 2540, Ls.; GK-*Weber,* Rn. 148 ff., die den Abschluss eines Interessenausgleichs mit beschränktem Inhalt für zulässig ansehen; a. A. *LAG Rheinland-Pfalz* 20.12.05 – 5 TaBV 54/05; *Bauer,* FS Wißmann, 25 [222]; *Gillen*/Hörle, NZA 03, 1225, die den freiwilligen Abschluss eines Interessenausgleichs verfassungsrechtlich für zulässighalten; ErfK-*Kania,* Rn. 18; vgl auch *Schlachter,* FS Wißmann, 412 [416 f.].

273 Vgl. *LAG Köln* 13.2.12 – 5 TaBV 303/11, juris; *Thüsing/Wege,* BB 05, 213.

274 *BAG* 30.3.04, DB 04, 1511; 18.11.03, DB 04, 1372; *Bauer,* a. a. O., 219 f.; *Fitting,* Rn. 47.

275 *Köln* 13.2.12, a. a. O.; *Bauer,* FS Wißmann, 215 [228] *Thüsing/Donat,* BB 05, 213.

276 *BAG* 27.10.98, AiB 2000, Heft 1 mit Anm. *Wedde.*

277 Vgl. Richardi-*Thüsing,* Rn. 171; *Fitting,* Rn. 46; HWGNRH-*Hess,* Rn. 124; MünchArbR-*Matthes,* § 365 Rn. 5 f.; *auer,* NZA 95, 813; *BAG* 17.8.82, AP Nr. 11 zu § 111 BetrVG 1972.

278 *Fitting,* a. a. O.

279 Vgl. *Kehrmann/Schneider,* BlStSozArbR 72, 64; *Grunsky,* FS Mallmann, S. 83 f.; *LAG Niedersachsen* 11.11.93, AiB 94, 504 mit Anm. *Kraushaar* = DB 93, 2540, Ls.; einschränkend bzgl. § 113 Abs. 3 GK-*Weber,* Rn. 157.

280 *BAG* 27.10.98, AiB 2000, Heft 1 mit Anm. *Wedde;* in der Entscheidung hat das *BAG* die Frage der Anwendbarkeit auf § 113 Abs. 1 und 2 ausdrücklich offen gelassen; bestätigt durch *BAG* 18.11.03, DB 04, 1372; a. A. *Rinsdorf,* ZTR 01, 197.

281 *BAG* 27.10.98, a. a. O.; zustimmend *Fitting,* Rn. 46; a. A. *Gillen/Hörle,* NZA 03, 1225.

282 *BAG* 27.10.98, a. a. O.; vgl. die zustimmende Anm. *Kukat* zu dieser Entscheidung, BB 99, 690.

mit dem BR zu beraten, wie Entlassungen vermieden oder beschränkt werden können und ob ihre sozialen Folgen gemildert werden können.[283]

3. Der relative Ausschluss von Beteiligungsrechten

a) Eigenartklausel

74 Wenn Abs. 1 Nr. 2 vorsieht, dass Vorschriften des Gesetzes keine Anwendung finden, soweit die Eigenart des UN oder des Betriebs dem entgegensteht (**Eigenartklausel**), bedeutet dies weder, dass bestimmte Vorschriften des Gesetzes von vornherein völlig ausgeschlossen noch, dass sie in vollem Umfang anzuwenden sind.[284] Ob und inwieweit die Eigenart des UN oder des Betriebs der Beteiligung des BR entgegensteht, ist in jedem **konkreten Einzelfall** zu prüfen.[285] Der Begriff »**entgegenstehen**« bedeutet mehr als nur »beeinträchtigt«, »berührt« oder »erschwert« werden.[286] Entscheidend ist, ob die **Alleinentscheidung notwendig** oder **unerlässlich** ist.[287] Eine vollständige **Ausschließung des Mitbestimmungsrechts** zur Sicherung der Tendenzverwirklichung ist nicht erforderlich und nicht durch § 118 Abs. 1 gedeckt. Die Eigenart des Betriebs kann einem Beteiligungsrecht nur entgegenstehen, wenn von der Regelung Tendenzträger betroffen sind.[288]

75 Die **Ausnahmebestimmung** des Abs. 1 ist eng auszulegen.[289] Die Rechte des BR entfallen nicht schon, wenn die Tendenz in einer wie auch immer gearteten Weise berührt wird und es sich um eine tendenzbezogene Maßnahme handelt.[290] Die Eigenart des UN oder Betriebs steht einer Beteiligung des BR erst entgegen, wenn hierdurch die geistig-ideelle Zielsetzung des UN und deren Verwirklichung **verhindert** oder **vereitelt**[291] bzw. **ernstlich beeinträchtigt** werden kann.[292]

76 Einer **gesetzlichen Regelung der Ausnahmebestimmung** hätte es i. Ü. schon deshalb nicht bedurft, weil der BR ohnehin auf Grund der gesetzlichen Regelungen die konkreten Eigenarten des Betriebs/UN zu berücksichtigen hat, wie sich dies z. B. auch aus dem Zusammenarbeitsgebot des § 2 Abs. 1 ergibt.[293] Dieses Korrektiv wäre für den Fall, dass eine Einigung zwischen AG und BR nicht zustande kommt, von einer ESt., soweit sie eingeschaltet werden kann,[294] ebenso zu berücksichtigen wie vom ArbG.[295]

77 Eine Einschränkung der Beteiligungsrechte des BR kommt nur in Betracht, wenn die drei **Grundvoraussetzungen – Tendenz-UN/-Betrieb, Tendenzträger, tendenzbedingte Maßnahme – kumulativ** vorliegen.[296] Wenn eine dieser Voraussetzungen nicht gegeben ist, bleiben die Beteiligungsrechte des BR voll bestehen.[297] Selbst wenn sie alle vorliegen, bleiben die **Informations-, Beratungs- und Anhörungsrechte** des BR uneingeschränkt erhalten.[298] Das

---

283 *LAG Brandenburg* 27.6.02 – 3 Sa 686/01; a. A. aber *BAG* 18.11.03, DB 04, 1372, das den Beschluss des *LAG Brandenburg* aufgehoben hat, weil das *LAG* im konkreten Fall keinen Anspruch auf Abschluss eines Interessenausgleichs gesehen hat; vgl. auch *Lunk*, NZA 05, 847 f.

284 *Fitting*, Rn. 29; *Ihlefeld*, AuR 80, 60 [62]; vgl. auch *Weller*, FS Gnade, S. 235 [240 f.].

285 *BVerfG* 29.4.03, NZA 03, 864.

286 *BAG* 22.4.75, AP Nr. 2 zu § 118 BetrVG.

287 GK-*Weber*, Rn. 163; *Ihlefeld*, AuR 76, 61.

288 *Weller*, a. a. O., S. 237; vgl. aber dort S. 238, wonach Ausnahmesituationen denkbar sind; gegen eine Beschränkung auf Tendenzträger *Rüthers/Franke*, DB 92, 374 [376].

289 *Eisemann*, RdA 77, 336 [340]; *Weiss/Weyand*, AuR 90, 33 [36]; vgl. auch Rn. 2.

290 *BAG* 11.4.6, NZA 06, 1149, enger *Dütz*, BB 75, 1261 [1267]; Richardi-*Thüsing*, Rn. 117.

291 Ähnlich GK-*Weber*, Rn. 162.

292 *BAG* 11.4.6, NZA 06, 1149 m. w. N.; weitere Nachweise in der 10. Aufl.

293 Ähnlich GK-*Weber*, Rn. 163.

294 Im Ergebnis *WW*, Rn. 31; *dies.*, AuR 90, 33 [36 f.].

295 *BAG* 7.11.75, AP Nr. 4 zu § 118 BetrVG, das darauf hinweist, dass der BR nicht im Gegensatz zur Tendenz des UN i. S. einer einseitigen Interessenwahrnehmung steht und gemäß § 2 Abs. 1 zur Zusammenarbeit verpflichtet ist.

296 GK-*Weber*, Rn. 164 f.; *Ihlefeld*, AuR 80, 60 f.

297 Vgl. auch *Eisemann*, RdA 77, 336.

298 *BAG* 31.5.83, AP Nr. 27 zu § 118 BetrVG 1972; 8.3.77, AP Nr. 1 zu § 43 BetrVG 1972.

BAG geht davon aus, dass mit der – im Interesse der geistig-ideellen Zielsetzung notwendigen – Alleinentscheidungsbefugnis des AG grundsätzlich nur (echte) **Mitbestimmungsrechte** unvereinbar sein können.[299] Eine Einschränkung der Mitbestimmungsrechte des BR kann nur in Betracht kommen, wenn die Mitbestimmung der Eigenart des Tendenz-UN entgegensteht.[300] Durch BV oder TV können weiter gehende Mitbestimmungsrechte in personellen, sozialen oder wirtschaftlichen Angelegenheiten vereinbart werden.[301]

Bei der Bewertung der Eigenartklausel würdigt das *BAG* nicht genügend, dass die geistig-ideelle Zielsetzung des UN/Betriebs eine **eingeschränkte Anwendung von Rechten** des BR nur insoweit sachlich rechtfertigt, wie dieser eine aus Tendenzgründen notwendige Maßnahme verhindern oder eine der Tendenz entgegenstehende Maßnahme erzwingen könnte. Deshalb ist es nicht gerechtfertigt, ihm die **Zustimmungsverweigerungs- und Widerspruchsrechte** in personellen Angelegenheiten nach § 99 Abs. 2 und § 102 Abs. 3 zu versagen,[302] da die AG-Entscheidung hierdurch nicht verhindert oder ernsthaft beeinträchtigt bzw. auf ungewisse Zeit verzögert werden kann (vgl. Rn. 102 ff.).[303] Hinzu kommt, dass der AG auch im Verweigerungsfall aus den in § 100 Abs. 1 genannten Gründen die personelle Maßnahme vorläufig durchführen kann.[304] Im Zustimmungsersetzungsverfahren nach § 99 Abs. 4 hätte das ArbG die tendenzgeschützte Zielsetzung des AG zu berücksichtigen. **78**

Auf keinen Fall können die Beteiligungsrechte des BR ausgeschlossen sein, wenn z. B. **Gesetzesverstöße** des AG i. S. d. § 99 Abs. 2 Nr. 1 vorliegen.[305] Die Verfolgung geistig-ideeller Zielsetzungen rechtfertigt ein gesetzwidriges Verhalten nicht. **79**

b) Geltung allgemeiner Regelungen und Vorschriften

Bei den **organisatorischen Fragen** und den **allgemeinen Vorschriften des BetrVG** (§§ 1 – 86) bleibt die »Eigenartklausel« unberührt.[306] Dies gilt insbes. für die Vorschriften, die sich mit **der Abgrenzung des Betriebs und des Personenkreises der AN,** mit der **Wahl, Amtszeit und Geschäftsführung des BR und der JAV** sowie mit der Errichtung eines **GBR** und Bildung eines **KBR** befassen. Auch bei Fragen der Gestaltung von Arbeitsplatz, Arbeitsablauf und Arbeitsumgebung (§§ 90 – 91) kommt keine Einschränkung des Mitbestimmungsrechts in Betracht.[307] Für **EBR** gilt die Sonderregelung des § 34 EBRG (vgl. Anh. 2, § 34 EBRG Rn. 1 ff.). **80**

Für die sonstigen organisatorischen und allgemeinen Vorschriften kommen ebenfalls keine Einschränkungen in Betracht. Dies gilt z. B. für **81**

- die **Berichtspflicht** des AG gemäß § 43 Abs. 2;[308]
- die Behandlung von **Themen** gemäß § 45 in **Betriebs- und Abteilungsversammlungen**;
- den **Zugang der Gewerkschaften** zum Betrieb;[309]

---

299 *BAG* 22.4.75, 7.11.75, AP Nrn. 2, 4 zu § 118 BetrVG 1972.

300 *BAG* 30.1.79, AP Nr. 11 zu § 118 BetrVG 1972, bezogen auf die innerbetriebliche Stellenausschreibung gemäß § 93; 1.9.87, AP Nr. 10 zu § 101 BetrVG 1972 zur Versetzung des Redakteurs; 30.1.90, EzA § 118 BetrVG 1972 Nr. 50 mit Anm. *Gaul;* 14.1.92, NZA 92, 512 = AuR 92, 157, Ls.; 11.2.92, NZA 92, 705 = AuR 92, 185, Ls. zur Arbeitszeitregelung von Redakteuren; a. A. Richardi-*Thüsing,* Rn. 117.

301 *BAG* 31.1.95, AP Nr. 56 zu § 118 BetrVG 1972.

302 So aber *BAG* 7.11.75, AP Nr. 3 zu § 99 BetrVG 1972 mit Anm. *Kraft/Geppert;* 1.9.87, AP Nr. 10 zu § 101 BetrVG 1972.

303 *Blanke,* AiB 81, 59 [61.

304 *ArbG Frankfurt* 30.7.1980 – 11 BV 10/80 in krit. Auseinandersetzung mit der Rspr. des *BAG;* a. A. *BAG* 1.9.87, AP Nr. 11 zu § 101 BetrVG 1972 mit Anm. *Fabricius.*

305 *BAG* 1.9.87, AP Nr. 10 zu § 101 BetrVG 1972 mit Anm. *Fabricius.*

306 Vgl. Richardi-*Thüsing,* Rn. 131 ff.; ErfK-*Kania,* Rn. 21; *Fitting,* Rn. 31; GK-*Weber,* Rn. 176 ff.; *GL,* Rn. 55 ff.

307 Richardi-*Thüsing,* Rn. 150; *Fitting,* Rn. 32; HWGNRH-*Hess,* Rn. 135 f.; enger bezüglich § 90 *Weberling,* AfP 05, 139.

308 *BAG* 8.3.77, AP Nr. 1 zu § 43 BetrVG 1972; *Fitting,* Rn. 31; GK-*Weber,* Rn. 145; ErfK-*Kania,* a. a. O.; enger Richardi-*Thüsing,* Rn. 136; HWGNRH-*Hess,* Rn. 123.

309 *BAG* 14.2.78, AP Nr. 26 zu Art. 9 GG; GK-*Fabricius,* 171; enger ErfK-*Kania,* a. a. O.; Richardi-*Thüsing,* Rn. 137, der ein Recht zur Zutrittsverweigerung sieht, wenn sich ein Gewerkschaftsbeauftragter kirchenfeindlich betätigt hat; *Fitting,* a. a. O.; *GL,* Rn. 58, der das Zugangsrecht beschränken will, wenn es sich um einen Betrieb mit koalitionspolitischen Zielsetzungen [z. B. Arbeitgeberverband] handelt.

- die **Grundsätze für die Zusammenarbeit** sowie für die **Behandlung der Betriebsangehörigen, die ESt. und deren Kosten, die Durchführung gemeinsamer Beschlüsse, das Zustandekommen von BV, die Schutzbestimmungen** und die **Geheimhaltungspflicht** nach §§ 74 – 79;[310]
- die **Begründung eines Arbeitsverhältnisses** nach § 78 a mit einem Redaktionsvolontär nach Beendigung seiner Ausbildung, da diese grundsätzlich der Tendenzbestimmung nicht im Wege steht;[311]
- die **allgemeinen Aufgaben** des BR nach § 80 Abs. 1 und das **Einblicksrecht** in die Listen über Bruttolöhne und -gehälter gemäß § 80 Abs. 2.[312] Durch das Einblicksrecht wird der Grundrechtsschutz der Pressefreiheit nicht verletzt;[313]
- die **Hinzuziehung von Sachverständigen** nach § 80 Abs. 3 sowie die übrigen Rechte nach § 80 Abs. 2;[314]
- die **Mitwirkungs- und Beschwerderechte** der einzelnen AN nach §§ 81 – 86.[315]

c) Soziale Angelegenheiten (§§ 87 – 89), Gestaltung von Arbeitsplatz, Arbeitsablauf und Arbeitsumgebung (§§ 90, 91)

82 Die Mitbestimmungsrechte des BR in **sozialen Angelegenheiten** (§§ 87 – 89) werden zu einigen Tatbeständen des § 87 Abs. 1 von der Eigenartklausel nicht erfasst,[316] zumal die Tendenzbestimmung der Sicherung der geistig-ideellen Werte und nicht dem reibungslosen Betriebsablauf dienen soll.[317] Würden bestimmte Maßnahmen im Regelungsbereich des § 87 einer ungestörten Tendenzverwirklichung zuwiderlaufen, hätte die ESt. gemäß § 76 Abs. 5 Satz 3 die betrieblichen Belange und somit das Interesse des AG an der Tendenzverwirklichung angemessen zu berücksichtigen.[318] Gekündigte BV oder Regelungsabreden zwischen AG und BR wirken auch in Tendenzbetrieben bis zum Abschluss einer neuen Vereinbarung gemäß § 77 Abs. 6 weiter, wenn Gegenstand der BV bzw. Regelungsabrede eine mitbestimmungspflichtige Angelegenheit ist.[319]

83 Teilweise wird eine tendenzbezogene Einschränkung der Mitbestimmungsrechte des § 87 Abs. 1 für erforderlich gehalten bei Fragen der **Ordnung im Betrieb** gemäß Nr. 1 für die Einführung von Standesregeln für Redakteure,[320] der **Arbeitszeit** gemäß Nr. 2, 3,[321] der **Verhaltens- und Leistungskontrollen** gemäß Nr. 6,[322] der **betrieblichen Lohngestaltung** gemäß Nr. 10, 11,[323] der **Urlaubsplanung** gemäß Nr. 5 sowie der **Regelungen zu Werkswohnungen**,[324] wenn tendenzbedingte Gründe ausschlaggebend und Tendenzträger von der Regelung betroffen sind.[325]

---

310 *Frey*, S. 63 f.; GK-*Weber*, Rn. 181 f.; enger *ArbG Gelsenkirchen* 14. 2. 84 – 2 Ca 3760/83 hinsichtlich der parteipolitischen Betätigung; Richardi-*Thüsing*, Rn. 138.

311 *BAG* 26. 3. 83, AP Nr. 10 zu § 78 a BetrVG 1972.

312 *BAG* 30. 4. 74, 22. 5. 79, AP Nrn. 1, 12 zu § 118 BetrVG 1972; 25. 8. 81 – 1 ABR 10/80, bestätigt durch *BVerfG* 20. 8. 82, AuR 83, 155, Ls.

313 *BVerfG*, a. a. O.

314 Vgl. *LAG Frankfurt* 7. 3. 89 – 4 TaBV 134/88; enger Richardi-*Thüsing*, Rn. 140.

315 *Fitting*, Rn. 32; GK-*Weber*, Rn. 185; ErfK-*Kania*, Rn. 22; Richardi-*Thüsing*, Rn. 175.

316 Vgl. GK-*Weber*, Rn. 186; *Fitting*, Rn. 32 sieht keine Einschränkungen, weil es in der Regel um den wertneutralen Arbeitsablauf im Betrieb geht; einschränkender Richardi-*Thüsing*, Rn. 142 f.; ErfK-*Kania*, Rn. 23.

317 *LAG Hamburg* 16. 4. 81 – 2 TaBV 7/80; vgl. auch *BAG* 13. 2. 90, EzA § 118 BetrVG 1972 Nr. 51, 14. 1. 92, NZA 92, 512 = AuR 92, 157, Ls.; *Weller*, FS Gnade, S. 235 [238].

318 A. A. GK-*Weber*, Rn. 174, der für die Fälle die Zuständigkeit der ESt. generell verneint.

319 *BAG* 23. 6. 92, BB 92, 1724, Ls.

320 *BAG* 28. 5. 03, DB 03, 287 nimmt zur Frage von **Ethikregeln** ein begrenztes Mitbestimmungsrecht an; a. A. Richardi-*Thüsing*, Rn. 150.

321 *Fitting*, Rn. 32.; ErfK-*Kania*, Rn. 23.

322 ErfK-*Kania*, a. a. O. für die Fälle, in denen keine Überwachungszwecke gegeben sind.

323 ErfK-*Kania*, a. a. O., wenn Entgeltformen als Ansporn für besondere Leistungen zur Entgeltverwirklichung dienen sollen; enger Richardi-*Thüsing*, Rn. 149 nur für tendenzneutrale Entgeldsysteme.

324 *Oldenburg*, NZA 89, 412, 417.

325 Vgl. Richardi-*Thüsing*, Rn. 142 f. m. w. N.; *Weber*, NZA-Beilage 3/89, S. 5; *Weller*, FS Gnade, S. 235 [238 f.].

§ 118 Abs. 1 steht dem Mitbestimmungsrecht gem. § 87 Abs. 1 Ziff. 2 nicht grundsätzlich entgegen.[326] In **Presse-UN** und **privaten Rundfunk- und Fernsehsendern** kommt damit eine tendenzbedingte Einschränkung der Mitbestimmung nur insoweit in Betracht, als publizistische Gesichtspunkte eine bestimmte zeitliche Lage der Arbeitszeit, etwa im Hinblick auf die **Erscheinungsweise des Presseorgans, die Festlegung der Sendezeiten oder die Aktualität der Berichterstattung** erfordern. Im Übrigen wird das Mitbestimmungsrecht nur eingeschränkt, wenn es unmittelbar in die tendenzbedingte Arbeitszeitentscheidung eingreift bzw. die künstlerische Qualität beispielsweise der Aufführung beeinflusst.[327] **84**

Nach der Rspr. gehört die **Aktualität der Berichterstattung** zu den tendenzbedingten Gründen, die eine Einschränkung des Mitbestimmungsrechts bei der Festlegung der Arbeitszeit von Redakteuren rechtfertigen können.[328] Daraus folgt jedoch nicht, dass der BR hinsichtlich der zeitlichen Lage der Arbeitszeit der Tendenzträger kein Mitbestimmungsrecht hat.[329] Der **AG** hat, sofern er die Gefährdung der Aktualität der Berichterstattung geltend macht, diese **substantiiert darzulegen** und ggf. zu beweisen, wieso im konkreten Fall die Aktualität der Berichterstattung ernsthaft gefährdet oder unmöglich gemacht wird.[330] **85**

Mit Blick auf die Rspr. des *BVerfG*,[331] nach der § 118 Abs. 1 Nr. 2 die Pressefreiheit nicht einschränkt, sondern sie vor einer Beeinträchtigung durch betriebliche Mitbestimmungsrechte abschirmt, berechtigt der **Ausnahmecharakter der Vorschrift** nicht dazu, die Tendenzbestimmung des § 118 Abs. 1 BetrVG restriktiv zu fassen.[332] Eine Einschränkung der Mitbestimmungsrechte gem. § 87 kommt im Allgemeinen dann nicht in Betracht, wenn es um einen wertneutralen Ablauf im Betrieb geht.[333] Nach der Entscheidung des BVerfG steht die Eigenart eines Tendenzbetriebs einem Mitbestimmungsrecht des BR nicht schon dann entgegen, wenn es sich um eine tendenzbezogene Maßnahme – in dem der Entscheidung zugrundeliegenden Fall eine Kündigung aus tendenzbedingten Gründen – handelt.[334] Ihr ist vielmehr zu entnehmen, dass das Mitbestimmungsrecht des BR durch die Tendenzbestimmung erst ausgeschlossen wird, wenn durch seine Wahrnehmung die **Verwirklichung der geistig-ideellen Zielsetzung des UN verhindert oder jedenfalls ernsthaft beeinträchtigt wird,**[335] was letzlich als Eingriff in das **Grundrecht der Pressefreiheit** zu qualifizieren wäre.[336] Hinzu kommt, dass die durch Art. 5 Abs. 1 GG verfassungsrechtlich geschützte Tendenzautonomie weder schlechthin von der **Beachtung gesetzlicher Vorschriften** (wie beispielsweise ArbZG bzw. BetrVG)[337] noch von der angemessenen Berücksichtigung der **sozialen und wirtschaftlichen Interessen der AN**[338] befreit. **86**

Die angemessene Berücksichtigung der wirtschaftlichen und sozialen Interessen der AN soll auch durch § 87 Abs. 1 Nr. 2 gewährleistet werden, der dem BR ein Mitbestimmungsrecht bei der **Arbeitszeitverteilung** zuweist. Der BR hat nach dieser Norm mitzubestimmen, soweit es um wertneutrale Entscheidungen in Bezug auf die Organisation des Arbeitsablaufs im Betrieb geht.[339] Eine Einschränkung des Mitbestimmungsrechts kommt nur in Ausnahmefällen in Betracht.[340] Bei der Gestaltung der Arbeitszeit von Redakteuren bleibt es bestehen, wenn die **87**

326 So zuletzt *BAG* 14.1.92, NZA 92, 512 = AuR 92, 157, Ls.; vgl. auch 11.2.92, NZA 92, 705 = AuR 92, 185, Ls.; *LAG Baden-Württemberg* 26.1.04 – 15 TaBV 6/03 –, juris.
327 Vgl. *Weiss/Weyand*, AuR 90, 33 [40 ff.].
328 *BAG* 14.1.92, AP Nr. 49 zu § 118 BetrVG 1972 = AuR 92, 157, Ls.; 11.2.92, NZA 92, 705 = AuR 92, 185; vgl. auch *Weller*, FS Gnade, S. 235 ff.
329 *BAG* 11.2.92, a. a. O.
330 *BAG* 30.1.90, EzA § 118 BetrVG 1972 Nr. 50 mit im Ergebnis zustimmender Anm. *Gaul* = AP Nr. 44 zu § 118 BetrVG 1972 mit ablehnender Anm. *Berger-Delhey;* 14.1.92, 11.2.92, jeweils a. a. O.
331 *BVerfG* 29.4.03, NZA 03, 864; 6.11.79, AP Nr. 14 zu § 118 BetrVG 1972.
332 *BAG* 14.1.92, a. a. O., s. Rn. 73; *Weller*, FS Gnade, S. 235 ff.
333 *BAG* 30.1.90, AP Nr. 44 zu § 118 BetrVG 1972; *LAG Hamm* 17.5.02, NZA-RR 02, 625.
334 So aber *Dütz*, AfP 88, 193 ff.
335 *Weller*, FS Gnade, 235 [237]; *BAG* 14.1.92, NZA 92, 512 = AuR 92, 157, Ls.; *Plander*, AuR 91, 353 [355].
336 *BAG* 11.2.92, NZA 92, 705 = AuR 92, 185.
337 Vgl. *BAG* 1.9.87, AP Nr. 10 zu § 101 BetrVG 1972.
338 *BAG* 11.2.92, a. a. O.
339 *BAG* 13.2.90, NZA 90, 575, 576; *Fitting*, Rn. 32; einschränkend Richardi-*Thüsing*, Rn. 144 ff.
340 *BAG* 11.2.92, a. a. O.

Aktualität der Berichterstattung theoretisch beeinträchtigt werden könnte.[341] AG im Tendenzbereich sind wie alle anderen auch bei termingebundenen Entscheidungen genötigt, die mitbestimmte Lage der Arbeitszeit in ihre Überlegungen mit einzubeziehen.[342]

88 Dem Verleger soll es nach der Rspr. vorbehalten bleiben, solche **für die Arbeitszeit der Redakteure erheblichen Entscheidungen** unbeeinflusst vom Mitbestimmungsrecht des BR zu treffen, durch die die Aktualität der Berichterstattung berührt wird.[343] Danach hat der BR die für die **Aktualität der Berichterstattung** wesentlichen Entscheidungen des AG als **Vorgaben** hinzunehmen.[344] Es kommen in Betracht: Festlegung der Redaktionszeiten, Zeitvorgaben für den Redaktionsschluss, Lage und Umfang von Redaktionskonferenzen, Entscheidung über die regelmäßige Wochenendarbeit, Erscheinungsweise im Zusammenhang mit Wochenfeiertagen, Entscheidung, dass ein Redakteur bzw. eine Gruppe von Redakteuren eine bestimmte Arbeitszeit haben, damit die Gestaltung einzelner Themen gewährleistet bleibt.[345]

89 Der Mitbestimmung unterliegt die Festlegung der Arbeitszeit der Redakteure etwa durch **Dienst- und Schichtpläne** oder durch die Einrichtung von **Gleit- und Kernzeiten,** evtl. auch durch »Eckzeiten«.[346] Im Übrigen findet die Aktualität der Berichterstattung ihre Grenzen in sonstigen unternehmerischen Vorgaben (ggf. durch Dritt-UN wie Lohndruckereien) und deren organisatorisch-technischer Umsetzung im Betrieb, z. B. Zeitpunkt, zu dem die Zeitung die Haushalte erreicht haben soll bzw. Zeitpunkt des Andrucks und der Auslieferung. Von der Organisation und den Zeitabläufen der Fertigstellung der Zeitung ist der Redaktionsschluss und damit die redaktionelle Erstellung der Zeitung abhängig.[347] Die Gefahr, dass eine mitbestimmte Arbeitszeitregelung gegen § 118 Abs. 1 verstößt, wird in aller Regel nur dann bestehen, wenn die Betriebsparteien sich nicht einigen, sondern die Einigung durch den Spruch einer ESt. ersetzt werden muss.[348] Allein die Möglichkeit, dass die ESt. die Vorgaben im Einzelfall unberücksichtigt lassen könnte, rechtfertigt es nicht, das Mitbestimmungsrecht des BR hinsichtlich der Lage der Arbeitszeit im Rahmen der Vorgaben grundsätzlich zu verneinen.[349]

90 Das *BAG* hat bei der **Arbeitszeitregelung für Redakteure in Presse-UN** entschieden, dass das Mitbestimmungsrecht des BR nicht zurücktreten muss, wenn es nur darum geht, den Einsatz der Redakteure dem **technisch-organisatorischen Ablauf** des Herstellungsprozesses der Zeitung oder Zeitschrift anzupassen, ohne dass dabei besondere tendenzbedingte Gründe, wie etwa die Aktualität der Berichterstattung, eine Rolle spielen.[350] Entsprechendes gilt bei

- einer vom BR geforderten Verteilung der tarifvertraglichen **Arbeitszeit auf 5 Wochentage,** jedenfalls dann, wenn der Vorschlag des BR auf die Tendenzverwirklichung des AG so viel Rücksicht nimmt, dass eine ernsthafte Beeinträchtigung der Aktualität der Berichterstattung – unter Beachtung des technisch-organisatorischen Ablaufs des Herstellungsprozesses – ausgeschlossen wird;[351]
- einer BV, die durch Spruch einer ESt. zustande gekommen ist und eine vollständige Regelung der Lage der Arbeitszeit von Redakteuren einer Tageszeitung einschließlich einer **Gleitzeitregelung** mit Gleitrahmen, Kernarbeitszeit und sog. Eckzeiten enthielt, dabei aber alle vom AG genannten **Vorgaben,** wie Lage und Dauer der Redaktionskonferenzen, Redaktionsschluss für die einzelnen Ressorts, Besetzung der Redaktion, beachtete;[352]

---

341 *BAG* 14.1.92, 11.2.92, jeweils a. a. O.; bestätigt durch *BVerfG* 15.11.99, NZA 00, 217; 15.11.99, NZA 00, 264.
342 Zutreffend *BAG* 11.2.92, a. a. O.; *BVerfG,* a. a. O.; offener Richardi-*Thüsing,* Rn. 144 f., der für den Einzelfall Abweichungen von der Arbeitszeit sowie die Möglichkeit von Überstunden ohne Beteiligung des BR für möglich hält.
343 *BAG* 14.1.92, AP Nr. 49 zu § 118 BetrVG 1972 = AuR 92, 157, Ls.; *BVerfG,* a. a. O.; im Ergebnis ebenso Richardi-*Thüsing,* Rn. 145.
344 *Weller,* FS Gnade, S. 235 [241]; *Plander,* AuR 91, 353 [356 f.]; *Weiss/Weyand,* AuR 90, 33 [41 ff.].
345 *BAG,* a. a. O.
346 *BAG,* a. a. O.; vgl. auch *ArbG Aachen* 18.1.90, AfP 90, 239.
347 *BAG,* a. a. O.
348 *Weller,* FS Gnade, S. 235 [242].
349 *BAG* 11.2.92, NZA 92, 705 = AuR 92, 185, Ls.
350 *BAG* 22.5.79, AP Nr. 13 zu § 118 BetrVG 1972; *BVerfG* 15.12.99, DB 00, 430.
351 *BAG* 30.1.90, NZA 90, 693; *BVerfG,* a. a. O.
352 *BAG* 14.1.92, NZA 92, 512 = AuR 92, 157, Ls.

- der **Festlegung des Endes der täglichen Arbeitszeit** für die bei einem privaten Rundfunksender in der Frühschicht eingesetzten Redakteure unter Beachtung der vom AG vorgegebenen Sendezeiten und erforderlichen Überlappungszeiten für eine gründliche Übergabe.[353]

Bei der **Anordnung von Mehrarbeit** oder sonstigen Arbeitszeitveränderungen gelten unter Beachtung der gesetzlichen und tariflichen Bestimmungen die gleichen Grundsätze. Liegen tendenzbedingte Gründe vor, wie z. B. eine aktuelle Berichterstattung (besondere politische Ereignisse, Katastrophen, große Sportveranstaltungen), sind die Mitbestimmungsrechte des BR eingeschränkt, soweit dies für die **Aktualität der Berichterstattung** erforderlich ist. Handelt es sich um wirtschaftliche, technische oder soziale Gründe, verbleibt es beim Mitbestimmungsrecht des BR nach § 87 Abs. 1 Nr. 2 und 3 (vgl. im Übrigen die Erl. zu § 87 Abs. 1 Nr. 2 und 3).[354] **91**

Bei einer **Arbeitszeitveränderung der in der Technik beschäftigten AN** eines Presse-UN bleibt das Mitbestimmungsrecht des BR nach § 87 Abs. 1 Nrn. 2, 3 selbst dann bestehen, wenn die Anpassung des technisch-organisatorischen Ablaufs des Herstellungsprozesses einer Zeitschrift aus Gründen der Aktualisierung der Zeitschrift geboten ist,[355] da Beteiligungsrechte des BR allenfalls bei Maßnahmen gegenüber Tendenzträgern eingeschränkt sein können.[356] **92**

Bei der **Arbeitszeitregelung von Bühnenangestellten** entfällt das Mitbestimmungsrecht des BR nicht, wenn künstlerische Gesichtspunkte keine bestimmte zeitliche Lage oder eine bestimmte Mindestdauer, z. B. bei Proben, erfordern.[357] Eingeschränkt wird das Mitbestimmungsrecht allenfalls dann, wenn es unmittelbar in die tendenzbedingte Arbeitszeitentscheidung eingreift und die künstlerische Qualität der Aufführung beeinflusst wird.[358] **93**

In einer **Privatschule** hat der BR nach § 87 Abs. 1 Nr. 3 bei der Festlegung der Höchstgrenzen für Vertretungsstunden gegenüber vollzeitbeschäftigten **Lehrern** mitzubestimmen.[359] Entsprechendes gilt bei der Festlegung der zeitlichen Lage, innerhalb deren Lehrer Unterrichts- und Betreuungsstunden zu geben haben.[360] Dagegen soll die Entscheidung der Schulträger einer Privatschule, im Rahmen eines Ganztagsschulbetriebs Lehrer an den Nachmittagen zu Unterrichts- und Betreuungsstunden heranzuziehen, eine tendenzbezogene Entscheidung sein, die nicht der Mitbestimmung des BR unterliegt.[361] **94**

In **karitativen Einrichtungen** soll z. B. aus therapeutischen Gründen eine Einschränkung der Mitbestimmungsrechte des BR aus § 87 Abs. 1 Nrn. 2, 3 in Betracht kommen können.[362] Dies gilt jedoch nicht für **Pflegepersonal**,[363] da es sich insoweit nicht um sog. Tendenzträger handelt. **95**

Das Mitbestimmungsrecht des BR bei **Fragen der betrieblichen Lohngestaltung** (§ 87 Abs. 1 Nr. 10) entfällt auch in Tendenzbetrieben nicht, wenn es um die Lohngestaltung von Tendenzträgern geht.[364] **96**

Bei der **Gestaltung des Arbeitsplatzes, des Arbeitsablaufs und der Arbeitsumgebung** (§§ 90, **97**

---

353 *BAG* 11.2.92, NZA 92, 705 = AuR 92, 185, Ls.
354 *Fitting*, Rn. 32; *Weiss/Weyand*, AuR 90, 33 [43].
355 Vgl. *LAG Hamburg* 16.4.81, AuR 82, 229 mit Anm. *Bobke; ArbG Aachen* 18.1.90, AfP 90, 239.
356 *BAG* 30.4.74, AP Nr. 1 zu § 118 BetrVG 1972; enger *Weller*, FS Gnade, S. 235 [237 f.]; a. A. *Rüthers/Franke*, DB 92, 374 [375].
357 *BAG* 4.8.81, AP Nr. 5 zu § 87 BetrVG 1972 Arbeitszeit; im Ergebnis ähnlich Richardi-*Thüsing*, Rn. 146.
358 *BAG*, a. a. O.
359 *BAG* 13.6.89, AP Nr. 36 zu § 87 BetrVG 1972 Arbeitszeit.
360 *BAG* 13.1.87, AP Nr. 33 zu § 118 BetrVG 1972, 23.6.92, BB 92, 1274, Ls.
361 *BAG* 13.1.87, a. a. O.; *Fitting*, Rn. 32; HWGNRH-*Hess*, Rn. 133; *Weiss/Weyand*, AuR 90, 33 [41].
362 Vgl. *Fitting*, Rn. 32; *Weber*, NZA-Beilage 3/89, S. 5.
363 *BAG* 18.4.89, AP Nr. 34 zu § 87 BetrVG 1972 Arbeitszeit mit Anm. *Kraft;* 8.8.89, AP Nr. 11 zu § 23 BetrVG 1972; vgl. auch 6.11.90, DB 91, 2141 = AuR 90, 386; *LAG Berlin* 15.1.90 – 9 TaBV 5/89; a. A. Richardi-*Thüsing*, Rn. 148.
364 MünchArbR-*Matthes*, § 365 Rn. 35; vgl. aber *BAG* 31.1.84, AP Nr. 15 zu § 87 BetrVG 1972 Lohngestaltung; 13.2.90, EzA § 118 BetrVG 1972 Nr. 51, das eine Einschränkung dann für möglich hält; ebenso Richardi-*Thüsing*, Rn. 149; *Löwisch*, Anm. zu AP Nr. 4 zu § 87 BetrVG 1972 Lohngestaltung; a. A. *Endlich*, NZA 90, 13.

91) kommt eine Beschränkung der Beteiligungsrechte des BR im Hinblick auf den Tendenzcharakter nicht in Betracht.[365]

d) Allgemeine personelle Angelegenheiten und Berufsbildung

98 Im Bereich der **personellen Angelegenheiten** hat die Eigenartklausel ihr Hauptanwendungsfeld. Eine Einschränkung der Beteiligungsrechte kommt nicht in Betracht, weil die ESt. bzw. das ArbG bei unzulässigen Eingriffen in den Tendenzbereich eine Korrektivfunktion wahrnehmen. Unter Berücksichtigung der dargestellten Grundsätze (vgl. Rn. 77 ff.) folgt hieraus für die Rechte des BR: Bei der **Personalplanung** (§ 92) ergibt sich keine Einschränkung, da lediglich Unterrichtungs- und Beratungsrechte bestehen.[366] Die **innerbetriebliche Stellenausschreibung** (§ 93) unterliegt keiner Einschränkung, obwohl es sich hierbei um ein Mitbestimmungsrecht handelt.[367] Dies gilt auch, wenn sich zwei konkurrierende Zeitungsverlage unter dem Dach einer Verlagsgesellschaft verbinden.[368] Allerdings soll der BR bei einer unterbliebenen innerbetrieblichen Stellenausschreibung seine Zustimmung nach § 99 Abs. 2 Nr. 5 nicht verweigern können (vgl. jedoch Rn. 79).[369]

99 Die Beteiligungsrechte des BR erstrecken sich auch auf die inhaltliche Gestaltung des **Personalfragebogens** (§ 94),[370] die Aufstellung **allgemeiner Beurteilungsgrundsätze** (§ 94), die Festlegung der **persönlichen Angaben in schriftlichen Arbeitsverträgen** (§ 94) und die **Aufstellung von Richtlinien** über die personelle Auswahl (§ 95). Eine Einschränkung dieser Mitbestimmungsrechte kann allenfalls in Ausnahmefällen in Betracht kommen.[371] Bei **Personalfragebogen** entfällt nach der Rspr. das Mitbestimmungsrecht nur, soweit es um tendenzbezogene Fragen geht und die Ausübung des Beteiligungsrechts nach § 94 die Verwirklichung der geistig-ideellen Zielsetzung ernstlich beeinträchtigen kann. So wird die Frage einer politischen Partei oder einer Gewerkschaft nach einer entsprechenden Mitgliedschaft von Bewerbern für die Besetzung des Arbeitsplatzes eines Tendenzträgers nicht der Mitbestimmung des BR unterliegen. Entsprechendes soll bei einem Tendenzbetrieb in den neuen Bundesländern bei Vorlage eines Fragebogens an Tendenzträger gelten, in dem Auskunft über die frühere Zugehörigkeit zum Ministerium für Staatssicherheit der ehemaligen DDR, zur SED oder den sog. Blockparteien begehrt wird.[372] Soweit die Zuständigkeit des BR gegeben ist, kann er in jedem Fall die ESt. anrufen. Diese hat die Rechtsfrage, ob und inwieweit die Mitbestimmungsrechte des BR durch die Eigenartklausel eingeschränkt sind, als Vorfrage zu entscheiden.[373]

100 Bezüglich des Mitwirkungsrechts im Bereich der **Beschäftigungssicherung** gemäß § 92 a sind Einschränkungen ebenfalls nicht angebracht.[374] Die Tendenzeigenschaft wird weder durch Vorschläge des BR zur Beschäftigungssicherung und -förderung negativ beeinflusst noch durch die Verpflichtung des AG, hierzu nach einer Beratung ggf. auch schriftlich Stellung zu nehmen.

101 Hinsichtlich der Rechte des BR bei der **Berufsbildung** (§§ 96 – 98) sind Einschränkungen nicht gegeben.[375]

365 *LAG Hamburg* 2.12.76 – 1 TaBV 5/75; *Jürgens*, MitbGespr 79, 150 ff.; *Fitting*, Rn. 32; *Frey*, S. 67; GK-*Weber*, Rn. 196; einschränkend bezogen auf § 91 Richardi-*Thüsing*, Rn. 150.

366 *Fitting*, a. a. O.; GK-*Weber*, Rn. 199; *Noll*, S. 115 ff.; vgl. auch *BAG* 6.11.90, AP Nr. 4 zu § 92 BetrVG 1972; Richardi-*Thüsing*, Rn. 153.

367 *BAG* 30.1.79, AP Nr. 11 zu § 118 BetrVG 1972 mit ablehnender Anm. *Kraft;* 8.5.79 – 1 ABR 78/78.

368 *BAG* 6.12.88 – 1 ABR 43/87.

369 *BAG*, a. a. O.

370 Vgl. *BAG* 21.9.93, NZA 94, 375 = AiB 94, 425; a. A. *Fitting*, Rn. 33.

371 Vgl. *Ihlefeld*, RdA 77, 223 [226]; einschränkend, soweit es sich um tendenzbezogene Fragen bzw. Maßnahmen handelt, Richardi-*Thüsing*, Rn. 155 f.; ErfK-*Kania*, Rn. 24; *Hanau*, BB 73, 901 [905]; *Heinze*, Rn. 151 f.; a. A. *Fitting*, Rn. 33; *Noll*, S. 119 f.; HWGNRH-*Hess*, Rn. 94 f.; MünchArbR-*Matthes*, § 365 Rn. 16 ff.; *Richter*, DB 91, 2661, soweit sog. Tendenzträger betroffen sind.

372 *BAG*, a. a. O.; vgl. auch *KreisG Schwerin-Stadt* 24.1.92, AfP 92, 322; *SWS*, Rn. 9 b.

373 Enger *Richardi-Richardi/Thüsing*, Rn. 153 ff.; GK-*Weber*, Rn. 188.

374 Ebenso *Fitting*, Rn. 32; enger: HWGNRH-*Hess*, Rn. 95;a. A. Richardi-*Thüsing*, Rn. 153.

375 *Fitting*, Rn. 33; GK-*Weber*, Rn. 199; *LAG Düsseldorf* 19.10.89 – 13 TaBV 48/89; *LAG Frankfurt* 7.11.89 – 4 TaBV 130/89, die die Zuständigkeit der ESt. für die Durchführung der Volontärausbildung

e) Personelle Einzelmaßnahmen

Das Mitwirkungsrecht des BR bei **personellen Einzelmaßnahmen** ist als **Unterrichtungs- bzw. Anhörungsrecht** (§§ 99 Abs. 1 und 102 Abs. 1) und als **Zustimmungsverweigerungs- bzw. Widerspruchsrecht** (§§ 99 Abs. 2 und 102 Abs. 3) ausgeformt. Hinsichtlich des Unterrichtungs- und Anhörungsrechts besteht bei tendenzbezogenen Maßnahmen gegenüber Tendenzträgern keinerlei Einschränkung.[376] Dies gilt z. B. auch dann, wenn sich zwei konkurrierende Zeitungsverlage unter dem Dach einer Verlagsgesellschaft verbunden haben.[377] Entgegen der hier vertretenen Auffassung (vgl. Rn. 76 ff.) soll das Zustimmungsverweigerungs- und Widerspruchsrecht entfallen bzw. eingeschränkt sein, wenn es sich um tendenzbedingte Maßnahmen handelt.[378] Bei personellen Maßnahmen gegenüber Nichttendenzträgern bleiben die Beteiligungsrechte des BR voll erhalten. Die Ausweitung der Mitbestimmungsrechte durch BV oder TV ist möglich.[379] **102**

Bei **Einstellungen** (vgl. hierzu § 99 Rn. 38 ff.) von Tendenzträgern soll nach der Rspr. – im Gegensatz zu Kündigungen (vgl. Rn. 108 f.) – eine tatsächliche Vermutung dafür sprechen, dass sie vornehmlich aus tendenzbedingten Gründen erfolgen, da sich fachliche Eignung und Eignung für die geistig-ideelle Zielsetzung des Tendenz-UN bei der Einstellung kaum trennen lassen.[380] Danach würden zwar für den BR die Informations- und Beratungsrechte nach § 99 Abs. 1 bestehen bleiben, nicht aber das Zustimmungsverweigerungsrecht und die weiter gehenden Beteiligungsrechte nach § 99 Abs. 3 und 4 sowie § 100 Abs. 2.[381] Diese Auffassung ist abzulehnen, da der Katalog der **Zustimmungsverweigerungsgründe weitgehend tendenzneutral** ist und der Verwirklichung der geistig-ideellen Zielsetzung des Tendenzbetriebs nicht entgegensteht.[382] **103**

Der AG ist verpflichtet, dem BR darzulegen, warum es sich bei dem von der Maßnahme betroffenen AN um Tendenzträger handelt.[383] Außerdem hat er den BR i. S. d. § 99 Abs. 1 zu informieren und ihm vor der Einstellung von Tendenzträgern die **vollständigen Bewerbungsunterlagen** sämtlicher Bewerber vorzulegen.[384] Der BR hat das Recht, binnen einer Woche nach Unterrichtung aus Gründen des § 99 Abs. 2 **schriftlich Bedenken geltend zu machen,** mit denen sich der AG sachlich auseinandersetzen muss.[385] **104**

Ist str., ob die Einstellung eines Tendenzträgers der Zustimmung des BR bedarf oder nicht, ist der AG nicht gehalten, diesen Streit in einem Zustimmungsersetzungsverfahren nach § 99 Abs. 4 entscheiden zu lassen.[386] Auf Antrag des BR nach § 101 ist die ohne seine Zustimmung durchgeführte personelle Maßnahme jedoch aufzuheben, wenn der AG für diese die Tendenz- **105**

---

bejahen; a. A. bezüglich der Mitbestimmungsrechte nach § 98 Richardi-*Thüsing*, Rn. 159; ErfK-*Kania*, Rn. 24; *BAG* 30.5.06, NZA 06, 1291 das ein Mitbestimmungsrecht verneint, wenn der Chefredakteur einer Zeitung »tendenzbezogene« Weiterbildungsmaßnahmen für bestimmte Redakteure anordnet.

376 Vgl. *BAG* 22.4.75, 7.11.75, 19.5.81, 28.10.86, AP Nrn. 2, 4, 18, 32 [mit Anm. *Mummenhoff*] zu § 118 BetrVG 1972; 7.11.75, AP Nr. 3 zu § 99 BetrVG 1972; 1.9.87, AP Nrn. 10, 11 zu § 101 BetrVG mit Anm. *Fabricius.*

377 *BAG* 6.12.88 – 1 ABR 42 – 43/87.

378 Vgl. *BAG*, a. a. O.; zur Überlegung, den »Tendenzschutz« nicht eingreifen zu lassen, wenn die mit der personellen Maßnahme bezweckte Verfolgung der Tendenz des UN selbst in Widerspruch zu der auch von einem Tendenz-UN zu beachtenden Rechtsordnung steht *BAG* 1.9.87, AP Nr. 11 zu § 101 BetrVG 1972.

379 *BAG* 31.1.95, AP Nr. 56 zu § 118 BetrVG 1972.

380 *BAG* 1.9.87, AP Nrn. 10, 11 zu § 101 BetrVG 1972; 3.7.90, NZA 90, 903; *LAG Schleswig-Holstein* 20.9.99 – 2 TaBV 15/99; vgl. auch *BVerfG* 6.11.79, AP Nr. 14 zu § 118 BetrVG 1972.

381 *BAG*, a. a. O.; 8.5.90, NZA 90, 901; vgl. auch *LAG München* 13.12.88, AiB 89, 776.

382 *Vgl. LAG Düsseldorf* 14.11.90, DB 91, 654, Ls.; *Eisemann*, RdA 77, 336 [348]; *Hanau*, BB 73, 901 ff.; *Ihlefeld*, RdA 77, 223 [225]; *ders.*, AuR 80, 257 [267]; *Plander*, AuR 76, 289 [296]; a. A. GK-*Weber*, Rn. 210; MünchArbR-*Matthes*, § 365 Rn. 24.

383 *BAG* 7.11.75, AP Nr. 3 zu § 99 BetrVG 1972.

384 *BAG* 19.5.81, AP Nr. 18 zu § 118 BetrVG 1972; a. A. HWGNRH-*Hess*, Rn. 103.

385 *BAG* 7.11.75, AP Nr. 3 zu § 99 BetrVG 1972; 19.5.81, AP Nr. 18 zu § 118 BetrVG 1972 mit Anm. *Meisel;* weiter gehend *Ihlefeld*, a. a. O.; *Plander*, a. a. O., die sich zutreffend für ein Zustimmungsverweigerungsrecht aussprechen.

386 *BAG* 1.9.87, AP Nr. 11 zu § 101 BetrVG 1972.

bestimmung nicht in Anspruch nehmen konnte.[387] Entsprechendes gilt, wenn die Einstellung eines Tendenzträgers ohne vorherige Unterrichtung des BR nach § 99 Abs. 1 durchgeführt wurde.[388]

106 **Versetzungen** von Tendenzträgern sind nach Auffassung des *BAG* tendenzbezogene Maßnahmen (ergänzend Rn. 103 ff.).[389] Wie bei Einstellungen hat der BR uneingeschränkte **Informations- und Beratungsrechte** nach § 99 Abs. 1. Er kann schriftlich gegen die vorgesehene Versetzung **Bedenken** geltend machen (vgl. Rn. 104),in der Regel soll aber das **Zustimmungsverweigerungsrecht** nach § 99 Abs. 2 entfallen, und zwar unabhängig davon, ob der BR tendenzbezogene oder -neutrale Zustimmungsverweigerungsgründe geltend macht (vgl. ergänzend Rn. 74 ff.).[390]

107 Bei **Ein- und Umgruppierungen** ergeben sich für die Rechte des BR keine Einschränkungen, weil diese Maßnahmen nicht tendenzbezogen sind.[391]

f) Kündigungen

108 Bei **Kündigungen** handelt es sich **grundsätzlich nicht um tendenzbedingte Maßnahmen** (zur Kündigung eines im Arbeitsvertrag enthaltenen Redaktionsstatuts vgl. Rn. 120 ff.). Hierbei spielen regelmäßig soziale Gesichtspunkte eine erhebliche Rolle, insbes. hinsichtlich der Möglichkeit einer Weiterbeschäftigung auf einem anderen Arbeitsplatz.[392] Vor Ausspruch einer Kündigung ist der BR stets, ggf. unter Mitteilung der tendenzbedingten Kündigungsgründe,[393] zu hören, auch wenn einem Tendenzträger aus tendenzbedingten Gründen gekündigt werden soll.[394] Unterlässt der AG die **Anhörung,** ist die Kündigung unwirksam.[395] Uneingeschränkt anwendbar ist bei Tendenzträgern § 78 a.[396] Tendenzbedingte Gründe gegen eine Übernahme in ein Arbeitsverhältnis sind im Rahmen der Prüfung gem. § 78 a Abs. 4 zu berücksichtigen.[397]

109 Nach Auffassung des *BAG* soll bei **tendenzbedingten Kündigungen** das Widerspruchsrecht gemäß § 102 Abs. 2 und 3 entfallen. Der BR soll aber Einwendungen aus sozialen Gesichtspunkten[398] mit der Folge der Weiterbeschäftigung erheben können,[399] da der AG die Möglichkeit hat, sich durch eine einstweilige Verfügung von der Verpflichtung zur Weiterbeschäftigung entbinden zu lassen, was einem ggf. vorliegenden dringenden Erfordernis für die Verwirkli-

---

387 *BAG,* a. a. O.; Richardi-*Thüsing,* Rn. 162; ErfK-*Kania,* Rn. 25.

388 *BAG* 8.5.90, NZA 90, 901; 1.9.87, AP Nr. 10 zu § 101 BetrVG 1972 mit Anm. *Fabricius*; vgl. auch *ArbG Hamburg* 8.6.94, AiB 95, 186 mit Anm. *Böttcher; LAG Düsseldorf* 20.1.89, BB 89, 1057, Ls., das den BR auf die Sanktionsmöglichkeiten nach § 23 Abs. 3, § 121 verweist.

389 *BAG* 27.7.93, NZA 94, 329; ähnlich *LAG Baden-Württemberg* 3.3.99 – 22 TaBV 1/98; *LAG Mecklenburg-Vorpommern* 6.7.05, – 2 Sa 119/05 (n. rkr).

390 *BAG,* a. a. O.; 8.5.90, NZA 90, 901; 1.9.87, AP Nr. 10 zu § 101 BetrVG 1972 mit Anm. *Fabricius;* offenbar auch *Fitting,* Rn. 36; *Weller,* FS Gnade, S. 235 [238]; zutreffend a. A. *LAG Schleswig-Holstein* 24.5.73, AfP 73, 395; *LAG Düsseldorf* 27.11.78 – 20 TaBV 29/78.

391 *BAG* 31.5.83, AP Nr. 27 zu § 118 BetrVG 1972; 3.12.85, AP Nr. 31 zu § 99 BetrVG 1972; 7.9.88, AP Nr. 35 zu § 87 BetrVG 1972 Lohngestaltung; *LAG München* 2.10.90, NZA 91, 439; 9.2.93, AiB 93, 449; a. A. bei tendenzbezogenen Ein- und Umgruppierungen HWGNRH-*Hess,* Rn. 109.

392 Unklar *BAG* 7.11.75, AP Nr. 4 zu § 118 BetrVG 1972; 7.11.75, AP Nr. 1 zu § 130 BetrVG 1972, das differenziert zwischen Bedenken mitteilen und Einwendungen gegen die tendenzbedingten Motive der beabsichtigten Kündigung aus sozialen Gesichtspunkten erheben; a. A. offenbar *Dütz,* BB 75, 1261; HWGNRH-*Hess,* Rn. 115.

393 Vgl. *BAG,* a. a. O.; *BVerfG* 6.11.79, AP Nr. 14 zu § 118 BetrVG 1972.

394 Vgl. statt vieler *BAG,* a. a. O.; *BVerfG,* a. a. O.; *Fitting,* Rn. 38; HWGNRH-*Hess,* Rn. 115; GK-*Weber,* Rn. 217; *Heinze,* Rn. 712; a. A. beispielsweise *Dütz,* a. a. O.

395 HWGNRH-*Hess,* Rn. 115; a. A. *Dütz,* BB 75, 1261; *Neumann-Duesberg,* NJW 73, 269; gegen einen Unterlassungsanspruch des BR vgl. *LAG Hannover* 29.11.02, BB 03, 1337 mit zustimmender Anm. *Lipinski.*

396 *Fitting,* Rn. 40.

397 *BAG* 23.6.83, AP Nr. 10 zu § 78 a BetrVG 1972.

398 Vgl. *BAG* 7.11.75, AP Nr. 4 zu § 118 BetrVG 1972.

399 Vgl. *Plander,* AuR 76, 289 [296]; unklar *BAG,* a. a. O.; a. A. *ArbG Gera* 9.1.06 – 3 GA 24/05; *Fitting,* Rn. 38; HWGNRH-*Hess,* Rn. 118; *Oldenburg* NZA 89, 412 [416].

chung der geistig-ideellen Interessen hinreichend Rechnung trägt.[400] Allerdings werden bei tendenzbedingten Kündigungen die Tatbestände des § 102 Abs. 3 nicht uneingeschränkt in Betracht kommen,[401] so dass es oft keine Möglichkeit gibt, der Kündigung ordnungsgemäß zu widersprechen, sondern lediglich Bedenken zu äußern.

Wie bei **personen- und verhaltensbedingten** kann jedoch auch bei tendenzbedingten Kündigungen eine **Widerspruchsmöglichkeit** des BR nach § 102 Abs. 3 Nrn. 3, 4 und 5 gegeben sein, z. B. Weiterbeschäftigung eines Redakteurs aus dem Ressort Politik im Ressort Sport oder im Archiv.[402] Ein Weiterbeschäftigungsanspruch soll nach einem zulässigen und ordnungsgemäßen Widerspruch nicht bestehen, wenn ein AG aus Tendenzgründen einen anderen AN beschäftigten will oder wenn die Weiterbeschäftigung erst nach einer Versetzung möglich ist.[403] 110

Bei Kündigungen aus **nicht tendenzbedingten Gründen** gegenüber Tendenzträgern wird das **Widerspruchsrecht** des BR nach § 102 Abs. 2, 3 mit der Folge des **Weiterbeschäftigungsanspruchs** nach § 102 Abs. 5 nicht eingeschränkt.[404] Kündigungen aus **betriebsbedingten** Gründen sind regelmäßig als tendenzfreie Maßnahmen anzusehen, so dass der BR gem. § 102 Abs. 3 widersprechen kann.[405] 111

Bei einer Kündigung eines Tendenzträgers wegen **Leistungsmängeln** ist zu unterscheiden, ob die Leistungsstörung tendenzbezogen ist oder nicht.[406] Tendenzbezogene Leistungsmängel liegen nur vor, wenn die von einem Tendenzträger erbrachte Arbeitsleistung als solche dem Tendenzzweck zuwiderläuft.[407] Ein tendenzbezogener Leistungsmangel wäre z. B. gegeben, wenn ein Redakteur einer gewerkschaftseigenen Zeitung einen Artikel mit gewerkschaftsfeindlichem Inhalt verfasst.[408] 112

Mangelnde fachliche Qualifikation oder **Schlechtleistung** sind **keine tendenzbezogenen Kündigungsgründe.**[409] Die fachliche Qualifikation von Mitarbeitern stellt einen Umstand dar, der die Funktionsfähigkeit des Betriebs berührt. Insofern unterscheiden sich Tendenz-UN nicht von anderen UN. Nur wenn Tendenzträger durch die Art und Weise ihrer Arbeitsleistung den geistig-ideellen oder künstlerischen Zielsetzungen des Tendenz-UN nicht ausreichend Rechnung tragen wollen, ist es geboten, diesen Umstand im Bereich des Kündigungsschutzrechts angemessen zu berücksichtigen.[410] 113

Dem BR sind bei einer beabsichtigten Kündigung eines Tendenzträgers alle **Gründe,** gleichgültig ob tendenzfrei oder tendenzbedingt, mitzuteilen.[411] Eine Aufspaltung der Kündigungsgründe ist nicht praktikabel und sinnvoll, weil ihre Offenlegung ohnehin spätestens im Kündigungsschutzprozess erfolgen muss und der gekündigte AN jederzeit nach § 3 KSchG den BR einschalten kann. Die Tendenzregelung dient nicht der Geheimhaltung tendenzbedingter Motive für personelle Maßnahmen, sondern ist dazu bestimmt, die in der Vorschrift genannten geistig-ideellen Zielsetzungen durch die Beteiligungsrechte des BR nicht zu beeinflussen, d. h. verändern zu lassen.[412] Der Belegschaft und erst recht dem BR ist die geistig-ideelle Zielsetzung des UN ohnehin bekannt.[413] 114

400 GK-*Weber*, Rn. 218; a. A. *Heinze*, Rn. 714 f.; *Richter*, a. a. O. bei tendenzbedingten Kündigungen.
401 A. A. *Fitting*, a. a. O., die den Katalog vollständig ausschließen.
402 *Ihlefeld*, AuR 76, 61 [64]; *ders.*, AuR 80, 257 [260]; vgl. auch *Plander*, a. a. O.
403 *HessLAG* 2.6.06, AR-Blattei ES 1570 Nr. 71.
404 Vgl. *Fitting*, Rn. 38; *Richter*, DB 91, 2661 [2665]; MünchArbR-*Matthes*, § 365 Rn. 28; *Weber*, NZA-Beilage 3/89, S. 7, die aber einen Beschäftigungsanspruch auch bei tendenzfreien Kündigungen ablehnen; unklar *BAG* 7.11.75, AP Rn. 4 zu § 118 BetrVG 1972; gegen eine Weiterbeschäftigungspflicht gem. § 102 Abs. 5 Richardi-*Thüsing*, Rn. 166.
405 *Fitting*, Rn. 39; *Heinze*, Rn. 713 ff.; *Ihlefeld*, AuR 76, 61 [64]; *Hanau*, BB 73, 901 [907].
406 *BAG* 3.11.82, AP Nr. 12 zu § 15 KSchG 1969; vgl. auch *LAG Schleswig-Holstein* 11.9.91 – 5 TaBV 28/91; *SWS*, Rn. 9 a; *LAG München* 11.4.91, AfP 92, 321 hinsichtlich einer Abmahnung wegen Doppelberichterstattung in der gleichen Ausgabe der Zeitung oder im Abstand von wenigen Tagen.
407 *BAG*, a. a. O.
408 *BAG*, a. a. O.
409 *BAG*, a. a. O.; vgl. auch *LAG Düsseldorf* 6.6.84 – 5 Sa 448/84; *LAG Schleswig-Holstein*, a. a. O.; a. A. *LAG Hamburg* 17.7.74, BB 74, 1396.
410 *BAG*, a. a. O.
411 *BAG* 7.11.75, AP Nr. 4 zu § 118 BetrVG 1972; 7.11.75, AP Nr. 1 zu § 130 BetrVG 1972; *BVerfG* 6.11.79, AP Nr. 14 zu § 118 BetrVG 1972.
412 *BAG*, a. a. O.
413 *Ihlefeld*, AuR 80, 257 [263 f.].

115 Das **Anhörungsrecht** nach § 102 Abs. 1 entfällt auch nicht bei **außerordentlichen Kündigungen** und bei **Änderungskündigungen**[414] von Tendenzträgern. Der BR kann Bedenken gegen die vorgesehene außerordentliche Kündigung äußern.

116 **Außerordentliche Kündigungen von BR-Mitgliedern,** die gleichzeitig Tendenzträger sind, bedürfen der Zustimmung des BR nach § 103 Abs. 1.[415] Dies folgt aus der unverzichtbaren Schutzfunktion dieser Vorschrift auch gegenüber BR-Mitgliedern, die Tendenzträger sind.[416] Hinzu kommt, dass nach § 15 Abs. 1 KSchG die ordentliche Kündigung eines Mitglieds eines Betriebsverfassungsorgans grundsätzlich nicht[417] und die außerordentliche nur mit Zustimmung des BR zulässig ist. Im Unterschied zum BetrVG kennt das KSchG keine dem § 118 vergleichbare Bestimmung.[418] § 118 Abs. 1 schränkt somit § 15 KSchG nicht ein.[419]

117 Die **Vorschrift des § 104** gilt gegenüber Tendenzträgern uneingeschränkt, insbes. bei gesetzwidrigem Verhalten.[420]

118 Das Informationsrecht des BR über eine beabsichtigte **Einstellung oder personelle Veränderung eines leitenden Angestellten** (§ 105) wird durch die Tendenzbestimmung nicht ausgeschlossen.[421]

g) Betriebsübergang

119 **§ 613 a BGB** gilt auch in Tendenzbetrieben uneingeschränkt, da § 118 nur im Bereich des BetrVG zur Anwendung kommt.[422]

VII. Redaktionsstatute

120 **Redaktionsstatute** sollen die **»innere Pressefreiheit«** zwischen Verlegern und Redakteuren sichern.[423] Es geht dabei insbes. um die **Kompetenzabgrenzung zwischen Verleger und Redaktion** bei der Gestaltung von Zeitungen und Zeitschriften sowie um Mitwirkungsbefugnisse der Redaktion bei personellen Veränderungen.[424] Redaktionsstatute können durch TV allerdings nicht nach § 3 Abs. 1,[425] sondern nur nach § 1 Abs. 1 TVG abgeschlossen werden, sofern die Befugnisse des BR gewahrt bleiben.[426]

121 Die Zulässigkeit des Abschlusses von BV ist umstritten.[427] Möglich sein soll eine Beteiligung an

---

414 *LAG Baden-Württemberg* 25.3.92 – 12 Sa 129/91 zu einer betriebsbedingten Änderungskündigung.

415 *LAG München* 29.9.80 – 6 TaBV 2/80; *LAG Hamm* 1.7.92, LAGE § 118 Nr. 17 = BB 92, 2507, Ls.; *Ihlefeld,* RdA 77, 223 [226]; Zustimmung nur bei nicht tendenzbezogenen Kündigungen *ArbG Kempten* 26.3.90 – 3 Ga 6/90; a. A. *BAG* 28.8.03, DB 04, 1156, das nur ein Anhörungsrecht nach § 102 für gegeben hält.

416 MünchArbR-*Matthes,* 2. Aufl., § 365 Rn. 30 f.

417 *BAG,* a. a. O., jedenfalls bei Kündigungen wegen nicht tendenzbezogener Leistungsmängel.

418 Vgl. *BAG* 7.11.75, AP Nr. 3 zu § 99 BetrVG 1972.

419 MünchArbR-*Matthes,* a. a. O.; *LAG München* 3.11.82, a. a. O.; offengelassen *BAG* 3.11.82, a. a. O.

420 *Frey,* S. 73; HWGNRH-*Hess,* Rn. 121; MünchArbR-*Matthes,* § 365 Rn. 33; a. A., soweit das beanstandete Verhalten nicht tendenzbezogen ist, Richardi-*Thüsing,* Rn. 167; *Fitting,* Rn. 41; GK-*Weber,* Rn. 220; *Heinze,* Rn. 717; *Richter,* DB 91, 2661 [2667].

421 HWGNRH-*Hess,* Rn. 121; Richardi-*Thüsing,* Rn. 168; *Fitting,* Rn. 39; *GL,* Rn. 83; *Heinze,* Rn. 718.

422 *BAG* 7.11.75, AP Nr. 3 zu § 99 BetrVG 1972; Richardi-*Thüsing,* Rn. 177; *Fitting,* Rn. 48; a. A. *Mayer-Maly,* BB 73, 769.

423 *Fitting,* Rn. 50; *Arndt/Ebsen,* AuR 77, 161; *Hensche/Kittner,* ZRP 72, 177; *Rüthers,* DB 72, 24 [71]; GK-*Weber,* Rn. 42; *Noll,* S. 82; zum Inhalt beispielhaft DKKWF-*Wedde,* § 118 Rn. 9.

424 Richardi-*Thüsing,* Rn. 241; *Kübler,* »Empfiehlt es sich, zum Schutze der Pressefreiheit gesetzliche Vorschriften über die innere Ordnung von Presseunternehmen zu erlassen?«, Gutachten, 49. DJT 1972, S. 85.

425 *Fitting,* Rn. 51 ff.; GK-*Weber,* Rn. 43;.

426 *Fitting,* a. a. O.; *Frey,* AuR 72, 168; *Ihlefeld,* AuR 80, 257 [268]; a. A. Richardi-*Thüsing,* Rn. 242; *GL,* Rn. 56; *BAG* 19.2.75, AP Nr. 9 zu § 5 BetrVG 1972, wonach die BR »die gesetzliche Vertretung der Arbeitnehmerschaft des Betriebs schlechthin« darstellen; *LAG Baden-Württemberg* 5.5.00, NZA 00, 1186, das im konkreten Fall die Bildung eines Redaktionsrats für unbedenklich erklärt hat; weitgehend bestätigt durch *BAG* 19.6.01, DB 02, 223 = EzA § 118 BetrVG 1972 Nr. 73 mit Anm. *Auer.*

427 Vgl. Richardi-*Thüsing,* Rn. 241; *Fitting,* a. a. O.; *GL,* Rn. 57, die derartige Sondervertretungen durch BV auch dann ablehnen, wenn sie lediglich Befugnisse außerhalb der Beteiligungsrechte des BR

personellen und betrieblichen Entscheidungen per TV.[428] Eine Konkurrenz des Redaktionsstatuts zum BetrVG soll nach der Rspr. des *BAG*[429] dann nicht gegeben sein, wenn es sich allein auf tendenzbezogene Angelegenheiten bezieht.

Ist das Redaktionsstatut Teil eines Arbeitsvertrags, soll seine Kündigung nicht als Teilkündigung zulässig sein, sondern nur auf dem Weg einer Änderungs- oder einer Beendigungskündigung.[430] **122**

VIII. Religionsgemeinschaften und ihre Einrichtungen (Abs. 2)

Nach dieser Vorschrift werden Religionsgemeinschaften sowie deren karitative und erzieherische Einrichtungen, aber keine anderen Einrichtungen,[431] unbeschadet ihrer Rechtsform vom **Anwendungsbereich des Gesetzes ausgenommen.** Diese Sonderstellung im kollektivrechtlichen System leitet sich nach der Rspr.[432] aus Art. 140 GG i. V. m. Art. 137 Abs. 3 WRV ab. Religionsgemeinschaften wird das Recht gewährt, ihre Angelegenheiten im Rahmen der Schranken geltender Gesetze selbst zu ordnen und zu verwalten. Dazu soll auch die eigenständige Befugnis gehören, zu regeln, ob und in welchem Umfang sie ihre AN und deren Vertretungsorgane in Angelegenheiten des Betriebs, die deren Interessen berühren, mitwirken und mitbestimmen lassen wollen.[433] Die Nichtanwendung dieses Gesetzes auf AN, die für Religionsgemeinschaften und insbes. für deren karitative und erzieherische Einrichtungen tätig sind, steht im Widerspruch zum Sozialstaatsprinzip des GG.[434] **123**

Der Begriff **Religionsgemeinschaft** des § 118 Abs. 2 ist ebenso zu verstehen wie der des Art. 137 Abs. 3 WRV.[435] Er erfasst nicht nur die allgemein anerkannten christlichen Bekenntnisse,[436] sondern auch die **Glaubensgemeinschaften weltanschaulicher Art.**[437] Hierunter fallen auch deren ausgegliederte selbstständige Teile, wie z. B. Orden, aber nicht sog. Säkularinstitute einer Kirche.[438] **124**

Karitative und erzieherische Einrichtungen der Religionsgemeinschaften können z. B. sein: Missionen, Priesterseminare, ggf. auch Krankenhäuser;[439] Kindergärten bzw. -heime;[440] Jugenddörfer, die Mitglieder im Trägerverein des Diakonischen Werkes sind;[441] Altersheime, Waisenhäuser des Caritasverbandes und der Inneren Mission.[442] **125**

Voraussetzung für eine Einbeziehung ist aber, dass die Kirche laut Satzung **maßgeblichen Einfluss** auf die Einrichtung ausüben kann.[443] Abzulehnen ist in diesem Zusammenhang die **126**

---

erhalten; *ebenso* GK-*Weber*, Rn. 44; zutreffend a. A. *Schwerdtner*, BB 71, 840; *LAG Düsseldorf* 26.5.93, AuR 94, 33, Ls.; *ArbG Mannheim* 17.4.97 – 3 Ca 94/96, wonach durch BV die bestehende Betriebsverfassung erweitert werden kann.

428 *Fitting*, Rn. 52.

429 *BAG* 19.6.01, DB 02, 223 = EzA § 118 BetrVG 1972 Nr. 73 mit Anm. *Auer*.

430 Vgl. BAG, a. a. O.; *Fitting*, Rn. 53.

431 *Fitting*, Rn. 57; ausführlich *Noll*, S. 106 ff.; zur Erklärung des AG vgl. DKKWF-*Wedde*, § 118 Rn. 10.

432 *BAG* 6.12.77, 14.4.88, AP Nrn. 10, 36 zu § 118 BetrVG 1972.

433 *BVerfG* 11.10.77, AP Nr. 1 zu Art 140 GG; zur Kritik *Struck*, NZA 91, 251; *Zachert*, PersR 92, 443; *Ruland*, NJW 80, 89.

434 Vgl. in diesem Sinne *Fitting*, Rn. 54; *Herschel*, AuR 78, 172 ff.; *Nell-Breuning*, AuR 79, 1 ff.; *ders.*, AuR 83, 21 ff., 340 ff.; *Noll*, S. 110; *Schwerdtner*, AuR 79, Sonderheft, S. 21; *Weiss*, AuR 79, Sonderheft, S. 28 ff.; *Ruland*, NJW 80, 89 ff., hält die Regelung für verfassungswidrig; a. A. Richardi-*Thüsing*, Rn. 185 ff.; GK-*Weber*, Rn. 225.

435 *BAG* 25.7.91, NZA 81, 977 = AuR 91, 348.

436 Vgl. hierzu *Fitting*, Rn. 55.

437 ErfK-*Kania*, Rn. 30; *Fitting*, Rn. 48 ff.; einschränkend Richardi-*Thüsing*, Rn. 210; *LAG Hamm* 17.5.02, NZA-RR 02, 625.

438 *Fitting*, a. a. O.; weiter *BAG* 19.12.69, AP Nr. 12 zu § 81 BetrVG; Richardi-*Thüsing*, Rn. 196; GK-*Weber*, Rn. 226.

439 *BAG* 21.11.75, AP Nr. 6 zu § 118 BetrVG 1972, sowie BB 1982, 924; 31.7.02, DB 02, 2729.

440 *BAG* 21.11.75, 9.2.82, AP Nrn. 6, 24 zu § 118 BetrVG 1972; 25.4.78, 11.3.86, AP Nrn. 2, 25 zu Art. 140 GG.

441 *BAG* 3.4.97, NZA 97, 1240.

442 *BAG* 6.12.77, AP Nr. 10 zu § 118 BetrVG 1972; zur Kritik Rn. 31 ff.; Richardi-*Thüsing*, Rn. 196 ff.

443 *BAG* 21.11.75, a. a. O.

Auffassung, dass kraft Verfassungsrechts nur das Selbstverständnis der Kirche maßgebend sein soll.[444] Eine Kirche kann insoweit nicht nach Belieben selbst darüber entscheiden, ob eine bestimmte Einrichtung unter diese Bestimmung fällt.[445] Es muss vielmehr eine institutionelle, tatsächliche Verbindung mit durchsetzbarer Verantwortung zwischen Einrichtung und Kirche bestehen.[446]

127 Hinzu muss ein **Mindestmaß an Einflussmöglichkeiten der Kirche** kommen, um eine Übereinstimmung der religiösen Betätigung der Einrichtung mit kirchlichen Vorstellungen gewährleisten zu können.[447] Die Kirche muss in der Lage sein, einen etwaigen Dissens in religiösen Angelegenheiten zwischen ihr und der Einrichtung unterbinden zu können.[448] Das erforderliche Mindestmaß an Einflussmöglichkeiten einer Kirche auf die religiöse Tätigkeit in der Einrichtung wird nicht allein durch die Mitgliedschaft der Einrichtung oder ihres Rechtsträgers im Diakonischen Werk der Evangelischen Kirche begründet.[449] Ähnlich wie für die Feststellung des Vorliegens einer Arbeitnehmereigenschaft im Bereich der sog. Scheinselbständigkeit, die auf die tatsächlichen Verhältnisse abstellt[450] kann mithin nicht vorrangig auf das Vorbringen einer Einrichtung abgestellt werden, nach dem sie beispielsweise der Karitas angehöre. Aus juristischer Sicht ist es vielmehr von entscheidender Bedeutung, ob vorgebrachte karitative oder religiöse Zwecke auch tatsächlich verfolgt werden.

128 Unter Rückgriff auf die Beweislastregeln bei der Feststellung des Vorliegens eines Arbeitsverhältnisses liegt es nah, zu verlangen, dass eine Einrichtung, die als karitative oder erzieherische Einrichtung im Sinne der Vorschrift anerkannt werden will, im Streitfall darlegen muss, dass sie tatsächlich kirchliche Zwecke verfolgt. Nicht als ausreichend anzusehen ist in diesem Zusammenhang die bloße Möglichkeit einer Einflussnahme auf die Einrichtung oder ihre Beschäftigten, etwa durch die Verhängung einer Kirchenstrafe.[451]

129 Ein Mindestmaß an Einflussmöglichkeiten ist **nicht gegeben**, wenn ein von einer privaten Stiftung betriebenes Krankenhaus als Mitglied in ein Diakonisches Werk der Evangelischen Kirche aufgenommen wird, ohne dass zugleich Einflussmöglichkeiten auf die religiöse Tätigkeit geschaffen werden. Diese Voraussetzung ist beispielsweise nicht erfüllt, wenn zwar ein Beirat geschaffen wird, der sich mit philantropischen und konfessionellen Fragen befassen soll, dieser aber lediglich beratend tätig wird.[452] Gegen eine Einbindung in die Karitas spricht in diesem Zusammenhang zudem, wenn Mitglieder des Beirats jederzeit durch außerkirchliche Stellen abberufen und ersetzt werden können.[453]

130 Eine **arbeitsgerichtliche Kontrolle** des Vorliegens karitativer oder erzieherischer Ziele bzw. einer institutionellen, tatsächlichen Verbindung ist möglich.[454] Hierbei ist insbesondere zu prüfen, ob sich die Religionsgemeinschaft in religiösen Fragen gegenüber der Einrichtung durchsetzen kann.[455] Ist dies positiv festzustellen, liegt eine karitative oder erzieherische Ein-

---

444 So aber *BVerfG* 11.10.77, AP Nr. 1 zu Art. 140 GG; ihm folgend *BAG* 6.12.77, AP Nr. 10 zu § 118 BetrVG 1972; anders 14.4.88, AP Nr. 36 zu § 118 BetrVG 1972; ähnlich nunmehr auch *Fitting*, Rn. 59; der wenigstens »ein Mindestmaß an Ordnungs- und Verwaltungstätigkeit« der Kirche für ihre Einrichtung verlangen, um sich in Fragen der Ausübung der religiösen Betätigung gegenüber der Einrichtung durchsetzen zu können; vgl. auch *LAG Hamm* a. a. O.; *ArbG Hamburg* 4.12.07, AuR 08, 109, nach dessen Auffassung das Selbstverständnis kein absoluter und abschließender Maßstab ist; wie hier GK-*Weber*, Rn. 227; *Herschel*, AuR 78, 172 ff.; *Otto*, AuR 80, 289 [298]; *Wieland*, DB 87, 1633.

445 *Fitting*, a. a. O.; *Herschel*, a. a. O.; *WW*, Rn. 54; *Wieland*, a. a. O.; a. A. *BVerfG*, a. a. O.; *BAG* 6.12.77, a. a. O.

446 *Löwisch*, AuR 79, Sonderheft, S. 33; offenbar auch *BAG* 14.4.88, a. a. O., wonach sichergestellt sein muss, dass die Kirche ihre Vorstellungen, z. B. zur Gestaltung der Erziehung, in der Einrichtung durchsetzen kann; bedenklich *BAG* 6.12.77, a. a. O., wonach nach dem Selbstverständnis der Religionsgemeinschaft die bloße organisatorische Anbindung ausreicht.

447 *BAG* 5.12.07, NZA 08, 653, das das Verfahren an das *LAG Düsseldorf* zurückgewiesen hat.

448 *BAG* 30.4.97, AuR 97, 408.

449 *BAG* a. a. O.

450 Vgl. hierzu grundlegend *BAG* 14.2.74, DB 74, 1487.

451 *Fitting*, Rn. 60; *Thüsing*, Anm. zu AP Nr. 70 zu § 118 BetrVG.

452 *LAG Düsseldorf* 17.3.09 – 9 TaBV 74/07, n. v.

453 *LAG Düsseldorf*, a. a. O.

454 *BAG* 23.10.02, AP Nr. 72 zu § 118 BetrVG 1972; *Fitting*, a. a. O.

455 *Fitting*, Rn. 60.

richtung im Sinne der Vorschrift vor. Ein **Berufsbildungswerk** für Lernbehinderte ist als karitative Einrichtung der Kirche i. S. d. Abs. 2 **anerkannt** worden.[456] **Nicht anerkannt** wurde eine von der Kirche getragene **gemeinnützige GmbH,** die in gleicher Weise wie andere Träger und unter ausschließlicher Verwendung öffentlicher Mittel Arbeitslosenprojekte betreibt.[457]

Einrichtungen der Religionsgemeinschaften, die keinen karitativen oder erzieherischen Zwecken dienen, z. B. **Brauereien** oder **Druckereien,** werden von der Vorschrift nicht erfasst. Für sie gelten die Vorschriften des Gesetzes uneingeschränkt. Gleiches gilt für **wissenschaftliche Einrichtungen** der Religionsgemeinschaften. Sie sind ggf. Tendenz-UN i. S. d. Abs. 1.[458] Entsprechendes gilt für **Behinderten-Tagesstätten**[459] oder für eine als **GmbH** betriebene **Wohnungsbau- und Siedlungsgesellschaft,** deren einzige Gesellschafterin die katholische Kirche ist.[460] **131**

Religiöse und weltanschauliche Vereinigungen, die nicht als Wesens- und Lebensäußerungen der Religionsgemeinschaft selbst aufgefasst werden können, fallen nicht unter Abs. 2, sie können aber konfessionellen Bestimmungen dienen, so dass ggf. auf sie Abs. 1 der Bestimmung anzuwenden ist. Dagegen soll auf einen rechtlich selbstständigen **evangelischen Presseverband** als Teil der evangelischen Kirche das BetrVG keine Anwendung finden, weil auch die Öffentlichkeitsarbeit mit publizistischen Mitteln als Teil kirchlicher Mission gelten soll.[461] Nicht als geschützte weltanschauliche Vereinigung ist ein **anthroposophischer Trägerverein eines Gemeinschaftskrankenhauses** anzusehen.[462] **Keine Religionsgemeinschaft** i. S. d. Art. 4, 140 GG, Art. 137 Abs. 3 WRV ist die **Scientology-Sekte,** da deren religiös gefärbte weltanschauliche Lehren nur ein Vorwand für die Verfolgung wirtschaftlicher Zwecke sind.[463] **132**

Übernimmt ein kirchlicher Träger durch Rechtsgeschäft z. B. ein bisher von einem nichtkirchlichen Träger betriebenes Krankenhaus, um dort in Gestalt der in der Krankenpflege Tätigen Nächstenliebe zu üben, wird das Krankenhaus nach Auffassung des *BAG* allein durch diesen Trägerwechsel zu einer karitativen Einrichtung i. S. d. Abs. 2, auf die das BetrVG keine Anwendung findet.[464] Ob mehr als die Hälfte der dort tätigen AN ihre Bereitschaft erklärt hat, künftig im Sinne einer christlichen Dienstgemeinschaft zusammenwirken zu wollen, soll unerheblich sein.[465] **133**

Die Vorschrift schließt nicht aus, dass sich Religionsgemeinschaften selbst freiwillig **Mitarbeitervertretungen** geben, wie dies im Bereich der evangelischen Landeskirchen und in der katholischen Kirche geschehen ist.[466] Das Mitarbeitervertretungsrecht der katholischen Kirche gilt auf Grund des Selbstbestimmungsrechts der Kirche nach Art. 140 GG, Art. 137 Abs. 3 WRV nicht nur in den Einrichtungen der verfassten Kirche, sondern auch in privatrechtlichen Einrichtungen sonstiger kirchlicher Rechtsträger.[467] Wird die Mitarbeitervertretung vor Ausspruch einer Kündigung nicht ordnungsgemäß beteiligt, ist diese unheilbar nichtig.[468] Die Vorschrift befreit die Religionsgemeinschaften nicht von der **Einhaltung der übrigen arbeitsrechtlichen Schutzvorschriften und Bestimmungen**. Allerdings wird aus Art. 140 GG i. V. m. Art. 137 Abs. 3 WRV abgeleitet, dass die Anwendung der zwingenden staatlichen Arbeitsge- **134**

---

456 *BAG* 14.4.88, a. a. O.

457 *ArbG Hamburg* 10.4.06, AuR 07, 137.

458 *LAG Hamm* 5.12.79, AuR 80, 181, Ls.; GK-*Weber,* Rn. 227; *Otto,* AuR 80, 289 [299]; enger Richardi-*Thüsing,* Rn. 209.

459 *BAG* 7.4.81, AP Nr. 16 zu § 118 BetrVG 1972.

460 Enger *BAG* 23.10.02, AP Nr. 72 zu § 118 BetrVG 1972, dass das Vorliegen karitativer Zweck nicht grundsätzlich für ausgeschlossen hält, wenn noch ein Mindestmaß an kirchlichen Einflussmöglichkeiten gegeben ist; ähnlich *Fitting,* Rn. 61.

461 So *BAG* 24.7.91, NZA 91, 977 = AuR 91, 348, Ls.

462 *LAG Hamm* 17.5.02, NZA-RR 02, 625.

463 *BAG* 22.3.95, AP Nr. 21 zu § 5 ArbGG 1979; *Fitting,* Rn. 54; Richardi-*Thüsing,* Rn. 191; ErfK-*Kania,* Rn. 30; *Goerlich,* JZ 95, 955; *Zuck,* NJW 97, 697.

464 *BAG* 9.2.82, AP Nr. 24 zu § 118 BetrVG 1972; vgl. auch HWGNRH-*Hess,* Rn. 27.

465 *BAG,* a. a. O.; a. A. *LAG Düsseldorf* 27.5.80, AP Nr. 15 zu § 118 BetrVG 1972 [Vorinstanz].

466 Richardi-*Thüsing,* Rn. 185 ff.; GK-*Weber,* Rn. 234; *Münzel,* NZA 05, 449 zur Mitarbeitervertretungsordnung (MAVO) der katholischen Kirche.

467 *BAG* 10.12.92, DB 93, 1371.

468 *LAG Düsseldorf* 15.1.91, NZA 91, 600, Ls.

setze so erfolgen muss, dass in einer Güterabwägung sowohl das selbstständige Ordnen und Verwalten der eigenen Angelegenheiten durch die Kirchen als auch der soziale Schutz der AN gewährleistet ist.[469] Dies soll zu einer erhöhten Loyalitätspflicht der AN führen.[470] Im Rahmen ihrer verfassungsrechtlichen Autonomie kann die Kirche z. B. die **Vorschriften des BetrVG** in ihrem Bereich voll **für anwendbar erklären.**

135 Der Ausnahmetatbestand des Abs. 2 betrifft nur Religionsgemeinschaften sowie deren karitative und erzieherische Einrichtungen, die **privatwirtschaftlich organisiert sind.**[471] Hat die Einrichtung den Status einer **öffentlich-rechtlichen Körperschaft,** findet nach § 130 das BetrVG keine Anwendung.[472]

136 **Gewerkschaftliche Werbung** in kirchlichen Einrichtungen ist zulässig.[473] Der AG einer kirchlichen Einrichtung muss das Anbringen von Schriftgut zur Selbstdarstellung der Gewerkschaft, zur Information über ihre Leistungen und über arbeits- und tarifrechtliche Fragen sowie zur Aufforderung zum Erwerb der Mitgliedschaft bei der Gewerkschaft durch betriebsfremde Beauftragte der Gewerkschaft auf Bekanntmachungstafeln des Betriebs sowie das Verteilen entsprechenden Materials dulden, wenn es in dem Betrieb Mitglieder gibt.[474] Da das *BVerfG* die Entscheidung des *BAG* vom 14.2.78 hinsichtlich des Zugangs betriebsfremder Gewerkschaftsbeauftragter aufgehoben hat,[475] war auch das *BAG* gezwungen, ein entsprechendes Zutrittsrecht zu verneinen.[476]

IX. Streitigkeiten

137 Streitigkeiten über die Anwendbarkeit der Vorschrift, insbes. über den Umfang der Beteiligungsrechte, sind im **Beschlussverfahren** und ggf. **als Vorfrage** in einem einen anderen Gegenstand betreffenden Urteils- oder Beschlussverfahren (etwa über die Wirksamkeit einer Kündigung oder die Bestellung eines WV) zu entscheiden (§§ 2 a, 80 ff. ArbGG).[477] Es muss sich aber dabei um einen **konkreten Streitfall** handeln.[478] Eine summarische und abstrakte Feststellung darüber, ob ein bestimmter Betrieb als Tendenzbetrieb anzusehen ist, kann im Beschlussverfahren nicht begehrt werden.[479] Wird die **Unterrichtungspflicht** nach § 99 Abs. 1 verletzt, kann der BR allein aus diesem Grund das Verfahren nach § 101 BetrVG betreiben (vgl. auch Rn. 103 ff.).[480] Entsprechendes gilt, wenn str. ist, ob eine personelle Maßnahme i. S. d. § 99 tendenzbedingt ist und der AG diese ohne Zustimmung des BR oder gerichtliche Ersetzung dieser Zustimmung durchführt.[481]

138 Im Streitfall trägt der AG die (objektive) **Beweislast** dafür, ob das UN unter die Tendenzbestimmung des Abs. 1 fällt, nach Abs. 2 das Gesetz keine Anwendung findet, ein AN sog. Tendenzträger (Rn. 56 ff.) ist und ob wegen des Tendenzcharakters einzelne Beteiligungsrechte des BR entfallen oder eingeschränkt sind.[482]

---

469 *BVerfG* 25.3.80, AP Nr. 6 zu Art. 140 GG; *GL*, a. a. O.

470 Vgl. Richardi-*Thüsing*, Rn. 217 ff. m. w. N.; vgl. für die katholische Kirche die »Grundordnung des kirchlichen Dienstes im Rahmen kirchlicher Arbeitsverhältnisse«, NZA 94, 112 sowie *Klumpe-Auerbach*, AuR 95, 170; *Richardi*, NZA 94, 19; *Dütz*, NJW 94, 1369.

471 *BAG* 30.7.87, AP Nr. 3 zu § 130 BetrVG 1972.

472 *Fitting*, Rn. 57; Richardi-*Thüsing*, Rn. 194.

473 *BAG* 14.2.78, AP Nr. 26 zu Art. 9 GG; *Birk*, AuR 79, Sonderheft, S. 11; *Dütz*, AuR 79, Sonderheft, S. 6; *Naendrup*, AuR 79, Sonderheft, S. 37; *Noll*, S. 112; *G. Müller*, RdA 79, 71; a. A. *Richardi*, DB 78, 1736.

474 *BAG*, a. a. O.

475 *BVerfG* 17.2.81, AP Nr. 9 zu Art. 140 GG; zutreffend kritisch hierzu *Herschel*, AuR 81, 267; *Otto*, Anm. zu EzA Art. 9 GG Nr. 32.

476 *BAG* 19.1.82, AP Nr. 10 zu Art. 140 GG; zutreffend kritisch hierzu noch *Fitting* 22. Aufl., Rn. 62.

477 *BAG* 21.11.75, 3.2.76, 6.12.77, AP Nrn. 6, 8, 10 zu § 118 BetrVG 1972.

478 *BAG* 22.7.14, NZA 14, 1417; 13.7.55, AP Nr. 2 zu § 81 BetrVG; vgl. auch 18.3.75, AP Nr. 1 zu § 111 BetrVG 1972.

479 *BAG* 22. 7. 14, a. a. O.; 13.7.55, a. a. O.; Richardi-*Thüsing*, Rn. 157; *Fitting*, Rn. 63.

480 *BAG* 1.9.87, AP Nr. 10 zu § 101 BetrVG 1972.

481 *BAG* 1.9.87, AP Nr. 11 zu § 101 BetrVG 1972.

482 *LAG Hamm* 17.5.02, NZA-RR 02, 625; vgl. *Eisemann*, RdA 77, 336 [343 f.]; *Fitting*, Rn. 29; *Frey*, S. 86 ff.; GK-*Weber*, Rn. 240; *LAG Oldenburg*, NZA 89, 412 [413.

Nach der Rspr. ist der Rechtsweg zu den staatlichen Gerichten für Streitigkeiten aus dem **Mitarbeitervertretungsrecht** wegen deren angeblicher Unzuständigkeit ausgeschlossen.[483] Dies gilt jedoch nicht für Streitigkeiten zwischen AN und kirchlichem AG wegen ordnungsgemäßer Beteiligung der Mitarbeitervertretung bei einer Kündigung.[484] 139

483 Vgl. *BAG* 11.3.86, 25.4.89, AP Nrn. 25, 34 zu Art. 140 GG.

484 *LAG Düsseldorf* 15.1.91, NZA 91, 600, Ls.; hinsichtlich der **Schlichtungsausschüsse** nach dem Mitarbeitervertretungsrecht der evangelischen Kirche vgl. *Kammerer*, BB 85, 1986; *Kienitz*, NZA 96, 963; vgl. auch Beschluss der Bischöflichen Schlichtungsstelle Berlin 13.3.84, AP Nr. 22 zu Art. 140 GG; ferner Beschlüsse des Schlichtungsausschusses der Evangelischen Landeskirche Baden vom 3.9.87, NZA 88, 704; 4.12.87, NZA 88, 173.

Sechster Teil
Straf- und Bußgeldvorschriften

§ 119 Straftaten gegen Betriebsverfassungsorgane und ihre Mitglieder

(1) Mit Freiheitsstrafe bis zu einem Jahr oder mit Geldstrafe wird bestraft, wer

1. **eine Wahl des Betriebsrats, der Jugend- und Auszubildendenvertretung, der Bordvertretung, des Seebetriebsrats oder der in § 3 Abs. 1 Nr. 1 bis 3 oder 5 bezeichneten Vertretungen der Arbeitnehmer behindert oder durch Zufügung oder Androhung von Nachteilen oder durch Gewährung oder Versprechen von Vorteilen beeinflusst,**
2. **die Tätigkeit des Betriebsrats, des Gesamtbetriebsrats, des Konzernbetriebsrats, der Jugend- und Auszubildendenvertretung, der Gesamt-Jugend- und Auszubildendenvertretung, der Konzern-Jugend- und Auszubildendenvertretung, der Bordvertretung, des Seebetriebsrats, der in § 3 Abs. 1 bezeichneten Vertretungen der Arbeitnehmer, der Einigungsstelle, der in § 76 Abs. 8 bezeichneten tariflichen Schlichtungsstelle, der in § 86 bezeichneten betrieblichen Beschwerdestelle oder des Wirtschaftsausschusses behindert oder stört, oder**
3. **ein Mitglied oder ein Ersatzmitglied des Betriebsrats, des Gesamtbetriebsrats, des Konzernbetriebsrats, der Jugend- und Auszubildendenvertretung, der Gesamt-Jugend- und Auszubildendenvertretung, der Konzern-Jugend- und Auszubildendenvertretung, der Bordvertretung, des Seebetriebsrats, der in § 3 Abs. 1 bezeichneten Vertretungen der Arbeitnehmer, der Einigungsstelle, der in § 76 Abs. 8 bezeichneten Schlichtungsstelle, der in § 86 bezeichneten betrieblichen Beschwerdestelle oder des Wirtschaftsausschusses um seiner Tätigkeit willen oder eine Auskunftsperson nach § 80 Abs. 2 Satz 3 um ihrer Tätigkeit willen benachteiligt oder begünstigt.**

(2) Die Tat wird nur auf Antrag des Betriebsrats, des Gesamtbetriebsrats, des Konzernbetriebsrats, der Bordvertretung, des Seebetriebsrats, einer der in § 3 Abs. 1 bezeichneten Vertretungen der Arbeitnehmer, des Wahlvorstands, des Unternehmers oder einer im Betrieb vertretenen Gewerkschaft verfolgt.

Inhaltsübersicht

I. Vorbemerkungen

1 Durch Art. 1 Nr. 77 des BetrVerf-ReformG v. 23.7.2001[1] ist als Folgeänderung zu den §§ 3, 73 a ff., 80 Abs. 2 Satz 3 der **strafrechtliche Schutz erweitert** worden. In den Schutzbereich nach **Abs. 1 Nr. 1 (Wahlschutz)** sind auch die Wahlen der Vertretungen nach § 3 Abs. 1 Nrn. 1 bis 3 und Nr. 5 einbezogen worden. die deshalb in ihrer Zusammensetzung sowohl dem Zugriff des BR als auch des AG entzogen sind. Der **Tätigkeitsschutz nach Abs. 1 Nr. 2** wurde auf die durch §§ 73 a ff. geschaffene KJAV und **sämtliche Vertretungen** der AN nach **§ 3 Abs. 1** erstreckt. Das **Benachteiligungs- und Begünstigungsverbot nach Abs. 1 Nr. 3** gilt auch zugunsten der Mitglieder der KJAV und sämtlicher AN-Vertretungen des § 3 Abs. 1. Außerdem ist auch die vom BR hinzugezogene Auskunftsperson iSd. § 80 Abs. 2 Satz 3 in den Schutzbereich einbezogen. Das **Strafantragsrecht** nach Abs. 2 steht auch allen **nach § 3 Abs. 1 gebildeten AN-Vertretungen** zu.

2 Die Straftatbestände betreffen insbes. die Behinderung oder rechtswidrige Beeinflussung der nach dem Gesetz vorgesehenen **Wahlen**, die Störung oder Hinderung der Tätigkeit der Be-

1 BGBl. I S. 1852 [1862].

triebsverfassungs**organe** und die Benachteiligung oder Begünstigung ihrer **Mitglieder**. Von besonderer Bedeutung ist außerdem das **eigenständige Strafantragsrecht der Gewerkschaften,** das es nach dem BetrVG 1952 nicht gab. Der bloße **Versuch,** eine der hier genannten Taten zu begehen, ist **nicht strafbar,** weil es sich lediglich um Vergehen handelt (§ 12 Abs. 2 StGB).[2] Bei Vergehen muss aber die Strafbarkeit ausdrücklich bestimmt sein (§ 23 Abs. 1 StGB), was hier jedoch nicht geschehen ist. Allerdings setzt die Strafbarkeit wiederum nicht voraus, dass der mit der Tathandlung möglicherweise verfolgte Zweck – etwa die Vereitelung einer BR-Wahl – auch tatsächlich eingetreten sein muss.[3] Es handelt sich vorliegend um sog. **schlichte Tätigkeitsdelikte,** so dass die Tatvollendung bereits eintritt, wenn ein schlichtes aktives Tun feststellbar ist, das als Beeinflussung, Behinderung, Störung, Benachteiligung, Begünstigung usw. zu qualifizieren ist.[4]

Die Erfahrung der vergangenen Jahre hat gezeigt, dass entweder der gegebene **Strafschutz** 3
nicht ausreichend ist oder aber zumindest die vorliegende Strafbestimmung von den zuständigen Stellen nicht so gehandhabt wird, wie es der Gesetzgeber gewollt hat. Verstöße gegen das BetrVG, auch solche grober Art, sind sehr häufig zu verzeichnen. Die Ermittlungsbehörden haben zumindest in der Vergangenheit die Verfahren regelmäßig eingestellt.[5] Auch neuere Untersuchungen lassen insoweit keine Trendwende erkennen.[6] Hinzu kommt, dass nach in der Literatur teilweise vertretener Ansicht die strafantragsbefugte Gewerkschaft kein Recht haben soll, gegen den **Einstellungsbescheid** der Staatsanwaltschaft **Beschwerde** einzulegen (vgl. § 172 StPO) und ggf. das **Klageerzwingungsverfahren** zu betreiben.[7] Diese Auffassung ist jedoch abzulehnen und wird auch nicht von allen Generalstaatsanwaltschaften geteilt (näher dazu Rn. 30).[8] Es ist zu bedenken gegeben worden, ob die gerade von Gewerkschaften beklagte Ineffizienz der Vorschrift nicht auch ihren Grund darin haben könnte, dass das gewerkschaftliche Strafantragsrecht nur sehr zurückhaltend in Anspruch genommen werde.[9] Die **Strafprozesse gegen einen Arbeitsdirektor** und einen GBR-Vorsitzenden vor dem *LG Braunschweig*[10] haben unter dem Blickwinkel des »Kaufs von BR«, der **Vorteilsgewährung** usw. das öffentliche Interesse auf § 119 gelenkt.[11] Vorteilsgewährungen an BR – Mitglieder sollen überdies nicht nur bei VW und Siemens, sondern auch bei der Deutschen Bahn AG vorgekommen sein.[12] Die arbeitgebernahe Literatur widmet sich verstärkt der **Strafbarkeit von Betriebsräten.**[13] **Korruptionsbekämpfung** in der Betriebsverfassung ist zum Thema geworden.[14] Es ist allerdings anzumerken, dass gerade die typischen Aushandlungskompromisse (**Koppelungsgeschäfte**) zwischen BR und AG nicht als Tatbestand der Nötigung gem. § 240 StGB zu qualifizieren sind, selbst wenn ein BR Mitbestimmungsrechte einsetzt um andere, eventuell nicht der Mitbestimmung unterliegende Ziele zu erreichen (z. B. Überstundengenehmigungen im Tausch mit der Entfristung von Mitarbeitern).[15] Wenig hilfreich zur Verankerung des betriebsverfassungsrechlichen Strafrechts im Bewusstsein der Akteure ist es freilich, wenn in einem scheinbar grundlegenden Werk[16] nicht einmal die betriebsverfassungsrechtlichen Straf-

2 Ebenso GK-*Oetker,* Rn. 64.
3 Vgl. insoweit auch *OLG Stuttgart* 9.9.88, AiB 89, 23 mit Anm. *Herbst.*
4 Vgl. zur Dogmatik der Tätigkeitsdelikte etwa *Tröndle/Fischer,* vor § 13 Rn. 13; für Erfolgsdelikt dagegen GK-*Oetker,* Rn. 24; Richardi-*Annuß,* Rn. 13; *Pasewaldt,* ZIS 07, 75, 77.
5 Vgl. *Zachert,* Betriebliche Mitbestimmung, S. 54 unter Hinweis auf Untersuchungen des DGB; *Schneider/Rose,* BetrR 76, 407 [409].
6 Vgl. *Schlünder,* S. 198 f.; *Reinecke,* AuR 97, 139 [144].
7 *Le Friant,* S. 27.
8 Vgl. Generalstaatsanwaltschaft beim *OLG Hamm,* Az.: 2 Zs 78/88.
9 So etwa *Krumm-Mauermann,* S. 53 f.
10 25.1.07 – 6 KLs 48/06, CCZ 08, 32 bzw. 22.2.08 – 6 KLs 20/07, n. rk., juris; dazu *Schlösser,* NStZ 07, 562.
11 Vgl. z. B. *Süddeutsche Zeitung* v. 16.11.06, S. 1.
12 *Financial Times Deutschland* 28.6.07, S. 3.
13 Vgl. *Rieble/Klebeck,* NZA 06, 758, die sich vornehmlich mit der Strafbarkeit nach den allgemeinen Normen des StGB befassen, siehe aber auch *ebd.,* S. 767 mit Hinweisen zu § 119.
14 Vgl. *Fischer,* BB 07, 997 ff.; *Schemmel/Slowinski,* BB 09, 830 ff.; zur strafrechtlichen Verantwortung von Betriebsratsmitgliedern auch *Sparchholz/Trümner,* Arbeitspapier 173 der Hans Böckler Stiftung, 2009.
15 Vgl. auch *Schoof,* Anm. zu *LAG Düsseldorf* 12.12.07, AuR 08, 270.
16 *Ignor/Rixen* [Hrsg.], Handbuch Arbeitsstrafrecht, 2002.

bestimmungen bekannt zu sein scheinen. Immerhin zählt aber die Rspr. Kenntnisse über die betriebsverfassungsrechtlichen Strafvorschriften zum unabdingbaren Grundlagenwissen für BR und bejaht grundsätzlich die **Erforderlichkeit einer entsprechenden 3-tägigen Schulung** gem. § 37 Abs. 6.[17]

4 Der einschneidende Mangel der Vorschrift liegt darin, dass sie z. B. eine **eingetretene Störung** oder Behinderung voraussetzt, also grundsätzlich **nicht** unmittelbar vor einer **künftigen Beeinträchtigung** zu schützen vermag.[18] Aus diesem Grunde kann eine vorbeugende Unterlassung gemäß § 78 BetrVG i. V. m. § 85 Abs. 1 ArbGG und § 890 ZPO u. U. das probate Mittel sein, zumal der dortige Ordnungsgeldrahmen bis zu 250000 Euro reicht.

II. Schutz der Wahl

5 Nach der Vorschrift der Nr. 1 werden die **Wahlbehinderung** und die **unzulässige Wahlbeeinflussung** unter Strafe gestellt.[19] Wahlbehinderung liegt bereits dann vor, wenn das allgemeine Behinderungsverbot nach § 20 Abs. 1 missachtet wird; insoweit dient § 119 Abs. 1 Nr. 1 dazu, die materielle Norm des § 20 durch Strafsanktion zu verstärken,[20] auch wenn beide Tatbestände nicht vollständig aufeinander abgestimmt sind.[21] Hierunter fällt jede Beeinflussung der Wahlen durch **Zufügung oder Androhung** von Nachteilen bzw. durch Gewährung oder Versprechen von Vorteilen.[22] Dadurch soll jede unmittelbare und mittelbare Beeinflussung des Wahlergebnisses ausgeschlossen und damit auch Vorteile erfasst werden, die sich nur mittelbar auf die Wahl auswirken, indem sie die innere Willensbildung der Wahlberechtigten erfassen.[23] Unter den Begriff Wahl fallen auch **vorbereitende Maßnahmen,** wie beispielsweise die Einberufung oder Durchführung einer Betriebsversammlung zur Wahl des WV oder sonstige der Wahl vorausgehende Beschlussfassungen oder Vorabstimmungen.[24] In diesem Zusammenhang erfüllt auch die Verweigerung des Zutrittsrechts eines Gewerkschaftsbeauftragten den Tatbestand der strafbaren Wahlbehinderung.[25]

6 Das Verbot der Wahlbehinderung richtet sich gegen **jedermann.** Es gilt nicht nur für den AG und Angehörige des Betriebs (z. B. auch Personen nach § 5 Abs. 2 und leitende Angestellte nach § 5 Abs. 3) oder UN, sondern auch für Außenstehende.[26]

7 Eine **Behinderung** der Wahl seitens des AG liegt **beispielsweise** vor, wenn er die zu ihrer Durchführung einschließlich ihrer Vorbereitung notwendigen **Räumlichkeiten, Unterlagen** oder sonstigen erforderlichen **Hilfsmittel** (Wahlräume, Wahlzettel, Wahlumschläge, Wahlurnen, Angaben für die Aufstellung von Wählerlisten) nicht zur Verfügung stellt.[27] Die Wahlbehinderung kann also nicht nur durch ein Tun, sondern **auch durch Unterlassen** begangen werden.[28] Als **Unterlassungstätigkeitsdelikt** bedarf es allerdings einer Garantenstellung des Täters. Diese kann sich insbes. im Zusammenhang mit Wahlen aus den gesetzlich normierten Duldungs-, Auskunfts- und Unterstützungspflichten des AG (vgl. dazu § 1 Rn. 2) ergeben.[29]

---

17 *LAG Köln* 21.1.08, AuR 08, 277 = dbr 08, Nr. 9, S. 7.
18 So *BAG* 12.11.97, EzA § 23 BetrVG 1972 Nr. 38.
19 Vgl. die Übersicht bei *Polzer/Helm,* AiB 00, 133 [135].
20 Vgl. *Reinecke,* AuR 97, 139 [142; Fn. 22]; *Trümner,* BetrR 89, 145 [148]; ähnlich *Schlünder,* S. 192; GK-*Oetker,* Rn. 16, 23.
21 Näher zum Verhältnis von § 119 zu §§ 20, 78 *Dannecker,* FS Gitter, S. 167 [173 f.].
22 Bejaht durch *AG Emmendingen* 24.7.08 – 5 Cs 440 Js 26354 – AK 329/07, juris, bei Abnötigung einer Erklärung, an der Einführung eines BR im Betrieb des AG nicht mehr interessiert zu sein: Verurteilung zu 100 Tagessätzen je 80 €.
23 *BGH* 13.9.10, NJW 11, 88.
24 *BayObLG* 29.7.80, AP Nr. 1 zu § 119 BetrVG 1972; *Fitting,* Rn. 4; GK-*Oetker,* Rn. 21.
25 *AG Aichach* 29.10.87 – Ds 506 Js 20042/87 [zu dieser Entscheidung *Polzer/Helm,* AiB 00, 133 f.]; ebenso *LG Siegen* 13.11.86, AiB 92, 41.
26 Vgl. *Fitting,* Rn. 1; GK-*Oetker,* Rn. 60; *Reinecke,* AuR 97, 139 [142].
27 So etwa *AG Bremen* 6.9.84, AiB 92, 42 für die Weigerung, Hilfestellung bei Erstellung der Wählerliste zu geben, sowie die Nutzungsverweigerung bezüglich des betrieblichen Fotokopierers und die Erteilung eines Hausverbots gegen den Vorsitzenden des WV.
28 GK-*Oetker,* Rn. 55.
29 Näher zur Garantenpflicht bei Unterlassungsdelikten *Tröndle/Fischer,* § 13 Rn. 5 ff.

Auch das Verbot, das Telefon für notwendig werdende Gespräche in Wahl- oder Abstimmungsangelegenheiten zu benutzen, stellt eine unzulässige Wahlbehinderung dar. Dasselbe gilt für die Weigerung, Mitgliedern des WV oder Wahlhelfern die zur Erledigung ihrer Aufgaben **erforderliche Freizeit** zu gewähren.[30] Eine Behinderung der Wahl kann auch in der **Beseitigung oder Verfälschung** von Wahlunterlagen liegen. Der Behinderungstatbestand erfordert nicht, dass es überhaupt nicht zur Wahl kommt;[31] es genügt die vorsätzliche **Erschwerung.**[32] Die **Bedrängung von WV-Mitgliedern** dergestalt, dass sie zunächst abgemahnt, sodann durch persönliche Gespräche »überzeugt« werden sollten, ein »so kleiner Betrieb brauche keinen BR«, und schließlich die Aufforderung des AG, die WV-Mitglieder sollten doch besser selbst kündigen, erfüllt den Tatbestand der Wahlbehinderung nach Abs. 1 Nr. 1.[33]

Wahlschutz genießt auch der einzelne **Wahlberechtigte** in der Ausübung seines aktiven oder **8**
passiven Wahlrechts. Verboten ist deshalb jede Handlung, die es dem Wahlberechtigten erschwert oder unmöglich macht, sein Wahlrecht auszuüben oder sich wählen zu lassen.[34] Hierzu gehört nicht nur die Hinderung am Betreten des Wahl- und Abstimmungsraums, sondern auch die **Kündigung** oder **Versetzung,** die eine Wahl des Kandidaten oder die Stimmabgabe eines Wahlberechtigten unmöglich machen soll.[35] Selbst wenn Zweifel an der ordnungsgemäßen Bestellung des WV bestehen, handelt es sich um eine unzulässige Behinderung der BR-Wahl, wenn AN durch Androhung von Nachteilen, Zuweisung schlechterer Arbeit oder den Ausspruch einer Kündigung unter Druck gesetzt werden, von einer vorgesehenen bzw. eingeleiteten BR-Wahl Abstand zu nehmen.[36]

Eine unzulässige **Wahlbeeinflussung** liegt vor, wenn nicht die Wahl als solche oder einzelne **9**
mit der Wahl notwendigerweise zusammenhängende Handlungen behindert werden, sondern lediglich versucht wird, das Wahlergebnis in eine ganz bestimmte Richtung zu lenken. Verboten ist dabei allerdings nicht jeder Versuch, auf das Wahlergebnis Einfluss zu nehmen. Nur die **sachwidrige Einflussnahme** ist strafbar. Unzulässig ist alles, was durch Zufügung oder Androhung von Nachteilen oder durch Gewährung oder Versprechen von Vorteilen die Stimmabgabe und das Wahlergebnis beeinflussen kann.[37] Als solche Nachteile kommen beispielsweise die **Androhung einer Kündigung**, die **Versetzung** auf einen schlechteren Arbeitsplatz oder der Entzug freiwilliger Leistungen in Betracht. Der AG verletzt das Wahlbeeinflussungsverbot etwa dann, wenn er in einer Betriebsversammlung offen oder unterschwellig beim Zuhörer **Angst** vor dem Verlust eines finanziellen Vorteils **erzeugt,** falls dieser bestimmte Kandidaten wählt.[38] Als Vorteile wären etwa eine **Beförderungszusage** oder besondere **Zuwendungen** denkbar.[39] Eine Androhung von Nachteilen kann auch darin liegen, dass der AG die Wahl eines bestimmten Kandidaten als einen Misstrauensbeweis ihm gegenüber bezeichnet und für diesen Fall Konsequenzen andeutet. Es ist allerdings nicht immer notwendig, dass konkrete Nachteile ausdrücklich angedroht werden. Häufig kann sich bei Einwirkungsversuchen des AG schon aus der Art und Weise seines Vorgehens ergeben, dass bei dessen Nichtbeachtung für den in einem **Abhängigkeitsverhältnis** zu ihm stehenden Beschäftigten nachteilige Auswirkungen, wenn auch nur in Bezug auf die bisherige Zusammenarbeit und das Vertrauensverhältnis, zu befürchten sind. So kann nach Lage des Falles eine unzulässige Wahlbeeinflussung schon gegeben sein, wenn der AG in Schreiben an Angestellte diese mit dem Hinweis, dass er sie als **leitende Angestellte** nach § 5 Abs. 3 ansehe, auffordert, gegen ihre Eintragung in die Wählerliste beim WV Einspruch zu erheben.[40] Eine **unzulässige Wahlbeeinflussung** liegt vor, wenn leitende Angestellte für eine Vorschlagsliste zur BR-Wahl Stützunterschriften sammeln.[41]

---

30 Richardi-*Thüsing,* § 20 Rn. 6.
31 GK-*Oetker,* Rn. 25.
32 Vgl. Richardi-*Annuß,* Rn. 13 m. w. N.
33 *LG Siegen* 13.11.86, AiB 92, 41.
34 Vgl. *Roos,* AiB 99, 490 [491].
35 Richardi-*Thüsing,* § 20 Rn. 10.
36 *OLG Hamm* 26.2.87 – 1 Ss 164/87.
37 *BAG* 8.3.57, AP Nr. 1 zu § 19 BetrVG.
38 Vgl. *ArbG Berlin* 8.8.84 – 18 BV 5/84.
39 Richardi-*Thüsing,* § 20 Rn. 14.
40 Siehe hierzu *LAG Hamm* 27.4.72, DB 72, 1298; *LAG Baden-Württemberg* 31.5.72, DB 72, 1392.
41 *LAG Hamburg* 12.3.98, AiB 98, 701 m. Anm. *Brinkmeier; HessLAG* 23.8.01 – 12 TaBV 31/01.

10 Anerkannt ist, dass sich der **Arbeitgeber** grundsätzlich nicht in die **Wahlpropaganda** einschalten, insbesondere nicht für einen Kandidaten **werben** darf. Eine unzulässige Wahlbeeinflussung liegt auch dann vor, wenn einer Gruppe von AN ein Vorteil zugesagt wird.[42] Soweit es um die Wahl der betrieblichen AN-Repräsentanten geht, hat der AG daher strikte **Neutralität** zu üben.[43] Zulässig ist allenfalls ein Hinweis des AG auf die Bedeutung der Wahl und darauf, dass Wahlrecht gleichbedeutend mit Wahlpflicht ist.[44] Daher stellt es einen Verstoß gegen § 20 Abs. 2 und somit eine u. U. strafbare Wahlbeeinflussung dar, wenn der AG eine Kandidatengruppe tatsächlich und finanziell bei der **Herstellung einer Wahlzeitung** unterstützt.[45] Auch verdeckte Bemühungen des AG, einen gültigen Wahlvorschlag in Konkurrenz zu einer anderen Liste zustande zu bringen, sind eine konkret auf die BR-Wahl orientierte Tätigkeit, welche den Bereich der Wahlbeeinflussung sogar noch überschreitet, ja sogar aktiv auf die Zusammensetzung des BR abzielt, wenn zusätzlich die wahre **Finanzierung der Gruppe** verschleiert wird.[46] Dabei ist nicht erforderlich, dass die gewollte Beeinflussung der BR Wahl auch zum Erfolg führt.[47]

11 Liegt kein persönliches und wirtschaftliches Abhängigkeitsverhältnis vor, ist die **Werbung für bestimmte Kandidaten** weder eine unzulässige Wahlbehinderung i. S. d. Abs. 1 noch eine verbotene Wahlbeeinflussung.

12 Eine strafbare Wahlbeeinflussung liegt auch dann vor, wenn mit wahrheitswidrigen Behauptungen über Wahlbewerber die Stimmabgabe der Wahlberechtigten beeinflusst werden soll, da auch die wahrheitswidrigen Behauptungen einen Nachteil darstellen können.[48] Ob im Falle wahrheitswidriger Propaganda möglicherweise zusätzlich eine Bestrafung nach allgemeinen strafgesetzlichen Vorschriften erfolgen kann, etwa wegen Beleidigung, soll hier dahinstehen. Unzulässig ist deshalb auch, wenn jemand durch **Androhung von Diffamierungen** dazu genötigt werden soll, von einer beabsichtigten Kandidatur Abstand zu nehmen. Keine unzulässige Wahlbehinderung oder Wahlbeeinflussung liegt vor, wenn die **Gewerkschaften** sich in die Wahlvorbereitungen einschalten, Wahlpropaganda betreiben und auf ihre Mitglieder, auch unter Androhung des Ausschlusses, dahin einwirken, dass diese keine **Listen konkurrierender** Gewerkschaften oder anderer politischer Gruppierungen unterstützen oder auf diesen kandidieren.[49] Soweit es sich um Vorgänge handelt, die sich bei **gewerkschaftlichen Vorwahlen** für die Aufstellung von Wahlvorschlägen ereignen, sind diese im Übrigen innergewerkschaftlicher Art und durch die den Gewerkschaften zustehende Verbandsautonomie gedeckt. Sie stellen keinen betriebsverfassungsrechtlichen Sachverhalt dar.[50]

13 Geschützt wird nicht nur die Wahl des BR, sondern auch die der JAV, der Bordvertretung, des See-BR und der Sondervertretungen i. S. d. § 3 Abs. 1 Nrn. 1 bis 3 und 5. Dagegen ist die **Wahl der AN-Vertreter zum AR** nicht Schutzgegenstand dieser Vorschrift.[51] Jene Wahlen sind nicht besonders strafrechtlich geschützt.[52] Insoweit kommt jedoch z. B. § 240 StGB (Nötigung) in Betracht.[53] Nicht erfasst sind solche Organe, die sich nicht auf Grund einer **Wahl**, sondern durch **Entsendungsbeschlussfassungen** zusammensetzen, z. B. GBR, KBR[54] und KJAV. Aus diesem Grunde sind auch die Arbeitsgemeinschaften nach § 3 Abs. 1 Nr. 4 nicht in den Normbereich einbezogen. Der Wahlschutz des **SpA** richtet sich nach § 34 SprAuG, der **Schutz des EBR** nach § 44 Abs. 1 Nr. 2 i. V. m. § 42 EBRG.

---

42 *BGH* 13.9.10, NJW 11, 88.
43 Richardi-*Thüsing*, § 20 Rn. 18; *Neumann-Duesberg*, Anm. zu AP Nr. 10 zu § 13 BetrVG.
44 *BAG* 2.2.62, AP Nr. 10 zu § 13 BetrVG.
45 *BAG* 4.12.86, AP Nr. 13 zu § 19 BetrVG 1972; anders jedoch, wenn zur Verteilung von Wahlwerbung die Nutzung eines Hauspostverteilungssystems gestattet wird und dies – auf entsprechendes Begehren – auch konkurrierenden Listen gestattet würde, vgl. *ArbG Essen* 7.9.10, LAGE Nr. 1 zu § 20 MitbestG.
46 *BGH* 13.9.2010, NJW 11, 88, zur finanziellen Unterstützung der AUB durch Siemens.
47 *BGH* a. a. O.
48 Anders noch *12. Aufl., Rn. 10.*
49 *BVerfG* 24.2.99, AuR 99, 406 m. Anm. *Sachse*, AuR 99, 387.
50 *BAG* 24.5.65, AP Nr. 14 zu § 18 BetrVG; einschränkend offenbar Richardi-*Thüsing*, § 20 Rn. 23 ff.
51 *Fitting*, Rn. 5.
52 Vgl. *Fuchs/Köstler*, Handbuch zur AR-Wahl, Rn. 583.
53 Vgl. auch *Schlünder*, S. 194 m. w. N.
54 GK-*Oetker*, Rn. 18.

III. Schutz der Amtsführung

Die Bestimmung der Nr. 2 **schützt die Tätigkeit der** in dieser Bestimmung genannten **Organe** der Betriebsverfassung und stellt deren Behinderung oder Störung unter Strafe.[55] Sie dient der strafrechtlichen Verstärkung des § 78 Abs. 1. Der Straftatbestand kann sowohl in einem positiven Handeln liegen als auch in einer Unterlassung, sofern eine **Rechtspflicht zum Handeln** besteht.[56] So liegt beispielsweise eine unzulässige Behinderung oder Störung der BR-Tätigkeit vor, wenn der AG sich weigert, die zur ordnungsgemäßen Durchführung dieser Tätigkeit notwendigen **Kosten zu tragen** oder die tatsächlichen Mittel zur Verfügung zu stellen. Der Straftatbestand ist auch erfüllt, wenn der AG den AN verbietet, sich an den BR zu wenden,[57] oder der AG den **BR auffordert zurückzutreten**, widrigenfalls Zulagen gestrichen würden.[58] Nach dieser Vorschrift strafbar ist auch die Aufforderung eines Geschäftsführers an den BR-Vorsitzenden in einer Mitarbeiterversammlung, er müsse zurücktreten, weil mehrere leitende Angestellte dies forderten und mit ihrer eigenen Kündigung drohten; trete er nicht zurück, werde der »Betrieb liquidiert«, es müssten »Köpfe rollen«.[59] Eine strafbare Störung und Behinderung der BR-Arbeit liegt vor, wenn der AG die Belegschaft vor die Wahl stellt »Geld oder Mitbestimmung«.[60] Verknüpft der AG eine **Prämienzahlung für längere Ladenöffnungszeiten** mit der Bedingung, dass die zugrunde liegende befristete BV unbefristet abgeschlossen wird, so wird der BR in seiner Entscheidungsfreiheit unzulässig beeinträchtigt.[61] Ferner kann es strafbar sein, wenn der AG den AN in einem Aushang empfiehlt, eine **Betriebsversammlung nicht zu besuchen.**[62] Der Tatbestand der Nr. 2 ist erfüllt, wenn der AG einem bestehenden BR bzw. dessen Mitgliedern **Hausverbot** erteilt, weil diese(r) bei einem vorangegangenen Streit um die Gestaltung des BR-Büros mit Plakaten auf das Hausrecht des BR bezüglich der BR-Räume verwiesen hatte(n).[63] Dasselbe gilt für das Verhindern der Teilnahme von Gewerkschaftsvertretern an Sitzungen des BR, wenn ein Beschluss nach § 31 vorliegt.[64] Wird einem Vertreter der Gewerkschaft verboten, den Betrieb zu betreten, so liegt hierin dann eine Behinderung oder Störung i. S. d. Bestimmung, wenn der Besuch zur Wahrnehmung von im BetrVG **geregelten Aufgaben und Befugnissen** dienen soll.[65] Auch ist der Einsatz der **Polizei** zur unmittelbaren Durchsetzung des Zugangsrechts zu erwägen.[66] Strafbar ist auch die **beharrliche Weigerung,** überhaupt mit dem BR **zusammenzuarbeiten,**[67] die Öffnung von erkennbar an den BR gerichteter Post[68] sowie die betriebsöffentliche **Bekanntgabe der vom BR verursachten Kosten.**[69] Schließlich unterfallen auch die Verhinderung und aktive **Unterbrechung von Telefongesprächen** des BR diesem Straftatbestand.[70] Dasselbe gilt für die Aufforderung an AN, ein Schreiben zu verfassen, um die Ablösung des BR zu verlangen.[71] Auch **Mitarbeiterversammlungen,** die der AG als bewusste Gegenveranstaltung zu einer Betriebsversammlung durchführt, können den Straftatbestand verwirklichen.[72] 14

Eine strafbare Behinderung oder Störung der Amtstätigkeit liegt nicht schon immer dann vor, 15

55 Vgl. dazu die Übersicht bei *Polzer/Helm,* AiB 00, 133 [137].
56 GK-*Oetker,* Rn. 55.
57 *Fitting,* Rn. 7.
58 *BayOLG* 29.7.80, AP Nr. 1 zu § 119 BetrVG 1972.
59 Vgl. *LAG Frankfurt* 8.10.92, LAGE § 24 BetrVG 1972 Nr. 1, S. 7 f.
60 *AG Kempten* 6.12.99 – Cs 213/Js 5082/99.
61 *LAG Hamburg* 20.12.10, LAGE § 78 BetrVG 2001 Nr. 6.
62 *OLG Stuttgart* 9.9.88, BB 88, 2245.
63 *AG Göttingen,* AiB 92, 41.
64 *Fitting,* Rn. 7.
65 So auch grundsätzlich *OLG Stuttgart* 21.12.77, DB 78, 592; GK-*Oetker,* Rn. 32.
66 Näher Rn. 35 und Widerspruchsbescheid der Polizeidirektion Schleswig-Holstein West, AiB 91, 200 f.
67 *Fitting,* Rn. 7.
68 *ArbG Stuttgart* 22.12.87, BetrR 3/88, S. 17.
69 Grundsätzlich bejahend *BAG* 12.11.97, EzA § 23 BetrVG 1972 Nr. 38; *ArbG Darmstadt* 20.11.86, AiB 87, 140; *ArbG Verden* 14.4.89, BetrR 89, 167.
70 *AG Passau,* AiB 92, 42.
71 *AG Passau,* a. a. O.
72 *ArbG Osnabrück* 25.6.97, AiB 98, 109; *ArbG Offenbach* 16.6.00, AiB 00, 689.

wenn der AG es **pflichtwidrig versäumt,** den BR in mitbestimmungspflichtigen Angelegenheiten zu beteiligen. Notwendig ist hier vielmehr das **bewusste Beiseiteschieben** des BR, beispielsweise die bewusste Weigerung des AG, den BR bei Kündigungen anzuhören.[73] Zuzugeben ist, dass die »Beiseiteschieben-Formel« wenig präzise ist, zumal entsprechend § 78 Satz 1 eine Behinderung der Organtätigkeit bereits dann zu bejahen ist, wenn die Mitwirkungs- und **Mitbestimmungsrechte wiederholt und beharrlich missachtet** werden.[74] Dass nicht etwa schon jede Verletzung von Informationspflichten gegenüber einem betriebsverfassungsrechtlichen Gremium Strafcharakter hat, ergibt sich im Übrigen auch aus § 121, wonach derartige Tatbestände teilweise als Ordnungswidrigkeiten geahndet werden. Zutreffend ist allerdings im Ansatz, dass ein Verstoß gegen § 78 zugleich auch strafbar sein *kann* (aber nicht notwendig sein *muss*). So ist etwa das **Anbrüllen,** das **Versperren des Wegs** und die **Anwendung körperlicher Gewalt** eine massive Behinderung der BR-Tätigkeit, wenn diese Handlungen gegenüber einem BR-Mitglied in Ausübung seiner Amtspflichten begangen werden.[75] Vgl. zu weiteren Beispielen § 78 Rn. 17. Der AG muss mit Benachteiligungsvorsatz handeln oder die Benachteiligung zumindest billigend in Kauf nehmen.[76]

16 Die Strafvorschrift schützt nicht nur die Tätigkeit des BR, sondern auch die des GBR, des KBR, der JAV, der GJAV, der KJAV, der Bordvertretung, des See-BR, einer Sondervertretung i. S. d. § 3 Abs. 1, der ESt., einer tariflichen Schlichtungsstelle i. S. d. § 76 Abs. 8, einer betrieblichen Beschwerdestelle nach § 86 sowie des WA. Sie richtet sich allerdings **nicht gegen Mitglieder** der betriebsverfassungsrechtlichen Organe selbst, auch wenn diese in ihren eigenen Gremien Obstruktion betreiben;[77] in diesem Fall kann die Möglichkeit gegeben sein, ein Ausschlussverfahren nach § 23 Abs. 1 anzustrengen.[78]

IV. Tätigkeitsschutz

17 Die Bestimmung der **Nr. 3 schützt die Betätigung von Mitgliedern** der betriebsverfassungsrechtlichen Organe.[79] Diese dürfen nicht um ihrer Tätigkeit willen benachteiligt oder begünstigt werden.

18 **Benachteiligung** ist jede tatsächliche, persönliche oder wirtschaftliche Schlechterstellung einer in dieser Bestimmung genannten Person im Vergleich zu anderen AN, die nicht aus sachlichen oder in der Person des Betroffenen liegenden Gründen, **sondern um seiner Tätigkeit** innerhalb des betriebsverfassungsrechtlichen Organs willen erfolgt (vgl. § 78 Rn. 15 ff.).[80] Eine strafbare Benachteiligung der BR-Mitglieder liegt vor, wenn der AG durchsetzt, dass BR-**Sitzungen ohne Bezahlung in** der **Freizeit** durchgeführt werden.[81] Als **Beispiele** wären zu nennen etwa die Herabsetzung des Einkommens, die Zuweisung schlechterer Arbeit, die Versetzung auf einen geringer bezahlten Arbeitsplatz oder der Ausschluss von Zuwendungen. Eine Benachteiligung kann auch gegeben sein, wenn der AG einzelne Betriebsratsmitglieder mit anwaltlicher Hilfe mit vermeintlich »berechtigten« unangemessen hohen Schadensersatzansprüchen überzieht, um sie mürbe zu machen (vgl. zu weiteren Beispielen § 78 Rn. 17). Eine strafbare Benachteiligung bzw. Bevorzugung von Mitgliedern einer **Einigungsstelle** kann vorliegen, wenn dem Vorsitzenden einerseits und dem oder den externen Beisitzern andererseits **extrem unterschiedliche Vergütungen** gewährt werden und sich hierfür sachliche Gesichtspunkte i. S. d. § 76 a Abs. 4 Sätze 3 bis 5 nicht finden lassen.[82]

---

73 *BAG* 20.9.57, AP Nr. 34 zu § 1 KSchG; Richardi-*Annuß*, Rn. 21; *Fitting*, Rn. 6.
74 GK-*Oetker*, Rn. 36 f.
75 *ArbG Frankfurt a. M.* 14.1.99, AiB 01, 178 m. Anm. *B. Fischer* und dem richtigen Hinweis, dass der Unterlassungsanspruch aus § 78 BetrVG i. V. m. § 85 Abs. 1 ArbGG und § 890 ZPO einen Ordnungsgeldrahmen bis zu 250 000 Euro zulässt.
76 *OLG Düsseldorf* 27.3.08, EzA § 119 BetrVG 2001 Nr. 1.
77 A. A. *Dannecker*, FS Gitter, S. 167 [192]; wohl auch *Rieble/Klebeck*, NZA 06, 758, 767).
78 Richardi-*Annuß*, Rn. 20; *Fitting*, Rn. 8; *Roos*, AiB 99, 490 [492]; für Strafbarkeit von Organmitgliedern aber GK-*Oetker*, Rn. 63.
79 Dazu die Übersicht bei *Polzer/Helm*, AiB 00, 133 [138].
80 *Fitting*, § 78 Rn. 9.
81 *AG Kempten* 6.12.99 – Cs 213/Js 5082/99.
82 *LAG München* 11.1.91, AiB 92, 49.

Die **Begünstigung** kann vorliegen bei Gewährung unüblich günstiger Darlehn, Sonderurlaub und »Lustreisen«, nicht nachvollziehbaren Gehaltserhöhungen, Gewährung von Sonderboni ohne Gegenleistung usw. (näher zu weiteren Formen § 78 Rn. 33, 34).[83] Strafbar ist aber nur das Gewähren, i. d. R. also der AG, nicht jedoch das Nehmen. Ein **BR-Mitglied** kommt als Haupttäter nicht in Betracht, denn es handelt sich nicht um den vom Tatbestand beschriebenen »Wer«.[84] Allerdings kann eine **Anstiftung zur Untreue** gem. §§ 266, 26 StGB durch das BR-Mitglied in Betracht kommen, wenn das BR-Mitglied als geistiger Urheber einer nachfolgenden Begünstigung in Erscheinung tritt und den dann auf Seiten des AG handelnden Täter zur Vornahme der Begünstigung veranlasst. Die Grenze der Straffreiheit auf Seiten des Nehmers wird dann überschritten, wenn dieser nicht nur nimmt, sondern etwas Derartiges fordert. Auch eine **Beihilfe zur Untreue** gem. §§ 266, 27 StGB des Repräsentanten des AG ist zumindest nach Ansicht des *LG Braunschweig* möglich.[85] Dies ist jedoch umstritten, da das BR-Mitglied notwendig an der Begünstigung zur Erfüllung des Tatbestands der BR-Begünstigung nach § 119 Nr. 3 BetrVG beteiligt sein muss. Da der **Versuch der BR-Begünstigung** nach dieser Bestimmung aber **straflos** ist, ist der Eintritt der Begünstigung für das Delikt zwingend erforderlich. Deshalb wird in der Literatur vertreten, dass das BR-Mitglied »notwendiger Teilnehmer« der Straftat ist,[86] was eine Teilnahmestrafbarkeit des BR-Mitglieds nach § 119 Nr. 3 BetrVG schlechthin ausschließe. Möglich ist aber nach Ansicht des *LG Braunschweig*[87] eine **Beihilfe zur Untreue** (§ 266 StGB) durch das BR-Mitglied dann, wenn dessen Tatbeitrag das Maß des Notwendigen überschreitet. Dies soll dann der Fall sein, wenn sich das BR-Mitglied positiv über die Zuwendung äußert (psychische Beihilfe) und entsprechende Unterlagen zur Abrechnung der begünstigenden Zuwendung beibringt. Eine begünstigende Zusage ist sittenwidrig nach § 138 BGB, dies habe aber keine unmittelbaren Auswirkungen auf eine in diesem Zusammenhang geschlossene BV.[88] An letzterem müssen zumindest dann Zweifel geltend gemacht werden, wenn eine solchermaßen zustandegekommene BV eindeutig belastende Regelungen für die AN enthält, die unter gewöhnlichen Verhältnissen nicht abgeschlossen zu werden pflegen. In diese Richtung weist auch *ArbG München*,[89] das eine Kündigung des korrumpierten AN für treuwidrig erklärte, wenn der AG an der Entstehung des Kündigungsgrundes initiierend oder duldend mitwirkt und die Kündigung gerade damit begründet, das korrumptive Verhalten habe sein Vertrauen in den AN zerstört. 19

Auch zwischen der Begünstigung und der Amtstätigkeit des Mitglieds muss ein **ursächlicher Zusammenhang** bestehen, wenn die Strafbarkeit gegeben sein soll. Häufig wird allerdings eine tatsächliche Vermutung hierfür sprechen.[90] 20

Für die Strafbarkeit nach Nr. 3 reicht es nicht aus, dass wegen der Betätigung als Mitglied eines betriebsverfassungsrechtlichen Organs Nachteile lediglich angedroht oder Vorteile zugesagt werden. Insoweit handelt es sich lediglich um den hier straflosen **Versuch einer Straftat** (vgl. oben Rn. 2). Auch dann, wenn bei einer bloßen Nachteilsandrohung bzw. Begünstigungszusage der Straftatbestand nach Nr. 3 nicht erfüllt ist, kann gleichwohl eine strafrechtliche Sanktion nach Nr. 2 wegen Behinderung oder Störung der Tätigkeit des entsprechenden betriebsverfassungsrechtlichen Organs in Betracht kommen. 21

Strafrechtlich geschützt wird die **Tätigkeit** der **Mitglieder** oder **Ersatzmitglieder** des BR, des GBR, des KBR, der JAV, der GJAV, der KJAV, der Bordvertretung, des See-BR, einer Sondervertretung i. S. d. § 3 Abs. 1, der Auskunftsperson nach § 80 Abs. 2 Satz 3, der ESt., einer Schlichtungsstelle i. S. d. § 76 Abs. 8, einer betrieblichen Beschwerdestelle nach § 86 sowie des WA. Die **Tätigkeit** der betriebsverfassungsrechtlichen **Organe** ist nach **Nr. 2** geschützt. 22

---

83 *Rieble/Klebeck*, NZA 06, 767.
84 *Zwiehoff*, jurisPR-ArbR 2/2009, Anm. 6.
85 22.2.08 – 6 KLs 20/07 – VW-Fall, juris.
86 *Schlösser*, NStZ 07, 562, 565.
87 22.2.08, a. a. O.
88 So *SächsLAG* 27.8.08 – 2 Sa 752/07, juris.
89 2.10.08, NZA-RR 09, 134.
90 *Fitting*, Rn. 9.

V. Strafverfahren

23 Eine Strafverfolgung tritt **nur auf Antrag** ein.[91] Von besonderer Bedeutung ist, dass auch jede im **Betrieb vertretene Gewerkschaft** die Einleitung eines Strafverfahrens beantragen kann. Insoweit ist es allerdings erforderlich, dass das nach der Satzung vertretungsberechtigte Organ den Antrag stellt oder aber der antragstellende Gewerkschaftssekretär seine Bevollmächtigung durch Vorlage einer vom Vertretungsorgan ausgestellten Vollmacht nachweist. Andernfalls könnte es an einer ordnungsgemäßen Antragstellung fehlen. Soweit ein betriebsverfassungsrechtliches Organ antragsberechtigt ist, kann der Antrag nicht von einzelnen Mitgliedern, sondern **nur vom Organ** selbst gestellt werden, wozu es eines mit einfacher Stimmenmehrheit gefassten und auch im Übrigen formal wirksam zustande gekommenen Beschlusses bedarf.[92] Außerdem muss zur Wirksamkeit der Beschlussfassung dieser Punkt in einer ordnungsgemäß mitgeteilten Tagesordnung enthalten sein (vgl. § 29 Rn. 17, 26).[93] Die Beschlussfassung muss ausdrücklich darauf gerichtet sein, »Strafantrag zu stellen« bzw. damit einen Bevollmächtigten zu beauftragen, da es sonst u. U. am notwendigen Strafantragserfordernis mangeln könnte.[94] Sofern es rechtlich möglich ist, sollte ein BR stets neben der Strafantrag stellenden Gewerkschaft selbst den Antrag stellen, um wegen etwaiger Restriktionen hinsichtlich Beschwerde und Klageerzwingungsverfahren (vgl. Rn. 29) alle verfahrensförmigen Möglichkeiten offen zu halten.

24 Antragsberechtigt ist auch der BR, der nur die Amtsgeschäfte nach § 22 weiterführt.[95] Die **Rücknahme** eines Strafantrags ist jederzeit bis zum Ergehen eines Strafurteils möglich (vgl. § 77 d StGB). Ein zurückgenommener Strafantrag kann nicht noch einmal gestellt werden. Zur Durchführung des Strafverfahrens sind nicht die ArbG, sondern die **ordentlichen Gerichte** (Strafgerichtsbarkeit) zuständig.

25 Die **Frist** zur Stellung eines Strafantrags, der bei der zuständigen Staatsanwaltschaft, dem Gericht oder einer Polizeidienststelle schriftlich oder zu Protokoll gestellt werden kann (§ 158 Abs. 2 StPO), beträgt **drei Monate**. Ohne rechtzeitigen Strafantrag entfällt eine Strafverfolgung. Der Strafantrag kann auch bei der Amtsanwaltschaft gestellt werden, deren Zuständigkeit sich aus § 142 Abs. 2 i. V. m. § 24 GVG ergibt. Die Frist **beginnt mit** dem Zeitpunkt, in dem der Antragsberechtigte **Kenntnis** von der Tat und der Person des Täters erlangt (§ 77 b Abs. 2 StGB). Ist die **Gewerkschaft** Antragstellerin, kommt es für den Beginn der Antragsfrist i. d. R. auf die Kenntnis des vertretungsrechtlichen Organs an.[96] Dies entspricht den Erfordernissen über die Kenntniserlangung, falls der AG Antragsteller ist. Ist der AG eine **juristische Person** oder ein nicht rechtsfähiger **Personenverband** mit mehreren zur Einzelvertretung befugten Vertretern, so beginnt die Frist mit Kenntnis eines dieser Vertreter.[97] Soweit die Vertretung nur gemeinschaftlich erfolgen kann, ist Kenntnis der zur gemeinschaftlichen Vertretung berufenen Personen erforderlich.[98] Auch in Bezug auf die Gewerkschaft kommt es daher darauf an, dass die Kenntniserlangung durch die satzungsmäßig zur Vertretung berufene(n) Person(en) erfolgt ist. Soweit BR, GBR, KBR, Bordvertretung, See-BR, eine Vertretung nach § 3 Abs. 1 oder der WV als Antragsteller fungieren, kommt es für den Fristlauf auf die Kenntnis des jeweiligen Vorsitzenden an.[99]

26 Maßgeblich für die Antragsfrist ist also nicht der Zeitpunkt der Tat. Ohne Hinweise darauf, dass die Kenntniserlangung erst nach der Tat erfolgte, wird die StA aber häufig den Fristbeginn

---

91 Vgl. zu den Formalia eines ordnungsgemäßen Strafantrags auch *Polzer/Helm*, AiB 00, 133 [138]; Muster in DKKWF-*Buschmann* §§ 119 – 121 Rn. 2.

92 GK-*Oetker*, Rn. 74.

93 Zum Tagesordnungserfordernis als unverzichtbarer Verfahrensregelung vgl. *BAG* 28. 4. 88, AP Nr. 2 zu § 29 BetrVG 1972.

94 So Einstellungsbescheid *StA Köln* 8. 4. 94 – 121 Js 897/93.

95 *OLG Düsseldorf* 30. 12. 54, AP Nr. 1 zu § 78 BetrVG; GK-*Oetker*, Rn. 67.

96 Anders Richardi-*Annuß*, Rn. 32, wonach es auf die Kenntnis eines Gewerkschaftsbeauftragten ankommen soll.

97 So richtig Richardi-*Annuß*, Rn. 32.

98 So *RGSt* 68, 265 für den Fall einer juristischen Person.

99 Richardi-*Annuß*, Rn. 32; GK-*Oetker*, Rn. 78; HWGNRH-*Hess*, Rn. 14.

mit dem Datum der Tat gleichsetzen, so dass der Antrag Angaben darüber enthalten sollte, dass und warum die Kenntniserlangung später erfolgte.[100] Allerdings **verjährt** die strafbare Handlung **mit Ablauf von drei Jahren** (vgl. § 78 Abs. 3 Nr. 5 StGB) seit dem Tage ihrer Beendigung (§ 78 a StGB). Danach ist eine Strafverfolgung ausgeschlossen.[101]

Beauftragt der BR einen Rechtsanwalt mit der Stellung des Strafantrags, hat der AG die **Kosten gemäß § 40** zu tragen.[102] **27**

Wird das Ermittlungsverfahren von der Staatsanwaltschaft eingestellt, hat das betroffene betriebsverfassungsrechtliche Organ die Möglichkeit, hiergegen Beschwerde einzulegen und, sofern auch diese erfolglos ist, im Wege des **Klageerzwingungsverfahrens** eine gerichtliche Entscheidung zu beantragen.[103] Die zuletzt genannten Möglichkeiten stehen entgegen einigen Äußerungen im Schrifttum **auch** der im Betrieb vertretenen **Gewerkschaft** zu (vgl. Rn. 2).[104] Im Einzelnen gilt Folgendes: **28**

Die **Beschwerdeberechtigung** nach § 172 Abs. 1 StPO setzt zwar voraus, dass Strafantragsteller und Verletzter identisch sein müssen. Gleichwohl ist »verletzt« nicht nur derjenige, dessen Rechtsgut gerade durch die strafbare Handlung beeinträchtigt wurde, sondern darüber hinaus jeder, der eine unmittelbare Rechtsbeeinträchtigung geltend machen kann oder ein Genugtuungsinteresse hat. **29**

Schließlich spricht auch die **besondere betriebsverfassungsrechtliche Stellung** der im Betrieb vertretenen **Gewerkschaft** für die Annahme der Beschwerdeberechtigung nach § 172 Abs. 1 StPO jedenfalls immer dann, wenn es sich um das Delikt nach § 119 Abs. 1 Nr. 1 BetrVG (Wahlschutz) handelt.[105] Nach § 14 Abs. 5 hat die im Betrieb vertretene Gewerkschaft das Recht, eigene Wahlvorschläge zu machen; eine unzulässige Wahlbeeinflussung/-behinderung kann zudem einen Wahlanfechtungsgrund darstellen,[106] so dass selbst diejenige Gewerkschaft, die nicht einmal von ihrem Wahlvorschlagsrecht Gebrauch gemacht hat, die BR-Wahl anfechten könnte. Im Übrigen lässt sich aus § 77 Abs. 1 StGB entnehmen, dass dann, wenn die Strafantragsberechtigung vorliegt, stets auch von der Verletzteneigenschaft des Antragstellers auszugehen ist.[107] **30**

Hilft die Staatsanwaltschaft der Beschwerde nach § 172 Abs. 1 StPO nicht ab, kann die Gewerkschaft gegen den ablehnenden Bescheid entsprechend § 172 Abs. 2 StPO das **Klageerzwingungsverfahren** vor dem zuständigen OLG betreiben, sofern sie selbst den Strafantrag gestellt hatte. Trotz des Antragserfordernisses handelt es sich bei den Delikten aus § 119 BetrVG **nicht** um **Privatklagedelikte** (vgl. § 374 Abs. 1 StPO). **31**

Der Strafantrag eines betriebsverfassungsrechtlichen Organs ist **kein Grund zur fristlosen Entlassung** der Mitglieder des Organs durch den angezeigten AG, es sei denn, es läge ein Rechtsmissbrauch vor.[108] Gleichwohl halten manche Gerichte auch trotz grundsätzlich berechtigtem Vorgehen gegen den rechtswidrig handelnden AG eine Kündigung für zulässig.[109] Ebenso berechtigt er nicht zur Stellung eines Auflösungsantrags i. S. d. § 23 Abs. 1.[110] **32**

100 Vgl. nur Einstellungsbescheid der *StA Koblenz* 17.3.95 – 2102 Js 27306/94.
101 Ebenso GK-*Oetker*, Rn. 89; Richardi-*Annuß*, Rn. 37 und *Fitting*, Rn. 18.
102 *LAG Düsseldorf* 12.8.93, NZA 94, 1052.
103 Vgl. *Fitting*, Rn. 15; *GL*, Rn. 27.
104 Im hier vertretenen Sinne auch *Krumm-Mauermann*, S. 85 f.; *Fitting*, Rn. 15.
105 Weitergehend *Krumm-Mauermann*, S. 86, die der Gewerkschaft unabhängig vom konkreten Tatvorwurf der Nr. 1 in jedem Fall die Verletzteneigenschaft und damit die Beschwerdeberechtigung und Klageerzwingungsmöglichkeit zuerkennt.
106 *Fitting*, § 19 Rn. 22 und § 20 Rn. 31.
107 Vgl. *Krumm-Mauermann*, S. 86 m. w. N.
108 *LAG Baden-Württemberg* 25.10.57, AP Nr. 2 zu § 78 BetrVG; siehe aber auch *BAG* 5.2.59, AP Nr. 2 zu § 70 HGB und *Bychelberg*, DB 59, 1112.
109 Vgl. das als »Schandurteil« bekannt gewordene Urteil *LAG Baden-Württemberg* 20.10.76, EzA § 1 KSchG Verhaltensbedingte Kündigung Nr. 8 mit ablehnender Anm. *Weiss* = KJ 79, 323 mit ablehnender Anm. *Janzen;* anders aber *LAG Baden-Württemberg* 3.2.87, NZA 87, 756, das hierin keinen Kündigungsgrund sieht; vgl. auch *LAG Düsseldorf* 17.1.02, DB 02, 1612; *BVerfG* 2.7.01, NZA 01, 888 [890].
110 *Fitting*, Rn. 14; GK-*Oetker*, Rn. 82; *GL*, Rn. 28; HWGNRH-*Hess*, Rn. 17, bejaht den Antrag nach § 23 nur, wenn die Anzeige nicht im Zusammenhang mit der Betriebsverfassung steht.

33 Da die Strafbarkeit wegen Fahrlässigkeit nicht ausdrücklich angeordnet ist, kann eine strafrechtliche Ahndung nur bei **vorsätzlicher** Begehung der Straftat erfolgen.[111] Jede **Tatform** kommt im Übrigen in Betracht, also Alleintäterschaft, Mittäterschaft, Anstiftung, mittelbare Täterschaft oder Beihilfe.[112] Da es sich bei § 119 Abs. 1 um ein Vergehen handelt (vgl. § 30 Abs. 1 StGB), bleibt die **versuchte Anstiftung straffrei.**

34 Die Tat kann mit **Freiheitsstrafe** von einem Monat bis zu einem Jahr oder mit Geldstrafe geahndet werden. Kommt eine Freiheitsstrafe unter sechs Monaten in Betracht, ist im Allgemeinen auf Geldstrafe zu erkennen. Die Höhe der Geldstrafe kann zwischen 5 und 360 vollen Tagessätzen festgelegt werden (siehe hierzu auch § 120 Rn. 18). Dabei sind die persönlichen und wirtschaftlichen Verhältnisse des Täters zu berücksichtigen. Liegt Bereicherung oder der Versuch einer Bereicherung vor, so können Geldstrafe und Freiheitsstrafe verhängt werden (§ 31 StGB). Die Verhängung einer Freiheitsstrafe ist bislang nur in einem Fall bekannt geworden, **niedrige Geldstrafen** prägen das Bild und lassen Zweifel an der Wirksamkeit der Bestimmung aufkommen: Das *AG Konstanz* hat einen AG wegen Behinderung einer BR-Wahl und wegen Behinderung der Tätigkeit des BR zu einer Geldstrafe von 25 Tagessätzen zu je 100 DM verurteilt.[113] Vom *AG Detmold*[114] wurde ein Firmeninhaber zu einer Geldstrafe von 30 Tagessätzen verurteilt, weil er dem WV zur Durchführung der BR-Wahl notwendige Unterlagen nicht zur Verfügung stellte. Im Fall des *AG Aichach*[115] sollen Geldstrafen i. H. v. 40 000 DM verhängt worden sein.[116] Wegen fortgesetzter Behinderung der BR-Tätigkeit in Tateinheit mit fortgesetzter Benachteiligung von BR-Mitgliedern (§ 119 Abs. 1 Nrn. 2 und 3) hat das *AG Hamburg-Harburg* den Geschäftsführer eines UN zur Höchststrafe von einem Jahr **Freiheitsentzug** verurteilt und nur unter großen Bedenken die Vollstreckung dieser Strafe noch zur Bewährung ausgesetzt.[117]

VI. Einschaltung der Polizei

35 Aufgrund der allgemeinen **polizeilichen Generalklausel** in den jeweiligen Landespolizeigesetzen ist die Polizei ermächtigt, ggf. auch zur Verhütung von Straftaten gemäß § 119 einzuschreiten (vgl. Rn. 14).[118] Der Vorteil polizeilichen Tätigwerdens kann darin liegen, dass es möglicherweise gar nicht erst zur Vollendung der Tat kommt, wenn das Eingreifen rechtzeitig ist. Der Eingriff darf bereits **bei objektiver Verwirklichung eines Straftatbestands** erfolgen, weil bereits hierin eine Störung der öffentlichen Sicherheit liegt; auf das Verschulden des Störers kommt es nicht an. So kommt z. B. die Einschaltung der Polizei in Betracht, wenn der Gewerkschaftsbeauftragte fünf Minuten vor Beginn der BR-Sitzung nicht in den Betrieb gelassen wird.[119]

§ 120 Verletzung von Geheimnissen

(1) Wer unbefugt ein fremdes Betriebs- oder Geschäftsgeheimnis offenbart, das ihm in seiner Eigenschaft als

1. **Mitglied oder Ersatzmitglied des Betriebsrats oder einer der in § 79 Abs. 2 bezeichneten Stellen,**
2. **Vertreter einer Gewerkschaft oder Arbeitgebervereinigung,**
3. **Sachverständiger, der vom Betriebsrat nach § 80 Abs. 3 hinzugezogen oder von der Einigungsstelle nach § 109 Satz 3 angehört worden ist,**

---

111 Richardi-*Annuß*, Rn. 5; *Fitting*, Rn. 10; GK-*Oetker*, Rn. 50; *GL*, Rn. 5; a. A. offenbar *Wolmerath*, AiB 96, 609 f.
112 GK-*Oetker*, Rn. 61.
113 3. 9. 81, AiB 82, 34.
114 24. 8. 78, BB 79, 783.
115 29. 10. 87 – Ds 506 Js 20042/87.
116 Nach *Polzer/Helm*, AiB 00, 133 [134].
117 *AG Hamburg-Harburg* 18. 12. 89, AiB 90, 212 ff.
118 *Zabel*, AiB 89, 329 [330]; *ders.*, AuR 92, 335 f.
119 *Däubler*, Gewerkschaftsrechte, Rn. 732 a.

3 a. Berater, der vom Betriebsrat nach § 111 Satz 2 hinzugezogen worden ist,
3 b. Auskunftsperson, die dem Betriebsrat nach § 80 Abs. 2 Satz 3 zur Verfügung gestellt worden ist, oder
4. Arbeitnehmer, der vom Betriebsrat nach § 107 Abs. 3 Satz 3 oder vom Wirtschaftsausschuss nach § 108 Abs. 2 Satz 2 hinzugezogen worden ist,

bekannt geworden und das vom Arbeitgeber ausdrücklich als geheimhaltungsbedürftig bezeichnet worden ist, wird mit Freiheitsstrafe bis zu einem Jahr oder mit Geldstrafe bestraft.

(2) Ebenso wird bestraft, wer unbefugt ein fremdes Geheimnis eines Arbeitnehmers, namentlich ein zu dessen persönlichem Lebensbereich gehörendes Geheimnis, offenbart, das ihm in seiner Eigenschaft als Mitglied oder Ersatzmitglied des Betriebsrats oder einer der in § 79 Abs. 2 bezeichneten Stellen bekannt geworden ist und über das nach den Vorschriften dieses Gesetzes Stillschweigen zu bewahren ist.

(3) Handelt der Täter gegen Entgelt oder in der Absicht, sich oder einen anderen zu bereichern oder einen anderen zu schädigen, so ist die Strafe Freiheitsstrafe bis zu zwei Jahren oder Geldstrafe. Ebenso wird bestraft, wer unbefugt ein fremdes Geheimnis, namentlich ein Betriebs- oder Geschäftsgeheimnis, zu dessen Geheimhaltung er nach den Absätzen 1 oder 2 verpflichtet ist, verwertet.

(4) Die Absätze 1 bis 3 sind auch anzuwenden, wenn der Täter das fremde Geheimnis nach dem Tode des Betroffenen unbefugt offenbart oder verwertet.

(5) Die Tat wird nur auf Antrag des Verletzten verfolgt. Stirbt der Verletzte, so geht das Antragsrecht nach § 77 Abs. 2 des Strafgesetzbuches auf die Angehörigen über, wenn das Geheimnis zum persönlichen Lebensbereich des Verletzten gehört; in anderen Fällen geht es auf die Erben über. Offenbart der Täter das Geheimnis nach dem Tode des Betroffenen, so gilt Satz 2 sinngemäß.

Inhaltsübersicht

I. Vorbemerkungen

Durch Art. 1 Nr. 78 des BetrVerf-ReformG v. 23.7.01[1] sind in Abs. 1 die Fallgruppen Nrn. 3 a. 1
und 3 b. eingefügt worden. Damit wird der strafrechtliche Schutz der Betriebs- und Geschäftsgeheimnisse auf solche **Personen** ausgedehnt, die **im Zuge beratender Unterstützung des BR** mit solchen Geheimnissen in Berührung kommen können. Es handelt sich um eine Konsequenz aus § 111 Satz 2 zweiter Halbsatz i. V. m. § 80 Abs. 4 (Berater des BR bei Betriebsänderungen) bzw. § 80 Abs. 2 Satz 3 i. V. m. Abs. 4 (Auskunftsperson), womit die **Verschwiegenheitspflicht** nach § 79 auf den genannten Personenkreis ausgedehnt worden ist. Dem folgt der erweiterte Strafrechtsschutz nach dieser Bestimmung.

Die relativ unübersichtliche Vorschrift bezieht sich in **Abs. 1** auf die **Betriebs- und Geschäfts-** 2
geheimnisse und damit auf die Geheimhaltungspflichten aus § 79,[2] während sie in **Abs. 2** die persönlichen **Geheimnisse von AN** vor Offenbarung schützt. **Abs. 3** enthält in Satz 1 zwei **Qualifizierungstatbestände** (Straferschwerungen bei Vorliegen zusätzlicher Tatumstände) und in Satz 2 mit der »Verwertung« eine **weitere Tathandlung** in Bezug auf die in Abs. 1 bzw. Abs. 2 angesprochenen Geheimnisverletzungen; in Abs. 1 bzw. 2 selbst ist nur die Tathandlung des »Offenbarens« enthalten.[3] **Abs. 4** bewirkt eine zeitliche **Verlängerung des Rechtsgüterschutzes** über den Tod des Betroffenen hinaus. Durch **Abs. 5** werden das **Strafantragsrecht** sowie dessen Modifikation geregelt.

1 BGBl. I 2001, S. 1852 [1862].
2 GK-*Oetker*, Rn. 10.
3 Vgl. Richardi-*Annuß*, Rn. 11, 12.

3 Für alle hier geregelten Straftatbestände ist **vorsätzliches Handeln** erforderlich (§ 15 StGB).[4] Wegen des Fehlens einer entsprechenden ausdrücklichen Bestimmung und des Charakters dieser Straftatbestände als bloßes **Vergehen** bleibt der **Versuch straflos** (§ 23 Abs. 1 i. V. m. § 12 Abs. 2 StGB). Dies gilt auch für die Qualifizierungstatbestände des Abs. 3 Satz 1. Als **Tatformen** kommen eigene Tat, Mittäterschaft, Anstiftung, mittelbare Täterschaft oder Beihilfe in Betracht. Bei den Formen der »Täterschaft« muss aber auch der Mittäter die besonderen persönlichen Merkmale des Abs. 1 bzw. 2 erfüllen (näher dazu Rn. 4); ist bei der Form der **Teilnahme** (Anstiftung, Beihilfe) der Teilnehmer kein zur Wahrung des Geheimnisses Mitverpflichteter, so gilt für ihn § 28 Abs. 1 StGB.[5] Die Vorschrift **spielt in der Justizpraxis** augenscheinlich **keine große Rolle.**[6]

II. Offenbarung von Betriebs- oder Geschäftsgeheimnissen

4 **Nicht jede Person** kommt im Rahmen des Abs. 1 als möglicher **Täter** in Betracht. Als **Sonderdelikt** i. S. v. § 28 StGB kann der Straftatbestand vielmehr nur von Personen begangen werden, die jeweils die einschlägigen **persönlichen Merkmale** der Katalogtatbestände in Nrn. 1 – 4 erfüllen.[7] Dabei ist stets auch zu prüfen, ob die Voraussetzungen der betreffenden **Amtsstellung zum Tatzeitpunkt** vorgelegen haben. Der Täter muss die Kenntnis über das Geheimnis nämlich gerade in der Eigenschaft als besonderer Funktionsinhaber i. S. d. Nrn. 1 bis 4 haben – also taugliches Subjekt sein –, andernfalls scheidet die Strafbarkeit nach dieser Vorschrift aus (vgl. auch Rn. 9).

5 Teilweise wird davon ausgegangen, dass **der geheimnisverpflichtete Personenkreis** nach § 79 mit dem potentiellen Täterkreis in Abs. 1 Nrn. 1 bis 4 identisch ist.[8] Hieran sind jedoch Zweifel geltend zu machen.[9] Unter Berücksichtigung des **verfassungs- und strafrechtlichen Grundsatzes** »*nullum crimen, nulla poena sine lege*« (kein Verbrechen, keine Strafe ohne Gesetz; vgl. Art. 103 Abs. 2 GG, § 1 StGB) erscheint allerdings zweifelhaft, ob der Personenkreis des § 79 mit dem Täterkreis in Abs. 1 identisch ist.[10] Dies wäre nur der Fall, wenn in Abs. 1 Nr. 1 mit der Formulierung »Mitglied oder Ersatzmitglied … einer der in § 79 Abs. 2 bezeichneten **Stellen**« (Hervorhebung des Verfassers) sämtliche dort bezeichneten Personen erfasst wären (dasselbe Problem tritt beim Straftatbestand nach Abs. 2 auf). In **§ 79 Abs. 2** sind zusätzlich zu den bereits in § 79 Abs. 1 erwähnten Mitgliedern/Ersatzmitgliedern des BR geheimnisverpflichtet die Mitglieder/Ersatzmitglieder des GBR/KBR, der JAV/GJAV/KJAV, des WA, der BordV, des See-BR, der Vertretungen gemäß § 3 Abs. 1, der ESt., der tariflichen Schlichtungsstelle, der betrieblichen Beschwerdestelle sowie Vertreter von Gewerkschaften bzw. AG-Vereinigungen. Demgegenüber ist aber zu bedenken, dass gerade bei einer **Strafnormauffüllung** durch die Technik des Rückbezugs auf andere Normen des Gesetzes (hier § 79 Abs. 2: »Stellen«) diese eindeutig vollziehbar sein muss, um dem **Gebot der Tatbestandsbestimmtheit** der Strafgesetze i. S. v. Art. 103 Abs. 2 GG zu genügen.[11] Der in Abs. 1 Nr. 1 enthaltene **Rückbezug** auf § 79 Abs. 2 vermittels des Begriffs »Stelle« **ist** aber gerade **nicht eindeutig.** Der Begriff »Stelle«

---

4 Vgl. GK-*Oetker,* Rn. 16.

5 Strafmilderung; vgl. Richardi-*Annuß,* Rn. 16; zur Frage des Sonderdelikts i. S. d. § 28 StGB *Krumm-Mauermann,* S. 114.

6 Vgl. den empirischen Befund bei *Krumm-Mauermann,* S. 110, 122; vgl. auch die Hinweise zur *juris*-Dokumentation bei *Reinecke,* AuR 97, 139 [144]; die einzige zu der Norm veröffentlichte Entscheidung [*LG Darmstadt,* DB 79, 111] betraf nur die Randfrage, ob die Schweigepflicht des Abs. 2 im Zivilprozess ein Zeugnisverweigerungsrecht begründet; dem Verfasser ist Ende 1991 ein Verfahren bei der *StA Kaiserslautern* bekannt geworden – Az: 3 Js 2209/90 [Wi] –, das mit Zustimmung des Gerichts gemäß § 153 Abs. 1 StPO wegen geringer Schuld eingestellt wurde.

7 Vgl. zur Qualifizierung als Sonderdelikt auch GK-*Oetker,* Rn. 36 m. w. N.

8 Vgl. *GL,* Rn. 6.

9 So bereits *Sahmer,* § 120 Anm. 2; ebenso bis zur *3. Aufl.* unter Rn. 2 insoweit, als auf die fehlende Strafbarkeit des Mitglieds/Ersatzmitglieds einer JAV hingewiesen wurde; differenziert jetzt GK-*Oetker,* Rn. 29 ff.

10 Ebenso *Tag,* BB 01, 1578 [1580].

11 So schon *Sax,* S. 4, der freilich auf S. 51 den in § 120 angesprochenen Täterkreis ohne jede Problematisierung als »durch ausdrückliche Aufzählung klar umrissen« bezeichnet.

erscheint dort nur in Bezug auf die ESt., die tarifliche Schlichtungs**stelle** und die betriebliche Beschwerde**stelle** (die Gesetzgebungsmaterialien geben keinen näheren Aufschluss). Der heutige Text ist – ohne jede Erörterung der Sache – erst nach Abschluss der Beratungen im zuständigen Ausschuss in die Gesetzesvorlage gelangt.[12] Nur insoweit erscheint es zweifelsfrei, dass deren Mitglieder auch von der Strafvorschrift erfasst werden. Von den weiteren in § 79 Abs. 2 Genannten sind in Abs. 1 **Nr. 2** ausdrücklich nur die Vertreter der Gewerkschaften und AG-Vereinigungen in den potentiellen Täterkreis einbezogen. Bei den in Abs. 1 **Nrn. 3, 3 a., 3 b. und 4** Genannten handelt es sich dagegen um Personen, die zwar nicht unmittelbar durch § 79 geheimnisverpflichtet sind, wohl aber nach bestimmten, wiederum auf § 79 Bezug nehmenden Sondervorschriften (vgl. § 80 Abs. 4 für den in Nrn. 3, 3 a., 3 b. genannten Personenkreis; § 107 Abs. 3 Satz 4, § 108 Abs. 2 Satz 3 i. V. m. § 80 Abs. 4 für den in Nr. 4 genannten Personenkreis).

Danach ist im Ergebnis zu verneinen, dass die in **Nr. 1** nicht wörtlich genannten, in § 79 Abs. 2 **6**
jedoch geheimnisverpflichteten Mitglieder/Ersatzmitglieder des **GBR, KBR, der JAV, GJAV, KJAV, des WA, der BordV, des See-BR und der Vertretungen nach § 3 Abs. 1** gleichwohl als »Mitglieder … einer der in § 79 Abs. 2 bezeichneten Stellen« i. S. d. des Straftatbestands angesehen werden können.[13] Damit dem strengen Bestimmtheitserfordernis eines Straftatbestandes und damit dessen »Garantiefunktion« Genüge getan wird, findet die **Auslegung** eines Tatbestandsmerkmals im natürlichen Wortsinn ihre Grenze.[14] Hinzu kommt, dass eine extensive Auslegung aus strafrechtssystematischen Gründen ausscheiden muss, weil Abs. 1 als sog. Sonderdelikt konzipiert ist. Von diesen Vorgaben ausgehend, erscheint es als Überstrapazierung des Begriffs »Stelle«, darunter auch besondere Vertretungen (JAV/GJAV/KJAV; §-3-Vertretungen) und **Ausschüsse** (WA) verstehen zu wollen, zumal die Terminologie »Stelle« in der Gesetzessprache auch sonst an keiner Stelle zur Bezeichnung dieser Gremien verwendet wird (insofern eindeutiger die Verweisungstechnik der Vorläufernormen § 79 Abs. 1 i. V. m. §§ 55, 68 Abs. 1 Satz 2 und § 20 BetrVG 1952: »Vertreter« bzw. § 100 BRG 1920: »Angehöriger einer Betriebsvertretung«).[15] Demzufolge kommt die Strafverfolgung eines Mitglieds/Ersatzmitglieds der **JAV bzw. GJAV/KJAV** nach dieser Vorschrift ebenso wenig in Betracht[16] wie desjenigen einer **Vertretung nach § 3 Abs. 1.**[17] Nicht erfasst sind überdies mangels jeglicher Erwähnung Mitglieder einer **Vertretung des fliegenden Personals** i. S. v. § 117 Abs. 2.[18] Dagegen wird man die **Mitglieder eines GBR oder KBR** – obgleich nicht ausdrücklich in Abs. 1 genannt – über den allgemein als Sammelbezeichnung verwandten Begriff »Betriebsrat« (Nr. 1) als miterfasst ansehen müssen.[19] Ähnliches gilt wegen der auf die Rechtsstellung des BR-Mitglieds verweisenden §§ 115 Abs. 1 Satz 2 bzw. 116 Abs. 1 hinsichtlich der Mitglieder einer **Bordvertretung** bzw. des **See-BR.**[20] **Anders** verhält es sich mit den **Mitgliedern des WA.** Diese sind in Abs. 1 Nrn. 1 bis 4 nicht erwähnt, so dass sie nach hier vertretener Ansicht aus dem Täterkreis ausscheiden.[21] Wiederum anders verhält sich dies freilich, wenn WA-Mitglieder das Merkmal »Mitglied des BR« (Nr. 1) erfüllen und in dieser Eigenschaft Kenntnis von dem Geheimnis erhalten haben. Unter Berücksichtigung des Umstandes, dass nach Nr. 4 die entsprechend § 107 Abs. 3 Satz 3 bzw. § 108 Abs. 2 Satz 2 sogar nur von Fall zu Fall hinzugezogenen Beschäftigten dem potentiellen Täterkreis angehören, verbleibt eine – allerdings sinnwidrige – **Lücke im Strafschutz** bei Verletzung von Betriebs- und Geschäftsgeheimnissen. Während die Straflosigkeit von Mitgliedern der JAV/GJAV/KJAV wegen des i. d. R. geringen

---

12 Vgl. BT-Drucks. VI/2729.
13 Ebenso jetzt *Tag,* BB 01, 1578 [1581].
14 Dazu schon *Baumann,* MDR 58, 394.
15 Ebenso *Tag,* a. a. O.
16 Zustimmend GK-*Oetker,* Rn. 30; a. A. *GL,* Rn. 6.
17 A. A. GK-*Oetker,* Rn. 29 betr. die Vertretungen nach § 3.
18 Vgl. zu entsprechenden rechtspolitischen Vorschlägen *Krumm-Mauermann,* S. 128; unentschieden GK-*Oetker,* Rn. 29.
19 Zustimmend GK-*Oetker,* Rn. 29.
20 Ebenso GK-*Oetker,* a. a. O.
21 Wie hier GK-*Oetker,* Rn. 30; anders *StA Kaiserslautern* in der in Fußn. 6 erwähnten Einstellungsverfügung.

Alters durchaus auch rechtspolitisch wünschenswert erscheint (Entkriminalisierung), überzeugt es im Ergebnis nicht, dass z. B. eine den BR ersetzende Vertretung gemäß § 3 Abs. 1 privilegiert wird, ein BR aber der Strafsanktion ausgesetzt ist, obgleich der funktionelle Zuständigkeitsbereich beider Vertretungen u. U. identisch ist. Aus den genannten Gründen kommt jedoch eine Erweiterung des Straftatbestands durch Auslegung nicht in Frage. Eine Lückenschließung im Wege der Analogie scheitert am strafrechtlichen Analogieverbot.[22]

7 Die Bestrafung wegen einer unbefugten Offenbarung fremder Betriebs- oder Geschäftsgeheimnisse setzt voraus, dass es sich **objektiv** um solche handelt und diese **ausdrücklich** vom AG als geheimhaltungsbedürftig **bezeichnet** worden sind (zum Begriff des Betriebs- oder Geschäftsgeheimnisses vgl. § 79 Rn. 11 ff.). Die Offenbarung anderer – wenn auch möglicherweise vertraglicher – Angaben ist dagegen nicht strafbar.[23]

8 Eine unbefugte Offenbarung eines Betriebs- oder Geschäftsgeheimnisses liegt nicht schon dann vor, wenn sie ohne Einwilligung des AG geschieht. **Unbefugt** bedeutet vielmehr **ohne Rechtfertigung,** da dieser Begriff nicht als Tatbestandsmerkmal i. S. v. »ohne Einwilligung« anzusehen ist,[24] sondern als Rechtfertigungsgrund im strafrechtsdogmatischen Sinne.[25] Für AN-Vertreter im AR gilt die Sondervorschrift des § 404 AktG.[26]

9 Das vom Täter offenbarte Geheimnis muss ihm **aus Anlass** einer der in dieser Bestimmung bezeichneten amtlichen Tätigkeiten bekannt geworden sein. Hat er es auf andere Weise, etwa in Erfüllung seiner arbeitsvertraglichen Pflichten, erlangt, greift diese Strafvorschrift nicht ein.[27] Allerdings kann dann möglicherweise ein Verstoß gegen die Verpflichtungen aus dem Arbeitsvertrag vorliegen und die Strafbarkeit sich u. U. aus § 17 UWG ergeben.[28]

10 Ist die geheim zu haltende Tatsache zugleich eine sog. **Insidertatsache** (§ 13 Abs. 1 Nr. 3 WpHG) kann die Strafbarkeit auch aus § 38 Abs. 1 Nr. 2 i. V. m. § 14 Abs. 1 Nr. 2 WpHG folgen.[29]

11 Die in Abs. 1 geregelte Tathandlung ist die der **»Offenbarung«** des Betriebs- oder Geschäftsgeheimnisses. Dies setzt zunächst voraus, dass das Geheimnis dem Mitteilungsempfänger noch nicht bekannt war. Offenbarung bedeutet die Mitteilung an einen Dritten, der nicht dem Personenkreis angehört, vor dem der AG das Geheimnis mitgeteilt hat.[30]

12 Die Offenbarung ist allerdings **nicht rechtswidrig** und damit straflos, wenn zugunsten der die objektive Tathandlung (Rn. 11) begehenden Person entsprechende **Mitteilungsbefugnisse** bestehen.[31] Dies ist etwa der Fall, wenn schon eine unbedingte Schweigepflicht nicht angenommen werden kann, weil – wie in den Fällen des § 79 Abs. 1 Sätze 3, 4 und Abs. 2 – die Mitteilung an andere Funktionsträger vom Gesetz erlaubt ist.[32] Nicht anders verhält es sich mit § 108 Abs. 4, der den WA nicht nur für berechtigt, sondern sogar für verpflichtet erklärt, dem BR unverzüglich und vollständig über die WA-Sitzung zu berichten, sofern man mit der hier (Rn. 6.) vertretenen Ansicht WA-Mitglieder nicht ohnehin aus dem Täterkreis ausschließt). Soweit nicht ausnahmsweise gemäß § 106 Abs. 2 die Gefährdung von Betriebs- und Geschäftsgeheimnissen zu befürchten ist (näher dazu § 106 Rn. 59 ff.), erstreckt sich die Unterrich-

---

22 Näher dazu *Fischer,* § 1 Rn. 10 ff.; für enge Interpretation wegen des Analogieverbots auch GK-*Oetker,* Rn. 31.

23 Richardi-*Annuß,* Rn. 10.

24 So aber *OLG Köln* 19.10.61, NJW 62, 686.

25 Vgl. GK-*Oetker,* Rn. 14, 20 m. w. N.; ErfK-*Kania,* Rn. 3; *Dreher,* MDR 62, 592; *Fischer,* § 203 Rn. 31 m. w. N.; *Krumm-Mauermann,* S. 112 f.; a. A. Richardi-*Annuß,* Rn. 13; *Fitting,* Rn. 3; *GL,* Rn. 5; *Schönke/Schröder/Lenckner,* § 203 Rn. 21 zu den vergleichbaren Tatbeständen der §§ 201 – 203 StGB; vgl. zur Relevanz der »richtigen« Bewertung hinsichtlich der Frage des Vorsatzausschlusses gem. § 16 StGB bzw. des Erlaubnistatbestandsirrtums [dazu *Fischer,* § 16 Rn. 20 ff.] näher *Rieble/Klebeck,* NZA 06, 765.

26 Ebenso GK-*Oetker,* Rn. 34.

27 *GL,* Rn. 10.

28 Vgl. Richardi-*Annuß,* Rn. 29; zu Recht weist GK-*Oetker,* Rn. 73 auf die engeren Voraussetzungen in § 17 UWG hin.

29 Vgl. GK-*Oetker,* Rn. 76; *Fitting,* Rn. 11; *Rieble/Klebeck,* NZA 06, 765.

30 Richardi-*Annuß,* Rn. 11.

31 Vgl. *Krumm-Mauermann,* S. 115.

32 Ebenso GK-*Oetker,* Rn. 24.

tungspflicht des UN gegenüber dem WA nämlich auch auf die Betriebs- und Geschäftsgeheimnisse.[33] Wegen der aus § 108 Abs. 4 folgenden Pflicht zur »vollständigen« Berichterstattung darf der WA jedoch die ihm mitgeteilten Betriebs- und Geschäftsgeheimnisse nicht dem BR verschweigen, und zwar auch dann nicht, wenn nur an der betreffenden BR-Sitzung (und nicht auch bereits an der WA-Sitzung) ein Gewerkschaftsbeauftragter gemäß § 31 teilnimmt (der dann aber seinerseits gemäß § 79 Abs. 2 der Geheimhaltungspflicht unterliegt; vgl. zur Berichtspflicht § 108 Rn. 29 ff.)

Als weitere **Tathandlung** kommt gemäß Abs. 3 Satz 2 die **Verwertung** des Geheimnisses in Betracht. Darunter ist die wirtschaftliche Ausnutzung zum Zwecke der Gewinnerzielung zu verstehen.[34] **13**

III. Offenbarung persönlicher Arbeitnehmer-Geheimnisse

Zum stärkeren Schutz der Intimsphäre der im Betrieb beschäftigten AN erstreckt sich die Strafandrohung nach Abs. 2 dieser Bestimmung auch auf die Weitergabe von Geheimnissen aus dem **persönlichen Lebensbereich** eines AN, soweit nach diesem Gesetz **insoweit ausdrücklich eine Verschwiegenheitspflicht** besteht (s. §§ 82 Abs. 2 Satz 3, 83 Abs. 1 Satz 3, 99 Abs. 1 Satz 3, 102 Abs. 2 Satz 5). **14**

Was als Geheimnis aus dem persönlichen Lebensbereich i. S. d. Bestimmung anzusehen ist, ergibt sich aus dem Gesetz selbst nicht.[35] Man wird darunter solche Umstände verstehen müssen, die geheim, also nur einer beschränkten Personenzahl bekannt sind, deren Geheimhaltung der AN will und an der er ein berechtigtes Interesse hat.[36] Man wird auch Leistungsbeurteilungen und Angaben über die berufliche Entwicklung dazu zählen müssen.[37] § 44 BDSG ist neben § 120 Abs. 2 BetrVG nicht anwendbar,[38] weil der AN-Datenschutz gegenüber dem BR in § 83 BetrVG besonders geregelt ist und insoweit die BDSG-Vorschriften verdrängt werden. Vgl. zur Frage der Idealkonkurrenz mit § 203 Abs. 1 Nr. 3 StGB **bei Rechtsanwälten in ESt.** näher GK-*Oetker*, Rn. 75; Richardi-*Annuß*, Rn. 32. **15**

Neben dem Offenbaren kommt auch hier die **Verwertung** als Tathandlung in Betracht (vgl. Abs. 3 Satz 2; dazu Rn. 13). **16**

Offenbart ein BR-Mitglied im Rahmen einer Zeugenaussage im Strafprozess ein AN-Geheimnis, so handelt es sich nicht um eine »unbefugte« Preisgabe, weil der **Zeugniszwang** (§ 53 StPO billigt BR-Mitgliedern kein Zeugnisverweigerungsrecht zu) materiell-rechtlich als Rechtfertigungsgrund anzusehen ist (vgl. Rn. 8).[39] Rechtspolitisch wäre allerdings eine Gleichstellung mit PR-Mitgliedern (§ 203 Abs. 2 Nr. 3 StGB) wünschenswert.[40] **17**

IV. Strafrahmen/Straferschwerungen

Die Bestimmung des Abs. 1 droht **Freiheitsstrafe** bis zu einem Jahr oder **Geldstrafe** an. Das Mindestmaß der Freiheitsstrafe ist nach § 38 Abs. 2 StGB ein Monat. Eine Freiheitsstrafe unter sechs Monaten wird allerdings nur verhängt, wenn besondere Umstände in der Tat oder in der Persönlichkeit des Täters oder der Gedanke der zu verteidigenden Rechtsordnung dies erfordern (§ 47 StGB). Im Übrigen gilt für die Strafzumessung die Bestimmung des § 46 StGB. Geldstrafe wird nach einem **Tagessatzsystem** verhängt: Sie beträgt mindestens fünf und höchstens 360 volle Tagessätze (§ 40 Abs. 1 StGB). Die Höhe der Tagessätze wird vom Gericht **18**

33 Vgl. § 106 Rn. 60 m. w. N.; *Taeger*, S. 122.
34 GK-*Oetker*, Rn. 53; vgl. dazu, ob es sich hierbei um einen Qualifizierungstatbestand oder einen eigenen Grundtatbestand handelt, Richardi-*Annuß*, Rn. 12 m. w. N.; vgl. zum erhöhten Strafrahmen die Erl. bei Rn. 19.
35 Näher dazu *Tag*, BB 01, 1578 [1582].
36 Richardi-*Annuß*, Rn. 17 und *Fitting*, Rn. 5 nennen beispielhaft Familienverhältnisse, Krankheiten, Vorstrafen.
37 So *Tag*, a. a. O.
38 Wie hier GK-*Oetker*, Rn. 74; *Fitting*, Rn. 11; *GL*, Rn. 14 a.
39 Ebenso *Tag*, BB 01, 1578 [1583] m. w. N.
40 Vgl. dazu auch *Tag*, a. a. O.

in der Regel in Anlehnung an das Nettoeinkommen des Täters bestimmt; der Tagessatz wird auf mindestens einen und höchstens fünftausend Euro festgesetzt.

19 **Strafverschärfend** wirkt, wenn die Tat in der Absicht begangen wird, sich oder einen anderen zu bereichern oder einen anderen zu schädigen. Dasselbe gilt, wenn derjenige, der zur Geheimhaltung eines Betriebs- oder Geschäftsgeheimnisses nach den Abs. 1 oder 2 verpflichtet ist, dieses verwertet, also für eigene wirtschaftliche Zwecke ausnutzt. In diesen Fällen kann auf Freiheitsstrafe bis zu zwei Jahren oder Geldstrafe erkannt werden.

V. Antragserfordernis/Verjährung

20 Die Bestimmung des Abs. 4 hält den Geheimnisschutz auch nach dem Tode des Betroffenen aufrecht. Hier ist in erster Linie an den Schutz des Intimbereichs des einzelnen AN (Abs. 2) gedacht. Im Interesse der Familienangehörigen sollen nicht für jeden bestimmte Fakten aus dem persönlichen Lebensbereich auch dann nicht an Außenstehende weitergegeben werden dürfen, wenn der betroffene AN selbst zwischenzeitlich verstorben ist. Deshalb räumt die Bestimmung des Abs. 5 auch den Angehörigen bzw. Erben anstelle des Verstorbenen ein Strafantragsrecht ein.

21 Abweichend von § 119 Abs. 2 tritt nach dieser Bestimmung eine Strafverfolgung **nur auf Antrag des Verletzten** ein. Das ist im Falle des Abs. 1 lediglich der AG und im Fall des Abs. 2 der einzelne AN,[41] so dass auch nicht in einem vom AG betriebenen Verfahren nach § 23 Abs. 1 Tatumstände ins Feld geführt werden können, die allein den Geheimnisschutz von AN betreffen. Die Antragsfrist beträgt drei Monate; sie beginnt mit den Tag, an dem der Antragsberechtigte von der strafbaren Handlung und der Person des Täters Kenntnis erhalten hat. Zum Fristablauf, wenn der Antragsteller eine juristische Person oder ein Personenverband ist, vgl. § 119 Rn. 25. Stirbt der Verletzte, so geht das Antragsrecht unter den in dieser Bestimmung genannten Voraussetzungen auf die Angehörigen oder Erben über. Eine Rücknahme des Strafantrags ist jederzeit möglich (siehe im Übrigen § 119 Rn. 24). Sie kann jedoch nur bis zur Verkündung eines auf Strafe lautenden Urteils erfolgen.

22 Die **Verjährungsfrist** beträgt bei Taten nach Abs. 1, 2 in Anwendung des § 78 Abs. 3 Nr. 5 StGB drei Jahre; bei Taten nach Abs. 3 beträgt sie fünf Jahre (§ 78 Abs. 3 Nr. 4 StGB). Die Frist beginnt mit der Tatbeendigung (§ 78 a StGB).

§ 121 Bußgeldvorschriften

(1) Ordnungswidrig handelt, wer eine der in § 90 Abs. 1, 2 Satz 1, § 92 Abs. 1 Satz 1 auch in Verbindung mit Absatz 3, § 99 Abs. 1, § 106 Abs. 2, § 108 Abs. 5, § 110 oder § 111 bezeichneten Aufklärungs- oder Auskunftspflichten nicht, wahrheitswidrig, unvollständig oder verspätet erfüllt.
(2) Die Ordnungswidrigkeit kann mit einer Geldbuße bis zu zehntausend Euro geahndet werden.

Inhaltsübersicht

I. Vorbemerkungen

1 Durch Art. 1 Nr. 79 des BetrVerf-ReformG v. 23.7.01[1] ist in Abs. 1 der Hinweis auf § 92 Abs. 1 Satz 1 um die Einbeziehung des **§ 92 Abs. 3** erweitert worden, durch den der AG gemäß § 80 Abs. 1 Nrn. 2 a und 2 b auch zur Unterrichtung über Gleichstellungsmaßnahmen und solche, die die Vereinbarkeit von Familie und Beruf fördern, verpflichtet ist.

41 GK-*Oetker*, Rn. 69; zu Letzterem auch *»obiter dictu«* *ArbG Reutlingen* 7.3.96 – 1 BV 1/96.
1 BGBl. I 2001, S. 1852 [1862].

Die Vorschrift hatte den Umfang derjenigen Aufklärungs- oder Auskunftspflichten, deren Verletzung durch Verhängung eines Bußgeldes gegen den AG geahndet werden kann, gegenüber § 78 Abs. 1 Buchstabe d) BetrVG 1952 zwar erweitert. Sie bewertet aber diese Verstöße seit 1972 nur noch als **Ordnungswidrigkeiten.** Demgegenüber wurden die vergleichbaren Verstöße nach dem BetrVG 1952 sogar noch als **Straftaten** (Vergehen) angesehen und erfuhren damit eine schärfere rechtliche Missbilligung.[2] 2

Die **Aufzählung** der Unterrichtungspflichten, deren Verletzung ordnungswidrig ist und daher mit einer Geldbuße sanktioniert werden kann, ist **abschließend**[3] und kann wegen des auch im Ordnungswidrigkeitenrecht geltenden strafrechtlichen **Analogieverbots** (vgl. Art. 103 Abs. 2 GG) nicht im Wege erweiternder Auslegung auf die Verletzung anderer, in Abs. 1 nicht genannter betriebsverfassungsrechtlicher Informationspflichten des AG ausgedehnt werden.[4] Somit ist z. B. die Ahndung der Verletzung der Unterrichtungspflicht nach § 80 Abs. 2 als Ordnungswidrigkeit ausgeschlossen. Gleiches gilt in Bezug auf die umwandlungsrechtlichen Informationsverpflichtungen.[5] Es ist jedoch möglich, dass die Verletzung von in Abs. 1 nicht genannten Tatbeständen die **Strafvorschrift** des **§ 119 Abs. 1 Nr. 2** erfüllt, wenn in dem Verstoß eine Störung oder Behinderung der BR-Tätigkeit zu sehen ist.[6] 3

Die Sanktion ist vornehmlich für Informationsrechte vorgesehen, bei denen der BR kein nachfolgendes, erzwingbares Mitbestimmungsrecht hat oder der Unterrichtungsphase keine weiter gehenden Mitwirkungsrechte folgen und der BR somit in besonderem Maße auf ein rechtskonformes Verhalten des AG angewiesen ist.[7] Die Vorschrift dient damit auch dem **Schutz der** verfahrensrechtlich relativ schwach ausgestalteten **Beteiligungsrechte.**[8] Es darf aber nicht verkannt werden, dass die Bestimmung sich in der bisherigen Praxis häufig als wenig wirksam erwiesen hat,[9] was nicht zuletzt daran liegt, dass bei Schaffung der Vorschrift Bestrebungen im Vordergrund standen, eine Entkriminalisierung informationsrechtlicher Zuwiderhandlungen des AG zu bewirken.[10] Beide zu der Vorschrift durchgeführten empirischen Untersuchungen kommen zu dem nahezu übereinstimmenden Ergebnis, dass nur in ca. 10,5 % aller Verfahren ein Bußgeld verhängt wird.[11] 4

Die Vorschrift bietet dem BR selbst keine unmittelbare verfahrensrechtliche Möglichkeit, die an sich vom AG **geschuldete Information** zu erhalten, da sie als Ordnungswidrigkeitentatbestand darauf abzielt, gegenüber einem rechtswidrigen Verhalten **nachträglich** eine **staatliche Sanktion** zu verhängen. Dies dient im Rahmen der allgemeinen Strafzwecke der Einwirkung auf den Täter (Spezialprävention) und der Abschreckung der Allgemeinheit (Generalprävention) und soll ein künftig betriebsverfassungsrechtlich korrektes Verhalten sichern helfen. Empirische Untersuchungen haben gezeigt, dass es dem BR durchaus möglich ist, durch die **taktisch geschickte Handhabung der Anzeige** nach § 121 den AG zu einem künftig dauerhaft verbesserten Informationsverhalten zu zwingen,[12] wobei es allerdings für ein erfolgreiches Vorgehen darauf ankommt, dass sich der BR bei festgestellten Verstößen des AG nicht mit einem Verfahren nach § 121 begnügt. Zur aktuellen **Erfüllung seiner Aufklärungs- oder Auskunftspflichten** (z. B. Vorlage von Unterlagen) kann der säumige AG durch **Beschluss-** 5

---

2 Vgl. Richardi-*Annuß*, Rn. 1; *GL*, Rn. 1; ausführlich *Wahsner/Borgaes*, S. 28 ff.; zur Geschichte auch *Le Friant*, S. 27; *Growe*, S. 41 f.; zu den Strafbestimmungen des BetrVG 1952 *Schnorr v. Carolsfeld*, RdA 62, 400.

3 Richardi-*Annuß*, Rn. 3; *Fitting*, Rn. 3; GK-*Oetker*, Rn. 10; *GL*, Rn. 5.

4 Vgl. zur Geltung des Analogieverbots im Ordnungswidrigkeitenrecht AK-GG-*Wassermann*, Art. 103 Rn. 46, 54 m. w. N.; wie hier GK-*Oetker*, a. a. O.

5 Zutreffend *Düwell*, NZA 96, 393 [397].

6 So auch Richardi-*Annuß*, Rn. 3; *Fitting*, Rn. 3; GK-*Oetker*, Rn. 11; *GL*, Rn. 5.

7 *Fitting*, Rn. 2; ErfK-*Kania*, Rn. 1; *GL*, Rn. 2.

8 GK-*Oetker*, Rn. 5.

9 *Borgaes*, BetrR 83, 402; *Denck*, RdA 82, 283; *Krumm-Mauermann*, S. 130 ff.; *Lipke*, DB 80, 2240; *Oberhofer*, BetrR 77, 280; *Schlünder*, S. 205 f.; *Schneider/Rose*, BetrR 76, 407; *Wahsner/Borgaes*, S. 77 ff., vgl. aber *Growe*, AiB 89, 285 und ausführlich mit praktischen Hinweisen für BR *ders.*, S. 245 ff., der durchaus wirksame Einsatzmöglichkeiten dieses Instruments festgestellt hat.

10 Vgl. BT-Drucks. VI/1786, S. 59.

11 Vgl. *Wahsner/Borgaes*, S. 95; *Krumm-Mauermann*, S. 154.

12 Vgl. *Growe*, AiB 89, 285; *ders.*, S. 22 ff. mit detaillierten Handlungsvorschlägen für BR.

verfahren nach § 2 a Abs. 1 Nr. 1 i. V. m. §§ 80 ff. ArbGG – notfalls auch im Wege **einstweiliger Verfügung**[13] gemäß § 85 Abs. 2 ArbGG – verpflichtet werden.[14] Daneben bleibt die Möglichkeit bestehen, nach § 23 Abs. 3 vorzugehen.[15]

II. Normadressaten

6 Die Vorschrift richtet sich gegen denjenigen, der die jeweils in Rede stehende, ihn treffende Aufklärungs- oder Auskunftspflicht verletzt. Der Verpflichtete ergibt sich zunächst aus den in Abs. 1 genannten Tatbeständen selbst.[16] Dies ist teils der **AG** (vgl. § 90 Abs. 1, § 90 Abs. 2, § 92 Abs. 1 Satz 1, § 99 Abs. 1), teils der **UN** (vgl. § 106 Abs. 2, § 108 Abs. 5, §§ 110, 111), wobei die unterschiedliche sprachliche Bezeichnung in den einzelnen Vorschriften ordnungswidrigkeitenrechtlich belanglos ist[17]. Der UN ist nämlich mit dem AG insoweit identisch. Daneben ist zur Bestimmung des Normadressaten (»wer« i. S. v. Abs. 1) der Täterbegriff des OWiG maßgeblich, so dass dann, wenn der AG/UN eine **juristische Person** ist (vgl. § 5 Rn. 154 ff.), die Mitglieder des Organs, das zur gesetzlichen Vertretung der juristischen Person berufen ist, als Täter in Betracht kommen (vgl. § 9 Abs. 1 Nr. 1 OWiG). Ist der AG/UN eine **Personenhandelsgesellschaft** (vgl. § 5 Rn. 169 ff.), kommen als Täter die vertretungsberechtigten Gesellschafter (vgl. § 9 Abs. 1 Nr. 2 OWiG), bei sonstigen Rechtsformen die gesetzlichen Vertreter (vgl. § 9 Abs. 1 Nr. 3 OWiG) in Frage.[18]

7 Neben dem in Rn. 6 genannten Personenkreis richtet sich die Vorschrift gemäß § 9 Abs. 2 OWiG jedoch **auch gegen die vom AG/UN** bzw. von dessen Organen oder vertretungsberechtigten Gesellschaftern mit der eigenverantwortlichen Wahrnehmung der sich aus den in Abs. 1 genannten Tatbeständen ergebenden Pflichten **beauftragten Personen,** wie z. B. Betriebsleiter oder leitende Angestellte.[19] Teilweise wird in der Literatur jedoch insoweit die Präventionswirkung des § 121 abgeschwächt, als verlangt wird, dass die Beauftragung kraft **allgemeiner** Vertretungsregelung erfolgt sein müsse und die Einzelfallbeauftragung nicht ausreiche, um jemanden der Sanktionsdrohung des § 121 auszusetzen.[20] Diese Einengung der Norm bezüglich des Adressatenkreises lässt sich zum einen jedoch nicht mit § 9 Abs. 2 OWiG vereinbaren, der eine »allgemeine« Beauftragung gerade nicht verlangt. § 9 Abs. 2 Nr. 2 OWiG lässt vielmehr den »ausdrücklichen« Auftrag genügen. Zum anderen würde der Umgehung des § 121 Tür und Tor geöffnet, wenn der AG/UN eine »Einzelfallbeauftragung« unwiderleglich behauptet.

8 Nach § 14 OWiG kommen als Normadressaten, die ordnungswidrig handeln können, auch mehrere **Beteiligte** in Betracht.[21] Beteiligung (d. h. in strafrechtlicher Terminologie: Anstiftung, Beihilfe, Mittäterschaft und mittelbare Täterschaft; vgl. §§ 25 ff. StGB) ist z. B. auch zwischen der Auftrag erteilenden Organperson (§ 9 Abs. 1 OWiG) und dem Beauftragten (§ 9 Abs. 2 OWiG) denkbar, wie § 14 Abs. 1 Satz 2 OWiG ausdrücklich klarstellt. Dies ist z. B. der Fall, wenn die Organperson mit einem tatbestandsmäßigen Handeln des Beauftragten einverstanden ist oder dieses billigend in Kauf nimmt.[22]

9 Wenig Beachtung findet in der Praxis § 30 OWiG.[23] Danach kann eine **Geldbuße** nicht nur gegen den eigentlichen Täter verhängt werden, sondern – wenn der AG/UN eine juristische

---

13 Vgl. *BAG* 17.5.83, AP Nr. 19 zu § 80 BetrVG 1972; *Fitting,* Rn. 3.

14 GK-*Oetker,* Rn. 4.

15 Vgl. § 23 Rn. 199; *GL,* Rn. 2; GK-*Oetker,* a. a. O.; § 23 Abs. 3 erfordert jedoch einen »groben« Verstoß des AG, während das allgemeine Beschlussverfahren nach § 2 a i. V. m. §§ 80 ff. ArbGG auch bei »normalen« Pflichtverletzungen möglich ist.

16 Vgl. HWGNRH-*Hess,* Rn. 13.

17 *Wahsner/Borgaes,* S. 53.

18 Vgl. zum Handeln durch einen gesetzlichen Vertreter ausführlich *Wahsner/Borgaes,* S. 54; *Bezirksregierung Düsseldorf,* Bußgeldbescheid 25.7.96, AiB 97, 177 mit Anm. *Wolmerath.*

19 Vgl. *Fitting,* Rn. 5; GK-*Oetker,* Rn. 32; *GL,* Rn. 6.

20 Vgl. *GL,* Rn. 6, die darin eine Überdehnung der Vorschrift erblicken.

21 GK-*Oetker,* Rn. 33.

22 Vgl. *Wahsner/Borgaes,* S. 56.

23 Dazu mit anschaulichem Zahlenmaterial *Krumm-Mauermann,* S. 196.

Person oder Personenvereinigung ist – auch **gegen die juristische Person bzw. Personenvereinigung selbst,** sofern die Ordnungswidrigkeit durch ein Organ oder eine Organperson bzw. vertretungsberechtigte Geschäftsführer begangen wurde.[24] Diese Möglichkeit bleibt sogar dann bestehen, wenn gegen den letztgenannten Personenkreis, z. B. aus Opportunitätsgründen, ein Bußgeldverfahren nicht eingeleitet oder es eingestellt wird (§ 30 Abs. 4 OWiG).[25]

III. Tatbestände

Die Verhängung von Geldbußen gegen den AG/UN ist nach dieser Bestimmung nicht nur möglich, wenn dieser seine Aufklärungs-, Auskunfts- oder Unterrichtungspflichten **nicht** erfüllt, sondern auch, wenn dies in **wahrheitswidriger, unvollständiger** oder **verspäteter** Weise geschieht. **10**

In welcher Weise der AG/UN seine jeweils geschuldete Pflicht zu erfüllen hat (z. B. hinsichtlich Zeitpunkt und Qualität bzw. Quantität), ergibt sich in erster Linie aus den in Abs. 1 genannten Vorschriften.[26] Es ist jedoch davon auszugehen, dass die Informationspflicht des AG/UN grundsätzlich seinem eigenen Informationsstand zu entsprechen hat, er also keine Information zurückhalten darf.[27] **11**

Als Nichterfüllung der Informationspflicht i. S. d. Abs. 1 ist es auch anzusehen, wenn der AG/UN die geschuldeten Informationen **lediglich fremdsprachlich** erbringt und nicht alle Informationsadressaten der jeweiligen Sprache mächtig sind. Zwar bestimmt § 184 GVG nur, dass die **Gerichtssprache** deutsch ist (vgl. auch § 9 Abs. 2 ArbGG, § 8 FGG). Da es bei den im Rahmen des § 121 in Rede stehenden Informationstatbeständen aber um funktionell notwendige Informationen zur sachgerechten Ausübung von Beteiligungsrechten geht, würde das kontradiktorische Verhandlungssystem der Betriebsverfassung in gleicher Weise gestört wie in einem Prozess, in dem die Beteiligten sich in verschiedenen Sprachen verständigen wollen. **12**

Die nach dieser Bestimmung vorgesehene Verhängung von Geldbußen kann in Betracht kommen, wenn der AG gegen die nachstehenden Verpflichtungen verstößt: **13**

a) rechtzeitige Unterrichtung des BR unter Vorlage der erforderlichen Unterlagen über die **Planung von Neu-, Um- und Erweiterungsbauten** von Fabrikations-, Verwaltungs- und sonstigen betrieblichen Räumen, von **technischen Anlagen,** von **Arbeitsverfahren** und **Arbeitsabläufen** oder der Arbeitsplätze;[28] **14**

b) so rechtzeitige Beratung der nach § 90 Abs. 1 vorgesehenen Maßnahmen und deren Auswirkungen auf die AN, dass Vorschläge und Bedenken des BR bei der Planung berücksichtigt werden können (§ 90 Abs. 2 Satz 1); **15**

c) Unterrichtung des BR über die **Personalplanung,** insbesondere über den gegenwärtigen und künftigen Personalbedarf sowie über die sich daraus ergebenden personellen Maßnahmen und Maßnahmen der Berufsbildung anhand von Unterlagen.[29] Nach § 92 Abs. 3 erstreckt sich die Informationspflicht auch auf **Gleichstellungsmaßnahmen** i. S. v. § 80 Abs. 1 Nr. 2 a sowie Maßnahmen zur Förderung der **Vereinbarkeit von Familie und Erwerbstätigkeit**; **16**

d) Unterrichtung des BR vor einer **Einstellung, Eingruppierung, Umgruppierung oder Versetzung,** Vorlage der notwendigen Bewerbungsunterlagen, Auskunftserteilung über die **17**

---

24 Vgl. *Dannecker,* FS Gitter, S. 167 [168]; *Schlünder,* S. 201; GK-*Oetker,* Rn. 41; im Kartellrecht kommt die Vorschrift wohl häufiger zur Anwendung, vgl. *Krumm-Mauermann,* S. 197.

25 GK-*Oetker,* a. a. O.; vgl. zu den Einzelheiten *Wahsner/Borgaes,* S. 60 f.

26 Vgl. die Erl. jeweils dort; ebenso zutreffend auf die Akzessorietät zwischen dem jeweiligen Informationstatbestand und der Ordnungswidrigkeit hinweisend GK-*Oetker,* Rn. 13.

27 So *Regierungspräsidium Stuttgart,* Bußgeldbescheid 27.10.88, AiB 89, 22 für den Informationsanspruch nach § 99 Abs. 1.

28 § 90 Abs. 1; vgl. zu einem derartigen Fall *OLG Düsseldorf* 8.4.82, BB 82, 1113; *OLG Stuttgart* 22.11.84, CR 86, 414; *AG Nürtingen* 15.2.84, CR 86, 415.

29 § 92 Abs. 1 Satz 1; vgl. dazu *AG Arnsberg* 3.3.77, BetrR 77, 283; *OLG Hamm* 7.12.77, DB 78, 748; *Freie und Hansestadt Hamburg,* Bußgeldbescheid 2.3.90, Geschäftszeichen: AS 113 OWi 1147/88 – AS 221-B); *Regierungspräsidium Tübingen,* Bußgeldbescheid vom 8.1.92, AiB 92, 461 f. mit Anm. *Lang; Regierungspräsidium Darmstadt,* Bußgeldbescheid vom 31.3.93, Az.: V 32 – 70 c 02/07 – E 141 –.

Person der Beteiligten und über die Auswirkungen der geplanten Maßnahme auch auf andere AN;[30]

18 e) Unterrichtung des WA über die **wirtschaftlichen Angelegenheiten** des UN sowie die sich daraus ergebenden Auswirkungen auf die Personalplanung und Vorlage der erforderlichen Unterlagen (§ 106 Abs. 2). Der UN ist nach § 106 Abs. 2 verpflichtet, den WA von **geplanten unternehmerischen Entscheidungen** und sonstigen Maßnahmen so **frühzeitig zu unterrichten,** dass dieser sein Beratungsrecht gegenüber dem UN betriebswirtschaftlich sinnvoll ausüben kann. Eine Kritik oder sonstige Stellungnahme und eigene Vorschläge des WA und des BR sowie Initiativen des BR in sozialen Angelegenheiten müssen noch möglich sein.[31] Nach Ansicht des *OLG Karlsruhe*[32] soll keine Ordnungswidrigkeit vorliegen, solange über den Umfang der Auskunftspflicht eine Entscheidung der **ESt. nach § 109** nicht herbeigeführt ist und der UN sich bei der Auskunftsverweigerung auf die Gefährdung eines Geschäftsgeheimnisses berufen hat.[33] Diese Ansicht ist jedoch abzulehnen, da sie einen Vorrang der Entscheidungsbefugnis der ESt. über eine Rechtsfrage gegenüber den ordentlichen Gerichten behauptet, die über einen Ordnungswidrigkeitentatbestand zu entscheiden haben.[34] Im Übrigen verweist Abs. 1 nur auf § 106 Abs. 2, nicht aber auf § 109, so dass die Auffassung des *OLG Karlsruhe* schon im Gesetzeswortlaut keine Stütze findet;[35]

19 f) **Erläuterung des Jahresabschlusses** gegenüber dem WA unter Beteiligung des BR (§ 108 Abs. 5);

20 g) schriftliche oder mündliche **Berichterstattung** über die **wirtschaftliche Lage und Entwicklung** des UN gegenüber den AN;[36]

21 h) Unterrichtung des BR über **geplante Betriebsänderungen,** die wesentliche Nachteile für die Belegschaft oder erhebliche Teile der Belegschaft zur Folge haben können, und Beratung der geplanten Maßnahmen mit dem BR.[37]

22 Es wird **nur vorsätzliches** Handeln geahndet.[38] Allerdings ergänzt **§ 130 OWiG** den § 121 BetrVG, so dass die **fahrlässige Verletzung von Aufsichtspflichten** nach § 130 OWiG zur Verhängung von Geldbußen sogar gegenüber Vorstandsmitgliedern einer Konzernobergesellschaft führen kann.[39] Fehlendes Unrechtsbewusstsein schließt die Ordnungswidrigkeit nach § 121 nur aus, wenn der Irrtum nicht vorwerfbar ist (vgl. § 11 Abs. 2 OWiG). Dem AG aber wird regelmäßig die Unkenntnis der ihm obliegenden Aufklärungs- und Auskunftspflichten zum Vorwurf gemacht werden können.[40] Will der Täter sich mit Erfolg auf die **Unvermeidlichkeit eines Verbotsirrtums** berufen, trifft ihn eine vorangehende **Erkundigungspflicht.** Auskünfte eines Interessenverbandes rechtfertigen i. d. R. nicht die Annahme, der Verbotsirrtum sei unvermeidbar gewesen.[41]

23 Da die Vorschrift **keine Sanktion beim Versuch,** eine Aufklärungs- oder Auskunftspflicht zu verletzen, enthält, bleibt diese Begehungsform wegen § 13 Abs. 2 OWiG ohne Sühne.

---

30 § 99 Abs. 1; vgl. dazu *OLG Stuttgart* 21.12.77, DB 78, 592; *Regierungspräsidium Stuttgart,* Bußgeldbescheid 27.10.88, AiB 89, 22; *Landkreis Hannover,* Bußgeldbescheid 15.8.89, BetrR 90, 24; *Bezirksregierung Düsseldorf,* Bußgeldbescheid 25.7.96, AiB 97, 177.

31 *KG Berlin* 25.9.78, DB 79, 112; zu diesem Tatbestand auch *AG Arnsberg* 3.3.77, BetrR 77, 283; *OLG Hamburg* 4.6.85, DB 85, 1846; *Regierungspräsidium Tübingen,* Bußgeldbescheid vom 8.1.92, AiB 92, 461 f. mit Anm. *Lang; Regierungspräsidium Darmstadt,* Bußgeldbescheid vom 31.3.93, Az.: V 32 – 70 c 02/07 – E 141 –.

32 7.6.85, NZA 85, 570.

33 Zustimmend GK-*Oetker,* Rn. 15; *SWS,* Rn. 4.

34 Ablehnend auch *Growe,* S. 71; wie hier *Dannecker,* FS Gitter, S. 167 [191] mit dem zusätzlichen Argument, dass die ordnungswidrigkeitenrechtliche Sanktion nicht von einer konkretisierenden Entscheidung einer nichtstaatlichen Stelle abhängen könne.

35 Ebenso *Dannecker,* a. a. O.

36 § 110; vgl. zu einem derartigen Fall *AG Arnsberg* 3.3.77, BetrR 77, 283.

37 § 111; vgl. dazu *OLG Hamburg* 4.6.85, DB 85, 1846; *AG Arnsberg* 3.3.77, BetrR 77, 283.

38 Vgl. § 10 OWiG; vgl. auch GK-*Oetker,* Rn. 25.

39 Näher zu § 130 OWiG; GK-*Oetker,* Rn. 44 ff.

40 Richardi-*Annuß,* Rn. 11; *Fitting,* Rn. 6; GK-*Oetker,* Rn. 29 nimmt dies nur an, wenn der Täter von fehlerhaften Rechtsansichten ausgegangen ist; *GL,* Rn. 8; so auch *Landkreis Hannover,* Bußgeldbescheid 15.8.89, BetrR 90, 24.

41 Vgl. GK-*Oetker,* Rn. 29.

IV. Verfahren

Die Ahndung einer Informationspflichtverletzung i. S. d. Abs. 1 ist nicht von einem Antrag des Geschädigten selbst (z. B. des BR) abhängig. Grundsätzlich können **Anzeigen** wegen einer Ordnungswidrigkeit **durch jedermann** erfolgen, also auch durch einzelne AN. Von Letzterem ist aber dringend abzuraten, weil Anzeigeerstattungen gegen den AG nach abzulehnender Ansicht der Rspr.[42] zur fristlosen Kündigung berechtigen können.[43] Stattdessen ist es ratsam, eine Anzeige durch die im Betrieb vertretene **Gewerkschaft** oder den **BR/GBR/KBR** zu erstatten.[44] Die **Hinzuziehung eines Rechtsanwalts** zwecks Erstattung der Ordnungswidrigkeitenanzeige kann nach pflichtgemäßer Würdigung des Einzelfalls durch den BR für erforderlich gehalten werden, so dass die **RA-Kosten gemäß § 40 Abs. 1** dem AG zur Last fallen.[45] 24

Die Verfolgung der Ordnungswidrigkeit erfolgt an sich **von Amts wegen** durch die zuständige Verwaltungsbehörde.[46] Die Praxis hat allerdings gezeigt, dass Verfolgungen ohne vorangegangene Anzeige (i. d. R. der Gewerkschaft), d. h. auf Grund behördlicher Eigeninitiative, nahezu nicht vorkommen.[47] Nicht Voraussetzung ist hierfür allerdings, dass die Anzeige auch bereits bei der zuständigen Verwaltungsbehörde erstattet wird. Die Anzeige kann auch bei der Polizei erstattet werden. Diese hat den Vorgang sodann an die zuständige Bußgeldbehörde weiterzuleiten.[48] 25

Sachlich zuständig sind für die Verfolgung der Ordnungswidrigkeit:[49] 26

- in *Berlin, Brandenburg, Bremen, Hamburg, Mecklenburg-Vorpommern,* im *Saarland,* in *Schleswig-Holstein* und *Thüringen* die Ministerien bzw. Senatoren für Arbeit bzw. die Behörde für Arbeit, Gesundheit und Soziales;
- in *Hessen, NRW, Rheinland-Pfalz* die Regierungspräsidien bzw. Bezirksregierungen (ggf. das Oberbergamt);
- in *Baden-Württemberg, Bayern, Niedersachsen, Sachsen-Anhalt* und *Sachsen* die selbstständigen Städte und Gemeinden, Landkreise, Kreisverwaltungsbehörden bzw. Landratsämter/Bürgermeisterämter (und ggf. die Bergämter).

Die **örtliche Zuständigkeit** richtet sich nach § 37 OWiG (Tatort oder Wohnort des Betroffenen).

Wird das **Verfahren eingestellt**, ist dies dem Anzeigenden mitzuteilen (§ 46 OWiG i. V. m. § 171 StPO). Die Einstellung kann nur mit einer **Aufsichtsbeschwerde** angegriffen werden.[50] Die Aufsichtsbeschwerde ist bei der Behörde einzulegen, der die Organaufsicht über die jeweilige Verfolgungsbehörde zusteht. Dies ist zumeist das jeweilige Innenministerium. 27

Abzulehnen ist die Ansicht, dass der Anzeigende keinen Anspruch auf **Mitteilung der Einstellungsgründe** habe.[51] Nach § 46 Abs. 1 OWiG findet § 171 StPO nämlich auf das Bußgeldverfahren sinngemäß Anwendung. Verweigert die Verwaltungsbehörde die Mitteilung der Einstellungsgründe, kann gegen diesen Verweigerungsbescheid wiederum eine gerichtliche Entscheidung gemäß § 62 Abs. 1 Satz 2 OWiG beantragt werden. Sodann hat das Amtsgericht, in dessen Bezirk die Verwaltungsbehörde ihren Sitz hat (§ 62 Abs. 2 Satz 1 i. V. m. § 68 Abs. 1 OWiG), darüber zu entscheiden, ob dem Anzeigenden die Gründe für die Verfahrenseinstellung mitzuteilen sind.[52] Eine gerichtliche Entscheidung in der Sache selbst ist jedoch auf diesem Wege nicht erzwingbar. 28

---

42 Vgl. *BAG* 5. 2. 59, AP Nr. 2 zu § 70 HGB; *LAG Baden-Württemberg* 20. 10. 76, KJ 79, 323; vgl. auch § 89 Rn. 24 sowie § 119 Rn. 32.

43 Vgl. aber auch *LAG Frankfurt* 12. 2. 87, LAGE § 626 BGB Nr. 28, das nur völlig haltlose Vorwürfe für kündigungsrechtlich erheblich hält.

44 Vgl. auch *Fitting,* Rn. 7; ErfK-*Kania,* Rn. 6; Muster einer OWi-Anzeige in DKKWF-*Buschmann,* §§ 119 – 121 Rn. 3.

45 *LAG Schleswig-Holstein* 14. 11. 00, BB 01, 1048.

46 A. A. *Roos,* AiB 99, 490 [493].

47 Vgl. die Ergebnisse bei *Krumm-Mauermann,* S. 147.

48 Vgl. *Göhler,* § 53 Rn. 13.

49 Vgl. auch GK-*Oetker,* Rn. 37 m. detaillierten Nachweisen.

50 *Fitting,* Rn. 8; GK-*Oetker,* Rn. 36; *Wahsner/Borgaes,* S. 71 f.; vgl. § 46 Abs. 3 Satz 3 OWiG, wonach das Klageerzwingungsverfahren nach § 172 StPO ausgeschlossen ist.

51 So aber z. B. *Fitting,* Rn. 8; wie hier auch GK-*Oetker,* Rn. 36; *Göhler,* vor § 59 Rn. 159 betont die Zweckmäßigkeit der Mitteilung.

52 Vgl. *Wahsner/Borgaes,* S. 72.

29 Erlässt die Behörde einen **Bußgeldbescheid** und legt der Betroffene dagegen **Einspruch** ein, entscheidet ebenfalls das Amtsgericht, in dessen Bezirk die Verwaltungsbehörde ihren Sitz hat (§ 68 Abs. 1 OWiG), nunmehr jedoch über die Ahndung der Ordnungswidrigkeit selbst.

30 Die Verfolgung der Ordnungswidrigkeit **verjährt** zwei Jahre nach Begehen der Tat (§ 31 Abs. 2 Nr. 2 OWiG).

V. Geldbuße

31 Die Höhe der Geldbuße beträgt mindestens fünf Euro (§ 17 Abs. 1 OWiG) und höchstens zehntausend Euro (§ 121 Abs. 2 BetrVG). Das Höchstmaß kann jedoch nach Maßgabe von § 17 Abs. 4 OWiG auch überschritten werden,[53] wenn das gesetzliche Höchstmaß nicht dazu ausreicht, den aus der Ordnungswidrigkeit gezogenen wirtschaftlichen Vorteil zu übersteigen. Soweit es überhaupt zur Verhängung von Bußgeldern kommt, bewegt sich deren Höhe in der Regel am unteren Rand des zulässigen Rahmens.[54] Selbst die vom *Amtsgericht Arnsberg*[55] verhängte Geldbuße in Höhe von 6850 DM liegt noch relativ niedrig, wenn man bedenkt, dass sie fünf Ordnungswidrigkeiten betraf.[56]

32 Im Zusammenhang mit Verstößen gegen § 99 Abs. 1 kann es wegen der relativ niedriegen Geldbußen im OWi-Verfahren ggf. sinnvoller sein, zur Erzielung einer nachhaltig rechtstreuen Handlungsweise des AG anstelle des Verfahrens nach § 121 den Weg über § 101 zu gehen: das *ArbG Kaiserslautern*[57] hatte im Falle eines wiederholten Mehrfachverstoßes 12500 € als Zwangsgeld festgesetzt.

33 Trotz der genannten Beispiele ist festzustellen, dass Staatsanwälte und Ordnungsbehörden in vielen Fällen, die an sich als Ordnungswidrigkeit oder sogar als Straftat nach § 119 zu ahnden wären, das Verfahren einstellen.[58] Gleichwohl sollte die relativ nüchterne Einschätzung der Wirksamkeit eines Ordnungswidrigkeitenverfahrens nicht zum Verzicht auf den Einsatz dieses Instruments führen. Neuere Untersuchungen belegen, dass bei taktisch richtigem Einsatz dieses Verfahrens durch Gewerkschaft und BR durchaus langfristig mit einer **Verbesserung des Informationsverhaltens** des AN/UN gerechnet werden kann.[59]

---

53 Vgl. zur Bußgeldbemessungspraxis *Wahsner/Borgaes,* S. 98; *Krumm-Mauermann,* S. 154.

54 Vgl. *Regierungspräsidium Stuttgart,* Bußgeldbescheid 27.10.88, AiB 89, 22: 300 DM wegen Verstoßes gegen § 99 Abs. 1; *Landkreis Hannover,* Bußgeldbescheid 15.8.89, BetrR 90, 24: 200 DM wegen Verstoßes gegen § 99 Abs. 1; *Bezirksregierung Düsseldorf,* AiB 97, 177; 1000 DM wegen Verstoßes gegen § 99 Abs. 1; vgl. auch die Angaben bei *Wahsner/Borgaes,* S. 98, wonach das höchste festgestellte Bußgeld wegen eines Verstoßes gegen § 99 Abs. 12000 DM betrug; vgl. aber auch *Freie und Hansestadt Hamburg,* Bußgeldbescheid 2.3.90 [Rn. 16] über 3000 DM wegen Verstoßes gegen § 92 Abs. 1; *Krumm-Mauermann,* S. 154, hat festgesetzte Geldbußen für Einzelverstöße von bis zu 9000 DM, bei Mehrfachverstößen von maximal 15000 DM festgestellt.

55 3.3.77, BetrR 77, 283.

56 In der Berufungsinstanz *OLG Hamm* 7.12.77, DB 78, 748 verblieben hiervon auf Grund von Teilfreisprüchen noch 2350 DM für drei Verstöße; vgl. hierzu *Wahsner/Borgaes,* S. 132; wegen Verstoßes sowohl gegen § 92 Abs. 1 als auch § 106 Abs. 2 verhängte das *Regierungspräsidium Darmstadt* [vgl. o. Rn. 16 bzw. 18] ein Bußgeld i. H. v. jeweils 500 DM.

57 4.7.07 – 8 BV 32/07.

58 Zur Einstellungspraxis *Wahsner/Borgaes,* S. 96; bisweilen werden an sich zu sanktionierende Fälle durch ein von der Verfahrensordnung nicht vorgesehenes »Schlichtungsverfahren« ohne Verwarnung bzw. Bußgeld erledigt; dazu *dies.,* S. 99 f.; vgl. auch *Stadermann,* Die Quelle 78, 559 f., der aus verwaltungsbehördlicher Sicht ein derartiges »Schlichtungsverfahren« vorstellt.

59 Vgl. mit ausführlichen praktischen Hinweisen zum taktischen Vorgehen *Growe,* S. 22 ff., 233 ff.

Siebenter Teil
Änderung von Gesetzen

§ 122 – 124

(vom Abdruck der §§ 122 – 124 wurde abgesehen; vgl. zur früheren Bedeutung aber die Erl. in 4. Aufl. 1994)

Achter Teil
Übergangs- und Schlussvorschriften

§ 125 Erstmalige Wahlen nach diesem Gesetz

(1) Die erstmaligen Betriebsratswahlen nach § 13 Abs. 1 finden im Jahre 1972 statt.
(2) Die erstmaligen Wahlen der Jugend- und Auszubildendenvertretung nach § 64 Abs. 1 Satz 1 finden im Jahre 1988 statt. Die Amtszeit der Jugendvertretung endet mit der Bekanntgabe des Wahlergebnisses der neu gewählten Jugend- und Auszubildendenvertretung, spätestens am 30. November 1988.
(3) Auf Wahlen des Betriebsrats, der Bordvertretung, des Seebetriebsrats und der Jugend- und Auszubildendenvertretung, die nach dem 28. Juli 2001 eingeleitet werden, finden die Erste Verordnung zur Durchführung des Betriebsverfassungsgesetzes vom 16. Januar 1972 (BGBl. I S. 49), zuletzt geändert durch die Verordnung vom 16. Januar 1995 (BGBl. I S. 43), die Zweite Verordnung zur Durchführung des Betriebsverfassungsgesetzes vom 24. Oktober 1972 (BGBl. I S. 2029), zuletzt geändert durch die Verordnung vom 28. September 1989 (BGBl. I S. 1795) und die Verordnung zur Durchführung der Betriebsratswahlen bei den Postunternehmen vom 26. Juni 1995 (BGBl. I S. 871) bis zu deren Änderung entsprechende Anwendung.
(4) Ergänzend findet für das vereinfachte Wahlverfahren nach § 14 a die Erste Verordnung zur Durchführung des Betriebsverfassungsgesetzes bis zu deren Änderung mit folgenden Maßgaben entsprechende Anwendung:

1. Die Frist für die Einladung zur Wahlversammlung zur Wahl des Wahlvorstands nach § 14 a Abs. 1 des Gesetzes beträgt mindestens sieben Tage. Die Einladung muss Ort, Tag und Zeit der Wahlversammlung sowie den Hinweis enthalten, dass bis zum Ende dieser Wahlversammlung Wahlvorschläge zur Wahl des Betriebsrats gemacht werden können (§ 14 a Abs. 2 des Gesetzes).
2. § 3 findet wie folgt Anwendung:
   a) Im Fall des § 14 a Abs. 1 des Gesetzes erlässt der Wahlvorstand auf der Wahlversammlung das Wahlausschreiben. Die Einsspruchsfrist nach § 3 Abs. 2 Nr. 3 verkürzt sich auf drei Tage. Die Angabe nach § 3 Abs. 2 Nr. 4 muss die Zahl der Mindestsitze des Geschlechts in der Minderheit (§ 15 Abs. 2 des Gesetzes) enthalten. Die Wahlvorschläge sind abweichend von § 3 Abs. 2 Nr. 7 bis zum Abschluss der Wahlversammlung zur Wahl des Wahlvorstands bei diesem einzureichen. Ergänzend zu § 3 Abs. 2 Nr. 10 gibt der Wahlvorstand den Ort, Tag und Zeit der nachträglichen Stimmabgabe an (§ 14 a Abs. 4 des Gesetzes).
   b) Im Fall des § 14 a Abs. 3 des Gesetzes erlässt der Wahlvorstand unverzüglich das Wahlausschreiben mit den unter Buchstabe a genannten Maßgaben zu § 3 Abs. 2 Nr. 3, 4 und 10. Abweichend von § 3 Abs. 2 Nr. 7 sind die Wahlvorschläge spätestens eine Woche vor der Wahlversammlung zur Wahl des Betriebsrats (§ 14 a Abs. 3 Satz 2 des Gesetzes) beim Wahlvorstand einzureichen.
3. Die Einspruchsfrist des § 4 Abs. 1 verkürzt sich auf drei Tage.
4. Die §§ 6 bis 8 und § 10 Abs. 2 finden entsprechende Anwendung mit der Maßgabe, dass die Wahl auf Grund von Wahlvorschlägen erfolgt. Im Fall des § 14 a Abs. 1 des Gesetzes sind die Wahlvorschläge bis zum Abschluss der Wahlversammlung zur Wahl des Wahlvorstands bei diesem einzureichen; im Fall des § 14 a Abs. 3 des Gesetzes sind die Wahlvorschläge spätestens eine Woche vor der Wahlversammlung zur Wahl des Betriebsrats (§ 14 a Abs. 3 Satz 2 des Gesetzes) beim Wahlvorstand einzureichen.
5. § 9 findet keine Anwendung.
6. Auf das Wahlverfahren finden die §§ 21 ff. entsprechende Anwendung. Auf den Stimmzetteln sind die Bewerber in alphabetischer Reihenfolge unter Angabe von Familienname, Vorname und Art der Beschäftigung im Betrieb aufzuführen.
7. § 25 Abs. 5 bis 8 findet keine Anwendung.
8. § 26 Abs. 1 findet mit der Maßgabe Anwendung, dass der Wahlberechtigte sein Verlan-

gen auf schriftliche Stimmabgabe spätestens drei Tage vor dem Tag der Wahlversammlung zur Wahl des Betriebsrats dem Wahlvorstand mitgeteilt haben muss.

9. § 31 findet entsprechende Anwendung mit der Maßgabe, dass die Wahl der Jugend- und Auszubildendenvertretung auf Grund von Wahlvorschlägen erfolgt.

Die Bedeutung des **Abs. 1** der Vorschrift liegt in der Festlegung des anfangs dreijährigen und mit den regelmäßigen BR-Wahlen 1990 dann vierjährigen Turnus für die BR-Wahlen (demnächst 2018, 2022 usw.).[1] Ferner wird in **Abs. 2** wie bisher der zweijährige Turnus für die JAV-Wahlen festgelegt (demnächst 2016, 2018 usw.). In Abs. 3 und 4 sind Übergangsregelungen enthalten, die durch den Erlass der neuen Wahlordnungen nach der BetrVG-Reform 2001 jedoch für die Praxis bedeutungslos geworden sind.[2]

§ 126 Ermächtigung zum Erlass von Wahlordnungen

Das Bundesministerium für Arbeit und Soziales wird ermächtigt, mit Zustimmung des Bundesrates Rechtsverordnungen zu erlassen zur Regelung der in den §§ 7 bis 20, 60 bis 63, 115 und 116 bezeichneten Wahlen über

1. die Vorbereitung der Wahl, insbesondere die Aufstellung der Wählerlisten und die Errechnung der Vertreterzahl;
2. die Frist für die Einsichtnahme in die Wählerlisten und die Erhebung von Einsprüchen gegen sie;
3. die Vorschlagslisten und die Frist für ihre Einreichung;
4. das Wahlausschreiben und die Fristen für seine Bekanntmachung;
5. die Stimmabgabe;
5 a. die Verteilung der Sitze im Betriebsrat, in der Bordvertretung, im Seebetriebsrat sowie in der Jugend- und Auszubildendenvertretung auf die Geschlechter, auch soweit die Sitze nicht gemäß § 15 Abs. 2 und § 62 Abs. 3 besetzt werden können;
6. die Feststellung des Wahlergebnisses und die Fristen für seine Bekanntmachung;
7. die Aufbewahrung der Wahlakten.

1 Die Vorschrift ermächtigt lediglich zur näheren Regelung der Wahlen zum **BR**, zur **JAV**, zur **Bordvertretung** und zum **See-BR.** Daher kann nicht durch VO die Wahl von Mitgliedern der BR-Ausschüsse, der freigestellten BR-Mitglieder und der Mitglieder von GBR und KBR geregelt werden.[1] Durch Art. 1 Nr. 81 des BetrVerf-ReformG v. 23.7.2001[2] ist Nr. 5 a. in den Katalog der durch RechtsVO regelbaren Gegenstände eingefügt worden. Die Bestimmung trägt der gesetzlichen Vorgabe in **§ 15 Abs. 2** und § 62 Abs. 3 Rechnung und will sicherstellen, dass z. B. der in § 9 vorgegebenen Größe eines BR auch dann entsprochen werden kann, wenn ein Geschlecht die ihm zustehenden BR-Sitze nicht besetzen kann – etwa wegen nicht ausreichender Kandidatenzahl.[3]

2 Vgl. zu den auf Grund der Bestimmung erlassenen VO im Einzelnen *7. Aufl.*, Vorbem. vor § 1 WO (Anhang A), ferner GK-*Weber*, Rn. 5.

§ 127 Verweisungen

Soweit in anderen Vorschriften auf Vorschriften verwiesen wird oder Bezeichnungen verwendet werden, die durch dieses Gesetz aufgehoben oder geändert werden, treten an ihre Stelle die entsprechenden Vorschriften oder Bezeichnungen dieses Gesetzes.

Die Regelung ist im Zusammenhang mit der Ablösung des BetrVG 1952 durch das BetrVG

1 Einzelheiten dazu in der *4. Aufl. 1994*, Anm. zu § 125.
2 *Fitting*, Rn. 3.
1 Vgl. *Fitting*, Rn. 4.
2 BGBl. I S. 1852 [1863].
3 Vgl. BT-Drucks. 14/5741, S. 53.

1972 zu sehen und stellt lediglich klar, dass, soweit andere Gesetze oder sonstige Vorschriften (z. B. RechtsVO) auf Bestimmungen des BetrVG 1952 verweisen, die durch das BetrVG 1972 aufgehoben wurden, an deren Stelle die vom Inhalt her entsprechenden Vorschriften des BetrVG 1972 gelten.[1]

§ 128 Bestehende abweichende Tarifverträge

Die im Zeitpunkt des Inkrafttretens dieses Gesetzes nach § 20 Abs. 3 des Betriebsverfassungsgesetzes vom 11. Oktober 1952 geltenden Tarifverträge über die Errichtung einer anderen Vertretung der Arbeitnehmer für Betriebe, in denen wegen ihrer Eigenart der Errichtung von Betriebsräten besondere Schwierigkeiten entgegenstehen, werden durch dieses Gesetz nicht berührt.

Das BetrVG 1972 (»dieses Gesetz« i. S. d. Bestimmung) ist am 19. 1. 1972 in Kraft getreten (vgl. die Erl. zu § 132). TV der hier angesprochenen Art aus der Zeit des BetrVG 1952 (Errichtung einer anderen Vertretung) sind – soweit ersichtlich – nicht mehr vorhanden. Praktisch ist die Vorschrift daher überholt. Für die Weitergeltung von TV gem. § 3 BetrVG 1972 (a. F.), die vor dem In-Kraft-Treten des BetrVerf-ReformG am 28.7.2001 in Kraft waren, kommt eine entsprechende Anwendung dieser Vorschrift in Betracht (dazu auch § 3 Rn. 242),[1] so dass diese fortgelten,[2] sofern sie auch den materiellen Anforderungen des heutigen § 3 Stand halten (so die prüfungstechnische Vorgehensweise des *BAG*[3], wenngleich diese Frage dort offen gelassen wurde), wovon im Regelfall wegen des gegenüber der alten Rechtslage erweiterten Regelungsspielraumes ausgegangen werden kann.[4]

§ 129 Außerkrafttreten von Vorschriften

(aufgehoben durch das DrittelbG v. 18. 5. 2004, BGBl. I S. 974)

§ 130 Öffentlicher Dienst

Dieses Gesetz findet keine Anwendung auf Verwaltungen und Betriebe des Bundes, der Länder, der Gemeinden und sonstiger Körperschaften, Anstalten und Stiftungen des öffentlichen Rechts.

Inhaltsübersicht

I. Abgrenzung zum Öffentlichen Dienst

1 Die Vorschrift dient neben §§ 1, 95 BPersVG sowie den entsprechenden Regelungen der PersVG der Länder[1] der **Abgrenzung des Geltungsbereichs** des BetrVG gegenüber dem PersVR. Das BetrVG ist nur auf einen Betrieb anwendbar, dessen Träger als Inhaber der betrieblichen Leitungsmacht dem Privatrecht angehört. Entscheidend für die Frage, ob eine

1 Vgl. zu den Einzelheiten GK-*Weber*, Rn. 1, 2.
1 Vgl. GK-*Weber*, Rn. 3.
2 *Fitting*, Rn. 2.
3 *BAG* 10.11.04, EzA § 3 BetrVG 2001 Nr. 1.
4 Vgl. GK-*Weber*, Rn. 3.
1 Vgl. die Übersicht bei *Altvater u. a.*, § 94 Rn. 4.

Verwaltung oder ein Betrieb dem BetrVG oder PersVR untersteht, ist deshalb allein, **welchen formellen rechtlichen Charakter** der Inhaber hat (vgl. Einl. Rn. 154), also ob er dem privaten oder öffentlichen Recht (öR) angehört.

Auf Betriebe, deren Inhaber eine juristische oder natürliche **Person oder** eine **Gesellschaft des** 2
Privatrechts ist (vgl. zu den inländischen Rechtsformen § 5 Rn. 154 ff.; 169 ff.), findet das BetrVG Anwendung.[2] Dies gilt auch dann, wenn eine juristische Person des öR (Körperschaft, Anstalt oder Stiftung des öR) sämtliche Geschäftsanteile oder Aktien am UN einer »Wasserwerk GmbH« oder »Gaswerk AG« hält (sog. **Eigengesellschaft**)[3] oder zwei KöR eine Gesellschaft bürgerlichen Rechts zur Führung eines Theaterbetriebs bilden,[4] weil es betriebsverfassungsrechtlich unerheblich ist, wer bei wirtschaftlicher Betrachtungsweise als Inhaber des Betriebs anzusehen ist.[5] Unbeachtlich ist ferner, ob auf den Betrieb ein TV für den öffentlichen Dienst anzuwenden ist.[6] Dagegen unterfallen sog. **Eigenbetriebe** (dazu Rn. 3) dem PersVR, da hier der Rechtsträger die juristische Person des öR selbst ist; das Gleiche gilt für sog. **Regiebetriebe** (dazu Rn. 4), aber auch für Betriebe von z. B. kommunalen **Zweckverbänden**, weil diese ihrerseits juristische Personen des öR sind.

Als **Eigenbetrieb** wird z. B. in den Kommunalordnungen der Länder ein ohne eigene Rechts- 3
persönlichkeit ausgestattetes wirtschaftliches UN einer Gebietskörperschaft bezeichnet, das zwar rechtlich Teil der Körperschaft bleibt, von der sonstigen Verwaltung der Körperschaft aber deutlich abgesetzt ist (etwa durch besondere Namensgebung), ein (z. B. vom Kommunalhaushalt) **abgegrenztes Sondervermögen** hat und nach eigenem Wirtschaftsplan unter kaufmännischer Buchführung arbeitet.[7] Die Binnenorganisation des Eigenbetriebs richtet sich nach speziellen Eigenbetriebsverordnungen oder Eigenbetriebsgesetzen (z. B. in Berlin). Gleichwohl besitzt der Eigenbetrieb keine Rechtsfähigkeit, er ist also nicht Rechtsträger; Rechtsträger und damit AG der im Eigenbetrieb Beschäftigten bleibt die jeweilige Körperschaft des öR (Bund, Land, Gemeinde, Stadt, Kreis). **Eigenbetriebe** bilden nach dem jeweiligen Bundes- oder LandesPersVG meist eine eigene **Dienststelle.**

Als **Regiebetrieb** wird im Kommunalwirtschaftsrecht eine besondere Abteilung einer Kom- 4
munalverwaltung ohne eigene Rechtspersönlichkeit und **ohne** abgegrenztes **Sondervermögen** sowie ohne eigenen Wirtschaftsplan bezeichnet; er bleibt Teil des Gemeindehaushaltsplans und wird idR nach kameralistischen Haushaltsgrundsätzen als **Amt innerhalb der Dienststelle** geführt.[8] Regiebetriebe unterliegen daher dem PersVR, bilden idR aber **keine eigene Dienststelle** im personalvertretungsrechtlichen Sinne.

Auf die im Handelsregister eingetragene **Klosterbrauerei** einer Benediktinerabtei, welche den 5
Status einer **KöR durch Königlich-Bayerischen Ministerialerlass** im Jahre 1850 zuerkannt bekam[9], soll das **BetrVG nicht anwendbar** sein, selbst wenn aufgrund dieses besonderen kirchenrechtlichen Status gem. § 112 BPersVG sogar die Anwendung des PersVR entfällt.[10] Der *BayVGH*[11] hatte freilich auch die Anwendung des kirchlichen Mitarbeitervertretungsrechts (MAVO) abgelehnt, weil dieser **kirchliche Wirtschaftsbetrieb** nicht der Seelsorge diene und auch keine karitative Einrichtung sei, weshalb dort weder BetrVG, noch PersVR noch MAVO gilt.[12] § 130 sei keine Auffangbestimmung, die in solchen Fällen überhaupt ein Vertretungsrecht garantiere.[13]

2 Grundlegend *BAG* 11.4.58, AP Nr. 1 zu § 6 BetrVG; 18.4.67, AP Nr. 3 zu § 63 BetrVG; 7.11.75, AP Nr. 1 zu § 130 BetrVG 1972.
3 Vgl. *BAG* 28.4.64, AP Nr. 3 zu § 4 BetrVG.
4 *BAG* 8.3.77, AP Nr. 1 zu § 43 BetrVG 1972; für die Betriebsführungs-BGB-Gesellschaft des Gemeinschaftsbetriebs einer Körperschaft des öffentlichen Rechts und eines e. V. auch *BAG* 24.1.96, NZA 96, 1110 [1113].
5 *Fitting,* Rn. 4.
6 *BAG* 3.12.85, AP Nr. 2 zu § 74 BAT.
7 Vgl. *Cronauge,* Rn. 147; *Schraffer,* S. 28.
8 *Cronauge,* Rn. 52; *Schraffer,* S. 53 f.; unzutreffend das Beispiel bei *Fitting,* Rn. 4, wo die kommunale Wasserwerk AG als Regiebetrieb bezeichnet wird, es handelt sich hierbei um eine Eigengesellschaft.
9 Dieser Erlass ist gem. Art. 182 der Bayerischen Verfassung i. V. m. Art. 2 Abs. 2 Satz 1 des »Konkordat zwischen dem Heiligen Stuhle und dem Staate Bayern vom 29.3.1924« noch heute wirksam.
10 *BAG* 30.7.87, AP Nr. 3 zu § 130 BetrVG 1972.
11 13.9.89, PersR 90, 72.
12 Näher dazu *Altvater u. a.,* § 112 Rn. 7 a; vgl. auch BayVGH 16.6.99, PersR 00, 20.
13 *BAG* 30.7.87, a. a. O.

6 **Betriebskrankenkassen** sind gem. § 29 Abs. 1 SGB IV stets KöR und unterliegen dem PersVR.[14] Gelegentlich wird das Personal der BKK durch den AG des privaten UN gestellt. Das dann auftretende Problem eines engen Nebeneinanders von BR und PR lässt sich ggf. dadurch entschärfen, dass der AG mit »seiner« BKK die **Führung eines Gemeinschaftsbetriebs** vereinbart (vgl. § 1 Rn. 112).[15]

II. Öffentlich-private Mischbetriebe und Mischkonzerne

7 Unter Zugrundelegung der Grundsätze, die bei Kooperationen zwischen öffentlich-rechtlichen UN und privatrechtlichen UN anzuwenden sind (vgl. dazu § 1 Rn. 109 ff.), ist es denkbar, dass ein als **städtischer Eigenbetrieb** geführtes Krankenhaus, das an sich dem PersVR unterliegen würde, und die dorthin Gastschwestern gestellende DRK-Schwesternschaft e. V. einen **Krankenhaus-GemB** haben, der dem **BetrVG** unterfällt (vgl. § 1 Rn. 113 f.).

8 Gleiches gilt, wenn ein als e. V. geführter **Forschungsbetrieb** mit einem zur Universität gehörenden Institut aufgrund einer als **BGB-Innengesellschaft** gem. § 705 BGB zu qualifizierenden gemeinsamen Betriebsführungsabrede unter einheitlichem Leitungsapparat als gemB zusammenwirken (dazu § 1 Rn. 109 ff.).

9 Für die Frage, ob die vor Ausgliederung auf eine städtische GmbH als Amt (Regiebetrieb) geführten Städtischen Bühnen nach Ausgliederung zusammen mit dem bei der Stadt verbliebenen Restamt **einen vermuteten GemB** bilden (§ 1 Abs. 2 Nr. 1), genügt es jedenfalls nicht, wenn dieselbe Person zugleich als Amtsleiter und GmbH-Geschäftsführer fungiert und die zivilrechtlich der GmbH zugeordneten Betriebsmittel allein von der GmbH genutzt werden. Es fehlt dann schon an dem von § 1 Abs. 2 Nr. 1 geforderten »gemeinsamen« Einsatz der Betriebsmittel und AN durch beide Rechtsträger.[16]

10 Infolge von Umstrukturierungen im öffentlichen Sektor entstehen häufig UN-Gruppen, bei denen **öff.-rechtl. Körperschaften** oder Anstalten die Funktionen einer konzernleitenden **Holding** gegenüber privatrechtlichen Tochtergesellschaften ausüben.[17] In solchen Fällen ist die Errichtung eines KBR für die privatrechtlich verfassten Teile eines derartigen Mischkonzerns zulässig, weil aus § 130 gerade nicht die Unanwendbarkeit der §§ 54 ff. hergeleitet werden kann.[18] Die öff.-rechtl. Dienststellen und deren PR sollen nach Ansicht des *BAG* in die KBR-Bildung dagegen nicht einzubeziehen sein[19].

III. Privatisierung öffentlicher Einrichtungen und Übergangsmandat

11 Weder in den Personalvertretungsgesetzen noch im BetrVG finden sich ausdrückliche Vorschriften zur Vermeidung vertretungsloser Zeiten bzw. zur Wahrung der Vertretungskontinuität für den Fall, dass bei der **Privatisierung öffentlicher Einrichtungen** die bisherige Organisationseinheit aus dem Anwendungsbereich eines PersVG in den Anwendungsbereich des BetrVG wechselt.[20] In einer Vielzahl von Einzelfällen[21] – aber gerade nicht lückenlos – hat der Gesetzgeber in z. T. sehr unterschiedlicher Weise das Problem der Vertretungskontinuität und der Weitergeltung von Dienstvereinbarungen spezialrechtlich geregelt. Daraus wird in Teilen der Lit.[22] abgeleitet, in den nicht spezialrechtlich geregelten Fällen entfiele die bisherige

---

14 *BAG* 10.10.06, AP Nr. 85 zu § 75 BPersVG; *Fitting*, Rn. 4; ErfK-*Kania*, Rn. 4.
15 Vgl. *BAG* 24.1.96, NZA 96, 1110 [1113] für eine derartige privat-öffentliche Kooperation zweier AG; ähnlich HaKo-BetrVG/*Düwell*, Rn. 6.
16 *BAG* 16.4.08, NZA-RR 08, 583.
17 Dazu bereits eingehend *Plander*, Mitbestimmung in öffentlich-privatrechtlichen Mischkonzernen, 1998.
18 *BAG* 27.10.10, NZA 11, 524.
19 Dagegen mit zutreffender Begründung HaKo-BetrVG/*Düwell*, 3. Aufl., Rn. 11, der mittels teleologischer Reduktion des § 130 eine Einbeziehung auch des PR in die konzernbezogene Interessenvertretung befürwortet [aufgegeben in 4. Aufl., Rn. 11].
20 Näher dazu *Trümner*, in Blanke/Trümner [Hrsg.], Rn. 703 ff.; *Schubert*, AuR 03, 132.
21 Vgl. *Fitting*, Rn. 14.
22 Richardi-*Annuß*, Rn. 13; *Kast/Freihube*, DB 04, 2530 ff.; *Pawlak/Leydecker*, ZTR 08, 74 ff.

Interessenvertretung.[23] Die Meinungen des Kommentarschrifttums sind gespalten.[24] Einschlägige höchstrichterliche Entscheidungen liegen bisher nicht vor[25], die Instanzgerichte entscheiden uneinheitlich.[26]

Aufgrund der fortbestehenden Unsicherheit ist **der Praxis anzuraten**, in den nicht spezialrechtlich geregelten Fällen, insbesondere der Fülle **kommunaler Privatisierungen**, vorrangig eine **tarifliche Regelung** herbeizuführen (vgl. aber auch Rn. 14 f.). Dort besteht eine massive **Lücke in der Rechtsordnung**. Zu deren Beseitigung ist von nachfolgenden, höchstrichterlich geklärten Grundüberlegungen auszugehen. Das *BAG*[27] hatte im Falle des nordrhein-westfälischen WestLB-Privatisierungsgesetzes v. 2.7.02[28] ausdrücklich festgestellt, dass das BetrVG gerade **keine Sperrwirkung** gegenüber einer landesrechtlichen Regelung kollektivrechtlicher Folgen einer Privatisierung (Übergangsmandat des PR als BR; Fortgeltung der DV als BV) entfalte. Der Übergang vom PersVR zum BetrVG werde überhaupt nicht durch das BetrVG erfasst. Ferner hat das *BAG*[29] in einer weiteren Entscheidung, gestützt auf **Art. 9 Abs. 3 GG, § 3 Abs. 2 TVG** und bereits unter Geltung des § 3 n. F. erkannt, dass die tarifliche Schaffung von Vertretungsstrukturen in einem vom Gesetz nicht geregelten Bereich zulässig ist (vgl. § 3 Rn. 21). § 3 n. F. erfasst diesen Sachverhalt gleichfalls nicht. Auch §§ 3, 97 BPersVG stehen der Regelung durch TV nicht entgegen, weil mit Eintritt in den Geltungsbereich des BetrVG die jetzt privatisierte Einrichtung einen Betrieb iSv §§ 1, 130 BetrVG darstellt, der überhaupt nicht mehr dem Geltungsbereich des PersVG unterliegt. Zudem verlangt Art. 2 der Schlussbestimmungen der **Richtlinie 98/50/EG**[30] zu gewährleisten, dass ggf. auch die Sozialpartner die erforderlichen Vorschriften einführen. **12**

Die inhaltliche Ausgestaltung eines **Übergangsmandats durch TV** sollte in Anlehnung an die **Privatisierungsfälle** betreffenden § 15 DBGrG, § 8 ENeuOG, § 25 PostPersRG, § 12 DSLBUmwG, § 7 BwKoopG, Art. 84 § 4 Abs. 4 RVOrgG, § 8 BMpVerwPG erfolgen. Eine Anlehnung an die rein privatrechtlichen Übergangsmandate im früheren § 321 UmwG[31], § 13 SpTrUG, § 6 b Abs. 9 VermG sollte dagegen unterbleiben, da sie nicht die Besonderheiten des PersVR berücksichtigen (vgl. Rn. 17). **13**

Gelingt eine **tarifliche Lückenfüllung** dagegen **nicht**, besteht die Rechtsunsicherheit fort und es stellt sich die Frage, ob ein **generelles Übergangsmandat** bei Privatisierungen nicht schon aus anderen Gründen angenommen werden muss.[32] Dabei sind folgende Erwägungen zu beachten: Der Gesetzgeber des BetrVerf-ReformG 2001 suggeriert,[33] er habe mit § 21 a BetrVG den Vorgaben der Richtlinie 98/50/EG des Rates vom 29.6.1998[34] entsprochen, wonach in **14**

---

23 Überblick zum Meinungsstand bei GK-*Weber*, Rn. 9 ff.

24 **Dafür**: *Fitting*, Rn. 15 ff.; WPK-*Preis*, Rn. 6; ausführlich HaKo-BetrVG/*Düwell*, § 21 a Rn. 24 ff.; unentschieden ErfK-*Kania*, Rn. 3; de lege lata **dagegen**, wenngleich aus Schutzgründen bejahend GK-*Weber*, Rn. 11; grundsätzlich verneinend Richardi-*Annuß*, Rn. 13; HWGNRH-*Hess*, Rn. 4.

25 Wenngleich die Erwägungen in *BAG* 31.5.00, NZA 00, 1350, eher für die Annahme eines solchen Übergangsmandats auch bei Privatisierungen sprechen; unentschlossen insoweit noch *BAG* 22.5.00, NZA 00, 1115.

26 **Dafür** auf Grundlage von § 3 BetrVG a. F.: *LAG Bremen* 20.12.00, EzBAT Nr. 17 zu § 54 BAT BR- bzw. PR-Mitglieder; *ArbG Berlin* 19.2.01, NZA-RR 02, 92: PR fungiert als »Not-BR« mit längstens dreimonatigem Übergangsmandat; **dagegen**: *LAG Köln* 10.3.00, PersR 00, 380 und 11.2.00, PersR 00, 378.

27 23.11.04, EzA § 75 BetrVG 2001, Nr. 1.

28 GVBl. NW 2002, S. 284.

29 24.8.04, AP Nr. 12 zu § 98 BetrVG 1972.

30 NZA 98, 1211 ff.

31 Abgelöst durch § 21 a BetrVG.

32 **Dafür** die ganz **h. M.**: *Altvater u. a.*, § 1 Rn. 9 d – 9 g; *Blanke*, PersR 00, 349 ff.; *ders.* ZfPR 01, 242 ff.; *Engels*, FS Wlotzke, S. 279 [287 ff.]; *Frohner*, PersR 95, 99 ff.; MünchArbR-*Germelmann*, § 368 Rn. 42; *Hammer*, PersR 97, 54; *Joost*, EWiR § 321 UmwG 1/2000, 1071; *Schlachter*, RdA 93, 313, 316; *Trümner*, PersR 93, 473, 480; *v. Roetteken*, NZA 01, 414, 422; *Widmaier*, ZfPR 01, 119 [123]; Wiedenfels, PersV, 110 ff.; *Wurm*, ZfPR 00, 307 [310]; **dagegen:** *Besgen/Langer*, NZA 03, 1239 ff.; *Kast/Freihube*, DB 04, 2530 ff.; *Pawlak/Leydecker*, ZTR 08, 74 ff.; *Schipp*, NZA 94, 865, 869; *Wollenschläger/v. Harbou*, NZA 05, 1081, 1091.

33 Vgl. Fn. 1 zu § 21 a der Gesetzesbegründung, *BT-Drucks.* 14/5741, S. 9, 39.

34 Abdruck in NZA 98, 1211 ff.

Fällen unternehmensrechtlicher Umstrukturierungen ein **Übergangsmandat** der AN-Vertretung vorzusehen ist.[35] § 21 a betrifft aber im Wortsinne nur das Übergangsmandat eines **BR, nicht** auch dasjenige eines **PR,** dessen Dienststelle etwa im Rahmen von §§ 168, 188, 190 UmwG privatisiert wird und sodann als Betrieb i. S. d. §§ 1, 130 BetrVG fortbesteht. Die Richtlinie und die aus ihr folgende Umsetzungsverpflichtung ist aber auch auf privatisierende Betriebsübergänge anzuwenden.[36] Somit ist der deutsche Gesetzgeber seinen gemeinschaftsrechtlichen Verpflichtungen zur fristgerechten Umsetzung der Richtlinie des Rates nicht nachgekommen, weil nach Art. 2 der Schlussbestimmungen der Richtlinie 98/50/EG vom 29.6.1998[37] diese Frist mit dem 16.7.01, 24 Uhr, abgelaufen war und seit dem 17.7.01 insoweit bezüglich des Übergangsmandats von PR bei Privatisierungen ein **gemeinschaftsrechtswidriger Zustand** besteht,[38] denn die Richtlinie gebietet jedenfalls, auch für PR ein Übergangsmandat vorzusehen, wenn anders die Vertretungskontinuität nicht gewahrt werden kann.[39] Dieser bereits lang anhaltende Verstoß gegen europäisches Arbeitsrecht ist deshalb von den deutschen Arbeitsgerichten im Wege **gemeinschaftsrechtskonformer Auslegung** des § 21 a BetrVG zu überwinden.[40] Die Annahme der Gegenansicht[41], es fehle an der dafür erforderlichen plan*widrigen* Regelungslücke im nationalen Recht, unterstellt dem Gesetzgeber gleichsam, er hätte in § 21 a BetrVG eine plan*volle* Lücke geschaffen. Wäre dem so, läge sogar ein bewusster Verstoß der Bundesrepublik Deutschland gegen das Europarecht vor, der in keinem Falle hinzunehmen ist, von der Gegenmeinung aber argumentativ sanktioniert wird.

15 Obgleich dem Bundesarbeitsministerium entsprechende **Gesetzgebungsvorschläge** zur Anpassung an das europäische Arbeitsrecht bekannt waren (z. B. § 118 b des *DGB*-Vorschlags zur Novellierung des BetrVG aus dem Jahre 1998[42]), hat es diese im Rahmen der BetrVG-Novellierung 2001 nicht aufgegriffen.[43] Die Gegner des Übergangsmandats gehen gerade auch deshalb sogar von einer »bewussten Regelungslücke« aus,[44] weshalb die analoge Anwendung anderer Bestimmungen (dazu Rn. 13) ausscheide.[45] Sie übersehen, dass sie selbst damit der Perpetuierung eines europarechtswidrigen Zustands das Wort reden. Zur Beseitigung der seit mehr als 10 Jahren eklatant gemeinschaftsrechtswidrigen Situation bliebe somit entweder die gemeinschaftsrechtskonforme Auslegung des § 21 a BetrVG (vgl. Rn. 14) oder die **unmittelbare Anwendung von Art. 6 der Betriebsübergangsrichtlinie,** um die Vertretungskontinuität eines PR zu wahren.[46] Auch das *BAG*[47] sah sich in der Lage, eine als korrekturbedürftig erachtete Rechtslage[48] bezüglich des Übergangsmandats für BR im Wege richterlicher Rechtsfortbildung zu ändern. Vor diesem Hintergrund handelt es sich bei den Judikaten des *LAG Köln*[49] um Akte der gemeinschaftsrechtswidrigen Ausübung deutscher Staatsgewalt nach Erlass der Richtlinie, was jedoch nach h. M. auch vor Ablauf der Richtlinienumsetzungsfrist nicht statthaft ist.[50]

---

35 Art. 5 der Betriebsübergangsrichtlinie, a. a. O., S. 1213; inhaltlich unverändert Art. 6 der Richtlinie 2001/23/EG v. 12.3.01 [ABl. EG Nr. L 82, S. 18].

36 HaKo-BetrVG/*Düwell*, § 21 a Rn. 25.

37 A. a. O., S. 1213; in Kraft belassen durch die Richtlinie v. 12.3.01, a. a. O.

38 So wohl auch im Ansatz die im Ergebnis wie in der Begründung allerdings unzutreffende Entscheidung des *LAG Köln* 10.3.00, PersR 00, 380.

39 Vgl. *Blanke*, PersR 00, 349 [355 f.]; *v. Roetteken*, NZA 01, 414 [421].

40 Ebenso HaKo-BetrVG/*Düwell*, § 21 a Rn. 27.

41 Vgl. insbes. GK-*Weber*, Rn. 10.

42 *DGB-Bundesvorstand* (Hrsg.), Novellierungsvorschläge des DGB zum Betriebsverfassungsgesetz 1972, 1998.

43 Zu den möglichen Gründen *Blanke*, Die Privatisierung von Dienststellen [insbesondere Dienststellenteilen] und das Übergangsmandat von Personalräten – rechtspolitischer Handlungsbedarf?, Rechtsgutachten im Auftrag der Hans-Böckler-Stiftung, 2000.

44 Vgl. nur Richardi-*Annuß*, Rn. 13.

45 Dagegen *Blanke*, ZfPR 01, 242 ff.

46 Dazu schon *Blanke*, PersR 00, 349 [356 ff.]; ablehnend GK-*Weber*, Rn. 9; zweifelhaft kann bei Art. 6 nur sein, *wie* das Übergangsmandat beschaffen ist (z. B. hinsichtlich seiner Dauer), nicht aber, dass es *dem Grunde nach* zu bejahen ist.

47 31.5.00, NZA 00, 1350.

48 Vgl. *BAG* 23.11.88, NZA 89, 433.

49 *LAG Köln* 10.3.00, PersR 00, 380 und 11.2.00, PersR 00, 378.

50 *Blanke*, PersR 00, 358 m. w. N.

Für den Inhalt **des anzuerkennenden allgemeinen Übergangsmandats** gilt folgendes[51]: **16**

- Der bisherige PR »mutiert« in personell unveränderter Zusammensetzung zum BR und übt seine Rechte nunmehr nach dem BetrVG aus; etwa weiter gehende Beteiligungsrechte nach bisher anzuwendendem PersVG entfallen;
- Bei Beschlussfassungen der Übergangsvertretung gilt nicht mehr das gruppenbezogene Beschlussfassungsrecht des PersVG, sondern § 33 BetrVG;
- Das Übergangsmandat dauert analog § 21 a BetrVG längstens sechs Monate[52];
- Der zum BR mutierte PR hat unverzüglich einen WV zu bestellen.[53]

IV. Inländische Betriebe internationaler/zwischenstaatlicher Organisationen

Die Vorschrift grenzt den Geltungsbereich des BetrVG gegenüber dem *deutschen* öffentlichen Dienst ohne Überschneidungen ab,[54] so dass **Betriebe ausländischer, internationaler oder zwischenstaatlicher Organisationen** oder ausländischer Staaten (Staatsbetriebe), die auf deutschem Staatsgebiet liegen, dem BetrVG unterfallen,[55] selbst wenn deren Rechtsträger eine ausländische juristische Person des dortigen öffentlichen Rechts ist. Sie sind eben nicht juristische Personen des **deutschen** öffentlichen Rechts, für die allein § 130 gilt.[56] Dasselbe folgt aus § 1 BPersVG, der nur die *inländischen* juristischen Personen des öff. Rechts der Geltung des PersVR unterwirft. Anders ist dies nur, wenn derartige Betriebe das Recht der Exterritorialität genießen, also so angesehen werden, als ob sie Teil des ausländischen Staatsgebietes sind (z. B. Botschaften)[57] oder wenn Sonderregelungen bestehen (dazu die nachfolgende Erl.). **17**

V. Inländische Einrichtungen der EU

Auf Betriebe/Verwaltungen der **EU** in Deutschland ist weder das BetrVG noch deutsches PersVR anzuwenden. Hier besteht vielmehr ein besonderes **gemeinschaftsrechtliches PersVR.**[58] **18**

VI. Inländische Betriebe ausländischer Streitkräfte

Auf die zivilen Beschäftigten bei den ausländischen Truppen in Deutschland findet zwar grundsätzlich das BPersVG Anwendung, allerdings nur in sehr eingeschränkter Form.[59] **19**

VII. Bundeswehr/Zivildienst/Freiwilligendienst

Vgl. zur Vertretung von Personen im Bereich der **Bundeswehr** die Erl. bei § 1 Rn. 18. **20**
Zivildienstleistende wählen einen **Vertrauensmann** (§ 37 ZDG i. V. m. § 2 ZDVG[60]; vgl. zur Frage der betriebsverfassungsrechtlichen AN-Eigenschaft der Zivildienstleistenden § 5 Rn. 149).[61] Personen, die den **Bundesfreiwilligendienst** leisten, vertreten ihre Interessen ge-

---

51 Dazu *Fitting*, Rn. 17 ff.; HaKo-BetrVG/*Düwell*, § 21 a Rn. 28.
52 Anders HaKo-BetrVG/*Düwell*, § 21 a Rn. 28, der drei Monate für erforderlich aber auch ausreichend hält, dabei jedoch verkennt, dass selbst zur erforderlichen Wahleinleitung und Mandatsausübung nunmehr Kenntnisse des BetrVG und der WO erworben werden müssen.
53 Anders HaKo-BetrVG/*Düwell*, § 21 a Rn. 29, der zwecks Vermeidung von Wahlfehlern zur gerichtlichen WV-Bestellung gem. § 16 Abs. 2 rät.
54 *Fitting*, Rn. 3.
55 *LAG Berlin* 31.8.92, BB 93, 141; Richardi-*Annuß*, Rn. 6; *Fitting*, Rn. 7; GK-*Weber*, Rn. 6; *GL*, Rn. 4; HWGNRH-*Hess*, Rn. 11.
56 Ebenso *LAG Berlin* 31.8.92, BB 93, 141.
57 Vgl. zum autonomen Personalvertretungsrecht bei internationalen Organisationen, das vom Prinzip der Allzuständigkeit der Personalvertretung geprägt ist, *Ullrich*, ZBR 90, 337 ff.
58 Vgl. Richardi-*Annuß*, Rn. 7; GK-*Weber*, Rn. 6; zu diesen gemeinschaftsrechtlichen Personalvertretungen *Rogalla*, Dienstrecht der Europäischen Gemeinschaften, 2. Aufl. 1992, S. 229 ff.
59 Näher dazu *Kissel*, NZA 96, 57 ff.; vgl. auch § 1 Rn. 21 ff.
60 Gesetz über den Vertrauensmann der Zivildienstleistenden v. 16.1.91, BGBl. I S. 47, 53.
61 Vgl. dazu näher die Erläuterungen bei *Altvater u. a.*, Anhang VI.

genüber der Einsatzstelle durch einen **Sprecher** (§ 10 BFDG)[62] nach Maßgabe einer dazu noch zu erlassenden RechtsVO.

§ 131 Berlin-Klausel
(gegenstandslos)

§ 132 Inkrafttreten

Dieses Gesetz tritt am Tag nach seiner Verkündung in Kraft.

1 Das Gesetz ist am 18.1.1972 im BGBl. I (S. 13 ff.) verkündet worden und somit in seiner ursprünglichen Fassung am 19.1.1972 in Kraft getreten (vgl. wegen der Besonderheiten in Bezug auf die **DDR** *4. Aufl. 1994*, Rn. 7 ff.; im Beitrittsgebiet trat das Gesetz am 3.10.1990 in Kraft).

2 Vgl. zum Inkrafttreten der späteren, das BetrVG ändernden Gesetze Einl. Rn. 33 ff.

3 Das **BetrVerf-ReformG** v. 23.7.2001[1] ist am 27.7.2001 im BGBl. verkündet worden und gemäß dessen Art. 14 am **28.7.2001 in Kraft getreten.** Art. 14 bestimmt außerdem, dass die neu gefassten §§ 9 (Zahl der BR-Mitglieder), 15 (Zusammensetzung und Geschlechterquote im BR) und 47 Abs. 2 (Entsendung in den GBR) für die am 28.7.2001 bestehenden BR erst bei deren Neuwahl gelten. Darunter sind allerdings nicht nur **Neuwahlen** im Zeitraum der regelmäßigen Wahlen nach § 13 Abs. 1 – also im Jahr 2002 – zu verstehen, sondern jede Neuwahl (z. B. nach § 13 Abs. 2), sofern diese nach Inkrafttreten des BetrVerf-ReformG erfolgte.

4 Art. 9 des Gesetzes zur Errichtung eines Bundesaufsichtsamtes für Flugsicherung und zur Änderung und Anpassung weiterer Vorschriften – BAFGEG v. 29.7.09,[2] durch den **§ 5 geändert** worden ist (zu den Einzelheiten § 5 Rn. 108 ff.), ist gem. Art. 17 des Gesetzes **am 4.8.09 in Kraft** getreten; die Bekanntmachung erfolgte am 3.8.09 im Bundesgesetzblatt.

---

62 Gesetz über den Bundesfreiwilligendienst v. 28.4.11, BGBl. I S. 687, in Kraft seit 3.5.11; Zivildienst- und Grundwehrdienstpflicht sind mit Wirkung seit dem 1.7.11 ausgesetzt. Wer gleichwohl freiwilligen Wehrdienst leistet, genießt gem. § 16 Abs. 7 ArbPlSchG n. F. (eingefügt durch Art. 6 WehrrechtsÄndG v. 28.4.11, BGBl. I S. 678) denselben Schutz wie seinerzeit Wehrpflichtige.

1 BGBl. I S. 1852.

2 BGBl. I S. 2424.

Anhang A

Erste Verordnung zur Durchführung des Betriebsverfassungsgesetzes (Wahlordnung – WO 2001) – Kommentierung

vom 11. Dezember 2001 (BGBl. I S. 3494.), zuletzt geändert durch Art. 2 der Verordnung vom 23. Juni 2004 (BGBl. I S. 1393).

Inhaltsübersicht

Vorbemerkungen

Mit dem am 28.7.2001 in Kraft getretenen **Gesetz zur Reform des Betriebsverfassungsgesetzes** (BetrVerf-ReformG) sind die Rechtsgrundlagen zur Wahl des Betriebsrats und der Jugend- und Auszubildendenvertretung grundlegend geändert worden. Hervorzuheben sind: der Wegfall der Gruppenregelungen für Angestellte und Arbeiter auch bei den Wahlgrundlagen, der nunmehr zwingend vorgeschriebene Mindestanteil des im Betrieb vorhandenen Minderheitsgeschlechts an der Gesamtzahl der BR-Mitglieder und das neu konzipierte vereinfachte Wahlverfahren für Kleinbetriebe. 1

Die **am 15.12.2001 in Kraft getretene WO** vom 11.12.2001[1] zu diesem Gesetz setzt die neuen Wahlvorschriften wahltechnisch um. Die neue WO ist auf der Grundlage des § 126 BetrVG vom Bundesminister für Arbeit und Sozialordnung mit Zustimmung des Bundesrates erlassen 2

1 BGBl. I S. 3494.

worden.[2] Die WO 2001 hat die WO 1972 gemäß § 43 Abs. 1 WO abgelöst (zur WO 1972 vgl. die Erl. in der 7. Aufl.). Bei der Einleitung der Wahl kann sich der Wahlvorstand dabei der im Betrieb vorhandenen **Informations- und Kommunikationstechnik (IuK-Technik)** bedienen, um etwa die Wählerliste und das Wahlausschreiben über das Intranet zusätzlich bekannt zu machen. Er wird aber auch die Nutzung der IuK-Technik zur Wahlwerbung durch die Wahlbewerber verstärkt im Auge behalten müssen, um Unregelmäßigkeiten auszuschließen. Im Unterschied zur 1. Wahlordnung zum Mitbestimmungsgesetz (§ 17 WOMitbestG) ist der Einsatz von Wahlgeräten bei der Betriebsratswahl nach wie vor nicht gesetzlich geregelt und deren Einsatz weiterhin ohne gesetzliche Legitimation.[3]

3 Die neue Wahlordnung wird vor allem durch den **Wegfall der Gruppenregelungen** für Angestellte und Arbeiter die Einleitung und Durchführung der Wahl zum Teil vereinfachen. Andererseits stellen die neuen Wahlgrundlagen die Rechtsanwender, insbesondere die Wahlvorstände, vor erhebliche Herausforderungen. So kann die Feststellung der gewählten BR-Mitglieder verschiedentlich auf Schwierigkeiten stoßen, wenn die Wahl nach den Grundsätzen der Verhältniswahl erfolgte und bei der Zuweisung der BR-Mandate der **Mindestanteil des Minderheitsgeschlechts** zu beachten ist. Auch das **vereinfachte Wahlverfahren,** das wesentlich zu einem Ansteigen der Zahl der BR in den Kleinbetrieben beitragen soll, ist trotz der Vorteile, die es bringt, in bestimmten Wahlphasen nicht immer leicht anzuwenden. So muss der in der ersten Wahlversammlung in einem bisher betriebsratslosen Betrieb gewählte WV noch in dieser Versammlung die Wählerliste erstellen, das Wahlausschreiben erlassen sowie Wahlvorschläge entgegennehmen und auf ihre Gültigkeit hin überprüfen.

4 Durch die Änderungen der WO und die zu ihr ergangenen Rechtsprechung, nicht zuletzt die Entscheidung des BAG vom 13.3.13[4] zur Berücksichtigung der Leih-AN, ist die BR-Wahl in vielen Betrieben leichter handhabbar geworden und nicht mehr so anfechtungsträchtig wie vor der Novellierung. Gleichwohl gibt es immer noch Betriebe, in denen die Betriebsleiter lieber keinen Betriebsrat sehen würden. Daher gilt nach wie vor, dass die **Wahlen sorgfältig vorzubereiten und durchzuführen sind.** Das setzt wiederum gründliche Schulungen der WV-Mitglieder voraus, damit Wahlanfechtungen auch in Zukunft so häufig wie möglich unterbleiben.

5 Die WO vom 11.12.2001 findet grundsätzlich auch auf die Wahlen zu den BR in den privatisierten Postunternehmen Anwendung. Abweichende Wahlregelungen ergeben sich aus der Verordnung zur Durchführung der Betriebsratswahlen bei den Postunternehmen (WOP) vom 22.2.2002.[5] Die Abweichungen betreffen wesentlich die bei den privatisierten Postunternehmen noch beschäftigten Beamten. Sie bilden bei der BR-Wahl neben der Gruppe der AN eine eigene Gruppe, es sei denn, dass die Mehrheit der Beamten vor der Wahl in geheimer Abstimmung auf die eigene Gruppenbildung verzichtet, so dass die BR-Wahl als gemeinsame Wahl beider Gruppen erfolgt (vgl. § 26 Nr. 1 PostPersRG, § 3 WOP). Die WOP enthält insbesondere die wahltechnischen Regelungen für den Fall, dass die BR-Wahl nicht als gemeinsame Wahl von Angestellten und Beamten erfolgt. Eine wesentliche wahlrechtliche Änderung hat das 1. Gesetz zur Änderung des PostPersRG[6] gebracht. Die in § 26 eingefügte Bestimmung ermöglicht es jeder Gruppe, Angehörige der anderen Gruppe zu wählen. Die gruppenfremden Wahlbewerber gelten im Falle ihrer Wahl als Angehörige der Gruppe, die sie gewählt hat (vgl. § 14 BetrVG, Rn. 37).

6 Für den Bereich der Seeschifffahrt und damit für die Wahl der Bordvertretung und des Seebetriebsrats (§§ 115, 116 BetrVG, § 42 WO) gilt die Zweite Verordnung zur Durchführung des Betriebsverfassungsgesetzes (Wahlordnung Seeschifffahrt – WOS –) vom 7.2.2002.[7] Sie hat die zuvor geltende Verordnung vom 24.10.1972[8] außer Kraft gesetzt.

---

2 Vgl. BR-Drucks. 838/01.
3 *Homburg*, AiB 10/13, 577 ff.
4 *BAG* 13.3.13 – 7 ABR 69/11.
5 BGBl. I S. 946.
6 BGBl. I S. 2774.
7 BGBl. I S. 594.
8 BGBl. I S. 2029.

Erster Teil
Wahl des Betriebsrats (§ 14 des Gesetzes)

Erster Abschnitt
Allgemeine Vorschriften

§ 1 Wahlvorstand

(1) Die Leitung der Wahl obliegt dem Wahlvorstand.

(2) Der Wahlvorstand kann sich eine schriftliche Geschäftsordnung geben. Er kann Wahlberechtigte als Wahlhelferinnen und Wahlhelfer zu seiner Unterstützung bei der Durchführung der Stimmabgabe und bei der Stimmenzählung heranziehen.

(3) Die Beschlüsse des Wahlvorstands werden mit einfacher Stimmenmehrheit seiner stimmberechtigten Mitglieder gefasst. Über jede Sitzung des Wahlvorstands ist eine Niederschrift aufzunehmen, die mindestens den Wortlaut der gefassten Beschlüsse enthält. Die Niederschrift ist von der oder dem Vorsitzenden und einem weiteren stimmberechtigten Mitglied des Wahlvorstands zu unterzeichnen.

Inhaltsübersicht

I. Aufgaben des Wahlvorstands

Die Wahlen des BR sind durch einen WV vorzubereiten und durchzuführen (vgl. insbes. § 18 Abs. 1 und 3 BetrVG). Jede BR-Wahl setzt somit die **Bildung eines WV** voraus (zur Bestellung des WV in einem Betrieb mit BR vgl. § 16; zur Bestellung des WV in einem Betrieb ohne BR vgl. § 17 und zur Bestellung des WV im vereinfachten Wahlverfahren vgl. § 17 a BetrVG). Eine ohne Bildung eines WV durchgeführte BR-Wahl macht die Wahl anfechtbar, nach hM sogar nichtig (vgl. § 18 BetrVG Rn. 1). Aber auch Fehler bei der Bildung und Zusammensetzung des WV können zur Anfechtung führen (vgl. § 16 BetrVG Rn. 34). Bei einer erheblich fehlerhaften Zusammensetzung des WV muss allerdings nicht zwangsläufig die Durchführung der Wahl und ihr Abschluss abgewartet werden, damit die Wahlanfechtung betrieben werden kann. Unter bestimmten Voraussetzungen kann der fehlerhaften Zusammensetzung des WV, wenn die Gefahr einer Anfechtung wegen eines solchen Mangels besteht, mit einer **einstweiligen Verfügung** während des Wahlverfahrens begegnet werden (vgl. § 16 BetrVG Rn. 30). Ein Antrag auf Ersetzung des WV ist aber erst dann gerechtfertigt, wenn sein Verhalten so unzweckmäßig oder unrechtmäßig ist, dass die Durchführung der Wahl gefährdet ist.[9] **1**

Das **Amt des WV beginnt mit der Mitteilung des BR** (ggf. des GBR oder des KBR, vgl. § 17 Abs. 1 BetrVG) an die Mitglieder des WV über ihre Bestellung. Sofern die Bestellung des WV durch die Betriebsversammlung erfolgt, beginnt das Amt mit dem Abschluss der Wahl durch die Versammlung. Nimmt das **ArbG** die Bestellung vor, tritt der Amtsbeginn mit der Benachrichtigung durch diese Stelle ein. Der WV ist von seiner Bestellung an **sofort handlungsfähig;** einer Konstituierung bedarf es nicht. **2**

Das **Amt des WV endet** mit der **konstituierenden Sitzung** des neu gewählten BR (vgl. § 16 BetrVG Rn. 21). Die einzelnen WV-Mitglieder können aber auch nach Ablauf des Amtes noch **Abwicklungsarbeiten** vornehmen. So können z. B. Wahlakten, sofern sie nicht dem neu gewählten BR in der konstituierenden Sitzung übergeben worden sind, dem BR zugeleitet werden oder das Büro des WV abgewickelt werden. Solange der WV im Amt ist, ist er **Beteiligter eines Beschlussverfahrens,** das sich gegen die Einleitung oder Durchführung der BR-Wahl richtet. Nach Erlöschen des Amtes ist der WV nicht mehr berechtigt, Rechtsmittel gegen einen zu seinen Ungunsten zurzeit seiner Tätigkeit ergangenen Beschluss einzulegen.[10] **3**

9 *LAG Niedersachsen* 20.2.04, NZA-RR 04, 640.
10 *BAG* 14.11.75, AP Nr. 1 zu § 19 BetrVG 1972.

4 Entscheidungen und Maßnahmen des WV können vor Abschluss der BR-Wahl selbstständig angefochten werden. Antragsberechtigt ist jeder, der durch die Maßnahme des WV in seinem aktiven oder passiven Wahlrecht betroffen wird.[11]

5 Die Einleitung und Durchführung der Wahl sowie die Feststellung des Wahlergebnisses obliegt dem WV als **Kollegialorgan.** Bei seinen Maßnahmen handelt der WV im Rahmen des Gesetzes und der WO nach **pflichtgemäßem Ermessen.** Die einzelnen WV-Mitglieder sind zwar verpflichtet, unter Berücksichtigung der Interessen des Betriebes und ihrer individuellen Fähigkeiten die WV-Tätigkeit möglichst zügig und effektiv auszuführen. Der AG ist jedoch nicht berechtigt, den WV hinsichtlich der von ihm zu leistenden Tätigkeit ein Stundenkontingent vorzugeben.[12]

6 Bei ihrer Tätigkeit sind der WV und seine Mitglieder nach § 20 Abs. 1 und 2 BetrVG **umfassend geschützt.** Das gilt selbst dann, wenn der WV nicht rechtmäßig zustande gekommen ist. Der AG darf auch in einem solchen Falle die Arbeit des WV nicht eigenmächtig behindern. Er muss vielmehr durch das ArbG feststellen lassen, dass der WV nicht ordnungsgemäß zustande gekommen ist.[13] Zum Kündigungsschutz und Versetzungsschutz für WV-Mitglieder vgl. § 103 BetrVG Rn. 10 ff., 64 ff. und § 15 KSchG.

7 Für die Handlungsfähigkeit des WV ist ein **Vorsitzender** erforderlich. In den Fällen, in denen der BR (GBR oder KBR, vgl. § 17 Abs. 1 des Gesetzes) den WV bestellt, beruft er auch dessen Vorsitzenden (vgl. § 16 Abs. 1 BetrVG). In Betrieben ohne BR erfolgt die Bestellung des WV-Vorsitzenden entweder durch den GBR bzw. KBR (§ 17 Abs. 1 i. V. m. § 16 Abs. 1 Satz 1 des Gesetzes), die Betriebsversammlung (§ 17 Abs. 2 i. V. m. § 16 Abs. 1 Satz 1 des Gesetzes), die Wahlversammlung im vereinfachten Wahlverfahren (§ 17 a Nr. 3 i. V. m. § 17 Abs. 2, § 16 Abs. 1 Satz 1 des Gesetzes) oder durch das ArbG (§ 16 Abs. 2 i. V. m. § 16 Abs. 1 Satz 1 des Gesetzes). Haben die genannten Stellen keinen Vorsitzenden bestellt, ist dieser durch den **WV selbst zu wählen.** Der WV kann einen **geschäftsführenden Ausschuss** bilden. Vor allem in größeren Betrieben mit einem entsprechend großen WV kann das zur Vorbereitung der Sitzungen und der für die Wahl einzusetzenden technischen Mittel sinnvoll sein. In kleineren Betrieben mit entsprechend zahlenmäßig kleinem WV wird dieser dagegen immer in voller Besetzung tätig werden (vgl. etwa beim vereinfachten Wahlverfahren den Ausschluss von § 16 Abs. 1 Satz 2 mit der Folge, dass in diesem Verfahren der WV immer aus drei Mitgliedern besteht). Entscheidungen, insbes. die erforderlichen Beschlussfassungen, obliegen jedoch dem WV insgesamt.

8 Der Vorsitzende vertritt den WV im **Rahmen der gefassten Beschlüsse;** er ist Vertreter in der Erklärung, nicht im Willen.[14] Er vertritt ihn auch in Rechtsstreitigkeiten, bei denen der WV Beteiligter ist. Der **WV-Vorsitzende** kann schriftliche Erklärungen, sonstige Schreiben und E-Mails **grundsätzlich allein unterzeichnen.** Dies gilt jedoch nicht für das Wahlausschreiben (§ 3 WO), die Sitzungsniederschrift (§ 1 Abs. 3 WO) und die Niederschrift über das Wahlergebnis (§ 16 WO). Erklärungen gegenüber dem WV müssen nicht unbedingt gegenüber dem Vorsitzenden abgegeben werden, sondern sind auch wirksam, wenn sie anderen WV-Mitgliedern zugehen. Erklärungen gegenüber dem WV dürfen jedoch nicht an jedem beliebigen Ort abgegeben werden, sondern grundsätzlich nur an der **Betriebsadresse** des WV. Das gilt insbes. für Einsprüche und Wahlvorschläge.

II. Geschäftsführung und Beschlussfassung

9 Der WV kann sich eine **Geschäftsordnung** geben. Ihr Erlass ist nicht zwingend vorgeschrieben. Gibt sich der WV eine Geschäftsordnung, ist für ihre Wirksamkeit die Schriftform erforderlich.[15] Die Geschäftsordnung muss sich im Rahmen der Bestimmungen des BetrVG und

---

11 *BAG* 15.12.72, AP Nr. 1 zu § 14 BetrVG 1972.
12 *LAG Schleswig-Holstein* 15.12.04 AuR 05, 77.
13 *LAG Hamm* vom 30.3.10 – 13 TaBVGa 8/10, hier im Streit um einen Zuordnungstarifvertrag; *ArbG Detmold* 24.8.78, BB 79, 783.
14 *Fitting,* Rn. 5; GK-*Kreutz,* Rn. 6.
15 *Fitting,* Rn. 3.

der WO halten. Die Geschäftsordnung kann im Einzelnen etwa regeln: Form und Frist für die Einberufung zu Sitzungen des WV; Festlegung fester Sitzungstage; Form der Abstimmungen; Ordnung in den Sitzungen.

Die **Sitzungen** des WV finden, soweit nicht die Geschäftsordnung nähere Regelungen trifft, **nach Bedarf statt.** Zu den Sitzungen lädt der Vorsitzende in entsprechender Anwendung des § 29 Abs. 2 BetrVG unter Mitteilung der Tagesordnung rechtzeitig ein. Zu den Sitzungen des WV innerhalb der ersten Wahlversammlung beim vereinfachten Wahlverfahren nach § 14 a Abs. 1 Satz 2 BetrVG vgl. § 30 WO Rn. 7. An die Rechtzeitigkeit der Einladung sind allerdings nicht so hohe Anforderungen zu stellen wie beim BR. Das ergibt sich bereits daraus, dass der WV erforderlichenfalls sehr kurzfristig zusammentreten muss, wie beispielsweise wegen einer Entscheidung über die Gültigkeit von Wahlvorschlägen. **10**

Die Sitzungen des WV finden grundsätzlich **innerhalb der Arbeitszeit** statt. Ein Entgeltausfall darf nicht eintreten. Weder das Gesetz noch die WO schreiben vor, dass die Sitzungen des WV nicht öffentlich sind. Der WV kann daher nach pflichtgemäßem Ermessen entscheiden, ob er eine Sitzung ganz oder teilweise öffentlich durchführen will (vgl. im Übrigen § 30 WO Rn. 7).[16] Dabei ist allerdings zu sehen, dass der Begriff der Öffentlichkeit nur den **Bereich des Betriebs** selbst umfasst, nicht aber Außenstehende. Solchen Personen ist der Zutritt auch dann nicht gestattet, wenn der WV beschlossen hat, eine Sitzung ganz oder teilweise öffentlich durchzuführen. Im Übrigen ist die Sitzung, in der nach Abschluss der Wahl die Auszählung der Stimmen vorgenommen werden muss, immer öffentlich i. S. d. Betriebsöffentlichkeit (vgl. § 13 WO Rn. 4 ff.). **11**

Eine Sitzung des WV wird nicht dadurch zu einer öffentlichen Sitzung, dass der WV andere Personen wie etwa Auskunftspersonen, Sachverständige oder Vertreter von Gewerkschaften hinzuzieht, weil nach Auffassung des WV die Hinzuziehung sachlich erforderlich ist.[17] Auch die Teilnahme einer Schreibkraft an den Sitzungen des WV führt nicht zur Herstellung der Öffentlichkeit. **12**

Der WV trifft seine Entscheidungen durch **Beschluss.** Das gilt in erster Linie für die Fragen, die die **Vorbereitung und Durchführung** der Wahl betreffen, z. B. Entscheidungen über Einsprüche (§ 4 Abs. 2 WO), die Gültigkeit eines Wahlvorschlags (§ 7 Abs. 2 WO) oder die Gültigkeit von abgegebenen Stimmzetteln (§ 14 Abs. 1 WO). Beschlüsse können aber auch über **Geschäftsordnungsfragen** gefasst werden. Gehören dem WV Beauftragte der im Betrieb vertretenen Gewerkschaften nach § 16 Abs. 1 Satz 6 BetrVG an, sind diese nicht berechtigt, an Beschlussfassungen teilzunehmen (vgl. Rn. 15).[18] **13**

Entscheidungen, die der **Vorsitzende allein** treffen kann, z. B. die Einladung eines Ersatzmitglieds zu einer Sitzung, sind **keine Beschlüsse.** Beschlüsse sind vielmehr Entscheidungen, die der **WV durch Abstimmung** zu treffen hat. Eine Beschlussfassung des WV im Umlaufverfahren ist unzulässig.[19] Es ist nicht erforderlich, dass in einer Sitzung alle WV-Mitglieder anwesend sind. Sie müssen jedoch ordnungsgemäß geladen worden sein. **14**

Für die Beschlüsse des WV reicht die **einfache Mehrheit** aus. **Stimmenthaltung** gilt als Ablehnung. Bei einem aus drei Mitgliedern bestehenden WV müssen somit mindestens zwei Mitglieder zustimmen, bei einem (erweiterten) aus fünf Mitgliedern bestehenden WV mindestens drei Mitglieder. An der Beschlussfassung dürfen sich nur die **stimmberechtigten WV-Mitglieder** beteiligen. Damit ist ausdrücklich klargestellt, dass der von einer im Betrieb vertretenen Gewerkschaft nach § 16 Abs. 1 Satz 6 BetrVG entsandte **nicht stimmberechtigte Beauftragte** an der Beschlussfassung des WV nicht teilnehmen darf. Zugleich wird deutlich, dass nicht nur die Beschlussfassung, sondern auch die Durchführung der Wahl weiterhin allein Aufgabe der stimmberechtigten Mitglieder des WV ist. **15**

Über jede Sitzung des WV ist eine **Niederschrift** anzufertigen. Sie ist von dem Vorsitzenden und einem weiteren stimmberechtigten Mitglied, zweckmäßigerweise durch den Protokollführer, zu unterzeichnen. Mindestinhalt des Protokolls ist der Wortlaut der gefassten Be- **16**

---

16 A. A. *Fitting,* Rn. 6; Richardi-*Thüsing,* Rn. 13.
17 *Fitting,* Rn. 6; GK-*Kreutz,* Rn. 11; Richardi-*Thüsing,* Rn. 13.
18 *Fitting,* zu § 16 Rn. 52 ff.
19 *Fitting,* Rn. 5; Richardi-*Thüsing,* Rn. 7.

schlüsse. Das Fehlen einer Sitzungsniederschrift hat jedoch keinen Einfluss auf die Wirksamkeit der gefassten Beschlüsse.[20]

III. Wahlhelfer

17 Der WV kann zu seiner Unterstützung **Wahlhelfer** bestellen. Das gilt jedoch nur für die Durchführung der Stimmabgabe und der Stimmenzählung, also innerhalb des Bereichs der Wahlhandlung. Hilfskräfte zur Durchführung anderer Aufgaben, wie etwa Schreibkräfte zur Protokollierung, sind keine Wahlhelfer.

18 Der WV bestimmt allein, **wie viele** Wahlhelfer benötigt werden und wen er im Einzelnen heranziehen will. Ihre **Auswahl** steht somit im Ermessen des WV.[21] Das Einvernehmen mit dem AG ist nicht erforderlich. Dieser ist jedoch über die Bestellung der Wahlhelfer zu informieren, damit er sich darauf einrichten kann, dass diese für die Zeit der Wahlhandlung ihren Arbeitsplatz verlassen. Die **Kosten** für die Tätigkeit der Wahlhelfer, einschließlich der Fortzahlung des Arbeitsentgelts während ihrer Tätigkeit, trägt der AG nach § 20 Abs. 3 BetrVG. Für die Wahlhelfer gilt zwar nicht der besondere Kündigungsschutz nach § 15 Abs. 3 KSchG und § 103 BetrVG. Es findet jedoch der Wahlschutz nach § 20 Abs. 1 und 2 BetrVG Anwendung, wonach niemand die BR-Wahl behindern und durch Zufügung oder Androhung von Nachteilen oder durch Gewährung oder Versprechen von Vorteilen beeinflussen darf.[22]

19 Zu Wahlhelfern können nur **wahlberechtigte AN** des Betriebs bestellt werden. Es besteht keine zwingende Verpflichtung, das Amt als Wahlhelfer zu übernehmen.[23] Sie sind weder Mitglieder noch Ersatzmitglieder des WV. Deshalb können sie auch nicht für den WV handeln und für ihn Erklärungen abgeben oder entgegennehmen. An den Sitzungen des WV nehmen sie nur teil, wenn diese öffentlich abgehalten werden (vgl. Rn. 11) oder der WV ihnen die Anwesenheit gestattet hat. Das kann insbes. deswegen geschehen, damit sie über ihre Aufgaben bei der Wahlhandlung im Einzelnen informiert werden.

20 Streitigkeiten über die Tätigkeit und Zuständigkeit des WV werden vor dem ArbG im Beschlussverfahren ausgetragen (§§ 2 a, 80 ff. ArbGG). Der WV ist Beteiligter des Beschlussverfahrens, solange er noch im Amt ist. Nach Durchführung der BR-Wahl kommt nur noch die Anfechtung oder die Geltendmachung der Nichtigkeit der Wahl in Betracht. Es ist jedoch grundsätzlich möglich, Entscheidungen und Maßnahmen des WV noch vor Abschluss der BR-Wahl selbstständig anzugreifen (vgl. § 19 BetrVG Rn. 16 ff.).

§ 2 Wählerliste

(1) Der Wahlvorstand hat für jede Betriebsratswahl eine Liste der Wahlberechtigten (Wählerliste), getrennt nach den Geschlechtern, aufzustellen. Die Wahlberechtigten sollen mit Familienname, Vorname und Geburtsdatum in alphabetischer Reihenfolge aufgeführt werden. Die nach § 14 Abs. 2 Satz 1 des Arbeitnehmerüberlassungsgesetzes nicht passiv Wahlberechtigten sind in der Wählerliste auszuweisen.

(2) Der Arbeitgeber hat dem Wahlvorstand alle für die Anfertigung der Wählerliste erforderlichen Auskünfte zu erteilen und die erforderlichen Unterlagen zur Verfügung zu stellen. Er hat den Wahlvorstand insbesondere bei Feststellung der in § 5 Abs. 3 des Gesetzes genannten Personen zu unterstützen.

(3) Das aktive und passive Wahlrecht steht nur Arbeitnehmerinnen und Arbeitnehmern zu, die in die Wählerliste eingetragen sind. Wahlberechtigten Leiharbeitnehmerinnen und Leiharbeitnehmern im Sinne des Arbeitnehmerüberlassungsgesetzes steht nur das aktive Wahlrecht zu (§ 14 Abs. 2 Satz 1 des Arbeitnehmerüberlassungsgesetzes).

(4) Ein Abdruck der Wählerliste und ein Abdruck dieser Verordnung sind vom Tage der Einleitung der Wahl (§ 3 Abs. 1) bis zum Abschluss der Stimmabgabe an geeigneter Stelle

20 *Fitting*, Rn. 7; Richardi-*Thüsing*, Rn. 16.
21 *LAG Hamm* 29.9.61, DB 61, 1491; *Fitting*, Rn. 4; *Rudolph*, AiB 98, 67.
22 *Fitting*, Rn. 4; *Rudolph*, AiB 98, 68.
23 *Fitting*, Rn. 4.

im Betrieb zur Einsichtnahme auszulegen. Der Abdruck der Wählerliste soll die Geburtsdaten der Wahlberechtigten nicht enthalten. Ergänzend können der Abdruck der Wählerliste und die Verordnung mittels der im Betrieb vorhandenen Informations- und Kommunikationstechnik bekannt gemacht werden. Die Bekanntmachung ausschließlich in elektronischer Form ist nur zulässig, wenn alle Arbeitnehmerinnen und Arbeitnehmer von der Bekanntmachung Kenntnis erlangen können und Vorkehrungen getroffen werden, dass Änderungen der Bekanntmachung nur vom Wahlvorstand vorgenommen werden können.

(5) Der Wahlvorstand soll dafür sorgen, dass ausländische Arbeitnehmerinnen und Arbeitnehmer, die der deutschen Sprache nicht mächtig sind, vor Einleitung der Betriebsratswahl über Wahlverfahren, Aufstellung der Wähler- und Vorschlagslisten, Wahlvorgang und Stimmabgabe in geeigneter Weise unterrichtet werden.

Inhaltsübersicht

I. Aufstellung der Wählerliste

1 Mit der **Aufstellung des Wählerverzeichnisses** (Wählerliste), dem für eine ordnungsgemäße Durchführung der Wahl wesentliche Bedeutung zukommt, hat der WV unverzüglich nach seiner Bestellung zu beginnen. Das Wählerverzeichnis muss **spätestens** bei Erlass des Wahlausschreibens fertig sein, weil es von diesem Zeitpunkt an auszulegen ist. Zur Anfertigung der Wählerliste beim zweistufigen vereinfachten Wahlverfahren vgl. § 30 WO Rn. 1 ff. Zu dem ab dem 1.1.1989 geltenden **Abstimmungsverfahren nach § 18 a BetrVG**, wie es zwischen dem WV für die Durchführung der BR-Wahl und dem WV für die Durchführung der Wahl für den SpA vor Erlass des Wahlausschreibens durchzuführen ist, vgl. Rn. 8.

2 In der Wählerliste sind alle **Wahlberechtigten** (vgl. § 7 BetrVG) aufzuführen. Dabei ist darauf hinzuweisen, dass die Leih-AN nach dem AÜG trotz ihrer Wahlberechtigung (vgl. § 7 Satz 2 des Gesetzes) und der dadurch erforderlichen Aufnahme in die Wählerliste nicht das passive Wahlrecht besitzen (vgl. § 14 Abs. 2 Satz 1 AÜG). Der Hinweis ist erforderlich, weil die Aufstellung von Wahlbewerbern ggf. auch anhand der Wählerliste erfolgt (vgl. auch Rn. 4). Hinsichtlich des aktiven Wahlrechts hat der WV bei einem noch nicht 3 Monate beschäftigten Leih-AN zu prüfen, ob die Beschäftigung **voraussichtlich länger als 3 Monate** dauert. Ist das der Fall, steht ihm das Wahlrecht ab dem 1. Tag der Beschäftigung im Entleiherbetrieb zu.[24]

3 Bei der Aufstellung der Wählerliste hat der WV, soweit nicht bereits geschehen, sorgfältig zu prüfen, ob **Betriebsteile** als selbstständige Betriebe i. S. d. § 4 BetrVG gelten oder ob ein Beschluss von AN eines Betriebsteils, in dem kein BR besteht, mit der Folge vorliegt, dass diese an der Wahl des BR zum Hauptbetrieb teilnehmen (§ 4 Abs. 1 Satz 2 – 4 BetrVG; danach kann der AG im Wege der einstweiligen Verfügung eine Korrektur der Wählerliste bzw. – wenn das Wahlausschreiben neu erlassen werden muss – einen Neuerlass des Wahlausschreibens mit der Folge einer Verschiebung des Wahltermins erreichen, wenn der WV den Begriff des selbstständigen Betriebes i. S. d. § 4 BetrVG verkannt und deshalb eine fehlerhafte Wählerliste aufgestellt hat, allerdings auch nur, wenn der Eintritt einer betriebsratslosen Zeit nicht zu befürchten ist).[25] Ebenfalls ist auf die Bildung anderer Betriebsratsstrukturen als gesetzlich vorgesehen durch Tarif oder BV gemäß § 3 BetrVG zu achten. Die Verkennung einer solchen Zuordnungsvereinbarung führt zur Anfechtbarkeit der BR-Wahl.[26]

4 In der Wählerliste sind die Wahlberechtigten mit **Familienname, Vorname und Geburtsdatum** getrennt nach Geschlechtern in **alphabetischer Reihenfolge** aufzuführen (die Angabe der Gruppenzugehörigkeit – Arbeiter oder Angestellter – erfolgt nicht mehr).[27] Die nach Gesetz

24 *Fitting*, Rn. 3 m. w. N.
25 Vgl. *ArbG Aachen* 14.3.94, AuA 94, 253.
26 *BAG* 13.3.13 – 7 ABR 70/11.
27 Vgl. BR-Drucks. 838/01, S. 28.

erforderliche Trennung nach Geschlechtern kann durch die Erstellung von zwei verschiedenen Listen in alphabetischer Reihenfolge erfolgen. Es genügt aber auch jede andere erkennbare Trennung nach Geschlechtern, solange die notwendige Unterscheidung erfolgt. Insgesamt handelt sich zwar bei all diesen Angaben nur um eine Soll-Vorschrift. Da aber die einzelnen AN in der Wählerliste hinreichend identifizierbar und voneinander zu unterscheiden sein müssen, ist die Angabe von Familienname, Vorname und Geburtsdatum notwendig. Der WV ist daher grundsätzlich verpflichtet, entsprechend zu verfahren.[28] Eine **andere Reihenfolge** der Wahlberechtigten ist jedoch **zulässig,** wenn sie nach den betrieblichen Gepflogenheiten zweckmäßiger ist, so z. B. eine Reihenfolge nach der Personalnummer oder der Schichtnummer.[29] Seit dem 1. 1. 1989 genügt es, dass nur noch das beim WV befindliche Original der Wählerliste die Geburtsdaten der Wahlberechtigten enthält, nicht aber der öffentlich einsehbare Abdruck der Wählerliste, vgl. Rn. 12.

5 Die WO legt lediglich fest, dass bei den Leih-AN nach § 14 Abs. 2 Satz 1 AÜG anzugeben ist, dass sie nicht das passive Wahlrecht besitzen (Abs. 1 Satz 3). Die Regelung des Abs. 1 Satz 3 bezieht sich nur auf Leih-AN nach dem AÜG. Andere AN nach § 7 Satz 2 BetrVG, wie z. B. Leih-AN im Rahmen einer **Konzernleihe,** werden von dieser Vorschrift nicht erfasst.[30] Andererseits können Wahlberechtigung und Wählbarkeit durchaus **auseinander fallen** (vgl. §§ 7, 8 BetrVG), so dass die Wähler durch die Einsichtnahme in die Wählerliste in die Lage versetzt werden sollen, Wahlvorschläge aufzustellen. Daher kann eine entsprechende allgemeine Kennzeichnung **zweckmäßig** sein. Der WV kann dabei die wählbaren oder auch die nicht wählbaren AN kennzeichnen (zweckmäßig dürfte die Kennzeichnung letzterer sein, da sie regelmäßig die Minderzahl darstellen).

6 In der Wählerliste (zweckmäßigerweise in einer Kopie) ist auch zu vermerken, **welchen AN** Unterlagen für die schriftliche Stimmabgabe ausgehändigt bzw. übersandt worden sind (§ 24 WO). Benötigt der WV, insbes. im Zusammenhang mit der schriftlichen Stimmabgabe, die Privatadressen der wahlberechtigten AN, hat der AG diese im Rahmen seiner Unterstützungspflicht nach Abs. 2 (hierzu vgl. Rn. 15 f.) an den WV herauszugeben.[31] **Datenschutzrechtliche Bedenken** bei der Weitergabe der privaten Adressen der Arbeitnehmer durch den AG an den WV bestehen nicht.[32] Die Herausgabe erforderlicher Privatadressen kann ggf. durch eine **einstweilige Verfügung** durchgesetzt werden.[33] Die Herausgabe aller erforderlichen Daten kann der Arbeitgeber nur verweigern, wenn die anstehende BR-Wahl droht nichtig zu sein[34]. Hier hat der AG aber keinen weiten Ermessenspielraum, sondern muss im Zweifelsfall die Liste der Arbeitnehmer mit allen erforderlichen Daten herausgeben; nur bei besonders groben und offensichtlichen Fehlern kann eine Herausgabe von Informationen durch den AG verweigert werden[35].

7 Die Feststellung der Wahlberechtigung sowie die damit verbundene Abgrenzung zum Personenkreis nach § 5 Abs. 3 BetrVG nimmt **allein der WV** vor. Jede Beeinflussung des WV, insbes. durch den AG, hat zu unterbleiben. Zu den Pflichten des AG auf Erteilung der erforderlichen Auskünfte und Unterlagen vgl. Rn. 15 f.

8 Der WV hat die Wählerliste von Amts wegen **laufend zu berichtigen und zu ergänzen.** Für bestimmte Ergänzungen gilt das auch noch nach Ablauf der Einspruchsfrist nach § 4 Abs. 1 WO (vgl. § 4 WO Rn. 22 f.). Zur Möglichkeit des Einspruchs gegen die Wählerliste und der dann erforderlichen Entscheidung des WV vgl. § 4 WO und die dortigen Erl.

9 Liegen die **Voraussetzungen des § 18 a BetrVG** vor, insbes. also in den Fällen der zeitgleichen Einleitung der Wahlen des BR und des SpA, haben sich beide WV unverzüglich nach Aufstellung der Wählerliste gegenseitig darüber zu unterrichten, welche Angestellten sie dem

28 Vgl. *Fitting,* Rn. 4.
29 *Fitting,* Rn. 5; GK-*Kreutz,* Rn. 5.
30 *Fitting,* Rn. 5.
31 *LAG Baden-Württemberg* 30. 10. 92 – 1 TaBV 2/92; *LAG Hamburg* 3. 3. 87 – 3 TaBV 1/87; *ArbG Leipzig* 24. 02. 06 – 3 BVGa 5/06.
32 *LAG Berlin* 28. 6. 84 – 12 TaBV 3/84, DB 1984, 1936 ff.; *LAG Baden-Württemberg,* a. a. O.
33 *LAG Berlin,* a. a. O.
34 *LAG Hessen* 9. Kammer vom 20. 2. 14 – 9 TaBVGa 11/14.
35 *LAG Schleswig-Holstein* 3. Kammer vom 2. 4. 14 – 3 TaBVGa 2/14.

Personenkreis der leitenden Angestellten zugeordnet haben. Diese Abstimmung hat **spätestens zwei Wochen vor Einleitung der Wahlen,** somit vor dem Erlass des Wahlausschreibens, zu erfolgen (vgl. § 18 a BetrVG und die dortigen Erl.).

Vom Tage der Einleitung der Wahl (Erlass des Wahlausschreibens; vgl. § 3 Abs. 1 WO) sind die Wählerliste und ein Abdruck der WO bis zum Abschluss der Stimmabgabe an geeigneter Stelle im Betrieb zur **Einsichtnahme auszulegen.** Die Auslegung sollte beim WV (Betriebsadresse) oder auch im BR-Büro vorgenommen werden. Es ergibt sich aus der Größe und Organisation des Betriebs, ob und inwieweit eine Auslegung der Wählerliste bzw. ein Abdruck der WO an weiteren Stellen des Betriebs (Pförtner, Meisterbüro, unselbstständige Nebenbetriebe, Großbaustellen u. Ä.) in Betracht kommt. Der WV hat darüber einen Beschluss zu fassen. **10**

Nach Abs. 4 Satz 3, 4 können der Abdruck der Wählerliste und die WO **alternativ** oder **kumulativ** mittels der im Betrieb vorhandenen Informations- und Kommunikationstechnik (IuK-Technik) bekannt gemacht werden. Der Begriff der IuK-Technik ist **weit auszulegen** und erfasst alle einschlägigen technischen Möglichkeiten. Es geht um die Gesamtheit der zur Informationsbe- und verarbeitung zur Verfügung stehenden Geräte und Anlagen, der zur elektronischen Übermittlung von Daten und Informationen dienenden Leitungs- und Verbindungsnetze sowie der verschiedenen Übermittlungsdienste.[36] **11**

Eine Bekanntmachung **ausschließlich** in elektronischer Form ist nur zulässig, wenn der WV sicherstellt, dass alle AN (nicht nur die in der Wählerliste eingetragenen AN)[37] von der Bekanntmachung Kenntnis erlangen können und Änderungen bzw. Ergänzungen ausschließlich vom WV vorgenommen werden können. Eine ausschließliche Bekanntmachung der Wählerliste und der WO in elektronischer Form kommt daher nur in Betracht, wenn jeder AN des Betriebs Zugriff auf einen PC mit betrieblichem Netzzugang (Intranet) hat.[38] Überdies muss sichergestellt sein, dass jede **Änderung und Ergänzung** (beispielsweise bei Eintritt eines AN in den Betrieb vor dem Wahltag) gleichfalls auf elektronischem Wege bekannt gemacht wird, und zwar ausschließlich durch den WV (Abs. 4 Satz 4: »Änderungen … nur vom Wahlvorstand«). Es ist daher mit Hilfe eines **Passwortes** zu gewährleisten, dass ausschließlich die Mitglieder des WV Zugriffs- und Änderungsrechte für die entsprechenden Intranet-Seiten haben.[39] Die ausschließliche Bekanntmachung der in Abs. 4 Satz 1 erwähnten Wahlunterlagen in elektronischer Form wird in der Praxis daher die **Ausnahme** sein. **12**

Von der in der WO vorgesehenen Möglichkeit einer **ergänzenden Bekanntmachung** der Wählerliste und der WO in elektronischer Form wird dagegen in den Betrieben voraussichtlich zunehmend Gebrauch gemacht werden. Sie kommt in Betracht, wenn zwar nicht alle AN über die technischen Einrichtungen und Kenntnisse verfügen, aber die zusätzliche elektronische Bekanntmachung einer **Vereinfachung** dient.[40] Die zusätzliche elektronische Bekanntmachung kann sogar sicherstellen, dass bestimmte Arbeitnehmergruppen, wie **Außendienstmitarbeiter,** möglichst schnell, etwa durch E-Mail, von der Bekanntmachung erfahren und nicht erst die betrieblichen Stellen aufsuchen müssen, an denen die Wählerliste und WO ausliegen. In diesem Zusammenhang ist zu erwähnen, dass die elektronische Bekanntmachung die Möglichkeit der Kenntnisnahme in dem **gleichen Umfang** bieten muss wie eine herkömmliche Bekanntmachung.[41] Die Arbeitnehmer müssen somit dauerhaft oder doch zumindest regelmäßig und ungestört auf die elektronischen Bekanntmachungen zurückgreifen können.[42] Erforderlich ist aber immer neben der ergänzenden Bekanntmachung in elek- **13**

---

36 *Schneider/Wedde,* AuR 1 – 2/07, 27.
37 Vgl. *Schneider/Wedde,* AuR 1 – 2/07, 28.
38 *Fitting,* Rn. 11: alle AN müssen Zugang durch ihren eigenen PC haben oder zu einem für alle AN allgemein zugänglichen PC nebst Bedienungsanleitung; Richardi-*Thüsing,* Rn. 16: die gemeinsame Nutzungsmöglichkeit eines PC durch mehrere AN genügt.
39 Richardi-*Thüsing,* a. a. O., die darauf hinweisen, dass WV-Mitgliedern die erforderlichen technischen Kenntnisse fehlen können, so dass bei Änderungen bzw. Ergänzungen durch andere Personen als WV-Mitgliedern sicherzustellen sei, etwa durch einen doppelten Zugangscode, dass bei jedem ändernden Zugriff auf die Intranet-Seiten ein Mitglied des WV anwesend ist.
40 Vgl. dazu *Wedde,* CF 05, 35 [36], sowie CuA 4/09, 26 f.
41 *Janzen,* DB 06, 334 [335].
42 *Wedde,* CF 05, 35 [37].

tronischer Form das **Auslegen** der Wählerliste und der WO an allgemein zugänglichen Stellen im Betrieb, wobei in kleineren Betrieben eine entsprechende Stelle genügen kann. Auch bei der ergänzenden Bekanntmachung ist sicherzustellen, dass **kein Unbefugter** Änderungen an der Wählerliste vornehmen kann, sondern allein der WV.[43] Will der WV die (zusätzliche) Bekanntmachung der in Abs. 4 Satz 1 vorgesehenen Wahlunterlagen in elektronischer Form vornehmen, ist der Arbeitgeber verpflichtet, die im Betrieb vorhandene Informations- und Kommunikationstechnik **zur Verfügung zu stellen.** Davon werden grundsätzlich alle technischen Möglichkeiten erfasst, die dem WV ein rationelles Arbeiten bei der Einleitung und Durchführung der Wahl ermöglichen und deren Anwendung er als erforderlich ansieht (vgl. auch § 40 BetrVG Rn. 97).[44] Die in Abs. 2 Satz 1 zum Ausdruck kommende allgemeine Verpflichtung des Arbeitgebers, den WV bei der Erstellung der Wählerliste zu unterstützen, umfasst auch den Anspruch des WV, dass ihm die **Mailing-Liste** der AN des Betriebs zur Verfügung gestellt wird, es sei denn, der WV will die elektronische Bekanntmachung von vornherein auf bestimmte AN-Gruppen, wie etwa Außendienstmitarbeiter, begrenzen. In diesem Fall beschränkt sich der Anspruch des WV auf die Mailing-Adressen der entsprechenden AN. Die Entscheidung darüber, ob und inwieweit eine elektronische Bekanntmachung auf bestimmte AN-Gruppen beschränkt sein soll, obliegt **allein dem WV.** Er hat darüber einen Beschluss zu fassen. Die Verpflichtung des AG auf Zurverfügungstellung der im Betrieb vorhandenen Informations- und Kommunikationstechnik umfasst nicht nur das Recht des WV auf **ungestörten Zugang** zu dieser Technik, sondern verpflichtet den AG zugleich zu einer ggf. erforderlichen **Hilfestellung** durch eigene oder externe Techniker.[45]

14 Soweit Bekanntmachungen des WV nach Abs. 4 oder nach anderen Bestimmungen der WO (vgl. insbesondere § 3 Abs. 4 zur Bekanntgabe des Wahlausschreibens) in elektronischer Form erfolgen, setzt das zu ihrer Wirksamkeit **kein qualifiziert signiertes Dokument** i. S. d. § 126 a Abs. 1 BGB, § 2 Nr. 3 SignaturG voraus.[46] Nach § 126 a Abs. 1 BGB muss ein Dokument, bei dem die gesetzlich vorgeschriebene Form durch die **elektronische Form** ersetzt wird, mit einer qualifizierten elektronischen Signatur nach dem Signaturgesetz versehen werden (vgl. dazu Einleitung Rn. 162 a ff.). Die Vorschrift des § 126 a Abs. 1 BGB steht im Zusammenhang mit § 125 BGB (Nichtigkeit wegen Formmangels) und § 126 BGB (eigenhändige Unterzeichnung bei gesetzlich vorgeschriebener Schriftform); insbesondere mit § 126 Abs. 3 BGB, wonach die Schriftform durch die elektronische Form ersetzt werden kann, wenn sich nicht aus dem Gesetz etwas Anderes ergibt. Bereits die Vorschrift des § 126 BGB findet nach dem Normzweck **keine Anwendung** auf Bekanntmachungen des WV. Diese sind auf einen tatsächlichen Erfolg gerichtete Erklärungen, deren Rechtsfolgen **kraft Gesetzes** (VO) eintreten.[47] Aus diesen Gründen scheidet die Anwendung des § 126 a Abs. 1 BGB für **Wahlhandlungen des WV,** wie die Bekanntgabe der Wählerliste oder des Wahlausschreibens, aus.

15 Die in der WO ausdrücklich angeführten Fälle der Anwendung der IuK-Technik sind nicht **abschließend.** Die WO nimmt bei folgenden Wahlhandlungen des WV Bezug auf diese Technik: Bekanntmachung der Wählerliste und der WO (§ 2 Abs. 4 Satz 3, 4); Bekanntmachung des Wahlausschreibens im normalen Wahlverfahren (§ 3 Abs. 4 Satz 3, 4); Einladung zur Wahlversammlung im vereinfachten Wahlverfahren (§ 28 Abs. 1 Satz 4); Bekanntmachung des Wahlausschreibens im vereinfachten Wahlverfahren (§ 31 Abs. 2 Satz 2, 3, § 36 Abs. 3 Satz 3 i. V. m. § 31 Abs. 2) und die entsprechenden Regelungen für die JAV (§ 38 Satz 1, § 40 Abs. 1 Satz 2). Diese Aufzählung bedeutet nicht, dass der WV bei anderen Wahlhandlungen von der IuK-Technik keinen Gebrauch machen darf.[48] So konnte der WV schon nach der WO 1972 zur Stimmauszählung unter bestimmten Voraussetzungen die EDV-Anlage des Betriebes benutzen

43 Richardi-*Thüsing*, Rn. 17.
44 *Schneider/Wedde*, AuR 1 – 2/07, 29.
45 A. A. Richardi-*Thüsing*, Rn. 18.
46 *Fitting*, Rn. 11.
47 Vgl. insoweit *BAG* 11.6.02 – 1 ABR 43/01 –, das die Zustimmungsverweigerung des BR nach § 99 Abs. 2, 3 BetrVG als eine lediglich **rechtsgeschäftsähnliche Handlung** qualifiziert, auf die die §§ 125, 126 BGB jedenfalls nicht unmittelbar Anwendung finden und deshalb die Frist nach § 99 Abs. 3 BetrVG auch durch eine rechtzeitig dem Arbeitgeber übermittelte E-Mail als gewahrt ansieht.
48 Vgl. *Wedde*, CF 05, 35 [36 f.].

(vgl. § 14 WO Rn. 4 m. w. N.). Es ist auch nicht zweifelhaft, dass der WV, wenn er das Wahlausschreiben zusätzlich zum Aushang in elektronischer Form bekannt gemacht hat, mit erforderlichen Berichtigungen oder Ergänzungen (vgl. § 3 WO Rn. 29 ff.) **in gleicher Weise** verfahren kann. Das gilt z. B. auch für eine erforderlich werdende **Nachfrist** nach § 9 WO. Mitteilungen an Wahlberechtigte, die mit besonderen **Wahlfunktionen** betraut sind, wie z. B. Listenvertreter, kann der WV dann in elektronischer Form vornehmen, wenn dadurch keine Benachteiligung, etwa in zeitlicher Hinsicht, eintritt. Wenn beispielsweise Listenvertretern der Zeitpunkt der **Einreichung der Vorschlagsliste** zu bestätigen ist (vgl. § 7 Abs. 1 WO) oder die Listenvertreter zu der **Losentscheidung** über die Reihenfolge der Vorschlagslisten einzuladen sind (vgl. § 10 Abs. 1 WO), darf das auf elektronischem Wege geschehen, wenn sichergestellt ist, dass **alle Listenvertreter** gleichermaßen auf diesem Wege (durch E-Mail) benachrichtigt werden und nicht Einzelne von ihnen durch die Art der Übermittlung einen **zeitlichen Vorsprung** erhalten.

Es kann somit festgestellt werden, dass die Verwendung der betrieblichen Informations- und 16
Kommunikationstechnik bei der BR-Wahl auch außerhalb der von der WO ausdrücklich festgelegten Wahlhandlungen zulässig ist. Andererseits setzt die WO in der geltenden Fassung **Grenzen** für die Verwendung dieser Technik. Das gilt insbesondere für die **elektronische Stimmabgabe,** gewissermaßen die Stimmabgabe mit virtuellem Stimmzettel. Bei den Betriebsratswahlen der letzten Wahlperioden ist in einzelnen Betrieben eine solche Stimmabgabe, wenn auch in einer »Mischform« mit der konventionellen Stimmabgabe (Ausfüllen von Stimmzetteln in Papierform im Wahlraum), erfolgt. Eine virtuelle Stimmabgabe wird etwa in der Weise vorgenommen, dass die Wahlberechtigten ihre Stimme unmittelbar am Arbeitsplatz, der mit einem PC ausgestattet ist, abgeben. Über ihre persönlichen Signaturkarten identifizieren sich die Wähler, wobei die Karte zugleich den elektronischen Stimmzettel verschlüsselt. Das Programm prüft auch, ob die betreffende Person wahlberechtigt ist oder bereits gewählt hat. Erst dann erscheint auf dem Bildschirm der gültige Stimmzettel, auf dem die gewünschten Wahlbewerber durch Mausklick angekreuzt werden. Zusätzlich bei der Stimmabgabe und für den sicheren Versand des virtuellen Wahldokuments geben die Wähler ihren zur persönlichen Signaturkarte gehörenden Zugangscode (PIN) ein. Nach Ende des Wahltages schaltet der WV von einem der Abstimmungscomputer eine sichere Verbindung zum Wahlserver. Mit einem speziellen Schlüssel öffnet er die virtuelle Wahlurne und startet die Auszählung der Stimmzettel. Das System zählt die Stimmen innerhalb weniger Sekunden aus.[49] Auf eine wiederum andere Weise ist die BR-Wahl in einem Betrieb in Neubrandenburg erfolgt. Dort hatten die Wahlberechtigten ihren Fingerabdruck einscannen lassen. Ihre Stimme gaben sie am Wahltag per Knopfdruck über ein Lesegerät am Arbeitsplatz ab.[50] In beiden geschilderten Fällen hat allerdings ein Teil der Wähler, sofern am Arbeitsplatz kein PC bzw. kein Lesegerät zur Verfügung stand, im Wahlraum mit dem Stimmzettel gewählt bzw. die Stimmabgabe in der Form der Briefwahl vollzogen.

Die Verfahrensabläufe bei der geschilderten elektronischen Stimmabgabe machen es offen- 17
sichtlich technisch möglich, bei einer entsprechenden Software den Grundsatz der **geheimen Stimmabgabe** zu beachten und Wahlmanipulationen, wie etwa eine mehrfache Stimmabgabe, zu verhindern. Es wird auch möglich sein, sicherzustellen, dass erfasste Wählerdaten für Zwecke **außerhalb des Wahlverfahrens** nicht verwendet werden. So war in dem Fall der Wahl mit Fingerabdruck und Knopfdruck (vgl. Rn. 9 e) sichergestellt, dass nur ein Teil der biometrischen Daten erfasst wurde. Es war auch sichergestellt, dass die auf diese Weise erfassten Wahldaten nicht außerhalb des Wahlverfahrens verwendet werden konnten, etwa durch Abgleich mit einem Polizeicomputer.[51] Gleichwohl bestehen gegen Stimmabgaben dieser Art im Rahmen von BR-Wahlen, ungeachtet dessen, dass praktische Vorteile nicht zu übersehen sind, erhebliche rechtliche und tatsächliche Einwände. Ein wesentlicher Einwand liegt darin, dass die Wahl **außerhalb des Wahlraumes** und damit nicht unter der Aufsicht des WV erfolgt. Die Überwachungs- und Kontrollpflicht des WV besteht nicht nur darin, sicherzustellen, dass die

49 Vgl. dazu AuR 03, 292 mit Hinweisen auf eine solche Wahl in einem bundesweit tätigen UN.
50 Vgl. dazu Mitb 03, 8.
51 Vgl. dazu Mitb 03, 8.

Wahl geheim erfolgen kann. Sie muss auch **unbeeinflusst** vorgenommen werden können. Das ist nicht garantiert, wenn die Wahl am Arbeitsplatz durchgeführt wird und quasi jeder Kollege beim Ausfüllen des »Wahlzettels« über die Schulter schauen kann. Dem kann nicht mit dem Einwand begegnet werden, auch bei der **Briefwahl** (§ 24 WO) erfolge die Stimmabgabe außerhalb des Wahlraumes. Die Briefwahl ist nur dadurch gerechtfertigt, dass das Wahlrecht das höherrangige Recht gegenüber der Sicherung der Wahl durch den sonst vorgeschriebenen Ablauf der Stimmabgabe ist. Der Wähler soll nur das Stimmrecht nicht dadurch verlieren, dass er am Wahltag nicht im Betrieb ist. Die schriftliche Stimmabgabe ist die **Ausnahmeregelung.**[52]

18 Ein weiterer Einwand besteht darin, dass es kaum einen Betrieb geben wird, in dem **ohne Ausnahme** sämtliche Wähler ihre Stimme am PC abgeben können. Auch in den oben erwähnten Fällen (vgl. Rn. 9 e) musste neben der Stimmabgabe auf elektronische Weise die Möglichkeit der »normalen« Stimmabgabe durch Wahlzettel im Wahlraum gegeben sein. Das bedeutet dann zugleich, dass bei einem Teil der Stimmen die Auswertung durch den **Rechner** erfolgt, bei dem anderen Teil auf **manuelle Weise,** wenn auch unter Zuhilfenahme von Taschenrechnern oder Rechenmaschinen. Es kann festgestellt werden, wie **beide Wählergruppen** abgestimmt haben: diejenigen, die ihre Stimme im Wahlraum abgegeben haben, und diejenigen, bei denen die Stimmabgabe über den PC erfolgte. Weiterhin wird diese Form der Abstimmung nicht den Anforderungen an eine Wahl gerecht, dass der Wähler die wesentlichen der Wahlhandlung ohne besondere Sachkenntnis überprüfen können muss (vgl. § 18 BetrVG Rn. 7 a). Es kommt hinzu, dass der vorgeschriebenen **öffentlichen Stimmauszählung** (§ 13 WO) bei den im Wahlraum abgegebenen Stimmen nachgekommen werden kann, und zwar einschließlich der durch Briefwahl abgegebenen Stimmen, weil diese vor der Auszählung in die Wahlurne geworfen werden müssen und somit beigemischt werden (vgl. § 26 Abs. 1 WO). Bei der elektronischen Stimmabgabe können die Wähler dagegen die Stimmauszählung nicht verfolgen.

Als Ergebnis ist somit festzuhalten, dass eine Anwendung der Informations- und Kommunikationstechnik bei der Stimmabgabe, und damit die Stimmabgabe auf elektronische Art, nach den derzeit geltenden Wahlgrundlagen zur **Anfechtung** der Wahl nach § 19 BetrVG führt.[53]

19 Im Wahlausschreiben ist darauf hinzuweisen, **wo und wann** das Wählerverzeichnis zur Einsichtnahme ausliegt bzw. bei einer elektronischen Form Kenntnis genommen werden kann (§ 3 Abs. 2 Nr. 2 WO). Sofern die Wahlberechtigten von ihrem Einsichtsrecht Gebrauch machen und dadurch ein Entgeltausfall eintritt, hat diesen der AG zu erstatten. Es handelt sich um Kosten der Wahl (§ 20 Abs. 3 BetrVG). Das Einsichtsrecht in die Wählerliste steht auch den Vertretern der im Betrieb vertretenen Gewerkschaft und dem AG zu, da sie auch das Anfechtungsrecht nach § 19 BetrVG haben.[54] Ein **Einspruchsrecht** gegen die Wählerliste steht dem **AG jedoch nicht zu** (vgl. § 4 WO Rn. 16).

20 Soweit vorgeschrieben wird, dass auch ein Abdruck der WO auszulegen ist, liegt lediglich eine **Ordnungsvorschrift** vor, bei deren Verletzung eine Anfechtung der Wahl des BR grundsätzlich nicht gerechtfertigt ist.[55]

21 Bei der Auslage der **Abdrucke der Wählerliste** ist zu beachten, dass sie **nicht die Geburtsdaten der Wahlberechtigten** enthalten sollen (Abs. 4 Satz 2). Durch diese Änderung gegenüber dem früheren Recht soll dem **Datenschutz** bei der Auslegung der Wählerliste verstärkt Rechnung getragen werden. Es ist jedoch in Einzelfällen, um Namensverwechslungen zu vermeiden, durchaus zulässig, die Angabe des Geburtsdatums vorzunehmen.[56] Haben AN, beispielsweise bei der Aufstellung eines Wahlvorschlags, Zweifel, ob ein in der Wählerliste Eingetragener bereits das 18. Lebensjahr vollendet hat, können sie an den WV mit der Aufforderung herantreten, entsprechende Auskunft zu geben.[57]

---

52 Vgl. *BAG* 27.1.93, NZA 93, 949 zur Wahl der AN-Vertreter im AR.
53 Vgl. zur Problematik der elektronischen Stimmabgabe umfassend *Schneider/Wedde*, AuR 1 – 2/07, 31 f.
54 *Fitting*, Rn. 10; GK-*Kreutz*, Rn. 14.
55 A. A. GK-*Kreutz*, Rn. 13.
56 *Fitting*, Rn. 7.
57 Vgl. *Fitting*, Rn. 9.

II. Bedeutung der Eintragung für das Wahlrecht

22 Die Aufnahme in die Wählerliste ist **formelle Voraussetzung** für die Ausübung des aktiven und des passiven Wahlrechts. Die **materiellen Voraussetzungen** der Wahlberechtigung oder der Wählbarkeit werden durch die §§ 7 und 8 BetrVG festgelegt. Nur ein AN, der in die Wählerliste eingetragen ist, kann – wie sich aus Abs. 3 ergibt – von seinem Wahlrecht Gebrauch machen. Die Eintragung in die Wählerliste hat andererseits **keine konstitutive Bedeutung** dahingehend, dass sie das Wahlrecht oder die Wählbarkeit begründen würde, wenn die materiellen Voraussetzungen dazu fehlen.[58] Daher erlangt ein nicht wahlberechtigter AN (z. B. ein AN unter 18 Jahren) das aktive Wahlrecht auch dann nicht, wenn er versehentlich in die Wählerliste eingetragen worden ist.

23 Es kann auch der Fall eintreten, dass zum Zeitpunkt der Aufstellung der Wählerliste die Wahlberechtigung bestand, aber **vor** Durchführung der Wahl **weggefallen** ist, weil der AN z. B. aus dem Betrieb ausgeschieden ist oder die Stellung eines leitenden Angestellten nach § 5 Abs. 3 BetrVG erhalten hat. In solchen Fällen ist die Wählerliste zu berichtigen (vgl. § 4 Abs. 3 WO).

III. Pflichten des Arbeitgebers

24 Die Anfertigung einer ordnungsgemäßen Wählerliste wird regelmäßig nur möglich sein, wenn der AG dem WV **die erforderlichen Auskünfte** erteilt und die notwendigen Unterlagen zur Verfügung stellt.[59] Die 2. ÄnderungsVO vom 28.9.1989 hat die in Abs. 2 genannten Pflichten des AG als zwingendes Recht ausgestaltet. Die Unterstützungspflicht des AG bei der Aufstellung der Wählerliste ist somit eine ihm obliegende Rechtspflicht. Der WV kann diese Verpflichtung des AG im Wege des Beschlussverfahrens, ggf. auch durch einstweilige Verfügung, erzwingen.[60] Diese Verpflichtung besteht auch, wenn der AG rechtliche Zweifel gegen das Vorgehen des WV hat.[61] Der AG hat immer die notwendigen Unterlagen zur Verfügung zu stellen, denn wann kann man vor einer abschließenden Entscheidung sagen, ob eine Wahl nichtig ist. Daher kann es quasi nie zur Verweigerung des AG bei der Herausgabe von Unterlagen für den WV kommen.[62] Außerdem kann, wenn der AG diesen Pflichten nicht nachkommt, Strafbarkeit gemäß § 119 Abs. 1 Nr. 1 BetrVG gegeben sein.[63]

25 Der AG hat den WV nicht zuletzt bei der Feststellung des Personenkreises der **leitenden Angestellten** zu unterstützen. Der AG hat daher dem WV alle Unterlagen zu geben oder Auskünfte zu erteilen, aus denen sich für diesen zweifelsfrei ergibt, ob jemand dem Personenkreis nach § 5 Abs. 3 BetrVG angehört. Zu den notwendigen Unterlagen, die vom AG in diesem Zusammenhang vorzulegen sind, gehört insbes. eine eingehende Beschreibung der **Arbeitsaufgabe** des betreffenden Beschäftigten sowie – soweit vorhanden – ein **Organisationsplan des UN,** aus dem sich ergibt, auf welcher Leitungsebene der Betreffende tätig ist. Der WV kann im Zweifel auch die Vorlage des **Dienst- bzw. Arbeitsvertrags** verlangen. Das ergibt sich schon aus der Formulierung des § 5 Abs. 3 BetrVG, wonach das Gesetz nur dann keine Anwendung auf leitende Angestellte findet, wenn sich auch aus ihrem Arbeitsvertrag ergibt, dass sie die in § 5 Abs. 3 Nr. 1 – 3 BetrVG angeführten Tätigkeiten wahrzunehmen haben. Eine entsprechende Unterstützungspflicht hat der AG, wenn der WV Feststellungen zur Abgrenzung des in § 5 Abs. 2 des Gesetzes genannten Personenkreises vornimmt.[64] Eine ebenfalls

---

58 *BAG* 5.3.74, AP Nr. 1 zu § 5 BetrVG 1972; *Fitting,* Rn. 8; Richardi-*Thüsing,* Rn. 6.

59 Vgl. auch *LAG Baden-Württemberg* 30.10.92 – 1 TaBV 2/92, das darauf hinweist, die dem WV durch den AG gemachten Angaben müssten neben dem Familiennamen, dem Vornamen und dem Geburtsdatum auch das Datum des Eintritts in den Betrieb enthalten.

60 *LAG Düsseldorf* 14.3.05 – 10 TaBV 31/05; *LAG Hamm* 13.5.77, DB 77, 1269 [1271]; *LAG Berlin* 27.7.83 – 5 TaBV 7/83; *Fitting,* Rn. 6; GK-*Kreutz,* Rn. 10; Richardi-*Thüsing,* Rn. 11.

61 *LAG Hamm* 29.3.06 – 13 TaBV 26/06 sowie *LAG Hamm* vom 30.03.10, 13 TaBVGa 8/10.

62 *LAG Hessen* 20.2.14 –9 TaBVGa 19/14 das jedoch bei einer zu erwartenden Nichtigkeit der BR-Wahl bereits einen Verweigerungsgrund für den AG sieht.

63 *Fitting,* a. a. O.; *Richardi-Thüsing,* a. a. O.

64 *Fitting,* Rn. 7.

umfassende Auskunfts- und Darlegungspflicht trifft den AG auch bei der Frage, ob im Betrieb Beschäftigte als AN des Betriebes, als **freie Mitarbeiter** oder als **im Rahmen eines Werkvertrages** tätige AN anzusehen sind.[65] Auch insoweit hat der AG dem WV alle Auskünfte und Unterlagen zu geben, die diesen in die Lage versetzen, die entsprechenden Feststellungen zu treffen.[66] Eine besondere Auskunftspflicht des AG besteht hinsichtlich solcher Beschäftigter, die von einem anderen AG dem Betrieb zur Arbeitsleistung überlassen worden sind, da ihnen das BetrVerf-ReformG unter bestimmten Voraussetzungen das aktive Wahlrecht einräumt (vgl. § 7 Satz 2 BetrVG; zur AN-Überlassung und anderen Formen des sog. **drittbezogenen Personaleinsatzes** vgl. umfassend die Erl. zu §§ 5, 7 BetrVG). Der WV wird die Auskünfte der AG-Seite bzw. entsprechende Aufstellungen des AG im Rahmen des § 2 Abs. 2 WO nicht einfach übernehmen. Er hat eine eigenständige Prüfungspflicht. Die Entscheidung, ob ein Beschäftigter in die Wählerliste aufzunehmen ist oder nicht, trifft ohnehin allein der WV.[67]

IV. Unterrichtung der ausländischen Arbeitnehmer

26 Ausländische AN haben unter **denselben Voraussetzungen** wie deutsche Beschäftigte das aktive und passive Wahlrecht. Da sie aber die deutsche Sprache nicht immer ausreichend beherrschen, soll sie der WV über die in Abs. 5 genannten Grundzüge der Wahl informieren. Wegen der Kompliziertheit der Wahlgrundsätze und des Verfahrens ist im Zweifelsfall, insbes. bei einer größeren Zahl ausländischer AN, vom WV von unzureichenden deutschen Sprachkenntnissen ausgehen.[68] Eine **Nichtinformation** kann die **Anfechtung der Wahl** begründen, wenn festgestellt wird, dass die ausländischen AN nicht die erforderlichen Kenntnisse hatten, um sich an der Wahl des BR zu beteiligen,[69] und dadurch das Wahlergebnis beeinflusst werden konnte. Bei der Beurteilung der Frage, ob die im Betrieb beschäftigten ausländischen AN der deutschen Sprache i. S. v. § 2 Abs. 5 WO mächtig sind, kommt es darauf an, ob ihre **Deutschkenntnisse ausreichen**, um den Inhalt von Wahlvorschriften und des Wahlausschreibens verstehen zu können.[70]

27 Bei der Frage, in welcher Form die Unterrichtung erfolgen soll, hat der WV einen erheblichen **Ermessensspielraum.**[71] Da die Unterrichtung der ausländischen AN vor der Einleitung der Wahl zu erfolgen hat, ist es zweckmäßig, sie durch ein **Merkblatt** in der oder den notwendigen Sprachen oder durch einen Dolmetscher im Rahmen einer **Versammlung** der ausländischen AN vorzunehmen. Darüber hinaus wird es notwendig sein, die **wesentlichen Bekanntmachungen und die Aushänge des WV** in die jeweiligen Sprachen zu übersetzen.[72]

28 Ein Verstoß gegen die Soll-Vorschrift des Abs. 5 wird eine Wahlanfechtung dann rechtfertigen, wenn für den WV **offenkundig** ist, dass ausländische AN wegen der mangelnden Sprachkenntnisse das Wahlverfahren nicht verstehen können. Bei der Beurteilung der Frage, ob die ausländischen AN der deutschen Sprache i. S. v. § 2 Abs. 5 WO mächtig sind, kommt es darauf an, ob ihre Deutschkenntnisse ausreichen, um den Inhalt von Wahlvorschriften und eines Wahlausschreibens verstehen zu können. Wird im Betrieb eine Vielzahl ausländischer AN verschiedener Herkunftsländer im gewerblichen Bereich beschäftigt und versendet der AG wichtige Informationsschreiben an die Belegschaft nicht nur in deutscher Sprache, sondern auch in den den ausländischen AN geläufigen Sprachen, muss der WV grundsätzlich davon ausgehen, dass die ausländischen AN der deutschen Sprache nicht i. S. v. § 2 Abs. 5 WO mächtig sind.[73] Dabei wird dem WV aber nicht zuzumuten sein, dass er jede im Betrieb vertretene

65 *Fitting,* a. a. O.
66 Vgl. *BAG* 15.12.98, DB 99, 910, das dem BR einen umfassenden Anspruch auf Unterrichtung hinsichtlich der Beschäftigung freier Mitarbeiter gibt, damit er anhand der Angaben beurteilen kann, ob und inwieweit BR-Rechte berührt sind; so auch jetzt § 80 Abs. 2 Satz 1 zweiter Halbsatz BetrVG.
67 *ArbG Ludwigshafen* 28.2.74, BB 74, 1207; *Fitting,* Rn. 1, 7; GK-*Kreutz,* Rn. 12; Richardi-*Thüsing,* Rn. 6.
68 GK-*Kreutz,* Rn. 16.
69 *BAG* 13.10.04, AuR 05, 118; *Fitting,* Rn. 12; GK-*Kreutz,* Rn. 15; Richardi-*Thüsing,* Rn. 14.
70 *BAG* 13.10.04, a. a. O.
71 *Fitting,* Rn. 12.
72 Vgl. *LAG Hamm* 17.5.73, DB 73, 1403; *Fitting,* a. a. O.
73 *BAG* 13.10.04, AuR 05, 118.

Sprache ausfindig macht und entsprechende Übersetzungen anfertigen lässt, sondern er wird sich auf die gängigen Sprachen im Betrieb beschränken können. Sollte jedoch ein ausländischer AN dem WV zur Kenntnis geben, dass er Unterstützung braucht, wird der WV reagieren müssen.

Das **Wahlausschreiben** wird wegen seiner Bedeutung für die Einleitung und Durchführung der Wahl stets in die Sprachen der im Betrieb vertretenen ausländischen AN übersetzt werden müssen.[74] Das hat unabhängig von den sonstigen Maßnahmen zu geschehen.[75] **Doppelunterzeichner** i. S. d. § 6 Abs. 6 WO dürfen vom WV in **deutscher Sprache** aufgefordert werden, sich für die eine oder andere Vorschlagsliste zu entscheiden.[76] **29**

§ 3 Wahlausschreiben

(1) Spätestens sechs Wochen vor dem ersten Tag der Stimmabgabe erlässt der Wahlvorstand ein Wahlausschreiben, das von der oder dem Vorsitzenden und von mindestens einem weiteren stimmberechtigten Mitglied des Wahlvorstands zu unterschreiben ist. Mit Erlass des Wahlausschreibens ist die Betriebsratswahl eingeleitet. Der erste Tag der Stimmabgabe soll spätestens eine Woche vor dem Tag liegen, an dem die Amtszeit des Betriebsrats abläuft.

(2) Das Wahlausschreiben muss folgende Angaben enthalten:

1. **das Datum seines Erlasses;**
2. **die Bestimmung des Orts, an dem die Wählerliste und diese Verordnung ausliegen, sowie im Fall der Bekanntmachung in elektronischer Form (§ 2 Abs. 4 Satz 3 und 4) wo und wie von der Wählerliste und der Verordnung Kenntnis genommen werden kann;**
3. **dass nur Arbeitnehmerinnen und Arbeitnehmer wählen oder gewählt werden können, die in die Wählerliste eingetragen sind, und dass Einsprüche gegen die Wählerliste (§ 4) nur vor Ablauf von zwei Wochen seit dem Erlass des Wahlausschreibens schriftlich beim Wahlvorstand eingelegt werden können; der letzte Tag der Frist ist anzugeben;**
4. **den Anteil der Geschlechter und den Hinweis, dass das Geschlecht in der Minderheit im Betriebsrat mindestens entsprechend seinem zahlenmäßigen Verhältnis vertreten sein muss, wenn der Betriebsrat aus mindestens drei Mitgliedern besteht (§ 15 Abs. 2 des Gesetzes);**
5. **die Zahl der zu wählenden Betriebsratsmitglieder (§ 9 des Gesetzes) sowie die auf das Geschlecht in der Minderheit entfallenden Mindestsitze im Betriebsrat (§ 15 Abs. 2 des Gesetzes);**
6. **die Mindestzahl von Wahlberechtigten, von denen ein Wahlvorschlag unterzeichnet sein muss (§ 14 Abs. 4 des Gesetzes);**
7. **dass der Wahlvorschlag einer im Betrieb vertretenen Gewerkschaft von zwei Beauftragten unterzeichnet sein muss (§ 14 Abs. 5 des Gesetzes);**
8. **dass Wahlvorschläge vor Ablauf von zwei Wochen seit dem Erlass des Wahlausschreibens beim Wahlvorstand in Form von Vorschlagslisten einzureichen sind, wenn mehr als drei Betriebsratsmitglieder zu wählen sind; der letzte Tag der Frist ist anzugeben;**
9. **dass die Stimmabgabe an die Wahlvorschläge gebunden ist und dass nur solche Wahlvorschläge berücksichtigt werden dürfen, die fristgerecht (Nr. 8) eingereicht sind;**
10. **die Bestimmung des Orts, an dem die Wahlvorschläge bis zum Abschluss der Stimmabgabe aushängen;**
11. **Ort, Tag und Zeit der Stimmabgabe sowie die Betriebsteile und Kleinstbetriebe, für die schriftliche Stimmabgabe (§ 24 Abs. 3) beschlossen ist;**
12. **den Ort, an dem Einsprüche, Wahlvorschläge und sonstige Erklärungen gegenüber dem Wahlvorstand abzugeben sind (Betriebsadresse des Wahlvorstands);**

---

74 *Halberstadt*, Rn. 5.

75 Vgl. *LAG Frankfurt* 5.7.65, DB 65, 1746; vgl. auch *LAG Hamm* 17.5.73, DB 73, 1403, das die Bekanntgabe des Wahlausschreibens in den entsprechenden Sprachen der im Betrieb tätigen ausländischen AN nur dann als erforderlich ansieht, wenn die ausländischen AN nicht in der Lage sind, den deutschen Text des Wahlausschreibens zu verstehen.

76 *LAG Hamm*, a. a. O.

13. Ort, Tag und Zeit der öffentlichen Stimmauszählung.

(3) Sofern es nach Größe, Eigenart oder Zusammensetzung der Arbeitnehmerschaft des Betriebs zweckmäßig ist, soll der Wahlvorstand im Wahlausschreiben darauf hinweisen, dass bei der Aufstellung von Wahlvorschlägen die einzelnen Organisationsbereiche und die verschiedenen Beschäftigungsarten berücksichtigt werden sollen.

(4) Ein Abdruck des Wahlausschreibens ist vom Tage seines Erlasses bis zum letzten Tage der Stimmabgabe an einer oder mehreren geeigneten, den Wahlberechtigten zugänglichen Stellen vom Wahlvorstand auszuhängen und in gut lesbarem Zustand zu erhalten. Ergänzend kann das Wahlausschreiben mittels der im Betrieb vorhandenen Informations- und Kommunikationstechnik bekannt gemacht werden. § 2 Abs. 4 Satz 4 gilt entsprechend.

Inhaltsübersicht

I. Bedeutung des Wahlausschreibens

1 Mit **Erlass des Wahlausschreibens** beginnt nach dem Stadium der Vorbereitungen das eigentliche **Wahlverfahren.** Ohne Wahlausschreiben kann eine BR-Wahl nicht wirksam durchgeführt werden. Ausschließlich der WV ist befugt, das Wahlausschreiben zu erlassen. Zwischen dem Erlass des Wahlausschreibens und dem Wahltag (bei mehreren Wahltagen dem ersten Tag der Stimmabgabe) muss mindestens ein Zeitraum von **sechs Wochen** liegen. Dabei ist der Tag des Erlasses des Wahlausschreibens nicht mitzuzählen (vgl. § 187 Abs. 1 BGB). Zu der Frage der Berichtigung oder des Neuerlasses des Wahlausschreibens vgl. Rn. 29 ff.

2 Der Erlass des Wahlausschreibens erfolgt dadurch, dass es der WV im Betrieb **bekanntmacht.** Das geschieht grundsätzlich durch **Aushang.** Es ist zulässig, das Wahlausschreiben zusätzlich in **elektronischer Form,** z. B. durch Intranet, zu veröffentlichen. Seine ausschließliche Bekanntmachung in dieser Form ist nur zulässig, wenn alle AN davon Kenntnis erlangen können und sichergestellt ist, dass Änderungen des Wahlausschreibens nur vom WV vorgenommen werden können (Abs. 2 Nr. 2 i. V. m. § 2 Abs. 4 Satz 3 und 4 WO; vgl. ausführlich § 2 WO Rn. 9 ff.). Wird das Wahlausschreiben nach § 3 Abs. 4 Satz 2 WO lediglich **ergänzend** mittels der im Betrieb vorhandenen Informations- und Kommunikationstechnik bekannt gemacht, ist nur der **Aushang maßgeblich**, weil das Wahlausschreiben nur durch den Aushang wirksam erlassen werden kann, es sei denn, die Bekanntmachung auf elektronischem Weg entspricht den Anforderungen des § 3 Abs. 4 Satz 3 i. V. m. § 2 Abs. 4 Satz 4 WO.[77] Zum Einsatz der IuK-Technik bei BR-Wahlen vgl. umfassend *Schneider/Wedde.*[78]

3 Wird das Wahlausschreiben an **mehreren Stellen** ausgehängt, ist die Wahl erst mit dem letzten Aushang eingeleitet; bei einer (zusätzlichen) Bekanntmachung in elektronischer Form (zur Bekanntmachung in elektronischer Form vgl. § 2 WO Rn. 9 ff.) mit dem Zeitpunkt, zu dem die AN die Möglichkeit haben, vom Wahlausschreiben Kenntnis zu erlangen.[79] Das Datum des Aushangs an der letzten Stelle und das im Wahlausschreiben genannte Datum des Erlasses haben übereinzustimmen. Ist dies nicht der Fall, richten sich **Fristen,** die mit dem Erlass des Wahlausschreibens zusammenhängen, allein nach dem Tag des Aushangs.[80] Das gilt somit auch für die Frist zur Einreichung von Wahlvorschlägen. Sie beginnt erst zu laufen, wenn der letzte Aushang vollzogen ist. Das gilt auch für den Fall, dass das Wahlausschreiben in insgesamt 25 auswärtigen Geschäftsstellen einer Zeitungsvertriebs- und Anzeigengesellschaft ausgehängt wird.[81] Auch in einem Betrieb, der aus 84 Betriebsstätten an 24 Orten Deutschlands

77 *BAG* 5.5.04 – 7 ABR 44/03.
78 AuR 1 – 2/07, 26 ff.
79 Zur Einleitung der Wahl durch Aushang vgl. *LAG Hamm* 26.2.76, DB 76, 921; *Fitting,* Rn. 1; GK-*Kreutz/Oetker,* Rn. 3.
80 *LAG Düsseldorf* 3.12.02, AiB 04, 114; *Fitting,* a. a. O.
81 *LAG Hamm,* a. a. O.

besteht, muss grundsätzlich in jeder Betriebsstätte ein Abdruck des Wahlausschreibens ausgehängt werden, damit alle Wahlberechtigten gleichermaßen die Möglichkeit haben, von dem Inhalt des Wahlausschreibens Kenntnis zu nehmen und von ihrem Wahlrecht Gebrauch zu machen.[82] Wegen der Bedeutung des Aushangs des Wahlausschreibens und den damit verbundenen Fristen sollte der Tag des Aushangs vom WV in den Wahlakten festgehalten werden.[83]

II. Zeitpunkt des Erlasses und Unterzeichnungen

Zwischen dem Erlass des Wahlausschreibens und dem Tag der Stimmabgabe (sofern mehrere Tage für die Stimmabgabe vorgesehen sind, ist der erste Tag der Stimmabgabe maßgebend) muss mindestens ein **Zeitraum von sechs Wochen** liegen (zu den Besonderheiten beim vereinfachten Wahlverfahren vgl. § 30 WO Rn. 1). Der Tag des Erlasses (Aushang) des Wahlausschreibens ist nicht mitzuzählen (§ 187 Abs. 1 BGB). Eine Verletzung dieser Mindestfrist stellt einen Verstoß gegen wesentliche Vorschriften über das Wahlverfahren dar, der die **Anfechtung der Wahl** nach § 19 BetrVG rechtfertigen kann.[84] 4

Die Regelung des Abs. 1 Satz 3, wonach der erste Tag der Stimmabgabe spätestens eine Woche vor dem Tag liegen soll, an dem die Amtszeit des bisherigen BR abläuft, ist **nicht zwingend.** Es soll allerdings erreicht werden, dass die Wahl möglichst so rechtzeitig durchgeführt wird, dass **keine betriebsratslose Zeit** eintritt. Wenn der WV trotz sachgerechter und zügiger Bearbeitung die Wahlvorbereitungen innerhalb dieser Zeit nicht abschließen kann, darf er das Wahlausschreiben später erlassen und damit den Tag der Stimmabgabe unter Nichtberücksichtigung des Abs. 1 Satz 3 festlegen.[85] 5

Betriebsratslose Zeiten werden sich nicht immer vermeiden lassen. Sie werden etwa eintreten, wenn eine Bestellung des WV durch das ArbG nach § 16 Abs. 2 BetrVG vorgenommen wird, weil acht Wochen vor Ablauf der Amtszeit des BR noch kein WV besteht (vgl. auch die Möglichkeit der Bestellung des WV unter bestimmten Voraussetzungen durch den GBR bzw. KBR nach § 16 Abs. 3 BetrVG). Auch dann muss der WV eine ausreichende **Vorbereitungszeit** zur Verfügung haben und die Mindestfrist von sechs Wochen zwischen dem Erlass des Wahlausschreibens und dem Tag der Stimmabgabe beachten. 6

Das Wahlausschreiben ist vom **Vorsitzenden** und mindestens einem **weiteren Mitglied des WV,** das stimmberechtigt sein muss, zu unterschreiben. Fehlt jegliche Unterschrift, ist das Wahlausschreiben nicht erlassen.[86] Die Unterschrift allein des Vorsitzenden ist ein Verfahrensmangel, der nicht die Nichtigkeit der Wahl nach sich zieht. Aber auch die Anfechtbarkeit ist in einem solchen Fall nicht gegeben, sofern eine **ordnungsgemäße Beschlussfassung des WV** über den Inhalt des Wahlausschreibens und den Tag seines Erlasses vorlag.[87] 7

III. Aushang

Während das Original des Wahlausschreibens in den Akten des WV verbleibt, ist mindestens eine **Abschrift oder ein Abdruck auszuhängen.** Der Aushang kann an mehreren Stellen des Betriebs erfolgen (vgl. Rn. 3). Er muss an einem Betriebspunkt (oder mehreren) vorgenommen werden, der den Wahlberechtigten nicht nur zugänglich ist, sondern von dem auch angenommen werden kann, dass er von ihnen mit einiger Wahrscheinlichkeit aufgesucht wird. Geeignet ist insbes. das »Schwarze Brett«. 8

Alle ausgehängten Abschriften oder Abdrucke des Wahlausschreibens müssen bis zum letzten Tag der Stimmabgabe in **gut leserlichem Zustand** sein. Der Sinn dieser Regelung liegt darin, 9

82 *BAG* 5.5.04, NZA 04, 1285 ff.
83 *Fitting,* a. a. O.
84 *Fitting,* Rn. 4; Richardi-*Thüsing,* Rn. 2.
85 GK-*Kreutz/Oetker,* Rn. 5.
86 Vgl. *ArbG Mannheim* 17.7.72 – 4 BV 1/72.
87 Vgl. *ArbG Gelsenkirchen* 15.3.68, BB 68, 627; vgl. *Fitting,* Rn. 5; GK-*Kreutz,* Rn. 6; Richardi-*Thüsing,* Rn. 4.

dass die Angaben im Wahlausschreiben nicht nur im Zeitpunkt des Erlasses von Bedeutung sind, sondern auch für das gesamte Wahlverfahren bis zur Feststellung des Wahlergebnisses gelten und insbes. die wichtigen Termine anführen. Sind einem Betrieb mehrere Betriebsstätten zuzuordnen, so muss wegen der Bedeutung des Wahlausschreibens grundsätzlich in **jeder Betriebstätte** ein Abdruck des Wahlausschreibens augehängt werden; ansonsten ist die Wahl nach § 19 Abs. 1 BetrVG anfechtbar.[88]

IV. Inhalt

10 Das Wahlausschreiben muss **bestimmte Angaben** enthalten (Abs. 2). Fehlt eine notwendige Angabe, kann das die Wahlanfechtung nach § 19 BetrVG nach sich ziehen.[89]

11 Im Einzelnen legt Abs. 2 folgende Angaben zwingend fest:
Nr. 1: Aus dem Wahlausschreiben muss hervorgehen, an welchem Tag es erlassen worden ist. Der Tag des Erlasses muss angegeben werden, weil mit Erlass des Wahlausschreibens bestimmte Fristen zu laufen beginnen (z. B. Einsprüche gegen die Wählerliste [§ 4 WO] und Einreichung von Wahlvorschlägen [§ 6 Abs. 1 WO]). Eine Angabe der Uhrzeit ist nicht erforderlich.

12 Nr. 2: Das Wahlausschreiben hat anzugeben, an welcher betrieblichen Stelle (ggf. an welchen mehreren Stellen) das Wählerverzeichnis eingesehen werden kann. Dabei sollte zweckmäßigerweise ein Hinweis erfolgen, zu welchen Zeitpunkten die Einsichtnahme erfolgen kann. Durch die Auslage soll den AN die Nachprüfung der Richtigkeit der Wählerliste ermöglicht werden. Auch die WO ist auszulegen. Im Falle der Bekanntmachung in elektronischer Form ist anzugeben, wo und wie von der Wählerliste und der WO Kenntnis genommen werden kann (vgl. auch § 2 WO Rn. 9 ff.).

13 Nr. 3: Die Wahlberechtigung eines Beschäftigten ist nicht von seiner Eintragung in das Wählerverzeichnis abhängig. Das Wahlrecht kann aber nur ausgeübt werden, wenn eine Aufnahme in das Wählerverzeichnis erfolgte (vgl. § 2 WO Rn. 13). Der Hinweis im Wahlausschreiben hat daher den Zweck, dass sich die Wahlberechtigten davon überzeugen, dass sie im Wählerverzeichnis eingetragen sind. Eine Korrektur bei fehlender Eintragung kann zwar durch den WV ohne einen ausdrücklichen Hinweis erfolgen (§ 4 Abs. 3 WO). Das Mittel des Einspruchs ermöglicht es jedoch den Wahlberechtigten, den WV auf die fehlende Eintragung hinzuweisen.

14 Einsprüche gegen die Wählerliste müssen innerhalb einer zweiwöchigen Frist seit Erlass des Wahlausschreibens schriftlich beim WV eingelegt werden. Damit Klarheit besteht, ist beim Wahlausschreiben der letzte Tag der Frist anzugeben (vgl. auch § 4 Rn. 11).

15 Nr. 4: Der WV ist verpflichtet, im Wahlausschreiben auf den zahlenmäßigen Anteil der Geschlechter im Betrieb hinzuweisen. Es hat zugleich ein Hinweis auf die Bestimmung des § 15 Abs. 2 BetrVG zu erfolgen, nach der das Geschlecht in der Minderheit im BR mindestens entsprechend seinem zahlenmäßigen Verhältnis vertreten sein muss, sofern der BR aus mindestens drei Mitgliedern besteht.

16 Nr. 5: Die Feststellungen über die Zahl der zu wählenden BR-Mitglieder (vgl. §§ 9 und 11 BetrVG und die dortigen Erl.) und die Mindestsitze, die auf das Geschlecht in der Minderheit entfallen (§ 15 Abs. 2 BetrVG; zur Berechnung der Mindestsitze für das Minderheitsgeschlecht vgl. § 15 Rn. 11 ff. des Gesetzes). Mit der Veröffentlichung im Wahlausschreiben stehen diese Zahlen fest. Zur Zulässigkeit bzw. Unzulässigkeit von Berichtigungen des Wahlausschreibens vgl. Rn. 29 ff.

17 Nr. 6: Der WV hat die **Mindestzahl der AN,** die zur Unterzeichnung eines Wahlvorschlags erforderlich ist, für den konkreten Betrieb zu ermitteln und im Wahlausschreiben anzugeben. Diese Mindestzahl ergibt sich aus § 14 Abs. 4 BetrVG. Es reicht nicht aus, im Wahlausschreiben lediglich einen Hinweis auf die Art der Berechnung bzw. einen Hinweis auf Prozentsätze zu geben. Hat der WV die Mindestzahl der Stützunterschriften fehlerhaft ermittel, so liegt hierin ein wesentlicher Fehler im Wahlverfahren gem. § 19 Abs. 1.[90] Ferner sollte ein Hinweis

88 *BAG* 5.5.04 – 7 ABR 44/03, zur Anfechtung einer Betriebsratswahl in einem Betrieb mit 84 Betriebsstätten in 24 Städten.

89 Vgl. *BAG* 11.3.60, AP Nr. 13 zu § 18 BetrVG; *BAG* 19.11.03, AP Nr. 54 zu § 19 BetrVG 1972; vgl. auch *Fitting,* Rn. 6; *GL,* Rn. 5; GK-*Kreutz,* Rn. 7.

90 *LAG Hessen* 22.3.07 – 9 TaBV 199/06.

vorgenommen werden, dass ein AN, der einen Wahlvorschlag unterzeichnet und damit stützt, nicht zugleich weitere Wahlvorschläge unterzeichnen darf (vgl. § 6 WO Rn. 44 ff.).

Nr. 7: Die im Betrieb vertretene Gewerkschaft (zu der Frage, wann eine Gewerkschaft im Betrieb vertreten ist, vgl. § 2 BetrVG Rn. 29) hat ein **eigenständiges Wahlvorschlagsrecht,** das es ihr ermöglicht, einen Wahlvorschlag ohne die ansonsten notwendige Anzahl von Stützunterschriften aus der Mitte der Belegschaft beizubringen (vgl. § 14 Abs. 4 BetrVG). Im Wahlausschreiben muss darauf hingewiesen werden, dass ein solcher gewerkschaftlicher Wahlvorschlag der Unterschrift von **zwei Beauftragten** bedarf (zur Beauftragung vgl. § 14 BetrVG Rn. 31, vgl. auch § 27 WO Rn. 3). **18**

Nr. 8: Mit Erlass des Wahlausschreibens läuft die **Frist von zwei Wochen** zur Einreichung von Wahlvorschlägen (Vorschlagslisten). Die Frist berechnet sich nach § 187 Abs. 1 BGB (vgl. § 6 WO Rn. 7). Der letzte Tag, an dem die Einreichung von Wahlvorschlägen möglich ist, ist anzugeben. Der WV hat dabei keinen Beurteilungsspielraum (vgl. § 6 Rn. 7). Zu der Frage, inwieweit bei der Angabe des letzten Tages der Frist auch ein Hinweis auf eine Uhrzeit erforderlich ist, vgl. § 4 WO Rn. 11 f. Zu der Frage der ggf. notwendig werdenden Nachfrist wegen Änderung des Wahlausschreibens oder einer neuen Frist wegen Neuerlasses des Wahlausschreibens vgl. Rn. 29 ff.; zur erforderlichen Nachfrist bei Nichteinreichung von Wahlvorschlägen vgl. § 9 WO. **19**

Nr. 9: Zu den ebenfalls nicht verzichtbaren Bestandteilen des Wahlausschreibens gehört der Hinweis, dass Stimmen nur für solche Bewerber abgegeben werden können, die in einem **gültigen Wahlvorschlag** benannt werden. Zu der Gültigkeit eines Vorschlags gehört ebenfalls unverzichtbar die Einreichung in der vorgeschriebenen Frist (§ 6 Abs. 1 Satz 2 WO), sofern nicht eine Nachfrist nach § 9 WO erfolgt. **20**

Nr. 10: Die vom WV als gültig anerkannten **Wahlvorschläge sind auszuhängen** (§ 10 WO). Die Stellen, an denen der Aushang erfolgen soll, sind bereits im Wahlausschreiben zu bezeichnen. Diese Stellen müssen geeignet sein, allen Beschäftigten die Kenntnisnahme zu ermöglichen. **21**

Nr. 11: Ort der Stimmabgabe ist der **Wahlraum** (ggf. die Wahlräume). Er ist so genau zu bezeichnen, dass er von den Wahlberechtigten ohne Schwierigkeiten gefunden werden kann. Wird es unterlassen, den Ort der Stimmabgabe anzugeben, begründet dies dann keine Wahlanfechtung, wenn die Bekanntgabe des betrieblichen Wahlraums zu einem späteren Zeitpunkt durch Aushang erfolgt. Es liegt dann eine Berichtigung i. S. d. § 19 Abs. 1 BetrVG vor.[91] **22**

Im Wahlausschreiben ist neben dem Wahlraum auch der **Tag und die Zeit der Stimmabgabe** anzugeben. Die Stimmabgabe kann sich über mehrere Tage hinweg erstrecken. Das kommt vor allem für größere Betriebe und solche Betriebe in Betracht, in denen in mehreren Schichten gearbeitet wird. Anzugeben sind auch die Betriebsteile und Kleinstbetriebe, für die der WV die schriftliche Stimmabgabe (§ 24 Abs. 3 WO) beschlossen hat. Sollte aus sachlichen Gründen Ort und Zeit der Stimmabgabe im Wahlausschreiben nicht angegeben werden können, genügt zunächst ein **Hinweis,** dass dazu ein besonderer Aushang erfolgt. Diese Angaben müssen in dem zusätzlichen Aushang aber so rechtzeitig vorgenommen werden, dass für die Wahlberechtigten keine Einschränkung des Wahlrechts eintritt.[92] **23**

Die Stimmabgabe erfolgt grundsätzlich **während der Arbeitszeit,** wie sich aus § 20 Abs. 3 Satz 2 BetrVG ergibt.[93] Der WV kann daher die Möglichkeit der Stimmabgabe auf einen **bestimmten Zeitraum** – wie auf die Arbeitszeit – beschränken. Die Zeit der Stimmabgabe muss allerdings nicht unbedingt mit der betrieblichen Arbeitszeit voll übereinstimmen. So ist es etwa zulässig, in einem Betrieb, der in zwei Schichten arbeitet, die Zeit der Stimmabgabe so zu legen, dass sie teilweise in beide Schichten fällt.[94] Wird die Wahl in auswärts liegenden Betriebsteilen (Filialen) nach einem »Tourenplan« durchgeführt, muss für jeden Betriebsteil die Zahl der Stimmabgabe konkret angegeben werden. Die Angabe von Rahmenzeiten reicht **24**

---

91 *BAG* 19.9.85, AP Nr. 12 zu § 19 BetrVG 1972.

92 Vgl. *BAG* 19.9.85, AP Nr. 12 zu § 19 BetrVG 1972; vgl. auch *Fitting,* Rn. 19.

93 Vgl. *Fitting,* § 20 BetrVG Rn. 44; *GL,* § 20 BetrVG Rn. 28; GK-*Kreutz,* § 20 BetrVG Rn. 57; *Richardi-Thüsing,* § 20 BetrVG Rn. 41.

94 *Fitting,* Rn. 21.

nicht aus.[95] Es ist grundsätzlich allen wahlberechtigten AN die Möglichkeit zu geben, innerhalb ihrer Arbeitszeit von ihrem Wahlrecht Gebrauch zu machen.

25 Zur schriftlichen Stimmabgabe vgl. die §§ 24 – 26 WO und die dortigen Erl.

26 Nr. 12: Der WV hat seine **Betriebsadresse** im Wahlausschreiben anzugeben. In größeren Betrieben wird diese das Arbeitszimmer des WV sein, in kleineren Betrieben – sofern nicht das BR-Büro in Betracht kommt – u. U. der Arbeitsplatz des WV-Vorsitzenden. Es kann aber auch eine andere Stelle bezeichnet werden.[96] Hat der WV **Bürostunden** eingerichtet, sind diese gleichfalls anzugeben. An der angegebenen Adresse und zur angegebenen Zeit muss zumindest ein Mitglied des WV anzutreffen sein.

27 An die Betriebsadresse des WV gelangte Erklärungen werden **wirksam,** wenn sie gegenüber einem dort befindlichen WV-Mitglied abgegeben werden. Der WV ist nicht verpflichtet, ihm gegenüber abzugebende Erklärungen an einer anderen Stelle als an der Betriebsadresse entgegenzunehmen. Das gilt insbes. für Einsprüche und Wahlvorschläge (vgl. aber auch § 6 Rn. 10).[97]

28 Nr. 13: Der WV hat Ort, Tag und Zeit der öffentlichen Stimmauszählung anzugeben. Die Wähler müssen diese Angaben erfahren, da die Stimmauszählung **öffentlich** erfolgt (§ 18 Abs. 3 BetrVG). Sie erfolgt regelmäßig unmittelbar nach Abschluss der Wahl, sie kann aber auch, wenn dafür Gründe vorliegen, am nächstfolgenden Arbeitstag durchgeführt werden. Zum Problem der nachträglichen Stimmabgabe beim vereinfachten Wahlverfahren vgl. § 35 WO und die dortigen Erl.

29 Während die in Abs. 2 Nr. 1 – 13 angeführten Angaben notwendiger Inhalt des Wahlausschreibens sind, bleibt es in das Ermessen des WV gestellt, ob er die in Abs. 3 genannten Angaben in das Wahlausschreiben aufnehmen will. Es soll damit darauf hingewirkt werden, dass Wahlvorschläge **möglichst** eine die Organisation des Betriebs und die Struktur der Arbeitnehmerschaft widerspiegelnde Zusammensetzung enthalten (vgl. § 15 BetrVG). Die Verletzung dieser Soll-Vorschrift begründet **keine Wahlanfechtung.** Der WV kann nach seinem Ermessen **weitere Hinweise** in das Wahlausschreiben aufnehmen, falls das auf Grund der besonderen Umstände sachdienlich ist. Ein solcher sachdienlicher Hinweis könnte beispielsweise darin bestehen, dass die Wahl auch stattfindet, wenn sich kein Angehöriger oder nicht genügend Angehörige des Minderheitsgeschlechts zur Wahl stellen bzw. nicht vorgeschlagen wurden.[98] Solche Hinweise dürfen allerdings keine unmittelbare oder mittelbare Wahlbeeinflussung mit sich bringen.[99]

V. Berichtigungen und Neuerlass des Wahlausschreibens

30 Das Wahlausschreiben legt Daten und Fristen mit **bindender Wirkung** fest. Es kann daher nur in engen Grenzen geändert werden. **Ergänzungen und Berichtigungen** des Wahlausschreibens sind grundsätzlich nur zulässig, soweit sie nicht zu einer Änderung der zwingend vorgeschriebenen Angaben nach Abs. 2 führen. Etwas anderes wird zu gelten haben, wenn die nachträgliche Ergänzung oder Berichtigung so **rechtzeitig** erfolgt, dass sich die Wähler noch darauf einstellen können. Auf keinen Fall darf eine Beeinträchtigung ihrer Wahlchancen vorgenommen werden. Unter Berücksichtigung dieser Grundsätze ist Folgendes zu beachten. Eine Ergänzung bzw. Berichtigung ist bei **Schreib- und Rechenfehlern und sonstigen offenbaren Unrichtigkeiten** zulässig. Eine **nicht** offenbare Unrichtigkeit liegt z. B. vor, wenn die Mindestanzahl der dem Geschlecht in der Minderheit zustehenden BR-Sitze unrichtig ermittelt worden ist. Eine nicht bloß offenbare Unrichtigkeit liegt ebenfalls vor, wenn die Zahl der erforderlichen Unterschriften unter den Wahlvorschlägen nachträglich geändert werden muss, weil die ursprüngliche Berechnung unzutreffend erfolgte.

95 Vgl. *LAG Brandenburg* 27.11.98, NZA-RR 99, 418.
96 Vgl. *Fitting,* Rn. 25.
97 Vgl. ferner *Fitting,* Rn. 26, die es als fristwahrend ansehen, wenn gegenüber dem Vorsitzenden des WV auch außerhalb der Betriebsadresse Erklärungen abgegeben werden.
98 *Fitting,* Rn. 6.
99 Richardi-*Thüsing,* Rn. 6.

31 In solchen Fällen (vgl. Rn. 29), in denen zwar für die Wahlvorschläge bedeutsame Angaben geändert werden müssen, ist gleichwohl nicht das bisherige Wahlausschreiben zurückzuziehen und ein neues zu erlassen, wenn sich die Wähler noch darauf einstellen können und eine Beeinträchtigung ihrer Wahlchancen nicht erfolgt. So können sich die Wähler auf die Änderung noch einstellen, ohne dass eine Beeinträchtigung ihrer Wahlchancen gegeben ist, wenn sie beispielsweise von einer unrichtigen Angabe über die dem Minderheitengeschlecht zustehenden Mindestsitze so rechtzeitig erfahren, dass noch ausreichend Gelegenheit gegeben ist, auf der nunmehr zutreffenden Grundlage Wahlvorschläge einzureichen. Dagegen wird es wahlrechtlich erheblich problematischer, wenn der Wahlvorstand eine unzutreffende Anzahl erforderlicher Stützunterschriften für einen Wahlvorschlag im Wahlausschreiben angibt. Eine entsprechende Korrektur setzt zwingend voraus, dass die Belegschaft darüber informiert wird.[100] Bei einer derartigen Änderung des Wahlausschreibens hat der WV grundsätzlich eine **Nachfrist von einer Woche** für die Einreichung neuer Wahlvorschläge zu setzen.[101] Vorher eingereichte Wahlvorschläge, die auf der Grundlage der unrichtigen Angaben eingereicht worden sind, verlieren ihre Gültigkeit. Der WV hat unabhängig von der Bekanntmachung des geänderten Wahlausschreibens die Listenvertreter entsprechend zu unterrichten.

32 Die Nachfrist, die der WV setzen muss, wenn es zur Änderung des Wahlausschreibens wegen einer nicht bloß offenbaren Unrichtigkeit kommt, beträgt in entsprechender Anwendung des § 9 Abs. 1 WO eine Woche.[102] Die Nachfrist ist nur dann nicht erforderlich, wenn zwischen der Bekanntmachung der vorgenommenen Änderung des Wahlausschreibens und dem Ablauf der Einreichungsfrist für Wahlvorschläge mindestens eine Woche liegt.[103] Die Berechnung der Nachfrist erfolgt in gleicher Weise wie nach § 9 Abs. 1 WO (vgl. § 9 WO Rn. 2).

33 Die Möglichkeit der Setzung einer Nachfrist **vermeidet den Erlass eines neuen Wahlausschreibens** und damit eine Verschiebung des Wahltermins, die eine betriebsratslose Zeit zur Folge hat, wenn der neue Wahltermin nach Ablauf der Amtszeit des bestehenden BR liegt.[104] Im Übrigen ist darauf hinzuweisen, dass der Verordnungsgeber selbst die Möglichkeit eröffnet hat, in bestimmten Fällen eine Nachfrist von einer Woche für die Einreichung neuer Wahlvorschläge zu setzen (§ 9 WO).

34 Es gibt jedoch auch Fälle, in denen eine Änderung des Wahlausschreibens nicht ausreicht und ein **Neuerlass des Wahlausschreibens** vorgenommen werden muss. Das betrifft z. B. die **Verlegung des Wahltermins.** Falls der Wahltermin verlegt werden muss, ist die Wahl regelmäßig neu auszuschreiben.[105] Eine **Änderung der Wahlstunden** innerhalb des gleich bleibenden Wahltages wird dagegen nicht zu beanstanden sein, wenn zwingende Gründe vorliegen und die Änderung so rechtzeitig bekanntgemacht wird, dass alle AN des Betriebes zweifelsfrei davon Kenntnis nehmen können.[106] Einen die Wahlanfechtung begründenden Verstoß gegen wesentliche Wahlvorschriften stellt es jedoch dar, wenn die im Wahlausschreiben angegebene Zeit für die Stimmabgabe nachträglich geändert und die Änderung im Betrieb nur **mündlich** bekanntgemacht wurde.[107] Entsprechendes gilt, wenn die nachträgliche Änderung der Zeit für die Stimmabgabe in elektronischer Form erfolgte und nicht alle wahlberechtigten AN von dieser Änderung Kenntnis erlangen konnten (vgl. auch § 2 WO Rn. 9 ff.).

Das Wahlausschreiben muss ebenfalls **neu erlassen** werden, wenn sich nach seinem Erlass durch rechtskräftigen Beschluss des ArbG herausstellt, dass ein Betriebsteil entgegen der Ansicht des WV **unselbstständiger Teil** des Betriebs ist.[108] In einem solchen Fall muss ein neues Wahlausschreiben erfolgen, damit die in dem Betriebsteil beschäftigten AN sich an der Wahl

---

100 *Hess. LAG* 22.3.07 – 9 TaBV 199/06.
101 So prinzipiell auch *Fitting*, Rn. 14.
102 *Fitting*, Rn. 14; Richardi-*Thüsing*, Rn. 19 f., die grundsätzlich den Erlass eines neuen Wahlausschreibens für notwendig halten.
103 *Fitting*, a. a. O.
104 *Fitting*, Rn. 14, die zutreffend darauf hinweisen, dass eine betriebsratslose Zeit nach Möglichkeit zu verhindern ist.
105 Vgl. *LAG Hamm* 28.3.74, DB 74, 1241; *Blanke/Berg u. a.*, Rn. 316.
106 *Blanke/Berg u. a.*, a. a. O.; *Fitting*, Rn. 22; GK-*Kreutz*, Rn. 20.
107 *BAG* 11.3.60, AP Nr. 13 zu § 18 BetrVG.
108 Vgl. GK-*Kreutz*, Rn. 30.

beteiligen können. Mit dem Aushang des neuen Wahlausschreibens beginnen die in § 4 Abs. 1 und § 6 Abs. 1 Satz 2 WO vorgesehenen **Fristen neu zu laufen.**

35 Der Neuerlass des Wahlausschreibens hat, wie im Übrigen auch dessen Berichtigung, Ergänzung oder Änderung, durch Beschluss des WV zu erfolgen.

§ 4 Einspruch gegen die Wählerliste

(1) Einsprüche gegen die Richtigkeit der Wählerliste können mit Wirksamkeit für die Betriebsratswahl nur vor Ablauf von zwei Wochen seit Erlass des Wahlausschreibens beim Wahlvorstand schriftlich eingelegt werden.
(2) Über Einsprüche nach Absatz 1 hat der Wahlvorstand unverzüglich zu entscheiden. Der Einspruch ist ausgeschlossen, soweit er darauf gestützt wird, dass die Zuordnung nach § 18 a des Gesetzes fehlerhaft erfolgt sei. Satz 2 gilt nicht, soweit die nach § 18 a Abs. 1 oder 4 Satz 1 und 2 des Gesetzes am Zuordnungsverfahren Beteiligten die Zuordnung übereinstimmend für offensichtlich fehlerhaft halten. Wird der Einspruch für begründet erachtet, so ist die Wählerliste zu berichtigen. Die Entscheidung des Wahlvorstands ist der Arbeitnehmerin oder dem Arbeitnehmer, die oder der den Einspruch eingelegt hat, unverzüglich schriftlich mitzuteilen; die Entscheidung muss der Arbeitnehmerin oder dem Arbeitnehmer spätestens am Tage vor dem Beginn der Stimmabgabe zugehen.
(3) Nach Ablauf der Einspruchsfrist soll der Wahlvorstand die Wählerliste nochmals auf ihre Vollständigkeit hin überprüfen. Im Übrigen kann nach Ablauf der Einspruchsfrist die Wählerliste nur bei Schreibfehlern, offenbaren Unrichtigkeiten, in Erledigung rechtzeitig eingelegter Einsprüche oder bei Eintritt von Wahlberechtigten in den Betrieb oder bei Ausscheiden aus dem Betrieb bis zum Tage vor dem Beginn der Stimmabgabe berichtigt oder ergänzt werden.

Inhaltsübersicht

I. Einlegung des Einspruchs

1. Umfang

1 Die Vorschrift will sicherstellen, dass das Wählerverzeichnis wegen seiner Bedeutung zutreffend aufgestellt und ständig auf dem neuesten Stand gehalten wird. Deshalb wird vorgesehen, wie Unrichtigkeiten beseitigt und eintretende Änderungen berücksichtigt werden können.

2 Einsprüche von AN haben sich gegen die Richtigkeit des Wählerverzeichnisses zu richten. Der Einspruch kann sich somit nicht gegen den Zeitpunkt, den Ort der Auslegung oder den Aufbau des Wählerverzeichnisses, z. B. die Art der Aufzählung der Wahlberechtigten, richten.

3 Das Wählerverzeichnis ist insbesondere unrichtig, wenn
- wahlberechtigte Beschäftigte nicht aufgeführt sind,
- nicht wahlberechtigte Beschäftigte aufgenommen wurden,
- es entgegen § 2 Abs. 3 Satz 2 WO bei den wahlberechtigten Leih-AN (vgl. § 7 Satz 2 des Gesetzes) nicht den Vermerk enthält, dass diesen AN nur das aktive Wahlrecht zusteht (§ 14 Abs. 2 Satz 1 AÜG).

4 Das Wählerverzeichnis kann aber auch unrichtig sein, wenn eine andere Angabe unzutreffend ist oder wenn es Schreibfehler enthält. Der Einspruch muss den gerügten Fehler bezeichnen. Eine Begründung ist nicht erforderlich.

5 Ein Einspruch gegen die Wählerliste ist dann **unzulässig,** wenn er darauf gestützt wird, dass die Zuordnung nach **§ 18 a des Gesetzes fehlerhaft** erfolgt sei (Abs. 2 Satz 2). Ein AN kann

einen Einspruch daher nicht damit begründen, dass er nach dem Zuordnungsverfahren nach § 18 a BetrVG (also bei übereinstimmender Festlegung durch den WV für die BR-Wahl und den WV für die Wahl des SpA oder bei Nichteinigung der WV durch den Spruch des Vermittlers) seiner Auffassung nach unzutreffenderweise nicht dem Personenkreis der leitenden Angestellten nach § 5 Abs. 3 BetrVG zugeordnet worden sei. Entsprechendes gilt, wenn der Einspruch darauf gestützt werden soll, dass die Zuordnung unrichtigerweise zur Einbeziehung in den Personenkreis nach § 5 Abs. 3 BetrVG geführt habe.

Der Einspruch ist jedoch zulässig, wenn die am Zuordnungsverfahren Beteiligten die Zuordnung übereinstimmend für **offenkundig fehlerhaft** halten. Als Beteiligte i. S. d. Abs. 2 Satz 3 sind offensichtlich die WV für die Wahl des BR und des SpA gemeint (zur »offensichtlichen« Fehlerhaftigkeit vgl. § 18 a BetrVG Rn. 71 ff.). Der Vermittler kann i. S. d. Abs. 2 Satz 3 nicht als Beteiligter gemeint sein, da er im Falle seiner Anrufung die durch ihn getroffene Entscheidung wohl kaum selbst für »offensichtlich fehlerhaft« halten würde. Damit liefe aber die Möglichkeit des Einspruchs gegen die Wählerliste insoweit praktisch ins Leere. Eine »offensichtlich fehlerhafte« Zuordnung liegt auch vor, wenn sich **nach Erstellung der Wählerliste** die Tätigkeit und der Dienstvertrag in einer Weise ändern, dass der Betreffende nunmehr dem Personenkreis nach § 5 Abs. 3 BetrVG zuzuordnen ist. Auch eine rechtskräftige gerichtliche Entscheidung ermöglicht den Einspruch, wenn die Entscheidung im Widerspruch zu der Festlegung in der Wählerliste steht.[109] Ist die getroffene Zuordnungsentscheidung fehlerhaft, die Fehlerhaftigkeit jedoch **nicht offensichtlich,** ist zwar ein Einspruchsverfahren nach § 4 Abs. 1 und 2 nicht möglich. Gleichwohl können die WV im Rahmen ihrer allgemeinen Verpflichtung, die Wählerlisten bis zum Tage vor Beginn der Stimmabgabe laufend auf ihre Richtigkeit und Vollständigkeit zu überprüfen, ggf. Berichtigungen vornehmen.[110] 6

Der Einspruch gegen die Wählerliste wegen einer unzutreffenden Zuordnung zum Personenkreis der leitenden Angestellten bzw. der Nichtzuordnung ist nach wie vor zulässig, wenn das Zuordnungsverfahren nach § 18 a BetrVG, aus welchen Gründen auch immer, **nicht stattgefunden** hat oder nach seiner Einleitung **abgebrochen** worden ist (vgl. auch § 18 a BetrVG Rn. 6 f.).[111] Im Übrigen bezieht sich der Ausschluss der Einspruchsmöglichkeit nur auf die Zuordnung zum Personenkreis der leitenden Angestellten, nicht dagegen auf andere Mängel, die in der Wählerliste vorhanden sind. 7

Einsprüche sind **schriftlich** einzulegen, wobei der Einspruchsführer anzugeben hat, in welcher Hinsicht die Wählerliste unrichtig sein soll.[112] Die Einspruchsschrift muss von dem Einspruch Einlegenden (zur Einspruchsberechtigung vgl. Rn. 14) unterschrieben sein. Mündlich vorgetragene Einsprüche sind jedoch nicht einfach zurückzuweisen. Der WV hat vielmehr auf den Formzwang hinzuweisen.[113] Entsprechendes gilt, wenn der Einspruch durch E-Mail eingelegt worden ist. Gibt der WV jedoch zu erkennen, dass er den auf diese Weise eingelegten Einspruch als solchen behandelt, kann der den Einspruch Einlegende auf die rechtzeitige und formgerechte Einlegung vertrauen. 8

Die Einsprüche sind **beim WV** einzulegen. Sie sind daher an den WV als solchen, nicht an ein einzelnes WV-Mitglied zu adressieren. Der Einspruch ist grundsätzlich an der **Betriebsadresse** des WV abzugeben. Der WV ist prinzipiell nicht verpflichtet, Erklärungen an einer anderen Stelle entgegenzunehmen (vgl. auch § 3 WO Rn. 27). Der WV kann jedoch bestimmte Vorkehrungen treffen (z. B. Briefkasten), damit es erleichtert wird, Einsprüche oder andere Erklärungen ihm gegenüber abzugeben. 9

2. Frist

Einsprüche müssen **innerhalb von zwei Wochen** nach Erlass des Wahlausschreibens eingelegt werden. Es handelt sich um eine **Ausschlussfrist.** Sie berechnet sich nach § 187 Abs. 1 i. V. m. 10

109 *Fitting,* Rn. 10.
110 Vgl. *Fitting,* Rn. 14.
111 *Blanke/Berg u. a.,* Rn. 322.
112 *Fitting,* Rn. 7; GK-*Kreutz,* Rn. 7.
113 Vgl. *Fitting,* a. a. O.

§ 188 Abs. 2 erste Alternative BGB. Sie beginnt nach Ablauf des Tages, an dem das Wahlausschreiben erlassen worden ist, und endet mit Ablauf von zwei Wochen am gleichen Wochentag wie dem des Erlasses des Wahlausschreibens. Ist der letzte Tag des Fristablaufs ein Sonnabend, ein Sonntag oder ein in dem betreffenden Bundesland, in dem der Betrieb liegt, staatlich anerkannter allgemeiner Feiertag, läuft die Frist erst am nächsten Werktag ab (§ 193 BGB).

11 Der WV ist **nicht verpflichtet,** an dem Tage, an dem die Frist abläuft, bis 24.00 Uhr zur Verfügung zu stehen. Der Vorschrift des § 4 ist nicht zu entnehmen, dass die Frist erst um Mitternacht ablaufen darf. Der WV ist vielmehr berechtigt, das **Ende der Einspruchsfrist** auf den Zeitpunkt der **Beendigung der täglichen Arbeitszeit** festzusetzen.[114] Im Wahlausschreiben ist allerdings anzugeben, zu welchem Zeitpunkt die Frist abläuft.

12 Auch in Schichtbetrieben kann der WV den Ablauf der Frist auf einen Zeitpunkt festsetzen, der vor 24.00 Uhr liegt. Voraussetzung ist dabei, dass der festgesetzte Fristablauf nicht vor dem Ende der Arbeitszeit der ganz überwiegenden Mehrheit der AN eintritt.[115] Das Ende der Arbeitszeit darf nicht für mehr als 20 v. H. der wahlberechtigten AN über den Fristablauf hinausreichen.[116] Zu der Frage des Fristbeginns in Schichtbetrieben vgl. auch § 6 WO Rn. 47.

13 Wird ein verspäteter Einspruch als unzulässig zurückgewiesen, obwohl er begründet ist, ist der WV trotz der zurückweisenden Entscheidung nicht gehindert, den Einspruch als Anregung für eine Berichtigung des Wählerverzeichnisses von Amts wegen zu behandeln (vgl. Rn. 22 ff.). Entsprechendes gilt für nicht formgerecht eingereichte Einsprüche.

3. Einspruchsberechtigte

14 Einspruchsberechtigt ist **jeder AN** des Betriebes. Es ist nicht erforderlich, dass der AN, der Einspruch einlegen will, selbst von der Unrichtigkeit betroffen ist.[117] Es kann jeder AN geltend machen, dass andere Beschäftigte nicht oder zu Unrecht in die Wählerliste aufgenommen worden sind. Das gilt jedoch nicht, soweit der Einspruch darauf gestützt wird, dass die Zuordnung eines AN nach § 18 a BetrVG fehlerhaft erfolgt sei (vgl. Rn. 5 f.).

15 Der Einspruch ist **schriftlich** einzulegen, und zwar innerhalb einer **Frist von zwei Wochen** nach Erlass des Wahlausschreibens (zur Fristberechnung vgl. Rn. 10). Versäumen anspruchsberechtigte AN, gegen die Wählerliste Einspruch einzulegen, tritt dadurch auch insoweit **kein Verlust der Anfechtungsberechtigung** der BR-Wahl nach § 19 BetrVG ein.[118] Die WO stellt lediglich eine Rechts-VO dar und steht dem Gesetz im Range nach. Die Versäumung eines Einspruchs gegen die Wählerliste kann daher nicht zugleich den Verlust der Anfechtungsberechtigung aus diesem Grunde zur Folge haben (vgl. auch § 19 BetrVG Rn. 6).

16 Nach **Auffassung des BAG**[119] sind weder die im Betrieb vertretene Gewerkschaft noch der AG zur Einlegung eines Einspruchs gegen die Wählerliste berechtigt. Gegen diese Auffassung spricht, dass dem Wortlaut von Abs. 1 eine Begrenzung der Einspruchsberechtigung auf AN nicht zu entnehmen ist.[120] Die im **Betrieb vertretene Gewerkschaft** kann gegen die Wählerliste Einspruch einlegen.[121] Die gegenteilige Auffassung übersieht die umfassende betriebsverfassungsrechtliche Rechtsposition und die weitgehenden Unterstützungs- und Beratungsfunktionen der im Betrieb vertretenen Gewerkschaft. Dagegen ist der **AG** zur Einlegung eines Einspruchs **nicht berechtigt.**[122] Das Einspruchsrecht ist dem AG schon deshalb verwehrt, weil

---

114 Vgl. *BAG* 4.10.77, AP Nr. 2 zu § 18 BetrVG 1972.
115 Vgl. *BAG* 12.2.60, AP Nr. 11 zu § 18 BetrVG, 4.10.77, AP Nr. 2 zu § 18 BetrVG 1972; *Fitting,* § 3 WO Rn. 8 m. w. N.
116 Vgl. *BAG* 1.6.66, AP Nr. 2 zu § 6 WO.
117 *Fitting,* Rn. 2; GK-*Kreutz,* Rn. 2; Richardi-*Thüsing,* Rn. 4.
118 GK-*Kreutz,* § 19 BetrVG Rn. 59; *Gnade,* FS Herschel, 1982, S. 145; a. A. *LAG Düsseldorf* 8.5.73, DB 73, 2050; *LAG Frankfurt* 27.1.76, BB 76, 1271; *Fitting,* Rn. 5 m. w. N.
119 29.3.74, 25.6.74, AP Nrn. 2, 3 zu § 19 BetrVG 1972; 11.3.75, AP Nr. 1 zu § 24 BetrVG 1972.
120 GK-*Kreutz,* Rn. 3.
121 GK-*Kreutz,* a. a. O.; *HWGNRH-Huke/Nicolai,* § 19 BetrVG Rn. 8.
122 *Fitting,* Rn. 3; Richardi-*Thüsing,* Rn. 5; sie verneinen in Übereinstimmung mit dem *BAG* im Übrigen auch die Einspruchsberechtigung der im Betrieb vertretenen Gewerkschaft; für ein Einspruchsrecht des AG GK-*Kreutz,* Rn. 3; wie GK-*Kreutz.*

gerade seine Position zu einer Beeinflussung der Wahl führen könnte. Der AG ist daher darauf angewiesen, Maßnahmen und Entscheidungen des WV vor der Wahl gerichtlich anzugreifen oder nach der Wahl das Anfechtungsverfahren nach § 19 BetrVG zu betreiben.

II. Entscheidung des Wahlvorstands

17 Über Einsprüche hat der WV ohne **schuldhafte Verzögerung** (unverzüglich) zu entscheiden (zur Entscheidung des WV gegen Einsprüche zur Wählerliste im zweistufigen vereinfachten Wahlverfahren vgl. § 30 Rn. 6). Die zur tatsächlichen und rechtlichen Prüfung notwendige Zeit ist ihm aber zuzugestehen. Die Entscheidung ergeht durch **Mehrheitsbeschluss.**

18 Der Beschluss über den Einspruch ist in die Sitzungsniederschrift nach § 1 Abs. 3 Satz 2 WO aufzunehmen. Die Entscheidung des WV ist dem AN, der den Einspruch eingelegt hat, **schriftlich** mitzuteilen. Auch dies hat unverzüglich, d. h. ohne schuldhafte Verzögerung, zu geschehen. Der Hinweis auf den letzten Zeitpunkt der Mitteilung (Zugang spätestens am Tage vor dem Beginn der Stimmabgabe) bedeutet keinesfalls, dass der WV seiner Pflicht zur unverzüglichen Benachrichtigung nachgekommen ist, wenn die Mitteilung erst zu diesem Zeitpunkt beim AN eingeht.

19 Die Mitteilung an den AN, der den Einspruch eingelegt hat, sollte nach Möglichkeit im Betrieb erfolgen, und zwar zweckmäßigerweise gegen Empfangsbestätigung, damit erforderlichenfalls der rechtzeitige Zugang nachgewiesen werden kann. Eine Zustellung in die Wohnung des AN sollte nur in Ausnahmefällen geschehen. Sie kann aber notwendig werden, wenn der AN erkrankt ist und befürchtet werden muss, dass er nicht mehr rechtzeitig vor der Stimmabgabe in den Betrieb zurückkommt. Erforderlichenfalls kann die Unterrichtung des Einspruchführers über die Behandlung seines Einspruchs auch telegrafisch erfolgen.[123]

20 Der WV ist **nicht** verpflichtet, seine Entscheidung zu **begründen.** Er sollte dies jedoch im Falle der Ablehnung des Einspruchs tun, um dem Einspruchführer darzulegen, warum seinem Einspruch nicht entsprochen worden ist. Auch dann, wenn der WV den Einspruch für berechtigt erachtet, ist ein Einspruchsbescheid zu erteilen. Eine Begründung wird sich in diesem Fall vielfach erübrigen.

21 Hält der WV den Einspruch für begründet, ist er verpflichtet, die Wählerliste entsprechend zu berichtigen. Es ist jedes ausgelegte Exemplar zu berichtigen, auch dasjenige, das sich bei den Akten des Wahlvorstands befindet. Wird die Wählerliste **ergänzend** elektronisch geführt, ist sie auch insoweit zu berichtigen. Erfolgt die Führung der Wählerliste **ausschließlich** elektronisch, hat der WV Sorge dafür zu tragen, dass alle AN von der Berichtigung Kenntnis erlangen (§ 2 Abs. 4 Satz 4 WO).

III. Überprüfung nach Ablauf der Einspruchsfrist

22 Während der WV vor Ablauf der Einspruchsfrist durch Beschluss laufend alle Änderungen, die auf das Wahlrecht der AN Einfluss haben, in die Wählerliste einarbeiten kann, ist das **nach Ablauf der Einspruchsfrist** nur begrenzt zulässig. Deshalb wird in Abs. 3 vorgesehen, dass der WV nach Ablauf der Einspruchsfrist die Wählerliste **nochmals** auf ihre Vollständigkeit hin überprüfen soll. Wegen der Bedeutung der Wählerliste, insbes. wegen der damit verbundenen Möglichkeit der Ausübung des aktiven und passiven Wahlrechts, liegt in der Regelung des Abs. 3 trotz ihrer Konzipierung als Soll-Vorschrift eine zwingende Verpflichtung des WV.[124] Die Überprüfung wird sich dabei **insbesondere** darauf zu beziehen haben, ob alle wahlberechtigten AN des Betriebs in die Wählerliste aufgenommen worden sind, wie etwa neu eingetretene oder solche, die zwischenzeitlich das 18. Lebensjahr vollendet haben. Darüber hinaus kann sich die Überprüfung auf die Richtigkeit aller Angaben des Wählerverzeichnisses erstrecken. Es handelt sich um die letzte umfassende Überprüfung, weil nach diesem Zeitpunkt das Wählerverzeichnis nur noch in den besonders aufgeführten Fällen zu berichtigen oder zu ergänzen ist.

123 *Fitting*, Rn. 8; GK-*Kreutz*, Rn. 8; Richardi-*Thüsing*, Rn. 9.
124 *Fitting*, Rn. 15.

23 Eine Berichtigung bzw. Ergänzung ist danach nur noch zulässig
- bei Schreibfehlern,
- bei offenbaren Unrichtigkeiten,
- in Erledigung rechtzeitig eingelegter Einsprüche,
- bei Eintritt eines AN in den Betrieb.

24 Ein **Schreibfehler** liegt etwa dann vor, wenn ein Wort oder eine Zahl (z. B. ein Name oder die Zahlen des Geburtstags) nicht so geschrieben ist, wie der Schreibende es eigentlich wollte. Es ist dann eine Unstimmigkeit zwischen Wille und Ausführung gegeben. Dagegen handelt es sich nicht um einen Schreibfehler, wenn der Schreibende sich über die richtige Schreibweise (etwa des Namens) geirrt hat. In diesem Falle kann jedoch eine offenbare Unrichtigkeit vorliegen.

25 Eine **offenbare Unrichtigkeit** setzt eine Fehlerhaftigkeit voraus, die ohne weiteres erkennbar ist. Dem WV muss sich die Sach- und Rechtslage eindeutig darstellen.[125] Offenbar unrichtig ist die Wählerliste, wenn sie den Namen eines AN enthält, der bereits aus dem Betrieb ausgeschieden ist. Dasselbe gilt, wenn ein AN am letzten Tag der Stimmabgabe in Wahrheit noch nicht 18 Jahre alt oder wenn ein wahlberechtigter AN übersehen und deshalb nicht in die Liste aufgenommen worden ist. Offenbar unrichtig ist die Wählerliste auch dann, wenn die zuvor vom WV verneinte Wahlberechtigung eines AN durch rechtskräftigen Beschluss des ArbG festgestellt wird.

26 Auch zur **Erledigung rechtzeitig eingelegter Einsprüche** kann die Wählerliste berichtigt werden. Ebenso kommt eine Ergänzung in Betracht, wenn nach Ablauf der Einspruchsfrist ein **AN in den Betrieb eintritt.** Die WO hebt diesen Fall besonders hervor, obwohl auch dann die Wählerliste offensichtlich unrichtig ist. Aufzunehmen sind auch Leih-AN oder andere, dem Personenkreis nach § 7 Satz 2 BetrVG zuzuordnende Beschäftigte, sofern sie vor der Wahl in den Betrieb eintreten und ihre Beschäftigung voraussichtlich länger als drei Monate betragen wird.[126]

27 Der Eintritt eines AN muss nicht allein auf eine Neueinstellung zurückzuführen sein. Er kann vielmehr auch dadurch erfolgen, dass ein AN von einem anderen Betrieb in den Betrieb versetzt wird, in dem die Wahl erfolgt. Der WV hat unabhängig davon, worauf der Eintritt des AN in den Betrieb zurückzuführen ist, zu prüfen, ob die Voraussetzungen der Wahlberechtigung (§ 7 BetrVG) vorliegen.

28 Jede **Berichtigung** der Wählerliste bedarf – somit auch in den Fällen des Abs. 3 – eines **Beschlusses des WV.** Das gilt auch bei der Berichtigung von bloßen Schreibfehlern.[127] Berichtigungen oder Ergänzungen nach Abs. 3 sind nur bis zum Tage vor Beginn der Stimmabgabe zulässig. Erstreckt sich die Stimmabgabe über mehrere Tage, ist der erste Tag der Stimmabgabe maßgebend.

IV. Streitigkeiten

29 Im Zusammenhang mit dem Einspruchsrecht können sich zwischen den AN und dem WV **Streitigkeiten** ergeben. So kann es sein, dass der WV den Einspruch als unbegründet zurückweist, während der AN auf der Begründetheit beharrt. Es kann auch der Fall eintreten, dass der WV seine Entscheidung nicht unverzüglich trifft und sie dem AN nicht fristgerecht zugehen lässt. Denkbar ist ferner, dass der WV nach Ablauf der Einspruchsfrist eine Unvollständigkeit oder eine offenbare Unrichtigkeit i. S. v. Abs. 3 festgestellt hat, eine Berichtigung aber unterblieben ist. In solchen und anderen berechtigten Fällen können die Entscheidungen des WV bereits vor Abschluss der BR-Wahl selbstständig im Wege des Beschlussverfahrens angegriffen werden (vgl. § 19 BetrVG Rn. 16 ff.).

125 GK-*Kreutz*, Rn. 14.
126 *Fitting*, § 2 WO Rn. 3.
127 *Fitting*, Rn. 15.

§ 5 Bestimmung der Mindestsitze für das Geschlecht in der Minderheit

(1) Der Wahlvorstand stellt fest, welches Geschlecht von seinem zahlenmäßigen Verhältnis im Betrieb in der Minderheit ist. Sodann errechnet der Wahlvorstand den Mindestanteil der Betriebsratssitze für das Geschlecht in der Minderheit (§ 15 Abs. 2 des Gesetzes) nach den Grundsätzen der Verhältniswahl. Zu diesem Zweck werden die Zahlen der am Tage des Erlasses des Wahlausschreibens im Betrieb beschäftigten Frauen und Männer in einer Reihe nebeneinander gestellt und beide durch 1, 2, 3, 4 usw. geteilt. Die ermittelten Teilzahlen sind nacheinander reihenweise unter den Zahlen der ersten Reihe aufzuführen, bis höhere Teilzahlen für die Zuweisung der zu verteilenden Sitze nicht mehr in Betracht kommen.

(2) Unter den so gefundenen Teilzahlen werden so viele Höchstzahlen ausgesondert und der Größe nach geordnet, wie Betriebsratsmitglieder zu wählen sind. Das Geschlecht in der Minderheit erhält so viele Mitgliedersitze zugeteilt, wie Höchstzahlen auf es entfallen. Wenn die niedrigste in Betracht kommende Höchstzahl auf beide Geschlechter zugleich entfällt, so entscheidet das Los darüber, welchem Geschlecht dieser Sitz zufällt.

Die Vorschrift kommt zur Anwendung, wenn im Betrieb **beide Geschlechter** vorhanden sind 1
und der BR **mindestens aus drei Mitgliedern** besteht (zu den Fällen der Nichtanwendung des § 15 Abs. 2 BetrVG vgl. § 15 BetrVG Rn. 21). Im Gegensatz zu der Bestimmung des § 15 Abs. 2 BetrVG, in der von dem in der »Belegschaft« in der Minderheit befindlichen Geschlecht gesprochen wird, geht § 5 WO von dem Minderheitsgeschlecht im »Betrieb« aus. In beiden Fällen ist aber grundsätzlich auf die **Zahl aller AN im Betrieb** abzustellen, nicht allein auf die Zahl der wahlberechtigten AN. Mitzuzählen sind auch die AN, die in den Betrieb eingegliedert sind und dem Betriebszweck dienen, aber zum Betriebsinhaber (Beschäftigungs-AG) in keinen vertragsrechtlichen Beziehungen stehen.[128] Damit sind insbesondere auch die in § 7 Satz 2 BetrVG ausdrücklich erwähnten wahlberechtigten AN bei der Ermittlung des Anteils der Geschlechter mitzuzählen (vgl. dazu auch § 7 BetrVG Rn. 7, 11). Also auch Leih-AN, die noch nicht wahlberechtigt sind. Unberücksichtigt bleiben die Beschäftigten nach § 5 Abs. 2 und 3 BetrVG.

Bei der Feststellung des Anteils der Geschlechter geht es, anders als etwa bei § 9 BetrVG, nicht 2
um die »in der Regel« beschäftigten AN. Bei der Feststellung, wie hoch der Anteil der Geschlechter ist, kann daher grundsätzlich auf die entsprechenden AN-Zahlen abgestellt werden, wie sie sich bei Erstellung der Wählerliste ergeben. Von ihr ist allerdings **nicht ausschließlich** auszugehen, weil zu der vom BR vertretenen Belegschaft auch die **nicht wahlberechtigten AN** hinzugezählt werden müssen, wie insbesondere Auszubildende und jugendliche AN unter 18 Jahren.

Die Ausgangszahl der AN, die der Ermittlung zugrunde zu legen ist, wie viele Frauen und 3
Männer im Betrieb beschäftigt sind, wird grundsätzlich mit der entsprechenden AN-Zahl übereinzustimmen haben, wie sie § 9 BetrVG zur Feststellung der **zahlenmäßigen Größe des BR** verwendet. Bei § 9 BetrVG geht es um die Anzahl der Mandate insgesamt; bei § 15 Abs. 2 BetrVG bzw. § 5 WO um den Anteil des Minderheitsgeschlechts an diesen Mandaten. Zu beachten ist allerdings, dass § 9 BetrVG in den **ersten Stufen** von wahlberechtigten AN spricht, während es bei den größeren Betrieben um die AN insgesamt geht, ohne Rücksicht auf ihre Wahlberechtigung (vgl. auch § 9 BetrVG Rn. 12).

Hat der WV festgestellt, wie viele Frauen und Männer im Betrieb beschäftigt sind, ist zur 4
Ermittlung des Mindestanteils des Minderheitsgeschlechts an BR-Sitzen das **Höchstzahlensystem** zu verwenden. Die Zahlen der Frauen und Männer werden nebeneinander gestellt und so lange durch 1, 2, 3, 4 usw. geteilt, bis die ermittelten Teilzahlen ausreichen, um die BR-Sitze auf die Geschlechter zu verteilen.

128 *Schneider*, Das Minderheitsgeschlecht und die Mindestquote, S. 9 f.

Beispiel zur Berechnung der Mindestsitze:
In einem Betrieb sind 150 AN beschäftigt, davon 110 Männer und 40 Frauen. Der BR erhält sieben Sitze (vgl. § 9 BetrVG). Die Zahlen 110 und 40 werden in einer Reihe nebeneinander gestellt und in der beschriebenen Weise geteilt, wobei die Teilzahlen in der zugehörigen Reihe untereinander geschrieben werden.

110 Männer : 1 = **110**	**40 Frauen** : 1 = **40**
: 2 = **55** : 3 = **36,6** : 4 = **27,5** : 5 = **22** : 6 = 18,3	: 2 = **20** : 3 = 13,3 : 4 = 10 : 5 = 8 : 6 = 5,7

Die Frauen haben als Minderheitsgeschlecht **mindestens zwei BR-Sitze** zu erhalten. Wäre die letzte Teilzahl auf beide Geschlechter zugleich entfallen (bei den Männern und Frauen hätte sich als letzte Teilzahl 20 ergeben), so müsste durch **Losentscheid** eine Entscheidung darüber getroffen werden, welches Geschlecht den letzten Sitz erhält. Wäre in einem solchen Fall der Losentscheid zugunsten der Männer ausgegangen, würde sich der Mindestanteil der Frauen an den BR-Sitzen nur auf einen Sitz belaufen.
Der so ermittelte Mindestanteil des Geschlechts in der Minderheit an den BR-Sitzen ist im **Wahlausschreiben** bekanntzugeben. Er ist bei der Ermittlung der gewählten Wahlbewerber zugrunde zu legen (vgl. dazu die §§ 15 und 22 WO und die dort angeführten Beispiele).

Zweiter Abschnitt Wahl von mehr als drei Betriebsratsmitgliedern (auf Grund von Vorschlagslisten)

Erster Unterabschnitt Einreichung und Bekanntmachung von Vorschlagslisten

§ 6 Vorschlagslisten

(1) Sind mehr als drei Betriebsratsmitglieder zu wählen, so erfolgt die Wahl auf Grund von Vorschlagslisten. Die Vorschlagslisten sind von den Wahlberechtigten vor Ablauf von zwei Wochen seit Erlass des Wahlausschreibens beim Wahlvorstand einzureichen.
(2) Jede Vorschlagsliste soll mindestens doppelt so viele Bewerberinnen oder Bewerber aufweisen, wie Betriebsratsmitglieder zu wählen sind.
(3) In jeder Vorschlagsliste sind die einzelnen Bewerberinnen oder Bewerber in erkennbarer Reihenfolge unter fortlaufender Nummer und unter Angabe von Familienname, Vorname, Geburtsdatum und Art der Beschäftigung im Betrieb aufzuführen. Die schriftliche Zustimmung der Bewerberinnen oder der Bewerber zur Aufnahme in die Liste ist beizufügen.
(4) Wenn kein anderer Unterzeichner der Vorschlagsliste ausdrücklich als Listenvertreter bezeichnet ist, wird die oder der an erster Stelle Unterzeichnete als Listenvertreterin oder Listenvertreter angesehen. Diese Person ist berechtigt und verpflichtet, dem Wahlvorstand die zur Beseitigung von Beanstandungen erforderlichen Erklärungen abzugeben sowie Erklärungen und Entscheidungen des Wahlvorstands entgegenzunehmen.
(5) Die Unterschrift eines Wahlberechtigten zählt nur auf einer Vorschlagsliste. Hat ein Wahlberechtigter mehrere Vorschlagslisten unterzeichnet, so hat er auf Aufforderung des Wahlvorstands binnen einer ihm gesetzten angemessenen Frist, spätestens jedoch vor Ablauf von drei Arbeitstagen, zu erklären, welche Unterschrift er aufrechterhält. Unterbleibt die fristgerechte Erklärung, so wird sein Name auf der zuerst eingereichten Vor-

schlagsliste gezählt und auf den übrigen Listen gestrichen; sind mehrere Vorschlagslisten, die von demselben Wahlberechtigten unterschrieben sind, gleichzeitig eingereicht worden, so entscheidet das Los darüber, auf welcher Vorschlagsliste die Unterschrift gilt.
(6) Eine Verbindung von Vorschlagslisten ist unzulässig.
(7) Eine Bewerberin oder ein Bewerber kann nur auf einer Vorschlagsliste vorgeschlagen werden. Ist der Name dieser Person mit ihrer schriftlichen Zustimmung auf mehreren Vorschlagslisten aufgeführt, so hat sie auf Aufforderung des Wahlvorstands vor Ablauf von drei Arbeitstagen zu erklären, welche Bewerbung sie aufrechterhält. Unterbleibt die fristgerechte Erklärung, so ist die Bewerberin oder der Bewerber auf sämtlichen Listen zu streichen.

Inhaltsübersicht Rn.

I. Vorschlagslisten und Vorschlagsberechtigte

Die WO zum BetrVerf-ReformG verwendet den Begriff »**Vorschlagsliste**« für das normale Wahlverfahren (vgl. insbesondere die §§ 6 – 10 WO), den Begriff »**Wahlvorschlag**« dagegen für das vereinfachte Wahlverfahren (vgl. insbesondere die §§ 33, 34 WO). In beiden Fällen handelt es sich um Vorschläge, die einen Bewerberteil und Stützunterschriften enthalten. Die eigentliche Bedeutung des Begriffs »Vorschlagsliste« erschließt sich dann, wenn im normalen Wahlverfahren mehrere BR-Mitglieder zu wählen sind **und** mehrere Vorschläge eingereicht werden. Es erfolgt dann Listenwahl (Verhältniswahl). Die Wahl im vereinfachten Wahlverfahren wird dagegen immer nach den Grundsätzen der Mehrheitswahl durchgeführt. 1

Das Charakteristikum von Vorschlagslisten besteht darin, dass die **Reihenfolge der Wahlbewerber** entsprechend der Anzahl der auf die Liste entfallenden Stimmen **maßgebend** ist. Die Reihenfolge ist nach der Wahl dafür entscheidend, welche Bewerber in den BR kommen. Außerdem werden beim Vorliegen mehrerer Vorschlagslisten die eingereichten Listen nicht vollständig, sondern in abgekürzter Form auf die Stimmzettel gebracht (vgl. § 11 Abs. 2 WO). Es kommt hinzu, dass bei der Verhältniswahl der **Wähler** nur **eine Stimme** hat, die er für eine bestimmte Vorschlagsliste abgeben kann (zu dem Unterschied zwischen der Verhältniswahl und der Mehrheitswahl vgl. auch § 14 BetrVG Rn. 15 ff.). 2

Die Vorschlagsliste ist eine gemeinsame **Willenserklärung** der Unterzeichner und stellt eine Urkunde dar, die nicht nur von demjenigen stammt, der die Kandidaten aufgestellt hat bzw. als Listenvertreter benannt ist. Aussteller der Urkunde sind vielmehr diejenigen, die den **Vorschlag unterzeichnet** haben. Gegen oder auch nur ohne ihren Willen kann die Liste weder geändert noch ergänzt werden (zur Voraussetzung der Erstellung wirksamer Vorschlagslisten vgl. § 14 BetrVG Rn. 18 ff.). Eine Ergänzung oder eine Änderung wird daher auch nicht dadurch allein wirksam, dass die nach der Ergänzung bzw. Änderung geleisteten Unterschriften noch ausreichen, um die Vorschlagsliste nach § 14 Abs. 4 BetrVG abzudecken. 3

Vorschlagsberechtigt sind die **wahlberechtigten AN** des Betriebes. Jede Vorschlagsliste muss von einer **Mindestzahl** von Vorschlagsberechtigten unterzeichnet sein (vgl. § 14 Abs. 4 BetrVG). Die Einreichung von Vorschlagslisten muss **schriftlich** erfolgen. Das ergibt sich bereits daraus, dass in ihnen die Namen der Bewerber aufzuführen sind und die Unterzeichnung durch eine bestimmte Anzahl von AN erforderlich ist. 4

Die in § 5 Abs. 2 und 3 BetrVG genannten Personen sind ebenso wie der AG nicht berechtigt, Vorschlagslisten aufzustellen oder zu unterzeichnen. Zu dem eigenständigen Vorschlagsrecht der im Betrieb vertretenen Gewerkschaft vgl. § 14 BetrVG Rn. 33 ff. 5

II. Frist zur Einreichung

6 Die für die Einreichung von Vorschlagslisten gesetzte Frist von zwei Wochen ist eine **Ausschlussfrist.**[129] Sie beginnt am Tage nach dem Aushang des Wahlausschreibens. Wird das Wahlausschreiben an mehreren Stellen im Betrieb ausgehängt, ist das Datum des **letzten Aushangs** maßgebend.[130]

7 Die Fristberechnung erfolgt nach § 187 Abs. 1 i. V. m. § 188 Abs. 2 BGB. Die Frist **endet** mit dem Ablauf desjenigen Tages der zweiten Woche, welcher durch seine Benennung dem Tage entspricht, an dem der (letzte) Aushang des Wahlausschreibens erfolgte. Ist z. B. das Wahlausschreiben am Montag, den 27. März 2006, ausgehängt worden, läuft die Frist am Montag, den 10. April 2006, ab. Fällt der letzte Tag der Frist auf einen Sonntag, einen Sonnabend oder auf einen in dem Bundesland, in dem der Betrieb liegt, staatlich anerkannten allgemeinen Feiertag, so tritt an die Stelle dieses Tages der nächste Werktag (§ 193 BGB). Der letzte Tag der Frist zur Einreichung von Vorschlagslisten muss im Wahlausschreiben angegeben werden (§ 3 Abs. 2 Nr. 8 WO). Die Angabe des letzten Tages der Einreichungsfrist dient einer zusätzlichen Klarstellung. Dem WV wird dadurch jedoch **kein Beurteilungsspielraum** eingeräumt.[131]

8 Innerhalb der Einreichungsfrist muss sich der WV bereithalten, Wahlvorschläge entgegenzunehmen. Das gilt insbes. für die Zeit, die **kurz vor dem Ablauf der Frist** liegt. Das kann bedeuten, dass Mitglieder des WV gerade in diesem Zeitraum ganz oder teilweise von ihrer beruflichen Tätigkeit unter Fortzahlung des Entgelts freizustellen sind.

9 Hat der WV zur Entgegennahme von Vorschlagslisten im Wahlausschreiben **bestimmte Bürostunden** angegeben, so müssen sie bis zum Ende dieser Bürostunden am letzten Tage der Frist bei ihm eingegangen sein. Das Fristende am letzten Tag darf mit dem Zeitpunkt zusammenfallen, an dem die **betriebliche Arbeitszeit** abläuft.[132] Im Wahlausschreiben ist anzugeben, zu welchem Zeitpunkt die Frist abläuft. Ist dies nicht geschehen, wird also im Wahlausschreiben nur der letzte Tag der Einreichungsfrist, nicht aber der Uhrzeitpunkt angegeben, muss sich der WV an dem betreffenden Tag auf jeden Fall bis zum Ende der betrieblichen Arbeitszeit zur Empfangnahme von Wahlvorschlägen bereithalten.[133]

10 Die Einreichungsfrist ist **nur gewahrt,** wenn die Vorschlagsliste **vor ihrem Ablauf** beim WV eingeht. Rechtzeitige Absendung an den WV reicht nicht aus. Dagegen ist nicht erforderlich, dass die Vorschlagsliste beim WV persönlich abgegeben wird. Sie gelangt auch dadurch in seinen Zugriffsbereich, dass sie durch die Post übersandt oder durch einen Boten überbracht wird.[134] Eine Einreichung in elektronischer Form, etwa durch E-Mail, sieht die WO nicht vor. Eine Vorschlagsliste ist dem WV auch dann zugegangen, wenn sie – soweit vorhanden – rechtzeitig in den Briefkasten oder in das Postfach des WV gelangt ist. Der WV ist dagegen nicht verpflichtet, Vorschlagslisten an anderen Stellen des Betriebs entgegenzunehmen. Er kann vielmehr auf die Betriebsadresse und die Bürostunden verweisen (vgl. auch § 3 WO Rn. 27). Der WV wird allerdings berechtigt sein, im Wahlausschreiben stimmberechtigte WV-Mitglieder namentlich zu benennen, die Vorschlagslisten wirksam dergestalt entgegennehmen können, dass eine rechtzeitige und insoweit wirksame Einreichung vorliegt.[135]

11 Eine Vorschlagsliste kann schon **vor Erlass des Wahlausschreibens** und damit vor Beginn der Frist beim WV eingereicht werden. Der WV darf diesen Vorschlag nicht einfach als nicht vorhanden ansehen, weil er verfrüht eingegangen ist. Er kann ihn entweder als verfrüht eingereicht zurückgeben oder ihn bis zum Erlass des Wahlausschreibens aufbewahren und dann als an diesem Tag eingereicht behandeln.[136] Nach Erlass des Wahlausschreibens ist die Zurückgabe aus diesem Grunde nicht mehr möglich.

---

129 *LAG Düsseldorf* 1.7.91 – 11 TaBV 66/91.
130 *LAG Hamm* 26.2.76, BB 76, 1075; *LAG Düsseldorf* 3.12.02, AiB 04, 114.
131 *BAG* 9.12.92, NZA 93, 765.
132 Vgl. *BAG* 4.10.77, AP Nr. 2 zu § 18 BetrVG 1972.
133 Vgl. *LAG Frankfurt* 7.2.91, NZA 92, 78.
134 Vgl. *BVerwG* 3.2.69, PersV 70, 37.
135 Vgl. *LAG Hamm* 9.9.94, BB 95, 620.
136 Vgl. *BVerwG* 17.12.57, ZBR 58, 187.

Die **Zurücknahme** einer Vorschlagsliste ist **nach ihrer Einreichung** auch dann nicht mehr möglich, wenn die Einreichungsfrist noch nicht abgelaufen ist.[137] Mit der Einreichung der Vorschlagslisten erlischt eine entsprechende Verfügungsbefugnis des Listenvertreters. Eine Zurücknahme wäre allenfalls denkbar, wenn **alle Unterzeichner gemeinsam** die Rückgabe begehren würden. Dagegen stellt die Vorschlagsliste **vor ihrer Einreichung** an den WV einen Entwurf dar, der mit Einverständnis der Unterzeichner jederzeit erneuert oder vernichtet werden kann.[138] 12

Nach Ablauf der Frist eingereichte Vorschlagslisten sind auch dann ungültig, wenn ihre Ungültigkeit lediglich auf der **verspäteten Einreichung** beruht und sonst keine gültige Vorschlagsliste beim WV eingegangen ist.[139] Verspätet eingegangene Vorschlagslisten hat der WV unter Angabe des Grundes zurückzugeben. **Rechtzeitig eingereichte,** aber fehlerhafte Vorschlagslisten können jedoch auch **nach Ablauf der Frist** des Abs. 1 Satz 2 berichtigt werden, wenn es sich um Mängel nach § 8 Abs. 2 WO handelt und die dort genannten Fristen berücksichtigt werden. Besondere Probleme werden auftreten, wenn während der Frist zur Einreichung von Wahlvorschlägen ein **Arbeitskampf** läuft. Den am Arbeitskampf teilnehmenden AN ist es zu ermöglichen, Wahlvorschläge bzw. Vorschlagslisten aufzustellen (vgl. § 18 BetrVG Rn. 7). 13

III. Inhalt der Vorschlagslisten

Die Anzahl der auf jeder Vorschlagsliste erscheinenden Bewerber **soll doppelt so hoch** sein, wie BR-Mitglieder insgesamt zu wählen sind. Es liegt eine **Soll-Vorschrift** vor, deren Nichteinhaltung die Vorschlagsliste nicht ungültig macht (h. M.). Eine Vorschlagsliste ist vielmehr selbst dann gültig, wenn weniger Kandidaten benannt sind, als BR-Mitglieder gewählt werden müssen. Die Gültigkeit ist auch gegeben, wenn das Geschlecht in der Minderheit eine Mindestanzahl von BR-Sitzen zu erhalten hat (§ 15 Abs. 2 BetrVG) und eine Liste **weniger Wahlbewerber** enthält, als dem Minderheitsgeschlecht Sitze zustehen; entsprechendes gilt, wenn die Liste überhaupt keine Angehörigen des Geschlechts in der Minderheit aufweist. 14

Nach der Rspr. des *BAG* (29.6.65, AP Nr. 11 zu § 13 BetrVG) soll sogar eine Liste mit nur einem **einzigen Bewerber** gültig sein. Die Nichtzulassung einer solchen Liste führt nach dieser Rspr. im Wahlanfechtungsverfahren zur Ungültigkeit der BR-Wahl.[140] Das *BAG* geht allerdings offensichtlich davon aus, dass mehrere Vorschlagslisten eingereicht werden, was aber auch beim normalen Wahlverfahren keineswegs immer der Fall sein muss. 15

Die Soll-Vorschrift will im Grunde sicherstellen, dass eine **ausreichende Anzahl von Ersatzmitgliedern** vorhanden ist, damit sich der BR bei vorübergehender Verhinderung oder beim Ausscheiden von Mitgliedern ergänzen kann und die Gesamtzahl der Mitglieder während der Amtszeit nicht geringer wird. 16

Es liegt aber im Interesse der Listeneinreicher, die Soll-Vorschrift zu beachten. Scheiden nämlich BR-Mitglieder im Laufe der Amtszeit aus und ist eine Liste erschöpft, rückt – unter Beachtung des § 15 Abs. 2 BetrVG – ein Ersatzmitglied derjenigen Vorschlagsliste nach, auf die nach den Grundsätzen der Verhältniswahl der nächste Sitz entfallen würde (vgl. § 25 Abs. 2 BetrVG). 17

Abs. 3 schreibt im Einzelnen vor, wie und mit welchen Angaben die Wahlbewerber in der Vorschlagsliste aufzuführen sind. Ihre **Namen** sind untereinander zu setzen und mit **laufenden Nummern** zu versehen. Die Bestimmung der Reihenfolge, die durch die Aufsteller der Vorschlagsliste geschieht, ist für den WV **bindend.** Er hat die Namen in dieser Reihenfolge auf den Stimmzettel zu übernehmen (anders bei dem vereinfachten Wahlverfahren: alphabetische 18

137 Vgl. *BVerwG* 11.6.75, PersV 76, 185.

138 Vgl. *BVerwG* 5.2.71, ZBR 71, 247, das darauf hinweist, dass die Vorschlagsliste vor ihrer Einreichung keine rechtliche Wirkung hat.

139 Vgl. aber *Fitting*, § 9 WO Rn. 7 m. w. N., die im Falle einer Nachfrist nach § 9 WO davon ausgehen, dass eine vor Setzung der Nachfrist, aber verspätet eingereichte Vorschlagsliste wieder zu berücksichtigen und als gültig zu behandeln ist.

140 Vgl. *BAG*, a. a. O.

Reihenfolge, vgl. § 34 Abs. 1 Satz 2 WO). Wird der Wahlgang nach den Grundsätzen der **Verhältniswahl** durchgeführt, erscheinen auf dem Stimmzettel allerdings nur die beiden an **erster Stelle** benannten Bewerber (vgl. § 11 Abs. 2 WO).

19 Die **Reihenfolge,** in der die Wahlbewerber auf der Vorschlagsliste aufgeführt werden, muss **erkennbar** sein. Die Vorschlagsliste ist ungültig, wenn die Reihenfolge der Wahlbewerber nicht eindeutig erkennbar ist. Der Mangel ist nicht heilbar (vgl. § 8 Abs. 1 WO). Die »erkennbare Reihenfolge« verlangt nicht, dass die Namen der Wahlbewerber ganz genau untereinander stehen müssen. Es ist z. B. unschädlich, wenn bei einem Wahlbewerber zunächst der Familienname und dann der Vorname aufgeführt wird, während beim nächsten Bewerber umgekehrt verfahren worden ist. Bei der Prüfung der Frage, ob eine erkennbare Reihenfolge der Wahlbewerber vorliegt, ist weniger nach formalen Kriterien zu verfahren. Ausschlaggebend ist vielmehr, ob sich für einen unbefangenen und objektiven Dritten eine erkennbare Reihenfolge feststellen lässt.[141]

20 Außer dem Familiennamen und der fortlaufenden Nummer ist bei jedem Wahlbewerber der Vorname anzugeben. Dabei genügt es, wenn bei mehreren Vornamen der Rufname aufgeführt ist, wenn der Bewerber schon dadurch von anderen Beschäftigten gleichen Familiennamens unterschieden werden kann. Aus Gründen der **Unterscheidungsmöglichkeit** ist auch die Angabe des Geburtsdatums erforderlich (vgl. jedoch § 2 Abs. 4 Satz 2 WO; danach sollen die im Betrieb auszulegenden Abdrucke der Wählerliste die Geburtsdaten der Wahlberechtigten nicht enthalten). Ferner ist die Art der Beschäftigung im Betrieb aufzuführen. Die Angabe der Art der Beschäftigung im Betrieb dient in erster Linie der Unterscheidung der verschiedenen Wahlbewerber. Es ist daher im Sinne der Vorschrift, wenn die derzeitige Art der Beschäftigung angegeben wird und nicht eine schon längst nicht mehr ausgeübte Tätigkeit, für die man jedoch eingestellt worden war. Es kann insoweit zu Diskrepanzen zwischen der Art der Tätigkeit im Arbeitsvertrag und in der Vorschlagsliste kommen, ohne dass dies zu einer Anfechtbarkeit der Wahl führt. Nicht hinnehmbar sind jedoch kreative Beschreibungen der Art der Tätigkeit, die auf eine Beeinflussung der Wähler abzielen[142].

21 Fehlen eine oder mehrere dieser Angaben, hat der WV nach § 7 Abs. 2 WO den **Listenvertreter unverzüglich schriftlich** unter Angabe der Gründe zu unterrichten. Es liegt ein Fall des § 8 Abs. 2 WO vor. Unterbleibt eine Richtigstellung, ist die Vorschlagsliste gleichwohl nicht immer ungültig (str.).[143] Es wird entscheidend darauf ankommen, dass eine **eindeutige Zuordnung** und Individualisierung des Bewerbers möglich ist.[144] Die Nichtberechtigung bzw. das Fehlen einer der Angaben ist ohnehin nur von Bedeutung, wenn der Verstoß geeignet war, das **Wahlergebnis zu ändern oder zu beeinflussen.** So werden die Wahlbewerber regelmäßig auch anderweitig identifizierbar sein, wenn z. B. der Vorname oder das Geburtsdatum fehlt.

22 Die Vorschlagsliste muss eine **einheitliche zusammenhängende Urkunde** sein.[145] Eine **feste körperliche Verbindung** des Bewerberteils mit dem Teil, der die Stützunterschriften enthält, ist nach der neueren Rechtsprechung des BAG allerdings nicht mehr notwendig, sofern erkennbar die erforderlichen **Stützunterschriften Teil der Vorschlagsliste** sind und der Vorschlags- und der Unterschriftenteil eine einheitliche Urkunde bilden (vgl. auch § 14 BetrVG, Rn. 19).[146] Das *BAG*[147] sieht es als ausreichend an, wenn **andere Merkmale** den Wahlvorschlag als **einheitliche Urkunde** ausweisen. Auch die Wiedergabe des Kennwortes auf den einzelnen Blättern, eine fortlaufende Paginierung oder Nummerierung sowie die einheitliche graphische Gestaltung oder der inhaltliche Zusammenhang des Textes können den Wahlvorschlag als eine einheitliche Urkunde ausweisen, wenn sich die Bewerberliste und die Stützunterschriften auf

141 *Fitting,* Rn. 8; *Heinze,* NZA 88, 570.

142 *LAG Hessen* 17.04.08 – 9 TaBV 163/07. Die Angabe »freigestellter Betriebsrat« für die Art der Beschäftigung führt nicht zu einer Wahlanfechtung.

143 Vgl. *Fitting,* Rn. 9 m. w. N.

144 Vgl. *Fitting,* a. a. O.; GK-*Kreutz,* Rn. 10; Richardi-*Thüsing,* Rn. 10; vgl. auch *BAG* 2.2.62, AP Nr. 10 zu § 13 BetrVG, das sogar die fehlende Angabe der Gruppenzugehörigkeit nicht als Anfechtungsgrund angesehen hat; a. A. *LAG Frankfurt* 5.7.65, DB 65, 1746.

145 *LAG Düsseldorf* 19.4.68, DB 68, 898.

146 Vgl. *BAG* 25.5.05, AuR 05, 425.

147 A. a. O.

mehreren Blättern befinden.[148] Diese urkundliche Verbindung muss von der ersten bis zur letzten Stützunterschrift bestehen bleiben (vgl. auch § 14 BetrVG Rn. 19).[149]

Es ist zulässig, dass eine Vorschlagsliste in **mehreren gleich lautenden Ausfertigungen** zur Unterzeichnung im Betrieb umläuft. Das Erfordernis der einheitlichen und zusammenhängenden Urkunde zwingt also nicht dazu, nur ein Exemplar zur Unterschriftsleistung zu verwenden. Jeder einzelnen in den Umlauf gebrachten Unterschriftsliste muss (zur Einheitlichkeit der Liste als Urkunde vgl. Rn. 22) eine **Vervielfältigung der Vorschlagsliste,** also des Bewerberteils, vorliegen. Dabei müssen **alle Ausfertigungen inhaltlich übereinstimmen** und die in § 6 Abs. 3 WO vorgeschriebenen Angaben enthalten.[150] Das Erfordernis der genauen Übereinstimmung bezieht sich dabei nicht nur auf die Person, sondern auch auf die Reihenfolge der Wahlbewerber, die ebenfalls gleich sein muss.[151] Ist auf einer der Ausfertigungen die **Reihenfolge verändert worden,** gilt sie als eigener Wahlvorschlag (Vorschlagsliste) und ist ungültig, wenn sie nicht die notwendige Anzahl von Unterschriften aufweist. **23**

Jede Vorschlagsliste ist von einer **bestimmten Anzahl** von wahlberechtigten AN zu unterzeichnen (vgl. § 14 Abs. 4 BetrVG). Wird die Mindestzahl nicht erreicht, ist die Liste ungültig und nach ihrer Einreichung nicht mehr heilbar (vgl. § 8 Abs. 1 WO). Das schließt nicht aus, dass der Listenvertreter, sofern die Frist nach § 6 Abs. 1 Satz 2 und Abs. 5 Satz 2 WO noch nicht abgelaufen sind, erneut eine Vorschlagsliste mit denselben Wahlbewerbern einreichen kann, die die erforderliche Anzahl von Unterschriften trägt. **24**

Jede im **Betrieb vertretene Gewerkschaft** kann, ohne Unterschriften aus der Mitte der Belegschaft beibringen zu müssen, eine Vorschlagsliste einreichen (§ 14 Abs. 3 i. V. m. Abs. 5 BetrVG). Eine solche Vorschlagsliste muss von **zwei Beauftragten** der betreffenden Gewerkschaft unterzeichnet sein (zu den Einzelheiten vgl. § 14 BetrVG Rn. 61 ff., § 27 WO Rn. 3; zum Gewerkschaftsbegriff vgl. § 2 BetrVG Rn. 10 ff.). Das Recht auf die Einreichung einer eigenständigen Vorschlagsliste nimmt der Gewerkschaft selbstverständlich nicht die Möglichkeit, Unterschriften aus der **Mitte der Belegschaft** unter einen Wahlvorschlag beizuholen, auf dem Kandidaten dieser Gewerkschaft stehen. Das ist sogar **empfehlenswert,** da Stützunterschriften von AN des Betriebs deutlich machen, dass die Vorschlagsliste einen **entsprechenden Rückhalt in der Belegschaft** hat. **25**

Die Unterschriften müssen **persönlich** geleistet werden. Eine Stellvertretung ist nicht zulässig.[152] Zur Frage der Zulässigkeit der Unterzeichnung durch **WV-Mitglieder,** die zu bejahen ist, vgl. § 14 BetrVG Rn. 58. **26**

Die Unterzeichnung muss so vollständig und so deutlich sein, dass der WV feststellen kann, ob es sich um einen wahlberechtigten AN handelt.[153] Es ist **grundsätzlich** eine klare und eindeutige Unterschrift mit Vor- und Zuname erforderlich. Auf die Lesbarkeit der Unterschrift kommt es aber dann nicht an, wenn diese noch Schriftzüge erkennen lässt und auf andere Weise die Identifikation des Unterzeichners hinreichend sichergestellt ist.[154] **27**

Jede Unterschrift muss die **gesamte Vorschlagsliste** decken.[155] Das ergibt sich bereits daraus, dass die Vorschlagsliste ein Vorschlag derjenigen ist, die ihn unterzeichnet haben.[156] Nicht erforderlich ist die Unterschrift aller Einreicher auf derselben Urkunde. Es genügt die Unterzeichnung auf einer Ausfertigung (vgl. auch Rn. 23). **28**

Eine **nachträgliche Rücknahme der Unterschrift** durch den Unterzeichner beeinträchtigt die Gültigkeit der Vorschlagsliste nicht (vgl. § 8 Abs. 1 Nr. 3 WO; *BAG* 1.6.66, AP Nr. 2 zu § 6 WO).[157] Zur Problematik der Doppelunterzeichnungen vgl. Rn. 39 ff. **29**

---

148 *BAG*, a. a. O.; vgl. dazu *Schneider*, AiB 06, 51.
149 *LAG Frankfurt* 16.3.87, DB 87, 1204; *Blanke/Berg u. a.*, Rn. 337 f.
150 *Fitting*, Rn. 13.
151 *ArbG Hamm* 23.6.72, DB 72, 1635; *LAG Baden-Württemberg* 8.11.76 – 1 a TaBV 6/76.
152 Vgl. *BAG* 12.2.60, AP Nr. 11 zu § 18 BetrVG; *Fitting*, § 14 BetrVG Rn. 52; GK-*Kreutz*, Rn. 18; Richardi-*Thüsing*, § 14 BetrVG Rn. 56; a. A. *LAG Düsseldorf* 27.9.65, DB 65, 1823.
153 *ArbG Herne* 12.4.72, DB 72, 976.
154 *ArbG Herne*, a. a. O.
155 GK-*Kreutz*, Rn. 19.
156 *BAG* 15.12.72, AP Nr. 1 zu § 14 BetrVG 1972.
157 Vgl. aber *BVerwG* 1.3.84, AuR 84, 380, das die wirksame Rücknahme von Unterschriften auf einem

30 Der Bewerber muss mit der Aufnahme in die Vorschlagsliste, also mit seiner Kandidatur, einverstanden sein. Deshalb ist seine **schriftliche und eigenhändig unterschriebene Zustimmung** beizufügen. Eine Unterschrift in der Form einer bloßen Paraphe ist unzureichend und kann zur Anfechtung der BR-Wahl führen.[158] Die Zustimmung kann – was in der Praxis oft geschieht – durch entsprechende Unterschrift auf der Vorschlagsliste gegeben werden. Einer gesonderten Erklärung bedarf es nicht.[159] Die Zustimmung kann aber auch unabhängig von der Vorschlagsliste geschehen; sie muss jedoch zeitgleich mit der Einreichung der Vorschlagsliste dem WV zugehen. Es ist ausreichend, dass der Bewerber seine schriftliche Zustimmungserklärung unmittelbar beim WV einreicht.[160] Fehlt die Zustimmung und wird sie nicht innerhalb der Frist des § 8 Abs. 2 WO nachgereicht, ist der Vorschlag auch dann **ungültig,** wenn die mündliche Zustimmung schon vorlag und die schriftliche Zustimmung **außerhalb der Frist** nachgeholt wird.[161] Unabhängig von der Unterschrift, mit der die Bereitschaft zur Kandidatur erklärt wird, kann ein **Wahlbewerber** auch bei den **Stützunterschriften mitunterzeichnen.**[162] Liegt eine Unterschrift vor, ist aber nicht erkennbar, ob es sich um die Zustimmung des Bewerbers zu seiner Kandidatur handelt oder um die Stützunterschrift, ist im Zweifel davon auszugehen, dass mit der Unterschrift der Wahlvorschlag gestützt werden soll.[163]

31 Die Zustimmung des Wahlbewerbers ist gegenüber den **Erstellern der Vorschlagsliste** zu erklären. Eine Abgabe der Erklärung durch den Bewerber gegenüber dem WV ist weder erforderlich noch wirksam. Das ergibt sich bereits daraus, dass die schriftliche Zustimmung des Bewerbers bei der Einreichung der Vorschlagsliste an den WV vorliegen muss und für den Fall, dass sie fehlt, nicht der WV den Bewerber auffordern muss, seine schriftliche Zustimmung zu geben. Es ist vielmehr Aufgabe des **Listenvertreters,** die Beseitigung dieses Mangels herbeizuführen.

32 Liegt die schriftliche Zustimmung nicht vor, ist nach § 8 Abs. 2 WO zu verfahren. **Nach Ablauf** der in § 8 Abs. 2 WO genannten Frist von **drei Arbeitstagen** (zum Begriff der Arbeitstage vgl. Rn. 46 f.) ist eine Zustimmung **nicht mehr zulässig.** Wird das Verfahren nach § 8 Abs. 2 WO nicht durchgeführt, bleibt die Wahl anfechtbar, auch wenn die schriftliche Zustimmung des Bewerbers nach Ablauf der Frist zur Einreichung von Vorschlagslisten nachgeholt wird.[164] Eine gefälschte Unterschrift gilt als nicht geschrieben.[165]

33 Der Wahlvorschlag ist kein Vorschlag des Listenvertreters, sondern **aller, die ihn unterzeichnet haben.** Daher ist die **ohne Einverständnis** der Unterzeichner vorgenommene Streichung einzelner oder mehrerer Kandidaten eine inhaltliche Änderung. Ein solcher Wahlvorschlag wird durch die Streichung unrichtig und ist kein Wahlvorschlag i. S. d. BetrVG.[166] Auch der WV ist nicht berechtigt, Vorschlagslisten durch Streichung von etwa nicht wählbaren AN zu korrigieren (vgl. aber § 8 WO Rn. 4). Eine solche Korrektur kann nur von den Wahlberechtigten vorgenommen werden, die mit ihrer Unterschrift die Vorschlagsliste unterstützt haben.[167]

34 Eine **Rücknahme der Zustimmung zur Bewerbung** ist nicht zulässig.[168] Das gilt nicht nur für

---

Wahlvorschlag bis zur Einreichung des Vorschlags gegenüber dem WV zulässt, allerdings auch darauf hinweist, dass ein nicht heilbarer Mangel vorliegt, wenn dadurch die erforderliche Zahl von Unterschriften nicht mehr erreicht wird.

158 *LAG Düsseldorf* 20.5.05 – 10 TaBV 94/04.

159 Vgl. *BAG* 12.6.60, AP Nr. 11 zu § 18 BetrVG.

160 *Fitting,* Rn. 10.

161 *BAG* 1.6.66, AP Nr. 15 zu § 18 BetrVG.

162 *LAG Hamm* 5.1.79 – 3 TaBV 116/78, das sogar davon ausgeht, die mit der Unterschrift erklärte Bereitschaft zur Kandidatur beinhalte auch die Erklärung, diesen Vorschlag zu unterstützen, so dass die sich auf die Bereitschaft zur Kandidatur beziehende Unterschrift des Bewerbers bei der Ermittlung der Zahl der für einen Wahlvorschlag abgegebenen Stützunterschriften mitzuzählen sei.

163 *Fitting,* a. a. O.

164 *BAG* 1.6.66, AP Nr. 15 zu § 18 BetrVG.

165 *BVerwG* 8.3.63, AP Nr. 5 zu § 10 WahlO zum PersVG.

166 *BAG* 15.12.72, AP Nr. 1 zu § 14 BetrVG 1972.

167 *ArbG Gelsenkirchen* 1.6.75 – 2 BV 22/75.

168 Vgl. *BVerwG* 30.10.64, AP Nr. 1 zu § 9 WahlO z. PersVG; *Fitting* Rn. 10; a. A. Richardi-*Thüsing,* Rn. 12, die die Rücknahme sogar noch nach Ablauf der Einreichungsfrist bis zum Beginn des Wahlvorgangs als zulässig ansehen.

den Zeitraum nach der Einreichung der Vorschlagsliste beim WV, sondern auch dann, wenn die Liste noch nicht eingereicht worden ist, der Wahlbewerber seine Zustimmung aber bereits gegenüber dem Listenvertreter erklärt hat. In beiden Fällen wäre nämlich eine Streichung des Wahlbewerbers auf der Vorschlagsliste unumgänglich. Damit würde der Wahlvorschlag inhaltlich verändert und die ursprünglich mit den Unterschriften verknüpfte Aussage, die sich auch auf den gestrichenen Kandidaten bezog, ihrem Inhalt nach unrichtig; zumindest ist diese Möglichkeit nicht auszuschließen.[169] Ein Wahlbewerber, der seine Kandidatur nicht mehr aufrechterhalten möchte, kann jedoch für den Fall der Wahl die Annahme des BR-Amts nach § 17 Abs. 1 WO ablehnen.[170]

IV. Listenvertreter

Die WO sieht, damit notwendige Äußerungen oder Erklärungen gegenüber dem WV nicht von allen Unterzeichnern abgegeben werden müssen, einen **Listenvertreter** vor. Die Unterzeichner können gemeinsam ihren Listenvertreter benennen, und zwar ausdrücklich auf der Liste oder in einem der Vorschlagsliste beigefügten Begleitschreiben. Listenvertreter kann nur **einer der Unterzeichner** sein (zur Listenvertretung bei dem eigenständigen gewerkschaftlichen Vorschlagsrecht vgl. Rn. 36). Daraus ergibt sich, dass es sich um einen **wahlberechtigten AN** handeln muss. Bis zum Ablauf der Einreichungsfrist nach § 6 Abs. 1 Satz 2 WO kann der Listenvertreter noch von den Unterzeichnern benannt werden, auch wenn die Liste bereits früher eingereicht worden ist.[171] Ist kein Listenvertreter benannt worden, gilt derjenige als Vertreter, der die Liste an **erster Stelle** unterzeichnet hat. 35

Eine Besonderheit gilt, wenn ein Wahlvorschlag von einer im Betrieb vertretenen Gewerkschaft nach § 14 Abs. 5 i. V. m. Abs. 8 BetrVG eingereicht worden ist. Dann gilt der gewerkschaftliche Beauftragte, der den Wahlvorschlag an **erster Stelle** unterzeichnet hat, als **Listenvertreter** (vgl. § 27 Abs. 3 Satz 1 WO). Weder dieser noch der andere Beauftragte, der den gewerkschaftlichen Wahlvorschlag unterzeichnet hat (vgl. § 14 Abs. 8 BetrVG), muss dem Betrieb angehören. Die Gewerkschaft kann jedoch einen AN des Betriebs, der Mitglied dieser Gewerkschaft ist, als Listenvertreter benennen (§ 27 Abs. 3 Satz 2 WO). 36

Der **Listenvertreter** allein ist **berechtigt,** gegenüber dem WV die Vorschlagsliste zu vertreten, also alle Willenserklärungen abzugeben, die sich auf diese beziehen. Er allein ist auch zur Entgegennahme von Erklärungen und Entscheidungen des WV berechtigt. 37

Die Maßnahmen des Listenvertreters **bedürfen nicht der Zustimmung** der anderen Unterzeichner der Vorschlagsliste. Die Vertretungsmacht steht nicht zur Disposition der Unterzeichner.[172] Die Vertreterstellung des Listenvertreters ist allerdings nicht so stark, dass er mit der Vorschlagsliste nach Belieben verfahren könnte. Er ist deshalb auch nicht befugt, einen beim WV eingereichten Wahlvorschlag zurückzunehmen[173] oder gar nicht erst abzugeben.[174] Der Listenvertreter hat vielmehr nach dem **bekannten oder vermuteten Willen der Unterzeichner** zu handeln. Gibt der WV eine getroffene Entscheidung einer anderen Person als dem Listenvertreter bekannt, so ist sie damit noch nicht wirksam zugegangen. Insbes. ist die Zurückgabe einer beanstandeten Vorschlagsliste an eine andere Person als den Listenvertreter unzulässig.[175] 38

---

169 Vgl. *BAG* 15.12.72, AP Nr. 1 zu § 14 BetrVG 1972; vgl. aber *Richardi-Thüsing*, a. a. O., die für die Ordnungsmäßigkeit der Liste auf den Zeitpunkt der Einreichung abstellen.
170 *Fitting*, Rn. 19.
171 GK-*Kreutz*, Rn. 16.
172 GK-*Kreutz*, Rn. 17.
173 Vgl. BVerwGE 48, 317.
174 *LAG Hessen* 3.5.10 – 9 TaBVGa 82/10.
175 Vgl. *BVerwG* 17.12.57, ZBR 58, 290, ebenso *LAG Niedersachsen* 28.6.07 – 14 TaBV 5/07.

V. Doppelunterzeichnungen

39 Abs. 5 Satz 1 legt fest, dass die Unterschrift eines Wahlberechtigten **nur auf einer Vorschlagsliste** zählt. Doppelunterzeichnungen führen jedoch nicht zur Ungültigkeit der Vorschlagslisten, auf denen sie vorgenommen worden sind. Sie können allerdings bewirken, dass infolge der notwendigen Streichungen gemäß Abs. 5 eine Vorschlagsliste nicht mehr die erforderliche Anzahl von Unterschriften aufweist (vgl. § 8 Abs. 2 WO).

40 Hat ein Wahlberechtigter mehrere **Vorschlagslisten unterzeichnet,** hat ihn der WV aufzufordern, spätestens **vor Ablauf von drei Arbeitstagen** zu erklären, welche Unterschrift er aufrechterhält. Aus der Aufforderung an den Doppelunterzeichner muss sich klar und eindeutig ergeben, wozu der angeschriebene Wahlberechtigte aufgefordert wird. Ebenso ist auf die Folgen hinzuweisen, die sich aus dem Schweigen ergeben.[176] Der Wahlberechtigte ist dabei auch darauf hinzuweisen, dass eine Erklärung nach Ablauf der Frist nicht zulässig ist. Das Fehlen eines entsprechenden Hinweises kann die Wahl anfechtbar machen, wenn der Verstoß geeignet ist, das Wahlergebnis zu beeinflussen.[177] Der WV verstößt gegen die WO, wenn er den Doppelunterzeichner – ohne Fristsetzung – lediglich auffordert, sich im Büro des WV zu melden.[178] Handelt es sich bei den Doppelunterzeichnern um **ausländische AN,** ist es nicht unbedingt erforderlich, die Aufforderung des WV nach Abs. 5 in der entsprechenden Sprache vorzunehmen. Vielmehr kann das Schreiben mit der Aufforderung, sich zu erklären, an ausländische AN auch in deutscher Sprache gerichtet werden.[179]

41 Die Frist von drei Arbeitstagen **beginnt am Tage nach dem Zugang des Aufforderungsschreibens** des WV (§ 187 Abs. 1 BGB). »Arbeitstage« sind Tage, an denen der **ganz überwiegende Teil der Belegschaft** des Betriebs (nicht einer Betriebsabteilung) regelmäßig arbeitet.[180] Die Frist von drei Arbeitstagen muss so bemessen sein, dass sie erst endet, wenn für die ganz überwiegende Zahl der wahlberechtigten AN seit Fristbeginn drei Arbeitstage abgelaufen sind. Das ist dann nicht der Fall, wenn der dritte Arbeitstag für mehr als 20 v. H. der wahlberechtigten AN noch nicht abgelaufen war.[181]

42 Für Betriebe, die in **Schicht arbeiten,** ist zu beachten, dass die AN zwischen Beginn und Ende der Frist je drei volle Schichten gearbeitet haben müssen.[182] Aus Gründen der Rechtssicherheit kommt es dabei beim Fristbeginn auf den Kalendertag an.[183] Der Tag des Zugangs der Mitteilung des WV wird somit selbst dann nicht mitgerechnet, wenn für den betreffenden AN die Spät- bzw. Nachtschicht noch gar nicht begonnen hatte.

43 Erklärt sich der Wahlberechtigte nicht oder nicht fristgerecht, gilt seine Unterschrift nur auf der **zuerst eingereichten Liste.** Die Unterschriften auf den anderen Listen werden vom WV **gestrichen.** Sind die von dem Wahlberechtigten unterschriebenen Vorschlagslisten gleichzeitig eingereicht worden, entscheidet das Los darüber, auf welcher Vorschlagsliste die Unterschrift gilt (§ 6 Abs. 5 Satz 3 WO). Erklärt der Wahlberechtigte, der mehrere Vorschlagslisten unterzeichnet hat, innerhalb der Frist des Abs. 5 Satz 2 WO, dass er **alle seine Unterschriften** zurücknimmt, so ist ebenso zu verfahren wie in dem Fall, dass die Erklärung nicht oder nicht fristgerecht eingereicht wurde.[184]

44 Durch die Streichung von Doppelunterzeichnern kann es vorkommen, dass die Zahl der Stützunterschriften einer Vorschlagsliste unter die nach § 14 Abs. 4 BetrVG vorgeschriebene **Mindestzahl sinkt.** In diesem Falle ist nach § 8 Abs. 2 WO zu verfahren. Der WV hat den Listenvertreter aufzufordern, fehlende Unterschriften **binnen einer Frist von drei Arbeitstagen** beizuholen und so den Mangel zu beseitigen (vgl. § 8 WO Rn. 11 ff.). Gelingt dies nicht, ist der Wahlvorschlag ungültig.[185]

---

176 *LAG Hamm* 12.11.65, DB 66, 37.
177 Vgl. *LAG Hamm*, a. a. O.; *Fitting*, Rn. 16; GK-*Kreutz*, Rn. 20; Richardi-*Thüsing*, Rn. 16.
178 Vgl. *LAG Hamm*, a. a. O., das die Einhaltung des förmlichen Verfahrens nach § 6 Abs. 5 Satz 2 WO verlangt.
179 *LAG Hamm* 17.5.73, DB 73, 1403.
180 *BAG* 12.2.60, AP Nr. 11 zu § 18 BetrVG.
181 *BAG* 1.6.66, AP Nr. 2 zu § 6 WO.
182 *BAG* 1.6.66, AP Nr. 2 zu § 6 WO.
183 *BAG*, a. a. O.
184 *Fitting*, Rn. 16; Richardi-*Thüsing*, Rn. 16.
185 Vgl. *ArbG Paderborn* 27.4.65, DB 65, 979.

VI. Kandidatur auf mehreren Listen

Jeder Bewerber kann nur auf einer Vorschlagsliste benannt werden. Ein Wahlbewerber, der mit seiner Zustimmung auf mehreren Listen aufgeführt ist, muss auf **sämtlichen Listen** gestrichen werden, wenn er nicht binnen drei Arbeitstagen erklärt (vgl. Rn. 41), welche Bewerbung er aufrechterhält. Die Erklärung ist auch dann abzugeben, wenn eine der Listen ungültig ist.[186] Eine Erklärung des Bewerbers nach Ablauf der Frist ist **nicht mehr wirksam.** Das gilt selbst dann, wenn die allgemeine Frist für die Einreichung von Wahlvorschlägen **noch nicht abgelaufen ist**. Das schließt nicht aus, dass der wegen seiner Nichterklärung auf allen Listen gestrichene Bewerber auf einer weiteren Vorschlagsliste erneut benannt wird, wenn die Einreichungsfrist noch läuft. 45

Werden nach Abs. 7 Streichungen von Kandidaten erforderlich, berührt das die Gültigkeit der Vorschlagslisten, auf denen die Streichung erfolgt, nicht. Andererseits darf der WV, wenn die Voraussetzungen des Abs. 8 nicht vorliegen, Kandidaten von einer eingereichten Vorschlagsliste auch dann nicht streichen, wenn sie es selbst wünschen (vgl. auch Rn. 38 f. und § 8 WO Rn. 4).[187] 46

Die Unzulässigkeit mehrfacher Benennungen nach Abs. 7 besteht nur für die **Verhältniswahl.** Die Bestimmung ist dann ohne Bedeutung, wenn nur ein aus einer Person bestehender BR zu wählen ist oder die Wahl nach den Grundsätzen des vereinfachten Wahlverfahrens erfolgt. Eine Mehrfachbenennung in diesen Fällen ist deshalb unschädlich, weil die Bewerber der verschiedenen Wahlvorschläge auf den Stimmzetteln ohnehin in alphabetischer Reihenfolge angeführt werden und somit nur einmal erscheinen (vgl. § 34 Abs. 1 WO). 47

VII. Unzulässige Verbindung von Vorschlagslisten

Eine **Verbindung von Vorschlagslisten** ist nach Abs. 7 **unzulässig.** Die Bestimmung hat nur bei der **Verhältniswahl** Bedeutung. Eine unzulässige Verbindung liegt vor, wenn unterschiedliche Vorschlagslisten vor oder nach ihrer Einreichung beim WV mit der Wirkung zusammengefasst werden sollen, dass die auf sie entfallenden Stimmen zusammengezählt werden. Es müssen selbstständige Listen sein, die verbunden werden sollen. **Keine Listenverbindung** liegt vor, wenn zum Zwecke der leichteren Unterschriftensammlung mehrere Exemplare einer Vorschlagsliste erstellt werden, die vor ihrer Einreichung zusammengefügt werden (vgl. Rn. 23). 48

§ 7 Prüfung der Vorschlagslisten

(1) Der Wahlvorstand hat bei Überbringen der Vorschlagsliste oder, falls die Vorschlagsliste auf eine andere Weise eingereicht wird, der Listenvertreterin oder dem Listenvertreter den Zeitpunkt der Einreichung schriftlich zu bestätigen.

(2) Der Wahlvorstand hat die eingereichten Vorschlagslisten, wenn die Liste nicht mit einem Kennwort versehen ist, mit Familienname und Vorname der beiden in der Liste an erster Stelle Benannten zu bezeichnen. Er hat die Vorschlagsliste unverzüglich, möglichst binnen einer Frist von zwei Arbeitstagen nach ihrem Eingang, zu prüfen und bei Ungültigkeit oder Beanstandung einer Liste die Listenvertreterin oder den Listenvertreter unverzüglich schriftlich unter Angabe der Gründe zu unterrichten.

Inhaltsübersicht

186 *LAG München* 25.1.07 – 2 TaBV 102/06.
187 *ArbG Paderborn* 27.4.65, DB 65, 979; *Fitting*, Rn. 19.

I. Bestätigung des Eingangs von Vorschlagslisten

1 Der Eingang jeder Vorschlagsliste ist vom WV **schriftlich** zu bestätigen. Das gilt **unabhängig** davon, ob bereits beim Eingang **Beanstandungen oder schwerwiegende Mängel** sichtbar sind, die die Liste ungültig machen. Die Bestätigung ist daher auch dann vorzunehmen, wenn die Einreichung der Vorschlagsliste nicht fristgemäß erfolgte.[188] Die Bestätigung gegenüber dem Listenvertreter hat so umgehend zu geschehen, dass dieser **baldmöglichst** von dem Eingang der Liste Kenntnis erhält. Am schnellsten geht es, wenn der Listenvertreter bei Überbringen der Vorschlagsliste die schriftliche Bestätigung ausgehändigt bekommt. Geht dies nicht, kann die Bestätigung auch auf andere Weise erfolgen, z. B. durch einen Boten oder die Werkspost, sofern sichergestellt ist, dass der Listenvertreter so schnell wie möglich die Bestätigung erhält.[189]

2 Die Bestätigung ist **ohne Rücksicht** darauf zu geben, ob der **Einreicher** (Listenvertreter) sie **verlangt**.[190] Sie ist vom WV zu unterschreiben, wobei die Unterschrift eines Mitglieds des WV genügt.[191] Die Bestätigung dient auch einem evtl. notwendig werdenden Beweis, ob die Vorschlagsliste fristgerecht eingereicht worden ist.[192] Ist eine schriftliche Bestätigung unterblieben oder verlorengegangen, so kann der Nachweis für die rechtzeitige Einreichung auch auf **andere Weise,** z. B. durch Zeugen, geführt werden.[193] Es ist im Übrigen empfehlenswert, unabhängig von der vorgeschriebenen Bestätigung der Einreichung, auch auf der Liste selbst einen **Eingangsvermerk** anzubringen.

3 Zu bestätigen sind die **Tatsache des Eingangs und der Zeitpunkt,** und zwar sowohl der Tag als auch die genaue Uhrzeit.[194] Die Vorschlagsliste muss dem WV an seiner Betriebsadresse zugehen (vgl. § 3 WO Rn. 26 f.). Auch **Ergänzungen oder Berichtigungen** sind zu bestätigen.[195] Wird somit eine Vorschlagsliste nach Abs. 2 oder nach § 8 Abs. 2 WO von den Einreichern bzw. dem Listenvertreter berichtigt, ist auch Eingang und Zeitpunkt der Berichtigung schriftlich zu bestätigen.

II. Kennzeichnung der Vorschlagslisten

4 Eine Vorschlagsliste kann mit einem **Kennwort** versehen sein. Der Wähler wird dadurch in die Lage versetzt, auf dem Stimmzettel die Vorschlagslisten deutlich unterscheiden zu können. In der Regel sagt ein Kennwort aus, von welcher **Gruppierung oder Organisation** die Vorschlagsliste stammt. So dient in der betrieblichen Praxis meist der Name einer Gewerkschaft als Kennwort. Es verfolgt dann den Zweck, die mit dieser Gewerkschaft sympathisierenden Wähler zu veranlassen, gerade dieser Liste ihre Stimme zu geben. Als Kennworte können aber **auch andere Begriffe** gewählt werden. So treten bei den BR-Wahlen mitunter Listen mit Kennworten wie z. B. »Unabhängige« oder »Freie Liste« auf. Dabei ist zu beachten, dass ein Kennwort **unzulässig** ist, wenn es den Wähler **irreführen** kann.[196] Auf die Täuschungsabsicht kommt es dabei nicht an, sondern nur auf die **objektive Gefahr** der Irreführung.[197] So ist ein Kennwort irreführend, das **fälschlicherweise** den Eindruck erweckt, der Wahlvorschlag stamme von einer **bestimmten Gewerkschaft,** obwohl diese die Liste nicht oder nicht insgesamt unterstützt.[198] Das Kennwort »Unabhängige« ist auch dann unzulässig, wenn sich hinter der Vorschlagsliste eine Gewerkschaft verbirgt. Eine Vorschlagsliste darf somit nur dann ein auf

188 *Fitting,* Rn. 1.
189 *Fitting,* a. a. O.
190 Richardi-*Thüsing,* Rn. 1.
191 Vgl. *Fitting,* Rn. 1, die sogar die Unterschrift einer im Büro des WV tätigen Hilfskraft als ausreichend ansehen; GK-*Kreutz,* Rn. 3.
192 Richardi-*Thüsing,* a. a. O.
193 *Fitting,* a. a. O.; GK-*Kreutz,* Rn. 4.
194 *Fitting,* Rn. 1; GK-*Kreutz,* Rn. 1.
195 Richardi-*Thüsing,* Rn. 1.
196 Vgl. *BVerwG* 13.5.66, PersR 87, 234, zu § 8 Abs. 5 BPersVG.
197 *Altvater u. a.,* § 8 WO zum BPersVG, Rn. 21.
198 Vgl. *Fitting,* Rn. 2.

eine bestimmte Gewerkschaft hinweisendes Kennwort erhalten, wenn diese Gewerkschaft hinter dieser Liste steht[199] und das Recht hat, nach § 14 Abs. 3 i. V. m. Abs. 5 BetrVG zur Wahl des BR Vorschlagslisten einzureichen, andernfalls kann die Liste vom WV beanstandet und ggfs. sogar zurückgewiesen werden.[200] Nutzt eine Liste einen Gewerkschaftsnamen als Kennwort, so müssen auch die Wahlbeauftragten dieser Gewerkschaft die Liste durch Unterschrift als solche kenntlich machen.[201] Sollte ein fehlerhaftes Kennwort genutzt worden sein, so ist dieses durch den WV zu streichen und die beiden Namen der Bewerber an Listenplatz 1 und 2 zu ersetzen.

Als Kennwort sind auch **gebräuchliche Abkürzungen,** z. B. von Gewerkschaften, deren Bedeutung allgemein als bekannt vorausgesetzt werden darf, zulässig.[202] Kennworte für neue Vorschlagslisten müssen sich jedoch von denen gebräuchlicher Gewerkschaftslisten **deutlich** unterscheiden.[203] Eine **Verwechslungsgefahr** darf durch das Kennwort **nicht eintreten.**[204] 5

Ein **parteipolitisches Kennwort** ist unzulässig, da es dem Grundsatz des Verbots der parteipolitischen Betätigung von AG und BR im Betrieb nach § 74 Abs. 2 Satz 3 BetrVG widersprechen würde.[205] Nicht statthaft sind ferner Kennworte, durch die Kandidaten oder Einreicher anderer Listen **diffamiert** werden, sowie **lächerlich machende** oder **grob anstößige Kennworte.**[206] 6

III. Prüfung und Beanstandung von Vorschlagslisten

Der WV hat **unverzüglich,** spätestens innerhalb von zwei Arbeitstagen nach Eingang einer Vorschlagsliste, zu prüfen, ob sie den vom Gesetz und der WO vorgeschriebenen Erfordernissen entspricht. In **Ausnahmefällen,** wie etwa bei besonderen Ermittlungen, kann eine Überschreitung der Frist in Betracht kommen. Der WV wird dabei den Sinn der Fristbestimmung zu berücksichtigen haben, der darin liegt, dass Einreicher einer ungültigen Vorschlagsliste diesen Umstand so rechtzeitig erfahren, dass innerhalb der Einreichungsfrist u. U. eine gültige Vorschlagsliste nachgereicht werden kann.[207] Daher reicht es in den Fällen, in denen am **letzten Tag der Einreichungsfrist mehrere Stunden** vor Fristablauf eine Vorschlagsliste eingereicht wird, nicht aus, wenn sich der WV erst am nächsten Tag mit der Frage der Gültigkeit der Liste befasst.[208] Vielmehr hat der WV am letzten Tag der Frist zur Einreichung von Wahlvorschlägen Vorkehrungen zu treffen, damit er eingehende Wahlvorschläge möglichst **sofort prüfen** und die Listenvertreter über etwaige Mängel informieren kann[209]. Verletzt er diese Pflicht, kann das zur Anfechtbarkeit der Wahl führen.[210] Es kann u. U. sogar in die laufende BR-Wahl eingegriffen werden, wenn das Versäumnis der Prüfung zu einer erfolgreichen Anfechtung führen kann; ggf. mit einer **einstweiligen Verfügung** (vgl. auch § 19 BetrVG Rn. 16 ff.).[211] Ein Verstoß gegen die Pflicht zur unverzüglichen Prüfung eines Wahlvorschlags führt dann nicht zur Anfechtbarkeit im Rahmen des § 19 Abs. 1 BetrVG, wenn in einer sofort einberufenen Sitzung des WV **keine Maßnahmen** mehr möglich waren oder getroffen werden konnten, die zu einer Behebung des festgestellten Mangels noch vor Ablauf der Einreichungsfrist geführt hätten.[212] 7

Bei einer Einreichung unmittelbar vor Arbeitsschluss liegt allerdings, vor allem in größeren Betrieben, kein fehlerhaftes Verhalten des WV vor, wenn er die Liste erst am nächsten Tag

---

199 *Fitting,* a. a. O.; vgl. auch GK-*Kreutz,* Rn. 7.
200 *LAG Hamm* 18.3.11 – 13 TaBV 98/10.
201 *BAG* 15.5.13 – 7 ABR 40/11; *Homburg,* AiB 10/13, 572 ff.
202 *BAG* 3.6.69, AP Nr. 17 zu § 18 BetrVG.
203 Vgl. *BVerwG* 13.5.66, AP Nr. 3 zu § 21 PersVG.
204 Vgl. *BVerwG,* a. a. O.; *Fitting,* Rn. 2; GK-*Kreutz,* Rn. 6.
205 Vgl. *Blanke/Berg u. a.,* Rn. 350; Richardi-*Thüsing,* Rn. 2; *Fitting,* Rn. 2.
206 *Blanke/Berg u. a.,* a. a. O.; Richardi-*Thüsing,* a. a. O.; *Fitting,* a. a. O.; GK-*Kreutz,* Rn. 6.
207 *BAG* 25.5.05 – 7 ABR 39/04; *Fitting,* Rn. 4.
208 *BAG* 25.5.05, NZA 06, 116.
209 *BAG* 18.7.12 – 7 ABR 21/11, das eine unmittelbare Prüfung nach der Einreichung der Liste vorsieht.
210 *BAG* 25.5.05, a. a. O.
211 Vgl. *LAG Berlin* 7.2.06, NZA-RR 06, 509.
212 *LAG Nürnberg* 15.3.04, AuR 04, 477.

zurückweist, obwohl ein neuer Vorschlag dann nicht mehr eingereicht werden kann.[213] Bei der Prüfung handelt es sich um eine **Rechtspflicht** des WV, deren Verletzung ggf. eine Wahlanfechtung rechtfertigen kann.[214] Diese Rechtspflicht ist mit einer solchen Folge aber nur verletzt, wenn der WV jegliche Prüfung unterlässt oder bei einer sorgfältigen Prüfung erkennbare Mängel nicht beanstandet.[215] Über die Frage, ob eine Vorschlagsliste ungültig ist und ob sie unter einem heilbaren oder unheilbaren Mangel leidet (vgl. § 8 WO), entscheidet der WV durch Beschluss der stimmberechtigten Mitglieder.

8 Stellt der WV fest, dass eine Vorschlagsliste unheilbare Mängel (§ 8 Abs. 1 WO) oder heilbare Mängel (§ 8 Abs. 2 WO) enthält, ist der Listenvertreter **unverzüglich unter Angabe der Gründe schriftlich zu unterrichten.** Die WO legt nicht ausdrücklich fest, ob dem Listenvertreter dabei das **Original** der Vorschlagsliste zurückzugeben ist, damit – bei Mängeln nach § 8 Abs. 2 WO – auf diesem die Behebung der Beanstandungen erfolgen kann. In dieser Hinsicht ist von wesentlicher Bedeutung, dass in der WO zum BPersVG diese Frage durch entsprechende Regelungen sowohl hinsichtlich der unheilbaren als auch der heilbaren Mängel geklärt worden ist (vgl. § 10 Abs. 2 WO BPersVG: »Wahlvorschläge ... gibt der Wahlvorstand ... zurück« und § 10 Abs. 5 WO BPersVG: »Wahlvorschläge ... hat der Wahlvorstand ... zurückzugeben«). Es ist **kein zwingender Grund** ersichtlich, im Bereich des Betriebsverfassungsrechts anders zu verfahren und dem Listenvertreter statt des Originals eine Kopie der Vorschlagsliste auszuhändigen. Verschiedentlich wird darauf hingewiesen, dass die beanstandete Vorschlagsliste **aus Beweisgründen** dem Listenvertreter nicht im Original ausgehändigt werden sollte, sondern lediglich eine Ablichtung, auf der die beanstandeten Mängel behoben werden können.[216] Dabei wird jedoch übersehen, dass für einen Vergleich mit der nach Beseitigung der Mängel nach § 8 Abs. 2 WO an den WV zurückgegebenen Vorschlagsliste bzw. zum Zwecke der Beweissicherung eine **Kopie** der beanstandeten Liste, die bei den Unterlagen des WV verbleibt, durchaus ausreicht. Für den Fall der Ungültigkeit einer Vorschlagsliste nach § 8 Abs. 1 WO genügt die beim Wahlvorstand verbleibende Kopie für eventuelle Beweiszwecke ebenfalls. Es wird allerdings zweckmäßig sein, wenn in der Niederschrift der Sitzung des WV, in der durch Beschluss die Feststellung vorhandener Mängel einer Vorschlagsliste getroffen wurde, zugleich ein Hinweis auf die Ablichtung vor der Rückgabe der Liste an den Listenvertreter erfolgt.

9 Besteht der Verdacht, dass eine **Vorschlagsliste gefälscht** ist, z. B. weil Überklebungen, Streichungen oder Zusätze gegeben sind, hat der WV den Listenvertreter zur Stellungnahme aufzufordern.[217]

10 Der WV hat den Listenvertreter auch dann zu unterrichten, wenn ein **unzulässiges Kennwort** verwandt worden ist. Wird das Kennwort nicht in ein solches berichtigt, das zulässig ist, ist die Vorschlagsliste **ungültig.** Der WV kann in einem solchen Fall die Vorschlagsliste nicht einfach mit Familienname und Vorname der beiden in der Liste an erster Stelle benannten Bewerber bezeichnen.[218] Das ergibt sich bereits daraus, dass das Kennwort **Bestandteil der Vorschlagsliste** ist und von den Einreichern mitgetragen wird. In die Stimmzettel darf der WV jedoch statt der Kennworte gebräuchliche Abkürzungen einsetzen.[219]

11 Enthält eine Vorschlagsliste **kein Kennwort,** so hat sie der WV mit Familienname und Vorname der beiden in der Liste an **erster Stelle** genannten Bewerber zu bezeichnen (vgl. Abs. 2 Satz 1).

§ 8 Ungültige Vorschlagslisten

(1) Ungültig sind Vorschlagslisten,

1. die nicht fristgerecht eingereicht worden sind,

---

213 *LAG Düsseldorf* 13.9.88 – 16 [17] TaBV 42/88.
214 Vgl. *BAG* 25.5.05, a. a. O.
215 Vgl. *BAG* 2.2.62, AP Nr. 10 zu § 13 BetrVG; Richardi-*Thüsing*, § 8 Rn. 8; *Fitting*, a. a. O.
216 Vgl. *Fitting*, Rn. 7 m. w. N.
217 *OVG Münster* 27.10.58, AP Nr. 1 zu § 21 PersVG; *Fitting*, Rn. 7.
218 *Fitting*, Rn. 2; a. A. GK-*Kreutz*, Rn. 6.
219 *BAG* 3.6.69, AP Nr. 17 zu § 18 BetrVG; *Fitting*, Rn. 2.

2. auf denen die Bewerberinnen oder Bewerber nicht in erkennbarer Reihenfolge aufgeführt sind,
3. die bei der Einreichung nicht die erforderliche Zahl von Unterschriften (§ 14 Abs. 4 des Gesetzes) aufweisen. Die Rücknahme von Unterschriften auf einer eingereichten Vorschlagsliste beeinträchtigt deren Gültigkeit nicht; § 6 Abs. 5 bleibt unberührt.

(2) Ungültig sind auch Vorschlagslisten,
1. auf denen die Bewerberinnen oder Bewerber nicht in der in § 6 Abs. 3 bestimmten Weise bezeichnet sind,
2. wenn die schriftliche Zustimmung der Bewerberinnen oder der Bewerber zur Aufnahme in die Vorschlagsliste nicht vorliegt,
3. wenn die Vorschlagsliste infolge von Streichung gemäß § 6 Abs. 5 nicht mehr die erforderliche Zahl von Unterschriften aufweist,
falls diese Mängel trotz Beanstandung nicht binnen einer Frist von drei Arbeitstagen beseitigt werden.

Inhaltsübersicht

I. Unheilbare Mängel

In Abs. 1 werden Mängel angeführt, die **nicht heilbar** sind und deshalb eine Vorschlagsliste von vornherein **ungültig** machen. Es handelt sich um Vorschlagslisten, bei denen die Einreichungsfrist versäumt wurde (§ 6 Abs. 1 Satz 2 WO), die Reihenfolge der Wahlbewerber nicht erkennbar ist (§ 6 Abs. 3 WO) oder die nicht genügend Stützunterschriften aufweisen (§ 14 Abs. 4 BetrVG). Der WV hat unter **Angabe der Gründe,** die zur Ungültigkeit führen, dem **Listenvertreter** unverzüglich Mitteilung zu machen (zur Mitteilungspflicht vgl. § 7 WO Rn. 7 ff.). Die unheilbare Mängel aufweisende Vorschlagsliste kann nicht korrigiert werden. Ist allerdings die Frist für die Einreichung von Vorschlagslisten noch nicht abgelaufen, kann innerhalb der Frist eine **neue Liste** eingereicht werden.[220] Ist jedoch keine Korrektur sonder nur eine Ergänzung erforderlich, wie im Falle des Absatz 1 Nr. 3 wegen nicht genügender Anzahl von Stützunterschriften, so kann innerhalb der Frist zur Einreichung von Listen, die Liste um die fehlende Anzahl von Stützunterschriften ergänzt werden und **erneut eingereicht** werden[221] (vgl. auch § 7, Rn. 8). Ebenso kann bei einem von der im Betrieb vertretenen Gewerkschaft eingereichten Wahlvorschlag eine fehlende Unterschrift oder die fehlende **Bevollmächtigung** nachgeholt werden und die Vorschlagsliste erneut eingereicht werden, solange die Frist zur Einreichung noch nicht abgelaufen ist. 1

Die in Abs. 1 genannten Gründe, die zur Ungültigkeit einer Vorschlagsliste führen können, sind **nicht abschließend.** So kann eine Vorschlagsliste ungültig sein, wenn sie von AN kommt, die nach § 7 BetrVG **nicht wahlberechtigt** sind, wie etwa von Personen, die zum Kreis der leitenden Angestellten nach § 5 Abs. 3 BetrVG gehören. Die Ungültigkeit kann auch dadurch eintreten, dass eine von einer im Betrieb vertretenen Gewerkschaft nach § 14 Abs. 3 i. V. m. Abs. 5 BetrVG eingereichte Vorschlagsliste **nicht von zwei Beauftragten** unterzeichnet worden ist oder eine Unterzeichnung zwar erfolgte, diese aber nicht auf Grund einer wirksamen Beauftragung vorgenommen wurde (vgl. auch § 14 BetrVG Rn. 61). Entsprechendes gilt, wenn ein Wahlvorschlag nach § 14 Abs. 3 i. V. m. Abs. 5 BetrVG eingereicht wird, es sich aber nicht um eine Gewerkschaft i. S. d. Gesetzes handelt (zum **Gewerkschaftsbegriff** vgl. § 2 BetrVG Rn. 10 ff.). 2

Eine Vorschlagsliste ist auch ungültig, wenn auf ihr **nicht wählbare Kandidaten** aufgeführt sind.[222] Der WV ist nicht berechtigt, den nicht wählbaren Kandidaten einfach zu streichen, da 3

220 *Fitting,* Rn. 1.
221 *BAG* 25.05.05 – 7 ABR 39/04. Das BAG hat es ausdrücklich offen gelassen, ob dazu das Original der Vorschlagsliste durch den Wahlvorstand zurückgegeben werden kann, um weitere Unterschriften einzuholen.
222 *BAG* 26.9.96, AiB 97, 596; *LAG Frankfurt* 14.7.88, 2317; *Fitting,* Rn. 3; GK-*Kreutz,* Rn. 9; Richardi-*Thüsing,* Rn. 4; a. A. *Heinze,* NZA 88, 573.

dies eine **materielle Änderung** des Wahlvorschlags darstellen würde, die grundsätzlich nur mit Zustimmung **aller Unterzeichner** zulässig ist.[223] Vielmehr ist auch in einem solchen Fall dem Listenvertreter die Vorschlagsliste zurückzugeben und damit – sofern die Einreichungsfrist noch läuft – Gelegenheit zu geben, eine Liste einzureichen, die den bzw. die nicht wählbaren Kandidaten nicht mehr enthält.

4 Besondere Probleme treten auf, wenn ein Kandidat **nach der Einreichung** einer gültigen Vorschlagsliste und **nach dem Ablauf der Einreichungsfrist** die Wählbarkeit verliert. Das kann z. B. dadurch geschehen, dass ein Wahlbewerber aus dem Betrieb ausscheidet oder verstirbt. Die Rückgabe der Vorschlagsliste (vgl. § 7 WO Rn. 8) an den Listenvertreter ist dann ausgeschlossen. Dieser hat ohnehin nicht mehr die Möglichkeit, eine entsprechend andere Liste einzureichen. In einem solchen Fall ist der **WV befugt**, den nicht mehr wählbaren Kandidaten auf der Liste zu streichen und die Liste im Übrigen zur Wahl zuzulassen.[224] Der WV ist aber dann gehalten, an den betrieblichen Stellen, an denen die als gültig anerkannten Vorschlagslisten aushängen, durch Bekanntmachung auf den Grund der Streichung hinzuweisen. Es darf jedoch nicht dazu kommen, dass unterschiedliche Stimmzettel bei der Wahl genutzt werden, weil beispielsweise die Briefwahlunterlagen bereits versendet worden sind. In solchen Fällen ist eine nachträgliche Änderung nicht mehr möglich.

5 Ungültig kann eine Vorschlagsliste auch sein, wenn der Teil der Liste, in dem die **Namen der Bewerber aufgeführt** sind, **nicht mit dem Listenteil** fest verbunden ist, der die **Stützunterschriften** der AN enthält, sofern sich nicht aus anderen Merkmalen der Liste die Einheitlichkeit der Urkunde ergibt (vgl. auch § 14 BetrVG, Rn. 19).[225] Dagegen ist es unschädlich, wenn ein AN versehentlich die Vorschlagsliste einer Wählergruppierung unterschrieben hat, die er nicht unterstützen will, und nach Feststellung des Irrtums seine Unterschrift sofort wieder streicht. Hat der WV Zweifel, worauf die Streichung zurückzuführen ist, kann er den Listenvertreter zu einer Stellungnahme auffordern. Der **Verdacht einer Fälschung** der Vorschlagsliste berechtigt den WV allerdings nicht ohne weiteres, die Liste für ungültig zu erklären (vgl. auch § 7 WO Rn. 8 a).[226]

6 Über die Ungültigkeit einer Vorschlagsliste entscheidet der WV durch **Beschluss** seiner **stimmberechtigten Mitglieder.** Ein einzelnes WV-Mitglied darf die Feststellung auch dann nicht treffen, wenn der Mangel auf den ersten Blick erkennbar ist.

II. Rücknahme von Unterschriften

7 Die **Zurückziehung der Unterschrift** eines wahlberechtigten AN nach Einreichung der Vorschlagsliste ist **nicht wirksam.** Diese in Abs. 1 Satz 2 vorgesehene Regelung soll verhindern, dass AN, die bereits einen Wahlvorschlag unterzeichnet haben, beeinflusst werden, ihre Unterschrift zurückzuziehen, um so eine unerwünschte Vorschlagsliste zu Fall zu bringen.[227] Die Streichung der Unterschrift eines wahlberechtigten AN darf daher auch dann nicht erfolgen, wenn der AN selbst oder über den Listenvertreter die Erklärung abgibt, dass er die Unterschrift zurückzieht. Auch in einem solchen Fall ist das Verfahren nach § 6 Abs. 5 Satz 2 WO durchzuführen.[228]

8 § 6 Abs. 5 WO bleibt von der Regelung, dass die Rücknahme von Unterschriften auf einer eingereichten Liste deren Gültigkeit nicht beeinträchtigt, unberührt. Nach dieser Vorschrift hat ein Wahlberechtigter, der mehrere Vorschlagslisten unterzeichnet hat, auf Aufforderung des WV binnen einer bestimmten Frist zu erklären, auf **welcher Liste** er seine Unterschrift aufrechterhält. Unterbleibt die Erklärung, wird sein Name auf der **zuerst eingereichten Liste**

223 Vgl. *BAG* 15.12.72, AP Nr. 1 zu § 14 BetrVG 1972.
224 Vgl. *Fitting,* Rn. 4; GK-*Kreutz,* Rn. 9; zu der Frage, wie die Streichung je nach aktuellem Stand des Wahlverfahrens und nach der Art des Wahlverfahrens, also bei Durchführung der Wahl nach den Grundsätzen der Mehrheitswahl oder der Verhältniswahl, zu erfolgen hat, vgl. eingehend *Schneider,* FS *Däubler,* S. 286 ff.
225 *BAG* 25.5.05 – 7 ABR 39/04.
226 Vgl. *OVG Münster* 27.10.58, AP Nr. 1 zu § 21 PersVG.
227 Vgl. *BAG* 1.6.66, AP Nr. 2 zu § 6 WahlO; *Fitting,* Rn. 6.
228 *Fitting,* a. a. O.; vgl. auch *BAG,* a. a. O.

gezählt und auf den übrigen Listen gestrichen (§ 6 Abs. 5 WO). Ebenso ist zu verfahren, also von einer unterbliebenen fristgerechten Erklärung auszugehen, wenn der AN seine Unterschriften auf allen Vorschlagslisten zurücknimmt.[229] Führen Streichungen von Stützunterschriften im Rahmen des § 6 Abs. 5 WO dazu, dass die Vorschlagsliste **nicht** mehr die erforderliche Zahl von Unterschriften aufweist, liegt ein **heilbarer Mangel** vor. Er kann, nachdem der Listenvertreter vom WV auf diesen Mangel hingewiesen wurde, binnen einer Frist von drei Arbeitstagen beseitigt werden (zum Begriff »Arbeitstage« vgl. § 6 WO Rn. 46 f.). Unterbleibt die Mitteilung des WV, in der der Listenvertreter auf die heilbaren Mängel hinzuweisen ist, so ist die Wahl anfechtbar.[230]

III. Heilbare Mängel

Im Gegensatz zu den Mängeln nach Abs. 1, die die Liste unheilbar ungültig machen, können **Mängel nach Abs. 2 behoben** werden. Die Nachbesserung darf jedoch grundsätzlich nicht durch den WV erfolgen, sondern muss durch den Listenvertreter vorgenommen werden. **9**

Eine Vorschlagsliste kann nachgebessert werden, wenn **10**

- die einzelnen Wahlbewerber nicht unter fortlaufender Nummer und unter Angabe von Familienname, Vorname, Geburtsdatum und Art der Beschäftigung im Betrieb aufgeführt werden (§ 6 Abs. 3 WO);
- die Liste eingereicht worden ist, ohne dass die schriftliche Zustimmung eines oder mehrerer Bewerber vorliegt (§ 6 Abs. 3 WO);
- die Liste ein Kennwort führt, das zu Verwechslungen beim Wähler führen kann[231];
- die Liste nach Streichung von Doppelunterschriften (§ 6 Abs. 5 WO) nicht mehr die erforderliche Zahl von Unterschriften aufweist (§ 14 Abs. 4 BetrVG).

Bei der Streichung von Doppelunterschriften braucht eine Nachbesserung nur vorgenommen zu werden, wenn die Zahl der verbleibenden Unterschriften **nicht ausreicht,** um die Liste zu stützen. Reicht sie aus, bleibt die Streichung der Doppelunterschriften unerheblich. Die Unterrichtung des Listenvertreters von den Streichungen ist in einem solchen Fall nicht erforderlich. Der WV hat lediglich kenntlich zu machen, **welche Unterschriften** er als Doppelunterschriften gestrichen hat. **11**

Werden die beanstandeten Mängel nicht rechtzeitig behoben (zur Frist vgl. Rn. 14), ist die Liste **ungültig.** Das gilt auch für den Fall, dass der beanstandete Mangel zwar behoben, die ergänzte bzw. berichtigte Liste jedoch neue Mängel enthält, die eine Nachbesserung i. S. d. Abs. 2 erforderlich machen würden. Abermalige **Beanstandungen,** auch der ergänzten bzw. berichtigten Vorschläge unter einer nochmaligen Fristsetzung, sind nicht vorgesehen und unzulässig.[232] Der Listenvertreter hat lediglich die Möglichkeit, eine neue Vorschlagsliste einzureichen, sofern die Frist nach § 6 Abs. 1 Satz 2 WO noch nicht abgelaufen ist. **12**

Soweit eine nach Abs. 2 Nr. 3 ergänzte Liste wiederum Unterschriften aufweist, die bereits unter anderen Vorschlagslisten stehen, sind diese **Doppelunterschriften** auf der ergänzten Liste **zu streichen.**[233] Führt die Streichung von Doppelunterschriften auf der ergänzten Liste wiederum dazu, dass die notwendige Anzahl von Stützunterschriften nicht erreicht wird, ist die Liste unheilbar ungültig (vgl. auch § 6 WO Rn. 44). **13**

Die Frist von drei Arbeitstagen ist **zwingend.** Sie kann vom WV weder verlängert noch verkürzt werden.[234] Die Frist wird ausgelöst, wenn die schriftliche Unterrichtung des WV den Listenvertreter erreicht. Der Tag, an dem die schriftliche Mitteilung des WV dem Listenvertreter zugeht, wird allerdings nicht mitgerechnet (§ 187 Abs. 1 BGB; zum Begriff des Arbeitstages vgl. § 6 WO Rn. 41 ff.). Der WV soll bei seiner Mitteilung an den Listenvertreter auf den **Ablauf der Frist** hinweisen. **14**

---

229 *Fitting,* Rn. 6; GK-*Kreutz,* § 6 Rn. 20; *Richardi-Thüsing,* § 6 Rn. 16.
230 *LAG Frankfurt* 5.7.65, DB 65, 1746; *Fitting,* Rn. 7; GK-*Kreutz,* Rn. 12.
231 *LAG Hamm* 18.3.11 – 13 TaBV 98/10.
232 *Fitting,* Rn. 8; GK-*Kreutz,* Rn. 7.
233 *ArbG Gelsenkirchen* 15.3.68, BB 68, 627; *Fitting,* Rn. 8; a. A. Richardi-*Thüsing,* Rn. 9, die eine erneute Nachfrist zur Mängelbeseitigung als notwendig ansehen, und zwar auch gegenüber dem Listenvertreter, dessen Liste zunächst nicht von der Doppelunterzeichnung betroffen war.
234 *BAG* 1.6.66, AP Nr. 2 zu § 6 WahlO.

15 Eine wegen Nichtbehebung der Mängel bis zum Fristablauf ungültig gewordene Vorschlagsliste darf – ebenso wie eine Liste, die Mängel nach Abs. 1 aufweist – im weiteren Wahlverfahren **nicht berücksichtigt** werden. Die Wahl wird sonst anfechtbar.

§ 9 Nachfrist für Vorschlagslisten

(1) Ist nach Ablauf der in § 6 Abs. 1 genannten Frist keine gültige Vorschlagsliste eingereicht, so hat dies der Wahlvorstand sofort in der gleichen Weise bekannt zu machen wie das Wahlausschreiben und eine Nachfrist von einer Woche für die Einreichung von Vorschlagslisten zu setzen. In der Bekanntmachung ist darauf hinzuweisen, dass die Wahl nur stattfinden kann, wenn innerhalb der Nachfrist mindestens eine gültige Vorschlagsliste eingereicht wird.
(2) Wird trotz Bekanntmachung nach Absatz 1 eine gültige Vorschlagsliste nicht eingereicht, so hat der Wahlvorstand sofort bekannt zu machen, dass die Wahl nicht stattfindet.

Inhaltsübersicht

I. Bedeutung der Nachfrist

1 Stellt der WV nach Ablauf der Frist des § 6 Abs. 1 oder Abs. 2 WO fest, dass keine oder keine gültige Vorschlagsliste eingereicht worden ist, hat er eine **Nachfrist** zu setzen.

2 Ist vor Ablauf der in § 6 Abs. 1 und 2 WO genannten Frist lediglich ein Wahlvorschlag eingegangen, der nach § 8 Abs. 2 WO **heilbare Mängel** enthält, ist vor der Setzung einer Nachfrist abzuwarten, ob die Mängel geheilt werden.[235] Soll die Reihenfolge der Wahlbewerber auf einer Liste wegen des Einreichens einer weiteren Liste geändert werden, so liegt hierin kein Grund für eine Nachfrist.[236] Wird die Nachfrist erforderlich, hat die Bekanntmachung sofort, also am **nächsten Arbeitstag** nach Ablauf der Einreichungsfrist bzw. im Falle der rechtzeitigen Einreichung einer mit heilbaren Mängeln behafteten Vorschlagsliste nach ergebnislosem Ablauf der Frist zur Behebung der Mängel, zu erfolgen. Die Nachfrist beträgt eine Woche und beginnt mit Ablauf des Tages zu laufen, an dem die Bekanntmachung über die Nachfrist erfolgt (§ 187 Abs. 1 BGB).[237] Ergeht also z. B. die Bekanntmachung an einem Mittwoch, läuft sie mit Ablauf des Mittwochs der folgenden Woche ab, es sei denn, dieser Mittwoch ist ein in dem Bundesland, in dem der Betrieb liegt, gesetzlich anerkannter Feiertag (§ 193 BGB). Ist im Wahlausschreiben für den letzten Tag der Einreichung ein Uhrzeitpunkt angegeben, ist dieser Hinweis auch in der Bekanntmachung über die Nachfrist vorzunehmen. Der **Wahltag** selbst **ändert sich** durch das Gewähren der Nachfrist **nicht.**

II. Inhalt der Bekanntmachung

3 Der Aushang über die Nachfrist erfolgt an den Stellen, an denen auch das **Wahlausschreiben aushängt.** Bekanntzumachen ist im Einzelnen, dass

- innerhalb der Einreichungsfrist (§ 6 Abs. 1 Satz 2 WO) keine gültige Vorschlagsliste eingegangen ist;
- eine Nachfrist von einer Woche gesetzt wird, wobei auf den Ablauf hinzuweisen ist;
- ein Wahlgang nur stattfindet, wenn innerhalb der Nachfrist mindestens eine gültige Vorschlagsliste eingeht.

4 Für die innerhalb der Nachfrist des § 9 WO eingehenden Vorschlagslisten gelten die Bestimmungen der §§ 6 – 8 WO. Deshalb können **heilbare Mängel** einer Vorschlagsliste, auf die der

235 *Fitting,* Rn. 1; GK-*Kreutz,* Rn. 1; Richardi-*Thüsing,* Rn. 1.
236 *LAG Mecklenburg-Vorpommern* 30.3.06 – 1 TaBV 2/06.
237 Vgl. auch *Glaubrecht/Halberstadt/Zander,* Gruppe 1, S. 647.

WV im Rahmen seiner Prüfungspflicht hinzuweisen hat, innerhalb der Frist des § 8 Abs. 2 WO noch beseitigt werden. Das gilt auch dann, wenn das Ende der Frist der drei Arbeitstage nach § 8 Abs. 2 WO nach dem Ende der Nachfrist des § 9 WO liegt, sofern die Liste selbst **innerhalb der Nachfrist** eingereicht wurde (zu dem Problem der Nachfrist beim einstufigen vereinfachten Wahlverfahren vgl. § 36 Rn. 3).

Eine Vorschlagsliste, die nach Ablauf der in § 6 Abs. 1 oder 2 WO genannten Frist eingereicht worden und damit **unheilbar ungültig** ist (§ 8 Abs. 1 Nr. 1 WO), muss – wenn es zu einer Nachfrist kommt – erneut eingereicht werden, wenn sie an der Wahl teilnehmen soll.[238] Der Fall wird allerdings kaum eintreten, wenn der WV seiner Verpflichtung, bei Nichtvorliegen gültiger Wahlvorschläge die in § 9 WO vorgesehene Nachfrist »sofort« zu setzen, nachkommt. 5

III. Nichtstattfinden des Wahlgangs

Unterbleibt mangels gültiger Wahlvorschläge die BR-Wahl, ist das vom WV sofort nach Ablauf der Nachfrist **bekanntzugeben.** Sofern die BR-Wahl insgesamt nicht durchgeführt werden kann, erlischt das Amt des WV. Der Betrieb wird mit Ablauf der Amtszeit des noch amtierenden BR **betriebsratslos.** Es kann jedoch durch Bestellung eines neuen WV jederzeit ein **neues Wahlverfahren** begonnen werden.[239] 6

§ 10 Bekanntmachung der Vorschlagslisten

(1) Nach Ablauf der in § 6 Abs. 1, § 8 Abs. 2 und § 9 Abs. 1 genannten Fristen ermittelt der Wahlvorstand durch das Los die Reihenfolge der Ordnungsnummern, die den eingereichten Vorschlagslisten zugeteilt werden (Liste 1 usw.). Die Listenvertreterin oder der Listenvertreter sind zu der Losentscheidung rechtzeitig einzuladen.

(2) Spätestens eine Woche vor Beginn der Stimmabgabe hat der Wahlvorstand die als gültig anerkannten Vorschlagslisten bis zum Abschluss der Stimmabgabe in gleicher Weise bekannt zu machen wie das Wahlausschreiben (§ 3 Abs. 4).

Inhaltsübersicht

I. Ermittlung der Ordnungsnummern

Den in dieser Vorschrift festgelegten Wahlhandlungen des WV muss die **Prüfung** vorausgegangen sein, ob die eingereichten **Vorschlagslisten gültig sind** (vgl. §§ 7, 8 WO und die dortigen Erl.). Die **Reihenfolge** der als gültig anerkannten Vorschlagslisten auf den Stimmzetteln wird durch **Ordnungsnummern** bestimmt, die durch **Losentscheid** ermittelt werden. Mit der Ermittlung der Ordnungsnummern hat der WV so lange zu warten, bis die in Abs. 1 genannten Fristen abgelaufen sind. Ordnungsnummern sind im Übrigen nur dann von Bedeutung, wenn mehrere Vorschlagslisten eingereicht worden sind. 1

Zu dem **Losentscheid** sind die **Listenvertreter** rechtzeitig einzuladen. Eine Anwesenheitspflicht besteht für sie nicht. Rechtzeitig heißt so frühzeitig, dass die Listenvertreter in der Lage sind, sich termin- und arbeitsmäßig auf die Teilnahme am Losentscheid einzustellen. Die Einladung geschieht zweckmäßigerweise schriftlich. Das empfiehlt sich schon aus Beweisgründen.[240] Versäumen Listenvertreter **Arbeitszeit,** ist ihnen das **Entgelt fortzuzahlen.** Es handelt sich um **Kosten der Wahl** (§ 20 Abs. 3 BetrVG). 2

Ein bestimmtes Verfahren bei dem Losentscheid ist nicht vorgesehen. Er erfolgt **formlos.**[241] Es ist somit jede Methode zulässig, die zu einem **Zufallsergebnis** führt und eine Beeinträchtigung 3

---

238 A. A. *Fitting,* Rn. 7; Richardi-*Thüsing,* Rn. 3.
239 *Fitting,* Rn. 9; GK-*Kreutz,* Rn. 8; Richardi-*Thüsing,* Rn. 5.
240 *Fitting,* Rn. 2.
241 *Fitting,* Rn. 2.

des Ergebnisses ausschließt.[242] Der Losentscheid kann z. B. durch das Ziehen von Losen aus einer Urne durchgeführt werden.[243]

4 Sind die Listenvertreter nicht ordnungsgemäß geladen worden oder ist die Bestimmung der Ordnungsnummern fehlerhaft erfolgt, liegt zwar die Verletzung einer **wesentlichen Vorschrift** über das Wahlverfahren vor. Die Anfechtbarkeit wird aber schon daran scheitern, dass es an einer **Kausalität** des Verstoßes für das Wahlergebnis **fehlt.**[244] Die Anfechtung wird jedoch durchgreifen, wenn der WV den Losentscheid über die Reihenfolge der Ordnungsnummern der Vorschlagslisten überhaupt **nicht vorgenommen** hat.

5 Es ist nicht ausdrücklich vorgeschrieben, dass die Art und Weise der Ermittlung der Ordnungsnummern in eine **Niederschrift** aufzunehmen ist. Das wird sich jedoch bereits aus Beweisgründen empfehlen.[245]

II. Bekanntgabe der gültigen Vorschlagslisten

1 Den in dieser Vorschrift festgelegten Wahlhandlungen des WV muss die **Prüfung** vorausgegangen sein, ob die eingereichten **Vorschlagslisten gültig sind** (vgl. §§ 7, 8 WO und die dortigen Erl.). Die **Reihenfolge** der als gültig anerkannten Vorschlagslisten auf den Stimmzetteln wird durch **Ordnungsnummern** bestimmt, die durch **Losentscheid** ermittelt werden. Mit der Ermittlung der Ordnungsnummern hat der WV so lange zu warten, bis die in Abs. 1 genannten Fristen abgelaufen sind. Ordnungsnummern sind im Übrigen nur dann von Bedeutung, wenn mehrere Vorschlagslisten eingereicht worden sind.

2 Zu dem **Losentscheid** sind die **Listenvertreter** rechtzeitig einzuladen. Eine Anwesenheitspflicht besteht für sie nicht. Rechtzeitig heißt so frühzeitig, dass die Listenvertreter in der Lage sind, sich termin- und arbeitsmäßig auf die Teilnahme am Losentscheid einzustellen. Die Einladung geschieht zweckmäßigerweise schriftlich. Das empfiehlt sich schon aus Beweisgründen.[246] Versäumen Listenvertreter **Arbeitszeit,** ist ihnen das **Entgelt fortzuzahlen.** Es handelt sich um **Kosten der Wahl** (§ 20 Abs. 3 BetrVG).

3 Ein bestimmtes Verfahren bei dem Losentscheid ist nicht vorgesehen. Er erfolgt **formlos.**[247] Es ist somit jede Methode zulässig, die zu einem **Zufallsergebnis** führt und eine Beeinträchtigung des Ergebnisses ausschließt.[248] Der Losentscheid kann z. B. durch das Ziehen von Losen aus einer Urne durchgeführt werden.[249]

4 Sind die Listenvertreter nicht ordnungsgemäß geladen worden oder ist die Bestimmung der Ordnungsnummern fehlerhaft erfolgt, liegt zwar die Verletzung einer **wesentlichen Vorschrift**

---

242 Vgl. *BVerwG* 1.8.58, PersV 58 – 59, 114; vgl. auch *BVerwG* 15.5.91, PersR 91, 411, zur Wahl zum PR-Vorstand nach § 32 Abs. 1 BPersVG, das allerdings erklärt, ein notwendiger Losentscheid könne nicht durch Streichholzziehen erfolgen, weil dieses Verfahren wenig transparent sei und die Gefahr der Manipulation mit sich bringe; vgl. ferner *BayVGH* 13.2.91, PersR 92, 79, der erklärt, gegen die Zulässigkeit des Münzwurfs als Losentscheid würden dann keine rechtlichen Bedenken bestehen, wenn die Münze genügend hoch geworfen und durch ihr Auftreffen auf eine harte Unterlage in mehrfache Umdrehung versetzt werde.

243 Vgl. auch *Fitting,* a. a. O., die vorschlagen, Zettel mit der Bezeichnung der einzelnen Listen in gleichartige Umschläge zu stecken, in ein Behältnis zu werfen, zu mischen und vom WV in der Reihenfolge des Wiederherausnehmens zu nummerieren.

244 GK-*Kreutz,* Rn. 4.

245 *Fitting,* Rn. 2.

246 *Fitting,* Rn. 2.

247 *Fitting,* Rn. 2.

248 Vgl. *BVerwG* 1.8.58, PersV 58 – 59, 114; vgl. auch *BVerwG* 15.5.91, PersR 91, 411, zur Wahl zum PR-Vorstand nach § 32 Abs. 1 BPersVG, das allerdings erklärt, ein notwendiger Losentscheid könne nicht durch Streichholzziehen erfolgen, weil dieses Verfahren wenig transparent sei und die Gefahr der Manipulation mit sich bringe; vgl. ferner *BayVGH* 13.2.91, PersR 92, 79, der erklärt, gegen die Zulässigkeit des Münzwurfs als Losentscheid würden dann keine rechtlichen Bedenken bestehen, wenn die Münze genügend hoch geworfen und durch ihr Auftreffen auf eine harte Unterlage in mehrfache Umdrehung versetzt werde.

249 Vgl. auch *Fitting,* a. a. O., die vorschlagen, Zettel mit der Bezeichnung der einzelnen Listen in gleichartige Umschläge zu stecken, in ein Behältnis zu werfen, zu mischen und vom WV in der Reihenfolge des Wiederherausnehmens zu nummerieren.

über das Wahlverfahren vor. Die Anfechtbarkeit wird aber schon daran scheitern, dass es an einer **Kausalität** des Verstoßes für das Wahlergebnis **fehlt.**[250] Die Anfechtung wird jedoch durchgreifen, wenn der WV den Losentscheid über die Reihenfolge der Ordnungsnummern der Vorschlagslisten überhaupt **nicht vorgenommen** hat.

Es ist nicht ausdrücklich vorgeschrieben, dass die Art und Weise der Ermittlung der Ordnungsnummern in eine **Niederschrift** aufzunehmen ist. Das wird sich jedoch bereits aus Beweisgründen empfehlen.[251] 5

Nach Ablauf der in Abs. 1 genannten Fristen und der vorgenommenen Losentscheidung über die Reihenfolge der Ordnungsnummern hat der WV die als **gültig anerkannten Vorschlagslisten bekanntzumachen.** Die Bekanntmachung hat unverzüglich, d. h. ohne schuldhaftes Zögern, zu erfolgen. Den Wahlberechtigten steht das Recht auf eine **möglichst frühzeitige Information** über die Wahlvorschläge und die darin aufgeführten Bewerber zu. Dementsprechend gilt die in Abs. 2 genannte Frist von »spätestens« einer Woche vor Beginn der Stimmabgabe nur als **letzte Möglichkeit.** Der Tag der Bekanntmachung zählt nicht mit. Ist daher z. B. der erste Tag der Stimmabgabe auf einen Dienstag festgesetzt, so muss die Bekanntmachung der als gültig anerkannten Vorschlagslisten spätestens am Montag der vorhergehenden Woche erfolgen. Eine Pflicht, die Vorschlagslisten vor dieser Frist geheimzuhalten, besteht nicht.[252] 6

Die Vorschlagslisten sind an den **gleichen Stellen** bekanntzumachen, an denen auch das Wahlausschreiben aushängt. Ein Aushang an anderen Stellen ist nicht zulässig. Sie müssen bis zum Ende der Stimmabgabe ausgehängt bleiben. Wird die Wahl an mehreren Tagen durchgeführt, haben die Listen bis zum Ende der Stimmabgabe des **letzten Tages** auszuhängen. 7

Die Vorschlagslisten sind in **vollständiger Form** in der Reihenfolge der ermittelten Ordnungsnummern bekanntzugeben. Sofern eine Vorschlagsliste kein Kennwort hat, treten an dessen Stelle die Familiennamen und Vornamen der beiden in der Liste an erster Stelle benannten Bewerber (§ 7 Abs. 2 Satz 1 WO). Die ausgehängten Vorschlagslisten müssen darüber hinaus alle Wahlbewerber mit Angabe ihres Familiennamens, Vornamens, Geburtsdatums und Art der Beschäftigung im Betrieb enthalten (vgl. § 6 Abs. 4 WO). Eine **Nennung der Unterzeichner** (Stützunterschriften) erfolgt jedoch **nicht.** Die eine Vorschlagsliste tragenden Unterschriften sind zwar für die Gültigkeit des Wahlvorschlags von Bedeutung, sie gehören aber nicht zu seinem Inhalt, der nach Abs. 2 bekanntzumachen ist.[253] 8

Die **rechtzeitige Bekanntmachung** der als gültig anerkannten Vorschlagslisten nach Abs. 2 ist eine **wesentliche Verfahrensvorschrift** i. S. d. § 19 BetrVG.[254] Ein Verstoß macht die Wahl aber nur dann anfechtbar, wenn das Wahlergebnis dadurch **beeinflusst** werden konnte.[255] 9

Zweiter Unterabschnitt
Wahlverfahren bei mehreren Vorschlagslisten
(§ 14 Abs. 2 Satz 1 des Gesetzes)

§ 11 Stimmabgabe

(1) Die Wählerin oder der Wähler kann ihre oder seine Stimme nur für eine der als gültig anerkannten Vorschlagslisten abgeben. Die Stimmabgabe erfolgt durch Abgabe von Stimmzetteln in den hierfür bestimmten Umschlägen (Wahlumschlägen).

(2) Auf den Stimmzetteln sind die Vorschlagslisten nach der Reihenfolge der Ordnungsnummern sowie unter Angabe der beiden an erster Stelle benannten Bewerberinnen oder

250 GK-*Kreutz,* Rn. 4.
251 *Fitting,* Rn. 2.
252 *BAG* 4.11.60, AP Nr. 3 zu § 13 BetrVG.
253 *Fitting,* Rn. 4; Richardi-*Thüsing,* Rn. 2.
254 *Fitting,* Rn. 4; GK-*Kreutz,* Rn. 6; *Rewolle,* BB 62, 297; Richardi-*Thüsing,* Rn. 3.
255 GK-*Kreutz,* a. a. O.

Bewerber mit Familienname, Vorname und Art der Beschäftigung im Betrieb untereinander aufzuführen; bei Listen, die mit Kennworten versehen sind, ist auch das Kennwort anzugeben. Die Stimmzettel für die Betriebsratswahl müssen sämtlich die gleiche Größe, Farbe, Beschaffenheit und Beschriftung haben. Das Gleiche gilt für die Wahlumschläge.
(3) Die Wählerin oder der Wähler kennzeichnet die von ihr oder ihm gewählte Vorschlagsliste durch Ankreuzen an der im Stimmzettel hierfür vorgesehenen Stelle.
(4) Stimmzettel, die mit einem besonderen Merkmal versehen sind oder aus denen sich der Wille der Wählerin oder des Wählers nicht unzweifelhaft ergibt oder die andere Angaben als die in Absatz 1 genannten Vorschlagslisten, einen Zusatz oder sonstige Änderungen enthalten, sind ungültig.

Inhaltsübersicht Rn.

I. Gestaltung der Stimmzettel und Wahlumschläge

1 Werden **mehrere Vorschlagslisten** eingereicht, findet **Listenwahl** (Verhältniswahl) statt. Der Wähler kann nur eine bestimmte Liste wählen (zur Unterscheidung von Verhältnis- und Mehrheitswahl vgl. § 14 BetrVG).

2 Die Stimmabgabe darf **nur** durch die vom WV ausgegebenen **Stimmzettel** erfolgen. Eine Durchführung der Wahl in anderer Form, z B. durch Handaufheben, ist unzulässig. Auf dem Stimmzettel sind die Vorschlagslisten in der Reihenfolge ihrer Ordnungsnummern (vgl. § 10 Abs. 1 WO) und unter Angabe der ersten beiden Bewerber sowie ggf. des Kennworts (vgl. § 7 Abs 2 WO) untereinander aufzuführen.

3 Die **Stimmzettel** (und Wahlumschläge) müssen **gleich** sein. So kann z. B. ein stärkerer Aufdruck eines Stimmkreises oder eine andere drucktechnische Differenzierung die Wahl anfechtbar machen. Es kommt dabei nicht einmal darauf an, ob eine Wahlbeeinflussung beabsichtigt war. Entscheidend ist, dass sie **objektiv** möglich erscheint.[256]

4 Die gleiche Beschaffenheit bezieht sich insbes. auf die Papierart, die Größe, Farbe und Beschriftung.[257] Die einheitliche Gestaltung soll sicherstellen, dass nicht an äußerlichen Merkmalen erkennbar werden kann, wer einen bestimmten Stimmzettel abgegeben hat. Entsprechendes gilt für die Beschaffenheit der Wahlumschläge, in die der Stimmzettel eingelegt wird.[258]

5 Die Verwendung von Wahlumschlägen ist erforderlich, weil der Umschlag die Sicht auf den Stimmzettel nach dessen Kennzeichnung bis zum Einwurf in die Wahlurne verdeckt. Der Wahlumschlag sichert somit das **Wahlgeheimnis** (vgl. auch § 12 WO Rn. 5).[259] Die Wahlumschläge dürfen, damit das Wahlgeheimnis gewahrt wird, nicht durchsichtig sein.

II. Kennzeichnung der Stimmzettel durch den Wähler

6 Die Kennzeichnung der Stimmzettel hat durch den Wähler persönlich zu erfolgen. Stellvertretung ist nicht zulässig (vgl. aber Rn. 7). Bei **Verhinderung des Wählers** z. B. wegen Krankheit, Urlaub oder Dienstreise sowie bei der Verhinderung Wahlberechtigter, die im Zeitpunkt der Wahl wegen der Eigenart ihres Beschäftigungsverhältnisses nicht im Betrieb anwesend sein werden, kann schriftliche **Stimmabgabe** erfolgen (vgl. §§ 24, 25 WO). Ebenso kann unter bestimmten Voraussetzungen für Betriebsteile und Kleinstbetriebe die schriftliche Stimmabgabe in Betracht kommen (vgl. § 24 Abs. 3 WO), wenn der WV dies beschließt.

7 Ein Wähler, der durch **körperliche Gebrechen** bei der Stimmabgabe behindert ist, kann sich

---

256 Vgl. *BAG* 14.1.69, AP Nr. 12 zu § 13 BetrVG.
257 *Blanke/Berg u. a.*, Rn. 371.
258 *Blanke/Berg u. a.*, a. a. O.
259 *ArbG Düsseldorf* 11.4.84 – 10 BV 92/84, das in der Nichtverwendung von Wahlumschlägen einen Verstoß gegen wesentliche Vorschriften über das Wahlverfahren sieht.

einer **Person seines Vertrauens** bedienen (vgl. dazu den neu eingefügten § 12 Abs. 4 WO und § 12 WO Rn. 1 a).

Es ist nicht zulässig, dass ein deutscher AN einem ausländischen AN bei der Stimmabgabe behilflich ist.[260] Der WV soll auf andere Art und Weise dafür sorgen, dass die ausländischen AN in geeigneter Weise unterrichtet werden, damit sie die Stimmabgabe ordnungsgemäß vollziehen können (vgl. § 2 Abs. 2 WO). Das kann z. B. dadurch geschehen, dass Musterstimmzettel nebst einer Übersetzung in der Muttersprache der ausländischen AN im Wahlraum an gut sichtbarer Stelle aushängen (vgl. § 15 Abs. 2 Satz 4 WOPersVG). **8**

Der Wähler stimmt durch Ankreuzen an der dafür vorgesehenen Stelle für eine bestimmte Vorschlagsliste. Es ist jedoch auch eine **sonstige Kenntlichmachung** der gewählten Liste zulässig, sofern der Wählerwille **unzweifelhaft** feststeht (vgl. auch Rn. 11 ff.). Da nicht die Form der Kennzeichnung das entscheidende Kriterium ist, kann auch eine »**maschinengerechte**« **Kennzeichnung** des Stimmzettels erfolgen, um etwa in größeren Betrieben eine entsprechende Auszählung der Stimmen (EDV-Anlage) zu ermöglichen.[261] Es muss allerdings sichergestellt sein, dass die Wähler in ausreichendem Maße mit dem Verfahren vertraut sind.[262] **9**

Hat der Wähler einen Stimmzettel **verschrieben,** diesen oder seinen Wahlumschlag **versehentlich unbrauchbar** gemacht, tritt dadurch ein Verlust des Stimmrechts nicht ein. Der Wähler kann vielmehr die unbrauchbar gewordenen Unterlagen (Stimmzettel oder Wahlumschlag) dem WV zurückgeben. Dieser **vernichtet** in Gegenwart des Wählers die unbrauchbar gewordenen Unterlagen, wobei – sofern die Stimmabgabe schon erfolgte – das Wahlgeheimnis zu wahren ist, und händigt dem Wähler einen neuen Stimmzettel bzw. einen neuen Wahlumschlag aus (vgl. § 15 Abs. 6 WOPersVG).[263] **10**

III. Ungültige Stimmzettel

Stimmzettel sind **ungültig,** wenn sich aus ihnen **nicht zweifelsfrei** der Wille des Wählers ergibt. Dabei muss der Wählerwille nicht unbedingt durch Ankreuzen der gewählten Vorschlagsliste erkenntlich werden (vgl. auch Rn. 9). Der Wählerwille kann auch durch eine andere Form der Kennzeichnung zum Ausdruck kommen, sofern sich der Wille des Wählers unzweifelhaft ergibt.[264] Deshalb ist ein Stimmzettel, auf dem der Wähler alle Vorschlagslisten bis auf eine durchgestrichen hat, gültig und die Stimme als für die nicht durchgestrichene Liste abgegeben anzusehen.[265] Der Wähler hat eindeutig zu erkennen gegeben, dass er seine Stimme für die nicht durchgestrichene Liste abgegeben hat. **11**

Dagegen sind Stimmzettel ungültig, auf denen **mehr als eine Vorschlagsliste** gekennzeichnet wurden. Die Ungültigkeit tritt auch dadurch ein, dass der Wähler zwischen zwei zum Ankreuzen vorgesehenen Stellen ankreuzt, so dass nicht ersichtlich ist, welche der beiden Listen er wählen wollte.[266] Ungültig sind ferner solche Stimmzettel, die ein besonderes **Merkmal,** einen **Zusatz** oder eine sonstige **Bemerkung** enthalten. Ebenso führt das Hinzufügen von Namen und Anmerkungen zu Vorschlagslisten oder Bewerbern zur Ungültigkeit des Stimmzettels.[267] Ein Stimmzettel, der ein besonderes Merkmal trägt, ist nicht erst dann ungültig, wenn es möglich ist, aus diesem Merkmal den Wähler (z. B. durch eine Unterschrift) zu identifizieren. **12**

Enthält ein Wahlumschlag **mehrere übereinstimmende Stimmzettel,** so werden diese als eine Stimme gewertet.[268] Die Stimmzettel müssen allerdings **vollständig übereinstimmen.** Ist unterschiedlich gewählt worden, sind alle Stimmzettel ungültig. Enthält der Wahlumschlag ne- **13**

260 Vgl. *ArbG Bremen* 19.7.72, DB 72, 1831; *Fitting,* Rn. 5.
261 *Fitting,* Rn. 6; Richardi-*Thüsing,* Rn. 4.
262 *Fitting,* a. a. O.
263 Wie hier *Fitting,* Rn. 6, die das Wahlgeheimnis dadurch gewahrt wissen wollen, dass der verschriebene Stimmzettel beim Wähler verbleibt.
264 Richardi-*Thüsing,* Rn. 4.
265 GK-*Kreutz,* Rn. 4; Richardi-*Thüsing,* Rn. 4.
266 *Fitting,* Rn. 7.
267 *VG Freiburg* 29.5.64, RiA 65, 113; *Blanke/Berg u. a.,* Rn. 401; *Fitting,* Rn. 7; GK-*Kreutz,* Rn. 5.
268 GK-*Kreutz,* Rn. 6.

ben einem ordnungsgemäß angekreuzten Stimmzettel einen oder mehrere **leere Stimmzettel,** ist die Stimmabgabe gültig, da auch in diesem Fall der Wählerwille einwandfrei erkennbar ist. Ungültig sind dagegen Stimmzettel, die nicht in einem Wahlumschlag abgegeben wurden.[269] Das Einlegen in einen Wahlumschlag dient der Wahrung des Wahlgeheimnisses (vgl. Rn. 5).

14 Über die Gültigkeit der Stimmzettel entscheidet der WV **durch Beschluss.**[270] Hat der WV eine Entscheidung über die Gültigkeit von Stimmzetteln getroffen und in der Wahlniederschrift festgelegt, kann er seine einmal getroffene Sachentscheidung, ob ein Stimmzettel gültig ist oder nicht, von sich aus nicht mehr ändern, es sei denn, es handelt sich um offenbare Unrichtigkeiten.[271] Die Entscheidung des WV ist im Rahmen eines Wahlanfechtungsverfahrens oder bei Geltendmachung der Nichtigkeit der Wahl gerichtlich überprüfbar.[272]

§ 12 Wahlvorgang

(1) Der Wahlvorstand hat geeignete Vorkehrungen für die unbeobachtete Bezeichnung der Stimmzettel im Wahlraum zu treffen und für die Bereitstellung einer Wahlurne oder mehrerer Wahlurnen zu sorgen. Die Wahlurne muss vom Wahlvorstand verschlossen und so eingerichtet sein, dass die eingeworfenen Wahlumschläge nicht herausgenommen werden können, ohne dass die Urne geöffnet wird.

(2) Während der Wahl müssen immer mindestens zwei stimmberechtigte Mitglieder des Wahlvorstands im Wahlraum anwesend sein; sind Wahlhelferinnen oder Wahlhelfer bestellt (§ 1 Abs. 2), so genügt die Anwesenheit eines stimmberechtigten Mitglieds des Wahlvorstands und einer Wahlhelferin oder eines Wahlhelfers.

(3) Die Wählerin oder der Wähler gibt ihren oder seinen Namen an und wirft den Wahlumschlag, in den der Stimmzettel eingelegt ist, in die Wahlurne ein, nachdem die Stimmabgabe in der Wählerliste vermerkt worden ist.

(4) Wer infolge seiner Behinderung bei der Stimmabgabe beeinträchtigt ist, kann eine Person seines Vertrauens bestimmen, die ihm bei der Stimmabgabe behilflich sein soll, und teilt dies dem Wahlvorstand mit. Wahlbewerberinnen oder Wahlbewerber, Mitglieder des Wahlvorstands sowie Wahlhelferinnen und Wahlhelfer dürfen nicht zur Hilfeleistung herangezogen werden. Die Hilfeleistung beschränkt sich auf die Erfüllung der Wünsche der Wählerin oder des Wählers zur Stimmabgabe; die Person des Vertrauens darf gemeinsam mit der Wählerin oder dem Wähler die Wahlzelle aufsuchen. Sie ist zur Geheimhaltung der Kenntnisse verpflichtet, die sie bei der Hilfeleistung zur Stimmabgabe erlangt hat. Die Sätze 1 bis 4 gelten entsprechend für des Lesens unkundige Wählerinnen und Wähler.

(5) Nach Abschluss der Stimmabgabe ist die Wahlurne zu versiegeln, wenn die Stimmenzählung nicht unmittelbar nach Beendigung der Wahl durchgeführt wird. Gleiches gilt, wenn die Stimmabgabe unterbrochen wird, insbesondere wenn sie an mehreren Tagen erfolgt.

Inhaltsübersicht

I. Vorkehrungen für den Wahlvorgang

1 An den Grundsatz der geheimen Wahl sind **strenge Anforderungen** zu stellen.[273] Ist eine unbeobachtete Stimmabgabe nicht gesichert, liegt die Verletzung einer wesentlichen Verfahrensregelung vor. Das kann zur Anfechtung nach § 19 BetrVG führen.[274] Deshalb hat der WV

269 *Blanke/Berg u. a.,* Rn. 401.
270 *Fitting,* Rn. 7; GK-*Kreutz,* Rn. 10; Richardi-*Thüsing,* Rn. 5.
271 *LAG Düsseldorf* 7.2.83 – 10 (4) TaBV 81/82; *Blanke/Berg u. a.,* Rn. 402.
272 *Fitting,* a. a. O.
273 *Fitting,* Rn. 1 f.; Richardi-*Thüsing,* Rn. 1.
274 *Fitting,* a. a. O.

geeignete Vorkehrungen zu treffen, damit der Wähler den Wahlakt persönlich und unbeobachtet vollziehen kann. Zu diesen Vorkehrungen gehört insbes. das Aufstellen von Wandschirmen oder Trennwänden. Es muss dem Wähler möglich sein, seinen Stimmzettel **unbeobachtet auszufüllen** und anschließend in den Wahlumschlag zu legen. Ein Wahlberechtigter, der durch ein körperliches Gebrechen in der Stimmabgabe behindert ist, kann sich bei der Stimmabgabe einer Person seines Vertrauens bedienen. Eine Behinderung i. S. des Abs. 4 liegt vor, wenn der Wahlberechtigte außerstande ist, den Stimmzettel selbst zu kennzeichnen. Das kann z. B bei dem Fehlen der Hände oder bei Blindheit der Fall sein. Auch des Lesens unkundige Wählerinnen und Wähler können sich einer solchen Vertrauensperson bedienen. Wahlvorstandsmitglieder, Wahlbewerber und die sonstigen in Abs. 4 Satz 2 genannten Personen dürfen nicht zur Hilfestellung herangezogen werden. Die Auswahl der Vertrauensperson nimmt die Wählerin bzw. der Wähler vor. Der Wahlvorstand hat jedoch zu prüfen, ob die Voraussetzungen des Abs. 4 vorliegen. Die Vertrauensperson darf die Ausfüllung des Stimmzettels nach Weisung der Wählerin oder des Wählers vornehmen. Sie ist verpflichtet, über die Stimmabgabe Stillschweigen zu bewahren.

Zu den Vorkehrungen für die Durchführung der Stimmabgabe gehört die Bereitstellung von **2**
Wahlurnen. Sie müssen aus festem Material und so beschaffen sein, dass eine nachträgliche Herausnahme von Stimmzetteln ohne Öffnen der Wahlurne nicht möglich ist.[275] Vor Beginn der Stimmabgabe hat sich der WV davon zu überzeugen, dass die Wahlurnen in einwandfreiem Zustand und leer sind. Sie dürfen während des Wahlgangs **nicht unbeaufsichtigt bleiben**[276] oder während des Wahlgangs geöffnet werden, um vorzeitig mit der Stimmauszählung zu beginnen (vgl. auch Rn. 10).[277]

Vor Beginn der Stimmabgabe ist die Wahlurne **zu verschließen.** Der Verschluss kann durch **3**
Siegellack, Plombe oder ein Schloss erfolgen. Während der Wahlhandlung darf die Wahlurne nicht geöffnet werden[278] und nicht unbeaufsichtigt bleiben.[279] Wird die Wahl an **mehreren Tagen** durchgeführt, so muss die Wahlurne zwischen den **einzelnen Wahlgängen versiegelt** werden. Vor jedem Wahlgang hat der WV festzustellen, ob die Siegel unversehrt sind (vgl. auch Rn. 9).

Wird wegen besonderer betrieblicher Verhältnisse die Wahl mit Hilfe **»mobiler Wahl-Teams«** **4**
durchgeführt, wie das in einem Einzelhandelsunternehmen mit zahlreichen Filialen der Fall sein kann, so muss nach dem erstellten »Tourenplan« die konkrete Zeit, in der die Stimmabgabe möglich ist, festgelegt und in den **einzelnen Filialen bekanntgemacht** werden. Außerdem ist bei dem Transport für eine hinreichende **Versiegelung der Wahlurne** zu sorgen oder während des gesamten Transportes immer mindestens 2 Mitglieder des WV anwesend sind und die Urne beaufsichtigen.[280]

II. Durchführung der Stimmabgabe

Während der Durchführung der Stimmabgabe müssen **ständig zwei WV-Mitglieder** oder **ein** **5**
WV-Mitglied und **ein Wahlhelfer** (vgl. § 1 Abs. 2 WO) im Wahlraum anwesend sein. Findet die Stimmabgabe – wie etwa bei größeren Betrieben oder beim Vorhandensein von Betriebsteilen – in mehreren auseinanderliegenden Wahlräumen statt, können somit äußerstenfalls, auch wenn Wahlhelfer herangezogen werden, so viele Wahlräume für die Stimmabgabe festgelegt werden, wie der WV Mitglieder hat. Bei dem Vorhandensein mehrerer Wahlräume ist sicherzustellen, dass **kein Wähler seine Stimme mehrfach abgeben** kann. Deshalb wird es als zulässig angesehen, dass für bestimmte Gruppen von AN (etwa für bestimmte Betriebsbereiche, Betriebsteile) ein bestimmter Wahlraum festgelegt wird oder der WV »Wahlscheine« ausgibt, die die AN zur Wahl in jedem Wahlraum berechtigen und die sie bei der Stimmabgabe

275 *LAG Hamm* 1.8.52, BB 53, 234; *Blanke/Berg u. a.*, Rn. 366; *Fitting*, Rn. 4; Richardi-*Thüsing*, Rn. 4.
276 *Fitting*, a. a. O. m. w. N.
277 Vgl. *ArbG Bochum* 15.6.72, DB 72, 1730.
278 *VGH Kassel* 7.3.57, AP Nr. 1 zu § 22 PersVG.
279 Vgl. *LAG Hamm* 1.8.52, BB 53, 234.
280 *ArbG Herford* 23.03.11, 2 BV 12/10, strenger *LAG Brandenburg* 27.11.98, NZA-RR 99, 418.

dem anwesenden stimmberechtigten Mitglied des WV abzugeben haben.[281] Es muss jedoch auf jeden Fall sichergestellt werden, dass das in § 12 WO vorgesehene Verfahren zur Stimmabgabe ordnungsgemäß durchgeführt werden kann und überdies bei Verlust des Wahlscheins dem Wähler die Teilnahme an der Wahl noch möglich ist.[282]

6 Das Wahlverfahren muss so gestaltet sein, dass der Wähler seine Stimme **unbeeinflusst und unbeobachtet** abgeben kann.[283] Das gilt auch für die Gestaltung der Stimmzettel. So ist es ein Wahlanfechtungsgrund, wenn die Stimmzettel nicht einheitlich gestaltet sind.[284] Werden Stimmzettel verwendet, bei denen die Wahl durch Ankreuzen eines Kreises zu erfolgen hat, und ist einer der Kreise merklich stärker als der andere ausgedruckt, stellt dies einen Verstoß gegen den Grundsatz der freien Wahl dar (vgl. auch § 11 WO Rn. 3).[285] Es wird auch dann gegen wesentliche Vorschriften über das Wahlverfahren verstoßen, wenn den Wählern für die Stimmabgabe keine Wahlumschläge zur Verfügung gestanden haben, da ein Wahlumschlag die Beobachtung verhindert, welche Wahlentscheidung ein bestimmter Wähler getroffen hat, und so das Wahlgeheimnis sichert (vgl. auch § 11 WO Rn. 5).[286]

7 Der WV händigt dem Wähler den Stimmzettel und den Wahlumschlag aus. Der Wähler kennzeichnet den Stimmzettel und legt ihn in den Wahlumschlag. Sodann gibt er, soweit er nicht persönlich bekannt ist, gegenüber dem mit der Entgegennahme beauftragten Mitglied des WV seinen Namen an. Grund für die Angabe des Namens, sofern der Wähler nicht persönlich bekannt ist, ist das Verwechslungen oder eine doppelte Stimmabgabe vermieden werden sollen. Sollte in einem Großbetrieb trotzdem eine Verwechslung nach Namensangabe möglich sein, so sollte der Wahlvorstand nach Geburtsdatum oder ggfs. Personalnummer fragen, um so eine eindeutige Klärung der Identität herbeizuführen. Zwar kann auch dieses Verfahren Betrugsversuche nicht vollständig verhindern, aber doch wenigstens versehentliche Fehler vermeiden helfen[287]. Der WV **vermerkt die Stimmabgabe in der Wählerliste.** Durch den Vermerk über die Stimmabgabe soll z. B. verhindert werden, dass ein Wähler seine Stimme zweimal abgibt. Nachdem die Stimmabgabe in der Wählerliste vermerkt ist, wirft der Wähler den Wahlumschlag mit dem darin befindlichen Stimmzettel in die Wahlurne ein. Die WO zum BetrVG 1972 sah noch den Einwurf des Wahlumschlags durch ein WV-Mitglied vor (§ 12 Abs. 3 WO 72). Mit der jetzigen Regelung wird einer weitverbreiten Praxis Rechnung getragen. Es ist unzulässig, die Wahlumschläge zurückzuhalten oder sonst von dem zwingend vorgeschriebenen Einwurf des Wahlumschlags in die Wahlurne abzuweichen. Verstöße dagegen können die Wahl anfechtbar machen.[288]

8 Die Stimmabgabe hat außer bei einer schriftlichen Stimmabgabe (Briefwahl) **persönlich und in dem Wahlraum** zu erfolgen.[289] Außerhalb des Wahlraums dürfen Wahlumschläge nicht entgegengenommen werden, und zwar auch nicht von erkrankten Wahlberechtigten.[290] Zu der Hinzuziehung einer Vertrauensperson bei einem Wahlberechtigten, der bei der Stimmabgabe wegen seiner Behinderung beeinträchtigt ist, vgl. Rn. 1.

9 Der Vermerk über die Stimmabgabe (vgl. Rn. 6) ist auch in einer **elektronisch** geführten Wählerliste vorzunehmen.[291] Wird in mehreren Wahlräumen gewählt, ist sicherzustellen, dass der Eintrag über die Stimmabgabe in der elektronisch geführten Wählerliste auch in den anderen Wahlräumen vermerkt wird.[292]

10 Aus dem Grundsatz der Freiheit der Wahl folgt die Verpflichtung des WV, während der

---

281 *Fitting*, Rn. 8; GK-*Kreutz*, Rn. 5.
282 *Fitting*, a. a. O.
283 *BAG* 14.1.69, AP Nr. 12 zu § 13 BetrVG.
284 *ArbG Aachen* 8.6.72, BB-Beilage 3/73, S. 4.
285 *BAG*, a. a. O.
286 *ArbG Düsseldorf* 11.7.84 – 10 BV 92/84.
287 Insoweit zu formal, weil generell die Abfrage des Geburtsdatums oder einer Personalnummer durch den WV in Großbetrieben verlangt wird *ArbG Berlin* 15.10.14 – 55 BV 6842/14
288 *LAG Hamm* 7.7.76, EzA § 19 BetrVG 1972 Nr. 9.
289 Vgl. *LAG Düsseldorf* 27.3.75, DB 75, 937.
290 *ArbG Gelsenkirchen* 16.4.53, BB 53, 413.
291 Vgl. BR-Drucks. 838/01, S. 28 zu § 2.
292 *Fitting*, Rn. 9.

laufenden BR-Wahl Dritten **keine Einsichtnahme** in die mit den Stimmabgabevermerken versehene Wählerliste zu gestatten. Mit der Gewährung einer solchen Einsichtnahme kann der ungeschriebene Grundsatz der Chancengleichheit der Wahlbewerber vor allem dann verletzt sein, wenn die Einsichtnahme einzelnen Wahlbewerbern gestattet wird.[293]

Der Wahlgang darf nur aus **wichtigem Grund** unterbrochen werden. Das ist etwa der Fall, wenn die Wahl an mehreren Tagen stattfindet. Wird die Wahlhandlung unterbrochen, hat der WV die **Einwurföffnung** der Wahlurne **zu versiegeln** oder in anderer geeigneter Form zu verschließen. Es reicht regelmäßig aus, wenn die Einwurföffnung zugeklebt und der Klebestreifen von den im Wahlraum anwesenden Mitgliedern des WV unterschrieben wird, so dass die Öffnung der Urne nicht ohne Beschädigung des Streifens frei gemacht werden kann.[294] **11**

Der WV hat für die Zeit der Unterbrechung dafür zu sorgen, dass die Wahlurne **sicher** aufbewahrt wird (abgeschlossener Raum oder zumindest abschließbarer Schrank). Bevor die Stimmabgabe fortgesetzt wird, hat sich der WV davon zu überzeugen, dass der Verschluss **unversehrt** ist. **12**

III. Abschluss der Stimmabgabe

Die Stimmabgabe ist abgeschlossen, wenn die im **Wahlausschreiben festgesetzte Zeit abgelaufen ist.** Sind für die Stimmabgabe mehrere Tage vorgesehen, ist der letzte Tag maßgebend. Es stellt grundsätzlich einen die **Wahlanfechtung** begründenden Verstoß gegen wesentliche Wahlvorschriften dar, wenn die im Wahlausschreiben angegebene Zeit für die Stimmabgabe nicht eingehalten wird (vgl. auch § 3 WO Rn. 31). Haben **vor Beendigung der Stimmabgabe** alle in der Wählerliste eingetragenen AN ihre Stimme abgegeben, muss mit der Stimmauszählung wegen der in § 13 WO vorgeschriebenen Öffentlichkeit gleichwohl bis zu dem Zeitpunkt abgewartet werden, der im Wahlausschreiben als Ende der Stimmabgabe vorgesehen ist.[295] **13**

Wird die Stimmauszählung nicht unmittelbar nach Beendigung der Wahl durchgeführt, ist die Wahlurne zu **versiegeln** (vgl. Rn. 9). Zur Frage der Stimmauszählung vgl. § 13 WO und die dortigen Erl. **14**

§ 13 Öffentliche Stimmauszählung

Unverzüglich nach Abschluss der Wahl nimmt der Wahlvorstand öffentlich die Auszählung der Stimmen vor und gibt das auf Grund der Auszählung sich ergebende Wahlergebnis bekannt.

Die Auszählung der Stimmen hat unverzüglich nach Abschluss der Wahl zu erfolgen. Das bedeutet keineswegs, dass sich die Stimmauszählung **unmittelbar** an den Wahlgang anschließen muss. »Unverzüglich« bedeutet, dass in der Regel die Stimmen spätestens an dem auf den **letzten Wahltag folgenden Arbeitstag** ausgezählt werden.[296] Andererseits darf die Stimmauszählung nicht vor Ablauf des im Wahlausschreiben genannten Zeitpunkts beginnen. Das gilt auch, wenn die Stimmabgabe gegenüber dem im Wahlausschreiben genannten Zeitpunkt früher abgeschlossen worden ist, weil alle AN ihre Stimme abgegeben haben (vgl. § 12 WO Rn. 10). **1**

Die Stimmauszählung erfolgt durch die **stimmberechtigten WV-Mitglieder,** wobei Wahlhelfer hinzugezogen werden können (§ 1 Abs. 2 Satz 2 WO). Der im WV nach § 16 Abs. 1 Satz 6 BetrVG ggf. vertretene Gewerkschaftsbeauftragte darf die Stimmauszählung nicht mit durchführen. **2**

Es ist zulässig, die Auszählung der Stimmen der BR-Wahl mit **Hilfe der EDV** durchzuführen.[297] **3**

---

293 *BAG* 6.12.00.
294 *Fitting,* Rn. 15.
295 *Fitting,* Rn. 13.
296 *Fitting,* Rn. 1; GK-*Kreutz,* Rn. 2.
297 *ArbG Bremen* 19.7.72, DB 72, 1830; *LAG Hamm* 26.2.76, BB 78, 358.

Aber auch dann muss die **Verantwortlichkeit des WV** für den Auszählungsgang gewahrt sein, wie etwa bei der Prüfung der Gültigkeit der einzelnen Stimmzettel und der Wahrung der Öffentlichkeit bei der Stimmauszählung.[298] Die Verantwortlichkeit des WV für die Auszählung ist nicht gewährleistet, wenn sich während der im Rechenzentrum stattfindenden Datenerfassung der Stimmzettel nicht ständig Mitglieder des WV im Rechenzentrum aufhalten und den Verbleib der Stimmzettel beobachten.[299] Wird im Falle der Stimmauszählung durch EDV die Auszählung in die frühen Morgenstunden verlegt, weil andernfalls die EDV-Anlage nicht zur Verfügung steht, liegt darin allein noch kein Verstoß gegen das Gebot der öffentlichen Stimmauszählung.[300]

4 Die Auszählung der Stimmen hat **öffentlich** zu erfolgen.[301] Die Öffentlichkeit ist hergestellt, wenn den AN des Betriebs grundsätzlich die Möglichkeit gegeben wird, bei der Stimmauszählung anwesend zu sein. Eine Stimmauszählung, die teilweise außerhalb des bekanntgemachten Auszählungsraums wegen der Auszählung durch EDV in einem anderen Raum (Rechenzentrum) stattfindet, ist nicht öffentlich, wenn interessierte Beobachter in das Rechenzentrum nur auf Klingelzeichen Einlass finden (vgl. auch Rn. 3).[302] Bei **Schichtbetrieben** wird der WV, damit die Öffentlichkeit in einem ausreichenden Maße hergestellt werden kann, die Auszählung der Stimmen zu einem Zeitpunkt vorzunehmen haben, in dem möglichst viele AN Gelegenheit zur Teilnahme haben.

5 Es ist nicht erforderlich, dass alle AN **gleichzeitig** in dem Raum anwesend sein können, in dem die Stimmauszählung erfolgt. Wird während der Stimmauszählung das Fassungsvermögen des Raumes erreicht und durch die dadurch entstehenden Verhältnisse die ordnungsgemäße Feststellung des Wahlergebnisses gefährdet, kann der WV weiteren Personen den Zutritt verweigern.[303] Das Prinzip der Öffentlichkeit wird dadurch nicht verletzt. Das gilt umso mehr, als die öffentliche Stimmauszählung voraussetzt, dass die anwesenden AN in der Lage sind, die Stimmauszählung zu verfolgen.[304] Das können sie allerdings auch dann, wenn der WV in dem Wahlraum (Zählraum) eine Tischreihe gebildet hat, hinter der die Öffentlichkeit Platz finden soll.[305]

6 Öffentlichkeit i. S. d. § 13 WO bedeutet nicht Öffentlichkeit schlechthin. Entsprechend dem internen betrieblichen Charakter der BR-Wahl ist darunter die **Betriebsöffentlichkeit** zu verstehen.[306] Andererseits beschränkt sich das Teilnahmerecht nicht nur auf die AN des Betriebes. Ein Teilnahmerecht haben vielmehr alle diejenigen, die ein **berechtigtes Interesse** an der BR-Wahl und ihrem Ausgang haben, somit insbes. die im Betrieb vertretenen Gewerkschaften.[307] Leitende Angestellte nach § 5 Abs. 3 BetrVG haben kein Teilnahmerecht, da sie nicht unmittelbar am Ausgang der BR-Wahl interessierte Personen sind. Soweit es sich um AN des Betriebs handelt, ist ihnen ein ggf. eintretender **Ausfall an Arbeitsentgelt** vom AG zu **erstatten,** da es sich um Kosten der Wahl nach § 20 Abs. 3 BetrVG handelt.[308]

7 Wird bei der Stimmauszählung gegen das Gebot der Öffentlichkeit verstoßen, liegt darin im Allgemeinen ein **erheblicher Verstoß** gegen eine wesentliche Verfahrensvorschrift i. S. d. § 19 BetrVG, der die Wahlanfechtung rechtfertigt.[309] Ein berechtigter Grund zur Anfechtung ergibt

298 Vgl. *LAG Berlin* 16.11.87, DB 88, 504.
299 *LAG Berlin* 16.11.87, a. a. O.; vgl. auch *LAG Hamm* 26.2.76, a. a. O.
300 Vgl. *LAG Hamm* 26.2.76, a. a. O.; *Fitting,* Rn. 6.
301 *BAG* 15.11.00, AP Nr. 10 in § 18 BetrVG 1972: Die vorgeschriebene Öffentlichkeit der Stimmauszählung erfordert, dass Ort und Zeitpunkt der Stimmauszählung vorher im Betrieb öffentlich bekanntgemacht werden.
302 *LAG Berlin* 16.11.87, DB 88, 504.
303 Vgl. *BAG* 15.11.00, AP Nr. 10 zu § 18 BetrVG 1972; vgl. auch *LAG Hamm* 29.9.61, DB 61, 1491; *Fitting,* Rn. 4.
304 *Fitting,* Rn. 5.
305 *VGH Baden-Württemberg* 2.7.91, PersR 92, 223.
306 *Fitting,* Rn. 4.
307 *BAG* 16.4.03, EzA § 20 BetrVG 2001 Nr. 1; vgl. auch *Fitting,* Rn. 4; vgl. ferner GK-*Kreutz,* § 18 BetrVG Rn. 33, die das Teilnahmerecht der im Betrieb vertretenen Gewerkschaften aus dem Wahlanfechtungsrecht nach § 19 Abs. 2 BetrVG ableiten.
308 A. A. *LAG Schleswig-Holstein* 26.7.89, NZA 90, 118.
309 *Fitting,* Rn. 6 m. w. N.; vgl. auch *ArbG Bochum* 20.6.75, DB 75, 1898; *ArbG Bochum* 15.6.72, DB 72, 1730, das u. U. die Nichtigkeit der Wahl annimmt.

sich jedoch nicht allein dadurch, dass Personen, die kein Teilnahmerecht haben, der Stimmauszählung beigewohnt haben.

Bereits die **Öffnung der Wahlurnen,** nicht erst die Auszählung der Stimmen, erfolgt öffentlich.[310] Im Anschluss an die Stimmauszählung hat der WV das **Wahlergebnis bekanntzugeben.** Auch diese Bekanntgabe unterliegt dem Öffentlichkeitsgebot i. S. d. § 13 WO. Das Wahlergebnis ist auch dann bekanntzugeben, wenn es sich nur um das **vorläufige Ergebnis** handelt. Die Wahlniederschrift muss dagegen **nicht öffentlich** erfolgen (vgl. § 17 WO Rn. 2).[311] 8

§ 14 Verfahren bei der Stimmauszählung

(1) Nach Öffnung der Wahlurne entnimmt der Wahlvorstand die Stimmzettel den Wahlumschlägen und zählt die auf jede Vorschlagsliste entfallenden Stimmen zusammen. Dabei ist die Gültigkeit der Stimmzettel zu prüfen.

(2) Befinden sich in einem Wahlumschlag mehrere gekennzeichnete Stimmzettel (§ 11 Abs. 3), so werden sie, wenn sie vollständig übereinstimmen, nur einfach gezählt, andernfalls als ungültig angesehen.

Die Öffnung der Wahlurne und die sich daran anschließende Stimmauszählung vollziehen sich **öffentlich** (vgl. § 13 WO und die dortigen Erl.) in Anwesenheit des gesamten WV, wobei die Öffnung der Wahlurne durch ein WV-Mitglied vorgenommen wird. Sobald die Wahlurne geöffnet und der Inhalt herausgenommen worden ist, entnehmen die WV-Mitglieder den Wahlumschlägen die Stimmzettel. Dabei ist zu prüfen, ob bereits die Wahlumschläge Fehler aufweisen, z. B. besonders gekennzeichnet sind. Diese und die weiteren Prüfungen sowie sonstige Wahlhandlungen dürfen nur durch die **stimmberechtigten WV-Mitglieder** vorgenommen werden. 1

In Großbetrieben wird es häufiger zu Verwendung von mehreren Wahlurnen kommen. In diesen Fällen muss der Wahlvorstand selbstverständlich bei der Öffnung aller Wahlurnen anwesend sein und die Öffnung darf erst beginnen, wenn alle Wahlurnen aus dem Betrieb beim Wahlvorstand am Ort der öffentlichen Auszählung eingetroffen sind.

Der WV hat bei der Entnahme der Stimmzettel aus den Wahlumschlägen weiter zu prüfen, ob die Wahlumschläge die vorgesehene Art und Anzahl der Stimmzettel enthalten. Werden Mängel festgestellt, sind die Wahlumschläge mit den dazugehörenden Stimmzetteln **auszusondern.** Über die Gültigkeit dieser Stimmzettel ist einzeln zu entscheiden. Trägt z. B. ein Wahlumschlag **Kennzeichen,** die Rückschlüsse auf die Person des Wählers zulassen, oder enthält er mehrere Stimmzettel **mit abweichender Stimmabgabe** (Abs. 2), ist die Stimmabgabe ungültig. 2

Das sich an die Entnahme der Stimmzettel aus den Wahlumschlägen anschließende Verfahren der Prüfung und Auszählung bestimmt der WV **nach seinem Ermessen.** Zweckmäßigerweise sollten die Stimmzettel zunächst auf ihre Gültigkeit hin überprüft werden (zur Gültigkeit von Stimmzetteln vgl. Rn. 2 sowie § 11 WO Rn. 11 ff.). Eine vom WV einmal getroffene Sachentscheidung über die Gültigkeit von Stimmzetteln kann nur noch bei offenbaren Unrichtigkeiten geändert werden.[312] 3

Bestehen über die Gültigkeit der Stimmzettel keine Zweifel, werden sie sofort gezählt. Die Verwendung einer **Datenverarbeitungsanlage** bei der Auszählung der Stimmen ist **zulässig.**[313] Dabei muss die Verantwortung des WV für eine ordnungsgemäße Stimmauszählung gesichert sein (vgl. § 13 WO Rn. 3). Delegiert der WV die Stimmauszählung an andere Personen, wie z. B. Datenerfassungskräfte, muss er eine Kontrolle dieser Personen und ihrer Tätigkeit sicherstellen.[314] 4

---

310 *ArbG Bochum* 15.6.72, DB 72, 1730; *ArbG Bochum* 20.6.75, DB 75, 1898; *Fitting,* Rn. 5, a. a. O.

311 Für eine Einbeziehung auch der Wahlniederschrift in die öffentliche Stimmauszählung *ArbG Bochum* 20.6.75, a. a. O.; *Fitting,* a. a. O.; GK-*Kreutz,* § 18 BetrVG Rn. 32; Richardi-*Thüsing,* Rn. 4.

312 *LAG Düsseldorf* 7.2.83 – 10 (4) TaBV 81/82.

313 *ArbG Bremen* 19.7.72, DB 72, 1831; *LAG Hamm* 26.2.76, BB 78, 358; *Fitting,* Rn. 2; GK-*Kreutz,* Rn. 3.

314 Vgl. *LAG Berlin* 16.11.87, DB 88, 504; *Fitting,* a. a. O.

5 Bei der Stimmauszählung kann sich der WV der Hilfe von **Wahlhelfern** bedienen. Über die Gültigkeit von Stimmzetteln haben jedoch nicht sie zu entscheiden, sondern allein die stimmberechtigten WV-Mitglieder.[315] Das kann bereits in der öffentlichen Sitzung, in der die Stimmauszählung erfolgt, geschehen. Die Entscheidung kann aber auch einer besonderen nicht öffentlichen Beratung oder Beschlussfassung vorbehalten bleiben.

6 Der WV hat, wenn sich in einem Wahlumschlag **mehrere übereinstimmende Stimmzettel** befinden, diese als **eine** gültige Stimme anzuerkennen. Ebenso liegt eine gültige Stimme vor, wenn sich in einem Wahlumschlag mehrere Stimmzettel befinden, aber **nur einer** gekennzeichnet ist.[316] Befinden sich dagegen in einem Wahlumschlag mehrere **unterschiedlich gekennzeichnete Stimmzettel,** so sind sie sämtlich ungültig. Zur Frage der Ungültigkeit von Stimmzetteln vgl. auch § 11 WO Rn. 11 ff.

7 Stimmzettel, die für ungültig erklärt worden sind, werden zweckmäßigerweise mit einer fortlaufenden Nummer versehen und **abgesondert** von den übrigen Stimmzetteln mit den Wahlunterlagen aufbewahrt (vgl. auch § 16 Abs. 1 Nr. 5 WO). Die Gründe, die zur Ungültigkeit führen, sind für jeden **einzelnen Stimmzettel** in der Wahlniederschrift anzugeben.

8 Ist die Stimmauszählung beendet, wird – ebenfalls öffentlich (vgl. § 13 WO) – die **Verteilung der BR-Sitze** vorgenommen (vgl. § 15 WO). Das Ergebnis ist den anwesenden AN bekanntzugeben (vgl. § 13 WO). Es genügt die mündliche Verkündung.[317] Die Wahlniederschrift (§ 16 WO) kann dagegen gesondert erfolgen.[318]

§ 15 Verteilung der Betriebsratssitze auf die Vorschlagslisten

(1) Die Betriebsratssitze werden auf die Vorschlagslisten verteilt. Dazu werden die den einzelnen Vorschlagslisten zugefallenen Stimmenzahlen in einer Reihe nebeneinander gestellt und sämtlich durch 1, 2, 3, 4 usw. geteilt. Die ermittelten Teilzahlen sind nacheinander reihenweise unter den Zahlen der ersten Reihe aufzuführen, bis höhere Teilzahlen für die Zuweisung der zu verteilenden Sitze nicht mehr in Betracht kommen.

(2) Unter den so gefundenen Teilzahlen werden so viele Höchstzahlen ausgesondert und der Größe nach geordnet, wie Betriebsratsmitglieder zu wählen sind. Jede Vorschlagsliste erhält so viele Mitgliedersitze zugeteilt, wie Höchstzahlen auf sie entfallen. Entfällt die niedrigste in Betracht kommende Höchstzahl auf mehrere Vorschlagslisten zugleich, so entscheidet das Los darüber, welcher Vorschlagsliste dieser Sitz zufällt.

(3) Wenn eine Vorschlagsliste weniger Bewerberinnen oder Bewerber enthält, als Höchstzahlen auf sie entfallen, so gehen die überschüssigen Mitgliedersitze auf die folgenden Höchstzahlen der anderen Vorschlagslisten über.

(4) Die Reihenfolge der Bewerberinnen oder Bewerber innerhalb der einzelnen Vorschlagslisten bestimmt sich nach der Reihenfolge ihrer Benennung.

(5) Befindet sich unter den auf die Vorschlagslisten entfallenden Höchstzahlen nicht die erforderliche Mindestzahl von Angehörigen des Geschlechts in der Minderheit nach § 15 Abs. 2 des Gesetzes, so gilt Folgendes:

1. An die Stelle der auf der Vorschlagsliste mit der niedrigsten Höchstzahl benannten Person, die nicht dem Geschlecht in der Minderheit angehört, tritt die in derselben Vorschlagsliste in der Reihenfolge nach ihr benannte, nicht berücksichtigte Person des Geschlechts in der Minderheit.

2. Enthält diese Vorschlagsliste keine Person des Geschlechts in der Minderheit, so geht dieser Sitz auf die Vorschlagsliste mit der folgenden, noch nicht berücksichtigten Höchstzahl und mit Angehörigen des Geschlechts in der Minderheit über. Entfällt die folgende Höchstzahl auf mehrere Vorschlagslisten zugleich, so entscheidet das Los darüber, welcher Vorschlagsliste dieser Sitz zufällt.

3. Das Verfahren nach den Nummern 1 und 2 ist solange fortzusetzen, bis der Mindest-

---

315 *Fitting*, Rn. 3.

316 *Fitting*, Rn. 4.

317 GK-*Kreutz*, Rn. 6.

318 *Blanke/Berg u. a.*, Rn. 425; a. A. *ArbG Bochum* 20.6.75, DB 75, 1898; *Fitting*, § 13 Rn. 5, m. w. N.

anteil der Sitze des Geschlechts in der Minderheit nach § 15 Abs. 2 des Gesetzes erreicht ist.

4. **Bei der Verteilung der Sitze des Geschlechts in der Minderheit sind auf den einzelnen Vorschlagslisten nur die Angehörigen dieses Geschlechts in der Reihenfolge ihrer Benennung zu berücksichtigen.**
5. **Verfügt keine andere Vorschlagsliste über Angehörige des Geschlechts in der Minderheit, verbleibt der Sitz bei der Vorschlagsliste, die zuletzt ihren Sitz zu Gunsten des Geschlechts in der Minderheit nach Nummer 1 hätte abgeben müssen.**

Die in den Abs. 1 – 4 enthaltenen Regelungen gehen von der **Anwendung der Verhältniswahl** (Vorliegen mehrerer Vorschlagslisten) aus. Zur Ermittlung der auf die einzelnen Vorschlagslisten entfallenden Sitze wird das Höchstzahlenverfahren nach d'Hondt zugrunde gelegt. Es entspricht der in § 15 Abs. 2 des Gesetzes enthaltenen Regelung und stellt keinen Verstoß gegen höherrangiges Recht dar. Eine dem prozentualen Anteil entsprechende Anzahl von Mindestsitzen für das Geschlecht in der Minderheit mit der Folge einer Aufrundung entstehender Bruchteilsergebnisse ist in § 15 Abs. 2 des Gesetzes nicht vorgeschrieben.[319] Das Höchstzahlensystem bedeutet, dass die den einzelnen Listen zugefallenen Stimmenzahlen in einer Reihe nebeneinandergestellt und so lange durch 1, 2, 3, 4 usw. geteilt werden, bis sich so viele höchste Teilzahlen ergeben, dass die nach § 9 BetrVG zu vergebenden BR-Sitze auf die Listen entsprechend ihrem Stimmanteil auf Grund des Wahlergebnisses verteilt sind. 1

Beispiel 1

Ein BR erhält nach § 9 BetrVG elf Sitze. Die abgegebenen 680 gültigen Stimmen verteilen sich wie folgt auf drei Vorschlagslisten: Liste 1: 510 Stimmen, Liste 2: 120 Stimmen, Liste 3: 50 Stimmen. Der WV errechnet die Verteilung der elf Sitze wie folgt:

Liste 1 = 510 Stimmen	Liste 2 = 120 Stimmen	Liste 3 = 50 Stimmen
: 01 = 510 0 (1)	: 1 = 120 (5)	: 1 = 50
: 02 = 255 0 (2)	: 2 = 060 (10)	
: 03 = 170 0 (3)	: 3 = 040	
: 04 = 127,5 (4)		
: 05 = 102 0 (6)		
: 06 = 08500(7)		
: 07 = 072,8 (8)		
: 08 = 063,7 (9)		
: 09 = 056,7 (11)		
: 10 = 051		

Die Liste 1 erhält von den elf zu vergebenden BR-Mandaten neun Sitze (durch die Höchstzahlen 510, 255, 170, 127, 5, 102, 85, 72, 8, 63, 7 und 56, 7). Die Liste 2 bekommt zwei Sitze (durch die Höchstzahlen 120 und 60), die Liste 3 erhält keinen Sitz.

Sollte der Fall eintreten, dass die niedrigste in Betracht kommende Höchstzahl auf mehrere Vorschlagslisten **zugleich** entfällt, so wird durch **Los** darüber entschieden, welcher Vorschlagsliste dieser Sitz zufällt (zur Durchführung des Losentscheids vgl. § 10 WO Rn. 3). 2

Innerhalb der Vorschlagslisten sind die zu vergebenden Sitze in der Reihenfolge zu verteilen, in der die Bewerber auf der Liste stehen. In dem Beispiel rücken somit die ersten neun Wahlbewerber von der Liste 1 in den BR ein, von der Liste 2 die an erster und zweiter Stelle stehenden Wahlbewerber. Diese Verteilung der BR-Sitze bleibt aber nur bestehen, wenn das **Minderheitsgeschlecht** die ihm nach § 15 Abs. 2 zustehenden **Mindestsitze** erhalten hat; andernfalls sind die in Abs. 5 vorgesehenen Grundsätze anzuwenden (vgl. Rn. 5 ff.). 3

Enthält eine Vorschlagsliste **weniger Wahlbewerber,** als Höchstzahlen auf sie entfallen, gehen die Sitze, die diese Liste nicht besetzen kann, auf die **anderen Listen** entsprechend den folgenden Höchstzahlen über. Hätte beispielsweise die Liste 1 (im Beispiel 1) nur insgesamt acht 4

319 *LAG Rheinland-Pfalz* 13.11.02, AiB 03, 694 = AuR 03, 237.

Wahlbewerber, so ginge der ihr nach dem Höchstzahlensystem an sich zustehende weitere BR-Sitz an die Liste 3 mit der Höchstzahl 50. Auch bei einer solchen Konstellation kann der Fall eintreten, dass die in § 15 Abs. 2 BetrVG enthaltenen Grundsätze beachtet werden müssen.

5 Die in Abs. 5 enthaltenen Regelungen sollen die Anwendung des § 15 Abs. 2 BetrVG sicherstellen. Nach ihnen ist zu verfahren, wenn sich nach der Verteilung der auf die Listen entfallenden BR-Sitze zeigt, dass die nach § 15 Abs. 2 BetrVG vorgesehene Mindestanzahl von Sitzen für das Minderheitsgeschlecht auch **listenübergreifend** nicht erreicht wurde. Die in Abs. 5 enthaltenen Regelungen sehen eine abgestufte Verfahrensweise vor. Sie sollen deshalb in dieser Reihenfolge abgehandelt werden, wobei zunächst auf die in ihnen enthaltenen Grundsätze eingegangen werden soll. Sodann erfolgt eine Vertiefung anhand konkreter Zahlenbeispiele.

6 **Nr. 1:** Hat das Wahlergebnis nicht die Mindestanzahl von Sitzen für das Minderheitsgeschlecht gebracht, hat der WV festzustellen, auf **welcher Liste** sich die **niedrigste Höchstzahl** befindet, auf die der letzte zu vergebende BR-Sitz entfallen ist. Es muss sich dabei aber um die Höchstzahl handeln, mit der zugleich der letzte Sitz an einen **Angehörigen des Mehrheitsgeschlechts** gefallen ist. Wird in einem Betrieb das Minderheitsgeschlecht beispielsweise von den Frauen gestellt, so ist nach Abs. 5 Nr. 1 die letzte Höchstzahl zu suchen, mit der der mit ihr vergebene letzte Sitz an einen Mann gegangen ist. Diese Liste hat diesen (letzten) Sitz an einen Angehörigen des Geschlechts in der Minderheit in derselben Liste abzugeben, in dem Beispiel also an eine Frau. Da der Sitz der Liste verbleibt, ist die Frau als Angehörige des Minderheitsgeschlechts zu suchen, die in der Reihenfolge in der Liste nach dem Mann steht, auf den der letzte Sitz (letzte Höchstteilzahl) entfallen ist.

7 Mit dieser Vorgehensweise wird sichergestellt, dass die Liste, die den Mann »abgeben muss«, den **Sitz nicht verliert.** Damit behält sie zugleich die Zahl der Mandate, die dieser Liste vom Wähler durch das Wahlergebnis zugeteilt worden ist und in der sich auch der Wählerauftrag an diese Gruppierung zur Wahrnehmung der betrieblichen Interessenvertretung und das Wählergewicht für diese Liste im BR ausdrückt.[320] Die Nr. 1 enthält somit das grundsätzliche Prinzip der **Umwandlung** (Abgabe des vom Mehrheitsgeschlecht besetzten letzten Sitzes an das Minderheitengeschlecht) unter gleichzeitiger Beibehaltung des Stimmgewichts für die umwandelnde Liste. Die anderen Regelungen sind lediglich Auffangregeln für den Fall, dass die Liste mit der auf einen Angehörigen des Mehrheitsgeschlechts entfallenen letzten Höchstzahl die Umwandlung nicht vornehmen kann.

8 **Nr. 2:** Der Wählerauftrag, wie er bei der Regelung nach der Nr. 1 noch beachtet wird, ist zu durchbrechen, wenn die Liste, die an sich einen (oder mehrere) Sitz(e) vom Mehrheitsgeschlecht zum Minderheitengeschlecht umwandeln müsste, **keinen Angehörigen des Minderheitsgeschlechts** (mehr) besitzt, um die Umwandlung vorzunehmen; sei es, dass von vornherein zu wenig Angehörige des Minderheitengeschlechts aufgestellt worden sind, sei es, dass diese Liste wegen der Mandate, die ihr vom Wähler zugesprochen wurden, alle Angehörigen des Minderheitengeschlechts bereits bei der »normalen« Auszählung, also bei der Verteilung der Mandate auf Grund der erzielten Stimmen, in den BR entsendet.

9 Stellt sich heraus, dass die Liste, die an sich umwandeln müsste, dies nicht vornehmen kann, weil sie keinen Angehörigen des Minderheitsgeschlechts (mehr) hat, so geht der Vorgang des Umwandelns an die Liste über, die nach der **folgenden nicht mehr berücksichtigten Höchstzahl** einen Sitz bekommen hätte, wenn nach dem Höchstzahlensystem weitergezählt worden wäre und die zugleich noch über einen Angehörigen des Minderheitsgeschlechts ohne einen bisher erhaltenen Sitz verfügt. Dabei geht der **Sitz an diese Liste** über. Sie hat die Umwandlung vorzunehmen. Sofern sich herausstellt, dass diese Höchstzahl auf mehrere Listen zugleich entfällt, entscheidet das Los, welcher Vorschlagsliste der zur Umwandlung vorgesehene Sitz zufällt.

10 Der Losentscheid kommt aber nur zur Anwendung, wenn diese Listen mit der gleichen Höchstzahl zugleich auch **Angehörige des Minderheitsgeschlechts** enthalten, auf die bisher kein Sitz entfallen ist. Steht für die Umwandlung nur noch eine Liste zur Verfügung, weil sie allein noch Angehörige des Minderheitengeschlechts hat, auf die bisher noch kein Sitz entfal-

320 *Schneider*, Das Minderheitsgeschlecht und die Mindestquote, S. 11.

len ist, so geht auf diese Liste der Sitz mit der Folge der Umwandlung über, ohne dass ein Losentscheid vorzunehmen ist.

Nr. 3: Die hier vorgesehene Regelung will sicherstellen, dass bei dem Verfahren nach den Nrn. 1 und 2 **so lange verfahren** werden muss, bis § 15 Abs. 2 BetrVG Rechnung getragen worden ist. Wenn die Liste nach der Nr. 1 die Umwandlung des Sitzes vom Mehrheitsgeschlecht auf das Minderheitsgeschlecht nicht vornehmen kann, ist – wie bereits erwähnt – auf die Liste mit der nächsten, noch nicht berücksichtigten Höchstzahl überzugehen. Hat diese Liste aber auch keinen Angehörigen des Geschlechts in der Minderheit mehr als Wahlbewerber, in dem Beispiel also keine Frau mehr, so ist die Liste mit der nächsten Höchstzahl zu suchen, die noch eine Frau als Angehörige des Minderheitengeschlechts mit einem noch nicht besetzten BR-Sitz zur Verfügung hat. Gibt es eine solche Liste überhaupt nicht mehr, ist die Regelung der Nr. 5 anzuwenden (vgl. Rn. 13). 11

Nr. 4: Bei dem geschilderten Ablauf zur Erreichung des Mindestanteils für das Minderheitengeschlecht darf immer nur das **Minderheitsgeschlecht** berücksichtigt werden. Zugleich ist innerhalb der Listen, die ggf. die Umwandlung vorzunehmen haben, die **Reihenfolge zu beachten,** in der die Angehörigen des Minderheitsgeschlechts auf der jeweiligen Liste stehen. Angehörige des Mehrheitsgeschlechts werden übersprungen bzw. nicht berücksichtigt. 12

Nr. 5: Mit dieser Regelung schließt sich gewissermaßen der Kreis bei der Vorgehensweise: Es kann vorkommen, dass die Liste, auf die der letzte vergebene und mit einem Angehörigen des Mehrheitsgeschlechts besetzte Sitz entfallen ist, nicht umwandeln kann, weil dieser Liste kein Angehöriger des Minderheitsgeschlechts mehr zur Verfügung steht, zugleich aber auch **andere Listen** mangels Angehöriger des Minderheitsgeschlechts die Umwandlung nicht vornehmen können. Der Sitz verbleibt dann konsequenterweise **bei der Liste, die an sich hätte umwandeln müssen.**[321] Damit behält diese Liste die Anzahl der BR-Sitze, die ihr durch das Wählervotum gegeben worden sind. 13

Im Folgenden sollen die vorstehend dargelegten Grundsätze anhand einiger Zahlenbeispiele verdeutlicht werden. Dabei soll das Zahlenbeispiel 1 (vgl. Rn. 1) zugrunde gelegt werden, das die Grundsätze der Verhältniswahl ohne Berücksichtigung des § 15 Abs. 2 BetrVG darstellt, aber nunmehr unter Berücksichtigung des Mindestanteils von BR-Sitzen für das Minderheitsgeschlecht. In den folgenden Beispielen wird daher wie im Beispiel 1 von einem BR ausgegangen, dem elf Sitze zustehen, wobei drei Vorschlagslisten an der Wahl teilgenommen haben. Dabei hat die Liste 1 neun Sitze und die Liste 2 zwei Sitze erhalten. Auf die Liste 3 ist kein Sitz entfallen. In den nachstehenden Beispielen wird davon ausgegangen, dass die Frauen als Minderheitengeschlecht mindestens drei Sitze zu erhalten haben. 14

In dem folgenden Beispiel 2 wird aus Gründen der besseren Übersicht anstelle von Namen das Geschlecht in der Reihenfolge genannt, in der die Wahlbewerber innerhalb der jeweiligen Liste stehen.

321 Vgl. *Schneider*, Das Minderheitsgeschlecht und die Mindestquote, S. 9 f.

15 **Beispiel 2**

Liste 1	Liste 2	Liste 3
Mann	**Mann**	Mann
Frau	**Frau**	Mann
Mann	Mann	Frau
Mann	Frau	Mann
Mann	Mann	
Mann	Mann	
Mann		
Mann		
Mann		
Frau		
Frau		
Mann		

Die in dem Beispiel unterstellte Mindestanzahl von drei BR-Sitzen für das Minderheitsgeschlecht ist nach der Verteilung der Sitze auf Grund des Stimmergebnisses (gewählte Wahlbewerber jeweils unterstrichen) **nicht erfüllt,** auch nicht listenübergreifend. Bei den neun Sitzen, die Liste 1 bekommen hat, befindet sich nur eine Frau; auf der Liste 2 ist unter den zugeteilten zwei Sitzen ebenfalls nur eine Frau. Damit sind die Regelungen des Abs. 5 anzuwenden, und zwar der **Nr. 1.** Es ist die zuletzt vergebene Höchstzahl festzustellen, die zu dem (letzten) Sitz führt, der an das Mehrheitsgeschlecht vergeben worden ist. Das ist die Höchstzahl 56, 7 in der Liste 1 (vgl. Beispiel 1). Bei dieser Höchstzahl ist der letzte Sitz auf einen Mann entfallen. Er muss diesen Sitz zugunsten der Frau abgeben, die in der **selben Liste** an nächster Stelle steht. Das ist die an zehnter Stelle stehende Frau in der Liste 1. Sie erhält den letzten BR-Sitz.

16 **Beispiel 3**

Liste 1	Liste 2	Liste 3
Mann	**Mann**	Mann
Frau	**Frau**	Mann
Mann	Mann	Frau
Mann	Frau	Mann
Mann	Mann	
Mann	Mann	
Mann		
Mann		
Mann		
Mann		
Mann		
Mann		

In dem Beispiel 3 würden nach der Zuteilung der Sitze auf Grund des Stimmergebnisses wiederum nur zwei Frauen in den BR kommen. Die Liste 1, die mit der letzten Höchstzahl (56, 7) an sich umwandeln müsste, kann dies aber in dem Beispiel 3 nicht. Auf ihrer Liste steht keine weitere Frau als Angehöriger des Minderheitsgeschlechts. Damit ist der Anwendungsfall der **Nr. 2** gegeben. Der Sitz geht auf die Liste mit der folgenden, noch nicht berücksichtigten Höchstzahl über, die noch Angehörige des **Geschlechts in der Minderheit** zu vergeben hat. Das ist die Liste 3 mit der Höchstzahl 50. Der Liste 3 fällt somit der von der Liste 1 nicht zu besetzende Sitz zu. Die an dritter Stelle stehende Frau der Liste 3 kommt in den BR. Wäre die Höchstzahl 50 zugleich auch auf die Liste 2 entfallen, die ebenfalls noch eine Frau ohne BR-Sitz hat (an vierter Stelle stehend), so müsste das Los entscheiden, ob den nach § 15 Abs. 2 BetrVG zu besetzenden letzten Sitz die Liste 2 oder die Liste 3 erhält.

Beispiel 4 17

Liste 1	Liste 2	Liste 3
Mann	**Mann**	Mann
Frau	**Frau**	Mann
Mann	Mann	Mann
Mann	Mann	Mann
Mann	Mann	
Mann	Frau	
Mann		
Mann		
Mann		
Mann		
Mann		
Mann		

Wiederum fehlt nach der Auszählung auf Grund des Stimmergebnisses dem Minderheitsgeschlecht ein Sitz und wie in dem Beispiel 3 kann die Liste 1 mit dem Mann auf dem zuletzt vergebenen Sitz die notwendige Umwandlung nicht vornehmen. Diesmal hat jedoch die Liste 3, auf die die nächste Höchstzahl (50) entfällt, keine Frau und damit keinen Wahlbewerber des Minderheitsgeschlechts. Sie hat nur Angehörige des Mehrheitsgeschlechts aufgestellt. Die Regelung der **Nr. 3** ist anzuwenden. Es ist nach der weiteren nächsten Höchstzahl zu suchen, die zugleich auf eine Liste entfällt, bei der das Minderheitsgeschlecht noch Sitze besetzen kann. Das ist jetzt die Liste 2 mit der Höchstzahl 40. Diese Liste bekommt den Sitz. Dabei spielt es keine Rolle, dass die auf dieser Liste stehende Frau an letzter Stelle in der Liste steht. Das Mehrheitsgeschlecht wird übergangen (**Nr. 4**). Mit der Übernahme des letzten BR-Sitzes durch diese Frau wird der von § 15 Abs. 2 BetrVG verlangte Mindestanteil des Minderheitsgeschlechts erfüllt.

Beispiel 5 18

Liste 1	Liste 2	Liste 3
Mann	**Mann**	Mann
Frau	**Frau**	Mann
Mann	Mann	Mann
Mann	Mann	Mann
Mann	Mann	
Mann	Mann	
Mann		
Mann		
Mann		
Mann		
Mann		
Mann		

Mit Beispiel 5 liegt ein Anwendungsfall der **Nr. 5** vor. Der dem Minderheitsgeschlecht noch zustehende Sitz kann von **keiner Liste** erfüllt werden. Es bleibt bei der ursprünglichen Zuteilung der neun Sitze an die Liste 1. In den BR kommen somit neun Männer und zwei Frauen.

§ 16 Wahlniederschrift

(1) Nachdem ermittelt ist, welche Arbeitnehmerinnen und Arbeitnehmer als Betriebsratsmitglieder gewählt sind, hat der Wahlvorstand in einer Niederschrift festzustellen:

1. **die Gesamtzahl der abgegebenen Wahlumschläge und die Zahl der abgegebenen gültigen Stimmen;**
2. **die jeder Liste zugefallenen Stimmenzahlen;**
3. **die berechneten Höchstzahlen;**

4. die Verteilung der berechneten Höchstzahlen auf die Listen;
5. die Zahl der ungültigen Stimmen;
6. die Namen der in den Betriebsrat gewählten Bewerberinnen und Bewerber;
7. gegebenenfalls besondere während der Betriebsratswahl eingetretene Zwischenfälle oder sonstige Ereignisse.

(2) Die Niederschrift ist von der oder dem Vorsitzenden und von mindestens einem weiteren stimmberechtigten Mitglied des Wahlvorstands zu unterschreiben.

1 Nach der Feststellung des Wahlergebnisses fertigt der WV eine **Niederschrift** an. Sie ist ein wichtiges Beweismittel, das die Nachprüfung des Wahlergebnisses erleichtern soll, insbes. in einem Anfechtungsverfahren nach § 19 BetrVG.[322] Die Niederschrift ist daher zu den Wahlakten zu nehmen. Die Nichtanfertigung der Wahlniederschrift oder deren fehlerhafte Anfertigung berührt allerdings die Wirksamkeit der Wahl nicht.[323]

2 Die in Abs. 1 vorgesehenen Angaben, die die Niederschrift enthalten muss, hat der WV zwar bereits in der **öffentlichen Stimmauszählung** nach § 13 WO (vgl. dort) bzw. unmittelbar danach öffentlich zu treffen. Abgesehen von Abs. 1 Nr. 7 bilden diese Angaben nämlich die Grundlage für das Wahlergebnis, das der WV in der öffentlichen Sitzung nach § 13 WO bekanntzugeben hat. Gleichwohl ist der WV nicht gehalten, auch die Wahlniederschrift nach § 16 WO in der öffentlichen Sitzung nach § 13 WO vorzunehmen. Sie kann vielmehr in einer **nicht öffentlichen Sitzung** erstellt werden.[324]

3 In Abs. 1 wird im Einzelnen angeführt, was die **Niederschrift** zu enthalten hat. Soweit die Namen der in den BR gewählten Wahlbewerber anzuführen sind (Abs. 1 Nr. 6), geht es um das vorläufige Wahlergebnis nach § 13 WO. Die Namen der gewählten Bewerber kann der WV zum Zeitpunkt der Anfertigung der Wahlniederschrift als das endgültige Wahlergebnis, das auch die Wahlanfechtungsfrist nach § 19 BetrVG auslöst, noch nicht bekannt geben, sondern erst, wenn die **gewählten Bewerber die Wahl angenommen** bzw. nicht innerhalb der Frist des § 17 WO erklärt haben, dass sie die Wahl ablehnen.

4 Die **Zahl der abgegebenen Wahlumschläge** ist ebenso wie die **Zahl der abgegebenen Stimmen** in der Wahlniederschrift anzugeben. Dabei kann die Zahl der gültigen Stimmen niedriger sein (zur Ungültigkeit von Stimmzetteln vgl. § 11 WO Rn. 11 ff.). Ist die Wahl des BR nach den Grundsätzen der **Verhältniswahl** durchgeführt worden, sind auch die **berechneten Höchstzahlen** und ihre Verteilung auf die einzelnen Vorschlagslisten anzugeben. Hinsichtlich der Verteilung der Sitze bei erfolgter Durchführung der Wahl nach den Grundsätzen der Verhältniswahl ist auch anzugeben, ob eine Korrektur des Wahlergebnisses notwendig geworden ist, weil das Geschlecht in der Minderheit nicht die nach § 15 Abs. 2 des Gesetzes erforderliche Mindestanzahl von BR-Sitzen erreicht hat. Sofern eine entsprechende Korrektur erforderlich geworden ist, muss auch angegeben werden, wie die Zuweisung des fehlenden Sitzes bzw. der fehlenden Sitze nach dem in § 15 Abs. 5 WO festgelegten Verfahren vorgenommen wurde. Erfolgte die Wahl nach den Grundsätzen der Mehrheitswahl, sind die beiden Schritte aufzuzeigen nach denen zunächst die Zuweisung der Sitze an die dem Geschlecht in der Minderheit zustehenden Mindestsitze (§ 22 Abs. 1 WO) und sodann die Verteilung der weiteren Sitze im Übrigen vollzogen wurde (§ 22 Abs. 2 WO). Es soll durch die Art der Wahlniederschrift, wie etwa durch die Hinzufügung der vollständigen Ausrechnung als Anlage, sichergestellt werden, dass die Berechnungsvorgänge nachvollzogen werden können.

5 In der Niederschrift sind ggf. besondere, während der Wahl eingetretene **Zwischenfälle** oder **Ereignisse** aufzuführen. Darunter kann z. B. verstanden werden: im Wahlausschreiben nicht vorgesehene Unterbrechungen der Wahlhandlung, gleich aus welchen Gründen; aufgetretene Störungen innerhalb des Wahlraumes oder in seiner unmittelbaren Nähe; Beschwerden oder Beanstandungen wegen der Durchführung der Wahl; Zurückweisung von AN, die nicht in der Wählerliste eingetragen waren; vorzeitiger Abschluss der Stimmabgabe, weil sämtliche wahlberechtigten AN gewählt haben (vgl. aber § 12 WO Rn. 10).

---

322 *Blanke/Berg u. a.*, Rn. 424; *Fitting*, Rn. 1.
323 *Blanke/Berg u. a.*, a. a. O.; *Fitting*, Rn. 2.
324 *Blanke/Berg u. a.*, Rn. 425; a. A. *ArbG Bochum* 20.6.75, DB 75, 1898; *Fitting*, Rn. 1; GK-*Kreutz*, Rn. 1.

Die Wahlniederschrift ist durch **Beschluss** des WV festzulegen. Sie ist vom Vorsitzenden des WV und von mindestens einem weiteren stimmberechtigten Mitglied zu unterschreiben. Eine Abschrift der Wahlniederschrift ist den im **Betrieb vertretenen Gewerkschaften** und dem **AG** zu übersenden (§ 18 Abs. 3 BetrVG). Zur Bekanntmachung des (vorläufigen) Wahlergebnisses vgl. § 13 WO und die dortigen Erl. 6

Bei **Unrichtigkeiten** kann die Niederschrift nachträglich berichtigt werden. Entscheidend ist nämlich allein, dass das Wahlergebnis auf der Grundlage der gültigen Stimmen sowie der richtigen Berechnung der Höchstzahlen erfolgte und damit die auf die einzelnen Vorschlagslisten entfallenden BR-Sitze zutreffend verteilt wurden.[325] 7

Mit der Feststellung der Wahl eines Bewerbers greifen die **Schutzbestimmungen** für die gewählten BR-Mitglieder, wie etwa der besondere Kündigungsschutz nach § 103 BetrVG. Für diesen Schutz kommt es nicht auf die Feststellung des endgültigen Wahlergebnisses oder gar auf den Beginn der Amtszeit des betriebsverfassungsrechtlichen Organs an, dem der geschützte Funktionsträger angehört.[326] 8

§ 17 Benachrichtigung der Gewählten

(1) Der Wahlvorstand hat die als Betriebsratsmitglieder gewählten Arbeitnehmerinnen und Arbeitnehmer unverzüglich schriftlich von ihrer Wahl zu benachrichtigen. Erklärt die gewählte Person nicht binnen drei Arbeitstagen nach Zugang der Benachrichtigung dem Wahlvorstand, dass sie die Wahl ablehne, so gilt die Wahl als angenommen.

(2) Lehnt eine gewählte Person die Wahl ab, so tritt an ihre Stelle die in derselben Vorschlagsliste in der Reihenfolge nach ihr benannte, nicht gewählte Person. Gehört die gewählte Person dem Geschlecht in der Minderheit an, so tritt an ihre Stelle die in derselben Vorschlagsliste in der Reihenfolge nach ihr benannte, nicht gewählte Person desselben Geschlechts, wenn ansonsten das Geschlecht in der Minderheit nicht die ihm nach § 15 Abs. 2 des Gesetzes zustehenden Mindestsitze erhält. § 15 Abs. 5 Nr. 2 bis 5 gilt entsprechend.

Die **gewählten Wahlbewerber** sind vom WV **schriftlich** und **unverzüglich** nach der Erstellung der Wahlniederschrift (§ 16 WO) zu benachrichtigen. Dabei genügt die einfache schriftliche Mitteilung an die betreffenden AN, dass sie als BR-Mitglieder gewählt sind.[327] Der WV sollte allerdings darauf hinweisen, dass der gewählte Bewerber seine Wahl nur **innerhalb von drei Arbeitstagen** ablehnen kann. Eine Benachrichtigung der Ersatzmitglieder ist nicht vorgeschrieben, aber zweckmäßig.[328] Die Mitteilung kann durch ein stimmberechtigtes Mitglied des WV oder durch einen vom WV beauftragten Boten am Arbeitsplatz übergeben werden oder auf sonst geeignete Weise (z. B. Hauspost des Betriebs) dem gewählten Wahlbewerber zugehen. Die Benachrichtigung ist nicht erforderlich, wenn der gewählte AN unmittelbar nach Abschluss der Stimmauszählung gegenüber dem WV erklärt, dass er die Wahl annimmt. Diese Erklärung ist in der Wahlniederschrift (§ 16 WO) anzuführen bzw., wenn sie schriftlich abgegeben worden ist, der Niederschrift beizufügen. 1

Die Frist beträgt drei Arbeitstage und beginnt vom Tage der Benachrichtigung an zu laufen (§ 187 Abs. 1 BGB). Geht somit z. B. dem gewählten AN die Benachrichtigung am Mittwoch zu, beginnt die Frist am Donnerstag zu laufen. Sie endet am Sonnabend aber nur, wenn an diesem Tage im Betrieb üblicherweise gearbeitet wird. Ist das nicht der Fall, so endet die Frist erst am Montag, sofern dieser Tag kein Feiertag ist (§ 193 BGB). Die Frist endet auch erst dann an diesem Tage, wenn am Sonnabend betriebsüblicherweise Arbeitszeit nicht geleistet wird, der gewählte AN aber aus besonderen Gründen (z. B. Reparaturarbeiten) Arbeit geleistet hat. Zum Begriff »Arbeitstage« vgl. im Übrigen § 6 WO Rn. 41 f. 2

Ist bis zum Ablauf der Frist eine Erklärung nicht eingegangen, gilt der betreffende AN als 3

---

325 *Fitting*, Rn. 2; GK-*Kreutz*, Rn. 5.
326 Vgl. *BAG* 22.9.83, AP Nr. 11 zu § 78 a BetrVG 1972; vgl. auch *Fitting*, Rn. 5.
327 *Fitting*, Rn. 2.
328 *Blanke/Berg u. a.*, Rn. 430; *Fitting*, Rn. 1.

endgültig gewählt. Nach Ablauf der Erklärungsfrist kann das BR-Amt nur noch nach § 24 Abs. 1 Nr. 2 BetrVG niedergelegt werden. Das ist aber nicht gegenüber dem WV, sondern gegenüber dem BR zu erklären.[329] Hat der WV Bürostunden eingerichtet, so wird er bei der Benachrichtigung an die gewählten Bewerber darauf hinweisen müssen, sofern sich die Bürostunden nicht ohnehin aus dem Wahlausschreiben ergeben (vgl. § 3 WO Rn. 26). Die Ablehnungserklärung muss dann dem WV spätestens am letzten Tag der Frist vor Ablauf der Bürostunden zugegangen sein.[330] Die Ablehnungserklärung ist an die Betriebsadresse des WV (vgl. § 3 WO Rn. 27) zu richten. Geht dem WV die Erklärung eines gewählten Bewerbers, dass er die Wahl nicht annehme, erst nach Ablauf der Erklärungsfrist zu, ist er gleichwohl zur konstituierenden Sitzung nach § 29 Abs. 1 einzuladen. Er kann in dieser Sitzung, nachdem der BR-Vorsitzende und sein Stellvertreter gewählt worden sind, das Amt niederlegen.

4 Unterlässt der WV die Benachrichtigung, wird die Frist von drei Arbeitstagen **nicht in Lauf** gesetzt. Gleichwohl kann der gewählte Bewerber von sich aus gegenüber dem WV erklären, dass er die Wahl annimmt. Wird keine Erklärung abgegeben, so gilt die Wahl erst dann als angenommen, wenn die Mitgliedschaft im BR übernommen wird,[331] etwa durch die Teilnahme an der konstituierenden Sitzung.

5 Hat ein gewählter AN die Wahl fristgerecht abgelehnt, gilt er als nicht gewählt. An seine Stelle tritt der in derselben Vorschlagsliste folgende Bewerber, der als **erstes Ersatzmitglied** in Betracht kommt. Ist die Wahl nach den Grundsätzen der **Verhältniswahl** (Listenwahl) durchgeführt worden, ist der auf derselben Vorschlagsliste nächstfolgende Bewerber als von Anfang an gewählt anzusehen. Hat der Wahlgang nach den Grundsätzen der **Mehrheitswahl** (Personenwahl) stattgefunden, tritt an die Stelle des Ablehnenden das Ersatzmitglied mit der **nächsthöheren Stimmenzahl** (vgl. § 25 Abs. 2 Satz 3 BetrVG). Es ist allerdings zu prüfen, ob durch die Nichtannahme der Wahl durch einen Angehörigen des Minderheitsgeschlechts die diesem Geschlecht zustehende Mindestanzahl von BR-Sitzen unterschritten wird. Ist das der Fall, ist § 15 Abs. 2 des Gesetzes mit der Folge der Anwendung der in § 15 Abs. 5 WO bzw. § 22 Abs. 1 und 2 WO enthaltenen Grundsätze zu beachten. In einer Ergänzung zur Niederschrift nach § 16 WO ist festzuhalten, welcher gewählte Bewerber die Annahme der Wahl abgelehnt hat und welches Ersatzmitglied für ihn in den BR gekommen ist.

6 Der WV hat gegenüber dem nachrückenden AN erneut die Benachrichtigung nach § 17 WO vorzunehmen. Auch dieser hat eine Erklärungsfrist von drei Arbeitstagen zur Verfügung.[332] Dadurch kann sich die Bekanntmachung der endgültig gewählten BR-Mitglieder nach § 18 WO verzögern.

7 Lehnen gewählte AN die Übernahme des BR-Amtes ab und wird dadurch die gemäß § 9 BetrVG vorgesehene zahlenmäßige Stärke des BR nicht erreicht, ist § 11 BetrVG entsprechend mit der Maßgabe anzuwenden, dass für die Zahl der BR-Mitglieder die nächstniedrigere Größe des BR zugrunde zu legen ist.[333] Bei einer Ablehnung des BR-Amts durch gewählte Bewerber findet somit § 13 Abs. 2 Nr. 2 BetrVG keine Anwendung, da diese Vorschrift eine Veränderung der Mitgliederzahl innerhalb des **bestehenden BR** voraussetzt.[334]

§ 18 Bekanntmachung der Gewählten

Sobald die Namen der Betriebsratsmitglieder endgültig feststehen, hat der Wahlvorstand sie durch zweiwöchigen Aushang in gleicher Weise bekannt zu machen wie das Wahlausschreiben (§ 3 Abs. 4). Je eine Abschrift der Wahlniederschrift (§ 16) ist dem Arbeitgeber und den im Betrieb vertretenen Gewerkschaften unverzüglich zu übersenden.

---

329 *Fitting*, Rn. 4; *GL*, Rn. 1.
330 GK-*Kreutz*, Rn. 3.
331 Richardi-*Thüsing*, Rn. 3.
332 *Fitting*, Rn. 6.
333 Vgl. *LAG Schleswig-Holstein* 7.9.88, DB 89, 284, das die Regelung des § 11 BetrVG sogar dann zur Anwendung kommen lassen will, wenn nur noch ein BR-Mitglied als Vertretung der AN übrigbleibt.
334 *LAG Schleswig-Holstein*, a. a. O.

Haben alle Wahlbewerber das BR-Mandat ausdrücklich angenommen oder wird wegen des Ablaufs der Ablehnungsfrist nach § 17 Abs. 1 Satz 2 WO die Annahme unterstellt, steht das **Wahlergebnis endgültig** fest. 1

Erklären alle gewählten Bewerber, dass sie die Wahl annehmen, kann der WV die vorgesehene Bekanntmachung bereits vornehmen, **bevor** die in § 17 Abs. 1 Satz 2 WO angeführte **Erklärungsfrist abgelaufen ist.** Andererseits kann auch der Fall eintreten, dass die Bekanntmachung der Gewählten **nicht unmittelbar** nach Ablauf der Erklärungsfrist vorgenommen werden kann. Das ist dann gegeben, wenn ein gewählter Bewerber seine Wahl nicht annimmt und das entsprechende Ersatzmitglied an seine Stelle treten soll. Solange das nachrückende Ersatzmitglied seinerseits die Annahme des Amts noch nicht erklärt hat bzw. die Frist von drei Tagen nach § 17 Abs. 1 Satz 2 WO noch nicht abgelaufen ist, stehen die Namen der gewählten BR-Mitglieder nicht endgültig fest. 2

Die Namen der **endgültig gewählten BR-Mitglieder** sind vom WV durch zweiwöchigen **Aushang** bekanntzugeben. Der Aushang ist an den gleichen Stellen anzubringen, an denen das Wahlausschreiben ausgehangen hat. Diese Bekanntmachung hat unverzüglich nach der Feststellung des endgültigen Wahlergebnisses zu erfolgen. Die Unterlassung bildet jedoch keinen Anfechtungsgrund (vgl. Rn. 7). 3

Die Bekanntmachung ist vom **Vorsitzenden** und mindestens einem **weiteren Mitglied zu unterzeichnen.** Es liegt im **Ermessen** des WV, ob er neben der Bekanntgabe der Namen der endgültig gewählten BR-Mitglieder auch eine Abschrift der Niederschrift über das Wahlergebnis im Einzelnen aushängt oder zur Einsichtnahme auslegt.[335] 4

Mit der Bekanntgabe der Namen der endgültig gewählten BR-Mitglieder und damit der Zusammensetzung des neu gewählten BR wird die **Zweiwochenfrist zur Anfechtung der Wahl** nach § 19 BetrVG in Lauf gesetzt (vgl. § 19 BetrVG Rn. 31). Erfolgt der Aushang der Bekanntmachung an verschiedenen Orten zu verschiedenen Zeiten, so ist für den Beginn der Anfechtungsfrist der **Zeitpunkt des letzten Aushangs** maßgebend.[336] Die Frist berechnet sich nach § 187 Abs. 1 BGB. Der Tag der Bekanntgabe selbst wird somit nicht mitgezählt. 5

Die Verpflichtung des WV, den BR zur **konstituierenden Sitzung** nach § 29 Abs. 1 BetrVG einzuberufen, bleibt von der Bekanntmachung der Gewählten unberührt. Die fristgemäße Einberufung der konstituierenden Sitzung (vor Ablauf einer Woche nach dem Wahltag; vgl. § 29 Abs. 1 BetrVG) kann zu Schwierigkeiten führen, wenn ein Gewählter die Wahl nicht angenommen hat und der Wahlbewerber, der an seiner Stelle nachrücken soll (vgl. § 17 WO Rn. 4), die Annahme der Wahl noch nicht erklärt hat und die Dreitagesfrist des § 17 Abs. 1 Satz 2 WO für ihn noch nicht abgelaufen ist. Tritt ein solcher Fall ein, wird der WV den nachrückenden Wahlbewerber zur konstituierenden Sitzung auch dann einzuladen haben, wenn für diesen zum Zeitpunkt der Einladung die Erklärungsfrist noch nicht abgelaufen ist. Im Übrigen ist zu beachten, dass die **Einladung** zur konstituierenden Sitzung nach § 29 Abs. 1 BetrVG zwar vor Ablauf einer Woche nach dem Wahltag zu erfolgen hat, die Sitzung selbst aber **nach diesem Zeitpunkt** stattfinden kann. 6

Wird das Wahlergebnis nicht bekanntgegeben, beginnt die Anfechtungsfrist nicht zu laufen. Die Wahlanfechtung ist dann auch nach Ablauf der Zweiwochenfrist möglich (vgl. § 19 BetrVG Rn. 31). Andererseits kann ein Wahlanfechtungsverfahren **bereits vor der Bekanntgabe des Wahlergebnisses** eingeleitet werden. Die tatsächliche Bekanntgabe des Wahlergebnisses, die ohne oder gegen den Willen des WV erfolgt ist, setzt jedenfalls dann nicht den Lauf der Anfechtungsfrist in Gang, wenn nach den konkreten Umständen objektiv erkennbar ist, dass es sich um keine offizielle Bekanntgabe durch den WV handelt.[337] Ein solcher Fall könnte etwa vorliegen, wenn die AN von dem Wahlergebnis dadurch erfahren, dass einzelne Beschäftigte mittels der im Betrieb vorhandenen Informations- und Kommunikationstechnik, etwa über das Intranet, das Wahlergebnis bekannt geben. 7

Der WV ist verpflichtet, dem AG und den im **Betrieb vertretenen Gewerkschaften** unverzüglich eine Abschrift der Wahlniederschrift zu übersenden. Eine Verletzung dieser Pflicht 8

---

335 *Fitting*, Rn. 2; *GL*, Rn. 1.
336 *Fitting*, Rn. 3; *GL*, Rn. 2.
337 *BayVGH* 24.4.91, PersR 92, 79.

kann die Wahlanfechtung zwar nicht begründen.[338] Die Mitteilung ist aber ein Baustein, der sicherstellen soll, dass die Gewerkschaften auch in die Lage versetzt werden, ihre im BetrVG verankerten Rechte und Pflichten auszuüben. Der WV kann sich bei der Mitteilung des Wahlergebnisses an die Gewerkschaften der Berichtsbogen bedienen, die diese üblicherweise herausgeben. Der Weitergabe der notwendigen Informationen an die im Betrieb vertretene Gewerkschaft stehen auch **nicht datenschutzrechtliche Bedenken** entgegen. Die Übermittlung und Nutzung der Daten dient der Wahrung berechtigter Interessen i. S. d. BDSG, weil die Gewerkschaft im Rahmen ihrer betriebsverfassungsrechtlichen Aufgaben tätig wird.[339] Der WV ist im Übrigen gehalten, **den Gewerkschaften** die Wahlniederschrift zu übersenden, von denen er weiß, dass sie im Betrieb vertreten sind. Besondere Nachforschungen darüber hinaus braucht er nicht anzustellen.

§ 19 Aufbewahrung der Wahlakten

Der Betriebsrat hat die Wahlakten mindestens bis zur Beendigung seiner Amtszeit aufzubewahren.

1 Unter Wahlakten sind die **gesamten Wahlunterlagen** im weitesten Sinne einschließlich der Stimmzettel zu verstehen.[340] Gemeint sind somit alle Schrift- und Druckstücke, die der WV bei der **Vorbereitung und Durchführung der Wahl** gefertigt hat oder die ihm zugegangen sind. Dazu gehören z. B. das Wahlausschreiben, die erfolgten Aushänge, die Vorschlagslisten, die Bekanntmachungen des WV und seine Niederschriften, der Schriftwechsel des WV, die Stimmzettel und die Freiumschläge für die schriftliche Stimmabgabe.

2 Bei den Freiumschlägen für die schriftliche Stimmabgabe ist zu beachten, dass **verspätet eingegangene Briefumschläge** (vgl. § 26 WO Rn. 5 ff.) binnen vier Wochen nach Bekanntgabe des Wahlergebnisses **ungeöffnet** zu vernichten sind (vgl. § 26 Abs. 2 WO). Ist die Wahl angefochten worden, erfolgt die Vernichtung nach Rechtskraft des im Anfechtungsverfahren ergangenen Beschlusses.

3 Der WV hat die **Wahlunterlagen dem BR** zu übergeben, sobald dessen **konstituierende Sitzung** (vgl. § 29 Abs. 1 BetrVG) stattgefunden hat. Die Unterlagen können aber auch in der Sitzung übergeben werden, sobald die Wahl des BR-Vorsitzenden und dessen Stellvertreters erfolgt ist (vgl. § 29 BetrVG Rn. 10). Die Übergabe ist in der Niederschrift der Sitzung zu vermerken.

4 Der BR hat die Wahlakten mindestens bis zur **Beendigung seiner Amtszeit** (vgl. §§ 21, 22 BetrVG) sorgfältig aufzubewahren. Er hat den zur Wahlanfechtung Berechtigten (vgl. § 19 Abs. 2 BetrVG) die Einsichtnahme zu gestatten, soweit die Unterlagen für ein Wahlanfechtungsverfahren benötigt werden;[341] grundsätzlich aber nicht, soweit Bestandteile der Wahlakten Rückschlüsse auf das Wahlverhalten von Wahlberechtigten zulassen.[342] So können **Rückschlüsse auf das Wahlverhalten** einzelner wahlberechtigter AN aus den mit Stimmabgabevermerken vom WV versehenen Wählerlisten gezogen werden, aber auch etwa aus Briefwahlunterlagen oder persönlichen Schreiben einzelner Wahlberechtigter an den WV. Die Einsichtnahme in derartige Wahlunterlagen durch den AG ist nur zulässig, wenn gerade dies zur Überprüfung der Ordnungsmäßigkeit der Wahl erforderlich ist. Das hat der AG darzulegen.[343]

---

338 *Fitting*, § 18 BetrVG Rn. 28 f.
339 *DKWW*, § 28 Rn. 89.
340 *Fitting*, Rn. 1.
341 *Fitting*, Rn. 2.
342 *BAG* 27.7.05, AuR 06, 38, zum Einsichtsrecht des AG.
343 *BAG* 27.7.05, a. a. O.

Dritter Unterabschnitt
Wahlverfahren bei nur einer Vorschlagsliste
(§ 14 Abs. 2 Satz 2 erster Halbsatz des Gesetzes)

§ 20 Stimmabgabe

(1) Ist nur eine gültige Vorschlagsliste eingereicht, so kann die Wählerin oder der Wähler ihre oder seine Stimme nur für solche Bewerberinnen oder Bewerber abgeben, die in der Vorschlagsliste aufgeführt sind.

(2) Auf den Stimmzetteln sind die Bewerberinnen oder Bewerber unter Angabe von Familienname, Vorname und Art der Beschäftigung im Betrieb in der Reihenfolge aufzuführen, in der sie auf der Vorschlagsliste benannt sind.

(3) Die Wählerin oder der Wähler kennzeichnet die von ihr oder ihm gewählten Bewerberinnen oder Bewerber durch Ankreuzen an der hierfür im Stimmzettel vorgesehenen Stelle; es dürfen nicht mehr Bewerberinnen oder Bewerber angekreuzt werden, als Betriebsratsmitglieder zu wählen sind. § 11 Abs. 1 Satz 2, Abs. 2 Satz 2 und 3, Abs. 4, §§ 12 und 13 gelten entsprechend.

Wird nur eine gültige Vorschlagsliste eingereicht, findet **Mehrheitswahl** statt. Die Bestimmung stellt somit darauf ab, dass nur ein gültiger Wahlvorschlag (Vorschlagsliste) vorhanden ist. 1

Die **Mehrheitswahl** wird auch als **Personenwahl** bezeichnet (zur Unterscheidung zwischen Mehrheitswahl [Personenwahl] einerseits und Verhältniswahl [Listenwahl] andererseits vgl. auch § 14 BetrVG Rn. 29 ff.). Anders als bei der Verhältniswahl werden bei der Mehrheitswahl nicht die einzelnen Vorschlagslisten gewählt, sondern die Wahlbewerber, die auf dem einen gültigen Wahlvorschlag aufgeführt sind. Bei der Mehrheitswahl kann der Wähler **so viele Bewerber** auf dem Stimmzettel ankreuzen, wie BR-Mitglieder insgesamt zu wählen sind. Die jeweilige Anzahl ergibt sich aus dem Wahlausschreiben. 2

Der Wähler kann somit bei der Mehrheitswahl auswählen, welchen auf der Vorschlagsliste stehenden Wahlbewerbern er seine Stimme geben will. Für Personen, die nicht auf der Vorschlagsliste aufgeführt sind, kann der Wähler seine Stimme nicht abgeben.[344] Kreuzt der Wähler **mehr Bewerber** an, als BR-Mitglieder zu wählen sind, wird der Stimmzettel **ungültig.** Es ist jedoch zulässig, **weniger Bewerber** anzukreuzen. Gibt der Wähler einem Bewerber mehrere Stimmen (Stimmhäufung), zählt dies nur als eine Stimme.[345] 3

Die Stimmabgabe erfolgt, wie auch bei der Verhältniswahl, durch Abgabe von Stimmzetteln in den hierfür bestimmten **Wahlumschlägen** (§ 11 Abs. 1 Satz 2 WO). Auf dem Stimmzettel sind die Namen sämtlicher auf der Vorschlagsliste stehenden Wahlbewerber mit Familienname, Vorname und Art der Beschäftigung im Betrieb anzuführen, und zwar in der **Reihenfolge,** wie sie auch in dem **Wahlvorschlag** benannt sind. Eine andere Reihenfolge ist **unzulässig,** da sie zu einer Wahlbeeinflussung führen könnte.[346] Eine Ausnahme besteht lediglich bei der Wahl des BR im vereinfachten Wahlverfahren. Bei diesem Verfahren sind die Wahlbewerber immer in alphabetischer Reihenfolge auf dem Stimmzettel anzuführen (§ 34 Abs. 1 WO). 4

Im Gegensatz zur Listenwahl hat die Reihenfolge bei der Mehrheitswahl keine materiellrechtliche Bedeutung, da bei der Mehrheitswahl nicht die Reihenfolge auf dem Wahlvorschlag, sondern die Stimmenzahl entscheidet, die der jeweilige Wahlbewerber erhält. Die **Stimmzettel** und die **Wahlumschläge** müssen die **gleiche Beschaffenheit** wie Größe, Farbe und Beschriftung aufweisen (vgl. auch § 11 WO Rn. 3 f.). 5

Abs. 2 sieht vor, dass auf den Stimmzetteln neben dem Familiennamen und dem Vornamen auch die Art der Beschäftigung anzuführen ist. Der WV ist gehalten, diese Angaben aus der Vorschlagsliste zu übernehmen. Das gilt auch dann, wenn die Vorschlagsliste unvollständig ist, 6

---

344 *Fitting,* Rn. 2.
345 *Fitting,* Rn. 4; GK-*Kreutz,* Rn. 5.
346 *Fitting,* Rn. 3; *GL,* Rn. 2; Richardi-*Thüsing,* Rn. 4.

z. B. nicht die Art der Beschäftigung im Betrieb enthält. Zu der Frage, ob und inwieweit das Nichtvorhandensein dieser Angaben eine Vorschlagsliste ungültig machen kann, vgl. § 6 WO Rn. 21 ff.

7 Der Stimmzettel darf Angaben, die über die in Abs. 2 genannten hinausgehen, **nicht enthalten.** Es darf somit auch kein Hinweis auf die Zugehörigkeit zu einer bestimmten Organisation gegeben werden.[347] Dagegen ist ein Hinweis auf dem Stimmzettel, wie viele Bewerber der Wähler ankreuzen darf, nicht nur unschädlich,[348] sondern sogar zweckmäßig.

§ 21 Stimmauszählung

Nach Öffnung der Wahlurne entnimmt der Wahlvorstand die Stimmzettel den Wahlumschlägen und zählt die auf jede Bewerberin und jeden Bewerber entfallenden Stimmen zusammen; § 14 Abs. 1 Satz 2 und Abs. 2 gilt entsprechend.

1 Die **Öffnung der Wahlurnen** und die sich daran anschließende **Stimmauszählung** vollzieht sich öffentlich (vgl. § 13 WO) in Anwesenheit des **gesamten WV.** Die Öffentlichkeit der Stimmauszählung ergibt sich, obwohl die Vorschrift nicht auf § 13 WO verweist, schon aus § 18 Abs. 3 Satz 1 BetrVG. Ein Verstoß gegen das Gebot der öffentlichen Stimmauszählung wird im Allgemeinen als ein erheblicher Verstoß gegen wesentliche Vorschriften des Wahlverfahrens angesehen, der eine Wahlanfechtung rechtfertigen kann.[349]

2 Die Stimmauszählung vollzieht sich grundsätzlich nach den Regelungen des § 14 WO. Der entscheidende Unterschied zu dieser Vorschrift (Stimmauszählung, der ein Wahlverfahren mit mehreren Vorschlagslisten zugrunde gelegen hat) besteht in der Ermittlung der gewählten BR-Mitglieder. Während der Ermittlung nach § 14 die Listenwahl zugrunde liegt und festzustellen ist, wie viele Stimmen auf die einzelnen Vorschlagslisten entfallen sind, woraus sich entsprechend der Reihenfolge auf den Listen die gewählten BR-Mitglieder ergeben, sind nach der Regelung des § 21 **unmittelbar** die auf die einzelnen Wahlbewerber **entfallenden Stimmen** maßgebend.

3 Zur Unterstützung bei der Stimmauszählung kann der WV **Wahlhelfer** hinzuziehen (§ 1 Abs. 2 Satz 2 WO). Sie sind jedoch bei der Beschlussfassung über die Gültigkeit oder Ungültigkeit eines Stimmzettels nicht zu beteiligen.

4 Der WV entscheidet durch **Beschluss,** wenn fraglich ist, ob ein Stimmzettel gültig ist (zur Ungültigkeit von Stimmzetteln vgl. § 11 WO Rn. 11 ff.).[350] Der Beschluss kann bereits in der öffentlichen Sitzung erfolgen, in der die Stimmauszählung vorgenommen wird. Die Entscheidung kann aber auch einer **besonderen nicht öffentlichen Beratung und Beschlussfassung** vorbehalten bleiben.[351]

5 Auch das sich auf Grund der Auszählung **ergebende Wahlergebnis** ist in der **öffentlichen Sitzung** den anwesenden AN bekanntzugeben. Es genügt die **mündliche Verkündung** (vgl. auch § 14 WO Rn. 8). Die **Wahlniederschrift** (§ 23 WO) kann dagegen gesondert vorgenommen werden (vgl. auch § 23 WO Rn. 1).

---

347 Vgl. *OVG Lüneburg* 10.1.61, ZBR 61, 159.

348 *Fitting,* Rn. 7; GK-*Kreutz/Oetker,* Rn. 5.

349 *BAG* 15.11.00 7 ABR 53/99: Die vorgeschriebene Öffentlichkeit der Stimmenauszählung erfordert, dass Ort und Zeitpunkt der Stimmauszählung vorher im Betrieb öffentlich bekanntgemacht werden; vgl. auch *Blanke/Berg u. a.,* Rn. 397; *Fitting,* § 13 WO Rn. 6; *Richardi,* § 13 WO Rn. 5; vgl. auch *ArbG Bochum* 20.6.75, DB 75, 1898, das darauf abstellt, dass es sich bei der öffentlichen Stimmauszählung um eine wesentliche Bestimmung über das Wahlverfahren handelt, durch die eine Manipulation der Wahl durch Änderung oder Austausch der Stimmzettel verhindert werden soll.

350 *Blanke/Berg u. a.,* Rn. 400.

351 Wie hier *Blanke/Berg u. a.,* Rn. 400; vgl. auch Richardi-*Thüsing,* § 14 WO Rn. 2, die davon ausgehen, dass die Entscheidung über die Gültigkeit der Stimmzettel zwar in einer getrennten Sitzung erfolgen könne, diese aber ebenfalls öffentlich sein müsse.

§ 22 Ermittlung der Gewählten

(1) Zunächst werden die dem Geschlecht in der Minderheit zustehenden Mindestsitze (§ 15 Abs. 2 des Gesetzes) verteilt. Dazu werden die dem Geschlecht in der Minderheit zustehenden Mindestsitze mit Angehörigen dieses Geschlechts in der Reihenfolge der jeweils höchsten auf sie entfallenden Stimmenzahlen besetzt.
(2) Nach der Verteilung der Mindestsitze des Geschlechts in der Minderheit nach Absatz 1 erfolgt die Verteilung der weiteren Sitze. Die weiteren Sitze werden mit Bewerberinnen und Bewerbern, unabhängig von ihrem Geschlecht, in der Reihenfolge der jeweils höchsten auf sie entfallenden Stimmenzahlen besetzt.
(3) Haben in den Fällen des Absatzes 1 oder 2 für den zuletzt zu vergebenden Betriebsratssitz mehrere Bewerberinnen oder Bewerber die gleiche Stimmenzahl erhalten, so entscheidet das Los darüber, wer gewählt ist.
(4) Haben sich weniger Angehörige des Geschlechts in der Minderheit zur Wahl gestellt oder sind weniger Angehörige dieses Geschlechts gewählt worden, als ihm nach § 15 Abs. 2 des Gesetzes Mindestsitze zustehen, so sind die insoweit überschüssigen Mitgliedersitze des Geschlechts in der Minderheit bei der Sitzverteilung nach Absatz 2 Satz 2 zu berücksichtigen.

Die Vorschrift legt fest, wie bei der Stimmauszählung zu verfahren ist, wenn die Wahl auf der Grundlage der Mehrheitswahl (Personenwahl) erfolgte und die Ermittlung zugleich nach den Grundsätzen des § 15 Abs. 2 BetrVG vorgenommen werden muss. 1
Bei den weitaus meisten BR-Wahlen wird die Zuteilung der Sitze, weil die Grundsätze des § 15 Abs. 2 BetrVG anzuwenden sind, in der Weise zu erfolgen haben, wie sie § 22 WO vorschreibt (zu den Fällen der Nichtanwendung des § 22 WO vgl. Rn. 5). Es ist in **zwei Schritten** vorzugehen. Mit dem ersten Schritt werden die dem Geschlecht in der **Minderheit zustehenden BR-Sitze** zugeteilt, wobei die Reihenfolge der erreichten Stimmen maßgebend ist. Mit dem zweiten Schritt werden die weiteren Sitze verteilt, wiederum unter Zugrundelegung der von den einzelnen Wahlbewerbern erreichten Stimmenzahlen, aber diesmal **unabhängig von dem Geschlecht**.[352] Bei dem zweiten Schritt bleiben natürlich die Wahlbewerber unberücksichtigt, die bereits bei dem ersten Schritt auf Grund ihrer Zugehörigkeit zum Minderheitsgeschlecht Sitze erhalten haben.
Die Verfahrensweise soll anhand von zwei Beispielen deutlich gemacht werden (vgl. auch das Beispiel bei § 15 BetrVG Rn. 17). 2

Beispiel 1:
In einem Betrieb mit 150 AN sind 110 Männer und 40 Frauen. Der BR erhält sieben Sitze. Die Frauen bekommen als Minderheitsgeschlecht nach § 15 Abs. 2 BetrVG mindestens zwei Sitze (vgl. dazu die Berechnung bei § 5 WO Rn. 4). Die BR-Wahl hat folgendes Ergebnis gebracht, wobei in dem folgenden Beispiel aus Gründen der besseren Übersicht keine Namen angeführt werden, sondern unmittelbar das jeweilige Geschlecht.

Frau 1	140 Stimmen
Mann 1	128 Stimmen
Mann 2	119 Stimmen
Mann 3	118 Stimmen
Mann 4	111 Stimmen
Frau 2	109 Stimmen
Frau 3	102 Stimmen
Mann 5	83 Stimmen

Mit dem **ersten Schritt** hat die Verteilung der zwei Mindestmandate zu erfolgen:

Frau 1	**140** Stimmen
Frau 2	**109** Stimmen
Frau 3	102 Stimmen

352 Vgl. *Schneider*, Das Minderheitsgeschlecht und die Mindestquote, S. 14 f.

Die zwei Mindestsitze entfallen auf Frau 1 und Frau 2. Nachdem auf diese Weise die Mindestsitze verteilt worden sind, hat die Verteilung der übrigen fünf Sitze **unabhängig von dem Geschlecht** nur nach den erreichten Stimmenzahlen zu erfolgen. Bei diesem **zweiten Schritt** fallen die fünf Sitze an folgende Wahlbewerber:

Mann 1	**128** Stimmen
Mann 2	**119** Stimmen
Mann 3	**118** Stimmen
Mann 4	**111** Stimmen
Frau 3	**102** Stimmen
Mann 5	83 Stimmen

3 Die übrigen fünf Sitze entfallen somit auf Mann 1, Mann 2, Mann 3, Mann 4 und Frau 3. Entfällt der letzte zu vergebende Sitz auf zwei Wahlbewerber, so entscheidet das Los, wer gewählt ist und den letzten Sitz erhält. Das gilt sowohl für den ersten als auch den zweiten Schritt. Hätten z. B. Frau 2 und Frau 3 die gleiche Stimmenzahl erhalten, so hätte das Los bei dem ersten Schritt entscheiden müssen, wer an letzter Stelle den Minderheitensitz bekommt. Entsprechend hätte durch Los über die Zuteilung des letzten Sitzes entschieden werden müssen, wenn sich bei dem zweiten Schritt gezeigt hätte, dass Frau 3 und Mann 5 die gleiche Anzahl von Stimmen erhalten haben.

Beispiel 2:

4 In dem folgenden Beispiel wird davon ausgegangen, dass nur **eine Frau** kandidiert, obwohl den Frauen als **Minderheitengeschlecht zwei Sitze** zustehen. Die Wahl hat folgendes Ergebnis gebracht:

Frau 1	140 Stimmen
Mann 1	128 Stimmen
Mann 2	119 Stimmen
Mann 3	118 Stimmen
Mann 4	111 Stimmen
Mann 5	109 Stimmen
Mann 6	100 Stimmen

Mit dem ersten Schritt hat auch hier die Verteilung der Mindestsitze zu erfolgen. Da aber nur eine Frau kandidiert hat, kann den Frauen **nur ein Mindestsitz** zugeteilt werden.

Die übrigen Sitze entfallen entsprechend den erhaltenen Stimmen auf M 1, M 2, M 3, M 4, M 5 und M 6. Auch hier hätte das Los zu entscheiden, wenn auf M 5 und M 6 die gleiche Stimmenzahl entfallen wäre.

5 Es kann der Fall eintreten, dass die Grundsätze des § 15 Abs. 2 BetrVG **nicht zur Anwendung** kommen. Das ist etwa gegeben, wenn nur ein Geschlecht im Betrieb vorhanden ist oder in der Belegschaft zwar Frauen und Männer vertreten sind, aber keine Frauen als Vertreter des Minderheitsgeschlechts bereit sind, zu kandidieren. Es kann auch sein, dass die Belegschaft aus Männern und Frauen besteht, aber der Anteil des Minderheitsgeschlechts **unterhalb des zahlenmäßigen Schwellenwertes** liegt, der zur Erreichung eines Mindestsitzes erforderlich ist. Wenn beispielsweise in einem Betrieb mit 100 AN die Belegschaft aus 85 Männern und aus 15 Frauen besteht, erhalten die Männer durch die Auszählung nach § 5 WO auf Grund des Höchstzahlensystems alle fünf Sitze, die dem BR nach § 9 BetrVG bei dieser Belegschaftsgröße zustehen. Selbst der letzte, also der fünfte Sitz, fällt durch die Teilung 85 : 5 = 17 an die Männer. Es würde aber auch hier dem in § 15 Abs. 2 BetrVG steckenden Grundgedanken der Frauenförderung entsprechen, Frauen als Wahlbewerber aufzustellen. Sie haben jedoch keinen Anspruch auf einen Mindestsitz, sondern können nur auf Grund der erhaltenen Wählerstimmen in den BR kommen. Zu weiteren Fällen der Nichtanwendung des § 15 Abs. 2 BetrVG vgl. *Schneider*, Das Minderheitsgeschlecht und die Mindestquote, S. 15.

6 Die WO sieht für die Fälle, in denen § 15 Abs. 2 BetrVG nicht zur Anwendung kommt, aber die Wahl nach den Grundsätzen der Mehrheitswahl erfolgte, **keine ausdrückliche Regelung** dazu vor, wie die Ermittlung der Gewählten zu erfolgen hat. Lediglich beim vereinfachten Wahlverfahren, wenn es um die Wahl des aus einer Person bestehenden BR geht, wird bestimmt, dass die Person gewählt ist, die die meisten Stimmen bekommen hat (§ 34 Abs. 4

WO). Nach diesem bei der **Mehrheitswahl allgemein anzuwendenden Grundsatz** ist zu verfahren. Es entfällt daher bei der Ermittlung der Gewählten, wenn § 15 Abs. 2 BetrVG nicht zur Anwendung kommt, der erste Schritt. Es ist von **vornherein** der zweite Schritt anzuwenden, wie er nach § 22 der geltenden WO durchzuführen ist, also Auszählung nach den höchsten Stimmenzahlen **unabhängig vom Geschlecht.**

Erhalten insgesamt weniger Wahlbewerber eine Stimme als BR-Sitze nach § 9 BetrVG zu vergeben sind, besteht der BR nur aus so vielen Mitgliedern, wie Kandidaten gewählt worden sind, und zwar in entsprechender Anwendung des § 11 BetrVG.[353] 7

§ 23 Wahlniederschrift, Bekanntmachung

(1) Nachdem ermittelt ist, welche Arbeitnehmerinnen und Arbeitnehmer als Betriebsratsmitglieder gewählt sind, hat der Wahlvorstand eine Niederschrift anzufertigen, in der außer den Angaben nach § 16 Abs. 1 Nr. 1, 5 bis 7 die jeder Bewerberin und jedem Bewerber zugefallenen Stimmenzahlen festzustellen sind. § 16 Abs. 2, § 17 Abs. 1, §§ 18 und 19 gelten entsprechend.

(2) Lehnt eine gewählte Person die Wahl ab, so tritt an ihre Stelle die nicht gewählte Person mit der nächsthöchsten Stimmenzahl. Gehört die gewählte Person dem Geschlecht in der Minderheit an, so tritt an ihre Stelle die nicht gewählte Person dieses Geschlechts mit der nächsthöchsten Stimmenzahl, wenn ansonsten das Geschlecht in der Minderheit nicht die ihm nach § 15 Abs. 2 des Gesetzes zustehenden Mindestsitze erhalten würde. Gibt es keine weiteren Angehörigen dieses Geschlechts, auf die Stimmen entfallen sind, geht dieser Sitz auf die nicht gewählte Person des anderen Geschlechts mit der nächsthöchsten Stimmenzahl über.

Inhaltsübersicht

I. Anfertigung der Niederschrift

Nach der Ermittlung der gewählten BR-Mitglieder hat der WV eine **Niederschrift** (vgl. § 16 WO) anzufertigen. Die erforderlichen Angaben für die Wahlniederschrift hat der WV bereits in der öffentlichen Stimmauszählung (§ 13 WO) bzw. unmittelbar danach öffentlich zu treffen. Der WV ist jedoch nicht verpflichtet, auch die Wahlniederschrift in der öffentlichen Sitzung zu beschließen.[354] 1

Die Niederschrift hat **zwingend** zu enthalten: 2

- die Gesamtzahl der abgegebenen Wahlumschläge und die Zahl der jedem Wahlbewerber zugefallenen Stimmen;
- die Zahl der ungültigen Stimmzettel;
- die Namen der in den BR gewählten Wahlbewerber;
- ggf. besondere Zwischenfälle oder Ereignisse, die während der BR-Wahl eingetreten sind.

Die Niederschrift ist von der oder dem **Vorsitzenden des WV** sowie mindestens **einem weiteren stimmberechtigten Mitglied** zu unterschreiben (§ 16 Abs. 2 WO). Der WV hat je eine Abschrift der Niederschrift dem **AG** und den im **Betrieb vertretenen Gewerkschaften** unverzüglich zu übersenden (vgl. § 18 Satz 2 WO). 3

II. Ablehnung der Übernahme des Betriebsratsamtes durch gewählte Wahlbewerber

Der WV hat, wie auch beim Wahlverfahren mit mehreren Vorschlagslisten (vgl. § 17 Abs. 1 WO), die Gewählten von ihrer Wahl **unverzüglich schriftlich** zu benachrichtigen. Die Wahl 4

353 *Fitting*, Rn. 9.
354 *Blanke/Berg u. a.*, Rn. 425.

gilt als angenommen, wenn der gewählte Wahlbewerber nicht binnen **drei Arbeitstagen** erklärt, dass er die Wahl ablehnt.

5 Anders als bei dem Wahlverfahren mit mehreren Vorschlagslisten (vgl. § 18 Abs. 2 WO) tritt im Falle der Ablehnung der Wahl durch einen gewählten Wahlbewerber an seine Stelle der nicht gewählte Wahlbewerber mit der **nächsthöheren Stimmenzahl.** Dabei sind die Grundsätze des § 15 Abs. 2 BetrVG zu beachten. Führt somit die Ablehnung der Wahl durch einen gewählten Wahlbewerber zu einer **Unterschreitung** der dem Minderheitengeschlecht zustehenden Mindestsitze, so geht der durch die Ablehnung noch zu besetzende Sitz auf den **nicht gewählten** Angehörigen des **Minderheitsgeschlechts** über, der die nächsthöchste Stimmenzahl erhalten hat. Befindet sich unter den nicht gewählten Wahlbewerbern kein Angehöriger des Minderheitsgeschlechts mehr, wird der Sitz von dem Angehörigen des **Mehrheitsgeschlechts** eingenommen, der die nächsthöchste Stimmenzahl bekommen hat.

6 Sobald die Namen der Mitglieder des BR **endgültig feststehen** (vgl. auch § 18 WO Rn. 1 f.), hat sie der WV durch **zweiwöchigen Aushang** in gleicher Weise bekanntzumachen wie das Wahlausschreiben (vgl. § 18 Satz 1 WO).

7 Der WV hat die **Wahlunterlagen** dem **neugewählten BR zu übergeben,** der sie mindestens bis zur Beendigung seiner Amtszeit aufzubewahren hat (vgl. § 19 WO).

Dritter Abschnitt
Schriftliche Stimmabgabe

§ 24 Voraussetzungen

(1) Wahlberechtigten, die im Zeitpunkt der Wahl wegen Abwesenheit vom Betrieb verhindert sind, ihre Stimme persönlich abzugeben, hat der Wahlvorstand auf ihr Verlangen

1. das Wahlausschreiben,
2. die Vorschlagslisten,
3. den Stimmzettel und den Wahlumschlag,
4. eine vorgedruckte von der Wählerin oder dem Wähler abzugebende Erklärung, in der gegenüber dem Wahlvorstand zu versichern ist, dass der Stimmzettel persönlich gekennzeichnet worden ist, sowie
5. einen größeren Freiumschlag, der die Anschrift des Wahlvorstands und als Absender den Namen und die Anschrift der oder des Wahlberechtigten sowie den Vermerk »Schriftliche Stimmabgabe« trägt,

auszuhändigen oder zu übersenden. Der Wahlvorstand soll der Wählerin oder dem Wähler ferner ein Merkblatt über die Art und Weise der schriftlichen Stimmabgabe (§ 25) aushändigen oder übersenden. Der Wahlvorstand hat die Aushändigung oder die Übersendung der Unterlagen in der Wählerliste zu vermerken.

(2) Wahlberechtigte, von denen dem Wahlvorstand bekannt ist, dass sie im Zeitpunkt der Wahl nach der Eigenart ihres Beschäftigungsverhältnisses voraussichtlich nicht im Betrieb anwesend sein werden (insbesondere im Außendienst oder mit Telearbeit Beschäftigte und in Heimarbeit Beschäftigte), erhalten die in Absatz 1 bezeichneten Unterlagen, ohne dass es eines Verlangens der Wahlberechtigten bedarf.

(3) Für Betriebsteile und Kleinstbetriebe, die räumlich weit vom Hauptbetrieb entfernt sind, kann der Wahlvorstand die schriftliche Stimmabgabe beschließen. Absatz 2 gilt entsprechend.

Inhaltsübersicht

I. Grundsätze

Es soll erreicht werden, dass an der **persönlichen Stimmabgabe verhinderte AN** mitwählen können. Die Vorschrift stellt damit eine Ausnahme von dem Grundsatz der persönlichen Stimmabgabe dar[355]. Dabei werden **bestimmte Voraussetzungen** für die schriftliche Stimmabgabe vorgesehen. Daraus ergibt sich zugleich, dass die schriftliche Stimmabgabe (Briefwahl) weder im Belieben des WV noch des einzelnen AN steht[356]. Deshalb darf der WV die BR-Wahl nicht allgemein im Wege der schriftlichen Stimmabgabe durchführen.[357] 1

Die Auslegung der Vorschrift eröffnet jedoch eine gewisse Spannbreite bei der Anwendung der Abs. 2, 3[358]. Es darf allerdings nicht die Regel der Urnenwahl zur Ausnahme werden. 2

Eine Durchführung der schriftlichen **Stimmabgabe auf elektronischem Weg**, etwa über ein im Betrieb vorhandenes Intranet, ist nicht zulässig. Dieser Weg verbietet sich schon deshalb, weil die schriftlich abgegebenen Stimmen zusammen mit den im Wahlraum abgegebenen Stimmen in die Wahlurne eingeworfen und mit diesen gemeinsam ausgezählt werden müssen (vgl. § 26 Abs. 1 WO; vgl. zur Problematik der elektronischen Stimmabgabe auch § 2 Rn. 9 ff.). Es spricht jedoch nichts dagegen die Briefwahlunterlagen per E-Mail zu versenden, wenn z. B. bei Monteuren im Ausland eine Versendung per Post nicht schnell genug wäre. Nur die elektronische Stimmabgabe bleibt bei der derzeit gültigen WO nicht mit dem Gesetz bzw. der WO vereinbar (vgl. auch § 2 Rn. 13 ff.). 3

Die schriftliche Stimmabgabe ist dann zulässig, wenn eine der in den Abs. 1, 2 oder 3 genannten Voraussetzungen vorliegt. Die Aushändigung der Wahlunterlagen zur Briefwahl an einen zu dieser Wahlform nicht berechtigten Wähler wird jedoch eine **Wahlanfechtung nur ausnahmsweise** begründen. Das Wahlergebnis wird dadurch regelmäßig nicht beeinflusst. Es ist auch unschädlich, wenn der WV Wahlberechtigten, die sich etwa in **Kurzarbeit** oder in der **Elternzeit** befinden, darauf hinweist, dass die schriftliche Stimmabgabe möglich ist, sofern er innerhalb der Gruppe der AN, die aus solchen Gründen am Wahltag nicht anwesend sein wird, nicht unsachlich differenziert.[359] Etwas anderes wird jedoch zu gelten haben, wenn sich der WV in **grobem Maße** über die Voraussetzungen zur Briefwahl hinwegsetzt und sie allgemein ermöglicht (vgl. auch Rn. 1).[360] 4

Die für die schriftliche Stimmabgabe in Betracht kommenden AN können ihr Wahlrecht nur ausüben, wenn sie in die **Wählerliste** eingetragen sind (vgl. § 2 Abs. 3 WO). Die Tatsache der Eintragung hat der WV dem einzelnen Wahlberechtigten auf Anfrage mitzuteilen.[361] 5

Die persönliche Abgabe der Stimme durch den Wähler am Wahltag bleibt allerdings, auch bei beantragter Briefwahl, vorrangig.[362] Die möglicherweise auftretenden Schwierigkeiten bei der Vermeidung von Doppelstimmabgabe kann der Wahlvorstand organisatorisch beherrschen. Er muss nur die gegebenenfalls schon eingegangen Briefwahlunterlagen nicht in die Wahlurne geben, sondern muss sie ungeöffnet mit den übrigen Wahlunterlagen aufbewahren[363]. 6

Die durch die schriftliche Stimmabgabe entstehenden Kosten sind Wahlkosten i. S. d. § 20 Abs. 3 BetrVG. Auch ansonsten hat der AG den WV zu unterstützen, damit die schriftliche Stimmabgabe ordnungsgemäß erfolgen kann. Dazu gehört, dass dem WV die **Adressen der wahlberechtigten AN** zur Verfügung gestellt werden.[364] 7

---

355 Die Urnenwahl ist der Regelwahlmodus. Vgl. *LAG Hamm* 16.11.07 – 13 TaBV 109/09.

356 Zu besonderen Schwierigkeiten bei der Abgabe von mehr als 100 Briefwahlunterlagen per Boten vgl. *LAG München* 09.06.10 – 4 TaBV 105/09.

357 So auch *BAG* 27.1.93, NZA 93, 949 zur Wahl der AN-Vertreter zum AR.

358 *BAG* 20.02.91 – 7 ABR 85/89 zur AR-Wahl. Es genügt, wenn der WV die Abwesenheit von bestimmten Wählergruppen ernsthaft in Betracht ziehen muss.

359 Vgl. auch *BAG* 20.2.91 – 7 ABR 85/89, das die Vorschrift des § 19 Abs. 2 der Dritten WO zum MitbG großzügig ausgelegt haben will und erklärt, die Wahlunterlagen zur Wahl der Wahlmänner seien nicht nur den Abstimmungsberechtigten zuzustellen, von denen man sicher wisse, dass sie am Wahltag nicht im Betrieb anwesend sind.

360 Vgl. GK-*Kreutz*, Rn. 6.

361 *Fitting*, Rn. 1.

362 Vgl. BVerwG vom 3.3.03 – 6 P 14/02.

363 *Bachner*, NZA 2012, 1266 ff.; *LAG Hessen*,3.5.12 – 9 TaBV 25/11.

364 *LAG Baden-Württemberg* 30.10.92 – 1 TaBV 2/92.

II. Übermittlung der Wahlunterlagen auf Verlangen

8 Einem wahlberechtigten AN, der im Zeitpunkt der Wahl wegen Abwesenheit vom Betrieb seine Stimme nicht persönlich abgeben kann, sind nach Abs. 1 **bestimmte Wahlunterlagen** zu übersenden (zu den notwendigen Unterlagen vgl. Rn. 17 ff.). Unter »Verhinderung im Zeitpunkt der Wahl« ist bei Wahlen, die sich über mehrere Tage erstrecken, die Verhinderung für die **gesamte Zeit** der Stimmabgabe zu verstehen. Da die schriftliche Stimmabgabe die Ausnahme darstellt, ist ein Wahlberechtigter, der bei einer mehrtägigen Wahl mindestens an einem der Wahltage im Betrieb anwesend ist, gehalten, seine Stimme persönlich im Wahlraum abzugeben.[365] Die gegenteilige Auffassung übersieht, dass jedenfalls bei der BR-Wahl selbst die Briefwahl nicht als Regelfall gilt, sondern die Ausnahme darstellt (vgl. auch Rn. 1 f.).[366]

9 Es ist als zulässig anzusehen, dass ein bereits vor der Wahl erkennbar an allen Wahltagen verhinderter Wahlberechtigter **erst während der Wahltage** sein Verlangen nach schriftlicher Stimmabgabe äußert und schriftlich wählt. Eine Wahlanfechtung ist jedoch nicht begründet, wenn in einem solchen Falle die Unterlagen **nicht mehr rechtzeitig** übermittelt werden können. Dabei wird der WV zu prüfen haben, ob ggf. die Übersendung durch einen Boten erfolgen kann (vgl. auch Rn. 22). Das Verlangen eines Wählers nach Briefwahl erst während der Wahltage kann **rechtsmissbräuchlich** sein, wenn der Wähler ausreichend Zeit gehabt hat, sich rechtzeitig an den WV zu wenden.

10 Der **Grund der Abwesenheit** vom Betrieb während der Wahltage ist gleichgültig. Es können **betriebliche Gründe** sein (z. B. Dienstreise, Montagearbeit) oder **persönliche** (z. B. Arbeitsbefreiung, Urlaub, Krankheit[367]) oder solche, die auf einem **anderen Grund** beruhen, etwa die Erfüllung staatsbürgerlicher Pflichten (z. B. Tätigkeit als Arbeits- oder Sozialrichter, Ableistung des Wehr- oder Zivildienstes). Auch **gekündigte AN,** deren Kündigungsfrist abgelaufen ist, die jedoch die Kündigung gerichtlich angegriffen haben, zählen zu den AN i. S. v. Abs. 1, sofern zum Zeitpunkt der Wahl die **Rechtswirksamkeit der Kündigung** noch **nicht feststeht** (vgl. auch § 7 BetrVG Rn. 13).

11 **Unerheblich** ist die **Dauer der Verhinderung.** Es kommt nur darauf an, dass der Wahlberechtigte zum Zeitpunkt der Wahl **voraussichtlich** nicht im Betrieb sein wird. Sollte er doch anwesend sein, kann er seine Stimme auch **persönlich** abgeben (vgl. auch Rn. 25 f.).[368]

12 Das **Verlangen auf schriftliche Stimmabgabe** bzw. Übersendung der Unterlagen muss an den WV gerichtet werden, und zwar grundsätzlich an dessen Adresse, die auch für Einsprüche, Abgabe von Wahlvorschlägen und andere Erklärungen maßgebend ist (vgl. § 3 WO Rn. 25 f.). Eine **bestimmte Form** der Antragstellung ist **nicht vorgeschrieben.**[369] Das Verlangen kann daher nicht nur persönlich, sondern auch schriftlich, mündlich oder durch einen Boten an den WV gerichtet werden.

13 Der AN, der die schriftliche Stimmabgabe begehrt, hat lediglich darzulegen, dass er am Wahltag **voraussichtlich abwesend** sein wird. Der WV kann den angegebenen Grund überprüfen. Er ist dazu aber nicht verpflichtet.[370]

14 Der WV sollte vermeiden, AN, von denen er annimmt, dass sie zum Zeitpunkt der Wahl voraussichtlich wegen Abwesenheit vom Betrieb verhindert sind, ihre Stimme persönlich abzugeben, aufzusuchen und **auf schriftliche Stimmabgabe zu drängen.** Der WV darf von sich aus auch nicht die Wahlunterlagen zur schriftlichen Stimmabgabe an einen Wahlberechtigten übermitteln, ohne dass von diesem das Verlangen nach dieser Wahlform gestellt wurde (zur Übermittlung der Unterlagen von Amts wegen vgl. Rn. 13 ff.). Dieser Verstoß kann jedoch durch **Billigung des Wahlberechtigten** geheilt werden.[371] Zur Möglichkeit des WV, abwesende AN darauf hinzuweisen, dass die Stimme schriftlich abgegeben werden kann, vgl. Rn. 2.

---

365 *Blanke/Berg u. a.*, Rn. 376; a. A. *Fitting*, Rn. 2; GK-*Kreutz*, Rn. 8.

366 Vgl. *BAG* 14.2.78, AP Nr. 7 zu § 19 BetrVG 1972.

367 *ArbG Berlin* 18.06.10 – 28 BV 6977/10, dass sogar – zu weit gehend – eine Nichtigkeit im Falle der Nichtversendung der Briefwahlunterlagen an Langzeiterkrankte gesehen hat.

368 *Fitting*, Rn. 16.

369 *Blanke/Berg u. a.*, Rn. 378.

370 *Fitting*, Rn. 3; GK-*Kreutz*, Rn. 6.

371 *BVerwG* 14.8.59, PersV 58 – 59, 308.

III. Übermittlung der Wahlunterlagen von Amts wegen

1. Aufgrund der Eigenart des Beschäftigungsverhältnisses

15 Während nach Abs. 1 ein Antrag der wahlberechtigten AN erforderlich ist, hat der WV solchen Wahlberechtigten, von denen ihm bekannt ist, dass sie im Zeitpunkt der Wahl wegen der Eigenart ihres Arbeitsverhältnisses voraussichtlich nicht im Betrieb anwesend sein werden, die Unterlagen zu übersenden, **ohne dass es eines Verlangens bedarf.** Die Abwesenheit vom Betrieb wegen der Eigenart des Beschäftigungsverhältnisses ist dann gegeben, wenn der Wahlberechtigte auf Grund des Arbeitsvertrages regelmäßig oder doch überwiegend nicht im Betrieb anwesend ist.[372] In Abs. 2 werden dazu als Beispiele die in Heimarbeit Beschäftigten sowie Tele-AN und Beschäftigte im Außendienst genannt. Es geht somit um solche AN, die ihre Tätigkeit überwiegend, regelmäßig oder gar ständig außerhalb des Betriebs ausüben, wie z. B. im Außendienst eingesetzte Techniker oder Zeitungszusteller.[373] Der genannte Personenkreis ist nicht abschließend angeführt. So sind die Unterlagen beispielsweise auch Altersteilzeitbeschäftigten, die die **Altersteilzeit** im sog. Blockmodell durchlaufen (§ 2 Abs. 2 Nr. 1 ATG) zuzusenden, da sie die Wahlberechtigung besitzen (vgl. § 7 BetrVG Rn. 12). Eine besondere Schwierigkeit für den WV stellen regelmäßig AN im **Schichtbetrieb** dar. Abhängig von der Größe der Gruppe der AN im Schichtbetrieb wird man vom WV verlangen können, dass der Wahlraum auch zu den Schichtzeiten geöffnet ist. Sollte diese Gruppe im Verhältnis zur gesamten Beschäftigtenzahl gering sein, so wird der WV durch Versendung der Briefwahlunterlagen die Teilnahme erleichtern müssen. Insoweit muss dem WV aber ein **Ermessenspielraum** verbleiben, weil es auf die Umstände der konkreten Wahl ankommt. Vor besonderen Schwierigkeiten steht der WV auch bei der Berücksichtigung der **Leih-AN** im Entleiherbetrieb. In vielen Fällen sind die Leih-AN nicht bekannt oder wechseln häufig; zudem sind sie regelmäßig nicht in die betriebliche Kommunikation des Entleihers eingebunden. Hier kann, abhängig von den Umständen des Einzelfalls, eine **generelle Aufnahme** zur Briefwahl sinnvoll sein. Der Vorschrift auf Übersendung der Unterlagen zur schriftlichen Stimmabgabe an den Personenkreis nach Abs. 2 wird grundsätzlich nicht dadurch Genüge getan, dass der WV an einem bekannt gegebenen Tag diese Wahlberechtigten persönlich mit mobilen Wahllokalen aufsucht und ihnen so die Teilnahme an der Wahl ermöglicht.[374]

16 Zur Übersendung der Wahlunterlagen ist der WV nur verpflichtet, wenn er **Kenntnis** von der Beschäftigung im oben angeführten Sinne hat. Es genügt die Kenntnis des WV,[375] die Kenntnis braucht im Betrieb nicht allgemein vorhanden zu sein. Der WV sollte mit den Unterlagen, die ihm nach § 2 Abs. 2 WO vom AG zur Verfügung zu stellen sind, auch Angaben über die Voraussetzungen nach Abs. 2 verlangen. Der AG ist zur Auskunftserteilung gemäß § 20 Abs. 1 Satz 1 BetrVG verpflichtet. Eine **besondere Nachforschungspflicht** besteht für den WV jedoch nicht.[376] Andererseits entfällt die Übersendungspflicht des WV, wenn er mit Sicherheit weiß, dass der AN während der Stimmabgabe im Betrieb anwesend sein wird.[377]

2. Betriebsteile und Kleinstbetriebe

17 Aus Gründen der Vereinfachung der Wahl und der Kostenersparnis kann der WV für **Betriebsteile und Kleinstbetriebe** (§ 4 BetrVG), die räumlich weit vom Hauptbetrieb entfernt sind, die schriftliche Stimmabgabe beschließen. Voraussetzung ist, dass die Kleinstbetriebe oder Betriebsteile keinen eigenen BR wählen, sondern entweder nach der Regelung des § 4 BetrVG oder auf Grund einer tarifvertraglichen Zuordnung nach § 3 Abs. 1 BetrVG zum Hauptbetrieb gehören, für den die Wahl durchgeführt wird. Dabei ist der Begriff der räumlich weiten Entfernung i. S. d. § 24 Abs. 3 in einem **weiten Sinn** zu verstehen. Es geht darum, den

372 GK-*Kreutz,* Rn. 10 m. w. N.
373 Zu letzteren vgl. *BAG* 29. 1. 92, AP Nr. 1 zu § 7 BetrVG 1972.
374 *ArbG Bremen* 18. 7. 90, AiB 91, 125.
375 GK-*Kreutz,* Rn. 11, der sogar die Kenntnis des WV-Vorsitzenden als ausreichend ansieht.
376 GK-*Kreutz,* a. a. O.
377 *Fitting,* Rn. 15; GK-*Kreutz,* a. a. O.

AN die Beteiligung an der BR-Wahl zu erleichtern.[378] Es kommt entscheidend darauf an, ob den AN der Betriebsteile bzw. Kleinstbetriebe unter Berücksichtigung der gegebenen Umstände, insbes. der Verkehrsmöglichkeiten, zumutbar ist, ihre Stimme im Hauptbetrieb persönlich abzugeben.[379]

18 Der WV hat einen entsprechenden Beschluss **grundsätzlich** bereits vor **Erlass des Wahlausschreibens** zu treffen. Zeit und Ort der Stimmabgabe sind nämlich im Wahlausschreiben bekannt zu geben (§ 3 WO Rn. 22 f.).

19 Beschließt der WV die schriftliche Stimmabgabe, hat er den wahlberechtigten AN, die im Betriebsteil bzw. Kleinstbetrieb beschäftigt sind, **von Amts wegen** die erforderlichen Unterlagen auszuhändigen oder zu übersenden (vgl. Rn. 17 ff.). Wird die schriftliche Stimmabgabe nicht beschlossen und ist es den AN der Betriebsteile bzw. Kleinstbetriebe nicht zumutbar, im Hauptbetrieb ihre Stimme persönlich abzugeben, hat der WV in diesen Bereichen einen **eigenen Wahlraum** einzurichten.[380] Der WV hat nach pflichtgemäßem Ermessen zu entscheiden, auf welche Weise die AN des Betriebsteils bzw. des Kleinstbetriebs an der Stimmabgabe teilnehmen.[381]

IV. Erforderliche Wahlunterlagen und die Art der Übermittlung

20 Den Wahlberechtigten, die ihre Stimme schriftlich abgeben, hat der WV folgende **Wahlunterlagen zu übersenden:**

- Abschrift oder Abdruck des Wahlausschreibens (§ 3 Abs. 3 WO);
- Abschrift oder Abdruck der Bekanntmachung der als gültig anerkannten Vorschlagslisten (§ 10 WO);
- den Stimmzettel, den Wahlumschlag und einen größeren Freiumschlag;
- Vordruck einer Erklärung, mit der der Wahlberechtigte gegenüber dem WV versichert, dass er den Stimmzettel persönlich gekennzeichnet hat.

21 Nachträgliche **Änderungen des Wahlausschreibens** sind denjenigen, die die Unterlagen zur schriftlichen Stimmabgabe erhalten haben, nachzusenden. Das ist beispielsweise der Fall, wenn sich die Zeit der Stimmabgabe und damit der Zeitpunkt ihres Abschlusses ändern. Ist das Wahlausschreiben gemäß § 3 Abs. 4 Satz 2 und 3 WO ergänzend mittels der im Betrieb vorhandenen **Informations- und Kommunikationstechnik** bekannt gemacht worden, kann auch dessen Änderung zusätzlich auf diesem Wege bekannt gegeben werden.

22 Stimmzettel und Wahlumschlag dürfen **keine Kennzeichen** enthalten, die einen Rückschluss auf die Person des Wahlberechtigten zulassen.[382] Der Freiumschlag, in den der Wahlberechtigte Stimmzettel und Wahlumschlag legt, hat dagegen als Absender den Namen und die Anschrift des Wahlberechtigten sowie die Anschrift des WV zu tragen. Es muss auf ihm ferner der Vermerk »Schriftliche Stimmabgabe« sein. Der Umschlag braucht nur als einfacher Brief freigemacht zu sein.

23 Der WV soll den Unterlagen für die schriftliche Stimmabgabe ein **Merkblatt beifügen,** das Auskunft über die Art und Weise der Briefwahl gibt. Die Verletzung dieser Soll-Vorschrift kann allerdings nur bei Vorliegen besonderer Umstände zur Anfechtung der Wahl führen.[383]

24 Die Unterlagen sollten dem schriftlich Abstimmenden nach Möglichkeit noch **vor seiner Abwesenheit** im Betrieb übergeben werden. Ist das nicht möglich, sind sie an die von ihm angegebene Anschrift zu senden. Dabei stellt der Postweg nicht die allein zulässige Art der Übermittlung dar.[384] Auch die Zusendung durch einen **Boten** ist möglich. Das gilt insbes.

---

378 Vgl. *Fitting,* Rn. 18, nach deren Auffassung der in Abs. 3 verwandte Begriff »vom Hauptbetrieb räumlich weit entfernt« sich nicht mit dem in § 4 BetrVG enthaltenen gleich lautenden Begriff deckt.

379 *Fitting,* a. a. O.; GK-*Kreutz,* Rn. 12.

380 Vgl. *Fitting,* Rn. 18; grundsätzlich auch GK-*Kreutz,* Rn. 12.

381 *Fitting,* a. a. O.; GK-*Kreutz,* a. a. O.

382 *Blanke/Berg u. a.,* Rn. 389.

383 *Fitting,* Rn. 8; vgl. auch GK-*Kreutz,* Rn. 17, nach dessen Auffassung eine wesentliche Vorschrift über das Wahlverfahren vorliegt, die Anfechtbarkeit aber von den konkreten Umständen des Falles abhängt.

384 Vgl. auch *BVerwG* 6.2.59, PersV 59, 159.

dann, wenn der Bote ein Mitglied des WV oder ein Wahlhelfer ist.[385] Die Übersendung durch Boten wird im Übrigen mitunter die einzige mögliche Übermittlungsart sein, so in den Fällen, wenn der Wahlberechtigte am Wahltage oder unmittelbar davor krank wird. Es bleibt ihm unbenommen, gleichwohl noch die Unterlagen für die schriftliche Stimmabgabe zu verlangen, etwa fernmündlich. Der WV muss einem solchen Verlangen grundsätzlich nachkommen, wenn noch **berechtigte Aussicht** auf eine Teilnahme an der Wahl besteht (vgl. auch Rn. 6).[386] In solchen Fällen kann es zweckmäßig sein, dass der Bote die vom schriftlich Abstimmenden ausgefüllten Wahlunterlagen gleich wieder mitnimmt. Gegen ein solches Verfahren bestehen prinzipiell keine Bedenken.[387] Selbstverständlich muss auch dabei sichergestellt sein, dass die Stimmabgabe geheim erfolgen kann.

Besondere Fristen sind hinsichtlich der schriftlichen Stimmabgabe – anders als bei der nachträglichen schriftlichen Stimmabgabe im vereinfachten Wahlverfahren (vgl. § 35 WO) – nicht zu beachten. Der WV muss jedoch die Unterlagen dem Wahlberechtigten so zuleiten, dass dieser Gelegenheit hat, sie auf postalischem oder anderem Wege **rechtzeitig** (vor Abschluss der Stimmabgabe) wieder zurückzusenden. Die Wahlunterlagen sollten **spätestens** im Laufe des Tages der Bekanntgabe der Vorschlagslisten (§ 10 Abs. 2 WO) übersandt werden. Andererseits kann der WV verpflichtet sein, das **Wahlausschreiben** schon unmittelbar nach dessen Erlass (§ 3 Abs. 1 WO) **vorab schriftlich oder auf elektronischem Wege** (vgl. § 3 Abs. 4 Satz 2 und 3 WO) **zu übersenden.** Das gilt insbes. dann, wenn der Wahlberechtigte darlegen kann, dass er ungeachtet einer längeren Abwesenheit vom Betrieb aktiv in das Wahlgeschehen eingreifen will – z. B. durch Mitwirkung bei der Erstellung einer Vorschlagsliste – und sich durch das Wahlausschreiben im Einzelnen informieren will.[388] **25**

Die Aushändigung oder Übersendung der Unterlagen ist **im Wählerverzeichnis zu vermerken.** Der Vermerk soll verhindern, dass ein AN seine Stimme sowohl schriftlich als auch persönlich abgibt. Die Unterlassung wird **nicht** durch den späteren Vermerk der schriftlichen Stimmabgabe nach § 26 Abs. 1 Satz 2 WO geheilt. Der Vermerk über die Aushändigung bzw. die Übersendung der Unterlagen gilt für **sämtliche Fälle** der schriftlichen Stimmabgabe, die in § 24 angesprochen sind, nicht nur für die des Abs. 1. **26**

AN, die die Unterlagen für die schriftliche Stimmabgabe erhalten haben, können die Stimme gleichwohl **persönlich** abgeben, wenn sie am Wahltag im Betrieb sind. Sie müssen dann allerdings entweder den ihnen übersandten Stimmzettel und Wahlumschlag für die persönliche Stimmabgabe benutzen oder die Unterlagen dem WV zurückgeben, damit ihnen dieser Stimmzettel und Wahlumschlag aushändigt.[389] Werden Stimmzettel und Wahlumschlag zurückgegeben, ist die Rückgabe in der Wählerliste zu vermerken, ebenso die persönliche Stimmabgabe.[390] **27**

Die persönliche Stimmabgabe kann auch dann noch erfolgen, wenn der Wahlberechtigte seine Stimme zwar bereits schriftlich abgegeben hat, sein Wahlumschlag aber noch **nicht in die Wahlurne** gelangt ist. Findet sich nachträglich ein von demselben AN benutzter Freiumschlag nebst Wahlumschlag, ist dieser unter Hinweis auf die **bereits erfolgte persönliche Stimmabgabe zurückzuweisen** und mit entsprechendem Vermerk zu den Wahlakten zu nehmen. § 26 Abs. 2 WO ist insoweit entsprechend anzuwenden.[391] **28**

385 *Fitting,* Rn. 6; GK-*Kreutz,* Rn. 18; Richardi-*Thüsing,* Rn. 13: gegen die Zuverlässigkeit des Boten dürfen keine Bedenken bestehen.
386 GK-*Kreutz,* a. a. O.
387 *BVerwG* 6.2.59, AP Nr. 1 zu § 17 WahlO z. PersVG.
388 *Fitting,* Rn. 15; GK-*Kreutz,* Rn. 20; vgl. auch *LAG Baden-Württemberg* 29.11.90, AiB 91, 276, das den WV bei beschlossener schriftlicher Stimmabgabe für räumlich weit vom Hauptbetrieb entfernte Betriebsteile als verpflichtet ansieht, den Wahlberechtigten das Wahlausschreiben so rechtzeitig zuzusenden, dass diesen die aktive Teilnahme an der Wahl ermöglicht wird.
389 *Fitting,* Rn. 16.
390 *Fitting,* a. a. O.
391 GK-*Kreutz,* Rn. 23.

§ 25 Stimmabgabe

Die Stimmabgabe erfolgt in der Weise, dass die Wählerin oder der Wähler
1. **den Stimmzettel unbeobachtet persönlich kennzeichnet und in dem Wahlumschlag verschließt,**
2. **die vorgedruckte Erklärung unter Angabe des Orts und des Datums unterschreibt und**
3. **den Wahlumschlag und die unterschriebene vorgedruckte Erklärung in dem Freiumschlag verschließt und diesen so rechtzeitig an den Wahlvorstand absendet oder übergibt, dass er vor Abschluss der Stimmabgabe vorliegt.**

Die Wählerin oder der Wähler kann unter den Voraussetzungen des § 12 Abs. 4 die in den Nummern 1 bis 3 bezeichneten Tätigkeiten durch eine Person des Vertrauens verrichten lassen.

1 Die Grundsätze der **geheimen** und unmittelbaren Wahl müssen auch bei der schriftlichen Stimmabgabe gewährleistet sein. Der **schriftlich Abstimmende** muss auf jeden Fall die Möglichkeit haben, bei der Kennzeichnung des Stimmzettels **allein und unbeobachtet** zu sein. Ein Ausfüllen am Arbeitsplatz kommt daher nur in Betracht, wenn dies gewährleistet ist.

2 Für die Kennzeichnung des Stimmzettels finden § 11 Abs. 3, § 20 Abs. 3 WO Anwendung. Der schriftlich Abstimmende hat somit bei Vorliegen der Voraussetzungen der **Verhältniswahl** seine Stimme für eine der Vorschlagslisten abzugeben. Wird nach den Grundsätzen der **Mehrheitswahl** gewählt, so gibt er seine Stimmen entsprechend der Zahl der zu wählenden BR-Mitglieder ab.

3 Der AN, der schriftlich abstimmt, hat den ausgefüllten **Stimmzettel** in den **Wahlumschlag zu legen.** Der Wahlumschlag darf keinerlei Kennzeichen enthalten, aus denen Rückschlüsse auf die Person gezogen werden können.[392] Der Wahlumschlag mit dem darin befindlichen Stimmzettel braucht nicht zugeklebt zu werden. Er ist in den zu verschließenden Freiumschlag zu legen. Der Wahlumschlag ist nur dann zu verschließen, wenn der WV die Verschließung der Wahlumschläge generell vorgesehen und darauf hingewiesen hat. Ein Verschließen der Wahlumschläge ist allerdings, weil sich daraus bei der Stimmauszählung ein erheblicher Zeitverlust ergibt, unzweckmäßig.

4 Der schriftlich Abstimmende hat, nachdem er den ausgefüllten Stimmzettel in den Wahlumschlag gelegt hat, die vom WV mitübersandte vorgedruckte **Erklärung,** in der die **persönliche Kennzeichnung** des Stimmzettels versichert wird, unter Angabe des Ortes und des Datums zu unterschreiben. Die Erklärung ist sodann gemeinsam mit dem Wahlumschlag, aber getrennt von diesem in den größeren Freiumschlag zu legen. Der Freiumschlag ist zu verschließen. Bei einem offenen Freiumschlag besteht die Möglichkeit, dass der Wahlumschlag mit dem darin befindlichen Stimmzettel ausgetauscht wird.[393] Die schriftliche Stimmabgabe darf nicht berücksichtigt werden, wenn der **Freiumschlag nicht verschlossen** ist.[394] Ebenso ist die Stimme nicht zu berücksichtigen, wenn die vorgedruckte Erklärung zur persönlichen Kennzeichnung des Stimmzettels fehlt, vom Wähler nicht unterschrieben oder versehentlich in den Wahlumschlag mit dem Stimmzettel gelegt worden ist.[395] Die erwähnten Wahlhandlungen darf der Wahlberechtigte, sofern die Voraussetzungen des § 12 Abs. 4 WO vorliegen, durch eine Person seines Vertrauens verrichten lassen (vgl. auch § 12 Rn. 1 a WO).

5 Der Freiumschlag mit den Unterlagen ist vom Wähler so rechtzeitig an den WV abzusenden bzw. zu übergeben, dass er **vor Abschluss der Stimmabgabe,** also vor Ablauf der im Wahlausschreiben festgesetzten Zeit (§ 3 Abs. 2 Nr. 11 WO), beim WV eingeht. Freiumschläge, die dem WV zu einem späteren Zeitpunkt zugehen, dürfen bei der Stimmauszählung **nicht mehr berücksichtigt werden.** Dies gilt auch dann, wenn mit der Stimmauszählung noch nicht begonnen worden ist.[396] Dagegen ist es zulässig, den Freiumschlag schon vor dem Wahltag dem WV zu übergeben oder zu übersenden, etwa aus Urlaubsgründen.[397]

---

392 *Blanke/Berg u. a.,* Rn. 389.
393 *Fitting,* Rn. 4.
394 *Fitting,* a. a. O.; GK-*Kreutz,* Rn. 4 m. w. N.
395 *Blanke/Berg u. a.,* Rn. 289; *Fitting,* § 26 WO, Rn. 4; GK-*Kreutz,* a. a. O.
396 *Fitting,* Rn. 5.
397 *Fitting,* a. a. O.

Die **Versendungsart** bestimmt der schriftlich Abstimmende. Er kann die Unterlagen selbst beim WV abgeben, wobei jedes WV-Mitglied zur Entgegennahme der Freiumschläge berechtigt ist, das im Büro des WV oder im Wahlraum seiner Amtsausübung nachgeht.[398] Der Wähler kann die Unterlagen aber auch durch einen **Boten** oder die **Post** befördern lassen. Will er sich eines Boten bedienen, so darf ihm dieser nicht durch den WV aufgezwungen werden.[399] Sofern eine Sendung auf postalischem Wege erfolgt, ist es nicht erforderlich, sie durch **»Einschreiben«** zu vollziehen. Jedoch könnte der WV von vornherein vorsehen, dass die Übersendung durch »Einschreiben« geschieht.[400] Das Risiko für die rechtzeitige Ankunft der schriftlich abgegebenen Stimme trägt grundsätzlich der Wähler. Der WV hat sich allerdings unmittelbar vor Ablauf der Stimmabgabe zu vergewissern, ob noch Freiumschläge und damit schriftliche Stimmen an seine Betriebsadresse oder eine sonstige von ihm dafür bestimmte Stelle gegangen sind.[401] 6

Die eingegangenen Freiumschläge hat der WV mit einem Eingangsvermerk zu versehen und bis zum Wahltag sicher aufzubewahren. Das bedeutet insbes., dass die Freiumschläge **ungeöffnet aufbewahrt** und gegen **jede Veränderung gesichert** sein müssen. Eine Aufbewahrung in der verschlossenen Tischschublade oder in einem verschlossenen Schrank des WV-Büros wird dabei regelmäßig genügen. Zur weiteren Behandlung der Unterlagen der schriftlichen Stimmabgabe vgl. § 26 WO und die dortigen Erl. 7

§ 26 Verfahren bei der Stimmabgabe

(1) Unmittelbar vor Abschluss der Stimmabgabe öffnet der Wahlvorstand in öffentlicher Sitzung die bis zu diesem Zeitpunkt eingegangenen Freiumschläge und entnimmt ihnen die Wahlumschläge sowie die vorgedruckten Erklärungen. Ist die schriftliche Stimmabgabe ordnungsgemäß erfolgt (§ 25), so legt der Wahlvorstand den Wahlumschlag nach Vermerk der Stimmabgabe in der Wählerliste ungeöffnet in die Wahlurne.

(2) Verspätet eingehende Briefumschläge hat der Wahlvorstand mit einem Vermerk über den Zeitpunkt des Eingangs ungeöffnet zu den Wahlunterlagen zu nehmen. Die Briefumschläge sind einen Monat nach Bekanntgabe des Wahlergebnisses ungeöffnet zu vernichten, wenn die Wahl nicht angefochten worden ist.

Inhaltsübersicht

I. Behandlung der schriftlich abgegebenen Stimmen

Die Öffnung der Freiumschläge, in denen sich die Unterlagen mit der schriftlichen Stimmabgabe befinden, erfolgt in einer **öffentlichen Sitzung** des WV. Freiumschläge, die auf **postalischem Wege beschädigt** wurden, sind gleichwohl als **ordnungsgemäß** eingegangen zu betrachten, sofern der Wahlvorstand zu der Überzeugung kommt, dass trotz der Beschädigung Manipulationen gleichsam ausgeschlossen waren.[402] 1

Die Öffnung der Freiumschläge hat »unmittelbar« vor Abschluss der Stimmabgabe zu erfolgen. Das bedeutet nicht, dass der WV die Öffnung der Umschläge in einem direkten zeitlichen Zusammenhang mit dem Abschluss der Stimmabgabe vornehmen muss. Es kann durchaus ein Zeitpunkt genommen werden, der dazu führt, dass **sofort nach Abschluss der Stimmabgabe** mit der Bearbeitung der insgesamt abgegebenen Stimmen (schriftliche und persönliche Stimmabgabe), also mit der Auszählung der Stimmen und der Prüfung, ob die Stimmzettel ordnungsgemäß sind, begonnen werden kann. In der betrieblichen Praxis wird sich freilich 2

398 *Fitting*, Rn. 5, die auch die Entgegennahme durch eine im Wahlbüro oder Wahlraum tätige Hilfskraft oder einen dort anwesenden Wahlhelfer als ausreichend ansehen.
399 *BVerwG* 14.8.59, PersV 58 – 59, 308.
400 *Fitting*, Rn. 6.
401 *Fitting*, Rn. 6; GK-*Kreutz*, Rn. 2.
402 *LAG Köln* 11.4.03 – 4 (13) TaBV 63/02.

nicht genau abschätzen lassen, wie viel Zeit zur Öffnung der Freiumschläge und zur Prüfung der ordnungsgemäßen Stimmabgabe benötigt wird. Es ist daher unschädlich, wenn sich die Bearbeitung der rechtzeitig eingegangenen Freiumschläge auch **über den offiziellen Zeitpunkt** des Endes der Stimmabgabe hinaus erstreckt. Die Regelung des Abs. 1 ist andererseits nur durchführbar, wenn die Stimmabgabe in einem einzigen Wahlraum durchgeführt wird. Sind **mehrere Wahlräume** eingerichtet, muss in ihnen jeweils mindestens ein Mitglied des WV bis zum Ende der Stimmabgabe anwesend sein (vgl. § 12 Abs. 2 WO), so dass der gesamte WV ohnehin nicht (unmittelbar) vor Abschluss der Stimmabgabe zur Öffnung der Freiumschläge zusammentreten kann. In einem solchen Falle kann die öffentliche Sitzung nach Abs. 1 erst **nach Abschluss der Stimmabgabe** erfolgen,[403] wobei in besonderem Maße darauf zu achten ist, dass nur solche Freiumschläge geöffnet und berücksichtigt werden, die bis zum Ende der für die Stimmabgabe festgelegten Zeit beim WV eingegangen sind.[404] Unabhängig davon, ob die Öffnung der Freiumschläge unmittelbar vor Abschluss der Stimmabgabe oder unmittelbar danach erfolgt, gilt das Erfordernis, dass die Wahlumschläge mit den schriftlich abgegebenen Stimmen in die **Wahlurne** gelegt sein müssen, bevor mit der Stimmauszählung begonnen wird.[405] Im Übrigen hat sich der WV unmittelbar vor Ablauf der Stimmabgabe noch einmal zu vergewissern, ob noch schriftliche Stimmen an seine Betriebsadresse oder eine sonstige von ihm dafür bestimmte Stelle gegangen sind.[406]

3 Der WV hat zu prüfen, ob die schriftliche Stimmabgabe **ordnungsgemäß** erfolgt ist. Das bedeutet insbesondere, dass die Freiumschläge **rechtzeitig** eingegangen sein und die vorgeschriebenen vorgedruckten Erklärungen **vorhanden und unterschrieben** sein müssen (vgl. § 25 WO). Dieses Vorgehen hat nach Abs. 1 in **öffentlicher Sitzung** zu geschehen. Dem Öffentlichkeitsgebot steht es entgegen, wenn ein Beschluss über die Gültigkeit bzw. Ungültigkeit der schriftlichen Stimmabgabe durch den WV in nichtöffentlicher Sitzung »vorbesprochen« und anschließend lediglich formal in der Öffentlichkeit verkündet wird.[407] Der WV hat nach Öffnung der Freiumschläge darauf zu achten, dass die Wahlumschläge **keine Kennzeichnung** tragen, hier genügt in kleinen Betrieben meist schon die Handschrift zur Erkennung des Wählers. Wahlumschläge, die sich in einem **offenen Freiumschlag** befunden haben, bleiben unberücksichtigt, da nicht mit Sicherheit feststellbar ist, ob es sich hier tatsächlich um die Stimmabgabe des betreffenden Wählers handelt.[408] Dagegen ist es unschädlich, wenn der Wahlumschlag selbst nicht verschlossen ist (§ 25 WO Rn. 3). Zu der Frage, wie zu verfahren ist, wenn ein zur schriftlichen Abstimmung Berechtigter seine Stimme gleichwohl persönlich abgeben will, vgl. § 24 WO Rn. 24 f.

4 Die **Öffnung** der Freiumschläge ist von einem **Mitglied des WV** vorzunehmen. Der Wahlumschlag ist dem Freiumschlag zu entnehmen. Sodann ist die Stimmabgabe im Wählerverzeichnis zu vermerken und der Wahlumschlag **ungeöffnet** in die Wahlurne zu legen. Ein Beimischen der schriftlichen Stimmen nach Öffnen und Ausleeren der Wahlurne ist unzulässig. Die schriftliche Erklärung, dass der Stimmzettel persönlich gekennzeichnet worden ist, nimmt der WV zu den Akten.

II. Verspätet eingegangene Umschläge

5 Freiumschläge, die nicht vor Ablauf der für die Stimmabgabe festgesetzten Zeit (§ 3 Abs. 2 Nr. 11 WO) den WV erreicht haben, sind **verspätet** eingegangen. Das Risiko einer verspäteten Übermittlung trägt grundsätzlich der Wähler. So hat z. B. der WV einen Freiumschlag als verspätet eingegangen zu betrachten, wenn dieser vom Wähler zwar rechtzeitig bei der Post abgegeben wurde, der Umschlag aus postalischen Gründen den WV jedoch erst nach Abschluss der Stimmabgabe erreicht. Die Nichtberücksichtigung der Stimmen wegen einer solchen Verzögerung rechtfertigt eine Anfechtung nicht.[409]

---

403 *Fitting*, Rn. 1; GK-*Kreutz*, Rn. 2; Richardi-*Thüsing*, Rn. 2.
404 *Fitting*, a. a. O.
405 GK-*Kreutz*, Rn. 3.
406 *Fitting*, Rn. 2.
407 *LAG Köln* 11.4.03 – 4(13) TaBV 63/02.
408 *Fitting*, Rn. 2; GK-*Kreutz*;, Rn. 3.
409 *Fitting*, Rn. 7.

Auf den verspätet eingegangenen Freiumschlägen ist das Eingangsdatum sowie die Uhrzeit zu vermerken. Die Umschläge werden, obwohl sie den Wählern nicht zurückgereicht werden, im Ergebnis wie **nicht abgegebene** – also nicht wie ungültige – Stimmen behandelt. Es erfolgt daher auch **kein entsprechender Vermerk** der Stimmabgabe im Wählerverzeichnis. In der Wahlniederschrift ist jedoch die Anzahl der verspätet eingegangenen Freiumschläge festzuhalten. 6

Ein Freiumschlag ist auch dann rechtzeitig zugegangen, wenn er beim WV **zwar nach Beginn der Öffnung** der ersten Umschläge für die Briefwahl, aber noch **vor dem Abschluss der Stimmabgabe** eingegangen ist. 7

Die verspätet eingegangenen Freiumschläge sind **ungeöffnet** aufzubewahren. Es ist sicherzustellen, dass bei der Aufbewahrung die Geheimhaltung gewährleistet wird. 8

Sofern die Wahl nicht angefochten worden ist, sind die Freiumschläge einen Monat nach Bekanntgabe des Wahlergebnisses **ungeöffnet zu vernichten.** Die Frist beginnt mit der Bekanntgabe des Wahlergebnisses (§ 18 WO) zu laufen. Wird die Wahl angefochten, so sind die Freiumschläge bis zur rechtskräftigen Entscheidung aufzubewahren. Ihre Vernichtung hat in einem solchen Falle nach der rechtskräftigen Entscheidung zu erfolgen. Während des Gerichtsverfahrens dienen sie ggf. dem Nachweis über die Beteiligung des Wählers und über den Zeitpunkt des Eingangs des Freiumschlags beim WV. 9

Auch während des Anfechtungsverfahrens dürfen die Umschläge mit Rücksicht auf das Wahlgeheimnis **nicht geöffnet** werden.[410] Der Inhalt der Umschläge darf daher auch im Wahlanfechtungsverfahren gerichtlich nicht nachgeprüft werden. Dagegen kann das Gericht feststellen, ob die Freiumschläge rechtzeitig eingegangen sind. 10

Die **Vernichtung der verspätet eingegangenen Freiumschläge** hat, da das Amt des WV erloschen ist, der (neugewählte) BR vorzunehmen. Er hat darüber einen **Vermerk** anzufertigen. Die Vernichtung hat so gründlich zu erfolgen, dass **keinerlei Rückschlüsse** mehr auf die Stimmabgabe möglich sind, so etwa durch Verbrennung der Umschläge samt ihrem Inhalt oder durch die Vernichtung in einem Reißwolf. 11

Zu den Besonderheiten der schriftlichen Stimmabgabe im vereinfachten Wahlverfahren (nachträgliche schriftliche Stimmabgabe) vgl. § 35 WO u. die dortigen Erl. 12

Vierter Abschnitt
Wahlvorschläge der Gewerkschaften

§ 27 Voraussetzungen, Verfahren

(1) Für den Wahlvorschlag einer im Betrieb vertretenen Gewerkschaft (§ 14 Abs. 3 des Gesetzes) gelten die §§ 6 bis 26 entsprechend.

(2) Der Wahlvorschlag einer Gewerkschaft ist ungültig, wenn er nicht von zwei Beauftragten der Gewerkschaft unterzeichnet ist (§ 14 Abs. 5 des Gesetzes).

(3) Die oder der an erster Stelle unterzeichnete Beauftragte gilt als Listenvertreterin oder Listenvertreter. Die Gewerkschaft kann hierfür eine Arbeitnehmerin oder einen Arbeitnehmer des Betriebs, die oder der Mitglied der Gewerkschaft ist, benennen.

Nach § 14 Abs. 3 i. V. m. Abs. 5 BetrVG hat **jede im Betrieb vertretene Gewerkschaft** das Recht, einen Wahlvorschlag einzubringen, der nicht die notwendige Anzahl von Stützunterschriften der AN des Betriebs nach § 14 Abs. 4 BetrVG haben muss. Der Wahlvorschlag muss lediglich von **zwei Beauftragten** unterzeichnet sein (vgl. Rn. 3). Die Gewerkschaft ist nicht gehalten, von der Möglichkeit eines eigenständigen Wahlvorschlags Gebrauch zu machen, wobei dies aber aus besonderen Gründen, wie etwa bei betriebsratsfähigen, aber betriebsratslosen Betrieben, zweckmäßig sein kann. Die Gewerkschaft kann durchaus für einen von ihr 1

410 *Fitting*, Rn. 10; GK-*Kreutz*, Rn. 7.

aufgestellten Wahlvorschlag **Stützunterschriften der AN** nach § 14 Abs. 4 BetrVG aus der Mitte der Belegschaft sammeln. Das wird sogar regelmäßig zu empfehlen sein, da die Anzahl der Stützunterschriften der AN deutlich macht, welches Gewicht ein Wahlvorschlag innerhalb der Belegschaft hat. Auf einen gewerkschaftlichen Wahlvorschlag, der Stützunterschriften der AN nach § 14 Abs. 4 BetrVG trägt, finden die besonderen Regelungen dieser Vorschrift keine Anwendung.

2 Macht eine Gewerkschaft von ihrem eigenständigen Wahlvorschlagsrecht Gebrauch und reicht sie beim WV einen entsprechenden Wahlvorschlag ein, hat dieser in **Zweifelsfällen** zu prüfen, ob es sich um eine **Gewerkschaft i. S. d. § 2 BetrVG** handelt (zum Gewerkschaftsbegriff vgl. § 2 BetrVG Rn. 10 ff.) und ob diese **im Betrieb vertreten** ist, also mindestens ein Mitglied im Betrieb hat[411] (vgl. § 2 BetrVG Rn. 29 f.); auf die Tarifzuständigkeit kommt es in diesem Zusammenhang nicht an[412]. Handelt es sich um eine Gewerkschaft, hat sie zur Wahrnehmung ihrer Rechte auf Erstellung einer Vorschlagsliste Zugang zum Betrieb nach § 2 Abs. 2 BetrVG.

3 Die Ausübung des eigenständigen Wahlvorschlagsrechts setzt voraus, dass der Wahlvorschlag von zwei Beauftragten der Gewerkschaft unterzeichnet ist. Es müssen **nicht AN des Betriebes** sein. Vielmehr wird es sich regelmäßig um **ehrenamtliche Funktionäre** oder **hauptamtliche Angestellte** der Gewerkschaft handeln.[413] Die Beauftragten müssen zur Unterzeichnung entweder unmittelbar durch die **Satzung** oder durch eine **entsprechende Vollmacht** der satzungsgemäßen Organe legitimiert sein.[414] Der WV kann in Zweifelsfällen einen Nachweis der Beauftragung, z. B. durch Auszug aus der Satzung der Gewerkschaft oder durch das Vorlegen einer entsprechenden schriftlichen Vollmacht, verlangen.[415] Werden **mehrere Wahlvorschläge** nach § 14 Abs. 3 i. V. m. Abs. 5 BetrVG eingereicht, die auf die **gleiche Gewerkschaft** zurückgehen, hat sich der WV im Zweifel an das satzungsgemäße Organ der Gewerkschaft (etwa Vorstand) zu wenden, damit geklärt wird, welche Vorschlagsliste gültig sein soll. Liegt eine rechtsgültige Beauftragung nicht vor, hat der WV den **Wahlvorschlag zurückzugeben.**[416] Es ist jedoch auch möglich, dass es zwei Wahlvorschläge von unterschiedlichen Gewerkschaften gibt. Jeder dieser Wahlvorschläge muss dann gesondert den o. a. gesetzlichen Erfordernissen genügen.

4 Das Recht der Gewerkschaft, eigene Wahlvorschläge einzureichen, gilt auch für das vereinfachte Wahlverfahren nach § 14 a BetrVG. Das bedeutet, dass in den Fällen, in denen innerhalb des zweistufigen Verfahrens zur Wahl des BR (§§ 28 bis 35 WO) in einer ersten Wahlversammlung ein WV zu wählen ist (§ 17 a Nr. 3 BetrVG), der eigenständige Wahlvorschlag der Gewerkschaft nach der Wahl des WV bis zum Ende der Wahlversammlung bei diesem einzureichen ist (vgl. § 33 WO).

5 Die Gewerkschaft kann jeden **wählbaren AN** des Betriebes mit dessen Einverständnis als Wahlbewerber aufstellen. Sie kann den Wahlvorschlag auf bei ihr organisierte AN des Betriebs beschränken.[417] Der Gewerkschaftsbeauftragte, der den Wahlvorschlag an **erster Stelle** (bei nebeneinanderstehenden Unterschriften links und bei untereinander stehenden Unterschriften an oberer Stelle) **unterzeichnet** hat, gilt als Listenvertreterin bzw. als Listenvertreter i. S. d. § 6 Abs. 5 WO. Es kann auch ein anderer AN des Betriebes benannt werden, sofern er der Gewerkschaft als Mitglied angehört.[418] Für diese Funktion kann auch der Beauftragte, der die Liste an zweiter Stelle unterschrieben hat, bestimmt werden.[419] Die Bestimmung eines anderen Listenvertreters bzw. einer anderen Listenvertreterin als des Beauftragten, der an erster Stelle

411 *BAG* 25.3.92 – 7 ABR 65/90.
412 *BAG* 10.11.04 – 7 ABR 19/04.
413 *Blanke/Berg u. a.*, Rn. 333; *Wlotzke*, DB 89, 111.
414 *Fitting*, Rn. 3.
415 *Blanke/Berg u. a.*, a. a. O.
416 Vgl. auch *Fitting*, a. a. O., die den Wahlvorschlag dann als gültig ansehen wollen, wenn die rechtsgültige Beauftragung bis zum Ablauf der Einreichungsfrist für Wahlvorschläge nachgeholt wird.
417 *Fitting*, Rn. 1; GK-*Kreutz*, Rn. 5.
418 Vgl. *Fitting*, Rn. 4, die es als zulässig ansehen, dass ein Wahlbewerber als Listenvertreterin bzw. als Listenvertreter benannt wird.
419 *Fitting*, a. a. O.

unterzeichnet hat, setzt voraus, dass die Bestimmung von einem **ermächtigten Vertreter** der betreffenden Gewerkschaft erklärt wird. Geschieht dies nur mündlich, sollte der WV die Bestimmung aktenkundig machen.[420]

Für das eigenständige Wahlvorschlagsrecht der im Betrieb vertretenen Gewerkschaften gelten bis auf die in **Abs. 2 und 3 vorgesehenen Besonderheiten** die Vorschriften der WO für die Aufstellung von Wahlvorschlägen, ihre Einbringung in den WV und die für die weitere Behandlung geltenden Bestimmungen (§§ 6 – 28 WO) entsprechend. Damit finden insbes. auch die Regelungen über die Fristen zur Einreichung von Wahlvorschlägen (vgl. § 6 Abs. 1 Satz 2, Abs. 2 Satz 1 und § 9 Abs. 1 Satz 1 WO), die Prüfung der Wahlvorschläge (vgl. § 7 Abs. 2 Satz 2 WO) und ihre Ungültigkeit (vgl. § 8 WO) Anwendung. 6

420 *Fitting*, a. a. O.

Zweiter Teil
Wahl des Betriebsrats im vereinfachten Wahlverfahren (§ 14 a des Gesetzes)

Erster Abschnitt
Wahl des Betriebsrats im zweistufigen Verfahren (§ 14 a Abs. 1 des Gesetzes)

Erster Unterabschnitt
Wahl des Wahlvorstands

§ 28 Einladung zur Wahlversammlung

(1) Zu der Wahlversammlung, in der der Wahlvorstand nach § 17 a Nr. 3 des Gesetzes (§ 14 a Abs. 1 des Gesetzes) gewählt wird, können drei Wahlberechtigte des Betriebs oder eine im Betrieb vertretene Gewerkschaft einladen (einladende Stelle) und Vorschläge für die Zusammensetzung des Wahlvorstands machen. Die Einladung muss mindestens sieben Tage vor dem Tag der Wahlversammlung erfolgen. Sie ist durch Aushang an geeigneten Stellen im Betrieb bekannt zu machen. Ergänzend kann die Einladung mittels der im Betrieb vorhandenen Informations- und Kommunikationstechnik bekannt gemacht werden; § 2 Abs. 4 Satz 4 gilt entsprechend. Die Einladung muss folgende Hinweise enthalten:

a) Ort, Tag und Zeit der Wahlversammlung zur Wahl des Wahlvorstands;

b) dass Wahlvorschläge zur Wahl des Betriebsrats bis zum Ende der Wahlversammlung zur Wahl des Wahlvorstands gemacht werden können (§ 14 a Abs. 2 des Gesetzes);

c) dass Wahlvorschläge der Arbeitnehmerinnen und Arbeitnehmer zur Wahl des Betriebsrats mindestens von einem Zwanzigstel der Wahlberechtigten, mindestens jedoch von drei Wahlberechtigten unterzeichnet sein müssen; in Betrieben mit in der Regel bis zu zwanzig Wahlberechtigten reicht die Unterzeichnung durch zwei Wahlberechtigte;

d) dass Wahlvorschläge zur Wahl des Betriebsrats, die erst in der Wahlversammlung zur Wahl des Wahlvorstands gemacht werden, nicht der Schriftform bedürfen.

(2) Der Arbeitgeber hat unverzüglich nach Aushang der Einladung zur Wahlversammlung nach Absatz 1 der einladenden Stelle alle für die Anfertigung der Wählerliste erforderlichen Unterlagen (§ 2) in einem versiegelten Umschlag auszuhändigen.

1 Mit der Einführung des vereinfachten Wahlverfahrens durch das BetrVerf-ReformG soll die Bildung von BR in Kleinbetrieben erleichtert werden. Der Gesetzgeber hat zu diesem Zweck das vereinfachte Wahlverfahren geschaffen. Es kommt in den Betrieben zwingend zur Anwendung, denen in der Regel fünf bis 50 wahlberechtigte AN angehören, und zwar unabhängig davon, ob es sich um betriebsratslose oder um Betriebe handelt, in denen bereits ein BR besteht. Darüber hinaus kann das vereinfachte Wahlverfahren in Betrieben mit in der Regel 51 bis 100 wahlberechtigten AN durch Vereinbarung zwischen dem AG und dem WV zur Anwendung kommen (§ 14 a Abs. 5 BetrVG). Eine solche Vereinbarung setzt somit die Existenz eines WV voraus. Das Gesetz unterscheidet außerdem zwischen dem zweistufigen und dem einstufigen vereinfachten Wahlverfahren (vgl. § 14 a Abs. 1 und 3 BetrVG). Der entscheidende Unterschied liegt darin, dass bei dem **einstufigen Verfahren** bereits ein WV besteht, der die Wahl einleiten kann, während bei dem **zweistufigen Verfahren** in einer ersten Wahlversammlung zunächst ein WV zur Einleitung der Wahl zu wählen ist. Die WO befasst sich in den §§ 28 bis 34 WO mit dem zweistufigen vereinfachten Wahlverfahren, in § 36 WO mit dem einstufigen vereinfachten Wahlverfahren und in § 35 WO zusätzlich mit der beide Verfahren betreffenden nachträglichen Stimmabgabe.

2 Besteht in einem Betrieb, der seiner AN-Anzahl nach (vgl. Rn. 1) unter das vereinfachte Wahlverfahren fällt, kein WV, ist in einer ersten Wahlversammlung ein WV zu wählen. Der so

gewählte WV hat noch in der ersten Wahlversammlung die Wahl einzuleiten und insgesamt folgende Wahlhandlungen vorzunehmen:

- Aufstellung der Wählerliste,
- Erlass des Wahlausschreibens,
- Entgegennahme und Prüfung von Wahlvorschlägen.

Die Einladung zur **ersten Wahlversammlung** hat mindestens **sieben Tage** vor dem Tag der Versammlung stattzufinden. Soll somit die Versammlung an einem Mittwoch durchgeführt werden, hat die Bekanntmachung spätestens am Dienstag der vorangegangenen Woche zu erfolgen. Die Einladung kann durch drei wahlberechtigte AN des Betriebes oder durch die im Betrieb vertretene Gewerkschaft vorgenommen werden. Die Tarifzuständigkeit der Gewerkschaft für den Betrieb oder das UN des AG ist dazu nicht erforderlich.[421] Erfolgt die Einladung durch drei wahlberechtigte AN, haben diese den **besonderen Kündigungsschutz** nach § 15 Abs. 3 a KSchG. Der Kündigungsschutz entfällt nicht dadurch, dass die Einladung **formelle Mängel** enthält. Es muss aber der Ort und Zeitpunkt erkennbar sein und ferner, dass der Gegenstand der Tagesordnung die Wahl des WV ist. Außerdem muss erkennbar sein, wer die Einladenden sind.[422] Die für Betriebsratsmitglieder nach § 15 Abs. 4 KSchG und den sonstigen in § 15 Abs. 1 bis 3 KSchG genannten Personen gegebene Möglichkeit des AG, im Falle einer Betriebsstillegung eine ordentliche Kündigung auszusprechen, gilt allerdings auch für die **Initiatoren einer Betriebsratswahl** i. S. v. § 15 Abs. 3 a KSchG. Die Nichterwähnung des § 15 Abs. 3 a KSchG in § 15 Abs. 4 KSchG beruht auf einem Redaktionsversehen des Gesetzgebers.[423] Die Einladung ist an geeigneten Stellen, etwa am Schwarzen Brett oder sonstigen, den AN allgemein zugänglichen Stellen bekannt zu machen. Der AG hat zu diesem Zweck der im Betrieb vertretenen Gewerkschaft den Zugang zu gestatten. Er ist verpflichtet, der Gewerkschaft die Namen und Adressen der AN zu offenbaren, damit diese ordnungsgemäß zu der Wahlversammlung zur Wahl eines WV einladen kann.[424] Nicht im Betrieb beschäftigten AN ist die Einladung durch Aushang am Einsatzort oder postalisch zur Kenntnis zu bringen. Der AG ist nach Aufforderung durch die einladende Stelle verpflichtet, diesen AN die Einladung zukommen zu lassen oder der einladenden Stelle die Adressen der auswärts beschäftigten AN mitzuteilen. Das gilt auch für Einladungsschreiben der Gewerkschaft.[425] Die Einladung kann zusätzlich in **elektronischer Form,** etwa durch E-Mail, erfolgen. Soll die Einladung ausschließlich in dieser Form vorgenommen werden, ist unbedingt erforderlich, dass alle AN von der Einladung Kenntnis erhalten können (vgl. umfassend § 2 WO Rn. 9 ff.). Es genügt daher nicht, wenn von 59 wahlberechtigten AN lediglich 52 per E-Mail erreichbar sind.[426] **3**

Neben der allgemeinen Mitteilung, dass zur Wahl eines WV eingeladen wird, hat die Einladung die in Abs. 1 angesprochenen Mindestinformationen zu enthalten. Die AN sollen neben dem Ort, dem Tag und der Uhrzeit erfahren, dass sie bis zum Ende der Versammlung Wahlvorschläge erstellen können, die von einer bestimmten Anzahl von AN unterstützt werden müssen (§ 14 Abs. 4 BetrVG), wobei Wahlvorschläge, die erst auf der Versammlung selbst gemacht werden, keiner Schriftform bedürfen. Sind im Betrieb ausländische AN beschäftigt, die der deutschen Sprache nicht ausreichend mächtig sind, sollte ihnen die Einladung und damit die angeführten Mindestinformationen in ihrer jeweiligen Sprache zugänglich gemacht werden; zumindest sollte im Rahmen der gegebenen Möglichkeiten eine entsprechende mündliche Information erfolgen. **4**

Der **AG** wird über seine **Mitwirkungspflicht** bei der Bekanntgabe der Einladung hinaus ausdrücklich verpflichtet, der **einladenden Stelle** (Abs. 1) unverzüglich nach dem Aushang der Einladung alle für die Anfertigung der Wählerliste **erforderlichen Unterlagen** auszuhändigen (zu den für die Wählerliste erforderlichen Angaben vgl. § 30 WO Rn. 1). Diese Unterlagen sind erforderlich, damit der WV nach seiner Wahl ohne weitere Verzögerung die Wählerliste er- **5**

421 *BAG* 10.11.04, NZA 05, 426 ff.
422 Vgl. *LAG Berlin* 25.06.03 – 17 S 531/03.
423 *BAG* 04.11.04, AuR 05, 236.
424 *LAG Hamburg* 16.6.92, AiB 93, 566.
425 *LAG Hamburg* 16.6.92, a. a. O.
426 Vgl. *BAG* 19.11.03, AP Nr. 54 zu § 19 BetrVG 1972.

stellen kann. Der Umschlag darf daher von den Einladenden nicht geöffnet werden, sondern ist in der vom AG erstellten Form dem WV nach dessen Wahl zu überreichen (§ 30 Abs. 1 WO). Der Umschlag, in dem sich die vom AG erstellten Unterlagen befinden, ist von diesem zu versiegeln. Bei der Form der Versiegelung, etwa durch Klebeband mit einem darauf vorgenommenen Stempel, ist zu gewährleisten, dass der Umschlag vor der Übergabe an den WV nicht geöffnet werden kann, ohne dass dies sichtbar wird.

6 Verweigert oder verzögert der AG seine Mitwirkungspflicht bei der Einladung, bei der Erstellung der Unterlagen für die Wählerliste oder behindert er in sonstiger Weise die Vorbereitung und Durchführung der Versammlung zur Wahl des WV, so liegt ein Verstoß gegen das **Verbot der Behinderung der BR-Wahl** vor (§ 20 Abs. 1 BetrVG), die in bestimmten Fällen den Straftatbestand des § 119 Abs. 1 BetrVG erfüllen kann. Die einladende Stelle kann darüber hinaus erforderlichenfalls im Wege einer einstweiligen Verfügung den AG zwingen, seinen gesetzlichen Mitwirkungspflichten nachzukommen.

§ 29 Wahl des Wahlvorstands

Der Wahlvorstand wird in der Wahlversammlung zur Wahl des Wahlvorstands von der Mehrheit der anwesenden Arbeitnehmerinnen und Arbeitnehmer gewählt (§ 17 a Nr. 3 Satz 1 des Gesetzes). Er besteht aus drei Mitgliedern (§ 17 a Nr. 2 des Gesetzes). Für die Wahl der oder des Vorsitzenden des Wahlvorstands gilt Satz 1 entsprechend.

1 Die Wahlversammlung zur Wahl des WV findet grundsätzlich im Betrieb statt. Ist dort kein geeigneter Raum vorhanden, kann auch ein Versammlungsraum außerhalb des Betriebes genommen werden (vgl. § 42 BetrVG Rn. 8). Das kann vor allem dann sinnvoll sein, wenn erkennbar wird, dass der AG die Versammlung stören oder beeinflussen will[427]. Es ist nicht möglich die Wahlversammlung, beispielsweise aus Platzgründen, in zwei »Teil-Wahlversammlungen« durchzuführen. Es wird bei einer derartigen Durchführung einer Manipulation des Wahlergebnisses Tür und Tor geöffnet. AN der ersten »Teil-Wahlversammlung« können andere AN entsprechend für die zweite »Teil-Wahlversammlung« vorbereiten, in dem sie z. B. durch einen Anruf zum Erscheinen aufrufen, weil es für einen gewünschten Bewerber nicht reichen könnte.

2 Die einladende Stelle übt im Versammlungsraum das Hausrecht aus. Die Einladenden eröffnen auch die Versammlung. Sie werden der Versammlung zweckmäßigerweise einen Vorschlag zur Wahl eines Versammlungsleiters unterbreiten und zur Abstimmung stellen. Die Mehrheit der anwesenden AN reicht zur Wahl eines Versammlungsleiters aus. Der Versammlungsleiter kann aber auch aus der Mitte der einladenden Stelle kommen, also etwa einer der einladenden AN oder der Beauftragte der einladenden Gewerkschaft. Teilnahmeberechtigt sind alle AN des Betriebs, nicht nur die wahlberechtigten. Sie sind zugleich abstimmungsberechtigt, auch die in § 7 Satz 2 BetrVG genannten AN.[428] Beschlüsse werden mit der Mehrheit der abgegebenen Stimmen gefasst. Vor dem Eintritt in die Wahl des WV sollte daher die Zahl der abstimmungsberechtigten AN festgestellt werden.

3 Vorschläge zur **Zusammensetzung des WV** können aus der Mitte der Versammlung gemacht werden. Es wird allerdings vielfach zweckmäßig sein, dass die Einladenden in Vorbereitung der Versammlung Vorschläge für die Zusammensetzung des WV erarbeiten und diese der Versammlung unterbreiten. Der WV hat aus **drei wahlberechtigten AN** zu bestehen. Eine Erhöhung dieser Zahl ist nicht vorgesehen. Die Regelung, die eine Erhöhung der Zahl der WV-Mitglieder erlaubt (§ 16 Abs. 1 Satz 2 und 3 BetrVG) wird bei der Bestellung des WV im vereinfachten Wahlverfahren nicht vorgesehen (vgl. § 17 a BetrVG). Es ist jedoch zulässig und auch sinnvoll, Ersatzmitglieder zu wählen. Die Wahl erfolgt, wie auch die sonstigen Beschlüsse, durch die Mehrheit der anwesenden abstimmungsberechtigten AN. Die Wahl der WV-Mitglieder kann einzeln oder in Blockform erfolgen. Stehen allerdings mehr als drei Kandidatinnen/Kandidaten zur Verfügung, ist die Abstimmung einzeln vorzunehmen. Bei Stimmen-

427 *ArbG Kiel* 13.11.03 – 1 BV 34 d/03, dass die Wahl auf einem Parkplatz für wirksam hält.
428 *Fitting*, Rn. 1.

gleichheit entscheidet das Los. Die Wahl erfolgt in Übereinstimmung mit dem Grundsatz der Vereinfachung der Wahl in offener Abstimmung durch Handaufheben. Das gilt auch für die gesondert durchzuführende Wahl des Vorsitzenden des WV. Der Versammlungsleiter hat über die Wahl und deren Ergebnis ein Protokoll anzufertigen, das dem gewählten WV zuzuleiten ist. Dieser hat es nach der Wahl mit den weiteren Wahlunterlagen dem BR zuzuleiten, damit dieser die Aufbewahrung vornehmen kann (§ 19 WO) und die Unterlagen für den Fall zur Verfügung stehen, dass eine Anfechtung der Wahl erfolgt (§ 19 BetrVG).

Findet die Wahlversammlung zur Wahl des WV nicht statt oder wird auf ihr ein WV nicht 4
gewählt, ist der Betrieb weiterhin nach den Grundsätzen eines **betriebsratslosen Betriebes** zu behandeln. Das bedeutet insbesondere, dass der WV **auf Antrag durch das ArbG** bestellt werden kann (§ 17 a Nr. 4 i. V. m. § 17 Abs. 4 BetrVG). Antragsteller können mindestens drei wahlberechtigte AN oder die im Betrieb vertretene Gewerkschaft sein. Von besonderer Bedeutung ist, dass das ArbG in diesem Verfahren in den WV auch Mitglieder der im Betrieb vertretenen Gewerkschaft berufen kann, die nicht AN des Betriebs sind (§ 17 Abs. 4 Satz 2 i. V. m. § 16 Abs. 2 Satz 3 BetrVG). Die Bestellung nicht betriebsangehöriger WV-Mitglieder kann allerdings nur für Betriebe vorgenommen werden, die mehr als 20 wahlberechtigte AN haben. Bei der Wahl eines aus einer Person bestehenden BR besteht diese Möglichkeit nicht.

Zweiter Unterabschnitt
Wahl des Betriebsrats

§ 30 Wahlvorstand, Wählerliste

(1) Unmittelbar nach seiner Wahl hat der Wahlvorstand in der Wahlversammlung zur Wahl des Wahlvorstands die Wahl des Betriebsrats einzuleiten. § 1 gilt entsprechend. Er hat unverzüglich in der Wahlversammlung eine Liste der Wahlberechtigten (Wählerliste), getrennt nach den Geschlechtern, aufzustellen. Die einladende Stelle hat dem Wahlvorstand den ihr nach § 28 Abs. 2 ausgehändigten versiegelten Umschlag zu übergeben. Die Wahlberechtigten sollen in der Wählerliste mit Familienname, Vorname und Geburtsdatum in alphabetischer Reihenfolge aufgeführt werden. § 2 Abs. 1 Satz 3, Abs. 2 bis 4 gilt entsprechend.

(2) Einsprüche gegen die Richtigkeit der Wählerliste können mit Wirksamkeit für die Betriebsratswahl nur vor Ablauf von drei Tagen seit Erlass des Wahlausschreibens beim Wahlvorstand schriftlich eingelegt werden. § 4 Abs. 2 und 3 gilt entsprechend.

Im zweistufigen vereinfachten Wahlverfahren hat der WV direkt nach seiner Wahl und damit 1
noch in der Wahlversammlung, in der er gewählt worden ist, wesentliche Wahlvorbereitungen zu treffen. Diese Regelung dient der Beschleunigung des gesamten Wahlverfahrens. Sie ist im Übrigen schon deshalb erforderlich, weil die zweite Wahlversammlung, in der die Wahl des BR erfolgt, bereits eine Woche später stattfindet (§ 14 a Abs. 1 Satz 3 und 4 BetrVG).

Mit dem Zeitpunkt seiner Wahl übernimmt der WV die **Leitung der Wahlversammlung.** Er hat insbesondere die in der Bestimmung des § 30 vorgesehenen Wahlhandlungen vorzunehmen. An erster Stelle steht dabei die Aufstellung der Wählerliste. Die einladende Stelle hat zu diesem Zweck den ihr vom AG zugeleiteten Umschlag mit den darin befindlichen Angaben (§ 28 Abs. 2 WO) zu übergeben. Fehlen diese Angaben oder sind sie unvollständig, hat der WV die **Versammlung zu unterbrechen** und den AG zur unverzüglichen Herausgabe bzw. zur Ergänzung der Angabe aufzufordern.[429] Kommt der AG dieser gesetzlich vorgeschriebenen Mitwirkung nicht unverzüglich nach, ist die Wahlversammlung zu vertagen. Der AG ist sodann im Wege der **einstweiligen Verfügung** zu verpflichten, die notwendigen Angaben vorzunehmen und die erforderlichen Unterlagen zur Verfügung zu stellen. In diesen Fällen

429 Zur Zulässigkeit der Unterbrechung einer Betriebsversammlung vgl. DKK-*Berg*, § 44 Rn. 3.

braucht die Frist von einer Woche zur Durchführung der zweiten Wahlversammlung, in der der BR gewählt werden soll (§ 14 a Abs. 1 Satz 3 und 4 BetrVG; § 28 Abs. 1 Satz 2 WO) nicht eingehalten zu werden.

2 Auch im vereinfachten Wahlverfahren fasst der WV die Beschlüsse mit **einfacher Stimmenmehrheit.** Über die Beschlüsse ist eine Niederschrift zu erstellen. Der WV kann für die zweite Wahlversammlung, in der der BR gewählt wird, zur Unterstützung bei der Stimmenabgabe und der Stimmenzählung Wahlhelfer bestellen (§ 1 Abs. 2 Satz 2 WO).[430]

3 Ohne eine Wählerliste, die den Anforderungen der WO entspricht, kann die Wahl nicht durchgeführt werden. Daher stellt die Verletzung der Mitwirkungspflichten des AG bei der Erstellung der Wählerliste einen eindeutigen Verstoß gegen die Vorschrift des § 20 Abs. 1 BetrVG dar (**Behinderung der BR-Wahl).** Überdies ist eine derartige Handlungsweise des AG **strafrechtlich relevant** (vgl. § 119 Abs. 1 Nr. 1 BetrVG). Die Aussetzung der Wahlversammlung wird nur dann nicht erforderlich sein, wenn der WV fehlende Angaben zur Wählerliste aus eigenem Wissen ergänzen oder sich die erforderlichen Informationen mit Hilfe der anwesenden AN oder auf andere Weise beschaffen kann.

4 In der Wählerliste sind die wahlberechtigten AN, getrennt nach den Geschlechtern, mit Familienname, Vorname und Geburtsdatum alphabetisch aufzuführen. Dabei sind auch AN anzuführen, die von einem anderen AG dem Betrieb zur Arbeitsleistung überlassen worden sind. Auch diese AN sind wahlberechtigt, wenn sie länger als drei Monate im Betrieb eingesetzt werden (§ 7 Satz 2 BetrVG). Es ist nicht erforderlich, dass sie bei Einleitung der Wahl bereits diese Zeit tätig gewesen sind.[431] Soweit es die nach § 14 Abs. 2 Satz 1 AÜG überlassenen AN betrifft (Leih-AN nach dem AÜG), sind diese in der Wählerliste als nicht wählbare AN auszuweisen. Die Wahlberechtigten sollen damit darüber informiert werden, dass diese Beschäftigten zwar das aktive Wahlrecht haben, nicht aber als Wahlbewerber vorgeschlagen werden können.

5 Die **Wählerliste** ist vom Zeitpunkt ihrer Aufstellung an im Betrieb **an geeigneten Stellen auszulegen.** Da die Wahlversammlung zugleich dazu dient, Wahlvorschläge entgegenzunehmen und die Wählerliste hierzu erforderliche Angaben liefern kann, sollte diese Liste zugleich auch in der Versammlung selbst ausgelegt werden; ggf. durch Anfertigung von Kopien. Einsprüche gegen die Richtigkeit der Wählerliste können allerdings noch später erfolgen, und zwar innerhalb von drei Tagen seit Erlass des Wahlausschreibens. Sind die Auslegung der Wählerliste und der Aushang des Wahlausschreibens z. B. an einem Montag erfolgt, läuft die Einspruchsfrist am Donnerstag ab, da der Tag der Auslegung nicht mitzählt (§ 187 Abs. 1 BGB). Auszulegen ist auch ein Abdruck der WO (§ 30 Abs. 1 Satz 5 i. V. m. § 2 Satz 1 WO). Wählerliste und WO können zusätzlich in **elektronischer Form** bekannt gemacht werden (vgl. dazu umfassend § 2 WO Rn. 9 ff.).

6 Stellt der WV bei der Anfertigung der Wählerliste fest, dass entgegen der Auffassung der einladenden Stelle in der Regel **mehr als 50 wahlberechtigte AN** im Betrieb beschäftigt sind, hat die weitere Durchführung der Wahl im vereinfachten zweistufigen Wahlverfahren zu unterbleiben. Der WV kann jedoch den Versuch machen, mit dem AG eine Einigung dahin gehend zu erzielen, dass die Wahl nach den **Grundsätzen des einstufigen vereinfachten Wahlverfahrens** durchgeführt wird (§ 14 a Abs. 5 BetrVG; § 37 WO). Wird diese Einigung erzielt, richtet sich die weitere Durchführung der Wahl nach § 36 WO (vgl. die Erl. dort). Kommt es zu keiner Vereinbarung mit dem AG, hat der WV die Wahl nach dem normalen Wahlverfahren durchzuführen und die Wahl nach § 18 Abs. 1 BetrVG einzuleiten. Eine Neuwahl des WV ist nicht erforderlich. Seine Wahl und Zusammensetzung entspricht den Anforderungen, wie sie auch im normalen Wahlverfahren bestehen. Eine Anfechtung nach § 19 BetrVG kann sich jedenfalls nicht darauf stützen, dass ein ordnungsgemäßer WV nicht besteht.

7 Einspruchsberechtigt ist jeder AN des Betriebes, auch die in § 7 Satz 2 genannten AN. Einsprüche sind schriftlich einzulegen. Nicht einspruchsberechtigt ist der AG.[432]

430 *Fitting*, Rn. 2.
431 Vgl. die Erl. zu § 7 BetrVG.
432 *Fitting*, Rn. 6.

Über Einsprüche gegen die Wählerliste hat der WV **unverzüglich zu entscheiden.** Die Entscheidung des WV ist den AN, die Einspruch eingelegt haben, unverzüglich mitzuteilen; spätestens am Tage vor der zweiten Wahlversammlung, in der der BR gewählt werden soll (§ 30 Abs. 2 i. V. m. § 4 Abs. 2 WO). Nach Ablauf der Einspruchsfrist soll der WV die Wählerliste nochmals auf ihre Richtigkeit hin überprüfen. Sie darf danach nur unter bestimmten Voraussetzungen berichtigt oder ergänzt werden (vgl. § 4 Abs. 3 WO). 8

Es ist bei dem Verfahren, das die WO bei dem vereinfachten Wahlverfahren dem WV zur Vornahme der einzelnen Handlungen in der Wahlversammlung vorschreibt, unvermeidbar, dass entsprechende Beschlüsse in Gegenwart der AN, also **öffentlich** gefasst werden müssen. Auch darin liegt eine Besonderheit gegenüber dem normalen Wahlverfahren (zur Öffentlichkeit von WV-Sitzungen bei diesem Verfahren vgl. § 1 WO Rn. 11).[433] 9

§ 31 Wahlausschreiben

(1) Im Anschluss an die Aufstellung der Wählerliste erlässt der Wahlvorstand in der Wahlversammlung das Wahlausschreiben, das von der oder dem Vorsitzenden und von mindestens einem weiteren stimmberechtigten Mitglied des Wahlvorstands zu unterschreiben ist. Mit Erlass des Wahlausschreibens ist die Betriebsratswahl eingeleitet. Das Wahlausschreiben muss folgende Angaben enthalten:

1. das Datum seines Erlasses;

2. die Bestimmung des Orts, an dem die Wählerliste und diese Verordnung ausliegen sowie im Fall der Bekanntmachung in elektronischer Form (§ 2 Abs. 4 Satz 3 und 4) wo und wie von der Wählerliste und der Verordnung Kenntnis genommen werden kann;

3. dass nur Arbeitnehmerinnen und Arbeitnehmer wählen oder gewählt werden können, die in die Wählerliste eingetragen sind, und dass Einsprüche gegen die Wählerliste (§ 4) nur vor Ablauf von drei Tagen seit dem Erlass des Wahlausschreibens schriftlich beim Wahlvorstand eingelegt werden können; der letzte Tag der Frist ist anzugeben;

4. den Anteil der Geschlechter und den Hinweis, dass das Geschlecht in der Minderheit im Betriebsrat mindestens entsprechend seinem zahlenmäßigen Verhältnis vertreten sein muss, wenn der Betriebsrat aus mindestens drei Mitgliedern besteht (§ 15 Abs. 2 des Gesetzes);

5. die Zahl der zu wählenden Betriebsratsmitglieder (§ 9 des Gesetzes) sowie die auf das Geschlecht in der Minderheit entfallenden Mindestsitze im Betriebsrat (§ 15 Abs. 2 des Gesetzes);

6. die Mindestzahl von Wahlberechtigten, von denen ein Wahlvorschlag unterzeichnet sein muss (§ 14 Abs. 4 des Gesetzes) und den Hinweis, dass Wahlvorschläge, die erst in der Wahlversammlung zur Wahl des Wahlvorstands gemacht werden, nicht der Schriftform bedürfen (§ 14 a Abs. 2 zweiter Halbsatz des Gesetzes);

7. dass der Wahlvorschlag einer im Betrieb vertretenen Gewerkschaft von zwei Beauftragten unterzeichnet sein muss (§ 14 Abs. 5 des Gesetzes);

8. dass Wahlvorschläge bis zum Abschluss der Wahlversammlung zur Wahl des Wahlvorstands bei diesem einzureichen sind (§ 14 a Abs. 2 erster Halbsatz des Gesetzes);

9. dass die Stimmabgabe an die Wahlvorschläge gebunden ist und dass nur solche Wahlvorschläge berücksichtigt werden dürfen, die fristgerecht (Nr. 8) eingereicht sind;

10. die Bestimmung des Orts, an dem die Wahlvorschläge bis zum Abschluss der Stimmabgabe aushängen;

11. Ort, Tag und Zeit der Wahlversammlung zur Wahl des Betriebsrats (Tag der Stimmabgabe – § 14 a Abs. 1 Satz 3 und 4 des Gesetzes);

12. dass Wahlberechtigten, die an der Wahlversammlung zur Wahl des Betriebsrats nicht teilnehmen können, Gelegenheit zur nachträglichen schriftlichen Stimmabgabe gegeben wird (§ 14 a Abs. 4 des Gesetzes); das Verlangen auf nachträgliche schriftliche Stimmabgabe muss spätestens drei Tage vor dem Tag der Wahlversammlung zur Wahl des Betriebsrats dem Wahlvorstand mitgeteilt werden;

433 Vgl. auch *Fitting*, § 1 WO Rn. 6.

13. Ort, Tag und Zeit der nachträglichen schriftlichen Stimmabgabe (§ 14 a Abs. 4 des Gesetzes) sowie die Betriebsteile und Kleinstbetriebe, für die nachträgliche schriftliche Stimmabgabe entsprechend § 24 Abs. 3 beschlossen ist;

14. den Ort, an dem Einsprüche, Wahlvorschläge und sonstige Erklärungen gegenüber dem Wahlvorstand abzugeben sind (Betriebsadresse des Wahlvorstands);

15. Ort, Tag und Zeit der öffentlichen Stimmauszählung.

(2) Ein Abdruck des Wahlausschreibens ist vom Tage seines Erlasses bis zum letzten Tage der Stimmabgabe an einer oder mehreren geeigneten, den Wahlberechtigten zugänglichen Stellen vom Wahlvorstand auszuhängen und in gut lesbarem Zustand zu erhalten. Ergänzend kann das Wahlausschreiben mittels der im Betrieb vorhandenen Informations- und Kommunikationstechnik bekannt gemacht werden. § 2 Abs. 4 Satz 4 gilt entsprechend.

1 Das Wahlausschreiben, das im vereinfachten zweistufigen Wahlverfahren zu erlassen ist, unterscheidet sich sowohl von dem im normalen Wahlverfahren zu erlassenden Wahlausschreiben (vgl. § 3 WO) als auch von dem Wahlausschreiben, wie es im vereinfachten einstufigen Wahlverfahren erlassen werden muss (vgl. § 36 Abs. 3 WO). Vor allem gegenüber dem Wahlausschreiben beim normalen Wahlverfahren sind **folgende Angaben erforderlich:**

- der Hinweis, dass die Frist für Einsprüche gegen die Wählerliste drei Tage beträgt (Nr. 3);
- der Hinweis, das Wahlvorschläge, die in der Wahlversammlung gemacht werden, nicht der Schriftform bedürfen (Nr. 6);
- die Angabe, dass Wahlvorschläge bis zum Abschluss der ersten Wahlversammlung beim WV einzureichen sind (Nr. 8);
- Ort, Tag und Zeit der zweiten Wahlversammlung zur Wahl des BR (Nr. 11);
- der Hinweis auf die Möglichkeit der nachträglichen schriftlichen Stimmabgabe (Nr. 12);
- Ort, Tag und Zeit der nachträglichen schriftlichen Stimmabgabe (Nr. 13);
- Ort, Tag und Zeit der öffentlichen Stimmauszählung (Nr. 15).

2 Dementsprechend hat der WV in der Wahlversammlung eine Reihe von **Beschlüssen zu fassen,** insbesondere:

- die Bestimmung des Ortes, an dem die Wählerliste und die WO ausliegen (§ 31 Abs. 1 Satz 3 Nr. 2 WO);
- die Bestimmung des Ortes, an dem die Wahlvorschläge bis zum Abschluss der Stimmabgabe aushängen (§ 31 Abs. 1 Satz 3 Nr. 10 WO);
- die Festlegung des Ortes, des Tages und der Uhrzeit des Beginns der zweiten Wahlversammlung zur Wahl des BR (§ 31 Abs. 1 Satz 3 Nr. 11 WO);
- die Festlegung des Tages und der Uhrzeit des spätesten Einganges der Briefwahlunterlagen bei nachträglicher schriftlicher Stimmabgabe beim WV (§ 31 Abs. 1 Satz 3 Nr. 13 WO);
- die Entscheidung, ob für Betriebsteile und Kleinstbetriebe, die räumlich weit vom Hauptbetrieb entfernt sind, die nachträgliche schriftliche Stimmabgabe erfolgen soll (§ 35 Abs. 1 Satz 3 WO);
- die Bestimmung der Betriebsadresse als dem Ort, an dem Einsprüche, Wahlvorschläge und sonstige Erklärungen gegenüber dem WV abzugeben sind (§ 31 Abs. 1 Satz 3 Nr. 14 WO);
- die Bestimmung des Ortes, des Tages und der Uhrzeit der öffentlichen Stimmauszählung (§ 31 Abs. 1 Satz 3 Nr. 15 WO).

3 Nach Fassung der Beschlüsse und der Klärung über die inhaltliche Ausgestaltung des Wahlausschreibens ist dieses vom Vorsitzenden und einem weiteren Mitglied des WV **zu unterschreiben** und **zu erlassen.** Der Erlass hat ebenfalls in der Versammlung zu erfolgen und geschieht zweckmäßigerweise in der Form, dass das Wahlausschreiben – neben dem Aushang im Betrieb – in mehreren Abdrucken in der Versammlung ausgelegt und darüber hinaus verlesen wird. Auf jeden Fall muss sichergestellt werden, dass alle Teilnehmer an der Versammlung, aber auch andere AN, die an der Versammlung nicht teilnehmen, davon in der betriebsüblichen Weise Kenntnis erhalten können. Mit Erlass des Wahlausschreibens ist die Wahl eingeleitet. Die Wähler können noch in der ersten Wahlversammlung formlos, etwa durch Zuruf, Wahlvorschläge machen (vgl. § 33 WO).

4 Das Wahlausschreiben hat bis zum **Abschluss der Stimmabgabe** auszuhängen. Das ist an sich der Tag der Wahlversammlung zur Wahl des BR (zweite Wahlversammlung). Wird jedoch die

nachträgliche schriftliche Stimmabgabe erforderlich (§ 35 WO), so ist das Wahlausschreiben bis zum Tag der nachträglichen schriftlichen Stimmabgabe auszuhängen.[434]

Das Wahlausschreiben, die Wählerliste und die WO können **ergänzend** mit Hilfe der im Betrieb vorhandenen IuK-Technik bekannt gemacht werden (vgl. dazu § 2 WO Rn. 9 ff.). 5

§ 32 Bestimmung der Mindestsitze für das Geschlecht in der Minderheit

Besteht der zu wählende Betriebsrat aus mindestens drei Mitgliedern, so hat der Wahlvorstand den Mindestanteil der Betriebsratssitze für das Geschlecht in der Minderheit (§ 15 Abs. 2 des Gesetzes) gemäß § 5 zu errechnen.

Die Regelung des § 15 Abs. 2 BetrVG, nach der das im Betrieb in der Minderheit befindliche Geschlecht eine Mindestanzahl von BR-Sitzen zu bekommen hat, gilt auch für das vereinfachte Wahlverfahren, sofern der BR nicht nur aus einer Person besteht. 1

Die Angabe der Mindestanzahl der BR-Sitze für das Minderheitsgeschlecht im Wahlausschreiben ist – wie auch beim normalen Wahlverfahren – **zwingend.** Das Verfahren zur Bestimmung der Mindestsitze für das Minderheitsgeschlecht ist in § 5 WO geregelt (vgl. die Erl. dort). 2

§ 33 Wahlvorschläge

(1) Die Wahl des Betriebsrats erfolgt auf Grund von Wahlvorschlägen. Die Wahlvorschläge sind von den Wahlberechtigten und den im Betrieb vertretenen Gewerkschaften bis zum Ende der Wahlversammlung zur Wahl des Wahlvorstands bei diesem einzureichen. Wahlvorschläge, die erst in dieser Wahlversammlung gemacht werden, bedürfen nicht der Schriftform (§ 14 a Abs. 2 des Gesetzes).

(2) Für Wahlvorschläge gilt § 6 Abs. 2 bis 4 entsprechend. § 6 Abs. 5 gilt entsprechend mit der Maßgabe, dass ein Wahlberechtigter, der mehrere Wahlvorschläge unterstützt, auf Aufforderung des Wahlvorstands in der Wahlversammlung erklären muss, welche Unterstützung er aufrechterhält. Für den Wahlvorschlag einer im Betrieb vertretenen Gewerkschaft gilt § 27 entsprechend.

(3) § 7 gilt entsprechend. § 8 gilt entsprechend mit der Maßgabe, dass Mängel der Wahlvorschläge nach § 8 Abs. 2 nur in der Wahlversammlung zur Wahl des Wahlvorstands beseitigt werden können.

(4) Unmittelbar nach Abschluss der Wahlversammlung hat der Wahlvorstand die als gültig anerkannten Wahlvorschläge bis zum Abschluss der Stimmabgabe in gleicher Weise bekannt zu machen, wie das Wahlausschreiben (§ 31 Abs. 2).

(5) Ist in der Wahlversammlung kein Wahlvorschlag zur Wahl des Betriebsrats gemacht worden, hat der Wahlvorstand bekannt zu machen, dass die Wahl nicht stattfindet. Die Bekanntmachung hat in gleicher Weise wie das Wahlausschreiben (§ 31 Abs. 2) zu erfolgen.

Das Verfahren zur Einreichung von Wahlvorschlägen hat im zweistufigen vereinfachten Wahlverfahren die wesentliche Besonderheit, dass die Vorschläge, wenn sie in der Versammlung gemacht werden, nicht der Schriftform bedürfen. Eine Besonderheit, die sich auf die Wahlvorschläge auswirkt, liegt darin, dass – unabhängig von der Zahl der eingereichten Vorschläge – das vereinfachte Wahlverfahren immer nach den Grundsätzen der Mehrheitswahl durchgeführt wird. Ansonsten ist es in den Grundzügen dem Verfahren nachgebildet, wie es auch beim normalen Wahlverfahren zur Anwendung kommt. 1

Bereits vor der ersten Wahlversammlung zur Wahl des WV können Wahlvorschläge eingereicht werden. Sie bedürfen im Gegensatz zu den Wahlvorschlägen, die in der Versammlung gemacht werden, der Schriftform. Die Teilnahme an der Wahlversammlung zur Wahl des WV ist nicht Voraussetzung zur Einreichung von Wahlvorschlägen. Solche Wahlvorschläge können

434 *Fitting*, Rn. 21.

allerdings erst eingereicht werden, wenn der WV in der Versammlung wirksam gewählt worden ist. Es ist weiter Voraussetzung, dass sie die entsprechende Zahl von Stützunterschriften haben (vgl. § 14 Abs. 4 BetrVG) und bis zum Ende der Versammlung, in der der WV gewählt worden ist, bei diesem eingereicht sind. Die Art der Einreichung, etwa durch Boten oder durch AN, die an der Versammlung teilnehmen, bleibt denjenigen, die den Wahlvorschlag aufstellen, überlassen. Wesentlich ist, dass mit der Aufstellung des Wahlvorschlags der **besondere Schutz für Wahlbewerber** nach § 103 BetrVG einsetzt. Es ist nicht erforderlich, dass der Vorschlag bereits beim WV eingereicht worden ist, sofern der Wahlvorschlag ansonsten ordnungsgemäß aufgestellt worden ist und insbesondere die erforderliche Zahl von Stützunterschriften hat.

2 Hat ein vor der ersten Wahlversammlung schriftlich aufgestellter Wahlvorschlag nicht die erforderlichen Stützunterschriften, kann er in der Wahlversammlung selbst nicht einfach durch zustimmenden Zuruf ergänzt werden. Die **Versammlungsteilnehmer** können sich den Wahlvorschlag jedoch zu eigen machen und ihm die erforderliche **mündliche Unterstützung** geben (vgl. auch Rn. 2).[435]

3 In der Wahlversammlung erfolgte Wahlvorschläge bedürfen **nicht der Schriftform.** Sie können durch **Zuruf** erfolgen, wobei die erforderliche Unterstützung durch wahlberechtigte AN durch Handaufheben erfolgen kann.[436] Die erforderliche Unterstützung hat in dem Umfang zu erfolgen, wie er auch nach § 14 Abs. 4 BetrVG beim normalen Wahlverfahren vorgeschrieben ist, allerdings ohne die bei diesem Verfahren vorgesehene Schriftform, sofern der Wahlvorschlag in der ersten Wahlversammlung gemacht wird. Auch ansonsten gelten für die in der Wahlversammlung gemachten Vorschläge weitgehend die Bestimmungen, die die WO für das normale Wahlverfahren vorsieht (vgl. insbesondere § 6 Abs. 2 bis 4 WO). Unterstützt ein wahlberechtigter AN mehrere Wahlvorschläge, hat er auf Aufforderung des WV in der Wahlversammlung zu erklären, für welchen Vorschlag er seine Unterstützung aufrechterhält.

4 Dem Grundsatz der Mündlichkeit der Wahlvorschläge in der Wahlversammlung entspricht es, dass die Vorgeschlagenen die Zustimmung zur Kandidatur ebenfalls mündlich erklären. Sind Wahlvorschläge schriftlich eingereicht worden (Rn. 1), bedarf die Zustimmung zur Bewerbung ebenfalls der Schriftform (Abs. 2 i. V. m. § 6 Abs. 3 Satz 2).

5 Die Wahlvorschläge hat der WV noch in der Wahlversammlung zu prüfen. Das gilt nicht nur für diejenigen, die in der Wahlversammlung selbst gemacht worden sind, sondern auch für die Vorschläge, die von AN bereits (schriftlich, vgl. Rn. 1) vor der Wahlversammlung angefertigt und dem WV nach dessen Wahl übergeben wurden. Die **Mängel** sind noch **in der Wahlversammlung zu beheben,** sofern der Mangel heilbar ist (vgl. § 8 Abs. 2 WO). Ein heilbarer Mangel liegt beispielsweise vor, wenn bestimmte Angaben zu den Wahlbewerbern fehlen, wie etwa die Beschäftigungsart im Betrieb oder das Geburtsdatum. Diese Mängel müssen im Laufe der Wahlversammlung beseitigt werden. In der Praxis kann ein besonderes Problem dadurch entstehen, dass ein in der Versammlung nicht anwesender AN als Wahlbewerber vorgeschlagen wird und somit nicht unmittelbar seine Zustimmung zur Kandidatur eingeholt werden kann; es sei denn, er hat sie bereits vorher einem der ihn vorschlagenden oder einem anderen AN in Schriftform gegeben, so dass sie dem WV vorgelegt werden kann. Ist das nicht der Fall, liegt also die Zustimmung nicht vor, bestehen keine Bedenken, die fehlende Zustimmung auf elektronischem Wege, auch telefonisch, einzuholen. Anderenfalls wäre ein AN, der nicht an der Wahlversammlung teilnehmen kann, gegenüber den Versammlungsteilnehmern benachteiligt, weil diese in der Versammlung mündlich ihre Zustimmung geben können, wenn sie vorgeschlagen werden.

6 Neben den **heilbaren Mängeln** gibt es auch **unheilbare** (§ 8 Abs. 1 WO). Ein solcher Mangel ist gegeben, wenn ein Vorschlag nicht die nach § 14 Abs. 4 BetrVG erforderliche Unterstützung findet. Ein Vorschlag, dem nicht genügend AN zustimmen, ist unheilbar ungültig (§ 8 Abs. 1 Nr. 3 WO). Ungültig ist auch ein Wahlvorschlag, der erst nach Schließung der Wahlversammlung dem WV zugeht (§ 8 Abs. 1 Nr. 1 WO).

7 Die als gültig anerkannten Wahlvorschläge hat der WV in gleicher Weise wie das Wahlausschreiben bekannt zu machen. Die gültigen Wahlvorschläge sind in der Versammlung nicht

---

435 Vgl. *Fitting,* Rn. 5; *Thüsing/Lambrich,* NZA-Sonderheft 01, 79 [90].

436 *Engels, Trebinger, Löhr-Steinhaus,* DB 01, 532 [535].

nur zu verlesen. Sie müssen auch am gleichen Tag im Betrieb an den Stellen zum **Aushang** kommen, an denen auch das Wahlausschreiben bekannt gemacht worden ist.

Sind in der Wahlversammlung keine oder keine gültigen Wahlvorschläge eingereicht worden, findet die BR-Wahl **nicht statt.** Eine Nachfristsetzung zur Einreichung von Wahlvorschlägen, wie sie nach § 9 WO beim normalen Wahlverfahren besteht, ist im vereinfachten Wahlverfahren nicht vorgesehen.[437] Es kann jedoch **jederzeit** erneut eine Einladung zu einer Wahlversammlung nach § 17 a Nr. 3 BetrVG zur Wahl eines WV erfolgen. 8

§ 34 Wahlverfahren

(1) Die Wählerin oder der Wähler kann ihre oder seine Stimme nur für solche Bewerberinnen oder Bewerber abgeben, die in einem Wahlvorschlag benannt sind. Auf den Stimmzetteln sind die Bewerberinnen oder Bewerber in alphabetischer Reihenfolge unter Angabe von Familienname, Vorname und Art der Beschäftigung im Betrieb aufzuführen. Die Wählerin oder der Wähler kennzeichnet die von ihm Gewählten durch Ankreuzen an der hierfür im Stimmzettel vorgesehenen Stelle; es dürfen nicht mehr Bewerberinnen oder Bewerber angekreuzt werden, als Betriebsratsmitglieder zu wählen sind. § 11 Abs. 1 Satz 2, Abs. 2 Satz 2 und 3, Abs. 4 und § 12 gelten entsprechend.

(2) Im Fall der nachträglichen schriftlichen Stimmabgabe (§ 35) hat der Wahlvorstand am Ende der Wahlversammlung zur Wahl des Betriebsrats die Wahlurne zu versiegeln und aufzubewahren.

(3) Erfolgt keine nachträgliche schriftliche Stimmabgabe, hat der Wahlvorstand unverzüglich nach Abschluss der Wahl die öffentliche Auszählung der Stimmen vorzunehmen und das sich daraus ergebende Wahlergebnis bekannt zu geben. Die §§ 21, 23 Abs. 1 gelten entsprechend.

(4) Ist nur ein Betriebsratsmitglied zu wählen, so ist die Person gewählt, die die meisten Stimmen erhalten hat. Bei Stimmengleichheit entscheidet das Los. Lehnt eine gewählte Person die Wahl ab, so tritt an ihre Stelle die nicht gewählte Person mit der nächsthöchsten Stimmenzahl.

(5) Sind mehrere Betriebsratsmitglieder zu wählen, gelten für die Ermittlung der Gewählten die §§ 22 und 23 Abs. 2 entsprechend.

Der Wahlgang, der eine Woche nach der ersten Wahlversammlung stattfindet, ist im Wesentlichen dem normalen Wahlverfahren nachgestaltet. Es finden insbesondere die Grundsätze der geheimen und unmittelbaren Wahl Anwendung. Eine Besonderheit ergibt sich dadurch, dass die Wahl im vereinfachten Wahlverfahren **immer als Mehrheitswahl** erfolgt, während das bei dem normalen Wahlverfahren nur der Fall ist, wenn lediglich ein gültiger Wahlvorschlag eingereicht wurde. Eine weitere Besonderheit besteht darin, dass auf den Stimmzetteln die Wahlbewerber immer in **alphabetischer Reihenfolge** anzuführen sind. 1

Die **zweite Wahlversammlung,** in der die Wahl des Betriebsrats erfolgt, muss **eine Woche nach der ersten Wahlversammlung** stattfinden. Hat die erste Versammlung beispielsweise an einem Mittwoch stattgefunden, ist die Versammlung zur Wahl des BR am Donnerstag (Voraufl. noch Mittwoch) der nächsten Woche durchzuführen. Das ergibt sich daraus, dass der Tag der ersten Versammlung nicht mitgezählt wird (§ 187 Abs. 1 BGB). Eine zusätzliche Einladung ist nicht erforderlich, da der Wahltag im Wahlausschreiben bekannt zu geben ist (§ 31 Abs. 1 Satz 3 Nr. 11 WO). In der Zeit zwischen der ersten und zweiten Versammlung wird der WV die erforderlichen technischen Vorbereitungen treffen, wie Druck der Stimmzettel, Beschaffung von Wahlurnen usw. Darüber hinaus hat er dafür Sorge zu tragen, dass – soweit erforderlich – die Unterlagen für die nachträgliche schriftliche Stimmabgabe (§ 35 WO) zur Verfügung stehen.

Die zweite Wahlversammlung hat den ausschließlichen Zweck der Wahl des BR. Im **Wahlraum** übt der WV das **Hausrecht** aus. Er hat insbesondere dafür zu sorgen, dass die Wahl ungestört 2

437 *Fitting,* Rn. 12.

abläuft und die Wähler Gelegenheit haben, ihre Stimme geheim und ohne Beeinflussung abzugeben.

3 Abs. 1 führt mehrere Vorschriften an, die auch für die Stimmabgabe beim normalen Wahlverfahren von Bedeutung sind. Hervorzuheben ist, dass während der Wahl mindestens **zwei stimmberechtigte WV-Mitglieder** im Wahlraum anwesend sein müssen. Hat der WV Wahlhelfer bestellt (vgl. § 1 Abs. 2 Satz 2 WO), genügt bei Anwesenheit eines Wahlhelfers, dass zugleich ein WV-Mitglied im Wahlraum anwesend ist. Der Wähler kennzeichnet die von ihm Gewählten durch **Ankreuzen auf dem Stimmzettel.** Es dürfen nicht mehr Wahlbewerber angekreuzt werden, als BR-Mitglieder zu wählen sind; weniger ist aber möglich. Sind beispielsweise drei BR-Mitglieder zu wählen, so kann der Wähler einen, aber auch zwei oder drei Wahlbewerber ankreuzen. Werden mehr als drei angekreuzt, ist der Stimmzettel ungültig.

4 Ist ein Wähler infolge seiner **Behinderung** bei der Stimmabgabe beeinträchtigt, kann er eine **Person seines Vertrauens** zur Hilfeleistung bei Abgabe seiner Stimme hinzuziehen. Auf keinen Fall dürfen WV-Mitglieder oder Wahlhelfer zur Hilfeleistung herangezogen werden. Die Hilfeleistung hat sich im Übrigen auf die Erfüllung des Wunsches des Wählers, wie er abstimmen will, zu beschränken. Deshalb darf die Vertrauensperson gemeinsam mit dem Wähler die Wahlzelle aufsuchen (vgl. § 12 Abs. 4 WO; vgl. auch § 12 Rn. 1 a).

5 Haben die wahlberechtigten AN ihre Stimme abgegeben bzw. ist das Ende der Stimmabgabe erreicht, hat der WV die **Auszählung der Stimmen** vorzunehmen. Er darf dies aber nur tun, wenn **keine nachträgliche schriftliche Stimmabgabe** (vgl. dazu § 35 WO) vorgesehen ist. Im Fall der nachträglichen schriftlichen Stimmabgabe hat der WV die Wahlurne zu versiegeln und bis zur Beendigung der schriftlichen Stimmabgabe sicher aufzubewahren.

6 Erfolgt keine nachträgliche schriftliche Stimmabgabe, hat der WV die **Stimmauszählung öffentlich,** also in Anwesenheit von AN, **vorzunehmen.** Die für das normale Wahlverfahren anzuwendenden §§ 21, 22 und 23 WO gelten entsprechend. Das bedeutet insbesondere Folgendes: Der WV hat nach Öffnung der Wahlurne festzustellen, wie viele Stimmen auf jeden Wahlbewerber entfallen sind (vgl. die Erl. zu § 21 WO). Sodann werden in einem **ersten Schritt** die dem Geschlecht in der Minderheit zustehenden Sitze verteilt. Dabei sind innerhalb dieses Geschlechts die höchsten Stimmzahlen maßgebend. Sodann sind die weiteren Sitze zu verteilen, ebenfalls nach den erreichten Stimmenzahlen, aber bei diesem **zweiten Schritt** unabhängig vom Geschlecht (vgl. die Erl. zu § 22 WO). Nachdem ermittelt ist, wer gewählt ist, hat der WV das Wahlergebnis bekannt zu geben und eine Niederschrift anzufertigen (§ 23 WO). Die Gewählten sind unverzüglich schriftlich zu benachrichtigen. Sofern sie nicht innerhalb von drei Arbeitstagen erklären, dass sie die Wahl ablehnen, gilt die Wahl als angenommen (§ 17 WO). Sobald die Namen der BR-Mitglieder endgültig feststehen, hat sie der WV durch zweiwöchigen Aushang in gleicher Weise wie das Wahlausschreiben bekannt zu geben (§ 18 WO).

§ 35 Nachträgliche schriftliche Stimmabgabe

(1) Können Wahlberechtigte an der Wahlversammlung zur Wahl des Betriebsrats nicht teilnehmen, um ihre Stimme persönlich abzugeben, können sie beim Wahlvorstand die nachträgliche schriftliche Stimmabgabe beantragen (§ 14 a Abs. 4 des Gesetzes). Das Verlangen auf nachträgliche schriftliche Stimmabgabe muss die oder der Wahlberechtigte dem Wahlvorstand spätestens drei Tage vor dem Tag der Wahlversammlung zur Wahl des Betriebsrats mitgeteilt haben. Die §§ 24, 25 gelten entsprechend.

(2) Wird die nachträgliche schriftliche Stimmabgabe auf Grund eines Antrags nach Absatz 1 Satz 1 erforderlich, hat dies der Wahlvorstand unter Angabe des Orts, des Tags und der Zeit der öffentlichen Stimmauszählung in gleicher Weise bekannt zu machen wie das Wahlausschreiben (§ 31 Abs. 2).

(3) Unmittelbar nach Ablauf der Frist für die nachträgliche schriftliche Stimmabgabe öffnet der Wahlvorstand in öffentlicher Sitzung die bis zu diesem Zeitpunkt eingegangenen Freiumschläge und entnimmt ihnen die Wahlumschläge sowie die vorgedruckten Erklärungen. Ist die nachträgliche schriftliche Stimmabgabe ordnungsgemäß erfolgt (§ 25), so legt der Wahlvorstand den Wahlumschlag nach Vermerk der Stimmabgabe in der Wählerliste in die bis dahin versiegelte Wahlurne.

(4) Nachdem alle ordnungsgemäß nachträglich abgegebenen Wahlumschläge in die Wahlurne gelegt worden sind, nimmt der Wahlvorstand die Auszählung der Stimmen vor. § 34 Abs. 3 bis 5 gilt entsprechend.

Die in dieser Bestimmung vorgesehene nachträgliche schriftliche Stimmabgabe ermöglicht es wahlberechtigten AN, die – aus welchem Grunde auch immer – am Tage der zweiten Wahlversammlung, in der der BR gewählt wird, nicht anwesend sein können, auch beim vereinfachten Wahlverfahren ihre Stimme im Wege der schriftlichen Stimmabgabe (Briefwahl) abzugeben. Die Besonderheit gegenüber der schriftlichen Stimmabgabe beim normalen Wahlverfahren besteht darin, dass die schriftliche Stimmabgabe noch nach dem Wahltag, also **nach der zweiten Wahlversammlung,** erfolgen kann. Das ergibt sich daraus, dass beide Wahlversammlungen nur eine Woche auseinander liegen und es somit in der Praxis vielfach nicht möglich sein wird, innerhalb dieser Woche sowohl die Unterlagen für die schriftliche Stimmabgabe anzufordern als auch die Rücksendung der Unterlagen an den WV so vorzunehmen, dass sie bei diesem bis zur zweiten Wahlversammlung eingehen. 1

Die für das normale Wahlverfahren vorgesehenen Bestimmungen zur schriftlichen Stimmabgabe (§§ 24, 25 WO) sind **entsprechend** anzuwenden. Das bedeutet insbesondere: 2

- Wahlberechtigte, die im Zeitpunkt der zweiten Wahlversammlung im Betrieb nicht anwesend sind, haben das Recht auf schriftliche Stimmabgabe (vgl. § 24 Abs. 1 WO). Es ist unerheblich, aus welchen Gründen die Abwesenheit eintritt. Kranke oder sich im Urlaub befindende wahlberechtigte AN können die Unterlagen zur schriftlichen Stimmabgabe ebenso anfordern wie sich in Erziehungsurlaub/Elternzeit befindende oder den Wehrdienst ableistende AN.
- Wahlberechtigte, von denen dem WV bekannt ist, dass sie im Zeitpunkt der Wahl wegen der Eigenart ihres Beschäftigungsverhältnisses an der Wahl nicht teilnehmen können, haben die Unterlagen von Amts wegen zu erhalten (vgl. § 24 Abs. 2 WO). Diese Regelung bezieht sich insbesondere auf im Außendienst oder mit Telearbeit Beschäftigte.
- AN in Betriebsteilen oder Kleinstbetrieben, die räumlich weit vom Betrieb entfernt liegen, können ebenfalls im Wege der Briefwahl wählen, sofern der WV die schriftliche Stimmabgabe beschlossen hat. Ist das der Fall, erhalten sie die Unterlagen vom WV, ohne dass sie sie anfordern müssen (§ 24 Abs. 3 WO).

Die **Unterlagen,** die der WV auszuhändigen bzw. zu übersenden hat, bestehen auch beim vereinfachten Wahlverfahren aus dem Wahlausschreiben, den Wahlvorschlägen, dem Stimmzettel und dem Wahlumschlag sowie einer vorgedruckten Erklärung, mit der der Wähler versichert, dass der Stimmzettel persönlich gekennzeichnet worden ist. Außerdem muss den Unterlagen ein größerer und freigemachter Umschlag beigelegt werden, der zur Rücksendung der Briefwahlunterlagen benutzt werden kann und der die Anschrift des WV und als Absender die Anschrift des Wahlberechtigten sowie den Vermerk »Schriftliche Stimmabgabe« trägt (§ 24 Abs. 1 WO). Nicht zwingend vorgeschrieben, aber gerade beim vereinfachten Wahlverfahren sehr zweckmäßig ist, den Unterlagen ein Merkblatt beizulegen, mit dem der Wähler über die Art und Weise der schriftlichen Stimmabgabe informiert wird.

Der Antrag auf schriftliche Stimmabgabe – sofern die Unterlagen nicht von Amts wegen übersandt werden müssen – muss **spätestens drei Tage** vor der zweiten Wahlversammlung beim WV eingehen (§ 35 Abs. 1 Satz 2 WO). Findet beispielsweise die Wahlversammlung zur Wahl des BR an einem Freitag statt, so ist der Antrag bis zum Ablauf des Montags dieser Woche beim WV zu stellen (Ende der betriebsüblichen Arbeitszeit); bei Durchführung der zweiten Wahlversammlung an einem Montag bis zum Donnerstag der Vorwoche (vgl. auch § 41 WO Rn. 3 a). Der Antrag kann auch mündlich gestellt werden.[438] Die Aushändigung bzw. die Übersendung der Unterlagen für die schriftliche Stimmabgabe hat der WV in der Wählerliste zu vermerken (§ 24 Abs. 1 Satz 3 WO). 3

Die nachträgliche schriftliche Stimmabgabe wird nach Abs. 2 auf Grund eines Antrags nach Abs. 1 Satz 1 ausgelöst. Geschieht dies, hat der WV die sich dadurch verschiebende öffentliche 4

438 *Berg* u. a., Rn. 301.

Stimmauszählung unter Angabe des Ortes, des Tages und der Zeit in gleicher Weise bekannt zu machen wie das Wahlausschreiben, also an denselben Stellen auszuhängen, an denen das Wahlausschreiben zum Aushang gekommen ist. Die Wähler erfahren auf diese Weise, dass die **Stimmauszählung** nicht unmittelbar im Anschluss an die Beendigung des Wahlgangs in der zweiten Wahlversammlung erfolgt, sondern **später vorgenommen wird.** Die WO legt keinen Zeitpunkt für die Frist fest, die bei der nachträglichen schriftlichen Stimmabgabe zu gelten hat. Dadurch ergibt sich auch kein konkreter Tag für die in Abs. 2 angesprochene öffentliche Stimmauszählung. Der WV hat insoweit einen **Ermessensspielraum.** Die Frist ist allerdings so zu bemessen, dass die nachträgliche Stimmabgabe unter Berücksichtigung der **betrieblichen Verhältnisse** im Betrieb und der **normalen Postlaufzeit** ordnungsgemäß erfolgen kann.[439] Es wird sich empfehlen, eine Frist von vier Tagen nach der zweiten Wahlversammlung zu nehmen. Die Frist würde somit am Dienstag enden, wenn die zweite Wahlversammlung am Freitag der Vorwoche stattgefunden hat. Ist die Wahl an einem Montag erfolgt, so würde die Frist am Freitag dieser Woche enden. Unmittelbar nach Ablauf der Frist, spätestens an dem auf das Fristende folgenden Arbeitstag hat die öffentliche Stimmauszählung zu erfolgen. Den schriftlich Abstimmenden stände damit zugleich die Frist von einer Woche zur Verfügung, da der Antrag auf Briefwahl bis drei Tage vor der zweiten Wahlversammlung gestellt werden kann.

5 Ist der Zeitpunkt der öffentlichen Stimmauszählung erreicht, prüft der WV, ob die schriftliche Stimmabgabe **ordnungsgemäß** erfolgt ist. Der in § 35 in Bezug genommene § 25 WO sieht insbesondere vor, dass der Stimmzettel nach seiner Ausfüllung in den Wahlumschlag zu legen ist. Die Erklärung, dass die Stimmabgabe persönlich erfolgt ist, muss getrennt von dem Wahlumschlag in den größeren Umschlag, der an den WV adressiert ist, gelegt werden. Ist die schriftliche Stimmabgabe ordnungsgemäß erfolgt, wirft der WV den Wahlumschlag mit dem darin befindlichen Stimmzettel in die Wahlurne. Wenn alle schriftlichen Stimmen auf diese Weise behandelt worden sind, hat mit der Öffnung der Wahlurne die Stimmauszählung zu erfolgen. Zur Feststellung des Wahlergebnisses vgl. § 34 Rn. 6.

Zweiter Abschnitt
Wahl des Betriebsrats im einstufigen Verfahren
(§ 14 a Abs. 3 des Gesetzes)

§ 36 Wahlvorstand, Wahlverfahren

(1) Nach der Bestellung des Wahlvorstands durch den Betriebsrat, Gesamtbetriebsrat, Konzernbetriebsrat oder das Arbeitsgericht (§ 14 a Abs. 3, § 17 a des Gesetzes) hat der Wahlvorstand die Wahl des Betriebsrats unverzüglich einzuleiten. Die Wahl des Betriebsrats findet auf einer Wahlversammlung statt (§ 14 a Abs. 3 des Gesetzes). Die §§ 1, 2 und § 30 Abs. 2 gelten entsprechend.

(2) Im Anschluss an die Aufstellung der Wählerliste erlässt der Wahlvorstand das Wahlausschreiben, das von der oder dem Vorsitzenden und von mindestens einem weiteren stimmberechtigten Mitglied des Wahlvorstands zu unterschreiben ist. Mit Erlass des Wahlausschreibens ist die Betriebsratswahl eingeleitet. Besteht im Betrieb ein Betriebsrat, soll der letzte Tag der Stimmabgabe (nachträgliche schriftliche Stimmabgabe) eine Woche vor dem Tag liegen, an dem die Amtszeit des Betriebsrats abläuft.

(3) Das Wahlausschreiben hat die in § 31 Abs. 1 Satz 3 vorgeschriebenen Angaben zu enthalten, soweit nachfolgend nichts anderes bestimmt ist:

1. **Abweichend von Nummer 6 ist ausschließlich die Mindestzahl von Wahlberechtigten anzugeben, von denen ein Wahlvorschlag unterzeichnet sein muss (§ 14 Abs. 4 des Gesetzes).**

---

439 *Heilmann,* AiB, 01, 621, 623; *Thüsing/Lambrich,* NZA-Sonderheft 01, 79, 92.

2. Abweichend von Nummer 8 hat der Wahlvorstand anzugeben, dass die Wahlvorschläge spätestens eine Woche vor dem Tag der Wahlversammlung zur Wahl des Betriebsrats beim Wahlvorstand einzureichen sind (§ 14 a Abs. 3 Satz 2 des Gesetzes); der letzte Tag der Frist ist anzugeben.

Für die Bekanntmachung des Wahlausschreibens gilt § 31 Abs. 2 entsprechend.

(4) Die Vorschriften über die Bestimmung der Mindestsitze nach § 32, das Wahlverfahren nach § 34 und die nachträgliche Stimmabgabe nach § 35 gelten entsprechend.

(5) Für Wahlvorschläge gilt § 33 Abs. 1 entsprechend mit der Maßgabe, dass die Wahlvorschläge von den Wahlberechtigten und den im Betrieb vertretenen Gewerkschaften spätestens eine Woche vor der Wahlversammlung zur Wahl des Betriebsrats beim Wahlvorstand schriftlich einzureichen sind (§ 14 a Abs. 3 Satz 2 zweiter Halbsatz des Gesetzes). § 6 Abs. 2 bis 5 und die §§ 7 und 8 gelten entsprechend mit der Maßgabe, dass die in § 6 Abs. 5 und § 8 Abs. 2 genannten Fristen nicht die gesetzliche Mindestfrist zur Einreichung der Wahlvorschläge nach § 14 a Abs. 3 Satz 2 erster Halbsatz des Gesetzes überschreiten dürfen. Nach Ablauf der gesetzlichen Mindestfrist zur Einreichung der Wahlvorschläge hat der Wahlvorstand die als gültig anerkannten Wahlvorschläge bis zum Abschluss der Stimmabgabe in gleicher Weise bekannt zu machen wie das Wahlausschreiben (Absatz 3).

(6) Ist kein Wahlvorschlag zur Wahl des Betriebsrats gemacht worden, hat der Wahlvorstand bekannt zu machen, dass die Wahl nicht stattfindet. Die Bekanntmachung hat in gleicher Weise wie das Wahlausschreiben (Absatz 3) zu erfolgen.

Das einstufige vereinfachte Wahlverfahren erfasst die Kleinbetriebe, in denen bereits ein WV besteht. In diesem Verfahren ist keine der Wahl des BR vorausgeschaltete Wahl des WV erforderlich. Im Übrigen gleicht das einstufige vereinfachte Wahlverfahren, bis auf bestimmte besondere Regelungen, der Struktur des zweistufigen Verfahrens. Auf die Besonderheiten ist jedoch insbesondere beim Wechsel vom zweistufigem zum einstufigem Verfahren zu achten, z. B. bei einer Vereinbarung nach § 14 a Abs. 5 BetrVG. 1

Besteht in einem Betrieb mit bis zu 50 wahlberechtigten AN, der unter die Regelungen des § 14 a fällt, ein WV, wird der BR in nur **einer Wahlversammlung** gewählt. Es ist dabei für die Anwendung des einstufigen vereinfachten Wahlverfahrens gleichgültig, auf welchem Wege die Bestellung des WV erfolgte. So kann es sein, dass in dem Betrieb bereits ein BR besteht, der die Bestellung vorgenommen hat, wobei die Einsetzung des WV entsprechend den Grundsätzen des vereinfachten Wahlverfahrens vier Wochen vor Ablauf der Amtszeit dieses BR zu erfolgen hatte (§ 17 a Nr. 1 i. V. m. § 16 Abs. 1 Satz 1 BetrVG). In einem betriebsratslosen Betrieb, der unter § 14 a BetrVG fällt, kann die Bestellung des WV durch den für das UN zuständigen GBR erfolgen; besteht ein solcher nicht, durch den KBR (§ 17 a i. V. m. § 17 Abs. 1 BetrVG). Eine weitere Variante ist, dass in einem betriebsratslosen Betrieb, in dem dafür vorgesehenen zweistufigen Verfahren von den Einladungsberechtigten (§ 17 a i. V. m. § 16 Abs. 3 BetrVG) zur ersten Wahlversammlung zur Wahl eines WV eingeladen wird, diese nicht zustande kommt oder zwar stattfindet, aber keinen WV wählt, und das ArbG danach den WV bestellt hat (§ 17 a Nr. 4 i. V. m. § 16 Abs. 4 BetrVG). 2

Der WV hat nach seiner Bestellung, wie auch bei dem normalen bzw. dem zweistufigen vereinfachten Wahlverfahren, unverzüglich die erforderlichen Schritte zur Einleitung der Wahl vorzunehmen. Er wird zunächst durch Beschluss den **Tag der Wahlversammlung zur Wahl des BR** (Wahltag) festlegen. Ist der WV durch einen BR bestellt worden, sollte die Wahlversammlung spätestens zwei Wochen vor Ablauf von dessen Amtszeit stattfinden. Das ergibt sich bereits daraus, dass den Gewählten eine Überlegungsfrist von drei Arbeitstagen einzuräumen ist, innerhalb derer die Wahl abgelehnt werden kann (§ 17 Abs. 1 WO), und darüber hinaus der WV die gewählten BR-Mitglieder vor Ablauf einer Woche zur konstituierenden Sitzung einzuladen hat (§ 29 Abs. 1 BetrVG). Ist der WV auf andere Weise bestellt worden (vgl. Rn. 1), sollte die Wahlversammlung in der Regel etwa zwei Wochen nach Erlass des Wahlausschreibens durchgeführt werden, damit entsprechend den Grundsätzen des vereinfachten Wahlverfahrens möglichst bald die betriebsratslose Zeit beendet ist. Nach der Festlegung des Wahltages ist die **Wählerliste** (§ 2 WO) aufzustellen. Die Einspruchsfrist gegen die Richtigkeit der Wählerliste, wie sie für das zweistufige Verfahren gilt, kommt auch hier zur Anwendung (vgl. § 30 3

Rn. 4). Mit dem nach Aufstellung der Wählerliste folgenden Erlass des Wahlausschreibens ist die Wahl eingeleitet. Das Wahlausschreiben hat die Angaben zu enthalten, wie sie in § 31 Abs. 1 Satz 3 WO zum einstufigen Verfahren erforderlich sind (zur Möglichkeit der elektronischen Bekanntgabe vgl. § 2 WO Rn. 9 ff.). Abweichend davon hat jedoch der **Hinweis zu unterbleiben,** dass Wahlvorschläge **nicht der Schriftform** bedürfen. Bei dem einstufigen Verfahren ist die Schriftform für Wahlvorschläge zwingend vorgesehen.[440] Darauf hinzuweisen ist jedoch, wie viele Stützunterzeichnungen erforderlich sind, um einen Wahlvorschlag wirksam zu machen (§ 14 Abs. 4 BetrVG). Ferner ist abweichend von dem Wahlausschreiben bei dem zweistufigen Verfahren anzugeben, dass die Wahlvorschläge spätestens eine Woche vor dem Tag der Wahlversammlung beim WV einzureichen sind. Im einstufigen Wahlverfahren sind Wahlvorschläge ausschließlich **schriftlich** einzureichen.[441] Der letzte Tag der Frist ist im Wahlausschreiben anzugeben. Soll somit die Wahlversammlung zur Wahl des BR an einem Mittwoch erfolgen, muss die Abgabe der Wahlvorschläge bis spätestens Dienstag (vgl. auch § 41 WO Rn. 3 a) der Vorwoche (Arbeitsschluss) vorgenommen werden.

4 Die Vorschriften über die Bestimmung der Mindestsitze für das Minderheitsgeschlecht (§ 32 WO), das Wahlverfahren und die nachträgliche schriftliche Stimmabgabe (§§ 34, 35 WO), wie sie für das zweistufige Verfahren gelten, sind auch beim einstufigen vereinfachten Wahlverfahren anzuwenden. Von besonderer Bedeutung ist, dass die in § 6 Abs. 5 und § 8 Abs. 2 WO genannten Fristen nicht dazu führen dürfen, dass die gesetzliche Mindestfrist zur Einreichung von Wahlvorschlägen (eine Woche vor der Wahlversammlung) **überschritten wird.** Der Verweis auf § 6 Abs. 5 WO bezieht sich auf die Erklärungsfrist von drei Arbeitstagen, die Wahlberechtigten einzuräumen ist, wenn der WV feststellt, dass sie mit ihrer Unterschrift mehrere Wahlvorschläge unterstützt haben. Bei § 8 Abs. 2 WO geht es um die den Listenvertretern zu gewährende Möglichkeit, einen bei dem Wahlvorschlag festgestellten heilbaren Mangel zu beseitigen und so den Vorschlag an dem Wahlgang teilnehmen zu lassen. Die Bestimmung, dass die Anwendung dieser Fristen nicht zu einer Überschreitung der Mindestfrist zur Einreichung von Wahlvorschlägen führen darf, bedeutet, dass sich die in § 6 Abs. 5 WO und § 8 Abs. 2 WO genannten **Fristen entsprechend verkürzen,** wenn Wahlvorschläge erst in den letzten drei Tagen vor Ablauf der Einreichungsfrist eingereicht werden. Der WV hat diese Fristen entsprechend abzukürzen und die betreffenden Stützunterzeichner bzw. den Listenvertreter auf die verkürzten Fristen hinzuweisen. Nach § 8 Abs. 2 WO festgestellte Mängel sind **innerhalb** der gesetzlichen Mindestfrist zur Einreichung der Wahlvorschläge zu beseitigen. Die als gültig anerkannten Wahlvorschläge hat der WV nach Ablauf der Mindestfrist zur Einreichung in alphabetischer Reihenfolge bekannt zu machen. Ist kein bzw. kein gültiger Wahlvorschlag eingereicht worden, hat der WV bekannt zu machen, dass die Wahlversammlung und damit die Wahl nicht stattfindet. Die Vorschrift des § 9 WO über die Setzung einer Nachfrist, wenn kein gültiger Wahlvorschlag eingereicht worden ist, findet im vereinfachten Wahlverfahren keine Anwendung.[442]

Dritter Abschnitt
Wahl des Betriebsrats in Betrieben mit in der Regel 51 bis 100 Wahlberechtigten (§ 14 a Abs. 5 des Gesetzes)

§ 37 Wahlverfahren

Haben Arbeitgeber und Wahlvorstand in einem Betrieb mit in der Regel 51 bis 100 Wahlberechtigten die Wahl des Betriebsrats im vereinfachten Wahlverfahren vereinbart (§ 14 a Abs. 5 des Gesetzes), richtet sich das Wahlverfahren nach § 36.

440 *Berg* u. a., Rn. 311.
441 *Fitting,* Rn. 7.
442 *Fitting,* Rn. 20.

Durch **Vereinbarung** nach § 14 a Abs. 5 BetrVG kann zwischen AG und WV für einen Betrieb, der regelmäßig mehr als 50, aber weniger als 101 wahlberechtigte AN beschäftigt, vor einer BR-Wahl die Anwendung des vereinfachten Wahlverfahrens festgelegt werden. Sie setzt somit voraus, dass bereits ein WV besteht. 1

Bei der Frage, ob die Beschäftigung der AN »**regelmäßig**« erfolgt, ist auf den Begriff »in der Regel«, wie er auch den §§ 1 und 9 BetrVG zugrunde liegt, abzustellen. Die Vereinbarung ist nach dem Wortlaut des § 14 a Abs. 5 BetrVG und der entsprechenden Regelung des § 37 WO in Betrieben möglich, die mehr als 100 AN haben, sofern sich unter diesen zwischen 51 und 100 wahlberechtigte AN befinden. Hat somit beispielsweise ein Betrieb insgesamt 110 AN, davon 100 wahlberechtigte AN und darüber hinaus 10 Auszubildende und jugendliche AN, so beläuft sich die Zahl der BR-Mitglieder nach § 9 auf sieben Mitglieder, so dass auch in einem Betrieb dieser Größenordnung die BR-Wahl nach dem vereinfachten Wahlverfahren zulässig ist. 2

Die in § 37 vorgesehene Vereinbarung ist nicht erzwingbar. Eine **bestimmte Form** für die Vereinbarung sieht das Gesetz nicht vor. Es wird sich jedoch in aller Regel empfehlen, die Schriftform zu wählen bzw. bei einem mündlichen Einverständnis des AG eine entsprechende schriftliche Bestätigung vorzunehmen. Ist die Vereinbarung einmal getroffen worden, kann sie nicht widerrufen werden. Sie gilt allerdings nur für die bevorstehende BR-Wahl und hat somit keine Dauerwirkung. 3

Die Durchführung der BR-Wahl auf Grund einer Vereinbarung zwischen AG und WV nach § 37 richtet sich **ausschließlich** nach den Rechtsgrundlagen des vereinfachten Wahlverfahrens. Es finden insoweit die einschlägigen Bestimmungen des Gesetzes (§ 14 a BetrVG) und der WO (§ 37) Anwendung; vgl. die dortigen Erl. Kommt eine Vereinbarung zwischen AG und WV nach § 37 WO nicht zustande, richtet sich die Wahl des BR nach den Wahlvorschriften, wie sie für Betriebe mit mehr als 50 AN gelten. 4

Dritter Teil
Wahl der Jugend- und Auszubildendenvertretung

§ 38 Wahlvorstand, Wahlvorbereitung

Für die Wahl der Jugend- und Auszubildendenvertretung gelten die Vorschriften der §§ 1 bis 5 über den Wahlvorstand, die Wählerliste, das Wahlausschreiben und die Bestimmung der Mindestsitze für das Geschlecht in der Minderheit entsprechend. Dem Wahlvorstand muss mindestens eine nach § 8 des Gesetzes wählbare Person angehören.

Inhaltsübersicht

I. Grundsätze

1 Das Gesetz zur Bildung von Jugend- und Auszubildendenvertretungen in den Betrieben vom 13.7.1988[443] enthält als **Regelungsschwerpunkt** den Ausbau der früheren JV zu einer JAV. Die JAV ist wie die frühere JV kein selbstständiges und gleichberechtigtes Betriebsverfassungsorgan neben dem BR. Sie nimmt aber im Rahmen ihrer Aufgabenstellung nicht nur die Interessen der jugendlichen AN wahr, also derjenigen AN, die das 18. Lebensjahr noch nicht vollendet haben. Sie vertritt auch die zu ihrer **Berufsausbildung Beschäftigten,** die bereits **18 Jahre und älter, aber noch nicht 25 Jahre** alt sind (zu den Einzelheiten vgl. die Erl. zu § 60 BetrVG).

2 Die Regelwahl für die Bildung der JAV ist – wie beim BR – die **Verhältniswahl** (§ 63 Abs. 2 i. V. m. § 14 Abs. 2 BetrVG). Wird nur ein Wahlvorschlag eingereicht oder ist nur ein JAV-Vertreter zu wählen, finden die Grundsätze der **Mehrheitswahl** Anwendung; darüber hinaus auch, wenn die Wahl der JAV im vereinfachten Wahlverfahren erfolgt (vgl. § 40 WO).

3 Neben den AN, die das 18. Lebensjahr noch nicht vollendet haben (jugendliche AN), sind auch solche AN zur JAV wahlberechtigt, die bereits 18 Jahre und älter sind, jedoch das 25. Lebensjahr noch nicht vollendet haben **und** zu ihrer Berufsausbildung beschäftigt sind. Ein AN, der zu diesem Personenkreis gehört, darf am **Wahltag** das 25. Lebensjahr noch nicht vollendet haben. Erstreckt sich die Wahl über mehrere Tage, ist das Alter am letzten Wahltag entscheidend.[444]

4 Das **passive Wahlrecht** haben darüber hinaus alle AN, die das 25. Lebensjahr noch nicht vollendet haben, und zwar auch dann, wenn sie über 18 Jahre alt sind und nicht zu ihrer Berufsausbildung beschäftigt werden. Der maßgebende Zeitpunkt für die Höchstaltersgrenze im Hinblick auf das passive Wahlrecht ist der Tag des Beginns der **Amtszeit** der JAV, nicht der Tag der Wahl.[445]

5 AN, die 18 Jahre oder älter sind, aber noch nicht das 25. Lebensjahr vollendet haben, sind sowohl zur JAV als auch zum BR wählbar. Eine **Doppelmitgliedschaft** in beiden Betriebsverfassungsorganen ist jedoch **ausgeschlossen** (§ 61 Abs. 2 Satz 2 BetrVG).

II. Wahlvorstand

6 Die Durchführung der Wahl der JAV obliegt einem **WV.** Er wird durch den **BR bestimmt.** Dieser legt auch fest, wer WV-Vorsitzender sein soll (§ 63 Abs. 2 BetrVG).

7 Ist ein BR nicht vorhanden und liegen die Voraussetzungen für die Wahl einer JAV vor, wird

443 BGBl. I S. 1034.

444 *Fitting,* § 61 BetrVG Rn. 6.

445 *Engels/Natter,* a. a. O., S. 1456; *Fitting,* § 61 BetrVG Rn. 11.

der WV in entsprechender Anwendung des § 17 Abs. 4 BetrVG auf Antrag von mindestens **drei Wahlberechtigten** oder einer im **Betrieb vertretenen Gewerkschaft** durch das ArbG bestellt. Es ist umstritten, ob in einem Betrieb **ohne BR** eine JAV gewählt werden kann. Nach richtiger Auffassung ist das zu bejahen (vgl. § 60 Rn. 26 f.). Bei der Bestellung des WV kann das ArbG abweichend von § 16 Abs. 2 Satz 3 BetrVG nur AN des Betriebs in den WV berufen (vgl. § 63 Rn. 22). Eine Versammlung zur Wahl eines WV findet dagegen nicht statt (vgl. § 60 Rn. 14).

Die **Zusammensetzung** des WV ist, mit Ausnahme der in § 63 Abs. 2 BetrVG in Bezug genommenen Regelungen des § 16 Abs. 1 Satz 4 bis 6 BetrVG (Bestellung von Ersatzmitgliedern, Berücksichtigung der Geschlechter im WV als Soll-Vorschrift und Entsendung nicht stimmberechtigter Mitglieder in den WV durch die im Betrieb vertretene Gewerkschaft unter bestimmten Voraussetzungen), **nicht ausdrücklich festgelegt.** Es ist jedoch davon auszugehen, dass § 16 BetrVG ansonsten entsprechend anzuwenden ist und der WV aus **mindestens drei Mitgliedern** zu bestehen hat. Das ergibt sich im Übrigen aus § 63 Abs. 2 Satz 1 BetrVG. Diese Vorschrift bestimmt, dass der WV einen Vorsitzenden haben muss; sie geht damit offensichtlich davon aus, dass der WV aus mehr als einer Person besteht. Die **Mitgliederzahl** muss – wie auch bei der Wahl des BR – stets eine **ungerade** sein. **8**

Aus Satz 2 ergibt sich, dass dem WV sowohl **Jugendliche als auch sonstige AN** des Betriebes angehören können, sofern diese nach § 8 BetrVG das passive Wahlrecht haben. Der WV sollte jedoch nicht nur aus Erwachsenen bestehen. Die jugendlichen AN sollten vielmehr durch ihre Einbindung auch in den WV das Gefühl bekommen, dass es sich um »ihre Wahl« handelt, bei der sie bereits an den Vorbereitungen beteiligt werden. Vorgeschrieben ist allerdings, dass dem WV ein Mitglied angehören muss, das das 18. Lebensjahr vollendet und dem Betrieb mindestens ein halbes Jahr angehört hat. Dadurch soll sichergestellt werden, dass im WV eine **gewisse Betriebserfahrung** vorhanden ist.[446] **9**

§ 30 verweist im Übrigen auf die **§§ 1 – 5 WO**. Damit gelten insbesondere folgende Regelungen: **10**

- der WV kann sich eine schriftliche **Geschäftsordnung** geben und wahlberechtigte AN als **Wahlhelfer** zu seiner Unterstützung bei der Durchführung der Stimmabgabe und der Stimmenzählung heranziehen (§ 1 Abs. 2 WO). Als Wahlhelfer können auch jugendliche AN herangezogen werden;
- die **Beschlüsse** des WV werden mit einfacher Stimmenmehrheit gefasst. Über jede Sitzung ist eine **Niederschrift** aufzunehmen (§ 1 Abs. 3 WO);
- der WV hat eine **Wählerliste** anzufertigen (§ 2 Abs. 1 bis 4 WO);
- der WV hat spätestens sechs Wochen vor dem ersten Tag der Stimmabgabe ein **Wahlausschreiben** zu erlassen (§ 3 WO);
- der WV hat über rechtzeitig eingelegte Einsprüche gegen die **Richtigkeit der Wählerliste** (§ 4 Abs. 1 WO) zu entscheiden (§ 4 Abs. 2 und 3 WO);
- der WV hat festzustellen, welches Geschlecht im Betrieb in der Minderheit ist und für dieses Geschlecht den Mindestanteil an Sitzen in der JAV festzulegen (§ 5 WO).

III. Wählerliste

In entsprechender Anwendung des § 2 WO hat der WV eine **Wählerliste anzufertigen.** Auf sie ist bereits in dem Wahlausschreiben hinzuweisen (§ 3 Abs. 2 Nr. 2 WO). Deshalb hat die Anfertigung der **Liste spätestens bis zum Erlass des Wahlausschreibens** zu geschehen. Die Wählerliste hat, wie auch bei der BR-Wahl, die Geschlechter getrennt zu erfassen. **11**

In die Wählerliste sind alle AN des Betriebs aufzunehmen, die das **aktive Wahlrecht** haben (§ 61 Abs. 1 BetrVG). Das sind zunächst alle jugendlichen AN des Betriebs; darüber hinaus auch diejenigen, die das 18. Lebensjahr, aber noch nicht das 25. Lebensjahr vollendet haben **und** zu ihrer Berufsausbildung beschäftigt sind. Ohne Bedeutung für das aktive Wahlrecht ist, ob der jugendliche AN seine Tätigkeit als Vollzeit- oder Teilzeitkraft ausübt.[447] **12**

446 *Fitting*, Rn. 2; zur Zusammensetzung des WV vgl. im Übrigen *Rudolph*, AiB 98, 491.
447 *Rudolph*, AiB 98, 492.

13 Dagegen ist die Eintragung in die Wählerliste **nicht** in jedem Falle **Voraussetzung für das passive Wahlrecht,** da in die JAV auch AN gewählt werden können, die zwar das passive, aber nicht das aktive Wahlrecht haben. Es handelt sich dabei um die Personen, die das 18. Lebensjahr, aber noch nicht das 25. Lebensjahr vollendet haben und die nicht zu ihrer Berufsausbildung beschäftigt werden. Der Eintrag in die Wählerliste ist somit lediglich für die Ausübung des Wahlrechts formelle Voraussetzung, nicht dagegen für die Wählbarkeit.[448]

IV. Wahlausschreiben

14 Entsprechend anzuwenden ist auch § 3 WO, so dass der WV **spätestens sechs Wochen** vor dem ersten Tag der Stimmabgabe für die Wahl der JAV ein **Wahlausschreiben** zu erlassen hat. Der Inhalt bestimmt sich ebenfalls nach § 3 WO. Allerdings hat der WV darauf hinzuweisen, dass abweichend von § 3 Abs. 2 Nr. 3 WO auch solche AN gewählt werden können, die das 18. Lebensjahr, aber noch nicht das 25. Lebensjahr vollendet haben und die nicht zu ihrer Berufsausbildung beschäftigt sind (vgl. Rn. 5, 13). Das Wahlausschreiben und die Wählerliste sowie die WO können, wie auch bei der BR-Wahl, unter bestimmten Voraussetzungen mittels der im Betrieb vorhandenen **IuK-Technik** bekannt gemacht werden (vgl. dazu § 2 WO Rn. 9 ff.).

§ 39 Durchführung der Wahl

(1) Sind mehr als drei Mitglieder zur Jugend- und Auszubildendenvertretung zu wählen, so erfolgt die Wahl auf Grund von Vorschlagslisten. § 6 Abs. 1 Satz 2, Abs. 2 und 4 bis 7, die §§ 7 bis 10 und § 27 gelten entsprechend. § 6 Abs. 3 gilt entsprechend mit der Maßgabe, dass in jeder Vorschlagsliste auch der Ausbildungsberuf der einzelnen Bewerberinnen oder Bewerber aufzuführen ist.
(2) Sind mehrere gültige Vorschlagslisten eingereicht, so kann die Stimme nur für eine Vorschlagsliste abgegeben werden. § 11 Abs. 1 Satz 2, Abs. 3 und 4, die §§ 12 bis 19 gelten entsprechend. § 11 Abs. 2 gilt entsprechend mit der Maßgabe, dass auf den Stimmzetteln auch der Ausbildungsberuf der einzelnen Bewerberinnen oder Bewerber aufzuführen ist.
(3) Ist nur eine gültige Vorschlagsliste eingereicht, so kann die Stimme nur für solche Bewerberinnen oder Bewerber abgegeben werden, die in der Vorschlagsliste aufgeführt sind. § 20 Abs. 3, die §§ 21 bis 23 gelten entsprechend. § 20 Abs. 2 gilt entsprechend mit der Maßgabe, dass auf den Stimmzetteln auch der Ausbildungsberuf der einzelnen Bewerber aufzuführen ist.
(4) Für die schriftliche Stimmabgabe gelten die §§ 24 bis 26 entsprechend.

Inhaltsübersicht

I. Wahlvorschläge

1 Für die Vorschlagslisten zur Wahl der JAV gelten grundsätzlich dieselben Grundsätze wie für die Vorschläge zur BR-Wahl.[449] Besteht die JAV aus mehreren Personen und werden mehrere gültige Vorschlagslisten eingereicht, ist die Wahl als **Verhältniswahl** durchzuführen (vgl. § 63 BetrVG Rn. 5 f.). Die Grundsätze der Mehrheitswahl kommen somit zur Anwendung, wenn bei der Wahl mehrerer Personen nur eine gültige Vorschlagsliste eingereicht wird oder eine JAV zu wählen ist, die aus einer Person besteht; ebenso, wenn das vereinfachte Wahlverfahren anzuwenden ist (vgl. § 40 WO).

2 Da für die Wahlvorschläge (Vorschlagslisten) zur Wahl der JAV dieselben Regelungen wie für

448 Vgl. *Fitting*, Rn. 4.
449 *Fitting*, Rn. 2.

die Wahlvorschläge (Vorschlagslisten) zur BR-Wahl gelten, steht auch bei der Wahl der JAV den im Betrieb vertretenen Gewerkschaften ein **eigenständiges Wahlvorschlagsrecht** zu (§ 63 Abs. 2 Satz 2 BetrVG i. V. m. § 14 Abs. 5 und 8 BetrVG; zu dem Wahlvorschlagsrecht der Gewerkschaften vgl. § 14 BetrVG Rn. 60 ff.).

In den Wahlvorschlägen (Vorschlagslisten) muss auch der **Ausbildungsberuf** der Wahlbewerber angegeben werden. Steht ein Wahlbewerber in keinem Ausbildungsverhältnis und hat er auch keinen oder einen anderen Ausbildungsberuf erlernt, der seiner gegenwärtigen Tätigkeit entspricht, ist die **Beschäftigungsart** anzugeben, die derzeit ausgeübt wird.[450] 3

Bei der **Einreichung von Wahlvorschlägen** sind im Übrigen folgende Regelungen der WO entsprechend anzuwenden: 4

- Einreichung von Wahlvorschlägen vor Ablauf von zwei Wochen seit Erlass des Wahlausschreibens (§ 6 Abs. 1 Satz 2);
- Soll-Vorschrift, dass jeder Wahlvorschlag mindestens doppelt so viele Bewerber aufweisen soll, wie JAV-Mitglieder zu wählen sind (§ 6 Abs. 2);
- Angaben bestimmter Daten über die einzelnen Bewerber und Beifügung der schriftlichen Zustimmung der Kandidaten (§ 6 Abs. 3). Auch der Ausbildungsberuf ist anzugeben (vgl. Rn. 3);
- Festlegung des Listenvertreters sowie seiner Aufgaben und Pflichten (§ 6 Abs. 4);
- Vermeidung von Doppelunterschriften auf Wahlvorschlägen (§ 6 Abs. 5);
- Prüfung der Wahlvorschläge durch den WV und Rügen mangelhafter Vorschläge gegenüber dem Listenvertreter (§ 7);
- Anwendung der Voraussetzungen für die Ungültigkeit von Wahlvorschlägen (§ 8);
- Setzung einer Nachfrist, wenn nach Ablauf der in § 6 Abs. 1 Satz 2 genannten Frist keine gültigen Vorschläge eingereicht sind, und Bekanntmachung, dass die Wahl der JAV nicht stattfindet, sofern trotz Setzung der Nachfrist gültige Vorschlagslisten nicht eingereicht werden (§ 9 Abs. 1 und 2);
- Bekanntmachung der als gültig anerkannten Wahlvorschläge spätestens eine Woche vor Beginn der Stimmabgabe (§ 10 Abs. 2).

Wahlvorschlagsberechtigt sind alle AN, die das **aktive Wahlrecht** haben. Das sind somit die jugendlichen AN, die das 18. Lebensjahr noch nicht vollendet haben, und die zu ihrer Berufsausbildung beschäftigten AN des Betriebs, sofern sie das 25. Lebensjahr noch nicht vollendet haben (vgl. § 63 Abs. 2 Satz 2 BetrVG i. V. m. § 14 Abs. 3 und 4 BetrVG). Jeder Wahlvorschlag muss von **einem Zwanzigstel** der vorschlagsberechtigten AN unterzeichnet sein. Die Unterzeichnung durch **50 Vorschlagsberechtigte** genügt; erforderlich ist die Unterzeichnung von **mindestens drei Vorschlagsberechtigten.** Die Unterzeichnung durch mindestens drei Vorschlagsberechtigte ist aber dann nicht erforderlich, wenn im Betrieb in der Regel nur bis zu 20 AN beschäftigt werden, die zur JAV wahlberechtigt sind (§ 63 Abs. 2 BetrVG i. V. m. § 14 Abs. 4 Satz 1 zweiter Halbsatz BetrVG). Es genügt in einem solchen Falle die Unterzeichnung durch **zwei Vorschlagsberechtigte.** Bei der Wahl einer JAV, die nur aus einer Person besteht, ist deshalb ein Wahlvorschlag auch dann gültig, wenn er nur von zwei Vorschlagsberechtigten unterschrieben wird.[451] 5

II. Stimmzettel

Auch die für die **Stimmzettel** bei der BR-Wahl **maßgebenden Regelungen** sind bei der Wahl der JAV grundsätzlich anzuwenden. Das gilt insbesondere für die 6

- Kennzeichnung der Wahlbewerber, die der Wähler in die JAV entsenden will, wobei nicht mehr Kandidaten angekreuzt werden dürfen, als Vertreter zu wählen sind;
- Stimmabgabe durch Abgabe von Stimmzetteln in Wahlumschlägen;
- Beschaffenheit der Stimmzettel und Wahlumschläge;
- Ungültigkeit der Stimmzettel in bestimmten Fällen;
- Durchführung des Wahlvorgangs und öffentliche Stimmauszählung sowie Ermittlung der Gewählten;

---

450 *Fitting*, Rn. 3.
451 *Fitting*, § 63 Rn. 10.

- Anfertigung der Wahlniederschrift und Bekanntmachung der gewählten Mitglieder der JAV.

7 Der WV ist verpflichtet, die Angaben über den Ausbildungsberuf, die in den Wahlvorschlägen gemacht worden sind, auch in die Stimmzettel zu übernehmen (vgl. auch Rn. 3).[452] Auf den Stimmzetteln sind die Wahlbewerber in der Reihenfolge aufzuführen, in der sie auf der **Vorschlagsliste** benannt sind (anders ist es bei der Wahl der JAV im vereinfachten Wahlverfahren; vgl. Rn. 8; vgl. auch § 40 WO Rn. 1 a).

8 Liegen die Voraussetzungen für die Anwendung des vereinfachten Wahlverfahrens vor (§ 63 Abs. 4 Satz 1 BetrVG; vgl. auch § 40 WO), sind die Wahlbewerber auf den Stimmzetteln stets in **alphabetischer Reihenfolge** aufzuführen (vgl. § 34 Abs. 1 Satz 2 WO). Es ist daher unschädlich, wenn ein Wahlbewerber auf mehreren Vorschlägen steht.

III. Stimmabgabe

9 Der Wähler hat, wenn die Wahl als Mehrheitswahl erfolgt, **so viele Stimmen,** wie **Vertreter in die JAV zu wählen** sind. Er kann auch weniger Bewerber ankreuzen, aber nicht mehr. Wird die Wahl nach den Grundsätzen der Verhältniswahl durchgeführt, weil mehrere Vorschlagslisten eingereicht worden sind, kann der Wähler nur **eine Liste** ankreuzen.

10 Die **schriftliche Stimmabgabe** ist unter den Voraussetzungen des § 24 WO zulässig. Einem Wahlberechtigten, der im Zeitpunkt der Wahl wegen Abwesenheit vom Betrieb verhindert ist, seine Stimme persönlich abzugeben, hat daher der WV die in § 24 WO genannten Unterlagen zuzusenden, sofern dies der Wähler verlangt. Sind Wahlberechtigte im Zeitpunkt der Wahl nach der Eigenart ihres Beschäftigungsverhältnisses voraussichtlich nicht im Betrieb anwesend, so hat ihnen der WV die Unterlagen zuzusenden, ohne dass es eines Verlangens des Wahlberechtigten bedarf (§ 24 Abs. 2 WO). Hat der WV für Betriebsteile oder Kleinstbetriebe die schriftliche Stimmabgabe beschlossen, so sind den dort beschäftigten Wählern ebenfalls die Unterlagen unaufgefordert zuzusenden (§ 24 Abs. 3 WO). Vgl. im Übrigen zur schriftlichen Stimmabgabe die §§ 24 und 25 WO und die dortigen Erl.

IV. Feststellung des Wahlergebnisses und Bekanntmachung der Gewählten

11 Ist die Wahl der JAV nach den Grundsätzen der Mehrheitswahl durchgeführt worden, sind diejenigen gewählt, die die **meisten Stimmen** erhalten haben. Bei Stimmengleichheit hat der WV durch Losentscheid zu ermitteln, welcher Wahlbewerber gewählt ist (zum Losentscheid vgl. § 10 Rn. 3). Die nichtgewählten Bewerber sind Ersatzmitglieder in der Reihenfolge, die sich durch die Höhe der erreichten Stimmenzahlen ergibt. Zu beachten ist jedoch, dass auch für die Wahl der JAV die Regelungen des § 15 Abs. 2 BetrVG Anwendung finden (zur Ermittlung des Wahlergebnisses bei Anwendung dieser Grundsätze vgl. §§ 15 und 22 WO).

12 Der WV hat die gewählten JAV-Mitglieder unverzüglich schriftlich von ihrer Wahl zu benachrichtigen. Die Wahl gilt als angenommen, sofern der Gewählte **nicht binnen drei Arbeitstagen** nach Zugang der Benachrichtigung gegenüber dem WV erklärt, dass er die Wahl ablehnt (§ 18 Abs. 1 WO). Für den Fall, dass ein Gewählter die Wahl ablehnt, rückt an seine Stelle der nichtgewählte Bewerber, der die nächsthöhere Stimmenzahl hat (Abs. 3; ggf. unter Beachtung der Grundsätze des § 15 Abs. 2 BetrVG).

13 Sobald feststeht, dass die gewählten Mitglieder der JAV die Wahl angenommen haben, sind ihre Namen durch **zweiwöchigen Aushang** bekanntzugeben (§ 18 Satz 1 WO). Außerdem hat der WV dem **AG** und den im **Betrieb vertretenen Gewerkschaften** unverzüglich eine **Abschrift der Wahlniederschrift** zu übersenden (§ 18 Satz 2 WO).

14 Der WV hat die gesamten Wahlakten dem BR (nicht der gewählten JAV) zur **Aufbewahrung** zu übergeben.[453] Der BR hat die Unterlagen **mindestens** bis **zum Ablauf der Amtszeit** der neugewählten JAV aufzubewahren (§ 19 WO).

---

452 *Fitting,* Rn. 3.
453 *Fitting,* Rn. 6.

§ 40 Wahl der Jugend- und Auszubildendenvertretung im vereinfachten Wahlverfahren

(1) In Betrieben mit in der Regel fünf bis fünfzig der in § 60 Abs. 1 des Gesetzes genannten Arbeitnehmerinnen und Arbeitnehmern wird die Jugend- und Auszubildendenvertretung im vereinfachten Wahlverfahren gewählt (§ 63 Abs. 4 Satz 1 des Gesetzes). Für das Wahlverfahren gilt § 36 entsprechend mit der Maßgabe, dass in den Wahlvorschlägen und auf den Stimmzetteln auch der Ausbildungsberuf der einzelnen Bewerberinnen oder Bewerber aufzuführen ist. § 38 Satz 2 gilt entsprechend.

(2) Absatz 1 Satz 2 und 3 gilt entsprechend, wenn in einem Betrieb mit in der Regel 51 bis 100 der in § 60 Abs. 1 des Gesetzes genannten Arbeitnehmerinnen und Arbeitnehmern Arbeitgeber und Wahlvorstand die Anwendung des vereinfachten Wahlverfahrens vereinbart haben (§ 63 Abs. 5 des Gesetzes).

Auch für die Wahlen der JAV kommt unter bestimmten Voraussetzungen das vereinfachte Wahlverfahren zur Anwendung. Zu beachten ist jedoch der andere Personenkreis, der der Anwendung der Regelung zugrunde liegt. Es geht um die **AN i. S. d. § 60 Abs. 1 BetrVG**. Das sind die AN, die das 18. Lebensjahr noch nicht vollendet haben, zuzüglich der AN, die zu ihrer Berufsausbildung beschäftigt sind und das 25. Lebensjahr noch nicht vollendet haben. Es sind zugleich die AN, die zur Wahl der JAV wahlberechtigt sind (vgl. § 61 Abs. 1 BetrVG). Sind somit im Betrieb regelmäßig (zum Begriff »in der Regel« vgl. § 9 BetrVG) 5 bis 50 solcher wahlberechtigten AN tätig, ist das vereinfachte Wahlverfahren anzuwenden. Die Regelungen des einstufigen Verfahrens nach § 36 WO sind **entsprechend** anzuwenden mit der Maßgabe, dass in den Wahlvorschlägen und auf den Stimmzetteln der Ausbildungsberuf der Wahlbewerber, sofern sie sich nicht in der Ausbildung befinden, die Art der Beschäftigung im Betrieb, anzuführen ist. Es wird auf das einstufige vereinfachte Wahlverfahren nach § 36 WO Bezug genommen, weil davon ausgegangen wird, dass bei der Wahl der JAV der BR den WV bestellt hat (vgl. § 63 Abs. 2 BetrVG), so dass nicht – wie beim zweistufigen Wahlverfahren – zunächst eine (erste) Wahlversammlung zur Wahl des WV durchzuführen ist. 1

Auch im vereinfachten Wahlverfahren zur Wahl der JAV muss dem WV ein zum BR **wählbarer AN** angehören (vgl. § 38 Satz 2 WO). Die Wahlbewerber sind auf den Stimmzetteln stets in alphabetischer Reihenfolge aufzuführen (§ 34 Abs. 1 Satz 2 WO). Es ist daher unschädlich, wenn ein Wahlbewerber auf mehreren Wahlvorschlägen vorgeschlagen wird.[454] 2

Werden im Betrieb in der Regel **51 bis 100** der in § 60 Abs. 1 genannten AN beschäftigt (zu dieser AN-Gruppe vgl. Rn. 1), so kann durch Vereinbarung zwischen WV und AG das einstufige vereinfachte Wahlverfahren bei der Durchführung der Wahl der JAV zugrunde gelegt werden. Auch bei diesem Verfahren ist § 36 WO entsprechend anzuwenden. 3

454 *Fitting*, Rn. 3.

Vierter Teil Übergangs- und Schlussvorschriften

§ 41 Berechnung der Fristen

Für die Berechnung der in dieser Verordnung festgelegten Fristen finden die §§ 186 bis 193 des Bürgerlichen Gesetzbuchs entsprechende Anwendung.

1 Bei der Anwendung der in dieser Vorschrift genannten Fristen des BGB ist zu beachten, dass die WO zwischen **Wochenfristen** (§ 3 Abs. 1 Satz 1, Abs. 2 Nr. 8, § 4, § 6 Abs. 1, § 9, § 10 Abs. 2, § 18 WO) und solchen Fristen unterscheidet, die nach **Arbeitstagen** (§ 6 Abs. 5 Satz 2 und Abs. 7, § 7 Abs. 2, § 8 Abs. 2 WO) berechnet werden.[455]

2 Besonders bedeutsam ist die Frist des **§ 187 Abs. 1 BGB**, und zwar sowohl für Wochenfristen, die den Beginn einer Frist auslösen, als auch für nach Arbeitstagen bemessene Fristen. Wenn der Beginn der Frist an ein bestimmtes Ereignis geknüpft ist, zählt der Tag, an dem das Ereignis stattfindet, nicht mit. Eine nach Wochen bemessene Frist endet daher mit **Ablauf des Tages** der letzten Woche, der durch seine Benennung dem Tage entspricht, an dem das Ereignis stattgefunden hat, das den Fristbeginn auslöste. Ist beispielsweise das Wahlausschreiben an einem Mittwoch bekanntgemacht worden (Aushang im Betrieb), so läuft die Frist für Einsprüche gegen die Wählerliste oder für die Einreichung von Wahlvorschlägen zwei Wochen später am Mittwoch ab. Es ist dabei zulässig, dass der WV am letzten Tag der Frist (z. B. Einspruchsfrist gegen die Wählerliste nach § 4 Abs. 1 oder Einreichungsfrist für Wahlvorschläge nach § 6 Abs. 1 WO) den Fristablauf auf den Zeitpunkt der **Beendigung der täglichen Arbeitszeit** festsetzt, vorausgesetzt, dass es sich bei diesem Zeitpunkt um das Ende der Arbeitszeit der ganz überwiegenden Mehrheit der AN des Betriebs handelt.[456] Das Ende der Arbeitszeit der ganz überwiegenden Mehrheit der AN liegt in diesem Sinne nicht vor, wenn die Arbeitszeit für **mehr als 20 v. H.** der wahlberechtigten AN noch nicht abgelaufen ist.[457] Für den Ablauf einer Frist ist es unerheblich, dass der einzelne AN infolge Krankheit, Urlaub oder aus anderen Gründen an dem letzten Tag der Frist nicht arbeitet.[458]

3 Der Begriff des Arbeitstages ist nicht mit dem des Werktages gleichzusetzen, dem Sonn- und Feiertage gegenüberstehen. Arbeitstag ist jeder Tag, an dem die AN arbeiten, und zwar ohne Rücksicht darauf, ob es sich um einen Werktag oder einen Sonn- oder Feiertag handelt.[459] Zu beachten ist allerdings, dass nur diejenigen Tage Arbeitstage sind, an denen die **ganz überwiegende Mehrheit** der Belegschaft regelmäßig der Arbeit im Betrieb nachgeht (vgl. dazu Rn. 2). Ist ein Arbeitstag in diesem Sinne gegeben, läuft – abweichend von den Vorschriften des BGB – eine Frist auch dann ab, sofern in der WO der Fristablauf auf Arbeitstage abgestellt wird.[460] Geht es dagegen um eine Wochenfrist und fällt der letzte Tag der Frist auf einen Sonnabend, Sonn- oder Feiertag (der Feiertag muss in dem Bundesland, in dem der Betrieb liegt, staatlich anerkannt sein), tritt an die Stelle dieses Tages der nächste Werktag (§ 193 BGB).

4 Die §§ 187 ff. BGB sind auch bei den rückwärts zu berechnenden Fristen des vereinfachten Wahlverfahrens anzuwenden. Das bedeutet, dass nach § 187 Abs. 1 BGB der Tag, in den das (Wahl-)Ereignis fällt, nicht mitzurechnen ist und die zu berechnende Frist am Tag davor zu laufen beginnt. Geht es beispielsweise um den Antrag auf nachträgliche schriftliche Stimmabgabe, der bei dem zweistufigen vereinfachten Wahlverfahren spätestens drei Tage vor der zweiten Wahlversammlung zur Wahl des Betriebsrats beim Wahlvorstand eingehen muss (§ 35 Abs. 1 Satz 2 WO), so berechnet sich diese Frist nach dem nachstehende Beispiel wie folgt:

---

455 Zur Berechnung von Fristen nach dem Gesetz und der WO vgl. im Einzelnen *Glaubrecht/Halberstadt/Zander*, Gruppe 1, S. 643 ff.

456 *BAG* 12.2.60, AP Nr. 11 zu § 18 BetrVG; 1.6.66, AP Nr. 2 zu § 6 WO; 4.10.77, AP Nr. 2 zu § 18 BetrVG 1972; *Fitting*, Rn. 5; GK-*Kreutz*, Rn. 5.

457 Vgl. etwa *BAG* 4.10.77, a. a. O.

458 *Fitting*, a. a. O., m. w. N.

459 *Fitting*, Rn. 2.

460 *Fitting*, Rn. 2; Richardi-*Thüsing*, Rn. 2.

Findet die zweite Wahlversammlung am 8.5.2006, also an einem Montag statt, so ist der Antrag spätestens am 4.5.2006 (Donnerstag) zu stellen.
Auch § 193 BGB kann zur Anwendung kommen: Findet beispielsweise die zweite Wahlversammlung am 5.5.2006 (Freitag) statt, läuft die rückwärts zu berechnende Frist von drei Tagen an sich am 2.5.2006 (Dienstag) 0 Uhr ab. Der davor liegende Tag ist jedoch ein Feiertag (1. Mai) und davor liegen ein Sonntag und ein Sonnabend. Das sind Tage, an denen die Frist nicht abläuft (§ 193 BGB). Der Antrag auf nachträgliche schriftliche Stimmabgabe ist spätestens am 28.4.2006 (Freitag) zu stellen.
Zu den rückwärts zu berechnenden Fristen des vereinfachten Wahlverfahrens vgl. im Einzelnen *Berg* u. a., Rn. 245 f.; 249; 278; 292; 300 ff.; 309; 311 ff.
Eine Frist ist eingehalten, wenn **vor ihrem Ablauf die erforderliche Handlung** vorgenommen 5
wird oder die **erforderliche Erklärung** dem **Empfänger zugegangen** ist.

§ 42 Bereich der Seeschifffahrt

Die Regelung der Wahlen für die Bordvertretung und den Seebetriebsrat (§§ 115 und 116 des Gesetzes) bleibt einer besonderen Rechtsverordnung vorbehalten.

Die Wahlregelungen für den Bereich der Seeschifffahrt sind als **Zweite Verordnung zur Durchführung des Betriebsverfassungsgesetzes** (Wahlordnung Seeschifffahrt – WOS) vom 24.10.72[461] erlassen worden. Änderungen erfolgten durch die Verordnung vom 28.9.89.[462] Die VO vom 24.10.72 ist durch die WOS vom 7.2.02[463] abgelöst worden. Sie berücksichtigt die durch das BetrVerf-ReformG vorgenommenen Änderungen auch für den Bereich der Seeschifffahrt.

§ 43 Inkrafttreten

(1) Diese Verordnung tritt am Tage nach der Verkündung in Kraft. Gleichzeitig tritt die Erste Verordnung zur Durchführung des Betriebsverfassungsgesetzes vom 16. Januar 1972 (BGBl. I S. 49), zuletzt geändert durch Verordnung vom 16. Januar 1995 (BGBl. I S. 43), außer Kraft.
(2) *(aufgehoben)*

Die WO vom 11.12.01 ist im BGBl. vom 14.12.01[464] verkündet worden und am 15.12.01 in 1
Kraft getreten. Damit ist zugleich die Erste Verordnung zur Durchführung des Betriebsverfassungsgesetzes vom 16.1.72,[465] zuletzt geändert durch Verordnung vom 16.1.95,[466] außer Kraft getreten.
Die Vorschriften der **WO 1953** galten nur noch für die Wahlen der AN-Vertreter zum AR 2
gemäß §§ 76 und 77 BetrVG 1952. Durch in Kraft treten des DrittelbG vom 18.05.2004 ist das BetrVG 1952 außer Kraft und § 43 Abs. 2 WO wurde aufgehoben.

461 BGBl. I S. 2029.
462 BGBl. I S. 1795.
463 BGBl. I S. 594.
464 BGBl. I S. 3494.
465 BGBl. I S. 49.
466 BGBl. I S. 43.

Anhang B

Gesetz über Europäische Betriebsräte (EBRG) – Kommentierung

Neufassung vom 7. Dezember 2011 (BGBl. I S. 2650), zuletzt geändert durch Gesetz vom 14. Juni 2011 (BGBl. I S. 1050)

Vorbemerkung

Inhaltsübersicht

I. Die EG-Richtlinie als Grundlage des EBRG

1 Das nationale Arbeitsrecht beschränkt sich traditionellerweise auf die Unternehmens- und Konzernteile, die auf dem eigenen nationalen Territorium gelegen sind. In Deutschland wird nach den Regeln des deutschen Arbeitsrechts, in Frankreich nach denen des französischen, in Dänemark nach denen des dänischen gearbeitet (Einl. Rn. 232 f.). Dies hat zur Folge, dass **die außerhalb des Landes der** Unternehmens- bzw. **Konzernspitze tätigen Belegschaften nicht einmal informiert** werden müssen, bevor über ihr Schicksal entschieden und beispielsweise die Stilllegung ihres Betriebs verfügt wird.[1] Von Rechts wegen müssen sie erst eingeschaltet werden, wenn es um die konkrete Umsetzung geht: Hat die Konzernzentrale in Detroit entschieden, 20 % der Arbeitsplätze in den deutschen Niederlassungen einzusparen, so muss zwar nach den §§ 111 ff. über Interessenausgleich und Sozialplan verhandelt werden, doch geht es der Sache nach notwendigerweise nur noch um Folgenbewältigung; das eigentliche **Entscheidungszentrum** wird **nicht** einmal **am Verhandlungstisch** auftauchen. Auch deutsche Unternehmensleitungen werden der Versuchung häufig nicht widerstehen, gegenüber den bei ausländischen Tochtergesellschaften tätigen Belegschaften vollendete Tatsachen zu schaffen.[2]

2 Die Gefahr, dass Interessenvertretung bei transnational tätigen Unternehmen und Konzernen weithin leer läuft, wurde bereits in den 60er Jahren eingehend diskutiert;[3] inzwischen hat diese Problematik immer mehr an Bedeutung gewonnen.[4] Die **Internationalisierung** auch **der**

---

1 *Klinkhammer/Welslau,* AuR 94, 327.
2 Eingehend *Blank/Geissler/Jaeger,* S. 18 ff.; *Zügel,* S. 258 ff.
3 Nachweise bei *Däubler,* Grundrecht auf Mitbestimmung, S. 454 ff.
4 S. schon *Platzer,* Gewerkschaftspolitik ohne Grenzen? Die transnationale Zusammenarbeit der Gewerkschaften im Europa der 90er Jahre, 1991.

deutschen Wirtschaft ist **weiter gewachsen** (s. die Angaben Einl. Rn. 231). Auch »mittelständische« UN versuchen verstärkt, sich die Kostenvorteile ausländischer Standorte zunutze zu machen, mehr Marktnähe zu erreichen, verbliebene Handelsschranken zu umgehen oder Währungsparitäten auszunutzen.[5]

Dieser **Trend** besteht **weltweit.** Nach Angaben des World Investment Report 2000 der Welthandelskonferenz UNCTAD war schon vor zehn Jahren bereits jeder fünfte Beschäftigte außerhalb der Landwirtschaft bei einem der 63000 multinationalen UN (mit ca. 690000 Tochtergesellschaften) oder seinen Zulieferern beschäftigt. Der Umsatz der Multis wird für 1990 mit 5,5 Billionen Dollar, für 1999 auf 13,4 Billionen Dollar beziffert.[6] Sie produzieren in der Gegenwart mehr als ein Drittel des Weltsozialprodukts und bestreiten zwei Drittel des Welthandels.[7] Die wenigen Zahlen zeigen, dass es für BR und Gewerkschaften immer mehr zu einer **Überlebensfrage** wird, ihre **Arbeit zu internationalisieren** und die Beschränkung auf die rein nationale Perspektive aufzugeben. **3**

Im Rahmen der EU wurden erste Überlegungen für eine grenzüberschreitende Interessenvertretung im Zusammenhang mit der **Europäischen Aktiengesellschaft** angestellt.[8] Nach einem Anfang der 70er Jahre veröffentlichten Entwurf sollte diese einen »Europäischen Betriebsrat« besitzen, der stark am deutschen Recht orientiert war und in bestimmten wichtigen Angelegenheiten Vetorechte haben sollte.[9] Da die Europäische Aktiengesellschaft (aus guten Gründen)[10] bei den Mitgliedstaaten damals keine Zustimmung fand, blieb auch der zugehörige EBR Makulatur (zur Gegenwart s. Einl. Rn. 258 ff.). **4**

Der zweite Anlauf schien aussichtsreicher. Der Entwurf der (nach dem zuständigen Kommissionsmitglied benannten) **Vredeling-Richtlinie** sah Informationsrechte gegenüber der in anderen Mitgliedstaaten ansässigen Unternehmens- oder Konzernleitung vor.[11] Heftiger Widerstand insbesondere amerikanischer Unternehmen führte jedoch dazu, dass das Vorhaben nicht weiterverfolgt wurde.[12] **5**

Der dritte Versuch begann **Ende 1990** mit dem von der Kommission vorgelegten **Entwurf einer Richtlinie** »über die Einsetzung **Europäischer Betriebsräte** zur Information und Konsultation der Arbeitnehmer in gemeinschaftsweit operierenden Unternehmen und Unternehmensgruppen«,[13] der im Herbst 1991 in einigen kleineren Punkten modifiziert wurde.[14] Angesichts des englischen Widerstands bestand allerdings kaum Aussicht, die durch den damaligen Art. 100 a Abs. 2 EGV gebotene Einstimmigkeit im Rat zu erreichen. **6**

Die dadurch geschaffene Blockadesituation wurde beseitigt, nachdem der Maastrichter Vertrag einschließlich des **Abkommens über die Sozialpolitik** am 1.11.93 in Kraft getreten war.[15] In Letzterem war vorgesehen, dass die (damaligen) 11 Mitgliedstaaten (ohne Großbritannien) einstimmig oder mit Mehrheit Richtlinien zu weiten Bereichen der Sozialpolitik erlassen konnten. **7**

Von dieser Möglichkeit machte die Kommission **erstmals im** Zusammenhang mit der Richtlinie über Europäische Betriebsräte (im Folgenden: EBR-Richtlinie) **Gebrauch.** Nachdem sich die europäischen Sozialpartner nicht verständigen konnten, verlief das weitere Verfahren ungewöhnlich schnell: Nach Einschaltung des Wirtschafts- und Sozialausschusses sowie des Europäischen Parlaments beschloss der (aus den Vertretern von 11 Mitgliedstaaten bestehende) Rat am 18.7.94 einen sog. gemeinsamen Standpunkt,[16] der sich im Wesentlichen mit der **8**

---

5 *Klebe/Roth,* AiB 00, 749.
6 *Klebe/Roth,* AiB 00, 749.
7 *Eylert/Gotthardt* RdA 07, 91.
8 Eingehende historische Aufarbeitung auch der Einflussnahme der Gemeinschaft auf die nationalen Systeme der Interessenvertretung bei *Wunsch-Semmler,* S. 51 ff. und *Zügel,* S. 37 ff.
9 Einzelheiten bei *Birk,* ZfA 74, 47, 63 ff.
10 S. *Däubler,* KJ 90, 14 ff.; *Wißmann,* RdA 92, 320 ff.
11 Letzte Fassung: ABlEG vom 12.8.1983, Nr. C 217/3.
12 *Kolvenbach,* DB 86, 1976 f.; *ders.,* DB 91, 805.
13 ABlEG vom 15.2.91, Nr. C 39/10.
14 ABlEG vom 31.12.91, Nr. C 336/11.
15 BGBl. 1992 II S. 1253, 1993 II S. 1947, abgedruckt auch bei *Däubler/Kittner/Lörcher* unter Nr. 401 a.
16 Zu diesem *Klinkhammer/Welslau,* AuR 94, 327.

verbindlich gewordenen Fassung deckte. Die vom Europäischen Parlament in zweiter Lesung verlangten Änderungen, insbesondere die Herabsetzung der »Grenzwerte« für die Errichtung, blieben weithin unberücksichtigt.[17] Am 22.9.94 wurde die Richtlinie bei Stimmenthaltung Portugals verabschiedet.[18]

9 Der Regierungswechsel in **Großbritannien** im Jahre 1997 führte dazu, dass sich auch dieser Mitgliedstaat wieder in die EG-Sozialpolitik einklinkte. Einstimmig wurde die Richtlinie 97/74/EG v. 15.12.97 verabschiedet,[19] die die EBR-Richtlinie auf Großbritannien ausdehnte.[20] Die Bestimmungen des Maastrichter Abkommens über die Sozialpolitik wurden in die Amsterdamer Fassung des EG-Vertrags aufgenommen (Art. 135 ff.) und gelten heute im Wesentlichen unverändert als Art. 151 AEUV weiter. Auf die spezifischen Fragen, die sich aus dem Beitritt neuer Mitgliedstaaten ergaben, ist gesondert einzugehen (u. Rn. 30).

10 Nach ihrem Art. 15 hätte die **Anwendung der EBR-Richtlinie** schon im September 1999 **überprüft** werden müssen, doch eröffnete die Kommission erst im April 2004 ein entsprechendes offizielles Verfahren.[21] Nachdem die Arbeitgeberseite erklärt hatte, keinen Reformbedarf zu sehen, wurde gleichwohl erst im Februar 2008 das offizielle Verfahren zum Erlass einer Änderungsrichtlinie eingeleitet. Die ambitionierten Vorstellungen der Kommission zugunsten einer Stärkung des EBR wurden »in wenigen Wochen pulverisiert«.[22] Die weitere Diskussion konzentrierte sich nur noch auf **punktuelle Verbesserungen**; von einem »großen Wurf« konnte und sollte nicht mehr die Rede sein.[23] Unter französischer Präsidentschaft kam es im Dezember 2008 im Rat zu einem sog. gemeinsamen Standpunkt, dem auch das Europäische Parlament zustimmte. Am 23. April 2009 verabschiedete der Rat die neu gefasste EBR-Richtlinie, die als »**Richtlinie 2009/38/EG** des Europäischen Parlaments und des Rats vom 6. Mai 2009 über die Einsetzung eines Europäischen Betriebsrats oder die Schaffung eines Verfahrens zur Unterrichtung und Anhörung der Arbeitnehmer in gemeinschaftsweit operierenden Unternehmen und Unternehmensgruppen« am 15. Mai 2009 im Amtsblatt der EU veröffentlicht wurde.[24] Sie trat nach ihrem Art. 18 am 6. Juni 2009 in Kraft und war von den Mitgliedstaaten innerhalb von zwei Jahren umzusetzen.[25] Gegenüber den ursprünglichen Plänen hatte sich eine Verspätung von rund zehn Jahren ergeben.[26]

11 Die (alte wie die neu gefasste) Richtlinie lässt die im nationalen Rahmen bestehende Struktur der Interessenvertretung unberührt.[27] Angesichts historisch gewachsener Verschiedenheiten wäre eine andere Vorgehensweise von vornherein zum Scheitern verurteilt gewesen.[28] Neben und **in Ergänzung der nationalen Systeme wird ein EBR errichtet,** der seiner Funktion nach besser als »Europäischer Wirtschaftsausschuss« bezeichnet worden wäre.[29] Allerdings wäre auch eine solche Terminologie ein wenig missverständlich, da es sich beim EBR nicht um ein Hilfsorgan für die »eigentliche« Interessenvertretung handelt, sondern um eine eigenständige Größe.[30] Die Trennung zwischen nationaler und europäischer Ebene bezieht sich auch auf die Befugnisse des EBR und der nationalen Interessenvertretungen; insoweit sieht die neu gefasste Richtlinie in Art. 12 eine Koordinierung vor. Für die Rechte des WA ist dies ausdrücklich vom *LAG Niedersachsen*[31] bestätigt worden.[32] Das geltende Recht schreibt auch keine bestimmte

---

17 Einzelheiten bei *Wirmer,* DB 94, 2134.
18 EuroAS 10/1994, S. 3.
19 ABlEG v. 16.1.98, Nr. L 10/22.
20 Zu ihrer Umsetzung in GB s. *Kilian,* RdA 01, 166 ff.
21 *Blanke* AuR 09, 245.
22 *Gohde* dbr 3/09 S. 22. Zur rechtspolitischen Situation s. auch *Hayen,* AiB 08, 499 ff.
23 Vgl. *Franzen,* EuZA 10, 180, 197: »keine grundstürzenden Neuerungen«.
24 ABlEU Nr. L 122/28 ff.
25 Erste fundierte Analysen bei *Dorssemont/Blanke* (ed.), The Recast of the European Works Council Directive, Antwerp-Oxford-Portland 2010.
26 *Lorber,*in: Schlachter (ed.), S. 560.
27 *B. Gaul,* NJW 95, 229.
28 *Weiss,* FS Stahlhacke, S. 657 f.
29 *B. Gaul,* NJW 95, 230; *Hromadka,* DB 95, 1125; *Funke* DB 09, 564.
30 *Blanke,* Einl. Rn. 29; etwas abweichend *Oetker,* DB-Beilage 10/96, S. 6.
31 1.9.2004.
32 *Zimmer,* AiB 05, 207; der Text des Beschlusses ist unter www.euro-betriebsrat.de abrufbar.

zeitliche **Reihenfolge** für die **Einschaltung** des **EBR** und der **nationalen Instanzen** vor;[33] letztere (oder einige von ihnen) können durchaus als erste informiert werden. Zu beachten ist lediglich, dass die Beteiligung des EBR auch das Ziel der Gleichbehandlung aller Beschäftigten in der Gemeinschaft verfolgt, so dass der EBR nicht erheblich später als einzelne nationale Interessenvertretungen unterrichtet werden darf.[34]

Für die SE kann in einem vergleichbaren Verfahren ein **SE-BR** errichtet werden (Einzelheiten unten Anhang D, Rn 6 ff.), der eine **etwas bessere Rechtsposition** als der EBR besitzt.[35] Nach § 47 Abs. 1 SEBG kann daneben kein EBR errichtet werden. Der **Vorrang des SEBG** kommt aber dann nicht zum Tragen, wenn auf die Errichtung eines SE-BR durch Beschluss des Besonderen Verhandlungsgremiums verzichtet wird oder wenn die SE abhängiges UN in einem gemeinschaftsweit tätigen Konzern ist. Durch das SCE-Beteiligungsgesetz v. 14.8.06[36] ist die Bildung eines **SCE-Betriebsrats** bei der Europäischen Genossenschaft ermöglicht worden, der in Bezug auf Errichtung und Befugnisse weithin dem SE-BR entspricht. Anders als beim EBR dauert die Verhandlungsphase nur sechs Monate und kann einvernehmlich auf 12 Monate erweitert werden. Läuft die Frist ergebnislos ab, ist nach §§ 22 ff. SCE-BG ein SCE-BR kraft Gesetzes zu errichten. Bei **grenzüberschreitender Verschmelzung** von zwei UN wird der nationale Rahmen nicht verlassen; § 29 MgVU sieht daher nur vor, dass die bisherigen betrieblichen Interessenvertretungen ihre Funktion weiter erfüllen können. 12

II. Das EBRG

1. Entstehungsgeschichte und wesentlicher Inhalt

Der Anfang 1996 fertig gestellte Referentenentwurf,[37] wurde mit einigen kleineren Veränderungen[38] zum Regierungsentwurf.[39] Im Rahmen des Gesetzgebungsverfahrens schlug insbesondere der Bundesrat erhebliche Veränderungen vor,[40] denen jedoch die Zustimmung des Bundestags versagt blieb.[41] Die in der Richtlinie vorgesehene Frist (22.9.96) konnte nicht ganz eingehalten werden; das **EBRG** trat **am 1.11.1996 in Kraft**.[42] In anderen Mitgliedstaaten der EU ist die Umsetzung zum Teil schneller, zum Teil langsamer erfolgt.[43] Schwierigkeiten ergaben sich insbes. beim EWR-Mitglied Liechtenstein und bei Luxemburg, dessen Untätigkeit zu einer Verurteilung durch den *EuGH*[44] führte. Wegen der Einbeziehung Großbritanniens wurde das **EBR-Anpassungsgesetz** v. 22.12.1999[45] erlassen, das einige kleinere Änderungen brachte. Zur Umsetzung in **Spanien** s. *Schnelle,* Der Europ. BR in Spanien, 1999; zur Umsetzung in **Frankreich** *Bachner,* Die Rechtsstellung des EBR nach französ. und deutschem Arbeitsrecht, Diss. Bonn 1998 und *Glückert,* Die Implementierung der Richtlinie 94/95/EG über Europ. Betriebsräte in Deutschland und Frankreich, 2001; zu **Großbritannien** *Kilian* RdA 01, 166 ff. 13

In Übereinstimmung mit der Richtlinie sieht das Gesetz alternativ einen EBR oder ein spezielles Verfahren zur Unterrichtung und Anhörung vor. Erfasst sind gemeinschaftsweit tätige Unternehmen und Konzerne einer bestimmten Größenordnung (§§ 2 – 4 EBRG). 14

Anders als ein BR des deutschen Rechts wird der EBR nicht einfach von den Beschäftigten 15

---

33 *Blanke/Rose* RdA 08, 65 ff. Nach Art. 12 Abs. 2 der Richtlinie 2009/38/EG lässt sich allerdings durch Vereinbarung Abweichendes festlegen.
34 *Blanke/Rose* RdA 08, 65, 80.
35 *Blanke,* FS Nagel, S. 237.
36 BGBl. I 1911, 1917.
37 Zu diesem *Bachner/Kunz,* AuR 96, 81 ff.
38 BT-Drucks. 13/4520.
39 Dazu *Engels/Müller,* DB 96, 981.
40 BR-Drucks. 251/1/96.
41 Einzelheiten des Gesetzgebungsverfahrens bei *Müller,* Einl. Rn. 27 ff.
42 BGBl. I S. 1548, 1556, Art. 3.
43 Vgl. *Kolvenbach,* NZA 00, 518.
44 21.10.99, AuR 00, 37.
45 BGBl. I S. 2809.

gewählt, und auch das Unterrichtungs- und Anhörungsverfahren kann nicht von einem Tag auf den anderen begonnen werden. Vielmehr findet ein **Aushandlungsprozess zwischen** dem sog. **BVG** (= Besonderes Verhandlungsgremium) und der sog. **zentralen Leitung** statt, der zum Abschluss einer Vereinbarung führen soll, die dann Grundlage aller weiteren Aktivitäten ist. Kommt sie nicht zustande, tritt spätestens drei Jahre nach Stellung des Antrags auf Bildung des BVG ein »subsidiäres Modell« in Kraft, dessen Inhalt in den §§ 21 – 37 niedergelegt ist. Bestehende Vereinbarungen, die vor dem 22.9.1996 abgeschlossen wurden, die sich auf alle Beschäftigten eines gemeinschaftsweit tätigen UN erstrecken und die allen eine angemessene Beteiligung an der Unterrichtung und Anhörung ermöglichen, bleiben nach § 41 in Kraft und gehen der gesetzlichen Regelung vor. Fällt ein UN oder Konzern erst auf Grund der Einbeziehung Großbritanniens unter den Anwendungsbereich der Richtlinie, so waren entsprechende »Vorrang-Vereinbarungen« bis 15.12.1999 möglich (§ 41 Abs. 7 EBRG).

2. Das Änderungsgesetz

16 Durch Gesetz vom 14. Juni 2011[46] wurde die neu gefasste Richtlinie in deutsches Recht umgesetzt; es trat am **16. Juni 2011 in Kraft**. Damit wurde die gesetzte Frist nur vergleichweise geringfügig überschritten. Die wichtigsten Punkte sind die bessere Argumentationsmöglichkeiten eröffnende Definition der »Unterrichtung und Anhörung«, die Teilnahme der EBR-Mitglieder an Schulungs- und Bildungsveranstaltungen, das Recht zur Einschaltung von Sachverständigen sowie die Befugnis, bei **wesentlichen strukturellen Änderungen** im UN oder Konzern Verhandlungen über eine Anpassung der bestehenden Vereinbarung zu führen. Die Ausklammerung der »Altvereinbarungen« aus der Zeit vor 1996 bleibt bestehen; auch richten sich die zwischen dem 5. Juni 2009 und dem 5. Juni 2011 geschlossenen oder veränderten Vereinbarungen nach dem bisherigen Recht. Beides gilt jedoch bei »wesentlichen strukturellen Veränderungen« nicht. Für die sonstigen Vereinbarungen gilt grundsätzlich das neue Recht (näher § 41 Rn. 25 ff.).[47]

3. Auslegung

17 Da das **EBRG** die EBR-Richtlinien ausführt, ist es **richtlinienkonform zu interpretieren,** soweit sein Wortlaut Spielräume lässt. Wenn es in einem gerichtlichen Verfahren daher auf den Inhalt einer einzelnen Richtlinienbestimmung ankommt, sind die Gerichte aufgerufen, den *EuGH* einzuschalten; bei letztinstanzlicher Zuständigkeit besteht gemäß Art. 267 Abs. 3 AEUV (bisher: Art. 234 Abs. 3 EG) eine entsprechende Verpflichtung.[48] Scheidet wegen eindeutigen Wortlauts und Zwecks eine richtlinienkonforme Interpretation des EBRG aus, könnte ggf. die deutsche Norm außer Anwendung bleiben, doch wäre dies erst nach einer eindeutigen Entscheidung des *EuGH* praktisch vorstellbar.[49] Bei der Auslegung des EBRG wie der Richtlinie ist Art. 27 Grundrechtecharta zu beachten, wonach die AN oder ihre Vertreter ein Recht auf rechtzeitige Unterrichtung und Anhörung besitzen.[50]

4. Gerichtliche Durchsetzung

18 Nach § 2 a Nr. 3 b ArbGG sind die ArbG grundsätzlich für alle Angelegenheiten aus dem EBRG sachlich zuständig. § 82 Abs. 1 ArbGG regelt die örtliche Zuständigkeit im **Beschlussverfahren.** Nach seinem Satz 1 kommt es darauf an, in welchem Gerichtsbezirk der Betrieb liegt. In Angelegenheiten des GBR, des KBR, des WA und anderer Gremien wird nach Satz 2 auf den Sitz des UN abgestellt. Nach § 82 Abs. 2 Satz 1 ist in Angelegenheiten des EBR das ArbG zuständig, in dessen Bezirk das UN oder das herrschende UN seinen Sitz hat. Bei

46 BGBl. I S. 1050.
47 Überblick über die Gesetzesänderungen bei *Altmeyer* dbr 6/11 S. 18 ff.
48 Weitere Einzelheiten bei *Lörcher,* AuR 96, 301 f.
49 Vgl. *Blanke,* Einl. Rn. 32; *Hanau,* in: Hanau/Steinmeyer/Wank, § 19 Rn. 31.
50 Vgl. *Lorber* in: Schlachter, S. 559.

Vereinbarungen nach § 41 EBRG wird auf den Sitz des vertragschließenden UN abgestellt. Aus diesen Regelungen lässt sich schließen, dass EBR, besonderes Verhandlungsgremium und durch Vereinbarungen nach § 41 geschaffene Einrichtungen beteiligtenfähig sind;[51] insoweit dürften keine anderen Grundsätze als in den gewohnten betriebsverfassungsrechtlichen Strukturen gelten (Einl. Rn. 205 ff.). Geht es um die Konzernzugehörigkeit eines UN, ist auch dieses beteiligt. Die Zuständigkeit erstreckt sich weiter auf Streitigkeiten im Zusammenhang mit der Entsendung deutscher Belegschaftsvertreter in einen ausländischen EBR; insoweit geht es um eine Angelegenheit des GBR bzw. des KBR.[52] Die Entsendung bzw. Wahl bestimmt sich gemäß § 2 Abs. 4 EBRG nach deutschem Recht, auch wenn der EBR selbst einer anderen Rechtsordnung unterliegt.

Besteht **Streit über die Gültigkeit einer Vereinbarung** nach § 17 (s. dort) und wird ihre Unwirksamkeit festgestellt, so muss ein neues besonderes Verhandlungsgremium gebildet werden. Das frühere tritt nicht mehr in Funktion, es sei denn, man hätte für einen derartigen Fall ausdrücklich Entsprechendes vorgesehen. Wird ein bestimmter Inhalt der Vereinbarung rechtskräftig festgestellt, wirkt dies für und gegen alle Beteiligten. **19**

Erfüllt die zentrale Leitung bestimmte Pflichten nicht, ist gleichfalls ein Beschlussverfahren durchzuführen; der EBR bzw. die nationale Interessenvertretung im Falle des § 19 können insoweit **Erfüllung** beanspruchen. Praktische Bedeutung hat dies insbesondere für den Geschäftsbedarf des EBR einschließlich Dolmetscher- und Reisekosten sowie für das Recht, eine eigene Seite im konzernweiten Intranet zu bekommen, um so den Belegschaften über die eigenen Aktivitäten berichten zu können.[53] Auch die Ansprüche auf Information und Anhörung in Bezug auf die vertraglich fixierten Gegenstände können auf diesem Weg geltend gemacht werden. **20**

Besteht ein **EBR kraft Gesetzes,** kann dieser seine Rechte im Beschlussverfahren geltend machen. Dieses ist auch das geeignete Mittel, um ggf. die Frage zu klären, ob überhaupt die Voraussetzungen für die Bildung des EBR vorlagen, weil z. B. die vom Gesetz verlangte Mindestbeschäftigtenzahl zweifelhaft ist oder weil die Existenz einer nach § 41 EBRG vorgehenden Vereinbarung behauptet wird. **21**

Auch Gültigkeit, Inhalt und Befolgung von **Vereinbarungen nach § 41 Abs. 1 EBRG** können Gegenstand eines Beschlussverfahrens sein. § 82 Abs. 2 Satz 2 ArbGG regelt dabei die örtliche Zuständigkeit und erklärt den Sitz des vertragschließenden Unternehmens für maßgebend.[54] Haben mehrere Unternehmen die Vereinbarung unterzeichnet, hat mangels Gerichtsstandsvereinbarung die AN-Seite die Wahl.[55] **22**

Wird eine Maßnahme, über die die AN-Vertreter vorher hätten unterrichtet und angehört werden müssen, ohne deren Einschaltung begonnen oder gar durchgeführt, so können sie einen sofortigen Stopp bzw. eine Rückgängigmachung der Maßnahme verlangen, bis das Verfahren ordnungsgemäß abgeschlossen ist. Geeignetes Mittel hierfür ist die **einstweilige Verfügung.** Das Tribunal de Grande Instance von Nanterre hat im **Fall** *Renault/Vilvoorde* am 4.4.1997 in diesem Sinne entschieden,[56] wobei eine freiwillige Vereinbarung i. S. d. Art. 13 der Richtlinie (= § 41 EBRG) zugrunde lag. Das Berufungsgericht Versailles hat dies mit Urteil vom 7.5.1997 bestätigt.[57] Beide Gerichte haben sich darauf gestützt, der rechtswidrige Zustand der Nichtbeteiligung müsse beseitigt werden.[58] In neuerer Zeit ist in gleichem Sinne im Fall **23**

51 *Blanke,* Einl. Rn. 33, der zu Recht auch die AN-Vertretung nach § 19 und den Ausschuss nach § 26 einbezieht.
52 *BAG* 18.4.07 NZA 07, 1375; vgl. auch *Hanau,* in: Hanau/Steinmeyer/Wank, § 19 Rn. 41 sowie *LAG Düsseldorf,* 15.12.05, AuR 06, 254 als Vorinstanz.
53 Ablehnend die (nicht rechtskräftige) Entscheidung des *ArbG Lörrach* (26.6.13, AiB 2/14, 68) mit krit. Anmerkung *Meissner.* Gegen den Beschluss auch *Däubler,* NZA Heft 20/13 Editorial; *Wolmerath,* jurisPR-ArbR 38/2013 Anm. 6.
54 ErfK-*Eisemann,* § 82 ArbGG Rn. 2.
55 *B. Gaul,* NJW 96, 3385.
56 Wiedergegeben bei *Kolvenbach/Kolvenbach,* NZA 97, 697.
57 AuR 97, 299 mit Anm. *Rudolph.*
58 Ähnlich im Fall Marks und Spencer auf der Grundlage des französischen Rechts *Tribunal de Grande Instance de Paris* 9.4.01, AuR 02, 32.

Gaz de France und **Suez** entschieden worden, wo der Vollzug der Fusion durch einstweilige Verfügung so lange gestoppt wurde, bis die beteiligten EBRs jeweils ein Gutachten einer unabhängigen Beratungsfirma in Händen hatten und zehn Tage später darüber befinden konnten.[59] Eine ähnliche gerichtliche Intervention gab es, als die Firma **Thomson** ihre DVD-Produktion von Luxemburg und Großbritannien nach Polen verlagern[60] und die **British Airways** einen Teil ihrer Aktivitäten auf dem Flughafen Wien an die Fraport übertragen wollte.[61] Dasselbe widerfuhr der Firma **Tenneco in Spanien,** wo das Oberste Gericht von Asturien am 14.2.2014 eine von der US-Konzernmutter verfügte Betriebsschließung stoppte, weil der EBR nicht konsultiert worden war.[62] Obwohl der Gang zum Arbeitsgericht für deutsche Betriebsräte nichts Ungewöhnliches ist und nicht selten Anträge gestellt werden, dem AG während schwebender Verhandlungen über einen Interessenausgleich die Vornahme von Kündigungen durch einstweilige Verfügung zu untersagen (dazu §§ 112, 112 a Rn. 52 ff.), haben sich deutsche EBRs bislang gescheut, in vergleichbarer Weise vorzugehen.[63] In einem einzigen ähnlich gelagerten Fall[64] kam es zu einer einvernehmlichen Regelung. In einer Entscheidung vom 8.9.11 hat das *LAG Köln*[65] den Erlass einer einstweiligen Verfügung abgelehnt. Das EBRG sehe keine Vorschrift nach Art des § 23 Abs. 3 BetrVG vor, aus der sich ein Unterlassungsanspruch ergeben könne, der Grundlage für eine einstweilige Verfügung wäre. Auch habe der EBR kein Mitwirkungsrecht wie es dem deutschen Betriebsrat beim Interessenausgleich zustehe. Dem ist entgegenzuhalten, dass sich vom verfahrensmäßigen Ablauf und von den Einwirkungsmöglichkeiten her »Unterrichtung und Anhörung« sehr wohl mit den Verhandlungen über einen Interessenausgleich vergleichen lassen, weil in beiden Fällen eine vollständige Information und ein vollständiger Austausch von Argumenten vom Gesetz her geboten sind. Auch sind **Unterrichtung und Anhörung sinnlos,** wenn zuvor **vollendete Tatsachen geschaffen** wurden.[66] Art. 11 Abs. 2 der Richtlinie verpflichtet die Mitgliedstaaten, durch geeignete Maßnahmen dafür zu sorgen, »dass Verwaltungs- oder Gerichtsverfahren vorhanden sind, mit deren Hilfe die Erfüllung der sich aus dieser Richtlinie ergebenden Verpflichtungen durchgesetzt werden kann«. Insoweit ist die Rechtslage noch eindeutiger als beim Parallelproblem der Vornahme einer Betriebsänderung ohne Einschaltung des BR (dazu §§ 112, 112 a BetrVG Rn. 52 ff.).[67] Auch im EBRG haben die ausdrücklich vorgesehenen (bescheidenen) Sanktionen keinen abschließenden Charakter.[68] Ohne Bedeutung ist, ob die Rechte auf Information und Anhörung auf einer Vereinbarung nach den §§ 17 ff. EBRG, auf den Rechten eines gesetzlichen EBR oder auf einer Vereinbarung i. S. d. § 41 EBRG beruhen. Andere Gerichte sind nicht an die Entscheidung des LAG Köln gebunden. Zu Durchsetzungsmöglichkeiten in anderen EU-Mitgliedstaaten s. den ersten Überblick bei *Büggel.*[69]

24 Ein gewichtiger potentieller Streitpunkt ist die verspätete Unterrichtung und »Anhörung« des BR z. B. angesichts von Umstrukturierungsmaßnahmen. Schon aus dem Begriff der Unterrichtung in § 1 Abs. 4 n. F. folgt, dass der Austausch von Argumenten zu einem Zeitpunkt erfolgen muss, wo noch Einfluss auf den Entscheidungsprozess genommen werden kann.[70]

59 Dazu eingehend *Altmeyer* AiB 07, 504. Der Stopp dauerte eineinhalb Jahre: *Altmeyer,* dbr 6 – 7/11 S. 20. Zum Fall »Gaz de France« s. *Seifert,* EuZA 2009, 557 ff.

60 *Altmeyer* AiB 07, 504, dort sowie in AiB 07, 43 noch weitere Beispiele; s. weiter auch *Büggel* dbr 12/08 S. 18 ff.

61 Arbeitsgericht Brüssel (Arbeidsrechtbank van Brussel) 6.12.2006 (Angelegenheit No 73/06).

62 Tribunal Superior de Justicia Asturias, Sentencia 5/14, nachlesbar unter http://blog.beck.de/2014/04/23/spanisches-gericht-stoppt-betriebsstilllegung-ohne-vorherige-konsultation. In einer separaten Entscheidung wurde auch der Abtransport von Maschinen ausdrücklich verboten.

63 Kritisch dazu auch *Büggel* dbr 12/08 S. 20.

64 Dazu *Zimmer* AiB 05, 207 – Forbo.

65 *LAG Köln* 8.9.11, AiB 12, 126 mit krit. Anm. *Hayen.*

66 *Büggel/Buschak,* AiB 00, 420; *Däubler,* Arbeitsrecht 1, Rn. 1226; *Lorenz/Zumfelde,* RdA 98, 171; anders MünchArbR-*Joost,* 2. Aufl., § 367 Rn. 73; HWK-*Giesen* EBRG Rn. 45.

67 Auf eine richtlinienkonforme Auslegung stützt auch *Forst* (ZESAR 13, 15, 21) den Unterlassungsanspruch und lehnt deshalb die Entscheidung des *LAG Köln* ab.

68 *Lorenz/Zumfelde,* RdA 98, 171; *Hayen* AiB 12, 127 ff.

69 AiB 02, 760 ff.

70 S. statt aller *Blanke/Rose* RdA 08, 67 ff.; *Büggel* dbr 12/08 S. 18 ff.

Bisweilen kommt es auch zu einer **Informationsverweigerung** durch die zentrale Leitung, die sich **auf den** in § 35 EBRG niedergelegten **Schutz von Betriebs- und Geschäftsgeheimnissen** beruft. Die vergleichsweise sinnvolle Regelung des § 109 BetrVG, wonach in solchen Fällen zunächst eine betriebliche Einigungsstelle entscheidet, hat keine Aufnahme in das EBRG gefunden. Im Rahmen des gesetzlichen Modells kann sie daher nicht Platz greifen,[71] so dass insoweit sofort die ArbG zur Streitentscheidung berufen sind. Im Bereich einer freiwilligen Vereinbarung könnte man sich eine andere Regelung vorstellen. Dabei wäre allerdings ggf. auch daran zu denken, einen Schiedsgutachtervertrag mit einer neutralen Person zu schließen, die eine verbindliche Feststellung darüber trifft, ob durch die Preisgabe bestimmter Informationen Betriebs- oder Geschäftsgeheimnisse des Unternehmens oder der Unternehmensgruppe gefährdet werden.

III. Die Praxis des EBR

1. Recht und Realität

Nach einer »Stellungnahme« des Europäischen Wirtschafts- und Sozialausschusses vom 24.9.2003[72] existierten Ende 2002 **639 EBR**; bis Juni 2005 war ihre Zahl **auf 784 angewachsen.**[73] Im April 2011 belief sie sich auf **978.**[74] Inzwischen ist sie nach Angaben des Europäischen Gewerkschaftsinstituts auf 1087 angestiegen.[75] Damit sind über 40 % der UN und Konzerne erfasst, die nach der Richtlinie bzw. den nationalen Ausführungsgesetzen einen EBR errichten müssten.[76] Da vorwiegend in Großunternehmen von den Möglichkeiten der Richtlinie und des jeweiligen Gesetzes Gebrauch gemacht wird, werden insgesamt ca. 14,5 Mio AN von einem EBR repräsentiert.[77] 431 Gremien waren bereits **vor dem 22. September 1996** errichtet worden, als die Beteiligten noch nicht an die Vorgaben der Richtlinie gebunden waren (s. § 41 Rn. 1 ff. EBRG).[78] Dies hatte insbesondere der Arbeitgeberseite einen erweiterten Gestaltungsspielraum eröffnet. Die seither gegründeten EBRs beruhen in der Regel auf einer Vereinbarung; das subsidiäre gesetzliche Modell greift nur in absoluten Ausnahmesituationen ein.[79] Das European Trade Union Institute (ETUI) hat die Texte vorhandener Vereinbarungen dokumentiert, abrufbar unter http://www.ewcdb.eu/agreements.php. Durch den Hinzutritt von 10 neuen Mitgliedstaaten im Jahre 2004 und von Rumänien, Bulgarien und Kroatien hat sich die potentielle Zahl der EBR nicht unwesentlich erhöht. 25

Die **Praxis** der bestehenden Gremien ist sehr **unterschiedlich.** Sie reicht von der bloßen Existenz eines E-Mail-Verteilers über inhaltslose Repräsentationsveranstaltungen bis hin zur Existenz eines Organs der Interessenvertretung mit eigener Identität.[80] Eine breit angelegte empirische Untersuchung hat ergeben, dass in einer so zentralen Frage wie der Umstrukturierung von UN der EBR nur in 19,9 % der Fälle konsultiert und um seine Meinung gefragt wurde, bevor eine endgültige Entscheidung gefallen war.[81] 26

Weshalb bleibt ähnlich wie im Bereich des BetrVG die **Realität weit hinter dem Recht zurück?** 27

---

71 Kritisch *Lörcher,* AuR 96, 298; *Weiss,* in: Blanpain/Hanami, S. 160.
72 Abrufbar unter www.euro-betriebsrat.de.
73 Abrufbar unter www.euro-betriebsrat.de.
74 *Altmeyer* dbr 6/11 S. 19.
75 http://www.ewcdb.eu/statistics_graphs.php (abgerufen am 19.5.2015). Darunter befanden sic 1004 multinationale Konzerne – die geringere Zahl ergibt sich daraus, dass manche Konzerne mehr als einen EBR besitzen.
76 Vgl. *Blanke,* AuR 09, 242, 244: 2169 UN und Konzerne unterfallen nach der Osterweiterung der Richtlinie.
77 *Blanke* AuR 09, 242, 244.
78 Zahlenangabe nach *Altmeyer,* dbr 6/11 S. 18.
79 *Büggel/Buschak,* AiB 00, 421; Beispiele bei *Altmeyer,* AiB 03, 310.
80 *Klebe/Roth,* AiB 00, 750; 4 Fallstudien bei *Eberwein/Tholen/Schuster,* 12 Fallstudien bei *Kotthoff.* Über praktische Schwierigkeiten informiert *M. Böhm* AiB 4/14, 29, Handlungsmöglichkeiten benennt *D. Meissner* AiB 4/14, 25.
81 *Waddington* WSI-Mitt. 06, 560, 564. Überblick über neuere Untersuchungen bei *Zimmer* EuZA 2013, 459, 461 ff.

Soweit man dies derzeit beurteilen kann, sind hierfür **verschiedene Gründe** maßgebend.[82] Für die Arbeitnehmerseite stellt die Verhandlung über einen EBR einen Schritt in Neuland dar, der ein hohes Maß an Kompetenz und Engagement voraussetzt. Außerdem kann die Gefahr bestehen, dass ein gegen den Willen der zentralen Leitung errichteter EBR die informellen Regeln in Frage stellt, die sich im Umgang zwischen Interessenvertretung und Arbeitgeberseite herausgebildet haben. Im Einzelfall kann es sogar zu einer **Verweigerungsstrategie der Arbeitgeberseite** kommen.[83] Daneben wird es Konstellationen geben, in denen die nationale Interessenvertretung durch zahlreiche Probleme im eigenen Land absorbiert wird, ohne dass Konflikte mit transnationaler Dimension absehbar wären. Eine französische Studie belegte erhebliche Defizite im Bereich Information und Kommunikation.[84] Schließlich können sich kulturelle Unterschiede in der Weise manifestieren, dass man nicht gerne »mit denen da« im selben Gremium sitzen will.[85]

2. Der EBR als Verhandlungspartner

28 In einer Reihe von Fällen gut funktionierender Europäischer Betriebsräte gelang es, **die bloße Beratungsfunktion zu verlassen** und mit gewerkschaftlicher Unterstützung zum effektiven Verhandlungspartner der Arbeitgeberseite zu werden. Voraussetzung ist die Herausbildung eines Vertrauensverhältnisses zwischen den Mitgliedern des EBR sowie die Entschlossenheit, sich **nicht der Standortkonkurrenz zu unterwerfen,** sondern sich um eine gleichmäßige Verteilung von Chancen und Risiken im Konzern zu bemühen. Der **EBR** der **General-Motors-Gruppe** hat insoweit Vorreiterfunktion erlangt: Koordinierte Abwehr eines Kostensenkungsprogramms im Jahre 1997,[86] europäische Flugblattaktion und Abschluss eines alle europäischen Niederlassungen umfassenden Rahmenvertrages anlässlich der Allianz GM – Fiat im Jahre 2000,[87] europaweiter Aktionstag am 25.1.2001, bei dem wegen der Umstrukturierungspläne der Konzernspitze, insbesondere wegen der geplanten Schließung eines englischen Werkes, ca. **40000 Arbeitnehmer vorübergehend die Arbeit niederlegten.**[88] Ergebnis war ein weitreichender »Beschäftigungssicherungs- und Standortvertrag«.[89] Auch bei der Ausgliederung von **Visteon** aus dem **Ford-Konzern** kam es zu einer vertraglichen Abmachung mit dem EBR, die den betroffenen Beschäftigten einen Bestandsschutz verschaffte, der weit über § 613 a BGB und die ihm zugrunde liegende EG-Richtlinie hinausging.[90] Besondere Erwähnung verdient auch die Arbeit des EBR bei Unilever.[91] Über weitere Abmachungen wird regelmäßig unter www.euro-betriebsrat.de berichtet.[92] Auch Diskriminierungsverbote sind zum Regelungsgegenstand geworden,[93] desgleichen Gesundheitsschutz sowie Aus- und Weiterbildung.[94] Themenbereiche dieser Art haben den Vorteil, dass es anders als bei Fragen der Standortkonkurrenz einheitliche AN-Interessen gibt. Die EU-Kommission hat eine Datenbank mit insgesamt 215 Abmachungen dieser Art angelegt, die allerdings auch Vereinbarungen über die Errichtung eines EBR enthält.[95]

29 Die rechtliche Einordnung dieser **Abmachungen** hat bislang keine besondere Aufmerksamkeit

82 *Platzer u. a.,* Transfer 01, 97 ff.
83 S. den Fall *BAG* 27.6.00, NZA 00, 1330.
84 *Kollewe,* AiB 05, 577.
85 Dazu einige Andeutungen bei *Bobke,* AiB 1/15 S. 40.
86 *Eller-Braatz/Klebe,* WSI-Mitt 98, 442 ff.
87 *Klebe/Roth,* AiB 00, 753.
88 Schilderung bei *Röper,* EuroAS 01, 87 ff.
89 Wiedergegeben in AuR 01, 183; s. auch *Herber/Schäfer-Klug,* Mitb 9/02 S. 51 ff.
90 *Klebe/Roth,* AiB 00, 752; weitere Beispiele bei *Altmeyer,* AiB 03, 311, *Schiek,* RdA 01, 221 und *Zimmer* AiB 03, 624; Formulierungsvorschläge in DKKWF-*Däubler,* EBRG Rn. 42 ff.
91 Dazu *Herrmann,* AiB 4/14, 64.
92 Weitere Beispiele bei *Marhold,* ZESAR 13, 251.
93 *Zimmer* AiB 07, 394.
94 *Waddington* WSI-Mitt. 06, 565.
95 Die Datenbank ist abrufbar unter http://ec.europa.eu/social/main.jsp?catId=978 (zuletzt aufgerufen am 14.6.2013). Vgl. weiter *Rüb/Platzer/Müller,* Transnationale Unternehmensvereinbarungen, S. 17 ff. und *Zimmer* EuZA 2013, 459, 463 ff.

erfahren, da ihre **Einhaltung** für alle Beteiligten **selbstverständlich** ist. Die »**Charta der Grundrechte der EU**« – als Teil des Lissabon-Vertrages mittlerweile geltendes Recht – garantiert in Art. 28 den **Abschluss von Tarifverträgen und** die **Durchführung von Streiks,** die nicht von Gewerkschaften organisiert sein müssen.[96] Sie bindet die Gemeinschaftsorgane sowie die Mitgliedstaaten dann, wenn diese Unionsrecht umsetzen.[97] Soweit ein EBR aktiv wird, bewegt er sich – anders als nationale Interessenvertretungen – im Rahmen des Unionsrechts und kann sich daher auf Art. 28 der Charta berufen. Welche Folgen sich daraus ergeben, bedarf noch näherer Untersuchung. Werden Abmachungen mit der zentralen Leitung getroffen, so unterliegen diese normalerweise dem Recht, das auch für die Vereinbarung über die Errichtung des EBR maßgebend ist; zu diesem bestehen die engsten Verbindungen.[98] Ob und inwieweit die in Art. 16 garantierte **unternehmerische Freiheit** einzelnen besonders weitgehenden Forderungen Schranken zieht, ist derzeit nicht erkennbar; auch ist zweifelhaft, ob Art. 16 nur auf natürliche oder auch auf juristische Personen anwendbar ist.[99] Das eigentliche Problem liegt in der Interpretation der wirtschaftlichen Grundfreiheiten als Beschränkungsverbote mit absoluter Drittwirkung, was dazu führt, dass Tarifverträge und Arbeitsniederlegungen nur noch mit ganz bestimmten Gründen zu rechtfertigen sind, sofern sie die Ausübung der Niederlassungs- oder der Dienstleistungsfreiheit »weniger attraktiv« machen.[100] Dies würde wahrscheinlich auch für den Fall gelten, dass ein EBR eine Vereinbarung mit der zentralen Leitung schließt, wonach die bisherigen Standorte für fünf Jahre beibehalten werden. Inwieweit der EBR in solchen Fällen unter Berufung auf Art. 28 der Charta auch zum Streik aufrufen könnte, ist bislang noch kaum angesprochen und erst recht nicht geklärt.[101]

3. Zusammenlegung von EBR und KBR

In der Praxis gibt es Überlegungen, aus EBR und KBR ein einheitliches Gremium zu machen. **29a**
Dies liegt insbesondere dann nahe, wenn der größere Teil der zum Konzern gehörenden UN im Inland angesiedelt ist und deshalb die KBR-Mitglieder einen großen Teil des EBR ausmachen. Voraussetzung ist, dass die EBR-Vereinbarung und die Vereinbarung über die Zusammensetzung des KBR nach § 55 Abs. 4 insoweit übereinstimmen, als dieselben Gremien dieselbe Anzahl von Personen entsenden können und sich faktisch für eine Personalunion entscheiden. Die **Einbeziehung** ausländischer Interessenvertreter **in den KBR** ist möglich und in bezug auf Niederlassungen innerhalb der EU sogar geboten, da das LG Frankfurt[102] eine **unerlaubte Diskriminierung wegen der Staatsangehörigkeit** eines anderen EU-Mitgliedstaats dann annimmt, wenn die dort in einer abhängigen Gesellschaft beschäftigten AN aus der deutschen Unternehmensmitbestimmung ausgeklammert werden und nicht einmal bei der Bestimmung der Konzern- und UN-Größe mitzählen. Für die **Ausklammerung aus dem KBR** kann nichts anderes gelten. Soweit Einvernehmen mit der AG-Seite erzielt wird, dürfte auch die Einbeziehung von Vertretern aus Drittstaaten keine Probleme aufwerfen. Der Vertreter der ausländischen Niederlassungen könnten dann im Rahmen der Zuständigkeit des KBR mitbestimmen; die abgeschlossenen **KBVen** müssten **nach Maßgabe des** jeweiligen **ausländischen Rechts vollzogen** werden. Wie die Rechtsprechung des BAG[103] zeigt, ist dies weniger neu als es auf den ersten Blick erscheinen mag: Ist beispielsweise ein deutsches Unternehmen aufgrund der tariflichen Durchführungspflicht gehalten, den Inhalt eines Firmentarifs auch

---

96 Text in: BlfdtuintPol 00, 1398 ff.
97 *Hanau* NZA 10, 1 ff.
98 Zu deren Bestimmung s. unten § 17 Rn 2 ff. Ebenso *Deinert*, Internationales Arbeitsrecht, § 17 Rn. 30. Diese Möglichkeit ist völlig übersehen bei *Rehberg*, NZA 13, 73, der stattdessen dafür plädiert, die Abmachung aufzuspalten und in jedem Land nach der dort bestehenden Rechtsordnung zu behandeln. Für das Abstellen auf die engsten Verbindungen *Zimmer* EuZA 2013, 459, 470 f.
99 *Däubler*, BlfdtuintPol 00, 1318.
100 Näher *Däubler* AuR 08, 409 ff.
101 Zu den Anwendungsfällen des Art. 28 GR-Charta s. Däubler-*Heuschmid*, Arbeitskampfrecht, § 11 Rn 166 ff.
102 16.2.15, ZIP 15, 634.
103 11.9.91 AP Nr. 29 zu Internationales Privatrecht Arbeitsrecht.

auf die bei einer ausländischen Tochtergesellschaft nach ausländischem Recht beschäftigten Arbeitnehmer zu erstrecken, so ist – wenn eine normative Wirkung deutscher Kollektivverträge nach dortigem Recht nicht in Betracht kommt – von den Möglichkeiten der Vertragsfreiheit Gebrauch zu machen und eine gleichwertige Regelung zu vereinbaren.[104]

IV. Probleme bei der EU-Erweiterung

30 Am **1.5.2004** wurde der Beitritt von **10 neuen Mitgliedstaaten** wirksam. Die **EBR-Richtlinie erstreckte sich von da an auch auf sie**, da Ausnahmeregelungen oder Übergangsfristen nicht vorgesehen waren. Dieselbe Situation ergab sich beim Beitritt von **Bulgarien und Rumänien** am 1.1.2007 sowie beim Beitritt von Kroatien am 1.7.2013. Bei der Bildung neuer EBRs waren nunmehr auch die Standorte in den Beitrittsländern zu berücksichtigen, was auch bei laufenden Verhandlungen zwischen dem BVG und der zentralen Leitung zu berücksichtigen war. Bei bestehenden EBRs, die Vertreter aus den Beitrittsländern bereits als Vollmitglieder hatten, änderte sich nichts. In allen übrigen Fällen lag eine Veränderung der einzubeziehenden Niederlassungen vor, die nicht anders als der Hinzukauf von Unternehmen zu behandeln war.[105]

104 BAG a. a. O. unter III 2 c.
105 Eingehend s. Vorauflage sowie *Franzen* BB 04, 939 ff.

Erster Teil
Allgemeine Vorschriften

§ 1 Grenzübergreifende Unterrichtung und Anhörung

(1) Zur Stärkung des Rechts auf grenzübergreifende Unterrichtung und Anhörung der Arbeitnehmer in gemeinschaftsweit tätigen Unternehmen und Unternehmensgruppen werden Europäische Betriebsräte oder Verfahren zur Unterrichtung und Anhörung der Arbeitnehmer vereinbart. Kommt es nicht zu einer Vereinbarung, wird ein Europäischer Betriebsrat kraft Gesetzes errichtet.

(2) Der Europäische Betriebsrat ist zuständig in Angelegenheiten, die das gemeinschaftsweit tätige Unternehmen oder die gemeinschaftsweit tätige Unternehmensgruppe insgesamt oder mindestens zwei Betriebe oder zwei Unternehmen in verschiedenen Mitgliedstaaten betreffen. Bei Unternehmen und Unternehmensgruppen nach § 2 Absatz 2 ist der Europäische Betriebsrat nur in solchen Angelegenheiten zuständig, die sich auf das Hoheitsgebiet der Mitgliedstaaten erstrecken, soweit kein größerer Geltungsbereich vereinbart wird.

(3) Die grenzübergreifende Unterrichtung und Anhörung der Arbeitnehmer erstreckt sich in einem Unternehmen auf alle in einem Mitgliedstaat liegenden Betriebe sowie in einer Unternehmensgruppe auf alle Unternehmen, die ihren Sitz in einem Mitgliedstaat haben, soweit kein größerer Geltungsbereich vereinbart wird.

(4) Unterrichtung im Sinne dieses Gesetzes bezeichnet die Übermittlung von Informationen durch die zentrale Leitung oder eine andere geeignete Leitungsebene an die Arbeitnehmervertreter, um ihnen Gelegenheit zur Kenntnisnahme und Prüfung der behandelten Frage zu geben. Die Unterrichtung erfolgt zu einem Zeitpunkt, in einer Weise und in einer inhaltlichen Ausgestaltung, die dem Zweck angemessen sind und es den Arbeitnehmervertretern ermöglichen, die möglichen Auswirkungen eingehend zu bewerten und gegebenenfalls Anhörungen mit dem zuständigen Organ des gemeinschaftsweit tätigen Unternehmens oder der gemeinschaftsweit tätigen Unternehmensgruppe vorzubereiten.

(5) Anhörung im Sinne dieses Gesetzes bezeichnet den Meinungsaustausch und die Einrichtung eines Dialogs zwischen den Arbeitnehmervertretern und der zentralen Leitung oder einer anderen geeigneten Leitungsebene zu einem Zeitpunkt, in einer Weise und in einer inhaltlichen Ausgestaltung, die es den Arbeitnehmervertretern auf der Grundlage der enthaltenen Informationen ermöglichen, innerhalb einer angemessenen Frist zu den vorgeschlagenen Maßnahmen, die Gegenstand der Anhörung sind, eine Stellungnahme abzugeben, die innerhalb des gemeinschaftsweit tätigen Unternehmens oder der gemeinschaftsweit tätigen Unternehmensgruppe berücksichtigt werden kann. Die Anhörung muss den Arbeitnehmervertretern gestatten, mit der zentralen Leitung zusammenzukommen und eine mit Gründen versehene Antwort auf ihre etwaige Stellungnahme zu erhalten.

(6) Zentrale Leitung im Sinne dieses Gesetzes ist ein gemeinschaftsweit tätiges Unternehmen oder das herrschende Unternehmen einer gemeinschaftsweit tätigen Unternehmensgruppe.

(7) Unterrichtung und Anhörung des Europäischen Betriebsrats sind spätestens gleichzeitig mit der der nationalen Arbeitnehmervertretungen durchzuführen.

Inhaltsübersicht

I. Überblick

1 § 1 enthält in Abs. 1 bis 3 grundlegende Zielsetzungen und fügt in Abs. 4 bis 6 wichtige Definitionen hinzu. Abs. 7 betrifft das Verhältnis zu den Interessenvertretungen nach nationalem Recht.

II. Das Ziel des Gesetzes

2 Nach Abs. 1 Satz 1 verfolgt das Gesetz in Übereinstimmung mit der Einleitungsbestimmung der Richtlinie das Ziel, das **Recht** der AN **auf Unterrichtung und Anhörung** in »gemeinschaftsweit operierenden Unternehmen und Unternehmensgruppen« **zu stärken.** Dies setzt voraus, dass es bereits Rechte auf Einbeziehung der grenzüberschreitenden Dimension gibt (»Stärkung«), was im deutschen Recht etwa im Rahmen der Informationsansprüche des WA zu berücksichtigen ist (§ 106 BetrVG Rn. 49 ff.). Für den kraft Gesetzes entstehenden EBR sind die grenzübergreifenden Angelegenheiten in den §§ 29 ff. EBRG näher umschrieben; in den durch Vereinbarung geregelten Fällen entscheiden die Beteiligten über die Abgrenzung der Vorgänge, die »grenzübergreifenden« Charakter haben.

3 Abs. 1 enthält weiter die grundsätzliche Alternative zwischen EBR und Verfahren zur Unterrichtung und Anhörung; soweit die Beteiligten nicht zu einer Vereinbarung kommen, wird als »Auffanglösung« ein EBR kraft Gesetzes errichtet. Mit dem Vorrang vertraglicher Lösungen soll dem **Subsidiaritätsprinzip** Rechnung getragen werden.

III. Welche Angelegenheiten müssen einbezogen werden?

4 Abs. 2 Satz 1 umschreibt den grenzübergreifenden Charakter von Angelegenheiten, auf die sich das Gesetz bezieht. Notwendig ist danach, dass entweder das gemeinschaftsweit tätige UN oder die gemeinschaftsweit tätige UN-Gruppe insgesamt oder zumindest **zwei Betriebe** oder zwei Unternehmen **in verschiedenen EU-Ländern betroffen** sind. Umstritten ist dabei allein, ob es genügt, wenn **in einem Staat eine Entscheidung** getroffen wird, die ausschließlich **in einem andern Staat Auswirkungen** hat. Dies ist etwa der Fall, wenn die im Staat A ansässige Konzernspitze einen Betrieb im Staat B schließen will. Der Wortlaut spricht eher dafür, diesen Fall auszuklammern, da im Land des Entscheidungszentrums keine Auswirkungen eintreten.[106] Auf der anderen Seite geht die amtliche Begründung von einer Einbeziehung aus.[107] Letzteres entspricht dem Sinn der Richtlinie und des Gesetzes, da auch in solchen Fällen andere Niederlassungen typischerweise mittelbar betroffen sind.[108] Weiter bestünde bei der ersten Auffassung die Gefahr, dass die Belegschaft in dem betroffenen Land überhaupt nicht beteiligt würde, wenn das nationale Recht – was häufig der Fall ist – nur rein nationale Vorgänge erfasst.[109] Eine solche Lücke bestehen zu lassen, lässt sich nicht mit dem Gedanken der »Stärkung« der Arbeitnehmerbeteiligung rechtfertigen. In gleichem Sinn hat das **Arbeitsgericht Brüssel** (Arbeidsrechtbank van Brussel) am 6.12.2006 (Angelegenheit No 73/06) entschieden, als es der British Airways per einstweiliger Verfügung verbot, die in England getroffene Entscheidung, bestimmte Aufgaben am Flughafen Wien im Wege des Outsourcings an die Fraport zu vergeben, ohne Unterrichtung und Anhörung des EBR in die Realität umzusetzen. Davon wollte ersichtlich auch die neue Richtlinie nicht abweichen.[110] Dies entspricht der inzwischen auch in Deutschland herrschenden Auffassung.[111]

---

106 Ebenso *Thüsing/Forst* NZA 10, 408, 411.

107 BT-Drucksache 17/4808 S. 9 f.

108 *Hayen* AiB 11, 15; *Hohenstatt/Kröpelin/Bertke* NZA 11, 1314. Ebenso schon zum bisherigen Recht *Sandmann* S. 212.

109 Ebenso *Gohde* dbr 3/09 S. 22.

110 Vgl. auch Erwägungsgrund 16, der auch die betroffene Leitungsebene als zu berücksichtigendes Element nennt. Dazu *Hayen* AiB 09, 401 und in: Hako-BetrVG § 1 EBRG Rn. 4 (im Erg. wie hier).

111 *Blanke* § 31 Rn. 4; MünchArbR-*Joost* § 275 Rn. 35; *Maiß/Pauken* BB 13, 1589; GK-*Oetker* § 1 EBRG Rn. 5; *Sandmann*, S. 212; a. A. AKRR-*Annuß* Rn. 6; *Thüsing/Forst* NZA 09, 408, 410.

Liegt die zentrale Leitung außerhalb der EU und des EWR, ist nach Abs. 2 Satz 2 ausschließlich auf die Auswirkungen innerhalb der Union abzustellen. Durch Vereinbarung kann aber ein größerer Geltungsbereich festgelegt werden. 5

IV. Wer muss einbezogen werden?

Nach Abs. 3 sind alle Betriebe und UN einzubeziehen, die sich in einem Mitgliedstaat (dazu § 2 Rn. 5) befinden. Selbst Kleinstbetriebe können deshalb nicht ausgeklammert bleiben. Einen Grenzwert wie in § 1 BetrVG gibt es nicht. Das EBRG hat genau wie die Richtlinie insoweit universelle Geltung.[112] 6

Betriebe und **Unternehmen in sog. Drittstaaten,** also in Ländern außerhalb des Geltungsbereichs der Richtlinie, können einvernehmlich in die Bildung des EBR bzw. des Verfahrens zur Unterrichtung und Anhörung sowie bereits in die Verhandlungen zwischen besonderem Verhandlungsgremium und zentraler Leitung einbezogen werden. Auf diese Weise lassen sich »Weltkonzernausschüsse« schaffen (s. weiter § 18 EBRG Rn. 5);[113] den globalen Aktivitäten des AG wird so eine globale Mitwirkungsstruktur gegenübergestellt. Nicht erörtert scheint die Frage, ob es bei der Einbeziehung von UN und Betrieben aus Drittstaaten einen **Grundsatz der Nichtdiskriminierung** gibt. In aller Regel wird es sich empfehlen, einzelne Niederlassungen nur dann auszunehmen, wenn hierfür einsichtige sachliche Gründe sprechen, die nicht mit rassischen oder politischen Erwägungen zu tun haben. 7

V. Der Begriff »Unterrichtung«

Abs. 4 gibt zum ersten Mal eine **gesetzliche Definition** der »Unterrichtung«. Gemeint ist damit die 8

- Übermittlung von Informationen (in Bezug auf die fragliche Angelegenheit)
- durch die zentrale Leitung oder eine andere geeignete Leitungsebene wie z. B. eine Spartenleitung
- an die AN-Vertreter, also den EBR oder die an einem Verfahren zur Unterrichtung und Anhörung Beteiligten,
- um ihnen **Gelegenheit zur Kenntnisnahme** (also: Information in verständlicher, nachvollziehbarer Form) und
- zur **Prüfung der behandelten Frage** zu geben (d. h. den Adressaten muss Zeit zur Verfügung stehen, um sich eine Meinung zu bilden und sich ggf. bei einem Experten Rat zu holen).

Der Zeitpunkt, die Art und Weise sowie die inhaltliche Ausgestaltung der Unterrichtung müssen dem Zweck angemessen sein – für die **Vermittlung komplexer Vorgänge** muss man mehr Zeit einplanen, die Darstellung muss sich besonders stark um Klarheit bemühen, sie muss inhaltlich ein vollständiges Bild zeichnen und darf nicht vergröbern oder wichtige Details weglassen. Die Arbeitnehmervertreter müssen dadurch in die Situation versetzt werden, die **möglichen Auswirkungen eingehend zu bewerten** und ggf. »Anhörungen« mit dem zuständigen Unternehmensorgan vorzubereiten. Sie müssen die Materie also voll durchdrungen haben, was Rückfragen bei der unterrichtenden Stelle, aber auch die weitere Einschaltung von Experten voraussetzt. »Gegenmodell« dazu ist ein Folienvortrag von zwei Stunden mit anschließender Möglichkeit, »alle erdenklichen« Fragen zu stellen.[114] Umgang und Art der Unterrichtung müssen sich immer an dem Ziel orientieren, dass der EBR die fragliche Maßnahme in jeder Hinsicht selbst beurteilen und zu ihr eine qualifizierte Stellungnahme abgeben kann.[115] 9

Ist die Unterrichtung zunächst lückenhaft oder missverständlich, so können diese **Mängel nachträglich beseitigt** werden. Dies hat allerdings eine Verlängerung des Verfahrens zur Folge, 10

112 *Blanke*, Rn. 9.
113 *Blanke*, Rn. 9.
114 Vgl. *Finke*, DB 09, 564; *Hayen* AiB 09, 402.
115 AKRR-*Annuß* Rn. 12.

da die Anhörung iS des Abs. 5 erst auf der Grundlage einer korrekten Unterrichtung möglich ist.[116] Die Vereinbarung nach §§ 17 ff. ist an die gesetzliche Definition der Unterrichtung gebunden und kann für einzelne Schritte lediglich Mindestfristen (aber keine Höchstfristen) festsetzen.

VI. Der Begriff »Anhörung«

11 Die in Abs. 5 gegebene Definition der »Anhörung« weicht vom überkommenen deutschen Sprachgebrauch ab. Von einem »Meinungsaustausch und der Einrichtung eines Dialogs« kann nicht die Rede sein, wenn Bedenken und Einwände von der Arbeitgeberseite lediglich kommentarlos zur Kenntnis genommen werden.[117] Vielmehr müssen in einem kommunikativen Prozess Gründe und Gegengründe in Bezug auf die erörterte Maßnahme abgewogen werden.[118] Besser hätte man deshalb von vornherein den Begriff »**Beratungsrecht**« gewählt;[119] auch der Ausdruck »Konsultation« hätte weniger Missverständnisse provoziert. Im Einzelnen gilt Folgendes:

12
- Es findet ein **Meinungsaustausch** »**und**« ein **Dialog** statt (was das Eingehen auf die geäußerten Meinungen der Gegenseite impliziert, also mehr ist als ein verbaler Schlagabtausch) und zwar
- zwischen den Arbeitnehmervertretern und der zentralen Leitung oder einer anderen geeigneten Leitungsebene. Diese muss entsprechend der Formulierung in Art. 2 Abs. 1 Buchst. g der Richtlinie »geeigneter« als die zentrale Leitung selbst sein, was im Wege richtlinienkonformer Auslegung auch bei Abs. 5 zu beachten ist.[120] Dieser Dialog muss zu einem Zeitpunkt, in einer Weise und in einer inhaltlichen Ausgestaltung erfolgen, dass
- die Arbeitnehmervertreter aufgrund der erhaltenen Informationen in der Lage sind, **innerhalb einer angemessenen Frist**
- zu den vorgeschlagenen Maßnahmen eine **Stellungnahme abzugeben**, die
- innerhalb des gemeinschaftsweit tätigen UN oder der gemeinschaftsweit tätigen UN-Gruppe **berücksichtigt werden kann.**

13 Auch hier ist Voraussetzung, dass die Arbeitnehmervertreter die **nötige Zeit** erhalten, um – in der Regel mit Hilfe von Experten – eine Stellungnahme zu den »vorgeschlagenen« Maßnahmen zu erarbeiten. Dass es sich um bloße »Vorschläge« handeln muss, macht deutlich, dass die **Entscheidung noch nicht gefallen** sein darf; andernfalls läge keine »Anhörung« im Sinne des Gesetzes vor. Mittelbar wird dies auch daran deutlich, dass die Stellungnahme noch »berücksichtigt« werden kann, was bei »vollendeten Tatsachen« nicht möglich wäre.[121]

14 Der Schlusssatz ergänzt dies um zwei weitere Verfahrensschritte:
- Die Arbeitnehmervertreter haben die Möglichkeit, **mit der zentralen Leitung zusammenzukommen**; diese kann die Gespräche mit den Arbeitnehmervertretern nicht auf den HR-Direktor oder eine nachgeordnete Ebene delegieren. Auch ist in diesem Zusammenhang nicht von einer »anderen geeigneten Leitungsebene« die Rede.
- Die Arbeitnehmervertreter müssen eine **mit Gründen versehene Antwort** auf ihre (etwaige) Stellungnahme erhalten. Dem Sinn der Regelung entsprechend muss sich die Antwort mit allen vorgebrachten Gründen auseinandersetzen. Würde dies unterbleiben und beispielsweise eine formelhafte Wendung (»aus übergeordneten Gründen notwendig«) benutzt, läge keine wirksame Anhörung vor.

15 Sind diese Voraussetzungen zunächst nicht erfüllt, so können sie **nachträglich geschaffen** werden.[122] Dies verlängert das Verfahren. Genau wie bei der Unterrichtung kann die Vereinbarung nach §§ 17 ff. auch hier nichts Abweichendes bestimmen, sondern lediglich **Mindest-**

---

116 *Bobke* dbr 6/11 S. 21: Saubere Trennung von Informations- und Konsultationsphase.

117 *Müller,* Rn. 14.

118 *Blanke,* Rn. 22; *Oetker,* DB-Beilage 10/96, S. 8.

119 *Kohte,* EuroAS 96, 115; *Lörcher,* AuR 96, 299. Ebenso AKRR-*Annuß* Rn. 14.

120 Ebenso *Lörcher,* AuR 96, 300 und im Ergebnis *Müller,* Rn. 16.

121 Ebenso im Ergebnis *Gohde* dbr 3/09 S. 22; *Thüsing/Forst,* NZA 09, 409.

122 Vgl. auch *Gohde,* dbr 3/09 S. 22: Eine Untersuchung der Universität Manchester hat ergeben, dass nur jeder fünfte EBR in gesetzeskonformer Weise eingeschaltet wurde.

fristen festsetzen, die von den Arbeitnehmervertretern überschritten werden können. So kann etwa festgelegt werden, dass für die Stellungnahme mindestens vier Wochen zur Verfügung stehen, sofern nicht ein längerer Zeitraum erforderlich ist. Wie lange der EBR für seine Willensbildung benötigt, lässt sich nicht generell bestimmen; ihm steht insoweit – ähnlich wie dem deutschen BR im Rahmen des § 37 Abs. 2 BetrVG – ein Beurteilungsermessen zu.

Solange Unterrichtung und Anhörung nicht den gesetzlichen Vorgaben entsprechend durchgeführt sind, **darf** die in Aussicht genommene **Maßnahme nicht durchgeführt** werden. Geschieht dies dennoch, kann der EBR beim zuständigen Arbeitsgericht eine **einstweilige Verfügung** erwirken, wonach der zentralen Leitung die Durchführung untersagt wird, bis das Verfahren der Unterrichtung und Anhörung zum Abschluss gekommen ist (o. Vorbem. Rn. 23). **16**

VII. Zentrale Leitung

Abs. 6 definiert die zentrale Leitung, die mit dem gemeinschaftsweit tätigen UN bzw. mit dem herrschenden UN einer gemeinschaftsweit tätigen UN-Gruppe identisch ist. Beide werden von ihren Organen (Vorstand, Geschäftsführung usw.) vertreten. **17**

VIII. Verhältnis zu den nationalen Arbeitnehmervertretungen

Abs. 7 verbietet, dass die nationalen Interessenvertretungen früher als der EBR informiert werden. Dieser muss vielmehr »spätestens gleichzeitig« mit den nötigen Informationen versehen werden. Zu den nationalen Gremien zählt in Deutschland insbesondere der Wirtschaftsausschuss.[123] Warum die Arbeitnehmervertreter im Aufsichtsrat hier nicht auch zu berücksichtigen sein sollen, ist nicht erkennbar; der EBR muss auch insoweit gleichziehen.[124] Die Rechte der Interessenvertretungen nach nationalem Recht dürfen durch die rechtzeitige Einschaltung des EBR aber in keiner Weise verkürzt werden (s. u. § 18 Rn. 16). **18**

§ 2 Geltungsbereich

(1) Dieses Gesetz gilt für gemeinschaftsweit tätige Unternehmen mit Sitz im Inland und für gemeinschaftsweit tätige Unternehmensgruppen mit Sitz des herrschenden Unternehmens im Inland.

(2) Liegt die zentrale Leitung nicht in einem Mitgliedstaat, besteht jedoch eine nachgeordnete Leitung für in Mitgliedstaaten liegende Betriebe oder Unternehmen, findet dieses Gesetz Anwendung, wenn die nachgeordnete Leitung im Inland liegt. Gibt es keine nachgeordnete Leitung, findet das Gesetz Anwendung, wenn die zentrale Leitung einen Betrieb oder ein Unternehmen im Inland als ihren Vertreter benennt. Wird kein Vertreter benannt, findet das Gesetz Anwendung, wenn der Betrieb oder das Unternehmen im Inland liegt, in dem verglichen mit anderen in den Mitgliedstaaten liegenden Betrieben des Unternehmens oder Unternehmen der Unternehmensgruppe die meisten Arbeitnehmer beschäftigt sind. Die vorgenannten Stellen gelten als zentrale Leitung.

(3) Mitgliedstaaten im Sinne dieses Gesetzes sind die Mitgliedstaaten der Europäischen Union sowie die anderen Vertragsstaaten des Abkommens über den Europäischen Wirtschaftsraum.

(4) Für die Berechnung der Anzahl der im Inland beschäftigten Arbeitnehmer (§ 4), den Auskunftsanspruch (§ 5 Absatz 2 und 3), die Bestimmung des herrschenden Unternehmens (§ 6), die Weiterleitung des Antrags (§ 9 Abs. 2 Satz 3), die gesamtschuldnerische Haftung des Arbeitgebers (§ 16 Abs. 2), die Bestellung der auf das Inland entfallenden Arbeitnehmervertreter (§§ 11, 23 Abs. 1 bis 5 und § 18 Abs. 2 in Verbindung mit § 23) und die für sie geltenden Schutzbestimmungen (§ 40) sowie für den Bericht gegenüber den örtlichen Arbeitnehmervertretungen im Inland (§ 36 Absatz 2) gilt dieses Gesetz auch dann, wenn die zentrale Leitung nicht im Inland liegt.

---

123 AKRR-*Annuß* Rn. 15.

124 Anders AKRR-*Annuß* Rn. 15; HWK-*Giesen* Rn. 16.

Inhaltsübersicht

I. Überblick

1 In Form einer einseitigen Kollisionsnorm bestimmt § 2, auf welche Sachverhalte das EBRG anwendbar ist.[125] Es stellt dabei auf den Sitz der zentralen Leitung ab (Abs. 1) und bestimmt im Einzelnen in Abs. 2, wann bei zentraler Leitung außerhalb der Gemeinschaft gleichwohl deutsches Recht Anwendung findet. Abs. 3 bezieht die Mitgliedstaaten des Europäischen Wirtschaftsraums mit ein, Abs. 4 regelt die Fälle, in denen an sich eine ausländische Rechtsordnung auf den Prozess der Unterrichtung und Anhörung anwendbar ist, bestimmte Fragen sich jedoch gleichwohl nach inländischem Recht bestimmen müssen.

II. Unternehmensbegriff

2 Das Gesetz hat den UN-Begriff **des Gemeinschaftsrechts** übernommen, der auch die Erbringung von Dienstleistungen durch die öffentliche Hand miterfasst.[126] Damit sind beispielsweise auch Betätigungen der Gebietskörperschaften einbezogen, und zwar auch dann, wenn sie nicht in Form einer selbstständigen GmbH, sondern als Regiebetriebe organisiert sind.[127] Die **Bundesagentur für Arbeit** müsste einen EBR errichten, soweit sie die Voraussetzungen des § 3 erfüllt, also in einem anderen Mitgliedstaat eine Niederlassung mit mindestens 150 AN besitzt. Auch das **Diakonische Werk,** die Caritas oder einzelne UN der Kirchen sind erfasst, da keine dem § 118 Abs. 2 BetrVG entsprechende Vorschrift existiert.[128] Insoweit kommt lediglich § 31 EBRG zur Anwendung.[129] Da von Art. 1 Abs. 7 der Richtlinie kein Gebrauch gemacht wurde, fallen auch Seeschifffahrts-UN unter das Gesetz.[130]

III. Zentrale Leitung in Drittstaaten

3 Hat die zentrale Leitung ihren Sitz nicht in einem Mitgliedstaat (dazu u. Rn. 5), so wird das EBRG gleichwohl angewandt, wenn sich eine **»nachgeordnete Leitung« in Deutschland** befindet, die für in Mitgliedstaaten liegende Betriebe oder UN zuständig ist (»Europadirektion«). Die Bestimmung der nachgeordneten Leitung ist Sache der zentralen Leitung. Fehlt es an einer solchen »Europadirektion«, kann die zentrale Leitung nach Abs. 2 Satz 2 einen Vertreter im Inland benennen, der dann als »nachgeordnete Leitung« fungiert. Dieser muss allerdings ausreichende Kompetenzen und einen Informationsstand besitzen, der ihn zu einem die gesetzlichen Aufgaben erfüllenden Verhandlungspartner macht.[131] Unterbleibt die Benennung eines Vertreters, wird nach Abs. 2 Satz 3 darauf abgestellt, ob der Betrieb oder das UN im Inland liegt, in dem – verglichen mit anderen in den Mitgliedstaaten befindlichen Betrieben des UN oder UN der Unternehmensgruppe – die meisten AN beschäftigt sind. Bei der Bestimmung ihrer Zahl ist entsprechend § 4 das jeweilige nationale Recht maßgebend.[132]

4 Die Regelung erfasst nicht alle denkbaren Konstellationen. Möglich ist, dass **in verschiedenen Mitgliedstaaten »nachgeordnete Leitungen«** existieren (»Nordeuropa«, »Mitteleuropa«, »Südeuropa«); in diesem Fall ist entsprechend der Regelung in Satz 3 diejenige Leitung maß-

125 Zustimmend *Deinert,* Internationales Arbeitsrecht, § 17 Rn. 30.
126 *EuGH* 23.4.91, NZA 91, 447 zur Arbeitsvermittlung durch die Bundesagentur für Arbeit.
127 *Fiedler,* AuR 96, 180. Zustimmend für die Anstalt des öffentlichen Rechts AKRR-*Annuß* § 1 Rn. 8.
128 Ebenso AKRR-*Annuß* § 1 Rn. 8.
129 Ebenso *Blanke,* § 1 Rn. 13.
130 *Müller,* Rn. 10.
131 *Lerche,* S. 187.
132 Hako-BetrVG/*Blanke/Kunz,* § 2 EBRG Rn. 4.

gebend, in deren Einzugsbereich der höchste Prozentsatz der in der Gemeinschaft tätigen AN beschäftigt ist.[133] Im Rahmen des Satzes 3 ist der Fall nicht bedacht, dass ein UN in einem Mitgliedstaat mehrere Betriebe bzw. eine **Unternehmensgruppe mehrere UN** besitzt, die zwar jeweils für sich allein nicht die höchste AN-Zahl besitzen, die jedoch das größte nationale Kontingent stellen. Hat etwa eine UN-Gruppe drei UN in Deutschland mit jeweils ca. 1000 AN, ein UN in Frankreich mit 1500 AN und ein UN mit 800 AN in Belgien, so ist davon auszugehen, dass die zentrale Leitung nicht in Frankreich, sondern in Deutschland liegt.[134] Entscheidend ist, wo sich die meisten Beschäftigten befinden; auf die Rechtsform, wie die Aktivitäten organisiert sind, kann es nicht ankommen.

IV. Der Begriff »Mitgliedstaaten«

Seit dem EBR-Anpassungsgesetz v. 22.12.1999 bezieht Abs. 3 alle Mitgliedstaaten ein. Konkret sind »Mitgliedstaat« i. S. d. Abs. 3 Belgien, Dänemark, Deutschland, Frankreich, Griechenland, Großbritannien, Irland, Italien, Luxemburg, die Niederlande, Portugal und Spanien. Dazu kommen Finnland, Österreich und Schweden sowie als EWR-Mitglieder Island, Liechtenstein und Norwegen. Am 1.5.2004 sind Polen, Tschechien, die Slowakei, Ungarn, Slowenien, Estland, Lettland, Litauen, Zypern und Malta, mit Wirkung vom 1.1.2007 Bulgarien und Rumänien Mitglied geworden. Am 1.7.2013 kam Kroatien als 28. Mitgliedstaat hinzu. 5

V. Anwendung des EBRG bei zentraler Leitung in einem anderen Mitgliedstaat

Abs. 4 nennt die Bestimmungen, die auch dann Anwendung finden, wenn die zentrale Leitung i. S. d. Abs. 1 und 2 z. B. in Frankreich oder Schweden liegt. Wichtig ist dies insbesondere für den Auskunftsanspruch nach § 5 sowie für die Bestellung der inländischen AN-Vertreter und für die Berichtspflicht nach § 36 EBRG. In diesen Fällen wäre die Anwendung ausländischen Rechts wenig sachgerecht, da ein sehr enger Inlandsbezug besteht. Zur gerichtlichen Zuständigkeit bei Auseinandersetzungen über das Wahlverfahren s. *BAG* vom 18.4.07[135] und o. Vorbem. Rn. 18. 6

§ 3 Gemeinschaftsweite Tätigkeit

(1) Ein Unternehmen ist gemeinschaftsweit tätig, wenn es mindestens 1000 Arbeitnehmer in den Mitgliedstaaten und davon jeweils mindestens 150 Arbeitnehmer in mindestens zwei Mitgliedstaaten beschäftigt.
(2) Eine Unternehmensgruppe ist gemeinschaftsweit tätig, wenn sie mindestens 1000 Arbeitnehmer in den Mitgliedstaaten beschäftigt und ihr mindestens zwei Unternehmen mit Sitz in verschiedenen Mitgliedstaaten angehören, die jeweils mindestens je 150 Arbeitnehmer in verschiedenen Mitgliedstaaten beschäftigen.

Inhaltsübersicht

I. Grundsatz

Vom EBRG werden nur solche UN und UN-Gruppen erfasst, die ein **Mindestmaß an Europäisierung** aufweisen. Dabei sind für UN bestimmte Grenzwerte in Abs. 1, für UN-Gruppen in Abs. 2 niedergelegt worden. Die Größenordnungen sind identisch, was der berechtigten Erwägung Rechnung trägt, dass es aus Sicht der Beschäftigten für den grenzüberschreitenden 1

133 Zustimmend *Blanke*, Rn. 8; *Klebe/Kunz*, FS Däubler, S. 829; a. A. AKRR-*Annuß* Rn. 5.
134 Wie hier AKRR-*Annuß* Rn. 7; anders wohl *Müller*, Rn. 6.
135 NZA 07, 1375.

Charakter ihres AG keine Rolle spielt, ob sie in einer Tochtergesellschaft oder einer rechtlich unselbstständigen Niederlassung tätig sind. Zur nachträglichen Unterschreitung der Grenzwerte des § 3 s. unten § 18 Rn. 22.

II. Arbeitnehmerbegriff

2 Wer AN ist, bestimmt sich **nach nationalem Recht;** dies ist – soweit ersichtlich – mittlerweile allgemein anerkannt.[136] Der Gesetzgeber hat daraus in § 4 die Konsequenz gezogen und verweist insoweit auf den AN-Begriff des § 5 Abs. 1 BetrVG[137].

3 Soweit es darauf ankommt, dass eine bestimmte Anzahl von AN »in« einem Mitgliedstaat beschäftigt ist, ist auf den tatsächlichen Arbeitsort abzustellen.[138] **Entsandte Arbeitskräfte** sind daher am Einsatzort mitzuzählen, soweit ihre dortige Tätigkeit länger als drei Monate dauert (vgl. § 7 Satz 2 BetrVG) oder ein und derselbe Arbeitsplatz regelmäßig durch aus einem anderen Staat entsandte Personen besetzt wird.[139]

III. Sonderfälle

4 Denkbar ist, dass eine UN-Gruppe **in einem Mitgliedstaat** eine **Tochtergesellschaft, im anderen** jedoch nur eine rechtlich **unselbstständige Zweigniederlassung** besitzt (wobei die Steuerung des Arbeitseinsatzes ausreicht)[140] und gerade in diesen beiden der Schwellenwert von 150 überschritten ist. Bei einer engen, am Wortlaut des Gesetzes klebenden Interpretation wäre ein solcher Fall nicht erfasst. Vom Sinn des Gesetzes her (vgl. § 1 Abs. 1 EBRG) erscheint dies allerdings als unangemessener Formalismus. Wie gerade die Gleichstellung von UN und UN-Gruppe deutlich macht, soll es nicht auf die Organisationsform des AG, insbesondere nicht darauf ankommen, ob dieser als einheitliches UN oder als Gruppe organisiert ist. Von diesem Ansatzpunkt her müssen dann auch **Mischformen** wie im vorliegenden Fall erfasst werden.[141]

5 Denkbar ist weiter, dass die UN-Gruppe in zwei verschiedenen Mitgliedstaaten jeweils **mehrere UN** besitzt, die je für sich die 150-AN-Grenze nicht erreichen, die jedoch **in ihrer Gesamtheit darüber liegen.** Auch dieser Fall muss einbezogen werden, da das Ausmaß der Europäisierung nicht geringer ist, als wenn die UN zu einem einzelnen zusammengefasst wären. Die Beteiligung der Betroffenen und ihr Bedürfnis nach Transparenz der Vorgänge innerhalb des UN[142] ist hier nicht geringer als in den unmittelbar unter § 3 fallenden Konstellationen.[143]

6 Zu einer UN-Gruppe gehören auch **Enkel-UN** (§ 6 Rn. 5). Dies gilt auch dann, wenn sich die Tochtergesellschaft in einem Drittstaat befindet; andernfalls könnte durch Einschaltung von Zwischenholdings der Anwendungsbereich des Gesetzes nachhaltig und in einer nicht gewollten Weise beschränkt werden.[144]

---

136 S. nur *Engels/Müller,* DB 96, 981; *M. Schmidt,* NZA 97, 181; *Sandmann,* S. 139; *Lorber,* in: Schlachter (ed.), S. 565.

137 AKRR-*Annuß* § 1 Rn. 4.

138 *Blanke,* Rn. 12; *Müller,* Rn. 8.

139 Zustimmend *Lerche,* S. 180.

140 *Hanau,* in: Hanau/Steinmeyer/Wank, § 19 Rn. 36.

141 Ebenso *Blanke,* Rn. 9; *Lerche,* S. 176; Hako-BetrVG/*Blanke/Kunz,* § 3 EBRG Rn. 3.

142 Dazu *Wirmer,* DB 94, 2134.

143 Zustimmend *Klebe/Kunz,* FS Däubler, S. 830; *Kunz,* AiB 97, 271; AKRR-*Annuß* Rn. 6; für Addition mehrerer Betriebe eines UN in einem Mitgliedstaat *Blanke,* Rn. 10, *Lerche,* S. 176 und wohl auch *B. Gaul,* NJW 96, 3379; anders trotz rechtspolitischer Bedenken *Franzen,* BB 04, 938; *Müller-Bonanni/Jenner,* in: Preis/Sagan (Hrsg.), § 12 Rn. 13.

144 A. A. *Engels/Müller,* DB 96, 981, Fn. 43.

§ 4 Berechnung der Arbeitnehmerzahlen

In Betrieben und Unternehmen des Inlands errechnen sich die im Rahmen des § 3 zu berücksichtigenden Arbeitnehmerzahlen nach der Anzahl der im Durchschnitt während der letzten zwei Jahre beschäftigten Arbeitnehmer im Sinne des § 5 Absatz 1 des Betriebsverfassungsgesetzes. Maßgebend für den Beginn der Frist nach Satz 1 ist der Zeitpunkt, in dem die zentrale Leitung die Initiative zur Bildung des besonderen Verhandlungsgremiums ergreift oder der zentralen Leitung ein den Voraussetzungen des § 9 Absatz 2 entsprechender Antrag der Arbeitnehmer oder ihrer Vertreter zugeht.

1 Die Bezugnahme auf § 5 Abs. 1 BetrVG hat zur Folge, dass der dortige AN-Begriff auch hier gilt. Bedeutsam ist dies insbesondere für die volle Einbeziehung von **Teilzeitkräften**,[145] von Personen mit ruhendem Arbeitsverhältnis und von befristet Beschäftigten.[146] Auf die Ausführungen o. § 5 BetrVG Rn. 7 – 115 kann verwiesen werden. Dies gilt allerdings nur für die in Deutschland tätigen und die einem deutschen Betrieb zugerechneten (entsandten) Arbeitnehmer.[147]In Bezug auf **ausländische Betriebe** und UN bestimmt das **dortige Arbeitsrecht**, wer als AN zählt.[148] Gleichzeitig gilt § 4 – wie § 2 Abs. 4 EBRG deutlich macht – auch dann für deutsche Belegschaften, wenn diese zu einem UN oder einer UN-Gruppe mit zentraler Leitung in einem anderen Mitgliedstaat gehören.

2 § 4 weicht vom BetrVG insoweit ab, als nicht auf die »in der Regel«, sondern auf die »**durchschnittlich« Beschäftigten** abgestellt wird. Die maßgebende Zweijahresfrist bestimmt sich rückwirkend von dem Zeitpunkt an, in dem eine AN-Initiative i. S. d. § 9 Abs. 1 EBRG der zentralen Leitung zugegangen ist.[149] Ging die Initiative für den Verhandlungsprozess ausnahmsweise von der zentralen Leitung aus, kommt es auf den Zeitpunkt an, in dem einer AN-Vertretung ein entsprechender Antrag zugeht (vgl. u. § 9 Rn. 2). Soweit keine exakten Unterlagen bestehen, müssen ggf. Schätzungen erfolgen, die entsprechend § 1 BetrVG auf den »regelmäßigen« Personalbestand abstellen werden.[150] Die zentrale Leitung ist nach § 5 zur Auskunft verpflichtet.

3 Eine schematische Anwendung des § 4 führt dann zu unangemessenen Ergebnissen, wenn der **Erwerb oder Verkauf einzelner Betriebe** bevorsteht oder gerade erfolgt ist. Einen EBR zu errichten, obwohl die Grenzwerte mit Sicherheit in der Zukunft nicht mehr erreicht werden, oder erst zwei Jahre zu warten, bis ein Hinzuerwerb sich in der Durchschnittsberechnung niederschlägt, kann nicht gewollt sein.[151] Der Gesetzgeber hat insoweit eine **verdeckte Regelungslücke** gelassen.[152] Da der EBR grundsätzlich als Dauereinrichtung gedacht ist, kann bei Veräußerungen nur der Durchschnittswert des Rest-UN bzw. des Rest-Konzerns zugrunde gelegt werden. Werden neue Einheiten erworben, muss ihr durchschnittlicher Personalbestand aus den letzten zwei Jahren hinzuaddiert werden.

§ 5 Auskunftsanspruch

(1) Die zentrale Leitung hat auf Verlangen einer Arbeitnehmervertretung die für die Aufnahme von Verhandlungen zur Bildung eines Europäischen Betriebsrats erforderlichen Informationen zu erheben und an die Arbeitnehmervertretung weiterzuleiten. Zu den erforderlichen Informationen gehören insbesondere die durchschnittliche Gesamtzahl der Arbeitnehmer und ihre Verteilung auf die Mitgliedstaaten, die Unternehmen und Betriebe sowie über die Struktur des Unternehmens oder der Unternehmensgruppe.

---

145 Wie hier *Hanau*, in: Hanau/Steinmeyer/Wank, § 19 Rn. 55; *Franzen*, BB 04, 939; MünchArbR-*Joost*, § 366 Rn. 24.
146 Vgl. *B. Gaul*, NJW 96, 3379; *U. Mayer*, BB 95, 1744; *Wienke*, EuroAS 96, 123.
147 AKRR-*Annuß* Rn. 4.
148 *Franzen*, BB 04, 939.
149 Zustimmend AKRR-*Annuß* Rn. 2. Ebenso *Hromadka*, DB 95, 1126 für Art. 5 Abs. 1 der Richtlinie, der insoweit mit Art. 2 Abs. 2 der neuen Richtlinie übereinstimmt.
150 Vgl. auch *Lerche*, S. 183.
151 Hako-BetrVG/*Blanke/Kunz*, § 4 EBRG Rn. 2.
152 A. A. AKRR-*Annuß* Rn. 3.

(2) Ein Betriebsrat oder ein Gesamtbetriebsrat kann den Anspruch nach Absatz 1 gegenüber der örtlichen Betriebs- oder Unternehmensleitung geltend machen; diese ist verpflichtet, die erforderlichen Informationen und Unterlagen bei der zentralen Leitung einzuholen.
(3) Jede Leitung eines Unternehmens einer gemeinschaftsweit tätigen Unternehmensgruppe sowie die zentrale Leitung sind verpflichtet, die Informationen nach Absatz 1 zu erheben und zur Verfügung zu stellen.

Inhaltsübersicht

I. Der Grundsatz

1 Das Recht, die Bildung eines BVG zu initiieren (§ 9 EBRG), würde weithin leer laufen, wären die Interessenvertretungen der AN nicht in der Lage, die nötigen Angaben über die in ausländischen Niederlassungen Beschäftigten und die Unternehmens- und Konzernstruktur zu bekommen. § 5 sieht deshalb zu beiden Bereichen einen umfassenden Auskunftsanspruch vor. Ihn geltend zu machen setzt lediglich voraus, dass das Eingreifen des EBRG den Umständen nach möglich ist; er hängt gerade nicht davon ab, dass der Antragsteller z. B. die Konzernvoraussetzungen nach § 6 belegt[153] oder bereits einen Antrag auf Bildung eines BVG gestellt hat.[154] Einen solchen **vorgelagerten Informationsanspruch** hat der *EuGH*[155] ausdrücklich bejaht.[156] **Muster eines Auskunftsersuchens** in DKKWF-*Däubler*, EBRG Rn. 2.

II. Auskunftspflicht der deutschem Recht unterliegenden zentralen Leitung gegenüber AN-Vertretungen

1. Wer kann Auskunft verlangen?

2 Befindet sich die zentrale Leitung in Deutschland (o. § 2 Abs. 1 EBRG), so hat sie nach Abs. 1 »einer Arbeitnehmervertretung« die dort bezeichneten Auskünfte zu erteilen. **»AN-Vertretungen«** sind dabei nicht nur solche des deutschen Betriebsverfassungsrechts (BR, GBR, KBR);[157] **auch ein bei einer ausländischen Niederlassung** nach dortigem Recht **existierendes Gremium** kann die Rechte aus Abs. 1 geltend machen.[158] Dies gilt auch für Gewerkschaften, soweit sie in den fraglichen Niederlassungen vertreten sind.[159] Mittelbar wird dies auch aus § 9 Abs. 2 EBRG deutlich, wonach die Initiative zur Bildung eines BVG immer auch von AN oder ihrer Vertretung aus einem anderen Mitgliedstaat getragen sein muss. Ein spanisches comité de empresa, ein französisches comité d'entreprise sowie ein österreichischer Betriebsrat sowie ein englisches shop stewards committee können daher gleichfalls die Angaben nach Abs. 1 abfragen.[160]

153 Insoweit wohl etwas zu weitgehend *ArbG Wesel* 5.8.98, AiB 99, 166.
154 *BAG* 27.6.00, NZA 00, 1331.
155 29.3.01, NZA 01, 506.
156 Ebenso *Joost*, BB 01, 2214 ff.; *Junker*, RdA 02, 33.
157 Nicht erfasst sind Vertretungen einzelner AN-Gruppen wie JAV und SBV: AKRR-*Annuß* Rn. 5; auch der Sprecherausschuss soll insoweit keine Rechte haben: *Müller-Bonanni/Jenner*, in: Preis/Sagan § 12 Rn. 89.
158 Ebenso *BAG* 29.6.04, NZA 05, 120; *Junker*, RdA 02, 33.
159 *Blanke*, Rn. 24; Hako-BetrVG/*Blanke/Kunz*, § 5 EBRG Rn. 2; a. A. AKRR-*Annuß* Rn. 5Überblick über ausländische Gewerkschaftsstrukturen bei *Däubler/Lecher* [Hrsg.], Gewerkschaften.
160 *Blanke*, Rn. 2.

2. Inhalt der Auskunft, insbesondere Konzernstruktur

Insbesondere die **Konzernstruktur** kann reichlich kompliziert sein.[161] Der BR bzw. eine andere Interessenvertretung musste nach bisheriger Rechtslage Anhaltspunkte wie eine ähnliche Firmierung darlegen, um Auskünfte über Beherrschungsverhältnisse zu erhalten.[162] **Wie detailliert** die **Auskunft** sein musste, hing davon ab, ob nach Ansicht der zentralen Leitung das Vorliegen eines Beherrschungsverhältnisses zweifelhaft war oder nicht.[163] Nach der heutigen Fassung des Abs. 1 erstreckt sich der Auskunftsanspruch ganz generell auf die »Struktur der Unternehmensgruppe«, so dass es eines Zusatzvorbringens bzw. solcher Modifikationen nicht mehr bedarf. Da die Auskünfte alles erfassen müssen, was für »für die Aufnahme von Verhandlungen« erforderlich ist, sind ggf. **Erläuterungen** zu geben, da z. B. nach § 6 EBRG schon die Möglichkeit einer Beherrschung genügt.[164] Die AN-Vertretung muss beurteilen können, ob die Bildung eines BVG möglich ist.[165] Auch das Überlassen von Unterlagen kann geboten sein,[166] da Abs. 2 dies ausdrücklich erwähnt. Ausländische Interessenvertretungen haben ein Recht darauf, in ihrer Sprache unterrichtet zu werden.[167] Ein Vorbehalt zugunsten von Betriebs- und Geschäftsgeheimnissen existiert nicht, da § 35 den Fall des § 5 nicht einbezieht.[168] 3

Der Auskunftsanspruch erstreckt sich auch auf **Namen und Anschriften der ausländischen Interessenvertretungen** innerhalb des Konzerns.[169] Andernfalls wäre nicht sichergestellt, dass von den Möglichkeiten der Antragstellung nach § 9 Abs. 2 EBRG in vollem Umfang Gebrauch gemacht werden könnte. Eine »mitwirkungsbereite« ausländische Interessenvertretung selbst zu ermitteln, ist nicht Sache der Antragsteller, da Art. 4 Abs. 1 der Richtlinie der **zentralen Leitung** die **volle Verantwortung** dafür überträgt, dass die Voraussetzungen für die Bildung eines BVG geschaffen werden.[170] Das *BAG*[171] hat ein solches Recht allerdings nur für den Fall anerkannt, dass die Bildung eines BVG an der Nicht-Kooperation der zentralen Leitung scheiterte und nunmehr ein EBR kraft Gesetzes zu bilden war. 4

3. Lokale Geschäftsführung als Adressat

Für BR und GBR schafft Abs. 2 eine gewisse Arbeitserleichterung: Sie können sich statt an die Konzernspitze auch an die **örtliche Betriebs- oder Unternehmensleitung** wenden, die dann verpflichtet ist, die Auskünfte bei der zentralen Leitung einzuholen; insoweit besteht ein **freies Wahlrecht**.[172] Für den KBR erschien eine solche Sonderregelung nicht erforderlich; auch wenn er beispielsweise bei einem »Konzern im Konzern« gebildet wurde, kann und muss er sich direkt an die zentrale Leitung wenden.[173] **Bestreitet** das um Information gebetene **UN, von einem anderen abhängig zu sein,** so hat die Interessenvertretung auch insoweit einen Anspruch auf Mitteilung aller einschlägigen Fakten.[174] Dies kann etwa dann zweifelhaft sein, wenn der Mehrheitskommanditist keine direkten Geschäftsführungsaufgaben in der AG-GmbH & Co. KG wahrnimmt.[175] 5

Der Auskunftsanspruch besteht nach Auffassung des *LAG Düsseldorf*[176] auch gegen ein UN, 6

161 S. den Fall *ArbG Wesel* 5.8.98, AiB 99, 165.
162 *BAG* 30.3.04, NZA 04, 863 [870].
163 *BAG* 29.6.04, NZA 05, 118 [122].
164 *Büggel/Buschak,* AiB 00, 420.
165 *EuGH* 29.3.01, NZA 01, 506 = BB 01, 2219; ebenso *Joost,* BB 01, 2214 ff.
166 *Blanke,* Rn. 5; *Müller,* Rn. 4; a. A. *B. Gaul,* NJW 96, 3379.
167 *Blanke,* Rn. 5; *Müller,* Rn. 4.
168 *Junker,* RdA 02, 34.
169 Vgl. *EuGH* 13.1.04, NZA 04, 160 [164]; *BAG* 29.6.04, NZA 05, 118; *LAG Hamburg* 30.6.99, AiB 00, 43 mit zust. Anm. *Kunz;* im Prinzip auch *BAG* a. a. O.
170 *LAG Hamburg* a. a. O.
171 29.6.04, NZA 05, 118.
172 *BAG* 30.3.04, NZA 04, 863 [868].
173 Anders *Blanke,* Rn. 4.
174 *BAG* 30.3.04, NZA 04, 863 [868].
175 S. den Fall *BAG* a. a. O.
176 21.1.1999, LAGE § 5 EBRG Nr. 1.

das nur möglicherweise herrschendes i. S. des § 6 EBRG ist. In gleichem Sinne hat auf seine Vorlage hin der *EuGH*[177] entschieden.[178]

4. Informationsdurchgriff?

7 **Abs. 2** macht deutlich, dass ein Auskunftsersuchen **nicht** daran **scheitern** kann, dass die **zentrale Leitung** sämtliche **Informationen verweigert**. Die Betriebs- oder Unternehmensleitung kann sich ersichtlich nicht darauf berufen, die Konzernspitze versetze sie nicht in die Lage, ihren Verpflichtungen nachzukommen. Dasselbe muss auch dann gelten, wenn das deutsche Unternehmen nach § 2 Abs. 2 Satz 3 EBRG nur deshalb zentrale Leitung ist, weil es innerhalb der Gemeinschaft die größte Zahl von AN beschäftigt, und die **in einem Drittstaat gelegene Konzernspitze** alle Informationen zurückhält.[179] Ein solcher »**Informationsdurchgriff**« (Einl. Rn. 205) findet sich zwar nicht ausdrücklich in der EBR-Richtlinie, doch entspricht er ihrem Sinn und Zweck.[180] Auch sehen Art. 2 Abs. 4 der Massenentlassungsrichtlinie und Art. 7 Abs. 4 der Betriebsübergangsrichtlinie ausdrücklich eine entsprechende Regelung vor; daraus einen Gegenschluss zu ziehen,[181] verfehlt den **Zweck der EBR-Richtlinie** und unterstellt überdies einen systematischen Zusammenhang zwischen verschiedenen arbeitsrechtlichen Richtlinien, den es in Wirklichkeit mit Rücksicht auf ihren jeweiligen unterschiedlichen Entstehungszusammenhang nicht gibt.

8 Der Durchgriff stößt nicht auf praktische Schwierigkeiten, da die Nichterfüllung eines rechtskräftig zuerkannten Informationsanspruchs wirtschaftliche Konsequenzen hat, die letztlich auch die ausländische Spitze treffen.[182] Entsprechend wurde im Fall *Renault-Vilvoorde* verfahren, wo Sanktionen gegen den Präsidenten der belgischen Tochtergesellschaft verhängt wurden.[183] Insoweit kommt es nicht darauf an, ob die EBR-Richtlinie bei zutreffender Interpretation einen »horizontalen« Informationsanspruch gegen die in anderen Mitgliedstaaten ansässigen Schwestergesellschaften vorsieht. Diesen Weg ist allerdings auf Vorlage des *BAG*[184] der *EuGH*[185] gegangen; die nationalen Umsetzungsgesetze seien grundsätzlich so auszulegen, dass eine Auskunftspflicht gegenüber der fingierten zentralen Leitung bestehe. Nach der »Schlussentscheidung« des *BAG*[186] ist eine in Deutschland ansässige zentrale Leitung nach § 2 Abs. 2 Satz 3 EBRG ggf. verpflichtet, ihre **Schwestergesellschaften** in anderen Mitgliedstaaten **gerichtlich auf Auskunft in Anspruch zu nehmen,** sofern diese ihrer Pflicht nicht freiwillig nachkommen. Soweit das ausländische Recht keine richtlinienkonforme Auslegung ermöglicht, ist die Erteilung der Auskunft insoweit unmöglich. In der Praxis wird so ein »**Versteckspiel**« ermöglicht, das bei einer Durchgriffslösung von vorneherein entfallen wäre.[187] Durch die Anfügung von Abs. 3 ist klargestellt worden, dass jede UN-Leitung und die zentrale Leitung verpflichtet sind, die notwendigen Informationen zu erheben und zur Verfügung zu stellen. Insoweit kann von einem »Informationsverschaffungsanspruch« die Rede sein.[188] Dies ist so zu interpretieren, dass die Leitungen für ein Misslingen dieses Vorhabens einzustehen haben.

---

177 29.3.2001, NZA 01, 506.
178 Zustimmend *Joost,* BB 01, 2214 ff.
179 *LAG Hamburg* 30.6.99, AiB 00, 43.
180 *Däubler,* BB 04, 446.
181 So *BAG* 29.6.04, NZA 05, 118 [120].
182 Einzelheiten bei *Däubler,* Betriebsverfassung in globalisierter Wirtschaft, S. 71.
183 *Coen,* AuR 99, 367.
184 27.6.00, NZA 00, 1330.
185 13.1.04, NZA 04, 160 [164].
186 29.6.04, NZA 05, 118.
187 Kritisch zur praktischen Wirksamkeit dieses Konzepts auch *Leder/Zimmer,* BB 05, 445 f.
188 AKRR-*Annuß* Rn. 2.

III. Auskunftspflicht einer zentralen Leitung, die ausländischem Recht unterliegt

Nach § 2 Abs. 4 EBRG findet Abs. 2 auch dann Anwendung, wenn sich die zentrale Leitung in einem anderen Mitgliedstaat befindet. Dies bedeutet, dass **BR und GBR** ihre jeweiligen Geschäftsleitungen um Auskunft ersuchen können, die sich dann ihrerseits die Informationen bei der zentralen Leitung im Ausland beschaffen müssen. Dies ist insbes. auch dann bedeutsam, wenn für die Interessenvertretungen unklar ist, wo sich die zentrale Leitung befindet.[189] Auch dem **KBR** steht in erweiternder Auslegung des Abs. 2 ein entsprechendes Recht zu; die Gründe, die bei inländischer zentraler Leitung für seine Ausklammerung sprachen, gelten hier nicht. Unberührt bleiben im Übrigen die **Auskunftsrechte**, die sich **nach ausländischem Recht** für deutsche Interessenvertretungen ergeben. Insoweit ist mit Regelungen zu rechnen, die der des Abs. 1 spiegelbildlich entsprechen. 9

IV. Gerichtliche Durchsetzung

Die Rechte nach § 5 können im arbeitsgerichtlichen Beschlussverfahren durchgesetzt werden.[190] Örtlich zuständig ist das ArbG am Sitz der zentralen Leitung (Abs. 1) bzw. das ArbG, in dessen Bezirk sich der Betrieb oder das UN befindet (Abs. 2). Der Erlass einer **einstweiligen Verfügung** ist nach allgemeinen Grundsätzen gem. § 85 Abs. 2 ArbGG zulässig.[191] Er ist unproblematisch, wenn der Auskunftsanspruch offensichtlich begründet ist: Dies ist dann der Fall, wenn das UN bzw. die UN-Gruppe möglicherweise die Voraussetzungen der §§ 3 und 4 EBRG erfüllt und die das Verfahren einleitende Interessenvertretung noch keine den Gegenstand des § 5 ausschöpfende Auskunft erhalten hat. Wird über Einzelheiten gestritten (Sind z. B. in Griechenland 100 oder 160 AN beschäftigt? Wie sind Beschäftigte mit einem Zweitjob zu behandeln, der den Finanzbehörden nicht bekannt wird?), versagt allerdings in der Regel dieser Weg. Zu beachten ist jedoch die Vorschrift des § 45 Abs. 1 Nr. 1 EBRG, die auch die nicht vollständige oder nicht rechtzeitige Auskunft mit einem Bußgeld von bis zu 15 000 Euro bedroht. 10

Auch ausländische Interessenvertretungen, denen ein Anspruch nach Abs. 1 zusteht, können ein **Beschlussverfahren** einleiten. Sie sind insoweit beteiligtenfähig; die sehr allgemeine Formulierung des § 2 a Nr. 3 b ArbGG (Angelegenheiten aus dem Gesetz über Europäische Betriebsräte) deckt auch diesen Fall.[192] Inwieweit eine deutsche Interessenvertretung ihre nach ausländischem Recht bestehenden Befugnisse geltend machen kann, bestimmt sich allein nach diesem. 11

§ 6 Herrschendes Unternehmen

(1) Ein Unternehmen, das zu einer gemeinschaftsweit tätigen Unternehmensgruppe gehört, ist herrschendes Unternehmen, wenn es unmittelbar oder mittelbar einen beherrschenden Einfluß auf ein anderes Unternehmen derselben Gruppe (abhängiges Unternehmen) ausüben kann.

(2) Ein beherrschender Einfluß wird vermutet, wenn ein Unternehmen in Bezug auf ein anderes Unternehmen unmittelbar oder mittelbar

1 mehr als die Hälfte der Mitglieder des Verwaltungs-, Leitungs- oder Aufsichtsorgans des anderen Unternehmens bestellen kann oder

2. über die Mehrheit der mit den Anteilen am anderen Unternehmen verbundenen Stimmrechte verfügt oder

3. die Mehrheit des gezeichneten Kapitals dieses Unternehmens besitzt.

Erfüllen mehrere Unternehmen eines der in Satz 1 Nummer 1 bis 3 genannten Kriterien, bestimmt sich das herrschende Unternehmen nach Maßgabe der dort bestimmten Rangfolge.

189 *ArbG Wesel* 5.8.98, AiB 99, 168.
190 *Kunz*, AiB 97, 272.
191 Dazu *Blanke*, Rn. 6; GK-*Oetker*, Anhang 7 zu Bd. I, § 5 EBRG Rn. 9; *Müller*, Rn. 7.
192 Ebenso AKRR-*Annuß* Rn. 10; Hako-BetrVG/*Blanke/Kunz*, § 5 EBRG Rn. 6.

(3) Bei der Anwendung des Absatzes 2 müssen den Stimm- und Ernennungsrechten eines Unternehmens die Rechte aller von ihm abhängigen Unternehmen sowie aller natürlichen oder juristischen Personen, die zwar im eigenen Namen, aber für Rechnung des Unternehmens oder eines von ihm abhängigen Unternehmens handeln, hinzugerechnet werden.
(4) Investment- und Beteiligungsgesellschaften im Sinne des Artikels 3 Absatz 5 Buchstabe a oder c der Verordnung (EG) Nr. 139/2004 des Rates vom 20. Januar 2004 über die Kontrolle von Unternehmenszusammenschlüssen (ABl. L 24 vom 29.1.2004, S. 1) gelten nicht als herrschendes Unternehmen gegenüber einem anderen Unternehmen, an dem sie Anteile halten, an dessen Leitung sie jedoch nicht beteiligt sind.

Inhaltsübersicht

I. Allgemeines

1 Die Vorschrift definiert das herrschende UN einer **UN-Gruppe,** bei dem die **zentrale Leitung für die gesamte Gruppe** (§ 2 Abs. 1 EBRG) angesiedelt ist. Damit wird Art. 3 der Richtlinie umgesetzt. Der »UN«-Begriff des EBRG entspricht dem des Gesellschafts- und Mitbestimmungsrechts (§ 2 EBRG Rn. 2; vgl. § 47 BetrVG Rn. 12 ff.) Eine »UN-Gruppe« besteht aus einem herrschenden UN und den von diesem abhängigen UN (Legaldefinition des Art. 2 Abs. 1 Buchstabe b der Richtlinie; zu »Enkel«-UN vgl. Rn. 5).[193] Gleichgeordnete UN unter einer einheitlichen Leitung (vgl. den **»Gleichordnungskonzern«** i. S. d. § 18 Abs. 2 AktG) werden **nicht** erfasst.

II. Beherrschungstatbestand

2 Ein UN ist **»herrschendes UN«,** wenn es auf ein anderes UN der Gruppe, das »abhängige UN«, einen beherrschenden Einfluss ausüben kann (Abs. 1). Damit knüpft das EBRG die Bildung eines EBR an eine Verbindung **geringerer Intensität als** das **BetrVG** für die Bildung eines KBR und das **MitbestG** für die Wahl von AN-Vertretern im AR: § 54 Abs. 1 BetrVG und § 5 Abs. 1 MitbestG verlangen das Vorliegen eines Konzerns i. S. d. § 18 Abs. 1 AktG.[194] Das bedeutet, dass zur Abhängigkeit mit der Möglichkeit des beherrschenden Einflusses eine tatsächlich ausgeübte **einheitliche Leitung** kommen muss (vgl. Vor § 54 BetrVG Rn. 25 ff.). Das EBRG begnügt sich demgegenüber mit der Möglichkeit des beherrschenden Einflusses (Rn. 3).

3 § 5 Abs. 1 EBRG entspricht auf den ersten Blick § 17 Abs. 1 AktG. Dort ist für das deutsche Aktienrecht der vergleichbare **Abhängigkeitstatbestand** geregelt. Allerdings beziehen sich die Richtlinie und ihr folgend das EBRG **nicht** auf das **deutsche Konzernrecht.**[195] Das verbot sich zum einen wegen dessen in Europa singulären Charakters. Zum anderen wollte die Richtlinie erklärtermaßen keine künftige europaweite Konzerndefinition präjudizieren (13. Erwägungsgrund zur Richtlinie).[196] Das findet im Gesetz selbst insofern seinen Niederschlag, als Abs. 2 einen Vermutungstatbestand für das Vorliegen eines beherrschenden Einflusses enthält, der über den des § 17 Abs. 2 AktG hinausgeht (Rn. 5). Außerdem ist der Begriff der Abhängigkeit selbst nicht nach dem nationalen Recht des § 17 AktG auszulegen, sondern aus der **Legaldefinition in Art. 3 Abs. 1 der Richtlinie** zu gewinnen.[197]

4 »Abhängigkeit« eines UN vom anderen liegt vor, wenn es **»beherrschenden Einfluss ausüben kann«** (Abs. 1). Hierfür reichen jedenfalls die für § 17 Abs. 1 AktG erforderlichen Beherrschungstatbestände (vgl. Vor § 54 BetrVG Rn. 14 ff.). Für das deutsche Konzernrecht hat der *BGH* jedoch die vom AktG selbst nicht verlangte Einschränkung gemacht, dass der beherr-

193 Vgl. *Fiedler,* AuR 96, 180, 181.
194 Vgl. *Blanke,* EBRG § 6 Rn. 4; *Däubler/Klebe,* AiB 95, 558, 563.
195 *Kohte,* EuroAS 7 – 8/96, 115.
196 Vgl. *Rademacher,* S. 85.
197 Vgl. *Kohte,* EuroAS 7 – 8/96, 115 f.; *Lörcher,* AuR 96, 297, 300; zur Richtlinie *Rademacher,* S. 85.

schende Einfluss **gesellschaftsrechtlich bedingt** oder zumindest vermittelt sein muss (eingehend Vor § 54 BetrVG Rn. 24).[198] Diese Einschränkung machen die Richtlinie und ihr folgend das EBRG nicht. Der Abhängigkeitsbegriff des § 6 stimmt nicht mit demjenigen des § 17 AktG überein.[199] Art. 3 Abs. 1 der Richtlinie nennt ausdrücklich »**Eigentum, finanzielle Beteiligung oder** *sonstige* **Bestimmungen, die die Tätigkeit des Unternehmens regeln**« als Voraussetzungen für einen beherrschenden Einfluss, und zwar lediglich als **Beispiele.** Das geht ersichtlich über die Rspr. des *BGH* hinaus. Demgemäß können folgende, bereits für den Beherrschungstatbestand des § 17 Abs. 1 AktG diskutierte Konstellationen einen Abhängigkeitstatbestand i. S. d. Abs. 1 darstellen:

- **Zulieferverträge** mit der Möglichkeit der Einflussnahme auf Entwicklung und Produktionsabläufe;[200]
- **Franchiseverträge** mit umfassender auch unternehmerischer Abhängigkeit (vgl. Vor § 54 BetrVG Rn. 91);
- **Darlehensverträge** mit Genehmigungsvorbehalten für die Geschäftsführung des Darlehensnehmers.[201]

Der herrschende Einfluss kann durch Vermittlung eines anderen UN ausgeübt werden. Sog. **Enkel-UN** (und darüber hinaus abhängige UN) gehören zur UN-Gruppe (zur Bildung nur eines EBR für die gesamte UN-Gruppe s. § 7 EBRG Rn. 1).[202] 5

Sowohl ein abhängiges als auch ein herrschendes UN kann **jede Rechtsform** haben.[203] Es kann Kapitalgesellschaft (AG, GmbH), Personengesellschaft (OHG, KG) oder Einzelkaufmann sein (h. M.).[204] Das herrschende UN muss **keinen eigenen Geschäftsbetrieb** unterhalten.[205] Eine natürliche Person als Mehrheitsgesellschafter kann ebenfalls herrschendes UN sein, wenn es sich außerhalb des abhängigen UN unternehmerisch betätigt.[206] Gemäß Abs. 4 gelten **Investment- und Beteiligungsgesellschaften** i. S. d. EG-Fusionskontroll-Verordnung von 1989 nicht als herrschendes UN. Voraussetzung ist jedoch, dass sie sich nicht an der Leitung des UN beteiligen, an dem sie Anteile halten.[207] 6

Ob **Gemeinschafts-UN** (»joint ventures«) abhängige UN in den UN aller ihrer Muttergesellschaften sein können, ist umstritten. Teils wird unter Berufung auf die Begründung des RegE (zu § 6) die Auffassung vertreten, sie würden überhaupt nicht einbezogen, weil mangels der Notwendigkeit einer einheitlichen Leitung die Vermutung des § 18 Abs. 1 Satz 3 nicht eingreife.[208] Diese Ansicht findet keinen Anhaltspunkt im Wortlaut und Normzweck des Gesetzes. Die Verweisung auf die fehlende Konzernleitungsvermutung geht insbesondere deshalb fehl, weil es für das Vorliegen einer Konzernbindung i. S. d. § 18 AktG um die ja viel höhere und für das Gemeinschafts-UN schwieriger herzuleitende Anforderung der einheitlichen Leitung geht. Im § 6 geht es nur um die **Möglichkeit** der Beherrschung, die auch für mehrere Muttergesellschaften sehr viel einfacher darzustellen ist. Demgemäß hat der *BGH* den Abhängigkeitsbegriff des § 17 AktG jedenfalls allgemein auf die **Mehrmütterherrschaft** erstreckt (zur Einbeziehung bei der Bildung mehrerer KBR s. Vor § 54 BetrVG Rn. 20 ff.).[209] Es gibt deshalb nicht den geringsten Anlass, ausgerechnet ein Gesetz, das einen europarechtlichen Beherrschungsbegriff mit geringeren Anforderungen enthält, sogar noch gegen eine deutsche Rechtstradition re- 7

---

198 *BGH* 26.3.84, NJW 84, 1893.
199 Vgl. *Blanke,* EBRG § 6 Rn. 4, 12; unklar bei *Rademacher,* S. 86, der die Richtlinie unvermittelt mit Kategorien der deutschen Literatur und Rspr. zu §§ 17, 18 AktG auslegt; ähnlich auch *Sandmann,* S. 145 f.
200 Vgl. *Nagel,* DB 88, 2292; *Däubler,* CR 88, 834.
201 Vgl. auch *Fiedler,* AuR 96, 180, 181; insgesamt *Hirte* [Hrsg.], Der qualifizierte faktische Konzern, 1993, S. 18 ff.
202 *Bachner/Nielebock,* AuR 97, 129, 130.
203 *Blanke,* EBRG § 6 Rn. 14.
204 Vgl. *Fiedler,* AuR 96, 180.
205 *Rademacher,* S. 88; *Hromadka,* DB 95, 1126.
206 *ArbG Wesel* 5.5.98, AuR 99, 72; *Däubler/Klebe,* AiB 95, 563; vgl. *BAG* 8.3.94, DB 94, 1780.
207 Vgl. *Blanke,* EBRG § 6 Rn. 15.
208 *Engels/Müller,* DB 96, 983.
209 *BGH* 30.9.86, NJW 87, 1639, 1640; vgl. *Säcker,* NJW 80, 801, 803 ff.; *Kohte,* RdA 92, 302, 306.

striktiv auszulegen.[210] Die Richtlinie selbst spricht in ihrem Erwägungsgrund 9 dezidiert die Bildung von »joint ventures« als Anlass für die Notwendigkeit der Schaffung von EBR an.[211]

III. Abhängigkeitsvermutung

8 Für das Vorliegen des Beherrschungstatbestandes nennt Abs. 2 **drei Vermutungen:**
- die Möglichkeit der Bestellung von mehr als der Hälfte der maßgeblichen **UN-Organe** (Abs. 2 Satz 1 Nr. 1);
- die Mehrheit der **Stimmrechte** (Abs. 2 Satz 1 Nr. 2);
- die Mehrheit des **gezeichneten Kapitals** (Abs. 2 Satz 1 Nr. 3).

Nr. 1 und Nr. 2 gehen über § 17 Abs. 2 AktG hinaus und haben einen eigenständigen Regelungsgehalt (freilich noch vor dem Vorliegen des EBRG).[212] Die Vermutung kann sowohl für die Beherrschung durch ein inländisches als auch durch ein ausländisches UN sprechen (RegE zu § 6).

9 Die zur Erfüllung des Vermutungstatbestandes erforderlichen Einflussmöglichkeiten können **unmittelbar** oder **mittelbar** vorliegen. Ähnlich wie in § 16 Abs. 4 AktG, jedoch wegen der Tatbestände der Nr. 1 und 2 darüber hinausgehend, wird dem herrschenden UN jede Einflussmöglichkeit Dritter zugerechnet, über die es rechtlich und faktisch verfügen kann.[213] Hierzu sind gemäß Abs. 3 die **Stimm- und Ernennungsrechte** aller vom herrschenden UN abhängigen und für seine Rechnung tätigen juristischen und natürlichen Personen mitzurechnen. Das schließt **treuhänderisch** gehaltene Rechte ein.[214] Zweck der Regelung ist es, den gesamten das abhängige UN erfassenden Einfluss zu erfassen und Umgehungen zu unterbinden.[215]

10 Die Vermutung des Abs. 2 Satz 1 ist **widerlegbar.** Dazu ist erforderlich, dass die indizierte Beherrschung nicht möglich ist, was typischerweise nur durch den vertraglichen Ausschluss der an sich gegebenen Einflussmöglichkeiten belegt werden kann.[216] Die **Beweislast** für andere abhängigkeitsbegründende Tatbestände (Rn. 4) liegt bei den AN bzw. den BR-Gremien, die sie geltend machen.

11 Erfüllen **mehrere UN** die in Abs. 2 Satz 1 für Vermutungszwecke genannten **Kriterien,** so bestimmt sich das herrschende UN nach der dort vorgegebenen Reihenfolge (unabhängig davon, ob es sich um ein inländisches oder ein ausländisches UN handelt, RegE zu § 6). Steht danach die Eigenschaft eines UN als herrschendes fest, so brauchen andere UN, die ein rangniederes Kriterium erfüllen, keinen Gegenbeweis mehr anzutreten.[217] Gibt es für alle in Frage kommenden UN nur eine Vermutung, kann aus Gründen der inneren Logik nicht anderes gelten.[218] Der Konflikt löst sich über ein Feststellungsverfahren nach § 2 a Abs. 1 Nr. 3 b ArbGG, bei dem alle in Frage kommenden UN als Beteiligte einzubeziehen sind (vgl. Vorbem. Rn. 15).

§ 7 Europäischer Betriebsrat in Unternehmensgruppen

Gehören einer gemeinschaftsweit tätigen Unternehmensgruppe ein oder mehrere gemeinschaftsweit tätige Unternehmen an, wird ein Europäischer Betriebsrat nur bei dem herrschenden Unternehmen errichtet, sofern nichts anderes vereinbart wird.

---

210 Ebenso *Blanke,* EBRG § 6 Rn. 13; *Däubler/Klebe,* AiB 95, 563; *Kohte,* EuroAS 7 – 8/96, 116; *Rademacher,* S. 88; *Fiedler,* AuR 96, 182; *Sandmann,* WiB 97, 394.

211 Vgl. *Bachner/Kunz,* AuR 96, 81, 84; *Fiedler,* AuR 96, 182.

212 Unklar *Sandmann,* S. 146 ff.

213 Vgl. *Fiedler,* AuR 96, 182.

214 *Blanke,* EBRG § 6 Rn. 7.

215 *Däubler/Klebe,* AiB 95, 563.

216 Vgl. *Fiedler,* AuR 96, 182; dort auch zu der weiter gehenden, auf den Text der Richtlinie gestützten Ansicht, der deutsche Gesetzgeber hätte eine »Geltungsfiktion« übernehmen müssen, was zur Verlagerung der Prozesslast auf das UN geführt hätte; in diesem Sinne auch *Bachner/Kunz,* AuR 96, 84; *Lörcher,* AuR 96, 300.

217 *Rademacher,* S. 89.

218 A. A. *Rademacher,* a. a. O.

In einer UN-Gruppe gibt es **nur einen EBR** kraft Gesetzes beim herrschenden UN. Auch bei dezentraler Führungsstruktur (Sparten, »**Konzern im Konzern**«) werden eigene EBR bei den entsprechenden Unterkonzern-Leitungen nicht gebildet (h. M.).[219] Derartige Gestaltungen können jedoch **freiwillig** vereinbart werden (§ 18 Rn. 7).[220]

---

219 Vgl. *Blanke,* EBRG § 7 Rn. 1; *Engels/Müller,* DB 96, 983; *Däubler/Klebe,* AiB 95, 563; *Fiedler,* AuR 96, 183.

220 Vgl. *Blanke,* EBRG § 7 Rn. 2.

Zweiter Teil
Besonderes Verhandlungsgremium

§ 8 Aufgabe

(1) Das besondere Verhandlungsgremium hat die Aufgabe, mit der zentralen Leitung eine Vereinbarung über eine grenzübergreifende Unterrichtung und Anhörung der Arbeitnehmer abzuschließen.
(2) Die zentrale Leitung hat dem besonderen Verhandlungsgremium rechtzeitig alle zur Durchführung seiner Aufgaben erforderlichen Auskünfte zu erteilen und die erforderlichen Unterlagen zur Verfügung zu stellen.
(3) Die zentrale Leitung und das besondere Verhandlungsgremium arbeiten vertrauensvoll zusammen. Zeitpunkt, Häufigkeit und Ort der Verhandlungen werden zwischen der zentralen Leitung und dem besonderen Verhandlungsgremium einvernehmlich festgelegt.

Inhaltsübersicht Rn.

I. Vorbemerkungen

1 Die Vorschrift setzt Art. 2 Abs. 1 i, 4 Abs. 1, 4 und 6 Abs. 1 der **EBR-RL** um. Die Aufgabe des besonderen Verhandlungsgremiums (BVG) wird festgelegt. Zudem werden Grundsätze über die Zusammenarbeit mit der zentralen Leitung geregelt.

II. Aufgabe des BVG

2 Das BVG hat die Aufgabe, entweder gem. § 18 EBRG eine Vereinbarung über die Errichtung eines EBR oder gem. § 19 EBRG über ein Verfahren zur Unterrichtung und Anhörung zu schließen. **Vertragspartner** ist die zentrale Leitung (vgl. § 1 Abs. 6 EBRG und hierzu § 1 EBRG Rn. 17). Nach Zielsetzung des Gesetzgebers sollen so **praxisnahe Verhandlungslösungen** der unmittelbar Beteiligten ermöglicht werden, die Vorrang vor der gesetzlichen Ausgestaltung (§§ 21 ff.) haben.[221]

3 Durch die Vorschrift wird nicht ausgeschlossen, dass das BVG – falls erforderlich – eine kleinere **Verhandlungsgruppe** bildet. Dies setzt allerdings einen entsprechenden Beschluss gemäß § 13 Abs. 3 EBRG bzw. eine Regelung in der Geschäftsordnung (§ 13 Abs. 1 EBRG) voraus. Das Einverständnis der zentralen Leitung ist nicht erforderlich. Das BVG kann in eigener Verantwortung entscheiden, welche Verhandlungsführung es für zweckmäßig hält, lediglich der **Abschluss** hat gemäß Abs. 1 durch das Gremium zu erfolgen.

III. Zusammenarbeit mit der zentralen Leitung

4 Die zentrale Leitung hat das BVG zu unterstützen, damit es seine Aufgaben erfüllen kann. **Die Informationspflicht** ist umfassend: Die zentrale Leitung hat alle erforderlichen **Auskünfte** zu erteilen und die erforderlichen **Unterlagen** zur Verfügung zu stellen. Hiermit soll erreicht werden, dass das BVG ein ebenbürtiger Verhandlungspartner ist.[222] Anders als nach § 5 Abs. 1 EBRG sind die Angaben nicht erst auf Verlangen, sondern **unaufgefordert**[223] zu machen. Gleichwohl wird es in der Praxis so sein, dass das BVG teilweise selbst definiert, was es für seine Arbeit benötigt und daher die Informationen abfragt.

221 BT-Drucks. 13/4520, S. 14.
222 Vgl. *Fitting,* Anhang B Rn. 58.
223 Ebenso Hako-BetrVG/*Blanke/Kunz,* § 8 EBRG Rn. 5.

Die Auskünfte müssen **erforderlich** sein, um die gesetzlichen Aufgaben zu erfüllen. Was im Einzelfall erforderlich ist, wird sich nur anhand der konkreten Umstände beurteilen lassen. Hierbei kann auf die Auslegung vergleichbarer Vorschriften im BetrVG, wie § 80 Abs. 2, zurückgegriffen werden, da der Gesetzgeber sich bewusst eng an diesem Gesetz orientiert hat.[224] Bei der Frage, ob bestimmte Informationen und Unterlagen erforderlich sind, hat das BVG einen **Beurteilungsspielraum** (vgl. im Einzelnen auch die Erl. zu § 80 BetrVG).[225] Zu den erforderlichen Auskünften zählen z. B. Informationen über die Konzern- und UN-Strukturen und die Belegschaft (vgl. § 5 Abs. 1 EBRG; Art. 4 Abs. 4 EBR-RL), aus denen sich ergibt, wie viele Mitglieder der EBR für eine wirksame Arbeit benötigt sowie ob und ggf. mit wie vielen AN-Vertretern ein Land, eine bestimmte Region oder ein UN vertreten sein sollte, wie der Gesetzgeber in der Begründung des Entwurfs formuliert hat.[226] Auch eine Schilderung der **Weisungs-** und **Berichtswege,** der sachlich-technischen und informatorischen Kooperationsmodelle im UN bzw. der UN-Gruppe benötigt das BVG, um beurteilen zu können, welche Beteiligungsform (§§ 18, 19 EBRG) auf welcher Ebene den AN-Vertretern die von der RL[227] und dem Gesetz[228] angestrebte Partizipation und Beeinflussung von UN-Entscheidungen am besten ermöglicht.[229] Darüber hinaus wird die zentrale Leitung dem BVG Übersetzungen des Gesetzes zur Verfügung stellen müssen, damit seine Mitglieder die Basis für die Verhandlungen und die bei einem Scheitern geltenden Regelungen kennen. Auch eine Übersicht über die **nationalen Wahl- und Schutzvorschriften** zählt zu den erforderlichen Auskünften, damit für die Mitglieder nachvollziehbar ist, dass alle Vertreter ordnungsgemäß gewählt worden sind und welche Schutzregelungen im Einzelnen gelten. Dies ist schon deshalb erforderlich, weil das BVG im Rahmen einer etwaigen Vereinbarung auch für alle Mitglieder des EBR geltende Schutzvorschriften diskutieren und anstreben wird.[230] 5

Die Informationen sind **rechtzeitig** zu geben, d. h. sobald als möglich und so zeitig, dass das BVG seine Aufgaben erfüllen kann (vgl. z. B. die Erl. zu § 80 BetrVG Rn. 96 ff. und § 106 BetrVG Rn. 43 ff.). Darüber hinaus sind die erforderlichen Unterlagen **zur Verfügung zu stellen,** d. h. im Original, in Abschrift oder in Fotokopie zu überlassen.[231] 6

Die zentrale Leitung und das BVG werden verpflichtet, **vertrauensvoll zusammenzuarbeiten.** Anders als in § 2 Abs. 1 BetrVG wird allerdings ein Zusammenwirken mit den im Betrieb vertretenen Gewerkschaften und AG-Vereinigungen nicht erwähnt. Mit dem Grundsatz der vertrauensvollen Zusammenarbeit (vgl. auch § 2 BetrVG Rn. 4 ff.) ist in erster Linie der **Ausschluss von Arbeitskampfmaßnahmen** zum Durchsetzen der Vereinbarung gemeint.[232] Etwaige Konflikte sollen im Dialog mit dem ernsten Willen zur Einigung gelöst werden, der Umgang soll fair und ohne Schikane sein, ohne dass soziale Gegensätze geleugnet würden.[233] 7

Aus dem Grundsatz der vertrauensvollen Zusammenarbeit ergibt sich z. B., dass Informationspflichten der zentralen Leitung ebenso wie die Frage, welche **sächlichen Mittel** dem BVG zur Verfügung zu stellen sind, auch unter Beachtung des diesem zustehenden Beurteilungsspielraums i. d. R. **weit auszulegen** sind.[234] 8

Die Vorschrift sieht vor, dass Zeitpunkt, Häufigkeit und Ort der Verhandlungen **einvernehmlich** von zentraler Leitung und BVG festgelegt werden. Gemäß § 13 Abs. 2 gilt dies auch für die internen Sitzungen des BVG. Hiermit wird die Souveränität der AN-Vertreter nicht unerheblich eingeschränkt.[235] Dies wird der **eigenverantwortlichen Wahrnehmung** der Aufgaben 9

---

224 BT-Drucks. 13/4520, S. 15.
225 *Blanke*, EBRG, Rn. 8; AKRR-*Rudolph*, Rn. 5.
226 BT-Drucks. 13/4520, S. 20; vgl. auch Erwägungsgrund 25 der RL.
227 Z. B. Erwägungsgründe 9, 11 und 12.
228 BT-Drucks. 13/4520, S. 14, 17.
229 Vgl. *Blanke*, EBRG, Rn. 7; Hako-BetrVG/*Blanke/Kunz*, § 8 EBRG Rn. 5.
230 Ebenso Hako-BetrVG/*Blanke/Kunz*, § 8 EBRG Rn. 5; AKRR-*Rudolph*, Rn. 8.
231 Vgl. *Fitting*, § 80 Rn. 69.
232 BT-Drucks. 13/4520, S. 20; *Fitting*, Anhang B Rn. 94; GK-*Oetker*, § 8 EBRG Rn. 8; *Müller*, Rn. 3; vgl. auch zu Art. 6 Abs. 1 der RL *Weiss*, AuR 95, 438 (439).
233 Vgl. auch *Fitting*, § 2 Rn. 21.
234 *Fitting*, § 2 Rn. 24.
235 Vgl. auch *Bachner/Kunz*, AuR 96, 81 (84); *Gaul*, NJW 96, 3378 (3380); a. A. GK-*Oetker*, § 8 EBRG Rn. 9.

bzw. der Rolle als gleichwertiger Verhandlungspartner, die Richtlinie und Gesetz vorsehen, kaum gerecht. Aus dem Grundsatz der vertrauensvollen Zusammenarbeit folgt daher für die jeweilige Festlegung, dass die zentrale Leitung konstruktiv auf die Vorschläge des BVG eingeht und diese nur mit nachvollziehbaren erheblichen Gründen abgelehnt werden können, die Ablehnung ansonsten unerheblich ist.[236]

10 Die **Sitzungszahl** wird im Gesetz nicht festgelegt. Im Hinblick auf die unterschiedlichen nationalen Rechtsordnungen und Vorverständnisse und die hieraus notwendigerweise resultierenden internen Abstimmungsprobleme ergibt sich allerdings, dass eine Reihe von Sitzungen erforderlich sein wird. Dabei können Art. 7 Abs. 1 EBR-RL und § 21 Abs. 1 EBRG einen Hinweis für den zeitlichen Ablauf geben, wenn dort **sechs Monate** nach der Antragstellung aus der Nichtaufnahme der Verhandlungen geschlossen wird, dass die zentrale Leitung hierzu nicht bereit ist. Hierin lässt sich der äußerste Zeitrahmen sehen, der zwischen den Sitzungen liegen kann,[237] falls diese nicht bereits früher erforderlich sind. In der Regel wird dies mit der Konstituierung, der Abfassung eines eigenen Entwurfes[238] und der zielgerichteten Durchführung der Verhandlungen allerdings der Fall sein und auch wegen des Grundsatzes der vertrauensvollen Zusammenarbeit nicht abgelehnt werden können.

§ 9 Bildung

(1) Die Bildung des besonderen Verhandlungsgremiums ist von den Arbeitnehmern oder ihren Vertretern schriftlich bei der zentralen Leitung zu beantragen oder erfolgt auf Initiative der zentralen Leitung.

(2) Der Antrag ist wirksam gestellt, wenn er von mindestens 100 Arbeitnehmern oder ihren Vertretern aus mindestens zwei Betrieben oder Unternehmen, die in verschiedenen Mitgliedstaaten liegen, unterzeichnet ist und der zentralen Leitung zugeht. Werden mehrere Anträge gestellt, sind die Unterschriften zusammenzuzählen. Wird ein Antrag bei einer im Inland liegenden Betriebs- oder Unternehmensleitung eingereicht, hat diese den Antrag unverzüglich an die zentrale Leitung weiterzuleiten und die Antragsteller darüber zu unterrichten.

(3) Die zentrale Leitung hat die Antragsteller, die örtlichen Betriebs- oder Unternehmensleitungen, die dort bestehenden Arbeitnehmervertretungen sowie die in inländischen Betrieben vertretenen Gewerkschaften über die Bildung eines besonderen Verhandlungsgremiums und seine Zusammensetzung zu unterrichten.

Inhaltsübersicht Rn.

I. Vorbemerkungen

1 Die Vorschrift setzt **Artikel 5 Abs. 1** der EBR-RL um und regelt insbesondere die Voraussetzungen für einen wirksamen Antrag zur Bildung des BVG.

II. Wirksamer Antrag

2 Die Initiative zur Bildung des BVG kann von der zentralen Leitung oder von den Arbeitnehmern und/oder ihren Vertretern ausgehen. Für eine wirksame **Initiative der zentralen Leitung** werden im Gesetz keine Voraussetzungen aufgestellt. Sie erfolgt durch entsprechende Mitteilung an eine bestehende AN-Vertretung.[239] Der Antrag der AN und/oder ihrer Vertreter hat **schriftlich** bei der zentralen Leitung zu erfolgen (s. das **Musterschreiben** bei DKKWF-

236 Vgl. auch *Bachner/Nielebock,* AuR 97, 129 (131); *Klebe/Kunz,* FS Däubler, S. 823 (831).
237 Vgl. auch *Blanke,* EBRG § 13 Rn. 9; *Klebe/Kunz,* FS Däubler, S. 823 (831); a. A. AKRR-*Rudolph,* Rn. 14.
238 Vgl. hierzu z. B. die Checkliste von *Jaeger,* BetrR 97, 56 ff.
239 Vgl. BT-Drucks. 13/4520, S. 18; *Blanke,* EBRG, § 4 Rn. 5; *Müller,* § 4 Rn. 6.

Däubler, EBRG Rn. 6 und ein **Schreiben zur Koordinierung/Kontaktaufnahme** mit einer ausländischen Interessenvertretung in Rn. 4). Er muss von mindestens **100 AN** bzw. ihren Vertretern aus mindestens **zwei Mitgliedstaaten** unterzeichnet werden. Nach dieser Formel liegt selbst dann ein wirksamer Antrag vor, wenn z. B. ein Arbeitnehmer aus Frankreich und ein deutscher BR, der 99 AN vertritt, den Antrag unterzeichnen. Der **AN-Begriff** richtet sich dabei nach dem Recht des jeweiligen Mitgliedstaates, in Deutschland also nach § 5 Abs. 1 BetrVG (§ 4 Satz 1 EBRG). Leitende Angestellte werden daher nicht mitgerechnet.[240]

Werden **mehrere Anträge** gestellt, sind die Unterschriften zusammenzuzählen. Ein wirksamer Antrag liegt dann mit Erreichen der 100 Unterschriften und **Zugang** bei der zentralen Leitung vor. Wird z. B. ein Antrag von einem deutschen GBR, der 430 AN vertritt, am 15. Oktober, von einem weiteren deutschen GBR mit 54 AN am 22. Oktober und am 7. Dezember der Antrag eines niederländischen BR, der 70 AN vertritt, gestellt, liegt ein wirksamer Antrag mit dem Zugang am 7. Dezember bei der zentralen Leitung vor.[241] Ein enger zeitlicher Zusammenhang ist nicht erforderlich.[242] Die **Kosten** für die Herbeiführung eines wirksamen Antrags, wie z. B. für ein Koordinierungstreffen des deutschen KBR mit dem niederländischen BR der gemeinschaftsweiten UN-Gruppe, sind nach § 16 (vgl. dort Rn. 1) vom AG zu tragen.[243] 3

Mit Stellung des Antrages laufen die **Fristen des § 21 Abs. 1**. Der Antrag kann auch bei einer im Inland liegenden Betriebs- oder UN-Leitung eingereicht werden. Diese hat ihn dann unverzüglich an die zentrale Leitung weiterzugeben und die **Antragsteller** darüber zu unterrichten. Entscheidend ist auch hier der Zugang bei der zentralen Leitung, da die Vorschrift keine Zugangsfiktion enthält.[244] 4

III. Unterrichtungspflichten

Die zentrale Leitung hat neben den Antragstellern die örtlichen Betriebs- oder UN-Leitungen, dort bestehende AN-Vertretungen sowie die in deutschen Betrieben vertretenen Gewerkschaften darüber zu informieren, ob ein BVG zu bilden ist und wie viele Sitze auf die jeweiligen Mitgliedstaaten entfallen. Hiermit soll erreicht werden, dass sich alle Betroffenen frühzeitig auf das Verfahren einstellen und die Mitglieder des BVG bestellen können.[245] Nach dem Wortlaut des Abs. 3 sind die auf Betriebs- und UN-Ebene bestehenden AN-Vertretungen zu informieren. Sinnvollerweise wird man im Hinblick auf die Zielsetzung und das Wahlverfahren Konzernleitungen und auf **Konzernebene** bestehende AN-Vertretungen ebenfalls einbeziehen. Die Mitteilungspflicht besteht auch, wenn die zentrale Leitung die Initiative ergriffen hat.[246] 5

§ 10 Zusammensetzung

(1) Für jeden Anteil der in einem Mitgliedstaat beschäftigten Arbeitnehmer, der 10 Prozent der Gesamtzahl der in allen Mitgliedstaaten beschäftigten Arbeitnehmer der gemeinschaftsweit tätigen Unternehmen oder Unternehmensgruppen oder einen Bruchteil davon beträgt, wird ein Mitglied aus diesem Mitgliedstaat in das besondere Verhandlungsgremium entsandt.

(2) Es können Ersatzmitglieder bestellt werden.

---

240 Vgl. BT-Drucks. 13/4520, S. 18; *Engels/Müller,* DB 96, 981; § 3 Rn. 2 f.

241 Vgl. auch *Kunz,* AiB 97, 267 (273 f.) mit dem Musterentwurf eines Antrags.

242 So aber AKRR-*Rudolph,* Rn. 10.

243 *Blanke,* EBRG § 16 Rn. 3; a. A. HWK-*Giesen,* EBRG Rn. 25; vgl. auch *ArbG Hamburg* 17.4.97, AiB 98, 164 ff. mit Anm. *Kunz,* das den Erstattungsanpruch auf § 40 BetrVG stützt.

244 Vgl. *Däubler/Klebe,* AiB 95, 558 (565); ebenso *Blanke,* EBGR, Rn. 2 und Hako-BetrvG/*Blanke/Kunz,* § 9 EBRG Rn. 3.

245 Vgl. BT-Drucks. 13/4520, S. 21.

246 Vgl. auch Hako-BetrVG/*Blanke/Kunz,* § 9 EBRG Rn. 5.

Inhaltsübersicht Rn.

I. Vorbemerkungen

1 Die Vorschrift regelt entsprechend Art. 5 Abs. 2 b der EBR-RL die **Verteilung der Sitze** im BVG auf die einzelnen Länder. In der RL ist keine Mindest- und Höchstzahl der Mandate mehr vorgesehen.

II. Zusammensetzung des BVG

2 Pro Mitgliedsstaat besteht für jeden Anteil, der 10 % der Gesamtzahl der in allen Mitgliedsstaaten beschäftigten AN entspricht, ebenso Anspruch auf einen Sitz wie für einen Bruchteil dieser Tranche. Das liest sich kompliziert. Vereinfacht ausgedrückt gibt es ein Mandat in jedem Mitgliedsstaat für je angefangene 10 %.[247] Damit kann das BVG nach dem Beitritt Kroatiens zum 1. 7. 2013 maximal aus 40 Mitgliedern bestehen. **Jedes Land** hat **mindestens einen Sitz**, gleich, wie viele AN dort beschäftigt sind. Für Länder mit einem größeren Anteil an der Gesamtbelegschaft des gemeinschaftsweit tätigen UN bzw. der UN-Gruppe werden die Sitze aufgestockt. Das Gesetz verbindet also den Grundsatz der Repräsentativität mit dem der Proportionalität. Dabei können pro Land maximal zehn Sitze im BVG anfallen. Wenn in einem Land 99 Prozent der Beschäftigten tätig sind und in den anderen z. B. 30 zusammen nur 1 Prozent, bleibt das Verhältnis 10 zu 30.[248] Ändert sich die Struktur (z. B. Gründung /Kauf von Betrieben /UN in weiteren Ländern) des gemeinschaftsweit tätigen UN bzw. der UN-Gruppe während der Tätigkeit des BVG so, dass seine Zusammensetzung geändert werden muss, ist das BVG entsprechend **neu zusammenzusetzen**. Die **Kontinuität der Arbeit** wird dadurch nicht unterbrochen.[249]

3 § 37 Abs. 2, der Art. 13 der EBR-RL umsetzt, sieht bei **wesentlichen Strukturänderungen** des UN/der UN-Gruppe eine abweichende Zusammensetzung vor: Jeder hiervon betroffene EBR entsendet aus seiner Mitte 3 weitere Mitglieder (vgl. § 37 und die dortigen Anm.).

III. Ersatzmitglieder

4 Das Gesetz stellt es in Abs. 2 den Bestellungsorganen frei, Ersatzmitglieder zu benennen, um eine kontinuierliche Arbeit sicherzustellen. Das Verfahren wird nicht festgelegt. Daher ist es möglich, für jedes ordentliche Mitglied jeweils ein zugeordnetes Ersatzmitglied zu wählen, wie es beispielsweise **§ 17 MitbestG** vorsieht, oder aber eine **Liste von Ersatzmitgliedern** zu bestellen, aus der bei Verhinderung die jeweiligen Vertreter kommen, wie es eher § 25 BetrVG entspricht. Die Bestellung der Ersatzmitglieder kann gesondert in einem eigenen Wahlgang oder aber auch bei der Wahl der Mitglieder des BVG erfolgen. Hierbei wäre dann das Ersatzmitglied automatisch mit dem ordentlichen Mitglied gewählt oder die nichtgewählten Kandidaten würden in der entsprechenden Reihenfolge Ersatzmitglieder.[250]

IV. Amtszeit des BVG

5 Die Amtszeit des BVG endet mit Abschluss der Vereinbarung. Es ist, wie *Weiss*[251] formuliert hat, ein **Ad-hoc-Gremium.** Dies zeigen insbesondere §§ 15 und 20. Nach § 15 Abs. 2 ist das

247 Vgl. *Thüsing/Forst*, NZA 09, 408 (411); *Blanke*, AuR 09, 242 (244); Hako-BetrVG/*Blanke/Kunz*, § 10 EBRG Rn. 1.
248 Zur Kritik vgl. *Bachner/Kunz*, AuR 96, 81 (84); *Gaul*, NJW 96, 3378 (3380).
249 *Blanke*, EBRG, Rn. 14; a. A. AKRR-*Rudolph*, Rn. 8.
250 Zustimmend *Blanke*, EBRG Rn. 9; AKRR-*Rudolph*, Rn. 10.
251 AuR 95, 438 (441).

BVG nach dem Beschluss, keine Verhandlungen aufzunehmen oder diese zu beenden, neu zu bilden. § 20 sieht ebenfalls eine **Neubildung** vor und nicht das »Wiederaufleben« des ursprünglichen Gremiums.[252] Die EBR-Vereinbarung muss daher von den einzelnen Mitgliedern oder dem EBR ggf. durchgesetzt werden, der im Übrigen auch das Antragsrecht nach § 20 ausüben kann.

V. Stellung der Mitglieder des BVG

Für die in Deutschland beschäftigten Mitglieder des BVG sind die §§ 38 bis 40 einschlägig, für im Ausland Beschäftigte §§ 38 f. und die im jeweiligen Land für AN-Vertreter geltenden Schutzvorschriften (vgl. Art. 10 der EBR-RL). Neben den **Kündigungsschutzvorschriften** sind insbesondere die **Freistellungsregeln** von Bedeutung (vgl. die Anm. zu §§ 38, 39 und 40). 6

§ 11 Bestellung inländischer Arbeitnehmervertreter

(1) Die nach diesem Gesetz oder dem Gesetz eines anderen Mitgliedstaates auf die im Inland beschäftigten Arbeitnehmer entfallenden Mitglieder des besonderen Verhandlungsgremiums werden in gemeinschaftsweit tätigen Unternehmen vom Gesamtbetriebsrat (§ 47 des Betriebsverfassungsgesetzes) bestellt. Besteht nur ein Betriebsrat, so bestellt dieser die Mitglieder des besonderen Verhandlungsgremiums.

(2) Die in Absatz 1 Satz 1 genannten Mitglieder des besonderen Verhandlungsgremiums werden in gemeinschaftsweit tätigen Unternehmensgruppen vom Konzernbetriebsrat (§ 54 des Betriebsverfassungsgesetzes) bestellt. Besteht neben dem Konzernbetriebsrat noch ein in ihm nicht vertretener Gesamtbetriebsrat oder Betriebsrat, ist der Konzernbetriebsrat um deren Vorsitzende und um deren Stellvertreter zu erweitern; die Vorsitzenden und ihre Stellvertreter gelten insoweit als Konzernbetriebsratsmitglieder.

(3) Besteht kein Konzernbetriebsrat, werden die in Absatz 1 Satz 1 genannten Mitglieder des besonderen Verhandlungsgremiums wie folgt bestellt:

a) Bestehen mehrere Gesamtbetriebsräte, werden die Mitglieder des besonderen Verhandlungsgremiums auf einer gemeinsamen Sitzung der Gesamtbetriebsräte bestellt, zu welcher der Gesamtbetriebsratsvorsitzende des nach der Zahl der wahlberechtigten Arbeitnehmer größten inländischen Unternehmens einzuladen hat. Besteht daneben noch mindestens ein in den Gesamtbetriebsräten nicht vertretener Betriebsrat, sind der Betriebsratsvorsitzende und dessen Stellvertreter zu dieser Sitzung einzuladen; sie gelten insoweit als Gesamtbetriebsratsmitglieder.

b) Besteht neben einem Gesamtbetriebsrat noch mindestens ein in ihm nicht vertretener Betriebsrat, ist der Gesamtbetriebsrat um den Vorsitzenden des Betriebsrats und dessen Stellvertreter zu erweitern; der Betriebsratsvorsitzende und sein Stellvertreter gelten insoweit als Gesamtbetriebsratsmitglieder. Der Gesamtbetriebsrat bestellt die Mitglieder des besonderen Verhandlungsgremiums. Besteht nur ein Gesamtbetriebsrat, so hat dieser die Mitglieder des besonderen Verhandlungsgremiums zu bestellen.

c) Bestehen mehrere Betriebsräte, werden die Mitglieder des besonderen Verhandlungsgremiums auf einer gemeinsamen Sitzung bestellt, zu welcher der Betriebsratsvorsitzende des nach der Zahl der wahlberechtigten Arbeitnehmer größten inländischen Betriebs einzuladen hat. Zur Teilnahme an dieser Sitzung sind die Betriebsratsvorsitzenden und deren Stellvertreter berechtigt; § 47 Absatz 7 des Betriebsverfassungsgesetzes gilt entsprechend.

d) Besteht nur ein Betriebsrat, so hat dieser die Mitglieder des besonderen Verhandlungsgremiums zu bestellen.

(4) Zu Mitgliedern des besonderen Verhandlungsgremiums können auch die in § 5 Absatz 3 des Betriebsverfassungsgesetzes genannten Angestellten bestellt werden.

252 Vgl. *Däubler*, FS Schaub, S. 95 (102 f.); *Blanke*, EBRG § 8 Rn. 4; GK-*Oetker*, § 8 EBRG Rn. 3 f.; HWK-*Giesen*, EBRG Rn. 27; AKRR-*Rudolph*, § 8 Rn. 3; PS-*Müller-Bonanni/Jenner*, § 12 Rn. 73; vgl. demgegenüber *Weiss*, a. a. O., allerdings zu Art. 5, 6 der RL.

(5) Frauen und Männer sollen entsprechend ihrem zahlenmäßigen Verhältnis bestellt werden.

Inhaltsübersicht Rn.

I. Vorbemerkungen

1 Die Vorschrift regelt die Bestellung der **inländischen** AN-Vertreter entsprechend Art. 5 Abs. 2 a der EBR-RL. Sie ist ein Beispiel für die Anlehnung des EBR-Gesetzes an das BetrVG.[253] Eine Beteiligung der AN **BR-loser Betriebe** am Bestellungsverfahren ist nicht vorgesehen (s. aber auch Art. 5 Abs. 2 a Unterabs. 2 und 3 der EBR-RL).[254]

II. Persönliche Wahlvoraussetzungen

2 Die Kandidaten müssen, wie auch Abs. 4 zeigt, nicht Mitglied in einem der nationalen AN-Gremien sein. Eine richtlinienkonforme Auslegung ergibt, dass auch **Externe,** wie z. B. hauptamtliche Gewerkschaftsvertreter, in das BVG gewählt werden können. Art. 10 der Richtlinie sieht die Lohn- und Gehaltsfortzahlung an die Mitglieder vor, die Beschäftigte des gemeinschaftsweit operierenden UN/der UN-Gruppe sind. Dieser Zusatz wäre entbehrlich, wenn nur bei dem UN/der UN-Gruppe tätige AN gewählt werden könnten.[255] Demgegenüber wird im Anhang Nr. 1 b) klargestellt, dass sich der **EBR** nur aus AN des UN/der UN-Gruppe zusammensetzt (zur richtlinienkonformen Auslegung § 87 BetrVG Rn. 212 ff.).[256]

III. Wahl in gemeinschaftsweit tätigen UN

3 Die Bestellung der inländischen AN-Vertreter erfolgt gem. Abs. 1 durch den **GBR** oder, falls es nur einen BR gibt, durch diesen.

IV. Wahl in UN-Gruppen mit KBR

4 Besteht in der gemeinschaftsweit tätigen UN-Gruppe ein **KBR,** so bestellt dieser die Mitglieder des BVG. Erfasst der KBR nicht alle UN, wird ein in ihm **nicht vertretener GBR** oder **BR** so beteiligt, dass deren Vorsitzende und Stellvertreter als KBR-Mitglieder gelten. Bei der Beschlussfassung haben sie dann jeweils die Hälfte der Stimmen des entsendenden GBR bzw. BR gemäß § 55 Abs. 3 BetrVG.

5 Nicht geregelt ist der Fall, dass bei einer gemeinschaftsweit tätigen UN-Gruppe mit Sitz in einem anderen Mitgliedstaat in Deutschland mehrere **KBR** bestehen. Hier bietet sich eine

253 Vgl. *Bachner/Nielebock,* AuR 97, 129 (130) und *Klebe/Kunz,* FS Däubler, S. 823 (826) zur Frage, wie AN eines Landes beteiligt werden, das die EBR-Richtlinie nicht umgesetzt hat.

254 Vgl. hierzu *Müller,* Rn. 2; *Ruoff,* BB 97, 2478 (2480) und die Bedenken v. *Gaul,* NJW 96, 3378 (3380); *Blanke,* EBRG § 10 Rn. 2 und § 11 Rn. 3 f.; PS-*Müller-Bonanni/Jenner,* § 12 Rn. 80 f. legen die Vorschrift richtlinienkonform ergänzend so aus, dass in den Fällen, in denen wegen fehlender rechtlicher Voraussetzungen kein BR gewählt werden kann, die AN eine Urwahlmöglichkeit haben.

255 Vgl. auch Hako-BetrVG/*Blanke/Kunz,* § 11 EBRG Rn. 6; HWK-*Giesen,* EBRG Rn. 26; a. A. AKRR-*Rudolph,* Rn. 4.

256 Zur Auslegung der Richtlinie vgl. auch *Däubler/Klebe,* AiB 95, 558 (566); zur entsprechenden Auslegung dieses Gesetzes: *Blanke,* EBRG Rn. 15; *Bachner/Kunz,* AuR 96, 81 (85); *Kohte,* EuroAS 96, 115 (117); *Müller,* § 10 Rn. 1; MünchArbR-*Joost,* § 274 Rn. 64.

Lösung analog Abs. 3 a an. Die Mitglieder des BVG werden also auf einer gemeinsamen Sitzung der KBR bestellt, zu welcher der Vorsitzende einlädt, dessen Gremium die meisten wahlberechtigten AN vertritt.[257]

V. Wahl in UN-Gruppen ohne KBR

In diesem Falle unterscheidet das Gesetz vier Konstellationen. Bestehen **mehrere GBR,** so werden die Mitglieder des BVG auf einer gemeinsamen Sitzung aller GBR bestellt, zu der der GBR-Vorsitzende des UN mit den meisten wahlberechtigten AN einlädt. Existiert ein weiteres UN mit nur einem Betrieb, sind zu dieser Sitzung auch der BR-Vorsitzende und dessen Stellvertreter einzuladen und gelten dann insoweit als GBR-Mitglieder. Dies bedeutet, dass sie mit dem **§ 47 Abs. 7 BetrVG** entsprechenden Stimmengewicht beteiligt werden.[258] **6**

Falls nur **ein GBR** besteht, wählt dieser die Mitglieder des BVG gem. Abs. 3 b. Ist ein Betrieb in diesem GBR nicht vertreten, weil er zu einem anderen UN gehört, werden der BR-Vorsitzende und sein Stellvertreter wiederum wie GBR-Mitglieder behandelt. **7**

Bestehen mehrere **BR,** findet eine Sitzung der BR-Vorsitzenden und deren Stellvertreter statt, zu der der Vorsitzende des größten Betriebes einlädt. Die Teilnehmer werden dann wie GBR-Mitglieder mit der Folge des § 47 Abs. 7 BetrVG behandelt. Besteht nur ein BR, so wählt dieser die Mitglieder des BVG. Hält man den **gänzlichen Ausschluss** der AN BR-loser Betriebe vom Bestellungsverfahren jedenfalls dann für unzulässig, wenn die inländischen Beschäftigten mangels auch nur einer betriebsverfassungsrechtlichen Vertretung überhaupt nicht im BVG vertreten sind,[259] können die betroffenen AN ihre Vertreter in **Direktwahl** bestellen.[260] Die Wahl findet dann, entsprechend der Zahl der Betriebe, in einer oder mehreren Betriebsversammlungen statt, zu denen **analog § 17 Abs. 3 BetrVG** drei wahlberechtigte AN des Betriebs oder eine in ihm vertretene Gewerkschaft einladen können.[261] Etwaige Koordinationsprobleme sollten durch eine Vereinbarung zwischen UN-Leitung und Gewerkschaft gelöst werden, die bei mehreren Betrieben sinnvollerweise ein Entsendungsgremium, bestehend aus zwei Vertretern jedes Betriebes, vorsehen könnte. **8**

VI. Bestellung leitender Angestellter

Leitende Angestellte sind zwar keine AN im Sinne dieses Gesetzes, sie können allerdings wie beim WA (vgl. § 107 Abs. 1 Satz 2 BetrVG) zu Mitgliedern des BVG bestellt werden (vgl. auch § 23 Abs. 6 EBRG zur Bestellung von leitenden Angestellten als EBR-Mitglieder: § 23 Rn. 2). **9**

VII. Vertretung von Frauen und Männern

Die Soll-Vorschrift lehnt sich an § 15 Abs. 2 BetrVG a. F. an. Hiermit soll eine angemessene **Beteiligung** von Männern und Frauen sichergestellt werden (zum EBR vgl. § 23 Abs. 5). **10**

VIII. Streitigkeiten

Entsteht Streit über die **Wirksamkeit der Bestellung** ist § 19 Abs. 2 BetrVG analog anzuwenden, d. h., die Bestellung muss innerhalb von zwei Wochen beim ArbG angefochten werden (zur vergleichbaren Frage bei GBR und KBR § 47 BetrVG Rn. 165, § 55 BetrVG Rn. 24).[262] **11**

---

257 Zustimmend *Blanke,* EBRG Rn. 8; *ders.,* Hako-BetrVG/*Blanke/Kunz,* § 11 EBRG Rn. 4; AKRR-*Rudolph,* Rn. 10.

258 Vgl. auch zur entsprechenden Vorschrift in § 23 Abs. 3 a für die Bestellung der AN-Vertreter im EBR: *BAG* 18.4.07, NZA 07, 1375 (1378).

259 So vor allem *Blanke,* EBRG, Rn. 3 f.; Hako-BetrVG/*Blanke/Kunz,* § 11 EBRG Rn. 2; a. A. GK-*Oetker,* § 11 EBRG Rn. 4; AKRR-*Rudolph,* Rn. 18.

260 *Blanke,* EBRG Rn. 14 unter Hinweis auf Art. 5 Abs. 2 a Unterabs. 2 der RL; Hako-BetrVG/*Blanke/Kunz,* § 11 EBRG Rn. 2.

261 Vgl auch *Blanke,* EBRG, Rn. 14.

262 So *BAG* 18.4.07, NZA 07, 1375 (1379) zur entsprechenden Vorschrift in § 23 Abs. 3 a für die Bestel-

Anfechtungsberechtigt ist **jedes Mitglied** des entsendenden Gremiums und die **Gewerkschaft** (vgl. § 47 BetrVG Rn. 166; **str.**).[263] Der Bestellte bleibt bis zur rechtskräftigen Entscheidung im Amt.[264] Die **Abberufung** von BVG-Mitgliedern ist anders als bei den Mitgliedern des EBR (§ 23 Abs. 4) nicht geregelt, auch hier bietet sich die entsprechende Anwendung der Wahlvorschriften in Abs. 1 bis 3 an (vgl. auch die Lösung zum früheren BetrVG in §§ 47 Abs. 2 Satz 4, 55 Abs. 1 Satz 4 BetrVG a. F.), da davon auszugehen ist, dass es sich um ein Redaktionsversehen des Gesetzgebers handelt. Die Abberufung kann, wie im Falle des § 23 Abs. 4 EBRG, jederzeit erfolgen, ohne dass hierfür besondere Voraussetzungen, wie z. B. eine Pflichtverletzung des BVG-Mitgliedes, vorliegen müssen.[265] Sie darf allerdings nicht diskriminierend sein. Die Einladung zu der Sitzung hat nach dieser Vorschrift und entsprechend §§ 29 Abs. 2 bis 4, 51 Abs. 2, 59 Abs. 2 BetrVG zu erfolgen.

§ 12 Unterrichtung über die Mitglieder des besonderen Verhandlungsgremiums

Der zentralen Leitung sind unverzüglich die Namen der Mitglieder des besonderen Verhandlungsgremiums, ihre Anschriften sowie die jeweilige Betriebszugehörigkeit mitzuteilen. Die zentrale Leitung hat die örtlichen Betriebs- oder Unternehmensleitungen, die dort bestehenden Arbeitnehmervertretungen sowie die in inländischen Betrieben vertretenen Gewerkschaften über diese Angaben zu unterrichten.

1 Die Vorschrift entspricht dem ersten Teil von **Art. 5 Abs. 2 c** der EBR-RL.

2 Sobald die Mitglieder des BVG feststehen, sind ihre Namen, Anschriften sowie die jeweilige Betriebszugehörigkeit der **zentralen Leitung** mitzuteilen. Diese informiert entsprechend die örtlichen Betriebs- und UN-Leitungen, die dortigen AN-Vertretungen sowie die in deutschen Betrieben vertretenen Gewerkschaften. Ziel ist, dass sich die Beteiligten ein Bild von der personellen Zusammensetzung des BVG machen können.[266] Die Informationspflichten sind ggf. im Beschlussverfahren durchzusetzen.

3 Sinnvollerweise wird man auch **Konzernleitungen** und auf dieser Ebene bestehende AN-Vertretungen in die Information einbeziehen (vgl. § 9 Rn. 5).

§ 13 Sitzungen, Geschäftsordnung, Sachverständige

(1) Die zentrale Leitung lädt unverzüglich nach Benennung der Mitglieder zur konstituierenden Sitzung des besonderen Verhandlungsgremiums ein und unterrichtet die örtlichen Betriebs- oder Unternehmensleitungen. Die zentrale Leitung unterrichtet zugleich die zuständigen europäischen Gewerkschaften und Arbeitgeberverbände über den Beginn der Verhandlungen und die Zusammensetzung des besonderen Verhandlungsgremiums nach § 12 Satz 1. Das besondere Verhandlungsgremium wählt aus seiner Mitte einen Vorsitzenden und kann sich eine Geschäftsordnung geben.

(2) Vor und nach jeder Verhandlung mit der zentralen Leitung hat das besondere Verhandlungsgremium das Recht, eine Sitzung durchzuführen und zu dieser einzuladen; § 8 Absatz 3 Satz 2 gilt entsprechend.

(3) Beschlüsse des besonderen Verhandlungsgremiums werden, soweit in diesem Gesetz nichts anderes bestimmt ist, mit der Mehrheit der Stimmen seiner Mitglieder gefasst.

(4) Das besondere Verhandlungsgremium kann sich durch Sachverständige seiner Wahl unterstützen lassen, soweit dies zur ordnungsgemäßen Erfüllung seiner Aufgaben erforderlich ist. Sachverständige können auch Beauftragte von Gewerkschaften sein. Die Sach-

---

lung der AN-Vertreter im EBR; vgl. zu § 11 *Blanke*, EBRG Rn. 21; HWK-*Giesen*, EBRG Rn. 27; *Müller*, Rn. 13.

263 Vgl. *Blanke*, a. a. O.; *Fitting*, Anhang B Rn. 51; Hako-BetrVG/*Blanke/Kunz*, § 11 EBRG Rn. 11; a. A. AKRR-*Rudolph*, Rn. 22.

264 *BAG*, a. a. O., S. 1380; *Müller*, Rn. 13 und § 47 BetrVG Rn. 165 m. w. N. zur *BAG*-Rspr.

265 Vgl. auch Hako-BetrVG/*Blanke/Kunz*, § 11 EBRG Rn. 11

266 BT-Drucks. 13/4520, S. 22.

verständigen und Gewerkschaftsvertreter können auf Wunsch des besonderen Verhandlungsgremiums beratend an den Verhandlungen teilnehmen.

Inhaltsübersicht Rn.

I. Vorbemerkungen

1 Die Vorschrift regelt entsprechend Art. 5 Abs. 4 der EBR-RL einige organisatorische Fragen für das BVG, wie z. B. Einladung und Inhalt der konstituierenden Sitzung, das Recht auf interne Sitzungen und die Einschaltung von Sachverständigen, sowie Informationspflichten nach Art 5 Abs. 2 c.

II. Konstituierende Sitzung

2 Sobald die zentrale Leitung gemäß § 12 die Angaben über die Mitglieder des BVG erhalten hat, hat sie **unverzüglich,** also ohne schuldhaftes Zögern, zur **konstituierenden Sitzung** einzuladen. Hierüber sind die örtlichen Betriebs- und UN-Leitungen (vgl. auch § 9 Rn. 5) wiederum zu unterrichten, so dass sie in den Entstehungsprozess des BVG fortlaufend einbezogen sind. In anderen Mitgliedsländern sind teilweise Fristen von drei bzw. sechs Monaten für die Einladung festgelegt.[267] Darüber hinaus hat die zentrale Leitung die Pflicht, die Zusammensetzung des BVG und den Beginn der Verhandlungen den zuständigen **europäischen AN- und AG-Verbänden** mitzuteilen.[268] Dies sind die Verbände, die nach Art. 154 AEUV von der Kommission gehört werden.[269] Kommt die zentrale Leitung ihrer Verpflichtung nicht nach, können die Mitglieder des BVG eigenständig die Sitzung einberufen und durchführen.[270]

3 In der konstituierenden Sitzung wählt das BVG aus seiner Mitte einen **Vorsitzenden.** Zudem kann es sich eine Geschäftsordnung geben. In der **Geschäftsordnung** kann beispielsweise geregelt werden, dass ein **stellvertretender Vorsitzender** gewählt, ein Vorstand gebildet oder ein **Verhandlungsausschuss** nominiert wird.[271] Ebenso können z. B. Fristen für die Einladung zu den internen Treffen, Regeln für die Protokollführung, für die Aufstellung der Tagesordnung, das Abstimmungsverfahren und zum Anwesenheitsrecht Dritter festgelegt werden. Darüber hinaus können auch Grundsätze für die Kommunikation der Mitglieder des BVG zwischen den Sitzungen beschlossen werden (s. auch den vergleichbaren Entwurf einer Geschäftsordnung für den EBR bei DKKWF-*Däubler,* EBRG Rn. 28 ff.).

4 Eine § 26 Abs. 2 BetrVG entsprechende Regelung fehlt. Will man nicht bereits aus allgemeinen Grundsätzen ein Vertretungsrecht **des Vorsitzenden** des BVG annehmen,[272] wird man eine entsprechende Regelung in der Geschäftsordnung treffen können.[273]

5 Bei der konstituierenden Sitzung hat die zentrale Leitung kein Anwesenheitsrecht.[274] Anders als in § 27 Abs. 1 Satz 5 für den EBR ist keine Regelung zur **Nichtöffentlichkeit** der Sitzung des BVG vorgesehen. *Blanke*[275] interpretiert die fehlende Anordnung so, dass es BVG und zentraler Leitung überlassen bleibt, hierüber gemeinsam zu befinden. Es erscheint allerdings aus

267 Vgl. *Blanke,* EBRG Rn. 22.
268 Hierzu *Funke,* DB 09, 564 (565).
269 BR-Drucks. 848/10, S. 12; *Fitting,* Anhang B Rn. 55; GK-*Oetker,* § 13 EBRG Rn. 5.
270 Vgl. GK-*Oetker*, § 13 EBRG Rn. 4 mwN.; a. A. AKRR-*Rudolph,* Rn. 5
271 Vgl. auch BT-Drucks. 13/4520, S. 22; *Fitting,* Anhang B Rn. 56; GK-*Oetker,* § 13 EBRG Rn. 6; AKRR-*Rudolph,* Rn. 24.
272 So *Müller,* Rn. 1.
273 Vgl. *Däubler,* FS Schaub, S. 95, (100); *Klebe/Kunz,* FS Däubler, S. 823 (833); *Blanke,* EBRG Rn. 7.
274 *Bachner/Nielebock,* AuR 97, 129 (131); Hako-BetrVG/*Blanke/Kunz,* § 13 EBRG Rn. 1.
275 EBRG Rn. 13; ebenso HWK-*Giesen,* EBRG Rn. 30.

praktischen und rechtlichen Gründen richtiger, entspr. §§ 30 Abs. 4, 51 Abs. 1, 59 Abs. 1 BetrVG sowie den für den WA geltenden Regeln (vgl. § 108 BetrVG Rn. 7) die Nichtöffentlichkeit anzunehmen.[276]

III. Weitere Sitzungen mit zentraler Leitung

6 Im Gesetz ist weder die Zahl der weiteren **Sitzungen** noch deren Zeitabstand festgelegt. Zentrale Leitung und das BVG haben vielmehr die Modalitäten **einvernehmlich** festzulegen (vgl. hierzu vor allem § 8 Rn. 10: maximaler Abstand von sechs Monaten zwischen den Sitzungen).

IV. Interne Sitzungen

7 Gemäß Abs. 2 hat das BVG das Recht, vor und nach jeder Verhandlung mit der zentralen Leitung eine interne Sitzung durchzuführen. Hierzu lädt der Vorsitzende ein.[277] Diese Sitzungen, die für die **interne Abstimmung** und die **Vorbereitung/Nachbereitung der Verhandlungen** besondere Bedeutung haben, sind gemäß § 8 Abs. 3 Satz 2 ebenfalls mit der zentralen Leitung einvernehmlich festzulegen.

8 Im Hinblick auf die in EBR-Richtlinie und Gesetz vorgesehene **eigenverantwortliche Wahrnehmung** der Aufgaben und der Rolle als gleichwertiger Verhandlungspartner ist dem BVG zuzubilligen, dass seine Vorschläge von der zentralen Leitung nur abgelehnt werden können, wenn **nachvollziehbare erhebliche Gründe** dagegen sprechen. Ansonsten ist die Ablehnung im Hinblick auf die geschilderten Gesichtspunkte und auch § 8 Abs. 3, der eine vertrauensvolle Zusammenarbeit vorsieht, unbeachtlich (vgl. § 8 Rn. 10).

V. Beschlussfassung

9 Sofern das Gesetz nichts anderes bestimmt, fasst das BVG Beschlüsse mit der **Mehrheit der Stimmen** seiner Mitglieder (anders § 28 Satz 1 für den EBR: Mehrheit der Stimmen der anwesenden Mitglieder). Dies bedeutet, dass sich die Abwesenheit von Mitgliedern ebenso wie ihre Stimmenthaltung und Nichtteilnahme an Abstimmungen als **Nein-Stimme** auswirkt. Die **Beschlüsse** sind in **Sitzungen** zu fassen. Eine Willensbildung etwa durch Stillschweigen oder im Wege des Umlaufverfahrens ist auch dann unzulässig, wenn alle Mitglieder des BVG einverstanden sind.[278]

10 Das Gesetz enthält keine Vorschriften über das **Abstimmungsverfahren** (z. B. schriftliche oder mündliche Stimmabgabe, offene oder geheime Abstimmung, Feststellung des Abstimmungsergebnisses). Diese können in einer Geschäftsordnung gemäß Abs. 1 festgelegt werden. Hierin kann allerdings nicht die erforderliche Mehrheit verändert werden. Abs. 3 wird für Beschlüsse gemäß § 15 modifiziert: Für die Entscheidung, keine Verhandlungen aufzunehmen oder diese zu beenden, ist eine Zweidrittelmehrheit der Stimmen der Mitglieder des BVG erforderlich. Zur **Beschlussfähigkeit** enthält das Gesetz, anders als § 33 Abs. 2 BetrVG für den BR, keine Regelung. Teilweise wird aus § 15 abgeleitet, dass mindestens zwei Drittel der Mitglieder gem. § 10 an der Beschlussfassung teilnehmen müssen.[279] Diese Auffassung ist jedoch abzulehnen. § 15 regelt einen Sonderfall, ansonsten werden Beschlüsse mit absoluter Mehrheit gefasst. Daher reicht es aus, wenn ein Mitglied **mehr als die Hälfte** an der Beschlussfassung teilnimmt.[280] Hat das BVG nicht die gesetzliche Mitgliederzahl, z. B. weil eine Benennung unterblieben ist, so ist sowohl für die Beschlussfähigkeit, wie auch die Bestimmung der Mehrheit von der entsprechend geminderten Zahl auszugehen. Dies ergibt sich analog aus § 33 BetrVG i. V. m. §§ 11, 13 Abs. 2 Nr. 2 BetrVG (hierzu § 33 BetrVG Rn. 5; vgl. auch § 11 BetrVG Rn. 4).[281] Wegen § 15 muss allerdings ein Mitglied mehr als ein Drittel der in § 10 festgelegten Zahl an der Abstimmung teilnehmen.

---

276 Vgl. auch AKRR-*Rudolph*, Rn. 9.
277 Vgl. *Engels/Müller*, DB 96, 981 (984).
278 *Blanke*, EBRG Rn. 16; AKRR-*Rudolph*, Rn. 19.
279 *Lerche*, S. 211 f., 216.
280 *Blanke*, EBRG Rn. 16; *Müller*, Rn. 5.
281 *BAG* 18.8.82, DB 83, 288 f.; *Fitting*, § 33 Rn. 12; GK-*Raab*, § 33 Rn. 13.

VI. Unterstützung durch Sachverständige

11 Das BVG kann Sachverständige seiner Wahl hinzuziehen. Sachverständige sind Personen, die dem BVG fehlende Kenntnisse vermitteln.[282] Sie müssen nicht neutral sein, sondern können ihre Kompetenz interessenorientiert, parteiisch, zur Verfügung stellen.[283] Das BVG kann sie einschalten, sofern es zur **ordnungsgemäßen Erfüllung** der Aufgaben **erforderlich** ist. Diese Anforderungen gehen über die EBR-RL hinaus. Nach deren Art. 5 Abs. 4 Unterabs.3 ist die Einschaltung von Sachverständigen an keine besonderen Voraussetzungen gebunden. Eine **richtlinienkonforme Auslegung** ergibt daher, dass die Erforderlichkeit ohne weiteres angenommen werden kann und nicht weiter begründet werden muss: Die Einschaltung von Sachverständigen ist bei den Verhandlungen wegen der Schwierigkeit der Materie immer zur ordnungsgemäßen Aufgabenerfüllung erforderlich[284]. Das BVG muss sich lediglich im Rahmen vertrauensvoller Zusammenarbeit halten (§ 8 Abs. 3).[285]

12 Als Sachverständige können auch **Gewerkschaftsbeauftragte** hinzugezogen werden. Art. 5 Abs. 4 Unterabsatz 3 der EBR-RL nennt klarstellend ausdrücklich als Beispiel für Sachverständige Vertreter der »kompetenten anerkannten Gewerkschaftsorganisationen auf Gemeinschaftsebene«. Kompetente anerkannte Gewerkschaftsorganisationen sind solche, die nach Art. 154 AEUV von der Kommission gehört werden.[286] Aus dieser gegenüber dem EBRG engeren Definition ergibt sich keine Anpassungspflicht des deutschen Gesetzgebers, da die Richtlinie Mindestvorschriften beinhaltet.[287] Eine nähere Vereinbarung, wie in § 80 Abs. 3 BetrVG vorgesehen, ist für die Einschaltung der Experten generell nicht erforderlich.[288] Diese Sachverständigen und Gewerkschaftsvertreter können auf Wunsch des BVG beratend an den **Verhandlungen** mit der zentralen Leitung **teilnehmen.**

13 Das BVG kann durchaus **mehrere Sachverständige** gleichzeitig einschalten. Grenze ist nur der Grundsatz der vertrauensvollen Zusammenarbeit in § 8 Abs. 3. Lediglich die Verpflichtung, die Sachverständigenkosten zu tragen, ist gemäß § 16 Abs. 1 Satz 2 auf einen Sachverständigen beschränkt (vgl. dort Rn. 7 f.).

§ 14 Einbeziehung von Arbeitnehmervertretern aus Drittstaaten

Kommen die zentrale Leitung und das besondere Verhandlungsgremium überein, die nach § 17 auszuhandelnde Vereinbarung auf nicht in einem Mitgliedstaat (Drittstaat) liegende Betriebe oder Unternehmen zu erstrecken, können sie vereinbaren, Arbeitnehmervertreter aus diesen Staaten in das besondere Verhandlungsgremium einzubeziehen und die Anzahl der auf den jeweiligen Drittstaat entfallenden Mitglieder sowie deren Rechtsstellung festlegen.

1 Die Vorschrift greift die in **Art. 1 Abs. 6** der EBR-RL und § 1 Abs. 3 letzter Halbsatz angelegte Möglichkeit auf, auch **Betriebe und UN in Drittstaaten,** wie z. B. Japan, Schweiz oder USA, einzubeziehen.

2 Die Norm ermöglicht eine frühzeitige Beteiligung der **AN-Vertreter aus Drittstaaten** im BVG. Da sich die Vereinbarung nach § 17 auf sie erstrecken wird, ist es auch angebracht, dass sie an der Regelung der späteren Handlungsbedingungen mitwirken.

3 Voraussetzung ist die **Vereinbarung** der Verhandlungspartner über den erweiterten Geltungs-

282 Vgl. *Fitting,* § 80 Rn. 87; *Blanke,* EBRG Rn. 18.
283 *Fitting,* a. a. O.; AKRR-Rudolph, Rn. 29.
284 Vgl. insoweit auch die *BAG*-Rspr. zu regelmäßig erforderlichen Schulungen zu Grundkenntnissen des BetrVG: § 37 BetrVG Rn. 112.
285 Vgl. auch *Bachner/Nielebock,* AuR 97, 129 (131)); *Kunz,* AiB 97, 267 (278); *Sandmann,* WiB 97, 393 (395); *Harazim,* AiB 97, 632 (637 f.); *Blanke,* EBRG Rn. 19; Hako-BetrVG/Blanke/Kunz, § 13 EBRG Rn. 9; a. A. AKRR-*Rudolph,* Rn. 30; *Fitting,* Anhang B Rn. 59; GK-*Oetker,* § 13 EBRG Rn. 14 f.; HWK-*Giesen,* EBRG Rn. 30; *Müller,* Rn. 6.
286 Hierzu Erwägungsgrund 27 der RL und BR-Drucks. 848/10, S. 12; *Funke,* DB 09, 564 (565).
287 GK-*Oetker,* § 13 EBRG Rn. 17.
288 *Blanke,* EBRG, Rn. 21.

bereich sowie über die Einbeziehung der Vertreter aus Drittstaaten in das BVG. Hierbei legen sie auch die Anzahl sowie die Rechtsstellung dieser Vertreter fest, die der der Mitglieder des BVG aus Mitgliedstaaten entsprechen kann.[289]

§ 15 Beschluss über Beendigung der Verhandlungen

(1) Das besondere Verhandlungsgremium kann mit mindestens zwei Dritteln der Stimmen seiner Mitglieder beschließen, keine Verhandlungen aufzunehmen oder diese zu beenden. Der Beschluss und das Abstimmungsergebnis sind in eine Niederschrift aufzunehmen, die vom Vorsitzenden und einem weiteren Mitglied zu unterzeichnen ist. Eine Abschrift der Niederschrift ist der zentralen Leitung zuzuleiten.
(2) Ein neuer Antrag auf Bildung eines besonderen Verhandlungsgremiums (§ 9) kann frühestens zwei Jahre nach dem Beschluss gemäß Absatz 1 gestellt werden, sofern das besondere Verhandlungsgremium und die zentrale Leitung nicht schriftlich eine kürzere Frist festlegen.

Inhaltsübersicht Rn.

I. Vorbemerkungen

1 Die Vorschrift setzt **Art. 5 Abs. 5** der EBR-RL in deutsches Recht um. Sie regelt den zumindest zeitweisen Verzicht der AN auf die grenzübergreifende Unterrichtung und Anhörung.

II. Beendigung der Verhandlungen

2 Der Beschluss, keine Verhandlungen aufzunehmen oder diese zu beenden, kann nur mit mindestens **zwei Dritteln der Stimmen der Mitglieder** des BVG gefasst werden. Beschluss und Abstimmungsergebnis sind in einer **Niederschrift** zu erfassen und vom Vorsitzenden und einem weiteren Mitglied zu unterzeichnen. Dies bedeutet, dass das BVG zunächst zusammenkommen und sich konstituieren muss. Ein entsprechender Beschluss z. B. im **Umlaufverfahren** wäre unzulässig. Eine Abschrift des Protokolls ist der zentralen Leitung zuzuleiten. Mit dem entsprechenden Beschluss wird das BVG **aufgelöst** (vgl. § 10 Rn. 4).[290]

III. Neue EBR-Initiative

3 Abs. 2 legt fest, dass der Antrag auf Bildung eines BVG **frühestens zwei Jahre** nach dem Beschluss gemäß Abs. 1 gestellt werden kann. Eine kürzere Frist kann allerdings zwischen dem BVG und der zentralen Leitung schriftlich vereinbart werden.

§ 16 Kosten und Sachaufwand

(1) Die durch die Bildung und Tätigkeit des besonderen Verhandlungsgremiums entstehenden Kosten trägt die zentrale Leitung. Werden Sachverständige nach § 13 Absatz 4 hinzugezogen, beschränkt sich die Kostentragungspflicht auf einen Sachverständigen. Die zentrale Leitung hat für die Sitzungen in erforderlichem Umfang Räume, sachliche Mittel, Dolmetscher und Büropersonal zur Verfügung zu stellen sowie die erforderlichen Reise- und Aufenthaltskosten der Mitglieder des besonderen Verhandlungsgremiums zu tragen.
(2) Der Arbeitgeber eines aus dem Inland entsandten Mitglieds des besonderen Verhandlungsgremiums haftet neben der zentralen Leitung für dessen Anspruch auf Kostenerstattung als Gesamtschuldner.

---

289 Vgl. auch Hako-BetrVG/*Blanke/Kunz*, § 14 EBRG Rn. 1.
290 *Kunz*, AiB 97, 267 (278); Hako-BetrVG/*Blanke/Kunz*, § 15 EBRG Rn. 1.

Inhaltsübersicht Rn.

I. Vorbemerkungen

Die Vorschrift regelt die Kostentragung für das BVG und setzt damit **Art. 5 Abs. 6** der EBR-RL um, der dem Gremium eine **angemessene Erfüllung** der Aufgaben gewährleisten will. Die Regelung ist, wie schon die Überschrift zeigt, an § 40 BetrVG angelehnt. Die hierzu entwickelten Grundsätze können daher weitgehend angewendet werden.[291] 1

II. Kostentragung und Sachaufwand

Die zentrale Leitung hat die durch die Bildung (z. B. Wahlkosten) und die Tätigkeit des BVG entstehenden Kosten zu tragen. Das BVG hat keinerlei **Vermögen oder Einnahmemöglichkeiten.** 2

Die Vorschrift erfasst zunächst die in Zusammenhang mit den **Sitzungen** anfallenden Ausgaben wie die für die Einladung, **Übersetzungen** und die erforderlichen Reise- und Aufenthaltskosten der Mitglieder des BVG. Sie erfasst auch die Kosten für **Vorbereitungsmaßnahmen** zur Bildung des BVG.[292] Für die Treffen hat die zentrale Leitung im Übrigen Räume, **sachliche Mittel** wie z. B. Schreibmaterial, Telefonmöglichkeiten, **Fachliteratur,** Fotokopiergeräte und ggf. einen PC, **Dolmetscher** und **Büropersonal** in erforderlichem Umfang zur Verfügung zu stellen. BVG-Mitglieder haben auch gem. § 38 Abs. 2 einen Anspruch auf **Schulung und Fortbildung**, soweit dies für die EBR-Arbeit erforderlich ist (vgl. die dortigen Anm.)[293]. Die Kosten und die Entgeltfortzahlung hat der AG zu tragen (vgl. auch § 40 Abs. 2). Bei der Auswahl des Büropersonals hat das BVG ein Mitspracherecht, da die Tätigkeit i. d. R. ein Vertrauensverhältnis voraussetzt[294] (vgl. § 40 BetrVG Rn. 199). 3

Bei der **Auswahl der sachlichen Mittel** ist dem BVG wie dem BR gemäß § 40 BetrVG (vgl. dort z. B. Rn. 143. 163, 194) ein **Ermessensspielraum** zuzubilligen. Es muss im Rahmen der Erforderlichkeit selbst entscheiden können, mit welchen Mitteln es seine Aufgaben am besten erfüllen kann.[295] 4

Da die zentrale Leitung generell die durch die Bildung und Tätigkeit des BVG entstehenden Kosten zu tragen hat, werden auch die **außerhalb von Treffen** anfallenden erfasst. Dies sind z. B. Kosten für **Telefonate** zwischen den Mitgliedern, Schriftverkehr, die **Übersetzung von Unterlagen**[296] und ggf. auch für einen zwischen den Treffen erforderlichen Kontakt der Mitglieder, wenn sich z. B. der Vorsitzende über für die Vereinbarung wichtige Probleme in einem beteiligten Unternehmen nur vor Ort ein Bild machen kann.[297] Die zentrale Leitung hat die für die Information der nationalen AN-Vertretungen erforderlichen Kosten zu übernehmen. Dies können auch **Flugblätter** des BVG oder elektronische Nachrichten in einem entsprechenden **E-Mail-System** sein. Im erforderlichen Umfang hat die zentrale Leitung dem BVG den entsprechenden Zugang einzuräumen.[298] 5

Die Vorschrift erfasst die Kosten von **Rechtsstreitigkeiten** einschließlich etwaiger **Anwaltskosten** des Gremiums und seiner Mitglieder[299] (vgl. auch § 40 BetrVG Rn. 26 ff., 76 ff.). Der 6

291 *Blanke,* EBRG § 16 Rn. 1; *Fitting,* § 40 Rn. 5 ff.; § 40 BetrVG Rn. 3 ff.
292 Hako-BetrVG/Blanke/Kunz, § 16 EBRG Rn. 2; GK-*Oetker,* § 16 EBRG Rn. 3; vgl. demgegenüber *ArbG Hamburg* 17.4.97, AiB 98, 164 ff. mit Anm. *Kunz,* das den Erstattungsanspruch auf § 40 BetrVG stützt.
293 Vgl. auch Art. 10 Abs. 4 der Richtlinie: »…wie dies zur Wahrnehmung ihrer Vertretungsaufgaben in einem internationalen Umfeld erforderlich ist…«
294 *Blanke,* EBRG Rn. 4.
295 *Blanke,* EBRG, Rn. 4; vgl. auch AKRR-*Rudolph,* Rn. 4.
296 BT-Drucks. 13/4520, S. 22; vgl. *Engels/Müller,* DB 96, 981 (984).
297 Vgl. auch *Blanke,* EBRG, Rn. 5.
298 Vgl. auch *Müller,* Rn. 3.
299 Vgl. GK-*Oetker,* § 16 EBRG Rn. 4; AKRR-*Rudolph,* Rn. 6; *Müller,* Rn. 2.

das Verfahren führende Rechtsanwalt ist kein Sachverständiger (s. § 40 BetrVG Rn. 26, 44 ff.). Dies ist er nur, falls er gutachterlich für das BVG tätig wird.

III. Kosten für Sachverständige

7 In Abs. 1 Satz 2 wird von der in Art. 5 Abs. 6 Satz 3 der EBR-RL eingeräumten Möglichkeit Gebrauch gemacht, die Kostenübernahme auf **einen** Sachverständigen zu beschränken. Die zentrale Leitung muss daher die Kosten für einen **weiteren Sachverständigen** erst dann übernehmen, wenn der Erste seine Tätigkeit beendet hat.[300] Dabei ist es unerheblich, ob der neue Sachverständige zum selben Thema oder einem anderen tätig wird.[301]

8 Schaltet das BVG, was durchaus möglich ist (vgl. § 13 Rn. 12 f.), gleichzeitig mehrere Sachverständige ein, besteht für diese weiteren Experten **keine Kostentragungspflicht** der zentralen Leitung, es sei denn, die Verhandlungspartner haben eine entsprechende Regelung getroffen.

IV. Haftung

9 Abs. 2 sieht eine gesamtschuldnerische Haftung des deutschen AG zusammen mit der zentralen Leitung vor. Damit soll sichergestellt werden, dass das inländische Mitglied des BVG im Streitfall die Kosten vor **inländischen Gerichten** durchsetzen kann.[302]

300 Weitergehend *Bachner/Nielebock,* AuR 97, 129 (131); AKRR-*Rudolph,* Rn. 10.

301 *Klebe/Kunz,* FS Däubler, S. 823 (834); HaKo-BetrVG/*Blanke/Kunz,* § 13 Rn. 10 m. w. N.; a. A. *Boecken,* ZfA 00, 379 (425); *Fitting,* Anhang B Rn. 62 vertreten demgegenüber eine generelle Begrenzung der Kostentragungspflicht auf einen Sachverständigen.

302 BT-Drucks. 13/4520, S. 22.

Dritter Teil
Vereinbarungen über grenzübergreifende Unterrichtung und Anhörung

§ 17 Gestaltungsfreiheit

Die zentrale Leitung und das besondere Verhandlungsgremium können frei vereinbaren, wie die grenzübergreifende Unterrichtung und Anhörung der Arbeitnehmer ausgestaltet wird; sie sind nicht an die Bestimmungen des Vierten Teils dieses Gesetzes gebunden. Die Vereinbarung muss sich auf alle in den Mitgliedstaaten beschäftigten Arbeitnehmer erstrecken, in denen das Unternehmen oder die Unternehmensgruppe einen Betrieb hat. Die Parteien verständigen sich darauf, ob die grenzübergreifende Unterrichtung und Anhörung durch die Errichtung eines Europäischen Betriebsrats oder mehrerer Europäischer Betriebsräte nach § 18 oder durch ein Verfahren zur Unterrichtung und Anhörung der Arbeitnehmer nach § 19 erfolgen soll.

Inhaltsübersicht Rn.

I. Die Grundsatzentscheidung

Besonderes Verhandlungsgremium und in Deutschland ansässige zentrale Leitung i. S. d. § 2 Abs. 1 und 2 haben ein erhebliches Maß an **Vereinbarungsautonomie:** Sie können die Art und Weise der grenzübergreifenden Unterrichtung und Anhörung regeln, ohne dabei an die Bestimmungen über den EBR kraft Gesetzes (§§ 21 ff.) gebunden zu sein,[303] doch wird die AN-Seite schwerlich eine dahinter zurückbleibende Vereinbarung akzeptieren. Dem Einfallsreichtum der Parteien sind nur insoweit Schranken gesetzt, als sich die Vereinbarung auf alle in den Mitgliedstaaten beschäftigten AN erstrecken muss, in denen das Unternehmen oder die Unternehmensgruppe einen Betrieb hat. Weiter können sie zwischen der Einrichtung eines EBR und einem Verfahren nach § 19 wählen, sind also auch insoweit nicht auf einen bestimmten Weg beschränkt. Auch eine Kombination zwischen beiden kommt in Betracht (u. Rn. 15). Die Vereinbarung nach § 17 soll der Regeltatbestand für die Ausfüllung des EBRG sein. Für die AN-Seite ist sie attraktiv, weil sie schnell ein bislang nicht bestehendes Beratungsrecht schafft, für die AG-Seite ist sie zumindest das kleinere Übel, weil im Verhältnis zum kraft Gesetzes eintretenden Modell unternehmens- und konzernbezogene Besonderheiten berücksichtigt werden können. Wie weit die Gestaltungsfreiheit im Einzelnen reicht, ist im Zusammenhang mit § 18 (Rn. 5 ff.) und § 19 (Rn. 2 ff.) zu erörtern. Ein Formulierungsvorschlag für eine Errichtungsvereinbarung findet sich in DKKWF-*Däubler*, EBRG Rn. 9 ff. Art. 6 Abs. 1 und 2 der EBR-Richtlinie 2009/38/EG haben an all dem nichts geändert; die §§ 17 bis 20 sind – abgesehen von einer Erweiterung des Katalogs an »Merkposten« nach § 18 Abs. 2 – unverändert geblieben. 1

II. Die anwendbare Rechtsordnung

1. Was gilt kraft Gesetzes?

Obwohl die Vereinbarung ein beträchtliches Maß an »Auslandsberührung« besitzt, gibt es weder in den EG-Richtlinien noch im alten oder im neuen EBRG Vorschriften über die 2

303 *Dietzler*, AuA 01, 23.

anwendbare Rechtsordnung. Auch ein unmittelbarer Rückgriff auf **Art. 3 ff. Rom I-VO** (bzw. Art. 27 ff. EGBGB) erscheint **problematisch.** Sie regeln ausschließlich den Bereich »vertragliche Schuldverhältnisse«, denen die hier in Rede stehende Vereinbarung jedenfalls nicht bruchlos zuzuordnen ist. Zwar mag es bei ihr auch um Rechte und Pflichten von besonderem Verhandlungsgremium und zentraler Leitung gehen, doch steht eine organisatorische Frage, nämlich die Bildung des EBR bzw. die Installierung eines Verfahrens nach § 19, bei weitem im Vordergrund. Insbesondere das Erstere schafft eine Affinität zum internationalen Gesellschaftsrecht, das anderen Regeln als den Art. 3 ff. Rom I-VO/Art. 27 ff. EGBGB unterliegt. Weiter unterscheidet sich die Vereinbarung von einem normalen Schuldvertrag insoweit, als sie jedenfalls von ihrem Effekt her Ähnlichkeiten mit einem Tarifvertrag oder einer Betriebsvereinbarung aufweist; beide werden aber gleichfalls nicht als Schuldverträge im Sinne der genannten Vorschriften qualifiziert.

3 Mangels anderer Anhaltspunkte ist auf diejenige **Rechtsordnung** abzustellen, zu der die **engsten Verbindungen** bestehen. Dies läuft auf eine Rechtsanalogie zu Art. 4 Abs. 3 und 8 Abs. 4 Rom I-VO /Art. 28 Abs. 1 Satz 1 und Art. 30 Abs. 2 letzter Halbsatz EGBGB hinaus. Für einen dominierenden Bezug zum deutschen Recht spricht der **inländische Sitz der zentralen Leitung.**[304] Hier werden die Entscheidungen getroffen, um deren Beeinflussung es bei der Aushandlung der Vereinbarung und bei der Tätigkeit des EBR bzw. bei der Durchführung des Verfahrens nach § 19 geht. Diesem »Gravitationszentrum« steht auf AN-Seite nichts Vergleichbares gegenüber: inhaltlich nicht und auch nicht in puncto Einheitlichkeit, da die Belegschaften in ihrem Rechtsstatus dem jeweiligen Ortsrecht unterliegen. Dies spricht dafür, der herrschenden Auffassung zuzustimmen, wonach die Vereinbarung dem Recht des Landes unterliegt, in dem die zentrale Leitung angesiedelt ist.[305] EBRs können so durchaus nach unterschiedlichem Muster gestrickt sein.[306]

2. Wahl einer anderen Rechtsordnung?

4 Die Frage, ob die Beteiligten von diesem gesetzlichen Normalmodell abweichen können, hat – man möchte hinzufügen: selbstredend – gleichfalls keine Regelung erfahren. Immerhin enthielt Art. 6 Abs. 2 der Richtlinie 94/45/EG, der den Inhalt der Vereinbarungen mit der zentralen Leitung umschreibt, in seiner ursprünglichen Entwurfsfassung einen Hinweis, es könne auch das anwendbare Recht bestimmt werden.[307] Hieraus lässt sich jedoch weder ein Schluss für noch ein Schluss gegen die Freiheit zur Rechtswahl ziehen, da die genannten Gegenstände keinen abschließenden Charakter haben, sondern eher als Checkliste anzusehen sind. Auch hier bleibt daher nur der **Rückgriff auf allgemeine Erwägungen**, zumal auch die neue Richtlinie[308] das Problem nicht anspricht.

5 Für ein Wahlrecht spricht der **Grundgedanke der Richtlinie** wie des EBRG, den unmittelbar Beteiligten einen möglichst großen Spielraum zu eröffnen und eigene verbindliche Regeln nur für den Fall festzusetzen, dass der Verhandlungsprozess zu keinem Ergebnis führt.[309] Diesen Subsidiaritätsgrundsatz nur auf das materielle Recht, nicht aber auf Kollisionsnormen zu beziehen, besteht keine Veranlassung: § 17 Satz 1 enthält ein umfassendes Bekenntnis zur Gestaltungsfreiheit.[310] Auch bei TV verfährt die mittlerweile herrschende Meinung in gleicher Weise.[311] Unterstützend kann weiter auf Art. 3 Abs. 1 Rom I-VO/Art. 27 Abs. 1 EGBGB ver-

304 Ob diese selbst einem ausländischen Recht unterliegt (was nach der Rechtsprechung des EuGH möglich ist), spielt keine Rolle, da dies den Schwerpunkt der Rechtsbeziehung nicht verändert. Anders *Forst* ZESAR 09, 472.

305 Ebenso AKRR-*Rupp* Rn. 2; *Blanke,* EBRG Rn. 13; *Deinert,* Internationales Arbeitsrecht, § 17 Rn. 30; *Horcher,* S. 242; *Koniaris,* in: Blanpain-Hanami (Ed.), S. 175; *Müller,* Rn. 2; *Müller-Bonanni/Jenner,* in: Preis/Sagan, § 12 Rn. 57, 58; *Rademacher,* S. 122.

306 *Rood,* in: Engels/Weiss, S. 400.

307 *Rademacher,* S. 121.

308 ABlEU v. 16.5.2009 L 122/28.

309 Ebenso im Ergebnis *Deinert,* Internationales Arbeitsrecht, § 17 Rn. 30.

310 Ebenso im Ergebnis AKRR-*Rupp* Rn. 2.

311 S. statt aller *Junker,* Internationales Arbeitsrecht, S. 423; Kempen/Zachert-*Kocher,* § 4 Rn. 45 ff. jeweils m. w. N.; ähnlich Wiedemann-*Thüsing,* § 1 Rn. 108, der klarstellende Regelungen zulassen möchte.

wiesen werden, der die Parteiautonomie für den Bereich vertraglicher Schuldverhältnisse garantiert und insoweit als Ausdruck eines allgemeineren Grundsatzes verstanden werden kann. Schließlich besteht ein praktisches Bedürfnis insbesondere dann, wenn in einem nach dem **Spartenprinzip** aufgebauten Konzern mehrere EBR errichtet werden, die Schwerpunkte der einzelnen Sparten aber in unterschiedlichen Ländern liegen.[312] Über eine konkrete Rechtswahlklausel in einer bestehenden Abmachung nach § 41 berichtet *Hanau,* FS Vieregge, S. 329.[313] Im Einzelfall ist also auch denkbar, dass deutsches Recht anwendbar ist, obwohl sich die **zentrale Leitung im Ausland** befindet.

III. Rechtswirkungen der Vereinbarung

6 Welche Wirkungen die Vereinbarung entfaltet, bestimmt sich nach dem auf sie anwendbaren nationalen Recht. Im vorliegenden Zusammenhang ist also danach zu fragen, ob ihr das EBRG oder andere Vorschriften des deutschen Rechts normative Wirkung beilegen.

7 Die **Vereinbarung** ist ersichtlich **kein Tarifvertrag** im herkömmlichen Sinne. Zwar würden gegen einen Konzerntarif an sich keine durchschlagenden Bedenken bestehen,[314] doch beschränkt § 2 TVG die Tariffähigkeit auf AN-Seite auf Gewerkschaften und ihre Spitzenorganisationen. Dazu zählt das BVG nicht, da jedenfalls die dort tätig werdenden Repräsentanten der deutschen Belegschaften nach § 11 ausschließlich eine betriebsverfassungsrechtliche Legitimation besitzen.[315]

8 Die normative Wirkung lässt sich **auch nicht** mit dem Argument stützen, es liege eine **Betriebsvereinbarung** vor. Das BVG ist weder dem Einzel- noch dem Gesamt- oder dem Konzernbetriebsrat vergleichbar, was damit zusammenhängt, dass zu ihm ggf. auch Vertreter aus Ländern gehören, wo es nur eine gewerkschaftliche Interessenvertretung gibt und wo deshalb die Legitimationsbasis eine völlig andere ist (z. B. Schweden, Norwegen, Italien).[316]

9 Daraus den Schluss zu ziehen, die Vereinbarung habe nur schuldrechtliche, keine normative Wirkung,[317] geht nicht an. Dem Gesetzgeber steht es frei, neben Tarifvertrag und Betriebsvereinbarung auch **andere Kollektivverträge mit normativer Kraft** zu schaffen. Dies hat er durch das EBRG getan.[318]

10 Was den Wortlaut betrifft, so mag man es bedauern, dass eine dem § 4 Abs. 1 TVG bzw. dem § 77 Abs. 4 Satz 1 BetrVG entsprechende ausdrückliche Regelung fehlt. Dennoch ergeben sich zahlreiche Anhaltspunkte für eine normative Geltung. Nach § 17 Satz 2 muss sich die Vereinbarung auf alle in den Mitgliedstaaten beschäftigten AN »**erstrecken**«. § 18 Abs. 1 Satz 2 spricht davon, dass bestimmte Gegenstände in der Vereinbarung »geregelt« werden, und § 20 Satz 1 sieht eine »Fortgeltung« für den Fall vor, dass bei Auslaufen der Vereinbarung eine neue Initiative zur Schaffung eines BVG ergriffen wurde.

11 Was der Wortlaut nahelegt, wird durch die Erwägung untermauert, dass das **Ziel der Richtlinie** (vgl. § 1 Abs. 1) nicht erreicht werden könnte, hätte die Vereinbarung nur schuldrechtliche Wirkung. Anders als eine Gewerkschaft oder ein BR ist das BVG nämlich keine Dauereinrichtung: Mit dem Abschluss der Vereinbarung hat es seine Aufgabe erfüllt, sein Amt endet.[319] Insoweit ist es mit Wahlmännern vergleichbar. Damit entfällt die entscheidende Instanz, die für eine **Umsetzung des Vereinbarten** sorgen könnte. Dies ist vielmehr Sache des EBR bzw. seiner Mitglieder, was **nur auf der Basis einer normativen Geltung möglich** ist. Dass es insoweit keine prozessualen Hindernisse gibt, wird aus § 82 Satz 4 ArbGG deutlich, wonach das Arbeitsgericht in »Angelegenheiten eines Europäischen Betriebsrats« zuständig ist.

---

312 Wie hier *Blanke,* EBRG Rn. 13; HWK-*Giesen,* EBRG, Rn. 33; *Horcher,* S. 243; *Rademacher,* S. 122.
313 S. weiter *Schiek,* RdA 01, 235.
314 *Däubler,* ZIAS 96, 525 ff. Das *BAG* (17.10.07 NZA 08, 713) verlangt allerdings eine Vollmacht aller Tochtergesellschaften.
315 Ebenso im Ergebnis *Horcher,* S. 245.
316 Ebenso im Ergebnis *Weiss,* in: *Blanpain-Hanami,* S. 157 f.
317 So im Prinzip *Hanau,* FS Vieregge, S. 354; *Rademacher,* S. 120.
318 Ebenso *Blanke,* EBRG Rn. 14; *Müller,* Rn. 3; AKRR-*Rupp* Rn. 5: a. A. *Horcher,* S. 250.
319 Ebenso *Hromadka,* DB 95, 1128; *Rademacher,* S. 108, 119; *Rood,* in: Blanpain-Hanami, S. 255; a. A. *Blanpain-Salas,* in: *Blanpain-Hanami,* S. 95.

Schließlich ist mit Recht darauf verwiesen worden, der auf Vereinbarung beruhende EBR dürfe keine geringeren Rechtsstatus als der nach erfolglosen Verhandlungen kraft Gesetzes gebildete besitzen.[320] Die Vereinbarung stellt also einen neben Tarifvertrag und Betriebsvereinbarung stehenden **neuen Typ von Kollektivvertrag** mit normativer Wirkung dar.[321] So ganz aus dem Rahmen fällt dies nicht, denkt man etwa daran, dass auch der Interessenausgleich nach § 112 BetrVG nicht in den Dualismus Tarifvertrag-Betriebsvereinbarung passt (o. §§ 112, 112 a Rn. 23) und dass es schon bisher die Kategorie der »sonstigen Kollektivverträge« gibt, die eine mehr oder weniger große Affinität zum Tarifvertrag aufweisen, aber mit diesem keineswegs identisch sind.[322] Soweit es um gesetzlich nicht geregelte Einzelfragen geht, liegt es nahe, auf die Grundsätze zurückzugreifen, die gleichermaßen für Tarifverträge wie für Betriebsvereinbarungen gelten.[323]

IV. Inhaltliche Vorgaben

12 Die Vereinbarung muss sich auf »grenzübergreifende Unterrichtung und Anhörung« beziehen. Der Begriff »Unterrichtung« ist in § 1 Abs. 4, der der »**Anhörung**« in § 1 Abs. 5 definiert (s. § 1 Rn. 8 ff., 11 ff.). Unterrichtung und Anhörung müssen sich auf »grenzübergreifende« Vorgänge beziehen, die in § 1 Abs. 2 umschrieben sind (s. § 1 Rn 4).

13 Der in Satz 2 angesprochene **universelle Geltungsbereich** der Vereinbarung (»**alle Arbeitnehmer**«) wirft einige Probleme auf. Unstrittig dürfte zunächst sein, dass auch hier das nationale Recht darüber bestimmt, wer als AN anzusehen ist (zu diesem Problem s. § 3 Rn. 2). Schwieriger ist jedoch die zweite Voraussetzung zu handhaben, wonach das UN bzw. die UN-Gruppe in dem betreffenden Mitgliedstaat mindestens einen »**Betrieb**« haben muss. Im Zusammenhang mit der sog. Massenentlassungsrichtlinie ist in einem Verfahren vor dem *EuGH* deutlich geworden, dass die Rechtsordnungen der Mitgliedstaaten insoweit nicht nur sprachlich, sondern vermutlich auch inhaltlich stark differieren.[324] Dies hatte zur Folge, dass ein relativ weiter Begriff zugrunde gelegt wurde, der aus der Systematik und dem Zweck der Richtlinie abgeleitet wurde. Ähnlich sollte man hier verfahren und die Schwelle angesichts des Universalitätsanspruchs der Richtlinie und des EBRG relativ niedrig bestimmen. So dürfte es sogar ausreichen, wenn eine UN-Gruppe in einem kleineren Mitgliedstaat durch eine einzige Person repräsentiert wird, die Angebote versendet und Bestellungen entgegennimmt, wobei sie sich zur Abwicklung der Korrespondenz eines Schreibbüros bedient. Auch darf nicht vergessen werden, dass § 1 Abs. 1 ganz allgemein vom Recht auf grenzüberschreitende Unterrichtung und Anhörung »der Arbeitnehmer« spricht, ohne auf irgendwelche organisatorischen Einheiten einer bestimmten Mindestgröße abzustellen.[325]

14 Die Einbeziehung aller dieser AN muss nicht zwangsläufig bedeuten, dass jede auch noch so kleine Einheit aus einem Mitgliedstaat selbst im EBR vertreten ist. Möglich und zur Vermeidung einer Überrepräsentation zu empfehlen ist die Zusammenfassung verschiedener Kleineinheiten zu einem »**Entsendungskreis**«, dem dann das Recht eingeräumt wird, in Urwahl oder auf anderem Weg ein Mitglied des EBR zu bestimmen.[326] Soweit in bestimmten Ländern wie z. B. Schweden und Dänemark **nur eine gewerkschaftliche Interessenvertretung** besteht, ist deren Einschaltung ausreichend; § 17 Satz 2 kann und soll nicht die anderen Mitgliedstaaten veranlassen, eine zweite, unserer Betriebsverfassung vergleichbare Vertretungsstruktur zu schaffen, an der alle beteiligt sind.[327] Eine Vereinbarung besitzt deshalb auch dann die vom Gesetz verlangte Universalität, wenn die Rechtsordnung eines Mitgliedstaats auf dem Stand-

320 *Rademacher,* S. 120.

321 Zustimmend *Klebe/Kunz,* FS Däubler, S. 835; MünchArbR-*Joost,* 2. Aufl., § 366 Rn. 98; Hako-BetrVG/*Blanke/Kunz,* § 17 EBRG Rn. 10; AKRR-*Rupp* Rn. 7; a. A. GK-*Oetker,* vor § 106 Rn. 133.

322 Däubler-*Däubler,* TVG, Einl. Rn. 846 ff.; für normative Wirkung auch *Schiek,* RdA 01, 232.

323 *Müller,* Rn. 10.

324 *EuGH,* EuZW 96, 181.

325 Ebenso im Ergebnis AKRR-*Annuß* § 1 Rn. 7.

326 *Bachner/Nielebock,* AuR 97, 132; *B. Gaul,* NJW 96, 3381; *Klinkhammer* in: Klinkhammer/Welslau, S. 89.

327 Zustimmend AKRR-*Rupp* Rn. 15. Ebenso im Ergebnis *Blanke,* EBRG Rn. 7.

punkt steht, Teilhabe an der Unterrichtung und Anhörung sei nur auf dem Wege über einen Gewerkschaftsbeitritt möglich.

Keine bindende Vorgabe ergibt sich aus Satz 3: Möglich ist auch ein **Mischsystem,** bei dem beispielsweise alle größeren Betriebe in einem EBR vertreten sind, während in den kleineren Einheiten das Verfahren nach § 19 stattfindet.[328] 15

Wird den verbindlichen **Vorgaben nicht Rechnung getragen** (es wird beispielsweise nur eine Unterrichtung, jedoch kein Meinungsaustausch vorgesehen), so liegt **keine Vereinbarung im Sinne des § 17** vor.[329] Das BVG existiert weiter; spätestens nach drei Jahren ist ein EBR nach den §§ 21 ff. zu errichten. Die vorhandene Abrede wäre nicht unwirksam, würde aber nicht die im EBRG vorgesehenen Rechtswirkungen entfalten.[330] Dasselbe gilt dann, wenn einzelne Niederlassungen nicht einbezogen wurden. Ähnlich wie bei einer unvollständigen Wählerliste ist ein Schluss auf die Felerhaftigkeit aber nur dann gerechtfertigt, wenn sich der Mangel in der Zusammensetzung des EBR niederschlagen konnte. Die zentrale Leitung würde aber gegen Treu und Glauben verstoßen, wollte sie etwa eine Unterrichtungspflicht mit dem Argument bestreiten, die betroffenen Niederlassungen seien nicht in die Vereinbarung einbezogen worden. Durch Ergänzung der Vereinbarung können derartige Defizite jederzeit beseitigt werden; von diesem Zeitpunkt an bestimmen sich dann die Wirkungen nach dem EBRG.[331] 16

V. Auslegung und Lückenfüllung

Die Vereinbarung ist wie ein Tarifvertrag[332] und eine Betriebsvereinbarung (o. § 77 BetrVG Rn. 52) auszulegen. Soweit die Vereinbarung Lücken aufweist, sollen die Vorschriften über den gesetzlichen EBR keine Anwendung finden.[333] Dies ist nur dann zutreffend, wenn sich die Lücke aus dem Sinn der Vereinbarung heraus schließen lässt, doch gilt anderes, wenn es sich um ein auch nicht ansatzweise bedachtes Problem handelt: Hier wird die gesetzliche Regelung am ehesten eine sinnvolle Ersatzlösung bieten.[334] 17

Zu **Verfahrensfragen** s. Vorbem. Rn. 18 ff. 18

§ 18 Europäischer Betriebsrat kraft Vereinbarung

(1) Soll ein Europäischer Betriebsrat errichtet werden, ist schriftlich zu vereinbaren, wie dieser ausgestaltet werden soll. Dabei soll insbesondere Folgendes geregelt werden:

1 **Bezeichnung der erfassten Betriebe und Unternehmen, einschließlich der außerhalb des Hoheitsgebietes der Mitgliedstaaten liegenden Niederlassungen, sofern diese in den Geltungsbereich einbezogen werden,**
2. **Zusammensetzung des Europäischen Betriebsrats, Anzahl der Mitglieder, Ersatzmitglieder, Sitzverteilung und Mandatsdauer,**
3. **Aufgaben und Befugnisse des Europäischen Betriebsrats sowie das Verfahren zu seiner Unterrichtung und Anhörung; dieses Verfahren kann auf die Beteiligungsrechte der nationalen Arbeitnehmervertretungen abgestimmt werden, soweit deren Rechte hierdurch nicht beeinträchtigt werden,**
4. **Ort, Häufigkeit und Dauer der Sitzungen,**
5. **die Einrichtung eines Ausschusses des Europäischen Betriebsrats einschließlich seiner Zusammensetzung, der Bestellung seiner Mitglieder, seiner Befugnisse und Arbeitsweise,**
6. **die für den Europäischen Betriebsrat zur Verfügung zu stellenden finanziellen und sachlichen Mittel,**

---

328 *M. Schmidt,* NZA 97, 182.
329 Ebenso in Bezug auf die entsprechende Problematik im schwedischen Recht *Nyström,* in: Blanpain-Hanami, S. 300.
330 Ebenso *Blanke,* EBRG Rn. 16.
331 Zustimmend Hako-BetrVG/*Blanke/Kunz,* § 17 EBRG Rn. 11.
332 Dazu *Däubler,* Tarifvertragsrecht, Rn. 139 ff.
333 *Mozet,* ZEuP 94, 559; *Rademacher,* S. 115.
334 Ebenso HWK-*Giesen,* EBRG, Rn. 34; restriktiver AKRR-*Rupp* Rn. 26.

7. Klausel zur Anpassung der Vereinbarung an Strukturänderungen, die Geltungsdauer der Vereinbarung und das bei ihrer Neuverhandlung, Änderung oder Kündigung anzuwendende Verfahren, einschließlich einer Übergangsregelung.
(2) § 23 gilt entsprechend.

Inhaltsübersicht Rn.

I. Form

1 Nach Abs. 1 Satz 1 muss die Vereinbarung über die Errichtung und Ausgestaltung eines EBR »schriftlich« erfolgen. Will man Formfehler unter allen Umständen vermeiden, empfiehlt es sich, dass beide Seiten genau wie bei einer Betriebsvereinbarung dieselbe Urkunde unterschreiben (o. § 77 BetrVG Rn. 58).[335] An sich müsste es in entsprechender Anwendung von § 126 Abs. 2 Satz 2 BGB genügen, wenn jede Partei die für die andere bestimmte Urkunde unterzeichnet.[336]

2 Wer auf Seiten des BVG zu unterschreiben hat, ist nicht geregelt. Dieses wählt zwar nach § 13 Abs. 1 Satz 2 EBRG einen **Vorsitzenden,** doch fehlt eine dem § 26 Abs. 3 BetrVG entsprechende Bestimmung, wonach dieser das Gesamtgremium vertritt. Möglicherweise könnte Derartiges in der Geschäftsordnung festgelegt werden, zu deren Erlass § 13 Abs. 1 Satz 2 EBRG ermächtigt. Um ein Scheitern an Formfragen zu verhindern, sollten deshalb alle Mitglieder des BVG unterschreiben, die die Entscheidung für die Vereinbarung inhaltlich tragen. Dies ist auch im Wege einer nachträglichen Genehmigung möglich, wenn Zweifel an der Ermächtigung des Vorsitzenden bestehen.[337] Angesichts der Abstimmung nach Köpfen (o. § 13 Rn. 9) lässt sich damit auch sicher nachvollziehen, dass die entsprechende Mehrheit zustande gekommen ist.

3 In der Regel wird man sich der **deutschen Sprache** bedienen. Bei Wahl eines fremden Rechts kann es allerdings sinnvoll sein, in eine andere Sprache auszuweichen, doch sollte man es nach Möglichkeit vermeiden, zwei Sprachfassungen als gleichermaßen verbindlich anzuerkennen, da dies enorme Auslegungsprobleme zur Folge haben könnte.

II. Möglicher Inhalt der Vereinbarung

4 Der zentralen Leitung und dem BVG steht es frei, das **gesetzliche Normalmodell** nach den §§ 21 ff. als für die Unternehmensgruppe verbindlich zu vereinbaren.[338] Häufig wird man dies allerdings nicht tun und spezifischen Wünschen der einen oder anderen Seite Rechnung tragen. Der in Abs. 1 Satz 2 aufgeführte Katalog hat die Funktion einer Check-Liste, doch stellt es keine Wirksamkeitsvoraussetzung dar, dass über alle diese Fragen Regelungen getroffen wurden.[339] Die wichtigsten Gestaltungsprobleme seien im Überblick angesprochen; Einzelfragen können auch in der Geschäftsordnung geregelt werden.[340]

335 Zustimmend *Blanke,* EBRG Rn. 3.
336 A. A. AKRR-*Rupp* § 17 Rn. 10.
337 AKRR-*Rupp* § 17 Rn. 9.
338 Statt aller *Asshoff/Bachner/Kunz,* S. 201.
339 Ebenso *Blanke,* EBRG, Rn. 2; *Müller,* Rn. 2; MünchArbR-*Joost,* 2. Aufl., § 366 Rn. 107. Bedenken im Hinblick auf Art. 6 Abs. 2 der EBR-Richtlinie bei AKRR-*Rupp* Rn. 3 und bei *Müller-Bonanni/Jenner* in: Preis/Sagan, § 12 Rn. 101.
340 Muster in DKKWF-*Däubler,* EBRG Rn. 28 ff.

1. Geltungsbereich

Nach Abs. 1 Satz 2 Nr. 1 sollen die erfassten Betriebe und UN bezeichnet werden. Dies ist schon zur Vermeidung von Streitigkeiten zu empfehlen und dann unabdingbar, wenn auch Niederlassungen in Drittstaaten einbezogen werden sollen. Vernünftigerweise wählt man eine allgemeine Formulierung; zählt man stattdessen die UN und Betriebe auf, entsteht für die Vereinbarung bei jeder Umstrukturierung Anpassungsbedarf. Fehlt eine Bestimmung über den Geltungsbereich, sind entsprechend § 17 Satz 2 alle in den Mitgliedstaaten beschäftigten Arbeitnehmer erfasst, in denen das UN oder die UN-Gruppe einen Betrieb hat. 5

2. Zusammensetzung des EBR und andere institutionelle Fragen

Nach Abs. 1 Satz 2 Nr. 2 soll in der Vereinbarung bestimmt werden, wie der EBR zusammengesetzt ist, **wie viele Mitglieder** und Ersatzmitglieder er hat, wer welches Mitglied bestimmt und wie lange das Mandat dauert. Die Wahl der deutschen EBR-Vertreter erfolgt nach Abs. 2 im Verfahren des § 23, doch ist auch dies keine zwingende Vorgabe.[341] Nicht ausgeschlossen wäre deshalb z. B., auch den SpA einzubeziehen[342] oder den gewerkschaftlichen Einfluss etwa durch ein Benennungsrecht zu verstärken.[343] Mitglieder können daher auch leitende Angestellte, Gewerkschaftsfunktionäre oder andere Externe wie z. B. Politiker sein.[344] Weiter wird man festlegen, dass die Vertreter ausländischer Niederlassungen nach ihrem jeweiligen Recht gewählt oder bestimmt werden. Sinnvoll und streitvermeidend kann es sein, ausdrücklich klarzustellen, dass der EBR das **Mandat** eines seiner Mitglieder **nur** mit dem Argument **in Frage stellen** kann, das Wahl- oder Benennungsverfahren leide an **offensichtlichen Fehlern**, die fragliche Person sei beispielsweise nicht gewählt, sondern von der lokalen Geschäftsleitung ausgesucht und entsandt werden. Auch ohne eine solche Regelung in der Vereinbarung oder in der Geschäftsordnung wird man vernünftigerweise so verfahren, doch bleibt dann immer ein gewisses Risiko, dass Gerichte im Ernstfall einen abweichenden Standpunkt einnehmen würden. Auch ohne ausdrückliche Ermächtigung kann ein EBR-Mitglied jederzeit **von seinem Amt zurücktreten**; soweit ein Nachrücker bestimmt ist, tritt dieser mit dem Wirksamwerden der Rücktrittserklärung an seine Stelle. 6

Wie § 17 Satz 3 ausdrücklich hervorhebt, kann eine Vereinbarung auch **mehrere EBR** vorsehen. Dies bietet sich insbesondere bei UN-Gruppen an, die nach **Sparten** organisiert sind.[345] Allerdings muss dabei Sorge getragen werden, dass auch bei den grenzübergreifenden Fragen, die nicht auf Spartenebene entschieden werden, der Dialog möglich bleibt. Notwendig ist daher, dass außer den Sparten-EBR auch bei der zentralen Leitung ein EBR existiert,[346] der sich allerdings aus Gründen der Praktikabilität und des besseren Informationsflusses aus Personen zusammensetzen sollte, die den Sparten-EBR angehören.[347] Liegt eine Spartenleitung außerhalb Deutschlands, ist immer zu prüfen, ob der entsprechende Teil der Vereinbarung nicht einer ausländischen Rechtsordnung unterstellt werden sollte (o. § 17 Rn. 4 f.). 7

Eine Mehrzahl von EBR kommt auch dann in Betracht, wenn **zu einer UN-Gruppe** UN oder **andere UN-Gruppen** gehören, die ihrerseits gemeinschaftsweit tätig sind. § 7 sieht für solche Fälle vor, dass nur bei der Spitze ein EBR errichtet wird, lässt jedoch abweichende Vereinbarungen ausdrücklich zu. Sie sind insbesondere dann zweckmäßig, wenn die zweite Ebene eigene Entscheidungskompetenzen besitzt. 8

In Anlehnung an das französische Recht ist ein EBR in Form eines »gemischten Gremiums« zulässig, in dem auch die zentrale Leitung vertreten ist.[348] Eine entsprechende Praxis existierte 9

---

341 *Blanke*, EBRG Rn. 6. Ebenso im Wege europarechtskonformer Auslegung AKRR-*Rupp* Rn. 45.
342 *Engels/Müller*, DB 96, 981; vgl. auch GK-*Oetker*,Anhang 7, § 18 EBRG Rn. 14.
343 Hako-BetrVG/*Blanke/Hayen*, § 18 EBRG Rn. 6.
344 AKRR-*Rupp* Rn. 7.
345 *Asshoff/Bachner/Kunz*, S. 201; *Engels/Müller*, DB 96, 985; *Rademacher*, S. 201; Schaub-*Koch* § 256 Rn. 15.
346 Vgl. *Blanke*, EBRG Rn. 7.
347 Vgl. *Asshoff/Bachner/Kunz*, S. 201.
348 *Asshoff/Bachner/Kunz*, S. 237; *Blanke*, EBRG Rn. 8; *Blanpain-Salas*, in: Blanpain-Hanami, S. 96.

schon vor 1996 im Rahmen freiwilliger Vereinbarungen,[349] doch ist darauf zu achten, dass die AN-Vertreter auch eigene (Vorbereitungs-) Sitzungen abhalten können.

3. Befugnisse des EBR, Verfahren zu seiner Unterrichtung und Anhörung und Koordinierung mit den nationalen Interessenvertretungen

10 Die Vereinbarung kann die Gegenstände festlegen, über die der EBR unterrichtet werden muss. Dabei kann der **Katalog des § 29 Abs. 2** erheblich **überschritten** werden, solange die erfassten Vorgänge noch eine mögliche grenzübergreifende Dimension haben. Wird etwa ein defizitärer Betrieb im Mitgliedstaat A geschlossen, um damit die wirtschaftliche Situation der UN-Gruppe insgesamt zu verbessern, so wäre diese Voraussetzung durchaus noch erfüllt.[350] Hinter § 32 zurückzubleiben und beispielsweise **nur einige** grenzübergreifende **Vorgänge** einzubeziehen, dürfte das **Anliegen der Richtlinie verfehlen;** in der Lit. wird konsequenterweise nur die Erweiterung des § 29 Abs. 2 diskutiert.[351] Auch würde die Einbeziehung aller AN nicht mehr einleuchten, wenn man gleichzeitig die Gegenstände der Unterrichtung und Anhörung entscheidend einschränken könnte. Der EBR ist im Übrigen gut beraten, wenn er sich Informationen auch von anderer Seite verschafft (zum vergleichbaren Problem beim BR s. § 80 BetrVG Rn. 122 ff.).[352]

11 Regelbar ist weiter, ob die zentrale Leitung schriftlich oder mündlich informiert. **Ausgeschlossen** ist jedoch, den Austausch der Argumente auf schriftliche Stellungnahmen zu beschränken; von einer Anhörung i. S. des § 1 Abs. 5 könnte dann nicht mehr die Rede sein.[353] Auch muss die Geheimhaltungspflicht nach § 35 gewahrt bleiben;[354] insoweit ist lediglich an Verfahren zu denken, durch die Meinungsverschiedenheiten über das Eingreifen des § 35 geklärt werden.

12 Dem EBR kann ausdrücklich das Recht eingeräumt werden, die **Unterlassung geplanter Maßnahmen** zu verlangen, bevor das Unterrichtungs- und Anhörungsverfahren abgeschlossen ist. Dies hätte jedoch lediglich verdeutlichenden Charakter (zur Situation bei Fehlen einer entsprechenden Regelung s. Vorbem. Rn. 18 ff.).[355]

13 Über den Rahmen der Richtlinie und des EBRG geht es an sich hinaus, wenn man dem EBR **Mitbestimmungsrechte** einräumt, doch verbietet die Richtlinie entsprechende Abmachungen nicht.[356] Sie bekennt sich vielmehr dezidiert zur Vereinbarungsautonomie und lässt deshalb auch stärkere Beteiligungsformen zu.[357] Dies macht mittelbar auch § 41 deutlich, der auch solche Vereinbarungen als vorrangig anerkennt, die zwar allen betroffenen AN Informations- und Konsultationsrechte einräumen, die aber dabei nicht stehen bleiben, sondern beispielsweise ein suspensives Vetorecht oder einzelne Mitbestimmungsrechte vorsehen. Auch ist zu bedenken, dass Art. 28 der EU-Grundrechtecharta (s. o. Vorbem. Rn. 29) den AN-Vereinigungen ein Verhandlungs- und Streikrecht einräumt, das auf eine andere Art »Mitbestimmung« hinausläuft und von dem notfalls auch im hier interessierenden Zusammenhang Gebrauch gemacht werden könnte. Eine andere Frage ist, ob der Ausbau von konzernbezogener Mitbestimmung gewerkschaftspolitisch wünschenswert ist, kann er doch leicht zum »Konzernsyndikalismus« führen und damit eine Aufspaltung der Interessenvertretung bewirken.[358]

14 Noch wenig geklärt ist die Frage, ob die Vereinbarung **verbindliche Abmachungen zwischen EBR und zentraler Leitung** zulassen darf. Das EBRG nennt lediglich in § 27 Abs. 1 Satz 3 und 4 den Zeitpunkt und Ort von Sitzungen als Gegenstand einer Absprache, doch wird man

349 S. die Beispiele bei *Müller,* Rn. 4.
350 Ebenso HWK-*Giesen,* EBRG Rn. 42.
351 *Blanke,* EBRG Rn. 10; *Müller,* Rn. 7.
352 Wie hier *Zimmer* AiB 03, 623.
353 *Blanke* Rn. 11; a. A. AKRR-*Rupp* Rn. 18.
354 *Engels/Müller,* DB 96, 988.
355 Vgl. weiter *Büggel/Buschak,* AiB 00, 421.
356 Enger GK-*Oetker,* Anhang 7 zu Bd. I, § 17 EBRG Rn. 9; MünchArbR-*Joost,* 2. Aufl., § 366 Rn. 103; *Rehberg,* NZA 13, 74 f.; *Thüsing/Forst* NZA 09, 408, 409; vgl. weiter *Dietzler,* AuA 01, 23.
357 Eingehend *Blanke,* FS Nagel, S. 237, der auch eine Reihe von Beispielen aus der Praxis nennt.
358 Vgl. *Keller,* WSI-Mitt. 96, 476 f.

andere, die praktische Bedeutung der Unterrichtung und Anhörung betreffende Fragen in gleicher Weise behandeln können. Sind insoweit aber schon im Rahmen des gesetzlichen Modells Absprachen möglich, muss dasselbe erst recht dann gelten, wenn sich die Beteiligten bewusst einen EBR nach ihrem Gusto zusammenzimmern. So kann es etwa sinnvoll sein, bestimmte Zweifelsfragen der Geschäftsführung und insbesondere der Kostentragung nach § 39 nicht abschließend in der Vereinbarung zu regeln, sondern einer künftigen Einigung zwischen EBR und zentraler Leitung zu überlassen. Auch die Maßnahmen, auf die sich die Anhörung bezieht, können zum möglichen Gegenstand einer normativen Regelung gemacht werden; gegenüber der Mitbestimmung ist dies ein Minus. Wenn das BVG selbst Abmachungen mit normativer Wirkung schließen kann (o. § 17 Rn. 9), muss es eine solche Befugnis auch auf den EBR delegieren können.[359] Denkbar wäre insbes., die grenzüberschreitende Übermittlung von AN-Daten auf diese Weise mit einer Rechtsgrundlage zu versehen.

Die **Rechtsfähigkeit** des EBR ist genauso wie die des BR zu beurteilen; sie ist aufgabenbezogen **15**
und nicht universell.[360] Eine vertragliche Verleihung umfassender Rechtsfähigkeit riskiert, mit dem Grundsatz des Numerus clausus der Gesellschaftsformen in Konflikt zu geraten.

Regelungen über das **Verhältnis zur Information und Konsultation** von Interessenvertre- **16**
tungen **auf nationaler Ebene** sind als möglicher Gegenstand erst seit der Novellierung 2011 erwähnt. Zu beachten ist dabei § 1 Abs. 7, wonach der EBR nicht später als die nationalen Interessenvertretungen unterrichtet und angehört werden darf. Auch dürfen deren Rechte nicht eingeschränkt werden. Praktisch laufen beide Rahmenbedingungen darauf hinaus, dass der EBR früher und auch über solche Vorgänge informiert werden sollte, für die nach den Rechtsordnungen einzelner Mitgliedstaaten möglicherweise keine Zuständigkeit der nationalen Instanzen besteht.

4. Sitzungen des EBR und Beschlüsse

Die Vereinbarung soll Ort, Häufigkeit und Dauer der EBR-Sitzungen festlegen.[361] Wichtig ist **17**
insbesondere, ob diese ein- oder zweimal pro Jahr und/oder aus besonderem Anlass stattfinden können. Auch sollten Vorbereitungs- und Auswertungstreffen näher geregelt werden. Beides findet sich in der Praxis immer häufiger.[362] In der Vereinbarung, aber auch in der Geschäftsordnung kann festgelegt werden, dass der EBR auch außerhalb seiner Sitzungen mit Hilfe von Video-Konferenzen oder E-Mails (u. Rn. 19) Beschlüsse fassen kann. Auf diese Weise bleibt er den Zielen der Richtlinie entsprechend handlungsfähig; die »Informalität« der Sitzungen muss in Kauf genommen werden, weil sonst – anders als beim deutschen BR – zwischen den jährlichen Sitzungen keine Interessenvertretung durch das ganze Gremium mehr möglich wäre. Die Sitzungen können aber nicht durch ein schriftliches Verfahren ersetzt werden.[363] So kann beispielsweise festgelegt werden, die Belegschaften aller (oder der betroffenen) Betriebe über ihre Einschätzung bestimmter geplanter Maßnahmen zu befragen.

5. Einrichtung eines Ausschusses

Die neue Nr. 5 greift eine verbreitete Praxis auf, wonach der EBR einen geschäftsführenden **18**
Ausschuss hat, der aus 3 bis 5 Mitgliedern besteht und ggf. innerhalb kürzester Frist zusammentreten und sich mit der zentralen Leitung treffen kann. Soweit dies nicht in der Geschäftsordnung geschieht, lässt sich die Auswahl der Mitglieder und Ersatzmitglieder regeln (etwa

359 *Blanke,* EBRG Rn. 12 f.; *Büggel/Buschak,* AiB 00, 421; GK-*Oetker,* Anhang 7 zu Bd. I, § 18 EBRG Rn. 7 – nur bei Verfahrensfragen; *Klebe/Kunz,* FS Däubler, S. 835; Hako-BetrVG/*Blanke/Kunz,* § 17 EBRG Rn. 3; für rein obligatorische Regelungen *Horcher,* S. 267 ff.; MünchArbR-*Joost,* 2. Aufl., § 366 Rn. 114; für grundsätzliche Zulässigkeit auch *Zimmer* AiB 07, 394 und – ohne Rückgriff auf Unionsrecht – *Rehberg,* NZA 13, 73, 76.

360 Ebenso für das niederländische Recht *Rood,* in: Engels/Weiss, S. 410; s. auch *Horcher,* S. 267 und *Thüsing/Forst,* NZA 09, 410 unter Hinweis auf Art. 10 Abs. 1 der Richtlinie 2009/38/EG.

361 AKRR-*Rupp* Rn. 22 ff.

362 *Altmeyer,* AiB 07, 44.

363 Anders AKRR-*Rupp* Rn. 18.

Wahl durch den EBR auf zwei Jahre), ebenso die wichtige Frage, ob Unterrichtung und Anhörung ausschließlich auf den Ausschuss delegiert werden können. Da es sich um die zentrale Aufgabe des EBR geht, wird eine solche Delegierung dem Anliegen der Richtlinie nicht gerecht. In dringenden Fällen, die keinen Aufschub dulden, könnte man sich eine Kompromisslösung in der Weise vorstellen, das der Ausschuss zusammen mit den aus den betroffenen Betrieben kommenden EBR-Mitgliedern tagt und die Unterrichtung entgegennimmt. Die Stellungnahme muss dann aber vom EBR als solchem erarbeitet und mit der zentralen Leitung diskutiert werden, wobei die Vorbereitung durch E-Mail und Videokonferenzen erfolgen kann. Die Bildung weiterer Ausschüsse – etwa zur Analyse besonders komplexer Umstrukturierungen – kann ebenfalls vorgesehen werden; dabei ist es sinnvoll, den EBR zu ermächtigen, bei entsprechendem Anlass einen Ausschuss einzusetzen.[364]

6. Geschäftsbedarf und Personalmittel

19 Nach Abs. 1 Satz 2 Nr. 6 soll die Vereinbarung bestimmen, welche finanziellen und sachlichen Mittel dem EBR zur Verfügung gestellt werden. Dazu gehört etwa ein Büro samt Einrichtung sowie Fax-, E-Mail- und Internetanschluss. Angesichts der neuen qualitativen und quantitativen Anforderungen an ein »EBR-Büro« sind **eigenes Büropersonal** und **moderne Kommunikationsmittel** bis hin zur Videokonferenz unabdingbar. Für Sitzungen wie für Vorbereitungsarbeiten muss – soweit erforderlich – die Einschaltung von **Dolmetschern** und Übersetzern auf Kosten der zentralen Leitung vorgesehen werden; weiter lässt sich die Übersetzung von Unterlagen regeln. Dass § 39 Abs. 1 Satz 2 nur für Sitzungen die Einschaltung von Dolmetschern vorsieht, bedeutet nicht, dass die sonstige Tätigkeit des EBR ohne sprachliche Unterstützung bleiben müsste. Wie die in § 39 Satz 3 erwähnten **Reise- und Aufenthaltskosten** im Einzelnen zu bestimmen sind, kann in der Vereinbarung gleichfalls festgelegt werden. Aus der Verwendung des Begriffs »Aufenthaltskosten« folgt, dass auch **Tagegelder** bezahlt werden können.[365]

7. Reaktion auf Strukturveränderungen

20 Abs. 1 Satz 2 Nr. 7 nennt die »Anpassung der Vereinbarung an Strukturänderungen« ausdrücklich als möglichen und sinnvollen Gegenstand einer Regelung.[366] Dabei ist an recht unterschiedliche Vorgänge zu denken.

21 Möglich ist einmal, dass sich die **UN-Gruppe vergrößert,** indem sie neue UN gründet oder hinzuerwirbt. Geschieht dies beispielsweise in einem Land, wo sie bisher nicht vertreten war, ergeben sich eventuell Auswirkungen auf die Zusammensetzung des EBR. Dasselbe ist dann der Fall, wenn sich die Zahlenverhältnisse zwischen den Belegschaften verschieben, wenn etwa der für einen zusätzlichen Sitz notwendige Grenzwert nicht mehr im Land A, dafür aber im Land B erreicht wird. Die Vereinbarung sollte festlegen, ob in solchen Fällen sofort oder erst nach einiger Zeit reagiert wird. Fehlt eine Regelung, dürfte wohl § 32 Abs. 2 entsprechend anwendbar sein, der die zentrale Leitung verpflichtet, alle zwei Jahre zu prüfen, ob die Zusammensetzung des EBR noch den gesetzlichen Bestimmungen entspricht, und ggf. eine Veränderung in die Wege zu leiten.[367] Bei erheblichen Vergrößerungen kann ein Fall des § 37 vorliegen (s. dort).

22 **Geht die Zahl der Beschäftigten unter die** maßgebenden **Grenzwerte des § 3 zurück,** ist das Gesetz nicht mehr anwendbar. Die zentrale Leitung hat ein Recht zur fristlosen Kündigung der Vereinbarung.[368] Bei der Berechnung ist allerdings in entsprechender Anwendung des § 4 auf den Durchschnitt der letzten zwei Jahre abzustellen, so dass ein vorübergehendes Absacken ohne rechtliche Folgen bleibt. Weiter ist nicht zu jedem denkbaren Zeitpunkt eine Überprü-

364 AKRR-*Rupp* Rn. 27.
365 Ebenso schon bisher *Müller,* Rn. 9 für den EBR kraft Gesetzes. Wie hier AKRR-*Rupp* Rn. 32.
366 Dazu auch *Engels/Müller,* DB 96, 985.
367 Zustimmend HWK-*Giesen,* EBRG Rn. 48.
368 *Rademacher,* S. 120; HWK-*Giesen,* EBRG Rn. 48; *Müller-Bonnani/Jenner,* in: Preis/Sagan § 12 Rn. 21.

fung vorzunehmen; entsprechend § 32 Abs. 2 darf dies nur alle zwei Jahre geschehen, da sonst ein verlässliches Arbeiten des EBR nicht gesichert wäre. Macht die zentrale Leitung von ihrem Kündigungsrecht keinen Gebrauch, existiert die Vereinbarung als freiwillige weiter.[369] Dasselbe gilt, wenn nur noch Niederlassungen in einem Land vorhanden sind.

Ist nicht nur ein EBR geschaffen worden, so können auch **Änderungen im internen Aufbau der Unternehmensgruppe** wie z. B. der Neuzuschnitt von Sparten eine Anpassung der Vereinbarung erfordern. **Fusionieren zwei UN** oder UN-Gruppen, die beide unter das Gesetz fallen und einen EBR besitzen, ist erst recht eine Neuregelung notwendig.[370] In allen diesen Fällen liegt eine wesentliche Strukturänderung nach § 37 vor. In der Vereinbarung kann geregelt werden, welche Auswirkungen sie auf den EBR hat und auf welche Weise eine Anpassung an die neue Struktur erfolgen soll.[371] Unterbleibt dies, muss ein BVG gegründet und in diesem »großen« Verfahren über eine Anpassung verhandelt werden. Solange keine neue Vereinbarung geschlossen ist, bleiben die bisherigen EBR im Amt.[372] 23

Bei UN-Gruppen, deren Spitze in einem Drittstaat angesiedelt ist, besteht die Besonderheit, dass sie bestimmen können, welche in der Gemeinschaft ansässige Unternehmensleitung »zentrale Leitung« i. S. d. Gesetzes ist (§ 2 Abs. 2 Satz 2). Unterbleibt dies, ist das Unternehmen mit der höchsten Beschäftigtenzahl nach § 2 Abs. 2 Satz 3 automatisch Ansprechpartner. Wird nach Abschluss der Vereinbarung eine **neue Instanz als zentrale Leitung** bestimmt, so kann dies am rechtlichen Status quo nichts ändern.[373] Auch die anwendbare Rechtsordnung bleibt dieselbe, könnte doch andernfalls durch häufigen Wechsel die Arbeit des EBR unangemessen erschwert werden. Wird im Falle des § 2 Abs. 2 Satz 3 die bisherige zentrale Leitung von der Zahl der Beschäftigten her durch ein anderes UN überholt, bleibt zunächst gleichfalls der Status quo erhalten, es sei denn, die Beteiligten hätten eine abweichende Regelung getroffen. In entsprechender Anwendung des § 32 Abs. 2 kann die neue zentrale Leitung nach zwei Jahren jedoch verlangen, dass sie nunmehr die Rolle des Ansprechpartners übernimmt. Hier kommt auch ein **Statutenwechsel** in Betracht, es sei denn, man hätte für einen solchen Fall ausdrücklich die Beibehaltung der bisherigen Rechtsordnung vereinbart. 24

8. Weitergeltung nach Kündigung

Wenn es zu Konflikten kommt, ist es wichtig, dass die zentrale Leitung dem EBR durch Kündigung der Vereinbarung nicht einfach die Handlungsgrundlage entziehen kann. Einzelheiten bei § 20. 25

§ 19 Verfahren zur Unterrichtung und Anhörung

Soll ein Verfahren zur Unterrichtung und Anhörung der Arbeitnehmer eingeführt werden, ist schriftlich zu vereinbaren, unter welchen Voraussetzungen die Arbeitnehmervertreter das Recht haben, die ihnen übermittelten Informationen gemeinsam zu beraten und wie sie ihre Vorschläge oder Bedenken mit der zentralen Leitung oder einer anderen geeigneten Leitungsebene erörtern können. Die Unterrichtung muss sich insbesondere auf grenzübergreifende Angelegenheiten erstrecken, die erhebliche Auswirkungen auf die Interessen der Arbeitnehmer haben.

Inhaltsübersicht

369 Dafür als generelle Lösung *Blanke*, EBRG Rn. 17.
370 Beispielsmaterial bei *Altmeyer*, AiB 07, 46.
371 AKRR-*Rupp* Rn. 36
372 Hako-BetrVG/*Blanke/Hayen*, § 18 EBRG Rn. 13.
373 Ebenso für die Sitzverlegung in ein anderes Land *Hanau*, in: Hanau/Steinmeyer/Wank, § 19 Rn. 54.

I. Grundsätzliches

1 Der Fall des § 19 unterscheidet sich von dem des § 18 dadurch, dass kein neues Gremium geschaffen wird. Vielmehr steht das Unterrichtungs- und Anhörungsrecht nach näherer Maßgabe einer Vereinbarung den Interessenvertretungen des nationalen Rechts zu.[374] Dies entspricht dem Modell der Vredeling-Richtlinie (o. Vorbem. Rn. 5). Die entsprechende Vereinbarung bedarf gleichfalls der Schriftform (dazu § 18 Rn. 1). Über § 17 hinaus muss sie bestimmten Mindestanforderungen entsprechen, da sonst die Gleichwertigkeit mit dem EBR-Modell nicht mehr gewährleistet wäre.

II. Mindestinhalt einer Vereinbarung

2 Die Vereinbarung muss den Gegenstand der Unterrichtung regeln und dabei insbesondere **»grenzübergreifende Angelegenheiten«** einbeziehen, **»die erhebliche Auswirkungen auf die Interessen der Arbeitnehmer haben«**. Der Begriff ist weiter als der in § 30 Abs. 1 verwandte, da dort von »außergewöhnlichen Umständen« die Rede ist, die erhebliche Auswirkungen auf die Interessen der AN haben. Bei dem in § 29 Abs. 2 aufgeführten Katalog dürfte dies praktisch immer der Fall sein.[375]

3 Die Vereinbarung muss weiter festlegen, unter welchen Voraussetzungen die nationalen Interessenvertretungen die ihnen übermittelten Informationen **gemeinsam beraten** dürfen. Damit ist implizit gesagt, dass eine solche gemeinsame Beratung möglich sein muss; sie entspricht der Vorbereitungssitzung eines EBR.[376] Wie viele Sitzungen man pro Jahr vorsieht, ist dem Ermessen der Beteiligten überlassen.

4 Zum Dritten ist die Art und Weise zu regeln, wie die AN-Vertreter ihre Vorschläge und Bedenken mit der zentralen Leitung oder einer anderen geeigneten Leitungsebene erörtern können. Dass die **Erörterungsmöglichkeit** gegeben sein muss, wird als selbstverständlich unterstellt.

5 Auch hier ergibt sich das Problem, dass ggf. **vollendete Tatsachen** geschaffen werden, bevor das Verfahren abgeschlossen ist. Dem ist in gleicher Weise wie bei dem Beteiligungsrecht des EBR zu begegnen (dazu Vorbem. Rn. 23).

6 Wird die Vereinbarung nach § 19 den gesetzlichen Vorgaben nicht gerecht, ist es zu keiner Einigung i. S. d. Gesetzes gekommen.[377] Spätestens drei Jahre nach Beginn der Verhandlungen muss daher ein **EBR kraft Gesetzes** errichtet werden.[378] Zur identischen Rechtsfolge, wenn den allgemeinen Vorgaben des § 17 nicht entsprochen wird, s. § 17 Rn. 16.

7 Über die Gültigkeit, den Inhalt und die Einhaltung der Vereinbarung entscheiden die Arbeitsgerichte im Beschlussverfahren. Ähnlich wie im Fall des § 5 (s. dort Rn. 11) können dabei auch Interessenvertretungen ausländischen Rechts ihre Rechte geltend machen.

§ 20 Übergangsbestimmung

Eine nach § 18 oder § 19 bestehende Vereinbarung gilt fort, wenn vor ihrer Beendigung das Antrags- oder Initiativrecht nach § 9 Absatz 1 ausgeübt worden ist. Das Antragsrecht kann auch ein auf Grund einer Vereinbarung bestehendes Arbeitnehmervertretungsgremium ausüben. Die Fortgeltung endet, wenn die Vereinbarung durch eine neue Vereinbarung ersetzt oder ein Europäischer Betriebsrat kraft Gesetzes errichtet worden ist. Die Fortgeltung endet auch dann, wenn das besondere Verhandlungsgremium einen Beschluss nach § 15 Absatz 1 fasst; § 15 Absatz 2 gilt entsprechend. Die Sätze 1 bis 4 finden keine Anwendung, wenn in der bestehenden Vereinbarung eine Übergangsregelung enthalten ist.

374 *Goos*, FS 50 Jahre Arbeitsgerichtsbarkeit Rheinland-Pfalz, S. 86.
375 Ebenso *Blanke*, EBRG Rn. 3; MünchArbR-*Joost*, § 366 Rn. 126.
376 *Müller*, Rn. 5.
377 Für Anpassungspflicht Hako-BetrVG/*Blanke/Kunz*, § 19 EBRG Rn. 5.
378 Vgl. *Bachner/Nielebock*, AuR 97, 133; *M. Schmidt*, NZA 97, 182.

Die Vereinbarungen nach § 18 bzw. § 19 können auf bestimmte, aber auch auf unbestimmte Zeit abgeschlossen sein. 1

Ist das Erste der Fall, sollte unbedingt in der **Vereinbarung selbst** eine **Regelung** darüber getroffen werden, was nach Ablauf der vorgesehenen Frist geschehen soll. Rechtlich möglich ist ein ersatzloser Wegfall des Gremiums bzw. der Rechte auf Unterrichtung und Anhörung, aber auch eine Fortwirkung von einer bestimmten Dauer oder bis zum Wirksamwerden einer neuen Vereinbarung. Auch die Bildung eines EBR kraft Gesetzes kann vorgesehen werden. Eine neue Vereinbarung muss nicht notwendigerweise zwischen einem BVG und der zentralen Leitung abgeschlossen werden; praktischer wäre es, den EBR selbst bzw. eine von den nationalen Interessenvertretungen bei einer Sitzung bestimmte Delegation die **Erneuerung der Vereinbarung aushandeln** zu lassen. Möglich, wenn auch immer noch umständlich, ist es, das alte BVG wieder in Funktion zu setzen, doch muss dieses ggf. an veränderte Strukturen angepasst werden. 2

Fehlt es in der Vereinbarung **an Regelungen** dieser Art (die nach Satz 5 immer den Vorrang haben), so werden die Sätze 1 bis 4 angewandt. Dies gilt auch dann, wenn lediglich ein Kündigungsrecht vorgesehen, aber nichts über die Rechtsfolgen gesagt ist, oder wenn nur einzelne Punkte der Verhandlungen angesprochen sind (Beispiel: Es verhandelt ein vom EBR gewählter Ausschuss von fünf Personen). Nach Satz 1 gilt die Vereinbarung fort, wenn vor ihrer Beendigung das Antrags- oder Initiativrecht zur Schaffung eines neuen BVG ausgeübt worden ist. Dieses Recht steht auch einem auf Grund der Vereinbarung geschaffenen Arbeitnehmervertretungsgremium wie dem EBR zu (Satz 2). In diesem Fall bestehen EBR und BVG nebeneinander. Wird ein entsprechender Antrag nicht gestellt, verliert die Vereinbarung nach Ende des vorgesehenen Zeitraums jede Verbindlichkeit. Tritt Fortgeltung ein (weil beispielsweise in der Vereinbarung über die Rechtsfolgen der Kündigung nichts gesagt ist), dauert diese so lange, bis die Vereinbarung durch eine neue ersetzt oder ein gesetzlicher EBR errichtet worden ist. Sie endet nach Satz 4, wenn das nunmehr installierte BVG nach § 15 Abs. 1 beschließt, die Verhandlungen erfolglos zu beenden. 3

Ist die **Vereinbarung auf unbestimmte Zeit** abgeschlossen, so ist jedenfalls eine Kündigung aus wichtigem Grund möglich. Praktische Beispiele hierfür gibt es nicht. Sollte ein solcher Fall gleichwohl einmal eintreten, so könnte der EBR oder eine Interessenvertretung nationalen Rechts die Einberufung eines BVG verlangen. Soweit sich kein gegenteiliger Wille der Beteiligten aus den Umständen ergibt, ist in Anlehnung an § 77 Abs. 5 BetrVG auch eine ordentliche Kündigung mit dreimonatiger Frist zulässig.[379] Die im Tarifrecht für solche Fälle zum Teil angenommene jederzeitige fristlose Kündigungsmöglichkeit[380] passt auf organisationsbezogene Normen wie im vorliegenden Fall nicht. Auch wäre es sinnwidrig, könnte die zentrale Leitung dem EBR (oder den informationsberechtigten nationalen Gremien) von einem Tag auf den anderen gewissermaßen den Boden unter den Füßen wegziehen. Ist mit dreimonatiger Frist gekündigt, ist mangels abweichender Regelung in der Vereinbarung nach den Sätzen 1 – 4 zu verfahren. Ist lediglich ein »Kündigungsrecht« vorgesehen, so steht dieses dem EBR zu. 4

379 Zustimmend GK-*Oetker*, Anhang 7 zu Bd. I, § 18 EBRG Rn. 12.
380 Nachweise bei *Däubler*, Tarifvertragsrecht, Rn. 1435.

Vierter Teil
Europäischer Betriebsrat kraft Gesetzes

Erster Abschnitt
Errichtung des Europäischen Betriebsrats

§ 21 Voraussetzungen

(1) Verweigert die zentrale Leitung die Aufnahme von Verhandlungen innerhalb von sechs Monaten nach Antragstellung (§ 9), ist ein Europäischer Betriebsrat gemäß den §§ 22 und 23 zu errichten. Das gleiche gilt, wenn innerhalb von drei Jahren nach Antragstellung keine Vereinbarung nach § 18 oder § 19 zustande kommt oder die zentrale Leitung und das besondere Verhandlungsgremium das vorzeitige Scheitern der Verhandlungen erklären. Die Sätze 1 und 2 gelten entsprechend, wenn die Bildung des besonderen Verhandlungsgremiums auf Initiative der zentralen Leitung erfolgt.
(2) Ein Europäischer Betriebsrat ist nicht zu errichten, wenn das besondere Verhandlungsgremium vor Ablauf der in Absatz 1 genannten Fristen einen Beschluss nach § 15 Absatz 1 fasst.

Inhaltsübersicht

I. Grundsatz

1 Für den Fall, dass die Beteiligten sich nicht auf eine eigene Verhandlungslösung über eine grenzüberschreitende Unterrichtung und Anhörung einigen (aus welchem Grunde auch immer), ist ein **EBR kraft Gesetzes** zu bilden (§ 21 Abs. 1). Die §§ 21 bis 40 bedeuten die Umsetzung von Art. 7 und des Anhangs der Richtlinie, welcher die Mindestinhalte einer solchen **subsidiären Lösung** festlegt. Die Mindestinhalte nach § 21 binden die Verhandlungspartner allerdings bei der Verhandlungslösung selbst nicht.[381] Mit dem Vorrang der Verhandlungslösung wird rechtsmethodisch der Weg der zweiseitig zwingenden Gesetzgebung zu Gunsten der Kontraktualisierung der Arbeitnehmerbeteiligung verlassen.[382] Bei Zweifelsfällen ist das Gesetz auch in dieser Hinsicht richtlinienkonform auszulegen.

2 Das Gesetz nennt **drei Fallkonstellationen,** in denen es zur Bildung des EBR kraft Gesetzes kommt:

1. Die zentrale Leitung verweigert die Aufnahme von Verhandlungen mit dem BVG (Rn. 3).
2. In Verhandlungen zwischen BVG und zentraler Leitung kommt innerhalb von drei Jahren seit Antragstellung keine Vereinbarung zustande (Rn. 4).
3. Das BVG und die zentrale Leitung erklären die Verhandlungen übereinstimmend für gescheitert (Rn. 6).

Dies ist jeweils unabhängig davon, ob die Bildung des BVG auf Initiative der Arbeitnehmer oder der zentralen Leitung (§ 9) erfolgt ist (Abs. 1 Satz 3).

II. Zeitpunkt

3 Der EBR kraft Gesetzes ist zu bilden, wenn die zentrale Leitung die Aufnahme von **Verhandlungen** innerhalb von **sechs Monaten** nach Antragstellung (§ 9) **verweigert** (Abs. 1 Satz 1). Gemeint sind Verhandlungen der Sache nach. Die bloß formale Aufnahme von Verhandlungen bedeutet deren Verweigerung dann, wenn die zentrale Leitung entweder

381 *Bachner*, S. 72.
382 *Bachner*, S. 67 ff.; Hako-BetrVG/*Blanke/Hayen*, § 21 EBRG Rn. 1.

- keinen Zweifel daran lässt, dass sie die Bildung eines EBR ablehnt (z. B. durch Verweigerung der Informationen gemäß § 8 Abs. 2) oder
- keinen vom gesetzlichen Modell abweichenden EBR zu akzeptieren gedenkt.[383]

Ein gesetzlicher EBR ist weiterhin zu bilden, wenn innerhalb **von drei Jahren nach Antragstellung keine Vereinbarung** nach §§ 18 oder 19 zustande kommt (Abs. 1 Satz 2 Alt. 1). 4

Die **Fristberechnung** (sechs Monate bzw. drei Jahre) erfolgt gemäß §§ 188 Abs. 2 BGB. **Fristbeginn** ist der Tag des Zugangs des Antrags auf Bildung des BVG bei der zentralen Leitung (§ 9 Abs. 2 Satz 1). Wird das Verfahren auf Initiative der zentralen Leitung eingeleitet, beginnt die Frist mit dem Tag, an dem der Beschluss der zentralen Leitung bei der zuständigen Arbeitnehmervertretung eingeht.[384] 5

Ein EBR kraft Gesetzes kommt auch zustande, wenn BVG und zentrale Leitung **vor Ablauf von drei Jahren nach Verhandlungsbeginn übereinstimmend deren Scheitern** erklären (Abs. 1 Satz 2 Alt. 2). Damit wird Art. 7 Abs. 1 erster Spiegelstrich der Richtlinie verwirklicht. Die Erklärung des Scheiterns muss nicht zeitgleich oder gar im selben Dokument erfolgen. Es reicht aus, wenn zunächst eine Seite das Scheitern erklärt und sich die andere dem vor Ablauf der 3-Jahres-Frist anschließt.[385] Das Scheitern steht fest, wenn die zweite Erklärung beim Erklärungsgegner zugegangen ist. Auch wenn der EBR in diesem Falle auf Grund einvernehmlichen Handelns zustande gekommen ist, bleibt er doch ein solcher kraft Gesetzes, dessen Überleitung in ein Gremium kraft Vereinbarung erst nach Ablauf von vier Jahren gemäß § 37 möglich ist. 6

Mit der **Errichtung** des EBR kann ab dem **Tage nach der Feststellung des Scheiterns** begonnen werden (vgl. Rn. 5). Die Ansicht, dass in einem solchen Falle mit der Errichtung des EBR bis zum Ablauf der 3-Jahres-Frist zu warten sei,[386] lässt sich weder aus dem Wortlaut des Gesetzes noch seinem Zweck begründen. Vielmehr sprechen sowohl der Wortlaut der Richtlinie als auch der Vergleich mit dem Fall der Verhandlungsablehnung (Rn. 3) für die sofortige Errichtung des EBR.[387] 7

Der EBR kraft Gesetzes ist am Tag nach Ablauf der Frist (Rn. 5) bzw. der gemeinsamen Erklärung des Scheiterns der Verhandlungen (Rn. 7) **»zu errichten«**. Darunter sind die ersten formellen Schritte, beginnend mit der Bestellung der Mitglieder des EBR gemäß § 23, zu verstehen. Die Einladung zu der Sitzung (hierzu § 25 Rn. 2) mit dem entsprechenden Tagesordnungspunkt kann bereits vor Ablauf der Frist, die Bestellung selbst jedoch erst nach ihrem Ablauf erfolgen. Eine **vorsorgliche Bestellung** vor Fristablauf ist **nicht möglich.** 8

III. Absehen von der Errichtung

Ein **EBR ist nicht zu errichten,** wenn das BVG einen entsprechenden **Beschluss gemäß § 15** fasst (s. dort). 9

IV. Amtsdauer

Der EBR ist – so wie der GBR und KBR – eine **Dauereinrichtung** ohne feste Amtszeit.[388] Die Amtszeit seiner Mitglieder beträgt vier Jahre (§ 36, s. dort). 10

Der EBR prüft **vier Jahre nach seiner Errichtung,** ob er **Verhandlungen** über eine Vereinbarung nach § 17 aufnimmt. Falls es zu einer solchen Vereinbarung kommt, endet das Amt des EBR § 37, s. dort). 11

Das **Amt** des EBR **endet,** sobald festgestellt werden kann, dass die Voraussetzung des § 4 nicht mehr erfüllt ist.[389] 12

383 Vgl. *Däubler/Klebe*, AiB 95, 569; *Hromadka*, DB 95, 1125, 1128; *Rademacher*, S. 112.
384 *Blanke*, EBRG Rn. 8; Hako-BetrVG/*Blanke/Hayen*, § 21 EBRG Rn. 3.
385 *Blanke*, EBRG Rn. 12.
386 *Rademacher*, S. 112 f., 122; *Wuttke*, DB 95, 774, 776.
387 So auch *Blanke*, EBRG Rn. 9; *Däubler/Klebe*, AiB 95, 569; *Hromadka*, DB 1995, 1128.
388 *Blanke*, EBRG § 21 Rn. 5; *Däubler/Klebe*, AiB 95, 569; *Engels/Müller*, DB 96, 986.
389 Unklar *Schmidt*, NZA 97, 180, 182, hinsichtlich des Zeitpunkts des Wegfalls dieser Voraussetzung.

§ 22 Zusammensetzung des Europäischen Betriebsrats

(1) Der Europäische Betriebsrat setzt sich aus Arbeitnehmern des gemeinschaftsweit tätigen Unternehmens oder der gemeinschaftsweit tätigen Unternehmensgruppe zusammen. Es können Ersatzmitglieder bestellt werden.
(2) Für jeden Anteil der in einem Mitgliedstaat beschäftigten Arbeitnehmer, der 10 Prozent der Gesamtzahl der in allen Mitgliedstaaten beschäftigten Arbeitnehmer der gemeinschaftsweit tätigen Unternehmen oder Unternehmensgruppen oder einen Bruchteil davon beträgt, wird ein Mitglied aus diesem Mitgliedstaat in den Europäischen Betriebsrat entsandt.

Inhaltsübersicht Rn.

I. Mitglieder

1 Der EBR kraft Gesetzes besteht ausschließlich aus **AN** des gemeinschaftsweit tätigen UN bzw. der UN-Gruppe (Abs. 1 Satz 1). Es ist nicht erforderlich, dass sie Mitglied eines BR sind. Auch ein leitender Angestellter kann als AN zum (Voll-)Mitglied des EBR bestellt werden (zur Beteiligung eines leitenden Angestellten als Gast § 23 Rn. 2).[390] Nicht in den UN als AN-Beschäftigte können nur den Status eines Sachverständigen gemäß § 29 haben (s. dort). Es können **Ersatzmitglieder** bestellt werden (Abs. 1 Satz 2).

II. Größe

2 Die Größe des EBR wird durch folgende Kriterien bestimmt:[391]

- **Repräsentativität:** Aus jedem Mitgliedsland wird mindestens ein Vertreter entsandt;
- **Proportionalität:** Je nach Größe des UN bzw. der UN sowie der anteiligen Beschäftigtenzahl der einzelnen UN kommen zu den Grundmandaten zusätzliche Vertreter.

3 Seit dem Beitritt Großbritanniens zur EBR-Richtlinie wurde die Begrenzung des EBR auf eine **Höchstzahl** von Sitzen **aufgegeben** (vgl. Gesetz vom 22.12.99, BGBl. I S. 2809). Im Übrigen bestimmt sich die **Sitzverteilung** im EBR **nach den für das BVG entwickelten Grundsätzen** (vgl. § 10 Rn. 2). Durch die Neuregelung der Sitzverteilung wird Anhang 1 Abs. 1 Buchst. c der Richtlinie umgesetzt.[392]

4 **Berechungsbeispiel:** Beschäftigt eine gemeinschaftsweit tätige Unternehmensgruppe insgesamt 6000 Arbeitnehmer, davon 2700 in Deutschland, 300 in Italien, 1. 050 in Spanien, 900 in Belgien, 450 in den Niederlanden und 600 in Polen, entfallen 45 Prozent auf Deutschland, 5 Prozent auf Italien, 17,5 Prozent auf Spanien, 15 Prozent auf Belgien, 7,5 Prozent auf die Niederlande und 10 Prozent auf Polen. Damit besteht der Europäische Betriebsrat aus insgesamt zwölf Mitgliedern, davon fünf aus Deutschland, eines aus Italien, zwei aus Spanien, zwei aus Belgien, eines aus den Niederlanden und eines aus Polen.

§ 23 Bestellung inländischer Arbeitnehmervertreter

(1) Die nach diesem Gesetz oder dem Gesetz eines anderen Mitgliedstaates auf die im Inland beschäftigten Arbeitnehmer entfallenden Mitglieder des Europäischen Betriebsrats werden in gemeinschaftsweit tätigen Unternehmen vom Gesamtbetriebsrat (§ 47 des Betriebsverfassungsgesetzes) bestellt. Besteht nur ein Betriebsrat, so bestellt dieser die Mitglieder des Europäischen Betriebsrats.
(2) Die in Absatz 1 Satz 1 genannten Mitglieder des Europäischen Betriebsrats werden in

---

390 *Sandmann*, WiB 97, 396; a. A. *Blanke*, EBRG Rn. 2.
391 Vgl. *Engels/Müller*, DB 96, 985.
392 Hako-BetrVG/*Blanke/Hayen*, § 22 EBRG Rn. 1.

gemeinschaftsweit tätigen Unternehmensgruppen vom Konzernbetriebsrat (§ 54 des Betriebsverfassungsgesetzes) bestellt. Besteht neben dem Konzernbetriebsrat noch ein in ihm nicht vertretener Gesamtbetriebsrat oder Betriebsrat, ist der Konzernbetriebsrat um deren Vorsitzende und um deren Stellvertreter zu erweitern; die Vorsitzenden und ihre Stellvertreter gelten insoweit als Konzernbetriebsratsmitglieder.

(3) Besteht kein Konzernbetriebsrat, werden die in Absatz 1 Satz 1 genannten Mitglieder des Europäischen Betriebsrats wie folgt bestellt:

a) Bestehen mehrere Gesamtbetriebsräte, werden die Mitglieder des Europäischen Betriebsrats auf einer gemeinsamen Sitzung der Gesamtbetriebsräte bestellt, zu welcher der Gesamtbetriebsratsvorsitzende des nach der Zahl der wahlberechtigten Arbeitnehmer größten inländischen Unternehmens einzuladen hat. Besteht daneben noch mindestens ein in den Gesamtbetriebsräten nicht vertretener Betriebsrat, sind der Betriebsratsvorsitzende und dessen Stellvertreter zu dieser Sitzung einzuladen; sie gelten insoweit als Gesamtbetriebsratsmitglieder.

b) Besteht neben einem Gesamtbetriebsrat noch mindestens ein in ihm nicht vertretener Betriebsrat, ist der Gesamtbetriebsrat um den Vorsitzenden des Betriebsrats und dessen Stellvertreter zu erweitern; der Betriebsratsvorsitzende und sein Stellvertreter gelten insoweit als Gesamtbetriebsratsmitglieder. Der Gesamtbetriebsrat bestellt die Mitglieder des Europäischen Betriebsrats. Besteht nur ein Gesamtbetriebsrat, so hat dieser die Mitglieder des Europäischen Betriebsrats zu bestellen.

c) Bestehen mehrere Betriebsräte, werden die Mitglieder des Europäischen Betriebsrats auf einer gemeinsamen Sitzung bestellt, zu welcher der Betriebsratsvorsitzende des nach der Zahl der wahlberechtigten Arbeitnehmer größten inländischen Betriebs einzuladen hat. Zur Teilnahme an dieser Sitzung sind die Betriebsratsvorsitzenden und deren Stellvertreter berechtigt; § 47 Absatz 7 des Betriebsverfassungsgesetzes gilt entsprechend.

d) Besteht nur ein Betriebsrat, so hat dieser die Mitglieder des Europäischen Betriebsrats zu bestellen.

(4) Die Absätze 1 bis 3 gelten entsprechend für die Abberufung.

(5) Eine ausgewogene Vertretung der Arbeitnehmer nach ihrer Tätigkeit sollte so weit als möglich berücksichtigt werden; Frauen und Männer sollen entsprechend ihrem zahlenmäßigen Verhältnis bestellt werden.

(6) Das zuständige Sprecherausschussgremium eines gemeinschaftsweit tätigen Unternehmens oder einer gemeinschaftsweit tätigen Unternehmensgruppe mit Sitz der zentralen Leitung im Inland kann einen der in § 5 Absatz 3 des Betriebsverfassungsgesetzes genannten Angestellten bestimmen, der mit Rederecht an den Sitzungen zur Unterrichtung und Anhörung des Europäischen Betriebsrats teilnimmt, sofern nach § 22 Absatz 2 mindestens fünf inländische Vertreter entsandt werden. § 35 Absatz 2 und § 39 gelten entsprechend.

Inhaltsübersicht Rn.

I. Bestellung der Mitglieder

Die **Bestellung** der Mitglieder des EBR erfolgt nach den gleichen Vorschriften wie für die Mitglieder des BVG. § 23 Absätze 1 bis 3 und 5 ist im Wesentlichen inhaltsgleich mit § 11 (s. dort).[393] Lediglich Abs. 5 weicht insofern ab, als nach dieser Regelung nicht nur Frauen und Männer sollen entsprechend ihrem zahlenmäßigen Verhältnis bestellt werden, sondern auch eine ausgewogene Vertretung der Arbeitnehmer nach ihrer Tätigkeit so weit als möglich berücksichtigt werden sollte. Diese Vorschriften beziehen sich sowohl auf einen in Deutschland angesiedelten EBR als auch auf Vertreter deutscher Betriebe in EBR in anderen EU-Mitgliedstaaten. 1

393 Hako-BetrVG/*Blanke/Hayen*, § 23 EBRG Rn. 2.

II. Vertreter der leitenden Angestellten

2 Für einen in Deutschland angesiedelten EBR mit mindestens fünf Mitgliedern aus inländischen Betrieben, kann zusätzlich ein Vertreter der **leitenden Angestellten** bestimmt werden (Abs. 6). Er nimmt als **Gast mit Rederecht** an den Sitzungen zur Anhörung und Information des EBR teil. Dieses Teilnahmerecht bezieht sich auf die gemeinsamen Sitzungen von EBR und zentraler Leitung i. S. v. §§ 29 und 30, nicht dagegen auf Vor- und Nachbesprechungen des EBR i. S. d. § 27 Abs. 1.[394] Der Vertreter der leitenden Angestellten wird entweder vom KonzernSpA oder vom GesamtSpA oder vom SpA entsprechend der Regelung für die Betriebsverfassungsgremien in § 23 bestellt. Für ihn gelten die Vorschriften über Kosten und Sachaufwand (§ 39) und Vertraulichkeit (§ 35) entsprechend (Abs. 6 Satz 2; zur Berichterstattung gegenüber den SpA s. § 36 Abs. 2). Auf die Anzahl der aus inländischen Betrieben zu entsendenden EBR-Mitglieder wird er nicht angerechnet.[395] Seine Beteiligung ist unabhängig davon, ob dem EBR bereits ein leitender Angestellter als (Voll-) Mitglied angehört.

III. Streitigkeiten

3 Beschlüsse über die Bestellung inländischer Arbeitnehmervertreter für den Europäischen Betriebsrat sind in entsprechender Anwendung des § 19 Abs 1 BetrVG einer gerichtlichen Überprüfung zugänglich.[396] Die Grundsätze zur Geltendmachung der Nichtigkeit betriebsratsinterner Wahlen sind auch auf die Beschlussfassung über die Bestellung inländischer Arbeitnehmervertreter im Europäischen Betriebsrat anzuwenden.[397] Einem Betriebsrat, der zugleich Mitglied des Gesamtbetriebsrats ist und bei der Bestellung der inländischen Arbeitnehmervertreter im Europäischen Betriebsrat durch den Gesamtbetriebsrat repräsentiert wurde, steht im Verfahren über die Wirksamkeit der Bestellung inländischer Arbeitnehmervertreter in den Europäischen Betriebsrat (Rn. 1) eine Antragsbefugnis zu.[398]

§ 24 Unterrichtung über die Mitglieder des Europäischen Betriebsrats

Der zentralen Leitung sind unverzüglich die Namen der Mitglieder des Europäischen Betriebsrats, ihre Anschriften sowie die jeweilige Betriebszugehörigkeit mitzuteilen. Die zentrale Leitung hat die örtlichen Betriebs- oder Unternehmensleitungen, die dort bestehenden Arbeitnehmervertretungen sowie die in inländischen Betrieben vertretenen Gewerkschaften über diese Angaben zu unterrichten.

1 Die Vorschrift regelt die unverzügliche **Information** der zentralen Leitung über die Bestellung der EBR-Mitglieder und die Weitergabe dieser Information an die örtlichen Betriebs- und UN-Leitungen sowie die dort bestehenden AN-Vertretungen im In- und Ausland.

2 In Deutschland sind neben den Betriebsverfassungsgremien die in den Betrieben vertretenen **Gewerkschaften** zu unterrichten. Die Frage, ob eine Gewerkschaft in einem Betrieb vertreten ist und wie dies nachzuweisen ist, richtet sich nach den hierfür im Rahmen des BetrVG entwickelten Grundsätzen (vgl. § 2 BetrVG Rn. 78 ff.).

394 Hako-BetrVG/*Blanke/Hayen*, § 23 EBRG Rn. 4.
395 *Blanke*, EBRG § 23 Rn. 5; *Bachner/Nielebock*, AuR 97, 134.
396 *BAG* 18.4.07, NZA 07, 1375.
397 *BAG* 18.4.07 a. a. o.
398 *LAG Düsseldorf* 31.10.07 – 11 TaBV 80/07.

Zweiter Abschnitt
Geschäftsführung des Europäischen Betriebsrats

§ 25 Konstituierende Sitzung, Vorsitzender

(1) Die zentrale Leitung lädt unverzüglich nach Benennung der Mitglieder zur konstituierenden Sitzung des Europäischen Betriebsrats ein. Der Europäische Betriebsrat wählt aus seiner Mitte einen Vorsitzenden und dessen Stellvertreter.
(2) Der Vorsitzende des Europäischen Betriebsrats oder im Falle seiner Verhinderung der Stellvertreter vertritt den Europäischen Betriebsrat im Rahmen der von ihm gefassten Beschlüsse. Zur Entgegennahme von Erklärungen, die dem Europäischen Betriebsrat gegenüber abzugeben sind, ist der Vorsitzende oder im Falle seiner Verhinderung der Stellvertreter berechtigt.

Inhaltsübersicht

I. Konstituierende Sitzung

Die **zentrale Leitung** ist verpflichtet, unverzüglich nach Benennung der Mitglieder des EBR zur **konstituierenden Sitzung** des EBR einzuladen (Abs. 1 Satz 1). Auf ihr werden der Vorsitzende des EBR und dessen Stellvertreter **gewählt** (Abs. 1 Satz 2). Dabei gibt es keine Bindung an die Herkunft aus einem bestimmten Mitgliedsland. 1

Kommt die zentrale Leitung ihrer Pflicht zur Einladung nicht nach, haben die Mitglieder des EBR das Recht, **selbst zur konstituierenden Sitzung einzuladen.** In dieser Hinsicht gilt das Gleiche wie für eine »Selbsteinladung« des BR (vgl. § 29 BetrVG Rn. 7).[399] Zweckmäßigerweise erfolgt dies durch Mitglieder aus dem Land, in dem die zentrale Leitung ihren Sitz hat. Bei deren Untätigkeit kann aber auch jedes andere EBRG-Mitglied einladen. Es empfiehlt sich, der zentralen Leitung eine letzte Frist zu setzen, innerhalb derer sie zur Vermeidung der »Selbsteinladung« ihrer Einladungspflicht nachkommen kann.[400] 2

II. Vorsitz

Abs. 2 regelt die Stellung des Vorsitzenden bzw seines Stellvertreters als **Vertreter des EBR.** Die Vorschrift entspricht wörtlich § 26 Abs. 3 BetrVG (s. dort). 3

§ 26 Ausschuss

Der Europäische Betriebsrat bildet aus seiner Mitte einen Ausschuss. Der Ausschuss besteht aus dem Vorsitzenden und mindestens zwei, höchstens vier weiteren zu wählenden Ausschussmitgliedern. Die weiteren Ausschussmitglieder sollen in verschiedenen Mitgliedstaaten beschäftigt sein. Der Ausschuss führt die laufenden Geschäfte des Europäischen Betriebsrats.

Inhaltsübersicht

I. Zusammensetzung

§ 26 setzt Anhang I Absatz 1 Buchstabe d der Richtlinie um. Eine Mindestgröße des EBR als Voraussetzung für die Bildung des Ausschusses legt das Gesetz nicht fest. Der Ausschuss 1

399 *Blanke*, EBRG § 25 Rn. 3.
400 Hako-BetrVG/*Blanke/Hayen*, § 25 EBRG Rn. 2.

besteht aus mindestens drei und höchstens fünf Mitgliedern. Der Vorsitzende des EBR ist geborenes Mitglied des Ausschusses. Der stellvertretende Vorsitzende ist nicht automatisch Mitglied. Seine Wahl empfiehlt sich jedoch um der Amtskontinuität willen. Die Ausschussmitglieder sollen in verschiedenen Mitgliedstaaten beschäftigt sein (Satz 4).

II. Aufgaben

2 Der Ausschuss hat zwei **Aufgaben:**
- Er führt die laufenden Geschäfte des EBR (Satz 3).
- Er tritt an die Stelle des EBR, wenn dieser über außergewöhnliche Umstände gemäß § 30 zu unterrichten und anzuhören ist (s. dort).

3 Die **laufenden Geschäfte** des EBR bestehen vor allem in der Vorbereitung der Treffen mit der zentralen Leitung, den Vorbesprechungen und den Sitzungen zur Nachbereitung des EBR (vgl. § 27 Rn. 1).[401] Das schließt hierzu dienende informatorische Kontakte (persönlich, erforderlichenfalls durch Reisen und durch geeignete Medien) zur zentralen Leitung wie zu Betriebsvertretungen und Gewerkschaften ein. Außerdem sollte der Ausschuss einen regelmäßigen Kontakt der Mitglieder des EBR zwischen den Sitzungen herstellen und pflegen, z-B. durch Weitergabe dienlicher Informationen.[402] Der Ausschuss kann Sachverständige hinzuziehen (§ 39 Abs. 2).

§ 27 Sitzungen

(1) Der Europäische Betriebsrat hat das Recht, im Zusammenhang mit der Unterrichtung durch die zentrale Leitung nach § 29 eine Sitzung durchzuführen und zu dieser einzuladen. Das gleiche gilt bei einer Unterrichtung über außergewöhnliche Umstände nach § 30. Der Zeitpunkt und der Ort der Sitzungen sind mit der zentralen Leitung abzustimmen. Mit Einverständnis der zentralen Leitung kann der Europäische Betriebsrat weitere Sitzungen durchführen. Die Sitzungen des Europäischen Betriebsrats sind nicht öffentlich.
(2) Absatz 1 gilt entsprechend für die Wahrnehmung der Mitwirkungsrechte des Europäischen Betriebsrats durch den Ausschuss nach § 26.

Inhaltsübersicht

I. Grundsatz

1 Der EBR hat das Recht, »im Zusammenhang« mit turnusmäßiger und außerplanmäßiger Unterrichtung und Anhörung gemäß §§ 29 und 30 **interne Sitzungen** ohne Teilnahme von Vertretern der zentralen Leitung und des Vertreters der leitenden Angestellten durchzuführen und hierzu einzuladen (Abs. 1 Satz 1 und 2). Darunter sind sowohl Sitzungen zur Vorbereitung (Vorbesprechungen) als auch Nachbereitung der Besprechungen mit der zentralen Leitung gemäß §§ 29, 30 zu verstehen.[403] Letztere sind insbesondere erforderlich, um angesichts des typischerweise noch fehlenden Protokolls eine abgestimmte Unterrichtung der örtlichen Arbeitnehmervertreter sicherzustellen.

401 *Blanke,* EBRG § 26 Rn. 5.
402 Hako-BetrVG/*Blanke/Hayen,* § 26 EBRG Rn. 2.
403 *Blanke,* EBRG, § 27 Rn. 4; vgl. *Harazim,* AiB 97, 633.

II. Kosten

Soweit es in diesem Zusammenhang um die gemäß § 39 von der zentralen Leitung zu übernehmenden erforderlichen **Kosten** geht, ist auf Folgendes zu verweisen: 2

- Es kann notwendig sein, eine **Vorbesprechung** mit einem gewissen zeitlichen Zwischenraum[404] zur Besprechung mit der zentralen Leitung gemäß §§ 29, 30 anzuberaumen, um einen sich aus der Diskussion des schriftlichen Berichts der zentralen Leitung (§ 29 Rn. 5) ergebenden Bedarf an Sachaufklärung und Rückkopplung zu gewährleisten. Dazu muss eine hierauf bezogene Besprechung in unmittelbarem zeitlichem Zusammenhang mit der Sitzung möglich sein.
- Eine **Nachbesprechung** kommt gerade wegen ihres Zweckes einer unmittelbaren Informationssicherung wohl nur unmittelbar im Anschluss an die Besprechung des EBR mit der zentralen Leitung in Betracht. Die Sitzungsdauer des EBR selbst darf nicht unter Hinweis hierauf eingeschränkt werden (Rn. 3).

III. Themen

Der EBR bestimmt selbst über die **Themen** der Sitzungen gemäß § 27. Sie müssen nur im Zusammenhang mit den Besprechungen gemäß §§ 29, 30 stehen. Das Gesetz sieht keine Obergrenze für deren **Dauer** vor. Sie ergibt sich aus den Gesichtspunkten des »Zusammenhangs« gemäß § 27 mit der »Erforderlichkeit« des § 39 (s. dort). 3

IV. Zeitpunkt und Ort

Zeitpunkt und **Ort** interner Sitzungen des EBR sind mit der zentralen Leitung **abzustimmen** (Abs. 1 Satz 2). Das bedeutet, wie ein Blick auf Satz 4 (»Einverständnis«) und § 8 Abs. 3 Satz 2 (»einvernehmlich«) zeigt, nicht, dass der EBR hierzu das Einverständnis der zentralen Leitung einholen muss. Er ist vielmehr im Rahmen des Erforderlichen frei. Wegen des internen Charakters dieser Sitzungen des EBR dient die Pflicht zur Abstimmung mit der zentralen Leitung nur dazu, die erforderliche technische und logistische Unterstützung sicherzustellen. 4

Für Sitzungen, die in **keinem Zusammenhang** mit Besprechungen gemäß §§ 29, 30 stehen, benötigt der EBR das **Einverständnis** der zentralen Leitung (Abs. 1 Satz 4). Bei der Entscheidung hierüber haben sich beide Seiten vom Gebot der vertrauensvollen Zusammenarbeit gem. § 34 leiten zu lassen.[405] Die zentrale Leitung darf eine weitere Sitzung nur aus wichtigem Grund ablehnen.[406] 5

V. Öffentlichkeit

Die Sitzungen des EBR gemäß § 27 sind **nicht öffentlich** (Abs. 1 Satz 5). Abgesehen von der sonstigen Öffentlichkeit schließt das insbesondere die Anwesenheit von Vertretern der zentralen Leitung und der leitenden Angestellten (§ 23 Rn. 2) aus. Wenn kein Mitglied des EBR widerspricht, können solche Personen jedoch zeitweise zugelassen werden. Vom Verbot der Öffentlichkeit unberührt bleibt die Teilnahme von Sachverständigen und Dolmetschern.[407] Auch ein nicht dem EBR angehörender Protokollführer (auf den sich EBR und zentrale Leitung verständigen müssen) gehört nicht zur Öffentlichkeit. 6

Ob und unter welchen Voraussetzungen **Gewerkschaftsbeauftragte** hinzugezogen werden können, ohne sie als Sachverständige zu deklarieren, ist im EBRG nicht geregelt. Im Hinblick auf Art. 9 Abs. 3 GG spricht viel für eine analoge Anwendung von § 31 BetrVG.[408] Jedenfalls kann dies mit einfacher Mehrheit beschlossen werden.[409] 7

---

404 Hako-BetrVG/*Blanke/Hayen*, § 27 EBRG Rn. 1.
405 *Engels/Müller*, DB 96, 986.
406 *Blanke*, EBRG § 27 Rn. 6.
407 *Engels/Müller*, DB 96, 986.
408 *Däubler*, AuR 96, 115; *Bachner/Kunz*, AuR 96, 81; *Kohte*, EuroAS 96, 115; *Bachner/Nielebock*, AuR 97, 129; a. A. *Gaul*, NJW 96, 3378, 3384.
409 *Blanke*, EBRG 27 Rn. 9.

VI. Ausschuss

8 Die gleichen Grundsätze gelten, wenn der **Ausschuss** (§ 26 Abs. 1) gemäß § 30 Abs. 2 anstelle des EBR tätig wird (Abs. 2).

§ 28 Beschlüsse, Geschäftsordnung

Die Beschlüsse des Europäischen Betriebsrats werden, soweit in diesem Gesetz nichts anderes bestimmt ist, mit der Mehrheit der Stimmen der anwesenden Mitglieder gefasst. Sonstige Bestimmungen über die Geschäftsführung sollen in einer schriftlichen Geschäftsordnung getroffen werden, die der Europäische Betriebsrat mit der Mehrheit der Stimmen seiner Mitglieder beschließt.

Inhaltsübersicht Rn.

I. Beschlussfassung

1 Der EBR fasst seine **Beschlüsse** im Regelfall mit der Mehrheit der Stimmen der anwesenden Mitglieder, es sei denn, das Gesetz verlangt für bestimmte Beschlüsse eine andere Mehrheit (Satz 1). Hierbei handelt es sich um die Beschlüsse über

- die Geschäftsordnung gemäß Satz 2 und
- die Aufnahme von Vertragsverhandlungen mit der zentralen Leitung gemäß § 37,

für die jeweils die Mehrheit der Stimmen aller EBR-Mitglieder erforderlich sind (absolute Mehrheit). Jedes Mitglied hat eine Stimme; es gibt keine gewichteten Stimmen wie im GBR oder KBR. Hinsichtlich der **Beschlussfähigkeit** gilt das zum BVG Gesagte (§ 13 Rn. 10).

II. Geschäftsordnung

2 Vom EBR wird erwartet, dass er sich eine – mit absoluter Mehrheit zu beschließende – **Geschäftsordnung** gibt (Satz 2). In ihr können neben den üblichen Regularien[410] auch Grundsätze für die Information der örtlichen AN-Vertreter gemäß § 35 festgelegt werden.[411] Von der Geschäftsordnung darf im Einzelfall nur abgewichen werden, wenn kein Mitglied des EBR widerspricht. Beschlüsse über die Geschäftsordnung sind mit der **Einladung** zur entsprechenden Sitzung zu versenden. Für die Einladung gilt das zum BVG Gesagte.

Dritter Abschnitt
Mitwirkungsrechte

§ 29 Jährliche Unterrichtung und Anhörung

(1) Die zentrale Leitung hat den Europäischen Betriebsrat einmal im Kalenderjahr über die Entwicklung der Geschäftslage und die Perspektiven des gemeinschaftsweit tätigen Unternehmens oder der gemeinschaftsweit tätigen Unternehmensgruppe unter rechtzeitiger Vorlage der erforderlichen Unterlagen zu unterrichten und ihn anzuhören.

(2) Zu der Entwicklung der Geschäftslage und den Perspektiven im Sinne des Absatzes 1 gehören insbesondere

1 Struktur des Unternehmens oder der Unternehmensgruppe sowie die wirtschaftliche und finanzielle Lage,

410 Hako-BetrVG/*Blanke/Hayen*, § 28 EBRG Rn. 2.
411 *Blanke*, EBRG § 28 Rn. 5.

2. die voraussichtliche Entwicklung der Geschäfts-, Produktions- und Absatzlage,
3. die Beschäftigungslage und ihre voraussichtliche Entwicklung,
4. Investitionen (Investitionsprogramme),
5. grundlegende Änderungen der Organisation,
6. die Einführung neuer Arbeits- und Fertigungsverfahren,
7. die Verlegung von Unternehmen, Betrieben oder wesentlichen Betriebsteilen sowie Verlagerungen der Produktion,
8. Zusammenschlüsse oder Spaltungen von Unternehmen oder Betrieben,
9. die Einschränkung oder Stilllegung von Unternehmen, Betrieben oder wesentlichen Betriebsteilen,
10. Massenentlassungen.

Inhaltsübersicht

I. Grundsatz

Die Vorschrift regelt das **Beteiligungsrecht des EBR.** Es ist kein Mitbestimmungsrecht, sondern lediglich ein Informations- und Konsultationsrecht.[412] »**Anhörung**« bedeutet in Umsetzung von Art. 2 Abs. 1 Buchst. f der Richtlinie den **Meinungsaustausch** und die Einrichtung eines **Dialogs** zwischen zentraler Leitung und EBR (zu den Einzelheiten vgl. § 1 Rn. 11 ff.). Insoweit ist die Zielsetzung der Bestimmung mit § 74 Abs. 1 Satz 2 BetrVG vergleichbar und begründet deshalb eine gegenseitige Einlassungs- und Erörterungspflicht.[413] 1

Nachdem es immer wieder Verstöße gegen die Beteiligungsrechte des EBR gab – so z. B. die Schließung des Bochumer Nokia-Standorts, die ohne vorherige Unterrichtung und Anhörung des EBR bekanntgegeben wurde –, hat die Europäische Kommission reagiert und die Beteiligungsrechte des EBR in der **geänderten EBR-Rili** 2009/38/EG vom 6. 5. 2009 (hierzu Vorbem. EBRG Rn. 41 ff.)[414] konkretisiert (zum Inhalt von Unterrichtung und Anhörung vgl. ausführlich § 1 Rn. 11 ff.). In diesem Zusammenhang ist Art. 11 Abs. 2 EBR-Rili (Neufassung) bedeutsam. Diese Bestimmung sieht vor, dass jedes Mitgliedsland für den Fall der Nichteinhaltung der Richtlinie geeignete, d. h. effektive und angemessene, Maßnahmen vorsehen muss, mit deren Hilfe die Erfüllung der sich aus der Richtlinie ergebenden Verpflichtungen auch tatsächlich durchgesetzt werden können. Dies kann nur heißen, dass auch deutsche Arbeitsgerichte künftig einen entsprechenden **Unterlassungsanspruch des EBR** bei Verstoß gegen dessen Beteiligungsrechte anerkennen müssen, wie dies auch schon mehrfach französische und belgische Gerichte entschieden haben. Nur durch eine vorherige Unterrichtung und Anhörung des EBR kann dem Zweck der Richtlinie Rechnung getragen werden. Danach muss dem EBR die Gelegenheit eingeräumt werden, eine Stellungnahme zu der Maßnahme abzugeben, damit diese bei der Entscheidung noch berücksichtigt werden kann (vgl. auch § 1 Rn. 11 ff.). 2

Die Unterrichtung und Anhörung erfolgt einmal im **Kalenderjahr** (Abs. 1). Zwar liegt das Recht zur Terminierung formal bei der zentralen Leitung, jedoch ergibt sich aus § 27 Abs. 1 die Pflicht zur gegenseitigen **Abstimmung** hinsichtlich **Termin und Tagesordnung.** Der **Vorsitz** liegt, wie beim Wirtschaftsausschuss, beim Vorsitzenden des EBR.[415] 3

II. Gegenstand der Information

Die Pflicht der zentralen Leitung zu Unterrichtung bezieht sich auf die **Entwicklung der Geschäftslage** und die **Perspektiven** des UN bzw. der UN-Gruppe (Abs. 1). Sie wird in einer beispielhaften, nicht abgeschlossenen Aufzählung einzelner Tatbestände konkretisiert (Abs. 2). 4

412 Vgl. *Blanke*, EBRG § 32 Rn. 1.
413 *Bachner*, S. 209.
414 Vgl. zu den Umsetzungsbedarfen ausführlich *Blanke*, AuR 09, 242 ff.
415 Zutr. *Blanke*, EBRG § 32 Rn. 3; a. A. noch die Voraufl.

Der Katalog der Gegenstände der Unterrichtung des Abs. 2 entspricht einer **Kombination von § 106 Abs. 3 mit § 111 Satz 2 BetrVG** (vgl. bei §§ 106 und 111 BetrVG).[416] Diese Regelungen können, nachdem sie für die zugrunde liegende Europäische Betriebsräterichtlinie als Vorbild gedient haben, bei der Auslegung von § 32 herangezogen werden.[417]

5 Die zentrale Leitung hat zwar mit dem Bericht über Struktur sowie wirtschaftliche und finanzielle Lage (Abs. 2 Nr. 1) jeweils den **Status** des UN bzw. der UN-Gruppe darzustellen. Der Akzent ihrer Informationsverpflichtung liegt jedoch auf **künftigen Entwicklungen** (vgl. Abs. 2 Nr. 2, 3 und 4). Erwägungsgrund 42 der RiLi verlangt, dass die Unterrichtung und Anhörung den EBR in die Lage versetzen soll, mögliche Auswirkungen auf die Interessen der AN abzuschätzen. Die AN sollen informiert und »konsultiert« werden, wenn Entscheidungen getroffen werden, die sich auf sie auswirken. Noch deutlicher ist Erwägungsgrund 43: »Bevor bestimmte Beschlüsse mit erheblichen Auswirkungen auf die Interessen der AN ausgeführt werden, sind die AN-Vertreter unverzüglich zu unterrichten und anzuhören«. Das heißt: Die Information muss so rechtzeitig erfolgen, dass die Argumente der AN-Seite noch in die Entscheidung einfließen können.[418] Diesem auf der Richtlinie beruhenden Erfordernis trägt zwar insbesondere § 30 Rechnung, der wegen des langen, einjährigen Turnus der Regelunterrichtung erforderlich ist. Jedoch muss sich **auch die Regelunterrichtung** des § 29 davon leiten lassen, den EBR so früh wie möglich in die Diskussion um entsprechende Planungen einzubeziehen.

III. Unterlagen

6 Zur Vorbereitung der Information und Anhörung hat die zentrale Leitung rechtzeitig die **erforderlichen Unterlagen** vorzulegen (Abs. 1). Damit sind typischerweise **schriftliche** Unterlagen gemeint. Sie müssen jedem EBR-Mitglied in geeigneter Weise zur Verfügung gestellt werden. »Erforderlich« heißt, dass der Informationsgegenstand so erschöpfend dargestellt wird, dass dem EBR auf dieser Grundlage – möglichst ohne eigene Nachforschungen – eine sachgerechte Erörterung möglich ist.[419] Die Unterlagen müssen in der jeweiligen **Landessprache** der EBR-Mitglieder abgefasst sein.

7 Die **Unterlagen** müssen **rechtzeitig** übermittelt werden (Abs. 1). Das verlangt einen ausreichend großen Zeitraum für das Selbststudium der EBR-Mitglieder und die Möglichkeit einer Vorbesprechung in ausreichendem Abstand zum Zusammentreffen mit der zentralen Leitung (vgl. § 27 Rn. 1).[420] Die schriftlichen Informationen sind erforderlichenfalls beim Zusammentreffen schriftlich zu **aktualisieren.**

§ 30 Unterrichtung und Anhörung

(1) Über außergewöhnliche Umstände oder Entscheidungen, die erhebliche Auswirkungen auf die Interessen der Arbeitnehmer haben, hat die zentrale Leitung den Europäischen Betriebsrat rechtzeitig unter Vorlage der erforderlichen Unterlagen zu unterrichten und auf Verlangen anzuhören. Als außergewöhnliche Umstände gelten insbesondere

1 die Verlegung von Unternehmen, Betrieben oder wesentlichen Betriebsteilen,

2. die Stilllegung von Unternehmen, Betrieben oder wesentlichen Betriebsteilen,

3. Massenentlassungen.

(2) Besteht ein Ausschuss nach § 26, so ist dieser anstelle des Europäischen Betriebsrats nach Absatz 1 Satz 1 zu beteiligen. § 27 Absatz 1 Satz 2 bis 5 gilt entsprechend. Zu den Sitzungen des Ausschusses sind auch diejenigen Mitglieder des Europäischen Betriebsrats zu laden, die für die Betriebe oder Unternehmen bestellt worden sind, die unmittelbar von den geplanten Maßnahmen oder Entscheidungen betroffen sind; sie gelten insoweit als Ausschussmitglieder.

---

416 *Blanke,* EBRG § 32 Rn. 15; *Harazim,* AiB 97, 633; *Engels/Müller,* DB 96, 987; Hako-BetrVG/*Blanke/Hayen,* § 29 EBRG Rn. 4.

417 *Bachner,* S. 198.

418 *Hromadka,* DB 95, 1130; vgl. *Sandmann,* WiB 97, 396, *Bachner,* S. 203 ff.

419 *Gaul,* NJW 95, 228, 223; *Däubler/Klebe,* AiB 95, 567.

420 *Blanke,* EBRG § 32 Rn. 8.

Inhaltsübersicht Rn.

I. Grundsatz

Der EBR ist bei **außergewöhnlichen Anlässen,** die erhebliche Auswirkungen auf die Interessen der Arbeitnehmer haben, außerhalb des turnusmäßigen Termins gemäß § 29 in gleicher Weise zu unterrichten (Abs. 1). Daran schließt sich nicht automatisch ein Treffen zwischen zentraler Leitung und EBR an. Vielmehr muss der EBR dies ausdrücklich **verlangen** (wobei der Ausschuss gemäß Abs. 2 tätig wird). 1

II. Anlässe zur Information

Das Gesetz nennt drei, jedoch nicht abschließende **Beispiele** für außergewöhnliche Anlässe: 2

- **Verlegung oder**
- **Stilllegung von UN, Betrieben oder wesentlichen Betriebsteilen** und
- **Massenentlassungen.**

Die Begriffe »UN«, »Betrieb« und »Betriebsteil« entsprechen den im BetrVG verwendeten (vgl. § 47 BetrVG Rn. 16 ff.; § 111 BetrVG Rn. 49 ff., 63 ff.; vgl. auch § 1 BetrVG Rn. 33 ff.). Unter »Massenentlassung« sind anzeigepflichtige Entlassungen i. S. des § 17 KSchG zu verstehen.

Als außergewöhnliche Anlässe kommen auch **Entscheidungen auf der Ebene des UN bzw. herrschenden UN** in Frage, die mit einer gewissen Zwangsläufigkeit Auswirkungen auf die AN haben werden (z. B. nicht im turnusmäßigen Termin angekündigte Investitionen oder Entscheidungen über Produktionsgestaltung oder -verlagerung).[421] 3

Unterrichtung und Anhörung beziehen sich nicht nur auf die unternehmerische Entscheidung selbst, sondern auch auf den **Ausgleich oder die Milderung der aus den Maßnahmen arbeitnehmerseitig entstehenden wirtschaftlichen Nachteile.** Dies folgt unzweideutig aus dem Wortlaut von § 31. 4

III. Zeitpunkt der Information

Die Information über die außergewöhnlichen Umstände muss **rechtzeitig** erfolgen. Das heißt: Die fraglichen Entscheidungen dürfen noch nicht abschließend getroffen, eine Berücksichtigung der Vorstellungen des EBR muss noch möglich sein (vgl. § 29 Rn. 2). Nicht zuletzt aus dem Gesichtspunkt der vertrauensvollen Zusammenarbeit ergibt sich, dass die zentrale Leitung informieren muss, sobald die Planungen sich hierfür so verdichten, dass mehr für als gegen die Maßnahme spricht.[422] 5

Auch über die außergewöhnlichen Umstände ist unter Vorlage der erforderlichen **Unterlagen** zu unterrichten (Abs. 1 Satz 1). Das Gesetz wiederholt hierzu nicht nur hierauf bezogen, dass deren Übermittlung »**rechtzeitig**« erfolgen muss. Dies entspricht dem etwas anderen Ablauf der Information gem. § 30 gegenüber der nach § 29: Die erste »rechtzeitige« Information liegt in der Übersendung der schriftlichen Unterlagen. Es liegt dann am EBR, ob er das **Verlangen** nach Anhörung stellt (Rn. 1). In dieser Hinsicht ist das Rechtzeitigkeitserfordernis dahingehend zu präzisieren, dass nach Übersendung der schriftlichen Information noch ausreichend Zeit für eine Vorbesprechung des EBR und ein anschließendes Treffen mit der zentralen Leitung bleibt.[423] Für den Fall, dass die zentrale Leitung die Pflicht zur rechtzeitigen Unterrichtung verletzt, ist sowohl ein **Bußgeld** nach § 45 Abs. 1 Nr. 2 (§ 45 Rn. 3) als auch ein **Unterlassungsanspruch** möglich (vgl. § 29 Rn. 2 und § 1 Rn. 16). Der Unterlassungsanspruch 6

---

421 Vgl. *Blanke,* EBRG § 33 Rn. 3; *Harazim,* AiB 97, 633.
422 Hako-BetrVG/*Blanke/Hayen,* § 30 EBRG Rn. 2.
423 *Blanke,* EBRG § 33 Rn. 10.

zielt nicht auf Verhinderung der Maßnahme selbst, sondern auf Absicherung des Anspruchs des EBR auf Anhörung vor Durchführung und damit auf Durchsetzung der Einlassungs- und Erörtungspflicht der Zentralen Leitung. Es geht allein um die Verwirklichung des Verhandlungsanspruchs des Europäischen Betriebsrats.[424]

7 Die Möglichkeit, außerhalb der turnusmäßigen Treffen eine Anhörung gemäß § 30 durchzuführen, ist **zahlenmäßig nicht beschränkt.** Entscheidend ist allein, ob ein außergewöhnlicher Umstand eintritt, dessen Behandlung nicht bis zur nächsten turnusmäßigen Sitzung aufgeschoben werden kann.

IV. Ausschuss

8 Besteht ein **Ausschuss** nach § 26 Abs. 1, so tritt er an die Stelle des EBR (Abs. 2 Satz 1).[425] Er kann in gleicher Weise wie dieser eine Vor- und Nachbesprechung durchführen (vgl. § 27 Rn. 1).[426] Mitglieder des EBR, die für die von den Maßnahmen und Entscheidungen betroffenen Betriebe oder UN bestellt sind, sind zu der außerordentlichen Sitzung zu laden und gelten als Ausschussmitglieder (Abs. 2 Satz 2). Sie sind damit stimmberechtigt und werden bei der Ermittlung der notwendigen Mehrheit (§ 28 Rn. 1) mitgezählt.

§ 31 Tendenzunternehmen

Auf Unternehmen und herrschende Unternehmen von Unternehmensgruppen, die unmittelbar und überwiegend den in § 118 Absatz 1 Satz 1 Nummer 1 und 2 des Betriebsverfassungsgesetzes genannten Bestimmungen oder Zwecken dienen, finden nur § 29 Absatz 2 Nummer 5 bis 10 und § 30 Anwendung mit der Maßgabe, dass eine Unterrichtung und Anhörung nur über den Ausgleich oder die Milderung der wirtschaftlichen Nachteile erfolgen muss, die den Arbeitnehmern infolge der Unternehmens- oder Betriebsänderungen entstehen.

Inhaltsübersicht Rn.

I. Grundsatz

1 Unter Nutzung der in Art. 8 Abs. 3 der Richtlinie eröffneten Möglichkeit enthält § 31 einen Vorbehalt für **Tendenz-UN** i. S. des § 118 BetrVG. Zwar wird ein **EBR gebildet.** Jedoch erfolgen Information und Anhörung in Anlehnung an § 118 Abs. 1 Satz 2 BetrVG nur über Angelegenheiten gemäß § 29 Abs. 2 Nr. 5 bis 10 im Hinblick auf den **Ausgleich oder die Milderung der wirtschaftlichen Nachteile** der AN.[427]

II. Reichweite des Tendenzschutzes

2 Die Einschränkung des Beteiligungsrechts wegen Tendenzschutzes erfolgt für ein UN/herrschendes UN mit **mehreren Betrieben/Tochtergesellschaften im Inland** unter den gleichen Voraussetzungen wie im BetrVG:

- Das UN muss insgesamt und
- jeder Betrieb für sich muss

tendenzgeprägt sein (eingehend § 118 BetrVG Rn. 16, 17). Für Betriebe und Tochtergesellschaften, auf die dies nicht zutrifft, findet eine uneingeschränkte Beteiligung des EBR statt.

3 Da Art. 8 Abs. 3 der Richtlinie lediglich einen bei ihrem Erlass in einzelnen Mitgliedstaaten

---

424 *Bachner*, S. 213 ff.
425 Hako-BetrVG/*Blanke/Hayen*, § 30 EBRG Rn. 5.
426 *Blanke*, EBRG § 33 Rn. 21.
427 Umfassend und krit. *Blanke*, FS Däubler, S. 841 ff.

(nur Deutschland und Österreich) bereits vorhandenen Tendenzschutz aufgreift, führt dies bei Auslandsbeziehungen zu **Staaten ohne innerstaatlichen Tendenzschutz** zu keinen Beschränkungen der EBR-Tätigkeit.[428]
Das bedeutet:

- Die zentrale Leitung eines deutschen herrschenden UN – ob Tendenz-UN oder nicht – hat in Bezug auf ausländische Betriebe und UN eine uneingeschränkte Pflicht zur Unterrichtung und Anhörung, auch wenn diese nach deutschem Recht ein Tendenz-UN wären.
- Aus einem deutschen Tendenz-UN kommende AN unterliegen bei ihrer Betätigung in einem bei einer ausländischen zentralen Leitung gebildeten EBR keinen Beschränkungen.[429]

§ 31 statuiert einen weiter gehenden Tendenzschutz, als ihn Art. 8 Abs. 3 der Richtlinie zulässt: Dort werden Ausnahmen nur für UN zugelassen, »die in Bezug auf **Berichterstattung** und **Meinungsäußerung** … eine bestimmte weltanschauliche Tendenz verfolgen« (sog. Medien-UN).[430] Im Widerspruch zu diesem Wortlaut der Richtlinie wird im Ratsprotokoll zu Art. 8 Abs. 3 die Meinung geäußert, hierunter fielen auch UN, die »politische, berufsständische, konfessionelle, karitative, erzieherische, wissenschaftliche oder künstlerische Zwecke« verfolgen, also UN i. S. des § 118 Abs. 1 Nr. 1 BetrVG. Das ist mit dem eindeutigen Wortlaut der Richtlinie unvereinbar und für deren Interpretation unverbindlich.[431] Damit verstößt die in § 31 erfolgte Einbeziehung von UN i. S. des § 118 Abs. 1 Nr. 1 BetrVG in den Tendenzschutz gegen die Richtlinie. In Bezug auf Medienunternehmen verstößt § 31 insofern gegen die Richtlinie, als dort das Hinzutreten einer »**weltanschaulichen Tendenz**« verlangt wird.[432] 4

Vierter Abschnitt
Änderung der Zusammensetzung, Übergang zu einer Vereinbarung

§ 32 Dauer der Mitgliedschaft, Neubestellung von Mitgliedern

(1) Die Dauer der Mitgliedschaft im Europäischen Betriebsrat beträgt vier Jahre, wenn sie nicht durch Abberufung oder aus anderen Gründen vorzeitig endet. Die Mitgliedschaft beginnt mit der Bestellung.
(2) Alle zwei Jahre, vom Tage der konstituierenden Sitzung des Europäischen Betriebsrats (§ 25 Absatz 1) an gerechnet, hat die zentrale Leitung zu prüfen, ob sich die Arbeitnehmerzahlen in den einzelnen Mitgliedstaaten derart geändert haben, dass sich eine andere Zusammensetzung des Europäischen Betriebsrats nach § 22 Absatz 2 errechnet. Sie hat das Ergebnis dem Europäischen Betriebsrat mitzuteilen. Ist danach eine andere Zusammensetzung des Europäischen Betriebsrats erforderlich, veranlasst dieser bei den zuständigen Stellen, dass die Mitglieder des Europäischen Betriebsrats in den Mitgliedstaaten neu bestellt werden, in denen sich eine gegenüber dem vorhergehenden Zeitraum abweichende Anzahl der Arbeitnehmervertreter ergibt; mit der Neubestellung endet die Mitgliedschaft der bisher aus diesen Mitgliedstaaten stammenden Arbeitnehmervertreter im Europäischen Betriebsrat. Die Sätze 1 bis 3 gelten entsprechend bei Berücksichtigung eines bisher im Europäischen Betriebsrat nicht vertretenen Mitgliedstaates.

428 *Blanke*, EBRG § 34 Rn. 10.
429 *Oetker*, DB-Beil, 10/96, S. 10.
430 Vgl. *Mayer*, BB 95, 1794, 1796.
431 *Blanke*, EBRG § 34 Rn. 14; *ders.*, FS Däubler, S. 841 ff.; Hako-BetrVG/*Blanke/Hayen*, § 31 EBRG Rn. 1; *Rademacher*, S. 138 ff., 141; *Sandmann*, S. 224 f.; *ders.*, WiB 97, 396; *Kohte*, BB 99, 1110, 1115; *ders.*, EuroAS 7 – 8/96, 119; *Blanke*, AiB 96, 204; *Lörcher*, AuR 96, 300 f.; *Däubler/Klebe*, 571 f.; a. A. *Müller*, EBRG § 34 Rn. 2; *Wirmer*, DB 94, 2134, 2136; vermittelnd *Mayer*, BB 96, 1796.
432 *Kohte*, EuroAS 7 – 8/96, 118; *Lörcher*, AuR 96, 300; *Blanke*, AiB 96, 206; wohl auch *Rademacher*, S. 141; a. A. *Oetker*, DB 96, Beil. 10, 12.

Inhaltsübersicht Rn.

I. Dauer der Amtszeit

1 Die individuelle Mitgliedschaft im EBR dauert **vier Jahre** (Abs. 1 Satz 1). Sie beginnt mit der Bestellung, d. h. dem Tag des entsprechenden Beschlusses gem. § 23 (s. dort). Die Berechnung des 4-Jahres-Zeitraums kann wie bei § 21 BetrVG nach § 188 BGB vorgenommen werden: Die reguläre Amtszeit endet mit Ablauf desjenigen Kalendertages, der vier Jahre später dem Tag vorausgeht, an dem das EBR-Mitglied bestellt worden ist (vgl. § 21 BetrVG Rn. 18 ff.).[433]

II. Vorzeitige Beendigung

2 Die Amtszeit kann **vorzeitig enden,**[434] und zwar aus folgenden Gründen:

- Abberufung durch das Entsendungsgremium (Abs. 1 Satz 1); sie ist jederzeit ohne Gründe möglich;
- Neubestellung anderer EBR-Mitglieder auf Grund von Strukturveränderungen (Abs. 2; zum Beendigungszeitpunkt Rn. 4);
- Amtsniederlegung;
- Ausscheiden aus dem Arbeitsverhältnis bei dem UN oder einem UN der UN-Gruppe;
- Tod des EBR-Mitglieds;
- Ende der Amtszeit des EBR kraft Gesetzes gemäß § 37.

III. Veränderungen und Überprüfung

3 Um die Repräsentativität des EBR im Falle von Umstrukturierungen zu wahren, hat die zentrale Leitung **alle zwei Jahre** eine **Überprüfung der AN-Zahlen** daraufhin vorzunehmen, ob sich möglicherweise eine andere Zusammensetzung des EBR ergibt (Abs. 2 Satz 1). Das Ergebnis ist dem EBR mitzuteilen (Abs. 2 Satz 2).

4 Ist auf Grund veränderter AN-Zahlen eine **andere Zusammensetzung des EBR** erforderlich, veranlasst dieser bei den Entsendungsgremien (§ 23) in den betroffenen Mitgliedstaaten die entsprechende Neubestellung von EBR-Mitgliedern. Mit dem Neubestellungsbeschluss endet die Amtszeit der abzulösenden EBR-Mitglieder (Abs. 2 Satz 3, 2. Halbs.). Dies betrifft alle Fälle, in denen Betriebe oder Betriebsteile aus dem Vertretungskreis durch Ausgliederung oder Umwandlung ausscheiden und dadurch die AN-Zahlen beeinflusst werden. Bei **individuellem Ausscheiden** aus dem Arbeitsverhältnis mit dem UN bzw. einem UN der UN-Gruppe endet das Amt sofort mit diesem Zeitpunkt.

5 Nicht ausdrücklich geregelt ist, ob die Überprüfung der maßgeblichen Arbeitnehmerzahl sich auf den **Status am Tag der Überprüfung** oder wie bei § 4 Satz 1 auf den Durchschnitt der letzten zwei Jahre bezieht. Um nicht zwischenzeitlichen Schwankungen ohne Auswirkungen auf die Zukunft ausgesetzt zu sein, spricht viel dafür, auf die Arbeitnehmerzahl am Tag der Prüfung abzustellen.[435]

6 Ist ein bislang nicht im EBR vertretener Mitgliedstaat erstmals **im EBR** zu vertreten, ist in gleicher Weise zu verfahren (Abs. 2 Satz 4).

---

433 A. A. *Blanke,* EBRG § 36 Rn. 2.
434 Hako-BetrVG/*Blanke/Hayen,* § 32 EBRG Rn. 2.
435 Ebenso *Blanke,* EBRG § 36 Rn. 5.

IV. Streitigkeiten

Streitigkeiten zwischen zentraler Leitung und EBR bzw. diesen und einzelstaatlichen Entsendungsgremien über die richtige Zusammensetzung des EBR werden gemäß § 2 a Abs. 1 Nr. 3 b ArbGG vor den deutschen Arbeitsgerichten ausgetragen (Vorbem. Rn. 18 ff.). 7

§ 33 Aufnahme von Verhandlungen

Vier Jahre nach der konstituierenden Sitzung (§ 25 Absatz 1) hat der Europäische Betriebsrat mit der Mehrheit der Stimmen seiner Mitglieder einen Beschluss darüber zu fassen, ob mit der zentralen Leitung eine Vereinbarung nach § 17 ausgehandelt werden soll. Beschließt der Europäische Betriebsrat die Aufnahme von Verhandlungen, hat er die Rechte und Pflichten des besonderen Verhandlungsgremiums; die §§ 8, 13, 14 und 15 Absatz 1 sowie die §§ 16 bis 19 gelten entsprechend. Das Amt des Europäischen Betriebsrats endet, wenn eine Vereinbarung nach § 17 geschlossen worden ist.

Der EBR kraft Gesetzes hat **einmal, vier Jahre** nach seiner konstituierenden Sitzung, die Möglichkeit, zu einer **Verhandlungslösung** überzuwechseln. Hierzu ist ein Beschluss mit der Mehrheit seiner Mitglieder nötig (Satz 1). Werden hierauf Verhandlungen mit der zentralen Leitung aufgenommen, nimmt er die Funktion des BVG wahr (Satz 2). 1

Kommt es in den Verhandlungen zu einer Vereinbarung nach § 17, **endet das Amt des EBR** kraft Gesetzes (Satz 3) und damit die persönliche Amtszeit seiner Mitglieder (§ 32 Rn. 2). 2

Die Vorschrift ist auch anzuwenden, wenn eine **Vereinbarung nach § 17 nicht erneuert** wird und ein EBR kraft Gesetzes ein auf Vereinbarung beruhendes Gremium ablöst. 3

Fünfter Teil
Gemeinsame Bestimmungen

§ 34 Vertrauensvolle Zusammenarbeit

Zentrale Leitung und Europäischer Betriebsrat arbeiten vertrauensvoll zum Wohl der Arbeitnehmer und des Unternehmens oder der Unternehmensgruppe zusammen. Satz 1 gilt entsprechend für die Zusammenarbeit zwischen zentraler Leitung und Arbeitnehmervertretern im Rahmen eines Verfahrens zur Unterrichtung und Anhörung.

Die Vorschrift ist **§ 2 BetrVG nachgebildet**. Angesichts der fehlenden Mitbestimmungsrechte des EBR bedeutet sie insbesondere einen Appell an die zentrale Leitung zur möglichst **umfassenden und frühzeitigen Information** sowie zu einem **konstruktiven Dialog** i. S. d. § 1 Abs. 5.[436]

§ 35 Geheimhaltung, Vertraulichkeit

(1) Die Pflicht der zentralen Leitung, über die im Rahmen der §§ 18 und 19 vereinbarten oder die sich aus den §§ 29 und 30 Absatz 1 ergebenden Angelegenheiten zu unterrichten, besteht nur, soweit dadurch nicht Betriebs- oder Geschäftsgeheimnisse des Unternehmens oder der Unternehmensgruppe gefährdet werden.
(2) Die Mitglieder und Ersatzmitglieder eines Europäischen Betriebsrats sind verpflichtet, Betriebs- oder Geschäftsgeheimnisse, die ihnen wegen ihrer Zugehörigkeit zum Europäischen Betriebsrat bekannt geworden und von der zentralen Leitung ausdrücklich als geheimhaltungsbedürftig bezeichnet worden sind, nicht zu offenbaren und nicht zu verwerten. Dies gilt auch nach dem Ausscheiden aus dem Europäischen Betriebsrat. Die Verpflichtung gilt nicht gegenüber Mitgliedern eines Europäischen Betriebsrats. Sie gilt ferner nicht gegenüber den örtlichen Arbeitnehmervertretern der Betriebe oder Unternehmen, wenn diese auf Grund einer Vereinbarung nach § 18 oder nach § 36 über den Inhalt der Unterrichtungen und die Ergebnisse der Anhörungen zu unterrichten sind, den Arbeitnehmervertretern im Aufsichtsrat sowie gegenüber Dolmetschern und Sachverständigen, die zur Unterstützung herangezogen werden.
(3) Die Pflicht zur Vertraulichkeit nach Absatz 2 Satz 1 und 2 gilt entsprechend für
1 die Mitglieder und Ersatzmitglieder des besonderen Verhandlungsgremiums,
2. die Arbeitnehmervertreter im Rahmen eines Verfahrens zur Unterrichtung und Anhörung (§ 19),
3. die Sachverständigen und Dolmetscher sowie
4. die örtlichen Arbeitnehmervertreter.
(4) Die Ausnahmen von der Pflicht zur Vertraulichkeit nach Absatz 2 Satz 3 und 4 gelten entsprechend für
1 das besondere Verhandlungsgremium gegenüber Sachverständigen und Dolmetschern,
2. die Arbeitnehmervertreter im Rahmen eines Verfahrens zur Unterrichtung und Anhörung gegenüber Dolmetschern und Sachverständigen, die vereinbarungsgemäß zur Unterstützung herangezogen werden, und gegenüber örtlichen Arbeitnehmervertretern, sofern diese nach der Vereinbarung (§ 19) über die Inhalte der Unterrichtungen und die Ergebnisse der Anhörungen zu unterrichten sind.

Inhaltsübersicht

436 Vgl. *Blanke*, EBRG Rn. 1 ff.

I. Grundsatz

Die Vorschrift berechtigt die zentrale Leitung zur **Informationszurückhaltung,** wenn durch die Unterrichtung **Betriebs- oder Geschäftsgeheimnisse gefährdet** würden (Abs. 1). Sie entspricht § 106 Abs. 2 BetrVG.[437] Abweichend von § 109 BetrVG werden Streitigkeiten über die Berechtigung der Verweigerung einer Information nicht durch die ESt., sondern durch das ArbG gemäß § 2 a Abs. 1 Nr. 3 b ArbGG entschieden (Vorbem. Rn. 18 ff.). 1

II. Umfang der Verschwiegenheitspflicht

Die Mitglieder des EBR sind zur **Vertraulichkeit** in Bezug auf Betriebs- oder Geschäftsgeheimnisse verpflichtet, die ihnen wegen ihrer Zugehörigkeit zum EBR bekannt geworden und die von der zentralen Leitung ausdrücklich als geheimhaltungsbedürftig bezeichnet worden sind (Abs. 2 Satz 1). Die Pflicht zur Vertraulichkeit gilt auch nach dem Ausscheiden aus dem EBR (Abs. 2 Satz 2). § 35 Abs. 2 entspricht § 79 BetrVG (s. dort). 2

Die Pflicht zur Vertraulichkeit gilt nicht gegenüber dem Personenkreis, mit dem der EBR in **gesetzlich vorgesehenen Informationsbeziehungen** steht: 3

- andere Mitglieder des EBR (Abs. 2 Satz 3),
- örtliche AN-Vertreter (unter Einschluss der gemäß § 36 Abs. 2 zu informierenden Mitgliedern des SpA),
- AN-Vertreter im AR,
- Dolmetscher und Sachverständige (Abs. 2 Satz 4).

III. Verschwiegenheitspflicht weiterer Personen

Die **Verschwiegenheitspflicht** trifft auch den **in Abs. 3 bezeichneten Personenkreis.** Abs. 4 regelt die wegen gesetzlich vorgesehener Informationsbeziehungen notwendigen **Ausnahmen.** Anders als für Mitglieder des EBR ist keine Ausnahme im Verhältnis zu **AN-Vertretern im AR** vorgesehen; dies ist jedoch unschädlich, weil diesen gegenüber im Hinblick auf die Informationspflicht des Vorstands gemäß § 90 Abs. 1 AktG kein Geheimhaltungsanspruch besteht und sie ihrerseits gemäß § 93 Abs. 1 AktG zur Verschwiegenheit verpflichtet sind. 4

§ 36 Unterrichtung der örtlichen Arbeitnehmervertreter

(1) Der Europäische Betriebsrat oder der Ausschuss (§ 30 Absatz 2) berichtet den örtlichen Arbeitnehmervertretern oder, wenn es diese nicht gibt, den Arbeitnehmern der Betriebe oder Unternehmen über die Unterrichtung und Anhörung.
(2) Das Mitglied des Europäischen Betriebsrats oder des Ausschusses, das den örtlichen Arbeitnehmervertretungen im Inland berichtet, hat den Bericht in Betrieben oder Unternehmen, in denen Sprecherausschüsse der leitenden Angestellten bestehen, auf einer gemeinsamen Sitzung im Sinne des § 2 Absatz 2 des Sprecherausschussgesetzes zu erstatten. Dies gilt nicht, wenn ein nach § 23 Absatz 6 bestimmter Angestellter an der Sitzung zur Unterrichtung und Anhörung des Europäischen Betriebsrats teilgenommen hat. Wird der Bericht nach Absatz 1 nur schriftlich erstattet, ist er auch dem zuständigen Sprecherausschuss zuzuleiten.

Inhaltsübersicht

437 *Blanke,* EBRG § 39 Rn. 5; Hako-BetrVG/*Blanke/Hayen,* § 35 EBRG Rn. 1 und zur engen Auslegung der Bestimmung Rn. 3; vgl. a. § 106 BetrVG Rn. 55 ff.; zur Kritik wegen fehlender Konformität mit der Richtlinie vgl. *Kohte,* EuroAS 7 – 8/96, 119.

I. Grundsatz

1 Um die Kommunikation mit den Belegschaften des UN oder der UN-Gruppe sicherzustellen, wird der EBR bzw. sein Ausschuss dazu verpflichtet, die **örtlichen AN-Vertreter** über die Unterrichtung und Anhörung zu **informieren** (Abs. 1). Das sind in Deutschland die BR und im Ausland die nach den dortigen Rechtsvorschriften bzw. Gepflogenheiten vorgesehenen Vertreter der AN (Art. 2 Abs. 1 Buchst. d der Richtlinie). Ihnen gegenüber gilt die Pflicht zur Vertraulichkeit nicht (§ 35 Rn. 3). Die hierdurch entstehenden **Kosten** hat die zentrale Leitung nach § 39 Abs. 1 zu tragen (vgl. dort).

2 Der Wortlaut der Vorschrift könnte es nahelegen, dass damit die Unterrichtung **jedes einzelnen BR** unmittelbar gemeint ist. Das ist jedoch nicht zwingend. Vielmehr kann ein repräsentativer Aufbau der AN-Vertretungen, wie er in Deutschland mit GBR und KBR vorhanden ist und für die Bestellung der EBR-Mitglieder genutzt wird (vgl. § 23), auch in den Dienst der Information nach § 36 gestellt werden.[438] Das belegt auch Abs. 2 Satz 3, wonach die schriftliche Information der leitenden Angestellten »dem zuständigen SpA« zuzuleiten ist. Das bedeutet: Der EBR kann in Deutschland sowohl die BR direkt informieren als auch jeweils das **Gremium (GBR, KBR), das die EBR-Mitglieder bestellt hat.** Dessen Mitglieder berichten in ihren Entsendebereichen.[439] Im Ausland können die dortigen Strukturen genutzt werden. Das Verhältnis zwischen der Unterrichtung und Anhörung des Europäischen Betriebsrats und der Unterrichtung der national zuständigen AN-Vertretungen, bei Maßnahmen, die beide gleichermaßen betreffen, ist an anderer Stelle geregelt, nach § 1 Abs. 7 ist der EBR spätestens gleichzeitig mit der nationalen Arbeitnehmervertretungen zu unterrichten und anzuhören.

II. Modalitäten

3 Das Gesetz legt die **Modalitäten der Unterrichtung** nicht fest. Der EBR bzw. der Ausschuss kann dies **schriftlich oder mündlich** tun. Im letzteren Falle kann der EBR einzelne seiner Mitglieder dazu bestimmen, einen Bericht bei den örtlichen AN-Vertretern persönlich zu erstatten (vgl. auch Abs. 2 Satz 1). Er wird dabei gut daran tun, hierbei die Herkunft und Entsendestruktur zu berücksichtigen. Es ist auch eine Kombination von schriftlichem und mündlichem Bericht möglich. Das bietet sich insbesondere an, wenn mündlich gegenüber dem GBR bzw. KBR berichtet wird. Derartige Fragen können wegen der Besonderheit der Umstände in jedem UN bzw. in jeder UN-Gruppe nicht allgemein beantwortet werden. Sie werden zweckmäßigerweise in der Geschäftsordnung des EBR geregelt (vgl. § 28 Rn. 2).

4 In Betrieben oder UN ohne **AN-Vertretung** sind die **AN direkt** zu informieren (Abs. 1). Ob man dabei so weit gehen muss wie das ArbG Radolfzell (26.6.13, 5 BV 7/12), das eine unmittelbare Unterrichtung der AN nur dann zulassen will, wenn ein BR in Deutschland nicht besteht, mag dahinstehen. Dabei ist aber in jedem Fall die Pflicht zur Vertraulichkeit zu wahren.[440] Wenn nicht schriftlich informiert wird, kann der EBR auf Kosten des AG die Einberufung einer **Versammlung** der AN verlangen.[441]

5 EBR-Mitglieder, die einen Bericht mündlich erstatten, haben zu diesem Zweck ein **Zutrittsrecht** zum jeweiligen Betrieb.[442] Ein solcher Anspruch ist erforderlich, weil andernfalls jedenfalls die mündliche Berichterstattung nicht möglich ist.

III. Leitende Angestellte

6 Die **leitenden Angestellten** sind gesondert zu informieren. Falls der nach § 23 Abs. 6 bestimmte Angestellte nicht an der Unterrichtung und Anhörung teilgenommen hat, erstattet das hierzu beauftragte Mitglied des EBR Bericht auf der **gemeinsamen Sitzung** des SpA mit dem

438 Hako-BetrVG/*Blanke/Hayen*, § 36 EBRG Rn. 2.
439 *Blanke*, EBRG § 35 Rn. 2.
440 *Engels/Müller*, DB 96, 987.
441 Vgl. *Blanke*, EBRG § 35 Rn. 3.
442 *Bachner/Nielebock*, AuR 97, 136.

BR i. S. des § 2 Abs. 2 SprAuG (Abs. 2 Satz 1). Dies ist auch auf einer gemeinsamen Sitzung auf UN- bzw. Konzernebene möglich. Wird der Bericht **schriftlich** erstattet, ist er dem zuständigen SpA zuzuleiten. Zuständig ist der SpA, der gemäß § 23 Abs. 5 den Vertreter der leitenden Angestellten bestimmt hat (vgl. § 23 Rn. 2).

§ 37 Wesentliche Strukturänderung

(1) Ändert sich die Struktur des gemeinschaftsweit tätigen Unternehmens oder der gemeinschaftsweit tätigen Unternehmensgruppe wesentlich und bestehen hierzu keine Regelungen in geltenden Vereinbarungen oder widersprechen sich diese, nimmt die zentrale Leitung von sich aus oder auf Antrag der Arbeitnehmer oder ihrer Vertreter (§ 9 Absatz 1) die Verhandlung über eine Vereinbarung nach § 18 oder § 19 auf. Als wesentliche Strukturänderungen im Sinne des Satzes 1 gelten insbesondere
1 Zusammenschluss von Unternehmen oder Unternehmensgruppen,
2. Spaltung von Unternehmen oder der Unternehmensgruppe,
3. Verlegung von Unternehmen oder der Unternehmensgruppe in einen anderen Mitgliedstaat oder Drittstaat oder Stilllegung von Unternehmen oder der Unternehmensgruppe,
4. Verlegung oder Stilllegung von Betrieben, soweit sie Auswirkungen auf die Zusammensetzung des Europäischen Betriebsrats haben können.

(2) Abweichend von § 10 entsendet jeder von der Strukturänderung betroffene Europäische Betriebsrat aus seiner Mitte drei weitere Mitglieder in das besondere Verhandlungsgremium.

(3) Für die Dauer der Verhandlung bleibt jeder von der Strukturänderung betroffene Europäische Betriebsrat bis zur Errichtung eines neuen Europäischen Betriebsrats im Amt (Übergangsmandat). Mit der zentralen Leitung kann vereinbart werden, nach welchen Bestimmungen und in welcher Zusammensetzung das Übergangsmandat wahrgenommen wird. Kommt es nicht zu einer Vereinbarung mit der zentralen Leitung nach Satz 2, wird das Übergangsmandat durch den jeweiligen Europäischen Betriebsrat entsprechend der für ihn im Unternehmen oder der Unternehmensgruppe geltenden Regelung wahrgenommen. Das Übergangsmandat endet auch, wenn das besondere Verhandlungsgremium einen Beschluss nach § 15 Absatz 1 fasst.

(4) Kommt es nicht zu einer Vereinbarung nach § 18 oder § 19, ist in den Fällen des § 21 Absatz 1 ein Europäischer Betriebsrat nach den §§ 22 und 23 zu errichten.

1 Die Regelung schafft in richtlinienkonformer Weise erstmals im Falle wesentlicher Strukturänderungen von Unternehmen oder Unternehmensgruppen ein **Übergangsmandat für EBR** (Abs. 3) und trägt so dafür Sorge, dass bis zum Abschluss der dadurch erforderlich werdenden Verhandlungen des (gleichfalls neu zu errichtenden) BVG über die neue Vertretungsstruktur für das künftige Unternehmen/Unternehmensgruppe die Vertretung der von der Strukturänderung betroffenen Arbeitnehmer gesichert bleibt. Voraussetzung

2 Die Bestimmung findet nach Abs. 1 nur dann Anwendung, wenn **in den bestehenden Vereinbarungen** über EBR bzw. sonstige Vertretungsstrukturen **keine Regelungen zur Behandlung von Strukturänderungen** enthalten sind oder wenn sich die vereinbarten Regelungen der von der Strukturänderung betroffenen Unternehmen/Unternehmensgruppen widersprechen. Voraussetzung ist darüber hinaus, dass die zentrale Leitung oder die Arbeitnehmer oder ihre Vertreter (§ 9 Absatz 1) einen **Antrag** auf Verhandlung über eine Vereinbarung nach § 18 oder § 19 Abs. 1 stellen.

3 Bei den in Abs. 1 aufgeführten Beispielsfällen handelt es sich um **Regelbeispiele** (»insbesondere«). Durch die **nicht abschließende, lediglich kataloghafte Aufzählung** von gesetzlich fingierten Fällen »wesentlicher Strukturänderungen« ist daher nicht ausgeschlossen, dass die Wesentlichkeitsgrenze auch aus anderen Gründen überschritten wird und damit aus anderen als im Gesetz genannten Gründen eine wesentliche Strukturänderung vorliegt, die die Rechtsfolgen der Bestimmung auslöst.[443] Gradmesser hierfür sind allerdings die im Gesetz ausdrücklich genannten Strukturän-

443 Hako-BetrVG/*Blanke/Hayen*, § 37 EBRG Rn. 3.

derungen. Denkbar ist zB, dass etwa auch eine erhebliche Änderung der Anzahl der im Unternehmen bzw. der Unternehmensgruppe Beschäftigten (beispielsweise durch Massenentlassungen) einen erheblichen Einfluss auf die Struktur des Unternehmens bzw. der Unternehmensgruppe haben kann.

4 Abs. 2 der Bestimmung enthält **Sonderregelungen zur Zusammensetzung des BVG** im Falle einer Strukturänderung. Danach entsendet abweichend von § 10 jeder von der Strukturänderung betroffene Europäische Betriebsrat aus seiner Mitte drei weitere Mitglieder in das BVG.

5 Abs. 3 enthält Regelungen zum **Übergangsmandat** des EBR. Nach Satz 1 bleibt für die Dauer der Verhandlung jeder von der Strukturänderung betroffene Europäische Betriebsrat bis zur Errichtung eines neuen Europäischen Betriebsrats im Amt. Der EBR ist berechtigt, mit der zentralen Leitung Vereinbarungen zu Art und Weise, Inhalten und zeitlichen Abläufen der Tätigkeit des EBR im Übergangsmandat zu treffen. Ebenfalls können Vereinbarungen zur Zusammensetzung des übergangsweise mandatierten EBR getroffen werden. Mangels einer solchen Vereinbarung wird das Übergangsmandat in der gleichen Weise, mit den gleichen Inhalten und in gleicher Zusammensetzung vorgenommen, wie dies für die Tätigkeit im Normalfall – also ohne Strukturänderung – vorgesehen ist.

6 Das **Übergangsmandat endet** mit Abschluss einer neuen Vereinbarung zur Errichtung eines EBR oder mit Vereinbarung einer sonstigen Vertretungsregelung nach § 19. Es endet darüber hinaus auch auch, wenn das BVG einen Beschluss nach § 15 Abs. 1 fasst.

7 Nach Abs. 4 endet das Übergangsmandat auch, wenn ein **EBR kraft Gesetzes** nach den §§ 22, 23 zu errichten ist. Ein solcher EBR kraft Gesetzes ist nach der Regelung des Abs. 4 in den Fällen des § 21 Abs. 1 zu errichten ist, wenn es also in den Verhandlungen mit dem BVG nicht zu einer Vereinbarung kommt. Anderenfalls würde die neueingefügte Bestimmung des § 37 leer laufen, wenn die zentrale Leitung Anpassungen der getroffenen EBR-Vereinbarungen trotz wesentlicher struktureller Änderungen nach Antragstellung der Arbeitnehmerseite durch Verhandlungs- oder Vereinbarungsverweigerung verhindern könnte.

§ 38 Fortbildung

(1) Der Europäische Betriebsrat kann Mitglieder zur Teilnahme an Schulungs- und Bildungsveranstaltungen bestimmen, soweit diese Kenntnisse vermitteln, die für die Arbeit des Europäischen Betriebsrats erforderlich sind. Der Europäische Betriebsrat hat die Teilnahme und zeitliche Lage rechtzeitig der zentralen Leitung mitzuteilen. Bei der Festlegung der zeitlichen Lage sind die betrieblichen Notwendigkeiten zu berücksichtigen. Der Europäische Betriebsrat kann die Aufgaben nach diesem Absatz auf den Ausschuss nach § 26 übertragen.
(2) Für das besondere Verhandlungsgremium und dessen Mitglieder gilt Absatz 1 Satz 1 bis 3 entsprechend.

Inhaltsübersicht

I. Erforderliche Bildungsmaßnahmen

1 Die Bestimmung ist § 37 Abs. 6 BetrVG nachgebildet und setzt Art. 10 Abs. 4 der Richtlinie 2009/38/EG um, nach dem das EBRG bislang keinen (ausdrücklichen) Bildungsanspruch für Mitglieder von EBR vorsah. Die Vorschrift gestattet nunmehr den Besuch von Schulungen und Fortbildungsveranstaltungen, die zur ordnungsgemäßen Tätigkeit im EBR erforderlich sind. Bei der Prüfung der Erforderlichkeit ist zu berücksichtigen, dass die Tätigkeit im EBR auch für erfahrene, langjährig tätige BR-Mitglieder eine völlig neue Aufgabenstellung darstellt, auf die sie durch ihre bisherige nationale Tätigkeit in keiner Weise vorbereitet sind.[444] Handelt sich

444 Ebenso *Blanke,* EBRG § 40 Rn. 3; vgl. *Harazim,* AiB 98, 500.

um eine gemeinsame Schulung der Mitglieder des jeweiligen EBR, so zählen zu den erforderlichen Kosten auch die Dolmetscher-, Übersetzungs- und Reisekosten. Bei diesen Kosten handelt es sich um Folgekosten der globalen Tätigkeit der Unternehmensgruppe und sind dieser Tätigkeit »immanent«; die Erforderlichkeit ergibt sich damit aus der »Natur der Sache«. Die Kostentragungspflicht der zentralen Leitung ergibt sich im Übrigen aus § 39 (vgl. dort).

II. Beispiele

Die Bestimmung stellt klar, dass EBR-Mitglieder »in dem Maße, wie dies zur Wahrnehmung ihrer Vertretungsaufgaben in einem internationalen Umfeld erforderlich ist« (vgl. Art. 10 Abs. 4 der Richtlinie 2009/38/EG), an Qualifizierungsmaßnahmen teilnehmen können. Jedenfalls für Grundlagenthemen ist eine Weiterbildung für alle Mitglieder des EBR erforderlich. Beispiele für solche Grundlagenthemen sind:[445] 2

- Aufgaben und Mitwirkungsrechte des EBR
- Grundlagen des Europäischen Arbeitsrechts
- AN-Vertretungssysteme in den Mitgliedstaaten der EU
- Kommunikation und Kooperation im EBR
- Föderung interkultureller Kompetenzen
- Inhalte Europäischer Sozialstandards
- Rechte und Pflichten des EBR bei Fusionen, Übernahmen und Verlagerungen
- Ausgleich wirtschaftlicher Nachteile durch Regelungen des EBR bei Fusion, Übernahme und Verlagerung
- Arbeits- und Gesundheitsschutz in der EU
- Transnationale wirtschaftliche Daten als strategisches Instrument des EBR
- Verhandlungsführung und Verhandlungskompetenz des EBR
- Fremdsprachenkurse

III. Ausschuss und Besonderes Verhandlungsgremium

Der Europäische Betriebsrat kann die Beschlussfassung zur Entsendung von EBR-Mitgliedern auch auf den **Ausschuss** nach § 26 übertragen. Damit wird sichergestellt, dass eine Bestimmung von Mitgliedern zur Schulungsteilnahme auch zwischen den Sitzungen des EBR erfolgen kann, da dieser i. d. R. nur einmal im Jahr beschlussfähig ist. Für das **BVG** und dessen Mitglieder gilt Absatz 1 Satz 1 bis 3 entsprechend (Abs. 2). 3

§ 39 Kosten, Sachaufwand und Sachverständige

(1) Die durch die Bildung und Tätigkeit des Europäischen Betriebsrats und des Ausschusses entstehenden Kosten trägt die zentrale Leitung. Die zentrale Leitung hat insbesondere für die Sitzungen und die laufende Geschäftsführung in erforderlichem Umfang Räume, sachliche Mittel und Büropersonal, für die Sitzungen außerdem Dolmetscher zur Verfügung zu stellen. Sie trägt die erforderlichen Reise- und Aufenthaltskosten der Mitglieder des Europäischen Betriebsrats und des Ausschusses. § 16 Absatz 2 gilt entsprechend.
(2) Der Europäische Betriebsrat und der Ausschuss können sich durch Sachverständige ihrer Wahl unterstützen lassen, soweit dies zur ordnungsgemäßen Erfüllung ihrer Aufgaben erforderlich ist. Sachverständige können auch Beauftragte von Gewerkschaften sein. Werden Sachverständige hinzugezogen, beschränkt sich die Kostentragungspflicht auf einen Sachverständigen, es sei denn, eine Vereinbarung nach § 18 oder § 19 sieht etwas anderes vor.

---
445 Weitere Beispiele vgl. Hako-BetrVG/*Blanke/Hayen*, § 38 EBRG Rn. 2.

Inhaltsübersicht Rn.

I. Kosten des EBR

1 Die Regelung über **Kosten** und **Sachaufwand** des EBR entspricht der Regelung des § 16 für das BVG (zu den näheren Einzelheiten vgl. § 16 Rn. 2 ff.) und ist im Übrigen § 40 BetrVG nachgebildet. Damit können die zu § 40 BetrVG entwickelten Grundsätze auch auf 39 EBRG übertragen werden[446] (vgl. dort).

2 Die zentrale Leitung hat deshalb z. B. die folgenden erforderlichen Kosten zu übernehmen:

- Kosten erforderlicher **Bildungsmaßnahmen** (vgl. hierzu näher § 38)
- Kosten zur Erfüllung der Unterrichtungspflicht nach § 36 EBRG (Reise-, Übernachtungskosten etc.)
- die Kosten von **Fachliteratur**,
- die Kosten der Einrichtung einer **Homepage für den EBR** im bzw. in den Intranet(s) des Unternehmens bzw. der Unternehmensgruppe zum Zwecke der Kommunikation mit der »europäischen Belegschaft«,
- die **Nutzung elektronischer Kommunikationsmittel** zur Aufrechterhaltung von Kommunikationsmitteln zwischen den Sitzungen.

Zur Reduzierung der Kosten wird von Seiten des Unternehmens an den EBR bzw. seine Ausschüsse häufig der Wunsch herangetragen, sich auf eine Sitzungssprache (zumeist Englisch) zu einigen. Hierdurch sollen die **Dolmetscherkosten** entfallen, jedenfalls aber stark reduziert werden. Hierauf braucht sich der EBR nicht einzulassen. In der Regel können die an Fachausdrücke anknüpfenden Diskussionen im EBR ohne die Tätigkeit von Dolmetschern nicht in der erforderlichen Tiefe geführt werden.

II. Hinzuziehung von Sachverständigen

3 Die Regelung über **Sachverständige** entspricht grundsätzlich der für das BVG getroffenen Regelung (§ 13 Abs. 4; vgl. § 13 Rn. 11 ff.). Allerdings sieht das Gesetz nicht ausdrücklich vor, dass der Sachverständige auch an den Sitzungen teilnehmen kann. Dieser Anspruch ergibt sich jedoch aus der Natur der Sache. Die Praxis hat gezeigt, dass in Sitzungen des EBR häufig Bedarf an Beratung durch Sachverständige bzw. Gewerkschaftsvertretern besteht, der zur Vermeidung von Verzögerungen bzw. Vertagungen am besten durch deren Teilnahmebefugnis auf Wunsch des EBR unmittelbar befriedigt werden kann. Entsprechend der Themenstellungen des EBR ist hier neben Gewerkschaftsvertretern (Satz 2) vor allem an Personen mit speziellem juristischem, wirtschaftlichem, arbeits- und gesundheitsschutzbezogenem und technischem Sachverstand zu denken.[447]

III. Kosten von Sachverständigen

4 Die **Kostentragung** ist auf **einen Sachverständigen** begrenzt (Abs. 2 Satz 2). Die Vorschrift ist jedoch unter Berücksichtigung der unterschiedlichen Themenstellungen des EBR (bzw. des Ausschusses) in dem Sinne auszulegen, dass der EBR und der Ausschuss **gleichzeitig nicht mehr als einen Sachverständigen für dieselbe Themenstellung** beauftragen dürfen. Für unterschiedliche, wechselnde Aufgaben können **nacheinander aber auch gleichzeitig auch mehrere Sachverständigenaufträge** erteilt werden. Es kann sich um Aufträge an die gleichen, aber auch an verschiedene Personen handeln.

446 Hako-BetrVG/*Blanke/Hayen*, § 39 EBRG Rn. 2.
447 Vgl. *Harazim*, AiB 97, 633.

§ 40 Schutz inländischer Arbeitnehmervertreter

(1) Für die Mitglieder eines Europäischen Betriebsrats, die im Inland beschäftigt sind, gelten § 37 Absatz 1 bis 5 und die §§ 78 und 103 des Betriebsverfassungsgesetzes sowie § 15 Absatz 1 und 3 bis 5 des Kündigungsschutzgesetzes entsprechend. Für nach § 38 erforderliche Fortbildungen gilt § 37 Absatz 6 Satz 1 und 2 des Betriebsverfassungsgesetzes entsprechend.
(2) Absatz 1 gilt entsprechend für die Mitglieder des besonderen Verhandlungsgremiums und die Arbeitnehmervertreter im Rahmen eines Verfahrens zur Unterrichtung und Anhörung.

Die in Betrieben in Deutschland beschäftigten Mitglieder des EBR genießen den **gleichen Schutz wie BR-Mitglieder** (Abs. 1). Dies gilt auch dann, wenn das Mitglied des EBR nicht zugleich mit Mitglied in einem Betriebsrat ist und bezieht sich auf auch Entgelt- und Tätigkeitsschutz, Schutz vor Behinderungen und Benachteiligungen sowie Kündigungsschutz. Es gelten die §§ 37 Abs. 1 bis 5, 78 und 103 BetrVG (s. jeweils dort) und § 15 Abs. 1, 3 und 5 KSchG.[448] Werden nach § 38 Fortbildungen erforderlich, so gilt § 37 Absatz 6 Satz 1 und 2 des Betriebsverfassungsgesetzes entsprechend. 1
Für Mitglieder des **BVG** und **AN-Vertreter** im Rahmen des Verfahrens zur Unterrichtung und Anhörung gilt das Gleiche wie für Mitglieder des EBR (Abs. 2). 2

448 Vgl. *KDZ-Deinert,* § 15 KSchG Rn. 1 ff.

Sechster Teil
Bestehende Vereinbarungen

§ 41 Fortgeltung

(1) Auf die in den §§ 2 und 3 genannten Unternehmen und Unternehmensgruppen, in denen vor dem 22. September 1996 eine Vereinbarung über grenzübergreifende Unterrichtung und Anhörung besteht, sind die Bestimmungen dieses Gesetzes außer in den Fällen des § 37 nicht anwendbar, solange die Vereinbarung wirksam ist. Die Vereinbarung muss sich auf alle in den Mitgliedstaaten beschäftigten Arbeitnehmer erstrecken und den Arbeitnehmern aus denjenigen Mitgliedstaaten eine angemessene Beteiligung an der Unterrichtung und Anhörung ermöglichen, in denen das Unternehmen oder die Unternehmensgruppe einen Betrieb hat.

(2) Der Anwendung des Absatzes 1 steht nicht entgegen, dass die Vereinbarung auf Seiten der Arbeitnehmer nur von einer im Betriebsverfassungsgesetz vorgesehenen Arbeitnehmervertretung geschlossen worden ist. Das gleiche gilt, wenn für ein Unternehmen oder eine Unternehmensgruppe anstelle einer Vereinbarung mehrere Vereinbarungen geschlossen worden sind.

(3) Sind die Voraussetzungen des Absatzes 1 deshalb nicht erfüllt, weil die an dem in Absatz 1 Satz 1 genannten Stichtag bestehende Vereinbarung nicht alle Arbeitnehmer erfasst, können die Parteien deren Einbeziehung innerhalb einer Frist von sechs Monaten nachholen.

(4) Bestehende Vereinbarungen können auch nach dem in Absatz 1 Satz 1 genannten Stichtag an Änderungen der Struktur des Unternehmens oder der Unternehmensgruppe sowie der Zahl der beschäftigten Arbeitnehmer angepasst werden, soweit es sich nicht um wesentliche Strukturänderungen im Sinne des § 37 handelt.

(5) Ist eine Vereinbarung befristet geschlossen worden, können die Parteien ihre Fortgeltung unter Berücksichtigung der Absätze 1, 3 und 4 beschließen.

(6) Eine Vereinbarung gilt fort, wenn vor ihrer Beendigung das Antrags- oder Initiativrecht nach § 9 Absatz 1 ausgeübt worden ist. Das Antragsrecht kann auch ein auf Grund der Vereinbarung bestehendes Arbeitnehmervertretungsgremium ausüben. Die Fortgeltung endet, wenn die Vereinbarung durch eine grenzübergreifende Unterrichtung und Anhörung nach § 18 oder § 19 ersetzt oder ein Europäischer Betriebsrat kraft Gesetzes errichtet worden ist. Die Fortgeltung endet auch dann, wenn das besondere Verhandlungsgremium einen Beschluss nach § 15 Absatz 1 fasst; § 15 Absatz 2 gilt entsprechend.

(7) Auf Unternehmen und Unternehmensgruppen, die auf Grund der Berücksichtigung von im Vereinigten Königreich Großbritannien und Nordirland liegenden Betrieben und Unternehmen erstmalig die in den §§ 2 und 3 genannten Voraussetzungen erfüllen, sind die Bestimmungen dieses Gesetzes außer in den Fällen des § 37 nicht anwendbar, wenn in diesen Unternehmen und Unternehmensgruppen vor dem 15. Dezember 1999 eine Vereinbarung über grenzübergreifende Unterrichtung und Anhörung besteht. Die Absätze 1 bis 6 gelten entsprechend.

(8) Auf die in den §§ 2 und 3 genannten Unternehmen und Unternehmensgruppen, in denen zwischen dem 5. Juni 2009 und dem 5. Juni 2011 eine Vereinbarung über die grenzübergreifende Unterrichtung und Anhörung unterzeichnet oder überarbeitet wurde, sind außer in den Fällen des § 37 die Bestimmungen dieses Gesetzes in der Fassung vom 28. Oktober 1996 (BGBl. I S. 1548, 2022), zuletzt geändert durch Artikel 30 des Gesetzes vom 21. Dezember 2000 (BGBl. I S. 1983), anzuwenden. Ist eine Vereinbarung nach Satz 1 befristet geschlossen worden, können die Parteien ihre Fortgeltung beschließen, solange die Vereinbarung wirksam ist; Absatz 4 gilt entsprechend.

Inhaltsübersicht

I. Die »vorgesetzliche« Vereinbarung

Nach Abs. 1 findet mit Ausnahme des § 37 das gesamte EBRG keine Anwendung, wenn in einem UN oder in einer UN-Gruppe bei Ablauf der Umsetzungsfrist der EG-Richtlinie eine Vereinbarung bestand, die bestimmten Mindestanforderungen genügte. Eine nur von einer Seite etablierte Praxis genügt auch dann nicht, wenn sie von der anderen Seite geduldet wurde.[449] Bei der gesetzlichen Regelung mag man von einer **doppelten Subsidiarität** sprechen: Das ganze Gesetz tritt hinter bestehenden Vereinbarungen zurück, findet es Anwendung, kommt sein »Normalmodell« nur dann zur Geltung, wenn nach § 17 keine andere Abmachung getroffen wurde. Eine entsprechende Regelung gilt nach Abs. 7, wenn die EBR-Fähigkeit eines UN oder Konzerns erst durch die Einbeziehung Großbritanniens erreicht wurde. Der 2011 neu geschaffene Abs. 8 erklärt das bisherige EBR-Gesetz für weiter anwendbar, sofern im Zeitraum zwischen 5. Juni 2009 und 5. Juni 2011 eine Vereinbarung neu abgeschlossen oder eine bestehende überarbeitet wurde. 1

Die Regelungen wollen für die UN einen Anreiz schaffen, ohne Bindung an das (neue) Gesetz eine ihnen zusagende Lösung zu vereinbaren, gewissermaßen das für sie geringere Übel zu wählen. **Von der Möglichkeit** des Abs. 1 wurde **in erheblichem Umfang Gebrauch gemacht** (s. Vorbem. Rn. 25),[450] während Abs. 7 nur geringe Bedeutung hatte und Abs. 8 – soweit ersichtlich – gleichfalls nur wenig genutzt wurde. Letzteres erklärt sich unschwer damit, dass die Unterschiede zwischen altem und neuem Recht nicht genügend Gewicht haben, um Anlass für eine »Vermeidungsstrategie« zu sein. 2

Maßgebender Zeitpunkt für den Fall des Abs. 1 ist der dort genannte 22. 9. 1996, nicht der Tag des Inkrafttretens des Gesetzes, d. h. der 1. 11. 1996.[451] Ob allerdings zwischen dem 22. September und dem 1. November 1996 überhaupt Vereinbarungen abgeschlossen wurden, ist nicht ersichtlich. Im Falle des Abs. 7 kommt es allein auf den dort genannten Stichtag an; auch das Zeitfenster nach Abs. 8 ist kalendermäßig bestimmt und bietet keinerlei Interpretationsspielraum. 3

Wurden die **Voraussetzungen** für die Bildung eines EBR **erst durch den Beitritt weiterer Mitgliedstaaten** am 1. 5. 2004 bzw. am 1. 1. 2007 erfüllt, so findet in Bezug auf schon vorher bestehende freiwillige Abmachungen § 41 keine entsprechende Anwendung.[452] Anders als bei der Einbeziehung von Großbritannien hat man – vermutlich mangels praktischer Bedeutung – insoweit keine »Vorrangbestimmung« geschaffen. 4

Kein Fall des § 41 liegt weiter dann vor, wenn wenn ein Konzern, der die zahlenmäßigen Voraussetzungen der §§ 2 und 3 noch nicht erfüllt, eine **freiwillige Vereinbarung** schließt und **anschließend in** die Größenordnung des **EBRG »hineinwächst«**. Eine entsprechende Anwendung der Vorschrift scheidet gleichfalls aus, da sie singulären Charakter mit spezifischer rechtspolitischer Zielsetzung (oben Rn 2) hat.[453] Das normale Verfahren zur Bildung eines EBR wird allerdings deutlich erleichtert, wenn es lediglich darum geht, eine bewährte Praxis in eine Vereinbarung nach §§ 17, 18 zuübernehmen. Gegen die Gültigkeit einer Abmachung in UN und UN-gruppen, die nicht unter das Gesetz fallen, sprechen keinerlei Bedenken, zumal auch 5

449 AKRR-*Rupp* Rn. 8.
450 Angaben auch bei *Eckert*, Art. 13 der Richtlinie 94/45/EG, Diss. Bonn 1997.
451 Anders *Harazim*, BetrR 97, 29; GK-*Oetker* § 41 EBRG Rn. 2; wie hier *Blanke*, EBRG, Einl. Rn. 37; *Klebe/Kunz*, FS Däubler, S. 826; *Müller*, § 41 Rn. 4; AKRR-*Rupp* § 41 Rn. 10.
452 *Franzen*, BB 04, 941.
453 *Rademacher*, S. 153.

die von § 41 erfassten Vereinbarungen ursprünglich im »rechtsfreien« Raum geschlossen waren.

II. Inhaltliche Voraussetzungen für die Vereinbarung

1. Mindestinhalt

6 Die Vereinbarung im Sinne des Abs. 1 muss einen bestimmten Mindestinhalt haben: Sie muss eine »grenzübergreifende Unterrichtung und Anhörung« vorsehen, die sich auf alle in den Mitgliedstaaten beschäftigten AN erstreckt.[454] Dies entspricht wörtlich den Vorgaben des § 17, so dass auf die dort gemachten Ausführungen verwiesen werden kann (§ 17 Rn. 12 ff.). Die Ansicht von *Sandmann* (S. 169 ff.), die Anforderungen seien erheblich geringer, bezieht sich auf Art. 13 der (alten) Richtlinie, ist auch in Bezug auf diese nicht überzeugend und findet erst recht keine Grundlage im geltenden deutschen Gesetz. Inhaltlich muss die Vereinbarung ein **Äquivalent zu EBR** bzw. Unterrichtungs- und Anhörungsverfahren schaffen. Dies bedeutet zugleich, dass der Dialog in einem Zeitpunkt eröffnet werden muss, zu dem die endgültigen Entscheidungen noch nicht gefallen sind.[455] Mit Recht hat deshalb auch das Berufungsgericht Versailles[456] der zentralen Leitung von Renault eine Betriebsschließung untersagt, die diese ohne vorherige Einschaltung ihres EBR vornehmen wollte, der auf einer Vereinbarung i. S. d. Art. 13 der Richtlinie (= § 41) beruhte. Insoweit bedeuten Unterrichtung und Anhörung dasselbe wie bei einer unter dem Gesetz getroffenen Vereinbarung (§ 17 Rn. 12).[457]

7 **Gleichwertige Unterrichtungs- und Anhörungsrechte** liegen dann nicht vor, wenn die Mitglieder des durch Vereinbarung geschaffenen Gremiums keinen Sonderkündigungsschutz entsprechend § 40 genießen: Auch bei »unangenehmen« Fragen und Vorschlägen kann eine Konfrontationssituation mit der zentralen Leitung entstehen, die einen **Sonderschutz gegen Kündigungen** erfordert.[458] Wie nahe dieser Gedanke liegt, wird daran deutlich, dass in dem vom ArbG Hamburg entschiedenen Fall die Arbeitgeberseite selbst von einer solchen Analogie ausging.

8 Eine Vereinbarung dieser Art muss bei In-Kraft-Treten des EBRG gültig gewesen sein.[459] Daran fehlte es, wenn sie beispielsweise wegen arglistiger Täuschung angefochten oder wegen Kollusion zwischen der zentralen Leitung und dem »Arbeitnehmervertretungsgremium« unwirksam war. Auch dann, wenn sie bereits ausgelaufen oder noch nicht in Kraft getreten war, konnte sie dem Gesetz nicht vorgehen; dieses kam daher in vollem Umfang zur Anwendung.[460]

9 Weitere Voraussetzungen bestehen nicht. Die Einbeziehung von AN-Vertretern aus Drittstaaten ist genauso unschädlich wie bei Vereinbarungen nach § 17.[461] Auch gäbe es keine Hindernisse, über bloße Unterrichtung und Anhörung hinauszugehen und beispielsweise ein suspensives Veto vorzusehen. **Schriftform** ist gleichfalls **nicht zwingend** vorgeschrieben,[462] so dass ein Austausch von Briefen genügt[463] und sogar eine schlichte Praxis die Voraussetzungen erfüllt.[464] **Nicht ausreichend** wäre jedoch ein **Gentlemen's Agreement** oder ein einseitig von der zentralen Leitung erlassenes »Statut«.[465] Zulässig ist jedoch eine Rahmenvereinbarung, die durch eine Geschäftsordnung ausgefüllt wird.[466]

---

454 Vgl. *Wunsch-Semmler,* S. 116.
455 Ähnlich im Ergebnis *Hromadka,* DB 95, 1130; *Willemsen/Hohenstatt,* NZA 95, 402.
456 AuR 97, 299.
457 Wie hier Hako-BetrVG/*Blanke/Hayen,* § 41 EBRG Rn. 5. Zurückhaltender *Hohenstatt/Kröpelin/Bertke,* NZA 11, 1317: »Neue Definitionen ergänzend zu berücksichtigen«. Dies schafft viel Rechtsunsicherheit.
458 Dies ist nicht bedacht bei *ArbG Hamburg,* 17.7.00, 8 Ga 3/00.
459 *Sandmann,* S. 174.
460 *B. Gaul,* NJW 96, 3385.
461 S. die Beispiele Schering und SKF bei *Hanau,* FS Vieregge, S. 327, 329.
462 *Rademacher,* S. 152.
463 *Sandmann,* S. 175.
464 *Lerche,* S. 190.
465 *Blanke,* EBRG Rn. 10.
466 *Rademacher,* S. 154.

Ohne Bedeutung ist, welcher Rechtsordnung die Vereinbarung unterliegt. In der Regel wird nicht anders als im Rahmen des § 17 (s. dort Rn. 3) das **Recht des Staates** anwendbar sein, **in dem** die **zentrale Leitung ihren Sitz** hat.[467] Aber auch eine Rechtswahl kommt in Betracht.[468] Das ganze Gesetz einschließlich seines § 2 Abs. 4 findet daher keine Anwendung mehr, wenn beispielsweise mit einer französischen Konzernspitze eine auch die deutschen Arbeitnehmer einbeziehende Abmachung getroffen wurde. 10

Ohne Bedeutung ist schließlich, **wer die Vereinbarung abgeschlossen** hat. Auf Arbeitgeberseite existierte vor Inkrafttreten des EBRG noch keine zentrale Leitung im Rechtssinne, so dass auch andere Personen mit Vertretungsbefugnis für eine (meist für die herrschende) Konzerngesellschaft zum Abschluss befugt waren.[469] Auf Arbeitnehmerseite muss es sich lediglich um eine Arbeitnehmervertretung gehandelt haben,[470] so dass beispielsweise ein Sprecherausschuss leitender Angestellter ausscheiden würde.[471] Ob diese legitimiert war, für alle AN des UN bzw. der UN-Gruppe zu sprechen, spielt nach der gesetzlichen Konstruktion keine Rolle.[472] Abs. 2 hat dies für BR, GBR und KBR ausdrücklich klargestellt. Der berechtigte Hinweis, insoweit **fehle** es **an der demokratischen Legitimation**,[473] ist vom Gesetzgeber nicht aufgegriffen worden. Solange den inhaltlichen Anforderungen des Abs. 1 Rechnung getragen ist, mag man dies als unbedenklich betrachten, doch wird die Situation höchst problematisch, wenn es um die Veränderung der Abmachung geht und die Mehrheit der im UN bzw. in der UN-Gruppe beschäftigten AN keine Möglichkeit der Einflussnahme hat, weil der Vertrag von einer Minderheitenorganisation geschlossen wurde. Darauf ist zurückzukommen (u. Rn. 21). 11

Abs. 2 Satz 2 stellt weiter klar, dass es keine Rolle spielt, wenn **mehrere Vereinbarungen** geschlossen wurden, sofern nur den Anforderungen des Abs. 1 Satz 1 entsprochen ist.[474] Dies wird insbesondere in UN und Konzernen der Fall sein, die nach dem Spartenprinzip aufgebaut sind.[475] 12

2. Defizite und Nachbesserungsmöglichkeiten

Bezog die Vereinbarung nicht alle AN ein, so konnte sie nach Abs. 3 innerhalb einer Frist von sechs Monaten ab In-Kraft-Treten des Gesetzes **auf die bisher nicht erfassten AN erstreckt** werden. Lief diese Frist ergebnislos ab, ist nach dem EBRG zu verfahren und ein BVG einzusetzen.[476] 13

Andere Mängel konnten nicht korrigiert werden. Ist etwa nur eine Unterrichtung, aber keine Anhörung vorgesehen, tritt der in § 41 angeordnete Vorrang nicht ein.[477] Im Übrigen bleibt die Vereinbarung jedoch gültig, bis durch Bildung eines EBR oder Schaffung eines Verfahrens nach § 19 ihre Geschäftsgrundlage wegfällt.[478] Selbst wenn sie aus inhaltlichen Gründen unwirksam wäre, würde die Arbeitgeberseite gegen Treu und Glauben verstoßen, wollte sie sich auf die Unwirksamkeit gerade dann berufen, wenn es um eine Maßnahme geht, die der Unterrichtung und Anhörung unterliegt. 14

Die Vereinbarung ist nicht anders als sonstige Normenverträge **auszulegen** (dazu o. § 17 Rn. 17). Soweit es um die interne Ordnung des Arbeitnehmergremiums geht, ist nach den **Regeln der Geschäftsordnung** zu verfahren, die beispielsweiseauch festlegen kann, von welchen Voraussetzungen die Mitgliedschaft im EBR (oder einem anders genannten AN-gremi- 15

467 *Hanau,* FS Vieregge, S. 330; *Sandmann,* S. 164.
468 *Hanau* und *Sandmann,* a. a. O.
469 AKRR-*Rupp* Rn. 4; *Müller-Bonanni/Jenner,* in: Preis/Sagan § 12 Rn. 191.
470 Für die Möglichkeit eines Konzerntarifs *Schiek,* RdA 01, 231.
471 *Müller,* Rn. 5.
472 *B. Gaul,* NJW 96, 3385; *Harazim,* BetrR 97, 27; *Rademacher,* S. 152.
473 *Kohte,* EuroAS 96, 118 f.; Bedenken auch bei *Sandmann,* S. 166.
474 Dazu *Bachner/Nielebock,* AuR 97, 136.
475 *Harazim,* BetrR 97, 28.
476 *B. Gaul,* NJW 96, 3385.
477 *Bachner/Nielebock,* AuR 97, 136; *Harazim,* BetrR 97, 28; *Lerche,* S. 195; Hako-BetrVG/*Blanke/Hayen,* § 41 EBRG Rn. 2; s. das Beispiel Grundig bei *Hanau,* FS Vieregge, S. 324.
478 Vgl. *Hanau,* in: Hanau/Steinmeyer/Wank, § 19 Rn. 73.

um) abhängig ist und ob beispielsweise Beschlüsse auch außerhalb der (jährlichen) Sitzungen in Videokonferenzen oder per E-Mail gefasst werden können. Ist pauschal von »Unterrichtung« und »Anhörung« die Rede, so sind diese Begriffe im Sinne der neuen § 1 Abs. 4 und 5 zu verstehen; andernfalls wäre die von Abs. 1 gewollte Äquivalenz mit der gesetzlichen Regelung nicht mehr gesichert.

16 Fehlt eine Geschäftsordnung oder ist sie lückenhaft, sind **Lösungen** zu suchen, die **demokratischen Grundsätzen** entsprechen und von der **Funktion einer Arbeitnehmervertretung** her geboten sind. Beruft etwa das entsendende Gremium ein EBR-Mitglied vorzeitig ab, so ist dies auch dann wirksam, wenn der Fall einer Abberufung nirgends geregelt ist. Die Gültigkeit von Wahl und Abwahl bestimmt sich nach nationalen Rechtsgrundsätzen; der Rechtsgedanke des § 2 Abs. 4 muss auch hier Platz greifen, zumal die Anwendung fremder Wahlgrundsätze mit erheblichen Unsicherheiten belastet wäre. Im Interesse der Funktionsfähigkeit des EBR kann dieser allerdings nur überprüfen, ob einzelne seiner Mitglieder offensichtlich fehlerhaft gewählt (oder abgewählt) wurden.

III. Strukturänderungen des Unternehmens oder der Unternehmensgruppe

17 **Ändert sich die Struktur des UN** oder der UN-Gruppe oder die Zahl der beschäftigten AN, so kann die Vereinbarung nach Abs. 4 an diese veränderten Umstände angepasst werden, sofern nicht bereits eine entsprechende Klausel besteht. Zuständig hierfür ist auf AN-Seite der EBR, nicht der ursprüngliche Vertragspartner.[479] Die Anpassung wird relativ einfach und unproblematisch sein, wenn ein UN hinzu erworben oder verkauft wird und gleichzeitig die Regel besteht, dass jedes UN einen Vertreter in den EBR entsendet.[480] Richtet sich demgegenüber die Zahl der Vertreter nach dem Anteil der einzelnen betrieblichen Belegschaft an allen in der EU Beschäftigten, können sehr viel schwierigere Anpassungsverhandlungen erforderlich werden. Einigt man sich trotz längerer Verhandlungen nicht, so ist analog § 313 Abs. 3 Satz 2 BGB eine Kündigung möglich, die den Übergang zum gesetzlichen Modell zur Folge hätte. Bei einem Unterrichtungs- und Anhörungsverfahren in Anlehnung an § 19 versagt der Weg über den EBR allerdings; hier bleibt nur die Möglichkeit, auf das ursprünglich handelnde Gremium zurückzugreifen.

18 Liegt demgegenüber eine **»wesentliche Strukturänderung« im Sinne des § 37** vor, so ist ein besonderes Verhandlungsgremium einzusetzen, das mit der zentralen Leitung eine neue (dem Gesetz unterliegende) Vereinbarung aushandelt. Wann eine »wesentliche« (und nicht nur eine »einfache«) Strukturänderung vorliegt, wurde an anderer Stelle erläutert (§ 37 Rn. 2 ff.). Fraglich kann nur sein, ob eine generelle »Anpassungsklausel« in der Vereinbarung auch den Fall des § 37 erfasst. Dies ist abzulehnen, weil es sich um eine nicht voraussehbare Neuregelung handelt. Auch ist das in § 37 vorgesehene Verfahren immer dann unabdingbar, wenn sich zwei Unternehmensgruppen mit EBR ganz oder teilweise zusammenschließen: Hier benötigt man ein spezifisches Verfahren, das beide Ausgangseinheiten erfasst und das den Umständen nach die Bildung eines neuen BVG voraussetzt.[481] Während der Verhandlungen existiert der EBR bzw. existieren die EBRs nach Abs. 6 fort. Bestehen in beiden Unternehmensgruppen Vereinbarungen nach § 41, käme allerdings eine einvernehmliche Anpassung an die neuen Umstände in Betracht.

IV. Einvernehmliche Verlängerungen und Änderungen; Rechtsdurchsetzung

19 Nach Abs. 5 kann eine befristete Vereinbarung einvernehmlich verlängert werden. Soweit ein EBR besteht, ist dieser Partei der **Verlängerungsabrede**.[482] Dies ergibt sich mittelbar daraus,

---

479 *Bachner/Nielebock*, AuR 97, 136; *Harazim*, BetrR 97, 28; Hako-BetrVG/*Blanke/Hayen*, § 41 EBRG Rn. 12.

480 Verhandlungen sind in einem solchen Fall nur erforderlich, wenn nicht schon die Auslegung der Vereinbarung ergibt, dass auch neu hinzukommende UN jeweils eine Person in den EBR entsenden sollen.

481 Ebenso im Ergebnis *Büggel*, dbr 4/09 S. 20; *Hohenstatt/Kröpelin/Bertke* NZA 11, 1318.

482 *Harazim*, BetrR 97, 29; Hako-BetrVG/*Blanke/Hayen*, § 41 EBRG Rn. 14.

dass Abs. 5 lediglich auf die Abs. 1, 3 und 4, nicht aber auf Abs. 2 verweist, der das »Abschlussmandat« von BR, GBR und KBR anerkennt.[483] Kommt **keine Einigung** zustande, wirkt die Vereinbarung gleichwohl weiter, wenn sie dies ausdrücklich vorsieht (»**Nachwirkung**«) oder wenn nach Abs. 6 vor ihrer Beendigung eine Initiative zur Bildung eines BVG nach § 9 ergriffen wurde. Auch steht es den Beteiligten frei, sich wegen langwieriger Verhandlungen auf eine befristete oder unbefristete Weiteranwendung zu verständigen. Sieht die ursprüngliche Vereinbarung ein **Kündigungsrecht** vor und wird von diesem Gebrauch gemacht, so ist die Situation ab Wirksamwerden der Kündigung dieselbe, als wenn die Vereinbarung auf diesen Zeitpunkt befristet worden wäre. Wurde eine Initiative zugunsten der Bildung eines BVG ergriffen, gilt die Vereinbarung fort, bis eine neue nach § 18 geschlossen wurde oder nach drei Jahren ein EBTZ kraft Gesetzes errichtet werden muss.

Inhaltliche Änderungen, die sich **nicht** auf den Fall der **Strukturanpassung** nach Abs. 4 **20**
beziehen, sind zwar möglich, doch verliert die Abmachung dadurch ihren Vorrang vor dem EBRG.[484] Die Regelung des § 41 bezieht sich nur auf vorhandene bzw. nach Abs. 3 und 4 weiterentwickelte, nicht auf sonstwie geänderte Vereinbarungen. Dies folgt aus dem spezifischen Zweck der Vorschrift (s. o. Rn. 2), die ein Dauerprivileg nur für bestimmte früh geschlossene Abmachungen, nicht aber für »Frühbucher« generell schaffen will. Auch wäre die Verweisung auf Abs. 4 nicht verständlich, würde bei einer Verlängerung generelle Gestaltungsfreiheit herrschen. Der AN-Seite sowie der zentralen Leitung steht es daher frei, in einem solchen Fall die **Bildung eines BVG zu betreiben.**[485] Ob sie davon effektiv Gebrauch machen will, steht angesichts des damit verbundenen zeitlichen und materiellen Aufwands auf einem anderen Blatt. Auch wird sich in Fällen, in denen dem EBR freiwillig zusätzliche Rechte (etwa nach §§ 38, 39) eingeräumt werden, niemand finden, der aus diesem Anlass den Übergang zum gesetzlichen Modell betreiben würde. Weiter ist die **Gültigkeit** der geänderten Abmachung ja **nicht in Frage gestellt**. Problematisch ist die Einfügung oder Änderung einer »Anpassungsklausel« für den Fall »wesentlicher Strukturveränderungen« nach § 37, da diese Vorschrift – wie sich aus Abs. 4 und 7 ergibt – zwingenden Charakter hat und deshalb nicht durch Vereinbarung unanwendbar gemacht werden kann.[486]

Ungeklärt ist, wer über eine Verlängerung einer Vereinbarung über ein Unterrichtungs- und **21**
Anhörungsverfahren auf AN-Seite verhandelt und entscheidet; da der Rückgriff auf das Ursprungsgremium wegen der unterbliebenen Verweisung auf Abs. 2 ausscheidet, kommt nur eine Absprache mit allen beteiligten nationalen Interessenvertretungen in Betracht. Sagt eine »nein«, ist die Verlängerung damit gescheitert.[487]

Abs. 6 trifft für eine gekündigte oder auslaufende Vereinbarung eine mit § 20 weithin identi- **22**
sche Regelung; auf die dortigen Ausführungen kann verwiesen werden.

Hat die Vereinbarung den Anforderungen des Abs. 1 nur in der Weise Rechnung getragen, dass **23**
alle Arbeitnehmer in einen potentiellen Kommunikationszusammenhang mit dem EBR einbezogen sind, dass dieser jedoch von der Mehrheit nicht unmittelbar oder mittelbar gewählt wird, so **fehlt** ihm die **demokratische Legitimation für eine Verlängerung seines Mandats im Vereinbarungswege.** Dasselbe gilt erst recht, wenn die Vereinbarung von vornherein unbefristet war. In beiden Fällen muss es mit Rücksicht auf die Zielsetzung der Richtlinie und des Gesetzes sowie das Demokratieprinzip möglich sein, trotz bestehender Vereinbarung ein Verfahren zur Bildung eines BVG einzuleiten. Bisher sind kontroverse Fälle dieser Art nicht bekannt geworden.

Zur **Durchsetzung** der Rechte aus der Vereinbarung s. *Tribunal de Grande Instance de Paris* **24**
19.9.01 AuR 02, 32 und Vorbem. Rn. 22; zur einstweiligen Verfügung s. dort Rn. 23.

---

483 Zustimmend *Blanke*, EBRG Rn. 26.
484 Dies gilt nicht bei bloßen redaktionellen »Begradigungen« und anderen, den Inhalt nicht wesentlich berührenden Änderungen.
485 Zustimmend *Blanke*, EBRG Rn. 23.
486 Anders *Hohenstatt/Kröpelin/Bertke* NZA 11, 1318.
487 *Altmeyer*, AiB 07, 505.

V. Vereinbarungen nach dem bis 2011 geltenden Recht

25 **Abs. 8** überträgt das Modell des Abs. 1 auf den Zeitraum vom 5. Juni 2009 bis zum 5. Juni 2011 mit der Maßgabe, dass die während dieses »Zeitfensters« geschlossenen oder überarbeiteten Vereinbarungen nicht etwa vom EBRG frei gestellt sind, aber **dessen bisher geltender Fassung unterliegen**. Man kann vermuten, dass davon nur selten Gebrauch gemacht wurde.[488] Für eine »EBR-unwillige« zentrale Leitung sind die Unterschiede zum neuen Recht nicht so groß, dass man allein deshalb die Gründung eines EBR ins Auge fassen würde. Bei anstehenden »Überarbeitungen« konnte wiederum die Arbeitnehmerseite durch Zuwarten nur gewinnen, da die Richtlinie in Art. 14 Abs. 1 Buchst. b eine identische Regelung enthielt. Kam es gleichwohl zu Vereinbarungen, so sind **Unterrichtung und Anhörung nach den bisherigen Grundsätzen** zu praktizieren; auch die Teilnahme an Schulungs- und Bildungsveranstaltungen sowie der Rückgriff auf Sachverständige bleibt nur in bisherigem Umfang möglich. Ob sich eine solche Schlechterstellung angesichts des § 34 auf Dauer wird halten können, mag man bezweifeln. Der **Begriff »Überarbeitung«** ist zudem nicht definiert; es dürfte sich um wesentliche, nicht nur Einzelpunkte betreffende Änderungen handeln.[489] Da es nicht um eine generelle Herausnahme aus dem gesetzlichen Modell geht, ist es auch nicht zu beanstanden, dass hier nicht zwischen Anpassung an Strukturänderungen und sonstigen inhaltlichen Änderungen unterschieden wird (dazu o. Rn. 20).

26 Auf **Vereinbarungen**, die **nach Inkrafttreten des EBRG** im Jahre 1996, aber **vor dem 5. Juni 2009** abgeschlossen wurden, findet nach der amtlichen Begründung zum Regierungsentwurf[490] das **neue Recht** Anwendung. Dies erklärt sich mit der spezifischen Zielsetzung des Abs. 8, der in der »Übergangszeit« einen Anreiz für die UN zum Abschluss von Vereinbarungen schaffen wollte (o. Rn. 2). Abweichende Auffassungen in der Literatur, die sich auf die Richtlinie bezogen,[491] sind damit überholt.[492] Inhaltlich geht es dabei keineswegs um eine echte Rückwirkung, da das neue Recht selbstredend erst ab 18. Juni 2011 Anwendung findet.

27 Anders als bei einer Änderung des BetrVG lässt sich das alte nicht einfach durch das neue Recht ersetzen, da im Regelfall eine Vereinbarung nach §§ 17, 18 geschlossen wurde, aus der sich die wesentlichen Rechte und Pflichten von EBR und zentraler Leitung ergeben. Diese **Vereinbarung** ist also **an die neue Situation anzupassen**; lediglich bei dem (seltenen) EBR kraft Gesetzes bewegt man sich in den gewohnten Strukturen. Nunmehr ist zu unterschieden:

28 Nimmt die Vereinbarung lediglich auf bestimmte Begriffe wie »Unterrichtung und Anhörung« Bezug, so erhalten diese den vom neuen EBRG gewollten Inhalt. Dies entspricht Art. 17 Abs. 2 der Richtlinie 2009/38/EG, wonach Verweisungen auf die aufgehobene Richtlinie »als Verweisungen auf die vorliegende Richtlinie« gelten.[493] Unmittelbare Wirkung haben auch die »Gemeinsamen Bestimmungen« nach §§ 34 bis 40, da sie schon ihrer systematischen Stellung nach für alle EBRs gelten, ohne dass es auf den Inhalt der jeweiligen Vereinbarung ankäme.[494]

29 Enthält die Vereinbarung demgegenüber ausdrückliche Festlegungen, die sich nicht mit dem neuen Recht vereinbaren lassen, so sind Verhandlungen über eine Anpassung unabdingbar. Sie folgen denselben Regeln, die auch bei sonstigen Angleichungen an eine veränderte »Umwelt« zu beachten sind (oben § 18 Rn. 20). Fälle dieser Art werden allerdings die Ausnahme sein.[495] Dies schließt nicht aus, dass man gleichwohl den Text z. B. an die §§ 34 bis 40 anpasst, um so künftige Streitigkeiten zu vermeiden.[496]

---

488 Zustimmend AKRR-*Rupp* Rn. 35

489 Wie hier Hako-BetrVG/*Blanke/Hayen*, § 41 EBRG Rn. 18.

490 BT-Drucksache 17/4808 S. 13

491 *Franzen*, EuZA 10, 180, 193; *Forst*, ZESAR 09, 470; vgl. auch *Funke*, DB 09, 564 ff.

492 Wie hier im Ergebnis *Altmeyer*, dbr 6/11 S. 19; *Hayen*, AiB 09, 405; Hako-BetrVG/*Blanke/Hayen*, Einl. EBRG Rn. 31; wohl auch *Büggel* dbr 4/09 S. 22.

493 Zustimmend Hako-BetrVG/*Blanke/Hayen*, § 41 Rn. 5.

494 Ebenso *Hayen* AiB 09, 405 (für die entsprechenden Vorschriften der Richtlinie).

495 Ebenso im Ergebnis *Funke*, DB 09, 564, 567. Insoweit wird dem Erwägungsgrund 41 der Richtlinie Rechnung getragen, wonach für die zwischen dem 22. September 1996 und dem 5. Juni 2011 geschlossenen Vereinbarungen keine allgemeine Verpflichtung zur Neuverhandlung besteht.

496 *Altmeyer* dbr 6/11 S. 19.

Siebter Teil
Besondere Vorschriften, Straf- und Bußgeldvorschriften

§ 42 Errichtungs- und Tätigkeitsschutz

Niemand darf

1 die Bildung des besonderen Verhandlungsgremiums (§ 9) oder die Errichtung eines Europäischen Betriebsrats (§§ 18, 21 Absatz 1) oder die Einführung eines Verfahrens zur Unterrichtung und Anhörung (§ 19) behindern oder durch Zufügung oder Androhung von Nachteilen oder durch Gewährung oder Versprechen von Vorteilen beeinflussen,

2. die Tätigkeit des besonderen Verhandlungsgremiums, eines Europäischen Betriebsrats oder der Arbeitnehmervertreter im Rahmen eines Verfahrens zur Unterrichtung und Anhörung behindern oder stören oder

3. ein Mitglied oder Ersatzmitglied des besonderen Verhandlungsgremiums oder eines Europäischen Betriebsrats oder einen Arbeitnehmervertreter im Rahmen eines Verfahrens zur Unterrichtung und Anhörung um seiner Tätigkeit willen benachteiligen oder begünstigen.

Inhaltsübersicht

I. Vorbemerkungen

Die Regelung schützt die Errichtung und Tätigkeit der Gremien und ihrer Mitglieder. Sie setzt **Art. 11 Abs. 1** und auch **Art. 10 Abs. 3** der EBR-RL um und ist in Zusammenhang mit § 44 Abs. 1 Nr. 2 zu sehen. Die Vorschrift ist im Wesentlichen wortgleich den §§ 78, 119 Abs. 1 BetrVG nachgebildet. Insofern ist auf die dortigen Anm. zu verweisen. Die Verbote richten sich gegen jedermann.[497] 1

II. Errichtungsschutz

Nr. 1 schützt die Errichtung des BVG und des EBR, sowie die Einführung eines Verfahrens zur Unterrichtung und Anhörung. Hiermit ist insbesondere das Bestellungsverfahren und seine Vorbereitung gemeint. Die zentrale Leitung und die örtlichen Betriebs- und UN-Leitungen haben sich hierbei **strikt neutral** zu verhalten und jede Beeinflussung der Wahl zu unterlassen.[498] Ein Verstoß liegt auch dann vor, wenn z. B. die zentrale Leitung oder die örtlichen Leitungen die erforderlichen Räumlichkeiten und Hilfsmittel nicht zur Verfügung stellen (vgl. auch § 119 BetrVG Rn. 5 ff.). Die Behinderung kann durch ein **Tun** oder durch **Unterlassen** erfolgen. **Vorsatz** ist nicht erforderlich.[499] 2

Schutz genießt auch der einzelne Wahlberechtigte in Ausübung seines **aktiven und passiven Wahlrechts.** Eine unzulässige Beeinflussung liegt z. B. vor, wenn durch Benachteiligung oder Vorteilsgewährung sachwidrig die Bildung der Gremien beeinflusst wird. **Benachteiligung** ist jede tatsächliche, persönliche oder wirtschaftliche Schlechterstellung. Es genügt dabei, dass Nachteile angedroht werden (z. B. Androhung einer Kündigung, Versetzung auf einen schlechteren Arbeitsplatz usf.). Als **Vorteile** kommen z. B. eine Beförderungszusage oder besondere Zuwendungen in Betracht (vgl. auch § 119 BetrVG Rn. 9). 3

---

497 Vgl. auch GK-*Oetker*, § 42 EBRG Rn. 3.
498 *Blanke*, EBRG Rn. 2.
499 Vgl. auch AKRR-*Rupp*, Rn. 5 m. w. N.

III. Schutz der Amtsführung

4 Nr. 2 schützt die Tätigkeit der Gremien. Eine **Behinderung** oder **Störung** kann durch positives Handeln wie auch Unterlassen erfolgen (vgl. auch § 119 BetrVG Rn. 14 ff.). So liegt z. B. eine unzulässige Störung vor, wenn die zentrale Leitung nicht die erforderlichen Sachmittel zur Verfügung stellt oder sich weigert, überhaupt mit dem EBR zusammenzuarbeiten.[500] Ebenfalls unter die Vorschrift fällt die Öffnung von erkennbar an den EBR gerichteter Post. Missachtet die zentrale Leitung **wiederholt und beharrlich** die Rechte der Gremien, erfüllt auch dies den Tatbestand der Nr. 2.

IV. Tätigkeitsschutz

5 In Nr. 3 wird die Betätigung des **einzelnen Mitgliedes** geschützt. Die Benachteiligung oder Begünstigung muss **wegen der Tätigkeit** erfolgen. Sie darf nicht aus sachlichen oder in der Person des Betroffenen liegenden Gründen erfolgen. Die bloße Androhung von Nachteilen oder Zusage von Vorteilen reicht nicht aus, kann allerdings den Tatbestand der Nr. 2 erfüllen.

6 Verstöße gegen die Vorschrift werden durch § 44 Abs. 1 Nr. 2 erfasst.

§ 43 Strafvorschriften

(1) Mit Freiheitsstrafe bis zu zwei Jahren oder mit Geldstrafe wird bestraft, wer entgegen § 35 Absatz 2 Satz 1 oder 2, jeweils auch in Verbindung mit Absatz 3, ein Betriebs- oder Geschäftsgeheimnis verwertet.
(2) Die Tat wird nur auf Antrag verfolgt.

Inhaltsübersicht Rn.

I. Vorbemerkungen

1 Mit der Vorschrift soll **Art. 11 Abs. 3** der EBR-RL umgesetzt werden.[501] Der Gesetzgeber hat sich dabei an § 120 Abs. 3 Satz 2 BetrVG orientiert, so dass die dortigen Anm. auch hier zu berücksichtigen sind.

II. Täterschaft

2 Als Täter kommt **nicht jede Person** in Betracht. Der Tatbestand kann vielmehr lediglich von den **Mitgliedern und Ersatzmitgliedern des EBR**, auch nach ihrem Ausscheiden, sowie den in § 35 Abs. 3 genannten weiteren Personen wie den Mitgliedern und Ersatzmitgliedern des BVG, den Sachverständigen oder örtlichen AN-Vertretern verwirklicht werden.

3 Auch **mittelbare Täterschaft**[502] ist möglich. Gemäß §§ 26, 27 StGB kommen **Anstiftung** und **Beihilfe** in Betracht. Hierbei ist allerdings die Strafzumessungsregel des § 28 Abs. 1 StGB zu beachten, da die Wahrnehmung der genannten Funktionen persönliche Eigenschaft i. S. dieser Vorschrift ist.[503] Der **Versuch** ist nicht strafbar, da es sich um ein Vergehen handelt (§ 12 Abs. 2 StGB) und das Gesetz die Strafbarkeit nicht ausdrücklich bestimmt (§ 23 Abs. 1 StGB).

500 *Blanke,* EBRG Rn. 3.
501 Vgl. BT-Drucks. 13/4520, S. 29.
502 Vgl. *T. Fischer,* § 25 Rn. 5 ff.
503 Vgl. auch GK-*Oetker,* § 120 Rn. 28 m. w. N.

III. Tatbestand

Der Tatbestand setzt die **Verwertung** eines **Betriebs-** oder **Geschäftsgeheimnisses** voraus. Dieses muss von der zentralen Leitung auch ausdrücklich als geheimhaltungsbedürftig bezeichnet worden sein (vgl. im Einzelnen die Anm. zu § 35). Der Täter verwertet das Betriebs- oder Geschäftsgeheimnis, das ihm wegen der Ausübung einer der in § 35 genannten Funktionen bekannt geworden sein muss, wenn er es wirtschaftlich zum Zwecke der Gewinnerzielung ausnutzt (vgl. auch § 120 BetrVG Rn. 12). 4

IV. Rechtswidrigkeit und Schuld

Der Tatbestand muss rechtswidrig erfüllt sein, d. h., es dürfen keine allgemeinen **Rechtfertigungsgründe**[504] wie z. B. Notwehr (§ 32 StGB) oder Notstand (§ 34 StGB) vorliegen. Subjektiv ist **Vorsatz** vorausgesetzt, **Fahrlässigkeit** ist nicht mit Strafe bedroht (§ 15 StGB). Vorsatz erfordert, dass der Täter weiß, dass es sich um Betriebs- oder Geschäftsgeheimnisse handelt. 5

V. Strafantrag

Die Tat wird entsprechend Abs. 2 **nur auf Antrag** verfolgt. Antragsberechtigt ist nach § 77 Abs. 1 StGB derjenige, der durch die Handlung **unmittelbar verletzt** worden ist.[505] Dies ist hier die zentrale oder die örtliche UN-Leitung. Die **Antragsfrist** beträgt **drei Monate** ab Kenntnis von der Tat und dem Täter (§ 77 b Abs. 1, 2 StGB).[506] Handelt es sich, wie es i. d. R. der Fall sein wird, bei dem Antragsteller um eine juristische Person, so beginnt die Frist mit Kenntnis eines ihrer Vertreter. Soweit die Vertretung nur gemeinsam erfolgen kann, ist Kenntnis der zur gemeinschaftlichen Vertretung berufenen Personen erforderlich (vgl. § 119 BetrVG Rn. 25). 6

VI. Verjährung

Die Tat verjährt gemäß § 78 Abs. 3 Nr. 4 in fünf Jahren. Die Verjährungsfrist beginnt mit der **Tatbeendigung** (§ 78 a StGB). 7

§ 44 Strafvorschriften

(1) Mit Freiheitsstrafe bis zu einem Jahr oder mit Geldstrafe wird bestraft, wer

1 entgegen § 35 Absatz 2 Satz 1 oder 2, jeweils auch in Verbindung mit Absatz 3, ein Betriebs- oder Geschäftsgeheimnis offenbart oder

2. einer Vorschrift des § 42 über die Errichtung der dort genannten Gremien oder die Einführung des dort genannten Verfahrens, die Tätigkeit der dort genannten Gremien oder der Arbeitnehmervertreter oder über die Benachteiligung oder Begünstigung eines Mitglieds oder Ersatzmitglieds der dort genannten Gremien oder eines Arbeitnehmervertreters zuwiderhandelt.

(2) Handelt der Täter in den Fällen des Absatzes 1 Nummer 1 gegen Entgelt oder in der Absicht, sich oder einen anderen zu bereichern oder einen anderen zu schädigen, so ist die Strafe Freiheitsstrafe bis zu zwei Jahren oder Geldstrafe.

(3) Die Tat wird nur auf Antrag verfolgt. In den Fällen des Absatzes 1 Nummer 2 sind das besondere Verhandlungsgremium, der Europäische Betriebsrat, die Mehrheit der Arbeitnehmervertreter im Rahmen eines Verfahrens zur Unterrichtung und Anhörung, die zentrale Leitung oder eine im Betrieb vertretene Gewerkschaft antragsberechtigt.

504 Vgl. *T. Fischer*, vor § 32 Rn. 2 ff.
505 Vgl. hierzu *T. Fischer*, § 77 Rn. 2 f.
506 GK-*Oetker*, § 119 Rn. 41 ff.

Inhaltsübersicht

I. Vorbemerkungen

1 Mit der Vorschrift soll **Art. 11 Abs. 2, 3** der EBR-RL umgesetzt werden.[507] Auch hier findet teilweise eine Anlehnung an das BetrVG statt, nämlich an § 120 Abs. 1 und 3, sowie § 119 BetrVG. Die dortigen Kommentierungen sind also hier zu berücksichtigen.

II. Tatbestand/Täterschaft

2 Der Tatbestand unterscheidet sich in Abs. 1 Nr. 1 von § 43 EBRG nur dadurch, dass die bloße Offenbarung des Betriebs- oder Geschäftsgeheimnisses ausreicht und keine Verwertung erforderlich ist. In Abs. 2 ist allerdings eine **Qualifizierung** des Grundtatbestandes vorgesehen. Nach § 11 Abs. 1 Nr. 9 StGB ist **Entgelt** »jede in einem Vermögensvorteil bestehende Gegenleistung«. Dabei kommt es nicht darauf an, ob eine Bereicherung angestrebt oder erreicht wird.[508] Die zweite Alternative setzt die **Absicht einer Bereicherung** oder **Schädigung** voraus. Hier ist also bedingter Vorsatz nicht ausreichend.

3 Während Abs. 1 Nr. 1 wie auch § 43 nur von den in § 35 Abs. 2 und 3 genannten Personen begangen werden kann (vgl. § 43 Rn. 2), handelt es sich bei Abs. 1 Nr. 2 um ein **Allgemeindelikt.** Als Täter kommen auch externe Personen in Betracht (vgl. § 42 Rn. 1).

4 Bei Abs. 1 Nr. 1 gelten hinsichtlich **Täterschaft** und **Teilnahme** die zu § 43 gemachten Anm. (§ 43 Rn. 3). Hinsichtlich Abs. 1 Nr. 2 kommt ebenfalls mittelbare Täterschaft in Betracht. **Anstiftung** und **Beihilfe** sind entsprechend §§ 26, 27 StGB möglich. Der **Versuch** ist ebenso wenig wie bei Nr. 1 strafbar, da es sich um ein Vergehen handelt und die Strafbarkeit nicht ausdrücklich bestimmt ist (§§ 12 Abs. 2, 23 Abs. 1 StGB).

III. Rechtswidrigkeit, Schuld

5 Der Tatbestand muss rechtswidrig erfüllt sein, d. h. es dürfen keine allgemeinen Rechtfertigungsgründe[509] wie z. B. Notwehr oder Notstand (vgl. §§ 32, 34 StGB) vorliegen. Subjektiv ist **Vorsatz** erforderlich, **Fahrlässigkeit** ist nicht mit Strafe bedroht (§ 15 StGB).

IV. Strafantrag, Verjährung

6 **Antragsberechtigt** ist für Abs. 1 Nr. 1 und Abs. 2 die zentrale Leitung bzw. die örtliche UN-Leitung.

7 In den Fällen des Abs. 1 Nr. 2 wird in Abs. 3 eine **gesonderte Regelung der Antragsbefugnis** getroffen. Hier sind u. a. der EBR, das BVG, die zentrale Leitung und eine im Betrieb vertretene Gewerkschaft antragsberechtigt. Die **Antragsfrist** beträgt drei Monate (§ 77 b Abs. 1 StGB) und beginnt mit Ablauf des Tages, an dem der Antragsberechtigte von der Handlung und der Person des Täters Kenntnis erlangt (§ 77 b Abs. 2 StGB).[510]

8 Die **Verjährungsfrist** beträgt für Abs. 1 Nr. 1, 2 drei Jahre (§ 78 Abs. 3 Nr. 5 StGB), für den qualifizierten Tatbestand fünf Jahre (§ 78 Abs. 3 Nr. 4 StGB). Die Frist beginnt mit der **Tatbeendigung** (§ 78 a StGB).

507 BT-Drucks. 13/4520, S. 29.
508 *T. Fischer,* § 11 Rn. 31; AKRR-*Rupp*, Rn. 6.
509 Vgl. *T. Fischer,* vor § 32 Rn. 2 ff.
510 Vgl. im Einzelnen auch GK-*Oetker,* § 119 Rn. 41 ff.

§ 45 Bußgeldvorschriften

(1) Ordnungswidrig handelt, wer

1 entgegen § 5 Absatz 1 die Informationen nicht, nicht richtig, nicht vollständig oder nicht rechtzeitig erhebt oder weiterleitet oder

2. entgegen § 29 Absatz 1 oder § 30 Absatz 1 Satz 1 oder Absatz 2 Satz 1 den Europäischen Betriebsrat oder den Ausschuss nach § 26 nicht, nicht richtig, nicht vollständig, nicht in der vorgeschriebenen Weise oder nicht rechtzeitig unterrichtet.

(2) Die Ordnungswidrigkeit kann mit einer Geldbuße bis zu fünfzehntausend Euro geahndet werden.

Inhaltsübersicht

I. Vorbemerkungen

Die Vorschrift setzt **Art. 11 Abs. 2, 3** der EBR-RL in deutsches Recht um. Es ergeben sich eine 1
Reihe von Parallelen zu § 121 BetrVG, so dass die dortigen Anm. auch hier Berücksichtigung finden müssen.

II. Tatbestände

Die Aufzählung der Unterrichtungspflichten ist **abschließend** und kann wegen des auch im 2
Ordnungswidrigkeitenrecht geltenden strafrechtlichen **Analogieverbots** (vgl. auch § 121 BetrVG Rn. 3) nicht im Wege erweiternder Auslegung auf andere Informationspflichten ausgedehnt werden.

Mit der Vorschrift wird der Versuch unternommen, zentralen Regelungen des Gesetzes mehr 3
Gewicht zu verschaffen. Die Informationspflicht gemäß Abs. 1 Nr. 1 ist für die Bildung des BVG von großer Bedeutung (vgl. § 5 Rn. 1), Abs. 1 Nr. 2 betrifft die **Mitwirkungsrechte des gesetzlichen EBR.** Werden diese in der in Nr. 2 beschriebenen Weise verletzt, wird das Gremium in seinem Kernbereich in Frage gestellt (vgl. zu den Unterrichtungspflichten die Anm. zu § 29 und § 30).

Die Vorschrift bietet den nationalen AN-Vertretungen bzw. dem EBR keine unmittelbare 4
verfahrensrechtliche Möglichkeit, die von der zentralen Leitung geschuldeten Informationen zu erhalten. Sie zielt als Ordnungswidrigkeitentatbestand darauf ab, gegenüber einem rechtswidrigen Verhalten nachträglich eine **staatliche Sanktion** zu verhängen und hierdurch zukünftig ein korrektes Verhalten zu sichern. Die Durchsetzung des Informationsanspruchs muss im **Beschlussverfahren,** ggf. im Wege **einstweiliger Verfügung,** erfolgen (vgl. auch Vorbem. Rn. 18 ff., 23; § 5 Rn. 10; § 30 Rn. 5).

III. Täterschaft

Als Täter kommt nur derjenige in Betracht, dem das Gesetz die Auskunftspflicht auferlegt, also 5
die **zentrale Leitung** bzw. ihr **Vertreter.** Auch wenn der Anspruch gem. § 5 Abs. 2 gegenüber der örtlichen Betriebs- oder UN-Leitung geltend gemacht wird, kann nur die zentrale Leitung die Ordnungswidrigkeit begehen, da Abs. 2 in der Vorschrift nicht erwähnt wird. Handelt es sich um eine **juristische Person,** können die Mitglieder des gesetzlichen Vertretungsorgans die Ordnungswidrigkeit begehen, bei einer Personenhandelsgesellschaft die vertretungsberechtigten Gesellschafter und bei sonstigen Rechtsformen die gesetzlichen Vertreter (§ 9 Abs. 1 Nrn. 1 – 3 OWiG; vgl. § 121 BetrVG Rn. 6). Daneben kommen die mit der eigenverantwortlichen Wahrnehmung der in Abs. 1 geschilderten Verpflichtungen beauftragten Personen in Betracht (§ 9 Abs. 2 OWiG; vgl. § 121 BetrVG Rn. 7 ff.).[511] Schließlich kann nach § 30 OWiG

511 GK-*Oetker,* § 121 Rn. 27 ff.; Göhler-*Gürtler,* § 9 Rn. 16 ff.; AKRR-*Rupp,* Rn. 6.

eine Geldbuße auch **gegen die juristische Person** bzw. Personenvereinigung **selbst** verhängt werden, falls die Ordnungswidrigkeit durch ein Organ oder eine Organperson bzw. einen vertretungsberechtigten Geschäftsführer erfolgt (§ 121 BetrVG Rn. 9). Die Ordnungswidrigkeit muss **rechtswidrig** begangen werden (vgl. §§ 15, 16 OWiG). Darüber hinaus muss **vorsätzliches** Handeln vorliegen. Eine fahrlässige Begehung genügt wegen fehlender ausdrücklicher gesetzlicher Anordnung nicht (§ 10 OWiG). Der Versuch wird nicht verfolgt (§ 13 Abs. 2 OWiG).

IV. Verfahren

6 Für die **Verfolgung** gelten die allgemeinen Vorschriften des OWiG. Nach § 36 Abs. 1 ist danach die jeweilige oberste Landesbehörde, d. h. die Ministerien bzw. Senatoren für Arbeit bzw. in Hamburg die Behörde für Arbeit, Gesundheit und Soziales, zuständig (vgl. auch § 121 BetrVG Rn. 26), sofern sie die Verantwortung nicht gem. Abs. 2 weiter übertragen hat, wie es in einer Reihe von Bundesländern geschehen ist.[512] Die **örtliche Zuständigkeit** richtet sich nach § 37 OWiG.

7 Die Ahndung der Ordnungswidrigkeit ist nicht von einem Antrag des Geschädigten selbst abhängig. Grundsätzlich können **Anzeigen** durch jedermann erfolgen. Die **Verfolgung** der Ordnungswidrigkeit erfolgt von Amts wegen nach pflichtgemäßem Ermessen der Behörde (§ 47 Abs. 1 Satz 1 OWiG)[513].

8 Die Verfolgung **verjährt** in zwei Jahren nach Begehung der Tat (§ 31 Abs. 2 Nr. 2, Abs. 3 OWiG). Die Geldbuße kann bis zu **15 000 Euro** betragen, die Mindestbuße ist 5 Euro (§ 17 Abs. 1 OWiG).[514] Gegen einen Bescheid kann innerhalb von zwei Wochen **Einspruch** eingelegt werden (§ 67 OWiG).

512 GK-*Oetker*, § 121 Rn. 34; Göhler-*Gürtler*, § 36 Rn. 11 ff.

513 Göhler-*Seitz*, § 47 Rn. 1 ff.

514 Zur berechtigten Kritik an der möglichen Höhe einer Geldbuße, die kaum abschreckend sein wird, Hako-BetrVG/*Blanke/Hayen*, § 45 Rn. 3 f.

Anhang C

Richtlinie 2002/14/EG des Europäischen Parlaments und des Rates

vom 11. März 2002 zur Festlegung eines allgemeinen Rahmens für die Unterrichtung und Anhörung der Arbeitnehmer in der Europäischen Gemeinschaft

DAS EUROPÄISCHE PARLAMENT UND DER RAT DER EUROPÄISCHEN UNION –
gestützt auf den Vertrag zur Gründung der Europäischen Gemeinschaft, insbesondere auf Artikel 137 Absatz 2,
auf Vorschlag der Kommission[1],
nach Stellungnahme des Wirtschafts- und Sozialausschusses[2],
nach Stellungnahme des Ausschusses der Regionen[3],
gemäß dem Verfahren des Artikels 251 des Vertrags[4], aufgrund des vom Vermittlungsausschuss am 23. Januar 2002 gebilligten gemeinsamen Entwurfs,
in Erwägung nachstehender Gründe:

(1) Gemäß Artikel 136 des Vertrags ist es ein besonderes Ziel der Gemeinschaft und der Mitgliedstaaten, den sozialen Dialog zwischen den Sozialpartnern zu fördern.

(2) Nach Nummer 17 der Gemeinschaftscharta der sozialen Grundrechte der Arbeitnehmer müssen unter anderem »Unterrichtung, Anhörung und Mitwirkung der Arbeitnehmer … in geeigneter Weise, unter Berücksichtigung der in den verschiedenen Mitgliedstaaten herrschenden Gepflogenheiten, weiterentwickelt werden«.

(3) Die Kommission hat die Sozialpartner auf Gemeinschaftsebene zu der Frage gehört, wie eine Gemeinschaftsaktion in den Bereichen Unterrichtung und Anhörung der Arbeitnehmer in den Unternehmen der Gemeinschaft gegebenenfalls ausgerichtet werden sollte.

(4) Die Kommission hielt nach dieser Anhörung eine Gemeinschaftsmaßnahme für zweckmäßig und hat die Sozialpartner erneut gehört, diesmal zum Inhalt des in Aussicht genommenen Vorschlags. Die Sozialpartner haben der Kommission ihre Stellungnahmen übermittelt.

(5) Nach Abschluss der zweiten Anhörungsphase haben die Sozialpartner der Kommission nicht mitgeteilt, dass sie den Prozess in Gang setzen wollen, der zum Abschluss einer Vereinbarung führen kann.

(6) Der auf Gemeinschaftsebene wie auch auf nationaler Ebene bestehende rechtliche Rahmen, durch deneine Einbeziehung der Arbeitnehmer in die Unternehmensabläufe und in Entscheidungen, die die Beschäftigten betreffen, sichergestellt werden soll, konnte nicht immer verhindern, dass Arbeitnehmer betreffende schwerwiegende Entscheidun-

---

1 ABl. C 2 vom 5. 1. 1999, S. 3.
2 ABl. C 258 vom 10. 9. 1999, S. 24.
3 ABl. C 144 vom 16. 5. 2001, S. 58.
4 Stellungnahme des Europäischen Parlaments vom 14. April 1999 (ABl. C 219 vom 30. 7. 1999, S. 223), bestätigt am 16. September 1999 (ABl. C 54 vom 25. 2. 2000, S. 55), Gemeinsamer Standpunkt des Rates vom 27. Juli 2001 (ABl. C 307 vom 31. 10. 2001, S. 16) und Beschluss des Europäischen Parlaments vom 23. Oktober 2001 (noch nicht im Amtsblatt veröffentlicht). Beschluss des Europäischen Parlaments vom 5. Februar 2002 und Beschluss des Rates vom 18. Februar 2002.

gen getroffen und bekannt gemacht wurden, ohne dass zuvor angemessene Informations- und Anhörungsverfahren durchgeführt worden wären.

(7) Die Stärkung des Dialogs und die Schaffung eines Klimas des Vertrauens im Unternehmen sind notwendig, um Risiken frühzeitig zu erkennen, bei gleichzeitiger Absicherung der Arbeitnehmer die Arbeitsorganisation flexibler zu gestalten und den Zugang der Arbeitnehmer zur Fortbildung im Unternehmen zu fördern, die Arbeitnehmer für die Notwendigkeit von Anpassungen zu sensibilisieren, die Bereitschaft der Arbeitnehmer zur Teilnahme an Maßnahmen und Aktionen zur Verbesserung ihrer Beschäftigungsfähigkeit zu erhöhen, die Arbeitnehmer stärker in die Unternehmensabläufe und in die Gestaltung der Zukunft des Unternehmens einzubeziehen und dessen Wettbewerbsfähigkeit zu steigern.

(8) Es ist insbesondere notwendig, die Unterrichtung und Anhörung zu Beschäftigungssituation und wahrscheinlicher Beschäftigungsentwicklung im Unternehmen und – für den Fall, dass die vom Arbeitgeber vorgenommene Bewertung auf eine potentielle Bedrohung der Beschäftigung im Unternehmen schließen lässt – zu etwaigen geplanten antizipativen Maßnahmen, insbesondere in den Bereichen Ausbildung und Qualifizierung der Arbeitnehmer, zu fördern und zu intensivieren, um so mögliche negative Auswirkungen zu vermeiden oder ihre Konsequenzen abzumildern und die Beschäftigungsfähigkeit und Anpassungsfähigkeit der möglicherweise betroffenen Arbeitnehmer zu verbessern.

(9) Eine rechtzeitige Unterrichtung und Anhörung der Arbeitnehmer ist eine Vorbedingung für die erfolgreiche Bewältigung der Umstrukturierungsprozesse und für eine erfolgreiche Anpassung der Unternehmen an die im Zuge der Globalisierung der Wirtschaft – insbesondere durch die Entstehung neuer Formen der Arbeitsorganisation – geschaffenen neuen Bedingungen.

(10) Die Gemeinschaft hat eine Beschäftigungsstrategie entwickelt, die sie nun umsetzt und in deren Mittelpunkt die Begriffe »Antizipation«, »Prävention« und »Beschäftigungsfähigkeit« stehen, wobei diese zentralen Konzepte in sämtliche staatlichen Maßnahmen integriert werden sollen, mit denen positive Beschäftigungseffekte erzielt werden können, einschließlich der Maßnahmen einzelner Unternehmen; dies soll durch einen Ausbau des sozialen Dialogs geschehen, damit bei der Förderung des Wandels das übergeordnete Ziel der Beschäftigungssicherung im Auge behalten wird.

(11) Die weitere Entwicklung des Binnenmarktes muss sich harmonisch vollziehen, unter Wahrung der grundlegenden Werte, auf denen unsere Gesellschaften basieren, und in einer Art und Weise, die sicherstellt, dass die wirtschaftliche Entwicklung allen Bürgern gleichermaßen zugute kommt.

(12) Der Eintritt in die dritte Phase der Wirtschafts- und Währungsunion hat europaweit eine Verstärkung und Beschleunigung des Wettbewerbsdrucks bewirkt. Dies macht weitergehende begleitende Maßnahmen auf einzelstaatlicher Ebene erforderlich.

(13) Der auf Gemeinschaftsebene und auf nationaler Ebene bestehende Rechtsrahmen für Unterrichtung und Anhörung der Arbeitnehmer ist häufig allzu sehr darauf ausgerichtet, Wandlungsprozesse im Nachhinein zu verarbeiten, vernachlässigt dabei die wirtschaftlichen Implikationen von Entscheidungen und stellt nicht wirklich auf eine »Antizipation« der Beschäftigungsentwicklung im Unternehmen oder auf eine »Prävention« von Risiken ab.

(14) Die Gesamtheit der politischen, wirtschaftlichen, sozialen und rechtlichen Entwicklungen macht eine Anpassung des bestehenden Rechtsrahmens erforderlich, der das rechtliche und praktische Instrumentarium zur Wahrnehmung des Rechtes auf Unterrichtung und Anhörung vorsieht.

(15) Von dieser Richtlinie unberührt bleiben nationale Regelungen, wonach die konkrete Wahrnehmung dieses Rechts eine kollektive Willensbekundung vonseiten der Rechtsinhaber erfordert.

(16) Von dieser Richtlinie unberührt bleiben Regelungen, die Bestimmungen über die direkte Mitwirkung der Arbeitnehmer enthalten, solange diese sich in jedem Fall dafür entscheiden können, das Recht auf Unterrichtung und Anhörung über ihre Vertreter wahrzunehmen.

(17) Da die oben dargelegten Ziele der in Betracht gezogenen Maßnahmen auf der Ebene der Mitgliedstaaten nicht ausreichend erreicht werden können, weil es das Ziel ist, einen Rahmen für die Unterrichtung und Anhörung der Arbeitnehmer zu schaffen, der dem oben beschriebenen neuen europäischen Kontext gerecht wird, und da die Ziele daher wegen des Umfangs und der Wirkungen der geplanten Maßnahmen besser auf Gemeinschaftsebene verwirklicht werden können, kann die Gemeinschaft im Einklang mit dem in Artikel 5 des Vertrags niedergelegten Subsidiaritätsprinzip Maßnahmen ergreifen. Im Einklang mit dem in demselben Artikel genannten Verhältnismäßigkeitsprinzip geht diese Richtlinie nicht über das für die Erreichung dieser Ziele erforderliche Maß hinaus.

(18) Dieser allgemeine Rahmen zielt auf die Festlegung von Mindestvorschriften ab, die überall in der Gemeinschaft Anwendung finden, und er darf die Mitgliedstaaten nicht daran hindern, für die Arbeitnehmer günstigere Vorschriften vorzusehen.

(19) Dieser allgemeine Rahmen muss ferner auf administrative, finanzielle und rechtliche Auflagen verzichten, die die Gründung und Entwicklung kleiner und mittlerer Unternehmen behindern könnten. Daher erscheint es sinnvoll, den Anwendungsbereich dieser Richtlinie je nach Wahl der Mitgliedstaaten auf Unternehmen mit mindestens 50 Beschäftigten oder auf Betriebe mit mindestens 20 Beschäftigten zu beschränken.

(20) Dies gilt unter Berücksichtigung und unbeschadet anderer nationaler Maßnahmen und Praktiken zur Förderung des sozialen Dialogs in Unternehmen, die nicht unter diese Richtlinie fallen, und in öffentlichen Verwaltungen.

(21) Übergangsweise sollten jedoch Mitgliedstaaten, in denen keine gesetzliche Regelung über die Unterrichtung und Anhörung von Arbeitnehmern oder Arbeitnehmervertretungen besteht, die Möglichkeit haben, den Anwendungsbereich dieser Richtlinie im Hinblick auf die Anzahl der Arbeitnehmer weitergehend zu beschränken.

(22) Der gemeinschaftliche Rahmen für die Unterrichtung und Anhörung der Arbeitnehmer sollte die Belastung der Unternehmen oder Betriebe auf ein Mindestmaß begrenzen, zugleich aber auch die wirksame Ausübung der eingeräumten Rechte gewährleisten.

(23) Das mit der Richtlinie verfolgte Ziel soll durch Festlegung eines allgemeinen Rahmens erreicht werden, der die Grundsätze, Begriffe und Modalitäten der Unterrichtung und Anhörung definiert. Es obliegt den Mitgliedstaaten, diesen Rahmen auszufüllen, an die jeweiligen einzelstaatlichen Gegebenheiten anzupassen und dabei gegebenenfalls den Sozialpartnern eine maßgebliche Rolle zuzuweisen, die es diesen ermöglicht, ohne jeden Zwang auf dem Wege einer Vereinbarung Modalitäten für die Unterrichtung und Anhörung festzulegen, die ihren Bedürfnissen und ihren Wünschen am besten gerecht werden.

(24) Es empfiehlt sich, gewisse Besonderheiten, die in den Rechtsvorschriften einiger Mitgliedstaaten im Bereich der Unterrichtung und Anhörung der Arbeitnehmer bestehen, unberührt zu lassen; gedacht ist hier an spezielle Regelungen für Unternehmen oder Betriebe, die politischen, koalitionspolitischen, konfessionellen, karitativen, erzieherischen, wissenschaftlichen oder künstlerischen Bestimmungen oder Zwecken der Berichterstattung oder Meinungsäußerung dienen.

(25) Die Unternehmen oder Betriebe sollten vor der Verbreitung bestimmter besonders sensibler Informationen geschützt werden.

(26) Unternehmer sollten das Recht haben, auf eine Unterrichtung und Anhörung zu verzichten, wenn dies dem Unternehmen oder Betrieb schwerwiegenden Schaden zufügen würde oder wenn sie unverzüglich einer Anordnung nachkommen müssen, die von einer Kontroll- oder Aufsichtsbehörde an sie gerichtet wurde.

(27) Unterrichtung und Anhörung bringen Rechte und Pflichten für die Sozialpartner auf Unternehmens- oder Betriebsebene mit sich.

(28) Im Falle eines Verstoßes gegen die aus dieser Richtlinie folgenden Verpflichtungen müssen administrative oder rechtliche Verfahren sowie Sanktionen, die im Verhältnis zur Schwere des Vergehens wirksam, angemessen und abschreckend sind, angewandt werden.

(29) Von dieser Richtlinie unberührt bleiben sollten die spezifischeren Bestimmungen der Richtlinie 98/59/EG des Rates vom 20. Juli 1998 zur Angleichung der Rechtsvorschriften

der Mitgliedstaaten über Massenentlassungen[5] und der Richtlinie 2001/23/EG des Rates vom 12. März 2001 zur Angleichung der Rechtsvorschriften der Mitgliedstaaten über die Wahrung von Ansprüchen der Arbeitnehmer beim Übergang von Unternehmen, Betrieben oder Unternehmens- oder Betriebsteilen[6].

(30) Sonstige Unterrichtungs- und Anhörungsrechte einschließlich derjenigen, die sich aus der Richtlinie 94/45/EG des Rates vom 22. September 1994 über die Einsetzung eines Europäischen Betriebsrats oder die Schaffung eines Verfahrens zur Unterrichtung und Anhörung der Arbeitnehmer in gemeinschaftsweit operierenden Unternehmen und Unternehmensgruppen[7] ergeben, sollten von der vorliegenden Richtlinie unberührt bleiben.

(31) Die Durchführung dieser Richtlinie sollte nicht als Rechtfertigung für eine Beeinträchtigung des allgemeinen Niveaus des Arbeitnehmerschutzes in dem von ihr abgedeckten Bereich benutzt werden –

HABEN FOLGENDE RICHTLINIE ERLASSEN:

Artikel 1 Gegenstand und Grundsätze

(1) Ziel dieser Richtlinie ist die Festlegung eines allgemeinen Rahmens mit Mindestvorschriften für das Recht auf Unterrichtung und Anhörung der Arbeitnehmer von in der Gemeinschaft ansässigen Unternehmen oder Betrieben.

(2) Die Modalitäten der Unterrichtung und Anhörung werden gemäß den einzelstaatlichen Rechtsvorschriften und den in den einzelnen Mitgliedstaaten geltenden Praktiken im Bereich der Arbeitsbeziehungen so gestaltet und angewandt, dass ihre Wirksamkeit gewährleistet ist.

(3) Die Modalitäten der Unterrichtung und Anhörung werden vom Arbeitgeber und von den Arbeitnehmervertretern im Geiste der Zusammenarbeit und unter gebührender Beachtung ihrer jeweiligen Rechte und gegenseitigen Verpflichtungen festgelegt bzw. durchgeführt, wobei sowohl den Interessen des Unternehmens oder Betriebs als auch den Interessen der Arbeitnehmer Rechnung zu tragen ist.

Artikel 2 Begriffsbestimmungen

Im Sinne dieser Richtlinie bezeichnet der Ausdruck

a) »Unternehmen« ein öffentliches oder privates Unternehmen, das eine wirtschaftliche Tätigkeit ausübt, unabhängig davon, ob es einen Erwerbszweck verfolgt oder nicht, und das im Hoheitsgebiet der Mitgliedstaaten ansässig ist;

b) »Betrieb« eine gemäß den einzelstaatlichen Rechtsvorschriften und Gepflogenheiten definierte Unternehmenseinheit, die im Hoheitsgebiet eines Mitgliedstaats ansässig ist und in der kontinuierlich unter Einsatz personeller und materieller Ressourcen eine wirtschaftliche Tätigkeit ausgeübt wird;

c) »Arbeitgeber« die natürliche oder juristische Person, die entsprechend den einzelstaatlichen Rechtsvorschriften und Gepflogenheiten Partei der Arbeitsverträge oder Arbeitsverhältnisse mit den Arbeitnehmern ist;

d) »Arbeitnehmer« eine Person, die in dem betreffenden Mitgliedstaat als Arbeitnehmer aufgrund des einzelstaatlichen Arbeitsrechts und entsprechend den einzelstaatlichen Gepflogenheiten geschützt ist;

e) »Arbeitnehmervertreter« die nach den einzelstaatlichen Rechtsvorschriften und/oder Gepflogenheiten vorgesehenen Vertreter der Arbeitnehmer;

f) »Unterrichtung« die Übermittlung von Informationen durch den Arbeitgeber an die Arbeitnehmervertreter, um ihnen Gelegenheit zur Kenntnisnahme und Prüfung der behandelten Frage zu geben;

---

5 ABl. L 225 vom 12.8.1998, S. 16.

6 ABl. L 82 vom 22.3.2001, S. 16.

7 ABl. L 254 vom 30.9.1994, S. 64. Richtlinie geändert durch die Richtlinie 97/74/EG (ABl. L 10 vom 16.1.1998, S. 22).

g) »Anhörung« die Durchführung eines Meinungsaustauschs und eines Dialogs zwischen Arbeitnehmervertretern und Arbeitgeber.

Artikel 3 Anwendungsbereich

(1) Diese Richtlinie gilt je nach Entscheidung der Mitgliedstaaten:

a) für Unternehmen mit mindestens 50 Arbeitnehmern in einem Mitgliedstaat oder

b) für Betriebe mit mindestens 20 Arbeitnehmern in einem Mitgliedstaat.

Die Mitgliedstaaten bestimmen, nach welcher Methode die Schwellenwerte für die Beschäftigtenzahl errechnet werden.

(2) Die Mitgliedstaaten können – unter Einhaltung der in dieser Richtlinie festgelegten Grundsätze und Ziele – spezifische Bestimmungen für Unternehmen oder Betriebe vorsehen, die unmittelbar und überwiegend politischen, koalitionspolitischen, konfessionellen, karitativen, erzieherischen, wissenschaftlichen oder künstlerischen Bestimmungen oder Zwecken der Berichterstattung oder Meinungsäußerung dienen, falls das innerstaatliche Recht Bestimmungen dieser Art zum Zeitpunkt des Inkrafttretens dieser Richtlinie bereits enthält.

(3) Die Mitgliedstaaten können durch Erlass besonderer Bestimmungen für die Besatzung von Hochseeschiffen von dieser Richtlinie abweichen.

Artikel 4 Modalitäten der Unterrichtung und Anhörung

(1) Im Einklang mit den in Artikel 1 dargelegten Grundsätzen und unbeschadet etwaiger geltender einzelstaatlicher Bestimmungen und/oder Gepflogenheiten, die für die Arbeitnehmer günstiger sind, bestimmen die Mitgliedstaaten entsprechend diesem Artikel im Einzelnen, wie das Recht auf Unterrichtung und Anhörung auf der geeigneten Ebene wahrgenommen wird.

(2) Unterrichtung und Anhörung umfassen

a) die Unterrichtung über die jüngste Entwicklung und die wahrscheinliche Weiterentwicklung der Tätigkeit und der wirtschaftlichen Situation des Unternehmens oder des Betriebs;

b) die Unterrichtung und Anhörung zu Beschäftigungssituation, Beschäftigungsstruktur und wahrscheinlicher Beschäftigungsentwicklung im Unternehmen oder Betrieb sowie zu gegebenenfalls geplanten antizipativen Maßnahmen, insbesondere bei einer Bedrohung für die Beschäftigung;

c) die Unterrichtung und Anhörung zu Entscheidungen, die wesentliche Veränderungen der Arbeitsorganisation oder der Arbeitsverträge mit sich bringen können, einschließlich solcher, die Gegenstand der in Artikel 9 Absatz 1 genannten Gemeinschaftsbestimmungen sind.

(3) Die Unterrichtung erfolgt zu einem Zeitpunkt, in einer Weise und in einer inhaltlichen Ausgestaltung, die dem Zweck angemessen sind und es insbesondere den Arbeitnehmervertretern ermöglichen, die Informationen angemessen zu prüfen und gegebenenfalls die Anhörung vorzubereiten.

(4) Die Anhörung erfolgt

a) zu einem Zeitpunkt, in einer Weise und in einer inhaltlichen Ausgestaltung, die dem Zweck angemessen sind;

b) auf der je nach behandeltem Thema relevanten Leitungs- und Vertretungsebene;

c) auf der Grundlage der vom Arbeitgeber gemäß Artikel 2 Buchstabe f) zu liefernden Informationen und der Stellungnahme, zu der die Arbeitnehmervertreter berechtigt sind;

d) in einer Weise, die es den Arbeitnehmervertretern gestattet, mit dem Arbeitgeber zusammenzukommen und eine mit Gründen versehene Antwort auf ihre etwaige Stellungnahme zu erhalten;

e) mit dem Ziel, eine Vereinbarung über die in Absatz 2 Buchstabe c) genannten Entscheidungen, die unter die Leitungsbefugnis des Arbeitgebers fallen, zu erreichen.

Artikel 5 Unterrichtung und Anhörung auf der Grundlage einer Vereinbarung

Die Mitgliedstaaten können es den Sozialpartnern auf geeigneter Ebene, einschließlich Unternehmens- oder Betriebsebene, überlassen, nach freiem Ermessen und zu jedem beliebigen Zeitpunkt im Wege einer ausgehandelten Vereinbarung die Modalitäten für die Unterrichtung und Anhörung der Arbeitnehmer festzulegen. Diese Vereinbarungen und zu dem in Artikel 11 festgelegten Zeitpunkt bestehende Vereinbarungen sowie nachfolgende Verlängerungen derartiger Vereinbarungen können unter Wahrung der in Artikel 1 genannten Grundsätze und unter von den Mitgliedstaaten festzulegenden Bedingungen und Beschränkungen Bestimmungen vorsehen, die von den in Artikel 4 vorgesehenen Bestimmungen abweichen.

Artikel 6 Vertrauliche Informationen

(1) Die Mitgliedstaaten sehen vor, dass es gemäß den in den einzelstaatlichen Rechtsvorschriften festgelegten Bedingungen und Beschränkungen den Arbeitnehmervertretern und den etwaigen sie unterstützenden Sachverständigen nicht gestattet ist, ihnen im berechtigten Interesse der Unternehmen oder Betriebe ausdrücklich als vertraulich mitgeteilte Informationen an Arbeitnehmer oder Dritte weiterzugeben. Diese Verpflichtung besteht unabhängig von ihrem Aufenthaltsort und auch noch nach Ablauf ihres Mandats. Ein Mitgliedstaat kann es Arbeitnehmervertretern oder sie unterstützenden Personen jedoch gestatten, vertrauliche Informationen an Arbeitnehmer und Dritte weiterzugeben, die zur Vertraulichkeit verpflichtet sind.
(2) Die Mitgliedstaaten sehen vor, dass der Arbeitgeber in besonderen Fällen und unter Beachtung der in den einzelstaatlichen Rechtsvorschriften festgelegten Bedingungen und Beschränkungen nicht verpflichtet ist, eine Unterrichtung vorzunehmen oder eine Anhörung durchzuführen, wenn diese Unterrichtung oder Anhörung nach objektiven Kriterien die Tätigkeit des Unternehmens oder Betriebs erheblich beeinträchtigen oder dem Unternehmen oder Betrieb schaden könnte.
(3) Unbeschadet bestehender einzelstaatlicher Verfahren sehen die Mitgliedstaaten Rechtsbehelfsverfahren auf dem Verwaltungsweg oder vor Gericht vor, falls gemäß den Absätzen 1 und 2 der Arbeitgeber Vertraulichkeit verlangt oder die Informationen verweigert. Sie können ferner Verfahren vorsehen, die dazu bestimmt sind, die Vertraulichkeit der betreffenden Informationen zu wahren.

Artikel 7 Schutz der Arbeitnehmervertreter

Die Mitgliedstaaten tragen dafür Sorge, dass die Arbeitnehmervertreter bei der Ausübung ihrer Funktion einen ausreichenden Schutz und ausreichende Sicherheiten genießen, die es ihnen ermöglichen, die ihnen übertragenen Aufgaben in angemessener Weise wahrzunehmen.

Artikel 8 Durchsetzung der Rechte

(1) Für den Fall der Nichteinhaltung dieser Richtlinie durch den Arbeitgeber oder durch die Arbeitnehmervertreter sehen die Mitgliedstaaten geeignete Maßnahmen vor. Sie sorgen insbesondere dafür, dass es geeignete Verwaltungs- und Gerichtsverfahren gibt, mit deren Hilfe die Erfüllung der sich aus dieser Richtlinie ergebenden Verpflichtungen durchgesetzt werden kann.
(2) Die Mitgliedstaaten sehen angemessene Sanktionen vor, die im Falle eines Verstoßes gegen diese Richtlinie durch den Arbeitgeber oder durch die Arbeitnehmervertreter Anwendung finden; die Sanktionen müssen wirksam, angemessen und abschreckend sein.

Artikel 9 Zusammenhang zwischen dieser Richtlinie und anderen gemeinschaftlichen und einzelstaatlichen Bestimmungen

(1) Diese Richtlinie lässt die in Artikel 2 der Richtlinie 98/59/EG und in Artikel 7 der Richtlinie 2001/23/EG vorgesehenen spezifischen Informations- und Konsultationsverfahren unberührt.
(2) Diese Richtlinie lässt die gemäß den Richtlinien 94/45/EG und 97/74/EG erlassenen Vorschriften unberührt.

(3) Diese Richtlinie lässt andere im einzelstaatlichen Recht vorgesehene Unterrichtungs-, Anhörungs- und Mitbestimmungsrechte unberührt.
(4) Die Durchführung dieser Richtlinie darf nicht als Rechtfertigung für Rückschritte hinter den bereits in den einzelnen Mitgliedstaaten erreichten Stand des allgemeinen Niveaus des Arbeitnehmerschutzes in den von ihr abgedeckten Bereichen benutzt werden.

Artikel 10 Übergangsbestimmungen

Ungeachtet des Artikels 3 kann ein Mitgliedstaat, in dem zum Zeitpunkt des Inkrafttretens dieser Richtlinie weder eine allgemeine und unbefristete gesetzliche Regelung über die Unterrichtung und Anhörung von Arbeitnehmern noch eine allgemeine und unbefristete gesetzliche Regelung über die Arbeitnehmervertretung am Arbeitsplatz besteht, die es den Arbeitnehmern gestattet, sich für diesen Zweck vertreten zu lassen, die Anwendung der einzelstaatlichen Bestimmungen zur Umsetzung dieser Richtlinie
a) bis zum 23. März 2007 auf Unternehmen mit mindestens 150 Arbeitnehmern oder Betriebe mit mindestens 100 Arbeitnehmern beschränken und
b) während des Jahres nach dem in Buchstabe a) genannten Zeitpunkt auf Unternehmen mit mindestens 100 Arbeitnehmern oder Betriebe mit mindestens 50 Arbeitnehmern beschränken.

Artikel 11 Umsetzung

(1) Die Mitgliedstaaten erlassen die erforderlichen Rechts- und Verwaltungsvorschriften, um dieser Richtlinie spätestens zum 23. März 2005 nachzukommen, oder stellen sicher, dass die Sozialpartner bis zu diesem Zeitpunkt mittels Vereinbarungen die erforderlichen Bestimmungen einführen; dabei haben die Mitgliedstaaten alle notwendigen Maßnahmen zu treffen, um jederzeit gewährleisten zu können, dass die in dieser Richtlinie vorgeschriebenen Ergebnisse erreicht werden. Sie setzen die Kommission unverzüglich davon in Kenntnis.
(2) Wenn die Mitgliedstaaten derartige Vorschriften erlassen, nehmen sie in den Vorschriften selbst oder durch einen Hinweis bei der amtlichen Veröffentlichung auf diese Richtlinie Bezug. Die Mitgliedstaaten regeln die Einzelheiten der Bezugnahme.

Artikel 12 Überprüfung durch die Kommission

Spätestens am 23. März 2007 überprüft die Kommission im Benehmen mit den Mitgliedstaaten und den Sozialpartnern auf Gemeinschaftsebene die Anwendung dieser Richtlinie, um erforderlichenfalls entsprechende Änderungen vorzuschlagen.

Artikel 13 In-Kraft-Treten

Diese Richtlinie tritt am Tag ihrer Veröffentlichung im *Amtsblatt der Europäischen Gemeinschaften* in Kraft.

Artikel 14 Adressaten

Diese Richtlinie ist an alle Mitgliedstaaten gerichtet.
Geschehen zu Brüssel am 11. März 2002.

In Namen des Europäischen Parlaments	*In Namen des Rates*
Der Präsident	*Der Präsident*
P. COX	J. PIQUÉ I CAMPS

Anhang D

Europäische Aktiengesellschaft und grenzüberschreitende Verschmelzung von Kapitalgesellschaften

I. Die Europäische Aktiengesellschaft

1. Einführung

1 Die Europäische Aktiengesellschaft (societas europea: SE) kann auf eine **jahrzehntelange Entwicklung** zurückblicken. So heißt es schon im Grünbuch »Mitbestimmung der Arbeitnehmer und Struktur der Gesellschaften« der Kommission der EG aus dem Jahre 1975 hierzu: »In wachsendem Maße wird es als ein Gebot der Demokratie erkannt, diejenigen, die von Entscheidungen gesellschaftlicher und politischer Institutionen in erster Linie betroffen werden, in den Entscheidungsprozess einzubeziehen. Die Arbeitnehmer können ein ebenso großes und manchmal sogar noch größeres Interesse als die Anteilseigner am Betriebsgeschehen haben. Die Arbeitnehmer beziehen von dem Unternehmen, das sie beschäftigt, nicht nur ihr Einkommen; sie widmen darüber hinaus dem Betrieb den größten Teil ihres täglichen Lebens. Entscheidungen, die von oder im Unternehmen getroffen werden, können kurz- und langfristig beträchtliche Auswirkungen auf ihre wirtschaftlichen Verhältnisse haben; dies gilt auch für die Befriedigung, die ihnen ihre Arbeit verschafft, für ihre Gesundheit und körperliche Verfassung, für die Zeit und die Kraft, die sie ihren Familien und anderen Dingen als ihrer Arbeit widmen können. Es wird für sie darüber hinaus eine Frage der Menschenwürde und Selbstbestimmung. Daher überrascht es nicht, dass der Frage, wie und in welchem Ausmaß die Arbeitnehmer auf Entscheidungen der Unternehmen Einfluss nehmen sollten, immer mehr Beachtung geschenkt wird.«[1]

2 Ebenfalls im Jahr **1975** legte die Kommission einen ausführlichen und vollkommen revidierten **Vorschlag** für eine **Verordnung zum Statut für eine Europäische Aktiengesellschaft** vor. In den Erwägungsgründen hieß es zur Beteiligung der Arbeitnehmer am Entscheidungsprozess im Unternehmen: »Um eine harmonische Entwicklung des Wirtschaftslebens innerhalb der Gemeinschaft, eine größere Stabilität sowie eine Verbesserung der Lebens- und Arbeitsbedingungen der Arbeitnehmer zu fördern, ist es erforderlich, die Arbeitnehmer am Leben der europäischen Aktiengesellschaft zu beteiligen. Aus den besonderen rechtlichen und tatsächlichen Beziehungen der Arbeitnehmer zu den Unternehmen sind in allen Mitgliedstaaten konkrete Folgerungen gezogen worden. Bei allen Unterschieden der Ausgestaltung im Einzelnen liegt den Regelungen die gemeinsame Überzeugung zugrunde, dass den Arbeitnehmern eines Unternehmens die Möglichkeit der gemeinsamen Vertretung ihrer Interessen innerhalb des Unternehmens und der Mitwirkung an bestimmten Entscheidungen gegeben werden muss.«[2]

---

1 Kommission der Europäischen Gemeinschaften, Mitbestimmung der Arbeitnehmer und Struktur der Gesellschaft, Grünbuch, in: Bulletin der EG, Beilage 8/1975, S. 1 – 117, S. 9.

2 Kommission der Europäischen Gemeinschaften, Vorschlag einer Verordnung des Rates über das Statut für Europäische Aktiengesellschaften, in: Bulletin der EG, Beilage 4/1975, S. 1 – 200, S. 1313.

Erst mit der Verordnung des Rates vom 8.10.2001 über das Statut der SE (SE-VO)[3] – umgesetzt durch das »Gesetz zur Ausführung der Verordnung (EG) Nr. 2157/2001 des Rates vom 8.10.2001 über das Statut der Europäischen Gesellschaft (SE) (SE-Ausführungsgesetz: **SEAG**) **vom 22.10.2004**[4] – und der Richtlinie zur Ergänzung des Statuts hinsichtlich der Beteiligung der Arbeitnehmer (SE-RL)[5] – umgesetzt durch das »Gesetz über die Beteiligung der Arbeitnehmer in einer Europäischen Gesellschaft« (SE-Beteiligungs-Gesetz: **SEBG**) vom selben Tag[6] – ist diese Entwicklung zu einem vorläufigen Ende gekommen. 3

Die Verordnung über das Statut der Europäischen Aktiengesellschaft und das **SEAG** regeln neben den Gründungsformen vor allem die **Struktur der Gesellschaft.** Die zur Verordnung gehörige Richtlinie zur Arbeitnehmerbeteiligung und das diesbezügliche Umsetzungsgesetz – das **SEBG** – regeln die **Rechte der betroffenen Belegschaften,** insbesondere die Informations- und Anhörungsrechte, sowie die zwischen den Mitgliedstaaten über Jahrzehnte umstrittene Frage der Mitbestimmung für alle Unternehmen, die als »betroffene Tochtergesellschaften« i. S. von § 2 Abs. 3 und 4 SEBG unter den herrschenden Einfluss (§ 6 Abs. 2 – 4 SEBG) der SE fallen.[7] 4

2. Gründungsformen

Gesellschaften aus jeweils verschiedenen Mitgliedstaaten können grenzübergreifend eine Europäische Aktiengesellschaft gründen in Form einer: 5

- **SE-Holding:**
  Aktiengesellschaften und Gesellschaften mit beschränkter Haftung, die nach dem Recht eines Mitgliedstaates gegründet worden sind und ihren Sitz sowie ihre Hauptverwaltung in der Gemeinschaft haben, können eine Holding-SE gründen.
- **SE-Tochtergesellschaft:**
  Gesellschaften und juristische Personen (öffentlichen und privaten Rechts), die nach dem Recht eines Mitgliedstaates gegründet worden sind und ihren Sitz sowie ihre Hauptverwaltung in der Gemeinschaft haben, können eine Tochter-SE gründen.
- **Durch Umwandlung eine SE gründen:**
  Eine Aktiengesellschaft, die nach dem Recht eines Mitgliedstaates gegründet worden ist und ihren Sitz sowie ihre Hauptverwaltung in der Gemeinschaft hat, kann in eine SE umgewandelt werden, wenn sie seit mindestens zwei Jahren eine dem Recht eines anderen Mitgliedstaates unterliegende Tochtergesellschaft hat.
- **Durch Fusion/Verschmelzung eine SE gründen:**
  Aktiengesellschaften aus zwei Mitgliedstaaten gründen durch Verschmelzung eine SE.

Allen Gründungsformen gemeinsam ist ein grenzüberschreitendes Moment: mindestens zwei der Gründergesellschaften müssen dem Recht verschiedener Mitgliedstaaten unterliegen.

In der Satzung der SE ist neben einem Organ der Hauptversammlung der Aktionäre auch festzulegen, ob die SE entweder über ein Leitungsorgan und ein Aufsichtsorgan (dualistisches System) oder ein Verwaltungsorgan (monistisches Board-System) verfügt.

3. Arbeitnehmerbeteiligung in der SE

Aus Sicht der Beschäftigten von besonderer Bedeutung ist, dass eine SE erst registriert (d. h. rechtswirksam gegründet) werden kann, wenn eine **Regelung zur Beteiligung der Arbeitnehmer** gefunden wurde. 6

Wenn die Leitungs- oder Verwaltungsorgane der beteiligten Gesellschaften die Gründung 7

3 S. Verordnung (EG) Nr. 2157/2001 des Rates v. 8.10.2001, ABl. EG Nr. L 294 v. 10.11.2001, S. 1 – 21; abgedruckt in Anhang I.

4 BGBl. 2004, 3675.

5 S. Richtlinie 2001/86/EG des Rates v. 8.10.2001, ABl. EG Nr. L 294 v. 10.11.2001, S. 22 – 32.

6 BGBl. 2004, 3686.

7 Vgl. hierzu instruktiv *ArbG Stuttgart* 29.4.08 – 12 BV 109/07 – zu der Frage, ob die VW AG eine betroffene Tochtergesellschaft der Porsche Automobil Holding SE ist.

einer SE planen, haben sie unverzüglich die notwendigen Schritte für die Einleitung von **Verhandlungen mit den Arbeitnehmervertretern** der einzelnen Gesellschaften für die Vereinbarung über die Beteiligung der Beschäftigten in der Europäischen Aktiengesellschaft, einzuleiten.

8 Zur Regelung der Beteiligung der Arbeitnehmer ist zunächst wie bei der Errichtung eines Europäischen Betriebsrates ein **Besonderes Verhandlungsgremium** (BVG) einzurichten. Das BVG hat die Aufgabe mit den Organen der beteiligten Gesellschaften eine **Vereinbarung über die Beteiligung der Arbeitnehmer** auszuhandeln und festzulegen. Die Regelung der Rechtsstellung der Organe der Arbeitnehmervertretung erfolgt also nicht vorrangig durch gesetzgeberischen Akt, sondern soll in freien Verhandlungen zwischen den Organen der beteiligten Unternehmen und den Vertretungen der Arbeitnehmer ausgehandelt und vereinbart werden. Die wesentlichen Verhandlungsgegenstände gibt das SEBG jedoch vor. Diese Vereinbarung soll nämlich nach § 21 SEBG im Wesentlichen folgende Punkte regeln:

- den Geltungbereich der Vereinbarung
- Zusammensetzung und Rechtsstellung des SE-Betriebsrats
- die Unternehmensmitbestimmung der Arbeitnehmer im Aufsichtsrat oder Verwaltungsorgan der SE

9 Die **Verhandlungsdauer** ist auf **sechs Monate** begrenzt, kann jedoch durch Übereinkunft der beteiligten Parteien auf insgesamt ein Jahr verlängert werden. Dem besonderen Verhandlungsgremium können auch hauptamtliche Mitarbeiter von Gewerkschaften, die nicht im Unternehmen beschäftigt sind, angehören.

10 Erzielt das BVG innerhalb des Verhandlungszeitraumes mit den Organen der beteiligten Gesellschaften keine Einigung, findet – auch hier vergleichbar der Errichtung eines Europäischen Betriebsrats – eine **Auffangregelung für die Arbeitnehmerbeteiligung** Anwendung: die so genannte Beteiligung der Arbeitnehmer kraft Gesetzes. Diese enthält Regelungen insbesondere zum SE-Betriebsrat kraft Gesetzes und zur Unternehmensmitbestimmung kraft Gesetzes.

11 Für diese Auffangregelungen ist es von besonderer Bedeutung, ob in den beteiligten Gesellschaften **Mitbestimmungsregelungen** auf Unternehmensebene bestehen und wie viele Arbeitnehmer gemessen an allen Betroffenen dabei einbezogen sind.

12 Die Auffangregelung findet bei der Gründung einer SE in Form einer **Holding** oder als gemeinsame **Tochtergesellschaft** Anwendung, wenn:

- vor der Eintragung in einem Gründerunternehmen bereits Mitbestimmung bestand und sich auf mindestens fünfzig Prozent der ArbeitnehmerInnen der künftigen SE erstreckt. oder
- vor der Eintragung Mitbestimmung bestand, die sich auf weniger als fünfzig Prozent der Arbeitnehmerinnen erstreckte, und das BVG einen entsprechenden Beschluss fasst, wonach die Auffangregelung dennoch Anwendung finden soll.
- Im Falle einer Umwandlung in eine SE muss die Vereinbarung in Bezug auf alle Komponenten der Arbeitnehmerbeteiligung zumindest das gleiche Ausmaß gewährleisten, das in der Gesellschaft besteht, die in eine SE umgewandelt werden soll.

13 Im Falle einer durch **Verschmelzung** gegründeten SE findet die Auffangregelung Anwendung, wenn:

- vor der Eintragung in einem Gründerunternehmen bereits Mitbestimmung bestand und sich auf mindestens fünfundzwanzig Prozent der Arbeitnehmer der künftigen SE erstreckte oder
- vor der Eintragung Mitbestimmung bestand, die sich auf weniger als fünfundzwanzig Prozent der Arbeitnehmerinnen erstreckte, und das BVG einen entsprechenden Beschluss fasst, wonach die Auffangregelung dennoch Anwendung finden soll.

Übersicht über das Verfahren zur Errichtung der Strukturen der Beteiligung der Arbeitnehmer in der SE[7]

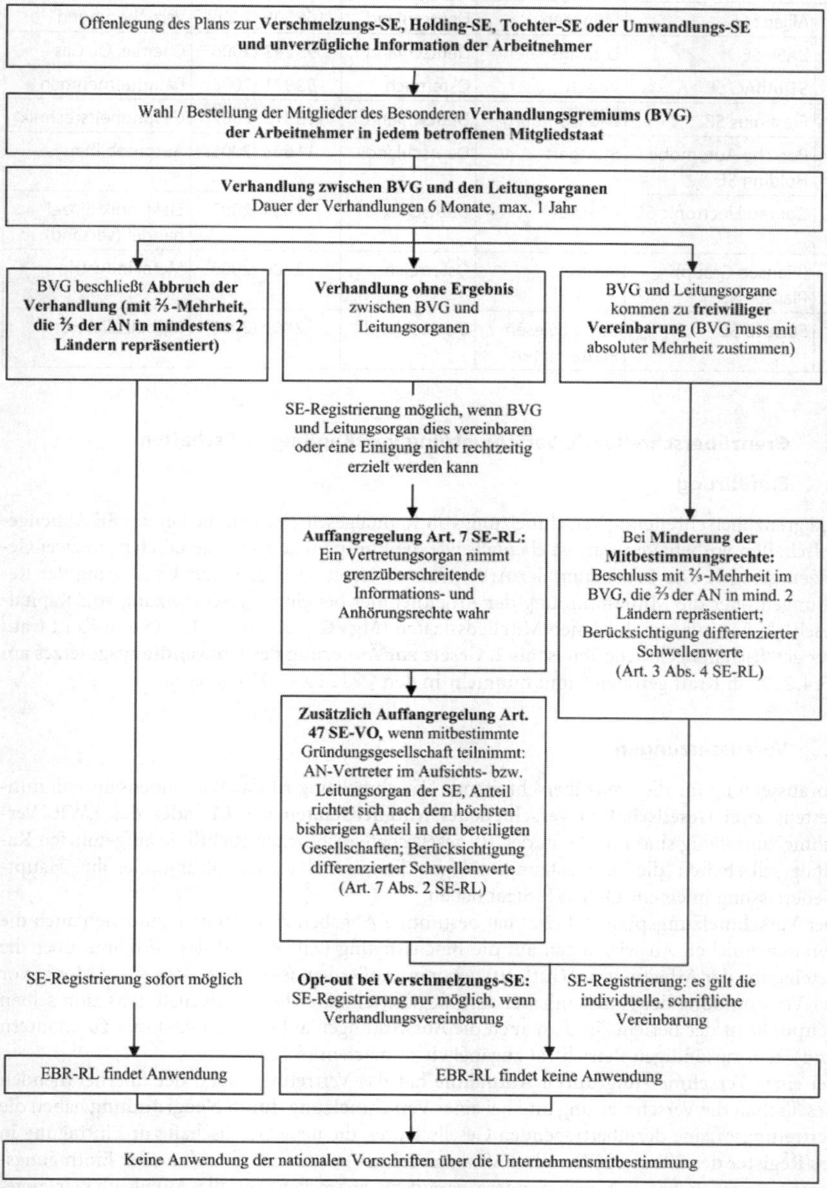

[7] Die Übersicht wurde entnommen aus *Keller,* B., Arbeitnehmerbeteiligung, 2002, S. 205.

14 Bislang sind Europäische Aktiengesellschaften wie folgt gegründet worden:[8]

	Name	Hauptsitz	Land	Mitarbeiter	Branche
1	Allianz SE	München	Deutschland	166505 (2006)	Versicherungen
2	BASF SE	Ludwigshafen	Deutschland	95247 (2006)	Chemie, Öl, Gas
3	STRABAG SE	Villach	Österreich	52971 (2006)	Bauunternehmen
4	Fresenius SE	Bad Homburg	Deutschland	110379 (2007)	Gesundheitstechnik
5	Porsche Automobil Holding SE	Stuttgart	Deutschland	11668 (2006)	Automobilbau
6	Conrad Electronic SE	Hirschau	Deutschland	2600 (2007)	Elektronik-Einzelhandel (Versand)
7	(Plansee Group) Plansee SE	Reutte	Österreich	2200 (2006)	Metallindustrie
8	Surteco SE	Buttenwiesen-Pfaffenhofen	Deutschland	2059 (2006)	Möbelzulieferer

II. Grenzüberschreitende Verschmelzung von Kapitalgesellschaften

1. Einführung

15 Die grenzüberschreitende Verschmelzung von Kapitalgesellschaften, die bei der SE Aktiengesellschaften vorbehalten war, ist ebenfalls wie die Europäische Aktiengesellschaft in zwei Gesetzen geregelt. Die Beteiligung der Arbeitnehmer regelt das Gesetz zur Umsetzung der Regelungen über die Mitbestimmung der Arbeitnehmer bei einer Verschmelzung von Kapitalgesellschaften aus verschiedenen Mitgliedsstaaten **(MgVG),** das am 29.12.2006 in Kraft trat.[9] Der gesellschaftsrechtliche Teil ist **als 2. Gesetz zur Änderung des Umwandlungsgesetzes** am 25.4.2007 in Kraft getreten[10] und nunmehr in den §§ 122 a – 122 l geregelt.

2. Voraussetzungen

16 Voraussetzung für die grenzüberschreitende Verschmelzung ist das Vorhandensein von mindestens **zwei Gesellschaften verschiedener Mitgliedstaaten der EU oder des EWR**. Verschmelzungsfähig sind nur die in der 10. gesellschaftsrechtlichen Richtlinie aufgeführten Kapitalgesellschaften, die ihren satzungsmäßigen Sitz, ihre Hauptverwaltung oder ihre Hauptniederlassung in einem EU/EWR-Staat haben.

Der **Verschmelzungsplan** (§ 122 c) hat bestimmte Angaben zu enthalten, zu denen auch die voraussichtlichen Auswirkungen auf die Beschäftigung (Ziff. 4) und das Verfahren über die Beteiligung der Arbeitnehmer (Ziff. 10) gehören. Außerdem ist er spätestens einen Monat vor der Versammlung der Anteilsinhaber zum Register einzureichen. Und spätestens zum selben Zeitpunkt ist der Bericht (in dem auch die Auswirkungen auf die Arbeitnehmer zu erläutern sind) dem zuständigen Betriebsrat zugänglich zu machen (§ 122 e).

Bei einer **Verschmelzung durch Aufnahme** hat das Vertretungsorgan der übernehmenden Gesellschaft die Verschmelzung und bei einer **Verschmelzung durch Neugründung** haben die Vertretungsorgane der übertragenden Gesellschaften die neue Gesellschaft zur Eintragung in das **Register des Sitzes der Gesellschaft anzumelden** (§ 122 l). Die Prüfung der Eintragungsvoraussetzungen hat sich insbesondere darauf zu erstrecken, ob alle Anteilsinhaber zugestimmt haben und ob gegebenenfalls eine Vereinbarung über die Beteiligung der Arbeitnehmer geschlossen worden ist (§ 122 l Abs. 2).

---

8 Zahlreiche weitere Hinweise zur Praxis der SE bei *Keller/Werner*, WSI Mitteilungen 2007, 604 ff., dort auch zu in Planung befindlichen SE, unter www.worker-participation.eu und unter www.boeckler.de.

9 BGBl. I 2006 S. 3322 ff.

10 BGBl. I S. 542.

3. Beteiligung der Arbeitnehmer bei grenzüberschreitender Verschmelzung

Das MgVG ist dem SEBG vergleichbar aufgebaut: 17
Es ist ein **besonderes Verhandlungsgremium** zu bilden (§§ 6 – 12),
es findet ein **Verhandlungsverfahren zur Regelung der Mitbestimmung** statt (§§ 13 – 21),
am Ende steht eine **Mitbestimmung kraft Vereinbarung** (§ 22) bzw. **kraft Gesetzes** (§§ 23 – 28).

Nach § 5 MgVG sind in folgenden Fällen Verhandlungen zu führen: 18

- Entweder beschäftigt eine an der Verschmelzung beteiligte Gesellschaft in den letzten sechs Monaten vor Veröffentlichung des Verschmelzungsplan durchschnittlich mehr als **500 Arbeitnehmer** und in dieser **Gesellschaft** besteht ein **System der Mitbestimmung** (Definition wie bei SE, hier in § 2 Abs. 7 MgVG).
- oder das für die aus der Verschmelzung hervorgehende Gesellschaft maßgebliche **innerstaatliche Recht sieht nicht den gleichen Umfang** (Anteil der Arbeitnehmervertreter) an Mitbestimmung **vor** wie er in den jeweiligen an der Verschmelzung beteiligten Gesellschaften bestand **oder**
- das maßgebliche innerstaatliche Recht für die aus der Verschmelzung hervorgehende Gesellschaft, sieht für **Arbeitnehmer in Betrieben dieser Gesellschaft in anderen Mitgliedsstaaten nicht den gleichen Anspruch** auf Mitbestimmung vor.

Bei Nichtaufnahme oder Abbruch der Verhandlungen finden die Mitbestimmungsregelungen 19 am Sitz der Gesellschaft Anwendung (§ 18). Für die **Mitbestimmung kraft Gesetzes** (§ 23 f.) ist die Arbeitnehmerschwelle für die Auffanglösung im Unterschied zur SE nicht 25 sondern ein Drittel. Mitbestimmung muss sich also vor der Eintragung auf mindestens ein **Drittel der Gesamtzahl der Arbeitnehmer** aller beteiligten Gesellschaften und betroffenen Tochtergesellschaften erstreckt haben. Die Richtlinie (Art. 16 Abs. 4 c) erlaubte den Mitgliedsstaaten auch für die Auffangregelung den **Sitzanteil im Verwaltungsrat auf ein Drittel** zu begrenzen. Dem ist der deutsche Gesetzgeber in Fortführung der Entscheidungen zur SE richtigerweise nicht gefolgt. Auf der Basis von Art. 16 Absatz 7 der Richtlinie findet sich in § 30 MgVG für **nachfolgende innerstaatliche Verschmelzungen** folgende Regelung: Die Mitbestimmung richtet sich zunächst nach den nationalen Regelungen zur Mitbestimmung in Deutschland. Sehen diese nicht mindestens den in der aus der grenzüberschreitenden Verschmelzung hervorgegangenen Gesellschaft bestehenden Umfang an Mitbestimmung vor, gelten die für die Gesellschaft maßgeblichen Regelungen **für die Dauer von drei Jahren** ab der Eintragung der aus der innerstaatlichen Verschmelzung hervorgehenden Gesellschaft **fort**.

Stichwortverzeichnis

Die fett gedruckten Ziffern beziehen sich auf die Paragraphen des Betriebsverfassungsgesetzes, die mager gedruckten Zahlen auf die Randnummern. Die Verweise auf die Einleitung, die Wahlordnung, auf die arbeitsrechtlichen Vorschriften der Insolvenzordnung (InsO) und auf das Gesetz über Europäische Betriebsräte sind mit Einl., WO, Anh. zu §§ 111 – 113 und EBRG gekennzeichnet.